无锡市志

（第一册）

无锡市地方志编纂委员会 编

WUXI SHIZHI

1986~2005

方志出版社

图书在版编目(CIP)数据

无锡市志. 1986～2005 / 无锡市地方志编纂委员会编. -- 北京 : 方志出版社, 2015.7

ISBN 978-7-5144-1637-4

Ⅰ. ①无… Ⅱ. ①无… Ⅲ. ①无锡市 – 地方志 – 1986 ~ 2005 Ⅳ. ①K295.33

中国版本图书馆CIP数据核字(2015)第152773号

无锡市志(1986 ～ 2005)

编　　者：无锡市地方志编纂委员会
责任编辑：王笃银　陈　菁　梅中英

出 版 人：冀祥德
出 版 者：方志出版社
　　地　址　北京市朝阳区潘家园东里9号(国家方志馆4层)
　　邮　编　100021
　　网　址　http://www.fzph.org
发　　行：方志出版社发行中心
　　电　话(010)67110500
经　　销：各地新华书店
印　　刷：南京凯德印刷有限公司

开　　本：889 × 1194　　1/16
印　　张：186.75
字　　数：5060 千字
版　　次：2015 年 7 月第 1 版　2015 年 7 月第 1 次印刷
印　　数：0001 ～ 4000 册

ISBN 978-7-5144-1637-4　　定价：1280.00 元

《无锡市志（1986～2005）》编纂人员

主　　　编：王耀元（2006 年 2 月～ 2007 年 12 月）

郑晓奇（2008 年 1 月～ 2014 年 2 月）

许建军（2014 年 3 月～ 2016 年 12 月）

副　主　编：张卫星　郁有满　李皆奇　葛　红

第一分册主编：李皆奇

第二分册主编：葛　红

第三分册主编：郁有满

第四分册主编：张卫星

特 约 编 审：缪小咏　刘扣林

（以下名单以姓氏笔画为序）

总纂编辑：许琴华　李皆奇　张卫星　张瀛辰　杨永良　郁有满　周胜忠　葛　红

分纂编辑：许琴华　李皆奇　张卫星　杨永良　郁有满　周建军　周胜忠　顾洪兴　葛　红　樊锡刚

初稿编辑：许琴华　李皆奇　汤静芬　张卫星　杨永良　杨荫萍　郁有满　周建军　周胜忠　顾洪兴　徐　云　龚　伟　葛　红

图　　照：刘其新　周胜忠　高　兵　葛　红　樊锡刚

《无锡市志（1986～2005）》终审单位及人员

终审单位：江苏省地方志编纂委员会办公室

终审人员：周解清　邬才生　周　平　徐元明　陈文源　汤可可

太湖明珠无锡　市旅游局供稿

滨江福地江阴　严汉文摄

物华天宝宜兴　裴顺平摄

鱼米之乡锡山　锡山区档案局供稿

锦绣风采惠山　李怀大摄

繁华和美崇安　刘其新摄

古韵新姿南长　吴朱娟摄

山水胜境滨湖　匡维中摄

商脉绵长北塘　张惠良摄

创业热土新区　潘晓鸣摄

YANMAR

丰收　徐瑞兴摄

绿洲绿色食品有限公司万亩蔬菜大棚种植基地　加令摄

锡山区鹅湖镇无锡甘露青鱼专业合作社喜获丰收　刘芳辉摄

锡山区斗山茶场　王国峥摄

江阴青阳嘉茂国际花鸟园种植反季花卉　卢易摄

中国新农村建设的典范华西村　华西集团供稿

宜兴百合　宜兴市史志办供稿

大浮杨梅　陈锡铭摄

阳山水蜜桃　市史志办供稿

太湖白虾、太湖白鱼、太湖银鱼、太湖清水蟹　陈锡铭摄

1996年小天鹅有限公司全自动洗衣机生产线　顾祚维摄

1999年阳光集团现代化生产车间　顾祚维摄

南禅寺夜景　市委宣传部供稿

远见风能江阴有限公司全球首条风机生产线　卢易摄

华润微电子有限公司8英寸模拟晶圆生产线　市史志办供稿

江苏法尔胜光子有限公司光纤预制棒生产场景
江阴经济开发区供稿

商业大厦内景　市委办供稿

家乐福超市内景　潘晓鸣摄

位于无锡的中国邮政速递物流长三角集散中心
江苏省邮政速递物流有限公司无锡分公司供稿

快速内环　陈平摄

十八湾环太湖大桥　刘萍摄

无锡机场　市史志办供稿

1997年沪宁高速公路无锡段
顾祚维摄

晨曦中的江阴港
缪尔根摄

地铁一号线大学城站盾构机首发
星光摄

沪宁城际高铁无锡段　陈平摄

市民中心　市史志办供稿

无锡大剧院　陈平摄

灵山胜境　姚疆跃摄

鼋头渚风景名胜区　市史志办供稿

梅园香海　陆春景摄

寄畅秋韵　孙敏摄

蠡园　韦祥英摄

蠡湖之光　陈平摄

2003年，海澜集团凯诺科技“博士后科研工作站”挂牌　海澜集团供稿

东林书院少儿暑期经典诵读　顾祚维摄

江南大学　李淮云摄

2006年，无锡韩国人学校竣工　新区管委会供稿

2003年首届太湖博览会文艺晚会　顾祚维摄

2010年中国（无锡）吴文化节开幕式暨祭祀泰伯典礼现场　刘芳辉摄

无锡民间艺人迎新舞龙表演　张立伟摄

2002年“太湖杯”第十一届中国金鸡百花
电影节星光大道　顾祚维摄

市“五个一工程”重点项目歌舞剧《红河谷》入选2004～2005年度
国家舞台艺术精品工程剧目　市委宣传部供稿

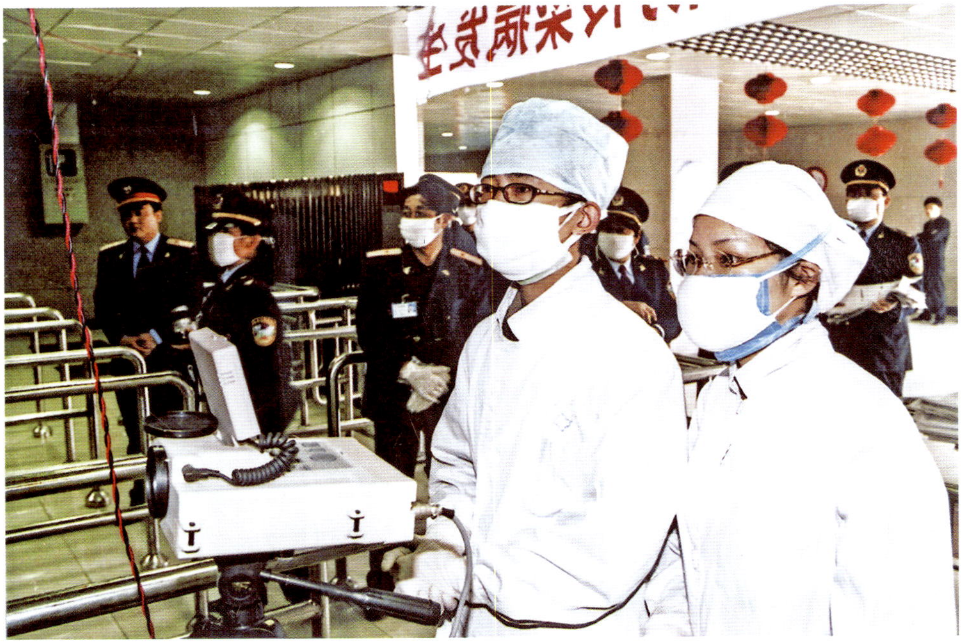

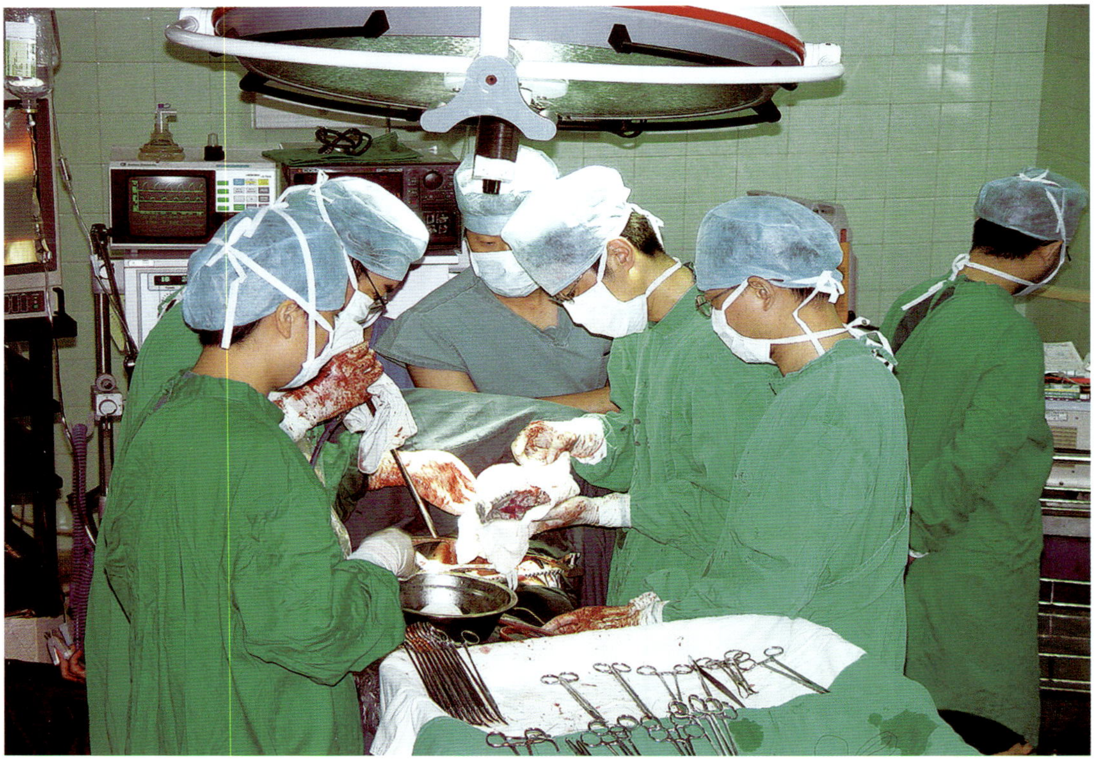

2003年，为防控“非典”疫情，医务人员在火车站出口通道为旅客检测体温　顾祚维摄

2002年，市第五人民医院陈静瑜团队肺移植手术现场　市委办供稿

1994年9月4日，江苏省第十三届运动会在无锡开幕　顾祚维摄

2010年中国无锡国际龙舟邀请赛亚洲精英赛　刘芳辉摄

西蠡湖水生态修复工程　陈平摄

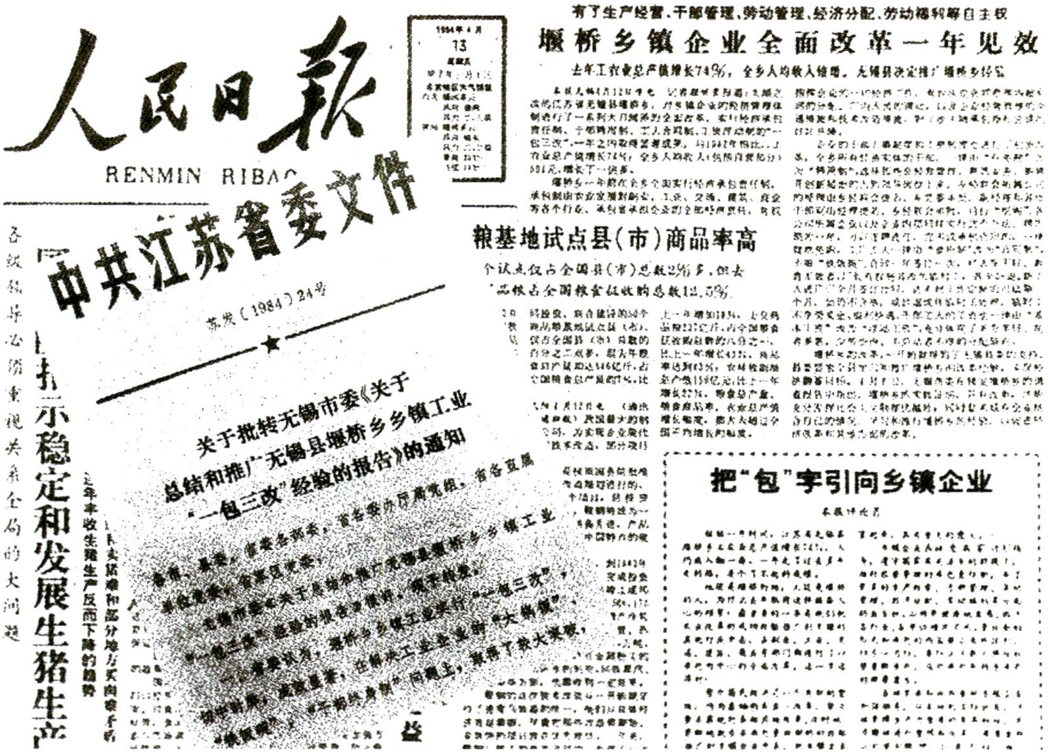
人民日报
RENMIN RIBAO

有了生产经营、干部管理、劳动管理、经济分配、劳动福利等自主权

堰桥乡镇企业全面改革一年见效

去年工业总产值增长74%，全乡人均收入倍增。无锡县决定推广堰桥乡经验

粮基地试点县(市)商品率高

中共江苏省委文件

苏发(1984)24号

关于批转无锡市委《关于总结和推广无锡县堰桥乡乡镇工业“一包三改”经验的报告》的通知

把“包”字引向乡镇企业

本报评论员

稳定和发展生猪生产

各级领导必须重视关系全局的大问题

20世纪80年代无锡县堰桥乡乡镇企业实行“一包三改”改革拉开创立“苏南模式”和无锡城乡经济改革的大幕，图为相关报道和文件　锡山区档案局供稿

1992年，无锡油泵油嘴集团全员劳动合同制签约　顾祚维摄

1992年12月18日，市政府与一汽集团签订一汽锡柴资产经营一体化协议　一汽锡柴供稿

崇安区广益街道莫家庄村股份经济合作社2008年年终分红　陈旭摄

无锡地区上市公司行情专栏　荣兴益、祝献革摄

扬子江船厂有限公司在新加坡股票市场上市　江阴市政府供稿

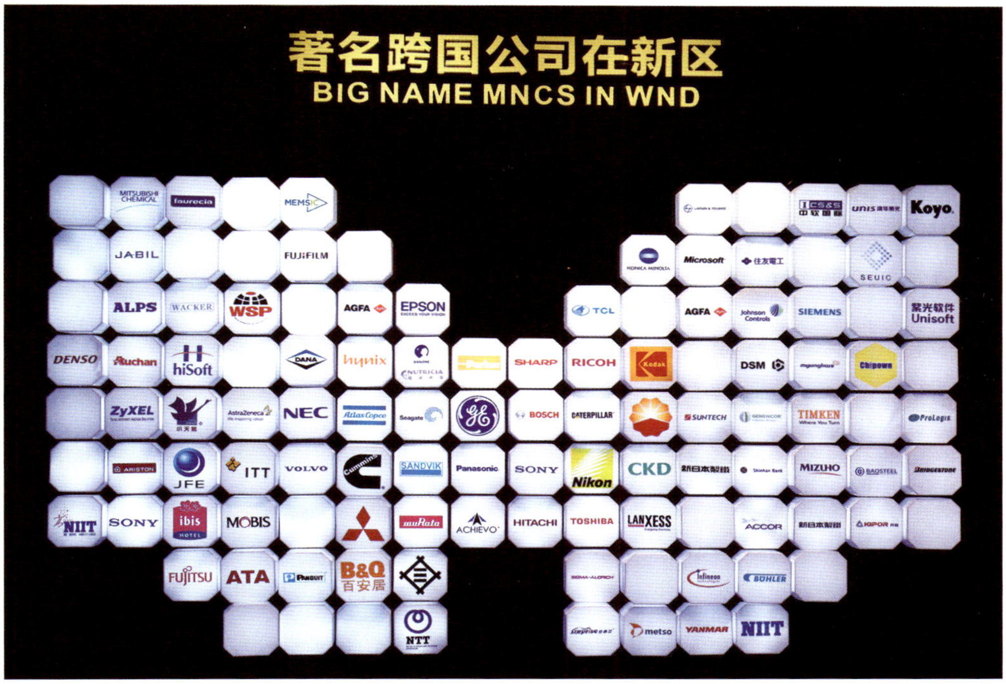

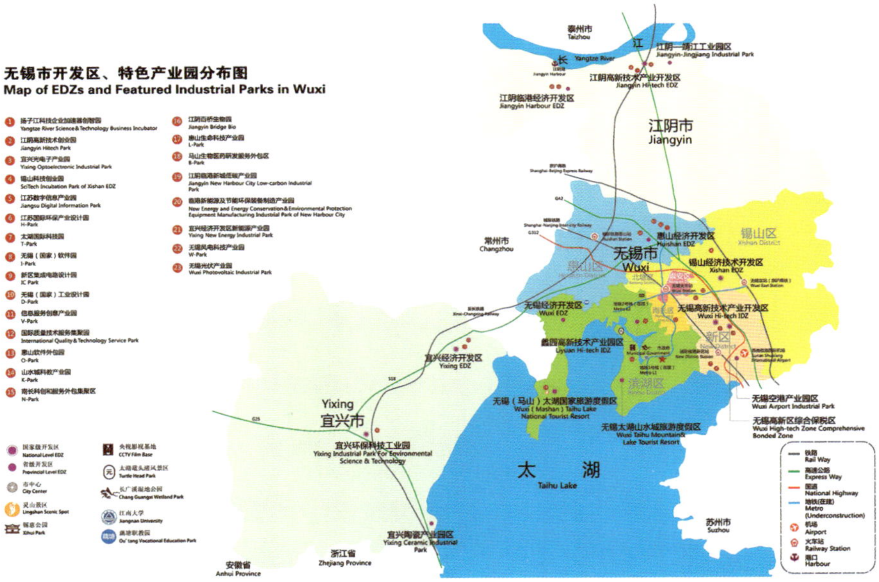

著名跨国公司在无锡新区　新区管委会供稿

江苏红豆集团有限公司在柬埔寨西哈努克港建立
境外经贸合作区　红豆集团供稿

无锡开发区、特色园区分布图　市史志办供稿

国家集成电路（无锡）设计中心　滨湖区史志办供稿

中船重工702所研制的“蛟龙号”载人潜水器
陈大春摄

充满无锡元素的“物联天下”“七色光谱”
亮相2010年上海世博会　卢易摄

由无锡尚德太阳能电力有限公司投资建造上海国盛（集团）负责运营的“尚德国盛号”太阳能混合动力游船　张立伟摄

同捷公司自主设计研发的国内首款高性能跑车——同捷超跑S11　刘芳辉摄

勾吴始祖泰伯墓　匡维中摄

吴都阖闾城遗址
市委宣传部供稿

鸿山越国贵族墓群遗址　市委宣传部供稿

东林旧迹　姚立平摄

金莲桥和乾隆御碑亭　张波摄

清名桥历史文化街区　韦祥英摄

惠山古镇　匡维中摄

阿炳故居　市文广新局供稿

徐霞客故居　市史志办供稿

薛福成故居组照　张惠良摄

钱锺书故居　刘其新摄

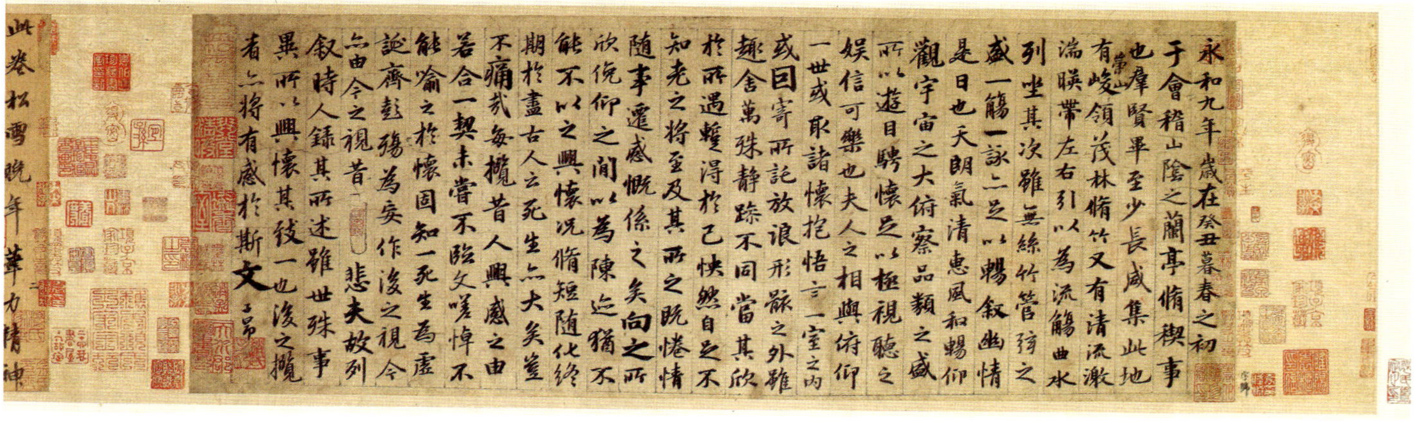

2004年鸿山越国贵族墓出土的玉飞凤
市委宣传部供稿

明金丝发罩
无锡博物院供稿

清杨芝山刻西园雅集核雕
无锡博物院供稿

南宋龙泉窑梅子青釉鬲式炉　无锡博物院供稿

元赵孟頫行书临兰亭序卷　无锡博物院供稿

国家级非物质文化遗产锡剧，20世纪60年代《珍珠塔》剧照　市文广新局供稿

国家级非物质文化遗产道教音乐
市文广新局供稿

国家级非物质文化遗产惠山泥人
市文广新局供稿

国家级非物质文化遗产紫砂
市文广新局供稿

国家级非物质文化遗产吴歌
市文新局供稿

惠山民俗庙会　付斯博摄

鸟语花香　潘正光摄

临水家园　姚立平摄

味蕾生香　市史志办供稿

2005年，55对新人在梅园举行集体婚礼　顾祚维摄

徜徉花间　宋涛摄

老教师夫妇选爱车谷

阳光下的社会福利院　张惠良摄

江阴被征地农民拿到基本生活保障卡
澄宣供稿

驾游”梦　项贞摄

市民徐先生抽到满意的06号实物配租廉租房　吕枫摄

1997年，百岁老人周云梅喜迎香港回归
顾祚维摄

欢乐的童年　顾祚维摄

晨练　黄富民摄

序

笔墨一方修良志，纵横百科留信史。《无锡市志（1986～2005）》历经资料征集、初稿编辑、分纂精编、总纂打磨，以及初审、复审、终审、验收和统稿修改等阶段，“十年磨一剑”，终于付梓出版。

地方志书是全面系统记述特定行政区域自然、政治、经济、文化和社会历史与现状的资料性文献，是传承和彰显中华文明的重要载体，具有存史、资治、教化的重要作用。盛世修志，志载盛世。编修地方志是中华民族的优良传统，更是社会主义文化事业的系统工程，承上启下，继往开来，服务当代，嘉惠后世。无锡历史悠久、人文荟萃，历来重视志书编修工作，以元代至正年间的《无锡志》为始，现存9部县志。20世纪80年代初，无锡市组织编纂首部社会主义新方志《无锡市志》，于1995年出版发行。2006年，根据国务院《地方志工作条例》关于“地方志书每20年左右编修一次”的要求，《无锡市志》第二轮编修工作正式启动。志书所记述反映的20年，正是无锡改革发展的黄金时期。20年间，无锡人民高举“尚德、务实、和谐、奋进”城市精神旗帜，敏锐把握每一发展阶段的重大机遇，积极实施一系列具有领先意义的制度创新，加快体制机制改革，扩大对外开放开发，加强市场体系建设，全面加快小康社会建设，经济社会日益繁荣，城乡面貌深刻变化，人民生活显著改善，走在了全国同类城市的前列。续修《无锡市志》，留史于千秋，成志以传承，意义重大而深远。

《无锡市志（1986～2005）》采用中编体结构，设4个分册，共45卷，约500万字。分类科学、编排得当，层次分明、杂而不越，资料翔实、内容丰富，体例严谨、文风朴实。就其丰富的内容特点而言：一是反映城市经纬全貌，全面翔实录载了全市自然地理、建置沿革、区划调整、人口变化、风景名胜、城乡建设、环境保护、文化遗产、风俗民情、杰出人物、轶闻掌故等地情资料。二是突出时代发展特点，繁简有序记述了20年间深化各项改革，扩大对外开放，加快经济发展，推进小康社会建设的伟大历程以及所取得的瞩目成就。三是彰显地方人文特色，浓彩重墨展示了无锡作为吴文化发祥地、国家历史文化名城、全国著名旅游城市的城市特质、人文基因。

众手修志，专家成志。在编纂《无锡市志（1986～2005）》的过程中，始终得到了省地方志办公室、各兄弟城市地方志部门的关心、指导和帮助。全市有184个部门、200多人参与了志稿的撰写和审读修改，市史志办公室的全体编纂人员更是含辛茹苦、潜心耕耘，孜孜不倦、精益求精，付出了一片心血。值此《无锡市志（1986～2005）》出版之际，谨代表中共无锡市委、无锡市人民政府，向所有参与和关心帮助《无锡市志》续修工作的各界人士致以诚挚的谢意！

录载过往，是为了更好地抒写未来。全面深入准确地了解把握地方的历史人文地情，有助于传承文明、薪火相继，成风化人、凝心聚力，把握现在、开创未来。希望各级党委、政府和史志工作部门坚持修用并举，不断加强对地方史志资源的开发利用，编纂出更多鉴往昭来、资政育人的精品力作，更好地为地方经济社会发展服务。百舸争流，奋楫者先。站在时代发展的新起点上，我们务必紧紧围绕高水平全面建成小康社会的奋斗目标，坚持求真务实，勇于改革创新，统筹推进经济建设、政治建设、文化建设、社会建设、生态文明建设和党的建设，为建设经济强、百姓富、环境美、社会文明程度高的新无锡，谱写好“中国梦”无锡篇章而不懈奋斗。

中共江苏省委常委、无锡市委书记　李小敏

无锡市人民政府市长　汪　泉

2015年6月28日

凡　例

一、本志坚持辩证唯物主义和历史唯物主义的立场、观点和方法，全面真实地反映无锡市自然、经济、政治、文化和社会的历史与现状。

二、本志上限与前志衔接，为1986年，建置沿革、山水、姓氏望族家谱、杂记、补遗等内容有所追溯、补记。下限断至2005年，彩页部分下限延至2010年。

三、本志记述范围为无锡市行政区域，以市区为主。

四、本志设45卷。志首设历史概略，与前志衔接，以完整反映无锡历史概貌，并设总述、大事记、特记。志末设前志勘误补遗、附录。

五、本志以述、记、志、传、图、表、录为表述形式，语体文记述。

六、本志遵守以类系事、横排竖写的原则，卷目设置按事物的属性分类编排，力求科学归类与社会分工相结合；以时间顺序记述事物的发生、发展过程。

七、主体卷下设章、节，节下视需要设目、子目。卷下设概述。

八、本志为突出时代特点和地方特色，专设《开放　开发》《民营经济》《农村　农业　农民》等卷；采取集中与分散的方法记述改革内容，专设《经济体制改革》卷，其他改革内容在相关章节中记载；为突出社会人文部类，专设《精神文明创建》《姓氏　望族　家谱》等卷章。

九、《人物》卷采用传、简介、表、名录四种形式。按惯例生不立传。立传人物以本籍为主，兼顾客籍。人物以生年为序排列。前志漏载人物归入补遗。

十、本志历史纪年，新中国建立前用朝代和民国年号，相关段落首次出现时夹注公元纪年；新中国建立后用公元纪年。

十一、本志计量单位与数字的使用按国家统一规定。

十二、本志采用无锡市统计部门公布的和经各主管部门核实的统计数据。

十三、本志未注明世纪的年代均指20世纪的年代。

十四、对需要说明的专用名词、特定事物予以注释，视注释文字长短用夹注或页下注。

十五、对来自各地区、各部门、各单位的档案资料，一般不注明出处。引用史籍文献原文的，注明出处。

十六、本志索引采用主题索引。

总 目

目　录

（第一册）

第一卷　政　区

第二卷　环　境

第三卷　人　口

第四卷　胜景　旅游

第五卷　城乡建设与管理

第六卷　水　利

第七卷　交　通

第八卷 邮政 电信 信息化建设

无锡市志

【第一册】

历史概略

一

无锡历史悠久。六七千年前，太湖流域平原已形成，无锡成为以平原为主兼有山水的地方，具有得天独厚的地理环境。无锡先民选择靠近水边、地势干爽的土墩、高地居住，在此劳动、生息和繁衍。境内伯渎河畔鸿声彭祖墩、阳山新渎庙墩、雪浪葛埭桥庵基墩和玉祁芦花荡等地，是无锡最早的原始氏族居住地。出土众多的细石器和磨制石器生产工具以及各种类型陶器表明，先民从事着以原始农业为主，渔猎、采集为辅的物质生产，其生活和生产的特点属于马家浜文化。其后经1000多年，仙蠡墩出现原始氏族部落，人们开始用石制的生产工具砍伐树木、开垦荒地、种植稻谷，生活中普遍使用陶器，还制作原始的装饰品。村落房屋已有一定布局，其特征属于崧泽文化，进入原始的锄耕农业时代。约四五千年前，无锡进入良渚文化时期，从锡山施墩遗址看，已进入犁耕时代，先民们开凿水井，手工业已从农业分离，陶器、玉器工艺有很大提高。黑陶器多为轮制，种类多，器形规整、精致，表面光洁，有的器物还有朱绘图案。约4000年至3300年前，无锡进入马桥文化时期，位于仙蠡墩遗址西约300米的许巷遗址，出土有鸭形陶壶和圆底内凹的印纹陶罐等。其时，部落遗址范围面积较大，达数平方公里。

无锡有文字记载的历史可追溯至商朝末年。公元前11世纪末，周太王古公亶父长子泰（太）伯、次子仲雍为让王位南奔至梅里，断发文身，与当地古越族裔民筑城立国，自号“勾吴”。泰伯将北方先进的农业技术、青铜器铸造技术等传播到江南，发展农耕，制陶冶铜，并带领百姓开泰伯渎，“荆蛮义之，从而归之千余家”“数年之间，民人殷富”。泰伯奔吴，促进中原文化与江南文化的交流与结合，开创具有尚德务实、开拓创新精神的吴文化，无锡成为吴文化的发源地之一。自泰伯至吴王诸樊共20世，前后600多年，无锡为古吴国都邑所在地。西周至春秋时期，无锡在陶瓷和冶铸青铜等手工业方面有较快发展，青铜器具较多地被应用于农业生产上，田间管理已相当熟稔。春秋时，吴国崛起。吴王阖闾建阖闾城，后从无锡迁都至苏州，无锡至今尚有阖闾城遗址。吴王夫差为北上争霸，筑江南运河，始有无锡段运河。

周元王三年（公元前473年），越灭吴，无锡属越国。吴越两国相继崛起，相争不已，无锡留有鸿山越国贵族墓遗址及多处古迹。周显王三十五年（公元前334年），楚败越。楚考烈王十五年（公元前248年），春申君黄歇徙封江东，其治所在故吴墟。他治理无锡湖（又名芙蓉湖），立无锡塘，为无锡段运河塘岸的形成与无锡县城的形成奠定基础，在史籍上自此出现“无锡”之名。

秦王政二十五年（公元前222年），秦灭楚，置会稽郡，无锡属之；将春秋时的荆邑改置阳羡县，是全国为数不多的秦县之一，属会稽郡。

西汉高祖五年（公元前202年），始置无锡县，属会稽郡。县城设在运河与梁溪河的交汇处，城中直河贯穿城内，河网密布，堪称“江南水城”。其时，无锡已有冶铁、铸铜、制陶、髹漆等手工业门类，农业生产开始使用铁器农具和牛耕技术。西汉末年，王莽篡权，改无锡县为有锡县。东汉建武年间（25～57年），复为无锡县。东汉永建四年（129年），分会稽郡浙西地置吴郡，无锡始属吴郡。汉代，无锡始有经学家，为虞俊、王关与高彪、高岱父子。

三国时，孙吴大规模屯田，废无锡县，大量东越人与山越人迁移无锡，编户齐民，发展农业生产。西晋末年与东晋初，北方人口因战乱大量南迁，促进无锡经济、文化发展。六朝时期，无锡注重兴修水利，先后疏通长广溪，继续治理芙蓉湖，疏浚梁溪河，修治阳湖堰，扩大灌溉面积，农业生产得到较快发展。东晋、南北朝，无锡农村“鸡犬之声、阡陌相属”。商业贸易开始形成。佛教兴起，先后建有兴宁寺（364年）、惠山寺（423年）、南禅寺（535年）等十几座寺庙。王羲之在城中舍宅建兴宁寺（宋代改称崇安寺），对无锡城市建设、商贸发展与文化传承带来重大影响。同时期，道教在无锡活动活跃，一些道观相继兴建。宗教文化潜移默化地影响无锡人的思想、文化、风俗等。寺庙、道观大都兴建在风景秀丽的山水旁，延展了无锡深厚的文脉。受中原士族崇文传统和宗教文化思想的影响，无锡古吴时代以来延续的尚武民风开始有所转变。东晋时的人物画、山水画大师顾恺之是中国绘画史上早期的代表人物，他的画以形写神，神形兼备。

隋朝时，大运河疏浚贯通。自隋唐至五代，无锡地区继续兴修水利，建造望亭等多处堰、闸和塘浦，控制水位，蓄泄有时，不畏旱涝。远古时期的水乡泽国至此已改造建成河渠纵横、排灌有序的水网系统。养蚕业大为发展，"桑柘含疏烟，处处倚蚕箔"。城内外沿河兴建起莲蓉桥、利津桥等桥梁，便利交通。利津桥将无锡城内最早的街巷之一东大街与崇安寺相连，城内形成以大市桥为中心点的商业中心。由于隋朝漕运的兴起，又由于唐代"安史之乱"后中国经济中心的南移，加上交通的便利，无锡经济长足发展，商业、手工业日趋繁盛，出现手工业行会等组织。盛唐时，无锡成为望县。唐代无锡第一位进士李绅，以"悯农诗人"闻名于世，他与白居易、元稹共倡"新乐府"诗体。"茶圣"陆羽品评惠山泉为"天下第二泉"，宰相李德裕特将惠山泉水作为贡品不远千里送到京城，惠泉之名由此远播，惠山脚下开始筑园林、建亭台，渐成胜迹，众多名人达贵络绎不绝前往游览，留下无数文赋诗篇，人文积淀愈加深厚。

自宋代起，无锡地区治水方略从防止旱涝灾害、控制河湖水情，逐渐转为筑堤围垦，获取更多的田地。无锡农业生产形成稻麦两熟制，"稼刈麦种禾，一岁两熟"。"香粳""红莲稻"等优质稻米成为朝廷贡品。谚称"苏湖熟，天下足"，无锡当属其中。运河中"商旅往返，船乘不绝"。城中，金银、彩帛、香烛、油酱、食米等作坊四处错杂开设，江西景德镇的青白瓷、宜兴的陶瓷，浙江杭州和福建三明等地的漆器，湖州的铜镜，畅销无锡市场。北宋嘉祐三年（1058年），无锡始有县学。政和元年至南宋建炎二年（1111～1128年），杨时创办龟山书院，无锡教育的根基得以培植。宋室南渡，北方人口又一次南迁，绍兴初，无锡人口突破10万人。

由于宋代重文抑武，又随着政治、经济中心的南移，无锡文教之风渐浓，人文荟萃，名人辈出。南宋，无锡产生第一个状元蒋重珍，并有诗人、藏书家尤袤，抗金名相李纲等。南宋末年，文天祥部将尹玉、麻士龙率兵与元兵在五牧发生激战，无一降而全亡。4年后，文天祥被捕路经无锡，写下《吊五牧》《过无锡》两首著名诗篇。

元代，无锡升为州。其时，大运河正式定名为京杭大运河，其作用进一步发挥。无锡城中建亿丰仓，无锡成为四邻地区的粮食储备中心与漕运中心。画家倪瓒画风幽秀旷逸，笔简意远，惜墨如金，成为中国历代十大画家之一。元末，张士诚统治无锡10余年，其部将莫天佑降明而城全。

明初，无锡复为县，属常州府。无锡社会经济更趋繁荣，逐步发展成为江南地区的粮食、棉布贸易中心。工部左侍郎周忱巡抚江南诸府、总督税粮时，大规模治理芙蓉湖，控制水势，使湖面、沼泽进一步缩小，形成大批良田，并减少旱涝灾害。由于水稻育秧移栽技术的推广和普及，无锡的粮食产量逐年增加，"春豆夏麦，秋收禾稻，中年之岁，亩得三石，石一百斤"。无锡之米（糯米）与苏杭之帛、淮阴之粮、维扬之盐、浮梁之瓷、温州之漆器等相提并称，闻名天下，朝廷光禄寺内专设有贮存无锡米的"米仓一区"，专供皇室享用。始于宋代由惠泉水酿造的惠泉酒更具盛名。明万历二年（1574年），无锡北门大桥堍出现米市。无锡虽不产棉花，但邻近的江阴、常熟等地均为产棉区，随着手工业生产的发展，纺纱织布成为无锡农村的主要副业，土布成为"吾邑生产之一大宗"，大批商贩到无锡贩运棉花，收购和销售土布。明弘治年间（1488～1505年），土布商贩聚集在北门外莲蓉桥南，"生贾收之，捆载而贸于淮扬高宝等处，一岁所交易不下数十百万"。无锡遂有"布码头"之誉，与汉口"船码头"、镇江"银码头"齐名。无锡烧窑业兴起，尤其是南门外的窑砖远销外省。明嘉靖年间（1522～1566年），新任知县王其勤带领百姓用无锡窑制之砖将原来的土城垣改建成砖石城墙，以抵御入侵倭寇。无锡农村的市镇、集镇得到发展，集市繁盛，临街背河的各种作坊、店铺鳞次栉比，颇具江南特色。明弘治、正德年间（1488～1521年），无锡华燧、安国等采用活字铜版印书，使无锡成为江南活字印刷业的中心之一，其活字铜版印本是中国现存最早且最具代表性的金属活字印本，极具存世价值。锡绣被选为贡品。明末，手捏惠山泥人面市，其土质细腻，造型生动，尤以“大阿福”最具特色。曹氏冶坊曾为国内著名寺院铸造法器、僧锅。中国十大画家之一的王绂擅长山水，尤精枯木竹石，其山水画兼有王蒙郁苍的风格和倪瓒旷远的意境，对吴门画派的山水画有一定影响。以顾宪成、高攀龙为首的东林党人，在东林书院研讨学术，关心时事，裁量人物，节操名闻天下。无锡园林建设在宋元基础上达到极盛，秦金、华察、冯夔、俞宪、邹迪光、顾可久、华云等人相继大筑园林、山庄、别墅，一时名重于江南，其中寄畅园最负盛名、保存时间最长。华察官至大学士，支持筑城抗倭，协助官府“丈田清粮”。明代，无锡有以顾可久为代表的“锡谷四谏”官，文学家、教育家邵宝，历史学家计六奇，画家王问。

清代，无锡经济更加繁荣。清雍正二年（1724年），分无锡县为无锡、金匮两县。雍正、乾隆年间，无锡“米豆之业甲于省会”“皖豫米商纷然麇集，浙东籴贩，靡不联樯”①。因漕运业兴，无锡造船业发达，尤以杨、蒋、尤、徐、邵五姓出名。清中叶，无锡四乡“机杼声遍村落”，全县有织布机四五万台，年产土布300万疋以上，占全国棉布产量的6.7%，年交易土布700万～1000万疋。清乾隆年间，无锡地区人口剧增，两县总人口突破100万。清代，无锡有历史地理学家顾祖禹，盛名词坛的顾贞观，剧坛一代宗师杨潮观，文学家秦蕙田，文史学家浦起龙、顾栋高，画家邹一桂，编辑《唐诗三百首》的孙洙，水利专家嵇曾筠、嵇璜，中医名家沈金鳌、高秉钧等。清帝康熙、乾隆均6次下江南，分别7次到无锡寄畅园与惠山。自康熙年间始，无锡惠山祠堂群逐渐形成。

二

清道光二十年（1840年）鸦片战争后，上海开埠，无锡得开放风气之先。大批手工业者、商人、农民赴上海发展，从事铁业、棉纱业等，获得原始资本，为后来扩大经营打下基础，无锡与上海经济社会文化等互动发展的格局逐步形成。

清咸丰十年（1860年），太平军占领无锡，成立无锡县、金匮县监军局。清同治二年（1863年）秋，清军与太平军在无锡外围大角桥、白荡圩等地激战，清军攻克无锡城。经过3年多酷烈的战事，由于死亡和逃难，无锡人口在短暂时间内锐减一半，无锡的经济与建筑、古迹等都遭到严重破坏。太平天国战事促使无锡薛福成、杨宗濂兄弟、徐寿、华蘅芳等离锡投奔曾国藩，后又转入李鸿章幕僚，其后成为洋务运动的中坚骨干。

清同治五年后，一度被毁的无锡米市逐渐恢复。至清光绪九年（1883年），在无锡城北、南、西水运要道形成“八段米市”，其中北塘河面宽阔，可泊粮船千艘，是粮食集散的天然良埠，成为米市之首。清光绪十四年始，清政府把浙江各州府的漕粮转到上海、无锡采办，又指定江苏各县的漕粮在无锡集中转运。由于苏南各地所产粳米多在无锡集散，无锡又有仓容量巨大的商业堆栈等有利条件，各县就在无锡采办漕粮，就地转运上海粮道衙门。当时浙江的漕粮在上海采办，而上海的米商转向无锡采办，更使无锡成为江苏、浙江两省的办漕中心。清光绪三十四年，原设在上海的粮道衙门迁至无锡，史称“南漕北移”。至20世纪初，无锡已有粮行140多家，各地流入无锡市场的粮食每年达700万石至800万石。无锡与安徽芜湖、江西九江、湖南长沙并称为全国四大米市。

清咸丰初年（1851年），蚕桑业由湖州传至无锡南乡，后逐渐推广。到清光绪年间，无锡蚕桑业与手工缫丝业初具规模。全县各乡镇普遍设立茧行。“吾邑丝茧为惟一之盛市。每至四月间，茧行林立，收茧之多，岁必数万金……沿西、南、北三门外，茧行之大者凡七十余处，茧灶共七八百副，茧

① 1892年《创建积余堂记》，《无锡粮食志》，第26页，长春：吉林科学技术出版社，1990年。

市之盛,吾邑所以为最也。”[①]至19世纪90年代,茧行规模较大者有70余家,茧灶800余座,出现为中外丝厂代理收购蚕茧的茧行,尤以代理英国商行为多,达300余家。由于外商在锡收购,加上水运便利,吸引省内及浙江、安徽等省部分县的蚕农到锡售茧。至20世纪初,无锡成为苏、浙、皖三省蚕茧的销售中心。“丝市至五六月间,盛设于北门外北塘及南门外黄泥垦等处。乡民之来售茧而自抽丝者,莫不捆载来城,以售其丝……丝市之盛,每年有数十万金之货。”[②]无锡丝行除收购本地土丝,贩运上海售与洋行或华商丝行(栈)外,还大量收购或转运邻近各县的土丝。据锡金厘金总局统计,清光绪六年,无锡输出土丝达10万公斤,价值48万海关两,丝茧市场“甲于东南”,无锡生丝产量占全国的28%,“丝都”的誉称由此而来。

清光绪二十一年(1895年),杨宗濂、杨宗瀚在无锡南门外创办第一家民族资本企业业勤纱厂,开民族工业发展之先河。近代机器纺织工业的兴起,为无锡“布码头”注入了新的内涵。清光绪二十六年,荣宗敬、荣德生兄弟与朱仲甫合伙创办保兴面粉厂。同年,匡仲谋开办亨吉利布厂。清光绪三十年,周舜卿开办裕昌丝厂。清宣统三年(1911年),无锡共有棉纺厂、面粉厂、缫丝厂、碾米厂、染印厂12家,成为中国民族工业发祥地之一。

工商业的发展,促进了金融业的繁荣。咸丰、同治年间,无锡有经营存放款和汇划业务的钱庄6家。清光绪二十三年,无锡拥有大小钱庄10多家。清光绪三十二年,周舜卿在上海创办信成商业储蓄银行,次年在无锡设立分行,成为无锡第一家银行。无锡成为苏南地区的金融中心和“钱码头”。

无锡城市近代基础设施相继建立。清光绪二十七年,无锡邮电局成立。清光绪三十一年春,无锡公茂轮船局成立,为无锡近代第一家水上机动交通企业。清光绪三十二年,沪宁铁路锡沪段通车,设站无锡。清宣统元年(1909),耀明电灯公司创立,无锡始有电灯。清宣统三年,无锡城区电话开通。

随着封建自然经济的逐步解体,外国资本的侵入,洋务运动的兴起,商品销售市场的扩大,大批廉价劳动力涌入城市,加上日益发达的水陆交通,无锡工商经济迅速崛起,逐步发展成为江南的经济中心城市。清光绪三十四年,无锡、金匮两县设有10市7乡,人口满5万人的为市,无锡城区始划为无锡市。

伴随着西学东渐之风,无锡一代名人各领风骚。外交家薛福成成为具有维新思想的改革与思想先驱,其重视工商的思想成为“实业救国”思想的先导,影响近代中国几代实业家。徐寿、徐建寅父子和华蘅芳致力于传播西方的科技知识,分别成为中国近代化学、机械工程和近代数学的先驱,他们设计制造了中国第一台蒸汽机和第一艘机动轮船“黄鹄”号。李金镛创办漠河金矿。在戊戌维新变法时,无锡有吴稚晖等6位举人参加“公车上书”活动。士绅裘廷梁最早主张白话文,并与侄女裘毓芳创办《无锡白话报》(后改名《中国官音白话报》),为中国最早的白话报之一。杨荫杭等一批具有维新思想的“新式人”,发起集会,被称为“春园党人”。一大批对科举失去兴趣的热血青年纷纷留学国外,探寻救国救民之路。他们带回科学、民主的思想,活跃在中国的政治、经济、科学、文化、教育领域,扩大了无锡的影响力,并开拓无锡近代的教育、科学、医学、法律等各项事业。其中有胡敦复、胡明复、胡刚复三博士,过探先、张轶欧、顾惟精等先贤。留学日本的杨模于清光绪二十三年(1897年)冬在锡创办竢实学堂,为无锡最早创办的新学堂。次年,俞复、吴稚晖、裘廷梁等创办三等学堂。虽历经毁学事件的曲折,但大批新学堂依然应运而生。清宣统三年,江苏省立无锡师范学校创立。留学日本的杨荫杭、秦毓鎏等十数人成为无锡地方最早的革命党人。

清宣统三年,以秦毓鎏为首的无锡同盟会起事,兵不血刃占领无锡、金匮县衙,建立锡金军政分府。辛亥革命推翻了2000多年的封建地方政权,民主思想得以公开传播,剪辫子,放天足,推倒佛像,社会风气为之大变。民国元年(1912年),无锡、金匮两县合而为一,复称无锡县,并实行一系列

① 侯鸿鉴:《锡金乡土地理》,1906年。
② 侯鸿鉴:《锡金乡土地理》,1906年。

变革，警察、审判、检察机构和律师公所相继建立；商会、农会、教育会等社团相继成立；城乡出现一大批公立、私立学校；改革财政，裁撤厘卡，设立货物税公所，取消田亩附加税；开设光复门，开通从城中到火车站的马路，开辟菜场等。其间，政府实行发展工商业和保境安民的政策，使无锡保持较长时期的安定。

民国元年（1912）至抗战爆发前，是无锡经济发展的黄金时期。其间，由于第一次世界大战使帝国主义国家无暇东顾，无锡的民族工商业获得较快发展。五四运动、五卅运动及九一八事变爆发后，全国掀起“抵制外货，倡用国货”的热潮，无锡民族工业得到快速发展。民国18年，世界资本主义经济危机爆发，无锡民族工业受到严重影响，但由于实业家们励精图治，无锡经济发展势头未减。

民国2年（1913年），随着沪宁、津浦、陇海铁路的沟通，北方来粮运输从单纯米稻水运改为稻豆麦杂粮水陆并进，到货日渐增多，这不仅使无锡米市更加兴盛，也为无锡面粉、油料加工业的发展提供条件。民国17～25年，是无锡粮食业发展的全盛时期，碾米、制粉、榨油工业加工规模达上千万石。民国22年的《中国实业志》称：“无锡日产面粉2.6万包，仅次于上海、哈尔滨，列全国第三位；油饼厂具有年产400万担豆饼、40多万担豆油的生产能力，为中国著名的食油生产基地之一；粮食堆栈有330万石的仓储容量，常存200万石，国内无出其右。无锡粮食常年吞吐量1200万石左右，位列四大米市之首。”

“粮业兴，百业盛”。无锡每年有千万石以上粮食集散和近亿元资金流转，加上金融业的发展，带动各类商品的畅销，推动各业的兴旺。许多粮商从粮食业获得资本积累后，或扩大经营规模，或投资其他行业，蔡缄三、唐保谦等在九丰面粉厂发展的基础上创办庆丰纺织厂，义泰永粮行主夏伯周创办维新漂染厂。

至抗战前夕，无锡的纺织工业已有纺织厂7家，纱锭261435枚，织机3719台；独织厂21家，织机1618台；毛纺织厂1家，毛织机40台，毛精纺锭1800枚，粗纺锭204枚；袜厂53家，年产纱线袜375万打，居全国领先地位。另有为纺织业服务的机器厂20余家。无锡纺织业生产设备数和主要产品产量在国内名列第三。其中，丽新印染厂是全国第一家从事纺、织、染的全能厂，协新毛纺织染厂是全国最早生产粗、精纺呢绒的企业之一。

其时，缫丝业是无锡工业的主要行业之一，丝厂主要集中在南门至东门沿运河一带。薛氏创办的永泰丝厂创出“金（银）双鹿”名牌，于民国10年（1921年）冬获纽约万国博览会“金象奖”，产品在美、英、法、澳等国供不应求，与上海“厂图”“金锚”和苏州“丰人”并称为中国四大名丝。民国19年，无锡缫丝工人有42104人，占全国丝厂工人总数的29%，占当年无锡各业工人总数的63%。民国25年，无锡丝厂达51家，丝车1.58万台，丝车数占江苏全省的95.8%，生产白厂丝27734万担，其中外销25793担，占全国生丝外销总量的54.6%。

二三十年代，在无锡纺织、缫丝等工业发展过程中，一批具有远见卓识的实业家，积极引进外国先进设备和科学管理，改革封建把头制度，注重人才的引进与培养，改革生产技术，重视提高产品质量，注重资本经营及规模生产，开发国内、国外市场，在竞争中求发展。无锡逐步形成六大民族资本集团，其中包括：从创办保兴面粉厂起家，逐渐成为中国最大的民族资本集团的荣宗敬、荣德生资本集团，荣氏兄弟建立的茂新、福新、申新系统企业，遍布上海、武汉、重庆、济南等大城市，有11家大型面粉厂和9家大型纺织厂，面粉产量曾占全国民族资本面粉企业总产量的1/3，纱布产量曾占全国民族资本棉纺织厂总产量的1/5，为名闻中外的“面粉大王”和“纺织大王”；薛南溟、薛寿萱父子创立中国最大的缫丝资本集团，被称为“丝茧大王”；由开办面粉厂、油厂开始逐渐向纺织工业发展的唐保谦、蔡缄三资本集团；唐骧庭、程敬堂资本集团；创办业勤纱厂的杨宗濂、杨宗瀚兄弟及其后代的杨氏集团；在上海首创私营信成商业储蓄银行的周舜卿资本集团。此外，还有既当买办、又斥巨资数百万投资民族工业的祝大椿；有经营桐油、榨油、薄荷业，被誉为“桐油大王”的沈瑞洲等。无锡民族工商实业家在无锡经济社会发展中发挥了重要的作用，其事业拓展到上海等地，有的成为上海实业界的代表人物。在积贫积弱的旧中国，他们艰苦创业，善于经营，将所得利润用于扩大再生产，并大量投资于无锡教育文化事业、基础设施建设以及社会公益事业与慈善事业。其时，无锡的教育事业显示出与工商经济紧密结合、突出职业教育的特点。至民国25年，无锡有纺织、缫丝、面粉、针织、染织、碾米、铁工、砖瓦、造纸等20个工业门类315家工厂，资本总额1407万元，在全国居第五位；年产值7726万元，仅次于上海、广州，居全国第三位；产业工人总数6万多人，仅次于上海，居全国第二位。

民国初年，继清宣统二年（1910年）南洋劝业会上锡绣多项作品获得金奖与银奖，惠山泥人获得银奖后，锡绣以及首饰银器、雕刻等又分别获得比利时万国博览会，意大利、巴拿马万国博览会和江苏省首届、第二届物品展览会奖牌，驰誉国内外。

工业的发展，促进商业、金融业和交通运输业的兴盛。民国24年（1935年），无锡城区有商店7530家。抗战前夕，无锡有银行10家、钱庄9家、典当33家，存放款3300万元，保险机构先后开设93家。从北大街往北到三里桥，从北城门往南经崇安寺到南市桥，以及火车站、工运桥、光复门一带成为无锡最繁华的地段。锡澄、锡宜、锡沪公路的相继建成，使城内外交通日益便捷。有"交通之便，不愧为邻县之冠，且为江苏省内各县之冠"的说法。

无锡在一二十年代就被称为"小上海"，无锡作为县，其经济实力已超出历史上一直作为州、府治的苏州、常州。民国11年（1922年），无锡曾开设商埠，至民国16年废。民国17年，江苏省政府议决无锡撤县筹备建市，并成立无锡市市政筹备处，至民国19年撤销，设市未成。至抗日战争前，无锡已成为国内主要工商业城市。无锡城区已突破原县城范围，城北米市、城西面粉厂与堆栈、城南缫丝业、城东火车站与轮船码头等工商、交通发达地区逐渐划入城区。

同时期，无锡的娱乐业、旅游业、园林建设等也有长足的发展。戏馆、影剧院逐渐增多，至抗战前夕，城区共有戏院14家、游艺场3家，有近万个座位，演出京剧、锡剧、苏剧、杭剧、滑稽戏、歌舞等。有书场28家，主要演出评弹，兼有锡剧清唱，无锡遂被称为"戏码头"。锡剧前身无锡滩簧由袁仁仪带到上海大世界演出，后锡剧成为华东六大主要剧种之一。杨翰西等开辟鼋头渚风景区，荣氏兄弟开辟梅园，王禹卿、王亢元父子开辟蠡园，陈梅芳开辟渔庄等，形成以太湖为中心的无锡风景区。在太湖流域，无锡城靠太湖最近、居风景最佳处的优势得以发挥。无锡开辟太湖、惠山等旅游线路，画舫、游艇造型讲究别致，远抵浙江湖州，接待游客饱览湖光山色。旅游车除可旅游市郊外，还可抵达宜兴张公洞、善卷洞。随着饭店、旅馆业的兴起，"锡帮菜"渐成体系。民国4年（1915年），无锡县立公共图书馆开放。民国5年，荣氏私立大公图书馆开放。民国9年，国学专修馆创办。俞庆棠、高阳等根据孙中山"必须唤起民众"的遗训，自民国17年起在无锡推行民众教育。民国19年，江苏省立教育学院在无锡成立。民国25年，被誉为"跳王"的田径名将张嘉夔参加在德国柏林举行的第十一届奥林匹克运动会，成为无锡体育史上第一个参加奥运会的运动员。自清末至民国，无锡出现曹氏儿科、黄氏喉科、楚氏伤科、章氏和诸氏外科、邓氏内科、承氏和张氏针灸科、丁氏痔科等一批名中医世家，并形成各种流派，代有传人，尤以武进孟河医派最负盛名。至民国23年，无锡有医院12所。

在商品经济的影响下，无锡农村经济发生很大变化。城市的扩大，使一部分农村人口进城，农村土地和农民家庭拥有土地的数量减少，单一种植粮食作物的产业结构有所改变，副业、手工业、商业发展，推动农村商品生产和商品交换。城市化、乡镇化趋势明显。民国18年，无锡17个市（乡）改为17个区，下设110个镇和442个乡。新的农业生产关系产生，出现资本主义性质的实验农场和蚕种制作场，蚕业合作社达400多个。农业生产技术得到改进，柴油机生产的发展便利农田灌溉，至抗日战争前夕，无锡共有戽水机（船）1000台（条）以上，70%的耕地使用机器浇灌。民国18年、21年，中央研究院陈翰笙率领张锡昌、王寅生、钱俊瑞、薛暮桥一行先后两次到无锡进行农村经济调查，研究农村经济在商品经济的影响下崩溃、衰弱的状况与原因，最早反映出中国农村在城镇化、工业化早期发展过程中经济、社会结构、阶级关系的演变。这些主要调查者后来都成为著名经济学家。

民国26年（1937年）7月，日本全面侵华战争爆发，无锡遭到日军轰炸。11月25日，无锡被日军侵占，惨遭破坏。民国27年，全县人口从战前的121.8万人锐减至62.1万人。业勤、广勤、豫康、茂新一厂等一大批工厂被焚毁，庆丰、振新、申新三厂、九丰、茂新二厂等被日军占领。缫丝车比民国20年减少66.9%，产品外销断绝。大小工厂机器、发电机等被拆往他处，生产基础尽失。商业"繁华之区变成瓦砾之丘"。主要街道、商店、工厂建筑成为废墟。全县被烧房屋16多万间；被毁街坊20个，部分被毁街坊37个；被毁村庄102个，部分被毁村庄92个。城中崇安寺大雄宝殿被烧毁。被抢粮食545万余石。浦文汀创办的恒德油厂油池存油100多万斤被泻入阴沟，豆饼遭抢。基础、交通设施被摧毁。无锡经济遭到沉重打击，元气大伤，在很长一段时期内一蹶不振，"小上海"变得满目疮痍，经济发展严重倒退。日军在无锡屠杀、强奸，惨案频发。全县伤亡22432人，被奸淫妇女万人以上。据不完全统计，社会财产、居民财产损失达860920.56万元。

民国34年（1945年）8月，抗日战争取得胜利。无锡的经济逐渐恢复和发展。许多工厂整修设备，一些实业家通过投资开办新厂再图发展。荣德生创办开源机器厂、天元麻纺厂，还创办江南大学。但由于国民党统治集团挑起内战，时局动乱，工厂开工不足，难以维持正常生产。市场更是不景气，物价飞涨，货币贬值，洋货倾销，投机盛行，工人大批失业，农民生活困苦。缫丝工业因国际市场丝价暴跌，丝厂濒于倒闭。全城商业总户数虽比抗日战争前增加88%，而资本折实却减少32%。至解放前夕，无锡经济已陷于奄奄一息的困境。

无锡人民有着反压迫、反封建、反侵略的革命传统。辛亥革命后，无锡人民为反对袁世凯复辟，进行长达5年的斗争。民国8年（1919年）五四运动爆发后，无锡组织"救国五七团"等团体，与民众一起开展罢课、罢市、罢工、抵制日货的斗争。新文化运动与五四运动所宣传的民主与科学思想和马克思主义的传播，使无锡广大民众受到教育，特别是使一批爱国青年和进步知识分子觉醒，思想发生急剧转化。中国共产党建立后，民国12年2月即有无锡籍共产党员糜文溶在无锡活动。无锡工商资本的发展，使得产业工人队伍总数庞大。无锡的工人运动与党团组织的发展受到中共上海党组织的高度关注。在上海党组织的关心与指导下，民国12年10月，建立社会主义青年团无锡支部。民国14年1月，建立第一个中共党组织——中共无锡支部，由薛萼果（孙冶方）任书记。无锡支部最初虽然只有3名党员，却从此改变无锡地方的政治格局，代表工人阶级利益的先进政党开始走上政治舞台，并表现出强大的活力。无锡的工人运动、农民运动、学生运动、各界人士的爱国民主运动在中共党组织的领导下，持续不断。同年五卅运动爆发，无锡各界民众纷纷举行集会游行，声讨英、日帝国主义的罪行。中共无锡支部发动全体党团员积极加入斗争，成为五卅运动的骨干。同年，中共无锡地方组织在西水墩建立第一所工人夜校，培养积极分子，一批积极分子随后加入中国共产党。民国15年5月，在中共领导下，全县21家丝厂2万多名女工举行总同盟罢工，并取得胜利。同年，在中共党员的协助与参与下，建立国民党无锡县党部，国共合作的国民革命进一步展开。徐梦影在梅园徐巷建立第一个农民俱乐部和农民夜校，建立第一个农村党支部——徐巷支部。民国16年1月，无锡总工会成立。北伐军到来前后，无锡工农革命运动高潮迭起。同年4月14日，在蒋介石的直接授意下，无锡发生反革命事件，国民党右派袭击无锡总工会驻地，总工会委员长秦起被杀害。安友石、徐梦影等一批中共党员和革命志士被捕牺牲，革命斗争转入低潮。民国17年秋，在严朴等人领导下，锡北、锡东诸乡农民举行秋收暴动，遭到镇压。中共地下党继续进行秘密活动，中共无锡县委、团县委多次遭到破坏。自民国16年至23年7月县委停止组织活动，中共地下组织的负责人更替16名，任职最长的1年，最短的仅3天。高文华、冯琴妹等一批共产党员相继被捕牺牲。抗日战争爆发后，中共党组织在无锡恢复。无锡人民组织抗日武装，四处出击，打击日本侵略者。抗日勇士尤国桢活跃于城乡之间，歼敌除奸，屡建奇功。民国28年5月，新四军江南抗日义勇军东进无锡，在黄土塘首战日军告捷，奔袭浒墅关日军据点，震惊京（宁）沪线，在中共无锡党组织的统一战线工作配合下，收编7支地方武装，圆满完成解决"人、枪、款"的任务。同期，国民政府军队与日军展开过激烈战斗，在抵抗日军进城和胡埭战斗中，阻击来犯敌人。民国29年6月，谭震林领导的新四军江南抗日救国军进入无锡，在无锡扩军建政，分别在锡东、南、西、北建立抗日民主政权，巩固抗日游击根据地。民国30年夏，日伪军进行“清乡”，新四军北撤，中共无锡地下党组织武装与日、伪展开艰苦卓绝的斗争，开展反“清乡”斗争，引导先天道暴动等，直至抗日战争胜利。抗日战争期间，无锡有400多位革命战士牺牲，其中包括7名县团级干部和20多名区营级干部。解放战争期间，无锡地下党组织和武工队开展反“清剿”、锄奸除叛和抗丁、抗粮、抗捐、抗租等斗争。解放前夕，中共地下党组织工人纠察队，开展护厂、护校、护店、护城等斗争和策反活动，团结以荣德生、钱孙卿为代表的无锡工商界人士。在长期的革命斗争中，无数革命先烈为了人民的解放事业，为了建立民主、自由、富强的新中国而壮烈牺牲，其功绩与精神永昭后人。

这一时期，无锡名人群星璀璨，其中包括经济学家孙冶方等，教育家胡雨人、唐文治、侯鸿鉴，文史学家钱基博，辞书学家丁福保等，中国“童话大王”、版本目录学家孙毓修，画家吴观岱、胡汀鹭、贺天健、徐悲鸿、钱松喦等，微雕艺术家薛佛影，民族音乐家杨荫浏、华秋苹、朱勤甫、刘天华和民间音乐家华彦钧（阿炳）等，新文化运动猛士刘半农，一代影星上官云珠，爱国名僧巨赞法师，政治家、革命家王昆仑、秦邦宪、陆定一、潘汉年等。

三

1949年4月23日，无锡解放，分无锡县为无锡市、无锡县，无锡市直属苏南区，建立中共无锡市委与无锡市人民政府。苏南行政公署驻无锡市。

解放后，市委、市政府以“一切工作围绕着以生产为中心”，依靠工人阶级恢复生产，没收官僚资本，把14个官僚资本企业收归国有，创建社会主义性质的国有经济；打击投机倒把，稳定市场、稳定物价、稳定金融；调整工商业，通过加工订货、银行贷款、分配原料等方式，帮助私营企业克服困难，发动私营企业劳资双方签订集体合同，建立劳资协商会议；对小作坊、小工场进行改组。为巩固新生政权，开展剿匪肃特、镇压反革命运动，开展禁赌、禁毒、禁娼和游民改造工作，维护和安定社会秩序。宣传贯彻婚姻法，推动妇女解放运动。在农村实行土地改革，使无地或少地的农民分得土地和其他生产资料。在抗美援朝运动中，广大群众踊跃参加捐献飞机大炮活动，共捐款515.5亿元（人民币旧币），可购战斗机34.4架，超额完成任务1.4架。在城市进行各项民主改革。废除保甲制度，建立区、乡（镇）人民政府和居民自治组织，并在各级建立党组织。建立工会、妇联、青年团、文联、技协等群众团体，建立或筹备建立民盟、民建、农工、九三学社等民主党派和工商联。召开各界人民代表会议，共商建设新无锡大计。广大人民群众满怀翻身得解放的喜悦，投入到生产建设中，劳动热情高涨，开展劳动竞赛，不断创造生产新成绩。1951年1月，华昌丝厂缫出4A级丝，首创全国生丝质量新纪录，中央人民政府副主席刘少奇发来亲笔贺信。至1952年，无锡的经济得到全面恢复和初步发展，与1949年相比，工业总产值增长114.39%，粮食产量增长25.02%。职工和农民的收入逐年增加，生活有所改善。城市建设加大步伐，具有2000多年历史的城墙被拆除，建造解放环路、市人民大会堂等。新建五里新村、周新村、扬名新村等住宅区，安排棚户区居民入住。对科学、教育、文化、卫生事业进行调整和改造，开展普及文化和扫盲教育活动。江南大学与苏南文教学院因院系调整而撤销。民间音乐家阿炳的部分二胡、琵琶曲等经杨荫浏等抢救得以保存，最负盛名的二胡曲《二泉映月》传扬海内外。新建人民体育场和工人文化宫等。1952年起，在各级机关开展反贪污、反浪费、反官僚主义的“三反”运动，在工商界开展反行贿、反偷税漏税、反偷工减料、反盗骗国家财产、反盗窃国家经济情报的“五反”运动。

1953年1月1日，中央人民政府撤销苏南、苏北行政公署，建立江苏省，无锡市为省辖市。当年，无锡城市性质确定为“一个轻工业和休养、游览的城市”。同年1月起，无锡市开始执行发展国民经济的第一个五年计划(1953～1957年),进行大规模、有计划的经济建设。根据“结构更加合理,力量相对集中,基础相应加强”的原则,通过“裁、并、迁、汰”等方法,对地方工业进行较大规模调整改组,将原来零星分散的1114家企业和作坊,合并、改组成为565家企业。发展和开辟新的工业门类,着重发展基础薄弱的机械、化工等工业,建成一批骨干企业。普遍开展社会主义劳动竞赛和技术革新、技术革命运动,促进生产技术水平和劳动效率的提高,涌现出章瑞英、傅海泉等一大批劳动模范和革新能手。在农村开展爱国增产运动,大力兴修水利,推广新的农业生产技术,更换良种,增产粮食,支援国家工业化建设。1953～1958年,发展城市交通,填塞城内外的多条小河小浜,筑成马路。1958年12月,在城西北开挖对无锡水运和城市发展布局产生深远影响的新运河。此后,工业区、商贸区、住宅区在新运河两侧渐次兴起。

在此期间,国家对粮棉油实行统购统销政策。农村由建立互助组、初级社,发展至高级社,至1956年3月,郊区98.37%的农民参加合作社,实行土地公有化,建立农村集体所有制。在合作化过程中,无锡县堰桥乡于1952年4月办起集体性质的砖瓦厂①,为最早的社办企业,无锡遂成为中国乡镇企业的发源地之一。

实施工商业公私合营的改造。至1956年1月,无锡批准公私合营的工商企业2139家、5371人;个体手工业户与原来的116个手工业社组成199个合作社。工商业、手工业、农业“三大改造”任务胜利完成,从根本上改变了生产关系,初步建立社会主义制度,无锡从此进入社会主义初级阶段。无锡按行业实施改造工作的经验得到党中央的肯定,无锡市地方党政组织主要领导人向党中央、毛泽东主席当面汇报,并在中央政治局召开的会议上作专题发言。

继续加强民主建政工作。1954年,在普选基础上,无锡市第一次人民代表大会召开。同年,无锡市政治协商会议成立。城区建立街道办事处。加强党建和干部工作,党员总数从1949年10月的957人,至1956年发展为1.99万人,并在以产业工人为主的同时注意发展知识分子入党。1956年5月,中共无锡市第一次代表大会召开。市委、市政府提出实施住房、福利、医疗等方面的一系列措施,解决入托难等突出问题,实行工资改革,增加职工收入,改善群众生活。继1954年梅园水厂建成出水后大力加快城市基础设施和道路建设。发展中等专业教育,设立多所中专学校,私立中小学全部改为公办。科学文化领域贯彻“百花齐放、百家争鸣”的方针。锡剧团等多个专业剧团成立。面向工农建立医疗保健网,开展爱国卫生运动,防治血吸虫病,原县公立医院、普仁医院、益寿医院改名为市第一、第二、第三人民医院,增设妇幼保健、传染病防治、肺结核病防治、中医等公立医院和疗养院。开展群众体育活动,举办运动会,在学校、机关开展“劳卫制”(准备劳动与卫国体育制度)体育锻炼。

1957年,无锡第一个五年计划完成,是年全市工业总产值3.95亿元,农业总产值2166万元,社会商品零售额1.28亿元。同年,开展整风及反右派斗争。反右派斗争中发生严重的扩大化错误,致使一批知识分子、爱国人士、党内干部被错划为“右派分子”,造成恶劣后果。1958年,宣传贯彻“鼓足干劲、力争上游、多快好省地建设社会主义”总路线。受“左”的思潮影响,在城乡开展“大跃进”和人民公社化运动,掀起“大炼钢铁”、大办工业的高潮。当年新建全民所有制企业159家,固定资产投资相当于前7年投资总额的两倍多,工业产值比1957年增61.18%。同年,全市外贸收购额突破1亿元,居全省前列。“金双鹿”白厂丝在国际市场上享有盛誉。由南京迁锡的无锡食品工业学院(后改称无锡轻工业学院)建立。1959年,新办集体工业企业153家。但产品质量下降,生产出现大起大落。至1960年,有150家企业因原材料不足和生产技术不过关而陷于停产以至关闭。1961年,全市工业产值比1960年下降34%,财政收入下降31%。在农村中,受“共产风”、浮夸风、瞎指挥的影响,一哄而起地办起“一大二公”的人民公社。公社实行军事化,吃饭不要钱,农业生产大搞“深翻”“密植”,放“高产卫星”。经济建设严重违反客观规律,脱离生产实际水平,片面强度高速度,造成国民经济比例失调,加上自然灾害影响,粮食连年减产,积累和消费比例失调,导致市场供应紧张。“大跃进”

① 董欣宾、郑旗主编《无锡县社队工业年谱》,国际新闻出版中心出版,1995年11月,第3页。

之风蔓延至教育、科学、文化、卫生事业等领域。1959～1961年三年困难时期，人民温饱成为突出问题，人口非正常死亡现象较为严重。

1961年起，无锡市贯彻执行中共中央关于“调整、巩固、充实、提高”的方针，按照“农、轻、重”的次序，调整国民经济计划，压缩基本建设战线；“关、并、撤、停”一批企业，精减职工；压缩重工业，加强轻工业；充实和加强支农工业，发展农机产品。在调整中，无锡市在发展“高、精、尖”工业同时，在城市布局上给1958年发展起来的电子、机械、冶金工业区留足空间，形成全市相对合理的工业结构。通过调整和改组，一批骨干企业得到加强和提高，在全市形成大、中、小企业并举，以中小企业为主；国营企业和集体企业并举，以集体企业为主的多层次的工业结构。通过调整，冶金、机械、轻工、纺织、化工等行业得到加强，研制和生产出的大批产品后来逐渐发展成为名牌和拳头产品。在农村，贯彻《农村人民公社工作条例（草案）》（即“农业六十条”），实行三级所有、队为基础，调整生产关系，调整分配政策，减轻农民负担，狠抓粮食、蔬菜等农副产品生产，农业生产水平很快得到回升。1964年，锡剧现代戏《红花曲》参加华东地区调演并拍成电影。在“大跃进”时期创办的9所高等院校，连同新办的多所中专、技工学校在调整中撤销。同年起，全市开展工业学大庆、农业学大寨运动，在“左”的思想指导下开展城乡社会主义教育运动。1965年，全市社会总产值11.15亿元（当年价），比1957年增长96.45%。粮食总产量3.82万吨，比1957年增长33.5%；亩产达到466.5公斤，首次超过《全国农业发展纲要》提出的指标。商业、交通运输业和各项事业也得到恢复和发展。

1966年5月～1976年9月，无锡市经历了长达10年的“文化大革命”运动。1966年，红卫兵运动兴起，党组织和政府机构逐步陷于瘫痪、半瘫痪。1967年，派性斗争愈演愈烈，发生大规模武斗，工业生产跌入低谷，全市工业总产值比1966年下降24%。1968年，市和各级基层单位相继建立革命委员会，生产、工作秩序逐步有所恢复。大批知识青年与城镇干部、职工、居民下放农村。1976年10月，党中央粉碎江青反革命集团，“文化大革命”结束。

在这10年中，无锡广大干部群众自觉抵制“左倾”错误，坚守岗位，减少损失。特别是经过1972～1973年经济领域的纠“左”整顿和1975年的全面整顿，无锡经济重获发展。在城市，发展地方工业和生产市场紧俏的短线产品，先后投资新建汽车制造厂、电视机厂、硫酸厂等一批重点企业，电影胶片、显像管、电视机、照相机、电力电容器、塑料、手表、合成纤维等一批重点产品形成一定生产能力。外贸收购额在1973年达到2亿元。在农村，兴修水利设施，大搞农田基本建设，建立四级农业技术推广网络，发展农业机械化，促进农业生产发展。实行农村合作医疗。1976年，粮食亩产803公斤，刷新历史最高纪录。各地农村按照“围绕农业办工业，办好工业促农业”“以副（业）促农（业），以工（业）补农（业）”的方针，发展社队工业。无锡市通过市属企业先后两次组织产品脱壳下放、两次厂社协作挂钩、安置知识青年、增加无息贷款等措施，支援、支持社队工业发展，先后建成一批机械、五金、纺织、化工、建材等门类的工业企业。无锡县于1973年成为全国社队工业产值最早突破1亿元的县。无锡市郊社队工业产值由1966年的73万元增加至1976年的7125万元，增长97.6倍。

1969～1971年，在“以粮为纲”的方针指导下，无锡市提出“向太湖进军，向太湖要粮”的口号，在西五里湖、西太湖、马山北部湖区，围湖造田4万亩，形成马圩地区。围湖造田增加了土地面积，对马山地区乃至无锡地区的发展带来重要影响，同时由于人为地打破了湖区自然生态平衡，破坏了风景旅游资源，更给防洪排涝带来负面影响。

1972年，无锡市第一次、也是在省内较早提出建设小城镇的城市建设规划，并提出以“大分散、小集中”方式建设小城镇工业区。1973年，无锡市城市规划提出“把无锡建设成为一个轻重兼备、全面发展、具有特色的现代化社会主义工业城市”。1975年，马圩部分地区退湖还渔。

1977～1978年，无锡市开展揭批江青反革命集团及其帮派体系的斗争，开展整党整风和真理标准大讨论活动，国民经济较快恢复，社队工业快速发展。教育秩序逐步趋于正常，中断11年的高考恢复。1978年1月，召开全市科技大会。同年，提出经济建设新的“跃进”计划。无锡城区环城河被填塞，建成全长3430米的防空工程，原先具有江南水城特色的城池河网不复存在。是年，在无锡市城市规划中重新将“风景旅游区”列入城市建设发展定位。

四

1978年12月，中共十一届三中全会召开。无锡市贯彻执行以经济建设为中心、坚持四项基本原则、坚持改革开放的基本路线，进入改革开放新时期。

无锡市继续在各个领域深入进行拨乱反正，纠正“文化大革命”和历次政治运动中“左”的错误，清除“左”的思想影响，落实党的各项方针政策，平反一大批冤假错案，安置12万名下放回城人员，调动各方面积极因素，稳定社会秩序；贯彻执行国民经济“调整、改革、整顿、提高”的方针，经济建设和社会事业开始走上持续、稳定和协调发展的轨道，出现百业待举、百废待兴的局面。广大干部群众投入社会主义现代化建设，实施国民经济和社会发展第六个五年计划（1981～1985年）。

1983年3月1日，无锡市实行市管县体制，原苏州地区的江阴县、无锡县和原镇江地区的宜兴县划归无锡市管辖。实行市管县体制对无锡市的发展产生重大的影响，加速了城乡一体化进程，为无锡的发展提供更广阔的平台，在壮大无锡经济实力的同时，释放了区域本身潜在的生产力。

这一时期，无锡市分三步推进农村改革。第一步，全面推开家庭联产承包责任制，逐步引导农民实行专业承包，适度规模经营，实行土地所有权与经营权的分离，提高劳动生产力；取消不适应生产力发展的“政社合一”的人民公社制度；大幅度提高农产品价格。第二步，调整农业产业结构，农林牧副渔全面发展，走“工、商、建、运、服”综合经营的道路，推进传统农业向现代化农业的转化；扩大社队企业自主权，基本理顺农民与集体、农民与国家的关系，提高农民的生产积极性。第三步，探索稳定发展农业的途径，落实“以工补农”“以工建农”等工业扶持农业的经济政策，逐步建立和健全农业的双轨领导体制和双轨考核制度；建设以村级农业综合服务站为重点的县、乡、村三级农业社会化服务体系；组织开展农业现代化的试点工作。无锡的乡镇企业在原有基础上进入蓬勃发展阶段。1983年，无锡县、江阴县的乡镇企业产值分别达到35.7亿元和25.2亿元，在全国超亿元的209个县中，位列第一和第二；无锡市郊区居全国同等城市郊区第一位。同年，无锡县堰桥乡借鉴农业承包制的形式，实行社队企业“一包三改”，即：以承包责任制为核心，把企业干部的任命制改为选聘制，把固定工资制改为浮动工资制，把职工照顾进厂改为考核录用合同制。1984年，社队工业改称为乡镇工业。同年，无锡农村提出乡镇工业“六个轮子一起转”（即乡办、村办、生产队办、联户办、条线办和户办）。市委及时总结推广“一包三改”经验，把乡镇企业改革改制引向深入。大力兴办乡镇企业促使大批农村劳动力向第二、第三产业转移，广大农民从“农兼工”转向“工兼农”，各地相继出现一批种粮专业户和其他专业户。乡镇企业的异军突起，开创出苏南发展模式，农村经济得以飞速发展，彻底改变农村原有的落后面貌。

同一时期，加大开放力度，城市改革逐步展开。1978年，无锡市第一个利用外资项目——无锡无线电厂与日本合作加工装配线上马。1979年，无锡市开始引导企业运用市场机制进行发展经济的初步实践，逐步扩大企业经营管理自主权。1981年，全省第一家中外合资企业——中国江海木业有限公司经批准成立。1982年，无锡市在全省率先提出城市国有经济“转轨变型”，即把企业的经济活动转移到以提高经济效益为中心的轨道上来，企业从单纯的生产型变为生产经营型。1983年，国营企业初步实行“利改税”。1984年起，城市经济体制改革全面展开，无锡成为国务院确定的6个企业承包责任制试点城市之一。全市以增强企业活力为中心环节，以扩大企业自主权，理顺国家与企业、企业与职工的关系为重点，以“三改一联”（改革企业经营机制，改革领导体制，改革奖励分配制，推进横向联合)为主要内容,在无锡机床厂、无锡市光明内衣厂等31家企业试行经济承包制,在无锡水泵厂等6家企业试行厂长(经理)负责制。其后,改革改制工作在全市国营企业中全面推开。不断深化农产品购销体制改革和商品流通体制改革,在全省率先建立了一批农副产品批发市场,无锡市被列为全国13个生产资料市场试点城市之一,生产资料敞开经营,购销两旺,为无锡经济发展提供有力的支撑。第三产业顺势发展,旅游业发展势头良好。无锡机床厂,无锡市第一、第二棉纺织厂等老牌企业继续保持行业领先的地位,"红梅"牌电视机,"梅花"牌电扇、"小天鹅"洗衣机等成为国内知名品牌。计划、财政、金融、价格、物资、劳动工资、外贸体制等领域的改革逐步推开,各种生产要素市场得到培育和发展,城市经济体制改革向政企分开、所有权与经营权分离、引进竞争机制、推进企业内部改革的深层发展。无锡市率先实行养老保险统筹,推行社会失业保险。1985年,市政府分别制定出台国营企业、集体所有制企业职工劳动保险统筹资金暂行办法。

科技、教育体制改革同步展开。在科学技术方面,改拨款制为独立核算、自负盈亏和课题承包责任制;放宽对科研人员管理的政策,允许科研人员业余兼职。在教育方面,进行教育结构改革,发展中等职业教育和技术教育;成人高校走联合协作道路,扩大办学范围。1981年起,先后创办职业大学(1985年改称江南大学),扩建教育学院和无锡广播电视大学。

一系列改革措施的实施,使无锡的经济和社会发展出现生机盎然的局面。1985年,全市国民生产总值由1978年的24.93亿元增加至79.84亿元,增长2.2倍(市区由12.55亿元增加至30.78亿元,增长1.45倍);国民收入由21.82亿元增加至71.33亿元,增长2.27倍(市区由11亿元增加至27.17亿元,增长1.47倍);财政收入由9.39亿元增加至16.49亿元,增长75.61%(市区由7.03亿元增加至9.7亿元,增长37.98%)。

工业经济实力增强。1985年,全市完成工业总产值181.96亿元(市区81.36亿元),比1978年增长2.5倍(市区增长1.4倍)。1978～1985年,全市共有14个产品获得国家金质奖,64个产品获得国家银质奖,658个产品获得部、省优质奖。完成技术改造项目859项,投资额1.83亿元,一批企业的技术水平接近或达到国际70年代末的水平。1985年底,无锡市有村办以上工业企业11352家,固定资产58.86亿元。由解放初期的纺织、缫丝、粮食加工等门类组成的工业格局,发展成为以轻纺、电子、精密机械为主,冶金、化工、医药、建材、食品等门类较全,具有相当水平的工业格局。

农业经济全面发展。1985年,全市农业总产值11.31亿元,比1978年增长27.5%;乡镇工业产值91.1亿元,占全市工业总产值的49.66%,比1978年增长7.35倍,7年内翻了3番。有43个乡镇工农业总产值超过1亿元,其中11个乡镇超过2亿元。无锡县前洲镇达2.7亿元,为全省之冠。无锡乡村工业总产值已占农村工农业总产值的88.9%。无锡县、江阴县、宜兴县乡、村两级工业产值分别居全国县级第一、第二、第十四位,郊区居全国同等城市郊区第一位。无锡农村经济形成以工业为主、集体为主、商品生产为主的新格局,开始走上农村工业化、集镇城市化、农民共同富裕的道路。无锡市在继续加强农田水利建设的同时,着手流域性水利工程建设,并在1983年首次提出保护古运河的规划,开展环太湖大堤、犊山口防洪控制工程等大规模太湖治理工程建设。

城乡市场繁荣活跃。1985年,全市社会商品零售总额30.79亿元。商业网点建设有序展开,城乡集体和个体商贸服务业发展迅速。市场体系开始形成,建成工业品、纺织品、粮油、物资和综合贸易4个贸易中心,发挥商品辐射、调整供求、综合服务的功能。无锡与全国23个省、市、自治区建立商品交换关系,工业品覆盖全国70%的县(市)。恢复建立粮油市场。国家指令性分配的物资仅占全市社会物资需要量的6%。金融机构组建资金拆借市场。

对外经济交流日益扩大。无锡市先后与日本兵库县明石市、美国田纳西州查特努加市、日本神奈川县相模原市等结为友好城市。引进外资、技术、管理等成为无锡发展的重要举措。1985年,无锡实际利用外资0.15亿美元。全市从事出口商品生产的工厂近300家,出口商品有14大类、500多个品种,外贸产品收购总额9.13亿元。

城镇面貌变化显著。1981～1985年，城市公用事业投资3.1亿元，新建成清扬路、金星路等10条道路，东门和北栅口2座立交桥，锡山、梁溪2座大桥，湖滨、东林等5个广场，并扩建、改造道路14条、桥梁7座。1985年，道路面积由1980年的151万平方米增加至170万平方米。市区建成新村50个，竣工住宅面积351万平方米。1.7万户居民用上煤气或液化气。新建和扩建自来水厂，日供水能力由1980年的22万立方米增加至31.3万立方米，城市自来水普及率达到95%。公交营运车辆270辆，运行线路24条，营运长度307公里，日运客42.8万人次。以植树造林为主的城乡绿化广泛展开，连续3年被评为全国绿化城市。城区建成区面积42.3平方公里，比1949年扩大3倍。小城镇基础设施建设得到加强，各项功能逐步完善。

交通邮电事业加快发展。开通京杭运河无锡市区新运河段，开通无锡到北京、无锡到广东惠阳和佛山的定期航班，新建南门货场，修建乡村公路，改造重要干线，疏浚航道。1985年，初步形成江、河、湖、海相通，铁路、公路、水路、空中航线相配套的运输网络。全社会拥有车辆3.75万辆，交通部门完成货运量1613万吨，客运量4572万人次。广泛运用载波微波技术和装备，电报、长途电话采用微波传输，开通国际国内长途自动直拨电话，电话号码从5位升至6位。全市电话机容量4100门，电话交换机总容量48434门（市区27080门）。

各项社会事业欣欣向荣。1985年，全市拥有自然科学研究机构137个，学会、协会47个；有专业技术人员84523人（自然科学47918人，社会科学36605人）。1978～1985年，取得科研成果2300多项，其中获得国家、省、市奖励的成果1815项，一批项目达到国际先进水平。全市有各级各类学校2420所（市区271所），在校学生61.75万人（市区13.36万人），初步形成包括学前教育、基础教育、职业技术教育、高等教育和成人教育在内的比较完整的教育体系。建成市、县、乡（街道）、村（居委）四级文化网络，5年间出版长篇小说10部、中篇小说20多部。各剧团创作演出一批新剧目。全市有《无锡日报》《无锡县报》《无锡信息报》（后改名《华东信息报》）《宜兴报》4种，有市级和县级广播电台各1个，县级有线广播站3个，无锡电视台和宜兴电视台、江阴电视台转播台各1个。全市有艺术表演团体6个，影剧院和电影放映单位112家，文化馆9所，文化站162个，公共图书馆6个，博物馆1个，档案馆8个；全市拥有医疗机构1110个（其中市区598个），比1978年增加167个；拥有床位14046张（其中市区7710张），比1978年增长17.7%；各类卫生技术人员15485人（其中市区8492人），比1978年增长45%。天花、霍乱、黑热病等20种解放前或解放初期曾在无锡发生过的传染病和血吸虫病被基本消灭；婴幼儿死亡率10.09‰，孕产妇死亡率3.82/万人。在1979～1985年省级以上体育运动比赛中共获奖牌1101枚，其中金牌363枚。涌现出蔡振华、惠钧、朱幼南、王国新等一批著名运动员。

旅游事业兴旺发达。无锡既占有"太湖佳绝处，毕竟在鼋头"的地理优势，又具有江南山水的特色风貌，旅游资源丰富，更通过开辟新的园林景点，新建和扩建旅游设施，形成集江、河、湖、泉、山、洞秀美风光于一体的风景旅游名胜区，享誉中外。1979～1985年，先后有70多个国家和地区的外国旅游者、侨胞以及港澳同胞共45万人次到无锡观光游览，其中1985年达9.8万人次，旅游外汇收入1643万元，接待量列全国各城市的第九位。1985年，共接待国内游客1251万人次，居全国各城市的第五位。

人民生活得到改善和提高。1981～1985年，全市城镇共安置12.3万人就业，城市每一就业者负担人口为0.5人。1985年，年人均收入1113元，比1980年增加414元。因乡镇企业职工实现"离土不离乡"的非农就业，农民年人均收入674元，比1980年增加435元，年平均增长23%。城乡居民储蓄逐年增多，1985年末城乡储蓄款9.9亿元，比1980年增长3倍。城市居民居住条件得到改善，人均居住面积由1980年的4平方米增加至5.82平方米。

1985年，无锡市辖无锡县、江阴县、宜兴县3个县，崇安区、南长区、北塘区、郊区4个区及马山办事处，27个街道、111个乡、13个镇。全市总面积4650平方公里，人口390.95万人，其中市区面积

397.2平方公里，人口84.27万人。无锡相继被列为全国15个经济中心城市、13个较大城市、10个重点旅游城市、“城市综合实力50强”、“投资硬环境40优”和沿海经济开放地区之一。

无锡市志

【第一册】

总　述

无锡，江苏省省辖市，长江三角洲中部重要的中心城市。东邻苏州，距上海128公里；西接常州，离南京183公里；南濒太湖，与浙江湖州交界；西南与浙江长兴、安徽广德交界；北依长江，经江阴长江大桥与广袤的苏中、苏北平原相连接。沪宁铁路、新长铁路在此交会，沪宁、京沪、沿江、宁杭等高速公路在此穿行贯通，陆路交通四通八达；京杭大运河贯流市境，锡澄、望虞、锡溧漕河等河道纵横交织，沟通长江和太湖水系；位于城市东南的硕放机场为苏南国际空港，与水陆交通相衔接，共同构成综合型交通枢纽。无锡地处太湖水网地区，属北亚热带季风气候区，四季分明，气候温润，降水充沛，境内地势平坦，风景秀美，土壤肥沃，物产丰富，素有江南“鱼米之乡”和“太湖明珠”之美誉。

2005年，无锡市下辖江阴、宜兴2个县级市，锡山、惠山、滨湖、崇安、南长、北塘6个区和新区，计59个镇、24个街道。全市总面积4787.61平方公里，其中山区和丘陵面积782平方公里，水域面积1502.08平方公里；耕地面积151.2千公顷。市区面积1622.64平方公里，城市建成区面积193平方公里。全市户籍人口452.84万人。

一、在改革开放的大潮中激流勇进

1986～2005年这20年，在历史长河中只是短短的一瞬，中国改革开放风起云涌，无锡城市发展开启了一段既艰难跋涉又引领风华的辉煌历程，抓住每一发展阶段的重大机遇，突破传统计划经济体制的桎梏，以建立社会主义市场经济体制为目标，实践一系列具有领先意义的制度创新，推进企业改革，加强市场体系建设，发挥地方政府组织、动员、协调资源配置的作用，推动经济结构从单一公有制经济转向多元混合共同发展，经济增长从完全依靠内部资源转向扩大开放内外联动，大踏步推进现代化建设，走在了全国同类城市的前列。

乡镇企业异军突起。自1984年撤销人民公社，无锡农村建立起乡镇、村和村民小组后，开始逐步推行以农户家庭承包责任制为基础的双层经营体制，促进农业剩余劳动力向非农产业转移，“围绕农业办工业，办好工业促农业”，加速乡镇企业发展，很快形成以工业经济为主导的发展格局。无锡县委和无锡市委先后发出文件，推广堰桥乡乡镇企业“一包三改”①经验，推进“三制配套”②改革，不断加强乡镇村集体对乡村办企业的管理，推动企业更好地走向市场。80年代末，无锡乡镇企业实施“改革驱动、科技拉动、人才推动”战略，突破计划经济、小农经济框框束缚，以“星期日工程师”等形式，从上海、南京等地引进工程技术人员，攻克技术难题，研制专用设备，开发新产品，涌现出一批产值超千万元的乡镇企业和若干产值超亿元的乡镇。1994年，无锡乡镇工业产值1355亿元，为全省乡镇工业产值的24%，全国乡镇工业产值的3.9%，占全市工业总产值的74.3%，“三分天下有其二”。乡镇企业的快速发展，推动地区经济社会发展水平整体提升，无锡县和无锡市郊区分别被誉为“华夏第一县”和“神州第一郊”。在发展乡镇企业的实践中，无锡确立“三为主一共同”③发展思路，成为对“苏南模式”特征最基本的概括和诠释。乡镇企业的崛起，走出了中国工业化发展的一条独特路径，有力地推动了社会主义市场经济体制改革的历史进程。

城市改革焕发活力。根据中共十二届三中全会设定的改革路线，同时也借鉴农村改革和乡镇企业发展的成功做法，无锡城市改革进入了快车道。企业改革循序渐进。无锡国有企业和城镇集体企业改革最早围绕转换经营机制、搞活企业经营展开，随后通过简政放权、扩权让利，突破传统计划经济体制的束缚，增强企业自主经营活力。1986年末起，作为国务院确定的企业承包责任制试点城市之一，无锡通过5家企业的试点，有计划、有步骤地在工业企业中全面推行承包经营责任制，5年内，全市有555家企业实行以利润盈亏为主要内容的承包经营责任制。同时推进“拨改贷”“利改税”等

---

① 全面推行经济承包责任制，改干部任命制为选聘制，改固定工资制为浮动工资制，改用工固定制为合同制。

② 实行厂长任期目标制、全面核算制和内部审计制，一些地方还试行资产增值承包制、租赁经营制、风险抵押承包制等改革。

③ 产业结构以工业为主、所有制结构以集体经济为主、经济运行以市场经济为主，最终实现共同富裕。

项配套改革，企业内部实施厂长负责制、劳动合同制、工效挂钩、超产奖励等项改革，以打破“大锅饭”“铁饭碗”为导向，探索“干部能上能下、职工能进能出、收入分配能高能低”的管理办法，推进企业逐步成为自主经营、自负盈亏的经济组织。机械、电子、纺织、轻工、化工等行业的企业走向市场，试行多种形式的横向联合，通过城乡联合、工商联合、跨地区合作联营，组建企业集团，扩大规模经营，在竞争中培育市场经营新优势。商贸流通体制改革稳健推进。粮油和副食品购销逐步突破统购统销、计划调拨的传统流通格局，转向合同定购及定购以外的自主购销，在稳步提高统购价格的同时，实行比例价、议购价和超购加价，基本生活必需品以外的品种逐步放开经营，最终全部取消定购，放开价格，随行就市。日用工业品和生产资料经营改变计划购销调拨的方式，在逐步放开工业企业自主购销的同时，商贸物资企业加强物资串换和商品营销服务，并积极探索工贸联营、工商联营等多种形式，推动工商物资企业逐步成为自主经营的市场主体。市场体系建设步伐加快。这一时段，无锡相继出现了一定规模的专业批发市场和生产资料交易市场，如锡澄蔬果副食品市场、三里桥粮油市场、纺织市场、金属材料市场等；一定规模的商品集散市场，如红梅小商品市场、金三角建材市场、丁山陶瓷市场等。颇具特色的生产要素等各类市场应运而生，人力资源市场、金融市场、房地产市场、技术市场、信息市场、证券市场、企业资产产权交易市场、建设工程交易市场等相继开办并逐渐扩大规模。专业商品市场和生产要素市场的发育成长，沟通城乡，辐射周边地区，不断增强吞吐集散功能，进而促进了企业的经营和发展。社会保障体制改革开始起步。无锡市为解决新老企业退休人员养老保险费用负担畸轻畸重问题，营造公平竞争的社会环境，保障企业退休人员基本生活，从1985年起率先在市区实行职工养老保险统筹，由政府、单位和个人共同负担养老保险费用，养老保险基金实行集中统一管理，在统筹互济的前提下建立个人养老保险账户，改变原有养老金计发办法，实现从单位计发到社会化发放的平稳过渡。之后，社会养老保险的覆盖范围进一步扩大到各类企事业单位和各种身份的劳动者、从业者。1986年初，国家体改委、劳动人事部和江苏省政府先后转发无锡养老保险制度改革办法。同年，无锡市郊区制定并实施农村集体经济组织劳动者退休基金统筹实施细则，率先建立起农民合作养老保险制度，全区农村11万人参加统筹，近2万名达到退休年龄的老人享受养老金。这一改革很快在全市各县、乡（镇）普遍推开。随后，城镇企业失业保险、工伤保险、医疗保险、女职工生育保险的基金统筹办法相继出台，农村合作医疗、优抚、救济等办法不断完善，初步构建起与经济体制相适应的社会保障体系，为进一步深化改革、保障劳动者生活稳定、保障社会安定创造了必要条件。

开放型经济步伐加快。1992年邓小平视察南方谈话发表后，无锡确立外向带动战略，着力推动外贸、外资、外经“三外”齐上，扩大开放成为这一时期无锡经济社会持续快速发展的又一重要引擎。对外贸易不断扩张。80年代前期，无锡地方外贸以来料加工和补偿贸易为主，经营规模不大。后通过积极争取，成立地方外贸公司，相继取得对外贸易经营权和进出口经营权，跨出了从组织货源收购到直接对外出口的重要一步。1988年，实行外贸切块承包经营责任制。1992年后，生产企业陆续获得外贸经营自主权，逐步成为进出口贸易的主体，对外贸易改变了来料加工和初级产品为主的结构状况。2005年，全市进口总额136.45亿美元，出口总额155.46亿美元。利用外资全面拓展。80年代初期，无锡引进境外资金主要是港资、台资，引资对象主要是贸易商，载体主要是纺织、服装、食品等行业的中小企业，引资的方式主要是“嫁接型”合资。1988年，无锡开始实行“以大引大”招商引资策略，推动国有大中型企业与欧、美、日、韩的著名跨国公司、大财团合资合作，由此扩大引资规模，引进先进技术装备，提高合作水平，促进产业结构优化升级。1992年起，与浦东开发开放相呼应，无锡通过土地批租吸引国外大公司扩大直接投资，鼓励外商在锡设立独资企业，进一步扩大利用外资规模，提高外商投资企业层次。2000年前后，无锡实施“主攻日本、拓展韩台、兼顾欧美”引资策略，出台招商选资项目预评估体系，重视集群引资和产业链引资，成功打造“日资高地”和“韩资板块”。2001年以后，新批注册资本超3000万美元的重大外资项目年均20个以上。2005年，当时全省最大外商独资项目——海力士意法半导体项目在无锡落户。是年，全市协议注册外资和港澳台资78.39亿美元，到位注册外资和港澳台资20.07亿美元。外经合作路子拓宽。80年代后期，无锡外经合作由单纯的援外劳务输出，不断向对外工程承包、技术输出和对外投资拓展。1986年，无锡在境外开办的第一家商业服务企业——太湖酒楼在荷兰阿姆斯特丹正式开业。1992年起，震球服装、光明内衣等一批具有产品和品牌优势的无锡企业，通过资本输出结合管理输出、技术（设备）输出，到原料出产和劳动力成本较低的国家和地区拓展发展空间。2005年，无锡境外投资合作领域拓展至加工制造、物流贸易、研发设计、矿产开采等，在境外上市公司8家。园区开发构建新局。1991年，无锡市规划建设第一个以吸引外商投资为目标的经济开发区。随后，无锡国家高新技术产业开发区、宜兴环保科技工业园、无锡太湖国家旅游度假区相继建立，一批省级开发区获批。其中无锡新加坡工业园的开发建设，引入国家经济特区的发展理念，以优惠政策和优质服务打造外资高地、产业高地，标志着成片开发、全面开放局面的打开。一批重点开放园区的相继建成，利用外资从单个项目引进向成片开发、平台引资转变，产业发展从分散无序向集中集约和基地化转变，高新技术产业形成集聚发展格局。至2005年，全市建成9个省级以上开发区和专业园区，开发区经济总量占全市经济比重由1992年的不足2%提高至28.8%。全市对外出口额突破100亿美元，外贸依存度高达80%以上，无锡经济直接融入国际产业分工体系。随着中国加入世贸组织国际谈判的推进，无锡把经济国际化作为经济社会发展的主战略，积极主动应合经济全球化趋势，努力构筑开放型经济新优势，融入国际产业分工体系，抢抓《内地与香港关于建立更紧密经贸关系的安排》（CEPA）实施先机，对港服务业发展取得重大突破。

产权制度改革推向纵深。90年代前期起，无锡以“政企分开、明晰产权、明确权责、科学管理”为目标，启动城乡企业产权制度改革，探索建立现代企业制度。乡镇集体企业改革先声夺人。1992年，无锡乡村集体企业开始酝酿股份制、股份合作制改革。1994年1月，在总结试点经验的基础上，市委、市政府制定印发《关于积极推行农村股份合作制的意见（试行）》，对存量转股、增量扩股、合股新办等改革措施以及配套改革作出规范。其间，历经曲折，部分企业一度实行租赁制和租股结合、租卖结合的办法。1996年，市委、市政府提出推进改革、规范改革的一系列政策性意见，以转制（有限责任制）、确立股权（股份制）、拍卖（转为私营）等形式全面推进改革。与此同时，对“两大”企业①按照“因企制宜、一厂一策”的原则，通过多形式改制和规范化管理，推动集体资产合理流动、优化组合，调整产权结构，完善经营机制，促进企业真正成为独立的市场竞争主体。与大规模推进乡镇集体企业产权制度改革相同步，无锡实施集体资产经营管理体制的探索创新，在清产核资、界定产权的基础上，完善资产经营办法，加强财务和收益分配监管，确保集体资产在合理流转和公平竞争中保值增值。全市各乡镇和部分村建立起包括资产经营公司、村级资产管理小组在内的集体资产经营管理组织体系，实行集体资产代表责任制、会计派任制、内部审计制等制度，加强集体资产营运管理，尤其规范管理乡镇集体企业改制回收资金，单独建账，专款专用，有效保护农村集体资产安全和农民合法权益。2002年，北塘区黄巷镇陈巷村率先进行村级集体经济组织产权制度改革，按照“资产变股权、社员当股东”的思路，在土地集体所有和集体财产不可分割的前提下，将集体资产折股量化到人，组建股份经济合作社。2003年7月，市委、市政府制定印发《关于村级集体经济股份合作制改革的实施意见》，各市（县）、区全面清理核实村级集体资产，制定股份经济合作社章程，开展人口调查，确定股东资格，实行股份量化，民主选举产生股东代表和董事会、监事会，落实农民对村集体财产的个人占有权、利益分配权、民主决策权和民主管理权。2005年末，全市农村基本完成村级股份合作制改革，集体资产产权由村民虚拟共有制转变为社员按股共有制。国企产权制度改革攻坚起步。无锡按照建立现代企业制度的要求，分步推进城市国有、集体企业产权制度改革，通过明晰产权、多元投资，促进经营机制转换。1994年初，首先在37家国有工商企业进行产权制度改革试点，继而在各产业领域全面

① 集体净资产在1000万元以上的“大而盈”企业，总资产在1000万元以上而资不抵债的“大而亏”企业。

推开国有企业改革攻坚，采用联合、兼并、租赁、出售和合资嫁接等形式，推动面广量大的中小企业进行公司制、股份制和股份合作制改革，一部分具备条件的大中型企业组建股份公司，明确法人财产权，建立公司法人治理结构，在推动企业成为自主经营、自负盈亏的法人经济组织上迈出实质性的一步。1997年起，无锡以更大力度推动企业改制，通过兼并重组、破产置换，从职工持股到经营集团、经营者个人控股，使企业转为私营企业和多元混合经济企业。同时做好减员增效、下岗分流和促进再就业工作，深化财税、金融、投资和社会保障等综合配套改革，把国有和城镇集体企业推向优胜劣汰的市场竞争，从整体上调整国有经济布局。国有资产管理体制改革有序推进。2001年，无锡纺织、机械、冶金、轻工、石化、电子、贸易、物资等行业局改组为8个资产经营公司，确定小天鹅、威孚、商业大厦、新中润等12家企业为国有资产授权经营企业，为组建产业发展集团作好准备。这一轮国有企业产权制度改革，共完成企业改制599家，占市属国有企业总数的86.3%；完成全部职工15.08万人的身份置换，建立起合同制劳动关系；国有独资和国有控股企业所有者权益超过400亿元，为改制前的111.9%；初步建立起市国资委、产业发展集团、国有企业三级国有资产经营管理体系。

二、在经济社会的发展中创新突破

20年光阴荏苒，20年成就瞩目。无锡人敏锐把握改革开放的契机，创新的激情充分涌流，发展的活力竞相迸发，在加速推进区域工业化的基础上，把实行中心城市带动作为推动区域经济社会发展的重点战略，以经济建设为中心，围绕城乡居民生活水平的提高，全面推进经济、社会、政治、文化、生态建设，构建公共服务体系，切实改善社会民生，加快城市现代化和城乡一体化进程，成功实现由温饱向全面小康和现代化更高台阶的跨越。

经济结构逐步优化。80年代至21世纪初，是无锡工业化加速推进的时期，第一产业增加值占地区生产总值的比重由15%左右下降至1.85%，第二产业保持60%左右的比重，第三产业由16.7%上升至37.59%。同期劳动就业的三次产业结构由50∶38∶12，逐步调整为11.8∶55.1∶33.1。*工业经济在结构调整中提升运行质量。*80年代后期起，城市国有工业按照“转轨变型”的要求，实施体制改革、技术改造、资产改组“三改联动”。一是传统工业加快技术改造，纺织、轻工、家电等行业通过产品更新、设备更新和管理创新，形成一批在国内外市场具有竞争优势的名牌产品、一批经济技术指标在国内同行中领先的骨干企业；二是新兴工业加大投资力度，电子、精密机械、精细化工等行业致力于技术开发，产品、设备向“高精尖”方向发展；三是基础工业加强资源开发，机械、冶金、建材等行业稳定提高产品质量，增强配套能力，在工业总量中的比重不断提高，形成门类齐全、规模适当、结构匹配的现代工业体系。农村乡镇工业适应国家宏观调控，全面推行东亭镇“一调二改三提高”①经验，关停一批能耗大、污染严重、产品滞销积压的企业；培养、引进工程技术人员推动企业技术进步；在推行资产承包责任制中加强资产和财务管理，提高企业经济效益。90年代中期起，无锡实施“三靠三提高”②方针，通过扩大对外开放，利用国际国内两种资源，开拓国际国内两个市场，大力培育高新技术企业，构建以企业为主体的科技创新体系，抢占新技术、新材料、新产品开发的竞争制高点，工业企业技术进步稳步推进，资本经营重点突破，品牌效应开始显现。至2005年，全市纺织服装、普通机械、基础化工等传统行业占制造业的比重从40%以上下降至25%左右，电子信息、设备制造、精细化工和医药等新兴行业的比重由15%左右提高至40%以上；五大制造业基地销售收入占全市规模以上工业的63.6%，高新技术产业增加值占全市规模以上工业增加值的比重为25.2%。*服务业在结构调整中稳步发展。*80年代中期起，无锡抓住市场经济体制改革机遇，大力发展服务业。在计划缩减，价格放开，城乡居民消费热点由轻纺产品向彩电、冰箱、洗衣机等耐用消费品转移的大背景下，商贸流通企业扩

① 调整产业结构，加快技术改造、深化企业改革，提高工业组织程度、管理水平、经济效益。

② 靠加大改革力度、靠加快开放步伐、靠加速科技进步，提高科技进步、外向型经济、第三产业在经济总量中的比重，促进工业经济提质增效，促进三次产业协调发展。

大购销、改善服务，各类事业单位、服务机构纷纷开办“三产”公司，引发前所未有的“三产潮”。商贸业服务领域拓展，经营规模扩大，加上个体私营经济活跃，形成多种经济成分、多元流通渠道、多样经营方式并举的商贸服务格局。1992年后，随着企业改革的深化和对外开放的大步推进，城乡经济以前所未有的速度增长扩张，存贷款、投融资、票据交换、产权交易等金融业务总量成倍增长，与外贸进出口相关的仓储、货运、报关、咨询、经纪、代理等中介服务迅速成长。与此相关联，商贸服务企业的组织结构和管理水平得到优化提升，商业服务业种业态不断调整，超市、连锁店、专营店和管理信息系统（MIS）、销售终端系统（POS）、供应链管理（SCM）等快速发展。进入新世纪，城市化加速推进为第三产业发展注入新的推动力，基础设施投资建设力度加大，路桥、航道、港站及其配套建设进一步展开，供水、供电、供气、供暖服务大规模扩容，电脑、网络、移动通信的应用日益普及，文化娱乐、观光旅游、休闲度假迅速增温，新的服务行业应运而生，各类增值服务日益扩大。与此同步，商业服务的空间组织形态得到相应调整，从中心商务区核心区到次级商业中心、片区，再到集镇商业群、社区便民网点，形成贯通的服务网络，服务园区、旅游景区、商业街区在资源整合中进一步完善功能、形成特色、树立品牌，全市服务业朝着结构优化、布局合理、功能完善、特色鲜明的现代服务业发展格局迈进。*农业经济在结构调整中提高效益。*无锡农村在实行统分结合的双层经营体制后，主要劳动力及其主要劳动时间转向工副业，粮食种植面积缩减，蔬菜、果树、蚕桑、畜禽、水产品种养殖等多种经营得到发展。80年代中期起，无锡农村在完善以工补农、以工建农机制的前提下，积极探索“两田制”，即口粮田由农户分户经营，责任田由村统一经营，引导发展种粮大户、家庭农场、联户农场、厂办农场等。在原有集体生产组织解体的情况下，农业生产服务体系得以重组，逐步形成“一站”（农业综合服务站）、“三队”（农技、植保、育种专业队）、“六条线”（农技、种子、植保、灌排、农机、农资供应）相配套的服务模式，农业服务的机械化、社会化水平不断提高，至90年代中期，全市农村统一机耕、统一灌排率100%，统一供种、统一植保防治率70%以上；70%的村实现耕、灌、种、保和农技指导“五统一”，30%的村实现“八统一”（加上收脱、用电和农资供应）。90年代后期，农业市场化、外向化进程加快，面对生产经营主体分散、规模狭小、技术滞后、信息闭塞和市场风险增大的情况，无锡积极扶持农民建立专业合作经济组织。2002年，进一步明确政策，树立典型，引导健全组织结构，规范运作管理，相继出现专业合作社、专业协会、股份合作制农业公司等组织形式，呈现出多元化、多领域、多功能综合发展的态势。至2005年末，全市建成“四有”（有组织制度、有合作手段、有较大规模、有明显效益）专业合作经济组织138家，有社（会）员3.75万户，带动农户12.78万户。全市现代高效农业占比达到43%。

城乡建设展现新貌。80年代以前，无锡城市建设基本为自然生长，由商业街市和工业企业分布决定，总体沿京杭大运河和沪宁铁路，分别沿东南和西北轴向展开，城市空间形态呈纺锤形，城市建成区面积35平方公里。80年代起，无锡加强城市建设的科学规划引导调控，工业布局扩张和居民居住、商业服务配套共同引领城市发展，城市空间布局除继续沿沪宁铁路、沪宁高速公路、312国道、京杭大运河主轴延伸外，又增加了锡澄、锡宜高速公路，锡澄、锡溧运河的南北向发展轴，和循沿蠡湖、太湖的旅游景观生态轴，城市空间形态发展为星楔状。20年间，无锡城市化发展大致经历了3个波次。*第一波——以乡镇企业遍地开花和城市工业老厂改造扩建为主要动力。*由于乡镇企业走的是“离土不离乡”的农村工业化道路，规模相对较大的乡（镇）办企业多数分布在农村集镇，经济流量加大和务工农民集聚，推动小城镇规模扩大、公共设施和服务功能增强。乡镇企业的发展又为小城镇改造建设注入资金，仅1986～1990年，无锡地区用于小城镇建设的资金达4.5亿元，为“六五”计划期间小城镇建设资金投入的9倍。各地在总结实践经验的基础上，形成“放下老镇区，建设新镇区，再回头改造老镇区”的小城镇建设思路，普遍在“老街”旁规划新建工业区、商业区、居住区、文教区和行政区，大力提高城镇化水平。与此相对应的是，城区工业区在不打破原有格局的情况下就地改造扩建，中心城市建设走旧城改造之路，在相对逼仄的空间中，按照既有的布局安排工业、商业服务和居民居住，形成各功能区以及“城中村”相互穿插、犬牙交错的状态。加之无锡城区、郊区、县区呈环状包围格局，城市建设财力不足，基础设施和服务功能建设投入力度受到限制，与生气勃勃的小城镇建设相比，中心城市建设明显滞后，城市拓展功能、产业集聚辐射功能和综合服务功能呈日渐萎缩之势。第二波——以开放型经济发展和开发区建设为主要动力。1992年起，无锡相继推进各级各类开发区建设，促进城市建设突破原有格局，初步拉开骨架。无锡国家高新区和蠡园、锡山开发区向外拓展，老城区传统工业相应收缩，以商贸流通、综合服务、房地产开发和观光旅游为主的第三产业得到发展，居民居住条件开始改善。1990～1994年是无锡城市基础设施投入强度较大的5年，累计完成投资额为前5年的2.3倍。市区供电、供水能力和实有道路长度增加将近1倍或1倍以上，燃气气化率提高53个百分点，电话装机总容量增长10倍并全部程控化。1995年批准的《无锡市城市总体规划修订纲要》，明确提出“三城一中心”的城市发展思路，即建设“城中城”“城外城”“山水城”和“中心商务区”，城市建设在内涵深化、质态优化的基础上扩伸拓展，初步奠定现代化大城市的发展格局。江阴、宜兴两市城区和中心镇建设加快推进，城乡面貌日新月异。第三波——以产业经济转型发展和城乡一体化为主要动力。2001年，锡山市撤市设区，分设锡山、惠山两个区，调整郊区区划改设滨湖区。是年修编的城市总体规划，结合特大型城市和山水名城建设的双重目标，将城市功能布局分为“七片”（城中、蠡溪、东亭、新区、山北、锡北和太湖新城7个片区）、“一带”（环太湖、五里湖“Z”字形山水风光带），引导城市形态向分块组团发展。2002年起，无锡实施城市建设“三年行动纲要”，着力优化城市功能布局，工业企业“退城进园”步伐加快，商贸服务、文化教育、休闲旅游等重点片区提升发展，城乡基础设施增量扩容，城市综合功能不断完善，城市建设由单中心扩张转向多中心组团发展转变。根据城乡统筹的要求，无锡注重规划布局和建设体制城乡对接，统筹城乡基础设施建设、产业发展、公共服务和建设管理，按照“三级城镇”（新城—新市镇—新型社区）空间布局，规划建设城乡融合、梯度发展的现代化城镇体系；切实推进“三集中”（工业向园区集中，人口向镇区集中，土地向规模经营集中），实现农村产业的协调发展、集约发展，强化农村居民公共服务的普惠机制；加强“三大合作组织”（村级集体经济股份合作社，土地股份合作社，农民专业合作经济组织）建设，进一步完善农村发展体制机制，有力推动了以城乡一体化为主导的现代化新农村建设。

科技实力不断增强。90年代初，无锡率先提出“科教兴市”并作为经济社会发展的主战略。基于传统工业为主体的产业结构现状，无锡引导企业结合利用外资引进国外先进技术，积极应用国内科技成果，推动制造业技术改造，加快新装备应用和新产品开发，突破生产效能效率的技术瓶颈，实现产业结构优化提升。拓展科技研发平台。创建高新技术产业开发区，先后建成包括科技创业园在内的一批科技成果孵化和产业化发展载体，基本形成以国家级开发区为核心，以重点产业基地、区和乡镇工业园区、大学科技园为依托的高新技术产业开发体系。1996～2005年10年间，无锡加快提高科技创新能力，大力发展产学研结合的科技研发机构，组建并认定34家市级工程技术研究中心、17家科技创业服务中心、3个国家重点实验室、5个公共技术平台。科技研发投入成倍增加，R&D支出由3.48亿元增加至50亿元以上，年均增幅突破30%；占GDP的比重2003年超过1%，2005年达到1.5%。培育科技创新成果。1991～2005年，全市共有1750项科技成果获国家、省、市科技进步奖，掌握了大尺寸光纤预制棒、电控共轨柴油喷射系统、高效晶体硅太阳能电池等一批拥有自主知识产权的核心技术、关键技术，填补国内空白，直追国际先进水平，大大增强了地方工业的核心竞争力。提升科技人才素质。无锡切实加强专业技术培训和职业技术教育。坚持科技创业人才经营管理培训与专业人才、技术工人日常培训相同步，通过建设科技服务公共设施，实现科技数据共享等，大力培养科技领军人才和各类技能型紧缺人才。无锡连续6次荣获“全国科技进步先进市”称号。

社会事业繁荣发展。改革开放以来，一方面企业承担的福利保障转向社会化，社会事业设施和服务功能不断增强；另一方面社会事业特别是经营性服务项目实行市场化改革，在多元承担运行成本、强化竞争激励的情况下，服务质量、效率不断提高。教育现代化水平提升。1988年，无锡被国家教委确定为教育综合改革试点城市之一。根据综合改革实验方案，以“两基”（基本普及九年义务教育，基本扫除青壮年文盲）为目标，适应经济社会发展需要，全面展开办学体制、教育运行机制、学校管理体制和教育领导体制改革，坚持走统筹协调发展之路，各级各类教育生机活力焕发。1993年，无锡高标准通过“两基”达标验收，小学和初中教育普及率100%。之后，全面启动教育现代化工程，加强教师教育体系建设，全面提升教师素质、能力和水平；大规模改造扩建、移地新建校舍场地，大力推进实验实习设施升级换代，基本实现标准化、专业化、配套化、电教化。全市高中阶段教育和幼儿教育普及率98%以上。2000年起，无锡全面推进以县、区为单位的区域教育现代化建设，整体推进素质教育实验工作，致力于提升基础教育均衡化、优质化、现代化水平；创新高等教育发展模式，拓宽教育筹资渠道，扩大国际交流合作，高等教育和高等职业技术教育迈开超常规发展步子。2005年，全市各级各类学校在校学生82.1万人、专任教师4.75万人（其中高等院校7.8万人和0.45万人）；高等教育毛入学率51.4%。文体事业日益繁荣。改革开放以来，全社会形成文化发展共识，不断增加文化事业投入，逐步完善公共文化管理和服务体系。文化管理体制改革取得突破。80年代中期，文艺演出团体率先实行管理体制改革，推行承包责任制、团长负责制、全员聘任制等，先后试行拨改投、拨改股、拨改融等改革措施，形成艺术生产投入产出新机制。民族舞剧《阿炳》《红河谷》、锡剧《珍珠塔》、锡剧音乐剧《青蛇》等分别获文化部“文华奖”、全国十大舞台精品剧目、中国首届“金唱片奖”等，一批中青年演员获中国戏剧“梅花奖”、上海戏剧“白玉兰奖”等。文化基础设施建设力度加大，市图书馆新馆、群艺馆、图书中心、大会堂等一批文化设施相继落成，各区和江阴、宜兴两市分别投资建成若干文化中心、文化广场。社区文化娱乐活动丰富多彩，多个市（县）、区跨入全国文化先进县（区）行列。历史文化遗产保护成效显著，无锡率先成立市级文化遗产局，创立国内首个文化遗产保护基金会，钱锺书故居、阿炳故居、秦邦宪故居等100多处文物古迹得到保护，其中薛福成故居等被列为全国重点文物保护单位；鸿山遗址、江阴高城墩遗址、宜兴骆驼墩遗址考古发掘被列为全国重大考古新发现；惠山泥人、紫砂陶、精微绣、留青竹刻等项目被列入国家和省非物质文化遗产保护名录，保护、传承工作相继展开。文化产业发展步伐加快，一批大型综合性娱乐场所建成，对外文化交流活跃。文化旅游业形成新的格局，灵山景区、惠山古迹区、南禅寺和古运河历史文化街区等建成并不断充实内涵，太湖艺术节、旅游节等文化艺术系列节庆活动成功举办。传媒出版业彰显发展优势，全市万人拥有书报经营网点超过3个，数字电视转换完成50万用户，电台、电视台播出节目时长和人口覆盖率位居全国前列，广电、报业集团综合竞争力增强。史志、档案工作扎实开展，社会科学研究成果丰富。市体育中心和一批体育场馆建成，体育设施日趋完善，全民健身活动蓬勃开展。医疗卫生跨越式发展。以卫生管理体制和医院运行机制改革为导向，无锡积极探索医疗资源开发和优化整合，医疗卫生条件持续改善，医护服务水平不断提高。实行医疗机构分级分类管理，各医院相继试行院长和科主任负责制；分步下放经营管理权，同步加强医疗机构规范管理，推行综合目标责任制和全员聘用制、专业职务聘任制、岗位绩效工资制等，为创建等级医院奠定基础。至1995年末，全市有133家医院通过等级医院评审。1997年起，作为第二批扩大试点城市，无锡全面推进职工医疗保险制度改革，卫生系统相应实施医、药分开管理改革，市区医疗机构联合进行药品集中招标采购，深化后勤保障改革，稳步开放卫生市场，引导社会资本投资开设民办医疗机构。实施医院产权制度改革，市属和市（县）、区公立医院分步推行“托管制”，在医院性质、职能、隶属关系和优惠政策“四不变”前提下，按照所有权与经营权适度分离的原则，加快医院管理机制、经营机制、人事用工机制、分配机制和投入机制改革；通过合作经营制、租赁制和资产整体转让，激发乡镇卫生院的生机和活力，全市98个乡镇卫生院中的60个相继完成改转制，实行企业化管理，产权出售回收资金上缴政府部门，建立卫生事业发展基金，集中管理、专款专用。至2005年末，全市有卫生机构1815个，开设床位20275张；卫生工作人员27580人；全市参加医疗保险147.61万人，其中市区参保90.74万人，参保率96%；建有社区卫生服务中心138个、服务站647个，形成较为完善的公共卫生网络；人均预期寿命78.8岁。

生态修复加大力度。80年代初期，无锡经济持续高速增长，由于沿循传统粗放式的发展道路，能源消耗和污染排放相应抬升，环境保护和治理的形势严峻。*务实推进环境治理。*80年代后期，市区集中整治燃煤小锅炉，控制烟尘和二氧化硫排放。90年代前期，实施能源结构调整，降低燃煤比例，增加电力、燃油、燃气的使用，同时对工业废水、废气、固体废弃物进行排放处理，环境保护开始引起高度重视。1996年，太湖被列为国家重点治理湖泊，国务院环委会在无锡召开太湖流域环保执法检查现场会，无锡市委在太湖轮船上召开九届一次常委会议，现场讨论太湖水污染防治工作，当年关停128家"十五小"重污染企业。90年代后期，无锡制定水污染防治"九五"计划和远景规划，发布环境质量公报，实行环境影响评价。积极实施太湖流域水污染达标排放行动——"零点行动"，对300多家重点排污单位进行集中整治，于2000年1月1日零点前基本实现达标排放。2001年初，无锡提出创建环保模范城市和生态城市的奋斗目标、实施意见和行动纲要，实施工业污染源减排、舒适人居环境建设等环境保护措施，启动蠡湖专项整治、贡湖水源保护等16个治理项目。上马长广溪湿地建设、梅梁湖清淤等重点工程。实施城区河道综合治理3年行动计划，重点整治梁溪河、环城河等26条城市河道和88条小河浜，落实截污、调水、清淤、保洁措施，"河湖共治"取得成效。与此同时，结合经济增长方式转变，开展工业企业节能减排工作，通过调整产业结构、革新工艺技术、采用清洁能源、实行资源循环利用，控制总能耗增长和废水、废气、废弃物排放量增加。2004年5月，国务院在无锡召开现场会，总结推广无锡治理太湖的经验。国家环保总局授予无锡市"国家环境保护模范城市"称号。*持久推进城乡绿化。*80年代起，无锡在植树造林、绿化湖山的同时，着力注重行道绿带、广场绿地、居住小区绿地建设。2000年起，制定并实施"绿色无锡"规划，每年用于绿化建设的投资增加至10亿元以上，年植树造林10万亩，逐步形成农业旅游观光区、经济果林区、生态防护林带、河湖湿地区和山地森林区点线面有机组合的绿地分布格局。2005年，市区园林绿地面积14001公顷，其中公共绿地2307公顷，分别比1985年增长27.2倍和15.5倍；全市森林覆盖率17.3%，城市建成区绿化覆盖率40.0%；人均占有公共绿地面积首次突破10平方米，为1985年的5倍。*强力推进农村环境整治。*1996年，市委、市政府制定实施《无锡农村社会主义基本现代化建设实施纲要》，首次把环境保护和建设作为现代化农村建设的主要目标任务，提出9个方面、36条措施。以道路硬化、路灯亮化、村庄绿化、住宅美化、河塘净化、环境洁化为目标导向，实行环境治理项目化管理。至2005年，全市20%的乡镇建成省级以上环境优美乡镇；全市建成国家卫生镇5个、省卫生镇31个、市卫生镇18个、省卫生村461个；农村无害化卫生户厕普及率86.4%，初步建立起农村垃圾收集、运输、处理机制，为建设"三清一绿"（田园清洁、水源清洁、家园清洁、村庄绿化美化）生态农村打开了局面。

法治建设步履坚实。与改革开放推进相适应，无锡地方立法在探索中前行，不断深化司法改革，切实加强社会治安综合治理。*规范完善地方立法。*1984年12月，无锡被国务院批准为"较大的市"。1986年12月，国家赋予"较大的市"制定地方性法规的权力，地方立法步伐加快，其后10年间相继制定地方性法规25部，《无锡市国家高新技术产业开发区条例》等一批经济类地方性法规的出台，有力促进对外开放，保障了地区经济持续稳定发展。1996年后，国家行政处罚法、行政许可法等相继出台，市人大常委会据此制定工作条例，对制定地方性法规的程序作出规范，立法审议由"一审制"改为"两审制"，细化地方立法的论证、协调和修改、表决程序。2000年，国家立法法颁布后，市人大成立法制委员会，将"统一审议制度"引入立法工作，进一步完善立法机制，向全社会公开征集立法建议项目，强化立法听证，为科学立法、民主立法提供制度保障。在《无锡市流动人口计划生育管理条例》《无锡市城市规划条例》等多部法规的制定过程中，实行"开门立法"，广泛听取专家和公众的意见，以更好地反映人民群众的意愿、保障人民群众的利益。2004年，市人大常委会先后两次对地方性法规涉及的行政许可事项进行清理，共清理法规11部，其中修改8部、废止3部。*推进司法公平正义。*1988年，市委作出全面推进"依法治市"的决定，进一步规范司法行为。检察机关开展以侦诉分开为主要内容的诉讼制度改革，加强司法监督，逐步形成刑事检察、经济检察、法纪检察、监所检察、控告申诉检察五大体系。90年代初起，反贪污、贿赂列为打击经济犯罪的重点，制定《无锡市预防职务犯罪条例》，成立反贪污贿赂局，创建经济犯罪预防中心。人民法院积极探索以审判方式改革为主要内容的司法改革，提高经济审判效率和质量，规范民事案件审判规程，各类案件受理、审结、执行的数量和标的额大大提高。刑事审判依法严厉打击重大刑事犯罪，保障社会平安、稳定；商事审判以合同纠纷、权属纠纷、知识产权侵权为重点，维护市场经济正常秩序；民事审判贯彻“调判结合”，统筹协调依法判决和诉讼调解，重在化解社会矛盾。全面实行立审分立、审执分立、审监分立，妥善处理涉诉上访和申诉，以多种方式接受社会监督，维护司法公正。公安机关在健全信息预警网络、加强现场处置机制的同时，完善社会治安防控体系，建立点线面立体防控布局，落实防控责任，通过群防群治和技防技保相结合，有力打击违法犯罪，社会治安、道路交通、消防管理，以及禁毒、禁赌专项整治取得积极成效，保障了社会秩序良好。2005年，无锡跻身全省首批社会治安安全市行列。*着力提升行政效能*。行政体制改革从机构改革入手，简政放权，实现政企分开，改变政府主管企业、经营企业的状况，建立资产经营公司和产业集团，将建设、养护等专业实务从行政管理中分离出来，促使政府职能逐步转向经济调控和综合管理。2001年，推进行政审批制度改革，设立行政审批中心，全面清理削减审批事项，推进“阳光工程”，实行审批服务公示制度，坚持依法审批、规范审批，健全监督检查，限制经办人员的自由裁量权，提高政府效能效率。*社团组织发育成长*。与政府职能转变相适应，基层自治组织功能增强，村民自治走向规范，从第五届到第七届村委会换届进行直接选举试点。城市社区居委会转换职能，从兼顾兴办经济实体转向集中精力加强社区服务和管理，社区基础设施和服务功能逐步到位。加强社会团体规范管理，行业协会、学会（研究会）、基金会等社会团体逐步实行与政府部门的机构、人员、经费“三脱钩”，更多承担自我组织、自我教育职能，着力发挥在参与社会管理、提供公共服务、协调各方矛盾、规范企业和公民行为方面的重要作用。

民生福祉显著改善。随着经济快速发展，无锡城乡居民收入和生活水平连续跃升，消费结构显著改变，生活品质不断提高。*劳动就业总水平保持稳定，就业结构不断优化*。地区经济的持续增长，带动就业容量扩大，特别是乡镇企业和商业服务业、个体私营经济的发展，促进了农村居民的非农就业，扩展体制内企事业单位人员的选择空间。进入90年代后，与经济结构调整加快和企业改革深化相伴随，国有、集体企业职工离岗、下岗增多，失地农民就业矛盾突出。针对劳动力供给与需求的矛盾、劳动者技能素质与产业发展的矛盾，无锡在发展经济、优化结构，拓宽就业渠道、增加就业岗位的同时，建立下岗职工再就业中心，提供基本生活保障，落实政策促进转岗再就业；积极完善就业机制，加强劳动力市场信息网络建设，发挥配置劳动资源的基础作用；健全就业服务体系，形成包括就业登记、职业介绍、技能培训、岗位开发、特困救济等在内的就业服务网络，在江苏省率先实现由下岗保障到失业保险和市场就业的并轨。新世纪初，城乡劳动力充分就业比例提高，城镇登记失业率保持在3.27%左右，并吸纳了数以百万计的外来转移劳动力。*居民收入大幅增加，收入结构发生深刻变化*。80年代，随着农村联产承包责任制实施和农副产品流通体制变革，城镇企业自主权扩大和工资制度改革，城乡居民收入较快增长。1992年，全部职工年平均工资由1985年的1113元增至3422元；农民人均纯收入由1985年的674元增至1904元，其中工资性收入年均增长超过30%。90年代，按劳分配为主体、多种分配方式为补充的分配制度确立，社会保障制度不断完善，包括最低生活保障在内的保障水平线逐步提高，城乡居民收入继续增长。城市居民人均可支配收入2003年突破1万元，2005年达到16005元。其中财产性收入因为股票投资、房屋买卖和出租而快速增长，财产性收入与经营性收入合计占全部收入的比重增至10.9%。农民人均纯收入1998年突破5000元，经过一段时间的徘徊，2005年达到8004元。由于大量进入第二、三产业就业，工资性收入成为农民收入的重要来源，占全部收入的比重增至74.3%。2005年，无锡城乡居民人均储蓄存款余额31140元，为1986年435元的71.59倍。1986～2005年，无锡城镇居民恩格尔系数从50.6%下降至36.9%，农村居民恩格尔系数由44.7%下降至37.7%。*生活消费水平不断提高，实现从温饱到全面小康的跨越*。与收入增加、社会保障日益完善相对应，居民消费层次提升，物质和精神文化生活均得到显著改善，消费结构逐渐由温饱型向发展型、享受型转变。2005年，城市居民和农村居民人均消费支出分别为10774元和5830元，分别比1986年增长10.06倍和6.43倍。养老、医疗、生育等社会保障实现全覆盖，保障水平不断提高，养老、助残、优抚等社会福利设施规模扩大，供养、服务水平相应提升，惠及更多的社会人群，民生为本的发展理念得到落实。

三、在城市特质的传承中奋发前行

1986～2005年，是无锡历史上经济发展最快、城乡建设面貌改变最大、居民生活改善最为显著的时期。无锡人民在这片热土上传承奋发，砥砺前行，高擎“尚德、务实、和谐、奋进”城市精神旗帜，抢抓住一个又一个创新发展的历史机遇，呈现出跨越式发展的良好态势，经济社会发展始终走在全国全省前列，将“太湖佳绝处、运河绝版地、千年古吴都、百年工商城”城市铭牌擦拭得愈加明亮。

展现太湖明珠更璀璨的光彩。无锡独占太湖佳绝之处，京杭大运河穿城而过，历史悠久、风景秀丽、人文荟萃、经济发达，素有“太湖明珠”美誉。20年间，无锡加快推进经济体制改革，激发城市发展内在活力，增强集聚优质资源的能力，实现了经济快速增长和经济社会的统筹协调发展，以总分第一的成绩进入全国首批中国优秀旅游城市行列，跻身中国城市综合实力50强、中国投资硬环境40优城市、中国十大最具经济活力城市、中国最佳商业城市、中国品牌经济城市、全国旅游服务先进城市、全国园林绿化先进城市、国家园林城市、全国城市环境综合整治优秀城市、国家环境保护模范城市和江苏省历史文化名城。山水胜景风光迷人、人文历史馨香宜人、现代化建设先声夺人，无锡以独有的绰约风姿，傲立在百舸争流的城市竞争潮头。

阐发吴都故里更丰厚的底蕴。从荆蛮之地演进成为经济社会现代化发展名城的无锡，积淀了丰厚的历史文化资源。泰伯奔吴，将中原地区的文化带入江南，与江南地区原有文化有机融合，形成凸现尚德务实、开拓创新精神的吴文化。无锡倚枕京杭大运河，千百年来商贸兴盛，物产丰盈，特别是明清以来，米市、布码头、钱庄、丝茧行盛极一时，百业兴旺，地方文艺异彩纷呈，形成极具地域特色的运河文化。清末民初，无锡工商经济迅速发展，实业家们精明务实的民本理念、博弈谋略和经营之道，构成工商文化的宝贵资产。改革开放以来，无锡人更是融炼吴文化、运河文化、工商文化的精髓，举擎创新精神旌帜一路高歌，乡镇企业异军卓然突起，园区开发助推经济腾飞，科技驱动促进转型发展，民生导向凝聚人心合力，无锡以追索经济、城市、社会、生态和人民生活现代化的矫健步伐迈进新世纪。

彰显工商名城更靓丽的风貌。无锡以中国民族工商业发祥地著称于世。从清末到抗战之前，无锡工商经济迅速发展，形成经济起飞的三大支柱产业和具有竞争优势的六大资本集团，并为后来地方工业和乡镇企业的发展奠定了基础。20年来，从实际出发，以创新推动发展，在发展中不断创新，敏锐地把握客观形势变动所包含的发展契机，充分尊重基层和人民群众的首创精神，以“敢为天下先”的魄力抢抓机遇，不断拓展增长发展的更大空间，成为了无锡渴念创业发展、谋取创新突破的城市风貌特征。思想不僵化、发展不停步的观念形态，激励无锡人不断拓宽思路，以制度创新、技术创新破解发展难题，率先统筹城乡基础设施建设、产业发展、居民就业和社会保障，努力突破城乡二元结构造成的分隔和差别，把鼓励民众创业、改善社会民生放到重中之重的位置，努力营造民创、民有、民享的产业形态和社会氛围，促进民营经济的蓬勃发展和各项社会事业的全面进步，激扬着深蕴在这块热土中的创业创新创造精神，凝聚民心、集中民智的体制机制得到逐步完善。

谱写人文胜地更卓越的篇章。吴文化发源地、民族工商业发祥地、古运河文化精华地、历史名人荟萃地的个性特质，经过千百年的积淀演进，使得无锡充溢着典雅丰沛的深厚内涵。无锡高度重视文化遗产的有效保护和文化资源的历史传承，先后修复东林书院等文化古迹60多处，建成惠山泥人博物馆等各类博物馆、陈列馆10多座，重视并加强全国和省、市级重点文物保护单位保护，注重传统工艺的保护传承，以锡商群体和阿炳、西施等为题材的锡剧、歌舞剧、历史文献片、动漫片的创作、演绎和传播，在丰富人民精神文化的同时，推动了全社会重视文化建设良好氛围的形成。灵山、惠山、古运河和历史街区等旅游项目的开发，更是整合山水、园林、建筑及其历史文化内涵，深入发掘人文地理资源的内在价值，促进整个城市品位的提升，优秀的文化基因转化为强劲的城市文化软实力。无锡近代以来人才辈出，科学家、教育家、人文学者等成就卓著、名闻海内外，音乐家、书画家、工艺美术家等开宗立派、杰作精品蔚为大观。改革开放更为无锡人杰的奋发作为开辟了广阔天地，各领域涌现出一批英雄模范、先进人物，其中包括脚踏实地、带领群众创业的基层干部吴仁宝、顾鼎元，忠于职守、甘于奉献的模范英杰任国庆、丁晓兵，乐于助人、见义勇为的平凡人物钱劲松、姜达敖。无锡工商企业家再一次展露拼搏创业的风采，他们中有带领村民共走富裕路的唐涌祥，创立民族工业品牌的周建松，从乡村走出的企业家周海江，勇闯市场搏击风浪的陆克平、周建平，有胆有识的国企老总蒋彬洪等等。在改革开放前沿，一批无锡籍大师学者勇立时代潮头，他们中有推动中文印刷革命的王选，为教育现代化国际化探索新路的周培源、钱伟长，在科研领域呕心沥血的钱临照、裘维蕃、蒋新松等等。风云际会，名动九州，无锡人杰为国家富强、民族振兴、人民幸福作出卓越的贡献，其英名镌写进了中华文明的发展史册。

打造宜居家园更壮美的愿景。吴文化给予了无锡农耕安乐的养民启蒙，运河文化给予了无锡上善若水的和谐启发，工商文化给予了无锡经世致用的务实启迪，改革开放以来的创新文化更给予了无锡普惠民生的幸福启示。20年来，无锡继承弘扬具有独特魅力的人文精神和传统品质，完善城市功能体系，努力为市民提供全覆盖、高水平的就业、教育、医疗和社会保障，共享城市改革发展成果，促进了城市的和谐与稳定。无锡城乡居民收入和生活水平连续跃升，消费结构显著改变，生活品质不断提高。初步形成了山水风光入城、繁花绿茵满园的良好生态环境。

站在历史的新起点，回眸过去，展望未来，无锡人民正为建设经济强、百姓富、环境美、社会文明程度高的新无锡而努力奋斗。过去的20年，无锡的发展取得了辉煌的成就；未来的20年，前行的道路仍将充满崎岖艰辛。无锡人民志存高远、勇于探索，必定能力排万难、奋力前行，实现富裕、和谐、幸福的发展目标，无锡这颗璀璨的太湖明珠，必将绽放出更加灿烂夺目的光彩。

无锡市志

【第一册】

大事记

1986年

1月5日，江阴县举行纪念明代旅行家、地理学家、文学家徐霞客诞辰400周年活动。国家主席李先念题词："热爱祖国，献身科学，尊重实践"。

1月10～12日，市委召开思想政治工作会议，市委书记邓鸿勋作题为《大力加强和改进思想政治工作，为党在新时期的总任务、总目标服务》的报告。省委书记韩培信到会作题为《全党重视，统一认识，把思想政治工作提高到一个新水平》的报告。

5月4日，无锡县杨市乡被列为全国经济发展地区乡镇小集镇建设示范镇。

5月24日，首届无锡市艺术节在无锡大戏院开幕。1987年4月，无锡市举办第二届太湖之春艺术节（首届为1985年举办）。1988年8月，举办第二届无锡市艺术节。1989年9月，举办第三届太湖艺术节（由无锡市艺术节和太湖之春艺术节合并），其后，两至三年举办一届太湖艺术节，2004年为第十届。其中，2000年9月第八届太湖艺术节与第六届中国艺术节无锡分会场活动合并举办，同时举办首届太湖国际贸易节、太湖旅游节；2002年5月第九届太湖艺术节与第六届中国合唱节合并举办。

6月13日，市委、市政府召开创优美环境、创优良秩序、创优质服务动员大会。

6月20～21日，市委、市人大常委会、市政府、市政协负责人开展"学史访迹"活动。

7月5日，无锡市与新西兰哈密尔顿市缔结为友好城市。

7月上旬，无锡县被农牧渔业部确定为全国第一批农业机械化综合试点县。

7月20日，经国家经济体制改革委员会和中国人民银行批准，无锡和常州、苏州3市被确定为全国第二批金融体制改革试点城市。

7月23日，市政府公布第二批文物保护单位，分近代历史遗迹及革命纪念建筑物、古建筑及历史纪念建筑物、古墓葬、石刻及其他共4类，计25处。

8月1日，中共中央军委命名海军512舰为"无锡号"。

8月5日，无锡县华庄镇被国家科委等确立为全国小城镇社会发展综合示范工程试点。

8月28日，无锡市被国务院确定为全国16个中等城市机构改革试点城市之一。

9月7日，宜兴县被国家教委命名为全国基础教育先进县，无锡邮电局被评为全国邮电教育先进单位。

是日，无锡市第一棉纺织厂"铁姑娘班"等5个班组被中华全国总工会、国家经委授予"全国先进班组"称号，丁贵凤等3人被授予"全国先进班组长"称号，获奖状、五一劳动奖章和证书。1986～2005年，无锡市98人获全国五一劳动奖章。

9月27日，由日本ABC音乐发行公司会长山田广作、词曲家中山大三郎、歌星尾形大作率领的《无锡旅情》歌曲发表团，在市人民大会堂举行《无锡旅情》《清名桥》两首歌曲发表仪式。

10月6日，江苏省第十一届运动会闭幕。无锡市体育代表团获得金牌57.5枚、银牌60.5枚、铜牌47枚。

10月8～10日，无锡市第九届人民代表大会第五次会议召开，审议并通过《关于无锡市国民经济和社会发展第七个五年计划的报告》。

10月13日，无锡市和太原市缔结为姐妹城市。

10月25～26日，中共中央总书记胡耀邦一行在无锡视察，勉励无锡要在社会主义物质文明、精神文明建设中走在全国前面。胡耀邦分别为华庄镇、青阳镇题词："向五亿产值、一亿利税前进！""发展乡镇企业，建设现代化农村"。

11月29日，无锡无线电厂、油泵油嘴厂、第一棉纺织厂、粮食机械厂获国家经委颁发的"六五"

计划期间全国技术进步先进企业全优奖。第二棉纺织厂、江宁机械厂获全国技术进步先进企业单项奖。

12月2日，市政府颁发《无锡市"腾飞奖"试行办法》。1986～2005年，无锡市共颁发"腾飞奖"194项。

12月3日，1986年全国电子产品质量评比揭晓，无锡市有18个产品获奖，其中13个产品获一等奖。一等奖获奖数占全省总数的48%，占全国总数的17%。

12月25日，无锡市和芜湖市缔结为兄弟城市。

1987年

1月15日，无锡市和佛山市缔结为兄弟城市。

2月13日，国家质量审定委员会公布1986年度优质产品名单，无锡市漂染厂"三花"牌杂色高密防羽布获国家金质奖。

2月24日，中共中央宣传部、国家经委、中华全国总工会授予无锡市协新毛纺织染厂"全国思想政治工作优秀企业"称号。

是月，在新德里举行的第三十九届世界乒乓球锦标赛上，无锡籍运动员惠钧与队友获乒乓球混合双打金牌。

3月22～24日，民主柬埔寨主席西哈努克亲王和夫人一行由外交部副部长刘述卿陪同在无锡访问。

4月9日，瑞典首相莫瓦尔·卡尔松和夫人由中国政府陪同团团长、交通部部长钱永昌陪同到无锡访问，并出席华瑞制药有限公司建设工程开工典礼。

4月19日，中国首届杜鹃花展览在锡惠公园揭幕。

4月23日，国务院批复同意江阴撤县设市（县级）。8月1日，江阴市委、市政府举行江阴市成立大会。

是月，国内首个影视拍摄基地"中央电视台无锡外景基地"挂牌。

5月4日，共青团无锡市第十三次代表大会召开。

5月上旬，无锡市被国务院列为全国企业经营责任制试点城市。

7月21日，市委、市政府召开科技工作会议。

8月16日，《无锡市职工职业道德规范》公布。

9月1～3日，无锡市首次工人交流洽谈大会在无锡展览馆举行。

9月18日，无锡市发放首批中华人民共和国居民身份证大会在市人民大会堂举行。

9月21日，无锡市和盐城市缔结为姐妹城市。

9月23日，联合国教科文组织在无锡召开全国乡镇企业职工培训研讨会，推广无锡市乡镇企业开展成人教育，提高厂长（经理）和职工文化技术素质、企业管理水平、生产技术水平的经验。

10月7日，无锡市第一例人工授精婴儿（男性）在南长医院顺产出世。

10月13日，经省卫生厅组织考核，无锡市城区（含郊区）在全省率先达到基本消灭疟疾的标准。江阴市、宜兴市、无锡市分别于1999年、2000年、2005年达到卫生部基本消灭疟疾的标准。

11月1日，在中国共产党第十三次全国代表大会上，无锡市委书记邓鸿勋当选中央候补委员。

11月5日，无锡县拖拉机厂生产的太湖牌东风-12型手扶拖拉机被评为全国手扶拖拉机"十佳"之一，获"金牛奖"。

11月6日，无锡市举行纪念宜兴、无锡、江阴农民秋收暴动60周年大会。

12月14日，经国家旅游局、工商行政管理局批准，无锡市由三类风景旅游城市升格为二类风景旅游城市。

12月22日，国务院批准设立无锡市马山区，区域范围为马山镇和马圩。1988年10月24日，市委、市政府举行马山区成立大会。

12月24日，无锡市九届人大常委会举行第三十六次会议，同意吴冬华辞去市长职务；任命王宏民为副市长、代理市长职务。

1988年

1月3～12日，无锡市第十届人民代表大会第一次会议召开。出席会议代表585人，市委书记邓鸿勋在会议开幕时讲话，代市长王宏民作政府工作报告。会议选举产生市人大常务委员会，选举吴钊为市人大常委会主任、王宏民为市长。

1月4日，国务院批准设立中华人民共和国无锡海关。11月18日，无锡海关正式开关。

1月5日，省政府批准《无锡市城市总体规划修改方案（1986～2000）》，确定无锡市为江苏省重要经济中心城市、著名的风景旅游区。

1月4～10日，政协无锡市第八届委员会第一次会议召开，选举产生市政协第八届常务委员会，选举朱根宝为市政协主席。

1月9日，国务院批复同意宜兴撤县设市（县级）。3月5日，宜兴市委、市政府举行宜兴市成立大会。

1月13日，国务院公布第三批全国重点文物保护单位，寄畅园名列其中，为全市首处。2001年和2005年，无锡市分别有3处和10处被列入第五、第六批全国重点文物保护单位，加上第六批同时被列入的京杭大运河，无锡市全国重点文物保护单位共15处。

1月21日，市政府设立“市长信箱”。

2月10日，无锡市企业改革暨1987年度优秀企业家、优秀厂长（经理）表彰大会举行，10名优秀企业家和30名优秀厂长（经理）受表彰。

2月14日，全国首届经济改革人才奖揭晓，无锡漂染厂厂长王永寿获“金杯奖”，无锡县华庄镇党委书记朱伦昌、郊区河埒渔工商集团公司总经理许福民、无锡市电扇厂厂长祝海初获“银杯奖”。

2月27日，全国首届优秀女企业家评选结果揭晓，江阴市第二毛纺织厂厂长钱敏荣获“全国优秀女企业家”称号。

是月，无锡市电容器厂的和平牌CD11型铝电解电容器获国家金质奖。

3月3日，市长王宏民率市政府代表团在北京人民大会堂内蒙古厅举行驻京中外记者新闻发布会。

3月9日，无锡市获国家人民防空委员会授予的“全国人防建设、平战结合先进城市”称号。

3月22日，《江南旅游报》创刊。

3月24日，无锡市人大常委会制定全国第一个保障残疾人合法权益的地方性法规——《无锡市残疾人保护条例》。

4月14日，无锡市与洛阳市缔结为姐妹城市。

是月，全国少儿工作协调委员会授予无锡市“全国少儿工作先进城市”称号。

5月3日，国家教委批准无锡市为全国15个中等城市教育综合改革试点城市之一。

5月7日，宜兴市举办首届中国陶瓷艺术节。

5月18日，无锡市与郑州市缔结为兄弟城市。

7月29日，无锡市十届人大常委会第四次会议确定每年的农历九月初九为无锡市“敬老日”，早于全国一年。

8月27日，无锡市获“全国旅游服务先进城市”称号。

9月9日，国家教委、财政部授予无锡县“全国教育先进县”称号。

9月13日，无锡市与泰安市缔结为姐妹城市。

9月15日，国家体委授予江阴市“全国体育先进县”称号。

10月25～28日，全国大中城市换房会议在无锡召开。无锡市获“全国换房先进城市”称号，无锡市机械局获“全国换房先进集体”称号，郊区房产管理局王同辛获“全国换房状元”称号，无锡市委书记邓鸿勋获“全国名誉换房状元”称号。

10月26日，崇安寺农贸市场、三里桥粮油集贸市场、长泾农贸市场被国家工商行政管理局命名为全国文明集贸市场。

11月1～5日，全国政协主席李先念、副主席王任重由省委书记韩培信陪同在无锡视察。

11月5～9日，’88中国无锡国际旅游电影节在无锡举办。

是日，国家质量奖评审委员会公布1988年国家优质产品、优质食品名单，无锡市丝绸印染厂的水榭牌染色电力纺、无锡煤矿机械厂的MRB型乳化液泵获国家金质奖。

12月13日，市政府召开无锡市人民群众见义勇为先进分子表彰大会。

12月14日，中国人民解放军无锡警备司令部成立。

12月20日，国家“八五”重点工程、全国第一家中外合资发电厂——江阴利港电厂开工建设。

1989年

1月25日，无锡火车站新客站启用。

1月30日，无锡市生产的“海鸥”牌可可白脱、“三乐”牌口服蜂乳、“晶菱”牌柠檬酸获首届中国食品博览会金奖。

2月1日，无锡市行政监察举报中心成立。

2月5日，人事部授予无锡钢厂马宗况、无锡柴油机厂应忠堂、无锡市酶制剂厂霍兴云、江阴钢丝绳厂周建松、江苏省原子能医学研究所张满达等10人国家级“有突出贡献的中青年专家”称号。

4月19日，西藏干部（县委书记、县长）参观团一行63人到无锡考察改革开放和乡镇工业发展相关情况。

5月14日，市委、市政府召开领导干部会议，传达学习国务院办公厅关于批评无锡市政府违反国务院有关清理固定资产投资项目规定的通报，公布检查及改正措施。

5月28～30日，市委、市政府召开全市发展外向型经济工作会议。

6月6～7日，市委、市政府召开全市科技工作会议。

6月23日，市长王宏民与副省长张绪武签订无锡市环境保护目标责任状，实施市长责任制。

7月1日，江苏省第一个村级党委——江阴市华士镇华西村党委成立，吴仁宝任书记。

7月5日，市委、市政府作出《关于依靠科技教育振兴无锡经济的决定》，确定“科教兴市”为无锡市重大发展战略。

9月11日，无锡柴油机厂邹永堃等12人被评为全国劳动模范，崇安区环卫所刘定保等3人被评为全国先进生产（工作）者。10月12日，市委、市政府作出《关于开展向全国劳动模范和先进工作者学习活动的决定》。1989～2005年，无锡市43人被评为全国劳动模范，9人被评为全国先进生产（工作）者。

9月29日，无锡动力机厂傅海泉作为特邀代表，出席在京召开的全国劳动模范和先进工作者表彰大会。傅海泉以完成近千项技术革新项目而被称为“江南刀具大王”。

10月12日，在中国唱片总公司举行的首届“金唱片奖”颁奖大会上，由无锡市锡剧表演艺术家王彬彬、梅兰珍演唱的锡剧《珍珠塔》获“金唱片”奖。

10月25日，在全国“燎原计划”与农村教育改革实验县工作会议上，宜兴市新庄乡、江阴市申港镇被评为1989年度实施“燎原计划”先进单位，获国家科委颁发的“燎原奖”。

11月1日，全国政协副主席周培源和夫人王蒂澂捐献古书画仪式在北京故宫漱芳斋举行，无锡市市长王宏民、国家文物局局长张德勤向周培源颁发奖状，所捐献的145件古书画由无锡市博物馆收藏。

12月23日，无锡色织一厂涤棉磨毛布等5个产品获国家金质奖。

1990年

1月1日，吴文化公园建成揭幕。

1月10日，无锡县安镇乡第三机械厂职工虞建华徒手同持枪流窜盗窃犯叶某某搏斗，不幸中弹牺牲。6月22日，经省政府批准，追认虞建华为革命烈士。

1月15日，无锡市测绘仪器厂女工王健在市第四人民医院剖腹产平安诞下双卵四胞胎男婴，为无锡市首例。

1月16日，市长王宏民率无锡市经济恳谈团赴日本相模原市访问。

1月19～21日，国务院总理李鹏在省委书记沈达人、省长陈焕友等陪同下在无锡调研视察，为无锡市题词：“城乡结合，协调发展，提高水平，走向世界，太湖明珠，更加灿烂”。

3月2日，中国首届丝绸交易会在无锡展览馆闭幕。

3月7日，无锡市政府、军分区召开拥军爱民、拥政爱民共建文明先进表彰大会。

3月28日，市委、市政府召开创建国家卫生城市动员大会。

4月1日，市人大常委会决定4月1日为“无锡市环境卫生日”。

4月12日，由无锡市人民对外友好协会和日本友谊林建设委员会筹建的中日樱花友谊林工程举行竣工仪式。

4月19日，中非共和国总统、国家元首、中非民主联盟主席安德烈·科林巴抵达无锡访问。

5月12日，凌晨3时，无锡无线电工业学校学生钱劲松、张宏生与持刀盗窃犯张某搏斗，钱劲松被刺身亡，张宏生被刺重伤。张某追捕归案后被依法处决。钱劲松被追认为中共党员、革命烈士，被授予“青年英雄”称号；张宏生被授予“见义勇为优秀青年”“全国见义勇为先进分子”称号。

7月1日，为第四次全国人口普查标准时间，无锡市普查结果表明，全市总人口4291624人。

9月15日，省政府批准宜兴市建设总体规划，确定其城市性质为中国著名陶都、太湖风景名胜区旅游城市。

9月15～18日，中共无锡市第八次代表大会召开。会议提出5年工作目标和任务：坚持党的基本路线，实施“科技教育兴市”战略，艰苦奋斗，把无锡建设成为开放式、多功能、现代化的经济中心城市，经济发达、文化繁荣、民主文明的富庶地区和风景优美的旅游胜地。会议选举产生中共无锡市第八届委员会，33人当选市委委员，7人当选市委候补委员，21人当选市纪委委员。9月19日，中共无锡市第八届委员会举行第一次全体会议，刘济民当选书记。

9月25日，无锡县被国家体委命名为全国体育先进县。

是日，华东地区第一个民兵大口径火炮训练基地在无锡县建成。

11月4日，新华社公布“全国百个财政收入大县”名单，无锡县名列第二，江阴市名列第八。

11月5日，“中国乡镇百颗星”评选结果揭晓，无锡县前洲镇入选“全国十佳最佳乡镇”，洛社镇入选“百颗星”。

12月22日，江阴市被评为全国十佳县级卫生城市。

12月24日，国家体改委、物资部批准无锡市为全国物资流通综合改革试点城市。

是年，经国家质量奖审定委员会审定，无锡市洗衣机厂的小天鹅全自动洗衣机等3个产品获国家金质奖。无锡市获奖牌（杯）数与沈阳市并列全国第一。

1991年

1月5日，无锡机场（硕放机场）改造工程通过竣工验收，交付使用。

3月12日，市委、市政府召开农业工作会议，确定“八五”计划期间农业工作的指导思想和发展目标。

3月19～20日，市委、市政府召开区政工作会议，确定“八五”计划期间区政工作目标。

3月26日，全国绿化委员会、农业部、人事部授予无锡市“全国造林绿化先进单位”称号。

是月，《求是》杂志第6期发表《社会主义在无锡县》一文，肯定无锡县“三为主一共同”（以社会主义商品经济为主，以集体经济为主，以乡镇工业为主，共同富裕）建设社会主义现代化新农村的道路。

4月5日，市委作出《关于在全市党员、干部中开展向顾鼎元同志学习活动的决定》，在市人民大会堂召开顾鼎元同志事迹报告会。

4月14～16日，中共中央政治局常委、书记处书记李瑞环由省委书记沈达人、省委副书记孙家正陪同，在无锡考察“两个文明”建设情况。在无锡期间，李瑞环先后视察华晶电子集团公司、无锡县前洲镇前达毛纺厂等企业及江阴市华西村。

4月17日，市委、市政府召开全市“质量、品种、效益年”活动动员大会。

4月30日，’91无锡·自贡太湖之春艺术灯会在太湖乐园开幕。灯会历时47天，观众780多万人次。

5月5～9日，全省乡镇企业工作会议在无锡召开。省委、省政府作出决定，全面推广无锡县东亭镇的“一调二改三提高”（调整结构，技术改造、企业改革，提高工业组织程度、管理水平、经济效益）的经验。

5月10～13日，全国较大城市人大常委会联席会议第一次会议在无锡召开，重庆、大连、青岛、宁波、唐山、大同、包头、鞍山、抚顺、吉林、齐齐哈尔、淮南、洛阳、无锡共14个城市的人大常委会领导与会。

5月13日，市委、市政府召开全市知识分子工作经验交流暨百名优秀科技工作者表彰大会。

5月21日～7月15日，无锡市城乡普降暴雨，无锡、江阴、宜兴三地梅雨量分别为801毫米、906.7毫米和658.8毫米。市委、市人大常委会、市政府、市政协联合召开紧急会议，动员全市人民抗洪抢险。7月25日，国际红十字会与红新月会灾区考察团抵达无锡，考察灾情及救灾情况。8月19～20日，中共中央政治局委员、国务委员、国家救灾防病领导小组组长李铁映在无锡察看灾情，慰问市民群众。9月28日，市委、市政府召开抗洪救灾表彰大会，132个先进集体和479名先进个人受表彰。

6月7～11日，全国“三优”（优生、优育、优教）工程试点工作指导纲要研讨会在无锡举行。无锡市被列为全国首批“三优”工程试点城市。

7月1日，无锡市取消169个行政事业性收费项目。

8月8日，市委召开全市对外宣传工作会议。

10月21日，无锡市与攀枝花市缔结为友好城市。

10月29日，文化部、劳动部、人事部召开表彰大会，无锡县被授予“全国文化工作先进地区”称号。

1992年

1月4日，市委、市政府发出《关于在全市城乡企业开展向无锡市第二棉纺织厂学习活动的决定》。

1月19日，无锡市和吉林市缔结为友好城市。

1月20～21日，中共中央总书记、中央军委主席江泽民在省委书记沈达人、省长陈焕友、南京军区政委史玉孝陪同下在无锡视察，先后察看无锡县华庄镇的老干部活动室、敬老院、幼儿园，考察东垰镇的第三化纤厂、采油设备厂，以及无锡市第二棉纺织厂、华晶微电子集团公司、无锡县洛社镇特种风机厂等企业。21日中午，江泽民在太湖饭店会见在华进行正式访问的白俄罗斯共和国部长会议主席克比奇一行。

2月9日，市委召开全市农村社会主义思想教育工作会议，从各市（县）、区选派460名社会主义思想教育联络员分赴全市乡镇及部分薄弱村帮助工作。

2月11～16日，无锡市第十届人民代表大会第五次会议召开。会议原则批准《无锡市国民经济和社会发展十年规划和第八个五年计划纲要》。

2月25日，无锡市召开改革工作会议，部署全面推开企业劳动人事、工资分配和社会保险制度等配套改革工作。

5月5～6日，市十届人大常委会举行第三十一次会议，任命洪锦炘为无锡市代理市长，接受王宏民因工作调动辞去无锡市市长的请求。

5月7日，经能源部、省政府农村电气化验收组全面检查，无锡县达到能源部《农村电气化标准》，在全省率先实现农村电气化。

5月23日，市委印发《中共无锡市委关于九十年代加快社会主义新农村建设的意见》，提出90年代无锡农村发展的基本思路和主要目标。

5月24～25日，国务院总理李鹏在省委书记沈达人、省长陈焕友陪同下在无锡视察，先后视察江阴市华西村、新城区、江阴钢绳厂和无锡太湖水域，并为华西村题词：“华西村是中国农村的希望所在”。

6月1日，无锡市实施住房公积金缴存和发放住房补贴制度。

6月10日，国家重点工程、江苏省三大战略项目之一的苏南运河无锡段整治工程动工。

6月14～16日，中共中央政治局常委乔石在省委书记沈达人、副书记曹鸿鸣等陪同下在无锡视察。乔石先后视察了无锡市洗衣机厂、无锡机床厂和无锡县洛社镇的雅西摩托车厂、太湖锅炉厂、南方悬挂输送机厂，并在南方悬挂输送机厂会议室与市、县、镇、厂的领导座谈。

7月4日，市委、市政府举行更快更好发展无锡经济表彰动员大会。市委书记刘济民在会上讲话。市委副书记、代市长洪锦炘宣读《中共无锡市委、无锡市人民政府关于表彰加快经济发展优胜单位和发展外向型经济优胜单位的决定》。

7月6日，国家统计局公布“中国农村综合实力百强县（市）”名单。无锡县居榜首，江阴市列第三名。

8月18日，省内第一条高速公路——沪宁高速公路无锡段开工。1996年9月5日沪宁高速公路试通车。1997年11月27日，沪宁高速公路无锡段通过国家验收。

8月29日，经市政府批准，无锡油泵油嘴集团公司等7家国营大中型企业，按照国家体改委《股份有限公司规范意见》，率先改组为内部职工持股的股份制企业。

9月9日，市委、市政府召开全市发展第三产业动员大会。

10月6～9日，无锡友好城区经济交流会在无锡市崇安区召开。无锡、北京、长春、福州、武汉、厦门、杭州、宁波、湛江、三明等城市中心城区的代表出席会议。

11月上旬，国务院批准建立无锡国家高新技术产业开发区。开发区下设锡南高科技园和宜兴环保科技工业园，总面积9.45平方公里。1993年5月10日，无锡高新技术开发区授牌仪式举行。

12月15日，无锡有线电视台试播。

12月17日，国家统计局等部门组成的中国城市社会经济发展水平评价中心公布评价榜单，无锡市列中国城市综合实力50强第十七名，并列入中国城市首批投资硬环境40优。

12月20日，市委、市政府批准设立无锡市见义勇为奖励基金。

12月21日，全国爱国卫生运动委员会授予无锡市“全国卫生城市”称号。

12月30日，无锡第一家专业证券公司——无锡证券公司开业。

1993年

1月1日，《江南晚报》创刊。

2月8日，无锡太湖国家旅游度假区管理委员会、无锡太湖国家旅游度假区发展总公司举行揭牌仪式暨度假区全面启动开工典礼。

2月27日～3月4日，政协无锡市第九届委员会第一次会议举行，选举产生市政协第九届常务委员会，选举朱根宝为政协主席。

2月28日，无锡经济广播电台开播。

3月1～6日，无锡市第十一届人民代表大会第一次会议召开。出席会议代表564人，代市长洪锦炘作政府工作报告。会议选举产生市人大常务委员会，选举吴钊为市人大常委会主任、洪锦炘为市长。

3月3日，江阴市华西村向中国第一汽车集团公司订购250辆“捷达”牌轿车，首批50辆轿车驶进村，成为全国第一个“轿车村”。

4月1日，无锡市粮食、油料购销价格全面放开。

4月3日，江南大学被国家教委批准为符合接受外国留学生条件的第一批200所高等院校中唯一的一所地方大学。

4月26日，无锡市太极实业股份有限公司向社会公开发行股票8000万股A股。7月28日上市挂牌交易，成为无锡市第一家上市公司。

5月7日，市政府召开房改工作会议，市区优惠出售公有住房暂行办法等出台实施。

6月14日，市委、市政府召开城区经济工作会议。

7月2日，惠山森林公园被林业部批准为国家森林公园。

7月6日，市委、市政府召开外向型农业会议。

7月18日，江苏省第一家村办省级实业集团——江苏三房巷实业集团总公司成立。

7月28日，省委决定，洪锦炘任中共无锡市委书记。刘济民因调任国务院副秘书长，不再担任中共无锡市委书记。

7月29～31日，市十一届人大常委会举行第四次会议，任命于广洲为副市长、代理市长。

9月14日，无锡市和葡萄牙共和国卡斯卡伊斯市建立友好城市关系，协议书在卡斯卡伊斯市签署。

9月15日，在全国乡镇企业工作会议上，无锡县、江阴市、宜兴市获全国“发展乡镇企业先进县（市）”称号。

9月28日，无锡实现电话全部程控化。

10月8～12日，中国首届唐文化艺术节在中央电视台无锡外景基地唐城举行。

10月18日，无锡人民广播电台新辟的新闻台、文艺台、交通台开播。

11月1日，无锡市政府设立市长公开电话“210406”。

12月18日，无锡新加坡工业园奠基。

1994年

1月20日，无锡市“110”报警中心开通使用。

1月21日，无锡37家国有企业首批试点建立现代企业制度。

2月17日，无锡港被确定为全国39个主枢纽港之一。

2月27日，市委、市政府召开“三外”（外贸、外资、外经）工作会议，提出全力实施外向带动、大经贸、重点开发三大战略。

3月1日，即日起全市职工实行平均每周44小时工作制。

3月5～9日，市十一届人大第二次会议召开，于广洲当选无锡市市长。

3月11日，无锡县、宜兴市被国家科委命名为科学技术工作先进县（市）。

3月20～28日，市委书记洪锦炘率无锡市对外经济协作洽谈团一行43人赴泰国和中国香港开展经贸洽谈活动。

3月25日，市政府召开首批“国有土地使用证”发证大会。

4月8日，无锡市行政学院挂牌成立。

4月25日，无锡县委、县政府驻地迁址东亭，举行挂牌仪式。

5月31日，无锡市获“全国少年儿童工作先进市”称号。

6月2日，中国船舶工业总公司第702研究所教授、博士生导师、总工程师吴有生当选中国工程院首批院士。

6月17日，《无锡市文明市民手册》首发式举行。

6月22日，零点起，无锡市长途电话全部实现直拨。

6月27日～7月2日，第十三届中共中央政治局常委宋平在无锡视察。

7月7日，江阴市被全国爱国卫生运动委员会命名为国家卫生城市。

7月7日～9月9日，江苏省十三届运动会举行，由无锡市承办，在10个场馆举行12个大项比赛，参赛运动员3971人，裁判及工作人员1455人。无锡市获金牌61枚，居第三名；总分1740.5分，获第四名。

7月22日，无锡市首次被评为全国双拥模范城。至2005年，无锡市连续5次获“全国双拥模范城”称号。

7月26日，《无锡县志》出版发行。

8月17日，无锡市新闻中心成立。

8月19日，1994中国无锡太湖影视文化旅游节揭幕。

8月25日，无锡市邮电局进入全国百强市局名单，列第九位，居江苏省同行榜首。

8月28日，无锡市电话号码由6位升至7位。

9月8～9日，市委、市政府召开教育工作会议。会后，出台《中共无锡市委、无锡市人民政府关于〈中国教育改革和发展纲要〉的实施意见》。

10月10日，江阴市华西村党委书记吴仁宝被评为全国首批“十大扶贫状元”。

10月19日，全国供销社“双百强”榜单公布，江阴市供销社排名全国百强县（市）第二，宜兴市供销社位居销售第一。

10月20日，灵山大佛奠基仪式在马山灵山祥符禅寺举行。1997年11月15日，马山灵山胜境落成暨灵山大佛开光仪式在马山灵山祥符禅寺举行。

10月26日，创建于北宋政和元年（1111年）的无锡东林书院重修第一期修缮工程竣工。

11月19日，首批27个“无锡市爱国主义教育基地”授牌仪式在无锡革命陈列馆举行。

12月11日，江苏双良集团被国家经贸委、国家税务局、海关总署确认为全国100家企业技术中心之一，为全国乡镇企业中的首家。

12月30日，无锡市被建设部评为全国园林绿化先进城市。

是年，在国家科委、农业部、国家统计局等主办的全国首届县（市）科技实力擂台赛中，无锡县获得冠军。

1995年

1月10日，无锡县、江阴市、宜兴市被国家公布为小康县（市）。

2月20～26日，市长于广洲率无锡市招商团赴京开展招商活动。

3月1日，无锡市调整市区和无锡县部分行政区划，组建无锡新区。

3月18日，经国家教委批准，无锡轻工业学院更名为无锡轻工大学。11月24日，中国轻工总会、江苏省人民政府、无锡市人民政府举行共建无锡轻工大学签约仪式。

4月10日，市委召开“以经济建设为中心、两个文明一起抓”动员大会，市委书记洪锦炘作动员讲话。

4月12日，市长于广洲率无锡市对外经济合作洽谈团结束在美加地区的经贸洽谈活动。

5月10日，《无锡市市区居民最低生活保障暂行办法》实行，市区居民最低生活保障线为月人均120元。

5月12～13日，中共中央总书记、国家主席、中央军委主席江泽民在无锡视察，重点考察深化国有企业改革等方面的情况，还深入企业车间，详细了解生产经营情况。

5月29日，无锡市颁布实施企业最低工资保障制度，企业职工最低月工资标准为210元。后逐年提高，至2005年，10次提高标准，企业职工最低工资一类标准提高至690元，二类标准提高至550元，无锡市区和江阴市执行一类标准，宜兴市执行二类标准。

是月，在法国举行的第九届世界羽毛球锦标赛上，无锡籍运动员顾俊与队友获羽毛球女子团体冠军。

6月8日，国务院批准无锡县撤县设立锡山市（县级）。8月18日，锡山市揭牌仪式举行。9月12日，国务院总理李鹏为锡山市成立题词：“把锡山市建设得更加繁荣兴盛”。

6月27日，市委书记洪锦炘率无锡市对外合作经济洽谈团结束在西欧的经贸洽谈活动。

7月8日，无锡轻工大学教授伦世仪被国务院批准为中国工程院院士。

8月2日，市委、市政府召开全市科学技术大会，市委书记洪锦炘作题为《坚定不移实施“科教兴市”战略，加快社会主义现代化建设步伐》的讲话。会议表彰1994年度“腾飞奖”获奖项目、

1991～1994年度中青年专业技术拔尖人才、1993～1994年度优秀科技工作者。

9月12日，无锡市获“全国科教兴市先进城市”称号，居综合评比得分榜首。

9月13～16日，中共无锡市第九次代表大会召开。洪锦炘代表中共无锡市第八届委员会作题为《加快改革开放，加强党的建设，为到本世纪末基本实现社会主义现代化而努力奋斗》的报告，张锦贤代表中共无锡市纪律检查委员会作工作报告。通过差额选举，35人当选第九届市委委员，6人当选市委候补委员，23人当选市纪委委员。9月17日，中共无锡市第九届委员会举行第一次全体会议，洪锦炘当选书记。

10月11日，第三届中国综合实力百强县（市）评比结果揭晓，锡山市连续3届获百强县（市）之冠。

10月15日，江阴、宜兴电话号码由6位升至7位，并纳入无锡本地网。

是月，由国家副主席荣毅仁题名，市委书记洪锦炘、市长于广洲作序的《无锡市志》，由江苏人民出版社出版。12月26日举行首发式。

11月28日，“1995北京无锡经济合作恳谈会”在北京召开，无锡市市长于广洲向海内外客商介绍无锡的投资环境。

12月3日，在江苏省第三届音乐舞蹈节上，无锡市歌舞团共获22个奖项，名列各市参赛总分第一，创作演出的大型舞蹈诗《太湖鱼米乡》获唯一的优秀剧目大奖。

12月10～12日，原国家主席杨尚昆在无锡视察江阴市华西村和无锡小天鹅股份有限公司。

12月18日，国家电子工业头号重点项目——“908”工程华晶大生产线开工典礼在中国华晶电子集团公司举行。

是年，无锡市获“全国科技进步先进市”称号。至2005年，无锡市连续6次获此称号。

1996年

2月8～12日，政协无锡市九届四次会议召开，选举陈璧显为市政协主席。

2月10～14日，无锡市十一届人大四次会议召开。会议接受吴钊辞去无锡市十一届人大常委会主任的请求，选举洪锦炘为市十一届人大常委会主任。

2月29日，市委、市政府举行加快现代化建设动员暨先进表彰大会。市委书记洪锦炘在会上作题为《万众一心，开拓奋进，为实现跨世纪宏伟目标而努力奋斗》的讲话。

是月，江阴市被命名为全国乡镇企业先进县（市）和全国农民收入先进县（市）。

3月11日，在全国首届科技实力百强县（市）授牌仪式上，锡山市名列第一，江阴市、宜兴市分别列第三名和第六名。无锡市郊区名列全国同等城市郊区之首。

3月20日，市委、市政府召开现场会，动员全市企业学习“小天鹅”改革发展的成功经验。

4月10日，无锡市与加拿大安大略省斯卡伯勒市缔结为友好城市。

4月18～20日，全国人大常委会原委员长万里在无锡视察改革开放和两个文明建设情况。

4月23日，江南大学升格为本科院校，改名为江南学院。

5月4日，市委、市政府召开全市扶持集体经济薄弱乡村工作会议。

5月8日，江苏省首家企业家人才市场——无锡市企业家人才市场揭牌成立。

5月21日，宜兴市、锡山市、江阴市被水利部授予“全国水利经济十强县（市）”称号。

6月20日，市委、市政府召开党政机构改革动员大会。

7月17日，全国党史系统表彰大会在北京召开，无锡市党史工作委员会作为江苏省唯一的先进集体受到表彰。

7月18日，全国首次大中型乡镇企业工作会议在锡山市召开。

是日，小天鹅B股在深圳证券交易所上市，是国内洗衣机行业第一家在深圳上市的B股企业。1997年3月18日，无锡小天鹅股份有限公司在上海证券交易所公开发行小天鹅A股。

7月22～24日，江苏省企业工作会议在无锡市召开。省委书记陈焕友，省委副书记、省长郑斯林，省委副书记、省纪委书记曹克明等出席会议。无锡市委书记洪锦炘作经验交流发言。

7月26日，无锡市召开20家综合配套改革试点企业厂长（经理）会议。省委书记陈焕友、省长郑斯林就国有企业改革和发展发表讲话。市委书记洪锦炘就无锡市深入贯彻全省企业工作会议精神发表意见。

7月31日，在美国亚特兰大举行的第二十六届奥运会上，无锡籍运动员顾俊与队友获羽毛球女子双打冠军，成为无锡历史上第一个奥运冠军。孟刚获男子25米自选手枪速射第五名。

8月7日，市政府召开全市事业单位深化综合配套改革动员会议。

8月13日，市政府召开抓紧落实太湖无锡水域污染治理会议，成立太湖无锡水域环境综合整治领导小组，与各市（县）、区和市有关部门主要负责人签订责任状。

9月13～14日，市委、市政府召开全市乡镇企业工作会议，市委书记洪锦炘作题为《加快实行两个根本性转变，奋力推进我市乡镇企业迈向现代化》的报告。

10月30～31日，中共中央政治局常委、书记处书记胡锦涛在省委书记陈焕友、省委副书记许仲林陪同下在无锡视察，听取工作汇报。胡锦涛对无锡市“两个文明”建设取得的成绩给予肯定，特别对整顿后进村党支部工作和在合资、独资企业中建立党组织的做法大为赞许。

11月18～20日，中共中央政治局常委、中央军委副主席刘华清和全国政协副主席朱光亚在无锡视察“两个文明”建设和社会事业发展情况以及无锡军地开展“双拥”工作取得的成果。

12月，在印度尼西亚举行的第十六届世界杯羽毛球赛上，无锡籍运动员顾俊与队友获羽毛球女子双打金牌。

1997年

1月1日起，无锡市区全面禁放烟花爆竹。

1月14日，无锡市召开全市物价工作会议，确定零售物价指数和消费品价格指数上涨幅度分别控制在7%和9%以内。

1月30日，由海鹰集团医疗设备有限公司研制生产的中国第一台具有国际先进水平的全数字化B超彩色仪进入批量生产。

3月2日，无锡市列入国务院批准的全国111个优化资本结构试点城市。

3月25日，中共中央宣传部公布创建文明城市、文明村镇示范点名单，无锡市中山路和江阴市榜上有名。

4月7日，“小天鹅”“红豆”商标被中国驰名商标认定委员会认定为中国驰名商标。无锡中国驰名商标数列江苏省第一位。

5月6日，无锡市实施以社会统筹与个人账户相结合为核心的企业职工养老保险制度。

是月，无锡籍运动员顾俊与队友在英国举行的第五届苏迪曼杯赛上获羽毛球混合团体冠军，在英国举行的第十届世界锦标赛上获羽毛球女子双打金牌，8月在印度尼西亚举行的世界杯羽毛球比赛上获羽毛球女子双打金牌。

6月20日，江苏小天鹅集团董事长朱德坤被中共中央组织部授予“全国优秀共产党员”称号。

7月22～23日，市十一届人大常委会第三十三次会议同意于广洲提出辞去无锡市市长职务的请求，决定吴新雄任无锡市代市长。

8月12日，《无锡市社会主义精神文明“九五”基本建设规划》实施。

8月23～24日，市委召开全市领导干部思想作风建设会议，市委书记洪锦炘代表市委常委会作题为《切实加强领导干部思想作风建设，奋力开创我市现代化建设新局面》的讲话。

8月26日，苏南运河无锡段全线整治工程竣工。

9月3日，市环境保护委员会召开第一次会议，原则通过《太湖无锡水域水污染防治“九五”计划和2010年远景计划》。

9月9日，市委书记洪锦炘，市委常委、锡山市委书记陆荣德，小天鹅股份有限公司董事长、总经理朱德坤，无锡市第三棉纺织厂细纱车间挡车工桑勤赴京，出席中国共产党第十五次全国代表大会。

是月，在墨西哥举行的第十一届世界杯跳水比赛上，无锡籍运动员石磊与队友获跳水女子双人3米板冠军。

是月，在上海市举行的第八届全国运动会上，解放军队无锡籍选手徐忆敏在女子小口径标准步枪60发卧射比赛中以597环的总成绩刷新596环的世界纪录。

11月2日，无锡市第一批取消29个行政事业性收费项目。

11月6～7日，中共中央政治局候补委员、外经贸部部长吴仪在无锡视察江阴长江大桥、阳光集团、华西村和无锡新加坡工业园。

11月11～12日，市委书记洪锦炘、代市长吴新雄率无锡市经济代表团赴上海举行经济合作恳谈会。

12月29日，市委、市政府召开全市人才工程建设暨“333工程”①工作大会。

1998年

1月4日，锡山市、江阴市、宜兴市被列为国家农业综合开发区。

1月14日，江阴义务支教青年赵新忠、赵忠惠获国际青少年消除贫困奖。

1月16～21日，政协无锡市第十届委员会第一次会议召开，选举产生市政协第十届常务委员会，选举缪根宝为市政协主席。

1月16～22日，无锡市第十二届人民代表大会第一次会议召开，出席会议代表419人，代市长吴新雄作政府工作报告。会议选举产生市人大常委会，选举洪锦炘为市人大常委会主任、吴新雄为市长。

1月26日，无锡市首家地方股份制商业银行——无锡市商业银行揭牌。

4月14日，中共中央政治局常委、全国人大常委会委员长李鹏在无锡视察，重点了解土地管理法等法律的执行情况，征求对高等教育法（草案）的意见，考察土地整治复耕和乡镇企业发展情况，视察苏南运河整治工程。

4月18日、20日、21日，中共中央总书记、国家主席、中央军委主席江泽民和中共中央政治局委员、书记处书记、国务院副总理温家宝，在省委书记陈焕友、省长郑斯林等陪同下在无锡视察，先后视察小天鹅公司、双良集团公司、向阳村、华西村、阳光集团公司，并就乡镇企业的进一步发展等问题发表重要讲话。

5月9日，无锡市与美国密歇根州卡拉马祖市建立友好交流关系。

5月14日，市长吴新雄带队赴镇江市、苏州市现场考察大项目建设情况。

5月25日，无锡市首届残疾人运动会在市体育馆开幕。

① 分别培养国家级、省级、市级跨世纪学术、技术带头人30人、300人和3000人。

是月，在中国香港举行的第十七届尤伯杯羽毛球比赛上，无锡籍运动员顾俊与队友获羽毛球女子团体金牌。

7月7～8日，中共中央政治局常委、中纪委书记尉健行在无锡视察“两个文明”建设和反腐败工作情况。

是月，在西班牙巴塞罗那举行的第四十七届射击锦标赛上，无锡籍运动员孟刚与队友获射击标准手枪团体冠军，徐忆敏与队友获女子小口径步枪3×20团体赛冠军，并破该项目世界纪录。

8月18日，市委、市政府召开加快发展第三产业会议。

9月5日，全国文明城市示范点——无锡市中山路商业街揭牌。

9月10日，江苏省第十四届运动会闭幕。无锡市300多名运动员在14个计分项目中取得金牌63枚，总分1630分，金牌数和团体总分排名均为第四名。无锡代表团另获本届运动会输送奖和贡献奖。

9月15日，市长吴新雄率无锡市政府代表团及21家企业负责人赴大庆灾区慰问，开展“献爱心——太湖儿女情系灾区，寄真情——无锡企业服务大庆”活动。无锡市与大庆市缔结为友好城市。

11月12日，农业部和外经贸部联合公布全国乡镇企业出口创汇五强县（市）名单，江阴市和锡山市分列第一位和第二位。

11月14～18日，以张坚钟为组长的创建中国优秀旅游城市国家验收组在无锡市检查，无锡市顺利通过国家级验收。12月18日，无锡市被国家旅游局命名为全国首批中国优秀旅游城市。

12月26日，全国总工会和全国职业道德建设领导小组授予无锡市“全国职业道德建设先进城市”称号。

1999年

2月12日，无锡市被列入国土资源部公布的首批20个国家级土地开发整理示范区名单。

5月，在丹麦哥本哈根举行的第六届苏迪曼杯赛上，无锡籍运动员顾俊获羽毛球女子单打金牌。

6月9日，全国首家广播电视集团——无锡广播电视集团宣告成立，国家广播电影电视总局局长田聪明、市委书记洪锦炘为集团揭牌。

6月23～28日，市委书记洪锦炘率无锡市经济代表团赴日本开展招商引资活动。28日在东京举行1999无锡投资贸易恳谈会。

8月6日，即日起，无锡市房改房允许上市交易。

9月28日，中共中央总书记、国家主席、中央军委主席江泽民在无锡视察，并与书记处书记曾庆红、中国人民解放军总参谋长傅全有等出席江阴长江大桥通车典礼，视察大桥建设工程和锡澄高速公路堰桥服务区。

是日，中国第一、世界第四单跨钢箱梁悬索桥——江阴长江公路大桥和江苏第一条双向六车道公路——锡澄高速公路建成通车。

10月8日，第四届中国民间艺术节在无锡太湖国家旅游度假区开幕。

10月17日，无锡市被科技部命名为全国技术创新工程区域试点城市。

12月28日，无锡市市长公开电话“12345”启用。

是年，在江苏省第五届伤残人运动会上，无锡市运动员姚娟在女子截肢F42级铁饼、跳远、铅球比赛中分别以26.49米、3.09米和8.53米的成绩破3项世界纪录。2000年，在悉尼举行的第十一届残奥会标枪比赛中，姚娟以37.56米破残奥会F46级标枪世界纪录。2002年，在济南举行的全国残疾人田径、举重、柔道锦标赛暨世界锦标赛选拔赛女子F44级标枪比赛中，姚娟以41.64米的成绩再破世界纪录。

2000年

3月19日，市委、市政府组织县处级以上领导干部收听收看全省市县“三讲”教育工作电视电话会议。全市122个县处级单位和923名县处级领导干部分两批集中开展“三讲”教育活动。

3月22日、24～25日，全国人大常委会委员长李鹏在无锡先后视察华西村、阳光集团、小天鹅公司、希捷公司、联合汽车电子公司等。李鹏视察华西村时题词：“华西村真正有希望”。

3月30日，建设部授予无锡市“全国城市环境综合整治优秀城市”称号。

4月3日，无锡市启动廉租房工程。

4月14日，全国爱国卫生运动委员会授予无锡市“国家卫生城市”称号。

4月24日，重3300克的无锡市首例“试管婴儿”在无锡市第四人民医院诞生。

5月30日，“1999年全国十大考古新发现”评选结果在北京揭晓，江阴高城墩新石器时代遗址名列其中。

是月，在马来西亚举行的第十八届尤伯杯羽毛球比赛上，无锡籍运动员顾俊与队友获羽毛球女子团体冠军。同年9月，在澳大利亚举行的第二十七届奥运会上，顾俊与队友获羽毛球女子双打金牌。

6月7日，国家环保总局在江阴举行授牌仪式，命名江阴市为国家环境保护模范城市。

6月14日，第九届“文华奖”在京揭晓，无锡市歌舞团创作演出的民族舞剧《阿炳》获“文华大奖”。

7月5日，无锡市民心热线“5033333”开通。

7月10日，无锡市实施公务员职位轮换（轮岗）制度。

7月18～22日，延安市党政代表团访问无锡，签订《无锡市—延安市关于进一步加强对口扶贫协作与经济合作的会谈纪要》。

7月26～27日，市长吴新雄率无锡经贸洽谈团赴贵阳市、攀枝花市、昆明市开展专业化协作和经济合作系列活动。

8月22日，省委决定，蒋定之任中共无锡市委委员、常委、书记。

8月31日，省委授予无锡市援藏干部任国庆“优秀援藏干部”称号。9月2日，发出《关于开展向优秀援藏干部任国庆同志学习活动的通知》。

9月6日，全国政协副主席赵南起率全国政协常委视察团在锡视察。

9月15日，位于无锡新区的希捷国际科技（无锡）有限公司以54亿元的年销售收入，进入中国高新技术企业前十强行列。

9月20日，锡宜高速公路开工建设，2003年9月30日建成通车。

9月21日，同济大学无锡校区和同济大学高等技术学院无锡分院挂牌成立。

9月28日，无锡市首家五星级大酒店——无锡太湖饭店挂牌。

10月17～19日，中共中央政治局常委、国务院副总理李岚清在无锡先后视察江阴长江大桥、锡澄高速公路堰桥服务区、江阴市华西村、华晶矽科微电子有限公司、江南学院等，出席由江苏省南京、苏州、无锡、常州、镇江、南通、扬州、泰州8个城市参与的城镇职工基本医疗保险制度和医药卫生体制改革工作座谈会。

11月3日，国家环保总局在无锡举行授牌仪式，无锡新区成为无锡市第一个ISO 14000国家示范区。

11月14～16日，市委书记蒋定之、市长吴新雄率无锡党政代表团赴大连考察学习。

12月15日，全市企业退休人员养老金实行社会化发放。

12月21日，经国务院批准，撤销县级锡山市，设立无锡市锡山区和惠山区；撤销无锡市马山区；无锡市郊区更名为无锡市滨湖区。

2001年

1月1日，2001年中国体育健身游江苏首游式在市体育中心举行。无锡万人支持北京申办2008年奥运会签名活动同时举行。

2月13日，无锡轻工大学、江南学院、无锡教育学院合并组建成立新的江南大学。教育部副部长周远清、省委副书记任彦申、市委书记蒋定之、市长吴新雄为江南大学揭牌，副省长王珉主持揭牌仪式。

4月6日，《无锡第五次全国人口普查数据公报》公布，无锡市总人口5086586人。

4月11～12日，中共中央政治局常委、中纪委书记尉健行在无锡先后视察江阴市华西村和联合汽车电子公司、中瑞合作阿斯特拉(无锡)制药有限公司、无锡市第一棉纺织厂、中国第一汽车集团无锡柴油机厂以及市容情况，并召开由纪检监察、政法干部和高校社科学者参加的党风廉政建设座谈会。

5月28日，市委、市政府召开全市国有企业改革工作会议，提出用3年左右的时间，全面深化国有企业产权制度改革和理顺劳动关系改革，基本形成产权多元化格局和职工市场化就业机制，基本完成国有经济布局战略性调整与国有企业战略性改组。是年，无锡市全面实施以产权制度改革为核心的国有企业改革。

6月8日，中共中央总书记、国家主席、中央军委主席江泽民在省委书记回良玉、省长季允石等陪同下视察无锡。

6月9日，中共中央政治局常委、国务院副总理李岚清在省领导回良玉、梁保华等陪同下视察无锡。

6月16日，市十二届人大常委会召开第二十八次会议。会议接受吴新雄辞去无锡市市长的请求，任命王荣为无锡市副市长、代理市长。

7月17日，无锡市与南昌市缔结为友好城市。

8月1日，全国第一部预防职务犯罪的地方性法规——《无锡市预防职务犯罪条例》实施。

8月24日，无锡区划调整后的《无锡市区地图》出版。市区面积由518平方公里拓展至1628.3平方公里，建成区面积由101.5平方公里增至163.7平方公里，市区人口由112.98万人增至213.07万人。

8月31日～9月4日，中共无锡市第十次代表大会召开。蒋定之代表中共无锡市第九届委员会作题为《实践“三个代表”，加快富民强市，为无锡率先基本实现现代化而努力奋斗》的报告，张锦贤代表中共无锡市纪律检查委员会作工作报告。通过差额选举，36人当选第十届市委委员，7人当选市委候补委员，23人当选市纪委委员。4日，中共无锡市第十届委员会举行第一次全体会议，蒋定之当选书记。

9月8～22日，由国家体育总局、中华全国体育总会、中央电视台、无锡市人民政府主办的2001年中国体育健身旅游节(2001年中国无锡体育健身旅游展示大会)在无锡举行。

9月16日，无锡国家高新技术产业开发区被科技部授予全国“先进国家高新技术产业开发区”称号。

9月21～23日，全国政协副主席孙孚凌在无锡视察小天鹅集团、永中科技有限公司、大为科技股份有限公司。

9月26日，中国第一汽车集团无锡柴油机厂、威孚集团有限公司跻身“2000年中国机械工业企业核心竞争三十佳”。

9月28日，国家二类口岸无锡港开通。

11月29日，无锡市行政审批服务中心揭牌成立。30个部门设立42个服务窗口办理行政审批、核准、审核事项175项，办理具体事务345项。

12月11日，代市长王荣率无锡市经贸代表团抵日本开展招商活动。

12月18日，中国华源集团和无锡市政府、惠山区政府在南京举行签字仪式，计划总投资200多亿元，在无锡兴建国内第一、国际一流的“中华药谷”——无锡生命科技产业园。2002年5月26日，举行奠基仪式。

2002年

1月1日，无锡市在全省率先全面禁止在蔬菜以及粮油、林果生产中使用呋喃丹、甲胺磷等16种高毒高残留农药。

1月7日，中山路全线禁止摩托车、轻便摩托车、燃油助力车行驶和停放。

1月9日，无锡市启动全面整治蠡湖、梅梁湖水环境六大工程。

是日，无锡市获“全国实施妇女儿童纲要先进城市”称号。

1月28日，无锡有线数字电视开播。

2月1日，在中共中央、国务院举行的国家科学技术奖励大会上，无锡籍院士王选获国家最高科学技术奖。

2月25日，省政府批准设立无锡惠山经济开发区，享受省级开发区政策。

3月19日，无产阶级革命家，原中共中央政治局候补委员、书记处书记、宣传部部长，国务院副总理陆定一的骨灰撒放仪式在无锡举行。

3月21日，无锡软件园被科技部“火炬”开发中心批准为国家“火炬”计划软件产业基地。

是月，在上海举行的世界男女花剑冠军杯赛上，无锡籍运动员包晓庆获男子花剑个人季军。

4月7日，惠山古镇保护与修复工作启动。

4月17日，国家重点工程、江苏省首个大型水电项目——宜兴抽水蓄能电站开工建设。

5月18～27日，市委书记蒋定之率无锡市经贸考察团赴美国、加拿大考察访问。

7月2～5日，代市长王荣率无锡市党政代表团赴广东省佛山、东莞、深圳等市学习考察。

7月11日，市政府派驻的第一个海外商务代表机构——无锡市驻日本商务代表处在东京成立。

7月19日，鼋头渚充山隐秀景区翠湖内发现大量淡水水母，经专家确认为国宝级“水中珍品”——信阳桃花水母。此前学术界将其列为世界已发现但灭绝物种。

8月8日，无锡大学城建设实质性启动，江南大学和无锡职业技术学院首批入驻大学城。

8月29日，由无锡师范学校与洛社师范学校合并组建的新的无锡师范学校成立。

8月31日，丁俊晖获2002年世界青年台球（斯诺克）锦标赛冠军。丁俊晖，15岁，宜兴籍，此前于5月4日获亚洲台球锦标赛冠军。

9月28日，市第五人民医院开展首例同种异体肺移植手术并获得成功。

9月30日～10月6日，全国人大常委会副委员长、民盟中央主席丁石孙在无锡视察太湖大道、太湖广场、江阴长江大桥，走访华西村农民家庭。

10月16日，由中共中央统战部组织的西藏爱国人士参观团一行68人在西藏自治区政协副主席、统战部部长桑珠率领下在无锡参观考察。

10月18日，“太湖杯”第十一届中国金鸡百花电影节开幕式在无锡举行。全国人大常委会副委员长、民建中央主席成思危出席开幕式，宣布电影节开幕。

2003年

1月16日，市政府召开新闻发布会，确定《太湖美》为无锡市市歌。

1月20～24日，政协无锡市第十一届委员会第一次会议召开，选举产生市政协第十一届常务委员会，选举韩军为市政协主席。

1月21～25日，无锡市第十三届人民代表大会第一次会议召开，出席代表428人，王荣作政府工作报告。会议选举产生市十三届人大常委会，选举郁家树为市人大常委会主任、王荣为市长。

1月28日，无锡市志愿者“爱心车队”总队成立。

2月14日，中国无锡太湖（梅梁湖）——菲律宾国拉古那湖缔结友好姐妹湖签字仪式举行。

2月25日～3月8日，市长王荣率团赴韩国、日本开展经贸招商活动，共签订项目76个，合同利用外资12.3亿美元，注册外资6.2亿美元。

3月2日，市委召开领导干部会议，会上宣读省委任免决定，任命王荣为中共无锡市委书记。蒋定之另有任用，不再担任中共无锡市委书记。

3月20～21日，市十三届人大常委会召开第一次会议，决定接受王荣辞去无锡市市长职务的请求，决定任命毛小平为无锡市代理市长。

3月22日，市委、市政府召开全市创建国家环保模范城市暨环境保护工作会议，提出《无锡市创建国家环保模范城市和环境保护三年行动纲要》。

3月27日，“太湖明珠——无锡”（上海）说明会在上海国际会议中心举行，无锡市代市长毛小平作市情介绍。

4月16日，无锡市干部学校、原江南学院旅游经贸分院、无锡市职工大学合并组建成立新的无锡市职工大学。

4月21日，市委、市政府召开全市非典型肺炎（简称“非典”）防治工作电视电话会议，部署“非典”防治工作。至2004年6月，无锡实现“非典”疫情零记录。

是月，中国社会科学院发布《中国城市竞争力报告》，无锡市在全国47个最具竞争力城市中居第十三位。

5月1日，无锡废除城乡分割“二元化”户籍管理制度，实行统一户口登记管理。

5月26日，驻无锡解放军第101医院21名医务人员赴北京小汤山医院支援抗击“非典”。6月24日返锡。

6月20日，市第五人民医院同时为两位病人成功施行同种异体肺移植术。

7月30日，无锡市面向全省公开选拔15名副县处级领导干部。

8月1日，无锡最高气温40.1℃。全年高温天数32天，均创下无锡自建立气象资料50多年来的最高纪录。

8月14～15日，中共中央政治局常委、中央纪律检查委员会书记吴官正在无锡视察联合汽车电子有限公司无锡厂、希捷国际科技（无锡）有限公司、小天鹅集团、威孚集团，专程看望市纪委全体人员。

8月24日，市委书记王荣率无锡经贸代表团赴日本进行经贸洽谈和交流合作活动。

9月20日～10月20日，首届中国无锡太湖博览会举行。

是日，“无锡旅游十八景”评选结果揭晓。

9～11月，无锡市采用“公推竞岗”的方式选拔22名副处级领导干部。2005年6月1日，试行正处级领导岗位“公推竞岗”。

10月9～12日，第二十四届男子世界杯乒乓球赛在江阴市体育馆举行。

10月10日，由文化部、省文化厅、市政府联合主办的中国无锡太湖国际民乐展开幕。

10月29日，无锡市民周国东在上海长海医院向广东白血病患者捐献骨髓，成为无锡非亲缘捐髓第一人。

11月11～12日，首届“长三角”一体化发展论坛在无锡举办。

是月，市政府制定实施《关于建立新型农村合作医疗制度的实施意见》。至年末，全市160余万农民参加新型农村合作医疗保险。

是月，沪宁高速公路无锡段扩建工程开工。

12月17日，市区工业布局调整动员会召开。按照调整计划，分散在城区和城乡接合部的工业企业逐步向工业园区搬迁集中，一环35平方公里内的三类重点企业3年内基本完成搬迁改造。

12月31日，江阴市华西村实现年销售收入105亿元，成为全国首个销售超百亿元村。

2004年

1月12日，无锡市获“国家园林城市”称号。

1月24日，中共中央政治局常委、国务院副总理黄菊在省委书记李源潮、省长梁保华陪同下在无锡先后视察望亭立交枢纽工程、江阴长江大桥、江阴亚洲包装制造中心和法尔胜股份有限公司。

2月8～11日，无锡市十三届人大二次会议召开。会议选举毛小平为无锡市市长。

2月22～25日，市长毛小平率招商代表团赴韩国开展经贸文化交流活动，在汉城举行“聚焦无锡，共谋发展”经贸合作论坛。

2月26日～3月2日，市委书记王荣率代表团赴日本开展经贸文化交流活动，在东京举行2004无锡—东京“聚焦无锡，展望未来”经济发展论坛暨经贸文化合作签约仪式，在广岛、大阪开展系列经贸活动。

3月3日，由无锡市交通产业集团、香港九巴集团、无锡国联集团、香港卓力集团和无锡市广电集团联合组建的无锡九龙公共交通股份有限公司成立，为国内首家有境外资金注入的股份制公交企业。

3月25日，无锡国际科技工业园区发展论坛举行，美国北卡三角科学园、印尼巴淡工业园、马来西亚亚庇工业园、日本筑波科学园及上海张江高科技园区、苏州工业园等20多个海内外工业园区代表共同发表《科技工业园区国际合作与发展宣言》（无锡宣言）。

3月25～26日，中共中央政治局常委、国务院总理温家宝，在省委书记李源潮、省长梁保华陪同下在无锡视察。温家宝深入农村、社区、学校，与当地干部群众座谈。

4月22～26日，市委书记王荣、市长毛小平率无锡市党政代表团赴大连、青岛、烟台、连云港等城市，就城市开放型经济、规模经济和城市建设等开展学习考察。

4月26日，惠山寺修复开放。

5月1日，蠡湖新城十大景点对外开放。

5月10日，无锡市获“国家环境保护模范城市”称号。

6月13～14日，中共中央政治局常委李长春在省委书记李源潮、省长梁保华陪同下，在无锡视察无锡新区、联合汽车电子公司、市广电集团和东林书院，听取无锡经济社会发展和宣传思想文化工作情况汇报。

6月18日，由市政府主办的无锡·香港旅游合作大型促进活动在香港举行。

6月20～30日，市委书记王荣率领经贸团赴德国、法国、意大利开展经贸招商活动。

7月1日，无锡30万名企业退休人员实行属地化管理。

是日，无锡太湖花卉园、江苏天一度假村、江阴华西村、无锡龙寺农业生态园、宜兴观光农业生态园被国家旅游局命名为首批全国农业旅游示范点，江阴海澜集团被命名为首批全国工业旅游示范点。

7月15日，无锡市职工大学与无锡市城建职工大学合并，组建成立无锡城市职业技术学院；在宜兴轻工业学校、江苏广播电视大学宜兴学院基础上，组建成立无锡工艺职业技术学院。

7月26日，市委书记王荣接受由新华社、《人民日报》、《求是》杂志等8家中央媒体组成的中央新闻单位调研采访团记者的专访。

8月12日，科技部"火炬"中心公布2003年国家高新技术产业开发区评价结果，无锡高新区技术创新能力居全国53个国家级高新区第二名、经济发展综合第二名、创新创业环境第四名。

8月18日，江苏最大的外商独资项目，由韩国现代海力士半导体公司和欧洲意法半导体公司共同投资20亿美元的无锡超大规模集成电路晶圆生产线项目在南京签署合作协议。2005年4月28日在无锡新区开工。

8月24日，省内第一个垃圾发电厂——益多环保热电有限公司在新安镇点火试运行，9月3日发电。

9月2日，无锡城市精神公布，表述语为"尚德、务实、和谐、奋进"。

9月3日，《福布斯》中文版公布其首次推出的"2004年度中国大陆最佳商业城市排行榜"，无锡市位居第八。

9月20～29日，第二届中国无锡太湖博览会举行。9月20日，作为博览会的组成部分，在第十届太湖文化艺术节上，"丝云竹海"千人二胡演奏创吉尼斯世界纪录。

9月28日，宁杭高速公路（江苏段）暨沿江高速公路（江太段）建成通车。至此，无锡"两纵三横"快速路网形成。

10月18日，无锡（国家）工业设计园开园。

10月19日，省委巡视组到无锡开展为期3个月的巡视工作。

11月1日，华西集团1～10月累计实现营业收入207.4亿元，成为无锡市首家年营业收入超200亿元的企业。

11月4日，在中央电视台主办的首届"2004CCTV城市中国——中国经济活力城市评选"活动中，无锡跻身中国十大最具经济活力城市，并获"农民工满意奖"。

11月11日，在省委十届八次全会上，杨卫泽被任命为无锡市市委书记。14日，市委召开全市领导干部会议，会上宣读省委任免决定：免去王荣无锡市委书记、常委、委员职务，另有任用；任命杨卫泽为无锡市委委员、常委、书记。

12月5～13日，市长毛小平率领无锡经贸代表团访问芬兰、法国、意大利、瑞士等国。

12月23日，市委全会票决任命11名县处级正职领导干部。

12月24～25日，中共中央政治局常委、中央政法委书记罗干在省委书记李源潮、省长梁保华陪同下在无锡视察，先后视察滨湖区山明社区、市公安局交通指挥中心、中国第一汽车集团无锡柴油机厂和索尼电子（无锡）有限公司，听取无锡经济社会发展和"平安无锡"创建工作情况汇报。

12月27日，市委书记杨卫泽、市长毛小平率无锡市党政代表团赴泰州市考察，研商推进长江两岸联动开发事宜。

2005年

1月9日，无锡籍运动员费勇在澳大利亚举行的第二十届世界聋人奥运会上获跳远金牌。

1月14日，无锡市获“2000～2004年全省社会治安综合治理先进市”称号。

1月15日，市委召开全市保持共产党员先进性教育活动工作会议。

1月16～17日，市委书记杨卫泽、市长毛小平率无锡市党政代表团到长春市考察中国第一汽车集团。无锡、长春两市政府签署《关于进一步加强交流合作的备忘录》。

2月2日，锡山区鸿山镇越国贵族墓被评为“2004年度中国十大考古新发现”。

2月17日，市委常委会会议决定在全市开展向江阴华西村吴仁宝和中国第一汽车集团无锡柴油机厂党委学习活动。

2月18日，市委、市政府召开全市“打造山水名城，共建美好家园”城市建设动员大会，提出要把无锡打造成宜居、宜商、宜游、山清水秀、和谐发展的山水名城。

3月2日，由中共中央宣传部组织，新华社、《人民日报》、《光明日报》等11家新闻媒体组成的“落实科学发展观”采访团到无锡采访，市委书记杨卫泽向采访记者介绍无锡经济社会发展情况。

3月17日，《中国城市竞争力报告》发布，无锡排名第八位，首次进入全国城市综合竞争力前十强。

4月3日，宜兴籍运动员丁俊晖获2005年世界职业台球巡回赛中国公开赛冠军，这是中国选手在国际台球比赛中的最好成绩。

4月6日，市委、市政府印发《关于推进农村基本现代化建设八项重点工作的决定》。

4月27日，无锡市与德国勒沃库森市缔结为友好城市。

5月1日，锡山区鸿山镇成建制委托无锡新区实施管理。管理权属调整后，无锡新区管理硕放、梅村、坊前、鸿山4个镇和旺庄、南站、长江路3个街道，区域总面积196.63平方公里，人口24.93万人。

5月10～18日，第二届中国无锡太湖国际民乐展在无锡举办。

5月13日，市委、市政府召开全市民营经济发展座谈会，颁布实施《创建全省民营经济最佳成长区三年行动纲要》。

5月18日，驻无锡武警8722部队政委丁晓兵被武警部队授予第八届“中国武警十大忠诚卫士”称号。

5月27日，建设部宣布无锡长广溪为九大国家城市湿地公园之一。

6月1日，无锡被国家广电总局授予“国家动画产业基地”称号。

6月13～15日，市委书记杨卫泽、市长毛小平率无锡市党政代表团赴南京市、徐州市、宿迁市、淮安市学习考察，与徐州市政府签署2005年度挂钩合作协议书。

6月21日，市委、市政府召开全市体制创新工作会议。

7月4日，无锡被文化部列入“中国十大民间文化艺术之乡”“中国泥人之乡”，命名仪式在惠山泥人厂举行。

7月29日，无锡市与北京大学软件与微电子学院签订合作协议，启动建设北京大学软件与微电子无锡产学研基地。无锡市先后与中国科学院和7所著名高校签订全面合作协议，构建“7+1”政产学研框架体系。

8月16日，无锡市古运河水环境综合整治工程启动。

8月26日，《福布斯2005年中国大陆最佳商业城市排行榜》公布，无锡市列为中国最佳商业城市，位居第二。

9月2日，市委、市政府举行以“牢记历史，不忘过去，珍爱和平，开创未来”为主题的纪念中国人民抗日战争胜利60周年座谈会。

9月8日，市委、市政府召开全市教育工作会议。

9月10～24日，以“开放、合作、展示”为主题的第三届太湖博览会在无锡举行。

9月11日，由市政府和中国国际友好城市联合会共同举办的无锡市国际友城交流会在无锡举行。

9月29日，无锡市社会事业“管办分离”改革启动。无锡市医院管理中心成立。至12月20日，无锡市学校管理中心、文化艺术管理中心、体育场馆和训练管理中心相继成立。

10月8～9日，中国无锡2005世界城市服务业大会召开，发表《世界城市服务业发展——无锡宣言》。

10月26日，无锡获“全国创建文明城市工作先进城市”称号。

11月6日，在“2005中国品牌经济城市峰会”上，无锡等12个城市被授予“2005年中国品牌经济城市”称号。

11月15日，由无锡市歌舞团创作演出的大型民族舞剧《红河谷》被文化部公布为2004～2005年度国家舞台艺术精品工程十大精品剧目，成为全国唯一囊括国家舞台艺术所有最高奖项的剧目。

12月10日，无锡市电话号码由7位升至8位。

12月24日，江阴市华西村原党委书记吴仁宝被中共中央宣传部、中央先进性教育活动办公室列为全国第三批先进性教育重大典型。

12月29日，经市政府批准，市市政公用事业局下属的市政设施管理处、市路灯管理处、市环境卫生管理处和市排水管理处实施“管养分离”改革，分别成立市市政设施建设工程总公司、市照明工程总公司、市环境卫生总公司和市排水总公司。

12月30日，市委、市政府授予施正荣“无锡创新先锋”、顾建明“无锡英雄市民”、丁俊晖“无锡青年标兵”称号。丁俊晖成为首位无锡城市形象代言人。

12月31日，省政府授予无锡市“江苏省历史文化名城”称号。

是月，无锡首批百条背街小巷整治改造完成。

是年，根据江苏省全面建设小康社会主要指标，无锡有23项达到或超过指标体系要求的标准值，六大核心指标均达到或超过目标值，在全省率先基本建成全面小康社会。

无锡市志

【第一册】

特　记

一、市树 市花

1983年2月2日，市政府确定无锡市市树为香樟树，市花为梅花、杜鹃花。

香樟别名本樟、乌樟，为樟科常绿大乔木，生长中速，寿命长，树干通直，树姿优雅，常年翠绿，木有芳香，纹理漂亮，树形、树色与无锡山明水秀特质相协调。其时无锡市区已种植万余株，且生长良好，广受市民青睐。

梅花凌寒飘香，迎春报喜，喻有高洁品质和坚贞气节。民国元年（1912年），荣宗敬、荣德生兄弟在无锡西郊建梅园，植梅数千株，成为江南赏梅胜地，誉满中外。

杜鹃花是中国十大名花之一，花色艳丽，无锡有300余年栽培历史。锡惠公园内的杜鹃园是中国杜鹃花的品种基地，植有120余个品种。

二、市歌

2002年11月，市人大常委会决定《太湖美》为无锡市市歌，并授予《太湖美》作词者任红举、作曲者龙飞“无锡市荣誉市民”称号。《太湖美》创作于1978年，讴歌太湖及两岸优美的自然风光和丰盛的物产，歌词朗朗上口，曲调颇具江南韵味。

太湖美

（女声独唱）

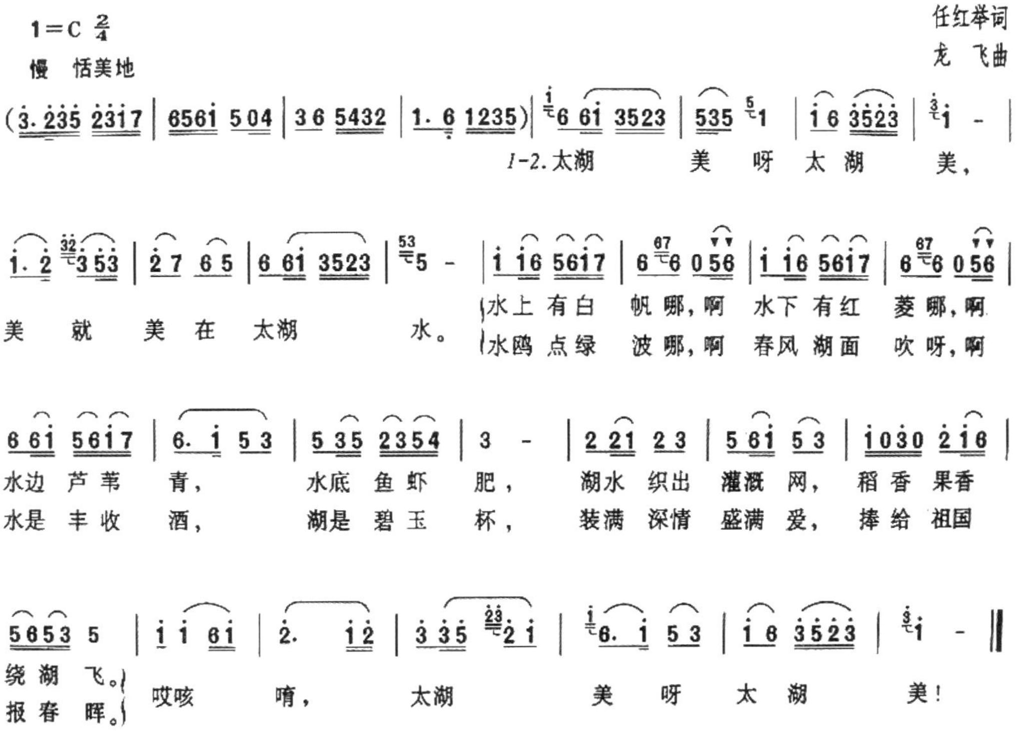

三、城市精神

2004年9月，中共无锡市委常委会宣布无锡的城市精神为：尚德、务实、和谐、奋进。“尚德”典出孔子赞誉泰伯的“至德名邦”，该牌坊立在无锡梅村，为吴文化的核心内容。“尚德、务实”反映无锡历史文化的优秀传统，“和谐、奋进”反映无锡人追求美好未来的精神状态。

四、无锡市获得的国家级荣誉称号

1988年3月9日，国家人民防空委员会授予无锡市“全国人防建设、平战结合先进城市”称号。

1988年4月，全国少儿工作协调委员会授予无锡市“全国少儿工作先进城市”称号。

1988年8月27日，无锡市被授予“全国旅游服务先进城市”称号。

1991年3月26日，全国绿化委员会、农业部、人事部授予无锡市“全国造林绿化先进单位”称号。

1992年12月17日，由国家统计局等部门组成的中国城市社会经济发展水平评价中心宣布，无锡列中国城市综合实力50强第17位；为中国投资硬环境40优城市之一。

1992年12月21日，全国爱国卫生运动委员会授予无锡市“全国卫生城市”称号。

1994年7月22日，全国双拥工作领导小组授予无锡市“全国双拥模范城”称号。至2005年，无锡市连续5次获得“全国双拥模范城”称号。

1994年12月30日，建设部授予无锡市“全国园林绿化先进城市”称号。

1995年9月12日，国家科委授予无锡市“全国科教兴市先进城市”称号。

1995年，国家科委授予无锡市“全国科技进步先进市”称号。至2005年，无锡市连续6次获此称号。

1998年12月18日，无锡市被国家旅游局命名为首批中国优秀旅游城市。

1998年12月26日，全国总工会和全国职业道德建设领导小组授予无锡市“全国职业道德建设先进城市”称号。

2000年3月30日，建设部授予无锡市“全国城市环境综合整治优秀城市”称号。

2000年4月14日，全国爱国卫生运动委员会授予无锡市“国家卫生城市”称号。

2002年1月9日，全国妇联授予无锡市“全国实施妇女儿童纲要先进城市”称号。

2004年1月12日，建设部授予无锡市“国家园林城市”称号。

2004年5月10日，国家环保总局授予无锡市“国家环境保护模范城市”称号。

2004年11月4日，在2004年CCTV中国经济活力城市评选活动中，无锡市从全国参评的280个地级市中脱颖而出，获“2004中国十大最具经济活力城市”称号，并获4个单项奖之一的“农民工满意奖”。

2005年8月26日，《福布斯2005年中国大陆最佳商业城市排行榜》公布，无锡市被授予“中国最佳商业城市”称号，位居第二。

2005年10月26日，中央文明委授予无锡市“全国创建文明城市工作先进城市”称号。

2005年11月6日，在“2005中国品牌经济城市峰会”上，无锡等12个城市被授予“2005年中国品牌经济城市”称号。

五、无锡市基本实现全面小康社会目标

2003年7月，市委十届五次全会正式提出无锡市争创全省“两个率先”（率先全面建成小康社会，率先基本实现现代化）先导区、示范区的目标，并印发《无锡市争创全省“两个率先”先导区和示范区行动纲要》。总体目标是：到2005年，力争全市人均地区生产总值达到6000美元以上，城镇居民人均可支配收入和农民人均纯收入分别达到16000元（约2000美元）和8000元（约1000美元），使全市经济更加发展、民主更加健全、科教更加进步、文化更加繁荣、社会更加和谐、人民生活更加殷实，在全省率先全面建成高标准、高水平的小康社会，惠及全体人民；到2010年，力争全市人均地区生产总值达到10000美元以上，城镇居民人均可支配收入和农民人均纯收入分别达到24000元（约3000美元）和13000元（约1600美元），经济和社会发展接近世界中等发达国家水平，在全省率先基本实现现代化，把无锡建设成为一个“大而强、富而美”的现代化城市。2005年，无锡市在江苏省率先基本实现全面小康社会目标。

1.总体达标情况

2005年，反映经济发展、人民生活、社会发展和生态环境等情况的4大类、18项、25个指标（不含城镇劳动保障三大保险各自覆盖面下的3个细指标）中，无锡市23项达到或超过指标体系要求的标准值。分别为：（1）人均地区生产总值；（2）二、三产业增加值占GDP比重；（3）城市化水平；（4）城镇登记失业率；（5）城镇居民人均可支配收入；（6）农民人均纯收入；（7）城镇人均住房建筑面积；（8）农村人均钢筋、砖木结构住房面积；（9）农村行政村通灰黑公路（或航道）比重；（10）城镇人均拥有道路面积；（11）百户家庭电话拥有量；（12）百户家庭电脑拥有量；（13）恩格尔系数；（14）R&D（研究与试验发展）经费支出占GDP比重；（15）高中阶段教育毛入学率；（16）卫生服务体系健全率；（17）城镇劳动保障三大保险各自覆盖面；（18）新型农村合作医疗覆盖面；（19）人民群众对社会治安的满意率；（20）城镇社区居委会依法自治达标率；（21）农村村委会依法自治达标率；（22）城市绿化覆盖率；（23）环境质量综合指数。

另有2项指标尚未达到全面小康标准值，分别为：（1）居民文教娱乐及服务支出占家庭消费支出比重；（2）森林覆盖率。上述指标虽然未达到标准值，但与2004年相比都有明显进步。六大核心指标均达到或超过目标值。无锡市基本达到江苏省全面小康指标。

2.经济发展类达标情况

2005年，全市“经济发展”大类的4项指标全部达到或超过标准值。全市人均地区生产总值（按常住人口计算）51034元，超过标准值27034元。新增就业14.91万人次，其中安置城镇失业人员5.16万人，净增就业10.7万人。帮助持有再就业优惠证的下岗失业人员实现再就业1.92万人，年末，城镇登记失业率控制在3.27%，大大低于目标值5%的要求。工业化进程持续加快，制造业全部行业均实现盈利，服务业蓬勃兴旺，商贸、旅游、市场、物流、金融等现代服务业快速发展。全市二、三产业增加值占GDP比重达到98.3%，高于标准值6.3个百分点。城市化进程加快，工业退城进园、社会主义新农村建设稳步推进，城市化水平达到67%，远远高于小康目标要求。

3.人民生活类达标情况

贯彻以人为本、富民优先的方针，居民生活状况进一步改善。城乡居民收入实现两位数增长。2005年，城市居民人均可支配收入16005元，比上年增加2417元，同比增长17.8%。农村居民人均纯收入8004元，比上年增加889元，同比增长12.5%，城乡居民收入增幅是“十五”时期以来最快的一年。人居条件不断改善，加快经济适用房、拆迁安置房建设和老新村整治，城镇人均住房建筑面积和农村人均钢筋、砖木结构住房面积分别为30.3平方米、56.4平方米。城乡交通状况进一步改观，重点道桥建设稳步推进，居民出行的2个指标中的农村行政村通灰黑公路（或通航道）比重达到100%，城镇人均拥有道路面积超过20平方米，保持达标。信息化建设加快推进，城乡居民电话、电脑普及程度大幅提升，百户家庭电话拥有量268.9部，百户家庭电脑拥有量47.9台。

4.社会发展类达标情况

实施科教兴市、人才强市战略，加大对科技的投入，引导企业和全社会加大对R&D资金的投入，2005年全市R&D经费支出占GDP比重为1.5%，达到全面小康目标。高中阶段教育毛入学率100%，保持达标。加快建设卫生服务体系，大力普及社区卫生服务，卫生服务体系健全率95.7%，初步形成以社区卫生服务中心为主体、社区卫生服务站为补充，分工合理、联系紧密、服务协调的新型社区卫生服务体系。城镇基本养老保险、失业保险、基本医疗保险覆盖面均超过小康目标要求，城镇劳动保障三大保险各自覆盖面97.8%。大力推进工资集体协商，全年各类企业工资集体协商建制率70%以上。新型农村合作医疗加快推进，投入不断加大，全市参保农民人数218万人，参保率98.6%，人均筹资标准119.3元，参保率和人均筹资标准均取得新突破。加快建设"平安无锡"，人民群众对社会治安的满意率、城镇社区居委会依法自治达标率、农村村委会依法自治达标率均保持达标。

5.生态环境类达标情况

实施可持续发展战略，坚持走新型工业化道路，加快推进绿色无锡、生态无锡建设，居民的生存环境得到改善。2005年，全市新增园林绿地556公顷，年末人均公共绿地面积10.1平方米，建成区绿化覆盖率40%，达到目标要求。加快造林步伐。增加财政投入，全年新增造林面积6670公顷，森林覆盖率提高至17.3%。加大环境保护力度，实施饮用水源地保护工作，重点整治城市河道水环境。大气和噪声污染防治工作力度明显加强。全市环境质量综合指数超过80分。

无锡市全面建设小康社会进程测算表

指标名称	代码	单位	目标值	实现值	比上年增减值	年均应完成进度		时序进度情况	
						按省定时间	按自定时间	省定时间	自定时间
一、经济发展									
1.人均地区生产总值	1	元	≥24000	51034.00	9152.00	—	—	√	√
2.二、三产业增加值占GDP比重	2	%	≥92	98.15	0.15	—	—	√	√
3.城市化水平	3	%	55	67.00	1.00	—	—	√	√
4.城镇登记失业率	4	%	<5	3.27	-0.20	—	—	√	√
二、生活水平									
5.居民收入									
（1）城镇居民人均可支配收入	5	元	≥16000	16005.00	2417.00	804.00	2412.00	√	√
（2）农村居民人均纯收入	6	元	≥8000	8004.00	889.00	295.00	885.00	√	√
6.居民住房									
（1）城镇人均住房建筑面积	7	平方米	30	30.30	4.00	1.20	3.70	√	√
（2）农村人均钢筋、砖木结构住房面积	8	平方米	40	55.50	1.80	—	—	√	√
7.居民出行									
（1）农村行政村通灰黑公路（或航道）比重	9	%	100	100.00	0.00	—	—	√	√
（2）城镇人均拥有道路面积	10	平方米	12	20.60	0.10	—	—	√	√
8.居民信息化普及程度									
（1）百户家庭电话拥有量	11	部	200	268.90	38.10	—	—	√	√

续表

指标名称	代码	单位	目标值	实现值	比上年增减值	年均应完成进度		时序进度情况	
						按省定时间	按自定时间	省定时间	自定时间
(2)百户家庭电脑拥有量	12	台	40	47.90	11.90	1.30	4.00	√	√
9.居民文教娱乐服务支出占家庭消费支出比重	13	%	18	14.40	0.80	1.50	4.40	△	△
10.恩格尔系数	14	%	<40	37.50	-0.80	—	—	√	√
三、社会发展									
11.R&D经费支出占GDP比重	15	%	≥1.50	1.50	0.05	0.02	0.05	√	√
12.高中阶段教育毛入学率	16	%	≥90	100.00	0.00	—	—	√	√
13.卫生服务体系健全率	17	%	≥90	95.70	23.00	5.80	17.40	√	√
14.社会保障									
(1)城镇劳动保障三大保险各自覆盖面	18	%	≥95	97.80	1.00	—	—	√	√
#城镇基本养老保险		%	≥95	98.00	0.50	—	—	√	√
城镇失业保险		%	≥95	97.90	0.60	—	—	√	√
城镇基本医疗保险		%	≥95	97.40	1.90	—	—	√	√
(2)新型农村合作医疗覆盖面	19	%	≥85	98.80	3.10	—	—	√	√
15.人民群众对社会治安的满意率	20	%	90	94.90	1.20	—	—	√	√
16.城乡村(居)民依法自治									
(1)城镇社区居委会依法自治达标率	21	%	90	99.00	0.00	—	—	√	√
(2)农村村委会依法自治达标率	22	%	95	98.00	0.00	—	—	√	√
四、生态环境									
17.绿化水平									
(1)城市绿化覆盖率	23	%	40	40.00	2.50	0.80	2.50	√	√
(2)森林覆盖率	24	%	20	17.30	1.20	1.30	4.00	△	△
18.环境质量综合指数	25	分	80	80.40	9.90	3.20	9.50	√	√

说明：1.表中“—”表示该指标上年总体已达到目标值；“√”表示当年达到时序进度，总体达标视同当年达到时序进度；“△”表示未达到时序进度。2.无锡市省定与市自定实现目标时间分别为2007年和2005年。

六、无锡市国民经济主要指标在全省、长江三角洲、全国位次

1.地区生产总值

无锡市地区生产总值1985年列全省第二位，仅次于苏州市。1990年列全省第三位，位列苏州市、南京市之后。1995年低于苏州市列全省第二位，此后一直保持全省第二位。在长江三角洲地区城市排名中，无锡市地区生产总值位次出现过反复，至2005年保持在第四位，低于上海市、苏州市、杭州市。20年间，无锡市地区生产总值在全国大中城市的位次明显提升，2005年进入全国十强，名列第九位。

2.全社会固定资产投资

20年间无锡市全社会固定资产投资从不足10亿元到超1000亿元，位次大幅度提升。“六五”期末的1985年，无锡市全社会固定资产投资列全省第五位，低于苏州市、南京市、扬州市和常州市。“七五”期末的1990年列全省第三位，低于南京市和苏州市。“八五”期末的1995年列全省第二位，

低于苏州市。2000年以后被南京市超过。至2005年，无锡市全社会固定资产投资列全省第三位，低于苏州市和南京市，在长江三角洲地区城市中列第六位，在全国大中城市中列第十四位。

3.财政收入

无锡市财政总收入或地方财政一般预算收入多年一直保持在全省第三的位置，在长江三角洲地区城市中列第六位。2005年，财政一般预算收入列全国大中城市第十一位。

4.社会消费品零售总额

无锡市社会消费品零售总额由“六五”期末的20多亿元，增加至“十五”期末的800多亿元，位次出现变化。“七五”期末的1990年列全省第五位，“八五”期末升至全省第三位，2000年仅次于南京市。2005年列全省第三位，低于南京市和苏州市，在长江三角洲地区城市中列第五位，在全国大中城市中列第十四位。

5.对外贸易情况

20年间无锡市进出口总额与南京市相互赶超。至2005年末，无锡市进出口总额、出口总额双双超过南京市，列全省第二位，低于苏州市，在长江三角洲地区城市中列第五位，在全国大中城市中列第十位和第十一位。

6.城乡居民收入

1986年以后，无锡市城乡居民收入一直保持在全省前列。至2005年末，无锡市城市居民人均可支配收入、农民人均纯收入均列全省第二位；城市居民人均可支配收入列长江三角洲地区第八位，农民人均纯收入列长江三角洲地区第四位。

无锡市志

【第一册】

第一卷
政　区

概　述

无锡市建置始于1949年4月无锡解放时的市县分设。1983年3月实行市管县体制，无锡全市总面积4642.45平方公里（包括太湖水域面积644.7平方公里）。其中，市区面积397.2平方公里，江阴县979.91平方公里，无锡县1234.61平方公里，宜兴县2030.73平方公里。无锡界域，北依长江，与现泰州市辖靖江市隔江而望；东与现苏州市辖张家港市、常熟市、相城区接界；南濒太湖；西与现常州市辖武进区、金坛市、溧阳市接界；西南与安徽省广德县、浙江省长兴县接界。

1986年1月，无锡市下辖崇安、南长、北塘、郊区4个区，马山办事处，无锡、江阴、宜兴3个县。全市共有27个街道、13个镇、111个乡以及城郊蔬菜管理区。其后，相继开始撤乡建镇和撤乡镇设立街道办事处。2005年，无锡市下辖江阴、宜兴2个县级市，锡山、惠山、滨湖、崇安、南长、北塘6个区和新区管委会，共计59个镇、24个街道。全市总面积4787.61平方公里，其中，山区和丘陵面积782平方公里，水域面积1502.08平方公里，耕地面积15.12万公顷。市区面积1622.64平方公里，城市建成区面积193平方公里。

无锡市区道路纵横，城市主次干道一般称之为路，自2001年纵贯城区东西的金匮路更名太湖大道起，相继出现纺城大道、蠡湖大道等以“大道”命名的城市主干道。城中部分繁华道路称为路或街；老城中的诸多小巷，一般称为巷、弄、里等，且多沿用旧名。无锡是古运河唯一穿城而过的城市，城内河道密布，因桥梁众多，取名多从当地地名。城中广场并不多见，市民习惯将闹市中主要道路的交会处称之为广场，真正堪称广场的仅有太湖广场、火车站广场等为数不多的几处。居民小区一般称为新村，90年代之后，出现了“苑”“家园”“花园”等命名方式。随着城市建设的快速发展，老城区许多道路不复存在，曾经存在的许多地名湮灭。

第一章　建置区划

第一节　建置沿革

商末武乙时（约公元前12世纪），周太王古公亶父的长子泰伯为避让王位，偕弟仲雍南奔荆蛮，定居梅里，自号勾吴。周武王灭商后，封泰伯、仲雍后代周章为吴君，建吴国。周元王三年（公元前473年），越灭吴，无锡属越。周显王三十五年（公元前334年），楚灭越，无锡属楚。秦王政二十四年（公元前222年），秦灭楚，次年置会稽郡，无锡及由荆邑（春秋时建）改置的阳羡县（即后宜兴县），均属会稽郡。西汉高祖五年（公元前202年），建无锡县。新始建国元年（公元9年），改无锡县为有锡县。东汉建武年间（25～27年），复称无锡县。东汉永建四年（129年），分会稽郡浙西地置吴郡，无锡属之。建安七年（202年），以无锡等四县为吴郡太守朱治封邑。吴嘉禾三年（234年），废无锡县，分吴郡无锡以西屯田，置毗陵典农校尉。西晋太康元年（280年），复置无锡县，次年废毗陵典农校尉，置毗陵郡，析毗陵、无锡两县之地，增设暨阳县（即后江阴县）。南朝时，无锡县属晋陵郡。南朝宋武帝永初年间（420～422年），在无锡侨置杼秋县。南朝宋元嘉十二年（435年），原侨置广陵的竹邑县南迁，并入杼秋县。南朝齐建武四年（497年），废杼秋县。隋开皇九年（589年），晋陵郡改称常州，其后多次反复，大业三年（607年）称毗陵郡，唐武德三年（620年）称常州，唐天宝元年（742年）称晋陵郡，唐乾元元年（758年）称常州，无锡县均属之。唐大历十二年（777年），无锡县升为望县。唐天复二年（902年），杨行密封为吴王，无锡县属杨行密封地。其后，仍属常州。五代十国时，先后属吴国常州、南唐国常州。宋开宝八年（975年），南唐国灭，无锡县为常州所属望县。元至元十四年（1277年），无锡县属江淮行中书省常州路。元贞元年（1295年），升无锡为州，称中州。元至正十四年（1354年），张士诚称诚王，国号周，无锡州属之。元至正十七年，张士诚降元，改常州路为长春府，同年改为常州府，无锡州属之。元至正二十三年，张士诚建吴国，无锡州属之。元至正二十七年，吴国灭，无锡州归明。明洪武二年（1369年），无锡州降为县，仍属常州府。清雍正二年（1724年），分无锡县为无锡、金匮两县，均属江苏省常州府。清咸丰十年（1860年），太平军在苏州建苏福省，无锡、金匮两县属苏福省常州郡。清同治二年（1863年），太平军败，无锡、金匮两县仍属江苏省常州府。民国元年（1912年）1月，无锡、金匮两县合而为一，复称无锡县，直属江苏省。民国3年，无锡县属江苏省苏常道。民国16年，无锡县直属江苏省。民国22年3月，江苏省分为13个行政督察区，无锡县属第二区（又称武进区）。同年12月，无锡县改属第七区，又称无锡区，辖无锡、武进、吴县、昆山、常熟、江阴、太仓、吴江等8县。民国24年，江苏省分为10个行政督察区，无锡改为第二行政督察区，仍称无锡区，区行政专员公署驻无锡。

1949年4月23日，无锡解放，分无锡县为无锡市、无锡县，市县分治。4月26日，无锡市直属苏南行政公署，并为苏南行政公署驻地；无锡县属武进专区（后称常州专区）。6月，无锡县属无锡市。1950年7月，无锡县从无锡市划出，直属苏南行政公署。1953年，撤销苏南行政公署，建江苏省，无锡市为省辖市，无锡县改属苏州专区。1958年7月，无锡县属无锡市。1962年6月20日，无锡县改属苏州专区（后称苏州地区）。1983年3月1日实行市管县体制，无锡市辖由苏州地区划出的无锡县、江阴县，以及由镇江地区划出的宜兴县。2005年，无锡市辖江阴、宜兴两个县级市，锡山、惠山、滨湖、崇安、南长、北塘6个区和新区管委会。

公元前202年～公元2005年无锡建置沿革表

表1-1

朝代	时间		隶属	名称	备注
	年号	公元			
西汉（包括新莽时期）	汉高帝五年	前202年	会稽郡	无锡县	始建无锡县
	元封元年	前110年		无锡侯国	东越降将多军封为侯
	征和四年	前89年		无锡县	废侯国，复置无锡县
	新莽时期	9～23年		有锡县	改名有锡县
东汉	建武年间	25～56年		无锡县	复旧称
	永平元年	58年		无锡侯国	封阴盛为无锡侯
	永建四年	129年	吴郡		分会稽郡浙西地为吴郡
	建安七年	202年		无锡县	以无锡等4县为朱治封邑
三国	孙吴嘉禾三年	234年	毗陵典农校尉	—	废无锡县，分无锡以西置毗陵典农校尉
晋	太康元年	280年		无锡县	复置无锡县
	太康二年	281年	毗陵郡		废毗陵典农校尉，置郡

续表

朝代	时间		隶属	名称	备注
	年号	公元			
南朝	宋永初元年	420年	晋陵郡	无锡县 杼秋县	侨置杼秋县于无锡境内。元嘉十二年（435年），竹邑县并入杼秋县
	齐建武四年	497年		无锡县	废杼秋县，存无锡县
隋	开皇九年	589年	常州		初置常州，无锡县属之
	大业三年	607年	毗陵郡		改常州为毗陵郡
唐	武德三年	620年	常州		改郡复常州
	天宝元年	742年	晋陵郡		废常州复晋陵郡
	乾元元年	758年	常州		复常州
	大历十二年	777年			升无锡县为望县
宋	开宝八年	975年		无锡县	宋灭南唐，无锡属宋
元	至元十三年	1276年			无锡属元
	至元十四年	1277年	常州路		升常州为路
	元贞元年	1295年		无锡州	升无锡县为州
	至正十七年	1357年	常州府		明军改常州路为府
明	洪武二年	1369年		无锡县	降无锡州为县
清	雍正二年	1724年		无锡县 金匮县	分无锡为无锡、金匮两县
	咸丰十年	1860年	苏福省	无锡县 金匮县	太平军攻克苏常，建苏福省
	同治二年	1863年	常州府	无锡县 金匮县	太平军败，无锡、金匮两县仍属常州府
	宣统三年	1911年			11月6日无锡光复，成立锡金军政分府
中华民国	民国元年	1912年	江苏省	无锡县	锡、金两县合并为无锡县，直属江苏省
	民国3年	1914年	苏常道		属苏常道
	民国16年	1927年	江苏省		直属江苏省
	民国22年	1933年	第二、第七行政督察区		3月，无锡县属第二区（又称武进区）；12月，改属第七区（又称无锡区），辖无锡、武进、吴县、昆山、常熟、江阴、太仓、吴江8县，行政专员公署驻无锡
	民国24年	1935年	无锡行政督察区		第七区改为第二区，仍称无锡区，辖县不变
	民国26年	1937年	无锡行政督察区		11月25日无锡沦陷，12月成立伪县维持会
	民国27年	1938年	江苏省		1938年1月成立伪县自治委员会，6月1日建伪县公署。民国29年3月，伪公署改为伪县政府
	民国34年	1945年	江苏省		8月抗战胜利，国民党县政府接管汪伪县政府
	民国38年	1949年4月	苏南行政公署	无锡市	4月23日无锡解放，分设无锡市、无锡县

续表

<table>
<tr><th rowspan="2">朝代</th><th colspan="2">时间</th><th rowspan="2">隶属</th><th rowspan="2">名称</th><th rowspan="2">备注</th></tr>
<tr><th>年号</th><th>公元</th></tr>
<tr><td rowspan="3" colspan="2">中华人民共和国</td><td>1949年10月10日</td><td>苏南行政公署</td><td>无锡市</td><td></td></tr>
<tr><td>1953年1月</td><td>江苏省</td><td>无锡市</td><td>撤销苏南行政公署,建江苏省,无锡市为省辖市</td></tr>
<tr><td>1983年3月1日</td><td>江苏省</td><td>无锡市</td><td>实行市管县体制,无锡市辖无锡、江阴、宜兴三县</td></tr>
</table>

第二节　区划调整

1986年1月,无锡市下辖崇安、南长、北塘、郊区4个区,马山办事处,无锡、江阴、宜兴3个县。全市共有27个街道、13个镇、111个乡以及城郊蔬菜管理区。9月,江阴县顾山、长泾、峭岐、云亭等4个乡撤乡建镇,实行镇管村体制。

1987年3月12日,郊区设荣巷、刘潭街道。4月23日,撤销江阴县,设立江阴市(县级)。6月9日,无锡县前洲、玉祁、杨市、钱桥、查桥、东绛等6个乡撤乡建镇。12月22日设立无锡市马山区。12月28日郊区设立溪南街道。

1988年1月9日,撤销宜兴县,设宜兴市(县级)。5月,宜兴市徐舍、高塍、湖㳇、杨巷等4个乡撤乡建镇。6月,无锡县东亭、梅村、西漳、厚桥、荡口、新安、雪浪、张泾、石塘湾等9个乡撤乡建镇。6月,江阴市利港、申港、夏港、璜塘、北涸、南闸、长山等7个乡撤乡建镇。7月21日,马山区设立梅梁街道。

1991年1月,崇安区设立江海街道。无锡县港下、胡埭、堰桥、长安4个乡撤乡建镇。江阴市石庄、西石桥、月城、马镇、桐岐、长寿、西郊、要塞、山观、河塘、文林、新桥、陆桥等13个乡撤乡建镇。宜兴市铜峰乡并入宜城镇。

1992年,崇安区撤销崇安、复兴路街道,合并成立崇安寺街道。北塘区撤销北大街、顾桥街道,合并成立新的北大街街道;撤销吴桥、北塘街道,合并成立新的吴桥街道;撤销惠山、盛岸街道,合并成立新的惠山街道。南长区撤销长街、槐古桥街道,合并成立新的长街街道。郊区设立芦庄街道。宜兴市撤销横山、邮堂、川埠等3个乡,原横山乡辖区分别划入太华乡、西渚乡,原邮堂乡辖区并入芳庄乡,原川埠乡辖区并入丁蜀镇;太华乡撤乡建镇。

1993年,宜兴市新建、芳桥、南新、善卷、新庄、张泽等6个乡撤乡建镇;无锡县安镇、羊尖、坊前、鸿声、甘露、东北塘、八士、东湖塘、藕塘、阳山、陆区、南泉、硕放、后宅等14个乡撤乡建镇,无锡县全域实行镇管村体制。

1994年7月,江阴市西郊镇并入澄江镇,长山镇并入要塞镇。11月,宜兴市丰义、分水、大塍、新街、洋溪5个乡撤乡建镇。

1995年3月,无锡县划出胡埭镇、硕放镇以及坊前镇所辖金桥、群星、同心、春丰、春潮,新安镇所辖西宅、过家桥、宅基、金华、旭明、高浪渡、东裕,梅村镇所辖荆协、荆同、香一、齐心、高田、北张、联心共19个行政村,归属无锡市市区;郊区旺庄乡、无锡县硕放镇和坊前、新安、梅村3个镇的19个行政村,连同无锡国家高新技术开发区、无锡新加坡工业园,构成无锡市新区;无锡县胡埭镇划归郊区管理。6月8日,撤销无锡县,设锡山市。

1996年9月9日,宜兴市万石、屺亭、新芳、鲸塘、洑东等5个乡撤乡建镇。12月26日,撤销十里牌乡,并入宜城镇。

2000年12月21日，撤销锡山市，设立无锡市锡山区和惠山区。锡山区辖原锡山市东亭、东北塘、八士、张泾、东湖塘、港下、羊尖、安镇、查桥、厚桥、荡口、甘露、鸿声、后宅等14个镇，区人民政府驻东亭镇；惠山区辖原锡山市洛社、玉祁、前洲、西漳、堰桥、长安、石塘湾、钱桥、藕塘、杨市、阳山、陆区等12个镇，区人民政府驻洛社镇。撤销马山区，原马山区的行政区域和原锡山市坊前、梅村、新安、东埭、雪浪、南泉、华庄等7个镇并入无锡市郊区；郊区更名为滨湖区，区人民政府驻河埒镇。江阴市撤销要塞镇，原辖区域并入澄江镇；撤销石庄镇，原辖区域并入璜土镇；撤销西石桥镇，原辖区并入利港镇；撤销桐岐镇，原辖区域并入青阳镇；撤销河塘镇，原辖区域并入长泾镇；撤销文林镇，原辖区域并入祝塘镇；撤销长寿镇，原辖区域并入周庄镇；撤销陆桥镇，原辖区域并入华士镇。

2002年1月，滨湖区广益镇划入崇安区，扬名镇划入南长区，黄巷镇、山北镇划入北塘区；中桥街道、芦庄街道的行政管理归属南长区，刘潭街道的行政管理归属北塘区，南站、坊前、梅村等3个镇的行政管理归属新区管理委员会；新安镇周泾村、华光村划入旺庄镇。5月，滨湖区华庄镇与新安镇合并设立华庄镇。9月，惠山区长安镇、西漳镇、堰桥镇合并设立堰桥镇。12月，江阴市周庄镇水池巷村整体划归华士镇。

2003年1月，滨湖区东埭镇与雪浪镇合并设立太湖镇，镇政府驻东埭。4月，惠山区政府驻地改为堰桥镇。10月，锡山区鸿声镇与后宅镇合并设立鸿山镇，镇政府驻后宅；安镇镇与厚桥镇合并设立安镇镇，镇政府驻安镇。11月，江阴市山观镇与澄江镇合并设立澄江镇，镇政府驻澄江；马镇、璜塘、峭岐等3个镇合并设立霞客镇，镇政府驻璜塘；北涸镇与顾山镇合并设立顾山镇，镇政府驻顾山。

2004年1月，全市撤并建制镇16个，撤乡镇建街道9个，撤并街道39个。全市建制镇由84个调整为59个，街道由30个调整为24个。惠山区洛社镇、石塘湾镇与杨市镇合并设立洛社镇，镇政府驻洛社；钱桥镇与藕塘镇合并设立钱桥镇，镇政府驻钱桥；阳山镇与陆区镇合并设立阳山镇，镇政府驻陆区。锡山区甘露镇与荡口镇合并设立鹅湖镇，镇政府驻荡口；查桥镇与安镇镇合并设立安镇镇，镇政府驻安镇；东湖塘镇与港下镇合并设立东港镇，镇政府驻港下；八士镇与张泾镇合并设立锡北镇，镇政府驻张泾。撤销旺庄、南站、蠡园、广益、扬名5个镇和渔港乡，以其原行政区域（辖区）分别设立旺庄、南站、蠡园、广益、扬名、渔港街道。滨湖区大浮镇与南泉镇合并设立滨湖镇，镇政府驻南泉。撤销北塘区山北镇、黄巷镇，合并设立黄巷街道。宜兴市官林镇和丰义镇合并设立官林镇，镇政府驻官林；张渚镇和茗岭镇合并设立张渚镇，镇政府驻张渚；和桥镇和闸口镇合并设立和桥镇，镇政府驻和桥；丁蜀镇和洑东镇合并设立丁蜀镇，镇政府驻丁蜀；周铁镇和洋溪镇合并设立周铁镇，镇政府驻周铁；杨巷镇和新芳镇合并设立杨巷镇，镇政府驻杨巷；高塍镇和范道镇合并设立高塍镇，镇政府驻高塍。崇安区崇安寺、学前街、人民路、工运路、周山浜、广瑞路、上马墩、江海、广益等9个街道调整为崇安寺、通江、广瑞路、广益、上马墩、尤渡（未实施，仍为江海）6个街道。南长区清扬路、通扬桥、长街、谈渡桥、迎龙桥、清名桥、中桥、芦庄、扬名等9个街道撤并调整为迎龙桥、南禅寺、清名桥、金星、金匮、扬名等6个街道。北塘区黄巷、北大街、惠山、西新、吴桥、惠龙、五河、刘潭等8个街道撤并调整为北大街、惠山、黄巷、山北、五河（与北大街街道合署办公）等5个街道。撤销梅梁街道，原辖区并入马山镇。滨湖区河埒、蠡园、荣巷、青山湾、西园里、溪南、渔港等7个街道撤并调整为河埒、荣巷、蠡湖、蠡园等4个街道。

2005年3月18日，锡山区鸿山镇成建制委托无锡新区管理。11月4日，无锡（太湖）国际科技园范围内（高浪路以南，华谊路以东）的沙墩港村、李东村、新庄村、新虹村、中华村、华联村、静慧寺村（包括太湖鱼种场）和新安社区居委会成建制改由无锡新区实施行政管理。至2005年末，无锡市下辖2个县级市、6个区和新区管委会，共计59个镇、24个街道。

2005年无锡市行政区划一览表

表1-2　　单位：个

区域名称	所辖街道、镇名称	镇数	街道数
江阴市	镇：澄江、璜土、利港、申港、夏港、月城、青阳、霞客、南闸、云亭、华士、周庄、新桥、长泾、顾山、祝塘	16	—
宜兴市	镇：宜城、丁蜀、张渚、和桥、官林、周铁、徐舍、高塍、湖㳇、杨巷、太华、新建、芳桥、西渚、新庄、新街、大浦、芳庄、万石、屺亭、鲸塘	21	—
锡山区	镇：东亭、安镇、羊尖、鹅湖、东北塘、锡北、东港	7	—
惠山区	镇：堰桥、前洲、玉祁、洛社、钱桥、阳山	6	—
滨湖区	街道：河埒、荣巷、蠡湖、蠡园 镇：马山、胡埭、华庄、太湖、滨湖	5	4
崇安区	街道：崇安寺、广益、广瑞路、上马墩、江海、通江	—	6
南长区	街道：迎龙桥、南禅寺、清名桥、金匮、金星、扬名	—	6
北塘区	街道：北大街、惠山、黄巷、山北、五河	—	5
新　区	街道：长江路、旺庄、南站 镇：硕放、坊前、梅村、鸿山	4	3
合　计		59	24

2005年无锡市行政区划统计表

表1-3　　单位：个、人、平方公里

区域名称	市(县)	市辖区	街道办事处	居民委员会	镇	村民委员会	人口	面积
江阴市	1	—	—	72	16	305	1186167	987.53 (含水域194.87)
宜兴市	1	—	—	94	21	331	1057348	2177.43 (含水域796.76)
小　计	2	—	—	166	37	636	2243515	3164.96 (含水域991.63)
锡山区	—	1	—	32	7	92	387639	395.71
惠山区	—	1	—	19	6	119	388957	327.12
滨湖区	—	1	4	58	5	63	486549	631.50
崇安区	—	1	6	42	—	—	184487	17.59
南长区	—	1	6	56	—	—	324648	22.43
北塘区	—	1	5	59	—	—	253436	31.02
新　区	—	1	3	72	4	33	259154	197.28
小　计	—	7	24	338	22	307	2284870	1622.64 (含水域510.44)
合　计	2	7	24	504	59	943	4528385	4787.61 (含水域1502.08)

第三节　边　界

1996年7月，无锡市开展有史以来第一次全面勘界工作。此前，行政区域界线绝大部分为习惯线。勘界工作于2002年10月结束，勘定市、市(县)、区区域界线18条，总长度887.065公里；协助勘定苏浙线、苏皖线省际界线2条，总长度92.214公里。无锡市崇安、南长、北塘、滨湖、锡山、惠山6个区之间取区名第一个字形成崇南、崇北、崇滨、崇锡、南北、南滨、北滨、北锡、北惠、滨锡、滨惠、锡惠等12条区际行政区域界线。因城区之间多数以路、街、巷或河道为界，区域变化频繁，各区达成共识，城区区际之间不设界桩，不进行测绘。

一、省际界线

1.苏浙线无锡—湖州段

1999年6月5日，苏浙两省签署《江苏省与浙江省联合勘定行政区域界线实施方案》，此后苏浙线勘界工作全面展开。2001年6月，两省勘界办公室完成测绘和埋桩、检查验收及资料汇总工作，苏浙线勘界工作全面结束。

苏浙线无锡—湖州段全长62.847公里，西起苏浙皖三省边界线交会点，东至太湖水域，涉及宜兴市和湖州市长兴县。具体走向为，自父子岭起，沿浙江段环湖大堤迎水坡脚向湖内垂直延伸70米，至胡娄止。全线共确定1个三省交会点、6个界点，陆地界线沿线埋设6个界桩和1个三省交会点标志。

2.苏皖线无锡—宣城段

1997年6月，苏皖两省签署《江苏省与安徽省联合勘定行政区域界线实施方案》，经过两省有关县（市、区）勘界办多次实地调查、协商定界。1997年11月，苏浙皖三省交会点协商确定，三省商定该三交点不埋设界桩，点位坐标由江苏省负责测绘，界桩登记表、1 ∶ 10000工作原图由江苏省勘界工作领导小组办公室上报民政部存档。2000年7月，在南京市召开勘定苏皖线难点地段协商会，至此，苏皖线勘界实现全线贯通。

苏皖线无锡—宣城段全长29.367公里，涉及宜兴市和安徽省宣城市广德县，东起苏浙皖三省边界交会点，西接广德、溧阳边界线。确定1个三省交会点和1个三省交会点标志物。

二、市际界线

1.锡苏线

锡苏线北起无锡、苏州、泰州市交会点，边界线由北向南折西南，与苏浙太湖西段行政区域界线交会，涉及无锡市所辖江阴市、锡山区、滨湖区、新区和苏州市所辖张家港市、常熟市、相城区、吴中区。勘定锡苏线分段进行，分别为陆地南北两段及太湖水域线等。

1996年11月15～16日，无锡、苏州两市勘界办联合召开锡苏线南段核图定界会议；23日，召开北段核图定界会议。

2000年10月13日、18日，无锡、苏州两市就锡苏线鹅真荡行政区域边界线去向达成共识：从望虞河入口处沿鹅真荡岸边水压线向水面延伸30米，向南顺势至东庄浜东锡苏两市分界线上。锡苏线陆上南北段全线划定贯通。12月，锡苏线太湖水域行政区域界线正式勘定，其中乌龟山岛以中心线为界。

锡苏线实地勘定全线长229.547公里，其中陆上165.942公里、长江水域3.805公里、太湖水域59.8公里。北端坐标位于长江水域中，南端坐标位于父子岭（苏浙两省陆地交接点），设界桩点46个，埋设界桩52块。无锡市负责双面型单号界桩、同号双立A界桩及42号-1界桩；苏州市负责双面型双号界桩、同号双立B界桩。

2.锡常线

1997年8月，锡常线行政区域勘界工作全面展开。9月，无锡、常州两市召开核图工作会议，首次核图有282处界线标绘不一致。1998年3月，对首次核图中281处标绘不一致的界线取得一致意见，仅马山—武进段尚存争议。

2000年12月28日，无锡、常州两市就马山—武进段勘界线达成共识。马山—武进段从外环河西段，沿马山朝霞河向南偏东南约450米，再向东偏东北约2100米，再折向北偏西北约1000米进入外环河，沿北大堤北侧底脚线向东北至武进港入口处，再沿陆地段相接。

锡常线实地勘定全线长372.93公里，与勘界开始下达的任务数相比增加98.93公里。北起无锡、常州、泰州三市交会点，南至锡常线与苏皖线的交接点，设置界桩49个点，埋设界桩57块。单号界桩及同号双立的A桩由无锡市负责，双号界桩及同号双立B桩由常州市负责。

3.锡泰线

无锡市和泰州市行政区域界线因《国务院同意江苏省调整扬州市行政区划和设立地级泰州市的批复》而形成。1998年9月29日，召开勘界联席会议，取得共识。锡泰线全长36.22公里。双方决定在长江南北两岸各埋设两块同号双立双面型界桩，1A、2A号界桩由无锡市负责，1B、2B号界桩由泰州市负责。

4.澄锡线（惠山段、锡山段）

江阴市和锡山市行政区域界线自有江阴县、无锡县建制起就已形成，至晚在宋代基本定型，1952年、1954年有局部调整，所有界线均为传统习惯线。1998年10月15日，江阴、锡山两市交流踏勘摸底情况，并达成共识，实现全线贯通。

澄锡线总体呈东西走向，东起澄锡虞三市（县）交会点，西至澄锡武三市（县）交会点。双方共有15个镇接壤，全长63.774公里。锡山市撤市设区后，澄锡虞三市（县）交会点至潘家荡中心，为江阴市—锡山区行政区域界线，界线长38.301公里；潘家荡中心到澄锡武三市（县）交会点，为江阴市—惠山区行政区域界线，界线长25.473公里。全线实际界桩点9个，埋设界桩12块，单号5个界桩点、6块界桩由江阴市负责，双号4个界桩点、6块界桩由惠山区、锡山区各负责3块。

5.滨宜线

无锡市滨湖区与宜兴市的行政区域界线是2001年1月无锡市部分行政区划调整后形成的。是年9月6日，滨湖区与宜兴市召开勘界联席会议，双方达成共识，实现全线贯通。因滨湖区、宜兴市边界线在太湖水域中，离陆地较远无法实测，故此段界线不埋设界桩，不进行测绘，界线起止点的坐标用图上量取法获得。界线北端位于锡常线太湖水域段南端点，南端至锡苏线太湖水域行政区域界线止，全长6公里。

三、城区区际界线

1.崇南线

崇安区、南长区的边界线，西起人民桥中心，此处亦为崇安、南长、北塘3区的交界点，东至亭子桥中心，沿环城河中心线走向，全长3995米。

2.崇北线

崇安区、北塘区的边界线，北起崇安、北塘、锡山三区交界点，西至崇安、南长、北塘3区交会点，以沿河，沿解放西路、人民路为走向，全长4963米。

3.崇滨线

崇安区、滨湖区的边界线，西起亭子桥中心，即崇安、南长、滨湖三区交界点，东至崇安、滨湖、锡山三区交界点，全长4264米。

4.崇锡线

崇安区、锡山区的边界线，北起崇安、北塘、锡山三区交界点，南至崇安、滨湖、锡山三区交界点，全长11927米。

5.南北线

南长区、北塘区的边界线，西起锡山大桥中心，即南长、北塘、滨湖三区交界点，沿人民西路、五爱广场中心，东至崇安、南长、北塘三区交界点，全长1285米。

6.南滨线

南长区、滨湖区的边界线，西起锡山大桥中心，即南长、北塘、滨湖三区交界点，东至亭子桥中心，即崇安、南长、滨湖三区交界点，全长30785米。

7.北滨线

北塘区、滨湖区的边界线，西起北塘、滨湖、惠山三区交界点，沿山脊、三茅峰至山脚架走向至锡山大桥中心，全长4945米。

8.北锡线

北塘区、锡山区的边界线，北起北塘、锡山、惠山三区交界点，沿河中心线至叉河中心，即崇安、北塘、锡山三区交界点，界线全长685米。

9.北惠线

北塘区、惠山区的边界线，西起北塘、滨湖、惠山三区交界点，沿山、沿河、沿路走向至北塘、锡山、惠山三区交界点，全长17900米。

10.滨锡线

滨湖区、锡山区的边界线，西起崇安、滨湖、锡山三区交界点，终点为滨湖、锡山二区和苏州交界处，全长46.595公里。滨锡线确定4个界桩点位，1号界桩点位于滨湖区坊前镇朱巷和锡山区查桥镇谈村间的兴隆桥上，2号界桩点位于滨湖区梅村镇方更上和锡山区安镇鞋山之间河道交叉处，3号界桩点位于新区硕放镇秦村和锡山区鸿声镇马桥村交界处，4号界桩点位于新区硕放镇孙典桥村和锡山区后宅镇金娥村交界处。

11.滨惠线

滨湖区、惠山区的边界线，西起锡常两市边界线上，东至东龙山山脊，即北塘区、滨湖区、惠山区三区交界点，界线长14765米。

12.锡惠线

锡山区、惠山区的边界线，从江阴市、锡山区、惠山区三地交界点始，止于北塘区、锡山区、惠山区三区交界点，即潘家荡中心，全长19533米。全线确定3个界桩点位，1号界桩点位于锡北运河中心，2号界桩点位于连接南白荡的无名小河中，3号界桩点位于北塘区、锡山区、惠山区三区交界点即西漳镇小李巷和东北塘镇大李巷之间的南河中。

第二章 市区地名

第一节 道 路

一、路

中山路，为市中心南北干道，南起朝阳广场，北至胜利门，与人民路相交。以纪念孙中山而得名。凤光桥以南辟于1956年，以北辟于抗日战争胜利后，由二下塘、青果巷、溜浪桥等拓宽而成。

人民路，为城区东西干道。东起东门立交，西至锡山大桥，分东路、中路、西路3段。东路由东门立交至东林广场，1975年由熙春街、井亭街拓宽而成。中路由东林广场至人民桥，1959年由熙春街、驳岸上、观前街、营桥巷、东鼓楼、西鼓楼等拓宽而成。西路由人民桥至锡山大桥，曾名西德路、锡惠路,1960年拓宽后改名。

解放路,为纪念无锡解放命名。1950～1951年拆除城墙,填塞里城河而成。1976年又填塞环城河而拓宽。分为东路、南路、西路、北路4段。东路由光复桥至槐古桥;南路由槐古桥至后西溪;西路由后西溪至胜利门,曾名解放北路;北路由胜利门至光复门。

通惠路,因直通惠山故名。东起车站路,西至惠钱路。民国7年(1918年),荣德生募资建造,翌年竣工。分东路、中路、西路3段。东路由火车站路至青石路口,中路由青石路口至吴桥,西路由吴桥至惠钱路。

凤宾路,南起通惠中路,北至312国道。

车站路,东起火车站,西至工运桥。由火车站得名。

工运路,南起解放北路,北至工运桥。曾名通运路,2002年改现名。

惠勤路,东起周山浜立交桥,西至通惠东路。曾名勤惠路。

汉昌路,东起长庆路口,西至工运路。

锡沪东路,东起锡山教师进修学院,西至江海东路。原名锡沪路,1999年更名。

锡沪中路,东起江海东路,西至广瑞路。原名锡沪路,1999年更名。

锡沪西路,东起广瑞路,西至锡澄路。原名锡沪路,1999年更名。

广瑞路,东起人民东路立交桥,西至312国道。

马巷路,南起上马墩路,北至锡沪路。原名广瑞一支路,1988年改现名。

广勤路,东起广瑞路,西至周山浜立交桥。

工艺路,东南起于亭子桥堍,西北至火车站。清光绪二十六年(1900年),因陈子宽于此开设工艺铁工厂而得名。

东梁溪路,位于运河南岸,工运桥东。曾名东沿河。

西梁溪路,位于运河南岸,工运桥西。曾名西沿河。

井亭路,东南起于南站乡风雷村铁道口,西北至人民东路。1981年以贯穿井亭新村得名。

上马墩路,东起广瑞路,西至沪宜公路。1982年以上马墩命名。

锡澄路,南起兴源北路,北至塘头桥。因衔接锡澄公路,故名。

锡澄一支路,锡澄路西序第一条支路。东起锡澄路,西至梨庄汽车站后。1981年命名。

江海东路,南起锡沪路,北至锡澄路。1984年命名。

豫康路,东起染料厂,西至北新桥。由豫康纱厂而得名。

北新路,东南起于北新桥,西北至锡澄路立交道口。由北新桥得名。

后浜路,北新桥西,北新桥至染料厂。由后浜得名。

丽新路,东南起于惠商桥,西北至内河与大运河交汇处。由丽新纺织厂得名。

吴桥西路,南起吴桥,北至双河尖。1951年因位于吴桥之西得名。

吴桥东路,南起小三里桥,北至吴桥。曾名黄埠墩街。1950年拓建,因位于吴桥之东得名。

霞美路,东北起于青石路,西南至吴桥东路。由霞美桥得名。

青石路,东南起于春申路,西北至通惠中路。由青石桥得名。

志强路,小三里桥街北段处至民主街。30年代此路通往志强小学,故名。

全昌路,东北起于青石路,西南至北塘大街。由全昌酱园作坊得名。

自治路,东起北大街,西至积余街。因群众自发填整而成得名。

蓉湖南路、蓉湖北路,南起人民西路,北至通惠西路。1953年以蓉湖庄命名为蓉湖路。1978年新运河从中段通过。1984年以运河为界,分为蓉湖南路、蓉湖北路。

新惠路,东南起于通惠西路,西北至石门路。因新辟于通惠路旁而得名。

惠峰路,南起惠钱路,北至新惠路建筑桥。1984年由惠峰新村得名。

通盛路，东起通惠桥，西至盛岸新村。1981年以通惠桥、盛岸新村首字命名。

锡惠路，东南起于锡山大桥，西北至通惠西路。曾名宝善桥路，1982年拓宽。后以锡山大桥与通惠西路各取一字更名。

西康路，南起锡惠弄，北至人民西路。曾名后西康路。

复兴路，东起中山路，西至解放西路。1967年并入公园路。1983年西段的公园路复名为复兴路。

园通路，南起新生路，北至县前东街。

圆通路，南起县前东街，北至解放北路。

石皮路，南起人民中路，北至复兴路。为填塞玉带河而成，由石皮桥得名。

勤学路，南起解放南路，北至学前街。曾名学佛路。1966年，因该路北端学校集中，取“勤奋学习”之意而改现名。

崇宁路，东起解放东路，西至中山路。因曾于民国23年在斜桥下挖出刻有“崇宁桥”字样古碑1块，故名。1958年填塞河流，由小河上、大河上、师古河上等路合并而成。

新生路，南起解放南路，北至县前东街。南段原为三下塘，北段原为南盛巷。民国23年拓宽，因开展新生活运动而更名新生路。1967年改名朝阳路，1980年恢复现名。

长埲路，南起羊腰湾兴隆桥，北至亭子桥。抗日战争期间由原长坟上、高墩上、埠上整修扩建而成。1952年改为现名。

羊腰湾路，南起妙光桥，北至羊腰湾兴隆桥。

羊腰湾支路，羊腰湾的一条支路，至柴油机厂技校。1981年命名。

绿塔路，南起吊桥，北至槐古新村。东门有绿罗庵、南门有妙光塔，故名。建于民国期间。

槐古路，南起向阳路，北至槐古新村。1980年建，由槐古桥得名。

向阳路，南起永乐东路，北至朝阳广场。1970年建，因靠近朝阳路（即新生路）得名。

塘南路，南起新光路，北至永乐东路。1960年建，由塘南桥得名。

大窑路，位于钢铁桥堍，运河东岸。明嘉靖元年（1522年）后，由建窑烧砖而得名。清末曾名老窑头，民国19年改名大窑坊，民国21年改为现名。

知足桥路，位于知足桥东。

通扬路，南起港务路，北至太湖大道。民国15年鼎昌丝厂创办后辟成小道，因通往扬名乡而名。1968年与通扬桥同时扩建。

新光路，东起312国道，西至华清大桥。1984年以旺庄乡新光村命名。

扬名路，东起南长街，西至清扬路。民国19年建，因通往扬名乡，故名。

中南路，东起扬名街道南许巷，西至中桥。1960年建。2003年向西延伸至鸿桥路，延伸段为中南西路。

新民路，东起南长桥堍，西至清扬路。民国19年因小南门巷内办有新民小学得名。1982年，带钩桥、淘沙巷并入。

清扬路，南起华清大桥，北至清扬桥。1980年建，由清扬新村得名。曾名新扬名路。

永丰路，东起南长街，西至运河东路。1982年以永丰桥命名。

振新路，东起黄泥埲，西至西新桥。由振新纱厂得名。

申新路，南起健康路，北至振新路。民国9年左右建，由申新纺织厂得名。

新桥路，南起纳新路，北至夹城里。1981年以纳新桥命名。

天元路，南起天元麻纺厂，北至健康路。由天元麻纺厂得名。

健康路，北起复兴路，往南至红星路，往西折向梁溪大桥止。因经体育场取健康之义而得名。曾名市府路、人民路。1956年改为现名。

康运路，健康新村至运河东路。1981年以健康新村和运河各取一字命名。

五爱路，南起梁溪大桥，北至五爱广场。民国25年建成德源路、通源路，1965年合并更名为人民西路。1974年改为工农兵路，1985年改为现名。

俭德路，东起棚下街，西至五爱路。曾名油车弄、北水沟。解放初改为现名。现在五爱家园内。

勤工路，位于勤工桥堍。民国19年建勤工桥后，由桥得名。

迎德路，南起迎龙桥，北至通德桥。1953年以迎龙桥和通德桥各取一字命名。

宝勤路，东起迎龙桥南，西至五爱路。曾名赓裕路。1951年以勤工桥改现名。

开源路，南起五爱路，北至新小木桥。民国3年，荣德生发起兴建梅园至迎龙桥全长9000米的开源路，为无锡西郊第一条大马路。后梁溪大桥至梅园段拓建为梁溪路。

城南路，南起周泾巷油库，北至化肥桥。

湖滨路，南起蠡湖大道，北至梁溪大桥。通往太湖，故名。曾名锡鼋路。

建业路，南起梁溪大桥堍，经蚂蝗桥，北至运河东路。

梁清路，东起梁溪大桥，西至梁湖路梅园立交，与梁溪路衔接。

梁溪路，东起梁溪大桥，西至梅园。曾名锡梅路，1982年改现名。

惠河路，锡惠公园大门前运河西路至梁溪路。1952年建，以锡惠公园和运河各取一字得名。

青山东路，东南起于河埒口，西北至青山寺。曾名青山路，1982年因位于青山湾东侧更名。

青山西路，南起梁溪路，北至青山寺。因位于青山湾西侧得名。

太康路，南起太康新村，北至梁溪路。由太康新村得名。

永固路，南起环湖路，北至梅园。原名梅箕路，1994年由路西北端电视机厂永固品牌改现名。

环湖路，东起金城西路，往西南沿蠡湖折而向北，至永固路。

建筑路，东起红星路，西至环湖路。

湖山路，闾江口至连云路。1976年建，当时名马圩路。1985年以太湖、马山各取一字更名。

梅梁路，东起十里明珠堤，西至清波堤。1981年命名为乐水路，1985年改现名。

乐山路，南起梅梁路，北至湖山路。1985年命名。

南堤路，东起太湖东岸灯塔，西至清波堤。1981年因位于马圩南部堤上得名。

北堤路，东起闾江桥，西至清波堤。1981年因位于马圩北部堤上得名。

峰影路，东起十里明珠堤，西至清波堤。1981年因位于马圩峰影小学附近得名。

朝霞路，南起梅梁路，北至湖山路。1981年因位于马圩朝霞小学附近得名。

康乐路，西南起于湖山路，向东再折向北，衔接鱼花路。1981年命名。

鱼花路，西南起于湖山路，往北再折向东，至康乐路。1981年命名。

长青路，东起十里明珠堤，西至常州市武进区果苗场。1981年命名。

碧波路，东起十里明珠堤轻工桥，西至湖山路。1981年命名。

碧波支路，南起碧波路，向北经绿波鱼钩厂折而向东，至十里明珠堤。1988年命名。

石门路，南起惠钱路，北至山北大桥。1988年命名。

盛岸东路，东起通惠西路，西至钱皋路。1988年命名为盛岸路，2001年改现名。

盛岸西路，东起钱皋路，西至钱胡公路。2001年命名。

兴源路，1988年命名。2003年，兴源路与兴惠路合并统称兴源路，南起旺庄路，北至凤翔路，分3段。凤翔路至通江大道为兴源北路，通江大道至新光路为兴源中路，新光路至旺庄路为兴源南路。

永乐路，东起南长街，西至运河东路。1988年命名。

万景路，南起化工疗养院，北至湖山路。1988年命名。

金城路，东起长江北路，西至蠡溪路。1988年命名。春晖路至金城公铁立交桥为金城东路，金城公铁立交桥至苏锡公路为金城路，苏锡路至蠡溪路口为金城西路。

太湖大道，东接沪宁高速无锡东出口，西至环湖路。1988年命名为金匮路，金匮大桥以东为金匮东路，以西为金匮西路。2001年更名为太湖大道，以金匮桥为界，分为太湖东大道、太湖西大道。
蠡溪路，南起金城路，北至梁溪路。1988年命名。
仙蠡路，东起湖滨路，西至荷叶新村。1988年命名。
明阳路，南起梁溪路，北至太湖元件厂。1988年命名。
江海西路，东起锡澄路，西至钱洛公路。1988年命名。
纺机浜路，南起纺机浜，北至梁溪路。1988年命名。
青龙山路，南起环太湖公路，北至青龙山公墓。1988年命名。
青山支路，东起惠河路，西至青山东路。1988年命名。
塘南一支路，南起塘南路，北至柴油机厂。1988年命名。
塘南二支路，南起塘南路，北至南苑新村。1988年命名。
塘南三支路，南起塘南路，北至兴源中路。1988年命名。
井亭东路，东起广南路，西至铁路道口。1989年命名。
广南路，南起锡甘路，北至尤岸里。1989年命名。
梅茶路，东起钱荣路，西至二工校西边。1989年命名。
梅茶一路，东起钱荣路，西至红旗塑料厂。1989年命名。
梅茶二路，东起钱荣路，西至纺织管理干部学院。1989年命名。
梅茶三路，东起钱荣路，西至西山村。1989年命名。
旺庄路，东起锡甘路，西至旺庄立交。1992年命名。
芦庄路，南起新联村，北至金城路。1993年命名。
鸿桥路，东南接金城西路，北至梁溪路。1994年命名。
梁荷路，北起梁清路，南经荷叶新村至梁溪河北岸。1994年命名。
五爱北路，南起五爱广场，北至县前西街。1994年命名。
惠东路，西起新惠路，经锡航桥，北至石门路。1994年命名。
春申路，南起运河东路，北至北栅口。1995年命名。
青祁路，南起太湖大道，北至梁溪路。1995年命名。
梁蓉路，东起湖滨路，西至梁荷路。1995年命名。
靖海路，北起上马墩路，南至塔影二村南缘小河。1995年命名。
塔影路，北起上马墩路，南至塔影一村南缘小河。1995年命名。
天山路，东起汉江路，西至珠江路，旺庄路以南，龙山路以北。1995年命名。
龙山路，东起汉江路，西至珠江路，天山路以南，香山路以北。1995年命名。
香山路，东起汉江路，西至珠江路，龙山路以南，泰山路以北。1995年命名。
泰山路，东起机场路，西至珠江路。1995年命名。
华山路，东起汉江路，西至珠江路，泰山路以南，君山路以北。1995年命名。
君山路，东起汉江路，西至珠江路，华山路以南，黄山路以北。1995年命名。
黄山路，东起机场路，西至珠江路。1995年命名。
岷山路，东起清江路，西至珠江路。1995年命名。
珠江路，东起玉山路，西至旺庄路。1995年命名。
湘江路，南起君山路，北至旺庄路。1995年命名。
长江路，南起玉山路，北至旺庄路。1995年命名。
灵江路，南起黄山路，北至旺庄路。1995年命名。
汉江路，南起黄山路，北至新光路，其中旺庄路以北为汉江北路。1995年命名。
学前东路，东起华夏路，西至中山路。1995年命名。

运河东路，南起清扬路，北至春申路。1995年命名。
上马墩一支路，南起上马墩路，经上马墩三村，北至锡沪路。1995年命名。
上马墩二支路，南起上马墩路，经上马墩二村，北至锡沪路。1995年命名。
上马墩三支路，南起上马墩路，经市电镀表厂和汽车制造厂，北至锡沪路。1995年命名。
灵山路，东起古竹路，西至龙头路。1996年命名。
灵湖路，北起祥符禅寺，南至大湾。1996年命名。
锡新一路，东起机场路，西至行创四路。1996年命名。
锡新二路，东起机场路，西至312国道。1996年命名。
锡新三路，东起机场路，西至行创四路。1996年命名。
行创一路，南起高浪路，北至锡新一路。1996年命名。
行创二路，南起锡新二路，北至锡新一路，行创一路以东。1996年命名。
行创三路，南起锡新二路，北至锡新一路，行创二路以东。1996年命名。
行创四路，南起高浪路，北至太湖大道。1996年命名。
行创五路，南起锡新二路，北至锡新一路，行创一路以东。1996年命名。
行创六路，南起锡新二路，北至锡新一路。行创五路以东。1996年命名。
行创七路，南起锡新二路，北至锡新一路。1996年命名。
隐秀路，东起蠡湖大道，向西折向北至梁清路。1997年命名。
滴翠路，东起蠡溪路，西至明园西路。1997年命名。
溢红路，东起蠡溪路，西至明园西路，滴翠路以南。1997年命名。
梁湖路，南起环湖路，北至梅园立交。1997年命名。
明园路，南起太湖大道，北至建筑路。1997年命名。
新都路，东起锡钦路，西至锡康路。1997年命名为锡新四路，2002年改现名。
锡坤路，南起新华路，北至高浪路。1997年命名为行创八路，2002年改现名。
凤翔路，东起通惠中路，向西折向北至江海西路。1998年命名。
通江大道，南起县前东街与兴源路交会处，北至锡澄高速公路。1999年命名为锡北路，2002年改现名。
红星路，南起中南路，北至健康路。2000年命名。
永丰路，东起南长街，西至红星桥。2000年命名。
钟书路，东起清扬路，西至运河东路。2000年为纪念无锡籍著名学者钱锺书而命名。
山水东路，南起跃进茶果场，北至宝界桥南堍。原名峄嶂路，2003年改现名。
山水西路，南起跃进茶果场，北至漆塘北村，与山水东路两端相接。原名峄浮路，2003年改现名。
闽江路，南起黄山路，北至龙山路。2001年命名。
紫云路，南起南堤路，北至梅梁路。2001年命名。
霞光路，东起雪云路，西至清坡堤。2001年命名。
连云路，雪云路与湖滨路之间。2001年命名。
广丰路，东起广石路，西至江海东路。2001年命名。
广石西路，东起锡澄路，西至石塘湾村。2001年命名。
广石东路，西起锡澄路，南至学前东路（与江海西路合并）。2001年命名。
长江北路，北起学前东路，南至旺庄路。2002年命名。
长江南路，北起高浪路，南至新梅路。2002年命名。
高浪路，东起312国道，西至山水东路。以华清路为界，分为东西两段。2002年命名。
锡昌路，南起新梅路，北至新跃路。2002年命名。

锡春路，南起泰山路，北至旺庄路。2002年命名。
锡云路，南起新达路，北至旺庄路。2002年命名。
锡翔路，南起新盛路，北至旺庄路。2002年命名。
锡兴路，南起新梅路，北至旺庄路。2002年命名。
锡虹路，南起新盛路，北至旺庄路。2002年命名。
锡康路，南起新华路，北至高浪路。2002年命名。
锡士路，南起新华路，北至高浪路，锡兴路以西。2002年命名。
锡秀路，南起新洲路，北至高浪路，锡兴路以东。2002年命名。
锡钦路，南起新华路，北至高浪路，锡兴路以东。2002年命名。
锡锦路，南起新华路，北至新祥路。2002年命名。
锡霞路，南起新洲路，北至新祥路。2002年命名。
新达路，东起锡虹路，西至312国道。2002年命名。
新盛路，东起外环路，西至锡翔路。2002年命名。
新祥路，东起锡霞路，西至锡兴路。2002年命名。
新锡路，东北起东亭开发区，西至珠江路。2002年命名。
新裕路，东起锡霞路，西至锡兴路。2002年命名。
新洲路，东北起东亭开发区，西至珠江路。2002年命名。
新华路，东北起东亭开发区，西至珠江路，新洲路以南。2002年命名。
新瑞路，东起锡锦路，西至锡康路。2002年命名。
新跃路，东起长江南路，西至珠江路。2002年命名。
新泰路，东起锡坤路，西至珠江路。2002年命名。
新创路，东起长江南路，西至珠江路。2002年命名。
新茂路，东起长江南路，西至珠江路。2002年命名。
新辉环路，以新瑞路为轴心环绕一圈。2002年命名。
裕丰路，南起黄家门村，北至锡宅路。2002年命名。
香楠路，东起孙安路，西至经沪路（规划名称）。2002年命名。
孙安路，南起望虞河砼道，北至锡宅路。2002年命名。
新宅路，东起锡宅路，西至墙西村。2002年命名。
薛典南路，南起望虞河，北至盈发路。2002年命名。
新兴路，北起东亭开发区，南至锡泰路。2003年命名。
新城路，北起东亭开发区，南至经一路。2003年命名。
纺城大道，南起锡甘路，北至锡沪路。2003年命名为新月路，2005年改现名。
新坊路，北起东亭开发区，南至锡甘路。2003年命名。
新阳路，北起东亭开发区，南至锡甘路。2003年命名。
新风路，北起东亭开发区，南至锡甘路，新阳路以东。2003年命名。
梅西路，北起东亭开发区，南至锡梅路。2003年命名。
新友北路，北起东亭开发区，南至锡甘路。2003年命名。
新友南路，北起梅里路，南至锡协路。2003年命名。
新锦路，北起东亭开发区，南至锡协路，新友北路以东。2003年命名。
新韵北路，北起东亭开发区，南至锡贤路，新锦路以东。2003年命名。
新韵南路，北起锡贤路，南至锡协路。2003年命名。
新玉路，北起金城东路，南至锡甘路。2003年命名。

新荣路，北起金城东路，南至锡协路，新韵南路以东。2003年命名。
新畅北路，北起金城东路，南至锡甘路，新荣路以东。2003年命名。
新畅南路，北起梅里路，南至锡协路，新荣路以东。2003年命名。
新庆北路，北起金城东路，南至锡甘路，新畅南路以东。2003年命名。
新庆南路，北起梅育路，南至锡协路。2003年命名。
薛典北路，北起金城东路，南接薛典南路，新庆路以东。2003年命名。
锡达路，东起新韵北路，西至新兴路。2003年命名。
锡泰路，东起新韵北路，西至新兴路，锡达路以南。2003年命名。
锡贤路，东起薛典北路，西至新月路。2003年命名。
锡义路，东起薛典北路，西至新月路，锡贤路以南。2003年命名。
梅里路，东起新畅南路，西至梅育路。2003年命名。
梅育路，东起薛典北路，西至梅里路。2003年命名。
锡梅路，东起薛典北路，西至新洲路。2003年命名。
锡勤路，东起薛典北路，西至新锦路。2003年命名。
锡明路，东起薛典北路，西至新荣路。2003年命名。
锡协路，东起新庆南路，西至新友南路。2003年命名。
新锡路，西起珠江路，东北至东亭开发区。2003年命名。
新农路，东起东安路，西至薛典南路。2003年命名。
东安路，南起望虞河，北至锡宅路。2003年命名。
裕安路，东起望虞河边，西至裕丰路。2003年命名。
通祥路，南起香楠路，北至新宅路。锡宅路以北称通祥北路。2003年命名。
盈发路，东起薛典南路，西至污水厂。2003年命名。
香楠路，东起孙安路，西至经沪路（规划名称）。2003年命名。
锡坤北路，南起高浪路，北至旺庄公墓。2003年命名。
广益路，东接东亭镇二泉路，西至江海路。2003年命名。
文华路，市图书馆南侧，东起清扬路，西至运河东路。2003年命名。
盘龙路，东起峄北村，西至羊岐村。2003年命名。
高凯路，东起货运路，西至华清路。2003年命名。
高运路，东起运河西路，西至华清路。2003年命名。
华苑路，南起新华路，北至高凯路。2003年命名。
华谊路，南起高浪路，北至高凯路。2003年命名。
泰运路，南起立业路，北至大通路。2003年命名。
嘉业路，东起货运路，西至华清路。2003年命名。
立业路，东起货运路，西至华清路。2003年命名。
振发路，东起硕放镇杨沙浜村，西至锡宅路。2003年命名。
振发一路，东起东安路，西至孙安路，振发路以北。2003年命名。
振发二路，东起东安路，西至孙安路，振发一路以南。2003年命名。
振发三路，东起东安路，西至滨湖大道（规划名称），振发二路以南。2003年命名。
振发五路，东起东安路，西至薛典南路，振发三路以南。2003年命名。
振发六路，东起东安路，西至薛典南路，新农路以南。2003年命名。
振发七路，东起东安路，西至薛典南路，振发六路以南，长江东路以北。2003年命名。
振发八路，东起东安路，西至孙安路，长江东路以南。2003年命名。

香楠一路，东起孙安路，西至滨湖大道（规划名称）。2003年命名。
里河路，东起安桥村，西至裕丰路。2003年命名。
杨家湾一路，东起硕望桥，西至机场路。2003年命名。
杨家湾二路，东起硕望桥，西至机场路，杨家湾一路以东。2003年命名。
裕安一路，东起安桥村，西至裕丰路。2003年命名。
中通路，东起马家桥，西至薛典北路。2003年命名。
中通东路，北起马家桥，西至娄上。2003年命名。
中通南路，东起娄上，西至娄金路。2003年命名。
娄金路，北起张更上，南至八一塑料厂。2003年命名。
南河路，东起薛典南路，西至裕丰路。2003年命名。
南星路，东起薛典南路，西至盈发路。2003年命名。
南开路，北起建新村，南至黄家门。2003年命名。
环湖路，西北起永固路，沿湖而走，东至金城西路口与蠡溪路对接。2003年命名。
金城西路，东起苏锡公路，与金城路对接，西至蠡溪路口，与鸿桥路对接。2003年命名。
中南西路，东接中南路，西至鸿桥路。2003年命名。
蠡湖大道，北起太湖西大道，南至滨湖大道即环太湖公路交叉口。2003年命名。
渔港路，西起环太湖公路，东至环湖路。2004年命名。
锦园路，北起渔港路，向西南方向延伸至锦园宾馆门口，再至华东疗养院。2004年命名。
独月路，北起环太湖公路，南至渔港路，永固路以西。2004年命名。
香雪路，北起环太湖公路，南至渔港路，永固路以东。2004年命名。
华清路，南起环太湖公路，北至华清大桥。以高浪路为界，分为南北两段。2004年命名。
华友东路，南起华友一路，北至经一路。2004年命名。
华友西路，南起华友一路，北至华友三路。2004年命名。
华友中路，南起新宅路，北至经一路。2004年命名。
华友一路，东起华友东路，向西再折向北，至华友二路。2004年命名。
华友二路，东起华友东路，西至华友一路。2004年命名。
华友三路，东南起于华友东路，西北至堰田下。2004年命名。
华友四路，东南起于华友中路，西北至经一路。2004年命名。
金石路，西起石塘村，连接高浪西路，东至金城湾，连接苏锡路。2004年命名。
双虹路，北起隐秀路，南至宝界桥。2004年命名。
溪南路，西起蠡溪路，东至青祁路，位于体育中心北侧，溪南新村南面。2004年命名。
清名路，东起南长街，西至运河东路。2004年命名。
坊育路，南起锡甘路，北至坊前路。2004年命名。
坊兴路，东起向阳路，西至春暖村后街。2004年命名。
坊前路，东起312国道，西至新区春晖路（规划名称）。原称人民路。2004年命名。
南场路，北起苏锡公路，南至巡塘桥。2004年命名。
南新路，东起苏锡公路，西至庙桥。2004年命名。
万新东路，南起苏锡公路，北至高浪路。2004年命名。
万新南路，东起万新东路，西至苏锡公路。2004年命名。
万新西路，南起苏锡公路，北至高浪路。2004年命名。
万新北路，东起万新东路，西至苏锡公路。2004年命名。
万新中路，东起万新东路，西至苏锡公路。2004年命名。

龙新路，南起华龙路，北至新嘉路。2004年命名。
丁香路，东起刘闾路，西至直湖港。2005年命名。
合欢路，东起刘闾路，西至直湖港，丁香路以南。2005年命名。
金桂路，东起刘闾路，西至直湖港，合欢路以南。2005年命名。
陆藕路，东起刘闾路，西至直湖港，金桂路以南。2005年命名。
翠竹路，东起刘闾路，西至洋溪河，陆藕路以南。2005年命名。
月季路，东起刘闾路，西至胡埭路，翠竹路以南。2005年命名。
紫荆路，东起刘闾路，西至洋溪河，月季路以南。2005年命名。
环镇北路，东起刘闾路，西至环镇西路。2005年命名。
刘塘路，南起洋溪河，北至盛岸西路延伸段。2005年命名。
莲杆路，南起洋溪河，北至盛岸西路延伸段，联合路以东，刘塘路以西。2005年命名。
联合路，南起环镇北路，北至盛岸西路延伸段。2005年命名。
张舍路，南起洋溪河，北至丁香路，联合路以西。2005年命名。
胡埭路，南起环镇北路，北至合欢路。2005年命名。
通祥北路，南起锡宅路，北至新宅路。2005年命名。
经发一路，东起蓝星机械厂，西至经发公司。2005年命名。
经发二路，东起益昌机械厂，西至华欣模具厂。2005年命名。
经发三路，东起水塔，西至薛典路。2005年命名。
经发四路，东起河浜，西至北石港。2005年命名。
经发五路，东起薛典路，西至捷泰电器厂。2005年命名。
经发六路，东起田中包装厂，西至薛典路。2005年命名。
经发七路，东起萧丽妇女用品厂，西至薛典路。2005年命名。
经发八路，南起新宅路，北至业纺机械厂。2005年命名。
经发九路，东起经发八路，西至河浜。2005年命名。
科园路，南接新洲路，北连新华路。2005年命名。
春华路，南起坊前路，北至太湖东大道。2005年命名。
广泽路，南起广益路，北至马古桥。2005年命名。
翠微路，东起蠡湖大道，西至环湖路。2005年命名。
钟秀路，东起隐秀路，西至环湖路。2005年命名。
万顺路，南起金桥路，北至金石路。2005年命名。
青莲路，东起青祁路，西至蠡溪路。2005年命名。
机场路，北起金城东路，南至无锡机场。2005年命名。
沁园路，东起清扬路，西至运河东路。2005年命名。
辅仁路，南起金城路，北至沁园路，为辅仁中学校门前的道路。2005年命名。
和畅路，东起万顺路，西至蠡湖大道。2005年命名。
苏嘉路，南起盛岸西路，北至江海西路，贯穿于盛岸花园内。2005年命名。
会岸路，南起盛岸西路，北至江海西路，位于苏嘉路东侧。2005年命名。
盛德路，东起会岸路，西至钱威路。2005年命名。
松风路，位于惠山北麓等高线30米左右，走向平行于惠钱路。东起凤翔路惠山隧道入口处，西至钱皋路。2005年命名。
龙回路，惠山盘山道路，西起钱荣路，一路盘曲上行，东至惠山二茅峰。2005年命名。
景宜路，南起环湖路，北至梁清路与荣巷西浜对接。2005年命名。

汉江北路，南起旺庄路，北至新光路。2005年命名。

二、街

南长街，南长桥至化肥桥。

清名桥街，位于清名桥堍，南下塘至伯渎港。

南下塘街，位于跨塘桥堍，京杭运河东岸。

金钩桥街，南起扬名路，北至新民路。原路由南门石铺头至虹桥，由金钩桥得名。2003年，在原路基础上拓宽改建，并向两端延伸。

石子街，耕读桥附近。

西直街，人民桥西堍至棉花巷口。

五里街，蓉湖南路至京杭运河。

兴隆桥直街，因直对兴隆桥而得名。

兴隆桥东街，曾名外吊桥东街。

惠山直街，锡惠路至秀嶂门。

惠山横街，惠山直街至惠钱路。

学前街，中山路至解放南路。

前西溪，健康路至解放南路。

后西溪，中山路至解放西路。

新开河，新生路至中山路。

连元街，中山路至复兴路。

县前街，盛巷口至中山路。

东大街，中山路至健康路。

西大街，健康路至日晖巷。

熙春后街，长庆路至运河边。

永安街，位于广勤二支路与广勤三支路之间。

北大街，胜利门至春申路。

后祁后街，春申路至建设新村。

顾桥街，通惠路至顾桥。

北闸街，顾桥至江阴巷。

梨庄南街，位于锡澄路以东，庆风路以北。

一里街，通惠东路至铁路。

民主街，霞美路至青石桥南。

小三里桥街，青石路至北塘大街。

北塘大街，莲蓉桥至三里桥。曾名北塘，俗称北门塘上。

积余街，位于自治路西。

横街，解放西路至横浜里。

西新街，东起五爱北路，西至兴隆桥。

妙光街，东起槐古路，西至解放东路。

香榭街，东起县前西街，西至蓉湖南路。

汉昌东街，汉昌南街至汉昌北街。

汉昌南街，汉昌东街至汉昌西街。

汉昌西街，解放北路至汉昌北街。

汉昌北街,县前东街至工运路。

吉庆街,县前东街至工运路。

钟楼街,新生路至兴宁街。

兴宁街,人民中路至箭河街。

箭河街,新生路至中山路。

文渊街,崇宁路至人民中路。原为图书馆路之一段,因崇安寺街区改造而与图书馆路不再相连,且靠近文渊坊,故更名为文渊街。

三、巷

槐树巷,槐古桥至新生路。巷内有大槐树而名。

大娄巷,新生路至中山路。清光绪《无锡金匮县志》载,原名遵义坊。

中市桥巷,新生路至中山路。

镇巷,新生路至中山路。明代称正巷。

小娄巷,崇宁弄至新生路。

福田巷,新生路至田基浜。古名都子巷。

留芳声巷,解放东路至新生路。

东河头巷,解放东路至新生路,与留芳声巷相对平行。

石皮巷,沈果巷至石皮路。

大成巷,中山路至黄石弄。

复兴巷,复兴路至西门。

毛桃巷,后西溪至新风弄。

青果巷,位于后西溪东端。

五姓巷,健康路至日晖巷。

日晖巷,后西溪至人民路。

道长巷,位于中山路北端。

北禅寺巷,中山路至睦亲坊巷。

睦亲坊巷,学前街至新街巷。

鱼腥巷,中山路至勤学路。

南市桥巷,中山路至勤学路,在鱼腥巷南。

时新巷,中山路至育才弄口。

新街巷,中山路至健康路。

铸冶巷,前西溪至后西溪。

水曲巷,朝阳广场附近。

永兴巷,新生路至中山路。

沙巷,新生路至中山路,永兴巷以北。

汤巷,学前街至解放南路。

置煤浜,解放南路至新生路。

百岁坊巷,原名泥巷、南仓厅巷。

陈白头巷,惠勤路中段处。

亮坝上,工运桥北堍至惠农桥。

北仓门,位于长庆路中段处。

新丁巷,位于广勤路东段。

前新丁巷，广勤路至新丁巷。
后新丁巷，广勤路至石人桥。
西门陈巷，五爱路中段处，曾名陈巷。
水车湾，湖滨广场北侧。
贸易新村章巷，位于五爱路西侧贸易新村，原名章巷。
王巷，棚下街附近。
前宋巷，天元路旁。
木樨厅，振新路附近。
北头巷，虹桥附近。
莫宅兜，长街弄附近。
南门石铺头，金沟桥附近。
槐古新村小桥巷，曾名槐古桥小桥巷。
槐古新村王巷，曾名槐古桥王巷。
槐古新村李巷，曾名绿塔路李巷。
槐古新村朱巷，曾名绿塔路朱巷。
羊皮巷，位于亭子桥附近。
吊桥湾，位于东林大酒店南。明洪武年间，东门吊桥建成，故名。
徐巷，伯渎港兴隆桥附近。
豆腐巷，位于大公桥附近。
大窑路沙巷，位于大窑路附近。
后祁街顾巷，位于青石路前侧。
新巷，位于民主街附近。
三星巷，位于民主街附近。
民主巷，位于民主街附近。
青石路后巷，位于青石路附近。
普庆巷，曾名普济堂。
前张巷，位于普庆桥附近。
双河尖，位于双河、京杭运河汇集处。
郑巷，位于棉花巷附近。
澄清巷，位于西直街中段处。
打铳巷，位于锡惠桥附近。
李巷，位于棉花巷附近。
温巷，位于五里新村东。
棉花巷，西直街口至兴隆桥。
天成巷，清康熙四十六年（1707年）时称天主弄，1967年改名天成弄，位于道长巷东段。1992年改现名，并撤销北里城脚、白园墙、溜龙桥。
永定巷，原名永定桥，位于道长巷西段。1992年改现名，并撤销仓桥下塘街。
兴锡巷，南起金城路，北至中南路。

四、里弄

牛弄，跨塘桥至金钩桥。
定胜桥沿河，定胜桥东堍沿河。

迎龙桥田垛里，迎龙桥附近。
马甲弄，五爱路北段。
镇溪弄，棚下街南段。
前坭旺庄，湖滨广场东侧。
后坭旺庄，前坭旺庄东。
小木桥南，开源路附近。
小木桥北，开源路附近。
茂新里，迎德桥南。
课积里，东水沟头南。
宝善里，开源路附近。
积善里，宝善里东侧。
厚生里，开源路附近。
迎龙桥南，迎龙桥南堍。
西仓桥下，棚下街北端。
西水墩，系梁溪河北口一土墩。
水车湾1-9弄，水车湾北。
大庄里，通扬路附近。
文隆里，木樨厅南。
谈渡桥弄，新民路至黄坭埄。
癞团渚，石子街附近。
炒米浜，薛家弄至谈渡桥弄，原名磨爿头。
前夹城，前宋巷东侧。
后夹城，夹城里北部。
新夹城，夹城里东部，曾为木樨厅。
振新路1-5弄，振新路东。
慎裕里，跨塘桥附近。
大码头弄，南下塘街附近。
利民1-2弄，铁树桥附近，原名礼堂弄。
泰昌弄，跨塘桥附近。
贺弄，南长街至定胜桥，原名火弄。
长街弄，南长街至莫宅兜。
马昌弄，南长街北段。
张家弄，虹桥附近，原名戏馆弄。
耶稣弄，跨塘桥附近。
鸭子滩，南长街至定胜河，旧名圣塘里，曾名鹅溪、四新村、四新桥。
虹桥下，虹桥堍。
南河浜，跨塘桥附近。
淮阳里，伯渎桥附近。
永泰里，永泰丝厂附近。
奚家弄，大公桥附近。
镇塘弄，清名桥附近。
铁匠弄，清名桥附近。

大有弄，蜻蜓浜北。
九思弄，伯渎桥附近。
徐家弄，小公桥附近。
曹家弄，伯渎桥附近。
黄窑弄，大窑路南端。
车沟弄，淮阳里附近。
三阳弄，大窑路北端。
苗弄，塘泾桥附近，原名庙弄。
邱家弄，大窑路中段。
邱家2-3弄，邱家弄北。
清名桥花园弄，清名桥附近。
清名桥混堂弄，清名桥附近。
清名桥沿河，清名桥东堍沿河。
伯渎桥沿河，伯渎桥南堍沿河。
倪家湾，为大窑路上一湾。
大车口，塘泾桥附近，原名马车渡。
高步沿，马场上东。
马场上，伯渎桥附近。
塘泾桥下，塘泾桥堍。
万寿里，绿塔路附近。
自新里，长埄路北段。
隆南里，长埄路北段。
绿塔路建筑弄，绿塔路中段。
绿塔路染坊弄，绿塔路中段。
水利弄，绿塔路北段。
俞巷上，泰安里东。
谢巷上，槐古新村小桥巷南。
界泾桥弄，清名桥西侧。
锦树里，县前街至解放北路。
华新里，工艺路至铁路。
崇宁弄，崇宁路至苏家弄，曾名横街、新庙前。
新生路大院弄，新生路北段。
苏家弄，田基浜口至人民中路中段。
顾家弄，田基浜至人民中路。
田基浜，顾家弄至福田港。清又称田鸡浜。
长大弄，连元街至大成巷。
黄石弄，大成巷至县前西街。
皂荚弄，东大街至后西溪。
新风弄，东大街至毛桃巷。
健康里，睦亲坊巷至健康路，曾名四郎君庙巷。
育才弄，南市桥巷东段。
养育弄，新街巷至后西溪。

荷花荡,后西溪西端。
迎溪桥,前西溪中段。
黄石桥,学前街西段。
和乐里,西梁溪路东段。
沈兴里,通惠东路至陈白头巷。
裕纶里,通惠东路至陈白头巷。
冶坊场,西梁溪路至通汇桥路。
东沿河,通汇桥东堍沿河,原名黄泥桥北街。
同安里,后菩提浜附近。
永盛里,亭子桥东侧。
通隆里,亭子桥附近。
东鹤鸣里,长庆路中段,原名鹤鸣里。
西鹤鸣里,长庆路中段,原名鹤鸣里。
敦裕里,长庆路中段。
永兴里,东新路东侧。
乾德里,复新路南侧。
吉庆里,复新路西段。
知乐里,长庆路中段。
长庆里,长庆路北段。
长庆弄1-2弄,长庆路东段。
永勤弄,长庆路东段。
南巷上,工艺桥西堍。
龙船浜,东林广场附近。
高墩上,工艺路北段。
和平村,东林广场附近。
大码头,长庆路东段。
工艺桥,工艺桥西堍。
周新里,周新村附近。
依仁里,广勤四支路附近。
锡沪弄,锡沪路支弄。
汤家桥,周新村附近。
笆斗弄,北大街南段。
荣兴里,前蔡墅巷南。
仁德里,大河池附近,俗称十间头。
受河里,大河池附近。
顾巷田堵里,顾巷附近,原名田堵里。
志强里,小三里桥附近。
北泗横弄,北泗路支弄。
秦栈弄,北塘大街中段。
信德桥弄,志强路附近。
东升里1-6弄,小三里桥街至信德桥附近。
大通弄,北泗路附近。

横浜里，北门外横浜东段。
大厂里，泗堡桥附近。
小厂里，泗堡桥附近。
陶家弄，江阴巷中段。
祝栈弄，横街中段。
芋头沿河，黄泥桥附近。
麻饼沿河，莲蓉桥南堍东沿河。
桃枣沿河，莲蓉桥南堍西沿河。
茅蓬沿河，长安桥附近。
豫康里，北新桥附近。
作新弄，惠工桥附近。
万祥弄，惠农桥附近。
后祁街薛家弄，后祁街中段。
顾巷，后祁街附近。
唐家弄，后祁街中段。
顾桥港，顾桥南堍西。
小梨花庄，北新路西段。
一里街东，北栅口一里街东侧。
一里街西，北栅口一里街西侧。
有成弄，丽新路南端。
元康弄，吴桥西侧。
前惠弄，前张巷至通惠中路。
民主街东弄，民主街东。
泗菜场，吴桥东路西段。
泗菜场东弄，泗菜场东。
泗菜场西弄，泗菜场西。
旺盛里东，吴桥东路中段。
旺盛里西，吴桥东路中段。
旺盛里底，吴桥东路中段。
新宁坊，丽新路中段。
腐乳浜，腐乳浜沿河。
田禾浜，新惠路南段附近。
和新里，蓉湖庄路南段附近。
大仓弄，棉花巷东段。
小仓弄，棉花巷东段。
振华弄，坝桥下北，曾名财神弄。
坝桥下，棉花巷附近。
坝桥弄，人民桥附近。
坝桥沿河，京杭运河西岸。
李巷1–3弄，棉花巷附近。
锡惠弄，人民西路中段。
锡丰浜，锡丰浜附近。

西塘沿河，人民桥西堍，环城河西岸。

荷花桥，五里街中段。

惠山浜，黄泥桥南。

上河塘，惠山浜北岸。

下河塘，惠山浜南岸。

锡园，通惠西路中段。

听松坊，寄畅园西侧，曾名听松街。

惠钱路1-2弄，惠钱路南部。

大鱼池边，棉花巷中段。

逸常弄，东起清扬路，西至邵巷。

惠钱三弄，南起惠山山坡，北至惠钱路。

少宰第，南起崇宁路，北至小娄巷。

十八间头，位于北新桥附近。

第二节　桥　梁

一、跨河桥

人民桥，位于人民路，跨环城河。始建于隋大业年间（605～618年），曾名梁清桥、清溪桥、梁溪桥，俗称西门吊桥。1959年将原西门桥移位改建，1960年竣工，命名为人民桥。1980年、1995年两次拓建。

工运桥，位于工运路，跨京杭大运河。始建于民国2年（1913年），为木桥。民国17年改建为水泥桥。因是工会为主捐资，故名，市民又称大洋桥。1960年、1983年两次拓宽。2002年，拆除老桥重建。

宝界桥，位于湖滨路宝界山麓、东西蠡湖交界处。民国23年，荣德生独资捐建，次年完工，时为江南第一大桥，俗称长桥。1994年，荣德生之孙荣智健在老桥之旁建新宝界桥，新老桥并行，被誉为“宝界双虹”。

金城桥，位于金城东路，跨京杭大运河。1984年修建金城路时兴建，1986年竣工通车，为市区最大的单跨桥梁。2004年，改建为双幅预应力混凝土连续梁桥。

锡山大桥，位于人民西路，跨京杭大运河。1982年元旦建成通车。

梁溪大桥，位于湖滨路，跨京杭大运河。1983年建成通车。

清扬桥，位于清扬路，跨环城河。始建于1953年，为木桥，因位于文化宫旁而名文化宫桥。1965年改建为钢筋混凝土桥。1983年拓建，2003年再次拓建并改现名。

体育场桥，位于健康路，跨环城河。建于1953年，1983年、2003年两次拓建。

亭子桥，位于人民东路，跨古运河。始建于明代，清乾隆六十年（1795年）重建。1965年，拆除老桥，改建为单孔双曲拱桥。1980年改建为钢筋混凝土肋拱桥。2002年再次改建。

吴桥，位于通惠路，跨京杭大运河。始建于民国4年，由吴子敬独资捐造，民国6年通车。“文化大革命”时期，改名为解放桥。1982年复名吴桥。1993年重建。

莲蓉桥，位于北大街，跨京杭大运河。始建于唐贞观三年（629年）。因附近河道如莲花，故名莲蓉桥，俗称大桥。民国27年，改建为钢筋混凝土桥。1970年、1980年先后改建，1993年重建。

蓉湖大桥，位于蓉湖路，跨京杭大运河。2003年建成通车。

蠡湖大桥，位于蠡湖大道，跨蠡湖。2004年建成通车。

华清大桥，南连华清路，北接清扬路，跨京杭大运河。原名下甸桥，建于1988年。2004年拆除老桥重建，并改现名。

通汇桥，位于竹场巷。

亮坝桥，位于亮坝上。

振奋桥，位于广益路。1992年改建。

纳新桥，位于红星路，跨耕读河。建于1968年。

钢铁桥，位于南长街，跨古运河。1958年大炼钢铁，新建无锡钢铁厂，为解决该厂陆上运输建此桥并名，为木板桥。1965年，改建为钢筋混凝土桥。1984年进行拓建。

化肥桥，位于清扬路，跨古运河。建于1977年。

清名桥，位于南门外古运河与伯渎港交汇处。始建于明万历年间（1573～1620年），清康熙、乾隆、咸丰、同治年间屡次修建，为单孔石拱桥。

伯渎桥，位于清名桥街。建于清末，为砖拱结构的人行桥。1960年拆除重建，为单孔砖石拱桥。

跨塘桥，位于南长街，跨古运河。原名阳春桥，始建于明初，为石拱桥。新中国成立后，拆去旧桥，改建为钢筋混凝土桥，因其横跨运河上下塘，更名为跨塘桥。2001年，在原桥址北数米处复建，为石拱桥。2004年，在原阳春桥北17米左右处新建阳春桥，为步行桥。

妙光桥，位于向阳路，跨古运河。原名跃进桥，建于1970年。2005年重建并更现名。

知足桥，位于知足桥路，跨知足河。建于1971年。

日晖桥，位于南长街，跨虹桥河。始建于明景泰四年（1453年），1992年改建。

耕读桥，位于家乐花园小区北侧，跨耕读河。原名菰渎桥，始建于明崇祯三年（1630年），清光绪二十三年（1897年）改建，为花岗岩单孔石拱桥。

定胜桥，原名永胜桥，位于贺弄，跨虹桥河。始建于元泰定元年（1324年），清末重建。

大公桥，位于南长街，跨古运河。建于民国19年，水泥结构，由荣德生资助建造。

显应桥，位于西水墩北侧，跨环城河。始建于清嘉庆年间（1796～1820年），几经修建，60年代为木桥。1965年拆除。2001年，在原址复建显应桥，为石拱桥。

塔影桥，位于上马墩路。建于1966年，1985年拓建。

庙埄桥，位于工艺路。建于1981年。

南长桥，位于南长街北端，跨古运河。始建年代不明，明嘉靖年间（1522～1566年）重建，曾名南门吊桥。1965年改名为南长桥，1995年改建为钢筋混凝土桥。

新华桥，位于黄泥埄，跨耕读河。始建于清宣统三年（1911年），2005年改建。

通德桥，位于五爱路，跨酱油浜。始建于民国24年，1983年改建。

西新桥，位于棚下街，跨梁溪河。建于民国4年，1965年改建为混凝土双曲拱桥。

宝善桥，位于锡惠路，跨龙头河。乡贤邹迪光始建于明万历年间，为单孔石拱桥。民国18年改建为水泥桥。1983年拓建，为空心板梁桥。

迎龙桥，位于棚下街，跨酱油浜。始建年代不明，清乾隆三年（1738年）重建，为石拱桥。

健康桥，位于健康路，跨梁溪河。曾名梁溪桥，1982年改现名，1984年拓建。

庵桥，位于虹桥新村，跨庵桥河。始建于宋代。

铁树桥，位于南下塘，跨铁树桥浜。始建于宋代，2005年改建为钢筋混凝土桥。

南门黄泥桥，位于南长街，跨耕读河。始建于南宋，1995年改建。

西门小木桥，位于开源路，跨许溪河。建于1974年。

羊腰湾兴隆桥，位于羊腰湾，跨冷渎港。建于1969年。

通扬桥，位于通扬路，跨耕读河。建于1963年。

北桥，位于湖滨路，跨马蠡港。始建于明隆庆年间（1567～1572年），为石拱桥。新中国成立后改建为钢筋混凝土桥。

虹桥，位于金钩桥街，跨虹桥河。始建年代不明，1984年改建，为石板桥。

庙桥，位于南下塘，跨庙桥河。建于1964年，1971年改建，为石板桥。

五星桥，位于清扬路五星家园附近。建于2004年。

中桥，位于中南路，跨马蠡港。始建于明崇祯年间（1628～1644年），原名泰定桥。1987年改建。

逸常桥，位于清扬路，跨知足河。2003年改建。

锡惠桥，位于人民西路，跨酱油浜。建于1986年。

曙光桥，位于南站曙光村。1988年命名。

金城大桥，位于金城路，跨京杭大运河。1988年命名，2004年改建。

金匮大桥，位于太湖大道，跨京杭大运河。建于1988年。

蠡桥，位于湖滨路，跨梁溪河。民国19年，由实业家荣德生等募建，为抗战前无锡市规模仅次于宝界桥、吴桥的第三座大桥。1977年、1988年两次改建。

潘家桥，位于湖滨路。建于1987年。

万景桥，位于马山万景路。建于1988年。

蠡溪桥，位于蠡溪路，跨梁溪河。建于1988年。

北新桥，位于北新路。1989年改建。

庆丰桥，位于锡沪西路。1999年改建。

永定桥，东起石铺头，西至坝桥沿河。建于1989年，2003年改建。

长广桥，位于市1602仓库。建于1989年。

双龙桥，位于湖滨路。建于1989年。

老丁村桥，位于野花园，跨大寨河。2002年改建。

李巷桥，位于通江大道。建于1998年。

金塘桥，位于太湖大道，跨古运河，桥下东为南下塘，西为南长街。1990年命名，2004年改建。

红星桥，位于红星路，跨梁溪河。建于1990年。

惠商桥，位于通惠路。1994年改建。

惠通桥，位于通惠路。1986年改建。

惠工桥，位于通惠路。1985年拓建。

惠农桥，位于通惠东路。1988年改建。

惠华桥，位于盛岸东路。1986年拓建。

劳动桥，位于塘南一支路。建于1991年。

文隆桥，位于无锡市绢纺厂旁，跨耕读河。原名绢纺桥，因位于绢纺厂旁而得名。2003年绢纺厂搬迁后，由文隆里改名。

韩家桥，位于扬名街道韩家桥村旁。1992年命名。

张婆桥，位于扬名街道张婆桥村旁。1992年命名。

南丰桥，位于清扬路家乐福超市附近。1992年命名为耕读新桥，2003年改现名。

妙庄桥，位于清扬路与太湖大道交会处。原名庄桥，2003年改现名

沁怡桥，位于清扬路沁园新村附近。原名韩家桥，2003年改现名。

五星桥，位于扬名街道五星村委会附近。1992年命名。

牛场桥，位于扬名街道牛场头旁。1992年命名。

曹巷桥，位于扬名街道曹巷村旁。1992年命名。

魏家桥，位于扬名街道魏夹里村旁。1992年命名。

新联桥，位于扬名街道新联村旁。1992年命名。
养基桥，位于扬名街道养基村旁。1992年命名。
诸家桥，位于扬名街道诸家桥村旁。1992年命名。
五家浜桥，位于青祁路。建于1993年。
高墩桥，位于县前东街，跨京杭大运河。建于1994年。
青祁桥，位于青祁路，跨梁溪河。建于1993年。
仙蠡桥，位于运河东路，跨梁溪河。建于1995年。
江尖大桥，位于春申路，跨京杭大运河。建于1996年。
槐古大桥，位于学前东路，跨京杭大运河。建于1995年。
运河东路一号桥，位于运河东路。建于1995年。
运河东路二号桥，位于运河东路。建于1995年。
运河东路三号桥，位于运河东路。建于1995年。
内塘河桥，位于吴桥旁。建于1996年。
千波大桥，位于马山，南起环山东路，北接十里明珠堤。建于1996年。
古竹大桥，位于马山，南起古竹路，北接雪云路。建于1996年。
永乐桥，位于永乐路东段，跨南河浜。建于1996年。
兴业桥，位于梁湖路，跨兴隆浜河。1997年命名。
永安桥，位于县前西街西段，跨酱园浜河。建于1997年。
梁湖大桥，位于梁湖路，跨梁溪河。建于1997年。
欢门桥，位于通江大道。建于1998年。
勤俭桥，位于通江大道，跨北新河。建于1999年。
庆丰桥，位于锡沪西路，跨北新河。建于1999年。
引航桥，位于城南路。建于1999年。
利马桥，东接旺庄路，西连运河东路。2000年命名。
利民大桥，位于运河东路，跨京杭大运河。建于2000年。
永丰桥，位于永丰路东段，跨耕读河。建于2000年。
陈巷桥，位于运河东路南段、陈巷自然村附近。建于2000年。
北甸桥，位于运河东路南段、下甸桥北埫。建于2000年。
杨湾里桥，位于运河东路南段、杨湾里自然村附近。建于2000年。
马甲里桥，位于运河东路南段、马甲里自然村附近。建于2000年。
庙湾桥，位于中南路。建于2000年
潘婆桥，位于中南路。建于2000年。
尺渎桥，位于红星路，跨梁溪河，建于2000年。
滴露桥，位于盛岸东路西段、小吴巷村附近。1999年拓建。
若冰桥，位于盛岸西路东段、三家村附近。2001年拓建。
碧霞桥，位于盛岸东路，跨赵家浜。1999年拓建。
盼春桥，位于梁清路中段，跨观音塘浜。建于2001年。
探春桥，位于梁清路中段，跨钱巷浜。建于2001年。
晓春桥，位于梁清路中段，跨小张巷浜。建于2001年。
迎春桥，位于梁清路中段，跨孙巷浜。建于2001年。
赏春桥，位于梁清路西段，跨荣巷西浜。建于2001年。
咏春桥，位于梁清路西段，跨朱祥浜。建于2001年。

留春桥，位于梁清路西段，跨杨木桥浜。建于2001年。
黄石大桥，位于广石西路，跨锡澄运河。2000年命名。
尺马渚桥，位于建筑路，跨尺马渚。建于2001年。
春阳桥，位于太湖东大道。2002年命名。
春风桥，位于太湖东大道。原名小桥头桥。2002年改现名。
龙舌尖桥，位于太湖东大道。2002年，龙舌尖小桥和龙舌尖中桥合并命名为龙舌尖桥。
春星桥，位于太湖东大道。原名火叉港桥，2002年改现名。
冷渎桥，位于太湖东大道。2003年改建。
临溪桥，位于太湖西大道。原名机械化桥，2002年改建并改现名。
西园桥，位于太湖西大道。原名北庄桥，2002年改现名。
百合桥，位于太湖西大道。原名跃进桥，2002年改现名。
蠡踪桥，位于金城西路。2002年命名。
水居桥，位于金城西路。2002年命名。
涟波桥，位于金城西路。2002年命名。
涟漪桥，位于金城西路。2002年命名。
暂渡桥，位于金城西路。2002年命名。
凝翠桥，位于金城西路。2002年命名。
凝秀桥，位于金城西路。2002年命名。
高渡桥，位于金城西路。2002年命名。
凤宾桥，位于凤宾路。2002年命名。
两新桥，位于凤宾路。2002年命名。
东汀桥，位于凤宾路。2002年命名。
通道桥，位于学前东路。建于2003年。
春江桥，位于学前东路。建于2003年。
溪南桥，位于青祁路。2002年命名。
问溪桥，位于青祁路。2002年命名。
夏家边桥，位于青祁路。2002年命名。
尚风桥，位于青祁路。2002年命名。
成贤桥，位于青祁路。2002年命名。
隐秀桥，位于隐秀路，跨梁溪河。建于2002年。
仰蠡桥，位于高浪路。2002年命名。
郑湾桥，位于高浪路。2002年命名。
扬新桥，位于高浪路。2002年命名。
万新桥，位于高浪路。2002年命名。
长欣桥，位于高浪路。2002年命名。
谢湾桥，位于高浪路。2002年命名。
张西桥，位于高浪路。2002年命名。
闪溪桥，位于高浪路。2002年命名。
马蠡港桥，位于太湖大道，跨马蠡港。原名骂蠡港桥，1992年改现名。2002年改建。
清扬路三号桥，位于清扬路。2002年改建。
长广溪桥，位于高浪路向西延伸段，跨长广溪。2003年命名。
罗汉桥，位于盛岸西路东段、马客桥村附近。建于2003年。

松芩桥，位于盛岸西路西段、周家桥村附近。建于2003年。
听松桥，位于盛岸西路西段、墅塘桥村附近。建于2003年。
新社桥，位于前社桥东侧三叉河口。建于2003年。
金钩桥，位于金钩桥街南段。原桥建于清道光九年（1829年），1952年拆除。2003年在原址重建，沿用原名。
广富桥，位于广益路。建于2003年。
广裕桥，位于广益路。建于2003年。
广平桥，位于广益路。建于2003年。
广安桥，位于广益路。建于2003年。
显义桥，位于人民桥以南约260米处，跨环城河，东接解放西路，西连五爱家园。2003年命名。
国学桥，与茹经堂隔湖相对，2003年重建，沿用原桥名。
渔庄桥，位于蠡园旁。2003年命名。
翠屏桥，位于蠡园北侧。2003年命名。
烟水桥，位于环湖路与金城西路交会处。2003年命名。
莲塘桥，位于金城西路，跨丁昌桥浜。建于2004年。
闻歌桥，位于金城西路，跨陆典桥浜。建于2004年。
丁昌桥，位于蠡溪路，跨丁昌桥浜。建于2003年。
含翠桥，位于蠡溪路与望山路两条绿化景观道的交会处，跨陆典桥浜。建于2003年。
景丽桥，位于中南西路景丽苑附近。2003年命名。
冷渎港桥，位于太湖大道，跨冷渎港。建于2004年。
金城东路一号桥，位于金城东路。建于2004年。
金城东路二号桥，位于金城东路。建于2004年。
兴源中路一号桥，位于兴源中路。建于2004年。
兴源中路二号桥，位于兴源中路。建于2004年。
追鱼桥，位于渔港路西端。2004年命名。
问鱼桥，位于渔港路西端。2004年命名。
知鱼桥，位于渔港路西端。2004年命名。
数鱼桥，位于渔港路中端。2004年命名。
倚虹桥，位于环湖路。原名环湖路一号桥，2003年改现名。
望湖桥，位于环湖路。原名环湖路二号桥，2003年改现名。
点春桥，位于环湖路。原名环湖路三号桥，2003年改现名。
韶秀桥，位于环湖路。原名环湖路四号桥，俗称塘北桥，2003年改现名。
大渲桥，位于环湖路，原名环湖路六号桥。2000年改建，2004年改现名。
羡鱼桥，位于环湖路，原名环湖路七号桥。2000年改建，2004年改现名。
吟芳桥，位于香雪路北端。2004年命名。
咏芳桥，位于香雪路南端。2004年命名。
梁中桥，位于华清路北端，跨梁塘河，2004年改建。
龙潭桥，位于华清路南端前龙潭村。2004年命名。
高浪大桥，位于高浪东路，跨京杭大运河。2004年命名。
驻春桥，位于梁清路大润发超市附近。2004年命名。
广济桥，为金石路西端第一座桥。2004年命名。
保庆桥，位于金石路、广济桥北约100米处。2004年命名。

蠡东桥，位于金石路蠡东村。2004年命名。
杨铁桥，位于金石路杨铁巷村。2004年命名。
利农桥，位于金石路利农村。2004年命名。
崇德桥，位于金石路。2004年命名。
金石桥，位于金石路，跨梁塘河。2004年命名。
善福桥，位于金石路。2004年命名。
仁寿桥，位于金石路。2004年命名。
溢秀桥，位于隐秀路。2004年命名。
陆典桥，位于隐秀路。2004年命名。
明秀桥，位于隐秀路。2004年命名。
高车渡桥，位于双虹路。始建于1983年。2004年将桥址移位重建。
香溪桥，位于青祁路与建筑路交会处南。2004年命名。
通顺桥，位于锡澄路，原名锡澄路一号桥。2004年改现名。
通达桥，位于锡澄路，原名锡澄路二号桥。2004年改现名。
通裕桥，位于锡澄路。2004年命名。
芳甸桥，位于华清路与高浪路交会处。建于2004年。
沁芳桥，位于清扬路沁园新村附近。建于2004年。
进德桥，位于锡澄路东侧，跨塘沟河。2004年命名。
开运桥，位于锡澄路东侧，跨塘沟河。2004年命名。
兼隆桥，位于锡澄路东侧，跨塘沟河。2004年命名。
积金桥，位于锡澄路东侧，跨塘沟河。2004年命名。
积玉桥，位于锡澄路东侧，跨塘沟河。2004年命名。
涌瑞桥，位于锡澄路东侧，跨塘沟河。2004年命名。
致祥桥，位于锡澄路东侧，跨塘沟河。2004年命名。
福源桥，位于锡澄路东侧，跨塘沟河。2004年命名。
万年青桥，位于锡澄路东侧，跨塘沟河。2004年命名。
清和桥，位于清名路西端，跨扬名三号河。建于2004年。
上马墩桥，位于上马墩路西段。建于2005年。
春暖桥，位于春华路北端。2005年命名。
春裕桥，位于春华路中间。2005年命名。
春新桥，位于春华路南端。2005年命名。
新光桥，位于新光路西端，太湖花园三期南侧。2005年命名。
新欣桥，位于新光路中端。2005年命名。
泰渎大桥，位于江海路东侧，跨伯渎港。2005年命名。
新宇桥，位于新光路东端、与春华路交会处西。2005年命名。
伯渎大桥，位于旺庄东路、与锡甘路交会处西。2005年命名。
积善桥，位于广瑞路延伸段东端。2005年命名。
长善桥，位于广瑞路延伸段中端。2005年命名。
广瑞桥，位于广瑞路延伸段西端。2005年命名。
广泽桥，位于广泽路。2005年命名。
芳泽桥，位于广南路向北延伸段。2005年命名。
神爽桥，位于翠微路西端。2005年命名。

神怡桥，位于翠微路东端。2005年命名。
钟秀桥，位于钟秀路。2005年命名。
晴碧桥，位于万顺路南端。2005年命名。
晴红桥，位于万顺路中端。2005年命名。
晴蓝桥，位于万顺路北端。2005年命名。
清平桥，位于青莲路。2005年命名。
化雨桥，位于清扬路，原名清扬路八号桥。2004年改建。
广源桥，位于广石路广石经济适用房小区南侧。2005年命名。
民勤桥，位于钱威路钱桥西侧。2005年命名。
民富桥，位于钱威路钱桥西侧。2005年命名。
锡通大桥，位于北环路（规划道路），通江大道以东的第一座桥，跨严埭港。2005年命名。
正阳桥，位于北环路（规划道路），通江大道以东的第二座桥梁。2005年命名。
锦阳桥，位于北环路（规划道路），通江大道以东的第三座桥梁。2005年命名。
安富桥，位于通江大道上。2005年命名。
洪口墩大桥，位于蠡湖大道上，因附近有古文化遗址“洪口墩”而得名。2005年命名。
含翠桥，位于蠡湖大道上，雪浪立交桥北面。2005年命名。
涌翠桥，位于蠡湖大道上，含翠桥北面。2005年命名。
博学桥，位于蠡湖大道上，跨大学城南界河。2005年命名。
劝学桥，位于蠡湖大道上，因靠近大学城而得名。2005年命名。
渲秀桥，位于环湖路上，跨小渲河。2005年命名。
梅园桥，位于梅园老大门西侧，为梁溪路与十八湾的分界点。2005年命名。

二、立交桥

健康路小立交桥，位于湖滨路。建于1983年。

周山浜惠勤路公铁立交桥，位于惠勤路与铁路相交处，原为建于1953年的人行天桥，1985年建公铁立交，1987年建成通车。

东林立交桥，位于人民东路，为公铁立交。1988年命名为东门立交桥，2003年改现名。
北栅口立交桥，位于市第三人民医院东侧。1988年命名。
锡澄路立交桥，位于锡澄路与江海西路交会处。建于1988年。
周山浜立交桥，位于惠勤路，为公铁立交。建于1988年。
兴竹立交桥，位于兴源路与太湖东大道交会处。建于1992年，2004年改建。
旺庄立交桥，西南起于城南路，东北至沪宁二级公路。建于1992年。
锡沪路公铁立交桥，位于312国道与锡沪路交会处。建于1992年。
丁村（广瑞路）立交桥，位于312国道与广瑞路交会处。建于1993年。
丁村立交桥，位于江海路与广瑞路、锡港公路交会处，为跨线立交桥。建于1993年。
风雷立交桥，位于学前东路与沪宁铁路交会处。建于1994年。
广南立交桥，位于太湖大道与江海东路交会处。1996年建成通车。
金扬立交桥，位于清扬路与太湖大道交会处。1996年命名，2002年拆除。
通惠立交桥，位于通惠东路与锡澄路、春申路交会处。1996年建成通车，2003年拆除。
锡东互通式立交桥，位于东亭辖区内。建于1996年。
锡北互通式立交桥，位于西漳辖区内。建于1996年。
玉祁互通式立交桥，位于玉祁镇辖区内。建于1996年。

无锡互通式立交桥，位于通江大道北端。建于1996年。

广瑞路井亭公铁立交桥，位于广瑞路井亭街与铁路相交处。建于1980年6月，2002年改扩建。

风雷公铁立交桥，位于学前路东路与铁路相交处。1995年建成通车。

凤翔立交桥，位于凤翔路，穿越沪宁铁路，为公铁立交桥。建于1998年。

勤丰立交桥，位于锡北路与江海东路交会处。建于1999年。

通江立交桥，位于通江大道，下穿沪宁铁路。1999年命名为高墩立交桥，2002年改现名。

凤宾立交桥，位于凤宾路。建于2002年。

金城立交桥，位于金城路与兴源路交会处，跨越沪宁铁路和伯渎港，为高架互通式立交桥。2003年命名。

高浪立交，位于高浪东路，下穿铁路，为四孔立交桥。建于2004年。

景云立交，位于新区坊前镇辖区内。建于2004年。

雪浪立交桥，位于蠡湖大道，跨锡南公路，因在雪浪山东边而得名。建于2005年。

第三节　广　场

五爱广场，位于五爱路和人民路交会处。1959年由五爱小学原地基上拓建而成，故名五爱广场。1966年更名为工农兵广场，1982年恢复原名。

湖滨广场，位于梁溪大桥堍。建于1973年，为湖滨、五爱、梁溪、健康等4条路交会处。

火车站广场，位于火车站南面。始建于民国9年（1920年），民国26年、1956年先后扩建。2002年经大规模改造，占地面积扩至10万平方米。

三阳广场，位于中山路和人民路交会处。“文化大革命”时期曾名东方红广场。

胜利门广场，位于中山北路东、解放北路南、书院弄北侧，呈三角形。

东林广场，原位于原东门旧址，人民东路与解放东路交会处，建于1982年。2001年解放东路扩建时移地改建，新址位于解放东路与人民中路交叉口的西南角，南依东林书院。

朝阳广场，位于原南门旧址，中山路、向阳路、解放南路交会处。

新世纪广场，位于八佰伴商贸中心（B栋）南门前。

太湖广场，东北为清扬路，东南至钟书路，西南靠运河东路，西北至永和路。

国联广场，东为解放东路，南为县前东街，西至园通路，北为解放东路。

明珠贸易广场，东临中山路，南至大成巷，西至西河苑，北靠县前西街。

山水广场，东、南沿蠡湖，西为山水东路，北邻太湖山水城旅游度假区管委会。

新地假日广场，东至汉江路，南为红旗村，西沿长江北路与欣旺大厦相邻，北为红旗花园。

保利广场，东至永勤路，南沿解放东路，西至县前东街，北邻古运河。

嘉德广场，东南沿五爱路，西为建业路，北邻锡山新村，东北为水车湾住宅区。

二泉映月广场，东邻阿炳故居，南沿人民中路，西邻皇亭广场，北为钟楼。

皇亭广场，东邻钟楼，南沿人民中路，西沿兴宁街，北为箭河街。

新天地休闲广场，东为金钩桥街，南沿永乐路，西为通扬路，北临耕读河。

第四节　住宅区

解放新村，位于文化宫桥堍，东为勤学路，南为解放南路。解放前为省立第三师范校友宿舍，解放后改现名。

昇平里，东为中山路，南沿昇平巷，西为勤学路，北至鱼腥巷。

西河苑，东为中山路，南为大成巷，西为石皮路，北为县前西街。

和泰苑，东沿长庆路，南为人民东路，西为解放东路，北为永勤弄。

东林苑，东为东林广场，南至人民中路，西至东映山河花园弄，北为解放东路。

吉庆苑，东为古运河，南为县前西街，西为国际饭店，北为华新可可仪器有限公司。

嘉禾现代花城，东、北为古运河，南为人民东路，西为东菩提浜。

上马墩一村，位于上马墩路北面。

上马墩二村，位于上马墩地区，人民东路以南、长江北路以西。

上马墩三村，位于上马墩地区，锡沪中路以南、江海东路以西。

塔影一村，位于东门塔影桥东。东为塔影一支路，南为河浜，西为振奋路，北为上马墩路。

塔影二村，位于东门塔影桥东。东为靖海新村，西为塔影一村，南为河浜，北为上马墩路。

春晖新村，位于塔影一村北侧。

靖海新村，东为江海东路，南为河浜，西为塔影二村，北为上马墩路。

江海新村，位于靖海新村南，东近江海东路，南近永乐东路，西为长江北路。

塔影苑，东为制造厂路，南为上马墩路，西为中华服装厂，北为小河浜。

益都苑，东为塔影二村，南为春晖新村，西为医药仓库，北为上马墩路。

益明苑，东沿广瑞路，南沿锡沪路，西为木专线河，北邻石人桥自然村。

风雷新村，南为学前东路，西近兴昌南路，北为井亭路。

宁海里，位于江海新村东，东为广南路，西、南为江海东路，北为学前东路。

尤渡苑，东为包张路，南为规划道路，西为宁海里，北为学前东路。

风华里，位于风雷新村西南，东为王巷，西为柴机新村，北为宋巷。

风光里，东为王巷，南为学前东路，西为后杨巷，北为宋巷。

金海里，东为长江北路，南为太湖大道，西为小河浜，北为殷巷自然村。

风和里，东为惠巷自然村，南、西为沪宁铁路，东北侧为陆巷自然村。

风顺里，东为长江北路，南为东风织布厂，西为井亭路，北为学前东路。

御墅花园，东沿洞桥港与春江花园相邻，南为蔡巷，西为包张巷，北为学前东路。

广瑞一村，位于广瑞路西侧，广勤路南侧。

广瑞二村，位于广瑞路东侧，环北路西北侧。

广瑞三村，位于广瑞路东侧，南近锡沪中路。

江南花苑，东为广瑞路，南为广勤路，西、北为野花园。

瑞江花园，东为塔影路向北延伸段，南为上马墩路，西为广瑞路，北为东马巷。

广益新村，位于广益街道黄泥头村附近，北为通沙路，西为通江大道。

广益佳苑，东为村道，南为河道，西为徐巷别墅，北为村道。

石利新村，位于广益街道杨陆巷，东近广泽路，南为广丰路。

广丰一村，东为江海东路，南为广丰二村，西、北为广瑞路。

广丰二村，东为江海东路，南为河浜，西为东城花园，北为广丰一村。

广丰三村，东为江海东路，南为广瑞路，西近河浜，北为广瑞公寓丰泽园。

东城花园，东为广丰二村，南为市政仓库，西为广瑞路，北为广丰一村。

丰泽苑，东、南均邻广丰三村，西为河浜，北临北新河。

健康一村，东南为学前西路，西南为运河东路，西北为梁溪大桥南匝道，东北为健康路。

健康二村，东为康运路，西南为运河东路，西北为学前西路，北为健康路。

贸易新村，位于锡惠桥堍，贸易系统职工家属宿舍。

五爱家园，东临环城河，南至迎德路，西为五爱路，北为人民西路。

锡惠里，位于人民西路以南、水沟头以北，拆除锡惠新村、电业新村等所建。

康馨苑，东为建筑新村，南为健康路，西为五爱路，北为前坭旺庄。

妙光苑，东临京杭运河，南沿向阳路，西为槐古路，北至起重运输公司。

扬名新村，东为通扬路，南为太湖大道，西为清扬路，北为扬名路。

扬北新村，东为清扬路，南为永丰大厦，西为耕读河，北为永丰路

清扬新村，东为通扬路，南为沁扬路，西为清扬路，北为南扬路。

金匮苑，东为通扬路，南、西为清扬路，北为叶片厂。

水仙里，东为清二铜材厂，南为气动元件厂，西为清扬新村，北为邮电五分局。

曹张新村，东近清扬路，南为永乐西路，西为运河东路，北为永丰路。因初时建于张巷与曹婆巷之间，故名曹张新村。

畅舜苑，东沿曹张路，南沿永丰路，西为红星路，北临耕读河。

银杏苑，东为红星路，南为红星桥匝道，西沿运河东路，北临耕读河。

红星苑，东为运河西路，南为河浜，西为红星路，北为红星桥。

新世纪花园，东沿清扬路，南沿永丰路，西至曹张路，北为耕读河。

新江南花园，东沿通扬路，南邻扬名新村，西沿清扬路，北靠永乐路。

盛新里，东为京杭大运河，南为张龙坝自然村，西为盛新桥自然村，北为阳光城市花园。

木樨苑，东为通扬路，南为永丰路，西为耕读河、清扬路，北为商检大楼。

家乐苑，东为通扬路，南沿永乐路，西为悦福超市（即家乐福超市），北至耕渎河。

天诚数码公寓，东为清扬路，南为耕读河，西为文隆新村，北为文隆里。

沁园新村，东为清扬路，南为金城路，西为运河东路，北为清名路。

翠云新村，东为通扬路，南为南扬路，西近清扬路，北为清名东路。

通扬新村，东、北为扬名路，西为通扬路。

虹桥新村，位于虹桥附近，南为太湖大道，西为通扬路。

塘泾新村，位于塘泾桥附近，通扬路东侧。

永泰一村，位于通扬路东侧，清名桥西侧。

永泰二村，位于永泰一村西南，东为通扬路，南为清名东路，北为界泾东路。

清名一村，东为通扬路，南为界泾东路，北为太湖大道

南扬新村，东为通扬路，南近清名东路，西为清扬路，北近太湖大道。

五星家园，东北沿清扬路，南为至和路，西南为运河东路，西北为金城路。

大庄新村，位于通扬桥堍大庄里。

塘南新村，东、北为塘南路，南、西为东柴巷。

南苑新村，位于塘南新村之北，东、南为塘南路，西为塘南二支路，北为永乐东路。

永胜新村，位于塘南新村之南，太湖大道北侧。

柴机新村，位于羊腰湾东，学前东路南侧。

槐古一村，位于槐古大桥堍，西为解放南路，北为槐古二村。

槐古二村，位于槐古大桥东，西为解放南路，北为学前东路。

槐古新村，东为绿塔路，南为槐古支路，西为解放南路，北为槐古一村。

槐古豪庭，东至京杭大运河，南邻槐古二村，西沿解放东路，北为东林小学。

井亭新村，东为兴源中路，南为井亭路，西为塘南路，北为长埭路。

阳光城市花园A，东沿红星路，南为建筑路，西为梁溪河，北为运河西路。

阳光城市花园B，东沿红星路，南为锡星苑，西为马蠡港，北为建筑路。

阳光城市花园C，东为京杭大运河，南为盛新路，西为红星路，北为建筑路。

阳光城市花园D，东为京杭大运河，南为建筑路，西为红星路，北为红星苑。

锡星苑，东为红星路，南为太湖大道，西为马蠡港河，北为阳光城市花园。

中星苑，东为运河西路，南为徐来桥、新联张巷和后张巷3个自然村，西为高巷和塔水桥2个自然村，北为无锡钻探工具厂和祝巷自然村。

盛星苑，东为无锡市蚊香厂，南为中星苑，西至星南路，北为太湖大道。

金星苑，东为无锡机械制造学校，南为无锡机床电器厂，西为红星路，北为太湖大道。

中桥一村，位于中桥西堍，中南路北侧。

中桥二村，位于中桥一村东侧，中南路南侧，苏锡路东侧。

中桥三村，位于中桥二村东侧，东、北为中南路。

中南新村，位于中桥三村西侧。

中联新村，位于中桥三村南侧，兴锡巷北侧。

新苏新村，位于中南路与金城路交会处，为新苏机械厂家属宿舍。

农机新村，位于中南路北侧，红星路东侧。

金领嘉苑，东为财富广场，南为马蠡港支流，西为马蠡港，北为中南路。

芦庄，东为许湾里自然村，南为芦村河，西为芦庄路，北为金城路。

芦庄一区，东为庙湾里村，南为新湾里村，西为芦庄路，北为上庄巷村。

芦庄二区，东为新苏新村，南为金城路，西为芦庄路，北为鳝尾巴村。

芦庄三区，东为芦庄路，南为金城路，西为芦庄五区，北为芦庄路。

芦庄四区，东为鳝尾巴村，南为芦庄路，西为金城新村，北为中联新村。

芦庄五区，东为芦庄三区，南为金城路，西为苏锡路，北为金城新村。

芦庄六区，东为中南路，南为瑞希路，西为河浜，北为芦庄河。

新联苑，东为芦庄路，南为芦村河，西为河浜，北为芦村村委会。

新联家园，东、南为芦村河，西为苏锡公路，北为金城路。

瑞希苑，东为中南路，南为鲍巷自然村，西为芦庄路，北为瑞希路。

扬名花园，东为中南路，南为梁中村丁巷，西为大桥东路，北为瑞希路。

五里新村，东为蓉湖南路，西为五里街，香榭街，北为春申路。

百花园公寓，位于锡山东麓，龙光路北侧。

金马国际花园，东为古运河，南为酱园浜，西为县前西街，北为春申路。

香榭花园，东为县前西街，南为外城河，西为五里新村，北为春申路。

莲蓉园，东、北为北大街，南至北塘大街，西邻嘉德花园。

蓉湖新村，位于盛岸路南侧，运河西路西侧。

嘉德花园，东为莲蓉苑，南为北塘大街，西为春申路，北为黄金海岸大酒店。

新民村，位于吴桥西堍，新惠路东侧。

禾嘉苑，东邻三里桥粮油批发市场，南沿吴桥东路，西为霞美路，北临内塘河。

建华新村，位于吴桥西路东侧，凤翔路北侧。

荷花里，东为京杭大运河，南为荷叶村，西为江阴巷和北闸街，北为转水河。

颐和湾公寓，东、南为古运河，西为北大街，北为荷花里。

造船新村，位于新惠路与凤翔南路交会处北侧。

黄巷新村，东、南为凤翔路，西为青石西路，北为五河新村。

凤翔苑，东北为凤翔路，东南为市第三棉纺织厂，西南为内塘河，西北为黄巷街道办事处。

凤宾家园，东为凤宾路，南为凤翔路，西为成桥河，北为顾桥河和沈谢巷。
绿洲花园，东为凤宾家园，南为兴源北路，西为凤翔路，北为谢巷。
锡澄二村，位于锡澄路一号桥南，东为梨花苑，西为锡澄路，北为河道。
锡澄三村，东临河道，南为县航新村和市十八棉纺厂，西为梨花苑，北为河道。
梨花苑，东为锡澄三村，南邻市十八棉纺厂，西至锡澄二村，北沿河浜。
梨南苑，东为蒲包巷自然村，南沿铁路，西临河浜，北至锡澄一支路。
康桥丽景花园，东为北新河，南至锡沪西路，西为锡澄二村，北邻梨花苑。
民丰里，东为丁巷自然村，南为民丰路，西为市无线电元件十一厂，北为果蔬交易市场。
民丰家园，东为民丰里，南为民丰河，西为凤宾路，北至江海西路。
民丰东苑，东为锡澄路，南、西为民丰河，北为民丰路。
民丰西苑，东为凤宾路，南、西为民丰河，北为民丰河。
新桥花园，东为锡澄一支路，南为沪宁铁路，西为民丰里，北为民丰河。
县航新村，东为河道，南为庆丰路，北为锡澄三村。
建设新村，位于惠工桥西堍，青石路东侧，通惠东路南侧。
印染新村，东为后张巷路，南为凤宾路，西为丽新路，北为凤翔路。
刘潭一村，位于任钱路，刘潭集贸市场南侧，东近锡澄路。
刘潭二村，位于刘潭一村北侧，西为凤翔路。
刘潭三村，东为刘潭中学，南为任钱路，西为黄岸头自然村，北为刘潭二村。
刘潭新村，位于刘潭中街南侧。
庄前新村，位于庄前村，锡澄路西侧，312国道北侧。
黄岸头花园，东邻刘潭中学，南为刘潭河，西为凤翔路，北为西漳林陆巷。
湖光新村，位于湖光光电公司西侧，南为通惠西路，西为通盛路。
惠畅里，东北为惠钱路，东南为市拉链厂，西南为山坡，西邻园林家属宿舍。
惠麓苑，东至市减震器厂，南至惠钱路，西沿石门路，北至环山河。
惠钱一村，位于惠山北麓，惠钱路南侧。
惠钱二村，位于惠山北麓，惠钱三村东南侧，惠钱路南侧。
惠钱三村，位于惠山北麓，烈士墓东南侧，惠钱路南侧。
惠龙新村，位于会龙村。东为石门路，南为盛岸路，西为钱皋路，北为双河新村。原名会龙新村，1984年改现名。
惠峰新村，东为惠峰路，南为惠钱路，西为石门路，北为盛岸路。
惠华新村，东为新惠路，南为盛岸路，西为石门路，北为山北街道办事处
锡航新村，位于惠龙新村西北部，为无锡航运公司家属宿舍。
双河新村，位于江海西路两侧，东为石门路，南为惠龙新村，西为钱皋路。
惠东里，东临京杭运河，南为船舶修造厂，西邻徐巷和中巷两个自然村，北为双河尖货场。
惠泉花园，东临石门路，南至惠钱路，西为河道和民干路，北为盛岸路。
盛岸一村，东近盛岸路，南为通盛路，西为古华山路，北为老盛岸路。
盛岸二村，位于盛岸一村西侧，惠峰路东侧。
二泉东园，东南为惠峰路，西南沿盛岸路与二泉花园隔路相望，西北为河道。
二泉花园，东为二泉公园，南为惠峰新村，西为惠峰新村和惠华新村，北为盛岸路。
仁和花园，东为会岸路，南为盛岸东路，西为隆泉路，北为312国道。
龙山湾，东为惠泉公路，西、南为村道，北为洗衣机厂厂房。
怡惠苑，东为8724部队靶场，南为惠山北麓，西为龙山湾自然村，北为惠钱路。

机床新村，东为运河西路，西南邻近运河大酒店。

产山新村，位于产山路东侧，展西路北侧。

河埒新村，位于河埒口，东为青祁路，北为梁溪路。1982年由电胶新村、张桥新村、郊区机关宿舍合并并改现名。

胜利新村，位于青祁路东侧，惠河路南侧，梁溪路北侧。

太康新村，东为蠡溪路，南为梁清路，西为青山西路，北为梁溪路。

上里东新村，位于产山南麓，东为青山西路，南为大池路。

团结一村，位于青山湾附近，东为青山东路，南为大池路。

团结二村，位于青山湾附近，团结一村西南。

华晶新村，位于青山公园附近，青山东路两侧。

青山一村，位于青山公园附近，青山支路北侧。

青山二村，位于青山公园附近，青山支路南侧。

青山三村，东、北面为惠山山坡，南为华晶小学，西为华晶新村。

青松新村，位于青山寺南，青山西路西侧。

溪北新村，位于梁清路两侧，东为青祁路，北为滨湖实验幼儿园。

溪北二村，东为河浜，南近梁溪河，西为蒋巷自然村，北为大孙巷自然村。

桃园新村，位于王巷附近，南为梁溪路，西为鸿桥路。

蓓蕾新村，位于桃园新村西南，南为桃源居，北为梁溪路。

桃源居，东至蓓蕾新村，南至梁清路，西邻鸿桥路，北至梁溪路。

江大新村，位于江南大学西侧，南为梁溪路，西为龙山路。

张巷新村，位于梁溪路大张巷南侧。

公益新村，位于公益中学北侧，公益路东侧。

翠湖苑，东为大渲自然村，南为渔港路，西为太湖乐园，北为兴隆河。

曹巷新村，东、北两面为嶂山，南为江南大学，西为龙山村梁巷。

湖滨苑，东为小渲河，南为滴翠路，西为规划道路，北为梁溪河。

孙蒋新村，东为荷叶新村，西为溪北新村，南为梁溪河，北为梁清路。

荷叶新村，东为湖滨路，西为孙蒋新村，南为住友苑、梁溪河，北为梁清路。

蠡桥新村，位于蠡桥西吴大成巷，荷叶新村旁。

住友苑，东为孙蒋新村，南为梁溪河，西为蒋巷，北为孙蒋新村。

梁清苑，东起纺机路，南为市第五纺织机械厂，西至纺机浜路，北邻市第二纺织机械厂。

红山花园，东为青祁路，南为青莲路，西为蠡溪路，北沿梁溪河。

景鸿苑，东为红山花园，南为江南装饰有限公司，西为蠡溪路，北为梁溪河。

稻香新村，东为湖滨路，西、南为水秀新村，北为建筑路。

水秀新村，位于稻香新村西侧、南侧，西为北华路，南为太湖大道，北为建筑路。

月秀花园，东为月秀东园，南为建筑路，西为月溪苑，北为梁溪河。

月秀东苑，东为湖滨路，南为建筑路，西为月秀花园，北为梁溪河。

月溪苑，东为月秀花园，南为建筑路，西为新梁溪人家，北为梁溪河。

新梁溪人家，东为月溪苑，南为建筑路，西为青祁路，北为梁溪河。

溪南新村，一片位于水秀新村西侧，青祁路东侧，建筑路南侧；一片位于梁溪河南侧，青祁路西侧，体育中心北侧。

西园里，位于西园弄村西南侧，南为建筑路，西为隐秀路。

震泽一村，东为震泽二村，北沿太湖大道。

震泽二村,东为金湖苑,南为景亭苑,西为震泽一村,北为太湖大道。
震泽三村,东为大江巷,南为中桥皮鞋厂,西为东顾巷,北为震泽一村、二村。
震泽四村,东为震泽三村,南为宅基地,西为青祁路,北为太湖大道。
山明四村,位于太湖大道以南、蠡溪路以东,东为菜地,西为小河浜,南为陆巷,北为丁昌桥自然村。
天景花园,东为西郊宾馆,南为梁溪河,西为隐秀路,北为梁清路。
颐景花园,东为隐秀路,南为梁溪河,西为鸿桥路,北为梁清路。
集景花园,东为鸿桥路,南为梁溪河,西为景宜路,北为梁清路。
秀景花园,东为景宜路,南为梁溪河,西为梁湖路,北为梁清路。
隐秀苑,东为蠡溪路,南为建筑路,西为隐秀路,北为梁溪河。
奥林花园,东为蠡园镇溪南村,南为体育中心,西为西园里,北为市建六公司。
景丽苑,东为青祁路,南为河道,西为蠡溪路,北为中南西路。
景丽东苑,东为规划道路,南为湖滨路,西为蠡湖大道,北为中南西路。
景亭苑,东为湖滨路,南为湖滨街,西为景丽东苑,北为中南西路。
景华苑,东为青祁路,南为丁昌桥浜,西为蠡溪路,北为太湖大道。
景溪苑,东为青祁路,南为溪南路,西为奥林花园,北为建筑路。
梁湖家园,东为公益中学,南为梁溪路,西为钱荣路,北为江苏省税务学校。
蠡景花园,东为经贸路,南沿金城西路,西为蠡湖村,北为村道。
陆典苑,东为电扇配件厂,南为丁夹里自然村,西为农田,北为明园路。
兰宝苑,东为葡萄园,南为太湖大道,西沿环湖路,北为菜地。
景秀苑,东为湖滨壹号花园,南为蠡湖人家,西为河道,北为中南西路。
蠡湖苑,东为蠡湖村连大桥自然村,南为农田,西为经贸路,北为小桥头村。
蠡湖人家,东为蠡湖大道,南为隐秀路,西为蠡溪路,北为湖滨路。
时代假日花园,东为规划道路,南为蠡湖苑,西为经贸路,北为湖滨路。
湖滨壹号花园,东为蠡湖大道,南为隐秀路,西为蠡湖人家,北为景丽苑。
金湖苑,东为湖滨路,南为河浜,西为河北埄自然村和市工商银行职工中专,北至太湖大道。
水清木华苑,东沿太湖路,南为杨木桥河,西为典基浜,北为嘉禾路。
太湖山庄,东为蠡园美湖新村,南为蠡湖,西为市水产良种场,北为东许巷、下蒋巷、壬巷3个自然村。
五里湖花园,东至金石路,南至石塘村周道巷,西至蠡湖,北至蠡东村上风渚。
太湖世家,东为蠡东村,南为五里湖花园,西、北为蠡湖。
山水湖滨花园,东为马蠡港河,南、西为蠡湖,北为金城西路。
万科城市花园,东为万顺路,南为高浪路,西为蠡湖大道,北为周新西路。
天鹅湖花园,东为万顺路,南为金桥路,西为蠡湖大道,北为高浪路。
落霞苑,东为里霞路,南为规划道路,西为沙泾路,北为落霞路。
周新苑,东、南均为拥宪村,西沿锡南公路,北至东埄医院。
雪方苑,东为蔡家桥,南为方庙路,西为锡南公路,北为方桥村顾巷。
丰裕苑,东为广源路(规划名称),南为九曲河,西为锡南公路,北为周司桥。
仙河苑,东为农业示范区,南为仙河,西为泥祥浜,北为浪溪路。
雪宏苑,东为雪浪供销社,南为雪兴路(规划名称),西为锡南公路,北为农行雪浪办事处。
文畅苑,东为雪浪小学,南为联营电力厂,西为锡南公路,北为浪溪路。
麋巷桥花园,东为湖东村河浜,南为规划道路,西邻东埄塑料厂,北为湖东村委。

旺安里，位于华庄镇旺安村。

蒋洞新村，位于华庄镇蒋洞村。

周潭新村，位于华庄镇周潭村。

新睦园，位于华庄镇新湖路（规划名称）西侧。

鑫茂苑，东为规划道路（新八路），南为南湖路，西为鲍巷，北为河浜。

江南景园，东为规划道路，南为壬滨路，西为兴隆路，北为南横街。

勤新苑，东邻陈漕新村，南为仪表二厂，西为街道开发区，北与钱桥镇界河。

花汇新村，东起公园路，南沿胡埭人民西路，西临夏渎河，北靠商贸街。

花汇苑，东、北为花汇浜，南为商贸街，西为沪宜公路。

花汇苑二区，东为振华轿车附件厂，南为环镇西路，西、北为锡宜路。

花汇苑三区，东为振胡路，南为花村河，西为环镇西路，北为环镇北路。

鸿山锦苑，东为造机公司，南为后宅中心小学，西为鸿山大道，北为规划道路。

嶂东新村，位于嶂嶂山东坡，山水东路东侧。

龙川新村，位于大浮龙王山东坡，702研究所家属宿舍。

漆塘苑，东为大浮林果场，南、西、北均为山丘。

太湖虹桥花园，东北沿蠡湖湖岸，南为虹波园，西为嶂嶂路，西北为太湖花园度假村。

宝界山庄，东为山水东路，南、西为唐城，北为玉泉山庄。

湖光山色别墅，东、南为蠡湖，西为山水东路，北为山水广场。

碧波新村，位于马山碧波桥堍，陆马公路东侧。

朝霞新村，位于陆马公路东侧，碧波新村南侧。

梅梁新村，位于马山梅梁路北侧。

乐山新村，位于马山梅梁路北侧，乐山路东侧。

迎晖新村，位于马山湖山路西侧，迎晖路南侧。

峰影苑，东为梅梁中学，南为峰影路，西为湖山路，北为梅梁路以南。

竹溪苑，东南均为山丘，西为古竹镇，北为无锡纺工疗养院。

灵丰苑，东为灵湖路，南为龙头路，西、北为灵山路。

金色水岸别墅，位于马山，东为十里明珠堤，南为农田和轻工宿舍，西为陆马快速通道，北为碧波支路。

湖畔花园，位于马山，东为十里明珠堤，南为长青路，西为陆马快速通道，北为华瑞制药厂。

燕尾山庄，位于马山，东为燕尾洞，南为环山东路，西为黄家山东山坡，北为石腊塔。

月亮湾度假营，位于马山，东为环山东路，南为火石嘴太湖边，西为群丰村，北为横河。

金鸡岭别墅，位于马山，东为前点山及环山东路，南为后点山太湖边，西为火石嘴，北为小山头。

檀溪湾别墅，东邻太湖，南、西、北均为圣旨岭。

柴泉苑，位于马山，东为冠嶂峰，南为姚段村，西为马山中心小学，北为马山林果场。

锦江苑，东为长江北路，南为冷渎港，西、北为太湖大道。

欧典家园，东为景渎村农民公寓，南为冷渎港，西为欧尚超市，北为广南立交桥。

叙丰里，东为高压线铁塔，南为锡甘路，西为广南路，北为龙力机械厂。

叙康里，东为江海东路，南为金城东路，西为景渎路，北为冷渎港。

叙成里，东为市农科所，南为市卫生材料厂，西为小河浜，北为冷渎港。

太湖花园，东南为新光路，东北为长江北路，西南为湘江北路，西北为河浜。

太湖花园二区，东北为长江北路，东南为叶夹里自然村，西南为黄土泾自然村，西北至杨木桥河。

太湖花园三区，东北为邓巷、邵巷2个自然村，东南为徐夹里、驴桥头2个自然村，西南为长江北路，西北为金城东路。

前进花园，东为太湖花园二区，南为太湖花园一区，西为高速铁路控制线，北为金城东路。

春雷嘉苑，东为太湖花园，南为春雷村，西为沪宁铁路控制线，北为前进花园。

叙丰家园，东为南丰路，南为金城东路，西为高速铁路控制线，北为锡甘路。

广南里，东为奕淳公寓，南为锡甘路，西为沪宁铁路，北为叙成里。

奕淳公寓，东、北为叙康里，南为锡甘路，西为长江北路。

春城家园，东为行创四路，南为金城东路，西为江海东路，北为冷渎港。

长欣公寓，东沿机场路，南为旺庄路，西沿长江北路，北至新光路。

春潮花园，东为无锡市职教中心，南为旺庄路，西为机场路，北为新光路和伯渎港。

春潮花园二区，东南为泰山路，西南为312国道，西北沿旺庄路与春潮花园一区相邻。

春潮花园三区，东为锡兴路向北延伸段，南至伯渎港与春潮花园一区相邻，西、北为新光路。

长江国际花园，东为长江北路，南为红旗路，西为场河浜，北为新光路。

国际一花园，东为春华路，南为坊前路，西为行创九路，北为新光路。

红旗花园，南片东为312国道，南为长欣公寓，西为新区法院，北为新光路。北片东为312国道，南为新光路，西为无锡卫校，北为伯渎港。

凯发苑，东为友谊路，南为新华路，西为华清路，北为规划道路。

新都会花园，东南为旺庄东路，西北为职教中心，北为伯渎港。

新港公寓，东为行创一路，南为高浪路，西为机场路，北为金杰通用机械有限公司。

南星苑，东沿裕丰路，南为环太湖公路，西为经沪路，北为南星路。

恒泰雅居，东为新华路，南为伯渎港，西为梅西路，北为锡甘路。

新洲花园，东为锡士路，南为新洲生态园，西为312国道，北为新都路。

新洲人家，东为行创四路，南为高浪路，西为体育局棒球场，北为锡新二路。

梅荆花园，东为梅荆路，南为梅育路，西为梅村中学，北为伯渎河。

泰伯花园，东为向东河，南为锡甘路，西为新梅东路，北为锡义路。

香梅花园，东为新梅东路，南为锡甘路，西至梅西路，北沿庙桥港。

景泉花园，东至西场巷，南至梅育路，西沿梅西路，北至梅苑路。

锡梅花园，东为庙桥港，南沿锡义路与泰伯花园相邻，西为新华路，北为锡贤路。

万裕苑，东为乡道，南为坊前镇政府，西为春晖路，北为新光路延伸段。

万裕苑二区，东为坊前工业集中区，南为万裕苑，西为春华路，北为春暖村。

新丰苑，东为经一路，南为坊镇路，西为新芳路，北为坊前镇人民路。

新丰苑二区，东为312国道，南为锡甘路，西为坊前学校，北为新丰苑一区。

唐明园，东为鸿山大道，南为鸿山镇政府，西为规划道路，北为黄泥浜和唐明桥。

振发公寓，东为薛典路，南为盈发路，西为通祥三村，北为振发路。

通祥一村，东为锡硕路，南为政通路，西为通祥路，北为硕后公路。

通祥二村，东为锡硕路，南为振发路，西为通祥路，北为政通路。

通祥三村，东为锡硕路，南为盈发路，西为通祥路，北为振发路。

丰硕苑，东为薛典南路，南为振发路，西为通祥路，北为盈发路。

新锦苑，东为薛典南路，南为南河埄，西为通祥路，北为盈发路。

咏硕苑，东为里富金港大河，南为振发路，西为薛典南路，北为锡宅路。

润硕苑，东为里富金港大河，南沿南河埄大河，西为薛典南路，北为锡宅路。

吉祥国际花园，东为薛典南路，南为硕放小学，西为唐庄河，北为新宅路。

春江花园，东为东亭南路，南为太湖大道，西为洞桥港，北为学前东路。

鑫博别墅，东为春阳路，南为太湖大道，西、北为龙舌尖河。
锦绣花园，南为太湖大道，西为友谊南路，北为春潮路。
柏庄一村，东为柏庄李巷，南为府北路，西为聚江苑，北为桑达园。
聚江苑，东为柏庄一村，西、南为河浜，北为桑达园。
桑达园，东为柏庄路，南为聚江苑、柏庄一村，西为河浜，北为新明路。
锡州小区，位于锡州中路南侧，东为友谊中路，西、南为河浜。
星海新村，位于柏庄路西侧，春江花园C区北侧。
新光小区，东为新光路，西近友谊中路，南为锡州东路，北为二泉东路。

附：崇安区消失街巷

仓桥下塘街，位于中山路附近。仓桥跨县直河，桥旁为下塘街。1954年填河时，桥被拆，中山路拓建时下塘街消失。

南仓门，位于长庆路。清朝时在此建有官仓，南北各设仓门，南侧成巷，为南仓门。1968年并入长庆路。

树德里，广勤路至大同路。民国22年（1933年），因吴林石建宅时立“树德堂”界碑而名。1986年，广勤路改扩建时消失。

皂荚弄，东大街至后西溪。旧时因弄内植有皂荚树而名。1987年建皂荚弄小区时消失。

红旗弄，位于新生路口。曾名旗杆石，1967年更名为红旗弄。1987年新生路拓建时消失。

南市桥上塘街，解放南路至学前街。因位于城中直河上首，且近南市桥而名。1988年中山路拓建时消失。

中市桥上塘街，学前街至后西溪。因位于原中市桥上首沿河而名。1988年中山路拓建时消失。

监弄，中山路至崇安区政府西侧围墙。此地原为清朝金匮县监狱。1988年中山路地块改造时消失。

熙春后街，长庆路至江南家具厂。因位于熙春街北而名。1961年建人民路时，部分路段并入人民路。1989年低洼地区改造时消失。

新风弄，东大街至后西溪。1968年，由万福弄、灵官庙弄、宿家弄合并而成，取破旧立新之意命名。1989年建鸿运大酒店时消失。

新开河，位于惠勤路东。1989年建无锡汽车站时消失。

丁家园，位于南市桥巷。80年代市第七中学扩建时消失。

堵家弄，中山路至城中公园西侧围墙。因堵姓居住于此而名。80年代后期城中公园扩建时消失。

秦家弄，中山路至城中公园西侧围墙。原系秦家私弄，初为秦氏四房居住，取名秦四房弄。民国时期更名秦家弄。80年代后期建无锡银楼时消失。

育才弄，时新巷至南市桥巷。因弄内有大王庙，曾名大王庙弄。清宣统三年（1911年），在此创办正蒙学校培育人才，更名育才弄。1990年建育才弄小区后成为小区道路。

百岁坊巷，新生路至解放东路。曾名泥巷、南仓厅巷。清嘉庆年间，黄嵩来之妻百岁立牌坊，故得名。1967年改称幸福巷，1981年复称百岁坊巷。1982～1990年建置煤浜小区时消失。

置煤浜，解放东路至新生路。清乾隆年间，因朱姓船户常在此卖煤，曾名朱卖煤浜。邑人华艺三建宅后，因不卖煤只堆煤而改名置煤浜。1982～1990年建置煤浜小区时成为小区道路。

沈兴里，通惠东路至陈白头巷。因沈兴记铁厂得名。1991年无锡北门汽车站扩建时消失。

进士坊巷，东河头巷至留芳声巷。清道光进士安诗在巷北口虹桥堍建立进士坊而名。1985年时长177米，宽3～4米。1992年建东河花园小区时消失。

八儿巷，大娄巷至人民中路。曾名板娄巷、新通巷。宋崇宁五年（1106年）宋代进士章宜居此，生有八子，后相继为官。章谊官至大司寇，率八子抗金殉国，后人为纪念他，将此巷更名为八儿巷。大娄巷至人民中路段于80年代前后并入市第一人民医院侧门内，市第一人民医院正门前一段于1992年人民中路拓建时消失。

鱼腥巷，勤学路至中山路。明末清初为集中卖鱼之地，清末逐步成巷。1992年建昇平巷小区后，成为小区与银辉大厦、恒通大厦之间的通道和停车场。

九房弄，大成巷至道长巷。曾为吴姓私弄，因吴姓九子一女独居此弄而名。解放前此弄不通，解放后通道长巷。1993年建德兴巷小区时消失。

白园墙，道长巷至永定桥。原为杨艺芳私园，因园墙都是白色而名。1993年建道长巷小区时消失。

北里城脚，解放西路至道长巷。1950年填河成路。1993年建道长巷小区时消失。

至善里，汉昌路至通运路。曾名祥安里，抗日战争时更名为至善里。1993年中国饭店扩建时消失。

日新里，汉昌路至工运路。1993年中国饭店扩建时消失。

明德里，汉昌路至工运路。曾名民生里，抗日战争时更名为明德里。1993年中国饭店扩建时消失。

箬叶巷，苏家弄至解放东路。清康熙时称黄狗巷，太平天国后因巷小如箬叶而名。1994年复建东林书院时消失。

东映山河园基场，位于东映山河。因紧靠易园花园周边建宅，又连接东映山河，故名。1994年，建东映山河小区时消失。

县下塘，中山路至锦树里。曾名仓浜弄，弄北为清代金匮县衙门。“文化大革命”中改名崇武南街，70年代末复称县下塘。1994年县前东街拓宽时消失。

漕房弄，位于县前街北。因清代中叶设征收钱粮的漕坊于弄内而得名。1994年县前东街拓宽时消失。

所弄，锦树里至县前街。曾名库弄，因库姓得名。后弄内无库姓，改称所弄。1994年县前东街拓宽时消失。

仁寿里，位于工运桥堍。因属盛姓土地，曾名仁盛里。民国34年，改名仁寿里。1994年建泰山饭店时消失。

陈白头巷，惠勤路至北新河。因发起建路的人姓陈，满头白发，人称陈白头，故名。1995年无锡汽车站重建时消失。

裕伦里，位于惠勤路东。1995年无锡汽车站重建时消失。

水曲巷，中山路至解放南路。曾名水阙，后为崇敬东林党首领高攀龙在其宅内投池而死的正义气节，又名止水巷、水缺巷。因“阙”“缺”与“曲”谐音，改现名。1995年建水曲巷小区时成为小区道路。

白水荡，新生路至县前东街。因地处白水荡得名。1995年建白水荡小区时消失。

硝皮巷，园通路至盛巷。因肖姓开硝皮作坊而名。1995年建盛巷小区时消失，成为小区与崇安农贸市场之间的通道。

许家弄，园通路至盛巷，因清末许姓建宅而名。1995年新建盛巷小区时消失。

长庆路一弄，长庆路至和平村。曾名南仓门一弄，“文化大革命”时更名。1995年拓建长庆路时消失。

长庆路二弄，长庆路至和平村。曾名南仓门二弄，“文化大革命”时更名。1995年拓建长庆路时消失。

龙船浜，解放东路至大码头。1995年拓建长庆路时消失。

惠巷，苏家弄至顾家弄。明万历年间，因东林党人惠姓宅地而名。1996年建田基浜小区东块时消失。

南阳里，映山河至园通路。因该处为邓氏集居之地，邓姓“群”名为“南阳”（“群”为皇帝封给族群的称号），故名。1996年建园通公寓后成为小区道路。

蔡园弄，白水荡至县前东街。相传进士蔡琼枝旧宅建于弄内而名。1992年改建。1996年城中公园改扩建时消失。

施弄，崇安寺至中山路。因弄内多粪秽，俗称屎弄，“施”“屎”同音而改现名。1996年建天安大厦时消失。

公园弄，位于崇安寺北侧。曾名寺后门，后因是公园路的支弄而改现名。1996年崇安寺地区改造时消失。

西映山河，亦园里至东映山河。1996年建西映山河小区时消失。

安仁巷，园通路至南阳里。因巷北有大王庙，可保平安、出仁人志士而名。1996年建园通公寓时消失。

新彩路，园通路至解放东路。1996年建园通公寓时消失。

寿康里，东新路至汉昌路。1996年建劝业场时消失。

长康里，位于恒德路附近。1996年建劝业场时消失。

长康路，通运路至建设路。曾因金城戏院而得名金城弄，1956年更名为长康路。1996年建劝业场时消失。

长康路一弄，位于长康路。1996年建劝业场时消失。

长庆里，长庆路至解放东路。曾名长康里。1996年建劝业场时消失。

留芳声巷，解放东路至新生路。曾名刘芳声巷，后改名流芳声巷、留芳声巷、杨家巷。1966年改称立新巷，1977年复名留芳声巷。1997年学前东路（中山路至解放东路段）拓建时消失。

西河头，中山路至解放西路。曾名斤渎桥巷，即斤渎上，俗称西河头。清末民初，一度称西河里。1997年再次扩建，并入县前西街。

迎溪桥，后西溪至前西溪。因桥得名。1988年改扩建。1997年建迎溪桥小区时消失。

岸桥弄，中山路至新生路。明代俞是堂在读书楼和独行园之间的烈帝庙巷上建旱桥，无锡方言“旱”“岸”同音，故有此名。1997年学前东路扩建时消失。

铸冶巷，前西溪至后西溪。因元朝年间开设冶坊于此而名。1998年建铸冶巷小区时消失。

和平路，位于后太平巷中段。曾名前西村、前中正路，1954年更名为和平路。1998年建金和饭店时拆除。

高墩上，工艺路至火车站。1998年建高墩桥时消失。

永盛里，通隆里至工艺路。1998年亭子桥拓建时消失。

通隆里，人民东路至永盛里。1998年亭子桥拓建时消失。

永安街，广勤一支路至广勤二支路。1998年锡沪路拓建时消失。

开城里，广勤路至永安街。1998年锡沪路拓建时消失。

广勤三支路，广勤路至北新河。1998年锡沪路拓建时消失。

鼎盛里，位于广勤二支路东。1998年锡沪路拓建时消失。

广顺里，位于广勤路北。1952年因中段阻塞，西段称西广顺里，北段称北广顺里。1998年锡沪路拓建时消失。

广勤四支路，广勤路至蒋巷。1998年建通江大道时消失。

永庆里，位于广勤路南。1998年建通江大道时消失。

顺德里，位于周巷西。1998年建通江大道时消失。

新顺德里，位于周巷西，紧靠顺德里。1998年建通江大道时消失。

广勤一支路，勤福弄至广勤路。广勤路拓宽时消失。

城头弄，县前街至沙文井。因靠近城头而得名。无锡解放后分为两段，分别称前城头弄、后城头弄。1994年县前东街拓宽时前城头弄消失，1999年建国联广场时后城头弄消失。

德福弄，位于亮坝桥东。民国33年建德福庵于弄内而得名。1999年亮坝上低洼地区改造时消失。

复新路，北仓门至东新路。曾名恒德路、东新路，日军侵占无锡时改现名。1999年建吉庆苑时消失。

吉庆里，县前东街至工运路。1999年建吉庆苑时消失。

乾德里，北仓门至东新路。2000年建吉庆苑时消失

东新路，复新路至长庆路。2000年建吉庆苑时消失。

亮坝上，惠农桥至德福弄。为工运桥堍沿京杭运河向西至亮坝的通道。1999年亮坝上低洼地区改造时拆除，2001年扩建为工艺路的延伸段。

养育弄，后西溪至新街巷。旧时因荒场而曾名野园弄。后聚居之户日增，以音易字，改现名。1999～2000年市中医院扩建时消失。

庙巷，人民路至西大街。因邻无锡县治西城隍庙旧址而名，后建有官驿，亦名馆驿巷、县西巷。90年代初建机电大楼时消失。

孟渊弄，工运路至万前路。90年代初，老戏馆弄地块改造时消失。

东河头巷园场，崇宁路至东河头巷。因紧靠东河头巷的一片荒场而名。90年代因旧城改造消失。

天官弄，东河头巷至留芳声巷。原系杨家私弄，因杨家做过大官而得名。90年代旧城改造时消失。

通汇桥东沿河，河埄里至西梁溪路。90年代通汇桥地块改造时消失。

新生路大院弄，位于新生路东侧。原属邹姓园地，后陆续建房成弄。1966年改为朝阳路大院弄，1979年复名新生路大院弄。2000年新生路拓宽时消失。

黄石桥，学前街至解放南路。清末时填浜成路，以桥得名。1988年改扩建。2000年建清真寺时消失。

车站路一弄，位于无锡火车站西侧。2000年无锡火车站扩建时消失。

车站路二弄，位于无锡火车站西侧。2000年无锡火车站扩建时消失。

晋阳里，人民东路至熙春后街。2001年建保利广场时消失。

大码头，长庆路至龙船浜。2001年建保利广场时消失。

东鹤鸣里，乾德里至北仓门。2001年建保利广场时消失。

西鹤鸣里，北仓门至东梁溪路。2001年建保利广场时消失。

瑞阳里，复新路至西鹤鸣里。2001年建保利广场时消失。

中山路顾家弄，中山路至大娄巷。清代中叶为顾光旭宅地私弄。2002年市第一人民医院扩建时消失。

公园路，中山路至新生路。因公花园而名。东段原为园通路一段，西段为复兴路一段。2002年崇安寺地区改造时消失。

图书馆路，大娄巷至公园路。民国元年，因无锡县图书馆而得名。2002年崇安寺地区改造时消失。

姚宝巷，西河头至中山路。曾名玉带巷、摇八巷。2002年建西河花园时消失。

陈巷，京杭运河至东菩提浜。2002年建嘉禾现代城小区时消失。

老戏馆弄，位于工运路附近。曾名北后街。清宣统三年（1911年），弄内先后开设新老两家戏馆，因老戏馆出名，故名老戏馆弄。20年代末改名喜春街，1950年复称老戏馆弄。2002年建站前商贸区

时消失。

仓厅弄，工运路至黄泥桥。弄内有施家仓厅而得名。2002年建站前商贸区时拆除。

香弄，交际路至老戏馆弄。因孙思泉在此开设香店并建香粉工厂而得名。2002年建站前商贸区时消失。

新街弄，位于老戏馆弄旁。2002年建站前商贸区时消失。

河埄里，工运桥至黄泥桥路。2002年建站前商贸区时消失。

惇裕里，长庆路至解放东路。2002年建站前商贸区时消失。

冶坊场，西梁溪路至万前路。清末因该处有铸锅的冶坊而名。2002年建站前商贸区时消失。

和乐里，西梁溪路至万前路。2002年建站前商贸区时消失。

乾德里，北仓门至东梁溪路。2002年建站前商贸区时消失。

永兴里，东新路至二十四中学。2002年建站前商贸区时消失。

永春坊，东新路至西鹤鸣里。2002年建站前商贸区时消失。

东新弄，位于东新路南端。2002年建站前商贸区时消失。

知乐里，长庆路至解放东路。2002年建站前商贸区时消失。

平安里，东新路至挑水弄。2002年建站前商贸区时消失。

周新村，勤福弄至铁路小学。2002年火车站改造时消失。

和乐里南弄，西梁溪路至万前路。和乐里向南的支弄。2003年建站前商贸区时拆除。

汇兴里，位于和乐里西。2003年建站前商贸区时消失。

洽兴里，孟渊弄至和乐里。2003年建站前商贸区消失。

东新路洽兴里，位于东新路附近。2003年建站前商贸区消失。

汉昌里，汉昌路至长康里。汉昌路的一条支弄。2003年建站前商贸区时消失。

前、后太平巷，工运路至汉昌路。曾名巷坝上，后建房多间形成巷。护城河边前后有两条巷，分别为前太平巷、后太平巷。2003年建站前商贸区时消失。

张巷上，通运路至汉昌路。2003年建站前商贸区时消失。

太平弄，长庆路至汉昌路。曾名挑水弄，民国时期称太平弄。2003年建站前商贸区时消失。

交际弄，位于老戏馆弄北。2003年建站前商贸区时消失。

交际路，位于工运路西。2003年建站前商贸区时消失。

万巷，位于工运路西。2003年建站前商贸区时消失。

万前路，位于工运路西。2003年建站前商贸区时消失。

花园弄，位于通汇桥旁。2003年建站前商贸区时消失。

瑞乾弄，东梁溪路至长康路。原为瑞昌润堆栈和乾甡丝厂出资建造，两家各取一字而名。2003年建站前商贸区时消失。

盛巷，白水荡至公园路。2003年崇安寺地区改造时消失，成为新生路的一段。

摇车湾，书院弄至沙文井。因路弯曲，形似摇车柄而得名。2003年胜利门扩建广场时消失。

黄石弄，大成巷至县前西街。2005年建锡剧博物馆、扩建连元街小学时消失。

旗杆下，中山路至溜浪桥。因清廷恩赐杨艺芳允其宅第前竖旗杆得名。大部分于1954年融入中山路，其余部分2005年建红豆大厦时消失。

无锡市志

【第一册】

第二卷
环 境

概　述

无锡市位于江苏省南部，地处太湖平原，属北亚热带湿润季风气候区，四季分明，气候温和，雨水充沛，日照充足，无霜期长。受太湖水体和宜南丘陵山区复杂地形等影响，局部地区小气候条件多种多样，作物种类繁多，动植物资源比较丰富，矿产资源相对贫乏，以非金属矿为主。自然灾害以暴雨洪涝、台风、强对流天气、连阴雨等气象灾害为主。

无锡地区依山傍水，自然环境优美。众多低丘小山散落分布在河网平原之上，其中市区大小山丘150余座，以锡山、惠山最为著名。江阴有大小山丘30多座。宜兴山势险峻，溶洞众多，被誉为“洞天世界”。无锡、宜兴地处太湖之滨，江阴在长江岸边。京杭大运河横贯无锡市境，河道纵横，港湾交叉，溪浜密布，湖荡众多，水域面积广阔，地表水较丰富，外来水源补给充足。全市水域面积1502.08平方公里，占总面积的31.37%。主要湖泊有太湖、蠡湖、鹅湖、漏湖、“三氿”等，境内有京杭大运河、梁溪河、锡澄运河、南溪河等河道。

1986年后，随着现代化建设进程加快，环境负荷日益增加。无锡市面对日趋严重的环境问题，加大环境保护和治理力度，开展城市环境综合整治。2004年，无锡市获得“国家环境保护模范城市”称号。2005年，无锡城市水功能区水质达标率59.5%，饮用水水质持续达标，空气质量好于二级以上的天数占88.5%；市区基本建成中心商务区2.5平方公里清洁能源区，烟尘控制区和噪声达标区覆盖率均为100%；农村建成一批环境与经济协调发展示范镇、生态村和清洁文明生产乡镇企业。全市环境保护资金投入78.53亿元，占当年地区生产总值的2.8%。作为全面实现小康社会的核心指标，全市环境质量综合指数为80.4。

第一章　自然环境

第一节　地质地貌

一、地质

1.地层构造

无锡市区地层属于江南地层区，修水—钱塘江分区，苏州—长兴小区。境内第四纪沉积物覆盖广泛，基岩主要出露于西部和南部山区，总面积约80平方公里。区内地层自老至新有古生界志留系、泥盆系、石炭系、二叠系，中生界三叠系、白垩系以及新生界第三系和第四系。除泥盆系出露地表并组成境内山体外，其余均隐伏于第四系之下。

无锡市区为冲积湖平原，广泛堆积第四系松散沉积土体。基岩山区分布在西部及太湖沿岸，土层分布稳定，结构较简单，土体强度一般较高，有利于工程建设。

2.褶皱构造

无锡市区位于扬子准地台下扬子台褶带东端，其地质构造总体组成梅园背斜，亦称马山—梅园背斜。背斜轴在钱桥—梅园一线，向西南延入太湖三山岛、拖山方向。轴向，在梅园以北为北东30度左右，梅园南太湖中近南北向。枢纽南西抬起，向北东倾伏。核部由志留系中上统坟头群、泥盆系中下统茅山群组成。北西翼主要山体有舜柯山、桃花山、鸡笼山以及摩天岭等，地层走向北东40度左右，倾向北西，倾角35～60度。外侧石炭系—三叠系，分布于藕塘、胡埭一带，被第四系覆盖。南东翼主要山体为惠山、横山、鹿顶山、笔架山、石塘山、峄嶂山等，底层走向北北东或近南北，倾向东，倾角14～35度外侧石炭系—三叠系，分布于蠡园、河埒、扬名一带，被第四系掩覆。马山地区属背斜北西翼，该区泥盆系均为北西走向，且背斜轴部和两翼断裂十分发育，完整性受到破坏。

在峄嶂山东南，存在一个规模不大的不完整向斜——白旄向斜。由泥盆系茅山群及五通组组成，轴向北东，位于白旄岭—庙西一线。北西翼地层走向近南北，倾向东，倾角20～35度。南东翼地层走向北东，局部北东东，倾向北西，倾角30度左右。向斜南西抬起，向北东倾伏展开。北西翼为梅园背斜之东南翼，保留较好；南东翼受破坏，不完整。

3.断裂构造

境内断裂发育，断裂方向有北西向、北东向、北北东向以及东西向，断裂性质以扭性平移为主，兼具压性或张性；断裂规模可达数十公里，断距大可至1公里以上。部分断裂轭近期仍有活动迹象。无锡市主要存在11条断裂，其中大的3条、小的8条。

无锡—南通断裂 表现为隐伏断裂带。钻孔资料、地震资料、物探资料及1∶20000江苏省基岩地质图表明，该断裂走向北东，依次被北西向断裂右旋错断为3段，整个断裂带全长80余公里。西段从阳山镇北至洛社镇一带通过，长度8公里；中段从马镇南经长泾镇北出图，长度约40公里；东段由河塘桥北通过。据物探资料推断该断裂为正断层，南侧为晚古生代（D1-P2）地层，北侧为中新生代（K2-E）地层。有关重力资料显示，断裂从杨市、洛社镇、河塘桥一带的布格重力正、负异常带之间通过，沿断裂带航磁表现为较强的正负交替带。无锡—南通断裂活动时代在晚更新世以前。

无锡—宿迁断裂 北起邳县，穿越郯庐断裂带，经宿迁、洪泽、高邮、镇江、常州至无锡以南，全长约300公里，总体走向为南东—北西。断裂大体分为3段，即苏州—常州段（南段）、镇江—扬州段（中段）、洪泽—淮安段（北段）。无锡市境内为南段，也称无锡－苏州断裂或苏、锡、常断裂。该断裂带是下扬子区地貌构造单元的分界线，断裂带东侧为平原沉降区，西侧为低山丘陵构造剥蚀区。在卫星图片上可见断层两盘截然不同的影像特征，主要表现为一系列湖泊沿断裂呈带状分布，从南至北有太湖、邵伯湖、高邮湖、洪泽湖、骆马湖、微山湖等。重力资料表明，断层东北侧为重力正异常，为上侏罗统火山岩分布区，上古生界被覆其下；西南侧为重力负异常，为上古生界地层分布区。印支期以来，该条断裂控制了中、新生代火山岩、地层分布及第四系沉积相分区，断裂以西为隆起区，以东为下降区，根据区域现代垂直形变资料，这种差异升降的变化趋势延续至2005年，断裂以西为正向形变，断裂以东为负向形变。由于断裂长期的活动作用，第四系沉积物沿断裂两侧具明显的分区性。物探及钻孔资料表明，该断裂活动期为晚更新世以前。

雪堰—钱桥断裂 为无锡—崇明断裂西段，走向北东，倾向南东，倾角45度，断层长度大约为16公里。主体分布在火刀山—三茅峰岛弧状山地的北缘，掩覆于第四系之下，泥盆系与二叠系堰桥组呈不整合接触，有些地方泥盆系覆于二叠系堰桥组之上。卫星影像及野外现场考察表明，沿断裂通过的山沟沟口处发育有一系列不同时代的小型洪积扇。其中新、老洪积扇的组合排列方式不具明显的规律性，在断层通过处未见到洪积扇有变形现象。以上新地貌特征表明第四纪晚期以来该断裂已不活动。

雪堰桥断裂 长度23公里，走向325度，倾向北东，表现为断裂两侧地层不连续，钻孔资料证实其存在，有现代小震分布。

徐巷断裂　长度12公里，走向30度，倾向南东，梅园背斜之轴部，破碎带发育，现代地貌明显，有现代小震分布。

雪浪山断裂　长度约13公里，走向25度，倾向南东，倾角65度，破碎带10～40米，见角砾岩、磨砾岩及较密劈理，有现代小震分布。

方桥断裂　长度约15公里，走向316度，右行平移，水平断距达500米以上，分布于方桥一带断错二叠系地层。

秦巷—龙塘岸断裂　长度约15公里，走向315度，右行平移，水平断距达1公里，由数条右行雁列式断裂排列而成。

查桥断裂　长度大于30公里，走向315度，倾向西，泥盆系地层不连续，在八士、查桥见角砾磨砾岩，有现代小震分布。

鸡笼山断裂　长度13公里，走向305度，左行平移，水平断距达四五百米，挤压破碎带宽20多米，劈理发育，泥盆系被错，沿带有小震分布。

嵩山断裂　长度约15公里，走向315度，右行平移，水平断距达3公里，带内有煌斑岩发育，沿带有小震活动。

二、地形地貌

无锡市地形南北高，中间低，沿江、沿湖散状分布着低山丘陵，其余为低平的沉积平原。其地貌雏形，形成于中生年代印支期（约1.8亿年前）的华夏系构造，它使无锡地区褶皱成陆。而燕山运动（约1.5亿年～7000万年前）因强烈的火山活动和新块褶皱构造的形成，使原来比较稳定的基底又生新复活升高。2500万年前的喜马拉雅山运动，以差异性升降运动为主，在老构造的基础上，加强了东西间褶皱和断裂，使江阴、宜兴一线以东形成以现代太湖为中心的坳陷盆地，即太湖盆地。

无锡平原圩洼地区为典型的湖荡水网平原，属长江冲积平原，由长江支流及太湖水冲积而成。地形平坦，水网发育。地势一般由西向东缓缓倾斜。根据微地貌特征和分布位置，划分为倾斜平原区、冲湖积平原区、低洼平原区3个亚区。倾斜平原区为低山丘陵的山前地带，分布于马山的耿湾、古竹，惠山、锡山东南坡的坡脚山坞，军嶂山的漆塘和许舍一带。地势微向外侧倾斜，地面相对高程5.0～10.0米，地表覆盖着第四系中更新统的红土至上更新统的黄土为主的冲湖相堆积物。冲湖积平原区分布于城区的东部、南部、北部，系长江、太湖水系流域的范围。地形平坦辽阔，河网密布，地面高程3.0～6.0米，地势微向太湖倾斜。地表为全新统冲湖积相，一般为亚粘土、淤泥质亚黏土和亚砂土覆盖，局部见有泥炭堆积，当年曾是江湖水道淹及之处。低洼平原区分布于马山各湾近湖及马圩地区、城北古芙蓉湖地域、城南古运河及伯渎港两侧局部地区、宜兴南北溪河两岸及太湖沿线、长江及各湖荡周边地区，地面高程3.0～4.3米，最低1.0～2.3米，局部有负地形。地表由全新统淤泥质眼黏土和亚砂土组成，有时夹淤泥及泥炭层。

山丘区系天目山余脉的延伸，可分为宜溧山地、湖滨低山丘陵及散落平畴的残丘3类。

宜溧山地是无锡的主要山区，分布在西氿以南。地势起伏，山岭重叠，面积约600平方公里，约占宜兴总面积的1/3。山体均作东西向延伸，绝对高度500米以上，最高峰为黄塔顶，海拔611.5米。

湖滨低山丘陵自马山龙头渚起，沿太湖梅梁湖边，绵延至梅梁湖、贡湖交汇处的竹山止。可分为3部分：一是马迹山区，面积34平方公里，主峰为高263米的冠嶂峰；二是锡惠山区，位于无锡城西部，总面积31平方公里，呈东西走向，主要山岭有锡山、惠山、舜柯山等；三是军嶂山区，位于无锡市区南部，南北走向，长约14公里，总面积25平方公里，有中犊山、鹿顶山、充山、雪浪山、军嶂山等70余个山头。山体系由推覆构造运动形成的断块山，由于在推覆过程中产生拉张力而使山体断开，故常有峭壁断崖。山体由泥盆系砂岩、石英砂岩、砂砾岩组成，岩性坚硬，抗风化能力强。海拔一般在200米左右。山体大致呈北东、北东东方向排列，局部不明显。山体连续性差，似断非断，隐约相连，反映出地质构造对地貌的控制作用。山顶多呈尖浑状及馒头状，一般向湖面山坡较陡，背湖面山坡较为平缓。湖滨岩岸悬崖在湖水长期的侵蚀作用下，逐渐形成浪蚀穴、湖蚀平台及锯齿形、半岛形的湖蚀岩等地貌景观，尤以鼋头渚最为典型。

散落在平原中的零星山地主要有：江阴境内的青山、君山、黄山等，锡东平原的鸿山、吼山、白丹山等，宜兴的安乐山、都山、蒋山、屺山等。

第二节　水系水文

一、水系

无锡市为水网地区，南濒太湖，北枕长江，归为长江流域。境内湖荡星罗棋布、河流纵横交错。按长江流域水文分区，无锡河网分属太湖湖区和南溪两大水系。

无锡市区直湖港口为太湖上游与下游的分界点。直湖港及宜兴市境内河道，属上游入湖河道，归属太湖区南溪水系；梁溪河及以东河道，包含江阴境内河道，为太湖下游河道，均属太湖湖区水系。全境内河河道水位受降雨及水利工程的控制运用等影响，流向顺逆不定。

南溪水系是太湖湖西地区的入湖河网，以南、北溪河为东西干线，向西直通东坝，承接茅山东麓的来水。在宜兴境内，南有屋溪、桃溪、西溪等河道导山水入河，北有西溪河、孟津河、梅家渎等沟通洮湖、滆湖，南溪河两侧还有堰径河、郎芳河两条东西向辅助排水河道。

湖区水系以京杭大运河为中枢，分南北两大区域。京杭大运河以北，纵向河道主要有五牧河、太平港、锡澄运河、白屈港等，都直接或间接与长江相通；横向河道主要有锡北运河、九里河、伯渎港等，向东汇入望虞河。望虞河直接连通太湖与长江，既是太湖的专用泄洪河道，又是“引江（长江）济太（太湖）”“调水引流”改善太湖水环境的通道。京杭大运河以南河道如直湖港、梁溪河、蠡河、大溪港等，直接与太湖相通。南北各条河又经京杭大运河互相沟通，统称通江达湖河道。河底道坡降大都较小，除京杭大运河常年由西北向东南顺流出境外，其余河流因降雨的丰枯，随江、湖水位的差异，或引水灌溉，或换水改善市区水环境，或泄洪排涝，河道流向顺逆不定，实则均为引排河道。

二、水文

2005年，无锡市设水文站11个、水位站6个、降水量站10个、浅层地下水位站13眼，观测断面有流量14处、水位12处、潮水位1处、降雨量21处、蒸发量1处、浅层地下水13处。

无锡市江河湖荡水位因降雨和地形影响，市域范围内各地之间、年际之间都有一定差别。全市各站点的水位分布，一般宜兴西部较高，沿湖地区较低，总体上各地水位汛期较高，非汛期较低，干旱季节更低。京杭大运河无锡站、太湖大浦口站、长江江阴站3处水位站分别代表无锡地域内河、太湖、长江的水位。无锡站雨量代表无锡地域的降雨情况。据无锡站1986～2005年实测水文资料，无锡多年平均雨量1159.3毫米，最大年降水量1630.7毫米（1991年），最小年降水量801.1毫米（1994年），年日降雨量≥0.1毫米的雨日平均为121天，最大一日雨量221.2毫米（1990年8月31日），最大三日雨量295.7毫米（1991年7月1～3日）。降雨时程分布不均匀，5～9月为汛期，是无锡主要降雨季节，汛期多年平均雨量708.8毫米，占全年总雨量的61.1%。梅雨是影响无锡地区的主要灾害性天气，无锡站实测多年平均梅雨量264.7毫米，平均梅雨期28天，最大梅雨量792.2毫米（1991年），最小梅雨量53.5毫米（2000年），最长梅雨期55天（1991年5月21日～7月14日），最短梅雨期3天（2005年6月27～29日）。京杭大运河无锡站警戒水位3.59米（吴淞基面，下同），多年平均水位3.2米，最高水位4.87米（1991年7月2日），最低水位2.52米（1987年2月12日），最高月平均水位3.55

米（7月），最低月平均水位2.95米（2月）。太湖大浦口站警戒水位3.6米，多年平均水位3.21米，最高水位5.08 米（1999年7月6日），最低水位2.49米（1986年3月2日）。江阴站警戒水位5.5米，最高高潮位7.22 米（1998年8月19日），最低低潮位0.99米（1991年12月29日）。

第三节　气候物候

一、四季气候特征

无锡市属北亚热带湿润季风气候区。夏季受来自海洋的夏季季风控制，盛行东南风，天气炎热多雨；冬季受大陆盛行的冬季季风控制，大多为偏北风；春、秋是冬、夏季风交替时期，春季天气多变，秋季则秋高气爽。无锡市气候特征是：四季分明，热量充足，降水丰沛，雨热同季，灾害频繁。常见的气象灾害有台风、暴雨、连阴雨、干旱、寒潮、大风、雾、雷电以及冰雹、龙卷风等。受太湖水体和宜南丘陵山区复杂地形等的影响，局部地区小气候条件多种多样，具有南北农业皆宜的特点，作物种类繁多。

1986～2005年，年平均气温16.2℃，极端最高气温40.1℃（2003年），极端最低气温-8.0℃（1986年、1991年）。年平均雨日（日降水量≥0.1毫米的天数）121天。年平均日照时数1942.6小时，日照百分率44%。随着全球气候变暖和持续暖冬，四季中夏季延长，冬季缩短，秋季则变得更短，进入冬、春、夏、秋的多年平均日期分别为11月21日、3月29日、6月8日和9月21日。

1.冬季

上年12月至当年2月，气候寒冷，年际间冷暖、干湿变化大，总体变暖趋势明显。1986～2005年冬季平均气温5.1℃，在3.1℃（1986年）～6.4℃（2002年）之间波动。极端最高气温25.9℃，出现在1992年2月29日；极端最低气温-8℃，出现在1986年1月5日和1991年12月28日。冬季平均降水量151.1毫米，在47.5毫米（1986年）～294.2毫米（1998年）之间波动；雨日26.4天，在18天（1992年）～44天（1990年）间波动。冬季日照时数398小时，最多为2004年的476小时，最少为1998年的312.7小时。

2.春季

3～5月，冷暖交替，天气变化大，多雨特征明显，连阴雨天气多。1986～2005年，春季平均气温15℃，在13.4℃（1987年）～16.3℃（2005年）之间波动，并呈逐步升高之势。极端最高气温35.3℃，出现在1991年的5月25日和6月1日；极端最低气温-3.5℃，出现在1988年3月7日。春季降水量279.6毫米，在123毫米（2001年）～502.5毫米（2002年）之间波动；雨日36.2天，在24天（2001年）～50天（2002年）间波动。春季日照时数478.9小时，最多为2005年的613.2小时，最少为1991年的355.3小时。

3.夏季

6～8月，有梅雨、台风、高温三大气候特征，且多强对流天气，为一年中最容易发生重大气象灾害的季节。1986～2005年，夏季平均气温26.9℃，在24.9℃（1999年）～28.4℃（2005年）之间波动。极端最高气温40.1℃，出现在2003年8月1日；极端最低气温13.4℃，出现在1987年6月9日。夏季降水量524.3毫米，占全年降水量的46%，在290.6毫米（1997年）～1162.8毫米（1999年）之间波动；雨日36.2天，在24天（1994年）～57天（1999年）间波动。夏季日照时数562.1小时，最多为1994年的755.2小时，最少为1999年的366.1小时。

4.秋季

9～11月，秋高气爽，气候适宜。1986～2005年间，平均气温17.9℃，在16.4℃（1992年）～19.9℃

（2005年）之间波动，呈稳步升高之势。极端最高气温37.5℃，出现在1995年9月6日；极端最低气温-3.2℃，出现在1993年11月24日。秋季降水量186.6毫米，在82.9毫米（1995年）～316.6毫米（1990年）之间波动；雨日22.8天，在12天（1995年）～34天（2000年）间波动。秋季日照时数501.8小时，最多为2002年的578.6小时，最少为2000年的347.6小时。

二、气象要素

1.气温

1986～2005年，无锡年平均气温16.2℃，波动范围为15.3℃（1986年、1993年）～17.4℃（2004年），1986～1995年平均为15.8℃，1996～2005年平均为16.6℃，呈逐级抬升趋势；≥0℃积温平均为5948.7℃·日，在5602.0℃·日～6386.8℃·日之间波动。年平均高温日数14.3天，波动范围为2天（1996年）～32天（2003年），主要出现在7～8月（12.2天）。最热为7月，平均气温28.4℃；最冷为1月，平均气温3.7℃。代表喜温作物生长季的稳定通过10℃期间平均为3月29日～11月21日，历时237.5天，≥10℃活动积温5134.4℃·日。稳定通过10℃初日最早为3月7日（1990年、2002年），最迟为4月16日（1987年、1996年）；终日最早为11月8日（1992年、2003年），最迟为12月2日（1994年、2005年）；历时最长为262天（2002年），最短为215天（1996年）。平均终霜日期为3月27日，初霜日期为11月11日，无霜期长227.5天，80%保证率无霜期219天。20年间，终、初霜出现日期和无霜期长度年际变化较大，终霜最早出现在3月7日（1992年），最迟出现在4月16日（1987年）；初霜最早出现在10月26日（1992年），最迟出现在12月4日（1994年）；无霜期最长为251天（1994年），最短为202天（1993年）。

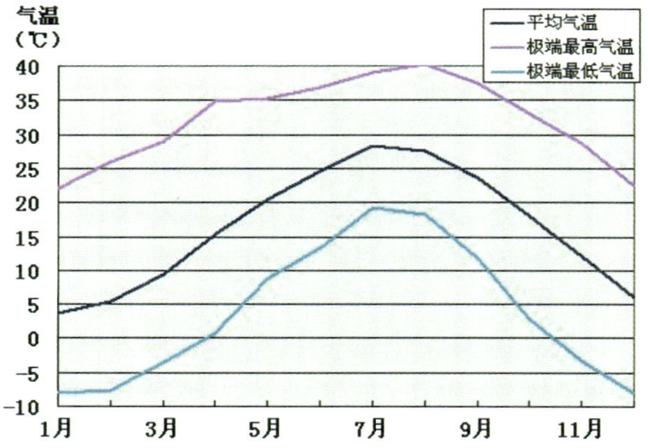

图2-1 无锡市各月气温分布图

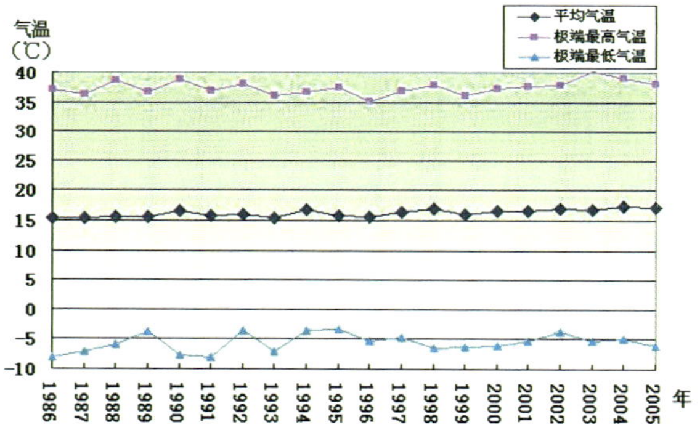

图2-2 无锡市历年气温分布图

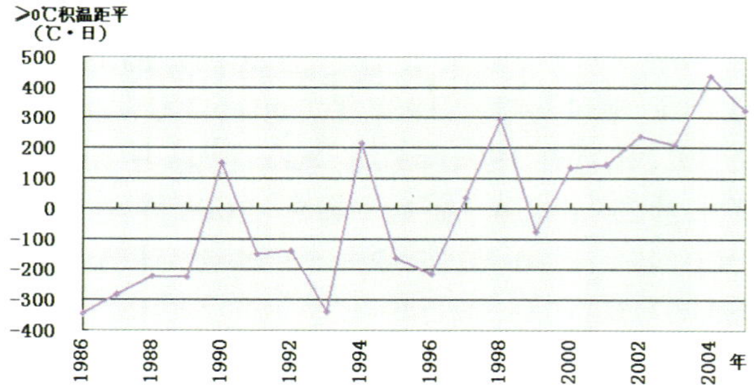

图2-3 无锡市历年≥0℃积温距平变化图

2.降水

无锡水资源丰富，降水丰沛，雨热同季，地下水位高，但年际变化大，降水时空分布不均。1986～2005年平均降水量1141毫米，最多为1999年的1713.1毫米，最少为1997年的841.7毫米，极差达871.4毫米。年平均雨日121天，最多是1987年的149天，最少为1995年的97天，极差52天，年际波动幅度小于降水量。梅雨通常出现在6月14日～7月10日，历时26.8天，梅雨量260.4毫米。梅雨最早出现在5月21日（1991年），最迟出现在6月27日（2005年）；出梅日最早为6月25日（2000年），最迟为7月29日（1987年）；梅雨期最长为1991年的56天，最短为2005年的3天；梅雨量最多为1991年的801毫米，最少为2000年的30.8毫米；暴雨日最多为1991年的4天。从各月分布情况来看，1～2月和9～12月为少雨时期，3～8月为多雨时期；其中3～5月多春季连阴雨天气，6～7月的梅雨期是降水最为集中的时段。3月和5～8月的月平均降水量都在100毫米以上，其中6月最多，达到205.2毫米；最少为12月的34.3毫米。3～8月的月平均雨日都在10天以上，最多为3月的13.4天；最少为12月的7天。

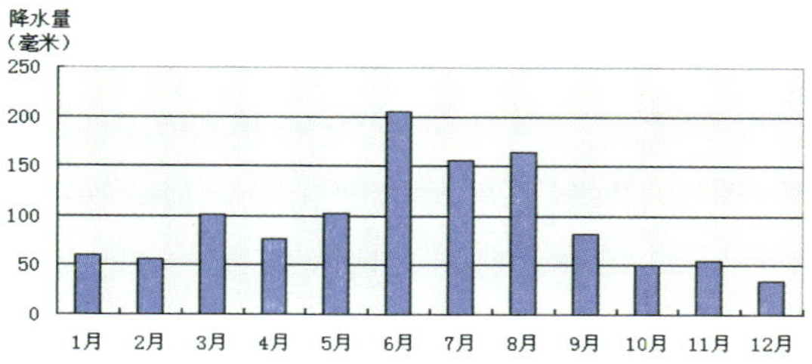

图2-4　无锡市各月降水分布图

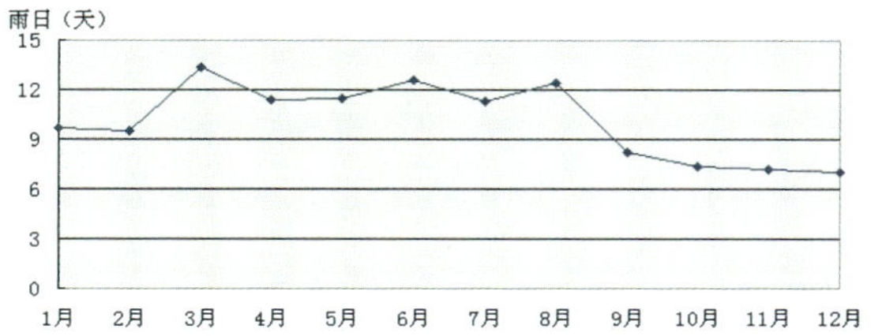

图2-5　无锡市各月雨日分布图

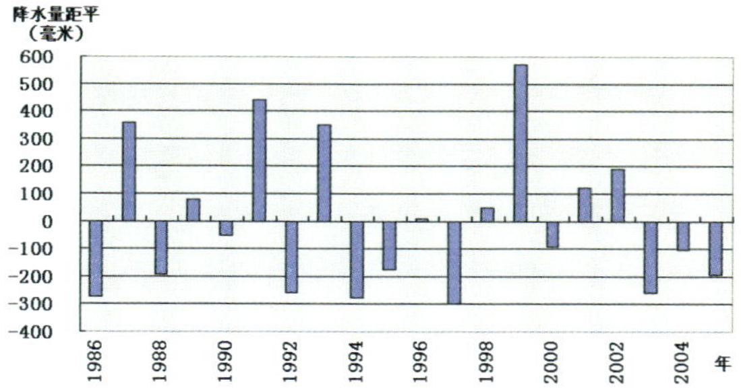

图2-6　无锡市历年降水量距平变化图

3. 日照

1986～2005年，无锡年平均日照时数1942.6小时，日照百分率44%。年际变化很大，最多的2004年为2170.6小时，日照百分率49%；最少的1998年为1742.7小时，日照百分率39%。各月中，日照时数2月最少，为128小时；7月最多，为208.5小时。日照百分率以春雨绵绵的3月和进入梅雨期的6月最少，仅39%；以秋高气爽的10月、11月最多，达49%。历年各月中，日照时数最多为1994年7月的307.1小时，日照百分率71%；最少为1990年2月的61.3小时，日照百分率20%；日照百分率最少的是1992年3月的17%，该月日照时数为62.5小时。从日照时数分布情况而言，上半年稍有不足，下半年较为充裕。

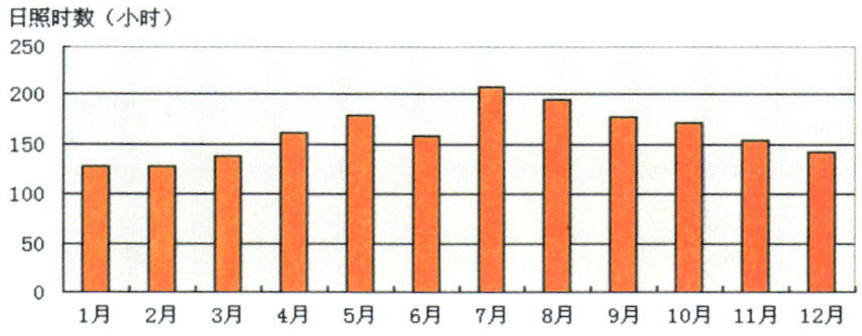

图2-7　无锡市各月日照时数分布图

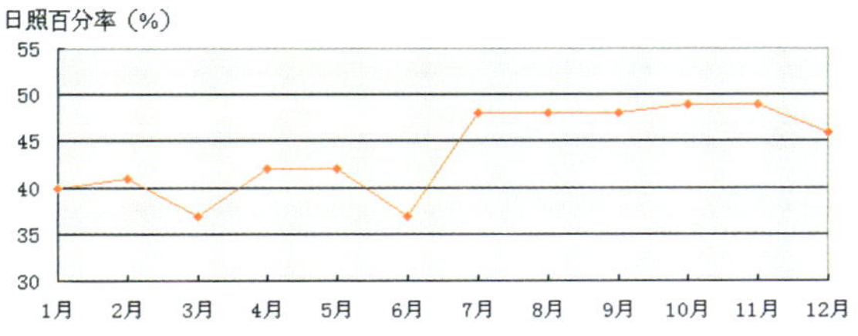

图2-8　无锡市各月日照百分率分布图

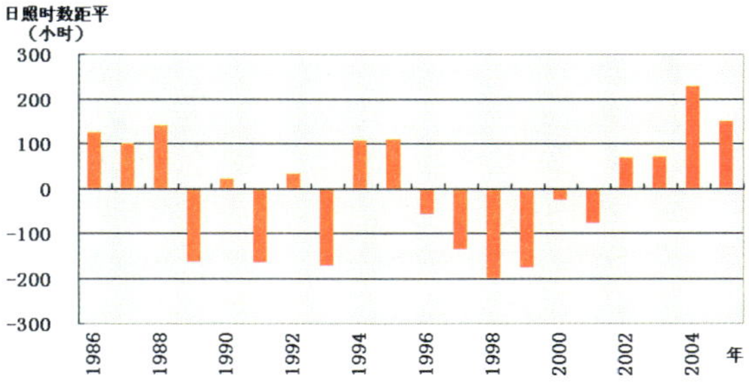

图2-9　无锡市历年日照时数距平变化图

4.气压

1986～2005年，无锡年平均气压1016.2百帕，历年年平均气压波动范围不大于3.1百帕。极端最高气压1043.5百帕，出现在2000年1月31日；极端最低气压987.2百帕，出现在1989年8月4日。各月平均气压，最高为12月的1026.8百帕，最低为7月的1004.3百帕。

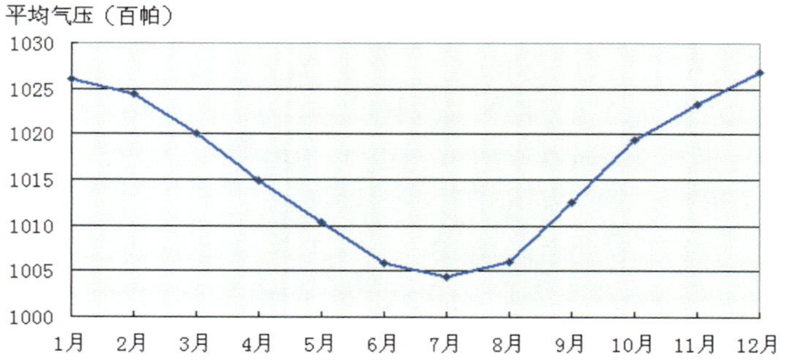

图2-10　无锡市各月平均气压分布图

5. 风

无锡春夏两季盛行东南风，秋冬两季多偏北风。1986～2005年，年平均风速2.6米/秒，最大为1994年的3.1米/秒，最小是1991年的1.9米/秒；最大风速13.1米/秒（风力6级），西南偏西风，出现在2003年7月17日；极大风速25.2米/秒（风力10级），西北风，出现在1994年8月27日。各月平均风速以年平均风速为中轴波动，最大为春季3～5月的2.9米/秒，最小为10月的2.3米/秒。年主导风向为东南风，风向频率12%。各月中，1～2月和10～12月多静风天气，其频率约为14%。在各风向中，平均风速以西北偏西风最大，为3.8米/秒，风向频率6%；西南风最小且较少出现，为2.2米/秒，风向频率2%。20年间共出现53天大风天气，最多为2004年的7天；大风最多的7～8月出现24天。

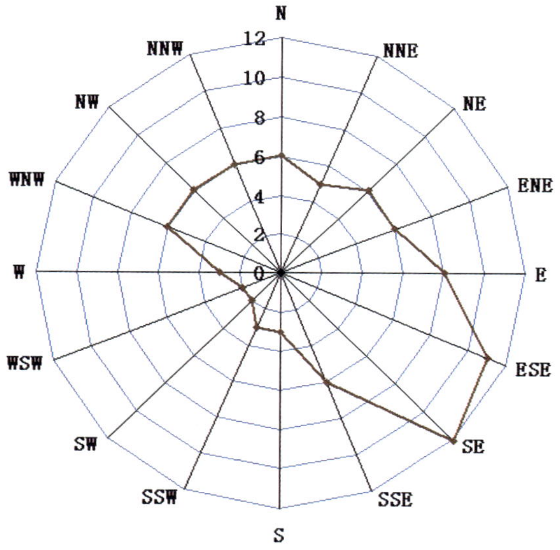

图2-11　无锡市多年平均风向频率图

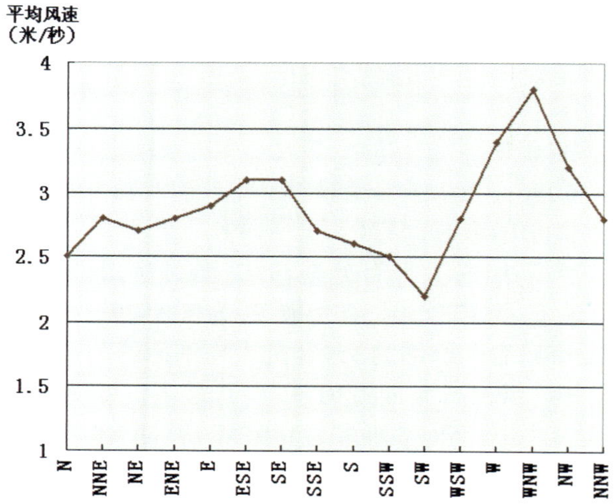

图2-12　无锡市多年平均各风向平均风速分布图

6.相对湿度

1986～2005年，无锡年平均相对湿度77%，年际变化较小，波动范围不超过10%。各月中，平均相对湿度最大为8月的81%，最小为12月的74%。历年各月中，最大为1987年7月和1993年8月的88%，最小为1988年11月的61%。极端最小相对湿度9%，出现在1986年3月2日。

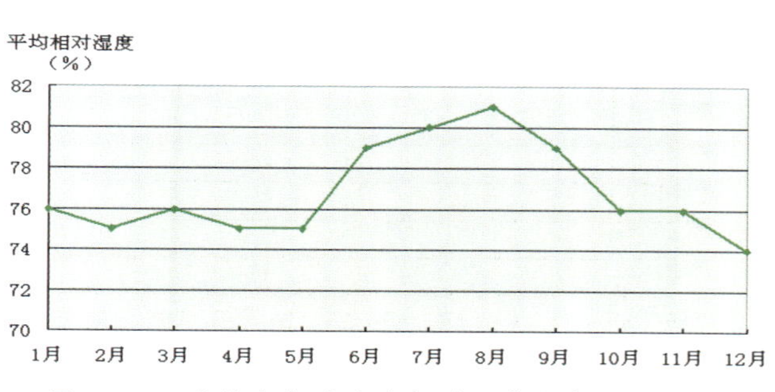

图2-13　无锡市各月平均相对湿度分布图

7.蒸发

1986～2005年，无锡年平均蒸发量1356.9毫米，最多是1994年的1486.3毫米，最少是1999年的1099.5毫米。各月中，最多为7月的190.2毫米，最少为1月的45.1毫米。历年各月中，最多为1990年7月的263.1毫米，最少为2000年1月的31.1毫米。

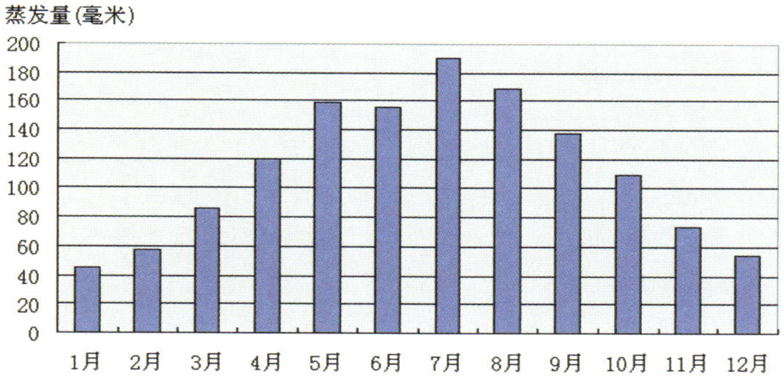

图2-14　无锡市各月蒸发量分布图

8.地温

1986～2005年，无锡地面温度变化趋势与气温相同，年平均地面温度18.1℃，波动范围在17～19℃之间；年平均地面最高温度30.6℃，波动范围在28.6℃～32.5℃之间；年平均地面最低温度11.4℃，波动范围在10.1℃～12.3℃之间。各月中，月平均地面温度最高为7月的31.9℃，最低为1月的4.1℃。极端地面最高温度67.5℃，出现在1994年7月14日；极端地面最低温度-13℃，出现在1991年12月29日。

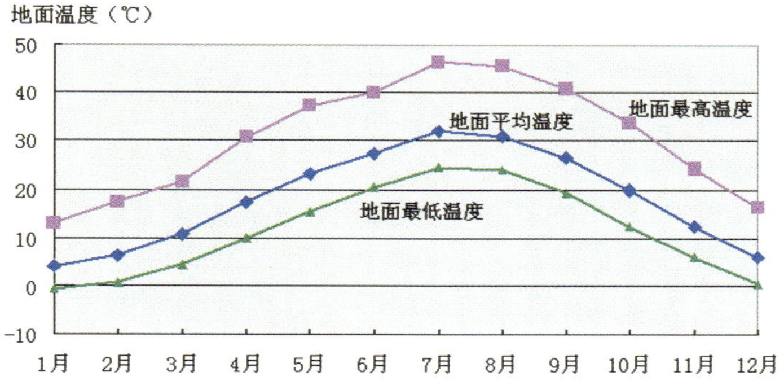

图2-15　无锡市各月地面温度分布图

9.雷暴

1986～2005年，无锡年平均雷电（包括雷暴和闪电）日数32天，最多为1987年的49天，最少为1989年的22天，年际变化较大。从各月看，除12月未出现雷电外，其余各月均出现过雷电，以7～8月为最多，平均出现17.4天，占年雷电总日数的54%。

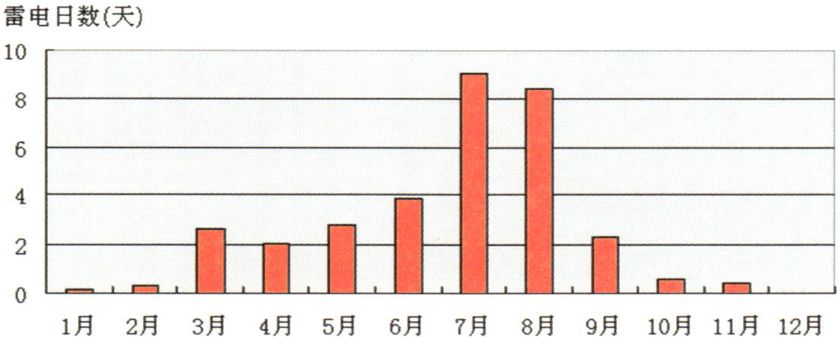

图2-16　无锡市各月雷电日数分布图

三、物候

1.植物候

杨柳展叶，一般3月20日，早年3月中旬，迟年3月下旬。

桃花盛开，一般4月7日，早年3月下旬，迟年4月中旬初。

桑树展叶，一般4月10日，早年4月上旬，迟年4月中旬。

苦楝展叶，一般4月13日，早年4月上旬，迟年4月中旬末。

刺槐开花，一般5月3日，早年4月下旬，迟年5月上旬末。

单季稻，5月中旬播种，6月下旬移栽、9月上旬抽穗，10月下旬成熟收割。

女贞花开，一般6月24日，早年6月中旬末，迟年6月下旬末。

油菜，9月下旬播种，11月上旬移栽，2月下旬抽薹，4月上旬开花，5月下旬成熟收割。

野菊花开，10月下旬。

小麦，10月下旬至11月上旬播种，2月上旬返青，3月中旬拔节，4月中下旬抽穗，5月中旬乳熟，

5月底6月初成熟收割。

腊梅花开，11月下旬。

2.动物候

燕始见，一般4月5日，早年4月初，迟年4月上旬末。

蛙始鸣，一般4月16日，早年4月上旬，迟年4月下旬。

布谷鸟始鸣，一般5月2日，早年4月下旬，迟年5月上旬。

蝉始鸣，6月下旬。

蟋蟀始鸣，一般8月9日，早年8月初，迟年8月中旬。

3.气象候

梅雨，通常为6月14日～7月10日。入梅日最早5月21日，最迟6月27日；出梅日最早6月25日，最迟7月29日。

霜，初霜平均11月11日，最早10月26日，最迟12月4日；终霜平均3月27日，最早3月7日，最迟4月16日。

雪，初雪平均12月27日，最早11月21日，最迟1月26日；终雪平均2月27日，最早1月14日，最迟4月9日。

积雪，积雪初日平均1月21日，最早11月27，最迟3月20日；积雪终日平均2月10日，最早12月12日，最迟3月22日。有2个年度未出现积雪。

结冰，结冰初日平均11月30日，最早11月11日，最迟12月27日；结冰终日平均3月11日，最早2月20日，最迟3月27日。

雷，初雷平均3月10日，最早1月1日，最迟5月10日；终雷平均9月29日，最早8月26日，最迟11月17日。

第四节　自然资源

一、土地资源

无锡地区的土地资源由平原、山丘、滩涂、湖泊组成。境内山丘系浙江天目山余脉的东延部分，其高度由西南往东北梯次下降。江阴市境内山丘孤立于平野之间，互不相连，总面积39.03平方公里，占江阴市土地总面积的4%，境内较大的山丘有定山、花山、秦望山等33座。宜兴市山丘有苏、浙、皖交界处的界岭山及中部的铜官山，诸山总面积550.4平方公里，占该市土地总面积的27%。江苏省仅存的1块自然保护区就位于宜兴境内，总面积12余公顷。江阴市长江滩涂共有涨沙地35处，可供围垦土地1.5万多公顷。宜兴太滆两湖滩涂绵延，历史上芦苇茂密，滩涂面积逐年增加，到1993年土地更新详查时，滩涂面积为781.07公顷，可供开发利用。无锡所辖太湖面积644.67平方公里。

2005年，全市土地总面积47.16万公顷，其中耕地15.12万公顷、园地2.07万公顷、林地3.59万公顷、城镇村及工矿用地9.27万公顷、交通用地1.34万公顷、水域12.4万公顷、未利用地0.96万公顷、其他2.41万公顷。

1999～2005年无锡市土地资源一览表

表2-1 单位：千公顷

年份	土地总面积	耕地	园地	林地	城镇村及工矿用地	交通用地	水域	未利用地	其他
1999	488.60	175.40	14.71	41.69	73.36	16.33	162.27	4.67	0.17
2000	488.98	175.34	14.60	41.60	74.04	16.61	161.95	4.64	0.20
2001	476.94	172.56	15.29	41.54	75.86	16.87	150.21	4.60	0.01
2002	476.94	164.15	15.48	37.44	84.05	15.70	149.50	8.71	1.91
2003	476.94	159.89	16.93	36.85	84.81	15.90	129.78	9.58	23.20
2004	476.94	152.27	18.42	36.58	91.59	16.03	127.71	10.36	23.98
2005	471.65	151.20	20.70	35.88	92.71	13.43	123.98	9.62	24.13

二、水资源

无锡地处水乡，共有大小河道近6000条，总长近7000公里，水资源较为丰富，其中大部分为外来水。根据1995年全市水资源评价报告，全市平水年地表水资源评价量为11.29亿立方米、地下水资源评价量为6.81亿立方米，本地水资源总量18.1亿立方米。2000年，全市水资源总量17.72亿立方米；入境水总量71.93亿立方米，出境水总量78.13亿立方米；可供水量106.22亿立方米（含回归水量），总取、用水量26.81亿立方米，供大于需79.41亿立方米。

2005年，全市本地水资源总量22.8亿立方米，为当年降雨径流所形成的水资源量16.92亿立方米、浅层地下水资源量6.97亿立方米、本地水域的年初槽蓄水资源量1.89亿立方米之和，扣除重复计算量2.98亿立方米（降雨径流总量同入渗地下水量的重复计算量）后的实际本地水资源量。产水系数0.58，产水模数为每平方公里产水58.73万立方米。全市人均水资源量503立方米，耕地亩均水资源量1005立方米。当年无锡全境进出水量除河流自然水流外，还受望虞河“引江济太”、本市长江和太湖沿线闸站调水等影响，全年实测入境水量75.75亿立方米，出境水量85.84亿立方米。综合本地地表径流量、入境水量、年初槽蓄量、各项用水的回归水量和境外取水量等情况计算，全市全年可用水资源量为118.44亿立方米。

2005年无锡市各地区水资源总量统计表

表2-2 单位：亿立方米

区域	地表产水量	地下水资源量	年初槽蓄量	重复计算量	水资源总量
江阴市	3.32	1.69	0.20	0.72	4.49
宜兴市	9.67	3.27	1.07	1.33	12.68
锡山区	1.37	0.84	0.22	0.44	1.99
惠山区	0.97	0.58	0.12	0.28	1.39
滨湖区	0.82	0.40	0.10	0.16	1.16
城 区	0.77	0.19	0.18	0.05	1.09
总 计	16.92	6.97	1.89	2.98	22.80

2005年无锡市出入境水量统计表

表2-3　　　　　　　　　　　　　　　　　　　　　　　　　　　单位：亿立方米

<table>
<tr><th colspan="4">入境水量</th><th colspan="4">出境水量</th></tr>
<tr><th colspan="2">分片水量</th><th>水量</th><th>备注</th><th colspan="2">分片水量</th><th>水量</th><th>备注</th></tr>
<tr><td colspan="2">锡澄西片</td><td>17.51</td><td>大运河占48%</td><td colspan="2">锡澄东片</td><td>36.68</td><td>大运河占58%</td></tr>
<tr><td colspan="2">宜兴西北部</td><td>39.92</td><td>—</td><td colspan="2" rowspan="3">沿江排水</td><td rowspan="3">0.63</td><td rowspan="3">—</td></tr>
<tr><td colspan="2">沿江引水</td><td>16.50</td><td>—</td></tr>
<tr><td colspan="2">望虞河倒灌</td><td>0.98</td><td>—</td></tr>
<tr><td rowspan="6">出太湖水量</td><td>宜兴片</td><td>0.70</td><td>—</td><td rowspan="6">入太湖水量</td><td>宜兴片</td><td>48.12</td><td>—</td></tr>
<tr><td>直湖港水利枢纽</td><td>0.02</td><td>—</td><td>直湖港水利枢纽</td><td>0.34</td><td>—</td></tr>
<tr><td>贡湖沿湖小闸段</td><td>0.00</td><td>—</td><td>贡湖沿湖小闸段</td><td>0.00</td><td>—</td></tr>
<tr><td>犊山水利枢纽</td><td>0.00</td><td>—</td><td>犊山水利枢纽</td><td>0.07</td><td>—</td></tr>
<tr><td>梅梁湖泵站</td><td>0.12</td><td>—</td><td>梅梁湖泵站</td><td>0.00</td><td>—</td></tr>
<tr><td>小计</td><td>0.84</td><td>—</td><td>小计</td><td>48.53</td><td>—</td></tr>
<tr><td colspan="2">总计</td><td colspan="2">75.75</td><td colspan="2">总计</td><td colspan="2">85.84</td></tr>
</table>

是年，全市总取水量31.26亿立方米，其中：用于工业4.88亿立方米，占总取水量的15.61%；用于农业灌溉9.78亿立方米，占总取水量的31.29%；用于生活2.74亿立方米，占总取水量的8.76%；电厂用水13.77亿立方米，占总取水量的44.05%；其他用水0.09亿立方米，占总取水量的0.29%。

三、矿产资源

无锡地区矿产资源相对匮乏，全市已查明的矿产有4类、27种，其中，金属类矿产有铁、锰、铜、铅、锌、银、锡等7种；非金属类矿产有石灰岩、白云岩、大理岩、陶土（包括白泥、甲泥、紫泥、嫩泥）、瓷（石）土、耐火黏土、水泥配料用黏土、砖瓦用黏土、石英砂岩、黄铁矿、沸石、磷矿、重晶石、耐火耐酸石材、铸型黏土、铸石等16种；能源类矿产有煤炭、泥炭、浅层天然气等3种；水气类矿产有矿泉水。其中已探明资源储量的矿种有煤炭、铁、耐火黏土、泥炭、水泥用灰岩、水泥配料用砂岩、水泥配料用黏土、陶瓷土、饰面用花岗岩、饰面用大理岩等10种，以非金属矿产为主，其次为能源类矿产，金属类矿产仅1处。矿产资源分布不均匀，绝大部分矿种和储量分布在宜兴。截至2005年末，全市煤炭储量5987.8万吨，其中宜兴4695.7万吨、江阴1253万吨、锡山区39.1万吨；铁矿142万吨，分布在宜兴新芳；耐火黏土137.3万吨，分布在宜兴杨店；泥炭11.5万吨，分布在锡山区荡口；水泥用灰岩27227万吨，分布在宜兴；水泥配料用砂岩2612万吨，分布在宜兴归迳；水泥配料用黏土301万吨，其中宜兴253万吨、惠山区48万吨；陶瓷土5242.6万吨，分布在宜兴；饰面用花岗岩20万立方米，分布在宜兴；饰面用大理岩972万立方米，分布在宜兴。七八十年代，江阴、宜兴地区曾大量开采煤矿以及铁矿、耐火黏土，由于品位低，储量少，经济价值不大，90年代初逐步减产停采，90年代末已全部停采。仍在开采的主要为水泥用灰岩及水泥配料用砂岩、饰面用石材和陶土等矿产。

无锡市矿产资源分布图

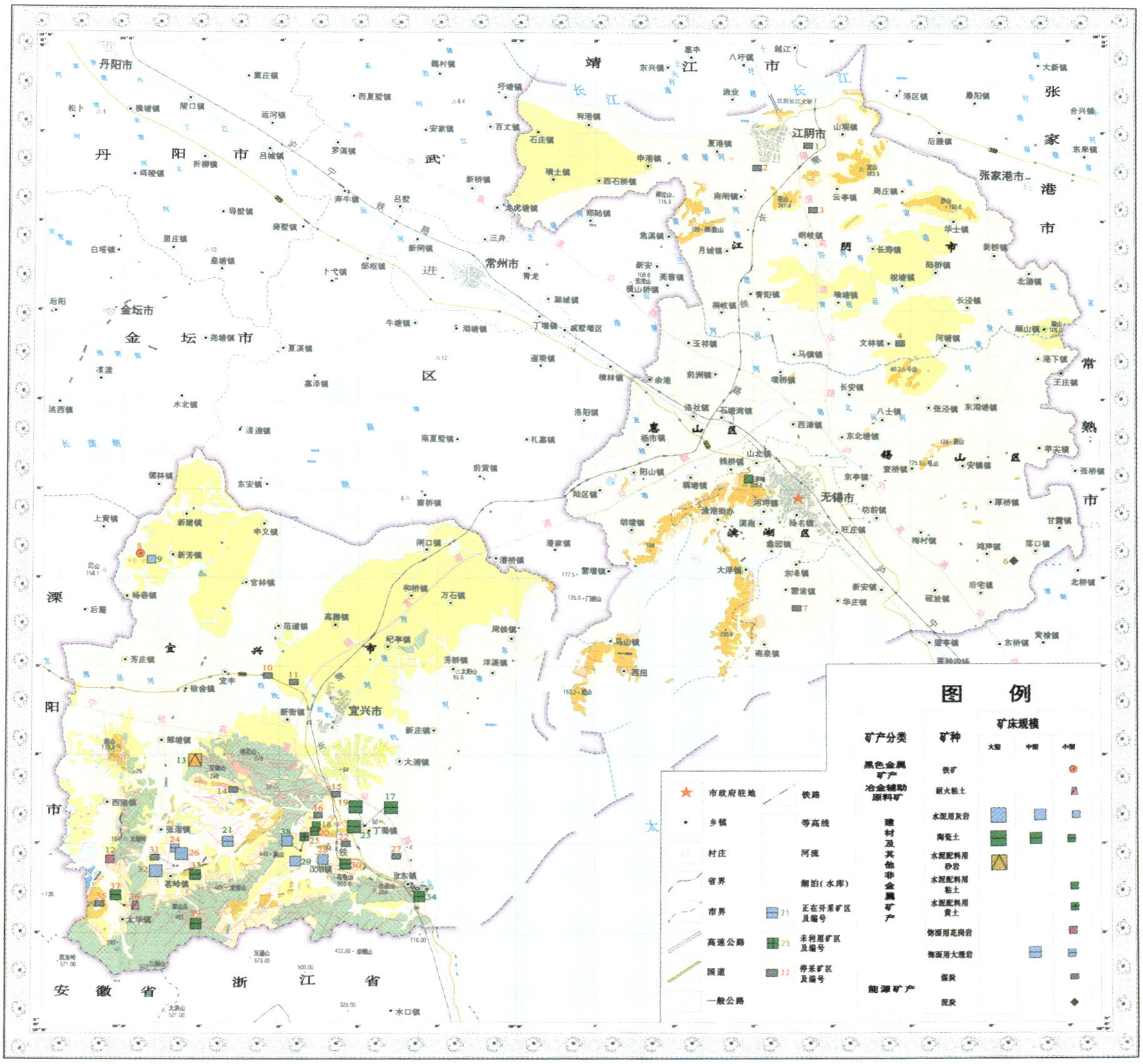

图2-17 无锡市矿产资源分布图 （市国土局供稿）

四、土壤

1.土壤种类

1986年6月，无锡市建立第二次土壤普查的土壤分类系统，全市共划分水稻土、潮土、黄棕壤、红壤、石灰岩土、紫色岩土、沼泽土7个土类，14个亚类，27个土属，75个土种。

水稻土 水稻土的形成受人为影响很大，是在水旱交替、水稻耕种条件下逐步形成的。无锡水稻种植历史悠久，水稻土土壤肥沃，为面积最大、分布最广的土类，约占土壤总面积的68.05%。根据不同地形、母质和水文地质情况，可划分为淹育型、渗育型、潴育型、侧渗型、漂洗型、脱潜型、潜育型等7个亚类。

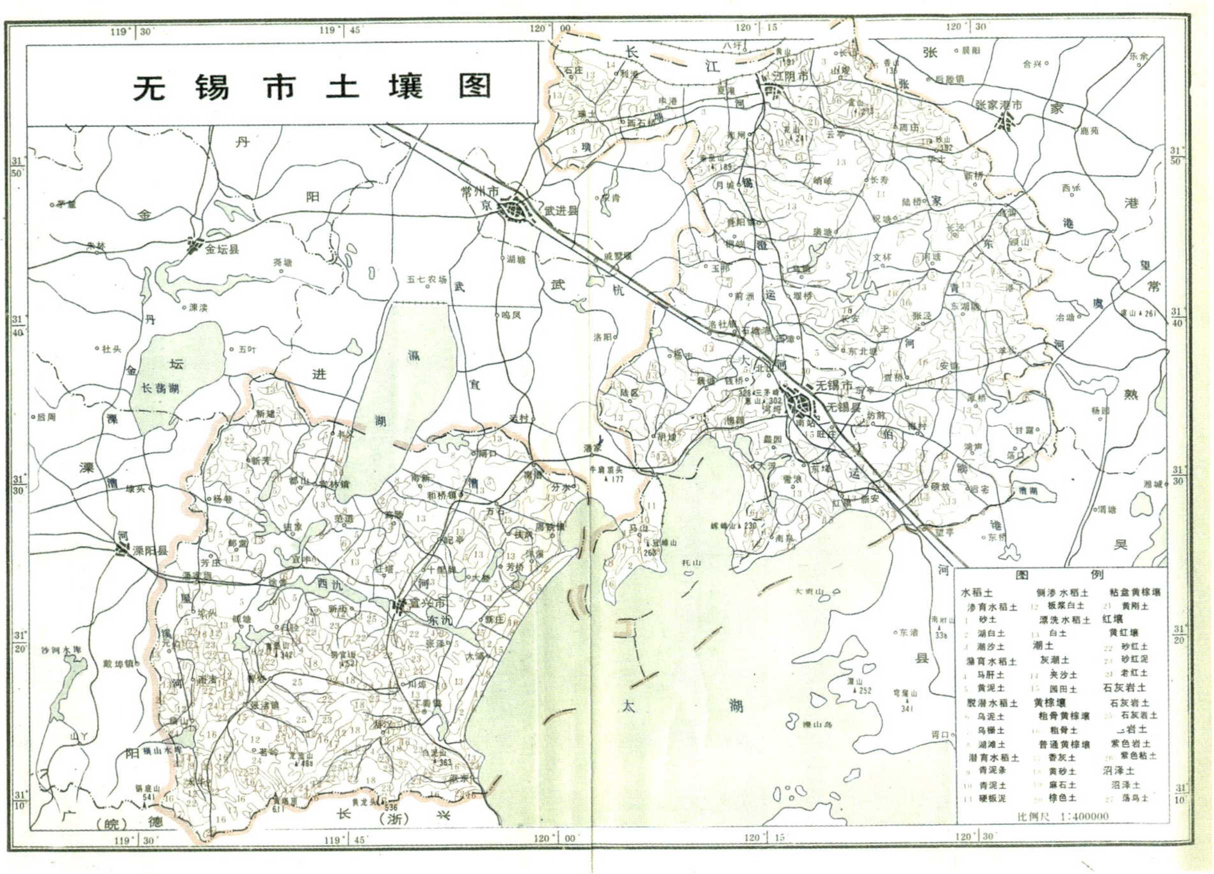

图2-18 无锡市土壤图（市国土局供稿）

潮土 主要发育于长江近代冲积物及太湖湖积物母质，主要分布在太湖、长江及河网周边，并集中于宜兴、滨湖、江阴等地，约占土壤总面积的9.11%。地下水埋藏一般较浅，毛细管作用强烈，地表有夜间返潮现象。大部分种植蔬菜、果树等旱作物。

黄棕壤 主要发育于酸性石英砂岩风化物及下蜀黄土母质，主要分布在宜兴、滨湖、锡山、江阴等地的低山丘陵地带，约占土壤总面积的14.33%。黄棕壤成土过程中具有较强的黏化作用，以及较弱的富铝化现象，土壤呈酸性，pH值在5左右，有机质积累较高。相当部分经开垦种植茶树、果树及山芋等旱作物。

红壤 主要发育于砂岩风化物、下蜀黄土及第四纪红土等成土母质，系黄棕壤向红壤的过渡土壤，发育程度较红壤弱，富铝化作用强于黄棕壤，呈棕红色，盐基不饱和，土壤pH值5左右，黏粒的淋溶淀积比较明显，主要分布于宜兴市南部低山丘陵区，占普查土壤总面积的5.27%。

石灰岩土 由石灰岩经长期风化形成的一种非地带性土壤，主要分布于宜兴市川埠、善卷、归径、渚东一带的低山，占普查土壤总面积的3.2%。

紫色岩土 由紫色砂页岩发育成的一种非地带性土壤，主要分布在宜兴市湖汶、川埠的岗地上，面积较小，占普查总面积的0.02%。

沼泽土 指地表终年或季节性积水、生长湿生植物、有机质含量丰富的土壤，分布于宜兴市滆湖边的荡地，未经人工垦种，生长着芦苇等水生植物，面积较小，占普查总面积的0.02%。

2.耕地肥力

2003年6月，宜兴市启动耕地质量调查与评价项目，对29个镇（园）6.45万公顷的耕地（含蔬菜地9200公顷)、1.01万公顷的茶果地开展调查，采集样品232个，调查农户200户。结果显示：每公斤土壤含有机质26.2克、全氮2.2克、速效磷14.35毫克、速效钾55.6毫克。与第二次土壤普查结果相比，增加有机质5.2克、全氮0.9克、速效磷6.2毫克，速效钾减少50.7毫克，土壤缺钾面积占98.53%；每公斤土壤含有效硅153.7毫克、有效硼0.44毫克，土壤缺硅、缺硼面积分别占47.54%、75%。

2004年6月开始，江阴市开展耕地质量调查与评价项目，结果显示：每公斤土壤含有机质24.28克、全氮1.74克、速效磷16.87毫克、速效钾83.44毫克、缓效钾270.14毫克。

2005年，惠山区进行耕地地力调查与评价项目，结果显示：每公斤土壤含有机质27.04克、全氮1.9克、速效磷33.95毫克、速效钾162.37毫克。

3.耕地地力

全市耕地按稻麦二熟亩产划分为一至五个等级，即：900公斤以上、800～900公斤、700～800公斤、600～700公斤和500～600公斤。2003～2005年，宜兴市、江阴市、惠山区分别开展耕地质量调查与评价，所调查的129013公顷耕地中，一至五级耕地分别为4153公顷、47620公顷、50087公顷、22973公顷和4180公顷，分别占耕地总量的3.22%、36.91%、38.82%、17.81%和3.24%。一、二级耕地宜兴市最多，分别为2020公顷、34960公顷；一级耕地江阴市占比最高，占4.14%，二级耕地宜兴市占比最高，占54.17%；三至五级耕地宜兴市分别为23960公顷、2307公顷和1293公顷，占总量的37.12%、3.58%、2%；江阴市分别为16947公顷、16847公顷和2147公顷，占总量的35.05%、34.84%和4.44%；惠山区三级耕地占比最高，一至五级耕地分别为133公顷、2253公顷、9180公顷、3820公顷和733公顷，分别占总耕地面积的0.83%、13.98%、56.94%、23.70%和4.55%。

一级耕地，宜兴市主要分布在高塍、和桥、官林、周铁、宜城等镇，代表土种有灰黄泥土、黄底灰黄泥土、乌底灰黄泥土、黄泥土；江阴市主要分布在霞客、长泾、顾山、青阳等镇，代表土种有黄泥土，少部分黄白土、乌黄土、乌山土；锡山区主要分布在安镇、鹅湖、锡北、东港、厚桥等地，代表土种主要有黄泥土，还有部分铁结核黄泥土；惠山区主要分布在堰桥镇的长安社区、新惠社区、姑里村、后村、城塘村，钱桥的桃园村和张华村，阳山镇的尹城村。

二级耕地，宜兴市主要分布在徐舍、新建、官林、大浦、洋溪、范道、周铁等镇，代表土种有黄泥土、灰黄泥土、乌泥土、沙底乌泥土、沙底黄泥土等；江阴市主要分布在青阳、霞客、长泾、顾山、祝塘、月城、云亭、南闸、新桥、澄江等镇，代表土种有黄泥土、黄白土、乌山土，少部分竖门乌山土；锡山区主要分布在安镇、羊尖、鹅湖、东北塘、锡北、东港、云林、厚桥等地，代表土种主要有黄泥土，还有部分铁结核黄泥土、铁质黄泥土、粉砂心黄泥土、乌泥底黄泥土、乌散土；惠山区主要分布在阳山、堰桥、洛社和钱桥等镇。

三级耕地，宜兴市各镇均有分布，土种类型较多，主要有马肝土、黄泥土、菜园黄泥土、小粉土、湖白土、白土、滩湖土等；江阴市分布在祝塘、周庄、澄江、华士、霞客、云亭、南闸、月城、青阳、长泾、顾山、新桥等镇，主要土种有黄白土、黄泥土、乌山土，少部分为风沙壤土、薄层黄泥土、竖头乌山土、乌黄土、上位白土等；锡山区各镇、街道均有分布，代表土种有白土心、黄泥土，部分为黄泥白土、乌散土、白土头，还有少量铁结核黄泥土、粉砂心黄泥土、乌泥底黄泥土、草炭底黄泥土、乌泥土、乌砂土、厚层白土；惠山区6个乡镇都有分布，主要分布在洛社和玉祁两镇。

四级耕地，宜兴市各镇均有分布，土种类型有马肝土、沙底小粉土、沙底湖白土、沙底白土，乌底滩湖土等10多种；江阴市主要分布在利港、璜土、申港、霞客、华士、周庄、澄江、夏港、南闸、青阳、云亭、新桥、月城等镇，土种类型有粉沙壤土、黄泥土、中位白土、乌山土、黄白土、上位白土、粉沙土、下位白土，少部分为薄层黄泥土、黄夹沙土、沙夹黄土、沙土、乌黄土等；锡山区主要分布在安镇、羊尖、锡北、东港、厚桥等地，代表土种主要为白土心，有部分黄泥白土、白土头，还有少量黄泥土、乌散土、黄泥白土、灰芦底土、厚层白土、旱地黄土；惠山区6个乡镇都有分布，主要分布在前洲、堰桥和洛社等镇。

五级耕地,宜兴市主要分布在西渚、鲸塘、宜城、新街、洑东等镇;江阴市主要分布在璜土、霞客、周庄、利港、申港、华士、夏港等镇,土种类型有中位白土、黄泥白土、淀板沙姜土、粉沙沙姜土等;锡山区主要分布在羊尖、锡北、东港等地,代表土种主要有白土心,还有部分旱地黄土、桑地黄土、黄泥白土、厚层黄砂土、薄层黄砂土;惠山区零星分布在前洲、洛社、玉祁、堰桥和钱桥等镇。

2003～2005年江阴市、宜兴市、惠山区耕地地力分级(调查)表

表2-4　　单位:公顷、%

项目	宜兴市		江阴市		惠山区		合计	
	总面积	占比	总面积	占比	总面积	占比	总面积	占比
一级地	2020	3.13	2000	4.14	133	0.83	4153	3.22
二级地	34960	54.17	10407	21.53	2253	13.98	47620	36.91
三级地	23960	37.12	16947	35.05	9180	56.94	50087	38.83
四级地	2307	3.58	16847	34.84	3820	23.70	22974	17.81
五级地	1293	2.00	2147	4.44	733	4.55	4173	3.23
合　计	64540	100.00	48348	100.00	16119	100.00	129007	100.00
调查年份	2003年		2004年		2005年		2003～2005年	

五、植物

1.植物区系

生长于无锡地区的维管束植物共有1990种和284变种(或亚种、变型,下同),分属于160科903属,植物科、属、种的数目占全国的比例相当可观,分别为全国植物科数的39.94%,属数的16.14%,种数的3.68%。由于无锡地区与全国和世界各地交流频繁,栽培植物种数超过野生植物种数。自然分布于无锡以及原产于外地而在无锡归化的野生植物共有141科514属998种87变种,由世界各地辗转引入栽培以及原产于无锡地区而亦已引入栽培的植物共有137科582属1137种198变种,其中有145种是既有栽培,又见野生的。

2005年无锡地区维管束植物分类统计表

表2-5　　单位:科、属、种

种类			野生植物				栽培植物				全部植物			
			科	属	种	变种	科	属	种	变种	科	属	种	变种
蕨类植物			22	31	47	1	10	16	22	—	24	39	67	3
裸子植物			4	8	8	—	9	27	60	15	9	27	60	15
被子植物	双子叶植物	离瓣花	68	215	401	32	76	237	446	102	91	358	768	133
		合瓣花	29	140	281	23	25	132	232	36	32	223	485	57
	单子叶植物		18	120	261	31	17	170	377	45	4	256	610	76
总计			141	514	998	87	137	582	1137	198	160	903	1990	284

无锡植物区系属于泛北极植物区、中国—日本植物亚区。植物区系主要起源于第三纪古热带植物区系。经过长时期发展演变,各类地理成分在境内的分布交错混杂。植物区系中含有10属以上的大科10科:禾本科(67属)、菊科(40属)、豆科(28属)、唇形科(17属)、蔷薇科(15属)、伞形科(15属)、莎草科(13属)、百合科(12属)、玄参科(11属)、大戟科(10属)。含有6属以上的科9科:十字

花科（9属）、石竹科（8属）、茜草科（7属）、毛茛科（6属）、旋花科（6属）、紫草科（6属）、马鞭草科（6属）、桔梗科（6属）、桑科（6属）。

包含种数最大的科是禾本科、菊科、莎草科、豆科，各含50种以上；其次是唇形科、蓼科、蔷薇科、玄参科、大戟科，各含20种以上；包含种数在13种以上的有伞形科、百合科、毛茛科、十字花科、石竹科、茜草科。包含10种以上的大属有蓼属、苔草属、艾蒿属、莎草属等4属，共含83种，占整个植物区系的8.32%；包含种数超过5种的属有鳞毛蕨属、景天属等21属。无锡野生植物中草本植物共782种，占总数78.36%；木本植物（包括竹类）共216种，占总数21.64%。251种野生和外来归化的木本植物中，落叶木本植物有201种，占80.1%；常绿木本植物有50种，占19.9%；其中乔木与灌木之比为1∶1。

2.新分布记录

在无锡植物区系中，有些种类在中国或江苏省内属首次发现。

中国分布新记录

光穗豚草　Ambrosia psilostachya DC.（菊科）
糙毛一年蓬　Erigeron strigosus Mubl.（菊科）
大序一枝黄花　Solidago altissma L.（菊科）
直立小蓼　Polygonum erecto-minus Makino（蓼科）
美洲牵牛　Ipomoea hederacea（L.）Jacq（旋花科）
腺茎泽番椒　Deinostemma adenocaula（Maxim.）Yamazaki（玄参科）
布顿大麦草　Hordeum murinum L.（禾本科）
紫鼠茅　Festuca octoflora Walter（禾本科）
奇异虉草　Phalaris paradoxa L.（禾本科）
紫穗荸荠　Eleocharis pellucida Presi var.thermalis（Hulten）Hara（莎草科）

江苏分布新记录

楔叶蓼　Polygonum trigonocarpum（Makino）Kudo et Masam.（蓼科）
草胡椒　Peperomia pellucida（L.）kunth（胡椒科）
豆茶决明　Cassia nomame（Sied.）Honde（豆科）
三裂叶绿豆　Phaseslus trilobatus（L.）Schreb.（豆科）
乌苏里狐尾藻　Myriophyllum ussuriense（Regel）Maxim.（小二仙草科）
南丹参　Salvia bowleyana Dunn（唇形科）
长果母草　Lindernia anagallis（Burm. f.）Pennell（玄参科）
小狸藻　Utricularla excelsa R.Br.（狸藻科）
美洲车前　Plantago virginica L.（车前科）
日本马瓟儿　Melothria japonica（Thunb.）Maxim.（葫芦科）
密毛奇蒿　Artemisia anomala var.tomentella H.-M.（菊科）
牛膝菊　Galinsoga ciliata（Raf.）S.F.Blake（菊科）
多茎鼠麴草　Gnaphalium polycaulon Pers（菊科）
长花马唐　Digitaria longiflora（Retz）Pers.（禾本科）
类头花藨草　Scirpus subcapitatus Thw.（莎草科）
少根紫萍　Spirodela o1igorrhiza（Kurz）Hegelm.（浮萍科）
卵叶异檐花　Triodanis biflora（Ruix et Pavon）Greene（桔梗科）
秀丽野海棠　Bredia amoena Diels（野牡丹科）
绿叶介蕨　Dryoathyrium viridifrons（Makino）Ching（蹄盖蕨科）

3.珍稀种类

无锡所产的植物中有不少国家级的珍稀濒危保护植物和重点保护野生植物，其中大多为人工栽培植物。露地栽培的国家珍稀濒危保护植物种类有：银杏、水杉、鹅掌楸、杜仲、红豆杉、香水月季、福建柏、秃杉（台湾杉）、乐东拟单性木兰、夏腊梅、银鹊树、秤锤树、宝华木兰、天目木兰、厚朴、红花木莲、天目铁木、黄檗等种类。上述植物除银杏、水杉、鹅掌楸等栽培范围较广外，其余种类只能见于或甚至仅以单株保存于风景区或公园等处。此外，还有不少盆栽兰科、苏铁科、桫椤科等科属的国家珍稀濒危保护植物种类。野生的国家珍稀濒危保护植物和重点保护野生植物仅有6科6属6种，分别为：

野大豆，为豆科一年生缠绕植物，为大豆的近缘种，有耐盐碱、抗寒、抗病等优良性状，在遗传育种上有重要的潜在价值，为国家Ⅲ级保护濒危种。

明党参，为伞形科多年生草本植物，是中国特有的单种属植物，是著名的中草药，特产华东地区，为国家Ⅲ级保护稀有种。

短穗竹，为禾本科的中型竹类，是华东特有单种属植物，对研究竹类分类系统有一定的科学意义，为国家Ⅲ级保护稀有种。

金钱松，为裸子植物松科的落叶大乔木，是中国特有单种属植物，为国家Ⅱ级保护稀有种。

水蕨，为蕨类植物中的水生种类，对研究蕨类植物的进化关系有一定的意义，为国家重点保护野生植物。

乌苏里狐尾藻，为小二仙草科，水生草本植物，为国家重点保护野生植物。

4.绝灭和濒临绝灭的土著植物

至1990年，38种植物在无锡地区野外绝灭，分别为：瓶尔小草、林荫银莲花、华茶藨、光叶绣线菊、鸡血藤、睫毛齿果草、大戟、柳叶菜、长籽柳叶菜、中华常春藤、变豆菜、峨参、少花红柴胡、明党参、骨缘当归、前胡、老鸦柿、四川山矾、老鸦糊、莸草、豆腐柴、挖耳草、羊乳、奇蒿、东风菜、鳞茅、华鳞茅、河八王、细叶刺子莞、球柱草、长毛珍珠茅、掌叶半夏、浙贝母、天门冬、射干、尾瓣舌唇兰、小舌唇兰、绶草等种类。

至21世纪初，另有多种土著植物在无锡地区野外绝灭或濒临绝灭。其中水生及沼生植物有：水蕨、萍蓬草、睡莲、水马齿、乌苏里狐尾藻、轮生狐尾藻、小花荇菜、金银莲花、腺茎泽番椒、泽番椒、虻眼、轮叶石龙尾、石龙尾、茶菱、水苦荬、黄花狸藻、小狸藻、多孔茨藻、草茨藻、小茨藻、窄叶泽泻、弯囊苔草、黑藻、水鳖、水车前、苦草、雨久花、扯根菜、稀脉浮萍、品萍、紫萍、少根紫萍、无根萍、蕺菜、莲子草、瓜子金、地笋、丹参、半枝莲、白药谷精草、蚊母草、甜茅、假稻、甜根子草、虉草、珠穗苔草、翅囊苔草、旋鳞莎草、矮莎草、尖穗荸荠、紫穗荸荠、复序飘拂草、类头花藨草；药用植物有：苍术、园盖阴石蕨、商陆、延胡索、太子参、木通、兰花参、桔梗、牛蒡、延羽卵巢蕨、蝙蝠葛、茅膏菜、云实、苏木蓝、鹿藿、叶下珠、蜜柑草、一叶萩、南蛇藤、扶芳藤、长叶冻绿、圆叶鼠李、瓜木、金锦香、五加、白背叶楤木、醉鱼草、毛白前、徐长卿、七层楼、梓木草、白棠子树、臭牡丹、香薷、石蚕、酸浆、松蒿、水蔓青、野菰、水蓑衣、九头狮子草、水杨梅、马瓟儿、白花蛇舌草、石沙参、轮叶沙参、狼把草、飞廉、烟管头草、臭灵丹、兔儿伞、异叶天南星、宝铎菜、黄花菜、土麦冬、麦冬、牛尾菜、鹿葱；其他植物有：银粉背蕨、疏网尾丫蕨、宝华山瓦韦、小叶栎、细穗藜、短柱铁线莲、吴兴铁线莲、黄花菜、牛鼻栓、掌叶覆盆子、中华绣线菊、单瓣李叶绣线菊、野百合、山绿豆、三裂叶绿豆、狭叶香港远志、短穗铁苋菜、乳浆大戟、茶条槭、异叶蛇葡萄、光果田麻、马松子、微毛柃、格药柃、黄海棠、佘山胡颓子、毛八角枫、锥果丁香蓼、小二仙草、刺楸、野茉莉、水田白、镇江白前、藤长苗、豆腐柴、南丹参、光紫黄芩、胡麻草、山萝花、鹿茸草、腺毛阴行菜、蓝花挖耳草、麦仁珠、南赤瓟、南牡蒿、萎蒿、大籽蒿、琴叶紫菀、三叶鬼针草、一点红、全光菊、佩兰、笔管草、毛梗稀莶、羽叶千里光、白羊草、长花马唐、珠芽画眉草、莕草、日本乱子草、大花臭草、显子菜、光高粱、荸草、丝柄苔草、灰帽苔草、镜子苔草、短苞苔草、书带苔草、粉披苔草、白鳞莎草、砖子苗、毛果珍珠茅、高杆珍珠茅、雨久花、小果菝葜等种类。

2005年无锡市绝灭和濒临绝灭的植物占无锡植物区系比例表

表2-6 单位：科、属、种、%

项目	科	属	种	其中			
				乔木	灌木	木质藤木	草本
植物区系组成	141	514	998	99	88	29	782
绝灭和濒危数	21	110	245	5	21	3	216
占百分比	14.89	21.40	24.55	5.05	23.86	10.34	27.62

5.归化植物①

50年代前在无锡地区归化的外地植物有31种，分别为：钻形紫菀、野塘蒿、小白酒草、一年蓬（长毛草）、续断菊、直立婆婆纳、曼陀罗、紫花曼陀罗、苦蘵、圆叶牵牛、细叶芹、芫荽、野胡萝卜、斑地绵、蓖麻、苘麻、野老鹳草、天蓝苜蓿、小苜蓿、剪舌豌豆、臭荠、北美独行菜、美洲商陆、紫茉莉、水花生、绿穗苋、反枝苋、刺苋、皱果苋、野燕麦、鼠茅等。其中有不少种类进入本地区有相当长的历史，小白酒草、野塘蒿、一年蓬、钻形紫菀、续断菊等可追溯至18～19世纪。

50～70年代进入无锡地区的种类有12种，分别为：大狼把草、线叶金鸡菊、蛇目菊、糙毛一年蓬、母菊、菊芋（洋生姜）、通奶草、细莼菜（铜锤草）、紫穗槐、白车轴草、凤眼莲、北美车前。

80年代后进入无锡地区的外地野生植物种类有33种（含变种），分别为：豚草、光穗豚草、三裂叶大豚草、全叶大豚草、牛膝菊、多茎鼠曲草、大序一枝黄花、加拿大一枝黄花、胜红蓟、卵叶异檐花、假酸浆、蓝蓟、瘤梗甘薯、三裂叶甘薯、美洲牵牛、圆叶茑萝、茑萝、芹叶牻牛儿苗、麝香牻牛儿苗、白香草木樨、长柔毛野豌豆、麦瓶草、鸡冠花、土荆芥、东方蒜芥、光果蒜芥、草胡椒、黑麦草、多花黑麦草、硬雀麦、布顿大麦草、奇异虉草、紫鼠茅。

至2005年，成功进入无锡地区的外来种有76种（含变种），其中44种（含变种）是在近50年中进入本地区归化野生的，而其中的72.7%的种类又是近20年内归化的。其中光穗豚草、糙毛一年蓬、大序一枝黄花、美州牵牛、紫鼠茅、布顿大麦草、奇异虉草等为中国分布新记录。

六、动物

1.鱼类

无锡水网密布，鱼类资源极其丰富。80年代初，拥有鱼类107种（不包括引进种），分属于13目25科，其中包括国家一级重点保护鱼种中华鲟、白鲟，国家二级重点保护鱼种松江鲈鱼、胭脂鱼，江苏省重点保护鱼种鲥鱼、鲤鱼、鲫鱼、青鱼、草鱼、鲢鱼、鳙鱼、鳜鱼，以及鳗鲡、刀鲚、银鱼、鲶鱼、凤鲚、东方鲀、黄鳝、编鱼、团头鲂、乌鳢等多种经济种类。无锡地区的鱼类大多是淡水鱼类，其中归属于鲤科的就有54种，占全市鱼类种数的一半。80年代后，由于水质恶化，许多自然水体不再适合鱼类生存，加上洄游线路被切断、过度捕捞等因素，多种自然鱼类产量大量减少，胭脂鱼、赤眼鳟、鳡鱼、银鲴、蛇鮈、月鳢、鲶鱼、团头鲂、占鱼等原来较为普通的鱼种，成为罕见之物，太湖胭脂鱼已经绝迹；每年定期由海入江溯河上游的白鲟、鲥鱼、鲚鱼、间鱵鱼、鲈鱼、窄体三线鳎（匿鳎鱼）、东方鲀和江河洄游的松江鲈鱼（四鳃鲈）等，从80年代后期起杳无踪迹，不复再见。

2002～2003年，中科院地理与湖泊研究所对太湖鱼类进行调查，共采集到鱼类48种（含亚种），分别为：鳗鲡、刀鲚、青鱼、草鱼、赤眼鳟、鳘、似鲚、团头鲂、红鳍原鲌、翘嘴鲌、蒙古鲌、似鳊、彩石鳑鲏、大鳍鱊、越南鱊、短须鱊、花䱻、似刺鳊鮈、麦穗鱼、华鳈、黑鳍鳈、亮银鮈、棒花鱼、鲤、鲫、银鲫、鲢、鳙、泥鳅、大鳞副泥鳅、黄颡鱼、光泽黄颡鱼、瓦氏黄颡鱼、鲇、大银鱼、短吻间银鱼、寡齿新银鱼、太湖新银鱼、间下鱵、黄鳝、鳜、大眼鳜、河川沙塘鳢、小黄黝鱼、吻鰕虎鱼、乌鳢、圆尾斗鱼、刺鳅。相

① 归化植物研究工作始于50年代初，50年代以前归化的种类，大部分无法定归化年代。

比80年代初及之前学者调查的103种,减少55种,主要为:

海水—淡水洄游鱼类,包括:中华鲟、鲥、鲻、梭鱼、松江鲈、花鲈、香鲻、窄体舌鳎、暗纹东方鲀、弓斑东方鲀等;

湖泊—长江洄游鱼类,包括:胭脂鱼、鳤、鳡、鯮、长寿鳊、三角鲂等;

喜流水或激流的鱼类,包括:马口鱼、鲴类、铜鱼、长吻鮠、大鳍鳠、湘华鲮等。

2.两栖类和爬行类

无锡地区气候温暖潮湿、水域众多,适于两栖动物生活和繁衍,分布的两栖动物有9种,占全国248种两栖动物的3.63%。数量较多的为归属蛙形目3科7属,其中虎纹蛙为国家Ⅱ级保护动物,黑斑侧褶蛙和金线侧褶蛙为江苏省重点保护动物。

有爬行动物25种,约占全国总数396种的6.31%。其中,包括龟鳖类6种,除鳖外,其他种类均属于国家和江苏省重点保护物种;蜥蜴类7种;蛇类12种,赤练蛇、王锦蛇、黑眉锦蛇、翠青蛇、乌梢蛇和短尾蝮蛇等属于江苏省重点保护物种。

3.鸟类

地球上现存鸟类9000种左右,留居、旅经或在无锡地区繁殖的至少有173种,分属于16目,其中含有国家Ⅰ级保护鸟类3种,国家Ⅱ级保护鸟类27种和江苏省保护鸟类24种,共计54种。

4.兽类

据调查和历史记载,无锡地区有兽类36种,占全国兽类的7.55%,其中穿山甲(鲮鲤)、水獭、大灵猫、小灵猫、河麂、江豚等属于国家Ⅱ级保护动物,刺猬、狐、貉、猪獾、花面狸、豹猫、赤腹松鼠等属于江苏省重点保护物种。在无锡地区36种兽类中,鳞甲目和偶蹄目的种类最少,分别只有1种和2种。前者的代表是鲮鲤,也是该目在中国所产的唯一种类;偶蹄目的代表是俗称獐子的河麂(另一种为小麂),是少数几种雄体头上缺乏茸角的鹿科动物之一。食肉目的兽类种类最多,共有12种,分别归属于犬科、鼬、灵猫科和猫科。其他兽类中,翼手目有6种,如蝙蝠等;啮齿目有7种,其中赤腹松鼠是江苏省重点保护动物。

附:无锡市部分国家珍贵野生动物生存状况①

穿山甲(Manis pentadactyla) 鳞甲目鲮鲤科,国家Ⅱ级保护动物,渐危。由于过度捕猎和栖息地遭破坏,野外资源逐渐减少。全国第二次陆生野生动物调查中,无锡地区未发现野生实体。

大灵猫(Viverra zibetha)、小灵猫(Viverricula indica) 食肉目灵猫科,国家Ⅱ级保护动物,大灵猫为渐危种。由于过度捕猎和栖息地破坏等,资源量锐减,近20年无锡地区未发现野生实体。

河麂(Hydropotes inermis) 偶蹄目鹿科,国家Ⅱ级保护动物,渐危。主要栖息于低山丘陵灌丛草坡、矮树林或湖滨、江滩植被中,主要生存威胁是栖息地破坏和过度捕猎。90年代后期开始,低山丘陵地带封山育林,这些分布地河麂种群呈逐渐恢复趋势。

水獭(Lutra lutra) 食肉目鼬科,国家Ⅱ级保护动物,渐危。由于过度捕猎、栖息地破坏和环境污染,数量逐渐减少,全国第二次陆生野生动物调查中,无锡地区未发现野生实体。

白鳍豚(Lipotes vexillifer) 鲸目淡水豚科,国家Ⅰ级保护动物,濒危。主要生存威胁来自洄游线路被切断、污染和渔业、航运业等。1982年长江白鳍豚为400头,1986年为300头,1990年剩200余头,1994年时估计不到100头,1997年时仅发现21头。

江豚(Neophocaena phocaenoides) 鲸目鼠海豚科,国家Ⅱ级保护动物,濒危。主要生存威胁来自洄游线路被切断、污染和渔业、航运业等。

大鲵(Andrias davidianus) 有尾目隐鳃鲵科,国家Ⅱ级保护动物,濒危。因过度捕捞、栖息地破坏和环境污染等,大鲵野生资源急剧减少。全国第二次陆生野生动物调查中,无锡地区未发现野生

① 资料来源于《国家重点保护野生动物在江苏的资源分布及保护探讨》,《江苏林业科技》2006年6月。

实体。

虎纹蛙（Rana tigrina）　蛙形目蛙科，国家Ⅱ级保护动物。由于近20年来过量捕杀和环境污染等，资源量急剧下降。

扬子鳄（Alligator sinensis）　爬行纲鳄目鼍科，国家Ⅰ级保护动物，濒危。由于栖息地破坏、被作为害兽捕猎和环境污染，省内已无野生种。1999年江阴市申港建国养殖场从安徽引进56条扬子鳄，2003年种群发展至88条。

鼋（Pelochelys bibroni）　爬行纲龟鳖目鳖科，国家Ⅰ级保护动物，太湖水系的湖泊及河流是其历史栖息地。由于过度捕捉、栖息地破坏和环境污染等，分布地缩小，数量极稀少。

胭脂鱼（Myxocyprinus asiaticus）　鲤形目亚口鱼科（胭脂鱼科），国家Ⅱ级保护动物，易危。由于过度捕捞、流域污染、洄游线路被切断等，长江下游胭脂鱼数量急剧减少，太湖胭脂鱼已经绝迹。

白鲟（Psephurus gladius）　鲟形目匙吻鲟科，国家Ⅰ级保护动物，渐危。曾分布于长江干流和沿江大型湖泊，由于过度捕捞、洄游路线被切断和环境污染，资源量下降，渐趋濒危。

中华鲟（Acipenser sinensis）　鲟形目鲟科，国家Ⅰ级保护动物，渐危。历史分布于近海及长江、珠江、闽江、钱塘江、黄河等大江河。由于种内生物学特点和洄游路线被切断、流域污染等，大多数江河已绝迹，仅长江现存数量略多。

松江鲈鱼（Trachidermus fasciatus）　鲈形目杜父鱼科，国家Ⅱ级保护动物，濒危。长江下游及其入海口是其历史分布水域。由于过度捕捞、洄游路线被切断和环境污染，分布区急剧缩小，种群数量逐年下降。

第五节　自然灾害

一、气象灾害

无锡处于北亚热带湿润季风气候区，多冷暖空气交汇，气象灾害发生频繁，主要气象灾害有暴雨洪涝、台风、强对流天气（冰雹、龙卷风、雷暴大风、飑线、下击暴流、短时强降水等）、高温、连阴雨、干旱、寒潮（冻害）、大风、雪害、雾、雷电灾害等。

1.暴雨洪涝

无锡市年平均暴雨日数2.9天，最多年份为1991年和2001年，各6天。连续暴雨或大暴雨极易造成洪涝灾害。梅雨期是暴雨多发时期，也是洪涝灾害的主要发生期。

1986年7月6～7日，全市普降大到暴雨。7日，江阴降水量125.8毫米，农作物受灾面积13334公顷。

1986年7月11日，江阴暴雨，降水量66.1毫米，900户居民受淹。

1987年7月上旬，无锡降水量216.1毫米，雨日8天，其中4日出现暴雨，市区678户居民受淹。

1987年8月25日，宜兴暴雨，降水量91.9毫米，农作物受灾面积7733公顷。

1988年5月4日，江阴降水量46.6毫米，4时22分出现最大风速每秒11.0米，方向北到东北风，受灾人口1230人，死亡6人，受伤27人，农作物受灾面积5160公顷，损坏房屋907间，倒塌房屋534间。

1988年9月3日，无锡大暴雨，降水量164.1毫米，市区4668户居民受淹，农作物受灾面积200公顷，倒塌房屋3间。

1989年9月4日，江阴暴雨，降水量91.9毫米，10点18分出现大风天气。长山镇安全村倒塌楼房2间，南闸黄村倒塌楼房4间，要塞蒲桥村倒塌楼房1间。西石桥仓敦模具拉丝厂储水塔倒塌，压塌三上三下楼房1幢，损失约30万元。黄田港低洼地区15户居民受淹。

1991年5月21日～7月15日，无锡遭受百年未遇的洪涝灾害，无锡、江阴、宜兴3地梅雨量分别达801毫米、906.7毫米和658.8毫米，7月16日太湖最高水位4.79米，超过1954年太湖最高水位（4.65米），因洪涝全市死亡20人，受伤106人，转移安置36万人，农作物成灾面积60370公顷，30.81万户居民受淹，倒塌房屋20485间，停产半停产企业3571家，全市直接经济损失34.19亿元，间接经济损失70亿元。

1992年10月3日，宜兴出现暴雨、雷暴，降水量51.9毫米，死亡1人，受伤3人，水稻产量损失6000～7500吨。

1993年7月19～20日，宜兴连续出现2天暴雨，降水量212.8毫米，7月20日凌晨2时湫东山区和湖汊局部地区出现山洪暴发。

1995年5月19日，无锡、宜兴出现暴雨，三麦倒伏，农作物受灾面积33350公顷，城区10多条街道、2200户居民受淹。

1995年6月21日，全市普降暴雨，其中江阴出现117.4毫米的大暴雨，农作物受灾面积19343公顷，成灾面积6003公顷，城区1371户居民受淹。

1996年6月3日～7月22日，江阴降水量384.7毫米，雨日38天，受灾人口20万人，农作物成灾面积2000公顷，绝收面积800公顷，直接经济损失1750万元。

1996年7月5日，无锡大暴雨，降水量134.1毫米，5033户民房、114家工厂受淹水。

1998年7～9月，长江上游洪水引发连续8次长江高水位，导致江阴部分地区受灾，受灾人口11390人，直接经济损失3564万元。

1999年6月7日～7月19日，全市遭受罕见洪涝灾害，无锡、江阴、宜兴降水量分别为581.6毫米、495.4毫米、754.8毫米，全市受灾人口22.8万人，农作物受灾面积25450公顷，民房进水50966户，倒塌房屋645间；受淹企业2294家，其中停产835家、半停产1210家。宜兴市17451人遭洪水围困被迫转移，直接经济损失8.97亿元。

2002年6月19～21日，无锡、江阴、宜兴降水量分别为226.4毫米、180.4毫米、110.3毫米，其中20日和21日出现区域性暴雨，全市1917户民房、39家工厂受淹，农作物受灾面积225公顷。

2004年6月24～25日，江阴出现连续暴雨，降水量196.1毫米，多处严重积水，受淹路段约5600米，720户居民、50多家企业受淹，农作物受灾面积2646公顷，直接经济损失1500万元。

2.热带气旋（台风）

影响无锡的台风平均每年有1.6个，最多年份可达4个。

1989年9月15～17日，受8923号热带风暴袭击，无锡、江阴、宜兴过程雨量分别为91.1毫米、46.4毫米、110.5毫米，宜兴、江阴在16日出现大风天气。无锡市区1092户水淹；宜兴死亡2人，倒塌房屋602间，农作物成灾面积5336公顷，直接经济损失1534.5万元。

1990年8月31日～9月1日，受9015号台风正面袭击，无锡、江阴、宜兴过程雨量分别为211.9毫米、124.3毫米、187.2毫米，全市普遍出现大风天气。死亡3人，受伤18人，房屋受损1313间、倒塌1144间，7911户居民、252家企业受淹，农作物成灾面积7784公顷，绝收1334公顷。宜兴太华乡山洪暴发造成700余人无家可归，直接经济损失1.76亿元。

1992年9月23～24日，受9219号热带风暴直接影响，无锡、江阴、宜兴过程雨量分别为57.7毫米、53.4毫米、62.9毫米，全市普遍刮起8～9级大风。水稻严重倒伏，农作物成灾面积7633公顷，绝收2933公顷，直接经济损失2.1亿元。

1994年10月9～10日，受9430号台风倒槽影响，无锡地区普降大暴雨，大部分地区24小时降水量超过200毫米。死亡7人，受伤3人，农作物成灾面积2668公顷，淹没鱼池176公顷，受淹工厂218家，约4000户居民家中进水，直接经济损失2.8亿元。

1997年8月18～21日，受9711号台风影响，全市普降大到暴雨，并伴有8～9级大风。由于正值天文大潮，长江江阴段出现7.28米的历史最高潮位。全市2522户居民受淹，房屋受损1175间、倒塌60间；400多条供电线路发生故障，35条1万伏高压线路停电；长江大堤护坡、挡浪墙受损，损失石方4700立方米；农业生产、多种经营等遭受较大损失，影响养鱼面积100多公顷，逃鱼近20万公斤。

2004年7月3日，受0407号强热带风暴"蒲公英"外围影响，江阴出现暴雨，全市普遍出现8～9级大风，宜兴极大风速达每秒24.3米。宜兴发生沉船事故5起，沉船7艘，落水10人；18家工厂的厂房刮倒或压坏，多处民居受损。

2005年8月6～7日，受0509号台风"麦莎"袭击，无锡市普遍出现8级以上大风和暴雨到大暴雨天气，15个自动气象站中有2个站测到11级大风，有9个站测到100毫米以上的降水，其中羊尖站过程雨量192.8毫米；全市死亡3人，受伤5人，受灾人口204949人，成灾人口23844人，转移10597人，倒塌房屋913间，损坏房屋1560间，3688户居民受淹，农作物成灾8134公顷，绝收面积2065公顷，部分供电线路中断等，直接经济损失1.98亿元。

2005年9月11～12日，受0515号台风"卡努"正面袭击，无锡、江阴、宜兴雨量分别为77.8、78.5、42.1毫米，极大风速分别为每秒21.0米、每秒29.6米、每秒20.2米。全市受淹农田40.46万亩，其中成灾面积9.96万亩；4108户居民家中进水，3304间房屋受损，其中倒塌房屋1030间，受灾人口48.68万人；受淹企业284家；损坏堤防9.59公里、机电泵站4座、桥涵57座、护岸36处共1.07公里。直接经济损失2.68亿元。

3.强对流天气

1986年7月22日15时05分～15时30分，冰雹、雷雨、大风袭击宜兴县周铁乡、无锡县西南部和无锡市郊的12个乡镇，伤9人，倒塌房屋483间，农作物受灾1247公顷。

1986年7月27日15时30分～16时20分，宜兴县茗岭、渚东、太华3个乡部分地区出现雷雨大风，伤5人，倒塌房屋28间。

1986年8月1日14时50分左右，宜兴新建乡受雷雨大风和冰雹袭击，估计雨量60～70毫米，阵风8～9级，倒塌房屋33间，长途电话线路中断7小时。

1987年4月24日12时30分前后，江阴14个乡镇局部出现冰雹，持续5～15分钟，死亡8人，受伤25人，房屋损坏357间、倒塌519间，三麦受灾面积367公顷。

1987年5月25日16时20分～17时30分，宜兴徐舍、宜丰、潘家坝、芳庄、鲸塘、钮家、归径等7个乡遭到龙卷风、冰雹袭击，历时30余分钟，风力10级以上，3人受伤，38个村受灾，房屋倒塌213间、受损34间，1654公顷三麦、油菜等受损，经济损失143万元。

1987年8月11日下午5时左右，宜兴横山、张渚、茗岭、太华及新庄、大浦、丰义等乡遭龙卷、暴雨、冰雹灾害，5人受伤，倒塌房屋339间，726公顷水稻受损，直接经济损失54万元。

1988年5月3日22时20分，无锡市区和3市（县）的30多个乡镇出现突发性冰雹大风天气，死亡10人，3人失踪（其中长江中翻船死亡6人、3人失踪），受伤20人，损坏房屋500间，农作物受灾面积8893公顷，三麦折实倒伏面积6670公顷以上，农业经济损失1000万元。

1988年6月28日、7月13日，宜兴元上、西渚、茗岭、张渚、红塔，范道等乡镇两次遭受龙卷风、暴风雨袭击，死亡1人，重伤1人，311户群众房屋财产受到严重损失，倒塌住房458间，直接经济损失39万元，部分农户的竹木果树等经济作物受到严重影响。

1989年7月15日17时10分～17时40分，宜兴徐舍、宜丰等4个乡镇遭受冰雹、龙卷风、暴雨袭击，7人受伤，倒塌房屋22间，农作物受灾面积1818公顷，直接经济损失46万元。

1989年7月28日21时～29日7时，无锡县多个乡镇遭受龙卷风、暴雨袭击，8人受伤，倒塌房屋192间、厂房182间，农作物受灾面积667公顷，直接经济损失240万元。

1990年7月25日，江阴璜塘镇华村、任九房村、青磡村出现大风冰雹天气，8人受伤，倒塌房屋44间。

1992年7月19日晚8时30分，宜兴遭雷雨大风袭击，瞬间风力达11级以上，死亡3人，受伤30人，倒塌房屋691间、围墙9000米、烟囱10座等。

1994年5月10日22时35分，宜兴出现雷雨和瞬时风速每秒26米的偏北大风。死亡2人，受伤2人，倒塌房屋28间，直接经济损失200万元；受灾农作物以油菜和毛竹为主，受灾面积17075公顷。

1994年5月31日下午15时30分～16时，无锡、江阴的17个乡镇受冰雹袭击，持续15分钟左右，死亡1人。

1994年7月14日17时50分起，宜兴多个乡镇遭受雷雨大风，瞬时风速每秒24.4米，死亡1人，受伤5人，倒塌房屋1700间，农作物受灾620公顷，掀翻农用船9艘，板栗等农作物受损。

1995年11月7日，受北方强冷空气影响，全市出现大风天气，无锡瞬间风速每秒19.6米，1间民房倒塌，造成1死1伤。

1996年9月12日下午3时45分，江阴市南闸、要塞等地出现龙卷风和冰雹，持续时间20多分钟，房屋受损，树木折断，50多家企业受灾。其中遭受龙卷风袭击的南闸砖瓦厂死亡4人、受伤6人。

1998年5月1日21时左右，受飑线影响，全市出现大风雷雨天气过程，局部地方出现龙卷风，瞬时极大风速宜兴每秒24米、无锡每秒22.7米、江阴每秒19.8米。死亡1人，受伤28人，房屋损坏1833间、倒塌119间，小麦、油菜倒伏1000公顷，蔬菜受损700公顷，宜兴9300公顷新生毛竹被刮倒50%，直接经济损失4100万元。

1999年3月5日，江阴大风，造成死亡4人，直接经济损失18万元。

1999年5月10日14时30分～16时30分，受强对流天气影响，全市各地先后出现雷雨大风，江阴、宜兴出现冰雹；全市111个农业乡镇中有91个乡镇受灾，农作物受灾面积8015公顷，农业经济损失2094万元。

2000年7月2日10时30分左右，锡山市八士镇大部分地区遭受暴风雨、冰雹的袭击，持续近2小时，房屋损坏135间、倒塌105间，部分蔬菜受灾，损坏塑料薄膜大棚170多座，直接经济损失800万元。

2001年3月30日，据江阴海事局记录，大风造成失踪2人，直接经济损失165万元。

2002年8月24日傍晚，宜兴出现强雷暴天气，18时09分出现风速每秒18.8 米的大风。多处农田、房屋受损，尤以新庄镇最为严重，重伤2人，企业受损房屋240间，民房受损485间、倒塌68间，水稻和经济作物受灾53公顷，倒塌电线杆50余根，经济损失360万元。

2002年8月26日，无锡、江阴出现雷暴大风，瞬间极大风速分别达每秒20.2米和每秒21.5米。伤2人，民房倒塌1间、损坏2间，多处遭雷击，直接经济损失10多万元。江阴海事局记录，大风造成直接经济损失98万元。

2003年7月17日16时50分左右，宜兴市大浦镇遭受龙卷风袭击，30多家单位和部分农户受损，房屋倒塌41间，屋面受损585间等，受损总金额超过200万元。

2003年7月17日17时30分左右，无锡出现大风雷雨天气，瞬时极大风速达每秒21.7秒。死亡3人，伤16人；100多条10千伏供电线路出现故障，跳闸停电；太湖中4艘船沉没，死亡1人。

2004年3月17日，受冷空气影响，无锡、江阴分别出现8级和9级大风天气。无锡500艘船舶滞留马山，多处广告牌、工地脚手架受损，树木被折断10多株，引发供电故障40多起，无锡市安镇水泥有限公司两座烟囱被刮倒。据江阴海事局记录，大风造成死亡1人，直接经济损失6万元。

2004年5月21日下午，出现强对流天气，无锡城区、惠山区钱桥、锡山区鸿山镇及安镇、江阴南闸镇等地均出现雷阵雨和冰雹。1人被冰雹砸晕后送医院抢救无效死亡，21公顷油菜、西瓜、水稻秧田遇冰雹袭击遭损。

2005年4月25日傍晚，江阴、无锡分别出现9级和8级偏北大风并伴有降雨，22时左右再次降雨并有雷暴出现。死亡4人，受伤8人；20多条高压线出现供电故障，无锡城区东门、陆区、梅村、长安地区大范围停电。

2005年6月28日，无锡出现雷阵雨天气，锡山区和滨湖区遭雷雨大风袭击，导致1死6伤（其中雷击死亡1人），损坏民房2间、牲畜棚43间、蔬菜大棚36个。

4.高温

1988年7月4日起，无锡连续18天高温天气，持续时间之长为历年之最。农作物受旱面积8200公顷，绝收70公顷；全市医院收治中暑病人800余人，死亡70余人。

1994年8月3～7日，无锡高温伏旱，发生5起山林火灾，过火面积和森林受害面积为61.6公顷、47.5公顷。

2003年夏季，无锡高温创出4项历史新记录：高温总天数32天，8月1日的最高气温40.1℃，7月29日的日平均气温、最低气温分别为34.9℃和31.8℃。持续的高温天气，造成无锡供电、供水负荷连创新高；高温天热，心情烦躁，中暑、车祸病人猛增，供电线路故障增多。

5.连阴雨

以春季连阴雨最为明显。无锡连续5天以上的春季连阴雨天气年平均出现3.3次，有4年出现过5次春季连阴雨天气过程。

1996年10月30日～11月10日，江阴过程总雨量71.6毫米，雨日12天，约有30%的水稻未能及时收获，个别田块少数割倒在田的稻穗发芽，影响米质和产量。

2001年1月5～9日和1月18～26日，无锡两次连阴雨，雨日分别为5天和9天，降水量分别为74.6毫米和62.2毫米，是隆冬季节两次雨量较大的连阴雨天气过程。小麦、油菜田间积水明显，湿害较为严重，小麦分蘖不足，苗情长势较差。1月21日晚的降水，导致交通事故频发，全市发生交通事故40余起，1人死亡，多人受伤。

2002年2月26日～3月5日，无锡连阴雨，引发13起交通事故，1人死亡，多人受伤。

2002年的4月15日～5月15日，无锡出现历史罕见的长连阴雨天气，雨日24天。小麦赤霉病发生严重，籽粒不饱满，千粒重大幅度下降，并出现早衰枯死现象，当年小麦的产量和品质明显下降。医院病人明显增多，部分供电线路发生故障，部分居民家中进水。因降雨路面湿滑，引发交通事故60多起。

2002年10月16～21日，连续阴雨天气，路面湿滑，车祸频发。17日夜，有5人因车祸死亡。

6.干旱

1990年7月4日～8月30日，全市各地高温日数分别为16～26天，降水量分别为69.8～99.2毫米，只有常年同期降水量的25%～36%，出现明显旱情。其中，宜兴旱情严重，农作物成灾面积2068公顷、绝收面积267公顷。

1994年7月～8月中旬，无锡持续高温少雨，出现严重高温伏旱，并引发罕见的夏季森林火灾。多条航道出现断航。全市受灾水稻面积70.7万亩，其中绝收9700亩、减产5成以上5.52万亩、减产2成以上40.3万亩。水产养殖受灾面积11.03万亩。新植林木受灾面积2万亩、竹林14万亩、蚕桑3.19万亩、茶叶3.72万亩、果树6.49万亩；蔬菜受灾面积6.37万亩。全市1110家工矿企业因灾影响生产。受灾农村居民31.48万户、78.6万人。旱灾造成直接经济损失3.1亿元。

2000年7月中旬至8月上半月，无锡高温少雨，全市各地降水量分别为13.5～36毫米，伏旱明显。宜兴丘陵山区水库、塘坝缺水或干涸，农作物受旱面积12873公顷，其中，受旱水稻1607公顷，经济作物11266公顷（含板栗、柑橘等果树落花落果3333公顷，青梅卷叶867公顷，茶叶焦叶枯黄1333公顷），直接经济损失2500万元。

2005年3月29日以后，天气持续晴好，气温明显上升，森林火险天气等级很高。适逢清明扫墓期间，4月1～6日，江阴、马山等地先后发生山林火灾与火警14起，其中江阴云亭定山周围山林大火过火面积92公顷，焚毁面积53公顷。

7.寒潮（冻害）

无锡平均每年出现区域性寒潮天气过程3.1次，最多的年份达7次。寒潮造成剧烈的降温，带来霜冻、大风、暴雪、冻雨等灾害性天气，尤以春季和秋季强寒潮影响较大。

1987年11月27日起，无锡24小时降温16.4℃，48小时降温18.8℃，最低气温−4.1℃，接着出现持续低温干旱，三麦、油菜冻害严重，在田蔬菜普遍受冻，冬季蔬菜供应紧缺。

1988年3月14～15日，无锡24小时降温16.2℃，48小时降温22.4℃，15日先后出现阵雨、雷电、冰粒、冰雹和大雪，大雪压垮无锡市郊区和江阴市122个蔬菜大棚，公交系统短时运行不正常。

1995年4月3日，无锡最低气温1.4℃，出现霜冻，33.4公顷三麦、油菜受冻，早春茶受冻减产。

1998年3月18～20日，无锡出现强寒潮天气过程，气温骤降，同时伴有雨雪以及雷暴、冰雹等剧烈天气。24小时降温17.6℃，48小时降温20.7℃，20日全市平均气温−0.3～−0.4℃，是1959年后3月份日平均气温全市都在0℃以下唯一的一次。寒潮天气造成江阴多处房屋被大雪压塌，造成3人死亡、40多人受伤住院；无锡市区有50多人摔倒骨折；夏熟作物普遍受冻，9.6万公顷三麦约损失1亿元；早春茶减产30%左右。

2002年1月15～17日，无锡出现寒潮天气过程，24小时降温12.6℃，48小时降温16.0℃，流感病人大量增加。

8.雪害

无锡冬季平均降雪7.6天，积雪3天。冬季降雪日最多13天，出现在2004～2005年度；积雪最多的是1993～1994年度冬季，积雪8天。

1988年2月16～17日、19～20日，宜兴连降两场大雪，致使太华乡410公顷竹林损失毛竹155335支，直接经济损失15万元。茗岭等乡也遭受不同程度损失。

1991年12月26～27日，全市普降暴雪，积雪时间25～31天，27日雪深达9～11厘米。28日全市最低气温−8～−9℃，江阴29日最低气温−10℃，宜兴30日最低气温−9.7℃，暴雪和长时间积雪对交通造成重大影响，严寒冰冻使农作物普遍遭受冻害。

1996年1月17～18日，全市普降大雪，其中宜兴暴雪，降雪量29.1毫米，最大积雪深度10厘米，积雪时间17～22天；无锡、江阴在17～20日也出现积雪。大雪覆盖，严重影响交通运行，冻融路滑，交通事故频繁，蔬菜供应受到明显影响。

1996年2月17日，宜兴大雪，雨雪量14.6毫米，雪深6厘米，致使公路交通一度中断，春运受到影响。

1998年3月20～21日，全市普降大到暴雪，20～22日出现积雪，20日降雪时还伴有雷暴。江阴过程雨雪量61.6毫米，20日47.3毫米，其中，20日白天纯雪量达暴雪，最大积雪深度12厘米。受暴雪影响，江阴死亡3人，受伤35人，房屋损坏760间、倒塌359间；三麦冻害面积约50%～60%，蔬菜大棚压塌295座且冻害严重；直接经济损失3062万元。

2000年1月24日，无锡受强冷空气影响，普降大雪，无锡机场暂时关闭，锡山境内发生30多起交通事故，摔伤病人猛增，受伤150人。

2003年2月10日，无锡受冷空气和暖湿气流的共同影响，晚上降雪并出现3～8厘米的积雪，春运受到较大影响，出现多起交通事故，死亡1人，伤3人。

2004年1月28日，无锡降雪，沪宁、锡澄、锡宜高速公路以及江阴大桥全线时开时闭，无锡机场航班受到影响。30～31日再次降雪，并形成积雪。30日下午16时10分，锡澄高速公路璜塘段发生重大交通事故，造成2人死亡；同日无锡境内道路共发生数百起交通事故；摔伤病人骤增。

9.雾

无锡市平均每年出现雾日27.5天。

1996年1月2日上午，无锡大雾，发生交通事故2起，其中10余辆汽车首尾相撞，死亡1人。

1996年11月24日6时40分～7时30分左右，沪宁高速公路无锡段因有间隔性大雾，在玉祁窦口附近约500米左右范围内，发生重大交通事故，44辆车相撞，死亡10人（其中当场死亡9人），受伤11人。

1999年11月22日，无锡大雾，发生交通事故10余起。江阴长江大桥桥首发生车祸，14辆车在北引桥追尾相撞，死亡3人，重伤4人，轻伤2人。

2000年6月1日，无锡大雾，沪宁高速无锡段多辆汽车相撞，死亡1人，高速公路暂时关闭。

2001年1月18日晚20时左右，无锡大雾，阳山镇大桥发生一起重大交通事故，一辆轿车从桥塊冲入河中，当场死亡4人，失踪1人，受伤1人。

2002年2月5～6日，无锡大雾，沪宁和锡澄高速公路全线关闭。110指挥中心共接报交通事故46起，受伤10人，死亡4人。

2003年11月13日早晨，无锡大雾，7时55分在沪宁高速公路无锡段8车追尾相撞，受伤5人，其中1人伤重而亡。

2004年2月10日早晨，大雾影响锡城，惠钱路发生车祸，1人横穿马路被撞死；沪宁高速公路无锡段发生两起货车追尾相撞事故，死2人，伤1人。

2005年9月20日，江阴大雾，据江阴海事局记录，失踪1人。

10.雷电

1990年7月30日16～17时，江阴璜土西观村和石庄乡石庄村各有一村民在田间干活时遭雷击身亡。

1994年8月27日16时43分左右，无锡出现强雷暴天气，瞬间大风每秒25米，狂风造成10多条供电线路断电，1人遭雷击身亡。

1997年8月8日，无锡雷雨，江阴华士镇因雷击导致250台电视机和1200门电话损坏。

1999年8月10～14日，无锡连续出现雷暴天气，5天内雷击损失严重，多处工厂、居民区、单位遭雷击，供电线路损坏严重，直接经济损失100万元，江阴南闸1名农民遭雷击身亡。

2000年8月17日，宜兴新建镇庄林村1人遭雷击身亡。

2001年6月17日，因遭受雷击，无锡市石塘湾、羊尖镇和宜兴芳镇桥各有1人死亡，全市2人受伤；200多家企业和300户家庭因电器等遭雷击向保险公司报案申请理赔，赔款金额约600多万元；15条高压线发生短路，造成大片地区停电。

2001年8月9日，宜兴大浦镇1人遭雷击身亡。

2002年4月2日，无锡雪浪1名妇女出门上班打雨伞遭雷击，造成重伤。

2002年4月16日凌晨，1名船民在运河无锡段行船途中遭雷击身亡。

2002年6月20日，无锡堰桥镇刘巷村村民在水田中插秧、拔秧时遭雷击，死亡1人，致残1人。

2002年8月24日16时50分左右，市区曹张新村内1根高压电线被雷击打断，1人触电身亡。

2002年8月26日11时15分～12时32分，无锡瞬时西北风速每秒20米，多处遭雷击，4人受伤。

2003年7月21日，受副热带高压边缘影响，16时30分左右狂风大作，电闪雷鸣，宜兴市芳桥镇一村民在田里拔草时，遭雷击身亡；多处因受雷击而造成经济损失。

2003年7月30日，无锡宏达机械厂因雷电感应引发爆炸造成4人死亡，3人重伤。

2003年9月8日，受冷暖空气共同影响，22时左右出现雷暴，发生70多起供电线路故障，上万户居民家中暂时停电；锡澄高速公路发生雷击，造成1死1伤；一名20岁的青年遭雷击从二楼摔下，左手臂骨折。

2004年7月16日下午，出现强雷暴天气，宜兴多处受雷击造成经济损失，新街镇砖瓦厂一民工遭雷击身亡。

2005年6月28日下午，锡山区和滨湖区遭雷雨大风袭击，导致1死6伤，直接经济损失25万元。

2005年7月9日下午，出现雷暴天气，滨湖区华庄镇华新村、太湖镇葛埭村各有一名妇女在田间拔草时遭雷击身亡。

二、地质灾害

无锡地处长江冲积平原和太湖沉积平原交汇区，辖区内既有低山丘陵，又有广袤的沉积平原，间有少量的断块山体点缀在平原上，形成山、水、田地，城市、村庄相连的格局。境内的地质灾害主要有地震、山体崩塌、滑坡、地面塌陷、地面沉降、地裂缝等。

1.地震

无锡市地处华北多震区南缘的长江下游南黄海地震带。辖区内建筑密布，人口稠密，经济发达，历史上曾多次遭受邻近地区中强震的波及和影响。1986～2005年，全市共发生8次1.0级及其以上的地震，未发生破坏性地震。

1987～2004年无锡市1.0级及其以上地震表

表2-7　　单位：公里、ML

序号	发震时间	震中位置		震源深度	震级
		北纬	东经		
1	1987.07.28	31°41′	120°03′	6	2.3
2	1990.05.31	31°36′	120°28′	—	2.9
3	1992.04.25	31°37′	120°26′	—	1.5
4	1995.07.03	31°32′	120°13′	—	1.0
5	1996.03.01	31°30′	120°15′	14	2.2
6	2001.07.24	31°36′	120°20′	—	1.2
7	2002.05.03	31°20′	120°18′	—	1.5
8	2004.04.18	31°47′	120°33′	19	2.3

受其他地区地震波及的事件有：

1990年2月10日1时57分，常熟、太仓交界处发生5.0级地震，震中距离无锡市约65公里，无锡地区震感强烈。

1994年9月16日14时20分，台湾海峡发生7.3级地震，无锡市部分高层建筑震感明显。

1996年11月19日晚，距离无锡约300公里的南黄海海域发生6.1级地震，无锡市普遍有震感。

1999年9月21日，台湾南投地区发生7.6级地震，无锡市部分高层建筑有震感。

2000年3月2日清晨，靖江发生3.3级地震，无锡市部分地区有震感，其中江阴地区震感强烈。

2000年6月17日2时23分，台湾南投发生6.8级地震，无锡市部分地区有震感。

2000年9月10日16时54分，台湾苗栗县发生6.3级地震，无锡市部分高层建筑有震感。

2001年6月14日10时35分，台湾苏澳以东海中发生6.4级地震，无锡市部分高层建筑有震感。

2002年3月31日14时52分，台湾以东海中发生7.5级地震，无锡市部分地区有震感。

2002年5月15日11时46分，台湾苏澳以东海中发生6.5级地震，无锡市部分高层建筑有震感。

2003年6月10日16时40分，台湾花莲以东海域发生6.0级地震，无锡市部分高层建筑有震感。

2004年11月8日23时55分，台湾以东海中发生6.5级地震，无锡市部分高层建筑有震感。

2005年3月6日3时07分，台湾宜兰发生6.3级地震，无锡市部分高层建筑有震感。

2.山体崩塌、滑坡

1986～2005年，无锡地区发生68处滑坡、崩塌，全部分布在低山丘陵和残丘地带，其中又以低山丘陵区居多，占滑坡、崩塌总数的82%。从地形条件看，滑坡主要发生在地形坡度大于15度的区域，崩塌则发生在地形坡度大于30度的地区，坡度越陡，发生频率越高。尤以新、老采石宕口为多。滑坡、崩塌以岩质为主，68处滑坡、崩塌中有53处为岩质，岩质滑坡、崩塌中又以砂岩滑坡、崩塌为主。雨量大小与雨期长短是滑坡、崩塌产生次数多寡、规模大小的主要控制因素。68处滑坡、崩塌中有65处由人类活动引发，占总数的96%。主要滑坡、崩塌事件有：

1990年8月31日，宜兴市太华镇东南襄阳村发生滑坡。滑坡体长80米，宽7米，厚度1～4米，体积15000立方米，岩性为第四系残坡积松散堆积物，滑动方向96度。滑坡造成下方村9间平房倒塌。据现场调查，滑坡后壁高1～2米，陡立，后缘见断陷洼地，滑坡体上部发育两条张性裂缝，长3米，宽0.3米，深0.5米，裂缝呈扩大加深趋势，表明滑坡尚处于不稳定状态，对下方村道路及5户18人的安全构成威胁。

1991年8月16日，宜兴市善卷乡合兴村采石矿发生山体滑坡事故，死亡14人，重伤3人。1998年，该处再次发生滑坡，死亡4人。

1999年，宜兴市茗岭岭下村发生滑坡，滑坡体自上而下冲毁2幢小楼，另有4幢房屋不同程度受损，造成4人死亡，直接经济损失40万元以上。

2001年4月，锡山区安镇镇鞋山采石场发生崩塌，崩塌体形态不规则，物质成分主要为灰岩，体积1000立方米左右。造成3人死亡，直接经济损失超过100万元。

2001年9月，宜兴市徐舍镇鲸塘下庄村发生滑坡，滑坡体形态不规则，物质成分主要为石灰岩，体积约1万立方米，造成7人死亡，5人受伤。

2005年11月，大阳山南坡发生崩塌，规模约2000立方米，崩塌体将坡前休闲茶社冲毁，无人员伤亡。阳山镇大阳山南坡据考证是古采石场，历史上时有崩塌发生。

3.地面塌陷

地面塌陷有岩溶地面塌陷和采空地面塌陷两类。岩溶地面塌陷主要分布在锡山区厚桥镇嵩山村以及宜兴市丁蜀镇查林村，采空地面塌陷主要分布在宜兴市的丁蜀、湖㳇、洑东等乡镇。

2002年5月7日，宜兴市丁蜀镇环科园查林村发生岩溶地面塌陷，一辆卡车掉入塌陷坑中。2003年4月27日，该村再次发生岩溶地面塌陷，塌陷坑距离220千伏供电所2号塔基仅2米，直接危害电力设施的安全。

至2005年，全市共发生采空地面塌陷6处，塌陷总面积约1平方公里，主要分布在宜兴市丁蜀、湖㳇、洑东等乡镇的陶土矿、煤矿采空区范围内。采空塌陷平面形态多呈圆形、椭圆形展布。

4.地面沉降

无锡市地面沉降始发于70年代，主要集中在城区。其时城区局部地带地面沉降轻度发生，沉降速率一般在每年5毫米左右，沉降中心带的沉降速率大于每年40毫米。至1980年，中心最大累计沉降量已超过700毫米，沉降洼地开始明显，累计沉降量大于600毫米的面积约3.8平方公里。之后，乡镇工业蓬勃发展，地下水开采量剧增，地下水水位迅速下降，地面沉降也以较大速率发展。至1990年，地面沉降中心已西移至锡西地区的前洲、洛社、石塘湾一带，沉降范围扩展至江阴南部大部地区，中心最大累计沉降量已达1000毫米，沉降量超过600毫米的面积约165.3平方公里，沉降量超过200毫米的面积约733.1平方公里，地面沉降几乎以每年65.06平方公里的速度扩展。1996年以后，无锡市加强地下水开采的管理力度，开采量有所压缩，地下水水位急剧下降的态势得以缓解，地面沉降速率稍有减缓，但仍保持较明显的速率值，继续处于沉降过程中。

2000年，无锡市已成为苏锡常地区地面沉降最严重地区，形成5个地下水降落漏斗：城区中心水位埋深66米；锡山市前洲、玉祁、洛社、石塘湾地区中心水位埋深超过80米，成为疏干型开采区；锡北港下、东湖塘地区中心水位埋深57米；江阴中南部地区（青阳、马镇、璜塘、长寿）中心水位埋深60米左右；江阴东部地区（新桥、长泾、顾山、北涸、祝塘）中心水位埋深55米。地下水位的下降，地层孔隙水的流失，造成大面积的地面沉降。城区（运河以北）、锡西地区以及江阴青阳、璜塘、马镇一片的累计沉降量均超过1000毫米，面积218.3平方公里，沉降量超过200毫米的面积约974.5平方公里。

2001年起，无锡开始实施地下水禁采计划，地面沉降虽仍在继续，但沉降速率明显减缓。禁采前，锡西地区地面沉降速率均超过每年50毫米，禁采后的第一年即2001年，除玉祁、前洲、石塘湾地面沉降速率超过每年50毫米外，其余大部分地区沉降速率在每年20～50毫米之间。随着禁采工作的持续开展，地面沉降速率迅速减缓。至2005年，除锡西、硕放以及江阴南部地区沉降速率为每年10～20毫米，其余地区沉降速率均小于每年10毫米。地面沉降漏斗中心仍位于锡西石塘湾、洛社、前洲等地，累计沉降量超过1380毫米。全市累计沉降量超过1000毫米的面积约245平方公里，沉降量超过200毫米的面积超过1000平方公里。

1980～2005年部分年份无锡市区地面沉降漏斗面积选年表

表2-8　　单位：平方公里

年份	累计沉降量 200～600毫米（含）	累计沉降量 600～1000毫米	累计沉降量 ＞1000毫米	累计沉降量 ≥200毫米
1980	78.70	3.80	0.00	82.50
1990	567.80	157.50	7.80	733.10
2000	398.00	358.20	218.30	974.50
2005	410.90	346.00	245.00	1001.90

5.地裂缝

无锡市地裂缝灾害主要发生在1990～2001年，其间基本以每年1～4个新灾点递增。地裂缝的展布方向以北东向为主，呈张性和同向跌落特征，地裂缝带长度一般为100～600米，最长约1000米，宽20～80米，个别宽达300米，具有规模大、危害严重的特点。2003年，无锡地区发现16处地裂缝，主要分布在江阴南部地区及锡山、惠山两区部分乡镇，危及房屋1000多套（间）。除钱桥毛村园部分危房及江阴河塘中心幼儿园、长泾双平集团办公大楼危房已被拆除外，其他地裂缝危房内大都仍有居住者。

至2005年末，无锡市共调查出地裂缝灾害点15处，主要分布在惠山区钱桥镇溪北村毛村园、洛社镇贾巷、堰桥镇北山下村、石塘湾镇西蔡因果岸—秦巷，锡山区张泾镇杨墅里、锡山区东亭镇区法院—体育馆以及江阴市长泾镇、河塘镇、祝塘镇一带。

2005年无锡市地裂缝灾害分布情况一览表

表2-9　　单位：米、套

序号	分布位置	始发年份	方向	长度	宽度	受损房屋	发展趋势
1	锡山区东亭镇区法院—体育馆	1990	北东	600	180	130	趋于休止
2	惠山区钱桥镇溪北村毛村园	1991	东西	400	60	40	轻微发展
3	惠山区石塘湾西蔡因果岸—秦巷	1991	北东	1000	85	30	轻微发展
4	锡山区查桥山河村龙宕头	1992	北东	120	25	20	趋于休止

续表

序号	分布位置	始发年份	方向	长度	宽度	受损房屋	发展趋势
5	锡山区查桥吼山村季家弄	1993	北东	200	50	40	趋于休止
6	锡山区查桥山河村山南巷	1993	北东	100	30	30	趋于休止
7	锡山区查桥山河村川桥头	1995	南北	200	35	40	趋于休止
8	锡山区查桥山河村邓更巷	1995	南北	80	30	20	趋于休止
9	锡山区查桥春光村夏大河1号	1995	南北	15	10	5	趋于休止
10	江阴市长泾镇中心镇区	1995	北东	500	80	723	趋于休止
11	江阴市河塘镇	1996	北东	500	60	130	轻微发展
12	惠山区洛社贾巷	1997	东南	100	20	20	趋于休止
13	惠山区堰桥北山下村	1998	北东	1000	300	18	趋于休止
14	锡山区张泾杨墅里	1999	北东	100	20	10	趋于休止
15	江阴市祝塘镇湘南村	2001	北东	300	50	10	趋于休止

三、外来生物入侵

在无锡城市化过程中，外来有害生物传入的风险加大，一些种类已对无锡地区的生态系统、栖境、物种和人类健康造成不同程度危害。20世纪末，随着宠物喂养的普遍和种类的多样化，外来物种入侵的风险加大。入侵的外来有害生物物种以植物居多。无锡市的归化植物一般为偶见种，多生长于很小的范围内，个体数量也不多；但有个别种类适应性强，繁殖力强，生命力强，能迅速向外扩张成为入侵种，以致改变一些地方的植物景观，如金鸡菊、水花生、加拿大一枝黄花、多茎鼠曲草、母菊、美洲车前、续断菊、一年蓬、大狼把草、美洲商陆、豚草，钻形紫菀等。这些外来物种的入侵造成一些乡土植物的绝灭。依据《中国外来入侵种》（李振宇、解焱主编）的标准，在无锡归化植物中的入侵植物主要有：土荆芥、水花生（空心莲子草）、刺苋、反枝苋、皱果苋、紫茉莉、臭荠、北美独行菜、野老鹳草、蓖麻、斑地锦、野胡萝卜、圆叶牵牛、曼陀罗、婆婆纳、北美车前草、豚草、钻形紫菀、小白酒草、一年蓬、野塘蒿、牛膝菊、加拿大一枝黄花、野燕麦、风眼莲等种类，其中以豚草、加拿大一枝黄花、风眼莲和水花生的危害程度较大。同时也产生一些新的病虫害危害，日本松干蚧和松材线虫病等都是国际上重要检疫对象，由于对外交流频繁，进入到无锡城市绿地中，并扩散至森林，造成极大危害。

1.豚草

豚草（Ambrosia artemisiifolia L.）原产北美，属菊科，豚草属，一年生草本植物。植株高30～150厘米，叶互生或对生，2-3回羽状分裂，雄性头状花序黄绿色，直径2.5～5毫米，雌花总苞顶端有47细尖齿，花果期7～10月。为著名杂草，常造成严重草害，是植物检疫的重要对象。在无锡南郊、尧歌一带有零星分布，而在十八湾华藏和姚湾一带北面的山谷中，已排除原有植被，形成大片密集的纯群落。此外，在无锡地区还发现同属的光穗豚草（A.psilostachya DC.）、三裂叶大豚草（A.tritida L.）、全叶大豚草（A.tritida L.form. integrifolia Fern.），其中光穗豚草为国内分布新记录。

2.加拿大一枝黄花

加拿大一枝黄花（Solidago Canadensis L.）原产北美，又称北美一枝黄花，菊科，一枝黄花属，多年生草本植物。茎基部常木质化，叶互生，头状花序再排成蝎尾状聚伞花序，花冠黄色，瘦果白色，花果期9～11月。民国24年（1935年）作为观赏植物引入中国。80年代后，在无锡地区自逸出成为归化种，植株个体数量逐年扩大。其危害性主要是通过化感作用排斥其他植物，加上繁殖能力极强，能迅速向外扩张形成单体群落，对其他植物生长构成极大威胁，扰乱生态平衡。加拿大一枝黄花入侵的地方主要是公路、铁路、河岸、山林边及建设工程所产生的裸地环境。

3.凤眼莲

凤眼莲(Eichhornia crassipes〈Mart.〉Solms-Laub.)原产南美,又称水葫芦,雨久花科、凤眼莲属,多年生草本植物。多浮于水面生长,茎叶悬垂于水上,蘖枝匍匐于水面。单叶、全缘、光滑有质感,叶色翠绿偏深。须根发达,花两性、浅蓝色,呈多棱喇叭状。生于河水、池塘、池沼、水田或小溪流中,花果期8～10月。60年代引种后逸出。植株个体数量逐年扩大,在个别区域大面积的覆盖河道湖面等湿地水域,造成河道阻塞,阻障排灌和泄洪,加速淤积过程,加重水体富营养化,破坏湿地生态系统。

4.水花生

水花生(Alternanthera philoxeroides Griseb.)原产北美,又称空心莲子草、木排草,属苋科,莲子草属,多年生草本植物。茎基部匍匐,上部伸展,中空。单叶、对生,头状花序、单生叶腋,花两性、白色、小。花果期6～9月。30年代引种,作为猪饲料推广种植。自逸出成为归化种后,由于其无性繁殖的能力特别强,且植株在多种环境内均能良好地生长,或旱生,或沼生,或水生,抢占生态位或填塞河道,影响通航、阻碍排灌和泄洪;或成杂草,影响作物生长,甚者挤压土著植物,成为水湿地中的恶性杂草,以致使群落物种单一化,对无锡乡土植物的生长造成危害,是无锡地区著名的外来入侵植物。

5.日本松干蚧

日本松干蚧(Matsucoccus matsumurae〈Kuwana〉)原产日本,同翅目、珠蚧科,民国31年在辽宁省顺口老铁山首次发现。是松树毁灭性虫害,中国重要的森林植物检疫对象。该虫主要以龄若虫为害,被害树由于皮层组织被破坏,导致树势衰弱,生长不良,严重被害后,易发生软化垂枝和树干弯曲,并常引起次期病虫害的发生。70年代初,无锡在大箕山曾发现此虫危害松树,70年代末蔓延至鼋头渚犊山,80年代扩散至惠山、大浮及湖边诸山陵。园林部门曾在风景林中采取树干注1%氧化乐果,对枯死树木进行处理和对马尾松林进行林相改造防治等措施,稍有成效,但仍有不少马尾松、黑松死亡。

6.松材线虫

松材线虫(Bursaphelenchus xylophilus)原产地可能是美国,垫刃目,滑刃科,伞滑刃属。松材线虫为世界重要检疫对象,其病害被喻为“松树癌症”,是中国公布的二类危险性病害。1982年,南京中山陵首次发现该病害。松材线虫通过松墨天牛补充营养造成的植株伤口进入木质部,寄生在树脂道中,在大量繁殖的同时,逐渐遍及全株,造成植株失水,树脂分泌急剧减少和停止,针叶呈红褐色,最后导致整株死亡。90年代初,无锡在惠山发现此病害。21世纪初逐渐扩散至横山、犊山、大浮等沿湖山地树林中,一度每年使数万株松树遭受死亡。

7.克氏螯虾

克氏螯虾(Procambarus clarkii)原产美国东南部和墨西哥,俗称龙虾,软甲纲,十足目,蝲蛄科,原蝲蛄属。克氏螯虾的头胸部较粗大,外壳坚硬,色彩斑斓,腹部短小,体长一般在20～40厘米之间,体呈粗圆筒状,背腹稍平扁,头胸甲发达,坚厚多棘,腹部较短而粗,后部向腹面卷曲,尾扇宽短。克氏螯虾有坚硬、分节的外骨骼。民国7年从美国引进到日本,民国18年引进至中国,以及亚洲其他地区和非洲、欧洲等地。70年代起,在无锡平原水域中发现。由于克氏螯虾体粗大,螯劲强,加之适应性广,繁殖力强,逸出野生后迅速蔓延,自然种群发展很快,成为外来入侵种,严重干扰当地的生态系统,造成湿地土著物种的灭绝,形成较大的危害。

第二章　山　水

无锡依山傍水，众多低丘小山散落分布在河网平原之上。其中市区大小山丘150余座，以锡山、惠山最为著名。江阴有大小山丘30多座，宜兴有20多座。宜兴山势险峻，溶洞众多，被誉为“洞天世界”。

无锡、宜兴地处太湖之滨，江阴则在长江岸边。京杭大运河横贯无锡市境，加上河道纵横，港湾交叉，溪浜密布，湖荡众多，水域面积广阔。早在3000多年前，泰伯率民开凿泰伯渎（伯渎港）；春秋战国时期，吴王夫差开江南运河，春申君治无锡湖、立无锡塘，为无锡的发展打下良好的基础。无锡解放后，相继填塞城内诸河，并开挖新运河，对城市格局的变化产生重要影响。

第一节　山

无锡市区之山属天目山余脉，零星分布在太湖沿岸及西南部、东北部的平原之上，大小约有150座。海拔标高最高为惠山主峰328.98米，低者仅一二十米，一些小山丘甚至无标高记录。总体呈北东、北东东走向，高度由西南向东北逐级下降。

一、锡山、惠山

锡山、惠山因两山毗连，故称锡惠山区，位于无锡城西，为无锡诸山脉中离锡城最近的山区。其脉由浙江天目山而来，呈北东—西南向延伸展布，为低山丘地。东始锡山，包括惠山的头茅峰、二茅峰、三茅峰，北坡的北茅蓬和南坡的唐山、莲花山、青山、嶂山等，重岗叠阜，总面积31平方公里，平均海拔200～300余米。组成山体的构造为一背斜隆起，东北端倾没于平原之下。其山势东起惠山，向西南至闾江的嶂山、胥山，蜿蜒起伏，有大小山峰数十个。山体受强烈的侵蚀切割，侵蚀山谷（坞）发育，坞底平坦开阔。按峰顶高程可分为3级，即300米、200米、100米，显示出山体有3次抬升与剥蚀的历史过程。

图2-19　京杭大运河畔的锡山、惠山　（刘其新摄）

锡山是市区主山，东邻大运河和锡山大桥，山高74.3米，周约1.5公里，系惠山之东峰，由泥盆系砂岩组成。传因周秦间产锡，故名锡山。无锡县、无锡市及锡山市、锡山区均因此得名。

惠山，古称华山、历山、慧山，别称西神山、九龙山、冠龙山等，为市区群山之冠，北西走向，地质构造属马山—惠山背斜之东南翼，地层走向南南东，倾向北东东，倾角14度～35度。山体逶迤，宛若游龙，岩性为泥盆系砂岩和石英砂砾岩等，质坚硬，抗风化能力强。周围约20公里。主峰有三，头茅峰高前志记载为172米，后经无锡水文工程地质勘察院测定为230.8米；二茅峰高302米；三茅峰高328.98米。晋西域僧慧照居此，故名慧山。南朝时江淹所作《无锡历山》诗，仍称历山。中唐时，以“慧”改“惠”。唐天宝十五年（756年），丹阳人皇甫冉到无锡任县尉，作《杂言无锡惠山寺流泉歌》等诗，是迄今发现最早称惠山的史料。

锡惠山区虽非崇山峻岭，也无深壑幽谷，但惠山有九峰，起伏层迭，山势似龙飞舞于平沙旷野间。龙首为第一峰，即头茅峰。龙尾为第九峰，俗称九龙山。每峰有一坞，峰、坞均有古迹。龙首前之锡山，似游龙戏珠之明珠。惠山地质，褶皱、断裂结构发育，有利于地下水溢出地表成泉，故自古多泉，有“九龙十三泉”之称。其水质甘甜可口，清凉透彻。唐代陆羽曾将惠山石泉品评为天下第二，“天下第二泉”自此名扬海内外。近代民间音乐家阿炳的二胡曲《二泉映月》，则被誉为“东方命运交响曲”。

惠山地区因其形胜，自三国以后，历代兴建寺院、道观、园林、祠堂，为市区名胜古迹最集中的区域。寄畅园被誉为江南十大古典园林之一。惠山地区有据可查的寺庙60余所、道观约20所，著名的有惠山寺、龙光寺、忍草庵、青山寺、阳明观、白云洞等。惠山古镇1平方公里范围内，还聚集了100多处祠堂，以及众多惠山泥人作坊。惠山泥人被评为国家级非物质文化遗产。50年代市政府兴建锡惠公园，80年代兴建杜鹃园、吟园，90年代建设惠山国家森林公园，21世纪初修复惠山寺、翻建二泉书院、启动修复惠山古镇，重现惠山地区历史风貌。

二、马山

马山，古名夫椒山，又名马迹山。位于市区西南约25公里的太湖北部，面积34平方公里，其中山地19平方公里，周长35公里，是太湖中第二大岛，七十二山峰之一。宋《舆地纪胜》记载：“在州东太湖中，岩壁间隔有马迹隐然，世传秦始皇游幸马所践”。现龙头渚西侧，有一巨石名“马迹石”，当水落时，能清晰地看到四个偌大的石印，深数寸，状如马迹，故名马迹山，通称马山。或说因其形态似马，故名马山。

马山西北狭窄，东北宽广，状似驰骋云涛中之骏马。东西两组山环立，中部丘陵田畴。马山有大小山头57座、湾口35处、泉35眼。主峰冠嶂峰，高263.5米，与东翼峄嶂山隔湖对峙，面积约8平方公里。构造为一倾伏背斜，整个马山为泥盆系坚硬的石英砂岩组成一大型的断块山。自1969年在马山围湖造田后，遂成半岛，称马圩。

马山岛为丘陵山地，气候宜人，物产丰腴。原有獐子等珍贵动物，70年代后逐渐减少而成为稀有。马山林果产品众多，有“江南果篮”之称。宋代苏东坡曾说“粤之荔枝不若吴越杨梅”，而马山杨梅又“甲于吴郡”，年采撷上市逾万担，尤以檀溪湾、盘龙湾的乌梅为上品，另有雪梅、八角、炭团等珍品。柑橘栽培历史悠久，有橘林1500余亩，年产2.8万担，为主要地产果品之一，以和平村慕湾的橘子最佳。马山芋头也有千年历史，清人陈玉基作诗云：“马山芋头大如盂，肌理细腻风味殊”，其形宛若人首，称特大型龙潭芋。马山茶叶始载于唐贞观年间，为无锡地区茶树之宗。马山农业生产条件优越，为无锡市水产、水果、禽蛋、牛奶等副食品的主要生产基地。30余家生物医药企业先后落户马山，有“华东药谷”之称。

三、峄嶂山

峄嶂山位于无锡市西南部，属大浮镇。原名军将山，相传南唐曾屯兵于此，以备吴越，所以又名军帐、军仗、军嶂山，是太湖之滨的名山。以军嶂山为主形成军嶂山区，南北走向延伸，长约10公里左右，总面积约25平方公里，平均海拔200余米。山体由泥盆系砂岩、石英砂岩组成。自北向南有中犊山、鹿顶山、充山、笔架山、石塘山、龙王山、雪浪山、军嶂山、西山等70余座山头，其中军嶂山海拔231米，为最高峰。整座山脉呈向东突出的弧形，南段山体宽大，北段山体狭窄，组成无锡湾的东部屏障。沿湖岸线曲折，多奇岩危石，地势险要，形成湖东十二渚的胜景。其最北端伸入太湖中的鼋头渚，为一正断层陡崖，被誉为"太湖佳绝处"。中犊山屹立在蠡湖与太湖交汇处，四周环水，周围1公里左右，南侧有渎山门与鼋头渚相对，与三山、大箕山、小箕山等湖中风景点隔水相望，北有浦岭门与北犊山相峙。山下有甲仗坞（现名军嶂坞）、教练场、官圭坞、白旄岭、扬旗（现名羊岐）岭等与军事有关的地名。军嶂山似大鹏展翅，俯冲太湖，山麓羊岐、杜景、白旄诸渚伸入湖中。

四、雪浪山

雪浪山属军嶂山区，原名横山，南北长1.3公里，东西宽0.8公里，海拔146米，由泥盆纪砂岩构成。山上原有宋代所建的雪浪庵，故名雪浪山。雪浪庵有古建筑谭云阁，为宋状元蒋重珍读书处，后改名蒋子阁，康有为曾题写"蒋子读书处"。"文化大革命"中全部建筑被拆。雪浪东山麓多枫树，其中有一巨枫，为宋人所植，高数十尺，"雪浪观枫"为著名景点。雪浪产贡茶。光绪《无锡金匮县志》载："横山雪浪庵，有茶数十株，山僧于谷雨前之日采本山茶，香味不减洞庭碧螺春。"解放后，这一珍贵名茶得以延续，并扩种。

雪浪山及其周围临湖傍水，风景秀丽，生态环境良好，人文资源丰富。21世纪初，太湖镇在复垦复绿的基础上，投资开发生态景观园。2005年10月14日，集生态保护、农业生产、观光休闲、度假健身、科普教育于一体的雪浪生态景观园建成开放，并被无锡市旅游部门列为定点游览园区。景区尚存148株古茶树，树龄最长者达800年。

五、阳山

阳山位于惠山区阳山镇，原名安阳山，俗称西阳山、大阳山、瘌痢头阳山。《续汉书·郡国志》载："山在阳湖之上"，故名阳山。晋周处所著《风土记》记载：泰伯与仲雍南奔梅里，泰伯无嗣，由仲雍继之。武王立周朝，寻泰伯后裔，在此山找到周章，封为吴伯；封其少子周斌为安阳侯，安阳山由此得名。

阳山主峰高187.1米，占地0.5平方公里，是山顶平秃、岩石裸露的低山，以产花岗石而闻名。汉代大夫陆端至此，发现当地百姓贫苦，而又未知山石可凿，于是先设肴醴以祭祀，然后组织匠人开山采石，制成石磨、石臼出售，远近各地都来购买。《南徐记》云："此山石堪作器，江东数州皆藉此。""百姓采石，日以百计，山空而取者不已。"现存清水洞、扁洞、透天洞等都是开山采石的遗迹。石制品市场形成以后，人们以其姓为地名，称陆墟，其集市称为陆墟市。宋代在此建陆墟桥，后称陆区桥，位于惠山区陆区镇普照村北街。2001年无锡市文物普查时，专家确认陆墟桥是无锡现存年代最早的单孔石拱桥，建于宋宝庆三年（1227年），桥孔内还保存着宋、明、清3块建桥和修缮的题刻。2003年修复古桥。阳山上原有"七十二个洞天"，至明代剩下5个，为九门洞、张公洞、甘草洞、清水洞和容春洞，实为采石所遗。山上还有龙湫，是一个3尺多宽的水潭，洞天和龙湫的旧迹至今犹存。山上原有一座显应庙，庙下有观音岩和始建于南朝的翠微寺，寺庙房屋众多，后逐渐废毁。尚存遗址有墙基、广场、池塘、桥梁，以及"梁朝古刹，宋代流传"石刻。

阳山为4座小山合称。据地理学家考证，其中大阳山诞生于1.4亿年以前的远古时代，因火山喷发而形成，阳山周围堆积一层火山灰土，土里矿物质丰富，含有桃子生长所需的微量元素。清末，由浙江慈溪引进种植水蜜桃，果大色美，皮薄肉厚，汁多味甜，香气浓醇，民国年间就驰名于沪宁一线。1984年，阳山地区开始大规模种植水蜜桃，成为江苏省最大的水蜜桃生产基地。1997年起，每年举办阳山桃花节。

六、鸿山

鸿山原名铁山，位于无锡市东部鸿山镇境内。东西长1公里，高59米。因鸿山有泰伯墓，古称皇坟，乃称鸿山为皇山。因无锡乡音“鸿”“皇”相似，而将皇山读为鸿山。元《无锡志》解释：“语讹，以鸿为皇耳。”

鸿山西坡为吴国开基者泰伯之墓。墓始建于东汉永兴二年（154年），由汉桓帝敕令建造作皇陵。因山有泰伯墓，山名常见于史籍、地志。东汉《泰伯墓碑记》，南朝《郡国志注》《南徐记》，唐《吴地记》《地志》都称皇山。唐《元和郡县志》又称梅里山。清乾隆《金匮县志》载：“鸿山，本名皇山，又名梅里山。高十丈。山有泰伯墓，土人称为吴王墩者也。《吴地志》及《南徐记》皆云：‘泰伯宅东九里有皇山，泰伯所葬即此。’东岭有梁鸿井、涤砚泉，相传为梁鸿隐居此故名，元志不载，至万历志始及之。”

旧时鸿山有四岭十八景，多为泰伯、梁鸿的遗迹。鸿山东南坡有梁鸿墓，墓前立有石碑“汉高士梁伯鸾暨孟夫人墓”。又有铁山寺，本称铁槛寺，传说为东汉名士梁鸿的故居；鸿隐堂，相传为梁鸿、孟光隐居之所。鸿山另有传说中的春秋刺客专诸、要离墓。2003年3月起，经国家文物局批准，南京博物院考古研究所和无锡市锡山区文物管理委员会组成联合考古队，对鸿山镇开发区范围内的土墩进行抢救性考古发掘。发掘结果表明，15个土墩中有7座墓葬是战国早期的越国贵族墓，分为小型、中型、大型和特大型墓，并以邱承墩特大型墓为核心，呈扇形分布，第一次较完整地揭示越国贵族墓葬在同一墓地中的分布规律。鸿山战国时期越国贵族墓被列为“2004年中国十大考古新发现”。

七、中犊山

中犊山在蠡湖与太湖汇合处，四周环水，周围1公里左右，南侧有犊山门与鼋头渚相对，北有浦岭门与北犊山相峙。无锡有西汉张渤开犊山门的传说，旧时在无锡南门知足桥西有张元庵，祀张渤，称“张大帝”。1991年10月，太湖流域综合治理十大骨干防洪工程之一、太湖大堤重要枢纽无锡犊山防洪工程正式投入运行，其功能为防止洪水入侵市区，排除内涝，阻止城市污水入湖。

八、拖山

拖山在马山东南梅梁湖中约5公里处，与吴塘门相隔9公里，与鼋头渚相对，由3座小山组成，最高峰56米，面积0.3平方公里。传说吴王夫差埋葬于此。《马山志》载：“拖山山顶，俗称吴王冢”。吴王墓原有尖顶，后夷为平顶，中间微凹，周围有9座小坟。拖山在古代长期无人居住，直至清乾隆年间才有江阴人（一说无锡南乡人）叶节培至此垦荒。至第九代，已有30多户，建房34间。清光绪二十一年（1895年），叶氏曾挖过吴王墓旁的3座小坟，挖至二三丈深时，得古陶器多件，陈列于岛上的大王庙中，后被人盗卖。1959年，拖山划归市园林处苗圃，1965年划归无锡市郊区，后属柑橘试验场，产无核蜜橘。拖山风景秀丽，青峰苍翠，芦苇丛生，与太湖融成一体，堪称一景。

九、其他诸山

1.市区诸山

舜柯山　位于无锡城西7公里处，钱荣路之西。清光绪《无锡金匮县志》载：“舜柯山，一名历山。山下为历村。或云：上有舜田，为帝舜所耕。其西为柯山，据晋《风土记》记载，为吴仲雍六世孙柯相封地，故名。两山连其峰相望，合名之曰舜柯山。”山体南北长2.4公里，山顶高220米，面积2平方公里。

胶山　位于张泾、安镇、查桥交界处。清《梅里志》载，该山南麓有商代名相胶鬲之墓，故名，也称东胶山。东西长3公里，占地约1.5平方公里，主峰高程126米。山上有胶山寺，为无锡十大古刹之一，建于梁太清初。“文化大革命”期间被毁。明嘉靖年间，以铜活字印刷精良而闻名的安国曾在胶山建“西林”，为当时全国著名的江南园林，安死后葬于胶山寺左侧。

西高山 位于堰桥镇。南北长1.2公里，高43米。无锡有东胶山，土音“高”与“胶”同音，故别称西胶山。正名应为西高山，以东汉末名士高岱隐居于此而名。高岱因不愿为江东孙策出仕被杀，葬于此。其子孙在山下聚族而居，绵延不绝。故山东有高巷，山西南有西高里，堰桥原亦名高鲁堰桥。西高山景色秀丽，元末画家倪云林曾将其作为蓝本，绘成画作。西高山上曾有庙宇4座，其中南山真武殿、北山大佛殿建于三国赤乌年间（238～251年），为孙权母亲的诵经堂。西高山塆有1984年所建的吴文化公园。

嵩山 位于厚桥、安镇交界处。原名少孤山，南朝萧梁时建有少孤寺，宋有嵩头陀者改名为嵩山寺，至明初扩建，成为当时著名寺院，后逐渐衰败，尚余大雄宝殿。

吼山 位于查桥。原名堠山。清光绪《无锡金匮县志》载：“堠山，一作缑山，俗名吼山，在县东三十里。”清《梅里志》载：“堠山，在龙腿西，一名七云山，亦称缑山。”相传因南唐设堠（古代瞭望敌情的土堡）于此而得名。当地又称金牛山，山高126米。吼山有泰伯洞居、飞来椅、七云道院、一壶泉、金牛舍、七仙女嬉水等遗迹。历史上曾建有真武殿、雷霄殿、观音殿、地藏殿等寺观。1990年，建吼山公园，新建一壶泉亭、舒怡亭等景点和七云禅院、真武殿、至安宫、大雄宝殿等建筑。公园山门牌坊由钱绍武题词。每年农历三月十八日为吼山迎神赛会的传统节场。

无锡市区主要低山一览表

表2-10　　　　单位：米、公里、平方公里

山名	位置	峰高	长度	面积	备 注
横山	梅园东侧	85	—	0.50	又称五顶山。南北走向，异于周围诸脉
西山	荣巷街道西	141	—	0.40	
莲花山	胡埭东	106	东西1.60	1.50	《无锡县志》载高程150米。以其峰形似莲花而名
嶂山	惠山三茅峰之阳	165	—	0.80	原名章山，形似屏障
产山	北对青山湾	110	—	0.60	
唐山	河埒街道	118	—	0.50	
青龙山	河埒街道	95	—	0.50	山上原有青龙庙
鸡笼山	荣巷、藕塘、胡埭交界	125	东西1.00	2.50	又称青笼山、骑笼山
高乔山	鸡笼山西南	100	—	—	
石埠山	荣巷街道西南	89	—	0.50	又称石步山
顾山	舜柯山西南	120	南北1.20	—	原名大家山
桃花山	舜柯山西	120	—	0.50	
蒲扇山	桃花山西	60	—	—	
大箕山	蠡湖西	80	—	0.20	
小箕山	蠡湖西	—	—	0.05	
管社山	蠡湖西	58	—	0.30	
充山	大浮，太湖出口处	—	—	0.01	古称冲山，又称南犊山
石塘山	大浮西，湖边	193	—	4.00	又称庙南山
鹿顶山	鼋头渚公园内	97	—	0.50	
笔架山	大浮镇西，湖边	108	—	1.50	以形名

续表

山名	位置	峰高	长度	面积	备注
长泰山	大浮镇西，湖边	48	—	0.30	
乌云山	大浮镇西，湖边	70	—	0.45	又称西山
龙王山	大浮镇西，湖边	176	—	2.00	
秦履山	古竹镇西	166	—	8.00	
大张山	古竹镇西南	153	—	—	
胥山	马山地区	42	—	0.10	
背山	马山地区	197	—	—	
彭家山	马山地区	166	—	—	
大储山	马山地区	100	—	—	
长腰山	阳山之东	110	南北1.50	0.50	因山上有牛郎庙，亦称牛郎山
狮子山	阳山镇	40	东西0.25	—	原名贾山，以形得名
小阳山	阳山北	40	南北0.13	—	原名苦庵山。种杉树
华藏山	胡埭东，东临太湖	150	—	—	因东面山谷口有华藏寺而名山顶为莲花峰，下有青山岭
孟湾山	胡埭东南	159	—	—	因宋信安郡王孟忠厚之墓而名
杨湾山	胡埭东南	—	—	—	因东麓有杨湾村得名
虾笼山	胡埭南，南临太湖	130	—	—	西为阖闾城古迹
白药山	胡埭南，近闾江	30	—	0.20	又名仆射山，传为汉仆射刘昌葬地，讹名白石山，亦称白射山，后转音为白药山
胥山	胡埭南，白药山东南	50	—	0.25	传为伍子胥屯兵之处，故名。山下闾江旁有伍员庙，故亦名庙诸山。种果树
龙王山	许舍，西临太湖	170	南北0.50	—	原名路耿山，因山上有龙王祠，故名
许舍山	许舍	170	南北1.30	—	原名周巅山，又名尖顶山。后因近许舍得名。宋有许氏、蒋氏、尤氏迁至此，为始祖
老虎山	与许舍山相连	140	—	—	以形名
象背山	老虎山之南	120	—	—	以形名
西山	象背山之南	110	—	—	本地人习称
塘降山	南泉、大浮	90	南北1.00	—	种有茶、桃，属南泉茶场
长泰山	南泉西	48	—	—	南朝梁建有长泰古刹而名
大笠帽山	雪浪	70	—	—	
宛山	羊尖，宛山荡北	29	东西0.70	—	亦作苑山。清乾隆《苏州府志》载，宛山产石坚润，可为砚。山顶有石塔。种果树
石节山	厚桥西南	20	南北0.60，东西0.40	—	原名石室山，又是叫石脊山
芙蓉山	八士、东北塘	44	南北1.00	—	因古芙蓉湖而名，又称余洪山。山上有芙蓉禅寺，山南麓有倪云林墓
斗山	八士	60	南北3.20	—	因山顶自南至北有7座山丘，形似北斗，故名
横山	八士	20	—	—	在斗山与夹山之间
夹山	张泾、八士	40	南北约2.00	—	

续表

山名	位置	峰高	长度	面积	备 注
白龙山	南泉西南，太湖边	50	—	—	原名沙头山，一名庙山。种有桃、梅、橘等果树
三山	鼋头渚西太湖中	50	—	—	俗称乌龟山，以形名。由东鸭、西鸭、大几、小几四山组成。已开辟为游览地
泉山	张泾	50	南北约1.00	—	原名前山，因1939年陈惕生办泉山小学而改名
黄玫山	张泾	23	—	—	曾称黄文山、黄梅山
庙山	南泉西南太湖边	35	南北0.50，东西0.30	—	曾名沙头山
小竹山	南泉太湖边	20	—	—	因山上多竹林而名，亦称小笠山
小南山	南泉西南	41	南北0.40	—	
鸡笼山	查桥、安镇交界处	100	—	—	在胶山与吼山之间，以形名
凤凰山	查桥、安镇交界处	70	—	—	以形名
白丹山	查桥、安镇交界处	30	东西0.80	—	原名白担山，产青石
鞋山	安镇西南隅	50	—	—	旧名奚山，与陀山接，亦名晶山，俗呼谐山，产青石
陀山	安镇鞋山村	20	—	—	原称佘山，讹为涂山，后改陀山

2.江阴诸山

江阴旧有“三十三山半”之说，大都为低山矮丘。1986年，原属江阴的巫山、镇山、段山划入张家港辖区。由此，江阴余下“三十半山”。

黄山 距离江阴城区南2.5公里，紧靠长江边，位居长江的狭隘处，自古就是江防军事要地，素有“江海门户”“锁航要塞”之称，春秋时期吴国即在此筑烽火台。战国时，因此地属春申君黄歇的封地而取名黄山。民国初年，孙中山由上海乘“联鲸”号兵舰到此，查勘炮台。蒋介石前后4次到过江阴黄山炮台。民国28年（1939年），陈毅作《夜过江阴要塞国防废垒有感》诗一首。1987年，江阴要塞森林公园建成，黄山炮台为公园内最重要的历史遗迹，有民国时期的炮台12座。此外还有位于江边的清代炮台遗址，经过发掘清理，原地出土的两门“耀武大将军”万斤铁炮架设在原炮位上。2003年，江阴市政府在黄山南麓投资建设占地35公顷的黄山湖公园，2004年建成开放。

定山 在江阴城区东约8公里处，面积约12.6平方公里，海拔273米，为江阴诸山之冠。相传有定光佛示现。峰顶有定峰庵遗址，系明万历年间建造，无锡籍状元孙继皋题“水月如来”。主峰西下有玉蟹潭，清澈如镜。潭下有石渍、鲤鱼宕和九湾十三跳的石漳。再下有晚清军机大臣、协办大学士曹毓英之墓。主峰东侧山坡称“旺塔湾”。明朝成化、弘治年间地方名士葛维善在这里建别业，有玉泉山房等31景，称“定山园”。别业下面为飞锡庵，是唐朝向禅师居所。庵内有玉乳泉，传说曾有“虎驯伏跑地得泉”，故称虎跑泉，泉水乳白甘醇，号称“天下第五泉”。山南湾有仙女台、双林庵。北麓有千泾井，旁有宝苍庵。定山气势雄伟，泉石绮丽，遍植茶果树。

砂山 处在江阴周庄、华士两镇之间，东西连绵5公里，主峰称牛岭山，海拔193米，山巅有五峰，称山峰顶，上面有大石1块，石面约2米见方。清《江阴县志》称：“传有金鹅止其上，足迹隐隐有存”，称金鹅石。东南坡古时有文昌阁，已废。西麓有古刹泰清寺，现为生产工场。砂山是华士北倚的屏障，山谷幽静。清同治三年（1864年），太平军将领李容发、陈承琦率部凭砂山为据点，全歼戈登洋枪队800多人。砂山有地约480公顷，原有茂密的松柏，后被侵华日军和国民党军队砍光。解放后，封山育林，遂复见林木苍翠。

顾山　位于江阴市境东南隅，大小两冈相连，一如徐徐西行的乌龟回首东顾之状，由是而称顾山，亦名龟山。古时蕙兰丛生，遍于山冈，芳香四溢，旧名又称香山；因其介于江阴、无锡、常熟之间，又称“三界山”。顾山下有红豆村，村中有红豆院，院内有棵千年红豆树。据传树系北宋初期某异僧住该庵时从故地移植而来；又一传说是南朝梁昭明太子萧统所手栽。红豆树在江浙一带十分稀少，千年古树，更属罕见。1954年，红豆村寄给毛泽东主席8颗红豆。毛主席收到红豆后很高兴，将红豆交工作人员进行培植。2002年“七夕”之际，著名台湾诗人、散文家余光中访问顾山红豆村，赋《红豆》诗一首，表达自己深切的思念祖国之情。

君山　位于江阴城北1公里，高72.5米。以春申君得名，旧名瞰江山。

鹅山　位于城北2公里，高59.6米。山势高斜如鹅头吸水，故称鹅鼻嘴。

蟠龙山　又名蛟山，在山观北部，高52.6米。

凤凰山　位于长山、山观与张家港市交界处，高93.5米。与蟠龙山相接。

长山　又名真山，别名石筏山，位于东北部沿江，东端入张家港市。高90.4米。

香山　位于城东北15公里，与张家港交界处，大部分在张家港，高136.6米。

绮山　位于城东南5公里，高135.1米。

敔山　俗称耙齿山，又名贪山，位于城东7.5公里，高167.4米。

售山　位于城东12.5公里，高60.9米。因采石，主峰已失。

稷山　位于城东15公里，高80米。唐时薛稷有别业于此，故又称薛山。

白龙山　俗称乌龟山，在砂山东1公里，高119.8米。

花山　位于城南7.5公里，高241.2米。

毗山　位于城南15公里，高70.4米。因有时姓居此，俗名时山。

观山　位于城西南10公里，高149.9米。

白石山　位于城西南，为观山北延支脉的一座主峰，高85.2米。因山形如伏狮，又称狮子山。产白土如石，可制陶。

秦望山　又名秦履山，位于城西南15公里。高189.3米。

焦山　为秦望山北支，高66.4米。

3.宜兴诸山

宜兴是无锡山区的主要分布地，山岭面积约600平方公里，占宜兴总面积的1/3。主要山峰自东向西有大王山（海拔600米）、黄龙头（海拔536米）、黄塔顶（又名茗岭、葡萄岭，海拔611.5米）、太华山（海拔538米）。主峰延脉可分3支：一支向东延伸至太湖边，主要山峰有老虎山、白泥山、父子岭；一支延至铜官山，主要山峰有龙池山、茅山、铜官山；一支经大贤岭至烟山，为低山丘，主要山峰有大贤岭、梅子岭。

茗岭山　主峰黄塔顶，又名葡萄岭，海拔611.5米，是苏南第一高峰。相传汉朝王莽篡位后，刘秀参加绿林起义军，中途被王莽大军战败后逃命，路经此山，寻水解渴未成，即用脚踏石头叹道：“日后有吾天下，快出水来”。果真从脚迹中冒出水来，救了刘秀的命，故称此山为命岭山。后因此山盛产野生茶叶，故又称茗岭。史载汉代汉王曾在茗岭“谋童艺茶”，招收学童传授茶叶技艺。茗岭山山势雄伟，竹林茂密，毛竹挺拔苍翠，是全省著名的毛竹试验山。

铜官山　旧名荆南山，又名君山，坐落于荆溪河之南。清《宜兴县志》载：“山昔产铜，有司采之”。《荆溪十景》中有“铜峰叠翠”。主峰鹅头峰海拔521米。山顶设有电视转播台、微波站。

太华山　位于苏、浙、皖三省交界处，仿名于安徽九华山，又称章山，站在山顶能见到太湖，山巅仿安徽九华山寺院建九峰禅寺。主峰大塔山，又名月岭，海拔538米。宜兴旧志载：章山，其高峰为太华山，山岩峻峭而四方，又有方岩山之称。东汉建安十四年（209年），东吴孙权以妹孙尚香与刘备联姻，以阳羡为妹之封邑。因孙尚香生得俊美，有百花郡主之称，而太华山四周群山环绕，层峦叠嶂，恰似一朵盛开的荷花，故赐名“太华”（华与花同义）。建安十六年（211年），刘备入川，建元章武，太华尊号为章山。太华山周围层峰叠嶂，蜿蜒起伏，竹木蔽日，浩瀚茫茫，享有“竹海”盛名。抗日战争初期，新四军一支队在陈毅、粟裕率领下开进太华山区，发动民众，建立革命根据地。解放战争时期，中共领导的宜南游击队在此坚持武装斗争。太华山盛产毛竹、板栗、竹笋、茶叶、中草药等。崇山峻岭，深沟幽谷，潺潺泉水，清新空气，吸引四方游客，成为旅游景点。

龙池山 在宜兴张渚镇境内，海拔488米，以山顶水池中生长着一种被人们称作小龙的四足两栖小动物蝾螈而得名。1981年被列为省自然保护区，山上有江苏省中、北亚热带交界地带仅存的天然次生植被，也是苏南面积最大、植物品种最丰富的省级自然保护区。保护区总面积120公顷，包括两处：一处为龙池北坡，在龙池庙周围，以及庙下沟后中部，上到山脊，下至老虎亭；另一处为宜兴林场小黑沟，下至沟底，上达山脊。龙池山生长的维管束植物有144科491属844种之多，还生长着中国特有的金钱松和天目玉兰等珍贵树种，兼有热带和温带、北方和南方的植物，显示出过渡性特征。山上有龙池庵，建于宋咸淳二年（1266年）。

此外，宜兴尚有三州山，在太华；鸡笼山、大贤岭，在横山；大金山，在元上；离墨山、陆平岕，在归径；烟山，在堰头；安乐山，在新芳；都山、屺山，在屺亭；阳山，在芳桥；李山，在扶风；蒿山、杨岭，在湖汶；南山、蜀山，在丁蜀；虎头山、父子岭、白泥山，在洑东；龙头山、长岗岭，在川埠；虬山岭，在西渚；大汉岕，在新街。

第二节 水

无锡南濒太湖，北临长江，京杭大运河穿城而过，地表水较丰富，外来水源补给充足。全市水域面积1502.08平方公里，占总面积的31.37%。主要湖泊有太湖、蠡湖、鹅湖、滆湖、“三氿”等。境内有京杭大运河、梁溪河、锡澄运河、南溪河等河道5993条，总长6998公里，其中，市区村级以上河道3301条，总长2970.78公里。市区河道中，省级河道2条、68.5公里，市级河道21条、242.07公里，县、区级河道46条、278.1公里，镇级河道329条、882.4公里，村级河道2903条、1499.71公里。

一、太湖

太湖古称震泽、具区、笠泽、五湖等。震泽之名，最早见于《尚书·禹贡》，有“三江既入，震泽底定”的记载。东汉张勃著《吴录》：五湖因太湖周围五百余里，故名。太湖生成已有七八千年历史，其形成和发育有多说，主要有泻湖成因说、外洪内涝说，以及断块沉降、地震陷落、旋卷构造、陨击等说，至今尚无明确定论。太湖面积2427.8平方公里（其中无锡辖644.67平方公里），合36417公顷，古称三万六千顷，是中国第三大淡水湖，仅次于鄱阳湖、洞庭湖。其源于江苏茅山、浙江天目山之水，经白茆、七浦、娄江、吴淞、黄浦流入东海。太湖水面积2338平方公里，平均水深1.89米，最大水深2.6米，湖底十分平坦，平均坡度仅0°0′19.16″，由厚4～6米的坚硬黄土覆盖。太湖为吞吐型湖泊，年平均吞吐量约52亿立方米，总蓄水量44. 28亿立方米，年平均交换系数1.18。

太湖为江南水网中心，有进出口河道315条，因淤塞和人工改造，至21世纪初仅剩200余条。上游入湖河道在西、西南部，由3部分组成：一是发源于宜溧山地的荆溪（南溪）水系，在大浦口一带入湖，入湖河道多达30余条；二是发源于天目山区的苕溪水系，由浙江小梅口一带入湖，入湖港汊多达70余条；三是发源于茅山山脉的洮滆水系，由烧香港、殷村港、太滆运河等7条河道注入太湖。出水河道，主要有梁溪河、望虞河、吴淞江、太浦河等，出湖港汊多达140余条。太湖年平均水位变化于2.69～3.73米间（吴淞基面，下同）。太湖水位（大浦口、西山、望亭〈太〉、夹浦、小梅口等五站平均）历年最低2.37米（1978年9月6日），最高4.97米（1999年7月8日）。正常年份，5月雨季开始，入湖

图2-20　太湖风光　　（许益民摄）

径流增加，湖水位开始上升，7～8月水位上升至最高值，有时9、10月台风过境，最高水位可能相应推迟。其后径流减少，水位开始下降，进入枯水季节，直到次年4月。

太湖东西宽55.9公里，南北宽68.5公里，湖岸线长393公里。湖中有大小岛屿51个，连同沿湖山峰、半岛，号称“七十二峰”。明代王鏊著有《七十二峰》，对各峰都有记载。文徵明有《太湖》诗句：“谁能胸贮三万顷，我欲身游七十峰。”民革原中央主席王昆仑之父王心如在鼋头渚后山筑有“七十二峰山馆”。

太湖风光秀美，水不深而辽阔，山不高而清秀，烟波浩淼，气势磅礴，具有一派平山远水、山长水阔的景色。无锡濒临太湖北半圜，南屏马迹山，北枕龙山，西有以洞天世界、篁篁竹海著称的阳羡山区。水上风帆点点，白鸥逐浪；湖中岛屿棋布，错落有致。沿湖峰峦逶迤，山环水抱，渔港、村落镶嵌其间；湖岸线曲折蜿蜒，大小水湾串连套合。山重水复与飘渺浩瀚相得益彰，绚丽多姿，各具异趣，构成一幅幅千姿百态的天然山水画面，形成太湖风景名胜区典雅、丰腴、浩渺、清秀的特点。鼋头渚被郭沫若誉为“太湖佳绝处”。

太湖地区自古以来人文荟萃，文物古迹众多。历史文脉的延续，使太湖地区人文景观与秀美的自然风光交相辉映，成为中国乃至世界著名的风景游览胜地。清光绪十七年（1891年）正月初八，无锡知县廖纶与友人游鼋头渚，题“包孕吴越”“横云”，将其刻在太湖边的鼋头渚石崖上，概括地将吴越历史、文化、地理与太湖融汇一体。清末以后，一批实业人士在此兴建私家园林。新中国成立后，市政府加大力度在沿太湖地区修建园林，开发景区。许多疗养院也凭借山水风光而建于此。1982年，经国务院批准，太湖景区被列为国家重点风景名胜区，含13个景区和两个独立景点，其中包括无锡梅梁湖、蠡湖、锡惠、马山等4个景区。90年代后，在马山建立无锡太湖国家旅游度假区，在大浮镇建立江苏省无锡太湖山水城旅游度假区。1995年7月20日，邮电部在锡发行一套《太湖》特种邮票，5枚邮票加1枚小型张，邮票名称分别为“洞庭山色”“鼋渚春涛”“蠡湖烟绿”“寄畅清秋”和“梅园香雪”，小型张名称为“包孕吴越”，太湖四季美景，尽收其中。

太湖盛产银鱼、白鱼、白虾，号称“三白”，还盛产梅鲚鱼、蟹等水产，周围土地肥沃，历来被称为鱼米之乡。太湖流域面积36895平方公里①，流域人口3600多万人，地狭人稠、城镇密集，是“长三角”和江南地区经济最发达、最富饶的地区之一。由于一度在快速发展经济的过程中忽视了环境保护，80年代后太湖水污染日益严重。2002年1月，启动“引江济太”调水工程，环太湖地区实施截污治污工程。

二、蠡湖

蠡湖，亦名五里湖，又名漆湖、小五湖，是太湖伸入无锡的内湖，位于市区西南10余公里处。东西长6公里，南北宽0.3～1.8公里，面积9.5平方公里。平均水深不足2米，最深处4米，蓄水量0.16亿立方米。湖底平坦，属浅水型湖泊。东通马蠡港，南通长广溪，西经浦岭门、犊山门入太湖，北通梁

① 见2008年《太湖流域水环境综合治理总体方案》。另，《中国太湖史》记载为35600平方公里，水利部规划司网站为36590平方公里。

溪河。梁溪河与长广溪之水注入蠡湖，从犊山门、浦岭门（旧志又称庙门）流入太湖。

蠡湖原指无锡东南的漕湖。据元《无锡志》记载："蠡湖，在州东南五十五里，与平江、长洲县分界。即今太伯乡之漕湖也。郡志云：蠡湖在县东南五十五里，与苏州吴县分界。《太平寰宇记》云：范蠡伐吴，开造蠡渎通此湖，故号曰蠡湖。《唐书·地理志》云：元和八年（813年），孟简开泰伯渎，并通蠡湖，自后太伯渎谓之孟渎，蠡湖谓之孟湖。"据此，漕湖即蠡湖，蠡湖命名因蠡渎而名，蠡渎因春秋末年范蠡所开而名。明代华淑《五里湖赋》和清王永积《锡山景物略》误把五里湖称作蠡湖。后人以讹传讹，延续至今。人们习惯称五里湖为蠡湖，原蠡湖反改称漕湖。

图2-21 东蠡湖 （市市政和园林局供稿）

蠡湖西南有中犊山、鹿顶山、充山、石塘诸峰延绵拱立，将其与太湖相隔，南犊、北犊隔水夹峙，犊山门、浦岭门两水口与太湖相通。湖西北及东北分别经由梁溪河、马蠡港与大运河相连，南有长广溪于吴塘与太湖相通。

蠡湖扼太湖风景区之要冲，是以秀丽的水景和近代园林为特色的山水风景名胜区。湖身窈窕修长，风光秀丽，"湖上青山山里湖，天然一幅辋川图"。湖之东、北岸是一抹平畴，沿湖鱼池毗连，桃红柳绿；西、南面梅梁湖景区中诸岭拱立，岚影波光；中部宝界桥凌空飞渡，将湖面划分为东、西两片水域；西端中犊山如中流砥柱，矗立于蠡湖与太湖交汇处。人们常把蠡湖的秀美与杭州的西湖相比。明代诗人华淑认为，蠡湖之胜在于旷、老、逸、莽荡、苍凉，尤其在雪、月、烟雨、长风淡霭时，景色更加宜人。北宋钱绅在湖畔宝界山麓筑别业。明中叶著名画家王问在钱氏别业附近建湖山草堂，作为隐居之所。《明史》记载他"筑室湖上，读书三十年不履城市，数被荐不起"。明末东林党领袖高攀龙在湖北岸的鱼池头建别墅园林，名高子水居，又名可园。高攀龙隐居于此，常驾车至湖中部北岸一村庄停车，此村因此名为高车渡；又在老渡口（今宝界桥北堍）摆渡去鼋头渚太湖边，留有"濯足"遗迹。

蠡湖芦苇丛生，水草摇曳，湖中还有人工种植的菱角。"文化大革命"期间，曾在湖周围湖造田、养殖。80年代后，湖水严重污染，蓝藻频发。2002年起，无锡市对蠡湖进行综合治理，水质得到显著改善。市政府在湖畔建蠡湖新城以及与此相适应的路桥网络，将其周围景点规划为"蠡湖十八景"。

三、鹅湖

鹅湖即鹅真荡，又称濠湖。因其形似鹅肫，俗称鹅肫荡，吴语中"肫""真"同音，故名。南北长3公里，面积5.4平方公里。南北与望虞河相接，西经杨安桥河通苏舍荡，向西通伯渎河。原为无锡与苏州吴县各一半，经2002年勘界后，全部划给无锡，归荡口镇。鹅湖多鱼虾，原盛产银鱼，后绝迹。还产四角菱，壳薄肉糯，名重一时。荡口因位于鹅真荡边而得名，无锡历史上有"金甘露、银荡口"之称。

四、滆湖

滆湖又名西太湖，俗称沙子湖，是古太湖分化残留湖之一。宋《祥符图经》云："昔有滆姓，携龙壳归，龙起地陷"，得名滆湖。该湖位于宜兴、武进之间，西接长荡湖（洮湖）来水，东注入太湖。1958年前，总面积187平方公里，其中宜兴76.25平方公里。经过围垦，至1975年，总面积缩减为116.25

平方公里，其中宜兴45.5平方公里。90年代，大部分连成鱼池。滆湖盛产鱼、虾、蟹，并有灌溉、蓄洪、航运之利，是调节性湖泊。滆湖沿岸地势低洼，土地肥沃，为宜兴粮食主要产区之一。

五、“三氿”

“三氿”指东氿、西氿、团氿。氿，意为旁出之水，古代指侧出之泉。《辞海》解释：“氿，轨也，流狭而长如车轨也。”“三氿”一脉相承，相互贯通，呈东西向串珠状，在宜城镇两侧，是小型浅水型湖泊，都起调节作用，并有交通航运以及水产养殖之利，氿区是宜兴粮食重要产区之一。1949～1980年，沿湖各乡均有围垦，湖面有所减少。2005年，以汛期水位计算，西氿面积10.7平方公里，团氿面积3.16平方公里，东氿面积7.52平方公里，总面积计21.38平方公里。“三氿”上承安徽、溧阳、宜兴西南山区和金坛长荡湖来水，东入太湖。在宜兴入氿的河流有南溪、北溪、厔溪、桃溪等。沿氿风光绮丽，“西氿揽胜”为宜兴十景之一。旧时，东西氿沿岸港口建有11座灯塔式楼房，称灯楼，现由新式航标灯替代。

团氿称为宜兴的“西湖”，紧靠城西，与铜官山遥遥相对，形成宜兴十景之一的“铜峰翠影”。2004年，湖畔建成宜园，展出25座迁移复制的具有宜兴特色的江南古桥，成为古桥博物馆。2005年开始，建设面积4.5平方公里的团氿湿地公园，以及一条与西湖苏堤一样长的1.8公里风光带，一条5.5公里的景观大道。

图2-22　团氿风光　（周惠民摄）

六、京杭大运河无锡段

京杭大运河在长江以南称江南运河，古称官河，俗称大运河。江南运河开挖于春秋时周敬王二十五年（公元前495年）。吴王夫差因西征北伐军运之需，令开河通运，从苏州经望亭、无锡，至武进奔牛，由孟河入长江，当时名江南河，又与江北运河统称为邗沟（邗沟另又限于江北运河之称）。秦始皇三十七年（公元前210年），开凿镇江至丹阳段运河，船只可从镇江入长江。西汉武帝时，为通闽浙贡赋，在太湖东缘开挖苏州至嘉兴的运河，江南运河初具轮廓。隋大业六年（610年），又拓浚延长镇江至杭州800余里的河道，水面宽10米，正式命名为运河，江南运河全线贯通。元代命名为京杭大运河。1958年，开挖由黄埠墩经锡山大桥到下甸桥的新京杭大运河，后因故停工。1976年新运河工程重新启动，1983年通航。

京杭大运河在无锡境内流长40.8公里，河底高程0.0～-1.0米，河底宽35～94米，全部流经无锡市区。西北从常州市横林方向流入，经无锡市惠山区洛社、石塘湾，由皋桥进入城区，在瓦屑坝铁路桥处与锡澄运河交汇，流经吴桥，通过城中心区到下甸桥、五七大桥，与望虞河交汇后，向东南苏州望亭方向流出。

大运河在无锡城中心区段走向，历史上有过多次演变。汉代无锡设县，在运河两侧建城，运河呈城中“穿行而过”之势。明代嘉靖以前，古运河一直以吴桥附近为起点流入城区，进北门、出南门（其间称“城中直河”），经塔桥下南行。明嘉靖三十三年（1554年），倭寇入侵，无锡重筑城墙、建水门，控制南、北水门间城中直河的航行，船只改由莲蓉桥、亭子桥、羊腰湾再折向南下。后又有船只从西门桥、体育场桥、南吊桥折向南下，无锡运河又呈“抱城而过”之态。此后，运河漕运均走东西两条河，城中直河成为地方小船通道和居民生活用水之源。1958年城中直河填塞，改建为中山路，运河全走城外。五六十年代，因航道拥堵，曾对东西两条河线实行单向通航，即东线由南向北（跨塘桥—羊腰湾—亭子桥—莲蓉桥—江尖），西线由北向南（江尖—西门桥—体育场桥—南吊桥—跨塘桥）。1983年，市区新大运河全线通航，运河航运全面改道从新运河“绕城而过”。2003年，为改善城区运河环境、保护古运河遗迹，无锡市决定城中心区河道禁航，并对运河明确命名：东线为老运河（由黄埠墩经江尖、莲蓉桥、亭子桥、跨塘桥、清名桥至下甸桥），中线为古运河（由江尖经西门桥、体育场桥、南吊桥至跨塘桥），西线为新运河（由黄埠墩经锡山大桥、金匮大桥至下甸桥）。老运河长10.42公里，河底高程0.0米，河底宽10～80米；古运河长3.55公里，河底高程0.0米，河底宽10～30米；新运河长11.24公里，河底高程-1.0米，河底宽90米。

图2-23 京杭大运河无锡段 （盛海明摄）

明清时期，运河之畔因交通便利，形成无锡米市，成为全国四大米市之一。抗战前，无锡米粮行达到100多家，堆栈30余处，其中80%的米粮行、堆栈都设在运河两岸。运河旁的江阴巷、竹场巷、布行弄、棚下街、南长街等，是布码头、丝码头、钱码头聚集之所。无锡著名的商号如日新、时和、懋伦、九伦、大来、大吉春、万大、元大恒等，银钱业如交通银行、中国银行、农民银行、中央银行、汇源银行、福裕钱庄等，均设于此。吴桥至工运桥、跨塘桥、清名桥，清末已形成热闹的水上街区，至抗战前夕达到顶峰。南长桥至清名桥，前店后坊，前街后河，家家有一水码头，为典型的江南水巷街区。

运河两岸文化遗址、遗迹众多，有黄埠墩、米市旧址、西水墩、妙光塔、南禅寺、清名桥、伯渎港、古窑址、南水仙庙等古迹，位于运河附近的锡惠公园、寄畅园、东林书院、薛福成故居等都是著名景区和文物保护单位。1995年12月8日，无锡市古运河历史文化保护区经省政府批准公布，成为展示无锡文化精华的地区之一 。2003年起，古运河实行禁航。2004年，市政府对南尖至朝阳广场段约3公里长的古运河启动为期3年的综合整治。城区运河通过河道清淤、护岸修建、水系调整、绿化美化、城市亮化、工程调水等措施，消除羊腰湾片、北塘联圩地区以及城中心区河道的水体发黑、发臭现象，将古运河地区建成以开放式公园为主体的城市景观带。

七、梁溪河

梁溪河又名梁溪、梁清溪。它与人工开凿的伯渎港、江南运河无锡段同为无锡最早的河流。梁溪又是无锡的别称。旧志称，汉代建无锡子城，西距梁溪，东接运河（城中直河）。由此可见，该溪至迟在汉代建无锡县城时就有。唐陆广微《吴地记》云：“古溪极狭，梁大同中重浚，故号梁溪，南北长三十里。”元代王仁辅编纂的《无锡志》卷二《山川·总水》记载：“梁溪，即梁清溪，距州城（当时无锡曾升为州）西四十丈，阔十丈，深三丈，源发于惠山之泉，入溪为南北流。其南绕惠山西南三十里，

图2-24　梁溪河日出　　（张惠良摄）

自小渲淹西流，出浦岭、独山二门入太湖。其北至五里桥，与运河通，今谓之双河口。”

梁溪北自西水墩（太保墩）与西城河分流，南至蠡桥，经小渲、大渲入太湖，全长7.5公里。西城河即城西环城河，属古梁溪河的一段。梁溪河流向一直未有大的改变（仅中间一小段自汉代建无锡城以后被兼作城西的护城河，自明代中叶起又借作古运河的一段河道），其流域始终都属于无锡城区、城郊的辖境之内。又因沟通古运河与太湖，起到调节水的作用。元《无锡志》记载：“凡岁涝，则是邑之水，由溪泄入太湖。旱则湖水复自此溪回，居民藉以溉田。”当东北风时，水由梁溪而出为下湖水；遇西南风时，水由梁溪而入为上湖水，蓄泄可解旱涝。它不仅是沟通古运河与太湖的水上大道，也是无锡去太湖的主要交通要道。

梁溪河两岸自然景色优美。明代永乐年间，“梁溪晓月”就被列为“无锡八景”之一。明代著名学者、《永乐大典》的编纂人之一王达赞叹家乡道：“微波皱绿回轻风，溪流直与南湖通。人家两岸几兴废，鸥影萧萧夕照中。”明代戏剧家汤显祖到无锡游玩，也曾泛舟溪上。他北眺惠山九峰，西望太湖云烟，诗兴大发：“横山断尾若龙蹲，烟雨平芜势独尊。日暮花溪泛桃水，太湖西去有双门。”南宋诗人尤袤在西溪筑别业乐溪居，明代谏臣顾可久在西定桥筑清溪庄，都曾是名闻遐迩的胜迹佳景。

梁溪河上架着近10座桥梁。最早的为始建于隋大业四年（608年）的梁溪桥，因西城河别名梁溪而命名，古时又称梁清桥、清溪桥，历史上多次改建重建，俗称西门桥，解放后改名人民桥。健康路上的健康桥建于1951年，当时命名为梁溪桥，后因梁溪大桥建成而改名。梁溪大桥，1983年建成，初名湖滨大桥，后改之。由此，历史上以梁溪命名的桥先后有3座。因梁溪又有梁溪路、梁清路、西梁溪路、东梁溪路，以及与之有关的蠡溪河、蠡溪路、溪南路、溪南新村、问溪桥、梁湖路等地名。

梁溪河两岸，是无锡先民最早的聚居生息地之一。据考古发现证实，位于无锡机床厂西侧、梁溪河北岸的仙蠡墩（又称仙女墩）遗址，是距今约5000年至6000多年前原始先民聚居的村落，当时尚处在母系氏族社会向父系氏族社会过渡的新石器时代中期，其文化层下层出土的文物属于崧泽文化和良渚文化类型，除有大量石刀、石斧、石璜、石镯、陶罐、陶壶外，还发现稻壳堆、石纺轮、陶网坠、禽畜残骨以及房屋基址，显示出先民就傍河捕鱼、种稻、牧养禽畜，繁衍生息。自梁代疏浚后，梁溪河河面宽阔，帆樯林立，往返的船只可以在河中随风调头。后逐渐淤积而沼泽化，两岸变成芦苇丛生的浅滩。清代，人们即在河两岸筑鱼池，发展养鱼业。梁溪沿河及两岸，历来农业和渔副业生产兴旺。近代，荣宗敬、荣德生等先后在梁溪河畔开办保兴（后改名茂新）面粉厂、申新纺织厂、天元麻纺厂、开源机器厂等近代民族企业。2000年起，市政府对梁溪河两岸进行综合整治。2005年，市政府对梁溪河湖滨路蠡桥至梁湖大桥段5.5公里河道两岸进行大规模清理和整治，当年基本完成蠡桥至青祁桥段1.3公里河道两岸景观工程建设。

八、锡澄运河

锡澄运河，原名江阴运河，古名五泻河、五泻水。原为古芙蓉湖的一部分，在芙蓉湖围垦治理中逐步形成河道。晋元帝时（317～321年），张闿治理芙蓉湖，“泄湖水，令入五泻，注于具区”。宋代曾疏浚。明宣德三年至十年（1428～1435年），周忱治理芙蓉湖时，对五泻水和入江段黄田港进行了较大的整治。清光绪《无锡金匮县志》载："以芙蓉湖田岁久湮废，乃筑溧阳东坝，以捍上水，开江阴黄田诸港，以泄下流"，五泻水的排水和航运功能日渐显现，明天顺年间（1457～1464年），已成为贯通长江南北的重要航道。自宋至新中国成立，锡澄运河共疏浚40余次，其中以明清两代为多，约每隔15年疏浚一次，且主要疏浚入江口段。新中国成立后，亦曾先后7次疏浚、整治。

锡澄运河全长37.01公里，其中属无锡市区13.44公里，江阴市23.57公里。市区段南起皋桥，与京杭运河相接，北至泗河口进入江阴。江阴段由北经江阴青阳、月城、南闸、澄江等乡镇，经黄田港入长江。由于河道南北走向，又称径河，是江苏沟通长江南北交通的主要航道之一，亦是无锡、江阴排涝抗旱的主要河道，航道标准五级。河底宽25.3米，河底高程-1.0～0.0米，边坡1：2～1：2.5。

九、望虞河

望虞河，以望亭与常熟的简称"虞"而命名，位于无锡、苏州两市交界处，自太湖沙墩口向东穿大运河，沿古蠡河（即常昭漕河）穿漕湖、鹅真荡、嘉菱荡，向北经常熟虞山西麓至江边耿泾口入江，全长60.8公里（至望虞河闸），其中沙墩口至嘉菱荡段为无锡县与吴县交界段，长27.6公里；2000年河底宽鹅真荡以南为80米，鹅真荡以北为90米；河底高程为-3.0米，边坡1：3。

望虞河工程曾于1958年规划、实施，1959年4月停工。根据1957年太湖流域规划办公室的规划方案，望虞河功能以排除澄锡虞地区涝水为主，兼排太湖洪水。1987年，国家计委批准《太湖流域综合治理规划方案》，望虞河功能调整为以排除太湖洪水为主，兼顾武澄锡虞地区排涝。设计断面则改为沙墩口至鹅真荡南口段底宽80米，鹅真荡北口至望虞河闸底宽90米，河底高程-3.0米，为引排两用平底河道，河坡为1：3。1991年太湖流域大灾后，作为治太工程中重要排洪工程的望虞河工程于当年11月开始大规模施工，1998年竣工。

十、伯渎河

伯渎河又称伯渎港，古称泰伯渎，简称伯渎，位于无锡东南，从城区古运河起，经伯渎桥、旺庄、江溪、梅村、鸿山、鹅湖，至苏州相城北桥入漕湖，全长24.14公里，河底高程0.5米，河底宽12米。相传，泰伯曾开凿河道，以利灌溉农田和便于水上运输，该河道由此命名泰伯渎。然《新唐书·地理志》记载：唐元和八年（813年），常州刺史孟简开泰伯渎。宋《寰宇记》记载："泰伯渎西带官河，东连范蠡渎，淤塞年深，粗分崖岩。元和八年，刺史孟简大开漕运，长八十七里，水旱无虞，百姓利之。"宋代女诗人朱淑真写《泰伯渎》诗"源自龙山千里碧，花开梅里万家红"，描绘其优美景色。

图2-25 伯渎河 （张惠良摄）

十一、长广溪

长广溪是无锡贯通太湖的水路和航运要道，北起蠡湖口的石塘桥，南至吴塘门入太湖，全长12.35公里，河底高程0.5米，河底宽8～15米，枯水期水深1.3～1.7米。其水来自溪西雪浪山等群山

图2-26　长广溪湿地　　（陈平摄）

及平川诸浜，经纬交织，南段有“百脚港”之称。长广溪石塘桥素有“石塘是鬼，逆风顺水”之说，即只有西南风大作，蠡湖水溢而南泄，船自石塘南下，才是顺水。

据史书记载，孙权赤乌八年（245年），毗陵典农校尉陈勋领兵3万人驻赤马嘴，疏导长广溪，拓宽和开通河流，兴修水利，发展农业。长广溪从蠡湖边石塘桥向南至雪浪山段原为广阔的湖荡，宽处达千余米，60年代末、70年代初被大面积围垦，共围得土地1760余亩（包括郊区围垦部分）。

长广溪上有石塘桥，原名广济桥，南宋嘉定年间僧人月堂建。“长广问津”曾为太湖著名景点。桥西有始建于北宋绍圣五年（1098年）的徐偃王庙，1994年重建。2003年10月，重建石塘桥，为三孔景观拱桥。并在桥南350米处新建长广溪桥，全长224米，桥面宽32米，2004年末建成通车。2005年，长广溪一带规划建设为湿地公园。

十二、白屈港

白屈港原为江阴县沿江地区的通江河港，位于江阴城东7公里的肖山东侧，北通长江，南接应天河，长10公里。在90年代太湖综合治理中，白屈港作为武澄锡低片引排水的主要河道进行大规模整治，将原江阴白屈港、应天河（部分）、云峭河（原名烧香浜）、冯泾河（部分）、新璜河、璜塘河（相传曾称黄溪）、马镇河，市区堰桥中心河、严埭港等河道连通疏拓，建成由江边开始，穿越东横河、应天河、冯泾河、青祝河、界河、锡北运河到达北兴塘的区域性骨干河道，定名为白屈港。河道全长44.6公里，河底高程-1.0～0.0米，河底宽25～35米。

十三、其他诸水

1.无锡市区诸水

锡北运河　因位于无锡北部而名。该河拓建于1959年冬至1960年春，西段为老河道改造，东段从八士至张泾为新辟，是锡北和锡西地区的引泄水道，全长42公里。西起白荡圩，向东流经西漳、堰桥、长安、东北塘、八士、张泾、东湖塘、港下等，于王庄村进常熟市后入望虞河，无锡境内37.1公里，河底高程0.0米，河底宽20～50米。常年通航。

东青河　南起锡山区东湖塘镇西，接锡北运河，北至江阴北涸镇西侧接张家港，全长13.77公里，河底高程0.0米，河底宽15～50米。该河沟通锡北运河和张家港，是锡东北地区对长江排涝和引水的重要河道。在交通航运上是锡十一圩线的一段，北可接张家港市十一圩港口，也可通张家港港口，是无锡地区内河航运网同长江航运的重要连线。

五牧河　古称北大河、五牧塘河，1958年疏浚后改名五牧河。南起京杭运河，北连玉祁横港河，是锡西北圩区的重要引排河道，全长6.2公里，河底高程0.0米，河底宽30～35米。

九里河　为新兴塘河、鸭城桥港、九里河之总称，西起五丫河口，东经东亭、查桥、安镇、厚桥入宛山荡，澄锡虞地区东西向重要调节河道，又是锡虞间航运之径道。河道全长21.49公里，河底高程0.5～1.3米，河底宽6～22米。新兴塘河，原名南兴塘河，1977年裁弯改线后改称新兴塘河。

北兴塘河　位于东亭和东北塘交界处。自城北转水河向东至吼山西北，接三坝港入锡北运河，全长10.1公里，河底高程1.0～1.3米。

走马塘　古称走马沟。纵贯无锡市区东部、联结沿线诸横河，岸高河底狭浅。全长16.57公里。以九里河交汇处为界，分南北两段。北段自锡北运河日晖桥村东侧起，南至九里河，流经东湖塘、安镇高田地区，长9.5公里；南段自九里河南岸直入张塘河，流经厚桥的平田地区，长7.07公里。河底高程1.0～1.8米，河底宽5～7米。

潘墅港　位于无锡市区东北部，北端在中窑接锡北运河，南端出大成桥会九里河于宛山荡北口，流经东湖塘、羊尖。全长7.87公里，河底高程0.5米，河底宽6米。

八士河　接北兴塘河，向北经东北塘、八士、长安入西白荡，全长8.8公里，河底高程0.5米，河底宽10米。

直湖港　位于无锡西，由原志公港、北阳湖、直湖港、闾江4条老河于50年代拓浚连接而成。北起京杭运河，承五牧河、京杭大运河来水，向南至胡埭、雪堰交界处入太湖。流经洛社、杨市、阳山、藕塘、胡埭，全长21.13公里，河底高程0.0米，河底宽30～40米，为无锡西北圩区泄洪入太湖的主要河道。

双河　曾名双溪，在城北2.5公里。自运河分流南出，分为两派，一南流合于梁溪，一西流达直湖港，是横贯无锡西南部的大河，起到灌溉、航运的重要作用。西支从双河尖西行，东段为钱桥河、洋溪河，至稍塘营处，共长12.19公里。至稍塘营分为南北两支，南支为张舍河、花村浜、陆区港，古统称南邗沟，长15.3公里；北支为盛店桥港、新渎港，古统称北邗沟，长7.82公里。沟通直湖港，均入南阳湖。现双河仅指南支主要河道，即由京杭运河山北双河尖起，经钱桥、藕塘、张舍，至滨湖区胡埭镇河西村接直湖港，由双河、洋溪河、张舍河连接组成，全长18.56公里，河底高程0.0～0.3米，河底宽16～35米。其余均另列为乡镇级河道，河底高程1.2米，河底宽10～15米。

锡溧运河　自洛社镇花渡口的京杭运河起，向西南流经杨市、陆区，出无锡境，经武进东南部至溧阳，亦名锡溧漕河。境内全长13.5公里，河底高程0.0米，河底宽30～40米。过杨市境内的直湖港再向西1公里，又转向西南起，到南阳湖的一段，为无锡与武进的界河。

曹王泾　因宋将曹彬督师于此而得名，为锡南东西向沟通运河与蠡湖的引排、通航重要水道。曹王泾又名梁塘河，东起新大运河南岸扬名、华庄交界处，经扬名、华庄、东绛，过古扬名大桥，出金城桥入蠡湖。全长6.46公里，河底高程0.5～1.0米，河底宽5～15米。曹王泾东段分两支，北支称后曹王泾，东起南长区扬名街道古运河南岸，于扬名街道善埝桥西南接入曹王泾。

马蠡港　又名南桥河，曾名骂蠡港，相传因吴人骂范蠡而得名。北起蠡桥东侧，南到蠡湖口，是分泄梁溪河水、沟通蠡湖的南北向重要水道。全长9.67公里，河底高程1.1米，河底宽15米。

蠡河　旧名常昭漕河，为常熟、昭文两县的漕运河道。位于无锡东南苏锡交界处，河北为无锡新区硕放、后宅，河南为吴县黄埭、东桥、望亭。西起京杭大运河，东入漕湖，全长13公里，河底高程约0.5米，河面宽40～60米。清光绪《无锡金匮县志》载："蠡河，即《寰宇记》之蠡渎，云是范蠡所开。自望亭运河分支东行，达于漕湖。"现已全线拓浚为望虞河的一段，河底高程-3.0米，河底宽80米。

曹蠡河　又名蠡河，俗称小溪港，是锡南南北向沟通运河、太湖的干河，亦为武澄锡地区向太湖排水的重要通道。北起曹王泾中部的龙潭村，向南纵贯华庄镇，由小溪口入太湖。全长6.87公里，河底高程0.0米，河底宽10米。

大溪港　是太湖治理中武澄锡地区向太湖排水的主要河道之一。位于锡南新安、华庄境内，北起京杭运河西岸距新安大桥北1公里处，向南经新安、华庄，由大溪口入太湖。全长5.04公里，河底高程0.0米，河底宽10～12米。

嘉菱荡　在无锡甘露北部与常熟张桥交界处，面积0.96平方公里，大部分属无锡。望虞河自南而北穿荡而过。据传明代该荡盛产四角菱，故得名。

漕湖　在无锡后宅与苏州市北桥交界处。望虞河穿湖而过，北通鹅湖。面积8.91平方公里，绝大部分属苏州。

宛山荡　因东靠宛山而得名。西接九里河、盛荡河、潘墅港诸水,东连陆家荡。南北长1.5公里,东西宽0.4公里,面积0.6平方公里。

陆家荡　东靠常熟市张桥镇,连结嘉菱荡,西通宛山荡。南岸为厚桥,北岸为羊尖。东西长2公里,南北宽0.6公里,面积约0.8平方公里。

苏舍荡　因荡东岸有沉苏圩,古时每逢汛期荡内水位上升、沉圩淹舍而得名。西与张塘河相接,东经杨安桥河通鹅湖。东西长1公里,南北宽0.3公里,面积0.27平方公里。

南青荡　因荡水深且青而名,又名青荡。在鹅湖与苏舍荡之间。东西长1.5公里,南北宽0.5公里,面积约0.7平方公里。

白米荡　在甘露。呈不规则长方形,东西长1.5公里,面积0.5平方公里。

省滩荡　在无锡后宅与苏州市东桥交界处,望虞河穿荡而过。面积0.67平方公里。

南白荡　因近黄村,又名黄村白荡,在东港镇。东西长1.4公里,南北宽0.1公里,面积0.16平方公里。

北白荡　因近城塘村,吴语“城”“盛”音近,故又名盛塘白荡,锡北运河穿荡而过。东西长1.5公里,南北宽0.2公里,面积约0.4平方公里。

崇村白荡　在八士与江阴文林交界处,面积0.28平方公里,锡、澄各半。

西白荡　原名兔白荡,亦称潘家荡,因在崇村白荡之西,简称西白荡。在八士西北部与江阴文林交界处。面积0.3平方公里,锡、澄各半。

唐平湖　在玉祁。宋初平定南唐后在此地建唐平寺,元季大水陆沉,又名唐平寺荡。面积约0.3平方公里。

其他有环城河、外环河、惠山浜、腐乳浜、转水河、严埭港、冷渎港、旺庄港、盛荡河、羊尖塘、北塘河、横港、洪口圩、壬子港、沙墩港、东清港、张塘桥河、梅花港、万寿河、万塘浜、新红河、闪溪河、吊桥港、杨安桥河、六步桥河、沿塘河、堰桥河、横河、月城河等。

2.江阴诸水

张家港　原为一条江边小港,位于南沙乡和东兴乡之间,因沿岸曾多属张姓田地,且由张姓倡议疏理,故称张家港,原长仅3公里。1958年由江阴县规划将其向南延伸(当时老张家港河地区属江阴县),连接石头港、亭子港、周庄浜、应天河东段、南长河和北涸大塘等老河道而成一条大河,成为澄锡虞地区东部的引排骨干河道。现张家港出江口段在苏州张家港市境内,向南穿东横河进入江阴,经周庄、北涸、顾山后,再入张家港市,经港口接入常熟市大义塘,全长38.12公里,在江阴境内长30.1公里。该河不但沟通东横河、应天河、祝塘河等澄东地区河道,且在北涸镇接十一圩港、东青河,北通长江,南通锡北运河、走马塘等锡东地区河道,成为锡东地区沟通长江的主要骨干河道。河底高程0.2米,河底宽45～60米。

东横河　因该河横亘江阴之东境,故名。河道西起江阴城区锡澄运河定波闸南,东至张家港城区以东谷渎港,全长27.22公里,江阴境内长15公里,河底高程0.5米,河底宽10～15米。

西横河　因该河横亘江阴之西境,故名。全长22公里。

应天河　曾以其流长,称通天“长河”,取其义为应天河。西起江阴城南锡澄运河,东至周庄张家港河,全程流经澄江、云亭、长寿、周庄,河长17.73公里,河底高程0.0米,河底宽15米。

青祝河　起自青阳,流经祝塘,故名。河道西起青阳镇南锡澄运河,东至祝塘镇石口里祝塘河,长14.8公里,河底高程0.5米,河底宽10米。

桃花港　该港原为海运故道,因经桃花港口入江而名。1966年改道天生港出江,南端于吴家村东接西横河,全长13.75公里,河底高程0.5米,河底宽8～9米。

利港　以该水道利于农耕、交通而名。位于澄西利港、西石桥两镇,北自江边向南至西横河,全长9.5公里，河底高程0.5米，河底宽15米。

申港　相传为春秋春申君所拓，故名。北起长江，南经申港镇区至西横河。全长4.4公里，河底高程0.5米，河底宽10米。

新沟河　历史上只是江边一条多弯的小河，底宽仅3～4米，全河有72个弯，是一条典型的入江弯河。1958年，江阴县重点整治新沟河，作为澄西地区通江一级河道，自长江口向南至常澄交界处长5公里，河底高程0.5米，河底宽25～30米，为武澄锡低片西部的引排骨干河道之一。

夏港　古名夏浦，相传禹迹所经，旧在港口东百余米有禹王庙祀大禹，故名。古河自江边向南至南闸，长9公里。现河北起江边，南经夏港镇至西横河，长4.2公里，河底高程1.0米，河底宽9米。

新夏港　位于老夏港西1公里，北起江边，南至黄昌河，通锡澄运河。该河原为1975年交通部建设澄西船厂时，需占用老夏港河口而新开的补偿入江河道，当年开挖黄昌河至西横河段5.8公里，后因老夏港河口未占而停工。1991年治理太湖工程中，新夏港列为武澄锡低片对江引排水骨干河道之一重新开挖，当年完成。河道全长8.6公里，河底高程0.0米，河底宽15米。

芦埠港　位于利港境内。明成化年间重浚，因盛产芦苇而名。原老河为一条曲折的河道，自江边向南，经利港、申港、西石桥，南至西横河，长10公里。1976年开挖新利港，芦埠港老河被穿越后，中段和南段自然淤塞，仅江口至大寨河仍保持畅通。现河北起江边，南至大寨河，沟通利港，长5.2公里，河底高程0.5米，河底宽5～8米。

冯泾河　相传系冯姓发动群众开凿，故名。为江阴中部横贯东西的重要河道，西起锡澄运河，向东经新街、峭岐、皋岸等市镇，至周四桥与长寿河相接。河道全长13.4公里，河底高程0.5米，河底宽10米。

界河　因流经江阴、无锡分界处而名。自堰桥港北口至荡南白荡，长5.2公里，河底高程0.0米，河底宽20～35米。

环山河　该水道绕秦望山麓，古称山塘河，后经浚拓延伸，改称环山河。全长6.64公里，河底高程0.5米，河底宽10～12米。

华塘河　该水道沟通江阴市华士与张家港市塘市，故名。西起华士张家港，东至张家港唐市，全长13公里，江阴境内长10.8公里。河底高程0.5～1.0米，河底宽5～6米。

蔡港　清乾隆四年（1739年），由知县蔡澍重浚，故名。原蔡港河位于江阴市东部，南自张家港河起，向北流经新桥、苏市桥、陶家桥进入张家港市界，穿越东横河和闸上镇，北接南套河入江，全长16.8公里，江阴境内7.7公里。因张家港境内河段淤积严重，且同江阴规划不一，2003年江阴对蔡港河改道整治，将北段河道改为接通华塘河，再向西接华士河，流经华士镇后，由穿山河、山北横河、化成港，在江阴境内穿越东横河入江。河底高程-0.5～1.0米，河底宽8～20米。

黄昌河　位于江阴中部，东起南闸镇唐家村锡澄运河，西至武进市焦溪镇舜河（新沟河），全长8.25公里，河底高程0.0米，河底宽15米。

富贝河　旧名南新河，流经文林富贝村，故名。西起文林西旸桥祝塘河，东接河塘邗巷东清河。全长11公里，河底高程0.0～0.5米，河底宽10米。

长泾河　该河北起陆桥夏圩处张家港，经长泾镇区，于黄屯尖接东清河。全长6.5公里，河底高程1.2米，河底宽10米。

祝塘河　南起文林荡南白荡，经祝塘镇，向北至华士上头巷接张家港，全长13.2公里，河底高程0.5米，河底宽10米。

顾山塘　因流经顾山而名。西起港下陈墅，经顾山镇，至古塘村常熟市界，河长5.25公里，河底高程0.5米，河底宽6～8米。

石牌港　为江阴境内最东面的一条入江河道。北起长山西麓江边，南至东横河，全长5.5公里，河底高程0.5米，河底宽5米。

大河港 位于白屈港抽水站东。北起江边，南至东横河，长4.68公里，河底高程2.2米，河底宽5米。1993年港口西侧建设兴澄钢铁公司，港口段向西拓疏成厂用港池。

澡港河 是江阴市与惠山区、常州武进的界河。北起江阴月城三塘村常澄交界处，南至惠山区横港河，全长11公里。其中惠山区玉祁朱家村以南段亦称太平港，长3公里，河底高程0.0米，河底宽12米。

3.宜兴诸水

南溪河 又名南河、宜溧运河。旧称荆溪河，因古时溪河两岸榛莽弥望、荆棘丛生而得名。位于宜兴县城西南，从东坝起直至太湖，全长87.5公里。其中自溧阳市渡济桥入宜兴市境，经徐舍入西氿、团氿，经宜兴城入东氿，由大浦港、城东港入太湖，长42公里，河底高程0.5米，河底平均宽50米。该河是太湖上游来水的主要通道之一，也是宜兴的主要引、泄河道和航道。沿河一带，人烟稠密，土地肥沃，物产丰富，为宜兴的主要粮食产区之一。

北溪河 位于宜兴城西北，是古荆溪河的分支。上游在溧阳庆丰乡老鹳咀由南溪（荆溪）河分出，在溧阳境内称中河，宜兴杨巷以下称北溪河，全长45.5公里。自杨巷起经都山、钮家、范道、宜丰等到陈塘桥入西氿，全长16公里，河底高程0.5～1.0米，河底宽50米。沿河两岸地势低洼，河道纵横，水网密布，属低洼圩区。上游与金坛长荡湖连接，并将长荡湖来水导入滆湖和西氿，直驱太湖。此河既是引、泄河道，又是主要航道。沿河一带主产粮食。

武宜运河宜兴段 自钟溪到张渚，又名钟张运河，其中钟溪至宜城段古称西蠡河。位于宜兴中部，是宜兴主要运输河道，贯穿全境南北，全长53.5公里，河底高程-1.2米，河底宽20～40米。上接丘陵山区的桃溪河，承泄张渚山区来水；中穿低洼地区的南溪河，直通西氿、东氿，泄水入太湖。由宜兴折北，经和桥、闸口、钟溪直达常州，与江南运河连接，交通航运十分繁忙，为宜兴调节性河道。沿河两岸人烟稠密，土地肥沃，物产丰富，是主要粮食产区之一。

马公荡 据传一名渔民捞到一块仙石马，上船后又拱入荡中得名。公，拱之谐音。马公荡位于范道、钮家之间，面积2.7平方公里，是南溪河、北溪河来水引入滆湖的调节性湖荡，富有灌溉、蓄洪、交通、水产之利。

临津荡 在杨巷、钮家、都山之间，面积1.05平方公里。

徐家荡 在闸口、和桥之间，面积3.24平方公里。

都山荡 在新芳、杨巷、都山之间，面积2.01平方公里。

其他有殷村港、横塘河、西溪河、漕桥河、社渎港、蠡河、中干河、孟津河、城南河、宜红河、堰径河、邮芳河、洋溪河、分洪河、红新河、乌溪港、大浦港、茭渎港、东下河、善卷河、蒲干荡（河）、西孟津河、阳山荡、蒲墅荡等。

第三节 湖荡围垦

历史上，无锡地区的湖荡不断被围垦，最典型的是战国以来的芙蓉湖治理围圩和六七十年代的太湖大规模围垦。在太湖周边大范围的水面被逐步改造成田的过程中，重要排水河道相串的零星湖荡被保留下来，发挥着泄洪和调蓄水量的重要作用。60年代后期起，宜兴的滆湖、“三氿”，无锡的白荡圩、谢埭荡、长广溪、五部湖（北兴塘）和南、北阳湖等相继被围垦。进入21世纪，湖荡围垦得到控制。至2005年，无锡市尚存的主要湖荡有46个，其中宜兴市30个、锡山区14个、江阴市2个。面积在1平方公里以上的11个，分别为：宜兴的滆湖、东氿、团氿、西氿、马公荡、都山荡、临津荡、徐家荡，锡山区的鹅真荡、漕湖、嘉菱荡。面积小于1平方公里的湖荡为：宜兴的钱墅荡、下裴荡、阳山荡、莲花荡、虞墅荡、蒲墅荡、后窑荡、葫芦荡、荷花荡、洋荡、鹁鸪荡、沉塘荡、谈村荡、泊溪荡、西村荡、白茫荡、蒲干荡、风吹荡、乌塘堰荡、清墅荡、马圩荡、浯溪荡等，锡山区的宛山荡、陆家荡、白米荡、苏含荡、南青荡、雀滩荡、崇村白荡、西白荡、北白荡、南白荡、西北荡等，江阴的五房白荡、百丈白荡等。这些湖荡大部分用于发展水产养殖，治理和管理都列入河道的范畴。

一、太湖围垦

太湖岸线除长期的自然淤积渐变外，曾有过多次人为的大变，60年代末至70年代的大规模围湖造田是最大的一次变迁，共围去117平方公里的水面。1983年，太湖复堤工程全面启动，太湖岸线按太湖大堤的界线及临湖山脉固定。

1.马圩

位于太湖梅梁湖湾西部。1969年11月，无锡市成立马山围湖造田指挥部，以郊区为主，组织全区各公社、解放军308部队、无锡轻工业学院、无锡市“五七”干校和武进县雪堰公社等单位实施，围湖面积20平方公里，称为马圩。其中，东坝长6.5公里，西坝长1.8公里。后在南部马山沿山脚开挖环山河，长4.68公里，宽15米，并筑有马圩南大堤；在北部沿雪堰公社湖岸开环堤河，长7.62公里，宽15米，筑有马圩北大堤。后5.52公里长的北环堤河东段被堵成鱼塘，长2.1公里的西段成为雪堰港（蝴蝶港）通湖口门。南环山河则成为沟通梅梁湖和竺山湖的引水通道和无锡至宜兴的航道。1980年7月，市政府成立马山办事处，管辖马圩和马山公社。1988年，建立马山区人民政府。1992年3月，水利部将马圩列入太湖大堤的保护范围。

2.梅园圩

位于梅梁湖北端，太湖饭店西侧。1969年10月～1970年5月，由郊区渔业、梅园和旺庄3个公社联合组织施工，主要解决太湖渔民陆上定居问题，梅园和旺庄两个公社及郊区林苗圃也在圩内建立农场和苗木基地。该圩围占水面4.7平方公里。后在大箕山经太湖饭店、石埠至基康一线开挖长4.14公里的环山河，沿河筑堤成圩。1976年，为减轻围湖造田对太湖调蓄的影响，并改善城市副食品供应，市政府发动全市力量对圩内农田进行改造，除小部分土地留作渔民生活和绿化外，先后开挖精养鱼池水面136.53公顷，成为以鱼为主的鱼、畜、禽副食品基地。2004年，改造鱼塘，建设滨湖绿化带。

3.贡湖围滩

位于太湖贡湖湾北岸。西自竹山嘴起，东至沙墩港口止，岸线长24公里，相对较为稳定。沿湖滩地上仅有一些低矮的小圩。70年代初进行较大规模围滩，共有3处：1970年，无锡县南泉公社在自竹山至小竹山的滩地上筑堤长2.96公里，围成塘前圩，围垦面积0.55平方公里；1975年，无锡县红旗公社（今华庄镇）从石基上向东至大溪港口筑堤5.2公里，围成公社农场圩，围滩1.39平方公里；同年，无锡县新安公社从大溪港起向东至太湖头筑堤3公里，围成创新圩，围滩1.19平方公里。以上围田，均作养鱼为主的农业生产用地。

4.竺山圩

位于太湖竺山湖湾西部。1969年12月～1970年4月，由宜兴县周铁区7个公社联合施工，先于竺山脚北端与殷村港口西侧之间筑一条长3.1公里的大堤，在原沙塘港口筑一河坝，围去太湖水面4.7平方公里。后在殷村港西沿周铁、洋溪原湖岸线至原沙塘港口开一条长4公里的环堤河，又将沙塘港按原断面开挖延伸至竺山北端，仍通太湖，并沿河筑堤成圩。该圩以芦滩养鱼为主，并在1985年前开挖鱼池30公顷。

5.宜兴渎区围滩

宜兴渎区指东部沿太湖岸边的区域，由于太湖的淤积，这个区域东边岸线逐年缓慢向东延伸，面积逐渐扩大，但地势低洼，易受太湖洪水淹没。1964年前后，沿湖从洑东至分水6个公社同时在湖边芦滩上修筑从南到北的堤防，建成圩区面积约5平方公里。1973年以后，又对沿湖大堤全线加高加固，并修建部分块石护岸，但堤身和护岸标准都不高。1983年7月中旬，太湖水位高达4.51米，又遭遇台风袭击，风大浪急，堤防基本上全线崩溃。1983年冬至1986年，实施太湖复堤工程，在原堤线的基础上截弯取直和适度外移后建成较为坚固的大堤，1991年后列入太湖大堤工程项目建设，2000年基本达到太湖大堤建设标准。

二、蠡湖(五里湖)围垦

1.西五里湖圩

位于宝界桥以西的蠡湖中。1969年4月～1971年10月，由郊区蠡园、溪南、大浮、河埒4个公社和市人武部联合实施围垦工程。在宝界桥西100米处和梁溪河大渲口东侧至二泉桥东各筑一条大堤，其中，东堤长380米，西堤长1800米，围去水面3.5平方公里。后在北侧沿环湖路开挖长3.84公里、宽20米的外围河道，并修筑北大堤，在南侧充山湾以东开挖一条长0.78公里、宽20米的排洪河道，修筑南大堤。1972年、1976年，分两批退耕还水，开挖养鱼池123.67公顷。1976年8月，该圩南半部分开坝退田还湖1.33平方公里，东堤全部挖除，西堤挖开南半段，在环湖路苏家嘴向西修筑一条1.56公里的东西向大堤，与原西堤北段相接。保留的圩内建立河埒、蠡园、溪南3个养殖场。2002年后，该圩全部退渔还湖，建设休闲、旅游景点。

2.东五里湖圩

1970年，无锡县东绛公社在东蠡湖北侧鱼池头西围成鱼池头圩，在东蠡湖南侧围成渔业南圩、渔业北圩，共围垦土地面积0.33平方公里。

三、其他湖荡围垦

1.白荡圩

位于锡澄运河南段东岸，在西漳镇范围内。原有面积0.884平方公里，1975年被围垦，仅留出锡澄运河的河床宽度，护砌围垦堤线，垦殖农田71.41公顷。

2.谢埭荡

位于九里河东段。1968年冬，围去水面近2平方公里，建成“五七圩”，后改成水产养殖基地。

3.南、北阳湖

位于锡溧漕河与直湖港相交处四周，昔日为一“东西八里，南北三十二里”的湖荡。经过历史上的围垦，到解放时湖面已大大缩小，但还可见宽广水域。经70年代初围垦后，已不显荡形，仅留下同两端河道相应宽度的河床。惠山区洛社、杨市地区的港东、港西大联圩中很大部分为围阳湖所成，其中北阳湖围垦面积即有51.67公顷。

4.五部湖

又名五步湖，位于城区东北。文献记载其“东西二十里，南北一十里，源浊而流清，灌田百余顷”。虽经长期围垦已失去原来的广阔湖面，但在解放初期北兴塘东段河面仍较宽大，尚可见湖荡形状。而后在河两侧圩田的整治中，对河床不断侵占，1984年，在北兴塘东段围垦出26公顷耕地的鸭荡圩，致五部湖全无湖形。

附：芙蓉湖的变迁

五六千年前，芙蓉湖是太湖平原上除太湖外的第一大湖，又名无锡湖、射贵湖，与太湖南北相对。东汉《越绝书》记载：“无锡湖周万五千顷，其一千三顷毗陵上湖也。”一般称其面积14000顷，其中1003顷为毗陵上湖(亦称射贵湖)。《南徐记》记载：“横山以北曰上湖，南曰芙蓉湖”。唐《吴地记》称“无锡湖周一万五千三百顷，其一千三百顷为晋陵上湖。”上者以居北而称之，即指武进横林之横山以北，又指芙蓉湖之北。宋《寰宇记》称芙蓉湖一名上湖者，有误。宋《寰宇记》引《越绝书》云：

“无锡湖，通长洲，多鱼，而甚清”。今本《越绝书》无此语。唐陆羽《惠山寺记》称该湖“南控长洲，东洞江阴，北掩晋陵。周廻一万五千三百顷，苍苍渺渺，迫于轩户。”旧县志载：“无锡故水区也，芙蓉号巨浸。”芙蓉湖水清浅，多产菱藕，故以芙蓉为湖名。

早在战国时期，楚国春申君封在江东，即治理无锡湖，“治以为陂”“立无锡塘”。京杭大运河无锡段别称塘河，即出于此。这对开发利用土地，起到了很大作用。东晋元帝时（317～322年），晋陵内史张闿曾泄芙蓉湖水，入五泻河，注太湖。五泻河又名五泻水，即今锡澄运河。张曾想治芙蓉湖为圩田，惜未果。南朝宋元嘉年间（424～453年），在五牧之南和安阳山之北筑阳湖堰，得良田数百顷，这是疏治芙蓉湖初次获得成功。唐贞观三年（629年），在北门筑莲蓉桥。汉县城北门即名莲蓉门，门、桥都因芙蓉湖而名。北宋元祐年间（1086～1093年），又筑莲蓉闸，并在芙蓉湖筑堰泄水为田。宋绍圣时（1094～1097年），两浙转运副使毛渐开莲蓉河引水入长江。至明宣德年间（1426～1435年），江南巡抚周忱上筑溧阳东坝，下开江阴黄田港，以泄湖水，又在芙蓉湖西部筑堤修成芙蓉圩，有圩田10.8万亩，合平田7万余亩。另筑杨家圩。自此后，芙蓉湖开始大为缩小，明弘治《无锡县志》载：湖“东西亦五六十里矣”，面积约100平方公里。但芙蓉湖水势仍延至北塘。至清代，芙蓉湖又缩小为仅20多平方公里的小湖圩。“文化大革命”时期，又围垦一部分，至今只留下锡澄运河、万寿河等河道。因圩高地低，逢大水，常有灾害，因而历代都重视修堤。今乡人常称芙蓉圩为西湖（武进芙蓉、横桥、崔桥及无锡玉祁一带），杨家圩为东湖（前洲一带），两地原为一湖。

唐朝著名诗人李绅曾作诗《却望无锡芙蓉湖》，是作者留下为数很少的吟咏家乡的诗作。清乾隆四十三年（1778年），进士杨伦曾寓居无锡蓉湖尖（即江尖），著有《芙蓉湖棹歌百首》，用棹歌即船歌的形式描绘了当时芙蓉湖的情景。

芙蓉湖虽已湮没，但留下不少地名，如蓉湖庄、蓉湖路、芙蓉山、莲蓉桥、蓉湖大桥等。它给无锡西北乡、北塘一带留下众多河流，既便利交通，又与后来经济发展、商市繁荣密切相关。

第三章　环境保护

1985年第一次全国城市环保工作会议召开后，无锡市围绕治水、治气、治声、治废，治理工业、农业和生活污染源。1986年起，着重治理废水、废气、固体废弃物等“三废”污染。至1990年，全市大中型新建项目基本执行污染治理设施与主体工程同时设计、同时施工、同时投产运行的规定，市区完成废水、废气治理项目近90项；崇安区、南长区建成烟尘控制区，市区西北片建成集中供热区。1993年起，推行排污许可证制度，限期治理一批重污染项目和单位，建成桃花山生活垃圾填埋场（一期）、芦村污水处理厂（一期）。1994年12月，制定实施《无锡市水环境保护条例》。1995年，将太湖水污染治理作为无锡环境保护工作的重点。1996年开始，无锡市把环境保护纳入经济建设和社会发展指标，实行环境保护“一把手”负责制、第一审批权、一票否决制。1998年，国务院提出当年12月31日24时前太湖流域水污染源实现达标排放的要求（即“零点行动”），无锡开展大规模的工业污染企业整治工作，全面推行排污申报制度、清洁生产审计制度和排污口规范化整治工作，开展城乡环境综合整治，全面推广使用无铅汽油，治理机动车尾气等生活污染源。2001年2月28日，市政府向国家环保总局提出创建国家环保模范城市申请。普及乡镇污水处理厂，扩大污水管网截流范围；以自然和人文资源为依托，实施以污水截流、生态清淤、动力调水、退渔还湖、湖岸整治、生态修复为主要内容的蠡湖专项整治工程；以治水和增绿为核心，建成胜利门、圆通、东林等绿地广场，实施河（湖）滨绿化带建设,建成环太湖大浦港至洑东兰山25公里,十八湾地区5公里,直湖港、漕桥河入湖口上溯5公里,城东港、大浦港、洪巷港各上溯3公里两侧的防护林带。城区26条城市河道和88条小河浜经过集中整治水质得到改善。2004年3月无锡市通过国家考核。5月初,在国家重点流域水污染防治会议上,获得"国家环境保护模范城市"授牌。

2005年,无锡城市水功能区水质达标率59.5%,饮用水水质持续达标,空气质量好于二级以上的天数占88.5%;市区基本建成中心商务区2.5平方公里清洁能源区,烟尘控制区和噪声达标区覆盖率均为100%;农村建成一批环境与经济协调发展示范镇、生态村和清洁文明生产乡镇企业。全市环境保护资金投入78.53亿元,占当年地区生产总值的2.8%。作为全面实现小康社会的核心指标,全市环境质量综合指数为80.4。

第一节 机 构

无锡市环境保护局(简称"市环保局")成立于1981年6月。1986年,内设秘书科、环境管理科、治理计划科,下设无锡市环境保护监测研究所和江苏省太湖水质监测中心站(两者合署办公)、无锡市环境保护服务公司。1991年,增设政策法规科,成立无锡市排污监督管理站,1992年更名为无锡市环境监理总站。1994年,成立无锡市有毒有害物品处置中心(正科级)。1995年11月12日,国家环保局太湖流域水环境监测网在无锡市成立。该监测网包括江苏省、浙江省、上海市所属的21个市县的环境监测机构成员单位,设组长单位、副组长单位,无锡市太湖水质监测中心站为组长单位。

1997年,市环保局被确定为市政府主管环境保护的行政执法部门(正处级),内设处室调整为8个,即办公室、计划科技处、开发管理处、政策法规处、自然保护处、环境信息处、宣传教育处和纪检组(监察室),人员编制由19人增至45人。无锡市环境监理总站更名为无锡市环境监理支队。1998年1月成立无锡市环保宣教中心。1999年,市环境监理支队更名为市环境监察支队(正科级),人员编制38名。2000年成立无锡市环境信息中心。

2001年8月,市政府机构改革,市环保局内设9个处室,即办公室(挂"人事处"牌子)、计划财务科技处(挂"外事外经处"牌子)、政策法规处(挂"市环境保护委员会办公室"牌子)、宣传教育处、自然生态保护处、污染控制处(挂"省太湖水源保护委员会办公室"牌子)、开发管理处、环境监理处、环境监测与信息处。纪检组、监察室为市纪委、市监察局派驻机构。人员编制48人。

2001年,市环境科学研究所、市环境监测中心站分设,均为全民事业单位(正科级);无锡市环境保护服务公司整体划转五矿总公司,与市环保局脱钩。2002年8月,省环保厅下文,将江苏省环境监测苏南分中心设在无锡市环境监测中心站内。

2005年,市环保局下设无锡市环境监测中心站(挂"国家环境保护总局太湖流域水环境监测网中心站""江苏省太湖水质监测中心站""江苏省环境监测苏南分中心"牌子)、市环境监察支队(增挂"无锡市核与辐射安全监督管理站"牌子)、无锡市环保宣教中心、无锡市环境信息中心。各市(县)、区均成立环保局和环境监察大队。

第二节 环境质量

一、水环境

80年代初起,无锡市河湖水质急剧恶化。1987～1988年,太湖中度富营养水体占35.1%,富营养水体占59.6%（主要集中在北部湖湾和沿湖地区），主要入湖河口水体达富营养程度，蠡湖、大渲口、犊山口、闾江口等湖区达到重富营养程度，湖中蓝藻出现较快的增长。90年代，内河河网水质指标大幅下降，城区河道出现长时期黑臭，太湖梅梁湖北部湖区多次暴发蓝藻。1990年夏季，太湖蓝藻首次大暴发，犊山口附近水域每升湖水中有蓝藻13亿个，梅园水厂受影响而减产。1994年等年份出现数次不同规模的暴发，1998年再次发生蓝藻大暴发。此后无锡市加强排污控制和污染治理，经过多年的努力，河湖污染有所遏制，部分地区的一些指标稍有改善，但水环境总体形势仍不容乐观。

2005年，全市112个地面水水质监测断面的实测资料表明，无锡地区主要水域符合二类水标准的断面，仅占总监测断面的0.9%；符合三类水标准的断面，占总监测断面的4.5%；符合四类水标准的断面，占总监测断面的2.6%；符合五类水标准的断面，占总监则断面的12.5%；劣于五类水标准的断面，占总监测断面的79.5%。在各种污染因素对水质的影响程度上，能保持好于三类水（含三类）标准的断面，占总监测断面的比率分别为：溶解氧35.7%、高锰酸盐指数13.4%、五日生化需氧量14.3%、氨氮10.8%、总磷30.4%、挥发酚44.7%。

1.全太湖

高锰酸盐浓度：1986～2000年由二类变为四类水平，2000～2005年有所下降，保持在三类水平。总氮浓度：1986～1996年处于五至劣五类水平，1996～2001年有所下降，但仍保持在劣五类水平，2001～2005年有上升的趋势。总磷浓度：1986～1996年由三类变为五类水平，1996～2005年有所下降，2005年保持在四类水平。富营养化程度：1986～2000年呈上升态势，由轻度富营养化变差为中度富营养化，2000～2005年有所好转，但仍保持在中度富营养化水平。

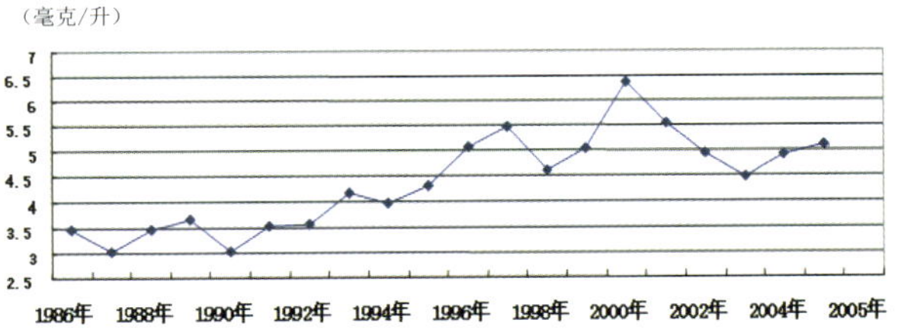

图2-27　1986～2005年全太湖高锰酸盐指数变化趋势图

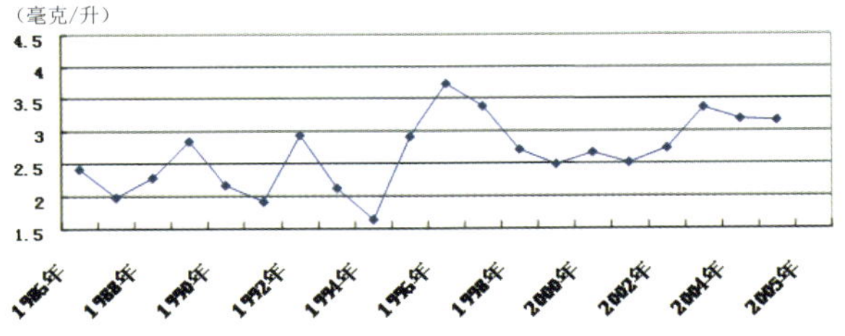

图2-28　1986～2005年全太湖总氮浓度变化趋势图

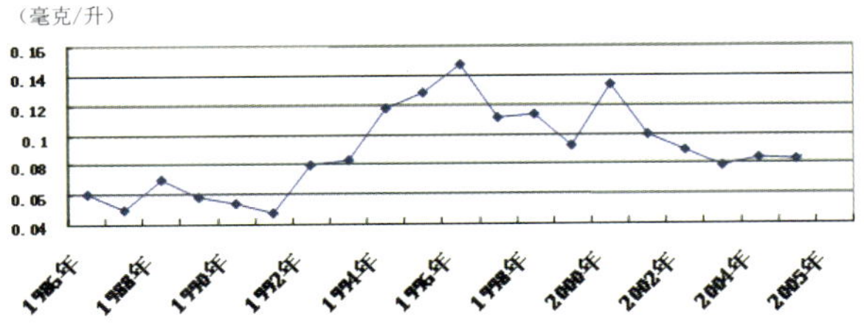

图2-29　1986～2005年全太湖总磷浓度变化趋势图

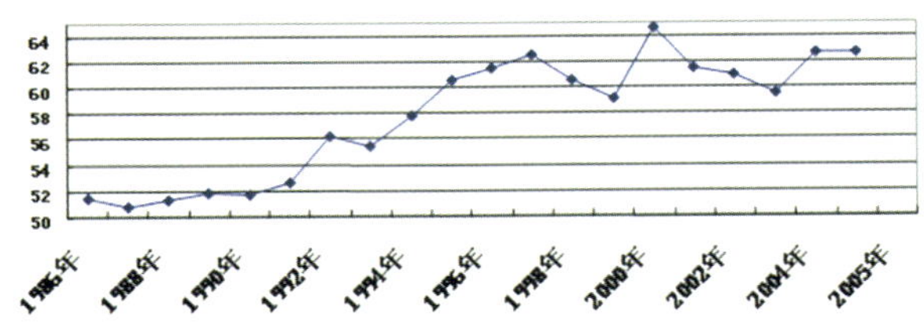

图2-30　1986～2005年全太湖富营养化指数变化趋势图

2.蠡湖

1986～2005年，蠡湖水质总体呈恶化—稳定—改善的趋势。高锰酸盐浓度：90年代初期为三类水平，90年代中期起恶化为四类水平，2005年恢复至三类水平。总氮浓度：1991～2005年一直处于劣五类水平，总体呈缓慢上升趋势，2005年比1991年总氮浓度上升近89%。总磷浓度：1992～2002年基本处于五类水平，2002～2005年稳步下降，恢复到四类水平。富营养化程度：90年代后呈富营养化状态，90年代中后期有所加重，2000年起逐年下降，富营养状况有较明显的改善。总体上来说，蠡湖水质呈好转态势，高锰酸盐指数和总磷浓度接近1991年的水平，且略好于梅梁湖。

图2-31　1991～2005年蠡湖湖区高锰酸盐指数选年变化趋势图

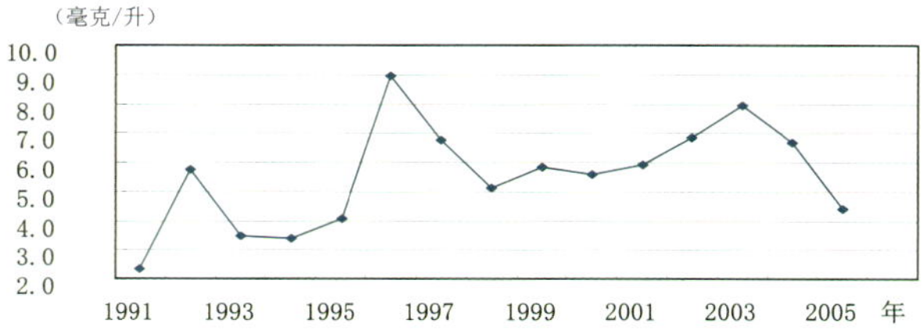

图2-32　1991～2005年蠡湖湖区总氮浓度选年变化趋势图

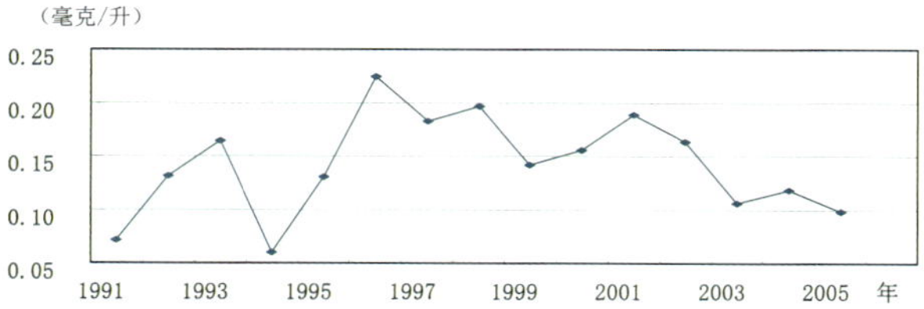

图2-33　1991～2005年蠡湖湖区总磷浓度选年变化趋势图

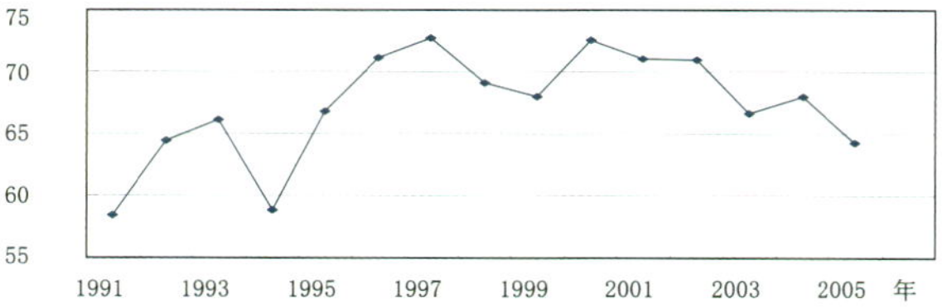

图2-34　1991～2005年蠡湖富营养化指数变化趋势图

3.梅梁湖

1986～2005年，梅梁湖水质总体呈恶化—稳定—改善的趋势，水体中总氮浓度及富营养化指数呈上升态势。高锰酸盐浓度：90年代初期为三类水平，90年代中期起恶化为四类水平，2000年起恢复并维持在的三类水平。总氮浓度：一直处于劣五类水平。总磷浓度：一直处于四类水平，呈小幅波动态势，但2000年后呈明显的下降趋势。富营养程度：略有上升，呈中度富营养状态。2005年，梅梁湖的高锰酸盐指数和总磷浓度分别为每升6.0毫克和每升0.11毫克，达到国家《太湖水污染防治“十五”计划》中规定的水质目标。

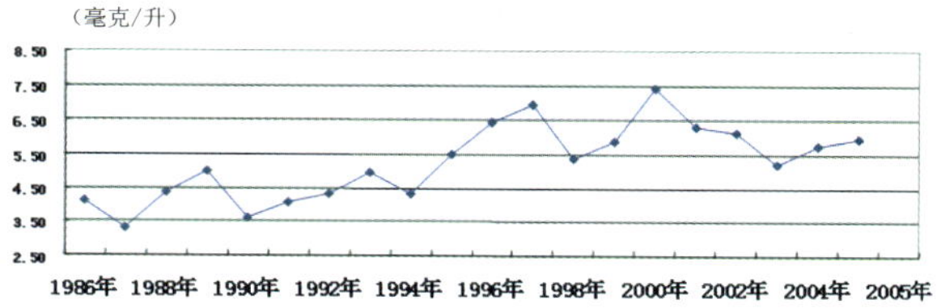

图2-35　1986～2005年梅梁湖区高锰酸盐指数变化趋势图

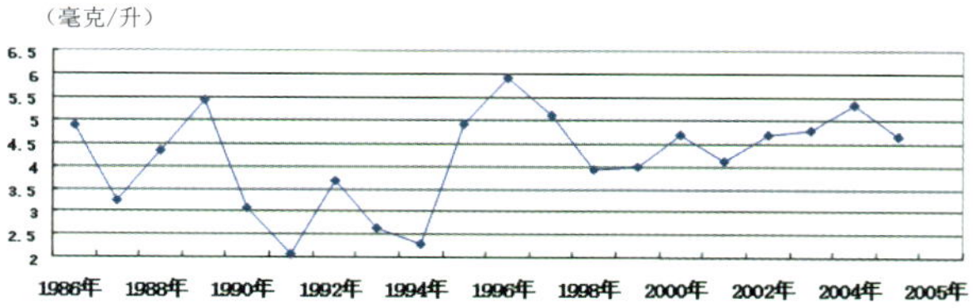

图2-36　1986～2005年梅梁湖区总氮浓度变化趋势图

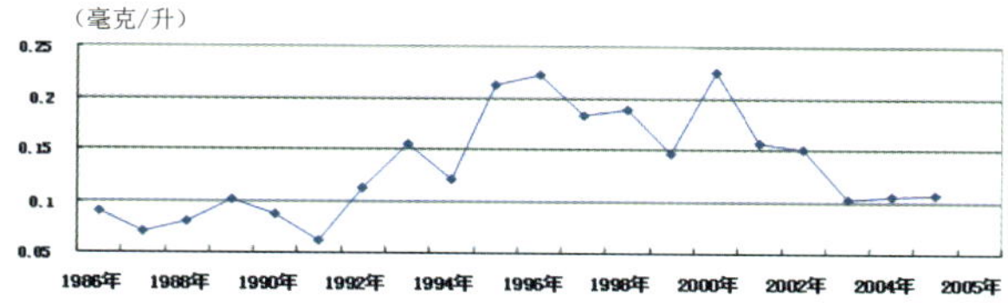

图2-37　1986～2005年梅梁湖区总磷浓度变化趋势图

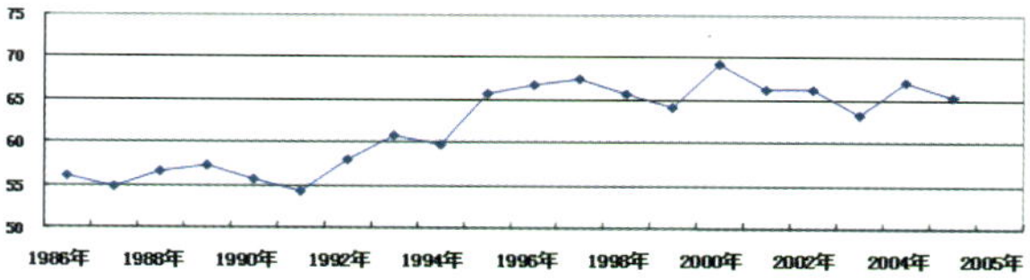

图2-38　1986～2005年梅梁湖区富营养化指数变化趋势图

4. 贡湖

2000～2005年，贡湖水质总体有所改善，但水体中总氮浓度有上升的态势，由2000年的五类水平变差为劣五类水平；高锰酸盐和总磷浓度则呈现下降趋势，均处于四类水平；富营养化程度呈小幅波动态势，处于轻度富营养化状态。

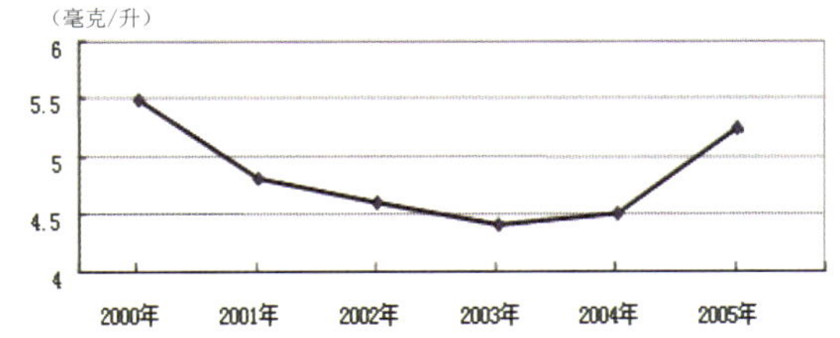

图2-39 2000～2005年贡湖高锰酸盐指数变化趋势图

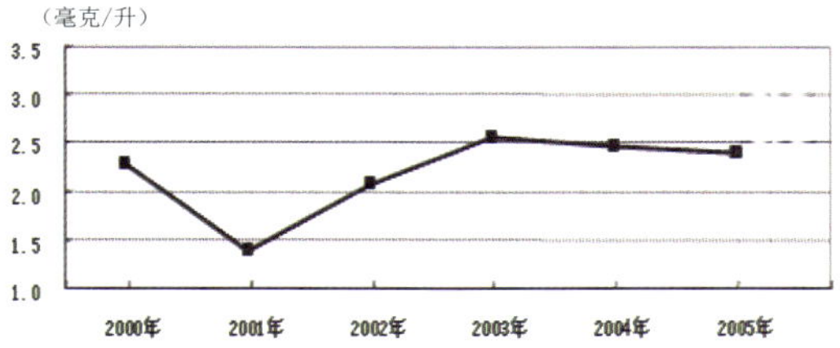

图2-40 2000～2005年贡湖总氮浓度变化趋势图

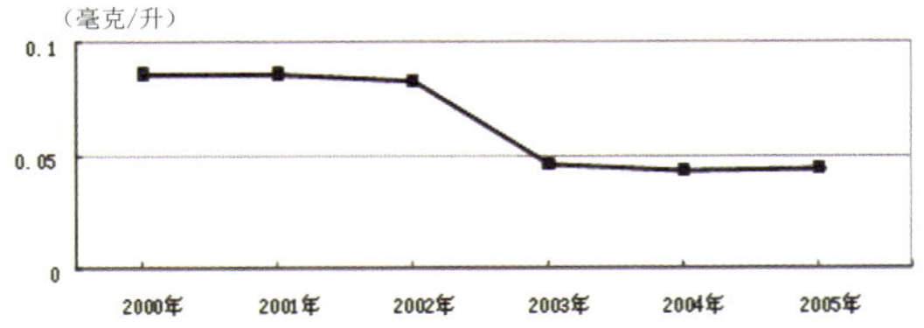

图2-41 2000～2005年贡湖总磷浓度变化趋势图

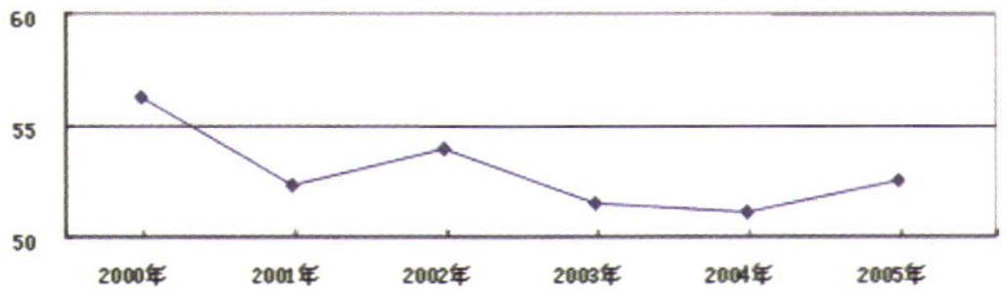

图2-42 2000～2005年贡湖富营养化指数变化趋势图

5.市区主要河流

1986～1990年，市区河流水质以五类为主，锡澄运河、梁溪河半数时间处于四类水质，京杭运河下游段个别年份处于四类水质。1991年起，各河流水质明显下降。自1996年将氨氮指标列入监测体系后，河流水质评价结果均为劣五类。

1986～2005年无锡市区河流水质类别表

表2-11

年份	京杭运河上游段	京杭运河市区段	京杭运河下游段	锡澄运河	梁溪河	古运河	锡北运河
1986	五类	五类	五类	四类	五类	五类	五类
1987	五类	五类	四类	四类	四类	五类	五类
1988	五类	五类	五类	五类	五类	五类	五类
1989	五类	五类	五类	五类	四类	五类	五类
1990	五类	五类	五类	五类	四类	五类	五类
1991	劣五类	劣五类	五类	五类	五类	劣五类	劣五类
1992	劣五类	劣五类	劣五类	劣五类	劣五类	劣五类	劣五类
1993	劣五类	劣五类	五类	劣五类	五类	五类	劣五类
1994	劣五类	劣五类	五类	劣五类	五类	劣五类	劣五类
1995	劣五类	劣五类	劣五类	五类	五类	劣五类	劣五类
1996	劣五类	劣五类	劣五类	劣五类	劣五类	劣五类	劣五类
1997	劣五类	劣五类	劣五类	劣五类	劣五类	劣五类	劣五类
1998	劣五类	劣五类	劣五类	劣五类	劣五类	劣五类	劣五类
1999	劣五类	劣五类	劣五类	劣五类	劣五类	劣五类	劣五类
2000	劣五类	劣五类	劣五类	劣五类	劣五类	劣五类	劣五类
2001	劣五类	劣五类	劣五类	劣五类	劣五类	劣五类	劣五类
2002	劣五类	劣五类	劣五类	劣五类	劣五类	劣五类	劣五类
2003	劣五类	劣五类	劣五类	劣五类	劣五类	劣五类	劣五类
2004	劣五类	劣五类	劣五类	劣五类	劣五类	劣五类	劣五类
2005	劣五类	劣五类	劣五类	劣五类	劣五类	劣五类	劣五类

1990年、1995年、2005年无锡市主要湖泊、河流水质主要指标情况表

表2-12 单位：毫克/升

名称	总氮指标			总磷指标			高锰酸盐指标			富营养化指数		
	1990	1995	2005	1990	1995	2005	1990	1995	2005	1990	1995	2005
全太湖	2.16	2.90	3.15	0.05	0.13	0.08	3.00	4.30	5.10	51.70	60.50	62.60
蠡湖	2.33	4.08	4.40	0.07	0.13	0.10	4.70	5.50	5.80	58.40	66.70	64.30
梅梁湖	3.06	4.91	4.66	0.09	0.21	0.11	3.60	5.50	6.00	55.70	65.70	65.40
贡湖	1.10	1.94	2.40	0.05	0.11	0.05	5.10	4.10	5.20	55.10	57.30	59.40
京杭运河市区段	—	—	8.09	—	—	0.24	11.50	9.40	8.30	—	—	—
锡澄运河	—	—	5.87	—	—	0.53	9.50	8.50	9.00	—	—	—
梁溪河	—	—	7.54	—	—	0.20	10.70	9.60	7.10	—	—	—
古运河	—	—	7.76	—	—	0.45	16.00	12.20	10.80	—	—	—
锡北运河	—	—	8.57	—	—	0.32	15.80	13.50	7.90	—	—	—

二、大气环境

随着工业的快速发展和机动车、船的大量增加，无锡市大气污染日益严重。主要污染物有二氧化硫、氮氧化物、总悬浮颗粒物与可吸入颗粒物。1986～2005年，无锡市二氧化硫浓度80年代上升，90年代初下降，1996年后保持相对平稳。氮氧化物及二氧化氮基本保持稳定。总悬浮颗粒物与可吸入颗粒物指标则有大幅度的降低。80年代，酸雨频率逐年下降，90年代保持在较高的水平，1999～2001年明显降低，2002年开始明显上升。20年间，环境空气质量总体逐步改善。

1986～2005年无锡市环境空气监测主要指标情况表

表2-13 单位：毫克/立方米、%

年份	二氧化硫	氮氧化物	二氧化氮	总悬浮颗粒物	可吸入颗粒物	酸雨频率
1986	0.073	0.041	—	0.419	—	51.10
1987	0.116	0.047	—	0.304	—	41.10
1988	0.106	0.055	—	0.398	—	27.60
1989	0.114	0.062	—	0.228	—	49.60
1990	0.122	0.054	—	0.231	—	50.60
1991	0.153	0.059	—	0.331	—	61.70
1992	0.129	0.053	—	0.427	—	44.80
1993	0.023	0.042	—	0.254	—	54.90
1994	0.020	0.035	—	0.250	—	44.20
1995	0.025	0.035	—	0.280	—	47.90
1996	0.063	0.028	—	0.251	—	55.00
1997	0.068	0.033	—	0.209	—	45.50
1998	0.064	0.041	—	0.169	—	53.80
1999	0.059	0.043	—	0.172	—	15.20

续表

年份	二氧化硫	氮氧化物	二氧化氮	总悬浮颗粒物	可吸入颗粒物	酸雨频率
2000	0.057	0.042	—	0.171	—	11.70
2001	0.056	—	0.034	—	0.144	16.00
2002	0.057	—	0.040	—	0.133	23.40
2003	0.060	—	0.045	—	0.118	44.50
2004	0.075	—	0.043	—	0.118	53.60
2005	0.069	—	0.038	—	0.100	49.00

三、声环境

1986年，市区区域噪声、陆路交通噪声、水路交通噪声分别为62.3分贝、75.2分贝、75.7分贝，均超过国家城市区域环境噪声标准[①]。1986年以后，市区声环境质量逐步好转，区域噪声1999年起全部达标。水路交通噪声2002年起全部达标。2005年，市区区域噪声、陆路交通噪声、水路交通噪声分别为56.5分贝、66.6分贝、69.6分贝，全部达标。

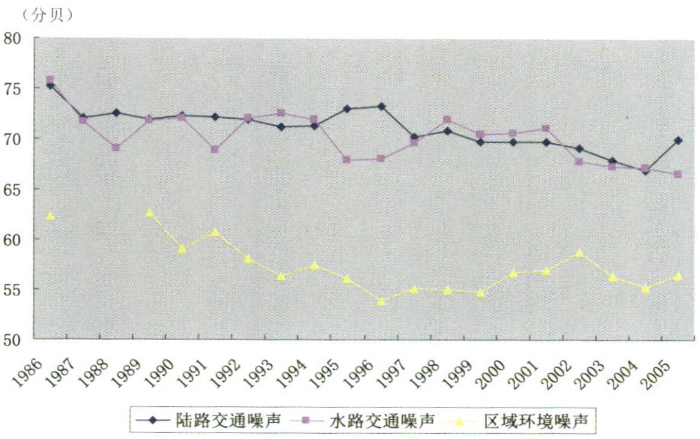

图2-43 1986～2005年无锡市噪声指标图

第三节 环境监测

一、监测网络

无锡市环境监测中心站挂有4块牌子：无锡市环境监测中心站、国家环境保护总局太湖流域水环境监测网中心站、江苏省太湖水质监测中心站、江苏省环境监测苏南分中心。主要监测无锡地区的环境空气、各种废气、降雨、地表水（含底泥）、地下水、生活饮用水源水、生产废水、生活污水、城市区域环境噪声、交通噪声（水、陆）、企业厂界噪声、建筑施工场界噪声、土壤环境、环境生物、振动、放射性污染场等近20类环境要素，其中包括污染源监督监测、竣工验收监测、应急事故监测和仲裁监测等四大环境常规监测。1995年11月，建立以无锡市环境监测中心站为中心的主要监测网络，由21个市、县监测站组成。分为两片：即以无锡地区为覆盖面的无锡市环境监测网络，以太湖流域为覆盖面的太湖流

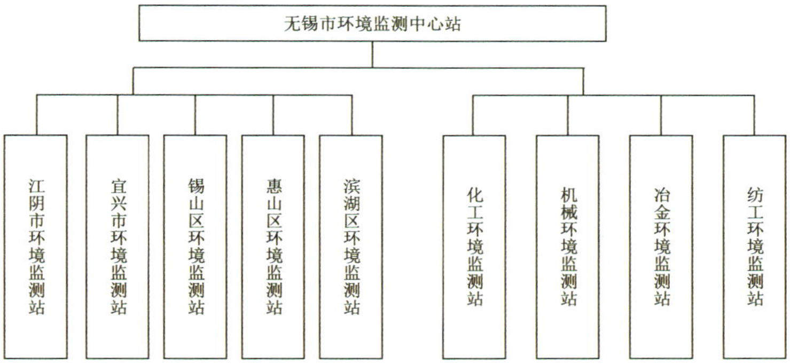

图2-44 2005年无锡市环境监测网

① 国家标准值分别为60、70、70分贝。

域水环境监测网。

1986年，市环境监测中心站拥有气相色谱仪、火焰原子吸收分光度计等大型仪器，固定资产50万元。监测因子21项，每年提供有效数据8000个。经过逐年的完善和更新，至2005年末，拥有大型专用仪器50多台（套），固定资产718.6万元。监测手段逐年提高，现场采样从手动间隙采样，逐步发展为自动连续采样，实验室分析从手工化学分析，发展为自动或半自动仪器分析。环境监测因子扩大至135项，常规监测点逐步优化至2924个，年提供有效数据增至55万多个。

二、水质监测

无锡市水环境监测分为太湖与河流两大体系。80年代初期监测工作起步时，监测频次为每年3次，主要监测丰水期、平水期和枯水期水质变化。90年代对监测点位及项目优化调整，形成较完整的监测体系。2001年5月，无锡市开始建设水质自动监测系统，共设沙渚、五牧、大溪港、直湖港、兰山嘴、潘家坝、伯渎港、大浦港8个站点，其中沙渚、兰山嘴两个站点纳入国家环境监测总站网络，监测项目有水温、酸碱度、电导、溶解氧、浊度、总磷、总氮、总有机碳、氨氮和高锰酸盐指数共10项，监测频次为每4小时一组数据，向国家环境监测总站和省环境监测中心传报周报。其余6个点纳入省环境监测中心网络，监测项目有酸碱度、水湿、浊度、总磷、总氮、氨氮和高锰酸盐指数，共7项，以周报形式传报。

图2-45　水环境采样　（市环保局供稿）

随着环境监测要求的提高，无锡市不断增加和优化监测点位、频次、项目，加强饮用水源地水质监测。2005年，无锡市水环境监测体系包括太湖、饮用水源地、河流三大体系。太湖湖体监测点位有21个国控点位，监测频次每年12次，监测项目28项，分别为水温、酸碱度、溶解氧、高锰酸盐指数、化学需氧量、五日生化需氧量、氨氮、石油类、总磷、总氮、挥发酚、汞、铅、铜、锌、氟化物、硒、砷、镉、铬（六价）、氰化物、阴离子表面活性剂、硫化物、粪大肠菌群、电导率、透明度、悬浮物、叶绿素a。饮用水源地共有7个，分别为无锡的沙渚、小湾里（备用水源地）、澄西、锡东水源地，江阴的小湾、肖山湾水源地，宜兴的横山水库水源地，监测频次每年12次，监测项目35项。河流监测点位有23个国控点位，监测频次每年12次，监测项目27项。

三、大气监测

1992年前，无锡市采用手工瞬时采样方法监测环境空气质量。1993～1999年，采用24小时连续自动采样，二氧化硫的手工瞬时采样方法与自动采样方法监测结果存在较大系统偏差。1999年10月，无锡市作为全国113个重点城市之一，建成大气自动监测系统，2000年投入运行。全市设东亭、旺庄、曹张、江大、丁村和漆塘6个站点，监测项目为二氧化硫、二氧化氮和总悬浮颗粒物（PM10），监测频次每小时1组，小时均值、日均值数据直接向国家监测总站和省环境监测中心传报。2000年1月1日起，通过报纸、电台、网站向社会发布日报。2002年起发布预报。

四、噪声监测

1986年以后，市环境监测机构采用测量仪器精度为Ⅱ型及Ⅱ型以上的积分平均声级计进行环境噪声监测。随着市区建成区面积增大，市区域噪声监测点相应增加，1992年前120个，1992～1996年160个，1997～2000年195个，2001～2005年222个。陆路交通噪声监测点1986～1988年49个，1989～1995年66个，1997～2000年88个，2001年增至156个。水路交通噪声点1986～2005年33个。

第四节　太湖综合整治

一、水污染综合治理

1986～1990年，无锡市先后在太湖沿岸关停并转100多家污染企业。1990年7月，梅梁湖因太湖富营养化暴发蓝绿藻类，暴发持续时间28天。市政府报请省政府开启沿长江各闸，引水入湖。至8月初，蓝藻污染缓解。

1991年，市人大十届四次会议作出《关于大力改善水环境质量议案的决议》。市政府于当年对无锡利用造纸厂等4家重污染企业实行停产或转产，化学需氧量（COD）排放量年削减20%。1992年，无锡市建成沿太湖最大的芦村污水处理厂，全市7个片区及部分工业污水经集中处理后，化学需氧量、生化需氧量（BOD）达到国家排放标准。全市增设近200台（套）水污染治理设施，累计每日可去除化学需氧量52.9吨；结合城市防汛工程建设，投资1000万元，疏浚28条主要河道；投资1000万元，建成犊山截污防洪工程和庄桥头等68座大小双向泵站，定期调水；将保护饮用水源纳入法制化轨道，划分水源地保护区域，对水源地周围污染严重的乡镇企业和养畜场实施关停并转迁，开展取水口蓝藻防治、制水工艺等技术研究和清除淤泥，改善水源地水环境。1995年9月，市委九届一次会议将城市供水和治理太湖水环境列为首项议程，提出保护太湖的10条措施，授权环保部门对沿太湖59家排污单位（宾馆、疗养院等旅游业）实行限期达标。

1996年4月，国务院在无锡市召开太湖流域环保执法检查现场会，明确提出太湖水污染防治工作的总体目标和工作要求，副总理宋健向太湖流域人民发出“让太湖水变清”的总动员令。是年，江苏省成立省太湖水污染防治委员会，省人大常委会颁发《江苏省太湖水污染防治条例》。无锡市成立太湖无锡水域环境综合整治领导小组，制定《太湖无锡水域污染防治“九五”计划和2010年远景规划》《无锡市污染物排放总量控制计划》。9月，全市贯彻落实市人大抓紧治理太湖无锡水域污染议案决议大会召开，确定无锡市太湖治理的具体目标，市长于广洲与27个责任部门主要领导签订治太工作目标责任状。1996年，市政府授权市环保局对沿湖大浮、金城、环湖、马山4个片区59家宾馆、疗养院限期治理。年内，沿湖12家宾馆、疗养院的污水接入污水处理厂实行集中处理；16家单位自建污染治理设施，完善污水处理设施，实现达标排放；欧洲城等31家单位新建污染治理设施，达到《太湖水源保护条例》规定的排放标准。

1997年，制定《“九五”期间无锡市主要污染物总量控制计划》，推进排污申报登记、排污口规范化整治、清洁生产审计等项工作，加强工业污染源综合整治，年末，全市化学需氧量排放量削减至44425.6吨，总磷排放量削减至1192.5吨。加快城镇污水处理厂建设，建成芦村污水处理厂二期工程、城北污水处理厂一期工程、前洲镇污水处理厂。

1998年，国家环保总局在太湖流域开展水污染源达标排放行动——“零点行动”，要求全流域所有水污染源在当年12月31日24时前实现达标排放。无锡市有312家企业被列入1998年底水污染源达标排放名单，其中，太湖流域297家，苏南运河沿河9家，直湖港、武进港地区6家。各级政府对超标排污工业污染企业作出限期治理决定，各级综合部门和企业主管部门对限期治理企业实行分类指导，重点帮扶。312家限期治理企业投资建设治污工程。无锡中亚化学有限公司、一汽无锡柴油机厂、市石化总厂、协新毛纺织染有限公司、太平洋色织公司、宜兴乐祺纺织印染有限公司等企业解决了多年累积的污染问题。至1998年末，太湖流域297家企业中，285家企业完成治污设施建设或整改，具备达标排放能力；2家企业由于废水治理难度较大，实施限产并继续寻求治理技术；10家企业因治理无望或其他原因停产、破产或关闭。苏南运河沿河、直湖港、武进港地区15家企业中，14家达标排放，1家关停。此外，全市160家非重点水污染企业也如期实现达标排放，完成国家和省下达的治理任务。

同年，实施船舶流动污染源治理，至年末，市区454艘船舶及锡山、江阴、宜兴三市（县）2824艘船舶全部实现油水分离、集油装置、垃圾集中收集“三达标”。加大生态治理力度，2000年，建成一批农业现代化示范区，太湖一级保护区氮、磷利用率由30%上升至35%，水稻、三麦氮肥使用量下降幅度分别为22.3%和23.46%。全面推广节水灌溉技术，亩均用水由1000立方米减至600立方米。加大畜禽养殖整治力度，梁溪河两岸46个生猪养殖场（点）全部关闭或搬迁。取缔太湖无锡水域围网养鱼。加强水利工程建设和管理，在梁溪河、直湖港入湖口建设犊山船闸和直湖港船闸，控制内河污水流入太湖。全面建设湖滨防护带，实施苗木基础建设工程、太湖沿岸山区水土保护工程、农田林网工程、田旁绿化工程，新增苗圃面积2500亩，完成成片造林9000多亩，完善提高农田林网21.3万亩，植树造林373.3万株，各级道路绿化200公里，河道绿化60公里。

2001年，按照国务院提出的“到2005年底，实现太湖水质有所好转，特别是梅梁湖、五里湖水质明显改善”的要求，无锡市确定到2005年太湖水质、污染物排放总量控制两大目标，重点实施城镇污水处理、工业污染源控制、生态恢复、生态清淤等10项工程措施。当年成立市太湖水污染防治委员会，全面推行治太工作目标责任制，重点实施蠡湖综合整治，以蠡湖新城为载体，坚持高起点规划，委托国际著名景观设计公司——美国泛亚易道公司和澳大利亚丹尼斯公司分别编制蠡湖地区概念性规划，将蠡湖地区周围20平方公里范围作为环境综合整治、景观建设的重点。同年起，实施生态清淤、污水截流、退渔还湖、动力换水、生态修复、湖岸整治和环湖林带建设等工程。

2002年，科技部“863”专项——太湖水污染控制与水体修复技术及工程示范项目在无锡实施。项目总投资2.1亿元，在太湖重污染区域实施水体底泥环保疏浚与生态重建技术。种植睡莲、美人蕉等31万株，黑藻、金鱼草等500多万株，实现蠡湖水生植物恢复与重建。在饮用水源地运用梅梁湾水源地水质改善技术，实施消浪技术与围隔方案，实现水源地有机污染物去除、水生植被恢复、藻类控制、湖滨带生态系统构建、环境治理与生态恢复的长效可持续管理。运用具有太湖流域特点的河网区面源地水质改善技术，开展农村生活污水处理、垃圾与农业废弃物处理、河网水质强化净化与水体修复等。

2001～2005年，无锡市结合蠡湖新城骨干路网建设，铺设截污管网11.8公里，有效减少入湖污染负荷。投资7200万元，对蠡湖实施清淤累计248万立方米。投资1.2亿元，实施梅梁湖内侧生态清淤工程。搬迁、关闭企业48家，将3282亩鱼塘恢复为湖面，蠡湖水面面积由6.4平方公里扩为8.6平方公里；通过易地安居、拆迁补偿、落实社会保障等措施，妥善安置农业劳动力和企事业单位职工1972人。投资1.2亿元，建成梅梁湖动力换水工程，缩短蠡湖与梅梁湖的换水周期；蠡湖周围建设节制闸，使蠡湖成为可调控的内湖。沿湖建成长6.5公里、宽80～120米的环湖绿带，湖中的鸥鹭岛、渔父岛及120米高喷、蠡湖广场等景观，初步形成城市新景和个性特色。累计投入25.9亿元，城镇污水处理厂增至51座，城镇污水日处理能力102万吨。结合城市路网的改造与新建，市区铺设截污管网1000多公里，城市生活污水集中处理率达75%以上。对古运河、梁溪河和环城河等市区主要河道实施截污、清淤、绿化，共清除河道积淤5298万立方米；削减重污染企业排污总量，搬迁一批工业企业；

组织老居民新村改造，在沿河周边地区实施污水截流；对市区古运河航段全面实施禁航措施，城市河道水质明显改善。关闭、搬迁贡湖水源地保护区内的工矿企业、养殖场和住家船，对537亩鱼塘实行退渔还林；清除梅梁湖126平方公里范围内的定置捕捞渔具，保证供水水质安全。至2005年末，全市300家企业通过清洁生产审计，334家企业通过ISO 14001环境管理体系认证，无锡新区建成国家级ISO 14001示范区，拜耳无锡化工有限公司被国家环保总局评为第一家国家环境友好企业。加快农业结构调整，推广生态农业技术，减少农药化肥的使用量，环太湖及主要出入湖河流两侧农田化肥、农药用量比2004年分别下降25%和15%以上。国家下达给无锡市的治太“十五”计划目标任务全部完成。太湖无锡水域的蠡湖、梅梁湖提前一年达到国家治太“十五”计划的目标要求；贡湖、小湾里等集中式饮用水水源地水质达标率和城市水域功能区水质达标率逐年上升。蠡湖综合整治得到国务院和国家有关部门充分肯定，被树立为国内湖泊治理的成功典范。

二、湖区淤积治理

太湖湖岸淤积历来严重。明代文献记载，太湖东岸由无锡梁溪口至吴江吴溇口之间，共有大小溇港140多条。至1952年水利勘察时，能起泄排作用的仅存鲇鱼口、瓜泾口、吴家港、大浦港等数十条，西太湖也仅有梁溪河、金墅、铜坑、沙塘诸口可以出水。80年代以后，由于太湖周围河网水质严重恶化，进入太湖的河水夹带着大量的有机污物，在入湖口迅速沉积，不但加快湖床淤积的速度，而且这些有机质含量极大的淤积物常年向水体释放污染物质，加重水质恶化、蓝藻暴发的状况。至90年代末，梅梁湖区内平均淤积厚度75厘米，最深处150厘米，硬质湖底以上的淤积总量9285万立方米。蠡湖平均淤积厚0.6～0.8米，最深处2米，淤积总量360.5万立方米，对环境的影响十分严重。1995年，市政府决定对自来水水源地开展局部清淤工程，改善源水水质。1996年1月，首次对小湾里水厂和梅园水厂的水源区实施清淤工程。

小湾里水厂位于梅梁湖中部东岸，是当时无锡市最大的自来水取水口，日取水量50万立方米。取水头部距岸边100余米，周围湖底淤积较为严重，一般淤深0.6～0.8米，最深处1.8米。小湾里水厂水源地清淤工程由市水利局负责实施，清淤范围为岸边向西300米，以取水头部为中心，南北各500米，共30万立方米。实际清淤量15.3万立方米。工程从1996年1月开始，1996年11月完工，投入资金200万元。梅园水厂位于蠡湖与梅梁湖交汇处的犊山口万顷堂下，是无锡市最早的自来水厂。其水源地原为犊山口深漕，是水流不断的活水区，建厂时水质很好。80年代起，由于运河水质污染严重，梁溪河入湖水质恶化，直接影响水厂源水水质。加之随河道流出的污染物大量沉积，取水口附近的深槽渐被淤填（在太湖3.0米水位时，60年代该处水深可达7米，90年代仅有3米左右）。其两侧的蠡湖和梅梁湖小箕山处也均严重淤积，淤泥深1米左右，最深处达2米多。该项清淤工程由市建设委员会负责实施，清淤范围为取水头部东面的蠡湖节制闸闸外水域，西侧的小箕山以东水域。所清淤泥由运泥船只运至周围2公里左右的堆泥场堆存，部分填筑犊山大坝南头的鼋头渚大门处停车场。工程1996年2月开工，5月结束，投入资金220万元，实际清淤量21.7万立方米。清淤工程完成后，当年夏天，小湾里水厂和梅园水厂

图2-46　2002年蠡湖清淤　　（顾祚维摄）

的水源水质有明显改善。此后历次太湖治理，生态清淤都成为重要内容。

2002～2005年，无锡市共投资1.9亿多元，实施蠡湖、梅梁湖湖底清淤工程。2002年，蠡湖湖区清除淤泥248万立方米。2004年、2005年，梅梁湖湖区清除淤泥121万立方米。

第五节　工业污染防治

一、企业污染处理设施建设

1986～1990年，无锡市80家企事业单位建成90套污水、废气处理装置，总投资5920万元。市区建成38套污水治理设施，新增污水日处理能力3.6万吨。惠山农药厂、江阴农药厂、无锡钛白粉厂等各建成1套废气处理系统，杜绝有毒气体泄漏事故。1991～1995年，全市工业企业建成污染治理设施1029台(套)，制定117项污染削减方案，整治排污口103个，安装污水流量计87台。

1998年，无锡市被列入国家酸雨控制区。2000年，对市钢铁厂、市搪瓷厂、市水泥厂等47家大气重污染企业实行集中限期治理。市搪瓷厂投资100万元，采用无焰活化、分段燃烧的清洁工艺，对5台搪瓷烧成炉进行改造；市钢铁厂对30多个污染源全面治理，改建10台煤气发生炉和2台电炉，关闭4台污染严重的电炉。市化工集团电化厂在全国率先采用干法脱硫技术，对65吨热电锅炉脱硫除尘，脱硫率93%、除尘率99.5%。

2001年起，在工业企业中推行治理设施“管理规范化、监控自动化、运行市场化”制度，对无锡德发印染等314家企业实施限期治理，提高印染行业污染物排放标准。至2005年，全市1422家企业的3452个排污口达到规范化整治要求，在重点排污企业中安装污水流量计256台、环保黑匣子137台。

2003年，无锡市实施全市电力行业二氧化硫排放总量分配方案，重点对22个用煤大户实行排放配额控制，市协联热电有限公司、双河尖热电厂等企业逐步实行烟尘脱硫。宜兴市在建材行业推广倒焰窑煤气发生炉，组织开展轧石企业专项整治，关停一批严重污染企业。2004年初，对辖区内每小时35蒸吨以上规模锅炉未建脱硫设施的单位下达限期治理任务，推广锅炉脱硫技术。对建设脱硫设施的单位优先补助污染防治基金，提供资金支持。2005年，市级污染防治基金对建设脱硫设施申请资金补助的单位按每蒸吨1万元发放补助资金，共发放420万元。至年末，城区6家热电厂15台每小时35蒸吨以上锅炉的脱硫设施建设全部建成投运，脱硫率均在80%以上。全市367家企业拆除锅炉和烟囱。宜兴市集中供热供汽范围扩大到70平方公里，共淘汰和拆除工业窑炉440多台。燃煤电厂全部实施脱硫。市区空气中二氧化硫浓度由2004年每升0.075毫克降至2005年每升0.069毫克。

二、污染企业搬迁、关闭

1986～1990年，无锡市搬迁、疏散、治理37家位于居民稠密区内污染严重的企业，其中实施搬迁的10家企业分别在新址建成集中的污染治理设施。迁建2家电镀厂，关停并转57个电镀厂点，控制重金属污染。无锡电镀厂、东风电镀厂迁建后均形成电镀中心，增强专业化生产能力。迁建3家纺织印染厂，组成江南色织公司，建成日处理6000吨印染污水的集中治理工程，不仅承担原色织二厂、三厂、五厂印染污水处理，还接纳金城桥地区7家单位的印染污水。关停26家工厂的39台锅炉，新建双河和黄巷2家热电厂，实行联片供汽供热。1992年6月，市政府对无锡钛白粉厂、利用造纸厂、太湖造纸厂、溶剂总厂实施关停并转，化学需氧量排放削减20%。1995年，全市共关停109家小化工企业。

1996年8月，无锡市集中整治“十五小”企业[①]。成立无锡市取缔和关停污染严重企业领导小组，调查化工、制革、造纸、漂染、电镀、石棉制品等行业1000余家企业，取缔、关停128家“十五小”重污染企业，其中锡山市61家、宜兴市34家、江阴市23家、新区2家、郊区8家。市区关闭市制革厂猪皮制革车间，搬迁市迎龙塘瓷厂、市砂轮厂。

1998～2000年，无锡市污染企业集中治理期间，共关停治理无望企业39家。其中，1999年对337家大气污染企业限期治理，19家企业被依法关停、取缔、关闭，4家企业停产治理。

2001年，全市取缔小电镀和无证生产经营的违法企业（项目）20家（个），关停污染严重、治理无望的企业6家。2005年，结合产业调整和旧城改造，市区搬迁第三钢铁厂、合成化工厂、惠山农药厂、凤翔染色厂等影响城市建设、居民生活和周围环境的企业；关闭杨市化工助剂厂、滨湖联合染整厂等重污染企业；市水泥厂等污染严重、治理无望、资不抵债的企业进入破产程序。江阴市共关停30家（个）污染企业（项目）。宜兴市加快化工行业结构调整，第一批取缔无证无照企业45家，关停污染超标的有证照企业45家，另有99家企业列入第二、第三批关停计划。

三、烟尘控制

1989年，无锡市启动建设市区烟尘控制区。至1990年末，全市改造锅炉518台、工业窑炉363台、生活炉灶3561台，基本改变燃烧方式，或采用先进的加煤装置和除尘设备，或改变燃料结构，85%以上锅炉、生活炉灶取得“消烟除尘合格证”。市政府推进集中供热、联片供气，建成双河尖热电厂和市热电厂，26家工厂受益，停掉锅炉39台，减少烟尘排放源。加快发展城市煤气和液化石油气。各街道将辖区内主要排放单位组织起来，全市共成立77个联防片，设立46个制高点，定期登高监察辖区内烟尘排放情况，强化监督管理。至1990年末，全市在31个街道、55.69平方公里范围内建成烟尘控制区，烟气黑度和烟尘浓度均低于省、国家规定的90%和80%的达标要求，炉、窑抽测合格率100%。城市大气总悬浮微粒日平均浓度值由1986年每立方米0.419毫克降至0.231毫克，降尘由1986年每平方公里月平均15吨降至9.2吨。1994年，大气总悬浮微粒日平均值降至每立方米0.254毫克，二氧化硫日平均值每立方米0.02毫克。

1996年，无锡市发展城市集中供热，市热电厂、双河尖热电厂扩大供热范围，市焦化厂内新建1座热电厂，新区全面实现集中供热和供汽。市中心居民密集区强制使用燃油锅炉，逐步淘汰燃煤锅炉，城市气化率82%。市区全面建成烟尘控制区，覆盖率达到100%；郊区43.92平方公里的新、老烟尘控制区基本达到烟尘控制区标准，通过市级验收。1999年、2000年，市区烟尘控制区面积分别提高至109.7平方公里、113.69平方公里，覆盖率保持100%。2002年，扩大集中供热，市区集中供热能力达每小时500蒸吨。江阴市、宜兴市、惠山区烟尘控制区面积分别扩大至103平方公里、20平方公里和55平方公里，全市烟尘控制区覆盖率100%。

2003年，市政府颁布《关于在城区范围专项整治“老虎灶”的通告》，关闭一批用柴火或煤炭作燃料的“老虎灶”。江阴市对117个开水房集中整治，关闭16个严重扰民的开水房。锡山区、崇安区、北塘区、南长区结合烟尘控制区建设，重点对查桥、广益、山北、扬名等地检查，加快燃煤炉、窑、灶淘汰步伐，市区近1/3的重点大气污染企业实现集中供热。主要道路坚持冲水、洒水作业，城市扬尘得到控制。市区建成区全部建成烟尘控制区。2004年，新铺设热力管网70公里，92家企业拆除锅炉，推倒烟囱，实行集中供热。

至2005年，市区集中供热能力每小时850蒸吨，铺设热力管网230多公里。市区建成烟尘控制区413.17平方公里，覆盖率100%。

① 指国家界定取缔的小造纸厂、制革厂、染料厂、土法炼焦、炼硫；界定关闭或停产的土法炼砷、炼汞、炼铅锌、炼油、选金、农药、漂染、电镀和生产石棉企业、放射性制品企业。

四、污染源限期治理

1996年，印发《无锡市2000年工业污染源和环境功能区达标工作意见》，确定全市工业污染源实现达标排放工作目标。1999年，各市（县）、区政府对工业大气污染源、噪声污染源、固体废弃物污染源分别下达限期治理任务。至2000年，全市所有工业污染源实现达标排放。

废水工业污染源治理 1998年，全市排污申报行业代码在06～46之间的工业企业共7055家，其中，污染物排放量市区在85%以上、县级市在70%以上的重点污染企业140家，污染物排放量市区和江阴市在95%以上、锡山市和宜兴市在80%以上的主要污染企业382家。至2000年，390家单位完成限期治理（其中工业企业354家），关停22家。

废气工业污染源治理 至2000年，全市7055家工业企业中，大气污染物排放量市区在85%以上、县级市在70%以上的重点企业281家；853家完成限期治理（其中工业企业803家），关停68家。

固体废弃物污染源治理 1999年，无锡市固体废弃物产生量91.7万吨，以炉渣矿渣为主，综合利用量87.8万吨，综合利用率95.7%，比1995年提高12.8个百分点；危险废物安全处置率100%，实现危险废物零排放。对无锡化工集团股份有限公司等12家固体废弃物排放大户实施限期治理，规范其固体废弃物贮存、转移、处置等行为。

噪声污染源治理 根据日常环境监理和人民来信来访的信息，对32家噪声扰民单位下达限期治理决定，其中工业企业23家。经治理，1999～2000年全部实现达标排放。

五、固体废弃物处置

1991年，全市列入环境统计的236家企业固体废物产生量61.05万吨，其中危险废物9.7万吨，固体废物综合利用率76.6%。1992年，无锡市被列为全国17个首批开展固体废物申报登记的试点城市之一，市环保局分行业筛选重点申报单位，坚持减量化、资源化、无害化的原则，开展固体废物污染防治工作。推广清洁生产，减少固体废物的产生，以循环经济思想为导向，引导企业寻找合理的固体废物综合利用途径，提高废物综合利用率；对危险废物严格监管，推行安全处置。1999年，市环卫处对全市各医院产生的医疗垃圾进行调查。至2000年，全市固体废物综合利用率90.4%以上。

2001年，市环卫处与市环境保护公司共同组建无锡市工业固体废弃物安全处置有限公司。市环保局、市卫生局、市市政公用事业局和市物价局联合颁发《关于规范我市医疗固体废物环境管理的通知》，规定无锡市的医疗垃圾、有毒有害垃圾（含危险废物、工业废弃物）的清运业务由市工业固体废弃物安全处置有限公司承担。每年年初，公司即与相关单位签订有偿服务合同，实行运输、处理“一条龙”服务。该公司3月开工建设一期处置工程，12月试运行。市工业废物安全处置中心建成焚烧处理工程，主要焚烧处理工业废物、低聚酯物、医疗废弃物、化工废渣、失效药品、重金属化合物、剧毒废弃物、液体废弃物等工业废弃物。2003年，二期工程竣工投运。形成工业固体废弃物、医疗垃圾、病畜及有毒有害肉类焚烧处置的三位一体处理场所，年处理能力1.5万余吨，处理规模和水平居省内领先水平。

2003年5月，为防控传染性非典型性肺炎（简称“非典”）蔓延，对医疗废弃物集中收集、运输、焚烧处置，全年处理医疗垃圾581.65吨，工业废弃物4800吨。同月，市医疗废物集中处置网络投入运行，全面实现医疗废物集中焚烧处置。辖区内电子工厂等新项目大规模引进后，危险废物产生量呈上升趋势。市环保部门加强电子生产、冶金酸洗、电镀和化工等工业企业危险废物综合利用及安全处理处置工作。2004年，工业固体（危险）废物安全填埋工程开工建设，2005年8月投运，形成焚烧与安全填埋处置一体化的综合环保基地，成为省内第一家工业固体（危险）废物处理场。

2005年6月，建成工业危险废物安全填埋场，主要处置重金属类、废酸碱、其他无机非金属类等三大类固态危险废物。是年，全市726家企业共产生工业固体废物580.9万吨，综合利用量570.8万

1991～2005年无锡市城市固体废物排放及处理利用情况表

表2-14

单位：家、吨、%

年份	统计范围	环境统计的企业数	工业固体废物产生量	工业固体废物排放量	工业固体废物综合利用量	冶炼废渣（利用量）	粉煤灰（利用量）	炉渣（利用量）	其他废物（利用量）	固体废物综合利用率
1991	全市	236	610465	300	467812	7545	119122	249753	34418	76.63
1992	全市	242	641744	4758	573519	89001	166280	245622	18194	89.37
1993	全市	230	627748	4955	555090	88288	53887	267378	87803	88.43
1994	全市	229	567271	483	502375	59448	80852	251102	41554	88.56
1995	全市	248	548889	497	542557	64786	32064	230784	90405	98.85
1996	全市	400	2113465	4922	1435422	123794	339454	698076	165042	67.92
	市区	240	604047	320	541787	65195	46243	271583	63719	89.69
1997	全市	796	2040471	18638	1821015	158279	140513	1239288	185093	89.24
	市区	238	652999	660	542838	68163	33466	268724	116571	83.13
1998	全市	547	1399512	12363	1307577	54924	481232	638212	118150	93.43
	市区	234	952424	10020	886379	46500	48244	246705	528917	93.07
1999	全市	704	2314012	15718	2114170	100030	780295	957465	248761	91.36
	市区	235	649697	14016	507270	35542	113710	242052	109107	78.08
2000	全市	690	2474184	631	2236698	138413	944129	858989	283169	90.40
	市区	223	702876	631	472759	59758	57609	236139	117354	67.26
2001	全市	514	2768298	2931	2608543	143280	778926	1117230	375399	94.23
	市区	358	934504	2931	851965	78260	62746	424916	174946	91.17
2002	全市	572	3262741	0	2876245	94788	776827	1236810	413836	88.15
	市区	390	1199922	0	997704	57600	150963	461712	257332	83.15
2003	全市	578	3704792	0	3639382	216065	1323990	1002672	598801	98.23
	市区	422	1551638	0	1447637	114065	170212	574061	394458	93.30
2004	全市	632	5266028	0	5107515	513722	1717742	1238214	860805	96.99
	市区	440	2357819	0	2233598	356722	283137	665359	635743	94.73
2005	全市	726	5808716	0	5707525	715238	2530818	1047099	877080	98.26
	市区	499	2363753	0	2291118	550838	605090	404799	418901	96.93

吨，处置量10.1万吨，综合利用率98.3%。工业固体废物主要组成为粉煤灰、炉渣、冶炼废渣和水处理污泥等，其中最大量的为燃煤锅炉产生的灰渣，全部得到利用；冶炼废渣、尾矿等也在水泥道板、筑路等方面得到应用。全市危险废物产生量3.4万吨，综合利用量2.73万吨，处置量0.7万吨，综合利用率80.3%。医疗废物收集处理基本覆盖市、区、镇三级医疗机构和方便门诊，共计100余家，日收集量超过3吨。

1991～2005年无锡市城市危险废物处置处理情况表

表2-15　　单位：家、吨

年份	统计范围	环境统计的企业数	危险废物产生量	危险废物贮存量	危险废物处置量
1991	全市	236	96611.00	0.00	18720.00
1992	全市	242	100405.00	241.00	2.00
1993	全市	230	108149.00	0.00	3054.00
1994	全市	229	100323.00	0.00	0.00
1995	全市	248	125134.00	2700.00	17.00
1996	全市	400	125738.00	0.00	16114.00
	市区	240	108609.00	0.00	13526.00
1997	全市	796	124545.15	12.20	20367.68
	市区	238	75693.90	0.00	19779.28
1998	全市	547	25746.50	320.80	10649.40
	市区	234	32820.15	0.00	17011.30
1999	全市	704	24119.63	408.13	2724.50
	市区	235	2261.63	0.63	1200.00
2000	全市	690	14365.23	347.33	3546.20
	市区	223	2803.13	0.33	2403.80
2001	全市	514	20727.07	800.79	9316.57
	市区	358	19309.17	560.79	8248.67
2002	全市	572	59113.04	359.60	4869.50
	市区	390	12329.29	359.60	3171.75
2003	全市	578	79651.56	664.00	18532.93
	市区	422	30340.76	664.00	18336.13
2004	全市	632	126828.62	0.00	5296.59
	市区	440	26857.63	0.00	4620.60
2005	全市	726	34061.42	0.00	6718.69
	市区	499	32370.75	0.00	5828.02

第六节　生活污染防治

一、城乡河道环境综合整治

1986年起，无锡市每年投资200万～300万元，挖河清淤，改善市区河道水质。1989年，对通盛河、知足河等5条河浜清淤，总长4000米，并砌起石驳岸，岸边植树绿化。为保持河面清洁，在运河上安排船只负责打捞漂浮物。1998年，市十二届人大一次会议作出《关于加快清除城乡河道淤积议案决议》，当年清淤城乡河道2870公里。1998～2004年，累计投入资金2.73亿元，完成城乡河道清淤5982条、6670公里，累计完成清淤量6589.8万立方米。

2001年，集中开展梁溪河等主要出入湖河流综合整治工作，梁溪河及沿河交叉河浜清淤25.3万立方米，沿河33条河浜清淤3.5万立方米；撤除和搬迁畜禽养殖场46家；过往梁溪河的船舶强制落实安装油水分离或集油装置、粪便收集装置和实行垃圾袋装化"三达标"；取缔住家船38条，处理沉船、弃船13条；组织专业队伍，每天打捞水面的漂浮物；100多家单位进行限期治理；铺设污水管网70多公里，10个重点地区内的一批企事业单位和居民住宅区的污水接入污水管网；沿岸建成废油收集点6个，垃圾收集房（箱）120个，整顿沿岸废品收购站18个，取缔14个，清理青祁桥、蠡溪桥下外来民工居住地2处。

2003年，市十三届人大一次会议上，126名市人大代表提出关于综合整治城市河道水环境的议案。市政府据此制定关于城区河道综合整治三年目标的实施意见，重点实施梁溪河、环城河和城区河道（含断头浜）截污、水利、搬迁、监管、保洁等五大工程。市政府成立城区河道水环境综合整治领导小组，分设梁溪河、环城河、城区河道3个水环境综合整治办公室，分别由市房管局、市城投公司、市水利局牵头负责。综合整治中，先后将梁溪河、古运河等26条城区河道、88条小河浜和广塘联圩地区的小河道列入整治范围，并列为部门重点工作目标。2004年，对南尖至朝阳广场段约4公里长的古运河启动综合整治工程，搬迁135家工厂单位和1800户居民住宅，拆除建筑44万多平方米，一批纺织、橡胶、粮食加工企业退出城区，进入工业园区。经过整治，消除古运河羊腰湾片、北塘联圩地区以及城中心区河道的水体发黑、发臭现象，将古运河地区建设成为以环城河公园、运河公园、民族工商业博物馆、城市展览馆等开放式公园为主的景观带。2005年，市政府对梁溪河湖滨路蠡桥至梁湖大桥段启动大规模清理和整治。至年末，6条城区河道、62条小河浜和广塘联圩内13条河道基本完成整治工作，继续实施7条城区河道综合整治工作。梁溪河一期整治工程（蠡桥至青祁桥1.3公里）基本完成，继续实施古运河示范段。通过整治，城区河道水环境面貌发生较大变化，大部分河道水质趋于好转。

二、饮用水源地专项整治

1991年起，无锡市加强对七一水厂水源地保护工作，市环保局组织对七一水厂取水口上游80平方公里范围内的河网水系加密水文水质监测，排查沿河排污工厂、养殖场，印发张贴《告七一水厂水源区域人民书》3500份，划定保护区范围。2001年，市人大常委会作出《关于加强无锡贡湖供水水源保护的决定》。2002年，市政府发布《无锡市贡湖供水水源保护办法》，成立贡湖水源保护工作协调小组。经过1年多的集中整治，设置贡湖二级保护区标志物，完成水源地二级保护区内清除保护区水域范围的定置捕捞渔具、关闭渔皇楼、搬迁万家金属模型厂、迁移黄泥田港住家船、退渔还林五大工程。大浮污水处理厂污水处理能力由每日600吨提高至1600吨。梅梁湖小湾里水源地在净化区内进行1.55平方公里水生植被恢复建设，建成1平方公里的滤食性鱼类控藻工程、1.08平方公里的贝类控藻工程，构筑水下拦沙埂14个，种植芦苇448平方米。梅园水厂尾水处理工程竣工投产，每年可处理226.3万立方米的生产废水，产生泥饼1万吨左右，处理后的废水达到国家二级排放标准，泥饼送至桃花山垃圾填埋场安全处置，防止自来水尾水对梅梁湖的二次污染。

三、噪声治理

1986年起，无锡市通过植树绿化，在市区主要道路建成绿岛、林荫带，降低噪声。1990年，交通噪声由1986年的75.2分贝降至72.3分贝。1992年起，开展环境噪声达标区建设工作。年内建成16个噪声达标小区，固定噪声源得到控制。1993年，市政府颁发《无锡市环境噪声达标区建设管理办法》《无锡市建筑施工噪声管理规定》等地方性规章。1994年4月，市环保局与市物价局联合印发《关于收取建筑施工噪声保证金的通知》，强化对建筑施工噪声的监管。全年投入治理资金499.2万元，建成噪声达标区面积45平方公里，占城市建成区面积62.1%；治理固定噪声源206个，搬迁单位噪声源58个，达标率97%；89处建筑施工现场得到有效管理，基本解决施工噪声严重扰民问题。1996年，全市21个街道建成噪声达标区，总面积50.3平方公里，覆盖率69.4%。

1997年3月，市环保部门实施夜间建筑施工许可证制度，查处建筑工地噪声扰民问题。中、高考期间，严格控制噪声污染源，加强对建筑工地施工场地的夜间监督检查，加大对违法行为的查处力度。至2000年，区域环境噪声平均值56.7分贝，交通干线噪声平均值69.8分贝。环境噪声达标区扩大至68.78平方公里，覆盖率73.3%。

2005年，无锡市区域环境噪声平均值降至56.5分贝，交通干线噪声平均值66.6分贝，噪声达标区353.4平方公里，覆盖率均达100%。

四、禁磷

1998年，市政府印发《关于销售使用无磷织物洗涤剂的通告》《无锡市无磷织物洗涤剂市场管理办法》，明确从1999年1月1日起，市区及锡山、宜兴市行政区域为禁销、禁用含磷洗涤剂范围，江阴市行政区域为控制销售、使用含磷洗涤剂范围。市环保局、市技术监督局、无锡工商局公布准予进入无锡市场的企业及其无磷洗涤剂产品，并对销售市场联合检查，对继续销售含磷洗涤剂的销售点进行处罚。经过1年努力，无磷洗涤剂得到全面推广使用。

五、“白色污染”防治

1998年5月，无锡市印发《关于推广使用可降解塑料制品的通知》《关于禁止使用不可降解的一次性工业用塑料包装制品的通知》，明确规定凡使用一次性工业用塑料包装袋的单位和用户，从1998年10月1日起，必须替代使用可降解塑料包装袋。市区、公路、铁路和河道以及长江、太湖流域两侧、旅游风景区、公共场所集中清除白色垃圾，全市各大商场、超市普遍推广使用一次性可降解塑料制品，车站、码头和各旅游景区禁止使用一次性塑料快餐盒。1999年5月和10月，国家防治“白色污染”检查组和省环委会环保执法检查组先后到无锡检查，对无锡市清除白色污染工作给予充分肯定。2000年11月28日，市政府颁布《关于贯彻〈江苏省一次性塑料餐具和塑料袋污染防治管理办法〉的通知》，规定在无锡市行政区域内禁止生产、销售和在经营中使用一次性发泡塑料餐具和厚度小于等于0.025毫米的超薄型塑料袋。其后，全市坚持集中清除与日常长效管理相结合，巩固“白色污染”防治工作成果。

六、机动车尾气专项整治

随着城市化、现代化进程的不断加快，城市燃油摩托车、助力车等机动车大量增加。1997年，无锡市燃油摩托车、助力车数量33万多辆，机动车尾气成为严重影响大气环境质量的因素之一。1998年，市政府颁发《无锡市全面实施车用汽油无铅化管理规定》，从当年7月1日起全面实施车用汽油无铅化，并逐步推广发展石油液化气汽车。同年，市区停止办理摩托车、助力车牌照，对摩托车、助力车实施总量控制，逐年淘汰。加强车辆尾气检测。1999年1月，市人大作出《关于治理大气污染提高环境质量的议案决议》，决定加强机动车尾气污染防治，强化机动车尾气检测，实行废旧机动车辆报废淘汰，削减摩托车辆总量。

2000年，市政府颁布《无锡市机动车辆排气污染监督管理办法》，成立摩托车专项治理领导小组，全面实施摩托车、助力车行驶区域限制，通过赎买等办法对到期车辆实施强制报废制度。加强车辆的年检、复核，逐步推行“简易工况法”检测尾气。市区全年淘汰营运车辆885辆，强制报废已到报废期限的东海、湘江等侧三轮摩托车，停止发放摩托车牌照，严格控制进入市区的摩托车总量。对64236辆机动车辆尾气排放实施年检，其中1189辆汽车、2527辆摩托车尾气排放不合格被强制安装尾气净化装置；对10559辆机动车辆实施路检，其中3555辆汽车、444辆摩托车尾气排放不合格被强制安装尾气净化装置。2002年1月8日起，在市区中山路实行限时禁止摩托车通行；继续实施摩助车辆到期强制报废政策，全年淘汰老旧摩助车辆2万辆左右。至2005年末，全市摩托车、助力车二环区域通行量控制在6万辆以内，市区保有量降至7万辆，在用汽车尾气首检合格率提升至85.6%。

七、餐饮、娱乐行业污染防治

1996年，《无锡市饮食娱乐服务企业环境保护管理规定》颁发。1997年，无锡市制定《关于开展"油水分离、油烟分离"工作的实施意见》，要求对市区餐饮业及单位食堂的废水和油烟气有计划、有步骤地推行油水分离和油烟分离（简称"两分离"）。1998年，城区列入试点的127家餐饮单位基本做到"两分离"。市、区环保部门落实《关于对市区饮食业、公共场所开展专项卫生整治的实施意见》，排出一批污染环境且扰民严重的小型饮食店、理发店、浴室、旅店和歌舞厅，集中开展专项整治，130家环保问题反响较大的单位通过限期治理达到整治要求。1999年，对市区710家餐饮单位普遍推行"两分离"，取得明显成效。

八、清洁能源区建设

2004年起，无锡市集中开展清洁能源区建设。市政府办公室转发市环保局《无锡市清洁能源区建设实施意见》，将此项工作列为年度为民办实事项目；成立市清洁能源区建设领导小组，组建办公室（设在市环保局）；建立工作目标责任制，层层下达年度工作任务。市环保局制定《无锡市清洁能源区建设管理办法》和《无锡市清洁能源区建设实施方案》。组织城区各环保局对辖区内的炉、窑、灶全面调查摸底，摸清每家企业的锅、窑炉的台数、型号、性能以及改造的可行性。按照目标要求，督促有关单位制定治理方案，注重治理工作与推广清洁生产工艺、综合利用相结合，提高污染治理的技术含量。滨湖区石河子大厦等单位采用空气热泵新技术进行清洁能源改造。无锡热电厂、协联热电厂、供电局、华润燃气有限公司帮助一批企业接入供热管网，或使用天然气、电等清洁能源，拆掉一批烟囱。市环保局完善建设进展情况定期报告制度、现场检查登记制度，实施"一厂一档""一炉一档"的动态系统管理，从选定治理方案、签订合同协议，确定治理改造工艺，到整个项目验收，对锅、窑炉跟踪监管。设立财政专项补助资金，予以扶持和推动。2005年末，解放环路内侧总面积2.5平方公里的中心商务区的锅炉全部改用清洁能源或改为集中供热，率先建成清洁能源区，每年可减排烟尘900吨、二氧化硫1594吨、氮氧化物1208吨。

九、污水处理厂建设

1986年，市计委、市经委、市财政局、市环保局等部门联合发出《关于集中7%设备更新改造资金用于水污染综合防治的通知》，收集全市企事业单位的7%更新改造资金4300万元，全部用于新建芦村污水处理厂。1992年，投资1.08亿元建成芦村污水处理厂一期工程，一级日处理污水10万吨，二级日处理污水5万吨。1997年，投资2.8亿元建成芦村污水处理厂二期工程，采用脱磷脱氮工艺，总处理能力达到一级每日20万吨，二级每日10万吨，截流面积增至53平方公里，服务人口73万人。2003年，芦村污水处理厂再次扩建，二级日处理污水能力扩大至20万吨。城北污水处理厂、新区新城污水处理厂等一批污水处理厂亦相继建成运行。2001～2005年，无锡市通过政府主导、市场引导、社会调节的模式，加快城镇污水处理厂建设步伐。至2005年末，全市建成城镇污水处理厂51座，其中市区17座、江阴28座、宜兴6座；污水日处理能力达102万吨，其中市区66.55万吨；城市污水处理率71.12%。

第七节　农村生态保护

1986年以后，无锡市加强农村环保工作，筹集资金，防治村镇工业污染，开展农药、化肥等面源污染防治研究和探索，严格执法，加大乡镇环境基础设施建设，解决工业废水和生活污水、生活垃圾等污染环境的突出问题，组建和完善乡镇环保工作机构，形成比较完备的环境监督管理网络。但农村的环境形势仍较严峻，农村生态环境的薄弱环节比较明显。

一、实施“611”工程

1993年7月，根据省政府“611”工程（全省600家重污染乡、村企业的污染防治，100个小城镇环境综合整治，100个村生态环境综合整治）的部署，市环保局、市农业局、市多管局联合发出《关于认真开展农村、小城镇环境综合整治和定量考核工作的通知》，对58家重污染乡镇企业及6个镇（无锡县华庄镇、陆区镇，宜兴市太华镇、高塍镇，江阴市祝塘镇、青阳镇）、3个村（无锡县阳山镇林业村、宜兴市杨巷镇黄家村、江阴市周庄镇三房巷村）下达定量考核指标。撤并10家重污染乡镇企业，其余企业列入限期治理目标，分期分批实行两级治理。6个镇制定小城镇环境保护规划，明确近期和远期的环境质量目标以及重点工作。青阳镇用上水质较好的长江水，华庄镇、陆区镇完成烟尘控制区建设。林业村、三房巷村、黄家村开展生态环境综合整治工作，基本上做到住宅统一规划、集中居住、集中供水，合理使用农药，生态环境趋向良性循环。

二、生态创建活动

1996年，无锡市成立生态农业建设领导小组，组织开展环境与经济协调发展示范镇、清洁文明生产企业和“百佳生态村”创建工作，至2000年，建成23个环境与经济协调发展示范镇、29家清洁文明企业、7个“百佳生态村”。太湖一级保护区氮、磷的利用率由30%上升至35%，水稻、三麦的氮肥使用量下降幅度分别为22.3%和23.46%。全面推广节水灌溉技术，亩均用水由1000立方米减至600立方米。2001年，无锡市制定至2010年的《无锡市生态农业建设总体规划》，开展的生态示范区、环境优美乡镇和生态村创建活动，实行农村生活污水和生活垃圾集中处理，推广高效低毒残留农药和节氮高效施肥技术、节水灌溉技术。至2004年，全市水稻碳铵施用量平均每亩下降至28.9公斤，比最高的1998年下降35%。经农业部等部门审核，无锡市太湖一级保护区生态农业示范区获“全国生态农业区”称号，江阴市、宜兴市相继获“国家级生态示范区”和“国家生态市（县）”称号。锡山区、惠山区、滨湖区启动国家生态区创建工作。至2005年末，全市27个重点镇完成乡镇环境规划编制并通过专家论证，建成14个国家级、7个省级环境优美乡镇，54个省级、31个市级生态村。

三、禽畜养殖污染整治

1999年，无锡市组织开展畜禽养殖污染防治工作，关闭、搬迁主要入湖河道梁溪河两侧46家畜禽养殖场。2001年起，宜兴市、锡山区、惠山区、滨湖区对规模化畜禽养殖场实施限期治理。2002年，无锡市利用省“小型公益设施农村能源项目”资金，率先在全省开展规模畜禽养殖场沼气工程建设，将畜禽粪便和污水厌氧处理，产生优质沼气和有机肥料（沼渣），减少化肥施用，减轻农业面源污染，促进环境净化。2004年5月，无锡市投资120万元，率先在省内建成第一个沼气发电工程项目——宜兴市昌兴生态农业技术发展有限公司大型沼气发电工程。工程日处理养殖场污水80吨，日产沼气300立方米，污水净化分解处理率80%以上，并配备25千瓦沼气发电机组，日发电300千瓦时。猪场每天产生的粪便、污水经过沼气池厌氧发酵产生的沼气发电后用于炊事、照明、猪舍消毒灭菌、供暖保温，解决猪场部分生产、生活用能，每年为企业节约10万余元电费支出。

至2005年末，全市投入资金1300多万元用于养殖场治理，关闭或搬迁152家，停产17家，治理达标317家。培育一批规模化畜禽养殖污染治理示范工程，建成规模化养殖场SBR（序批式活性污泥法）工程设施3套，化粪池334个、容量8750立方米；建成规模畜禽养殖场沼气治理工程22处，其中大型沼气工程9处、中型沼气工程1处、小型沼气工程12处。年存栏1万头左右的惠山区南洋种猪场，投资300万元建成600立方米的集水池和300立方米的槽式生化池，处理后的粪水施于猪场周围近千亩树林，实现生态养殖。阳山镇积极发展有机食品水蜜桃生产，形成畜禽粪便综合利用系统，每年消化畜禽干粪7万多吨。宜兴坤兴养殖场兴建大型沼气池，并配备发电机，循环利用能源，沼液用于猪场周围的树林和蔬菜、农作物施肥。北塘区黄巷奶牛场委托环卫部门将养殖场污水送到城市污水厂处理。马山奶牛场投入50多万元，建设1座SBR废水处理设施。

四、秸秆禁烧

90年代前，无锡市农村燃料以稻麦秸秆为主，秸秆还田量很少，1990年只占总秸秆量的12.88%。90年代后，农村生活水平逐年提高，农村能源结构发生根本性改变，秸秆的燃料功能基本消失，农民就地焚烧秸秆，渐成公害。2000年，市政府颁布《秸秆禁烧和综合利用的通告》，明确市辖沪宁高速公路、沪宁铁路、锡澄高速公路两侧2公里，104国道、312国道两侧1公里，硕放机场中心四周15公里范围内为重点禁烧区，其余地区为一般禁烧区。禁烧区内禁止露天焚烧小麦、水稻、油菜等作物的秸秆，秸秆禁烧工作纳入环保责任目标。推广秸秆气化技术，锡山区后宅镇投资近70万元，建成无锡市第一座秸秆气化站。各地通过调整农业产业结构，扩大经济作物、油菜、绿肥面积，减少水稻和小麦的种植面积，实施土地休闲、轮作制度，逐步减少秸秆产量，增加投入添置农机，提高机械化耕作水平，促进秸秆还田，增加土壤的有机养分，减少化肥使用量，降低化肥流失造成的面源污染。在重点区域加大执法力度，遏制高速公路、国道、省道和机场等交通干线两侧等敏感地区秸秆焚烧现象。

第八节　环境监督管理

一、建设项目环保审批制度

1981年，《无锡市建设环境保护管理条例》颁发，明确一切新建、改建和扩建项目，其污染治理设施必须与主体工程同时设计、同时施工、同时投产运行（简称“三同时”）。1985年起，无锡市推行“先评价，后建设”的环保审批制度。1986～1987年，全市实施“三同时”的大中型建设项目有协新毛纺厂项目、华瑞制药有限公司项目、无锡钢厂30万吨炼钢能力技术改造项目等10个，总投资1.97亿元，其中环保设施投资309万元，占总投资1.6%。1988～1990年，“三同时”建设项目有利港电厂项目、焦化厂焦炉移地改造等19个，总投资27.86亿元，其中环保设施投资1.3亿元，占4.67%，“三同时”项目执行率100%。1991年起，全市所有大中型建设项目通过环境影响评价，其他建设项目基本实行环境影响报告书（表）的审批。1996年12月，颁发《无锡市饮食娱乐服务企业环境保护管理规定》，将全市饮食、娱乐、服务行业纳入建设项目管理范围。1997年，市委、市政府印发《关于加强环境保护工作的若干意见》，要求各级政府和有关部门必须坚持“先评价、后建设”的原则，严格把好建设项目立项审批关，落实环保第一审批权。1998年10月17日，市政府印发《关于实行建设项目环境保护预审制度的通知》，规定未经环保部门预审或预审不同意的建设项目，有关部门不予办理立项手续。2005年5月，市委、市政府印发《关于加快市区工业布局调整的意见》，要求加快市区工业布局调整，重点完成快速内环50平方公里内（江海东路—凤翔路—青祁路—金城路）工业企业的迁移调整工作，该范围内一律不得新建工业项目，原有工业企业一律不得再行扩建工业项目。

1986～2005年无锡市区市级以上重点建设项目环保审批情况一览表

表2-16　　单位：个、万元

年　份	编制环境影响报告书和报告表的大中型建设项目数	项目总投资	环保投资
1986～1987	10	19721	309
1988～1990	19	278600	13000
1991～1992	31	418301	16316
1993～1995	203	895639	19384
1996	109	625806	8190
1997	107	484645	7080
1998	100	373894	6245
1999	87	319663	6428
2000	66	356601	8561
2001	168	894781	22570
2002	281	3116339	100609
2003	279	3579613	116371
2004	196	4405603	81546
2005	201	7114509	147920

二、排污许可证制度

2001年，国家环保总局颁发《淮河和太湖流域排放重点水污染物许可证管理办法（试行）》，要求在太湖流域实行排放重点水污染物许可证制度，实行污染物总量控制。2002年，市环保局制定《无锡市核发排污许可证工作实施细则（试行）》，按照“调查核实、摸清底数，依法申请、分级发证，分类管理、按证排污，全面发证、稳步推进”的原则，各级环保部门对占全市排污总量85%的503家重点排污企业核发排污许可证。2003年起，结合排污申报对持证单位全面开展排污情况年审。至2005年末，全市各级环保部门共发放排污许可证503份，其中市区111份。

三、清洁生产

1996年起，无锡市在工业企业中大力推行清洁生产，尽量使用低污染、无污染的原料，代替有毒有害原料；采用清洁高效的生产工艺，提高物料能源利用率，减少环境污染物的排出；对生产过程中排放的废物和能源，实行再利用，做到变废为宝，化害为利；向社会提供清洁产品，在使用过程中将有害影响减少到最低限度，防止对人体和环境产生污染危害；在商品使用寿命终结后，便于回收利用，不对环境造成污染或潜在威胁；完善企业管理，建立并实施清洁生产的规章制度和操作规程。先后从市级污染防治基金中安排600多万元，用于支持30多项清洁生产改造项目的实施。1997年起，市经贸委、市环保局在化工、轻工、冶金、建材等重点行业中，先后组织405家企业开展清洁生产审核，大幅削减废水排放量和化学需氧量，企业主要污染物削减幅度20%以上。

四、绿色认证

1996年起，无锡市在工业企业中广泛开展ISO 14000环境管理体系审核工作，促进企业节约资源，降低能耗，减少污染物排放，推动环境管理审核与国际接轨。从环境方针、策划、实施与运行、检查和纠正、管理评审等5个部分的17个要素构成着手，构建PDCA循环管理体系，引导企业主动改进经营管理。至2005年末，全市306家企业通过ISO 14000环境管理体系认证，其中江阴市62家、宜兴市76家、锡山区25家、惠山区17家、滨湖区26家、崇安区2家、南长区12家、北塘区15家、新区71家。

五、排污申报

1991年，制定《无锡市排放水污染物管理办法》，排污单位填写排放水污染物申报登记表和排放水污染物限量证申请表，报市、县环保局审核批准，由环保部门发给排污限量证，实行排放污染物总量控制。是年，首先在城区开展排污申报试点工作。至年末，80余家重点企业完成排污申报，等标污染负荷约占市区排污总量75%以上。经审核，对75家企业颁发排污限量证，在排放口安装计量装置。当年，市区排放的工业废水中有机物（以化学需氧量计算）含量比上年下降20%以上。

1992年，江苏省被列为全国排污申报工作试点后，无锡市全面开展以总量控制为基础的排放污染物申报工作，同时对苏南大运河无锡段实行排污总量控制。各级环保部门对超过全市排污总量等标负荷95%的168家企业的791个排污口发放许可证，建立排污档案。1992年，无锡市被列为全国17个固体废物申报登记试点城市。年内，市区接受固体废物申报登记的单位245家，基本上完成固体废物申报工作。1993年，制定《无锡市排放水污染申报管理办法》，全市有283家单位申报排污。同年9月，无锡市排污申报工作通过省环保局检查验收。1994年5月，固体废弃物申报登记试点工作通过国家环保局组织的验收。1991～1995年，全市排污申报登记企业1861家。

1996～2000年，无锡市扩大排污申报范围，全市排污单位分为4类申报：市区重点污染源企业、环境统计排污单位、全国乡镇工业污染源调查单位及大专院校、科研单位、医疗单位为A类，电磁波辐射公害单位为B类，建筑工地为C类，“三产”、其他事业单位、社会团体、机关、乡镇企业为D类。对环保问题较突出的化工、冶金、电力、建材、纺工、医药、旅馆、旅游、餐饮、娱乐等10个重点行业和80家重点单位开展环保年审，并以此作为工商年检的前置条件，排污单位在工商营业执照年检时，必须持有环保部门签发的环保年审证明，否则不予年检。5年间，全市排污申报登记企业3155家。

2001年起，无锡市把排污申报工作融入太湖治理、工业企业脱硫改造等重点工作。2003年，各级环保部门集中开展建筑施工噪声专项排污申报工作。2004年，开展以太湖流域重点企业的排污申报登记工作。2005年，开展对拥有35吨以上锅炉排污企业的排污申报登记工作，摸清污染源底数，为规范企业的排污行为，全面落实污染减排制度创造良好条件。2001～2005年，全市排污申报登记企业共计2677家。

六、排污收费

1986～1990年，无锡市环保部门主要采取协商收费方式，共征收排污费4502.71万元。1992年起，执行国家环保局、物价局、财政部《关于调整超标污水和统一超标噪声排污费征收标准的通知》，实行按标准收费，逐步实现排污收费定量化、规范化、科学化。1991～1995年，共征收排污费5625.5万元。1996年，全市对533家排污单位开征污水排污费。1998年3月，作为全省6个实施“排放水污染物总量收费”试点城市之一，全面实施按排污总量收费；市区、锡山市、江阴市开征二氧化硫排污费。1996～2000年，共征收排污费8017.95万元。2001年无锡新区开征排污费。2003年，对餐饮、娱乐服务行业的小型排污单位开征排污费，按对应的吨水污染当量和噪声强度值等参数征收。各级环保部门实行重点污染源企业排污月报制度、排污费征收月报制度和票据管理制度，研发运用排污申报、排污收费管理系统软件，完善排污费征收工作规范、排污费征收程序规范、排污费申请法院强制执行程序规定，公示排污费征收依据、标准、测算方法、征收程序及重点污染源企业收费动态，接受社会监督。建立集体会审制度，防止出现排污收费自行裁量等问题。加强现场执法检查，抓住火电、化工、造纸、水泥、医药等排污大户，以及群众广泛关注、反映强烈的污染企业，坚持经济手段与法律手段相结合，处置环境违法行为，维护正常的生产经营秩序。2001～2005年，全市征收排污费49558万元。

七、核与辐射安全监督管理

1993年，市环保局与市卫生局联合印发《关于在无锡市开展放射性污染源申报的通告》，经过调查摸底，查明全市共有涉源单位45家、放射源411枚。2003年，无锡市放射源安全监管的职能部门调整，由以卫生、公安部门牵头负责改为以环保部门为主，市环境监察支队增挂“无锡市核与辐射安全监督管理站”牌子。2004年5月，无锡市集中开展“清查放射源，让百姓放心”专项行动。市环保局会同市公安局、市卫生局在全市组织有关企业的申报工作，当年纳入管理的涉源单位增至162家、放射源1077枚。各级环保部门严格执行核技术应用项目环境影响评价制度，加强对涉源单位现场监督检查，协助省环保厅处置2家涉源单位的4枚废弃放射源，查处1起放射源丢失事故，防止放射源扩散。2005年，全市纳入管理的涉源单位219家，放射源1699枚。全年共审批核辐射技术应用项目环境影响评价120份，审批核辐射安全许可申请75份，审批放射源购置报告109份，对涉源单位现场监督检查124家次，协助省环保厅处置27家涉源单位的97枚废弃放射源，查处3起违法案件。

八、污染源实时监控

2000年，市环保局先后投资300多万元建成污染源监督管理自动监控网络系统，对市区重污染企业实行自动实时监控。监控网络系统可容纳1024个受控终端，监控污染因子16个。至年末，市区共有22个污染源（占市区污染负荷60%左右）被接入监控系统，对化工、医药、印染、发酵、造纸、电子、机械等行业企业排放水污染物的酸碱度、化学需氧量、污水流量和治理设施运转率4项指标实行24小时实时自动监控。至2005年，对占全市水污染物排放量75%的重点排污企业和占全市二氧化硫排放量80%的燃煤大户实现自动化监控。

第九节　宣传教育

一、“6·5”世界环境日宣传活动

1986年以后，无锡市每年紧扣“6·5”世界环境日主题，开展丰富多彩的纪念宣传活动，由市政府主要领导或分管领导发表电视讲话，广播、报刊分别播报、发表有关报道和纪念文章，召开纪念“6·5”世界环境日报告会、座谈会。各地分别举行大型广场宣传、咨询活动，通过环保标语、横幅、宣传牌、黑板报、文艺演出、环保咨询等形式，营造气氛。1996年开展“蓝深杯”万人环保知识竞赛活动，1997年举办“保护碧水志愿者”万人签名活动，1998年举办“三河、三湖全国百郊（区）爱我家乡水”手拉手系列活动，1999年开展“愿世界更美好”绿色家园活动，2000年举办“环境保护与经济发展”论坛，2001年开展全市企业环保大型知识竞赛活动，2002年开展“环保小天使”评选活动，2003年开展“创建国家环境保护模范城市”市民调查问卷活动，2004年举行企业环境行为信息公开化新闻发布会，2005年组织举办环保文艺汇演。

二、"绿色学校"创建

2000年，无锡市着手开展"绿色学校"创建工作，并列入市政府环境保护工作目标任务，实施年度考核奖惩。各级环保、教育部门密切配合，坚持环境文化与校园文化相统一，在课程渗透、全面推开的基础上，针对不同地域、不同类别学校和不同学龄对象开展不同形式的环境保护教育活动，坚持知行统一，强化校园的污染控制与环境管理、师生节约与环境友好情感的培养。至2005年末，无锡市共建成市级"绿色学校"153所，其中中学47所、小学72所、幼儿园31所、其他学校3所；省级"绿色学校"52所，其中中学23所、小学18所、幼儿园11所；国家级"绿色学校"4所，其中中学3所、小学1所。在数量和质量上均居全省前列。

三、"绿色社区"创建

2002年，无锡市把创建"绿色社区"作为创建环保模范城市的重要抓手和生态市建设的重要组成部分，列入市（县）、区两级行政首长年度环保工作目标任务实施考核，制定"绿色社区"的考核标准，形成从主管部门到街道（乡镇）再到社居委、村委和物业管理部门的创建组织网络。坚持"新老并举，分类指导"的工作方针，对基础条件较差、环保设施欠账多的老小区，先帮助治标，后进行固本。对基础设施较好的新社区，打造环境品牌，提升环境人文水准。创建活动注重城乡同步，通过在社区开展环保纪念活动，环保文艺演出，开设环境教育讲座、环保图片巡展，开辟环保宣传画廊，举办公众环保论坛，发放环保宣传手册等，帮助城乡居民改掉生活陋习，促进居住环境的改善、居民环保意识和文明素养的提高。至2005年末，全市共建成省级"绿色社区"13个、市级"绿色社区"13个。无锡市的创建工作经验被国家环保总局宣教中心先后两次向全国推广。

第十节 环保经费

1986年，市计委等部门联合发出《关于集中7%设备更新改造资金用于水污染综合防治的通知》。1987年起，市区对企事业单位普遍征收水污染综合防治基金，同时征收排水设施有偿使用费，用于城市污水处理厂建设和运行费用。"七五"期间，全市环保投入共1.5亿元（包括征收企事业单位的排污费、集中企业更新改造资金的7%、建设项目中环保设施投资、城市建设税和维护费的10%、企业的废物综合利用项目利润留用等），约占地区生产总值的0.3%～0.4%。

1991年起，由市供电局和市三电办每年拿出100万元对环保设施运行良好的单位实行环保优惠用电补助。1992年、1993年、1994年，全市环保投入资金分别为5921万元、7000余万元、5403万元。1994年2月，江苏省政府与世界银行签订苏南环保世行贷款项目，其中，无锡确认23个项目单位，总额为8338万美元，推动城市环境基础设施建设。

1997年，市委、市政府决定每年筹集污染防治资金2000万元，其中市区500万元、锡山市1000万元、江阴市200万元、宜兴市300万元，用于全市重点污染治理项目和太湖治理项目。调整自来水水价，每吨增加0.1元，扩充污水处理厂的建设资金和运行费用，当年增加近2000万元。此后市政府先后4次调整自来水水价，其中污水处理费由每吨1.1元调整至1.5元。1998年，在太湖水污染源达标排放工作中，限期治理企业共筹措治污资金4亿多元。

"十五"期间，无锡市实施土地收购储备制度，将筹措环保资金列入制度体系。推进投资主体多元化和融资方式多样化，积极争取外资和国家资金支持。坚持"污染者负担、开发者补偿、破坏者恢复"原则，全面足额征收排污费，将企业作为治理污染的投资主体，由企业投资、向社会筹集资金建设污水处理厂。逐步推行环保基础设施的市场化运营，对投资经营污水处理项目的部分乡镇给予补助。

2005年，全市环保投入资金占同期地区生产总值的2.94%。其中：城市环境基础设施建设50.93亿元，工业污染防治投资23.71亿元，工业企业污染设施运行费用7.74亿元，各级环保部门环境管理能力建设0.28亿元。

第十一节　环境科研

1986年以后，市环保局依托科研院所和高校的科研力量，完成一批科技攻关项目和科研成果。“八五”“九五”期间，先后编制完成《无锡市环境保护“九五”计划和2010年计划》《无锡市城市环境综合整治规划》《重点污染企业污染防治规划》《开发区环境保护规划》《环境产业发展规划》《马山国家旅游度假区规划大纲》等一批规划；开展《无锡市运河水系水污染物总量控制规划》中确定的有关太湖治理的“农田水土流失”“湖岸水生植物恢复”等项目研究，其中《小河流纳污浜净化水质能力的研究》等一批科研成果获得国家和省嘉奖。CS镀铬添加剂，9201、9202印染添加剂等清洁生产工艺，以及工业废水回用技术等一批国家和省环保最佳实用技术取得应用效果。中英合作项目“古运河治理规划”、中美合作项目“有毒有害废物处置可行性研究报告”、中荷合作项目“乡镇污染防治可行性研究报告”等形成研究成果。

1992～1993年，市环境科学研究所以无锡市所辖的湖区和河网水系为研究对象，进行以现状功能、近期目标为主，兼顾规划功能的地面水功能类别划分的研究工作。对全市的地面水水域具体确定9个功能，即：生活饮用水源、渔业用水、游乐水体、工业用水、农田灌溉、景观、航运、防洪排涝、排水。对具有不同功能的水源水域按近期（1994～2000年）、中期（2000～2005年）、远期（2005～2010年）3个时期，分别确定规划目标。编写完成《无锡市地面水功能类别划分研究技术报告》和《无锡市地面水功能划分图集》。

1997年，无锡市环境监测中心站研制水污染源实时监控系统取得成功。研究阶段选择无锡市杰能科生物制品有限公司和协新毛纺制品有限公司作为试点单位，利用无线传输方式，对废水排放口的废水流量、酸碱度、化学需氧量等主要指标实时监控，获1999年度无锡市科技进步二等奖。

2001年，市环保局编制《无锡市创建国家环保模范城市工作方案》，组织实施以国家“863”项目——“太湖水污染控制与水体修复技术及工程示范”为主体的科研项目，并开展《太湖环境质量调查研究》《重点饮用水源有机污染调查》《地埋式生活污水处理设施运行效果》《快速烘箱测定化学耗氧量》《太湖蓝藻毒素测试及防治对策研究》《太湖地区农业绿色技术与水环境保护的研究》等课题研究。

2003年起，组织开展课题研究，确定无锡市环境容量。根据省环保厅和河海大学开展的“江苏省水环境容量核定研究”以及市环保局和南京大学开展的“无锡市大气环境容量核定研究”，初步确定：无锡市水环境容量（化学需氧量最大允许排放量）为每年5.96万吨，大气环境容量（二氧化硫最大允许排放量）为每年7.31万吨。

至2005年，无锡市环境监测中心站先后开展或完成国家、省、市立项的课题23项，参与国家环保总局组织编制的《水和废水监测分析方法（第三版）》和《空气和废气监测分析方法》中部分章节的编写工作。快速烘箱——重铬酸盐法测定化学需氧量，气相色谱法测定环氧氯丙烷、除草醚、丁草胺、敌草胺，乙酰丙酮分光光度法测定环氧氯丙烷，比色法测定绿麦隆、邻苯二胺，离子色谱法测定亚硫酸根等5项环境监测方法研究成果得到推广应用。

第十二节　环保产业

无锡环保产业在全国起步较早。70年代初，宜兴市的环保产业以机械加工业为基础，逐步向生产污水处理设备转型，至80年代末，成为全国环保装备制造业的佼佼者和领头羊，“环保之乡”由此得名。1986年，无锡市环保产业产值1.2亿元左右。90年代，逐步增长到6.5亿元。1992年，在宜兴市建立国内第一个国家级的环保科技工业园。90年代后期，一大批环保企业先后完成改制工作，明确产权关系，企业经营者加大固定资产投资，增强技术开发与引进力度，至2000年，全市环保产业产值38亿元。21世纪，随着环境问题的日益突出，环保法律法规的不断完善及标准的不断提高，特别是2005年末太湖地区印染行业全面提高排放标准以及氧化硫脱硫达标行动的实施，迫使排污企业采取更为先进的治理技术和管理的水平，以满足环境保护工作的需要，从而推动环保产业的进一步发展。至2005年，无锡市基本形成包括环保产品、环境保护服务、资源综合利用、洁净技术和产品等领域跨行业、跨地区的综合性产业体系，环保产品门类比较齐全，生产多种净水和废水处理设备、工艺废气和烟尘治理设备、噪声治理设备和固体废弃物处理设备，以及环保分析、计量仪器仪表和多种水处理药剂和材料，产品达100多个系列、1000多种，涵盖污水、废气、噪声、固废等四大污染治理领域，100多家环保企业的产品被国家或江苏省环保协会认证为环保认定产品；20多个产品获国家银质奖和部优、省高新技术产品等称号，在国内外享有较高声誉；20多项技术获得国家专利，获得江苏省环保科技进步奖；30多项技术被列入国家环保最佳实用技术推广项目。

2005年，全市从事环保产品生产、洁净产品生产、环保服务业、资源综合利用的企事业单位共412家，从业人数26215人，环保相关产业年末生产经营固定资产原价48.77亿元，年内固定资产投资5.11亿元，工业总产值94.98亿元，年利润总额7.46亿元。其中：从事环保产品生产企业273家，从业人员17179人，年工业销售产值53亿元，产品销售利润5.17亿元；从事资源综合利用单位69家，从业人员6606人，年工业销售产值39.96亿元，产品销售收入38.86亿元，产品销售利润1.3亿元；从事洁净产品生产企业10家（通过环境标志认证的企业4家、有机食品认证1家、其他相关认证5家），从业人员524人，年工业销售产值2.02亿元，产品销售收入1.92亿元，产品销售利润649.8万元；从事环保服务业单位60家，从业人员1906人，年服务收入7亿元，年利润9212.92万元，年进口合同额626万元，年出口合同额1041.45万元。

第四章　气象测报

第一节　综合观测

无锡、江阴、宜兴有完整连续的地面气象观测资料分别始于1955年、1957年和1959年，主要观测气压、温度、降水、风向风速、湿度、日照、天气现象、云、能见度、蒸发等。1979年，中央气象局在宜兴建立国家级农业气象观测基本站，1980年春季起，进行冬小麦和水稻生长发育状况、土壤湿度和自然物候的观测。1985年2月，无锡市气象站更名为无锡市气象台，安装711天气雷达监测汛期降水云团演变，开展短时天气预报。1986年3月，市气象台被确定为省级农业气象基本站，11月起进行冬小麦生长发育状况观测及其土壤湿度测定。1988年9月，无锡市气象台更名为无锡市气象局（台）；12月，江阴、宜兴气象站更名为气象局。1992年，市气象局（台）气象卫星云图接收系统建成投入业务运行，实时接收每小时1次的静止气象卫星云图，监控大范围空中云系变化。1996年4月，市气象局（台）更新安装的711B数字化天气雷达投入业务运行，实现雷达回波图的存储。1998年11月，停止观测冬小麦生长发育状况及其土壤湿度测定。2002年1月1日，ZQZ-CⅡ型自动气象站投入业务运行，进行气压、气温、湿度、风向风速、浅层地温、降水等气象要素的自动观测。是年起，宜兴取消对冬小麦生长发育状况和土壤湿度的观测。2003年1月1日，江阴与宜兴ZQZ-CⅡ型自动气象站投入业务运行。是年3月起，市气象局（台）在全市布设区域自动气象观测站，监测气温、降水和风向风速等要素。是年，更新卫星云图接收处理系统，既可以接收风云系列静止卫星，又可以接收GMS系列卫星的云图。2004年5月，无锡气象局（台）在东亭新址业务楼楼顶安装的713数字化天气雷达启用，降水回波的最大探测半径由300公里扩展至500公里。至2005年末，全市安装13套四要素自动气象站，初步建成区域气象观测网，提高实时监测气象灾害的能力。

第二节　气象测报与服务

一、预测预报

1978年起，无锡气象站配备传真接收机，接收天气图和数值预报产品，改变仅依靠电台抄收天气形势及指标站实况的局面。1979年11月起，应用传真机接收的数值预报产品和历史气候资料进行旬天气趋势预报。1982年，应用微机开展气象预报业务。市气象局（台）成立以后，天气预报业务在短期天气预报和中期天气趋势预报的基础上，开展以天气雷达监测信息为主体、针对突发性与灾害性天气的0～3小时和3～6小时的短时天气预报，月、季的短期气候预测，以及小麦赤霉病发生流行程度预报。

1986年后，市气象局（台）通过气象资料分析，加强梅雨汛期、台风、雷雨大风、暴雨洪涝以及寒潮、冻害、连阴雨等突发性、灾害性天气，以及"春运"、市人大和政协"两会"、太湖博览会、重大运动会、重大节假日、夏收夏种与秋收秋种、高考与中考等重大社会活动期间的天气预报服务。是年，在全市建立气象警报接收系统，用户通过气象警报接收机定时接收气象服务广播信息。同年起，实行短、中期模斯（MOS）预报和完全预报。1987年，市气象局筹建天气警报发射台，除发布天气预报、警报外，播报各种专业气象预报和情报。交通、建筑、农业、仓储、纺织、化工、旅游等行业相继与气象局签订专业气象服务协议，至1990年，全市受服务单位542家。1988年起，进行小麦、水稻产量气象预测和1周天气趋势预报；1989年起，分县指导预报投入业务使用。1992年市气象局（台）建成包括有线（无线）程控调用数据在内的市台实时预报业务系统（DTYS系统），实现与省气象台的微机数据通信。4月，自行研制的微机自动填图系统投入业务运行。是年，卫星云图应用于预报业务。1995年1月起，在护林防火期间开展森林火险天气等级预报，并通过媒体向社会发布。

1996年9月1日，宜兴市气象局的电视天气预报制作系统投入使用，进行分乡镇电视天气预报。1997年，无锡气象部门与电信部门合作建设的气象信息语音服务系统开通，市民可通过"121"话务台获得最新的天气预报和有关气象服务信息。1999年4月1日起，市气象台制作的电视天气预报节目在无锡电视台播出。2002年，与无锡电视台市民资讯频道合作推出气象指数预报。是年9月下旬起，自编农业气象信箱内容。2003年6月起，在"一周天气预报"中增加降水概率预报和前3天最高与最低气温预报。9月，推出旅游气象指南服务内容，并在全省首家筹建气象信息短信服务平台，10月与江苏移动通信有限公司签订合作协议，11月对公众服务。

2004年，市气象局（台）在市政府和国家并行计算机研究中心的支持下，引进神威—新世纪16P集群计算机，运行中尺度数值预报业务系统，定量化预报水平提高。4月起，在“城市天气预报”与“旅游气象指南”中增加全国3天和10天天气趋势预报。6月起，在汛期播出短时天气预报，白天做到3小时更新1次，有测雨雷达回波位置、强度、形状、移动方向等动态信息。11月起，开通小灵通气象短信服务。2005年，无锡网通、无锡铁通接入无锡气象信息播报网络，至此，所有固话、移动电话用户均能通过电话获取气象信息。

二、农业气象服务

1986年后，市气象台完善农业气象预报服务系统，提供农业气象数据库（包括农业气候资料的存储、修改、更新、检索等），农业气象灾害监测和情报服务（包括稻、麦、油菜、经济林果等作物冻害、湿害、病虫害的自我监测过程，输出灾害名称、灾情程度等资料，并提出防灾决策措施等），农业气象预测（包括预测方法库、因子库，用于预报农业气象条件、稻麦产量、病虫害发生等级等），以及农业气象图表输出（包括图形部分和表格部分，图形输出逐日气象要素变化图、作物生育期气象要素对比图和作物农业要素变化图等）。市气象局除随时播报突然性、灾害性天气情况外，通过天气警报接收机每日5次向服务单位发布在台风、暴雨、寒潮等灾害性天气影响前天气警报，测雨雷达信息和短时天气预报（3小时1次），短期及中期（3～10天）天气趋势预报，空气湿度预报和持续高温、低温等专项天气预报；旬初加发农业气象专题节目，发布气象、水文实况资料以及旬、月实况资料，分季逐月长期趋势预报及气候评价，农业产量预报，农作物、蔬菜及经济作物各生长期气象条件分析等资料，并视用户需要，分别邮寄至用户单位。

1986～2005年，市气象局（台）开展“农业气象灾害监测和情报服务系统”等项目的研究。宜兴市气象局开展春茶开采、青梅开花结果、百合生长发育、柑橘栽培等与气象条件关系的研究，编印《林业气候手册》。

三、人工增雨

2000年，无锡地区出现夏旱。无锡市在宜兴山区首次进行人工增雨作业，增雨解旱效果明显。2004年7月下旬，经省政府批准，由省气象局统一调度，无锡及南京、镇江、苏州、常州5市联合开展人工增雨降温节电作业。2005年4月5日，江阴市云亭镇发生山林大火，市气象局（台）及时制定人工增雨作业方案，报市政府批准后组织实施，人工增雨灭火效果明显。

四、防雷减灾

1989年，江阴市率先进行防雷装置检测。1990年，无锡县、宜兴市相继开展防雷减灾工作。1997年4月，市机构编制委员会批准成立无锡市防雷设施检测站。1999年4月，成立无锡市防雷中心。是年，江阴市、宜兴市防雷检测管理中心分别批准成立（宜兴市防雷检测管理中心于2005年6月更名为宜兴市防雷中心）。2000年，无锡市成立防雷减灾工作办公室，组建气象行政执法队伍，规范气象信息传播，查处违法发布气象信息案件，加强对施放气球活动的管理。2002年7月，市政府颁发《无锡市防雷减灾管理办法》。2003年，市政府办公室印发《关于加强建设工程项目防雷安全监督管理的意见的通知》。市、市（县）两级气象局进入当地行政审批中心，实施防雷装置设计审核和竣工验收、施放气球活动许可等行政许可。与市安全生产监督管理局、市公安局联合开展防雷安全检查和执法检查，加强防雷法律法规宣传和防御雷电灾害的组织管理，减少雷电安全隐患。2005年3月起，市气象部门与市城市管理局联合审批施放气球活动，查处违法行为。同年7月，《宜兴市防雷减灾管理办法》颁发。

第五章　防震减灾

第一节　机　构

1976年8月,无锡市成立防震抗震领导小组,下设办公室,负责全市防震抗震日常工作。9月,建成无锡地震台,设测震组、地磁组、精密短水准组和地应力组等4个组,由省地震办公室和无锡市双重领导,归口市计委科技组。1977年9月,成立无锡市革命委员会地震办公室,由市科技局代管。1985年,市防震抗震领导小组撤销。1986年9月,成立市抗震办公室,由市科委领导管理,1988年9月划归市建委管理。1990年5月,市地震办公室调整为副处级事业单位,独立建制,归口市科委领导。1990年7月,市防震抗震领导小组下设两个办公室,防震办公室设在市科委,抗震办公室设在市建委。

1996年12月,市地震办公室调整组建为无锡市地震局,为市政府直属事业机构,正局级建制,负责辖区内的地震监测、预报、地震灾害、地震应急等各项防震减灾工作,内设办公室、监测业务处、震灾防御处(工程抗震管理处)、地震宣传处。1997年,锡山市地震办公室成立,宜兴市地震办公室更名为宜兴市地震局。1998年,江阴市地震局成立。江阴、宜兴相继建立乡镇(工业园)防震减灾监理员工作制度,明确各镇由分管建设的副镇长负责防震减灾工作,由各镇建设管理服务所负责人兼任防震减灾工作监理员,形成市、市(县)区、镇三级防震减灾管理工作机制。

2001年,市地震局内设办公室(挂"人事教育处"牌子)、震情业务管理处、震灾防御处、防震减灾宣传处。市政府同时批准成立无锡市地震监测中心和无锡市地震工程检测中心,为全民事业单位,前者负责全市地震监测台网运行管理和开展地震预报研究,后者在其资质范围内向社会提供地震工程技术服务。锡山区、惠山区成立后,其地震工作划归区建设局管理。

第二节　监　测

2000年8月,无锡市开工建设数字化地震遥测台网。2002年12月,市地震局控制中心和分布于滨湖区马山、锡山区吼山、江阴市君山、宜兴市都山4个遥测子台组成的无锡市数字化地震遥测台网建成并投入运行。遥测子台采用国内先进的24位数据采集器,将数据通过DDN专线24小时不间断实时传输至台网中心,能有效监测网内及邻近1.0地区级以上地震,由计算机或通过人机对话在10分钟内给出地震的发震时间、地点及震级三要素,并给出震中位置图,是省内第一个建成的24位数字化地震遥测台网。是年,无人值守的滨湖区峄嶂数字化水动态观测站投入观测,江阴市建成电磁波观测站,宜兴市完成电磁波观测站的基建工作,惠山区洛社水动态观测站完成仪器房装修工作。在全省地震前兆观测资料评比中,惠山农药厂观测站的水化分析资料获第一名。市地震局对由1个地磁观测台、2个水物理化学观测台、5个电磁波观测台组成的地震前兆观测台网(WRN)进行技术改造,地震信息的采集、传递、汇总、分析、发布初步实现数字化、系统化、网络化的总体目标。

2003年10月,《无锡日报》以市地震局负责人答记者问的形式,公布全市12个地震台(站)的具体位置、保护范围和保护措施,明确在新建、改建、扩建项目审批中,必须把是否影响地震观测环境作为条件内容严格审查;对每个观测站的外围进行保护文展示,并标牌上墙。2004年,在宜兴太华镇兴建地震遥测子台；江阴市白石山地震遥测子台建成并投入使用，原君山监测台撤销。2005年，宜兴地震数据处理中心建成并开通运行，江阴地震数据处理中心开工建设。

至2005年末，全市共有查桥镇、古竹、宜兴都山3个遥测子台，充山地磁监测站，蠡湖新城、杨市镇、江阴市、宜兴市4个电磁波监测站，钱桥镇、洛社镇、查桥镇、华士镇4个地下水化监测站，峄嶂山、太华镇两个地下水位监测站。

第三节　防震抗震

一、抗震设防

1996年，无锡市制定《无锡市防震减灾"九五"计划和2010年长远规划》，明确提出"九五"期间，市区在实现本地区基本烈度防御标准的基础上，力争达到抗御中等强度破坏性地震的能力，率先实现国家提出的抗御6级左右地震的防震减灾目标。至2005年，无锡市所辖三市（县）的城区及重要城镇达到抗御中等强度破坏性地震的能力。

2000年2月，市政府颁发《无锡市工程建设场地地震安全性评价工作管理实施细则》，对需进行场地地震安全性评价工作的工程项目范围、地震安全性评价的内容、从事地震安全性评价单位的资质、地震安全性评价工作报告的评审、结果的使用、工作经费的收取及违反细则行为的法律责任作出规定，要求计划、规划、建设等有关部门将工程建设场地地震安全性评价工作内容纳入审批程序，配合地震行政主管部门做好地震安全性评价管理工作。2001年，主管防震减灾工作的职能由科技部门整体转移至建设部门，实现抗震设防与建设工程协调发展。是年8月1日，无锡市实施国家强制性标准《中国地震动参数区划图》，有822平方公里国土面积的抗震设防要求由地震动峰值加速0.05g（相当于烈度6度）提高至0.1g（相当于7度）。江阴市申港、利港、璜土3个镇约134平方公里和宜兴市万石、闸口、和桥、屺亭、高塍、范道、官林、丰义、新建、新芳、杨巷、新街、徐舍、芳庄、鲸塘、西渚等16个乡镇约688平方公里，进入中等抗震设防区；宜兴市东南部的洑东等几个乡镇由不设防区改定为0.05g（相当于6度）进行抗震设防。至此，全市辖区所有国土面积均需进行抗震设防。

2002年，扩大抗震设防专项审查的覆盖面，新建工程的施工图设计审查与抗震设防专项审查同步进行。市政府出台《无锡市工程建设场地地震安全性评价工作管理实施细则》，明确规定：凡经市计划部门立项审批的基建项目，在组织可行性方案论证时，地震部门参加论证，对抗震设防提出要求；对重大建设项目必须进行工程的地震安全性评价工作；4层及以上的新建工程禁用预制板，一律采用楼板现浇的方法，提高新建工程的抗震能力。是年，市区、江阴市、宜兴市分别审批151项、188项、176项；完成太湖花园三期、五星村经济适用房、槐古低洼地区危旧房改造等抗震专项设计审查82项，累计建筑面积184万平方米；汇金广场工程因未进行工程场地地震安全性评价被行政处罚并责令改正。地震安全性评价工作扩大至文物保护单位，年内完成薛福成故居、钱锺书故居、东林书院、宜兴东坡书院抗震加固项目4个，面积2.74万平方米，投入资金7800万元。

2003年，市地震部门以新建工程抗震设计专项审查为抓手，以城建重点工程、中高层建筑及大跨度、大体量、体型特别复杂的建设工程为重点，实施建筑工程初步设计阶段抗震设计专项审查27项次，累计审查各类建筑47幢，建筑面积86.42万平方米，其中三阳商贸中心45层高层公寓楼、江阴巷二期改建工程通过省建设厅组织的专家审查。实施建筑工程施工图设计阶段抗震专项设计审查265项次，累计审查建筑面积425.6万平方米。完成宜兴东坡书院二期的抗震加固工作。2004年，江阴、宜兴两市所有建设项目都纳入抗震设计专项审批窗口，全年市地震局共审批各类建设工程项目633项。2005年，市区、江阴市、宜兴市分别审批建筑工程151项、300项、313项。

二、应急救援

1997年5月30日，市政府颁发《无锡市破坏性地震应急预案》，明确规定以分管副市长为组长，19个部门组成防震抗震领导小组，统一组织、协调、指挥全市的防震、抗震和救灾工作。同年9月，锡山市、宜兴市相继出台破坏性地震应急预案。

2002年，无锡市建立防震减灾工作联席会议制度，市地震局为联席会议办公室，负责日常工作。一旦发生破坏性地震，联席会议即转为抗震救灾指挥部，联席会议各成员单位即为市抗震救灾指挥部成员。4月12日，市政府印发施行修正过的《无锡市破坏性地震应急预案》。各市（县）、区政府均成立防震抗震领导小组并编制地震应急预案，供电、电信等部门，重点企业，金融单位，中小学及乡、镇、园区等亦编制应急预案，至年末，编制各类预案217份。卫生系统组建医疗救护队，供电、电信等部门及部分企业组建抢险应急队伍。在城市规划建设中明确要求合理布局应急场所，畅通疏散路线。2003年，市地震局编制地震应急行动方案，组织地震应急演练，重新编制《无锡市地震应急通讯手册》。2005年，市地震局编制《无锡市地震灾害应急预警方案》和《无锡市地震灾害应急预案》，修订《地震应急工作通讯手册》，与市民政局协同建立地震灾情速报网络。

至2005年末，市区、江阴市、宜兴市编制上报备案的地震应急预案分别为144份、22份和198份。市地震局配备GPS定位仪、中型发电机、流动监测车、应急专用包等地震应急装备。全市建成21支地震应急专业抢险队伍，其中公安消防抢险队伍500人、通信抢险队伍27人、电力抢险队伍100人、医疗抢险队伍150人、市政公用抢险队伍195人、交通抢险队伍100人、水务抢险队伍500人；成立一支由50人组成的地震应急救援志愿者队伍。

三、防震减灾宣传

无锡市的防震宣传始于70年代中后期，80年代在城区建立地震宣传点。1993年起，市地震部门多次举办青少年地震科技夏令营和中学生地震知识竞赛活动，在学校举办地震知识讲座，举办专题黑板报竞赛，放映地震知识录像18场。1996年7月，唐山大地震发生20周年之际，市地震办公室与无锡人民广播电台经济台联合举办系列宣传活动，普及防震减灾知识。1997年，市地震局通过编印《防震减灾常识读本》和《防震减灾》杂志、举办培训班和讲座、放映录像、组织开展知识竞赛等方式，开展防震减灾知识普及宣传，受教育人数6.4万人次。至2005年，全市建成防震减灾宣传点32个。各宣传点以每年3月1日《防震减灾法》正式施行日、“4·22”世界地球日、“7·28”唐山地震纪念日等为契机，组织开展各种形式的防震减灾宣传活动。

四、平息地震谣传

1997年1月中旬，市地震局接到市民群众大量咨询电话，反映有地震谣传。1月26～27日，市地震局通过无锡人民广播电台、《无锡日报》、《江南晚报》播发和刊登辟谣消息，地震谣传很快平息。

1998年7月中旬，无锡市发生地震谣传；9月中下旬，胡埭镇、黄巷乡等地又发生地震谣传，市区及其他乡镇受扩散影响。市地震局立即组织对各类资料分析会商，同时派出工作组深入乡镇宣传防震减灾法律、法规和基本知识，并在报纸刊登辟谣消息，很快平息地震谣传。宜兴市地震局也在张渚、川埠等地发生地震谣传时及时辟谣，稳定民心。

2003年5月6日23时起，市地震局震情值班人员陆续接到宜兴城区及杨巷、官林、新芳、西渚、张渚、徐舍等乡镇群众关于震情的询问电话，反映宜兴地区盛传7日凌晨溧阳一带要发生大地震，许多群众冒雨聚集室外。值班人员根据掌握的震情资料，明确答复近期无锡没有任何地震前兆异常，要求大家不信谣、不传谣。市地震局责成震情处与震灾防御处派员前往宜兴协助平息谣传。宜兴市当天即在媒体播发辟谣紧急通告，迅速平息地震谣传。

无锡市志

【第一册】

第三卷

人　口

概 述

80年代，无锡市平稳度过新中国成立后的第三次人口出生高峰期。90年代初，无锡进入持续低生育水平时期，在国内、省内较早实现人口从高出生、低死亡、高增长到低出生、低死亡、低增长的历史性转变，人口发展呈现素质提升、结构转变的局面。

2005年，全市户籍人口452.84万人，比1985年末的390.95万人增加61.89万人，年平均增长7.4‰。全市人口由自然增长为主转向机械增长，自然增长人口逐渐减少，机械增长成为无锡新增人口的主要因素。随着人民生活改善、健康水平提高，全市平均预期寿命延长至76.54岁。无锡人口以汉族为主，随着外来人口增加，少数民族日趋增多，有藏、回、苗、壮等46个少数民族，连同流动人口中的少数民族，共约5万人。人口性别中男性略多于女性，性别比为100.73。人口年龄结构由80年代的初步老年型步入老年型。人口文化程度进一步提高，万人中具有大学文化以上程度的为864人。全市计划生育率99.86%（市区99.89%），生育妇女产后3个月内综合避孕率95.82%，避孕节育和生殖保健服务率87.03%。

第一章 人口状况

第一节 人口总量

受五六十年代生育高峰的影响，自80年代中期起，无锡人口增长由稳转快，进入一轮较快增长时期。1986年，全市有户籍人口115.67万户、395.46万人，至1990年末有134.26万户、417.71万人。其中：男性212.5万人，女性205.21万人；市区32.92 万户、92.8万人，无锡县32.8万户、107.87万人，江阴市33.8万户、110.3万人，宜兴市34.74万户、106.74万人。1991年开始，人口增长由稳趋缓。1996～2000年，人口发展保持相对稳定，平均每年仅增加1.43万户、1.08万人，为“七五”时期以来人口总量增加最少的5年，比“八五”期间平均增加量分别减少0.96万户、1.97万人。

2001～2005年，经济社会快速发展，各类人才和劳动力的需求不断扩大，加上无锡在户籍制度改革中实行相对宽松的户籍管理制度，为外来人口落户提供便利，人口迅速增加，人口机械增长成为主因。2005年末，全市有户籍人口452.84万人，其中：男性227.24万人，女性225.6万人；市区76.93万户、228.49万人，江阴市36.46万户、118.62万人，宜兴市37.82万户、105.73万人。因大中专毕业生到外地就业、外出务工等，宜兴市户籍人口2005年比2000年减少20584人。外地到无锡务工人员骤增，至2005年末，全市在公安部门登记注册的暂住人口178.1万人。

1986～2005年无锡市户籍人口情况表

表3-1　　单位:万户、万人

年份	总户数	总人口数		总人口中	
		全市	其中市区	男	女
1986	115.67	395.46	86.08	201.60	193.86
1987	119.35	400.86	87.80	204.39	196.47
1988	126.42	406.80	89.86	207.27	199.53
1989	131.01	412.42	91.32	210.03	202.39
1990	134.26	417.71	92.80	212.50	205.21
1991	136.15	421.22	93.73	214.24	206.98
1992	139.04	423.90	94.44	215.53	208.37
1993	139.68	426.53	95.53	216.91	209.62
1994	140.51	428.32	96.07	217.71	210.61
1995	142.91	429.19	107.48	218.14	211.05
1996	145.10	430.82	108.43	218.79	212.03
1997	147.70	432.29	109.57	219.38	212.91
1998	147.71	432.21	110.21	219.16	213.05
1999	148.55	433.40	111.69	219.42	213.98
2000	150.06	434.61	112.99	219.66	214.95
2001	150.95	435.90	213.06	220.09	215.81
2002	152.94	438.58	215.92	221.12	217.46
2003	151.00	442.54	219.60	222.73	219.81
2004	150.67	447.19	223.57	224.68	222.51
2005	151.21	452.84	228.49	227.24	225.60

第二节　人口变动

一、自然变动

受五六十年代高出生、多子女的影响，80年代出现结婚多、生育多的人口再生产惯性，人口出生较快增长。1986年全市人口自然增长率7.79‰，1990年攀升至10.48‰。1986～1990年，全市共出生32.85万人，平均每年出生6.57万人，年平均出生率16.25‰；死亡13.35万人，平均死亡率6.61‰；自然增长19.5万人，平均自然增长率9.64‰。

1991年以后，计划生育政策实施效应日趋显现，无锡出生人口速度逐年回落。1991年全市人口自然增长率6.88‰，比1990年回落3.6个千分点。1992～1995年，人口自然增长率降至5‰以下。1991～1995年，出生24.22万人，平均每年出生4.84万人，年平均出生率11.41‰；死亡13.79万人，年平均死亡率6.5‰；年平均人口自然增长率4.92‰，比前5年降低4.72个千分点。人口增长仍以自然增长为主。

1996～2000年，出生人口继续下降，出生率回落，死亡率有所上升。全市共出生20.36万人，比前5年少出生3.86万人；死亡14.81万人，比上5年多死亡1.02万人。年平均出生率和死亡率分别为9.42‰和6.86‰，分别比上5年降低1.99个千分点和增加0.36个千分点。其中1999年全市出生3.52

万人，死亡2.89万人，人口出生率和死亡率分别为8.14‰和6.68‰，自然增长率1.46‰。

2001～2005年，全市出生人口16.47万人，死亡14.71万人，自然增长1.76万人，平均每年增长0.35万人，仅为上5年水平的31.71%。人口出生率、死亡率和自然增长率分别为7.46‰、6.66‰和0.8‰，比上5年下降1.96、0.20和1.77个千分点，呈现低出生、低死亡、低增长特征。2003年人口自然增长率首次为0。2005年，全市出生人口与死亡人口相抵后的自然增长人口为0.3万人，自然增长率仅0.67‰，比1985年的3.52‰降低2.85个千分点。

1986～2005年，无锡市共出生93.89万人，平均每年出生4.69万人，年平均出生率11.14‰；死亡56.67万人，平均每年死亡2.83万人，年平均死亡率6.66‰；自然增长37.23万人，平均每年增加1.86万人，年平均增长4.37‰，远低于1985年前10‰以上的水平。

二、机械变动

无锡历史上人口迁移历经几次大的变化，70年代前迁出大于迁入，70年代初起迁入大于迁出。

80年代起，由于引进技术人才，安置复员、退伍军人，接收大中专毕业生等因素，无锡迁入人数大于迁出人数。1991年开始，随着改革开放的稳步推进和经济结构调整深入，迁入人口增速趋缓，迁出至市外、省外甚至国外工作、学习等人口呈较快增长，机械人口增长呈现回落趋势。1991～1995年，全市迁入24.11万人、迁出21.09万人，出入相抵净增加3.03万人，机械增长率1.43‰。迁出人口速度明显加快，1992年、1994年和1995年的迁出人数均超过4万人，其中1995年迁出人口高于迁入人口，成为20年间唯一一个净迁出年份。2001～2005年，随着无锡经济的快速发展，各类人才、人力资源需求急增，加上新户籍制度改革的推进，人口迁入再次高速增长，人口机械增长成为无锡人口增长主因。5年内，全市迁入人口33.42万人，平均每年迁入6.68万人；迁出17.92万人，平均每年迁出3.58万人，出入相抵机械增长15.5万人，占5年间全市增加人口的85.1%。5年的人口机械增长率为7.02‰，远高于"八五"期间1.43‰、"九五"期间0.16‰的水平。其中2005年迁入人口9.53万人，为历史最高水平。

1986～2005年，全市共迁入100.94万人，迁出近81.89万人，出入相抵净增加29.05万人左右。

1986～2005年无锡市户籍人口增长表

表3-2　　单位:万人、人、‰

年份	年平均人口	自然增长人数	出生人数	死亡人数	出生率	死亡率	自然增长率	机械增长人数	迁入人数	迁出人数
1986	393.21	30604	56256	25652	14.31	6.52	7.79	14645	59395	44750
1987	398.16	39458	66380	26922	16.67	6.76	9.91	14914	62624	47710
1988	403.83	39950	67480	27530	16.71	6.82	9.89	63893	68928	50355
1989	409.61	41482	67535	26053	16.49	6.36	10.13	14793	66417	51624
1990	415.07	43503	70850	27347	17.07	6.59	10.48	15441	61521	46080
1991	419.47	28857	55485	26628	13.23	6.35	6.88	7729	43054	35325
1992	422.56	19398	47628	28230	11.27	6.68	4.59	7689	53317	45628
1993	425.22	20264	47508	27244	11.17	6.41	4.76	9535	49308	39773
1994	427.42	17657	45787	28130	10.71	6.58	4.13	5366	52745	47379
1995	427.98	18078	45749	27671	10.67	6.45	4.22	-68	42697	42765
1996	430.01	17585	46358	28773	10.76	6.68	4.09	4413	50633	46220
1997	431.56	9627	37461	27834	8.68	6.45	2.23	3999	35773	31774
1998	431.86	13138	43635	30497	10.09	7.06	3.03	5218	39813	34595

续表

年份	年平均人口	自然增长人数	出生人数	死亡人数	出生率	死亡率	自然增长率	机械增长人数	迁入人数	迁出人数
1999	432.80	6310	35213	28903	8.14	6.68	1.46	4347	42708	38361
2000	434.00	8804	40918	32114	9.43	7.40	2.03	8917	46283	37366
2001	435.25	5181	32579	27398	7.49	6.29	1.20	1998	39696	37698
2002	437.24	5128	33503	28375	7.66	6.49	1.17	23474	60283	36809
2003	440.56	19	30934	30915	7.02	7.02	0.00	37366	66616	29250
2004	444.86	4229	34567	30338	7.77	6.82	0.95	40261	72362	32101
2005	450.02	3007	33108	30101	7.36	6.69	0.67	51964	95259	43295

第三节　分布与密度

1986～1990年，无锡市域面积变化不大，人口呈较快增长，按市辖区范围统计的人口密度增加。1990年，无锡市人口417.71万人，人口密度每平方公里872人，比1985年末增加57人。其中，市区92.80万人，人口密度每平方公里2337人；江阴市110.3万人，人口密度每平方公里1125人；宜兴市106.74万人，人口密度每平方公里524人；无锡县107.87万人，人口密度每平方公里874人。

1991～1995年，无锡人口由较快增长进入稳步增长，人口密度继续增加。1995年撤无锡县建立锡山市，同时成立新区。1995年末，全市人口429.19万人，人口密度每平方公里896人，比1990年增加24人。在全市各地区人口分布中，崇安区17.46万人，人口密度每平方公里23917人，为各地区最高；江阴市113.72万人，为人口最多地区，人口密度每平方公里1160人。各地区中除马山区和宜兴市、锡山市外，均超过每平方公里1000人。

2000年，人口密度再次提高。全市人口434.61万人，每平方公里908人，比1995年增加12人。各地区人口分布随城市行政区域调整而有所改变，崇安区、南长区和北塘区3个城区人口集中和稠密状况有所改变，人口密度分别为每平方公里22499人、15538人和18282人，比1995年分别减少1418人、增加305人、增加593人。江阴市和宜兴市的人口密度分别为每平方公里1175人里和517人。

2001年，经区划调整，无锡市辖江阴、宜兴2市和崇安区、南长区、北塘区、锡山区、惠山区、滨湖区和新区管委会，区域面积有所扩大。2005年末，全市辖区面积4787.61平方公里，人口452.84万人，人口密度每平方公里946人，比2000年增加38人，增速有所放缓。受城市整体向外拓展、南移北扩规划带动，各城区人口分布结构发生新的变化，人口密度均呈下降。南长区人口快速增长，2005年户籍人口32.46万人，比2000年增长58.3%；人口密度每平方公里14474人，虽比2000年减少1064人，但仍是全市人口最密集地区。而处于市中心地带，多年来人口密度居首位的崇安区，2005年户籍人口18.45万人，比2000年增长12.3%，每平方公里10488人，比2000年减少12011人。北塘区由于区划调整，所辖面积由9.7平方公里扩大至31.02平方公里，2005年户籍人口25.34万人，比2000年增长42.9%，人口密度由2000年的每平方公里18282人下降至2005年的每平方公里8170人。锡山区、惠山区、滨湖区及新区的人口密度分别为每平方公里980人、1189人、770人和1314人。市区在地域面积扩大后，总人口228.49万人，辖区面积1622.64平方公里，人口密度每平方公里1408人，比2000年减少774人。江阴市受经济社会发展较快增长拉动，人口增长和人口密度高于全市平均水平。至2005年末，江阴市户籍人口118.62万人，辖区面积987.53平方公里，人口密度每平方公里1201人，比2000年增加26人，高于全市平均水平。宜兴市人口增长趋缓，2005年户籍人口105.73万人，比2000年减少2.06万人，人口密度每平方公里486人，低于全市平均水平，仍是全市人口密度最低地区。

1986～2005年无锡市户籍人口分布与密度表

表3-3　　单位:万人、人/平方公里、人

年份	总人口	其中				人口密度	户均人数
		市区	锡山市	江阴市	宜兴市		
1986	395.46	86.08	103.54	103.70	102.14	826	3.42
1987	400.86	87.80	104.68	105.16	103.22	837	3.36
1988	406.80	89.86	105.72	106.72	104.50	850	3.22
1989	412.42	91.32	106.90	108.40	105.80	861	3.15
1990	417.71	92.80	107.87	110.30	106.74	872	3.11
1991	421.22	93.73	108.50	111.51	107.48	880	3.09
1992	423.89	94.44	108.99	112.26	108.20	885	3.05
1993	426.53	95.53	109.43	112.88	108.69	891	3.05
1994	428.32	96.07	109.82	113.36	109.07	895	3.05
1995	429.20	107.48	98.88	113.72	109.12	896	3.00
1996	430.82	108.43	98.98	114.16	109.25	900	2.97
1997	432.29	109.56	99.07	114.26	109.40	903	2.93
1998	432.21	110.21	99.16	114.44	108.40	903	2.93
1999	433.40	111.69	98.88	114.59	108.24	905	2.92
2000	434.61	112.99	98.65	115.18	107.79	908	2.90
2001	435.90	213.06	—	115.39	107.44	910	2.89
2002	438.58	215.92	—	115.78	106.88	916	2.87
2003	442.54	219.6	—	116.70	106.24	924	2.93
2004	447.19	223.57	—	117.77	105.85	934	2.97
2005	452.84	228.49	—	118.62	105.73	946	2.99

说明：1986～1994年，"锡山市"栏为无锡县人口数。

2005年无锡市户籍人口分布与密度表

表3-4　　单位：平方公里、人、人/平方公里

区域		面积	人数	人口密度
全市		4787.61	4528385	946
市区		1622.65	2284870	1408
其中	崇安区	17.59	184487	10488
	南长区	22.43	324648	14474
	北塘区	31.02	253436	8170
	锡山区	395.71	387639	980
	惠山区	327.12	388957	1189
	滨湖区	631.50	486549	770
	新　区	197.28	259154	1314
市（县）		3164.96	2243515	709
其中	江阴市	987.53	1186167	1201
	宜兴市	2177.43	1057348	486

第二章　人口构成

第一节　性　别

1986年以后，无锡人口在稳步增长、规模扩大中男女性别比基本呈下降趋势，从1990年的103.55（以女性为100计算，下同）回落至2005年的100.73，基本实现男女平衡。

从各地区看，男女性别比均由高向低发展趋向平衡协调。2000年第五次人口普查，市区和锡山市户籍人口260.69万人，其中，男性133.18万人、占51.1%，女性127.51万人、占48.9%，性别比104.45。江阴市131.55万人，其中，男性66.57万人、占50.6%，女性64.98万人、占49.4%，性别比102.45。宜兴市116.43万人，其中，男性59.21万人、占50.85%，女性57.22万人、占49.15%，性别比103.48。2005年人口抽样调查时，市区、江阴市和宜兴市的男女性别比为100.08、102.07和99.39，分别比2000年时分别回落4.37、0.38和4.09个百分点。

市区人口性别比下降，且原城区高于郊区的现象得以改变。2005年，城区中崇安区、南长区和北塘区的性别比分别为101.01、96.55和98.45，而锡山区、惠山区、滨湖区和新区的性别比分别为103.2、102.66、98.13和100.18。各地区间性别比差异已不再明显。

不同年龄段的人口性别比不同。60岁以上的人口女性多于男性，60岁以下则男性多于女性的状况不变，但60岁以上男性占比重呈上升之势。1990年第四次人口普查时，60岁以上男性占45.5%，女性占54.5%，性别比83.49。2000年第五次人口普查时，60岁以上男性占47.1%，女性占52.9%，性别比89.03。至2005年人口抽样调查时，60岁以上男性占47.9%，女性占52.1%，性别比91.94。从0岁组的人口性别看，1986～2005年20年来性别比已逐步下降，由1990年第四次人口普查时的109.73，到2005年人口抽样调查时为105.24，基本处于正常区间。

1986～2005年无锡市户籍人口性别比表

表3-5　　单位:万人、%

年份	总人口	其中		占总人口比重		性别比
		男	女	男	女	
1986	395.46	201.60	193.86	50.98	49.02	103.99
1987	400.86	204.39	196.47	50.99	49.01	104.03
1988	406.80	207.27	199.53	50.95	49.05	103.88
1989	412.42	210.03	202.39	50.93	49.07	103.77
1990	417.71	212.50	205.21	50.87	49.13	103.55
1991	421.22	214.24	206.98	50.86	49.14	103.51
1992	423.90	215.53	208.37	50.84	49.16	103.44
1993	426.53	216.91	209.62	50.85	49.15	103.48
1994	428.32	217.71	210.61	50.83	49.17	103.37
1995	429.19	218.14	211.05	50.83	49.17	103.36

续表

年份	总人口	其中		占总人口比重		性别比
		男	女	男	女	
1996	430.82	218.79	212.03	50.78	49.22	103.19
1997	432.29	219.38	212.91	50.75	49.25	103.04
1998	432.21	219.16	213.05	50.71	49.29	102.87
1999	433.40	219.42	213.98	50.63	49.37	102.54
2000	434.61	219.66	214.95	50.54	49.46	102.19
2001	435.90	220.09	215.81	50.49	49.51	101.98
2002	438.58	221.12	217.46	50.42	49.58	101.68
2003	442.54	222.73	219.81	50.33	49.67	101.33
2004	447.19	224.68	222.51	50.24	49.76	100.98
2005	452.84	227.24	225.60	50.18	49.82	100.73

1990年、2000年、2005年无锡市户籍人口各年龄组性别比表

表3-6

年龄段	1990年	2000年	2005年
0～4	109.73	111.92	105.24
5～9	109.95	112.85	115.64
10～14	111.19	110.14	109.00
15～19	106.00	91.98	96.98
20～24	99.54	98.69	89.64
25～29	100.28	103.94	99.26
30～34	109.76	103.63	101.92
35～39	107.25	105.24	98.95
40～44	109.83	113.41	101.85
45～49	115.84	108.29	109.85
50～54	109.25	108.57	104.71
55～59	106.15	113.27	103.17
60～64	100.85	108.04	108.05
65～69	95.28	99.36	100.81
70～74	76.84	88.25	91.59
75～79	64.99	77.66	84.72
80～84	48.50	57.84	70.43
85～89	35.41	43.05	42.68
90～94	22.79	29.31	39.95
95～99	12.56	27.45	26.09
100岁及以上	10.00	15.38	100.00
合　计	104.11	103.71	100.48

第二节 年 龄

1986年以后，随着经济持续发展，人民生活质量改善，社会医疗保障制度进一步完善，无锡市民健康意识增强，身体素质提高，预期寿命不断延长，人口的年龄构成比重高峰不断后移。

第四次人口普查资料显示，无锡年龄构成比重最大是20～24岁组，占总人口的比重为10.51%，其次是35～39岁，占总人口的比重为9.88%。2000年第五次人口普查时，年龄构成比重最大是30～34岁组，占总人口的比重为10.94%，其次是25～29岁组，占总人口的比重为9.88%。2005年人口抽样调查时，年龄构成比重最大为35～39岁组，占总人口的比重为10.77%，其次为30～34岁组，占总人口的比重为10.03%。

50年代后期和60年代前期两次生育高峰出生的人，至80年代，均已进入成年阶段，21世纪逐步进入老年；加上70年代开始实施计划生育，人口出生得到控制，少年儿童人口比例下降，年龄构成比重高峰逐年后移。1990年，14岁以下儿童占比重由1982年的21.38%降至20.39%，65岁以上老年占比重由6.24%上升至7.51%，无锡人口进入老年型初期。2000年，14岁以下儿童占16.2%，65岁以上老年占8.77%。2005年，14岁以下儿童占12.84%，65岁以上老年占10.03%。

由于高龄人口逐年增多，儿童死亡率下降，无锡市人口平均预期寿命不断提高。1985年时75岁，2000年时75.64岁，2005年上升至76.54岁。

1990年、2000年、2005年无锡市常住人口年龄汇总表

表3-7　　　　单位：人

年龄段	1990年普查人口数			2000年普查人口数			2005年人口抽样调查数		
	合计	其中		合计	其中		合计	其中	
		男	女		男	女		男	女
0～4	331245	173307	157938	197188	104138	93050	5018	2573	2445
5～9	241035	126227	114808	267666	141914	125752	5307	2846	2461
10～14	302919	159487	143432	359343	188342	171001	7033	3668	3365
15～19	352615	181445	171170	311758	149363	162395	9733	4792	4941
20～24	451204	225080	226124	409750	203523	206227	8327	3936	4391
25～29	418338	209462	208876	502504	256105	246399	11597	5777	5820
30～34	358076	187367	170709	556451	283183	273268	13557	6843	6714
35～39	424189	219512	204677	486948	249687	237261	14567	7245	7322
40～44	343110	179594	163516	362613	192697	169916	12573	6344	6229
45～49	226259	121434	104825	430466	223803	206663	8839	4627	4212
50～54	191418	99940	91478	350281	182334	167947	10645	5445	5200
55～59	168538	86784	81754	223670	118795	104875	8728	4432	4296
60～64	160552	80617	79935	181789	94409	87380	5715	2968	2747
65～69	128647	62768	65879	153609	76558	77051	4462	2240	2222
70～74	92956	40392	52564	130406	61133	69273	3690	1764	1926

续表

年龄段	1990年普查人口数			2000年普查人口数			2005年人口抽样调查数		
	合计	其中		合计	其中		合计	其中	
		男	女		男	女		男	女
75～79	56844	22390	34454	88631	38742	49889	2902	1331	1571
80～84	30857	10078	20779	48534	17785	30749	1614	667	947
85～89	10256	2682	7574	19193	5776	13417	672	201	471
90～94	2322	431	1891	5025	1139	3886	186	53	133
95～99	233	26	207	701	151	550	29	6	23
100岁及以上	11	1	10	60	8	52	2	1	1
合 计	4291624	2189024	2102600	5086586	2589585	2497001	135196	67759	67437

第三节 民 族

无锡市属少数民族散居、杂居地区，人口的民族构成以汉族为主。随着地区交流和外来务工人员增加，少数民族居民日趋增多。

1990年第四次人口普查时，除汉族外，有蒙古、回、藏、苗、满、壮、侗、朝鲜、维吾尔、土家、白、傣、畲、纳西、彝、高山、布依、瑶、哈尼、哈萨克、黎、傈僳、佤、拉祜、水、土、仫佬、羌、布朗、仡佬、锡伯、俄罗斯、裕固、京、鄂伦春等35个少数民族，共5792人。其中，回族人数最多，有1712人，占少数民族总数的29.4%。少数民族人口中，在市区，有相当一部分是引进的技术人员和因工作需要调进的，文化素质较高，大中专以上学历的占到少数民族人口的23.1%；在市（县）、区，更多的是从边疆少数民族地区婚嫁到无锡的女青年。

1991年，市民族宗教事务局采用面上基本情况登记普查、召开少数民族代表座谈会等形式，对市区少数民族人口情况进行调查，形成《无锡市区少数民族情况调查报告》。调查结果表明，市区有少数民族25个，共1898人，其中回族1313人、满族181人、苗族82人、蒙古族66人，其余民族均在50人以下。少数民族人口中，具有大专以上文化程度的占15%，学龄儿童基本入学就读，不同民族之间开始通婚，基本无待业人员。

2000年第五次人口普查时，无锡的少数民族增加赫哲、景颇、达斡尔、毛南、塔吉克、怒、鄂温克、独龙、珞巴、普米等10个民族，少数民族由1990年第四次人口普查时的35个增至45个，共17784人，占全市总人口的0.35%。其中，市区8538人、江阴市5253人、宜兴市3993人；土家族人数居多，有3940人，占少数民族人口总数的22.2%。增加的少数民族人口主要来自云南、贵州、四川、湖南、广西等省区，以婚嫁到无锡的妇女为主。

2005年人口抽样调查时，在样本抽查中发现撒拉族4 人，无锡少数民族增至46个。是年末，无锡少数民族人口在1000人以上的有土家族3940人、苗族3344人、回族2199人、壮族1561人、布依族1480人、侗族1231人，上述6个少数民族人口数占全市少数民族人口总数的77.34%。在无锡的少数民族流动人口有3.29万人。

1990年、2000年、2005年无锡市人口普查和人口抽样调查各民族人口表

表3-8　　单位：人、%

民族	1990年普查人口数	2000年普查人口数	2005年人口抽样数	占总人口百分比		
				1990	2000	2005
汉族	4285802	5068802	134267	99.86	99.65	99.31
蒙古族	108	524	35	—	0.01	0.03
回族	1712	2199	105	0.04	0.04	0.08
藏族	27	91	14	—	—	0.01
苗族	896	3344	149	0.02	0.07	0.11
满族	281	677	26	0.01	0.01	0.02
壮族	964	1561	68	0.02	0.03	0.05
侗族	370	1231	93	0.01	0.02	0.07
朝鲜族	44	296	17	—	0.01	0.01
维吾尔族	9	120	9	—	—	0.01
土家族	615	3940	162	0.01	0.08	0.12
白族	49	149	4	—	—	—
傣族	3	23	—	—	—	—
畲族	20	96	7	—	—	0.01
赫哲族	—	1	—	—	—	—
纳西族	3	8	—	—	—	—
彝族	176	740	64	—	0.01	0.05
高山族	2	7	3	—	—	—
布依族	316	1480	81	0.01	0.03	0.06
瑶族	37	92	5	—	—	—
哈尼族	10	23	1	—	—	—
哈萨克族	1	3	—	—	—	—
黎族	20	75	3	—	—	—
傈僳族	1	9	1	—	—	—
佤族	2	3	6	—	—	—
拉祜族	2	4	—	—	—	—
水族	14	179	15	—	—	0.01
土族	28	75	8	—	—	0.01
仫佬族	9	30	6	—	—	—
羌族	4	72	26	—	—	0.02
布朗族	2	5	—	—	—	—
仡佬族	44	169	4	—	—	—

续表

民 族	1990年普查人口数	2000年普查人口数	2005年人口抽样数	占总人口百分比		
				1990	2000	2005
锡伯族	2	10	—	—	—	—
俄罗斯族	12	12	5	—	—	—
裕固族	1	1	—	—	—	—
京族	7	13	—	—	—	—
鄂伦春族	1	1	—	—	—	—
景颇族	—	1	—	—	—	—
达斡尔族	—	4	2	—	—	—
毛南族	—	8	—	—	—	—
塔吉克族	—	1	—	—	—	—
怒族	—	2	—	—	—	—
鄂温克族	—	4	—	—	—	—
独龙族	—	5	—	—	—	—
珞巴族	—	3	—	—	—	—
普米族	—	1	—	—	—	—
撒拉族	—	—	4	—	—	—
其他未识别的民族	27	489	6	—	0.01	—
外国人加入中国籍	3	3	—	—	—	—
合　计	4291624	5086586	135196	100	100	100

第四节　文化程度

1986年以后，无锡市加大经费投入，高标准实施义务教育，全民素质普遍提升，6岁以上人口人均受教育年限提高，人口文化程度构成发生很大变化。2005年人口抽样调查，无锡市6岁及以上人口中具有大专以上文化程度的占8.2%，高中文化程度的占18.3%，初中文化程度的占42.7%，小学文化程度的占25.1%。与2000年第五次人口普查比较，大专以上文化程度（5.1%）上升3.1个百分点、高中文化程度（17%）上升1.3个百分点、初中文化程度（41.7%）上升1个百分点、小学文化程度（30.2%）下降5.1个百分点。按万人计算，2005年人口抽样调查与2000年第五次人口普查相比，具有大学以上文化程度的由508人增加至865人，高中文化程度的由1698人增加至1945人，初中文化程度的由4169人增加至4528人，小学文化程度的则由3016人下降至2662人。

从6岁以上人均受教育年限看，2005年人口抽样调查时无锡为8.85年，比2000年第五次人口普查时的8.41年提高0.44年，在全省13个省辖市中居第二位，低于南京市的9.93年。

2005年，无锡市15岁及以上人口中，文盲占5.54%，其中：男性中文盲比例为2.01%，女性中文盲比例为9.04%。城市、镇及乡村文盲人口比例分别为4.52%、5.49%和7.2%；女性文盲人口比重高于男性，其中乡村女性文盲人口比重最高，为11.63%；40岁以上的文盲人口占总数的92.4%。文盲率上升与外来人口中文盲比重较高有关，同时原文盲人口随年龄上升文化程度也较难提高。

2005年无锡市各年龄组户籍人口文化程度抽样调查表

表3-9　　单位：人

年龄段	6岁及以上人口数量	文化程度						
		未上过学	小学	初中	高中	大专	大学	研究生及以上
6～9	4258	146	4104	8	—	—	—	—
10～14	7033	12	3433	3537	51	—	—	—
15～19	9733	30	252	3878	4523	813	236	1
20～24	8327	54	442	3722	2283	1242	575	9
25～29	11597	81	825	5307	3343	1333	682	26
30～34	13557	196	1731	7617	2482	961	528	42
35～39	14567	201	2270	8942	2056	677	395	26
40～44	12573	194	1362	6996	3134	551	289	47
45～49	8839	240	1857	4037	2300	291	104	10
50～54	10645	506	4171	4513	1064	316	68	7
55～59	8728	422	4147	3015	793	263	85	3
60～64	5715	542	2234	1793	765	233	145	3
65岁及以上	13557	4801	5569	1746	877	287	272	5
合　计	129129	7425	32397	55111	23671	6967	3379	179

第五节　行业职业

无锡产业结构门类齐全、基础雄厚，是具有一定规模的制造业基地、交通枢纽和商贸流通中心，国民经济各行业装备精良，技术水平领先，有较多行业居国内同行业领先地位。随着经济建设和各项事业快速发展，无锡在业（就业）人口不断增多，从业人员构成随经济结构调整而变化。

1986～1990年，无锡乡镇工业异军突起，成为国民经济快速发展重要力量，吸纳大量农村从业人员和部分城镇工程师、技术人员、退休老工人。全社会从业人员大幅增加，1990年末为244.99万人，比1985年末增加8.21万人。第一产业从业人员减少，比重迅速下降，1990年，第一产业从业人员占全部从业人员的22.2%，比1985年下降3.6个百分点。

1991～2000年，相当一部分国有企业从业人员在企业关闭、停产、合并或转改制过程中以离退养、内部退养或协议离开工作单位等形式被精简，部分人员失业。就业用工由计划经济模式向市场经济模式转变，用工形式由固定工转向合同工，就业供需由市场实行自动配置，全社会从业人员出现回落趋势。2000年末，全社会从业人员221.07万人，比1990年减少23.92万人。

2001～2005年，经济体制改革深化，对外开放扩大，经济发展加快，产业结构不断优化。全社会从业人员迅速增加，从业人员结构分布更趋合理。第一产业从业人员比重随农业结构调整而下降，第二产业从业人员在调整中优化，仍占据半壁江山，第三产业从业人员比重随现代服务业加快发展而上升。2005年末，全社会从业人员289.2万人，比2000年底增加68.13万人，5年间年均增加13.63万人。其中，第一产业从业人员占11.8%，比2000年下降10.9个百分点；第三产业从业人员占33.1%，比2000年提高3.9个百分点；第二产业从业人员占55.1%，比2000年提高7个百分点。

从就业人员在各行业占比重看，制造业从业人员最多，2005年人口抽样调查资料显示为39249

人，占全市就业人口总数51.68%。农业从业人员5750人，占7.57%；批发和零售业从业人员占11.75%；建筑业从业人员占6.81%；交通运输从业人员占4.68%；信息、金融、房地产、居民服务等从业人员占6.37%；卫生、教育、科研、国家机关等单位的从业人员占6.74%。

从就业单位性质看，随着改革深化和市场化就业体制逐步形成，就业不再局限于国有、集体等单位，外资企业、合资企业、私营企业及个体从业等多元化就业拓宽了就业渠道，劳动力总体上供大于求的状况和竞争上岗态势的形成又增加了就业压力，全社会从业人员呈现单位从业人员和农村从业人员比重下降、私营个体从业人员比重上升的现象。2005年，全社会从业人员中，单位从业人员占19.27%，私营个体从业人员占69.13%，农村从业人员占11.6%。从单位从业人员构成看，国有单位比重下降，由1985年的61.07%降至2005年的36.39%，集体单位由35.89%下降至7.02%，外资、中外合资等其他单位由3.04%上升至56.59%。

从职业情况看，20年间各大职业的从业人员结构发生变化。至2005年，国家机关、党群组织、企业、事业单位负责人比重下降，办事人员和有关人员、商业、服务业人员等比重上升。

2005年无锡市全社会从业人员表

表3-10　　　　单位：万人

分类	从业人数	城镇集体以上				乡村从业人员	城镇个私劳动者	社区公益	民办非企业
		小计	国有经济单位	城镇集体经济单位	其他经济单位				
按地区分									
市区	161.74	39.54	12.56	2.75	24.23	59.83	56.63	5	0.74
江阴市	70.67	9.95	4.55	0.76	4.64	50.38	9.13	1.10	0.11
宜兴市	56.80	6.25	3.16	0.40	2.69	43.47	5.79	1.10	0.19
按产业分									
第一产业	34.18	0.42	0.38	0.01	0.03	33.55	0.21	—	—
第二产业	159.43	29.35	3.61	2.06	23.68	91.03	39.05	—	—
第三产业	95.59	25.96	16.29	1.84	7.83	29.10	32.29	7.20	1.04
按行业分									
农林牧渔业	34.18	0.42	0.38	0.01	0.03	33.55	0.21	—	—
采矿业	0.02	0.01	0.01	—	—	—	0.01	—	—
制造业	144.75	26.92	2.92	1.84	22.16	81.70	36.13	—	—
电力煤气及水的生产和供应业	1.33	1.29	0.54	0.09	0.66	—	0.04	—	—
建筑业	13.33	1.13	0.14	0.13	0.86	9.33	2.87	—	—
交通运输、仓储及邮电通信业	8.86	2.43	0.98	0.06	1.39	5.38	1.05	—	—
信息传输、计算机服务和软件业	1.27	0.74	0.33	0.05	0.36	0.53	—	—	—
批发和零售业	32.69	2.77	0.26	0.18	2.33	7.28	22.64	—	—
住宿和餐饮业	8.09	1.15	0.21	0.05	0.89	2.39	4.55	—	—
金融业	2.85	2.16	0.75	0.17	1.24	0.69	—	—	—
房地产业	2.21	0.61	0.18	0.03	0.40	1.05	0.55	—	—

续表

分类	从业人数	城镇集体以上				乡村从业人员	城镇个私劳动者	社区公益	民办非企业
		小计	国有经济单位	城镇集体经济单位	其他经济单位				
租赁和商务服务业	2.81	1.00	0.28	0.03	0.69	—	1.81	—	—
科学研究、技术服务和地质勘查业	1.35	1.04	0.64	0.02	0.38	0.31	—	—	—
水利、环境和公共设施管理业	1.24	0.79	0.54	0.17	0.08	—	—	—	0.45
居民服务和其他服务业	17.09	0.13	0.06	0.03	0.04	7.95	1.28	7.20	0.53
教育	7.14	6.07	5.90	0.17	0.00	1.04	—	—	0.03
卫生、社会保障和社会福利业	3.52	2.61	1.79	0.81	0.01	0.83	0.05	—	0.03
文化、体育和娱乐业	0.81	0.45	0.40	0.03	0.02	—	0.36	—	—
公共管理和社会组织	5.66	4.01	3.97	0.04	—	1.65	—	—	—
合　计	289.20	55.73	20.28	3.91	31.54	153.68	71.55	7.2	1.04

2005年人口抽样调查全市就业人口性别、行业情况表

表3-11　　单位：人、%

行业别	人数	比例	就业中人口	
			男	女
一、农、林、牧、渔业	5750	7.57	2822	2928
二、采矿业	84	0.11	76	8
三、制造业	39249	51.68	20817	18432
四、电力、燃气及水的生产和供应业	813	1.07	589	224
五、建筑业	5170	6.81	4764	406
六、交通运输、仓储和邮政业	3551	4.68	3058	493
七、信息传输、计算机服务和软件业	342	0.45	194	148
八、批发和零售业	8924	11.75	4310	4614
九、住宿和餐饮业	2099	2.76	933	1166
十、金融业	724	0.95	346	378
十一、房地产业	390	0.51	273	117
十二、租赁和商务服务业	670	0.88	411	259
十三、科学研究、技术服务和地质勘查业	256	0.34	171	85
十四、水利、环境和公共设施管理业	499	0.66	316	183
十五、居民服务和其他服务业	2300	3.03	1256	1044
十六、教育	1647	2.17	561	1086
十七、卫生、社会保障和社会福利业	979	1.29	382	597
十八、文化、体育和娱乐业	481	0.63	259	222
十九、公共管理和社会组织	2013	2.65	1457	556
二十、国际组织	1	0.00	1	—
合　计	75942	100.00	42996	32946

2005年人口抽样调查全市就业人口职业情况表

表3-12　　　　单位：人、%

职业	就业人口	占比	其中		2000年比重	1986年初比重
			男	女		
一、国家机关、党群组织、企业、事业单位负责人	3564	4.69	2947	617	4.90	5.51
二、专业技术员	7284	9.59	3252	4032	7.99	11.54
三、办事人员和有关人员	3884	5.11	2631	1253	4.86	4.12
四、商业、服务业人员	16387	21.58	8077	8310	17.97	12.00
五、农、林、牧、渔、水利业生产人员	5857	7.71	2921	2936	18.71	6.73
六、生产、运输设备操作人员及有关人员	38600	50.83	22932	15668	45.52	59.70
七、不便分类的其他从业人员	366	0.48	236	130	0.05	0.40
合　计	75942	100.00	42996	32946	100.00	100.00

第六节　外来人口

改革开放以后，无锡经济社会发展迅猛，外地各类人才和劳动力资源迅速补充和吸纳至无锡。1985年，无锡市外来人员超过10万人，主要从事建筑、运输及个体手工服务业等，还包括一部分从外地退休、退职回无锡的人员。

1986年起，外来人口进入范围扩大，逐步进入纺织、机械、电子等劳动密集型行业。其数量逐渐增加，从开始的单个独自进入，到亲朋好友相互介绍或投亲靠友，逐渐转变为群体性或小规模的流入。1986年，在公安部门登记注册的暂住人口18.3万人，2000年增至61.8万人。

2001～2005年，为适应无锡产业尤其是纺织、机械、电子等制造业和建筑业及批发零售、餐饮等服务业发展需要，结合无锡劳动力资源对口扶持交流需要，无锡每年有组织、有计划地整体招录徐州等地区的劳动力，有关学校也根据无锡产业结构对劳动力的需求，录用省内其他城市的大中专学生或职业技校学生。此外，还有相当部分安徽、河南、四川等地的人员到无锡务工，外来人口快速增长。2001年，在市公安部门登记注册的外来人员73万人，至2005年末增至178.1万人，5年间净增105万人，平均每年增加21万人。

2005年人口抽样调查结果显示，至年末，全市暂住人口178.1万人，其中市区109.8万人、江阴市53.85万人、宜兴市14.45万人，分别占全市暂住人口的61.7%、30.2%和8.1%。从居住时间看，在无锡居住6个月以上的占55.8%，不满6个月的占44.2%。从性别看，男性占52.3%，女性占47.7%。从受教育程度看，6岁以上人口中未上过学和小学文化程度的占23.6%，初中文化程度的占51.4%，高中文化程度的占18.1%，大学以上文化程度的占6.9%。从就业状况看，15岁以上已就业人口占69.5%，其中，从事第一产业的占2.3%，从事第二产业的占64.8%，从事第三产业的占32.9%；第二产业人员中，从事制造业的占86.3%、从事建筑业的占12.9%、其他0.8%；第三产业人员中，从事批发零售业的占43.8%、从事住宿餐饮业的占12.5%、从事交通运输仓储业的占13.5%、从事居民服务业的占11.4%、其他18.8%。外来人员在无锡从业的行业门类较为齐全，基本覆盖国民经济各个行业，成为无锡产业大军的重要组成部分。

第三章　人口管理

第一节　城镇人口管理

1986年起，市公安局开展以户口整顿为重点的专项治理，解决人户分离12.7万户。1987年起，开始发放居民身份证。至1990年，全市发放居民身份证300万张(人)，其中市区724570张(人)。

1994年2月25日至12月10日，市区有户籍管理任务的46个派出所全面开展常住人口信息管理系统建设工作，完成户口核对、信息采集、数据录入、数据校对、数据整理等任务，同时完成34.78万户、93.47万常住人口的信息采录及16周岁以上居民照片的采录工作。是年末，实行常住人口微机信息系统前台办公，结束40多年人工操作办理户口的历史，实现办理户口、证件以及查询人口信息等办公自动化目标。

1998年，市公安局组织开展实际居住人口调查工作，查清辖区实际居住人口底数，建齐基础台账。全市共登记实际居住人口142575户(含集体户，下同)、4701751人，其中常住人口141019户、4271922人，包括未落户常住人口28149人。共登记人户分离190112户、413735人。通过清理整顿，共动员归户10371户、40914人，占应动员归户7种对象总数的35.8%。各级公安机关先后建立寄住户口登记制度、实际居住人口月变动统计制度和实际居住人口管理检查考核制度。

1999年，无锡市推进户籍制度改革，扩大小城镇户籍管理制度改革试点工作。贯彻实施新的户口政策，集中力量对符合未成年子女投靠父母、夫妻投靠、父母投靠子女政策(简称“三投靠”)的对象办理落户手续。全市共受理“三投靠”户口15735人，批准落户14415人。

2000年，无锡市全面实施小城镇户籍改革，全年共审核办理小城镇户口8701人，推动建立新型的农村户籍登记制度，推进农村集镇城市化管理。全面开展户口整顿工作，共登记实际居住人口1806046户、4876325人，核对和微机修改常住户口婚姻状况、服务处所、文化程度等5个可变项目2354157项，对未落常住户口人员中符合政策、手续齐全的11189人全部给予落户，为第五次全国人口普查打下坚实基础。为解决户口在农村而实际居住在城市的半家户及在城市购买房屋居住人员的户口迁移问题，市公安局继续实施“蓝印户口”[①]受理审批工作，并适当降低收费，一定程度缓解户口迁移难的问题。年内共办理“蓝印户口”157人。

2002年，全市共办理各类户口75235人，其中引进人才户口780人，投资以及购房户口5651人，参加养老保险户口2315人。印发《关于妥善解决原在锡购房人员户口迁移问题的通知》，解决2002年8月23日之前在市区购置人均建筑面积20平方米以上房屋人员的户口落户问题；与市劳动和社会保障部门联合印发《关于解决参加市区城镇企业职工养老保险人员落户问题的通知》，解决参加市区城镇企业职工养老保险且实际缴费年限满10年的外市(县)人员在锡落户问题。进一步推进小城镇户籍改革，经市政府同意，小城镇户口凭乡镇实施方案和区政府批复，经市公安局复核即可办理。年内，全市共办理小城镇户口5853户、17904人。

2003年，各级公安机关共办理户口20434人，其中，引进人才户口4162人、投资以及购房户口3302人、参加养老保险户口1448人。制定《深化户籍制度改革意见》，从5月1日起在全省范围内率

① 指在无锡市市区投资或被本市单位聘用的外省市在无锡人员，具备规定条件，经公安机关批准登记，并在户口凭证上加盖蓝色印章表示的户籍。

先建立城乡统一的户口登记管理制度，取消沿袭几十年的农业户和非农业户的户口性质，同时调整制定12项户口迁移政策，推动城乡经济的协调发展，促进人口资源的优化配置和合理流动。贯彻落实《公安部三十条便民利民措施》，先后取消8项户口审批项目，缩短身份证办证周期。

2004年，市公安局户政管理部门改革户口迁移管理工作，制定《无锡市公安局网上迁移户口工作规范》，自2005年1月1日起实行户口迁移网上办理。在符合规定、手续齐全前提下，随父母出生登记（包括超计划、非婚生育和依法收养子女）、注销户口登记（死亡、服兵役、出国出境在国〈境〉外定居）、市内户口移入登记（婚迁、未成年子女投靠父母、迁居）、迁出登记（迁往市外、新生入学〈市区范围内入学不再办理学生户口迁移〉）等户口登记事项，可在市区任一派出所办理；户口登记次要项目变更、未落常住户口人员登记等户口登记事项，在实际居住地或户籍地派出所办理；特殊情况出生登记、恢复户口登记（退伍转业、入境回国或刑释解教、失踪死亡人员重新出现）、特殊原因市内移入登记、市外迁入登记（调工调干、各类呈批户口，毕业生分配，退学、肄业和开除学籍回原籍，不落实工作单位的往届毕业生回原籍，新生入学）等户口登记事项，在落户地派出所办理；毕业生户口迁出（包括毕业迁往市内）、所内移居、分户和并户、户籍登记主要项目变更（姓名、民族、出生日期、性别、公民身份号码）、应注未注户口补注销（包括事实多年死亡、服兵役和出国出境在国〈境〉外定居等）、遗失居民户口簿补领等户口登记事项，在户籍地派出所办理。出具现有户口登记资料，可在任一派出所办理；出具历史户口登记资料，在户籍资料所在地派出所办理；遗失或超过时效重新签发户口迁移证，由原证件签发地派出所办理。在符合政策规定、手续齐全的前提下，居民家属投靠（特殊情况报出生、未婚子女投靠父母、夫妻相互投靠、父母投靠子女和离退休回原籍）、入境回国或刑释解教跨市（县）异地落户、失踪（死亡）人员注销户口、失踪（死亡）人员重新出现恢复户口等户口审批事项，在落户地（或户籍地）公安分局办理；引进人才、工作调动、随军家属户口迁移、外来务工人员户口迁移等户口办理和审批事项，在市公安局办理；投资、购买商品房人员户口迁移等户口审批事项，在市政府行政审批中心公安窗口办理。

第二节　流动人口管理

1986年以后，无锡市外来人口不断增加。至1990年末，市区外来暂住人口14万人。1990年6月，市政府颁布《无锡市外来暂住人口管理办法》，其中规定：凡外来暂住人口到无锡居住或工作3个月以上的，都应向当地公安机关申领暂住证。进驻无锡的建筑队，300人以上的单位设专职保卫人员，300人以下的设兼职保卫人员，管理内部治安。外来建筑安装单位签订承建合同时，同时签订治安承包合同。在郊区农村租房的暂住人口，必须在3天内携带单位或常住户口地证明与房主一起，到户口协管员处订立租赁合约，办理暂住户口登记、领证手续；需要延期的办理延期手续；期满退租的，必须办理退租注销手续。对使用临时工、外包工、合同工、农民工（简称“四工”）的单位，根据“谁用工，谁管理”的原则，因地制宜建立暂住人口管理组织，实行分层次管理。部分“四工”人员多的单位建立由保卫、劳资、行政等部门参加的“四工”管理委员会，党政工团分工负责，互相配合。全市1281个区属以上的厂企单位和1151家街道、乡办以下厂企，调整、充实治保组织，配备专职、兼职管理人员。外地到无锡的由5万余人组成的建筑施工队伍中，先后建立治保委员会223个、治保小组1200个。对散居外来暂住人口，以派出所为主，依靠居（村）委治保会和居民小组，从退休职工中聘用户口协管员，协助户籍警搞好外来暂住人员和租住户的管理，建立查证核实、检查考核、法制教育及奖惩制度。年末，市区外来暂住人口14万人。

1993年，市政府颁布《无锡市暂住人口管理条例》，公安机关督促地区单位建立健全外来人口登记发证、统计变动、收费管理等制度，充实加强各级外来人口管理组织和户口协管员队伍，并针对外来人口居住、工作的不同情况，落实相应的管理措施。全市有乡镇街道和村级外来人口管理办公室

629个、专职户口协管员966人、兼职户口协管员4227人。会同有关部门对外来无业人员开展不间断的清理劝返行动。至1995年末，全市登记在册的暂住人口36万人。

1996年，加强流动人口管理的网络建设，推行"谁主管、谁负责"的治安责任制，对近10万名流动人口实行集中住宿、集中管理（简称"两集中"）。在外来暂住人口中开展经常性的法制宣传，有针对性地开展对私房出租户的集中整顿，完善日常登记、发证、劝返、教育管理工作，建立教育遣送基地。加强市区暂住人口信息系统建设，暂住人口日常登记、发证采用微机管理。全年共登记外来人口49.9万人，发证37.3万人，清理劝返外来无业人员5800余人，查处外来违法犯罪人员3900余人。

1997年，各级公安机关按照流动人口"两集中"的目标要求，改建和扩建一批集中居住点，安置一批流动人员；在厂企单位做工且散居在社会上的外来民工，在有关产业局和厂企单位的支持下，由厂企集中住宿管理。全市共登记外来人口44.43万人，发暂住证37.68万张，实行集中住宿6万余人，签订治安责任状3.15万余份。全市各级公安机关与民政等部门开展对外来无身份证件、无固定职业、无居住场所（简称"三无"）人员的清理教育和劝返工作，共清理劝返外来"三无"人员6500人。

1998年，无锡市以房屋出租户清理整顿为重点，强化日常管理措施。开展房屋出租户专项整治工作，共取缔违章出租户3963户。继续加强外来暂住人口"两集中"工作，全市共新建集中住宿点37个。落实外来人口长期有效管理措施，促进各有关方面落实管理责任，强化外来人口管理队伍建设，加大日常检查考核力度。开展外来"三无"人员清理教育和劝返工作，全市共清理劝返外来"三无"人员13580人。全市共登记外来人口41.9万余人，发放暂住证35万余张，实行集中住宿35.3万余人。

1999年，各级公安机关加强暂住人口的登记变动、信息采集和录入比对工作，健全日常登记变动制度，提高暂住人口的登记发证率、信息采集录入率并及时注销一批离开居住地的暂住人口。全市共登记暂住人口519424人，采集信息477578人，发暂住证452467人。取缔违章出租户3963户，处罚违法出租户主1324人，取缔非法房屋中介机构21家。建立集中住宿点61个，集中外来民工6000余人，全市外来散居务工经商人员的集中住宿率达到73%。清理劝返外来"三无"人员20476人。

2000年，各级公安机关按照"人来登记、人走注销、变动及时、数据新鲜准确"的要求，加强对新来人员、经常变换住址、借宿同乡住所等流动对象的登记工作，共登记暂住人口61万余人，采集信息57万余人，发暂住证53万余人。推行对房屋出租户的分层次管理，根据房屋出租户履行治安责任的表现和租住人员的身份、职业、经济收入、生活规律和有无违法犯罪活动可能可疑等情况，将房屋出租户划分为放心户、基本放心户和不放心户，分别采取不同的管理措施。取缔违章出租户2841户，处罚违法出租户主948人。加强户口协管员队伍建设和日常检查考核力度，强化各级外来人口管理部门管理职能。全年共清理劝返外来"三无"人员16227人。

2001年，在抓好外来流动人口日常登记发证的同时，无锡市采取清理整治等措施规范流动人口管理工作。开展房屋出租户清理整治，共登记房屋出租户60277户、租住人员726198名，依法取缔违章出租户1677户，处罚违法出租户主587名，摧毁利用出租房屋进行违法犯罪的窝点12个，发现和查获外来违法犯罪嫌疑人805人。有重点地对外来流动人口聚集的一些集贸、运输、劳务等专业市场开展专项整治，打击混迹其中的流窜犯、在逃犯和以同乡、行业等关系纠合一起的外来恶势力犯罪团伙，集中整治场所、行业19个，打击处理外来恶势力犯罪团伙30个、109人。加强外来人口登记发证和信息变动维护，继续推行"两集中"和分层次管理等措施，在加强户口协管员队伍建设的基础上，全市新建融公安、工商、城管、交通等职能于一体的综合管理办公室188个，新建重点场所部位治安警务站5个、依托于社区警务的办证点317个，外来人口管理进一步向社会面延伸，向动态管理发展，在控制和主动打击外来违法犯罪方面取得明显成效。

2002年，市委、市政府调整市流动人口管理办公室成员，将流动人口管理工作纳入政府工作范畴。大力推进流动人口"两集中"工作的社会化进程，兴建标准化出租楼宇，改善流动人口居住条件。市公安局、市司法局等6个部门联合制定外来人口"四五"普法教育方案，基层公安机关普遍建立外来人口教育培训基地和法制教育学校。公安机关对外来人口开展入户调查，熟悉情况，整改安全隐患，为外来人口提供安全保障。取消收取暂住人口管理费，建立流动人口管理经费保障机制，加强户口协管员队伍建设，建立健全流动人口管理规范，强化流动人口日常登记发证工作。全市共有专兼职户口协管员5220人，登记暂住人口95.5万人，查获外来违法犯罪嫌疑人员2680人，破获案件2349起，清理劝返盲流人员10647人。

2003年，国务院《城市流浪乞讨人员收容遣送办法》废止后，市公安局推出改进和加强流动人口服务管理工作的十大举措。市人大常委会继1997年颁布暂住人口管理条例后，对条例进行修订。南长区开展房屋租赁服务社试点工作，探索新村大楼房屋出租有偿委托管理新办法，并在全市推广。年内新增协管员900余人，新建“两集中”居住区25万平方米。全市登记暂住人口132万人。组织开展流动人口落脚点集中管理整治行动，对流动人口聚居、治安问题多发、管理混乱的重点地区和场所实行挂牌整治，有效改变流动人口落脚地的治安面貌。

2004年初，市公安局提出“民本化”管理理念，对流动人口实行“亲情化管理，市民化服务”，把流动人口作为新市民平等对待。全市组建流动人口“民本化”服务管理自治组织190个。调动流动人口参与城市管理、共同维护社会治安的积极性，流动人口治安信息员达2.2万人，近万名流动人口参加各种形式的群防群治队伍。流动儿童权益保护工作取得明显成效，在流动儿童信息收集、录入以及信息汇总分析等方面形成完整的工作模式。同年，崇安区广益街道黄泥头社区、锡山区东亭镇长大厦社区分别推出“旅馆式”出租房屋管理服务中心、房屋出租户服务管理中心等管理平台。推广房屋租赁服务社管理形式，年内市区22个街道地区建立房屋租赁服务社，房东签约入社率65%。通过对房屋出租户实施有偿委托管理，有效提高流动人口服务水平和管理效率。按照规范化管理的要求，制定完善流动人口规范管理和长效管理工作业务规范，改进暂住人口登记管理的方法，年内，全市共新登记暂住人口113万人，注销暂住人口75万人，登记在册的暂住人口167余万人。规范建筑工地流动人口管理，将建筑工地流动人口治安管理和登记等工作层层落实到开发商、建筑商直至各施工班组负责人。推进暂住人口“两集中”管理，全市50人以上的“两集中”居住区8436个，入住人员61余万人。

2005年，无锡市推进新市民安居乐业工程，建立服务、维权等流动人口民本化组织495个。为流动人口提供帮困救助服务，全年共为外来人口介绍就业8306人，介绍住房11720人，调解纠纷12181起，帮助解决子女入托、入学4785人，提供法律援助5135次，帮困救助3142人，帮助追讨拖欠民工工资2000余万元。加强流动人口信息员队伍建设，在外来人口中招募治安志愿者1.2万余人，组建治安信息员1.9万余人。提供违法犯罪线索4000余条，从中破获案件5500余起，抓获违法犯罪嫌疑人3000余人。农村和城郊结合部地区“两集中”建设取得明显成效，全市新建、改建“两集中”居住地38个，入住流动人口2万余人。全市建立房屋租赁服务社26家，房东入社率68.4 %。组织开展流动人口落脚点和高危人群管控会战，建立健全流动人口落脚点信息管理系统。在惠山区建立流动人口社会化信息管理系统管理平台，并在全市逐步推广。年内，全市共新登记暂住人口115万人，注销暂住人口107万人，登记在册的暂住人口178万多人。至年末，全市登记在册的暂住人口178.1万人，实行流动人口社会化信息管理的单位200余家。全市建成“两集中”居住区3214个，集中住宿人员73.5万余人。市区成立房屋租赁服务社26家、建立“民本化”管理组织529个，基本覆盖在无锡市区工作、生活的流动人口。流动人口中，1.2万人加入治安志愿者队伍，1.9万人担任治安信息员。

第四章　人口普查和抽样调查

第一节　人口普查

一、第四次人口普查

第四次全国人口普查标准时间为1990年7月1日零时，普查对象为常住人口（不包括离开本市、县外出一年以上人口）。普查表有21项，其中按人填报15项、按户填报6项。

1989年8月，无锡市人口普查领导小组及办公室成立。1989年9月～1990年1月，各市（县）、区、街道、镇、乡人口普查办公室及居、村委人口普查小组相继建立，共抽调1.6万名普查工作人员和2万名普查员、普查指导员参加普查。1990年2月，确定江阴市、崇安区为普查试点地区。2～10月，完成普查员选调、业务培训、绘制调查小区地图、调查摸底、入户登记、质量抽查、进行专项和非专项编码、快速汇总、数据审核汇总等各阶段工作。11月，省人口普查办公室组织各市业务骨干对普查登记表全面验收，结果表明，无锡市人口普查在普查登记、手工汇总、非专项编码和专项编码等阶段的差错均低于国家规定标准。在江苏省评比中获省级金杯奖，取得一次性通过的好成绩。

普查结果：全市常住人口4291624人，总户数1206203户，1989年7月1日～1990年6月30日人口出生率为16.71‰，死亡率为6.35‰，自然增长率为10.36‰，性别比（以女性为100，男性对女性的比例，下同）为104.11。

1990年无锡市第四次人口普查情况表

表3-13　　　　单位：户、人

地区	总户数	总人口	其中	
			男	女
崇安区	55507	183372	94076	89296
南长区	61495	206460	105464	100996
北塘区	53535	180008	91837	88171
郊　区	113533	418906	215386	203520
马山区	5713	24860	12814	12046
无锡县	294907	1094989	550225	544764
江阴市	305406	1108406	569704	538702
宜兴市	316107	1074623	549518	525105
合　计	1206203	4291624	2189024	2102600

二、第五次人口普查

第五次全国人口普查标准时间为2000年11月1日零时，普查范围为常住人口（不包括离开乡镇街道半年以上人口)。普查表有49项,其中按人填报项目有26项、按户填报的有23项。

1999年2月,无锡市成立由市委副书记、常务副市长范燕青任组长,市政府副秘书长及市统计局、市公安局、市计生委主要领导任副组长,16个主要部门为成员单位的无锡市第五次全国人口普查工作领导小组,领导小组办公室设在市统计局。7月组建市级人口普查机构。12月末前,市(县)、区人口普查机构组建完毕。市人口普查办公室制定工作计划,印发《无锡市2000年第五次全国人口普查工作进度》,加强督察管理。2000年3月和5月末前,各乡、镇、街道人口普查机构和村(居)委人口普查小组相继成立。共抽调普查员和普查指导员近3万人。

2000年5月,在省级综合试点的基础上,市普查办公室确定宜兴市宜城镇作为市级试点,为普查工作全面展开积累经验。8月下旬至10月初,3万名普查员和普查指导员全部接受业务培训。全市划分为2587个普查区和17134个普查小区,绘制2万多张普查地图,完成企事业单位行业代码编印工作,派员参加户口整顿省级试点,加强全市人口户口核对,分析研究人口出生、死亡及流动变化趋势。11月1～10日,人口普查进入现场登记阶段。根据调查对象普查表分为全部人口普查登记长表和抽样人口登记短表两部分。为确保普查登记顺利进行,市普查办公室建立值班制度,组织人员24小时值班。12月1～6日,市普查办公室组织开展事后质量抽查。12月末,完成全市人口普查主要数据汇总。2001年4月,发布《无锡市第五次全国人口普查数据公报》。6月,完成全部资料的电子计算机汇总。

普查结果:全市常住人口5071803人,总户数1611028户,人口出生率为7.44‰,死亡率为5.56‰,自然增长率为1.88‰,性别比为103.71。

2000年无锡市第五次人口普查情况表

表3-14　　　　单位:户、人

地区别	总户数	总人口	其中	
			男	女
崇安区	73849	213867	108894	104973
南长区	119213	348447	177115	171332
北塘区	104685	304180	153547	150633
锡山区	145018	490093	246274	243819
惠山区	141439	458278	234465	223813
滨湖区	179236	550910	283019	267891
新　区	70186	226281	116195	110086
江阴市	389014	1315472	665719	649753
宜兴市	388388	1164275	592095	572180
合　计	1611028	5071803	2577323	2494480

第二节　抽样调查

80年代起,为了及时掌握人口变动情况,国务院决定在每两次人口普查中间,进行一次1%人口抽样调查。无锡市于1987年、1995年和2005年进行3次1%人口抽样调查。

2005年人口抽样调查标准时间为2005年11月1日零时。3月,无锡市成立由分管副市长任组长,市统计局、市公安局、市计生委等部门相关人员组成的人口抽样调查领导小组,下设人口抽样调查办公室。至5月,各市(县)、区相继均成立人口抽样调查领导小组办公室,全市共抽调1693名调查指导员和调查员组成工作队伍。

该次调查以全国为总体，以省、自治区、直辖市为次总体，采取分层、多阶段、整群概率比例的抽样方法，最终样本单位为调查小区。无锡市共抽中2个市（县）、7个区的86个镇（园区）街道、413个村（居）委会的555个调查小区。调查比超过每5年进行一次的1%，接近3%。6月28日～7月28日，市人口抽样调查办公室确定南长区扬名街道清一村作为调查试点，积累调查工作经验。

11月1日，人口抽样调查全面铺开。调查对象是在被抽中的调查小区内具有中华人民共和国国籍并于2005年10月31日晚居住在该调查小区，以及户口在该户、2005年10月31日晚未居住在该户的全部人口。12月25日，电子计算机全面汇总处理结束，获得全部调查数据。

《无锡市2005年人口抽样调查主要数据公报》显示：2005年11月1日零时，无锡市常住人口为557万人，出生率7.65‰，死亡率6.53‰，自然增长率1.12‰，性别比为100.48。

2005年无锡市人口抽样调查情况表

表3-15 单位：户、人

区域	总户数	总人口	其中	
			男	女
崇安区	1702	4597	2310	2287
南长区	3293	8650	4249	4401
北塘区	2415	6678	3313	3365
锡山区	3595	11607	5895	5712
惠山区	4407	13092	6632	6460
滨湖区	5563	16241	8044	8197
新　区	2354	7679	3843	3836
江阴市	11568	37331	18857	18474
宜兴市	10567	29321	14616	14705
合　计	45464	135196	67759	67437

第五章　计划生育

1986年起，无锡市实行计划生育工作目标管理，市政府将人口出生率和计划生育率列入年度经济社会发展目标进行考核，计划生育工作进入严格控制人口增长阶段。1989年3月，市人大十届二次会议通过《关于严格控制我市人口增长的议案》，市政府批转此项议案的实施方案《关于进一步加强计划生育工作的若干意见》。健全市、市（县、区）、乡镇（街道）、村（居委）、组五级计划生育工作网络，至1990年，专兼职计划生育干部增至27898人。是年末，全市已婚育龄妇女96.49万人（市区20.43万人）中有88.45万人落实避孕节育措施（市区18.84万人），占应落实者的98.64%（市区99.42%）；全市独生子女家庭52.24万户（市区13.34万户），其中领取独生子女证的50.12万人（市区13.28万人）。1986～1990年，全市年均计划生育率为98.93%（市区99.91%）。

1990年11月，《江苏省计划生育条例》颁布，无锡市计划生育工作纳入法制轨道。1993年起，市计划生育委员会加强基层计划生育工作，重点指导100个村、20个居委、50家企业实现计划生育规范化管理服务。至1995年末，全市应落实避孕节育措施的已婚育龄妇女99.73万人（市区23.05万人）中有99.34万人（市区23.03万人）落实了避孕措施，落实率99.61%（市区99.91%）。1991～1995年，全市年均计划生育率保持在98%以上（市区99.82%）。

1996年，市委、市政府制定《关于进一步加强计划生育工作的意见》，市委办公室、市政府办公室批转《无锡市1995～2000年计划生育工作规划》，加强计划生育服务体系建设，全面推进优质服务。2000年，全市计划生育率99.81%（市区99.96%），独生子女率74.80%（市区76.45%），育龄妇女节育措施落实率99.83%（市区99.91%）。

2001年起，全市人口与计划生育工作将稳定低生育水平、维护群众实行计划生育合法权益、提高出生人口素质、提高育龄群众生殖健康水平、提高流动人口计划生育管理服务水平等作为重点。建立健全“依法管理、村（居）民自治、优质服务、政策推动、综合治理”新机制，实施城市社区人口与计划生育工作综合改革。2003年，市计生委获“全国人口与计划生育科技工作先进集体”称号，锡山区被评为全国首批计划生育优质服务先进县（市、区）。2005年，无锡市人口计生委被评为全国“婚育新风进万家”先进单位，宜兴市被评为全国人口和计划生育信息化建设先进单位。同年，《无锡市人口发展战略研究（2001—2030）》发表，其综述《无锡市人口发展的趋势和目标》获全市“十一五”规划专项课题一等奖。全市计划生育率99.86%（市区99.89%），期内（生育妇女产后3个月内）综合避孕率95.82%，避孕节育和生殖保健服务率87.03%。2001～2005年，全市年均计划生育率保持在99%以上（市区99.86%）。

1986～2005年无锡市计划生育情况一览表

表3-16　　　　单位：人、%

年份	人口总数	出生人数	人口出生率	女性初婚人数	晚婚率	已婚育龄妇女	一孩出生率	二孩率	计划生育率
1986	3954559	56256	14.31	53651	66.82	776692	96.30	3.61	98.64
1987	4008618	66380	16.67	51340	64.52	817579	92.87	7.00	98.95
1988	4068026	67480	16.71	51403	63.43	857717	88.61	11.29	99.19
1989	4124172	67535	16.49	48760	63.78	911226	89.08	9.84	99.02
1990	4351561	63361	14.68	46463	61.45	964895	92.35	6.85	98.80
1991	4326104	52562	12.20	42819	62.04	997351	89.24	10.40	97.05
1992	4365884	46145	10.63	39510	64.81	1026402	92.68	7.26	99.21
1993	4444631	43673	9.91	39348	64.83	1047163	94.39	5.59	99.73
1994	4440622	41155	9.26	35795	63.87	1047514	94.61	5.37	99.00
1995	4486805	37322	8.36	31065	58.20	1054048	93.44	6.53	98.45
1996	4496458	35148	7.82	27428	52.63	1050863	93.90	6.09	98.66
1997	4446653	33201	7.42	23580	49.02	1057871	93.77	6.22	99.06
1998	4487605	30659	6.86	22117	46.45	1055248	93.54	6.40	99.00
1999	4475723	30528	6.81	24458	48.81	1044362	93.94	5.99	99.60
2000	4516509	31702	7.05	25279	55.16	1048439	93.76	6.21	99.81
2001	4656187	31565	6.88	22970	50.69	1068144	94.54	5.34	99.35
2002	4805228	35073	7.41	26371	55.08	1087671	94.63	5.26	99.68
2003	5008279	32612	6.65	25786	55.98	1088054	93.93	5.91	99.85

续表

年份	人口总数	出生人数	人口出生率	女性初婚人数	晚婚率	已婚育龄妇女	一孩出生率	二孩率	计划生育率
2004	5372178	36588	7.05	27924	58.31	1127711	93.13	6.63	99.80
2005	5573968	40467	7.39	22298	61.18	1131858	92.89	6.88	99.86

说明：1989～2005年数据中含外地在无锡人口。

第一节　机　构

一、行政机构

1983年2月，无锡市计划生育委员会（简称“市计生委”）成立，直属市政府领导，负责全市计划生育工作以及与计划生育有关的人口工作，内设秘书科、业务科。此后江阴县、宜兴县、无锡县和无锡市各区相继成立计生委员会。1987年3月，市计生委增设宣传科，1991年7月增设政策法规科。1995年11月22日，市计生委内设办公室、科学技术处、宣传教育处、政策法规处、规划统计处。

1995年，新区管委会成立，区社会事业局负责区域内的人口与计生工作。1996年以后，各区计生委员会相继改名为区计生局。2001年，江阴市、宜兴市计生委员会更名为计划生育局，锡山区、惠山区分别成立区计划生育局。

2004年7月，市计生委政策法规处增挂“流动人口工作处”的牌子。12月，市计生委更名为无锡市人口和计划生育委员会（简称“市人口计生委”）。2005年，市人口计生委正式挂牌，内设办公室、政策法规处、发展规划处、宣传教育处、科学技术处。各市（县）、区计划生育局更名为人口和计划生育局；乡镇、街道均建立计生办公室，配备专职计生干部。

二、服务机构

1. 无锡市计划生育指导所

为市计生委（市人口计生委）直属正科级全民事业单位，前身为1982年成立的无锡市计划生育宣传指导站，1984年更名为无锡市计划生育指导中心，1991年10月更名为无锡市计划生育指导所。其主要职责是负责对育龄群众开展计生技术服务，负责对基层进行计生技术的业务培训和指导，围绕生育、节育、不育开展科研和新技术引进工作，负责计生知识的宣传和普及，负责病残儿专家门诊工作。1998年12月，全市计划生育指导所技术服务工作划入新成立的无锡市计划生育科学技术指导中心，计生宣传教育工作由市计生委负责，市计划生育指导所负责全市计生业务指导工作。

2. 无锡市计划生育科学技术指导中心

1998年12月18日，无锡市计划生育科学技术指导中心在市妇幼保健院挂牌成立，由市卫生局领导，工作人员在市计划生育指导所和市妇幼保健院编内在职卫技人员中抽调，承担全市计生服务的技术指导、技术培训、技术推广以及有关生殖保健的各项专题研究工作。

3. 无锡市计划生育药具管理站

为市人口计生委直属正科级全民事业单位，负责全市计生药具的管理和发放。1985年7月，无锡市避孕药具管理站成立，事业编制3人。1987年7月，明确其相当于副科级建制，核定编制5人。1990年2月，更名为无锡市计划生育药具管理站。1996年8月22日，升格为相当于正科级。

4. 无锡市计划生育干部培训中心

1987年7月3日，市计生委建立无锡市计划生育干部培训中心，为下属全民事业单位，相当于副科级建制，负责全市各级计生干部培训。1996年8月，升格为相当于正科级。2002年3月，市计划生育干部培训中心撤销。

5. 市（县）、区计划生育指导站（所）

为各市（县）、区集技术服务、药具管理、宣传培训于一体的计生服务机构。1984年，江阴县、无锡县、宜兴县先后建立计划生育宣传指导站。1995年5月，成立郊区计划生育指导所、新区计划生育指导站。2001年3月，因区划调整，成立滨湖区计划生育指导所、锡山区计划生育指导站、惠山区计划生育指导站。崇安、南长、北塘3区均在区医院妇产科设区计划生育服务中心，市计生委在滨湖区计划生育指导所设市流动人口计生服务中心。

6. 乡镇计划生育服务站

为集技术服务、药具发放、宣传培训、信息管理于一体的基层计划生育服务机构。1988年，无锡县计生委在阳山乡试点成立计划生育服务站，开展计划生育咨询门诊，施行节育手术。1993年，宜兴市宜城镇、西渚乡成立计划生育服务站。1994年，江阴市华士镇建立计划生育服务站，无锡县建成33个乡镇计划生育服务站。1995年，宜兴市44个乡镇、一区一园都建立计划生育服务站。1996年起，江阴、宜兴、锡山市按省计生委制定的标准，全面创建甲、乙级乡镇计划生育服务站，开始实施以避孕节育全程服务和生殖保健服务为主要内容的计生优质服务。1999年起，市区各街道均在街道卫生所（后为社区卫生服务中心）内设立计划生育服务站。2002年11月起，全市农村地区独立建站的乡镇服务站，按服务地域范围、技术人员的力量及技术用房和设备的不同要求，分设中心服务站、服务站。至2005年末，全市共有乡（镇）计生中心服务站18个。

三、社会团体

1987年6月，无锡市首个计划生育协会在无锡县雪浪乡成立。1988年6月，无锡市计划生育协会成立，为协助政府开展计生工作的社会团体，组织群众开展计生自我教育、自我管理和自我服务。全市基层计划生育协会的相继组建，至1991年末，全市所有乡镇均建立计划生育协会组织。2005年末，全市有各级计划生育协会4670个，会员428476人。

第二节　政策实施

1986年起，无锡市继续实行“一对夫妇只生育一个孩子”、特殊情况可生育第二个孩子的政策。贯彻“宣传教育为主、避孕为主、经常工作为主”方针，完善基层工作基础，促进育龄群众对各项计生政策理解和接受程度的提高。1990年11月起，无锡市根据《江苏省计划生育条例》（简称“《条例》”），规范管理计生。1991年，全市举办《条例》培训班900多期，5万余人接受培训，骨干网络分布到村民小组和居委。各基层政府组织普遍与育龄夫妻签订计生合同，全市合同签订率98%以上。同年10月起，市区实行“以块为主、条块结合、双轨考核”的计生管理体制，由以行业条线管理为主转变为区、街道统一管理辖区内所有企事业单位的计生工作。市区加强区级计生主管部门建设，街道成立计划生育办公室。1992年11月23日，《无锡市实施〈江苏省计划生育条例〉办法》颁布施行。

1994年，无锡市农村地区对未达法定婚龄的“早婚早育”现象专项治理。江阴市、无锡县开展“破除早婚早育陋习，树立晚婚晚育新风”全民宣传教育活动。无锡县各乡镇与18岁以上未婚青年普遍签订依法婚育的合同书；江阴市、宜兴市开展专项治理，引导未达法定婚龄的男女青年到龄结婚。1997年，全市累计83.91万人参加独生子女平安保险、平安两全保险以及独生子女父母养老保险，保费及储金计5314万元；其中锡山市累计13.14万人次参加保险，保费及储金计1742.5万元。无锡市及锡山市被评为全省计生系列保险先进集体。

1998年下半年起，全市开展历时1年的计划外生育费专项治理工作。市、市（县）两级政府均由计生委（局）、监察局、审计局等部门联合组成专项治理办公室。经过治理，做到计划外生育费征收、管理、使用情况的底数和问题两清，计划外生育费的征收和管理纳入法制化轨道。此后两年，市计生系统开展一系列培训和检查，进一步规范计生依法行政行为。

2002年10月，实施城市社区人口与计生工作改革。市政府制定《关于全面推进城市社区人口与计划生育工作改革的意见》，按照“属地管理、单位负责、居民自治、社区服务”的要求，建立“单位以属地管理为主，人以现居住地管理为主”的新体制，在5个社居委进行试点。12月初，市计生委会同市劳动和社会保障局公开招聘146名社区计生指导员，充实社区工作队伍。至2003年下半年，城市社区人口与计生管理新体制初步建立，区、街道、社居委三级服务阵地建设和优质服务工作得到加强，初步建立起单位负责与社区服务双轨并行的计生药具管理与发放机制，城区计生居民自治率达60%以上。

2004年 10月1日，《无锡市实施〈江苏省人口与计划生育条例〉办法》（简称“《实施办法》”）施行。同时，在全省率先作出为计生家庭免费提供孕前优生检测服务的政策规定。年内各级计生部门对计生贫困家庭走访慰问，累计发放慰问金近百万元。市计生委通过邮政礼仪开展“计划生育送温暖活动”。根据《实施办法》的规定，市计生委与市财政局制定《无锡市计划生育公益金管理暂行办法》。2005年，全面推行农村部分计生家庭奖励扶助制度。当年全市首批10455名农村居民获奖励扶助，涉及金额近600万元。江阴市、惠山区等还将符合条件的城镇无业居民列为参照执行对象。同年，实施公益金扶助制度，主要对象为独生子女意外死亡、严重伤残和其他实行计生的贫困家庭，首批确认467户扶助家庭领取公益金。各级计划生育协会开展“国策暖人心”亲情扶助活动，先后组织2832名志愿者与公益金扶助对象进行结对，涌现出锡山区“爱心老板娘”志愿者帮困助学等典型。

第三节　宣传教育

80年代起，无锡市每年于5月29日中国计划生育协会成立纪念日等重大纪念日、9月25日《中共中央关于控制我国人口增长问题致全体共产党员、共青团员的公开信》（简称“《公开信》”）发表纪念日前后，开展大规模的集中性宣传教育活动。1987年7月世界50亿人口日、1988年7月亚洲30亿人口日和1989年4月中国11亿人口日之际，全市开展集中宣传，营造促进全市人口与计生工作的社会舆论环境。1988年8月，举办人口与计生知识竞赛，全市有近6万个家庭、30万人次参加。

1989年，开展人口与计生基础知识教育活动，通过讲课、录像教育、上门个别辅导、广播宣传、书面答卷等形式，向群众讲解人口国情、人口与计生政策法规、避孕节育和优生保健知识。1990年，市计生委先后在宜兴市丁蜀镇、崇安区学前街街道、无锡油泵油嘴厂召开基础知识教育现场会。至年末，全市受教育人数1990516人，占应受教育总数的93%。

1991年，各市（县）、区确定试点乡镇（街道），探索计生宣传教育经常化、制度化途径。1992年4月，市计生委在郊区蠡园乡夏家边村召开计生宣传教育“进村入户”现场会，并启动“一套录像到乡（镇、街道）、一套挂图到村（居委）、一个读本进户、一张计生年历画上墙、一套知识卡片到人”的“五个一工程”。会后，郊区105个村全部建立计生协会活动室。无锡县组织大规模计生演讲比赛，选拔优秀演讲员到各乡镇巡回演讲300多场，并通过有线广播网传递到千家万户。北塘区开展万户计生知识大奖赛，崇安区组织开展专题宣传活动。同年9月，市计生委发挥大众媒介的宣传主渠道作用，与《无锡日报》社联合开展“国策杯”征文活动，至1992年第一季度共发稿80篇左右。

1993年，普遍建立乡镇（街道）人口学校（原新婚学校等同时更名），完善装备，加强教员队伍和教材建设，建立健全教学工作制度，组织开展干部培训，面向育龄群众普及生育知识。1995年，市计生部门先后开展中国12亿人口日、“5·29”中国计划生育协会成立15周年、“9·25”《公开信》发表15周年等集中性宣传活动。1996年，全市乡镇人口学校办班937期，育龄群众参加学习培训129564人次。1997年10月10～15日，全国计生宣传教育现场研讨会先后在苏州、无锡召开。与会代表考察宜兴市和桥镇和锡山市东亭镇、东湖塘镇计划生育服务站及人口学校，推广无锡人口与计生工作的成功经验。

1999年起，全市开展“婚育新风进万家”活动，宣传重点由计生基础知识教育转向婚育新风教育，倡导和传播依法婚育、少生优生，优育优教、提高素质，计划生育、丈夫有责以及提高生殖健康水平、建设文明幸福家庭等新风尚、新知识，建设新型生育文化。1999年10月12日世界60亿人口日，全市围绕“人类对生育的选择将决定世界的未来”主题，开展系列宣传活动。市长吴新雄发表电视讲话，无锡电视台《今日观察》栏目播出专题采访，市委宣传部、市文明办与市计生委在市中心联合举办大型知识板报展评，市文明办、市计生委与市滑稽剧团协作推出滑稽戏《是我、是我、还是我》。各市（县）、区均开展丰富多彩的宣传活动，提升全体市民对人口问题的关注度，传播新型生育文化。

2000年9月25日前后，为纪念江苏省、无锡市全面推行计划生育30周年、《公开信》发表20周年和《江苏省计划生育条例》颁布实施10周年，全市开展集中性宣传周活动，市计生委印发《人口与计划生育科普知识年历》5万本。是年，无锡市在全省率先开通人口与计划生育网站。

2001年5月，市计生委组织开展“‘新无锡人’心系计划生育国策”宣传周活动，发放《致新无锡人》宣传折页5万份，其他宣传品18万份。9月，开展以“塑造新时期无锡计生工作新形象”为主题的集中宣传活动。是年，在全省人口与计生电视栏目和广播专题节目评比竞赛中，市计生委与市电视台联合摄制的电视片《承受生命之重》获一等奖。在全国“婚育新风进万家”活动总结表彰大会上，全市共有10个先进单位和10名先进个人获中宣部和国家计生委表彰。

2002年1月，无锡电视台《女性关注·计生版》专题节目开播。9月，全市开展《中华人民共和国人口与计划生育法》宣传月活动，市长王荣发表专题广播讲话，市委宣传部、市计生委、市司法局联合召开新闻发布会，召开各界人士座谈会，开展大型宣传咨询服务，举办问卷知识竞赛和电视大奖赛等。同年，市委宣传部、市计生委制定《无锡市婚育新风进万家“十五”活动方案》，全市11个部门联合开展“五进社区”（科教、文体、法律、卫生和道德规范进社区）活动。市计生委、市教育局联合印发《关于在全市中等以上学校开展青春期教育的通知》，举办青少年性健康教育公开课，召开中等学校青春期教育研讨会。2003年，继续推进婚育新风进万家活动。各区、街道将新型生育文化融入社区文化、“家院文化”、“楼道文化”，通过创建“生育文化楼”、开设“计生小超市”、建立“知心信箱”等形式，使群众及时、便捷地获得各类计生宣传品和咨询指导。市计生委会同教育部门向初中新生发放《迈好青春第一步》知识书签，依托民政部门向新婚夫妇发放《宝宝健康，人人关注》知识折页。

2004年1月，无锡电视台播出《人口·家庭·社会》专题节目。市、市（县、区）两级党委、政府、人大、政协分管领导参加计生系统组织开展的以“关心母亲健康、关爱女孩成长”为主题的生日温馨祝福活动。8月31日，全市召开婚育新风进万家活动促进会暨“关爱女孩行动”座谈会。市委宣传部、市文明办、市计生委等12个部门联合制定《关于开展“关爱女孩行动”的实施意见》。

2005年，市人口计生委与市委党校联合举办人口理论多媒体教学评比竞赛活动，提高人口与计生理论宣传的质量和水平。市人口计生委制作选送的《关爱女孩、尊重生命》电视系列片获全国“关爱女孩行动”优秀新闻作品电视类一等奖。各地通过计生宣传品进影院、进宾馆、进图书馆、进茶室等形式向社会广泛宣传计生知识。大力推进“生育文化建设工程”，江阴市、惠山区各镇普遍建立生育文化一条街，宜兴市投资20多万元在丁蜀镇建立全市第一个生育文化园。各地组织开展计生广场文艺会演、“国策电影进百村”、“最可爱的人”演讲竞赛等活动，传播新型生育文化，弘扬婚育新风。

第四节　技术服务

1986年以后，市、县两级计生部门开展避孕、优生保健知识普及和咨询指导、避孕药具管理发放，大部分与计生有关的临床医疗服务由卫生部门承担。1990年，市妇幼保健所增设计生手术门诊。1991年起，计生部门会同卫生部门推广新技术、新方法，全市稳定性节育措施落实率90%以上。1992年，执行《省计划生育服务管理手册》的要求，统一计生各项登记规范。1993年，经考核共发计生手术合格证90张，取消技术不合格者从业资格。举办全市计生手术医师、妇产科医师、妇保医师共44人参加的学习班，推广应用药物流产常规。市计划生育指导所在工商部门和各区计生部门配合下，对红梅市场等大型集贸市场中的外来已婚育龄妇女进行孕情医学监护和妇女病普查。

1994年起，全市创办乡镇级计生服务机构，贯彻“面向基层、深入乡村、服务上门、方便群众”的工作要求，开展计生政策和科普宣传，避孕药具管理、发放和孕环情监护服务，当年江阴市、无锡县所有乡镇和宜兴市30个乡镇建立服务机构并开展工作。1995年，全市所有乡镇均建立计生服务机构，坚持每季度到各医院进行计生手术质量指导。市计生委对101名乡镇技术服务人员进行上岗培训。

1996年，江阴、宜兴、锡山3市开展全面创建甲、乙级乡镇计划生育服务站活动，锡山市当年完成2/3的乡镇服务站硬件建设任务。1997年，无锡市在省内率先探索市区计生服务网络建设和推进优质服务的有效途径，在郊区扬名医院先行试点，建立“院站合一”的计生服务站，实施妇幼保健与计生两个优质服务同步推进。是年末，全市70个乡镇计生服务站业务用房及技术装备达标，并建成以村卫生室为依托的村级计划生育服务室1365个。1998年，郊区10个乡全部完成创建任务，并参照农村地区的服务规范，定期对不同状况育龄市民按技术规范开展随访等适情服务。12月，市计划生育科学技术指导中心在市妇幼保健院成立，设有避孕节育部、科研培训部、生殖保健部，承担全市计生的技术培训和指导职能，启动新生儿疾病筛查、新婚夫妇染色体筛查等工作，开展“绝经后妇女在宫腔镜下取环”及妇女避孕、不育症防治等调查研究。是年，全市建成甲级计生服务站81个。

1999年，马山区、新区各乡镇建立计生服务站；崇安、北塘、南长3家区级医院均以妇产科为依托，建立区计生服务中心；各区选择试点，在街道卫生所（后为社区卫生服务中心）建立计生服务站。是年，全市为农村地区育龄群众提供各项服务3456514人次，其中B超检查565617人次、村级访视1004356人次、发放宣传品1229786人次。2000年，围绕人人享有基本生殖保健服务目标，重点开展知识普及、避孕节育措施的知情选择和落实、定期随访等工作，并对1995年以后有生育、节育现象的育龄妇女普遍再次进行面对面的适时、适情服务，发放《无锡市育龄夫妇避孕节育知情选择指南》16.5万份、《生殖保健服务手册》11.5万份。

2001年，市卫生局、市计生委联合制定《关于城区“依托社区”开展计划生育技术优质服务的意见》，将计生工作纳入城区社区卫生服务内容。至年末，市、区、街道三级服务网络实现计生行政管理与技术服务的全面整合。2002年初，无锡市对市（县、区）、镇（街道）两级计生服务机构进行严格评审并发放《执业许可证》。市计生委、市财政局、市卫生局、市物价局联合印发《关于落实向实行计生的育龄夫妻免费提供避孕节育技术服务的意见》，对享受对象、基本项目、定点单位、经费管理、结算方式等做出具体规定。市计生委以滨湖区计划生育指导站为基地，创建无锡市流动人口计划生育服务中心。在全市确定100个流动人口避孕节育服务点，实行流动人口避孕节育情况报告单制度。8月下旬，市计生委、市卫生局对市区计生优质服务工作进行检查评估，召开经验交流会，表彰人民路街道等9个先进单位和学前街街道等33个达标单位。同年，市政府召开全市育龄妇女生殖健康促进工程实施工作动员大会，启动避孕节育服务和生殖健康促进系列工程，实施知情选择、随访服务、育龄妇女生殖道感染综合防治、出生缺陷干预等工程，在省内率先实现市区与3个市（县）同步实施。当年全市避孕方法知情选择率和随访服务率均达90%以上。

2003年，无锡市明确计生手术人员执业资格规范，并实行知情选择。上环、取环、人流术、药流、诊断性刮宫由低年资住院医师进行；有异常的人流、取环、无痛人流和中期妊娠引产由高年资住院医师进行；相关护理人员须取得执业助理医师或护士资格；大月份引产手术在市（县）、区以上医院进行。经资格审核、业务考核，700余名医务人员取得计生技术合格证书。是年，全市育龄妇女生殖道感染综合防治率达73.6%，超过省里提出的“3年一轮、70%”的目标。锡山区被确定为“出生缺陷干预工程”省级试点单位，宜兴市、北塘区被确定为“青少年生殖健康工程”省级试点单位，江阴市被确定为“男性生殖健康工程”省级试点单位。

图3-1　惠山街道社区卫生服务中心对育龄妇女进行计生指导（市委办供稿）

2004年，市计生委会同市财政局、市卫生局制定《关于落实向实行计划生育的育龄妇女免费提供优生检测服务的意见》，对服务对象、基本项目、定点单位、运作流程、经费渠道、结算方式等做出具体规定。锡山区率先实施“幸福工程”，引导群众自觉参与优生检测；新区与市计生协会合作在旺庄春潮园开展“关爱母婴社区行”活动，定期请专家进社区讲授优生优育、母婴保健知识并提供咨询服务；南长区通过流动服务车的形式，为流动人口提供上门服务。6月，《无锡市计划生育技术服务执业准入基本标准》制定出台。是年末，全市基本建成计生热线电话、知心信箱等需求信息采集通道。

2005年3月，无锡市启动计生免费优生检测工程，向包括外来流动人口在内的全市所有实行计生的已婚育龄妇女免费提供孕前优生检测服务。年内检测9858例，介绍131例初筛阳性者至相关医疗保健机构接受复诊、治疗或咨询指导。选派27名市（县）、区技术骨干参加全省计生实用技能培训班。全市开展以“情系千万姐妹，共建和谐无锡”为主题的“新无锡人计划生育优质服务月”活动，为外来流动人口提供避孕节育和生殖保健服务8.9万人次。9月，市卫生局根据《江苏省临床各科室手术分类（暂行）》规定，发出《关于进一步加强计划生育手术管理的通知》，就静脉麻醉无痛人流手术管理、计生手术知情同意书等作出明确规定。是年，无锡市启动实施优质和可持续发展的生殖健康服务项目，试点单位宜兴市张渚镇率先完成“世代服务”品牌机构建设。

第五节　信息管理

1986～1994年，全市人口与计生规划统计工作采用传统的建册立卡、手工填报方法。各级计生部门每年到村（居委）、组调查，指导基层做好育龄人群婚育、节育情况的收集整理和分类建册，开展各级统计人员业务培训，加强与统计、卫生、公安、民政等部门的数据核对，提高统计工作质量。1992年起，人口计划指标被列为人口与计生目标管理责任制的主要内容，并将流动人口列入当地人口规划统计之中。

1995年，无锡市启动人口与计生的信息化建设。宜兴市、江阴市、锡山市先后建成信息系统并正常运行。市区在省内率先推广运用育龄妇女微机信息管理系统。1996年，全市相继完成120万育龄妇女基础数据的计算机输入，开始利用微机进行计生数据统计及经常性管理。1998年末，全市所有乡镇（街道）计生部门都配备计算机，全市123.7万名育龄妇女生育、节育信息进入系统管理，实现市、市（县、区）、乡镇（街道）三级联网。1999年4月，全市开展省—市—市（县）、区三级计算机联网的试点和新版育龄妇女信息系统的安装、培训，至年末基本完成计生信息管理局域网建设。

2000年，无锡市新版育龄妇女信息管理系统并网运行。2002年，市计生委组织开发新的市区已婚育龄妇女信息系统，与市卫生部门的生育健康电子监测系统资源共享，该系统在北塘区试点运行。2003年，新版已婚育龄妇女信息系统在全市投入运行。

2005年7月28日，《无锡市人口发展战略研究报告》公布，从人口与可持续发展、适度人口和人口目标、人口变迁、趋势与调控、人口集聚与分布、变动中的人口结构、人口素质与人才等方面，阐述未来30年无锡市的人口发展趋势，成为指导全市各地各部门制定“十一五”发展规划的基础依据和重要参考。市人口计生委应用这一成果，建成无锡市出生人口信息预测预报制度，满足社会公众和相关部门对无锡市未来出生人口信息的需求，引导育龄群众合理安排家庭生育计划。

第六节　流动人口计划生育管理

进入90年代后，无锡市外来流动人口迅速增加。1993年初，市政府与市交通、工商、市政、公安、卫生、建委、建工、劳动等部门签订流动人口计生目标管理责任书，计生部门开始对流动人口统一建账立卡，实施证明验审和孕环情医学监护服务，当年登记入册、列入管理29万人。1994年，崇安区在全市率先成立个体劳动者计生协会，实行流动人口计生自我教育、自我管理和自我服务。同年5月，市计生委与郊区区政府联手对该区14786名外来已婚育龄妇女计生情况进行普查，并在南站乡风雷村进行外来租住户合同管理试点工作。1995年，郊区开展流动人口计生专项治理，签订计生合同14315份，劝返超生对象1596人。

1996年，流动人口计生管理纳入社会综合治理总体方案和管理体制，实行统一领导、统一管理、统一收费。1997年，市计生委将流动人口计生工作纳入各级目标管理责任制考核内容，并规定各级统计总人口数、出生数、计生率等指标均包含流动人口，对流动人口中的已婚育龄妇女实行与户籍人口同样管理、同样服务、同样考核。同年，无锡招商城针纺织品市场建立计划生育协会，协助街道开展流动人口计生证明的验审等工作。2001年，经计生、公安等部门联合查验，全市共有持暂住证的流动人口54万人，其中已婚育龄妇女10.9万人，持有国家流动人口婚育证明的4.1万人。其间，发放无锡市流入已婚育龄妇女查验卡1月份4.9万张，查验率由37%提高至83%。

2003年，无锡市在全省率先颁布《无锡市流动人口计划生育管理条例》，明确各级各部门的管理职责，落实流动人口计生管理服务经费，维护流动人口合法权益。2004年，市委、市政府召开全市流动人口计生工作会议，市综治办、市计生委、市公安局等9部门联合制定《关于进一步加强流动人口计划生育工作的意见》，提出“政府领导、部门参与、属地管理、优质服务”的工作要求。

2005年，无锡市推进流动人口计生属地化管理和市民化服务，完善以居住地为主的外来流动人口计生工作机制。各地开展专项检查，规范信息通报、证明查验、合同管理、生育审批等重点工作。人口计生部门与卫生、公安、教育等部门建立流动人口婚育信息通报制度，市（县）、区和镇、街道两级建立流动人口计生工作联席会议制度，部分企业成立流动人口计生协会。是年，全市外来流动人口计生管理服务率80.69%。

无锡市志

【第一册】

第四卷

胜景　旅游

概　述

无锡山水秀美、人文景观众多，素有“太湖明珠”的美誉。无锡南濒烟波浩渺的太湖，境内有因范蠡而得名的蠡湖、穿越市区的京杭大运河、号称“江南第一山”的惠山、象征无锡古老历史的锡山；太湖之滨有鼋头渚、蠡园、梅园、锦园、万顷堂、马山诸景等以自然景观著称的梅梁胜迹；惠山之麓有锡惠公园、寄畅园、天下第二泉、惠山古镇、吟苑等以山、泉、亭、桥、祠庙等体现历史人文特色的锡惠胜迹；城区有古运河、城中公园、东林书院、名人宅第等以古迹见长的城区胜迹，有泰伯庙、泰伯墓、吴文化公园等以吴文化为特色的人文景观；江阴市有江阴长江大桥、黄山炮台遗址、徐霞客故居、兴国寺塔、顾山红豆树院、鹅鼻嘴公园等以要塞、林海、名胜、野趣为特色的风景名胜游览区；宜兴市则以“陶的故乡、洞的世界、竹的海洋、茶的绿洲”闻名于世。无锡为集江、河、湖、泉、洞、山等自然美景与丰富的历史人文胜迹于一体，合旅游观光、休闲度假于一身的旅游胜地。

1986年，市政府制定《无锡市1986～2000年风景旅游事业发展规划》，提出把无锡市建成面向全国、世界的风景旅游城市。90年代，无锡市走“全社会兴办旅游、多渠道发展旅游”之路，全社会投入旅游开发的资金达百亿元。市区旅游逐渐形成以太湖为中心，以国家旅游度假区、山水城旅游区为两翼，融观光旅游、文化旅游和休闲度假为一体的“一湖两区三大主题”大格局。江阴市在以长江公路大桥和黄山风景旅游为发展重点的同时，推出以华西村为主的江南现代化农村特色游和徐霞客故居为主的人文景观旅游。宜兴市以善卷洞、张公洞、灵谷洞和铜官山为主体，推出生态旅游产品。

进入21世纪，无锡旅游业着力打造“太湖美景精品、文化旅游名品、度假休闲新品”，提升旅游品质。2005年，无锡市共有等级旅游区（点）21个，其中AAAA级旅游区（点）7个。全市共接待境内旅游者2637.5万人次，境内旅游总收入301.6亿元；接待入境旅游者（含中国港澳台地区）65.87万人次，实现旅游外汇收入2.63亿美元。

第一章　风景名胜旅游区

第一节　太湖风景区

无锡濒临太湖岸线北半环，自然风景区面积约366平方公里，其中，水域面积约260平方公里，沿湖山岭丘谷约25平方公里，湖滨平原约54平方公里，湖岸线长115公里。1982年，太湖风景区被国务院列为国家重点风景名胜区。

太湖周边城市中，无锡城区距离太湖最近，开发利用太湖旅游资源较早。清末民初，无锡作为中国民族工商业的发祥地，率先开发利用太湖旅游资源，先后建造著名的鼋头渚、蠡园、梅园等江南园林。90年代，无锡围绕“太湖”品牌做文章，在太湖之滨新建灵山胜境景区、影视基地、龙头渚公园等景观，基本形成“一湖两区三大主题”的旅游新格局：即以太湖（梅梁湖景区）自然风光为中心，以梅梁湖西岸的无锡太湖国家旅游度假区和梅梁湖东岸的太湖山水城旅游区为两翼，以自然观光、文化旅游、度假休闲为三大旅游主题，成为无锡旅游的新亮点、新热点。

一、鼋头渚风景区

鼋头渚风景区为太湖第一名胜，位于无锡市区西南，充山脚下，离市中心18公里。为太湖西北岸的一个半岛，因有巨石突入湖中，状如浮鼋翘首而得名。萧梁时，建有广福寺，为南朝四百八十寺之一。明初，“太湖春涛”被列为“梁溪八景”之一。明末，东林党首领高攀龙常到此濯足。清光绪十七年（1891年），无锡知县、巴州人廖纶题“包孕吴越”“横云”刻于临湖峭壁上。辛亥革命后，设有简朴的灯塔，作为导航。

图4-1　鼋头渚“横云”和“包孕吴越”石刻（市园管中心供稿）

鼋头渚的风景开发，始于民国6年（1917年）。是年，地方绅士杨翰西以2000元向地主朱某购得4公顷山地，初设植果试验场，次年开始构筑别墅园林“横云山庄”。民国13年，杨氏拨给量如和尚山地1亩多，由其募资重建广福寺。以后又有实业家王心如建太湖别墅，何辑伍建私人别墅，蔡缄三建退庐，郑明山建郑园，陈仲言建若圃（陈家花园），形成鼋头渚风景区的雏形。民国23年，音乐家聂耳在陈家花园内，为电影《大路》创作《大路歌》《开路先锋》。

抗战胜利后，因杨翰西曾附逆任伪职，横云山庄改为“横云公园”。解放后，成立鼋头渚风景管理处，开始大规模的景区开发建设。1958年，将太湖别墅的七十二峰山馆等7处划归鼋头渚风景区，先后翻建戊辰亭、万方楼、万浪桥等，并经匠心独运的人工巧妙点缀，形成“山外有山，湖中有湖”的太湖山水典型风景。1959年5月底，郭沫若到此，大为赞赏，吟有“太湖佳绝处，毕竟在鼋头”诗句。1979年，风景区全面恢复。1981年建绛雪轩。1982年，市政府决定将鼋头渚风景区由32公顷扩至301公顷，陆续建造或优化鼋渚春涛、万浪卷雪、藕花深处、充山隐秀、鹿顶迎晖、湖山真意、芦湾消夏、十里芳径、江南村舍、中犊晨雾等十景，并翻修灯塔。1990年，建成杏花楼、三友斋、中日樱花林、江南兰苑以及春花、夏荫、秋色、冬景小区。1995年，邮电部发行《太湖》邮票，《包孕吴越》（小型张）、《鼋渚春涛》双双入选。1996年，太湖三山建成“太湖仙岛”。2001年，鼋头渚风景区被评定为国家AAAA级旅游景区。

图4-2　鼋渚春涛　（周时雨摄）

至2005年，鼋头渚风景区建成面积500公顷，分为5个游览区：从新大门入口直至老大门，乘轮渡往返游览湖中三山仙岛；从太湖佳绝处门楼至长春桥、具区胜境、藕花深处、诵芬堂；登上鼋头渚，经灯塔、“鼋渚春涛”石碑、“包孕吴越”石壁，至澄澜堂；从飞云阁拾级而上至光明亭，下至戊辰楼、广福寺、陶朱阁、万方楼、七十二峰山馆；从万浪桥、苍鹰渚、湖山真意，登至鹿顶山、舒天阁，经范蠡堂至充山隐秀。

二、蠡园风景区

图 4-3　蠡园四季亭　（市园管中心供稿）

蠡园因地处风光秀美的蠡湖之滨而得名，离市区10公里，是国家重点名胜区太湖风景区的主景点之一。民国时，实业界人士在五里湖畔建蠡园、渔庄。1952年，市政府扩建长廊，将两园连成一片，统称蠡园。后老蠡园部分园址划入湖滨饭店。为改善蠡园旅游路线，丰富人文景观，1978年在东部建设新区。调整后的蠡园面积8.2公顷，其中水面3.5公顷。大致分为4个游览区：西部有百花山房、月波平眺、南堤春晓、四季亭和渔庄亭，东部有千步长廊、晴红烟绿水榭、凝春塔等，新区有春秋阁、水榭、数鱼槛、邀鱼轩、绿漪亭、柳荫亭、映月桥、鱼矶等，中部有假山群、莲舫、荷池、廊桥、洗耳泉、桂林天香等。园内曲岸枕水，风景秀丽明媚。1995年邮电部发行的《太湖·蠡湖烟绿》和1996年朝鲜发行的《太湖》邮票，都将蠡园作为主景。上述两枚邮票的发行，更使蠡园遐迩闻名。1997年后，蠡园以范蠡与西施的故事为题，在春秋阁布置包括吴越争霸、西施浣纱、助越亡吴、泛舟蠡湖、经商制陶等内容的刻漆壁画，供游人观赏。2005年，蠡园被评定为国家AAAA级旅游景区。

三、梅园风景区

位于无锡西郊的东山、浒山及横山西南坡上，距离市中心约7公里，占地63.2公顷，其中梅林面积33.73公顷。民国元年（1912年），实业家荣宗敬、荣德生兄弟在东山购进清初进士徐殿一的“小桃园”故址，始建梅园。民国11年，梅园扩充至浒山，面积共10公顷左右。梅园面临万顷太湖，背倚龙山九峰，以梅饰山，倚山植梅，每年早春，万株梅花冲寒怒放，山翠梅艳，是江南著名的赏梅胜地。当时主要

图 4-4　梅园横山景区　（陈平摄）

景点有梅园刻石、天心台、香海轩、诵豳堂、念劬塔、开原寺等。其中，念劬塔建于民国19年，是梅园的标志性建筑。1955年，荣毅仁根据父亲荣德生的遗愿，将梅园（乐农别墅除外）献给国家。1959年，梅园征地50公顷，园址东扩至横山，次年建松鹤园。1995年，《梅园香雪》入选《太湖》邮票。2001年建成花溪景区。至2005年，梅园分为三大主要景区：以梅文化为主题的梅花景区，有洗心泉、天心台、念劬塔、诵豳堂、豁然洞读书处等众多的荣氏人文古迹，又有建于2000年的集天下古梅与奇石于一体、结合中式园林建筑的古梅奇石圃；横山景区，有梅园东大门、问梅坊、中日梅文化观赏园、吟风阁、小金谷、畹芬堂等；花溪景区，引种有以郁金香为主的100多种奇花异卉，并建有规模巨大的岩石景观，绿树巨荫与突兀大石相间，流水淙淙，畅游其间，开阔的大草坪，高大的香樟林，眩目的球宿根花卉，浅滩倒影，体现出浓郁的异国风情。这些仿生态景观与群山融为一体，让人享受回归自然的欢畅与快乐。

四、锦园和万顷堂

锦园位于无锡西郊小箕山，距梅园1公里许，为实业家荣宗敬于民国19年所建，面积7.2公顷。园内有荷花池4个，盛夏清香四溢。荷花池南，建有望湖亭，可以在藕花香里望鼋头。亭北，有花厅5间，内悬"荷轩"一额。小箕山顶，有楠木厅翻造的古建筑楼房，重檐，1986年，宋任穷题额"天远楼"。东为2层的嘉莲阁，可望太湖波光黛浪。西有2层楼的老洋房。锦园内还有云帆楼和明漪楼两幢宾馆建筑。新中国成立后，锦园与太湖饭店主楼配套，成为无锡市接待国宾的主要场所。锦堤两侧的荷花池由4个改成2个，每池2.67公顷。池中遍植红白荷花，清静幽雅，绿水环抱，是赏荷观光胜地。

锦园东，即中犊山对岸的北犊山（管社山）南麓，杨翰西等人于民国4年在湖神庙旧址修建万顷堂。袁世凯次子袁寒云写有一联："几席三山，万顷波涛疑海上；湖天一角，重阳风雨是江南。"新中国成立后曾大修。90年代初，万顷堂划归园林部门管辖。1992年全面整修。

五、宝界双虹

宝界桥架于蠡湖中的最狭湖面上，因南端地处宝界山而得名，包括分别建于民国23年和1994年的并列的新老两座桥梁，将蠡湖分为东蠡湖和西蠡湖，也是由市区通往鼋头渚风景区以及影视基地的必经要道。老桥为荣德生60寿诞时，将亲友馈赠的6万余元寿礼捐出所建。桥长375米，宽5.6米，桥身60个桥孔（象征60大寿），当时为江南第一大桥。1994年，为纪念荣德生120年诞辰，其孙荣智健捐资3000万元，在老桥之旁建造新桥，10月通车。国家副主席荣毅仁为通车仪式剪彩，并题写"宝界双虹"。

图4-5　宝界双虹　（陈平摄）

六、统一嘉园

位于大浮。由中央电视台、无锡世贤置业有限公司和无锡太湖山水城旅游区发展总公司共同合作投资兴建，其中，大浮镇将9.33公顷土地，合1540万元作为股本投资入股。1996年7月28日开工建设，1998年开业。原称镜花园，1999年改名统一嘉园。统一嘉园占地17.85公顷，是以"统一"为主题的江南园林和太湖山水风光相互交融的特色文化园林。"中华统一坛"为景区标志景观，青铜浇铸，仿西周青铜器饰以殷商龙纹为图腾标识，四柱高8.5米，四龙高5.3米，总高16.8米，耗用青铜80多吨。坛旁天后宫供奉着世界上最大、最高的青铜妈祖像。“缘廊”由天桥、天亭二坊一榭组成，弯曲连绵2000多米，犹如金龙取水，游人可行可驻。另外有仿闽南圆形土楼建筑“古闽堡”、江南吴文化建筑“见山楼”、展示宝岛台湾风俗的“金门殿”等。

图4-6 统一嘉园 （市园管中心供稿）

七、西施庄

位于东蠡湖湖心，面积3公顷，与蠡园遥相呼应，民间相传为范蠡西施隐居蠡湖幽秘之处。西施庄作为旅游资源，从2004年开始开发建设。市政府蠡湖治理办公室遵循继承历史文脉的规划原则，利用退渔还湖清淤之土于东蠡湖中堆成了面积3公顷的“品”字形小岛，垒土为岗，叠石为埠，建馆筑楼，布绿种花，成为蠡湖景区中一处与蠡园相对应的湖中新景。建有西施园、绣楼、陶朱公馆、夷光茶室、浪琴舫、春秋戏台、望越亭、崇殖轩、睦亲亭、夷光码头等多处景点，可观可游可赏。

图4-7 西施庄 （陈平摄）

八、灵山胜境景区

位于马山的无锡太湖国家旅游度假区，占地约30公顷。灵山胜境面临太湖，北倚灵山，左挽青龙（山），右牵白虎（山），地灵形胜，风水佳绝。此间原有祥符寺。相传唐僧玄奘从天竺（古印度）取经归来，看见马山秦履峰之东仿佛天竺灵鹫山，因此称之为“小灵山”，并命弟子窥基在此开法，为慈恩宗第一世，小灵山遂成为法相宗的祖庭。北宋大中祥符年间（1008～1016年），重建山寺，改名祥符禅院。宣和四年（1122年），改为祥符寺，曾与无锡惠山寺、常州天宁寺齐名。抗日战争时，日本侵略者在马山大肆烧杀，祥符寺被毁，僧人全部被杀害。

1992年无锡太湖国家旅游区成立后，决定重建祥符寺。1994年，景区始建，在寺后小灵山建88米高的释迦牟尼像。7月30日，全国政协副主席、中国佛教协会会长赵朴初在北京审定灵山大佛1米小样时，题诗一首：“太湖三万六千顷，八功德水绕灵山。如来百福庄严相，无量光明照世间。”像成之日，赵朴初赞曰：“如法如律，庄严圆满”。1995年10月27日，祥符寺大雄宝殿落成，佛像开光，方丈升座，高僧茗山法师出任方丈。1997年11月15日，灵山大佛举行开光典礼，景区一期工程建成开

图4-8 灵山大佛 （刘其新摄）

放。景区将博大精深的佛教文化融入旅游景观建设之中，系统展现佛祖释迦牟尼出生、悟道、降魔和涅槃的一生以及佛教产生、发展、传播的历程，形成独特的文化景观体系。主要景点包括：神州之最灵山大佛、千年古刹祥符禅寺、华夏第一壁——灵山大照壁、江南第一钟——祥符禅寺钟、神州第一鼎——万年宝鼎、天下第一掌、万佛殿、古井莲池、银杏梅桩、1万平方米的佛教文化博览中心等。灵山大佛是灵山胜境的标志性景点，也是景区核心所在。大佛通高88米，加上3层裙楼基座，总高101.5米。大佛佛体高79米，莲花瓣高9米，仅大佛的脚趾前端就高80厘米，趾甲宽就有60厘米。佛体（不含莲花瓣）由1560块6～8毫米厚的铜壁板构成，焊缝长达30余公里，用铸铜约700吨，铜板面积9000多平方米，是世界上最高大的露天青铜佛像。它的建成，结束华东地区无大佛的历史，并且在中国形成"五方五佛"遥相呼应的新格局：东、南、西、北、中五方五佛分别为无锡灵山大佛、香港天坛大佛、乐山凌云大佛、大同云冈大佛和洛阳龙门大佛。

2001年，灵山胜境景区被评定为国家AAAA级旅游景区。2002年，总投资8亿元、占地60万平方米的灵山胜境文化园区奠基开工，于2003年6月建成。文化园区与灵山景区合二为一，集湖光山色、园林广场、宗教文化、历史知识于一体。其主体景观，有世界首组大型动静结合的大型音乐喷泉青铜群雕——九龙灌浴，动态地再现佛祖降生的场景，场面壮观绚丽，震撼人心，令无数游人赞叹；有中国第一石柱"阿育王柱"，用整根花岗岩石柱手工雕琢而成；有展示佛教文化精髓的中国第一石牌坊——五智门。

九、龙头渚自然风景区

位于无锡太湖国家旅游度假区最南端，由大储山蜿蜒伸入太湖中腹，形成半岛，从龙舌、龙眼、龙耳、龙颈到龙背，全长2500米，酷似巨龙伏卧在太湖碧波之中，故名龙头渚。

龙头渚山不高而层峦叠嶂，水不深而烟波浩淼，山清水秀，是一幅天然的江南山水画。四周水抱山环，松柏叠翠，气势壮阔；处处曲径通幽，柳暗花明，风景优美。远眺万顷碧波，群雁南归；近观椒山浮碧，帆影鸥逐，怡然有超凡绝尘之感。山上四时佳果不断，水中常年湖鲜不绝，龙头杨梅和太湖银鱼驰名江南。1994年4月10日，全国政协副主席赵朴初为其题名，并盛赞道："龙头渚，景色胜天堂"。1998年4月5日，由马山旅游开发总公司启动开发建设龙头渚公园，2000年10月1日一期工程建成开放，建成面积77.67公顷。2005年，龙头渚自然风景区被评定为国家AAA级旅游景区。

第二节 锡惠风景区

惠山为浙西天目山之余脉，锡山为其东峰。惠山有九峰，称九龙，龙首为第一峰，龙尾为第九峰，俗称九龙山。每峰有一坞，峰、坞均有古迹。九曲如龙，九坞聚气，甘泉流淌，历来被视为风水宝地。自南朝湛挺在惠山东麓建历山草堂后，环山筑园建舍者甚多，先后出现二泉庭院、寄畅园、愚公谷等一批名园，逐渐形成山林幽谷、古刹冷泉、甲墅精园相结合的绝佳景观。二茅峰上苏东坡“石路萦回九龙脊，水光翻动五湖天”石刻，为登山远眺太湖刻画了一幅美妙的山水风光。清乾隆十六年（1751年）春，乾隆首次南巡江南，他在游览惠山以后，对随行官员说：“入江南境，扬州但繁华，无真山水；金山佳矣，而有戒心；惟惠山幽雅闲静。”以致他到苏州虎丘，见山门上悬挂着“第一名山”匾额，心中颇不以为然，谕令撤去，而意属惠山。由此流传下惠山被乾隆封为“江南第一山”的故事，近三茅峰石上刻有“三吴第一山”大字。

锡惠风景区也是无锡著名特产惠山泥人和惠山油酥的产地。惠山寺山门外横街末尾为惠山浜，有石龙头吐惠泉诸水入河，旧有牌坊，称龙头口，为游船停泊处。

无锡向有“三月三，爬惠山”之说。惠山不算太高，坡度也不陡，又靠近城区，春天爬惠山正是气候适宜之时，故有此习俗。

一、锡惠园林文物名胜区（锡惠公园）

锡惠园林文物名胜区位于无锡市西郊，以锡山、惠山命名，包括锡山的全部和惠山东麓及连接两山的映山湖，面积45.8公顷（不包括登山游览区）。1952年建成锡山公园。1954年建成动物园等，并将景区延伸至惠山。1958年，开挖1.5公顷的映山湖，将惠山、锡山两个景区连成一片。1959年更名为锡惠公园。1982年建成园中园杜鹃园。1995年，锡惠公园挂锡惠园林文物名胜区牌子。2003年，被评定为国家AAAA级旅游景区。

区内名胜古迹众多，素有“唐宋元明清，从古看到今”的美誉。有国家、省、市级文物保护单位18处，占市区文物保护单位总数的23%，包括闻名天下的天下第二泉、南朝四百八十寺之一的惠山寺、明代古园寄畅园和愚公谷、春申君饮马处（黄公涧）。区内还有泰伯殿、滨湖山馆、金粟堂（桂花厅）、二泉书院、碧山吟社、点易台、华彦钧墓等历史遗迹，华孝子祠、钱王祠、顾宪成祠、李纲祠、张中丞庙等祠堂，龙光寺、忍草庵等佛教遗迹，玉皇殿、头茅峰等道教仙踪，是中国传统儒、释、道三种文化的聚集地和沉淀区。作为无锡城市标志的龙光塔巍然耸立在锡山之巅，湖光塔影，相映生辉。

图4-9 锡惠公园大门和龙光塔 （刘其新摄）

1.龙光塔

龙光塔位于锡山顶。明初，山上即有石塔，后被毁。明嘉靖元年（1522年），顾懋章、顾可学父子复建石塔。万历四年（1576年）7月，在石塔之侧建八角七层砖塔，由常州知府施观民题名“龙光塔”，书画家王问题写塔名,刻石嵌于塔的第三层东外墙,至今尚在。清末太平天国时塔被焚。民国期间,祝大椿、荣德生等先后出资大修,将塔的主要结构改成钢筋混凝土,并在塔顶专门铸造重1.5吨、高2.85米的铜刹,塔高增至32.3米,古塔更加稳固、壮观。1952～1995年,市政府先后4次拨款修葺。1995年大修中,加固飞檐和栏干,纠正塔的倾斜,加强塔的避雷功能,将塔身由杏黄色改成深红色,使塔的形象更为挺拔端庄,英姿焕发。1999年修葺时,在塔上安装2000米轮廓灯、60余个景观灯。夜晚,宝塔闪烁在半空,华光飞彩,美轮美奂。1983年,龙光塔被列为无锡市文物保护单位。

2.天下第二泉

惠山自古多泉,有“九龙十三泉”之誉,尤以天下第二泉最负盛名。天下第二泉,即惠山泉、惠山石泉,唐代茶圣陆羽品评天下20种宜茶之水,将此泉评为天下第二,由此名扬天下,因此又名陆子泉。唐大历九年至十二年间(774～777年),无锡县令敬澄开凿疏浚惠山新泉,并因泉造景,常州太守、文学家独孤及为此撰写《惠山寺新泉记》。元和元年(806年),无锡人李绅考中进士,作《别泉台》诗,盛赞二泉水“乃人间灵液”“茶得此水,尽皆芳味也”。宰相李德裕得知,檄令驿站运二泉水进京供其享用,著名诗人皮日休作诗讽刺:“丞相常思煮茗时,郡侯催发只嫌迟。吴关去国三千里,莫笑杨妃爱荔枝”。宋代梅尧臣、王禹偁、苏轼、秦观、蔡襄、黄庭坚、杨万里等众多名人曾到锡品茗二泉水,并留下诗篇。宋徽宗赵佶在亲制的《大观茶论》中认为宜茶之水“惠山为上”,并下令将二泉水列为贡品,“月进百坛”。宋绍兴三十一年(1161年),高宗赵构“视师江上”,途经无锡,至惠山,酌二泉品茗,后泉亭之顶装饰二龙戏珠,泉井设栏护卫。二泉亭有元书法家赵孟頫所书“天下第二泉”石碑。明洪武二十八年(1395年),惠山寺高僧普真(字性海)请湖州竹工编制用于煮茗的竹茶炉,用二泉水泡茶,一时名扬文坛。画家王绂、学士王达为此分别作画和记序作诗,汇成《竹炉画卷》,成为镇寺之宝。明正德十三年(1518年)清明节,江南才子文徵明与友人游惠山,兴会所至,作丹青《惠山茶会图》。此画现藏于故宫博物院,1997年入选《茶文化》邮票。清康熙、乾隆皇帝多次到惠山品泉题咏,乾隆先后吟咏50多首诗篇赞赏二泉的甘美清冽。近代无锡民间音乐家瞎子阿炳(华彦钧)作《二泉映月》,如泣如诉,如怨如慕,悠扬动人。

图4-10　二泉映月　　　　(李鸿远摄)

二泉庭院面积805平方米。二泉分上、中、下三池,上、中池在二泉亭内。北宋明道间(1032～1033年),二泉庭院内开凿下池,形成完整的泉池系统,下池至今犹存。下池北边墙上嵌有清雍正时书法家王澍所书的“天下第二泉”大字题刻。时人评价:“得兹刻也,山若增而高,泉若增而芬”。论者将陆羽品泉、苏轼试泉、王澍书泉并称“二泉三绝”。清乾隆十六年(1751年),因弘历奉太后南巡,二泉下池设雕刻精美的“福寿双全”和“双龙戏珠·一统山河”的青石栏板,并移明礼部尚书顾可学所建惠岩小筑中的太湖石奇峰“观音石”于下池东侧。二泉庭院之上有陆子祠,原为民国18年(1929年)在尊贤祠废址上复建的景徽堂。在庭院南侧,有南宋著名爱国诗人、藏书家尤袤的纪念性建筑——万卷楼、遂初堂、锡麓书堂等。

3.寄畅园

寄畅园又名秦园,位于惠山横街。惠山横街又名秦园街,1954年拓宽时改现名。该园原为惠山寺僧舍,明正德年间(1506～1521年)秦金购得,建为别业,因自己号凤山,又作诗云:“名山投老住,卜筑有行窝”,于是命名为凤谷行窝。秦金卒,园归族侄秦瀚及其子江西布政司秦梁,称凤谷山庄。秦梁卒，园归族侄都察院右副都御史、湖广巡抚秦燿。万历十九年（1591年），秦燿因张居正案受牵连，遭劾罢归，在园中构列二十景，借王羲之“寄畅山水荫”诗意，改名寄畅园。清顺治年间（1644～1661年），秦燿曾孙秦德藻延请著名园林艺术家松江人张涟及其侄张南钛改建，园景更胜于前。秦德藻之孙道然因受宫廷斗争株连入狱，家产充公，园被没收。乾隆即位后，道然子秦蕙田疏请代父赎罪，道然获释，园产发还。秦德藻二房之孙瑞熙出资修葺。清乾隆十一年（1746年），秦氏家族讨论将寄畅园改为祠堂公产，故又名孝园。康熙、乾隆各6次南巡江南，均7次到寄畅园。乾隆还指定寄畅园为巡幸之地，绘图带回北京，在清漪园万寿山东北麓仿建“惠山园”，即今颐和园中的谐趣园。寄畅园大多建筑毁于太平天国时期，后稍作补葺。1952年，秦氏后裔将此园献给国家。政府多次修建、修复，面貌焕然一新。但碑刻匾额在“文化大革命”之初损毁甚多。寄畅园布景以山池为中心，巧于因借，浑合自然，有凤谷行窝、秉礼堂、含贞斋、九狮台、锦汇漪、八音涧、先月榭、卧云堂、凌虚阁、郁盘亭廊、知鱼槛、七星桥、涵碧亭、邻梵阁、嘉树堂、美人石等景点。1988年1月13日，国务院公布寄畅园为全国重点文物保护单位。1995年，“寄畅清秋”入选《太湖》特种邮票。

图4-11　凤谷行窝　　（市园管中心供稿）

4.愚公谷

愚公谷在锡惠公园内。南依黄公涧，北抵惠山寺，西至名泉里，东临秀嶂街（映山湖一带），占地约3.4公顷，明万历十五年（1587年）无锡人邹迪光所建。邹迪光，字彦吉，万历二年（1574年）进士，授工部主事、湖广提学副使。后被罢免回锡，自号愚公，在惠山龙泉精舍故址，建别墅园林愚公谷，经营10余年，建成玉荷浸、天钧堂、菩提场、塔照亭、畏佳楼、九莲台等60景，依山布局，岗阜起伏，掇石有致，池沼澄碧。又以黄公涧为源头活水，涧溪沼池，构成山光水色，相映成趣。当时被誉为全国私人四大名园之一，胜绝吴中。邹迪光死后，愚公谷由次子德基继承，其殁后家败园废，清初沦为荒丘。清早、中期，其部分遗址建胡文昭公祠和至德祠。至无锡解放，仅存池沼、银杏和玉兰各一。1958～1959年，市政府拨款在愚公谷旧址重新构园，建成滨湖山馆、金粟堂、荷轩、慧麓草堂，整修和重建泰伯殿、华孝子祠、碧山吟社等28处旧景，广植花木，成为锡惠公园的园中园。1960年，郭沫若手书“愚公谷”匾额，正式对外开放。1983年列为无锡市文物保护单位。

图4-12　华孝子祠　（市园管中心供稿）

5.惠山寺

位于锡惠公园内。始建于南北朝，前身是南朝刘宋司徒右长史湛挺的别墅，名历山草堂。南朝宋景平元年（423年）改为寺庙，取名华山精舍。梁大同三年（537年）改建为法云禅院，唐会昌年间

图4-13　惠山寺内的听松亭、古银杏和钟亭　（市园管中心供稿）

毁。唐大中元年（847年）重建，始称惠山寺。唐宋全盛时期有僧舍1048间。清咸丰年间太平军战役中毁于战火。同治四年（1865年），李鸿章割寺建祠，祭祀淮湘阵亡将士，惠山大殿成为淮湘昭忠祠。辛亥革命后，昭忠祠又改为忠烈祠。解放后，其祠址曾为博物馆等所用。惠山寺的佛教活动仅限于不二法门内，且在“文化大革命”时期中止。

2002年7月，启动惠山寺复建工程，2004年重新开放，恢复宗教活动。重建后的惠山寺占地1万余平方米，建筑面积2500余平方米。寺枕山而筑，渐进渐高。主体建筑金刚殿、天王殿、大雄宝殿依中轴线作纵深布局，向北转至不二法门，形成明朗的视通空间。自内而外，殿宇重叠，院落错落，山林与古刹浑然一体。

寺内保存的古迹有：古华山门、大同殿、唐宋石经幢、香花桥、日月池、金莲桥、金莲池、御碑亭、听松石床、古银杏树、竹炉山房、云起楼等。2002年10月，“惠山寺庙园林”被公布为江苏省文物保护单位。

6.杜鹃园

位于惠山东麓，映山湖西南，为锡惠公园的园中之园。始建于1978年，1982年建成开放。该园因地制宜，随形布景，在岗阜、石隙、树下、路旁广植杜鹃，计有300多个品种，其中花房栽培150余个品种，著名的有浙江的云锦、重庆的山城、福州的芳香、贵州的厚皮、丹东的杂交杜鹃等。因品种多样，成为中国杜鹃花品种基因库和繁殖基地。每年5月前后，园中一片云蒸霞蔚，“千丛相面背，万朵互低昂；照灼连朱槛，玲珑映粉墙”，构成一幅绚丽多姿的图画。1983年，杜鹃花与梅花

图4-14　杜鹃园　（市园管中心供稿）

双双入选无锡市市花，此园遂定名杜鹃园。

7.二泉书院

位于惠山寺北、寄畅园西，建于明正德年间，为曾任南京礼部尚书的无锡人邵宝所创，并在此讲学，其创建年代比著名的明东林书院还早88年。邵宝病逝后，改为邵文庄公祠。历史上屡次毁建，尚存三楹二庑。1986年，被公布为无锡市文物保护单位。2000年，市政府将寓于其间的居民迁出。2001年，根据清咸丰时风貌进行修复，恢复拜石亭，置“点易台铭四面碑”于其内；疏通金莲桥至二泉书院的水脉，使龙头吐水；在原址新建已湮没的超然堂；在亭堂内请中国工艺美术大师王木东根据拓片重塑邵宝像。鉴于明二泉书院十五景已佚，园林文物专家创造性地挖涧叠石，重构“湍涧”“青壁丹崖”“望阙崖”等景观。修复后的二泉书院流泉叮咚，竹苞松茂，古碑林立，漫步其间，虽未有读书之声而文化韵味十足。修复中，在二庑墙间及地下发现50余方明清时期的石碑，有明李东阳题跋的《五贤遗像记》、邵宝的《题十贤祠诗》及同僚好友林俊等的和咏题词，还有清朝历次修复书院的官府告示及邵涵初的《惠山图》等。2002年，二泉书院被公布为江苏省文物保护单位。

图4-15　二泉书院　（金石声摄）

二、吟苑

位于锡山大桥北堍，面临新运河，背靠锡山，占地2.6公顷，建成于1985年，是观赏花卉盆景的专类园林。园南侧堆叠土山，挡住园外杂景，将锡山借作园景。园中开凿一条东西向的水池，使山水相映成趣。园西北隅设盆景和花卉两个观赏区，布置以丽秾轩为主的建筑群，配植各种花卉树木，形成花丛、花山、花池、花坪等大自然赋予的多姿多彩的景色。通过粉墙、山石、土丘的分隔，门洞、花窗、廊架的穿插，使咫尺园景迂回曲折，层次丰富，串联成一幅长轴画卷，深邃典雅。该园闹中取静，巧于借景，建筑以江南民居为基调，简洁典雅，超凡脱俗。远处龙光塔影尽收眼底，近观池中鱼荷相映成趣，芳草萋萋，庭院深深，是假日休闲佳绝处。2003年，吟园被评定为国家AA级旅游景区。

图4-16　吟苑水石盆景馆　（市园管中心供稿）

三、惠山森林公园

位于无锡市城区西郊，距市中心3公里。解放前，惠山疏林茅草，山岩裸露。50年代在此植树500余万株。1982年，种下3.7万株大树，绿化惠山头茅峰20多公顷山林。惠山山顶还建造4个蓄水池，铺设上山水管，架设电力线路，将运河水送至高处。经精心养护，苗木成活率92.4%。

图4-17　邵宝像　（市园管中心供稿）

1989年，惠山森林公园始建，初期规划面积718公顷。1993年正式建园，面积为933.33公顷。1993～2002年，累计植树50万株。园内动植物种类丰富，有植物1990种，包括54科、88属、104种乔灌木，苍松翠柏，青翠欲滴。鸟类有60余种。有14处市级及以上文物保护单位和文物控制单位，包括苏东坡诗石、秦少游墓，明朝古迹水帘洞等。园内筑有一条宽6米、长6.24公里的盘山游览通道，直达山顶。从惠钱路、石门路的南口处进园，可见明代邵宝手托宝石之巨像，像前下附有邵宝的简历，像背下立有邵宝与当地道教有关的具有神话色彩的民间传说。沿七十二个摇车湾上去，一路经过龙海寺、九阳宫、张仙殿、白鹤道院、离垢庵，至白云观，为无锡道教建筑最集中的场所。白云观旁，为石门。旧志记载，石门地处三茅峰下、望公坞中段，悬崖峭壁兀立在林峦深处。峭壁间有一条高20余米、如鬼斧神工劈出的罅缝，两旁奇峰怪石宛如翼然双门，被称为“石门”。民间相传“若要石门开，要等邵宝来”，为此石增添神秘色彩。

2004年，惠山森林公园的范围扩大至4500公顷，包括惠山、锡山和嶂山、莲花山、青龙山、舜柯山、东湾山、鸡笼山等各山峰及其坡地，规划建设五大景区，即石门景区、东大池景区、二茅峰景区、三茅峰景区、观赏植物景区。2005年起，整治惠山森林公园范围内的私埋乱葬和宕口，改善林相，建成惠山林火远程数码电视监控系统，预防林火。

第三节　运河风光带

京杭大运河全长1794公里，是世界上人工挖掘最长的河流，无锡是运河沿线城市中唯一一座运河既环城又穿城而过的城市。它将两岸众多的名胜古迹、民居、街市串联起来，形成运河风光带。

一、黄埠墩

黄埠墩又名小金山，位于无锡北门外运河中，惠山寺塘泾的出口处，相传为战国时期春申君黄歇治理芙蓉湖时留下的遗址。墩呈圆形，面积220平方米，石砌驳岸。南宋德祐二年（1276年），文天祥被元军押解北行时，在此停留，写下《过无锡》诗一首。明海瑞到锡时曾为环翠楼题“环山临水第一楼”的匾额。明《锡山景物略》记载，黄埠墩上“旧有文昌阁、环翠楼、水月轩，垂杨掩映，不即不离”。清康熙、乾隆下江南时，曾在黄埠墩盘桓或留宿，康熙题写“兰若”匾额，乾隆也

图4-18　黄埠墩　（市园管中心供稿）

曾写诗数首。清康熙、乾隆时均作整修，咸丰时毁于战火，同治初重建。民国10年（1921年）又毁于火灾，民国14年再次重建，名圆通寺。1958年，圆通寺等建筑因大运河改道工程被拆除，仅存一墩。1983年，移建张元庵戏台及前殿等清建筑于墩上，为纪念民族英雄文天祥而名"正气楼"。绕墩筑花墙，东南侧设门。1983年11月，黄埠墩被公布为无锡市文物保护单位。

二、江尖

江尖地处北门外的古运河中，古称芙蓉尖、蓉湖尖。明代周忱治理芙蓉湖，水势缩小，江尖渚民居渐多。清代渚上开设大批陶器店，到处堆缸甏，百姓称此为"缸尖渚"，无锡人以方言谐称"江尖渚"，简称"江尖"。旧时，每逢农历七月三十日，有"灯棚"盛会，各陶器店将缸甏叠成数丈高的宝塔形，缸内储油，入夜点灯，通宵不灭，称为"宝塔灯"。

图4-19　江尖公园　（市园管中心供稿）

江尖渚由于四周环水，交通不便，渚上出入全靠摆渡。解放后，还有横浜口、财神堂、丁埣里、大码头弄和陆右丰、汪义源糟坊前多处渡口。1953年，因进行民主选举，经群众提议，在东面建普选桥，系木桥，与横浜沟通，可入市区，后改为普建桥。1961年，桥址往北迁移数十步，建钢筋混凝土拱桥。1996年始建江尖大桥。2002年，江尖居民及所有单位房屋拆迁，建成占地3.9公顷的江尖公园。原江尖96号，是无锡第一家纸业公所所在地，是一幢典型的民国初期中西合璧建筑风格的老房子，为三间、三进、四合院式的转盘楼。

三、西水墩及西水仙庙

西水墩旧名太保墩，又名窑墩，位于无锡老城厢之西、护城河与梁溪河的分水处，面积6793平方米。运河北来，至此分流入梁溪。原为芦苇滩，冲积而成小岛。四面环水，一面通显应桥。南宋诗人尤袤曾在此建宅第。明代御史吕卣于此构筑别墅，为吕园，后为秦金的别墅。因秦金称端敏公，故称别墅为端敏别业；又因落成时适逢其晋封太子太保，故名太保墩。秦金在太夫人请命皇太后后，把上自黄埠墩、下至太保墩的这一段水域作为秦氏家族的放生河。秦金曾孙在万历年间将太保墩书舍改建为尼庵，额名宝珠禅院，并在此借祀抗倭烈士何五路等36人，百姓称之为水仙庙。清顺治初，宝珠禅院又改祀明天启年间在锡治水的无锡知县刘五纬，百姓称刘为水神、水仙，宝珠禅院正式更名为西水仙庙，亦称刘侯庙。清道光十八年（1838年）重修，咸丰十年（1860年）毁于清军与太平军战事。同治年间（1862～1874年）由渔民集资重建，光绪十五年（1889年），又由米商集资重修工字形大殿、内外戏台、大后宫、前进偏殿、娘娘殿和东西辕门等，建筑面积11300平方米，占地达13600平方米。西水墩在大革命时期，曾创办过无锡第一所工人夜校。1986年7月，西水仙庙被公布为无锡市文物保护单位。西水仙庙因年久失修，濒于倾圮，周围民居常遭水淹。2000年，市政府斥资874万元，搬迁墩上住户、单位。后又拨款500万元，由市文化局、市园林局负责完成西水仙庙保护工程和西水墩环境工程。2001年开放。无锡市群众艺术馆驻此。

四、南禅寺及妙光塔

南禅寺创建于南朝梁武帝太清年间（547～548年），为江南名刹，距今已有1450多年历史。

妙光塔始建于北宋雍熙年间（984～987年），塔名为徽宗赵佶所题。现存塔身为明正统年间（1436～1449年）重建。民国15年，荣宗敬和荣德生捐资重修。1980年按原样修复，清理出埋藏在地下塔基须弥座，恢复底部环廊，建塔院。妙光塔为八面七层楼阁式砖塔，高43.3米，还存有明天顺元年（1457年）张思安撰、陈勉书《南禅寺重修塔记》。1983年修塔完工时，又镌《重修妙光塔记》碑一方。1995年10月，复建南禅寺，环绕妙光塔周围，建成一组高低错落的亭台楼阁。原存天王殿、藏经楼经修葺，重塑四大金刚，新建大殿，塑释迦牟尼像。四周建筑群设邮票、钱币、花鸟、古玩等市场，配以食肆、茶馆等，形成寺庙式市场。

五、清名桥

位于南长街，无锡古运河上规模最大、保留最完整的单孔石拱桥。始建于明万历年间（1573～1620年），系寄畅园第三代园主秦燿之子太清、太宁兄弟俩捐建，原名清宁桥、清明桥。清代屡次重建重修。道光时，因避皇帝旻宁的名讳，改为清名桥。现存桥梁为同治八年（1869年）重建，系单孔石拱桥，长43.3米，中宽5.5米，桥高7.4米，桥孔跨度13.1米。全桥用花岗岩构筑，桥栏及望柱不尚雕饰，而以桥形的宏大稳固、浑厚端方取胜，当得古朴二字。东有石级46级，西有43级。拱圈为江南常见的分节平列式，共11节。两面圈石上，各有题刻。一立于清咸丰年间，介绍桥梁和更改桥名经过；一立于同治年间，介绍重建清名桥始末。80年代，日本友人中山大三郎创作《清名桥》歌，词曲优雅，在日本传唱者甚众。1986年7月，清名桥被公布为无锡市文物保护单位。

六、南水仙庙

位于清名桥以南的塘泾桥堍，始建于清康熙年间，为纪念明嘉靖时筑城抗倭的无锡知县王其勤而建。据《松滋王公祠庙记》载，康熙南巡时，曾停下銮驾，命太监致祭，故有“翠辇停骖”一额。庙内西院为双忠祠，祀宋朝文天祥部将尹玉和麻士龙。现旧建筑尚存，有山门、二门、戏台、看楼、大殿、蚕师殿、酒厅、双忠祠等。壁间有王其勤所书“湖山胜概”石刻与部分残存碑刻。

第四节　江阴风景区

江阴地处江尾海头，人文历史悠久，山川秀丽，人文荟萃，境内有明代地理学家徐霞客故居、新文化运动先驱刘半农和中国现代民族音乐一代宗师刘天华纪念馆，以及千年文庙、鹅鼻嘴公园、长江大桥旅游区等文物古迹和旅游胜景。

2001年，江阴市编制《江阴市旅游发展总体规划》，确定旅游、城建、文化、商贸一体化旅游发展战略。同年，江阴被评为中国优秀旅游城市。2002年，徐霞客故居仰圣园竣工开园。2003年，兴国园和中山公园改扩建完成、人民路步行街建成开放，江苏学政文化旅游区基本形成。2004年，黄山湖公园建成开放，鹅鼻嘴公园改造完毕。2005年，龙涛国际乡村俱乐部一期工程完成，滨江休闲旅游度假区初具规模；由企业自主投资的华西村农业旅游示范区和海澜工业旅游示范区相继建成，江阴旅游业形成自然观光、文化旅游、度假休闲三大主题。

第五节　宜兴风景区

宜兴位于太湖之滨，山清水秀，风景如画。其山钟灵毓秀，谷深林茂；其水浩淼广阔，温柔妩媚。陶文化是宜兴城市和旅游的名片，据骆驼墩史前文化考古发现，早在7300多年前，宜兴就有制坯烧陶的历史。宜兴灿烂辉煌的陶瓷文化和美轮美奂的陶瓷艺术，赢得"陶的古都"美誉。溶洞旅游是宜兴特色旅游的主要组成部分，境内有大小溶洞80多个，已经开发开放的善卷风景区，以道教著称的张公洞以及陶祖圣风景区、灵谷风景区中千姿百态、各具特色的溶洞，构成闻名中外的"洞天世界"。宜兴四季分明，气候宜人，地表植被种类繁多且过渡植物明显，南北植物分布广泛，尤以"华东第一竹海、太湖第一源、苏南第一峰"的竹海风景区最为著名，生态旅游成为宜兴旅游的新亮点。宜兴历史悠久，人文荟萃，贤臣良将、文人学士史不绝书，三国国山碑被誉为"江南第一古碑"，古龙窑、西晋周王庙、东坡书院、蜀山古南街、太平天国王府等历史遗存彰显浓厚的地方文化底蕴。宗教历史文化赋予宜兴旅游深厚内涵，龙池山的澄光寺、西施洞的磬山寺、蜀山景区的娘娘庙、铜官山的南岳寺、张公洞的洞灵观等宗教寺庙，成为宗教旅游的好去处。宜兴旅游形成以生态园林游、陶都文化游和人文景观游相结合的旅游格局。2001年，宜兴市被评为中国优秀旅游城市。

第二章　历史文化旅游区

第一节　历史文化街区

一、崇安寺步行街区

崇安寺步行街区，包括崇安寺、洞虚宫、城中公园在内的区域，西起中山路，东至圆通路，北靠县前街，南临人民路，占地16.8公顷，是市民休闲游玩、民俗活动的中心。

崇安寺原是无锡最古老的寺院，始建于东晋兴宁二年（364年），有1600余年历史，历经千年风雨沧桑，屡废屡兴。自宋、元、明、清至民国，寺院的大雄宝殿等主体建筑历经6次建毁，现荡然无存。

崇安寺东的洞虚宫，原是无锡历史最久、规模最大、保存遗迹最多的正一教派道观，始建于南朝，历经5次毁建。民国初年，三清殿旧址被改建成无锡县立图书馆及钟楼，其东南向存有易地重建的三清殿、雷尊殿、火神庙、姜太公庙等。至2005年，还存有位于图书馆北向的玉皇殿，以及位于图书馆东向、重新修复的火神殿和雷尊殿（阿炳故居）等道院建筑。

城中公园是无锡城区最早的公园，占地3.3公顷。清光绪三十一年（1905年），无锡人裘廷梁、俞复倡议在洞虚宫被毁后荒地上辟公园，次年园成，初名锡金公园。民国元年（1912年）改名无锡公园。无锡解放后，改为城中公园。园内建有绣衣峰、龙岗、同庚厅、池上草堂、西社、清风茶塾、兰簃、多寿楼、天绘亭、归云阁、九老阁等景点和建筑物。园内还有王羲之洗砚池、白水荡（原春申君离宫）遗迹和秦起烈士纪念碑等。

图4-20　城中公园　　（市园管中心供稿）

二、惠山古镇

位于运河西岸，在锡山与惠山的东北坡麓，近靠锡惠景区的公共游览区，为国内重要的园林文化旅游区。古镇建设保护范围：东西以黄埠墩和惠山寺为界，南北位于锡山大桥和通惠西路之间，总面积100公顷。古人引导惠山泉的水，在这里开挖惠山浜（又称龙头河、龙头下），河两岸形成上河塘、下河塘等街道。唐宋以后，人们到惠山游览、烧香，往往从水路经大运河至黄埠墩，再到龙头河上岸。清朝康熙、乾隆皇帝南巡到无锡，也经此路线到惠山寺，因而此河又称龙船浜、寺塘泾、烧香浜。五里街原是西门至惠山的一条大道，沿途遍植桃柳。因为朝山进香的人很多，清咸丰年间立“五里香塍”砖刻横额。

图4-21　惠山古镇“人杰地灵”牌坊　（陈平摄）

自明代起，无锡各个氏族逐渐在紧靠运河边的惠山街建筑祠堂，以祭祀祖先；或由社会公众或某个阶层建筑房屋，共同祭祀某个人物。清代至民国，这里布满众多的祠堂。在约0.3平方公里的范围内，有百余座祠堂，为国内少见的祠堂群，被称为天然的历史博物馆。祠堂群建筑历史自唐代的华孝子祠始，至1949年在建的秦氏贞节祠止，时间跨度长达1200余年，保存较为完好的主要祠堂约60余座。其建筑形制多数以江南民居建筑的硬山式为主，粉墙黛瓦，不重雕镂，质朴无华。

在历史变迁中，古祠堂建筑遭到很大破坏。1991年编纂的《北塘区志》中记载103座祠堂（后另有人调查为118座），其中4座已毁，其余或为居民住宅，或为部队使用，或在公园内。其地点分布为：上河塘6座，下河塘11座，惠山浜12座，听松坊及听松坊街16座，惠山直街26座，惠山横街6座，史家弄1座，烧香浜4座，惠山寺山门内或山门左6座，锡山塊2座，寺塘泾9座，碧山庄1座，黄公涧1座，五里街中1座，庙巷里1座。著名祠堂建筑有祭祀钱镠的钱武肃王祠、祭祀李纲的李忠定公祠、祭祀尤袤的尤文简公祠、祭祀薛福成的薛宗承祠、祭祀顾宪成的顾端文公祠、祭祀画家王问的王文靖祠、祭祀倪瓒的倪云林先生祠、祭祀王绂的王孟端祠、祭祀邵宝的邵文庄公祠、祭祀高攀龙的高忠宪公祠、祭祀李鸿章的李公祠、祭祀李金镛的李阁学祠、祭祀状元孙继皋的孙宗伯祠、祭祀荣德生的荣氏家祠、祭祀杨宗瀚的杨藕芳祠，以及祭祀先贤的尊贤祠、五中丞祠等。像惠山古祠堂这样成为群落的，国内外罕见。2003年7月，无锡市将惠山祠堂群列为申报世界文化遗产项目。

图4-22　顾端文公祠　（市园管中心供稿）

顾端文公祠，位于惠山寺北听松坊，祀东林八君子之一的顾宪成（谥端文），建于明万历四十一年（1613年）。

堂内原有“醇儒”“天挺二难”堂匾以及楹联多副。民国时，祠堂被民居所占。2001年，迁出居民数十户，对祠堂大修，2002年春节对外开放。顾祠有大厅（享堂3间），前有台阶，上建平台，四周石座。著名的楹联“风声雨声读书声声声入耳，家事国事天下事事事关心”原先即挂在堂外，民国35年（1946年），顾氏族人因修复东林书院而从祠中取走，“文化大革命”中被毁。修复时集郭沫若书法，重制一联悬于堂外。积书岩，为顾宪成曾孙顾贞观建于清顺治二十二年（1683年），曾为书房，又因新制著名的惠山竹炉题咏而获词人纳兰性德雅题，取堂名为“新咏堂”。修复后存小屋一间，内设书房，前有临岩泉一泓。

五中丞祠，最早可追溯至明成化年间，原为祭祀巡抚江南、治理芙蓉湖、发展农商有功的周忱，明清间又陆续增祀海瑞、周礼教、汤斌、李星沅等清廉官吏。清末学者俞樾曾拜谒题联：“自胜国至熙朝，歌咏不忘，四百年来五开府；以事功兼学术，馨香无愧，九龙山下一崇祠。”2001年重建，大厅3间，两旁夹室，中有院落。

刘猛将庙，建于乾隆年间，是惠山有名的神庙。刘猛将军因治蝗有功而为人们敬崇。旧时民间百姓于正月十三祭腊神，抬刘猛将军神像出会，以祈福佑康年。2001年修复，设在五中丞祠夹室内。

惠山古镇是著名的惠山泥人和惠山油酥的产地。惠山寺山门外的惠山街（包括直街、横街），旧日泥人店鳞次栉比，可谓家家善彩塑，户户捏泥人，明清两代极盛。由于形象逼真，色泽鲜明，历数百年不衰，畅销全国各地和世界60余个国家、地区。惠山油酥旧称“金刚肚脐”，元末有人模拟龙光寺金刚塑像的肚脐形状制成，具有肥、酥、香、甜特色，是无锡著名的特色小吃。

三、清名桥历史文化街区

位于无锡老城南门外古运河与伯渎港交汇处，以古运河为中轴、清名桥为中心，北起跨塘桥，南到南水仙庙，东起王元吉锅厂旧址，西到定胜河沿线，占地44公顷，核心保护区面积18.78公顷。1995年12月，被省政府公布为无锡市重点历史文化保护区。该街区至今保持着路河并行的双棋盘城市格局，保留着小桥、流水、人家以及幽深古巷的江南水城特色，汇聚运河古道、南禅寺、妙光塔、清名桥、伯渎港、张元庵、南水仙庙、明清古窑、永泰丝厂等历史文化遗迹和祝大椿故居、薛南溟旧居、张氏嘉乐堂、王绍先老宅等名人故居。街区内共有全国文物保护单位1处、无锡市文物保护单位13处、无锡市文物控制保护单位7处、牌坊8处、其他文物遗存17处、古桥梁9座、历史建筑上百处及多株古树名木。清名桥桥堍运河两岸的“水弄堂”是无锡最具特色的水乡风景。“水弄堂”两侧的江南民居，多数为明清时期的建筑，历史最久的有400多年。房屋鳞次栉比，前街后河，家家都有砖石码头通向河中，不少人家把支撑房屋的木、砖、石柱伸入河中，成为“枕河人家”。清名桥历史文化街区内文化遗产之多、质量之高，是古运河两岸城市中屈指可数的。更为难得的是，街区内文物遗址

图4-23 清名桥历史文化街区 （陈平摄）

品类丰富，集寺、塔、河、街、窑、宅、坊、弄、馆等中国特色人文景观于一体，涵盖江南民俗文化、民族工商业文化、水弄堂文化、古建筑景观文化、宗教文化等多种文化形态，被誉为“江南水弄堂、运河绝版地”。

四、小娄巷历史街区

小娄巷是位于无锡城中心崇安寺附近的一处古街坊，占地约2.13万平方米，有保存完好的百米小弄，历史悠久，名人辈出。元《无锡志》中就有关于小娄巷的记载。据《无锡谈氏宗谱》记载，无锡谈氏从河南开封落籍无锡，居住于小娄巷已有8个多世纪，其间修建谈氏始祖祠、绣衣坊、钟秀坊、毓英坊、文献坊、进士第、丛桂坊、万备堂等。小娄巷历史街区内的建筑特点是多进合院建筑，现多数原格局尚存，尤其是进士第依然保存七进院落，并有完好的长达百米的备弄，为无锡地区所少见。小娄巷17号为号称“邑城中第一胜处”的万备堂，尚有部分遗址可见。整个街区中最具代表性的是位于小娄巷44号至52号的绣衣坊尚存部分，是一处名人故居群和清代建筑群，其所代表的历史民宅区，有别于薛福成故居等近代官宅，具有传统的建筑特点和建筑布局方式，反映了特有的长幼有序生活方式。

五、荣巷古镇

荣巷位于无锡城西郊，是中国民族工商业的发祥地之一，原国家副主席荣毅仁出生于此。明朝初年，荣氏始迁于此。清末至民国时期，由于荣氏家族在民族工商界的崛起，给荣巷带来前所未有的繁荣，从而留下一大批具有时代烙印和地方特色的近代建筑群。荣巷存有一条长约380米的老街，拥有从清代到民国、具有历史风貌的古建筑150多幢，建在公益小学内的风雨操场更为罕见。古镇保护专家阮仪三在实地考察后认为，荣巷建筑形式之多，品种之全，内容之丰富，在省内十分少见，十分珍贵。

第二节　历史文化旅游点

一、泰伯庙和泰伯墓

泰伯庙又名至德祠、让王庙，为纪念古公亶父（周太王）长子泰伯而建，坐落于今梅村镇的伯渎河畔。现存的泰伯庙为明清建筑，庙前有照池，池上架单孔拱形石桥，名“香花桥”。桥北立花岗岩石牌坊，上镌“至德名邦”四字。石坛北为棂星门，竖有6根石柱，高6米，有云龙、仙鹤雕饰。棂星门为泰伯庙第一进建筑，面阔三间。后有院落厢房，东西各九间。院内尚存古柏、桂树各一株。泰伯大殿，面阔五间。1983年对泰伯庙整修时，塑泰伯像一尊，身高4.5米。两厢塑泰伯、仲雍后裔28尊塑像。1987年，陆定一和赵朴初分别题写“泰伯庙”和“至德高风”额。泰伯庙旁，为“江南第一古镇”牌楼。

泰伯墓，又称泰伯墩、吴王墩、皇陵，位于鸿山。泰伯墓坐北向南，依山而建，占地约2000平方米，被称为“江南第一古墓”。80年代初，泰伯墓被公布为江苏省文物保护单位。1998年，鸿声镇政府按宋代形制修复泰伯墓，以围山河为界，复建平行香花桥3座，石牌坊“戟门”为头山门，入内左右排立石翁仲、石羊马等。在甬道中间建造一座19.99米（象征1999年）高的仰止阁，内铸泰伯铜像。两庑建有宗会堂、怀德堂及御碑亭等。

2003年，泰伯庙、泰伯墓被评定为国家AA级旅游景区。

二、东林书院

亦名龟山书院，位于无锡老城区东门内（解放东路867号），是宋明时期江南地区的理学传播中心和著名学院，亦为明末东林党的发源地。东林书院最初创建于北宋政和元年（1111年），为学者杨时长期讲学之所，后废弃。明万历三十二年（1604年），顾宪成与高攀龙等人共同倡导捐资，重建东林书院，聚众讲学。1956年10月，东林书院被公布为省文物保护单位。1982年、1994年先后两次修缮。2002年市政府全面修复东林书院。修复后的石牌坊、泮池、东林精舍、丽泽堂、依庸堂、燕居庙、三公祠、东西长廊、来复斋、寻乐处、心鉴斋、小辨斋、再得草庐、时雨斋、道南祠、东林报功祠等主要建筑，均保持明、清时期布局形制与历史风貌。2005年，东林书院被评定为国家AAA级旅游景区。

三、薛福成故居

薛福成故居又名钦使第，位于无锡城内健康路西侧，南起学前街，北接前西溪，始建于清光绪十六年（1890年），建成于清光绪二十年，是清末无锡籍著名思想家、外交家、资产阶级维新派代表人物薛福成的宅第。故居中轴线前后共6进，由门厅、轿厅、正厅、房厅以及转盘楼等组成，另有藏书楼、东花园、后花园、西花园等，占地总面积2.1万平方米。整组建筑气势雄伟，规模恢宏，建筑风格中西合璧。2000年起，市政府斥资全面修复故居，恢复建筑面积1.2万平方米，修复6000余平方米。2001年，薛福成故居建筑群被国务院公布为第五批全国重点文物保护单位。2003年1月1日，主体建筑群、东花园、后花园修复开放。2005年，薛福成故居被评定为AAAA级旅游景区。

四、徐霞客故居

位于江阴市霞客镇南岐村。至1984年，仅存面阔7间二进瓦房。1985年，江阴县政府拨款大修。现有三进17间正房、两间厢房，占地1300多平方米，主要包括徐霞客生平展示馆、晴山堂、仰圣园等。故居大门正面悬“徐霞客故居”匾额，两边立盘陀石。门背面镌“绳其祖武”砖额。第一进前为天井庭院，两侧厢房，东西置花坛，大厅前有“承前裕后”砖刻，厢房和大厅辟为展览室，陈列徐霞客生平事迹及熔岩标本。第二进遗有一棵古罗汉松，相传为徐霞客手植，已有400年左右树龄。第二进大厅为崇礼堂，正中悬徐霞客画像，陈列当代书画家为纪念徐霞客所作的书画作品，以及近年拍摄的徐霞客游历过的各地风光照片。胜水桥架于徐霞客故居前的枕塘河上，据传为徐霞客当年出游船只停泊处，亦有400年左右的历史。2003年，徐霞客故居被评定为AA级旅游景区。

五、锡金商会旧址

清光绪三十一年（1905年），周舜卿、祝大椿、薛南溟等民族工商实业家倡议成立锡金商会，并相继担任会长，会址暂设在前竹场巷的锡金钱丝两业公所内。辛亥革命后，锡金商会更名为无锡县商会。民国元年（1912年），无锡商会会长华文川和荣德生、蔡缄三、汪赞卿等4人代表无锡工商界出席在北京举行的第一次全国工商会议，在全国工商界崭露头角（当时全国共151位代表）。民国4年，由周舜卿等人发起在火车站南的太平巷、汉昌路交界处选址建造商会办公场所。20世纪上半叶，无锡县商会着力于发展工商业，协调各方面的矛盾，并在提倡国货、发展公益事业、维护社会治安方面发挥积极作用。无锡县商会旧址现存两幢西洋式楼房，高两层，面阔均为5间，清水砖外墙青、红两色相间，正面有砖雕罗马柱，屋脊采用中国传统建筑手法。建筑面积约1400平方米。大楼在1949年后长期被居民所住，整体改变不大，楼梯、窗户、地板等基本保持原样。原有院墙及附属平房已被拆除。旧址周围的3条老街保留着多处近代老屋，当年的里弄、商店、作坊、字号及“高阳里”“杜少谷祖传中医外科医室”等旧址仍在，原有风貌尚存。2002年，锡金商会旧址被公布为省文物保护单位。在无锡火车站站前商贸区改造建设时，工程建设单位出资修缮无锡县商会旧址，获2005年省文物局文物保护特别贡献奖。

六、永泰丝厂旧址、薛南溟旧宅

永泰丝厂旧址位于大公桥堍西面，南长街364号。清光绪二十二年（1896年）薛南溟、周舜卿合资创办永泰丝厂，后由薛氏独资经营，原址在上海七浦路。民国15年（1926年）5月，因原厂址租地合约到期，永泰丝厂迁至无锡南门外大公桥堍。在薛南溟之子薛寿萱的经营下，永泰丝厂快速发展，成为无锡丝业之首。民国25年，永泰丝业集团出口生丝占当时上海海关出口总数的50%。1949年后改为市丝织二厂。永泰丝厂旧址占地约1.67万平方米，建筑面积约5700余平方米，保存有西式风格建筑的茧库（面阔7间、高2层红砖清水墙建筑）、办公楼（面阔5间、2层1阁砖混结构）各1幢，办公楼为磨矾石地坪，木楼梯，系薛南溟、薛寿萱父子及高级职员办公场所。旧址存有无锡唯一一套完整反映缫丝流程的机械设备，包括剥茧机、煮茧机、缫丝机和复摇机，见证无锡近代丝业的发展。

薛南溟旧宅坐落于后厂门知足桥17号，系永泰丝厂迁至无锡时建造，以方便厂主休息住宿，就近管理企业。旧宅为清水砖墙木结构，面阔5间，高两层，底楼有长廊，楼上中3间设外廊，廊栏做工考究，栏板为铸铁件，并有天桥与第二进楼房相连，楼外围墙为原建造物。2003年，以“永泰丝厂老厂房”“薛南溟旧宅”之名公布为市级文物保护单位。

七、茂新面粉厂（中国民族工商业博物馆）

茂新面粉厂位于振新路415号。原名保兴面粉厂，位于西水墩南侧梁溪河与古运河交汇处，始建于清光绪二十六年（1900年），是民族工商业家荣宗敬、荣德生兄弟集资创办的第一家大型企业，光绪二十八年竣工投产，翌年改名茂新面粉厂。所产“兵船”牌面粉曾畅销海内外。民国26年，茂新面粉厂遭日军烧毁。抗战胜利后，由荣德生之子荣毅仁负责重建。厂房内保存着当年建成的麦仓、制粉车间、粉库以及荣毅仁工作过的办公楼，是市区保存完整的近代民族工业企业旧址。1994年1月，由市政府公布为市文物保护单位。90年代末，茂新面粉厂面临倒闭，市政府出资近亿元对其进行资产置换和修缮，筹建中国民族工商业博物馆。2002年10月，以“茂新面粉厂”之名，由省政府公布为省级文保单位。2005年，经对该厂厂房、办公楼及部分老设备修缮后，建成中国民族工商业博物馆对外开放，其中建筑物修缮面积约7300平方米、新建面积约4000平方米。12月16日，协新毛纺厂、振新纺织厂、天元麻纺厂向无锡中国民族工商业博物馆捐献工业遗产文物200余件。

图4-24 中国民族工商业博物馆 （高兵摄）

八、大窑路窑群遗址

大窑路窑群遗址位于无锡城南门外，大窑路古运河与伯渎港交汇处一带。建窑始建于明洪武年间（1368～1398年）。嘉靖年间（1522～1566年），倭寇犯锡，无锡人修筑城墙用砖产自此处。大窑路窑业兴旺时期，有窑百余座，延绵1.5公里，窑工近万人，所产砖瓦畅销大江南北，远销东南亚。砖窑基本为民营，除供民间所需外，还接受官府和寺庙订购。1949年后，砖窑转为集体生产，1950年成立砖瓦生产合作社，1958年转为地方国营太湖耐火材料厂和利民瓷厂，迁出大窑路。1969年，五丰农业社的砖瓦生产并入利农砖瓦厂，大窑路烧窑历史终结。据市古运河研究会统计，至2002年，大窑路地区保存完好的大窑尚有17座，成为研究古代砖瓦业历史的重要例证。2005年末，尚存旧窑42座，其中19座较为完整。2003年6月，大窑路窑群遗址、民国年间所建窑业公所旧址，被公布为市级文物保护单位。

第三章　特色旅游资源

第一节　影视旅游区

1982年，中央电视台决定在无锡太湖之滨大浮峄嶂山麓建造电视剧外景中心。1987年4月20日，中央电视台无锡外景基地举行落成典礼。此为国内第一个专供制作电视节目的外景基地，配备中高档客房、机房、录音棚、会议室、排练厅等设施，为到无锡摄片的剧组及在锡召开的会议提供食宿行服务。其后相继建成开放西游记艺术宫、唐城、三国城、水浒城。1997年6月，唐城、三国城、水浒城以其资产和业务，成立中央电视台控股的传媒A股上市公司——无锡中视影视基地股份有限公司，功能从单一的提供场景服务发展为影视拍摄和文化旅游兼具。基地影视文化氛围浓郁，歌舞、马战、影视特技类节目演出经久不衰，古战船“太湖黄金水上游”活动深受游客喜爱。2001年，公司更名为中视传媒股份有限公司无锡景区分公司。2003年10月，影视基地被评为“无锡旅游十八景”之一。2005年，更名为中视传媒股份有限公司无锡影视基地，全年接待游客200多万人次，实现收入总额7480万元。截至2005年末，无锡影视基地总面积约100公顷，太湖水域200公顷，累计接待游客1658万人次、剧组280个。

一、唐城

1988年10月1日，国内第一个人造景观——西游记艺术宫建成开放。该项目是唐城景区的第一个景点，占地1200平方米，利用电视剧摄制后留下的一部分景物和道具及声光电的造型效果，在3个展厅集中展示大型电视系列片《西游记》中的22个场景，被称为国内第一座迪士尼式的游乐宫，开创电视文化旅游的先河。艺术宫开放后引起轰动，当天就接待游客万余人次，门票收入近2万元。开放两年即收回全部投资。

1990年，唐城动工建设。1991年5月1日，唐城竣工并对外开放。唐城占地15公顷，建有唐宫、唐街、御花园、沉香亭和华清池五大景区、近百个景点，再现盛唐时期的民俗风貌；设有3个演播室，具备生产电视剧目的基本功能。其中大演播室720平方米，具有同期声多机拍摄的功能；中演播室2个，各300平方米。唐城建造期间，接待电视剧《唐明皇》、电影《杨贵妃》中“寿王大婚”“贵妃醉酒”“华清池赐浴”等重场戏的拍摄。1992年，成立唐城艺术团，推出唐朝礼仪表演，每天定时表演“皇宫庆典”等节目；推出唐代歌舞表演、唐文化研究讲座、京剧脸谱艺术展，增添景区游趣。2000年，策划推出“盛唐皇家婚礼”，成为面向社会的又一特色服务项目。是年末，唐城被评为国家首批AAA级旅游景区。

二、三国城

1992年，中央电视台投资5000万元兴建三国城。三国城占地35公顷，建筑面积8.5万平方米，建有吴王宫、甘露寺、曹营水旱寨、七星坛、烽火台、辕门等具有浓郁汉代风格和影视文化特质的大型景点，还配套建造20多条古战船。1993年11月，中央电视台《三国演义》摄制组进驻三国城，拍摄“火烧赤壁”“刘备招亲”“草船借箭”“借东风”等重场戏。1994年8月20日，三国城开业。1995年，三国城向游客推出大型古战争演示“三英战吕布”，真刀实枪为游客演绎扣人心弦、惊心动魄的古代马战，展现三国时代群雄逐鹿、纵横捭阖的乱世风云。1997年4月8日，三国城被市旅游局授予“最受游客欢迎的景点”称号。4月19日，世界最大的仿汉鼎在三国城落座，并由上海大世界吉尼斯中心评审委员会认定载入吉尼斯世界纪录。2000年，三国城推出古装服饰秀“华夏古韵”，展示汉唐宋三代的服饰舞蹈文化。2001年，三国城利用古战船开发“太湖黄金水上游”旅游项目。

图4-25 《三英战吕布》演出　（无锡影视基地供稿）

三、水浒城

1995年，中央电视台投资2亿多元，投资兴建水浒城。水浒城陆地面积39.33公顷，水域面积100公顷。城内分为州县区、京城区、梁山区、水上区，包括皇宫、大相国寺、紫石街、聚义厅、梁山码头等几十个景点及2座共2400平方米的摄影棚，为电视剧《水浒传》拍摄提供全方位的场景。1997年3月8日，水浒城对外开放，并相继推出“醉打蒋门神”“燕青打擂”等《水浒传》表演片断，以及具有浓郁民俗风情的“王婆茶馆”“武大郎烧饼店”等游客参与项目，向游客展示《水浒传》中所反映的北宋时期社会各阶层的社会风貌和世态民情。

图4-26 水浒城　（无锡影视基地供稿）

1998年7月26日，三国城与水浒城实现景区合并，使用三国水浒景区统一门票。合并后的三国水浒景区占地约54公顷，可使用水域200多公顷，在华东地区人造景观中独树一帜。1998年9月6日，中央电视台从法国引进的大型竞技娱乐节目《城市之间》首期在三国水浒景区录制，景区与中央电视台体育部合作，承担了美术置景、宣传报道、观众组织、后勤保障等工作。9～10月，共录制7期《城市之间》节目。2000年末，三国水浒景区被评为国家首批AAAA级旅游景区。2003年4月，推出国内第一个现场连贯表演的大型影视特技演出“影视特技探索”，向游客展示古装武侠剧中影视特技的拍摄手法。

第二节　休闲度假旅游区

一、无锡太湖国家旅游度假区

马山风景优美，是一个以历史遗迹为主的游览胜地和以湖光山色著称的风景名胜区。区内层峦叠嶂，山迴水抱，坞深谷幽，泉石清奇，四时景色不同，旦夕风光各异。马山古迹颇多，有吴越交战的战鼓墩等遗迹，晋代葛洪炼丹的云居道院，唐贞观年间建成、宋大中祥符年间得名的祥符寺。梅梁小隐为南宋进士、医生许叔微所建，韩世忠曾为其撰写“名医进士”匾额一块。马山建有革命烈士纪念碑，为革命传统教育的场所。区内古树甚多，现存古柏、古银杏等12株。无锡第一号古银杏，植于宋，距今800多年，原两株同栽，长大后合而为一，树高26米，胸围8.5米。

1992年，经国务院批准，无锡太湖国家旅游度假区建立，是全国12个国家级旅游度假区之一。度假区总面积51.4平方公里，由两块不同的地形地貌构成，其中一块面积为31.4平方公里，以自然山水见长，以发展旅游产业为主；另一块面积20平方公里，集聚制药、机械、服装等企业，以发展特色工业为主。度假区内建有汇集88米高释迦牟尼青铜大佛立像、千年古刹祥符禅寺、佛教文化博览馆等项目的灵山胜境景区；以月亮湾度假中心、绿波湾度假村、碧波花园度假村、桃源山庄等为代表的一批度假单元；以龙头渚公园、锦绣公园、慕湾果园为重点的生态农业观光园以及高尔夫球场等。

二、太湖山水城旅游度假区

太湖山水城旅游度假区位于市区西南郊，是延伸到太湖中的半岛。1994年12月，市政府批准成立市级旅游区，2003年被省政府批准为省级旅游度假区。山水城以海拔281米的峄嶂山为主峰，以梅梁湖景区为依托，以太湖湖东十二渚为主体，湖岸线长27公里，规划面积3.4平方公里，行政管辖面积28.8平方公里。2005年建成区面积1.15平方公里，行政管辖面积调整为48.8平方公里。山水城旅游度假区以山水观光、影视旅游、度假休闲和都市产业为主要功能特色，区内有龙寺生态园、红沙湾生态农业观光区、太湖花园度假村等旅游景观和湖玺庄园、江南景园、游艇俱乐部等集餐饮、居住、娱乐、会议等于一体的景观式旅游度假休闲设施。

三、十八湾休闲观光区

十八湾休闲观光风景区位于市区西部，东起渔港口，西至闾江口，全长约8.87公里，面积约9.26平方公里。2003～2005年，市政府采取裁弯、取直、削坡等方法，将贯穿于十八湾的一般等级公路改造成路随山势转、桥沿湖湾架的高标准的双向四车道环太湖公路，沿太湖边建成十八湾景观区。景观区湖山相依，青山绿水，景色隽秀，从东到西依次为梅花观赏区、水生植物观赏区、游憩休闲区、农业生态园区、湖山真意区等5个景观功能区，是无锡沿太湖开放式旅游景观带之一，也是市民生态休闲、观光的特色活动场所。

四、蠡湖新城休闲观光风景区

2002年起，市政府对蠡湖全面整治，并将沿湖36公里岸线以开敞式公共绿地与具有创意的景观节点相串连，先后建成环湖路沿湖一侧从犊山大坝至蠡湖大桥约9公里长、占地约135公顷的沿湖绿带；建设湖中鸥鹭岛、渔父岛和120米高喷，增加蠡湖空间层次，丰富蠡湖旅游内容；利用原欧洲城改造建设成敞开式的蠡湖中央公园；在太湖西大道端点建设“蠡湖之光”，在蠡湖大桥北岸建设蠡湖公园（桥头公园），在犊山大坝建设渤公岛等景观节点；改造整合蠡园，再现范蠡西施泛舟蠡湖的情景，凸现吴越文化底蕴。至2005年，蠡湖新城休闲观光风景区建成开放的游览景观和旅游休闲点有：渤公含秋、渔岛晓月、水秀垂雪、卧石醉波、宝界双虹、鹭岛飞鸥、飞泉帆影、蠡湖之光、湖门溢彩、鹿峰流霞、蠡堤、西堤、水居苑（高子水居）、西施庄、蠡湖公园、蠡湖大桥公园、蠡湖中央公园、蠡湖风情园、蠡湖展示馆等，成为集自然、人文特色于一体的都市旅游风景区。

1.蠡湖中央公园

蠡湖中央公园位于蠡湖新城内，紧靠环湖路和双虹路，占地约25公顷，原为1993年5月建成开放的“世界奇观欧洲城”，是中央电视台影视拍摄基地之一。主要参观点有古希腊宙斯神坛、法国凯

图 4-27　蠡湖中央公园　（陈平摄）

旋门、英国史前石阵、葡萄牙贝伦塔、挪威乡村教堂、德国城堡、俄国庄园、意大利水庭院和欧洲一条街等，曾一度荒废。2003年，市政府重新规划，将其改造成为开放式蠡湖中央公园。2005年9月建成开放。

蠡湖中央公园充分利用原有的绿化和水系，拆除四周围墙，代之以装饰性的栅栏，新增绿地8.2万平方米，新建停车场和旅游配套服务设施共2.5万平方米。增加灯光音响监控系统、室外文艺演出场地、音乐喷泉、激光表演、水幕电影、现代雕塑等，使景区兼具异域欧陆风情和江南水文化的特色，成为以喷泉造景为特色的现代化夜公园。

园内分为两大景区。雕塑水池喷泉景区设有15种水景：雕塑涌泉、大花篮、圆环摇摆、和平鸽、彩旗飘飘、环型玉柱、皇冠山型、环型跑泉、孔雀开屏、雕塑花篮、涌泉、大拱门、时空隧道、雕塑喷水和雾喷等，共有造型114组。仿生水怪湖喷泉景区设有10种水景：世纪彩虹、环型拱射、时空走廊、雪松、鲜花盛开、擎天柱、变频跑泉、雾喷、雪松塔和水幕等，共有造型228组。

2.蠡湖公园

蠡湖公园位于蠡湖大桥北侧，占地20多公顷，2004年3月开工建设，9月30日初步建成开放。公园建设以人为本，以水为魂，以植物造园为主。依东、东南、南、北朝向，分别建造“春之媚”“夏之秀”“秋之韵”“冬之凝”四季植物景区，种植腊梅、雪松、茶梅、桂花、黄杨、白玉兰、香樟、银杏、红枫等50余种花树，一年四季有鲜花绿树可供观赏。路边放置休闲椅。一条人造景观渠将怡景池与西施照镜湖相沟通。公园中央建有以西施之名相冠的施园，与蠡园遥相呼应。园北环水而筑的百米动感水镜长廊采用欧式风格，倾斜的原木廊柱令人耳目一新。园中筑有12座造型各异的小桥，沟通全园每个景点，营造江南水乡小桥流水、曲径通幽的意境。

3.渤公岛

渤公岛又称渤公岛生态公园，集水利工程、自然风光、人文景观于一体，为纪念治水先贤张渤而命名，2005年4月建成开放。渤公岛位于环湖路大渲桥南侧与鼋头渚公园接壤处，是结合退渔还湖工程在原犊山大坝东侧围筑而成，西与管社山相望，南端与充山对峙，占地约37公顷，南北长约1700米。犊山路贯通南北，北由渤公桥与梁湖路相接，南由犊山桥连接鼋头渚。岛上除泵站、节制闸等水利设施外，结合科技部“863”项目“太湖水污染控制与水体修复技术及工程示范”，沿岸种植沉水、挺水、浮水植物，投放螺、蚌、蚬及鲢、鳙鱼苗。园内种植上百种观赏树木、数十种花草。香菱湾、荷花港、芦苇荡、三友小筑等处风光旖旎，芙蓉亭、曲荷堂、清莲桥、掬月轩古朴雅致。园中亭、台、楼、堂、轩、榭等取名，均取材于东汉张渤治水的民间传说，其中望天亭、观水亭、流云亭等生动演绎当年张渤观天象、察水情的治水情景，承露台上建有张渤化身猪婆龙雕塑和景观墙，以及以张渤女儿取名的晓风楼、浥雨楼、润雪楼等，共同凸现以张渤治水为主题的丰厚人文底蕴。在公园北端，建有面积3000多平方米的蠡湖史馆，展现蠡湖的历史沿革、社会变迁及经济发展进程，成为科普知识馆和青少年爱国主义教育基地。渤公岛生态公园内建有2个停车场及烧烤屋、茶楼等配套设施，为游人提供方便。

4.渔父岛

渔父岛位于环湖路西侧，占地7公顷，是西蠡湖带状开放式风景休闲绿地中突入湖中的唯一岛屿，通过约300米长的西堤与沿湖景观绿化带连接，是整个西蠡湖景区的最佳观景处，“渔岛晓月”为蠡湖景区十大景点之一。相传范蠡功成身退携西施隐居五里湖养鱼耕作，写下中国第一部养鱼专著

《养鱼经》,民间尊其为渔父,岛名由此而来。岛上刻有《养鱼经》,并有百步沙滩、演出平台等。渔父岛的北端修筑一条长300米的景观堤,与"蠡湖之光"景区相连,为纪念西施而取名西堤,与岛西头通向渤公岛景区的蠡堤相呼。

图4-28　渔父岛　（陈平摄）

五、太湖乐园

太湖乐园背倚梅园,南临蠡湖,占地12公顷,由市旅游总公司与香港瑞安(中国)有限公司合资建设和经营,1986年建成开业,是江苏省第一家大型综合性游乐园。1992年,"水上世界"建成开业。太湖乐园从国外引进赛车、过山车、急流乘骑、射击馆、跳跃乘骑、章鱼飞车、水上行走等数十个游乐项目,并自主开发建设单轨车、荡龙船、八卦城、儿童世界、奥妙世界、猴岛、星际世界、立体电影以及水上世界等项目。园内设有玫瑰园西餐厅、中餐厅以及商店、照相服务部等。1991年、1993年、2001年先后3届无锡自贡灯会均在太湖乐园举办。2003年,太湖乐园结束营业。

第三节　农业旅游点

一、唯琼农庄

唯琼农庄位于无锡太湖十八湾旅游风景区西侧,胡埭镇刘闾路照天湾。2005年10月开园迎客,占地20多公顷,包含观光果园区、高科技生态农业示范区、山坡自然观光休闲区、生态农业体验自然区、山林珍禽放养区、现代农居区、科研培训综合服务区、农产品加工配套区等8个功能区。农庄以唯琼优质果蔬观光园为特色,以龙山余脉自然风光为背景,有四季阳光生态园、龙泉飞瀑、垂钓中心、紫提园、梨园、放养区等农业旅游景点,是融现代农业、乡土风情、生态休闲、观光旅游、科普教育和农事体验于一体的现代农业示范园区。

二、龙寺生态园

龙寺生态园位于太湖山水城旅游度假区峄嶂山南麓,由滨湖区政府投资开辟为生态农业旅游景区,占地100公顷,2001年6月启动建设,2003年10月17日一期工程建成开园,2005年10月二期工程"太湖葡萄沟"竣工。生态园四周青山环抱,原始生态保护良好,土地平展,依山起伏,绿树成荫。园中的龙寺(又名成性寺)是一座有近千年历史的佛教古寺。龙寺山坞内还有近代名人薛福成墓、古道观以及

图4-29　龙寺生态园　（陈平摄）

保留完好的知青点旧址。园内遍植茶树、桃树、杨梅、柑橘、银杏、翠竹、板栗、柿子、石榴、红枫等多种果树、观赏树种和农作物。游客入园可进行采摘茶果、湖边垂钓、品尝太湖美味、山泉煮茗、木屋品茶、登山望湖、野外寻趣等农游休闲游活动。2004年，龙寺生态园被命名为全国农业旅游示范点，2005年被评定为国家AAA级旅游景区。

三、九龙湾乡村家园

九龙湾乡村家园位于胡埭镇东南部，北起张庄村道，西南面到九龙湾、里龙湾山坡，东至钱姚路，占地100多公顷，有20多公顷成片茶园、30多公顷茂密竹海、近70公顷原始松林，享有“江南小兴安岭”之美称，由滨湖区胡埭镇十八湾旅游发展有限公司投资2000万元建设。2003年9月23日一期工程竣工开园，主要由九龙湾、里龙湾、尚书湾、华藏湾4个湾组成，分别构成九龙湾、里龙湾水景游览区，尚书湾登山野营活动区和华藏湾佛文化休闲区等3个旅游休闲游览区。九龙湾乡村家园集餐饮、住宿、会务、休闲、娱乐于一体，拥有18幢乡村别墅、39间高档客房，以及不同风格的宴会包厢，可容纳400人同时就餐，并配备多功能会议中心及齐全的娱乐设施，设有桑拿、足浴、垂钓、登山、野外烧烤、采茶制茶等休闲项目。2005年，九龙湾乡村家园被评定为国家AA级旅游景区。

四、雪浪山生态景观园

雪浪山生态景观园由太湖镇政府投资开发，2005年10月建成开园。雪浪山位于无锡滨湖区太湖镇西南部连绵群山中，距市中心约15公里，主峰海拔146米，其高度在太湖七十二峰中名列第八。园区以雪浪山为主体，依山傍水，风景秀丽，集生态保护、农业生产、观光休闲、度假健身、科普教育于一体。园区面积387公顷，由山顶人文生态区（御茶苑和蒋子阁）、东山麓宗教文化区（横山寺和入蜀院）、西山农业观光区三大区域组成。2005年，雪浪生态景观园被国家旅游局命名为全国农业旅游示范点。

五、绿羊温泉农场

绿羊温泉农场位于锡山区羊尖镇丽安村，由沈可华个人筹资创办，2003年开发建设，2004年10月投入使用。园区建成面积20多公顷，拥有温室花卉园、果园、景观绿地及游园等。农场内布置精巧玲珑，建有盆景园、彩色苗木驯化基地、垂钓区、吊桥等景点。农场开发出绿羊清茶、绿羊梨、绿羊大闸蟹、绿羊凤梨等自主品牌农产品，游客既可以欣赏农家田园风光，又可以进行品茶、垂钓、烧烤、采摘等休闲活动。

图4-30　绿羊温泉农场　（锡山区档案局供稿）

六、太湖花卉园

太湖花卉园位于无锡西郊、惠山三茅峰之西的第二高峰舜柯山东南麓、钱荣公路西侧，前接梅园横山风景区，北界舜柯山顶峰，山脚下为平坦宽广谷地，南临花卉大道，占地近70公顷，由滨湖区政府等共同投资3600万元建设，2003年4月18日建成开放。太湖花卉园分为科普教育区、休闲度假区、生态观光区3个部分。科普教育区由科普中心、花卉广场、盆景园和花卉生产基地组成，利用园区丰富的植物资源和先进的电教化设施，经专门设计，可开展针对中小学生特点的实践活动，主要有插花艺术、茶叶知识、盆景制作、拓展训练等。休闲度假区由舜龙湖和滨湖农林科技培训中心组成。舜龙湖岸边绿树环抱，设有秋千、草亭等休闲小品设施；培训中心从事会务培训。生态观光区植物资源丰富，游客可以在领略大自然美景的同时采茶品果，享受融入大自然的淳朴乐趣，还可在园区进行烧烤、科普、拓展、定向运动。2004年，太湖花卉园被评定为全国首批农业旅游示范点，2005年被评定为国家AAA级旅游景区。

图4-31 太湖花卉园 （市园管中心供稿）

第四章 旅游线路和游程

第一节 精品旅游线路

1987年，无锡旅游行业在推出传统的风景名胜旅游项目外，根据国际游客的兴趣和爱好，如日本游客喜爱钓鱼，欧美游客对中国传统文化情有独钟，喜欢按摩、气功、太极拳等旅游休闲活动项目，在全国率先推出“江南乾隆游”“蚕丝之旅”“樱花之旅”“疗养之旅”等特色旅游线路。在国内游方面，无锡的旅行社组织旅游团队开展“除夕听钟声”、环太湖自行车休闲之旅、太湖中秋赏月等特色旅游活动。进入21世纪，加大培育农业旅游示范点的力度，一批“农家乐”“渔家乐”和休闲山庄成为无锡旅游度假休闲特色的新亮点。推进历史文化与城市旅游的有机结合，开发一批历史遗址遗迹、名人故居、历史街区旅游项目。2002年以后，市旅游局将旅游新景名品全新包装，推出无锡旅游十大精品线路。

一、太湖精华游

以太湖（梅梁湖）为中心，以水上旅游为龙头，连接鼋头渚景区（太湖仙岛）、灵山胜境（龙头渚公园）、三国水浒城景区、蠡湖景区，一览太湖胜景。

二、古运河风情游

以运河古道为纽带，连接南禅寺、南长古街、清名古桥、寄畅古园、惠山古迹，贯通黄埠墩、西水墩，连接崇安寺、城中公园以及东林书院、薛福成故居、钱锺书故居等人文古迹以及缫丝、泥人等传统地方工艺展示，尽现古运河风情。

三、二泉映月游

依托天下第二泉和寄畅园等名胜景点，组成阿炳故居、锡惠公园（天下第二泉）、寄畅园、泥人研究所（泥人厂）、蠡园（双虹园）、梅园等为主线的专题旅游产品。

四、影视文化游

以山水城旅游区为重点，以太湖影视城为主体，连接三国城、水浒城、唐城、统一嘉园、欧洲城，彰显影视文化旅游特色，增强游客互动参与度，提高服务配套功能，展示“东方好莱坞”风韵。

五、度假休闲游

以无锡太湖国家旅游度假区为依托，以灵山胜境为龙头，连接龙头渚公园、生态农业观光园、高尔夫球场、太湖垂钓中心等，构成度假旅游线路。

六、吴文化寻根游

以吴文化和吴地民俗风情为主线，连接泰伯庙、鸿声泰伯景区、吴文化公园、甘露寺等，让中外游客领略吴文化底蕴。

七、陶都生态游

以宜兴洞、竹、茶、陶为特色，连接善卷景区（张公洞、灵谷洞）、省庄竹海公园、阳羡茶园、龙池山森林公园、陶瓷博物馆、紫砂村。

八、滨江风光游

以江阴长江大桥为主体，连接大桥景观区、鹅鼻嘴公园、要塞风景区、华西村、徐霞客故居、江阴市区人文景观。

九、名人古迹游

以无锡古代、近代、现代名人古迹为主线，以薛福成故居、钱锺书故居、阿炳故居、东林书院等为重点，构成名人古迹特色线路。

十、佛教文化游

以灵山大佛（祥符寺）为重点，连接南禅寺、开原寺、广福寺，构成宗教旅游线路。

第二节　水上旅游

一、运河游

1981年，无锡市以“欲游古运河，请到无锡来”为广告语，在全国率先推出古运河旅游项目，并推出古运河无锡至苏州、常州游。无锡的古运河游览线，由吴桥经西水墩、南门至清名桥，全程6公里，历时约90分钟。此条黄金旅游线两岸名胜古迹叠连，风情古朴，山明水秀，风光旖旎，粉墙青瓦民居夹水而筑，众多屋宇挑临水面，户户屋后石级通河，河上小桥横跨，一派水乡风情。沿河有江南最古老的石拱桥清名桥、雄峙旧城南门的南禅寺妙光古塔、昔日盛况依稀可见的市肆码头、名噪明清两代的东林书院、被列为全国文保单位的薛福成故居、世界闻名的“天下第二泉”和寄畅园、江南运河著名景点黄埠墩等，将两岸枕河的民居、繁忙的米市、古老的石拱桥、高耸的宝塔、穿梭的船只和纯朴的民俗民风串联起来，构成一条江南民俗风情的流动画廊。古运河以悠久的历史文化、独特的人文景观和浓郁的风土人情成为无锡旅游业的“一枝独秀”，被海外游客称为“活古迹”“历史的画廊”。古运河旅游深受中外游客青睐，尤其是欧美客人钟情于古运河之旅，称其为“神奇之旅”。1986年，日本歌手尾形大作演唱的《无锡旅情》风靡日本，无锡古运河旅游在日本掀起新的旅游热潮。此后，这条游览线逐步延伸至苏州、常州、镇江、扬州以及浙江杭州等地，无锡江南旅行社等还专门建造“江南明珠”号游轮，开辟夕发朝至的锡杭运河航线。90年代以后，由于运河水质恶化和水上航道交通无序等原因，古运河旅游严重滑坡。

图4-32　古运河水上夜游　（刘芳辉摄）

2002年，由无锡中国国际旅行社和无锡外事游船公司职工个人合股投资7.5万元建造的“清名”号旅游船投入无锡水上旅游运营，无锡水上旅游市场步入由国资、中外合资、股份合作制等多种经济成分并存、共同发展的新阶段。“清名”号游船外形小巧玲珑，便于在小桥流水间任意游弋；船舱呈敞篷式，视野开阔。黄埠墩、西水墩古迹游，新运河风光游，清名桥民居民俗游，南禅寺赏景等游览线路和项目均可由客人任意选择；经营方式灵活，既可团体包船，又可散客点船。新机制的推出，未能挽回古运河旅游下滑的颓势。至2003年，市中国国际旅行社、市中国旅行社和市外事旅游船公司3家旅行社接待的古运河风情游游客下降至700人次。2003年7月30日起，古运河无锡段9.5公里航道的禁航令生效。此后，旅游部门规划“古运河民俗文化旅游带”，以9.5公里河道为轴线，串连两岸惠山古镇、薛福成故居、钱锺书故居等人文景观，重点开发南长桥到清名桥1.5公里河道的观光旅游。2005年5月，江苏省港航集团江南公司与无锡中国国际旅行社、无锡二泉旅行社共同出资组建无锡市迎宾游船有限公司，推出“夜游古运河”等水上游览线路，线路节点为“南禅寺—清名桥—水弄堂”，古运河旅游开始复苏。

二、太湖游

太湖游是形成于二三十年代的无锡传统游览项目。1979年，江南航运公司开办固定航班“太湖一日游”，游轮经古运河、梁溪河、蠡湖，停靠蠡园，午后环游太湖一圈，停靠鼋头渚、三山。船上供应“太湖船菜”和普通客饭。1980年，组建江苏省江南航运公司旅行社（简称江南旅行社），从事水上旅游业务。1982年7月，开办“太湖夜游”。夏季每逢周六、日，穿蠡湖，进太湖环游三山一周，欣赏太湖夜景，晚10时返航。1986～1990年共接待游客84.6万人次，年均14.9万人次，创利85.2万元，年均创利17.04万元。其中，1990年接待12个省、市115个旅游社团和疗养单位游客17.5万人次，创利46万元。“太湖一日游”成为国内旅游热线。

1996年以后，水上旅游航线游客大幅下降。2003年5月，江南旅行社结束“太湖一日游”业务。2001年，无锡水上旅游打响“太湖牌”，唱响“运河歌”，全新推出“太湖美景，无锡旅情”水上游览活动。无锡外事游船公司推出近十艘风格迥异、古色古香的游轮，成为无锡水上游一道靓丽新景。高

图4-33 “祥龙”号七桅帆船（市园管中心供稿）

速船公司充分发挥现代豪华游轮高科技、高效率、快节奏的优势，满足客人“短、平、快”的游览需求，成为无锡水上游新的亮点。滨湖区推出“渔家乐”水上旅游活动，乘帆船、尝湖鲜、唱渔歌，使游客乐不思归。各旅游景区针对水上旅游旺盛的市场需求，适时推出水上旅游配套活动项目：三国水浒景区推出“观三国风云，赏太湖美景”水上游活动，水上岸上互动，共同唱响“太湖美”；灵山景区的外太湖游览每半个小时就出航两艘游轮，深受游客欢迎；鼋头渚景区先后推出3艘七桅古帆船，每天出航20多个航次，其中40%以上为欧美等国的客人，游客可以乘帆船、游太湖、尝湖鲜。2003年，蠡园精心打造“范蠡”号、“西施”号两艘仿古游船，推出蠡湖古船游项目。2004年，建成“春秋”号、“吴越”号，推出夏季夜游蠡湖项目。游船从蠡园公园双虹园码头出发，沿途观赏蠡园景区、蠡湖新城、宝界双虹、鹿顶迎晖和蠡湖大桥等处的夜景。2005年5月，市中国国际旅行社推出“泛舟蠡湖”等10多条水上游览线路。

第三节 旅游日程安排

一、一日游

一日游线路包括锡惠公园、鼋头渚、蠡园（或梅园）一日游，唐城、三国城、水浒城一日游，三国城、水浒城、鼋头渚风景区一日游，三国城、水浒城、灵山胜景一日游，鼋头渚风景区、灵山胜景一日游；宜兴三洞一日游等。

二、二日游

第一天：参观鼋头渚、太湖仙岛；赴三国城、水浒城，观看“三英战吕布”大型古装表演。

第二天：灵山祈福，参观灵山梵宫，观看大型表演“吉祥颂”和观声、光、喷泉大型演出“九龙灌浴”。

三、三日游

1.甜美无锡，醇正江南——无锡山水园林休闲游

第一天：游览鼋头渚、太湖仙岛和蠡园、梅园。

第二天：游览锡惠胜迹寄畅园、天下第二泉等；赴三国影视城，观看“三英战吕布”大型古装表演。

第三天：游览灵山胜境，观看大型表演“吉祥颂”和观声、光、喷泉大型演出“九龙灌浴”。

2.品古吴文化、赏名人故里——无锡文化品质之旅

第一天：游泰伯庙、鸿山遗址博物馆、钱锺书故居、薛福成故居、崇安寺。

第二天：游览“最无锡”的地方——锡惠胜迹、东林书院；游览三国影视城，观看“三英战吕布”大型古装表演。

第三天：游范蠡携西施隐居之地——蠡园，泛舟蠡湖。

3.工农业考察、灵山祈福——无锡工农业考察祈福之旅

第一天：游览江南四大赏梅胜地之一的梅园，游览锡惠胜迹。

第二天：考察华夏第一村——华西村，听老书记吴仁宝演讲；游览鹅鼻嘴公园，考察海澜集团。

第三天：游览灵山胜境，观看声、光、喷泉大型演出“九龙灌浴”；游中国陶都、教授之乡——宜兴。

第五章　旅游市场

第一节　旅游经营

一、港澳台和国际旅游接待

1986年以后，无锡市加强对外宣传促销、涉外旅游设施建设和质量管理，港澳台和国外游客接待人数连年攀升。1987～1990年，先后在中国香港地区和加拿大温哥华、日本福冈、日本东京举行旅游推介活动，加大媒介宣传力度。1989年6月后，入境旅游一度受挫，无锡旅游业加大宣传促销，广招客源。1990年，派出6批人员赴美国、日本、马来西亚和东欧推销无锡旅游产品，取得较好成效。当年境外游客逐渐回升，达到15.6万人，为1988年的91.7%，其中华侨和港澳台同胞超过1988年的32.32%。

1991年7月，无锡多措并举消除特大洪涝灾害给旅游业带来的严重影响，迅速恢复旅游市场，全年接待境外游客12.48万人次；创汇1700万美元，比上年增长21.43%。1992年，全市共接待境外旅游者17万人次，创汇2075万美元。

1996年10月28日，市旅游局和国际旅行社接待“天空公主号”游船的游客。该游船是在英国注册的四星级豪华游轮，总吨位46000余吨，满载客量为1200人，船员535人。由中国国际旅行社总社在香港组织的1200人大型旅游团，乘坐该船从上海入境，于10月28日乘坐专列到无锡旅游。此团人数之多，规模之大，在无锡历史上是首次。旅游团在锡期间，游览古运河、缫丝一厂、缫丝二厂、寄畅园。

2001年美国“9·11”事件后，入境旅游市场急剧下滑。市旅游部门通过国外媒体承诺提供安全、舒适、方便快捷的旅游环境和服务；在日本、英国、法国的著名电视传媒上，由投资无锡新区的美国柯达公司、日本索尼公司等国际知名大企业的员工及家属现身说法，介绍无锡的太湖美景与祥和旅情。同时，以无锡为中心的华东五日游、太湖精华游、二泉映月游、古运河风情游等数十条旅游线路向海外市场滚动推出，无锡中国国际旅行社、无锡中国旅行社、无锡海外旅游公司等，先后与新加坡、马来西亚等10多个亚太地区的旅游机构签下6万多人的入境游协议。10月中旬起，无锡国际旅游市场回暖，400多人的欧美团、200多人的日本团等纷至沓来，以往很少光顾无锡的意大利团在1个月内就有近千人到无锡旅游。仅11月，无锡接待海外游客3.14万人次，同比增长130%。

2002年，无锡旅游巩固和拓展日本、韩国市场，辐射欧美澳新市场，扩大中国港澳台地区以及东

南亚市场。4月接待海外旅游者人数突破5万人大关，创月接待量历史最高纪录。主要客源国中，日本、马来西亚、韩国、泰国、新加坡等亚洲国家增幅都在20%以上，美国、英国、加拿大、意大利等欧美国家也有不同程度的增长。全年接待境外旅游者47.69万人次，同比增长20.6%，创历史新高。

2003年10月29日，由联合国世界旅游组织副秘书长戴维德·威利尔斯(Dewidde Villers)率领的旅游考察团一行10人，对无锡旅游业进行全面考察。考察团先后考察无锡惠山泥人研究所、太湖鼋头渚、灵山大佛和太湖大道等地，高度评价蓬勃发展的无锡旅游业，对无锡各具特色的旅游项目给予肯定和赞赏。

2004年，无锡入境游市场在遭遇2003年的"非典"疫情后迅速复苏，全年接待境外旅游者53.95万人次。中国港澳台地区和日本、韩国游客均有较大幅度增长，马来西亚、泰国、新加坡等主要客源国游客人数明显增加，欧美市场的游客回升势头较快，其中美国、加拿大、法国等国游客数均比上年增长100%以上。

2005年，继续加强中国港澳台地区和日、韩等第一境外客源板块的宣传促销，重点推进新马泰等东盟第二境外客源板块的全面启动，积极开拓澳大利亚、新西兰和欧美市场。先后组团赴中国台湾地区和日本、韩国、澳大利亚、新西兰、美国、加拿大以及东盟诸国进行无锡旅游宣传推介；与新加坡国家旅游局开展双向修学旅游合作；与日本大分县建立两地合作互动关系；邀请澳大利亚旅游局考察团、美国旅行商考察团到无锡进行旅游考察和线路踏勘。全年接待入境旅游者65.87万人，创汇2.63亿美元。

1986～2005年无锡市港澳台和国际旅游接待情况表

表4-1　　单位：人次、亿美元

年份	总人数	其中				创汇
		外国人	华侨	港澳	台湾	
1986	116776	86785	230	29761	含在港澳中	0.08
1987	126004	92219	837	32948	含在港澳中	0.10
1988	170465	85166	754	24141	60404	0.15
1989	106272	37907	354	34275	33736	0.15
1990	156283	43415	5934	31727	75207	0.14
1991	124767	64251	5323	24543	30650	0.17
1992	169273	87694	3474	34909	43196	0.21
1993	161106	100913	2689	28414	29090	0.16
1994	157126	106795	3382	27692	19257	0.41
1995	171272	112445	2012	40026	16789	0.52
1996	194218	128273	4523	45003	16419	0.54
1997	217819	139949	1196	54701	21973	0.65
1998	225958	144355	2712	49677	29214	0.76
1999	258580	155479	2628	52386	48087	0.86
2000	327648	193106	59051	1388	74103	0.98
2001	395438	229091	65170	1643	99534	1.18
2002	476866	302445	65535	1770	107116	1.48
2003	438041	284593	67800	4828	80820	1.59
2004	539454	347081	87768	3075	101530	2.07
2005	658740	431819	94975	3836	128110	2.63

二、境内旅游接待

1987年，无锡市在国内成立第二家市级旅行社协会，加强对境内旅游市场的规范管理。1988年11月下旬，继上海旅游洽谈会之后，为了进一步增强与各地旅行社之间的横向联系和合作，无锡市国内旅行社协会举办’88无锡国内旅游洽谈会。全国20多个省市的400多家旅行社、600多名代表与会。1992年，无锡涉外星级饭店开始向社会开放，一些原来只经营国际旅游的二类旅行社、汽车公司、游船公司开始经营境内旅游业务，全年有组织地接待境内旅游团体游客83万人次，1993年增至93万人次。

1994年8月19日～10月11日，无锡举办’94中国无锡太湖影视文化旅游节，接待境内外旅游者和客商305万人次，其中境内游客和客商超过301万人次。各市（县）挖掘旅游资源，推出特色旅游，无锡县举办泰伯庙寻根旅游，宜兴开展旅游与大型商贸活动合二为一的“陶艺节”，江阴黄山公园和徐霞客故居吸引众多游客。

1995年5月1日起，国家实行双休日制度，增加中国公民旅游休闲时间。市旅游部门组织国际梅文化节、第五届太湖国际钓鱼节、宜兴陶瓷艺术节等旅游节庆活动，丰富双休日旅游活动内容。1999年国庆节开始，实行春节、“五一”、“十一” 7天长假制度（俗称“黄金周”），3个黄金周的境内旅游人数大幅增加。2000年，春节期间全市各旅游景点接待游客超过50万人次；“五一” 期间，全市旅游人数158万人次，旅游收入4.5亿元；国庆期间，全市旅游人数119.88万人次，全市平均客房出租率62%，旅游收入3.78亿元。

2004年，无锡民航通航，境内客源地由江、浙、沪等周边地区为主，逐步向中远程距离的北京、河北、安徽等20多个省、市延伸。2005年，全市旅游部门接待境内旅游者2637.5万人次，旅游接待总收入301.6亿元。

2001～2005年，各年份春节、“五一”、“十一” 3个黄金周接待游客人数和旅游总收入，分别为303.27万人次、11.29亿元，329.34万人次、18.19亿元，236.88万人次、14.03亿元，450.73万人次、27.48亿元，527.09万人次、33.8亿元。

1995～2005年无锡市境内旅游接待情况表

表4-2　　单位：万人次、亿元

年份	接待人数	总收入	年份	接待人数	总收入
1995	649.58	47.53	2001	1167.42	111.50
1996	590.01	37.47	2002	1501.27	150.93
1997	883.90	57.73	2003	1765.16	180.54
1998	963.85	85.31	2004	2201.56	229.68
1999	1072.26	96.26	2005	2637.50	301.60
2000	1127.77	109.87	—	—	—

第二节　旅游产品推介

1986年9月27日，由日本ABC音乐发行公司会长山田广作、著名作曲作词家中山大三郎、著名歌星尾形大作率领的《无锡旅情》歌曲发表团，在市人民大会堂举行《无锡旅情》《清名桥》两首歌曲发表仪式。1988年4月～1989年3月，《无锡旅情》在日本6家电视台连续播放，发行唱片、磁带超过

100万张（盒），在日本卡拉OK娱乐场所占日本歌曲点唱率之首，无锡在日本的知名度得到迅速提高，掀起了“无锡旅情”热，日本成为无锡主要海外旅游客源市场之一。

1987年，市旅游局把对外旅游宣传和旅游产品开发作为工作重点，当年先后印制10万份《无锡导游图》，制作无锡风景幻灯片5000套，出版英文版《无锡》等宣传材料，并推出“江南乾隆游”“蚕丝之旅”“樱花之旅”“疗养之旅”等特色旅游线路和无锡丝绸、惠山泥人等具有无锡地方特色的旅游商品。先后多次参加全国性展览会和境外展销活动，包括1987年在北京举办的中国国际旅游展览会、1987年在香港举办的中国旅游展览会、1988年在温哥华举办的加拿大太平洋地区展销会等。

1988年10月，《人民日报》（海外版）发表介绍无锡旅游的专栏。1989年4月全国旅游宣传周期间，在商业大厦设旅游宣传橱窗，无锡电视台拍摄《无锡旅游回顾与展望》。1989年10月，市旅游局与无锡日报社、无锡电台等联合发起征集评选无锡旅游的对外宣传口号，收到来自十几个省市1079封信，通过群众推荐、专家评选，在4785条口号中选中“无锡，充满温情和水”，充分反映无锡地区丰富的水上旅游资源和全国旅游优质服务先进城市的特色。1990年4月，在鼋头渚公园内树立“无锡，充满温情和水”石刻一块。

1991年2月2～5日，市旅游局在北京开展旅游促销活动。2月4日，在北京国际饭店举行无锡旅情恳谈会，介绍无锡市旅游业的基本情况，推出“古运河之旅”10周年纪念、无锡・自贡太湖之春艺术灯会、中秋太湖赏月等特色旅游活动，播放无锡旅游电视片《太湖之夏》。湖滨饭店独创的“乾隆江南宴”在北京首次亮相，受到赞誉。7月，无锡遭遇特大洪涝灾害，旅游业受到严重影响。灾后，为尽快恢复市场，无锡旅游业积极邀请外地新闻人士实地采访，邀请海外旅游商务人员实地考察，赴日本、英国等地宣传促销，灾后旅游市场得到较快恢复。

1993年5月，市旅游局一行5人随“水乡——中国江苏观光节”大型旅游展览会代表团赴日本进行促销活动。以歌曲《无锡旅情》为主题的无锡市展台吸引大批日本观众。

1994年，市旅游局全年共派出38批团队出访，促销范围涉及中国香港地区和日本、法国、英国、新加坡、马来西亚、泰国、印尼、俄罗斯、奥地利等国家；组织全市100多家旅游单位分别参加南京“9・27”世界旅游日旅游商品展览会和成都国内旅游洽谈会。

1995年3月，’95无锡旅游项目恳谈会在深圳举办，为无锡市首次举办的旅游专项招商活动。恳谈会共推出特色旅游项目102项，中国港澳地区和美国、德国、日本、加拿大、澳大利亚、韩国、奥地利、新加坡等国客商200余人参与。世界吴氏宗亲会在同锡山市分团洽谈时，主动捐款20万港元，支持修缮泰伯庙。4月，赴韩国宣传促销三国城、吴文化公园、保健疗养旅游等特色旅游项目，开辟新的客源市场。是年，市旅游局先后组织32批次、92人次旅游单位赴中国香港、澳门地区和美国、日本、东南亚等国进行促销。

1996年1月，无锡市招商恳谈代表团赴中国香港地区和新加坡，举办旅游合作恳谈会，拜访数10家有旅游投资合作意向的公司、旅行社、饭店、学校等，并在新加坡4家饭店举办“湖滨饭店四大宴席新加坡美食月”。无锡旅游招商活动在狮城引起极大反响。12月，无锡代表团参加在上海举行的全国国内旅游交易会，太湖影视城的表演轰动一时。

1998年，无锡旅游业实施“行业联手、区域联合、规模促销”的整体宣传促销方针，各旅行社相继推出“太湖精华游”“老年特色旅游”等一批特色旅游项目，“太湖美景，无锡旅情”的美誉度和知名度得到迅速提升。

2000年，无锡以“神州世纪游”为主题，推出太湖旅游节、“夕阳红”国际老年合唱节、灵山历史文化旅游节等一系列旅游活动，组织各旅游单位参加2000年中国旅游风景区博览会、全国国内旅游交易会、中国国际旅游交易会以及周边地区各主要城市的旅游产品说明会、展示活动，打出“无锡旅游真精彩，金秋请到无锡来”的旅游促销口号，受到周边地区旅行社和公众的欢迎。

2001年，赴北京、香港、天津等10多个省市和地区开展以“太湖美景、无锡旅情”为主题的宣传推介活动，继续巩固和拓展周边地区客源市场，在市区八佰伴广场、南禅寺文化商城举办由无锡及周边城市旅游企业参加的迎“五一”无锡旅游推荐活动和2001年无锡旅游大型咨询展示活动。黄金周期间，在中央电视台假日旅游信息节目和其他国家级媒体开展有关无锡的宣传。6月7日，无锡市旅游界代表团赴香港参加第十五届国际旅游展览会。8日下午，市政府在香港会展中心举办太湖美景无锡旅游说明会暨无锡旅游项目恳谈会，签订5个旅游合资项目，合同引进资金7500万美元，达成6万多人到无锡旅游的外联协议。

2003年2月和3月，无锡旅游促销团分别赴日韩和欧洲进行旅游宣传和推介。3月下旬至4月上旬，无锡旅游业组团到上海、浙江、安徽、山东等地开展旅游促销活动，集中打响旅游度假城市品牌，向游客特别推介钱锺书故居、东林书院、灵山文化园区等一批旅游新产品。4月7～17日，市旅游部门赴福建厦门和广东佛山、深圳、广州等6个珠江三角洲城市推介“太湖美景、无锡旅情”新产品。6月，“非典”疫情得到有效控制后，无锡旅游行业在第一时间启动旅游市场，宣传推介无锡“太湖美景、无锡旅情”品牌。6月18～23日，无锡旅游推介团前往苏北盐城、徐州、连云港、宿迁、淮安5个城市举行以跨区域互动合作为主题的大型宣传促销活动，为省内游市场重新启动后，全省范围内率先实施的大型宣传促销活动。7月5日，无锡旅游代表团参加在杭州举行的长江三角洲“15+1”旅游城市区域合作高峰论坛，宣传“太湖美景，无锡旅情”，积极倡导建立长江三角洲无障碍旅游区，参与签订《长江三角洲旅游城市合作宣言》，并与长江三角洲旅游城市和旅游企业洽谈。7月15日下午，市政府在上海华亭宾馆举行无锡旅游新景名品推介会，上海100多个旅游单位和20多家媒体参加。会上，两地旅游界签订旅游合作协议，实行客源互送。8月5～8日，无锡旅游促销团赴温州，与温州旅游部门签订旅游互动合作协议，启动千名游客互送活动。

2004年，市旅游部门抓住无锡机场通航的契机，先后到北京、河北保定、石家庄、邯郸等城市展开宣传推介、旅游促销活动；南下与深圳、广州和香港旅游界商谈利用民航开通推进深锡港、粤锡港等地旅游合作事宜；先后赴烟台、成都、湖南、湖北宣传促销；先后组团赴中国香港、澳门地区以及日本、韩国、加拿大、美国等国，以“太湖美景、无锡旅情”为品牌，举行旅游推介说明会。6月初，在香港召开的规模空前的旅游说明会和招商引资活动大获成功。5月中旬，成功举行全国20家卫视“握手太湖、聚焦无锡”大型旅游采访活动。

2005年，无锡紧扣“太湖明珠——无锡”这一城市品牌，创新方式，加强各客源板块宣传促销，加大媒体和网络宣传力度，在中央和省市广播电视、报纸杂志以及网络媒体上，刊播无锡旅游新闻；在中央电视台播出无锡旅游形象广告和城市形象片；与香港凤凰卫视签约拍摄无锡旅游专题片；组织无锡旅游标识评比；编印《无锡旅游画册》《无锡旅游简图》《无锡旅游交通图》等。组织“2005——欢乐江苏游”启动仪式、2005长江三角洲旅游城市高峰论坛、太湖明珠·无锡2005新丝路世界模特大赛、2005无锡金秋太湖美食节暨第二届无锡厨师节等多个重大节庆活动。

第三节　旅游节庆活动

一、中国无锡国际旅游电影节

1988年11月5～9日，1988中国无锡国际旅游电影节在无锡举行。350余名中外宾客参加开幕式，24个国家和地区的75家单位共计22部旅游影片和50部旅游录像片报名参赛。在开幕式上放映旅游片《无锡——无锡》。旅游电影节设7位评委，分别为：法国戛纳16毫米电影节创始人、曾6次获国际大奖的阿尔比科科，曾担任过8个国际电影节评委的日本东京国际电影节秘书、特别顾问草壁久四郎，美籍华人、美国《看东方》电视系列节目主持人靳羽西，国家旅游局宣传司司长李海瑞，北京电影学院教授周传基，北京青年电影制片厂艺术顾问李文斌，中央电视台台长助理孔令铎。国家旅游局局长韩克华、副局长章新胜，广播电视部副部长陈昊苏及省旅游局、市政府领导参加电影节活动。丹麦的《丹麦交响曲》、美国的《众人向往之地》、摩纳哥的《迷人的摩纳哥》分获旅游电影节金龙奖、银龙奖、铜龙奖，中国旅游片《中国黄山》获公众奖。电影节上印发专题画册。

二、无锡—自贡灯会

1991年4月30日～6月15日，1991无锡—自贡太湖之春艺术灯会在太湖乐园举办，历时47天，共接待苏、浙、皖、沪的21个市、县观众及境外游客共780多万人次，是无锡市规模最大、时间最长、人数最多、效益最好的大型群众文化活动。灯会期间，门票收入937.77万元，太湖乐园的游乐、食品、商品、广告收入350万元。门票收入、观灯总人数创历次自贡灯会的最高纪录。

1994年9月8日～10月28日，1994无锡·自贡太湖金秋艺术灯会在太湖乐园举办。灯会设30组大型灯组和400盏大型气氛灯，最高的灯组高36米，最大的灯组占地面积1750平方米。灯会集历届灯展之大成，并首次推出运用尖端科技制作的电脑激光灯，以增强灯会的立体感。灯会期间共接待来自苏、浙、皖、沪的22个市、县游客以及境外游客共40余万人次，营业收入906万元，盈利200万元。

2001年9月16日～10月29日，由无锡市政府和自贡市政府联合主办，无锡市旅游局、无锡太湖乐园有限公司、自贡处处春食品有限公司承办的无锡—自贡第三届国际恐龙灯会在无锡太湖乐园举办。灯会以恐龙造型为主题，荟萃历届灯会精品，共展出50组大型灯组和3500只工艺彩灯，场面宏伟。“新世纪”“东方龙”“祖国颂”“绿色家园”“风情民俗”“艺术戏剧”“古典建筑”“体育科技”等八大系列的彩灯令游客流连忘返；“太湖神女”“陶朱公游湖”“二泉映月”“太湖美”等具有江南特色的灯组，令当地游客倍感亲切。“世纪灯树”灯组根据战国和汉代枝型灯造型演变而来，树的主干以仿青铜效果和汉代装饰纹样制成，古朴典雅；“版纳风情”“还珠格格”由真人进入灯组表演；游客还可以进入“中华大家庭”灯组，登上雄伟的“天安门”；“机器人”“活体恐龙”“魔瓶”则体现灯会的高科技含量，令人耳目一新。灯会接待游客16.25万人次，营业总收入425.9万元。

三、太湖影视文化旅游节

1994年8月19日～10月11日，无锡举办’94中国无锡太湖影视文化旅游节，历时53天，先后举行三国城开业、太湖中秋赏月、米市艺术节、遨游太空城、第五届太湖艺术节等15项各具特色的影视、文化、旅游和经贸活动，接待境内外旅游者和客商共305万人次，其中境外游客与客商4万人次。主要旅游接待单位营业收入1.7亿元，回笼资金近10亿元；各类洽谈订货成交额128亿元，外贸供货成交额836.7万美元；利用外资项目16个，投资总额1.5亿美元。

四、太湖旅游节

1996年5月31日～10月下旬，市旅游局、市园林局、市文化局共同主办’96无锡太湖旅游节。5月31日～6月30日为第一阶段，举办旅游节开幕式、太湖仙岛建成庆典、“太湖仙岛杯”旅游摄影创作比赛、“太湖鱼米乡”专场文艺演出、国际旅游恳谈会、无锡旅游咨询洽谈会、太湖旅游节花卉展览、美食月暨星级饭店厨师长创新菜研讨会等活动。9月下旬～10月下旬为第二阶段，举办第六届太湖艺术节暨庆祝新中国成立47周年游园会、太湖钓鱼节等活动。旅游节期间，共接待海内外游客200余万人次。太湖旅游节由此成为无锡旅游的节庆品牌活动，此后每年举办。1997年的太湖旅游节以中国旅游年为活动主题。

1998年5月8～11日，举办’98无锡太湖旅游节。各旅游单位联手推出三国水浒景区、鼋头渚风景区“太湖仙岛”及无锡太湖旅游度假区灵山胜景等精品景点（线路）。三国水浒景区向中外游客献演“三英战吕布”“义取高唐州”等精彩节目；宜兴市组织游客游览善卷洞，参观陶瓷博物馆及竹海、茶场，观看采茶、制茶并品茶；江阴让游客在鹅鼻嘴公园一睹在建的江阴长江大桥风采，在华西村金塔鸟瞰乡村田园风光，在徐霞客故居瞻仰游圣风采。9万多人次境内外游客参加旅游节，规模为历届之最。

图4-34 1996年太湖旅游节开幕式 （顾祚维摄）

1999年10月9日，’99太湖旅游节暨无锡首届龙舟赛开幕，无锡及外地的22支龙舟队589名选手参加比赛，郊区河埒镇队夺得无锡首届龙舟赛市内组冠军；应邀参赛的6支外市龙舟队中，徐州水利队和温州雁荡山队分别夺得冠亚军。旅游节期间，上海、南京、无锡、苏州、杭州、宁波、绍兴等华东七城市旅游局联手合作，以“玫瑰婚典”为共同品牌，推出具有民俗风情特色“太湖情——无锡玫瑰婚典”。10月23日上午，由30对新人参加的婚庆大典在市体育公园举行，无锡市副市长贡培兴为新人主婚，体坛名人潘多为证婚人。婚典结束后，举行“玫瑰丽人行”活动，新人们在玫瑰婚典标志车和玫瑰形象天使的引导下，登上敞篷花车以及玫瑰观光车绕市中心一周。当天下午，新人在三国城举行仿古婚礼，并在太湖仙岛同开“连心锁”。

2001年9月20日～10月20日，第七届太湖旅游节举办。其间，举办首届长江三角洲及周边地区旅游交易会、无锡太湖风情旅游月、“无锡旅游十八景”评选命名、灵山之夜迎国庆焰火晚会、首届无锡太湖风筝节、善卷景区梁祝文化旅游节等活动。

2002年9月27日，第八届太湖旅游节暨无锡旅情美食节和欢乐金秋购物节同时开幕。9月中旬开始，无锡市旅游业餐饮界参与美食节活动，三星级以上的饭店各报4～5种传统菜，其他旅游餐馆和百年老字号饭店各报3～4种传统菜，由专家和市民评点。参评菜肴超过300种，梁溪脆鳝、无锡排骨、鱼皮馄饨、肉酿生麸等无锡传统名菜名点和经典菜肴重新包装面世。9月28日，无锡市历史上第一条旅游餐饮街——北大街—青石路旅游餐饮街举行开街仪式，成为旅游节主体活动之一。该街全长1600余米，共有380间店铺，其中餐饮企业50余个，是市政府命名的第一条专业商贸特色街。旅游节期间，游园人数145万人次，接待中外游客120.28万人次。

2003年开始，太湖旅游节成为无锡太湖博览会的组成部分。2003年9月20日，第九届太湖旅游节暨首届长江三角洲旅游交易会在无锡举行，参加城市40多个。为时两天的长江三角洲旅游交易会主要面向无锡市民，使市民“不出无锡城，走遍‘长三角’”。

2004年9月20日开幕的太湖旅游节，内容包括2004长江三角洲旅游交易会暨国际旅游商品博览会、大型广场联欢活动、鼋头渚中秋赏月烟花大会、10万市民滨湖新景游等。“长三角”旅游交易会上，内地80多个城市和中国香港、澳门、台湾地区，以及韩国、马来西亚、菲律宾、新加坡、埃及等国家的旅游界人士云集无锡，展台展位规模突破300个，旅行商、参展商5000多名，参与活动人数超过8万人次。

2005年9月3日，2005中国长江三角洲国际旅游交易会暨无锡国际旅游商品、酒店用品博览会在市体育中心举办，太湖旅游节开幕。其间，举办2005年无锡金秋太湖美食节，举行饭店品牌菜肴展评等活动。

第四节　旅游商品开发

无锡的传统旅游商品以地方土特产为主，主要有惠山泥人、宜兴紫砂、酱排骨、油面筋、无锡小笼馒头、阳山水蜜桃、太湖珍珠等。1981年，锡绣艺人成功创制刺绣艺术新品种“双面精微绣”，锡绣产品开始进入旅游市场。

1986年之后，随着旅游业的蓬勃发展和旅游者要求的提高，无锡传统的旅游商品不断创新设计，提高工艺，美化包装。惠山泥人厂精心设计数十种旅游商品。《泥八仙》将“八仙过海，各显神通”表现得栩栩如生；《团阿福》以夸张的手法表现出无锡民间传说中人人喜爱的阿福形象；《下雨了》以春雨、女童、小伞、花衣、蓝裤等构图造型，散发浓浓的江南乡土气息；《老渔翁》手执钓竿钓得大鲤鱼，表现出年年有余的喜悦之情和鱼米之乡的快乐景象；《祝您生日快乐》，由一对童男童女和背红蜡烛的青狮组成，烛光点亮，悠扬的乐曲响起。1992年4月，在郑州全国旅游商品展评会上，市旅游局下属企业无锡美达织造有限公司的“永久之绿”牌真丝衫获商业部、轻工部、纺工部、国家旅游局颁发的天马金奖，市工艺雕刻厂的麦饭石茶壶获天马银奖。

1996年，灵山景区成立灵山旅游工艺品公司，后发展为灵山文化商务有限公司，主营旅游商品开发、设计。该公司出品的“天下第一掌”，小巧玲珑，是灵山大佛的右手复制品，大佛右手所写“施无畏印”代表祛除痛苦；“纯银拈花佛手”，象征着吉祥如意，平安快乐，水晶底座托出用纯银制成的佛手莲花，晶莹剔透，富有灵性和品位；“新世纪护身挂件”是以灵山大佛形象为主要内容的佩戴饰物，中间图像采用金箔制成，金光灿烂，外壳全铜镀金，镶嵌水晶玻璃面，周边镶人造水钻，整个造型高贵典雅，漂亮大方。该公司还推出与古刹相关的金卡、金刚经挂件、平安符等诸多旅游产品。

鼋头渚景区与艺术院校联手开发出玉器“震泽神鼋”、绢屏“太湖宫扇”、“水漏”等系列旅游商品。“震泽神鼋”为镇园三宝之首，是鼋头渚风景区形象的代表；“太湖宫扇”是古代宫廷中用的绢扇，扇面上绘缠绵的历史故事、美丽的太湖风光等；“水漏”是古代的一种计时器具，工艺木架古朴沉稳，上下锥形玻璃球内装有太湖水，水面各置太湖七桅古船一艘，随水而动，体现动与静的完美和谐。

锡惠园林文物名胜区推出旅游商品“二泉映月音乐钟”，以一把古老的二胡，分别与光盘钟、阿炳泥制塑像、二泉风景组合成“二泉映月”系列台式摆件，并设置《二泉映月》的乐曲定时奏响。在材料配置上运用二胡、惠山泥塑、红木座几等传统工艺，具有鲜明的无锡民间艺术特色，堪称一绝。锡惠名胜区还推出“锡惠胜景竹刻系列”“二泉茶罐”等旅游商品。2004年惠山寺开放后，结合古刹文化，推出木雕、摆件等工艺品。

2002年2月，市旅游局举办无锡市首届旅游商品展览，1000多个系列和品种参加展出，最后评出《三国演义》连环画系列、灵山护身符系列、玉石“二泉映月”系列、江阴“红豆”系列、“徐霞客”系列、泥人“阿福”系列、泥人“脸谱”系列、泥人“渔翁”系列、双面绣“清名桥”系列、无锡风光通雕瓷器系列、无锡风光16英寸彩绘盘系列、铜制品“恭喜发财”系列、锡制品“无锡风光盘”、“无锡风景”镇纸、“丽媛”牌磁化紫砂壶系列、震泽神鼋、“寄畅园”系列、宜兴紫砂壶系列、太湖淡水珍珠项链、惠山油酥、金刚肚脐腊烧片、无锡酱排骨、无锡太湖熏鱼、无锡小笼包子、阳山水蜜桃、灵山素饼、“霞客”黑酒、“金阿福”老酒、“惠泉”黄酒、“太湖水”啤酒、“兰山”毛尖茶系列、真丝T恤系列共计32件新颖别致、富有特色的产品，作为无锡市首批推荐旅游商品。

第六章　旅游综合服务

第一节　旅行社

1986年，市总工会、市妇联、市体委、市青联、市侨联等有对外联络、接待职能的单位，分别成立无锡市职工国际旅行社、无锡市妇女国际旅行社、中国国际体育旅游公司无锡分公司、中国青旅集团无锡公司、中国康辉旅行社无锡分社等，分别经营国际旅游业务。此后，无锡市郊相继兴办一些旅行社，主要经营休养旅游业务。1992年，全市批准成立三类旅行社9家。1993年，又新批三类旅行社10家，总数达到30家。1995年，新办旅行社2家，停业整顿旅行社2家，撤销旅行社3家。至1996年末，全市共有一类旅行社5家、二类旅行社6家、三类旅行社33家。1997年，由26家旅行社组成天天游有限责任公司，改善火车站地区一日游市场的混乱局面，规范一日游市场。

2000年7月，国家旅游局公布1999年度全国国际旅行社100强和国内旅行社100强名单。无锡市中国旅行社、中国康辉无锡旅行社、无锡天天游有限责任公司、江阴华西旅行社、锡山职工旅行社及无锡铁路旅行社进入全国双百强旅行社行列，无锡市双百强总数居全国第九位。2000年末，全市旅行社总数达60家，其中国际旅行社14家、国内旅行社46家。

2001年，无锡海外旅游公司和无锡中国国际旅行社两大旅行社组建联合体，华西旅行社在安徽淮南设立分支机构。由无锡市假日国际旅行社和日本西航旅行株式会社合作创办的无锡威霖假日旅行社有限公司经国家旅游局和国家经贸委批准成立，这是华东地区首家中外合资旅行社。2002年，无锡中国国际旅行社、康辉旅行社、海外旅行社组成“协诚假期”，无锡市中国旅行社、招商旅行社、假日旅行社组成“联盟假期”。无锡市旅游局会同公安、工商、物价等部门对天天游公司进行资产重组，4月30日，重组后的无锡天天游旅行社有限责任公司由旅行社、铁路、交通以及3个AAAA级景区共15家单位组成，实行旅游线路、服务项目、价格“三公开”，标识、标准、着装“三统一”。创新一日游运行管理机制，建立市旅游咨询服务中心、市旅游住宿调度中心、市散客集散中心。2003年8月11日，无锡假日国际旅行社、无锡阳光国际旅行社等10家旅行社宣布组成“十佳联盟”，成为无锡参与旅行社数量最多的旅行社联合体。

2005年末，全市共有旅行社95家，其中国际旅行社15家、国内旅行社80家。

一、无锡中国国际旅行社有限公司

位于无锡市新生路7号。始建于1954年，原名中国国际旅行社无锡支社，主要职能是接待到锡参观、访问的外国友人及旅行者，隶属于市政府对外事务工作组。1986年，划归市旅游局管理。1985～1988年，在全国国际旅行社系统开展的优质服务竞赛中，连续4年评为“全国旅游优质服务第一”。1988年，升格为中国国际旅行社无锡分社。1992年8月，升格为能自主外联海外旅游者的一类社，更名为无锡中国国际旅行社。2001年2月，改制成立无锡中国国际旅行社有限公司。同年，率先在全省旅游系统注册“玩得福”（Wonderful）旅游商标。至2005年末，有职工91人，其中，翻译、导游人员50多名，包括英语、日语、德语、法语、韩语等10个外语种翻译。2005年，共接待外籍旅游者、华侨、港澳台同胞近6万人，接待境内旅游者1万多人次，营业收入1.5亿元。

二、无锡市中国旅行社有限责任公司

位于无锡市车站路88号。前身是1956年成立的无锡华侨旅行服务社，1972年改组为无锡市中国旅行社，隶属于市政府侨务办公室，主要职能为按照政府指令负责接待海外华侨和港澳同胞。1985～1992年，在全国中国旅行社系统开展的优质服务竞赛中，连续8年被评为先进。1992年8月，升格为能自主外联海外旅游者的一类旅行社。2001年，通过股份制改造为无锡市中国旅行社有限责任公司。公司主要经营出境旅游、境内旅游、入境旅游和国际国内航空代理。自1998年起，连续被评为全国百强国际旅行社，为江苏省诚信旅行社。至2005年末，有职工256人，其中翻译、导游106人，领队51人。全年组织接待入境游客35.47万人次、出境游客0.81万人次、国内旅游7.54万人次，实现营业收入6.24亿元，利税163万元，创汇317万美元。

三、无锡海外旅游有限公司

位于无锡市永乐路29号。前身为创建于1992年9月的无锡市海外旅游公司，隶属于市旅游局，主要经营国际旅游入境招徕和接待，1997年升格为全国首批出境及港澳旅游组团社，2001年1月转制为自然人持股的私营有限责任公司，为江苏省诚信旅行社和江苏省首批教育旅游推荐单位。公司先后推出“武夷山假日旅游专列”“《无锡旅情》旅游”“跨世纪三峡游”等特色旅游线路。2005年末，有员工65人，其中翻译、导游45人。全年接待国内外游客8.72万人次，营业收入5601.4万元。

四、中国康辉无锡旅行社有限责任公司

位于无锡市梁清路118号。前身是1985年7月成立的中国康辉旅行社无锡分社，隶属于中国残疾人福利基金会，由无锡市归国华侨联谊会代管，接待华侨、港澳台同胞和外国自费旅游团。1994年，升格为一类旅行社。2001年7月，转制为中国康辉无锡旅行社有限责任公司，隶属于北京首都旅游集团控股的中国康辉集团旅行社有限责任公司。公司主要经营入境旅游、出境旅游、国内旅游、国际国内航空机票和车船票代理、会议服务、商务服务、汽车客运等，是省教育厅、省旅游局首批推荐的开展教育旅行的旅行社之一。2005年，有职工86人，包括英、德、日、韩、俄等语种和粤语导游，接待国内外游客4.04万人次，营业收入55083万元。

五、无锡假日国际旅行社有限公司

位于无锡市中山路215号恒通大厦7楼。前身是成立于1995年5月的无锡假日国际旅行社。2002年被批准为出境游组团社。2002年4月，公司与日本威霖集团共同投资组建华东地区第一家中外合资旅行社——无锡威霖假日旅行社有限公司，主要接待日本游客。2003年改制为民营企业，更名为无锡假日国际旅行社有限公司。2005年末，有正式职工36人。全年接待国内外游客8.54万人次，营业收入4302.38万元。

六、招商局无锡国际旅游公司

位于无锡市永乐路29号新天地广场1号楼12层，隶属于香港中旅集团有限公司。始建于1986年7月1日，原名无锡市天马旅行社，由市外事办公室领导，主要接待港澳同胞、华侨，后划归市旅游局领导。1991年10月13日，香港招商局集团和中国招商国际旅游总公司共同出资收购无锡天马旅行社，更名为招商局无锡国际旅游公司，升格为一类旅行社。2005年末，公司有职工86人，其中，翻译、导游52人，包括英、德、法、日、韩、泰、阿拉伯等外语翻译和粤、闽等方言导游。全年接待国内外游客9.2万人次，营业收入8000万元，利税30万元。

七、无锡中国青年旅行社

位于无锡市五爱北路32号。始建于1984年，原名中国青年旅行社无锡支社，与团市委统战部“两块牌子，一套机构”合署办公，隶属于共青团无锡市委，主要职能为接待到华访问的青年交流团体。1984年4月，改称无锡中国青年旅行社，被国家旅游局批准为二类旅行社，主要从事一类旅行社和涉外部门委托的旅游业务。2005年末，有职工40余人，其中，翻译、导游16人，包括英、日、德、泰等外语翻译和粤语方言导游。全年共接待华侨、港澳台同胞和外国旅游者2.12万人，营业收入7300万元，利税43.7万元。

八、无锡江南国际旅行社有限公司

位于无锡市人民中路69号。始建于1980年，原名江苏省江南航运公司旅行社，隶属于省江南航运公司，1994年改名无锡江南国际旅行社，主要经营水上客运、水上旅游。水上客运有江阴、宜兴、溧阳等27条班线，水上旅游有锡杭线、太湖线等。2003年，结束所有水上旅游项目。2005年末，有职工116名，其中导游58人。全年国内旅游组接团人数7.53万人次，营业收入4620万元。

九、无锡阳光国际旅行社有限公司

位于无锡市解放东路900号。成立于1997年3月，是省内首家以股份制形式组建的旅游企业。2005年，经国家旅游局批准，成为能经营中国公民出境旅游业务的组团社。2005年末，有职工36人，其中领队、导游26人。全年组接团4.4万人次，营业收入3500万元，上缴税金6.1万元。

十、无锡市外事二泉旅行社有限公司

位于无锡市清扬路27号。1992年，由市外事旅游汽车公司投资设立，系市旅游局下属企业。1998年，从市外事旅游汽车公司分出单独设立。2001年1月，转制为无锡市外事二泉旅行社有限公司。2005年末，有职工23人。全年组接团6.2万人次，营业收入3442万元，利润2.13万元。

十一、无锡市铁路旅行社有限公司

位于无锡市火车站。始建于1993年4月，为上海铁路局无锡站主办的铁路旅游企业，主要从事境内旅游、旅游专列、会议服务、代办票务等业务。2005年末，有职工32人，其中导游15人。全年组织和接待境内游客4.8万人次，营业收入9920万元，利润总额10.8万元。

2005年无锡市旅行服务机构一览表

表4-3

单　位	成立年份	地　址
无锡中国国际旅行社有限公司	1955	无锡市新生路7号
无锡市中国旅行社有限责任公司	1956	无锡市车站路88号
宜兴中国国际旅行社	1978	宜兴市宜城镇通贞观路55号
无锡江南国际旅行社有限公司	1980	无锡市人民中路69号
无锡市园林旅行社有限公司	1981	无锡市惠山直街105号
无锡职工国际旅行社	1982	无锡市清扬路1号
江阴市旅游有限公司	1982	江阴市中山南路28号
无锡中国青年旅行社	1980	无锡市五爱北路32号5F

续表

单　位	成立年份	地　址
无锡市风光旅行社有限公司	1984	无锡市兴源北路818号B座1004室
中国康辉无锡旅行社有限责任公司	1985	无锡市梁清路118号
江阴市中国旅行社有限公司	1985	江阴市澄江中路2号
无锡市春秋旅游有限责任公司	1985	无锡市大成巷8号803室
无锡市旅游有限公司	1985	无锡市通江大道898号
无锡市中北旅行社	1986	无锡市通惠东路114号
无锡市太湖旅行社有限公司	1988	无锡市太湖西大道806号
无锡招商国际旅游公司	1989	无锡市健康路58号7楼
无锡市外事二泉旅行社有限公司	1992	无锡市清扬路27号502、503室
无锡海外旅游有限公司	1992	无锡市永乐路29号
无锡市锡惠职工旅行社有限公司	1992	无锡市解放东路918号泰翔大厦4楼
江阴长江旅行社有限公司	1992	江阴市通江北路515号
江阴市职工旅行社有限公司	1992	江阴市司马街32号
无锡光大旅行社有限公司	1992	无锡市广瑞路43-6号
江阴市华西旅行社	1993	江阴市华士镇华西村
江阴市友好旅行社有限公司	1993	江阴市朝阳路73-3号
无锡铁路旅行社有限公司	1993	无锡市火车站内
无锡市水秀旅行社	1993	无锡市火车站南巷上22号
宜兴市陶都旅行社	1993	宜兴市宜城镇人民中路134号
无锡虹桥旅行社	1993	无锡市人民中路199号702室
无锡申锡铁路旅行社	1993	无锡市南巷上212号
无锡银都旅行社有限公司	1993	无锡市永丰路63号214室
无锡教育旅行社有限公司	1994	无锡市学前街27号
无锡雅东旅行社	1994	无锡市人民路224
无锡假日国际旅行社有限公司	1995	无锡市中山路215号恒通大厦7楼
宜兴市神马旅行社有限公司	1995	宜兴市宜城镇阳羡西路157号
无锡市金桥旅游有限公司	1995	无锡市青石路新巷40号
无锡湖滨国际旅行社	1996	无锡市健康路2号
无锡市国脉旅行社有限公司	1996	无锡市解放西路197号
无锡市蓝天旅行社有限公司	1996	无锡市健康路118号3楼
无锡太湖国家旅游度假区灵山旅行社有限公司	1996	无锡市滨湖区天景花园7-1102
宜兴市职工旅行社有限公司	1996	宜兴市东山西路49号
无锡东方影视旅游公司	1996	无锡市蠡园开发区太湖西大道1898号
无锡阳光国际旅行社有限公司	1997	无锡市人民中路97号佳福大厦806
无锡市天天游旅行社有限公司	1997	无锡市工艺路72号27-29室
无锡大众旅行社有限公司	1997	无锡市锡南开发区28号地块
江阴市大桥旅行社有限公司	1997	江阴市朝阳关路174号
宜兴市亚洲国际旅行社	1999	宜兴市宜城镇大众路52号

续表

单　位	成立年份	地　址
无锡市山水旅行社有限公司	1999	无锡市新生路76号2楼
江阴市新骏马旅行社有限公司	1999	江阴市君山路184-1-2号
江阴大众旅行社有限公司	2000	江阴市朝阳路91号
无锡市华夏旅行社有限公司	2000	无锡市解放北路长庆大厦279号6楼
江阴市金色假日旅行社有限公司	2000	江阴市朝阳路168号
江阴市环球旅游有限公司	2000	江阴市澄江西路123号
江阴青年旅行社有限公司	2000	江阴市澄江中路8号
宜兴市教育旅行社有限责任公司	2000	宜兴市宜城街道土城路99-2号
江阴交运旅行社有限公司	2000	江阴市人民中路270号
无锡锡能电力旅行社	2000	无锡市后西溪8号
大东方旅行社	2000	无锡市圆通路28号604室
无锡金马旅行社	2000	无锡市人民中路163号4楼
威霖假日旅行社有限公司	2001	无锡市中山路215号恒通大厦7楼
江阴春秋旅行社有限公司	2001	江阴市高巷路175号
宜兴市建工旅行社有限公司	2001	宜兴市迎宾新村132号
宜兴市春秋旅行社有限公司	2001	宜兴市宜城街道荆溪商业网点北幢3号
江阴康辉旅行社有限公司	2001	江阴市人民东路18号
宜兴市康辉旅行社有限公司	2001	宜兴市解放西路42号
无锡神州旅行社有限公司	2001	无锡市复兴路130号锦绣花园2号1602室
江阴新闻旅行社有限公司	2001	江阴市中山北路11号
无锡市锡之旅旅行社	2001	无锡市滨湖区马山梅梁路18号
无锡中洲假日旅行社有限公司	2002	无锡市水秀新村43号
无锡市赛福旅行社有限公司	2002	无锡市兴源中路6号
无锡大团圆旅行社有限公司	2002	无锡市人民西路148号
江阴市东方旅行社有限公司	2002	江阴市花园路219号
江阴市华通旅行社有限公司	2002	江阴市绮山路65号
江阴国大旅行社有限公司	2002	江阴市澄江西路299号
宜兴市山水旅行社有限公司	2002	宜兴市宜城镇人民北路132号
江阴国际大酒店旅行社	2002	江阴市澄江西路299号（国际大酒店内）
江阴阳光旅行社有限公司	2003	江阴市滨江开发区定山路10号
宜兴市环球旅行社有限公司	2003	宜兴市陶都路166号
无锡火车头旅行社有限公司	2003	无锡市火车站广场17号
宜兴市舜天旅行社有限责任公司	2004	宜兴市宜城镇周王庙B区1号
宜兴市风光旅行社有限公司	2004	宜兴市宜城镇解放东路151号
无锡市畅远旅行社有限公司	2004	无锡市北大街莲蓉园1-3号
江阴市长乐旅行社有限公司	2004	江阴市夏港镇镇澄路188号
无锡市旅游集散中心旅行社有限公司	2004	无锡市梁清路5号
宜兴市假日旅行社有限公司	2004	宜兴市宜城镇通贞观路51号

续表

单　位	成立年份	地　址
无锡市东南旅行社有限公司	2004	无锡市莫家庄248号1楼
江阴快乐假期旅行社有限公司	2004	江阴市朝阳路83号
无锡安之旅旅行社有限公司	2004	无锡市健康路31–1号3楼
宜兴市运通旅行社有限公司	2005	宜兴市宜城镇宜北路105号
宜兴市天马旅行社有限公司	2005	宜兴市宜城街道太隔西路136号
无锡市佳乐旅行社有限公司	2005	无锡市锡山区华夏中路9号303室
无锡舒心假期旅行社有限公司	2005	无锡市人民中路97号611室
无锡市春之旅旅行社有限公司	2005	无锡市锡山区锡沪西路13号
无锡山河旅行社有限公司	2005	无锡市扬名镇清二村麇巷11号
无锡康辉旅行社有限公司	2005	无锡市梁清路49号
无锡国之旅旅行社有限公司	2005	无锡市学前街1号恒通大厦17楼B座

第二节　旅游设施

一、旅游车船

1986年以后，无锡市旅游业蓬勃发展，各旅行社、旅游公司的接待设施逐步完善，接待服务能力大幅提高。1986年，市区旅游系统共有汽车263辆、外事游船15艘。1987年分别为297辆、13艘。1989年，市外事车队更名为市外事旅游汽车公司，专门从事中外国家领导人和国际、国内游客的旅游、观光、商务接待，并从事社会出租、高速客运以及汽车维修服务。同年，市外事旅游游船公司更名为市外事游船公司，拥有大、中、小型游船13艘，总客位750座。至1995年，旅游汽车和外事游船分别增至500辆和26艘。1996年，无锡太湖高速船公司与香港招商局、新加坡胜宝旺海事有限公司共同投资成立无锡招商局高速船有限公司。11月27日，两艘名为"飞燕""飞鸥"的50个客位、时速60公里的半潜桨推进高速客船投入运营，完成无锡至湖州的首航，开通太湖水上旅游高速公路。1997年，高速船公司新添"飞鹰""飞鹿"两艘50个客位的船。高速船曾接待江泽民、李鹏、温家宝等党和国家领导人及吴作栋等国外政要。2004年，因高速公路快速发展致使水上高速运营情况不良，无锡招商局高速船有限公司资产重组，公司注销。2005年，全市旅游系统共有旅游车辆618辆、游船102艘，分别比1999年增加150辆、81艘。

二、旅游饭店

70年代末起，到无锡旅游的游客大幅增加，无锡兴建、改建一大批旅游饭店。1985年8月，郊区河埒乡梁溪商业旅游公司与香港永德贸易有限公司合资兴建美丽都大酒店，是省内第一家由乡级单位与港资合营的饭店。1989年，中日合资无锡大饭店开业，9月被国家旅游局评定为四星级饭店，是全国首批四星级饭店之一。80年代末90年代初，无锡旅游饭店采用国际先进经验和办法进行经营管理，由行政招待型逐渐转向经营型。1990年，无锡星级饭店增至5家，客房1408间，床位2817张。1995年6月，以无锡湖滨饭店为基础组建无锡市旅游系统第一家企业集团——无锡湖滨集团公司。至1996年末，全市有无锡大饭店、锡山市锡州宾馆、江阴市暨阳山庄等四星级饭店3家，湖滨饭店等三星级饭店16家，梁溪饭店等二星级饭店10家。2000年9月28日，资产重组后的太湖饭店被国家旅游局评定为五星级旅游饭店，为无锡首家五星级旅游饭店。至2005年末，全市共有旅游涉外饭店88家，客房12579间，床位22078张；星级饭店72家，其中五星级饭店4家、四星级18家、三星级33家、二星级7家、一星级10家；品牌经济型酒店9家，其中国际品牌2家、国内品牌7家。

三、旅游餐饮

80年代起，为适应海内外旅游者需要，无锡经营境内、境外旅游业务的饭店、宾馆纷纷扩建、改建、装修店堂，一些主要风景旅游点内新建或装修改建专为海内外游客服务的餐厅。1988年，省旅游局实行旅游餐饮定点管理，无锡中国饭店、迎宾楼菜馆、江南酒家、京沪饭店、功德林素菜馆以及太湖乐园玫瑰园西餐厅被省旅游局批准为旅游定点餐馆，供应无锡地方特色菜肴、点心。随着无锡旅游业发展，旅游定点餐馆的数量逐年增长。1992年，宜兴乐仕乐酒楼被评为境外旅游定点餐馆。1993年，新批境外旅游定点餐馆3家，总数达到7家。1996年，境内旅游餐饮也实行定点管理，全市评定定点餐馆6家。至2003年末，全市共有旅游定点餐馆12家。2005年起，无锡市全面取消旅游定点制度，状元楼大酒店、三凤酒家等13家餐馆列入旅游餐饮推荐名单。

四、旅游购物点

1986年，无锡市有文物商店、惠山泥人厂外宾卖品部、利民瓷厂卖品部、第一丝织厂外宾卖品部、中华绣品厂卖品部、友谊商店、第四缫丝厂卖品部、工艺雕刻厂卖品部、泥人研究所卖品部等9家旅游定点商店。至1990年末，无锡市国际旅游定点商店增加至13家：友谊商店、文物商店、惠山泥人厂外宾卖品部、工艺雕刻厂卖品部、利民瓷厂卖品部、天宝外宾商场部、缫丝四厂外宾营业部、鼋头渚公园澄澜堂、滨湖山馆小卖部、丝织一厂卖品部、泥人研究所卖品部、缫丝三厂禾丰营业部、天马旅行社蠡园卖品部。1992年，新增国际旅游定点商店3家：市中华绣品厂外宾卖品部、市缫丝二厂外宾商场、宜兴国际旅游商场。1993年，无锡惠山泥人厂、无锡肉类制品厂、无锡真丝针织总厂、无锡美达织造有限公司、无锡丝源化妆品有限公司、宜兴紫砂工艺二厂被国家旅游局评为全国旅游商品定点生产企业。至2003年，无锡市有旅游定点商店19家。

2005年起，无锡市全面取消旅游商品定点制度，大浮东方工艺品商行、帅元紫砂艺苑、银光丝绸专卖商店、无锡市太湖珍珠制品厂、惠山泥人公司卖品部等17家单位列入旅游购物推荐名单。

第三节　旅游咨询

1998年5月，"无锡旅游网" 运行，向全球发布无锡的旅游资源、旅游景点、旅游设施、旅游产品、旅游服务等信息。网站设有中、英文对照的《无锡旅游纵览》《太湖风光旅游》《特色文化旅游》《度假休闲旅游》《美食无锡》《旅游法规》等10多个栏目，展示无锡旅游特色及"无锡充满温情和水" 的城市形象。

2003年9月，无锡市旅游咨询中心成立，成为对外宣传旅游的重要窗口。旅游咨询中心成立后，通过建房设点、购房设点和联合设点等方式，分别在无锡火车站、崇安寺、江南大学、江阴市、宜兴市设立5个旅游咨询服务窗口，在主要旅行社、饭店、景点、商店及社区设置25台服务终端，在灵山景区、鼋头渚景区、三国城景区、锡惠景区、蠡园、梅园等各主要景区设立旅游咨询服务点，在无锡机场、火车站、汽车站、商业大厦、八佰伴、家乐福、保利广场、江南大学等场所设立旅游信息触摸屏查询系统，为游客和市民提供城市旅游的各种信息，包括景区、饭店、酒吧介绍、机票、车票信息，购物指南，地图标注等。市旅游咨询中心提供24小时电话咨询服务。

第七章　旅游管理

第一节　机　构

1982年9月，市旅行游览事业管理局（简称“市旅游局”）成立，与市政府外事办公室实行“两块牌子、一套机构”合署办公。1985年1月，市旅游总公司成立。1987年3月，市旅游局与市外事办公室分开，单独成立二级局管理机构，与市旅游总公司实行“两块牌子、一套班子”合署办公，受市政府直接领导，是无锡市旅游业的行政职能机构和经营管理机构。1990年3月，市旅行游览事业局更名为市旅游局，调整为一级局。1995年3月15日，市旅游质量监督管理所成立。1997年，市旅游局改为事业编制的市旅游事业管理局。2001年，市旅游事业管理局改为市旅游局，为市政府工作部门。2002年4月，市旅游监察大队成立，对旅游企业和旅游市场进行监管。2003年9月，市旅游质量监督管理所与市旅游监察大队合署办公。2005年末，市旅游局设纪委监察室、组织人事教育处、办公室、行业管理处、市场开发处、综合法规处、规划统计财务处和旅游监察大队、旅游质量监督管理所。

第二节　旅游规划

1986年，市政府制定《无锡市1986～2000年风景旅游事业发展规划》，提出把无锡市建成面向全国、世界的风景旅游城市。

2002年8月，启动编制首个全市性旅游发展总体规划《无锡市旅游发展总体规划（2003～2020）》（简称“《规划》”），2003年11月通过评审。修改后，市政府批准实施。《规划》认为，以太湖山水风光和历史文化组成的风景名胜资源以及古吴文化、近代民族工商业文化和江南民乐文化等是无锡市具有区际比较优势的主体旅游资源，其中古吴文化和江南民乐文化具有特异性和垄断性。《规划》对无锡旅游提出的定位是：以休闲度假、观光游览、商务会展为主导方向，以东亚太区域和长江三角洲地区为核心客源市场，把无锡打造成为具有国际影响力的重要旅游目的地之一，中国著名的风景旅游城市，长江三角洲地区休闲度假、商务会议（会展）胜地。《规划》提出“三大跨越”的产业发展目标：从第三产业的支柱发展成为国民经济的支柱产业，从旅游大市发展成为旅游强市，从华东地区旅游目的地发展成为国内外著名旅游度假胜地。深入挖掘无锡地方特色文化并形成文化旅游产品，充分展示无锡城市深厚的文化内涵，为无锡旅游的发展营造优良的文化环境并注入持久的生命力，将环太湖风景区打造成世界级旅游精品，以此为核心和龙头，形成“两湖（太湖、蠡湖）”“两古（古运河、古吴文化）”“陶（宜兴陶瓷）”“村（华西村）”“曲（《二泉映月》）”7个精品系列。

第三节　旅游景区评级

2001年，鼋头渚景区、灵山景区、三国水浒城景区和宜兴善卷洞景区先后被国家旅游局命名为AAAA级景区，唐城、鹅鼻嘴景区被命名为AAA级景区。至此，无锡成为江苏省国家级旅游区（点）

最多的一个城市，在全国17个重点旅游城市中名列前茅。2003年，锡惠园林文物名胜区被命名为AAAA级景区，龙头渚公园、宜兴龙池山风景区、江阴渡江战役纪念馆、宜兴龙背山森林公园、江阴徐霞客故居、鸿山泰伯墓、梅村泰伯庙、太湖花卉园、吟苑公园被命名为AA级景区，九龙湾乡村家园被命名为A级景区。无锡拥有国家AAAA级景区 5个、AAA级景区2 个、AA级景区9个、A级景区1个，等级旅游景区（景点）总数位居江苏省首位。2004年，江阴华西村、宜兴农业科技示范园、天一农民度假村、太湖花卉园、龙寺生态园、海澜工业园等6个景点被列为全国首批农业（工业）旅游示范点，无锡市入选总数名列全省榜首，占全省的38%。

2005年，蠡园、薛福成故居、龙头渚公园、东林书院、太湖花卉园、龙寺生态园被评为AAA级景区，九龙湾乡村家园被评为AA级景区。雪浪山生态景观园被评为国家级农业旅游示范点。至年末，无锡市共有等级旅游区（点）21个，其中AAAA级旅游区（点）7个，AAA级旅游区（点）6个，AA级旅游区（点）8个；工农业旅游示范点7个。

第四节　旅行社管理

1986年，市旅游局、市工商局联合发出《关于加强旅游行业管理的通知》，对全市经营旅游业务单位清理整顿。 6月，在省内率先成立市国内旅行社协会。1987年7月，市国内旅行社协会制定《无锡市国内旅行社行业规则》，对会员单位经营方针、职业道德、旅游价格、规格管理等作出明确规定，被国家旅游局转发全国各地推广。

1991年11月，市政府制定《关于扶持旅游业发展的若干政策规定》，鼓励扶持旅游业发展，提出一、二类旅行社和从事国际旅游的企业以及旅游定点宾馆、饭店、商店、车船，享有外贸和出口创汇企业所享受的同等优惠待遇。1994年，对全市旅行社进行年检，对15家旅行社作出限期整改的处理，对2家旅行社作出吊销旅行社经营许可证的处理。对导游员进行两次较大规模的突击检查，查处无证导游18人次，查处投诉较多的导游。

1995年，针对火车站地区一日游缺乏严格的管理规范、市场秩序混乱、严重扰乱无锡旅游市场、外地游客时有投诉等情况，市旅游局会同有关部门进行为期两个月的整治工作，对所有进场经营单位重新审计、验证、整顿，并对旅游接待员进行规范管理。经过整治，7家符合条件的旅行社取得经营资格，一日游市场经营秩序有所好转。同年6月，市旅游局在市区各国际旅行社中建立激励机制，具体措施包括实行旅游经济指标公布制度、开展工作竞赛、加强对旅行社的责任考核等。1998年，市公安、工商、交通、旅游4个部门联合颁布《关于加强一日游市场管理的通告》，完善一日游市场运作机制，加强一日游市场法制化管理力度。同年，颁布《无锡市旅游行业管理暂行规定》，规范旅行社的用人、合同管理、业务资料管理、保险等制度。

进入21世纪，随着直属旅游企业改革步伐的加快，市旅游局将工作重心从管理直属企业转移到管理服务整个旅游行业。2001年，无锡市在省内率先启动旅行社网上年检。2002年，市旅游、工商、公安、交通、物价、质监等部门组成联合执法检查组，对旅游市场整顿规范，集中力量查处整治旅行社违规违章行为，撤销未经许可擅自设立的分支机构，处罚不实广告等。加强导游队伍管理，成立无锡市导游人员服务中心，建立“一人一档”档案管理制度，各旅行社与市导游人员服务中心签订提供导游服务协议书。全市旅游企业签订诚信公约，各旅行社与各旅游购物点全部签订佣金授受管理合同。

2003年，“非典”疫情使旅游业遭受重创。为了帮助旅行社渡过危机，市旅游管理及财政部门采取退还质量保证金的措施，对只经营入境旅游业务的国际旅行社退还40万元，同时经营出境旅游业务的国际旅行社退还100万元。退还保证金的期限从2003年6月30日到2004年12月31日，接受退还保证金的旅行社在2004年12月31日前将退还部分如数缴还。

第五节 旅游服务管理

1986年以前，无锡市旅游服务管理工作主要是由各旅行社、宾馆饭店、车队等接待服务单位自行制定服务质量标准，由上级主管部门实施管理检查，并组织开展卫生互查。遇有重要任务时，上级主管部门向接待服务单位提出接待要求和服务规格标准，并进行检查管理。1986年2月，国际旅行社无锡支社获全国旅游优质服务竞赛第一名。

1987年，市旅游局成立优质服务办公室，组织优质服务竞赛，加强监督、检查和管理。召开全市优质服务大会，市领导带领旅游、商业、公安、工商、园林、物价、交通、城管、卫生等部门负责人对全市旅游、园林和参观单位进行优质服务大检查，促进各旅行社服务质量提高。1988年8月，中国国际旅行社无锡支社通过国家全面质量管理奖评审组的检查，受到国家全面质量管理协会的通报表彰。是年，无锡市被国家旅游局授予“全国旅游优质服务先进城市”奖杯。

1990年，无锡市在旅游行业中开展以“振兴旅游业，青年建功业”为中心的“青春在旅游业中闪光”主题活动，广泛开展技术培训、技术练兵和技术比武活动。同年，市旅游局与市总工会联合发起在旅游行业中广泛开展以优质服务为主要内容的“锡旅杯”社会主义劳动竞赛，开展比思想、创一流，比贡献、创效益，比服务、创优质，比管理、创水平，比安全、创文明的“五比五创”活动。1991年，无锡旅游服务质量在全国同行业评比中列第二。

1993年，市旅游局制定《无锡市旅游行业管理规定》，对旅游企事业单位的登记核准、经营价格、审计、服务标准、职业道德等作出明确规定。1995年，在全市推行旅游服务质量保证金制度，成立无锡市旅游服务质量监理所，设立旅游投诉电话。1999年，全市旅游行业、窗口单位开展以建设优良旅游环境、优秀旅游秩序、优质旅游服务为内容的创“三优”活动。

2001年，市旅游局制定《关于加强全市旅游行业管理工作的意见》，加大对导游队伍、旅行社、饭店、景区、旅游定点商店等方面的管理力度，着力建立“扶优汰劣”的行业管理新机制。

2005年，全市旅游行业开展旅游质量品牌行动，印发《无锡市旅游行业开展服务质量“品牌行动”通知》，年初召开动员大会，年中分别召开星级饭店、景区（点）和旅行社创服务质量品牌行动交流会，打造“以人为本在旅游，优质服务看无锡”质量品牌。建立旅游景区、旅游市场常态化监管机制。每逢重要节假日，市旅游、公安、工商、城管等部门组织力量，采用定点设岗、流动巡查相结合的方式，对主要旅游景区外围的旅游环境进行综合监管和整治，及时处理游客的投诉或求助，旅游投诉大幅下降。

无锡市志

【第一册】

第五卷

城乡建设与管理

概　述

1986年起，无锡市根据“拓骨架，打基础，治环境，建中心”的城市建设方针，以路网建设为突破口，带动城市基础设施建设，加快旧城改造，推动城市现代化进程。随着乡镇企业的蓬勃兴起，小城镇基础建设步伐加快。1992年无锡国家高新技术开发区成立后，建立一批国家级和省级经济开发区，统一规划、集中投入、高标准开展基础设施建设，城市空间得以扩大。2000年12月，无锡市行政区划调整，城市框架全面拉开。2004年形成《无锡市城市总体规划（2001～2020）》，城市定位为“国际制造业基地、国内外著名旅游城市、长江三角洲特大型城市、全国生态人居名城”，启动建设以中心城市为主体、江阴和宜兴两个副中心城市为两翼、新兴卫星城市为纽带的梯度明显、功能互补的城市群。

2005年，无锡市实施“打造山水名城、共建美好家园”新三年城市建设行动纲要，市区逐步形成1个主城区、6个新市镇和若干新型农村社区的总体架构，形成“六城（中心城区、太湖新城、科技新城、蠡湖新城、锡东新城和惠山新城）、两区（马山太湖国家旅游度假区和太湖山水城旅游度假区）、六镇（前洲—玉祁镇、洛社镇、阳山—胡埭镇、东港—锡北镇、安镇—羊尖镇、鹅湖镇）和若干社区”的空间结构。至年末，全市有公园、风景区36个，游览面积1190公顷；园林绿地面积1.4万公顷，其中公共绿地2307公顷，人均10.1平方米；建成区绿地率37.9%、绿化覆盖率40%，放射状、圈层式，点、线、片、网相交融的城市绿地系统基本形成。市区道路4324公里、4717万平方米，人均道路20.64平方米，路网密度每平方公里2.66公里；市区出租汽车3840辆，公共汽车1872辆、运营线路115条、长1644.9公里，万人拥有公交车辆13.32辆；自来水管网5050公里，日供水能力145.6万立方米，用水普及率98%；城区排水管道密度每平方公里26.82公里，日污水处理能力66.55万吨，污水处理率、污水集中处理率均达72.12%，污水再生利用率0.82%；城市气化率95.02%；城市路灯10.96万盏；生活垃圾无害化处理率80.27%，粪便无害化处理率89.51%，水冲式公厕占86.9%。市区总面积1622.64平方公里，其中建成区193平方公里，人口228.49万人。城市化率67%，高于全省40%的平均水平。

2000～2005年无锡城市建设用地概况表

表5-1　　单位：平方公里

指标	2000年	2001年	2002年	2003年	2004年	2005年
居住用地	21.3	41.0	46.4	53.8	54.1	54.4
公共设施用地	10.6	22.5	20.7	21.7	21.8	21.9
工业用地	23.7	45.3	50.5	57.6	57.9	57.9
仓储用地	2.2	5.1	4.5	4.5	3.5	3.5
对外交通用地	2.5	7.0	6.3	6.3	6.7	6.8
道路广场用地	6.8	16.0	16.2	16.8	17.1	17.4
市政公用设施用地	1.9	4.5	4.4	4.4	4.4	4.5
合　计	75.8	151.3	158.2	175.1	178.9	193.0

1986～2005年部分年份无锡城市建设发展情况表

表5-2

项目		单位	1986年	1990年	1995年	2000年	2002年	2003年	2004年	2005年
建成区面积		平方公里	48	65	78	102	176	180	188	193
道路	长度	公里	295	356	675	1192	4261	4424	4108	4324
	面积	万平方米	263	363	591	1090	3995	4355	4588	4717
城市路灯		万盏	1.01	1.58	2.01	5.43	10.56	11.19	13.11	10.96
绿化	园林绿地面积	公顷	512	1284	2389	3566	10772	11842	13445	14001
	人均面积	平方米	2.00	4.00	6.60	7.90	8.60	8.70	8.20	10.10
	覆盖率	%	18.00	22.00	32.60	35.70	36.10	37.00	37.50	40.00
公共交通	车辆数	辆	296	371	677	995	1980	1944	2075	2954
	运营线路	条	25	29	39	65	89	105	113	114
	运营长度	公里	306	419	564	653	525	574	620	670
	出租车数	辆	145	654	1868	2496	3840	3730	3840	3840
自来水	年供水量	万立方米	12955	18630	25667	24872	24683	24825	26670	23990
	供水管长	公里	966	1297	1559	1851	4688	4691	5010	5050
	人均水量	升/日	124	175	231	266	153	164	181	184
城市下水道长度		公里	282	650	1126	1258	3153	3356	4633	5176
污水处理能力		万吨/日	—	—	—	22	33	35	42	66.55
防洪堤长度		公里	—	—	—	270	330	269	591	701
公园面积		公顷	—	—	—	580	689	645	1090	1190

1986～2005年部分年份无锡市城市设施水平表

表5-3

项目		单位	1986年	1990年	2001年	2005年
城市人口密度		人/平方公里	2168	2336	1303	1408
人均城市维护建设资金		元	62.67	77.20	888.00	3573.00
万人拥有公共交通车辆		辆	3.44	3.81	7.72	13.32
燃气普及率		%	12.40	29.20	88.05	95.02
人均住房使用面积		平方米	6.40	6.90	34.92	41.30
供水用水普及率		%	98.70	100.00	92.21	98.00
市政工程	人均拥有道路面积	平方米	3.23	3.99	16.71	20.64
	路网密度	公里/平方公里	0.52	0.90	2.56	2.66
	排水管道密度	公里/平方公里	5.23	8.41	17.80	26.82
	污水处理率	%	—	—	51.23	72.12
	年污水处理量	万吨	—	121	4065	14497
	污水再生利用率	%	—	—	13.59	0.82
建成区绿地率		%	—	—	26.53	37.90
环卫	垃圾无害化处理率	%	—	—	56.59	80.27
	粪便处理率	%	—	—	100.00	89.51
	水冲公厕比率	%	—	—	72.25	86.90

第一章　机构与城市投融资体制改革

第一节　机　构

一、无锡市建设局(无锡市建筑工程管理局)

市建设局始建于1949年4月。1985年1月,成立市城乡建设管理委员会(简称“市建委”),为市政府工作部门,同时撤销市建设局。市建委统一扎口建设口业务,会同市规划管理局、市市政公用事业局、市建筑工程局、市房地产管理局、市园林管理局、市环境保护局、市人民防空办公室、市建材工业局对全市与城市建设有关的业务实行行业归口管理。1990年,更名为市建设委员会,内设办公室、总工程师室、综合计划科、城市建设科、建筑管理科、招投标办公室、定额管理站、运河办公室、城市防汛办公室、综合开发办公室、抗震办公室、市级机关党委分党委、政治工作科、市绿化委员办公室。1996年12月31日,成立市建设工程交易管理中心。1998年8月15日,成立市城建监察支队。2001年4月,市建委更名为市建设局;市建筑工程局与市建设局合并,实行“两块牌子、一套班子”管理机制。内设办公室、总工程师办公室(科研设计处)、综合计划处、城乡建设处(环境管理处)、建筑工程处、工程招标投标管理办公室、工程造价管理处、综合开发管理办公室、政工处、城市防汛管理办公室、燃气管理办公室。2001年9月,市建设局内部机构改革,撤销政工处,增设政策法规处、建筑业管理办公室、组织人事处(老干部工作处)、宣传教育处、纪委(监察室)和工会,城乡建设处(环境管理处)更名为城市建设处、村镇建设处,建筑工程处更名为工程建设处,工程招标投标管理办公室更名为工程招标投标管理处,综合开发管理办公室更名为综合开发管理处,城市防汛管理办公室划入市水利局,燃气管理办公室划入市公用事业局。同时组建市房屋拆迁管理中心。2002年,先后成立市建设工程设计审查中心、建设工程管理处,组建市工程建设监察支队。2005年4月,以市房屋拆迁管理中心为基础成立市政府拆迁管理办公室,为市政府直属事业单位,委托市建设局管理,相当于副处级建制。同时成立市建设培训中心。2005年,市建设局(市建筑工程管理局)设编制69人,其中行政编制61人、行政附属编制8人。

二、无锡市规划局

市规划局前身为1984年成立的市规划管理处(简称“市规划处”),为二级局,设规划设计科、规划管理科和测绘队。1986年,成立市规划城管监察分队,为市规划处下属全民事业单位(股级);市规划设计室、测绘队划为市规划处下属全民事业单位(科级)。1987年4月,市规划处更名为市规划管理局(简称“市规划局”),仍为二级局;下属市规划设计室、市测绘队和中国房屋建设开发公司无锡分公司设计室、市园林规划设计室合并组建无锡市规划设计院,为全民所有制事业单位,相当于副处级建制。1988年8月,无锡市城建档案馆划归市规划局。1988年10月,市规划局增设用地管理科、综合科,规划管理科更名为建设管理科。1989年,南长区、北塘区、崇安区和郊区分别设立区规划管理局,江阴市、宜兴市分别设立规划处和规划办公室。1990年,市规划局升为一级局,增设总工程师室。1993年,市规划局内设机构调整为规划管理一科、规划管理二科、规划管理三科、总工程师办公室,政工科与办公室合署办公。1994年,增设市容广告管理科。1996年8月,市规划管理局更名为无锡市规划局。2001年，市规划局测绘行政管理和行业管理职能划至市国土资源局，由市建委承担的村镇规划管理职能划至市规划局。市规划局设办公室（挂机关党委、人事处牌子）、总工程师办公室（挂市容广告处、城市规划测绘管理处牌子）、法规监督处、规划管理一处、规划管理二处、规划管理三处和村镇规划处等7个职能处室。2001年行政区划调整后，城市规划权实行集中统一管理，分别设立市规划局锡山分局、惠山分局、滨湖分局，均为正科级建制。2005年末，市规划局设办公室（挂机关党委、人事处牌子）、总工程师办公室（挂城市规划测绘管理处、市容广告处牌子）、规划编研处（规划管理一处、村镇规划处）、市政环境处（规划管理三处）、法规监督处，另设纪检组（监察室），行政编制41人，行政附属编制6人。下设城中分局（规划管理二处）、锡山分局、惠山分局、滨湖分局。

三、无锡市市政公用事业局

市市政公用事业局前身为1985年成立的市市政公用事业总公司，设秘书科、综合计划科、公用事业科、市政管理科、总工程师办公室、组织人事科、纪律检查委员会、宣传科、人武部、团委、工会、保卫科等职能科室，编制45人。1989年，增挂“无锡市市政公用事业局”（简称“市市政公用局”）牌子；成立市市政公用事业监察大队，正科级建制。下属单位有：市公交公司、自来水公司、市政工程公司、出租汽车公司、排水公司、煤气公司、水电安装凿井公司、环境卫生管理处、路灯管理处、市政工程开发处、市政工程设计室、城建职工大学、城市车辆客运管理处、垃圾处理试验厂、芦村污水处理厂、市政工程质量监督站。是年，市公交公司、出租汽车公司、城市车辆客运管理处成建制划至市交通局。

1997年，无锡市机构改革，市市政公用局内设办公室、市政工程管理处、公用事业管理处、环卫行政管理处、总工程师办公室、综合计划处、人武保卫处、组织人事处、宣传教育处、工会团委、纪委（挂“监察室”牌子）等11个职能处室，核定行政编制47人，行政附属编制4名。

2001年，全市机构改革，燃气用具产品生产许可证管理职能和公共供水企业的资质管理职能由市建设局划入市市政公用局，地下水管理职能及“无锡市节约用水办公室”牌子划至市水利局。市市政公用局内设办公室（政策法规处）、总工程师办公室、综合计划处、市政工程建设管理处（市路政管理办公室）、公用事业管理处（市住宅区基础工程建设管理办公室、市燃气管理办公室）、环卫行政管理处、组织人事处、宣传教育处、工会（团委）、监察室（纪委）10个职能处室。核定行政编制41人，附属编制5人。市市政公用事业监察大队更名为市市政公用事业监察支队，对外挂“无锡市市政公用事业110指挥中心”牌子。

2003年4月，市市政公用产业集团有限公司成立，与市市政公用局实行“两块牌子，一套班子”管理机制，为市政府直接授权的国有独资企业集团，经营和管理市自来水总公司、市排水管理处和市燃气总公司的国有资产，同时托管市液化气总公司，承城市公用事业产业化发展和国有资产保值增值的责任，注册资本17.69亿元。是年12月，无锡市公用事业监管中心成立，核定全民事业编制20人，参照公务员管理。中心保留原市公用事业监察支队、市政公用事业“110”指挥中心的职能，增加原市城市节约用水办公室、原市城市燃气管理办公室的行业监管职能。

2004年12月，市市政工程建设管理处改制为民营企业。2005年12月，市市政设施管理处、路灯管理处、环境卫生管理处、排水管理处4个事业单位实施“管养（干）分离与运营分开”改革，分别挂牌成立市市政设施建设工程总公司、市照明工程总公司、市环境卫生总公司、市排水总公司。至2005年末，市政公用局下属单位为：市自来水总公司、市市政总公司、市华润燃气有限公司、市排水管理处（市排水总公司）、市市政设施管理处（市市政设施建设工程总公司）、市照明管理处（市照明工程总公司）、市市政工程建设管理有限公司、市市政设计研究院有限公司、市环境卫生管理处（无锡市环境卫生总公司）、市新区市政公用事业有限公司、市市政工程质量监督站、市公用事业监管中心（市城市节约用水办公室）、市排水监测站、市市政建设咨询监理有限公司、市市政建设综合开发有限公司。

四、无锡市园林管理局（无锡市绿化委员会办公室）

市园林管理局（简称“市园林局”）成立于1983年2月，核定编制45人，内设秘书科、计划财务科、劳资科、公园科、绿化科、基建科、组织（人事）科、宣传（教育）科、工会、团委、人武保卫科等11个科室，下辖鼋头渚风景区、梅园、蠡园、锡惠公园、吟园等景区以及市园林设计院、市园林监理站、市园林技工学校等事业单位。1983年12月，市绿化委员会办公室（简称“市绿办”）成立，事业编制4人，1986年成建制划归市城乡建设管理委员会管理。

1992年5月，市园林局增挂“无锡市园林总公司”牌子。1993年升为一级局。2001年，由市政府直属事业单位改为市政府主管全市风景园林和城市绿化的工作部门，对外挂“无锡市绿化委员会办公室”牌子，正处级建制。内设办公室、城市绿化处、风景园林处（挂“总工程师办公室”牌子）、财务审计处、游览业务处、组织人事处、宣传教育处、工会（团委与其合署办公）8个处室。市园林局（市绿办）核定行政编制41人。无锡市园林绿化监察大队更名为无锡园林绿化监察支队，依照国家公务员制度管理。

2003年7月，城中公园由市属公园成建制划归崇安区政府管理。10月起，市区公共绿地、居住区绿地执法权移交无锡市城市管理局。2004年3月，鼋头渚风景区对蠡湖风景区进行延伸管理。是年，市园林局下辖经营性事业单位市园林绿化建设公司、市园林古典建筑公司、市园林旅游服务公司、市园林绿化设计院、市园林绿化监理站等先后改制为企业。2005年，按照“管养分离”原则，清扬、靖海、青山等区级公园由所在区管理，区绿化处具体实施。江阴市、宜兴市园林由当地园林管理部门管理。

五、无锡市城市管理局（无锡市城市管理行政执法局）

1984年8月，无锡市成立城市管理监察大队，各区设监察中队，至1989年，形成市、区、街道（乡镇）、居委4级城市管理网络，园林、环卫、规划、公交等部门设监察专业队，全市共有城管监察人员500余人。1997年，市环境管理委员会（简称“市环管委”）成立，为市政府工作机构，设办公室、综合计划处、市容检查处、环境管理处、宣传法规处、爱国卫生运动委员会办公室和纪检组等7个内设机构。1998年8月，市城建监察支队成立，下设城建监察规划大队、园林绿化大队、市政公用大队、公交大队，各区分别成立区城管大队，街道（乡镇）成立监察中队。2000年2月，市城建监察支队获建设部“全国城建监察先进集体”称号。2001年，市政府机构调整，市环管委更名为无锡市城市管理局（简称“市城管局”），对外增挂“无锡市城市管理行政执法局”（简称“市城管执法局”）牌子，内设办公室、综合计划处、宣传法规处、市容检查处、户外广告容貌管理处、城市管理监察督查处、小河道管理处和纪检组。2003年10月1日起，实行城市管理相对集中行政处罚权，在市城管监察支队的基础上组建无市城市管理行政执法支队，为全民事业单位，相当于副县处级建制，参照公务员管理，承担城市管理行政执法，并对7个区及江阴、宜兴市城管执法大队、监察大队进行业务指导和执法监督、检查等。同年末，增设无锡市城市管理行政执法投诉受理中心。2004年，市城管局小河道管理处职能划至市市政公用局。至2005年，区级市政、环卫、绿化等职能基本实行归口管理，规划、环保、公交等部门监察大队及其执法权逐步移交市城管局，市城管执法局正式履行各项新增执法职能。2005年末，市城管局设办公室（行政投诉受理中心）、政治工作处（机关党委）、综合计划处、政策法规处（行政审批处）、执法管理处、市容环境管理处、户外广告管理处，另设纪检组（监察室），行政编制35人，行政附属编制5人。市城管执法支队队员60人。

第二节　城市投融资体制改革

进入改革开放时期，无锡城市建设速度加快，但财政资金投入不足成为严重制约。1992年7月开始，无锡市以经营城市为手段，实施城市建设投资体制改革，组建市地产开发办公室、市地产开发总公司和市地产经营发展总公司。2001年11月，市政府成立国有独资企业集团——无锡市城市投资发展总公司（简称"市城投公司"），作为城市建设对外融资的载体，注册资金10.04亿元。市城投公司采用政府资产划拨、资本注入构建城市建设投融资主体，通过土地增值、城市污水处理收益等，多渠道筹措建设资金和还贷资金，扩大借贷融资规模，形成适度负债、持续滚动的城市建设投融资体系，开创"政府引导、多元投入、市场化运作、企业化经营"的城市建设体制和"以城养城、以城建城"的循环发展道路。城市重点工程建设市场化运作机制的实施，将计划模式改为项目化经营、企业化经营的市场模式。运用市场机制优化配置城市土地资源，按照"政府调控、有限供给、一级垄断、两级放开"原则，规范城市土地出让、回收和使用。对城市经营性用地实行收购加工整理，按照土地管理办法推向市场招标拍卖，实行城市土地市场化运作，推行土地招标拍卖制度。成立土地收购储备中心，对城市土地收购、出让统一管理、统一调控。棚下街改造建设成五爱家园、龙船浜改造开发为金马国际花园、黄泥头无锡漂染厂改造开发等城市低洼地块的改造，均实施地块拍卖。2002年9月15日，市城投公司举办无锡城市产业发展洽谈会，将一批基础设施、公用设施项目的开发权、经营权推向市场，签约项目99个，合同金额219.5亿元，逐步形成城市建设多元化投入格局。2003年，全市城建投入总额超过100亿元。蠡湖新城地块开发坚持"环境就是生产力"的理念，设置环保、生态、绿色等准入门槛，经营性地块招标吸引上海、温州等地房产开发商。2004年，蠡湖新城1号地块开发使用权公开拍卖，经1个多小时120次角逐，最终以16.71亿元成交，超过底价7.13亿元；南泉镇兴隆路地块1.54亿元起拍，3.01亿元成交。2001～2005年，市区组织7批次20多个地块拍卖、挂牌出让，出让面积245万平方米，合同出让金41亿元，土地收益大部分用于城市建设，无锡城市建设资金短缺矛盾得到缓解。

2004年7月，国务院颁布《关于投资体制改革的决定》。年末，无锡市制定关于企业投资项目核准、备案的实施办法，按照"谁投资、谁决策、谁收益、谁承担风险"的原则，改革政府对企业投资项目管理模式，对企业不使用政府投资的项目，一律不再实行审批制，区别不同情况分别实行核准制和备案制。在非经营性政府投资项目中试点"代建制"，民族工商业博物馆项目成为"代建制"实施的首个项目。至2005年末，市政府投资的市劳动力资源市场、市妇女儿童活动中心、太湖广场等新建重大社会事业项目总体按"代建制"模式进行管理。2004～2005年，天然气、公共交通陆续实施特许经营制度，钱桥污水处理厂等污水处理设施、机场路等城市道桥试行BOT（建设—经营—转让）模式，大大拓宽市政公用事业领域的建设资金来源。

第二章　城市规划

1986年以后，无锡市先后编制《无锡市城市总体规划修改方案（1986～2000）》《无锡城市总体规划修订（1995～2010）》和《无锡市城市总体规划（2001～2020）》等多轮城市总体规划，相应编制城镇体系规划和各类分区、片区规划、专项和控制性详细规划等。1992年，颁布实施《无锡市城市规划管理实施细则》和《无锡市城市规划管理技术规定》，城市规划管理实行核发选址意见书、建设用地规划许可证、建设工程规划许可证（简称“一书两证”）制度，制定建筑密度与容积率控制指标和道路红线制度等。2004年起，实行城市规划公示制度。

第一节　规划编制

一、城市总体规划

1986年5月起，无锡市修改、调整1984年编制的城市总体规划，9月完成《无锡市城市总体规划修改方案（1986～2000）》初稿，年末定稿。1987年1月3日，该方案经市九届人大常委会第二十八次会议审议通过，1988年1月5日经省政府批准实施。方案确定无锡市城市性质为“江苏省重要的经济中心城市、著名的风景旅游区”。方案提出有控制地发展中心城（即市区），将江阴市澄江镇、宜兴市宜城镇和丁蜀镇建设成小城市，重点发展无锡县杨市、江阴市青阳、宜兴市张渚等22个经济发达城镇，相对集中建设87个乡镇，形成“中心城—小城市—城镇—乡镇”4个层次城镇体系。规划市区范围东至东亭、南至华庄、西至横山、北至西漳陈家桥，面积130平方公里，规划建设用地105平方公里，人口规模100万人左右。南泉、雪浪、华庄、新安、东亭、坊前、东北塘、西漳、钱桥、石塘湾等10个乡作为规划控制区。并有计划地将主城区空间向长江港口和太湖西岸两翼拉开，形成以中心城为主体、小城市为两翼、城镇为纽带、乡镇为基点，既是横向经济联合网络，又是相对独立的城镇群体结构。市区用地主要向南、北两个方向发展。传统工业主要向北发展，金融贸易、文教科研以及高新技术产业主要向南发展。中心城区采取片区布局的结构形态，分为城中、周山浜、扬名、山北、河埒、中桥和金城等7个片区。城中片区规划建设用地8.07平方公里，人口约24.3万人，为商业服务、文化娱乐中心和安静、文明具有无锡特色的生活居住区；周山浜片区规划建设用地24.4平方公里，人口约19万人，为中心城对外交通的门户和轻纺、化工等传统工业基地；扬名片区规划建设用地14.5平方公里，人口约15万人，保留原有重工业，逐步形成生活方便、设施配套齐全的市级政治中心和新型生活区；山北片区规划建设用地12.53平方公里，人口约13万人，形成以轻纺工业为主、以北塘沿河集市贸易市场为特色的片区；河埒片区规划建设用地11.9平方公里，人口约12万人，为电子工业和科技区、新的文化娱乐中心；中桥片区规划建设用地17.2平方公里，人口约16万人，为金融、贸易、旅游活动中心；金城片区规划建设用地16.54平方公里，人口约17万人，为文教科研区。根据无锡在上海经济区的经济地位和地理区位，规划无锡为上海经济区的水陆交通枢纽之一，江阴为无锡的水上门户，硕放机场为无锡的空中大门。以中心城为枢纽形成双向交通主轴，南北方向以沪宁高速公路、沪宁铁路和京杭大运河为一轴，东西方向以新长铁路、锡澄和锡宜快速干道、锡澄和锡溧运河为另一轴，形成铁路、公路、水路交叉平行的六大交通干道，连结四周交通而构成完整的交通网络。

1993年5月，开展新一轮《无锡城市总体规划修订（1995～2010）》编制，年末形成《无锡城市总体规划修订纲要》初稿。1995年，修订后的《无锡市城市总体规划》通过省建委组织的专家论证。1996年4月，市十一届人大常委会第十九次会议审议通过，5月上报国务院审批。规划确定城市规划区范围为无锡市区所辖行政区域，包括崇安区、南长区、北塘区、郊区、马山区、无锡新区，面积517.7平方公里。城镇体系规划范围为无锡市域所辖行政区域，包括市区、江阴市、锡山市、宜兴市，面积4650平方公里。规划发展目标为经济国际化、城市现代化和农村城市化，城市化水平远期达到70%。市域城镇形成以大城市为主体，中等城市为两翼，中心镇、重点镇为纽带，一般镇为基点的城镇群体。空间上形成沿长江发展轴、沿沪宁铁路和沪宁高速公路发展轴、新长铁路沿线发展轴“两横一纵”的

“干”字形城镇发展轴。无锡市城市性质为“重要的经济中心城市、区域性的交通枢纽、著名的风景旅游胜地”。规划城市人口规模近期104万人、远期130万人。城市建设用地近期92平方公里、远期137平方公里。城市发展主要沿沪宁通道向南北两端延伸，辅以向北拓展形成与江阴市的城市联结带。城市布局采用“分散组团式”，由河湖、山脉、绿地等组成的自然空间，将中心城分成11个组团，构成“三城一中心”的城市结构主体框架。提出建设城外城（无锡新区）、城中城（无锡旧城）、山水城和中心商务区（CBD）的构想，以形成开敞的、分散组团式的大城市发展格局。城中城，即城中分区，解放环路以内及火车站地区；城外城，即旺庄、硕放分区；山水城，包括中桥、大浮、河埒和马山分区。中心城形成“三环加放射”及方格式的道路系统，城中城形成“九横十纵”，中心商务区形成“三纵三横一环”的路网格局。《无锡城市总体规划修订》重点调整城市布局，优化城市交通，建立城市快速道路系统，考虑大容量快速客运交通，体现现代化城市及交通枢纽城市的特点；按现代化城市和山水城市对城市环境的要求，建立生态型城市绿地系统，切实加强环境保护，特别是水环境治理，改善城市环境。

2000年，全省召开城市工作会议，无锡市被省委、省政府确定为全省重点发展的特大型城市之一。2001年，无锡市行政区划调整，同时开展《无锡市城市总体规划（2001～2020）》修编工作。2002年1～5月，由省建设厅组织召开城市总体规划纲要论证会；公开展示规划纲要，征求公众意见。2002年5月，报送市人大常委会会议审议，经过国务院部际联席会议审查，吸取国务院各相关部委办和专家的意见，进一步修改完善，形成《无锡市城市总体规划（2001～2020）》，2004年报送国务院审批。该规划按照以人为本、全面协调可持续的科学发展观，统筹安排城乡建设，推进市域共同发展，协调人口、资源和环境的规划配置，推进外向型经济发展，提高无锡构建和谐社会的能力。优先关注生态环境的建设与保护、资源的节约与有效利用，打破行政界限，推动城市规划创新与城市建设模式的转变。重视远景规划的宏观指导性与强调近期建设规划的强制性和可操作性相结合，加强城市规划的弹性和动态适应性。突出城市核心竞争力研究、合理城市结构形态探索、满足现代化特大城市的交通网络建构、历史文化和旅游资源保护、湖滨城市特色塑造5个重点内容。规划确定把无锡建成国际制造业基地、长江三角洲湖滨特大城市、国内外旅游胜地、全国生态人居名城的城市发展目标和强化一级中心城市发展，积极发展二级中心城市，择优培育城镇组团，全面提高城镇发展质量和提升城镇功能的城市化方针。2005年，城市化水平60%左右，总人口514万人。

城市规划提出做强、做优无锡市区一级中心城市，积极发展江阴、宜兴城区二级中心城市，重点建设无锡市区的洛社组团、玉祁—前洲组团、胡埭—阳山组团、安镇—羊尖组团、东港—锡北（张泾）组团、鹅湖组团，江阴的长泾组团、青阳组团，宜兴的张渚组团、和桥组团、徐舍组团、周铁组团。培育由沿江城镇发展轴、沪宁城镇聚合轴和澄锡宜城镇发展轴组成的“两横一纵”的“干”字形城镇发展轴。形成以特大城市为主体，以大中城市为两翼，城镇组团为纽带的三级现代化网络型城镇体系。建设城镇组团和新型农村社区，通过土地向规模经营集中、企业向城镇园区集中、农民住宅向镇区集中，促进农业产业化、农民市民化和农村社区化，推进农村城镇化。在基础设施方面，形成“十二横四纵”的干线公路网络、“五横一纵”的铁路网络、“两横五纵”的内河干线航道网络和“一横一纵”的天然气输送管道网络，同步建设无锡公路主枢纽、长江江阴港、无锡内河港，开通无锡硕放机场民用航线，适时建设无锡新机场，实施锡澄宜三片区域供水，对市域污水、供电、通讯、燃气、防洪等基础设施进行综合协调。规划至2020年，市区人口277.7万人，城市化水平83.3%；城镇总人口231.3万人，其中主城区人口200万人、周边城镇组团人口31.3万人、乡村人口46.4万人。主城区按照人均规划建设用地95平方米控制，外围城镇组团按照人均规划建设用地150平方米控制。在城乡一体化进程中，市区逐步形成“1＋6”（1个主城区、6个城镇组团）多层多心组团开放的城镇空间结构体系。加强主城区与城镇组团之间、主城区外围城镇组团之间的交通联系：构筑由“三环十射”城市快速路系统和“环形+放射”城市轨道交通体系构成的市区城市交通主骨架，由京杭大运河（三级）、锡澄运河

（四级）和锡溧漕河（四级）构成的内河干线航道。加强给水、排水、供电、通信、燃气、防洪等市政设施建设的整体协调和区域共享，提高市区的整体建设标准。生态空间总体构架为2个生态隔离环和13个生态片。2个生态隔离环为主城区与外围6个城镇组团之间的生态隔离内环及无锡市区与苏州市、常州市、江阴市之间的市际生态隔离外环；13个生态片由6个生态农业片、4片景区用地及3个湿地公园组成，形成“真山真水融入城，生态林地楔入城，沿河沿路绿绕城，公园广场点缀城”的生态绿地系统。以“湖滨城市”为目标，突出和强化“湖、河、山、城、文、绿”六大特色景观构成要素，构筑“西、南依山傍水，东、北郊野田园，主城区指状发展，城内河网密布”的开放空间系统。以吴文化发源地、民族工商业发祥地为主线，以江南水乡、古运河为背景，以名人、名居、名迹、名园、名镇、名街、名巷、名建筑为主要内容，重点保护惠山古镇、清名桥沿河、荣巷、小娄巷4个历史文化街区和荡口古镇历史文化村镇。以吴文化古迹和民族工商业遗存为重点，保护2处全国重点文物保护单位、31处省级文物保护单位、154处市级文物保护单位和88处市级文物控制保护单位。市区旅游形成“休闲疗养、宗教文化旅游区”“山水风光、影视文化旅游区”“水乡风貌、体育健身旅游区”“江南园林、文物古迹旅游区”及“古运河民俗文化旅游带”的“四区一带”格局。主城区规划发展方向为“南拓、北展、东联、西优”，形成“七片一带”（城中、蠡溪、东亭、太湖新城、新区、山北、锡北7个片区及“Z”字形的环太湖、五里湖自然山水风光带）的总体布局结构，构筑“山水城林”一体的总体框架。各片区以京杭大运河、太湖大道、312国道、沪宁铁路、惠山、五里湖、梁塘河等作为边界，以湿地、山体、林地、河湖水系、田园等空间要素作为分隔，以快速交通网络相联系。

二、城镇体系规划

2000年10月，无锡市启动编制《无锡市城镇体系规划（2000～2020）》，2002年1月通过省建设厅组织的专家论证会，2003年获省政府批准。该规划确定无锡为长江三角洲乃至全国的经济中心之一和以高新技术、外向型为主导的现代化工业基地；近期建设成为国内著名风景旅游中心，远期建设成为国际风景旅游城市；建成长江三角洲中部地区重要物流中心、商贸中心和信息中心；建成环境宜人的生活、居住地区，全国一流的山水城市和生态城市。以提高地区与城市整体竞争力为目标，优化区域空间发展格局，着重强化中心城市发展，积极培育副中心城市，择优培育中心镇，全面提高城镇发展质量和提升城镇功能。至2020年，城市化水平达到70%以上，形成以特大城市为主体、大中城市为两翼、中心镇为纽带、一般镇为基点，梯度合理、各具特色的现代化网络型城镇体系格局。通过重组郊区、扩大城区、撤乡并镇，规划形成一个特大城市、两个大中城市、8个中心镇、32个一般镇的四级城镇体系结构，沿长江城镇发展轴、沿沪宁交通走廊城镇发展轴、沿澄锡宜交通走廊城镇发展轴的“两横一纵”“干”字形城镇发展轴。规划至2020年，江阴市区发展为50万人口的大城市、全国著名的历史文化名城、华东地区新兴的交通枢纽、重要的对外开放门户、江苏省重要的港口和工业城市、无锡北翼次级中心；宜兴市区发展为45万人口的中等城市、全国著名的陶都、苏浙皖接壤地区的商贸综合服务中心、江苏省重要的工业和旅游城市、无锡市南翼次级中心。合理撤并小城镇，择优培育8个平均人口10万左右的中心镇，分别为江阴的周庄、华士和青阳，宜兴的张渚、和桥和官林，无锡的洛社和玉祁。合理引导32个平均人口5万人左右的一般镇，因地制宜、发挥优势，形成“一镇一业”“一镇一品”。农村地区严格控制村民原地翻建和新建住房、严格控制在规划建设用地以外新建居住点，引导“居住向城镇居住小区集中，工业向城镇工业园区集中，农业向规模经营集中”。城镇交通实现城乡各镇15分钟到达干线公路、30分钟到达高速公路，形成由京沪高铁、沪宁铁路、新长铁路、沿江铁路、宁宜铁路组成的“一纵四横”铁路网，由苏锡常线、锡澄线、锡宜线及其支线组成的“一横两纵三支线”轨道交通网；依托锡澄、锡宜、沿江、沪宁、宁杭“一纵三横”高速公路网，辅以东干线、锡澄公路等“四纵九横”主骨架公路，形成“五纵十二横”干线公路网络和以长江、京杭大运河、太湖等国家水运主通道为基础，以五级以上航道为骨架的水运网；预留璜塘4E级无锡航空港用地，改造无锡硕放机场为4C级机场。市域基础设施分3片实施区域供水：无锡片立足太湖，长江作为第二水源；江阴片以长江为水源；宜兴片以太湖、团氿为水源。重点建设肖山水厂、贡湖水厂、锡东水厂和氿滨水厂。扩建利港电厂及夏港电厂，望亭电厂为补充电源。建设无锡、江阴和宜兴的天然气门站。江阴城区、宜兴城区、武澄锡虞地区及湖西地区防洪标准按一百年一遇设置。充实观光旅游、文化旅游、度假旅游、生态旅游四大主题的内涵，开发和完善沿太湖观光休闲度假、古运河历史文化风景带、宜兴生态园林、江阴滨江旅游和现代新农村等4条特色旅游线，构建太湖观光度假旅游区、古运河历史文化旅游区、宜兴生态旅游区、江阴人文景观旅游区和吴文化旅游区五大旅游区。

三、分区、片区规划

1988年实施的《无锡市城市总体规划修改方案（1986～2000）》，确定中心城区（市区）分为城中、周山浜、扬名、山北、河埒、中桥和金城7个片区。1989年12月，市规划局组织编制7个片区规划。1996年，以新一轮总体规划为依据，编制山北、周山浜、胡埭3个分区规划。1999年，调整城中、山北、胡埭、周山浜分区规划，编制中桥、旺庄分区规划。2000年，编制完成中桥分区规划。

2000年末全市区划调整后，市规划局开始编制新的分区、片区规划。2002年，编制东亭地区分区规划、惠山产业园区规划、滨湖新城分区规划。2003年，编制完成城中、蠡溪、山北、滨湖、新区、东亭、锡北7个分区规划和锡山、惠山城镇布局规划。2004年，编制南长、崇安、北塘3个区次分区规划和安镇—羊尖、洛社、鹅湖、东港—锡北、前洲—玉祁、胡埭—阳山6个城镇组团规划。安镇—羊尖组团总面积134平方公里，规划建成无锡东部新的增长极和锡山区副中心，以工业、商贸和居住为主的山水城，打造“山水同美的人文组团”，至2010年人口达20万人。洛社组团总面积93.5平方公里，规划建成惠山区副中心、产业新城和现代化滨水新城，至2010年人口达21万人。其余4个组团方案亦报市政府审批。

2005年，编制崇安新城广益片区、南长新城古运河片区、北塘新城凤翔片区的概念规划。崇安新城广益片区规划范围西至312国道（江海东路），东至桐桥港，北至北新河，南至太湖大道，总用地面积约4.68平方公里，定位于以商贸、居住功能为主的新型城区。南长新城古运河片区规划范围西至清扬路，北至永乐路，东至塘南路、古运河，南至马夹浜，总用地面积约4.8平方公里，依托清名桥历史文化街区的文化资源优势，定位于以旅游、文化、商务、居住功能为主的新型城区。北塘新城凤翔片区规划范围北至江海西路，东至春申路、锡澄路，南至京杭大运河，西至凤翔路，用地面积约4.5平方公里，定位于以商贸、文化、居住功能为主的新型城区。

四、风景区规划

1988年，根据城乡建设环境保护部批准的《太湖风景名胜区规划大纲》要求，无锡市编制太湖风景名胜区蠡湖、梅梁湖、锡惠、马山景区规划。蠡湖景区位于市区西南，距市中心6.5公里，总面积21.78平方公里，其中，景区面积18.93平方公里，保护区面积2.85平方公里；景区内水域面积6.5平方公里，陆域面积12.43平方公里。梅梁湖景区位于市区西南，距市中心9.5公里，东与蠡湖景区毗连，西与马山景区接壤，总面积250.38平方公里，其中景区面积222.25平方公里、保护区面积28.13平方公里。锡惠景区位于市区西侧，距市中心3公里，以惠山为核心，由数个绵延起伏的山峦组成，东至吟苑，西至钱荣路，南至嶂山，北至惠山北坡山脚，总面积为10.87平方公里，其中，景区面积8.61平方公里，保护区面积2.26平方公里。马山景区位于市区西南，距市中心20公里，总面积115.9平方公里，其中景区面积115.32平方公里、保护区面积0.58平方公里；景区内水域面积81.18平方公里，陆域面积34.14平方公里。1995年，完成梅梁湖、蠡湖、马山和锡惠4个景区规划的修改。

1995年，郊区区政府、市规划局及市规划设计院将大浮乡28.4平方公里范围作为旅游区进行整体规划设计，编制完成《无锡太湖影视城旅游区规划》。规划提出，太湖影视城旅游区定位为以太湖山水风景为依托，以影视旅游为主导，具有田园风光和休闲度假、水上娱乐、康乐休养功能的旅游区，分为北部影视游览区、中部竞技游乐区、南部旅游休闲区3个功能区，同步建设漆塘和峄北2个中心服务区。

2003年，市规划局组织开展太湖山水城旅游度假区、"两湾"（亮河湾、白旄湾）地区、马山地区以及锡惠景区等重要景区规划编制。景区规划尽量保留原生态林地、湿地及植被和特色经济林地；突出环境保护，促进生态和旅游同步发展；严格控制开发总量，突出地方特色，延续历史文脉，完善旅游功能。

2004年，市规划局组织修编景区总体规划，对各景区资源情况重新评价，结合新的发展要求，进行用地规划布局，并对景点开发、游览设施配置、植被保护及基础设施配套等统一规划。省规划设计研究院修编梅梁湖景区总体规划，华南理工大学修编马山景区总体规划，市规划设计院修编锡惠景区总体规划。

五、历史文化保护规划

1.《无锡历史文化保护规划》

2000年，无锡市启动申报国家历史文化名城工作。2001年，市文化局、市规划局联合组织，聘请同济大学教授阮仪三为顾问，由市规划设计院编制《无锡历史文化保护规划》。该规划于2003年10月通过省建设厅组织的专家论证，2004年1月通过市十三届人大常委会第七次会议审议。规划将无锡文化价值描述为"吴文化发源地之一、民族工商业发祥地和乡镇企业孕育地，历史名人荟萃，水乡风貌犹存，历史文化与自然景观交相辉映"；确定全市历史文化保护的目标和原则，构建物质文化和非物质文化两个层面和历史城区、历史地段、文物保护单位3个层次的全方位保护体系，确定惠山古镇、清名桥沿河、小娄巷、荣巷、荡口古镇5个历史地段为重点保护对象，针对每个层次具体保护对象制定保护范围、保护措施和利用建设控制要求。该规划2004年获省优秀勘察设计一等奖和省"四优"城市规划一等奖，2005年获建设部优秀勘察设计三等奖。

2.古运河历史街区保护规划

1987年，市政府颁布《无锡市古运河管理暂行规定》，确定古运河吴桥至莲蓉桥、棚下街至迎龙桥段、南门吊桥至清名桥段为重点保护地段。1993年由清华大学编制《无锡市南长街古运河改建规划》，未报批实施。2001年，由东南大学编制《南长街古运河街区保护概念规划》。是年末，由清华大学编制《无锡南长街古运河历史街区保护利用规划》。2004年，根据《无锡历史文化保护规划》，市规划局委托市规划设计院编制《清名桥沿河历史文化街区保护规划》。

3.惠山古镇保护规划

1995年，省政府公布无锡市惠山及古运河历史文化保护区为省级历史文化保护区，保护区范围包括惠山古镇及古运河黄埠墩至清名桥段。1996年，市规划设计院编制《无锡市惠山横直街修建性详细规划》。2002年，市规划局委托同济大学建筑与城市规划学院编制《惠山古镇保护概念性规划》。2003年，市规划局委托云南省城乡规划设计院编制《惠山古镇保护建设修建性详细规划》，并邀请昆明理工大学教授顾奇伟主持，规划范围1.03平方公里，惠山古镇成为全市第一个全面启动修缮的街区。

六、其他专项规划与控制性详细规划

1989年，市规划局组织编制完成芦庄、锡惠里、北里城脚、唐周巷、杨木桥等21个小区修建性详细规划，锡澄立交、中山南路等54个市政工程规划设计；编制城市煤气、人防、城市河道整治、综合交通、城市防洪、城市抗震防灾、绿地系统、城市环境卫生设施等专项规划。1990年，根据加快发展外向型经济的需要，编制无锡市外商投资规划区规划。1992年，完成马山总体规划和58个建制镇总体规划编制。为适应城市国有土地使用制度改革和房地产开发需要，编制近50个地块规划；根据城市新区开发和旧城改造需要，编制蠡园经济技术开发区规划、无锡县经济开发区总体规划、金匮路和青祁路沿线控制性详细规划。1993年，编制无锡市中心旧城控制性详细规划，完成吴桥地区、东门地区、西南郊区和南站新区等控制性详细规划，编制春申路（江尖—市一中）、县前街（高墩桥—解放东路）、健康路、工运路、五爱路、美湖路等道路两侧控制性详细规划；完成金匮路、解放东路、县前街、南长街、学前东路（中山路—312国道）、人民中路（西门—东门）、惠钱路等道路管线规划；编制老城区基础设施更新规划。1994年，完成旧城中心区控制性详细规划，南长街地区和崇安寺地区详细规划，火车站地区、学前东路、崇宁路以及县前街两侧城市设计等。

1995年，市规划局组织广南立交地区等重点区域的城市设计，编制无锡招商城和无锡粮油中心批发市场详细规划。1996年，以新一轮总体规划为依据，编制十八湾沿湖地区、大浮漆塘地区、长江北路两侧详细规划，组织开展三阳、胜利门、朝阳广场、东门等重点交叉口和市级行政管理中心（人民广场）的城市设计。1997年，编制“一三五环境工程”（即1条解放环路，城中、江尖、西水墩3个公园，人民、三阳、五爱、火车站、河埒文化5个广场）规划和设计方案；结合创建国家卫生城市，重点进行三阳广场改造、城中公园改造三期工程、解放环路环境工程、214大楼绿化小区的规划设计。结合市人民大会堂的改造建设，开展人民广场规划设计方案论证。编制中心城中小学幼儿园布局规划、荣巷地区和周山浜地区控制性详细规划和解放环路、中山路、人民路“三化”（绿化、美化、亮化）规划。

1998年，市规划局编制近期建设规划，与宁杭高速公路、锡宜高速公路、京沪高速铁路、新长铁路建设相应的配套、接线设施规划，锡澄路蔬菜副食品市场群、锡沪路建筑装潢材料市场群、解放西路小商品市场群规划；编制解放环路、金匮路两侧、运河公园、体育公园、锡北路、北新路、青祁路、货运路、锡惠广场、东林绿岛等环境整治与绿化规划；编制社桥地区和梁溪河两侧地区控制性详细规划、市中小学布局调整规划、城市雨水排放规划等一批专项规划；编制苏锡路、运河东路延伸、盛岸路延伸、学前东路延伸等一批道路、管线规划。调整人民广场城市设计规划、金匮路沿线控制性规划和长江北路沿线控制性规划。1999年，调整城中、山北、胡埭、周山浜分区规划和社桥、荣巷、梁溪河等地区控制性详细规划；完成14个重要地区划定控制范围、定功能、定风格、定特色的“一划三定”工作；完成东五里湖地区、环湖路两侧、梅梁湖沿湖地区、金匮路两侧、河埒地区、新老运河两侧、十八湾地区、火车站广场地区、森林公园、市民广场等城市主要出入口以及新区、马山、山水城旅游区等重要区域的控制性详细规划；编制古运河两侧详细规划，惠山横街、直街修建性详细规划，县前街景观规划设计；编制城市绿地规划、城市地下空间利用规划两项专项规划以及青石路等“六路二桥”工程规划。

2000年，市规划局编制完成中桥分区规划、城市绿地系统专项规划和钱荣路两侧、锡北路两侧、红星路沿线地区控制性详细规划，新运河两侧城市设计以及火车站地区、新运河两侧、广南立交地区详细规划；编制蠡湖地区、太湖公园、崇安寺地区规划以及太湖大道、解放路、人民路、运河东路、县前街、清扬路、锡北路等7条道路的景观整治规划；编制广石路、建筑路、运河西路、梁清路等20多条城市主、次干道详细规划。

2001年，市规划局编制蠡湖地区、太湖会展中心、火车站地区、古运河、新运河两侧、环湖路两侧地区、梁溪河两侧地区等重点地区的详细规划。编制完成太湖大道、太湖广场、胜利门广场、国联广场、东林广场、崇安寺改造、南禅寺改造、五爱广场，以及古运河（江尖—南门吊桥）、运河西路（梁溪大桥—金城桥）、梁溪河两侧、环湖路等环境工程、景观工程规划。编制完成梁清路、建筑路、盛岸西路等道路及管线基础设施规划，开展高浪路、青祁路延伸段，美湖路、广石路、学前东路延伸段，蓉湖路等10多条道路及综合管线规划。

2002年，市规划局编制《2002～2004年无锡市城市建设三年行动纲要》，并确定此后每3年滚动编制三年行动纲要，作为指导城市建设的实施纲领；编制完成10多个镇的总体规划（纲要）；组织编制蠡湖新城、大学城、古运河历史文化保护区等重点地区规划。突出基础设施、环境工程和住宅建设

3个主题，编制完成20多项城市建设重点工程规划方案。适应经济建设发展和土地批租需要，编制完成50多幅地块规划。2003年，开展与城市总体规划配套的28个专项规划的编制；以招投标的方式由日本中央复建社编制轨道交通规划；编制绿色无锡开敞空间规划；开展“三沿”（ 沿湖、沿河、沿山）重点地区规划和城市设计国际招投标，包括滨湖新城概念规划和中心区城市设计、新运河两侧风光带城市设计、惠山森林公园地区概念规划以及十八湾风景区概念规划；开展太湖大道、清扬路、太湖广场、蠡湖新城、滨湖新城等新建道路两侧及城市重点地区的地块规划编制工作。

2004年，市规划局编制《2005～2007年无锡市城市建设发展行动纲要》，编制完成轨道交通线网规划并开展深化工作。由市规划局牵头，市文化、教育、体育、卫生等部门配合，编制完成《无锡市文化设置布局规划》《无锡市体育设施布局规划》《无锡市医疗卫生布局规划》等专项规划。编制太湖新城核心区、河埒口地区、惠山新城、锡山商贸中心区等重点地区详细规划及城市设计，编制《无锡市沿街环境景观整治规划》。编制滨湖新城2号、3号等地块规划165幅，其中向市土地储备中心提供地块规划89幅。

2005年，根据全市服务业发展要求，市规划局统筹各板块、条线，编制中心城区水、房、路、山、湾、城、文、教、港等服务业九大核心工程系列规划；编制完成综合交通规划、城市轨道交通网深化规划、城市快速路网规划、停车场布局规划、太湖新城核心区概念规划、太湖广场及周边地区城市设计、惠山保护建设规划、清名桥历史街区保护建设规划、青龙山保护建设规划等；根据市委、市政府关于推进农村基本现代化建设8项重点工作的决定，组织编制全市农村规划；围绕“三港”（空港、水港、信息港）、“三沿”（沿湖、沿江、沿路）、“五大市场群”（纺织服装、粮油、农副产品、不锈钢、小商品）、“九大集聚区”（物流产业、科教创意产业、休闲旅游产业、文化旅游业、商务商贸服务业及崇安寺、南禅寺古运河、江阴物流园区、宜兴物流市场）和“十五条特色街”，组织编制全市近60项现代服务业规划；编制藕塘职教园区规划、无锡太湖国际科技园概念规划等；按照市委、市政府开展国民经济和社会发展第十一个五年规划编制工作的要求，编制完成《无锡市“十一五”城乡建设规划》。

第二节　规划管理

一、法规制定

1988年11月，市政府颁发《无锡市城市规划管理办法》及相配套的3个规定。1992年5月9日，市政府第十一次常务会议审议通过《无锡市城市规划管理实施细则》（简称“《细则》”）。《细则》设总则、城市规划的制定、城市新区开发和旧区改建、城市规划的实施、奖励与处罚以及附则等，规定城市规划行政主管部门的职责，各级规划管理部门的管理权限，各类城市规划制定、审批和修改的原则及方法，实施城市建设的规划要求，城市规划管理实行核发选址意见书、建设用地规划许可证、建设工程规划许可证（简称“一书两证”）的制度，城市规划区内居民建私人住房的规划审批程序，违法建设行为的认定和查处等。8月8日，市政府印发《无锡市城市规划管理技术规定》，作为与《细则》相配套的地方规范性文件，规定城市土地使用的分类及适建范围、建筑密度与容积率控制指标，沿路建筑后退道路红线的距离，居住建筑的间距，管线设置的方位、位置及垂直（水平）净距或净空等。

1998年，无锡市制定《关于加强建设项目规划跟踪管理的具体规定》等规章制度，完善审批程序，提高规划审批水平，制定落实一系列加强住宅规划管理的相关措施。制定《住宅小区总平面设计和单体设计审批的具体规定》《关于重要建设项目规划设计方案竞选办法》，规定旧城改造2万平方米、新区开发3万平方米以上的住宅小区，必须进行规划设计方案竞选；明确要求对住宅项目实施规划跟踪管理，规定建设项目规划审批的经办人为项目跟踪管理第一责任人，必须对项目从规划报建到竣工验收实行全过程跟踪服务和监督实施，努力控制违法建设的产生。

2001年，无锡市印发《关于加强新设区道路两侧规划管理的通知》和《关于执行〈江苏省规划管理技术规定〉的意见》，并据此修订《无锡市城市规划管理实施细则》和《无锡市城市规划管理技术规定》。

2003年，市规划局建立健全管理制度和技术管理规范，制定城市规划公示、建设项目规划审批跟踪管理、违法建设的查处等规范性文件，制定建设项目规划审批绿色通道、集体审批制度等管理制度，制定规划方案报审中技术深度及编制成果、户外广告设置技术标准、建筑工程施工图设计深度和编制要求以及沿街建筑立面装饰工程规划管理等技术规范。

2004年，市规划局制定《无锡市城市规划公示制度实施细则（试行）》，明确批中公示和批后公示的内容、方法和要求等；制定《建设工程规划许可公示牌操作规程》，详细规定批后公示的操作步骤，确保具体实施有章可循。组织实行规划编制公示、规划管理公示、规划监察公示和政务公示，充分利用大众媒体，加强公示载体建设，更新改版规划政府网站上的公示内容，构筑社区居委规划公示平台。10月1日起，所有“一书两证”审批结果全部在规划网站公布。

2004年9月，《无锡市城市规划条例》形成草案，11月26日经市人大常委会审议通过，12月17日经省人大常委会审议通过，2005年4月1日起施行。《无锡市城市规划条例》包括城市规划的编制与审批、建设用地规划管理、建设工程规划管理、城市规划监督检查和法律责任等。

二、规划审批

1986～1990年，市区审批选址定点3015件，其中零星选址定点1244件；审查规划设计方案1187件；核发建设执照4246件，其中计划内建设项目3294件、临时建设项目952件；建筑面积564万平方米。城市建设用地共征地908.25公顷，其中生活用地444.99公顷、生产用地301.28公顷、市政设施用地79.15公顷、大中专科研单位用地81.82公顷、其他用地1.01公顷。

1991年7月1日起，无锡市启用建设部统一制发的选址意见书和建设用地规划许可证、建设工程规划许可证，实行规划法律法规规定的“一书两证”制度。1995年8月，在市区试行核发建设工程规划许可证副本制度，加强建设工程的规划审批后的监督管理，保证建设工程按规划审批规定事项和核准图纸施工。制度规定新建、改建、扩建建（构）筑物，建设单位应向规划行政主管部门申请办理建设工程规划许可证（副本）；建设工程竣工后，经规划竣工验收合格的，换发建设工程规划许可证正本。

1991～2005年，全市共核发建设工程选址意见书3674件（2001年前不包括无锡县和锡山市数据），审查规划设计方案5986件，核发建设用地规划许可证7843件，核发建设工程规划许可证（副本）12391件。1996～2005年，审核规划竣工验收1802件。

三、市场规范

1998年，引入规划设计方案竞选机制，规划部门制定重要建设项目规划设计方案竞选办法。1999年，扩大方案竞选范围，对城市规划区内大型公共建筑、标志性工程、形象工程、成片开发的旧城改造、新区开发住宅项目的规划设计方案实行多方案竞选。

2002年起，规划部门组织编制地块规划，提出出让地块的规划设计条件及地块图，作为国有土地使用权出让、转让合同的必备附件。2002年，根据第一轮现代化城市建设“三年行动纲要”的要求，进一步放开设计市场，邀请国外知名设计公司参与方案设计和竞选，先后组织火车站站前商贸区、崇安寺地区、振新商贸文化休闲区、锡惠商贸文化旅游区、江尖公园等近50个重大建设项目的规划设计方案竞选。2003年，组织规划设计方案竞选18项，召开方案评审会42次，向市土地储备中心提供100余幅地块规划。是年起，实行规划公示制度。2004年起，组织开展一大批重点建设项目规划设计方案的招标以及标志性工程建设方案的研讨论证，面向国际征集优秀设计方案。2003～2005年，公示规划编制及规划管理项目448件，其中公示方案164个、选址意见和建设用地规划许可71件、建设工程规划许可证公示牌178件、各类规划35项。

第三节　规划监察

1986～1990年，全市规划部门查处城市规划区内违法建设1685起。1991年7月，市规划管理监察大队组建成立。1992年，查处违法占地、违法建设行为571起，立案查处168起，行政处罚119起，查处违法建设面积6.91万平方米，其中拆除建筑面积3100余平方米，制止违法建设行为237起。1993年，受理举报或巡查发现的违法用地和违法建设890起，立案处理325起，行政处罚281起，查处违法建设面积32.38万平方米。1994年，市规划监察大队加大监察力度，全年受理举报或巡查发现各类违法用地和违法建设1325起，立案处理438起，行政处罚335起，查处违法建设面积37.32万平方米，其中，责令拆除或部分拆除面积1.31万平方米，结案率90%以上。1995年、1996年，查处违法建设分别为1263起、1367起，总面积分别为73.58万平方米、130.7万平方米。其中，1996年立案处理812起，向市中级人民法院申请强制执行84起。1997年、1998年、1999年，立案查处违法建设分别为834起、730起、770起，行政处罚669起、620起、650起，总面积70.15万平方米、52万平方米、48万平方米。

2000年，市规划监察大队通过跟踪管理、巡回检查和群众举报等途径，立案查处879起违法建设、总面积47万平方米，拆除违法建设1万平方米，申请市中院强制执行83起。2001年，市规划监察大队更名为无锡市规划监察支队，会同各区政府核发220多份限期拆除事先告知书和限期拆除决定书，全年查处违法建设项目1350起、总面积108万平方米，其中行政处罚955起，申请市中院强制执行155起。2002年，市规划局组织协调全市拆违拆临工作，清理太湖大道、长江北路、312国道新区段、青祁路、通惠路、锡北路、金城路、兴源路、古运河（钢铁桥以南段）等20多条道路、河流两侧违法建筑、临时建筑近28万平方米；结合重点道桥建设、地块拍卖和环境工程建设，合计拆除近50万平方米违章建筑。全年拆除违法建筑、临时建筑107万平方米。2003年，组织实施蠡溪路、锡澄路和锡沙路等10多条道路两侧的违法建筑、临时建筑的拆除，拆除面积近12万平方米。全年受理行政复议案件和参与行政应诉13起，立案查处违法建设行为1110余起，其中行政处罚977起。

2004年，市规划部门试行执法监察事前告知制度，共发出事前告知书35份、督促办理建设工程规划审批手续通知书90份，办理跟踪管理项目近92个，立案处理19起有证违法建设。全年立案查处违法建设行为606起，其中，行政处罚597起，申请法院强制执行119起。

2005年，市政府印发《违法建设专项整治工作意见》，并下达各区违法建设整治任务。市规划部门加强对各特色片区（新城）、新三年行动纲要重点控制区、城中村重点改造地区、重大建设项目地块、即将建设完工的重点道路两侧的建设工程的督察，全年立案查处违法建设案件489起，拆除违法建设38处，拆除面积1.39万平方米。

第三章　市政建设

1986～2005年，无锡市以路网建设为突破口，建成一环、二环、三环和多条南北、东西主干道，开通通江、东林、风雷等11座公铁立交桥和金匮、红星、蓉湖、华清等10座跨运河大桥，特大城市的道路骨架基本形成；建成火车站、太湖、胜利门等一批市民广场和蠡湖湖滨观光带、运河东路景观带、太湖大道景观带等多个开放式景观带、小游园。同时，开展停车场建设和背街小巷整治。

第一节　道　路

1986～1990年，无锡市新建、拓建金城西路等7条交通干道、中山路等13条市区道路，新建道路总长79.1公里、24.71万平方米，改建、拓宽道路约14.6公里、4.58万平方米。1991～1995年，新建、拓建青祁路等城市主次干道。1996～2000年，新建、拓建长江北路、高浪路等重点道路。至2000年末，完成解放环路（一环），中山路、健康路、新生路（三纵），县前街、人民路、学前街—学前东路（三横）的“一环三纵三横”和“四快（车道）二慢（车道）”的二环路网拓宽改造。2001年起，新建、拓建太湖大道、学前东路（延伸段）、广益路、梁清路、建筑路、惠山大道、锡澄路、凤宾路、凤翔路、解放环路、高浪东路等主干道。至2005年，城区道路总长度4324公里，总面积4717万平方米，人均道路面积20.64平方米，路网密度每平方公里2.66公里。

1986～2005年无锡市建成区道路建设统计表

表5-4　　单位：公里、万平方米

年份	长度	面积	年份	长度	面积
1986	295	263	1996	746	642
1987	314	278	1997	782	711
1988	328	314	1998	809	742
1989	350	341	1999	880	771
1990	356	363	2000	1192	1090
1991	367	370	2001	4189	3561
1992	400	394	2002	4261	3995
1993	582	530	2003	4424	4355
1994	568	563	2004	4108	4588
1995	675	591	2005	4324	4717

一、清扬路

1986年1～12月，清扬路5号桥至化肥桥路段拓宽至30米，沿线改建3座小桥，道路采用三块板式。2002年7～9月，建设清扬路渠化工程，工程北起永和路，经太湖大道交叉口，南至太湖大道一号匝道，全长380.56米，路宽由35～41.5米改为39米。车行道铺装10厘米厚沥青混凝土面层，人行道铺装10厘米厚三角形舒波洛克砖。改建时将道路南段交叉口左侧约100米范围统一缩进2.5米，同时将道路南段和老路相接的渐交段位置向南移动150米，道路北段右侧缩进2.5米，使道路南北方向的侧石成一直线。2003年5～10月，解放南路至金城路段改建，道路拓宽至44米，为双向6车道，采用三块板式，彩色人行道板，沥青混凝土路面。2003年12月～2004年7月，金城路至新光路段改建，全长1130米，道路由28～30米拓宽至44米，双向6车道，其中机动车道2×9米、机非绿化分隔带2×1.5米、非机动车道2×6米、人行道2×2～3米，设计车速每小时40公里，采用三块板式，沿线重建桥梁、管涵各1座。

二、湖滨路

1986年3～12月，拓宽蠡桥至中桥段原路西侧路面，由10米拓宽至37米，其中快车道16米、中间绿化带3米、慢车道2×5米、人行道2×4米。

三、锡澄路市区段

1986年8月～1987年12月，拓建北栅口立交至市造漆厂段，全长1185米，宽32米，沿线新建锡澄路1号桥。拓宽快车道为22厘米厚水泥混凝土，非机动车道为4厘米厚黑色混合料，人行道为40厘米×40厘米道板；同期拓建通惠东路至北新路路段，全长507米（其中北栅口立交引道400米），宽22米。1986年10月～1987年7月，拓建市造漆厂至刘潭服装厂段，全长1240米，宽32米，同时拓建锡澄路2号、3号桥。拓宽快车道为22厘米厚水泥混凝土，非机动车道为7厘米厚黑色混合料，人行道为40厘米×40厘米道板。2004年3月～2005年7月，拓建北栅口立交至广石加油站段，全长2350米，宽44米，设计时速每小时60公里。快车道和辅道、非机动车道分别为12厘米、10厘米厚沥青混凝土，人行道为6厘米厚舒波洛克砖。沿线埋设雨水等管线，并改建通顺桥。

四、苏锡路市区段

1987年8～12月，拓宽苏锡路中桥段825.64米。拓建后路宽20米，其中中南路段宽35米，快车道14米，两侧慢车道各宽5.5米，绿化带各宽1.5米，人行道各宽3.5米，黑色面层。

五、太湖大道

原名金匮西路、金匮东路。金匮东路，东接沪宁高速公路，西至金匮大桥；金匮西路，东起金匮大桥，西至环湖路。1992年12月9日建成通车，全长11公里，宽40米，其中快车道宽15米。1999年10～11月，大修金匮桥引道，全长345.4米。将原快车道宽15～23米的沥青和三渣挖除，铺设24厘米厚二灰和10厘米厚沥青面层。2001年，金匮西路、金匮东路分别更名为太湖西大道、太湖东大道。2002年2～9月，投资2.66亿元改建太湖大道，全长13.93公里，设计车速每小时60公里。设计红线宽40～60米，其中

图5-1　太湖大道　（陈平摄）

环湖路到湖滨路、广南立交到锡东立交两段为四块板断面，两侧各有11.5～12.5米宽机动车道（双向六车道）、4米宽非机动车道、1.5米宽人行道；湖滨路到广南立交段为三块板断面，中间为24米宽机动车道，两侧各有3米宽分隔绿化带、4.5米宽非机动车道、3～4米宽人行道。改建按高速公路标准重新施工，其中快车道铺装4厘米厚SMA改性沥青面层，人行道铺装白色和湖蓝色道板，沿线新建通扬、水秀2座人行过街天桥。同步新建、拓建桥涵12座（百合桥、西园桥、临溪桥、马蠡港桥、金匮桥、金塘桥、知足桥、冷渎港桥、春星桥、龙舌尖桥、春丰桥、春阳桥）。沿线设置生态绿色环保型照明路灯、新颖公交站台；首次安装国内一流高智能化道路交通指挥系统，运用现代化手段调度指挥行驶车辆，全线设13个电视监控点、7块大型电子车辆引导指示牌和51套电子警察系统，设置各类信号灯、太阳能警示器等先进设备、设施270多套；设置行驶方向指示牌、彩色交通信号牌、禁停标志、路名牌等300块，所有指示标志都有夜光功能和感应控制“绿波”交通控制系统，通过信号机感应道路车流量，经软件分析提出最优化通行方案，自动调节红绿信号灯时间，提高道路通行效率。太湖大道沟通10多条道路，成为横贯市区东西的第一条高等级快速通道、景观大道、旅游大道。

六、金城西路

1987年新建，东起苏锡公路，与金城路对接；西至蠡溪路口，与鸿桥路对接。其中中南路至苏锡路段于1987年5月开工建设，全长1070.5米，为外围环城主干道，路宽44米。金城西路快车道建成后，把沪宁、苏锡公路和通往金城湾开发区的干道连接起来，外地过境车辆不需再进入市区绕道。

七、塘南路

塘南路全长3.15公里，1987年～1988年8月拓建。南长街至金匮路段长1.54公里，拓宽至26米，其中快车道8米、分隔带2×1.5米、慢车道2×4.5米、人行道2×3米；金匮路至金城东路段长1.61公里，拓宽至30.5米，其中快车道10.5米、分隔带2×1米、两侧慢车道2×4.5米、人行道2×4.5米。拓建采用“袖珍型”三块板式，同时将公交停靠站加宽为2.25米的港湾式。1993年10～12月，改建锡甘路口至金城东路段，全长1.53公里，道路宽30米。2002年11月6～16日，塘南路大修。工程南起金城东路，北接太湖大道，全长1.68公里。施工时挖除快车道沥青后局部补强车道基层，铺装10厘米沥青混凝土面层。2003年12月～2004年9月，再次改建太湖大道至向阳路段，长901米。改建后路宽28米，其中快车道14米、慢车道2×4米、人行道2×3米。快车道、慢车道沥青混凝土面层厚分别为10厘米和8厘米，人行道铺装25厘米×25厘米彩色道板，沿线敷设雨水、电力、通信等管线。

八、中山路

1988年3月～1989年底，投资201.81万元改造中山南路，长1149米，原中央隔离带改建为快车道，原中山一路、中山二路（三凤桥至朝阳广场段）改建成慢车道、人行道。改造后，中山路由13～15米拓宽为40～45米。1989年6～12月，将三皇街南至朝阳广场西侧非机动车道及人行道拓宽至16.5米。1997年3月11日～1998年8月28日，中山路大修时拆除快慢车道之间的绿化带，快车道由10米拓宽至15米，慢车道由5米拓宽至5.5米，人行道从4.5米左右拓宽至7米。车行道为10厘米厚沥青混凝土面层，采用不锈钢护栏隔离非机动车道与机动车道，侧平石采用金山石，人行道铺设25厘米×25厘米彩色道板。同时敷设电力、通信、自来水、下水道等管线。2002年，再次对中山路进行全面整修，所有管线埋入地下，人行道改用花岗岩道板。

九、健康路

1989年11～12月，将人民中路至公园（复兴）路210米长路段拓宽至20米，其中，快车道2×14米，人行道2×3米。2000年3～8月，人民中路至解放南路740米长路段拓宽至20米（规划红线宽

30米)。2002年3～8月，解放南路至红星路段老路改造，全长581.24米，道路拓宽至40米，体育场桥拆除重建。

十、解放环路

全长5600米，由解放东路、解放南路、解放西路、解放北路4段组成。1991年12月～1992年4月，改建胜利门广场至吉祥桥段，长238.74米，宽30米。1992年10～12月，拓建胜利门广场至县前街段，由7～9米拓宽至39米，右侧部分车道及人行道在老河道基础上改建，左侧部分在老路上改建。1993年8月～1994年5月，新建崇宁路至东林广场段，路段原为无锡护城河，填土造路后为一级道路，宽40米。1994年4～12月，拓建吉祥桥至朝阳广场段，长1797米，拓宽至40米，道路面层为沥青混凝土，人行道铺设彩色道板。1995年7～12月，拓建永定桥至人民桥段，长488.08米，道路拓宽至40米，横断面为一块板式。1996年5～12月，改建西门桥至文化宫桥段，长1.55公里，加宽道路，改变路面结构，车行道拓宽至24米，其中机动车道15米、非机动车道2×4.5米。车行道为沥青混凝土路面，人行道为彩色道板。人民路、西门桥、体育场桥局部加宽3～6米。1997年1～6月，拓宽体育场桥至朝阳广场段，长540米，拓宽至30米，拓建后，内环线形成双向4车道格局。2004年1～9月，对解放环路实施改造，涉及道路拓宽、绿化景观建设、建筑物立面改造和古运河整治4项工程。改建后的解放南路宽36米，解放西路宽40米，机动车道、非机动车道分别为厚12厘米和6.5厘米沥青混凝土面层，人行道为花岗岩道板。设计时速每小时40公里。

十一、通惠路

1994年3月开工建设，8月竣工。通惠东路延伸段道路工程东接人民东路，西与火车站相交，全长517.56米，宽39米，人行道为彩色道板。2002年7月～2003年9月，改建兴源路地下通道出口以东50米至凤宾路路段，全长2.7公里。其中，惠农桥至惠工桥为拓建段，惠工桥至凤宾路为新建段，全长1550米，宽40米。机动车道铺装12厘米厚沥青混凝土面层，非机动车道铺装8厘米厚沥青混凝土面层，人行道铺设20厘米×6厘米舒波洛克砖。沿线新建新社桥，改造惠农桥桥面。

十二、学前东路

1995年2月开工建设，9月竣工。全长2.5公里，宽36米，其中机动车道15米，快车道和慢车道分别为10厘米和6.5厘米厚沥青混凝土面层，人行道铺设50厘米×50厘米混凝土道板。先期建成穿越沪宁铁路的风雷立交，跨越大运河的槐古大桥与道路同步施工。1997年4～9月，拓建中山路至解放东路段。全长620米，宽30米，其中机动车道14米；道路为沥青混凝土路面，彩色人行道板。2002年7月～2003年3月，新建学前东路延伸段，西起江海东路，东至春阳桥。全长4782米，宽40米，机动车道和非机动车道分别为10厘米和4.5厘米厚沥青混凝土面层，人行道铺装25厘米×25厘米彩色道板，设计时速每小时60公里，沿线埋设雨水、污水等管线，新建春江桥和通道桥。

十三、长江北路

1996年8月开工建设，1997年8月竣工。西起学前东路，南至旺庄路，全长4694米，宽30米，其中机动车道15米、两侧非机动车道2×4.5米、人行道2×3米，设计时速每小时60公里。2002年3月，长江北路人行道全线大修，将红、绿彩色道板更换为磨光彩色道板。

十四、通江大道

1998年4月开工建设，10月竣工。南起高墩桥，北接锡澄高速公路，为穿越沪宁铁路和周山浜老城区的新干道。全长5154米，宽40米，其中机动车道15米、非机动车道2×5.5米、中央分隔带2×3

米、人行道2×3米、绿化带2×1米。2002年，命名为通江大道。2005年6月起，实施通江大道改造工程，北与沪宁、锡澄高速公路无锡互通对接，南与县前东街对接，同时连接快速内环（江海路）、312国道、342国道（外环线），与北环路相交处建有全苜蓿叶型互通，成为进出城市最便捷的通道之一。道路宽45米，双向8车道，其中机动车道2×15米，非机动车道2×5米，中央分隔带5米，设计时速每小时60公里。

图5-2　通江大道　（陈平摄）

十五、运河东路

1998年9月开工建设，1999年6月竣工，改建运河东路金匮桥桥墩至金城桥南匝道路缘石切点段，全长1.91公里，宽30米，车行道铺设10厘米厚沥青面层，其中包括2桥1涵和2056平方米的29路公交停车场建设。2000年2～8月，建造运河东路延伸段，道路西起金城桥南匝道，东至利民桥，经过4桥1涵，全长2.75公里，宽30米，车行道铺设10厘米厚沥青混凝土面层。

十六、锦园路

北起锦园宾馆，南至梁湖路，全长3370.58米。原路坡度陡、弯道多、路面窄，行车不畅。2000年3～9月实施改造，道路拓宽至14米，其中混合车道9米、硬路肩2×1米、土路肩2×1.5米，沿线新建改建3座桥梁。大渲桥为三孔简支梁桥，跨径65.92米，宽10.5米；7号桥为单跨20米深心板简支梁桥，宽10.5米；锦带桥为单跨12.2米拱桥，宽8.5米。

十七、红星路北段

2000年4月开工建设，9月竣工。北接健康路，南至金匮路，是市中心商务区“三纵三横一环”（健康路、新生路、中山路，县前路、人民路、学前路，解放路）路网的重要组成部分。北段工程主线从健康路至红星桥，全长859米，宽30米，其中机动车道15米、慢车道2×4.5米、人行道2×3米。新建红星路至运河东路匝道，长326.9米，宽20米，其中混合车道14米，人行道2×3米。在纳新桥原址旁重建新纳新桥，为10米+16米+10米三跨简支梁桥，桥宽30米。同步埋设雨水、污水、自来水、煤气、通信等11条管线。

十八、永丰路

2000年6月开工建设，10月竣工，新建的永丰路东段西起清扬路，东至南长街，全长857.16米，道路宽20米，其中车行道14米、人行道2×3米。沿线新建永丰桥，为单跨16米空心板梁桥，同步埋设地下公用管线10种11条。2001年4～10月，永丰路西段建成通车。该路段东起清扬路，西至红星路，全长680.46米。道路宽20米，其中车行道宽14米，两侧人行道各宽3米。车道铺设沥青面层，人行道铺设彩色道板。永丰路的建成，沟通南长街、清扬路、红星路、运河东路之间的交通。

十九、建筑路

2001年4月开工，11月竣工，改建东起红星路，经湖滨路、青祁路、蠡溪路，至规划经二路（隐秀路）的建筑路，全长3099米，道路由7～12米拓宽至30米，其中机动车道宽15米、非机动车道宽

2×4.5米、人行道宽2×3米。设计车速每小时40公里，道路等级为城市次干道。沿线埋设雨水、污水、自来水、煤气、路灯、通讯、电力、有线电视等9种、10条管线。拆除尺马渚桥老桥，在原址翻建，为13米+20米+13米三跨简支梁桥，总长53.3米，宽33米，钻孔桩基础，栓式墩，设计荷载为城-B级。新建细泾浜桥、响桥、五家桥，均为跨径8米的箱涵桥。

二十、盛岸西路西段

2001年5月29日～2002年5月30日，建设东起石门路、西至K3+180，长1.8公里的盛岸西路西段。其中石门路至钱皋路段为拓建道路，其余路段为新建。道路设计宽47米，三块板式，机动车道宽2×11.5米（双向6车道），机非分隔绿化带2×3.5米，非机动车道2×5.5米，人行道2×3米，机动车道、非机动车道分别铺设10厘米和8厘米厚沥青混凝土面层。沿线新建三家村桥、吴巷桥、赵家浜桥，埋设雨水、污水等地下管线。设计车速每小时40公里，道路等级为城市主干道。该路为无锡市出入锡宜高速公路的主要通道，也是无锡市中心连接惠山区的主要道路。

二十一、梁清路

是通往太湖风景区的城市主干道，全长5282.66米，宽30米。2002年4月～2003年，新建梁清路延伸段（蠡溪路—梁湖路），全长3057.66米，道路宽40米，其中机动车道宽15米、两侧非机动车道各宽4.5米、人行道各宽3米、绿化带各宽5～7米，设计车速每小时50公里。全线共有桥涵11座，均为跨径6～16米的箱涵及管涵，埋设地下管线10种、11条。2004年4～9月，拓宽改造梁清路联结路至青祁路段，长1740米，宽34米，其中机动车道宽22米，设置双向6车道，两侧分设6米宽行人与非机动混合车道。设计车速每小时50公里。机动车道铺装12厘米厚沥青混凝土面层（其中4厘米为SBS改性沥青面层），人非混合道铺设透水砖。沿线埋设给水、煤气、热力、雨水、污水、通讯、电力等管线，改造驻春桥桥面。2005年，完成青祁路—蠡溪路拓建。

二十二、高浪路

始于蠡湖大道，经锡南路、苏锡路等主要交叉口，至华清北路止，长5941.73米，宽55.5米，2002年6月～2003年11月新建。机动车道、非机动车道分别铺装12厘米、8厘米厚沥青混凝土，人行道铺设25厘米×25厘米彩色道板，沿线新建闪溪桥、张思桥、谢湾里桥、长欣桥，埋设雨水等管线。同时建设自蠡湖大道与高浪路对接的高浪西路。高浪西路经金石路交叉路口至锡塘路，全长1728.88米。道路红线宽度50米，绿线宽度150米，断面为四块板式。在红线宽度内，中央设8米宽的绿化带，两侧为8米宽4车道、5米宽绿化分隔带、4米宽非机动车道、4米宽人行道，道路两侧分别建50米宽绿化带。机动车道、非机动车道分别铺装10厘米、8厘米厚沥青混凝土，人行道铺设25厘米×25厘米彩色道板。沿线埋设雨水、污水、电力、通信、热力、自来水等10条管线，新建长广溪大桥。高浪路和高浪西路、东路连成长度超过10公里的大路，与太湖大道平行，成为串联新区长江路、珠江路、华清路、苏锡路、漆塘路等10多条道路的主干道。

二十三、人民东路

2002年9月，改建人民东路东林广场至广瑞路段，全长765.87米，宽度由28米拓至40米，采用三块板式，其中两侧机动车道宽15米、非机动车道宽5.5米、机非分隔带宽2米、人行道宽5米，施工时拆除、重建亭子桥，局部改造东林广场。

二十四、隐秀路延伸段

2002年新建，南起建筑路，北至梁清路，长908.8米。设计红线宽40米，绿线宽100米，其中机动车道宽14米、机非分隔绿化带2×3米、非机动车道2×5米、人行道2×2.5米。工程设计等级为城市主干道，车道为沥青混凝土路面，人行道铺设彩色道板，埋设地下管线11种。沿线大部分为原鱼塘地段填筑而成。

二十五、兴源中路

曾名货运路。从县前街起，至锡甘路止，经人民东路匝道、典古路、兴竹立交匝道等主要交叉路口，全长3440米，宽35米，设计时速每小时40公里。2003年5～9月，县前街至凤雷立交南40米的Ⅰ标段施工，全长1840米，机动车道、非机动车道分别铺装12厘米、8厘米厚沥青混凝土，人行道铺设舒波洛克砖。沿线拓宽凤雷立交桥，新建一号箱涵1座，新敷设雨水等管线。

二十六、鸿桥路

2003年7月开工建设，12月竣工。始于太湖大道，经中南西路、望山路、双虹路交叉口，至望湖路止，全长1805.65米，宽44米，设计时速每小时40公里。机动车道铺设10厘米厚沥青混凝土面层，人非混合道铺设6厘米厚舒波洛克砖。沿线埋设雨水、污水、供水、煤气、路灯、电力、通信等11条管线，新建莲塘桥、闻歌桥和箱涵1座。

二十七、蓉湖路

2003年建设。始于县前街，终于盛岸路，跨越运河东路、京杭大运河、运河西路、通惠西路，全长约1550米，由桥梁工程和道路工程两部分组成，桥梁工程包括：西引桥，西起盛岸路东至运河西路，全长680.5米，为现浇连续混凝土预应力连续梁桥，共分5联，桥宽33～38.5米，部分宽16.5米；南北匝道桥各一联，长2×125米，桥宽9米，采用3.1%的纵坡；蓉湖庄桥，桥体为单跨简支梁桥，跨径25米，桥宽53.5米。道路工程包括：蓉湖路主线，全长101.92米，宽16.5米，设计车速每小时40公里，一块板式；南北匝道，全长89.83米，宽9米，设计车速每小时30公里，一块板式；辅道，全长962米，设计时速每小时30公里。

二十八、永乐路西段

2003年2月开工建设，5月竣工。西起运河东路，东至清扬路，全长871.25米。道路设计宽度为18米，其中机动车道7米、非机动车道2×3.5米、人行道2×2米。永乐路与运河东路、清扬路口为扩大交叉口，路宽分别为20.5米和24米。新埋7种地下管线，设计车速每小时30公里，道路等级为城市次干道。

二十九、锡兴路

2003年1月开工建设，5月竣工。北起新华路，南至机场路，全长1813米，宽30米，为一块板型，包括宽19.5米的车行道、2×3.5米的绿化带，敷设雨水、污水、电力、煤气等7种地下管线，设计车速每小时40公里，等级为城市次干道。

三十、芙蓉二路

2003年新建，位于八士镇锡山工业园内，起点友谊路，终点团结路，全长2384米，宽29米，其中车行道15米、人行道2×2米，两侧铺设雨水管道各2384米、污水管道2193米。

三十一、新梅东路

2003年4月开工建设，8月竣工。南起金城东路，北至坊德路，全长1075米，道路红线宽度为60

米，其中车行道24米、人行道2×2米、绿化带2×16米，埋设污水、电力、雨水3种管线，设计车速每小时40公里，等级为城市主干道。

三十二、环湖路

位于蠡湖新城内，为蠡湖景观大道，城市次干道，设计车速每小时30公里，道路红线为31米，其中机动车道2×7米、人非混合车道2×4.5米、中央绿化分隔带8米，道路为二板块式结构。沿线建设2座桥、1座箱涵。7号桥跨径16米，重力式桥台，桥长22.88米，宽31米；8号桥跨径10米，重力式桥台，桥长77.88米，宽31米。2003年建成通车。

三十三、五爱路

五爱路拓建2004年4月开工建设，10月竣工。西起梁清路，经梁溪大桥、五爱广场至西新街，全长2000多米，为城市路网中东西方向的城市主干道，设计时速每小时40公里。其中梁溪大桥引道宽30米，桥宽24米，引道至人民路宽40米，人民路至西新街宽30米。全线为沥青路面，设计年限为15年。

三十四、华清路B标

北接清扬路，南至高浪路，是城中与滨湖新城连接的城市主干道。2004年2～10月，实施B标道路工程。长2625米，沥青路面，双向6车道，道路宽40米，其中机动车道22米、人行道2×2.25米、非机动车道2×3.5米、机非分隔带2×3米。

三十五、广石路

2005年4月开工建设，9月竣工。北起黄石大桥，南至凤翔路，全长2020米，宽40米，其中机动车道22米、人行道2×2.5米、非机动车道2×4.5米、机非分隔带2×2米。设计时速每小时50公里，为城市主干道。全线拆除老桥3座，新建桥涵1座，埋设地下管线7种、9条。

三十六、凤翔路延伸段

2005年2月开工建设，12月竣工。由西石路至北环路，全长2063米，其中桥梁1249米，以高架桥形式通过西漳镇新街；道路长814米，宽42米。高架桥两侧各设宽8米的辅道，设有宽2.5～4.5米的人行道。

三十七、钱荣路

2005年初，实施钱荣路横山口—钱桥新街路段拓宽工程，年底竣工。全长4.1公里，双向6车道。道路宽46.5米，其中快车道23米、中央绿化带5米、两侧绿化带2×2.5米、非机动车道2×2.5米、东西两侧人行道分别为2米和2.5米。该路改造时采用“冷再生处理”技术，用冷再生机将原路面粉碎，一边铺水泥、加水，一边将路面摊平，节省施工时间。

图5-3　钱荣路　（陈平摄）

第二节 桥 梁

一、锡澄路立交桥

位于锡澄路与江海东路交会处，1988年3月开工建设，9月竣工，为市区北大门的交通枢纽，无锡市首座公路立交桥。沪宁方向以高架桥形式直通，其余各方向为下层环岛平交。高架桥为19孔跨度16米的钢筋混凝土简支梁桥，桥长308.2米，桥面净宽10.5米，为混凝土连续桥面。在两桥台与梁连接处各设一条橡胶板式伸缩缝，有东向143.49米、西向124.66米的引道与桥台相接。

二、锡沪立交桥

位于312国道与锡沪路交会处，1991年11月开工建设，1992年3月竣工，全长606米，高架桥长343.54米，东西向引道长262.46米，在跨越锡沪路处桥净空5.2米，高架桥由21孔钢筋混凝土简支T梁组成，全桥设20个双柱式钢筋混凝土桥墩，2个扩大基础的重力式V型桥台。桥面铺装厚10厘米沥青混凝土面层。

三、吴桥

新吴桥位于通惠西路，老吴桥南侧约29米处，横跨京杭大运河，部分老路相应废弃和改造。1993年3月开工重建，1994年12月竣工，由市市政总公司施工，全长1133.95米，其中主桥3跨168米、东引桥15跨235米、西引桥16跨240米，东西引道共长4900米；桥面宽30米，其中快车道15米、左右慢车道各6米、人行道各2米，快慢车道间设0.5米间隔带。上部结构为三跨预应力钢筋混凝土变截面双箱双室连续箱梁，桥梁墩台均为钻孔桩基础，主桥上下部之间用盆式橡胶支座连接。通航净高7米，比老吴桥提高一倍。1995年，吴桥改建工程获建设部首次评选的全国市政工程最高荣誉奖——金杯奖。

图5-4 1994年12月17日，吴桥改建竣工通车 （顾祚维摄）

四、莲蓉桥

位于胜利门北大街，1993年5月开工重建，12月竣工。桥型为双孔简支T梁桥，全长33.39米，主孔为16米T梁，边孔为5.33米实心板的人行立交孔，桥面宽40.5米，其中快车道16米、两侧慢车道各7米、人行道各5米，主跨快慢车道间设固定分隔带。

五、仙蠡桥

位于梁溪河入口处，为运河东路跨越梁溪河的桥梁，1994年12月开工建设，1995年12月竣工。全长575米，其中主桥长162.74米，为跨径46米+65米+46米的三跨预应力钢筋混凝土连续刚构，主跨设计净空6米；南北引道长412.26米。桥宽26.68米，桥面铺装厚4厘米沥青混凝土+6～14厘米C18混凝土。

六、广南立交桥

位于市东郊金匮路（太湖大道）与312国道交会处，为四层蝶式互通式立交桥，1995年1月开工建设，1996年5月竣工。立交由桥梁与道路两部分构成，高架桥梁由5条线路组成，其中第二层为市区至东亭方向，跨越312国道；第三层为东亭至上海的线路；第四层为南京至东亭及无锡至南京两条线路。立交桥总长1613.4米，市区至东亭方向线路宽20.5米，其余各线均为8米，桥梁均为40厘米×40厘米的钢筋混凝土方桩基础，上部结构除Z2线有一孔预制梁外，其余均为3～6孔一联的钢筋混凝土连续梁及连续刚架。市区至东亭方向桥面铺装厚5厘米沥青混凝土面层，其余各线有厚5～19厘米桥面混凝土及5厘米沥青混凝土。广南立交桥占地面积约13公顷，投资1.22亿元，由市市政总公司建造，时为省内最大立交桥。

图5-5　广南立交桥　（项朋摄）

七、槐古大桥

位于学前东路，横跨古运河，1995年4月开工建设，12月竣工。全长325.25米，共16孔、3个桥台、14个桥墩。桥墩全部为钻孔桩基础，上部结构形式自西向东为7孔×18.5米连续空心板+27.04米+21米+25米（三孔简支预应力T梁）+5孔×18.5米（连续空心板+12米斜板简支梁）。桥面宽32.28米，其中车行道22米、人行道2×1.5米、管线空间2×3.64米。

八、通惠立交桥

位于锡澄路与通惠路交会处，1995年12月～1996年9月建设。全长284米，宽9米，其中车道宽7.5米，简支梁结构，桥梁下部结构中桥台采用天然基础砌石重力式，桥面铺装厚10厘米沥青混凝土+6厘米C30混凝土铺装层。

九、江尖大桥

位于京杭运河和锡北运河交汇处，1996年3月开工建设，12月竣工。全长428米，宽28米，上部结构为三联现浇预应力混凝土连续梁，下部桩基采用直径为20厘米的钻孔桩，梁体为两幅分体多孔板梁。大桥通车后，结束无锡最后一个渡口历史，苏北、张家港等地车辆可从锡澄路经江尖大桥直抵锡城南片。

十、工运桥

位于火车站南面，跨越古运河，2002年4月开工重建，9月竣工。桥长81.4米，为预应力三跨连续变截面斜腿刚构，主梁断面形式采用整体空心板，横向分为三块板，桥面宽40米，其中机动车道15米、两侧非机动车道各5.5米、人行道各7米。跨径19.8米+32米+19.8米，重力式U形桥台，横向设2

道沉降缝。

十一、隐秀桥

位于隐秀路，跨梁溪河，2002年4月开工建设，12月竣工。全长133米，跨径34米+54米+34米，结构为V型墩三跨连续梁桥，宽36米，横断面为三幅独立桥面，中幅为机动车道，宽15米；两边幅为非机动车道及人行道，宽各9.5米。钻孔桩基础，埋置式框架桥台，V型板式墩，箱形截面主梁，通航净高5米，净宽38米，最高通航水位2.59米。

十二、亭子桥

位于人民东路，跨越古运河，2002年11月开工重建，2003年4月竣工。桥下通航净空高按老桥标准控制，桥下有23米宽河道及东侧14米的工艺路和西侧8米宽的下穿人行通道。桥梁全长64.4米，纵向三跨连续刚构，主梁横断面为整体现浇钢筋混凝土空心板梁，重力U型浆砌块石桥台，板式墩身（其中西岸竖直板式，东岸V型板式），墩身基础为钻孔桩加系梁。桥面铺装厚4厘米沥青混凝土+6厘米现浇C30混凝土，人行道铺装广场砖贴面+6厘米厚预制混凝土板。桥面宽40米，其中机动车道15米、两侧非机动车道各5.5米、人行道各5米，机非车道间设2米绿化分隔带。

十三、蓉湖大桥

为京杭大运河无锡段第9座大桥，东起春申路县前街口，一路高架跨越运河东路、京杭大运河、运河西路、惠山浜、通惠西路，西接盛岸路，是连接无锡市区与锡宜、宁杭高速公路主要出入口的纽带。2002年12月动工，2003年10月1日前完成大桥主体工程，实现主桥合龙，12月建成通车。该桥全长1180米，主桥为220米长的独塔单索面混合梁斜拉桥，主跨145米，桥面宽33米。主塔高74.5米，为钢双柱独塔形式，顶端呈斜切面，两端各设20根呈扇面状排列的斜拉钢索，为无锡市首座独塔结构斜拉桥。

图5-6　蓉湖大桥　（陈平摄）

十四、蠡湖大桥

位于蠡湖大道，跨越500多米宽的蠡湖金城湾湖面。2002年10月开工建设，2004年4月建成通车。大桥全长730米，主桥为三跨连续自锚组合式板拱结构，其中南引桥长约200米，北引桥长约240米。桥面宽33米，双向6车道，中央设分隔带，两侧分设非机动车道与人行道，主桥净空符合7级航道通航要求。该桥造型新颖别致、形态轻盈飘逸。桥梁主跨恰似一

图5-7　蠡湖大桥　（匡维中摄）

具张开的渔网，寓意无锡为鱼米之乡；远眺主桥结构为“WX”2个字母，即“无锡”的英文与汉语拼音缩写，使大桥成为无锡的标志性建筑。

十五、妙光桥

前身为建于1970年的跃进桥，2004年8月拆除重建，2005年2月竣工，改名妙光桥。重建后的妙光桥为三跨变截面拱形连续刚架桥，全长45.2米，宽13米，跨径33米，面积587.6平方米。重建时将桥身高度降低近1米，在金山石桥栏杆立柱上装饰12生肖图案，设计精巧，与古运河融为一体。

十六、华清大桥

位于新光路与清扬路交会处西侧，前身为建于1988年的下甸大桥。老桥全长152米，一跨过河，桥面宽13米。2004年1月，市政府决定配合清扬、华清两路拓宽改造，同步实施下甸大桥拆老建新工程。新桥建在老桥下游一侧，主桥长148米，一跨过河，净跨132米，桥下净空满足四级通航要求。大桥基本呈南北走向，北南两端分别跨越运河东路与规划运河西路。四跨北引桥长122.9米，七跨南引桥长210.42米，大桥总长487.33米。桥面宽40米，中央设双向6车道，两侧分设3.5米宽非机动车道、3米宽绿化分隔带、2.25米宽人行道。新桥为全国第一座大跨度下承式哑铃形侧倾系杆提篮拱桥，也是当时京杭大运河上跨度最大、设计新颖、技术难度最大的桥梁。大桥两根拱肋为等截面哑铃形钢管混凝土结构，钢管直径1.5米，两根肋拱间中央用1道“X”形支撑、两端2道“K”形连接。其橘黄色彩远眺犹如两道彩虹飞架，在大运河风光带形成“双虹凌空”新景致。大桥北端设2座人行梯道沟通运河东路，桥南设两座人行梯道、新辟两条匝道沟通运河西路。2005年1月完成主体工程，5月竣工通车。

1986～2005年无锡市区新建桥梁表

表5-5　　单位：米

序号	桥梁名称	型号	所在位置	主桥结构	长度	宽度	建成年份
1	红光桥	小	石门路	“T”梁桥	23.54	22.00	1986
2	潘家桥	小	湖滨路	空心板梁桥	13.10	37.08	1987
3	金匮大桥	大	太湖大道	肋拱桥	176.04	30.00	1988
4	蠡园招待所1号桥	小	湖滨路	Π形梁桥	12.16	4.55	1988
5	长广桥	大	野花园	双铰桁架拱桥	93.87	5.80	1989
6	永定桥	中	县前西街	预应力简支桥（空心箱梁）	81.50	31.50	1989
7	双龙桥	中	湖滨路	双饺变截面刚架桥	47.70	4.00	1989
8	红星桥	大	红星路	双箱四室预应力混凝土箱梁桥	180.75	20.00	1990
9	凤翔桥	小	凤翔路	钢筋混凝土矩形板桥	16.48	20.00	1993
10	五家浜桥	小	青祁路	空心简支板梁桥	17.40	40.76	1993
11	新顾桥	小	春申路	板梁桥	8.64	44.00	1993
12	青祁桥	大	青祁路	“T”悬臂梁桥	206.40	30.00	1993
13	普济桥	小	霞美路	简支梁桥	28.68	20.00	1994
14	高墩桥	中	县前街	后张法预应力“π”梁桥	67.01	31.00	1994
15	宝界桥（新）	大	湖滨路	T型简支连续梁桥	390.74	18.50	1994

续表

序号	桥梁名称	型号	所在位置	主桥结构	长度	宽度	建成年份
16	黄泥桥	小	南长街	预制实心板梁桥	8.60	30.00	1995
17	运河东路1号桥	小	运河东路	板梁桥	5.60	40.00	1995
18	运河东路2号桥	小	运河东路	板梁桥	6.00	31.00	1995
19	运河东路3号桥	小	运河东路	板梁桥	7.60	31.00	1995
20	仙蠡桥	大	运河东路	预应力双箱双室连续梁桥	162.74	26.68	1995
21	槐古大桥	大	学前东路	连续空心板、简支预应力T梁及双孔空心预制板	325.52	32.28	1995
22	内塘河桥	中	吴桥旁	板梁桥	35.70	4.10	1996
23	江尖大桥	大	春申路	三联预应力空心连续梁桥	428.24	28.00	1996
24	新北桥	中	湖滨路	预应力“T”梁桥	41.66	6.00	1996
25	长江北路4号桥	中	长江北路	空心板梁桥	24.95	30.50	1997
26	长江北路1号桥	中	太湖大道	预应力空心板梁桥	23.04	30.50	1997
27	长江北路3号桥	小	长江北路	实心板梁桥	8.80	30.50	1997
28	长江北路6号桥	小	长江北路	现浇“T”梁桥	14.77	30.50	1997
29	长江北路5号桥	小	长江北路	实心板梁桥	8.80	30.50	1997
30	红塔桥	小	槐古路	预制混凝土空心板梁桥	13.60	12.00	1997
31	永安桥	中	县前西街	钢筋混凝土简支空心板梁桥	37.25	32.00	1997
32	严埭港桥	中	通江大道	组合“T”梁桥	67.98	33.00	1998
33	欢门桥	小	通江大道	空心梁桥	23.04	41.04	1998
34	李巷桥	大	通江大道	空心板梁桥	178.50	41.00	1998
35	勤俭桥	中	通江大道	预应力空心板梁桥	91.00	34.58	1998
36	庆丰桥	大	锡沪西路	预应力混凝土空心板梁桥	114.10	36.10	1999
37	后芮浜桥	小	运河东路	空心板梁桥	19.14	30.00	1999
38	引航桥	中	城南路	预应力T梁及普通T梁桥	88.10	11.00	1999
39	扬名3号浜桥	中	运河东路	预制空心简支板梁桥	25.84	42.00	1999
40	锡沪西路1号桥	中	锡沪西路	空心板梁桥	29.40	40.10	1999
41	潘婆桥	小	中南路	空心板梁桥	16.90	20.22	2000
42	陈巷桥	小	运河东路	简支空心简支板桥	8.98	31.00	2000
43	尺渎桥	小	红星路	预应力先张法空心板梁桥	31.87	33.21	2000
44	双庆桥	小	中南路	空心板梁桥	17.40	18.00	2000
45	杨湾里桥	小	运河东路	箱涵	8.80	31.10	2000
46	马夹里桥	小	运河东路	箱涵	16.00	31.10	2000
47	庙湾桥	小	中南路	实心板梁桥	12.26	18.28	2000
48	利民大桥	中	运河东路	连续刚架预应力“T”梁桥	67.88	18.00	2000
49	五家桥	小	建筑路	实心板梁桥	14.84	30.10	2001

续表

序号	桥梁名称	型号	所在位置	主桥结构	长度	宽度	建成年份
50	咏春桥	小	梁清路	箱涵	8.80	32.50	2001
51	迎春桥	小	梁清路	箱涵	6.80	32.50	2001
52	晓春桥	小	梁清路	箱涵	6.80	32.50	2001
53	留春桥	小	梁清路	箱涵	4.64	32.50	2001
54	盼春桥	小	梁清路	箱涵	6.80	32.50	2001
55	赏春桥	小	梁清路	箱涵	6.80	32.50	2001
56	探春桥	小	梁清路	箱涵	6.80	32.50	2001
57	尺马渚桥	中	建筑路	空心板梁桥	49.44	33.00	2001
58	水秀人行桥	中	太湖大道	钢箱梁桥	82.94	5.22	2002
59	百合桥	小	太湖大道	空心板梁桥	12.00	40.00	2002
60	西园桥	小	太湖大道	空心板梁桥	8.84	40.00	2002
61	隐秀桥	大	隐秀路	V型三跨连续桥（单箱双室箱梁）	133.00	36.00	2002
62	蓉湖大桥	大	春申路—盛岸路	独塔结构斜拉桥	1180.00	33.00	2003
63	通道桥	小	学前东路	先张法预应力简支空心板梁桥	17.48	15.00	2003
64	春江桥	中	学前东路	先张法预应力简支空心板梁桥	42.19	38.00	2003
65	听松桥	小	盛岸东路	预制空心梁桥	21.04	47.00	2003
66	松苓桥	中	盛岸东路	预制空心梁桥	36.64	47.00	2003
67	罗汉桥	小	盛岸东路	预制空心梁桥	16.00	47.00	2003
68	新社桥	小	兴源北路	先张法预应力空心板梁桥	19.87	35.00	2003
69	广富桥	小	广益路	钢筋混凝土简支梁桥	17.84	34.50	2003
70	广裕桥	小	广益路	先张法钢筋混凝土简支梁	22.84	34.50	2003
71	广平桥	小	广益路	先张法钢筋混凝土简支梁桥	23.04	34.50	2003
72	广安桥	中	广益路	先张法钢筋混凝土简支梁桥	28.90	34.50	2003
73	金城东路1号桥	小	金城东路	箱涵	5.40	44.00	2004
74	金城东路2号桥	小	金城东路	箱涵	5.40	44.00	2004
75	蠡湖大桥	大	蠡湖大道	组合式板拱桥	730.00	33.00	2004
76	华清大桥	大	华清路	下承式哑铃形侧倾系杆提篮拱桥	487.33	40.00	2005

1986～2005年无锡市区改扩建桥梁表

表5-6　　　　单位：米

序号	桥梁名称	型号	所在位置	主桥结构	长度	宽度	改扩建年份
1	中桥	小	中南路	空心板简支梁桥	30.54	28.52	1987
2	蠡桥	中	湖滨路	“T”梁、简支双跨连续梁桥	77.77	30.80	1988
3	惠农桥	中	通惠东路	槽形梁桥	64.20	32.90	1988

续表

序号	桥梁名称	型号	所在位置	主桥结构	长度	宽度	改扩建年份
4	礼让桥	小	锦园路	连续梁桥	23.54	8.00	1991
5	日晖桥	小	南长街	空心板梁桥	9.55	7.88	1992
6	化肥桥	小	新光路	中跨:曲梁桥(预应力混凝土箱梁)	41.95	30.00	1992
7	煤站兴隆桥	小	塘南路	预应力简支箱梁桥	22.18	30.00	1993
8	莲蓉桥	小	北大街	双孔简支"T"梁桥	33.39	40.50	1993
9	惠商桥	小	通惠路	简支空心板梁桥	15.59	24.40	1994
10	吴桥	特大	通惠路	预应力双箱双室钢筋混凝土连续梁桥	1133.95	30.00	1994
11	南长桥	小	南长街	现浇"T"梁桥	15.36	30.00	1995
12	二泉桥	大	工人太湖疗养院	中承式系杆拱桥	75.25	9.93	1996
13	永乐桥	小	永乐路	预应力空心板梁桥	18.89	24.97	1996
14	碧霞桥	小	盛岸西路	钢筋混凝土实心板梁桥	16.00	48.00	1999
15	滴露桥	小	盛岸西路	空心板梁桥	16.82	48.00	1999
16	纳新桥	中	红星路	简支空心板梁桥	36.86	30.00	2000
17	永丰桥	小	永丰路	空心板简支梁桥	26.15	20.10	2000
18	锦带桥	小	锦园路	现浇拱板桥	19.40	8.50	2000
19	环湖路6号桥	中	环湖路	"T"梁桥	78.04	11.50	2000
20	环湖路7号桥	中	环湖路	简支空心板梁桥	20.84	10.50	2000
21	利民路1号桥	小	南长街	简支空心板梁桥	27.10	7.60	2000
22	利民路2号桥	小	利民路	板梁桥	7.00	6.93	2000
23	显应桥	中	西水墩	钢筋混凝土预制拱桥	32.90	5.00	2001
24	跨塘桥	中	南长街	现浇钢筋混凝土圆弧板拱桥	40.33	33.50	2001
25	若冰桥	中	盛岸西路	简支空心板梁桥	71.04	48.00	2001
26	柴油机厂桥	小	塘南一支路	钢筋混凝土空心板梁桥	10.84	15.00	2002
27	老丁村桥	小	大寨河野花园	现浇"T"梁桥	28.83	4.00	2002
28	体育场桥	中	健康路	现浇钢筋混凝土拱板桥	30.50	40.00	2002
29	马蠡港桥	中	太湖大道	拓宽部分:简支空心板梁桥,老桥:上承式刚架拱桥	65.92	45.00	2002
30	工运桥	中	工运路	现浇整体式空心连续板梁桥	81.40	40.00	2002
31	清扬路3号桥	小	清扬路	钢筋混凝土现浇板梁桥	13.00	52.67	2002
32	兴源桥	中	兴源中路	先张法钢筋混凝土简支大孔梁桥	51.16	33.50	2003
33	风雷立交桥	小	兴源中路	预制实心板梁桥、老桥为箱涵	35.60	31.50	2003
34	清扬桥	中	清扬路	固端钢架桥(钢箱梁)	49.60	40.00	2003
35	金城大桥	大	金城东路	双幅预应力混凝土连续梁桥	540.00	40.00	2004
36	兴竹立交桥	中	兴源中路	空心板梁桥	41.40	36.00	2004

续表

序号	桥梁名称	型号	所在位置	主桥结构	长度	宽度	改扩建年份
37	小动力桥	小	南长街	钢筋混凝土实心板梁桥	12.08	7.40	2005
38	小公桥	小	南下塘街	钢筋混凝土空心板梁桥	12.08	3.50	2005
39	新华桥	小	黄泥绛	现浇板梁桥	15.86	4.80	2005
40	铁树桥	小	南下塘路	现浇板梁桥	7.08	3.00	2005

第三节　广　场

一、火车站广场

火车站广场位于无锡火车站候车大厅西侧，兴源路从中穿越。1994年，市政府投资近2亿元将火车站广场改造列入为民办实事和迎接省运会的重点工程。工程先期拆除房屋8.36万平方米，建成地下人防主体A、B区和过街通道，建成公交、出租、旅游等多种功能的停车场，铺设污水、通信、煤气、路灯等7种、11条地下管线。广场由西部4700平方米的团体停车场、中部4200平方米的步行广场和东部2800平方米的出租车停车场组成。广场总面积1.5万平方米。地下通道长298米，其中洞身长143米、净宽5米，钢筋混凝土结构。

2002年2月27日，火车站广场再次改造，工程由中日合资上海日兴公司承担建筑和环境景观设计。东西宽178米，由西部（约4700平方米）、中部（约4200平方米）和东部（约2800平方米）3个地块组成，南部绿化休闲区面积约10.66万平方米。总体思路为“上进下出、立体交叉、功能明确”，设东西2个出站口、3个下沉式广场、2个公交停车场、1个旅游车停车场。景观工程沿“一线（古运河）、二园（畅和园、欣惠园）、三广场（站前、桂馨和韵、清音古韵）”展开布置。站前广场北片正中矗立一座标志性钟塔，东出站口前为“桂馨和韵”下沉式广场，南片中央为“清音古韵”下沉式广场；东端“畅和园”，西侧“欣惠园”充满现代气息。广场建设时一次性铺设供水、电力、燃气、排（污、雨）水、通信、路灯等地下管线11条，8万平方米地面铺设25厘米×25厘米彩色道板50多万块，绿化面积2.6万平方米，移植香樟、棕榈、银杏、榉树等13类大树260株，栽种茶梅、杜鹃、黄馨等色块小苗9万株，培植高羊茅、葱兰、麦冬等草坪1.1万平方米。中央为一座不锈钢五环七彩雕塑。广场地下室建成人防工程和过街街道，面积8500平方米。地下室安排电缆2万米、通风管2000多米，消防管、喷淋管1万多米，风机、水泵70余台，电梯22台，以及照明、通信、智能化设施。整个广场在满足交通和集散功能基础上，巧妙安置绿地、花池、生态林、瀑布墙、张拉膜、休闲椅，营造人与自然相近相亲的和谐环境。站前沿古运河一线，除滨河绿地外，在满足水上通航要求的基础上，两岸漫坡向水中延伸3～5米，营造出人水相近的亲水环境，体现江南水乡文化。沿河步道设置休闲座椅，供乘客和游人小憩。入夜，上千盏泛光灯、投影灯、草坪灯、三柱中杆灯、新颖艺术路灯将广场照亮，使广场成为展示无锡都市形象的重要窗口。同年9月30日工程竣工。

二、三阳广场

1997～1998年，市政府投资5000万元改建三阳广场。广场改建前期拆除商业大厦衣都、工艺美术商场、三阳南北货店、世泰盛绸布庄、老鸿运酒家及周围民房等建筑面积1.7万平方米。

1997年8月～1998年4月，建设商业大厦片（复兴路至公园路、沈果巷至迎宾路）和心族片（一期工程）。1997年8～11月，建设心族片，面积2215平方米，采用10厘米×10厘米白、蓝两色广场砖铺装,并配黑、红两色花岗岩装饰,设花池7个、花钵2只、石辊座凳2张、弧形坐凳10.9米,沿大厦四周布设280米芝麻白花岗岩坐凳。1998年1～4月,建设商业大厦片,面积3400平方米,采用19厘米×19厘米白色广场砖铺装,并配黑、红两色花岗岩装饰。广场设小舞台233平方米,为60厘米×60厘米枫叶红花岗岩与火烧板交叉贴面;另有2米×2米花池10个,多种花岗岩坐凳203米,19根枫叶红花岗岩圆柱构架一座。

图5-8　三阳广场　（陈平摄）

1998年4～8月,建设珠宝城片和新三阳片(二期工程)。珠宝城片面积2400平方米,采用白、绿两色广场砖铺装,图案为鱼鳞式,设2米×1.5米枫红花池18个,1.5米×1.5米枫红花池3个,长128米的枫叶红花岗岩花坛3处。5～8月,建设新三阳片,面积1818平方米(包括下沉式小广场300平方米)。三凤桥方向铺装广场砖736平方米、人行道板500平方米。地面广场采用灰、白两色菱形广场砖铺装,下沉式小广场采用枫叶红花岗岩火烧板、冰裂纹花岗岩等铺装。设喷(泉)池1座,喷(泉)池围绕小广场成165度扇形分上、中、下3个池,安装7种规格的喷头99个,喷池周围有红、黄、绿、蓝水下彩灯225盏,温岭绿花岗岩坐凳226米。

三阳广场改建工程采取拆房建绿、腾地造绿,将广场扩大改建为集购物、娱乐、休闲于一体,美化、绿化、亮化的现代化公共广场。广场总面积1.43万平方米,其中绿地面积5000平方米。

三、东林文化广场

东林文化广场以东林书院为中心,东接解放东路,南连东林书院,北临人民东路,占地8200平方米,2001年8月～2002年1月由市园林局规划建设。广场中央设置围坐硬地,周边以石灯笼及坐凳栏杆围合;东面主入口坐卧天然大卵石,石上刻“风声雨声读书声声声入耳,家事国事天下事事事关心”名联,点明广场主题;广场西侧安放“东林八贤”雕塑,塑像高4.5米,长12米,展示东林党人刚正不阿的爱国情操;南侧堆砌小山上建六角重檐风雨亭,下有水池瀑布。广场景点、地面建筑均为中式,木柱木窗青瓦屋,青石、花岗岩铺地,古朴典雅,具江南风格。广场水面及建筑面积800平方米,绿地面积3800平方米。绿地种植31个树种、1.2万余株多种规格苗木,其中银杏、香樟、桂花、白玉兰以及朴、榉、枫香等大规格树木近百株,乔木层常绿和落叶树种各半,茶梅、玉兰、杜鹃、含笑、桂花、腊梅等花卉四季不断,红枫、红花木等色叶树分布均匀,香樟树、朴树、榉树、梧桐树等散种中心广场四周,使广场充满乡土气息。

四、胜利门广场

2001年7月～2002年1月建设的胜利门广场位于原市中百一店至吉祥桥一带,占地20267平方米,其中绿地13989平方米,总投资1.3亿元。广场以绿地软质景观为主,辅以主题广场、文化雕塑、景观小品等硬质景观。制高点是位于中山路和解放东路交会处的高大雕塑,坐落于以太湖为轮廓的水池中心,被底部喷涌的水柱簇拥。绿化工程由上海日兴建筑设计有限公司设计,以色块和曲线突出形象效果，种植香樟、雪松、银杏、广玉兰等特大规格树木80余株，大小灌木10万余株，草花1万余盆，铺设常绿草坪4000平方米，整个广场大树摇曳，竹影婆娑，绿草茵茵，为一处集游乐、购物、休闲为一体的公共绿地。

图5-9　胜利门广场　　（钱元正摄）

五、圆通（国联）广场

2001年8月建成的圆通（国联）广场位于解放北路、县前东街和圆通路之间。占地7200平方米，绿地总面积6700多平方米，由上海日兴建筑设计有限公司设计、市城市投资发展总公司建设、北塘区园林绿化管理处施工。广场在圆通路一面采用干径30厘米以上的大型香樟树营造生态林，林缘采用桂花、红枫、花石榴、紫薇、含笑等花灌木，既有层次感，又有林相变化，且增加生态林的景深；大块面绿地运用放射式流线型的大色块艺术手法，采用红花木、金叶女贞、杜鹃、草坪以及时令鲜花相组合，给人以都市气息。绿化苗木种植有香樟、桂花、红枫、花石榴、杜鹃等10多个品种2万多株，时令鲜花8000余株，草坪2000余平方米。

六、太湖广场

2002年4月，集行政、文化、娱乐、休闲于一体的太湖广场由美国易道（上海）公司担纲环境景观设计，由市园林局组织实施，市园林古典建筑公司施工。广场东临清扬路，西接运河东路，北抵永和路，南至市图书馆一带，总面积32万平方米。北侧为可容万人以上的市政礼仪广场，南面为景观广场，西南角为文化广场，西北角为生态绿地，东南角为清扬公园。广场被太湖大道分割成南、北两部分，以下沉式人行景观通道相通。市政礼仪广场长110米，宽120米，中央花岗岩铺地，地上镶嵌多幅铜质浮雕，有波浪、花卉、渔船等图案。东西两侧绿带种植杜英、香樟、含笑、桂花、金合欢等树种。高20.27米的8座艺术柱灯全部选用优质无缝钢管制作，加上座基，每座灯重16吨，被誉为“无锡第一灯”。南端两侧设5000平方米音乐喷泉。下沉式广场设8台自动感应扶梯，南侧设6米高水景墙和垒石，展现高山流水的神韵。12月，总投资2亿元的太湖广场基本建成，广场水体、绿地面积占70%以上，成为无锡城市传统与现代兼容、折射城市文化底蕴的大“客厅”，市民休闲、娱乐的理想场所。

图5-10　太湖广场　　（陈平摄）

第四节 停车场(库)

80年代后期开始,城区各级政府以及城建、城管等部门将停车场(库)建设提上议事日程,并由自行车、摩托车停车场地建设转为汽车停车场(库)建设。开发商在新建住宅时配套建设汽车停车库(位);在城区改造和广场建设的同时,建设地下停车场(库)。1989年11～12月,健康路拓宽时在复兴路(老大会堂右侧)利用老路改建成全市第一个机动车临时停车场,面积1000平方米。1994年火车站广场改造建设时,广场及地下室设有公交车、出租车、旅游车、团体与贵宾接送车和社会中巴等多功能的停车场。1997年,为提高地块的综合效益,在实施城中公园和三阳广场改造时,均规划设置地下停车场(库),其中,三阳广场地下建成面积1500平方米,可停放1000多辆自行车、摩托车的社会停车场。投资735万元新建的太湖花园住宅小区地下停车库3050平方米,近期停放自行车1950辆,远期停放汽车75辆;城中公园(崇安寺)改造时,先后建设东、西2个地下汽车停车库,缓解闹市区停车压力。2001年,建成东林文化广场地下停车库,面积2300平方米,可停放轿车56辆;胜利门广场地下停车库设232个车位;圆通(国联)广场地下停车库设49个车位。2002年,新建的太湖广场生态园下设1.23万平方米地下停车库,西南匝道内建成总面积8833平方米的双层地下停车场。12月,在通江大道988号建成锡北平安停车场,总投资2000多万元,面积2万多平方米,可停放200多辆货车。是年起,市公安局清理占用、挪用的配建停车场,支弄里巷统一划线停放车辆,城区新增停车位2300个,临时停车位3500个,达到每百辆车42个泊位。同年,火车站广场建成4万平方米地下广场,设3个出租车、社会车辆停车场和1个自行车停车场,共270多个机动车位,可停放1500多辆自行车。3月,站前商贸城一期竣工,设7个停车场,约600个车位。在市中心划出部分空闲地面、路面作为临时停车场,城中珠宝城后至市总工会一带空地、复兴路及附近路面、市第一人民医院周边路面等都作为临时停车点。

2005年,市十三届人大三次会议通过《关于加强停车场规划、建设、管理议案的决议》,市政府成立停车场规划建设管理工作领导小组,编制停车场专项规划,启动实施及完善沈果巷多层停车库、河埒文化广场地下停车库、中山路基督教堂地下停车库、薛福成故居二期地面及地下停车场、太湖广场北广场地下停车库等社会公共停车场(库)建设。其中,河埒文化广场地下停车库面积1.6万平方米,可停放汽车265辆,设有自动化消防、报警和收费管理系统。治理整顿被挪用、占用的停车场,结合老新村改造,增加老住宅区停车泊位;对新建住宅和公共建筑配建停车设施,当年竣工的城区住宅均按照规划配建停车场,增加车位2.4万个。是年,南禅寺改造工程中新建地下停车场,车位131个。

第五节 背街小巷整治

2005年开始,无锡市实施背街小巷整治,整治重点是市区主干道两侧的街巷道路、市民反映强烈的道路、老新村改造后的周边道路,以及商业旅游道路两侧的街巷小路。主要治理原有道路的雨水排放系统,整修路面,完善环卫和路灯配套设施。7月9日,背街小巷整治工程启动仪式在曹张新村举行。是年,整治背街小巷100条,道路总长36.3公里,面积21.4万平方米,更换和安装路灯600盏,改扩建和修缮公厕31座,增设废物收集箱57组,财政投入2284万元,覆盖崇安、南长、北塘、滨湖等4个区。

图5-11　改造后的小娄巷　　（陈平摄）

2005年无锡市背街小巷整治一览表

表5-7

区名	背街小巷名称		
	第一批	第二批	第三批
崇安区	书院弄、崇宁弄延伸段、勤学路、升平巷、永兴巷、田基浜福田巷	永定巷、毛桃巷、朝阳巷弄、小霓虹桥路、连元街、道长巷、陈巷路、羊角皂	小娄巷、广勤路一期、广丰支路、塔影路、新街巷、沙文井、广丰二村路、长大街、丁村支路、黄泥头路、前胡村南路、前胡村北路、莫家庄路、易初爱莲超市北
南长区	通扬南路、金星南北路、水沟头路、曹张路、兴锡巷、莫巷、扬名路、丁巷路	通扬西支路、风雷路、羊腰湾支路、典古路、高步路、丁巷一支路、丁巷二支路、丁巷三支路、沁园新村、曹张新村	清扬新村、扬名支路、前泥旺庄、绿塔路、井亭路、柴机新村
北塘区	蓉湖路、兴隆直街、锡澄二村、小三里桥东沿河、后祁后街	西直街、锡澄一村、五里新村、后祁后街二期、惠东里支路、庄前路、谢巷主干道、双河新村大门右侧道路、刘潭三村门前路	锡新村、北新路、民主街、双河路、红梅市场二号通道、民丰路社区、双河二社区主干道、双河东泾巷主道锡龙路段
滨湖区	产山新村路、孙蒋支路、蠡桥路、稻香菜场路、田里三房、邱巷路、水厂路、蠡鸿村蒋巷	葛巷路、华巷路、东顾巷路、广电局西路、溪北新村路、荣巷社区道路	上余巷、吴大成巷、东横山路、吴大成巷东路、产山路、产山北路、大池路、上里东路、建筑西路、河埒西横街

第六节　景观带建设

一、运河西路“小外滩”

运河西路全长2.5公里，“小外滩”面积4.2万平方米。1986年2月，市人大常委会就《关于综合整治新运河环境，建设河滨绿带》议案组织人大代表对运河西路专题视察，后经市政府规划确定纳入1987年重点绿化建设项目。1987年，市商业局、市物资局、市交通局、市纺工局等单位投资100万元，组织人员开展运河西路景观带建设。在滨河一侧防洪壁栏杆旁栽植一行垂柳，形成“柳丝千万条”的总体景观。沿河因地制宜修建亭、廊、凳、雕塑和草木铺装等多个单体。以市树香樟为河旁道路与绿化的骨干树种，在不同地段栽植樱、桃、梅、杏、杜鹃、石榴、紫荆、紫薇、雪松、中山柏等观赏树种和竹类，在与新村、桥梁、商店的交接点种植法国冬青、大叶黄杨、龙柏球、瓜子黄杨等进行分隔，并栽植迎春、蔷薇、月季、夹竹桃等四时花灌木，形成以植物为主的绿色长廊，适应市民坐、赏、行、息等游憩功能，被市民称为无锡的“小外滩”。

二、运河东路景观带

1993年，修筑运河东路，建设部门分期分段建设滨河一侧的开敞式带状公共绿地。绿地北起梁溪大桥，南至金匮大桥，长1360米，面积1.39万平方米，绿地景观带种植香樟、雪松、垂柳、广玉兰、池杉等骨架乔木1387株，紫荆、垂丝海棠、木芙蓉、腊梅、红叶李等花灌木5522株，铺设草坪13354平方米，整个绿化区内黄土不见天。重点地段布设景观步行道，砌筑花池、坐凳，增设娱乐休闲设施。建成后，景观区内树成片，花成丛，草满坪。此后，运河东路延伸至金城桥，至1999年9月，金匮桥、金城桥之间建成占地8.2万平方米的运河公园，园内种植乔灌木50余种、2.09万株，铺设马尼拉草坪和三叶草、金鸡菊、鸢尾等地被植物6.8万平方米。至此，运河东路（梁溪大桥至金城大桥）景观带全部建成。

三、蠡湖湖滨生态观光带

2002年5月开始，市政府实施蠡湖生态清淤、退渔还湖和清理围网养殖、湖区水生植物恢复与重建，建设蠡湖湖滨生态观光带。在基本完成犊山大坝到蠡园的沿湖绿化后，建设位于金城西路、鸿桥路、环湖路、蠡溪路交叉口的蠡湖广场，广场面积1.6万平方米，中央矗立寓意生态城的叶形雕塑标志，为蠡湖新城入口的标识性景观绿地。占地6.8万平方米的蠡湖之光和百米高喷（120米喷泉）成为西蠡湖的重要标志。2003年10月，利用退渔还湖时湖底土方资源堆砌而成鸥鹭岛，面积2万平方米，岛上种有大量鸥鹭喜食的女贞子等干果植物，岛周水深20～50厘米，利用芦苇、水草、鱼虾等繁殖，为鸥鹭觅食、栖身、繁衍营造良好的生态环境。2004年5月，在西蠡湖东侧建成渔父岛，占地7万平方米，岛上建有百步沙滩、渔父桥、西堤、游船码头、演出平台。蠡堤利用围湖造田时留下的堤岸改造而成，东连渔父岛，西接渤公岛，长1200米。同年9月，占地20多万平方米的蠡湖公园初步建成。2005年5月，渤公岛文化生态公园建成开放。公园位于犊山大坝东侧，南北长约1700米，占地约37万平方米，集水利工程、自然风光、人文景观于一体。10月1日前开放的蠡湖中央公园位于宝界桥北堍，占地25万平方米，以水景和夜景照明为重点。

图5-12　蠡湖湖滨生态观光带　（陈平摄）

四、十八湾湖滨生态景观带

2005年4～12月，市高速公路建设指挥部投资3600万元建设十八湾湖滨生态景观，由市城市设计院设计，市绿化建设有限公司、园林工程有限公司等6个绿化公司施工。景观东起民福加油站（东姚湾），西至闾江口，北到太湖大道，长8.3公里，占地100万平方米，蜿蜒起伏于碧波万顷的太湖和峰峦错落的莲花山之间。景观内水塘面积21.58万平方米，绿地92.41万平方米，种植81个植物品种，包括香樟、银杏、朴树、栾树等各类乔木14460株、大小灌木971490株、地被植物95万余株，铺设草坪38.4万平方米。建有路面面积21586平方米，小桥10座、370平方米，木栈桥6座、约5540平方米，圆亭、方亭、双亭共8座，管理用房（含厕所）两座共444平方米和草坪砖停车场1992平方米。以点、线、面构成公路景观架构，形成层次丰富的竖向景观，使公路融入湖光山色之中，避免高速行车中的视觉疲劳。利用新老公路间的高差与分合，将路边曲折逶迤的排水渠艺术化、趣味化整治，点缀鹅卵石步道、题字点石，排水渠架设小拱桥点缀。对缺乏绿化条件的山体边坡进行艺术处理，构筑疏朗通透的环湖景观，将山的雄奇与水的柔美融为一体，体现十八湾“山迭山、湾连湾”特有地域背景和湖派景观特色。

图5-13 十八湾湖滨生态景观带（市环保局供稿）

五、太湖大道景观林带

2001年4月～2002年10月建成太湖大道绿化隔离带6万多平方米，其中道路中段为三块板断面，东、西段为四块板断面。隔离带内种植金叶女贞、红花继木、蜀桧等植物40多万株，道路两侧栽种香樟、杜鹃、雪松、火棘、枸骨、意杨等花木上百万株，形成20～30米宽的绿化景观带。大道东、西两段环境绿化因地制宜，东段设置块状绿地，西段设置滨湖绿地，全线绿地面积148万平方米，绿使大道交通、景观功能兼具，成为展示无锡城市建设崭新风貌的迎宾大道。

六、梁溪河沿河景观带

梁溪河景观带东起蠡桥以东的梁溪河与大运河、马蠡港交汇处的三岔口部位，西至梁湖大桥，全长7公里，两岸绿地面积116万平方米，建成后串连沿河梁韵苑、仙蠡墩、蠡溪苑、渔趣园、梁溪生态

图5-14 梁溪河沿河景观带（陈平摄）

园等多个开放式景点。2005年2月，蠡桥至蠡溪桥段沿河整治全面开工建设，市房管局拆除两岸违章、临时建筑，对两岸5.1万平方米建筑实施“平改坡”改造，影响景观的梁溪河两岸破旧住宅得以美化。同时搬迁部分工厂企业，拆除、重建梁溪河两岸破损倒塌驳岸，整合原来新村分割零乱的绿化地块，并根据沿岸地形地貌造景美化。至年末，完成2亿元工作量。沿河一半以上驳岸、栏杆、码头、小道、花草林木初显风姿，建成“曲桥风荷”等新景点。蠡溪苑将鱼池改筑为芙蓉池，面积8600平方米，池中筑烟雨墩。水池两侧恢复建设纪念宋代抗金名相李纲的“梁溪居”、明代谏臣顾可久的“清溪庄”、枕河古街和风荷桥、太康桥等古桥，为市民提供自然与人文相映成趣的休闲胜地。是年，以仙蠡墩遗址、蠡公池为主要景点的仙蠡墩公园开工建设。

七、桥头景观绿地

华清大桥桥头景观绿化总面积6万平方米。运河东岸桥梯下，硬地铺筑1处500平方米停车场，运河西路北匝道内，2万多平方米季相色彩交替的花木构织成视觉效果鲜明的几何图案。景观步道蜿蜒贯通全园。公园内栽种2160多棵名贵花木、43万多株乔灌木、2万多平方米草坪。金城公铁立交桥桥头景观绿地总面积7.5万平方米，以自然植物造景为主，点缀亭、构架、灯柱等园林小品。沿河景观步道为游客和市民营造亲水休闲环境。景云立交桥头公园总面积17.54万平方米，辟有东西两片人工湖、湖中小岛、景观步道和多种花木、草坪绿地，设有景观灯、草坪灯、投光灯等。

图5-15　华清大桥桥头公园　（陈平摄）

第七节　城市雕塑

无锡城市雕塑起步较晚。80年代，无锡开始出现现代意义上的城市雕塑。梁溪大桥西堍建成《腾飞》大型雕塑，彰显无锡泥人技法特色，反映以经济建设为中心的时代特征。东林广场塑建有以尊重知识、尊重人才、知识开启发展之门为题材的女教师形象城雕作品（后移迁他处）。园林中的雕塑，一类以园史人物为题材，如梅园中荣德生铜像，城中公园多寿楼前面的秦起烈士铜像，鼋头渚公园聂耳亭前以人民音乐家聂耳于民国23年（1934年）在陈家花园谱写《大路歌》和《开

图5-16　“东林八贤”石雕群　（市史志办供稿）

路先锋》为历史背景的“聂耳”胸像；一类以地名或选园主题为创作题材，如鼋头渚公园《震泽神鼋》铜像、江南兰苑牛形铜像《牺尊》、鹿顶山巅《群鹿》雕塑、吟苑《百花仙子》、蠡园水边《西施》塑像等。不少新村建有雕塑，沁园新村作为全国住宅小区示范建有多座雕塑。

1998年，市城市科学研究所和市城市设计院对城市雕塑展开调查，城区共有雕塑59座，其中，纪念性雕塑22座，大多为历史名人；趣味性雕塑26座，大多为动物或抽象性雕塑；标志性雕塑11座。90年代后期开始，随着城市快速发展，城市雕塑随之增加。至2005年，无锡有城市雕塑六七十座，不乏优秀作品。东林广场的《东林八贤》大型石雕群，由雕塑大师钱绍武于2001年率领10位学生创作，以明代东林党领袖顾宪成、高攀龙等八君子为主题，传承城市文脉，弘扬城市精神。

2005年无锡市区部分城市雕塑表

表5-8

类型	编号	作品名称	材质	地址
纪念性雕塑	1	灵山大佛	青铜	马山
	2	雷锋	玻璃钢	清扬公园
	3	雷锋	花岗石	连元街小学
	4	瞎子阿炳	铜	锡惠公园
	5	秦起	铜	城中公园
	6	荣德生	铜	梅园
	7	林和靖	大理石	梅园
	8	秦邦宪	玻璃钢	革命陈列馆
	9	革命烈士纪念浮雕	花岗石	烈士陵园
	10	孔子	玻璃钢	镜花缘城内
	11	老子	铜	太湖仙岛
	12	聂耳	水泥	鼋头渚公园
	13	范蠡	泥彩	中央公园范蠡纪念堂
	14	运河6组浮雕	汉白玉	运河苑中心广场
	15	运河八景浮雕	汉白玉	阳光城市花园
	16	东林八贤	花岗石	东林广场
	17	太白醉酒	花岗石	唐城
	18	杜甫	花岗石	唐城
	19	范蠡	铸铜	渔父岛
	20	唐明皇与杨贵妃	汉白玉	唐城
	21	泰伯奔吴	玻璃钢仿石	新状元楼
	22	抗倭英雄王其勤	花岗石	仙蠡墩遗址公园
	23	古代纤夫群像	铜	南长街古运河边
	24	震泽神鼋	铜	鼋头渚公园
	25	校庆	铜	江南大学

续表

类型	编号	作品名称	材质	地址
标志性雕塑	26	日月	锻铜	沁园新村入口
	27	太湖春暖	不锈钢	太湖花园
	28	爱	不锈钢	溪南新村
	29	锻铜双牛（申银万国公司标志）	铜	禹光大厦
	30	莲蓉天鹅	不锈钢	莲蓉桥莲蓉苑
	31	张渤治水	石雕	渤公岛
	32	阿弥陀佛	铜	十八湾华藏寺
	33	天圆地方	石雕	太湖国家旅游度假区
趣题性雕塑	34	西施浣纱	汉白玉	蠡园
	35	腾飞	不锈钢	太湖学院
	36	汲水女	水泥	沁园新村
	37	双鹿	水泥	沁园新村
	38	戏猴	花岗石	太湖仙岛
	39	群鹿	花岗石	鹿顶山
	40	鹿	汉白玉	鹿顶山
	41	百花仙子	水泥	吟苑
	42	龙形雕像	花岗石	太湖大道润地利大厦
	43	猎归	花岗石	仙蠡墩遗址公园
	44	张謇读书	铸铜	大成巷步行街
	45	牧童	铸铜	江尖公园
	46	古今对弈	铸铜	江尖公园
	47	制陶	花岗石	江尖公园
	48	童年回忆	玻璃钢仿铜	江尖公园
	49	弹皮弓、放风筝、抛弹子	铸铜	江尖公园
	50	嬉猴	花岗石	太湖仙岛
	51	“一家三口”“小孩坐航模”5组卡通雕像	泥塑	锡沪路
	52	阿福逛街	铜	大成巷
	53	牛形牺尊	铜	兰苑

第八节　市政设施养护

市市政养护工程管理处负责全市市政设施养护管理，下设市道路桥梁养护所。1986年后，养护所引进道桥养护专业技术人才，道路养护配置德国进口沥青路面铣刨机、双排轻型载重汽车、压路机、进口平板夯、沥青摊铺机等养护维修设备，形成机械铣刨、清运废渣、摊铺沥青、碾压路面等一条龙机械化施工方式，工完场清；桥梁养护配置液压升降汽车、桥梁检测车、双排轻型载重车等设备，具备组织对各类桥梁的大中修和特大型桥梁的特殊检测、养护能力。1995年起，配备道路桥梁巡视员，建立市、区二级市政110联动机制，采用现代化通信工具和网络技术传递养护信息。养护所开发BMS桥梁管理软件和市政设施GIS地理信息管理系统，建立“一路一卡”和“一桥一卡”信息管理系统。2004年，市政设施管理处改革管养机制，每年两次对市政设施养护作业权进行招投标。是年，招投标太湖大道、学前东路、北大街等12条道路和21座随路桥梁及其他设施的养护作业权。2005年，对蠡湖大道、高浪路、金城西路等27条道路和59座随路桥梁及其他设施进行养护作业权的招投标，招投标道路39条，长度79.01公里，面积253.08万平方米；80座随路桥梁长3.14公里，面积10.77万平方米。至年末，市、区市政设施养护单位养护维修道路462条（车行道面积570.36万平方米、人行道130.8万平方米）和道路附属设施，养护维修桥梁305座以及广勤、兴竹、风雷、凤翔、北栅口、新安、硕放、通江、东门、旺庄、凤宾等11座公铁立交泵站，确保其正常运行。

第四章　公用事业

1986～2005年，无锡市区日供水能力由35.5万立方米增至145.6万立方米，供水管网由966.17公里增至5050公里；城市供气由瓶装液化气和管道煤气、液化气向管道天然气过渡。随着城市建成区面积扩大，城市路灯由10098盏、布线390.46公里，增至109637盏、布线2144.58公里；污水处理厂由1家增至17家，年污水处理量由1990年的121万吨增至2005年的14497万吨。

第一节　供　水

一、供水状况

1986年，市区有梅园、中桥、七一、充山、马山等5家地面水厂和广瑞路、惠工桥等2家深井水厂，锡山、产山、56所等8座增压站；日供水能力35.5万立方米，高峰时最大日供水量42.98万立方米，日均产水35.49万立方米，年供水1.3亿立方米；用水人口78万人，供水普及率98.7%；管网总长966.17公里。1987年开始，市自来水公司逐年更新改造陈旧小口径管网。1990年以后，供水普及率均100%。1996年，日供水能力109.6万立方米，高峰时日供水86.41万立方米，日均产水68.55万立方米，年供水2.6亿立方米。随着市区区域扩大、新区建设加快，供水矛盾日益突出。1997年，市自来水公司投资5.1亿元建设日供水能力50万立方米的贡湖水厂。2000～2004年，市自来水公司投资14.5亿元，实施区域供水工程，自来水供水管网从1999年的1801公里增至2004年的5010公里，供水管网覆盖市区所有乡镇，供水范围由160平方公里扩大到1658平方公里。2002年起，苏锡常地区地面沉降日益严重，开始禁采地下水。同年启动“一户一表、水表出户、抄表到户”工程。2003年，建成日供水15万立方米的锡东水厂一期工程。2004年，市自来水公司实行一个电话对外、24小时全天候服务，并在抢修车上配备GPS卫星定位系统。

2005年，无锡市有梅园、充山、中桥、雪浪、锡东5家地面水厂，牵龙口、南泉2家水源厂，尤渡里、冯巷、安镇等17座增压站，日供水能力145.6万立方米，日最高产水103万立方米，年供水2.4亿立方米，用水人口233万人，一户一表用户21.02万户，供水管网总长5050公里。市自来水公司固定资产20.49亿元，职工978人，为全国自来水行业50强之一的大型二类企业。

1986～2005年无锡市城市自来水生产供应统计表

表5-9

年份	水管长度（公里）	生产能力（万立方米）	年供水量（万立方米）	其中		人均生活用水量（升/日）	用水人数（万人）
				生产用量（万立方米）	生活用量（万立方米）		
1986	966	35.50	12955	8292	3779	124	78
1987	1055	36.80	14565	9385	3908	126	85
1988	1112	37.60	15485	10310	4537	139	89
1989	1189	42.20	17149	11228	4624	141	89
1990	1297	42.50	18630	10745	6481	175	95
1991	1311	57.40	18247	10028	5721	150	96
1992	1334	76.00	19848	11298	6518	171	98
1993	1440	77.50	22798	13140	7401	212	102
1994	1518	92.50	24578	14539	7770	222	105
1995	1559	92.50	25667	14144	9048	231	107
1996	1624	109.60	26041	13447	10401	262	110
1997	1692	111.70	24012	13181	8983	225	113
1998	1745	109.60	23521	12246	8816	219	115
1999	1801	109.60	24368	8883	11587	284	117
2000	1851	109.60	24872	8519	10970	266	120
2001	5550	141.60	23902	11841	10649	149	150
2002	4688	138.10	24683	10993	9373	153	156
2003	4691	140.80	24825	10154	9421	164	160
2004	5010	133.80	26670	9811	11156	181	200
2005	5050	145.60	23990	8872	12100	184	233

二、水厂、水源厂

1.梅园水厂

1983～1986年，梅园水厂实施日供水能力10万立方米扩建工程，总投资1147.95万元。取水工程在原取水平台的基础上，向湖心延伸11.25米长、8.1米宽，一级泵房5台水泵的直径700毫米吸水钢管，敷设在沿引桥西侧由24根0.3米见方钢筋混凝土排桩构成的支架上，直接从湖心平台下弯至湖心吸水。一级泵房按日供水20万立方米规模设计，面积289.75平方米；加氯间内装有3台加氯机，用于源水预加氯除藻。至1988年末，287米长的输水渠道因水量增多而将明渠和结合井接高0.5～0.7米，明渠内断面积由1.44平方米增至2.04平方米。建有混合池2座，每座混合池与2座机械加速池配合；机械加速澄清池4座；双阀滤池1座，总滤水面积576平方米；冲洗水塔1座，有效容积600立方米；清水池4座，总容量1万立方米；集水井1个。二级泵房1间，按日送水能力15万立方米设计，面积270平方米；加矾加氯间1间，按日加工15万立方米规模设计。扩建工程总建筑面积561.62平方米，设35千伏户内变电所、6千瓦开关主控室、电容器室、修理间、综合楼等。

2001年7～11月，梅园水厂投资3500万元从牵龙口水源厂敷设一根直径1.4米、长6公里的钢混凝土浑水管，经大浮、漆塘以及唐城、鼋头渚等风景区，二次穿越五里湖，与生产车间相连。工程竣工后，梅园水厂将外太湖水作为源水，源水水质彻底改变。

2003年7月17日，梅园水厂排泥水处理工程动工，2004年5月竣工。工程占地1.4万平方米，总投资3690万元，由调节池、污泥浓缩池、污泥平衡池、污水泵房、脱水机房、控制室、污泥堆棚等组成。建成后，生产过程中产生的排泥水（机械加速澄清池排泥水及双阀滤池反冲洗水）收集处理后上清液达标排放，污泥浓缩压成泥饼外运。

2.七一水厂

1969年初筹建，当年7月1日竣工出水，故名七一水厂。1985年10月～1988年7月，水厂投资20万元建设3层混合结构综合楼1座，建筑面积665.92平方米。1986年末至1987年末，投资31.39万元建造加矾室1间。1987～1989年，投资13.62万元建造加氯间、排污泵房各1间和双阀滤池1座，总滤水面积216平方米；竣工24.75平方米立式泵房1间。投资550万元建设81.25平方米河心取水泵房1间，双层隔板反应沉淀池和清水池各1座，有效容量3000立方米；35千伏变电所1座以及传达室、厂区道路和围墙等，形成每日3万立方米的供水能力。工程净水工艺由市自来水公司设计，河心泵房、沉淀池等由上海市政工程设计院设计，35千伏变电所由市供电局设计。2000年10月，水厂停产，实行置换，在原址新建城北污水处理厂。

3.充山水厂

1982年上半年竣工投产，设计能力日供水1.6万立方米，投资91.2万元。1993年更换气浮池进水管，1994年贮液滤池增容，1995年将加氯点从集水井移至虹吸管吸口后。2000年，安装直径500毫米流量仪，更新气浮动集水管。2001年改造清水机泵。2003年，将气浮池、滤池移动电源线改为滑触线，提高安全等级等。

4.中桥水厂

中桥水厂老厂1965年建造，后几经扩建，至1982年，日供水能力16万立方米。1989年10月，投资兴建中桥新水厂。1992年6月，日供水30万立方米的一期工程竣工，总投资2.2亿元。新水厂建澄清池两座，每池日沉淀能力15万立方米；快滤池两座，每座日产水15万立方米，采用水泵直接反冲和表冲相结合的冲洗方式，滤池管廊上层采用敞廊式建筑，管廊内装有阀门起吊设备。建有容积1万立方米清水池和实施滤池操作、矾氯投加、二泵房调压变量控制、生产调度等的生产控制中心；冲洗泵房按日供水60万立方米规模一次建成，由泵房、吸水井和变配电室3部分组成，建筑面积386.8平方米。另有二级泵房与吸水井（合建）、排水池、排水泵房、加药间、总降压站（136/6千伏）、电容器室、清水渠道、操作长廊、中控连廊、综合楼等。新水厂占地11.93万平方米（含二期日供水30万立方米预留用地）。1991年6月26日、1992年6月29日各投产15万立方米。工程利用奥地利贷款880万美元，引进加矾、加氯、滤池、二级泵房和3.5万伏变配电等5条自动化控制线。

1996年5月，投资1.5亿元的二期工程开工。引进6套自动加氯机和两套液氯蒸发器，增加自动卧式吸氯中和装置；新建两座反应池和平流沉淀池（叠建），反应池规模每座日处理15万立方米；平流沉淀池每座有效调节容量1万立方米；新建两座快滤池，每座日处理15万立方米。滤池操作室设在中控楼内，采用PLC操作，恒水位自动控制，并有记忆程序，可依据水头损失自动控制滤池冲洗只数及过程；另在已拆除的老厂水力加速池一带建医

图5-17　中桥水厂平流沉淀池　　（市自来水公司供稿）

疗、会议、食堂综合用房。2001年10月，中桥水厂老厂因蠡湖源水严重污染，与中桥新水厂共用外太湖水源。2002年10月，两厂合并，统一定名中桥水厂。

5.贡湖水厂（雪浪水厂）

1995年3月，市自来水公司编制日供水50万立方米的贡湖水厂项目建议书与立项报告。1996年12月，市计建委批准贡湖水厂（一期）工程（包括南泉水源厂、雪浪水厂以及源水、清水输水管线等）初步设计。1997年4月动工，2001年6月日供水25万立方米的一期工程建成。建成沉清池两座（平流沉淀池与清水池合建），上层为沉淀池，下层为清水池。沉淀池每座日处理12.5万立方米，清水池每座日处理1.2万立方米。建成普通石英砂快滤池1座和大阻力配水系统，采用水泵直接反冲洗和表面冲洗相结合的冲洗方式；与吸水井合建的冲洗泵房1间，安装反冲泵、表冲泵各3台（两用一备）；排水泵房1间；与吸水井合建的清水泵房1间，装有双吸离心泵3台；引进美国W&T公司的3套自动加氮机和3套液氯蒸发器，并设自动吸氮装置；可根据源水浊度、流量、温度和氢离子浓度指数，自动调节投加量的加药间1间。同时还建有35千伏变电所1座，6千伏高配1座，6千伏分变3座以及综合楼1座。另敷设18.6公里长的雪浪水厂至尤渡里增压站清水管道1根，管道直径分别为2.2米、2米、1.6米和1.2米。2004年11月～2005年2月，投资150万元建设尾水排放处理工程。工程采用橡胶充水式坝体结构，坝高3.1米，上口长9.19米，下口长3米。橡皮坝周围河道护坡用钢筋混凝土构筑，长28.2米，其余河道护坡用浆砌块面构筑；与橡皮坝配套建冲水泵房1座，通过升、降橡皮坝高度，对雪浪水厂排放的尾水进行截留处理。

6.锡东水厂

1996年，锡山市自来水公司投资建设锡山市自来水厂，取水泵房土建为日供水80万立方米规模，厂区规模、设备安装一期均为日供水30万立方米规模。至1998年，完成取水泵房和两公里栈桥土建及两公里长、直径600毫米的浑水管建设，安装相配套的自动化仪表和设备等。

2001年，市自来水总公司接收原锡山市自来水公司，改名锡东水厂。2002年12月～2003年11月，市自来水总公司投资3.78亿元复建锡东水厂。设计能力调整为日供水30万立方米，一期日供水15万立方米，采用平流沉淀、V型气水反冲滤池工艺。在离太湖湖岸2公里、水厂厂区3公里处建湖心取水泵房，泵房土建按日供水80万立方米规模设计，建有湖心泵房1座、分变1座、加氯间1座、两公里栈桥1座；每座日处理15万立方米的平流沉淀池两座，采用上下层结构，上部为澄清池，下部为清水库。在1座沉淀池中安装10套变频调速机械搅拌絮凝设备及两台变频调速自动吸泥机；滤池采用国内先进的V型过滤工艺，一期建成日处理15万立方米的滤池，采用微阻力配水系统，气水反冲和表面冲洗相结合，并设有自动控制PLC子站1座，以完成滤池运行及反冲洗的自动化控制。同时建有反冲洗泵房1座，6千伏配电间1座；土建按日供水30万立方米规模设计的清水泵房建有二泵房1座，吸水井1座、高配间1座，泵房和吸水井合建；35千伏变电所采用双回路，两路进线，变电所可编程控制器（PLC）控制子站与自控系统联络；建有加氯、加矾、加碳间各1座和加注点11个。加氯量由PLC根据各水质控制点余氯和水量自动调节。加矾系统采用数学模型自动控制，矾液配置和加注均自动完成；从英国进口全套自动控制系统，设1个控制中心和取水泵房、加氯加矾、滤池、二泵房、变电所等5个控制子站，各子站与控制中心呈星状联系。自动控制系统通过水质检测、工艺参数检测等仪表监测生产运行情况，分析判断检测数据，自动调整生产运行参数，保证水厂的安全运行和生产出优质自来水。锡东水厂生产的排污水在污泥处理系统沉淀，定期清淤，避免污染京杭大运河和淤塞农村灌溉河道。输水管采用钢管和钢混凝土管混合敷设，口径分别为1.4米、1.6米、1.8米，长9.05公里，从清水泵房至沪宁高速公路，再经锡甘路与原供水管网连通。

2005年3月，投资4730万元的锡东水厂二期工程开工，建成后与一期建设工程共同形成日供水30万立方米的能力。主要项目是配套敷设水厂至新区金桥口径1.2米、长4.8公里的清水管以及查桥春风路至东亭友谊路口径1米、长6.5公里的清水管。在一期工程土建已完成的基础上，二期工程主要增加二级泵房水泵电机、排泥机、吸泥机、加矾加氯、供电等配套设备。

7.牵龙口水源厂

1989年2月～1991年6月，牵龙口水源厂建设取水头部和虹吸管。取水头部在钢筋混凝土柱组成的框架上建造300平方米的平台。一级泵房按日取水80万立方米规模建造，面积1015.42平方米；虹吸管栈桥长190米，敷设3根虹吸钢管。另建有降压站、电容器室、加氯间、综合楼以及沿湖驳岸、244.56米长的钢筋混凝土防洪墙及厂区道路等。1988年～1992年5月，建设源水输水管道，长7.85公里，直径1.8米，管道穿过小湾里、笔架山隧洞，多次跨越河道，设石塘河、金城港两处跨度较大的斜拉管桥。

8.南泉水源厂

图5-18　南泉水源厂取水口　　（市自来水公司供稿）

1997年4月～1999年6月，建设南泉水源厂一期工程。工程按日取水100万立方米规模土建，按50万立方米规模安装设备，建有两根直径1600毫米钢管、虹吸进水管，日通水能力50万立方米。同时还建有集水、吸水、取水泵房1座，加氯、加碳间1座，35千伏变电所1座以及综合楼1座。另采用钢管与钢混凝土管混合敷设南泉水源厂至雪浪水厂源水输水管道1根，直径2米、长13公里；采用钢管与钢混凝土管混合敷设雪浪申明村至东埄段石塘桥浑水联络管道1根，直径分别为2.2米和2米，长2.65公里。2000年10月通过验收。2004年7月二期扩建工程动工，敷设南泉水源厂至雪浪水厂的源水输水管道1根，直径分别为2.2米、2米、1.8米，长14公里，采用PCCP钢筒混凝土管和钢板管混合敷设，同时安装水泵、变压器及其他设备。扩建工程投资1.3亿元，2005年7月底完成并投入运行，每日源水生产能力达100万立方米

三、供水管网

1986年，无锡市除马山区单独敷设供水管网外，供水管网与总输水管道连接呈环状管网。市郊和乡镇农村供水管道，则从管网接出呈树枝状。各水厂均敷设两根或两根以上出厂总输水管道。管道开槽敷设，除少数地段地基较差需做基础处理外，其余均直接埋在原状土里；个别横穿道路管道采用顶管穿越方式；利用桥梁架设支承托管、两岸建支墩架设钢管（平形和拱形两种）、架设管桥和河底开槽倒虹吸埋管道等方式穿越河道。干管腰闸间距不超过1公里，两腰闸间均设有泄水阀门，泄水阀直径一般为干管管径的1/3。分支管道均设有检修控制闸门。管道敷设随地形起伏，在管道高处（含过河管）均安装泄气装置（一般为自动泄气阀）。管道直径300毫米以下，安装直径50毫米泄气阀；直径300～800毫米，采用直径100毫米泄气阀；直径1000毫米以上，采用直径150毫米自动排气阀，并装有事故手动排气阀。当空管投入运行时，打开手动排气阀，可迅速排放管内空气。自来水管道采用铸铁管、镀锌管、自应力钢筋混凝土管、预应力钢筋混凝土管、焊接钢管、口径小于直径300毫米的PVC管等。

1994年末，无锡市供水管网开始使用管材承压高、抗震强、耐腐蚀、寿命长、施工方便的球墨铸铁管。1995年，首次使用抗压、抗震、耐腐蚀、易施工、使用寿命长和直径1.8米的钢混凝土管道。至2005年末，大部分供水工程管道都采用球墨铸铁管，管道口径最大的达1.2米。部分大口径供水管线工程采用钢混凝土管道。随着城市建设步伐的加快，企业和居民的用水量不断增加，

全市管网建设不断发展，管网长度从1986年的966公里增至2005年的5050公里。

全市自来水管网由市水厂管线所负责管理，安装公司维修队进行日常维修。2005年1月，市自来水总公司投资650万元开发供水管网地理信息系统（GIS系统），以MapGIS为基础平台，利用计算机、地理信息系统、图像处理、网络通信和多媒体技术，开发出适合总公司实际需要的供水管网管理系统，覆盖周边乡镇约1600平方公里供水管网，内容包括地形图处理、管网探测和数据生成三大部分。10月，供水管网地理信息系统通过阶段性验收。至年末，完成988公里的管网探测和管网数据库，其中清理闸门井、水表井12885处，埋设标志桩1346根。

四、增压站

80年代以后，随着城市建设速度加快，住宅楼层普遍增高，高层建筑日益增多，管网供水压力要求逐步提高。为此，规模较大的居民新村建设时配套建设新村增压站，由房管部门或自来水公司进行日常运行和管理。至2005年，全市共有增压站19座，包括局部增压站、解决居民用水困难的新村增压站、解决边远居民用水的中途增压站和调节水池3种类型。

2005年无锡市自来水增压站概况表

表5-10　　单位：立方米、平方米、台

站名	建造时间	水塔容积	清水池容积	泵房面积	水泵数量
锡山	1954	—	—	—	2
	1963	—	—	43.20	—
青山湾	1979	—	—	52.50	—
产山	1983	—	5000	176.58	2
56所	1984	—	500	89.10	3
惠华	1985	100	200	50.59	3
惠龙	1985	100	200	50.39	2
庄前	1985	100	400	47.35	1
刘潭	1985	—	800	—	2
水秀	1988	150	500	60.41	3
靖海	1988	150	300	58.89	2
江海	1988	200	200	46.60	—
沁园	1989	200	500	39.24	—
五河	1991	150	200	68.89	—
尤渡里	1995	—	20000	—	6
	1999	—	20000	—	—
胡埭	2000	—	30000	—	—
冯巷	2002	—	20000	—	7
安镇	2004	—	20000	—	—

说明：1988年建成的水秀、江海两座增压站建成后未正式使用。1954年锡山站高位水池容积1060立方米、1979年青山湾站200立方米、1983年产山站800立方米。

五、区域供水

2000年起，市自来水公司实施区域供水工程，包括敷设通向33个镇的输水管道，建设胡埭增压站、贡湖水厂、冯巷增压站、锡东水厂、安镇增压站等。4月10日，先期敷设通向胡埭镇的直径1000

毫米和直径800毫米的供水管道11.4公里，9月管线工程全线贯通。2001年，投资9233万元，完成陆区、杨市、阳山、藕塘、东北塘、雪浪、钱桥、华庄、新安、硕放等11个镇的供水管线工程，敷设多种口径管道53.5公里。2002年，投资2.5亿元，完成堰桥、洛社、石塘湾、梅村、查桥、张泾、八士、安镇、西漳、东埄等10个镇的供水管线工程，敷设多种口径管道63.45公里。2003年，投资1.7亿元，完成后宅、鸿声、荡口、甘露、厚桥、羊尖、东湖塘、港下、前洲、玉祁、长安等11个镇的供水管线工程，敷设多种口径管道59公里。同时，相继建成与区域供水相配套的贡湖水厂、胡埭增压站、冯巷增压站、锡东水厂、安镇增压站等工程，总投资14.5亿元。至此，自来水管网覆盖全市所有乡镇，供水范围由原来的160平方公里扩大到1658平方公里。2005年下半年，市委、市政府要求整合各乡镇供水企业供水资源，理顺区域供水管理体制。12月末，坊前镇自来水厂成为第一家由市自来水总公司接管的乡镇自来水厂，坊前镇居民成为全市第一批享受同城同网同价的乡镇自来水用户。

六、户表改造

90年代及以前，无锡市住宅供水系统由不同的部门管理：按单元总表以外设施为市自来水公司所有并负责管理，总表以内管线由房产产权单位负责管理，内线管道和屋顶水箱等供水设施由产权单位和物业部门管理。90年代末，市自来水公司实施“一户一表、水表出户、抄表到户”改造工程。改造工程按照“新房子一刀切、老房子分步走”的原则，凡城市规划供水管网服务区域内的新建住宅全部实行“一户一表、水表出户”；原有住宅逐步改造，为用户免费换装水表，单排水管。1999年，市自来水公司组织水表出户改造调查摸底。2000年，对水秀新村36户职工住宅实施水表出户改造试点。2001年，在刘潭新村、中星苑和叙康里片区试点。2002年2月28日，水表出户改造工程全面铺开。至2005年末，户表改造用户21.02万户。

七、水价调整

1986～1993年，无锡市生活用水调价两次，每立方米由0.12元调整为0.32元；工业用水调价4次，每立方米由0.18元调整为0.5元。1994年，生活用水调整为每立方米0.45元，工业用水调整为每立方米0.75元，新定市政工程、商业和服务业用水每立方米0.85元，宾馆酒店、娱乐场所和饮料业用水每立方米0.95元。1995年，生活用水价格不变外，7～9月实行季节性上浮水价，工业用水价格每立方米0.85元，商业、建筑等用水每立方米0.95元，宾馆、饭店等用水每立方米1.05元。1996年4月，由于电力价格上涨，各种辅助材料价格提高，自来水成本大幅上升，调整水价为每立方米生活用水0.6元，工业用水0.95元，商业、服务用水1.24元，宾馆、饭店用水1.44元。1996年12月，水价组成增加污染处理费，调整后生活、工业、商业服务业、宾馆饭店用水分别为每立方米0.75元、1.1元、1.35元、1.55元；1998年10月，分别调整为每立方米0.95元、1.35元、1.6元、1.80元。1999年11月，生活、工业、商业服务用水水价调整为每立方米1.15元、1.55元和1.8元。2000年12月，调整为每立方米1.4元、1.7元和2.05元。2002年3月，调整市区水价中的污水处理费，生活、工业、商业服务业、特种用水水价分别调整为每立方米2元、2.5元、2.6元、2.8元。2004年4月，在调整市区水价的同时，实行区域供水同城同价，上述4种水价分别调整为每立方米2.4元、2.7元、3元和3.2元。

八、供水服务

80年代中期，全市供水能力严重不足，常采取严格控制工业用水，让水于民措施。其时，老居民区大都多户居民合用公共水龙头。80年代后期，老居民区申请独立安装自来水的用户越来越多，市自来水公司坚持孤寡老人、烈军属、老干部和老教师优先安装；照顾居民生活用水和在道路翻修、管道更新、集资排管时附近住户安装自来水的“四优先、四照顾”的原则。夏季用水高峰时延长服务时间，昼夜安排人员值班；设立用户服务小组和专线电话，随时为用户提供用水服务。为方便用户，在居民比较集中的新村设点收费，让用户在规定期限内安排时间交费；为增加服务工作的透明度，便于用户监督，实行接水程序时效公开、为用户服务规定公开、各项收费标准公开的“三公开”制度；1986年，市自来水公司服务所改为营业所。1987年起，每年6～9月高峰供水期间开展“百日优质服务竞赛活动”；每年投资200多万元，更新、改造陈旧小口径水管。1993年，市自来水公司制定“服务性关键岗位服务要求”。1996年11月，市自来水公司就“业务接待、勘察设计、抄表收费、工程安装、管理维修、供水水质、供水调度”等7个方面向社会作出服务承诺，确保供好水、供足水，更好地为用户服务，成为无锡市首批3家推行社会服务承诺单位之一。2000年，投资25万元配备送水车1辆（2002年又添置1辆），为因抢修而停水的居民新村送水（至2005年共送水913车、7304立方米）。开展供水服务进社区活动，为部分社区“五保”老人发放联系卡，实行全免式服务。2001年3月，成立无锡市销水公司，下设城南营业所、城北营业所和新区分公司，专事解决用户吃水难问题、小口径管网调整、发展新用户、疑难表整改、供水管网管理、查处违章用水以及负责全市自来水用户的勘察设计、抄表、收费、水表调换、用户管理等供水服务工作。2003年4月，与建设银行、工商银行、商业银行等金融单位实行联网实时收费。2004年2月，成立供水热线和抢修中心。供水热线实行1个电话对外、24小时全天候服务，受理用户关于报漏、抢修、用水困难及用户投诉等信息；抢修中心负责供水管道的巡检、查漏、抢修等，抢修车辆配备GPS卫星定位系统。10月，水质检测中心顺利通过供水水质检测网无锡监测站国家级计量认证评审。2005年，接管改造符合条件的太湖花园一期、太湖花园二期、叙康里、金海里、新洲花园、五姓巷、新巷、江宁家舍、总装干休所等9个二次集中加压小区，用户1.5万户。5月起，市自来水总公司实施“城中村”供水改造接管工程。至年末，完成对扬名、梁中、芦村、新联、孙蒋、大箕山、双河等自然村的供水改造接管工作。

第二节　排　水

1986年5月，市政府成立排水规划编制小组，制定《无锡市排水工程规划》，将城市污水处理厂的建设与管理纳入城市建设轨道。8月，成立无锡市排水公司，为全民事业单位，专事市区排水设施建设、运行和监测管理。1992年，芦村污水处理厂划归市排水公司管理。4月1日，市排水公司增挂无锡市排水管理处牌子，实行“两块牌子、一套班子”管理体制。5月，市排水管理处成立水质监测站，监测污水处理厂水质和接入城市排水管网的厂家、饭店的水质状况。1995年10月，市市政公用事业局编制《无锡市城市排水规划》，规划新建2家污水处理厂。1999年8月，实施《无锡市城市排水管理条例》。2000年，《无锡市城市排水规划》编制完成。2001年，市排水管理处制定《五里湖整治污水截流方案》和《河道水环境整治方案》，加大环蠡湖、梁溪河两岸及城区污水截流力度，重点抓好新旧住宅区雨污分流污水入网。2003年、2004年，全市生活污水集中处理率分别达61.35%和65%。2005年2月，市排水管理处和市排水公司实行管理和运营分离，市排水管理处属行政管理类事业单位，市排水公司实行企业化运行。至2005年末，市区有污水处理厂（公司）17家，占地面积102.02万平方米，日污水处理能力66.55万吨，年处理污水14497.27万吨，受益面积110平方公里，受益人口105万人。

一、排水设施

1986～1991年，城区污水管道由282公里增加至614公里，年均新铺设55公里。1992年，亭子桥、金塘桥等泵站建成投运。1994年，新建朝阳排污泵站1座，铺设排污管道23公里。1995年，全市排水微机无线监测系统一期工程竣工，蠡桥、清扬、金塘桥、震泽4座污水泵站纳入微机管理，实现无线遥信和遥测。1997年，仙蠡桥、永乐路、江尖泵站建成投运。1998年，配合国家环保总局太湖流域水污染达标排放“零点行动”，完成中山路、复兴路沿线等105家单位的污水截流任务，贷款建设五爱路、蓉湖南路污水干管和蠡园开发区污水提升泵站，通隆里泵站建成投运。2000～2001年，城区铺设污水管道1670公里，河埒、吴桥、锡澄路泵站建成投运。2002～2003年，实施城北一期管网续建工程和以羊腰湾、古运河地区为重点的污水截流工程，铺设污水管网443公里。2004年，城区五里湖、梁溪河、古运河、北塘联圩和配合城区河道综合整治为主的污水截流工程全面展开。至2005年，城区污水管道5176公里，建成具有较高机械化、电子化水平的亭子桥、朝阳、金塘桥、河埒、蠡桥、震泽、清扬、蠡园开发区、仙蠡桥、永乐路、通隆里、江尖、吴桥、锡澄路、蠡溪路、美湖路、红星路、山北、高浪路、南泉等中途提升泵站20座，日提升66.95万吨；完成新村小区及工矿企业截污工程1172个（不包括合流污水截流单位），城市污水处理率72.12%。

1986～2005年无锡市建成区排水管道、污水处理量统计表

表5-11　　　　单位：公里、万吨

年份	排水管道长度	年污水处理量	年份	排水管道长度	年污水处理量
1986	282	—	1996	1288	2144
1987	354	—	1997	1176	3025
1988	478	—	1998	1113	3335
1989	505	—	1999	1243	3648
1990	650	121	2000	1258	3786
1991	614	558	2001	2913	4065
1992	639	799	2002	3153	5442
1993	718	1560	2003	3356	6723
1994	741	1778	2004	4633	7966
1995	1126	1909	2005	5176	14497

二、污水处理厂

1.芦村污水处理厂

位于无锡东南郊、京杭大运河畔，占地20.7万平方米。1988年8月一期工程动工，1992年建成投入运行，一级处理每日10万吨，二级处理每日5万吨。1995年建设二期工程，1997年6月竣工，一级处理每日20万吨，二级处理每日10万吨。2002年7月建设三期工程，2003年9月试运行，形成日二级处理污水20万吨的能力。同时铺设直径0.3～2米的污水管道400公里，建设污水泵站15座，管网覆盖面积89平方公里，服务人口75万人。

图5-19　1999年的芦村污水处理厂　（顾祚维摄）

2.城北污水处理厂

位于城区西北部，占地16.08万平方米，设计规模日处理污水20万吨。

一、二期工程分别于2000年8月和2005年2月开工，2001年9月一期工程投入运行。城北污水处理厂收集市区水系上游山北、周山浜、西漳等片区共66.58平方公里的生活污水及部分工业废水，服务人口66万人。采用以奥贝尔（Orbal）氧化沟为主体的A/A/O除磷脱氮工艺，二期工程增设厌氧水解池和除臭设施。一、二期工程建成后，日处理污水能力10万吨，沿途建造提升泵站4座，铺设配套管网228公里，工程概算4.6亿元。至2005年末，累计处理污水8700万吨。

图5-20　城北污水处理厂一期工程　（市环保局供稿）

3.太湖新城污水处理厂

位于新安镇华联村，靠近货运路和京杭大运河，占地约14.7万平方米，设计规模为日处理污水15万吨，一期建设规模5万吨。采用改良A/A/O脱氮除磷污水处理工艺和机械浓缩脱水污泥处理工艺。2004年8月1日开工，2005年7月28日建成通过验收。

4.新城水处理厂

位于新区，负责收集、处理新区西侧的生活污水和工业园区内的工业废水，范围为西至运河，北至太湖大道，东至沪宁高速公路，南至硕放机场，服务面积60平方公里。2001年2月一期工程开工，12月全线调试竣工。采用MSBR法工艺，日处理污水能力5万吨，尾水排入周泾浜。至2005年，累计达标处理污水3950万吨，其中2005年达标处理910万吨。2005年1月，一期续建工程开工。

5.前洲综合污水处理厂

1996年7月一期工程开工建设，1997年7月开始运行。2000年末二期工程开工建设，2001年末完工。三期工程2005年动工。收集处理前洲镇的生活污水和工业废水，日处理污水能力4万吨，采用生化—物化处理工艺，尾水排入锡澄运河。服务面积16.08平方公里。

6.太湖国家旅游度假区污水处理厂

位于马圩西南部，厂区占地约5.33万平方米，1996年12月一期工程建成，采用CAST处理工艺，设计能力为日处理污水5万吨，一期工程达到一级处理每日1.5万吨。2004年开工建设二期工程，尾水排入洋溪港。

2005年无锡市区污水处理厂概况表

表5-12

厂名	规模（万吨）	年处理污水量（万吨）	占地面积（万平方米）	管网长度（公里）	日产污泥（吨）	处理工艺
芦村污水处理厂	20	6592.97	20.70	411.91	160	A/A/O
城北污水处理厂	10	2380.78	16.08	247.77	80	奥贝尔氧化沟
太湖新城污水处理厂	5	265.92	14.70	69.01	40	改良型A/A/O

续表

厂名	规模（万吨）	年处理污水量（万吨）	占地面积（万平方米）	管网长度（公里）	日产污泥（吨）	处理工艺
新城水处理厂	5	1006.00	2.80	159.00	15	SBR
新区梅村水处理厂	1.5	500.00	4.60		4	ICEAS
新区硕放水处理有限公司	2	730.00	2.20	41.70	15	CAST
锡山区污水处理厂	2+3	730.00	3.76	85.00	16	MSBR
红豆集团水处理厂	1	219.00	3.00	5.00	1	A/A/O
惠山区水处理有限公司	0.3+1.25	61.80	4.33	79.00	—	CAST
石塘湾综合污水处理厂	1.5+1.5	475.00	3.83	55.00	40	生化—物化处理
洛社污水处理厂	1.5	292.00	4.40	—	—	生化—物化处理
钱惠污水处理有限公司	2	0.00	5.33	15.20	—	CAST
杨市综合污水处理厂	0.5	45.00	0.87	—	—	生化—物化处理
前洲综合污水处理厂	4	876.00	5.65	11.00	50	生化—物化处理
玉祁永新污水处理厂	2	219.00	2.70	25.00	8	生化—物化处理
胡埭污水处理有限公司	1	18.30	1.82	16.32	—	CAST
太湖国家旅游度假区污水处理厂	1.5	85.50	5.33	12.80	1	CAST
总　计	66.55	14497.27	102.02	1233.71	430	—

三、排水收费

1986年12月，市政府颁布《无锡市征收排水设施使用费的实施办法》，规定凡向管道、明沟、河道、湖泊等排放污水、废水的机关、团体、部队、企事业单位以及个体工商户，除学校、幼儿园、敬老院和有其他有特殊困难、经市建委批准的单位外，均要交纳排水费。排水费主要用于城市排水设施建设和养护、维修等开支。1991年5月，开始征收市郊范围内县及县属企业排水设施的有偿使用费。8月，市排水管理处制定《无锡市征收排污设施配套费和污水处理成本费暂行规定》。规定非营利单位的排水设施配套费按每吨500元计征，其余单位按每吨800元计征，已交纳排水设施有偿使用费的单位可根据以上标准减半征收；已接入城市污水系统处理的单位，征收污水处理成本费的标准为每吨0.6元。1996年，每吨自来水增加0.01元污水处理费。1998年，市物价局取消排水设施有偿使用费等收费项目。1999年11月起，市自来水公司水价中，污水处理费调整到每吨0.15元，调整后不再收取污水排污费。12月1日起，生活、非生活用水污水处理费分别调整为每吨0.35元、0.4元。2004年起，生活等用水的污水处理费均提至每吨1.1元。

第三节 供 气

一、人工煤气

80年代，无锡市人工煤气发展速度较慢。1988年，市政府在荷叶新村新建煤气储配站，规划容量为2×5万立方米。1990年7月，总投资585万元的一期工程主体一号5万立方米干式气柜建成。1990～1991年，市焦化厂焦炉易地改造，扩大产气规模，与之相应的每日21万立方米城市煤气输配工程启动，煤气用户增加。至1994年末，市区管网总长392.18公里（其中高压管道51.24公里、低压管道340.94公里），区域调压站52座，民用人工煤气户76041户。至此，城市煤气管网和设施遍布城南、城中、城西部分及相毗邻的郊区，形成初具规模的城市供气格局。1996年，城市管道煤气的骨干工程——解放路直径500毫米管道和永乐路直径300毫米管道铺设完成。1997年，荷叶新村储配站第二座5万立方米气柜建成并投入运行，市区供气调峰能力由5万立方米提高至10万立方米，居民用气状况得到明显改善。2004年起，天然气逐渐取代人工煤气。至2005年末，全市68640户人工煤气用户置换天然气。

1986～2005年无锡城市煤气供应概况表

表5-13　　单位：公里、万立方米、户

年份	管道长度	供应总量	家庭用量	总用户	家庭用户
1986	92	1064	668	20477	20410
1987	128	1300	972	25858	—
1988	142	1572	1348	26358	—
1989	143	1705	1439	26544	26679
1990	145	1654	1452	26924	26800
1991	179	1758	1552	27103	26978
1992	292	1893	1632	54143	53891
1993	349	2873	2307	66663	66275
1994	392	3474	2853	76041	75537
1995	448	3792	3189	83453	82860
1996	465	4159	3435	88846	88209
1997	473	4367	3502	92911	92269
1998	490	4208	3310	97174	96502
1999	512	4496	3512	104808	104491
2000	547	4667	3585	110719	110391
2001	866	4437	3396	116662	116318
2002	689	4541	3535	122456	122079
2003	749	5054	3857	131740	131344
2004	809	4955	3841	127068	126656
2005	801	3176	2719	110854	110648

二、石油液化气

1986年8月，无锡市成立液化气总公司，承担全市石油液化气供应。1986～1990年，市区液化气用户由6550户发展至5万户，液化气销售量由1277吨增加至8303吨。至1991年，液化气总公司共投资1135万元建设、改造液化气贮存站、库，贮罐容积由830立方米增加至1600立方米，贮能从400吨扩大到1500吨；有汽车槽车10辆、火车槽车20节，运能从15吨位扩大到650吨位；液化气贮存和运输规模居全省第二位，固定资产从1986年的276万元增至1300万元。1992年，新增液化气用户5010户，总用户达46704户。1993年，新增液化气用户7000户。1996年6月，叙丰小区管道石油液化气试点工程竣工，成为全市管道液化气用气的开端。工程设计供气规模1200户，外管供气1500户。1998年始，市液化气公司大力发展管道液化气。8月28日，成立通达管道液化气有限责任公司，仅用40多天时间就完成翠园新村小区管道液化气工程。1999年，市燃气总公司实施河埒、风光里两片区管道液化气工程，1406户居民受益。7月，无锡市成立液化石油气汽车发展领导小组。2000年10月，市液化气总公司、无锡大众交通有限责任公司、江苏石化无锡分公司共同投资，联合组建无锡大众燃气发展有限公司，2001年3月建成第一座液化气汽车加气站。2004年，管道液化气经营部门在配合天然气置换的同时，管线延伸到天然气暂时不能到达的地区，包括南泉镇的永福苑，惠山区的金都苑、长宁苑等，全年发展用户13235户。至年末，完成8个加气站定点工作，并建成春申路、红星路、东方站液化气加气站3座，可满足1500辆液化气汽车加气需求。2005年，人工煤气和管道液化气用户逐渐减少，天然气成为全市主要气源。全市液化气储配站25座，储配能力9877立方米。全年发展管道液化气用户22345户；瓶装液化气主要在天然气管线暂时不能到达的地区发展，全年采购钢瓶装液化气16269吨，灌装钢瓶126.2万瓶；全市共有280辆出租汽车完成液化气汽车加气改装。后因液化气与汽油相比失去价格优势，液化气汽车加气站发展基本停止。

2005年无锡市液化气储配站一览表

表5-14　　　　单位：立方米

<table>
<tr><th colspan="2">储配站名称</th><th>容积</th><th colspan="2">储配站名称</th><th>容积</th></tr>
<tr><td colspan="2">无锡市双闽液化气有限责任公司</td><td>200</td><td colspan="2">无锡市滨湖区机关液化气贮配站</td><td>160</td></tr>
<tr><td colspan="2">无锡市金鲁燃气有限公司</td><td>150</td><td colspan="2">中船重工集团第702研究所液化气站</td><td>287</td></tr>
<tr><td colspan="2">无锡市美湖液化气有限公司</td><td>220</td><td colspan="2">无锡市胡埭液化气贮配站</td><td>120</td></tr>
<tr><td colspan="2">无锡市荣明燃气有限公司</td><td>150</td><td colspan="2">无锡市中化石油燃气有限公司</td><td>510</td></tr>
<tr><td colspan="2">无锡市查桥三佳燃气有限公司</td><td>420</td><td colspan="2">无锡市沪强燃化公司</td><td>450</td></tr>
<tr><td colspan="2">无锡市锡华液化气有限公司</td><td>250</td><td colspan="2">无锡市红明燃气有限公司</td><td>130</td></tr>
<tr><td colspan="2">无锡市马山气体有限公司</td><td>250</td><td colspan="2">无锡市锡良燃气有限公司</td><td>230</td></tr>
<tr><td rowspan="6">无锡华润燃气有限公司</td><td>向阳储配站</td><td>3000</td><td colspan="2">无锡新安静慧液化气储配有限公司</td><td>70</td></tr>
<tr><td>荡口储配站</td><td>250</td><td colspan="2">无锡市太湖燃气有限公司</td><td>410</td></tr>
<tr><td>张泾储配站</td><td>250</td><td rowspan="3">无锡市华盛气体有限公司</td><td>锡兴液化气储配站</td><td>400</td></tr>
<tr><td>西塘储配站</td><td>250</td><td>杨市液化气储配站</td><td>140</td></tr>
<tr><td>梅村储配站</td><td>110</td><td>隆盛液化气储配站</td><td>370</td></tr>
<tr><td>钱桥储配站</td><td>1100</td><td colspan="2">合　计</td><td>9877</td></tr>
</table>

1986～2005年无锡城市液化气供应概况表

表5-15　　　　　　　　　　　　　　　　　　　　　　　　　　单位:吨、户、%

年份	供应总量	家庭用量	用气户数	家用煤气液化气普及率
1986	1277	1228	6550	12.40
1987	1743	1689	13897	18.00
1988	5135	3853	22000	20.00
1989	6607	6553	43866	25.80
1990	8303	6993	50000	29.20
1991	12292	12043	56694	47.60
1992	16734	16622	109032	59.80
1993	24299	23802	134665	70.70
1994	50439	47739	176813	78.80
1995	33895	33838	165172	80.90
1996	29201	25605	169133	82.00
1997	27371	26564	208031	87.30
1998	29281	28252	245268	89.20
1999	32445	29870	254629	91.60
2000	33336	29961	260321	93.50
2001	64067	62903	479267	88.10
2002	65050	63010	497293	90.30
2003	71836	64572	510304	91.80
2004	91778	80740	501016	92.60
2005	16442	14465	464512	95.00

三、天然气

2000年,市燃气总公司所属的顺达燃气工程设计所与中国市政工程西南设计院共同编制完成的《无锡市城镇天然气利用专业规划》相继通过市、省级评审。2001年2月,市燃气总公司编制完成的《无锡市(含锡山、惠山区)城镇天然气项目建议书》上报省计委审批后立项。是年,市燃气总公司与中国石油天然气股份有限公司签订《西气东输项目天然气购销及管道运输意向书》。根据无锡市区划调整和建设特大型城市的要求,调整无锡市天然气工程利用规划,深化、细化和优化规划设计方案,压缩项目投资。市燃气总公司所属的顺达燃气工程设计所和中国市政工程西南设计院共同编制完成的《无锡市城市天然气利用工程可行性研究报告》通过省、市级审定,并完成天然气新区门站建设的定点、征地工作。

图5-21　2002年高浪路天然气高压管施工　(陈豪摄)

年末，市燃气总公司先期完成建筑路、梁清路、红星路、高田路等天然气干管敷设，全年敷设天然气干管34.12公里。2002年，市燃气总公司铺设高中压燃气管道81.1公里，包括蠡湖路、太湖大道、火车站广场等管道。2003年5月，市燃气总公司编制完成《无锡市城市燃气管网天然气置换方案》和《无锡市城市燃气规划》，全年投入资金2.66亿元，全市天然气管道总计376.22公里。2004年3月18日，市燃气总公司与中石油签订天然气销售合同，4月初完成上、下游管网对接，4月20日点火通气。新区新洲花园2602户原管道液化气用户成为第一批置换天然气民用户。5月15日始，改造金城新村、震泽新村、芦庄小区、清扬新村、曹张新村、南阳新村、沁园新村等使用年限较久的管道用户2.5万多户。全年共置换50313户原管道液化气与人工煤气民用户，天然气价格为每立方米2.2元。12月，市市政公用产业集团有限公司出资并控股80%，市交通产业集团有限公司出资并参股20%，合资组建无锡绿洲压缩天然气有限公司，实施车用天然气项目，负责加气站建设、运行和管理以及压缩天然气的生产和销售，将公交车、出租车及社会车辆燃油改为天然气。

2005年3月，无锡市第一座天然气加气站——中南压缩天然气（CNG）标准站开工建设，6月30日完成竣工验收。加气站位于九龙公交中南路停车场内，占地1500平方米，总投资530万元，日供气约1.5万立方米，可为200多辆公交车和出租车加气。由九龙公共交通股份有限公司改装的150辆公交车加气上线营运，改装后的车辆可油、气两用。是年，完成老新村9万多户的天然气管道改造，完成敷设天然气高压管线19.96公里、中压管线92.14公里。至年末，全市共有天然气管道480.93公里，天然气用户15.61万户。

第四节　照　明

一、路桥照明工程

1986年，无锡市路灯管理所（10月改为无锡市路灯管理处，简称“市路灯处”）仅进行单一的路桥照明工程施工。是年，市区有路灯10098盏。1987年开始，城区照明设施与道桥建设配套，同步规划、同步建设、同步投入运行。建设主管部门规定小区路灯配套建设费按建筑面积每平方米0.65元收取，实际未按此实行。1990年，小区路灯配套收费标准提高至每平方米1.85元，当年补装新华新村、五里新村、建设新村、翠云新村等27个新村路灯。是年末，城区路灯15845盏，布线531.8公里。1992年组建无锡市照明总公司。1993年，城区实现路通灯亮，全城路灯18356盏，线路总长645.78公里。1996年，电缆线路总长首次超过架空线，超出41.5公里。是年，市照明总公司更名为无锡市照明工程总公司，首次承接国家级照明工程——沪宁高速公路无锡—常州段道路照明工程。2001年，引入高压箱式变压器，节能配电箱开始投入使用。2002年，中央隔离带照明首次在通惠路照明工程中使用。太湖大道成为无锡第一条采用照明双侧对称布置的道路。蓉湖大桥主桥首次使用栏杆照明，沿道路轴线在主桥间非分割带栏杆侧设置灯具。2003年，市路灯处增挂无锡市城市亮化管理办公室（简称“市亮化办”）牌子，合署办公，统筹管理功能照明与景观照明。2004年，颁布《无锡市城市公共照明设施管理办法》，确立城市公共照明规划作为城市总体规划的一部分。是年末，市政府确定由市亮化办和市路灯处牵头编制《无锡市城市照明专项规划（2006～2020）》，并纳入无锡市“十一五”规划体系。是年，发光二极管（LED）等新型光源在景观照明中大量使用，高压汞灯开始规模性淘汰。

2005年，新区、滨湖区路灯纳入市区统一管理。年内开展背街小巷路灯问题综合整治，实施锡甘路等87个项目的缺灯整治，新装路灯633套，更新103套，敷设电缆6.2公里，架空电线59.07公里；查处交通事故撞坏路灯事件91起，获结理赔49.3万元，更换路灯管线项目70个。全年完成新建道路照明工程33项，装灯12514盏。金城路B段、蠡溪路、兴源路等3项工程被评为省优质示范工程，人民东路、通惠中路等9项照明工程被评为市优质示范工程。至年末，城市照明灯总数达109637盏（组）。照明灯中，高压钠灯49471盏、新型光源灯35608盏（组），线路总长2144.58公里，配电点634个，遥控、遥测、遥信（简称“三遥”）监控点280个。

1986～2005年无锡市建成区城市路灯统计表

表5-16　　单位：盏（组）、公里、个

年份	路灯数	线路总长	年份	路灯数	线路总长	配电点
1986	10098	390.46	1996	23401	737.84	—
1987	12445	—	1997	26028	794.06	—
1988	14000	—	1998	26991	834.50	205
1989	14673	—	1999	31076	922.69	227
1990	15845	531.84	2000	34345	1035.52	263
1991	15988	580.00	2001	72847	—	—
1992	17956	—	2002	105623	1332.11	340
1993	18356	645.78	2003	111920	1664.58	438
1994	19393	665.14	2004	131091	1906.56	552
1995	20073	695.78	2005	109637	2144.58	634

说明：路灯盏数为统计局数据，余由市路灯管理处提供数据。

二、景观照明工程

图5-22　金匮桥亮化工程　　（市政公用产业集团供稿）

1993年，在欧洲城、唐城照明工程中，无锡市首现光源为白炽灯的彩色跑马灯、投光灯等纯装饰美化的艺术灯光照明。1998年，三阳广场、城中公园、五里湖（宝界桥一带）沿湖项目开始景观照明建设，以草坪灯、庭院灯、投光灯为主配上道路照明设施。1999年，无锡实施片区景观亮化工程，中山路一线，南禅寺、皇亭二片，以及朝阳、三阳、胜利门三广场景观亮化系统基本形成。景观亮化照明以轮廓灯勾勒为主，辅以泛光灯、霓虹灯等照明设施。此后，在市政道桥新改扩建项目中，美化照明在道路照明的基础上延伸，配套亮化工程逐步增加。2001年，无锡市规定景观照明建设先期由市场主体投资，随着景观照明的发展，市路灯处首次定位城市片区功能，围绕环湖风光带、运河景观轴、特色建筑、文化建筑、中心商贸圈、城乡一体化等工程，制定三年规划，发展具有旅游、商业、工业、文化等特色的照明片区，加快城市夜景照明建设。是年，金匮桥、红星桥、梁溪大桥、锡山大桥、广南立交桥、人民桥、永定桥等桥梁使用三防日光灯、投光灯等泛光照明，形成无锡首批景观亮化的桥梁。

2002年，在吴桥、江尖大桥泛光照明工程中，首次使用金卤灯、钠灯的1000瓦大功率投光灯；火

图5-23　无锡招商城景观照明工程　　（市照明管理处供稿）

车站广场改建项目中首次使用LED地埋灯。设置特色柱灯、各色泛光灯、草坪灯，兼设高杆照明、庭院照明，成为当年完工最早的综合性广场景观亮化项目。2003年，蠡湖广场、江尖公园等美化照明中首次应用LED光带。此后，T5、T8荧光管，LED灯因电压、功耗低，寿命长，体积小，色彩多等特性，在景观照明工程中大量应用。3月6日，市路灯处组织无锡首个片区亮化规划方案——中心商务区亮化规划设计方案论证会，确立与无锡“山在城中，水托城池，经济发达”特点相互呼应的城市夜景发展方向，提出“统一规划、统一监控、统一管理”的绿色环保照明要求。亮化建设引入市场机制，建设经费纳入市场化运作。为鼓励多元化投入，政府实行电费补贴。用电单位和个人经市亮化办核定后按照公用路灯照明用电标准支付电费，由政府补贴亮化电费的2/3，建设、使用或产权单位承担1/3。景观照明主要采用泛光照明、轮廓照明、内透光照明方式，在中心商务区、西蠡湖地区使用大功率激光器。9月末，建成中山路沿线31幢大楼的景观亮化。11月，蠡湖新城西蠡湖地区鹿顶山、宝界桥、工人太湖疗养院、湖岸景观带等景观亮化项目启动。年末，建成解放环路及环路以内高层建筑、重点商贸设施和大型广场绿地的景观亮化。2004年1月，通过“由线到面、点面结合，突出特色，逐步推进”的建设发展，全市初步形成中山路商业街、火车站站前商贸区、南禅寺古建筑群、体育公园西水墩古运河、江尖公园黄埠墩周边、蠡湖沿湖、新区长江路沿线建筑群等7个比较集中的重点景观亮化片区。2005年，形成无锡城市夜景照明格局。

三、光源、灯具

1986年，路灯光源以高压钠灯、汞灯、白炽灯为主，型号规格较多，白炽灯60～400瓦，汞灯50～400瓦，钠灯100～250瓦。道路桥梁主要为高压钠灯、大功率汞灯，新村及背街里巷使用小功率汞灯、白炽灯。是年，推广使用高压钠灯、汞灯，更换光效低、能耗大、寿命短的白炽灯5000盏。道桥路灯大量采用封闭式灯具，新村里巷采用敞开型灯具。路灯灯杆由钢杆替代水泥杆，钢杆外表一般油漆和镀锌防护处理，多呈浅银灰色；多为低杆灯、庭院灯，仅有五爱广场设高杆灯1杆。灯型在注重功能照明的同时，开始讲求艺术化、装饰性。道路照明方式多为双侧交叉、单侧布置。1990年，路灯由实用型转向实用与装饰兼备型转化，灯型由单一铁盆型发展至36种（型）。市路灯处自行设计与制造锡山大桥的四管筒型、运河西路的六火管型、锡澄路的双挑球型装饰灯等。之后，灯型趋于简洁，单弯臂路灯广为运用，仅结合道路结构在挑臂长度、弯度、仰角等处有不同。1991年6月，胜利门广场设单柱手动升降式高杆灯。1992年，制定道路照明行业设计标准，规定灯具的外壳防护等级、光强分布、灯具效率等专项指标，但限于观念、财力，仅在新建道桥照明项目中按照标准配设灯具。1994年，路灯光源以高压钠灯、汞灯为主，城区白炽路灯下降至842盏。是年，火车站新建两座首次使用电动升降机的升降式高杆灯。1995年，广南立交桥再次新设装有电动升降机的高杆灯。1997年，三阳广场三柱三色球形簇灯突破以往的造型。1998年，在三大传统钠灯、汞灯、白炽灯的基础上，首次将金属卤化物等新型光源应用于道路照明。新型光源金属卤化灯首次应用于人民路至崇宁路的中山南路路段。2000年，新生路路灯灯杆首次运用草绿色喷塑工艺加工。之后，在镀锌防腐处理的基础上经喷塑工艺处理的路灯在新建项目中广为应用。“一路一灯，一街一型”使城区灯型趋向多样化。2001年，文化宫桥首次运用投光灯加高分子聚酯材料的反射板式照明灯，钠灯光源数量首次超过汞灯，新光源应用数达12170盏。2002年，吴桥、江尖大桥、太湖大道首次使用卤化灯、钠灯的1000瓦大功率投光灯。2003年，中杆灯、高杆灯大量应用于道路交叉、广场、立交、高架等道桥。改扩建的清扬路照明工程中在机动车道采用对称的低杆路灯、非机动车道采用庭院灯、交叉口布设草坪灯、投光灯等景观照明，是第一条路灯与庭院灯并存、兼顾功能与景观照明的道路。快速路、主干道多采用双侧对称布置，次干道多交叉布置，悬索照明方式逐步减少。是年年底，城区道路告别白炽灯。2004年起，批次更换淘汰光效低、显色性差、能耗较大的高压汞灯。在蠡溪路、金城西路等道路上，配设多光源路灯，并配套多种投射方式的照明灯型。

2005年，无锡城区道路照明主要为高压钠灯，新村小区道路以高压汞灯、小功率高压钠灯、金卤灯为主，背街里巷采用高压汞灯、小功率高压钠灯。金卤灯规格70～250瓦、高压钠灯70～1000瓦、高压汞灯仅80瓦。6月始，通过招标选用优于专业设计指标标准的灯具，在凤宾路、金石路、广石路、锡贤路、锡义路、新友北路、梅西路、惠山大道、梁溪路、钱荣路、钱威路、北环路、锡沙线、通江大道等重点道桥项目工程中使用。新建道路照明灯型逐步回归简洁和色调统一，同时推开节能型双功率镇流器应用、敞开式灯具改造等多种节能措施。新建改造项目中均使用密闭灯具。道路照明功能型灯具灯体采用重型高压合金铸铝，表面经静电喷塑处理，反光器采用进口高纯铝板，表面经氧化处理后镀膜。透明罩采用高强度聚碳脂复合材料，或高强度钢化玻璃，由硅橡胶密封圈密封，灯体内设有空气净化过滤器，灯具内配套原装品牌的补偿电容器和镇流器。敞开式灯具在新建和改造道路中逐步淘汰，至年末，大多用于背街里巷、老新村的架空线路上的一米扁铁灯架、搪瓷灯罩、组合式镇流器的敞开式灯具尚存7086套。城区有高杆灯13杆、中杆灯451杆、单挑双挑臂路灯31654杆、庭院灯18350套，其他照明设施37650套。金卤灯、铂灯、荧光灯、LED等在景观照明中广泛使用。

四、配套设施

1.电源及配电箱

80年代末，市路灯处对路灯配电箱作多重保护改造，但使用器件过多，运行误动作多，故障率较高。1991年，市路灯处简化路灯配电箱，取消三极空气开关、中间继电器带接触器等多重防护器件，改时间继电器为石英电力定时控制器控制半夜灯，减少故障率。路灯照明电源直接取自220/380伏低压，采用低供低计电费方式。2001年，首次在太湖大道、锦园路照明工程中使用200千伏瓦箱式变压器。是年，开始开发节能配电箱，在控制回路中加装西门子程控器，逐步替代石英电力定时控制器，通过可控硅降低电压实现节能，增强控制的可靠性、稳定性。2004年，在环太湖公路道路照明工程中首次使用非晶合金变压器。至2005年末，在环太湖公路、桥头公园、锡东大道、美湖路、高浪路、华清路、金城公铁立交、312国道等项目中使用63台箱变，容量分别为630千伏瓦、400千伏瓦、315千伏瓦、200千伏瓦，计量方式有高供高计与高供低计两种。

2.机具、设备

80年代，道路照明施工依靠肩扛手挖，维护时借助工程车扶梯。1986年，仅有6台（辆）建设维护设备，价值70.4万元。90年代起逐步购置运输车、液压工程车、吊车。1990年，有工程车4辆、运输车4辆、其他车辆2辆，机械设备35台。1997年，首次购置作业高度达20米的液压升降车两辆，用于高杆灯的维护。2002年，购置国际先进的轮式立杆钻孔车、多功能开沟机、水平导向钻机，实现敷设管道路面不全线开挖、路灯基础挖掘自动化。至2005年末，建设维护设备有高空作业车11辆、货车9辆、皮卡12辆、吊车3辆、工货两用车4辆、轮式立杆钻孔车1辆、开沟机2辆、其他车辆7辆，机械加工设备28台。

五、路灯监控网络

1986年，城区路灯已集中控制，形成“中心控制、周边发散”的闭合网络。后西溪中心控制室以8条启动线路分送至不同方向的低压控制箱，控制箱启动线采用“串联一级送一级”方式扩展延伸，控制城区路灯。控制网络北至刘潭新村，南至电缆厂，东至火车站，西至梅园、宝界桥。路灯开关以时间继电器、光控方式确定，修理及时率、准确率较低，维护费用较高。1990年，市路灯处研制路灯自动熄灭报警系统，在6公里范围内试机运行，成为计算机自动监控的雏形。1991年10月，市路灯处研制的微机无线路灯监控系统通过可行性方案论证。该系统以“时控为主、光控为辅，时控、光控相结合”的原则自动遥控开关灯，城区路灯可按统一的时间在合理的照度下开关，保证夜间道路照明要求。由于系统对子站实行24小时监控，子站出现故障可自动报警。之后，市路灯处实施系统一期工程，在路灯管理处中心控制室设立主台1架，在市五中、金城湾、蠡园、广丰、旺庄、刘潭、严家棚、塘南等8个边远地区配电箱设立从台。主台和从台之间采用无线数传通信。12月，微机无线路灯监控系统运行，在全国路灯业率先实现路灯“三遥”控制。该技术被评为建设部1992年科技进步三等奖、无锡市科技进步二等奖，获国家实用新型和实用发明两件专利，被建设部列为1993年度重点科技成果推广项目。1995年5月，获联合国教科文组织颁发的“发明创新科技之星奖”。1998年，“三遥”控制系统延伸开发直观的大屏幕显示系统，使路灯运行状况能直观反映。随着桥梁广场亮化、蠡湖及商务区亮化的出现，景观照明逐步纳入控制网络。2003年，实现功能照明与景观照明集中监控。2004年，路灯控制网络覆盖50多平方公里。

2005年，新区、滨湖区乡镇路灯划归市路灯处管理，照明网络管理范围扩展至2520平方公里，共有总控室1个、配电箱419只、“三遥”监控点280个、配电间152个、箱变63台。6月起，市路灯处组织开发实施无锡路灯地理信息系统（GIS系统）。至年末，完成解放环路内及城区主干道路路灯设施的数据采集、整理、数据库录入。

六、能耗管理

80年代末至90年代中期，道路采用两侧不同电缆供电，利用配电箱时控装置在后半夜关闭单侧路灯，另一侧仍保持正常照明，实行半夜灯节能。1995年始，采用双电缆供电方式，在道路两侧各敷设双电缆间隔联通一侧路灯，后半夜关闭道路两侧各半数路灯，使路灯间隔照明。自2002年始，在配电箱内加设调压装置，采用可控硅斩波、平滑无级自耦降压调整、微电脑智能控制等技术手段对系统集中降压供电。通过降低灯泡的工作电压，使得通过灯具的电流有效降低，确保灯光负荷运行稳定，照度损失最小化，使得产生的谐波干扰最小化、电流波形更平滑、均匀而节能。在光源选择、灯具选用、照明方式、供电与控制等方面，通过专业设计实现专业管理节能。2003年，城区道路完全淘汰白炽灯，改大功率泛光照明为节能的LED、T5、T8荧光管等绿色节能型产品。2004年，环太湖公路照明工程采用美国全截光设计，无瑕疵片状反射器系统的反光率达92%；采用SLE系统，在保证照明效果的前提下，将灯具后抛光降至2%以下；使用非晶合金变压器，空载损耗较普通变压器下降80%。环太湖公路绿色照明工程同时采用多项节能设计方案，年节电近77万千瓦时，获建设部城市照明行业首个最高项奖项——绿色照明示范工程。2005年，改造敞开式灯具，使用效率更高、光污染少的密闭式灯具，逐步淘汰更换汞灯，当年改造更新409盏。在钱荣路道路照明工程中首次使用两段式节能型镇流器，后半夜以低于额定功率的方式运行，实现单灯节能。

第五章　镇村建设

无锡乡镇工业发达,农村各地每年将部分工业利润投入镇村建设,全市小城镇建设各具特色。1986年,建设部确定无锡县杨市镇为全国小城镇建设试点镇。此后,江阴申港镇、宜兴高塍镇、无锡县华庄镇等被国家、省、市定为试点镇、村。各镇聘请南京工学院、同济大学等规划设计单位根据村镇特点进行规划,确定工业、商业、居住等功能区,投入大量资金开展村镇基础设施建设,缩并自然村,建设中心村,加快农民向城镇和农村新型社区集中。至2005年,全市有玉祁镇、顾山镇等全国村镇建设先进镇,东湖塘镇、周庄镇、和桥镇等一批省新型示范小城镇和一大批无锡市示范镇。洛社镇华城花苑、旺庄镇春潮园、东亭镇桑达园、和桥镇富阳小区等多个村镇住宅小区被省建设厅命名为江苏省村镇文明住宅小区。

第一节　小城镇建设

一、规划

1986年,无锡县杨市乡集镇规划编修完成,江阴县周庄镇开展道路骨架规划编制工作。1988年5月,建设部在沿海6省(市)开展集镇规划试点,江阴市申港镇、无锡县洛社镇、宜兴市高塍镇为江苏省选定的3个规划试点乡镇。11月2～6日,建设部在无锡召开试点镇规划评议会,评出10个优秀方案,无锡3个试点镇规划均获奖。1990年11月23～25日,无锡市开展乡镇规划评比,郊区黄巷乡、山北乡,无锡县杨市镇、华庄镇、后宅乡、东湖塘乡,江阴市祝塘镇、长泾镇、南闸镇,宜兴市张渚镇、徐舍镇分别获乡镇规划、总体规划奖。

1991年,完成江阴市马镇、周庄、云亭、北涸、山观,无锡县长安、安镇,宜兴市和桥、红塔、杨巷、南新,郊区扬名、广益、南站等15个乡镇总体规划调整,各乡镇确定居住区、工业区、商业区、行政文卫中心区和农田保护区。1993年,为提高规划水平,一批村镇请清华大学、同济大学、南京大学及省、市规划设计院进行规划设计,因而出现村镇建筑设计风格多样化、风貌各具特色的新格局。1997年,在无锡市及3市(县)城市总体规划指导下,各乡镇镇域规划编制全面完成。根据建设用地人均不超过100平方米要求,各乡镇调整镇域规划,在开展镇区规划的同时,进行镇区重要地段详细规划。江阴市长泾镇规划获建设部三等奖,锡山市杨市镇规划获省三等奖。2000年,无锡市加大撤乡建镇、撤并乡镇工作力度,至年末,全市101个乡镇全部成为建制镇,其中8个镇纳入县城规划。年内,全面开展市域城镇体系规划和重点中心镇总体规划修编,9个镇完成总体规划初步方案,28个镇开始编制2万平方米住宅小区规划编制。2001年,全市建制镇93个,其中15个镇纳入县城规划。根据集镇撤并新情况,19个重点中心镇修订总体规划;28个镇开始编制2万平方米以上住宅小区规划;宜兴市张渚、官林等8个镇编制完成详细规划31项。2002年,全市完成19个重点中心镇总体规划编修,并提交专家论证。根据工业向园区集中的原则,调整乡镇工业园的布局,锡山区完成张泾、查桥、厚桥、羊尖、甘露5镇5.25平方公里工业园区规划编制。2002～2005年,各地继续开展中心镇规划的编制和修订,在编制、修订规划时,除进行道路、桥梁等市政公用设施规划外,普遍注重商业区、工业园区、行政中心、文教卫生、生活居住休闲等功能片区的划分，并根据镇区发展、经济实力提高等因素不断完善规划，按照规划建设小城镇。

二、建设

1986年，无锡县杨市镇在全国小城镇建设综合技术开发试点中，投入5000多万元用于镇区基础设施建设和住宅开发等项目，镇区面积由0.36平方公里扩大到11平方公里。新建800米长、30米宽的十字大街和500多米长、6米宽的步行街，拓宽乡道13公里，新建、拓建桥梁178座；开凿深井74眼，铺设自来水管道36公里，兴建日供水0.9万吨的自来水厂1家，全镇95%的居（农）民饮用自来水；新建商场、文化馆、农民公园、幼托中心、老年幸福院、镇政府办公楼等公共建筑10.5万平方米。

1987年，国家科委组织19个部、委、办在无锡县华庄镇进行小城镇社会发展综合示范工程试点。试点确定25个社会发展项目，以提高农村人口素质、改善生活方式、提供社会保障、加强环境保护，使农村各业协调发展，建成具有中国特色的现代化农村小城镇。试点过程中，华庄镇经济迅速发展，居民生活水平显著提高。年产粮食1763.22万公斤，亩均677.6公斤，上缴国家350.89万公斤。1987～1994年，华庄镇投入2000多万元用于集镇市政基础设施建设，镇区面积从0.59平方公里扩大到1.5平方公里，聚居1.5万多人。建成34米宽的中心大街和公园路、万花路，新建10万平方米公共建筑，建成居民住宅3万平方米。新建占地1.92万平方米的华庄市场，入驻145家个体商店和180多家国营集体商摊。建成日供水0.8万立方米的自来水厂1家，除满足镇区生活、工业用水外，还解决周边10余个行政村的居民用水；建成日处理20吨的生活垃圾处理厂1家，经处理后的生活垃圾可制成复合肥料，减少集镇垃圾对环境的污染。同时，通过城镇管理、增加绿化面积，镇容镇貌根本改观。

1991年，全市123个乡镇建成区面积136.76平方公里。前洲镇、洛社镇入选“中国乡镇百颗星”。1991～1993年，全市有华庄、杨市两个建设部试点镇和1个省级试点镇。1993年，部分经济发达乡镇规模扩大到4～6平方公里，人口3.5万～5万人；建制镇、集镇水厂82家，日供水能力30万立方米，91个镇受益，用水人口67.94万人，普及率86.07%。村镇道路总长6808公里、5736万平方米，其中高级、次高级道路4274公里、3969.02万平方米。建制镇、集镇排水管道625公里，绿地面积3762公顷，农民公园20个，公共厕所1741座，环卫机械269台。

1994年，全市投入村镇建设资金35.8亿元，其中投入住宅建设9.86亿元、公共建筑建设5.33亿元、生产性建筑建设16.92亿元、公用设施建设3.69亿元。6月28日，投资300万元、全省首家镇级游泳馆——洛社游泳馆对外开放。宜兴市丁蜀医院在1992年住院部新大楼落成后，投资30余万元改造产科病房，所有房间安装空调、空气净化器，设置哺育椅、坐垫，配备新生婴儿床、冲洗设备等，9月通过联合国儿童基金会、国际卫生组织和卫生部验收组验收，成为江苏省首家乡镇爱婴医院。是年，除原有试点镇外，无锡县列入全国乡村城市化综合试点县；江阴市周庄镇、璜塘镇、长泾镇，宜兴市和桥镇申报建设部综合试点镇；无锡县东北塘镇、玉祁镇，江阴市周庄镇、璜塘镇、长泾镇、青阳镇、山观镇、利港镇，宜兴市和桥镇、张渚镇、高塍镇被批准为江苏省试点镇。1995年，除锡山市列入建设部6个乡村城市化试点市（县）外，江阴市南闸镇列为国家级综合改革试点镇；4个镇列入建设部试点镇，11个镇列入江苏省“百新镇”试点，27个乡镇列入无锡市试点乡镇。全市建制镇、集镇自来水厂90家，日供水能力49.71万立方米，174.79万人用上自来水。

1995～1999年，江阴市华士镇投入2亿多元改善城镇基础设施，形成6纵6横的道路网络，建成两家热电厂和110千伏输变电所，开通两万门程控电话，建成江阴市一流的华士中学；投入1亿元改建自由街、和平街、文星路、龙沙路，新建商品房10万平方米，形成井字形商贸中心区；建成教师新村、纺织新村、华士新村、俭益新村等住宅小区，建成镇东工业园、私营工业园等工业园区，初步建成“格局城市化、功能现代化、城镇特色化、镇村一体化”的新城镇。顾山镇先后投入3000多万元开展创建安全文明小区活动，金融单位与“110”直接联网，成为江阴市首个省级安全文明镇。宜兴市和桥镇投入1000万元改造健康路、公园及垃圾中转站等市政公用设施，成为宜兴市第一个省级卫生镇。1996年初，郊区建成规模最大、设施一流的胡埭文化娱乐城，内设影剧院、图书馆、歌舞厅、健身房、棋牌室等10多个文化项目，总投资1600万元，占地1.2万平方米，建筑面积8000平方米。

1996年，全市村镇建设投入35.9亿元。其中，投入住宅建设11.57亿元；投入公共建筑建设4.82亿元，新建公共建筑118.25万平方米，总面积968.82万平方米；投入生产性建设14.63亿元，新建生产用房建筑面积222.78万平方米，总面积4185.16万平方米；投入公用设施建设4.87亿元，占总投资的13.6%。全市村镇自来水厂89家，日供水能力49.34万立方米，110个镇受益，镇区用水人口71.62万人，普及率95.97%。根据"适当发展县城，重点发展小城镇，缩并建设中心村"方针，按乡镇规划用地每人100平方米的要求，各乡镇调整镇区中心的用地规模，控制在3平方公里以内。1997年1月24日，锡山市东北塘镇、洛社镇、玉祁镇、东湖塘镇、南泉镇，江阴市璜塘镇、周庄镇、顾山镇，宜兴市和桥镇、张渚镇、官林镇等11个镇被市政府命名为全市第一批新型小城镇。是年，江阴市长泾镇、山观镇、璜土镇、青阳镇、峭岐镇、利港镇、桐岐镇，锡山市华庄镇、杨市镇、阳山镇、港下镇、东埄镇、查桥镇、坊前镇、西漳镇，宜兴市周铁镇、张泽镇、高塍镇、徐舍镇、洑东镇、芳桥镇被命名为第二批无锡市新型小城镇；省政府命名江阴市顾山镇、璜塘镇、周庄镇，锡山市玉祁镇、东湖塘镇，宜兴市和桥镇为江苏省第一批新型示范小城镇。建设部授予锡山市玉祁镇和江阴市顾山镇"全国村镇建设先进镇"称号。是年，村镇基础设施进一步完善，全市乡镇自来水厂89家，日供水能力50.05万立方米，集镇自来水普及率96%；村镇道路9222公里，其中高级、次高级公路6108公里；园林绿地面积1638公顷，农民公园34个；村镇公共厕所1266座。

1998年，锡山市洛社镇、华庄镇、南泉镇、阳山镇、杨市镇、东埄镇，江阴市长泾镇、青阳镇、山观镇、璜土镇，宜兴市官林镇等11个镇被评为江苏省新型示范小城镇。锡山市羊尖镇、安镇镇、陆区镇、钱桥镇、梅村镇、张泾镇、八士镇、雪浪镇、堰桥镇，江阴市华士镇、夏港镇、新桥镇、北涸镇、陆桥镇、南闸镇，宜兴市屺亭镇、万石镇、南漕镇、杨巷镇、新建镇、湖㳇镇、太华镇、南新镇，新区硕放镇共24个镇被评为无锡市新型小城镇。至此，全市有江苏省新型示范小城镇17个，无锡市新型示范小城镇56个。是年，全市集镇有水厂101家，日供水能力52.06万立方米，镇区受益人口80.05万人，普及率99%；村镇道路9731.8公里，其中高级、次高级道路6288.54公里；绿化面积2696公顷，农民公园36个，公共厕所1319座，环卫机械350台。

1999年，江阴市华士镇、宜兴市和桥镇和锡山市华庄镇被建设部授予"全国小城镇建设示范镇"称号，9个镇被评为江苏省新型示范镇，15个乡镇被评为无锡市新型小城镇，3个村镇住宅小区被评为江苏省村镇文明住宅小区。是年，省政府确定江阴市周庄镇、华士镇、利港镇、长泾镇、璜塘镇、青阳镇、祝塘镇，锡山市华庄镇、洛社镇、玉祁镇、杨市镇、张泾镇、梅村镇、安镇镇，宜兴市张渚镇、和桥镇、官林镇、周铁镇、徐舍镇等19个镇为省重点中心镇，其中华士镇、华庄镇、和桥镇为省政府重点中心镇联系点。2000年，江阴市华士镇、利港镇、北涸镇，锡山市东北塘镇、张泾镇、港下镇、雪浪镇和宜兴市张渚镇、张泽镇被省建委命名为江苏省新型示范小城镇。锡山市在省内率先实现市—镇—村道路黑色化后，实现镇镇交换程控化、中继光缆化、传输数字化、电报电传化、储蓄微机化、投递机械化；全市小城镇电视、电话、自来水、液化气覆盖率均达100%，敬老院、医院、影剧院、歌舞厅、图书馆、文化中心、公园等设施齐全，相当部分公共设施在规模、规格及内部环境等方面都可与城市媲美。2001年，江阴市祝塘镇、月城镇被省建设厅命名为江苏省新型示范小城镇，郊区黄巷镇南苑、新区旺庄镇长欣公寓，惠山区玉祁镇黄泥坝村被省建设厅命名为江苏省示范村镇小区。惠山区杨市、藕塘、阳山、陆区等镇铺设自来水管17.6公里，取缔露天粪坑1752只，新增绿地面积69169平方米，创建市级卫生镇1个、省级卫生村5个。

2002年，全市村镇建设总投资50.46亿元，其中投入住宅建设13.62亿元、公共建筑建设3.09亿元、公用设施建设7.81亿元、生产用房建设25.94亿元。村镇自来水受益人口248.23万人，普及率

86.95%；道路8171公里。惠山区投入1.8亿元新建（扩建）洛社、前洲、杨市、石塘湾污水处理工程，日处理能力4.5万吨。全区取缔农村露天粪坑11969只，新增绿地5.1万平方米。宜兴市张渚镇建成省内首个镇级无害化生活垃圾填埋场。2003年，洛社镇成为全省第一个获“江苏人居环境奖”范例奖的乡镇。全市建制镇园林绿化面积2280万平方米，其中，公共绿地1625万平方米，人均11.2平方米，公共厕所1225座，环卫机械547台。

图5-24　江阴市华士镇镇区　　（江阴市史志办供稿）

2004年，无锡市开展江苏省新型示范小城镇和康居示范村创建活动，锡山区安镇镇和惠山区前洲镇被省建设厅命名为江苏省新型示范小城镇；江阴市华士镇、周庄镇，宜兴市官林镇、和桥镇，锡山区安镇镇、东港镇，惠山区洛社镇、玉祁镇等8个镇被建设部确定为全国重点镇。荡口镇被评为无锡市首个江苏省历史文化名镇。是年，农村改水后自来水到户率96.3%；公共厕所1134座，环卫机械518台。

2005年末，全市乡镇公共建筑面积2008.24万平方米，生产用房建筑面积5728.8万平方米；村镇自来水受益人口225.21万人，普及率95.95%；村镇道路8021公里；建制镇园林绿化面积1151万平方米，其中，公共绿地705万平方米，人均8.18平方米；公共厕所1179座，各类环卫机械561台。

第二节　村庄建设

1986～1992年，无锡农村在推进农村工业化、农业现代化的同时，把实现乡村城镇化作为重要目标，不断加大对电网改造、交通运输和现代通信的投入，改善农村人居环境。无锡县1986年投入5870万元建设和改造电网设施，乡、村通电率和排灌保电率均达100%，经省供电局和市政府组成的验收组验收，于12月被授予“农村用电标准化县”称号；同年在全省率先实现村村通公路。1991～1993年，无锡县黄泥坝、麇巷桥等村被建设部列入农村社会主义现代化建设试点村。无锡市确定一批试点村，作为村庄建设的示范村。随着村级经济壮大，部分自然村向中心村集中，无锡县玉祁镇黄泥坝村、厚桥乡谢埭荡村、东埄镇麇巷桥村，宜兴市都山乡都山村等在统一规划下形成村级经济、居住、文化活动中心，成为各具特色的中心行政村。

图5-25　90年代的东升村农民公园　　（锡山区档案局供稿）

为适应村办工业发展，无锡各中心村规模不断扩大。1994年起，中心村按照"农田保护区、工业集中区、居民住宅区、生活配套区"功能划分进行规划建设,农村住宅建设着重改善功能、节约用地,零星分散村庄向集镇集中、合并。1995年7月,无锡县委确定前洲镇西塘村、洛社镇新开河村、羊尖镇廊下村等20个村为农村现代化试点示范村并明确至2000年应达到的各项经济、社会指标。20个村当年投入精神文明和社会事业建设资金3631.3万元,村均181.57万元,村中自来水用户9593户,占总户数的84%;液化气用户10052户,占总户数的88.1%;安装电话2833户,占总户数的24.8%;新建农民别墅555户,占总户数的4.86%。其中东升村先后投入300万元建成高标准农田保护区;投入1500万元改造农民住宅区,家家户户用自来水、液化气,通上电话和有线电视;投入1000万元建成具有江南水乡特色的农民公园,茶室、图书阅览室、棋牌室、游艺室、书场、歌舞厅等一应俱全;生活配套区内建有商贸大厦、农贸市场等,方便村民购物。东升村成为"建设田园都市,实现乡村城镇化"的样板。宜兴市示范村由1986年的3个增至1995年的17个,示范村人均收入4000元以上,超过一般地区农民收入20%～30%;最高的宜北村人均收入达5080元,村民生活福利和生活质量的各项指标均达小康水平。

1997年,无锡市全面实施农村厕所改造工程,推进农民向城镇集中、向农村新型社区集中和推动农村人口集中的农村"三个集中"工程。在合并零星分散村庄的同时,住宅建设和公共建筑向集镇集中,城镇化进程加快,中心村用地扩大,投资建设规模逐年递增。与此同时,区域供水与农村改水相结合,自来水全面进村落户,村民结束祖祖辈辈喝河水、井水的历史。是年,省建设委员会确定新区旺庄乡群星村,锡山市华庄镇南张村、洛社镇新开河村、玉祁镇黄泥坝村、东湖塘镇东升村,江阴市周庄镇孟巷村、文林镇北湾村、璜塘镇上庄村、青阳镇芦塘村,宜兴市太华镇桥涯村、都山乡都山村、张泽镇施荡村等12个村为江苏省中心村规划试点单位。1998年,全市电力、通信杆线到村率达100%,做到户户供电、村村通电话;村庄自来水受益人口156.27万人,覆盖率69.58%。

1999～2000年,市供电部门加快农村电网建设与改造步伐,改善农村居民用电环境。1999年,完成989个行政村改电任务,占改造计划的63%。其中江阴、宜兴两市分别完成306个、532个行政村改电任务,分别占计划的58%、63%。11月1日起,供电部门对农村实行统一销售分类电价,并实行电价、发票、抄表、核算、考核"五统一",销售、抄表、收费、服务"四到户"和电量、电价、电费"三公开"等措施,减轻农村用户负担,提高农村居民用电质量。2000年12月开始,全市农村电网改建工程全面竣工,实行城乡同网同价,其中江阴、宜兴两市电价分别由每度0.56元、0.59元降至0.52元。

2000～2005年,无锡市加快撤并行政村、自然村步伐,分别由2000年的1722个行政村、14102个自然村,村庄用地47981公顷,撤并为2005年的775个行政村、9168个自然村,村庄用地42886公顷。2005年,全市村庄人口148.57万人。经过多年"三集中",全市有525个自然村居民集中居住到城镇和农村新型社区。其中,全省农村"三集中"试点单位宜兴市和桥镇在实施4年中,新建住宅55万平方米,集中居住人口超过全镇人口总数的50%,节约土地近100公顷,呈现生产、生活和生态有机统一,人口、资源协调发展的乡村都市雏形。全年全市投入农村改厕资金1.7亿元,改建无害化卫生户厕10.78万座,普及率86.4%;农民人均年纯收入8004元,人均期末存款3157元,手存现金1308元,人均住宅建筑面积55.5平方米,无锡市大多数村庄达到或超过江苏省规定的小康标准。

第三节　镇村住宅建设

1986～1987年,江阴市长泾镇在规划、建设新型集镇时,贯彻"统一征地、统一建设、统一安排、统一管理"的原则,重点抓好成片居住小区综合开发,改善居民的住房条件。镇政府投资150多万元,征地0.85公顷,建房6673平方米。新建房屋造价每平方米202.5元,各种配套设施齐全。交付使用后50多户居民迁入小区。至1990年,全镇先后4期建设3个住宅区,建筑面积1.7万平方米,安置居民200户。住宅区内新建下水道1.04万米、商业用房5282平方米，铺设混凝土道路2325平方米，植树1285株。

1991年，全市村镇建房户数4.39万户，建筑面积361.38万平方米，拆除旧房9.46万平方米，年末人均居住面积22.92平方米，居全省之首。1991～1992年，无锡市加快村镇住宅建设步伐，完成5期商品房住宅小区的建设规划。随着村镇房地产业的兴起，村镇住宅造型、功能、设施和环境质量较大改善和提高，室内室外装饰、装潢渐趋考究，建筑风格各异，质量水平提高，出现一批别墅式住宅，并且向统一建设、综合开发、协调发展的方向发展。至1993年，村镇住宅数量增加、功能齐全、设施配套，一批环境优美、造型别致、交通便利、采光通风条件好的宽敞住宅相继出现。1994年起，合并零星的分散村庄，农村住宅建设开始向集镇集中。是年，全市农村投入住宅建设9.86亿元，新建住宅240.13万平方米，年末住宅总面积12439.9万平方米，人均建筑面积37.84平方米，人均居住面积22.90平方米。1995年，开始改变别墅式住宅建设的倾向，提倡建设公寓式住宅。郊区开展公寓式农民住宅竞赛，江阴市璜塘镇建成3层公寓式住宅，锡山市华庄镇综合开发5～6层公寓式住宅。全市全年新建住宅346.59万平方米，年末住宅总面积13163.05万平方米，人均居住面积24.88平方米。1996年，全市投入住宅建设资金11.57亿元，占村镇建设总投资的32.2%；新建住宅271.34万平方米，年末住宅总面积13230.7万平方米；人均住房建筑面积43.95平方米，人均居住面积24.96平方米。1997年，省建委组织开展村镇住宅设计方案竞赛，无锡市获一、二、三等奖各两个和佳作奖5个，市建委获省建设系统竞赛组织二等奖。

2000～2001年，28个乡镇编制2万平方米以上住宅小区的规划，加快住宅建设。2001年，江阴市周庄镇、华士镇、新桥镇等经济条件较好的乡镇在镇区附近建设中心村，建设统一规划、综合开发的农民住宅小区；滨湖区新批立项农民多层住宅小区29个，建筑面积102.4万平方米，开工在建21个，面积45.9万平方米，竣工21.1万平方米。全市全年新建住宅162.41万平方米，年末实有住宅面积13616.79万平方米，人均住房建筑面积49.79平方米。

2002年起，无锡市全面推行工业向园区集中、人口向镇区集中、土地向规模经营集中（简称“三集中”）的新一轮村镇建设。6月27日，江阴市新桥镇的新桥花园开工建设，规划建设面积21万平方米，占地18公顷，一期建设住宅2.88万平方米，设计安置拆迁农户190户。新桥花园是全国唯一的采用土地“先占后补”（先占用土地建设，后在原拆迁地复垦）的办法开发试点。2004年，21万平方米的新桥花园和5万平方米的雷下花园竣工，成为全市农村人口向镇区集中较早的农民集聚小区。是年，全市新建住宅271.08万平方米，年末实有住宅面积12635万平方米，人均住房建筑面积53.17平方米。

2005年，市政府成立无锡市农民居住集中工作办公室，由市建设局主持日常工作，加快推进农民向城镇和农村新型社区集中。惠山区洛社镇华城花苑、新兴锦绣苑，新区旺庄镇春潮园，锡山区东亭镇桑达园、锡北镇泾声花园，宜兴市和桥镇富阳小区等6个村镇住宅小区被省建设厅命名为江苏省村镇文明住宅小区。至年末，全市村镇实有住宅总面积12418.44万平方米，建制镇和农村人均住房建筑面积分别为41.28平方米和55.5平方米。

图5-26　新区春潮园小区　（陈平摄）

第六章　园　林

70年代末，无锡在锡惠公园内建成杜鹃园，此后鼋头渚风景区、梅园等公园先后新建江南兰苑、中日梅观赏园、古梅奇石圃等以栽培、观赏某种植物为主的专类园，以及太湖仙岛、生态游乐园等新景点。1986年以后，全市建设龙头渚公园、太湖花卉园、清扬公园等新园。进入21世纪，市政府投入大量资金在蠡湖周边平整土地、造林绿化、建造湖边新景点，使蠡湖周边成为人们休闲、旅游的免费公园。保护、修复一批原来保存状况较差或仅剩遗址的风景名胜，一批具有重要历史价值、文化价值、科学价值的优秀古典园林和近代园林，先后被列为或升格为国家级、省级、市级文物保护单位，园内文物建筑和景点建筑得到不同程度的修缮。2004年1月12日，无锡市获"国家园林城市"称号。2005年，市区5个市属公园面积512.5万平方米，园林职工1213人，年总收入13737万元，年总支出13576万元，盈余161万元。

第一节　园林建设

一、新景建设

1.太湖鼋头渚风景区（公园）

1986年6月，鼋头渚公园新建门阙式充山大门，大门左有层楼，右为售票房，周围绿树掩映、环境幽静。充山大门建成后，新老景区合成开放。新景区内主要有鹿顶迎晖、湖山真意、充山隐秀、藕花深处、十里芳径等景点。鹿顶迎晖建于96米高的鹿顶山山巅，是新景区的中心景点。山顶自西向东的中轴线，设置呦呦亭、仙鹿遗踪、准望亭、舒天阁、刘海粟鹿顶迎晖题字照壁、金沤亭。舒天阁坐落于面积近600平方米的山顶平台上，是鹿顶迎晖的中心主建筑，八角三层、四重檐、棕黄琉璃瓦顶。因明代王仲山《湖山歌》有"卷舒随天机"词句，故名。登阁，万顷太湖烟水尽收眼底。阁之北有环碧楼，东部有范蠡堂。范蠡堂由市区的大王庙移建而成。

图5-27　鹿顶迎晖　（市园管中心供稿）

1987～1989年，在南犊山北麓新建江南兰苑，面积约2.5万平方米。兰苑傍依齐眉路，路边有小兰亭，亭后清溪流淌，上跨通幽拱桥，是以栽培、观赏兰花为主的专类园林。由吴惠良主持规划设计及建筑施工，分前庭、内庭、展室、艺圃4个功能区，有兰居、国香馆、流芳涧、琴操轩、留香亭、芭蕉院等景点建筑。兰居为主建筑，坐北朝南，有曲廊连接若干厅室，形成一组高低错落、收放变化、宜静观细赏兰花的内向建筑空间。与兰居相向，有假山、瀑布、涧流茅亭、疏林、幽兰，风景清丽秀逸。国香馆临水而建，半敞开式，大理石地坪，荫棚勾连，是集接待、服务、观赏于一体的景点建筑。苑内植物配置以原有的松、栎、杨梅、毛竹为基调树种，采用片植、丛植、孤植等不同手法，因地制宜种植观赏树种桂花、广玉兰、梅、芭蕉、竹类等。林间遍植书带草、石蒜、红花酢浆草、络石、鸢尾等地被植物，在墙面、棚架、假山等处种植木香、紫藤、金银花、凌霄等藤蔓植物，形成林木葱郁、浓荫蔽日、宜于养兰的环境，并在地栽兰区种植多种适宜在无锡露地栽培的兰科植物。艺圃内荟萃江浙一带春兰、蕙兰品种800多个、数千盆。春兰中有无锡当地选育的西神梅、鼋蝶等传统精品和新品，还有朱德元帅赠送的双燕齐飞兰等。1989年9月，江南兰苑被列为中国兰花资源保护研究中心，成为国内外园艺界科学研究、文化交流的基地和游览休憩场所。

图5-28 江南兰苑国香馆 （市园管中心供稿）

1990年6月，鼋头渚公园从锡惠公园动物园及广西等处引进50多只猕猴，经15天左右短期笼养后，放养于鼋头渚三山西鸭岛的丛林之中，三山遂成为江南旅游观猴景点，被称为“猴岛”。

1993年2月，“太湖惊奇世界”艺术宫建成开放。艺术宫位于中日樱花友谊林畔，占地5000平方米，总投资300余万元，内设10个展厅、15个场景，展出内容取材于国外童话、传说、典故和真实的历史故事，有儿童剧场、森林历险、四十大盗、美国西部小镇、东瀛武侠、赤道夜鼓、水晶宫女等。每个场景运用声、光、电控等现代科技设备，给人刺激、美好的游乐享受。2003年5月拆除。10月，鼋头渚公园高架电动游览列车建成通车，轨道全长3800米，穿越120米鹿顶山隧道，跨过200米蠡湖水面。

1993～1996年，在大矶、小矶和西鸭3座小岛（俗称三山、乌龟山）上建设太湖仙岛，面积近12万平方米，由李正、吴惠良、沙无垢、夏泉生等规划设计。铸铁辟邪、仙岛牌坊、巡天影壁组，成为仙岛入口景观。辟邪，似狮带翼，雄踞在码头趸船柱头上，共18尊，每尊重1吨。仙岛牌坊，三门，三重檐，朱红色琉璃顶，高9米，宽6米，雕镂精美。巡天影壁，高5米，宽9米，白墙红顶，壁面为汉白玉浮雕“玉帝巡天回銮图”。仙岛牌坊右转，为“母子猴”金山石雕塑。后山南端，依山而建水帘洞，洞前为一圆形耍猴场，表演以猴为主题的节目。山顶建有嬉猴平台和猴子游泳池。仙岛牌坊左转，步入湖堤，堤上有会仙桥，五孔五亭。桥的前身为惠山大德桥，拆迁移建。桥亭设计借鉴傣式风雨桥，五亭二廊，深蓝色琉璃瓦顶，梁坊工笔彩绘，藻饰华美。天门牌坊，一门三重檐、玉白色，上书“天门”和“梯云直上”题额。柱上一

图5-29 仙岛牌坊 （市园管中心供稿）

图5-30　灵霄宫　　(市园管中心供稿)

联:“离尘了却凡世缘,到此逍遥星汉间”。坊前六合台,中间有十二生肖五色石,喻五方、五行、五色。台前石壁题额“玄妙藏机”,匾上镌刻伏羲“先天八卦图”。台之上建摘星亭,淡蓝色琉璃歇山顶,宝蓝十字脊,粉紫色墙柱,两侧翼墙,前置石栏。亭柱一联:“常伴皓月清光辉天地,高揭层霄景曜丽蓬莱”。天都仙府在摘星亭西侧山坡上,为仙岛之主体建筑,碧瓦红墙,占地1320平方米。主楼3层,五重檐,歇山顶,高22米,内设文昌、关帝、妈祖等殿宇,顶层设珍藏馆,馆藏恐龙蛋、三叶虫、蝙蝠、鱼类和乌龟等化石。两侧游廊壁上镶嵌60块“元辰之神”线描碑刻,黄稚圭刻碑,线条流畅,刻工精细。主楼之下为戏台,布置青铜编钟,设有奏乐表演。左侧为财神、文王殿,右侧为药王殿。仙府下部湖边为月老祠,祠前有鸳鸯亭,亭侧植连理树。出天门经六合台左上,为96米长的“天街”,有40余家店铺。“天街”往南右转,经人工瀑布石板桥,为灵霄宫。灵霄宫位于大矶山南端山腰,主体建筑高36米,宝顶6米,总高度42米。七层九重,四角飞檐,宫门前天池流泉,门左右青铜神兽蹲伏看护。底层大厅以黑色花岗岩铺地,置玉帝巨型塑像,身高18米,头戴12行珠冠冕旒,两耳垂肩,身披九章法服,仪态威严。底层后殿和左右偏殿,有沈阳鲁迅艺术学院摹绘的山西芮城永乐宫壁画。灵霄宫三楼后门,有一圆形金山石平台,为太乙天坛,位于仙岛最高处,宜于凭眺湖光山色。

1994年5月,坐落在充山大门南端的鼋头渚·太空城竣工开放。太空城总投资2000余万元,占地4万平方米,建筑面积1.45万平方米,设火箭发射场、火箭发射测控中心、火箭模拟发射舱、太空站、科普馆、登月馆、太空遨游馆、太空历险馆、太空娱乐厅、导弹卫星展示厅、环幕影视厅等10多个景点。实物造景动静结合,部分采用声、光、电、机械传动和电脑程控。

1996年6月,建成中日友好花菖蒲园。该园位于充山隐秀景区内,为无锡市和日本佐原市合作建造的日式园林。占地两万平方米,种植花菖蒲200多个品种、两万余株,配植其他名贵花木。1997年6月1日,因游客量逐年下降,鼋头渚·太空城拆除。

图5-31　花菖蒲园　　(市园管中心供稿)

1997年,在太湖仙岛灵霄宫对面建成王母府,亦称西华殿,三重檐,临崖危立,红顶黄墙。在仙岛东部湖岸建成大觉湾石窟文化艺术景区。景区占地近万平方米,利用原有山岩、开山凿洞、依壁造像。其中,巨型卧佛38米,彩绘,双目微闭,下半身融入岩石崖中,上覆石檐遮盖,状似安卧于帏幄。老君铜像,取材于福建泉州的宋代老君岩造像,高7.1米,宽11米,重10余吨,青铜浇铸拼装而成。千手观音像,千余佛手,各持法物,形状各异。摩崖大佛,取材于洛阳龙门石窟。主佛卢舍那高10余米,佛面丰腴,两旁塑弟子、菩萨、天王、力士等群像,再现唐代石窟艺术精品。

在大矶山建成仙人洞景区，洞长200米，面积2000平方米。

1998年10月，位于宝界桥西南堍的风景区门楼建成，门楼总高13米，宽15米，八柱三门三重檐二亭式样，橘红色琉璃顶，龙吻脊，上饰钛金火焰珠，成为鼋头渚风景区的入口标志。同年，总面积约1万平方米的犊山门建成使用，建有门厅、售票处、塔楼、回廊、花架、花台、车辆出入口、停车场等。

图5-32 大觉湾石窟艺术景区 （市园管中心供稿）

1999年初，扩建车辆出入大门，完善售票处、门卫、停车场等配套设施和绿化布置。10月，在太湖仙岛月老祠和鸳鸯亭之前，建"连心锁"。"连心锁"全长2.88米，高1.58米，厚约1米，黄铜铸造，重约半吨。1999年底，鼋头渚风景区管理处出资21万元向吴县市太湖镇湖中村渔民蒋乾元购买1艘七桅古渔船，渔船长25米，宽5米余，设13个舱，实际载重量88吨，最多乘客110人，系蒋乾元曾祖父在清道光年间从浙江建德购买百年老柏木打造而成，牌号"太湖01-K283"。渔船船头至船尾依次竖7根樯桅，故称七桅船。该船是太湖中唯一保留下来的七桅渔船，也是迄今最古、最大、船帆最多的渔船，顺风六级时船速每小时20公里，由于船速较快，民间有"神仙眼热扯篷船"之说。2003年，"太湖七桅罟船"被命名为无锡市文物保护单位。

2002年4月，在鹿顶山西麓樱花林内建成赏樱楼，楼高24.8米，四层白墙红柱，飞檐翘角，蓝琉璃顶，四面开敞，适宜观景。同年，在太湖仙岛金沙滩建成《渔翁》青铜像，高1.8米，作垂钓状。

2003年5月，鼋头渚公园高架电动游览列车被拆除。2004年，经批准在太湖仙岛设太湖三山道院，开展宗教活动。

2005年10月1日，占地2万平方米的充山新大门启用。新大门面山傍湖，突出山水主题，设售票窗口12个，新增商业服务、导游点等项目。

2.锡惠园林文物名胜区

1987年，在锡山南麓按喷泉中轴线建设略呈弧形的九龙壁，长约28米，高4米多，壁上飞龙9条。九龙壁花岗岩基座，陶瓷壁身，金星绿琉璃顶，由宜兴市丁山均陶工艺厂烧制的144块釉陶板拼装而成。

1992年3月，省太湖风景区建设委员会办公室捐资3万元，在惠山黄公涧南侧半山腰建成云泉亭。为金山石亭，高4米，圆顶。同年，麒麟饮料食品公司出资，在映山湖南岸建成麒麟亭。

1993年11月，为纪念民间音乐家华彦钧（阿炳）100周年诞辰，阿炳铜像在阿炳墓前落成。铜像由钱绍武设计，高1.9米，重约1吨，为操琴行进的阿炳形象，生动刻画阿炳的神态气质。

1994年2月，吴文化公园在锡山南坡捐建"吴文化福寿天地"景点，有承露台、降福亭、石柱、石桃等。承露台、降福亭原为吴文化公园内的景点，按原设计仿造。承露台台基及台柱均由金山石制成，台上两柱镌刻一联："福星殷殷邀依琼林赴宴，寿仙默默为我海屋添筹"，张金海撰句，钱绍武书联。背面亦有一联："行善方可多福，守仁自然长寿"。降福亭由承露台拾级而上，四角双菱形，亭顶呈葫芦状，与龙光塔相呼应，亭柱一联："国泰尽福地，民安多寿星"，系沈鹏所书。10月，由锡惠公园管理处与江苏南方机电集团公司合作兴建的惠山登山索道建成并投入运行。索道东起锡山西南麓百花亭，西至惠山头茅峰，全长900余米，钢缆上悬挂双人吊椅130张。是年，将惠山南麓的小型喷泉和露天舞池（1954年建）改建为音乐喷泉广场，由水池、舞池、平台3部分组成。水池面积3900平方米，正中为圆形，两侧对称呈飞蝶状。喷泉水柱的高低和节奏以音乐控制，池内安装彩灯600盏。以舞池、平台组成的广场面积7400平方米。

1995年8月，投资190万元，在锡山西北坡建成山林落差式滑道。滑道全长540米，上下落差42米。数年后拆除。同年9月，在惠山东坡黄公涧北侧建成凤鸣谷鸟园。鸟园占地2万多平方米，投资280万元，投放孔雀等鸟类40余种、数千只。1998年6月，移至动物园。

1998年8月，在杜鹃园醉红坡建成山花烂漫亭，以简朴取胜。1999年5月，吴文化公园在映山湖西岸陡坡上捐建翠漪榭。

2004年，在若冰洞至万卷楼、陆子祠的山坡空地，新建德水茶楼。茶楼占地276平方米，装饰古色古香，环境清幽。

2005年10月，在阿炳墓园的东侧和北侧，分别建阿炳纪念馆和二泉映月广场。

3.梅园风景区

1986年建梅园碑廊。1987～1988年，进行东部第一期扩建工程，建成700米登山道路，连接横山至开原寺和碑廊的园路，横山新园门一组建筑，以及登山而上的问梅坊、闻籁亭、明罄亭等，在开原寺前建成近万平方米草坪。1989～1990年，实施第二期工程，总投资300余万元，在横山顶建两层吟风阁，阁前平台有寒香亭、知春亭等一组建筑；环道建碧云亭、琅琅亭、怡怡亭等；在横山南坡建小金谷、浒山南麓建梅花溪等景点。小金谷是观赏牡丹花的园中园，占地1.2万平方米，建筑红顶粉墙，别具一格。入园，东侧为曲折有致、依山而构的玉女廊，陈列荣氏藏品汉白玉仙女塑像；廊南端接主建筑怡香楼，高低错落，上下3层，掩映于小山南侧，设有装潢雅致的茶座、弹子房、会客厅、览景阳台。西侧有造型别致的赭红色牡丹亭，与山顶吟风阁上下呼应。园内植桂花及牡丹数十株，遍地荫生地被植物，环境幽雅、洁静。梅花溪位于开原寺东南，自北而南，200余米小溪蜿蜒曲折。小溪以卵石铺底，黄石构筑。溪边花径，联结“梅花溪”“岁寒交”“一枝春”“额妆”“罗浮梦”“瑶台雪”“梅花潭”“止渴”“孤山魂”“鹤子”等10个以梅花的轶闻趣话命名的山石和植物造景。

1993年3月2日，横山南侧山坡的中日梅观赏园奠基，1994年1月竣工开放。观赏园占地18万平方米，首景纮齐苑。纮齐苑占地500平方米，为日本建筑师设计的日式庭院。植梅区位于纮齐苑之上，山坡宽阔，为园中腹地，以红梅、绿梅、白梅分块，为中、日梅花品种观赏区。梅影壁位于梅花种植区上，面积约150平方米，用石铺成，中间插有梅花图案。此处展示毛泽东、郭沫若、陆游3首咏梅诗词，又从梅花谱中选出历代名家16幅诗画刻石，展示梅文化悠久的历史。在观赏园内最高一级台阶上，立“梅妻鹤子”成语典出之人林和靖的雕像一座。

图5-33　纮齐苑　（市园管中心供稿）

1999～2001年，浒山西南坡的古梅奇石圃和南麓的花溪、荷兰苑、高架温室相继落成开放。园中园古梅奇石圃占地10656平方米，由李正主持规划设计。圃内迎面为朱有玠手书“古梅奇石圃”景名刻石，内有梅博馆、岁寒草堂、亭廊组合、《梅花赋》影壁等景点。花溪景区是一条穿越于梅林中的仿生态溪石流，自西向东，顺势随形构筑而成。东西长约250米，南北宽5～25米，占地约8000平方米。花溪东侧是占地达2.3万平方米的荷兰苑，苑内有水景广场，旁为建于2001年的钢结构玻璃温

图5-34　古梅奇石圃内景
（市园管中心供稿）

室，坐北朝南，高7.2米，建筑面积1300平方米。

2002年12月，生态游乐园建成开放。游乐园位于梅园开原寺南侧，占地2500平方米，投资近40万元，设有独木桥、单步桥、网桥、棍梯、网梯、摇摆桥、网亭、爬笼桥、单杆网桥、滑梯、跷跷板、爬杆、秋千等游乐活动设施。其中，人造假山攀登项目攀登线路全长30米，高5米，可同时容纳30多人进行攀登运动。

2003年12月，在钢结构玻璃温室中建成植物博览馆。植物博览馆从国内外引进南方植物400余个品种、2000余株（丛），根据不同的种植品种，分为3个部分："沙漠之星"馆种植龟甲龙、黄眼麟、沙漠玫瑰等近150种热带沙生多浆类植物，配以沙漠风光背景；"四季花园" 馆中，150余种植物分布在假山、小桥、流水、曲径之间；科普馆内有小桥、小潭、喷泉，种植有百年树龄的榕树、优雅卓然的椰子树，还有鸡蛋花、洋金风、朱缨花等观花植物。科普展示区中，设置100多块科普展板介绍植物内部结构等知识，通过多媒体演示植物的生活习性与生长奥秘，"植物克隆" 展示充满神秘的植物微观世界。

图5-35　植物博览馆　（冯春尼供稿）

4.蠡园风景区

2003年5月，蠡园实施西部改造工程。西部扩展区呈环湖状，占地5.67万平方米，其中水面2.67万平方米，原为沿湖鱼池及天然泳场，经地形改造，加筑堤岸，种植桃花、银杏、桂花、香樟、竹等花木。是年，公园投入近30万元，种植荷藕7000平方米、7500株，增加60多个名贵品种，荷花品种增至220种。

二、新园建设

1.龙头渚公园

龙头渚在马山西南端，系大储山伸入太湖的半岛，因酷似巨龙卧波而得名。1986年，拟由南京中山植物园帮助在此规划建无锡植物园，占地面积238万平方米，因故未果。1998年4月，无锡太湖国家旅游度假区马山旅游开发总公司投资建设龙头渚公园，以"历史文化之旅，回归自然之游" 为主题，规划总面积80.4万平方米。2000年10月1日，占地24.12万平方米的一期建成开放，投资2500万元，设龙门、沙坞、西青草堂、望龙亭等景点及自然景观马迹石、马迹桥石、蛤蟆石、熨斗崖等。

2.靖海公园

位于崇安区上马墩，由上海同济大学设计，园林专家、教授陈从周题写园名。占地面积2.28公顷，总投资170余万元，1987年10月1日建成开放。公园布局以传统自然式为主，建筑基调具有现代风格。园门呈几何形，缀联花架，中饰以明代无锡知县王其勤筑城抗倭为历史题材的大型紫铜浮雕。园中有灯光喷泉、塑石假山、人造瀑布、回溪三墩等景点，以及文娱活动室、音乐茶座、2500平方米的地下游乐宫、900平方米的舞厅兼溜冰场。

3.青山公园

位于惠山二茅峰南麓青山寺旧址，占地15万平方米，1989年4月23日建成开放。园门正对产山，前为金山石平台广场，入口处月洞门两侧镶嵌宜兴陶瓷擒珠乌龙浮雕。园内主要景点有九龙山庄、高攀龙迁葬墓等。90年代末，园内重建青山寺，并恢复宗教活动。

4.吴文化公园

位于堰桥西高山上，始建于1984年，1989年初步建成开放，后又续建。占地46.6万平方米，由民资创办，同济大学总体设计。吴文化公园以江南发展历史为经，以吴语区文化为纬，融文化、教育、艺术、旅游于一体，设吴地人文馆、佛教文化点（崇庆庵）、蚕桑巷、稻丰圩、江南风情苑、福寿山庄、水仙村、吴地船桥史馆、无锡金融史馆等11个景区和吴地一条街、孕吴门、灵犀台玉蟹洞、口天楼、灵鹊桥等5个景点。公园是全国100个爱国主义教育基地之一，也是国家旅游局重点推荐的全国主要民俗旅游景点之一。

图5-36 吴文化公园 （市园管中心供稿）

5.锦绣园

位于前洲镇中心，建于1987年冬，占地1.64万平方米，总投资450万元。园内建筑面积2570平方米，水面1600平方米，假山、花架、道路等1288平方米。主要景点有前洲幽媚、梅林春晓、明晓堂、曲溪风荷、金鲤戏波、桂香书屋、百花争艳、银河飞瀑、霞落樱洲、竹坞青影、平湖醉月等。

6.惠山国家森林公园

1989年12月，市政府召开惠山森林公园规划方案论证会，决定利用惠山原有植被建成森林公园。占地718万平方米，其中公共游览区80万平方米。1990年开始，在等高线25米以上的山坡上以义务植树形式植树造林，改造林相。1990年春，造林补植133.33万平方米，抚育林地66.67公顷。并由义务植树队和部队奋战8个月，修筑从钱荣路口直达惠山三茅峰的6米宽、6.24公里长的盘山道。1993年5月，林业部批准建立无锡惠山国家森林公园后，市委、市政府加大投入，不断完善景区植被和景点。1998～2001年，对惠山青龙坡和森林公园西入口处实施山林抚育，清除原山林中松材线虫枯死树木和其他老弱病残株，对乔、灌木适当修剪，抚育总面积16万平方米；种植栾树、杨梅等风景树种，改善森林公园林相结构。2005年，实施山坡、公园绿化和生态活水景观工程，完成土方1.9万立方米，铺设硬地1372平方米，堆放卵石1568吨，复绿3156平方米，栽植乔、灌木2.7万余株。至年底，惠山森林公园形成石门景区、东大池景区、二茅峰景区、三茅峰景区、观赏植物景区等五大景区。

7.中日友好园

位于金匮桥堍，为无锡市和日本相模原市缔结友好城市5周年而建，1992年4月竣工。主体建筑为仿唐五层柴胡塔，塔高22米，顶端铜制塔刹高8.5米、重1.5吨。

8.双虹园

位于蠡湖宝界双虹桥东北堍，占地3万平方米，总投资1000多万元，1999年开工建设，2000年春节开放，荣智健题写园名，由蠡园管理处管辖。园门北向，入园为太湖石奇峰“双鱼竞翔”。园内有晴好雨奇楼、绿萝花榭、飞水桥、宛转桥、澄波致爽轩、迎旭·待月双亭、仙蠡阁、羡鱼环廊、恋鱼亭等。双虹园在设计上巧妙利用原有地形、树木，结合周围环境，因地制宜突出水景之长，围绕鱼水之情做文章。建筑既有江南特色，又具现代风格。色彩以蓝瓦粉墙为基调，醒目淡雅，简洁明快，体现人工环境与自然环境，人文内涵与园林风貌相结合。

9.友谊林公园

位于长江路与龙山路交叉口，是新区建成的第一块大型公共绿地，1999年5月免费向游人开放。公园占地1.5万平方米，主要布局以生态林园为主，各类花卉、花灌木点缀其间。由外资企业认种、认养园区内大树，于树前竖以铜牌，刻上企业名称，作为友谊的象征。

10.新洲生态园

位于新区，东至锡士路，西至312国道，南至新泰路，北临新加坡工业园。占地46万平方米，2002年8月建设，2003年8月开园，总投资4100万元。园内绿地32万平方米，种植乔灌木200余种、33万余株，水池面积2.8万平方米。园内分为入口景观区、滨水广场区、人工湖景观游憩区、湿地生态景观区、花卉果园区、生态竹海区、运动休闲区、专家公寓区和生态景观林带等十大功能区域，设有茶园、果园、樱花园、杜鹃园、竹影园、烧烤园等园中园，园中设置茶吧、咖啡屋、钓鱼台、烧烤屋、音乐喷泉等，既有自然森林氛围，又具观光、休闲娱乐等功能。

图5-37 新洲生态园 （陈平摄）

11.江尖公园

位于市中心商务区西侧，环城河与古运河交汇处的江尖渚小岛上，四面环河。占地4万平方米，其中绿化面积3万多平方米，总投资5000多万元，2002年12月25日开工，2003年10月1日对外开放。以江尖大桥为主入口，并通过3座步行桥形成对外交通。

12.太湖花卉园

2003年4月，总投资3000万元的太湖花卉园建成开放。花卉园位于市区西郊，占地34万平方米，是以收集、保存、选育、栽培花卉为主题的专类植物园。园区依托舜柯山秀美的自然景观和原有植被，利用多种花灌木、球宿根和四季时令花卉等观赏植物，营造花卉广场、生态茶（果）园等区域；凭借悠久的历史文化背景，融休闲观光、餐饮会务和科普教育于一体。

三、名胜古迹修复

1.清祠堂建筑

位于原惠山寺大雄宝殿后，原为清同治三年（1864年）江苏巡抚李鸿章在惠山寺部分废址上建造的淮湘昭忠祠，1983年11月21日以“清祠堂建筑”名称列为无锡市文物保护单位。1987年5月5日，市园林管理部门接收大同殿和原道观玉皇殿等建筑，计1500平方米。1988年，市政府拨款90万元进行保护性抢修，1989年全面竣工。祠内布展无锡大观，各厅堂分别陈列无锡名人、无锡风情风俗、屠一道根雕艺术展等。

2.张中丞庙（张巡祠）

俗名老爷殿，坐落在锡山北麓，为纪念唐代抗击“安史之乱”在睢阳壮烈殉国的名臣张巡而建，几经损毁、重建，现祠庙为清同治八年所建。张中丞庙前临惠山直街，背依锡山环路，占地3000平方米，内有古银杏两株。1986年被列为无锡市文物保护单位时，庙内设工厂、住居民，搭房建屋杂乱无章，祠庙屋顶坍塌，木结构腐朽，并常有居民在祠庙内焚香烧纸。1987年，市政府拨款100余万元，搬迁庙内及附近居民54户、工场两个。1990年初，市政府再次拨款120万元整体保护性修复祠庙，

1991年底竣工开放。1995年4月19日，张中丞庙被公布为江苏省文物保护单位。

3.寄畅园保护修复工程

图5-38 张中丞庙 （市园管中心供稿）

1988年，寄畅园列为全国重点文物保护单位。1993年10月，按明代建筑形式重建嘉树堂，重建后的嘉树堂占地80平方米。寄畅园东南部的一组庭院建筑毁于清咸丰十年（1860年），1999年，市政府拨款500万元启动修复，搬迁旧址内外45户居民和8个店面房，拆除2685平方米旧房，将1600平方米土地划归寄畅园用作修复工程。市园林局成立由李正、顾文璧、吴惠良、沙无垢、夏泉生等11人组成的专家组，负责修复设计。12月8日，国家文物局《关于无锡市惠山寄畅园东南部修复方案的批复》原则同意补充修改后的修复方案，并要求对卧云堂遗址内的明代铺地作露明保护。2000年9月30日，寄畅园东南部修复工程竣工。工程包括重建卧云堂、先月榭、凌虚阁和连接3座建筑的郁盘廊（局部），堂、榭之间平台；移位美人石、镜池和小御碑亭；在保护3棵古香樟树的前提下，因地制宜恢复涧、池相连的水系及跨水石桥等。修复工程投资220余万元，由市园林古典建筑公司施工。

4.二泉书院

二泉书院由无锡人邵宝于明正德十一年（1516年）创建。邵宝逝世后，按他的谥号改为邵文庄公祠。1986年，二泉书院被列为无锡市文物保护单位。1995年，由邵宝撰书的镇院之宝“点易台铭、四面碑”公布为江苏省文物保护单位。2001年2月～2002年1月，市园林管理部门投资370余万元修复二泉书院。修复工程包括拆迁居民住户，修复二泉书院，在原地或紧邻原地重建历史建筑顾端文公祠、刘猛将庙、五中丞祠，恢复明清时的听松坊、观泉坊门头以及相应文化布置等。修复和重建的建筑面积1400平方米，新增游览面积4000余平方米。2002年，二泉书院被公布为江苏省文物保护单位。

5.惠山寺

惠山寺始建于南朝宋景平元年（423年），屡经废兴。1989～1990年，整修惠山寺石经幢（1956年被列为江苏省文物保护单位）。整修前，两座石经幢各有3节埋在土中，露出地面部分各16节，其中，唐“佛顶尊胜陀罗尼经幢”露出地面5.16米，宋“大白伞盖神咒幢”露出地面5.2米。整修扶正并修补残缺的石构件后，恢复了石经幢的历史原貌，两座石经幢整体各19节都露出地面，其中唐幢通高6.26米，宋幢通高6.22米。1999年8月，按照历史原状（依据20年代所拍摄的老照片）翻修寺内中轴线上的清建筑乾隆御碑亭，重点翻修重檐筒瓦屋面，天棚彩绘，重铺地坪，出新御碑亭匾额等，耗资11万余元，于当年国庆节前竣工。2002年7月～2003年末，市园林局自筹资金翻建金刚殿，在原址重建天王殿、大雄宝殿；封闭保护金莲桥；翻铺古华山门至大雄宝殿前道路、广场，将原水泥、砖块路面改铺成银灰岩、金山石路面；在大雄宝殿前面的砖雕碑刻门头南侧新建钟亭，亭内悬挂新铸6吨重惠山寺铜钟；在原惠山寺不二法门内及周围新建罗汉堂、地藏殿、斋房、大悲阁、藏经楼、僧舍及辅助用房等；疏浚清光绪年间开凿的碧露泉，辟西竺留痕广场等。修复后的惠山寺占地10205平方米（其中新建不二法门占地4600多平方米），建筑面积2482平方米。2002年10月22日，省政府公布惠山寺庙园林为江苏省文物保护单位，范围包括原惠山寺的历史文化遗存。2004年4月26日，惠山寺恢复宗教活动。

6.西水墩

位于无锡老城厢之西、护城河与梁溪河的分水处，占地6793平方米。墩上的西水仙庙是无锡市文物保护单位。2000年4～11月，市政府斥资874万元，搬迁墩上住户80户、单位3家，拆除违章或临时搭建5365平方米，辟出墩上近一半的土地用于绿化。又拨款500万元，实施西水仙庙保护工程和西水墩环境工程，翻修戏楼、工字殿、亭子等古建筑1090平方米，复建西看楼等670平方米，铺设草坪1000余平方米、园路600平方米。工程完成后。西水仙庙恢复历史原貌，西水墩被命名为文化公园，由市群众艺术馆（市文化馆）使用。

四、文物建筑维修

1.横云山庄及七十二峰山馆

横云山庄始建于民国7年（1918年），飞云阁和净香水榭为山庄内重要景观建筑。1996年，因飞云阁周围树木长高、阁内木结构腐朽，影响景观和安全而按原式样作落架抬高重建。重建后的飞云阁仍为二层，重檐，四方攒尖黄琉璃顶，上层设观景阳台，下层置明文徵明《太湖》诗碑。1998年末～1999年4月，在原址翻建净香水榭。水榭占地130多平方米，为敞开式廊榭结构，青瓦粉墙，红柱靠栏，榭内悬挂匾联字画。整修水榭周边风景建筑和道路，改建金山石曲桥，增建莲花石拱小桥，油漆藕花深处方亭，疏浚池塘，植荷养鱼，并种植牡丹等名贵花木，恢复“牡丹坞”石刻。

图5-39　七十二峰山馆　　（市园管中心供稿）

七十二峰山馆建于民国18年，为五开间中西合璧式样的歇山顶敞厅。1987年全面修缮后，辟为王昆仑故居，邓颖超题写匾额，故居内设王昆仑纪念馆，被列为市文物保护单位。1999年10～12月，拆换山馆腐朽大梁、廊柱20余根，翻修屋脊屋面；拆除腐烂地板，改铺方砖；建筑外形则保持原貌。翻修完工后，继续对外开放。

2002年，横云山庄及七十二峰山馆被列为江苏省文物保护单位。

2.蠡园及渔庄

蠡园及渔庄分别始建于民国16年和民国19年，1952年两园合并，以蠡园名称对外开放。1988年，蠡园前园主王亢元捐献刻碑26方，嵌于蠡园千步长廊之内。1990年5月，王亢元捐资5万元整修晴红烟绿水榭（又名“湖心亭”）。整修后的湖心亭仍保持原样，但屋顶改为琉璃瓦，照壁添置《范蠡西施泛舟》紫陶壁画两帧。

图5-40　蠡园百花山房　　（市园管中心供稿）

1994年,翻建园内百花山房。山房始建于民国19年,原为朝南五开间大厅,翻建时改为坐西朝东,面阔三间,青瓦十字脊,四角飞檐起翘,厅前接出抱厦,其建筑体量较原结构缩小约1/3。在山房侧面接建浣花曲廊,廊端建思越亭,门前增加大片铺装场地,并整理四周花木叠石,使风景更显错落有致,环境开阔清雅。2000年,翻建千步长廊,将长廊基础夯实灌浆,加固沿湖驳岸,更换廊柱、靠栏,修补廊壁漏窗,重铺地坪。

2002年,蠡园及渔庄被列为江苏省文物保护单位。

3.梅园

梅园创建于民国元年。1986年6月21日,由马万祺赠送的荣德生铜像的揭幕仪式在梅园举行。铜像坐落在梅园香海景点前。中共中央统战部、省政府等敬献花篮。荣毅仁和荣氏家属回国观光团参加铜像揭幕仪式。1992年,荣氏企业发祥物——茂新面粉厂石磨移至乐农别墅前。1994年1月24日,梅园列为无锡市文物保护单位。1997年,投入150万元修复园门至小罗浮环境。修复工程包括新增乐农居士手植紫藤碑刻和5处石刻景点;恢复《洗心泉记》《梅园记》石碑和5处名联;新修梅林赏花小径234米、345平方米;改善梅花、草坪的土壤条件,调整植物配置;全面整修紫藤棚架、天心台、香海、揖蠡亭、清芬轩、念劬塔等。1998年末,总投资约30万元的梅园中门小区绿化改造竣工,共完成中门西侧绿地调整、锡明亭周围环境改造等项目。1999年,耗资18.9万元大修诵豳堂,更换腐朽梁、柱,结合屋面翻修做防水层,更换破碎方砖铺地,重新粉刷油漆,同时维修诵豳堂两侧厢房和游廊及其前的香海轩。2000年,由南京博物院文物保护研究所对石磨作化学涂膜保护。维修乐农别墅建筑,室内辟"荣德生先生史料陈列",修通乐农别墅至经畬堂的道路并与梅园主干道相接。落架翻建经畬堂,内辟"豁然洞读书处史料陈列",悬挂荣德生手迹"心正意诚"匾额和荣毅仁岳父杨道枢所书"有客登临,一园占尽湖山胜;与时俯仰,数点能回天地心"楹联。4月,回山人书于明隆庆壬申年(1572年)的"以善济世"青石碑重新镶嵌在念劬塔北面的石壁上,并建半亭进行保护。2002年,梅园老区以"荣氏梅园"名称被公布为江苏省文物保护单位。

图5-41　梅园乐农别墅　　(市园管中心供稿)

4.城中公园(公花园)

原名锡金公花园,始建于清光绪三十一年(1905年)。1987年,园内多寿楼前立秦起烈士铜像。1994年,以"锡金公花园旧址"名称列为无锡市文物保护单位。1995年,市政府对城中公园进行保护性改造。1996年,实施一期改造工程:将九老阁向东南移位近两米重建,体量缩小,建筑风格不变;新建瀑布水景广场和中央艺术广场;恢复抗日战争胜利纪念碑;新设中共无锡第一个党支部诞生地纪念碑;设置绿地、花坛等配套设施。1997年,实施改造二期工程:重点改造公园多寿楼以东地块,主要项目为修建公园南大门、亭廊、黄石驳岸假山,地坪铺装,建设后乐园(园中园),调整绿化配置,以及公园东、南部店面房建设,白水荡清淤等。两期改造工程投入资金3000余万元,由园林古典建筑公司施工。1998年,实施第三期改造工程:改造中山路东侧的园门,将园门北侧至银楼10余间店面、43户居民搬迁后改建成绿地,绿地地下辟建2000平方米地下室,形成一处新景观。至1999年末,公园面积29944.4平方米,其中绿地10837.8平方米,水面3603.7平方米,建筑面积

5533.8平方米，道路及地坪铺装面积10190.2平方米。2001年，市群众艺术馆迁出，1560平方米馆址辟为绿地。2003年7月10日，公花园由市属公园成建制划归崇安区政府管理。此时，公园占地增至3.8万平方米，建筑面积1.8万平方米，绿地面积1.7万平方米，绿化率51.37%。

5.忍草庵

始建于元至正年间（1341～1368年），明清时屡有废兴，后存建筑系清末、民国时重建。1983年，忍草庵被列为无锡市文物保护单位。1994～1996年，园林部门全面整修忍草庵原有建筑，包括按民国14年（1925年）杨味云重建的贯华阁原样翻修，修缮6开间佛楼，将原5开间天王殿改建为三楹，拆除遭白蚁严重危害已大部分倒塌的弹指堂，疏浚松苓泉等。

6.天下第二泉庭院及石刻

天下第二泉开凿于唐大历年间，因泉水而构筑的庭院历代屡有增益和兴废。1957年，列为无锡市文物保护单位。1993年12月中旬，投资30万元对二泉亭、景徽堂等进行保护性维修。整修后，景徽堂改称陆子祠，室内布置突出“茶神”陆羽与茶文化。1995年4月，天下第二泉庭院及石刻被公布为江苏省文物保护单位。1996年8月，在二泉庭院大门旁立沈鹏书写的苏东坡惠山诗碑。1998年，在漪澜堂内增设“13位历史名人与二泉”文化展示。1999年大修漪澜堂，2001年整修万卷楼。至此，二泉庭院内所有建筑都得到修缮。

7.惠山古镇祠堂群

1989年，维修至德祠的享堂泰伯殿，在殿内屏风上设仿汉代画像石风格的《泰伯纪事》刻漆壁画5帧；摘录《史记·吴太伯世家》中有关泰伯的记载，制成8幅刻漆屏风置于南北山墙，供人观瞻。

1998年10月，园林部门对钱武肃王祠享堂（又名五王殿）进行保护。迁走原惠山点心店，1999年8～12月全面翻修。拆除沿街第一进祠楼，按历史原貌修复毗邻寄畅园的第二进（即享堂）建筑，新建附房40平方米，辟庭院127平方米，种植胸径25厘米银杏两株、桂花树两株，耗资24万元。

华孝子祠是惠山最早的祠堂之一，1957年被列为无锡市文物保护单位。2004年9月～2005年8月，华孝子后裔华仲厚、华叔和、华季平兄弟承父亲华绎之、长兄华伯忠遗愿，捐资100余万元重修华孝子祠，在遗址上重建永锡堂和成志楼，新建碑廊及原祠丁房，整修孝祖享堂并在堂内神龛中设华宝青铜塑像等。

2005年5月起，市园林管理部门启动二泉里祠堂群复建工程。在锡惠公园东自古华山门、秀嶂门，西至二泉庭院，北起惠山寺大道，南到春申涧的范围内，在原祠堂遗迹或遗址上，修复过郡马祠、嵇留山祠、胡文昭公祠，重建邹公祠、李忠定公祠、尊贤祠、苏家祠和蔡氏祠等，并按祠堂的历史文化内涵作相应的陈列布置。复建工程计划两年完成。

2002年，惠山古镇祠堂群被列为江苏省文物保护单位。

8.碧山吟社

2004年8月～2005年12月，市园林部门翻建市文保单位碧山吟社，先行拆除一组改建于50年代的凹字形建筑，由顾奇伟等根据明清时地方史料的有关记载作重新设计，在原地块建造十老堂、望益楼、流觞山房、流馨亭、诗廊、诗舍、诗坛及门厅等景观，总面积670平方米。翻建后，碧山

图5-42　碧山吟社内景　（市园管中心供稿）

吟社南面邻近春申涧处及东面开设两个园门。此为明成化十八年(1482年)碧山吟社创建后的第六次重修。

9.龙光塔

1993年12月1日，市文保单位龙光塔经40天整修后对游客开放。整修时将黄色塔身改为梵红色，塔顶采取防水、防褪色措施，并加固飞檐、栏杆，纠正塔身倾斜度，测定避雷装置，增强避雷功能。1999年3～4月，锡惠公园管理处投资85万元实施锡山顶及龙光塔修缮、亮化工程。工程除对湖山迎爽茶楼(原藏经阁)、龙光寺、龙光塔全面整修外，还对山顶所有建筑外墙统一喷赭红色涂料，安装彩色软管霓虹灯两公里和大功率泛光灯10盏，龙光塔每层安装400瓦白炽灯8盏。

第二节 园 艺

一、名花培育

1.梅花

1985年，全市梅花品种54个，绝大部分保存在梅园。2000年，在梅园设立中国(无锡)梅花研究中心。2001年，梅园被命名为中国梅品种资源圃。至2005年，梅园拥有梅花品种395个，其中41个通过国际梅花品种登录(1999年2个、2002年16个、2004年23个)，成为梅花品种的国际样本。国际梅花品种登录的梅花，小细梅型有峡小梅，江梅型有筋入冬至、书屋之蝶、旭鹤、扇流，宫粉型有银红、银红台阁、八重松岛、月光、玉恒、筑紫红、粉靥、小粉台阁、香雪宫粉，绿萼型有长蕊单绿、皱瓣单绿、绿萼春日野、复瓣绿萼，玉蝶型有福寿玉蝶、八重冬至、徽州玉蝶，朱砂型有锦光、新平家、玉织姬、雏昙、莲久、萩野、红露梅、森之关、一重唐梅、不老园绯梅、徽州骨红、肥后自慢赤、梅园墨梅、淡粉单砂、细绯梅，洒金型有都锦，单杏型有无锡单杏、一之谷，春后型有熏露大和。

图5-43 梅花登录品种“复瓣绿萼” (市园管中心供稿)

2.杜鹃花

1985年，无锡杜鹃花品种200多个。1987年，锡惠公园的杜鹃园被列入中国杜鹃花园艺品种基因库。至2005年，经公园科技人员采用杂交育种、诱变育种等技术和引进国内外杜鹃花品种，杜鹃园内的杜鹃花珍品、名品逐年增加，名贵品种达299个(其中56个待命名)。其间，无锡盆栽杜鹃花的成型技术渐趋成熟，提高了杜鹃花的观赏价值，获得国内同行的好评。

3.兰花

1985年，无锡市区名种兰花75个，全部在鼋头渚公园广福寺花房内培育。嗣后因落实宗教政策，花房用地归还广福寺，鼋头渚公园遂投资修建集生产、科研、旅游于一体的江南兰苑。1988年3月5日，无锡兰花研究会成立，会员80余人。是年，集百余种名兰、计2000多盆的江南兰苑落成。

1989年3月，中国首届春季兰展在江南兰苑成功举办，150余个市县的兰协组织代表团参展，无锡兰花栽培进入鼎盛期。同年8月21日，中国植物学会批准江南兰苑为中国兰花学会无锡兰花保护研究中心，成为全国首家兰花保护研究中心。1992年，江南兰苑参加在日本举办的第三十二届国际兰花展，获最高奖项——日本外务相奖。1993年5月，华东地区37个市县的兰协负责人聚会无锡，成立华东兰友联谊会。从此，每年在华东各市县轮流举办一届兰展暨兰文化研讨会。1999年3月，鉴于无锡兰花栽培技术快速提高且在兰界具有重要地位，第九届全国兰花博览会再度移师无锡，国内15个省市和日本、韩国、新加坡等国的近百家单位参展，2000多盆兰花幽香沁人、一展芳姿。至2005年，占地2.5万平方米的江南兰苑内，先后培育出春兰、蕙兰、建兰、墨兰、寒兰、洋兰等1000多个品种，以及迁地保护的国兰野生资源品种300多个。

图5-44　梅花珍品“西神梅”
（市园管中心供稿）

4.菊花

1992年10月30日～11月29日，第四届中国菊花品种展览在锡惠公园举办，无锡菊花在全国崭露头角。1995年11月，第五届中国菊花品种展览在成都举行，无锡布展的“二泉映月”景点和艺术插花分别获金奖，获奖牌项列参展城市总分第二。至2005年，锡惠公园拥有菊花品种千余个。

5.樱花

1988年春，中日樱花友谊林建设在鼋头渚公园启动，并在鹿顶山麓植樱1500株、建造花岗岩友谊亭1座，亭中立青石碑记其事。友谊亭至太湖别墅“中日樱花友谊林”中建碑刻影壁及800余米樱花步道，形成赏樱景点。1989年春，在太湖乐园植樱500株。1990年春，在梁溪苑和梁溪大桥至锡山大桥的运河两岸植樱1000多株。至此，中日樱花友谊林第三期工程竣工。2002年，在完成樱花林扩建工程后，又在林畔建造“赏樱楼”。此外，市园林绿化部门在锡惠公园和青祁路、惠河路一带种植一定数量的樱花。至21世纪初，全市共有樱花1.2万多株，成为华东地区栽种樱花最多的城市。

二、盆景插花

1.盆景

1985年10月，观赏花卉盆景专类园——吟苑建成开放。1993年12月上旬，崇安区园林绿化处20个品种3000余个（株）盆景、盆花精品经上海虹桥国际机场空运美国，参加1994年2月末在新泽西州爱迪生镇举办的国际花卉博览会，及3月上旬在费城举行的美国东部各州盆景花卉博览会的展出，为无锡盆景批量出口之始。1995年，由市园林局、市花卉盆景协会联合主办园林博览会，博览会以绿色造景为主，集盆景艺术、花卉精品、景点小品、园林珍藏、观赏鱼鸟为一体，荟萃26组景点小品和15万株近500个品种的盆景花卉。1997年，无锡逐渐兴起盆景和花木盆栽租赁业务，至21世纪初已经相当普遍。

2.插花

80年代开始，无锡宾馆、酒店开始摆设插花。1986年，市工人文化宫率先成立无锡市职工插花艺术会，随后由市园林局牵头成立无锡市插花艺术研究会。1987年4月28日，市职工插花艺术会在寄畅园首次举办插花艺术作品展览，参展作品百余件，有规则式、自然式、盆景式等3种艺术形式。1988年5月，由市园林局发起，苏州、无锡、常州以及江阴等4个市的插花爱好者在江阴虹园举行比赛，参赛作品100余件。10月，在无锡梅园举办江苏省园林"绿叶杯"插花精英赛，成立江南插花联谊会。1994年4月24日，市花卉盆景协会与日本明石市插花协会第三次举办插花友好作品展。90年代中后期，城中公园、锡惠公园等地经常举办插花比赛和展览。开办多种类型的插花艺术班，普及和提高插花艺术水平。其间，一批受过正规插花教育的大专院校毕业生参与园林、园艺工作，私营花店顺应市场推出插花，经营人员加入插花组织，参与插花比赛。无锡插花艺术水平不仅在全省领先，在全国也有影响，屡屡在全省乃至全国插花艺术大赛上获奖。

三、花展花会

1.杜鹃花展

1987年4月19日～5月10日，中国杜鹃花协会和市园林局在锡惠公园举办中国首届杜鹃花展览，观众46万人次。全国12个省、市的41个杜鹃花主要栽培单位参加，展出杜鹃花原种50多个、8000余株；展出栽培园艺品种200余个，其中20余个为杂交优良品种。4月20日，由中国杜鹃花协会20名理事组成的评委会评出最佳栽培奖12名、最佳新品种培养奖两名、最佳原种奖3名、最佳造型奖5名和最佳驯化奖5名。

2003年4月19日～5月8日，无锡市政府和中国花卉协会杜鹃花分会在锡惠公园举办第四届中国杜鹃花展，中国花卉协会杜鹃花分会和上海、昆明、南昌、合肥、杭州、武汉、南京、苏州、常州、扬州、无锡等28个城市及庐山植物园等专业单位参展，送展杜鹃花300余个品种、2000多盆。花展设造型、栽培、新技术、原生种驯化、新品种杂交、室内布置、室外景点布置等7个奖项，评出金、银奖93个，中国花卉协会和无锡市园林局等8家单位获组织奖。

2.梅花展（会）

2001年2月17日～3月15日，由市政府、中国花卉协会梅花腊梅分会主办，无锡市园林局承办的第七届全国梅花腊梅展在梅园举行，原国家副主席荣毅仁致电祝贺，20多个省、市组团参展。园内布置围绕"春满无锡——人与自然的和谐"主题展开，300多个参展梅花品种花姿绰约，900多盆梅桩流派纷呈，规模、质量均超过历届。展览期间，举办多项参与性、趣味性强的文化娱乐活动，游客人数达20余万人次。

2004年2月22～23日，国际梅登录鉴定权威专家、有关城市代表、无锡园林界有关代表30余人在梅园小金谷举行国际梅品种登录鉴定会，无锡梅园的香雪宫粉、长蕊单绿、绿萼春日野等23个品种成功登录。

3.菊花展

1992年10月30日～11月29日，中国花卉盆景协会和市园林局在锡惠公园联合主办第四届中国菊花品种展览，46个城市参展，参展菊花20余万盆，设大型景点35处，2米×1.2米的菊花展架210台。无锡市在评比中获7枚金牌（其中锡惠公园6枚），名列参展城市之首。菊展期间，售出门票65万张，实际参观人数超过100万人次。全国人大常委会副委员长廖汉生题写会标，国务院副总理姚依林11月19日参观展览。同期，无锡市各区园林绿化处在市区广场街头布置菊花15万盆，烘托全国菊展气氛。

4.兰花展（会）

1989年3月20日，江南兰苑举办中国春季兰花展暨学术交流会，150余个市县的兰协组织代表团参展参会。1999年3月10～17日，中国兰花协会和市园林局在锡惠公园联合举办第九届中国兰花博览会。苏、浙、闽、沪、桂等14个省、市、自治区的50多个兰花协会参展，送展兰花2000多盆。兰博会评出金奖10个、银奖60个、铜奖90个。

1986～2005年无锡市园林部门参加重大花展获奖情况一览表

表5-17

时间	地点	花展名称	参展单位	获奖情况
1987年9月	北京	首届全国花卉博览会	江南兰苑	蕙兰、新江南获优质展品奖
1988年10月	广州	首届兰花博览会	江南兰苑	西神梅获铜奖
1989年3月	无锡	中国春季兰花展览暨学术交流会	江南兰苑	神冠获优秀品种奖
1989年11月	杭州	第三届中国梅花展暨首届西湖梅花节	无锡园林	插花一等奖、展台布置优秀奖、菊花专项品种平沙落雁三等奖
1990年2月	厦门	全国第二届兰花博览会	江南兰苑	神鼋冠、西神梅获金奖，鼋蝶获银奖，珍珠仙获铜奖，兰苑种质收集保护获特别奖
1991年3月	绍兴	中国第二届春季兰花展览会	江南兰苑	硬叶兜兰、素心多花兰、魁荷素获特别金奖，杨氏素心兰获金奖，槽舌兰获银奖，盖蝶、杏黄兜兰、神鼋冠获铜奖
1991年3月	杭州	第三届中国梅花展暨首届西湖梅花节	无锡园林	3号梅桩、4号梅桩各获盆景艺术铜奖
1992年1月	东京	第32届国际洋兰展	江南兰苑	虾脊兰、无耳兰、云南雪素、贝母兰等获最高优秀奖
1992年2月	南京	国际梅花展览会	无锡园林	古桩盆景顺、颈各获金奖，同是龙的传人获银奖，龙腾获铜奖
1992年9月	淮阴	江苏省第三届插花艺术评比展览会	无锡园林	永恒的爱获命题作品最高奖，协奏曲、东方明珠各获二等奖
1992年10月	无锡	第四届中国菊花品种展览	无锡园林	独本菊紫罗银星、长生乐，多头菊汉宫秋、长生乐各获专项品种一等奖；太湖明珠获景点布置一等奖；梦笔生花获自由命题插花一等奖；吉祥凤凰获多株造型一等奖
1993年4月	合肥	全国第三届梅花、腊梅花展览会	无锡梅园	金奖1个、银奖3个、铜奖3个
1993年	杭州	第二届中国杜鹃花展览	锡惠公园	栽培、布置、品种、造型4个银奖
1993年	北京	第三届中国花卉博览会	鼋头渚风景区	天下第二泉景点布置获银奖，兰花课题获科技项目铜奖，雪月兰、大一品兰获兰花品种栽培三等奖
1995月	昆明	第四届中国梅花展览会	无锡园林	梅花写意盆景相聚春城、梅桩扎景各获金奖；布置获银奖，插花艺术欣欣向荣、一枝春各获铜奖
1995年	昆明	第五届中国兰花博览会	鼋头渚风景区	特别奖2个、金奖2个、银奖1个、铜奖2个
1995年11月	成都	中国第五届菊花品种展览	锡惠公园	景点二泉映月和艺术插花分获金奖，另获银奖10个、铜奖5个
1997年	北海	第七届中国兰花博览会	鼋头渚风景区	获金奖、银奖、铜奖、栽培奖各1个
1997年	上海	第四届花卉博览会	无锡园林	太湖仙岛获景点布置一等奖
1997年4月	宁波	第三届中国杜鹃花展	无锡园林	展览一等奖，品种一等奖，栽培二、三等奖

续表

时间	地点	花展名称	参展单位	获奖情况
1997年8月	大连	’97大连国际园林花卉博览会	无锡园林	展台布置获精品奖；血叶兰、蜈叶海棠获精品奖
1997年	北京	’97中国名兰展	无锡园林	获金奖、银奖各1个，铜奖2个
1997年	扬州	第四届中国盆景展	无锡园林	获一等奖1个，二等奖、三等奖各3个
1998年2月	中山	第八届中国兰花博览会	鼋头渚风景区	西神梅、西神均获栽培奖
1998年9月	南京	第二届中国国际花卉博览会	无锡园林	获特别荣誉和组织奖；室外景点走近自然获一等奖，岁月如歌、清泉名园寄畅园获二等奖，盆景物华天宝、一峡天开获二等奖；铁骨虬枝、神驰获三等奖，插花乡间春事、欢庆、迈向21世纪获三等奖，根雕雄鹰获一等奖、古梅获二等奖、山水、石榴喜果获三等奖；玩石鹰岸兀窟获三等奖
1998年11月	合肥	第六届中国菊花品种展览	无锡园林	展台布置最佳奖，景点布置最佳奖；多头专项品种3个三等奖，独头专项品种两个二等奖，小悬崖菊三等奖；插花三等奖
1999年3月	青岛	全国第六届梅花腊梅展	无锡园林	桩景闹春获金奖；迎春曲、五老赏梅获银奖，吟景、劈梅、绿萼劈梅、龙游状梅桩获铜奖；无锡馆获展室布置银奖
1999年3月	无锡	第九届中国兰花博览会	无锡园林	获金、银奖各4个，铜奖1个，栽培奖3个
1999年5月	昆明	’99昆明世界园艺博览会	无锡园林	兰花获银奖、铜奖各两个，夏鹃花获铜奖3个，插花农家乐获银奖、九九归一获铜奖
2000年2月	杭州	第十届（春季）中国兰花博览会	无锡园林	获金、银奖各1个和优秀奖1个
2000年9月	上海	第三届中国国际花卉博览会	无锡园林	一等奖1个、银奖两个、铜奖4个
2000年9月	南京	江苏省首届园艺博览会	无锡园林	特等奖3个、一等奖2个、二等奖8个、三等奖10个
2001年2月	无锡	全国第七届梅花腊梅展	无锡园林	最佳展览奖、最佳组合奖、布置金奖等，计金奖8个、银奖5个、铜奖3个
2001年9月	徐州	江苏省第二届园艺博览会	无锡园林	金奖7个、银奖10个、铜奖8个，获景点布置一等奖
2001年9月	顺德	第五届中国花卉博览会	无锡园林	银奖3个、铜奖2个和景点布置银奖
2001年10月	南京	全国第七届菊花品种展览	锡惠公园	一等奖5个、二等奖3个、三等奖6个
2002年1月	昆明	全国第八届梅花腊梅展	无锡梅园	金奖5个、银奖2个
2002年3月	成都	第十二届中国兰花博览会	鼋头渚风景区	金奖1个、银奖1个、铜奖两个
2002年6月	如皋	江盆盆景协会十二届盆景展	无锡吟苑	二等奖1个、三等奖2个
2003年2月	大理	第十三届中国兰花博览会	鼋头渚风景区	获5个奖项，其中解佩梅、崔梅获金奖
2003年3月	金华	中国第四届茶花展览	无锡吟苑	银奖1个
2003年4月	宜兴	江苏省首届蕙兰博览会	鼋头渚风景区	潘绿、荡字、龙梅各获金奖

续表

时间	地点	花展名称	参展单位	获奖情况
2003年4月	无锡	第四届中国杜鹃花展览	无锡园林	金奖10个、银奖2个、铜奖20个，组合奖1个
2003年6月	常州	江苏省第三届园艺博览会	无锡园林	获组合奖、造园艺术奖、盆景精品奖、根雕艺术奖等奖项26个。其中一等奖6个、二等奖8个、三等奖12个
2004年	深圳	第五届中国国际园林花卉博览会	无锡园林	获优秀组织钻石奖，梁溪苑获景点布置金奖并获设计金奖
2004年11月	上海	第八届中国菊花展览会	无锡园林	获金奖、银奖、铜奖
2005年2月	武汉	第九届全国梅花腊梅展	无锡梅园	金奖5个、银奖4个、铜奖4个
2005年2月	乐山	第十五届中国兰花博览会	鼋头渚风景区	金奖9个、银奖6个，铜奖6个，包括国家特级金奖1个、金奖两个、银奖1个、铜奖两个
2005年9月	淮安	第四届江苏省园艺博览会	无锡园林	一等奖6个、二等奖9个、三等奖8个
2005年9月	成都	第六届全国花卉博览会	无锡园林	室外景点营造二等奖，观叶植物三等奖

第三节　经营管理

1984年，无锡市在全国园林行业率先试行经营承包责任制，细化、量化考核指标，根据单位、班组、个人工作业绩实行奖惩，1986年全面铺开。园林管理开始从粗放型向精细型、从单纯性事业单位向经营性事业单位转轨变型。多数公园开始每年举办花展、灯展等游园活动，吸引游客，积聚人气，增加经营收入。

90年代开始，全市旅游景点增加，旅游市场竞争激烈。锡惠公园在1994年春节、1995年4月1～16日恢复惠山庙会，此后各园林普遍注重和发掘传统的本土文化和民俗文化元素，发挥自身特长，组织丰富多彩的游园活动，吸引市民、游客参与。市园林部门开展“文明在无锡，满意在园林”“创一流环境，争一流水平”“创三优”（优美环境、优质服务、优良秩序）等活动和创建文明单位活动，提高园林管理水平，优化游览景点环境。1996年，市属公园对全市5500余名离休干部、6500余名教龄30年及以上的教师、240余名工龄25年及以上的环卫职工以及70岁及以上高龄老人和伤残军人免费开放，且免费游园人数每年增加。1997年，市属园林系统国内生产总值8500万元，比1985年增加8000万元。2000年第一个“五一黄金周”接待游客36万人次，收入1500万元。是年，锡惠公园成功举办无锡市首届市花——杜鹃花节。此后，无锡园林配合重大节庆活动，年年举办花节。2001年，鼋头渚风景区被国家旅游局列为AAAA级景区（当时的中国旅游景区最高级别），并在全国风景园林行业中首家通过ISO 9001：2000质量认证。2003年、2004年，锡惠公园通过ISO 14001环境管理体系认证并被列为国家AAAA级旅游景区。2003年、2005年，蠡园分别通过ISO 14001环境管理体系认证和被列为国家AAAA级旅游景区。2004年，无锡园林推出市民优惠游园“一卡通”，普通市民年卡，每张198元，60岁以上老人半价，凭卡游览鼋头渚、锡惠公园、蠡园、梅园、吟苑。2005年，园林系统国内生产总值1.95亿元。

1986～2005年无锡市属公园游客统计表

表 5-18 单位：万人次

年份	鼋头渚	锡惠公园	梅园	蠡园	吟苑	合计
1986	268.20	322.60	115.50	218.20	15.00	939.50
1987	279.90	303.20	104.40	203.00	18.20	908.70
1988	264.20	244.20	101.90	162.80	17.70	790.80
1989	229.10	231.10	77.60	153.00	16.50	707.30
1990	240.80	254.10	67.90	169.10	14.50	746.40
1991	246.70	243.40	73.30	156.00	13.90	733.30
1992	263.80	230.40	56.20	148.20	18.70	717.30
1993	228.60	172.90	38.10	100.70	18.60	558.90
1994	164.70	120.30	32.90	64.10	14.30	396.30
1995	179.80	122.10	29.90	55.20	13.70	400.70
1996	183.80	113.20	20.10	59.30	10.70	387.10
1997	184.90	111.10	21.60	61.70	11.10	390.40
1998	163.20	91.10	19.80	52.40	10.00	336.50
1999	163.80	109.80	15.20	51.10	7.30	347.20
2000	167.70	115.20	14.40	50.70	7.80	355.80
2001	166.40	108.10	22.60	51.50	4.60	353.20
2002	161.10	104.10	21.10	43.10	5.00	334.40
2003	118.20	59.90	21.20	25.90	6.00	231.20
2004	160.70	57.90	21.00	39.10	2.30	281.00
2005	162.10	73.80	21.30	32.80	1.80	291.80

第七章　城乡绿化

1986年后，市政府继续每年组织30余万人次在沿湖宜林荒山义务植树造林。90年代，绿化管理部门重点加强风景区林相改造、城市林带建设和农村绿化建设。1993年，市政府批准实施城市绿地系统规划。全市公园绿地、单位与居住区绿化、绿色通道、小城镇绿化、农村绿化及风景区建设稳定协调发展。1996年，无锡市被全国绿化委员会授予“全国造林绿化十佳城市”称号，1997年获“江苏省园林城市”称号。2000年，无锡市被全国绿化委员会确定为城乡绿化一体化试点城市后，围绕创建国家园林城市，实施城乡一体化工程，加大对交通干道和河湖绿色通道工程、农田林网工程的建设力度，基本形成城乡一体的绿地系统。

2002年，市委、市政府提出建设生态型湖滨城市、打造国内外旅游胜地、全面提升城市形象的战略目标，全面启动“绿色无锡”三年行动计划。相继完成一批标志性绿化工程，新增绿地2097公顷，其中公共绿地486公顷；建设绿色通道2800公里，完成江、河、湖防护林建设300公里。2003年末，各项城市绿化主要指标均达到国家园林城市标准，被建设部命名为国家园林城市。2005年，市区园林绿地总面积14001公顷，建成区绿化覆盖率40%。其中，公共绿地2308公顷，人均公共绿地10平方米；森林面积81841公顷，森林覆盖率19%，提前达到建设小康社会的绿化指标。

1986～2005年无锡市区城市园林绿化概况表

表5-19　　单位：公顷、%、平方米

年份	园林绿地		其中公共绿地		年份	园林绿地		其中公共绿地	
	总面积	绿化覆盖率	总面积	人均面积		总面积	绿化覆盖率	总面积	人均面积
1986	512	18	153	2	1996	2861	33	620	7
1987	557	20	196	3	1997	2992	34	658	7
1988	558	21	234	3	1998	3067	34	691	7
1989	948	21	283	4	1999	3361	35	737	8
1990	1284	22	331	4	2000	3566	36	792	8
1991	1361	23	429	5	2001	10052	30	974	5
1992	1970	29	423	6	2002	10722	31	1121	5
1993	2160	31	543	6	2003	11842	36	1283	6
1994	2279	32	565	7	2004	13445	37	1833	8
1995	2389	33	588	7	2005	14001	40	2308	10

第一节　绿化规划

1988年，市规划设计院在城市总体规划的基础上编制无锡市绿地系统规划，1993年通过省建委组织的专家组评审后报市政府，经市政府同意组织实施。规划提出，至2000年，全市绿地分7个片区，总面积130.17平方公里。绿地结构布局以四环防护林带和风景区为大环境绿化圈，楔形绿地与防护绿地并重，以道路绿地和滨河绿地为网络，以公路绿化为纽带，郊县农田防护林主方向楔入城区，以内环绿带和城市文物、绿化轴为核心，公共绿地、专用绿地、生产防护林网组成“一圈、二心、三并重、四环、八带”，山河路林交融，市郊县乡串联，城乡一体化的生态型城市绿地系统。

2000年，《无锡市城乡绿化一体化建设规划》编制完成，通过全国绿化委员会组织的专家组评审，无锡市被确定为全国城乡绿化一体化试验示范城市。规划提出，以城市建成区为重点，大环境绿化规划到3市（县），期限2000～2010年，用地规模128.72平方公里。城乡绿地系统形成以景区自然山水为依托背景，以道路水系绿化为艺术骨架，以公园街头绿地为骨干，各类绿地有机结合，山、水、城、湖融为一体的总体格局。

2002年，根据无锡市行政区划较大调整和新一轮城市总体规划，市绿办委托上海同济大学城市规划设计院编制新一轮城市绿地系统规划。该规划根据生态景观学“斑块—廊道—基底”的基础理论，结合卫星遥感技术、热岛效应分析等高新技术的运用，高标准、高起点编制，增加城市规划范围内的植物多样性保护的规划和中心区控制性规划等部分，并于2003年8月通过省建设厅组织的专家评审。规划期限为2004～2020年，近期到2010年。范围包括市域、市区两个层次，市域含无锡市区、江阴市、宜兴市，面积4787.6平方公里；市区含7个主城区和6个城镇组团，面积1060.85平方公里。市域绿地系统规划为1个生态圈、3个城市中心、4条生态走廊、多条生态廊道，形成覆盖整个市域、城乡一体化的绿地系统。市区规划布局为一心四环、四轴四楔、多核分布;中心城区布局结构为一心中踞、十字双环、二楔深入、绿网联网、公园匀布。编制绿地系统规划的同时,还编制《无锡市蠡湖地区规划》《太湖风景名胜区梅梁湖景区总体规划》《太湖山水城规划》和《锡惠名胜区(惠山森林公园)发展规划》等4项风景区规划,为全市依法建绿、科学建绿提供依据。

2000～2010年无锡市区城乡绿化一体化规划指标表

表5-20　　单位:平方米/人、%

项目		近期2000～2002年	中期2000～2005年	远期2000～2010年
建成区	人均公共绿地	7.65	7.80	9.43
	人均绿地	33.50	35.00	36.50
	绿地率	33.50	34.08	35.90
	绿化覆盖率	36.00	37.00	38.20
县城镇	人均公共绿地	6.00	7.00	8.00
	绿化覆盖率	32.40	35.00	37.00
丘陵山地森林覆盖率		65.00	70.00	75.00
平原地区森林覆盖率		16.50	18.00	20.00
农田林控制率		85.00	90.00	95.00
村镇绿化覆盖率		32.00	33.50	35.00
交通干线及堤防绿化率		95.00	98.00	100.00

第二节　绿化建设

一、公园、风景区绿化

80年代初开始,无锡市建设惠山森林公园,扩建蠡园、鼋头渚、梅园等景区,公园、风景区绿地面积成倍增长。1997年起,改造城中公园,增加花坛绿地四五十块,保存老树名木百余株,扩大绿化面积,调整绿化布局,绿地面积达2.11万平方米。至1999年,全市公园、风景区游览面积达580万平方米,绿地面积大幅增加。公园、风景区建设被纳入城市绿化和城市生态大环境系统后,各景点、景区坚持封山育林,严禁开山采石和私葬乱埋,保护地形地貌,发展传统的植物景观,乔木、灌木、地被、花卉、草坪合理配置,开展生物多样性保护和规范管理。至2005年,市区建成公园(风景区)36个,其中,2003年建成的新洲生态园,绿地面积32万平方米。二泉公园、江尖公园、太湖花卉园等一批各具特色、风格多样的公园绿地,受到游客青睐。杜鹃、梅花、兰花、樱花、花菖蒲等7个专类植物园以专类植物配置为重点,集休闲、科研、科普、生产等功能于一体,科技含量高,内涵丰富,景色优美,主题植物品种繁多。

二、广场、小游园绿化

90年代中后期,随着城市建设不断加快,城区中心绿地不足的矛盾日渐突出而制约城市形象的提升。1993～2002年,无锡市多次编制、调整城市绿地系统规划,以创建国家园林城市为契机,投入大量资金,先后在中心商务区建成太湖广场、胜利门广场、东林广场、国联(圆通)广场、三阳广场和凸显城市形象的火车站广场,大面积的广场公共绿地有效改善中心城区的生态环境。其中,1993～1999年建成的运河苑,绿地面积近14万平方米;1995年建成的兴竹游园,绿地面积20919平方米,绿地率97%,

图 5-45　太湖广场绿地　　（陈平摄）

成为锡城东部地区主要游园之一。与此同时，开展街头绿地和小游园建设。根据市民出行500米范围内有1个不小于2000平方米小游园的规划要求，在城区建造华清桥、金城立交等桥头、桥下绿地和南长游园等一批规模较大的游园绿地和大量街头小景点绿地。小游园和小景点绿地充分利用城市空间，面积不大，但数量多，服务半径小，构成多个绿色核心集聚区，使城区绿地分布更为合理。至2005年，中心城区共有广场、公共游园43个。各绿地因地制宜，以植物造景为主，植物品种多样，形成不同的景观，加上小块空地、小品等休闲设施，成为市民休闲、晨练的好场所。为提升中心城区的绿化效能，在规划绿地的基础上，采取拆违建绿、见缝插绿、屋顶植绿、垂直挂绿等措施，最大限度地增加中心城区的绿化面积；引进推广宿根花卉，丰富植物品种，减少养护成本，创新城市绿化模式。

三、道路、水系景观绿化

80年代以前，无锡市区行道树以悬铃木为主。80年代开始，行道树采用香樟、马褂木、柳树、雪松、臭椿、合欢等树种，形成较好的景观效果。2000年以后，城区新建、改造道路时把绿化配套建设作为道路建设的重要环节，明确用地面积，道路绿地率明显提高。注重各道路绿化特色和文化内涵，乔、灌、草、花合理配置，层次分明，加上道路两旁小品设施点缀，显现道路特色，尤其是城市出入口干道按绿色通道标准建设，改善城市形象。至2003年，城市道路绿化普及率97%，达标率82%，道路附属绿地395万平方米。太湖大道、通江大道、惠山大道、锡北路、金城路、解放环路、运河东路、蠡溪路、梁溪路、钱荣路等成为市区骨干绿色景观道路。

结合水环境治理，因地制宜地进行河道沿线绿化。通过新建和改造，形成古运河、新运河、梁溪河绿化景观带，建成环城河公园等。2003年后，加大太湖沿岸的生态绿化工程建设力度，完成环湖路、环太湖公路等沿湖景观绿化；建成由蠡湖之光、渔父岛、蠡湖公园、蠡湖广场等大景点组成的蠡湖沿岸36公里开放式景观绿地；结合原亚洲城、欧洲城旧址改造，建成约15万平方米的绿化景观工程——蠡湖中央公园。2005年，渤公岛和梅梁湖等开放式景观绿地（公园）建成开放。

四、居住区绿化

1994年，无锡市启动老新村整治改造，并纳入市政府为民办实事内容。整治改造中把绿地恢复和质量提高作为重点，合理处理绿化与采光、交通、管线等诸多矛盾，增设居民室外活动休闲场所，充实小区景点。1999年开始，无锡市新建居住区绿地建设由市园林局根据建设单位的规划设计核实绿地比例、审批绿化方案，并跟踪管理，经绿化单项验收合格后方可综合验收，保证新建住宅区的绿地率均超30%，并按要求建设中心游园。至2002年末，通过拆临拆违建绿和清脏补绿、垂直增绿，提高老新村绿化覆盖率，全市改造老居住区21个，脏乱差环境得到明显改善。2003年，全市居住区绿地总面积354万平方米、小游园403个。1997～2005年，无锡市在省内率先开展园林式居住区考评，太湖花园、锡惠里小区、沁园新村、银杏苑、新江南花园、芦庄小区、标准花园、宁海里、金海里、溪南新村、住友苑、新世纪花园等84个居住区被评为市园林式居住区。

五、单位绿化

无锡市要求单位新建、改建、扩建项目严格按规定建设绿地，绿地投资纳入项目建设计划；对环境有影响的企业则按城市总体规划和环保要求营建防护林带。1990年起，无锡市开展绿化达标和园林式单位考评，出现大批设计合理、施工质量好、养护水平高的绿化达标单位和园林式单位。对达标单位和园林式单位实行动态管理，坚持5年复查一次的非荣誉终身制管理。单位绿化提倡以植物造景为主，以绿为主，适当点缀小品。2003年，全市单位附属绿地总面积573万平方米，占全市绿地总量的11.36%。至2005年，全市出现供电集团公司、宏源集团、一汽锡柴集团、湖滨集团、华东疗养院、污水处理厂、无锡师范学校、压缩机公司、省商业学校等356家市园林式单位，华晶集团被全国绿化委员会命名为全国部门造林绿化400佳。

六、绿色通道建设

1986～2005年，无锡市在基础设施走廊及大型基础设施周边建立以林带为主的绿化防护林系统。在原有铁路，省、国道防护林带的基础上提高标准，先后完成新长铁路无锡段两侧各30米林带，沪宁高速公路无锡段60万平方米防护林带，锡宜高速公路惠山段20公里、沿江高速公路无锡段22公里两侧林带，以及锡澄高速公路、312国道、锡沪路等两侧的道路绿化带。在城市东面、东北面组成科学合理的绿色通道网络，形成绿色屏障。2005年开始，无锡市实施以沪宁高速公路、312国道无锡段和9个城市出入口为重点的造林绿化工程。

图5-46 沪宁高速公路无锡段防护林 （市园管中心供稿）

七、环太湖生态防护林和环城绿带建设

1986～2005年，无锡市根据沿湖规划200米宽生态防护林的要求，建成太湖生态防护林30公里；结合水环境治理，建成太湖主要入湖河道（直湖港、大溪港、伯渎港等）两侧50米护岸林带；结合蠡湖、梅梁湖整治，完成沿湖地区以湿地为主的生态工程建设及生态公园、景点等建设；完成在城市外围以大浮峄嶂山森林片区、十八湾森林片区、马山森林片区和沪宁高速公路、锡宜高速公路、环太湖公路、陆马公路等“三片四路”绿化带为主要框架组成的城市环城绿带建设。环太湖

图5-47 闾江口绿化带 （市园管中心供稿）

生态防护林和环城绿带与惠山森林公园及其他风景林区组成天然防护林带，在城市西面、西南面形成厚实的城市防护林带。

八、城市隔离带、航道防护林建设

1986～2005年，无锡市在沿望虞河无锡段沿线两公里宽的控制范围，建成以意杨林为主的270万平方米苏锡城市隔离林带；在无锡西南、锡北片利用阳山水蜜桃基地，结合各类道路、水系防护林和经济林的建设，形成锡常城市隔离林带和无锡老城与新城、惠山区与锡山区之间的隔离防护林带。完成运河无锡段全线40公里及锡北运河、锡澄运河等五级以上航道两侧林带建设。

九、农村绿化

1986年以后，无锡市利用荒废地、闲散地及乡村道路、河道两旁绿化，提倡种植围村林、护村林，在农家院子、家前屋后种树，形成农村通道林荫化、农田林网化、庭院瓜果化的绿化大环境。2004年秋季，无锡市作出《关于在全市农村开展全民义务植树月活动的决定》，围绕“打造生态家园、优化农居环境”主题，在道旁河岸、沟边塘旁等边角地绿化植树，在自然村落增绿补绿，共计植树162.5万株，面积973.33公顷。在推进农业结构调整时，把增加农民收入与村、镇绿化紧密结合，加快经济林建设。各地种植意杨速丰林、竹木用材林以及桃、梨、葡萄、茶叶、桑树等林果树，获得较好的经济效益和绿化效果。是年，锡山区、惠山区建成红豆杉、水蜜桃、特色花卉苗木1000公顷。在村、镇绿化过程中，重点培育、扶持建成区内的城郊结合部绿化带，先后出现清一村、望湖村、杨木桥村、夏家边村、广益乡等被全国绿化委员会命名的“千佳村”“百佳乡”。2005年，全市村镇绿化率达25%。

第三节　绿化管理

一、绿化法规

1988年和1993年，无锡市分别制定《无锡市太湖风景名胜区保护管理实施细则》和《无锡市城市绿化管理实施办法》。1999年，制定《关于加强新建住宅区绿化建设和管理的实施意见》，制定实施《无锡市古树名木保护管理办法》《无锡市道路绿化实施办法》《无锡市城市绿地认建认养的实施意见》《无锡市损坏城市绿地树木花草和绿化设施的赔偿及罚款标准》等法规。2001年，省人大常委会批准实施《无锡市城市绿化管理条例》。2003年以后，先后印发《无锡市城市绿地养护管理市场化运作实施意见》《关于加强区管绿地检查考核工作的意见》等文件。

二、“绿色图章”制度

1999年开始，无锡市在全国率先实施“绿色图章”制度，即绿化行政审批制度，明确规定新建住宅区绿地率不少于30%，旧城改造的住宅区绿地率不少于25%，公建项目参照执行。达到要求的，由市园林局核发审批意见书和验收意见书，盖章认可；对不达标的项目实行一票否决。该制度实施后，公建、民建项目的配套绿化建设达标率和品位不断提高。无锡市实施“绿色图章”制度的做法分别被全国绿化委员会和江苏省推广。2001年开始，按市政府统一部署，绿化行政审批事项进驻市行政审批中心。

三、绿线管理

无锡市按绿地规划划定绿线。2001～2003年，全市拆除重点地区、主干道临时建筑、违法建筑和旧建筑120万平方米。绿化管理部门将拆除后在绿线内的空地辟为绿地，绿线外地块根据实际情况分别补绿、增绿和透绿。根据绿线管理办法，2002年，无锡市制定15个重要地区控制规划，确定地块功能、性质和管理要求，将用地分为禁止建设用地、控制建设用地和保护用地。后又调整道路、河道两侧绿线宽度，根据城市绿地系统规划和按500米服务半径建1处不少于2000平方米绿地的要求划定绿线。梁溪河两侧绿线宽度从20米扩大到50～100米，古运河两侧绿化宽度从7米调整为20米。

四、绿化监察

1996年3月、4月，市政府、市园林局分别印发《无锡市损坏城市绿地树木花草和绿化设施的赔偿及罚款标准》和《无锡市城市移伐树木临时占用绿地申报审批办法》，对随意砍伐树木、占用绿地的行为，除责令赔偿外作罚款处理，罚金为赔偿费的3～5倍。2001～2005年，全市立案查处林业行政案件587起。

1997年，无锡市成立园林绿化监察支队，负责查处违反城市绿化和风景名胜区管理法规的违法事件。开通绿色投诉电话，实现与“110”联动，并在全市聘请16名行风监督员和120名护绿员，专业管理与社会监督相结合，健全城市绿化监察网络，提高覆盖面。至2005年，受理毁绿事件90余起，行政处罚事件70余起，有效遏制非法占绿、毁绿现象。

五、绿地养护

无锡城市绿地实行市、区两级管理，针对城市绿地的类型和属性，明确管护职能、养护标准和考核要求。公园、景区开展示范工程活动，改善园艺和园景园貌。制定市管公共绿地、道路绿地等养护标准、考核制度及费用核算制度，市管绿地养护经费列入财政年度预算，由绿化主管部门进行绿地养护管理考核检查，考核得分与养护经费挂钩。建立居住区绿地养护管理队伍，明确管理职责，由各区绿化主管部门负责技术指导、监督和考核验收，绿地管理日常经费在居住区物业管理费内列支或由街道安排绿地养护经费，市、区绿办实行以奖代拨模式，奖励绿地养护质量高的居住区。2003年，各区撤销绿化处，绿化管理由市绿化主管部门直接负责，绿化经营业务打破绿地区域归属。制定《无锡市城市绿地养护管理市场化运作实施意见》，先后推出4批共49个地块、近370万平方米的绿地进入养护招投标。2004年起，先后制定《招标绿地养护管理检查考核实施意见》《无锡市城市绿化抢险救灾资金使用管理办法》《关于实施市级招标绿地养护管理末位淘汰制的意见》等规范性文件，形成一整套操作性较强的绿地养护管理考核办法。

六、绿化施工企业管理

2002年，全市园林绿化行业规范绿化工程市场，推行园林绿化项目经理制度，分批组织园林绿化施工管理人员进行项目经理岗位培训。每年举办绿化法规和业务知识培训班，指导和提高城市绿化业务水平。建立绿化建设报建、工程开工登记、工程竣工验收、工程质量监督评定、绿化违章处罚等管理制度。2004年，无锡市设绿化质量监督管理中心，对绿化建设项目全程跟踪，根据绿化工程质量评定标准进行质量等级评定，凡不合格工程，责令限期整改。凡由政府投资的绿化环境工程和公建配套绿化工程必须取得绿化监督质量评定后，才能组织综合验收。是年，市园林局组织开发“无锡市城市绿化管理信息系统”，逐步实现园林绿化信息资源的全覆盖和动态管理。制定绿化施工企业资质管理制度，每项工程开工前给施工企业发放企业施工手册，通过年检进行动态管理。至2005年末，全市有绿化施工资质企业88家，其中一级1家、二级17家、三级（含暂定）70家。

第四节　森林资源保护

一、森林防火

1986年起，无锡市建立景区和郊区山林防火联防组，组建由264人组成的巡山队及60人组成的突击队，清除沿山道路、上山旅游路线两侧杂草，设防火隔离带；配置20只风力灭火机和相应的灭火器材。发现火情相互支援，及时扑救。1988年12月13日，市政府成立无锡市护林防火指挥部，各市（县）、区国营林场、护林防火重点乡（镇）成立护林防火指挥部或领导小组，全市建成护林防火三级网络。1989～1990年，宜兴市建立健全市（县）、乡、村三级护林队伍和扑救队伍，强化宣传教育，加强基础设施建设，制定规章制度。1990年，无锡市景区山林火灾比1985年下降80%、火情与火警下降90%。

1991年，无锡市贯彻《森林防火条例》，开展争创无森林火灾县、无森林火情乡（镇）活动。在连续高火险等级的恶劣天气条件下，全年全市没发生森林火灾，实现年初提出的“创无森林火灾市”目标。江阴市、宜兴市和马山区实现连续两年“无森林火灾”的目标，受到省护林防火指挥部的表彰。1992年，全市投入64.8万元配备5辆护林防火专用车，购置风力灭火机85台、灭火弹3600发，完善和制定护林防火规章制度，严格实行防火值班制度，宜兴市、无锡县实现无森林火灾目标，其中宜兴市连续3年无森林火灾，同年2月，宜兴市政府被国家森林防火指挥部授予“全国森林防火先进单位”称号。

1996年，全市各林区层层签订防火责任状，通过开展技术指导、加强组织协调和检查督促，落实封山护林措施，实行森林火灾等级预报。火灾查处率由上年的68%上升至90.6%。全市新增两辆森林防火车、95台风力灭火机和5000多发灭火弹，完善交通、通信和灭火设施。1997年，无锡市加大护林队伍建设，确保专业护林员1200人、季节护林员600人足员配备；全年新增风力灭火机29台、灭火弹6000发、油锯13台、森林消防车1辆和望远镜10架，建设防火隔离带60公里。1998年，建立常年性、季节性和义务森林消防队伍，总人数两万多人。1999年，马山区实施全区封山育林工程，禁止一切人员乱砍滥伐树木、禁止一切人员进镇入村收购树柴木和禁止树柴木装运出镇；加快造林步伐，计划用5年时间发展万亩果林、万亩竹林。

“十五”期间，无锡市完善落实森林防火行政首长负责制，建立15个省、市级重点防火地区责任体系，层层签订责任状、落实责任制。全市建有各级各类护林队伍56支、巡逻队伍13支、督察队伍6支，护林员1200多人；建成瞭望塔（哨）25座（个）和林火远程数字电视监控体系1个；建成防火通道和防火隔离带550公里，隔离系统覆盖率达85%；全市有半专业扑火队伍15支、专业队伍两支，并以驻锡部队、武警官兵、公安消防战士为扑火后备力量。2004年末，省、市、区三级投资250万元的惠山林火远程数码电视监控系统建成，2005年4月投入使用。该系统在惠山林区不同的制高点分别安装10个摄像探头，采用全方位黑白/彩色智能云台摄像机，自动或手动、全方位、大视场巡视火警，记录火险图像，有效控制面积达惠山山林的90%以上。

二、病虫害防治

1986～1995年，无锡地区马尾松毛虫、竹螟、竹蝗等森林病虫害相继发生，部分地区的树叶竹叶被吃光，甚至一年吃光两次。其间，全市设立9个森林病虫害测报点，每年按季度4次上报病虫发生情况，严重发生时及时上报。各地采用有机氯农药、菊酯类农药喷粉或喷雾防治。宜兴市林场自建溴氰菊粉剂加工厂。在松毛虫和竹类虫害严重发生时，林农在晚间或清晨有气温逆增层时用敌敌畏插管烟剂或有机氯农药烟剂防治。1992年起，各地用脉冲式油烟剂、喷菊脂类油烟剂防治松毛虫、竹螟、竹青虫等食叶害虫。

1990年，十八湾、马山、大浮等地均发现松干蚧危害，面积153.33公顷。马山、大浮和无锡县胡埭等乡投入资金4万余元，清理病死树枝并集中销毁，清理面积86.67公顷、病死树木2.5万株，同时用氧化氯果注干，基本制止松干蚧危害。1991年，无锡林区有效控制日本松干蚧、松毛虫和竹螟等主要害虫，全年防治面积1017.67公顷，防治率62.6%，超过省农林厅要求的指标。此后，无锡市加强对松材线虫病、杨树食叶害虫等重点病虫害监控和防治。

1993年9月，惠山二茅峰、锡惠公园发生松材线虫病。1994年，因夏秋季连续两个月未下雨，山林中松树大量枯死，经防治后，枯死松树大量减少。1994～1995年，北塘区、惠山区相继发生松材线虫病危害，滨湖区虫病发生范围亦不断向西扩散。1997年起，松材线虫病危害鼋头渚公园，至2000年，惠山、青龙山地区松林全部受害。2004年起，宜兴山林中出现松材线虫病危害，至2005年，虫病扩散到大浮地区和马山地区。松材线虫病危害期间，林农清理病死枯树集中销毁，伐桩灭虫，并加强虫病危害区的林相改造。林农与省林科院专家合作开展的松材线虫病综合防治技术研究，先后获省农林厅科技进步一等奖、江苏省科技成果推广二等奖。松材线虫病伐桩处理方法的研究获省农林厅科技进步三等奖、无锡市科技进步三等奖。与此同时，推广肿腿蜂、白僵菌性引诱剂技术，取得成效。

1998年起，无锡大规模引进推广种植意杨树，食叶害虫杨扇舟蛾、褐边绿刺蛾等危害逐年加重。褐边绿刺蛾常在6月底前后危害意杨树冠下部，严重时树叶被啃食殆尽；杨扇舟蛾从7月下旬开始危害意杨树，几乎每年多次吃光高速公路两侧杨树叶；蛀干幼年期杨树的害虫天牛，影响杨树材质，造成杨树风折。林农采用甲胺磷喷雾叶面防治害虫，推广注射防治法。随着甲胺磷农药被禁用，2004年改用菊酯类农药和灭幼脲类农药。2005年，江阴市绿色通道两侧的病虫害防治连同林木管护实行招投标，病虫害防治取得成效。2001～2005年，全市防治林业有害生物面积4万多公顷，防治率92%。

第五节　古树名木保护

1981年，无锡市开展古树名木系统调查，并于1982年12月、1984年11月分别公布古树名木保护名单。根据《无锡市古树名木管理办法》，市园林局在发动群众提供古树名木线索的基础上，成立由园林、植物、文物、林业等方面的专家组成的专家组，对市区古树名木复查，摸清古树名木数量、分布和立地环境，经市政府批准，1999年3月、2001年10月公布第三、第四批古树名木保护名单。至此，市区有35科、75种的400棵古树名木被确定为保护对象，其中乡土树种和引进树种分别占84.2%和15.8%。列入古树名木名单中树龄最长的马山西钮村和祥符寺的银杏，树龄均超过800多年；树龄超过500年的树种有银杏、苦槠、糙叶树、圆柏、罗汉松、雪柳、柞木等；树龄超过200年的有白玉兰、腊梅、香樟、朴树、黄连木、楸、麻栎、桂花、雀梅藤。100～200年树龄段的树种占大部分。不足百年树龄的树种为杜鹃、雪松、五角枫、茶梅、紫薇、大王松、异心叶桉、厚皮香、红豆树、皂荚、檫等12种，其中8种为外地引进树种，均为重要景观树，或名人所植，或有重要引种价值而列为名木。列入古树名木名单由市政府在媒体上公布，建档立卡，挂牌公示，并由专家组逐株制定养护管理措施、确定专管员、与管理责任人签订无锡市古树名木管理责任书。制定古树名木保护考核细则和检查考核制度，将古树名木保护列入城市绿化考核。

为解决城市建设与古树名木保护之间的矛盾，各级绿化部门采用措施满足古树名木生长的足够条件，尽可能将开发建设对古树的不利影响降至最低。每年安排30万元专项经费对老弱和立地环境差的古树名木进行支撑、施肥、换土、透气铺装、开设暗沟排水等。开展红领巾古树名木认领养护活动，定期召开全市古树名木保护经验交流现场会，表彰保护古树名木先进个人，培养市民保护古树名木意识。市区400株古树名木中，350株生长基本正常，其中200棵古树长势旺盛、无病虫害；30%的古树需施肥复壮，20%的古树需修筑或更新围栏和采取其他保护措施。至2005年末，绿化部门对72棵古树名木采取保护措施。

2005年无锡市区列为一级保护的古树名木表

表5-21　　　　单位：年

编号	树种	树龄	生长地点
001	银杏	810	马山镇西钮村
002	银杏	610	锡惠公园大同殿前
003	银杏	850	马山镇祥符寺内
004	银杏	660	马山镇牛塘村
005	银杏	660	马山镇檀溪村檀溪庵
006	银杏	360	太湖大道金塘桥西侧
007	银杏	410	太湖大道金塘桥西侧
008	银杏	410	塘南路113号院内
009	银杏	460	下河塘15-23号门前
010	银杏	410	河埒口青山村52号西
011	银杏	460	锡惠公园映山湖东畔
012	银杏	360	滨湖区产山村1号
013	银杏	460	锡惠公园滨湖山馆西
014	银杏	410	惠山直街120号
015	银杏	410	惠山直街120号
016	银杏	310	青山公园青山寺内
032	银杏	300	黄巷街道梨庄中心小学内
033	银杏	300	黄巷街道梨庄中心小学内
034	苦槠	660	鼋头渚充山隐秀景区
035	苦槠	510	鼋头渚充山隐秀景区
036	香樟	410	寄畅园知鱼槛东侧
037	香樟	410	寄畅园横门北侧
038	香樟	310	寄畅园茶室东北侧
039	香樟	330	锡惠公园映山湖东侧
040	腊梅	400	马山镇祥符寺内
054	香樟	310	寄畅园锦汇漪东南角
055	榉树	310	马山镇西钮村
056	榉树	310	马山镇西钮村
057	白玉兰	310	锡惠公园中央大厅东北角山丘
063	银杏	400	隐秀路大陈村1号
064	银杏	350	鼋头渚琴山湖山草堂
065	糙叶树	870	马山镇桃坞村小墅
066	香樟	410	寄畅园镜池西南
067	香樟	330	寄畅园西北角

续表

编号	树种	树龄	生长地点
068	银杏	510	滨湖镇长泰寺内
069	银杏	410	滨湖镇峰北村六组
122	银杏	360	滨湖镇恒发毛纺厂旁
124	乌桕	460	滨湖镇漆塘谢古村
132	香樟	330	锡惠公园秀嶂门
190	银杏	410	惠河路44号北沿河
207	银杏	550	阳山镇西面路边
208	银杏	450	华庄镇南草庵内
209	银杏	450	华庄镇南草庵内
210	银杏	450	石塘湾杨家村清墩庙
211	银杏	400	锡北镇昆村
212	银杏	300	旺庄镇西宅村49号
213	银杏	300	鹅湖镇圆通寺内
214	银杏	300	鹅湖镇圆通寺内
215	银杏	300	东亭镇仓下中学内

第六节　全民义务植树

1981年全国人大常委会通过《关于开展全民义务植树运动的决议》和1982年国务院颁布《关于开展全民义务植树运动的实施办法》后，无锡市确定每年3月为绿化月，集中开展植树造林活动。市政府每年将绿化任务分解到各级政府和部门，逐层签订绿化任务书，年终检查考核；各级领导带头参加义务植树劳动，带动全民义务植树活动的开展。1990年起，市区实行全民义务植树卡制度。规定除丧失劳动能力者外，达到法定年龄的公民均应承担义务植树任务。按国家每人每年植树3～5株或者完成相应劳动量的育苗、管护和其他绿化任务的标准，由市、区绿化委员会确定各单位植树指标和责任地段。因特殊情况不能参加义务植树劳动而愿缴纳绿化费的单位和个人，须提出书面申请经市（县）、区绿化委员会审批（以费代劳）。1996年起，团市委、市妇联等单位组织开展结婚纪念林、金婚纪念林、家庭同心林、中日友好纪念林、18岁成人林、共和国同龄林、爱心车队林、大学生纪念林、共青林和军民共建林等纪念林种植活动。2000年，市政府颁发《无锡市城市绿地认养认建的实施意见》，并首次举办认建认养绿地活动。至年末，市区28家单位和

图5-48　2005年无锡市劳模林纪念林植树活动

（市园管中心供稿）

个人认建绿地3000多平方米，认养绿地8035平方米。其中中国电信无锡公司、柯达（无锡）公司、罗氏公司等单位捐资兴建鸿雁苑、柯达园、关爱园、新区友谊林等大型绿地。

2002年，市绿化办在《无锡日报》征集绿色志愿者，3000多人报名参加，当年在新区植树造绿1万多平方米。筹资60万元购买榉树、合欢、垂柳、香樟等30万株树苗，免费供市民参加各社区组织的植树补绿活动。2003年初，市绿化办推出10株古树、10块绿地供认养，推出太湖广场一批大树供市民认植。组织各社区居民代表、绿化先进单位代表、绿化行风监督员和护绿员等300多人参加"园林城市市民游"活动，参观城市绿化和创建国家园林城市成果展。首次开展征求绿化好建议活动，收到建议300多条。通过编写园艺教材、指派绿化专家进社区开设园艺培训班、组织青年绿化指导员志愿服务队到社区现场服务指导等措施，提高市民种植养护水平。2005年，团市委发出《关于在全市农村青少年中开展义务植树月的活动的通知》，将全民义务植树活动延伸到农村。

1994～2005年，全市义务植树8400.63万株，建成义务植树基地27个、4495公顷，认建认养绿地25块，营建特色林48块，义务植树保存率始终保持在85%以上，横山、鹿顶山、惠山等植树基地成为郁郁葱葱混交林的风景山体。

第八章　市政市容管理

1986年后，无锡市不断完善城市管理机构和管理法规，市城管部门依据国务院《城市市容和环境卫生管理条例》《江苏省〈城市市容和环境卫生管理条例〉实施办法》《无锡市城市市容和环境卫生管理条例》《无锡市城市管理相对集中行政处罚权试行办法》等法规，会同公安等部门，制止建成区内乱搭建、乱堆放、乱设摊、乱张贴、乱吊挂等不文明行为，常年坚持开展"太湖市容杯"达标创优竞赛、市容环境综合整治流动红旗竞赛等活动；会同环卫等部门，清理卫生死角、取缔无证乱设摊、劝返外来无业人员，突击抢修道路、粉刷墙面、整治河道，取缔破墙开店，查处毁绿等行为。1991年开始，实行主要道路（商店）门前"三包"[①]和"三禁"[②]。1995年，建立市级领导负责主要道路及新村、农贸市场、景点管理的责任制。1996年，成立创建国家卫生城市专职机构，全面推广居民生活垃圾袋装化，组建社区保洁队伍。1999年9月，无锡市被全国爱卫会授予"国家卫生城市"称号。2000～2003年，无锡市强化市容环境执法管理，开展市区河道船舶环境卫生、火车站地区综合环境和户外广告等专项整治，改善市容环境。结合全省城管创优考评要求和标准，建立以区、职能部门为考核对象的"太湖杯"城市管理创优考评责任体系。2004年，无锡市开通市、区城管执法投诉受理网络，开展"擦亮城市行动"和"清除社区卫生死角"活动，整治城郊结合部和建筑工地，提前介入户外广告管理。2005年，实施道路、工地、河道、居住小区等市容精品示范创建活动，与沿街单位签订市容环境责任书，颁发《关于在市区实行密闭运输的通告》及实施意见，端掉制假（证书、广告等）窝点，建成区环境面貌发生极大变化。在全省年度城市管理创优考评中，无锡市连年名列前茅。

---

① 包卫生、包绿化、包秩序。具体为："一包"门前市容整洁，无乱设摊点、乱搭建、乱张贴、乱涂写、乱刻画、乱吊挂、乱堆放等行为；"二包"门前环境卫生整洁，无裸露垃圾、粪便、污水，无污迹，无渣土，无蚊蝇孳生地；"三包"门前责任区内的设施、设备和绿地整洁等。

② 严禁乱吐痰，严禁乱倒垃圾，严禁乱抛瓜皮果壳。

第一节　市政公用事业监管

一、行业监管

1989年，无锡市市政公用事业监察大队成立，履行行政执法、监察管理职责。2002年12月，投资100万元开通“2700110”服务热线。2003年12月，成立无锡市公用事业监管中心（简称“市监管中心”），负责对城市供水、排水、燃气行业的监管，依法查处违反公用事业管理法律、法规、规章的行为；负责监管城市计划用水、节水项目、设备推广及节水型企业的认定；负责市政公用事业“110”指挥中心的日常接报处理及市民对市政公用环卫行业服务投诉处理。2004年，市监管中心全面接管供水、排水水质检测，在城区圈定38个自来水测点、18个污水处理测水点，将各自来水厂的供水管网水质及原水水质和二次供水水质、各污水处理厂的出水水质、接入市政管网的工业排放户出水水质纳入监控范围，定期抽样检测全市39家自来水厂和18家污水处理厂的水质。至2005年末，累计水样检测24批次（其中含供水水质全分析4次），经自来水、排水水质检测站对水样化验分析，供水水质和排水水质合格率分别达到100%和72%。2005年下半年起，实施排水水质远程自动监管系统建设，完成10个监测点的建设。依托科技手段，对纳入排水水质远程自动监测对象的企业实行24小时动态、全方位监测。1998～2005年，立案查处违规案件1300起。

二、道路管理

市市政养护工程管理处依据市城建局和市公安局1981年7月20日颁布的《无锡市临时占用城市道路暂行管理办法》和9月21日颁布的《无锡市临时占用城市道路暂行管理办法的补充规定》，对市区道路的临时占用等实施勘查和审批，按标准收取道路占用费；凡占用期间造成道路损坏的，按价索赔。依据市政府1982年3月19日颁发的《无锡市市政设施管理办法》，对机动车在道路上试刹车许可、超载车辆过桥许可、特种车或超重车在道路上行驶许可等事项进行审批，凡在许可事项进行中造成道路损坏的，按价赔偿；对道路临时占用和挖掘许可实施勘查和审批，按标准收取道路占用费或挖掘修复费。1995年，市建委、市市政公用事业局、市财政局、市物价局联合发出《关于印发〈无锡市城市道路占用挖掘修复收费管理办法〉的通知》，单位或个人占用或挖掘道路须经审核批准，并缴纳道路占用费或挖掘修复费。根据国务院1996年10月颁布的《城市道路管理条例》以及1999年7月27日施行的《无锡市城市道路管理办法》，对道路占用挖掘许可、超载许可、依附与城市道路管线杆线许可、道路上试刹车许可、人行道设施设置许可、桥梁保护区施工许可等事项进行审批；处置侵占、擅自开挖道路等违章行为，责成责任单位或个人停止违章行为，造成损坏的，依法承担赔偿责任。1999～2003年，办理行政处罚（挖掘或占用、机动车上人行道）2484起，各年分别为177起、245起、205起、744起和1113起。2003年10月，市政设施执法权划归无锡市城市管理执法局。凡发生侵占、擅自开挖道路等违章行为，由市政设施管理处向市城市管理执法局传递行政执法告知书，申请执法。2004年、2005年抄报行政执法告知书分别为7份、10份。1999～2005年，办理挖掘或占用行政审批1436起，各年分别为51起、63起、104起、251起、302起、311起、354起。

三、环卫监察

80年代中期，无锡城区建筑垃圾和工程渣土堆放无序，城郊接合部脏、乱、差，无专业管理和监察队伍。1986年11月，市环境卫生管理处成立特种垃圾管理和环卫市容管理监察中队（简称“市环卫监察中队”），配有10名管理人员。各区环卫处（所）相继成立环卫市容管理监察分队，监督、管理施工工地建筑垃圾和工程渣土的清运、堆放、运输，处理乱倒乱堆和抛、洒、滴、漏等不文明现象，清理无主垃圾，解决建筑垃圾和工程渣土的出路问题。1998年，市环卫监察中队依据《无锡市城市特种垃圾管理规定》和《无锡市城市市容和环境卫生管理条例》开展执法检查，全年查处违章1566起，其中教育免罚940起，清运无主垃圾6300吨，清除抛、洒、滴、漏污染5100平方米。1999年，查处违章1505起，其中教育免罚863起，清理无主特种垃圾4620吨，清理路面抛、洒、漏垃圾泥块3.42万平方米，办理特种垃圾准运证528件，办理抛、洒、滴、漏物品承运证1177件，110联动查处31件。2000～2003年，查处违章事件分别为1318、1138、1970和179起；清除抛、洒、滴、漏污染分别为7.2万、1.95万、1.07万和2.71万平方米。2004年，环卫执法权移交市城市管理行政执法局，全年市、区执法队伍共查处道路抛、洒、滴、漏近900起，罚款约71万余元。2005年，颁发《关于在市区实行密闭运输的通告》及实施意见，市区申请改装密闭车辆935辆，改装857辆，办证814辆。

第二节 市容整治

1986年10月开始，市政府以市区道路、绿化、建筑景观、河容岸貌、环境卫生等为内容，组织开展"太湖市容杯"达标创优竞赛、市容环境综合整治流动红旗竞赛等活动，深化创优美环境、优良秩序、优质服务（简称"创三优"）工作，市容环境由整顿性管理转入建设性管理。至1990年，全市城管部门查纠拆除过期施工工棚93处，拆除亭棚515个；市区补绿建景2000余处、5.62万平方米，修补里弄路面39.28万平方米，改造透空围墙9945米，清运无主、特种垃圾9.9万吨。同时，无偿清运单位垃圾，处理粪便外溢，查处违章占道，整理乱堆放，查纠清理乱贴乱挂，纠正商店招牌错别字，市城管部门会同工商、民政等部门清理劝返外来无业人员。1990年，市建委、市城管委、市爱卫委评选出工运、复兴路、北大街等7个优胜街道，靖海、沁园等4个示范小区和南尖、美湖村等4个标兵居委、村。1991年，市城管部门与2782家单位签订管理协议，组织460余人上岗管理，实行46个路段门前"三包"和"三禁"，整治主要道路及广场乱设摊、乱占道、乱停车、乱挂贴现象。全年劝返外来无业人员7000余人次，车站、广场、码头等窗口地段形象有效改善。

1992年，市政府以创建国家卫生城市为重点，把市容环境管理责任分解落实到各区，加大新村、居委、片区和郊区行政村达标管理力度。市城管部门会同市公安、工商、卫生等部门开展清理摊担，取缔无证经营和马路市场等工作，全年取缔无证摊贩38180个次，清理废弃物7718吨、特种垃圾2.51万吨、乱张贴4.93万处，劝返外来无业人员3万多人次。并维修路面、花坛，粉刷墙面，更换窨井盖，疏通下水道。1993年，市城管部门制定《无锡市市容和环境卫生管理实施细则》，把市容整治目标划分为10个项目，分解量化后落实到区和有关部门；市人大常委会先后3次组织市、区人大代表视察市容市貌。突击抢修道路14条、1.83万平方米，粉刷厕所、垃圾中转站123座，油漆废物箱190只、环卫车辆142辆，市容市貌整治受到全国创建国家卫生城市检查团好评，无锡市被评为全国环境综合整治先进城市。1994年，开展整治清理道路、河道，疏通下水道和查处取缔破墙开店、毁坏绿化行为等活动。是年，无锡市被评为全国环境综合整治优秀城市。

1995年，无锡市学习张家港"两个文明一起抓"经验，开展环境综合整治。由21名市级领导担任19条主要道路及新村、农贸市场、景点的管理责任人，21个部委办局配合4个区整治管理，条块结合，齐抓共管。全年查处违章行为5845起，取缔无证摊贩、夜排档5000余个，纠正店外设摊2985起，捣毁游医药贩窝点25个。1996年6月，市委、市政府成立创建国家卫生城市领导小组，抽调17个部门分管领导和助手带职离岗，集中办公，协调创建活动。以中山路、人民路环境卫生整治为突破口，集中力量清运堆积垃圾，拆除有碍市容的违章建（构）筑物和破旧遮阳篷、广告牌，推进单位卫生达标，整治农贸市场，取缔马路摊担，开展灭蝇达标活动，推广居民生活垃圾袋装化，组建社区保洁队伍，提高街巷里弄、新村卫生水平。市城管部门配合市环境整治领导小组治理全市22条主干道、8个广场的亭棚，拆除影响市容市貌的亭棚、乱搭建、构筑物2735处。在此基础上，相继开展312国道无锡段专项整治、河道整治、市容市貌整治、街巷里弄和新村小区环境卫生整治、老新村治理改造、中山路亮化建设等活动，并以开展环境卫生红旗街道（村）检查评比活动为抓手，落实门前“三包”、主干道清扫保洁、社区保洁等长效管理措施。1999年9月，无锡市被全国爱卫会授予“国家卫生城市”称号。

2000年起，全市持续开展无证摊贩专项整治、市区河道船舶环境整治、火车站地区综合环境和户外广告专项整治等活动，致力提高城市市容环境水平。2003年，市委、市政府制定《爱我无锡，美化家园，加强城市管理三年目标实施意见》，并根据全省城市管理创优考评要求和标准，建立以7个区、13个市职能部门为考核对象的“太湖杯”城市管理创优考评责任体系，实行“两级政府、三级管理、四级网络”城市环境管理模式。

2004年1月起，市、区城管执法投诉受理网络开通。实施市容环境长效整治，在创建国家园林城市、国家环保模范城市和迎接国家卫生城市复查，举办太湖流域水环境现场会、第二届“太博会”以及党和国家领导人视察无锡、重大节庆活动期间，良好的市容市貌受各方好评。开展“擦亮城市行动”和“清除社区卫生死角”活动，重点整治城郊结合部和建筑工地、户外广告、城区主要道路出入口、示范街商店招牌，社会化专业清除市区42条主要道路的乱张贴、乱涂写、乱刻划（即“三乱”）现象，提前介入五爱家园等11处户外广告设置、色彩规范等门头广告管理。开展违法建设专项整治，拆除违法建设15万平方米，制止367起在建、新建违法建设。

2005年，市区开展创建市容环境管理、执法管理、广告管理精品示范道路各10条、精品示范工地10个、精品示范临时疏导点10个、精品示范河道10条、精品示范小区10个、精品示范村10个等“十个十”市容精品示范创建活动。对28条主要道路上的亭、棚、车、点以不影响市容、不影响交通、不影响居民生活和靠墙、靠边、靠角的原则进行移位整治，统一设计、制作一批式样新颖的百货亭、水果亭、修车亭等便民服务亭。制作400多块建筑工地环境卫生告示牌、公示牌分发各主要道路建设工地，并督促工地上墙，强化工地自律与社会监督。市城管局贯彻《江苏省城市市容和环境卫生管理条例》，与90条道路沿街单位或个人60612户（人）签订市容环境责任书。是年，市城管局会同市公安局端掉13个制假（广告）窝点，打击案犯33人，收缴假文凭和假证件4万多件、非法广告1万多份。加大重点工程和地块出让项目范围内的违法建设整治，拆除违法建设4618处、638948万平方米，其中江海路改造拆除违章和临时建筑3万多平方米。

第九章　市区环境卫生管理

第一节　道路清扫保洁

1986年，无锡城区实行市、区两级环卫专业队伍与民办保洁队伍相结合的道路清扫保洁体制。城市主、次干道由各区环卫管理处（所）专业队伍清扫保洁；街巷里弄由街道、居委民办保洁队伍清扫。市环卫处对各区环卫所进行业务指导、协调、检查、考核。此后至1996年，城区主干道每天清扫两次，次干道分时段每天清扫1次。全市环卫职工清扫道路总面积186.61万平方米，人均每天“一清扫”7000平方米、“两清扫”4500平方米。1997年，主干道由原来的每天“两清扫”调整为每天“两清扫一保洁”“两清扫全天保洁”或“一清扫全天保洁”，次干道为每天“一清扫巡回保洁”。同时，原由街道负责的“门前卫生”保洁改由环卫专业队伍负责。

1999年，全市主干道全部调整为“两清扫全天保洁”。为提高作业效率，减少清扫与保洁时间上的脱节，在不增加经费、人员的前提下，实行道路上交接班制，明确主干道清扫保洁时间。5月，新建的锡北路进行清扫、保洁权公开招投标试点，6家单位参与，其中包括3家社会保洁公司，打破道路清扫、保洁由环卫专业单位垄断的格局。此后，因路而异，采用新路新办法、老路老办法，经过公开、公平、公正的招投标确定作业单位，合同期限定为两年。通过招投标的道路清扫、保洁质量合格率明显提高。

图5-49　2003年投入使用的多功能高压清洗车
（崇安区环卫处供稿）

2000年，市环卫处在1989年公布《环卫质量检查标准》的基础上制定《无锡市环卫质量检查考核标准》。无锡市按1997年建设部《关于发布〈城市环境卫生质量标准〉的通知》，将城市道路划分为一、二、三、四4个等级，并按照4个等级核定任务量，制定作业质量考核标准。环卫职工每人每天道路清扫一级4500平方米、二级5500平方米、三级6500平方米、四级7500平方米；每人每天道路保洁一级300米、二级400米、三级600米、四级700米；车辆清扫作业每小时5～8公里，每辆车每天核定清扫道路42公里；保洁作业每小时8～10公里，每辆车每天核定保洁道路63公里。

2003年10月，无锡市道路清扫保洁、废物箱擦洗和垃圾收集、交通护栏清洗，以及道路两侧绿化带的卫生保洁全由环卫部门作业，解决以往同一路段环卫、公安交警、园林等多部门作业的不同步、不协调问题。城区23条主干道实行“机扫、水冲、人保”联合作业。12月，城区主、次干道518.9万平方米的清扫、保洁权全部实行公开招投标、市场化竞争运行。2005年，政府实施购买公共服务政策，市环卫处制定《无锡市环卫作业服务质量监管实施方案》，重新制定《无锡市环卫作业服务质量检查考核标准》，并编制《环卫作业指导手册》。

2000～2005年无锡市区道路保洁等级划分概况表

表5-22

等级	道路保洁等级划分条件
一级	（1）商业网点集中，道路旁商业店铺占道路长度不小于70%的繁华闹市地段；（2）主要旅游点和机场、车站、港口的主干路及其所在地路段；（3）大型文化娱乐、展览等主要公共场所所在路段；（4）平均人流量为每分钟100人次以上和公共交通线路较多的路段；（5）主要领导机关、外事机构所在地
二级	（1）市主、次干路及其附近路段；（2）商业网点较集中，占道路长度60%～70%的路段；（3）公共文化娱乐活动场所所在地；（4）平均人流量为每分钟50～100人次的路段；（5）有固定公共交通线路的路段
三级	（1）商业网点较少、占道路长度50%～70%的路段；（2）居民区和单位相间的路段；（3）城郊结合部的主要交通路段；（4）人流量、车流量一般的路段
四级	（1）城郊结合部的支路；（2）居住区的街巷道路；（3）人流量、车流量较少的路段

第二节　河道打捞保洁

图5-50　古运河水面保洁　　（崇安区城管局供稿）

1987年，市环卫处组织人员调查摸底古运河两岸单位、住户垃圾处理情况，上门宣传不向河道乱倒垃圾，制定《无锡市市区河道环境卫生管理规定》，组织环卫职工租船打捞河面漂浮垃圾，定时收集、代运运河两岸510家单位和6艘游船垃圾。1998年，市环卫处新增8艘双体河道打捞船，新建1座河道垃圾吊装站。1999年，纳入环卫保洁的通航河道44条、6.75公里。打捞保洁人员1天两次打捞古运河通航河道，其余河道按情况分别为3天一打捞、7天一打捞。2000年，全市环卫打捞保洁的通航河道56条、53.16公里，打捞人员对古运河、新运河1天两次打捞，巡回保洁；其余河道1天一打捞，巡回保洁。并重新修订河道打捞保洁质量标准，要求河岸、河坡整洁，无岸脚垃圾；河面基本无漂浮物，无水生植物；河道内无死动物，无大件垃圾；当天打捞的漂浮垃圾当天清运等。2004年开始，市环卫行业打捞、保洁的56条通航河道面向社会公开招标，实行市场化运作。2005年1月1日，将由原市城市管理局管理的141条、79.22公里、120.77万平方米的非通航河道划归市环卫处，并全部实行公开招标，根据管理权限，重心下移，各区政府负责非通航河道的招投标工作。新区打捞保洁河道35.06公里，由新区负责，财政独立核算。是年，市环卫处制定河道保洁质量考核标准，河道保洁按一类、二类核定作业任务量，其中，一类通航河道每船每天8万平方米，非通航河道1万平方米；二类分别为10万平方米和1.2万平方米。

2005年无锡市区河道打捞保洁任务量表

表5-23　　单位：艘、公里、万平方米

单位	通航河道			非通航河道		
	打捞船	长度	面积	打捞船	长度	面积
环卫总公司	6	13.43	78.14	—	—	—
南长区	16	17.48	79.76	46	24.19	32.85
崇安区	10	12.21	41.47	3	5.93	15.29
北塘区	26	15.58	68.37	53	36.09	56.47
滨湖区	1	5.20	33.80	39	13.01	16.16
合　计	59	63.90	301.54	141	79.22	120.77

说明：2005年，新区打捞保洁非通航河道35.06公里。

第三节 公厕保洁

1986年，无锡市区有公共厕所608座，大部分为旱厕，由所在区环卫所安排保洁工每天打扫。公厕分为一类、二类、三类和旱厕（含简易厕所），一类公厕每座配备2～3名保洁人员，全天保洁，二类公厕保洁员1天两次打扫。一、二类厕所均要求室内外环境清洁卫生，无乱张贴乱涂写，室内地坪无积水、窗台墙裙无积灰、大小便槽内无积粪、无尿垢，消毒及时无蝇蛆，粪便无外溢，设施设备完好、运行正常。二类以下公厕以蹲位数核定保洁人员，1个小便池折算2个蹲位，1个洗刷池、1个小便斗各折算1个蹲位。二类、三类公厕每40个蹲位（含小便池、洗刷池）配备1名保洁员，旱厕、简易厕所每50个蹲位（含小便池、洗刷池）配备1名保洁员。2003年，公开拍卖新建的20座星级公厕保洁权。2004年，由市区环卫部门保洁的413座公厕全部实行招投标作业。2005年，市环卫处结合背街小巷整治，改建修缮公厕31座（其中新改建巷厕12座）。年末，市区公厕428座，其中水冲公厕368座、旱厕60座。

第四节 垃圾管理

一、生活垃圾处置

1.收集

1986年，无锡市区清运生活垃圾22.6万吨，其中送下乡19.99万吨。其时，城区由各区环卫所垃圾收集员工推拉人力木板车穿街走巷收集居民楼道和垃圾箱内垃圾，摇铃收集商店营业垃圾。各环卫站（所）收集垃圾到转运站后，由区环卫职工将垃圾清运到垃圾处理场（厂），再由市环卫处进行无害化处理。垃圾转运站实行专人管理，确保周围环境清、内外场地清、门窗墙壁净、箱体坑位净，无蛆无蛹无蛛网、无臭无蝇无积灰、无乱涂写乱张贴，满斗（箱）垃圾不过夜，设施设备完好，安全运行，确保垃圾日产日清和转运站工完场清。市环卫处核定垃圾运输任务量为运距单程12～20公里，机械装自卸密封式5吨垃圾车每天4～6车，人工装自卸压缩式8吨垃圾车每天4～5车。1988年以前，企事业单位产生的垃圾大部分倾倒在环卫部门设置的垃圾箱内，由环卫部门无偿清运。1988年，市物价局发布《关于环卫行业有关有偿服务的范围和收费标准的暂行规定》，明确环卫部门对商店营业垃圾实行有偿服务，由员工上门收集。1989年1月1日起，各区环卫所派人与相关单位签订代运垃圾合同，开始实行有偿服务，有偿代运垃圾占总量的25%。1990年前，清运垃圾大部分采用东风、跃进5吨多功能运输车，1990年以后少量使用改装三轮摩托车，之后大都改为密封车运输。1995年，市区清运生活垃圾38.88万吨。

1996年，城区全面推行生活垃圾袋装化，原住宅楼内垃圾通道封闭。居民生活垃圾袋装后投入垃圾收集房，由保洁工收运至垃圾转运站。为此，市、区两级投入资金500多万元，建造垃圾收集房1158座，设置垃圾桶933只。10月，无锡市组织检查市区265个居委的垃圾袋装化情况，全市生活垃圾平均袋装化率90%，其中北塘区100%、南长区96%、崇安区92%、郊区72%。1997年，市区主干道两侧的商店、环卫部门接收管理的居民住宅基本实现垃圾袋装化，城郊结合部43个村基本做到生活垃圾袋装化。是年，门前保洁划归环卫部门后，取消定时摇铃收集商店垃圾，商店垃圾由道路保洁工收集。

2002年，崇安区东河花园小区实行生活垃圾分类收集试点，将生活垃圾分为可回收、不可回收和有毒有害3类，收集容器分蓝色或绿色、灰色、红色3种。是年起，新开发住宅区内全部设置分类式垃圾桶。2003年，分类收集生活垃圾在试点基础上范围扩大。2004年，市环卫处联合新闻媒体，开辟垃圾分类收集专栏，开展专题讨论，发放垃圾分类告市民书、通告，印制宣传资料、指导手册等。2005年，市区清运生活垃圾56.41万吨。至年末，全市实行垃圾分类收集试点小区和单位扩大到35个，并由居住区向公共场所延伸，为实施单位配置分类垃圾桶600多组（3桶一组），并与每个试点单位签订生活垃圾分类收集协管协议书，签约率100%，在主干道两侧安置分类废物箱1320只。

2.处理

1985年前后，全市生活垃圾除各区自行寻找河塘山洼堆存处理外，借用湖山林果场姚湾山洼作为生活垃圾堆场。1985年起，市环卫处与同济大学环境工程学院合作，在锡沪路3号桥实施无害化日处理10吨生活垃圾科研项目，在此基础上，1987年3月在郊区山北乡会北村建设无害化日处理100吨生活垃圾实验厂（后改为无锡市环境工程实验厂），主要处理北塘区部分生活垃圾，1988年5月试运行，1989年10月正式生产。1988～1989年，市政府投资76万元，在郊区河埒乡龙山村龙山脚下建成大型生活垃圾堆场。1992年，新建南长区叙丰生活垃圾无害化简易处理场，消纳南长区部分生活垃圾。1993年，桃花山生活垃圾填埋场开工建设，1994年10月建成投用。1995年，二期工程竣工，设计使用年限12年。是年，会北实验厂、龙山堆场、叙丰简易处理场先后停止使用，龙山堆场采取覆土、植树等封场措施。2003年，益多生活垃圾焚烧工程开工建设，2004年末试运行，日处理垃圾800～1000吨。2004年，桃花山填埋场后续工程完成，年生活垃圾处理量由1995年的36.92万吨增加至2005年的55.53万吨。2005年，惠联垃圾焚烧发电厂开工建设，设计规模为日处理生活垃圾1200吨。开展处理厨余垃圾试点，分别在宁海里压缩中转站和水上明月大酒店安装JMW-100型微生物处理机2台，生化处理厨余垃圾，日处理200立方米。

二、特种垃圾处置

1982年，无锡市设特种垃圾管理所（简称“市特管所”），建筑垃圾、工程渣土由管理所车队清运，在广益乡向阳大队建成占地两公顷的特种垃圾储运场。1986年，市环卫处抽调5人组成建筑垃圾、工程渣土管理班子，制定《加强特种垃圾管理的规定》，对建筑垃圾、工程渣土实行执法管理，全年无偿清运无主特种垃圾、清除平整建筑垃级约3.4万吨。

1987年，无锡市要求运输建筑垃圾、工程渣土的板车、船只必须办理转运证。鉴于市区板车、拖拉机乱倒特种垃圾现象比较严重，市特管所要求全市68个板车运输队禁止板车代运废土、垃圾，有效减少乱堆乱倒特种垃圾和抛、洒、滴、漏现象。实行收（押金）、看（工完场清）、查（垃圾去向）、退（无违章退押金）管理制度，同时开辟黄泥头等8个储运场，可消纳特种垃圾10万立方米。1988年，市特管所统一代运特种垃圾13.5万吨，但仍有约20万吨特种垃圾无人管理。是年，治理轮船码头一条街，清除特种垃圾400多吨。1991年，市政府颁发《无锡市特种垃圾管理规定》，市环卫处建立环卫监察中队和特种垃圾管理科。是年抗洪期间，市环卫监察中队清除无主垃圾6万吨，走访施工单位345家。

1992年，无锡市将运输建筑垃圾、工程渣土的汽车纳入承办准运证范围。1993年，市区设立特种垃圾储运场6处。1995年，市环卫监察中队清运货运路、钱荣路、惠钱路、下甸桥、金城桥、312国道等桥边路旁积存、乱堆乱倒垃圾8000余吨。1997年上半年，三渡桥、皋桥储运场建成投运，储运场配备专职人员和推土机处置特种垃圾的堆放。

2003年，建筑垃圾、工程渣土的运输进入市行政审批中心的审批范围，凡是运输建筑垃圾、工程渣土、砂土的车辆均要到市行政审批中心办理运营许可证和运输准运证。是年，环卫部门租赁芙蓉山、惠钱路两处储运场堆放特种垃圾。2004年，在广益镇向阳村租用1.33公顷土地储运特种垃圾。2005年，市环卫处完成《加强渣土处置管理调研报告》，配合市市政公用局落实渣土处置行政审批前置论证工作，协助运输车辆密闭改造。5月，市市政公用局颁发《关于进一步加强城市建筑垃圾管理的实施意见》，明确规定建筑垃圾消纳、处置、运输单位必须办理处置许可证核准手续，完善道路污染告知制度。

1986～2005年无锡城区建筑垃圾处置数量统计表

表5-24　　单位：万立方米

年份	堆场名称	处置数量	年份	堆场名称	处置数量
1986～1989	红卫桥堆场	27.50	1991～2000	凤翔路堆场	13.00
1987	锡航桥塊堆场	5.20	1995～1997	五爱村堆场	13.00
1989～1990	山北大桥堆场	21.70	1998～2000	五爱村鱼池堆场	2.00
1988～2000	皋桥堆场	3.00	1999～2000	电化厂堆场	2.00
1988～2001	卫星桥堆场	6.50	2000～2001	三渡桥堆场	22.50
1989～1990	东亭柏庄堆场	5.00	2000～2002	红光村堆场	12.50
1989～1992	下甸桥堆场	25.00	2002～2004	新光村堆场	15.00
1990～1991	山北双河堆场	4.00	2004～2005	广益向阳村堆场	145.80

三、污泥处置

1991～2000年，市城市污水处理厂产生的污泥主要采用卫生填埋方式处置。2001年以后，城镇污水处理厂建设步伐加快，污泥产生量日渐增多。2004年起，无锡市污泥处理由单一的卫生填埋转向堆肥、焚烧、干化等处理方式。市区芦村污水处理厂实施污泥好氧堆肥资源化利用工程，建设规模日处理污泥200吨。新区3座污水处理厂产生的污泥直接送友联热电股份有限公司锅炉直接焚烧处置。惠山区7座污水处理厂污泥送至蓝海污泥处理有限公司，采用干化的方法将压滤后的污泥减量烘干，烘干后的污泥制作轻质节能砖。

第五节　粪便处理

80年代以前，市区所产粪便一般由各区环卫所用吸粪车清运作为农田肥料，吸粪车有1.5吨、2吨、3吨、5吨、8吨多种型号。汽车进不去的背街小巷，用小木车翻坑驳运厕所粪便到吸粪车可到的粪坑内。80年代后，因农村粪便使用量逐年减少而开始建造大型蓄粪池。1986年，市区有贮粪池、中转粪站（码头）10座，储粪3371立方米；吸粪车65辆、总吨位181.5吨，小木车59辆，年清运粪便44.54万吨。

1993年，无锡市区开展城市环境综合整治和创建全国卫生城市活动，新建公厕59座、菜地用贮粪池268只，城郊结合部取缔露天粪坑4588只。粪便处理普遍采取三格式化粪池和粪库密闭贮存，形成日处理（预处理）1050吨粪便能力。化粪池每年清坑1次，清坑率85%以上，清坑粪面粪脚进行卫生填埋。随着住宅、办公楼的大量建造，新建房底部均设三格式化粪池，大楼粪水通过管道进入三格式化粪池，预处理后部分进入下水道，部分接入污水管网进行标准化处理。1997年5月，建成运河东路粪便处理站。1999年，市区118座公厕完成接入污水管网46座。2001年12月，城北粪便处理站建成投运。2002年，整治改造11个老新村化粪池，改建不合格化粪池，部分接入污水管网。2005年，市环卫处结合背街小巷整治，对老旧不合格化粪池更新改造，提高预处理能力。在创建卫生镇、村活动中，城郊结合部、城中村采取改水改厕，取缔露天粪坑、新建农用贮粪池，户厕改建三格式化粪池，或接入污水管网，全市城乡粪便处理水平实现较大提高。是年，全市有吸粪车39辆、总吨位215.5吨，年清运粪便25.7万吨；运河东路和城北粪便处理站无害化处理粪便133万吨。

第六节　垃圾资源化利用

一、废品回收

随着经济发展和人民生活水平的提高，生活垃圾产生量逐年增加，可回收物资也相应增加，大部分回收价值高的废品被拾荒人员和转运站、收运工人拣拾。1997年前后，垃圾处理场招收50名农民工，建立废品拣拾回收队伍，每年回收废品价值25万元左右。2002年编制环卫专业规划时，估算废品回收利用每年约占生活垃圾产生量的5%左右。2005年实施分类收集后，回收利用率估算8%左右。回收的废品中有机物约占60%～80%，可燃物约占30%；垃圾的低位热值约每公斤1000千卡左右。

1996～2001年无锡市区生活垃圾成分表

表5-25　　单位：%

年份	有机废物						无机废物				其他
	厨余	纸类	纤维	竹木	塑料	小计	金属	玻璃	建材	小计	
1996	41.00	2.90	4.98	3.05	9.83	61.76	0.90	9.47	25.29	35.66	2.58
1997	46.58	2.78	4.82	3.46	8.01	65.65	0.65	9.03	21.86	31.54	2.81
1998	52.23	2.59	5.32	3.84	5.83	69.81	0.36	8.85	18.01	27.22	2.97
1999	60.14	2.91	3.57	2.46	4.98	74.06	0.23	5.41	17.50	23.14	2.80
2000	63.42	3.22	3.01	2.38	4.32	76.35	0.22	4.53	15.88	20.63	3.02
2001	62.31	3.65	3.88	2.69	6.56	79.09	0.18	3.30	14.23	17.71	3.20

二、垃圾发电

2003年11月20日，桃花山处理场填埋气体发电工程由杭州天远环境技术有限公司投资建设，市环卫处提供气源，土地租赁，2004年6月底并网发电。2005年，垃圾填埋沼气发电电费收入约400万元。垃圾填埋沼气发电既增加经济收益，又减排有害气体，估算直接经济价值600万元。

2004年3月、5月，民营企业无锡益多环保热电有限公司投资2.3亿元的生活垃圾焚烧厂两台焚烧炉先后试运行，2005年正常生产，日焚烧垃圾1000吨。4月，无锡惠联环保热电有限公司的焚烧厂开工，企业投资3.6亿元，日焚烧垃圾1200吨，翌年末并网发电。焚烧生活垃圾除发电产生效益外，还回收废金属并向周围厂家供热。

三、垃圾堆肥

市环境工程实验厂、叙丰垃圾处理场等单位均采用高温堆肥发酵工艺，所产生的堆肥产品含氮、磷、钾营养成分，100%无害，供绿化队果树、花木施肥使用，对新辟菜园改良土壤，增加透水性，促进植物根系发达亦效果明显。其中市环境工程实验厂1991年生产堆肥2.58万吨，销售收入5万余元。

第七节　环卫设施设备

一、环卫专用设备

1986年前后，无锡市环卫职工普遍使用木制、铁皮制垃圾车、粪车和手推保洁车等人力车辆和扫帚、畚箕等简单环卫设备。1987年，环卫部门开始保洁市区河道，租用打捞船打捞河道垃圾。为解决生活垃圾清运的抛、洒、滴、漏现象造成的二次污染，1991年，市环卫处研制改造10辆垃圾密封运输车，1992年研制改造26辆垃圾密封运输车，1993年改装5辆高栏板密封车。其间，购置使用铲车、冲（洒）水车、扫路车、机动运粪车以及垃圾堆埋场所的专用药水车、装载机、推土机、挖掘机等机动车辆。1994年、1995年，市环卫处分别投资168万元、200万元购置黄河牌密封车12辆、“东风”牌密封车13辆。1998年，新增双体式河道打捞船8艘，加快河道打捞速度，降低环卫职工劳动强度。1999年，新增垃圾压缩车5辆（其中拉臂式4辆）。2005年，无锡市区共有生活垃圾运输车150辆、647吨位，其中：翻斗车106辆、551.5吨位，多功能车2辆、8吨位，拉臂车30辆、120吨位，压缩车6辆、40吨位，圆桶车6辆、13吨位。另有机动粪车39辆、扫路车14辆、冲（洒）水车18辆、药水车1辆、装载机12辆、推土机6辆、挖掘机1辆；木制垃圾车618辆、铁皮垃圾车115辆、玻璃钢垃圾车81辆、机动电瓶垃圾车44辆、三轮垃圾车18辆；木制粪车9辆，铁皮、玻璃钢制粪车各13辆；三轮保洁车557辆、手推保洁车112辆。打捞船64艘，其中双体船20艘、单体船6艘、普通小船38艘。

二、垃圾桶、箱、房

1986～2005年，市区垃圾桶、废物箱等垃圾收集容器先后采用铸铁、不锈钢、玻璃钢、塑料等多种材料制作或砖砌，形状多次变化，并随城市建设发展，道路不断增加而增添垃圾桶、废物箱的数量。1996年，城区全面实行生活垃圾袋装化后，先后建造袋装垃圾收集房1158座，设置收集桶933只，封闭、拆除原居民区楼道垃圾通道和砖砌垃圾箱9229只。城郊结合部及郊区所管辖的10个乡镇，除实施垃圾袋装化外，先后改造原来露天堆放的部分收集点。2002年，开展生活垃圾分类收集试点，崇安、南长、北塘、滨湖等区的主干道两侧配置美观、新颖、实用的分类式垃圾收集箱。至2005年末，市区设垃圾收集房1813座、垃圾桶1156只、果壳箱1339只。

三、公厕、化粪池

1986年，无锡城区有公厕608座，大部分为旱厕，有化粪池4558只，贮粪池10只。随着粪便农用数量减少，为减少粪便对环境的污染，市政府采取普及化粪池措施。1991年，无锡市开展环境综合整治和创建全国卫生城市活动，城区改建公厕158座，水冲式公厕比例提高至43.8%，同时加快新建三格式化粪池。至1992年，共改建公厕321座，水冲式公厕达到创建卫生城市要求。1993年，污水管网逐步延伸，为公厕纳入污水管网创造条件。是年起，对城郊结合部部分年久失修、破损的化粪池逐年更新改造。1997年，市区翻、改建水冲式公厕60座、二类以上公厕11座；实施乡、村公厕改建工程，农村公厕改为水冲式58座。1998年，继续改造城郊结合部农村公厕，全年改建197座，近郊农村公厕、化粪池实现水冲式和三格式，一部分达到二类公厕标准。至1999年，城区118座公厕化粪池接入污水管网。2002年，11个老新村完成整治改造，同时改造不合格化粪池，部分接入污水管网。2003年，投资600万元新建星级公厕20座（其中环保生态型星级公厕1座、豪华型移动公厕3座、星级公厕16座）。2004年，配合蠡湖新城建设、市重点道桥工程建设、旧城改造及住宅小区开发，新建公厕10座，安装设置公厕指示牌1000多块。2005年，结合背街小巷整治工程，改建修缮公厕31座（其中改建农厕9座、拆除农厕3座），更新改造老旧不合格化粪池，提高粪便预处理能力。

1986年、1995年、2005年无锡市各区环卫所保洁公厕统计表

表5-26　　　　单位：座、个

年份	分类			南长	崇安	北塘	滨湖	马山	新区	合计
1986	公厕总数			221	162	187	38	—	—	608
	蹲位数	男厕		1394	1124	1235	227	—	—	3980
		女厕		751	591	614	161	—	—	2117
		合计		2145	1715	1849	388	—	—	6097
1995	公厕总数			186	113	153	56	7	—	515
	蹲位数	男厕		861	581	728	287	25	—	2482
		女厕		487	317	370	193	19	—	1386
		合计		1348	898	1098	480	44	—	3868
2005	总数	总计		175	78	119	37	16	3	428
		二类以上		132	73	107	37	16	3	368
	水冲公厕	数量		132	73	107	37	16	3	368
		蹲位数	男厕	533	337	470	167	61	9	1577
			女厕	360	214	270	112	52	9	1017
			残疾	9	2	9	4	—	—	24
			合计	902	553	749	283	113	18	2618
	旱厕	数量		43	5	12	—	—	—	60
		蹲位数	男厕	181	27	48	—	—	—	256
			女厕	108	13	27	—	—	—	148
			合计	289	40	75	—	—	—	404

四、垃圾、粪便转运站点

1986年，城区共有简易垃圾中转站39个，机械化吊装式中转站5个；有蓄（贮）粪池10只，总容积3371立方米，通过粪便码头装船运送农村。1990年开始，分期分批改造简易式、多功能式的垃圾转运站点，改造成机械吊装转运站。1992年，改造露天堆放点和垃圾收集站26处。1993年，市区垃圾转运站按照CJJ27-89《城市环境卫生设施设置标准》要求建设，一般在居住区或城市的工业、市政用地中设置。按照城市总体规划和城市环境卫生行业规划的要求，小型转运站每0.7～1平方公里设置1个，大、中型转运站每10～15平方公里设置1个。是年，市区设放粪站点4个。1995年，总投资150万元的运河东路粪便处理站开工建设，1997年5月竣工投用。该处理站占地1098平方米，工艺流程为放粪—稀释—沉淀—过滤—除渣—排放。污水通过管道输送到芦村污水厂处理，粪渣运送桃花山垃圾填埋场。粪便稀释、搅拌就近取运河水，实现机械自动除渣、吸粪车运输，是省内首家依托污水厂对粪便无害化处理的环卫基础工程，设计思路新颖，工艺先进合理，获省建设系统1997年科技进步三等奖。是年，市建委、市市政公用事业局和市房地产管理局联合颁发《关于对住宅环卫管理交接的暂行实施办法》，明确在8万～10万平方米的小区必须建造生活垃圾转运站1个。1999年，无锡市首批压缩式垃圾转运站建成，垃圾压缩比达1∶2以上，垃圾压缩后，运输效率提高，成本节省，降低二次污染。压缩式设备有垂直压缩、横向压缩、直式、卧式、地埋式等。2001年6月，投资500万元的城北粪便处理站开工建造，12月28日竣工投入运行。该处理站位于锡沙路向阳桥堍，占地4322平方米，建筑面积1062平方米，绿化面积2274平方米。处理工艺先进。至此，城区粪便全部由南、北两个粪便处理站处理。2004～2005年，新建、改建垃圾压缩式转运站24个。2005年，城区有垃圾转运站74个，其中压缩式43个、吊装式27个、河道垃圾吊装站4个。

五、冲洒水车供水站

2003年12月，无锡城区建成首座运河东路冲洒水车供水站，至2005年，先后建成鸿桥路、北仓门、吴桥、城北4座供水站。供水站采用宜兴绿色环保有限公司生产的JS-II全自动反冲洗净水器，净水器采用折板反应、双层斜管沉淀、石英砂过滤和自动反冲洗技术。河水经净水器自动加药、混浊剂，去除絮体消毒后达饮用水标准供冲洒水车冲洒马路；当自动反冲洗设施积泥达每平方米2公斤时，净水器自动清除积泥而保障净水器正常运转。

六、生活垃圾堆肥厂

1983年后，市环卫科研站在有关单位的协助下，在锡沪路三号桥建成两只可容纳100吨生活垃圾堆肥发酵池及日处理250吨生活垃圾的筛选机械，先后对生活垃圾高温堆肥发酵工艺作研制腐熟营养土的试验，并在花木公司，传染病医院花房，崇安、南长、北塘绿化队及市农科所、东北塘农科所等的协助下进行种植花卉及三麦、蔬菜等实用试验，效果良好。1987年3月，在郊区山北乡会北村建设市垃圾处理实验厂（后改为无锡市环境工程实验厂），年底基本建成，1988年5月起试运行，1989年10月投入运行，日处理垃圾100吨以上。1990年，处理垃圾2.65万吨。垃圾处理机械设备均为国产或自行研制，采用高温快速堆肥二次发酵工艺，处理周期仅20天，制成的农用堆肥腐熟均匀，经市蔬菜研究所、无锡县农业技术推广中心测定，符合农用要求，经连续3年试验及推广应用，反映良好，适用于三麦、油菜、茶果、花卉等旱田作物的生长，用于新辟菜园改良土壤和林木苗圃，效果更好。1990年，在国家科委、建设部召开的城市垃圾处理科研成果评估会上，该实验厂的堆肥处理技术被列为推广应用项目。1992年，建成与市垃圾处理实验厂处理基本原理相似的南长区叙丰垃圾无害化简易处理场。1995年，因市区住宅区建设需要，3座堆肥厂停止使用。

七、焚烧厂

1.生活垃圾焚烧厂

2004年，无锡益多环保热电有限公司（民营）投资2.3亿元在滨湖区新安镇建设生活垃圾焚烧厂，日处理生活垃圾1000吨，主要设施设备为封闭负压式垃圾发酵库、封闭负压式垃圾预处理车间、水处理车间、循环硫化床焚烧炉3台、发电汽轮机两组、烟气净化处理设施、DCS电子设备等，年发电1576万千瓦时。该厂采用无锡锅炉厂生产的循环硫化床垃圾焚烧发电锅炉设备和技术，能焚烧高水分、低热值生活垃圾，有效控制二噁英等有害气体的化学合成，减少二氧化硫和氯化氢的排放，多路二次风使垃圾燃烧后空气充分扰动，使垃圾充分燃烧。除尘采用中科院烟气净化和布袋除尘设备，效率达99.98%；采用DCS全自动控制技术，用于锅炉自动燃烧，电机功率自动调整，化学水处理和烟气排放在线监测自动控制。垃圾库采用密闭负压式布置，利用锅炉一次风机的大风量、高压头，将库内甲烷抽到炉中燃烧，起到负压作用，防止垃圾库臭气外溢。按每公斤800大卡热值计算，全年回收生活垃圾热值折合标准煤4万余吨；热电联产，每年供热节能5万余吨，消减新安地区烟尘排放3699吨、二氧化硫1156吨。二期工程竣工后，日处理生活垃圾1500吨，发电2.4万千瓦时，每小时供热

150吨；配套建设的建材厂每天生产粉煤灰砖块500立方米，每年节地0.45公顷。2005年4月，由无锡国联集团在惠山区堰桥镇筹建，无锡华光锅炉、锡能实业、惠山开发、上海华东电力、苏州新区华东电力等股份公司、投资公司共同出资3.6亿元兴建的无锡惠联环保热电厂动工建设。热电厂占地6.31万平方米，设计规模日处理生活垃圾1200吨，工厂设施有封闭负压式垃圾发酵库、封闭负压式垃圾预处理车间、水处理车间、3台循环硫化床焚烧炉、两组汽轮发电机、烟气净化处理设施、DCS电子设备等，全年可处理垃圾39.9万吨，发电1.06亿千瓦时，供汽78.2万蒸吨。工厂采用干法脱硫烟气净化系统，关键设备从欧洲进口，烟气过滤滤料采用美国GORE公司的专利产品。排放指标达到欧盟标准，优于国家标准。

2.工业固体废物、医疗垃圾焚烧厂

2001年，市环卫处和市环境保护公司共同组建无锡市工业固体废弃物安全处置有限公司，建成工业固体废物、医疗垃圾焚烧厂一期工程，投资约300万元，占地0.6公顷，年处理垃圾6000吨，主要处理工业废物、聚酯物、医疗废弃物、化工废液渣、失效药品、重金属化合物、剧毒废弃物、液体废弃物等有毒有害废弃物。焚烧炉3月开工建造，12月试运行。2003年，投资500万元的二期工程竣工投运，年处理固体废物、医疗垃圾1.5万余吨。工程包括新建废料仓库1座、病畜车间1座，生产区与办公区隔离装置（隔离护栏、值班室、更衣室等），场地及污水收集系统，新增医疗垃圾密闭运输车4辆，配置医疗废物垃圾桶300只，新增日处理30立方米焚烧炉两台、余热锅炉1台以及蒸馏锅等设施，形成工业固体（危险）废物、医疗垃圾、病畜及有毒有害肉类焚烧处置的三位一体处理工艺，采用热解气化废物处理方式，即废物的投入和灰化处理区域与热分解气体的燃烧处理区域安全分离。在干馏炉、燃烧炉中燃烧，干馏炉为缺空气系统，燃烧炉设过量空气系统。处理工业废弃物，首先在干馏炉内供以小风量在60℃～450℃热解废弃物，避免风量过大，将大量不完全燃烧的悬浮微粒带入燃烧炉中，在燃烧炉中再以微过量的助燃空气将燃烧温度提升至1000℃～1300℃（根据垃圾种类不同，可改变设定）自燃温度，从而完全氧化未完全燃烧的碳氢化合物，整个过程中，自燃过程达到93%以上。在燃烧炉高温安全燃烧过程中，设计时保证其滞留时间2秒以上，确保抑制二噁英类有毒有害物质的产生。处理规模和水平在省内处于领先地位，填补无锡市有毒有害工业垃圾、医疗垃圾无害化处理的空白。

八、填埋场

1.生活垃圾填埋场

1994年10月28日，总投资5000万元、可填埋市区10～15年生活垃圾、库容462万立方米的桃花山垃圾卫生填埋场一期工程竣工投用。一期工程包括1座220米长、10米高的混凝土重力型污水拦截坝和1个3万立方米容积的污水池，以及进场道路、污水泵房、排污管道等配套项目。为使雨水、污水分流，在填埋场周边砌筑截洪沟，库区内设置盲沟，将垃圾中渗出的污水集中汇入污水池，再经过泵站和管道，纳入污水管引进芦村污水厂。拦截坝内建有混凝土帷幕，有效防止垃圾污水的渗漏。桃花山垃圾填埋场1999年被列入建设部推广项目，2002年被评定为全国生活垃圾填埋场无害化等级Ⅱ级。2004年，总投资1261万元的桃花山生活垃圾填埋场后续工程竣工，完成项目包括钱姚公路至青龙山村委进场道路大修，库区60～80米标高盘山道路延伸及混凝土道路硬化改造，库区西侧防洪沟黏土防渗，更新改建机电合一的50吨地磅1台，处理场生活区箱式变压器1台，污水池东侧场地平整及挡墙，生活区场内道路混凝土硬化及东侧截洪沟砌筑等。2005年，鉴于填埋场已达设计使用寿命，重新选址不易，市环卫处启动桃花山垃圾填埋场扩容工程前期调研、论证等相关工作。

2.工业危险废物安全填埋场

无锡市工业危险废物安全填埋场一期工程2003年初启动建设，2005年6月底竣工，8月18日举行投运仪式，为省内第一个工业危险废物安全填埋场。填埋场占地7公顷，投资4000余万元，实行一次规划、一次征地、分步实施，全部建成后可满足无锡地区30年工业危险废物的安全填埋处置。一期工程主要设施为10万立方米填埋库、预处理车间、车库、污水处理站、污水调节池等；配套设备有预处理固化设备、污水处理设备、计量地磅、化验设备、生产车辆等。填埋场主要接纳的工业危险废物包括重金属类废物、废酸废碱以及其他非金属类废物。危险废物经过固化、稳定化、酸碱中和等预处理，达到国家《危险废物填埋污染控制标准》要求后填埋。

九、建筑垃圾、工程渣土储运场

1987年，为解决运输单位和基建单位的垃圾出路，开辟红卫桥、黄泥头、旺庄、河埒口、山北、梨庄等特种垃圾堆放点，可围填消纳特种垃圾10万立方米。1988年，新增三渡桥、皋桥、卫星桥3个特种垃圾处置场。2003年，芙蓉山、惠钱路2个渣土堆放处置场投入使用。2004年，根据城市建设和发展的需要，利用荒废坑洼，在广益镇向阳村租用约1.33公顷土地作为城区特种垃圾堆放处置场。

第八节　环卫队伍

1986年，无锡市区专业环卫职工1964人，其中环卫处工作人员94人。1990年，市人大常委会决定每年4月1日为无锡市环境卫生日，此后每年4月1日，市、区有关领导走访、慰问环卫职工。是年，市区环卫专业职工2099人，其中环卫处62人。1992年3月，10名环卫职工被评为无锡市十佳城市美容师。1995年，市区环卫职工2812人，其中环卫处工作人员155人。2000年，市区环卫职工3831人。2005年4月，全市环卫行业再次开展“十佳城市美容师”评选活动。是年，桃花山垃圾填埋场职工78人，各区环卫职工6197人，环卫服务公司、各镇及社区居委环卫职工1402人，另有社会非专业环卫职工135人。环卫职工中，高级职称2人、中级职称35人、初级职称83人；初级工178人、中级工343人、高级工339人、技师2人。

第九节　环卫经费

无锡市环卫经费除政府拨款外，1988年、1992年，市物价局先后印发《关于环卫有偿服务的范围和收费标准的暂行规定》和《关于调整环卫有偿服务范围和收费标准的批复》。1992年，环卫部门清运特种垃圾24.1万吨，清运收费134.8万元，利润8.2万元。1996年，市政府印发《无锡市城市居民住宅环境卫生费收缴暂行规定》和《无锡市城市居民住宅环境卫生费收缴实施细则》《市政府关于加强市区环卫保洁和门前三包管理的通知》，市物价局印发《关于对沿街单位门前卫生秩序有偿服务收费和门前三包管理的通知》《关于对沿街单位门前卫生秩序有偿服务收费标准的批复》，规范环卫有偿服务收费标准。是年12月31日起，在自来水价中收取每吨0.1元环卫污水处理费。1997年，环卫收费市区按未出售公房住房租金的10%缴纳，收取环卫费380万元。2000年，省政府颁发《江苏省城镇生活垃圾处理费管理试行办法》。根据此办法，无锡市于2001年6月1日起，改征城镇垃圾处理费，收费标准为：单位负担部分按上年年末在职职工（含合同工、临时工、留聘用人员）人数每人每月缴纳4元、在职职工3元、离退休人员2元；对市区未出售的公有住房，按房租的10%征收城镇生活垃圾处理费；弱势群体（依靠民政部门补助生活费的特困户和享受失业保险待遇的失业人员），经审定后可酌情减免。城镇垃圾处理费采取委托代收、代扣代缴和自行收缴相结合的办法，当年环卫收费（含有偿服务）2695.99万元。2005年，市物价局印发《关于核定工业固体（危险）废物安全处置费标准（试行）的批复》和《关于核定医疗垃圾集中处置收费标准的批复》，规范特种垃圾收费标准。是年，环卫收费3904.46万元。

1987～2005年，政府投入环卫作业运行经费53444.18万元，其中城市维护费29107.28万元、垃圾处理费24219.9万元；政府专项拨款19105.65万元；环卫收费25732.87万元。

1987～2005年无锡市环卫投入、收费情况表

表5-27　　　　单位：万元

年份	环卫运行经费	其中		专项建设费	收费
		城市维护费	垃圾处理费		
1987	651.00	—	—	—	—
1988	765.90	—	—	—	—
1989	785.55	—	—	—	—
1990	870.65	—	—	—	—
1991	835.80	—	—	—	—
1992	920.00	—	—	—	—
1993	1302.00	—	—	5000.00（桃花山垃圾处理场）	—
1994	1601.00	—	—	—	—
1995	1515.60	—	—	—	—
1996	3741.30	—	—	—	—
1997	4572.57	2000.00	2572.57	—	2459.73
1998	4443.84	2000.00	2443.83	150.00（运河东路放粪站）	2511.06
1999	4535.00	2108.00	2244.00	—	2331.85
2000	4510.77	2233.00	2277.77	—	2244.97
2001	5265.00	2400.00	2865.00	—	2695.99
2002	5600.00	2600.00	3000.00	671.00（城北放粪站）	3184.59
2003	6212.00	3955.28	2256.72	596.65（公厕建设）	3200.73
2004	8500.00	5316.00	3184.00	1273.00（后续工程） 15001.00（安全填埋）	3199.49
2005	9871.00	6495.00	3376.00	1414.00	3904.46
合计	66498.98	29107.28	24219.90	19105.65	25732.87

说明：2005年专项建设费中，含180万元供水建设、1155万元中转站建设、79万元背街小巷环卫配套设施建设。

无锡市志

【第一册】

第六卷

水　利

概　述

80年代后期起，无锡市实施太湖复堤工程和犊山口防洪控制工程建设。在1991年国务院批准实施的太湖治理十大骨干工程中，境内有望虞河工程、环太湖大堤工程、武澄锡引排工程和湖西引排工程等4项，总投资11.14亿元，成为无锡水利史工程建设规模之最。

无锡市将城市水利和生态环境水利作为水利工作重点，相继实施太湖大堤达标、蠡湖水环境综合整治、城市防洪调水、城乡河道整治和清淤、宜兴横山水库和龙珠水库水资源开发、江阴市澄东地区调水等重大工程。从城市沿江、邻湖、挟河的特点出发，通过水资源调查评价，制定水资源保护规划，实行取水许可制度，落实用水节水措施，推广节水技术，实行地下水限采，切实加强水资源管理。针对河湖水质富营养化程度加深、水质逐年变差的趋势，严格污水排放，实施调水引流。切实加强防汛抗灾的组织协调，建立全市防汛信息化指挥系统，成功抗击1991年和1995年两次特大洪涝灾害。

至2005年，无锡市基本建成各类堤防和水闸相结合的防洪工程体系，通江、入湖河道和纵横河

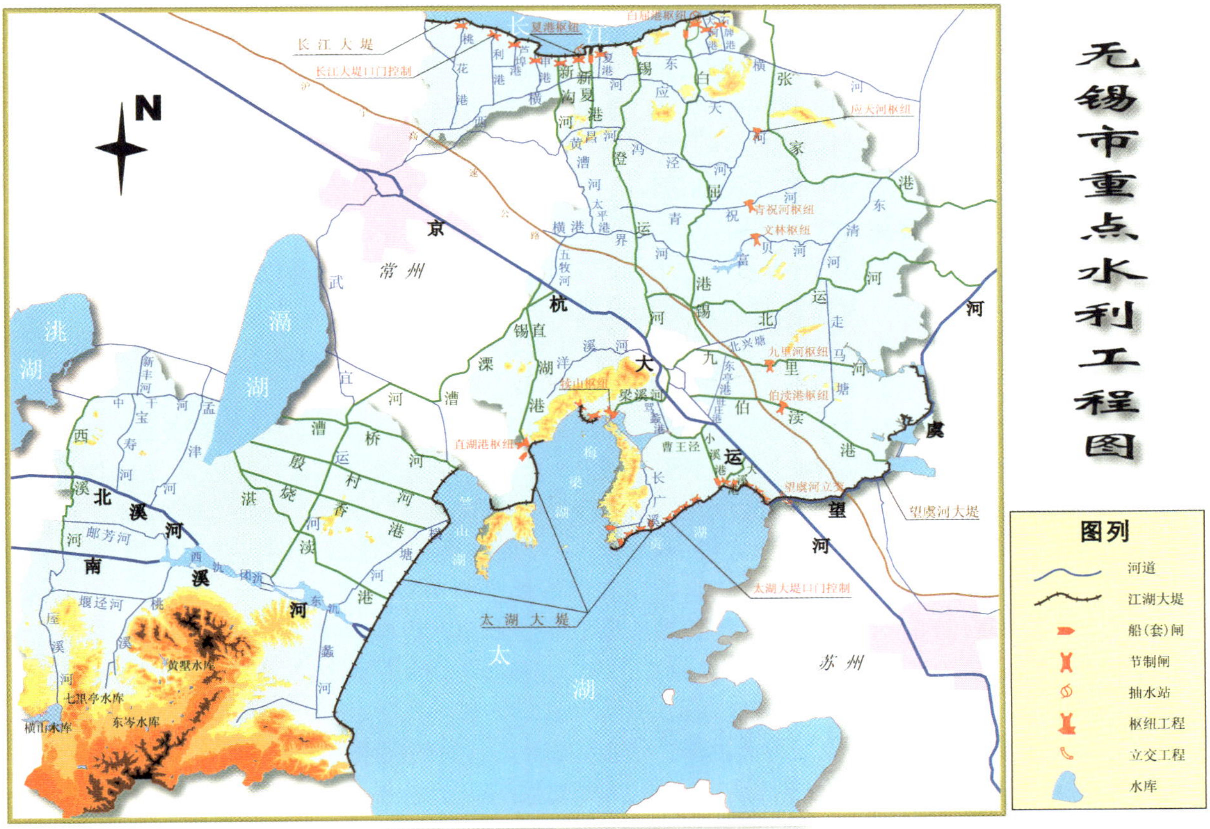

图6-1　无锡市重点水利工程图　　（市水利局供稿）

网相结合的引排调蓄工程体系，机电排灌体系，农业田间工程体系和山丘区防洪蓄水工程体系等五大水利工程体系[①]。

第一章　水利建设

第一节　太湖水利工程

在1987年国家《太湖流域综合治理规划方案》实施前，无锡先行实施太湖复堤和犊山口防洪控制工程建设。1991年太湖流域特大洪涝灾害后，国家决定实施太湖治理十大骨干工程，其中涉及无锡市的工程有环太湖大堤、望虞河、武澄锡引排和湖西引排等4项。是年，市政府设专事治太工程建设的市重点水利工程建设领导小组和市重点水利工程指挥部，各市（县）、区政府成立相应的工程建设指挥机构。11月，治太工程全面实施，至2005年基本完成（烧香港于2006年5月竣工），共完成土方2977.76万立方米、石方66.9万立方米、混凝土30.7万立方米，投入资金111417.45万元（包括不属于治太计划资金的白屈港河道工程四期市区段7405.53万元、2000年后太湖大堤达标建设工程的11957.12万元）。

一、环太湖大堤工程

无锡太湖大堤工程建设分为太湖复堤、治太工程和达标建设3个阶段。堤线总长87.36公里，其中，宜兴段38.49公里、滨湖区段41.99公里、无锡新区段6.88公里。沿线建有犊山口、直湖港、小溪港、大溪港等26座涵闸控制建筑物。

1983年冬至1986年，无锡市在太湖湖边原有的小圩圩堤或滩面耕地上修复湖堤，即太湖复堤工程。工程要求堤身断面标准为堤顶高程7.0米，顶宽5米，外坡1 ∶ 2，内坡1 ∶ 3，迎水面高程5.0米以下设直立式挡墙护岸，高程5.0～6.0米设干砌石护坡（宜兴段护岸做到顶高程7米），背水面高程4.0米处筑宽5～10米的平台。复堤工程由无锡市农机水利局组织实施，无锡县、宜兴县和郊区分别成立太湖复堤指挥部，组织各乡镇民工施工。共建成复堤68.04公里，完成土方485.1万立方米、石方21.68万立方米；投入资金1889.5万元，其中省财政投入932万元。

1991年，按照治太工程的统一要求，大堤标准在原太湖复堤标准的基础上，湖西大堤（直湖港以西）堤顶再加筑0.8米的挡浪墙，使大堤堤顶高程达7.8米、堤身外坡高程5.0米以上，原干砌块石护坡改成浆砌块石或混凝土消浪板，高程5.0米以下直立墙加长护基工程。在宜兴洑东镇的沿湖山湾增建大堤2140米，无锡县湖山林场段增建大堤1600米，新建加长宜兴境内各通湖河口的港堤19940米。所有新老大堤均按新标准新建、翻建、整修护岸和挡浪墙。共完成新建挡土墙10600米、护坡8350米，翻建大堤护坡54810米，新建、翻建堤顶挡浪墙16432米。工程自1991年冬开工，1996年基本完成，完成土方351.34万立方米、石方21.07万立方米、混凝土11.88万立方米；投入资金14060万元，其中中央投入3730万元、省投入2382.3万元。

1999年，太湖流域发生全流域特大洪涝，太湖大堤因长时间的高水位浸泡和大风浪冲击，遭到严重破坏。省政府决定对太湖大堤进行高标准的加固改造达标建设，提高大堤防冲能力。主要工程有加固直立式挡墙基础前址，防止冲刷淘空；挡墙墙身加固，上部护坡改为混凝土结构，无挡浪墙堤段

① 低洼地区圩区建设、机电排灌工程建设和山区农田建设，详见本志第十六卷第二章第五节《农田水利建设》。

1988～1999年无锡市太湖大堤口门概况一览表

表 6-1　　单位：米

地点	名称	建成年份	规格	闸底高程	闸顶高程	门顶高程	闸门型式结构	启闭机
新安镇	新开港节制闸	1988	1×5	0.80	6.50	5.50	直升平板钢门	绳鼓式2×60千牛
	高墩港节制闸	1988	1×5	0.80	6.50	5.50	直升平板钢门	绳鼓式2×60千牛
	新库港节制闸	1990	1×5	1.20	6.50	5.50	直升横拉平板钢门	50千牛双鼓式电葫芦
	六步港套闸	1995	6×60×1.5	上1.00 下1.00	上7.50 下5.50	5.50 4.50	升卧式平面钢门	绳鼓式2×80千牛
	大溪港节制闸	1999	2×10	1	5.50	5.50	升卧式平面钢门	绳鼓式2×125千牛
华庄镇	小溪港套闸	1997	6×60×2.0	上0.50 下0.50	上5.50 下5.00	5.50 4.80	升卧式平面钢门	绳鼓式2×80千牛
	小溪节制闸	1997	1×6	0.50	5.50	5.50	升卧式平面钢门	绳鼓式2×80千牛
	许仙港节制闸	1996	1×5	1.20	7.00	5.50	升卧式平面钢门	手动绳鼓2×80千牛
	张桥港节制闸	1996	1×5	1.20	7.00	5.50	升卧式平面钢门	手动绳鼓2×80千牛
	无锡埭港节制闸	1996	1×5	1.20	7.00	5.50	升卧式平面钢门	手动绳鼓2×80千牛
南泉镇	杨干港节制闸	1998	1×5	1.40	7.00	5.50	升卧式平面钢门	绳鼓式2×60千牛
	壬子港套闸	1995	6×60×2.5	上0.50 下0.50	上6.00 下6.00	上5.50 下4.80	升卧式平面钢门	绳鼓式2×80千牛
	庙港节制闸	1996	1×5	1.20	7.00	5.50	升卧式平面钢门	手动绳鼓2×60千牛
	新港节制闸	1998	1×5	1.20	7.00	5.50	升卧式平面钢门	绳鼓式2×60千牛
	黄泥田港套闸	1988	5×30×2.2	上0.80 下0.80	上6.50 下5.50	上5.50 下4.50	直升平面钢门	绳鼓式2×60千牛

续表

地点	名称	建成年份	规格	闸底高程	闸顶高程	门顶高程	闸门型式结构	启闭机
大浮镇	吴塘门套闸	1997	6×60×2.5	0.50	8.20	5.50	上卧式平面钢门	绳鼓式2×80千牛
犊山口	五里湖节制闸	1991	2×16	0.00	6.00	5.50	无臂杆下卧弧形钢门	绳鼓式2×250千牛
	梁溪河船闸	1990	16×135×3	上0.00 下0.00	上6.00 下5.00	5.50 5.00	无臂杆下卧弧形钢门	绳鼓式2×250千牛
	梁溪河节制闸	1990	1×20	0.00	6.00	5.50	上卧式平面钢门	绳鼓式2×250千牛
	七号桥节制闸	1990	1×8	—	6.00	5.50	上卧式平面钢门	绳鼓式2×80千牛
河埒填	礼让桥节制闸	1993	1×5	1.00	7.00	6.00	上卧式平面钢门	绳鼓式2×60千牛
渔港乡	渔港套闸	1996	6×60×2.7	0.30	7.50	5.50	上卧式平面钢门	绳鼓式2×60千牛
胡埭镇	闾江口节制闸	1999	1×5	1.00	7.00	5.50	上卧式平面钢门	绳鼓式2×60千牛
	直湖港节制闸	1999	8+10+8	0.00	7.00	5.50	上卧式平面钢门	绳鼓式QPQ-100千牛×2+125千牛
	直湖港船闸	1999	8×90×3	上0.00 下0.00	上6.50 下6.00	—	上卧式平面钢门	绳鼓式QPQ-100千牛
马山镇	马圩北套闸	1980	6×72×2.5	上-0.30 下-2.50	上6.00 下4.90	上6.00 下4.90	一字式平面钢闸门	绳索牵引

说明：规格中节制闸为孔数×孔宽（米），船（套）闸为孔宽（米）×闸室长（米）×最小通航水深（米）。

在护坡高程6.0米以上浇筑L型钢筋混凝土直立墙；加宽堤顶至7米，堤身进行灌浆固结加固；堤后有鱼塘段进行填塘固基，做足10米青坎，再建直立墙防护；全面修筑堤顶公路和上堤公路，便于防汛抢险。达标工程于1999年末启动，2000年全面展开，2004年末全部完成。工程投入资金11957.12万元，实施大堤加固和灌浆36807.3米、护砌加固64830.8米、新建护砌和挡浪墙2840米、延伸包港堤1100米、堤后填塘固基5404米、新建堤后青坎护岸2101.4米、修筑上堤公路7960米和堤顶公路24942米。

图6-2 2002年太湖大堤宜兴段除险加固 （市水利局供稿）

二、口门控制建筑物

无锡段太湖沿岸原有港口92个（包括不属无锡管辖的交界河口沙墩港和蝴蝶港），其中滨湖区段30个、宜兴段62个。在太湖大堤建设中封堵32个，尚有60个口门，其中宜兴段37个全部敞开，无锡段从与常州交界的蝴蝶港以东口门全部设控，成为武澄锡低片的南控制线，以控制太湖洪水对武澄锡低片的侵害，并有控制地排泄太湖洪水。全线共有控制口门23个，其中属无锡市管辖的21个，共建有口门建筑物26座（船闸两座、套闸7座、节制闸17座，不包括两座岸闸），其中滨湖区套闸7座、节制闸13座，市属船闸2座、节制闸4座。全市口门控制建筑物中较大的有犊山口枢纽、直湖港枢纽、小溪港枢纽和大溪港节制闸等。

1.犊山口枢纽

犊山口防洪控制工程是无锡市太湖大堤上最大的枢纽工程，位于梁溪河出口处的蠡湖中，工程包括梁溪河16米×135米船闸1座，1（孔）×20米节制闸1座，蠡湖2（孔）×16米节制闸1座，七号桥1（孔）×8米节制闸1座，环湖路3（孔）×22米公路桥1座和2.78公里防洪大堤等6项工程。犊山口防洪控制工程距无锡城区7公里，在汛期可防御太湖洪水通过犊山口侵入无锡城区和武澄锡低片，保障圩区防洪安全，在非汛期可防止城市河网污水进入太湖，污染太湖水体。1987年4月，水利电力部批准市农机水利局《无锡市犊山口防洪控制工程计划任务书》，犊山口防洪控制工程成为治太工程规划中首先立项实施的工程。市政府成立犊山口防洪工程建设指挥部，在市农机水利局设立工程筹建处，具体负责工程实施。1987年7月启动修筑围堰、道路、桥梁等施工前期准备工作。1988年5月18日主体工程开工。1991年3月工程基本完工，1991年10月18日举行竣工典礼。工程造价3600万元，国家、江苏省、无锡市各投资1200万元，共完成土方118万立方米、石方4.5万立方米、混凝土3.6万立方米。工程首次采用结构独特的无臂杆下卧式弧形钢闸门，成为在著名风景旅游区建设水利工程的典范，获得建设部优秀设计银奖。工程被评为水利部工程施工优质工程。1991年6月底～7月中旬太湖发生特大洪涝灾害，经省水利厅批准，在工程尚未全面竣工验收时临时紧急启用，挡住太湖犊山口5.15米的最高水位，大大减少无锡城区的受灾损失。

2.直湖港枢纽

直湖港水利枢纽位于胡埭镇直湖港出湖口、锡马公路10号桥北侧200米处。1998年，经省水利厅批准实施。枢纽由1座3（孔）8米+10米+8米节制闸和1座8米×90米船闸组成，闸门全部用升卧式平面钢闸门，启闭机为绳鼓式启闭机（QPQ−100千牛4台，QPQ−125千牛1台）。工程建设由以市长吴新雄为总指挥的直湖港工程建设指挥部负责，指挥部办公室设在市水利局。工程于1998年11月开工，1999年12月竣工，投资1446万元，完成土方17万立方米、石方0.34万立方米、混凝土0.83万立方米。

3.小溪港枢纽

小溪港水利枢纽工程位于华庄镇小溪港（又名蠡河）出湖口，为武澄锡引排工程的主要入湖河道口门之一。1994年，由省水利厅批准实施。工程在河口建1（孔）×6米节制闸和6米×60米套闸各1座。闸门为升卧式平面钢门，启闭用2×80千牛绳鼓启闭机。1995年1月开工，1997年9月竣工，投资292万元，其中省以上补助128万元。

4.大溪港节制闸

大溪港节制闸工程位于华庄镇大溪港出湖口，为武澄锡低片向太湖排水的主要河道口门之一。1998年，由省水利厅批准实施，在大溪港河口建2（孔）×10米节制闸，闸门采用升卧式平面钢门，启闭用2×125千牛绳鼓式启闭机。1998年11月开工，1999年6月通过水下工程验收后开坝放水。工程投资341万元，其中省以上补助115万元，完成土方10.66万立方米、石方0.11万立方米、混凝土0.12万立方米。

三、望虞河工程

望虞河位于无锡、苏州两市交界处，自太湖沙墩口向东，过大运河，沿古蠡河穿漕湖、鹅真荡、嘉菱塘，向北经常熟虞山西麓至江边耿泾口入长江，全长60.8公里（至望虞河闸）。其中沙墩口至嘉菱荡为无锡与苏州交界段，长27.6公里。望虞河是太湖泄洪的重要骨干河道，也是武、澄、锡、虞区域的重要排涝河道。1991年水灾之后，望虞河工程于当年11月开工，2000年完成。工程包括河道工程（含河道土方、河道堤防、护砌、防汛公路、绿化、环湖筑堤及水系调整）、枢纽工程、配套建筑物、跨河桥梁及其他补偿工程等五大项，由省治太指挥部负责工程建设，其中主体工程由省指挥部直接组织施工，配套工程及征地拆迁补偿等项目由地方组织实施。无锡市承担无锡市地段的征地拆迁补偿、部分河道堤防土方、环湖筑堤土方及护砌、望虞河西岸水系调整、跨河桥梁、沿线配套建筑物、河西洼地治理等工程。省治太指挥部核定无锡市望虞河工程调整执行概算为13282.3万元。无锡市实施的工程由市重点水利工程指挥部会同无锡县望虞河工程指挥部组织建设，共完成土方129.13万立方米、石方3.69万立方米、混凝土4.16万立方米。

图6-3　望虞河望亭水利枢纽工程　（市水利局供稿）

1.征地拆迁

望虞河工程无锡段共征地155.26公顷，临时堆土占地293.21公顷，拆迁房屋面积1.33万平方米。征地拆迁实际补偿标准为征地每公顷14.55万元，临时占地每公顷3万元，楼房拆迁每平方米200元，平房拆迁每平方米80元，青苗补偿每公顷2250元。

2.自营土方工程

在无锡段河道一期工程中，无锡县承担省滩荡和南省滩荡西岸共4段总长3.4公里的筑堤工程，

1991年冬开工，1992年3月底在汛期来临前突击完成，实际筑堤3585米，完成土方8.7万立方米。

3.环湖筑堤工程

在望虞河穿越的漕湖、鹅真荡、嘉菱塘等湖荡沿岸，按防洪要求修筑堤防，加筑护岸。1991年末开工，1993年7月竣工，共完成筑堤14.73公里，土方46.62万立方米，新建护岸2.64公里，加固护岸0.55公里。

4.水系调整

主要工程有沟通内部河道17条，建6米套闸1座（甘露港），建4米防洪闸6座（三中闸、四河闸、刘子头闸、朝东屋闸、肥桥河闸、新泾河闸），建直径1米涵洞4座。1992年4月开工，1999年11月竣工，完成土方18.93万立方米、石方3970立方米、混凝土1794立方米。

5.跨河桥梁

无锡段跨河桥梁除沙墩口312国道公路外，均由无锡市组织实施，包括大桥角新桥（琳塘桥）、南塘大桥（朱更上）、锡常大桥（界泾桥）、甘露大桥（团结桥）、香山大桥（新桥）和杨家渡桥（阿娜桥）6座。工程自1992年7月大桥角新桥开工建设后陆续启动，1994年12月全部完成，共完成土方17.12万立方米、石方1211.72立方米、混凝土10.4万立方米。

6.沿线配套建筑物

即望虞河西控制线工程（亦称白屈港控制线），共有套（船）闸6座、节制闸14座。其中3座船闸、4座节制闸在江阴市，2座船闸、6座节制闸在锡山市，1座船闸、4座节制闸在新区。工程由市望虞河西线工程指挥部统一组织江阴市、锡山市、新区施工。自1998年10月新区周公桥闸动工起，各水闸工程陆续开工，至2000年末竣工，共完成土方37.79万立方米、石方2.68万立方米、混凝土2.91万立方米。

7.洼地治理

工程为望虞河承担太湖中水位行洪后，对西岸沿河低洼地区安全的补偿工程，包括套闸两座（荡口弯泾河、新生河）、防洪闸5座（荡口获泽河、黄荡河、后宅东桥角、陶家里、占桥）和荡口安桥、后宅坊桥2处共2225米防洪墙工程，由无锡县（锡山市）水利农机局组织实施。1993年4月开工，1997年5月完工，完成土方1670立方米、石方460立方米、混凝土269立方米。

四、武澄锡引排工程

武澄锡引排工程包括开拓白屈港、新夏港两条引排河道，在长江边建设每秒145立方米的电力抽水站。该工程为望虞河中水位行洪对该地区涝水东排影响而安排的补偿工程，增强向长江排水能力。

1.白屈港工程

白屈港工程由河道工程、江边枢纽工程和抽水站引河工程组成，1991年12月开工，2001年5月竣工，共完成土方1051.16万立方米、石方9.11万立方米、混凝土8.68万立方米，投入资金42273.83万元。全线建配套桥梁39座。

白屈港河道工程位于江阴城东7公里的肖山东侧，北通长江，南至无锡市区北兴塘，流经江阴长山、山观、要塞、云亭、桐岐、璜塘、马镇，惠山区堰桥、长安、西漳、锡山区东北塘等镇，全长44.6公里。开挖河道底宽由江边闸外的50米、闸内的35米，向南逐段减小，东横河以南30米，应天河以南25米。河底高程江边至东横河−1.0米，东横河至应天河−0.5米，应天河以南0.0米。1991年12月开工，2003年4月全线贯通，完成土方831.82万立方米、石方5.21万立方米、混凝土2.81万立方米，投入资金20965.82万元。

白屈港江边枢纽工程包括新建每秒100立方米双向抽水站1座，2（孔）×10米节制闸1座，改建12（14）米×160米×3.5米双线套闸1座。白屈港套闸由原白屈港节制闸拆除重建而成，设计年通航船舶1000万吨，最大泄洪量每秒268立方米。1994年2月开工，1995年12月竣工。抽水站和节制闸合为一体，位于白屈港口以东1000米的陈四港口。抽水站使用5台单机流量每秒20立方米的2500ZLB-20型水泵，装机总容量5000千瓦，变电所总容量6300千伏安，设计双向引排抽水流量每秒100立方米，1997年12月开工，1999年11月通过验收。江边枢纽工程共完成土方55.54万立方米、石方1.75万立方米、混凝土4.11万立方米，投入资金9747万元。

抽水站引河工程是抽水站同白屈港干河的连接工程，接点位于白屈港套闸上游（内河侧）500米处的东新桥附近。引河全长2829米，河底宽35米，河底高程-1.0米，边坡1 ∶ 3。河道沿线均为粉砂土，河坡全线建有护岸。2001年1月开工，2005年5月完工。完成土方82万立方米、石方9300立方米、混凝土8814立方米；投入资金5850.8万元，其中省补2340.6万元、无锡市投入1300万元、江阴市投入1500万元，其余由当地乡镇负担。

2.新夏港工程

新夏港河道位于老夏港西1公里，北起长江，南至江阴黄昌河，全长8.6公里。新夏港工程是武澄锡低片规划中为分担白屈港排水流量而设置的对江引排工程，由新夏港河道工程、江边枢纽工程和抽水站引河工程组成，包括河道拓浚开挖、原套闸加固整修、新建每秒45立方米抽水站和1孔×10米节制闸及沿线桥梁配套工程等。1991年11月开工，1996年12月竣工。完成土方212万立方米、石方3万立方米、混凝土2万立方米，投入资金7571.7万元。

新夏港河道工程1991年11月开工，12月31日开坝放水，完成土方148.82万立方米，征地32.35公顷，拆迁房屋4654平方米，新建、改建桥梁8座。投入资金2075.69万元，其中，省以上投入670万元，无锡市投入500万元，其余为江阴市投入。

江边枢纽由抽水站、节制闸和套闸组成。新夏港套闸位于新夏港河出江口，初建于1975年，规模为8米×120米，当时土建工程基本完成，但因河道未开通，工程没有最后完工。列入治太工程项目后，1991年冬开始对套闸整修续建，1992年5月完工，完成土方2万立方米、石方1万立方米、混凝土0.5万立方米，投入资金531.7万元。2000年，改装闸门，闸区整修加固，投入资金497万元。抽水站和节制闸合为一体，建于新夏港河西0.6公里处的范埠沟口，由引河与新夏港河相接。抽水站使用3台流量为每秒15立方米的45度斜式轴流泵，装机总容量2400千瓦，变电所主变容量3150千伏安。1995年1月开工，1996年9月竣工。站闸工程完成土方29.41万立方米、石方1.3万立方米、混凝土0.85万立方米，征地5公顷，总投资3835万元。

抽水站上游引河工程由站址向南开挖669米后，再折向东开挖600米接入新夏港河（接口距新夏港套闸520米），全长1269米。上游引河底宽15米，底高程-0.5米，边坡1 ∶ 2，在高程6.0米处设宽5米的青坎。下游引河在江堤外江滩上，开挖长1004米。1993年6月开工，1994年5月竣工。完成土方24.3万立方米，征地9.71公顷，压占土地8.3公顷，投入资金430.8万元。

五、湖西引排工程

湖西引排工程的功能在于提高湖西地区向太湖的引排能力，无锡境内主要工程为宜兴南溪河整治和滨湖圩区治理。

1.南溪河整治

南溪河整治工程包括城东港拓浚和烧香港开挖两项。

城东港位于南溪河入湖口、大浦港北侧，是南溪河主要入湖口门之一。河长2.28公里，原河底宽20米，为使入湖河段同上游河道来水相适应，将城东港河底拓宽到50米，河底高程0米，边坡1 ∶ 3。城东港拓浚工程于1993年冬开工，1994年上半年竣工，完成土方48.03万立方米、石方0.25万立方米，投资570万元。

烧香港位于宜兴东北部，西接高渎灌通滆湖，东接沙塘港通太湖，全长27.59公里。为减轻南溪河排洪压力，增强滆湖与太湖之间排水能力，决定拓浚烧香港。鉴于老烧香港曲折多弯，河线过长，行水不顺，决定重新开挖新河，设计河线走向西起滆湖高渎灌，经高塍、扶风，至沙塘港入太湖，设计标准为河底宽20米、高程0米，边坡1∶3。1999年3月开工，分3期实施（2006年5月竣工）。共完成土方566万立方米、石方1.1万立方米；投入资金13783万元，其中省以上补助7293.5万元、无锡市投入2756.9万元、宜兴市投入3732.6万元。

2.宜兴滨湖圩区治理工程

宜兴沿太湖的10个乡镇有低洼圩田9600公顷，历来受太湖洪水影响，洪涝灾害严重。由于湖西入湖口门不设控制，为缓解太湖大水年份高水位对滨湖圩区带来的防洪压力，专列宜兴滨湖圩区治理工程项目。1992年开工，分5期实施，1998年竣工。共浚拓河道16条，加固加高圩堤147.29公里，修建块石护岸3.5公里，建成联圩36个，建圩口闸43座、排涝站22座，完成土方117万立方米，总投资1860万元，其中省以上投资898.37万元。

第二节　长江防洪工程

一、江港堤加固达标工程

1997年，根据省政府《关于加强江海堤防达标建设工作的通知》和省水利厅《江苏省江海堤防达标建设修订设计标准的通知》要求，建设长江江阴段江港堤达标工程。江阴段江堤标准为新沟河以西堤顶高程9.5米，新沟河以东堤顶高程9.25米。港堤顶高比江堤低0.5米，并在江港堤交接段内渐变，江堤迎水坡1∶3，背水坡1∶2，港堤内外坡均为1∶2，江港堤顶宽均为7米。迎水面堤坡全部修建护岸，堤顶修建防汛公路。在江港堤达标建设中，将新河闸、窑港闸、利港闸、夏港闸、洋牌港涵洞等工程北移而致港堤长度减少，同时将沿江企业中的利港电厂A灰场、江阴夏港电厂、扬子江船厂、兴澄钢厂、江阴石化公司、省石化长山分公司等单位的老江堤外新建的围堤列入防洪堤。达标建设后江阴段长江江港堤防总长度由58.81公里调整为52.22公里，其中江堤39.56公里、港堤12.66公里。至2001年10月，无锡市全面完成江港堤达标建设任务，建成各类护岸50.42公里，其中主江堤护岸38.18公里（其中挡土墙3.22公里、护坡34.96公里），港堤护岸12.25公里（其中挡土墙3.85公里、护坡8.4公里）；完成土方61.25万立方米、石方20万立方米。无锡解放后至2005年，江港堤建设共完成土石方959.5万立方米，投入资金18931万元；其中，1986～2005年完成土石方143.05万立方米，投入资金18139万元（不包括白屈港和新夏港江边枢纽）。

二、沿江水闸工程

长江江阴段原有通江河港43条，无锡市有计划实施通江口门并港建闸、建涵工程，至1977年基本完成并港工程，沿江口门全部控制，联成大圩13个，缩短堤防线25.45公里。在此基础上，随着江港堤防建设标准的提高，不断改建、扩建、改造江港口涵闸。在全面实施治太工程中，为畅通太湖和武澄锡地区重要的排水出路和引水通道，大规模展开沿江有关口门建设。1991～2000年，沿江新建白屈港枢纽、新夏港枢纽，重建新沟节制闸（拆除原1米×5米+2米×2.5米+2米×7.5米节制闸，重建8米+10米+8米节制闸，并在河口预留修建套闸和抽水站的位置）。在1997年开始的长江堤防达标工程建设中，沿江口门涵闸同时进行达标建设，新河闸（桃花港口）、窑港闸、利港闸、夏港闸都在原闸外重建新闸，大修加固加高芦埠港闸、申港闸、大河港闸、石牌港闸，在黄田港新建定波北闸，并对江港堤沿线的涵洞全面整修接长。至2005年末，江阴段江堤有通江河港12个（包括新夏港和窑港），建有节制闸13座（其中定波南闸、北闸均在黄田港上）、套闸两座、船闸1座（黄田港船闸，属交通部门管理），电力翻水站两座，建有江港堤排水涵洞63座，其中江堤涵洞28座、港堤涵洞35座。

第三节 横山水库工程

图6-4 2003年10月举行的横山水库引水工程竣工典礼 (张国云摄)

1958年9月，宜兴在西渚镇动工兴修横山水库，1960年3月停建，1965年12月复工续建，1969年9月28日竣工，集水面积154.8平方公里，总库容1.02亿立方米，功能以防洪、灌溉为主，兼供水、发电等综合利用，属大Ⅱ型水库。水库设计灌溉面积6万亩，实际灌溉面积4万亩。工程由大坝、溢洪闸、非常溢洪道、东西两条输水涵洞和两座坝后水电站及溢洪河道组成。由于水库先后建于"大跃进"时期和"文化大革命"初期，上马仓促，经费不足，工程质量不高，设施不配套，建成后一直低水位带病运行。1971～2000年，省水利厅和无锡市水利局安排防汛岁修、防汛急办和除险等经费760余万元，对水库大坝、溢洪水闸、溢洪通道等维修加固、翻建更新。2000年8月，省水利厅组织专家对水库大坝进行安全论证。2001年6月，经水利部大坝安全管理中心核查，确定大坝为三类坝，必须除险加固处理。7月，水利部太湖流域管理局批准实施横山水库除险加固工程，包括：大坝加固处理，溢洪闸改建，东、西涵洞改建，坝顶混凝土挡浪墙及防汛公路改建，东、西退水渠、退水闸改建，溢洪河道上段整治，防汛调度中心、备用电源机房、物资仓库、安全监测自动化系统建设及其他附属工程等。除险加固工程2001年10月6日开工，2003年4月完成主体工程，完成土方59.99万立方米、石方9.24万立方米、土工防渗膜（布）22.08万平方米，种植草皮20万平方米。工程概算9938.44万元，其中中央投资3300万元、省级配套资金3300万元、无锡市与宜兴市承担3338.44万元，实际完成投资9871.25万元。经除险加固后，横山水库增加防洪、兴利库容1000万立方米，其功能由防洪、灌溉为主，转向防洪、供水为主。2003年8月，宜兴氿滨自来水厂引水工程完成后，横山水库即向宜兴城区供水，日供水16万吨，供水保证率96.7%。

第四节 城市水利工程

1986年以后，无锡市加强城市防洪工程建设，实施低洼地区建圩治理。进入21世纪，实施城市防洪及调水规划，对运东圩区、运西圩区和山洪受灾区进行治理。同时，利用运东片防洪控制圈的口门枢纽，增建部分调水配套设施，组成城市调水工程，基本建成江尖和仙蠡桥两大枢纽。

一、城市防洪工程

1976年，城区建设北塘联圩防洪工程。至1985年，城区建成槐古、江尖、南尖、南沿河、船厂里、盛岸里等19个小圩子，建有顶高程5.2米的挡水墙、驳岸14.3公里，建成亭子桥、田基浜、长安桥、黄泥桥、茅泾浜、江尖、西塘沿河、和新里、陶巷、槐古桥等排水泵站48座。

1985～1990年，城区统一规划治理低洼圩区，提高防洪排涝能力，重点加高挡浪墙、改扩建排涝泵站、适当联并小圩，新建7个圩区、45个排水片，建设驳岸36公里，修建节制闸25座、泵站65座，排涝总流量每秒68立方米，投入资金3200万元。1991年洪涝灾害后，城区全面强化挡浪墙基础的加固防渗和挡水墙体的加高加固，联并几个较大的圩子，改造排涝站，增强排涝能力。共建设挡墙基础驳岸防渗加固13.5公里，新建、翻建石驳岸99.2公里，新建、改造挡水墙26公里，新扩建、维修排涝站41座，新改建防洪闸及下水道闸门120座，新铺改造下水道40.7公里，投入资金1.96亿元。1976～2000年，城区防洪工程累计投入资金2.41亿元，建成防洪闸38座（其中套闸8座）、排涝站83座（总流量每秒161.25立方米，配电机10142千瓦），修建驳岸116公里、挡水墙54公里。

鉴于之前所建联圩小，工程建设标准低，防御大洪涝灾害能力弱，按国家防洪堤防标准计算仅可防御无锡南门水位4.5米的洪水，还达不到防御20年一遇洪涝灾害的标准，无锡市于1998年组织制定新的防洪规划，中心城区防洪提高至防御200年一遇洪水标准。2002年，市政府批准实施无锡市城市防洪及调水规划，分运东圩区、运西圩区和山洪受灾区3部分治理，运东地区和运西地区人口、经济比较密集的山北、盛岸地区按200年一遇设防，其余按50～100年一遇设防。圩区排涝标准为20年一遇，城区排水片暴雨排水标准为3年一遇。运东片建立防洪控制圈工程，控制圈范围北至锡北运河，西至锡澄运河，西南至新大运河，南至新区旺庄、红星、三春3个联圩的外围，东至望虞河西控制线（即白屈港控制线），控制面积121平方公里（规划实施时，将控制圈东北部九里河至锡北运河段外移，控制面积扩大至136平方公里），修筑外围堤防37.5公里，建设8个河口控制枢纽和11座小节制闸。根据运西片圩区分散、地形复杂的特点，加固治理原有圩区，强化建设山北北圩、山北南圩、盛岸圩、梅圩、马圩和胡埭圩等6个大圩，新建、翻建堤防驳岸，加固圩堤17819米，新建排涝站两座，改建扩建排涝站6座，新增排涝流量每秒16.73立方米。山洪防治以对惠山南北两侧因山洪下泄受灾地区的治理为重点，提高山区塘坝调蓄能力，加密植被缓解山坡径流，扩建排洪沟渠和过路涵洞。

2005年，市区有排涝站132座，总流量每秒294.9立方米，总动力1.7万千瓦；防洪闸76座，其中套闸10座；防洪堤149公里，其中126.22公里建有硬质护岸。2001～2005年，城区防洪工程投入建设资金0.4亿元（不包括未竣工决算的江尖和仙蠡桥枢纽工程投资）。

2005年无锡市运东防洪包围圈建筑物一览表

表6-2　　　　单位：米、立方米/秒

工程名称	工程位置		调整后工程规模		
	所在河道	地点	船闸	节制闸	抽水站
江尖枢纽	古运河	江尖桥北	—	25×3	20×3
仙蠡桥枢纽	梁溪河	与新大运河交汇处	—	16	15×5
利民桥枢纽	古运河	古运河利民桥北侧	12×90	12	15×4
伯渎港枢纽	伯渎港	苏团桥东300米	8×90	6	15×3
九里河枢纽	九里河	鸭城桥	8×90	6	15×3
北兴塘枢纽	北兴塘河	钢厂西侧	16×135	16	15×4
严埭港枢纽	白屈港	锡北运河南侧	16×135	12×2	14×5
寺头港节制闸	寺头港	锡北运河南侧	—	6×2	—
东线小河控制	—	控制东部11个口门	—	5×1，6×6，8×4	—

说明：仙蠡桥枢纽为北枢纽。

二、城市调水工程

1.江尖枢纽

位于古运河城区段北端的江尖大桥和黄埠墩之间。该处河面宽阔，是古运河穿越古芙蓉湖的遗址，其东北侧是古代无锡米市和接官亭遗迹，西南侧是古芙蓉湖所在地。江尖枢纽工程建设按既满足防洪控制要求，又适应文化景观要求，并为城市调水提供控制和抽水条件实施，建造3米×25米节制闸1座、每秒60立方米的电力抽水站1座。节制闸为下卧式平面钢门，油压启闭机启闭，闸门宽度28米，为当时江苏省内最宽的下卧式平面钢门。抽水站设置3台单机流量每秒20立方米的卧式贯流泵，配3台单机容量800千瓦电动机，总容量2400千瓦。2004年9月28日开工，2005年12月底主体工程基本完工。拆迁房屋6.2万平方米，完成土方21.9万立方米、石方0.12万立方米、混凝土3.9万立方米，工程总投资1.89亿元。

图6－5　江尖水利枢纽工程　（市水利局供稿）

2.仙蠡桥枢纽

位于新大运河和梁溪河交汇处，是运东控制圈的主要口门之一，又是调引太湖水入城的必经之处，为无锡城市水利的重要节点。枢纽工程由防洪和调水两大部分组成。防洪部分包括单孔16米节制闸1座，流量每秒75立方米电力抽水站1座；调水部分包括2米×20米节制闸1座，内径3.5米、长533米的穿运河倒虹吸管3条。防洪闸站同倒虹吸出口建筑组合成北枢纽，调水节制闸与倒虹吸进口建筑组成南枢纽，中间由倒虹吸管连结，组成整个仙蠡桥枢纽。南、北枢纽节制闸闸门均为下卧式平面钢门，油压启闭机启闭。抽水站设置5台单机流量每秒15立方米的立式轴流泵（2200ZLB15），配5台单机容量630千瓦立式同步电机（PL630－40/2600），总容量3150千瓦；倒虹吸管（穿运河涵管）用顶管法施工，管径在同类施工中创造全国之最，涵管就位后管顶高程－6.0米。南、北枢纽工程于2004年5月24日开工，地涵顶管工程于同年9月28日开工，3个标段于2005年6月同时通过水下工程验收，2005年9月基本完工。共完成土方23.5万立方米、混凝土3.61万立方米，钢材制作安装2209吨，工程总投资2.98亿元。仙蠡桥枢纽工程为已建成的梅梁湖调水泵站枢纽向无锡城区调水创造条件，实现抽引太湖水入城的规划要求。

第五节　河湖整治

一、蠡湖水环境整治

蠡湖原名五里湖，为梅梁湖深入陆地的一片水域，东西长6公里，南北宽0.3～1.5公里，面积5.15平方公里。90年代以后，太湖水质不断恶化，渐成劣五类。2001年，国务院批准《太湖水污染防治“十五”计划》，市政府编制《无锡市太湖污染防治“十五”实施计划》，市水利局编制完成《太湖梅梁湖水环境综合治理一期工程——五里湖综合整治项目建议书》。2002年，市水利局编制《太湖梅梁湖水环境综合整治一期工程——五里湖综合整治项目可行性研究报告》，获国家发改委批准。蠡湖水环境综合整治工程包括生态清淤工程、退渔还湖工程、换水工程、入湖河道节制工程、湖岸整治工程和生态修复工程等，总投资5.4亿元。市政府成立蠡湖水环境综合治理工程指挥部，下设办公室（设在市水利局）。工程于2002年初启动，至2005年完成湖底清淤、换水、退渔还湖、生态修复等4项工程，建成10座入湖河道节制闸，蠡湖水面恢复到8.6平方公里。水质明显改善，2005年与2002年相比，高锰酸盐指数下降11.8%，总磷下降34.4%，总氮下降36%，水质类别提升1个等级。

图6-6　2002年，蠡湖淤泥吸入堆场（顾祚维摄）

1.湖底清淤

根据对蠡湖湖底的勘测，湖底淤泥深度0.2～2.0米，淤积总量300万立方米。按照环保和生态修复的要求，设计清淤深度0.2～0.8米，清淤量230万立方米。2002年5月开工，年末基本完工。采用环保型绞吸式挖泥船施工，清出的淤泥用管道输送至长广溪东侧的鱼池中堆放。实际完成清淤量248万立方米，投资6734万元。

2.退渔还湖

60年代末，蠡湖北部被围垦成陆地。70年代中期，改造为渔业养殖基地，围湖总面积254公顷，减小水面和容积，削弱水体自净能力，养殖业排放的大量污水严重污染蠡湖水质。实施退渔还湖工程过程中，原围垦出来的陆地除部分作为景点建设用地外，全部退还水面。退渔还湖工程自2002年8月开始前期准备，由滨湖区政府组织养殖场及居民的拆迁安置，12月中旬完成工程区域内拆迁安置，2003年1月10日开工，6月20日基本完成，2003年9月18日开坝放水。共清理鱼塘162.47公顷，搬迁、关闭企业48家，拆除房屋8万平方米，分流安置职工1972人。完成土石方240.4万立方米；投资2.51亿元，其中征地拆迁补偿1.45亿元。工程完工后，恢复蠡湖水面218.8公顷。

图6-7　2003年，蠡湖退渔还湖工程开坝放水　（市水利局供稿）

3.动力换水

动力换水工程是在蠡湖和太湖之间已有犊山口防洪控制工程的条件下，增建梅梁湖泵站枢纽，使蠡湖得到太湖水量的补充。梅梁湖泵站枢纽配有2000ZGBLO-1.5型卧式贯流泵5台，抽水能力每秒50立方米；卧式异步电动机5台，装机总容量1775千瓦。建有梅梁湖进水闸、蠡湖进水闸、蠡湖出水闸、梁溪河出水闸等4座调节水闸，两座公路桥，总长1300米的泵站上下游引排河道。2003年3月7日开工，2004年6月完工，8月30日通过竣工验收。共完成土石方110万立方米、混凝土2.8万立方米，总投资1.27亿元。

4.蠡湖入湖河道节制

无锡市对蠡湖周边入湖河道实施节制截污措施，共建设环湖河闸、小渲港闸、斜泾浜闸、线泾浜闸、庙东浜闸、东新河闸、张湾里闸、曹王泾闸、板桥港闸、长广溪闸和马蠡港闸等节制闸11座，防止城区及运河水系河网的污染水源流入蠡湖。2003年12月后相继开工，至2005年10月，除马蠡港节制闸外全部完工。累计完成土方18.55万立方米、浆砌块石3800立方米、混凝土1.4万立方米，投资（概算）4045.83万元。

图6-8　梅梁湖泵站　（市水利局供稿）

5.水生态修复

蠡湖水质污染后，水体失去自净能力，水生植物几近绝迹，形成恶性循环。2003～2005年，无锡市在西蠡湖选择94公顷水域展开水生态修复，促进水生态系统快速恢复。水生态修复分4个工程实施。2003年6月～2005年8月2日，实施由蠡湖重污染底泥环保疏浚与生态重建子课题组（简称“蠡湖课题组”）和中国科学院南京地理与湖泊研究所联合设计、由江阴市花木有限公司中标施工的C区生态重建工程，主要种植沉水植物、芦苇等。2003年6月30日～2005年8月，实施由蠡湖课题组和中国科学院武汉水生所联合设计、武汉中科水生环境工程公司中标施工的B区及S区生态重建与系统稳定化示范工程，采取抛种法和人工水下栽种法移栽沉水植物，放养螺、蚌、蚬及鲢等水生动物等。2003年7月17日～2005年6月，实施由蠡湖课题组、中国环境科学研究院和上海市农业科学院联合设计、上海农科绿化工程有限公司中标施工的D区与B区水生植被恢复示范工程，主要为基底整修、区域围隔以及种植陆生植物浮床，水生挺水植物、浮叶植物、沉水植物等。2003年12月～2005年6月，实施由蠡湖课题组和中国科学院南京地理与湖泊研究所联合设计、中国科学院南京地理与湖泊研究所湖泊生态与环境工程研究中心中标施工的V区生态重建示范工程，主要进行基底修复，利用蚌类、漂浮植物浮床净化水质，利用浮游动物、鱼类抑制藻类与提高水体透明度，通过超大流量暴气改善水质等。

二、河道治理

无锡是典型的江南水乡，北江南湖之间为成片的平原圩区，具有发达的水系，全市共有河道5993条，总长6998公里，河道纵横交叉，构成较为完整的河网。80年代初，由于农业生产方式的转变和工业生产的发展，农村罱河泥积肥的生产传统消失，导致河道淤积日趋严重，削弱河道调蓄功能，严重影响引水排洪和交通运输。生产、生活污水大量向河道排放，使水质污染严重，水环境日趋恶化，严重影响农业生产和群众生活。80年代末90年代初，无锡市着手开展乡村河道疏浚工作，各地每年都在水利建设中安排河道疏浚项目，但力度不大，河道淤积、水质恶化愈趋严重。1998年，市人大十届一次会议通过《关于加快清除河道积淤的决议》，要求用5～8年时间，对全市所有河道清淤一次。同年，市政府成立河道清淤整治指挥部，负责实施河道清淤工程。

1.农村河道清淤整治

1998年下半年开始，无锡市对全长5685.2公里的5881条乡村河道实施清淤，至2002年，共清除河道淤泥4658.31万立方米。2003～2005年，疏浚整治县乡河道228条，土方1107.32万立方米。其中：县级河道61条，土方514.5万立方米；乡级河道167条，土方592.82万立方米。累计投入疏浚整治资金10645万元，其中江苏省补助639万元、无锡市补助300万元，其余由县乡自筹解决。

1998～2002年无锡市农村河道清淤概况一览表

表6-3　　　　单位：万立方米

年份	合计	其中				
		江阴市	锡山市/锡山区、惠山区	宜兴市	滨湖区	新区
1998	943.06	168.50	197.85	506.00	26.80	43.91
1999	1164.61	270.00	305.13	503.00	42.38	44.10
2000	903.12	229.00	300.00	300.00	30.12	44.00
2001	829.60	230.50	186.30	305.80	62.50	44.50
2002	817.92	230.00	185.33	319.78	36.01	46.80
总计	4658.31	1128.00	1174.61	1934.58	197.81	223.31

2003～2005年无锡市县乡河道疏浚概况一览表

表6-4　　　　单位：条、万立方米、万元

地区	条数			土方量			总投资			
	小计	其中		小计	其中		小 计	其中		其中：省级配套
		县级河道	乡级河道		县级河道	乡级河道		县级河道	乡级河道	
江阴市	34	3	31	231.96	110.62	121.34	2324.20	1540.59	783.61	129.47
宜兴市	30	5	25	381.67	156.25	225.42	2479.51	1111.27	1368.24	209.15
锡山区	90	31	59	205.38	100.11	105.27	2329.12	1275.22	1053.90	121.13
惠山区	47	14	33	186.44	95.69	90.75	2171.76	1150.76	1021.00	113.85
滨湖区	21	5	16	58.74	34.15	24.59	826.14	502.32	323.82	40.22
新　区	6	3	3	43.13	17.68	25.45	514.23	259.73	254.50	25.18
合　计	228	61	167	1107.32	514.50	592.82	10644.96	5839.89	4805.07	639.00

2.城区河道疏浚整治

1986年7月，市农机水利局组织实施南环城河文化宫桥至南长桥段的清淤工程，此后城市河道连续轮流疏浚。1998年，市政府组织实施城区河道清淤工程。至2000年，城区所有河道均疏浚2～3次，清除淤泥162万立方米。

2003年8月，市政府制定《关于城区河道综合整治三年目标的实施意见》，明确城区河道3年综合整治的总体目标为：清除古运河羊腰湾地区和北塘联圩地区的水体发黑、发臭现象，建设梁溪河清水通道，建成环城河公园。整治工程分别由市房管局、市城投公司和市水利局组织实施，其中，市房管局组织实施梁溪河清水通道生态

图6-9　环城河河道清淤　　（陈平摄）

环境整治，市城投公司组织实施环城河公园建设，市水利局组织实施河道清淤。

2004年，市水利局将全市河道分为城区小河浜、广塘联圩河道和城区河道3类实施清淤整治。城区小河浜整治工程分4批实施，共整治沁园浜、殷家浜、江张浜、杨岸河等77条河浜，总长度30.26公里，累计清淤土方41.2万立方米，完成混凝土8.37立方米、钢筋制作2986吨，投入资金1.67亿元。2005年4月15日起，对广塘联圩相继实施前进河、尤岸浜、广丰东浜、徐巷浜、垅下浜、大寨河、前胡村浜、后胡村浜、丁村浜、丁村东浜、丁村西浜、施巷浜等12条河道综合整治及广丰浜河道清淤。整治河道总长8850米，共完成土方18.25万立方米、混凝土2.7万立方米、钢筋制作980吨、绿化28600平方米，总投资1.68亿元，其中整治工程建设7680万元、拆迁征地9164万元。同年，重点整治梁溪河、环城河等19条城区河道。实施庵桥河、乔巷浜、古运河（江尖公园至莲蓉桥段）、杨木桥河、民丰河、团结河、普社河、顾桥港、庙桥港、典古桥河、塔影河、冷渎港等河道的综合整治及古运河、环城河、内塘河、刘潭河、桐桥港河、苏屑河、戴顶浜等河道清淤工程，总长40.07公里，完成土方116.86万立方米、混凝土2.68万立方米、石方0.4万立方米、钢筋制作862.6吨，投资6681.2万元。

第二章　水利管理

第一节　机　构

1986年，无锡市由市农机水利局负责全市水利管理工作。1996年5月，撤销市农机水利局，成立市水利局，正处级建制。内设办公室、计划财务处、水政水资源处、农村水利处、工程管理处、基本建设处、水利经济处、人事科教处、纪律检查组（监察室），行政编制40人，其中工勤人员编制4人。2001年，将原由市地质矿产局承担的地下水行政管理职能、原由市建设委员会承担的指导城市防汛职能、原由市市政公用事业局承担的城市地下水资源管理职能以及市节约用水办公室的机构和职能等划入市水利局，原由市水利局承担的宜兴地区以植物、种草等生物措施防治水土流失的职能划给市农林局。市水利局机关核定行政编制37人（含老干部服务人员编制1人），行政附属编制5人。内设办公室、组织人事处（挂“机关党委”牌子）、财务审计处、计划基建处、工程管理处、水政水资源处（挂“市节约用水办公室”牌子）、农村水利处（挂“市水土保持办公室”牌子），并设置纪检监察机构。下属单位有市防汛防旱指挥部办公室、市水政监察支队、市水资源管理处、市重点水利工程建设管理处、市河道堤闸管理处、市水利基建工程质量监督站、市太湖闸站工程管理处、市城市防洪工程管理处、市水利设计研究院和市水利工程公司、禹光房产开发公司。2004年，市水利设计研究院和市水利工程公司分别改制为股份制企业，党组织关系仍由市水利局党组管理。

第二节　水利工程管理

一、管理体制改革

2003年12月，无锡市成立水利工程管理体制改革工作领导小组，实施全市水利工程管理体制改革，2005年完成。撤销市犊山防洪工程管理处、市直湖港水利枢纽管理处和市北塘联圩闸站工程管理处，分别组建市太湖闸站工程管理处、市城市防洪工程管理处，均为副处级事业单位。确定市城市防洪工程管理处、市太湖闸站工程管理处、江阴市江港堤闸管理处、江阴市白屈港水利枢纽工程管理处、宜兴市水利工程建设管理处、江苏省望虞河锡山管理所、滨湖区河湖堤闸管理所、滨湖区贡湖堤闸管理所、无锡太湖国家旅游度假区防洪工程管理处等9个水利工程管理单位为纯公益性事业单位，江阴市河道管理处、宜兴市横山水库管理处等为准公益性事业单位。

二、维修养护

无锡市国管水利工程有长江堤防闸站工程、太湖堤防闸站工程、望虞河等流域性河道工程以及宜兴山区水库等工程。1971～2000年，投入760余万元对横山水库维修加固。1998～2000年，投入603.38万元对沿江11座水（套）闸进行机房改扩建、闸门更新、启闭设备改造以及闸墙加高加固。1999年太湖流域发生特大洪涝灾害后，各级政府加大对工程防汛岁修、度汛应急、除险加固、维修养护的经费投入。2001～2005年，全市完成水利工程项目251个，投入水利工程管理经费2720万元，其中中央投入200万元，省投入656万元，无锡市级投入520万元，市（县）、区1344万元。

三、调度运行

1.长江堤防闸站调度运行

长江堤防闸站调度运行的重点是涝期排涝和旱期引水。锡澄运河青阳水位汛期超过3.50米时，即在长江低潮时开闸排水；干旱和农业灌溉集中用水期间，当青阳水位低于3.20米时，在长江高潮时开闸引入江水；在大涝或大旱年份，当沿江水闸自排或自引能力不足时，适时启用江边枢纽抽水站，实施抽排或抽引。1993年，无锡地区发生大水，江阴沿江水闸利用长江低潮抢排涝水，整个汛期共抢排涝水6.5亿立方米。1994年6月29日出梅后，长期晴热、高温、少雨，气温高于30摄氏度的天数达78天。为缓解严重旱情，及时开启沿江各水闸，利用长江高潮引进长江水4.5亿立方米，使锡澄地区内河水位保持在3.0米左右。1997年6月中旬，正值水稻泡田用水高峰期，澄锡地区发生大旱，虽沿江水闸全力开闸引水，水量仍不能满足灌溉需要，内河水位快速下降至2.6米，致使农田灌溉站无法抽水，因夏港抽水站为单排站，不能引水，无锡提请太湖流域管理局启动刚建成的望虞河江边枢纽抽水站引江水入河，迅速将内河水位抬高至3.0米以上，解决农业灌溉、人民生活和航运用水。1999年，太湖流域发生特大洪涝灾害，6月10日开始，江阴沿江13座水闸利用长江低潮全力开闸排水，降低内河水位。6月29日，新夏港翻水站开启3台机组向长江抽排涝水。6月10日～9月末，共向长江排水19.05亿立方米。2001～2005年，无锡江边闸站累计向长江排水14.92亿立方米、引水46.4亿立方米。

2.太湖堤防水闸运行

根据太湖流域管理局制定的太湖调度方案，汛期当太湖水位低于4.2米且高于无锡运河水位时，犊山、直湖港枢纽节制闸根据无锡城区洼地承受能力开闸泄水；当太湖水位超过4.2米且高于无锡运河水位时，犊山、直湖港枢纽节制闸关闸挡洪；当无锡水位超过4.2米，太湖水位较低时，可开闸向太湖排涝。沿太湖各水闸与犊山枢纽同步运行。为保护太湖水质，汛期降雨初期因内河水质太差，一般不开闸向太湖排水，待降雨一段过程让河水流动稀释后再开闸；非汛期沿湖水闸运行服从水环境保护，主要承担挡污任务，不开闸排水，确保无锡城区内河污水不进入太湖污染湖水，因而每年关闸时间均在335天以上。梅梁湖泵站以调水为主，当太湖水质恶化时，开机拉动梅梁湖水，促进水体流动；当无锡城区河网水质恶化时，开机抽太湖水通过梁溪河、仙蠡桥立交进入城区。泵站开机运行时，犊山枢纽、泵站进出水闸、梁溪河沿线控制闸及仙蠡桥枢纽等相机运行。

3.武澄锡低片东控制线运行

武澄锡低片东控制线运行的重点为挡水、挡污。当望虞河高水行洪或武澄锡虞区发生大暴雨，导致水位猛涨，且武澄锡低片水位升高开始向长江排水时，关闭控制线，防止高片洪水进入低片，实行高低片分开排水；当无锡城区水质恶化，白屈港向无锡调水时，关闭控制线，防止引入水量流失和污染。

4.横山水库调度

按省防汛防旱指挥部批准的调度方案，横山水库的汛期限制水位34～35米，其中：5月1～31日35米，6月1～10日逐步下降至34米，6月11日～8月31日为34米，9月1～30日逐步上升至35米。当汛期发生超限水位时，水库溢洪闸控制泄流量，维持汛限水位；如预报有大暴雨，可加大泄量，预降水位，调蓄洪水；在确保防洪安全的前提下，如下游太湖及圩区水位过高，控制水库泄洪量，实行错峰泄洪。

第三节　水资源管理

一、水资源评价

1992年初，市水利局组织水利、水文和地质部门实施水资源调查评价，通过实地调查和水文数据分析、计算，测算本地的地面水、地下水和过境水等资源数量状况。对社会各行各业的取水、用水情况调查登记，基本摸清全社会的用水情况和水资源的开发利用程度，进行水资源量的余缺状况评价，掌握水资源状况的第一手资料。1995年初，水资源调查评价全面完成。各市（县）及市区均编制水资源调查评价报告或水资源开发利用状况报告，经省水利厅组织验收后，统一汇总编制《江苏省水资源评价报告》。根据报告，无锡本地水资源总量为平水年18.1亿立方米，一般枯水年15.31亿立方米，特枯年4亿立方米；全市可利用的水资源量（含过境水资源量）为平水年45.96亿立方米，一般枯水年43.49亿立方米，特枯年36.73亿立方米。

二、水资源规划

1993年～1995年3月，市水利局制定《无锡市市区水资源保护规划》。规划在调查分析无锡市区水资源可供量、用水量、水质及污染源状况基础上，提出水功能区的划分和水质目标，计算水环境容量和排污削减量，并提出保护城区水资源的措施。该规划资料显示市区本地水资源量比较贫乏，主要依靠过境水量。以正常年景1990年水平，本地水资源量仅为1.13亿立方米，人均占有量120立方米；计入过境水量，则全年水资源总量为16.17亿立方米，人均1712立方米。特枯年份的1978年，本地水资源量0.17亿立方米，人均18立方米；计入过境水量，全年水资源总量为7.29亿立方米，人均772立方米。地面水质污染十分严重，市区河道水质除锡澄运河为四至五类外，其余河道均劣于五类。梅梁湖、蠡湖水体呈富营养化，基本属四类水质。地下水中深层水均尚良好，但浅井水则已大部分被污染，其中，平原区浅井三类水质占26%、四类水质占11%、山区浅井三类水占12%。该规划是无锡市第一个水资源管理规划，也是全国最早的城市水资源管理规划之一。

2001年，市水利局编制《无锡市城市水资源规划》，重新计算2001年区划调整、市区面积扩大后的水资源供需数据。2003年，启动编制《无锡市水资源综合规划》。经调查分析，全市水资源总量（包括过境水可利用水量）为丰水年108.88亿立方米、人均2460立方米，平水年92.73亿立方米、人均2096立方米，枯水年68.31亿立方米、人均1544立方米，特枯水年35.88亿立方米、人均811立方米。根据无锡市经济社会发展计划及强化节约用水和水污染防治措施后的用水情况分析估算，要达到95%保证率的供水水平，全市2010年将缺水4.6亿立方米、2020年将缺水5.2亿立方米、2030年缺水5.9亿立方米。该规划提出需加强节水管理，增强从长江调水能力，以满足需水要求。

三、取水许可制度

1992年8月，市计委、市水利局联合发出《关于实行建设项目取水审查制度的通知》，规定需从江河湖泊和地下取水的建设项目，有关建设单位必须先向水行政主管部门提出申请，经同意后，项目才能报计委审批。1994年8月，市政府印发《关于贯彻实施〈江苏省水资源管理条例〉的通知》，全面展开水资源管理。

1993年6月国务院颁发《取水许可制度实施办法》，市水利局于8月在全市发放取水许可证。至1994年6月，江阴市、宜兴市基本完成发证工作；至年末，无锡县完成发证工作。同时，市区完成由原建设部门颁发的地下水取水许可证换发为水利部门统一制作的取水许可证，取水许可证由省水行政主管部门印制。1996年，根据国家规定全部换发成全国统一的取水许可证，全市共发放800余本。是年起，实行取水许可证年审制度。至2000年，经水行政主管部门审批发放的取水许可证2160本，年许可取水量34亿立方米。2005年，全市取水许可证发放1759本，年许可取水量31亿立方米。

四、水资源论证

2002年，根据国家《建设项目水资源论证管理办法》，无锡市着手建立水资源论证制度。2003年，市水利局与市发改委联合制定《关于认真贯彻执行建设项目水资源论证管理办法的实施意见》，对建设项目水资源论证的范围、程序、专家审查、资质管理等作出全面规范。2004年，规定建设项目应先由各级水行政主管部门会同有关部门对拟取水位置进行实地查勘，经查勘确定无重大原则性问题，并提出水资源论证技术要求后，业主单位方可委托有资质的单位编制水资源论证报告。同时规定，未获得水资源论证资质的单位，一律不得承接建设项目水资源论证业务，不得在水资源论证报告书上署名。

五、水资源费征收

1994年10月1日起，根据市政府《关于贯彻实施〈江苏省水资源管理条例〉的通知》规定，无锡市开征水资源费，征收标准为非农业灌溉取用地表水每立方米0.01元、市（县）及以下乡镇取用地下水每立方米0.20元、市区取用地下水每立方米0.71元。所征水资源费主要用于水资源调查、评价、规划、管理。1997年，地下水资源费调整为自来水管网到达地区每立方米0.71元，自来水管网未到达地区每立方米0.435元。对地下水超计划用水实施加价收费，超过计划10%的加价1倍；超过10%～50%的加价4倍；超过50%的，除加价外，可吊销取水许可证，直至封井、停止取水。2001年5月，市物价局、市财政局转发省物价局、省财政厅《关于调整地表水水资源费的通知》。收费标准调整为水田每亩3～4元，其他农业灌溉用水每亩2元，电厂锅炉消耗水、市政公用事业用水及其他用水每立方米0.03元，农村生活用水暂缓征收。2002年6月，市物价局发出《关于调整地下水资源费标准的通知》，地下水资源费标准调整为：市区工业、商业服务和特种用水每吨2.3元，生活用水每吨2元，江阴市、宜兴市按省、市文件精神调整。2004年7月，地表水资源费统一调整为每立方米0.13元，市区地下水资源费调整为每立方米生活用水2.4元、工业用水2.7元、商业服务用水3元、特种用水3.2元。至2005年，全市共征收水资源费9250.95万元，其中市级征收1974.15万元。

六、用水管理

无锡市实行节约用水、计划用水。用水户严格按取水许可证规定的取水标的取水，并在一年一度的取水许可证年审时考核，根据企业用水实际在年审换证时调整用水计划。1996年起，选定锡山市乳品厂、金鹏集团、利港电厂、陆桥东风化工助剂厂、江阴茂达棉纺织厂等20多家条件较好的、生产正常的化工、印染、纺织、电力、机械企业，对其生产过程各个环节的用水情况跟踪测试，记录产品的用水量，确定产品用水定额。

1996年7月1日起，全面实施取水计量工作，至1997年8月，非农用水户计量装表率达100%。1997年起，每年由市政府办公室下达地下水年度取、用水计划，年中有检查，年末有考核，对超计划用水的单位进行经济处罚。1998年，总结推广锡山市前洲镇金鹏集团印染厂自建简易水处理设施、把河道水作简易净化处理后用于工业生产的典型经验，并在市、县水资源费中安排部分补贴经费，鼓励各地推广这一节水措施。

2003年起，全市开展节水示范企业、示范项目创建活动。2004年起，全市推广安装智能水表，至2005年安装46只。在江阴市和无锡城区建成取水大户远程遥控系统，实时监控用水计量设备的运行，保证用水计量的持续和准确；编制449个产品的用水定额，并与市技术监督局联合颁布执行；50家企业完成改水，减少地下水开采1500万立方米。至2005年，江阴市润华化工有限公司、惠山区振达特种钢管制造有限公司、江阴裕华铝业有限公司等3家企业创建为江苏省省级节水型企业，江阴市西城钢铁有限公司、锡山区先进化药化工有限公司、惠山区阳光印染有限公司等16家企业创建为江苏省省级节水示范项目，江阴市苏利精细化工有限公司、宜兴市王氏保温防火材料有限公司、锡山区尚品有限公司、惠山区华辰带钢有限公司、滨湖区省电业职工疗养院等8家企业创建为无锡市市级节水示范项目。

七、节水管理

1986～1997年，市节约用水办公室（简称“市节水办”）列入用水计划管理的用户从300户增至689户；市区节水技改措施153项，总投资798.53万元，工业用水重复利用率从46.09%提高至63.37%；总计节水9671.28万立方米，年均节水801.44万立方米。市节水办1998年划入市市政公用局，更名为市节约用水管理处；2003年划入市公用事业监管中心；2005年复名为市城市节约用水办公室。1998～2005年，工矿企事业用水计划管理用户917户；企业自投节水技改项目12个，总投资242.10万元，工业用水重复利用率69.62%；总计节水10303万立方米，减少污水排放8758万吨。

八、深井管理

民国9年（1920年），无锡公园路开凿城区第一眼生活公用自流深井，日产水300担。至民国34年，城区有自流深井9眼。随着无锡民族工业的发展，纺织、丝绸企业大量增加，深井用水由生活用水转向工业用水。70年代后期，乡镇工业迅猛发展，地面水污染日益加重，浅井水亦受到污染，农村生产、生活用水大量改用深井水，深井数量剧增。1996年，澄锡地区深井数由1979年的46眼增至1136眼，日取地下水量9074万立方米。大量无序开采地下水造成地下水位大幅度下降，导致大面积的地面沉降。至2000年，全市地面累计沉降1米以上的面积超过210平方公里。

1995年10月，市政府转发市计委、市农机水利局、市矿产资源管理局《关于严格地下水资源管理的意见》。水资源管理部门逐村、逐厂、逐井实地调查登记，把每眼井的地点、深度、设备型号、性能、开凿年月、施工单位、管理责任等信息一一登记在册，每眼井配有一张取水许可证、一块编号牌、一套计量设施、一本取水台账。1996年6月，省政府发布《关于加强苏锡常地区地下水资源管理的通知》，无锡市实行凿井许可制度，原则上不允许开凿新井，开凿急需的生活用水井须经严格的审查，并对凿井技术指标、施工单位资质严格控制，以保证成井质量并限采水量。1997年，全省实行计划限采措施。每年初由省政府下达各市年度允许开采量，并逐级下达到村，再定量到每一口井。年度开采计划逐年减少，同年，市区管理99眼自备深井，管理率100%。抽用地下深井水从1986年的690.44万吨降至158.39万吨。1998年，城区地下水管理职能划入市水利局，城区封井任务仍由市市政公用事业局完成。1999年锡澄地区地下水开采量5695.24万吨，比1996年压缩3379万吨，2000年压缩至5600万吨。2000年7月，省政府在无锡召开苏锡常地区地下水水资源管理工作会议，决定限期禁止开采地下水。8月，省人大常委会作出《关于在苏锡常地区限期禁止开采地下水的决定》，要求从2001年起，3年内超采区全面封井，5年内全面禁采地下水。9月，市政府召开全市地下水水资源管理工作会议，向各市（县）区下达禁采目标任务书，明确各地年度禁采任务。2003年末，城区完成79眼沙层井封填任务。2004年，市水利局在编制水资源规划时编制《无锡市浅层地下水规划》。无锡市政府分期分批实施封井，连续5年全面完成省政府下达的年度封井和禁采任务。至2005年9月末，全市累计封井1082眼，其中超采区封井838眼，比省政府下达的全市封井禁采时间提前115天。地下水开采由2000年的5286万立方米压缩为0立方米（不含按规定特种行业保留开采的深井），地下水降落漏斗面积得到有效控制，水位埋深60米以下面积稳定在970平方公里左右，地下水水位上升的监测点占原监测点总数的84.6%。

第四节 水环境管理

70年代起，无锡河水水质逐步变差，80年代初河水开始黑臭、太湖水体富营养化程度逐步加深。1990年，无锡犊山口外的梅梁湖发生第一次蓝藻大暴发，此后又发生过数次不同规模的蓝藻暴发，1998年发生第二次蓝藻大暴发。蓝藻成为太湖水环境的重要隐患。城区河道黑臭现象日趋严重，城乡水环境严重恶化。90年代后期，无锡市开始实施水环境管理，开展城区河道保洁。

一、城乡河道管理

90年代后期，无锡市开始实施城区河道保洁管理、城乡河道清淤和环境整治，农村河道也有组织开展保洁工作。1997年，市创建国家卫生城市领导小组办公室设立河道组，由市建设委员会和市水利局抽调工作人员组成。河道组在实施城区小河道清淤的基础上，组织河道清洁卫生达标竞赛活动，逐年确定对各区的部分河道保洁工作考核评比，并从城市防汛工程经费中安排资金用于补贴河道保洁，主要用于补贴保洁专职人员报酬和添置、试制打捞专用船舶。1997～2000年，市区列入考核河道309条，保洁打捞工人89人，专用打捞船86艘，每年在城市防汛经费中安排100万元管理经费。卫生城市创建工作结束后，河道保洁管理由市环境卫生管理处承担，转入正常的市容环境清洁卫生管理。2005年末，崇安区、北塘区、南长区、滨湖区和新区列入市级目标管理考核的河道341条。城区小河道保洁管理经费由市财政每年安排400多万元，其中由城市防汛经费中每年列支138万元。

2004年7月9日，无锡市颁发《关于加强农村河道长效管理的意见》和《无锡市农村河道长效管理考核办法》，全市农村河道长效管理全面展开，逐年配置河道专兼职管理人员，树立管理责任牌，镇、村两级制定管理制度，落实管理经费，无锡市每年从农田水利经费中安排200万～300万元，用“以奖代补”的方式支持、推动农村河道的管理工作。

二、市区水功能区划分和管理

1993年编制《无锡市市区水资源保护规划》，首次对城区河湖水域作出初步的水功能区划分。根据无锡市区的水系条件，共划分为梅梁湖、蠡湖、京杭运河、古运河、北新河（包括转水河、寺头港、九里河、北兴塘等）、梁溪河、马蠡港、伯渎港、锡澄运河等9个区域。对各区域分别确定其功能，分为饮用水源、渔业用水、游乐观赏水体、工业用水、农业灌溉用水和航运用水等，并按功能要求确定各分区的水质目标。

2001年，市水利局编制《无锡市水（环境）功能区划报告》，将全市水功能区域划分为两级。一级区划是从宏观上控制水资源开发利用和保护，由流域机构为主划定，将水域划分为保护区、保留区、缓冲区和开发利用区四类；二级区划依据水域水资源开发利用状况及社会需求，对一级规划区中的开发利用区作进一步划分，详细确定水的主导功能，由各级地方水行政主管部门在流域机构指导下划定，功能内容按各地实际需求确定。报告共划定各类一级区划126个，其中保护区4个、保留区1个、缓冲区22个、开发利用区99个，河流总长1225.6公里，面积2307.56平方公里；划定二级区划85

个，其中饮用水水源区9个、渔业用水区11个、农业用水区4个、景观娱乐用水区18个、过渡区1个、工业用水区42个，河流长887.4公里，面积389.3平方公里。2003年，该报告经市政府审批同意，由市水利局和市环保局共同负责实施。功能区划定后，即开展重点水功能区确界立碑和各功能区限制排污总量计算工作，强化区域水环境的管理。是年起，对保护区、保留区、缓冲区、饮用水源区和景观娱乐用水区等36个水功能区进行确界立碑，2003年、2004年和2005年分别确界立碑37块、25块和18块。80块界碑中，涉及保护区5块、保留区1块、缓冲区22块、饮用水水源区9块、景观娱乐用水区8块、渔业用水区6块和工业、农业用水区29块。2004年，开始对保护区、保留区、缓冲区、饮用水源区4个重要水功能区进行限制排污总量的计算，共计27条河流、4个湖荡和1个水库，涉及30个水功能区，计算成果为各功能区水环境管理中控制排污的重要依据。

三、调水引流

1980年，位于北塘联圩内的无锡印染厂因化学原料罐泄漏入河，影响工厂用水和居民生活用水，北塘联圩实施试验性的调水措施，引入锡澄运河水（高桥泵站引水，三里桥泵站排水），改善印染厂所在的内塘河水质。1983年7月21～26日，北塘联圩首次有计划地试行全圩调水。此后，北塘联圩每年进行几次调水，并逐步推广到城区其他圩子。2000年8月，在北塘联圩调水时进行水质检测，每天调水10小时，连续调水10天，圩内河道水体中高锰酸盐指数从每升22.2毫克降至5.6毫克，溶解氧从每升0.6毫克增至1.7～1.9毫克，水质明显改善。由于无锡周围河网水质普遍较差，局部圩区的调水水源水质没有保障，调水后的水质改善程度和时效不理想，且圩区内部的调水不能解决圩外河道的水质，不能全面改善整个城区的水环境。2002年起，无锡市先后兴建梅梁湖泵站、城市防汛控制工程和仙蠡桥穿运地涵等较大规模的防汛调水工程，扩大调水范围。2003年，市政府作出“改善水环境、提高水质量，有计划地在城区河道实施调水工程”的部署。至2005年，城区各圩子共调水6.32亿立方米，其中2003年1.9亿立方米、2004年2.19亿立方米、2005年2.23亿立方米。无锡市初步实施从太湖和望虞河（长江水）引水进入城区。

第五节　水法规管理

一、法规制定

1987年3月，无锡市政府发布《无锡市古运河管理暂行办法》。1988年《中华人民共和国水法》的施行，推动无锡水法规的建设。1992年，市政府颁发《无锡市水利工程管理办法》，为无锡市首个全面的水利工程保护的政府规章。1993年，市法制局、市计委和市农机水利局联合发布《关于贯彻〈河道管理范围内建设项目管理的有关规定〉的通知》，控制建设项目任意侵占河道水面、岸线、江湖滩地等破坏河道的行为。1994年12月，市人大常委会颁发《无锡市水环境保护条例》，1997年市人大常委会通过其修正案。1995年10月，市政府批转市计划委员会、市农机水利局、市矿产资源管理局联合制定的《关于严格地下水管理的意见》，作出压缩地下水开采总量，严格执行地下水取水许可的法定程序、凿井许可审批手续、实行计划用水、节约用水等规定。1998年，市政府颁发《无锡市河道管理实施细则》，以政府规章的形式全面规范全市河道管理。

二、水利工程水费征收

水利工程水费开征于1984年。是年，市政府转发由市农机水利局、市财政局制定的《无锡市水利工程水费收交和管理使用暂行规定》，规定收费标准为：每立方米工矿循环用水0.0013元、消耗用水0.02元、冲污用水0.02元，农业用水每亩0.3元。1989年8月，无锡市调整水费收取标准，每亩农业用水稻麦田1.6元、旱田0.2元、果茶菜田0.5元、精养鱼池水面15元、网箱养鱼水面10元、大水面外塘养鱼水面2元，工矿企事业用自来水每立方米0.02元，自提水以消耗水和循环水按省定标准收取，发电（火电）用水每千瓦时0.002元，建筑用水按建筑面积每平方米0.3元，自来水公司供应的生活用水每立方米0.009元。1997年11月，市政府再次调整收费标准，每亩稻麦田4元、旱田0.5元，水库供水的稻麦田8元、旱田2元，装表计量的每立方米0.005元（水库供水的每立方米0.016元），其他经济作物每亩6元，鱼池及网箱养殖每亩15元，河荡大水面养殖每亩3元，工业用水每立方米0.04元，发电用水每千瓦时0.003元，生活用水每立方米0.015元（水库供水0.03元），冲污用水直接排入河湖的每立方米0.08元、排入污水管网的每立方米0.04元，建筑用水按建筑面积每平方米0.5元。2001年1月，市物价局、市水利局发出《关于调整水利工程供水价格的通知》，贯彻省定的水利工程供水水价。水价标准为农业用水每立方米0.09元，按亩收费的稻麦田每亩7元、旱田0.9元、经济作物0.5～2.0元，每立方米工业消耗水0.09元、循环水0.0225元、贯流水0.036元，水力发电按售电电价的30%（专发）或10%（结合发）收取，池塘养殖每亩25元、河荡大水面养殖每亩7.5元，生活用自来水每立方米0.03元。新水价实施后不再收取冲污水费。11月，市财政局、市物价局、市农林局、市水利局转发省财政厅、省物价局、省水利厅《关于取消农村税费改革试点地区有关涉及农民负担的收费项目的通知》，将水利工程水费由行政性收费改为经营性收费。

三、水政监察

1990年，无锡市根据水利部《水政监察组织暨工作章程（试行）》要求，由市、县水利局水政科（股）实施水行政执法，并逐步组建专业队伍。1994年，宜兴市横山水库成立水库派出所，配备民警3人，负责水库安全执法。1995年7月，成立无锡市水政监察大队，为全民事业单位，核定编制8人。各市（县）、区和乡镇相继建立水政监察队伍。1996年1月，市水政监察大队改名为无锡市水政监察支队。各市（县）、区相应组建水政监察大队。2002年，筹建乡镇水政监察中队，形成市、市（县）和区、乡镇三级水政监察网络。2001年起，全市以镇或地区调整和新组建水政监察中队19个，其中江阴市两个、宜兴市8个、锡山区两个、惠山区4个、滨湖区3个。2002年，撤销无锡县和郊区水政监察大队，分别新建锡山区、惠山区和滨湖区水政监察大队，新建无锡市水政监察支队北塘大队、犊山大队和直湖港大队（为市支队的直属大队），负责北塘联圩、犊山水利枢纽和直湖港水利枢纽工程管理范围内的水政监察工作。2004年10月，在无锡市区水利工程管理机构调整后，原市水政监察支队犊山大队和直湖港大队合并成立无锡市水政监察支队太湖闸站大队，负责犊山水利枢纽、直湖港水利枢纽和环蠡湖闸站管理范围的水政监察工作。至2005年末，全市有市级水政监察支队1个，市（县）、区级水政监察大队5个，市水政监察支队直属水政监察大队两个，市（县）、区中队23个。全市三级水政监察队伍共有专（兼）职人员238人，基本覆盖全市所有乡镇及较大规模水利工程。1992～2005年，全市共查处水事违法案件2035起，其中，市支队直接查处案件720多起，包括河道案件、水工程案件、水资源案件、水土保持案件以及其他水事案件。查处案件中，行洪河道设置鱼簖等障碍物、长江非法采砂、河道内抛丢建筑垃圾和排放泥浆、河道管理范围内违章建设等河道案件居多。

第三章　防汛防旱

第一节　防汛指挥机构

1983年，无锡市成立市防汛防旱指挥部，各县、郊区、马山区设防汛防旱指挥部或总队部，乡镇设相应的机构。各级防汛防旱指挥部由各级政府的分管领导和水利、城建、农业、交通、供电、邮电、计委、商业、物资、气象、水文、军分区（人武部）等有关部门负责人组成。市防汛防旱指挥部指挥由分管农业的副市长担任，副指挥由军分区副司令员（参谋长）、市水利局长和市政府负责农业的副秘书长担任。指挥部下设办公室，与市水利局工程管理科"两块牌子，一套班子"，由市水利局长兼办公室主任，负责处理防汛防旱日常事务。城区设立防汛指挥部，由分管城建的副市长任指挥，市建委副主任任副指挥，办公室设在市建委内，负责处理城区防汛日常事务工作。崇安区、南长区、北塘区设区级防汛指挥部，与区建设局"两块牌子，一套班子"。各街道均建立防汛领导小组，负责本地域防汛工作。

1989年6月，根据国家防汛防旱总指挥部关于各级防汛防旱指挥部办公室为常设机构，配备专职防汛人员的要求，市编制委员会配置市防汛防旱指挥办公室行政编制4人，与市水利局工程管理科合署办公。1997年，市防汛防旱指挥部办公室改为市水利局直属事业单位，核定全民事业编制5人，作为市防汛防旱指挥部的常设机构，负责全市防汛防旱日常工作。

2001年，无锡市行政机构改革，市政府成立市防汛防旱指挥部，不再设立市城区防汛指挥部，原市城区防汛指挥部办公室职能划并入市防汛防旱指挥部办公室，办公室核定编制12人。全市防汛防旱工作由市防汛防旱指挥部统一领导和协调，结束城乡分割的局面。各市（县）、区成立防汛防旱指挥部，江阴市、宜兴市和锡山区、惠山区、滨湖区防汛防旱指挥部办公室设在市（县）、区水利局，新区防汛防旱指挥部办公室设在区农经局，崇安区、北塘区、南长区防汛防旱指挥部办公室设在区建设局，防汛业务由市防汛防旱办公室指导。

1991年、1999年太湖流域发生特大洪涝灾害期间，市政府成立防汛抗灾总指挥部，由市长担任总指挥，指挥部设在市政府大院，24小时值班。

第二节　防洪预案及实施

一、预案制定基础

无锡市地处长江下游，属太湖流域、海洋性气候，受季风影响明显，四季分明，雨量充沛。年平均降雨量1141毫米，年最大降雨量1713.1毫米。最大日雨量221.2毫米（1990年），最大3日雨量295.7毫米（1991年），汛期（5～9月）降雨量占全年降雨量的61.1%（多年平均值），且时空分布不均。历史上遭受的洪涝灾害主要有梅雨型（由于梅雨量大，范围广，江河湖泊水位并涨，造成大范围洪涝灾害，典型年份为1954年）、台风暴雨型（降雨强度特大，短时间河道水位猛涨，造成洪涝灾害，典型年份为1962年）、梅雨与暴雨混合型（最具威胁，造成严重洪涝灾害，典型年份为1991年和1999

年）。洪涝灾害威胁区域主要是高程在5.0米以下的低洼圩区。全市共有大小圩子576个，保护面积10.05万公顷，其中万亩以上大圩41个，保护面积5.28万公顷。全市防洪圩堤2196.78公里，经多年维修加固，防汛标准得到较大提高，万亩以上大圩基本达到50年一遇防洪标准。全市圩区有圩口闸1000座（其中防洪闸734座、套闸61座）；固定排涝站1395座，排涝动力8.01万千瓦，总计排涝流量每秒1614.51立方米。武澄锡低片以1954年5～7月雨型为设计排涝标准，相当于20年一遇，一般圩区以日雨200毫米两天排出为标准。长江大堤和太湖大堤的防洪标准相当于50年一遇。宜兴市有水库18座，其中大型水库1座（横山水库）、小Ⅰ型水库4座、小Ⅱ型水库13座。总集水面积224.3平方公里，总库容1.29亿立方米，其中防洪库容0.65亿立方米。

新中国成立后，无锡地区共发生洪涝27次，其中大洪涝4次（1954年、1962年、1991年、1999年）。1986～2005年，发生洪涝灾害8次，其中大洪涝两次（1991年、1999年）。无锡市持续加强水利工程建设，建成较为完整的水利工程体系，但遇到雨量大、历时长、范围广的梅雨型洪水或降雨强度大的台风暴雨型洪水时，低洼地区受洪涝灾害的威胁仍很严重，且丘陵山区易受山洪的侵袭。

二、防洪目标

无锡市防洪目标为遇到超历史特大洪水（无锡南门水位5.00米）时，确保无锡城区和江阴市、宜兴市及区级政府所在城镇的安全；确保全市41个万亩以上大圩（总面积79.07万亩）和重点圩区（包括滨湖区梅圩、市区黄泥头圩、山北南圩、山北北圩、向阳南圩、向阳北圩、广塘联圩等）不破圩、不死人，并尽量减少损失；确保太湖大堤、长江大堤不决堤和宜兴市横山水库不垮坝；确保生命线工程正常运转。在任何情况下，供电、供水、邮电通信不中断，沪宁铁路、主要公路畅通，保证粮食、燃气、煤炭、生活必需品的供应；确保重要企事业单位、重点物资仓库、有毒化工仓库和易爆物资仓库的安全。

三、水情调度预案

1.沿长江水情调度预案

沿长江水闸、泵站调度以汛期锡澄地区河网水位确定，当江阴青阳水位站水位超过3.50米时，利用长江低潮时开启沿江13座节制闸（不包括江阴城区排水的鲥鱼港闸和黄山港闸）向长江排水；当长江潮位高于内河水位时，则关闸挡潮。当青阳水位站水位超过4.50米时，沿江白屈港套闸、新夏港套闸服从排涝，长江潮位低于4.5米时，有控制地开闸排水。当青阳水位站水位超过4.50米，而沿江水闸不能自排时，则启动新夏港抽水站和白屈港抽水站向长江抽排涝水。

2.太湖水情调度预案

太湖水情调度执行国家防汛抗旱总指挥部批准的《一九九八年太湖流域洪水调度方案》。每年4月1日～6月15日，太湖控制水位为3.00米，当太湖水位超过3.00米时，报请水利部太湖流域管理局（简称“太湖局”）调度太浦闸和望虞河立交开闸泄水；6月16日～7月20日，太湖洪水水位按3.00米至3.50米直线递增控制，超过控制水位时，报请太湖局调度太浦闸和望虞河立交开闸泄水；7月21日～9月30日，太湖控制水位为3.50米，当太湖水位超过3.50米时，报请太湖局调度太浦闸和望虞河立交开闸泄水，同时调度江阴沿江13座节制闸向长江排水，防止锡澄地区河网水位过高。

当无锡南门水位超过4.00米，而望虞河立交处京杭运河水位高于洞下望虞河水位时，报请太湖局开启蠡河节制闸，京杭运河向望虞河泄水；当太湖水位低于4.20米时，犊山工程节制闸根据无锡城区低洼地承受能力，有节制地开闸泄水；当太湖水位超过4.20米时，犊山工程节制闸关闸挡洪，滨湖区境内的沿太湖节制闸与犊山工程节制闸同步运行。当太湖水位超过4.65米且有继续上涨趋势时，紧急报请太湖局进一步加大太浦闸、望虞河立交及常熟枢纽泄洪流量，江阴市沿江15座水闸（包括两座套闸）和两座抽水站全力向长江排水。

四、低洼圩区防洪预案

低洼圩区防洪原则是各自为战、全力自保。防洪重点是城区北塘联圩、滨湖区马圩、梅圩以及江阴市月城、桐岐、青阳、霞客，惠山区玉祁、前洲、堰桥、洛社、钱桥，锡山区东亭、鹅湖、鸿山，宜兴市芳庄、杨巷、徐舍、官林、和桥、鲸塘、高塍、周铁、新庄，市区山北、黄巷、广益等乡镇。当各地圩区外河水位超过内河允许水位时，立即关闭圩口闸挡洪，并适当预降内河水位。无锡南门水位达到4.50米时，宜兴西氿水位达到4.90米时，对高程不足的圩堤突击加高；薄弱的"两水夹一岸"地段抢做戗台，打桩加固；对病险涵洞、水闸突击加固或进行封堵。主要通航河道限速行驶或停止航运。在洪涝并发的情况下，全市组织排涝设备突击抢排涝水，尽快排除内部积水。

五、预案实施

1.指挥体系

当无锡南门水位达到4.20米并有继续上涨趋势时，成立市防汛抗灾总指挥部（设在市政府大楼内），负责全市的防汛抗灾工作。当南门水位达到历史最高水位4.88米并有继续上涨趋势时，市防汛抗灾总指挥部宣布无锡市进入紧急防汛期。市委、市人大、市政府、市政协四套班子主要领导分工负责江阴市、宜兴市和滨湖区、锡山区、惠山区、新区、北塘区、崇安区、南长区及工程抢险、生命线工程、社会治安、抗灾物资供给调度等工作。市防汛抗灾总指挥部下设综合组、宣传组、物资调运组、安置组等4个具体工作职能组。各职能组由市防汛防旱指挥部有关成员单位组成，须单位主要领导到岗。

2.队伍到岗

每年5月1日起，全市各级防汛防旱指挥部、有防汛任务的企事业单位、各水利工程管理单位及重要水库、水闸、泵站，昼夜24小时由领导带领值班，随时掌握汛情、灾情，及时反映情况，随时解决出现的问题。

当各地水位超过警戒线时，各地区、各单位按各自的管辖范围，组织巡逻队伍，昼夜24小时轮流巡回检查堤防、水库、水闸、泵站、涵洞以及重要仓库、油库等情况，发现问题，立即报告。北塘区、南长区、崇安区和滨湖区防汛指挥部成立区直属巡逻队，配置80～200人；当无锡南门水位达到4.50米时，市成立水上、陆上、公安3支直属巡逻队。水上巡逻队由市交通局和市公安局水上分局组成，主要巡逻检查市北塘大联圩堤防、防洪墙及4个区低洼圩区防洪墙、堤防。由市交通局、市市政公用局、市房管局、市建工局、市城管监察支队等单位组成5支陆上巡逻队，每支配备20人，检查各区堤防、水闸、排涝泵站、下水道及危房情况。由北塘区、南长区、崇安区和滨湖区各配置2支公安巡逻队，每支20人，配车辆5辆，维护受灾地区社会治安，处理突发事件；当无锡南门水位超过4.20米并有继续上涨趋势时，江阴市、宜兴市各组织1000人以上的抢险突击队，滨湖区、锡山区、惠山区各组织500人以上的抢险突击队，各市（县）、区抢险突击队由人民武装部直接组织，备好抢险工具、运输车辆（船），整装待发，随叫随到。各重点圩区乡（镇）组织100～200人抢险突击队，集中食宿，随时应急，投入抢险。

城区组织以基干民兵为主的北塘区、南长区、崇安区抢险队，公安抢险队和机械化抢险队：北塘区、南长区、崇安区抢险队分别为1500人、1200人、1000人，由区防汛指挥部负责调遣；公安抢险队分3个梯队，共1350人；机械化抢险队由市市政公用局、市交通局分别抽调市政、海事、航道管理等部门人员、装备组成，配备挖掘机10台、翻斗车150辆、卡车200辆、船只100艘。驻无锡部队抗洪抢险救灾，由各市（县）、区防汛抗旱指挥部向市防汛防旱指挥部报告，通过无锡军分区、省军区归口管理，经请示南京军区批准后，统一由市政府指挥。

3.物资保障

防汛抢险物资实行市、县（市、区）、镇三级储备，做到防汛部门专门储备与社会储备相结合。按抗御大洪涝灾害抢险需要储备，全市共储备草包150万只、编织袋600万只、土工布15万平方米、桩木1000立方米、毛竹6万支、铅丝250吨、块石6万吨、柴油5000吨、流动机泵1000台（套）。防汛抢险物资由各级物资、供销等部门负责采购、调运、保管和供应。在防汛紧急时期，由交通部门负责调集车（船）运送防汛抢险救灾物资。

4.滞洪

当无锡南门水位和太湖水位超过5.00米、低洼圩区受到严重洪涝威胁时，对所有侵占湖荡河水面的垦殖区（必保的圩区除外），无村庄或有少量村庄的千亩以下圩区、滩头田、半高田实施破圩滞洪，增加调蓄容积，降低圩外河道水位。

5.安全转移

当洪水威胁群众生命安全时，把减少人员伤亡作为首要任务。由当地政府及时、有条不紊地组织群众撤出险区，转移到安全地带，并做好生活安排。城区受灾区群众的安全转移，由市交通局组织调集市客运总公司、公交公司等单位车辆接送，由公安部门负责安全保卫工作，维护疏散秩序。

6.其他措施

在汛期，限期清除行洪、排涝河道内的行洪障碍物（渔罾、渔簖、渔网、阻水码头、坝埂）；在紧急防汛期，确保交通、供电、通信不中断，出现问题，由有关部门突击抢修；确保水、电、煤、燃气、粮食、副食品等正常供应。对滞洪、受灾地区，卫生防疫部门做好消毒防疫工作，防止疫病发生；环卫部门防止粪水外溢和垃圾污染环境。

在历次洪涝灾害中，市防汛防旱指挥部及时启动防洪预警机制，按防洪预案，组织实施抗洪救灾，严格工程调度运行，抢排涝水。1993年、1999年共向长江抢排涝水25.55亿立方米。2001～2005年，累计向长江排涝水14.92亿立方米，降低洪涝灾害损失。

第三节　抗灾纪实

1986～2005年，无锡市发生较大洪涝灾害的年份有8个，分别为1989年、1991年、1993年、1995年、1996年、1999年、2002年、2005年，其中1991年和1999年属特大洪涝灾害；旱灾1次，为1994年。灾情发生后，各级政府积极组织抗灾，将灾害损失减少到最低程度。

一、抗御洪涝灾害

1.1991年抗御特大洪涝

1991年入春后，无锡气候异常，2～4月，全市各地平均降雨达382.5毫米，为多年同期平均降雨量的1.5倍，致使汛前境内河、湖、库水位高于常年，其中无锡南门水位4月1日达3.62米，超警戒水位0.03米，为历史少见。5月1日入汛时，太湖犊山口水位3.41米，南门水位3.34米，比正常同期高出0.3～0.4米。5月21日入梅，至7月14日出梅，梅雨期长达55天。降雨集中在5月21日～6月20日和6月30日～7月14日。全市平均梅雨量795

图6-10　1991年，无锡县东亭乡长大厦村疏散水灾灾民（陈永年摄）

毫米，为常年平均梅雨量的3.6倍；降雨量最大为江阴青阳站，为920毫米；最少降雨量为宜兴大浦口站，为550毫米。第一次集中暴雨从6月12日开始，连续3日暴雨量为150～243毫米。第二次从6月30日开始，7月1～3日暴雨量为220～340毫米；其中7月1日全市各地日降雨量超过100毫米，江阴市青阳、北涸，无锡县洛社、陈墅日降雨量超过200毫米，江阴青阳日降雨量239毫米，超过历史最大值。由于第二次暴雨降雨强度大、历时长，加上第一次暴雨后较高的底水位，全市内河水位迅速上涨。从7月2日开始，各地水位相继突破历史最高水位，江阴青阳水位达5.12米，陈墅、洛社水位分别为5.28米、5.02米，南门水位为4.88米。上游溧阳、溧水大量客水涌入宜兴，加上太湖高水位顶托，7月9日，宜兴徐舍水位达5.60米；7月14日，宜兴西氿水位为5.29米。7月14日22时，太湖湖面刮起8级以上东南风，高水位加上风浪影响，宜兴大浦口及无锡犊山口水位短时间分别为5.01米和5.15米。7月16日，太湖平均水位4.79米，超过1954年太湖最高水位（4.65米）0.14米。整个汛期太湖水位大部分时间高于内河水位。无锡南门水位从6月13日起超过警戒水位，一直延续到8月28日，超过警戒水位天数共76天。

全市受淹面积10.91万公顷，受灾面积6.04万公顷。工厂受淹7197家，停产、半停产企业3571家。城乡居民住宅进水30.81万户，受灾人口达98万人。倒塌房屋2.05万间，死伤126人（其中死亡20人）。破圩区内36万人临时撤出家园。冲毁桥梁201座，冲毁涵、闸、站1758座；毁坏堤防5102处、160.09公里。损失土方231.17万立方米、石方11.28万立方米。全市直接经济损失34.19亿元，其中江阴市8.17亿元、无锡县10.77亿元、宜兴市8.99亿元、城区4亿元、郊区2.17亿元、马山区0.09亿元。受灾范围之广、灾情之重、经济损失之大，都远远超过1954年的洪涝灾害，属百年未遇的特大洪涝灾害。

6月15日清晨，江阴市桐岐大联圩赵宕村段圩堤出现险情。镇党委书记凌柏松带领1200多名抢险队员和300多名村民奋力抢险，江阴市委书记翟怀新、市长吴新雄到现场指挥抢险，组织调运抢险物资，无锡市委副书记陈璧显多次到现场指挥，驻澄83434、89960部队官兵支援抢险2000多人次。经过3日3夜奋战，涉及3个镇、4万多亩面积、5万多人生命财产安全的桐岐大联圩被保住。

6月16日后，宜兴西部告急，76个千亩以上和12个万亩以上大联圩险象环生。宜兴市委、市政府成立西部防洪抢险总指挥部，市主要领导及各乡、村干部到一线指挥抗洪抢险。无锡市副市长、市防汛防旱指挥部指挥何正明，副指挥田庆白带领工作组赴宜兴坐镇指导抗洪抢险工作，协调组织抢险物资供应。省防汛防旱指挥部副总指挥翟浩辉率工作组到宜兴调查灾情，指导抗灾。经过1个月连续奋战，千亩以上大、中圩子没有一个决堤破圩。

7月1日上午，无锡县召开四套班子领导紧急会议，作出抗洪救灾部署。2日凌晨1时，县委书记郁家树等赴灾情较重的石塘湾、前洲、洛社、玉祁等乡镇察看灾情。凌晨2时，玉祁镇五牧、黄泥坝联圩万里段决口30余米。黄泥坝全村出动，1000余人奋战12小时，用8万多只编织袋和多孔水泥板、钢板堵口，筑起一条长2公里、高1.6米挡水堤坝，保住村庄和工厂。同日，洛社镇告急，河水高出公路0.5米，83431部队出动230名官兵分乘8辆汽车火速赶往现场抢救。驻锡部队另调集300多名官兵参加玉祁镇万里村和杨市镇直湖港、锡溧运河的抗洪筑堤。东海舰队获悉无锡受灾，7月6日派车送来10艘橡皮艇，供无锡县抗洪救灾指挥使用。

同期，市郊北部的北塘大联圩险情严重，联圩内有居民20万人和年产值20多亿元的工厂企业，沪宁铁路、锡澄公路贯串圩中，一旦受淹后果不堪设想。7月3日，市委、市政府成立抗洪救灾总指挥部，由市长王宏民任总指挥，市计委、建委、供电、邮电、商业、供销、气象、水利等部门主要负责人集中在总指挥部办公室，协调指挥全市抗洪救灾。总指挥部明确要求“确保人民生命安全，确保重要基础设施，确保江堤、水闸、万亩以上大联圩安全”。市四套班子主要领导分工分片，协调指挥抗洪救灾。7月4日，市委、市政府提出“不惜一切代价，确保联圩安全”，成立以市人大常委会主任吴钊为总指挥的北塘联圩抗洪救灾指挥部，提出“死守联圩、确保无锡”。经圩内市属工厂、北塘区、郊区5000

多人的4天艰苦奋斗，加固圩堤险工地段11处，18公里圩堤全部加固到5.5米高程，守住圩堤。

7月8日后，宜兴市委、市政府领导分片负责，确保重要设施、交通、邮电、供电、粮库等关键部位的安全，不惜一切代价确保横山水库、12个万亩大圩及危及104国道安全的圩子不决口。市邮电局出动1000多人次，确保通信畅通无阻；市供电局出动4705人次，确保高压线路供电；市供销社系统抢出商品价值4000万元，调运草包、麻袋130.34万只，毛竹19.39万根，桩木398立方米，水泵375台；市粮食系统21008人次参加抗洪，确保粮库安全；驻军、公安、武警投入官兵8200人次，解救被洪水围困群众325人，疏散转移3120人。

图6-11 1991年，解放军官兵在市区黄泥头抢堵圩堤缺口 （市水利局供稿）

其间，流域性工程显现防御外来客水侵害的积极作用。长江堤防挡住长江洪潮入侵，横山水库调蓄山洪下泄，错开洪峰，减小下游圩区的压力。7月1日深夜，当无锡内河水位正在急剧增高时，尚在建设中的犊山口防洪工程经省防汛指挥部批准炸开施工围堰，紧急向太湖排水，抑制城区水位的上涨。7月14日，当太湖犊山口水位达5.15米时，已经关闭闸门的犊山枢纽挡住太湖洪水，维持4.6米的内河水位，避免无锡城区遭受极端高水位的侵害。

抗洪救灾中，全市抢做土方323.48万立方米，投入排涝救灾动力共计柴油机53638.24千瓦、电动机96433千瓦，投入草包、麻袋、编织袋2297.38万只，毛竹81.3万支，桩木76.78万根，铅丝200.13吨，钢材855.43吨，柴油4815.21吨。经过全市上下奋力抢险，保住了全市23个万亩以上的大圩和长江江堤、太湖大堤、水库和犊山口防洪控制工程等流域性水利骨干工程，保住了重点企业和京沪铁路等重要基础设施，取得抗洪救灾的胜利。

2.1999年抗御太湖特大洪涝

1999年汛期（5～9月），全市平均雨量1178毫米，仅比1991年同期少38毫米，为多年同期平均降雨量的1.7倍。6月6日入梅至7月20日出梅，梅雨期45天，超过多年平均梅雨期18天。梅雨期全市平均梅雨量达610毫米，仅次于1991年，为多年平均梅雨量的2.5倍；其中无锡南门梅雨量583毫米，梅雨量最大的宜兴大浦口为836毫米，梅雨量最小的锡山市陈墅为460毫米。6～8月，全市平均降雨1026毫米，雨日59天，降雨量占汛期总降雨量的87.1%，比1991年同期多81毫米，为同期多年平均降雨量2.23倍，创历史新高。尤其是出梅后的8月，受西南气流影响，连续出现雷阵雨天气，雨日达24天，全市平均降雨量达377毫米，无锡南门站雨量为419毫米，降雨量最大的锡山市甘露站达546毫米。

6月7日～7月1日，无锡南门水位从3.02米上涨到4.74米，26天中涨幅为1.72米，涨幅最大的6月28日为45厘米。太湖平均水位从6月7日的3.07米涨到7月8日的5.08米，32天上涨2.01米，其中涨幅最大的6月10日为28厘米，超过警戒水位1.58米，比历史最高水位高出0.29米。宜兴横山水库最高水位达34.31米，超过汛限水位2.31米。整个汛期无锡南门水位超过警戒水位（3.59米）107天，其中超过4.00米水位60天。太湖平均水位超过警戒水位（3.50米）长达104天，其中，超过4.00米水位67天，超过历史最高水位4.79米18天。水位之高、上涨之快、持续时间之长为历史罕见。全市受灾人口56.58万人，遭洪水围困9120人，紧急转移1950人；受淹农田51.83万亩（水稻田42.63万亩、蔬菜田9.2万亩），其中，成灾38.99万亩，绝收5.62万亩；水产受灾7.32万亩，损失成鱼1470万公斤、螃蟹10.4万公斤、青虾24.5万公斤;民房进水50966户,倒塌房屋645间;受淹企业2294家,其中停产835家、半停产1210家。损坏堤防24.23公里,损坏水闸3座、泵站65座、桥涵20座,冲毁山区涧沟护岸15处、1.65公里,冲毁涧沟跌水两座,损坏堤防护岸工程361处,17.24公里。全市直接经济损失达8.97亿元。

6月27日,全市普降暴雨,市委、市政府召开紧急会议,分析汛情,部署防汛抗灾措施,并发出紧急通知,要求各级各地认真落实防汛责任制,严格执行防洪预案,严密组织防汛值班、巡逻、抢险队伍,保证防汛物资落实到位;要求江阴市争分夺秒抓好沿江水闸抢排涝水,宜兴市做好水库泄洪,确保水库大坝安全。6月28日,无锡市主要领导分赴各市(县)、区组织防汛抗灾工作。当日晚,市委、市政府再次召开紧急会议,根据防汛紧急情况,市领导明确分工,划片包干,责任到人,落实责任制。各市(县)、区明确两名市级领导坐镇检查、指导防汛抗灾工作。市政府成立全市防汛抗灾总指挥部,由市领导带队,24小时轮流值班。6月29日下午,市委、市政府召开全市领导干部会议,紧急动员。6月30日,省防指召开电视电话会议,市委、市政府随即召开紧急会议,对全市防汛抗灾工作进行再动员、再部署,并在四套班子分工负责的基础上,成立8人指挥领导小组,明确由市长吴新雄、市委副书记王家骏对防汛抗灾工作全面负责。7月2日,太湖平均水位超历史,市水利局连夜制定《防御太湖超历史超标准洪水应急方案》,次日报市领导批准实施。2日,马圩南大堤出现20处渗漏、7处集中渗水,南大堤东段背水坡发生250米的滑坡,形成陡坎。险情发生后,市领导坐镇指挥,市、区水利部门及时制定抢险方案,组织340名官兵及100多名基干民兵连夜突击抢险。为确保马圩大堤在任何情况下万无一失,市委、市政府决定加固南大堤,修筑一条长1200米、宽10米、顶高程为3.0米的青坎,共出动1500多人、200多辆翻斗车及挖掘机,完成土方3.1万立方米。锡山市组织人力突击对长18公里、高程6.0～7.0米的太湖大堤土质护坡铺设土工布防护。7月5日下午起,太湖湖面刮起5～6级大风,太湖大堤全面告急。宜兴市新庄、大浦、洑东等段太湖大堤块石护坡被风浪冲击得千疮百孔,险象环生。20000多名干部群众、1000余名部队官兵在大堤上连续奋战3天2夜进行抢险。无锡市紧急调运钢管2000支、麻袋3万只、编织袋20万只、彩条布22万平方米、安全网1100张、土工布6万平方米、油帆布100块、桩木1000根,分装53辆卡车送到抢险工地。至8日,宜兴市新庄等段太湖大堤和马圩南大堤险情基本得到控制。至7月16日,全市太湖大堤加做土袋子埝26.5公里、碎石袋子埝35公里、碎石备料1.03万吨、彩条布覆盖24.8公里、土工布防护30公里、抛石固堤13.2公里,抢筑上堤简易公路28.4公里,架设照明设施56.8公里,搭建守护工棚66个,封堵口门4个。全市在太湖大堤抢险中,共投入防汛物资草包、麻袋、编织袋304.45万只,块石、碎石22.13万吨,桩木9.03万根,铅丝74.4吨,土工布16.78万平方米,毛竹5.41万支,柴油187.7吨,彩条布25.45万平方米,投入抢险经费3721.94万元。

图6-12　1999年,供电局职工抗洪抢险　　（市供电局供稿）

市水利局全力以赴,根据雨情、汛情发展及时制定应急方案,抽调17名技术干部分赴抗洪抢险第一线,开展抗洪抢险技术指导。市计划、物资、商业、供销等部门及时做好防汛抢险物资的组织和调运工作,确保抗洪抢险的需要;市交通、电信等部门迅速处理突发事故,确保交通、通信畅通;市公安、航道部门加强水上交通管制,及时疏散在危险地段和市区防汛墙附近的船只;市经委组织各产业局集中卡车

200辆，24小时待命出动，并根据市防汛抗灾总指挥部的指令，以最快速度把抢险救灾物资运达抢险地点；市供电局组织一支100人组成的突击队，24小时集中待命，确保正常供电，并随时根据排涝抢险需要，架设排水临时电源；市级机关组织一支200多人组成的青年突年队，24小时待命支援抢险；公安部门在加强汛期社会治安管理的同时，每天出动警力2000多人次，投入重点地区巡逻抢险，并抽调1200余名精干警力，组成3个梯队的抢险突击队，随时准备出击增援；市卫生部门认真做好防疫工作，对进水民居进行退水消毒，一家不漏。

一批治太骨干工程在防汛抗灾中发挥积极作用。6月10日开始，江阴沿江13座水闸利用长江低潮全力开闸排水，降低内河水位。6月29日，当太湖水位达4.2米并超过内河水位时，市防汛指挥部下令关闭境内犊山枢纽等20个沿湖水闸；江阴新夏港翻水站3台机组开机向长江翻水排水。7月5日，当太湖水位超过5.0米时，市防汛指挥部下令郊区防汛指挥部封堵间江口门，并发电省防汛指挥部要求立即关闭武进港闸及封堵雅浦港口，全线挡住太湖洪水进入低片。7月8日，当平望水位低于4.2米时，市防汛指挥部发电请示，要求开启太浦闸泄洪，当天即开闸门以每秒200立方米流量泄洪，7月9日之后泄洪量一直保持在每秒500～600立方米。整个汛期，望亭立交累计排出太湖洪水28.3亿立方米。至9月底，各闸向长江排水19.05亿立方米。其中7月1～31日江阴沿江各闸共排出的3.72亿立方米水量中，作为治太重要项目的新夏港枢纽和白屈港节制闸、套闸排出1.67亿立方米。

在此期间，治太工程的科学调度使无锡城区和澄锡低片得到宝贵的涝水抢排时机。6月30日，澄锡地区水位趋高，此时望虞河西控制线尚未建成，望虞河不能全力畅排太湖洪水。太湖局下令关闭望虞河立交闸门，并全力开启望虞河常熟枢纽，通过望虞河抢排澄锡涝水，至7月4日再开启立交闸门，在不抬高澄锡低片水位的条件下有控制地排除太湖洪水。调度措施使无锡水位在7月1日达4.74米后不再上升，并随即回落，6天内很快下降至4.43米，后又降至4.3米并维持20多天。而此时太湖水位还在继续上涨并长期维持着较高水位，但因有太湖大堤和望虞河立交的控制，没有对低片水位产生重大影响。治太工程科学调度使无锡水位最高值得以有效控制，高水位持续时间极大减缩，成为1999年雨情、水情重于1991年，而灾情损失小于1991年的重要因素之一。

在抗洪救灾中，全市投入抗洪人数52.59万人，电动机4981台、11.24万千瓦，柴油机2348台、23382.35千瓦；抢修加固堤防险工10197处、总长度达463公里，抢做土方99万立方米。投入防汛抢险救灾物资包括草包157.14万只、编织袋1096.27万只、麻袋45.25万只、桩木2716万立方米、毛竹58.54万支、铅丝216.34吨、柴油5462吨、电力2375万千瓦时、块石（包括石子）36.9万吨、彩条布36.5万平方米、土工布17.19万平方米，防洪抢险物料经费10471.17万元。

3.2005年抗御台风暴雨

2005年，无锡汛期（5～9月）平均降雨量为551.2毫米，与上年持平。6月27日入梅，29日出梅，梅雨期仅3天，平均梅雨量仅46.3毫米，较往年明显偏少。8月5日夜，受9号台风“麦莎”影响，全市普降暴雨和大暴雨，平均雨量108.7毫米，最大的锡山区陈墅降雨158毫米。内河水位迅速上涨，无锡南门站8月7日涨至4.15米，超过警戒水位0.56米；江阴青阳水位4.53米，超过警戒水位0.53米；太湖大浦口水位4.05米，超过警戒水位0.55米。9月12日凌晨，15号台风“卡努”由浙江长兴进入无锡市境内，最大风力达11级。受其影响，9月11日下午起全市普降大雨到暴雨，平均雨量54.8毫米；江阴市平均雨量72毫米，为全市最大。9月12日，无锡南门水位从回落再次上涨到3.99米，超过警戒水位0.40米；江阴青阳上涨到4.31米，超过警戒水位0.31米。全市受淹农田40.46万亩，其中成灾面积9.96万亩；4108户居民家中进水，3304间房屋受损，其中倒塌房屋1030间，受灾人口48.68万人；受淹企业284家；损坏堤防9.59公里、机电泵站4座、桥涵57座、护岸36处共1.07公里。直接经济损失2.68亿元。

8月4日晚11时，市政府发出《关于做好防御9号台风工作的紧急通知》。无锡市防汛防旱指挥部成立5个防台工作组，对水库、太湖大堤、长江大堤、城区重要排涝泵站、排水管道、在建工程、危险房屋及高空广告牌等进行重点检查。在9月11日台风“卡努”影响无锡的前一天，市委、市政府全面部署防汛抗台工作，启动应急预案，市领导带领工作组到抗台第一线，对城区长庆路、大窑路等地危旧房屋处理加固。各市（县）、区和各部门紧急动员部署，主要领导进岗到位，带领干部群众严防死守。针对容易出险的江、湖、河、库堤防，低洼圩区以及危旧房屋、工棚、建筑工地、广告牌、船只等，各地严密组织，落实专人负责，24小时巡查监测。落实应急抢险预案，确保查险、抢险两个重要环节措施到位，不出问题。江阴市重点部署落实长江大堤的防守。宜兴市突击做好山区水库、太湖大堤和太湖、滆湖船只强制归港避风，公安、交通、农林等部门配合沿滆湖镇村逐船逐户将上百户渔民转移至安全地带，并组织居住在茗岭、太华山区等易出现山体滑坡的地区和龙珠水库库区附近的数百名群众安全撤出。紧急转移居住在危房、简易工棚中的人员。防台期间，全市紧急转移人员6.26万人，其中安全撤出船民3300余人，转移建筑工地民工3.56万人。

二、抗御旱灾

1994年，全市春季及梅雨期降雨较少，6月29日出梅后长期晴热、高温、少雨，气温高于30摄氏度的天数78天，其中，高于35摄氏度的高温达16天，无雨晴热持续39天。地面蒸发量大增，7月蒸发量达173毫米，造成库塘蓄水锐减，河、湖水位下降。无锡南门水位8月9日降至2.85米，比7月初下降0.56米；太湖大浦口水位8月14日为2.64米，比7月初下降0.77米；宜兴横山水库8月27日水位降至死水位（24米）以下，仅为23.92米。宜兴18座水库有6座干涸，2727座塘坝基本干涸，宜兴全市大小水库及塘坝总蓄水量不足600万立方米，可用水仅100万立方米。全市旱情严重，直至8月下旬受15号、17号台风外围影响各地降雨，旱情才有所缓解。

全市受灾水稻面积70.7万亩，其中绝收9700亩、减产5成以上5.52万亩、减产2成以上40.3万亩。水产养殖受灾面积11.03万亩。新植林木受灾面积2万亩、竹林14万亩、蚕桑3.19万亩、茶叶3.72万亩、果树6.49万亩；蔬菜受灾面积6.37万亩。全市1110家工矿企业因灾影响生产。受灾农村居民31.48万户、78.6万人。此次旱灾造成直接经济损失3.1亿元。

6月初，当无锡南门水位下降至2.88米时，市防汛防旱指挥部通知江阴市防汛防旱指挥部开足沿江水闸闸门，利用长江高潮位尽力引长江水，补充澄锡内河水位。汛期江阴市沿江各闸共引长江水4.5亿立方米，使澄锡地区内河水位始终保持在3.00米左右，为取得抗旱斗争的胜利提供基础保证。7月4日，市防汛防旱指挥部发出《关于做好防汛防旱工作的通知》。7月8日，市政府发出《关于狠抓抗旱工作的通知》。7月12日，宜兴横山水库实施抗旱用水方案，灌区中的4万亩农田由西渚大翻水线翻河水灌溉，1万亩由水库自流灌溉，保证水库向张渚镇4万多名居民提供生活供水。无锡县水利农机局和交通局组织协调，突击疏浚直湖港和锡北运河，并在支河口架设8处翻水机泵翻水，解决高亢平原地区的内河灌溉水源。宜兴市突击疏浚河道566条、396.8公里，完成土方207.6万立方米；为丘陵山区原有的抗旱翻水线61条、147垛配套134台电动机和24台柴油机，在7月全部投入运行。全市总计投入抗旱人力171万人次，抗旱紧张阶段每天投入11.68万人次；投入电动机7104台、12.82万千瓦，柴油机2478台、2.63万千瓦；耗用电力3010万千瓦时、柴油4278吨。

无锡市志

【第一册】

第七卷

交 通

概 述

无锡市南依太湖，北临长江，沪宁铁路横贯东西，京杭运河贯穿南北，公路四通八达，历来是苏南地区的重要交通枢纽。1986年，无锡市有管养公路1025.3公里、内河航道1655.97公里、民用航空线两条。无锡火车站发送旅客812万人次，运输货物143万吨。全市全年完成客运量5385.59万人次、货运量6359.1万吨、港口吞吐量1492.21万吨。

2005年，共有5家航空公司进驻无锡机场，全年飞行6296个航班，旅客吞吐量61.91万人次，平均客座率70.2%；货邮吞吐量14104吨，平均载运率60.2%。主要生产指标在全国135个民航机场中居45位，成长速度居全国之首。铁路实现计算机售票联网，全年发送旅客1032万人次，全社会旅客运输20466万人次，客运周转量1294596万人公里；货运8430万吨，货运周转量591533万吨公里。无锡公路“1530”工程建成，所有乡镇均能在15分钟内上快速通道，30分钟内到达高速公路。全市拥有载客汽车21.86万辆、载货汽车7.2万辆；公路客运量1.94亿人次，占全社会客运总量的94.79%；公路货运量7008万吨，占全社会货运总量的83.13%。全市客运班线500多条，客运网络发展至福建、湖南、江西、广东、河北、陕西等地。水路货运量1216万吨，货物周转量177280万吨公里，无锡港成为苏南地区具备最大起重能力的铁路、公路、水路中转换装和可提供多品种、多方式、全方位、全天候服务的枢纽港口，江阴港成为长江中下游最大的石化储运基地、国家粮食储备库以及华东地区最大的钢材和石化中转基地。

1990～2005年无锡市全社会客货运输总量、周转量统计表

表7-1

年份	客货运输总量		客货运输周转量	
	客运（万人次）	货运（万吨）	客运（万人公里）	货运（万吨公里）
1990	4924	4554	174333	296301
1991	5267	4612	185084	314960
1992	5304	7407	243288	476061
1993	5510	10438	395172	713231
1994	5492	9280	420312	719002
1995	9789	10742	595220	695823
1996	14791	8122	656275	368450
1997	14975	7621	683334	330791
1998	15757	6199	648367	379679
1999	16049	7693	661181	458120
2000	16317	7443	696746	482165
2001	16586	7500	715010	435921
2002	16885	7493	729437	401874
2003	15877	7097	687956	361638
2004	17469	7431	937417	409166
2005	20466	8430	1294596	591533

说明：1986～1989年旅客运输周转量分别为128849、133040、134619、130184万人公里，均为交通系统统计数字。

第一章 航 空

1984年,市政府与驻军某部协商,利用境内硕放机场开拓民用航空事业,开通至北京的首条航线,无锡民航业起步。至1990年,增至4条航线,全年发送旅客1万人次。1991年机场改建后,无锡民用航空快速发展,机型由伊尔-18(90座)小客机全部改为图-154和三叉戟喷气客机,当年客运量比上年增长1倍。1996年开始,无锡航空业以"五一"、国庆等黄金周为契机,开发旅游线路,组织客源。航空公司增设航线、班次和售票网点,每年开办旅游包机,主动帮助团队和散客办理回程业务。2002年10月,根据国务院、中央军委指示,全国联航系统全线停航。2003年10月,无锡机场有限责任公司成立。同年11月,深圳航空公司进驻无锡机场,2004年2月开航,使用波音737-800型飞机,开通5条航线。2005年,共有中国联合航空公司、深圳航空公司、南航海南公司、东航江苏公司、南航北方公司进驻无锡机场,全年飞行6296个航班,旅客吞吐量61.91万人次,平均客座率70.2%;货邮吞吐量14104吨,平均载运率60.2%。主要生产指标在全国135个民航机场中居45位,成长速度居全国之首。

1986～2005年无锡市航空旅客运量统计表

表7-2　　单位:万人次

年份	客运量	年份	客运量	年份	客运量	年份	客运量
1986	1.48	1991	2.00	1996	2.00	2001	2.00
1987	1.87	1992	3.00	1997	1.00	2002	1.60
1988	1.20	1993	3.00	1998	2.00	2003	—
1989	0.58	1994	2.21	1999	1.00	2004	32.67
1990	1.00	1995	2.00	2000	1.00	2005	61.91

说明:2003年,全国联航系统全线停航,无客运量数据。

第一节 机 场

1984年,无锡市在硕放机场建设候机楼,改善主跑道,扩大停机坪,加宽联络通道等,使机场配套设施适应客机起降要求。当年12月开通无锡至北京航线。1986年,空军某部、无锡市、苏州市协商,分别投资20万元、63万元、42万元改建机场,包括修建候机楼1670平方米、停车场道路3700平方米、花坛870平方米。1990年1月17日,南京军区空军与市政府签订《关于改造空军硕放机场协议》,决定将硕放机场改建为中型机场。机场改造由江苏省、无锡市、无锡县、江阴市、郊区政府共同集资2000万元,1990年4月开工,11月完成。新建、疏通排水沟管8403米,扩建候机楼1000平方米,敷设夜航灯光设备供电电缆32.54公里、供水管道2300米、通信电缆10公里。机场改造后能满足波音737、波音757、图-154、麦道82等机型的全载使用要求。改造后的机场更名为无锡机场。1994年11月,市政府向国务院、中央军委申报建立军民合用机场,1995年3月14日获得批准。2000年,机场安装新的仪表着落系统,2001年初建成并校飞成功。着落系统总造价212万元,其中空军承担主机设备及安装、校飞的组织实施，经费170万元；地方政府承担系统航向台、下滑台工作生活用房的征地、土建、供水、供电等费用42万元。

2003年10月8日，无锡机场有限责任公司（简称“机场公司”）成立。是年，深圳航空公司（简称“深航”）进驻无锡机场。2004年4月，无锡硕放机场航空安全管理委员会成立。委员会以机场公司为主体，各驻场单位共同参与，对涉及航空安全范围的内容进行统一管理、监督、检查与指导，形成安全闭环管理体系。10月8日，机场公司注册资本5000万元，市国联发展（集团）有限公司持股50%，深航持股30%，市新区经济发展集团总公司持股20%。2004年，无锡机场开航，至年末共飞行3012个航班，其中包括国家领导人专机10架次，美国通用电气公司、沃尔沃集团等企业公务机18架次；旅客吞吐量32.67万人次，平均客座率77.7%；货邮吞吐量8351吨，平均载运率68.6%。

图7-1 2005年的无锡机场 （市史志办供稿）

2005年，无锡机场引进东方航空公司（简称“东航”）江苏公司和南方航空公司（简称“南航”）北方公司、南航海南公司，先后开通无锡至厦门、武汉、海口航线。7月1日，东航江苏公司引进的新空客A320在无锡机场执行航班任务，开通无锡至重庆、桂林和张家界3条航线，并将无锡机场作为基地。7月，机场公司董事会增资扩股，增至3亿元。全年飞行6296个航班；完成旅客吞吐量61.91万人次，平均客座率70.2%；完成货邮吞吐量14104吨，平均载运率60.2%。无锡机场主要生产指标在全国135个民航机场中居第45位，成为全国民航业成长最快的一个机场。

第二节 航 线

1986年，无锡机场有航线两条：无锡—北京、无锡—佛山，其中无锡至佛山航线为当年新开通。至2005年，先后开通20条航线，其中6条航线停航

1.无锡—北京 1984年12月21日开通，由中国联合航空公司无锡公司（简称“联航无锡公司”）执飞，2002年10月停航。2004年2月18日复航，由深航执飞。

2.无锡—佛山 1986年4月10日开通，由联航无锡公司执飞，2002年10月停航。

3.无锡—惠阳 1987年3月12日开通，由联航无锡公司执飞，2002年10月停航。

4.无锡—福州 1990年9月26日开通，由联航无锡公司执飞，1993年12月停航。

5.无锡—潍坊 1993年2月开通，由联航无锡公司执飞，1998年停航。

6.无锡—济宁 1993年2月开通，由联航无锡公司执飞，1998年停航。

7.无锡—邢台 1994年2月开通，由联航无锡公司执飞，1998年停航。

8.无锡—昆明 1996开通，由联航无锡公司执飞，2002年10月停航。2004年5月9日复航，由深航执飞。

9.无锡—深圳 2004年2月18日开通，由深航无锡分公司执飞。

10.无锡—广州 2004年2月18日开通，由深航无锡分公司执飞。

11.无锡—成都 2004年5月9日开通，由深航无锡分公司执飞。

12.无锡—广州—海口　2004年3月27日开通，由南航海南公司执飞。
13.无锡—厦门　2005年3月27日开通，由东航江苏公司执飞。
14.无锡—武汉　2005年3月27日开通，由南航北方公司执飞。
15.无锡—海口　2005年3月27日开通，由南航海南公司执飞。
16.无锡—重庆　2005年7月1日开通，由东航江苏公司执飞。
17.无锡—桂林　2005年7月1日开通，由东航江苏公司执飞。
18.无锡—张家界　2005年7月1日开通，由东航江苏公司执飞。
19.无锡—北京南苑　2005年10月20日开通，由中国联合航空公司执飞。
20.无锡—武汉—昆明　2005年10月30日开通，由东航江苏公司执飞。

第三节　航空公司

一、中国联合航空公司无锡公司

1984年，联航无锡公司开拓无锡航空运输市场，于年末开通无锡至北京航班。1986年起，先后开通无锡至佛山、惠阳、福州、潍坊、济宁、邢台等航班。1993年12月无锡至福州航班停航。1996年，联航无锡公司在全市增设售票网点，开通无锡至昆明航班。1997年增加回程票、联程票和合作经营航线业务。1998年，无锡至潍坊、济宁、邢台航班停航。2002年，利用联航灵活的票价调节作用，给予旅行社固定航班座位和年均价格(不分淡旺季)，并向浙江等周边地区辐射，继续开通无锡至北京、昆明、佛山航班，缩减无锡至惠阳航班，全年发送航班126架次，保障专机及重要飞行任务5架次，组织旅行包机5架次、货运包机2架次，发送旅客16537人次。无锡至昆明航班平均乘坐率96.4%，位居全国联航之首。10月末，国务院、中央军委要求全国联航系统停航，联航无锡公司停航。

二、深圳航空公司无锡分公司

2003年，深航进驻无锡，成为无锡第一家基地航空公司。深航无锡分公司投入两架波音737-700/800型飞机，2004年2月开通无锡至北京、广州、深圳航班。2004年5月，开辟无锡至昆明、成都两条旅游航线，每日往返1班。全年安全运行6000小时，飞行2810架次，运输飞行事故征候万时率、机务维修原因运输飞行事故征候万时率等均为零，上缴营业税及基金1000余万元。是年，深航无锡分公司派驻飞行资深10年以上教员机长执飞无锡航班，选派技术骨干和在无锡地区招聘相结合的方式，配备飞机维护人员，确保机械、电器、电子等各个维修专业岗位双岗制。建成“96737”电话订票服务平台和10余个直销网点，加大对终端旅客的引导。制定差异化销售方案，加大开拓周边市场客源，南京、苏州、常州、泰州、江阴、南通等周边城市旅客成为无锡机场客源的重要组成部分。

三、东方航空江苏有限公司无锡基地

2005年，东航江苏公司进驻无锡机场，3月27日开通无锡至厦门航线，6月30日，将引进的第12架空中客车A320投放无锡。7月1日，东方航空江苏有限公司无锡基地成立并运行，开通无锡至成都、重庆、桂林、张家界航班。10月30日，开通无锡—武汉—昆明航班，厦门—无锡—厦门航班改由EMB-145型飞机执飞。至年末，东航无锡基地共执行往返航班1620余架次，承运进出旅客9.5万余人次。

第二章　铁　路

1986年，无锡火车站发送旅客812万人次，运输货物143万吨。1988年，建设无锡火车站新站。随着旅客长途出行和旅游需求的急剧增加，1996年以后，无锡铁路部门开通无锡至宜昌、无锡至南宁的长途直通旅客列车，开辟长江三峡和桂林旅游热线，在华东地区首开至张家界的旅游列车。1998年，新长铁路无锡段开工建设，2003年投入运营。进入21世纪，无锡铁路部门增开特快列车，先后5次实施列车提速。2005年，无锡火车站管辖8个站，管辖线路45.42公里，实现计算机售票联网；全年发送旅客1032万人次。

第一节　建　设

一、站场

1988年4月，无锡火车站新站建设动工，1989年1月落成启用。新客站占地24600平方米，建筑面积12500平方米，主站屋高18.9米，最大日客流容量38000人。新客站高架天桥横跨3座站台，空腹式大跨度雨棚，宽畅明亮，造型美观。长60米，宽4米的东、西出站地道，适应客流疏散需要。26米跨度的无粘结钢筋混凝土预应力大梁，垂直高度7.6米，投影长度17米的两架自动扶梯，24平方米的两台大屏幕彩电，制冷功率达250万大卡的冷暖两用中央空调，磁翻版显示导向装置和大量先进技术设备的应用，使新客站富有时代气息。无锡新客站的规模、设施、站屋容量和吞吐能力等在当时的沪宁铁路线上仅次于上海新客站。整车货场场地广阔，设备先进，功能齐全，是综合性货运站中具有先进水平的新型铁路整车货场。有货物线10股，总长9177.32米，港池3只，硬面化货位623个，建筑面积共计17298.11 平方米。横跨“货4条”线路，伸入中港池岸边的跨线雨棚，长150米，净空高度14米，跨出港池驳岸7米，可同时安排10辆车直装直卸，具备全天候装卸作业条件。计算机管理经多年运行，发展为运输管理信息系统（TMIS系统）和调度指挥管理信息系统（DMIS系统）。

1992年，无锡火车站在南门货场附近征地5.87万平方米新建零担货场，1993年1月18日启用。建成货物线2股、995米，零担仓库3座、16359平方米，零担到发能力49万吨/年。

2002年3月，无锡火车站广场改造工程开工。工程范围东至县前东街，西至客运中心，北至火车站站屋，南至古运河，规划总面积10.7万平方米，工程总投资3亿多元。9月28日，

图7-2　2005年的无锡火车站广场　（陈平摄）

火车站广场改造工程竣工，客运配套设施亦先后竣工启用。2003年1月，火车站西出口开通，4月新售票大厅启用。新票房面积276平方米，票厅面积738平方米，售票窗口由15个增加至22个。售票窗口由“孔式”售票变为全透明的敞开式售票，柜台高度由1.4米降低至1.1米。5月12日，新行包房启用，面积3582平方米，其中仓库面积2371平方米。是年，大规模改造石塘湾站。专1、专4、专7道线路延长，南牵出线延长改造，1、2道上行出站信号机向沪端东移40米，4、6道下行出站信号机均向沪端东移78米，原8、10道调车线延长，两端增设出站信号机，改为客货到发线，新铺调车线12道。12月8日，石塘湾站更名为无锡北站，2004年10月29日工程全面竣工。

2004年10月，无锡火车站整车货场西港池南侧沿河新建的14道竣工启用，14道总长537.47米、货位38个。市港务有限责任公司投资配套新建的大型跨铁路线新雨棚仓库1座以及2台龙门吊同时启用。仓库面积2700平方米，可全天候作业，年办理量12万吨以上，一次堆货能力1350吨。2台龙门吊车分别为50吨、10吨跨线，并具有铁、公、水互换功能。14道开通启用后，提高无锡火车站怕湿货物的卸车能力。同月，市政府和无锡火车站共同投资，启动客站屋南立面改造工程，改造工程涉及外立面包装、扩大普通候车室、改造调整软席候车室三大部分，范围西起售票房，东到车站原办公楼，横向140米，纵向向南扩出14米，候车大楼高度增加至22.8米。改造后的外立面与新建的客运配套设施形成统一完整的整体。2005年10月，站屋南立面改造工程竣工启用。站屋立面改造后，普通候车室面积增加1100平方米；软席候车室由556平方米扩大到1868平方米，原来的一层扩建为上下两层，并增设国宾厅，候车面积扩大3倍多，可容纳近千名旅客。

二、新长铁路无锡段

新长铁路北起陇海铁路新沂站，南至浙江长兴，全长638公里。1998年11月5日，新长铁路江阴段开工建设，正线征用土地2119亩，拆迁房屋8万平方米。1999年11月20日，江阴至锡山市石塘湾的新长铁路过江段招标结束（此前，石塘湾至浙江长兴已动工），标志新长铁路无锡段建设全线铺开。2000年9月21日，新长铁路无锡段铁轨铺到宜兴丁山（苏南第一站），并由南向北至锡山市藕塘，至年末，无锡段铺轨66公里。2001年8月22日，新长铁路江阴段铺轨。9月28日，最后施工的过江段铁轨顺利铺架到长江南岸，标志历时3年、投资62亿元的新长铁路全线贯通。新长铁路无锡段全长115公里，其中江阴、宜兴、无锡市境内分别长29公里、54公里、32公里；设江阴、月城、前洲、藕塘、宜兴北、宜兴、丁山等7个车站，其中藕塘站为区段中转站。2002年12月15日，新长铁路通过由铁道部、江苏省、浙江省有关部门及股东代表三方领导、专家组成的验收委员会全面检查验收。2003年8月28日，新长铁路藕塘站与沪宁铁路石塘湾站完成接轨。9月7日，新长铁路无锡段投入货物运营。

图7-3　2003年9月，新长铁路建成投运
（仇洪生摄）

第二节　运　输

一、客运

80年代开始，无锡铁路运输发展加快，开行旅客列车由1982年的每日25对增加至1988年的41对、发送旅客943万人次。1989年、1990年分别发送旅客880万人次、795万人次。1991～1995年，发送旅客4021万人次。

随着无锡经济快速发展和市民生活水平的较快提升，长途出行和旅游需求激增。1996～2000年，无锡增开多条长途直通车。1996年1月和1997年4月，无锡至宜昌和无锡至南宁的长途直通旅客列车分别首发，开辟长江三峡和桂林旅游热线，结束无锡无长途直通始发列车和无南方长途直通始发列车的历史。1999年7月，无锡至怀化的长途直通旅客列车首发，横跨四省一市，将金华的诸葛八卦村、双龙洞以及井冈山等沿线众多景点串成一线，成为华东地区首次开行的直接进入张家界的旅游列车。10月1～7日，国家实行国庆节调休制度（俗称“黄金周”），无锡铁路运输第一个“黄金周”发送旅客23.36万人次，其中10月4日发送旅客38716人次，创日发送旅客历史最高纪录。2000年5月1～7日（“五一黄金周”），无锡铁路运输发送旅客24.7万人次，其中5月3日发送旅客40105人次，再创无锡火车站日发送旅客历史最高纪录。1996～2000年，无锡火车站共发送旅客3421万人次。

2001～2005年，无锡增开特快列车，实施列车提速，市民出行更快、更方便。2001年10月21日，增开T104、T110次北京特快列车。2002年4月25日，以上海、南京、杭州等城市为中心的城际特快列车采用大密度、小编组的开行方式全新亮相。2003年6月21日，国内一流的庞巴迪列车投入沪宁线运行。10月1日国庆“黄金周”第一天，无锡铁路运输发送旅客4.33万人次。2004年4月18日，无锡至乌鲁木齐的T52次列车经多次提速，运行时间从原先的62小时40分缩短至45小时55分，成为全国铁路全程压缩时间最多的一趟列车。10月1日，无锡铁路客运发送4.56万人次。12月8日，沪宁线实行“T”字头特快列车密集开行，其中T703次等城际列车一站直达上海，T704次等城际列车一站直达南京，无锡到上海、南京运行时间分别缩短为56分钟、78分钟，刷新沪宁线列车运行速度的新纪录，成为“长三角”最快的陆上交通工具。在开发西部的大背景下，上海开往西部方向的旅客列车成为提速重点，至2004年末，经过5次大提速，无锡区段铁路客车运行最高时速由140公里提高至160公里。无锡火车站客运列车增加至82对，其中开往吉林、银川、石家庄、郑州、怀化、青岛方向的普通列车改为快速列车，开往济南方向的普通列车改为特快列车，特快和快速列车增至39.5对。列车等级提高，开行列对增加，运行时间缩短，无锡到北京全程缩短6个多小时。2005年“五一黄金周”期间，高峰日发送4.6万人次。7月1日，上海始发Z2次列车增停无锡火车站，一站直达北京，全程运行11小时零2分，成为无锡火车站开往北京旅客列车中速度最快、等级最高的豪华列车。无锡至北京的客车增加至4趟，均为“夕发朝至”，从根本上改变北京方向客流一票难求的状况。国庆“黄金周”期间，高峰日发送4.88万人次。2001～2005年，无锡火车客流除2003年受“非典”影响略有下降外，年均以9%的速度递增，发送旅客总量4336万人次，其中2005年发送旅客1032万人次，运输安全实现连续第十二个行车、人身“双安全年”。

二、货运

1986～1990年，无锡火车站完成货物运输676万吨。为计划的103.3%。比“六五”期间增长11.6%。其间，微机广泛应用车站货物运输计划、票据结算等管理环节。以货主为对象，深入张家港、江阴等地调研，积极推进路风建设，开展优质服务活动，提高客户满意度。

1991～1995年，无锡火车站积极组织货源，以卸车出货为重点，改善货物运输环境，提高服务质量，运送货物765万吨。为满足零担货物吞吐量的需要，1992年启动新建南门零担货场，1993年1月启用。零担货场分期建设，一期投资5543.13万元，在南站乡征地88亩。货场设线两条，有效线长分别为470米、525米；仓库3座，其中零担到达库面积分别为5166平方米、6027平方米，零担发送库面积5166平方米；货运营业大楼、装卸综合楼等设施房7653平方米。1994年，无锡铁路货运完成开发铁道部货车实时信息管理中的重要组成部分，包括车号、调车作业、货运调度等子系统，系统由COM-PAQ—486/33M主机和10个STAR终端组成，数传设备采用ID-1基带传输器。1995年，在运输市场和路内站段激烈竞争货源的情况下改革货运计划审批，零担物资实行随到随收，在棚车、平板车、篷布不足和运输去向限制时，争取分局支持，确保重点物资运送，并广泛听取货主意见，及时解决问题，对张家港市钢厂等发货量大的单位，与港务、航运等单位协商收费标准，费用包干，互得实惠，吸引货源，全年运送货物176万吨，创历史纪录。1996年5月，无锡站装卸管理QC小组攻关后发表题为《优化车船装卸质量，提高运输市场竞争能力》的QC成果获路局级、铁道部级和国家级优秀成果奖。9月，中国质量管理协会、共青团中央委员会、中华全国总工会、中国科学技术协会在江西南昌召开全国第十八次质量管理小组代表会议。会上，无锡站装卸管理QC小组被评为1996年度全国优秀质量管理小组。1997年，车站质量管理小组以“加强货源组织，完成货物发送任务”为课题，成立质量攻关小组，全年发送货物171万吨，完成全年计划的100.5%，被评为1997年江苏省优秀质量管理小组。1998～2000年，无锡火车站面对货运市场竞争激烈的形势，转变营销观念，调整货运结构，主动接受货主评议，增加服务网点，拓展营销网络，分别完成货运153万吨、163万吨和178万吨。

2001年，无锡火车站注重远距离货物运输，提高货运收入率，货运收入1.55亿元，同比增长11%。2002年，货运卸车17.49万车，日均479车，货物发送183万吨，为车站货物发送历史上的第二高峰。2003年，随着江阴长江大桥的建成和苏南京杭大运河水运的复苏，无锡火车站物资中转集散地的功能凸现，以煤炭、钢材、粮食为主的货物大量集中到达。为此，无锡火车站对调机运用、线路使用、取送车作业、专用线管理等作出明确规定，在出货组织、计划编制、夜间卸货、后勤服务等方面强化管理，促进接、卸、排、装良性循环。面对货运市场竞争加剧和“非典”疫情的影响，抓住物资中转集散地功能凸现和公路货运整顿超载等有利机遇，巩固老客户，发展新客户，组织钢材类、化工类高运价、远距离货物运输，全年完成运输物资178.3万吨。2004年，无锡火车站日均卸车564.2车，比上年日均卸车增85车。

2005年，为扭转铁路货运市场的低层次化和边缘化倾向，无锡火车站实施“主攻货运”战略，加强营销工作组织领导，完善机构，加强队伍建设，实施大客户战略，用好运价下浮政策，加强大宗货源组织，抓好卸车出货，确保重点物资运输，提高货运服务质量，全年发送货物205万吨，创历史最高纪录。货运物资中，钢铁、化肥、化工、矿建等大宗货源运量占总运量的68.8%，16家年发送两万吨以上的大客户占总运量的42.4%；全年卸车26.24万车，其中8月25日卸车1034车，创日卸车历史最高纪录，实现全年增运增收目标。

1986～2005年无锡市铁路客货运量统计表

表7-3　　　　单位：万人次、万吨

年份	客运	货运	年份	客运	货运
1986	812	143	1991	831	128
1987	894	137	1992	907	151
1988	943	137	1993	876	154
1989	880	137	1994	825	156
1990	795	122	1995	762	176

续表

年份	客运	货运	年份	客运	货运
1996	727	175	2001	765	192
1997	646	171	2002	799	183
1998	632	153	2003	784	178
1999	700	163	2004	956	186
2000	716	178	2005	1032	205

第三节　管　理

无锡火车站由上海铁路局管辖。1999年，无锡火车站由一等站升级为中国铁路系统的最高等级站，成为上海铁路局管辖内客货特等站之一。2003年12月23日起，周泾巷、洛社、横林、戚墅堰、湾城等5个站划归无锡火车站，加上原有无锡南、无锡、无锡北（原石塘湾站）3个站，无锡火车站管辖范围由3个站扩大为个8站，管辖线路由15公里增加至45.42公里。2005年3月18日，无锡火车站成为上海铁路局无锡直属站，履行“铁道部—铁路局—站段”三级管理模式中站段一级的管理职责。4月1日，无锡北站进行货物列车分流，开行货车14对，其中沪宁线无锡北—南翔增加货车5对，车次为24601/2—24609/10次；新长线无锡北—海安增加货车9对，车次为46102/1—46118/17次。无锡北站新增调车机车1台，调车作业人员由三班间休制改为四班三运转制，并增设车号作业人员。无锡北站由四等站提升为三等站。

1986～2005年，无锡火车站先后获上海铁路局“明星车站”“全国卫生车站”和铁道部“先进优质站”等称号。客运员刘景祥获“2004年全国铁道劳动模范”称号，无锡北站站长胡林儒获全国铁路总工会2005年度“火车头”奖章。

第三章　公　路

1986～2005年，无锡市加大公路建设投资力度，高速公路从无到有，先后建成沪宁、锡澄、锡宜、宁杭等高速公路，通车总里程221公里，密度为每100平方公里4.6公里，居全省第一。1990年，全市客运班线449条，拥有载客汽车1.19万辆、载货汽车2.16万辆，全社会公路客运量4008.53万人次、货运量2057.42万吨。2005年，环太湖高速公路和省内最大的枢纽互通——无锡硕放枢纽互通一期工程开工建设。沪宁、锡宜等6条高速公路，312、104国道等9条干线公路（无锡段）以及密如蛛网的乡村公路，形成无锡市以高速公路为主骨架，干线公路为次骨架，干支相连、四通八达的公路网络；全市拥有载客汽车21.86万辆、载货汽车7.2万辆；拥有客运班线500多条，其中省际班线198条，长途客运网络发展至闽、鄂、赣、冀等地；公路客运量1.9亿人次、公路货运量7008万吨。

第一节 建 设

一、高速公路

1.沪宁高速公路无锡段

沪宁高速公路无锡段东、西分别与苏州、常州段相接，全长45.44公里，双向4车道，路基宽26米，中央分隔带3米，路面为沥青混凝土，总宽度2×10.75米，沿线设互通式立交5处、分离式立交15处，大桥8座、中小桥40座，1992年开工，1996年建成通车。2003年，因交通流量持续增长，服务功能不适应，省政府确定扩建8车道的拼接方案。在原沪宁高速公路两侧分别拓建两个车道，每侧加宽8.25米，设计行车速度每小时120公里，桥梁设计荷载为汽超-20、挂-120。全线新增建设用地41.11公顷，拆迁房屋14万平方米，项目总投资18.4亿元，2003年11月开工，2005年12月建成通车。

图7-4　沪宁高速公路、锡澄高速公路在东北塘镇钱巷交会　　（锡山区档案局供稿）

2.锡澄高速公路

锡澄高速公路是同江至三亚、北京至上海国道主干线的共线路段，北起江阴长江公路大桥，穿越江阴市、锡山市（后锡山、惠山两区）2市11个镇，南接沪宁高速公路，全长34.98公里。全线征地320.11公顷，拆迁房屋15.2万平方米，全封闭、双向6车道，设计行车速度每小时100公里，路基宽33.5米，桥涵设计荷载为汽超-20、挂-120。沿线设江阴北、江阴南、璜塘、无锡等4处收费站，堰桥服务区1处。总投资20.37亿元，1996年12月开工，1999年9月与江阴长江公路大桥同步建成通车。

3.锡宜高速公路

锡宜高速公路是江苏省规划的“四纵四横四联”高速公路骨架网中的第四联，是长江三角洲腹地连接锡澄高速公路、沪宁高速公路及宁杭高速公路的纽带。起于惠山区长安镇西，与锡澄高速公路相接，向西分别跨越锡澄公路、锡北运河、沪宁高速公路、锡澄运河、沪宁铁路、京杭运河、312国道、武宜运河、沪宜公路、新长铁路、104国道、西氿湖，止于宜兴西坞枢纽，与宁杭高速公路相接。全长69.54公里，其中惠山区境内26.89公里、滨湖区境内1.9公里、宜兴市境内30.66公

图7-5　锡宜高速公路　　（市交通局供稿）

里、常州市境内10.09公里。项目一次设计，分两期实施。一期工程为沪宁高速公路锡北互通至宁杭高速公路宜兴西坞枢纽，长62.33公里，全封闭、全立交、双向4车道，设计行车速度每小时100公里，路基宽26米，桥涵设计荷载为汽车超-20、挂车-120。沿线设互通6处、桥梁71座、服务区1处，设有完善的收费、监控、通信、照明、安全、绿化等交通工程和管理设施。总投资24亿元，征地442.8公顷，取土用地248公顷，拆迁房屋15万平方米，2000年9月开工，2003年9月建成通车。

4.宁杭高速公路无锡段

宁杭高速公路无锡段全长48.1公里，起于宜兴市与溧阳市交界处的西墟村，止于宜兴苏浙两省省界父子岭，全封闭、全立交、6车道，设计行车速度每小时120公里。全线设匝道收费站3处、服务区1处、隧道1处，互通式立交4处、分离式立交17处、各类桥梁58座。项目总投资22.52亿元，2001年6月开工，2004年9月建成通车。

5.沿江高速公路江阴段

沿江高速公路江阴段全长32.5公里，西起江阴市青阳镇北，东跨锡澄高速公路和新长铁路，在新桥镇新北公路东侧与张家港段相接，双向4车道，设计行车速度每小时120公里。全线设匝道收费道4处、服务区1处，建有立交12处、桥梁34座。项目总投资12.08亿元，2001年11月开工，2004年8月投入试运行，同年9月通车。

图7-6　沿江高速江阴枢纽　（江阴市政府供稿）

6.常澄高速公路江阴段

沿江高速公路常澄段是江苏省“四纵四横四联”高速公路主骨架中第三联（南京—太仓）的重要组成部分。起于常州市武进区湖塘镇，西接在建的南京至常州高速公路，止于江阴市青阳镇，东连沿江高速公路江阴至太仓段。路线全长30.56公里（其中江阴段长5.54公里），项目总投资15.17亿元。常州至江阴高速公路无锡段起于无锡市惠山区境内玉祁镇，西接常澄高速公路常州段，起点桩号为K76+322。止于江阴市境内青阳镇，东接江阴至太仓高速公路江阴段，终点桩号为K85+075。路线全长约5.54公里，采用全封闭、全立交的4车道，设计行车速度每小时120公里，路基宽度28米，设计车辆荷载为汽超-20、挂-120。项目总投资1.7亿元，2001年11月开工，2004年12月建成通车。

7.环太湖高速公路

无锡环太湖高速公路自沪宁高速公路硕放枢纽至南湖中路，全长19.36公里，按高速公路标准建设，设计时速每小时100公里，双向4车道，路基宽28米；312互通至南泉南湖中路11公里采用双向6车道，路基宽35米。全线设硕放高架桥、公铁立交桥、京杭运河特大桥、大溪港大桥、小溪港大桥等5座大桥，新宅路、振发路、香楠路上跨桥3座，中小桥梁20座，312互通及华庄（中南路）互通各1座，收费站3处，华庄服务区1处。总投资8.85亿元，2005年12月开工，计划2006年10月建成通车。

8.无锡硕放枢纽互通一期工程

无锡硕放枢纽互通位于无锡新区硕放镇，是沪宁高速公路与环太湖高速公路及锡张高速公路（东干线）交叉的重要节点，由1个枢纽互通和1个一般互通组成，是以辅助车道连接的复合式互通。枢纽互通采用不完全苜蓿叶型，是沪宁高速公路和锡通高速公路及环太湖公路之间交通流快速转换的纽带；一般互通采用单喇叭A型，通过连接线跨越沪宁高速公路与原有硕放互通的环形平交口（即经一路与薛典路交叉口）相连接。项目主线采用设计速度每小时120公里、6车道高速公路标准设计，全长4.82公里；枢纽互通定向匝道及一般互通连接线设计速度每小时60公里，一般型互通匝道及枢纽互通环形匝道设计速度每小时40公里。两个互通采用辅助车道连接，长1462.9米。互通主线桥有5座，其中拼宽桥3座，新建主线桥两座；便交道（沪宁路）桥4座，其中完全利用1座、拼宽3座；连接线跨线桥1座；匝道桥15座。项目征地35.2公顷，拆迁房屋2.4万平方米，总投资4.3亿元，2005年12月开工建设，计划2006年10月建成通车。

二、干线公路

1.312国道无锡段

东起于无锡苏州交界的望虞河沙墩港桥，途经新安、硕放、坊前、旺庄、东亭、南站、广益、黄巷、山北、钱桥、洛社等乡镇，西止于无锡常州交界的西山港桥，全长45.6公里。走向与沪宁铁路基本平行，是连接南京、上海的主要干线。全线按二级公路技术标准设计。西段（常锡线）路基宽12米，路面宽9米，沥青路面结构，桥梁15座，涵洞85道，桥涵与路基同宽。西段（外围路）路基宽20米，混凝土路面宽18米，建山北大桥1座、黄巷公铁立交1座、锡澄路立交1座、中小桥梁9座、涵洞24道。东段路基宽20米，路面宽19米，建新安大桥1座、公铁立交1座、中小桥梁30座，与路基同宽，沥青路面结构。1995年3～9月，第一次局部改建，拓宽国道旺庄段4471.01米，路基拓至30米，路面各拓宽7米，拓宽桥梁5座，建造高架桥主桥及引道工程，全长3435.96米（包括挡墙356.9米），桥梁净长3079.06米，高架桥主桥148孔（其中，20米跨径146孔，30米跨径2孔）。1998年洛社段竣工。工程自钱桥晓星转盘至常锡交界的西栅桥，全长14.02公里，共征地13公顷，拆迁房屋1万平方米，填筑路基土方49万立方米。设计等级按公路超二级标准，路基宽40米、机动车道15.5米、非机动车道2×5.75米，中间分隔带2×4米，路面结构采用6厘米+4厘米双层沥青混凝土摊铺。共改建桥梁8座、101延米；涵洞23道、230延米。2003年9月～2005年6月，312国道按全省统一规划实施一级公路改造，改线新建线路29公里，设计时速100公里（其中城镇段80公里）；新建桥涵荷载汽超-20、挂-120，改造原有桥梁荷载汽-20、挂-100；采用双向4车道和6车道两种断面形式。全线共有桥梁66座，其中特大和大桥7座、跨线桥8座、中小桥33座、辅道桥18座。工程土方量239万立方米，新增用地208.64公顷，拆迁房屋30万平方米，迁移管杆线42万延米，总投资15.73亿元。

图7-7　1995年的312国道无锡段

（顾祚维摄）

2.104国道无锡段

104国道（宁杭公路）在宜兴境内呈西北至东南走向，西北从溧阳进入宜兴市的丰台（潘家坝），沿线经徐舍、宜丰、红塔、宜城、环科园、经济开发区、丁蜀、洑东等乡镇（园区），在父子岭与浙江长兴县相接。1995年1月，宜城连接段9.48公里按一级公路标准改造，路基宽36米，主车道22.5米，两侧各设2.5米的绿化带和3.5米的非机动车道，中小桥涵与路基同宽，其中西氿大桥长370米、宽18米，1996年10月竣工，投资6418.43万元。二期起于轸村（1277K+800），由北向南环绕城区而过，穿过宜金公路、宜高公路、边庄村南和宜漕公路平交，跨越锡溧运河后，接上宜城东环路，长10.7公里。设计标准为路基宽40米，路基中央设隔离带，主车道采用双向4车道水泥路，两边各设慢车道，工程造价8219.41万元。1996年底开工，1998年末完工。经省政府批准，104国道设立大港收费站，收取通行费还贷。由于交通量猛增，1997年，省公路局决定对104国道混凝土路面分段逐年实施大修改造。1997年6～10月，对104国道宜兴段1273K-1278K和1269K-1273K合计9公里大修。1998年2～9月，南线丁山段完成沥青混凝土摊铺。拓宽桥涵设计荷载标准为汽-20、挂-100，中小桥涵与路基同宽。大修后，104国道无锡段达到路基宽25.5米、路面为沥青混凝土的一级公路标准。

3.228省道锡张线

228省道锡张线起于江阴与张家港交界处，途经顾山、港下、东湖塘、张泾、八士、东北塘、广益等乡镇，终于无锡市丁村立交，全长39.66公里，其中江阴境内8.5公里。1996年，按二级公路标准对部分路段裁弯取直，将锡山市段改建为沥青混凝土路面，新路段长29.14公里，路基宽33～40米，机动车道15～15.5米、非机动车道5.75～6米、绿化分隔带宽各1.5米、两侧人行道各5米。拓建永久性桥梁22座（净宽均拓至30米）、涵洞145道（其中板涵两道），投资1.97亿元。1998年2月，江阴段8.5公里开工，投资5468万元，路基拓至30米，双向4车道，主车道宽15.5米，副车道各5米，沥青混凝土路面。2002年，将15米宽的机动车路面改建成沥青混凝土路面，投入经费5050万元；两侧各进行5米的绿化整治，投入绿化经费100万元；两侧建设25～30米宽的绿化景观。2004年，投资123万元，创建省级文明样板路29.14公里。江阴段因横向裂缝较多，在原路面上加铺沥青混凝土路面。2005年，完成丁村立交至东风桥2.02公里城区段改造。

4.229省道盐锡线

229省道盐锡线原名锡澄路，起于无锡市北栅口，途经刘潭、西漳、堰桥、青阳、月城、南闸等乡镇，终于江阴市西门，全长38.46公里，可北渡长江，与泰州市靖江八圩渡口相衔接，是无锡市区连接江阴通往苏北和山东的重要干线公路。1986年，结合城市改造，打通北栅口城市出入口3.6公里路段，路面由9米拓宽至32米，中间14米为混凝土主车道。1988～1990年，江阴市政府对江阴段拓宽改造，通过裁弯取直，减少弯道5个，最小平曲线半径250米，路基宽20米，路面宽17米，达到二级公路技术标准。1990年10月，无锡县段组织千人会战，至堰桥北桥按城市出入口标准，路面拓宽至32米；其余路段路基20～32米，路面15～16米，桥梁净宽19～28米；完成混凝土路面5.32公里，沥青混凝土路面6.83公里。1997年10月，江阴南闸段2.03公里拓宽改造，路基拓宽至39.7米，其中行车道15.9米、分隔带2×1.5米、非机动车道2×5.4米、人行道2×5米。1998年，投入200万元对锡山市段6.83公里沥青路面大修。同年，江阴西门—黄田港段拓宽改造后路面宽18米。1999年，作为无锡市、江阴市政府目标管理项目，投资4100万元对黄土金桥—塘头桥段13.67公里路段按二级公路标准进行改造，其中黄土金桥—青阳南桥段9.77公里路基宽30米，行车道15.5米+分隔带2×1.5米+非机动车道2×5米；青阳南桥—塘头桥段3.9公里路基宽20米，路面宽15.5米。2003年，省道网调整，锡澄路改名为盐锡线（编号S229）。2004年，市区段按双向6车道一级公路标准进行改建，路基宽38～45米，沥青混凝土路面宽37.2～44米；惠山区对胡家渡桥—堰新路段3.3公里拓宽改建，双向6车道，改建后路基宽42米，行车道22米、分隔带2×3米、非机动车道2×3.5米、人行道2×3.5米，沥青混凝土路面。江阴段分别于2004年对青阳0.8公里进行二灰碎石补强，摊铺沥青混凝土。2005年对食品城—黄土金桥段修补后加铺聚酯纤维（SMA）沥青混凝土。

5.230省道环湖线

环湖线主要由原锡苏线和沪宜西线（十八湾段）构成，2002年省道网调整，更名为环湖线（编号S230），全长37.15公里。原锡苏线全长16.91公里，1975～1988年先后拓宽改建成沥青路面及水泥混凝土路面，桥梁全部改建为永久性钢筋水泥桥。1996～1997年，按二级公路标准，将9米宽水泥路面拓至15米，路基宽40米，增设非机动车道2×6米，人行道2×3米，绿化分隔带2×1.5米，桥梁净宽均拓至28～30米，全线水泥混凝土路面13.57公里、沥青路面2.4公里。2000年，投入150万元对华庄段3公里水泥混凝土路面大修，投资77万元改建曹泽桥、钱并桥、万红桥、袁塘桥等4座危桥。

沪宜西线（十八湾段）为太湖风景区重要旅游公路，起于梅园，终于阖闾城，长13.24公里。建于70年代初，简易沥青路面，宽6米，路基宽8米，弯道多且半径小。1983年，改建基康里至梅园段近3公里，路面拓宽至9米，路基拓宽至12米，路面为水泥混凝土。1993年3～11月，为开发马山国家旅游度假区，改建梅园至闾江口段，水泥混凝土路面拓宽至11米，路基拓宽至12米，同步实施GBM工程[①]，总投资3254万元。2003年6月，十八湾段按一级公路标准改建，双向4车道，整体式路基宽度42米/26.5米，分离式路基宽度12.5米，涵洞25道，小桥1座，中桥1座，大桥1座，主线分离式立交两处，水泥稳定碎石基层，沥青混凝土路面。2004年10月建成通车，2005年9月6日通过验收。

6.240省道金宜公路宜兴段

始建于1978年，1986年冬按二级公路标准拓宽改造，路基宽12米，路面宽9米。1997年8月改建，1999年5月中旬竣工。宜金公路起于宜兴市宜城北环路交会点，途经红塔乡、宜兴农场、范道乡、官林镇、丰义镇、新建镇，在庄林村前偏西改线，绕过庄林村，跨越北干河，终点与常州的新常溧线相接。全长29.5公里，其中老线改建26.3公里。全线按二级公路标准实施，双向4车道，中间绿化隔离带，集镇地段设慢车道和人行道。桥梁25座，908.4延米，其中大桥1座、中桥9座、小桥15座、涵洞126道。路桥同宽，桥梁荷载汽-20、挂-100。投入改建资金11376.94万元。2002年，宜金线列入240省道管理，名为金宜公路，起于金坛与宜兴交界的吉渡桥，终于宜兴市宜红桥，全长31.1公里。

7.338省道浏张镇线

338省道浏张镇线全长40.67公里，由原澄张汽车专用公路与滨江西路两段组成。澄张汽车专用公路起于张家港港口，进入江阴市境，跨过锡澄公路，至夏港附近与镇澄公路相衔接，全长19公里，其中江阴市境内16.97公里。按一级公路预留控制红线、二级公路标准施工，路基宽16米，路面宽10.5米，黑色沥青路面，投资3380万元，于1988年竣工通车。1999年对张家港—江阴要塞段进行改造（即后来的澄张连接线），起于锡澄高速公路江阴南互通，终于张家港港区香山路口，全长11.92公里，其中江阴境内8.17公里，按部分控制出入的一级公路标准设计，实行快慢车分行。路基顶宽42.5米，快车道路面双向6车道，设两米中央分隔带，两侧分隔带宽1.5米，慢车道宽6米，改建中小桥4座。设计行车速度每小时80公里，拓宽桥梁设计荷载汽-20、挂-100。1999年10月开工，2001年末完成，总投资2.3亿元。滨江西路段起自江阴，至常州交界，全长20.6公里，2001年开工建设，路基宽40米，双向6车道，一级公路标准。2003年，对江阴要塞至夏港立交段全长8.32公里进行改造，即后来的澄南大道，快车道为双向6车道（其中1.81公里为双向4车道），路基宽50米（4车道路基为40米），沥青混凝土路面，一级公路标准。2005年，改造夏港立交转盘至滨江路段（环西路），全长1.64公里，路基宽40米，快车道双向4车道，沥青混凝土路面，属于江阴市区道路。

8.340省道张常溧线

340省道张常溧线由澄鹿线与镇澄线两段组成。澄鹿线即原来的澄杨公路，系沪宁公路江阴至常熟段。1962年部分路段划归沙洲县，江阴境内长28.21公里。此后路基拓宽至12米，9米黑色沥青路面，二级公路标准。1995年，拓建江阴澄山路至张家港交界处22.47公里，设计车速每小时80公里，路基顶宽40米，路面为三块板布局，主车道15米、分隔带2×1.5米、慢车道2×5米、绿化带2×6米；路面结构为23厘米水泥混凝土、18厘米二灰碎石、30厘米12%灰土、30厘米6%灰土。全线拓改建桥梁11座，其中大桥1座、中桥3座、小桥7座，桥梁设计荷载为汽-20、挂-100。1995年10月开工，1996年9月全线建成通车，投入经费1.27亿元。

镇澄线自江阴西门至武进县界，长26.96公里。民国23年（1934年）12月建成通车。1994年改造龙虎塘至夏港段，全长24.99公里（璜土至夏港段17.24公里、龙虎塘至璜土7.75公里），是世界银行贷款苏南路网改造二期项目。设计车速每小时80公里，路基宽30米，主车道路面宽15米、慢车道

① 实施具有中国特色的公路标准化、美化建设工程的简称。

2×5米、分隔带2×1.5米；路面结构快车道为4厘米中粒式沥青混凝土、6厘米沥青贯入、15厘米二灰碎石、30厘米12%灰土，路基采用20厘米～30厘米6%的灰土处理。全线共改建桥梁9座，其中中桥6座、小桥3座，涵洞85道，挡土墙1231米。主车道工程1993年4月开工，1994年6月28日全线建成通车；拓宽慢车道1995年10月开工，1996年9月建成通车。工程投资9648.29万元。2001年路面改造，原路面摊铺二层沥青混凝土，上层为SMA改性沥青路面。

9.342省道虞宜线

342省道虞宜线在无锡市境内共115.17公里，分为沪宜东线、钱胡线、宜漕线、宜广线4段。沪宜东线原省道编号为S323，从常熟翁家庄至三号桥，途经羊尖、安镇、查桥、东亭、八士5镇，全长24.81公里。路面宽7～9米，路基宽12.5米。1992～1993年，拓宽改建为二级公路，机动车道宽15～18米，路基宽18～40米；共有桥梁20座，桥梁净宽16～34米；水泥混凝土路面4.52公里，其余为沥青混凝土路面。市镇段公路两侧铺设彩色道板砖，野外段路肩及边坡铺设草坪、植树，投资5000万元。2001年整治公路两侧绿化，确保每侧有两排以上香樟，修筑边沟、挡墙，投入经费300万元。2002年，将原路局部补强后摊铺SMA沥青混凝土路面，投入经费4000万元。是年调整编号为S342，名为虞宜线，改线桩号从翁家庄K14+901至锡张线K45+956，长31.06公里。其中，SMA沥青混凝土路面23.1公里，水泥路面7.96公里，桥梁22座，涵洞145道（其中板涵两道）。投入经费193万元，创建省级文明样板路23公里。两侧由锡山区政府投入绿化经费3000万元（不包括征地、回填土方），建成25～30米宽的绿化景观大道。

图7-8　342省道　（陈平摄）

钱胡线原为县道，全长19.28公里，途经钱桥、藕塘、胡埭至武进雪堰桥。1988年1月兴建，1989年9月完工。路基宽18米，路面宽15米，路面采用5厘米沥青贯入、2厘米沥青混凝土，部分桥梁宽12米，公路等级为二级。2002年，钱胡线调升为省道，更名为虞宜线（编号S342）。同时改建钱胡线，加强基层、重铺面层、拓宽桥梁，改建后全线路桥同宽，路面为沥青混凝土，上面层为SMA。

宜漕线是上海至宜兴并与104国道相连的省道主干线。东北方从常州武进漕桥进入宜兴市，西南终点与104国道交会于宜兴宜城镇，全长26.14公里。途经宜兴市南漕、万石、和桥、屺亭、十里牌、宜城等6个乡镇。1989年进行改造。一期工程在紧靠原路西侧拓建路基宽12米、路面宽9米的水泥路复线。4月开工，1990年9月完工。二期工程在原老路上浇铺水泥混凝土路面，1990年12月开工，1991年4月完成21公里路面浇铺，年末全线建成，总投资6239万元。改建后的宜漕线路基宽29.8米，中间两米绿化隔离带，双向4车道，路面宽2×9米，水泥混凝土路面厚22厘米，设计时速80公里。

宜广公路原称川分公路，1983年全线铺设渣油路面。路线起于宜兴宁杭公路的川埠，终于宜兴太华镇的分界岭，接通安徽省广德县，全长37.53公里。途经善卷、张渚、太华等乡镇，是宜兴通向西南大门太华山区的主要公路。1993年起，分4年逐步改造宜广公路。先期按二级公路标准实施，全线路基宽12米，路面宽9米，平曲线半径≥250米。改造后宜广公路起始宜城分路口，途经环科园、新街、归径、善卷、张渚、太华等6个乡镇（园区），终于分界岭，全长41.38公里。1996年4月起，实施道路分期改造。一期改建工程起于104国道交接处分路口，全线按原路拓宽改造，调整纵坡，经善卷飞里改线至善卷小铁路，全长20.69公里。路基宽40米，路面除环科园3.5公里为18米宽外，余为15米宽水泥混凝土主车道，两边设2.5～3米绿化带，2×0.5米宽慢车道。桥梁改建12座、334.4延米，涵洞86道，桥宽除环科园内为净34米+2×3米，潼渚桥净19米+2×0.5米，余为净15米+2×0.5米，设计荷载汽-20、挂-100，公路等级为二级。二期改建工程于1996年11月开工，按一级公路标准实施。起于善卷小铁路，途经张渚、太华两镇，至分界岭与安徽省广德县相连接，长20.25公里。改建桥梁7座、190.4延米，涵洞85道，设计荷载汽-20、挂-100，桥宽2×净12米。路面中间带宽4米、水泥路主车道2×9米、硬路肩2×2.5米，路基宽40米。改建工程于1998年9月全部完工，共投入资金1.1亿元。2002年被列入江苏省省道网。

三、公路桥梁

无锡属水网地区，公路桥梁众多。至2005年，在建成通车的沪宁、锡澄、锡宜、沿江、宁杭和常澄6条高速公路上，有桥梁229座，其中特大桥11座、大桥57座、中小桥梁161座。桥梁结构形式主要有简支梁、连续箱梁、钢箱梁和钢桁架桥4种。9条国省道干线上有桥梁322座，其中特大桥1座、大桥29座、中桥107座、小桥185座。另有众多乡村公路小桥。

1.江阴长江公路大桥

江阴长江公路大桥位于江阴市西山与靖江市十圩之间，南接锡澄、沪宁、沿江高速公路，北接广靖、淮江、宁通高速公路，是“两纵两横”国道主干线黑龙江同江到海南三亚、北京到上海两条国家级高速公路的咽喉，是国家重点规划发展的沿海和沿江两大经济带交会点，也是沟通苏南、苏北的快速通道。1994年11月开工，1999年9月建成通车，总投资33.74亿元。大桥采用一跨过江、大跨径钢悬索桥桥型，主桥跨径1385米，为当时中国第一、世界第四。大桥南引桥168米，北引桥1518米，全长3071米。桥面宽36.9米，按6车道高速公路设计，设计行车速度每小时100公里，通过量每日2.7万辆，实际可通行能力每日7.4万辆。桥下通航净高50米，可满足5万吨级巴拿马型散装货船安全通航。主桥上部梁体采用扁平钢箱梁，箱高3米、总宽36.9米，耗钢材1.8万吨。大桥两根主缆各长2200米，直径86.6厘米，每根重8400吨，每根拉力6.4万吨，承重1.8万吨的钢桥面和5000吨重的沥青路面以及过往车辆。每根主缆由169根平行钢线索股组成，每根索股重50吨，每根索股由127根直径5.35毫米的镀锌高强钢丝组成，累计达1.7万吨，总长达10万公里，可绕地球两圈半。南锚碇基坑深66米，上口8100米，下坑500米；北锚碇采用大型深沉井基础，长69.2米、宽51.2米，相当于9个半篮球场大，沉入地面58米，相当于20层楼高，下沉时穿过4层不同的土质，沉井体积21万立方米，承受6.4万吨的主缆拉力，为世界第一沉井。大桥南北塔基采用钻孔灌柱桩方案，其中北塔基由96根直径2米的桩群组成，南桥塔标高196米，北桥塔标高197米。大桥装有496套主缆灯，202套双挑臂、单挑臂路灯，主跨承重悬索上装有342套金卤灯，东西两侧斜拉钢悬索上装有154套金卤灯。1998年4月21日，中共中央总书记江泽民前往视察，题写“江阴长江公路大桥”桥名。1999年9月28日，出席通车典礼。

图7-9　2001年的江阴长江公路大桥

（顾祚维摄）

2.新兴塘大桥

新兴塘大桥有两座。一座位于312国道无锡市东亭镇，上部结构主桥为3孔变截面连续梁箱，下部结构桩（柱）式墩台。桥梁全长772.2米，桥面宽24.5米+2×0.5米，设计荷载汽超-20、挂-120，2005年7月改造。

另一座位于沪宁高速公路无锡市东亭镇杨亭村境内。全长302.45米，双幅桥，单幅桥宽21.25米，主桥为80米下承式简支钢桁梁，引桥为预应力混凝土简支T梁，设计荷载汽超-20、挂-120。2004年3月开工建设，2005年11月建成，总造价1382万元。

3.北兴塘大桥

北兴塘大桥有两座。一座位于沪宁高速公路东北塘镇梓旺村境内。全长473.15米，双幅桥，单幅桥宽21.25米，主桥为80米下承式简支钢桁梁，引桥为预应力混凝土简支T梁，设计荷载汽超-20、挂-120，2004年3月开工建设，2005年12月建成，总造价2415万元。

另一座位于312国道锡山区境内，与沪宁高速北兴塘大桥平行。上部结构为箱形梁，下部结构桩（柱）式墩。桥梁全长819.8米，桥面宽24.5米+2×0.5米，设计荷载汽超-20、挂-120，2005年7月改造。

4.锡北运河大桥

锡北运河大桥有两座。一座位于锡澄高速公路无锡市东北塘严埭村境内。全长518米，双幅桥，单幅桥宽16.25米，主桥为71.6米跨径的预引力系杆拱梁，引桥为20米预应力空心板梁，设计荷载汽超-20、挂-120。1997年3月开工建设，1998年6月建成。

另一座位于沪宁高速公路无锡市堰桥镇胡家渡村境内。全长484.95米，双幅桥，单幅桥宽21.25米，主桥为1×45.3米的预应力混凝土预制T梁，引桥为钢筋混凝土现浇箱梁，设计荷载汽超-20、挂-120。2004年3月开工建设，2005年12月建成，总造价4815万元。

5.锡澄运河大桥

锡澄运河大桥有两座。一座位于常澄高速公路江阴市月城镇上塘村境内。桥梁类型为钢管混凝土系杆拱，全长781米，桥面宽2×12米，26孔，单孔最大跨径73.6米，设计荷载汽超-20、挂-120。2001年11月开工建设，2004年9月建成通车。

另一座位于沪宁高速无锡市堰桥镇仓桥村境内。全长909.58米，双幅桥，单幅桥宽21.25米，主桥为89.2米钢桁架桥梁，引桥为预应力混凝土简支T梁，设计荷载汽超-20、挂-120。2004年3月开工建设，2005年12月建成，总造价5840万元。

6.京杭运河大桥

位于锡宜高速公路无锡市钱桥镇胜丰村境内。全长1060米，双幅桥，单幅桥宽13米，主桥为90米跨径钢梁系杆拱桥，引桥为20米预应力板梁，设计荷载汽超-20、挂-120。2000年开工建设，2002年7月建成。

7.冯泾河大桥

位于沿江高速公路江阴市霞客镇后旺村境内。桥梁类型为预应力空心板，全长106.41米，桥面宽2×12米，5孔，单孔跨径20米，设计荷载汽超-20、挂-120。2001年11月开工建设，2004年9月建成通车。

8.丰收河大桥

位于沿江高速公路江阴市霞客镇岐西村境内。桥梁类型为预应力空心板，全长106.4米，桥面宽2×12米，5孔，单孔跨径20米，设计荷载汽超-20、挂-120。2001年11月开工建设，2004年9月建成通车。

9.徐舍大桥

位于宁杭高速公路宜兴市鲸塘镇万渚村境内。全长1167.74米，双幅桥，单幅桥宽15.25米，主桥为33米+55米+33米跨径等高悬浇连续箱梁，引桥为西6×25米+3×17米+2×22米+19米+11×25米、东20×25米组合箱梁连续梁，设计荷载汽超-20、挂-120。2002年开工建设，2003年7月建成，总造价5703万元。

10.蠡河大桥

位于宁杭高速公路宜兴市大浦镇双庙村境内。全长1477.5米，双幅桥，单幅桥宽15.25米，主桥为49.5米+90米+65.5米悬浇连续箱梁，引桥为北5×25米+5×25米+4×25米、南4×25米+7×25米+7×25米+3×（24+24+36+20）米+5×25米组合箱梁和现浇箱梁，设计荷载汽超-20、挂-120。2002年开工建设，2003年7月建成，总造价8354万元。

11.沙墩港桥

位于312国道无锡与苏州交界处。全长187米，桥面宽19米+2×0.5米，上部结构为I形梁，下部结构为桩（柱）式墩台，设计荷载汽-20、挂-100。1998年12月改造。

12.新安大桥

位于无锡市新安镇与省道环湖线交叉处。全长310.3米，桥面宽28米+2×1米，上部结构为T形梁（中间3孔为变截面连续箱梁），下部结构为薄壁墩台，设计荷载汽-20、挂-100。2005年7月改造。

13.无锡互通/沪宜东线主线上跨桥

位于无锡市东亭镇与省道虞宜线交叉处。全长795.5米，桥面宽29米+2×0.5米，上部结构为箱形梁，下部结构桩（柱）式墩台，设计荷载汽超-20、挂-120。2005年7月改造。

14.严埭港主线上跨桥

位于无锡市锡山区境内。全长534.3米，桥面宽24.5米+2×0.5米，上部结构为空心板梁，下部结构桩（柱）式墩台，设计荷载汽超-20、挂-120。2005年7月改造。

15.通江大道主线上跨桥

位于无锡市惠山区境内。全长1456.4米，桥面宽26.5米+2×0.5米，上部结构为箱形梁，下部结构桩（柱）式墩台，设计荷载汽-20、挂-100。2005年7月改造。

16.凤翔上跨桥

位于无锡市北塘区境内。全长341.2米，桥面宽24.5米+2×0.5米，上部结构为箱形梁，下部结构桩（柱）式墩台，设计荷载汽超-20、挂-120。2005年7月改造。

17.山北大桥

位于无锡市北塘区境内。上部结构中孔为T形钢构，其他为空心板梁，下部结构桩（柱）式墩台，桥梁全长185.4米，桥面宽18米+0.5米×2，设计荷载汽-20、挂-100。1986年10月和2005年7月进行两次改造。

18.直湖港大桥

位于无锡市惠山区境内。桥梁全长336.8米，桥面宽24.5米，上部结构中主孔为系杆拱、其他为空心板梁，下部结构桩（柱）式墩台，设计荷载汽-20、挂-100。2005年7月改造。

19.二干河桥

位于省道锡张线江阴市与张家港市交界处。全长106米，桥面宽24米+2×0.5米，上部结构为系杆拱，下部结构桩（柱）式墩台，设计荷载汽-20、挂-100。1999年6月改造。

20.张家港桥

位于省道锡张线江阴市北涸镇。全长122.2米，桥面宽24米+2×0.5米，上部结构为系杆拱，下部结构桩（柱）式墩台，设计荷载汽-20、挂-100。1999年6月改造。

21.吉渡桥

位于省道金宜线宜兴市与金坛县交界处。全长136米，桥面宽17米+2×0.75米，上部结构为预应力空心板梁，下部结构重力式台钻空桩墩，设计荷载汽-20、挂-100。1998年7月改造。

22.澄南大桥

位于省道浏张镇线江阴市澄南大道上。全长73米，桥面宽32.5米+2×2.5米，上部结构为系杆拱，下部结构桩（柱）式墩台，设计荷载汽-20、挂-100。2005年12月改造。

23.侯管桥

位于省道张常溧线江阴市周庄镇。全长320米，桥面宽29米+2×0.75米，上部结构为空心板梁，下部结构桩（柱）式墩台，设计荷载汽-20、挂-100。1996年9月改造。

24.洋荡桥

位于省道虞宜线宜兴市北环路段。全长296.5米，桥面宽24米+4×0.5米+2米，上部结构为空心板梁，下部结构桩（柱）式墩台，桥跨组合14×20米，设计荷载汽-20、挂-100。1997年3月改造。

四、乡村公路

1987年，继无锡县在全省第一个实现村村通公路后，江阴市实现村村通公路。1995年，全市基本实现农村公路黑色化。2003年起，实施省政府为民办实事工程之一的农村公路建设，按照村村通四级以上公路的目标，全市投资21亿元，完成626个项目计1375公里农村公路建设。乡村公路路面均是水泥或沥青混凝土的高级路面，通县、乡、村的分别达二、三、四级技术标准。2005年，全市农村公路通车总里程5937公里，其中县道683公里、乡道2839公里、村道2415公里。

第二节　运　输

一、客运

1986年，省汽车运输公司无锡客运分公司有客运汽车295辆、14260座，车辆以江苏JS675型40座和JS677型80座通道车为主，以后逐步发展为东风662型、663型45座车。经营市内（江阴、宜兴等地）、苏北、上海和邻近城市的75条线路。1990年末，营运客车340辆、8040座。1991年，无锡客运分公司与无锡市出租汽车公司合并，更名为江苏省无锡客运分公司。是年，无锡汽车（新）站及交运大厦投入运营。1992年8月，江苏省无锡客运分公司更名无锡市客运总公司，承担无锡地区公路客运的主要业务。车辆更新以JT6760及“亚星”6970C型为主，引进少量“依维柯”“牡丹”“安凯”“沃尔沃”“金龙”等中、高档车辆。营运线路增至267条，营运区域辐射苏、浙、皖、鲁、鄂、沪5省1市，并首开无锡至青岛、无锡至敖江、宜兴至商城等3个单程500公里以上的超长途班车。1994年8月，全省第一个社会客运服务中心成立，占地9743平方米，为社会营运车辆提供站务管理和配套服务。1996年，由无锡大众出租汽车股份有限公司和无锡客运总公司下属无锡市出租汽车公司共同出资组建的无锡大众汽车租赁有限公司成立。同年，市惠农桥公用汽车站启用，汽车站有社会客运中巴车274辆，经营16条班线，其中区内13条、跨区线路3条，日均发300余班，日均出口量5000余人次。1998年10月，市赛福快速汽车客运有限责任公司成立。该公司是市客运总公司、无锡交通发展有限公司、无锡九龙公共交通股份有限公司、无锡茶花公司、无锡市外事旅游汽车公司等5家股东单位按现代企业制度联合组建的专业从事公路快速客运、旅游包车业务的公司，注册资金1000万元，有营运汽车61辆，以“金龙”“金旅”“中通”等豪华车型为主，开通无锡至常州、上海、安庆、淮安、连云港、长沙、北京等16条线路，年运量130万人次。同年10月18日，由市客运总公司江阴分公司改建设立的江阴公路客运有限公司成立。1999年12月，无锡市社会公用型一级汽车站——无锡汽车客运站务有限公司成立。2003年，市客运总公司兼并锡山汽车运输公司，2004年8月与市旅游咨询服务中心有限公司合资成立市旅游集散中心。1996～2005年，市客运总公司投入资金3.14亿元更新车辆，更新车辆以“金龙”“宇通”客车为主，辅以“沃尔沃”“青年”牌等高档客车。至2005年，市客运总公司有营运客车368辆、14365座，其中高级车192辆、中级车163辆、普通车13辆，全部安装全球卫星定位系统（GPS）。长途客运辐射苏、浙、皖、鲁、赣、湘、鄂、豫、冀、川、闽、粤、沪、京、津、渝等12省4市。是年年末，无锡市完成公路客运量1.94亿人次，占社会客运总量的94.7%。

1986～2005年无锡客运总公司客运量概况表

表7-4　　单位：万人次、万人公里

年份	客运量	周转量	年份	客运量	周转量
1986	2431.84	94108.10	1996	1258.00	84500.00
1987	2187.80	98051.34	1997	1305.33	93255.74
1988	1915.30	100123.58	1998	1302.10	94762.91
1989	1736.44	98919.60	1999	1317.12	99496.66
1990	1754.44	99832.80	2000	1283.70	104826.02
1991	1757.52	105418.26	2001	1446.89	137087.50
1992	1818.45	111007.92	2002	2087.14	199123.07
1993	1531.20	102878.00	2003	2631.20	145314.13
1994	1223.00	83155.00	2004	2262.43	167726.27
1995	1182.87	78885.55	2005	2277.02	177563.51

1.汽车站

无锡汽车站（北门）　位于无锡火车站西侧。1986年，有停车场地3000平方米，10个检票门、8个售票窗，主要经营发往上海和省内各市、县以及浙江、安徽、山东等地的客运班车。1990年2月，无锡汽车站改造，1991年9月竣工。工程由汽车站和交运大厦两部分组成，占地1万平方米，建筑面积1.4万余平方米，集旅客运输、就餐、购物、住宿于一体，为当时省内公路客运站占地面积最小、建筑密度最大的市际客运站和全国汽车客运服务功能齐全的客运站之一。底层设售票厅（12个售票窗）、14个检票门、行李房、小件行李寄存处、候车厅、停车场等，面积5636平方米，日发送旅客14000人次。2～6层设大、小餐厅和旅客快餐厅956平方米，购物商场2500平方米，客房床位292张。2000年，惠农桥站并入无锡汽车站，无锡汽车站面积增至16960平方米，候车室面积1300平方米，设15个售票窗和15个检票门，停车场（含上、下客区）面积6620平方米，其中，上客区3100平方米，下客区3520平方米，可停放运营车132辆。2001年，无锡汽车站获交通部“全国文明车站”称号，省交通厅核准为一级汽车客运站。

无锡新汽车站（西站）　位于梁清路。有站前广场4960平方米、候车厅1440平方米、售票厅420平方米、10个票窗、票房120平方米、托运行李房240平方米，并有门厅、广播室、小件寄存处、问讯处、旅客盥洗室等，站内停车场7580平方米，主要经营发往嘉定、溧水、常熟、张家港、如皋、海门、泗洪、潮州、天台、宣城、屯溪等地线路。2000年，汽车西站由于经营规模缩小，部分候车室出租，仅留336平方米，原12个检票门、8个售票窗减至9个检票门、5个售票窗，实行站运分设，对社会车辆开放。

社会汽车客运站　位于火车站东侧。1994年8月，由市社会客运服务中心建成，为江苏省第一个开放型、公用型社会汽车客运站。占地9743平方米，成立之初吸纳社会大客车70辆、中巴车183辆进站经营；营运线路40条，其中苏北地区19条、苏南地区21条。大客车采用定时发班、购票上车，中巴车采用流水发班、上车购票的方式。2000年7月，市客运服务中心更名为市客货运服务中心，车站扩建，占地10048平方米，进站经营的社会车辆达374辆，日均发送旅客8100余人次，日均发班

688班次，被省交通厅核准为二级汽车站。

周山浜汽车站　位于火车站北广场，东邻通江大道，西接锡澄路。1999年12月，无锡汽车客运站务有限公司建成营运，占地2万平方米，入站车辆245辆，其中中巴车177辆、大客车68辆；开通线路38条，其中苏北线4条、省际线26条、农村公交线（简称"农公线"）8条。2005年3月，周山浜客运站按江苏省汽车客运站标准化建设要求改扩建。新车站占地2.3万平方米，售票大厅750平方米，15个售票窗口，200平方米候车厅，可接纳700余辆客车进站经营，主要营运线路有开往省内、安徽、浙江、山东等地的长途班车和开往锡山区、惠山区的农公班车，以及6路、17路、49路等8条公交线路，日发送旅客2万人次。

无锡汽车南站　位于塘南路无锡国际招商城内，无锡客运总公司投资建设，2005年11月建成开业。车站拥有电脑售票系统、条形码检票系统、电子导乘系统等先进设备，与无锡汽车站、汽车西站联网售票。每日发68个班次，直达苏北、苏南和浙江等地，并开通快件托运业务。

2.营运线路

1986年，无锡市有通往苏北、苏南以及省内外各市县的客运线路75条。1987年，新辟无锡至安庆、利港、溱潼、建湖、徐州、敖江，江阴至南京、东台、淮阴等客运班车，新桥至无锡、埝头至无锡和新建至上海等直通班车，新增营运里程5384公里。1988年，新辟北门至淮安、北安丰、三仓，宜兴至盐城、丁山至常熟等5条客运新线；在锡宜线试行流水发车，开通夜班车。1989年，新辟无锡至绍兴、义乌、合肥，宜兴至宣城、嘉兴，丁山至水口等23条客运新线，增开无锡至兴化、淮阴等效益比较好的客运班车29班，在长途班车中全面推行空载定额承包、超收分成办法。北门营业处开通6班苏北夜班车，增开到江阴的往返夜班车。1990年，首次开辟无锡至敖江、青岛，宜兴至商城单程在500公里以上的超长途线路3条。1991年，在锡宜线上实行流水发班。1992年，新辟、延伸31条班线，其中跨省线路19条、超长途线路11条。新增两辆空调车，开行无锡至南京、苏州两条班线；新增17辆面包车，投入常熟、嘉兴及农公短途班线运营。在锡宜、锡澄、宜城至周铁、张渚4条线上实行流水发班。1993年，开通单程884公里的无锡至武汉超长途双层卧铺夜班车，开辟无锡至叶集、洛阳、徐州、南昌、沙市，江阴至温州，丁山、张渚至霍邱，宜兴至南溪等10条超长途班线。1995年，开辟无锡至柳市、苍南两条超长途班线。1998年，无锡市赛福快速汽车客运有限公司和无锡客运总公司快客分公司成立，相继开通无锡至常州、江阴、南京、上海、安庆、淮安、连云港、长沙、宁波、绍兴、淮安、杭州、慈溪、合肥、芜湖、南昌、盛泽等29条快速客运线路。2001年，开通无锡至北京快速客运班线，班车采用平躺式卧铺，配备高档卫生间、车载DVD、通讯电话和GPS全球卫星定位系统。

2005年，无锡市有客运班线500条，其中省际198条、市际203条、县际40条、县内59条，辐射苏、浙、皖、鲁、赣、湘、鄂、豫、冀、川、闽、粤、沪、京、津、渝等12省4市。日发班次7000余班，日均发运量8.7万余人次。主要线路市内有无锡至长泾、长寿、北涸、璜塘、桐岐、西沿塘、周铁、下邾、宜兴、江阴；省内有无锡至南京、高淳、溧水、明觉、南京东坝、南京孔镇、徐州、芙蓉、溧阳、竹箦、南渡、金坛、戴溪、桃源、昆山、太仓、浏河、常熟、张家港、锦丰、后塍、妙桥、南丰、七都、黎里、苏州保税区、苏州、南通、海安、如皋、如东、启东、吕四、金沙、海门、栟茶、白甸、二案、包场、雪岸、狼山、连云港、灌南、东海、赣榆、楚州、淮安、涟水、盱眙、王营、洪泽、三仓、安丰、时堰、东台、盐城、大丰、建湖、射阳、阜宁、益林、滨海、响水、四明、辛庄、大中农场、八滩、罗桥、岗西、大有、扬州、胥浦、宝应、高邮、江都、西射阳、后巷、行宫、扬中、句容、泰兴、黄桥、北新、靖江、季市、西来、东兴、新桥、溱潼、戴南、泰州、北安丰、大邹、戴窑、沙沟、兴化、大营、姜埝、沭阳、泗阳、宿迁、泗洪；省外有无锡至天津、上海、奉贤、青浦、嘉善、桐乡、海宁、海盐、余杭、孝丰、湖州、新市、南浔、杭州、富阳、桐庐、衢州、萧山、义乌、东阳、永康、丽水、诸暨、宁波、普陀、嵊县、松门、柳州、白象、温州、瑞安、仓南、余姚、椒江、永嘉、上虞、奉化、温溪、浦江、郭巨、织里、练市、洋西、临安、淳安、慈溪、乍浦、嘉兴、绍兴、玉环、金华、黄山、芜湖、湾址、宣城、旌德、郎溪、广德、巢湖、含山、马鞍山、六安、舒城、金寨、叶集、桐城、阜阳、南陵、合肥、桂坝、泗县、铜陵、石桥、庐江、深渡、颍上、宁国、屯溪、建瓯、福州、福鼎、石狮、莆田、南昌、广丰、烟台、枣庄、潍坊、莒县、临沂、青岛、淄博、郑州、信阳、固始、武汉、沙市、襄樊、安化、惠阳、南部、自贡、北京等线路。

二、货运

1986年，无锡市交通部门有公路货运车辆653辆、4876吨位，完成货运量268万吨，占社会总运量的40%。城区的公路货运主要由无锡市汽车运输公司和无锡市联运公司承担。市汽车运输公司一场位于惠钱路，主营长途运输业务；二场位于山北石门路，以工程运输为主；三场位于旺庄街，主要运输大件物资及起重；四场位于振新路，承运煤炭等散装物资；五场位于塘南路锡甘路口，主业为疏运铁路到达物资。有运输货车220辆、1500个车皮吨；车型有4～5吨单车、翻斗车，10吨半挂车、拖车，10吨以上至140吨的侧翻车、平板车等；年货运量110万吨（含装卸），运输周转量4000万吨公里；年运输收入1900万元。主要运输煤炭、焦炭、石油、矿石、钢材、石料、水泥、木材、日用工业品、棉花、农副产品、轻工物资、化肥、农药、盐、粮食和多种机械设备等。接受业务除铁路疏运物资通过市疏港指挥部分配内部交单外，其余由门市接单。无锡市联运公司一车队位于市北刘潭，以长途运输为主；二车队地处锡澄公铁立交桥堍，主营散装物资及短途业务；集装箱集散站在上马墩，从事公路零担与铁路集装箱中转业务；板车队设在锡澄公铁立交桥堍，运输市内零量物资。有汽车120辆、700车皮吨，车型有4～5吨单车、翻斗车、10吨半挂车、挂车等，年货运量26万吨（含装卸），运输周转量1800万吨公里，年运输收入400万元；承运物资有煤焦、石油类、矿石、钢材、生铁、水泥、木材、日用工业品、轻工物资、农副产品等。市内设有北栅口、上马墩、刘潭3个联运点，市外与全省所有城市及全国主要城市组成联运网络。全年到达和发运的联运量23万～25万吨，其中零担11万～13万吨、整批12万～14万吨。联运工作量中，铁—公联运约占12%，公—公联运约占24%，水—公联运约占64%；联运年收入130万元左右。联运实行“一票到底”，包括到达和发送、本地和外埠等。所有联运业务均采用合同方式受理、交接和费用结算。

1991年，无锡市道路运输经营业户发展至957户，货运汽车2438辆、16568吨位。市汽车运输公司更名为无锡市汽车货运总公司，5个运输场依据其主要从事的运输业务分别改名为长途、工程、大件、短途、港站运输分公司，并设立上海国际远洋运输公司无锡联运部，从事公—海集装箱运输业务。市联运公司在扬名镇庄甲里京杭运河畔设立南门营业部，从事水陆转运；在锡澄铁路立交处成立零担分公司，承担上海、南京、杭州等线的零担货物运输；两个货运车队更名为货运分公司，在市中心成立从事社会性联运业务的人民路分公司。

1992年，全市道路运输经营业户增至12552户，货运汽车8029辆、41837吨位。1996年国家实行宏观调控和道路运输企业结构调整，运输业户减至3707户。市汽车货运总公司新增10辆20～40吨集装箱车，增添20辆起重机、挖掘机、挖土机和斗铲等装卸机械；吸纳150辆货车租赁经营。1998年，市客运总公司设立快件货物运输分公司，专业从事公路快件、零担、整车货物运输，网络遍及省内各地市、“长三角”地区和全国29个省、市、自治区的240余个大中城市。开通零担货运班车班线48条（快班8条），其中省际26条、省内22条。配备计算机信息管理系统、车辆卫星定位系统和机械化装卸系统等专业一体化跟踪服务设施，提供商品配送、快件速递、快速货运、多式集成代理、信息化仓储管理、包装加工等系列服务，并设梁清路大王基站、江海东路黄泥头站、铁路南站、苏锡路货运总站、张泾站、梅村站等对外受理点。创办无锡市货运交易市场，组织社会中介机构对停车场的外地车辆进行货物运输配载。是年，无锡市联运公司联运量21万吨，其中整车物资占60%、零担和铁路集装箱占40%；铁—公联运占85%、公—公联运占10%、水—公联运占5%。形成无锡至沈阳、郑州、济南、株洲、鹰潭、天津等10多条联运专线。

2000年1月，无锡星网物流有限公司成立，注册资金1500万元，总资产6000万元，拥有1.7万平方米仓库，6000平方米业务用房，1.2万平方米综合商务楼，3万平方米停车场和集装箱堆码场，92个交易席位的物流信息交易大厅，从事长途货运和城市配送业务。

2001年，市汽车货运总公司与市联运公司合并，成立无锡市联运总公司。是年，无锡市道路运输业户15516户，货运车辆28095辆、88656吨位，年货运量5996万吨，周转量214786万吨公里。2003年12月，市联运总公司转制为无锡市联运有限责任公司，公路货运也由传统的单纯汽车运输转向储、配、送相结合的综合现代物流。

2005年，无锡市道路运输业户16142户，货运车辆46179辆、187254吨位，其中：专用货车1443辆、15513吨位，道路货运服务业、搬运装卸业分别有1398户、317户。全年完成货运量7008万吨、周转量413034万吨公里。全市有仓储企业300余家、1500万平方米仓储面积；货运配载市场38个，占地250万平方米，仓储面积22万平方米；货运企业230家、多式联运企业18家、物流企业62家。

1986～2005年无锡市公路全社会客货运量统计表

表7-5　　　　单位：万人次、万吨

年份	客运	货运	年份	客运	货运
1986	3758	268	1996	14003	6418
1987	3646	282	1997	14270	6041
1988	3136	276	1998	15067	4707
1989	2826	258	1999	15293	6177
1990	4008	2057	2000	15548	5932
1991	4342	2179	2001	15769	5996
1992	4350	4100	2002	16036	6057
1993	4552	4437	2003	15077	5891
1994	4599	4318	2004	16468	6174
1995	8959	7147	2005	19372	7008

说明：1986～1989年的公路客、货运量为交通系统统计数字。

第四章　水　路

无锡是全国河网密度最大的地区之一，干支相连，通江入湖，四通八达，历来水上运输业兴旺。1986年，全市有货运船舶2821艘、153779载重吨，全年完成水路货运量1397万吨、货物周转量317182万吨公里，占全社会运量的40%。随着公路运输网络的日趋完善，内河客运客源逐年锐减，加之成本激增，至1991年，无锡地区经营的内河客运航运全部撤停。"八五"计划期间，无锡市水运增长快速，水运经营业户3437户，1994年完成货运量4806万吨，占社会货运总量的51.79%。由于陆上货运的快速发展和国家宏观调控、企业转制等因素，1996年，水运业户减至1792户，水路货运船舶下降至593艘、367158载重吨，年运量1529万吨，占社会货运总量的18.83%。2005年，水路完成货运量1216万吨，货物周转量177280万吨公里，分别比2001年下降7.32%和34.4%。

第一节 航道船闸

1986年，无锡市有航道1655.97公里。主要干线有京杭运河无锡段、锡澄运河、锡北运河、锡溧漕河、申张线、芜申线等，通航里程306.58公里，航道标准四至七级。“七五”期间，航道建设投资近亿元，续建京杭运河无锡市区段7.2公里、拓浚为四级航道，新建金匮、金城、下甸、红星等大桥，实施锡澄运河二期拓浚工程，新建江阴复线船闸1座，新建扩坡28147米，整治航道98.4公里，裁弯切角30处，改造危桥40座，提高航道通航能力。1988年，京杭运河无锡段船舶通过量6444万吨，比1980年增加1倍。

1992年8月20日，苏南运河无锡段整治工程开工。锡澄运河整治后基本达到五级航道标准，锡北运河达六级标准，锡溧漕河、申张线、澄虞线等航道整治后通航保证率保持95%～97%。1990～1995年，航道重点建设投资5507.5万元。

1996～2000年，无锡航道建设投资2.53亿元。完成苏南运河无锡段39.24公里四级航道整治，全线可通行500吨级船舶，投入养护资金9739万元，疏浚土方245万立方米，修建驳岸61.73公里。进行锡汶线丁山段河道整治、宜张线张渚切角、锡澄运河锡山段养护改善等工程。吸纳地方工程配套资金4500万元，全市可通机动船内河航道增至1207.7公里。

2001～2005年，相继整治锡十一圩线北 、白荡圩、八士、昆村桥航段，申张线华西、新桥船段，锡溧漕河和桥、屺亭、安桥、直湖港航段，芜申运河宜兴绕城段等41公里干线航道瓶颈，改造桥梁25座，重点工程投资10.9亿元。2003～2005年，全市连续3年航道建设投资位居全省第一，超过全省投资的1/3。

2005年，全市有航道203条、1673.43公里(不含长江干流)，其中市区688.01公里、江阴市394.23公里、宜兴市591.19公里。航道中，等级航道340.78公里，其中四级航道61.75公里、五级航道53.64公里、六级航道121.62公里、七级航道103.77公里，等级航道密度为每100平方公里7公里。跨河桥梁1877座，永久性闸坝50座，船闸5座、套闸19座。航标设置里程279公里，设标54座。

图7-10 八九十年代的京杭运河无锡段

(李鸿远摄)

一、京杭运河无锡航道段

西起洛社直湖港口，由常州五牧入境，经洛社、石塘湾等乡镇，至北望亭五七桥出境至苏州，全长39.44公里，是境内的主要干线航道。1986年，枯水期水深2米以上，底宽15米以上，大多数航段仅能通航100吨级船舶，城区北段吴桥至梁溪河口4公里航道经几次开挖整治后可通航500吨级船队。1987年，先期整治吴桥至老鸦浜段4.04公里，创建为文明航道。1990～1992年，完成西段吴桥—皋桥3.7公里航道的整治，达四级航道标准。1992～1998年，国家投资3.3亿元，对皋桥至五牧、下甸桥至五七桥的24.3公里航段进行整治，京杭运河无锡段全线达到四级航道标准，航道面宽60～103米，底宽40～50米，共有跨河桥梁26座，桥梁通航净空7米，航道通航最小水深2.5米，全线可行驶500吨级船队。两岸设航道标志牌54块，栽树6700余株，铺设绿化带8038米。1998年1月，市航道管理处组建京杭运河航政执法队，配备航政艇，专职运河养护管理。2001年4月，京杭运河无锡航道段通过国家级文明样板航道检查验收，被交通部命名为全国第一条"文明样板航道"。2005年，京杭运河无锡航道段年运量14220万吨，船舶平均吨位241吨。

二、锡澄运河航道

南起市区皋桥与京杭运河相接，连通太湖，经石塘湾、西漳、堰桥、青阳、月城、南闸、澄江等乡镇，北出黄田港入长江，是无锡境内沟通长江与京杭运河的主干航道。全长37.44公里，其中无锡市区至江阴青阳17公里航道为五级标准。江阴境内部分航道淤塞严重，枯水期水深勉强达2米，航道底宽10米左右，一般只能通航100吨级船舶。1986年前，省交通厅根据交通部"锡澄运河划作京杭运河苏南段的复线予以规划"的意见，采用五级航道标准，按照"一次规划、分段实施、逐步投资、全面改善"的原则进行整治。完成江阴西门桥至泗河口段拓浚、西门桥至黄田港段整治、三河口桥至泗河口段护岸建设等工程，新建江阴复线船闸1座。"七五"期间，投资1750万元，整治南闸、月城、杨家圩、南圩、151号铁路桥等航段。"八五"期间，投资863万元整治江阴境内航段。1996年，疏浚养护锡澄运河江阴船厂段。1999年，整治青阳桐岐段和青阳南桥北侧等航段。同年4月，锡澄运河被省交通厅命名为江苏省文明航道。2000年，对皋桥至泗河口12.8公里航段按五级标准改造，投资3562万元，全面实现护岸化。2002～2005年，按四级标准对桐岐段实施疏浚工程，按五级标准疏浚泗河口段，疏浚黄昌河口901米航段。2005年，锡澄运河全线航道标准五至六级，最浅水深2～2.5米，航道底宽20～35米，弯曲半径为110～250米，有跨河桥梁22座，桥梁净高4.5～5米、净宽22～45米，能通航50～300吨级船舶。据月城观测点统计，1990年船舶通过量2719.91万吨，1995年4951.26万吨，2003年突破1亿吨，2005年9662.64万吨，2005年船舶平均吨位327吨。

三、锡北线航道

南起锡澄运河交界处的白荡圩，经堰桥、锡北、东港、长泾等乡镇至江阴北涸镇黄家塘桥北，全长36.25公里，其中锡十一圩线和锡北线交叉口—江阴北 19.87公里航段与锡十一圩线航道共线，为无锡北部东西向的重要航道。80年代，省交通厅对锡北线7.9公里航段进行改建，改造5号桥、锡安桥等7座桥梁，新建驳岸2963米，并对北段航道进行两次切角。其余航段基本处于自然状态，多为土质护坡，航道口宽40～50米，弯道多且间距近，最浅水深1.5米左右，最小底宽8米。2000～2001年，投资4700万元对江阴北涸镇段进行改线，改善五级航道1.5公里，新建驳岸2.8公里，并改建锡山段耕渎桥、浒塘桥、张泾桥、幸福桥，投资2035万元。2002～2003年，实施白荡圩段航道整治工程，改善五级航道4.2公里，新建驳岸3468米，修理驳岸404米，投资2709万元。2003年，投资600万元改建习礼桥，投资1661万元整治锡山区八士段1.82公里航道。2005年，投资6100万元按五级航道标准整治（按四级标准预留）昆村桥段3.86公里航段；投资3582万元按四级航道标准整治江阴市北涸镇万水桥段2.2公里航道，完成模袋护坡4000余米，新建驳岸200米，疏浚土方32万立方米，改建万水桥，利用回填土方在河岸两侧修筑防汛大堤3500米。是年，江苏省干线航道网规划将锡十一圩线列为全省"两纵四横"干线航道网中的"一纵"连申线的重要组成航段，锡北线36.25公里全部划为锡十一圩线的主干航段。航线大多为六级航道（部分航段达四至五级航道标准），航道最浅水深2～2.5米，底宽20～40米，弯曲半径110～320米，共有跨河桥梁22座，桥梁净高4.5～7米、净宽22～55米，能通航50～300吨级船舶。

四、锡溧漕河无锡航道段

锡溧漕河是无锡东南方向的主航道，上接芜申运河，下贯京杭运河，与宜张线、归泾河、陈塘桥河、高滕河、直湖港等支线相连，沟通溧阳、宜兴、武进和无锡市区的水上交通，其中无锡段自宜溧交界潘家坝至京杭运河与锡溧漕河交叉口的花渡桥，全长60.59公里，枯水期航道水深1.5米左右，最小弯曲半径35米，河床最窄处底宽不足10米，仅能通航100吨级船队。

80年代，除对屺亭段、北新桥段按五级标准局部整治外，其余航段均以养护为主。1995～1996年，投资340万元对锡溧漕河钟溪段按五级航道标准裁弯拓浚，拓浚里程760米。1998～1999年，按五级航道标准对和桥南段整治，修建驳岸1544米。2000～2003年，先后对和桥镇、屺亭镇、欢塘桥段等4.27公里航段整治，改建屺亭中桥、六庄桥、红卫桥等7座桥梁，投资1.57亿元，达五级航道标准。2003年，锡溧漕河航道走向和起讫点进行调整，原花渡桥至安桥10余公里航段改走直湖港；明确锡溧漕河无锡段起自宜兴热电厂，主要经过宜兴屺亭镇、和桥镇、惠山区洛社镇等乡镇，迄于洛社直湖港口，全长29.23公里；原锡溧漕河自宜兴热电厂至杨家村段31公里划为芜申线的主干航段。2005年3月，惠山区安桥段2.55公里航道开始按五级航道标准实施整治（四级标准预留）。11月，直湖港段4.8公里航道整治工程开工，按五级航道标准设计实施（三级标准预留）。12月，宜兴段17公里航道整治招投标结束，锡溧漕河大规模整治开始。锡溧漕河无锡段航道七至五级标准，最浅水深1.8～2.5米，航道底宽10～35米，共有跨河桥梁39座，桥梁净高3.5～5米，能通航30～300吨级船舶，水运功能突出，船舶年通过量增长较快。根据宜城观测点统计，1990年锡溧漕河船舶通过量1433.11万吨，1995年2494.94万吨，2000年3438.18万吨，2005年6691万吨，1990～2005年船舶平均吨位218吨，主要运输物资有矿建材料和水泥，占总运量的70%。

五、申张线无锡航道段

申张线南起苏州昆山市青阳港与苏申内港线交汇处，北至苏州张家港船闸入江口门处，全长114.1公里。其中无锡境内29.35公里，始于西庄预制场，终于袁家桥，沿途流经江阴周庄、华士、长泾、北涸等乡镇，与锡北线、锡十一圩线、澄杨线、澄虞线、锡华西线、应天河等航道相连，是无锡北部的水运主通道。1986年，申张线无锡航道段水深2～2.5米，航宽18米左右，最小底宽10米，基本处于自然状态，许多桥梁离弯道较近，一般仅能通行100吨级船舶。1995年，省交通厅确定申张线为苏南骨干航道网的重要干线航道。2002～2004年，投资6500万元按五级航道标准（四级预留）整治华西段、新桥段航道6.2公里，航道面拓宽至50～70米。2005年，投资3500万元按五级航道标准（三级预留）整治华西延伸段2.43公里，应用土工格栅软基处理技术处理航道软地基1361米，增设停泊锚地403米；按五级航道标准（三级预留）启动周庄段7.7公里航道的整治。是年，航线为五至六级航道，最浅水深为2～2.5米，航道底宽20～35米，弯曲半径110～250米，共有跨河桥梁17座，桥梁净高4.5～5米、净宽22～45米，能通航50～300吨级船舶。根据华士观测点统计，1995年、2000年、2003年和2005年船舶通行量分别为2378.95万吨、1285.9万吨、4042.69万吨和5245万吨，船舶平均吨位226吨。

六、芜申线宜兴段航道

芜申线是由安徽省经南京南部、常州南部、宜兴、苏州直达上海市的省际航道。宜溧山区的矿石、建材、陶土等主要依靠水运，芜申线宜兴段是部省规划的芜申线航道（江苏段）的中间航段，无锡南部的水运主通道。1986年，芜申线宜兴段西起溧阳改线段的终点潘家坝，沿程与锡溧漕河共线，经宜兴市徐舍并轨入西氿，东西向穿越西氿湖、团氿湖和东氿湖，由大浦口入太湖，全长42.36公里，大多为七级航道，一般河段仅能通航60～100吨级船舶，沿线浅滩密布，跨河桥梁及管线较多，限制芜申线宜兴段的通航功能。2001年，芜申线宜兴段有泊位150个，最大靠泊能力100吨，完成吞吐量近400万吨，货运量2850万吨。2003年，根据芜申运河宜兴段水运繁忙的客观需要以及水利部门提出的芜申线整治应先下游、后上游的建议，省交通厅决定整治芜申线宜兴段航道。设计改线后的航道线起自城东港太湖入口处，流经宜兴徐舍镇、宜城镇、大浦镇等，迄于宜溧交界的杨家村，全长45.5公里，分3段：自宜溧交界的杨家村至团氿湖西口，长24.41公里；团氿湖西口至宜兴热电厂，长7.22公里；宜兴热电厂至东氿湖再至太湖城东港，长13.87公里。其中，原锡溧漕河与芜申线的共线段（自宜兴热电厂至杨家村段31公里）明确划为芜申线的主干航段。2003～2005年，先行按内河四级航道标准（按三级预留）新开挖宜兴绕城段13.1公里航道，航道面宽70米，底宽40米，最小水深2.5米，桥梁通航净高7米，通航净宽大于45米。工程征地153.34公顷，拆迁房屋14.8万平方米，新建和改建宜红桥、程墅桥等9座桥梁，开挖土方600万立方米，新建和改建驳岸25.1公里，总投资6.2亿元，其中地方配套资金2亿余元，多年来宜兴城区航道瓶颈制约的矛盾得到解决。2005年起，实施芜申线宜兴农村段32.45公里航道整治工程前期工作。2005年，芜申线宜兴段航道标准四至七级，航道最浅水深1.8～2.5米，底宽10～40米，弯曲半径100～320米，共有跨河桥梁29座，除新建的13座桥（1996～2004年建设的西氿公路大桥、新长铁路桥、徐舍东大桥和锡宜高速公路西氿大桥以及宜兴绕城段整治中新建的9座桥梁）基本符合五级航道通航标准外，其余大部分桥梁跨径小、净空小、结构陈旧，且设计荷载标准低，许多桥梁为六七十年代修建。条件较好的航段可通行500吨以上单船。根据宜兴大浦观测点统计，"十五"期间船舶流量年均增长率为16%，船舶吨位逐年增大。2000年船舶通过量803万吨，2002年1429.57万吨，2005年1578万吨，船舶平均吨位136～170吨。

图7-11 芜申运河宜兴绕城段 （宜兴市交通局供稿）

七、锡十一圩线无锡航道段

锡十一圩线是苏南地区通往苏北南通等地的水运捷径。1986年，航线起自无锡市城区亮坝桥，经无锡县、江阴县，至张家港市十一圩港入长江，全长61.6公里，无锡境内36.6公里。航道口宽30～50米，底宽8～15米，枯水期水深1.8～2米，通航60～100吨级单船。2003年全国内河航道第二次普查确定：锡十一圩线无锡段起自江阴东升桥，迄于无锡市区亮坝桥，全长38.09公里。"十五"期间，对万安桥段等航段疏浚养护，航道条件改善。2005年，省干线航道网规划将锡十一圩线列为全省"两纵四横"干线航道网中的"一纵"连申线的重要组成航段，规划等级为四级，全长62.1公里。无锡境内航道走向调整，全长为38.44公里，分为3段：自锡澄运河白荡圩至锡十一圩线与锡北线交叉口，长16.38公里；自锡十一圩线与锡北线交叉口至江阴北涸，长19.87公里，与锡北线共线；自江阴北涸至东升桥航段，长2.19公里。2005年，航线大多为六级航道（部分航段达四至五级航道标准），航道最浅水深2～2.5米，底宽20～40米，弯曲半径110～320米，共有跨河桥梁22座，桥梁净高4.5～7米、净宽22～55米，能通航50～300吨级船舶。2005年，锡十一圩线的船舶通过量2689.84万吨，船舶平均吨位229吨。

八、锡氿线无锡航道段

锡氿线自宜兴湖氿至无锡双河尖，沿线与芜申线、锡宜线、直湖港、京杭运河交汇，是湖氿地区建材矿料输出的主要航道。全长78.22公里，无锡境内航段长65.54公里，河面宽18～25米，河底宽5～10米，枯水期水深1～1.8米，可通航40吨级船舶。“七五”期间，对周铁、洋溪、新庄、张泽、张舍市河、山北双河等处裁弯切角、疏浚养护。1999年，交通航道部门联合宜兴地方政府共同投资对丁山段6.2公里航道实施整治，新建直立式驳岸1300米，加固维修老驳岸2000米，拆除碍航危桥1座，疏浚土方10万立方米。1997～2005年，对胡埭自大桥弄桥到直湖港段3.62公里航道逐年疏浚至全部贯通，疏浚土方89340立方米，河底宽度拓宽至10～20米，水深达2.7米，常水位情况下可通行300吨位的船舶。对钱桥钢厂港池盛岸西路桥段1.9公里航道疏浚养护，消除钢厂等沿岸企业的水运通航瓶颈。航道标准六至等外级，最浅水深1.5～2.7米，底宽10～20米，共有跨河桥梁52座、净高3.5～4.5米，通航100～300吨级以下船舶。据新庄观测点统计，1990年、1995年和2005年，船舶通过量分别为993万吨、1651.65万吨和2595万吨，船舶平均吨位166吨。“十五”期间，锡汊线年货运量在300万～800万吨。

九、锡虞线无锡航道段

锡虞线自无锡市区黄泥头无锡市木器三厂至常熟市，全长53公里，其中无锡段24.34公里，起于吊郏桥，迄于无锡市家具二厂，途经查桥、安镇、厚桥，沿线与锡华西线、苏张线、望虞河交汇，是无锡东部的一条东西向的主要航道。城区段自黄泥头至向阳桥长0.15公里，河面宽18～26米，河底宽8米左右，枯水期水深1.7米左右，达七级航道标准；原无锡县区航段自长善坊至锡虞交界处，长25.44公里，水深1.2～1.5米，河底宽8米。2003年，对安厚桥段航道按六级航道标准疏浚养护。航道等级六至等外级，最浅水深1.2～2.0米，底宽8～20米，沿线有跨河桥梁26座，桥梁净高小于等于4.5米、净宽小于等于22米，能通行100吨级以下船舶。“十五”期间年货运量100万吨左右。

十、江阴船闸

位于江阴市黄田港锡澄运河入江口段，北距长江1.2公里，是沟通长江与苏南地区的重要水上交通枢纽，有一、二号船闸两座。船闸上游最高水位4.8米、最低水位1.8米，下游最高水位6.5米、最低水位0.9米。1953年9月15日通航。一号闸闸室长92.8米，宽12米，门槛水深2.5米，设计年通过能力420万吨。二号船闸于1984年末动工建造，在国内首次采用地下连续墙技术，1989年4月5日建成。二号闸长98米，宽16米，门槛水深2.5米，设计年通过能力1650万吨。两闸均为钢质三角闸门，能在动水中启闭，闸阀门启闭采用液压传动，短廊道输水方式，钢质平板直升阀门。均按五级航道标准建造，总设计通过能力2070万吨。江阴船闸充分利用潮汐涨落规律，采用平潮开通闸运行方式，两闸同时昼夜运行，船舶通过量逐年增加。1995年，江阴船闸船舶通过量38.89万艘、4196万吨，2000年25.24万艘、5517万吨，2004年20.72万艘、8646万吨，实际船舶年通过量达到设计通过能力的3～4倍，常年有苏、皖、鲁、豫、赣、闽、浙、湘、鄂、川、渝、沪等12省、市的船舶在江阴船闸通过。

第二节 运 输

一、客运

1986年，无锡地区的内河客运由国营江苏省江南航运公司（1993年1月更名为江苏省港航集团江南公司，简称“江南公司”）独家经营，有无锡至宜兴、溧阳、江阴及其各乡镇的航线21条，无锡至杭州、太湖一日游航线两条；自办站、代办站、招呼站、代理站105个；客轮15艘、1350千瓦、1035客位，客拖27艘、1237.5千瓦，客驳44艘、5076客位，代客驳4艘、335客位。随着公路运输网络日趋完善，内河客源锐减，成本激增，1988年客运线亏损61.98万元。1990年，客运量比1985年下降79.2%。客运站埠相继撤销，仅保留湖滨路站和杭州代理站。1991年9月，无锡至后塍、杨舍两条航线撤销停航。至此，无锡地区经营的内河客运航运全部撤停。

为扭转每况愈下的客运经营局面，江南公司加大投入，发展水上旅游。1986年4月，新建140客位的"妙光"号游轮；1991年4月，新建具有现代设施的全卧铺"江南"号游轮。1996年9月，完成双层豪华型"湖光"号的技术改造，陆续淘汰一批老、旧、小型客轮。1996年，江南公司旅行社接待游客20.4万人次，实现利润135万元。

1996年11月27日，由无锡招商局高速船有限公司投资建造的名为"飞燕""飞鸥"的两艘半潜桨推进高速客船顺利完成无锡至湖州的首航。投入运营的高速游船时速达每小时60公里，为一般游船航速的5～6倍。无锡至湖州1小时20分钟，到杭州也只需两小时，大大缩短无锡至杭州的行程。此条水上高速公路的开通，与沪宁高速公路相连接，形成沪、杭、锡、苏环形旅游通道。

随着沪宁、沪杭、锡澄、京沪、锡宜等高速公路相继开通和铁路提速，专业客运公司几乎全面占领市场，社会车船公司介入旅游业，江南公司太湖一日游、无锡至杭州旅游航线的游客逐年大幅下降，2003年5月结束业务，国有企业全面退出水上客运旅游市场。2005年初，江南公司与无锡国际旅行社、无锡二泉旅行社共同出资组建无锡市迎宾游船有限公司。7月1日，由江南公司的"湖滨"号改名为"滨湖"号的首条民营性质游轮正式运行，中断5年之久的古运河及太湖水上游览项目重新恢复。

1986～2003年江苏省港航集团江南公司客运概况表

表7-6　　　　单位：万人次、万人公里

年份	客运量	旅客周转量	年份	客运量	旅客周转量
1986	272.68	9586	1995	22.43	2907
1987	195.59	8274	1996	18.50	2262
1988	156.84	7628	1997	13.30	1594
1989	97.38	5746	1998	8.00	973
1990	83.53	4907	1999	5.50	714
1991	61.47	4338	2000	4.08	502
1992	43.00	4010	2001	3.06	—
1993	26.90	3081	2002	3.92	—
1994	21.20	2676	2003	0.08	—

二、货运

1986年，无锡市水路物资货运主要由江南公司和市航运公司承担。

1. 江苏省港航集团江南公司

江南公司经营上海、省内外各地的定期、定线及不定期货班，承运汉口以下长江段物资，承办水陆联运和海轮驳运业务，有申锡、锡溧定期航线两条，区内、运河、长江不定期航线3条，可远航皖、浙、赣、湘、鄂等地区。拥有机动船56艘、4933.09千瓦，货驳417艘、35650吨，组成货运船队37个。"七五"期间，江南公司遇到经营困难。1990年与1985年相比，货运量下降27.7%，货运工具效率下降19.6%，货运成本上升76%，货运利润由1985年的盈利306.19万元转为1990年的亏损173.15万元。1992年11月成立江南货运公司，专人负责，专业经营。一方面改善经营手段，进行市场调查，分析梳理货源流向信息，优选货主、货种、航线，对大中型上马项目和新开项目主动上门服务；另一方面改造运输工具，提高营运生产率。新建80吨钢驳70艘、5600吨，裁减淘汰船龄老、质量差、亏损或难以自给的机动船19艘、1691.18千瓦，60吨、100吨钢驳128艘、10200吨。1993年1月，江苏省江南航运公司更名为江苏省港航集团江南公司，成为省港航集团的主要成员之一。是年实现利润540万元，1994年实现利润174万元，1995年亏损121.7万元。"九五"期间，水运市场竞争更加激烈，个体船舶猛增，国有水运企业成本大幅度上升，货运效益急剧下降。江南公司1996年淘汰货驳70艘、7040吨，1997年淘汰货驳58艘、6320吨，依然亏损惨重。1996年亏损409.55万元，1998～1999年每年亏损百万元左右。2004年4月，江南公司转让最后两个货运船队，结束水路货运全部经营业务。

2. 无锡市航运公司

无锡市航运公司是市属集体水运企业。1986年有驳船636艘、吨位28000吨，拖轮102艘、6937千瓦，全部实现钢质化、拖带化，由公司下属4个营业处管理。第一营业处营运上海、安徽等长途航线，大多配备66吨级、45吨级的较大船舶；第二营业处营运无锡周边中短途航线，大多配备30吨级左右的船舶；第三营业处营运无锡市内驳运，大多配备小型船舶；第四营业处主要营运火车站物资的疏运接送。1988年，市航运公司新增更适宜于内河运输的挂机船49艘、2041吨、741千瓦。是年，有无锡至上海、安徽、山东和浙江的省际航线4条，无锡至苏北（盐城、东台、大丰、南通、淮阴、泰州、靖江等）和无锡至苏南（江阴、宜兴、苏州、常州、镇江、南京等）省内航线两条，还承担市区短驳，本站疏运。运输货物品类主要有黄砂、石料、水泥、砖瓦、木材等建筑材料，煤炭、焦炭、石油等燃料，棉花、粮食、水果等农产品，以及其他散杂品。1991年，公司提出"一业为主，多种经营，全面发展"的方针，发展工业和商贸业，企业经济迅速回升。1992年9月3日，公司更名为无锡市大通实业总公司。1993～1995年，公司年营业总收入连续3年超亿元，1995年被省政府评为"江苏省第三产业200强"企业。1996年起，受市场环境影响，水运主业急剧萎缩，大量船舶报停，大批一线船员下岗，公司经济状况急转直下，虽然当年营业总收入仍达9233万元，但由于成本上升导致亏损649.99万元，以后4年连续亏损累计达2000多万元。船舶大幅度减少，1997年吨位数降至9020吨。2000年，大通实业总公司将主营业务逐步转向物流服务业，主营业务从单一水运逐步向水陆运输、仓储加工、代理配载、物资配送、联运服务等物流链环拓展，实现扭亏为盈。2002年末，公司实行整体改制，成立无锡市大通物流有限责任公司。2005年，江苏省实行"船舶标准化"工程，大通物流公司所有挂机船全部拆解，仅剩货驳吨位1800吨。

1986～2005年无锡市航运公司水运量概况表

表7-7　　　　单位：万吨、万吨公里

年份	运量	周转量	年份	运量	周转量
1986	436.14	29713.58	1996	79.75	6649.18
1987	448.55	29015.48	1997	59.56	5537.73
1988	448.05	28802.42	1998	34.63	3637.35
1989	417.79	26316.29	1999	36.27	3047.56
1990	350.00	21886.00	2000	33.49	3192.88
1991	321.66	21596.77	2001	32.40	3370.70
1992	302.36	21557.50	2002	30.20	3103.10
1993	256.26	21053.86	2003	29.60	3063.70
1994	215.06	17755.62	2004	27.98	2486.80
1995	143.98	11660.48	2005	13.44	1649.32

三、渡运

图7-12　八九十年代的古运河摆渡船　　　（南长区志办供稿）

1986年，无锡市有渡口118道，其中市区21道、无锡县34道、江阴县19道、宜兴县44道。市区渡口分设于蓉湖庄、江尖、横浜、酱园浜、西水关、槐古桥、南尖、杀牛作、大尖头等处。除蓉湖庄、南尖、江尖和酱园浜使用小马力机动渡轮外，其余均为钢质、木质或水泥手摇渡船。市区渡口属无锡市航运公司渡船运输站，年渡运量560万人次。三县渡口均分布在各乡镇农村。渡船船质约30%为钢质、30%为木质、40%为水泥。1989年，实施渡船钢质化，取缔木质和水泥渡船，至1991年末渡船全部实现钢质化。随着公路基础设施建设的加快，农村公路发展迅猛。1995年，开始第一轮建桥撤渡工作，1997年全市118道渡口减至65道。1998～2001年，开展第二轮建桥撤渡工作，全市渡口减至35道。2003～2005年，开展第三轮建桥撤渡工作，江阴市最后一道渡口——陆桥镇张家圩村渡口撤销。至2005年末，全市仅存3道渡口，分别为南长区的乌龙潭渡口、宜兴市芳桥镇的北大圩渡口和宜兴市官林镇的唐家溪渡口。

1986～2005年无锡市水路全社会客货运量统计表

表7-8　　　　单位：万人次、万吨

年份	客运	货运	年份	客运	货运	年份	客运	货运	年份	客运	货运
1986	273	1397	1991	92	2305	1996	59	1529	2001	50	1312
1987	196	1463	1992	44	3156	1997	58	1409	2002	49	1253
1988	157	1484	1993	79	5847	1998	56	1339	2003	16	1028
1989	97	1349	1994	66	4806	1999	55	1353	2004	12	1070
1990	120	2375	1995	66	3419	2000	52	1333	2005	—	1216

说明：1986～1989年水路客、货运量均为交通系统统计数字。

第五章　港　口

第一节　无锡港

无锡港是苏南运河中最大的内河港，市港务管理处（简称“市港务处”）承担市区水路搬运装卸业务。1986年，市港务处年装卸1053万吨，利润420万元。1992年10月，市港务处更名为市港务总公司（简称“市港务公司”）。1993年5月，市港务公司与香港景华船务有限公司、上海外轮代理公司共同投资成立无锡苏华国际集装箱服务有限公司。是年，市港务公司下属的春秋旅游公司试行公有民营，成为全市交通系统第一家公有民营企业。1994年8月，市港务公司改制为国有独资性质的无锡市港务有限责任公司，并被确定为全市37家首批推行现代企业制度试点单位之一，也是全省交通系统第一家试行国有独资形式的现代企业制度单位。1998年，市港务公司通过成立职工持股会，将下属5个作业区、1家港机厂、1家起重公司等转制为有限责任公司，使其成为自主经营、自负盈亏、自我发展的经济实体和竞争主体的二级单位。2000年3月3日，无锡港下甸桥港区被省政府批准为国家二类口岸。2003年9月，市港务公司企业资产由国有转为民营；下属市春秋旅游公司、市大件起重运输公司、市港口机械厂等先后脱离市港务公司，实行独立转制。12月，民营市港务公司正式运行，原下属二级单位全部改为分公司，全公司统一实行一级法人管理。公司上级党务主管部门由市交通局党委改为无锡市交通产业集团有限公司党委。2004年，无锡港被列入交通部发布的全国53个主要港口名录。

2005年初，市港务公司有5家作业区分公司和货运分公司、联运公司、港口工程公司、港务医院等9个下属单位，另有1家与新区管委会合资的新城物流有限公司，代管无锡苏华国际集装箱有限公司。12月15日，由市港务公司为投资主体，与另两家单位共同创建的江苏无锡生产资料交易市场南长物流配载有限公司开业，成为全市第一家港口码头市场。至年末，市港务公司装卸量826万吨，年利润200万元，固定资产7335.74万元；货场占地20万平方米，建筑面积5万平方米，仓库175万平方米，堆场14万平方米；码头泊位41个，岸线2220米，最大靠泊能力500吨；有50吨水、陆、铁换装起重门吊1台，主要设备513台（套）。无锡港成为苏南地区具备最大起重能力的铁、公、水中转换装和可提供多品种、多方式、全方位、全天候服务的枢纽港口。

一、货场建设

1985年，无锡市区共有340个装卸码头，另有50多个厂区码头，其中，由市港务处负责装卸运输的码头217个，装卸驳岸线总长7316米。1985年后，随着老城区的大规模改造，码头逐年减少，装卸驳岸线逐年缩短，沿古运河及两侧绝大部分老码头逐渐消亡。至2005年，芦村货场、跃进桥货场先后归并至其他货场。同时，港区货场码头的靠舶吨位上升至100～500吨的钢驳货轮货船，城区有大吨位靠泊能力的货场码头泊位共41个，货场码头泊位总长度2220米。有下甸桥和集装箱货场、新港区货场、双河尖货场、冷水湾货场、新区仓库货场等5处货场。

1.下甸桥和集装箱货场

位于下甸桥新、老运河交叉处西侧，运河东路南端，为无锡市疏通铁路和港站物资最大综合性货场。至2005年，占地面积103596.2平方米，建筑面积10412.25平方米，堆场61315平方米，仓库7286平方米，有500吨级泊位10个，码头岸线876米，装卸设备86台（套），由市港务公司第四作业区分公司经营管理。

2.南站新港区货场

位于南郊京杭运河东侧、沪宁铁路南门新货场，是上海铁路局与无锡市交通局统筹规划、分别建设、分别管理的综合性货场。货场内设东、中、西3个港池，由1条引港道与京杭运河沟通，其中，无锡港建设管理的西港池和场地，两边各设1股铁路线，码头岸线长640米，500吨级货船泊位 10个，由港务五区经营管理。货场占地26493.5平方米，建筑面积10094.19平方米，堆场面积12937.88平方米，仓库面积1787.78平方米，装卸设备66台套。2004年，由市港务公司投资建成50吨水、陆、铁可换装大型龙门吊1台，功能为沪宁线同类装卸设备之最。

3.双河尖货场

位于京杭运河双河尖北侧沿岸，1965年由市港务处改建为专业货场。1985年货场扩建，成为市港务处北大门的物资装卸、堆存基地，由港务三区经营管理。2005年，货场占地58340.4平方米，建筑面积15944平方米，堆场面积45008.55平方米，仓库面积7161.44平方米，200吨货船泊位14个，码头岸线456米，装卸设备57台（套）。货场内外与众安、富安混凝土公司建材装卸线、双河热电厂进煤运输线交叉运作。

4.冷水湾货场

位于广益新城黄泥头冷水湾，距江海东路0.5公里，河面宽80米。1977年市港务处建成码头岸线90米，建筑面积220平方米，有50吨吊机两台。由港务二区经营管理。

5.新区仓库货场

位于无锡新区珠江路20号内，拥有1.2万平方米标准仓库，由市港务公司与新区管委会合资作为新区保税仓库建设，后由合资企业无锡市新区港务公司经营管理。2003年1月13日，更名为新城物流有限公司，货场内有新区唯一的港池河道，可泊300吨货船，有5个300吨级码头。

二、港口装卸

1.铁路货物装卸

1985年前，无锡港区铁路货物装卸主要由北门站零担货运码头、南门站货运码头、南站新货场（亦称新港区）货运码头和广瑞路铁路木专线货运码头港务作业区承担。1986～2005年，北门站零担货运码头消亡后，无锡港铁路货物主要在南门站货场码头、南站新港区货运码头和木专线货运码头等3处装卸。其间，在无锡港口各货场码头上装卸的大宗物资，货种变化较大，由原来的粮食、棉花、农副产品、日用工业品、轻工物资、煤炭、石油、金属矿石、钢铁、矿建材料、水泥、木材、非金属矿石、化肥、农药等15种，变为竹木、煤炭、化工、百杂货、钢材、工厂货物等6种主要物资，其中以煤炭、钢材、建材为大宗物资。

南站货运码头　位于南门伯渎港东、兴隆桥堍的陆小娘浜，1965年市港务处进驻。1982年后，南站货场码头成为全市大型港口码头之一，有岸线726米，泊位51个，货场1638平方米，年装卸量200万吨，主要装卸煤炭。至2005年，由港务一区经营管理。

南站新港区码头　位于新区旺庄。1975年由市港务处参与投资建设。1984年启用，由港务一区负责装卸，1985年后，市港务处新建港务五区负责港区码头装卸经营管理。同年，北门站不再办理整车运输业务，全部转至南站新货场。2005年，港区占地面积26493.5平方米，有500吨码头泊位10个，码头岸线640米，主要装卸设备104台套，并拥有沪宁线上水、陆、铁换装能力最大的50吨龙门吊1台。码头主要装卸钢铁、有色金属、煤炭。

木专线货运码头　位于广瑞路汤家浜东侧。1958年，由上海铁路局为新建木材公司木材专用铁路线（简称“木专线”）及堆场。1979年，市港务处新建冷水湾货场，为船舶经常挤档、堵塞河道的木专线货运码头分流。1985年，码头装卸量超百万吨大关。木专线货运码头由港务二区经营管理，占地7708平方米，建筑面积3134.76平方米，堆场面积1809.72平方米，有89米岸线，最大靠泊能力100吨，有3个泊位，各类装卸设备108台（套）。装卸货物除木材外，还装卸钢材及冶炼辅料。2005年10月，市港务公司为码头投资建成1台20吨龙门吊。

2.厂区港池装卸

无锡港除有5处主要货场、3处铁路装卸码头之外，还有在大运河沿岸有无锡协联热电厂与焦化厂设在城南钢铁桥堍的煤码头、无锡化工集团设在厂区的煤码头、无锡交通工程公司设在京杭大运河无锡段北端的建材码头等厂区码头。2003～2005年，市港务公司分别参与对无锡惠联热电有限公司和帝斯曼柠檬酸（无锡）有限公司新开港池的装卸设备配套投资建设，延伸厂区港池装卸。无锡惠联热电有限公司港池，位于惠山区堰桥镇仓桥、锡澄大运河边，2004年正式运行，港池建设投资1300万元。市港务公司同时投资200多万元，建成5台5吨吊机、5条煤炭作业线，每月设计煤炭操作量4.5万吨，由港务二区经营管理。帝斯曼柠檬酸（无锡）有限公司港池，位于南门外新运河华清大桥北侧、运河西路，2005年末投资4000万元。市港务公司同时投资100多万元，建成岸壁式吊机4台，装卸煤炭等物资。由港务三区经营管理。

1986～2005年无锡港港口主要物资吞吐量表

表7-9　　　　单位：万吨

年份	竹木	煤炭	化工	建材	百杂货	钢材	工厂货物	合计
1986	33.10	272.20	8.00	89.40	16.80	172.30	35.00	626.80
1987	38.90	263.70	0.40	104.00	15.80	172.10	26.30	621.20
1988	36.30	277.10	0.10	108.50	16.00	162.30	53.00	653.30
1989	24.10	264.20	0.20	88.50	23.40	119.80	66.30	586.50
1990	20.20	271.80	0.20	40.70	15.20	125.40	57.40	530.90
1991	18.40	240.70	0.70	57.80	11.60	121.40	21.10	471.70
1992	23.30	195.60	0.08	78.00	8.30	163.20	23.90	492.38
1993	21.00	171.60	0.03	62.10	0.14	197.40	10.80	463.07
1994	17.30	150.00	3.20	71.60	0.97	138.80	18.40	400.27
1995	17.50	126.50	3.40	100.20	0.78	101.60	15.00	364.98
1996	12.30	131.50	0.13	106.10	1.47	78.00	15.30	344.80
1997	10.70	133.30	0.45	64.60	0.82	65.70	6.40	281.97
1998	5.90	117.90	0.16	57.00	1.10	49.10	3.90	235.06
1999	7.80	97.90	0.19	36.10	1.10	41.60	8.90	193.59
2000	7.30	118.30	0.40	29.90	0.98	33.10	8.70	198.68
2001	7.30	122.30	0.28	44.70	0.44	35.10	14.30	224.02
2002	5.90	125.70	0.05	78.90	0.06	39.70	16.00	266.31
2003	4.70	153.50	0.12	78.70	0.80	57.70	8.50	304.02
2004	4.10	201.50	1.60	78.40	0.11	79.80	5.70	371.21
2005	3.50	175.10	0.00	82.20	0.24	116.70	9.10	386.84

三、起重运输

1986年，全市起重运输主要由市港务公司下属的市起重运输公司承担。市起重运输公司有100吨大功率牵引车和大型平板车、起吊车、液压车、回转吊、运输铁驳等起重运输工具，近2000平方米货场，年货运量11.81万吨，年货物周转量687.85万吨公里，年营业收入300多万元，是省内最大的专业起重运输单位。2002年，市起重运输公司获国家公路货运三级（300吨）资格证书。2003年9月，更名为无锡市港务大件起重运输有限责任公司，脱离市港务公司，转制为民营独立企业。至2005年末，拥有牵引车、平板车32辆，总吨位436吨，323.53千瓦，“红岩” 200吨大型牵引车1台，年货运量2.61万吨，年货物周转量680万吨公里。

1986～2005年无锡港起重运输概况表

表7-10

单位：辆、吨、万吨、万吨公里

年份	车辆数	起重运输吨位	货运量	货物周转量	年份	车辆数	起重运输吨位	货运量	货物周转量
1986	39	589.50	11.81	687.85	1996	27	441.50	4.93	588.08
1987	40	573.00	10.86	675.85	1997	28	426.50	4.93	588.08
1988	42	599.50	8.30	737.42	1998	26	405.50	3.15	730.38
1989	42	650.00	5.87	758.78	1999	27	505.50	3.12	811.69
1990	39	564.00	6.05	805.44	2000	19	325.50	2.83	578.84
1991	37	549.00	5.58	800.47	2001	26	444.00	2.14	379.10
1992	41	605.00	6.85	811.15	2002	37	573.00	2.92	478.99
1993	38	491.00	5.21	803.5	2003	32	436.00	4.56	567.85
1994	29	450.00	4.31	655.58	2004	32	436.00	3.00	750.00
1995	27	400.00	4.15	683.35	2005	32	436.00	2.61	680.00

四、集装箱运输

1982年12月，国家经委确定无锡港为国际集装箱运输的内河试点港。1983年，投资50万元，在南门下甸桥货场铺设6600平方米集装箱场地，购置掏箱叉车。1985年12月，成立无锡市国际集装箱中转站，与港务四区实行“两块牌子、一套班子”管理，成为全国第一个内河集装箱中转站，被誉为“无锡港一号码头”。是年，中转站配置30吨行车双龙门起重机1台、40吨集卡9辆、40吨液压吊1辆、2.5吨叉车4辆，拥有“一拖六驳”集装箱专用船队，水泥场地7700平方米，仓库2700平方米。1993年5月，市港务公司与香港景华船务有限公司、上海外轮代理公司三方投资，在无锡下甸桥港区内成立以无锡国际集装箱中转站为基础的无锡苏华国际集装箱服务有限公司。2000年3月，省政府批准无锡下甸桥港区为国家二类口岸。2001年9月28日，国家二类口岸无锡港开通、无锡国际集装箱内河支线通航，中国无锡外轮代理公司成立。2005年，无锡港重箱合计15292标准箱，其中进口4296标准箱、出口10996标准箱；空箱合计14334标准箱。

1988～2005年无锡港国际集装箱运输概况表

表7-11

单位：标箱

年份	重箱			空箱	年份	重箱			空箱
	总数	其中				总数	其中		
		进口	出口				进口	出口	
1988	2308	2257	51	986	1997	4838	2479	2359	3960
1989	3308	1331	1977	3007	1998	5273	2325	2948	4476
1990	5325	1698	3627	4361	1999	5565	2194	3371	5001
1991	5929	2728	3201	4101	2000	6345	1551	4794	6111
1992	4380	2297	2083	2932	2001	5184	1576	3608	4837
1993	4137	1663	2474	2797	2002	6558	2471	4087	6478
1994	5384	2539	2845	3026	2003	6493	2289	4204	6467
1995	3081	991	2090	2780	2004	12987	4298	8689	12093
1996	4368	2160	2208	3406	2005	15292	4296	10996	14334

第二节　江阴港

江阴港位于长江岸线江阴段，西起桃花港，东到长山，全长35.09公里，水深岸稳，自然条件优越。港口地处长江A、B级航道分界点，素有"江尾海头、江海门户"之誉，是江海河联运、水陆铁换装的天然良港。江阴港自古就是对外通商的重要口岸，宋代就设立市船司，管理海外通商贸易。

新中国成立后，国务院批准江阴港为国家一类对外开放口岸。改革开放后，江阴港快速发展，货物吞吐量稳步上升，1999年货物吞吐量突破1000万吨，迈入千万吨级大港行列。2003年，吞吐量突破2000万吨。至2005年，江阴港建成千吨级以上泊位71个，其中，万吨级以上泊位36个，最大靠泊能力7万吨；开放泊位20个；年吞吐量4278万吨，居长江干线港口第六位，全国内河港第七位。分为石庄、利港、夏港、黄田港、长山等五大港区，形成由石化、钢材、煤炭、矿石、矿建材料、集装箱等货源构成的港口群。石庄港区以石化产品仓储和中转为主；利港港区以为电力产业提供服务的散货仓储和中转，以及精细化工品商贸、仓储、运输为主；夏港港区为江阴港新的公共港区，以集装箱中转、通关、储运、配送，金属加工、储运、配送，以及件杂货仓储、加工、配送为主；黄田港港区以件杂货和集装箱的中转和仓储为主；长山港区以石油产品的仓储和中转为主。此外还有澄西船厂、扬子江船厂、上海振华港机等全国知名企业的自备码头。江阴港成为长江中下游最大的石化储运基地、国家粮食储备库和华东地区最大的钢材和石化中转基地。

一、港区建设

1986年以后，尤其是1992年口岸开放后，江阴港口建设较快。1992～2000年，江阴港共建设万吨级泊位11个，新增港口吞吐能力近1200万吨，港口建设总投资近6亿元。"十五"期间，江阴港港口建设总投资近16亿元，建设万吨级泊位15个，新增港口吞吐能力近2000万吨，新增石化仓储能力61万立方米。2005年，建设万吨级泊位7个，新增港口吞吐能力近800万吨，港口建设总投资近5亿元。

1.黄田港港区

1986年9月，江阴港务局（江苏江阴港港口集团股份有限公司前身）在黄田港区西侧新建1个2000吨级浮码头（即1号码头，1996年在1～2号码头改造工程中拆除），前沿配置65米长钢制趸船1艘、安装3吨浮吊1台。1987年8月，江阴市港务管理处在老煤栈（黄田港区东侧）占用岸线450米，建设两个千吨级重力式码头泊位，1990年9月竣工验收投产（2002年新建7号码头时拆除）。1992年7月，江阴港务局筹资4000余万元对2号码头改造扩建，将100米长的5000吨级2号码头扩建成150米长的1.5万吨级码头，同年10月竣工，结束江阴港公共型码头无万吨级泊位的历史。1993年9月起，江阴港务局将老港区1～2号码头改造为新的1号码头，1994年8月建成两万吨级综合泊位1个，1997年7月建成5000吨级泊位1个。新1号码头总长300米，新增吞吐能力275万吨。1993年10月，江阴港务处在老煤栈东港区兴建5000吨级挖入式混凝土高桩梁板码头，1996年

图7-13　1994年江阴黄田港港区　（顾祚维摄）

2005年长江江阴段沿岸码头一览表

表7-12　　　　单位：米、吨、万吨

单　位	岸线长度	码头名称	泊位等级	码头结构	码头长×宽	设计能力	建成时间	开放时间
江阴澄利散化工有限公司	240	化工码头	1×2（5）万吨级	混凝土高桩梁板式	240×20	80	2004.03	—
南荣石油化学有限公司	300	液化气码头	1×2.5万吨级	混凝土高桩梁板式	210×21	120	1995.08	1998.12
江阴诚信储运有限公司	260	化工码头	1×2万吨级	混凝土高桩梁板式	260×20	83	2003.10	—
江苏利港电力有限公司	1390	重件码头	1×3000吨级	混凝土高桩梁板式	100×20	—	1988.09	—
		煤码头	2×3.5万吨级	混凝土高桩梁板式	265.3×26	450	1993.08	—
					273×28	400	2005.12	—
江苏利士德化工有限公司	265	化工码头	1×3（5）万吨级	混凝土高桩梁板式	265×20	92	2005.12	—
江阴润化化工储运有限公司	320	化工码头	1×3（5）万吨级	混凝土高桩梁板式	265×20	90	2004.08	—
夏港长江村	—	港池码头	12×1000吨级	挖入式	长900宽120	80	1996.12	—
	441	2号码头	1×2万吨级 1×1万吨级	混凝土高桩梁板式	382×30	200	2004.08	—
	587	3号码头	1×3万吨级 1×2万吨级 1×1万吨级	混凝土高桩梁板式	537×34	190	2005.12	—
联合铁钢	480	件杂货码头	2×5000吨级	—	—	120	2004.07	—
江苏苏龙发电有限公司	700	煤码头	1×2.5万吨级	混凝土高桩梁板式	221×22	143	1994.12	—
	—	—	1×3.5万吨级	混凝土高桩梁板式		400	2005.12	—
中航澄西船舶修造有限公司	—	舾装码头	6×1万吨级	混凝土高桩梁板式	1102×20		1978.10	1983.05

续表

单 位	岸线长度	码头名称	泊位等级	码头结构	码头长×宽	设计能力	建成时间	开放时间
江阴港港口集团有限公司	870	新1号码头	1×2万吨级	混凝土高桩梁板式	300×30	275	1994.08	1997.07
			1×5000吨级				1997.07	
		2号码头	1×1.5万吨级	混凝土高桩梁板式	150×18	75	1978.05 1992.10扩建	1992.05
		4号码头	1×1.5万吨级	混凝土高桩梁板式		275	2000.09	2000.09
			1×5000吨级		300×34		2001.08	—
江阴港集装箱责任有限公司	670	7号码头	1×2万吨级	混凝土高桩梁板式	215×30	86	2003.08	—
		东港池码头	1×5000吨级	挖入式	130×20	50	1996.10	—
江阴扬子江船舶有限公司	500	舾装码头	1×3万吨级 1×2万吨级	墩式	150×20	—	1993.08	—
上海振华港机有限公司江阴分公司	844	工程码头	4×3000吨级	岸壁式	560	—	1993.10	—
		3号基地	3000吨级	水上装卸平台	100×50	—	1999.10	—
中谷江阴工贸储运公司	465	粮油码头	1×5000吨级	浮式	73×14	30	1994.11	—
中粮麦芽江阴有限公司	390	粮食码头	1×5万吨级	混凝土高桩梁板式	285×25	60	2005.12	—
江阴兴澄特钢股份有限公司	950	自备码头	1×1万吨级 1×3（5）万吨级	混凝土高桩梁板式	280×25	150	2002.04	2003.06
							2002.07	—
中油江阴石油储运公司	260	石化码头	1×2.5万吨级	混凝土高桩梁板式	240×15	180	1994.09	1998.12
江苏省石油总公司长山分公司	1050	石化码头	1×2.6万吨级	混凝土高桩梁板式	260×15	126	1994.08	1998.12
		石化码头	1×2.7万吨级	混凝土高桩梁板式	220×15	180	1994.12	1998.12
		石化码头	1×5000吨级	混凝土高桩梁板式	85×8	80	1978.07	1991.11（临） 1998.12

说明：表中港口码头排列自上游至下游为序。

10月竣工。1999年1月，江阴港务局拆除3～6号码头，改建为4号码头，2000年9月建成1.5万吨级多用途泊位1个，2001年8月建成5000吨级件杂泊位1个，共新增吞吐能力275万吨。2002年3月，江阴港务局改造老煤栈码头，2003年8月建成以集装箱为主的两万吨级多功能公共型码头，为7号码头，设计年吞吐量86万吨，其中集装箱通过能力7万标准箱。

2.夏港港区

1994年12月，江阴苏龙发电有限公司（夏港电厂）在新老夏港河间西段征用岸线700米，兴建2.5万吨级煤炭专用码头1个，年设计吞吐量143万吨。1995年11月，江苏新长江实业集团（简称“新长江集团”）开工建设长900米、宽120米、水深6米的挖入式1号港池共12个千吨级泊位，1996年12月竣工，1997年初投入试运行，开创农民建造港口的先河。2001年9月，新长江建成长600米、宽160米的2号港池，形成年拆解50万吨废钢船的能力。2004年初，夏港电厂投资建设3.5万吨级的码头，2005年12月竣工，年设计吞吐量400万吨。2004年1月，新长江集团在长江下游江阴水道南岸、江阴长江拆船厂1号内港池上游侧，开工建设夏港港区2号码头，规模为连片的两个万吨级泊位（1万吨、两万吨件杂货海轮泊位各1个），2004年8月竣工投产，占用长江岸线476米。2005年3月，新长江集团在江阴长江拆船厂2号港池上游侧，开工建设夏港港区3号码头，规模为连片的3个万吨级泊位（3万吨、2万吨、1万吨件杂货海轮泊位各1个），为江阴长江港口综合物流园区（B区）的组成部分。2005年12月竣工投产，占用长江岸线587米，年设计吞吐量190万吨。

3.利港港区

1988年，江苏利港电力有限公司在江阴利港镇利港河以西，占用岸线1300米，建设总装机容量260万千瓦的江苏利港发电厂，配套建造1个千吨级码头，1989年1月投入运行。1989年3月，开工建造3.5万吨级煤码头，1993年8月投产使用，年设计吞吐量400万吨。2003年3月，江阴润华化工储运有限公司在利港河下游兴建1个3万吨兼靠5万吨级化工码头和16万立方米的储罐，2004年8月建成。码头长265米、宽20米，占用岸线320米，设计通过能力90万吨。2004年，江苏利港电力有限公司投资建设与三期工程配套的3.5万吨级码头，2005年12月竣工，年设计吞吐量400万吨。2004年10月，江苏利士德化工有限公司在江阴市利港镇工业集中区（芦埠港上游）建设3万吨级兼顾5万吨级化工码头和9.8万立方米的储罐，2005年底竣工投产，占用岸线265米，年设计吞吐量92万吨。

4.长山港区

1992年8月，江苏扬子江船厂在江阴港鲥鱼港——鹅鼻嘴区域内兴建两个万吨级墩式码头（2万吨级、3万吨级各1个），1993年8月竣工，年设计修造船约50艘。1993年1月，江阴市石油化工总公司在石牌港以西围垦滩涂19.3公顷，占用岸线450米，开始兴建2.5万吨级石化专用码头1个及总储量9.7万立方米的储罐群，1994年8月竣工。1993年10月，上海振华港机有限公司江阴分公司在黄山大湾（原西郊第二拆船厂）建成千吨级岸壁式工程码头4个泊位。1999年10月，在黄山港东侧建成千吨级100米×50米水上装卸平台1座。1994年1月，中油江阴石油储运有限公司在大河港以东征用岸线260米，动工兴建2.5万吨级石化专用码头1个，9月建成并通过验收，同时建有库容22.6万立方米的储罐群，成为长江流域库容量最大、设施最先进的成品油库中转基地。1994年2月，江苏省石油总公司长山分公司在原5000吨码头西侧，兴建2.5万吨级石化专用码头1个，12月建成。同时扩建储罐，总库容达21.2万立方米。1994年11月，中谷江阴工贸储运有限公司在肖山西侧占用长江岸线380米，兴建5000吨级粮油浮式码头1个，配套建设3.35万吨的粮油仓库。2001年8月，江阴兴澄特种钢铁有限公司在厂区长江沿岸开工建设两个万吨级通用散货码头泊位，1号、2号泊位分别于2002年4月和7月建成，占用岸线950米，年设计吞吐量150万吨。2004年底，中粮麦芽江阴有限公司在江阴北部肖山与白区港之间，使用长江岸线约370米及相应水域，建设1个5万吨级粮食专用码头，年设计吞吐量60万吨，2005年末竣工投产。

5.石庄港区

1994年4月，南荣石油化学有限公司在石庄镇天生港开工兴建2.5万吨级液化气专用码头1个，1995年8月竣工，液化气储罐总量3.6万立方米。2003年，恒阳化工租用南荣公司码头，建设8.8万立方米储罐。2003年3月，江阴澄星实业集团公司在石庄天生港西侧投资兴建2万吨级澄利散装化工码头，2004年7月投入运行。码头总长240米，后方配备储罐26个计8.7万立方米，年设计吞吐量80万吨。2003年4月，江苏华西集团在新桃花港上游开工建设2万吨级液体化工码头，同年10月竣工投产。码头总长260米，后方储罐总容量8.7万立方米，年设计吞吐量83万吨。

二、港口装卸

1.货物吞吐量

1985年5月，江阴港开办外贸物资装运，外贸出口的主要货种为棉花、杂货，进口货种主要是通过"一船一报"的特批形式由外轮直接运抵江阴港的木材和化工产品。内贸货种以煤炭和黄砂为主，1986年内贸物资吞吐量突破500万吨，1988年达677.33万吨，1989年以后年吞吐量有所下降，1991年全港吞吐量降至486.6万吨，其中江阴港务管理局本港完成285.77万吨。煤炭和黄砂运量占内贸运量的73.3%，石油占16.9%。

1992年江阴港对外开放后，江阴港公共型码头、特别是货主单位自建码头较快发展。一大批高等级的货主码头在沿江建成，并逐步开放，货主码头在全港吞吐量中所占比重不断上升。1998年，货主码头货物吞吐量占71.6%，占全港外贸运量的45.4%。1999年以后，公共型码头加大扩建、改建力度，吞吐量所占比重逐渐回升。2003年公共码头货物吞吐量866.55万吨，占37.4%；完成外贸运量388.32万吨，占75.7%。此后货主码头开放泊位增加，公共型码头的外贸吞吐量比重逐渐回落。2005年，全港货物吞吐量4277.77万吨，其中：公共码头1975.62万吨，占46.2%；货主码头2302.15万吨，占53.8%。外贸运量649.3万吨，其中公用码头469.63万吨、货主码头179.67万吨。

图7-14　江阴港货物装卸　（张立伟摄）

1986～1991年江阴港吞吐量统计表

表7-13　单位：万吨

年份	吞吐总量	其中外贸运量	年份	吞吐总量	其中外贸运量
1986	542.30	0.90	1989	605.19	1.73
1987	563.32	1.56	1990	375.08	1.12
1988	677.33	2.13	1991	486.60	8.30

1992～2005年江阴港吞吐量统计表

表7-14　　　　单位：万吨、%

年份	吞吐量					其中外贸运量				
	总量	其中				总量	其中			
		公用码头	占比	货主码头	占比		公用码头	占比	货主码头	占比
1992	479.00	344.17	71.85	134.83	28.15	15.10	10.78	71.39	4.32	28.61
1993	487.80	227.42	46.62	260.38	53.38	55.30	43.25	78.21	12.05	21.79
1994	502.13	190.60	37.96	311.53	62.04	65.10	53.15	81.64	11.95	18.36
1995	525.66	168.95	32.14	356.71	67.86	58.52	39.32	67.19	19.20	32.81
1996	643.97	215.24	33.42	428.73	66.58	72.03	51.98	72.16	20.05	27.84
1997	712.58	261.89	36.75	450.69	63.25	105.14	70.12	66.69	35.02	33.31
1998	919.28	261.42	28.44	657.86	71.56	131.78	71.93	54.58	59.85	45.42
1999	1080.05	352.13	32.60	727.92	67.40	168.14	104.49	62.14	63.65	37.86
2000	1290.35	417.33	32.34	873.02	67.66	206.27	118.35	57.38	87.92	42.62
2001	1520.21	586.73	38.60	933.48	61.40	305.86	223.76	73.16	82.10	26.84
2002	1780.93	456.83	25.65	1324.10	74.35	358.40	232.16	64.78	126.24	35.22
2003	2316.00	866.55	37.42	1449.45	62.58	513.20	388.32	75.67	124.88	24.33
2004	2682.64	915.62	34.13	1767.02	65.87	520.53	312.61	60.06	207.92	39.94
2005	4277.77	1975.62	46.18	2302.15	53.82	649.30	469.63	72.33	179.67	27.67

2. 货种结构

江阴港正式开办外轮外贸业务后，逐渐由一个以中转煤炭、黄砂等大宗散货运输为主的江河衔接换装港口，转变为公共型码头以件杂货、适箱货为主，货主型码头以大宗散货、石油化工为主的江海河联运、内外贸相兼的综合性港口，逐渐形成以石化产品、集装箱、件杂散货、煤炭、粮食等五大类的支柱性货源。

散杂货　江阴港到港散货船主要承运煤炭、金属矿石、非金属矿、化肥、矿建材料以及钢铁、木材等。江阴所需煤炭全由省外调入，主要源自北方的秦皇岛、天津、黄骅、青岛、日照、连云港等港口，也有来自长江上游和长江以北的京杭运河。金属矿进口以铁矿石为主，源自北仑港和马迹山港，运往江阴的兴澄钢铁集团码头。非金属矿进口以石灰石等炼钢辅助原料为主，源自福建沿海和沿江的安徽及江苏镇江等地，运往江阴的兴澄钢铁集团码头。矿建材料主要源自长江上游的湖北浠水、巴河，安徽沿江以及京杭运河沿线。钢铁进口国外源自东亚、俄罗斯、乌克兰，国内源自宝钢、武钢、马钢等，出口主要运往沿海、长江沿线、运河沿岸等地。木材进口主要源自俄罗斯、非洲、东南亚，出口主要运往沿海和长江中上游地区。化肥主要源自东欧和加拿大，出口则主要运往长江中上游。其中，钢铁在口岸一类开发后逐渐成为江阴港第一大货类，在内贸运输中增长幅度最快，从1992年的零运输发展至2005年的544万吨。煤炭、矿建材料在内贸装卸中占比较大，与石油、钢铁共占内贸总量的90%左右，两类合计运量历年均在300±50万吨上下，但在港口所占比重却由1992年的72.8%下降至2001年的32.7%。2002年以后，由于电厂用煤和城市建设发展的需要，煤炭、矿建材料有较大幅度增长，2005年达到1741万吨。在外贸运输中，钢铁与石油、化工占外贸总量的90%左右。1992年外贸钢铁仅7.23万吨，2003年度达到高峰值411.1万吨，占外贸运量的80.3%。2004年国家宏观调控，江阴港全年钢铁吞吐量759万吨，同比下降10%，占全年货物吞吐量的28%。2005年钢铁类货物吞吐量进一步萎缩，全年吞吐量仅为662.6万吨，占全年货物吞吐量的15%。

成品油及化工品 成品油主要从沿海进口，化工品主要源自中国台湾地区和欧美及东亚的日本、韩国，出口主要到沿海、长江中下游地区。内贸装卸中，石油、化工品运量增长较大，由1992年的80万吨增至2005年的653万吨；外贸装卸中，石油、化工品由1992年的5.51万吨增至2005年的234.68万吨。

集装箱 江阴港集装箱运输，内贸以沿海为主，外贸除主要通过上海港中转外，定期或不定期直航东亚、东南亚集装箱船。1992年12月，开通江阴至香港集装箱航班，承办集装箱货运，当月完成42标准箱，实现零的突破。1996年7月开通江阴至上海国际集装箱班轮内支线，1997年2月开通国内沿海集装箱班轮航线，2002年开辟至大连等内支线航班，2003年开辟至烟台等内支线航班。2005年，江阴港有1个万吨级集装箱专用泊位，业主为江阴港集装箱有限公司，集装箱堆场面积约10万标准箱，主要机械设备有40吨门机和正面吊两台。1992～2005年，江阴港集装箱量分别为42标准箱、2549标准箱、5343标准箱、4970标准箱、5198标准箱、5321标准箱、7979标准箱、15700标准箱、12509标准箱、13182标准箱、21800标准箱、32862标准箱、51000标准箱、48628标准箱。

粮食 主要装卸国家储备库粮。2005年，中粮麦芽（江阴）公司建成5万吨级粮食专用码头，江阴港粮食吞吐量有较大幅度的增长。

第六章 公共交通

1986年，无锡市公共交通由无锡市公共交通公司（简称“市公交公司”）经营。至1990年，市区公交线路由1986年的25条增至29条，线路总长由307公里增加至383.4公里；车辆由270辆增加至354辆，其中铰接车183辆。是年，公交客运量11685万人次，总收入1899.88万元，市公交公司固定资产原值4604.56万元。

1991～1995年，市公交公司增办小公共汽车业务，新辟5条线路，延伸调整8条线。1995年末，营运线路39条（含5条专线）、520.9公里，营运车辆511辆，年客运量11300万人次，客运总收入6172.13万元。

1996年后，无锡实施“优先发展公交”战略，加大公交线网建设，扩大线网规模和覆盖率。至2000年，市公交公司改组为无锡市公共交通（集团）有限公司，并先后组建、参股灵山公交客运有限公司（简称“灵山公交”）、无锡市赛福快速汽车客运有限公司，新辟公交线路24条，调整、延伸、优化线路40条；增开夜班线路10条、学生专线8条，开通无人售票线路43条，改善市民出行条件。5年间，更新、新增车辆693辆，增加豪华空调车、双层客车和中型客车，提高乘车舒适性。是年末，市公交公司拥有营运车辆908辆，营运线路61条、799.1公里，年客运量19033万人次，总收入14193.73万元，销售总收入19361.48万元（不含灵山公交收入）。

2001年，市公交公司新辟线路18条，延伸、调整线路12条，所有市区线和部分农村公交线（简称“农公线”）实行无人售票。2002年9月施行乘客IC卡收费系统。2003年，配合市区“禁摩”，新辟线路13条，延伸、调整线路35条，公交线路增至105条，线路总长1463.1公里，年客运量2.37亿人次。全年更新、新增车辆305辆，其中绿色豪华空调车189辆，车辆总数达1613辆。增开夜班线，延长服务时间，每日营运班次达到8000多个。市区公交车平均换乘次数1.1次，平均候车时间5～8分钟。

2004年3月，经商务部批准，由无锡市交通产业集团有限公司、香港九巴（无锡）交通投资公司、无锡市国联发展（集团）有限公司、香港卓力集团有限公司、无锡广播电视集团共同投资参股组建无锡九龙公共交通股份有限公司（简称“九龙公交公司”），经营全市公共交通，成为国内公交行业第一家股份制合资企业。是年，调整、延伸公交线路25条，新辟公交线路9条，营运线路达到112条。新购多辆低踏板空调客车投入运营，空调车辆达到524辆，全年新增车辆131辆。2005年1月，九龙公交公司启动“油改气”项目，至年末，“油改气”车辆114辆。先后新建梅箕路停车场、29路金城桥停车场、30路长江路停车场、11路芦村停车场、35路太湖花园回车场、蠡湖村停车场、盛岸西路停车场、蠡湖新城停车场、凤翔分公司停车场、新区分公司停车场、梁溪分公司停车场等多个停车场地，并在市区主要公交线路停靠站新建配有大型灯箱广告栏的不锈钢新型候车亭。场站总面积279652.8平方米。调整、延伸公交线路25条，新辟公交线路6条，营运线路总数达到115条。车辆总数1872辆，其中，空调车辆698辆，占37.3%。年客运量2.66亿人次，总收入3.55亿元。

图7-15　2005年10月命名的客运全国劳模秦向锋班组
（市交通产业集团供稿）

第一节　线路与站点

1986年，无锡市区有公交线路25条，总长307公里。1990年，市区公交线路增至29条，线路总长增至383.4公里，设站点362个（含重复站点，下同）。其中，公交26路从梁溪大桥至潘家桥，线路总长32.9公里，设站22个，为无锡公交长度与站点之最。公交线路中，4路、6路、7路、7支路、8路、9路、17路、18路、19路、23路、25路、26路等终点站均设在县区。1995年末，营运线路39条（含5条专线车线路），线路总长520.9公里。1996～2000年，新辟公交线路24条，调整、延伸、优化线路40条；增开夜班线路10条，学生专线8条，开通无人售票线路43条。1998年，先后开通201路、202路、203路、204路、205路、206路、207路、208路、209路、211路、216路等11条小公共汽车线，通往新村居民聚集区和市郊边缘地区，弥补大公交线路的不足。是年，全市公交线路46条，总长585.8公里，设643个站点。其中，88路火车站至灵山胜景全长35.9公里，设26个站点，超过26路。2001年，新辟线路18条，延伸、调整线路12条，所有市区线和部分农公线实行无人售票。2002年，全市83条公交线路，设站点1454个，其中公交31路、88路、206路均设29个站点。2003年，新辟线路13条，延伸、调整线路35条，公交线路达105条，线路总长1463.1公里。2004年，调整、延伸公交线路25条，新辟公交线路9条，营运线路112条。

2005年末，无锡市区公交营运线路115条（含农公线5条），其中，有人售票线路15条、无人售票线路100条，总长度1644.9公里；设站点2389个，其中公交26路、27路、31路、51路、82路、88路、89路、91路、103路、205路所设站点均在30个（含30个）以上，89路达41个。

2005年无锡市公共汽车线路一览表

表7-15

路别	起讫点		运行时间（分）	路别	起讫点		运行时间（分）
	起点	终点			起点	终点	
★◆ 1	鼋头渚	火车站	90	★▲◆ 2	梅园	火车站	66～72
★▲◆ 3	向阳	梁溪大桥	70	★▲◆ 3支	梓旺新村	梁溪大桥	90
★▲◆ 4	梁溪大桥（运河东路）	红旗船厂（爱邦公司）	70～75	★▲◆ 5	电缆厂	火车站	70
6	周山浜公交总站	查桥	80	7	公交三场	后宅	145
7支	公交三场	望亭	110	8	公交三场	南方泉（周潭）	65
9	公交三场	峄嶂	100	★▲◆ 10	河埒口	河埒口	46
★▲◆ 11	中南分公司（扬名公交总站）	火车站	80	★▲◆ 12	彩印厂	南禅寺（朝阳广场）	60
★▲◆ 13	华东商贸城	公交三场	65	★▲◆ 15	招商城	惠畅里	65
★▲◆ 16	红星村	吉祥桥	65	★◆ 17	周山浜公交总站	八士（龙潭浜）	八70 龙90
★◆ 18	坊前	新安大桥（交管所）	105	★◆ 19	梅村	火车站	90
★▲◆ 20	景丽苑	火车站	60	★▲◆ 21	坊前	薛福成故居	90
★▲◆ 23	新安大桥（交管所）	火车站	125	★▲◆ 23支	新安大桥（交管所）	行知学院（望虞桥）	15
★▲◆ 24	芦庄小区	新生路（八佰伴）	60	★▲◆ 25	南禅寺（朝阳广场）	堰桥	95
25-1	南禅寺（朝阳广场）	界泾		25-2	南禅寺（朝阳广场）	新塘里村	
★▲◆ 26	梁溪大桥	雪堰桥	120	★▲◆ 27	河埒口	河埒口	63～67
★▲◆ 28	赛维拉商业市场	火车站	80	★▲◆ 29	凤翔分公司	金城桥	80
★▲◆ 30	新区分公司	火车站	80	★▲◆ 31	新区分公司	周山浜公交总站	120
★▲◆ 31区	新区分公司	薛福成故居	86	★◆ 32	新区分公司	硕放	75～80
★▲◆ 33	公交芦村停车场	周山浜公交总站	90	★▲◆ 35	新区分公司	火车站	100
★▲◆ 35大站	新区分公司	火车站	110	★▲◆ 36	公交三场	江南大学（无锡职院）	50

续表

路别	起讫点		运行时间（分）	路别	起讫点		运行时间（分）
	起点	终点			起点	终点	
★▲◆ 36区	公交三场	蠡湖宾馆	50	★◆ 37	红星美凯龙（麦德龙）	八士镇政府	65
★◆ 38	金城桥	无锡化工装备总厂	100	39	梁溪大桥	稍塘	85
★▲◆ 40	渔港乡	朝阳广场（南禅寺）	90	★▲◆ 41	市职教中心	河埒口	90
★◆ 42	红星美凯龙（麦德龙）	学前东路（八佰伴）	80	43	梁溪大桥	南西漳	65
★▲◆ 45	太湖花园三期	周山浜公交总站	75	★◆ 48	红星美凯龙（麦德龙）	梅村	60
★▲◆ 49	周山浜公交总站	藕塘	95	★▲◆ 51	公交三场	外下甸工业园区（惠普自动控制）	100
★▲◆ 52	向阳	河埒口	90	★▲◆ 53	梅园	新生路（八佰伴）	76～80
★▲◆ 55	招商城	向阳	80	★▲◆ 56	公交三场	惠华新村（公交驾培中心）	85
★▲◆ 57	旅游商贸学校	金城桥	95	★▲◆ 58	公交修理厂	胜利门	80
★▲◆ 59	华庄	河埒口	85～92	★▲◆ 60	盛岸路停车场	胜利门	60～65
★▲◆ 60区	华东商贸城	易初爱莲（惠山店）	75	★▲◆ 61	毛岸里	彩印厂	80
★▲◆ 62	梅园	红星美凯龙（麦德龙）	135	★▲◆ 63	宁海里	宁海里	40
★▲◆ 65	市职教中心	火车站	86	★▲◆ 65支	坊前	火车站	90
★▲◆ 66	太湖花园三期	火车站	70	★▲◆ 67	紫京饭店会议中心（汇光）	火车站	80
★◆ 68	火车站	南方泉	120	★▲◆ 69	新区分公司	梅村	60
★▲◆ 70	惠华新村（公交驾培中心）	新区管委会	110	★▲◆ 71	彩印厂	西园里	90
★▲◆ 72	金城桥	梅园	90	★▲◆ 73	公交三场	彩印厂	90
★▲◆ 75	金城桥	广益佳苑	70	★▲◆ 77	江南大学（无锡职院）	火车站	95
★◆ 79	惠华新村（公交驾培中心）	南西漳	50	★▲◆ 80	火车站	信息职业技术学院	90
★◆ 81	金城桥	锡惠公园	75	82	三国城	火车站	100

续表

路别	起讫点		运行时间(分)	路别	起讫点		运行时间(分)
	起点	终点			起点	终点	
★▲◆ 83	梅园	火车站	90～95	★▲◆ 85	惠华新村(公交驾培中心)	万力动力公司	90
★▲◆ 85区	惠华新村(公交驾培中心)	南禅寺(朝阳广场)	60	★▲◆ 86	芦庄小区	复兴路	65
★▲◆ 87	火车站	鼋头渚	90	88	灵山胜境	火车站	160
89	灵山胜境	火车站	170	★◆ 90	牌楼	火车站	80
★◆ 91	啤酒花园	河埒口	105	★▲◆ 93	新区分公司	锡山区政府	64
★▲◆ 95	江南大学(无锡职院)	华晶新村	70	★▲◆ 96	凤翔分公司	招商城	75
★▲◆ 97	渔父岛(西堤)	南长街	75	★◆ 98	渔父岛(西堤)	胜利门	86～90
★▲◆ 99	寺头村委	101医院	80	★◆ 100	信息职业技术学院	国联大厦	80
★▲◆ 102	盛岸路停车场	春江花园	115	★▲◆ 103	新区分公司	体育中心东大门	105
★◆ 201	铁路货运站	火车站	70	★◆ 202	港务三区	火车站	40
★◆ 204	河埒口	火车站	66	★◆ 205	金城桥	民丰里	75
★◆ 206	公交三场	江大梅园校区(钱桥)	江110钱120	★◆ 207	水星饭店	西门(华泰证券)	65
★◆ 208	惠华新村(公交驾培中心)	火车站	60	★◆ 209	公交三场	新生路(八佰伴)	50
★◆ 211	蠡湖院	胜利门	75	★◆ 212	鼋头渚	峄嶂	50
★◆ 213	南禅寺(朝阳广场)	民丰里	50	★◆ 215	南禅寺(朝阳广场)	叙康里	45
★◆ 216	惠华新村(公交驾培中心)	八佰伴	65	★◆ 218	新区分公司	新区分公司	30
★◆ 219	新区分公司	新区分公司	70	★▲◆ 310	梅园	火车站	65～68
★▲◆ 311	向阳	火车站	80	★▲◆ 312	招商城	彩印厂	70
★▲◆ 313	旅游商贸学校	红星桥	80	★▲◆ 315	公交三场	南阳学校	45

说明:★为无人售票线路,▲为学生卡(B卡)、老龄卡(C卡)使用线路,◆为成人卡(D卡)使用线路。23、25、26、49路为翻牌制线路。

第二节　车　辆

1986～1987年，市公交公司购进功率大、动力性能较好的常州CJ660型铰接客车28辆，市公交修配厂自制（改装解放牌底盘）新车50辆，其中铰接车17辆。1988年开始，增加公交车辆列入市政府目标管理项目，当年由无锡客车制配厂分批提供"凤凰"牌新客车71辆（其中铰接车30辆），逐步替代老旧解放牌车型，改善车况和乘车条件。1989年，新购CK420N型小公共客车15辆。至1990年末，市公交公司拥有营运车辆354辆，其中铰接车183辆、中巴车15辆、单车156辆。1992年，新增常州客车厂生产的客车38辆，用于替代早期损坏的"凤凰"牌客车；先后两次新增小公共客车35辆；购置常州客车厂生产的CJ6922TCH型后置式柴油发动机的团体车10辆，投入无锡至江阴、宜兴"三洞"一日游的线路运营。至此，无锡公交公司运营车辆总数为444辆，其中铰接车178辆、单车216辆、小中巴50辆。1993～1995年，无锡公交公司先后新增常州客车厂生产的客车，团体车164辆、小中巴69辆，用于车辆的更新改造和运能结构调整，实行大小公共汽车同线营运，形成大、中、小并举的格局。至1995年末，无锡公交公司共有营运车辆511辆，其中单车250辆、铰接车142辆、中巴车119辆，平均年增长7.62%。

1997年，市公交公司首批购进CJ6921G型无人售票车55辆，开通10路、27路等无人售票线。在至三国城的观光游览线上，投放10辆无人售票的高档舒适旅游大客车。4月起，筹集资金添置"沃尔沃"、桂林"大宇"车各2辆，投入沪宁高速公路营运，开通无锡至南京、无锡至上海的客运高速班车。1998年，投资近百万元，新购3辆新颖美观的双层巴士，在20路线路上运行。在新组建的灵山公交88路上，全新配置大、中、小型客车42辆。更新增添10辆"太湖"牌和10辆"依维柯"中、高档空调车，开拓旅游市场，为游客提供快捷、舒适、优质的服务。8月，市公交公司成立中巴车队，购置张家港友谊客车厂产ZGT6600A型中巴车31辆。1999年，在市政府的支持下，投资3466万元，更新、新增车辆243辆，其中空调车15辆、团体客车13辆、双层客车10辆、小中巴103辆、无人售票车102辆，基本形成以单车为主、小公共汽车为辅的车辆结构。2000年，更新、新增车辆212辆，新增无人售票车91辆，42条市区线路全部实行无人售票。购置常州客车厂生产的CFC6110GD型优质后置空调车30辆、双层大客15辆，首批63辆CJ6800G2Q型中客车投入公交线营运。1996～2000年，市公交公司更新、新增车辆693辆。至2000年末，市公交公司共有营运车辆908辆，其中单车643辆、铰接车96辆、中巴车141辆、双层车28辆。

2001年，市公交公司投入资金5000多万元，更新、新增车辆303辆。至年末，营运车辆1202辆。2002年，加大运力投入，全年更新、新增车辆266辆，并在新区30路上首批投入20辆豪华金龙空调巴士。至年末，营运车辆达1414辆。2003年，加大公交车、特别是绿色豪华空调车的投入，投入近1亿元，更新、新增车辆305辆，其中绿色豪华空调车189辆。至年末，市公交公司营运车辆1613辆，其中单车1371辆、铰接车69辆、中巴车143辆、双层车30辆，车型主要有常州"长江"、扬州"亚星"、无锡"太湖"、厦门"金龙"、苏州"金龙"、绍兴"金龙"、张家港"友谊"等客车厂生产的汽油、柴油（空调、非空调）车。2004年，车辆完好率99.83%，比1986年的93.06%提高6.77个百分点。

2005年，九龙公交公司优化车辆结构，车辆车型发展以单车为主，单车拥有量由2004年的1538辆增至1681辆。新购多辆低踏板、车内视野开阔、乘坐舒适的空调客车投入运营，空调车辆总数由2004年末的524辆增至698辆。7月4日，首批10辆改装的天然气公交车在33路、24路和56路等线路上营运。9月，九龙公交公司在市油泵油嘴研究所支持和配合下，进行柴油机公交车欧-Ⅲ电控化改造项目，解决柴油机车辆冒黑烟的问题，第一台试验车于11月11日试车成功，随后便投入公交31路上运行。至年末，全市公交车辆1872辆，其中使用天然气的汽车114辆。

1986～2005年无锡公共交通营运车辆统计表

表7-16　　单位:辆

年份	单车	铰接	中巴车	日野二手	双层	合 计
1986	133	163	—	5	—	301
1987	126	175	—	5	—	306
1988	138	184	—	5	—	327
1989	148	184	15	—	—	347
1990	156	183	15	—	—	354
1991	175	170	15	—	—	360
1992	216	178	50	—	—	444
1993	204	147	130	—	—	481
1994	232	152	118	—	—	502
1995	250	142	119	—	—	511
1996	267	132	119	—	—	518
1997	338	116	118	—	—	572
1998	388	100	118	—	3	609
1999	480	100	130	—	13	723
2000	643	96	141	—	28	908
2001	919	86	167	—	30	1202
2002	1111	104	169	—	30	1414
2003	1371	69	143	—	30	1613
2004	1538	44	132	—	30	1744
2005	1681	30	131	—	30	1872

第三节　票　务

一、普通客票

1.有人售票大客车票价

1985年大客车车票定价为人·公里0.018元，起价0.05元，0.05元进级，最高票价0.5元。1986年7月，凡进入郊县地段的公共汽车线路，人·公里运价调整为0.023元，1987年4月调整为0.028元。6月，市区公共汽车线人·公里运价调整为0.0225元。1988年9月，市区线人·公里运价调整为0.028元，郊县线调整为0.038元，实行0.1元起价、0.05元进级制。1989年11月，郊县线人·公里运价调整为0.055元，实行0.1元起价、0.1元进级制。1990年9月，市区线人·公里运价调整为0.038元；市郊(县)混合公交线则采用分段相加，计算全程票价；票价进级依线路长短确定，全程不足6公里的继续按0.05元进级，6公里以上的改为0.1元进级，按人·公里票价×车公里计算，尾数小于0.03元的靠下档，起价仍为0.1元。1992年8月，市区线人·公里运价调至0.055元(其中0.005元为城市附加费)，并实行0.2元起价、0.1元进级制。市郊混合线均采用两段相加计算全程票价的办法。农公线(郊县线)人·公里运价由0.065元(其中0.01元为客票附加费)加0.04

元燃油差价补贴，合计为0.069元。实行0.2元起价、0.1元进级制。旅游专线人·公里运价0.085元，公交大站快车仿照执行，实行0.2元起价，0.2元进级制。1993年1月，农公线均按（农公线运价+客票附加费+燃油差价补贴）×车公里计算票价。半农公线（即混合线）均按（市区线运价×市区车公里）+（农公线运价+客票附加费+燃油差价补贴）×农公段车公里计算票价。农公线运价人·公里0.055元。客票附加费人·公里0.02元，燃油差价补贴人·公里0.01元。实行0.2元起价、0.2元进级制。4月，市区公交线人·公里运价调整为0.07元（含城市附加费），实行0.3元起价、0.1元进级制，尾数处理满3靠上档。半农公线中的市区段，属调价范围，仍采取分段计算相加合成全程票价。旅游专线基价人·公里调整为0.1元（含城市附加），实行0.4元起价、0.2元进级制，尾数满6靠上档。

1995年4月10～18日，无锡市先后对市区18条公交线全面实行0.5元一票制或0.5元起价、0.5元进级的票制改革，实行0.5元一票制的有10条，即3路、10路、12路、13路、15路、16路、20路、21路、22路、310路；实行0.5元起价、0.5元进级制的有8条，即1路、2路、5路、11路、311路、312路、820路及1路区间车。1996年3月，郊（县）线包括农公线和半农公线，全部实行0.5元起价、0.5元进级制。农公线有9条，即6路、6支路、7路、7支路、8路、9路、17路、18路、19路；半农公线有6条，即4、4支、14、23、25、26路。至此，无锡公交车全部实行统一的起价和进级。1997年5月，农公线人·公里运价调整为普通大客车0.084元、中级大客车（2+2+1座）0.097元、中级大客车（2+2座）0.115元，均含燃油差价补贴。客票附加费仍为人·公里0.02元不变。1998年7月，农公线客票附加费征收标准调整为人·公里0.03元。

2001年6月，市物价局明确公交线路作价办法。有人售票的普通公交车线路，原市区线运价人·公里0.07元，原农公线运价人·公里0.114元，0.5元起价，0.5元进级。凡半农公线市区段与市区公交线1元无人售票计价有矛盾的，可按1元起价、0.5元进级计价。半农公线市区段可使用月票。普通旅游车旅游线路运价人·公里0.15元，1元起价、1元进级。空调豪华旅游车旅游观光线运价人·公里0.25元，2元起价、1元进级。7月，半农公线19、26、39、39支、49路线，调整为1元起价、0.5元进级制，原各停靠站台0.5元票价全部调整为1元票价。除上述线路中起步价由0.5元调整为1元，其余各站票价不变。1路、88路有人售票线全程票价不变，起步价由0.5元调整为1元，其余各站点票价不变。新辟89路实行1元起价、0.5元进级制。

2.小公共汽车票价

1989年9月，无锡市开通小公共汽车，试行运价为人·公里0.1元，0.5元起价，0.5元进级。1991年10月，正式核定小公共汽车运价为人·公里0.12元，起价、进级价不变。1992年8月，小公共汽车实行租赁承包。1993年4月，小公共汽车基价调整为人·公里0.15元，起价调整为1元，0.5元进级不变。1996年12月，1路、2路、3路、4路、5路、8路、10路、11路、16路、20路、23路、25路、820路等13条小公共汽车线路，由1元起价、0.5元进级调整为1元起价、1元进级，所有运行的小公共汽车全部实行定线、定点、定价。1998年起，市公交公司将大部分小公共汽车的租赁承包方式改为与大公交车相同的营运方式，开通201路、202路、203路、204路、205路、206路、207路、208路、209路、211路、216路等11条小公共汽车线。除208路实行有人售票外，其余均为白天1元一票，晚上2元一票，个别线上车2元一票无人售票制。2001年6月，市物价局明确无锡市公交线路计价办法，中巴车全程5.5～10公里，实行1元一票制；全程10～20公里，实行2元一票制；全程20公里以上，实行3元一票制。2003年4月，对201～213路、215～217路的票价，调整为不分白天和晚上，统一为1元一票制，无人售票，不使用月票。

3.无人售票车票价

1997年3月，10路线首先实施无人售票，实行1元一票制。以后在公司营运线路上逐步推开，实行无人售票。2001年6月，制定无人售票线的票价。原市区范围内普通公交车各条线路（包括中客车)全程不少于10公里,实行1元一票制;空调大客车实行2元一票制(持有月票的乘客投币1元)。农公线(包括半农公线)普通公交车,全程不少于9公里,实行1元一票制;全程不少于18公里,实行分段翻牌无人售票制,全程2元,分段9公里左右处上车1元。半农公线市区段,可使用月票。

二、月票(公交IC卡)

1964年,无锡公交公司首次发售月票。1988年1月,增设学生2路专线月票,每张3.5元。1990年11月,普通月票每张6.5元调整为10元,2路专线月票由7元调整为10.5元,学生月票由3元调整为3.5元。1992年8月,分别调整为每张18元、20元和6元。1996年,确定月票使用范围,普通月票可在3路、5路、10路、12路、13路、15路、16路、21路、27路、310路、311路、312路等12条线路全线使用,4路梁溪大桥至钱桥、19路朝阳广场至江溪桥、11路火车站至金城湾等区段使用;专线月票和学生月票除上述线路外,增加2路全线和26路梁溪大桥至陈澧湾区段使用。1997年7月,普通月票和专线月票统一调整为每张25元,学生月票调整为8元,月票使用范围增至19条线路。1998年7月,普通月票调整为每张30元,学生月票调整为12元。1999年10月,发售老年季票,市区60～65周岁老年人季票每张60元;66周岁以上的季票价格每张45元。乘车范围同市区普通月票相同。2000年12月,普通月票每张调整为40元;学生月票(只限小学、初、高中生及初中毕业考入技校学生购买)调整为20元。2001年1月,老年季票60～65周岁每张调为80元,66周岁以上为60元。农公线、旅游专线、中巴车不使用月票、季票。2002年4月10日起,使用学生月票的线路在原有42条的基础上,增加9条农公线路分段使用学生月票。

2001年8月,无锡市实施公共交通IC卡工程,普通月票更换为IC卡(D卡),每张每月40元,限100次。9月,学生月票更换为IC卡(B卡),每张每月20元,限100次。10月,老年季票更换为IC卡(C卡),每张每月25元,限100次。实行一人一卡,当月有效,隔月作废。新增IC通用卡(A卡),按上车1元的无人售票乘坐标准实行9.5折优惠,不受乘车次数和时间限制,一次充值,长期有效。2002年9月,首批公交IC卡在全线投用,无锡市沿用了40多年的纸质月票、季票退出历史舞台。同年10月,锡沪公交IC卡在全国率先实现异地互通,两地持卡人在对方城市乘坐公共汽车等交通工具时,可以划卡结算费用。

2003年9月,无锡太湖交通卡公司成立,公共交通卡更名为太湖交通卡,市民可刷卡乘坐出租车、加油,无锡成为继香港、上海、深圳后,又一个拥有“城市一卡通”的城市。至年末,太湖交通卡与上海、杭州、苏州实现互通。2005年3月,成人月票卡(D卡)由每人次0.4元调整为每人次0.8元(普通车)。

三、乘车证

1987年7月,无锡市首批发放盲人免费乘车证。1993年10月,对革命伤残军人和革命烈士家属实行免费乘车,凭市政府颁发的优待证乘车。持证人可乘坐使用月票的公交车。1997年7月,发放离休干部免费乘车证,一次有效期5年。1998年9月,无锡市对地方、军队离休干部发放统一的新版免费乘车证,12月重新核发盲人免费乘车证。2003年1月,更换为IC卡T卡,持卡盲人可以乘坐除承包车、江阴线以外的所有公交线路。离休干部免费乘车证更换为IC卡T卡(含特别卡和公安勤务卡),持卡人可乘坐除小公共汽车、承包车、江阴线外的所有公交车。8月,无锡部分公交线路对驻锡部队军人实行免费乘坐,免费乘坐的主要线路有2路、4路、7路、9路、88路、89路、206路等7条。驻无锡部队军人在乘坐上述线路时,主动出示士兵证、军(警)官证以及军队离退休干部证,即可免费乘坐。2005年12月,市交通局和无锡九龙公交公司共同制定《无锡市高龄老人免费乘坐公交车实施细则》,70岁以上高龄老人持高龄证可免费乘坐公交车。

第四节　场站设施

1986年，无锡市公交公司有3个车场和6个汽车调度站停车场地。一车场位于塘南三支路，占地1.28万平方米，建有综合楼2081平方米、保养车间1368平方米，以及变电所、传达室、附属车间、油库、空压机房、乙炔间等，建筑总面积4106平方米，停车场面积9029平方米，停放2路、12路、13路、15路、19路、25路及小型公交车等部分线路营运车辆。二车场位于通德桥畔，占地7067平方米，内有停车场、保修车间、场地办公室、食堂、集体宿舍和油库，建筑总面积2034平方米，停车场面积4532平方米，停放4路、10路、14路和7路、8路、9路的部分营运车辆。三车场位于中桥以东苏锡路，占地1.95万平方米，建有综合楼、油库、变电所、保修车间、候车室、调度站等，建筑总面积4214.88平方米，停车场面积6540.12平方米，停放7路、8路、9路、11路、23路及小型公交车等营运车辆。2路调度站停车场位于梅园大门对面，占地2.7万平方米，站房面积296平方米，停车场面积2530平方米。3路调度站停车场位于广瑞路底，占地3152平方米，站房面积127平方米，停放3路、6路、17路等营运车辆。5路调度站停车场位于南门锅炉厂（电缆厂）旁，站房面积264平方米，停车场面积3086平方米，停放18路营运车辆。10路调度站停车场位于河埒口，站房面积190平方米，停车场面积3747平方米，停放10路、22路、27路等营运车辆。12路调度站停车场位于南门朝阳饭店东侧，面积350平方米，停放12路营运车辆。15路调度站停车场位于无锡钢铁厂大门对面，占地面积2666.8平方米，调度站房77平方米，停放3路、15路营运车辆。2005年，全市设塘南、新区等18个公交停车场站。

2005年无锡市公交停车场一览表

表7-17　　　　单位：平方米

名称	地址	竣工年份	占地面积	建筑面积	停放车辆
5路停车场	城南路	—	3441	385	5路
塘南停车场	塘南三支路	—	12773	4106	—
梅园停车场	梅园	—	3313	297	—
中桥停车场	苏锡路	—	15131	3968	7路、8路、9路
塘头停车场	陈巷村	1987	2043	157	12路、25路等
山北停车场	石门路	1988	11160	1613	16路、85路、70路、208路、216路
向阳停车场	广益向阳村	1993	8261	568	3路、6路、17路
10路停车场	河埒口	1998	6248	200	10路、27路
芦村停车场	芦村	1999	10023	380	24路
金城桥停车场	运河东路	1999	2050	127	29路
凤翔停车场	凤翔北路	2000	21453	5701	16路、85路、213路、29路、57路等
新区停车场	高浪路	2003	39190	6112	30路、31路、35路、41路、65路、66路
坊前停车场	坊前镇	2003	4735	108	21路
硕放停车场	硕放镇	2004	770	134	—
中南停车场	中南路	2004	41224	7537	11路、33路
麦德龙停车场	麦德龙旁	—	9774	94	42路、28路
朝阳停车场	中山路9号东	—	1283	62	—
马山停车场	湖山路4号桥	—	15829	2167	88路、89路等

第五节　出租车

图7-16　新增出租车　（市交通局供稿）

1986年，无锡市出租汽车企业有无锡市中北汽车公司、无锡市太湖汽车出租公司、无锡市五里湖汽车出租公司等3家，出租汽车250余辆，车型有尼桑、福特、菲亚特等。1992年，市区出租汽车发展至506辆，其中出租专业公司178辆、社会单位140辆、街道16辆、个体172辆。1993年起，市区出租汽车发展迅猛，当年增至709辆，1994年增至916辆。1994年8月，市政府颁发《无锡市出租汽车客运管理办法》，对出租车行业实行统一管理。1995年，市区出租汽车增至2000余辆。同时，锡山市在短期内发展出租汽车1000余辆，且主要在无锡市区营运。至1996年末，市区和锡山市出租汽车增至3467辆。是年，无锡市颁发《无锡市出租汽车管理条例》。

1997年，市政府改革出租汽车运力投放机制，停止行政审批，对出租汽车经营权实行公开拍卖有偿使用。是年，公开拍卖250辆出租汽车经营权，经营权使用期8年，平均每辆车出让价16.1万元。对此前行政审批的出租汽车明确有偿、有期限使用，控制出租汽车行业无序发展。2002年9月，市政府颁发《无锡市客运出租汽车管理办法》，对出租汽车的资质管理、营运管理、车辆租赁管理，以及监督投诉、奖惩等作出明确规定。2000～2005年，市区出租汽车分别为2496、3850、3840、3737、3840、3840辆。2005年，全市出租汽车4640辆。

第七章　交通运输管理

第一节　路政管理

1986年，无锡市公路路政管理由江苏省无锡市公路管理处（简称“市公路管理处”）负责。市公路管理处按照公路管理的法律、法规和规章，依法保护公路路产、路权，实施公路路政巡查，及时纠正发生在公路上的违法行为，严格管理公路两侧建筑控制区，维护公路养护作业现场秩序，参与公路工程交、竣工验收，依法查处违反公路路政管理法律、法规的案件以及法律法规规定的其他事宜。1992年10月，市交通局制定实施《关于非交通安全标志管理的规定》，保护路产路权，改善公路环境，保证公路安全畅通。1994年7月，市政府颁发《关于加强312国道无锡段管理的通告》，对312国道的路权路产管理作出相应规定。2001年9月22日，无锡市公路路政支队成立，与市公路管理处实行“两块牌子、一套班子”管理体制。支队下设江阴、宜兴、锡山、惠山、滨湖等直属大队，共18个中队。路政工作由省交通厅公路管理局和无锡市交通局统一领导。2001年11月19日，公路路政行政审批事项进入市行政审批中心，其中包括：公路建设项目施工，更新砍伐公路用地树木，铁轮车等可能损害公路路面的机具行驶公路，超过公路或者公路桥梁限载标准行驶，占用、挖掘公路或公路改线，跨越、穿越公路修建桥梁、渡漕或者在公路用地范围内架、埋设管线、电缆等设施，在公路用地范围内设置交通标志以外的其他标志，在公路上增设平面交叉道口，占用、挖掘道路或者跨越、穿越道路架设、增设管线设施施工作业验收，在公路建筑控制区内埋设管线、电缆等设施，公路建筑控制区范围内原有的建筑物、构筑物扩建等11项。2001～2002年，全省开展“路政管理年”活动，无锡路政管理部门出动宣传车56台（次），散发宣传材料7200余份，解答群众咨询420余人次，并在悬挂横幅、张贴标语、编印专刊、举办知识竞赛和活动成果巡回展出等广泛宣传的基础上，综合整治公路沿线违章，共发出整改通知书1150份，整治马路市场12个，清除违章占道摊点2900余个，清除路边堆积物12382立方米，拆除违章建筑10075平方米，拆除非法标志牌3211块，查处抛洒滴漏车辆117台（次），封闭道口258个、2800延米，增设道口标柱720根、公路界桩1840根、建筑控制区标志580块，增设交通标志172副，漆划道路标线65700平方米；加强施工路段管理，规范施工标志设置。2003年，35辆路政巡查车辆安装GPS卫星定位宣传系统，强化公路巡查路网交通的调度。同年，对国省干线集镇段进行专项治理，清除公路违章建筑物11805平方米、非法标志牌242块、堆积物1116立方米、占道经营161处、实物招幌172处，增设更新标志104块、警示桩376根、百米桩273根、防撞护栏1897米，归并道口63处，墙面刷白19768平方米，渠化235平方米，集镇段公路环境得到明显改善。2004年4月1日，根据交通部、公安部等7部委《关于在全国开展超限超载治理工作的实施方案》及省政府《关于在全省开展车辆超限超载治理工作的实施意见》，无锡市成立治超领导小组及办公室，下设综合协调组、路面执法组、运输管理组，领导统筹全市治理车辆超限超载工作。2005年，全市6个治超检测站点共出动执法人员7529人次，检查各类载货汽车78200余辆，对其中4340余辆超限车给予行政处罚，卸载货物25500吨，使超限超载车下降至5%以下，低于全省8%的平均水平，位列江苏省前茅。

第二节　航政管理

1986年，江苏省无锡市航政管理处统一管理全市航政事务，管理港口装卸、码头建设、港埠建设、河道疏浚、改善港口条件等。1988年1月，实行港监、航道管理部门分设，建立江苏省无锡市航道管理处（简称“市航道处”）和江苏省无锡市港航监督处。市航道处为全民事业单位，接受省交通厅航道局业务领导，受市交通局委托从事本市辖区内航道行政执法，对无锡县、江阴市、宜兴市航道管理处和江阴船闸实施业务领导。管理无锡辖区内航道、船闸的建设、养护计划的编报和实施；辖区航道的航政管理，包括航道两岸及临河、过河、跨河建筑设施的管理和审批，航标的设置和维护，航道管理范围内碍航物的清除，依法处理各种违法行为，保障航闸安全畅通；按照国家、省、市有关法规、政策和规定，对航道和船闸各项规费的征收和稽查等。1992年5月9日，市政府发布《无锡市航道管理办法》，明确交通局为辖区内航道管理的主管部门，所属航道管理处、站为当地境内航道的管理部门，具体负责航道包括护坡、驳岸的规划、建设、养护和管理。1993年4月19日，市政府发布《关于加强航道管理确保京杭运河无锡段畅通的通告》，加强京杭运河无锡段的航道管理和水运交通管制，确保水运主通道安全畅通。1998年1月，市航道处组建苏南运河航政执法队，配备航政艇，负责苏南运河无锡段航道养护、两岸绿化管理、临跨过河建筑审批、航道标志标牌的保养和维护、处罚及纠正违反航道法规的行为。2002年10月14日，原直属养护单位无锡航道工程公司与市航道处脱钩，整建制划归无锡市交通资产经营公司，航道系统完成事企分开改革。2003年8月28日，无锡市航政稽查支队成立，与市航道处合署办公，下设航政稽查直属大队和市区航政稽查大队，江阴市、宜兴市、锡山区、惠山区成立航政稽查机构，配备航政执法车艇，负责国家有关航道、航政管理的政策、法规宣传，办理航政审批上报，航道行政处罚（理）案件和审核，船闸规费征收、稽查及监督等，成为省内继宿迁、淮安后成立的第三个航政稽查支队，也是苏南地区第一个航政稽查支队。12月22日，市航道处按照省交通厅文件精神，将航道内无主沉船打捞的职能移交给无锡地方海事部门。2004年，行政许可法颁布后，市航道处调整航道行政许可事项及审批权限，完成874公里七级和七级以上航道临跨过河设施档案的登记。2005年，全市受理办结93个航道行政许可事项，实施行政处罚5993起、处理1447起，处罚正确率与执法文书使用率100%，无行政复议和行政诉讼案件。

第三节　运输市场管理

无锡市运输市场管理由市交通局下属的无锡市交通运输管理处承担，各市（县）、区设交通运输管理处，负责本辖区运输市场管理。1986年6月，市政府批转市交通局《关于加快我市农村交通运输发展的意见》，挖掘农村运输潜力，运输市场出现国营、集体、个体一起上，各行各业一起办运输的多层次、多渠道、多形式繁荣活跃景象。全市有客货汽车19220辆、28435吨、50673客位，船舶9370艘、330070吨、7389客位。1987年8月，无锡市城市客运车辆管理处成立。10月，无锡市汽车维修行业管理处成立，与市交通运输管理处实行“三块牌子、一套班子”管理机制。1989年4月，市政府批转市交通局《关于整顿治理运输市场的若干意见》，省交通厅、省工商局颁发《关于明确申请运输经营审批程序及个体运输户交纳管理费的通知》，对治理范围、运力投放和宏观控制、客运、货运管理、运输服务、汽车维修、乡镇船舶修造、票证、运价、规费都作出相应规定；明确经营客、货运输（包括搬运装卸和联运）为目的而开办的国营企业、集体单位，在申请办理工商登记时，须持主管机关证明，经县级以上交通运输管理部门签署意见，由工商行政管理部门批准，发给营业执照方可开业；申请经营客、货运输的个体户，交通运输部门可凭营业执照或临时营业执照，发放个体车船运输许可证，从而统一办理申请运输经营的审批程序。1993年6月，无锡市交通道路稽查总队成立，并相继组建直属一队、二队和江阴市、宜兴市、无锡县等3个交通道路稽查队，形成交通道路运输稽查网络。9月，市政府发布《无锡市汽车维修与配件经营行业管理办法》，为无锡市第一部交通地方规章，也是全国第一部有关汽车维修管理的地方规章。10月，市政府批转《关于加强城市客运市场管理的若干意见》，发布《关于加强中巴车客运管理的通告》，规定凡进入市区的中巴车，必须按“车进站、人归点”的原则，进入由公安、交通管理部门指定的客运站（点）或客运站（点）审定的停车场（点）停车上下客；市区各专业客运汽车站及社会客运服务中心必须向社会营运客车开放，批准进城的中巴营运车，由无锡市交通运输管理处发放进站通知书，进入站台经营。1994年4月1日起，市区暂停审批出租车、中巴车，实行定线、定站、定价、定车、定人，加强营运管理。无锡市区的出租车统一纳入无锡市出租汽车服务中心管理，江阴市、宜兴市、无锡县也相继组建出租汽车服务中心。8月，市政府发布《无锡市出租汽车客运管理办法》。1995年6月，市政府批转市计划委员会、市公安局、市交通局、市工商局、市对外经济贸易委员会《关于进一步加强出租车、中巴车管理的意见》，全面加强出租车、中巴车发展的宏观控制。12月，市政府发布《无锡市搬运装卸业管理实施细则》，规范全市从事营业性搬运、装卸的行为。1996年6月，江苏省第一部市级交通地方性法规《无锡市出租汽车管理条例》颁发，9月1日施行，规范出租汽车的行业管理。同年6月，无锡市港站运输管理所成立，进行港站地区货物运输业、搬运装卸业和运输服务业的源头管理。11月，市政府批转市经委、市交通局《关于加强和规范货运市场管理的意见》，对运输市场的运力调控、运输组织、经营行为和票证管理等方面作出明确规定。12月，市交通局颁发《无锡市道路集装箱运输管理暂行办法》，明确开业、营运等相关事项。1997年7月，市区首次实行出租车营运权证有偿使用办法，公开拍卖有效期8年的250张出租汽车营运权证。江阴市拍卖350张桑塔纳出租车的8年期营运权证。1998年9月，市交通局颁发《无锡市道路客运线路管理办法》，1999年12月，成立无锡市车站客运管理所。2001年7月，市交通局颁发《关于明确道路货运配载业开业技术经济条件的通知》，对道路货运配载业的经营资质条件和有关管理提出要求。11月，无锡市首家交通运输职业介绍所成立。2002年9月，市政府颁发《无锡市客运出租汽车管理办法》，对客运出租汽车的资质、经营权、营运管理以及监督投诉、奖惩作出相应规定。市交通局印发《无锡市危险化学品运输管理暂行规定》。2003年5月，市交通局印发《关于加强和规范货运交易市场管理的意见》，对货运交易市场的资质、经营作出规定。10月，市交通局、市公安局联合发出《关于规范我市企事业单位员工上下班接送客运包车管理的意见》。

图7-17　2005年，市交通部门与公安部门联合检查（市交通局供稿）

至2005年末，全市的公路客运企业、水路货运企业和危险品货物运输企业的平均工具拥有量分别由2000年末的每家7辆、38艘和1.7辆发展至每家70辆、57艘和22辆，呈现集约化经营的趋势。公路客运线路和日均营运班次增至500条、5300多班，分别比2000年增长21.6%和8.7%，其中跨省线路198条、216班，跨市线路203条、563班，跨县线路40条、1933班，县内线路59条、2588班，公路客运线路四通八达，危险品运输安全管理形成政府、行业、企业3个管理平台。车辆公司化经营率、GPS卫星定位系统安装使用率均达100%。全市拥有机动车维修企业2629家，其中一类114家、二类370家、三类2145家，有6家A级汽车综合性能检测站。全市拥有民用运输船舶2068艘、29720吨位、5342客位、133889千瓦；民用汽车290254辆，其中客车218606辆、货车71648辆。全年完成公路客运量19372万人次，旅客周转量1239374万人公里；完成公路货运量7008万吨，货物周转量413034万吨公里；完成水路货运量1216万吨，货物周转量177280万吨公里。

第四节　港航监督

1986年，无锡市水上港航监督管理职能主要由无锡市航政管理处承担。1988年1月，水上交通安全管理和船舶检验从市航政管理处分离出来，单独成立省无锡市港航监督处和无锡市船舶检验处，实行“两块牌子、一套班子”管理体制，主要职责是维护水上通航秩序、调处水上交通事故、船员考试发证、船舶和船用产品检验、征收船舶港务费，防止船舶污染水域。市港航监督处于1988年10月升格为副处级单位，有从事现场管理的海巡艇6艘，实行白天8小时巡航制。1989年3月，市政府批转市交通局关于《无锡市水上交通安全管理规定》的意见，废止《关于无锡市港航管理办法》，对船舶、船员管理，航行、停泊、行业管理，渡口管理，安全保障，遇难救助与事故处理等方面作出新规定。由于船舶数量激增，航道不适应，加之京杭运河内设立船舶寄泊站，占用通航水域，造成通航不畅。1989年3月，京杭运河吴桥段发生6天6夜的船舶大堵档，近万艘船舶塞满航道，后经全力排档才恢复通航。为此，港监部门巡航从一班制改为两班制，加强夜间巡航。1990年，京杭运河发生10天10夜的大堵档，1万多艘船舶塞满皋桥至下甸桥10多公里的航道。1992年8月，市交通局发布《无锡市区航道船舶停靠限额规定》,对锡澄运河、京杭运河、锡溧线、梁溪河、古运河、锡十一圩线、环城河、伯渎港等航道停靠船舶作出数量规定。1993年5月,京杭运河吴桥段发生7天7夜的船舶大堵档,2万余艘船舶塞满航道,进退不得。市政府发布《关于加强航道管理确保京杭运河无锡段畅通的通告》。同年10月,省交通厅发布《关于颁布〈锡澄运河江阴段交通管制规定(试行)〉的通知》,对在锡澄运河内航运、停泊、作业的船舶、排筏、设施作出相应的规定。2000年10月,市政府发布《关于取缔无证船舶、整顿通航的通告》,对市区航道内以及京杭运河锡山市段、锡澄运河内的无船名、无船籍港、无船舶证书的船舶予以取缔。2001年5月,无锡市港航监督处和无锡市船舶检验处分别更名为无锡市地方海事局和无锡市船舶检验局,仍实行"两块牌子、一套班子"管理体制,受省地方海事局和无锡市交通局的双重领导,设有江阴市地方海事处、宜兴市地方海事处和城郊地方海事处等3家下属单位。2002年1月1日起,水泥船被禁止进入苏南运河,海事部门实行24小时巡航制,整治水上通航秩序。但由于挂桨机船越来越多,吨位越来越大,2003年5月发生9天9夜的堵档,2004年12月发生6天6夜的堵档。2005年1月1日起,挂桨机船被全面禁止进入苏南运河。是年,由市人大常委会制定、省人大常委会批准的《无锡市水上交通安全管理条例》颁发,增强水上交通安全管理的执法力度,无锡市地方海事局对苏南运河无锡段实施全线电视监控,市区海巡艇增至23艘。2005年,京杭运河无锡段全年航行畅通。

无锡市志

【第一册】

第八卷

邮政　电信

信息化建设

概　述

1986年起，无锡市加大邮政、电信事业固定资产投入，购置包裹、函件自动化分拣、收寄设备，开发进、出口邮件转运管理系统，实行邮政储蓄全国联网。引进电话程控制式设备，市内电话由纵横制式逐步向程控制式转换，由人工网向自动网、模拟技术向数模兼容技术过渡，城乡电话逐步实现交换程控化和传输数字化。开通无线寻呼和移动通信系统，发展无线传呼和移动通信用户。国家“七五”重点工程——京沪数字微波干线和沪宁光缆无锡段先后建成投产。无锡市建成以光缆为主、数字微波为辅的长途干线网，形成本地通信网、长途通信网、公共信令网、数字同步网、数据传输网、移动通信网、无线寻呼网、无线传输网、智能业务网、电信管理网等基础设施网络。90年代起，无锡市启动信息化建设，加强基础设施建设、资源开发和管理，发展信息化产业，开展网络宽带化和信息化小区建设，相继实施政府、企业、学校、家庭四大上网工程。

2005年，建成包括异步传输模式/帧中继业务网（ATM/FR）、数字数据网（DDN）、分组交换网、163窄带拨号网、IP宽带城域网等在内的覆盖无锡市的数据及多媒体通信网。至年末，全市邮路总长4423公里、农村投递线长17726公里。全年收发函件5603万件、机要文件2.87万件、包件56万件、汇票134万件，发行报纸15066万份、杂志1083万份。本地交换机容量387.67万门、长途电话机容量93418门，市内电话308.48万户，其中公用电话12.38万户；农村电话54.72万户，其中公用电话14992户。城市主线普及率每百人60号线，农村主线普及率每百人40号线。全市移动电话用户360.53万户；国际互联网用户48.50万户，其中拨号上网用户16万户。邮电业务总量624458万元。无线电通信广泛应用社会生活的各个方面，由市无线电管理部门依法实行统一管理，全市设置无线电发射设备481.5万部，是1986年的4306.8倍。

1986～2005年无锡市邮电通信水平表

表8-1　　　　单位：个、亿元

年份	邮电局所		邮电业务总量		年份	邮电局所		邮电业务总量	
	全市	市区	全市	市区		全市	市区	全市	市区
1986	236	120	0.24	0.14	1996	248	132	13.61	8.51
1987	232	119	0.31	0.20	1997	246	129	18.17	11.03
1988	228	119	0.38	0.25	1998	380	179	21.73	13.30
1989	232	121	0.43	0.29	1999	379	175	25.31	16.06
1990	232	122	0.54	0.37	2000	355	146	32.89	22.94
1991	233	123	1.46	1.02	2001	321	138	33.56	—
1992	228	122	2.47	1.61	2002	326	142	40.06	28.03
1993	226	122	4.50	2.82	2003	225	122	45.31	28.72
1994	233	125	7.51	4.68	2004	218	124	57.96	35.32
1995	244	129	10.10	6.17	2005	216	121	62.45	42.05

说明：表中2001年前的市区数据含原无锡县、锡山市。

第一章　邮　政

1986年，市区邮电业务总量1448.72万元。是年4月，无锡邮政开办活期储蓄业务。至1990年，先后推广使用由计算机控制的新型智能包裹收寄机，置备具有国内先进水平的半自动信函、包裹分拣机和机械手取包机等设备，开发进、出口邮件转运管理系统，实行邮政储蓄全国联网。1996年，实现机器自动分拣信函，建成邮政绿卡工程。1998年，实现邮政绿卡全市联网，成为全省第一个全市联网的地区。10月，邮政、电信分业经营，设立无锡邮政局。1999年，无锡邮政部门加大科技投入，完成电子化改造，全市57个邮政网点实现微机化，联网运营网点151个，邮政绿卡由单纯的储蓄功能扩大为储蓄、消费功能兼备。全年完成业务收入2.01亿元。2003年7月，无锡邮政局实施中层管理岗位和机关一般管理岗位竞争上岗机制。2004年，无锡邮政局推进专业化改革，对函件、速递专业全面实施模拟公司化运作，完善大客户服务中心、专业单位和支局营业部门协调发展的营销机制。2005年，成立速递大客户服务部，组建基层邮政速递分公司和速递专职服务队伍，建立以速递业务局为主、各基层邮政支局为补充的专业经营体制。创新作业流程，对超市商函实施分拣前移。是年，全市邮路总长4423公里、农村投递线长17726公里。全年投递函件5603万件、机要文件2.87万件、包件56万件、汇票134万件，发行报纸15066万张、杂志1083万份。

第一节　机　构

1986年，无锡市邮政电信合营，有职工2223人。1992年8月，无锡邮电局成立速递公司，设特快专递营业部。1997年，无锡邮电局内设27个职能科室、39个生产部门，职工2850人。1998年10月20日，无锡邮政、电信分业经营，成立无锡邮政局，负责全市邮政通信工作，设综合办公室、监察审计室、党群工作办公室、计划财务部、人事教育部、运营维护部、经营服务部，职工1306人。2000年，无锡邮政局成立邮政行业管理办公室，履行邮政行业管理职能。9月，组建无锡邮政递送有限责任公司。

2005年，无锡邮政局内设综合办公室、监察审计室、计划财务部、人事教育部、党群工作办公室、经营服务部、运行维护部等7个职能部门，下设商业信函公司、报刊发行业务局、邮政储汇分局、邮政速递业务局和集邮业务局等5个专业经营部门，后勤服务公司、客户服务中心、邮政枢纽局、机要通信科、多种经营服务公司、锡山分局及人民路、北栅口、工运路、锡沪路、惠山等5个邮政支局，南长、梁溪、新区、马山、东亭、前洲、鸿声、阳山、安镇、华庄、洛社、东湖塘等12个邮政中心支局，共有职工1306人。

第二节　邮政网络

1986年，无锡市区邮电局（所）120个，另设报刊门市部、零售亭16个，集邮门市部1个。1987年起，邮电网点覆盖范围扩大，至1995年，市区支局、所增加至129个，其中邮政支局47个、邮政代办所52个；设报刊门市部3个、报刊零售网点115个、储蓄网点67个、邮票代售处513个；拥有信筒、信箱449个。特快专递采用条形码微机登单系统；成立无锡邮区中心局，减少原市（县）局的二次分发，加快邮件传递速度。1999年9月8日，重组市区部分营业网点，人民路邮政支局和惠山邮政支局合并为人民路邮政中心支局，工运路邮政支局、北栅口邮政支局和锡沪路邮政支局合并为工运路邮政中心支局。2002年3月21日，金城湾邮政所升级为邮政支局。

2001年，无锡邮政局实行城区营业、投递分离，撤销人民路、南长、工运路、梁溪4个邮政中心支局建制，其中营业业务合并后组建城区营业局、投递业务合并后组建城区投递局。新区、马山以及原4个农村中心局整合为锡山区、惠山区、滨湖区、新区等4个邮政分局。2003年9月，增设车站邮政所，设址车站路8号；撤销中纺大邮政代办所。10月，增设光华学校邮政代办所，设址梅园望湖路。

2004年5月18日，首个邮政移动合作营业厅在梅村试营业，6月1日正式对外服务。9月至年末，江大邮政代办所（江南大学西山校区）、省锡中邮政代办所、江南大学邮政支局（江南大学蠡湖校区）、县前街邮政支局（国邮大厦一楼）等支局陆续对外营业。11月，北栅口邮政支局迁至北大街邮政所内合并营业。至年末，无锡邮政局市区邮路2718公里，邮政局（所）121个，其中63个在农村，自有房屋建筑面积14.11万平方米，邮政从业人员2074人。

1986～2000年无锡市邮电局所统计表

表8-2　　　　单位：个

年份	邮电局所						报刊门市部
	全市	市区	邮电局	邮电支局	邮电所	代办所	
1986	236	120	3	88	36	109	7
1987	232	119	3	89	34	106	7
1988	228	119	3	89	31	105	7
1989	232	121	3	91	32	106	7
1990	232	122	3	92	34	103	7
1991	233	123	3	92	35	103	8
1992	228	122	3	94	32	99	—
1993	226	122	3	97	31	95	—
1994	233	125	160			73	—
1995	244	129	165			79	—
1996	248	132	165			83	—
1997	246	129	167			79	—
1998	380	179	288			92	—
1999	379	175	268			111	—
2000	355	146	262			93	—

说明：本表中市区数据含原无锡县、锡山市。

第三节　邮政设施

1986年，无锡邮政部门首次推广使用由计算机控制的新型智能包裹收寄机。此后，陆续置备具有国内先进水平的半自动信函分拣机、包裹分拣机、机械手取包机等设备。无锡邮政部门开发的进口邮件转运管理系统、出口邮件转运管理系统获得省科技进步三等奖。1993年，无锡邮政开办电子化支局，10月成功开发首个多媒体邮政业务查询系统。1994年，开办邮政储蓄计算机网点。1995年，加快邮政储蓄电子化进程，邮政绿卡工程完成主机房建设，安装自动取款机（ATM）3台，邮政储蓄微机化网点达到118个，并引进美国优利公司A机实现与邮政储蓄全国联网，电子化支局建设在全市全面铺开。无锡邮政枢纽一期工程竣工，邮政转运推挂设备、包裹传输开拆推挂设备、包裹自动分拣机、悬挂输送系统等设备投入运行。

1996年，无锡邮电局引进日本NEC邮政信函自动分拣机，实现信函由人工分拣向机器自动分拣转变。邮政绿卡工程全面建成并通过初验，邮政储蓄网点实现全市联网运作，全市通存通兑。1997年10月，汇兑应用电子汇票。1998年，无锡邮政电子化支局建设由支局延伸到所有邮电所，全市电子化支局（所）覆盖面超过95%。邮政绿卡工程实现全市联网，147个邮储网点全部进入网络，成为全省第一个全市联网的地区。1999年，邮政综合计算机网建设全面启动，全市57个邮政服务网点实现营业微机化。引进瑞士科恩邮简机、德国OCE高速激光账单打印机，加快商函发展。2000年，引进法国SM78系列邮资机和德国博威函件封装机。是年，无锡邮政部门启用11185客服系统，开通11185热线。2001年建成183无锡邮政电子网站。

2002年，无锡邮政部门完成银联卡改造和绿卡炒股系统、代收费服务系统、综合网信息发布系统的开发，并实施邮区中心局信息化工程。10月，无锡邮政局银联卡改造工程结束，加入全市银联卡系统。2003年，无锡邮政利用GPRS①技术在自助缴费机、邮政报刊亭、社区服务中心为市民提供无线代收费服务。5月，灵山景区智能化明信片门票管理系统研发成功投入运行。2004年10月，总建筑面积22438平方米的国邮大厦投入使用。同年12月，邮政金融计算机网络系统储蓄应用软件统一使用全国版本，并开始综合网局域网工程建设。2005年，无锡邮政局实施邮政储蓄、邮政汇兑系统两网互通工程。商函制作购置国产高速邮资机，引进美国必能宝高速信封打印机，商业信函制作能力达到每月120万封。无锡邮政局自行开发的江苏邮政内部语音网计费系统、T-MIS设备信息管理系统获得2005年度省邮政局科学技术进步三等奖。

第四节　邮政业务

一、邮务

1. 函件

无锡邮政部门按照社会对函件业务的需求，在继续开办信函、明信片等传统函件业务的同时，开办商业信函和邮送广告业务。1995年初，无锡邮电局筹建专营邮政各类函件业务的邮政商业信函公司，邮政函件实现商函类、广告类、明信片“三位一体”发展，并逐步升级为以商函广告为重点，商业信函、邮送广告、明信片、户外广告“四业联动”的业务发展架构。1997年8月8日，无锡商函公司成立，创办江苏省第一份铜版纸彩色印刷的《邮送广告》。1998年12月25日，无锡邮政广告有限公司成立。1999年8月10日，无锡邮政局成立邮政函件局，撤销商函公司。2000年，邮政函件局引进账单打印设备——德国OCE高速激光打印机，先后应用于中国银行、建设银行、联通公司的无锡分支机构。2002年，无锡邮政局农村商函广告市场开发部成立。2003年，无锡邮政局与无锡通信股份有限公司建立战略合作关系，由无锡邮政商函局为无锡通信股份有限公司提供话费账单的制作及寄递服务。是年，无锡邮政局引入市场化广告经营机制，与知名广告公司合作，推行邮政广告代理经营模式。4月1日起，停止使用“邮资已付”戳。5月1日，无锡邮政局与灵山风景区合作开发的灵山景区智能化明信片门票管理系统投入运行，成为继云南大理后，全国第二家推出的智能化明信片门票业

① GPRS的英文全称为General Packet Radio Service，中文含义为通用分组无线服务，它是利用“包交换”（Packet-Switched）的概念所发展出的一套无线传输方式。

务。7月30日，无锡邮政函件局更名为无锡邮政函件业务局。12月28日，无锡邮政局、市旅游局联合举行“无锡旅游十八景”邮资明信片首发式。2004年6月1日起，实施新的信封国家标准。2005年，无锡邮政函件业务局成立名址中心。是年，开办银企对账单双挂号信业务，中国银行无锡分行成为无锡首家为企事业单位寄发对账单的银行。

2.包裹

1986年后，无锡邮电局包裹业务量逐年递增，1994年包裹业务出口量63.39万件，之后逐年萎缩，2000年降至31.85万件。2001年3月，无锡邮政局实行城区包裹直投到户。8月1日起，开办国内快递包裹业务，主要为工商企业、电子商务公司、邮购公司等单位服务，同时满足居民包裹寄递需求。2002年2月1日起，各邮政支局取消以贴邮票方式支付包裹资费，改收现金。5月1日，启用新的国内普通包裹详情单，包裹的处理方式由原来的包单分离改为包单合一。12月1日，人民路支局开办台湾小包业务（只收寄平常航空小包）。2003年6月1日，对从中国香港、澳门地区和日本、韩国、美国、澳大利亚等4个国家寄往无锡的小包和包裹实行按址投递到户，不收取任何投递费。2003年10月10日，与日本邮政互寄的包裹最高限重由20公斤提高至30公斤。2004年5月，全市所有邮政支局（所）允许收寄用户自备邮票纳费的国内包裹。9月15日，调整城区包裹投递作业流程，普通包裹直投范围调整为环城河以内，快递包裹直投范围调整为金城路、环湖路、钱荣路、312国道以内，保价包裹全部转为营业窗口投交。2005年4月20日，寄往香港的包裹限重提高至40公斤。同年7月1日起，根据国家邮政局制定颁布的国内邮政包裹详情单行业标准，全部采用新标准的包裹详情单。

3. 报刊发行

1986年7月1日起，无锡邮电局报刊发行科管理报刊发行工作。1987年，国家邮电部允许报刊自办发行，邮局全年报刊发行业务受到较大影响，仅《无锡日报》的订阅量就减少7万份。1992年以后，报刊发行种类逐年增加，由2500种增至1992年的6500种左右。1994年，原来在上海印制发行的《新民晚报》《解放日报》在无锡分印，两报在无锡发行量大幅度增加。《新民晚报》《解放日报》分别由3万份、1.1万份增至5万份和1.8万份，用户得报时间亦大大提前。

1999年10月1日，无锡地区增设20余个新型报刊亭。2000年下半年，无锡邮政局将报刊订阅和报刊零售分开，成立报刊零售中心。2004年，报刊发行科改为报刊发行业务局，规范报刊经营，促进报刊发行业务发展。2005年，发行报纸15066万张、杂志1083万份。

4. 集邮

1986年10月9日，召开无锡市集邮协会第二次代表大会。1988年6月始，市集邮协会通过报纸电台征集全市集邮资料。6月26日，市集邮协会举办首次邮品拍卖会和首届青少年集邮知识竞赛。1990年8月《无锡集邮》杂志创刊。1991年7月，市集邮协会送展的邮集《解放区区票》在全国建党70周年邮展中获金奖。10月2日，《无锡集邮史》正式出版，填补全市集邮史料的空白。1994年5月5日，无锡邮电局发行宜兴紫砂陶邮票。9月5日，无锡邮电局邮票公司更名为无锡集邮公司。12月15日，无锡邮电局首次发售1995年新邮预订磁卡，原有纸质预订卡被IC卡替代，邮票发售由手工改为微机操作。

1995年5月8日，无锡集邮公司迁入无锡市人民西路53号新址，为华东地区一流的市级集邮公司。7月20日，市政府和省邮电管理局在太湖饭店举行《太湖》特种邮票首发式，《太湖明珠——无锡》列入国家名片行列。11月中旬，无锡集邮公司被中国集邮总公司授予具备地市级邮品专销资格的公司。1996年6月30日，无锡邮电局集邮业务收入在全省率先超过1000万元。是年，开办锡沪路集邮营业网点。1997年5月8日，二百商厦集邮营业点开办。是年，香港回归成为全局集邮业务最大的热点和增长点，由此掀起无锡地区新一轮集邮热潮。1999年起，无锡集邮公司增设礼品分公司，经营集邮礼品。2000年3月26日，江阴成为国家邮政局发行《长江公路大桥》特种邮票的首发地。2001年8月21日，无锡邮政局推出以如意、鲜花为主图的个性化服务邮票。同年，锡沪路集邮营业网点撤销。2002年10月,第十一届中国金鸡百花电影节在锡举办,无锡集邮公司开发的《魅力・无锡》成为电影节指定会务礼品。2003年10月18日,《民间传说・梁山伯与祝英台》特种邮票在宜兴市举行首发式。1998～2003年,无锡邮政局完成集邮业务量分别为3501万元、4473万元、5144.9万元、5817.56万元、3817.9万元、2999万元。

2004年,无锡集邮公司更名为无锡集邮业务局。8月10日,该局由人民西路53号搬迁至县前东街18号国邮大厦,设综合部、业务部、市场营销部,职工24人,其中专业设计人员3人、市场营销人员6人。9月,二百商厦集邮营业点撤销。2005年9月28日,《洛神赋图》邮票首发式在无锡市举行,同时举行当代著名画家・邮票设计家作品联展首发式。至2005年末,全市集邮爱好者近5万人,其中会员1万余人,基层集邮协会300多个。是年,无锡集邮业务局业务收入3000多万元。

1986～2005年无锡邮政主要业务统计表

表8-3

年份	邮路总长度(公里)	农村投递线长度(公里)	函件(万件)	机要文件(万件)	包件(万件)	汇票(万件)	报纸(万张)	杂志(万份)	业务收入(亿元)
1986	2198	1029	3246	4.20	66	82	17227	1193	—
1987	2101	—	4516	4.31	80	90	15547	1125	—
1988	2175	—	4972	4.00	79	97	15580	1086	—
1989	1872	—	4321	3.98	72	83	12839	743	—
1990	1845	14092	4276	3.70	69	78	12952	772	—
1991	2021	13994	3556	3.60	61	82	14500	955	—
1992	2247	13994	3945	3.40	65	86	13986	978	—
1993	2995	14234	4562	2.98	74	107	15181	908	—
1994	3007	14234	5280	2.77	81	139	14052	887	—
1995	3020	14234	6434	2.90	76	152	15341	978	—
1996	3256	14234	6569	2.60	78	151	16071	957	—
1997	3413	14234	6478	2.70	54	141	19623	993	—
1998	3246	14234	7103	2.72	53	134	20194	1008	1.57
1999	3539	14234	5050	2.73	51	137	21420	990	2.01
2000	3448	14234	5341	2.91	49	146	22144	1002	2.35
2001	3767	17788	5661	3.55	53	173	21600	1042	2.60
2002	3855	17875	6295	2.77	59	174	20167	1073	2.85
2003	4015	17486	5806	3.03	62	170	17650	1047	2.96
2004	4387	17705	9708	2.78	60	154	16869	1043	2.93
2005	4423	17726	5603	2.87	56	134	15066	1083	3.09

二、速递物流

1.速递

1985年,无锡邮电局在人民路邮电支局开办特快专递(EMS)业务,设1个特快窗口,国际对开局有28个国家和地区,国内对开局有10个城市。1987年,国内对开局发展至43个城市,无锡特快专递邮件的进、出、转口交换量达5561件。1988年,国内通达范围扩展到160个城市,进、出、转口交换量增至14616件。1989年,国内通达范围增加至170余个城市,使用电传机开展客户查询服务,业务量较上年增加66.1%。至1990年末,通达66个国家、地区及国内173个大、中城市。1990年,在市区增设1个特快专递兼办点。1991年,特快专递全国开办特快业务网点达75万个,设置EMS收寄点达12个,进出口交换量48856件。

1992年8月18日,无锡邮电局速递公司成立,有职工13人,汽车4辆,在健康路3号设特快专递营业部,专事国内、国际特快邮件的营销、揽收、分拣和投递,邮件的出口封发隶属邮区中心局。是年,EMS收寄点增加4处,业务达95517件。1993年年末,特快出口封发由邮区中心局划入速递公司,实行营业、揽收、投递、分拣、查询等一体化管理,在全省同行中率先开办银行票据交换特快业务,开办同城特快业务,并在城乡各支局开办特快专递业务,特快业务增至40.37万件。1994年,无锡各专业银行的票据结算等凭证全部改由邮政特快专递寄递。5月,条形码登单系统投入使用,速递业务操作实现微机化。全年速递业务量增至115.5万件,排名全省第一。1995年,速递公司火车站营业部对外营业,速递公司职工增加至43人。1996年,开办邮政货运业务,开通当日锡沪特快专递邮路;设立“185”邮政特快特服台,为用户提供揽收、业务咨询和查询等服务。是年4月10日,无锡邮政速递公司特快专递跟踪查询系统进入国际特快邮件信息网,实现国际邮件跟踪查询。1997年,开办国际航空货运、超常规邮件运输、收件人付费、国内代收货款、国际特快到付等业务。1998年12月14日,EMS“185”智能平台系统启用,实现与全国特快专递业务跟踪查询系统的联网。12月26日,在同城速递网上开办喜庆礼仪专递业务。1999年1月1日,组建礼仪车队,开办“速递新娘”业务。2月1日,开通“185”订票业务。年内,无锡邮政速递公司同城票据实行专人专网运作,并将江阴市的银行票据交换业务纳入无锡邮政特快专递同城速递网,此项业务年营业收入30万元左右。2000年5月26日,无锡开办至上海的限时专递。1998年、1999年、2000年,速递业务量逐年上升,分别为69.46万件、3632万元,97万件、3851.5万元,126.6万件、4628.7万元。

2001年,无锡邮政特快专递邮件提速,全面实现“限时递”。2002年2月28日,开通无锡经苏州出口的国际特快邮件邮路。2003年3月31日,开办中速重件业务,为超过30公斤的物品出口提供通道。6月16日,开办中速到付业务,通达英国、荷兰、德国、法国、美国、韩国、新加坡等7个国家。12月,试办“长三角”地区限时专递业务——“次晨达”业务,开通无锡至盐城的速递专线邮路。2001年、2002年、2003年,速递业务收入分别为5062.59万元、4359.19万元、4477万元。

2004年1月,无锡邮政速递公司正式开办“长三角”地区“次晨达”业务,通达上海、杭州、嘉兴和南京、徐州、常州、镇江、苏州、扬州等城市。10月,21个营业网点开办跨区域“EMS限时专递——次晨达”业务,通达北京、天津等8个城市。年内,开办新加坡EMS“限时递”业务。8月9日起,全面实施特快专递“全夜航”邮件发运方式,提高特快邮件全程时限。9月1日,开通全国速递邮件查验平台,联通全国190个城市。2005年3月,速递业务局成立大客户部,设5个分公司,有职工119人。是年,在全市开展院校录取通知书专递服务。全年完成特快业务收入12242.6万元。

2.物流

2001年,无锡邮政局与均瑶、梁丰、中萃等16家企业签订物流配送协议,发展牛奶配送、家电配送等非邮业务,利用邮政“185”服务网络,拓展第三方物流市场,增添邮政配送的种类,打造物流便民服务平台。2003年,邮政物流实施分层动作,完成物流平台升级和13个物流配送站的建设,实现农村物流市场的有效扩展。与省通信股份有限公司无锡分公司签订战略合作框架协议,利用邮政物流平台为其提供手机仓储及配送服务。开通网点GPRS无线代收费系统,开办物流配送。5月30日,无锡邮政速递公司货运部划归物流业务局。2004年,设立物流营业服务点,发展社会加盟店。2005年,物流业务以医药、电子等高科技企业为业务发展重点,突出发展中邮快货业务。全年物流业务收入641万元。

三、邮政金融

1986年4月1日，人民路邮电支局率先开办活期储蓄、整存整取定期储蓄和零存整取储蓄业务，当日办理邮政储蓄户325户，存款总额17845元。7月21日，东林邮电支局开业并办理储蓄业务。1987年，无锡邮电局增设工运、清扬、惠山等3个邮政储蓄点。至年末，全市邮储余额1271万元。1988年，无锡邮政部门开展有奖储蓄活动，增加"集体户零存整取""中小学生储蓄""大面额储蓄""保值储蓄"等特色储蓄品种，扩大邮储服务种类。1989年，靖海邮电所、水秀邮电支局开办储蓄业务。全市36个乡镇设储蓄网点。邮政储蓄推出"月月红""双月红"等新品种，存款余额连续8年居全省第一。其中，农村乡镇存款余额占80%。1990年1月起，邮政储蓄由向人民银行缴存存款的业务关系转为转存款关系，邮电部门的经营收入也由原来的2.2%手续费改为利差收入，邮政储蓄成为邮电部门的自办业务。与此同时，开办异地存取、汇转储蓄等邮政特色业务。全市邮政储蓄网点增加至52个，其中农村42个。10月9日，全省第一个村办邮储点在无锡县前洲镇西塘村开业。

1991年，邮政储蓄推出"双庆""全家乐"等储种，采取网点经营"协储承包"等措施，促进邮政储蓄业务规模化经营。3月16日，全市邮储余额首超亿元大关，年末储蓄余额3.26亿元。8月8日，全市第一家专业邮政储蓄所在无锡县荡口镇开业。1993年10月7日，由无锡邮电局和市证券公司联办的信达证券营业部对外营业。1994年3月21日，无锡县鸿声邮电中心支局邮政储蓄余额10188万元，成为全市第一个亿元邮政储蓄网点。1995年1月18日，无锡邮电局开办国债现货交易和国库券柜面转让业务。1996年末，依托绿卡工程，开发邮政储蓄"定期一本通""活期通存通兑""代发工资"等新业务。1997年，与全国55个城市实现绿卡网点联通。通过绿卡，代收电话费、"大哥大"费和市话营业费；安装ATM机和POS机，提高绿卡使用率。1998年，无锡邮政局设邮政储蓄网点68处，发放绿卡100万张，年末，邮政储蓄余额23.18亿元，1999年为24.02亿元。

2000年4月，吴桥、胜利门邮政储蓄网点撤并。2003年3月，无锡在全省独家推出邮政金融女性保障型柜面险种——女性安康险新业务。2005年，全市邮储网点154个，开办储蓄、汇兑、银行卡等金融业务。

四、邮政代办

2000年，无锡邮政局开办保险代理业务。2003年1月3日，无锡邮政局成立电信业务分局，在刘潭、山北营业厅开设电信业务。9月，在城区营业局、各区分局、报刊零售中心、城区投递局所属网点代理销售联通充值卡业务。10月，根据与无锡网通分公司签订的合作框架协议，五爱邮政支局开设邮政、网通合作营业厅；整合代办业务，将国邮商贸有限公司负责经营管理的邮政、联通五爱合作营业厅划归电信业务局经营管理。2005年2月，在人民路营业厅、东亭支局、钱桥支局、华庄支局等8个网点代理销售电信小灵通手机及放号业务。3月，电信业务局更名为信息业务局。6月，与铁通无锡分公司签订协议，开办邮政邮储代收铁通话费业务。7月，在邮政局城区营业局试行保险驻点销售，首批试点网点13个，5家保险公司的销售人员入驻各邮储网点，提供保险咨询和销售服务。9月，与无锡市客运公司签订长途公路客运票代售协议，在人民路、塘南、河埒口、县前街、新区、钱桥、东绛、东亭等支局及轻工业学院邮政所等9个网点代售长途汽车票业务，当年共代理销售车票474张。12月，与深航无锡分公司下属无锡金鹏票务有限公司签订机票销售合作协议，代理国内、国际航空机票业务。年末，无锡邮政局开办代发工资，代收水费、电费、保险费，代理基金，邮政通等邮储代理业务品种11个。

第五节　邮路与投递

一、邮路

1986年，无锡邮政运输的邮路网由一级干线邮路、二级干线邮路（即省内邮路）及市内邮路、农村邮路等4部分组成。一级干线邮路均由其他局组开派押。省内邮路中无锡局派押锡—泰线、锡—宜线，江阴局派押澄—锡线。市内邮路的转趟线连接城区及郊区（马山、马圩地区除外）的各个支局、所，均为汽车邮路，城区局、所及郊区主要局、所的邮件每日至少运递两趟。农村邮路中的县内邮路连接农村的各个局、所（锡北片除外）及郊区的马圩、马山。1987年，撤销锡—泰线，组开锡—靖线，全长128公里，当天往返。锡北片大部分局、所的邮件分别由锡—靖车和澄—锡车带运，锡西片局、所的邮件由锡—宜车带运。洛社支局邮件由火车带运，前洲、长安、玉祁、石塘湾及郊区马山支局等的邮件则由汽车带运。1988年，省内邮件转运封发体系作较大调整，无锡局负责无锡市区、江阴市、无锡县、宜兴市及靖江县的邮件分发处理和接发转运。调整后，宜兴的邮件改由无锡局承运经转和分发处理（原有部分邮件系南京局派押的宁—锡车承运并带至南京局处理），溧阳的邮件全部划归常州局处理（原由宁—锡车带运，并由无锡局、南京局分别经转）。5月2日起，原由南京局组开的宁—锡邮路撤销，无锡局组开的汽车邮路再次调整，新组开锡—潘线邮路，全长180公里，当天往返，无锡局派押的二级干线邮路由2条增为3条。是年，调整南乡农村邮路，新增南桥等8个交接点，邮路由原来97.1公里延长至107公里。1989年，调整无锡至宜兴、潘家坝（省内邮路）邮路，路长增加11公里，同时增加北线农村自办汽车邮路，其他汽车邮路及市内趟班邮路也分别延伸或增加运行班次。12月25日起，市、县所有邮电支局、所（包括部分邮政代办所）的邮件全部实现自办汽车转运，本埠邮件的运递时间较原先缩短1～2天。

1990年，整治邮运网络，特别是邮政资费调整后，恢复有关作业频次，增加转趟班次，锡—宜线邮路由171公里延长到175公里，锡—潘线邮路由180公里延长到208公里，市区、无锡县及宜兴的快件、信报运送时间缩短1～2天。锡宜邮路调整后，宜兴市宜城镇能看到当天的《新华日报》，城内当天14时以前寄的普快件及宜兴市农村分支机构邮政快件的出口时限提前1天。1991年，锡宜邮路增开南漕交接点，邮路增加至176公里，同时调整邮件转运频次，江阴、宜兴城郊的用户可看到当天的《人民日报》《解放日报》《文汇报》等报纸。

1995年9月15日，无锡市第一条省际邮路、国家二级公路邮运干线——锡沪特快专递汽车邮路开通。2000年，靖江邮件封发经转关系由无锡划归常州局，无锡局再次调整自办汽车邮路和市内趟班邮路，利用江阴车返程空间，为江阴沿路局、所带运邮件。苏州国际邮件互换局（验关局）开通后，无锡邮政局于2002年2月28日组开无锡经苏州出口国际特快邮件邮路，此国际特快邮路为夜班二级干线邮路，实行逐日班组织方式，每日20时在无锡发车，当日24时返回。在无锡发车时主要运递无锡邮区的国际特快、小包、包裹、印刷品以及寄往中国香港地区和日本、美国、韩国、新加坡的信函；返程时带回国际进口邮件。此邮路的开通，确保无锡邮区的国际特快邮件当日收寄当日通关，缩短无锡市国际特快邮件的全程传递时限。

1998年7月1日，因铁路提速，邮件来不及装卸，承担34趟火车交接任务的无锡邮电局取消重件业务，停办邮政快件业务。2003年铁路第四次提速后，无锡邮政局调整全局邮件发运计划和转运内部的工作席位。2月15日，对K34等8趟火车邮路特快总包邮件实行汇封交接。9月1日起，无锡邮区所有出口普通邮件（本区互寄除外）一律由各收寄点直封至常州邮政局分拣封发；邮件重量凡达到2公斤的由无锡局转运部门直接总包转发，未达到2公斤的由转运部门汇封总袋发运。无锡邮政局与常州邮政局分别组开无锡—常州、常州—无锡汽车邮路各1条，配合邮件封发关系调整。新增邮路不另设押运员，实行包路向、包数量、包规格、包装卸作业和驾押合一。无锡—常州双向对开邮路102公里，属省内二级干线邮路。12月23日起，开通无锡至盐城速递专线邮路。

2004年7月18日，无锡邮政局调整区内邮路，由17条增至20条，并由原来的部分环形、辐射型全部改为辐射型。早报早投提早30分钟到达最后一个投递点，区内第一班干线车的出车时间由4时40分提前至4时30分开车，确保5时50分前到江阴，6时25分前到宜兴。市内趟班邮车到达最后一个交接点时间由9时30分提前至8时。每天16时30分从最后一个点开始收取三区局支局（所）营业终了邮件。

二、投递

1986年，全市邮件投递业务由无锡邮政局下属营投一体的邮电（政）支局管理运作，采用手工分拣，城区一班两频次投递，城郊结合部个别段道以及农村均为一班一频次。1992年9月，无锡邮政通信枢纽楼土建工程通过验收。10月8日，日吞吐邮件达4500袋（捆）的邮件科搬入枢纽。1994年12月12日，无锡邮电局邮件科更名为无锡邮区中心局。1995年，无锡邮电局包裹自动化分推式悬挂系统和信函自动分拣机投入运行。1998年，在完成信函中心分拣试点的基础上，中心分拣的范围扩大到除特快专递以外的所有邮件。12月28日，对江阴、宜兴、靖江邮政局下属支局（所）实行包裹等重件实行中心分拣。自1999年1月1日起，对江阴、宜兴、靖江邮政局下属支局（所）实行信函、报刊中心分拣。

2000年，以“早投晚收”为原则，适当延长市区各趟班运行时间，推迟末班营业关门点的收取邮件时间，将包件投送到支局的时间由每天12时以后提前到11时左右。是年6月5日起，撤销无锡邮区出口平常函件的分拣封发功能，无锡邮区所有出口平常函件均改由常州局分发。调整全市邮政生产作业组织，全区各营业网点对收取的平常信函按市内和市外分别封装，并调整邮区中心局邮路安排以及出口平函发运频次、车次。9月20日，无锡市邮政递送有限责任公司成立，原无锡邮政局下属城区范围内各中心局的14个投递班组划归递送公司，根据地域分为人民路分部、南长分部、工运路分部、梁溪分部，同时成立综合办、业务部及大宗部。在投递普通邮件报刊的基础上，增添非邮产品如牛奶、食用油、大米等营销及投送。大宗部负责在划定的市区范围进行包裹投送到户。2001年2月，成立无锡邮政投递局，9月更名为城区投递局。7月1日起，城区的报刊投递实现“早报早投，晚报当日递”，报刊短缺、投递不到位现象锐减。11月1日，无锡市首家邮政社区服务中心——月秀花园邮政社区服务中心对外营业，为月秀花园小区及附近居民提供邮件、报刊的收寄和投递、报刊零售以及非邮业务的配送服务，并提供免费投送包裹、代收各类费用以及提供社区阅报栏、治安报警和综合性邮政服务项目，成为社区老百姓的便民亭。

2002年4月，无锡邮政物流业务局成立，主营非邮项目及物流业务，城区投递局专管邮件报刊的投送，逐渐形成专业化经营方式。2003年，城区投递局下设投递班组减至12个。

2004年，无锡邮政局调整普通邮件分拣封发关系。6月20日起，常州邮区中心局对江阴邮政局的进口国内平常函件直封到收投点。7月20日起，常州邮区中心局对江阴邮政局的进口国内挂号信函直封到收投点；8月15日起，无锡（含江阴市、宜兴市）出口快递包裹（除本邮区互寄）由营业网点直接封发至常州邮区中心局。8月20日起，常州邮区中心局对江阴邮政局的进口国内普通包裹直封到收投点。8月1日起，无锡邮政局将城区原有的140段扩分成95个早班段和92个晚班段，城区邮件全面实现二班三频次投递。第一频次早报早投，作业时间为5时30分～9时30分，最后一个早报投递点在9时前投妥；第二频次投递上午的报纸、杂志、信件及商业信函，作业时间7时～15时；第三频次投递下午的报纸、杂志、信件及插箱式邮送广告，作业时间14时～18时。13个社区服务亭调整至报刊零售中心管理，其投递业务并入城区投递局。2005年11月，以大润发超市商函为试点，以河埒、水秀、荣巷班组为主要试点班组，按照每件商函投递段道分段集中打印，直接发往投递段道投递，省去分拣部门和投递部门的两次分拣，压缩内部处理时间。

第二章 电 信

1986年开始，无锡市加大资金投入，建成无线寻呼网、移动通信网、京沪数字微波干线、沪宁光缆无锡段、省内数字微波、214数字微波、长途TS1000线等电信工程，市话由人工网向自动网过渡，由模拟技术向数模兼容技术过渡，城乡电话实现交换程控化和传输数字化。1994年，无锡电话号码由6位升至7位。1996～2000年，建成并完善全市本地通信网、长途通信网、公共信令网、数字同步网、数据传输网、移动通信网、无线寻呼网、无线传输网、智能业务网、电信管理网等十大基础设施网络，电信市场逐步放开。1999年12月，吉通公司无锡分公司运营，开展国际互联网167拨号业务和IP电话等业务。2005年，铁通集团有限公司进入无锡市场，推出固定电话和宽带业务。无锡市本地交换设备容量387.67万门，长途电话交换机总容量9.34万门；市话用户308.48万户，其中公用电话12.38万户；农话用户54.72万户，其中公用电话1.50万户。无锡本地网（含江阴、宜兴）电话号码由7位升至8位。移动电话用户360.53万户，国际互联网用户48.5万户。电话普及率每百人148部，其中市区171部、江阴136部、宜兴110部。电报等传统电信业务日渐萎缩而退出市场。

第一节 基础设施建设

一、固定电话设施

1986年，无锡市内电话总容量1.98万门，包括3个HJ-921A型纵横制市话分局和1个郊区HJ-905型纵横制电话局；话机总数33025部，市话普及率每百人3.84部。1987年，无锡邮电局引进电话程控制式设备，市话纵横制制式逐步向程控制式转换。1988年，无锡邮电局引进S-1240程控电话设备2000门，12月下旬完成扩容1000门；江阴直拨无锡及国内长途去话全自动拨号启用，市区、无锡县、江阴市的自动电话基本实现联网直拨。1989年，马山区邮电分局1000门HJ-921A型纵横制自动电话交换机割接开通，新建的市话55分局6000门HJ-921A型纵横制自动电话交换机割接开通，无锡局市话分局增至5个，市话总容量由24800门增至31000门。1986～1990年，无锡邮电局投产1500线长途程控交换机，对外长途线路达1205条。至1990年末，形成以22、20局为中心的多局制数模叠加网；农村建成洛社、前洲、华庄、阳山、安镇、鸿声、东湖塘等7个纵横制自动局；市话总容量5.1万门，其中农话交换机总容量1万门。

1991年1月，“214”京沪数字微波（长途通信干线北京—上海数字微波工程）在无锡通过国家验收。1992年，沪宁光缆无锡段投入使用，省内数字微波、“214”数字微波、无锡—宜兴微波完成扩容，长途TS1000线开通。1993年，通过锡澄光缆工程验收，完成锡宜光缆、无锡至上海每秒565兆光缆工程、宁苏架空光缆工程、沪宁五次群延伸光缆工程以及锡宜微波、214微波扩容等工程；完成长途TS5000线和TS2000线扩容工程，TS总容量达1万路端。在此基础上，年内增开长途电路1700余条。无锡邮电局“168”电话信息咨询服务中心采用BV-12800型邦毅全功能智慧型自动语言系统设备。

1994年，无锡电信加快长途通信能力建设，开通CCN系统，“214”京沪数字微波和终端满负荷扩容工程、锡宜光缆机线工程、宁苏光缆工程、锡澄张光缆工程和锡澄靖光缆工程等一批长途通信工程相继竣工并投入使用。年内，宜兴电话全面实现程控化，无锡境内电话全部实现交换程控化、局间传输数字化，总容量达45.6万门。1995年10月15日，全市成功构筑城乡一体化的通信网络，组建大本地网。至1995年末，长途程控交换机容量达2万路端。电报、传真、数据传输均与省局联成大网，并且介入全国乃至全世界的通信网。

1996年12月13日，无锡小同轴电缆结束历史使命退出大网，继“八五”期间无锡市话传输全部光缆化后，无锡本地网长途、市话、农话传输实现光缆数字化。1997年，无锡邮电局配合完成京沪SDH扩容工程和北沿江、北沿海及宜—常—澄光缆建设配套工程，新开长途线路5926条，全市全年布放光缆2094芯公里，放装市话40270号线。1998年，无锡邮电局加强机线设备配套建设，完成石门路等6个市话局共计5.2万门程控新建、扩建工程，完成市话出局主干电缆4.2万对，用户配线7.6万对，铺设管道510孔公里，完成光纤接入网408点，布放光缆360皮长公里，用户光纤接入网覆盖面90%以上。是年，无锡区“112”电话障碍受理系统完成联网，“112”系统一期工程建设基本完成。1999年，新增交换机容量8.5万门。2000年，无锡建成以光缆为主，数字微波为辅的长途干线网，本地网数字同步环（SDH）沟通全市。长途程控交换机总容量30500路端，程控电话总容量181万门，局间传输全部采用光纤数字传输。无锡全区域建成以光缆为主、数字微波为辅的长途干线网，本地（含江阴、宜兴）电话交换机容量185万门。2001年，无锡电信公司新增电话交换机20万门，累计204.88万门，新增中继光缆及用户光缆683.3皮长公里，累计2669皮长公里，新建管道891孔公里。2002年，无锡电信公司新增电话交换容量8.3万门，新建管道2258孔公里，新增本地网光缆501皮长公里，修复主干坏线27000余对。2005年5月，无锡电信公司开设省内首个综合性自助营业厅，用户在厅内可打印话费清单，办理装机、移机和宽带业务，选购电话卡，查询通信信息。是年年末，本地交换机容量387.67万门，长途电话机容量93418门。

二、无线寻呼设施

1993年，无锡电信部门完成无线寻呼扩容工程，容量由4万门扩展至20万门。1995年，无线寻呼系统完成南京—无锡“127”漫游联网试点，在省内首次实现BP机异地自动寻呼。无线寻呼“125”三省一市联网系统投产后，开通全国最大、最先进的“128”“129”全省联网无线寻呼系统，无线寻呼总容量达40万门。1996年，无锡邮电局完成无锡寻呼P网一期扩容工程，实施B网二期扩容工程。1997年，完成本地无线寻呼网建设。

三、移动通信设施

1993年，无锡开通900兆赫兹移动通信B网，A网信道扩容，共新增容量3万门，累计3.2万门。1994年，移动通信A网二期扩容工程并网投产，共建交换机2套、移动电话基站12个、信道492个，移动通信交换机容量新增9800门。1995年，移动通信实施A网三期和B网一期扩容工程，A、B网信道数分别达1100个和672个。完成A网EMX2500移动交换机的改制工程，新建基站14个，扩建12个，并建成GSM移动通信网，全市移动电话容量达18万门。1996年，无锡邮电局完成移动通信A网四期、G网首期、G网二期扩容工程以及完成移动21个基站用房和铁塔安装，完成无锡—宜兴传输设备扩容工程；新建黄巷4000路端第二TS具备开通条件。1997年，完成移动通信A网五期、B网三期、G网二期工程建设，新增移动通信信道1931个，全市移动通信基本实现无缝覆盖。1998年，移动通信工程全面竣工，G网三期顺利割接。2001年，无锡移动公司新建3个基站，开通36个D基站，长途电话接通率上升1.23%，话务掉话率下降8.58%；无锡联通公司全球移动通信系统（GSM）七期扩容工程安装32个G900新站、108个G900扩容站和38个D1800新站，搬迁8个G900基站，24个G900RBS200与

RBS2202基站设备互搬，联通公司GSM本地网有2个关口局（GW）、3个移动业务控制中心（MSC），5个基站控制器（BSC），交换容量56万门。2002年，无锡移动公司建立夜间服务点，营业大厅内设置手机加电站、话费打印等自助设施，开通“1860”24小时电话营业厅；无锡联通公司完成CDMA一期增补工程，启动二期工程和GSM七期增补工程，并在全市推出长途公用电话网点250个，综合通信楼落成。2003年，无锡移动公司新建基站61个；无锡联通公司完成CDMA三期GSM八期工程，交换机总容量达100万户。2004年，江阴联通综合楼封顶。11月16日，无锡移动公司在宜兴茗岭山区的柏山村开通微蜂窝边际基站。至此，无锡移动网络消除山村移动通信盲区。2005年，无锡移动公司全球通大厦落成使用。

四、数据通信设施

1991年11月15日，无锡邮电局开通分组交换公用数据网。1993年，江苏分组交换数据通信网（JSPAC）建立无锡节点，提供分组专线、传真存储转发和电子邮件业务，X.25业务成为无锡电信最早的数据业务。1994年4月19日，无锡邮电局率先在省内开通市话数字数据（DDN）通信系统，并割入少量用户试运行，无锡通信事业进入数据交换时代。1996年，无锡邮电局开通因特网（Internet，又称国际互联网）无锡节点，端口数容量达1700余个，DDN网逐步覆盖至市区和农村各中心支局，全局发展数据通信用户644户。1997年，无锡邮电局完成市区DDN二期工程和无锡市中国公用骨干网（ChinaNet）的扩容。DDN网覆盖到无锡所有乡镇。全市电话网基本具备综合业务数字网（ISDN）功能，并首先在省内完成ISDN接入ChinaNet网的技术试验，窄带综合业务数字网正式向社会开放。8月18日，首次利用省内长途同步数字体系（SDH）网，将无锡信息港内宽带多媒体信息进行南京、无锡间实时交互传送的宁锡远程视频点播试验获得成功。1998年，无锡邮电局完成互联网二期一阶段扩容工程，优化本地DDN网，实现真正意义上的无盲点覆盖。数据通信网开始引入异步传输模式（ATM）技术，提供高速帧中继业务（FR）和ATM业务。

2000年，无锡ATM本地网建成，形成比较完善统一的公用通信网络平台。互联网出口带宽从128K扩至50M、171M；“163”“169”经多次扩容，DDN网络端口达到6400个，分组交换网端口达800个，数据通信网覆盖全域各乡镇。2001年开始，无锡电信部门进行以太网小区和ADSL接入网络的宽带网建设。7月20日，宽带IP城域网骨干网投入运行。2002年，完成省ATM二期扩容初验，“163”“169”并网，省公众多媒体网络三期扩容工程竣工验收和本地数字数据网（DDN）终验，提升接入速率。随着企业信息化的发展，窄带专线业务已不能满足市场需求，2004年，停止开展分组交换业务。是年，随着江苏ChinaNet四期扩容工程完成，无锡电信城域网出口链路由2.5G提升至20G；完成ADSL七期工程和ADSL八扩一期工程，新增ADSL端口14万个，全市15个新建小区进行信息化小区建设。2005年，无锡电信局启动宽带接入网优化提速改造，开展ADSL端口速率达标整治，全市ADSL通道达标率由88%提高至96%。至年末，无锡建成包括ATM/FR网、DDN网、分组交换网、“163”窄带拨号网、IP宽带城域网等在内的覆盖全区的数据及多媒体通信网。宽带骨干网出局容量4×2.5G，成为继南京后江苏省第二个数据出口局和国家骨干网的核心层节点。

第二节　电信业务

一、电话

1.市内电话

1986年，无锡市话总容量1.98万门，话机33025部，市话普及率每百人3.84部。1987年，放装市话单机2003号，市话话机总数增至39633部（包括小交换机分机）。1988年起，无锡邮电局陆续面向社会开放国际直拨、国内直拨、热线服务、呼叫等待、转移呼叫、叫醒服务、遇忙回叫、呼出加锁、缩位拨号、三方通话、免干扰等新的服务项目。1990年，市话新增10000门20程控局（7月17日开通）、6000门40程控局（11月10日开通）、7000门60程控局（12月29日开通），年内放装市话5265号线，市话话机数增至71487部（包括接入邮电局交换机话机26338部），市话普及率每百人7.7部。

1991年，市话新增1000门50局小程控设备，满足金城湾地区召开全国大型会议等通信需求及解决国际通话困难。3月30日，无锡县东湖塘1000门纵横制自动电话支局并入市话大网，无锡县7个自动电话支局遂全部进入市话大网。7月26日，无锡市最后一台磁石交换机在马山镇封机，至此，市区（市郊）各乡村的电话全部进入自动电话网络。1992年，市区新增山北市话分局，完成东（四分局）、西（六分局）、南（五分局）、北（三分局）、中（二分局）的市话网布局，市话容量达到6.6万门。1993年，无锡市区拆除2.1万门纵横制电话，至年末无锡城乡电话全部实现程控化，局间传输实现数字化、光缆化，通信质量大大提高。无锡邮电局开通“168”信息服务台，为用户提供电话信息咨询服务，首期开播交通气象、文化娱乐、物资供求、金融信息、医疗保健、股市行情等26个大类、820余条信息。年末市区电话总容量11.2万门。

1996年，无锡邮电局先后完成兴竹、春申路、锡沪路、旺庄等4个分局计7.6万门市话程控新扩建工程，市话交换机总容量达37.7万门。继续以市话放装为重点，发展“电话街道”“电话居委”，同时做好小交换机拆机并网的宣传发动工作，全年共建成“电话居委”14个，发展市话用户10265户。1997年，无锡邮电局先后完成青祁路、通扬路、中南路等3个局计6万门市话程控扩容工程，市话交换机总容量达43.7万门。5月28日，无锡市郊区黄巷乡政府开通全市第一个电话用户虚拟网，用户既可拨打具有普通电话功能的外线（7位号码），又可拨打内线（3位号码）。1998年，无锡邮电局推出“800”电话业务，无锡市商业大厦成为全市商界首个开通“800”业务电话的用户。1998年，邮政、电信分业经营后，无锡电信部门以建设“电话村”为起点，逐步发展电话镇，将138.8万人口纳入市话网范围、293.4万人口纳入农话网范围，无锡成为全省第一个“电话市”。2000年，依托智能网，在推广传统电话通信业务的基础上，逐步向社会开放计账卡（企业卡等）业务，WAC广域虚拟网、MAS大众呼叫，VOT电话投票、长途疏忙、固定电话预付费、UAN一号通、NP移机一改号、AD广告、亲情电话、ICW呼叫等待等业务。2001年，无锡电信公司完成本地网电话放号18.88万号，发展来电显示用户13.51万户。2002年，吉通无锡分公司将IP电话（17920/17921）作为发展重点，先后推出国际、国内、省内漫游等不同功能的IP电话卡和多种题材的珍藏IP电话卡，推出IP传真和电话会议卡等业务。2003年，本地电话交换机容量突破200万门，固定电话用户156万户。2004年，无锡电信公司开通“168”公积金声讯查询热线。2005年12月10日零时，无锡地区成功实施电话号码7位升8位工作。是年末，无锡市话用户308.48万户，其中市区163.69万户、江阴市80.66万户、宜兴市64.13万户。

图8-1　2005年无锡本地网电话号码升位仪式
（江苏电信无锡分公司供稿）

2.长途电话

无锡邮电局长途电话（简称“长话”）系南京长话转接中心的辅助中心，除负责无锡市、无锡县及江阴市、宜兴县与国内、国际的长话接续和转接工作外，还承担常州、苏州等市及所辖各县到吉林、甘肃两省各地、浙江省温州地区各市（县）的长话接转任务。1986年，无锡长话业务中的“173”主接制新业务开通省内南京、镇江、常州、苏州、扬州、南通及江阴、宜兴、靖江等9个市县，长话全自动直拨业务发展至全国100个城市。是年，市政府启动“214”京沪数字微波工程。至年末，全市长话全自动有权用户发展为162户。1987年，无锡开通至江阴、宜兴两县的长途全自动直拨电话，年内增开长话电路95条，增开农村各自动电话局至总局长途台的“222173”主接制长话中继5条，增装DD14长话半自动对端设备2台，增加“173”主接制接续台3席。同时“960路”小同轴的扩容工程完成并投产，增加6个超群的电路。1988年，无锡长话电路增至620路（不包括16条出租电路），其中全自动增加124路、半自动增加23路、国际增加4路。开通国际长话全自动直拨业务，年内发展国际有权用户22户。长话直拨有权用户发展至705户（其中包括国际有权用户22户）；“173”半自动机台增加4席；“173”增开“222173”，解决郊、县各分局长话难打问题。市区人民路邮电营业大厅试开10个长途全自动直拨电话公用通话间，其中2个能直拨国际长话。1990年，无锡增开长话电路439路，电路总数1205路（其中全自动电路791条、半自动电路192条）；长途程控TS1500线投产，国际国内全自动有权用户年末增至6063户。

1991年，无锡邮电局免除长途有权初装费，只收取开户费15元，单位用户每月每户收取使用费10元，住宅户全免。至年末，长途全自动有权用户达16753户，其中国际用户1136户。1993年，全局长途有权用户累计86830户，其中国际有权12982户；长途电话去话张数3745.3万张，其中全自动量占长话业务量的99.5%。年内发展代办户159户，累计590户。1995年7月1日，无锡邮电局撤销“113”长途台，长话网实现全自动化。随着移动通信工具和网络的发展和普及，长话用户逐年减少。2000年，全市拨打长话14772万次，此后逐渐被移动电话等代替。

3.公用电话

1986年，无锡公用电话共计346部，市区公用电话普及率每千人0.4部。1987年1月24日，全市第一批投币公用电话亭在火车站出口处、东方红广场、五爱广场、第一百货公司等4处安装并使用。当年共增设投币式公用电话亭18处，市内公用电话总数增至426部。1988年，市内公用电话调整为422处，其中包括投币式公用电话亭18处。1989年，市内公用电话调整为477处，其中投币式公用电话亭24处。1992年，公用电话新增传呼服务站85个，总数达434个，居民区传呼覆盖率75%以上；新装电话计数器120只，全市260个程控局号的公用电话安装计数器。6月23日，在邮电局（所）、宾馆、车站、码头等公共场所安装磁卡公用电话16部。全年公用电话收入204万元，比上年提高80%。1994年，无锡市将公用电话发展指标列入各街道、乡镇办实事的社区服务目标，6月建成覆盖无锡市区包括马山在内的26个街道、地区的公用电话管理网络。1998年，无锡邮电局开通4个系统共120路的“201”校园卡电话平台，在学生宿舍安装电话，并通过201卡向外拨打长话、市话。中国纺织大学无锡分校的293个宿舍成为校园卡电话工程的第一批用户。1999年后，无锡有人值守的公用电话日渐式微，卡式电话日益普及。是年，公用电话9964部，人均拥有率9‰。2001年4月起，无锡电信部门加快对无锡农村33个乡镇的IC卡话机的选址工作，至8月15日，投资450万元在各乡镇的交通要道、车站、旅游景区安装300部户外IC卡话机。2002年，无锡电信部门推出“佳音公话”新业务，开设电信IP超市，推出“乡音电话”业务。2005年，市内公用电话12.38万部，农村公用电话1.50万部。

4.农村电话

1986年，无锡县农话总容量12190门，话机总数8204部，农话普及率每百人0.79部。洛社、安镇、前洲、华庄等4个乡镇建成自动电话局，容量3600门。全县35个乡镇32个通自动电话，村村通自动电话的乡镇由4个增至9个（洛社、杨市、石塘湾、安镇、厚桥、羊尖、查桥、前洲、华庄）。1987年，设立阳山自动电话支局，改制设立安镇自动电话支局。洛社、安镇、前洲、华庄、阳山5个支局均采用HJ-921型制式，除阳山支局外其余自动电话支局并入市话大网。1988年，阳山自动电话支局并入市话大网；陆区人工磁石交换机拆除，并入自动电话网。1989年，开通鸿声支局1000门交换机，完成华庄、前洲、阳山支局各1000门交换机扩容，新建东湖塘支局1000门交换机，全县农话自动电话容量增至1万门。1990年，鸿声自动电话支局与市话联网。至此，无锡县35个乡镇全部通自动电话，其中23个乡镇实现电话自动化，全县基本实现电话自动化。

1991年3月30日，东湖塘自动电话支局并入市话大网和长途人工、全自动网。1992年，无锡县30%的乡镇实现电话程控化。1996年，无锡邮电局先后完成洛社、雪浪、南泉等9个乡镇共计4万门农话程控扩容工程，全局农话程控总容量16.6万门。1997年，无锡邮电局先后完成梅村、长安、东湖塘、前洲、安镇、鸿声等6个乡镇共4.2万门农话程控扩容工程，完成后宅、东亭、张泾等15个局共3万门农话调整工程。全年完成农话线路工程134项，净增出局主干电缆4.36万对，完成用户配线10万对，净增农话杆路592杆公里，100%农村“杆线到自然村”。全年共放装农话30008号线，建设“电话镇”3个、“电话村”141个，农村电话普及率每百人17.2部。1998年，建成“电话乡”4个、“电话村”41个。1999年，无锡电信局累计扩容农话交换机25万门，立主杆线32万对，完成1367个村线工程，“电话镇”增至97个、“电话村”1733个。农话作为本地电话网的组成部分，与市话的区别逐渐淡化。随着移动通信的快速发展，农话发展放缓。至2005年，全市农话用户54.72万户，其中公用电话1.50万户。

5.无线市话

2002年，无锡网通和无锡电信公司先后启动无线市话工程建设，俗称“大灵通”“小灵通”。2003年1～3月，无锡电信投资2亿元，基本完成无锡、江阴、宜兴3市（县）的“小灵通”网络覆盖，4月向市民推出“小灵通”业务，当年发展用户10万户。在提供传统的语音功能基础上，支持“小灵通”之间、“小灵通”与固定电话之间的短消息互发，用户可订阅气象预报、新闻、股票等信息。相继推出绿色上网、商务灵通网、包月听信息、电子警察监控违章信息查询、公积金查询等业务。2004年10月10日，江苏“小灵通”与移动、联通互通试运行。2004～2005年，“小灵通”信号覆盖至全市所有行政村和主要道路。2005年末，全市累计“小灵通”用户110万户。其间，“大灵通”业务发展缓慢，在与“小灵通”的竞争中逐渐丧失市场，2005年末基站不到1500个，用户不足5万户。

图8-2　2005年“小灵通”基站建设现场　（刘燕芳摄）

二、电报通信

1986年，无锡有用户电报29户。1987年，无锡邮电局除承担无锡市、无锡县范围内的电报业务外，还承担江阴、宜兴县的电报接转。年内，增开无锡至南京的电报电路1条，电信营业处的电报电路直接进入南京自动转报网，至此，全局6条二级电报电路均进入上海和南京的转报中心。增开中心报房至山北的市内电传电路1条、至前洲的县内电传电路1条，并在前洲开通使用汉字译码终端机；增开无锡至洛社、前洲的电报专线各1条。1988年，无锡邮电局重点加快县内电传网络建设，分别增开无锡中心报房至无锡县梅村、东亭、八士、堰桥等4条县内电传电路，开通前洲—玉祁、安镇—查桥、华庄—方桥3条区间电传，无锡县16个乡镇通电传电路。1989年，开通投产64线分集机，电报科中心转报速度提高效率20倍，电报可自动分发到市、县内的几十个投递点。至年末，64线电报分集机接入城乡支局的16条电路和至宁、沪等的23条电路，无锡基本实现来去电报自动化处理。是年，新开礼仪电报9户，发展用户电报16户。1990年末，64线电报分集机接入11条城乡支局电路，电路总数增至49条，分集机利用率76.5%。11月23日，无锡邮电局首次开放118台用户电报设备交发，承接公众电报业务。年内，发展用户电报7户，发展用户传真119户。由于长途全自动电话的迅速发展，全年电报业务收入降至267.07万元，较上年减13.6%。

1991年1月1日，无锡县农村各邮电支局开办礼仪电报业务。12月1日，无锡邮电局开办"请柬电报"新业务。12月20日，无锡邮电局最后一条电报话传电路——硕放至华庄话传电路为电传电路所替代，无锡城乡电报电路在省内率先全部实现电传化。年内完成陆区、藕塘、胡埭、长安、东北塘、后宅、坊前、硕放、石塘湾等农村支局、所区间话传电路改造。至年末，城乡主要电传电路全部接入64线电报分集器，并接入南京256路转报中心。年内增设塘南支局、锡沪路支局两个分区投送点，加快电报传递速度。1992年，八士、东亭等16个支局进入64线电报转报网。1993年，无锡邮电局用户电报118微机系统投产，全市用户电报单位不但能够拍发用户电报，还可通过邮电局公众网向国际、国内拍发公众电报。9月28日，开办鲜花电报业务，开通96线电报分集机。全年安装用户传真235户、用户电报9户，撤销用户电报18户。1994年，无锡首家电报立等即发微机投入使用，电报发出时间由90分钟缩短到5分钟以内。5月8日，无锡县各乡镇的公众电报全部实现自动转报。随着程控电话和长途有权用户的增加，电报业务量呈下降趋势，鲜花礼仪电报业务量略有上升。1995年11月2日，无锡邮电局新开设的电传—传真自动联网系统投入使用，单位和个人都可以申请利用传真设备向全国和世界各地拍发公众电报；各地发入无锡的电报也可由微机智能终端自动译成汉字后直接发到各单位的传真机上，电报传递速度大大加快。当年，电报业务量呈现总量减少、个别种类电报业务量猛增的态势。至年末，全局公众电报去报42.2万份，较上年下降32.7%；鲜花礼仪电报14055份，比上年增长6.7倍。

1996年4月22日，宜兴邮电局开办双向蛋糕礼仪电报业务，至此，全市一城三市（县）均开办鲜花和蛋糕礼仪电报业务。7月1日，鉴于连续数年电报业务量大幅下降，锡沪、塘南支局分区电报投递点撤销，由公众电报业务中心统一投递。电报业务量继续减少，鲜花礼仪电报业务继续增长，全年累计收投鲜花礼仪电报23795份。1997年，电报通信网络数据改造全面完成，无锡电报通信实现数字化。2000年11月25日，无锡电信撤销中心报房，所有收、发电报不再经由无锡中心报房的电报传真分集机转发，而经电报营业处的智能终端机经分组网直连南京电报分组服务器，从而形成以南京电报交换系统为中心，无锡、宜兴、江阴各局分别与南京直通的点对点的电报网络结构，结束110年历史的老式电报通信方式。2005年12月1日，取消公众礼仪和鲜花礼仪电报业务。

三、无线寻呼

1985年末，无锡试办无线传呼。1986年2月，无锡邮电局正式开通无线寻呼系统，至年末，全市拥有无线传呼器用户458户，1987年末发展至983户。1988年4月29日，无锡局的无线传呼通信系统通过省、市级竣工验收，首次引进的"存储程序控制"（电子计算机控制）电话交换机设备安装成功，当年全市无线寻呼用户增至2207户，1990年增至4069户，1991年增至6411户。1992年，无线寻呼系统扩容3万门，开通"127"无线自动寻呼，发展无线寻呼用户9515户。1993年，邮电部发文开放寻呼市场，社会经营单位进入电信增值业务市场。1993～1998年，无线寻呼成为竞争最为激烈的放开经营电信业务行业。1993年6月，无锡邮电局设立全市首家"128"中文汉字专用寻呼台。全市新增无线寻呼容量22万门，总容量突破50万门。1994年，无锡邮电局无线寻呼业务实现与南京自动联网，寻呼号码由5位升至7位。1996年，全市无线寻呼用户29.42万户，1997年新增无线寻呼用户105381户。1998年8月31日，寻呼业务从无锡邮电局剥离，由新成立的江苏国信通信有限公司无锡分公司经营。至1998年末，全市寻呼公司31家，占用寻呼频率50多个，用户55.48万户。1999

图8-3　1998年的锡山市2400400寻呼台　（陈永年摄）

年4月，全市25家寻呼业务单位成立市寻呼行业协会。12月3日，无锡电信局与多家社会寻呼台共同投资建设“258”自动寻呼智能平台，各寻呼台在此平台下，统一字冠号码，虚拟成一网，由电信提供呼叫服务系统。首期华夏等8个寻呼台接入并完成联网测试。1999年8月～2000年6月，市无线电管理委员会对全市无线寻呼台站进行重新登记，重新登记的寻呼台有20家。随着移动通信的快速发展，无线寻呼业务不断萎缩。2002年，全市无线寻呼用户降至23万余户。此后寻呼台随用户减少而逐年关网。至2003年11月，无锡地区的寻呼台从最多时的31家降至8家，至2004年11月仅剩3家，用户数锐减至1万户左右。2005年初，无锡联通（寻呼台）寻呼用户降至1000余户。2005年4～5月，市无线电管理局收回无锡联通、教仪、顺安等14家单位的23个频率。6月1日，联通寻呼网关闭。至此，无锡寻呼业务退市。

四、移动通信

1989年4月28日，无锡邮电局开通450兆8信道自动拨号无线电话系统，容量60门，年内放装移动电话51户。1990年，全市移动电话用户105户。1991年，无锡市开始建设900兆模拟移动网，当年移动电话用户156部，1992年增至200户。1994年6月10日，移动电话初装费每部3万元调整为5000元。1997年，新增移动电话用户56566户。1998年5月13日，移动通信业务从无锡邮电局剥离。2000年，全市移动电话用户76.92万户，其中无锡移动公司52.8万户。2001年11月，模拟网退网，相应频率转入900兆全球移动通信系统（GSM）。2002年、2003年，全市移动通信用户分别超过150万户和190万户，发展速度与人均拥有量居全省第一。2004年，无锡移动公司启动用户话费自动充值服务，并与交巡警支队合作为用户（车主）查询违章等信息；无锡联通公司推出“世界风”双模手机服务，用户使用一个手机可享受GSM和CDMA①服务。2005年，无锡联通公司推出“税务新时空”“警务新时空”“手机银行”等服务，与灵山胜境景区合办“好运2006灵山短信活动”。无锡移动公司开通“数字无锡·掌上传媒”手机电视业务，并向全区40万用户推出“彩信无锡—地方新闻”业务，每日为用户提供两条图文并茂的地方新闻。至年末，全市有移动电话用户360.53万户。

五、数据通信

1991年11月15日，无锡邮电局开通分组交换公用数据网，工商银行无锡市支行成为无锡市第一个数据通信用户。1993年，江苏分组交换数据通信网建立无锡节点，无锡电信部门开始提供分组专线、传真存储转发和电子邮件业务，X.25业务成为无锡电信最早的数据业务。1994年4月19日，无锡邮电局率先在省内开通市话数字数据通信系统，并割入少量用户试运行，无锡通信事业进入数据交换时代。7月19日，无锡邮电局可视电话会议室与全省另10个地市级城市的可视电话会议室联网并开通投入使用。1995年4月19日，梅育华家庭成为全市第一个个人计算机用户，进入公众分组交换数据通信网，可通过家庭微机与国内外联网进行计算机通信。江苏公用计算机互联网（ChinaNetjs）

① 码分多址（CDMA）是在数字技术的分支——扩频通信技术上发展起来的一种无线通信技术。

建立后，5月17日，无锡地区第一个门户网站阿福台开台，无锡电信部门开始提供国际互联网业务，向公众开放“163”拨号接入服务。1996年，发展数据通信用户644户。1997年，窄带综合业务数字网正式向社会开放。8月18日，首次利用省内长途SDH网，将无锡信息港内宽带多媒体信息进行南京、无锡实时交互传送的宁锡远程视频点播试验获得成功，实现两地信息共享。是年发展数据通信用户3137户。1998年11月，无锡电信局与信达证券公司共同推出网上证券交易系统。2001年1月28日，大规模建设以太网小区和ADSL接入网络，进入宽带时代。2002年新增信息化小区39个。2004年，对15个新建小区进行信息化小区建设，全市互联网用户增至58.37万户，其中拨号上网用户40.18万户。2005年9月，启动宽带接入网优化提速改造工作，全年建设信息化小区24个。至2005年末，全市有互联网用户48.5万户，市区、江阴、宜兴分别为33.27万户、9.81万户、5.42万户；其中，拨号上网16.01万户，市区、江阴、宜兴分别为12.03万户、2.88万户、1.1万户。

1986～2005年无锡市电信业务统计表

表8-4

年份	电话交换机总容量（万门）	长话交换总容量（门）	市话		移动电话用户数（万户）	农话		电报业务量（万件）	长途电话业务量（万件）
			年末户数（万户）	公用电话（万户）		年末户数（万户）	公用电话（万户）		
1986	—	—	—	—	—	—	—	163	395
1987	6.77	525	1.84	0.04	—	0.78	—	219	507
1988	6.92	1025	2.12	0.04	—	0.95	—	299	597
1989	6.99	1025	2.54	0.05	—	1.11	—	258	764
1990	10.84	2425	3.12	0.05	—	1.26	0.10	241	1095
1991	12.13	3225	4.24	0.06	—	1.41	—	243	1614
1992	15.04	4395	6.48	0.07	0.02	2.02	—	231	3365
1993	26.99	15715	10.21	0.11	0.35	3.63	—	177	6511
1994	46.51	15150	16.10	0.23	1.41	5.98	—	107	10120
1995	72.23	30000	22.72	0.60	3.12	12.49	—	75	13238
1996	87.97	34000	28.24	0.97	6.17	19.05	0.28	48	14337
1997	111.85	34000	33.78	1.33	19.07	27.62	0.48	31	17060
1998	133.78	34000	37.36	1.39	21.05	43.28	0.62	25	18371
1999	148.06	34000	43.46	1.30	39.49	51.80	0.70	16	15984
2000	184.62	30000	54.42	1.58	76.92	61.79	0.78	15	14772
2001	204.88	30000	62.17	1.60	128.97	72.84	0.95	—	—
2002	213.50	30000	100.81	2.66	192.12	52.22	0.97	—	—
2003	243.14	30000	133.24	7.91	274.79	52.81	1.22	—	—
2004	368.28	91450	194.96	11.48	302.13	54.72	1.47	—	—
2005	387.67	93418	308.48	12.38	360.53	54.72	1.50	—	—

第三节　主要电信运营商

一、江苏省电信有限公司无锡分公司

1986年，无锡邮电局经营、管理全市邮政、电信业务。1998年5月13日，完成无锡邮电局移动通信剥离工作，成立江苏移动通信有限责任公司无锡分公司。8月31日，完成无线寻呼剥离工作，成立江苏国信通信有限公司无锡分公司。10月20日，无锡邮电局实现邮政、电信分营，分别成立无锡邮政局、无锡电信局。无锡电信局负责全市的电信通信工作，设综合办公室、监察审计室、党群工作办公室、计划财务部、人力资源部、运营维护部、市场经营部、通信建设部，职工1603人。2000年9月8日，江苏省电信公司无锡分公司（简称“无锡电信公司”）成立，下辖江阴、宜兴两个电信局，资产47亿元，员工近3000人。2002年11月，无锡电信公司更名为江苏省电信有限公司无锡分公司。2005年末，无锡电信公司资产39亿元，职工1687人，业务收入20.5亿元，利润4.1亿元。

二、江苏移动通信有限责任公司无锡分公司

1989年8月，无锡邮电局成立移动通信科，专事移动通信设备、技术维护管理。1995年12月，移动通信科对外称无锡移动通信公司。1998年5月13日，移动通信部门与无锡邮电局完成剥离，剥离出固定资产原值近20亿元（资产剥离基准日为1997年12月31日），成立江苏移动通信有限责任公司无锡分公司（简称“无锡移动”），内设综合部、财务部、经营部、工程维护部，下辖江阴、宜兴两个市（县）分公司，员工203人。无锡移动办公、营业场所租赁无锡市健康路3号国脉大厦。2005年末，无锡移动有全球通客户26万户、动感地带客户55万户、神州行客户169.6万户。无锡区基站数663个、话音信道70096个、通信管道760管程公里、通信杆路1003杆程公里、通信光纤3815皮长公里及25个2.5G SDH传输环网，交换机容量200万门，网络覆盖率99.99%，网络接通率96.98%，基本实现高速公路、铁路、隧道、地下室网络立体全覆盖，网络语音质量、无线接通率、掉话率等主要通话指标连续多年被评定优秀等级。移动电话营销网点达628个，其中自办营业厅16个、合作营业厅156个、特约经营店57个、末梢渠道399个，遍布城乡干道、核心商业区，大型商场、超市。全公司在岗员工984人，其中专科以上学历804人；具有高级职称4人、中级职称53人、初级职称93人；员工平均年龄27.89岁。全年运营收入超过20亿元，通话市场份额58.9%；其中新业务年产值5.58亿元，新业务中短消息收入1.76亿元。

三、中国联通有限公司无锡分公司

1994年11月，中国联通无锡通信分公司成立，1996年1月更名为中国联通有限公司无锡分公司。2000年10月，中国联通有限公司无锡分公司与国信通信无锡分公司合并，组建成立中国联通有限公司无锡分公司（简称“无锡联通”），2001年3月，联通寻呼有限公司无锡分公司的业务并入无锡联通。2002年7月，联通寻呼有限公司无锡分公司注销。2005年6月1日关闭寻呼业务。8月，推进信息化建设，与相关行业、集团合作推出“税务新时空”“水利新时空”“警务新时空”“手机银行”“手机电视”及“无锡手机报”等项目。是年，完成GSM十期工程，新建GSM和CDMA分布系统各86套，网络累计分布系统覆盖物理地点达223处。至年末，无锡联通有G网MSC交换容量74万门，900宏基站355个、1800宏基站99个、微蜂窝49个；C网MSC交换容量35.18万门，宏基站326个、微蜂窝15个。全年完成业务收入8.22亿元，累计移动电话用户111.35万户。

四、中国网通无锡分公司

2002年10月，江苏通信无锡分公司筹备工作启动。2003年1月18日，江苏通信无锡分公司（简

称“无锡通信”）在无锡新区科技园注册成立。是年，无锡通信完成与吉通网络通信股份有限公司无锡分公司的融合。2004年10月22日，中国网通无锡分公司（简称“无锡网通”）成立。2005年8月，无锡网通成立新区分局。清理整顿代理商队伍，清退代理商43家，确立核心代理商4家、授权代理商5家、二级代理商18家，合并重组代理商8家，形成较完善的营销网络。至年末，无线市话用户累计83188户，公用电话26528线，企业电话19433线，住宅电话8345线，互联网接入5797线。全年净收入1.17亿元。

第三章　信息化建设

20世纪末，无锡开展网络宽带化和信息化小区建设，并将信息技术应用于财政、国税、地税、工商、劳动人事等政府部门。1999年起，相继实施政府上网、企业上网、学校上网、家庭上网四大上网工程。2001年，无锡电信局成为继南京后江苏省第二个数据出口局，由原来的省网节点提升为国家骨干网的核心层节点。建成覆盖全市的宽带IP城域网，信息化小区签约170个，益都苑小区被初步选定为江苏省信息化示范小区。10月29日，无锡市委、市政府召开全市第一次信息化工作会议，印发市政府《关于加快国民经济和社会信息化的意见》和《无锡市加快信息发展的若干政策规定》，明确提出“数字城市”建设为未来无锡信息化建设的工作核心。11月8日，市政府设立信息化办公室。年内建成无锡科技信息网、中国技术创新无锡网、无锡经济信息网等一批专业网站，无锡轻工大学科学园生物发酵工程产品及功能食品专业网、商业大厦的东方百业网成为江苏省专业网站建设的示范工程。全市政府网站340余个；1700多家企业上网，企业上网数占全市大中企业的83%，居全省首位。2002年，启动建设“数字无锡”。市政府批转“数字无锡”建设发展规划，举办“数字无锡”论坛，发布“数字无锡”建设第一期工程（政务网网络管理中心系统、中小企业服务平台和旅游管理信息系统）招标公告。无锡电信公司面向酒店推出宽、窄带一体化（即商务信息化酒店）新业务；与有关单位合作推出“网上银行”“网上证券”“网上报关”“网上教育”“网上直播”“电视电话会议”“语音信箱”“绿色上网”等服务。2003年，无锡市旅游管理信息系统、无锡市中小企业信息化平台投入运行；二期项目“社保一卡通”、无锡市安全监督管理信息系统、无锡市环境信息系统启动。2004年，无锡市建成政务专网及网管中心、存储网络、服务器体系等相关配套设施，实现政府各部门的互联互通和176个政府发文单位的接入，实现公文交换电子化。是年，无锡移动为市政府定制移动办公系统。2005年末，建成市级基础地理信息共享平台和无锡市异地数据备份中心，数字认证体系面向全社会提供服务；手机电视、移动电视、网络电视全面启动。实施政府部门软件正版化工作，制定《无锡市使用正版软件产品推荐目录》。

第一节　信息化基础建设

一、信息港工程

1997年2月20日，市计委、市科委、市人事局、市统计局及中国人民银行无锡分行等首批18个政府部门与无锡邮电局签订联合建设开发无锡信息港合作意向书，无锡信息港工程全面启动。工程包括基础网络、业务网络、信息资源网络，总投资43.5亿元。下半年，无锡信息港的主体无锡万事通公用信息网络有限公司成立。万事通公用信息网络有《金融投资》《气象财经》《交通旅游》《娱乐》等52个主栏目、237个一级子栏目，无锡国税局、无锡地税局通过网络实现纳税人网络报税和纳税。12月22日，无锡信息港开通沁园、映山河、芦庄小区等3个社区信息服务点，并在网上开通家政服务、社区教育、证券信息等项目。至1998年末，无锡信息港作为全国十大信息网站，主页访问超过200万次。1999年，无锡电信公司根据“县县有站点，县县有港湾”要求，配合“政府上网年”活动，实施“信息港湾到县工程”，江阴、宜兴电信局具备独立的接入、独立的信息服务器、独立的网页制作能力，同时开发网上政府采购等应用项目。在全省“信息港湾到县工程”优秀站点评比活动中，无锡市下辖锡山、江阴、宜兴3市均获“最佳县级政府网站”称号。

二、上网工程

1.政府上网工程

1999年，全市开展“政府上网年”活动，无锡电信公司推出www.wuxi.com.cn作为无锡政府上网工程的主站点。2003年，“中国·无锡”政府门户网站运行。2004年10月20日，以无锡电信部门为主承建的无锡市电子政务专网暨电子公文交换系统开通。

2.企业上网工程

2000年，无锡市实施企业上网工程，企业在互联网建立企业网页或发布产品信息；利用虚拟主机或主机托管，申请建立企业站点，开展多形式的电子商务活动；通过专线接入互联网，在企业自己的主机上建立站点。企业上网工程实施头3个月就发展上网用户1万家。至2005年末，全市95%的大中型企业上网。

3.学校上网工程

2001年，无锡电信局与市教育局联合建设无锡教育城域网，启动学校上网工程。2002年正式开通，连接158所学校。学校上网工程将无锡全区1200余所学校连接起来，实现“校校通”。利用光纤+以太网实现宽带的接入方式（FTTX+LAN）和ADSL结合组建宽带虚拟专网，开展视频点播、远程教学等宽带多媒体应用，为社会提供多层次、多样化的教育服务。至2005年末，全市600多所学校通过教育城域网实现宽带上网。

4.家庭上网工程

2002年4月9日，无锡电信正式启动家庭上网工程。2002年、2004年、2005年，分别新建信息化小区39个、15个、24个。至2005年末，全市有互联网用户48.50万户。

第二节　政务信息化建设

90年代起，无锡市启动政务信息化建设，财政、税务、工商等部门率先应用信息技术实施办公自动化。1999年，无锡电信公司推出www.wuxi.com.cn作为无锡政府上网工程的主站点。2001年，市政府专门建立政府网站，全市340余个（含乡镇）政府部门上网，财政、税务、工商、劳动人事等一批政府部门信息系统进一步完善。2002年，全市政务信息化建设以及“三网一库一中心”为主要内容，即建设政府部门内部的办公业务网（简称“局域网”）、各级政府和部门间的办公业务专网（简称“政务专网”）、以互联网为依托的政府公众信息网（简称“外网”）和信息资源库、网络管理中心。2003年，“中国·无锡”政府门户网站正式运行，初步实现政府服务社会的数字化、网络化。随着网站内容的不断丰富，尤其是咨询投诉类的市民心声栏目，可有效监督政府部门的行为，受到广大市民欢迎。网站当年访问量突破500万人次，在全国地级市政府网站评选中获得第三名。

2004年4月20日,市政府正式启动电子政务建设项目。无锡电信公司为电子政务基础网建立专用的接入层交换平台,实现和市电子政务基础网络的核心以及汇聚交换设备的无缝链接。10月20日,无锡市电子政务专网暨电子公文交换系统正式开通,年内176个政府发文单位全部接入,为电子政务的各项应用系统提供了高效先进的网络和通信基础。同时,全市140多个党政机关及相关部门安装使用电子公文交换系统;政务电子邮局、网上审批系统正式使用;由各部门为主建设的应用系统,包括环保信息系统、安全生产监督系统、人口信息管理系统、社保卡工程等逐步建成并投入应用。

2005年,全市电子政务建设把"电子公文交换系统"作为电子政务应用的重点,在较短时间内集成"电子印章""版式文件"等系统,实现公文的无纸化传输,日均发送电子文件100多个、1500多份。完成"统计信息查询系统""价格监测信息网络""国防动员信息管理系统"等项目建设。"政务专网""信息共享交换平台""地理信息共享交换平台""异地数据备份中心"等基础性、全局性项目相继竣工验收。规划启动"应急指挥联动系统""财税库行联网""政务专网门户""城市出入口监控服务信息系统"等电子政务应用系统开发。无锡市政务外网完成项目招标和签约,进入建设阶段。

第三节　信息技术应用

一、电子商务

图8-4　2000年,无锡商业大厦组建东方百业网
（市委宣传部供稿）

2000年4月初,无锡商业大厦集团有限公司与无锡电信局合作,建设东方百业网(www.eastatall. com),率先在全市推出网上购物,并开通招商银行、建设银行网上支付业务。与无锡联通合作,在全国百货行业率先推出WAP网站。至年末,东方百业网注册会员1.5万名,网站可向网民提供商品5300种,累计点击110万次,网上超市商品导购累计销售额900万元。2001年,东方百业网形成互联网、呼叫中心(2700900)和WAP三网一体的综合性商务平台和商务采购、网上超市和电子商务推广等板块,拥有3万名注册会员,点击累计350万人次,服务客户2.5万人次,销售713万元。2002年,电子商务发展步伐加快,网上购物迅速发展。2003年,电信部门大力推行的"互联星空电子商务模式",成为各类中小型企业理想的电子商务解决方案。同时,无锡电信公司与中国银行、招商银行等银行联合推出网上结算、网上支付等网上银行业务,与华泰证券、国联证券等合作推出网上证券交易系统和业务,与有关部门合作推出"网上报关""网上教育""网上直播""电视电话会议""语音信箱""绿色上网"等服务。至2005年,IC卡等电子结算商务已在无锡各主要商场、银行普遍使用。

二、物流信息平台

2002年7月,无锡电信公司启动物流信息平台建设,投资200万元对互联网数据中心(IDC, Internet Data Center)进行改造,并着手建设物流业务公用平台和电子商务平台两大物流信息中心主体工程。2003年3月11日,由市发展现代物流业工作领导小组主办、无锡电信公司独家承办的"物流在线网站"开通。至2005年,全市物流信息平台在线应用企业1000余家。平台基于互联网技术,采用ASP模式,以整合全社会物流资源为主,通过为中小企业提供从信息发布、电子商务到企业全面E化管理的综合解决方案,实现城市整体物流信息化。

三、社区信息化

2001年起,无锡电信公司加快智能化小区和社区网络建设,部分小区实现网络接入宽带化、家政管理智能化,推进社区信息化,为住户提供快捷方便的信息查询、网上求助、网上教育、远程教诊、网上购物、网上点播、机车船票预订等信息传输服务。2004年5月,在市信息化办公室指导下,无锡电信公司与上海陆家嘴物业管理公司江苏省分公司就无锡首个"数字社区"建设达成协议。"数字社区"以中国电信宽带网络为依托,通过社区广大业主参与,共同搭建小区业主与物业、公用事业提供商、相关服务提供商之间沟通交流的信息平台,为社区居民提供集生活服务、物业、娱乐、通信、教育、科技、医疗、金融等于一体的综合服务。

四、网上学校

1999年9月,江苏省首家小学网校"连元网校"开通,设立《网校指南》《试题库》《网上课堂》《课外天地》《教学研究》《电子期刊》等栏目,随时更新,全天候开放,满足师生同步交流,网上教育与传统教育相得益彰。全校有60台电脑上网,教师全部经过网络知识培训,适应网上教学。

五、企业信息化

2000年,无锡市实施企业上网工程,年末企业上网数达1万家。2002年,市科技局、市信息办联合编制《无锡市制造业信息化发展"十五"计划》,全市机械制造业被评为江苏省制造业信息化示范行业,无锡市嵌入式软件工程中心被列为省企业信息化试点。无锡市CA数字认证中心正式运行,为全市电子商务、电子政务提供安全的网上身份认证。锡山区工商局开通企业诚信网络平台,加强企业信用建设。中国技术创新无锡网、无锡商贸网建成。至年末,全市上网企业数达2万家,居省内首位。随着政府出资的制造业信息化公共服务平台、中小企业信息化服务平台相继开通,快速推进企业的信息化进程。

六、社会信息化

90年代末,无锡阿福台、无锡信息港分别开发网上应用系统,与各媒体合作让市民在网上读报等,通过网上购物、网上贺卡拜年、网上评选、网上争霸等丰富多彩的网络活动,推进社会信息化。2002年,市第五人民医院数字化医院建设项目启动,推进医疗卫生信息系统建设。推广应用公交IC卡,至年末,公交IC卡发行量近10万张,全面投放运行,并且与上海公共交通卡实行城市间互用,在全国首先实现异地城市交通IC卡通用。全市发行医保卡 90余万张。建成无锡"2858服务网",全天候提供求医、搬迁、家政等近百个服务项目。2003年,110/120医疗急救系统、交通管理控制中心、人防指挥中心、图书馆信息系统、医保信息系统、网上人才市场、网上劳动力市场、社区服务网等应用系统建成使用,教育系统实现全市建制学校"校校通",社会信息化进程加快,公众服务水平明显提高。2005年,无锡电信公司首推实时现金充值系统,用户拨通"95555"招商银行热线电话,根据语音提示,能为"小灵通"、宽带、固定电话等电信业务充值;无锡移动开通"数字无锡·掌上传媒"手机电视业务,为客户提供随时随地可看电视的服务;无锡联通分别与税务、公安、水利等部门联合开通"税务新时空""警务新时空""水利新时空"等业务。"手机交费""手机电视""手机读报""手机咨询""手机商务"等大量信息技术应用于市民日常工作和生活。

第四节　信息资源共享

90年代末，无锡建设信息港，开展“上网年”活动，全社会共享信息资源。2000年，随着数字数据网、宽带数据网等各类网线的建设和完善，企业上网工程的启动，远程教育、网上医疗、网上商务、网上证券交易等为市民提供便捷服务，信息资源在无锡已普遍共享。2001年开始，建设城域网、局域网，实施宽带上网工程，发展宽带用户，市委、市政府提出数字无锡建设后，信息网络不断优化，宽带接入家家户户，国际、国内信息资源进入百姓家庭。

2004年，无锡市政务专网建成后，在电子政务的建设方案中开始安排信息资源开发建设项目，启动“无锡市信息资源目录体系”项目。规划建设无锡市信息交换共享平台、地理数据共享交换平台等项目。市信息办利用1：10000基础地理数据平台，与环保、安监、旅游、地震等部门签署信息共享协议；完成“旅游管理信息系统”和“GIS共享模式与共享框架方案”的项目验收；启动无锡市“人口信息系统”和“宏观经济信息系统”开发建设。2005年，在对全市各政府部门进行全面信息资源调查、编制《无锡市政务信息资源目录体系》的基础上，制定全市信息资源开发的标准规范，建成宏观经济数据库、人口数据库、社保数据库等业务基础数据库。宏观经济数据查询系统、人口户政信息系统等部门新建系统运行稳定，并按照一定原则进行信息共享；市基础地理信息共享平台投入建设，为全市各业务系统提供基础地理信息。

第五节　信息产业

90年代后，市委、市政府引进一批信息产业企业，形成以希捷国际科技（无锡）有限公司、无锡夏普电子元器件公司、华晶电子集团公司、TCL数码科技（无锡）等知名信息产业企业。无锡软件园被科技部“火炬”开发中心批准为国家“火炬”计划软件产业基地，进驻企业130多家。2001年，27家IC设计企业入驻无锡，日本东芝公司在锡追加投资6713万美元。新区IC设计产业化区、蠡园开发区的IC设计企业孵化区和华晶集团的加工测试区逐步建设成为仅次于北京、上海的完整IC产业链。全年信息产业化基地销售收入超过9亿元。全市信息产业增加值105亿元，占全市地区生产总值的7.7%。规模以上信息设备制造企业实现销售收入190亿元，软件业实现销售收入6.5亿元，信息服务业完成增加值62亿元。是年起，根据国家规定对软件企业和产品重新进行国家级认定，通过认定的企业和产品享受增值税从17%降为3%的即征即退优惠政策，至年末有13家具备自主知识产权的软件企业和54个软件产品享受优惠政策，全市共有21家软件企业通过省级认定、80项软件产品通过登记，企业退税金额近1000万元。总投资1.8亿元的永中科技项目、总投资8000万元的中兴光电子等项目经省计委审核并通过国家计委的专家评审。2002年末，全市共有信息设备制造企业94家、系统集成企业117家、软件企业404家、集成电路设计（IC设计）企业32家，形成集成电路、液晶显示模块、计算机硬盘驱动器、IC卡读写设备、数字电视等新的经济增长点。全市电子信息设备制造业全年销售收入260亿元。各类专业数据库的相继开发及通信平台的完善，为全市信息服务业发展创造有利条件，出现大批从事信息提供、信息咨询和中介、电子信息技术服务和培训等信息服务企业，全市建立数据库30个，全年信息服务业完成增加值82亿元。一批信息化项目得到省软件和集成电路专项经费支持，江苏三木集团环氧树脂DCS集散系统、锡压信息化工程等一批电子信息应用贷款项目列入国家倍增计划，项目总投资8000万元，其中贷款金额3633万元，占全省贷款额度近1/3。在向省计委、省信息产业厅和国家计委申报的45个信息网络和信息安全专项基金项目中，全市有5个项目通过申报，共争取到480万元专项经费，占全省经费总额20%以上。

2003年，全市信息产业实现增加值150.61亿元，占全市地区生产总值的7.9%。电子信息设备制造业实现产值443.95亿元、实现增加值109.25亿元。全市初步形成通信、计算机、消费电子、基础材料和元器件等产品门类比较齐全、规模实力强、技术含量高的信息产业新格局，并形成无锡高新开发区、蠡园经济技术开发区、集成电路产业化基地、国家集成电路设计产业化基地、华润微电子等多个产业基地，无锡市成为国家电子信息设备制造业的重要基地。全市从事软件应用开发的相关单位近500家，通过省级认定的软件企业32家，得到省级认定的软件产品114项，初步形成以软件研发、系统集成为主的门类齐全的企业群。以无锡软件园为龙头，出现一批自主研发、具有特色的骨干企业和品牌产品。信息服务业在第三产业中所占的比重持续提高，形成集语音、数据、多媒体等多种增值业务为一体的信息服务新格局。计算机服务业及软件业全年实现营业收入13.87亿元，实现增加值5.63亿元。2004年，全市信息产业实现增加值205亿元，占全市地区生产总值比重9%。其中：信息设备制造业完成总产值615亿元，实现增加值145亿元；软件业实现增加值17亿元，信息服务业实现增加值43亿元。2005年，无锡市信息产业实现增加值260亿元，占全市GDP比重9%。信息设备制造业完成总产值800亿元，实现增加值190亿元；软件业实现增加值25亿元，信息服务业实现增加值45亿元。

第六节　信息化管理

2001年11月8日，无锡市设立信息化办公室（简称“市信息办”）。市信息办成立后，组织进行软件业发展调研，召开软件企业座谈会，起草制定《无锡市软件产业发展实施意见》和《无锡市关于鼓励软件产业发展的若干政策》。组织软件企业参加软件质量认证专题会议。邀请印度CMMI认证专家，就中印软件合作前景和软件质量认证等工作做专题报告，为全市软件企业发展提供咨询服务，1家企业获得CMMI2认证，实现零的突破。围绕市委、市政府打造“液晶谷”的战略部署，牵头组织有关部门编写“国家级液晶显示产业园”申报材料，获信息产业部“国家级液晶显示产业园”称号。配合广电等部门完成市动漫产业的调研，出台《我市动漫产业基本情况汇报》，参与市动漫产业“十一五”发展思路和有关政策的编写。组织企业参加全省电子信息产业交流活动。会同省厅相关处室做好税控收款机生产企业的资质申请服务，全市共有3家企业申请资质，占全省总数的1/3。其中，江阴富仁科技和小天鹅飞翎获税控收款机生产企业资质，意源科技获税控IC卡生产资质。

2002年，无锡市起草制定《“数字无锡”建设发展规划》《关于加快国民经济和社会信息化的意见》《无锡市加快信息产业发展的若干政策规定》《无锡市信息化建设项目招投标实施办法（试行）》《无锡市信息化专项发展基金管理办法》和《基金项目招投标办法实施细则》等政策法规；建立全市信息化评价指标体系，定期对全市国民经济和社会信息化发展情况进行统计和公布；推出无锡市软件开发和集成电路设计人员的税收优惠等一系列优惠政策措施，减轻企业负担。2003年，无锡市为增强“数字无锡”建设实施工作的有效性和科学性，拟定《“数字无锡”建设实施意见》，编制《无锡信息化实现“两个率先”行动纲要》和《无锡信息化实现“两个率先”调控计划》。全年市信息办上报省级、国家级信息化基金资助项目3批，推荐争取省发展计划委员会基金支持企业2家，推荐争取信息产业部基金支持企业13家，编报全市信息产业科研（民品）项目库，入库项目40个。组织上百家IT企业参加省政府主办的中国国际电子信息技术博览会。

2004年，市信息办加强对项目建设的全程管理，首次引入监理机制，电子政务的重大项目均由监理单位的专业人员代表信息办进行现场管理和监督。抓好信息化知识和技术的培训，市信息办和市委组织部、市人事局联合启动“国家公务员、机关工作者信息化与电子政务”培训。2005年，市信息办总结“十五”规划执行情况，研究国家政策的变化及国内外信息化发展的方向和规律，结合无锡市的具体情况形成《无锡市“十一五”信息化规划（草稿）》。

第四章　无线电管理

1986年，全市设置无线电台1118部。无线电管理部门依法管理频谱资源及设备，重点规划、配置无线电频谱资源，整顿电波环境，维护空中电波秩序，指导用户研制生产无线电产品，依法对除军队以外的无线电频率资源实行统一管理。根据规定，对设置50瓦（含）以下广播电台、电视台、25瓦（不含）以下无线电台，以及市以下建设的微波电路，进行审批并发放电台执照；对使用无线电话筒的单位和个人进行登记，发放使用证。

随着无线电通信新技术在各领域的广泛应用，全市无线电通信设备的设置数量每年以30%以上的速度递增。90年代，无线电通信广泛应用于公众移动、广播电视、交通运输、电力调度、气象报警、抢险救灾、工程建筑、金融证券、公安消防、文教卫生、城市管理、供水供气、安全保卫、生产调度、行政执法等部门（行业）及社会生活的多个方面。至2005年，全市设置无线电发射设备481.5万部，是1986年的4306.8倍。

第一节　机　构

1986年1月，市无线电管理委员会由军队转至市政府，市无线电管理委员会办公室和下属事业单位市无线电监测站成立。1997年9月，市无线电管理委员会和市无线电管理委员会办公室撤销，成立无锡市无线电管理办公室（简称“市无管办”），副处级建制，由市政府办公室管理，受市政府和省无线电管委会办公室双重领导，内设综合处、业务处2个职能处室，同时增挂“江苏省无线电管理委员会办公室无锡市管理处”牌子。2001年8月，市无管办更名为无锡市无线电管理局（简称“市无管局”），为市政府负责无线电管理的直属事业机构，副处级建制，内设办公室、业务处，挂“江苏省无线电管理局无锡市管理处”牌子。2002年12月，市无线电监测站由原财政全额拨款的全民所有制事业单位改为依照国家公务员制度管理，内设综合科、监测科，仍为市无管局下属全民事业单位，相当于正科级建制。

第二节　频率台站管理

一、频率管理

无线电管理实行国家和省两级机构三级管理方式，地（市）无线电管理部门频率使用及审批的依据主要是国家及省级无线电管理机构根据划分规定作出的频率使用规划。1991年，国家无线电管委会发出《关于印发民用超短波遥测、遥控、数据传输业务频段规划的通知》中，在230兆赫兹频段（223.025～235.000兆赫兹）对遥测、遥控、数据转输等业务的频段进行规划。市无管办据此审批民用超短波遥测、遥控、数据传输业务。

2002年10月，市无管局根据修订后的《中华人民共和国无线电频率划分规定》及信息产业部《关于加强450～470兆赫兹频段管理的通知》，暂停指配450～470兆赫兹频段的频率，暂停审批新设台站，引导用户向150兆赫兹、420兆赫兹频率方向发展。2004年起，国家有关部门修订2001年版《中华人民共和国无线电频率划分规定 》，无线电管理部门将此作为选择和使用频率的基本依据。

二、无线通信系统管理

1.无线寻呼系统

1986年2月，无锡市第一家邮电无线寻呼系统开通。1993年，邮电部发文开放寻呼市场，社会经营单位进入电信增值业务市场。1998年，全市寻呼公司31家，占用寻呼频率50多个。随着无线寻呼台站的大量增加，部分经营企业不遵守无线电管理的法律法规和规章，擅自使用频率、擅自设置台站、随意更改核定参数现象时有发生，部分地区电磁环境恶化，无线电干扰事件时有发生，甚至严重干扰航空导航及水上通信，危及人民生命财产安全。1999年8月～2000年6月，无锡市在信息产业部、国家工商行政管理局及江苏省无线电管理局（简称“省无管局”）统一部署下，对全市无线寻呼台站重新登记，20家寻呼台获准重新登记。随着移动电话的普及，寻呼机使用人数日益下降，寻呼企业相继被兼并或退出寻呼业务。2005年6月，市无管局收回联通、教仪、顺安等企业的无线寻呼频率，公众寻呼业务在无锡退市。

2.公众移动电话

1989年，无锡开通无线电话系统，1991年开始建设900兆模拟移动网。1995年起，市无管办对900兆公众移动电话补办注册登记手续，由邮电部门代发执照，提供电台（手机）用户资料。至1996年，完成移动通信发射基站和手机的注册登记发照任务，发照率100%。2001年11月，模拟网退网，相应频率转入900兆全球移动通信系统（GSM），同时将原规划给900兆中心通信设备使用的2兆赫兹（903～905）频率调整给GSM系统使用。市无管局对无锡供电局、市工商局、市急救中心、华晶集团、中国人民银行无锡中心支行、交通银行无锡分行等十几家单位进行频率清理及补偿，共发放补偿金20多万元。2002年7月，按国家规定取消移动电话用户每年缴纳的50元频率占用费，同时不再对移动电话终端发放执照。至2005年末，无锡公众移动通信基站共有1824个。

3.无线市话

2002年开始，无锡电信公司及无锡网通经营无线市话（PHS）网络，相应的终端分别称为“小灵通”和“大灵通”（又称“万信通”），省无管局分别为其指配33个和25个话音信道。小灵通基站从2003年的3000多个，增至2005年末的7000多个；无锡“大灵通”发展缓慢，至2005年末，基站不到1500个。

三、通信网、电台管理

1988～1990年，全市新建专业通信网30多个，承办和报批专业无线电台1842部。

1991年，无锡地区遭受百年未遇的特大洪涝灾害，为保证指挥畅通，市无管办简化办事程序，只要救灾需要，随时设立无线电台，频率随时调配，紧急情况下可先设台后办手续。各市（县）、区为受灾乡镇政府和交通、水利等重点部门设置电台，江阴市设置全市第一个模拟800兆集群调度网。全市年内新设专业电台近2000部，一半以上直接投入抗洪救险工作。

1993年6～12月，根据国家和省的统一部署，对全市无线电台站普查登记，了解掌握无线电频率台站使用状况，初步建立频率台站数据库。1999年5月～2000年6月，开展第二次无线电台站核查工作。通过对300多家设台单位共5000多台无线电发射设备的核查，基本掌握无锡无线电频率台站设置使用状况。2001年11月，市无管局在市行政审批服务中心设立无线电管理审批服务窗口。

2004年7月行政许可法实施后，保留无线电频率、呼号审批，无线电台站设置审批、无线电发射设备研制、生产、进口审核及无线电台（站）的建设布局及选址定点等三大项行政许可，取消无线电发射设备准购制度及无线电通信网组网设计资格审查制度，优化电台审批程序，简化频率台站设置申请审批手续。

2003年5月～2004年9月，市无管局开展民用航空无线电专用频率专项整顿，完成微波站、卫星地球站、公众网、广播电视台、雷达、30～1000兆赫兹电台、水上岸台、航空导航台站和船舶电台等九大类台站的自查和核查，尤其对大功率无绳电话、400兆赫兹频段无线电台站、无线寻呼发射设备等台站加强管理，查处违章设台；逐项核对在用设备的工作参数，完善设台手续和频率台站数据库，提高频率台站的科学管理水平，确保无锡地区民用航空频率的安全使用。2004年后，市无管局与空军驻硕放部队以及苏州、常州等相关设台单位进行频率协调，对无锡机场导航频率提出保护意见。2005年8月，市保护民用航空无线电专用频率领导小组成立，小组下设协调办公室，由市无管局兼任。

四、业余电台管理

1992年11月，经省无线电管委会批准，市少年宫和市业余射击航空模型运动学校设置业余无线电台。2002年以后，个人业余无线电台发展迅速，无线电爱好者从90年代末的二三十人增加至2003年的近300人。市无管局根据《个人业余无线电台管理暂行办法》，审核个人业余电台申请者的条件，引导爱好者逐步从400兆赫兹频段退出，向150兆赫兹频段转移。无线电监测站加大对业余无线电专用频率的监测、监听力度。至2005年末，无锡正式登记的业余无线电爱好者500人。

图8-5　2004年无线电管理法规宣传　（顾卫国摄）

五、设备管理

80年代，无锡市的无线电发射设备销售实行许可证管理，由省无线电管理办公室统一发准销证，工商部门核发经营执照时须征求无线电管理部门的意见。1995年，国家无线电管委会发布《进口无线电发射设备的管理规定》，自1996年1月1日起施行。1997年，发布《生产无线电发射设备的管理规定》，自1999年1月1日起施行。市无管办开始受理无线电发射设备的进口及型号核准申请。

2001年，市无线电管理机构采取措施，制止非法研制、生产和使用无线电干扰设备，保护依法设置的无线电台（站）的正常使用。2004年6月，市无管局在全市清理整顿研制、销售、使用无线电干扰器的单位，遏制滥用通信干扰器干扰移动通信正常秩序的行为。是年实施《行政许可法》后，无锡市的无线电发射设备销售管理由前置审批改为许可承诺制，申请人获得销售许可、完成工商注册登记后，销售取得国家无线电管理部门型号核准的无线电发射设备，并接受监督管理。

六、无线电管理收费

1986年起，对无线电台站使用单位收取无线电频率占用费（年费）。80年代，每年收取的频率占用费不到10万元。90年代，设台数量逐渐增加，每年收取频率占用费40万元左右。1992年，江苏省规定移动电话频率占用费为每部每年90元。1993年，公安、安全系统电台频率占用费减半收取。1998年1月1日起，移动电话频率占用费降低至每部每年50元。1998年4月1日起，国家计委、财政部、国家无管委印发《无线电管理收费规定》，明确收费包括注册登记费、频率占用费和设备检测费等3种。注册登记费每证收取15元，频率占用费按公布的《无线电台（站）频率占用费年度收取标准表》执行，党政领导机关设置的专用公务电台，用于国防军事、战备的专用电台，公安、武警、国家安全、检察、法院、劳教、监狱、渔政部门设置的专用公务电台，防火、防汛、防震、防台风、航空营救等抢险救灾专用电台和水上遇险值守、安全信息发播及安全导航电台，业余无线电台等7类电台免交频率占用费。2002年7月起，停止收取手机频率占用费。2003年12月，国家发展和改革委员会、财政部发布《关于无线电新业务频率占用费收费标准的通知》，将无线数据业务、无线接入业务、2.4G扩频系统等无线电新业务频率占用费收费标准补充列入《无线电管理收费规定》所附的《无线电台（站）频率占用费年度收费标准表》。2005年1月1日起，取消收取无线电注册登记费。

第三节 无线电监测与检测

1986年以前，无锡市使用的无线电发射设备数量比较少，干扰较少，电波秩序良好。1986年，市政府批准成立无锡市无线电监测站，专门从事无线电监测、检测。购置两台日本AOR公司宽频段监听接收机（AR2002），对25～500兆赫兹、800～1000兆赫兹调频调幅信号进行监听。1988年，购置RR3A场强仪、铜网屏蔽室、美国摩托罗拉无线电综合测试仪（MOTOROLA R2400）、M43功率计。由于没有机房，尚不能正常开展监测和设备检测工作。1989年，在无锡市解放南路633号建成监听机房和检测机房，架设20米监测天线，并增加检测电源、频率计、频谱仪等设备，可以对25～1000兆赫兹频段的无线电发射设备的频率、功率、带宽、杂散等主要指标进行检测，并不定期对在用的无线电发射设备（主要是调频话机）实行检测和信号监听。1991年，进口英国CHASE公司无线电频谱管理系统（CHASE 4403），提高场强测量、频谱监测的精度和能力。同年实施设备检测制度。1992年，进口德国罗德与施瓦茨公司手持测向仪（EB-100），具备对30～1000兆赫兹兹频段信号的手持定位能力。

1993年9月11日，《中华人民共和国无线电管理条例》颁布实施，无线电监测工作纳入法治化的轨道。1997年，在清扬路26号11楼重新建成监测机房、检测机房，建成钢板屏蔽室，在楼顶建成40米的监测铁塔，海拔高度80米，提高无线电监测范围。省无管局拨给1台惠普（HP 8563E）频谱仪，具备对9～26.5千兆赫兹频段的频谱分析能力。1998年，增加美国惠普公司综合测试仪（HP 8920A）、日本爱可姆监听接收机（IC-8500）等设备。

1999年，无锡市作为江苏省试点，在清扬路26号建立由固定监测测向站（DDF-4）和移动监测测向站（DDF-3）组成的、基本覆盖无锡城区的智能化无线电监测系统。该系统对20～3000兆赫兹频段的空中电波信号进行监测、监听和测向分析，并通过帧中继电路和省无管局监测系统联网。2003年，在惠山头茅峰人防通信机房建立无锡市第二个固定监测测向站，租用人防专网光纤和中心机房联网。首次开展对公众移动通信基站的检测工作，检测中国移动、联通GSM基站50个、CDMA基站50个。2004年，在宜兴铜官山建立第三个固定监测测向站，租用中国电信光纤2兆E1电路联网，首次对30～1000兆赫兹范围进行不明发射查找，共发现不明信号255个，确定11个非法发射。

2003～2005年，市无管局在实施空中电波监测系统建设的同时，购置一批高性能的频谱仪、信号源、移动基站检测仪、标准天线等设备，不仅能够对常规调频调幅模拟设备进行检测，也逐步具备对GSM、CDMA、PHS数字无线电发射设备的检测监测能力。2005年，市无线电监测站通过省无线电管理局B级站的达标验收。

1991～2005年无锡市无线电监测和设备检测表

表8-5　　　　单位：部、起、小时

年份	检测设备	查处干扰	监听
1991	962	—	—
1992	846	7	80
1993	—	8	—
1994	91	10	—
1995	600	17	—
1996	160	10	185
1997	56	12	500
1998	128	15	400
1999	423	9	1185
2000	32	9	644
2001	109	1	1634
2002	238	9	2181
2003	316	10	—
2004	866	14	860
2005	290	3	2600

第四节　行政执法

1986年1月起，无锡市对设置使用无线电台站的单位征收无线电手续费和管理费。下半年，开展全市无线电设备和频率的普查。1988年，对市机械局、市建工局等所属单位的违章设台补办设台手续，处理擅自经销无线电话筒等违章行为。1990年10～11月，对生产、销售无线电通信设备的厂商清查登记，个别厂商存在无证销售现象。此后，市无管办每季度对有关厂商进行一次监督性执法检查。

1992年4～7月，开展全国性的短波无线电通信秩序整顿，对全市217部短波电台进行自查、核查，对短波电台工作人员进行政审。经复查，全市短波电台执照齐全，制度健全，环境安全，专人管理，无违规违纪和泄密现象，短波无线电通信秩序良好。

1993年6月～1994年6月，市无管办开展无线电台（站）普查登记。对全市506个设台单位、9717部无线电发射设备逐一检查登记，换发电台执照5384份；查处私设电台832部、大功率无绳电话119部，对50多家销售大功率无绳电话的销售商进行查处。1994年，查处无锡县建筑工程公司、宜城镇自来水公司、无锡朝阳海鲜馆、日方独资的阿赞服装有限公司等4家单位擅自设台案。

1995年6～11月，无锡市开展取缔私设电台活动。市无管办、市公安局组成联合执法组，共出动180多人次，受理群众举报73次，扣留没收无线电发射设备37部，强行拆除大功率无绳电话机110部。7月，市无管办、市工商局、市标准计量局联合行动，突击检查通信销售市场，没收非标准无绳电话机7部。年内还查处违章设台单位15家，补办电台执照303份。

1996年3～7月，市无管办组织开展无线电管理执法守法大检查，456家设台单位参加，45家单位主动上报纠正，147部电台补办设台手续，114部电台补领电台执照，266部电台申请报废停用，共罚款8000多元。

1997年1～4月，市无线电监测站组织电波监听监测500多小时，查处非法电台，暂扣无线电对讲机8部。对全市7部业余电台逐一进行技术指标检测，对其中1部业余电台违章设置频率作出处罚。1998年，根据群众举报，多次组织突击执法检查，共查处违章设台23部，拆除没收大功率无绳电话机17部。1999年，以无线电台站核查和无线寻呼台重新登记为工作重点，在7个月内检查抽测1600余部固定发射设备，拆除没收无锡机场导航台周围新村内非法设置的大功率无绳电话机17部，保障进出无锡空中走廊民航飞机的飞行安全。

2000年，市无管办开展5次行政执法检查，对黄金海岸大酒店、万家灯火餐饮有限公司等单位擅自设台的行为作出行政处罚。清理水上甚高频岸台，共核查20家单位，检测发射设备26部。

2001年初，市无管办、市“打假”办、无锡工商局、市质监局对各大通信市场和两个通信产品销售店面集中的路段开展联合打假行动，共检查店面、摊位114个，查获标值5.3万元的伪劣移动电话手机、电池块、充电器等。加强对宾馆、餐饮、娱乐、商场等行业无线电通信设备使用情况的检查，全年检查40多家单位，对违章设台的单位责令改正，并作出行政处罚。

2002年，市无管局联合工商部门对市区126家通信市场、店面开展执法检查，查获未经国家型号核准的公众对讲机23部、专业对讲机2部、大功率无绳电话机1部。清查全市27家单位的43个卫星地面站，核查合格的单位换发电台执照，统一挂贴国家核发的卫星地球站专用标签；4家擅自设台单位补办设台手续，2家管理制度不健全的单位限期整改。10月，整顿长江江阴段水上通信秩序，检查运输船舶50余艘，对违规设台的船主进行当场处罚。全年组织行政执法检查17次，对诚隆超市等16家违章设台单位进行行政处罚。

2003年，市无管局核查全市校园调频广播电台、卫星地面站、微波站三类台站，清查生产、销售广播电视发射设备企业。全年组织行政执法检查21次，对仁正物业有限公司等4家违规设台单位实施行政处罚。

2004年，市无管局核查15个微波网络、210个微波台站、11台（套）电视发射机，6座中波发射台、12座校园教育调频发射台、27家单位的水上固定岸台47部设备，排除对民航专用频率的干扰隐患。全年共组织行政执法检查21次，对违规设台的8家单位实施行政处罚。

2005年，市无管局与市交巡警支队、长江通信管理局江阴管理处联合开展车载电台和长江船舶电台的执法检查，共组织16次行政执法检查，对违规设台的3家单位实施行政处罚。

无锡市志

（第二册）

无锡市地方志编纂委员会 编

WUXI SHIZHI

1986~2005

方志出版社

图书在版编目（CIP）数据

无锡市志. 1986～2005 / 无锡市地方志编纂委员会编. -- 北京：方志出版社, 2015.7

ISBN 978-7-5144-1637-4

Ⅰ.①无… Ⅱ.①无… Ⅲ.①无锡市－地方志－1986～2005 Ⅳ.①K295.33

中国版本图书馆CIP数据核字（2015）第152773号

无锡市志（1986～2005）

编　　者：无锡市地方志编纂委员会
责任编辑：王笃银　陈　菁　梅中英

出 版 人：冀祥德
出 版 者：方志出版社
　　地　址　北京市朝阳区潘家园东里9号（国家方志馆4层）
　　邮　编　100021
　　网　址　http://www.fzph.org
发　　行：方志出版社发行中心
　　电　话（010）67110500
经　　销：各地新华书店
印　　刷：南京凯德印刷有限公司

开　　本：889×1194　1/16
印　　张：186.75
字　　数：5060千字
版　　次：2015年7月第1版　2015年7月第1次印刷
印　　数：0001～4000册

ISBN 978-7-5144-1637-4　定价：1280.00元

总　　目

目　录

（第二册）

第九卷　经济综述

第十卷　经济体制改革

第十一卷 开放 开发

第十二卷 民营经济

第十三卷 农村 农业 农民

第十四卷 工 业

第十五卷　乡镇工业

第十六卷 房地产 建筑业

第十七卷 商贸 服务业

第十八卷　金　融

第十九卷　财政　税务

第二十卷　综合经济管理

第二十一卷　人力资源

无锡市志

【第二册】

第九卷

经济综述

概　述

中共十一届三中全会后，无锡市稳步推进经济体制改革，扩大对外开放，增加固定资产投资，经济建设由内向型向外向型转变，所有制结构由单一的公有制向以公有制为主体、多种经济成分并存转变，第一产业比重逐年下降，第三产业比重逐年上升。1986年，地区生产总值89.01亿元，人均2264元；第一、二、三产业所占比重为14.18 ∶ 67.73 ∶ 18.09；固定资产投资总额20.85亿元，社会消费品零售总额31.23亿元。1992年邓小平视察南方谈话发表后，无锡市加大固定资产投资规模，国民经济出现多年未有的加速发展态势，固定资产投资规模、地区生产总值分别比上年增加1.31倍和64.52%。个体私营经济、外向型经济出现较快增长，资本市场开始发展。90年代中期，国有企业、集体企业先后开展产权制度改革，形成一批大企业集团。固定投资主体由单纯政府投资转变为政府、企业、集体、股份和私人等多元化投资。1998年，地区生产总值突破1000亿元，2004年突破2000亿元。2005年，全市地区生产总值2808.84亿元，居全国大中城市第九位；第一、二、三产业所占比重为1.85 ∶ 60.56 ∶ 37.59；人均地区生产总值51034元，居全国第六位；固定资产投资总额1336.04亿元，居全国第十四位；社会消费品零售总额816.4亿元，居全国第十四位。全市有31家企业上市，形成资本市场的"无锡板块""江阴板块"。无锡市基本建成全面小康社会，位列中国内地城市综合竞争力十强；江阴市和宜兴市分列第五届中国县域经济基本竞争力排名第一位和第九位。

第一章　经济总况

第一节　经济发展轨程

80年代初，随着农村经营承包责任制全面推开，农业连年丰收。无锡县堰桥乡"一包三改"[①]经验的总结推广，促使全市乡镇企业异军突起，无锡农村走出一条以"三为主"（以集体经济、乡镇工业、市场经济为主）、"二协调"（经济和社会、物质文明和精神文明协调发展）、"一共同"（走共同富裕道路）为主要特征的经济发展之路，被称为"苏南模式"。1984年起，以搞活国有大中型企业为中心环节的城市经济体制改革在无锡相应展开，城市工业转轨变型，企业由生产型转向生产经营型。1986年后，商业流通体制改革逐步展开，外向型经济开始起步，利用外资项目和金额逐年增加。所有制结构由单一的公有制向以公有制为主体、多种经济成分并存转变；企业由政府部门的附属体，向相对独立的商品生产者和经营者转变；经济活动突破条块分割、部门封锁，向横向经济联合转变；城乡关系由分割状态向城乡一体化转变；经济建设由内向型转向外向型格局。

1992年邓小平视察南方谈话发表后，无锡市增加固定资产投资规模，特别是加强能源、交通、通信等重点项目建设，当年经济增速64.52%，为20年间最高。1993年，无锡市确定到20世纪末在省内

① 全面实行经济承包责任制，改干部任免制为选举聘用制、改固定工资制为浮动工资制、改工人录用制为合同制。

"率先初步形成社会主义市场经济运行机制，率先基本实现社会主义现代化"的目标。农村以股份合作制为主要形式，多路探索推进集体经济产权制度改革。城市工业企业按照改革、改组、改造和加强管理（"三改一加强"）的思路，在培育规模化、集约化、市场化、外向化企业集团，发展专业协作配套的同时，建设现代企业制度，国有企业加快进入市场的进程。1993年5月，无锡太极实业股份有限公司股票在上海证券交易所上市，资本市场开始发展。1994年初，无锡在37家国有工商企业进行改制试点，此后在全市推开国企产权制度改革。其后，乡镇企业全面实施产权制度改革，加快向现代企业制度过渡，形成华西集团、红豆集团、阳光集团、远东集团等大企业集团。商贸流通企业探索连锁经营、专卖、经销、代理、物资配送等现代流通方式，推进经营业态创新。先后创办无锡高新技术产业开发区和无锡—新加坡工业园区等8个国家级、省级开发区，大批外商进入无锡，成为无锡新的经济增长点。利用外资从中小项目起步到重点引进大项目，从劳动密集型加工工业为主到注重发展高新技术产业，从直接投资为主到各个领域、多种方式招商引资，对外开放的层次水平不断提高。市场经济运行机制初步形成，市场体系继续完善，市场在资源配置中的基础作用逐步显现，经济市场化程度明显提高，民营、外资经济成分发展迅猛。

进入21世纪，对外开放领域越来越广，外商投资规模越来越大，外商独资企业越来越多，一批国家级重点开放园区脱颖而出。至2005年，全市建成9个省级以上开发区和专业园区，开发区经济总量占全市经济比重由1992年的不足2%提高至28.8%。全市对外出口额突破100亿美元，无锡经济直接融入国际产业分工体系。农村各项改革顺利推进，全市建成6个新农村示范村，华西村成为全国社会主义新农村建设的典型。"苏南模式"发生质的变化，形成由内生型经济为主向外向型经济带动、由单一公有制经济转向多元所有制经济共同发展、由农村经济推动为主转向城市经济带动为主的新模式。所有制结构呈现新的格局，90%以上的乡镇企业完成改制转制，国有、集体企业产权制度改革基本完成。资产存量和生产要素向优势企业和优势产品集聚，组建一批以市场为导向，以资产为纽带，以名牌为龙头，集生产经营、贸易经营和资本经营为一体的企业集团。外资经济、民营经济在工业经济中占比超过公有制经济。

至2005年，全市人均地区生产总值（按常住人口计算）51034元，第二、三产业增加值占地区生产总值的98.15%，城市化水平67%，城市居民人均可支配收入16005元，农村居民人均纯收入8004元。

"七五"～"十五"时期无锡市国民经济主要指标年均增速表

表9-1　　单位：%

指标	"七五"时期	"八五"时期	"九五"时期	"十五"时期
地区生产总值	10.6	24.6	11.8	14.4
工农业总产值	14.6	35.1	9.2	19.1
农业总产值	5.9	9.7	2.9	1.1
工业总产值	15.3	36.2	9.4	19.6
轻工业	12.1	28.3	22.9	17.0
重工业	14.3	28.2	21.1	31.4
固定资产投资完成额	14.5	48.5	7.0	30.7
社会消费品零售总额	12.8	32.6	11.1	13.9
财政收入	17.1	17.6	18.4	30.4

续表

指标	"七五"时期	"八五"时期	"九五"时期	"十五"时期
财政支出	14.0	26.4	23.2	34.1
职工工资总额	19.3	23.3	5.9	12.6

第二节　经济总量

一、地区生产总值

1986年，无锡市保持乡镇企业和国有企业发展势头，地区生产总值（GDP）89.01亿元，1987年突破100亿元，为103.61亿元，1990年增至160.44亿元，比1985年的79.85亿元增加80.59亿元，经济总量5年间翻一番多，平均每年增加16.12亿元，按可比价格计算年均增长10.6%。

1991年后，加快发展外向型经济，无锡经济持续、高速、全面增长。1992年，地区生产总值突破300亿元，1993年超过400亿元，1994年超过600亿元，1995年755.65亿元，比1990年增加595.31亿元，经济总量5年间翻两番多，平均每年增加119.04亿元，增量是"七五"期间（1986～1990年）平均增量的7.38倍。按可比价格计算年均增长24.6%，比"七五"期间加快14个百分点，经济总量快速拉升。

1998年，无锡市地区生产总值突破1000亿元，2000年1176.54亿元，比1995年增加420.89亿元，经济总量5年间年均增加84.18亿元，增量比"八五"期间（1991～1995年）少34.86亿元。按可比价格计算年均增长11.8%，比"八五"期间减缓12.8个百分点，但比"七五"期间提高1.2个百分点，经济实力再次明显提升。

2000年后，无锡市继续实施率先发展、转型发展，通过企业改制、加速发展民营经济，经济实力持续上升。2004年，地区生产总值突破2000亿元，2005年达2808.84亿元，比2000年增加1632.3亿元，经济总量5年间年均增加324.46亿元，成为"七五"以后增量最多的5年。按可比价格计算年均增长14.4%，比"九五"期间提高2.6个百分点。

二、人均地区生产总值

1986年，无锡市人均地区生产总值（按户籍人口计算，下同）2264元，1990年增至3865元，比1985年的2049元增加1816元，年均增加363元，年均增长（按可比价格计算，下同）9.2%。

1993年，全市人均地区生产总值突破1万元。1995年17656元，比1990年增加13791元，年均增加2758元，年均增长23.8%，增速比"七五"时期高14.6个百分点。

1996年，全市人均地区生产总值突破2万元。2000年增至27109元，比1995年增加9453元，年均增加1891元，增量比"八五"时期低867元。年均增长11.5%，增速比"八五"时期低12.3个百分点，但比"七五"时期高2.3个百分点。

2001年，全市人均地区生产总值突破3万元。2004年为50592元，比2000年增加23483元，年均增加5871元，快于"八五""九五"时期；年均增长13.7%，比"九五"时期提高2.2个百分点。2005年，人均地区生产总值依据国务院规定改为按常住人口计算，为51034元。

1986～2005年无锡市地区生产总值表

表9-2

年份	地区生产总值（亿元）	人均地区生产总值（元）	年份	地区生产总值（亿元）	人均地区生产总值（元）
1986	89.01	2264	1996	861.78	20041
1987	103.61	2602	1997	947.84	21963
1988	133.72	3311	1998	1038.27	24042
1989	145.04	3451	1999	1120.55	25891
1990	160.44	3865	2000	1176.54	27109
1991	184.82	4406	2001	1328.65	30526
1992	304.06	7196	2002	1534.13	35087
1993	440.36	10356	2003	1833.45	41616
1994	604.60	14145	2004	2250.64	50592
1995	755.65	17656	2005	2808.84	51034

说明：1993～2005年数据按经济普查口径调整。2005年起，人均地区生产总值按常住人口计算。

三、工农业总产值

1.农业总产值①

1986年，无锡市农业总产值（按1990年不变价格计算）25.24亿元。1990年29.22亿元，比1985年的21.91亿元增加7.31亿元，年均增加1.46亿元，年均增长5.9%。按当年价格计算，1990年农业总产值29.61亿元，其中种植业14.72亿元、林业0.26亿元、牧业7.61亿元、渔业3.23亿元、副业3.79亿元。

1991～1995年，全市增加农业投入，开展“科技兴农”，调整农业内部结构，既稳定粮食生产，又促进多种经营全面发展。1995年农业总产值（按1990年不变价格计算）46.36亿元，比1990年增加17.13亿元，年均增加3.43亿元，年均增长9.7%，增速高于“七五”时期3.8个百分点。按当年价格计算，1995年农业总产值80.65亿元，其中农业51.12亿元、林业0.89亿元、牧业19.98亿元、渔业8.66亿元。

2000年，农业总产值（按1990年不变价格计算）53.45亿元，比1990年增加7.09亿元，年均增加1.42亿元，年均增长2.9%，增速低于“七五”“八五”时期。按当年价格计算，2000年农业总产值90.48亿元，其中农业53.94亿元、林业1.41亿元、牧业23.11亿元、渔业12.02亿元。

2005年，农业总产值（按1990年不变价格、2003年新口径计算）39.32亿元。按当年价格计算，2005年农业总产值95.38亿元，比2000年增加4.9亿元，5年增量低于“八五”“九五”时期。各行业分布情况为：农业43.61亿元、林业2.93亿元、牧业26.87亿元、渔业16.59亿元、农林牧渔服务业5.38亿元。

① 1993年起，农业总产值计算取消副业，将野生动物的捕猎划入牧业，野生植物采集和农民家庭兼营商品性工业划归农业。2003年起，执行新的国民经济行业分类标准，农林牧渔业总产值包括农林牧渔服务业产值。林业中增加森林采运业产值。农业中取消家庭兼营商品性工业产值，将野生林产品的采集划归林业。第一次农业普查以后，由于畜牧业产品年报数据与普查数据之间存在一定的差距，国家统计局农调总队对畜牧业年报数据与普查数据进行衔接，相应调整畜牧业产值。

2.工业总产值①

1986年，无锡市全部工业总产值（按1990年不变价格计算）267.91亿元。是年起，无锡市工业企业连续3年进行适应性调整。1989年开始，按照“加强基础工业，发展主导工业、改造传统工业、培育高新工业”的原则，重点实施发展10个新门类、30个重点产品、20个重点基建项目和40个重点技改项目的“一三二四”工程，提高加工工业的总体水平。1990年，全部工业总产值增至465.79亿元，比1985年的228.40亿元增加237.39亿元，5年间翻一番多，年均增加47.48亿元，年均增长15.3%。按当年价格计算，1990年工业总产值456.61亿元，比1985年的180.58亿元增加276.03亿元，其中乡及乡以上轻工业实现产值165.93亿元，重工业实现产值159亿元。

1991年始，全市工业企业以市场为导向，以效益为中心，加快转换企业经营机制。采用先进技术和装备，对老企业进行大规模技术改造，加快开发新产品、调整行业和产品结构的步伐，提高产品适销度和市场占有率，工业经济整体素质有较大提高。1993年，工业总产值突破1000亿元，为1324.88亿元。1995年，实现全部工业总产值（按1990年不变价格、原规定计算）2180.05亿元，比1990年增加1714.26亿元，5年间翻两番多，平均每年增加342.85亿元，年均增长36.2%，增速高于“七五”期间20.9个百分点。按1990年不变价格、新规定计算，工业总产值1656.33亿元。按当年价格、新规定计算，工业总产值1823.74亿元。按当年价格、原规定计算产值为2306.86亿元，比1990年增加1850.25亿元，其中乡及乡以上轻工业实现产值520.38亿元，重工业实现产值653.79亿元。

1996年后，抓住国际国内市场回升的机遇，全市加快工业改组改造和结构优化升级，提高工业经济的整体素质和竞争力，实现工业经济的快速、稳定发展，较好地完成国有企业改革与三年脱困的任务。2000年实现全部工业总产值（按1990年不变价格、新规定计算）2592.98亿元，比1995年（按新规定计算）的1656.33亿元增加936.65亿元，5年间年均增加187.33亿元，年均增长9.4%，增速分别比“七五”“八五”期间平均增速低5.9、26.8个百分点。按当年价格计算，2000年工业总产值2853.54亿元，比1995年增加1029.80亿元，其中轻工业实现产值1357.49亿元、重工业实现产值1496.05亿元。

2001～2005年，全市工业企业面对征收出口关税、纺织品配额限制、钢铁出口政策调整、煤电联动、汇率调整等宏观政策变化以及原材料价格持续上涨等不利因素，转变经济增长方式，保持工业经济快速、健康发展的态势，全市工业经济综合实力和竞争能力跃上新台阶。2005年，实现全部工业总产值（按当年价格计算）6970.9亿元，比2000年增加4117.36亿元，5年间翻一番多。轻工业实现产值2427.09亿元，重工业实现产值4543.81亿元。

1986～2005年无锡市工农业总产值表

表9-3　　单位：万元

年份	工农业总产值		农业总产值	工业		
	全市	其中市区		总产值	规模以上轻工业	规模以上重工业
1986	2931501	1198292	252387	2679114	1064412	932989
1987	3541997	1375573	271051	3270946	1253560	1109620

① 1995年工业普查对工业总产值计算方法做了修订，即从1995年始按新修订（新规定）方法计算工业总产值。新规定与原规定的区别如下：一是全价与加工费的计算原则不同。新规定为凡自备原材料，不论其生产繁简程度如何，一律按全价计算工业总产值；凡来料加工，允许按加工费计算工业总产值。原规定则视生产加工的繁简程度不同，规定哪些行业按全价，哪些行业按加工费计算工业总产值。二是自制半成品、在产品期末期初差额价值的计算原则不同。新规定要求，凡会计产品成本核算时计算了成本的差额价值，总产值中就应包括，否则可不包括；原规定则按生产周期6个月的界限区分，凡生产周期6个月以上的企业，总产值计算中应包括这部分差额价值，否则可不包括。三是计算价格不同。新规定按不含增值税（销项税额）的价格计算，原规定则按含增值税（销项税额）的价格计算。

续表

年份	工农业总产值		农业总产值	工业		
	全市	其中市区		总产值	规模以上轻工业	规模以上重工业
1988	4344736	1578698	279002	4065734	1448588	1408120
1989	4565943	1625287	282794	4283149	1515123	1469249
1990	4950105	1691123	292229	4657876	1659277	1589973
1991	5830830	1810115	275794	5555036	1978634	1859423
1992	9741877	2420440	333153	8408724	2835042	3150370
1993	13611015	3020757	362231	13248784	3678650	4532013
1994	17775312	3353349	394857	17380455	4780232	5499715
1995老口径	22264068	4060627	463568	21800500	5770700	7130800
1995新口径	17026848	3799534	463568	16563280	4831875	5747211
1996	20030849	4435602	515989	19514860	5753064	7064533
1997	20210388	5012178	448736	19761652	6086940	6937747
1998	21960389	5674136	457381	21503008	5925943	7512491
1999	23436875	6131907	491121	22945754	6259789	8019781
2000	26464291	7186996	534490	25929801	6534293	9630709
2001	27316960	14058202	556093	26760867	7110127	11083439
2002	32441761	17152395	579312	31862449	9002153	13749344
2003	40245790	21662342	382114	39862676	9974176	19972712
2004	—	—	385537	—	—	—
2005	—	—	393207	—	—	—

说明：本表按1990年不变价格计算。2003年开始，农业产值采用新口径。2004年、2005年工业取消不变价，本表无不变价数据。

第三节　投资与消费

一、固定资产投资

1986年后，无锡市加快城乡建设投资，小城镇建设得到加强，交通、通信等基础设施建设有较大发展。是年，全社会固定资产投资20.85亿元；1990年增至35.3亿元，比1985年的9.56亿元增加25.74亿元，5年间将近翻两番，年均增长29.9%。5年累计完成全社会固定资产投资161.71亿元，是1949～1985年投资总和的3.5倍。投资构成中，基本建设投资33.2亿元，更新改造投资24.48亿元，商品房建设投资7.53亿元，城镇集体投资16.49亿元，农村集体投资37.78亿元，城乡个体投资42.23亿元。

1995年，全社会固定资产投资249.59亿元，比1990年增加214.29亿元，是1990年的7倍多，年均增长47.9%。1991～1995年，累计完成全社会固定资产投资809.71亿元，是“七五”时期的5倍。投资构成中，城镇集体投资72.57亿元，农村集体投资455.2亿元。巨大的农村集体投资为发展乡镇工业提供可靠保障。

1996年后，通过深化投资融资体制改革和加强项目资金综合协调管理，全市固定资产投资保持稳定增长。2000年，全市全社会固定资产投资完成350.1亿元，比1995年增加100.51亿元，5年投资平均增长7%，增速比“八五”时期低40.9个百分点。5年累计完成全社会固定资产投资1455.12亿元，是“八五”时期的1.8倍。

2001～2005年，投资增速平稳，投资结构优化。2005年，全市全社会固定资产投资完成1336.04亿元。其中：按报表种类分，城镇投资664.02亿元、房地产开发227.74亿元、农村投资444.28亿元；按产业投向分，第一产业投资2.43亿元、第二产业投资791.04亿元（其中工业788.4亿元）、第三产业投资542.57亿元（其中住宅193.79亿元）；按投资构成分，建筑工程投资656.29亿元、安装工程投资80.44亿元、设备工器具购置投资432.80亿元、其他费用166.51亿元。2005年比2000年增加985.94亿元，5年间将近翻两番，年均增长30.7%，增速比“九五”时期高23.7个百分点。5年累计完成全社会固定资产投资4286.29亿元，是“九五”时期的2.95倍。

1986～2005年无锡市全社会固定资产投资完成情况表

表9-4　　单位：万元

年份	固定资产投资完成额		主要投资种类			
	全市	其中市区	基本建设	更新改造	城镇集体	房地产开发
1986	208486	162136	42845	38958	29691	—
1987	289853	224700	41259	44297	39595	14700
1988	424617	330536	73942	52136	49500	24806
1989	341137	286284	87405	49080	23471	17000
1990	353027	303865	86521	60360	22673	18783
1991	565941	462694	115976	83554	34813	24776
1992	1305696	1029642	226911	111466	56972	54980
1993	1829668	1309442	204049	166813	119057	154966
1994	1899938	1357973	262446	195141	168756	206854
1995	2495883	1676097	381057	174839	346112	455589
1996	2506959	1833239	525096	203264	80343	356756
1997	2662870	1835288	573325	266201	114596	330245
1998	2772222	1875399	464632	255857	82287	340423
1999	3108154	2109286	473236	295923	62211	420739
2000	3500963	2391999	528783	315156	55060	446721
2001	4050050	2769798	761618	385427	70339	493114
2002	5378011	3583404	1295366	481925	81205	770119
2003	8933173	5356482	2804233	998930	—	1317920
2004	11141332	6978803	4026891	1124575	—	1955759
2005	13360359	8326855	—	—	—	2277429

二、社会消费

1986年，全市社会消费品零售总额31.23亿元。1990年，增至50.63亿元，比1985年的27.76亿元增加22.87亿元，5年间年均增长12.8%。5年累计完成社会消费品零售总额221.03亿元，是“六五”

时期的2.3倍。

1993年，社会消费品零售总额突破百亿元。1995年，突破双百亿元，为254.15亿元，比1990年增加203.52亿元，5年间翻两番多，年均增长38.1%，比"七五"时期高25.3个百分点。5年累计完成社会消费品零售总额732.41亿元，是"七五"时期的3.3倍。

1996年，社会消费品零售总额突破300亿元。2000年，突破400亿元，为430.05亿元，比1995年增加175.91亿元。"九五"时期增量低于"八五"时期，年均增长11.1%，比"八五"时期低27个百分点。5年累计完成社会消费品零售总额1847.08亿元，是"八五"时期的2.5倍。

2002年，社会消费品零售总额突破500亿元。2005年，突破800亿元，达816.4亿元，比2000年增加386.35亿元。"十五"时期增量高于"八五""九五"时期，年均增长13.7%，比"九五"时期高2.6个百分点。5年累计完成社会消费品零售总额3142.62亿元，是"九五"时期的1.7倍。

1986～2005年无锡市社会消费品零售总额一览表

表9-5　　单位：万元

年份	社会消费品零售总额		年份	社会消费品零售总额	
	全市	其中市区		全市	其中市区
1986	312345	197144	1996	3119183	2047126
1987	366287	229002	1997	3441522	2258826
1988	494594	308754	1998	3671966	2387885
1989	530740	342228	1999	3937638	2538262
1990	506293	329380	2000	4300537	2763779
1991	589045	393834	2001	4781469	3065171
1992	786160	515708	2002	5435607	3473733
1993	1424725	939566	2003	5958853	3774540
1994	1982768	1307186	2004	7086248	4483110
1995	2541451	1664295	2005	8164000	5225258

第四节　经济效益

一、劳动生产率

1986年，全社会劳动生产率为每人3722元。1990年，提高至每人6529元，比1985年的3434元提高3095元，全社会劳动生产率年均增长13.7%。1990年各产业劳动生产率，第一产业每人3221元，第二产业7500元，第三产业7378元，第二产业劳动效率最高。

1991年后，全社会劳动生产率快速提升。1992年劳动生产率突破每人万元，第三产业劳动生产率于是年超过第二产业，成为最高。1995年，全社会劳动生产率为每人31541元，比1990年提高25012元，5年间劳动生产率翻两番多，年均增长37%，增速比"七五"时期提高23.3个百分点。1995年各产业劳动生产率，第一产业每人9286元，第二产业33168元，第三产业43850元。

1997年，劳动生产率突破每人4万元，2000年超过5万元，为52755元，比1995年提高21214元，5年间年均增长10.8%，增速比"八五"时期低26.2个百分点。2000年各产业劳动生产率，第一产业每人9052元，第二产业63970元，第三产业68729元。

2005年，人均全社会劳动生产率接近10万元，为99627元，比2000年提高46872元，5年间劳动生产率年均增长13.6%，增速高于"九五"时期2.8个百分点。各产业劳动生产率，第一产业每人15044元，第二产业109773元，第三产业114338元。

二、工业企业效益

1986年，无锡市全部独立核算工业企业实现工业总产值（当年价）155.3亿元，固定资产净值平均余额40.70亿元，流动资产年均余额36.45亿元，实现产品销售收入131.4亿元，实现利税总额18.89亿元。随着工业经济总量扩张，工业经济效益明显提升。至1990年，全部独立核算工业企业实现工业总产值（当年价）309.86亿元，比1985年增加178.62亿元，5年年均递增18.7%；固定资产净值平均余额87.44亿元，比1985年增加54.23亿元，5年年均递增21.4%；流动资产年平均余额137.17亿元，比1985年增加108.53亿元，5年年均递增36.8%；实现产品销售收入262.18亿元，比1985年增加145.05亿元，5年平均年递增17.5%；实现利税总额22.39亿元，比1985年增加0.28亿元，5年年均递增0.3%。

"八五"时期，无锡工业经济效益大幅提升。1995年，无锡全部独立核算工业企业实现工业总产值（当年价）1161.25亿元，比1990年增加851.39亿元，5年年均递增30.2%；固定资产净值平均余额352.19亿元，比1990年增加264.75亿元，5年年均递增32.1%；流动资产年平均余额532.41亿元，比1990年增加395.24亿元，5年年均递增31.2%；实现产品销售收入1069.49亿元，比1990年增加807.31亿元，5年年均递增32.5%；实现利税总额76.27亿元，比1990年增加53.88亿元，5年年均递增27.8%。

2000年，无锡全部国有及限额以上非国有工业实现工业总产值（当年价）1779.07亿元，固定资产净值平均余额628.22亿元，流动资产平均余额920.87亿元，实现产品销售收入1713.59亿元，实现利税总额143.26亿元。

2005年，无锡全部国有及限额以上非国有工业实现工业总产值（当年价）5720.32亿元，比2000年增加3941.25亿元，5年年均递增26.3%；固定资产净值平均余额1277.29亿元，比2000年增加649.07亿元，5年年均递增15.2%；流动资产年平均余额2351.45亿元，比2000年增加1430.58亿元，5年年均递增20.6%；实现产品销售收入5657.46亿元，比2000年增加3943.87亿元，5年年均递增27%；实现利税总额382.26亿元，比2000年增加239亿元，5年年均递增21.7%。

第五节　宏观经济调整

1988年第四季度开始，无锡市根据中央关于对国民经济进行治理整顿的决定，全面清理整顿公司，党政机关开办的公司一律撤销，党政机关工作人员不准在公司任职或兼职，并停止审批公司。全面清理固定资产投资在建项目，压缩投资规模，停建、缓建一批非生产性项目，尤其是楼、堂、馆、所项目，中央和省适当集中投资项目的审批权限。第一批停建55个项目，压缩投资总额1.44亿元。严格控制信贷规模，加强金融尤其是现金管理。

1991年，无锡市严格控制农业户口转非农业户口（简称"农转非"）过快增长，清理、统一"农转非"政策规定，下达"农转非"计划指标，"农转非"人数比上年下降53.2%。同时，经济调整从以严格控制固定资产投资规模、信贷规模为主，转向以搞好大中型企业、结构调整为主，增加对农业、城市基础设施、能源、基础原材料工业等薄弱行业的投资，清理企业之间相互拖欠资金的"三角债"，对产大于供的产品实行"限产压库"。全市全民和城镇集体单位完成固定资产投资25.71亿元，比上年增长37.6%；清理"三角债"共注入清欠资金8900多万元，清进收款4.2亿元，清出付款3.2亿元；全民企业压缩产成品资金1.2亿元，企业的产成品资金占用低于年初水平。

1992年，无锡市增加固定资产投资规模，特别是加强能源、交通、通信、水利、市场、房地产、高新技术产业等重点项目建设，全民企业和城镇集体企业完成固定资产投资额45.03亿元，增长73.8%，超过计划指标62.8个百分点；全市地区生产总值完成304亿元，国民经济出现多年未有的加速发展态势。

1994年，调整、优化固定资产投资结构，健全投资审批制度，严格审批权限，加强对投资计划执行的监督与管理。全年全社会固定资产投资完成189.99亿元，既保持全社会适度的投资规模，支撑经济的快速发展，又遏制投资增长过猛的势头，增幅有所回落。

1995年，无锡市贯彻国家关于加强固定资产投资宏观调控的总要求，把握投资规模和方向，在保持适度规模的前提下，重点抓投资结构的调整与平衡，全年排出重点、重大项目35个，计划投资25.8亿元。加强投资审批管理，严格审批权限和基本建设程序，控制新开工项目。取消20个前期无进展、建设条件不具备、资金不落实的项目，缓建10个资金缺口大的在建项目，禁建8个不具备开工条件的计划内实施项目，查处一批违章建设项目，全市实际新开工项目140个，比上年同期下降10.3%。90年代后期，无锡乡镇企业清理前期因集资款而造成的债务问题。

2004年4月下旬，全市开展固定资产投资项目清理工作，通过集中时间、集中办公、集中会审方式，清理项目2233个。对符合要求项目，保证建设；对限期整改项目，完善手续；对严禁投资项目，停止开工建设。通过清理，基本遏制低水平重复建设和违法违规建设的现象。针对审批从紧、用地控紧、银根收紧的实际情况，及时对重大项目计划进行合理调整，重点抓好在建项目跟踪管理、重点项目现场稽查、困难项目专题服务等工作。加强项目跟踪服务制，试行政府出资项目建设招标代建制等，确保重大项目计划如期完成。是年，共下达9批专项投资计划，并做好滨湖新城污水处理厂、马山抽水蓄能电站、利港电厂三期、梅梁湖生态清淤工程等项目的争取工作，完成土地治理整顿时期急需用地指标的争取工作，协调解决“油改气”、房地产开发、水电气、铁路、交通等项目建设中的困难。针对政府出资项目涉及面广、资金需求多的特点，加强对政府投资项目与资金的统一平衡，按照确保重点、统筹兼顾、先续建、后新建以及适度负债的原则。

第二章　经济结构

第一节　所有制结构

“七五”期间，无锡市所有制结构以国有经济和集体经济为主。1986年，全市乡办以上工业总产值1575985万元，其中：全民所有制工业646770万元，占41.04%；集体所有制工业873151万元，占55.4%；全民与集体合营工业53893万元，占3.42%；中外合营工业2171万元，占0.14%。“七五”期间，外向型经济成分在全市国民经济中所占比重较小，5年仅引进协议外资3.55亿美元，实际利用外资1.24亿美元。

1987年，中共十三大报告提出保护私营经济合法权益，加强对私营经济的引导、监督和管理，特别是国务院发布《城乡个体工商户管理暂行条例》以后，无锡市个体私营经济有一定的发展，至1992年末，全市城镇个体私营经济从业人员1.67万人，比1986年增长44%。1993年，受中央鼓励发展个私经济政策的影响，全市个体私营经济出现较快发展。“八五”期间，随着对外开放的不断扩大，全市利用外资规模不断扩大，5年共引进协议外资59.42亿美元，实际利用外资28.79亿美元。

“九五”期间，个体私营经济快速发展，城镇集体经济规模开始收缩。至2000年末，国有经济和集体经济所占比重由1995年的81.6%降至45.8%，中外合资经营、中外合作经营、外资（简称“三资”）经济、股份制经济、私有个体经济所占比重快速上升。其中，“三资”经济比重由1995年的12.7%提高至21.9%，股份制、股份合作制经济由3.3%提高至27.6%。

“十五”期间，外向型经济的规模出现较快增长，个体私营经济继续保持快速发展态势，国有和集体经济所占比重继续下降。2004年12月，无锡市经济普查，全市共有第二、第三产业法人单位53597家，按注册登记类型分，国有企业534家、集体企业2943家、股份合作企业3054家、国有联营企业26家、集体联营企业34家、国有与集体联营企业33家、其他联营企业22家、国有独资公司35家、其他有限责任公司2975家、股份有限公司541家、私营企业40581家、其他内资企业341家、港澳台商投资企业1169家、外商投资企业1309家。与2001年全市基本单位普查的同口径数据相比，企业法人单位净增7467家，国有企业、国有联营企业、国有独资公司减少1038家，集体企业、集体联营企业、股份合作企业减少6380家，私营企业增加14386家，港澳台商投资企业和外商投资企业增加580家。

2005年末，全市工业企业45634家，总产值6970.9亿元，其中：国有企业63家、378.7亿元，集体企业706家、845.31亿元，股份合作制企业2719家、517.61亿元，股份制企业6604家、1586.69亿元，“三资”企业1931家、2036.32亿元，个体经营企业13399家、66.77亿元，其他企业20212家、1539.5亿元。建筑企业414家，总产值224.32亿元，其中：国有企业18家、26.28亿元，集体企业26家、5.26亿元，股份合作企业27家、21.22亿元，私营企业211家、79.11亿元，港澳台资企业8家、0.82亿元，外资企业3家、0.97亿元，其他企业121家、90.66亿元。限额以上批发零售贸易企业247家，销售总额759.59亿元，其中：国有企业14家、52.30亿元，集体企业3家、18.66亿元，股份合作企业5家、7.19亿元，联营企业4家、8.01亿元，有限责任公司109家、394.94亿元，股份有限公司14家、96.39亿元，私营企业93家、150.88亿元，港澳台资企业1家、6.76亿元，外资企业4家、24.47亿元。在工商部门登记注册的国有、集体企业26089家，注册资本855.04亿元；私营企业77933家，注册资本1053.37亿元；外商投资企业4786家，注册资本178.25亿美元。

2004年无锡市工业企业所有制类型经济普查统计表

表9-6　　单位：家、万元、人

登记注册类型	企业数	实收资本	工业总产值	工业销售产值	出口交货值	主营业务收入	利润总额	从业人员
内资企业	32526	64910865	363410136	352922206	32102807	352686337	13558742	1203588
国有企业	54	3429297	18872037	18447546	3749971	19159197	774518	29051
集体企业	1454	9267106	74731044	73337566	5849089	72877016	3593878	143312
股份合作企业	2438	2623525	16483754	15952450	819958	15861052	496254	78812
联营企业	53	445762	1096262	1065905	12887	1039997	-38254	4715
有限责任公司	1166	11161437	54634147	52956187	5991887	53441778	2342854	125603
股份有限公司	256	5852274	19730768	19319755	2865616	19979518	1339325	54921
私营企业	27014	31985902	177339807	171333443	12806846	169814290	5031220	763839
其他企业	181	145562	522317	509354	6553	513489	19238	3335
港澳台商投资企业	1043	19297556	64558001	63376566	14611253	63410895	3573690	141192
外商投资企业	1173	32798186	98890854	95553917	49367994	96197939	4416025	185696
合　计	34742	117006607	526858991	511852689	96082054	512295171	21548457	1530476

说明：2004年经济普查时间点为2004年12月31日，时期资料为2004年度。

第二节　产业结构

1986年后，无锡市产业结构总体呈现第一产业比重逐年下降、第三产业比重稳步上升、第二产业比重由高位波浪式稳步下降的态势，改变过去主要依靠第二产业特别是工业支撑经济发展的局面。1986年，全市地区生产总值89.01亿元，其中第一、二、三产业增加值分别为12.62亿元、60.29亿元、16.1亿元，分别占14.18%、67.73%、18.09%。1989年末，第三产业占国民经济比重为20.32%，首次超过20%。1991年，第一产业占国民经济比重降至8.85%，首次低于10%，并逐年下降。1994年，第三产业占国民经济比重自1989年突破20%后，仅用5年时间就突破30%，2002年攀至峰值39.37%。

至2005年末，无锡市第一产业增加值52.12亿元，仅占地区生产总值的1.85%；第二、三产业增加值分别为1700.98亿元、1055.74亿元，分别占60.56%、37.59%，呈现第二、三产业为主拉动经济增长的格局。

1986～2005年无锡市三次产业结构表

表9-7　　　　单位：亿元、%

年份	地区生产总值	其中					
		第一产业		第二产业		第三产业	
		增加值	占比	增加值	占比	增加值	占比
1986	89.01	12.62	14.18	60.29	67.73	16.10	18.09
1987	103.61	13.20	12.74	71.03	68.56	19.38	18.70
1988	133.72	17.18	12.85	90.39	67.60	26.14	19.55
1989	145.04	16.72	11.53	98.86	68.16	29.47	20.32
1990	160.44	17.53	10.93	107.67	67.11	35.24	21.96
1991	184.82	16.35	8.85	127.23	68.84	41.24	22.31
1992	304.06	22.45	7.38	198.80	65.38	82.81	27.24
1993	440.36	25.51	5.79	284.80	64.67	130.05	29.53
1994	604.60	34.42	5.69	375.55	62.12	194.63	32.19
1995	755.65	39.75	5.26	456.29	60.38	259.61	34.36
1996	861.78	43.95	5.10	517.75	60.08	300.08	34.82
1997	947.84	44.47	4.69	568.10	59.94	335.28	37.48
1998	1038.27	45.10	4.34	614.57	59.19	378.59	36.46
1999	1120.55	45.60	4.07	662.34	59.11	412.61	36.82
2000	1176.54	46.25	3.93	690.33	58.67	439.97	37.40
2001	1328.65	52.06	3.92	758.09	57.06	518.50	39.02
2002	1534.13	54.23	3.53	875.97	57.10	603.94	39.37
2003	1833.45	51.21	2.79	1105.00	60.27	677.24	36.94
2004	2250.64	44.26	1.97	1377.37	61.20	829.01	36.83
2005	2808.84	52.12	1.85	1700.98	60.56	1055.74	37.59

第三节　从业结构

1986年，全市社会劳动者总数241.46万人（其中市区58.1万人），其中：第一、二、三产业从业人员分别占23.6%、55.96%、20.44%，全民所有制单位、集体所有制单位、其他单位、城镇个体劳动者、农村劳动者分别占19.05%、11.75%、1.1%、0.48%、67.62%。此后，第一产业从业人员比重处于低位并逐年下降，第二产业从业人员比重由上升到下降、呈波浪式变动状态，第三产业从业人员比重稳步上升。1993年，受中央鼓励发展个私经济政策的引导，全市个体私营经济出现较快发展，个体私营经济从业人员增加明显，至年末，增至3.98万人，为上年的2.38倍。90年代中期开始，随着国有、集体企业改制，“三资”企业迅猛增加等因素，国有经济单位、城镇集体经济单位和乡村的从业人员下降，其他经济单位从业人数急剧上升。2000年末，个体私营经济从业人员10.85万人，较1995年末增加6.37万人；城镇集体经济从业人员8.61万人，较1995年末减少11.92万人，个体私营经济从业人员规模首次超过城镇集体经济单位从业人员规模。至2005年末，全市个体私营经济从业人员71.55万人，占全社会从业人员比重24.7%，超过国有经济单位和城镇集体经济单位从业人员的总和。

1986～2005年无锡市从业人员产业分布情况表

表9-8　　　　单位：万人、%

年份	从业人员总数	其中					
		第一产业	占比	第二产业	占比	第三产业	占比
1986	241.46	56.99	23.60	135.11	55.96	49.36	20.44
1987	244.95	50.83	20.75	144.56	59.02	49.56	20.23
1988	247.57	49.67	20.06	146.99	59.37	50.91	20.56
1989	246.51	54.37	22.06	143.60	58.25	48.54	19.69
1990	244.99	54.49	22.24	143.50	58.57	47.00	19.18
1991	245.69	51.80	21.08	145.52	59.23	48.37	19.69
1992	245.57	47.59	19.38	147.29	59.98	50.69	20.64
1993	245.92	47.83	19.45	147.86	60.13	50.23	20.43
1994	241.17	46.31	19.20	138.93	57.60	55.93	23.19
1995	237.98	39.29	16.51	136.21	57.23	62.48	26.25
1996	235.50	40.86	17.35	128.71	54.65	65.93	28.00
1997	232.59	48.66	20.92	123.10	52.92	60.83	26.15
1998	228.51	51.64	22.60	115.51	50.55	61.36	26.85
1999	224.97	52.09	23.15	109.39	48.62	63.49	28.22
2000	221.07	50.09	22.66	106.44	48.15	64.54	29.19
2001	241.08	48.65	20.18	123.55	51.25	68.88	28.57
2002	250.25	45.01	17.99	130.11	52.00	75.13	30.02
2003	260.08	39.28	15.10	139.50	53.64	81.30	31.26
2004	274.67	35.11	12.78	150.48	54.79	89.08	32.43
2005	289.20	34.18	11.82	159.43	55.13	95.59	33.05

1986年无锡市全社会从业人员情况统计表

表9-9　　单位:人

行业	从业人数	其中				
		国有经济单位	城镇集体经济单位	城镇其他经济单位	城镇个体劳动者	农村劳动者
农林牧渔水利业	569892	13580	2012	—	—	554300
工业	1238898	275092	149712	24240	1654	788200
地质普查和勘探业	339	324	15	—	—	—
建筑业	112223	14190	15006	27	—	83000
交通运输邮电通信业	77627	17701	24593	2141	1292	31900
商业、公共饮食、物资代销和仓储业	107336	36493	43971	38	7234	19600
房地产、公用事业、居民服务和咨询服务业	38143	17811	11301	300	1131	7600
卫生、体育和社会福利业	24295	11466	6868	—	261	5700
教育、文化艺术和广播电视事业	60917	39821	10935	—	61	10100
科学研究、技术服务业	9180	8394	186	—	—	600
金融、保险业	6626	3562	2564	—	—	500
国家机关、政党机关、社会团体	43781	21432	16449	—	—	5900
其他行业	125400	—	—	—	—	125400
合　计	2414657	459866	283612	26746	11633	1632800

2005年无锡市全社会从业人员情况统计表

表9-10　　单位：万人

行业	从业人数	其中							
		城镇集体以上				乡村从业人员	城镇个私劳动者	社区公益	民办非企业
		小计	国有经济单位	城镇集体经济单位	其他经济单位				
农林牧渔业	34.18	0.42	0.38	0.01	0.03	33.55	0.21	—	—
采矿业	0.02	0.01	0.01	—	—	—	0.01	—	—
制造业	144.75	26.92	2.92	1.84	22.16	81.70	36.13	—	—
电力煤气及水的生产和供应业	1.33	1.29	0.54	0.09	0.66	—	0.04	—	—
建筑业	13.33	1.13	0.14	0.13	0.86	9.33	2.87	—	—
交通运输、仓储及邮电通信业	8.86	2.43	0.98	0.06	1.39	5.38	1.05	—	—
信息传输、计算机服务和软件业	1.27	0.74	0.33	0.05	0.36	0.53	—	—	—
批发和零售业	32.69	2.77	0.26	0.18	2.33	7.28	22.64	—	—
住宿和餐饮业	8.09	1.15	0.21	0.05	0.89	2.39	4.55	—	—
金融业	2.85	2.16	0.75	0.17	1.24	0.69	—	—	—
房地产业	2.21	0.61	0.18	0.03	0.40	1.05	0.55	—	—
租赁和商务服务业	2.81	1.00	0.28	0.03	0.69	—	1.81	—	—

续表

行业	从业人数	其中							
		城镇集体以上				乡村从业人员	城镇个私劳动者	社区公益	民办非企业
		小计	国有经济单位	城镇集体经济单位	其他经济单位				
科学研究、技术服务和地质勘查业	1.35	1.04	0.64	0.02	0.38	0.31	—	—	—
水利、环境和公共设施管理业	1.24	0.79	0.54	0.17	0.08	—	—	—	0.45
居民服务和其他服务业	17.09	0.13	0.06	0.03	0.04	7.95	1.28	7.20	0.53
教育	7.14	6.07	5.90	0.17	0.00	1.04	—	—	0.03
卫生、社会保障和社会福利业	3.52	2.61	1.79	0.81	0.01	0.83	0.05	—	0.03
文化、体育和娱乐业	0.81	0.45	0.40	0.03	0.02	—	0.36	—	—
公共管理和社会组织	5.66	4.01	3.97	0.04		1.65	—	—	—
合　计	289.20	55.73	20.28	3.91	31.54	153.68	71.55	7.20	1.04

说明：1986年，分为12个行业，加上其他行业。2005年，分为19个行业。新增信息传输、计算机服务和软件业，水的生产和供应业等，有的格外细分，有的改名称。虽统计口径有所不同，亦可看出第三产业人员的增加与城镇个私劳动者的增加。

第三章　上市公司

1993年5月，无锡太极实业股份有限公司股票在上海证交所上市，为江苏省第一家上市公司。至2005年，无锡市共有境内上市公司20家，境外上市公司8家，另有远东集团控股的三普药业、江苏双良集团控股的四川舒卡特种纤维股份、江苏申达集团控股的中达股份。共募集社会资本179.8亿元，控制经营资本280亿元，被称为资本市场的“无锡板块”和“江阴板块”。

第一节　境内上市公司

一、无锡市太极实业股份有限公司

公司注册与办公地址为无锡市下甸桥南堍，所属行业为合成纤维制造业，主营化学纤维及制品、化纤产品、化纤机械及配件、纺织机械及配件等制造、加工。公司前身为无锡合成纤维总厂，是由无锡合成纤维厂、第二合成纤维厂于1987年11月合并而建成。1992年11月，改制为无锡市太极实业股份有限公司。1993年，在上海证券交易所（简称“上交所”）向社会公开发行股票，在国内率先采用无限量发售认购证方式公开向社会发行8000万股A股，发行价3.6元，募集资金28800万元。7月28日上市交易，股票简称太极实业，代码600667。1994年4月，向全体股东每10股送2股红股。1996年6月，向全体股东每10股送1股红股。1998年7月，向社会公众增发8000万股A股，发行价4.2元。

1999年7月，向全体股东每10股送红股1股。至2005年，股本总额36881.74万股，其中非流通股17917.74万股、流通股18964万股。

二、无锡威孚高科技股份有限公司

公司注册地址为无锡市国家高新技术产业开发区46号地块，办公地址为无锡市人民西路107号，所属行业为交通运输设备制造业，主营内燃机燃油系统产品、燃油系统测试仪器和设备制造。公司前身为1958年成立的无锡内燃机厂，1965年更名为无锡油泵油嘴厂，1992年改制为无锡威孚股份有限公司，定向募集股份，10月注册，公司总股本11543.55万股。1994年12月，成立无锡威孚集团有限公司（简称“威孚集团”），并将原公司管理的非经营性资产转为由威孚集团管理。1995年，省政府授权威孚集团为国有资产投资主体，公司国有股权界定为国有法人股，由威孚集团持有。1995年8月，公司向境外投资者配售6800万元B股，发行价2.63元，9月在深圳证券交易所（简称“深交所”）上市，股票简称苏威孚B，代码200581。1998年6月，在深交所发行12000万股A股，发行价4.88元，募集资金58560万元。9月24日上市交易。股票简称苏威孚A，代码000581。1999年9月，向全体股东每10股送3股红股。2000年10月，每10股配售2.3077股，配股价10元，实际募集资金40506万元。是年11月，公司名称变更为无锡威孚高科技股份有限公司，股票简称变更为威孚高科。2005年7月，向全体股东每10股送3股红股。至2005年末，公司总股本56727.6万股，其中非流通股17165.75万股、流通A股28069.85万股、流通B股11492万股。

三、无锡小天鹅股份有限公司

公司注册地址为无锡市国家高新技术开发区汉江路1号，办公地址为无锡市惠钱路67号。所属行业为日用电器制造业，主营家用电器及零配件生产、销售和技术服务。1996年，公开发行7000万股B股，发行价4.8元，募集资金折合人民币33600万元。股票简称小天鹅B，代码200418，7月18日在深交所上市。1997年，发行A股6000万股（含公司职工股900万股），发行价12.24元，募集资金73440万元。3月28日在深交所上市交易，股票简称小天鹅A，代码000418。1998年7月，以资本公积金对全体股东每10股转增2股，总股本增至36510.38万股。至2005年，公司总股本36510.38万股，其中非流通股16574.66万股、流通A股7200万股、流通B股12735.72万股。

四、江苏澄星磷化工股份有限公司

公司注册与办公地址为江阴市花山路208号。所属行业为化工业，主营磷化工系列产品生产与销售。公司创办于1984年12月，1994年组建成立江苏澄星磷化工集团公司。

1997年，江苏鼎球实业股份有限公司在上交所发行3500万股A股，发行价5.8元，募集资金20300万元。6月27日上市交易，股票简称鼎球实业，代码600078。1998年，鼎球实业向全体股东每10 股送1股红股，并以资本公积金转增1股。1998年12月3日，江苏澄星磷化工集团公司通过买壳上市方式，以协议方式受让鼎球实业总公司持有的公司法人股3850万股，占总股本的29.76%，成为公司第一大股东。1999年，向全体股东每10股送2股红股。11月，每10股配售3股，配股价7.9元，配售股份2480.53万股。2001年3月，上市公司更名为江苏澄星磷化工股份有限公司，股票简称变更为澄星股份，代码不变。2003年4月，每10股配售3股，配股价8.98 元，配售股份1988.30万股。10月，以资本公积金向全体股东每10股转增10股。至2005年末，公司总股本39989万股，其中非流通股22757.05万股、流通股17231.95万股。

五、江南模塑科技股份有限公司

公司注册与办公地址为江阴市周庄镇长青路8号。所属行业为交通运输设备制造业，主营汽车零部件、塑料制品、模具、塑钢门窗、模塑高科技产品研制和销售。

1988年，江阴钢厂改组成立江阴兴澄冶金股份有限公司，向社会公开发行股票500万元，发行价1元。作为第二批历史遗留问题，经中国证券监督管理委员会同意，1997年2月28日公司在深交所上市。股票简称兴澄股份，代码000700，总股本5596.375万股，其中流通股1481.88万股。是年5月，向全体股东每10股送10股红股。1999年10月，向全体股东每10股配售3股，配股价8元，实际募集资金9820.91万元，总股本增至12452.18万股。11月19日，江阴兴澄集团公司与江阴模塑集团总公司（简称“江阴模塑集团”）签署股份转让协议，江阴兴澄集团公司将持有本公司的69.06%股份全部转让给江阴模塑集团，江阴模塑集团成为公司第一大股东。2000年5月18日，江阴兴澄冶金股份有限公司变更为江南模塑科技股份有限公司，股票简称变更为模塑科技。2002年9月，向公众增发3000万股，增发价13.6元，总股本增加至15452.18万股。2003年4月，向全体股东每10股送1股红股，并以资本公积金转增9股。至2005年末，总股本增至30904.36万股，其中非流通股17198.61万股、流通股13705.75万股。

六、江苏法尔胜股份有限公司

公司注册与办公地址为江阴市通江北路203号。所属行业为金属制品业，主营钢丝、钢丝绳及其产品、普通机械、电线电缆、仪器仪表、电子等产品。公司前身为江阴县钢绳厂，后发展为江苏钢绳集团公司。1993年3月18日，江苏钢绳集团公司作为主发起人，联合中国冶金进出口江苏公司、青岛橡胶六厂、山东安泰橡胶有限公司（原枣庄橡胶厂）、辽宁省五金矿产进出口公司等5家单位共同发起，以定向募集方式设立江苏法尔胜股份有限公司。1998年，定名为法尔胜集团公司。11月2日，在深交所公开发行6000万股A股，发行价6.4元，募集资金38400万元。1999年1月19日上市交易，股票简称法尔胜，代码000890。2000年9月，向全体股东每10股送2股红股，并以资本公积金转增2股，公司总股本增至20160万股。2000年12月，向全体股东每10股配售2.14股，配股价14元。因法人股全部放弃配股权，实际募集资金31448.17万元。配股完成后，公司总股本增至22464万股。2001年6月，向全体股东每10股送红股1股，并以资本公积金转增2股。2005年末，总股本29203.2万股，其中：未上市流通的国家股11924.64万股、法人股305.76万股、内部职工股26.57万股，流通股16946.23万股。

七、江苏华西村股份有限公司

公司注册与办公地址为江阴市华士镇华西村。所属行业化学纤维制造业，主营纺织品、化工原料、化学纤维品、服装制造、国内贸易等。公司成立于1994年。1999年，向公众发行3500万股A股，发行价8.3元，募集资金29050万元。8月10日在深交所上市。股票简称华西村，代码000936。公司发行后股本14000万股，其中法人股10500万股、流通股3500万股。华西村股份有限公司成为全国第一个以村命名的上市公司，《人民日报》、中央电视台等新闻媒体称其为“中国农村第一股”。2001年4月，以资本公积金向全体股东每10股转增2股，转增后股本为16800万股。2003年9月1日，发行4亿元可转换债券。2004年3月1日起，实施债转股。2004年6月，向全体股东10股送2股红股，并以资本公积金转增6股。2005年11月，实施股权分置改革，非流通股股东向流通股东每10股支付4.7股股票对价。至2005年末，总股本30274.36万股，其中限售股22680.14万股、非限售股7594.22万股。

八、江苏阳光股份有限公司

公司注册与办公地址为江阴市新桥镇马嘶桥。所属行业为纺织业，主营呢绒、毛纱、毛线、针纺织品、服装、纺织机械及配件制造、销售等。公司创建于1986年，1999年5月成立江苏阳光股份有限公司。1999年8月，在上交所公开发行7000万股A股，发行价11.98元，募集资金83860万元。9月27日上市交易，股票简称江苏阳光，代码600220。2000年6月，向全体股东每10送2股红股，并以资本公积金转增5股，总股本由18375.39万股增至31238.17万股。2002年4月，江苏阳光发行8.3亿元可转换债券。2003年7月，以资本公积金向全体股东每10股转增2股。2004年6月，以资本公积金向全体股东每10股转增10股。至2005年末，公司总股本92215.07万股，其中非流通股46411.60万股、流通股45803.47万股。

九、江苏四环生物股份有限公司

公司注册地址为北京市顺义区南法信地区三家店村北，办公地址为北京市西城区阜外大街3号东润时代大厦6层。所属行业为医药制造业，主营毛纺、原料药、片剂、酒剂、注射剂及生物制品的制造和销售。公司前身为位于昆山的江苏三山实业股份有限公司。1993年，在深交所公开发行4000万A股，发行量5248.2万股，发行价2.5元，募集资金13120.5万元。9月8日上市交易，股票简称苏三山A，代码000518。1998年，苏三山股票因连续两年亏损，被特别处理，同年9月暂停交易。1998年10月，江阴市振新毛纺织厂收购深圳创世纪发展有限公司20%股权，成为该公司第一大股东，并对苏三山进行资产置换，主营业务由化纤、涤纶变更为毛纺织。1999年9月，公司名称变更为江苏振新实业股份有限公司，股票简称由PT苏三山变更为PT振新，代码不变。重组后业绩明显改善，相继摘掉“PT”“ST”的帽子。2001年3月，公司更名为江苏四环生物股份有限公司，股票简称变更为四环生物。2001年11月，增发4500万股A股，发行价16.09元，募集资金72405万元，用于整体收购北京四环生物工程制品厂和江苏省江阴制药厂，向生物医药产业转型。2002年3月，公司向全体股东每10股送0.3股，并以资本公积金转增5.7股；8月，向全体股东每10股转增8股。2003年8月，向全体股东每10股送2.3股，并以资本公积金转增7.7股。至2005年末，公司总股本102955.62万股，其中非流通股33319.12万股、流通股69636.5万股。

十、江苏红豆实业股份有限公司

公司注册与办公地址为无锡市锡山区港下镇。所属行业为服装制造业，主营服装、针织、纺织等制品的制造、设计等业务。公司创建于1983年，1992年更名为江苏红豆针纺集团，1995年成立红豆集团公司。1998年，设立股份有限公司，股本为12952.30万元。2000年12月，在上交所公开发行5000万股A股，发行价7.4元，募集资金35847万元。2001年1月8日上市。股票简称红豆股份，代码600400。发行后股本总额为17952.3万股，其中法人股12952.3万股。2004年9月15日，增发3580万股，增发价8.2元，募集资金29356万元。2005年4月16日，公司以资本公积金向全体股东每10股转增4股。至2005年末，公司总股本 30145.22万股，其中非流通股18133.22万股、流通股12012万股。

十一、凯诺科技股份有限公司

公司注册与办公地址为江阴市新桥镇。所属行业为纺织服装业，主营毛纺产品的研发、生产和销售。前身为1997年1月成立的奥德臣精品面料服饰有限公司，1999年6月变更为奥德臣实业股份有限公司。2000年12月，公司在上交所公开发行4500万股A股，发行价9.98元，募集资金44910万元。12月28日上市交易，股票简称德臣股份，代码600389。公司总股本9670.08万股，其中法人股5170.08万股、流通股4500万股。2001年3月13日，公司更名为凯诺科技股份有限公司，股票简称变更为凯诺科技，代码不变。2003年12月，向社会公众股股东每10股配售3股，配股价6.79元，实际配售2295万股，募集资金15583.05万元。至2005年末，公司总股本23665.88万股，其中限售股7753.88万股、非限售股15912万股。

十二、无锡商业大厦股份有限公司

公司注册与办公地址为无锡市中山路343号。所属行业为日用百货零售业，主营国内贸易。前身为江苏无锡商业大厦有限公司，1998年1月由江苏无锡商业大厦集团有限公司、市商业实业有限公司、市商业建设发展有限公司、市商业对外贸易公司、无锡天鹏集团公司等5家企业法人共同出资6500万元注册成立。2002年6月，在上交所发行4000万股A股，发行价9.4元，募集资金36359万元。6月25日上市交易，股票简称大厦股份，代码600327。2004年5月，向全体股东每10股送4股红股，并以资本公积金转增6股。至2005年末，公司总股本21737.99万股，其中非流通股13737.99万股、流通股8000万股。

十三、无锡庆丰股份有限公司

公司注册地址为无锡市新区长江路34号地块科技创业园四区一楼101号，办公地址为无锡市锡沪西路203号。所属行业为纺织业，主营棉纱、棉布的生产和销售。前身为1992年成立的中外合资无锡庆丰纺织有限公司。1999年10月，公司性质由中外合资企业变更为国内合资的有限责任公司，并更名为无锡庆丰发展有限公司。 2000年3月28日，公司整体变更为无锡庆丰股份有限公司。2003年1月，公司在上交所发行6000万股A股，发行价6.28元，募集资金37680万元。2月20日上市交易，股票简称庆丰股份，代码600576。至2005年末，公司总股本19409.31万股，其中非流通股13409.31万股、流通股6000万股。

十四、江苏三房巷实业股份有限公司

公司注册与办公地址为江阴市周庄镇三房巷村。所属行业为纺织业，主营化纤原料及制品、棉制品、印染布、涤棉布、色织布等的生产和销售。1994年，由江苏三房巷实业集团总公司、江阴市三房巷热电厂、江阴市螺丝厂联合发起组建，注册资本10326万元。2003年2月，在上交所公开发行5500万股A股，发行价7.62元，募集资金41910万元。3月6日上市交易，股票简称三房巷，代码600370。至2005年，公司总股本15826万股，其中非流通股10326万股、流通股5500万股。

十五、江苏双良空调设备股份有限公司

公司注册地址为江阴市利港镇，办公地址为江阴市利港镇双良工业园。所属行业为日用电器制造业，主营中央空调、空冷器和化工业务。公司前身为成立于1995年的江苏双良特灵溴化锂制冷机有限公司，2000年更名为江苏双良空调设备有限公司。2003年4月，在上交所公开发行8000万股A股，发行价7.24元，募集资金57920万元。4月22日上市交易，股票简称双良股份，代码600481。至2005年末，公司总股本30600万股，其中非流通股22600万股、流通股8000万股。

十六、江苏长电科技股份有限公司

公司注册地址为江阴市澄江镇长山路78号，办公地址为江苏省江阴市滨江中路275号。所属行业为电子设备制造业，主营集成电路封装测试、分立器件制造销售。2000年，江阴长江电子实业有限公司整体变更为江苏长电科技股份有限公司。2003年5月在上交所公开发行5500万股A股，发行价7.19元，募集资金39545万元。2003年6月3日上市交易，股票简称长电科技，代码600584。上市后，公司总股本18287万股，其中法人股12787万股、流通股5500万股。2004年5月，以资本公积金向全体股东每10股转增6股。2005年12月29日，实行股权分置改革，非流通股股东向流通股股东每10股支付3.2股股票对价。至2005年末，公司总股本29259.2万股，其中限售股17643.2万股、非限售股11616万股。

十七、无锡华光锅炉股份有限公司

公司注册地址为无锡市开发区26号—G地块7、8栋，办公地址为无锡市城南路3号。所属行业为其他专用设备制造业，主营电站锅炉、工业锅炉、锅炉辅机、水处理设备、压力容器的制造和销售。2000年12月，由无锡水星集团有限公司作为主发起人，同时联合亚洲控股有限公司、无锡高新技术风险投资股份有限公司、无锡金和大厦有限公司、无锡工业锅炉厂、无锡压缩机股份有限公司，共同发起设立。其中，无锡工业锅炉厂的经营性净资产（按评估确认的价值11242.75万元）折为国有法人股8940万股，其他5家社会法人出资1333.03万元折为社会法人股1060万股。2003年7月，在上交所公开发行6000万股A股，发行价4.92元，募集资金29520万元。7月21日上市交易，股票简称华光股份，代码600475。2005年7月，以资本公积金向全体股东每10股转增6股。至2005年末，公司总股本25600万股，其中非流通股16000万股、流通股9600万股。

十八、江苏申龙高科集团股份有限公司

公司注册与办公地址为江阴市申港镇申圩路。所属行业为塑料制造业，主营塑料制品、各种包装材料、纸制品等生产和销售。2000年7月28日，江阴市申达实业有限公司整体变更设立为江苏申龙高科集团股份有限公司，以2000年4月30日净资产4631.1001万元，按1∶1的比例折成股权。2003年9月10日，在上交所发行3000万股A股，发行价8元，募集资金24000万元。9月24日上市交易，股票简称申龙高科，代码600401。发行后公司总股本7631.1万股，其中法人股4631.1万股、流通股3000万股。2004年6月，对全体股东每10股送2股红股，并以资本公积金转增8股。2005年6月，以资本公积金对全体股东每10股转增8股。2005年11月，实施股权分置改革，非流通股股东向流通股股东每10股支付4.5股股票对价。至2005年末，公司总股本25804.76万股，其中限售股10144.76万股、非限售股15660万股。

十九、江苏天奇物流系统工程股份有限公司

公司注册地址和办公地址为无锡市惠山区洛社镇人民南路。所属行业为专用设备制造业，主营自动化输送系统、自动化仓储系统以及为提供技术支撑的系统集成控制软件等。公司原名无锡南方天奇物流机械有限公司，1997年11月成立，2000年11月更名为江苏天奇物流系统工程股份有限公司。2004年6月，在深交所中小企业板公开发行2500万A股，发行价6.89元，募集资金17225万元。6月29日上市交易，股票简称天奇物流，代码002009。2005年11月，实施股权分置改革，非流通股股东向流通股股东每10股支付3.3股股票对价。至2005年末，公司总股本5755.49万股，其中限售股2430.49万股、非限售股3325万股。

二十、江苏霞客环保色纺股份有限公司

公司注册与办公地址为江阴市霞客镇马镇东街7号。所属行业为纺织业，主营色纺纱线、半消光聚酯切片、原生有色聚酯纤维和再生有色聚酯纤维的生产和销售。前其身为1998年3月成立的江阴霞客色纺有限公司。2000年12月，变更为江苏霞客环保色纺股份有限公司。2004年6月在深交所公开发行招股2000万股A股，发行价6.62元，募集资金13240万元。7月8日上市交易，股票简称霞客环保，代码002015。2005年11月，实施股权分置改革，非流通股股东向流通股股东每10股支付3股股票对价。至年末，公司总股本5032万股，其中限售股2432万股、非限售股2600万股。

第二节　境外上市公司

一、中国稀土控股有限公司

1999年10月，宜兴新威控股有限公司股票在香港联交所主板上市，股票简称宜兴新威，代码0769，募集资金1.39亿港元，用于稀土项目的改造和耐火材料项目的生产线建设。2000年5月，公司更名为中国稀土控股有限公司，股票简称中国稀土。6月，以每股1.34港元、年息3厘转换价值500万美元的债券，用于一般性营运资金，并于2000年末将部分债券转换为新股529.4万股。11月，配售7000万股，募集资金7200万港元，用于扩建离子稀土矿分离线。2001年7月，配售10500万股，募集资金25450万港元，用于扩充第二期耐火生产线及发展荧光粉业务。2003年12月，以每股1.2港元的价格发行17250万股代价股份购入Dynamic Goal Worldwide Inc及其附属专营高温陶瓷业务的无锡泛亚高温陶瓷有限公司。2005年12月，收购苏海镁矿全部股东权益。

二、亚洲锆业有限公司

2002年10月，亚洲锆业有限公司股票在香港联交所上市，股票简称亚洲锆业，代码0395。公司配售股份9000万股、发售新股1000万股，每股0.8港元，募集资金8000万港元，主要用于扩大生产线及研发新产品。2004年2月，公司配售4700万股，募集资金5400万港元。

三、亚洲环保控股有限公司

2000年，亚洲环保控股有限公司在新加坡成立，由宜兴的鹏鹞集团控股。2003年12月11日，在新加坡证交所主板上市，股票简称亚洲环保，代码A58.SI。公司总股本26800万股，公开发售股票6800万股，发行价格为0.235新元，募集资金1598万新元。该股是中国第一个在新加坡上市的环保类股票，募集资金主要用于扩大工程承包能力及投资水务项目，并收购宜兴新宏扬环保科技有限公司。

图9-1　2003年12月，亚洲环保在新加坡交易所主板上市（宜兴市史志办供稿）

四、华润上华科技有限公司

公司注册地为开曼群岛（英属维尔京群岛）。2004年，公司在香港交易所主板以每股0.5港元的价格配售6.21亿股股票，募集资金3.105亿港元。8月，上市交易，股票简称华润上华，代码597。公司股东主要为私人资本运营公司，其中包括3i Group PLC、国际金融公司（International Finance Corp.）和Templeton Strategic Emerging Markets Fund，华润上华共向上述3家公司配售3.396亿股机构投资股。

五、上海亚洲控股有限公司

2000年2月，由江阴新联通印务有限公司和新加坡斯玛菲东洋集团公司成立新联通印务有限公司。2004年4月，因海外上市需要，变更为新加坡上海亚洲私人有限公司控股企业。公司主营包装印刷业。2004年10月，公司总股本5.18亿股，首次在新加坡公开发行新股1.298亿股，每股发行价0.28新元，股票简称亚洲控股，代码T57，募集资金3634.4万新元。

六、科玛工业有限公司

公司创办于2004年8月，专业生产铝装饰板，由江阴的江苏海达集团有限公司下属利泰装饰材料有限公司控股。2004年11月，在新加坡发行新股5600万股，每股发行价0.24新元，股票简称科玛工业，募集资金1344万新元。

七、亚洲绢丝纺控股有限公司

公司是无锡新鼎球绢丝纺有限公司与新加坡投资商在新加坡设立的上市公司。2005年5月，以每股0.2新加坡元发售2500万元新股和1750万股股东限售股，募集资金850万新元。5月26日，在新加坡自动报价系统上市，股票代码5GP.SI。

八、无锡尚德太阳能电力有限公司

公司位于无锡新区，2001年1月由施正荣创建，从事晶体硅太阳能电池、组件，硅薄膜太阳电池和光伏系统工程、光伏应用产品的研究、制造、销售和售后服务，是中国首家拥有TUV、IEC、EC等进入国际市场权威认证证书的光伏企业。2005年12月14日，在美国纽约证券交易所上市，股票简称尚德太阳能，代码TTP。首次募股发行2638万股普通股，发行价每股15美元，募集资金近4亿美元。上市当天开盘价20.35美元，收盘价也是当日最高价为21.2美元，市值21.75亿美元，成为国内首家挂牌纽交所的民营高科技企业、江苏第一家在美国上市的企业、在美国首发募集资金最多的企业和全球光伏制造企业中市值最高的企业。

无锡市志

【第二册】

第十卷

经济体制改革

概　述

80年代初，无锡市从农村到城市，由扩大经营自主权开始，展开各项经济体制改革，突破计划经济模式，逐步建立社会主义市场经济体制。在农村，主要进行土地承包和乡镇企业承包的改革；在城市，以增强企业活力为核心，实施扩大企业经营自主权的改革。1985年，无锡市成立经济体制改革委员会，组织协调全市各项改革的推进。1986年起，无锡市商业管理推行所有权和经营权适当分离，推进商业流通体制改革。1989年起，深化国有企业经营管理体制改革，理顺劳动关系，基本形成企业产权多元化格局和职工市场化就业机制。与此同时，无锡市加快由计划经济向市场经济转变，加大市场调控，开拓市场，扩大消费，引导生产，合理配置社会资源，逐步建立、完善社会主义市场体系。90年代，推行土地使用制度改革，对国有、集体土地实行有偿、有期限、有流通的土地使用制度。90年代中期，农村稳步推进村级集体经济股份合作制、土地股份合作社和农民专业合作经济组织的建立和完善。城市深化各项国企配套改革，推进企业产权制度改革，建立现代企业制度。国有投资主体运作体制和机制不断创新，国有投资公司充分发挥投融资功能，建立举债融资和存量盘活机制，开展资本运作。同时推进财税体制、价格体制等方面的改革。至2005年，全市确立公有制为主体、多种所有制经济共同发展的基本经济制度，形成多种层次、比较完备的市场体系；建立企业自主经营的各种体制；基本形成全方位、宽领域、多层次的对外开放格局；政府职能转向经济调节、市场监管、社会管理和公共服务，以间接手段为主的宏观调控体系已经建立并趋向成熟。无锡市基本实现由高度集中的计划经济体制向社会主义市场经济体制的转变。

第一章　农村经济体制改革

第一节　农田经营体制改革

80年代初，无锡农村开始实行第一轮土地承包，普遍实行农业家庭联产承包制，全市农业经营体制由集体所有、统一经营，转变为集体所有、分户承包经营、统分结合的双层经营体制。之后，深化和完善农业经营体制改革，以1998年第二轮承包为界，分前后两个时期。前期通过发展社会化服务，推进规模经营和建立“以工建农”政策体制；后期通过发展农业专业合作社，推进土地流转、组建土地股份合作社、建设农业园区和鼓励工商资本投资农业等。

一、完善双层经营体制

无锡在1980年实行第一轮土地承包时，按照人分口粮田、猪分饲料田、劳分责任田（即“三田制”）的方法进行分户承包。1984年开始，商品粮田逐步向种粮专业户转移，乡、村两级对种粮大户实行“以工补农”。此后，市委、市政府从农业经营体制和农业发展机制两个方面深化改革，继续完善双层经营体制。

1.健全农业服务体系

经过公社化以后的建设和积累，无锡市的农业服务体系农技人员人数较多、素质较好，机构健全，功能较全。在实行家庭承包制的最初几年里，各地适应农户“分”的需要，进行农技培训、印发农技资料，指导农业生产，服务内容比较松散。通过落实知识分子政策，提拔和重用农业服务和农技干部，加强业务培训、充实新生力量、创办经济实体，提高工资报酬，改善工作条件，创建乡镇村农业服务标准站（队）等措施，解决一度出现的农业服务在村组户断线的问题。各市（县）、区建成科研、培训、推广一体的服务中心；乡镇和绝大部分村建立农业综合服务站（队）。乡镇农服站实现“五有”（有一支农技队伍、有办公设施、有培训学校、有试验示范基地、有经济实体）；村级推广无锡县后宅乡创建的“一站三队六条线”①模式。还通过设立农业副厂长、农业车间等形式，把农业服务和农技推广体系延伸到乡镇企业。至1990年，全市镇村两级农业服务人员2.5万人，基本形成上下联线、左右成网的农业服务体系，服务内容由单纯的技术服务转向综合配套的系列化服务。村级至少能为农户提供植保、种子、机耕、管水等4项服务，有的村还能提供收割、脱粒和供应化肥农药、收购定购粮等服务。是年，全市拥有中型拖拉机1831台、手扶拖拉机3349台，耕翻农田245.5万亩；插秧机530台，插秧1.22万亩；各种收割机450台，收割稻麦7.87万亩；育秧设备150台（套），供秧8.03万亩；开沟机2800台，开沟52.65万亩。全市农机总动力221.99万千瓦、亩均1千瓦，名列全国前茅。全市植保专业防治比例为72.8%，统一供种70%，统一机耕、统一灌水比例100%。全市20%的村实现供种、供秧、植保、耕翻、灌水、收脱、用电和农资供应“八统一”，70%的村实现供种、耕翻、灌水、植保和农技指导“五统一”，江阴三房巷村、宜兴高塍村等的稻麦生产实现全过程机械化。

2.农业规模经营

1983年，无锡县华庄镇友谊村农民邵才君夫妇，接包同村18户离土农民的责任田和部分口粮田，经营粮田22.56亩，粮食单产高于全乡平均水平，经济收入也高于一般农户。1984年开始，市委、市政府明确要求有条件的地方要探索和发展农业适度规模经营。80年代末90年代初，无锡县、江阴市和郊区等部分经济发达的乡镇、村开始探索“两田制”，即口粮田由农户家庭经营、责任田由村统一经营，发展一批小农场。全市农业适度规模经营逐步形成大户型、家庭农场型、集体农场型等3种形式。大户型，承包农田5～20亩不等，一般家中都有固定的农业劳动力，专业或主业从事农业生产。实行这种形式的地方，大多集体经济实力比较强，对农业的投入比较多，农业设施比较齐全，服务条件比较好，农田作业大部分由村服务体系承担，承包户负责经营管理及平时田间管理，村里按商品粮田面积或出售的商品粮数量给予一定的补贴，有的还免除对集体的上交和应交的集体服务费。家庭农场型，一般承包农田面积较大，拥有较多的农机装备，全家或大部分劳动力从事农业劳动，少量雇用季节工或常年工，实行规模经营与综合经营，集体提供有限的服务和一定的资金补贴。集体农场型，一般由村委出资兴办，由村委派人组织经营管理。最早的村办农场产生在人多地少，集体经济比较发达的地方。有些村商品粮的面积不多且分散，由种田大户种植太零星，便由村集体农场统一种植。实行“两田制”后，集体农场不断增多，由村农业服务站创办和经营管理的，称站办农场；由村办企业创办和经营管理的，称厂办农场；几家农民联合创办和经营管理的，称联户农场。少数集体农场承包全村的口粮田，试行口粮商品化。多种经营由于规模经营的效益好，大多采用专业承包的形式。有些大户规模扩大后，发展为多种经营的农场。至1994年末，全市形成多种形式的粮食规模经营单位3092个，经营面积19.57万亩，占全市商品粮田面积的30.1%。21个乡镇、347个村的商品粮田全部实现规模经营，分别占全市乡镇、村数的17.8%和17.5%；11个村的口粮田实行商品化经营。1995年，全市商品粮规模经营面积新增6万亩，商品粮规模经营比例增加至40%。多种经营的规模经营发展也很快，形成一批千头猪场，一大批养禽大户、种桑养蚕大户和各类水产养殖大户，郊区蔬菜种植

① 农业综合服务站，农技、植保、育种3支专业队伍，农技、种子、植保、灌水、农机、农资供应6条线。

全部实行规模经营。全市蔬菜、生猪、家禽、禽蛋和水产品规模经营率分别为85%、32%、55%、35%和78%。

3.以工建农机制

八九十年代，国家对农业、农村的投入比较少。因此，除少数已经放开价格的农副产品外，大多数农产品价格严重违背价值规律，种粮、养猪基本不赚钱。为了提高农民的生产积极性，一些乡镇增加对农业的投入，将乡镇企业税前10%的利润用于建农补农，建立“以工补农”制度。此后，“以工补农”制度推广到全市，无锡市在所有的二、三产业企业中收取农副产品发展基金（简称“农发基金”）。1992年，全市农发基金的提取，由按企业职工人数提取，改为按销售收入的2%～4%提取，在全市建立比较规范的筹集、使用、管理、监督的农业发展基金制度。依靠市、市（县）区和乡镇、村集体以及农户三管齐下“以工建农”的农业发展机制，1986～1994年，全市累计投入农业的资金超过10亿元。同时，各地鼓励企业办农场、农业服务条线办企业、小农场办企业，实现企业与农场挂钩、农业与工业一体，把种田大户纳入企业领取报酬，依托企业兴办农业服务组织，大型农业机械在企业中提取折旧金等，直接依托工业企业建设农业。

二、第二轮土地承包

1993～1998年，无锡农村农业用地总量减少20%左右，农业的承包经营主体及承包形式发生变化。在农业规模经营中，部分农户转让土地的承包权和经营权，出现大量外地劳力的倒承包，土地经营权的流转存在着不规范状况；在产业结构调整中，部分粮田改为多种经营，开挖成鱼塘或种上经济作物。与此同时，随着农产品市场的激烈竞争，农业经营风险变大，一些农民对土地产生“吃粮离不开它，致富不指望它，丢开又舍不得它”的复杂心理，出现“只种口粮田，不种责任田”“老的要种田，小的不种田”“贫困落后地区抢种田，经济发达地区不要种田”“粮价高时要种田，粮价贱时不要种田”等状况。1998年，全市农村第一轮土地承包基本到期。

1998年3月，根据中央办公厅、国务院办公厅关于土地承包期延长30年不变的文件精神，市委、市政府部署开展第二轮土地承包的续包和发证试点。5月，市委、市政府全面部署第二轮承包的续包和发证工作。根据无锡农村的特殊情况，各地在二轮承包的续包和发证工作中，坚持“大稳定、小调整”原则。坚持稳定已有的土地承包关系，稳定和提高农业生产力，一般不搞重新发包，不准在续包和发证中，影响规模经营，破坏公共设施，影响社会稳定。坚持土地所有权不变的原则，坚持农村集体土地已有的所有关系，极少数原实行大队（村）核算的，土地仍归全村农民共同所有；绝大多数实行小队核算的，土地仍归村民小组农民共同所有。不准在续包和发证工作中改变土地权属关系，不得将属于组所有的土地收归村有，在全村范围内平均承包。土地整治开发（包括复耕复垦）的增量耕地，按原有权属归村组集体所有，经营权归属于投资开发者。少数新搞村级核算的村，经村民代表大会同意，由村委会提出申请，经乡镇政府、市（县）区政府主管部门审核和批准，确立村所有的土地承包关系。坚持村组范围内农民享有承包经营权原则。村组范围内符合政策规定的农业人口平等享有集体土地承包经营权。享有集体土地承包权而不愿意承包经营的农户，大多做出30年内放弃土地承包权的书面承诺，进行司法公证。坚持“明确所有权、稳定承包权、搞活经营权”原则，正确处理稳定和完善土地承包关系与推进农业适度规模经营的关系，按市场法则和自愿有偿原则建立土地经营权的流转机制。

二轮土地承包的统一承包期为1999年1月1日至2028年12月31日，30年不变，从事集体荒山、荒地、荒水、荒滩等开发性生产的承包期更长些。鱼塘、果园等投资较大效益较好的专业承包项目，实行符合本地实际的承包期限和形式。承包期内实行“增人不增地，减人不减地”，必要的小调整，通过动账不动田或经营权流转的办法解决。承包人口原则上以符合承包政策规定的时有在册农业人口为准，除志愿兵和军官外的现役军人以及判处有期徒刑的服刑人员仍保留原有的承包地。原有承包关系比较合理，多数农户没有意见，可以直接延长承包期。少数农户口粮田不足的，在本村组口粮田中调剂解决，不足部分在本组（村）责任田中解决。由于各种原因，极少数人地矛盾突出的组（村），大多数农民愿意调整承包土地，调整方案报乡镇政府、市（县）区主管部门审核和批准。农户口粮商品化的村，土地仍由村集体统一经营，并明确口粮供应或经济补偿的办法，明确农户拥有土地承包权。已实行适度规模经营的农场和种田大户，明晰村组的土地所有权、发包权及收益权，分别情况落实原有农户的承包权和经营权，并建立规范的土地经营权流转的补偿机制。农场和大户经营的农户抛荒而集中起来的土地，原土地承包者不再拥有承包权，继续由农场和大户经营，并与村组签订土地有偿经营合同，交纳有偿经营费。行政推动集中农户承包土地创办的农场和大户，原农户仍拥有土地承包权，并与村组签订土地经营流转协议，明确补偿办法；土地仍由农场与大户经营，并与村组签订土地有偿经营合同，交纳有偿经营费；条件具备的，农户直接与农场、大户签订土地经营权流转协议，明确补偿办法。土地承包权一般不具体落实到农场和大户，少数在第一轮承包期内形成的种田大户，愿意承诺延长30年经营期，本村组其他农户没有异议的，落实30年土地承包权。乡镇企业下岗职工要求承包责任田并具备承包条件的，优先到农场从事劳动，或者通过土地经营权的流转解决就业。外来劳力经营的土地，在经营合同期满后，原则上由本组（村）农户承包经营，并优先考虑无业农户。在履行原有土地承包合同的基础上延长土地承包期，不能借延长土地承包期，强行解除未到期的土地承包合同；对到期的合同及时结清，做到到期一批，续订延长一批；对于未明确承包期的，明确延长30年承包期。为解决人地矛盾和社会公益事业的用地，需要预留“机动田”的，经群众讨论同意，由村组集体经济组织申请，经乡镇政府、市（县）区主管部门审核和批准，所留“机动田”不能超过本村组集体耕地总量的5%。除实行招标承包的外，一般农户的土地承包金列入农民负担管理范围，进行监督管理。

在第二轮土地承包中，属村组农民集体所有的土地，由村组集体经济组织行使土地发包权，并与本村组中有资格承包集体土地、承诺履行相应义务的农户签订新一轮土地承包合同。由于无锡农村的村组尚未建立集体经济组织，由村民委员会代理行使发包权。新一轮土地承包关系确定后，由市（县）区人民政府向农户颁发农村集体土地承包经营权证书，明确承包土地的数量、承包期限及有关权利义务等事项。考虑到一些村的特殊情况，市委、市政府在报请上级主管部门同意后，对位于国家重大建设项目范围的村和经市（县）、区人大批准的小城镇建设范围的村的集体土地承包关系实行暂缓发证，土地承包经营通过适当延长原有承包关系解决。已经没有土地又不具备灭组条件的组（村），稳定原有补偿办法，不搞确权发证。实行暂缓发证的村，由村委会提出申请，经乡镇政府、市（县）区主管部门审核、批准。

图10-1　2005年农村土地承包经营权证书

（宜兴市农办供稿）

全市农村集体土地二轮承包应续包发证的土地159.99万亩，应发证农户63.01万户，涉及105个乡镇、1758个村。至1998年末，全市发证土地153.09万亩，发证农户62.51万户，分别占应发证数的99.4%和99.2%。

三、农民专业合作经济组织

80年代后期，无锡农村出现农民专业合作经济组织。90年代中后期，随着农业产业结构调整，各地农民成立各种形式的专业协会。专业协会一般由乡镇村集体经济组织牵头，职能部门负责，以专业大户、农场主为基础，以技术服务、信息交流、物资供应、农副产品销售为核心，形成不以营利为目的的专业服务网络。一些协会还创办与专业相关的经济实体。其间，开始出现由专业大户紧密联营为主要特色的农民专业合作社，成为小型农业生产经营主体走向市场的桥梁。

2002年8月27日，市委办公室、市政府办公室联合发文，要求全市农村各级党政组织支持农民专业合作经济组织的发展。2002～2004年，全市新增专业合作组织81个。至2004年末，全市农村有专业合作经济组织156个，其中基层专业合作经济组织150个、联合专业合作经济组织6个，入社（会）3.82万人，资产总额3.14亿元，所有者权益1.08亿元，年总收入9.83亿元，带动参与产业化经营的农户14.34万户，带动农业生产经营面积30万亩，实现利润2.59亿元。150个基层农民专业合作经济组织中，专业合作社31个，占20.7%；专业协会94个，占62.7%；股份合作制的农业公司25个，占16.7%。多元化的合作主体中，73个依托能人或专业大户组建，占48%；10个依托农产品生产、加工、流通等龙头企业兴办，占总数的7%；39个由各级农业技术服务部门转变职能后兴办，占26%；28个是其他主体，占19%。组织形式有出资型、契约型、股份合作型、会员制型和松散型等。农民专业合作经济组织地区分布广泛，江阴市17个、宜兴市78个、锡山区23个、惠山区21个、新区3个、滨湖区7个、北塘区1个；涉及生猪、禽蛋、水产、蔬菜、水果、牛奶、茶叶、粮油等10多个类别，其中从事种植业83个、畜牧业33个、渔业22个、其他行业12个，合作项目涵盖农业的多个领域。大多数专业合作组织从单纯的技术服务向产前、产中、产后全过程的服务拓展，能向社（会）员提供市场信息、种苗肥药、生产标准、注册商标、产品包装、保鲜贮运、加工营销等配套服务。专业合作组织中，有67个能够提供产加销综合服务、78个能够提供技术信息服务、5个能够提供运销服务。惠山区阳山水蜜桃桃农协会，除了为会员提供技术指导和销售服务外，还组织桃农开展标准化生产，注册“太湖阳山”商标和“阳山”水蜜桃地方证明商标，2005年，取得中国—东盟自由贸易区优惠原产地证书。

至2005年末，全市建立起市、省、农业部的三级农民专业合作组织典型示范体系，其中市级36个、省级8个、农业部试点1个。全市建成有组织章程、有合作手段、有较大规模、有明显效益的“四有”农民专业合作经济组织138个，社（会）员3.75万人，固定资产总值3亿元以上，带动农户12.78万户。宜兴市坤兴养猪合作社、阳山水蜜桃桃农协会、新区鸿山葡萄科技协会被省政府表彰为省级“四有”农民示范合作经济组织，宜兴市坤兴养猪合作社被农业部、财政部定为农民专业合作经济组织扶持单位。

四、集体农用土地流转

80年代农村第一轮土地承包后，部分镇村在实行“两田制”，推行土地适度规模经营时，就出现农民承包地的流转。由于当时农民与承包土地的关系不十分稳定与明确，土地流转极不规范。二轮承包后集体农用土地经营权的流转出现新的特点：流转的目的不再是为了搞适度规模经营、解决土地抛荒和完成定购粮任务，农民流转出土地和接受流转土地都是为了增加收入；流转的方法不再是靠基层政府和集体经济组织的行政推动，而主要是市场主导的效益推动，绝大多数是有偿流转，即按照不同面积、不同等级、不同种养项目和不同使用期限，按双方商定的费用，给流转出土地使用权的农户予以补偿；流转的接受方不再是种田大户和家庭农场，而是投资农业、发展规模种养业的市场主体，不仅有本地农户，还有外地农户；不仅有种养大户，还有工商企业；不仅有个私业主，还有混合所有制企业，甚至是外国资本。投资经营的项目与规模完全由经营主体根据市场需要决定，不仅有几十万元、上百万元的中小项目，还有一次投入千万元以上的大项目。有些村通过流转把土地集中起来，成为村组招商引资、进行农业产业结构调整的重要手段。

2000年9月28日，市政府颁发《关于加强农村集体农用土地流转管理的意见》，全市集体农用土地使用权流转进入稳定规范的阶段。无锡农村集体农用土地经营权的流转，按照自愿、平等、有偿的原则，针对不同的使用情况和租用年限，采取转包、转让、租赁、互换、土地入股等流转方式。一些集体拥有的荒山、荒地、荒滩及水面的经营权，还进行竞价拍卖。对长期从事工商业而无力继续耕种承包地的农户，大多采取转让的方式流转。福建超大集团采取“反租倒包、顺差补贴”的办法，在惠山区前洲镇西塘村大面积租用耕地开发无公害蔬菜。江阴市新桥镇在小城镇建设中，为鼓励各村农民集中到镇区居住，迁居的农民既可保留耕地的承包权，也可全部或部分转让耕地的承包权。全市集体农用土地经营权流转主要有转包①、转让②、互换③和出租④等4种形式。“反租倒包”是出租中的一种特殊形式，由集体经济组织向成员租用承包土地，再发包给个人或法人单位经营。

无锡集体农业用地使用权的流转方法基本相同。在有流转意向的基础上，先由转出方向村组集体经济组织（村委会）提出口头或书面申请，经同意后，转出方与转入方在协商一致的基础上，签订流转合同，载入农村集体土地承包权证，报乡镇农经部门备案，有的还进行鉴证或公证。乡镇村农经部门履行土地流转合同的管理职责，维护村组集体经济组织和农户的正当权益，负责合同的签订、鉴证、结算、调解等工作。

至2001年6月，在全市流转的13.39万亩土地中，实行转包的5.16万亩，占38.53%；实行转让的2.6万亩，占19.42%；实行互换的0.42万亩，占3.14%；实行出租的3.87万亩，占28.9%，其中“反租倒包”的3.19万亩，占出租面积的82.43%，占流转总面积的23.82%；其他流转方式有1.34万亩，占10.01%。2004年后，无锡农村土地流转开始出现土地股份制的新形式。至2005年末，全市流转的集体农用土地57.23万亩，占全市土地面积的53%；涉及农民99.68万人，占全市农民总数的43%；农民从土地流转中获得收益6.03亿元，亩均收益1051.6元。

五、土地股份合作社

2004年，宜兴市大浦镇大树村部分农民以土地作价入股，成立大树村茶叶土地股份合作社。农民把土地承包权转化为长期股权，委托合作社经营，依照股权从土地收益中按一定比例获得红利。农民形象地把它概括为“土地变股权，农户当股东，有地不种地，收益靠分红。”2005年，农村各地因地制宜开展土地股份合作社试点。至年末，全市组建土地股份合作社147个，其中江阴市48个、宜兴市40个、锡山区26个、惠山区22个、滨湖区10个、新区1个。全市农村入股土地7.05万亩，其中农户承包土地3.3万亩，涉及农户6.12万户，人口20.34万人，当年土地年收益分配金额6114万元，亩均867元。

全市土地股份合作社分为两种：一种是农民纯土地入股的股份合作社，土地一般不作价，由合作社统一组织对外发包或租赁，所得收入按入股土地份额分配；一种是以农民入股土地为主，吸收资金、技术等入股组成的股份合作社，入股土地一般都要作价折股，经营二、三产业的土地作价参照征地补偿标准，经营农业的土地作价参照常年农业产值。合作社经营收益按股份分配：按盈利分红、收益不保底的普通股形式，称浮动分配型；收益保底、盈利不分红的优先股形式，称固定分配型；既收

① 土地承包方将承包地的经营权转给其他经营者经营，转包后原土地承包关系不变，原承包方继续履行原土地承包合同规定的权利义务，接包方按转包时约定的条件对转包方负责。

② 承包方经村组集体同意，将承包期内土地的承包权转让给第三方，由第三方履行相应土地承包合同的权利和义务，转让后原土地承包关系自行终止，原承包户承包期内的土地承包权与经营权全部或部分失去。

③ 承包方之间或集体经济组织之间为各自需要和便于耕种管理，交换其承包地块。如集体要集中一片田块进行连片开发，而在这片田块中的某一承包者不愿放弃土地，为了不影响整体开发，由集体出面在组织内部调剂，安排其在其他相同面积地块上进行耕种。

④ 承包户将承包的土地全部或部分租赁给他人经营，收取一定费用。

益保底又盈利分红的混合股形式，称混合分配型。2005年，浮动分配型土地股份合作社16个，入股面积2179亩，入社农户1747家、5623人，土地年分红86.63万元，亩均398元；固定分配型土地股份合作社87个，入社面积6.03万亩，入社农户2.56万家、8.65万人，土地年分红5555.18万元，亩均920元；混合分配型土地股份合作社44个，入社面积7966亩，入社农户3.39万家、11.15万人，土地年分红472.59万元，亩均593元。

第二节　集体经济管理体制改革

一、传统经营机制改革

1984年，无锡废除人民公社体制，在全市农村建立乡镇、村和村民小组，公社、生产大队和生产小队的三级集体经济组织分别变更为乡镇经济联合会、村经济合作联社和经济合作社。三级集体经济延续人民公社的体制，属乡镇、村、村民小组三级集体所有，农村三级行政机构取代三级集体经济组织，分别行使相应社区内经济发展和集体资产管理的职能。不久，乡镇经济联合会被撤销，村经济合作联社和经济合作社也名存实亡。

农村土地绝大部分归村民小组集体所有，由村民委员会代表村民小组发包给农民分户经营；少数实行统一核算的村，土地归全村农民集体所有，由村委会直接发包给农民分户经营。集体所有的多种经营项目，按所有权归属分别由村委会或村民小组向农民发包。分户经营的农民按政策规定向集体上交乡统筹和村提留，向国家上交农业税和定购粮。乡镇、村集体经济还建立农业服务体系，为分户经营的农户提供产前、产中、产后服务，增强集体统一的功能。农村第二、三产业借鉴农业家庭承包责任制，在乡镇村集体与企业之间实行多种形式的经济承包制，初步实现集体资产所有权与经营权的适当分离。

在完善集体企业经营管理体制的过程中，乡镇、村和村民小组集体经济组织的经营机制依然维持着人民公社遗存下来的老体制，但出现向乡镇、村两级集权和区域发展不均衡的趋势。村民小组级的集体经济原来是人民公社“三级”所有的基础，至90年代，除少数因发展第二、三产业而壮大外，大多已失去再发展的组织功能，对集体经济的管理职能上移到行政村一级。许多行政村随着村级集体经济的发展壮大而逐步实现村级核算。由于村干部实行上级任命制，村级集体经济的发展和村集体资产的管理，乡镇党委政府具有很大的影响力与控制力。无锡乡镇、村集体经济经营管理体制的最大特点就是统收统支、党政经三位一体。在这种体制下，乡镇、村集体经济的发展不是靠制度起作用，而是取决于党政领导干部的素质，尤其是党的“一把手”的素质。一些乡镇、村出现一些失误，尤其是投资失误，致使一些乡镇、村集体出现负债过多，社会负担过重等问题，再发展面临许多的困难，有的变成贫困乡镇和集体经济薄弱村。

二、农村集体资产管理

无锡农村的集体资产由乡镇、村和村民小组三级集体的资产组成，主要由第一、二、三产业的经营性资产、各项社会事业的非经营性资产和土地、河流、森林、滩涂、荒坡等资源性资产所构成。1992年，无锡乡镇企业开始实施产权制度改革，农村集体资产的实现形式和内在结构随之发生变化。至1996年，全市农村集体经营总收入1458亿元，占农村经济总收入的90%；乡镇、村集体拥有固定资产422亿元，约占农村集体资产总量的95%以上；集体经营性资产524亿元，主要集中在乡镇、村集体企业中，约占总量的80%左右。农业生产推行规模经营后，土地的经营权甚至承包权向种田能手、农业服务组织、村办农场和家庭农场集中。在第二、三产业的产权制度改革中，通过增量扩股、存量转股、租赁拍卖、兼并、合作合资、组建集团等途径，集体资产的实现形式从单一的实物形态向价值形态、货币形态、有价证券形态转变。集体资产经营方式由原来单一的承包制逐步发展成股份制、股份合作制、中外合资、租赁经营等资产、资本经营形式。在产权制度改革中，集体资产不仅在公有制的不同经济实体之间流动，还大量向非公有制经济，尤其是向个体私营经济流动；不仅在本社区内流动，还向其他地区，甚至省外、国外流动。大规模的集体乡镇企业产权制度改革，在拓宽农村经济发展和集体经济增值渠道的同时，也增加集体资产流失的风险。农村集体资产传统管理机制存在农村集体经济组织不够健全，集体资产缺乏所有主体的问题；集体经济的存在形式和投资方式存在高度的经营风险；集体经济组织对集体资产的经营、流转、变动缺乏有效的监控；集体经济组织的法人财产权没有确立，集体资产的所有权、经营权责任不够明确，经营者高效经营管理的动力不足；集体经济组织抗御市场风险的能力很弱，经营决策存在着负盈不负亏等问题。

1997年8月，市委、市政府颁发《关于加强农村集体资产管理的意见》，明确农村集体资产的范围及加强农村集体资产管理的要求，制定资产清查、产权界定、产权登记、会计管理、承包分配等一系列政策，要求全面清产核资，依法进行产权界定和资产登记，摸清集体资产家底，在此基础上建立集体资产经营、流转、分配、监督和日常管理制度，实行集体资产代表责任制、会计派任制、内部审计制等。市、市（县）区两级农工部增挂政府农村集体资产管理办公室牌子，负责农村集体资产管理工作的组织协调、政策研究和指导监督；各乡镇普遍成立农村集体资产管理委员会，由乡镇经营管理办公室负责日常工作；各市（县）区以及乡镇建立农村集体经济会计（审计）事务所及乡镇分所，专门负责会计管理、财务验审、资产评估、企业审计等工作。全市有40个镇建立资产经营公司、1512个村建立村级资产管理小组，分别承担各自集体资产的管理运作，有的开展资本经营。规范推进集体企业改制，优化资产结构，集体资产逐步从经营性领域退出。把好资产评估关，实现集体资产在客观、公正、合理的评估中不流失；把好资产转换、转让关，实现集体资产在公平竞争中保值增值；把好资产转让金回收管理关，防止集体资产遭受新的损失。按照现代企业制度，明确集体企业以及集体参股企业的法人财产权，建立集体资产经营责任制。对企业经营、占用的集体资产实行“三分离”，即集体资产的管理与经营分离、所有权与经营权分离、资产最终所有权与企业法人财产权相分离。明确集体和企业对集体资产的管理与经营关系，并进行资产登记，发放产权证书。至2000年末，全市104个乡镇有93个开展产权登记工作，91个乡镇发放产权证共4094份，其中企业单位发证1046份、行政事业单位发证2242份、集体经济组织发证806份。全市19个乡镇、161个村建立集体经济组织，完善集体资产经营管理组织体系。

加强集体乡镇企业改制回收资金管理，全市42.88亿元的乡镇企业改制回收金，至2000年末到账30.27亿元，到账率70.59%；18个乡镇的乡镇级改制回收资金全额回收。未回收的资金中，大部分为分期付款未到期的。30.27亿元改制回收金中，投向优势骨干企业3.94亿元，借给企业使用3.54亿元，由此集体获得年总收益1.15亿元；用于归还集体债务、兑付企业集资13.61亿元，占44.97%；用于乡镇村基础设施建设和社会公益性支出3.02亿元。

至2000年末，集体乡镇企业产权制度改革基本结束，全市农村集体净资产总额为190.13亿元，其中：经营性净资产133.67亿元，占70.3%；非经营性净资产56.46亿元，占29.7%。乡镇级净资产65.47亿元，占34.43%；村级净资产124.66亿元，占65.57%。全市104个乡镇中，52个乡镇集体净资产超亿元，最高的江阴市新桥镇41.96亿元；1833个行政村中，264个村集体净资产超千万元，最高的江阴市华士镇华西村18.88亿元。

三、村级经济股份合作制改革

改革开放后，无锡农村在城市化进程中，农田不断被征，农房不断被拆，有些行政村整体拆迁，大批农民农转非。加上婚嫁、下岗等诸多原因，村级集体经济组织的成员进出变化很大，构成日趋复杂，一些村的集体经济变成无所有主体和“空壳”，部分集体资产可能变成少数人的财富。同时，在城市建设与工业园区建设中，被征用的集体土地、厂房、公共设施等补偿严重不足，甚至占用、平调集体资金用于非本村的建设，补偿变成货币资产后，集体资产流失的风险增大，集体资产保值增值风险增加。随着乡镇工业的发展，农村劳动力严重不足，大量外地务工人员流入无锡农村，许多行政村内住进大量的非本村居民。上述因素，引起农村集体资产和集体资产管理的深刻变化。

无锡农村村级集体资产的管理长期沿袭原来人民公社的旧模式，村级集体资产的产权不明确，农民作为村集体资产的所有者，既没有经营权也没有处置权，甚至没有知情权，党政经合一的运作机制与日益完善的市场经济体制格格不入。2002年，无锡市在北塘区黄巷镇陈巷村建立股份经济合作社，进行村集体经济组织产权制度改革试点。陈巷村首先建立由村干部、老党员、村民代表和会计参加的清产核资工作小组，全面清理核实村级集体资产。按“资产变股权、社员当股东”的总体思路，坚持土地集体所有和集体财产不可分割的原则，借鉴股份制形式，将集体资产折股量化到人，明确农民对集体财产的个人占有权、利益分配权、民主决策权和民主管理权。至9月30日，确认村级净资产2821.4万元，其中经营性净资产（包括货币资产、固定资产、对外投资等）2491.52万元；实有土地17.65公顷，其中已办理土地使用权的12.91公顷。同时，制定股份经济合作制改革实施意见和股份经济合作社章程。开展人口调查，以2002年11月10日为基准日，确定全村户籍人员身份和村龄，以此设定人口股和贡献股。将清理核实的村级经营性净资产以1000元为1股，共计2.5万股。设置集体股1万股，占40%；人口股3750股，占15%；贡献股11250股，占45%。贡献股根据集体资产的积累过程分两段计算，1958年1月1日至1979年12月31日为第一段，每年每人享受1个系数；1980年1月1日至资产量化日为第二段，每年每人享受2.5个系数。人口股和贡献股合计1.5万股，全部量化到人。股权确定持股成员在股份经济合作社所占的份额，可以依法继承，但不得退股及提现。民主选举产生股东代表、董事会和监事会成员。改革后，村设党总支、村（居）委会和股份经济合作社，撤销村农工商（总）公司。村党总支对村（居）委会、股份经济合作社进行领导和协调，村党总支书记依章程经选举兼任股份经济合作社董事长。12月5日，北塘区黄巷镇陈巷股份经济合作社成立暨第一次股东代表大会召开，原集体经济的产权制度由社员虚拟共有制变为社员按股共有制。

2003年7月，市委、市政府在黄巷镇召开村级集体经济股份合作制改革专题会议，制定《关于村级集体经济股份合作制改革的实施意见》，各市（县）、区相应出台细化的政策，村级集体经济股份合作制改革呈现“推进快速、形式多样、操作规范、效果明显”的特点。崇安、南长、北塘等3个城区率先在2004年全面完成村级经济股份合作制改革。之后，滨湖区4个街道完成改革，惠山区基本完成村级年可支配收入150万元以上村的股份合作制改革。至2005年末，除个别村外，锡山、惠山、滨湖3个区完成村级收支结余人均100元以上村的股份合作制改革。改革中，量化的资产不再局限于经营性净资产，有些村将土地等资源性资产与经营性净资产一并折股量化，组建成立综合性社区股份合作社，全市共43个，折股量化集体土地433.86公顷。在股权设置上，更加灵活多样。个人股权一般由人口基本股和劳动贡献股两部分组成，全市此类股份经济

图10-2 崇安区广益街道莫家庄村股份经济合作社年终分红场景 （陈旭摄）

合作社167个，占总数的68.7%；有些城中村、城郊村只设劳动贡献股，此类股份合作社全市有8个，占总数的3.3%；一些人口构成比较稳定的远郊村只设人口基本股，此类股份合作社全市有68个，占总数的28%。

2003～2005年，全市新建村级股份经济合作社分别为25个、104个、113个。至2005年末，全市建成股份经济合作社243个，其中滨湖区77个、惠山区45个、江阴市34个，锡山区、北塘区、宜兴市、南长区和崇安区分别为31个、22个、17个、9个和8个；持股农民总计53.38万人，股本总额43.12亿元，经营性净资产40.93亿元；个人股占股份总数的56.6%，股东人均量化集体资产4598元。2005年，全市有156个股份经济合作社进行年终分红，分红总额5118.80万元，比上年增长127%；22.93万股东分得红利，人均223.23元。陈巷股份经济合作社连续4年分红，累计分红350余万元，股东人均分得红利6200元；其中2005年个人股红利128.59万元，人均2280元。

2002～2005年无锡市村级集体经济股份合作制改革完成统计表

表10-1　　　　单位：个

年份	全市	其中							
		崇安区	南长区	北塘区	江阴市	宜兴市	锡山区	惠山区	滨湖区
2002	1	—	—	1	—	—	—	—	—
2003	25	1	2	21	—	—	—	—	1
2004	104	7	7	—	1	1	8	24	56
2005	113	—	—	—	33	16	23	21	20
总计	243	8	9	22	34	17	31	45	77

第三节　乡镇企业改革

一、经营体制改革

无锡乡镇企业在推广无锡县堰桥乡“一包三改”的经验中，取得较好成效，但也产生承包指标体系难合理，承包业绩难考核，承包者掠夺性经营以及内包外包不配套等问题。市委、市政府总结各地经验后，1986年，在全市乡镇企业进行厂长任期目标制、企业两级核算制和集体经济组织内部审计制相结合的“三制”配套改革。厂长任期目标制是在明确厂长任期的基础上，由乡镇、村集体与厂长签订任期目标责任书，明确任期内必须达到的发展目标，包括企业的规模、水平、产品创优、技术改造、人才培养等，克服以前承包者的短期行为；企业两级核算制是在实现乡镇、村对企业经营承包核算的基础上，引导企业把经营承包责任制融入内部管理，把企业承包的指标和权责利分解到每个能独立核算的车间、科室、班组甚至职工个人，实行独立核算，使每个核算单位之间的关系变成等价交换的关系，以解决企业内部大锅饭的问题；集体经济组织内部审计制是在乡镇村集体建立审计组织，对所属集体企业进行日常审计、厂长离任审计、分配审计等，以掌握和搞实企业的经营业绩，兑现承包合同。1987年，为解决企业分配中“两头（国家、个人）实、中间（企业）空”的问题，全市学习无锡县经验，在乡镇企业逐步推行保本分利的“两段分配”，即企业经营保本时得基本报酬，亏损时扣基本报酬，盈利时按核定比例进行见利分成，企业上交按占用集体资产份额的多少确定。两段分配较好地处理积累与消费关系，相应控制非生产性建设、非生产性人员、非生产性消费的增长。有些地方还试行资产增值承包制、租赁经营制、风险抵押承包制和会计双轨管理（企业会计属乡镇村集体和企业的双重管理）等改革。至1990年，全市乡镇、村集体企业基本实施上述各种改革，乡镇企业的经营体制得到完善。

二、产权制度改革

随着全国改革开放的逐步深入，无锡乡镇企业在双轨制条件下的经营优势不再明显，机制性弊端日益凸显。90年代，乡镇企业开始实施产权制度改革。1991年11月，无锡县委农工部工作组在无锡县采油设备厂进行股份合作制改革试点。该厂原有集体净资产693.45万元，改制时将353.66万元作为乡镇集体股，其余309.79万元作为个人股，由职工和社区农民认股投资。1992年开始，市、市（县）区两级农工部相继展开以增量投入带动存量资产改制的股份合作制改革。1993年3月，市委在全市农村工作会议上要求全市农村加快推进股份合作制改革试点。5月，市委批转市委农工部赴广东考察组撰写的《关于广东股份合作经济发展情况的考察报告》，要求全市农村多形式推进乡镇企业的产权制度改革。至6月末，通过增量扩股、合股新办、联营转换等途径，全市组建股份合作制企业210家，总股本6.98亿元，其中个人股1.35亿元、乡镇村集体股4.24亿元、社会法人股0.72亿元，分别占总股本的19.59%、69.95%和10.46%。随着改革的全面推开，明晰企业集体存量资产，处置亏损企业和不良资产的问题提上议事日程。7月，市委召开全市农村股份合作制试点工作座谈会，江阴市长泾镇花园村作经验介绍。年初开始，花园村通过存量置换，将4家效益不高、前景不好的小企业改制成股份合作制企业。4家企业原有650万元集体净资产，通过配股和存量置换办法，全部量化到企业的干部和职工，村集体经济组织由此回收资金478万元，用于新项目的投入，开创集体存量资产置换的先河。至年末，全市组建股份合作制企业807家，股本总额17.12亿元，其中新增资金6.75亿元。1994年1月，市委、市政府印发《关于积极推行农村股份合作制的意见（试行）》，明确集体乡镇企业产权制度改革的指导思想，构建推行股份合作制的基本框架，规定组建股份合作企业的基本工作规范和实行配套改革的基本要求，全市乡镇企业产权制度改革进入全面推行阶段。宜兴市学习山东诸城经验，大量拍卖镇村集体企业资产，一大批集体中小型企业改制成私营企业，成为股份制与股份合作制企业。随着改革的不断深化，改制面的不断扩大，尤其是存量置换、配股以及私人买断等形式的出现和推广，部分试点企业开始走回头路，以集资款取代个人股金，通过退回个人股金使企业重新变成集体企业。为解决资金短缺、维护快速发展的镇村集体经济，许多镇村干部不得不把工作的重点从抓改革、抓发展股份合作制经济转向向群众高利息集资。1996年开始，一些以借贷资金支撑经济发展的地方出现资金链断裂，加之邓斌非法集资案①的负面影响，出现群众挤兑集资款的风波。

1997年8月，市委、市政府要求各地按照“搞活存量、扩大增量、转化弱亏、培育骨干、优化机制、调整结构、集约经营”的要求，加快推进集体乡镇企业的产权制度改革，规范操作，严防集体资产流失。12月，市委、市政府制定《关于进一步推进乡镇企业产权制度改革的意见》，明确推进乡镇企业产权制度改革的指导思想、改制企业的组织形式和股权配置，改制工作的流程和纪律，推进改制的相关政策和配套措施等。至年末，全市1.9万家集体乡镇企业中，1.54万家企业完成产权制度改革，其中改制成有限责任公司1686家、股份合作制企业4699家、拍卖转私的企业5953家、租赁经营的企业1063家、其他形式的企业2000家。有限责任公司和股份合作制企业的总股本62.05亿元，其中乡镇村集体股21.18亿元、职工及社会个人股31.7亿元、社会法人股8.76亿元。其间，将市场资金、社会闲散资金转化为乡镇企业经营资金，新增股本20.97亿元，占股本总额的33.8%。全市5953家拍卖企业，总资产77.76亿元，净资产15.36亿元，负债率80.25%。改制中，拍卖成交金额15.59亿元，增值率1.5%；1063家租赁企业，租赁净资产8.73亿元，协议年租金1.31亿元，净资产收益率15%。在产权制度改革中，一批企业冲破行政地域、所有制、行业界限，通过兼并、投资、控股等形式，调整组织结构，建立企业集团，发展外向型经济，一批优势产品、骨干企业脱颖而出，开始向集约化、规模化、

① 1989年8月～1994年7月，无锡新兴公司等单位在邓斌等人的操纵下，非法集资32.15亿元，涉及江苏、广东、北京、上海等7省、市368家一级集资单位和31名个人。

外向化发展。组建的327家乡镇企业集团，总资产363亿元，核心企业的净资产175.81亿元；开业的1551家“三资”企业，实际利用外资24.7亿美元。

在集体乡镇企业产权制度改革快速推进的过程中，出现“大而盈”“大而亏”（简称“两大”）企业改制难以突破的现象。至1997年末，全市农村共有“两大”企业434家，其中净资产在1000万元以上的“大而盈”企业284家、总资产在1000万元以上而资不抵债的“大而亏”企业150家。284家“大而盈”企业拥有的总资产和集体净资产分别为330.19亿元和149.29亿元，占全市总量的36.72%和45.44%；150家“大而亏”企业拥有资产69.88亿元，负债总额89.02亿元，资不抵债19.14亿元，当年亏损5.32亿元，平均每家企业资不抵债1275万元，当年亏损409.58万元。1998年11月，市委、市政府召开全市乡镇企业改革座谈会，向基层推荐8家“大而盈”企业和37家“大而亏”企业改制的案例，“两大”企业的改制进入全面推进、全面突破的阶段。市委、市政府提出“两大”企业改制的三项目标①和四项原则②。“大而盈”企业一般以增量扩股为主，集体参股控股为主，合理设置企业股权结构，一般不把集体净资产全部从企业中以现金的形式置换出来。许多地方把厂房、土地、电力设施等固定资产剥离开来实行租赁，其他资产转为股份留存企业。改制为股份有限公司和有限责任公司的企业，职工投资入股，采取职工持股会的形式运作。经营者和经营集团成员以现金入股，在改制后的企业中持大股。为鼓励干部职工投资入股，改制时划出扣除实收资本后企业净资产中的10%～30%作为企业股，对企业干部职工进行配股。配股时先购后配，不购不配。部分地方还对企业发展过程中有突出贡献的人员（包括经营者）进行奖股。改制原则上以组建股份有限公司、有限责任公司为主要形式。集体净资产多、产品结构合理、企业家素质好、企业经济效益好的大型骨干企业，按照现代企业制度要求，实施规范的股份制改造，通过增量扩股，吸纳社会法人与境外资本入股，组建股份有限公司或有限责任公司，创造条件争取股票直接上市，或借壳上市、搭股上市。资产规模一般、产品前景好，经济效益好的企业，实行增量扩股，发动干部职工投资入股，吸收社会法人或自然人入股，组建成股份合作制企业或有限责任公司。“大而亏”企业在明确产权和债务的前提下，实行资债分离，通过有用资产剥离、置换和搞活，形成新的生长点，产生新的效益，最终通过搞活资产所产生的效益逐步偿还债务。一种形式是整体置换，重建新企业，把企业有用的资产整体置换出来，有的置换给国有企业实行国集联营，有的置换给企业职工组建股份合作制企业，有的转换给个人变成私营企业。第二种形式是分块启动，盘活存量。对一些规模较大、债务很重、整体转制难度大的企业，采用切块启动、分别转制的办法，盘活存量资产。第三种形式是关停搬迁，退二进三。沿街临路、区位优势明显的“大而亏”企业实行异地搬迁，腾出地盘，发展第三产业。第四种形式是严重资不抵债、解困无望的企业，在妥善处理各方面利益的基础上，依法进行破产。至2000年末，全市“大而盈”企业改制245家，“大而亏”企业改制107家。245家“大而盈”企业中，组建股份有限公司22家、有限责任公司167家、股份合作制企业36家、拍卖转私企业12家、租赁经营企业4家、其他形式4家。107家“大而亏”企业中，改制为有限责任公司23家、股份合作制企业21家，转为私营企业的37家，实行租赁经营的9家，破产14家，其他形式3家。按规定，改制时经营者大多拿出数额较大的现金承接改制，不搞“零资产启动”式的改制，使改制不留后遗症。凡重大事项，例如改制方案、股权设置、集体资产置换、法人代表的产生、债权债务处理等，都由党委、政府集体讨论，民主决策，征求企业干部职工和社区农民的意见，增强改制透明度。

至2000年，无锡乡镇企业产权制度改革基本结束，累计改制集体乡镇企业27109家，改制面

① 通过多形式改制和规范化运作，盘活存量，扩大总量，合理产权结构，优化经营机制，使“两大”企业真正成为独立的市场竞争主体，最终建立起现代企业制度；通过多形式改制和规范化管理，推进集体资产的合理流动、优化组合，提高集体资产的有效性、集中度和控制力，实现保值增值；把握政策，规范操作，妥善处理历史遗留问题，保护所有者合法权益，化解各种矛盾，确保“两大”企业持续健康发展和社会稳定。

② 解放思想、实事求是、因企制宜的原则；以股份有限公司、有限责任公司为重点，多形式稳步推进的原则；集体资产保值增值的原则；盘活资产存量、优化资产结构的原则。

97%以上。其中:组建股份有限公司22家、有限责任公司2844家、股份合作制企业7672家,拍卖转私企业9990家,兼并企业532家,租赁经营企业624家,改制中报歇企业3801家,开业“三资”企业1624家。改制企业总资产606.93亿元,集体净资产189.68亿元,分别占全市乡镇企业总额的75.51%和62.26%。由于集体福利企业改制成个体私营企业后不能享受福利企业的政策优惠,因此集体福利企业以及华西集团、长江集团等经济效益特别好的大企业、少数大量负债的空壳企业等3类4000多家企业未实行改制。

第四节　农村税费改革

80年代初无锡农村实行土地承包后,分户经营的农民按政策规定向集体上交乡统筹和村提留,向国家上缴农业税和定购粮。无锡对农民上交乡统筹和村提留的标准控制比较严,以村为单位不超过上年农民人均年纯收入的5%,全市农民平均负担水平控制在1%以下。在实际执行中,许多集体经济发达的村从未向农民收取上述税费。农民人均负担的乡统筹和村提留低于政策允许的标准。农民一般按承包责任田的多少上缴农业税和定购粮。由于历史的原因,各地上缴的标准不一样,但总体亩均定购粮负担比较重,高的超过600公斤。尽管许多乡镇村出钱对定购粮进行补贴,但全部完成任务仍比较困难。在粮食减产的年景,一些乡镇村为了完成任务,到外地买粮为农民代缴。

1996～2000年,全市农民直接承担的村提留经费总额分别为5673万元、5055万元、4859万元、6439万元和5791万元,人均承担19.67元、17.64元、17.12元、22.94元和20.89元,分别占人均纯收入0.44%、0.36%、0.34%、0.45%和0.4%。农村劳动力承担的义务工和劳动积累工分别为523万个、516万个、640万个、766万个和489万个工日,劳均承担3.3、3.3、4、4.9和3.2个工日;以资代劳金总额分别为3162万元、3465万元、2586万元、4017万元和3689万元,劳均承担19.94元、21.96元、16.31元、25.57元和25.89元,各项指标均在较低水平。

2001年起,全市农村按照减负、稳定和规范的要求进行税费改革。2001～2003年,制定“四个取消、两个调整”方案,即:取消镇统筹费,取消农村教育集资等专门面向农民的行政事业性收费和政府性基金、集资,取消屠宰税,分3年逐步取消统一规定的劳动积累工和义务工(至2004年全部取消)。调整农业税政策,确定全市新的农业税计税面积185.69万亩,计税每亩602公斤,计税价格为原粮每公斤1.1元,税率7%;调整农业特产税(主要有茶叶、水果、水产、原木原竹等4类)。税改时,除宜兴、惠山、滨湖三地少数乡镇保留特产税外,其他市(县)、区已不征农业特产税。2003年,将农业特产税全部改征农业税。改革村提留收取办法,村内兴办集体公益事业所需资金不再固定向农民收取,实行一事一议办法。改革后,核减农业税计税面积124.7万亩,核减比例达40.2%,农民承担的农业税收及合同内外总负担减少5757.07万元,减负率31.44%,其中农业税收及合同内负担减少2549.02万元,减负率16.88%。

2004年,无锡市根据省政府规定,将农业税税率由7%调减至4%,无固定收入土地的农业税率由4%调减至2.3%,农业税附加按照调整后农业税的20%计征。全市农业税依率计征税额4317.18万元,其中村集体经济组织农户4260.71万元、场圃9.07万元、乡镇企事业单位47.4万元;计征农业税附加628.04万元。与2003年相比,应征农业税减少3191.82万元,农业税附加减少440.35万元,正税附加合计减少3632.17万元,减负率45.49%。根据《无锡市农业税征收办法改革实施意见》,2004年起,全市农村取消农业税附加,农业税不再向农民直接征收,实行镇、村代缴,政府补贴。是年,全市取消应征收农业税附加552.65万元,镇、村代缴农业税正税(剔除灾减资金518万元后)实际为3751.78万元,镇、村代缴农业税正税实行全额补贴,其中市(县)、区补贴3378.17万元、镇补贴373.61万元,补贴额均列入市(县)、区、镇财政年度预算。农业税征收办法改革后,全市农民的农业税实现零负担，农民人均减负37.08元，减负率100%。同时，按水稻种植面积每亩补贴20元的政策，无锡市实行市（县）、区政府行政首长负责制，明确各级农林部门负责核实水稻种植面积，财政部门负责粮食直补资金的拨付与管理，并制定《关于对种粮农民进行直接补贴的实施意见》，明确直补资金的补贴办法、兑付程序和工作要求。至6月28日，核实的水稻种植面积122.25万亩，直补粮食资金2445.06万元（其中市级补贴843.35万元）全部兑付到位。根据中央《关于全面免征农业税的通知》精神，2005年起，无锡市免征农业税。

农村税费改革后，镇村集体收入相应减少。无锡市将农业税附加1112.97万元和农业特产税附加7.12万元全部用于村级开支；安排财政转移支付资金6137万元用于镇村两级运转的最低保障；划出10%的农业税和农业特产税收入762万元补助困难村。

第二章　工业企业体制改革

第一节　经营管理体制改革

1979年，无锡市实施扩大企业经营自主权、放权让利的改革。1980年，在企业内部推行经济责任制。1984年，无锡工业企业开始实行多种形式的经济承包责任制，并进行企业整顿。1985年，厂长负责制在全市逐步推开。还进行“转轨变型”改革，由生产型向生产经营型转变，并进行营销体制改革和企业领导体制改革。

1986年，市委引导城市国营企业学习并移植乡镇企业强烈的市场意识和灵活的经营机制。11月，无锡市被国务院确定为全国6个企业经营责任制试点城市之一。市委、市政府制定《关于在部分大中型企业中试行经营责任制的意见》，确定在无锡锅炉厂、无锡无线电厂、国营无锡市第一棉纺织厂、无锡自行车厂、无锡协新毛纺厂和无锡市第一百货商店等6家大中型工商企业试点，在总结试点经验的基础上，分批在各行各业全面推开。1987年，无锡市又被国务院列为企业经营责任制试点城市。全市555家企业实行承包经营，其中：预算内全民工业企业177家，城镇集体企业378家；实行上交利润递增包干、超收全留企业42家，基数包干、超收分成企业460家（其中集体企业378家），上交利润定额包干47家，亏损企业减亏包干6家。推行承包制中，引进竞争机制，择优选聘企业经营者；合理确定承包基数，实行多种承包形式；坚持创利、创汇、创后劲相结合；强化对承包合同的考核。至1988年末，全市国有、集体企业全面实行承包经营责任制。“七五”期间，全市县属以上工交企业669家、流通企业366家的经营者与资产所有者代表签订为期3～4年的承包合同。至1990年末，第一承包期结束，市区220家承包企业中有150家企业完成或超额完成经营期目标利润指标及其他技经指标。在推行承包制的同时，无锡市掀起横向联合、组建企业集团的高潮，在城乡各种所有制企业联合的过程中，互相参股，出现不同类型的股份制。

在经历短暂繁荣后，承包制逐渐显露种种弊端。为探索搞活企业的新路子，1991年，市委、市政府选择无锡油泵油嘴厂、小天鹅电器工业公司、无锡第一色织厂、无锡石化总厂、无锡无线电厂、无锡县新苑公司、江阴市钢绳厂、宜兴市水泥厂等8家大中型工业企业进行企业综合改革试点，实行“一个探索”和“四个放开”，即探索国家与企业的分配关系；放开企业人事用工办法、搞活内部分配，放开发展外向型经济，放开自销产品定价，放开自我积累和投入，继续扩大企业自主权，增强企业活力，推进企业技术进步。油泵油嘴厂、小天鹅公司、石化总厂等法人代表和主管部门签订综合改革、投入产出目标承包合同。

1992年，国务院颁布《全民所有制工业企业转换经营机制条例》，市政府于1993年颁布《全民所有制企业转换经营机制实施办法》，全市进入试行与推广股份制，全面推进国有企业改革，建立现代企业制度的阶段。按照“抓大放小”原则，无锡市对国有大中型企业实施战略性改组,采取多种形式放开搞活国有小企业，鼓励和引导企业技术改造。至1993年，全市80%的企业跳出传统经营范围，一业为主、多种经营。城乡企业通过集团化经营追求规模效益，以优势企业为依托新组建企业集团37家。全市挂牌企业集团84家，其中省级集团47家。小天鹅、威孚、锡兴钢铁、宜兴陶瓷、江阴三房巷等集团实现销售收入超亿元、税利超5000万元。扩大以劳动用工、人事、分配三项制度改革为主要内容的综合改革试点，全市115家企业的14万名职工实行全员劳动合同制、竞争考评上岗制，81家企业的10万名职工试行岗位技能工资制，95%的企业实行多种形式的“工效挂钩”。

1993年1月，市政府与中国一汽集团签订协议，以国有资产无偿转让方式将无锡柴油机厂加入一汽集团，更名为中国第一汽车集团公司无锡柴油机厂。6月，市中级人民法院裁定国有企业无锡市第二钢铁厂破产，土地、设备折价后偿还债务，1000余名固定职工由市政府组织在冶金、机械、纺织、化工等行业所属企业中安置，成为无锡首例国有企业破产案。是年，无锡市制定《无锡市工业企业“公有民营”试点实施办法》，在轻工、化工、电子、工艺美术行业中选定无锡皮革制品厂、无锡建筑五金厂、无锡铝制品总厂、无锡室内成套装饰公司、无锡制伞总厂、无锡市化工机械厂、无锡市化工防腐设备厂、无锡电容器厂、无锡纺织品印花厂、春秋旅游公司等10家单位作为“公有民营”试点单位。工业企业的“公有民营”以资产增值指标考核为重，并通过按净资产分档确定缴纳风险抵押金作为未完成资产增值部分的抵补保证，企业经营者收入按两种分配办法，月收入按单位职工平均水平，年终则以实现利润并在确保职工年收入目标前提下确定奖励水平，较好地体现经营者收入与资产增值和实现利润相联系、职工收入依据劳动技能和实际贡献与企业经济效益相挂钩的原则。1995年，无锡市区“公有民营”企业24家，企业销售收入、实现利润、人均收入分别比上年增长21.6%、60.9%、21%，企业产成品存货和应收账款资金占用下降4%，17家企业实现扭亏为盈，3家企业实际盈利超过100万元。

1994年，市委、市政府制定《关于进一步搞好国有工业企业的若干意见》和《无锡市关于搞好国有工业企业的工作方案》，提出30条改革措施，重点培育18家产品多元化、经营国际化、规模集约化、管理现代化（简称“四化”）企业集团。同年，推动企业实行公司制改革，组建首家资产经营公司——无锡市电仪资产经营有限公司和首家国有独资有限公司——无锡市港务有限责任公司。对尚不具备条件进行公司制改造的企业，实行风险抵押资产委托经营责任制，被选聘的企业经营者按委托经营资产的一定比例交纳风险抵押金，确立资产经营保值增值的责任目标，年终按目标完成实绩审计兑现奖罚。全市86%的县属以上企业落实责权利挂钩的资产经营责任制，既加大激励力度，又增加风险压力。引进外资嫁接，加快老企业改造。全市县属以上企业中全厂或部分合资、合作的将近70%。小微亏企业实行“包、租、股、并、卖”，促进经营机制的转换。全市24家老亏损企业进行“公有民营”试点，其中9家改制后扭亏为盈。城区小商业企业实行风险抵押资产租赁经营的471家，占区属企业的53%。在市属工业中，由6家优势企业兼并6家亏损企业，上万平方米的厂房、近亿元的存量资产得到利用。是年，按照搞活企业首先搞活企业经营者、进而搞活企业的基本思路，吸取承包经营责任制实行过程中突出存在的包盈不包亏、包利益不包风险、包利润不包资产增值的教训，全市进行企业经营者年薪制试点，194家企业经营者由月薪工资改为年薪工资和年终奖励工资分配。

1995年，无锡市率先在工业企业中实行由承包经营责任制转为以资产保值增值为核心、两项资金占用①和重点目标为辅助、3年为一期的资产经营责任制。经营者按企业所有者权益大小缴纳2万～12万元不等的风险金，实行由年薪工资、风险工资、重点目标责任奖励等3项构成的经营者年收

① 指企业产成品占用资金和应收账款资金。

入分配制度。制定“四化”企业集团经营者收入考核分配办法，市区国有和集体企业、国有独资及控股的工业企业（集团）经营者的年收入，每年根据经营业绩考评情况兑现，企业副总经理、党委书记按比例兑现。1996年，全市确定小天鹅股份公司等20家规模大、发展快、后劲足的国有企业集团组织实施企业综合配套改革试点。按“两转五建一配套”①的工作思路，明确40项改革发展目标。全市21个经济综合部门与试点企业签订配套服务责任状，建立“协调服务卡”，按照一厂一策、一厂一表、一年一定的办法，建档立卡、跟踪管理、双向考核、定期公布，对企业提出的资金、税收、财政、生产要素等228个需协调、扶持的事项，明确部门责任，帮助试点企业解决流动资金贷款1.7亿元、项目资金贷款5800万元。20家试点企业全年实现销售收入108亿元、利润5.43亿元，后劲投入6.7亿元，兼并企业11家，分流富余人员2304人。1997～2000年，无锡市大多数国有大中型亏损企业制定目标，通过改革、改组、改造和加强管理摆脱困境。加大对小高炉、小炼油、小水泥、小玻璃、小造纸“五小”企业兼并、破产、关闭政策的实施力度，出台债转股、技术改造贴息等政策措施。1997年，市政府进行3～5家资产经营公司、大型企业集团资产授权经营试点；制定实施《放开搞活小型国有企业的若干意见》，40%的弱、小、亏企业走出困境。至2000年，全市27家被列入亏损的国有大中型企业，或通过关闭破产而退出市场，或被兼并，或进行改制而实现扭亏为盈，全部达到脱困要求。

2001年，无锡市撤销机械、冶金、纺织、石化、电子、轻工、丝绸、建材、贸易、物资等产业局，组建机械、冶金、纺织、石化、电子、轻工、贸易、物资等8家资产经营公司或产业集团公司，同时对实力较强的小天鹅、威孚、国联、商业大厦等集团实施授权经营。2002年，市委、市政府制定《关于大力发展规模经济加快培育重点大企业大集团的意见》和《大力培育和发展民营企业“小巨人”工程的实施意见》，推动企业重组。全年实施重大资产重组项目11个，涉及资产30亿元。是年，小天鹅集团和希捷公司营业收入首次突破百亿元，华西集团、一汽锡柴、红豆集团营业收入首次突破50亿元，全市50家大企业大集团的营业收入总额首次突破千亿元。2005年，全市百强企业全年营业收入总额3654.6亿元、利税总额211.9亿元、利润总额146.9亿元、出口销售总额92.3亿美元。其中，华西集团以309.7亿元的营业收入高居全市榜首，以18.3亿元的利税排名第一；希捷公司完成出口销售20.3亿美元，居全市首位；华西集团、希捷公司、三房巷集团、阳光集团、夏普公司、红豆集团、兴澄特钢公司、海澜集团、小天鹅集团、澄星实业集团、威孚集团等11家企业全年营业收入超100亿元，19家企业超50亿元，48家企业超20亿元。华西集团、三房巷集团、阳光集团、兴澄特钢公司、威孚集团、澄星实业集团、红豆集团、海澜集团、法尔胜集团、申达集团、锡钢集团、华发实业有限公司等12家企业跻身国家统计局公布的中国制造业500强。

第二节　产权制度改革

80年代中期，无锡城乡经济联合过程中，出现企业集团互相参股的股份制。1988年，江阴兴澄钢铁实业公司推行股份制。1992年，无锡市在增强企业活力、转换国有大中型企业经营机制的基础上，按照“大胆试验、稳步推进”的原则，推进股份制试点。8月，市合纤总厂、油泵油嘴集团公司等7家国有大中型企业率先改组为内部职工持股的股份制企业。至年末，全市40家企业改组为股份制经营，股本总额8.21亿元。改组过程中，市有关部门严格按规范化要求操作，组织企业资产评估，市合纤总厂、油泵油嘴集团公司、太湖耐火材料厂等8家市属预算内全民所有制企业原企业净资产3.39亿元，评估后净资产4.89亿元，净增值1.5亿元。1993年4月，无锡市太极实业股份有限公司向社会

① 转变经营机制和转变经济增长方式；建立强有力的内在发展动力机制，建立驾驭市场经济规律的市场化运行机制，建立规模经营、集约经营的快速发展机制，建立良性循环的资本积累机制，建立现代科学管理机制；真正加快企业外部综合配套改革。

公开发行8000万股A股，成为无锡第一家上市公司。至年末，全市股份制企业621家，拥有股本总额31.72亿元，相当于年初企业固定资产原值的17.3%，累计向社会和职工募集发展资金10亿元。股份制企业按照规范化运作，资本效益提高，威孚、太极等17家股份公司年销售收入和实现利润分别比上年增长40%和48%，其中太极实业公司利润比上年翻一番，净资产比股本总额高出1.5倍。

1994年，市政府颁发《建立现代企业制度试点工作意见》，全市列入现代企业制度试点单位37家，其中22家先后改制为股份有限公司和中外法人合资的有限责任公司，落实企业的法人财产权。国家级试点企业威孚股份有限公司的方案经国家经贸委和省政府批准，并授权为国有资产投资主体，挂牌运行实施资产管理和资产经营；11家省级试点企业的实施方案经市政府和省现代企业制度试点工作小组办公室批准付诸实施，其中小天鹅集团由省政府委托市政府授权为投资主体，享有在集团范围内所有国有和集团资产的出资者权利；25家市级试点企业的方案通过论证。经过1年运行，37家试点企业的资产负债率由1994年的64.9%下降至1995年的61.86%，资产增值11.1亿元，增幅26.35%；新办合资合作及境外企业38家，总投资14.58亿元，利用外资9173万美元；技改投入8.32亿元，兼并企业9家，调整存量资产7465万元，接纳职工4082人。

1996年，市委、市政府制定《关于进一步深化国有企业改革的若干意见》《关于国有小型企业推行“五放活、三加强”试点的意见》，提出放开搞活中小企业的资产经营责任形式，即股份制、股份合作制、拍卖、租赁、兼并、歇业、破产、中外合资、联营、委托经营等10种形式，对50家小型企业进行改制改组。1997年，无锡市被批准为全国111个优化资本结构试点城市之一。市委、市政府制定《无锡市关于搞好搞活国有中小企业的实施方案》，全面启动市属中小企业转制，对市属7家企业实施破产、12家企业实施兼并。6月，威孚集团公司出资，跨地区收购控股南京金宁精密机械总厂，组建南京威孚金宁有限公司。至1997年末，全市现代企业制度试点企业78.37%完成公司制改造，20家综合配套改革试点企业全面实施“两转五建一配套”[①]改革；探索公有制多种实现形式，城乡75%企业完成改制转制，其中乡镇企业改制面达87%，宜兴市90%的企业实行改制。其间，继续推进37家试点企业建立现代企业制度，明确国有资产投资主体，落实法人财产权。试点企业逐步建立法人治理机构，改制企业均建立股东会、董事会和监事会。1998年，全市28家企业完成现代企业制度改制，其中组建有限责任公司24家、股份有限公司2家、被兼并重组2家。57家国有大中型企业实施改革与脱困，51家企业基本完成改革脱困任务。1999年，市经委制定《1999年国有大中型企业改革与脱困工作的指导意见》，推动宜兴陶瓷公司、锡山拖拉机厂、柴油机厂等企业脱困。2000年，市政府明确22家国有大中型骨干企业的改制任务，15家列入国有大中型骨干企业中12家企业实施规范的公司制改造，80%的企业建立现代企业制度；全市国有及国有控股大中型工业企业累计改制114家（含分立改制），改制面超过80%。全市列入国家6599家名单中的

图10-3 1997年11月28日举行的南京威孚金宁有限公司揭牌仪式 （荣明仪摄）

① 转变经营机制和转变经济增长方式；建立强有力的内在发展动力机制，建立驾驭市场经济规律的市场化运行机制，建立规模经营、集约经营的快速发展机制，建立良性循环的资本积累机制，建立现代科学管理机制；真正加快企业外部综合配套改革。

27家重点脱困企业，23家基本实现扭亏脱困，脱困面85%；国有及国有控股大中型企业亏损面降至18.5%，基本完成改革脱困任务。全市150家公有中小型企业中，135家进行多种形式的改转制。

1997～2002年末，全市80家企业列入国务院批准的全国企业兼并破产和职工再就业工作计划，其中实施破产企业29家、兼并企业26家、减员增效企业25家，累计核销银行债务240208万元，办理提前退休职工22407人（人均1万元），安置企业下岗分流人员30983人（人均5万元）。市政府动用地方财力为国有企业破产托底，为破产企业安置职工支付托底费用1.5亿元。至2003年，国有企业兼并、联合31家，依法破产10家，调整盘活存量资产20.8亿元。

2001年，无锡市形成市国企改革领导小组、资产经营公司和企业3个国企改革层面，以及企业产权制度改革、社会保障和公有资产管理3个体系，国有资产监督、管理、运营体系全面建立，8家资产经营公司和12家企业集团进行直接授权经营。2002年，全市国企改革目标任务72家，实际完成78家。工商系统8家资产经营公司国有资本退出3.35亿元。至2003年5月，全市8家资产经营公司的191家一级子企业完成改制148家，改制面77.5%；理顺职工劳动关系60141人，占在册职工的53.4%；累计筹措改革成本（含土地变现）9.4亿元用于国企改革，其中国有资本退出3.2亿元、土地变现资金5.5亿元、再就业基金6000万元（实际使用2020万元）、财政贴息资金950万元。利用国家政策，列入计划内破产国有企业28家，豁免银行债务28亿元，豁免社会债务14亿元，提取职工安置费8亿元。非工业系统国企16个行业主管部门应改制单位167家，完成改制154家，改制面92.2%；理顺职工劳动关系23510人，占在册职工的79%；累计筹措改革成本2.6亿元。2001～2003年，全市累计投入国有企业转改制资金27亿元。2004年，全市266家国有企业中95%改制，185家事业单位中85%改制，理顺劳动关系涉及2.5万人，累计理顺率85%，筹措改制成本8.5亿元。至2005年末，全市7家资产经营公司基本完成改革改制，12家授权企业集团全部实现内部用人、用工、分配机制的改革，初步建立由市国有资产管理委员会、资产经营公司或授权企业集团、企业组成的三级国有资产管理体制。

1997～2003年无锡市被列入国家优化资本结构试点的破产企业一览表

表10-2

年份	破产企业名称	所属行业	年份	破产企业名称	所属行业
1997	无锡冶炼厂	冶金	1998	无锡市东方塑料工程有限公司	轻工
	无锡市第四织布厂	纺织		江苏省宜兴陶瓷公司正新陶瓷厂	轻工
	无锡市第四色织厂	纺织		江苏省宜兴陶瓷公司丁山耐火厂	轻工
	无锡市轻瓶厂	轻工		江苏省宜兴陶瓷公司青瓷厂	轻工
	无锡市自行车厂	轻工		江苏省宜兴陶瓷公司红旗陶瓷厂	轻工
	无锡市环球灯饰公司	轻工	1999	无锡印染厂	纺织
	无锡市第三缫丝厂	丝绸		无锡虹美电器公司	电子
	无锡市第二缫丝厂	丝绸	2001	无锡市江南色织公司色织一厂	丝绸
	无锡市糖果冷饮食品厂	贸易		无锡市第二针织厂	纺织
1998	无锡市漂染厂	纺织		无锡市针织总厂	纺织
	无锡市第五棉纺织厂	纺织		国营江阴印染厂	纺织
	无锡市茶花袜衫集团公司	纺织		江苏丝绸无锡缫丝有限公司	丝绸
	无锡双翼电器总公司	电子	2002	无锡橡胶集团公司	化工
	无锡市建筑材料总厂	建材		无锡包装材料总厂	轻工
	无锡市糖果食品厂	贸易	2003	无锡市电子管厂	电子

1997～1998年无锡市被列入国家优化资本结构试点的企业兼并一览表

表10-3

年份	兼并企业	被兼并企业
1997	无锡商业大厦（集团）有限公司	无锡市第二百货商店
	无锡市第一百货（集团）有限公司	无锡交家电总公司
	无锡第一色织厂	无锡市毛巾厂
	无锡第一色织厂	无锡市纺织器材厂
	无锡太极集团有限公司	无锡市第二织布厂
	江苏省丝绸集团有限公司	无锡市第一缫丝厂
	无锡恒通物业集团公司	无锡市物资房屋建设开发公司
	无锡恒通物业集团公司	无锡市外商投资企业物资公司
	无锡威孚集团公司	无锡液压件厂
	无锡动力集团公司	无锡发电设备厂
	无锡压缩机总厂	无锡电器厂
	无锡新威集团公司	无锡气动元件厂
	无锡锅炉厂	无锡电焊机厂
	无锡模具厂	无锡市量刃具厂
	无锡模具厂	无锡标准件厂
	无锡小天鹅集团公司	无锡市波尔卡空调器厂
	无锡小天鹅集团公司	无锡市菊花电器集团公司
	无锡市振奋螺丝厂	无锡市自行车零件厂
	中国钢铁工贸集团公司	江阴铁合金厂
1998	无锡锅炉厂	无锡市通用机械厂
	江苏无锡中百（集团）有限公司	无锡百货批发总公司
	江苏省无锡五金机械总公司	无锡化工原料总公司
	无锡市江南色织公司棉纺织一厂	无锡市绢纺厂
	无锡恒通物业集团公司	无锡市机电设备公司
	无锡庆丰集团有限公司	无锡天元麻棉纺织厂
	无锡庆丰集团有限公司	无锡市第四棉纺织厂

第三章　流通体制改革

第一节　商业流通体制改革

1986年起，无锡市商业管理体制实行所有权和经营权适当分离，建设货源基地和销售基地。全市国营和供销合作社商业批发企业巩固和发展“二三合一”（二级调拨与三级批发合而为一）、专业划细、内部承包、横向联合的改革成果，各批发公司（站）建立专业公司和专业经营部，开拓新的经营领域，形成新的经营特色。在内部划小核算单位的前提下，逐级分解落实经营承包责任制，对资金和仓储、运输设施实行“统分结合”的管理办法。是年11月，市第一百货商店试行经营责任制，随后扩大至三阳公司。12月起，市财办、市体改委在菜馆、点心、生面饼、旅馆、浴室、照相、修理、广告、旅游等9个行业全面推行提成工资制度。蔬菜经营等微利行业也参照实行提成工资办法，根据行业的不同情况，分为利润全额提成、部分工资奖金提成和利润提成前列支部分标准工资后分成等3种类型，并根据行业、市口等因素适当加以调节，对全年超过7个月标准工资的奖金部分提留后作为风险积累和集体福利。年内，崇安区理发行业协会和郊区饮食业、服务业、纯商业3个行业协会相继成立。

1986～1987年，市财办先后会同市体改委制定和转发关于小型商业企业实行租赁经营、试行合股经营等办法和政策措施。1987年，21家中小型全民企业和22家集体企业划给崇安、南长、北塘3个城区管理，同时撤销市五化交公司，区商业局增挂区供销合作社牌子。区街商业组织联购分销、分购联销，商业网点向居民新村区延伸。3个城区共投资1229.3万元，新建商业网点36个，改造门店111个，新增营业面积1.49万平方米。

1987年起，全市366家流通企业分批实行承包经营责任制，由经营者与资产所有者代表签订为期4年或3年的第一期承包合同。与之相适应，大多数商业企业实施经理负责制、干部聘任制、劳动合同制等配套改革，完善企业领导体制、内部经济责任制和分配奖励制度。企业内部分配打破“大锅饭”和“铁饭碗”，普遍实行工资总额包干的分配制度，实行工效挂钩；饮食、服务等劳务性行业普遍推行提成工资制；全市粮店由报账制改为独立核算制，由代销结算改为进销差价结算；粮食仓库实行栈租制，成为相对独立的经营实体；展开小型商贸、饮服企业“公有民营”改革。至1990年，市区13家小型国营商业企业改为国家所有、集体经营，执行集体财务制度；25家转为职工集体租赁经营；210家集体所有制商业企业实行职工集体租赁经营；1家试行职工合股经营。市区菜场蔬菜组、肉类组推行联销联利计酬的经营责任制，后发展为租赁经营。全市市属12家商业批发公司(站)销售总额21.9亿元，比1985年增长54.2%；利润5178万元，与1985年基本持平。至年末，第一期承包全部到期，市属流通企业实现利润总额42818万元，比合同指标增长23.6%；行业固定资产、流动资金总值分别为38975万元和12421万元，比1986年增长313%和66%。

1990年12月，无锡成为全国首个物资流通综合改革试点城市。1991年，制定《无锡市物资流通综合改革试点方案》，加快实施以培育建设市场体系、发展第三产业为重点的流通体制改革。10月，市政府召开深化改革、搞活流通工作会议，确定缩小指令性计划范围，指导商业企业转换经营机制；下放定价权，放宽经营范围，促进企业增补自有流动资金；确定市百货站、市纺织品站、第一百货商店、市糖烟公司、市日杂公司等5家大中型商业流通企业为首批综合改革试点单位。1992年，市百货站新办10多家经济实体，市纺织品站率先引进上海华联商厦、夜明珠娱乐总汇，市糖烟公司先后与美国肯德基公司、印尼大马集团、香港加利福尼亚公司、美国麦当劳公司等在快餐、娱乐、综合服务等方面洽谈成功合资项目。同时，5家试点企业推行全员劳动合同制，实行干部聘任、职工择优上岗、内部待工等配套改革，职工分配试行联销联利计酬、销售额毛利额工资含量计酬等多种分配形式，初步建立岗位靠竞争、收入凭贡献的竞争激励机制。7月，市政府召开全面推行“四搞活”改革动员大会，市财办和体改委联合发出《关于流通企业全面推行“四搞活”的通知》，推动企业搞活经营、价格、用工和分配。市五金站搞活经营，批零销售大幅度增长，全年利税突破千万元；商业大厦搞活分配，试行计件工资制，经济效益和职工收入同步高增长；市医药站进行股份制试点准备。南长区商业局对小型商饮服企业全部实行“转、包、租、联”经营改革，崇安区商业企业推行百元毛利含量工资制；北塘区试行商业局财政入库数一头承包。各商业主管部门分别开办或转为经济实体，组建集团公司。各市(县)商业局、供销社、粮食局相继改组为具有企业法人资格的经营实体，职能由行政管理转为经营、服务、行业管理相结合，工资经费与财政脱钩。1993年7月，市政府批转市财办等部门提出的《关于深化小型商业企业体制改革的意见》，南长区、崇安区、北塘区先后有248家小型商饮服企业实行多种形式的“公有民营”改革。1994年，商业系统推行资产经营责任制，从主要考核销售指标转向重点考核净资产的保值增值和企业的综合经济效益，同时组建江苏省蔬菜行业首家股份制企业——朝阳股份有限公司。供销系统尝试租赁经营、风险抵押承包等办法，深化管理机制改革。1995年，商业连锁经营快步发展，市区相继开办百惠、天惠、粮食、永安、百业、汇丰、千百意、刘泉生等连锁超市公司，累计拥有120多个连锁网点，营业额2亿元左右。商业大厦和市百二店实行资产一体化经营，组建无锡商业大厦集团有限公司。市政府批转体改委、财办等部门拟订的《关于推进流通企业发展规模经济的意见》，对商业流通企业发展规模经营有所推动。

1996年开始，无锡市继续推行商业企业建立现代企业制度的同时，推动以股权多元化为核心的大型企业集团的股份制、公司制改造，加快国有骨干商业企业重组，中小流通、服务企业继续推进股份合作、公有民营、租赁经营、经营权转让、风险抵押承包、出售给个人等多种形式的改革。是年，市属商业企业实行优化组合，组建第一百货（集团）、华锦集团等商业企业集团。1997年，市区组建6家大型流通企业集团，累计16家；市属商、供、粮系统累计组建有限责任公司8家。市（县）、区属商业实行公有民营、股份合作、兼并联合等。市属商业大厦集团、一百集团等通过兼并改组，提高组织化程度与集约化水平；市供销社积极置换资产，盘活存量，兴办特色市场；市粮食局调整组织结构，市区50多家粮店纳入连锁经营体系；南长区贸易局接管梦之岛商城后，进行存量资产调整。无锡华联、上海华联等中型商厦纷纷改建仓储式大型超市，市区仓储式超市、便利店、折扣店、专卖店、一价店等新型业态不断涌现；市区陆稿荐连锁公司将网点伸向农村，门店总数增至70多家；初步建成粮油、蔬菜、荤食品、糖烟酒、工业品等5个配供中心；江阴市五交化配供中心与大型优势乡镇企业集团挂钩配供，服务上门，销售利润大幅上升。商业企业实施品牌经营，国内外名优商品实行总经销、总代理，永安超市公司开发小商品系列品种200多个，锡山市粮食局开发“太湖明珠”大米并打入上海市场。商业企业在立足商品经营的同时，开始注重资产经营、资本经营；在立足内贸的同时，开始拓展外贸业务，商业大厦实现进出口总额4500万美元，中百集团、永安集团获准取得进出口经营权。改制后的国有商业企业，按照《中华人民共和国公司法》要求，逐步规范股权设置、企业治理机构、财务管理和收益分配制度，企业活力明显增强。1998年，全市新增民用装饰装潢市场、花卉市场等17个专业特色市场，市区22个马路市场全部入室经营。市（县）、区商业部门抓住大交通发展的机遇，沿路布点设网，形成高、中、低档协调发展，批零、餐饮、服务业同步提高，近郊、远郊共同拓展市场的格局。郊区政府依托区位优势，推进锡沪路装饰装潢材料市场群建设，全年成交46.79亿元。1999年，商业饮服企业改制面扩大，对部分实行租赁经营、资产抵押承包的企业实行二次改制，大型企业集团实行股份制、公司制改造。商业大厦集团成立股份有限公司，被列为市6家重点大型企业集团之一。商业、供销、粮食系统及县、乡镇、区、街道所属的中小流通、服务企业，继续推进股份合作、公有民营、租赁经营、经营权转让、风险抵押承包、出售给个人等多种形式的改革，着重在个人出资经营及自主用工、自主分配等方面求突破。上马墩、学前街、江海、西新、惠龙、迎龙桥等6个街道的区街挂靠或承包企业（俗称“一脚踢”企业）实施清理整顿、改转制试点。是年，个体、私营经济参与国企改革，个体私营企业实现社会消费品零售总额90.38亿元，占全市总量的22.95%。2000年，以股权多元化为核心，加快国有骨干商业企业重组步伐。商业大厦集团、一百集团与工商企业资产联合，在吸引社会法人股方式上实现新突破；二百家交电有限公司和新交电商厦分别吸引家电品牌生产企业参股，提高骨干商业集团的控制力。加快国有商业资本从中小商业企业中退出，市贸易局系统全年共退出国有资本914.5万元；市粮食局采取“一店一策”措施，通过拍卖、租赁经营、关停并转等方式对全市近百家粮店进行改制，退出国有商业资本564万元。至年末，市区贸易、供销、粮食系统商贸企业改制面分别为80%、90%、77%。

至2005年，153家贸易资产经营公司国企改制基本完成，其中一级企业16家、二级企业137家，改制面100%，理顺职工劳动关系9090人，完成30家空壳企业的销壳任务。国有大型商贸集团通过改革和资产重组，强化主力业态，增强核心竞争力；中小商贸企业实行二次改革，加快股权向经营者集中。通过联合、兼并、拍卖等途径盘活存量资产，放大优质资产。湖光照相馆拍出1800万元，鸿运大酒店沿街门面拍出每平方米16万元的高价。各市（县）、区商贸系统加大改革力度，崇安区商贸企业国有资本全部退出。宜兴市有374家商贸企业完成或基本完成改制任务，改制面99%，并对华地集团等骨干流通企业实施二次改制，退出部分国有资本。至2005年末，无锡国有企业批零销售额的占比由2000年的31.42%降至6.88%，有限责任公司和股份有限公司的批零销售额的占比由2000年的52.25%升至64.68%，商业开放型竞争格局基本形成，国有、集体、个私、外资等多种所有制企业健康发展。

第二节　粮油流通体制改革

一、购销体制改革

1985年起，国家调整粮食政策，当年取消粮食统购，实行合同定购（1990年改为国家定购）和市场收购。国家按“倒三七”比例作价（30%按原统购价，70%按原超购价）定购粮食，定购以外的粮食可自由上市。如果市场粮价低于原统购价，国家仍按原统购价敞开收购。从此，粮食实行多渠道流通，经营、加工、消费粮食的单位均可以直接与粮农签订收购合同，农民也可以通过合作组织或建立生产者协会，与有关单位协商签订销售合同。在经营组织上，国营粮食部门与其他经济组织并存；在国营粮食部门内部，计划内的统购统销与计划外的议购议销并存；在价格体系上，计划价格与市场价格并存。由此，形成粮食购销双轨制，经营渠道多元化。1986年、1987年，省政府对无锡市实行分年度粮油购销包干，明确粮食合同定购计划，供需平衡缺口通过域内外粮食市场调剂解决。1987年，无锡市实行完成粮油定购、议购后，粮食随行就市，敞开收购的政策，并将化肥、柴油、预付定金与粮食合同任务挂钩（统称“三挂钩”）。每50公斤原粮供应2.5公斤优质标准肥、0.75公斤柴油；以县为单位，每差出50公斤原粮，再供应2.5公斤优质标准肥；由粮食部门按定购粮食的价款发放20%的预购定金，在农民售粮时收回。差出粮食地区，以县为单位，按照年度差出粮食实绩，每0.5公斤原粮享受5厘钱的补贴。1988年，收购50公斤议购稻，在省指导性议价的基础上给予化肥补贴差价8.3元。1988～1990年，无锡市及域内各县实行粮油购销调和财务3年包干。

购价提高后，粮食供给增加，但财政补贴负担加重。1991年4月，城镇居民口粮销售价格每公斤提高0.2元。1992年5月，国务院规定，除保证国家定购的粮食外，各地可自行确定余粮的调剂和流通，对居民的平价口粮销售可自行改革。1993年4月1日起，无锡市粮油经营和价格全面放开。

90年代后，部分粮食主产区特别是东南沿海地区粮食种植面积缩减明显，1994年前后，粮食价格出现持续大幅度上涨的态势。基于粮食供需的新矛盾，1994年末，国务院规定粮食收购和销售的数量、价格由各省自行调整。1995年，中央农村工作会议上明确要求改革粮食事权管理，粮食工作（俗称“米袋子”）实行省长负责制。1994年，政府将粮食定购价提高44%，1996年再次提高42%，3年内累计提高105%，以促进粮食生产。1996年，无锡市粮食丰收，粮食供求关系趋向宽松，市场粮价逐步回落。

1996年10月，国务院在大连召开粮食工作座谈会，明确政企分开、储备与经营分开、中央和地方责任分开、新老粮食财务挂账分开，完善粮食价格机制的改革原则。1998年5月，国务院出台《关于进一步推进粮食流通体制改革的决定》。11月，国务院提出按保护价敞开收购、顺价销售、资金封闭运行，改革国有粮食企业、精简人员的政策。是年，在新一轮粮食流通体制改革中，中央明确和完善“米袋子”省长负责制。江苏省具体要求为“米袋子”省长负责制下的市、县长分级负责制。针对按保护价收购粮食的范围过大，不利于引导农民根据市场需求调优粮食种植结构的状况，1999年5月，国务院要求将东北春小麦和南方早籼稻、长江以南小麦等品质差、销路少的粮食品种逐步退出按保护价敞开收购范围。无锡市粮食部门把调优粮食品种与提高农民收益有机结合，对市场适销对路的优质粳稻、小麦品种，按每公斤高于市场一般收购价0.04～0.08元预约定购，敞开收购。2001年7月，国务院发出《关于进一步深化粮食流通体制改革的意见》，要求加快推进粮食主销区粮食购销市场化改革。据此，省政府制定《关于全面推进粮食购销市场化改革的实施意见》，无锡市推进粮油购销市场化。至2005年，无锡市粮油购销按国家既有的政策执行。

二、企业体制改革

1996年，国务院大连会议提出国有粮食企业改革。1998年，无锡市粮食仓储企业率先实施减员分流，依据粮食购销储运主营业务的工作量，分别定编、定岗、定员、定指标，通过集中培训、统一考试、公开评议、双向选择等步骤，核定从事主营业务人员，任务到岗，责任到人。同时，利用原有门店、仓房、设备、场地等资源，开展综合经营，安置富余人员。政策性经营与商业性经营分线运营、分账核算，提高劳动生产效率和企业经济效益，减少政策性财政补贴。至1999年末，全市国有粮食企业减员分流2000多人。2000年始，按照“国退民进”“有所为有所不为”的思路，以产权制度改革为核心，以置换国企职工身份、理顺劳动关系为重要内容，无锡市因企制宜，分类指导，由点到面，稳步推进，全面实施国有粮食企业改革。主要形式是在职工全面置换身份后，由职工出资组建成立股份制企业，或受让经评估审核、公开拍卖的国有资产自主经营（此类以110多家粮油工业企业、市区粮店为主）；或借用国有资产租赁经营（此类以120多家县、区乡镇粮管所为主）。由国企改制而来的民营企业，凭借长期积累的技术、信誉、客源等优势，做优做强粮食收购、加工、储备、经销主营业务，发挥粮食流通主渠道的作用。初步形成以无锡布勒机械制造有限公司、无锡龙天计量制造有限公司、江阴福鑫机械有限公司为代表的粮机制造产业集群，以宜兴隆元大米公司、无锡苏惠米业公司为代表的粮食加工产业集群，以无锡正大集团、江阴特种饲料有限公司为代表的饲料加工产业集群，以无锡国家粮食储备库、宜兴国家粮食储备库、江阴滨江粮食储备库为代表的粮食仓储物流产业集群。至2005年末，除少数承担国家粮食储备和军队粮油供应的政策性企业外，全市国有粮食企业产权制度改革基本完成。

第三节　蔬菜产销体制改革

1985年，市政府发出《关于改革蔬菜产销体制的通知》，改统购包销为“大管小活”，即合同定购郊区全年生产蔬菜总量的60%，约4.5万吨，收购价格在上年的基础上上浮20%～30%，定购品种为青菜、细菜、白菜、冬瓜、茭白、卷心菜、土豆等7个；其余40%，约3万吨，由乡、村办的集体菜场和承包菜农自产自销。同时要求郊区计划菜田面积不能减少和抛荒。1985～1991年，市属蔬菜田中，43%左右的面积实行统一布局、植保、灌排、机耕、供种育苗、供应生产资料以及统一上市，由承包户实施栽培管理；4434亩菜田作为61家工厂的农业车间，纳入乡、村企业统一核算，实行同工同酬。农场所产蔬菜交售国营蔬菜公司；1815亩菜田由166户承包户经营，生产的蔬菜大部分交售国营蔬菜公司；3300多亩常年菜田由个人承包，家庭经营，所产蔬菜或自产自销，或上交国营蔬菜公司。1992年，市政府颁发《关于深化蔬菜产销体制改革的意见》，规定在贯彻“近郊为主、远郊为辅、外埠调剂、保证供应”的蔬菜产销方针前提下，改“大管小活”为“小管大活”，即把合同定购量由4.5万吨、7个品种调减为定购2.5万～3万吨、5个品种，蔬菜生产初步进入市场经济运行轨道。

1993年起，全市放开蔬菜产销渠道，本着保淡季、保节日供应的原则，在一季度和三季度共定购青菜0.5万吨，价格、渠道全面放开。1994年，市委、市政府颁发《关于稳定发展农业的若干政策规定》，规定从事蔬菜生产的菜农，按常年性菜田面积每2亩定劳力1人，季节性菜田每4亩定劳力1人，加上占劳力总数10%的产前、产中、产后服务人员，列为村办或乡办厂的职工，享受所在厂职工的同等福利待遇；实行农工一体化的企业，列支计税标准工资和提留各项企业附加费；列支的农业工人标准工资，分别由乡、村经营管理部门集中专款专用。1996年起，取消行政性定购调配，实行农村生产者与菜场经营者直接见面，签订互利互惠的购销合同，全面实行市场调节。

第四节　供销社体制改革

一、社员代表大会

"文化大革命"期间，市供销社由集体所有制转为全民所有制，社员代表大会制度被取消。1978年10月，市供销社恢复重建。1982年，市供销社系统开始体制改革。1983年起，各基层社、县（郊）供销社层层召开社员代表大会。1984年4月，市供销社召开第四届社员代表大会（距离1963年2月召开的第三届社员代表大会21年），成立无锡市供销合作联社，建立理事、监事会制度，实行民主管理。1987年5月，召开第五届社员代表大会，民主选举产生第五届理事会（25人组成，其中农民理事3人）和监事会（11人）。至2005年末，第五届理事会共召开20次理事会会议。

二、机构改革

1986年，市供销合作联社退出政府序列，为市政府直属经济组织、全市供销合作社联合组织，市（县）、区供销社为市社社员社，经费来源为本级供销社所属企业税前提取的管理费（也称行政事业费），其职能由行政管理型向管理经营型转变。1990年2月，市供销合作联社更名为市供销合作总社（简称"市供销总社"）。市、市（县）区两级供销社分层次组建企业集团，先后成立江阴市供销合作总社企业集团公司、宜兴市供销合作总社企业（集团）公司、无锡市汇丰集团公司（郊区）、无锡汇华集团公司（无锡县），企业集团以直属公司（企业）为核心层，以基层社（下级社）为紧密层，与各总社"两块牌子、一套机构"。市供销总社企业集团虽未挂牌成立，但也按照企业集团的模式进行机构改革，转换职能。1993年，全市供销社商品总销售185.17亿元，是1986年15.9亿元的11.65倍；社会商品零售额24.36亿元，是1986年6.9亿元的3.53倍。宜兴市、江阴市、无锡县供销社的销售额分别为58.87亿元、65.77亿元、50.03亿元，在省供销总社当年表彰的"江苏七小龙"中名列前三。1995年，江阴、宜兴两市供销社企业集团先后取得进出口经营权。1996年8月，市委、市政府明确市供销总社转为经济实体，为集体经济合作组织。1998年3月，市供销总社取得进出口经营权（2000年12月底划转给市金宇对外贸易有限公司）。

1999年，国务院和省政府明确规定市级供销社所需经费列入同级财政预算，不再向所办企业提取管理费。2001年，市政府明确市供销总社为全市社员社的联合组织和管理市级社社有资产的事业机构，正局级建制；人员按机关事业编制核定，依照国家公务员制度管理。市总社机关内设机构改为办公室、组织人事处、财务处、经济发展处和工会（团委）等5个处室，另设纪委（监察室）。市（县）、区供销总社机关同步改革，江阴市、锡山区供销总社主要负责人由当地经贸局副主任兼任，人员参照公务员管理。至此，市、市（县）、区级供销社不再具体管理企业经营，负责行使本级社社有资产出资人职能，重点转向全系统为农服务工作的指导、协调、服务，发展为农综合服务社、农业专业合作经济组织、农村新型社区等建设。2005年12月，市委办、市政府办印发《关于进一步加强供销合作社为农服务工作的意见》，以加强为农业、农村、农民服务为重点的供销社改革进入新阶段。至年末，全市建成为农综合服务社53家。

三、基层社改革

1986年初，全市有基层供销社127家，其中江阴县30家、宜兴县48家、无锡县35家、郊区12家、马山办事处2家。1998年，江阴市对基层社全面改制，其他市（县）、区相继进行。主要形式为：资金抽回、商品卖断、资产出售或租赁、转为私营；农资、医药部门仍由集体承包，或与市、市（县）农资公司连锁；职工与基层社的劳动关系解除，与改制企业重新签订劳动合同，或自谋职业，身份改变；基层社牌子继续保留，一般留2～3人，主要负责资产管理、股金兑付、内退人员及离、退休人员管理等。在改、转制的基础上，基层社的管理体制发生变化。1999年，郊区11家基层社全部划归乡镇管理；2000年8月，江阴29家基层社划归所在乡镇管理；2001年，锡山区、惠山区的基层社全部划归所在乡镇管理。至此，全市120家基层社中，江阴市29家、锡山区14家、惠山区12家、滨湖区20家，合计75家基层社划归当地乡镇政府管理；宜兴市的43家基层社仍由总社领导，撤并为7家片供销社，原基层社并账留壳，保留牌子，由片社统一管理；新区的硕放、旺庄两家基层社仍由市供销总社管理。

四、清理社员股金

1982年供销社改革后，各地供销社开展清股、扩股工作，并对社员股金实行"保息分红"政策，放手吸纳农民入股。80年代后期至90年代前期，形成扩股高潮。之后，扩股演变成类似集资的行为。1986年初，全市供销社社员股金总额2681万元，1996年增至24.8亿元，其中宜兴市10.4亿元、江阴市6.8亿元、锡山市5.9亿元、郊区1.34亿元、市直0.36亿元。之后继续增加，锡山市在1997年达最高峰6.7亿元，江阴市在1997年前后达7.57亿元，宜兴市在1999年5月达12.4亿元，各市（县）、区最高峰累计值28亿元。1997～1999年，先后在锡山市、江阴市、郊区、宜兴市爆发股金挤兑风波。全市各级供销社按照统一部署、分级负责、风险自担、规范管理的原则，开展社员股金的清理整顿，全面清退"保息分红"的股金。锡山市制定股本金分10年全额兑付、利息按银行一年期存款利率挂账的政策，锡山市政府前3年每年拨付3000万元，2001年起政府承担每期到期额的50%、供销社自筹50%，清退兑付。江阴市政府出资兑付总额的50%、供销社自筹兑付50%，分3年全部清退结束；滨湖区由区政府按总额的20%分5年兑付结束，供销社资产全部由区政府统一转制、调度。宜兴市供销社获得政府的5亿元再贷款资金的支持，分4年兑付，每期政府承担90%、供销社自筹10%。供销社企业采取盘活资产存量、变现资产、企业转制中收取资产使用费、职工股金转为企业股份等方法，自筹清退资金。至2001年10月末，全市供销社系统共兑付社员股金21.2亿元，其中政府资金13.8亿元（含再贷款5亿元）、供销社自筹7.4亿元，股金风波基本平息，但仍有余额3.6亿元。同时严格股金规范管理，停止吸收"保息分红"的社员股金，企业改、转制中吸收的股金全部改为资本股。至2003年末，股金余额降至3242万元。至2004年9月20日，宜兴市供销社对12.4亿元的社员股金本、息全部兑付结束，全市供销社"保息分红"股金清退基本完成。

五、商品经营体制改革

计划经济时期，市区供销社根据果品、土产、农资、日用杂品、茶棉和废旧物资回收等传统经营行业，设6家专业公司，加上以南北货、副食品零售为主的市三阳公司，成为供销社市区企业的经营主体。专业公司均为省二级站，经营业务以二级批发为主，经营商品除棉花、农资外，均为国家二、三类商品，列入计划管理，收购、销售及流通区域均有严格计划和政策规定。随着商品流通体制改革的深化，农产品购销政策首先放开。供销社顺应改革潮流，转变经营体制，扩大经营范围，向工业品、工业生产资料等商品拓展，同时利用传统经营优势占据传统经营领域主导地位，在改革开放前期达到发展高峰。1986～1992年,供销社市属企业果品公司年销售额由4458万元增至8763万元,干果和鲜果批发年均销售额相当;日杂公司开拓蚊香、杀虫剂、洗涤用品、卫生纸、炊事机械等重点商品的总经销、总代理业务,年销售额由5378万元增至1.22亿元,1993年1.59亿元。1993年,供销社市属企业商品销售额由1986的2.03亿元增至5.98亿。1993年、1994年,市日杂公司利税总额位居全省同行业第一。随着市场经济体制的不断形成和完善,产销直接见面、厂商直供商品、大型商场和超市不断涌现,个体私营商业快速发展,以二级批发业务为主的供销社传统企业所占的市场份额不断萎缩,加上许多商业网点因市政建设被拆除,果品、土产、日杂、废旧物资回收行业逐渐被个体经济和其他市场经营形式所替代,90年代后期开始,部分公司的传统批发业务先后陆续停止,退出市场,下属经营机构陆续改制,转为民营企业。

在传统经营业务的改革调整发展过程中,涌现出一批具有相当经营活力的专业化经营部门,并从母公司分离出来,直属市供销社领导和管理,成为自主经营、自负盈亏的独立法人。其中,市新型塑料材料厂从市农资公司单列(1993年9月1日),市油脂公司、市绝缘材料公司、市利达物资公司、市炊事机械公司、市成套办公用品公司、市朝阳交电商行等6家企业从各自的母公司分离单列(1994年1月1日),市硕放医药公司从硕放供销社分离单列(1997年1月1日)。除炊事机械、成套办公、朝阳交电等3家企业因多种原因重又于1996年4月回归原母公司外,其余5家企业均获得较快发展,成为供销社市属企业中最具经营活力的部分。

1993年5月创办的金宇置业公司,1995年1月启动开发原果品、土产等公司的仓库用地9874平方米,建设后龙船浜小区商品房2.66万平方米;1996年3月投入永定桥针纺织品市场地块拆迁工程;1999年～2001年,开发建筑面积3.49万平方米的金宇苑小区;2001年～2002年,建设新区科技产业园1.5万平方米标准厂房建设;2002年8月～2005年12月,开发粮食八库地块建设金置广场商住楼,建筑面积4.36万平方米。

1993年12月开业的金宇对外贸易公司,向市外贸公司借权经营进出口业务。1994年,实现销售264万元、创汇19.67万美元。1999年6月,公司改制成立无锡市金宇对外贸易有限公司,注册资本100万元,市供销总社占15%、自然人股占85%。2000年12月,市供销总社的进出口经营权转给金宇外贸公司。2002年8月,市供销总社股份全部退出,转让给自然人。2005年,金宇外贸公司销售额、创汇额分别为6217万元、830万美元,出口产品由最初的金属制件和塑料制品二三个品种,逐步扩展为轻工、化工、纺织、机电四大类数百个品种。

1993年12月,市供销总社将地处中山路153平方米的原回收公司下属的玻璃器皿商店营业用房置换后注入25万元资金,开设无锡市金宇珠宝行,经营系列金银饰品。1999年7月,改制设立无锡市金宇珠宝有限公司,总股本120万元,市供销社占30%,自然人股占70%,2005年营业额475万元。

在供销社商品经营体制改革期间,成功与失误并存。建于1984年的无锡市综合贸易服务中心,全方位经营工业品和农副土特产品,因受"大购大销"影响,急于上规模造成经营失误,1990年6月撤销。1988年元旦开业的供销大厦,集工业品、五交化、针纺织品、副食品、住宿、餐饮、娱乐、旅游、浴室于一体,开业后兴旺3年陷入困境,1998年6月将整幢大楼置换2300万元还债。

六、农业生产资料购销体制改革

1988年前,无锡市农业生产资料供应实行严格的计划管理政策,化肥经营主要根据计划部门下达计划,逐级调拨、供应销售给农民,流通销售渠道为市、县农资公司和基层供销社的农资部门,其他部门和单位一律不得经营,价格(包括出厂价、调拨价、零售价等)由国家统一规定。随着化肥需求量的逐年递增,国内生产能力的不足,化肥货源一度供不应求,市场上多头插手、倒买倒卖、假冒伪劣、价格混乱现象严重。1988年9月,国务院颁发《关于化肥、农药、农膜实行专营的决定》,国家委托中华全国供销合作总社直属中国农业生产资料集团总公司和各级供销社农资经营单位对化肥、农药、农膜实行专营，其他部门、单位和个人一律不准经营。市政府对计划内化肥实行供应量与粮食种植面积及粮、棉收购挂钩。粮食挂钩肥，每收购50公斤稻谷挂钩优质标准化肥5.5公斤，50公斤小麦挂钩化肥4.5公斤。粮食面积肥按水稻、三麦的种植面积每亩分配氮肥3.5公斤、磷肥1.5公斤。另外还有棉花奖售肥、良种挂钩肥、差出粮食肥。挂钩肥一律按平价供应。

1992年10月，国务院发文明确中国农资公司和各级供销社的农资经营单位是农资经营的主渠道，农业“三站”（植保站、土肥站、农技站）和生产企业为辅渠道，同时允许农垦、建设兵团、国营农场等在本系统内组织供应，农资市场放开显露端倪。

1998年11月16日，国务院颁发《关于深化化肥流通体制改革的通知》，取消国产化肥指令性生产计划和统配收购计划，由化肥生产和经营企业自主进行购销活动；化肥出厂价格由政府定价改为政府指导价，放开化肥零售价格；建立救灾化肥储备制度。至此，农资市场基本放开。无锡市建立3000吨救灾化肥储备制度，每年市财政补贴资金50万元，2004年起增至60万元，由市供销社和市农资公司组织实施。

七、棉花流通体制改革

1.工业用棉

无锡纺织工业发达，年需原棉5万吨左右。计划经济时期，由省棉麻公司无锡分公司（简称“市棉麻公司”）负责全市纺织厂用棉的调拨、供应、储存，以及全市民用絮棉和有关军需供给。每年由省计委、省供销社、省纺工局联合下达无锡市的原棉计划（年计划5万吨左右，其中4.75万吨为工业用棉、0.25万吨为民用棉），市棉麻公司按计划到产棉区调拨运输，按计划分配供应到各纺织厂。无锡市用棉主要从省内的南通、盐城、扬州、苏州等地区调入。随着市场经济体制的逐步形成，棉花产区纺织工业的发展，加上棉花产量减少，计划调拨的执行率逐年降低，80年代末期的计划执行率为70%～80%，90年代后逐步降至40%～50%，最低时仅为30%左右。为此，市棉麻公司一方面做好计划的调拨供应，另一方面组织采购计划外货源，向河南、山东、新疆、河北等外省拓展组织货源；工厂也自行向外组织货源，市政府还牵头组织进口棉，保证全市纺织用棉的需要。当时，纺织厂的用棉需求，市棉麻公司供应占50%左右，工厂自采和进口棉占50%左右；原棉价格也出现平价（计划内）、议价（计划外）两个价格，直至1998年。1999年开始，工业用棉计划结束，市棉麻公司的棉花经营完全转向自行组织、自行销售，年购销棉花1.5万吨左右，以新疆棉为主（占60%～70%），另以省内及湖北、河南等为调节；纺织厂也自行组织货源。

2.国家储备棉

国家储备棉的储存保管由市棉麻公司承担，实行专项计划、专库储存、专人保管、每年轮库，国家补贴利息和保管费。80年代储存量为3000～4000吨，90年代为1500～3000吨，1997年，最后一批储备棉为3000吨。至2000年11月，储备棉全部出库，市棉麻公司的储备棉历史宣告结束。

八、农副产品购销体制改革

1978年后，无锡市以“调放结合，以调为主”为指导方针，启动购销体制改革，逐步放开农副产品购销，提高农副产品价格，大宗农副产品仍主要由供销社系统实行统一收购、销售。1985年1月1日，中共中央、国务院发布《关于进一步活跃农村经济的十项政策》，取消粮食、棉花、生猪、食油的统购统销政策，改按合同定购和市场收购，对蔬菜、鲜蛋、水产品等鲜活农副产品改按指导性计划管理，其余产品全部放开经营。其时，无锡市棉花、茶叶、蚕茧等大宗农副产品基本上仍由供销社系统收购后销往城乡市场。1994～2005年，农副产品购销体制改革不断深化，农产品流通全面走向市场。

九、供销企业管理体制改革

1986年，无锡市供销社企业推行经营承包责任制，做到市社、企业（公司、厂）、部门（门店）三级承包，一级落实一级。在此基础上搞活企业内部分配，奖金分配权下放到企业。1987年下半年起，全面推行经理（厂长、主任）责任制，改革企业领导体制，强化企业行政领导权。是年末，市属9家公司（工厂）中5家实行经理（厂长）负责制，其余4家企业于1988年上半年实行。1988年，推行企业经营责任制，实行利税包干，逐年递增，一定3年。同时推行浮动工资制，一般为基础工资的20%～30%与奖金挂钩浮动，也有工资全额挂钩浮动；对业务员、采购员实行费用包干、个人收入（奖金）与创利挂钩等制度。1991年，推行目标管理。1995年起，实行企业资产经营责任制，企业经营集团成员全部实行年薪制和风险抵押承包制，基本工资进档案，工资、奖金由市供销总社直接考核、发放。

1997年10月23日，市供销总社颁发《关于直属企业进一步放开搞活，积极推进产权制度改革的意见》，制定供销社企业推进股份制、股份合作制的改革方案和实施办法，并确定第一批试点单位。1998年，对市属独立核算单位进行调整，由年初的78家调整为66家；对经营无望的部门实行关停并转，当年停业清理13家、报歇4家。年内完成市油脂公司、市绝缘材料公司改制，并对之前新组建的三阳商贸有限公司、永定桥商城有限公司、旺盛贸易有限公司进行规范和完善。是年，改革改制的独立核算企业35家。至2001年末，供销社市属企业改制53家，其中有限责任公司32家、股份合作制企业21家，企业改、转制工作基本完成。供销社产权制度改革实施一企一策、多种形式。对市油脂公司、市绝缘材料公司、市利达物资公司、市金宇置业公司、市金宇对外贸易公司、市金宇珠宝行、市三阳公司、市轴瓦厂、市新型塑料材料厂、市硕放医药公司等具有专业化经营优势的企业实行整体改制，改制后成立有限责任公司；对企业整体无优势、难改制，但有局部优势的非独立企业，实行分立改制。无锡苏南日用工业品（集团）公司、市果品公司、市土产公司、市物资回收利用总公司等传统公司的下属经营部门全部分立改制成有限责任公司、股份合作制企业，其老公司保留牌子，停止经营业务，留少量人员负责资产及内退、协保人员和企业离休干部的管理等。市农业生产资料总公司由于其行业的特殊性，在下属部门分立改制的基础上，总公司整体改制为有限责任公司；对小微亏的企业、部门，采取租股结合、抽资承包、合伙租赁、转为个私、关停并转、退出淘汰等多种形式放开搞活，推向市场。改制期间，停业关闭企业19家。硕放、旺庄两家基层供销社的下属经营部门，2001年全部按第二、第三种类型的改革办法完成改制，基层社保留牌子，每社留几人（硕放5人、旺庄2人）处理资产、社员股金、人员等善后事宜。

改制时，各单位明晰产权，合理界定债权债务，核定资产，核销不良资产。至2000年末，改制企业核销坏账、损失等合计1782.71万元。股权一般以职工股为主，并鼓励经营者、骨干人员多持股，社有资产在改制时大部分退出或一次性全部退出。硕放医药公司2001年12月改制时，供销社资本全部退出，200万元的注册资本全部由其他社会法人股和自然人股组成。至2001年末，53家改制企业注册资本总额4280万元，其中职工股及其他社会法人股占77.6%、供销社股占22.4%。所有改制企业的职工全部与新企业变更或重新签订劳动合同；对破产、关闭、撤销、改制企业中形成的离岗职工，分别采取离岗退养、协议保留社保关系、自谋职业、终止劳动合同等办法予以分流、安置。

2002～2005年，社有资本进一步退出，转让给经营者、生产经营技术骨干和职工。金宇置业有限公司和金宇对外贸易有限公司等企业的社有资本全部退出，有的企业直接转为个私经营。2005年5月，组建无锡三阳物业有限公司。至2005年末，改制企业35家，其中有限责任公司22家、股份合作制企业13家。注册总资本3890万元，其中：社有股本619万元，占15.9%；职工股本（及其他社会法人股）3271万元，占84.1%。改制企业职工根据改制前的工龄，按政策规定支付经济补偿。供销社市属企业共分流安置职工999人，支付经济补偿金1000万元。

1998～2005年无锡市供销社市属企业改制前后名称对照表

表10-4

改制（成立）年份	改制前名称	改制后名称
1998	无锡市绝缘材料公司	无锡市金宇绝缘材料有限公司
	无锡市油脂公司	无锡市金宇油脂有限公司
1999	无锡市金宇对外贸易公司	无锡市金宇对外贸易有限公司
	无锡市金宇珠宝行	无锡市金宇珠宝有限公司
2000	无锡市金宇置业公司	无锡市金宇置业有限公司
	无锡市农业生产资料总公司	无锡市农业生产资料有限公司
	无锡市利达物资公司	无锡市利达物资调剂有限公司
2001	无锡市供销合作总社三阳公司	无锡市三阳南北货有限公司
	无锡市轴瓦厂	无锡市月亮轴瓦有限公司
	无锡市新型塑料材料厂	无锡市三博海绵有限公司
	无锡市硕放医药公司	无锡山禾锡新医药有限公司

说明：市农业生产资料总公司下属部门分立改制后，总公司改制。

第四章　经济管理体制改革

第一节　计划体制改革

1986年，无锡市继续减小指令性计划，缩小计划管理范围，扩大指导性计划和市场调节的比重。在工业品生产和物资分配计划中，指令性计划仅占10%左右。1987～1988年，省计经委分别批准江阴市和宜兴市国民经济和社会发展计划由省单独列户管理，计划单列的内容包括经济、科技、社会事业等，财政计划仍按原体制执行。1993～1994年，继续缩小计划管理范围，除土地、人口机械增长、“农转非”等实行计划管理，其余基本实行市场调节。保留的计划体制中，突出耕地面积和粮食计划、农资落实、物价控制、重点项目建设、外资到位等目标计划的调控，注重计划与目标管理的有机结合，加强对计划实施过程中的动态跟踪、管理及协调服务。固定资产投资管理下放审批权限，扩大区、局以及开发区的投资项目审批权限和利用外资审批权限。1997年，首次将建设用地计划纳入国民经济和社会发展计划，并实行指令性计划管理，出台《关于进一步加强我市建设用地计划管理的通知》及《关于无锡市区建设用地计划审批管理的实施意见》，健全建设用地计划审批制度。

2004年，全市计划的指标由上年的30项调整至40项，调整和新增的指标包括：研究开发（R&D[①]）占地区产生总值比重、森林覆盖率、城镇人均拥有道路面积、环境质量综合指数、每万人拥有大专以上文化者、每万人拥有医生数（执业医师）、城镇劳动保障三大保险各自覆盖面、新型农村合作医疗参保率、卫生服务体系健全率、城镇社区居委会（农村村委会）依法自治达标率、人均预期寿命、居民文教娱乐服务支出占家庭消费支出比重、百户家庭电脑拥有量、人民群众对社会治安满意率等。

① R&D（research and development），指在科学技术领域，为增加知识总量（包括人类文化和社会知识的总量），以及运用这些知识去创造新的应用进行的系统的创造性的活动，包括基础研究、应用研究、试验发展三类活动。

其中，在全市不同地区的指标设置上，根据地区发展功能定位，突出分类指导原则，既有共性指标又安排个性指标，从而保证全年各项国民经济和社会发展指标顺利完成。

2005年，无锡市对计划体制中的重点工作目标考核进行较大调整，部门一般性、正常性工作不再列入重点工作目标考核内容，重新确定加快经济增长方式根本性转变、科技创新和人才工作、新三年城市建设发展行动、农村基本现代化八项重点工作、2005年度为民办实事项目、全面建设小康社会重点难点指标、全力实施改革攻坚七项重点工作、服务业创新发展、创建全省民营经济最佳成长区三年行动、加强机关效能建设工作、市级党政机关作风建设工作等11项重点考核内容。同时，按照市委、市政府明确的按各地区功能定位分类设置考核目标的要求，取消对滨湖区、崇安区、南长区、北塘区和马山国家旅游度假区、太湖山水城旅游度假区、蠡园开发区及各历史文化名镇工业发展指标的年度目标考核，加大对各地区富民指标、服务业指标、环境指标、科技教育投入和人才发展等指标的考核力度，引导各地区实现科学发展。

第二节　财政管理体制改革

一、总额分成加增长分成制

1986年前，国家实行分税制财政体制，中央在处理与地方的财政分配关系上，集中程度很高，地方的自主权相对较少。其间，体制形式虽几经变化，但分配格局基本未变。无锡市地处苏南经济发达地区，省对无锡市的留成水平定得很低，1985年为6.24%。1986年，江苏省对无锡市实行“总额分成加增长分成”的财政体制。由市综合与省财政结算，但体制定到县，对无锡市级（不含所属县）收入留用比例由6.24%提高至10%；收入比上年增长部分，按照30%的比例分成。江阴、无锡、宜兴三县留成比例分别为17.77%、19.13%、26.62%，比上年增长部分均按25%的比例分成，全市综合留成比例13.64%。对国营预算外企业和经营单位恢复征收国营企业所得税，乡镇企业奖金税全额留归县财政。是年，无锡市对各区继续实行“收支挂钩、全额分成、比例包干”的财政体制。

1987年，江苏省对收入留用比例较低的市县实行增收分档分成办法，增收越多，留用比例越高。增收在7%以内的，仍按原比例计算增收分成；增收7.01%～10%的，分成比例低于50%的市本级，按50%分成，低于45%的县按45%计算增收分成。其中，省对无锡县和郊区专门作收入包干规定。省与各市财政实行工业、商业企业收入承包，超收全留，短收赔补的办法。省对各市（县）的屠宰、契税、奖金税以及城乡个体工商业户的产品税、增值税、营业税和所得税实行“核定基数，超收全留”的办法。根据国家开征耕地占用税的规定，省定在列入地方预算的50%部分中的70%留给县、区作为农业发展基金，专款专用；30%上交省财政，由省统一安排使用。1986～1987年，全市财政总收入35.29亿元，总财力8.35亿元，平均留成率23.68%，如剔除城建税、专项收入、耕地占用税等专款专用的收入项目外，全市总净财力4.21亿元，平均留成率11.93%。

二、收入递增包干制

1988～1990年，江苏省对无锡市实行“收入递增包干”的财政办法，以1987年财政决算参与分成的收入173920万元为基数，包干递增率为5%。每年递增率以内的收入，市留成13.64%，由省结算到县，超过递增率的收入，全部留用；收入达不到递增率、影响上解的部分，由市用自有财力补足。实行收入递增包干后，省对无锡市、县原来的增收分成办法同时取消。1988年开始，无锡市实行保险收入增收分成办法，以全市1987年应交保险公司所得和调节税1187万元为基数，以后每年超基数部分（定比），除上缴中央财政50%外，省、市各分成25%。市分成25%部分，由省年终单独结算返还。

列收列支的价差补贴，包括粮油、煤炭、蔬菜、棉花、平抑物价肉食价差补贴等均列入价格支出,按原办法负担,不得退库。1989年，中央规定预算调节基金中属中央单位缴纳的部分归中央财政；属地方单位缴纳的部分，50%上交中央财政，50%留归地方财政，另给20%的超收奖励。是年起，国有土地使用权出让收入纳入预算管理，20%作为取得收入的城市固定收入，由财政部门用于城市土地开发；48%为地方预算收入（省财政规定24%由省集中）；32%为中央预算收入，全部上交中央财政。将国家开征的彩电特别消费税每台给地方分成40元（省财政规定给生产彩电的市每台分成20元）。国家调整耕地占用税中央与地方分成比例，即由原来的对半分，调整为“倒三七”分成，地方分成70%。为加强粮食商业企业亏损的管理，省委、省政府将粮食商业企业财务下放给市县管理。粮食商业财务下放后，对粮食平价经营亏损补贴、议价利润和农村返销粮提价收入下放后所发生的收入净退库数，影响地方包干收入部分以及粮油价差补贴支出，由省按指标数全额补助；新开征的国家预算调节基金分成部分按省下达任务的70%抵顶粮食下放亏损指标；新增农业税的50%也用于抵顶粮食下放亏损指标。省将各市县保险收入与当地财政挂钩，实行保险收入递增包干办法。以各地保险公司1988年实现利润和应纳税额，确定收入承包基数，每年递增5%，递增率以内的收入全部归省，市不参与分成；超过递增率的部分留市。对中央借款，在1990年前暂不作降低无锡市收入留成比例处理，仍实行定额上交办法。1990年，局部调整“收入递增包干”办法，将13个小税种以1987年决算数退出包干基数，全留地方。从第四季度起，将国营城市建设综合开发企业纳入预算管理，其收入40%上交中央，60%留归地方财政（江苏省规定，留归地方部分省与市、县对半分成）；教育费附加收入也纳入预算列收列支。省改革对市、县的能交基金分成办法，实行分档分成。1991年，无锡市遇特大洪涝灾害，财政十分困难，市政府从1992年4月1日起开征平衡地方预算基金。

在执行收入“递增包干体制”的1988～1992年（1993年是分税制体制的基期年，收入拉大基数，故不放在递增包干体制时期），市财政总收入103.95亿元，总财力20.95亿元，平均留成率20.15%，剔除城建税、专项收入、耕地占用税等专款专用的收入项目外，全市净财力15.02亿元，平均留成率14.44%。

无锡市对马山区一直采取特殊扶持政策。1990年，继续执行收入全留政策。1991～1995年，采取包干办法，以1990年实际收入为基数，以后每年递增（计划环比）在10%以内的，由区全留；收入增长在10%以上的超出部分，由市和区各半分成。

三、分税制财政体制

1994年1月1日起，根据财政部核定税收返还基数的计算办法，按无锡市1993年财政收入实绩和实行分税制后中央与地方财政收入划分情况，将中央和省从无锡市上划收入的净数额作为省对无锡市的税收返还基数，1993年税收返还基数为193949万元。1994年开始，省对无锡市的税收返还递增率按无锡市上划的增值税和消费税增长率的1∶0.25系数确定，省分成增值税地方留成25%中的50%。鉴于地方25%增值税留成平时解缴入市、市（县）地方金库，因此，省应分成部分年终单独结算。同时，省政府将地方负担的外贸出口退税比例由10%调整为20%，核定无锡市负担外贸出口退税数4358万元，每年定额上解；核定无锡市向省贡献财力数4980万元，其中无锡县2600万元、江阴市2380万元，每年定额上解；下达上划中央消费税和增值税（75%部分，下同）增长目标。承认核定的1993年税收返还基数，并且按1∶0.25的系数，增加对地方的税收返还数。江阴市、宜兴市、无锡县同时实行分税制财政体制，收支划分范围、上划中央税收返还办法、税收返还递增率、外贸出口退税负担等都与市的办法相同。市属各区实行分税制体制。1995年起，郊区蠡园经济技术开发区范围内的企事业单位缴纳并属市区收入的增值税地方留成25%部分、营业税30%部分，以1994年实绩为基数，5年内新增加的数额，按省规定地方留成的增值税上缴给省12.5%外，原属市级的增值税12.5%和营业税30%部分的增量，按市政府规定全部由市财政返还。蠡园经济技术开发区缴纳并属郊区收入范围的其他各项地方工商税收（含营业税70%）基金的增量部分，由郊区财政按市政府有关规定制定具体操作办法，优惠政策执行至2002年。为支持旅游开发建设，凡是旅游区的企事业单位所缴纳的属地方所得的各类税收，超过1994年基数的部分，从1995起的5年内，由收入相应级次的财政部门返还旅游区，优惠政策执行至2001年。为支持马山区的开发建设，规定在2001年前，按专项分成办法，市分得马山区的营业税、土地使用税、土地增值税（指增长部分），在年终决算时全部返还给区。

实行分税制体制后，1994～2000年，全市财政总收入490.2亿元，总财力208.4亿元，平均留成率42.51%，剔除城建税、专项收入、耕地占用税、基金收入等专款专用的收入项目，全市净财力（即可支配财力）143.48亿元，平均留成率29.26%。尤其是2000年，全市净财力由此前每年增加4亿～5亿元跃增13亿元，达47.1亿元，留成率42.3%。分税制体制使地方财政困难面貌得以改观，由年年赤字到1993年的收支平衡，以后每年略有结余。

2001年1月1日起，无锡市调整分税制，重新核定地方财政收入基数、地方税收返还基数、地方定额上交基数、财政转移支付补助对象及补助基数和地方财政收入增长目标，2001～2003年，地方财政收入（省集中收入口径，下同）增长考核目标为17%。同时实行激励机制，对没有享受财政转移支付补助的地区，按其地方财政收入当年新增上交额给予一定的发展资金。按照计算确定的1999年标准人均财力，核定无锡市本级、江阴市、宜兴市、锡山区和惠山区享受10%的发展资金。另有地方财政收入上台阶奖励政策。是年起，江阴市、宜兴市、锡山区、惠山区同时调整分税制，地方财政收入基数、地方税收返还基数、地方定额上交基数的核定、激励机制办法等都与市的办法相同。无锡市对崇安区、南长区、北塘区、滨湖区、新区也调整分税制。2002年1月1日起，实行所得税（即企业所得税和个人所得税）收入分享改革，核定无锡市2002年所得税基数返还额。此后，中央与地方所得税收入分享比例调整，相应调整对无锡市的所得税返还额。所得税收入分享改革后，预算科目发生变化，中央将地方企业所得税和纳入中央与地方分享范围的中央企业所得税合在一起考核；个人所得税的考核范围不包括银行储蓄存款利息所得税。根据中央对省所得税收入考核办法，核定无锡市2001年纳入分享范围的企业所得税、个人所得税基数。无锡市2002年及以后年度的企业所得税和个人所得税完成数如达不到上述核定数，省将扣减无锡市所得税返还额。由于所得税收入分享改革后，地方所得税收入口径发生变化，为此，根据所得税收入分享范围及分享比例等情况，对2001年省已核定的市、县地方财政收入（省集中口径，下同）基数等进行调整。

2004年1月1日起，改革出口退税负担办法，核定出口退税基数返还额，在省和各市间按各自2000～2003年出口退税应退数占全省比重进行分配（2003年应退数按各地2002年应退数乘以2003年1～8月当地一般贸易出口增幅再乘以74.4%推算核定），核定无锡市出口退税基数（含出口货物“免抵”增值税）。2004年及以后年度，地方出口货物退付增值税基数部分由中央负担，通过财政结算由省财政返还给无锡市财政。据此，核定无锡市出口退税基数返还额（25%部分），地方出口货物退付的增值税（含出口货物“免抵”增值税额）低于出口退税返还基数的，按实际数返还。出口退税负担机制改革后，地方财政收入口径发生变化，调整省已核定的市县地方财政收入（省集中口径，下同）基数。至2003年12月31日（以出口报关单上注明的出口日期为准），报关出口货物发生的尚未办理调库的“免抵”增值税税额，一律不再办理调库，由此影响地方财政的收入，中央财政通过结算的方式适时归还。因原通过调库形式返还的“免抵”增值税收入，属省集中收入，改由结算归还后，按省规定结算归还收入集中20%。2005年1月1日，省政府调整出口退税负担办法，调整各市县外贸出口退税分担比例。省批准核定的各地外贸出口退税基数不变，超基数部分省负担1.5%，市、市（县）负担6%。改进外贸出口退税退库方式。因外贸出口退税改由中央统一退库，江苏省相应取消省对市县外贸出口退税基数返还，地方负担部分年终专项上解省。规范市以下外贸出口退税分担办法。省调整后的外贸出口退税负担办法，直接落实到县级，各市原则上不再对市（县）制定负担调整办法。各市辖区外贸出口退税负担不均衡等问题，由各市财政统筹解决；各乡镇外贸出口退税负担不均衡等问题，由所在市（县）、区财政统筹解决。各地不再将外贸出口退税负担分解到乡镇和企业，不再采取限制外购产品出口等干预外贸正常发展的措施。

第三节　税收体制改革

1986年10月1日起，开征房产税，依照原值一次扣除30%后的余值计算缴纳，税率为1.2%；同时征收车船使用税（对自行车暂缓）。1987年起，征收个人收入调节税；1月起，对自行车恢复征收车船使用税；7月1日起，建筑税按《中华人民共和国建筑税暂行条例》征收，废止原1983年国务院发布的《建筑税征收暂行办法》。1988年6月，征收私营企业所得税；10月1日起，开征印花税。1989年1月1日起，开征城镇土地使用税，征收固定资产投资方向调节税，在纺织等行业实施“价税分流购进扣税法”试点；缩小产品税征税范围，增值税成为主体税种。2月1日起，对彩色电视机和小轿车在销售价格以外征收特别消费税。开征房产税、车船使用税、印花税、城镇土地使用税、固定资产投资方向调节税等，初步建立地方税体系。为鼓励产品出口，试制新产品、科研产品，照顾残疾人就业等，分别给予减税和免税，1990年3月起相继下调税额。1991年4月起停止征收特别消费税。7月1日起，施行《中华人民共和国外商投资企业和外国企业所得税法》，统一企业所得税制。

1994年10月前，无锡除关税、农业税、耕地占用税、契税以外，征收工商税31种①。至1993年，随着流转税体系的建立和工商税制的全面改革，初步实现从单一税制向复合税制的转变。

1994年，国、地税机构分设。国税局主要征收管理增值税、消费税、企业所得税、个人所得税（储蓄存款利息）、外商投资企业和外国企业所得税等税种。地方税务局负责营业税、地方企业所得税、个人所得税、城市建设维护税、房产税、城市房地产税、城镇土地使用税、土地增值税、固定资产投资方向调节税、车船使用税、车船使用牌照税、资源税、屠宰税、印花税等14个税种的税收业务和征收管理。实施以增值税为主的新税制，主要包括流转税、企业所得税、个人所得税和其他税种的改革，取消产品税，推行规范化的增值税，在增值税全面调节的基础上，对部分货物征收消费税，并实施新的营业税、企业所得税、个人所得税条例。在16个税种中无锡征收14个税种，分别为增值税、营业税、消费税、资源税、企业所得税、外商投资企业和外国企业所得税、个人所得税、城市维护建设税、固定资产投资方向调节税、房产税、车船使用税、土地使用税、印花税、屠宰税、城市房地产税、车船使用牌照税。2001年起，车辆购置附加费改为车辆购置税。2002年1月1日起，新办企业的所得税由市国税局征收管理。2005年1月1日起，车辆购置税划归市国税局征收管理。

第四节　价格体制改革

1986年起，无锡市实行关系国计民生的少数商品和劳务价格由国家管理、其他一般商品和劳务价格由市场调节的价格管理体制，把与人民群众生活密切相关的粮食及食品、日用工业消费品，以及煤炭、钢铁等生产资料的价格改革作为重点。9月开始，商品出厂价格由生产企业根据产品生产成本和市场供应情况，并与同类产品比质比价自行决定；流通环节按照商品的合理流向和少环节原则，有指导地放开。同月，提高802个地产丝绸品种价格，平均提高幅度16.4%。1987年，合同定购的粮油执行规定价格，定购以外部分实行议价收购，议销价格按照保本微利、略低于市价的原则制定。1988年，国家大幅度提高粮食合同定购价格；扩大棉纺织品价格浮动幅度，放开毛巾价格；改革木制家具

① 详见本志第十九卷第二章第二节《税制税种》。

和内销服装作价办法，价格浮动幅度家具不超过10%、服装不超过15%；国产彩电实现浮动价格，放开自行车、黑白电视机、电冰箱、洗衣机、收录机、80支以上纯棉纱及其织物、中长纤维布等7种工业消费品的价格；提高统配煤炭、冶金焦炭、铸造生铁、钢材等生产资料价格。1989年1月起，对地方小化肥厂生产的化肥和地区间调剂的化肥实行最高出厂价和销售限价。1990年，提高棉纺产品价格，平均提幅20%；提高盐酸、烧碱、硼酸等100多个化工产品价格。1991年，对计划外原油、成品油批发价格采取综合差率管理的办法。2月，整顿钢铁系列产品价格，取消各种临时价，实行保量不保价，适当降低计划外最高限价，同时将镀锡板、冷轧电工带（片）的计划内外多种价格进行并轨试点。3月，提高商业经营化工商品进销差率和地区差率，对豆制品、猪肉等大宗品种实行国家指导价。4月起，放开粮油购销价格，取消粮食、油料定购任务，收购价格放开；放开定量、定（统）销供应的粮油价格。同时，放开粮食制品、复制品价格，同时给予城镇职工每人每月6元、大中专学生每人每月4元的补贴。5月，实行统配水泥计划内外统一出厂价格。6月，国家和国有粮食企业收购农民的粮食按国家定购粮食的收购价格由国务院制定；其余粮食的收购价格随行就市。对主要粮食品种的销售价格实行国家定价。国家确定作价原则和作价办法，规定各省辖市主要粮食品种的销售价格。粮食销售价格提高后，国家对社会优抚、救济对象，解放军（武警）战士、大中专在校学生及城镇低收入职工给予补贴。7月，放开搪瓷面盆、口杯价格，实行市场调节价。对纺织品实行浮动价格改革，对高支纱及其制品（金银丝、古香、彩棉三种被面和丝绒四种高档丝绸产品）由企业自主定价，获得国家金奖、银奖的纺织品零售价可在出厂价基础上浮动10%；放开服装出厂价格，销售价格实行差率管理。10月，发布《无锡市农副产品、工业消费品、农业生产资料和经营性收费管理目录》，规定除国家、省、市、县有关部门管理的极少数关系国计民生的商品和劳务价格外，其余品种价格放给企业自行定价。12月，全面放开卷烟零售价格，但出厂价、调拨价不放开，三级批发价格实行浮动。是年始，先后调整部分五金、交电、日杂等商品价格差率。

1992年，无锡市扩大企业自主定价权，市管商品由150多个种类削减为24个种类。颁发《关于放宽流通领域综合改革五家试点企业价格改革政策的意见》，选择无锡纺织品站、无锡百货站、无锡糖业烟酒公司、无锡日用杂品公司、无锡市第一百货商店等5家企业作为价格改革的试点单位，将市管商品的价格（除市、县平衡品种外）和流通差率下放给试点企业，由企业根据市场供求灵活确定价格。此后又颁发《关于进一步推进价格改革的意见》，确定继续缩小市管价格的商品范围，保留的有瓶装消毒牛奶、合同定购部分的5种大宗鲜蔬菜、换购的猪饲料、4种中成药、大众小吃、面粉制品、学生簿本、地产佐料、生活燃料、医疗和医疗器械、普通理发、普通浴室、地方热电、地方建材等价格，金银首饰加工费和医疗单位自制药品的作价办法，饮食业的作价办法和毛利率、拍卖物品和抵押物品收取的手续费和月息标准。缩小日用工业品差率管理的范围，除自行车、家用电器、大型现代化办公用品等省指定差率管理品种外，其余均放给企业管理。对符合产业政策、市场适销对路的冶金、化工等基础产品实行分层次定价办法；将乡镇企业的价格形成机制引入轻、纺行业的大中型企业，逐步推行“四定一活”（即定消耗、定工资、定费用、定利润、活价格）的作价办法；对进价比较高，执行国家限价有困难的计划外物资，允许适当突破，将地方外汇进口物资（农资除外）、协作物资划入计划外生产资料管理；放宽物资经营企业外购外销和经营环节的限制，允许企业根据合理流向、合理渠道、合理环节、自主经营自主定价。3月起，放开皮鞋、布鞋、进口手表价格。4月起，提高粮食定购价格，同时提高粮食统销价格。5月，提高地产水泥价格。6月，放开歌厅、舞厅票价及内部的经营商品价格。7月起，高档理发服务项目的价格放开，其他实行等级管理。8月，提高计划内铜、锌等有色金属产品价格。省配钢材一律在原国家Ⅱ类统一出厂价基础上加价10%，后圆钢、角钢、螺纹钢、线材扩大为35%，中板、薄板扩大为30%；放开铜加工产品价格。取消钢材全国统一出厂Ⅰ类价格，对原Ⅰ类价的改为执行Ⅱ类价管理，并扩大上下浮动幅度，对原Ⅱ类价的改为计划外最高限价，对原Ⅲ类价格的放开价格，对原执行计划外最高限价的下调价格水平。调整计划内调拨的焦炭、生铁价格，并实行指导价，省配焦炭实行企业自行定价。9月起，取消原油、成品油、钢材、生铁、铜、铝、锌、锡、镍、纯碱、烧碱等计划外生产资料的全国统一出厂或销售限价，放开玻璃价格，放开枣庄、徐州矿务局生产的煤炭价格，价格由企业自主确定。是年，调整化肥价格管理权限，国产化肥中政府只统一管理承担国家平价统配任务的以油、天然气为原料的大型化肥企业生产的计划内尿素和硝酸铵出厂价格，放开碳铵等小化肥价格。1993年5月起，饮食业价格实行“分等定价，优质优价”的原则，市物价局会同有关部门制定参考价或指导价，规定饮食业特级、甲级和乙级综合毛利率上限分别为52%、50%和42%；纯粮制品价格由饮食企业自行定价；旅店业实行“市场调节为主，分等定价”的原则；修理业除彩电、冰箱、录像机、空调、热水淋浴器等6个品种实行参考价管理外，其余全部放开；理发业除普通的以外，高档服务项目由企业自主定价；浴室业由企业自主定价。1994年，地方生产的小尿素和碳铵出厂价格由市、县物价部门制定中准价和浮动幅度或规定最高出厂价格。对化肥零售价格实行统一经营、差率管理；进口尿素的零售价格按高于国产大尿素价格10%制定；代销费用由各地物价部门规定。6月，对汽油、柴油、航空燃油、灯用煤油、化工轻油、重油等成品油从出厂价格到销售价格实行计划内外并轨，并一律实行国家定价。7月，提高部分化工、化纤原料中准出厂价格，其他绝大多数化工、化纤原料价格主要由市场形成。1995年1月，大棚薄膜和超薄地膜实行工商企业协商定价。7月起，调整部分化工化纤原料价格，对供求基本平衡的聚酯切片、腈纶短纤维、腈纶毛条中的非国家任务部分，由国家指导价改为市场调节价。是年，蚕茧收购价改为省政府定价。

1996年起，中小学实行公办民助，民办学校可收取建设费，建设费按不少于13年逐步收回学校基本建设投资标准收取。4月起，实行重油计划内外价格并规，统一销售价格。5月，对民用管道液化气实行政府定价。8月起，提高国产农膜料出厂价格，并改指导价为统一出厂价格。9月起，规定煤炭生产企业供电力企业发电用煤出厂价格实行国家指导价格；合成橡胶实行计划内外价格并轨，并实行政府指导价。10月起，普通住宅物业管理收费实行政府定价，商住楼和高档住宅房实行政府指导价，经营性用房实行协商议价。1997年1月，公布各级药品价格管理目录及放开药品价格目录。2月，为抑制市场物价较大波动，对部分主副食品实行补贴。1998年5月，开展新一轮粮食流通体制改革，按保护价敞开收购农民余粮，国有粮食购销企业实行顺价销售，农业发展银行收购资金实行封闭运行。销售的粮食，一律按省政府规定的最低零售价格，统一挂牌销售。6月，实行原油、成品油价格与国际市场接轨的改革，此后国内油价随国际油价的波动而调整。汽油、柴油零售价由政府定价改为政府指导价，成品油零售价统一在零售中准价的基础上上浮5%。12月，建立政府指导下主要由市场形成化肥价格的机制，国产化肥出厂价格由政府定价改为政府指导价，进口化肥调拨价格按实际进货成本加合理经营费用，按照保本微利的原则制定，放开化肥零售价格。1999年12月，民用瓶装平价液化气价格由市物价局制定和调整；其他液化气价格实行市场调节价，其中民用瓶装议价液化气价格由经营企业根据规定的作价办法自主制定价格，工业、商业等非民用液体气价格由供需双方协商制定。

2000年起，在完善价格调控机制的同时，对基础设施领域中的自然垄断行业价格进行市场化改革。价格统计和使用从以商品零售价格指数为主改为以居民消费价格指数为主；对普通中专学校、技工学校实行收费并轨。5月起，金饰品实行管、放结合的管理体制，足金饰品实行政府定价，22K以下的K金、铂金及镶嵌饰品实行市场调节价，取消原有差率管理的规定，在足金饰品零售环节试行金价与加工费分离的计价办法。10月起，实行药品政府定价和市场调节价相结合，并逐步减少政府定价的种类、数量，进一步扩大市场调节价的范围。2001年起，对普通高中招生收费实行并轨，并轨后不再分公费生、自费生、借读生；职业高中和中等师范学校招生收费并轨后不再分公费生、自费生。只收取学费，不再向学生收取自费生培养费。同时，桑蚕鲜茧收购价格和干茧供应价格由省级价格主管部门管理。10月起，放开灯用煤油、化工轻油和燃料重油价格，汽油、柴油由国家计委制定并公布零售中准价，具体零售价由石化、石油集团公司在规定浮动幅度内确定，浮动幅度由5%扩大至

8%。2002年起,取消电煤政府定价,实行市场调节价。2003年5月起,管道液化气销售价格由政府定价改为政府指导价。

2004年4月,西气东输天然气价格实行政府定价,非居民用气实行政府指导价。10月,完善成品油价格接轨办法,放开灯用煤油、化工轻油和燃料重油价格。是年,民办学校建校费并入学费;放开粮食购销市场价格,直接补贴粮农。2005年起,民办学校收费标准按照补偿成本的原则并适当考虑合理回报的因素制定。

第五节 土地使用制度改革

1990年开始,无锡市实行土地使用制度改革,改变传统的土地无偿、无期限、无流通的使用制度,对国有土地、集体土地实行有偿、有期限、有流通的土地使用制度。

一、国有土地有偿使用

1990年9月,无锡市召开市、市(县)、区土地管理局长会议,研究部署土地使用制度改革,对国有土地使用权实行有偿出让和转让。

1.使用权出让

1991年,无锡市土地管理局(简称“市土管局”)首先在开发区、外商投资企业用地试行国有土地使用权出让。10月,通过协议方式向市投资开发总公司出让两幅地块。一幅是锡南开发区1号地块12141平方米,用途为建造标准厂房,出让价格为每平方米110.6元,出让年限为50年;另一幅是无锡市414号地块12万平方米,为中央电视台无锡外景基地建造欧洲景观用地,出让价格为每平方米120元。至1994年末,全市共出让国有土地使用权178幅、417万平方米。1995年,市委、市政府出台《关于加强土地管理深化土地使用制度改革的若干政策规定》,规定房地产开发、商业、金融、旅游、娱乐、服务等经营性用地一律实行出让供地,停止以划拨方式供地,逐步将双轨供地制度过渡到单轨供地。当年全市共出让国有土地使用权118幅、171.9万平方米,土地出让金5.27亿元。

1996～2000年,全市共出让土地1273幅、1890万平方米,出让金总额45.68亿元。2001年,全市出让土地大幅上升,全年出让土地1007幅、961万平方米,土地出让金26.7亿元,分别是上年的两倍左右。2002年,全市实行经营性用地招标拍卖挂牌出让制度,地价水平逐年上升,土地收益逐年增加。当年全市共出让土地938幅,面积2433.93万平方米,出让金总额72.93亿元。2003年、2004年、2005年,全市分别出让土地2639幅、6128.88万平方米,出让金总额208.2亿元;2078幅、5563.06万平方米,223.5亿元;1121幅、3247.69万平方米,200.73亿元。

2.有偿划拨

1992年起,无锡市开征土地有偿划拨费。征收对象为工矿企业用地和党政机关、事业单位等非经营性单位用地,征收办法为在供地时一次性收取每平方米45元的有偿划拨费。

3. 租赁

1997年10月,市国土管理局(简称“市国土局”)出台关于《无锡市城镇规划区内租赁供地实施意见》,规定城镇集体(私营)企业因经济实力不强,无力一次性支付土地出让金,可采用土地租赁的办法,分期或逐年支付土地租金,减轻企业资金压力。由市县国土管理部门代表政府与土地使用者签订土地租赁合同,土地使用者每年或一次性向土地管理部门支付土地租金。

4. 土地资产注入企业资本金

1998年6月,市政府出台《关于企业改革中土地资产处置的意见》,规定企业改制改革中,国有土地以出让方式处置,土地出让金除上缴规定的税费外,作为政府对企业的资本金投入,以支票背书的形式注入企业，降低企业的负债率。当年办理市区市属以上企业土地资产注入72宗、267万平方米。1999年办理国有企业土地资产注入35宗、36.6万平方米，注入企业资金1.77亿元；2000年，注入184宗、404万平方米，15.9亿元。2001年，此制度扩大至所有企业改制，完成国有土地资产注入53宗，115万平方米，注入资产5.25亿元；2002年注入58宗、112.6万平方米，5.15亿元。2003年，八大资产经营公司所属企业改制土地资产注入企业基本结束。至2005年，市政府直属产业集团土地资产注入大部分完成。

5. 划拨土地有偿使用

1996年7月，市物价局、市财政局、市土管局联合颁发《关于划拨国有土地使用权出租、改变用途和临时经营性用地实行有偿使用暂行办法的通知》，规定从1996年开始，对全市以行政划拨方式取得的国有土地使用权出租、改变用途和临时经营性使用国有土地的实行有偿使用。具体方式是实行年租制，按不同土地级别、不同用途收取不同的有偿使用费。所收费用上缴同级财政，县（市）60%用于城镇基础设施建设，20%用于社会事业建设，20%用于土地复垦开发利用。市区收取的土地有偿使用费实行分成：市与崇安、南长、北塘、郊区4个区按7∶3分成，新区、马山区全额返还。1999年，对土地年租金的征收标准、分成比例进行微调。

二、集体土地有偿使用

1990年，市土管局分别在无锡县东绛镇、江阴市马镇乡、宜兴市红塔乡和十里牌乡进行农村非农建设用地有偿使用试点。无锡县东绛镇在进行权属调查的基础上，由政府发文对农村超面积宅基地实行有偿使用，全年收取有偿使用费30余万元。1991年，开展对乡村集体建设用地有偿使用试点。江阴市、无锡县、郊区、马山区在对农民宅基地地籍调查、登记发证的基础上，对超面积部分用地实行有偿使用。宜兴市有48个乡镇715个村实行农民宅基地有偿使用。农民宅基地有偿使用费实行“村有乡管”，主要用于村内公共设施维护建设。对农民宅基地实行有偿使用后，遏制随意超占宅基地的行为，部分村民主动退还超标面积。

1992年，乡村集体建设用地有偿使用逐步推开。集体土地有偿使用费收取对象主要为乡村企业用地。党政机关、人民团体、村委会办公用地，公共设施、公益事业用地，公路、水利设施用地以及直接为农业生产服务的用地免收有偿使用费。部分乡镇还收取临时用地使用费。所收费用70%留所在乡镇，列入农业发展基金。1993年，为了减轻农民负担，停止对农民宅基地实行有偿使用。

1995年11月，市政府批转市物价局、市财政局、市土管局关于《无锡市非农用集体土地实行有偿使用的暂行办法》，在全市范围内非农用集体土地实行有偿使用，收取非农用集体土地有偿使用费和农户宅基地超占费。收取标准为：经营性用地，集镇范围内每年每平方米20～25元，道路两侧10～20元；生产性用地，每年每平方米0.2～0.7元；临时用地，经营性用地在集镇范围内的，每年每平方米10～20元，在集镇外的5～10元；堆场、仓储用地在集镇范围内的每年每平方米5～10元，在集镇外的3～5元；宅基地超占费，分级累进计收，超1～15平方米的每平方米10元，超15～30平方米的20元，超30～45平方米的30元，超45平方米以上的40元。具体收费标准由各地根据情况在上述幅度内确定。所收费用提取10%的土地管理业务费，20%纳入市（县）、区农业发展基金，70%返还乡镇，纳入农业发展基金。

三、土地收购储备

2001年11月，市土地收购储备中心成立，江阴市、宜兴市相继成立相应机构，全市土地收购储备机制进入实施阶段。市土地收购储备中心根据市土地收购储备管理委员会批准的土地收购储备计划，对企事业单位需要盘活的存量土地和其他需要调整的土地适时进行收购；经营和管理由政府依法收回的违法用地、闲置土地，作为土地储备。至2005年末，市土地收购储备中心通过收购方式共储备企事业单位存量土地76宗、279.84公顷，通过农用地转、征用方式储备土地33宗、391.17公顷。

四、招标拍卖挂牌出让

2001年2月28日，市国土管理局在大地宾馆举行首次土地招标拍卖。首批推出3幅地块、4.99万平方米，成交价9540万元，高出底价4000多万元。特别是槐古二村地块，面积2.52万平方米，属旧城改造项目，政府要补贴800多万元才能实施改造。通过土地拍卖政府非但未拿一分钱，还增收1078万元。当年共推出3个批次9幅地块，总用地面积50.98万平方米，成交总价4.06亿元。

2002年，市区土地共推出8个批次38幅地块，总面积245万平方米，成交土地出让金总额41.2亿元，其中政府获得土地净收益26亿元。4月，推出梁清路地块，面积59.28万平方米，成交价6.9亿元，创市区土地招标拍卖单幅地块最高价。8月，推出三钢厂地块，面积47.53万平方米，成交价12.66亿元，超出底价4.82亿元，溢价61.43%，再次刷新单幅地块成交价纪录。

2003年，实行市区土地统一市场体制，锡山区推出4个地块纳入市区统一市场，拍卖成交价都比原挂牌成交价翻一番多。全年市区土地招标拍卖共推出11个批次57幅地块，总面积637.13万平方米，出让金总额84.31亿元，其中政府净收益57.5亿元，比2002年翻一番多。9月，推出道长巷地块，面积1.17万平方米，成交价3.02亿元，平均每平方米2.57万元，创单位面积成交价最高纪录。全年土地招标拍卖市场呈现出出让金总额增大、外地开发商参与竞拍增多、推出地块规模增大、净地出让增多的“四增”现象。

2004年，市区公开出让6个批次67幅地块，总面积827.8万平方米，成交出让金总额112.28亿元，首次突破百亿元大关。3月，推出滨湖新城2号地块，面积96.21万平方米，由深圳万科以19.48亿元竞得，再次刷新单幅地块成交最高记录。江阴市首次尝试工业用地挂牌出让，为工业用地公开竞价出让迈出第一步。

2005年，市区共推出经营性用地59幅、606.04万平方米，出让金112.21亿元。首次采用带规划设计方案的招标方式，蠡湖新城2号、太湖新城1号地块吸引多个国内外知名地产商参与竞标，最终分别由香港华润集团、澳大利亚墨维克—仲圣地产成功竞得，成为无锡地产市场首次引进的境外知名地产开发企业。

第五章　市场建设

第一节　商品市场建设

1986年，市区完成崇安寺、中桥、吴桥等10个市场新建扩建工程，建成面积3.64万平方米，总计投资784万元(其中市政府拨款380万元、财政贴息贷款200万元)；三县建成市场24个，建成面积7.24万平方米，总投资590万元。之后，强化以“米袋子”“菜篮子”为重点的市场建设。市商业局投资443万元，帮助市蔬菜公司扩建4个蔬菜批发市场，扩建市场总面积1万多平方米，4个蔬菜批发交易市场当年成交6708万元，比1985年增长4.4倍；年成交蔬菜4200吨，相当于地产菜合同定购上市量的77.8%。至1990年末，全市有集贸性质的农副产品批发市场3个、工业品批发市场3个，拥有一批兼有中转批发功能的集贸市场，农副产品和工业品批发成交金额分别为1.5亿元和2.3亿元。

90年代初，市区先后在城区和城郊接合部投资建设粮油、水产、果品、蔬菜批发交易市场，生活用品市场和生产资料市场，商品市场发展迅猛。1991年，市食品公司主办国内首个猪肉批发交易市场，初步形成以批发市场为中心的猪肉流通体系，翌年成为全国唯一的鲜肉交易超亿元的现货交易市场；以经营百货、小商品为主的无锡招商城开业，形成无锡市最大的小商品室内市场。随后，华东商贸城、建材市场、广益服装面料市场、后西溪布料市场等专业特色市场建成开业，锡澄、朝阳蔬菜副食品批发市场购销触角遍及全国28个省、市、自治区，无锡米市、江苏无锡生产资料交易市场、无锡化工市场等被列为全市大市场建设的重点。1994年11月，以开展粮油近远期合约交易为主的江苏无锡粮油交易中心投入运行。至1995年末，无锡市亿元市场增至32个，其中成交额超过10亿元的市场8个，成交额最高的江阴食品城达30亿元。无锡市制定《无锡市农副产品集贸市场三年（1995—1997）建设规划》后，全市新建、扩建芦庄、青山、五爱北路、南河浜、学前街、五河、广瑞、吴桥、靖海、锡澄二村、震泽、叙丰、金城、横街、盛岸、马山乐山等室内农贸市场和五星、金顺、西园弄等室内直销市场。1996～2000年，初步形成由集贸市场、专业市场、综合市场、零售市场、批发市场、生活用品市场、生产资料市场等门类齐全、大中小结合的市场体系。无锡锡沪路建筑装潢材料、锡澄路蔬菜果品副食品、解放西路小商品三大市场群优势明显，无锡市机电五金商场专业特色优势明显，无锡旧货市场成为无锡地区规模最大的以旧生活资料调剂为主的专业交易市场。2000年，无锡汽车交易市场金城湾交易点年交易额突破8000万元，交易旧机动车2200辆；无锡生产资料交易市场交易规模突破83亿元。

图10-4　1996年三里桥大米市场　（顾祚维摄）

2001年，市政府制定《无锡市“十五”市场体系建设规划纲要》，出台《无锡市2003～2007年市场体系建设规划纲要》《无锡市市场建设三年行动纲要》和《无锡市市场建设导向目录》，编制市（县）、区有关市场建设的专项规划，加快整合市场资源。中国华东不锈钢中心批发市场、无锡市不锈钢市场和无锡市南方不锈钢市场联合成立无锡不锈钢大市场，联合后第一年交易总量98万吨，成交总额130亿元。以无锡市机电五金市场及4个专业分市场为基础，整合无锡市纺工集团、市农机局、北塘区等市场存量资源，创建全国区域性机电五金市场。无锡生产资料交易市场围绕创建百亿元特大型市场目标，配供送中心投入运营，汽车分市场增设上海大众汽车江苏销售服务中心，2002年成交总额118亿元，成为全市首个百亿元大市场。朝阳蔬菜副食品批发市场与下属专业分市场实行资产经营一体化，并兼并市瓜果市场，形成集团型市场框架体制。无锡粮油中心批发市场、江苏无锡生产资料交易市场、无锡朝阳钢材市场、无锡食品商城等市场探索开展仓单质押交易、竞价拍卖等现代交易方式，引进国内外著名品牌、知名企业入驻，争取总代理、总经销，构筑新的营销模式。无锡招商城实施整体搬迁，在原市太湖耐火材料厂地块新建现代物流型市场，至2005年9月底，原无锡招商城地区9大专业市场的经营户全部进入无锡新招商城和华东商贸城经营。

至2005年末，全市初步形成由国家级市场、全国著名定点市场和区域性专业市场所组成的大型生产资料市场群，无锡市区初步形成金属、木材、建材、食品、日用工业品、汽车、二次流通商品等专业商品物资的批发中心和集散中心，形成六大市场集群（集团），分别为：东亭高速公路道口的大市场集群——红星美凯龙、德国欧倍德（OBI）、麦德龙、金光纸业等现代商贸型市场；国际招商城市场集群——以无锡新招商城为主体的日用工业品的集散中心;不锈钢大市场集群——位于广南立交桥旁的南方不锈钢市场、通江大道旁的无锡不锈钢市场和锡沪路、312国道交叉口的华东不锈钢市场;金属大市场集群——位于锡沪路的江苏生产资料交易市场总部、位于引航桥地区的朝阳钢材交易市场等;建材大市场集群——锡沪装饰材料市场、华东装饰城、好艺家灯饰城、金三角国际家居博览城和新天地装饰材料市场,以广益装饰城集团为中心,东连赛维拉商业广场,西连金事达装饰材料市场,北接五洲国际装饰城,南连无锡金泰国际广场的建材装饰市场;农副产品大市场集群——锡澄路果菜、肉类、冻品市场,集蔬菜、水果、花卉、家禽、肉类、冻品等交易及物流配送、后勤配套于一体,服务于苏锡常地区。市区还有分布于金城湾片区、广南立交片区、黄巷片区的汽车汽配市场,以及纺织品、服装、家电、家具、灯具、花卉、水产品、水蜜桃等具有地方特色的专业市场。全市共有商品交易市场429个,其中:消费品市场311个,成交额298.79亿元;生产资料市场118个,成交额842.23亿元。商品市场营业总面积620多万平方米,吸纳从业人员28.5万人。江苏无锡生产资料交易市场成交209.5亿元,江阴长江港口物流综合园区交易中心成交128.2亿元,江阴金属材料交易市场成交120.9亿元,3个市场均入围国家统计局和中国市场指导委联合公布的全国十大钢材市场,分列第三、第九和第十位。无锡不锈钢大市场成交额205亿元,成交总量近170万吨,居全国同类市场首位,占全国不锈钢流通总量的近1/3,为全国最大的不锈钢集散中心之一。江苏华东石材市场营业面积75万平方米,为全国规模最大石材市场之一,全年成交各类石材10.2亿元。

2005年无锡市商品市场情况表

表10-5　　　　单位:个、亿元

市场种类	市场数量				成交额			
	全市	其中			全市	其中		
		市区	江阴市	宜兴市		市区	江阴市	宜兴市
消费品市场	311	171	59	81	298.79	156.09	93.02	49.68
消费品综合市场	23	23	—	—	7.20	7.20	—	—
农副产品市场	229	114	49	66	178.36	68.11	74.15	36.10
农副产品综合市场	191	84	47	60	—	—	—	—
农副产品专业市场	38	30	2	6	—	—	—	—
工业消费品市场	59	34	10	15	113.23	80.78	18.87	13.58
工业消费品综合市场	32	20	8	4	—	—	—	—
工业消费品专业市场	27	14	2	11	—	—	—	—
生产资料市场	118	84	23	11	842.23	452.75	343.60	45.88
生产资料综合市场	22	22	—	—	4.81	4.81	—	—
工业生产资料市场	64	31	23	10	780.85	392.61	343.60	44.64
农业生产资料市场	2	2	—	—	—	—	—	—
其他	30	29	—	1	56.57	55.33	—	1.24
合　计	429	255	82	92	1141.02	608.83	436.62	95.57

2005年无锡市成交额10亿元以上商品市场一览表

表10-6　　单位:亿元

单位名称	成交额
江苏无锡生产资料交易市场	209.5
无锡南方不锈钢市场	135.7
江阴长江港口物流综合园区交易中心	128.2
江阴市金属材料市场	120.9
江苏无锡汽车交易市场	113.9
无锡不锈钢市场	57.7
无锡食品商城	50.5
无锡市机电五金市场有限公司	50.0
江苏华东石化物资交易市场	37.1
无锡招商城市场管理有限公司	36.4
江南商品物资交易城	35.2
江阴市江南农副产品批发交易市场	30.0
江阴市橡胶化工市场	20.5
无锡广益商城副食品批发市场	20.0
无锡广益商城锡沪装饰材料市场	18.3
江阴市华东金三角有色金属交易市场	15.5
宜兴市轻纺建材装璜市场	15.3
无锡市华东装饰城	14.5
江阴市纺织市场	12.6
宜兴市金属材料交易市场	11.6
华东不锈钢中心批发市场	11.2
无锡市水产批发市场	10.5
无锡华东商贸市场有限公司	10.3
江苏华东石材市场	10.2

第二节　资本市场建设

1993年,无锡市合成纤维总厂经国家体改委批准改组为江苏省第一家上市的股份制企业——无锡太极实业股份公司,向社会公开发行新股8000万股(每股面值1元),发行价每股3.6元。1995年,全市新组建的股份制公司注册资金30.84亿元。无锡威孚股份有限公司在省内首家发行6800万股B股,募集外资2156万美元,通过股票上市跻身国际资本市场,拓展企业融资的辐射面。小天鹅股份有限公司通过向境外基金转让配股权,筹集外资近2000万美元,开辟股份公司股权跨国转让的新途径。宏源法人股、压缩机职工股上柜交易,累计成交额分别为15.4万元和180.77万元。融资中心融通资金43亿元,外汇调剂3.5亿美元。

1996年,小天鹅公司实施资本经营。第一步定向募集法人股4000万股,每股以1∶1.25溢价发行，当年募集资金1亿元。第二步将部分股东的3010万股配股权，以每股5.6元的价格转让给国际财团，筹集资金1.6亿元。第三步发行境内上市B股7000万股，募集资金3.1亿元。通过资本经营，小天鹅公司共募集资金5.6亿元，是“八五”期间利润积累总额的5倍。1997年，鼎球、中视、兴澄等3家公司以及江阴申达集团、锡山华燕化纤有限公司、长苑丝织厂，先后通过直接上市或“借船”上市发行1.45亿A股，筹集资金15.35亿元。无锡威孚集团直接经营仪征油泵厂、出资控股南京油泵油嘴厂；小天鹅集团兼并菊花电扇厂，控股武汉荷花洗衣机厂、靖江三江电器厂等。无锡叶片厂、无锡市石化总厂分别成建制加入上海电气（集团）总公司、化工部兰星清洗股份有限公司，3亿多元资产得到重组。1998年，威孚股份公司发行1.2亿股A股，募集资金5.86亿元；太极股份公司增发8000万股A股，募集资金3.36亿元；江阴法尔胜股份公司发行A股6000万股，募集资金3.84亿元。全年全市企业从证券市场募集资金13.05亿元。申达、永联、华燕等企业借道上市，“搭股”募资，获得项目投资3.1亿元。无锡市优势骨干企业通过输出品牌、商标、商誉、管理、技术等无形资产，实施低成本扩张，进行跨地区、跨行业、跨所有制的兼并联合。小天鹅公司出资千万元控股拥有1.4亿元净资产的荆州雪尔冰柜厂，输出管理新建投资2.8亿元的长春罗兰电器公司。宜兴化肥厂控股姜堰化肥厂、山禾集团兼并市生物医药厂、新中亚集团兼并第四橡胶厂、中润集团联合震球服装厂等成功实践，扩大无锡市国有、集体资产的控制量，闯出一条低成本扩张裂变的企业发展新路。1999年，华西实业、江苏阳光、宜兴新威先后在境内外证券市场成功发股上市，分别募集资金2.9亿元、8.39亿元和1.39亿港元；江阴永联集团参与发起设立中国化学建材股份公司，“搭股”上市筹得5419万元发展资金。中视股份、兴澄股份和鼎球实业首次实施增资配股，募股资金3.18亿元。全年全市从股票市场募集资金16.6亿元。其中尤以异军突起的“江阴板块”规模最大，至年末，有8家骨干企业通过不同形式发股上市。

2000年，无锡市先后两次召开资产、资本经营研讨会，对市属国有控股的庆丰纺织、山禾药业、商业大厦等8家拟上市企业实行政策扶持、目标管理。江阴奥德臣、无锡红豆实业两家公司发股上市，威孚高科、法尔胜、中国稀土3家上市公司实现配股和增发新股，从境内外证券市场新募集资金17.1亿元。此外，利用证券市场实施买壳重组上市，江阴申达、宜兴和锡山广电分别收购控股南京中达及西藏圣地，为争取公开募集资金增发股票创造条件。年末，全市有境内外上市公司13家，在深圳、上海和香港证券市场流通A股12个、B股2个、H股1个，流通股总额11.32亿股，累计募集资金70亿元。2001年，全市进入辅导期的企业25家，商业大厦、山禾药业、庆丰股份、中农新肥等4家企业的申报材料上报证监会进入预审，其中1家企业通过证监会发审委的审核。全市13家上市公司中，有8家做出发行新股和可转换债券的决议，其中中国稀土、四环生物先后完成增资配股，分别募集资金2.3亿港元和7.03亿元。2002年，大厦股份、亚洲锆业两家公司股票上市，其中大厦股份发行4000万股A股，亚洲锆业发行1亿股H股；江苏阳光发行可转换公司债券筹资8.3亿元，中达制膜、模塑科技分别增发4500万股和3000万股A股。同时，无锡庆丰纺织股纷有限公司、江苏华光锅炉股份有限公司、江苏三房巷实业股份有限公司、江苏双良空调设备股份有限公司、江苏长江电子科技股份有限公司、江苏申龙高科股份有限公司等6家拟上市公司通过中国证监会发审委的审核。至2002年末，全市证券性融资量21亿元，占全省总量的39%；通过证监会发行审核的“过会”企业6家，占全省总数的46%。

2003年，市政府组团赴港参加香港上市和融资国际推介会，组织企业参加江苏省中小企业资本运作和融资实务培训班。全市5家企业接受中国证监会审核，其中天奇物流通过发审会审核。培育上市后备企业，江阴苏南水务、建伟环保工程规范设立为股份公司，高新技术产业发展和五彩精细化工股份公司完成增资扩股，朝阳股份规范内部职工股，交通客运、广电网络、西姆莱斯钢管等企业加快设立股份公司进程。庆丰股份、江苏三房巷、双良股份、江苏长电、华光股份、申龙高科、亚洲环保等7家企业年内上市，首发融资23.66亿元，占全省总额的53.8%，首发上市数占全省总数的46%。澄星股份实施配股，募集资金1.79亿元；华西村发行可转换债券，募集资金4亿元。亚洲环保于12月在新加坡发行6000万股，募集资金6000万新加坡元。2004年，首发上市公司6家，证券融资14.6亿元。全市有上市后备企业102家，着手准备上市企业19家。

2005年，国联集团在2001年出资1600多万元对尚德太阳能公司进行风险投资（占股本比例的24.259%）、并经过4年多的培育后，以9倍市盈率、期初投资额22.8倍的价格转让24.259%的尚德太阳能股权；以1.55亿元的价格，转让吟春大厦股权，获利近5300万元；继2004年完成无锡八佰伴100%股权收购并进行租赁改制后，2005年9月与香港华地国际企业集团签约，以1亿美元的价格转让无锡八佰伴100%的股权。10月，根据国联集团董事局制定的在一般竞争领域逐步退出国有股权的战略决策，集团以1588万美元的价格，转让国联集团拥有的雀来宝公司45%的股权。利港电厂中外合作变中外合资项目，外方直接补偿国联集团1亿港元。

至2005年末，全市有上市公司28家，其中境内上市公司20家、境外上市8家，上市公司数量连续多年在全国地级市中居首位。

第三节　人才市场建设

一、机构

1984年5月，无锡市人才服务公司成立，1986年更名为无锡市人才服务中心。1988年12月，市人才市场挂牌，与市人才服务中心合署办公，为市人事局下属自收自支事业单位。是年，无锡市人才市场运行规则出台，人才资源开始市场化配置。1989年1月，组成无锡市人才流动争议仲裁委员会，举办无锡市第一次人才公开招聘活动，无锡驻深圳办事处招聘10人。

1990年12月，开始人事代理业务。1991年12月20日，开展常设招聘会业务，此后每月20日举办招聘会。1992年1月，无锡市国际人才交流服务中心成立，提供各个国家及学校的情况咨询、办理自费出国留学中介、海外劳务输出、留学人员回国安置等涉外人才服务业务。1992年，无锡市行政学校成立，开办人才培训业务。1993年，与相关高校合作开展人才委托培养和定向培养业务。1994年12月，无锡市转业军官培训中心、无锡市行政学校划归市人才服务中心管理。1995年，无锡市毕业生就业指导中心成立。

1996年5月，无锡市企业家人才市场成立，启动企业家人才测评系统，举行专场招聘会，开辟企业家人才配置的新渠道。10月，开辟人才特聘服务业务。1998年，无锡人事考试中心并入市人才服务中心，开展人才职称社会化评审业务；无锡市高级人才职业介绍所成立，并完成第一例猎头——小天鹅公司引进留法博士柴新建。2000年，无锡市新洲高级人才职业介绍所成立。2002年起，市人才市场联手合作伙伴投资创建无锡国联人力资源服务有限公司、无锡发展人力资源服务有限公司和世纪东方管理咨询有限公司，逐步以资产为纽带的组织构架和业务网络。5月11日，无锡市举办春季毕业生双选会及人才招聘大会，市长王荣与复旦大学党委副书记翁铁慧等为复旦大学、南京大学等8所国家“211”工程重点高校毕业生职业指导无锡工作站揭牌。2003年，市人才市场与《华东信息日报》合作创办发行无锡市第一份人才周刊《人才市场导刊》。8月，市人才服务行业协会成立。

2004年，市人才市场举办太湖人力资本论坛以及太博会大型人才交流会和人力资源管理咨询会。2005年6月，市政府举办首届高层次人才洽谈会，参会单位30家，提供高薪职位218个，经过审核进场的高层次人才600人。10月，承办市党政代表团赴成都、重庆招聘人才活动的各项活动；为江苏省最大的外资项目海力士—意法半导体有限公司提供人力资源配送服务，短期内为其配送1000多名高层次、高技能优秀毕业生。年末，制定《无锡人才市场“十一五”战略发展规划》。市人才市场成为无锡人才资源配送的主渠道和综合性人才服务机构。

二、人才招聘和引进

1984年，市人才服务公司召开无锡市首届人才交流大会。1998年，开辟网络招聘，并开展高级猎头业务。至2005年，市人才服务中心（市人才市场）执行人才引进、培养政策，通过现场招聘、网络招聘（无锡人才网）、委托招聘及猎头服务等方式，累计为市区单位引进人才62554人，其中博士、硕士和具有高级职称的高级人才2691人，本科生31153人。

图10-5　2005年新区人才市场招聘场景　　（市委办供稿）

1989～2005年无锡市人才市场招聘场次、参加单位表

表10-7　　单位：场、家

年份	场次	参加单位数	年份	场次	参加单位数
1989～1990	51	300	1998	174	1661
1991	60	289	1999	105	1750
1992	35	308	2000	110	2103
1993	50	871	2001	51	2815
1994	52	935	2002	64	3600
1995	95	780	2003	59	3872
1996	115	750	2004	61	4914
1997	145	1000	2005	115	6020

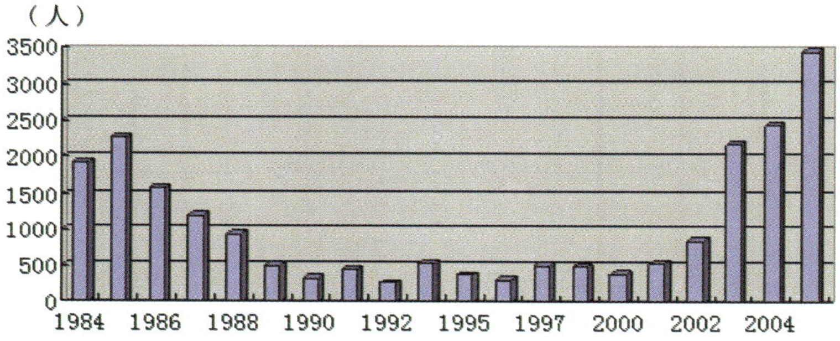

图10-6　1984～2005年无锡市引进人才（在职）数量图

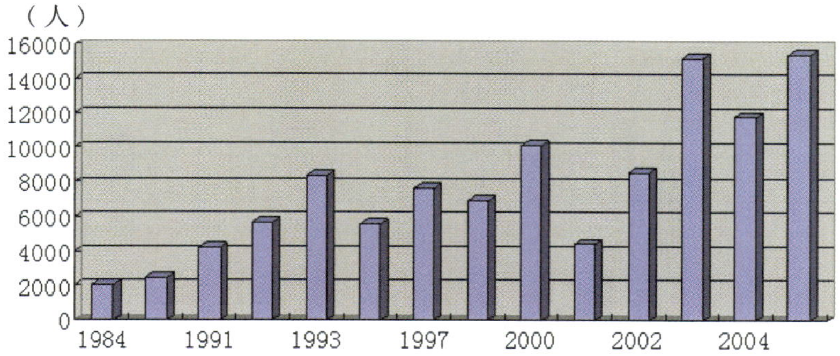

图10-7　1984～2005年无锡市区接收大中专毕业生数量图

三、人事考试

1993年，无锡市成立人事考试中心，隶属市人才服务中心（市人才市场），为专业的人事考试组织管理部门。是年，市人事考试中心组织各类考试53665人次，其中职称外语考试3935人次、职称计算机考试24056人次、各类专业技术资格考试15939人次、公务员考试8979人次、社会化考试756人次。

2002～2005年无锡市主要业务职称考试情况表

表10-8　　　　单位：人次

年份	合计	职称外语			职称计算机考试	专业技术资格考试					公务员考试	社会化考试
		小计	全市统考	省考		小计	经济资格	注册税务	造价工程师	其他		
2002	36147	12058	6291	5767	7737	10591	3102	573	1104	5812	4956	805
2003	36680	9281	4097	5184	18000	6787	2810	690	287	3000	2012	600
2004	46608	6155	3562	2593	21993	13732	2182	1917	1501	8132	2387	2341
2005	53665	3935	1542	2393	24056	15939	2393	1689	1959	9898	8979	756

四、人事代理

90年代初，市人才服务中心（市人才市场）受用人单位及个人的委托，代理与其相关的人事业务，提供代管人事档案和人事关系、人事等政策咨询、个人人事代理等服务。2005年，代管档案70863份，代管人员49516人。

1990～2005年无锡市人事代理业务统计表

表10-9　　　　单位：份、人

年份	代管档案数	代理人员数	年份	代管档案数	代理人员数
1990	16	7	1995	4220	2188
1991	436	284	1996	6053	3450
1992	973	270	1997	8733	4586
1993	2020	685	1998	11189	6578
1994	2811	1225	1999	13805	7593

续表

年份	代管档案数	代理人员数	年份	代管档案数	代理人员数
2000	17873	10886	2003	40230	25006
2001	20469	14358	2004	53000	36000
2002	23630	16885	2005	70863	49516

第四节　劳动力市场建设

1987年9月，市劳动局在市展览馆举办首次工人交流洽谈大会，298家企事业单位在会场设立需求洽谈处，报名登记参加交流洽谈的共2742人，其中在职工人1475人、社会待业人员1267人。会上意向成交2092人，其中在职工人1007人、待业人员1085人；急缺劳动力的纺织丝绸行业洽谈成交249人，118人洽谈成交到街道和乡镇企业工作。同时进行单位与单位之间的劳动力余缺调剂，电容器四厂调剂40名工人到振奋螺丝厂工作，砺山煤矿调剂118名工人到市漂染厂等22家单位工作。

1988年5月，全市首家职业介绍机构——无锡市劳务市场办公室建立。至年末，全市建立劳务市场服务机构（统称职业介绍所）9家，通过开展职业介绍、劳务输出、技工交流等活动，为企业用工、劳动者就业提供服务。1986～1990年，全市举办调工调剂会和工人交流洽谈会80次，交流在职工人5050人；通过“调工”，2.2万名上下班路远职工调近工作单位；解决夫妻两地分居2308人；从外地引进技术工人1193人。1993年，通过劳动力市场安置城镇待业人员2.6万人。1994年5月，市劳务市场更名为无锡市劳动力市场（职业介绍服务中心），市、区、街道均设立劳动就业管理站，形成比较完整的劳动力市场体系。

1994年起，市政府允许社会团体、事业组织开办职业介绍服务机构。是年7月，市交通运输管理处开办职业介绍服务所，成为全市第一家非劳动行政部门开办的职业中介机构。市区使用外来劳动力较多的纺工、丝绸、化工、冶金、机械、轻工等局先后建立行业介绍服务站，成立装卸运输职业介绍所和建筑劳务交流中心。成立盐城、滨海、如皋等3家外地驻锡职业介绍机构，为外来劳动力和用工单位提供服务。1995年10月，市劳动局制定《无锡市职业介绍管理办法》，规范全市职业介绍行为。至1995年末，全市有职业介绍中心（站）19家，95%的街道、乡镇建立劳动管理站。与此同时，逐步面向农村招收外来工。至1997年末，全市建有职业介绍服务机构150家，其中劳动行政部门开办的职业介绍服务机构127家。

1996～2000年，全市初步形成以就业登记、职业介绍、就业培训、失业保险、岗位开发、特困帮扶为主要内容，与市场就业机制相匹配的就业服务体系和市场就业机制，以市职工介绍服务中心为龙头，以市（县）、区职业介绍所为框架，以专业市场为补充的职业介绍网络系统。对失业、下岗职工开设窗口，每月举办一次劳动力交流专场。1999年，劳动和社会保障部确定无锡市为全国100个劳动力市场科学化、规范化、现代化建设试点城市之一。2000年，全市251人取得职业介绍资格证书，6047家单位提供7万余个就业岗位，11.4万人次下岗职工、失业人员进入劳动力市场登记求职，其中3.5万人通过劳动力市场重新就业。

2001年，劳动部门对城乡67家职业中介机构实行资格准入制度，所有职业介绍机构的工作人员，都必须经劳动保障部门培训考核合格后持证上岗。对非法职业中介机构进行全面清理整顿和打击取缔。2004年，在全省率先建立由市49家职介机构组成的无锡市职业介绍行业协会，对非公共职介机构开展信用评估和分类管理。2005年，无锡市经劳动和社会保障部批准，成为全国首批9个劳动力市场网上公共职业介绍服务系统的试点城市之一。市劳动部门规范职业中介机构开办及后续管理，开展劳动力市场集中整治联合行动，整治社会黑中介。完善“无锡就业网”，建立50个社区劳动保障工作站，结合社区劳动保障平台建设，健全完善劳动力市场网络，各级政府继续对提供免费服务的公共职业介绍机构和就业培训定点机构实行补贴。全市持有职业介绍许可证的机构256家，新成立的无锡市创得利境外就业服务有限公司成为无锡地区首家获准开展境外就业的中介机构。评选出首批7家民办放心职介服务单位，分别是阳光职介所、政和职介所、兴爱民职介所、昌盛职介所、心连心职介所、成功职介所和滨湖区世纪职介有限公司。年内，全市共举办有一定规模的招聘交流洽谈会350余场（其中下岗失业人员专场近百场）；职介机构发布招聘信息22万余条，提供就业岗位信息28.16万个；近36万人次进入劳动力市场进行求职登记，推荐录用备案人数达20余万人次。

第五节　土地市场建设

一、隐形市场调查

改革开放后，虽然法律上不允许土地流转交易，但无锡地区土地私下交易普遍存在。1992年，市土管局组织市、市（县）、区土地管理部门开展对土地隐形市场调查。市土管局与市财政、物价部门组成联合调查组，对无锡市城区土地隐形市场进行抽样调查。据抽样调查，城区土地私下买卖的每平方米均价分别为：市中心1330元，一般地区412元，郊区169元，其中市中心最高价为1971.25元。宜兴市土管局对宜城镇150家单位、个人200多宗土地使用情况调查，发现非法转让、出租、抵押土地等隐形交易的有61宗，占调查总数的40.6%，土地收益流失116.8万元。通过调查，初步掌握城区非法转让土地的形式、买卖价格、出租租金水平等情况，对清理整顿土地隐形市场，制定有关政策提供可靠依据。

二、一级市场建设

1991年10月20日，市土管局通过协议的方式向无锡市投资开发总公司有偿出让两幅地块，标志无锡市土地市场的建立。1992年初，市政府出台《无锡市外商投资规划区国有土地使用权出让暂行办法》，首次提出土地一级市场实行政府统一规划、统一征地、统一开发、统一出让、统一管理（简称“五个统一”），并规定政府垄断土地一级市场，放开搞活严管土地二级市场。至1994年末，全市共出让国有土地使用权178幅，土地面积417万平方米。经过3年多时间的试行，外商和外地企业用地基本纳入有偿出让的轨道。1995年1月1日，《中华人民共和国房地产管理法》实施。是日起，全市经营性用地停止以划拨方式供地，全面实行有偿出让供地，土地一级市场的覆盖面扩大。6月10日，市委、市政府出台《关于加强土地管理深化土地使用制度改革的若干政策规定》，扩大土地有偿使用的范围，对从事房地产、商业、金融、旅游、娱乐、服务等经营性用地，一律实行出让供地。

1992～2002年，无锡市行政区划数次调整，先后将无锡县（锡山市）的部分乡镇划归郊区（滨湖区）、新区，撤销锡山市，分设锡山区和惠山区，原无锡县（锡山市）所属的乡镇仍享受原权限，由此在无锡市区形成数个不相统属的、分割的土地一级市场。2003年7月24日，市政府出台《关于深化土地使用制度政策，促进城市化进程的意见》，10月8日，市国土局出台《关于市区经营性用地纳入统一土地市场出让有关问题的意见》，将滨湖区、新区和锡山区的东亭镇、东北塘镇、查桥镇、八士镇，惠山区的堰桥镇、钱桥镇、藕塘镇范围内的经营性用地纳入统一的市级土地市场，市级土地一级市场覆盖范围进一步扩大。2005年1月1日起，市区范围内所有经营性用地全部纳入市级土地市场，原无锡县所属非城市规划区内的乡镇范围内工业用地出让仍由所在区组织，但出让合同均由市国土局盖章生效。至此，市区内土地一级市场基本实现由市政府垄断。其间，江阴市、宜兴市分别在各自行政区域内建立土地市场。

三、土地有形市场建设

1998年3月25日，市国土局以市地产交易中心（后更名为市土地登记发证中心）为载体，发放市区首张居民房改房《国有土地使用证》，无锡市面向全社会、场地固定、有形的土地二级市场由此建立。2000年1月1日起，市区范围内的房地产开发等经营用地（包括企业“退二进三”项目用地）均需通过招标拍卖方式取得土地使用权，停止协议出让供地。10月16日，市政府办公室批转市国土局制定的《无锡市国有土地招标拍卖实施办法》。江阴市于2000年上半年成功招标出让市区4幅国有土地，宜兴市也于下半年成功拍卖4幅小城镇经营用地，有形土地市场首先在江阴、宜兴两市建立。2001年初，市国土局以市土地招标拍卖事务所和市土地收购储备中心作为操作平台，建立场地相对固定、面向全社会开放的有形的土地一级市场。2月28日，市区第一批次3幅经营性房地产开发用地拍卖成功，标志无锡市有形的土地一级市场的形成。2003年7月，除工业用地外，凡非整宗地的变更登记全部纳入有形的土地二级市场。至2005年末，累计招标拍卖挂牌出让土地230幅，土地总面积2432万平方米，成交总价364亿元，比底价高出57亿元。

第六节　房地产市场建设

一、房产交易

在房地产市场成立前，房产交易仅分散于民间的私房买卖，罕有商品房交易。80年代起，商品房进入流通领域，但成交不活跃。为改变房产交易有市无场，特别是商品房买卖渠道不畅的状况，1988年5月，市房产管理局（简称“市房管局”）产权监理处创办江苏省首家房地产市场，开展房产信托买卖、价格评估、住房交换、租赁鉴证、政策咨询等服务。其时，商品房尚未成为主角，在市场销售商品房的房地产开发公司仅3家，市场以介绍私房出售为主，至1992年共举办6次房地产交易暨住房使用交换大会，出现住房使用交换比房产交易更活跃的景象。1993年开始，房产市场启动，10月举办的第八次商品房展销会上，成交433套商品房，为周边城市之冠。1995～1999年上半年，房产市场步入平稳期，房价提升，但房交会上成交量不大，每次保持40～60套。1999年下半年起，每次房交会成交增至200～250套。2001年，放开外地户口不能购买无锡市房屋的限制。2002年，无锡市相继举办春季存量房交易会和秋季房交会，市场供给量、投资量、成交量大幅上升，房价上扬，商品房分别成交162.96万平方米、42.38亿元，存量房分别成交123.87万平方米、19.41亿元。2003年3月，建成无锡市房地产市场网站，公示商品房销售许可、价格核定、拆迁文件等，免费发布商品房、二手房房源信息，提供商品房买卖合同备案查询等。2003年开始，房价上升较快，房产交易数量和金额猛增。2001～2005年，全市成交房产2840.57万平方米，金额471.35亿元，商品房合同登记备案1345.35万平方米。

二、房产抵押、交换、租赁

1.抵押

1996年以前，虽有房产抵押，但未纳入管理，时有纠纷发生。1996年起，房产抵押应当登记逐步成为社会共识，当年办理房产抵押295起，至2005年总计办理86266万起、面积2815.21万平方米、抵押贷款407.04亿元，大多为购买商品房的抵押。

2.交换

1987年起，市委、市政府为解决职工群众上下班路途远等问题，要求各级房管部门和产业局开展公房使用权交换工作，每年制定换房计划并组织实施。1988年10月，全国大中城市换房会议在无锡召开，市委书记邓鸿勋获“全国名誉换房状元”称号，无锡市1988年、1989年连续被评为全国换房先进城市。当时，较之房屋买卖，换房更为普遍，并出现以此牟利的“黄牛”。1990年，市房管局出台《无锡市城镇房屋使用交换细则》，当年完成换房3949户，其中崇安区房管局完成856户、南长区房管局644户、北塘区房管局632户、郊区房管局542户、单位自管房1275户。在住房使用交换所变动前，共举办12次住房使用交换大会。1992年12月，无锡市住房使用交换所并入市房管局产权监理处，换房纳入市场管理范畴，住房使用交换大会与房地产交易大会同时举办，至1998年7月共举办7次。随着房地产市场的发展，商品房买卖日益增加，住房使用交换日趋萎缩。2002年11月，市住房使用交换所撤销，2003年停止办理相关业务。1986～2003年，全市共办理住房使用交换47304户。

3. 租赁

80年代，房屋租赁大多为私有住房，非住宅出租较少，处于分散无市状态；公有住宅出租由房管部门或单位管理，不进入市场。随着住房制度改革深入，住房私有化的推进，私房和非住宅出租快速增加。1992年8月，房地产市场办理非住宅租赁鉴证。1993年4月，《无锡市房屋租赁管理办法》出台。1997年3月，市房地产市场和市工商局联合组成房屋租赁执法检查组，对市区中山路、人民路等12条街道的30家非住宅出租单位进行执法检查。2002年10月1日起，启用《无锡市房地产买卖（租赁）委托协议》，规范非住宅租赁的中介行为。2005年5月20日，在2005中国太湖·无锡金秋房地产交易展示会上启动房屋租赁网上登记备案系统，12月15日起推广使用该系统，并在各区房管局建立房屋租赁服务社。至2005年，共办理起非住宅房屋租赁鉴证17632起。

三、锡房指数报告

1999年下半年起，市房地产市场建立市区房地产开发与商品房预销售情况定期统计制度，为《锡房指数报告》提供数据基础。2001年10月22日，无锡市按季发布《锡房指数报告》。《锡房指数报告》采用固定权重的拉氏指数公式的计算模型，并定期对样本和权重进行调整和修正，基期为2001年第二季度，基期指数为2000点。2003年和2005年，《锡房指数报告》两次改版。2004年，无锡市被建设部指定为40个全国首批建立房地产市场信息系统城市之一，锡房指数纳入全国房地产市场信息系统。据《锡房指数报告》统计，2001～2005年，市区房屋交易价格呈上升趋势，商品住宅每平方米均价分别为2388元、2545元、3154元、3175元和4140元，中心区商品办公房每平方米均价分别为5535元、5646元、6158元、6973元和7524元，中心区商品商业服务房每平方米均价分别为17246元、15811元、17224元、18373元和19966元，二手房每平方米均价分别为1172元、1520元、2511元、3304元和3801元。2005年末，锡房指数3667点。

四、房产市场管理

1987年11月，市人大常委会颁发《无锡市城镇房产管理暂行条例》，首次对房产交易管理做出相应规定。1992年10月，市房管局和市工商局联合制定《无锡市房地产市场管理暂行办法》。1993年起，市政府先后颁发《无锡市城镇房产交易管理办法》《无锡市涉外房产交易管理试行办法》《无锡市房屋租赁管理办法》《无锡市商品房预（销）售管理办法》《无锡市经纪人管理办法》等，对房产交易、商品房销售、房产中介等作规范性规定。1995年7月起，全市统一使用市财政局印制的房地产销售发票，改变房地产开发公司以收据代发票、填写混乱的现象。1995年12月～2000年2月，实施建设部《商品房销售面积计算及公用建筑面积分摊规则（试行）》。

1996年4月，市房地产交易所与市工商部门联合发出《关于加强商品房销售管理的通知》，规定自5月1日起，商品房销售广告发布前，须经房地产市场审查。至1998年，审查商品房销售广告282起。1997年5月和2001年2月，先后两次规定统一使用商品房购销合同和商品房买卖合同示范文本，并对合同进行鉴证。2000年2月起，实施国家标准《房产测量规范》，由具备法定资格的房产测量单位统一测量房屋面积，改变商品房面积缩水、涨水现象。2004年7月15日起，开通商品房预（销）售合同网上登记备案系统，公示销售信息，规范销售行为。2005年3月17日，房地产市场对外开展二手房交易资金托管，预防交易资金交付纠纷。

第七节　技术市场建设

一、技术市场发展

1986年开始，无锡市技术市场实行成果有偿转让，推进科研与生产的联合，加速科技成果的转化。1988～1989年，无锡市在整顿经济秩序中加强技术市场的清理整顿，开展技术贸易机构普查登记、审查认定资格、核发营业执照等。1989年1月，市政府批准建立市技术市场管理办公室，健全技术合同认定登记制度。

1992年，市政府批转市科委和市体改委起草的《关于技术市场管理的若干意见》，就技术贸易机构、技术合同、财税等方面制定完整的管理体系，就加大科技投入、增强科研单位活力、培育和发展技术市场、促进科技成果商品化等方面制定相应的配套政策。至年末，全市技术贸易机构608家，其中全民所有制177家、集体所有制342家、私营37家、个体或合办10家、其他42家；8041人从事技术贸易活动，专职人员6684人，其中具有高级职称的718人、中级职称1499人。1993年，全市新增技术贸易机构456家，累计1064家，其中市区760家、无锡县130家、宜兴市103家、江阴市71家；从业人员17292人，其中科技人员9553人。

1994年8月5日，无锡市金桥技术经纪人事务所成立，成为江苏省第一家技术经纪人事务所，并首批聘用28名技术经纪人。年内新建技术贸易机构302家，12家技术贸易机构进驻科技商城。至1995年末，全市技术贸易机构累计1465家，其中市区971家、锡山市165家、宜兴市175家、江阴市154家；从业人员21131人，其中科技人员12126人。建成1万平方米的高新技术成果孵化园，有16家企业（机构）被省科委认定为科技咨询信誉企业（机构）。

1996年，市经委、市科委与财政、工商部门协调，落实技术市场优惠政策，技术市场日趋繁荣。建立民营科技发展基金100万元，加强科技交易中心建设，建立乡镇科技助理网络，加强技术经纪人队伍建设，技术经纪人增至60人。组织规模较大的技贸活动，为技术供需双方提供中介服务。1997年，无锡市初步实现供需交易跨地区联网，建成技术交易多功能厅。市科技交易中心作为常设技术市场与上海技术交易所、天津北方技术市场实现技术信息网联通，并进入国际互联网。1998年，无锡市建成马山区等5个技术分市场。1999年，锡山市华庄镇、郊区扬名镇和黄巷镇、市干校、市机械局以及崇安区工业公司先后与无锡市技术市场计算机联网，建成6个技术分市场，并发展本地域的34家网络会员单位。至年末，全市形成以常设技术市场为中心市场，辅以11个分市场的技术市场服务体系。

2000年，全市部分部（省）属、市属科研院所向科技中介机构转制或改制成有限公司和股份公司，无锡市民营科技园、锡北私营经济园挂牌运行。2001年，技术市场分市场新发展会员单位18家，全市新增民营科技企业、技贸机构330家。2002年，全市民营科技企业、技术贸易机构新增327家，成为无锡市技术市场的生力军。

2003年，无锡市技术市场拓展投融资渠道，以符合国家及全市产业发展方向、具有较高技术水平和良好市场前景的项目作为主要风险投资方向，重点支持一批电子信息、新材料、生物技术、机电一体化的项目，全年落实风险投资项目30个，投资额1.5亿元，吸引社会资金15亿元，吸引一批具有自主知识产权的海内外人才到锡创业，形成人才集聚的“十百千”效应（即吸引10名博士、100名硕士、1000名本科生)。对国营、民营、合资等多种所有制性质的科技型企业的融资进行担保,全年担保总额2.1亿元,其中对民营科技企业的担保额1.7亿元,有效地促进产、学、研结合和技术市场的发展。科技一站式服务中心全年为企业代理申报并经省级以上科技部门批准的技术创新基金项目102个、"火炬"计划项目176个、"火炬"重点高新技术企业23家、国家级重点新产品139个、省级高新技术产品356个、省级高新技术企业171家、省级民营科技企业157家、省级攻关项目5个,组织科技出访团(组)6个、48人次,组织国际科技合作项目110个,发展国际科技交流网络单位970家,完成软件著作权登记15件、科技查新300件、专利检索200件,完成"无锡知识产权网""工业设计信息网""江苏农网"等网站的开发,制作播出《科技瞭望》电视节目26期。

2004年,无锡市科技一站式服务中心为企业代理申报并经省级以上科技部门批准的技术创新基金项目93个、"火炬"计划项目115个、国家级重点新产品94个、省级高新技术产品771个、省级高新技术企业134家、省级民营科技企业157家、省级攻关项目25个。全年实现风险投资项目30个、资金1.5亿元,重点支持电子信息、新材料、生物技术、机电一体化项目。全年对国营、民营、合资等多种所有制性质的科技型企业的融资进行担保,担保总额2.05亿元,其中对民营科技企业担保1.85亿元。全年组织科技出访团组7个、64人次,组织国际科技合作项目2个,完成软件著作权登记20件、科技查新400件、专利检索80件,完成"无锡产、学、研信息服务网"开发,制作播出《科技瞭望》电视节目26期。

2005年,无锡市举办环保科技、新材料、工业设计3场专题科技成果发布会,参会民营企业家9146人,征集、筛选、整理、编印科研成果项目5500个、5000套。合作开展"乌克兰科技日"活动,引进乌克兰72所大学、科研院所展示优势项目300多个,搭建民营企业高新技术洽谈会国际科技合作平台。是年,无锡市科技一站式服务中心全年为企业代理创新基金认证、推荐申报项目74个,编制申报38个,立项16个,争取资金1010万元;受理申报省级高新技术产品350个,编制申报高新技术产品30个、高新技术企业15家;申报"火炬"计划贴息项目2个;代理无锡市科技项目公开招标工作,完成45个、总标的2175万元的招标项目文件起草、开标、组织评标工作,并对445个项目进行中期绩效评估;完成软件著作权登记20件、科技查新400件、无形资产评估3件;组织科技出访团组13个;组织培训7000人次。全年实现风险投资项目15个,投资3400多万元,并带动社会投资1亿元。全年对多种所有制科技型企业的融资担保总额2.05亿元,其中对民营科技企业担保额1.85亿元。

二、技术市场交易

1991年,无锡市技术市场成交活跃,全年认定技术合同2461项,成交金额4143万元。1992年,全市举办多层次的大型技术恳谈会、信息发布会、成果展示交易会等20多次,签订技术合同2538项,其中技术开发220项、技术咨询568项、技术转让79项、技术服务1671项,成交金额5095万元。9月,市科委、市工商局联合举办无锡市首届"科技集市",在锡大专院校、部省属研究所、市属研究所、民办科研机构及技术贸易机构134家共689项科技成果参加科技集市活动,2000多人参加洽谈,达成意向性合同18项,合同金额18.75万元;签订技术合同3项,成交额5.5万元。

1993年6月,市科委、市计委、市体改委等8家单位联合举办全市首届科技成果专利技术交易会。达成意向性协议140项,金额1401.68万元;合同成交项目6个,技术贸易额10.03万元。全年认定各类技术合同4131项,合同金额9841万元。

1994年7月,无锡市科技交易中心(技术市场)成立。是年,全市技术贸易成交额1.66亿元,认定各类技术合同3378项,合同金额16649万元。1996年,全市共组织5次较大规模的技贸活动,完成技术合同成交额3.12亿元。1997年、1998年,分别完成技术合同成交额4.3亿元、5.4亿元。

1999年10月,举办无锡市高新技术产品展销暨技术交易会,签订技术合同39项,成交额近1150万元,并达成200多项合作意向。全年全市完成技术市场成交额16.83亿元,其中技术输出7.77亿元、技术引进9.06亿元。2000年，完成技术市场成交额19.2亿元，其中技术输出9.4亿元、技术引进9.8亿元。

2001年9月，举办全国网上技术交易会无锡分会，近200人参与网上技术交易。是月，新组建的滨湖区技术分市场举办首届科技成果交易会，发布科技成果项目1.2万多个，采编技术需求、难题攻关项目300多个，达成意向合作项目127个。11月，举办2001年无锡私营企业高新技术项目恳谈会，发布和展示高新技术项目1800多个，达成意向或成交的技术合作项目331个，合同成交额1.43亿元。通过向外输出技术，全年全市共签订技术合同9946项，成交额10.19亿元。在锡科研单位、大专院校、技贸机构加大参与西部大开发的力度，向西部地区输出技术，签订技术合同119项，成交额2703万元。

2002年11月，举办无锡市私营企业高新技术项目（产品展示）洽谈会，会上发布8000多个科技成果项目，其中高新技术项目2000多个；签约项目1278个，投资总额154亿元。全年缔结向外输出技术合同11881项，技术合同成交额12.44亿元。与西部地区签订技术合同158项，成交额4330.5万元。2003年，全市技术贸易成交额29.34亿元，技术开发合同、技术转让合同占主导地位。科研机构、大专院校成为技术卖方的中坚力量，科研机构全年签约技术合同1472项，成交额3.58亿元；大专院校全年签约技术合同1165项，成交额1.88亿元。技术贸易机构异军突起，全年签约技术合同2263项，成交额4.19亿元。企业是最大的技术吸纳方，全年签约技术合同7158项，成交额11.12亿元。

2004年，无锡市技术市场举办以"中国设计的创新、交流、发展"为主题的无锡国际工业设计周暨无锡国际工业设计博览会，继续举办民营企业高新技术洽谈会，组织40多家企业赴俄罗斯进行科技和经贸交流活动。举办首届锡沪"专利集市"，达成专利意向项目81个。举办首届"长三角"高新技术项目交易洽谈会，上海、浙江、江苏三地的250多个科技项目参会，50多个科技项目成功配对，20多个科技项目签约，合同金额1.5亿元。全年全市技术贸易成交额36.12亿元，其中：技术开发项目1240个，合同成交额5.18亿元；技术转让项目504个，合同成交额1.84亿元。科技机构全年签约技术合同1507项，成交额6.35亿元；大专院校全年签约技术合同1026项，成交额3.84亿元；技贸机构签约技术合同2283项，成交额7.42亿元；企业全年签约技术合同2508项，成交额2.74亿元。

2005年，无锡民营企业高新技术洽谈会成交科技项目450个，合作金额60.11亿元；其中现场签约科技项目40个，合作金额近9亿元。开展以"争资、引智、招研、发展"为主题的百家企业科技服务行活动，组织无锡100家具有高成长性的科技型中小企业赴北京、南京、上海与清华大学、北京大学、复旦大学、同济大学、上海交大、南京大学、东南大学、中科院等院校实施专题对接，开展全面合作。全市全年技术贸易成交额39.41亿元，其中：技术开发项目1309个，成交额5.91亿元；技术转让项目1026个，成交额4.77亿元。科技机构全年签订技术合同1358项，成交额4.25亿元；大专院校全年签订技术合同106项，成交额0.90亿元；技贸机构签约技术合同3800项，成交额7.72亿元。企业全年签订技术合同8398项，成交额20.72亿元。

无锡市志

【第二册】

第十一卷

开放　开发

概　述

80年代初，无锡市乡镇企业开始对外合资合作，利用外资从无到有、从小到大，从初期的加工装配、补偿贸易发展到中外合资、合作和外商独资经营等多种形式。1985年，国务院将“长三角”地区辟为沿海经济开放区，市委、市政府首次提出走发展外向型经济的道路。1992年邓小平视察南方谈话发表后，全市确立外向带动战略，把发展外向型经济作为经济发展的突破口，开放型经济进入快速发展时期，形成对外开放主体由乡镇企业为主向国有大中型企业、乡镇企业齐头并进的新格局。其间，外商投资规划区、无锡高新技术产业开发区（含宜兴环科园）、无锡太湖国家旅游度假区、无锡新加坡工业园、江阴经济开发区、锡山经济开发区、无锡蠡园高新技术产业开发区、宜兴陶瓷产业园开发区纷纷建立，形成以国家级开发区为龙头、省级开发区为骨干、重点开放园区共同支撑的集聚发展局面，开放园区成为全市开放型经济的主阵地和新的经济增长点。无锡新加坡工业园的建立，开创无锡与国际财团合作联合成片开发建设高科技工业园的先河，实现无锡市利用外资从单个项目引进到成片开发的转变。1997～2000年，各开发区利用外资由以中小企业为主、劳动密集型项目为主，转变为以国有大中型企业为主、国际大公司大财团投资为主、项目独资为主，呈现高新技术项目增多、超千万美元大项目增多、已投外资企业增资扩股增多的态势。

2001年中国加入世贸组织后，无锡主动参与经济全球化，实施经济国际化战略。各开发区提高产业集聚度和集约化水平，加快科技创新步伐，扩大对外开放和招商引资，全市开放型经济由规模数量型向规模质量型转化。共有63家世界500强企业落户无锡，形成以跨国公司为龙头的基地化、集群化发展态势。2002年起，全市进口贸易以年均63%的速度高速增长，2005年进口总额136.45亿美元。产品出口迅猛增长，2004年出口总额突破百亿美元，2005年为155.46亿美元。外贸进出口对全市经济增长的贡献份额不断提高，2005年贡献率达1/3。同时，一批企业跨出国门，一批知名品牌和企业走向国际市场，在跨国经营中提升企业的国际竞争力。

第一章　机构与服务

第一节　机　构

1985年1月，无锡市对外经济贸易局改为无锡市对外经济贸易委员会（简称“市外经委”），挂“无锡市对外开放办公室”牌子，属市政府职能部门，综合管理全市对外经济贸易和对外开放工作，内设办公室、政工科、综合科、外贸科、外资科、外经科、外事接待科等7个科室。1997年5月，内设外贸管理处、外资管理处、外经管理处、开发区管理处、综合管理处（挂“审计法规处”和“国资监督处”牌子）等9个科室。2001年8月，市外经委更名为无锡市对外经济贸易合作局（简称“市外经局”），正处级建制。内设外贸管理处、技术与服务贸易处，外资管理处、开发区管理处、外经管理处、综合管理处、信息调研处等11个处室。

第二节　政策措施

1985年，市委、市政府根据无锡原材料与市场“两头在外”的实际，提出走发展外向型经济的道路，跨越式发展无锡经济，在区域经济竞争中赢得主动。1986～1987年，先后制定实施《关于加强吸收外资管理工作的意见》《关于贯彻国务院、省政府鼓励外商投资规定的实施意见》，把外商和港澳台商投资纳入国民经济发展的统一计划，对产品出口企业和先进技术企业以及在外商和港澳台商投资企业工作的职工待遇等作了确认。1988年，无锡市出台《关于推行对外贸易承包经营责任制若干暂行规定》，将责、权、利分离的旧外贸体制转变为责、权、利统一的新型体制，将统负盈亏、吃“大锅饭”的体制逐步转为自负盈亏的体制，合理调配外汇的收入、分配、使用及管理，调动政府和企业扩大出口的积极性。1989年，制定《关于对外商投资企业落实优惠政策的若干规定》《关于外商投资企业劳动人事管理暂行办法》《关于外商投资企业物质供应意见》《关于鼓励生产型外商投资企业中方投资者的暂行优惠办法》等文件，从税收、物资材料、水电供应、人才流动、资金、土地价格、土地使用费、物资运输、海关报关及经营自主权等方面给予投资者政策优惠。

1990年，市政府出台《关于鼓励企业发展外向型经济的若干暂行规定》，规定凡是符合相关条件的企业，经市、市（县）经贸委和经委核准后，可获准持有外向型经济重点企业优惠证，享受物资优先定点保供；供电优先保证；资金优先解决；海关优先报关、优先放行，商检优先落实，运输计划优先安排；科研技术优先服务；设备引进、技术改造项目优先安排等6项优惠政策。1991年，无锡市出台《鼓励企业特别是大中型企业利用外资的意见》，落实企业对外合资、合作自主权，划定部分资金扶持重点企业发展，鼓励企业以闲置产权寻找外商合作伙伴。1992年，市政府先后两次下放利用外资的审批权限，并对所辖三市（县）彻底放权，享有与市同等的审批权限，对郊区、马山区下放500万美元的审批权，对市区有条件的产业局下放200万美元项目立项权。市外经委拟订引进外资和港澳台资（项目）有功人员奖、引进世界名牌有功人员引荐奖、“三资”企业项目竣工投产奖、“三资”企业项目达标达产奖、外贸出口产品发展奖等10项奖励措施，并经市政府批准在全市实施。年末，市政府奖励首批发展外向型经济有贡献人员。市外资管理委员会出台《关于外商投资企业管理若干问题的意见》，1994年出台《〈关于外商投资企业管理若干问题的意见〉的补充意见》，明确对外商和港澳台商投资企业实行分层次管理，由市政府授权市利用外资管理委员会对全市利用外资和港澳台资工作进行综合协调管理。1995年，市政府制定《无锡市外商投资企业投诉及处理办法》，市利用外资管理委员会负责协调处理外商和港澳台商投资企业的投诉，维护各方投资者的合法权益。

1996年，无锡市制定《中外合资、合作经营企业使用划拨土地管理暂行办法》，规定外资企业使用土地一律以出让方式取得土地使用权；合营企业无论新辟场地还是使用中方合营者原有场地，都必须交纳场地使用费。1998年，市政府出台《关于解决外贸分立改制企业进出口经营权的报告》，允许分立改制企业挂靠母公司开展进出口业务。1999年，市政府出台《关于鼓励发展外贸出口和对外经济技术合作的若干规定》，推进外贸经营主体多元化，优化出口产品结构，扶持机电产品出口；鼓励企业开展境外投资，实施跨国经营，开拓对外承包工程，发展国际劳务合作，鼓励多渠道、多层面拓展对外经济合作。出台《进一步扩大利用外资的若干规定》，要求各有关部门提高办事效率，规范收费管理，依法办事，实施政策优惠，强化涉外监督。

21世纪初，全市外贸进出口保持持续快速增长的势头，但面临多种负面因素影响。国际贸易保护主义由传统的关税壁垒、配额等限制措施向技术贸易壁垒转变，无锡60%出口贸易企业的产品不同程度遭受国外技术壁垒的贸易障碍。中国加入世贸组织后，发达国家利用反倾销、贸易保障措施、知识产权保护、社会保障限制等多种市场准入限制，阻碍无锡产品的出口。为此，市政府出台《关于实施“三大工程”促进外贸出口的工作意见》，引导企业趋利避害，突破和跨越技术壁垒；实施优质工程，优化产品质量，提高出口产品竞争力；实施绿色通道工程，提速增效，实现进出口商品快进快出。2002年，为把握国际产业资本加速向“长三角”地区转移的机遇，按照国家对开发区的集约发展的要求，市政府制定《无锡市重点开放园区工作考核细则》，采取定性考核和定量考核相结合，以定量考核为主，考察评定采取重点开放园区自查自评和市主管部门组织考核考察的办法。2003年，出台《关于进一步促进我市外经贸发展的若干意见》，加大出口贴息力度，继续实施出口退税账户托管贷款，鼓励企业争创国际品牌，扶持企业开拓国际市场，鼓励企业投保出口信用险，加快实施万名国际商务人才培训工程，推进建立外经贸预警预测机制，促进企业“走出去”开展跨国经营，鼓励发展对外承包工程和对外劳务合作。2004年，又出台《全市开放型经济目标考核评价体系的意见》，对重要的总量指标强化刚性考核，适当增加对提高开放型经济发展质量和水平的新指标。是年，市政府提出《关于进一步提升重点开放园区发展水平的意见》，明确园区建设发展的指导原则，要求不断优化园区规划和产业布局，提高园区的产业集聚度，执行最严格的土地使用制度，加快园区科技创新步伐，扩大对外开放和招商引资，加快无锡出口加工区发展，提高管理服务水平，加大对园区的政策支持力度，加强对园区工作的组织领导和考核管理。2005年，市政府制定《关于加快我市外经贸发展的若干意见》，对无锡企业建办境外贸易中心或专业市场、到境外设立贸易公司或代表机构、开拓对外工程承包等业务，市政府提供一定数额的补助；鼓励企业加强出口商品品牌建设，对获得商务部重点培育和发展的出口品牌、在境外注册商标、开展国际管理和标准的认可认证工作，由政府提供相应补助。

第三节　管理服务

1987年10月，无锡市外商投资企业协会成立，负责外商和港澳台商投资企业的协调、指导、服务等多项工作。1988年3月，市政府成立利用外资管理委员会，由有关管理部门的全权代表组成，定期集体讨论全市利用外资和港澳台资出现的问题和解决办法。成立后一个窗口对外（对外商一个窗口服务）；一个机构对下（对基层企业统一办理手续）；一条龙服务（对外资项目从意向洽谈到后道管理实行全过程服务），一般项目由外资管理委员会组织综合职能部门会审班子审理，疑难问题由委员会会议定案。一般项目从立项到批准周期由6个月减至2个月，不少项目当年立项、当年批准、当年投产。当年，批准“三资”企业24家，相当于前10年的总和。

1991年上半年，市外经委制定《无锡市鼓励大中型企业利用外资的若干规定》，并加强对项目的评估，下放利用外资和港澳台资的审批权限。是年起，市外经委多次组织召开生产经济分析会，协调“三资”企业的新、老厂关系，水电、原料供应以及中外关系、企业收费、产品定（核）价、招聘人员等问题，帮助“三资”企业开拓销售渠道，组织“三资”企业参加华东交易会、上海“三资”企业联展、全国第二届“三资”企业博览会，帮助“三资”企业扭亏为盈，当年“三资”亏损企业由上年的34家减至18家，8家企业亏损大幅度减少。1992年，市外经委下放权限到市（县）、区、局；下发三市（县）外贸公司进出口业务图章，让三市（县）外贸公司享受市级外贸公司同等权利；下放三市（县）的生产性项目外资审批权，享受与市同等的审批权限。同时相应放权给区、局，明确规定各有关单位审批项目的时间，优化出国审批程序，强化责任，对特殊情况做到急事急办、随到随办。1993年，对城区的5个区，粮食、物资、轻工、商业、供销、财政等6个局（公司）以及太湖国家旅游度假区、外运公司等13家单位实行借权经营，促使更多的企业早日与国际市场接轨。改革利用外资审批方式，对郊区、马山区下放3000万美元以下生产性项目审批权，对市区各产业局、城区下放1500万美元以下生产性项目立项权；对市区审批的1500万美元以下的生产性项目实行等级制的办法，改多道审批为一次性审批。2001年11月19日，市外经局派员入驻市行政审批服务中心，负责企业进出口业务审批等工作。至2005年，行政审批事项由1393项削减至不到500项，设立8个市（县）、区级以上的行政（审批）服务中心，80%以上的行政审批事项实施一站式审批服务。2005年9月，在市外经局成立无锡市外商投资企业投诉服务中心。此外，在监察部门设行政效能投诉中心，在全省较早建立关贸、银贸、检贸、财贸、税贸等联席会议制度。

第二章　对外经济贸易

第一节　外贸体制改革

一、外贸管理体制改革

1986年2月，市政府提出建立农副产品出口生产体系，在坚持统一计划、统一政策、联合统一对外的前提下，发展横向经济联合。1987年9月，国务院增加一批外贸自主权企业，无锡县量具厂、无锡发电设备厂、无锡电度表厂、无锡市轻型轴承厂及无锡市利农砖瓦机械厂名列其中。1988年起，江阴市实行对外贸易计划单列，由省单独列户管理。

1988年5月，无锡市开始推行外贸承包经营责任制，进行切块自营。各外贸公司、出口企业、生产企业通过参加广交会、举办展销会等多种形式，与40多个国家和地区近200个客户建立直接的比较稳固的贸易关系。5月18日，市政府出台鼓励乡镇企业发展出口产品生产政策，给予乡镇企业推进技术改造、人才引进及税收上的优惠，并授予出口收购供货额折合超过100万美元的企业自主进出口权。10月17日，无锡市统一经营管理茧丝绸收购和出口，防止货源外流。

1989年8月，市区纺织品外贸生产及出口实行指令性计划管理。1990年3月，无锡市制定出口业务管理制度，对进出口公司、自营生产企业统一管理。8月，市外经委下属外贸公司获准开展代理出口业务。是年，自营机制逐步完善，无锡市纺织品进出口公司、中国丝绸进出口公司江苏省无锡支公司、无锡市轻工业品进出口公司、无锡市土产畜产粮油食品进出口公司、无锡市五金矿产机械医药保健品进出口公司、中国化工进出口公司江苏省无锡支公司、中国机械设备进出口总公司江苏省无锡市支公司、无锡市对外经济技术贸易公司等8家外贸公司和协新毛纺织染厂、无锡电扇厂、五金工具集团公司、无锡无线电厂、无锡市无线电五厂、振奋螺丝厂、宜兴陶瓷公司、无锡虹美电器集团公司等8家生产企业获进出口经营权。

根据国务院《关于进一步改革和完善对外贸易体制若干问题的决定》，自1991年1月1日起，取消国家对外贸出口的财政补贴，建立自负盈亏机制，统一全国外贸政策；改革外汇分成办法，加强出口收汇管理。出口产品退税由中央财政和地方财政共同负担，其中中央负担80%、地方负担20%。6月20日，市政府发布《关于鼓励大中型企业发展工贸联营的实施意见》，鼓励各外贸公司优先选择大中型企业为联营合作伙伴。1992年5月11日起，市政府赋予大中型生产企业自主进出口经营权。1994年起，全国实现汇率并轨；实行外汇收入结汇制，取消外汇留成；实行银行售汇，实现经常项目下人民币有条件可兑换。5月26日，财政部印发《一般消费税和一般增值税退付申报及审批办法》，企业自行提出出口退税申请。1997年1月1日起，国家实行自营出口或委托代理出口货物实行“免、抵、退”税办法。

2000年2月28日，市委、市政府发布《关于进一步加快开放型经济发展的意见》，鼓励扩大对外贸易，帮助所有具备条件的自营生产企业取得外贸经营权，推动企业尽快直接参与国际竞争。9月，调整无锡商业批发企业和物资企业进出口经营权，年销售额标准由5亿元下调至2亿元。2001年7月17日，对机电产品、高新技术产品、纺织、服装、鞋帽、箱包、玩具等7类商品出口实行出口贴息政策。2003年10月13日，调整商品出口退税率，平均下调3个百分点。2004年起，建立中央与地方共同负担出口退税的新机制，以2003年出口退税实退指标1789亿元为基数，基数内由中央财政负担，超额部分由中央和地方按75∶25分担。

二、外贸企业管理体制改革

1986年5月，无锡市外贸广告公司成立，业务上受江苏省国际广告公司领导，行政上由市外经委管理。7月，无锡市外贸商品销售公司成立，大集体性质，经济上独立核算、自负盈亏。8月，无锡市对外经济技术贸易公司成立，专营进出口业务和经济技术合作、技术引进业务。11月，江苏省下放各市外贸支公司出口经营权，各出口支公司成为省分公司领导下的派出机构，业务经营以省分公司领导为主，行政以各市外经委领导为主。是年，市外经委下属无锡外贸印刷厂、无锡市外贸商品销售公司、中国出口商品基地建设公司江苏省无锡代表处、中国对外贸易运输进出口公司江苏省分公司无锡支公司、中国包装进出口公司江苏省分公司无锡支公司、中国粮油食品土产畜产进出口公司江苏省分公司无锡支公司、中国五金矿产化工机械进出口公司江苏省分公司无锡支公司、中国轻工工艺进出口公司江苏省分公司无锡支公司、中国纺织品进出口公司江苏省分公司无锡支公司等9家外贸企业。

1992年4月，由省管理的无锡市土产畜产粮油食品进出口公司、无锡市纺织品进出口公司、中国丝绸进出口公司江苏省无锡支公司、无锡市轻工业品进出口公司、无锡市五金矿产机械医药保健品进出口公司、无锡市机械设备进出口公司、江阴市对外贸易公司、无锡县对外贸易公司、宜兴市对外贸易公司等分别划归市政府及各县政府管理。

1993年5月，中国对外贸易运输总公司无锡支公司发起成立无锡外运报关行并获得海关登记。报关行工作人员由海关选派和外运选派海关培训相结合的方法确定，业务上受海关指导监督。6月14日，中国对外贸易运输总公司无锡支公司发起成立无锡出口监管仓库。1994年2月，市国际经济技术合作公司和市对外建设工程公司合并组建成立中国无锡国际经济技术合作公司。

1994年起，无锡市转换外贸企业经营机制，逐步建立现代企业制度；强化进出口商会的协调服务职能，完善外贸经营的协调服务机制。1996年1月，市纺织丝绸进出口公司与市五金矿产机械进出口公司合并组建江苏省

图11-1 90年代位于中山路的无锡中润国际集团有限公司
（辑自《跨世纪的辉煌》）

首家跨行业综合性外贸集团——无锡中润(集团)有限公司(简称“中润集团”),经营纺织品、丝绸、服装、五金矿产、机电、化工、粮油、轻工、土畜产品等进出口业务,成为江苏省重点联系的11家外贸企业之一。4月,中国无锡国际经济技术合作公司划归市外经委领导。5月,市政府系统核定全市外贸企业的分支机构,理顺各级外贸企业的关系。8月,无锡市轻工业品工艺品进出口公司、土产畜产粮油食品进出口公司、对外经济技术贸易公司合并组建成立无锡中瑞集团有限公司(简称“中瑞集团”),为国有独资企业,实行资产经营一体化。1997年1月,市外贸摄影图片社全部国有资产划拨中润集团。

1998年9月20日,中瑞集团实施现代企业制度建设,下属实业分公司、土畜产品分公司、粮油食品分公司、工艺品分公司、轻工业品分公司及鞋帽分公司分别进行有限责任制改造,改组为瑞东贸易有限公司、瑞素贸易有限公司、瑞康贸易有限公司、元辰贸易有限公司及瑞泽贸易有限公司等系列外贸公司。1999年1月,中润集团与无锡震球集团有限公司联合重组,组建江苏省首家产供销一条龙、科工贸一体化的综合性外贸企业集团——无锡新中润国际集团有限公司,性质为国有独资企业。

1999年2月,市外经委发布《1999年深化外贸企业改革工作的意见》,推进外贸企业公司制改造。2000年4月,市外经委颁发《关于推进我市外经贸企业深化改革的实施意见》,加快推进全市外经贸企业现代企业制度改造的速度。7月,市外经委批准中国电子进出口江苏无锡公司和中国(无锡)机械设备进出口公司实施分立改制方案和部分分立改制方案。中国(无锡)机械设备进出口公司将部分业务部门和部分实物资产分立,设立无锡泰辰机械设备有限公司。2001年12月,省机电办批准市外经局设立无锡市机电产品进出口办公室,负责机电产品进出口管理。

2002年8月,市国资委批准无锡国际经济技术合作公司成建制划归国联集团。10月,无锡市私营外贸企业创业园及该园北塘园区分别在新区和北塘区成立。11月,江苏无锡市出口加工区通过海关总署等9部委的联合验收,开始封关运行。12月27日,中化江苏无锡进出口公司划归国联集团。2003年8月,无锡市外商投资工程咨询服务中心关闭。2004年2月,无锡市国际经贸促进中心成立。2005年6月,由红豆集团、中国国际商会无锡商会、江苏中贸发进出口股份有限公司、无锡小天鹅进出口有限公司、无锡市世贸组织事务咨询中心及无锡一棉进出口有限公司共同发起成立无锡市进出口商会。

第二节　进　口

一、进口总额

1986～1992年,全市进口贸易总额由1801万美元增至9000万美元,年均增加1199.83万美元,其中1987年、1990年为负增长。1993～1995年,进口贸易总额由1.98亿美元增加至3.81亿美元,增速比前几年略快。1996年,随着希捷国际科技(无锡)有限公司(简称“希捷”)、无锡夏普电子元器件有限公司(简称“夏普”)等大型外资企业投资无锡,进口额猛增至16.47亿美元,比上年增加3.32倍。其后几年,全市进口贸易额稳步增长。2001年,中国加入世贸组织,无锡进口贸易进入加速发展的新阶段,全年进口贸易总额30.67亿美元,2002年、2003年、2004年分别增至45.96亿美元、70.55亿美元和108.23亿美元。2005年,进口贸易总额136.45亿美元,是1985年的757.63倍;其中本地企业30.55亿美元、“三资”企业105.89亿美元。

1986～2005年无锡市进口商品总额统计表

表11-1　　　　单位：亿美元

年份	进口总额	其中		年份	进口总额	其中	
		本地企业	"三资"企业			本地企业	"三资"企业
1986	0.18	0.01	0.17	1996	16.47	1.52	14.95
1987	0.16	0.06	0.10	1997	15.35	1.63	13.72
1988	0.27	0.21	0.06	1998	18.35	1.73	16.62
1989	0.35	0.29	0.06	1999	17.83	3.02	14.81
1990	0.30	0.20	0.10	2000	26.17	5.56	20.61
1991	0.61	0.28	0.33	2001	30.67	6.52	24.15
1992	0.90	0.36	0.54	2002	45.96	9.95	36.01
1993	1.98	0.94	1.04	2003	70.55	15.72	54.83
1994	2.33	1.15	1.18	2004	108.23	23.81	84.42
1995	3.81	1.16	2.65	2005	136.45	30.56	105.89

二、进口商品

1986～1995年，无锡进口贸易大部分由国有进出口公司承担，主要进口机电产品、化工产品和纺织品。由于无锡乡镇企业的发展以及大量外资企业的创办，进口的机电产品以机械设备为主，进口的化工产品和纺织品均为本地企业生产所需的石油、化纤、羊毛等原材料。

1996年，希捷、夏普、无锡阿尔卑斯电子有限公司（简称"阿尔卑斯"）等大型外资企业相继建成投产，从国外进口大量电子元器件进行加工。是年，机电产品进口额占总额比例由1995年的17.42%猛增至66.84%。此后，机电产品进口额比例始终保持在60%左右，1998年最高值为71.92%。2005年，机电产品进口额78.62亿美元，占进口总额的57.62%。纺织品进口额比例不断下降，由1995年的29.56%降至2005年的3.67%，总额5亿美元。化工产品的进口额比例在1996年有所下降，但之后比例逐年上升。1996年化工产品进口额比例为8.36%，2005年升至26.33%，总额35.93亿美元，为无锡第二进口产品大类。

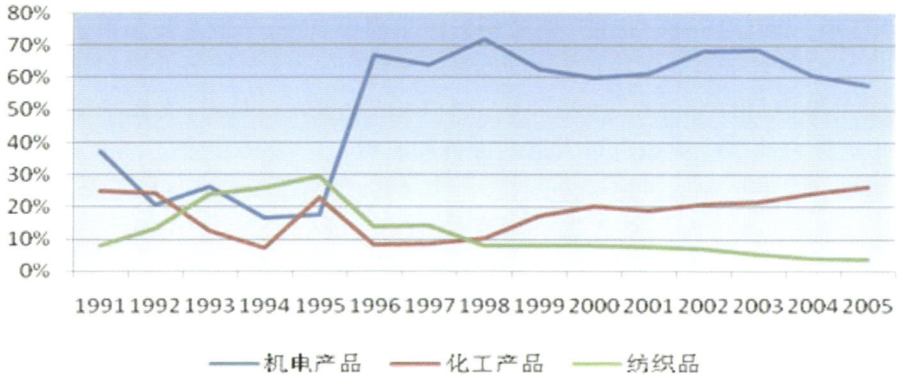

图11-2　1991～2005年无锡市进口机电、化工、纺织品比例图

三、进口商品来源地

1986～2005年，亚洲市场是无锡主要进口商品的来源地，进口额始终保持在进口总额的60%以上，并一度达到89%。90年代初期，很多国外产品都通过中国香港地区转口进入无锡。日本无论从出口还是进口都是无锡最大的贸易伙伴。1991年，无锡从日本进口商品的比例占进口总额的20.5%。随着夏普、阿尔卑斯、索尼等日资企业在无锡投资设厂，日本企业从本国进口大量的电子元器件在无锡加工组装，无锡从日本进口商品的比例不断攀升，1995年占35.31%。此后，进口商品所占比例虽然有波动，但始终保持在20%以上，为无锡最稳定的进口来源地。亚洲其他国家和地区也是无锡重要的进口来源地。1991年，无锡从亚洲其他国家进口商品额的比例为7.18%，此后占比不断提高。1997年，无锡从其他亚洲国家进口商品的总额为6.52亿美元，占当年无锡进口商品总额的42.48%。此后，其他亚洲国家进口商品总额所占比例始终保持在30%左右。

2005年，无锡市从亚洲国家和地区进口商品总额102.92亿美元，占全市进口商品总额的75.43%。其中：从日本进口商品总额43.09亿美元，占全市进口商品总额的31.58 %；从日本和中国港澳台以外的其他亚洲国家和地区进口商品总额44.78亿美元，占32.82%。

除亚洲国家和地区之外，无锡与欧盟、北美地区也有进口贸易。2005年，无锡从欧盟和北美的进口额分别为16.22亿美元和10.48亿美元，分别占当年进口总额的11.89%和7.68%。无锡从亚洲、欧盟和北美之外的地区进口额非常小，2005年仅占进口总额的5%。

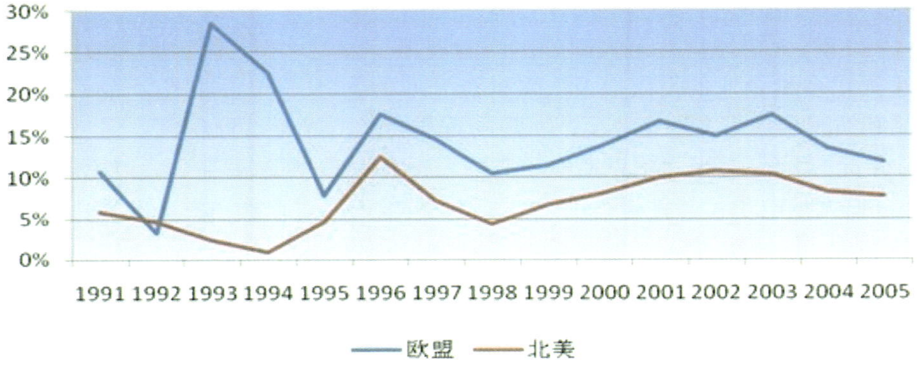

图11-3　1991～2005年无锡市从欧盟及北美市场进口商品比例图

四、进口企业

1986～1995年，全市内资和“三资”企业进口商品额相当，进口额主要由市、县属外贸公司及外资企业完成。市外经贸委下属的无锡市对外经济技术贸易公司为全市企业进口重要设备和原材料，进口额长期位居无锡企业的前三名，1995年进口额1426万美元。其间，无锡华瑞制药有限公司、江南模塑科技股份有限公司等企业也进口大量的设备和原材料。1996年希捷、夏普等大型外企进入无锡后，“三资”企业与内资企业的进口额差距拉开，并不断扩大。1997年，希捷公司进口额为3.66亿美元，占全市进口总额的23.85%；夏普进口额为3259万美元，列全市进口额第三位。1999年，阿尔卑斯电子进口额7432万美元，进入全市进口额的前三位。此后，希捷、夏普和阿尔卑斯长期位居无锡进口企业进口额的前三强。2001年，三房巷集团进口额7104万美元，次于夏普，首次进入前五位，成为2000年后唯一保持进口前五强的无锡本地企业。2003年，索尼电子（无锡）有限公司首次进入前五强，进口额2.54亿美元，居第四位，2004年超过阿尔卑斯进入前三名。2005年，“三资”企业进口额105.89亿美元，内资企业的进口额仅30.56亿美元。进口前五位的企业为希捷、夏普、索尼、阿尔卑斯和三房巷，进口额分别为15.55亿美元、12.45亿美元、6.12亿美元、5.39亿美元和4.96亿美元。

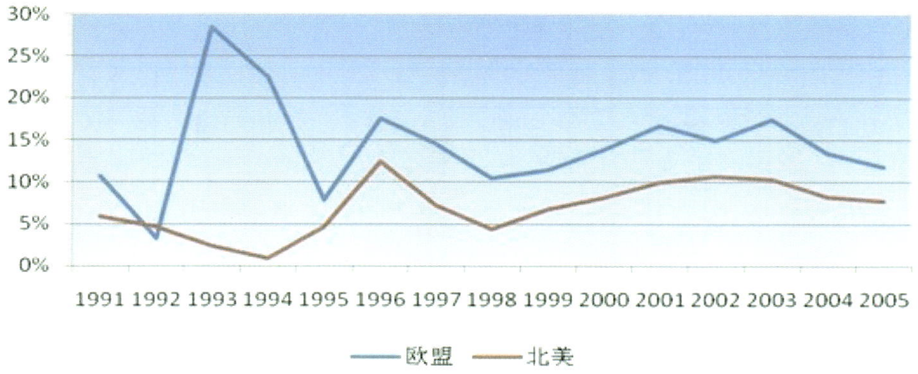

图11-4 1996～2005年无锡市不同贸易方式进口所占比例图

五、进口主要方式

1986～2005年，无锡进口贸易以加工贸易为主。1996年，全市加工贸易进口额8.28亿美元，占全市进口总额的50.27%；其他贸易进口额占40.93%，此后占比逐年下降，但所占比例始终维持在10%左右；一般贸易进口额仅1.45亿美元，占8.8%。1998年，全市加工贸易进口额的比例达到历史高点，达13.93亿美元，占进口总额的75.92%，此后占比逐年下降，但始终保持在50%左右。2003年，一般贸易进口总额首次超过加工贸易额，达40.33亿美元，占进口总额的57.16%，虽然占比次年又被加工贸易超过，但以后占比始终维持在40%左右。2005年，加工贸易进口总额占全市进口总额的51.72%；一般贸易金额51.34亿美元，占比由1996年的8.78%升至37.63%；其他贸易进口额14.53亿美元，占比10.65%。

第三节 出 口

一、出口总额

1986年前，无锡拥有自主外贸经营权的企业很少，大部分生产企业供货给国家、省外贸公司，再由外贸公司出口国外，时称外贸收购。外贸收购严格意义上只能算间接出口，但占无锡外贸总额比重很大。1986年，全市出口总额34万美元。此后，越来越多的无锡外贸企业和生产企业获得自营进出口权，企业自营出口迅速增加并逐渐取代外贸收购。1987年，全市自营出口额712万美元。随着1988年外贸承包经营责任制的推行，大量乡镇企业、外资企业的建立，1991年自营出口额首次突破1亿美元。此后，全市自营出口额始终保持平稳增长，1995年突破10亿美元。90年代中期以后，外贸收购成为历史。1996年，外贸统计统一使用海关数据①。20世纪末的东南亚金融危机给无锡的出口带来不少困难，但没有阻止无锡出口贸易发展的增长势头。2001年中国加入世贸组织之后，无锡产品的出口迅猛增长，出口额增幅始终保持在40%以上。2004年，全市出口总额突破百亿美元，2005年增至155.46亿美元。1986～2005年，无锡自营出口总额年均增长率53%。

① 由于统计制度改革，1995年前、后的数据产生些许不一致，导致1995年和1996年的数据之间出现某些不连续。

1986～2005年无锡市出口商品总额统计表

表11-2 单位：亿美元

年份	出口额	其中 本地企业	其中 "三资"企业	年份	出口额	其中 本地企业	其中 "三资"企业
1986	0.0034	—	0.0034	1996	15.60	7.09	8.51
1987	0.07	0.05	0.02	1997	21.43	8.23	13.20
1988	0.35	0.30	0.05	1998	25.92	8.44	17.48
1989	0.57	0.47	0.10	1999	25.59	9.58	16.01
1990	0.88	0.65	0.23	2000	33.66	12.42	21.24
1991	1.52	1.10	0.42	2001	35.89	14.19	21.70
1992	3.13	2.06	1.07	2002	51.45	18.20	33.25
1993	5.48	2.96	2.52	2003	73.25	25.98	47.27
1994	8.78	4.63	4.15	2004	110.12	35.30	74.82
1995	12.47	7.46	5.01	2005	155.46	44.77	110.69

二、出口商品

无锡市出口商品中，纺织服装和机电产品一直占据最重要的地位，两者出口额之和始终保持全市出口总额的70%以上。90年代中后期开始，高新技术产品在全市出口商品中所占比例不断提高。2005年，机电产品和纺织服装出口额分别为94.38亿美元、30.75亿美元，分别占全市出口总额的60.71%、19.78%；农产品出口额0.52亿美元。出口商品中，高新技术产品出口额72亿美元。

1. 纺织服装产品

无锡素有“布码头”之称，是中国重要的纺织中心之一，纺织服装产品自清末后一直同国外市场保持紧密的经贸往来。无锡企业开始自营出口后，纺织服装产品在出口总额中一直占很大比重，1987年、1988年高达70%以上。专营出口纺织品的中国纺织品进出口公司江苏省分公司无锡支公司（后改制为中润集团）长期占据全市出口创汇第一的位置。1987～2005年，全市纺织品出口额由357万美元增至30.75亿美元，增长860倍。随着无锡工业体系的不断转型升级，纺织品出口在全市出口总额中所占的比重逐年下降，2005年降至20%左右，但仍是无锡市所有出口商品中增长最平稳的产品。纺织服装产品始终是无锡的重要出口产品，也是无锡外向程度最高的产品之一，20世纪末的东南亚金融危机未给无锡纺织品出口带来多大冲击，中国加入世贸组织后其增幅也未发生特别明显的变化。

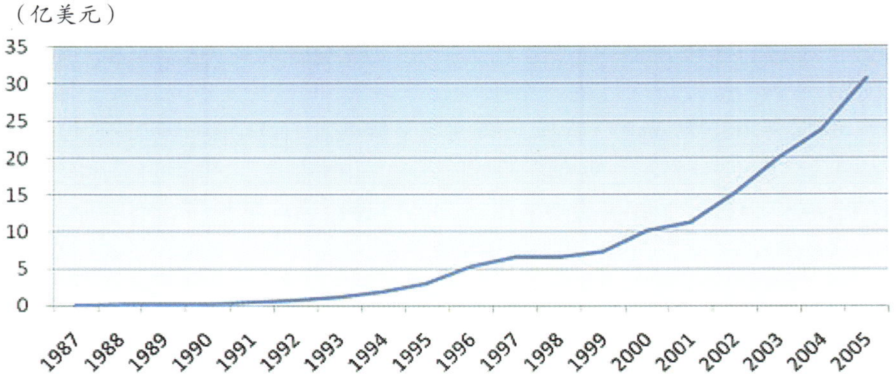

图11-5 1987～2005年无锡市纺织服装出口额图

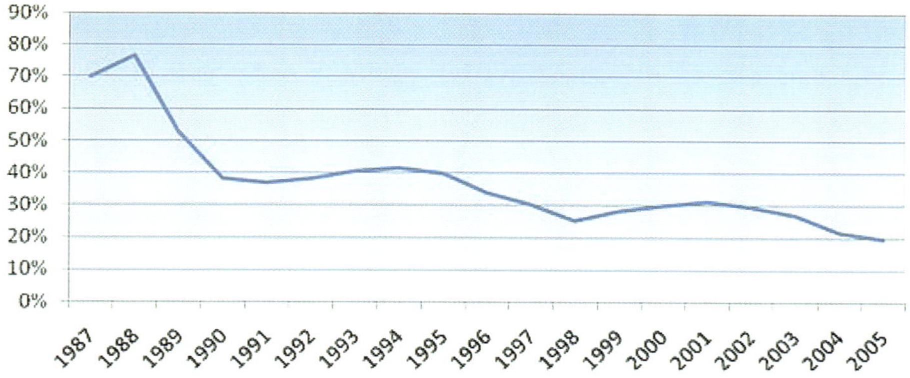

图 11-6　1987～2005 年无锡市纺织品出口额占全市出口总额比例图

2. 机电产品

1988年，无锡机电产品出口额为157万美元，此后始终保持增长势头。2002年开始，机电产品出口额持续高速增长，2003年增幅高达96%。2005年，全市机电产品出口额94.38亿美元。

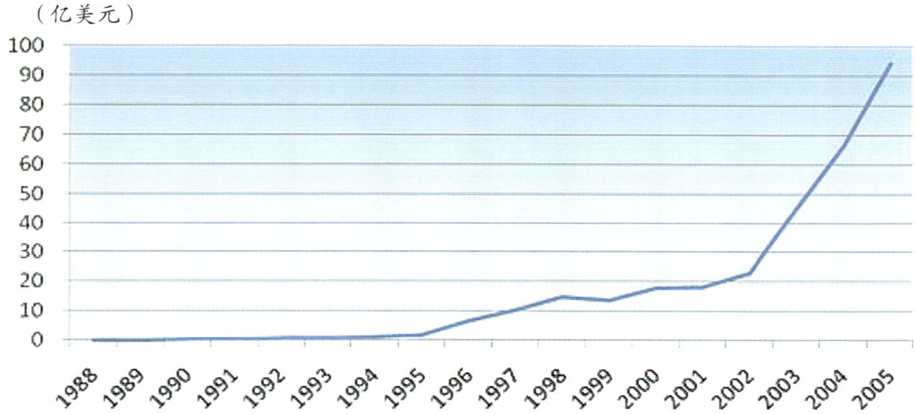

图 11-7　1988～2005 年无锡市机电产品出口额图

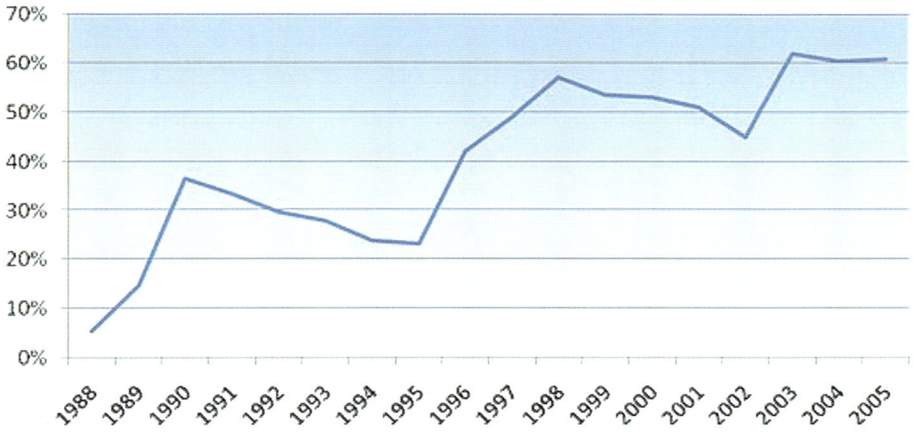

图 11-8　1988～2005 年无锡市机电产品出口额占全市出口总额比例图

3. 高新技术产品

90年代中期后，随着大量外资企业、尤其是全球500强企业在无锡设厂，外加民营经济发展升级，高新技术产品逐渐成为无锡出口的拳头产品。1996～2005年，高新技术产品出口额始终占全市出口总额的25%以上。希捷、夏普、阿尔卑斯等企业为无锡高新技术产品出口的主要企业，电子信息及通信产品为无锡主要的高新技术出口商品。2005年，全市高新技术产品出口额72亿美元，占全市出口总额的46.31%。

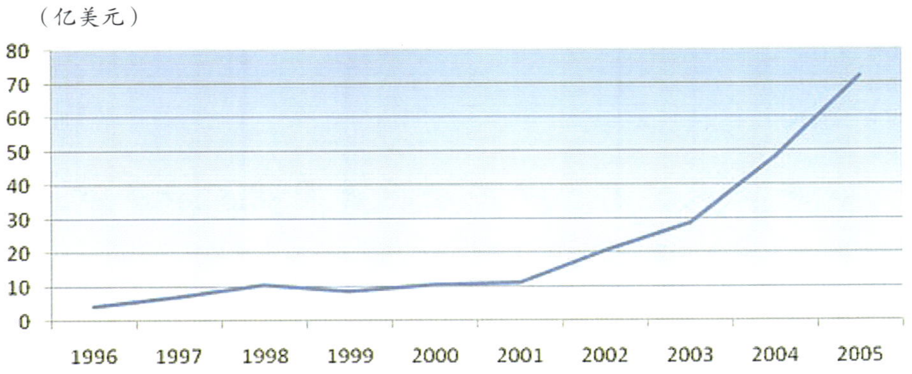

图11-9　1996～2005年无锡市高新技术产品出口额图

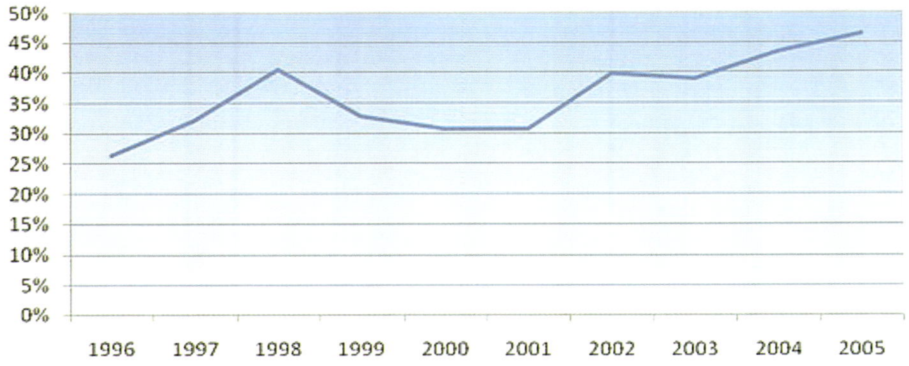

图11-10　1996～2005年无锡市高新技术产品出口额占全市出口总额比例图

三、出口市场

1.亚洲国家和地区

80年代前期，中国开放程度比较低，无锡纺织服装和轻工等产品无法直接进入国外市场，只能通过中国港澳台地区转口贸易。1987年，近87%的无锡产品销往上述地区。1988年外贸承包经营责任制实施后，无锡企业对日本及其他亚洲国家的出口迅速增加。1989年末，日本成为无锡最大的出口市场，当年无锡对日本出口占全市出口总额的35.36%。随着大量日资企业在无锡投资设厂，大量的

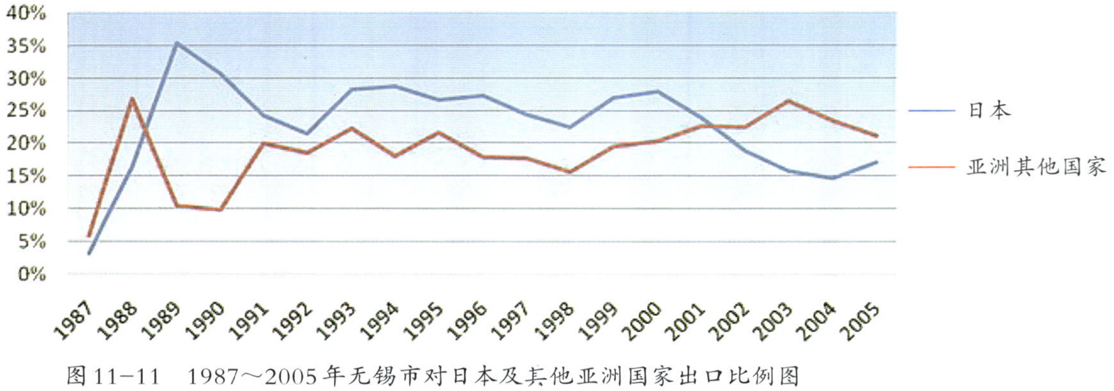

图11-11　1987～2005年无锡市对日本及其他亚洲国家出口比例图

加工贸易使无锡对日本市场的出口长期保持在全市出口总额的25%左右，其他亚洲国家和地区的出口额保持在20%左右。1998年东南亚金融危机期间，无锡对其他亚洲国家和地区的出口受到较大冲击，但随着危机的过去，很快得到恢复，2003年再次超过25%。中国加入世贸组织后，无锡产品对美国市场的出口于2003年超过日本，对日本的出口额比例缓慢下降。2005年，对日本出口额25.54亿美元，对其他亚洲国家和地区出口额32.93亿美元。

2.欧盟国家

1987年，无锡对欧盟国家出口总额仅为2万美元，此后几年发展比较缓慢。1995年开始，对欧盟出口迅速增加，1996年后对欧盟出口额比例一直在15%以上。1998年，对欧盟出口占全市出口总额的30%。东南亚金融危机时期，无锡对欧盟出口遇到一些困难，但下降幅度要比亚洲市场小很多。2002年起，对欧盟出口额年均增长率超过30%，2005年达24.53亿美元。无锡对欧盟出口的商品中，纺织服装产品占重要部分，此外化工产品和机械设备也占较大比重。

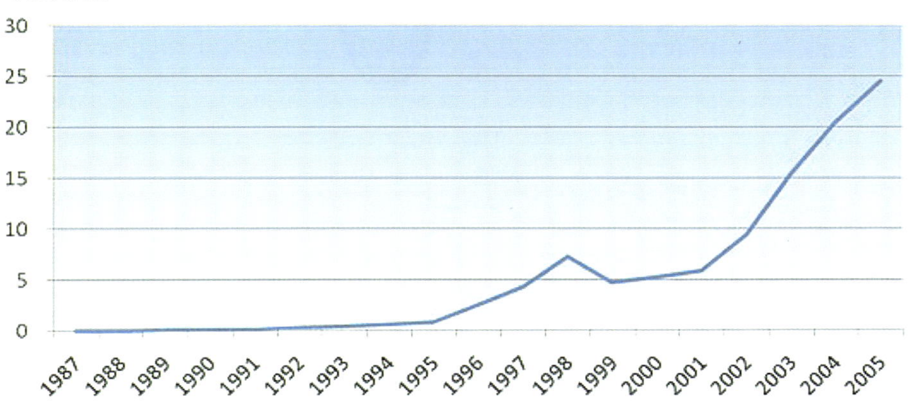

图11-12　1987～2005年无锡市对欧盟（欧共体）出口额图

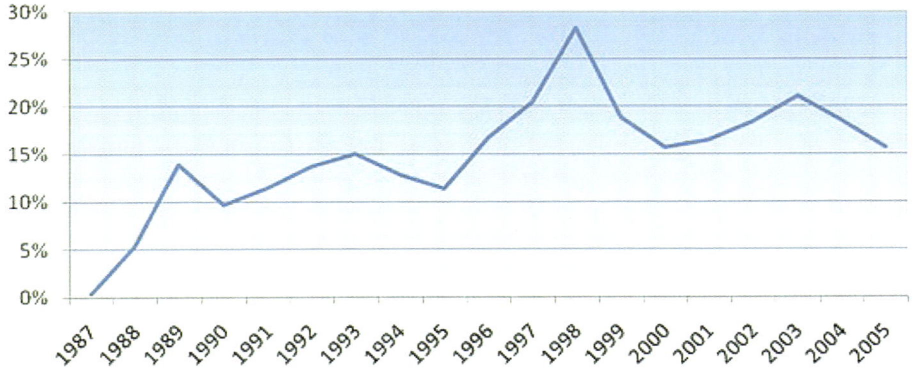

图11-13　1987～2005年无锡市对欧盟出口额占全市出口总额比例图

3.北美

80年代，无锡对北美的出口额很小，仅数百万美元，主要出口美国和加拿大市场，以美国市场为主，纺织服装类产品是最主要的出口产品，对美国的出口额占全市出口总额的5%左右。至90年代，无锡对北美的机电产品出口越来越多。1994年，中国进行汇率制度改革，极大的刺激对美国的出口。1995年，无锡对北美的机电产品出口额在出口总额中超过50%，机电产品中以机械产品为主。1996年，无锡对美、加出口的比例由1994年的7.91%提高至17.76%。中国加入世贸组织后，无锡产品对美国市场的出口迅速增加。2003年后，美国市场超过日本，成为无锡的第一大出口市场。

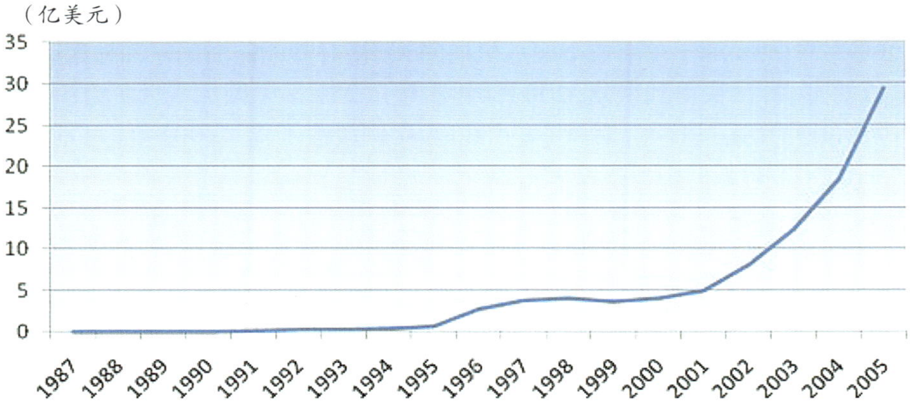

图 11-14　1987～2005 年无锡市对北美出口额图

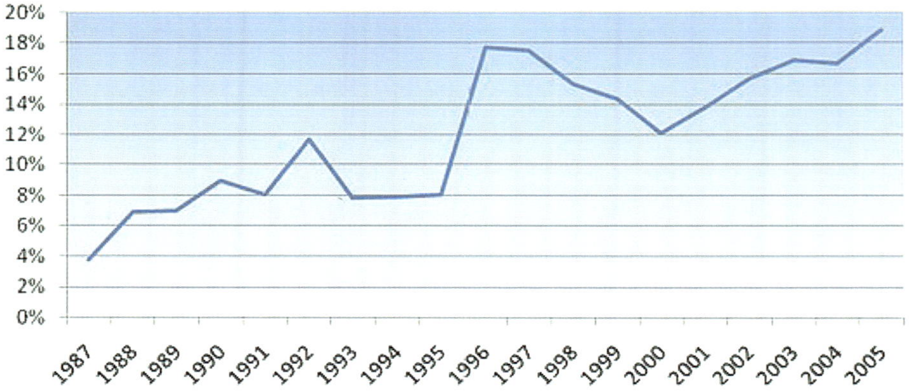

图 11-15　1987～2005 年无锡市对北美出口额占全市出口总额比例图

四、出口企业

改革开放初期，无锡生产的大部分商品都通过间接的出口收购完成出口。1985年前后，外资开始进入无锡建立第一批“三资”企业，“三资”企业成为无锡第一批拥有自主进出口权的企业。1986年，无锡自营出口完全由“三资”企业完成，无锡新联兴纺织有限公司（简称“新联兴公司”）、利澄棉业加工有限公司及江南模塑科技股份有限公司等3家公司当年完成34万美元自营出口额。1987年，无锡市对外经济技术贸易公司开始出口，至1990年，其出口额在全市的出口企业中始终位列前茅。1988～1990年，新联兴公司蝉联无锡企业出口榜首。1990年后，国家将部分专业外贸公司的管理权下放到市级，市纺织品进出口公司长期位列无锡市出口企业的第一位。1994年后，夏普、阿尔卑斯、希捷等外资企业相继进入无锡，在无锡的出口贸易中所占比重越来越大，1996年高达54.56%，此后始终保持50%以上。1997年，希捷成为无锡出口企业的“老大哥”，当年出口额4.12亿美元，占总额的19.24%，此后其出口额始终占10%以上。1999年，阿尔卑斯公司出口额5926万美元，进入无锡出口企业前五强；次年增至1.63亿美元，仅次于希捷。2000年，海澜集团、华西国贸和三房巷集团等企业后来居上，跻身前五强。2001年后，“三资”企业与内资企业出口差距拉大。2003年，新中润集团出口额1.48亿美元，居第五位。2005年，“三资”企业出口额占全市总额的71.2%，其中希捷19.48亿美元、夏普14.58亿美元，分别居第一、二位。

五、贸易方式

1996年前，无锡的出口大部分为一般贸易，占出口总额的90%左右。随着外资企业在无锡投资建厂，绝大部分进行加工贸易。特别是1995年前后希捷、夏普和阿尔卑斯等大型外资企业在无锡投产，1996年全市加工贸易出口额迅速攀升至9.06亿美元，占出口总额的58.08%。此后，加工贸易成为无锡出口主要部分。2005年，无锡一般贸易和加工贸易总额分别为64.29亿美元和90.99亿美元；补偿贸易等其他贸易方式出口额1794万美元，占比很小。

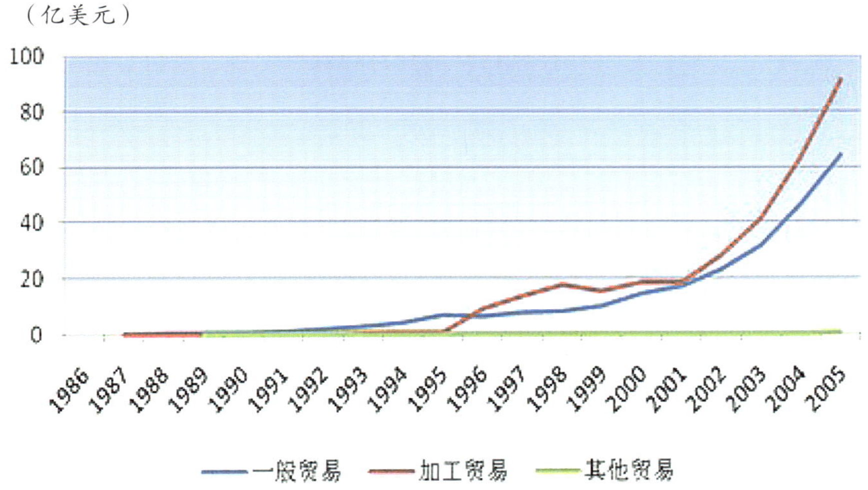

图11-16　1986～2005年无锡市三种贸易方式出口额比较图

第四节　服务外包

90年代中期以后，无锡出现信息技术外包、业务流程外包和知识流程外包等服务外包，成为中国主要的服务外包业务承接地之一。2005年，全市有近20家企业、2000多人从事服务外包，主要集中在新区和滨湖区，对日外包占据主要份额，形成信息技术外包、业务流程外包和研发中心等产业类型，形成包括信息技术（IT）服务商、外包业务提供商、金融保险机构、电信运营商、产品研发中心、呼叫中心、物流运输公司、动画游戏开发商的产业链，初步形成以骨干企业和一批本地中小企业构成的企业集群。代表性企业有无锡华夏计算机技术有限公司、横新软件工程（无锡）有限公司、无锡华阳软件公司以及万泰科技、诚皆达软件、益德科技、山秀软件等公司。华夏计算机公司由日本系统集成商日本株式会社NTT数据集团（NTT DATA）投资成立，主要从事面向日本的软件委托外包开发以及面向中国国内的系统集成业务，2005年销售额1016.94万元，出口额102万美元，为无锡市第一家经过能力成熟度模型（CMMI）认证的企业。横新软件公司成立于1996年，主要为化工、医药、石油、电力、冶金、建材、污水处理等领域的企业提供集散式生产过程控制系统（DCS）及全厂信息管理系统（PIMS）以及相关工程服务，2005年软件出口额为85万美元。华阳软件公司成立于2003年，主要从事对日软件外包服务，为江苏省乃至“长三角”地区名列前茅的软件外包公司。

第三章　利用外资和港澳台资

第一节　发展历程

1979年开始，无锡市在缺少外汇的情况下，采用补偿贸易、加工装配、国际租赁等间接利用外资和港澳台资的方式进行技术改造。1981年，由维德中国控股有限公司与江苏省轻工业公司合资2200万美元创办中国江海木业有限公司，为全省第一家、亦为全国木材行业第一家与港商合资的企业。此后，相继创办港澳台商、外商投资企业。1984年，无锡钢窗厂、市建筑二公司分别与香港盛毓华合资建办华德铝合金制品有限公司和华德装饰工程有限公司。1985年，无锡市第一棉纺织厂与香港共同合资建办新联兴纺织有限公司，郊区河埒乡协民村工业公司、北京燕翔饭店与香港合资建办美丽都大酒店有限公司（三星级，1987年开业）。1986年，中信公司、无锡饭店与日本东吉集团合作投资9000万元创办无锡大饭店有限公司（四星级）。1987年，无锡市化工仪表厂与美国梅思安公司合资创办无锡梅思安安全设备有限公司，江阴市皮革厂与美国奇利威公司合资开办无锡奇美皮革有限公司等。合作伙伴由中国港澳地区逐步扩展到日本、欧美和东南亚，企业分布由市区向江阴市、宜兴县、无锡县发展。1987年2月，市政府颁布《关于贯彻国务院、省政府鼓励外商投资规定的实施意见》，明确多种优惠政策。1988年，无锡市利用外资管理委员会成立。是年，中信集团新力能源开发有限公司、江苏省投资管理有限责任公司、无锡市地方电力公司和香港新宏电力投资有限公司合资组建大型现代化火力发电企业江苏利港电力有限公司，为全省第一家大型基础设施合资企业。全年外商和港澳台商投资企业48家，投资总额16246.3万美元，注册资本13658.46万美元。1990年，全市外资和港澳台资企业增至130家，投资总额6.8亿美元，注册资本1.34亿美元；间接利用外资和港澳台资项目270余个，间接利用外资和港澳台资3.26亿美元，主要和港澳地区的公司合作。项目投向主要是纺织、服装、塑料制品等有一定的经营管理、产品水平的企业。

1991年11月14日，市政府通过《无锡市外商投资规划区锡南片区规划方案》及规划总图。全年累计港澳台商和外商投资企业273家，其中83%为乡镇企业合资项目。1992年，市委、市政府提出超常规、跨越式发展外向型经济，改变外资和港澳台资企业以乡镇企业为主、以港澳台合资项目为主、以劳动密集型项目为主的局面，坚持大中小项目并举，一、二、三产业并举，国有、集体企业和个人一起上，数量、规模、水平一起上，利用外资取得重大突破。当年全市新批外资和港澳台资项目1611个，协议外资和港澳台资12.1亿美元，超过前13年总和。是年11月，国务院批准设立无锡国家高新技术开发区后，无锡相继

图11-16　80年代的江海木业公司车间　（顾祚维摄）

成立马山国家旅游度假区、宜兴市环保工业园区、新加坡工业园和蠡园开发区等，扩大开发区引资效果。是年，全市120个乡镇全部拥有外商和港澳台商投资企业。

1994年，外商和港澳台商投资企业发展数量减少，但规模有所扩大，全年新增99家投资总额500万美元以上、62家投资总额1000万美元以上的外商和港澳台商投资企业。是年，全国评选500家最大外商投资企业，无锡占16家。1995年3月，世界最大的磁盘驱动器、磁盘和读写磁头生产厂家美国希捷国际科技有限公司进驻无锡新加坡工业园区，在园区注册成立希捷国际科技（无锡）有限公司，为当时江苏省最大的外商独资企业，也是园区内首家投产的跨国公司。1995年起，国家取消外商投资企业进口办公设备的优惠，利用外资工作面临挑战。无锡市充分利用大中型企业的存量和载体作用，以及基础、实力和产品效应，吸引国外著名公司、大财团投资，大批大中型企业走上合资合作之路。1996年，美国通用电气（GE）公司投资1960万美元，成立通用电气医疗系统（中国）有限公司，为中国医疗器械领域规模最大的外商独资企业。

1997年开始，无锡市利用外资步入优化结构、提高水平、稳步发展阶段。1998年，全市外资和港澳台资企业2682家，注册资本66.46亿美元，实现工业产值400亿元，出口19.68亿元。2000年，全市新批外商和港澳台商投资项目359个，合同利用外资和港澳台资17.64亿美元，实际利用外资和港澳台资10.82亿美元。全市新批1000万美元以上项目64个，比上年同期增加30个；1000万美元以上项目合同外资13.43亿美元，比上年同期增加3.4亿美元，占全市新批合同外资和港澳台资76%。到位外资和港澳台资占全社会固定资产投资的25.65%，涉外税收占全市财政收入的28.1%，外资和港澳台资企业吸纳的就业人数占全市就业人数的13.7%。

2001年，无锡市加大招商力度，对重点国别地区和大公司制定招商计划，主动出击；加强招商队伍的建设，建立比较完善的招商网络；通过每年举办的太湖国际经贸节扩大影响，巩固成果。一批高新技术企业，特别是信息技术（IT）、集成电路（IC）重大项目落户无锡，优化全市产业结构。仅无锡新区的高新技术企业就突破100家，索尼电子的聚合物锂离子可充电器、越科的声表面波滤器等经省级认定的高新技术产品数激增至近百个，高新技术企业总产值占全区总产值的80%以上。

图11-17 2002年太湖国际经贸节重大项目签约仪式

（顾祚维摄）

2002年开始，无锡市每年在日本举办以“无锡旅情”为主题的经贸文化交流活动，在日本企业界引起强烈反响，逐步形成“日资高地”。其间，高科技企业和大型服务性项目逐步增加，世界500强企业在无锡举办企业并成立研发中心。是年，新批外商投资和港澳台资项目745个，合同利用外资和港澳台资（老口径，下同）68.3亿美元，完成协议注册外资和港澳台资29亿美元，超过全省平均增幅，居全省第二位；到位外资和港澳台资20.2亿美元；注册外资和港澳台资实际到账17.4亿美元，占全省总额的16.8%。全球500强企业中，有51家企业在无锡投资91个项目。新批超1000万美元以上项目244个，项目平均规模2519万美元，比上年高512万美元。其中3000万美元以上项目79个、5000万美元以上项目20个、超亿美元项目12个。新批独资企业445家，合同利用外资和港澳台资48.7亿美元；项目平均规模1041万美元，高出全市平均规模125万美元。新批合同外资和港澳台资中，日资9.9亿美元，接近全省利用日资总量的半数。外商和港澳台商在锡投资以制造业为主，比重达

91.97%。其中新批电子类、纺织品服装类、三产类项目分别为169个、127个、46个，合同外资和港澳台资分别为27.2亿美元、8.5亿美元、5.4亿美元，分别占全市合同外资和港澳台资总量的39.82%、12.45%、7.91%。大批IC产业落户无锡，无锡新区高新技术企业突破100家。是年，全市乡镇外资和港澳台资企业累计831家，实际利用外资和港澳台资4.85亿美元，完成销售收入243.7亿元，出口产品交货值93.8亿美元，利税总额20.9亿元。大批乡镇企业通过引进外资而生机焕发。生产工业蜡烛的江阴模塑集团总公司通过引进外资，发展为6家中外合资企业，产品从汽车保险杆等发展到箱包、塑钢门窗、西门子电话机壳体。江苏钢绳集团与比利时贝尔卡特合资的中国贝尔卡特钢帘线有限公司，首期投入7300万美元，公司技术水平和产品档次在国际上处领先地位。江苏双良集团与美国特灵公司合资，总投资8000万美元，投产后年销售额25亿元，成为亚太地区最大的制冷工业基地。

2004年，无锡市率先在“长三角”地区设立内地与香港关于建立更紧密经贸关系安排（CEPA）的服务业中心，实行港人经营、港人管理模式，首创内地在CEPA框架下服务业集中引进、聚焦服务的模式。同时，在省内率先设立驻港CEPA商务代表处，香港在无锡投资的服务业项目数、到位资金数、行业覆盖面均列在锡投资国别地区的首位。当年新批港资企业270家，协议港资16.9亿美元；全市共有港资企业3468家，协议港资66.5亿美元，占全市协议港澳台资和外资的28.6%。其中，由无锡市交通产业集团有限公司、九巴（无锡）交通投资有限公司（香港）、无锡国联发展（集团）有限公司、卓力集团有限公司（香港）、无锡广播电视集团合资创办的无锡九龙公共交通股份有限公司是国内公交系统第一家股份制合资企业。是年，无锡市兴达尼龙有限公司与美国杜邦公司在中国的全资子公司——杜邦中国集团有限公司共同组建杜邦兴达（无锡）单丝有限公司，成为全市第一家成功嫁接世界500强企业的民营企业。全年新批重大外资和港澳台资项目20个，新批超3000万美元项目128个，所有项目平均规模由512万美元提高至726.2万美元。新批增资扩股企业323家，协议注册外资和港澳台资10.7亿美元，其中欧盟投资项目66个、6.1亿美元。

2005年，市委、市政府着力搭建引资平台，招商月活动由异地招商、政策招商向服务招商、环境招商转变，签约项目219个，签约外资和港澳台资13.4亿美元、内资175.7亿元，总额比上年净增20.9亿元。民营经济高新技术洽谈会首次引入国际合作，签约项目450个，合作金额60.1亿元。无锡市先后组织日韩、欧美大型招商活动，签约项目总计108个，协议注册外资12.8亿美元，其中：超亿美元项目3个、5000万美元以上项目8个，协议注册外资占38%；重点发展的电子信息、汽车零部件产业等项目占总签约项目数的80%。全市唯一获得国务院核准建设的工业项目、江苏省最大外商独资企业海力士—意法半导体有限公司获商务部批准，落户无锡新区，项目由全球排名第九的韩国海力士半导体和排名第五的欧洲意法半导体共同投资20亿美元，注册资本7.5亿美元。

2005年，全市协议注册外资和港澳台资78.39亿美元，到位注册外资和港澳台资（商务部确认，下同）20.07亿美元。累计新批811个外资项目，平均规模768万美元。新批重大外资和港澳台资项目中，注册资本超过3000万美元项目20个，总投资37.61亿美元，协议注册外资和港澳台资13.79亿美元，平均规模6898万美元；注册资本1000万美元以上项目449个，协议注册外资和港澳台资76.45亿美元，平均规模1703万美元。11家世界500强企业在无锡投资13家企业，

图11-18　位于新区的海力士半导体中国有限公司

（市经信委供稿）

总投资2.2亿美元（其中投资额在1000万美元以上的10家），注册资本1.09亿美元，其中日本神户钢铁、美国德尔福、美国卡特彼勒、英国翠丰和韩国现代为新增500强企业。至此，世界500强企业中有63家在无锡投资共计121家企业，投资总额29.3亿美元。新批民资嫁接外资和港澳台资项目180个，协议注册外资和港澳台资7.02亿美元；增资扩股企业434家，占全市新批外资和港澳台资项目的53.5%。硅谷、液晶谷、药谷为核心的产业链招商效应逐步显现。累计电子项目165个，协议注册外资和港澳台资25.54亿美元；医药类项目10个，协议注册外资和港澳台资1.1亿美元。

1986～2005年无锡市利用外资和港澳台资情况表

表11-3　　单位：个、万美元

年份	新签协议（合同）项目数				新签协议（合同）外资和港澳台资金额				实际利用外资和港澳台资金额			
	总数	其中直接投资			总额	其中直接投资			总额	其中直接投资		
		独资	合资	合作		独资	合资	合作		独资	合资	合作
1986～1990	212	4	113	3	35486	322	12529	381	12383	17	4575	97
1991～1995	4824	187	3870	105	594320	44467	480590	25672	287886	5881	217090	4829
1995	647	54	364	33	177262	26483	136505	8041	108862	172	84532	1033
1996	402	79	299	23	159305	26879	125359	7062	120685	—	91475	—
1997	201	54	118	28	90835	14372	40744	24964	100188	16751	58215	12275
1998	205	59	111	12	120101	34982	57464	14196	105111	26606	49595	11795
1999	241	98	127	13	100036	54412	36630	4051	100061	26387	48283	13438
2000	359	161	185	13	176373	117572	46134	12667	108240	59633	38234	10373
2001	512	267	232	13	300390	219728	64883	15779	135746	93705	38881	3160
2002	745	445	279	21	290088	231188	49128	9772	174019	128178	42233	3608
2003	1007	568	427	11	500763	401665	86370	11076	270057	208410	52999	8045
2004	897	598	281	14	651358	534383	93771	7484	325778	230260	65742	7004
2005	811	559	236	15	783893	615969	150006	10158	200740	151654	38338	3071

2004年世界500强企业投资无锡概况表

表11-4　　单位：家

公司名称	总部所在地	在锡企业数	公司名称	总部所在地	在锡企业数	公司名称	总部所在地	在锡企业数
通用电器	美国	4	伊藤总商事	日本	2	东棉	日本	2
丰田汽车	日本	1	三菱银行	日本	1	安万特	法国	4
三菱商事	日本	4	罗伯特博世	德国	3	辉瑞	美国	1
三井物产	日本	3	阿斯特拉捷利康	英国	1	沃尔沃	瑞典	1
圣戈班	法国	1	伊斯曼柯达	美国	1	罗氏制药	瑞士	1
西门子	德国	7	阿克苏诺贝尔	荷兰	1	海德鲁	挪威	1
住友商事	日本	8	摩根士丹利	美国	1	川崎制铁	日本	1

续表

公司名称	总部所在地	在锡企业数	公司名称	总部所在地	在锡企业数	公司名称	总部所在地	在锡企业数
松下电器	日本	3	荷兰皇家壳牌集团	荷兰/英国	1	创意系统	英国	1
丸红商事	日本	9				住友金属	日本	1
日商岩井	日本	6	英美矿业集团	南非	1	达纳	美国	2
日立	日本	2	日本电报电话	日本	1	赫斯特	德国	1
家乐福	法国	1	三洋电机	日本	1	雀巢	瑞士	1
索尼	日本	1	丰田通商	日本	2	中国石化	中国	1
麦德龙	德国	1	麦当劳	美国	1	中粮集团	中国	1
东芝	日本	3	米其林	法国	1	普利司通	日本	1
欧尚	法国	1	夏普	日本	2	标致	法国	1
新日制铁	日本	3	铃木汽车	日本	1	LG	韩国	3
日绵	日本	2	积水建房	日本	1	富士通	日本	1
大荣	日本	1	住友电器	日本	4	杜邦	美国	1
拜耳	德国	2	川铁商事	日本	1	合计		108

第二节　合资模式与引资方式

一、合资模式

1.全厂合资

通过老厂保留牌子，成立劳动服务公司接纳富余人员，承接新办合资企业的后勤服务的形式，直接参与产品包装，建立销售点等。1986年，无锡市第三毛纺厂全厂合资兴办锡华毛纺有限公司，一度陷入低谷，享受市政府优惠政策后，老厂工资总额不变，人员合理分流，经营状况改观。无锡市可可食品厂原来年产值100万元，1989年合资创办华新可可食品有限公司，成为当时东南亚最大的可可加工公司，当年出口创汇500万美元。

2.主体分解合资

企业采用分步合资的方式，通过逐步合资兴办企业分流人员，最后实现全厂合资。1986年，无锡市粮油食品厂合资兴办中萃食品有限公司，日产方便面32万包，两年就打开国内外销路，“龙公公”方便面供不应求。1990年，中萃公司将老厂全部合并，增加8条流水线，第二、三期增资900万美元再建一幢调味品大楼，成为大型合资企业。

3.延伸发展合资

在老厂基础上，通过合资挖掘产品加工深度，提高产品附加值。1988年，无锡市第一缫丝厂兴办苏豪日用化学品有限公司，利用老厂的废丝提炼成丝素，制成系列高级丝素化妆品。1991年，协新毛纺厂兴办嘉新服装与丝绸针织服装总厂和开拓时装公司，两家合资企业利用老厂的呢绒毛料、丝绸面料进行深加工，制作各类服装，老厂原有的产品优势在合资后形成前后道配套。

4.移地新建合资

一些企业欲上一些规模大、技术设备档次高的项目，受厂区设备、场地等限制，采取移地新建的办法。中美合资奇美皮革有限公司合资的前身是一家位于城区的制革厂，总投资480万美元，引进美国80年代的技术设备，但在原址已难以发展。1997年，合资企业通过移地新建，形成年产2000万米高档皮革原料的规模，成为当时华东地区最大的皮革企业。次年，公司销售额1.08亿美元，实现利税536.5万元。

5.脱胎换骨合资

有些企业合资后，从机构、人员、设备、产品到经营机制全部更新。1988年成立的华美糖果有限公司的前身是无锡新明食品厂，产品质量低，设备、效益差，企业在几十年间的最高年利润仅30多万元。1989年合资企业投产后，企业全面改造，以产品新、管理严、效益好一举成为全省合资企业中的明星，连续3年利润超过1000万元，最高年为1423万元，人均创利5万多元。也有部分企业由来料加工或补偿贸易转为合资企业，解决资金不足难题。无锡钢厂合资前通过800万美元的补偿贸易，引进一套轧制合金钢的先进设备，但缺乏新建厂房的资金，便以设备折资，1991年引进外资办起锡润轧钢有限公司，总投资达2800万美元。

6.技术改造转合资

自己先用外汇引进设备，形成生产规模，再与外商联系密切后转为合资。1991年成立的无锡华鹏瓶盖有限公司引进设备生产的瓶盖，国内市场覆盖面70%。当国外新型扭断盖出现在国内市场时，该公司划出一个车间与美方合资生产替代进口的新型瓶盖。

7. 滚动发展合资

无锡市粮食局创办的华新可可食品有限公司与中萃食品公司两家合资企业成功后，市粮食局鼓励滚动发展，华新公司由1家变3家，中萃公司也由生产方便面发展到调味品等多个品种。

二、引资方式

1.引进大规模项目

无锡在引资招商举办项目的过程中，鼓励兴办高水平、大规模项目，为总投资在1000万美元以上的大项目提供优质、快捷的一条龙服务，并对大项目实行领导分工、明确责任、跟踪服务、一抓到底的管理方式，项目的规模和质量明显提高。1986年，平均项目规模363万美元。至2005年，平均项目规模768万美元。在无锡投资的企业，起初以中小企业为主，90年代开始国际著名大公司越来越多。在无锡投资的国际著名大公司、大财团有日本的村田、住友、丸红、东芝、夏普、松下、三井、东棉、伊藤忠商事、日商岩井、川崎制铁等，德国的拜耳、博世、西门子等，美国的英格索兰、高达、标准公司等，瑞典的阿斯特拉、阿法拉伐、法玛西亚等，以及法国的罗纳、普朗克，英国的霍尔塞特，比利时的贝卡尔特、爱克发等。

2.引进高新技术产品

至20世纪末，无锡市354家大中型企业中，有189家创办387家“三资”企业。华瑞制药、华光电子、梅思安安全设备、工装阀门、铁姆肯轴承、华鹏瓶盖、锡润轧钢等合资企业，都拥有一流的设备、一流的技术、一流的产品。1982年成立的华瑞制药有限公司的药检标准达到国际标准，在国内屈指可数。1987年成立的梅思安安全设备有限公司的气敏传感器和1989年成立的华光电子有限公司生产的可变程序控制器，具有国内最高水平；1991年成立的华鹏瓶盖有限公司的轻瓶盖和1991年成立的锡润轧钢有限公司的合金钢，在国内处于领先地位。

3.增资扩股

90年代起，实施以大中型企业为主角的第二次创业合资合作。一批办得早、办得好的“三资”企业从试探期进入发展期，良好的经营业绩和投资回报使外商纷纷增资扩股。最早进行增资的企业是兴立竹木制品有限公司，1992年增资项目1个，增资金额5万美元。至2005年，全市434家“三资”企业增资扩股，增资总额16.14亿美元。

4.以外引外

无锡在引进外资和港澳台资时还走“以外引外”的发展道路。1994年，无锡与新加坡合作，在无锡国家高新技术开发区内划出10平方公里，成立无锡—新加坡工业园。至2005年，园区引进外商和港澳台商投资企业88家，合同利用外资和港澳台资20亿美元，到位外资和港澳台资16亿美元。进区企业中千万美元以上的项目有30多个，创造4万多个就业岗位，年销售总额400亿元，出口创汇40亿美元，自营出口额占全市25%以上。

第四章　境外投资

第一节　投资地区

1986年9月，无锡市饮食服务公司在荷兰阿姆斯特丹与外商合资兴办太湖酒楼，成为无锡在境外开办的第一家商业服务企业。随后，无锡市相继在荷兰、阿联酋、澳大利亚、巴西等国家和地区兴办6家合资企业。90年代后，无锡市企业境外投资重点是开拓中东、东南亚和欧美市场。一些企业尤其是纺织企业，利用境外窗口信息灵、客户多、对当地市场反应快的优势，拓宽境外投资思路。1991年，新签境外投资意向项目3个、立项4个。1993年，全市新批50家境外企业，分布于20个国家。1994年，无锡市在7个国家和地区设立23个境外窗口。90年代后期，无锡市大型企业集团结合产业结构调整，开始对外投资设厂，主要集中在东南亚地区。1998年，面对纺织压锭的局面，纺织企业向外寻求发展，分别到缅甸、伊朗、柬埔寨、洪都拉斯创办企业，实施经贸互联。

进入21世纪，无锡市推动企业实施“走出去”战略，境外投资增长速度加快。21世纪初，无锡境外投资企业触角逐步延伸至英国、意大利、墨西哥、马达加斯加等国家。至2003年，累计批准建办境外非贸易企业107家。至2005年，无锡企业海外投资正常经营的有117个项目，分布在巴基斯坦、马来西亚、印度、蒙古、白俄罗斯、澳大利亚、美国、阿根廷、德国、摩洛哥、埃及、博茨瓦纳等近40个国家和地区，其中阿联酋、伊朗、印度、孟加拉国、菲律宾、乌克兰、德国、英国、匈牙利、墨西哥、玻利维亚等国为2001年后新增；投资总额11385.3万美元，其中中方投资6509.7万美元。

无锡市境外投资项目主要集中在亚洲地区。至2005年末，正常经营的117个投资项目中，亚洲地区累计投资额占总额的41.14%；其次为北美及南美地区，占34.33%；欧洲、大洋洲、非洲分别占11.63%、7.56%、5.34%。亚洲地区又相对集中在东南亚，117个项目中，东南亚国家占58个，占项目总数的49.6%；总投资额4007.97万美元，其中中方投资额2247.16万美元，占中方境外投资总额的34.52%。在东南亚投资的企业中，90%以上是民营企业，58个项目中有39个贸易项目和19个非贸易项目，呈现出贸易项目集中在发达国家、非贸易项目集中在发展中国家的特点。生产加工类项目大多建办在越、马、泰、柬等相对不发达和生产成本相对较低、贸易壁垒较少的国家。在日本设立的7个项目全部是贸易公司和代表处，在韩国设立的3个项目均从事贸易活动。随着CEPA带来的商机，无锡企业到中国香港地区投资设点，利用香港金融、服务和自由港优势开拓国际市场。2005年，新批对香港投资项目15个，占全市当年新批项目总数的29.4%。

就单个国家和地区而言，美国以累计中方投资额1675.4万美元居首位，其中多数为贸易型企业；马来西亚819万美元，位居第二；中国香港地区累计投资额415.13万美元，位居第三；澳大利亚、阿联酋累计中方投资额分别为360万美元、356万美元。尽管无锡企业的海外投资资金相对以发达国家为主，但主要是贸易公司、办事机构和科技型企业（机构），制造加工和开发资源类项目相对集中在亚、非、拉等发展中国家和地区。

2005年无锡企业境外投资地区分布表

表11-5

单位：万美元、%

分布地区		亚洲	美洲	欧洲	非洲	大洋洲	合计
总投资额		4684.00	3908.70	1324.60	608.00	860.00	11385.30
占比		41.14	34.33	11.63	5.34	7.56	100.00
其中	中方投资额	2843.40	2323.30	725.00	258.00	360.00	6509.70
	占比	43.68	35.69	11.14	3.96	5.53	100.00

第二节 投资行业与规模

一、投资行业

80年代，无锡境外投资的太湖酒楼、太湖农场有限公司、耀锡有限公司中国太湖酒家等项目主要为餐饮商贸服务业。90年代后，境外投资领域逐步拓宽到家用电器、纺织服装、机电产品等境外加工贸易以及仓储物流、广告等服务性行业。1993年，全市新批准的50个境外项目涉及餐饮、化工、机械、维修、服装、电子、建材、旅游、环保等10多个行业。其间，生产型项目逐年增多，对外投资以实物、设备和技术为主，通过境外投资带动国内企业的设备、技术输出。1996年，无锡市大型企业集团结合产业结构调整，18家大型企业集团中有5家在境外设厂。

无锡传统优势产业的纺织、机械产品在国际市场上有竞争力，“走出去”投资设厂较早，投资规模较大。1987年9月，无锡第一色织厂在毛里求斯兴办兴业纺织有限公司，总投资370万美元，主要生产牛仔布和经营纺织品，成为无锡在境外创办的第一家工业企业。1994年，小天鹅集团在印度尼西亚建办合资公司。1998年，国内纺织行业压锭，一批国有纺织企业率先向境外拓展。无锡国棉一厂、二厂，无锡市正元集团分别在缅甸、伊朗设厂，无锡市飞马纺器公司在巴基斯坦建厂。1999年，无锡光明（集团）有限公司在柬埔寨建办金卡门制衣有限公司成功后，又在蒙古和洪都拉斯建立新的生产加工基地。2005年，为应对反倾销诉讼，无锡市凤凰画材有限公司在越南胡志明市投资100余万美元，设海外工厂，作为出口贸易的“桥头堡”。是年，正常经营的117个项目中，纺织行业16个，机械行业36个。

二、投资规模

1986年，无锡市饮食服务公司在荷兰与外商合资兴办太湖酒楼，注册资本3万美元，总投资40万美元，双方各投资20万美元。1987年9月，无锡第一色织厂在毛里求斯兴办兴业纺织有限公司，总投资370万美元。12月，无锡市河埒水产养殖场渔工商联合企业在澳大利亚新南威尔士洲兴办太湖农场有限公司，总投资99万美元，其中中方投资74.25万美元。1988年1月，该企业又在澳大利亚合资兴办耀锡有限公司中国太湖酒家，总投资60万美元，中外双方各投资30万美元。由于对海外市场了解甚少，以及缺乏国际化经营管理经验和人才，部分境外企业在经营中受挫，甚至失败。1992年以后，大型企业集团开始建办境外企业并初见成效，境外投资规模不断扩大。1993年，新批50家境外企业，总投资额2498.63万美元；中方投资的2146.68万美元中，现汇出资仅占1.6%，其余均为实物和技术出资。1999年，无锡市共立项和上报境外加工贸易项目12个，新批境外非贸易企业3家，总投资213万美元，其中中方企业投资144万美元，境外加工贸易项目涉及纺织、机械、轻工、化工等行业，全年境外加工贸易带动出口1011万美元。90年代以后，境外投资企业重视管理，大胆开拓，不仅在较短的时间内站住脚跟，而且取得良好的发展和明显的经济效益。江阴市在捷克建办的华澄公司、在德国建办的富士达公司和无锡县（锡山市）红豆集团在日本的红豆纤维有限公司取得较好业绩。

进入21世纪后，无锡企业“走出去”积极性不断提高，加工贸易、生产型、非贸易类项目呈倍增式发展。2000年，全市新批境外非贸易企业7家，其中境外加工贸易企业6家；全年境外加工贸易累计投资总额1110.3万美元，其中中方投资355.1万美元。2001年，新批境外加工贸易企业4家，投资总额546.99万美元，其中中方投资448.99万美元。2002年，新批境外非贸易投资项目6个，总投资476万美元。2000～2002年，新批境外加工贸易项目数、投资总额、中方投资额连续3年列全省第一。2004年，全市新批7家非贸易类境外投资企业，投资总额3024万美元。

2005年，新批境外投资项目52个，中方投资额2334.1万美元，新增投资领域6个。其中非贸易项目17个，非贸易项目中方投资额1572万美元。至年末，全市累计批准境外企业和机构正常运作项目117个，项目协议投资总额7677.9万美元，其中贸易类项目占59%、非贸易类项目占41%。与2000年相比，项目数增长6.2倍，中方协议投资额增长2.7倍。无锡市境外项目（包括企业和机构）协议总投资平均规模为65.6万美元，中方协议投资额平均规模为37.7万美元，贸易类项目的协议总投资平均规模为120万美元，非贸易类项目的协议总投资平均规模为27.8万美元，中方投资总额最高为480万美元。无锡企业境外投资涉及的领域从以贸易为主，逐步拓展至建材化工、纺织服装、机电产品等境外加工贸易以及农业及农产品开发、生物医药、仓储物流、餐饮、广告等行业。投资成效日益显现，投资成功率明显提升。无锡市兴达尼龙有限公司与杜邦公司合作后，产品融入杜邦公司的市场供应链。2002年江苏新世纪摩托车有限公司在菲律宾创办摩托车组装厂后，在当地设36家专卖店，出口量由设厂前的每月300多辆猛增至每月1500多辆。宜兴绿田化纤有限公司2005年在阿联酋建立物流公司，产品分销周边及欧洲、非洲等30多个国家。

第三节　境外投资企业

1986年9月，无锡市饮食服务公司在荷兰阿姆斯特丹与外商合资兴办太湖酒楼，双方投资40万美元，合营期6年，这是无锡在境外开办的第一家商业服务企业。1989年华东电子工程公司在阿联酋迪拜建立哈桑实业有限公司。1990年，无锡市河埒水产养殖场渔工商联合企业在澳大利亚开办的北京烤鸭馆开业；同年，无锡电容器厂与中国电子进出口公司共同投资，在巴西成立巴中电子零件股份有限公司。至年末，全市在境外兴办6家合资企业。

1994年、1996年，小天鹅集团先后在印度尼西亚、马来西亚成功建办两家合资公司，在东南亚和南美建立稳固的国际销售网络。1997 年，出口创汇1000万美元。是年，集团在美国设立技术开发公司。

1997年，光明制衣集团公司在柬埔寨首都金边市投资设立金卡门制衣有限公司，注册资本160万美元，主要生产衬衫、休闲衫等产品，年生产能力250万件，产品全部销往欧美市场。中萃食品有限公司在澳大利亚办服装厂，无锡国奥实业有限公司在澳大利亚办果酱厂，无锡开源机床集团有限公司在印度办机床厂，宜兴市丁蜀水利农机实业公司在马来西亚创办实邦国陶瓷有限公司。无锡飞马纺器有限公司在巴基斯坦办厂，全年销售ABS粗纱管16万只，实现利润25万美元。宜兴市绿田化纤有限公司在迪拜创办首家海外贸易公司——亚洲大门，经营箱包、化纤地毯和其他化纤产品，确立国内建立生产基地、在迪拜进行产品现货交易的经营模式。

1999年，无锡第一棉纺织厂和维新漂染有限公司联合与埃塞俄比亚的阿瓦萨纺织厂签订为期3年的承包经营合同，派出管理、技术、财务专家26人，在输出商品的同时，输出管理和技术。

2000年，光明集团公司在蒙古建立大地（蒙古）制衣有限公司，主要生产衬衫及针织类服装，年生产能力150多万件。2002年，光明集团公司在马达加斯加投资设立光明（马达加斯加）制衣有限公司，主要生产衬衫、牛仔裤等服装，年生产能力200万件，产品100%销往欧美市场。是年，宜兴市绿田化纤有限公司在英国伦敦和德国杜塞尔多夫成立贸易公司。

2002年，江苏新世纪机车科技有限公司在菲律宾创办摩托车组装厂，变"产地销"为"销地产"，摩托车由整车销售转为大部分散件销售，在境外进行产品组装。2003年，该公司通过输出生产线和技术工人在马来西亚建立CKD 生产线，在墨西哥建立与当地经销商合作的第三家摩托车组装厂。2004年12月，新世纪公司在中东迪拜设立新世纪（迪拜）国际贸易有限公司，为开拓南美、中东市场，辐射欧洲、非洲市场建立通道。同年，无锡兴达尼龙有限公司与美国杜邦公司合资，分别在美国和荷兰创办企业，总投资分别为1600万美元和614万美元，其中中方投资额分别为480万美元和184万美元，生产销售用于牙刷、油漆刷、化妆刷及其他工业刷生产的单丝。兴达尼龙公司由此使产品融入杜邦公司的市场供应链，实现无锡非贸易投资企业一次投资项目最多、总投资额最大、中方投资额最高和第一家与世界500强企业合资的四大突破。2005年，江阴市润通化工物资有限公司以45万美元现汇和价值40万美元的木材加工等设备，出资收购玻利维亚林业企业鹏通公司50%股权，取得13.56万公顷森林50%的开采权。该项目于是年11月开工投产，是无锡首个境外森林资源开发项目。

至2005年，无锡境外投资企业117家，其中贸易类48家、非贸易类69家。其中宜兴市丁蜀水利农机实业公司在马来西亚创办4家陶瓷企业，成为无锡市境外投资创办企业最多的母体企业之一。

第五章　开发区与度假区

第一节　无锡国家高新技术产业开发区

1991年1月，无锡市建立外商投资规划区锡南片区。1992年6月，更名为无锡经济技术开发区，并成立无锡市经济技术开发区管理委员会。 7月，成立无锡市开发区发展总公司，与开发区管委会实行"两块牌子、一套班子"管理体制。11月，国务院批准无锡经济技术开发区为无锡国家高新技术产业开发区（简称"无锡高新区"）。1995年1月，市政府批准建立无锡市人民政府新区管理委员会，为市政府派出机构。无锡新区与无锡高新区实行"两块牌子、一套班子"管理体制。

1996～2000年，无锡高新区以组建新区为契机，克服亚洲金融危机带来的负面影响，园区地区生产总值年均增幅超过40%，财政收入年均增幅90%，基本形成以高新技术企业为支撑的电子信息及机电一体化、精密机械、生物工程及医药、精细化工、新材料等五大支柱产业，初步建成16个高新技术产品出口基地。1997年，被授予"全国开发区投资环境最优50强"称号。2000年，实现地区生产总值70.2亿元，财政收入11.8亿元，出口总额12.7亿美元。2005年，实现地区生产总值375.1亿元，外贸出口额81.1亿美元，利税总额127亿元，一般预算收入27.67亿元，基本建成无锡国际先进制造业基地核心区，综合实力跻身全国高新区前列。

一、规划

1991年，市政府审定通过《无锡市外商投资规划区锡南片区规划方案》及规划总图，规划总面积5.45平方公里，第一期启动区0.53平方公里。1992年11月，国务院批准设立无锡国家高新技术产业开发区，规划方案为一区两园，总面积9.45平方公里，其中锡南高科技工业园面积5.45平方公里、宜兴环保科技工业园面积4平方公里。1995年3月，无锡高新区第一次区划调整，总面积83平方公里。无锡高新区委托市城市规划设计院编制《无锡市新城区总体发展规划》，初步提出建立适应国际经济活动的指标体系，构筑具有很强经济发展活力、相对独立的现代化的新型社区。2000年，委托市城市规划设计院编制《无锡新城区总体发展规划修编》。2002年1月，无锡高新区面积扩大至140平方公里。委托上海同济规划设计研究院编制《无锡新区（高新区）总体发展概念规划》，赋予高新区更完善的功能和定位。2003年，委托市城市规划设计院编制完成《无锡新区（高新区）140平方公里总体规划》，功能定位上强化"高新区是无锡的新城、高科技城和生态城"。2005年初，市委、市政府明确无锡高新区建设"创新型国际化科技新城"的新定位，同时将其行政管理区域扩展至220平方公里。聘请日本大场、新加坡邦城等5家国际一流规划设计单位编制《无锡新区（高新区）"200＋20"平方公里国际科技新城概念规划》和《无锡新区（高新区）"200＋20"平方公里分区规划》，同步编制农村发展规划、现代服务业发展规划等10多个专题规划。

二、建设

无锡高新区位于无锡市东南郊，区位优势明显。京沪铁路、沪宁高速公路、312国道、京杭大运河穿境而过，距长江港口（江阴港、张家港）约40公里，硕放机场位于辖区内，交通网络发达。

图11-19　2005年无锡国家高新技术产业开发区　（顾祚维摄）

1995年，建成跨园区的312国道高架公路4公里。1996年，作为高速公路联络道的经一路、高浪路、薛典路等建成，无锡协联热电有限公司并网发电，向企业集中供热、供汽。至2000年，无锡高新区旺一路至旺八路等"八横"及长江路、汉江路、珠江路等"三纵"道路相继建成，高新区主城区纵横道路框架基本搭建完成。2002年，基础设施投资13亿元，建设园区宽带光纤网，实现网上办公、申报、统计等，初步建成高速互联的"数字高新区"。2003年，完成基础设施投资22亿元，建成高新区B区路网和基础设施，完成梅村、硕放两个污水处理厂、旺庄立交桥、新华立交桥、生态园、外商公寓等重点工程。配合实施无锡硕放机场改扩建工程，机场顺利开通部分民用航线。2004年，完成18条道路建设，前进北路等道桥工程、荆同等输变电工程、高新区B区标准厂房一期等重点工程顺利推进。至2005年末，无锡高新区为所有进区企业提供"九通一平"①，并提供银行、保险、保税物流、海关直通点等多项服务。园区主干道骨架实现绿化、亮化、洁化，建成区绿化覆盖率超过40%。

其间，无锡高新区加强投资软环境建设。1998年，在省内率先建立一个窗口对外、一站式服务、一个头收费的"三个一"服务体系。2000年，建筑面积1.08万平方米的高新区服务中心新址建成。率先建成无行政性收费的"零费区"，率先成立为企业提供全方位服务的一站式服务中心，成为当时华东地区规模最大、功能最完备的外商投资服务中心。同时建立海关直通点、物流中心、公共型保税仓库等对外经济服务体系。10月，无锡高新区成为国内首批ISO 14000环保示范区。2001年，启动建设市行政审批中心，建立出口加工区。

① 市政道路、雨水、污水、自来水、天然气、电力、电信、热力、有线电视及网络通,土地地貌自然平整。

三、招商引资

无锡高新区成立后，设立专业招商机构，凭借区位、环境、政策、服务等方面优势，引进欧美、日韩等大量外资和项目。1992年12月，无锡高新区第一家外资企业——无锡佳帕纳体育用品有限公司举行奠基仪式。当年，全区到位外资0.05亿美元。1995年，引进外商投资企业124家，总投资11.3亿美元，合同外资7.98亿美元，实际到位外资2.57亿美元。1996年，区内10家投资超千万美元的大型合资、独资企业陆续投产，其中希捷国际科技（无锡）有限公司自营出口以28.1亿元的外贸供货额居全省企业之首。1998年，成立园区国际咨询顾问委员会。1999年，美国通用、柯达，法国欧尚（超市）等跨国大公司项目在无锡高新区落户或增资，进区的世界500强公司增至26家。

2000年，无锡高新区构建国际化招商网络，招商方式向组团式、产业联合招商转变。至年末，累计引进外资企业总投资近36亿美元，合同利用外资29亿美元，实际利用外资17.53亿美元，批准外商投资企业369家，其中超1000万美元项目98个、超3000万美元项目35个，全球500强跨国公司中有26家进区建办33家企业。2002年4月，市政府在日本举行以“无锡旅情”为主题的经贸交流活动，推进无锡与日本的经贸合作。至年末，无锡高新区集聚130家日资企业，投资总额23亿美元，成为“长三角”地区乃至国内日资企业最集中的区域，被誉为“日资高地”。

2003年，无锡高新区完成协议注册外资18.03亿美元，协议到位外资10.05亿美元，外资项目平均投资强度达每平方公里5.2亿美元。完成进出口总额74.22亿美元，占全市51.6%。新增日本普利司通、东芝，韩国LG等世界500强公司，入区世界500强公司达40家。2004年8月18日，江苏省投资总额最大的外商独资项目韩国海力士—意法半导体超大规模集成电路项目落户无锡高新区，项目一期总投资20亿美元。2005年，无锡高新区完成协议注册外资28亿美元，占全市的35.9%；到位外资10.8亿美元，其中经商务部确认的到位外资8.52亿美元，占全市的42.6%。新批项目平均规模3194万美元。全市第一家外资金融机构——日本瑞穗银行无锡分行获准在高新区成立。至年末，无锡高新区累计批准进区企业7145家，其中“三资”企业1348家；投产开业企业5676家，其中“三资”企业980家；合同利用外资120亿美元，实际到位外资62亿美元；引进外资项目1300多个，集聚70多个世界500强跨国公司的投资项目。

四、科技创新

1.产学研合作

1999年，无锡高新区科技园与美国北卡罗来纳州三角科技园、英国纽兰兹科学园等国外著名高科技园结成友好园区，与中科院、清华、北航、上海大学、无锡轻大等10多所国内科研院所建立密切的政产学研合作关系。2001年，制定《鼓励科技创新优惠政策》《外资企业设立研发中心的有关优惠政策》，对科技创新的投入持续增加，园区年度研发经费投入5亿元，科技进步对工业增长贡献率54%，对农业经济增长贡献率61%。2003年，无锡高新区年度研发经费投入8.3亿元，无锡科技创业服务中心与英国剑桥大学圣约翰创新中心成为友好园区。2004年，高新区获批国家级“火炬”计划项目4个、国家级重点新产品4个、国家创新基金项目9个、国家科技攻关项目2个。2005年，与上海张江高科技园区成为友好园区，日本东京大学在园区设立无锡代表处。至年末，无锡高新区拥有高新技术企业204家，省级以上高新技术产品288个，研发机构54家。

2.孵化基地

1998年8月，由科技企业孵化中心、民营科技中心和留学生工作中心组成的无锡高新区科技园成立。1999年6月，无锡软件园启动建设。2000年，无锡高新区推进“一中心多园”技术创新工程，建设创业服务中心和科技创业园、生态环保园、华晶微电子高科园、新中亚产业园、托普东部软件园。12月，无锡信息产业科技园奠基开工。是年，无锡高新区被认定为全国首批高新技术产品出口基地。

2001年，软件园二期研发大楼、科技产业园、机电工业园、无锡国家大学科技园、国家集成电路设计产业化基地等先后启动建设。2002年，信息产业园9幢3.3万平方米研究开发大楼和软件园二期1.8万平方米孵化大楼投入使用，永中科技等7个项目被列入国家“863”计划。无锡高新区建成国家级“火炬”计划软件产业基地和全省第一个国家级集成电路设计产业化基地，建立集成电路设计和软件开发公共技术服务平台。2003年4月，无锡高新区博士后工作站成立。全年新增孵化面积1.1万平方米，新增工程中心、研发中心11个。无锡高新区被科技部评为“火炬”计划十五周年先进国家高新技术产业开发区。2004年9月，江苏省国际技术转移中心和创新创意产业园开园。永中office成为入选“科技中国55个新第一”的唯一办公软件。2005年4月，无锡太湖国际科技园启动建设。9月，无锡国家动画产业基地启动建设，国家液晶显示产业园挂牌；无锡高新区被评为国家“火炬”计划软件产业基地先进管理单位，成为江苏省唯一获此荣誉的国家级高新区。12月14日，无锡尚德太阳能电力有限公司在美国纽约证券交易所挂牌上市，成为国内首家在美国主板上市的民营高科技企业。至年末，园区共建成1个综合孵化器、7个专业孵化器，孵化场地总面积15.85万平方米，在孵企业近800家。无锡高新区初步形成以创业服务中心、软件园、信息产业园为代表的“创新孵化金三角”，以科技产业园、大学科技园、创新创意产业园为代表的“创新产业化金三角”。

3.高新技术产业产值

1996年，无锡高新区高新技术企业全年工业总产值38.9亿元，约占全区工业总产值的34%。2003年，高新技术产品销售及技术性收入320亿元，高新技术产业产值占工业增加值的63%。2005年，高新技术产业实现产值755亿元，高新技术产业增加值占规模以上工业增加值的比重60%以上，研发投入占地区生产总值的4.7%。

第二节　无锡星洲工业园（新加坡工业园）

1993年12月，无锡市开发区发展总公司与新加坡·无锡投资控股私人有限公司签署合资合同，成立无锡新加坡工业园投资有限公司（WSIP）。注册资本3000万美元，新方投资占70%，中方投资占30%。12月，无锡新加坡工业园投资有限公司工商登记注册，无锡新加坡工业园正式成立。工业园位于无锡市东南郊，沪宁高速公路与312国道之间，距市中心6公里。1994年11月10日，省政府批准无锡新加坡工业园为江苏省经济开发区。1996年4月，公司注册资本增至5500万美元；6月13日，更名为无锡星洲工业园区开发有限公司。1997年，工业园全年实现工业总产值80亿元，出口创汇7亿美元。其中工业品销售额、出口创汇、到位外资等3项指标名列全省开发区第一。1996～1998年，英国《企业测评》杂志连续3年将无锡新加坡工业园评为亚太地区25个著名高科技园区综合投资环境的第一名。1999年，无锡新加坡工业园获得ISO 9002国际质量认证证书，成为全国第一个获得国际品质认证的工业园。2002年5月公司转股，无锡市新区经济发展集团总公司持股51%，新加坡·无锡投资控股私人有限公司持股49%。同时，双方按新股比注资，注册资本增至8600万美元，总投资增至2.58亿美元。2005年，不足3平方公里的工业园区产出330亿元工业销售额和32亿美元自营出口额，在全国开发区中名列前茅。

一、规划

1993年，无锡国家高新技术产业开发区委托无锡市方园规划事务所编制《无锡新加坡工业园园区总体规划》方案，涉及土地利用、入园项目审批、绿化用地、路网及管网安排等规划及布局结构，体现布局相对集中、合理分工的原则，并考虑到对市区的辐射和与县、镇的衔接。总体规划用地面积10平方公里。1994年，工业园编制《无锡新加坡工业园第一期（启动区）总平面规划》及《控制性详细规划》，启动区规划用地面积1平方公里，完善市政公用设施，对园区消防、绿化、环境综合评估、道路管网等配套设施规划进行深化。1995年，工业园设计《无锡新加坡工业园第二期总平面规划》及《控制性详细规划》，二期开发位于一期启动区南部，规划用地面积1.32平方公里。

2000年，新区调整无锡国家高新技术产业开发区和无锡新加坡工业园“一区一园”的用地功能与布局规划方案，其中工业园用地在原批准的8平方公里基础上向南延伸4.62平方公里，增至12.62平方公里。2004年，工业园编制《无锡新加坡工业园第三期总平面规划》及《控制性详细规划》，三期规划用地面积0.6平方公里。

二、建设

工业园采取“开发一片、利用一片”的集约化开发方针。1993年12月18日，举行1平方公里的一期工程建设奠基仪式，随即开工建设地块土建工程、基础设施网络及110千伏主变电所工程，1995年12月竣工。1995年，沟通工业园与无锡高新区的312国道高架公路开工并通车。是年，完成1.32平方公里的二期开发建设工程中的15.2万平方米的建筑物拆迁和土地平整工作，开工建设土地方工程、基础设施工程和电气网络工程。1996年6～8月，完成一期工程内2幢A型标准厂房及12幢B型标准厂房建设，建筑总面积8.81万平方米。园区建设注重绿化、美化、亮化，被称为“花园式工业园”。1998年8月，二期土方工程、基础设施工程和电气网络工程全面竣工。1999～2004年，完成二期11幢C型厂房和9幢D型厂房建设,总面积3.35万平方米，2005年建设标准厂房3.2万平方米。至2005年末，0.6平方公里的三期工程基础设施及标准厂房工程建设顺利推进，其中在建标准厂房3万多平方米，企业自建的在建厂房7万多平方米，在建商品房20多万平方米。至此，工业园已开发建设面积约3平方公里。

1993～2005年，无锡新加坡工业园投资有限公司总投入11亿元，单位面积投入为全国开发区之最。1997年5月，国务院特区办、国家土管局在工业园召开全国省级以上开发区土地集约化开发利用现场经验交流座谈会，宣布工业园每平方公里综合经济指标考核名列全国开发区四个第一：实际利用外资额第一、工业产品销售额第一、出口创汇额第一、劳动生产率第一（年产出人均100万元）。1998年2月，工业园成为国务院特区办公室重点联系点。2004年3月，国务院发展研究中心、科技部和《中国高新产业导报》联合撰写《无锡新加坡工业园集约开发土地资源调研报告》，肯定工业园土地集约利用的经验。

图11-20　无锡新加坡工业园　　（新区管委会供稿）

三、招商引资

工业园招商引资重点为以高新技术为核心的电子信息、自动化技术和精密机械等行业。1994年5月18日，第一家进驻的外商投资公司——新加坡艺思高科技（亚洲）私人有限公司投资的艺思高科技（无锡）有限公司注册。12月，日本株式会社村田制作所在园区注册成立无锡村田电子有限公司，成为首家进驻的日资企业，投资总额2.8亿美元，是村田集团在中国创立的最大的兆赫兹陶瓷滤波器、可变电阻器、可变电容器、AC电路用滤波器、PTC热敏电阻器等电子零部件生产基地。1995年1月，阿尔卑斯电气（株）投资成立全资子公司——无锡阿尔卑斯电子有限公司，生产电脑软硬盘驱动器磁头、各类电子及触摸式开关、手机摄像头。1998年，阿尔卑斯投资总额由2700万美元增至5600万美元，注册资本由1300万美元增至2500万美元。1995年10月，德国独资企业英飞凌科技（无锡）有限公司成立，投资总额1.5亿美元。12月，意大利独资企业默洛尼卫生洁具（中国）有限公司进驻园区，投资总额7788万美元。是年，工业园批准外资企业17家，投资2.69亿美元，合同利用外资2.4亿美元，其中超千万美元项目8个。1997年7月，美国独资企业唐纳森（无锡）过滤器有限公司注册，投资总额2980万美元。1994～2001年，工业园共引进外资企业42家，总投资12亿美元，合同利用外资11.5亿美元，到位外资8.5亿美元，投资超千万美元的项目20个，投产企业50家，员工近2万人。

2002～2005年，工业园引进外资企业28家，合同利用外资6.5亿美元，到位外资5.5亿美元。无锡阿尔卑斯电子有限公司、无锡村田电子有限公司、开益禧（无锡）电子有限公司、英飞凌科技（无锡）有限公司等企业不断扩大投资规模。至2005年末，累计引进外商投资企业70家，合同利用外资18.5亿美元，到位外资14亿美元。进区企业中，有省级以上高科技企业45家，超千万美元以上的项目32个，员工4万多人。

第三节　中国宜兴环保科技工业园

1992年12月，国务院批准建立中国宜兴环保科技工业园（简称“环科园”），是中国唯一以发展环保产业为主、并以此命名的国家级高新技术产业开发区，面积4平方公里，代管面积15平方公里。1993年5月，国务院授权国家科委颁发“国家高新技术产业开发区”匾牌。1996年，环科园升格为宜兴市级派出机构。2000年6月，中国宜兴环保科技工业园和江苏省宜兴经济开发区合并，保留江苏省宜兴经济开发区的牌子，组建成新的中国宜兴环保科技工业园。合并后的环科园面积73平方公里，辖11个村、3个居委会，总人口47822人。2005年6月，环科园升格为正处级建制，为无锡市委、市政府派出机构，委托宜兴市委、市政府代管。

至2005年，环科园有企业732家，其中工业企业543家，投资千万元以上的企业84家。园区基本形成以环保产业为主，电线电缆、电子、生物医药、陶瓷、服装服饰、房地产等行业共同发展的产业格局。2005年，完成地区生产总值47亿元，外贸出口额1.67亿美元，利税总额30.37亿元，一般预算收入3.42亿元，超亿元企业及村15家（个）。

一、规划

1994年，环科园管委会完成城市建设总体规划和产业发展纲要、宜城开发区的规划设计及园内9个村居民住宅小区建设规划，并完成印度尼西亚客商3.5平方公里成片开发资金预算、计划编制和市政设计工作，初步完成《宜兴环保科技工业园“九五”计划和2010年环保产业发展规划》。根据总体规划，园区按功能分为科研行政管理区、工业生产和仓储区、金融商贸区、生活居住区、预留发展区等5个区域。1996年10月，《环科园环境影响评价和环境保护规划》获省环保局批准。2005年12月，《宜兴环保科技工业园"二次创业"产业发展规划》通过国家评审。

二、建设

1992年6月，宜兴市委、市政府组织全市30个乡镇的10万余名民工开展第一次环科园路网工程会战，至年末，铺设碎石路面20公里。至1995年，首期5平方公里开发区域内，市政配套基本到位，初步实现"四通一平"①。1996～2000年，适当调整和完善园内工业区、行政区、文化区规划；完成南环路、兴业路、绿园路、永安路、原宁杭国道园区段、104国道园区段、火车站区域景观规划及相关建设。2000年12月31日，连接宜兴主城区的世纪大桥竣工投用。2004年12月，香港华润电力控股有限公司投资的2×60兆瓦热电机组投入运行。至2005年末，累计投入基础设施资金15.28亿元。园内骨干道路形成"四纵四横"②格局，总长达98公里，绿化面积42.64万平方米，自来水主管道62公里，下水管道86公里。其间，征用土地787.1公顷；累计拆迁6635户，拆除面积120.75万平方米，安置6413户。对所有拆迁户采取集中居住、以新换旧的形式，开发文昌花园、南郊花园、岳阳苑、西花园、丰泽园、城南新村等10个拆迁安置小区，安置总面积118.64万平方米。

三、招商引资

1993年初，环科园确立以环保产业为主体、高新技术产业和外向型经济为两翼的"一体两翼"发展思路，通过多种形式的招商活动，引进项目。是年，全园仅有铜峰水泥厂、新宜环保公司等8家企业。此后，宜兴市政府动员高塍、南新等镇的环保企业进园。至2005年末，累计批准入园企业867家，其中"三资"企业194家；投产开业企业536家，其中"三资"企业94家；总投资18亿美元，合同外资12亿美元，实际到位外资6.6亿美元。

四、科技创新

环科园突出环保产业特色，培育高新技术产品和高新技术企业，构建区域创新体系。1993年3月，投资4000万元，成立宜兴环保科技创业中心。1995年，成立由国家科委与美国能源部、环境保护署合建的专门为环科园服务的中美环保技术信息中心；5月初，由国家科委社会发展司牵头，聘请清华大学井文涌、同济大学顾国维、浙江大学汪大晖等7名专家、教授组成宜兴环保科技工业园国家级专家组。1999年10月20日，作为德国政府与中国政府间1999年度合作的6个科技项目之一，由德国政府出资、德国威泰克环保研究所与环科园发展总公司合作的宜兴威泰克环保科技有限公司及中德合作宜兴印染废水处理研究中心成立，合作开展环保技术研发。2001年11月，依托南京理工大学、浙江大学、江苏鹏鹞集团等单位，组建成立江苏省环境工程技术中心，主要研究水和废水处理的工程技术。

图11-21　宜兴环保科技工业园创业中心　（马超摄）

2005年11月，南京大学、宜兴市政府、环科园管委会联合组建南京大学宜兴环保科技研发中心，建设以环保企业为主要服务对象、以国家目标

① 路通、电通、讯通、供水通，土地平整。

② 四纵：氿南路、龙池路、绿园路、岳东路；四横：氿滨大道、新城路、兴业路、西氿路。

为导向、产学研结合的环保技术创新与服务平台。至年末,申请专利5件,起草国家标准1项,合作承担国家“863”项目2个,30多家企业入驻孵化,实施科技计划项目40个,其中国家级5个、省级27个。有国家级高新技术企业3家、省级高新技术企业10家、省首批软件企业1家,国家级重点新产品项目6个、国家级“火炬”计划项目11个、国家级“星火”计划项目2个、国家科技型中小企业技术创新基金项目2个、国家级科技兴贸行动计划项目1个。

第四节　无锡太湖国家旅游度假区

1992年10月4日,国务院批准建立江苏太湖国家旅游度假区,由苏州胥口度假区中心和无锡马山度假中心组成,为国务院首批批准的全国12个国家级旅游度假区之一,也是无锡市第一个国家级开发区。12月,市政府批准建立无锡太湖国家旅游度假区管理委员会和无锡太湖国家旅游度假区发展总公司,1993年2月,举行揭牌仪式和度假区全面启动典礼。6月,经国务院批准,无锡马山度假中心更名为无锡太湖国家旅游度假区(简称“太湖度假区”),并建立中共无锡太湖国家旅游度假区工作委员会。太湖度假区工委、太湖度假区管委会为市委、市政府派出机构,委托滨湖区委、区政府代管。至2005年,太湖度假区累计批准进区企业294家,其中“三资”企业111家;投产开工企业296家,其中“三资”企业94家。2005年,全区地区生产总值27.16亿元,纳税销售额100.43亿元,税收4.7亿元,地方一般预算收入1.65亿元,景区景点游客人数335万人次。

一、规划

太湖度假区位于马山的东部,东起峰影河、东大坝交点,西至大渎河,北以峰影河、东大坝为界,南至仙鹤嘴,包括沿湖津湾、幽谷山泉和部分马圩的平地,共13.5平方公里(不含水域)。度假区按照国务院批准的规划原则,利用马山的自然山水和人文景观,全力打造融旅游、休闲、娱乐健身、会议服务等为一体,具有国际水平和现代文明的高格调、高素质、高品位的旅游度假胜地。

1993年3月,市规划设计院编制完成《无锡太湖国家旅游度假区总体规划》,内容为现状条件、规划依据、指导思想和原则、度假区的性质与规模、功能分区与用地布局、风景游览规划、景观规划、村落规划、绿化规划、道路规划、市政基础设施规划、近期建设规划和附图等13项。1995年4月,度假区委托市规划设计院编制完成《马山景区总体规划(1995—2010)》。2001年10月～2002年7月,市规划设计院和无锡太湖国家旅游度假区规划建筑事务所编制完成《马山工业园控制性详细规划》。2002年12月,由华南理工大学编制完成《马山地区概念性规划》。2003年,委托华南理工大学对概念性规划深化和完善,编制完成《马山分区规划》,2004年,通过专家论证。2004年10月,由中国市政工程西北设计研究院编制完成《马山地区污水排水规划》。2005,委托北京大学和市规划设计院共同编制完成《无锡市滨湖区马山地区农村规划》,委托华南理工大学和市规划设计院联合编制《马山次分区规划》,委托市规划设计院编制完成《无锡市马山旅游休闲产业规划》。

二、建设

1.景区景点

1993年9月,投资1000万元的月亮湾度假中心动工兴建。1994年1月正式营业,2004年停止营业。1994年9月,总投资2157万元的古祥符禅寺修复工程开工建设。1997年11月15日,灵山大佛落成开光。2002年9月,灵山胜境文化园区奠基开工,总投资3亿元,2003年9月建成。1998年5月,龙头渚公园沙坞景区和公园整理性开发工程动工兴建,总投资2100万元,2000年10月开园。2000年9月,无锡太湖国际高尔夫俱乐部奠基开工,占地126万平方米,第一期工程建设18洞球场、72杆标准杆，总投资2亿元，2002年10月1日建成开业。

图11-22　太湖国家度假区国际高尔夫球场　　（太湖度假区管委会供稿）

2.基础设施

1992年，修建长青路、天远桥等道桥。1992年11月，新增马圩110千伏变电工程奠基开工，1993年11月投入运营，总投资1000万元。1993年10月，马山自来水厂日供水5万立方米水改造工程结束，投入运营。1994年，修建佛笑桥、神骏桥、醉我桥、访仙桥、千波桥等桥梁。1995年，修建灵山路。1996年，修建雪云路、四大湾环山路、新龙路、乐山南路、南堤路，古竹立交桥、新龙桥、群丰西桥、雪云桥、雪云二号桥等道桥。1997年，修建峰影路、灵湖路。同年10月，110千伏庙下变电工程开工建设，2000年投入运营，总投资4650万元。1998年，修建乐山路、碧波路。2000年，修建环山西路（和平至耿湾段）、花园桥、踏莎桥等道桥。2003年，修建环山东路、梅梁西路、陆马公路、灵山二号桥。2004年，修建西大堤、西大堤桥。同年4月，度假区污水处理厂二期工程扩建改造项目开工建设，2005年末投入使用，总投资4065万元。2005年，修建七里观光堤，新常青路、常康路、梅梁路、新龙路、万丰路、花园路、西南堤路、新广益桥、新电仪桥、常乐桥等路桥。是年，无锡市第六人民医院移地新建。

1992～2005年，在原有10多家休养院的基础上，新增舜天碧波度假村、无锡锦湖大酒店、无锡太湖国际明珠大酒店、新疆风情度假村等旅游餐饮单位。

三、特色园区

1999年，成立马山镇工业园有限公司，2002年更名为无锡市马山生物医药工业园有限公司。工业园一期规划开发面积1平方公里；2002年，启动建设二期工程，规划面积3.84平方公里。至2005年，工业园聚集生物医药、保健品、电子、机械等企业86家，其中生物医药产业为主导产业，集聚辉瑞制药（无锡）有限公司、华瑞制药有限公司、无锡健特生物有限公司、无锡药明康德新药开发有限公司、无锡瑞年实业有限公司等24家生物医药和保健品企业。2005年，工业园完成工业纳税销售75.12亿元，其中生物医药纳税销售28.5亿元。

第五节　江苏省江阴经济开发区

1990年6月，江阴市委、市政府启动江阴经济开发区筹建工作，将黄田港以东、白屈港以西、澄张公路以北3.68平方公里的区域划为外商投资规划区。1991年6月，江阴市滨江外商投资规划区成立，

9月更名为江阴市滨江经济技术发展区，1992年7月更名为江阴市滨江经济技术开发区。1992年9月，江阴市将滨江开发区范围扩大至东至张家港交界、南至澄张公路、西至黄山港、北至长江，总面积25平方公里。1993年11月，省政府批准江阴市滨江经济技术开发区晋升为省级开发区，更名为江苏省江阴经济开发区（简称“江阴开发区”）。2000年12月，江阴开发区石庄化工区设立，规划面积15平方公里。2001年12月，江阴市将西部沿江地带纳入江阴开发区范围，并设立开发区东区、西区，区域面积扩大至61平方公里。2002年8月，经省委、省政府批准，江阴开发区经济审批权和行政级别享受国家级开发区待遇。2003年1月，江阴开发区区域作重大调整，东、西区合并，开发范围东至张家港、西至常州，规划面积超过100平方公里。6月，江阴市委、市政府实施跨江联动，经省政府批准成立江阴开发区靖江园区，规划面积60平方公里。2005年8月，江阴市委、市政府批准在江阴开发区西部沿江地带启动建设临港新城。2005年，江阴开发区完成地区生产总值193亿元，技工贸总收入1224.86亿元，外贸出口额7.6亿美元，实现利税62.91亿元，一般预算收入8.54亿元。

一、规划

1993年1月，江阴市规划市政设计室编制完成《江阴市滨江经济技术开发区总体规划》，9月通过专家组论证。规划范围：东起石牌港及蟠龙山，南至东横河，西至东外环路，北抵长江，总面积31平方公里，首期启动区为白屈港以西6.75平方公里。规划期限：近期1992～1995年，远期1996～2010年，远景2011年以后。规划定位：建设集技、工、贸、储运、生活、旅游为一体，具有完善城市功能的现代化港口经济区，形成高新技术成果商品化、商品产业化、产业国际化基地和以港口为中心的交通枢纽。

2003年6月，委托同济大学城乡规划设计院编制《江阴经济开发区靖江园区总体规划》。规划范围：东起靖广高速公路，南临长江，西至上六圩港，北到横港，规划面积60平方公里，首期启动区8.6平方公里。规划定位：依托长江岸线，建成以船舶、机电、冶金、能源、物流、研发、商贸为主导产业，集工业园、生态园、新港区、新城区为一体的21世纪新型工业园区。

1993～2005年，累计编制总体规划4项、专项规划23项。

二、建设

1990年10月，江阴市政府划定滨江地区3.68平方公里为外商投资规划区。1991年9月，启动拆迁安置、土地预征和基础设施建设工作。1993年，完成3.68平方公里区域内道路、供水、供电、通信、供热及土地平整“五通一平”等工程，绿化道路9.6万平方米。2000年开始，实施矿山复绿工程，关停矿山企业7家，兴建污水处理厂2座。至2005年，累计投入基础设施建设资金77.25亿元。其中：投入道路建设资金2.48亿元，新建、改造道路38.6公里，建成主干道路6条、次干道路6条、支路8条；建成变电所4座，主变9台690兆伏安容量，供电总量3.89亿千瓦时，其中工业用电3.65亿千瓦时；与江阴电力投资有限公司、马来西亚钢山能源有限公司合资兴建江阴滨江热电有限公司，铺设供热管线39公里，供热用户达107家；区内供水管网总长773公里，供水总量2116.23万立方米，其中工业用水1330.968万立方米、居民生活用水785.26万立方米；供应企业管道燃气1.79万立方米、企业和居民天然气3945万立方米；累计完成绿化179.85公顷，其中河道、道路绿化100.47公顷，矿山、窑厂复绿79.38公顷。其间，累计拆迁农户19922户、房屋面积507.94万平方米，投入资金23.04亿元；建成滨江、锦隆、杨市、双牌、长山、石牌、金山、山观8个拆迁安置小区，建设安置房344.74万平方米，安置17043户、面积357.71万平方米；安排就业2942人，享受自谋职业补贴4726人。全区实际开发利用土地2163.16公顷，其中工业用地1860.09公顷。

三、招商引资

1992年9月，江阴市滨江经济技术发展区管委会成立项目批办部，与江阴市经济技术发展总公司开发部合署对外招商。1993年起，采取招商引资和出资招商相结合、团组招商和专项招商相结合等方法，先后组团赴德国、荷兰、日本、新加坡、韩国、加拿大、美国等国家以及中国港台地区等开展招商活动。1994年开发区管委会设经济发展部，1997年起设招商部，1999年6月更名为招商局。2003年开始，实施招商选资战略，优先引进高新技术和高附加值产业、高科技含量企业、服务业项目和技术改造或延伸产业链项目，采取中介招商与专业招商相结合、企业招商与政府推进相结合、大中小项目与内外民资项目相结合等方法，相继组团赴日本、韩国、荷兰、瑞典、挪威、丹麦、以色列以及中国台湾、香港地区举行重大招商活动。2005年，引进项目605个，创历年最高纪录。至2005年，累计投产开业企业2085家，其中“三资”企业298家；协议注册外资总额55.5亿美元，到位注册外资24.74亿美元。

四、产业发展

区内产业涉及制造、电力、燃气、建筑、交通运输、仓储、技术服务、纺织服装、石油化工、拆船、商贸服务等20多个行业，2005年实现技工贸总收入1224.86亿元，形成金属新材料、纺织服装、石油化工、电子信息、精密机械和商贸服务业等6个产业集群。

1.冶金金属新材料产业

1992年，法尔胜贝卡尔特钢帘线和华新钢缆项目进区，投资总额分别为1.12亿元和3000万元。1993年，兴澄钢铁与特种钢项目进区，总投资4.7亿元。至2001年，嘉思特配件、通铭金属制品、全台通金属材料、美国金属丝等项目先后进区，初步形成以兴澄特种钢铁有限公司钢材、特种钢、特种材料和法尔胜集团公司钢帘线、光缆钢制品、钢丝制品等为龙头的上下游配套金属新材料产业。至2005年，拥有重点企业15家，形成150万吨铁、462万吨钢、108万吨板材加工生产能力，全年开票销售185.85亿元。

2.纺织服装产业

1994年，长江服装项目进区，主要生产服装并代理进出口服装业务。2001年，香港福田实业（集团）有限公司全资附属机构江苏福汇纺织有限公司进区，总投资3亿美元，专业从事高档针织面料织造、印染及后整理，形成GERI香港女装品牌。2002年起，江阴启新纺织有限公司和香港利安达服装集团有限公司等超千万美元纺织项目相继进区。2004年，申澄集团有限公司、巨龙印染有限公司等大型纺织企业迁入。2005年，拥有重点企业16家，生产成衣5300万件（套）、高档针织面料1168万公斤、服装面料1000万米、纱线4万吨，销售收入34.2亿元。

3.石油化工产业

1995年11月，日本三菱商事株式会社、TOHO工业株式会社与中国台湾见龙化学工业股份有限公司在区内联合兴建新和桥化工有限公司，总投资2950万美元，主要生产可发性聚苯乙烯。1997年，中油销售江苏有限公司江阴分公司进区。2000年起，新和桥化工有限公司扩大配套生产能力，创建龙奇包装有限公司，并先后投资开发新龙门塑料项目、衍舟塑料项目，成为亚洲第一、世界第二的可发性聚苯乙烯生产企业。2003年9月，贝克吉利尼（江阴）工业园启动建设，总投资5000万美元，占地面积6.67万平方米，专业从事皮革化学、护肤品化学、水处理添加剂、鞋材、珠宝、石膏等精细化工项目。2005年，区内石化产业有重点企业4家，年销售额38.06亿元。

4.电子信息产业

90年代中叶，法尔胜集团自主研发国内第一个光纤预制棒技术项目。1999年后，投资1亿美元相继启动光子、光通项目和信邦电子项目建设。2000年2月，台湾华新丽华集团投资3.1亿美元兴建瀚宇博德科技(江阴)有限公司,生产笔记型电脑、掌上型电脑、移动电话、工业控制计算机及PCMCLA专用印刷电路版等产品。2004年,新潮科技集团有限公司进区,从事半导体分立器件制造、集成电路封装测试及半导体芯片、自动化设备、智能仪表、激光器、光电子产品研发和生产,拥有国家企业技术中心和博士后科研工作站。至2005年,江苏新潮科技集团有限公司为中国电子信息百强企业,形成年产集成电路22亿块、分立器件130亿只的能力;瀚宇博德科技(江阴)有限公司拥有年产笔记本电脑专用印刷电路板139.35万平方米的产能,产品占全球市场的25%;法尔胜光子有限公司年产光纤130万芯公里。2005年,电子信息产业销售收入25.57亿元。

5.精密机械产业

1996年前,区内机械行业以民营资本为主体,仅有黄山船舶配件厂1家规模企业。1997年,江阴亚特机械有限公司、第三铸造机械有限公司等进区。2003年11月,一批中等规模民营企业进入,行业规模扩大并向高端、精密产业梯度转移。2005年,中日合资江阴凯澄起重机械有限公司进驻,专业生产起重机和电动葫芦。至2005年,区内精密机械产业有重点企业两家,主要生产船舶舾装件、起重机械和重型机械系列产品、高标准管件产品、压力容器、法兰及减速器、剥皮机、水煤浆机等相关标准机械产品。

6.商贸服务业

90年代初中期,区内商贸服务业发展缓慢。1999年,江阴纺织市场整体迁入,总投资1.1亿元,营业面积10万平方米。2000年6月,中国石油化工股份有限公司在区内兴建长山油库,总投资2000万元,库容量21万立方米。2001年,盛达汽车销售服务有限公司进区,成为一汽丰田4S销售店和海南马自达专业销售店。2003年10月,瑞尔达物流配送中心竣工投运,形成融金属加工、物流配送和交易于一体的综合性大型市场,拥有室内仓库5万平方米、招商用房1.8万平方米。2005年6月,锦江之星江阴连锁宾馆、上海百家兴酒店等进区。至此,区内初步形成钢材、石油化工油品类营销和纺织品交易、汽车销售服务、仓储物流为主的商贸服务业业态群。

五、科技创新

1990年,江阴开发区被定位为高新技术国际化基地。1996年3月,被省政府批准为全省首个县级高新技术产业开发园,有高新技术企业9家,其中国家级5家,主要研发和生产大桥缆索用镀锌钢丝线、耐硫酸露点腐蚀钢(ND3)和桥梁拉索用涂层七丝钢绞线、子午轮胎用钢丝帘线(PLUS)等高

图11-23 江阴经济开发区高新技术创业园 (顾强摄)

新技术产品。2000年起，加快高端人才引进和高新技术研发，推进传统产业向高新技术产业转化。2004年3月，成立高新技术创业中心，当年进驻孵化企业15家，产业涉及高分子材料、电子仪器、应用软件等领域。是年，设立高新技术创业园，规划面积16万平方米，建筑面积10万平方米。年末，拥有各类人才1.69万人，其中国际化人才361人、特殊专业技术人才37人，引进中国港澳台地区及外籍人才83人，开发国家级重点新产品2种、省级高新技术产品9种。至2005年，高新技术产业开发园有企业115家，其中高新技术企业14家；实现工业总产值271亿元，其中高新技术企业产值205亿元。

第六节　江苏省宜兴经济开发区

1993年12月24日，经省政府批准，无锡市陶都高新技术经济开发区更名为江苏省宜兴经济开发区（简称“宜兴开发区”），规划面积3.8平方公里。至1999年末，进区项目累计总投资22.27亿元，实际利用外资1.19亿美元，拥有亨通线缆、联合陶瓷、华丰陶瓷等外资骨干企业，形成冶金、建材、机电、轻纺、化工、食品、服装、机械、紫砂陶瓷等9个主要行业，全区地区生产总值5.84亿元。2000年6月，与中国宜兴环保科技工业园合并，组建新的中国宜兴环保科技工业园。

一、规划

1993年，宜兴开发区成立初期的建区目标是建设商业、住宅、娱乐3个中心，以及机电、轻工、纺织、建材、化工、冶金、陶瓷、环保8个基地。1996年，适当调整初期规划，完成控规、详规和有关基础设施的配套设计。总体规划为依托西线104国道和新长铁路，设立3.8平方公里启动区；依托南线丁蜀镇，由南向北设立8.2平方公里的工业区；依托北线丘陵，规划9平方公里的国际旅游度假区；依托主干道，规划现代化城市式商业、金融、行政管理于一体的城市街道；依托毗邻老城的两个居民住宅区，规划邻城居民区。全区形成平原工业区、丘陵旅游区、沿路商业区、邻城居民区的规划格局。

二、建设

1992～1999年，宜兴开发区根据总体规划开展基础设施建设，投入3.85亿元，3.8平方公里启动区内基本实现通电、通路、通电信、通自来水、通排污水，道路平整。先后建设11万伏变电所1座，220千伏陶都变电站1座；架设4.1公里1万伏标准厂房专线；架设10千伏高压线路4条，计14.6公里，完成15个村的电网改造。在原路网的基础上，重新修建区内干道58.58公里、桥梁30座，形成以范蠡路、川埠路、通蜀路、陶都路四路沟通的区间小循环和以104国道、湖光路、陶都路、通蜀路四路相通的区间大循环，开发区内形成“三纵”（陶都路、宝阳路、104国道）“三横”（通蜀路、湖光路、川埠路）“一环”（环区路）的道路格局。其间，丁山自来水厂主要供水管道铺至启动区，铺设自来水管道29.5公里，全区日供水量5万立方米，全区沿路铺设下水管道27.2公里。区内其余15个村先后建成电话村，开发区建成电话区。

1993～1999年，累计批租土地299公顷，其中外资企业批租37.2公顷。处于中心地区的川埠、赵庄、中袁3个村的289.47公顷耕地全部征用，3个村的农民转为城镇居民户口。

三、招商引资

宜兴开发区成立后，依据“高新技术为主，规模经济为主，外向型经济为主”的招商思路，出台招商优惠政策，开展招商活动。招商以中国香港地区和东南亚为重点，拓展至英国、法国、德国、瑞典、澳大利亚、美国、日本、韩国等发达国家。1992年，总投资2482万美元的宜兴国浩电缆有限公司和总投资1500万美元的宜兴丰利瓷业有限公司先后开工建设。1998年10月，宜兴联合陶瓷有限公司、兆峰陶瓷（宜兴）外墙砖有限公司、华丰陶瓷有限公司3家外资公司二期扩能，共增资2400万美元。由荷兰商人投资55万美元的宜兴环球陶艺有限公司、由美国中陶国际有限公司投资15万美元的宜兴长城陶瓷制作有限公司等先后入区。至1999年末，出境招商38次，引进项目207个，投资总额22.23亿元。其中：外资项目33个，合同利用外资1.7亿美元，实际利用外资1.19亿美元；内资工业项目171个，总投资8亿元。

四、产业发展

1993～1999年，宜兴开发区新增投产企业207家，形成以无锡陶都锡阳实业公司、宜兴市九荣特种陶瓷有限公司为代表的工业陶瓷产业，以宜兴联合陶瓷有限公司、宜兴经济开发区陶都琉璃瓦厂、宜兴市敦煌琉璃瓦厂为代表的建筑陶瓷产业，以宜兴华丰陶瓷有限公司、宜兴环球陶瓷有限公司、宜兴市晨阳陶瓷有限公司等为代表的日用陶瓷产业，以江苏亨通线缆有限公司、宜兴市电工厂、宜兴市电缆厂为代表的电线电缆产业，以宜兴市川美炉料有限责任公司、宜兴市华嘉耐火电瓷材料有限公司、宜兴市宝山耐火材料有限公司为代表的耐火材料企业集群，以无锡市陶都房地产开发总公司为龙头的房地产行业，紫砂村、红卫村两个以紫砂产品制作为主的特色经济村。1999年，地区生产总值5.82亿元，工业总产值12.82亿元，销售收入11.58亿元，税收3882万元，利润3463万元。

五、科技创新

宜兴开发区以电线电缆、陶瓷、耐火材料产业为重点，与上海硅酸盐研究所、南京化工大学等大专院校、科研单位建立紧密的合作关系，江苏亨通线缆有限公司、宜兴市九龙陶瓷有限公司、宜兴市川美炉料有限责任公司等骨干企业培育出一批高科技产品。宜兴市电缆厂开发的节能型自动保护电缆获国家级新品二等奖。1994年，江南建陶厂生产的堆龙缸获全国精品博览会金奖。1997年，无锡陶都锡阳公司开发的高性能耐磨陶瓷微珠被认定为国家级重点新产品，1998年被认定为江苏省高新技术产品，公司成为国家非金属矿深加工工程技术研究中心定点企业和中国轻工业品进出口基地。宜兴市川美炉料有限责任公司生产的真空油浸镁碳砖通过国家级新产品鉴定，达到国际水平。宜兴市创伟新型陶瓷有限公司生产的无机膜支撑体和耐酸耐温砖，技术水平国内领先。

第七节　江苏省无锡市锡山经济开发区

1992年5月，无锡县政府启动建设无锡县经济开发区。1993年11月，被省政府批准为省级开发区，规划面积9.2平方公里。1996年4月，开发区更名为江苏省无锡市锡山经济开发区（简称“锡山开发区”）。2003年11月，省委、省政府对锡山开发区比照国家级开发区赋予相应经济审批权和行政级别。2005年，全区面积50平方公里，地区生产总值80亿元，完成技工贸总收入400.68亿元，自营出口额5.45亿美元，实现利税21.88亿元，一般预算收入6.7亿元。

一、规划

开发区按照20万城市人口、基础设施30年不落后的目标，委托中国城市规划设计研究院编制总体规划。1993年5月，《无锡县经济开发区规划》编制完成，规划将开发区分成金融贸易、高新技术、配套服务等9个功能小区。中心为金融商贸区和行政服务区，外围为工业区。基础设施“九通一平”，所有管线排设地下。区内道路全部水泥路面，主干道路宽60米，一般道路宽40米。每个功能小区绿化面积占30%，整个开发区绿化覆盖率39.2%。

2002年，锡山开发区管委会聘请南京大学环境科学研究所编制《锡山经济开发区工业园环境影响评价和环境保护规划》。2005年，编修和完善原开发区总体规划，完善后的规划突出经济结构调整、区域协调发展、增长方式转变、资源节约、环境友好等内容，注重产业规划和功能规划相结合、园区规划和城区规划相融合。

二、建设

1992年，建设迎宾路、东亭路、二泉路、春晖路、春笋路、锡州路、新明中路等20条道路，建成绿化面积1.74万平方米，安装路灯349盏，铺设雨水管道52.3公里，铺设自来水管道26.38公里，启动建设自来水厂和煤气厂。1993年，建设友谊路、华夏路、春风路、春阳路等道路，启动建设占地1.34万平方米的私营工业园。1994年,建设凤威路、云林路、春阳路、电厂路等道路7.59公里。投资4752万元，启动建设建筑面积6万平方米的888商城。1995年，建设金锡路、延伸东亭南路、友谊南路及私营工业园园区道路。1996年，建设隆亭路、庄桥路等道路。1998年，建设柏庄路、源泉路、团结南路等道路；投资2162万元，建成柏庄农贸市场、锡山商贸城。1999年，建设春雷路、府北横路延伸段和华夏南路延伸段。2000年，建设合心路、东亭南路、春雷路延伸段等道路。2001年，启动12.6平方公里开发区锡北组团建设，完成团结路、东亭路等5条道路工程。2003年，完成芙蓉一路、二路、三路、四路、五路及通云路等二期园区骨架路网建设，修建春雨路、横泾头区间路、污水厂路等支路，6月，开发区东部片区开发启动。2004年，完成兴塘路、春雷路、春江路、二泉东路延伸段等道路工程；启动建设污水处理厂二期工程，建设规模为日处理污水3万吨，建设配套管网51公里。2005年，完成友谊南路南延、新明西路西延等新建道路，完成友谊路、春晖路、云林路改造工程和东盛路、安泰一路、安泰二路、安泰三路等道路工程，同时完成污水、雨水、燃气、电信等管线工程。

图11-24 锡山经济技术开发区 （陈国兴摄）

三、招商引资

1992年，第一家台资企业宝城房产落户开发区，此后百和制造、健鼎电子、联茂电子、高德电子、展阳金属等台资企业相继落户，开发区成为无锡的台资高地之一。港资企业宏普房产、宏普置业、长联投资、达强塑胶等亦相继入驻。1999年，招商引资从中国港澳台地区延伸至日本、韩国和欧美等国家和地区。2002～2005年，进驻开发区的日、韩企业增加，全球500强企业开普机械以及吉兴汽车部件、恩福油封、恩欧凯防震橡胶、福梦来健康器械、山一电子、大星电子等日、韩企业相继落户。2005年，完成合同注册外资12.68亿美元，实际到位外资2.8亿美元。开发区同时引进海尔工贸物流、清华同方科技、长江精密纺织、友谊钢材市场等国内行业龙头企业。至2005年末，形成以健鼎电子为首的西部工业园区，以麦德龙、红星凯龙为中心的商贸园区，以友谊钢材市场为中心的物流园区；形成电子和电子材料、精密机械和汽车配件、高特纺织和现代物流四大产业群。现代物流业依托沪宁高速公路互通道口优势，引进德国麦德龙、欧倍德和国内红星美凯龙等著名商贸物流企业落户。

区内有国家高新技术企业6家、省级高新技术企业8家、省级民营科技企业8家，累计开发国家重点高新产品15个、省高新产品10个，申请专利125件。

四、特色园区

1. 私营科技工业园

1998年3月，锡山市启动私营科技工业园建设，并对外招商。首期建设面积0.5平方公里，园内3种规格的标准厂房供进区企业选用。至2005年，私营工业园区一、二、三期工程全部完工交付使用，总面积15万平方米，基础设施投资6500万元，进区企业276家，成为无锡地区规模最大的私营工业园。

2. 无锡清华同方科技园

2005年9月建成，为无锡市、锡山区和无锡同方科技园有限公司共同投资成立的高新技术科技企业孵化器。功能定位是建成无锡市和清华大学全面合作的窗口，清华大学科技成果商品化、产业化基地，创业企业孵化基地，创新人才培育基地。至年末，有两家高科技企业入驻。

3. 江苏省台商科技工业园

2005年12月，省政府领导授权省台办和外经贸厅批复在锡山开发区内设江苏锡山台商科技工业园，为全省第一个台商科技工业园区，规划面积3平方公里。健鼎科技、联茂电子等中国台湾地区十大线路板企业中的前六强以及国丰电子、长盛、百和织造等投资规模上亿美元的企业入驻园区，成为“长三角”台资高地之一。

第八节　江苏省无锡惠山经济开发区

2001年7月，建惠山区新区。2002年2月，经省政府批准，成立江苏省无锡惠山经济开发区（简称“惠山开发区”），规划启动面积5.96平方公里；5月，成立惠山开发区工委、惠山开发区管委会。2004年3月，惠山区委、区政府将惠山经济开发区纳入惠山新城规划体系，并由惠山开发区负责惠山新城建设、开发，规划区域包括堰桥地区、长安地区和西漳地区，一期建设面积36平方公里，远期规划面积76平方公里。2005年，全区实现地区生产总值18亿元，完成技工贸总收入133亿元，外贸出口额1亿美元，实现利税6.11亿元，一般预算收入2.65亿元。

一、规划

2002年上半年，由市规划设计院规划设计的《开发区总体规划方案》《供热规划编制方案》《行政中心专项规划设计方案》《堰桥、长安住宅区规划设计方案》《南北景观大道设计方案》《工业园区一期详细规划编制方案》相继完成，完成开发区地形地貌的数字化测量和地质灾害评估。开发区还对区内外道路系统、交通系统、市政工程设施系统进行专项规划。2004年，由市规划设计院编制的《无锡市惠山区城镇布局规划》对惠山新城的功能、空间布局进行细化，对“二区四园，一核两带”进行功能与空间规划布局。二区为堰桥地区和西漳地区，以居住生活、行政文化为主要功能；四园为经济开发区园区、锡北物流园区、堰桥和石塘湾基础工业园；一核为惠山区行政文化中心；两带为沪宁、锡澄高速公路生态绿带。

二、建设

2002年，开发区采用建设—转让（BT）形式分别与上海浦东路桥及重庆国际信托投资公司合作，进行大面积的基础设施建设。2002～2005年，基础设施投入累计17亿元，建设金惠路、惠源路、政和大道、欣惠路、陆区路、杨市路、东二路、东中路、胡长路、惠山大道南延伸段等高标准道路。至2005年末，道路框架总体建成，给水、雨水、污水、电力、电信、广电、燃气、蒸汽等九大管线全部入地，达到“九通一平”的建设标准。其间，累计完成127.5万平方米绿化任务，建成两个绿化广场。

三、招商引资

2002～2005年，惠山开发区累计引进生命科技和汽车及汽车零配件制造业项目86个，吸纳投资4亿美元、53亿元人民币，其中超千万美元的项目5个、超亿元的项目20个。引进商贸、房产项目16个，总占地面积386万平方米，总建筑面积518万平方米，投资总额126亿元。至2005年末，建筑体量突破100万平方米，开盘量突破50万平方米，销售户数突破2000套。

四、特色园区

1.无锡生命科技产业园

2001年12月，中国华源集团和无锡市政府、惠山区政府在南京举行签字仪式，计划总投资200多亿元，在无锡兴建国内第一、国际一流的“中华药谷”——无锡生命科技产业园。2002年5月，举行奠基仪式。2003年6月，中国华源集团有限公司一期14750平方米标准厂房竣工。2003年，龙形景观带一期大上海国际花园建设完成。2004年，完成无锡生命科技产业园创业中心、商务别墅等工程。上海华源长富药业（集团）有限公司投资建设的液体制剂项目由5家工厂组成，占地约43.34万平方米，其中一期工程占地约7.34万平方米。

图11-25　无锡（惠山）生命科技产业园　　（惠山开发区供稿）

2. 惠山科技工业园

2002～2005年，开发区招商引资建立惠山科技工业园，引进外资企业14家，其中无锡瑞格安保科技有限公司、无锡美尚服装有限公司和无锡立标精细化工机械有限公司3家企业开工生产。开发区还引进流通、建筑安装、房地产开发等企业172家，注册资本总额11.15亿元。

第九节　江苏省无锡太湖山水城旅游度假区

1994年7月，市政府建立无锡太湖影视城旅游区，为市级旅游区，1995年10月更名为无锡太湖山水城旅游区。旅游区管委会与大浮乡政府实行“两块牌子、一套班子”管理体制，合署办公。2003年1月，省政府批准设立江苏省无锡太湖山水城旅游度假区（简称“山水城度假区”）。山水城度假区规划总面积4.2平方公里（2004年5月调整为3.4平方公里），北临羊北路，西至浒水里，南临吴塘河，东临南泉茶场至古龙浜一线。2004年2月，大浮镇、南泉镇合并建立滨湖镇，度假区管委会和滨湖镇政府实行“两块牌子、一套班子”管理体制，合署办公。2005年，全区实现地区生产总值40亿元，完成技工贸总收入133亿元，外贸出口额3843万美元，实现利税5.43亿元，一般预算收入1.55亿元。

一、规划

按照市政府提出的“将旅游区建设成为风景秀丽、特色鲜明、功能配套，融影视文化、风景游览、度假休闲为一体的旅游区”的要求，以及无锡市总体规划和太湖风景区规划，1995年，度假区管委会编制完成《无锡太湖影视城旅游区规划》《无锡市漆塘地区详细规划》《无锡太湖山水城旅游区高科技游乐区控制性详细规划》等规划。山水城度假区北起宝界桥堍与鼋头渚公园接壤，西至梅梁湖，南至吴塘门，东与无锡县南泉、雪浪、东绛三镇毗邻，总面积28.4平方公里。规划以南北片中心、东西两轴线、3个功能区、4种交通形式、5个环路和出入口为框架，勾画未来发展的蓝图。1996年，漆塘地区建设性详细规划、大浮地区建设详细规划、高科技游乐区控制规划编制完成。2002年，与同济大学合作完成《江苏省无锡山水城旅游度假区规划》，2003年6月获市政府批准。该规划确定山水城度假区总面积约49平方公里，以湖光山色、港湾半岛为环境特色，以度假、休闲、旅游功能为主体，以结合科研等相关功能互补的综合性旅游产业聚落和生态保存区域为功能定位。2002年，编制完成白旄湾和亮河湾共3.5平方公里的《无锡太湖山水城旅游区“双湾”地区概念性详细规划设计》，完成南泉地区次分区规划编制，基本实现与周边太湖新城及全市整体规划相衔接。

二、建设

1995～2005年，山水城度假区高标准建成旅游公路38公里，完成110千伏变电站和日处理能力2500吨的漆塘污水处理厂建设，道路建设、污水处理、林相改造、环境保护、供水、供电、电信、教育、医疗等配套基础设施建设累计投入资金约12亿元。完成漆塘地区等拆迁3000余平方米，建设谢古农民新村、盘龙山庄等安置房约500余套。

三、招商引资

1992年，中视基地三国城启动建设，1994年8月正式开业。12月，山水城度假区成立招商引资办公室。是年，与上海虹桥开发区联合发展有限公司以及港商合资成立无锡太湖花园度假村有限公司，注册资金1000万美元，投资2000万美元。1995年，批准立项项目15个，总投资25亿元，其中水浒城总投资1.2亿元。

1996年3月，无锡太湖花园度假村一期工程开工，1998年5月开业，占地6万平方米，建筑面积2.3万平方米。1996年7月，统一嘉园开工建设，1998年开业，占地17.85万平方米。1996年9月，宝钢碧波园开始建设，2000年开业，占地面积1.34万平方米，建筑面积9000平方米，投入资金4587.2万元。

2001年，山水城度假区合同利用外资4590万美元，到位外资2406万美元，被滨湖区政府评为利用外资先进乡镇。2003年，合同利用外资850万美元，到位外资1540万美元，自营出口创汇2264万美元。2004年，合同利用外资6150万美元，到位外资3510万美元，自营出口创汇2850万美元。2005年，协议注册外资完成9118.6万美元，到位外资2030.6万美元，外贸自营出口3655万美元。

四、特色园区

2000年，筹建总用地面积0.14平方公里的南泉镇工业园区。2002年8月，启动建设首期工程，当年投资完成1000米园区路面、6500米给排水管道、4000千伏安供电设施的建设，开源机床等4个5000万元以上项目签订协议。2004年，成立园区管理办公室，6月启动园区5万平方米标准厂房建设。至年末，完成标准厂房建设3幢3.5万平方米，完成招商2万平方米，6家进园企业实现销售9000万元。2005年，园区建成2.2万平方米标准厂房，引进企业10家，实现工业纳税销售1.3亿元。

第十节　江苏省无锡蠡园经济开发区

蠡园经济开发区（简称“蠡园开发区”）创建于1992年6月，时名郊区蠡园工业园，规划用地2.5平方公里。1992年12月升格为市级开发区，1993年12月升格为省级开发区。1994年末，实施沿湖开发战略，渔港地区划入蠡园开发区，面积扩大至6平方公里。1999年末，受郊区政府委托，开发区代管郊区经济发展总公司。2001年末，市政府批准开发区向北拓展建设高科技园区，规划区域内4个行政村划归开发区管理，面积扩大至8平方公里。2004年3月，河埒镇湖景村、大箕山村，西园街道西园一、二、三、四社区划入蠡园开发区，挂牌成立蠡园街道，蠡园开发区与蠡园街道实行“两块牌子、一套班子”管理体制，合署办公，调整后开发区总面积11.6平方公里。2004年8月，下辖的8个村、4个社区撤并为8个社区，人口约3.5万人。2005年，全区实现地区生产总值27亿元，外贸出口额1.32亿美元，实现利税10.45亿元，一般预算收入1.97亿元。精密机械纳税销售36.47亿元，电子信息纳税销售33.38亿元，工业设计及相关产业纳税销售11.57亿元，三大支柱产业占开发区业务总收入的65%。

一、规划

1992年起，蠡园开发区编制总体规划、分区规划、控制性详细规划。是年6月，委托江苏省城乡规划设计院和江苏省太湖建设办公室联合完成《蠡园经济技术开发区分区规划》《蠡园经济技术开发区控制性详细规划》《蠡园经济技术开发区金匮路街景规划》和《沿湖别墅区修建性详细规划》等，在总体布局上确立沿路金融商贸发展区、沿湖旅游休闲区、腹地高新技术产业区的三大功能分片格局。1994年10月，编制《沿湖发展战略规划》，规划面积6平方公里，在东片规划的基础上，明确将西片环太湖一带建设成为集休闲、旅游、娱乐、度假功能于一体的观光游乐区。1996年8月28日，在北片建设成型的基础上，市规划局下达《关于“无锡蠡园经济开发区（南片）控制性详细规划”的批复》，对南片的控制性详细规划中局部地块的用地性质与布局功能作适当调整，南片规划用地面积1.03平方公里，性质为以经贸旅游及房地产开发等第三产业和科研生产、高科技等一类工业为主的综合性开发区。2001年11月底，开发区委托江苏省城乡规划设计院编制新一轮《无锡蠡园经济开发区控制性详细规划》，开发区太湖大道南侧地块原工业用地调整为以会展中心为主体、住宅和商务办公等三产发展区域，向北拓展建设高科技园区，总用地面积190万平方米，2002年7月形成规划成果。2004年2月，新一轮的《无锡城市总体规划（2001～2020）》颁布，对蠡园开发区的功能定位做出调整。8月，开发区再次委托江苏省城市规划设计研究院编制新的《无锡蠡园经济开发区控制性详细规划》，11月完成。功能定位是建成以研发和现代服务业为主、环境优美的城市综合新区。总体布局划分为4个功能区，商务办公区在太湖大道两侧和隐秀路西侧，高科技研发区在建筑路以南、隐秀路以西、小渲河以东、太湖大道以北地区，生活配套区在建筑路以北、隐秀路以东地区，休闲娱乐配套区在小渲河以西地区。2005年，《无锡（国家）工业设计园规划》通过评审。

二、建设

1992～1994年，在北部1.25平方公里的启动区内，建成“两纵”（隐秀路、鸿桥路）“三横”（金匮路、滴翠路、明圆路）共计8.4公里的主干道，埋设18公里地下管线，完成22万伏和3.5万伏高压线路移位工程，基本实现“六通一平”①。至2005年，投资2亿多元，建成隐秀路、望湖路、鸿桥路、鸿雁路、滴翠路、明园路、溢红路等15条道路，总长度21公里，建成小渲桥、向阳桥等5座桥梁。投资5000多万元，实现中桥、梅园两大自来水厂的双回路供水，并逐年投资改造农村自来水管网。投资

① 通道路、上水、下水、供电、通信、燃气，土地平整。

8.89亿元,建成10千伏变电所(站)19座,电力总容量38620千伏安。建成创意园变电所5座、胡埭(蠡园)工业园变电所1座。

三、招商引资

1993～2005年,开发区招商引资逐步走出一条从土地成片开发到逐个项目批租进入,从以外资为主到内外资齐引,从工业项目为主到二、三产项目并举的路子。1993年,引进第一家日本独资企业——丸武(无锡)服装有限公司。随后,引进无锡罗信光电有限公司及无锡展望装饰有限公司,并采取全区共建形式,引进卡迪拉纯水有限公司等企业。1994年,提出招商引资以高新技术企业为主、外资为主、土地以批租为主的方针和外向带动、批租启动、项目推动的策略。相继引进注册资本1800万美元的中日合资无锡光洋轴承有限公司,以及华贝、贝斯特、彩登电子等公司。1996年,开发区实施全员招商,当年引资总额29838万元,合同利用外资11467万美元,到位外资1950万美元。1997年,广东今日集团乐百氏有限公司总投资1亿元,成为开发区最大的中资企业。1998年,总投资3020万美元的无锡托林顿轴承有限公司滚针轴承车间投产,华贝精工电器、贝斯特精机扩产建设,开发区基本形成以精密机械、电子信息等为支柱产业的格局。1999年,根据产业发展规划,加强电子信息产业项目的引进力度,美新半导体、海威集成电路等技术含量高、市场前景好的企业落户。2000年,来德电子、日松电子等企业进区。2001年,中国联通无锡分公司落户开发区,汇光科技城、彩登电子等8个项目相继建设。2002年,新批外资企业13家,其中有总投资1287万美元的瑞年生物科技公司、总投资720万美元的工索阀门公司。2003年,中南长河建材有限公司、无锡太湖苑置业有限公司和无锡太湖景发展有限公司总投资均超过2000万美元。2004年,锡曼克电子、欧佰特科技等高新技术企业入驻。2005年,世界500强企业之一的荷兰TNT公司进区投资设立子公司。至2005年末,累计批准进区企业1616家,其中“三资”企业145家;投产开业企业1540家,其中“三资”企业174家;合同利用外资5.85亿美元,实际到位外资1.3亿美元。

四、特色园区

1.无锡(国家)工业设计园

无锡(国家)工业设计园创建于2002年。2003年5月,科技部批准为国内首家也是唯一的工业设计专业园区。是年,总投资3000万元、建筑面积1.8万平方米的工业设计孵化基地竣工。全年有10家设计公司、一批专业设计人才赴园投资创业,初步构筑工业设计的产业发展平台。2004年,工业设计园开园,市政府批准蠡园开发区与工业设计园实行“两块牌子、一套班子”管理体制,合署办公。2005年9月,国内第一个为工业设计企业和设计师提供专业化、系统化服务的公共服务体系——江苏省工业设计创业服务平台建设启动,年内完成展示交易平台一期工程。至2005年末,园内有设计及相关类企业82家,聚集工业设计人员655人,初步形成以产品设计、建筑设计、艺术设计、IC设计、模具设计、工业计算机设计、精密零件设计、汽车和工装设计为内涵的工业设计及研发的产业格局,全年工

图11-26　中国工业设计大厦　　（市委办供稿）

业设计及相关产业实现营销额11.57亿元。

2.创业园

1992年8月，投资1.2亿元启动建设创业园标准房、写字楼。1993年8月竣工，建有6幢连体式5层准厂房和7层写字楼，建筑面积10.5万平方米，总投资1.05亿元。2005年，招租率超过95%。

3.汇光科技园

2000年10月，投资0.4亿元启动建设2.8万平方米汇光科技园，2001年8月竣工。2005年，招租率超过95%。

4.创意产业园

2003年11月，投资兴建创意产业园，2005年2月一期工程竣工。有9幢5层标准厂房，2幢13层研发大楼，建筑面积13.5万平方米，投资0.9亿元。2005年 10月，兴建创意产业园二期工程，规划建筑面积10万平方米。是年，兴建6.3万平方米的中锐大厦。2005年，创意园两幢13层研发大楼、胡埭（蠡园）工业园两幢标准房和全球通大厦全面竣工，华仁大厦交付使用。是年，投资1.5亿元，开工建设3万平方米的军创大厦和4.2万平方米的联创大厦。

5.胡埭（蠡园）工业园

2003年12月，兴建胡埭工业园，2005年5月竣工。工业园规划占地面积7.07万平方米，至2005年，建成标准厂房2幢，建筑面积4.1万平方米。此外，有7家搬迁企业投资建成5万平方米的厂房。

第十一节　无锡出口加工区

2002年6月，国务院批准设立无锡出口加工区，为全国第二批出口加工区试点单位之一，位于无锡国家高新技术产业开发区内。10月31日，海关总署批准《无锡出口加工区规划方案》。11月，无锡海关驻出口加工区办事处和无锡出入境检验检疫局驻出口加工区办事处成立并运作，负责对区内企业进出口货物实施监管并提供口岸通关、检验检疫等系列服务。11月，出口加工区通过海关总署等九部委的联合验收封关运行。与此同时，出口加工区管委会成立，为市政府派出机构，与新区管委会合署办公。12月，新区党工委决定出口加工区管委会办公室与新区管委会沪宁高速公路直通式转关运输监管点办公室、无锡高新区公共保税仓库办公室合署办公，实行“三块牌子、一套班子”管理体制。2004年9月，撤销出口加工区管委会办公室，成立无锡出口加工区管理局。加工区实行“一次申报、一次审单、一次查验”的24小时通关制度，区内企业还享有入区退税、进料保税、进出口免税等优惠政策。2005年，入驻企业19家，实现进出口货值23458万美元，其中进口17820万美元、出口5638万美元。

一、规划建设

无锡出口加工区位于高浪路两侧，锡秀路以东、金桥路以北、高速公路以西及黄山东路以南区域，总体规划面积2.98平方公里。结合新区发展实际，按照“统一规划、远近结合、分期开发、滚动发展”的原则开发建设，推行分区发展模式。

1. 出口加工区A区

A区范围东至新312国道，西至锡兴路，南至新锡路，北至春丰路。A区一期东至经一路，西至锡兴路，南至新锡路，北至高浪路，面积0.7平方公里。2002年11月，A区一期完成道路及各种管道的铺设，围网、巡逻通道、监管系统等海关监管设施安装到位，并建成标准厂房8.46万平方米，开始封关运行。出口加工区还在卡口东侧建成总面积1万平方米的综合监管大楼、400平方米的监管仓库、1200平方米的货物查验场地及堆场等。区内市政设施、仓储、物流等配套设施齐全。2005年初，启动A区

图11-27　无锡出口加工区　（无锡海关供稿）

二期的规划设计与施工建设。二期东至经一路，西至锡兴路，南至高浪路，北至春丰路，面积0.8平方公里。2005年末，筹划出口加工区三期规划调整方案。三期位于加工区南面宏仁地块东侧，北起新锡路，南至新华路，东至312国道，西至锡钦路中心线现宏铭材料、宏仁电子内部道路，面积0.74平方公里。

2. 出口加工区B区

2005年1月，经国务院同意，海关总署批复，同意无锡出口加工区规划调整（经过面积置换），设立无锡出口加工区B区，成为全国唯一一个在已建成区域内设立的出口加工区。B区规划面积0.25平方公里，范围东至行创三路、西至行创一路、南至锡新二路、北至锡新一路。是年，开工建设项目8个，10个项目投产。累计批准建筑面积69.68万平方米，已建厂房建筑面积38.2万平方米。

二、招商引资

2003年12月，无锡出口加工区的第一家企业——日本第三大汽车零部件生产商康奈可株式会社独资成立的康奈可科技（无锡）有限公司投产，总投资2700万美元。2004年6月，西门子中国有限公司输配电集团新建独资企业西门子避雷器（无锡）有限公司，投资额450万欧元。2004年8月，海力士—意法（无锡）半导体有限公司超大规模集成电路项目签署合作协议，落户出口加工区。2004年12月，捷普电子（无锡）有限公司奠基，为美国捷普公司在中国投资兴建的第四家工厂，也是捷普公司在中国投资的第一家完全独资企业，项目总投资9800万美元。至2005年末，园区累计签约落实项目24个，其中世界500强项目3个，总投资25.62亿美元、人民币8.12亿元，注册外资10亿美元、人民币7.88亿元。招商投资额居全国出口加工区前列。

无锡市志

【第二册】

第十二卷
民营经济

概　述

70年代后期开始，无锡市个体私营经济得到较快发展。1992年邓小平视察南方谈话发表后，民营经济发展明显加快。同时，大批乡镇集体企业改制成为股份制企业。1997年，市委、市政府对个体私营经济提出“积极鼓励、正确引导、加强管理、促进发展”的方针。2000年，工业经济中国有、集体经济所占比重由1995年的81.6%降至45.8%，股份制、股份合作制经济由3.3%提高至27.6%。2002年，全市民营经济增加值903.36亿元，占地区生产总值的58.88%；个体、私营经济增加值381.36亿元，完成社会消费品零售额167.91亿元，上缴税金35.4亿元。2003年，全市销售收入500万元以上的3925家规模企业中，民营企业2754家；民营贸易企业实现社会消费品零售总额457.65亿元；实现增加值946.48亿元，其中第一产业17.85亿元、第二产业539.43亿元、第三产业389.2亿元；上缴税金104.3亿元。是年，全市累计获得自营出口权的民营企业1500家，比上年增加1142家。

2004年，无锡市实施促进民营经济发展政策。全市民营经济单位18.62万家，从业人员131.67万人，注册资本1360.8亿元；实现民营经济增加值1080亿元，上缴税金138.5亿元，完成工业总产值3106亿元，完成固定资产投资559.19亿元。全省50强民营企业中，无锡占13席，列全省第一；全国500强民营企业中，无锡占22席；全市22个中国名牌产品和中国驰名商标中，民营企业拥有18个。全市共有759家省级民营科技型企业；拥有自营进出口权的民营企业2529家，完成自营出口22.6亿美元。550家民营企业营业收入超亿元，36家民营企业利税超过5000万元，涌现出阳光集团、红豆集团、三房巷集团等一批规模大、效益好、外向度高的民营大企业、大集团，以及尚德太阳能电力公司等高科技民营企业。全市75403家较大民营企业中，独资企业60578家，有限责任公司和股份有限公司8259家，联营企业227家，其他性质企业6339家；工业企业39652家，批发零售贸易企业21768家，租赁和商务服务企业2711家，建筑企业2224家，信息传输、计算机服务和软件企业1050家，交通运输、房地产开发、物业管理及中介服务、餐饮、文化娱乐、住宿旅馆和农林牧渔服务等企业3446家，其他企业4552家。境内外上市民营企业23家，民营企业自营出口额14亿美元。

2005年，全市民营经济单位22.16万家，其中规模以上民营企业3388家；注册资金1528.14亿元，从业人员122.84万人。全市民营经济实现增加值1415.06亿元，其中第一产业22.69亿元、第二产业906.65亿元（工业814.74亿元、建筑业91.91亿元）、第三产业485.72亿元。民营企业完成工业总产值4084.14亿元，完成社会消费品零售额693.98亿元，完成固定资产投资664.01亿元，上缴税金168.43亿元。

2005年无锡市各类十佳民营企业名录

表12-1

类型	企业名称	类型	企业名称
规模型民营企业	红豆集团有限公司	科技型民营企业	无锡尚德太阳能电力有限公司
	江苏远东集团有限公司		无锡市东方工业环保有限公司
	江苏锡兴集团有限公司		无锡雪浪输送机械有限公司
	江苏华宏实业集团有限公司		江苏亨鑫科技有限公司
	无锡兴达泡塑新材料有限公司		无锡永新合金球铁厂（集团）
	江苏三木集团有限公司		无锡国盛精密模具有限公司
	无锡市银光镀锡薄板有限公司		江阴华东装饰材料有限公司
	江苏玉龙钢管有限公司		无锡祥生医学影像有限责任公司
	无锡市龙华钢管有限公司		江阴兰陵瓶塞有限公司
	江苏苏嘉集团有限公司		江苏怡达化工有限公司
效益型民营企业	无锡市江南电缆有限公司	成长型民营企业	江苏华亚化纤有限公司
	江苏扬子江船厂有限公司		江苏灵谷化工有限公司
	江阴市华发实业有限公司		无锡新大中薄板有限公司
	江苏义源铜业有限公司		江苏银环精密钢管股份有限公司
	无锡市东泰精细化工有限公司		无锡开普动力有限公司
	无锡锻压厂有限公司		江苏江旭铸造有限公司
	无锡瑞年实业有限公司		无锡市方成彩印包装有限公司
	江阴市兰天彩印有限公司		无锡海源重工有限公司
	无锡市兆顺不锈钢中板有限公司		江阴市宝利沥青有限公司
	江苏宜兴远航集团		无锡市振达钢管制造有限公司
外向型民营企业	江苏红柳床单集团有限公司	商贸型民营企业	无锡市大明物流有限公司
	江苏刘潭集团有限公司		江苏中达国际贸易有限公司
	江苏利安达服装集团有限公司		江苏宜兴建材装璜市场有限公司
	无锡药明康德新药有限公司		江阴市长江钢管有限公司
	江苏健龙新田摩托车制造有限公司		无锡市雪浪冶金炉材贸易公司
	江阴市申澄集团有限公司		无锡海尔工贸有限公司
	无锡美得利服装有限公司		宜兴新苏南商厦有限责任公司
	无锡二泉特种钢管有限公司		无锡市一百集团有限公司
	无锡市新世纪机车科技有限公司		江阴天水雅居餐饮管理有限公司
	无锡凤凰画材有限公司		无锡市鸿运大酒店有限公司

第一章　民营经济构成

第一节　国有集体企业转制

1993年，市经委、市体改委、市财政局、市税务局、市劳动局五部门制定《无锡市工业企业"公有民营"试点实施办法》，并选定市皮革制品厂、市建筑五金厂、市铝制品总厂、市电容器厂等10家企业为试点单位。通过按净资产分档确定缴纳风险抵押金作为未完成资产增值的抵补保证，对试点企业资产保值增值、上缴利税、经营者和职工收入等都作明确界定。1994年，"公有民营"改制企业24家，其中6家企业当年扭亏为盈。

1996～2000年，无锡市进行现代产权制度改革，以产权制度改革为重点的制度创新取得较大进展。1998年，全市股份有限公司48家、有限责任公司5068家、股份合作制企业8079家。1999年，加快城乡大中型骨干企业的股份制改造，江阴市第三毛纺织厂等"大而盈"乡镇企业把股份有限公司作为改制的首选形式。至2000年，全市92%的国有小企业和75.2%的集体企业改制，乡镇企业改制面达97.3%。建筑行业在开放型建筑市场基本形成后，原有农村建筑企业实行民营化，城市集体建筑施工企业进行股份合作制改制。是年，由乡镇集体企业改革改制而来的私营企业占总数的50%。

2002年，全市广电、供销、外经、科技、旅游、粮食、农机、民政等系统完成全行业国企改制目标。全年筹措改制成本12.13亿元，其中资本退出4.43亿元、土地变现5.48亿元、银行贷款再就业基金等统筹2.22亿元。全市452家四级以上资质建筑企业完成增加值33亿元，其中40家国有及国控建筑企业完成增加值占20.03%，412家民营建筑企业完成增加值26.39亿元。全市交通运输业（含铁路、航空）完成增加值45.07亿元，其中：国有运输企业完成增加值5.81亿元，占12.89%；民营运输企业完成增加值39.26亿元，占87.11%。限额以上商业企业实现销售收入总额中，民营商业占80.8%，国有商业仅占19.2%。教育事业、房地产开发、旅馆服务业、娱乐业、日用品修理业等行业中，民营经济均占不小的比重。至2005年，国有、集体企业改制基本完成。市属21家一级企业完成改制，47家壳体企业基本完成"销壳"，7家资产经营公司基本完成改制及下属"销壳"，41家市（县）、区属国有、集体企业改制完成。

第二节　自然人企业

1981年，无锡市产生第一家自然人企业——江海木业有限公司。1988年，自然人企业66570家。1989年，全国范围的经济治理整顿阻滞了自然人企业的发展。1990年，全市自然人企业中，工业、手工业产值3.67亿元，占全市工业总产值的0.79%，比1985年产值增长109%；商品零售额6.78亿元，占全市社会商品零售总额的13.39%，比1985年商品零售额增长242.3%。自然人工业企业11462家，其中农村11133家；工业产值33673万元，其中农村32347万元。有证商户29387户，从业人员39049人。1986～1990年，全市自然人企业上缴税金4.7亿元，其中市区1.4亿元，约占全市税收总额的1%。

1992年邓小平视察南方谈话发表后，无锡市自然人企业发展较快。2002年，全市自然人企业

15.34万家、从业人员67.99万人，注册资金405.75亿元，实现增加值381.36亿元，占全市地区生产总值的24.86%；实现工业总产值1331.56亿元，占全市经济总量的41.79%；完成社会消费品零售额167.91亿元，占全市总量的30.89%；上缴税金35.4亿元，占全市财政收入的17.6%。自然人经济成为全市各种所有制经济中最具活力的板块。

2003～2004年，全市自然人企业由15.92万家增至17.14万家，注册资金由651.26亿元增至884.1亿元，从业人员由73.26万人增至86.59万人，完成工业总产值由2087.67亿元增至2572.92亿元，完成增加值由593.08亿元增至855.66亿元，完戎消费品零售额由191.71亿元增至226.62亿元，完成固定资产投资由214.14亿元增至352.16亿元，上缴税金由52.2亿元增至80.51亿元。

2005年，全市自然人企业20.74万家，从业人员110.99万人，注册资金1150.84亿元。自然人企业完成增加值1210.39亿元，占全市地区生产总值的43.09%；完成工业总产值3602.18亿元，占全市工业总产值的51.67%；完成社会消费品零售额351.55亿元，占全社会消费品零售总额的43.06%；完成固定资产投资495.91亿元，占全社会固定资产投资的37.12%；全市自然人企业上缴税金108.04亿元。

1990～2005年无锡市自然人企业概况表

表12-2　　单位：万家、亿元、万人

年份	企业数	注册资金	从业人员	年份	企业数	注册资金	从业人员
1990	5.87	2.05	8.82	1998	10.42	108.63	32.31
1991	5.78	2.20	8.66	1999	11.22	139.12	33.46
1992	6.00	3.00	8.77	2000	12.34	191.69	45.95
1993	7.42	7.02	12.29	2001	13.92	269.16	54.26
1994	8.50	17.23	15.63	2002	15.34	405.75	67.99
1995	9.80	31.32	20.59	2003	15.92	651.26	73.26
1996	9.55	47.60	22.33	2004	17.14	884.10	86.59
1997	9.91	68.56	25.05	2005	20.74	1150.84	110.99

第三节　外来民营企业

一、引进外地民资

八九十年代，无锡外来民营企业主要是个体工商户，从事美发、百货零售、小商品批发等行业。1991年12月，建筑面积1.27万平方米以经营百货小商品为主的无锡招商场A区开业，云集江、浙、皖等近千户个体经营者。1992年12月，无锡广益商城副食品批发市场开业，420余户经营户进驻营业。1995年8月，坐落于锡沪路二号桥、三号桥之间的华东建材市场开业。1997年10月，华东装饰城开业。两市场经营面积分别为3.5万平方米和3.8万平方米，云集吉林、辽宁、河北、山东、云南、湖南、湖北、福建、广东、浙江、上海及江苏各地的商户投资驻场，经营建筑和装饰材料。

进入21世纪，市委、市政府加大引进外地大型民营企业力度。2004年，市委、市政府赴厦门招商，签订合作项目60个，投资总额38.91亿元。无锡市青年商会赴福建招商，签订合作项目60个，投资总额38.91亿元。2005年7月，在宁波举行中国无锡说明会，近300位宁波客商参加，当场签订68个项目，总投资93.83亿元。是月，国内房产巨头天津顺驰集团和上海绿地集团共同宣布合作开发面积115万平方米的惠山新城地块。2005年，锡山金秋招商洽谈会签约内资项目7个，总投资29.67亿元。市政府还组织到上海、广东、深圳、福建等地招商引资。

二、外来民营企业家和企业

1. 徐氏兄弟和前程、徐家木业

1984年，徐新华、徐民华、徐平、徐衡兄弟从安徽农村到无锡，由经销毛竹起家，逐步发展，涉足木材和地板加工业，在无锡创建两家民营股份制木业公司。一家是无锡市前程木业包装有限公司（简称“前程木业”），另一家是江苏省无锡徐家木业有限公司（简称“徐家木业”）。前程木业位于无锡市新区梅村新泰工业园锡鸿路18号，创建于1984年，专业生产木托盘、木包装箱、铁木电缆盘、包装专用胶合板等产品。2003年8月，公司在大丰市投资1000万元成立大丰市前程木业有限公司，2004年9月开业。徐家木业创建于1986年，1996年搬迁至无锡市锡沪路二号桥广益工业园内，时称无锡市广益前程地板加工场。1998年注册为无锡市徐衡地板厂，2000年初更名为无锡徐家木业有限责任公司。2004年末，公司生产基地搬迁至锡山区东亭镇春合经济工业园，成为华东地区乃至全国最大的实木地板生产厂家之一。

2. 应智能和无锡市现代应用技术研究所

1991年末，51岁的应智能从家乡浙江嵊州到无锡市郊区黄巷乡，投资3万元，创办无锡市现代应用技术研究所，创办仅一年就赢利百万元。至1993年，研究所从20平方米逐步扩展至1562平方米。1994年，厂房面积5700平方米。以研究所为龙头，先后创办3家公司、两个中心，形成注塑车间、电器车间等较为完备的生产、管理部门和集科研、开发、生产、信息、贸易于一体的高科技实体。1995年3月，研究所成为首都科技集团综合信息网络成员，与全国215家大专院校和国家科研院所联网。1996年5月，研究所独家在北京举办’96首都科技集团成果发布及技术洽谈会，3天会期内，展示科技成果近千项，达成意向协议30多项、近千万元，其中合作成交项目5个、200多万元。是年末，引进美国先进设备，研制开发被列入国家和无锡市电子工业“九五”发展重点产品之一的厚膜混合集成电路，年产2000万块，打破厚膜混合集成电路长期依靠进口的局面。应智能发明的激光雕刻机、原子印章制作系统的科技新产品先后获得江苏省技术市场金桥奖、无锡市技术市场金桥奖、中国第六届新技术新产品金奖；研究所多次被评为无锡市优秀民营科技企业、无锡市十佳民营科技企业、江苏省十佳优秀民营科技企业。

3. 余爱金和申达公司

1992年，23岁的余爱金从江西九江到无锡打工，在南站街道申达公司当机械操作工。当时厂里经营效益差，职工纷纷跳槽。余爱金带领几个同乡埋头苦干，全身心地投入企业发展。至2005年，这家原本年收入仅几十万元的小厂，发展为年销售收入1.5亿元的大企业，余爱金也成为南站街道风雷村第一位担任总经理的外来务工者。

4. 刘杏元和江苏怡达化工有限公司

1996年，张家港人刘杏元退休后到江阴西石桥创办江苏怡达化工有限公司。2005年，公司销售额2.45亿元，上缴税金1115万元。他先后出资200万元造桥铺路、兴修水利、为民造福。企业被评为江苏省AAA重合同守信用企业、江苏省高新技术企业，其本人被省工商联、省总工会评为关爱员工优秀民营企业家。

5. 陈邦国和非常鞋庄

1999年，陈邦国从浙江瑞安到宜兴市宜城镇创办非常鞋庄。经过多年艰苦创业，店堂规模不断扩大，鞋庄常年销售额30多万元。至2005年，他帮助30多名下岗女工实现再就业，连续多年被无锡市和宜兴市评为光彩之星、宜城镇十佳个体工商户及先进个体户。他热心公益事业，先后捐助数万元，与贫困学生冯亚兰结成助学对子，每年捐助2000元让其完成学业。

6. 杨兆顺和兆顺不锈钢中板有限公司

2001年，高邮人杨兆顺创建无锡市兆顺不锈钢中板有限公司，2003年投产，当年销售收入近4

亿元，2004年9.3亿元。他获得3件国家专利，由其主持开发的大口径不锈钢管旋压机填补国内空白。2005年9月，产品通过中国船级社（CCS）认可。全年销售额超16亿元，利税近7000万元。

第四节　投资境外企业

改革开放后，无锡民营企业到香港和海外开拓市场，投资办企业。1990年，郊区河埒养殖场在澳大利亚开办的北京烤鸭馆开业。1992年，江苏红豆针纺集团公司在日本创办红豆株式会社，成为无锡市较早在境外投资的民营商业、工业企业。1994年，全市乡镇企业在引进外资的同时，兴办境外企业25家，累计67家。1997年，无锡宝南机器制造有限公司投资800万元在泰国曼谷建办蔓特股份有限公司，成为全市较早赴境外办厂的个私企业。随着无锡地区外向型经济的快速发展，全市每年有民营企业赴境外开办企业。2002～2003年，无锡投资境外企业10家。2004年，全市新批投资境外企业7家，投资总额3024万美元。是年，惠山区兴达尼龙有限公司在美国和荷兰创办两家独资企业后，又与世界500强企业之一的美国杜邦公司合资创办两家企业，实现无锡市非贸易投资企业一次投资项目最多、投资总额最大、中方投资额最高和首家与世界500强企业在外合资等4个突破。

2005年，开源机床集团增资98万美元收购境外企业外方全部股权，变合资为独资；红豆集团对红豆（纽约）公司增资250万美元；拜富公司向泰国合资企业增资80万美元，占股比例由33%提高至45%。宜兴绿田化纤有限公司在阿联酋投资108万美元，兴办亚洲大门贸易总公司，成为无锡首家境外仓储物流企业。江阴模塑集团以德国KCI子公司为载体，在杜塞尔多夫市创办无锡首个服务平台——杜塞尔多夫中国中心。全年全市新批境外投资企业51家，占全省新批投资境外项目的1/3；协议投资总额3409万美元，其中中方投资2256万美元。

2005年无锡市新批民营企业投资境外企业名录

Empresa Aserradero Pontons S.R.L	香港盛鑫置业有限公司
爱温座椅（无锡）有限公司马来亚办事处	宇寿（迪拜）国际贸易公司
凯圣塑料有限公司	无锡机床（欧洲）有限公司
凯模制冷配件（无锡）有限公司新加坡办事处	比尔西锁业（美国）国际贸易有限公司
德国DCC杜塞尔多夫中国中心有限公司	针锋医疗器械有限公司
迪高迪（香港）国际贸易有限公司	香港许氏可可食品有限公司
亚洲大门贸易总公司	金羊集团（阿联酋）艾文有限公司
中国（迪拜）国际贸易公司	红豆集团纽约公司
华泰国际集团工业（迪拜）有限公司	红豆百达工业有限公司
新世纪机车墨西哥代表处	美国健龙公司
SIAM FRIT有限责任公司	阿维拓驮侯鼎摩托车有限公司
新世纪机车马来西亚代表处	意大利埃尼欧服饰有限公司
南洋陶瓷有限公司	大华企业集团有限公司
香港航翔科技发展有限公司	交汇（中国）国际有限公司
马中鼎峰涂料有限公司	美国精锐生物有限公司
中国红豆香港有限公司	香港明新贸易有限公司
三通科技有限公司波士顿子公司	德国KCI国际有限公司
桑克莱特东欧代表处	香港朴业贸易有限公司

兴澄特钢印度办事处
香港新燕贸易有限公司
兴澄特钢伊朗代表处
莉迪亚服饰香港有限公司
香港盈丰（国际）实业公司
冠云美国公司
德国仁华国际有限公司
东方国际工业（尼日利亚）有限公司
阿联酋（迪拜）江阴耀顺国际有限公司
香港海波工业有限公司
天盛国际集团投资发展有限公司
中国电子进出口（香港）有限公司
香港丹帝龙国际有限公司
中国商品（迪拜）分拨中心无锡双飞轻型轮胎有限公司代表处
绿田欧洲有限公司

2005年无锡市境外非贸易性企业一览表

表12-3

境外企业名称	国内投资企业名称	境外企业所在地
实邦国陶瓷有限公司	宜兴市丁蜀水利农机实业公司	马来西亚
精陶瓷器制造有限公司	宜兴市丁蜀水利农机实业公司	马来西亚
民都鲁精陶瓷器制造有限公司	宜兴市丁蜀水利农机实业公司	马来西亚
大太平洋陶瓷工业有限公司	宜兴市丁蜀水利农机实业公司	马来西亚
小天鹅密达奇有限工业公司	无锡小天鹅股份有限公司	马来西亚
小天鹅帕莱玛工业有限公司	无锡小天鹅股份有限公司	印度尼西亚
柬埔寨金卡门制衣有限公司	无锡光明（集团）有限公司	柬埔寨
无锡光明集团（蒙古）有限公司	无锡光明（集团）有限公司	蒙古
荣盛紧固件有限责任公司	宜兴市苏南紧固件设备厂	越南
印尼兴隆保温材料有限公司	中建保温材料有限公司	印度尼西亚
恒明数码喷绘股份有限公司	无锡市恒明广告装饰有限公司	菲律宾
无锡机床（欧洲）有限公司	无锡开源机床集团有限公司	英国
光明（马达加斯加）制衣公司	无锡光明（集团）有限公司	马达加斯加
亚历山大钢丝绳有限责任公司	锡山钢丝绳厂	埃及
中国法尔胜（摩洛哥）有限公司	法尔胜集团公司	摩洛哥
中澳合资华伟投资发展有限公司	江苏华西集团	澳大利亚
SLAMFRLT公司	江苏拜富色釉料有限公司	泰国
乌克兰火箭—富通摩托车有限公司	无锡富通摩托车有限公司	乌克兰
三通科技有限公司波士顿子公司	三通科技有限公司	美国
SLAMFRLT有限责任公司	江苏拜富色釉料有限公司	泰国
南洋陶瓷有限公司	宜兴市联亚陶瓷有限公司	马来西亚
马中鼎峰漆业有限公司	鼎峰漆业有限公司	马来西亚
无锡机床（欧洲）有限公司	无锡开源机床集团有限公司	英国
阿维拓驮侯鼎摩托车有限公司	江苏国威摩托车有限公司	俄罗斯
飞马纺器（巴基斯坦）有限公司	无锡市飞马塑业有限公司	巴基斯坦
华信（泰国）实业有限公司	无锡市二橡胶股份有限公司	泰国
新世纪摩托车（菲律宾）有限公司	江苏新世纪机车科技有限公司	菲律宾
中阿纯净水有限公司	许之杰耐火材料有限公司	阿富汗
小天鹅美国技术开发有限公司	无锡小天鹅股份有限公司	美国

续表

境外企业名称	国内投资企业名称	境外企业所在地
俄罗斯早晨有限责任公司	江阴申港建国养殖场	俄罗斯
华源北美纺器（墨西哥）有限公司	无锡市第四纺织器材厂	墨西哥
Nutralink.S.A公司	长江计算机系统有限公司、南大科技有限公司	阿根廷
杜邦单丝欧洲有限责任公司	无锡兴达尼龙有限公司	荷兰
杜邦单丝美洲有限责任公司	无锡兴达尼龙有限公司	美国
渔香阁饭店	江苏河埒渔工商集团有限公司	澳大利亚
亚洲大门贸易总公司	宜兴绿田化纤有限公司	阿联酋
华泰国际集团工业（迪拜）有限公司	宜兴市华泰国际集团工业有限公司	阿联酋
凯圣塑料有限公司	江阴恒昌进出口贸易有限公司	孟加拉
香港盛鑫置业有限公司	无锡旺迪贸易有限公司	中国香港
针锋医疗器械有限公司	无锡市朱氏针灸服务器厂	越南
Empresa Aserradero Pontons S.R.L	江阴市润通化工物资有限公司	玻利维亚
德国DCC杜塞尔多夫中国中心有限公司	江阴模塑集团有限公司	德国
金羊集团（阿联酋）艾文有限公司	江苏金羊集团公司	阿联酋
红豆百达工业有限公司	红豆集团（无锡）东方实业有限公司	印度尼西亚
大华企业集团有限公司	无锡五星花园置业有限公司	巴西
美国精锐生物有限公司	江阴市矿山器材厂	美国

第五节　民营科技企业

1986年，无锡市民营科技企业屈指可数。1992年后，民营科技企业快速发展。至2001年，全市有469家民营科技企业，资产总额51.38亿元，技工贸总收入68.98亿元，产品销售收入50.03亿元，创汇4529.9万美元，利润6.21亿元，上缴税金6.22亿元，投入研发经费3.47亿元，技术性收入3.08亿元；专利受理133件，专利授权119件，专利实施154件。

2002年，无锡民营科技企业512家，资产总额108.98亿元，技工贸收入111.82亿元，其中技工贸总收入超5000万元的企业14家、超亿元的20家；产品销售收入100.97亿元；利润超百万元的企业65家、超千万元的19家；专利受理158件，专利授权147件，专利实施169件；投入研发费用5.07亿元；技术性收入3.64亿元。民营科技企业由传统的纺织、机械等行业拓展至医药、食品、电子信息、生物、环保、能源等10多个行业和领域。东南大学与江苏小天鹅（洗衣机厂）集团等单位合办的东南大学无锡应用科学工程研究院集产、学、研为一体，致力于4位和8位微控制器芯片、个人数字助理、数字化家电、信息管理系统（MIS）等高新技术产品的研制与开发。锡山干燥机厂科技人员与中国林科院林产化工研究所合办的锡山林洲干燥技术研究所制定德离心式喷雾干燥的行业标准得到机械工业部认定。全市民营科技企业中，具有专业技术职称人员10728人，占职工总数33.68%；其中高级职称人员1637人、中级职称人员4087人，分别占专业技术职称人员总数的15.26%和38.1%。江阴市法尔胜集团等民营科技企业积极引进人才，选派科技人员出国深造。在加快高新技术产业化进程中，全市涌现出华瑞制药公司、尚德太阳能电力公司等高新技术企业和医药、光伏产业群。是年，全市经省科技厅认定的江苏省民营科技企业363家，其总资产、总收入、利润、税金、创汇和技术性收入分别占全市民营科技企业的86.4%、85.5%、83.5%、73.77%、99.25%和71.98%。

2002年4月，以培育拥有自主知识产权高新企业、吸引海内外人才到无锡创业为宗旨的无锡市科达创新投资有限公司成立，年内投资高新技术产业项目10个，投资额1900万元，吸引国内外博士生9人、硕士生23人以及科技人员300多人，为计算机设计、通信、新能源、新材料、光机电一体化等高新技术产业发展营造良好环境。无锡市科发投资担保有限公司与全市9家大银行建立合作关系，为40多家民营科技企业担保贷款1.66亿元。无锡市民营科技园发展迅猛，全年引进民营科技企业67家，实现销售收入7亿元。

图12-1　民营企业高新技术洽谈会科研投资项目资料吸引企业“争抢”（顾祚维摄）

2002年、2003年、2004年，全市民营科技企业收入超亿元企业分别为20家、50家和203家，5000万～1亿元的企业分别为14家、46家和133家，1000万元～5000万元企业分别为78家、133家和220家；利润超1000万元的企业分别为19家、45家和184家，500万～1000万元企业分别为18家、49家和110家，100万～500万元企业分别为47家、97家和169家。2003年，民营科技企业资产总额190.38亿元，总收入214.05亿元，产品销售收入199.78亿元，利润17.93亿元，上缴税金15.53亿元，出口创汇2.40亿美元。2004年，无锡市民营科技企业731家，其中确定为省级以上民营高新技术企业447家，新增102家。民营科技企业的17.67万职工中，高级职称4655人、中级职称16126人；企业资产总额1111.28亿元，平均资产额1.52亿元；工业总产值1124.94亿元，平均产值1.54亿元；合计内部研发经费投入20.65亿元，平均282.5万元。447家省级以上民营高新技术企业的14.94万名职工中，高级职称4077人、中级职称14436人；收入超亿元企业182家，5000万～1亿元企业113家，1000万～5000万元企业125家；利润超1000万元的企业175家，500万～1000万元企业102家，100万～500万元企业105家；企业资产总额1021.57亿元，平均资产2.29亿元；工业总产值1027.6亿元，平均产值2.3亿元；合计内部研发经费投入20.13亿元，平均450.3万元。

2004年，市政府制定《关于促进民营经济更快发展的意见》，市科技局拟订实施细则，加大对民营科技企业技术创新的扶持力度，帮助民营科技企业平等参与申报国家、省、市科技计划项目等。2005年5月，市委、市政府制定《创建全省民营经济最佳成长区三年行动纲要》，提出积极营造良好的科技转化环境，建设好软件园、信息产业园、高新技术创业园、留学生工作站，鼓励和支持有知识、有技能、有特殊专长，缺创业资本的科技人员直接创业，发展高、精、尖技术密集型企业；支持和促进民营科技创业园建设，实现集中区与科技创业园并轨发展；办好一年一度的民营企业高新技术洽谈会。是年，中国·无锡民营企业高新技术洽谈会首次融入国际合作，集高新技术产品展示、高新技术项目洽谈、乌克兰科技、中国中小

图12-2　国盛精密模具有限公司生产场景　（国盛公司供稿）

企业大讲堂和产品采购与协作配套五大板块于一体，签约项目450个，合作总额60.11亿元，现场达成零部件采购合同105份、意向采购金额1.2亿元。无锡尚德太阳能电力有限公司、无锡市东方工业环保有限公司、无锡雪浪输送机械有限公司、江苏亨鑫科技有限公司、无锡永新合金球铁厂、无锡国盛精密模具有限公司、江阴华东装饰材料有限公司、无锡祥生医学影像有限责任公司、江阴兰陵瓶塞有限公司和江苏怡达化工有限公司被评为2005年度无锡市十佳科技型民营企业。

第二章　个体私营经济

70年代后期开始，市政府鼓励回城知识青年从事个体、私营经济，个私经济得到较快发展。随着改革开放的深入，一批干部、职工留职停薪、甚至离职创办私营企业。1992年后，一批有知识、懂技术的人员开办科技型企业。1994年，一批“小、微、亏”集体企业拍卖转为私营企业，一批假集体企业“摘帽”转为私营企业，还有部分上规模的个体工商户升格为私营企业。进入21世纪后，归国留学人员创办一批科技型企业。至2005年，个体私营企业总数20.74万家，其中私营企业6.82万家；从业人员110.99万人，其中私营企业91.04万人；注册资金1150.84亿元，其中私营企业1107.9亿元；个体私营经济上缴税金108.04亿元，成为无锡经济的重要组成部分。

第一节　个体工商户

1979年，无锡市一批返城知青设摊开店，从事个体工商业。至1986年，全市个体工商户55626户，从业人员87070人，注册资金8421万元。1986～1988年，全市个体工商户每年增加5000户左右。至1989年，全市个体工商户63139户，从业人员92933人，注册资金21873万元。1989～1990年，调整行业结构，进行清理整顿。1990年，全市个体工商户58500户，从业人员85328人，其中市区7442户、9411人；注册资金18957.71万元。个体工商户中，从事商业31081户，占53.13%；工业手工业8106户，占13.86%；饮食业6212户，占10.62%；服务业9344户，占15.97%，其中修理业5321户；建筑修缮业87户，其他3670户。与1985年相比，总户数增加7115户，增长13.8%；其中商业、饮食业、服务业分别增长52.4%、77.8%、92.3%，其余各业均减少。1991～1994年，全市个体工商户由57568户增至81379户，注册资金由19455万元增至54057万元，从业人员由83300人增至116186人。1995年，全市个体工商户90313户，从业人员13.78万人。2000年，个体工商户和从业人员分别为93456户、131325人，注册资金189147万元。个体工商从业人员中，贸易餐饮业89292人，其中饮食业78943人；服务业21387人，其中修理业3628人；工业18448人。

2002年3月末，无锡市对全市个体经济进行普查。全市个体工商户110856户，其中有营业执照经营（有证）户78992户，占71.26%；从业人员192221人，其中有证人员144190人，占75.01%。2001年营业收入88.09亿元，其中有证户71.39亿元，户均9.11万元；无证户16.15万元，户均5.07万元。每户个体工商户从业人员平均1.73人，其中有证户1.83人、无证户1.53人。是年，全市营业收入100万元以上个体户786户，其中500万元以上个体工商户57户。个体工商户从业行业，除特殊行业外，涉及61个行业大类，占国民经济92个行业的66.3%，最密集的为零售业、居民服务业和公路运输业，三者合计80289户，占总数的72.43%。从业人员中，零售业82629人、居民服务业21096人、公路运输业10547人，分别占从业人员总人数的42.99%和10.97%、5.49%。其中零售业平均每户从业人员1.42人、居民服务业1.71人、公路运输业1.07人。

2005年，全市个体工商户13.92万户，其中城镇11.29万户、农村2.63万户；从业人员19.95万人，注册资本42.94亿元；从事行业集中于批发零售贸易、居民服务业、工业和住宿餐饮业，经营户数分别占总数的57.36%、13.74%、13.5%和10.64%。

1986～2005年无锡市个体工商户概况表

表12-4　　单位：户、人、万元

年份	户数	从业人员	注册资金	年份	户数	从业人员	注册资金
1986	55626	87070	8421	1996	87009	128748	87097
1987	62350	94683	12993	1997	87076	129339	115252
1988	66371	100198	19503	1998	85579	116663	146714
1989	63139	92933	21873	1999	88880	124517	165866
1990	58500	85328	18958	2000	93456	131325	189147
1991	57568	83300	19455	2001	100447	134676	195997
1992	59545	82878	25503	2002	104255	143052	232410
1993	72880	109312	38969	2003	104816	143400	303500
1994	81379	116186	54057	2004	110817	160400	352700
1995	90313	137823	83521	2005	139228	199517	429400

2004年无锡市个体经营户经济普查情况表

表12-5　　单位：户、人、万元

行业	户数	从业人员	营业收入	营业支出	固定资产原值
工业	18703	104225	494383	449158	139592
建筑业	1543	7398	52831	40196	11615
交通运输业	20588	37178	360053	201206	194374
批发业	6039	17040	1249157	985745	24798
零售业	102403	236660	3211628	2521209	150990
住宿业	799	2159	15800	8974	24047
餐饮业	13140	51352	533286	269548	105204
房地产业	185	369	2609	1812	244
租赁和商务服务业	2134	4086	34368	20234	13662
教育业	72	525	1162	979	1784
卫生和福利业	1385	3211	18129	12015	4337
居民服务业	17039	42070	191979	124038	80170
文化体育和娱乐业	1391	3704	16759	12450	13555
其他服务业	11950	22197	161419	110311	51412
总　计	197371	532174	6343563	4757875	815784

第二节 私营企业

1986年11月，无锡县航运公司船长许林生辞去公职开办无锡县第一家私营企业——林芝电塑厂。至1990年，全市私营企业217家，注册资金1533万元，从业人员2850人；其中市区42家，从业人员576人。私营企业中，手工业185家，建筑业和商业各5家，饮食和服务业各3家，交通运输业2家，其他14家。1992年，全市私营企业408家，从业人员4806人，注册资金4452万元。1994年末，全市第一个私营工业园——郊区胡埭沙滩村个私工业园诞生。1995年，全市私营企业6095家(市区1107家)，其中：工业3529家，占57.9%；商业1423家，占23.35%；饮食业354家，占5.81%；服务业295家，占4.84%；建筑业213家，占3.49%；交通运输业168家，占2.76%；修理业56家，占0.92%；其他行业57家，占0.93%。总产值218902万元，其中：市区27781万元，占12.69%；江阴市26717万元，占12.21%；宜兴市81038万元，占37.02%；锡山市83366万元，占38.08%。营业额204584万元，其中：市区89889万元，占43.94%；江阴市19293万元，占9.43%；宜兴市54302万元，占26.54%；锡山市41100万元，占20.09%。

1996年1月，无锡市私营企业工会联合会成立。1997年开始，无锡市加快乡镇集体企业产权制度改革，至1998年11月，全市累计6500多家国有、集体企业转为私营企业，占全市私营企业总数的35%。规模不断壮大，出现一批从业人员100人以上、注册资本500万元以上、产销额5000万元以上初具规模的私营企业。无锡市私营企业发展规模、户数和增长率在省内连续3年名列第一，呈现规模化、集团化的特点，全省百强私营企业中，无锡市占41家。私营企业行业结构趋于优化，逐步由劳动密集型转向资金技术密集型发展，由单一的商业贸易和社会服务业向科技开发、信息咨询、外向型经济等新兴产业转移，有限责任公司的比例不断增加。1998年，私营企业开始与外商合资，成立20家中外合资企业。

2000年，全市私营企业逐步突破家族式管理模式，规模不断壮大，注册资金400万～500万元企业1964家、500万～1000万元的企业179家、1000万元以上的企业86家。全市私营企业集团16家，25家私营企业销售收入超亿元，宜兴恒通铜业有限公司销售收入6亿元，为全市之最。2000年，全市私营企业29992家，其中市区18594家；注册资本172.77亿元，户均57.61万元；从业人员328146人，其中市区187779人。从业人员中，投资人员61412人(市区36070人)、雇工266734人(市区151709人)。

图12-3 商业银行授信助私企发展 (顾祚维摄)

2002年，全市金融机构开辟融资私营企业绿色通道，12家商业银行和城郊信用社给私企授信，新增私企贷款91亿元，占当年新增贷款总量的40%，列全省之首。工商银行无锡分行坚持"不唯成分，不论大小，只分优劣"原则，向私营企业发放贷款49.2亿元，比上年增加8.5亿元，占全年新增贷款的一半；中国银行无锡分行开设个人贷款如意通、个人投资经营贷款等9项贷款新业务；建设银行无锡分行被总行确定为私营企业业务重点支持行，在贷款审批、信贷资源等方面给予特殊政策。全市16家担保公司为1471家私营企业担保56亿元，比上年增加1倍以上。全市私营工业园区127个，其中江阴市36个、宜兴市18个、锡山区32个、惠山区7个、新区10个、滨湖区10个、南长区7个、北塘区7个；占地面积4.11万公顷，厂房面积3520.82万平方米；进场企业8556家，其中生产型企业6418家、流通型企业2138家；销售总额1094.54亿元，其中销售额5000万～1亿元的企业431家、1亿元以上企业202家。至年末，全市私营企业4.92万家，从业人员53.69万人，注册资金382.5亿元，户均注册资金77.78万元，其中注册资金500万～1000万元的企业786家、1000万元以上的企业416家。累计私营企业集团22家，出口创汇获权企业358家，占全市获权企业总数的51%。有限责任公司占68.44%，独资企业占30%，合资企业占1.56%。

2004年，全市私营企业6.06万家，其中企业集团56家（市区31家、江阴市16家、宜兴市9家）、有限责任公司4.39万家；从业人员70.55万人，其中投资者12.2万人；注册资本848.83亿元，户均140.1万元；第三产业2.45万家。

2005年，全市私营企业6.82万家、从业人员91.04万人、注册资本1107.9亿元。主要集中于工业、批发零售业，户数分别为3.73万家和1.84家，分别占总数的54.69%和26.98%。大多数私营企业建立适应市场经济发展的现代企业制度，有限责任公司成为开办私营企业的首选，共5.07万家，占74.34%；独资企业1.68万家，占24.63%；合伙企业0.07万家，占1.03%。私营企业中，注册资本100万～500万元的10864家，500万～1000万元的2773家，1000万～1亿元的1951家，1亿元以上的96家。企业集团77家，列全省第二。2005年末，全市评选出百强私营企业。

2005年无锡市私营企业概况表

表12-6　　　　单位：户、万元、人

地区		单位数	注册资金	投资者人数	雇工人数
全市		68167	11079000	157085	753313
其中	市区	43664	6057600	99178	453861
	江阴市	13252	3105300	33704	167958
	宜兴市	11251	1916100	24203	131494

1988～2005年无锡市私营企业概况表

表12-7　　　　单位：家、人、万元

年份	企业数	从业人员	注册资金	年份	企业数	从业人员	注册资金
1988	199	2361	—	1997	12402	137082	570374
1989	250	3319	1285	1998	18578	206391	939606
1990	217	2850	1533	1999	23286	210452	1225364
1991	256	3305	2568	2000	29992	328146	1727724
1992	408	4806	4452	2001	38739	407904	2495632
1993	1284	13604	31211	2002	49178	536865	3825047
1994	3601	40128	118212	2003	54439	589183	6209055
1995	6095	68028	229698	2004	60578	705504	8488279
1996	8465	94551	388950	2005	68167	910398	11079000

2004年无锡市私营企业集团名录

无锡河马消防器材集团
无锡新纺集团
江苏小天鹅集团
无锡宏达集团
无锡华联科技集团
无锡四方集团
无锡文博投资集团
无锡中威投资集团
无锡锡能集团
无锡永大集团
江苏众星摩托集团
江苏双象集团
江苏神羊投资集团
江苏伟达化纤集团
江苏苏嘉投资集团
江苏长宏毛纺工业集团
江苏江阴港港口集团
江苏兴澄集团
江苏富仁集团
江苏阳光集团
江苏倪家巷集团
江苏双良集团
江阴苏派服装集团
江阴申达集团
无锡虹亚集团
宜兴新威集团
江苏伟丰建筑安装集团
无锡昱兴环保集团
江苏常工投资集团
无锡金缘集团
无锡明燕集团
无锡华美集团
无锡瑞年集团
无锡雪桃集团
江苏富安投资集团
无锡太湖世家集团
无锡金鑫集团
江苏中锐投资集团
江苏林芝山阳集团
江苏金羊集团
江苏红豆集团
江苏省天诚建设集团
无锡华光轿车部件集团
江苏加华集团
江苏瀛寰投资置业集团
江苏龙鼎集团
江苏长博集团
江阴模塑集团
江苏瑞明钢材集团
江阴南方建设集团
江阴新朝集团
无锡凯凯集团
江苏鹏鹞集团
宜兴华仁建设集团
江苏一环集团
江苏宜兴三建集团

2005年无锡市区百强私营企业名录

无锡市后宅催化剂厂
康华生物技术制品厂
无锡华联焊割设备厂
无锡市胡埭莲杆制笔零件厂
无锡市金华电器控制设备厂
无锡市世一电力机械厂
无锡市第二建筑安装工程有限公司
无锡市华神消防器材实业有限公司
无锡市中大粮机成套设备有限公司
无锡市安舒摩托减振器厂
无锡市嵩山化工有限公司
无锡市东方液压件厂
江苏华氏机车有限公司
无锡市金龙大酒店
无锡协达喷气织布有限公司
无锡市崇安区新香江城大酒店

无锡禾丰印染有限公司
无锡市大明眼镜有限公司
无锡市昂益达干燥设备厂
无锡市西邦工贸有限公司
无锡丰力弹簧有限公司
无锡市首佳实业有限公司
无锡春江羽绒制衣有限公司
无锡市北塘区蓝宇实业有限公司
无锡宏达印染有限公司
无锡市天洋锻造有限公司
江苏林芝山阳集团有限公司
无锡市湖光制衣有限公司
无锡宝南机器制造有限公司
无锡华玉铝业有限公司
江南特种电工器材厂
无锡市金翔食品有限公司
无锡市特种焊接设备厂
无锡市万科新技术有限公司
无锡金露物资有限公司
无锡市华德电器有限公司
无锡市亚东钢带有限公司
无锡市环宇电磁线有限公司
无锡市大凌电子有限公司
江苏常工动力机械有限公司
无锡顾氏铝结构装饰有限公司
无锡市华明自动化技术有限公司
无锡市纺织塑料厂
无锡正大畜禽有限公司
无锡市华明机器厂
无锡市德发印染有限公司
长安华兴医用敷料针织厂
无锡市林兴物贸有限公司
安吉尔电器有限公司
无锡康霸环保设备有限公司
无锡市宇峰电子电器制造有限公司
江苏美嘉广告有限公司
无锡市玉祁红光电子有限公司
无锡市福全服装有限公司
无锡华厦彩印有限公司
无锡市正原大昌修车有限公司
无锡市港下塑料装潢厂
无锡盛达气源净化设备有限公司
锡山变压器电炉厂
无锡市东方环境工程设计研究所
锡山市永发机电塑料光整厂
无锡市蔡龙印务有限公司
无锡威华电泳涂料厂
无锡市众联工贸有限公司
无锡市雄伟精工机械厂
无锡英之杰电子有限公司
无锡市梦阳汽车电器厂
无锡市兰鹰厨房设备有限公司
无锡市海峰轴承厂
无锡市万利涂料设备有限公司
无锡市九润电器有限公司

第三节　私营企业创业典型

一、嵇锡华与江苏华盛园景发展有限公司

1983年，宜兴张泽茅棚村村民嵇锡华创建华盛杜鹃花实验场，当时全场仅200平方米土地，种植普通园林绿化用的大叶毛鹃和日本鹃。1984年，引进世界名贵的比利时杜鹃，获得成功。随后引进中高级技术人才，扩大企业规模。1993年，培育的西鹃获北京花卉博览会授予的栽培金奖。1994年，公司获全国杜鹃花展（杭州）授予的繁殖金奖，被中国花卉协会授予“全国优秀花卉企业”和“全国十佳花卉企业”称号。1997年，投资1000多万元，组建江苏华盛园景发展有限公司。其间，她无偿提供种苗和技术，带领周边村民种植杜鹃花，帮助村民告别贫困，走进小康。90年代后期，其所在的茅棚村约有100户农户种植杜鹃花，面积约500亩，每户年均收入近10万元。至2005年，公司拥

有固定资产2000多万元，职工100多人，有中高级专业技术人员8人，生产基地230亩，钢架大棚72万平方米，设3个分场，年产高档比利时杜鹃100万盆，年销售额3000多万元。华盛成为国内规模最大、实力最雄厚的杜鹃花专业生产企业。陈学祥、稽锡华夫妇曾分别获得“全国绿化功臣”“全国优秀花木企业家”称号。稽锡华被《人民日报》《半月谈》等媒体称为“杜鹃姑娘”，被团中央、全国科协、全国妇联授予“全国新长征突击手”“全国科技致富能手”“全国三八红旗手”“全国三八绿色勋章”等称号，当选为全国杜鹃花协会副会长，被誉为“杜鹃皇后”，1999年11月获“全国十大农民女状元”称号。

二、周政与无锡市正大畜禽有限公司

1985年3月，郊区水产畜牧局科技人员周政留职停薪，以2000元资金创办无锡市正大畜禽技术服务部，为当时华东地区第一家民办科技企业。他从美国引进的AA种苗鸡常被养鸡专业户排队抢购。1989年，企业更名为无锡市正大畜禽技术服务有限公司，1993年更名为无锡市正大畜禽有限公司。1998年，与江苏省微生物研究所联合组建无锡正大生物技术研究所，研究开发现代生物科技产品，建成生物工程生产车间；与江南大学合作，结成紧密产学研关系；与南京农业大学合作，开发绿色安全的新一代生理运动调控剂；与中科院淡水渔业研究中心合作，开发高效渔药及添加剂。是年，公司销售额1亿元，资产增值至2000万元。至2005年，在新区梅村建立与国际接轨的GMP药品标准生产车间和办公大楼，占地6.67万平方米。公司拥有“牧圣”“牧神”“科浓宝”3个品牌，形成饲料添加剂、预混料、兽药、渔药4个系列200多个品种的产品结构，为江苏省饲料行业十大龙头企业之一、中国饲料工业协会大型饲料企业单位，被省政府评为江苏省优秀科技企业。周政被国家科委、科协、全国工商联和中国民办科技实业家协会联合授予“中国优秀民办科技实业家”称号。2005年，公司销售额1.5亿元。

三、郭同春与江苏洲龙房地产开发公司

1986年，郭同春从宜兴羽绒厂辞职，购买挂桨机船搞运输，1988年购买一辆两吨旧车跑长途运输。1991年4月，郭同春按照大同化纤厂环保技改项目设计方案为大同厂组织生产整套环保设备，赢利200多万元。1994年，创办经营装潢、建筑材料的同春物业有限公司。1997年初，获悉宜兴市政府建造包括老年公寓、老年活动中心、社会福利院、孤儿院在内的社会福利中心尚有部分资金缺口时，捐资100万元。不久，创办江苏洲龙房地产开发公司，除开发房地产外，先后创办建筑工程安装、物业经营、装潢、保龄球等分公司，开办洲龙大酒店。1998年，公司产值3000多万元，跻身于江苏省百强私营企业行列。

四、许林生与无锡林芝祥发轻工有限公司

1987年1月，48岁的许林生辞去无锡县航运公司职务，创办无锡县第一家私营企业——查桥林芝电塑厂，是仅有几个人的家庭工场。办厂第一年，销售磁性写字板18万元，第二年就增至113万元。建厂初期，许林生兼任厂长、推销员、采购员。1990年，创办无锡林芝祥发轻工有限公司，许林生任董事长。1998年9月，“林芝”牌摩托车进入国家摩托车目录。2005年，公司占地2万余平方米，固定资产5000余万元，生产磁性写字板、童车、机械产品及摩托车等四大系列100余个产品，产品销往中国台湾地区和日本、匈牙利、南斯拉夫等20多个国家。

五、薛凤清与江阴气化机械厂有限公司

1987年，江阴市青阳镇西村庄生产队长薛凤清租用废弃的集体仓库，组织10多个村民，创办挂牌生产队的民用锁配件加工小作坊。1989年，攻克锁用铝合金配方难题，成本下降75%左右，企业由

此获得快速发展。1992年，研制成功简便易控的阀门，替代传统制氮机管道，获得国家专利，成为企业支柱产品。1996年，与南京理工大学合作，研制成功全国第一台XZ-300型常温超细橡胶粉碎机样机。是年，成立江阴气化机械厂。2002年，公司改制为有限公司，注册资本87万元，占地5.5万平方米，建筑面积3.5万平方米，职工250人，主要产品为"巨象"牌集成高效PSA制氮机组、超细硫化橡胶粉、多功能改性沥青油毡生产线、卧式砂磨机系列等。

六、荣毅与无锡荣信实业发展有限公司

1987年10月，荣毅以每年2.2万元租借荣巷大地塑料制品厂厂房和机器，创办无锡市开达刃具模具厂，生产非标准工具，产品被无锡机床厂、测绘仪器厂等采用。荣毅请上海一家合金材料研究所专门研制硬质合金，所制刀具质量与进口刀具不相上下。不惜重金购进精密度极高的工作母机，提高工具的技术含量，中国一汽、上海大众、上海宝钢、无锡威孚等企业均用其产品。1993年，荣毅在梅园附近购得1.5万平方米土地建造厂房，工厂由制造工具扩展到量具，并更名为无锡市开达刃具模具有限公司。当他得知正在研究耐腐蚀、无泄漏泵的无锡水泵厂木模工杨生荣因缺乏技术、资金支持而相当困难时，请杨生荣到开达，提供资金、设备、技术人员，研制成功LH型耐磨蚀无泄漏离心泵，产品在1996年中国第八届新产品新技术博览会上获金奖，取得国家专利，企业被化工部、中国化工装备总公司确认为定点生产企业。是年，企业增挂"无锡市荣信实业发展有限公司"牌子，荣毅任董事长。1998年，公司与公安部交通科学研究所研制成功JCV汽车平板式制动、轴重、侧滑试验台和摩托车全车式平板型轴重复合试验台，检测设备均采用计算机采集处理，能快速、准确地检测车辆状况，使用广泛。至此，企业拥有2000多万元的固定资产、6000平方米的厂房，21个技术人员、100多个职工。

七、李爱军与南方涂装环保股份有限公司

1984年，李爱军担任宜兴第三环保设备厂技术副厂长，与广西环保研究所合作研制生产铅烟尘净化装置。1988年，李爱军承包工厂的一个车间，改为宜兴南方环保设备厂，后更名为江苏南方涂装环保股份有限公司。他获知上海童车厂急需净化喷漆车间（有毒）气体装置，委托上海工程师徐荣祥设计酸性废气净化器，改进后投入生产，供不应求。他又委托徐荣祥设计电镀厂污水处理装置，研制成功CLT—污水处理装置，被电镀行业广泛使用。1994年，李爱军买下工厂，购置土地，建造8000平方米（5幢）标准厂房和一幢2000平方米的综合办公大楼，跻身中国环保产业百强企业。

八、张宝南与无锡宝南机器制造有限公司

张宝南曾为无锡彩印厂、商业包装机械厂职工，1991年辞职，自筹资金15万元，租赁100平方米仓库作厂房，在坊前成立无锡县繁荣机器厂，试制成功两台电脑表格纸印刷样机。进口一台电脑表格纸印刷机要40万美元，"宝南"牌印刷机仅60万元，且质量、性能相同。1994年5月，张宝南引进一批高中级技术人才，投资600多万元，经过两年开发、研制，生产出新一代高科技、高附加值的商用票证印刷机。进口一台同类产品要80万美元，国产售价250万元。1997年，投资200万元在泰国注册蔓特（泰国）股份有限公司，建成大型票证印刷厂。1998年，投资800万元开发研制成功世界上最先进的柔版印刷机，投资550万元开发具有90年代国际水平的LSG32型铝塑复合管生产线。2002年，在国内首家推出无轴传动塔式高速轮转胶印机，在全国500强私营企业排名232位，是江苏省50强私营企业之一。至2005年，企业注册资本2092万元，自有资产总值逾7000万元，当年销售额超1亿元。

九、史建珍与无锡市雪竹针织有限公司

1991年，宜兴市和桥镇史建珍花720元钱买台缝纫机和拷边机，与自己妹妹、妹夫一起生产低档

运动衫。之后，史建珍创办春花针织厂。1995年，注册“雪竹”商标，生产“雪竹”牌高级针织内衣，1996年被国内贸易部、国家技术监督局评为全国质量信誉产品。1998年，开发防蛀、防缩、可机洗的高级羊毛内衣，针织内衣系列品种增至100多个，在江、浙、沪、津等10个省、市销售。

十、彭鸣与锡山市中大粮机成套设备有限公司

1987～1990年，彭鸣开车跑运输，并承包羊尖镇一家管道厂。1993年，他租赁一家倒闭企业近300平方米的厂房创办粮机配件厂，生产粮机预制溜管配件。彭鸣与无锡粮科院等科研单位联系，依靠专家引进国外资料，根据国家标准重新设计产品，并采用瑞士布勒的气力吸运系统，使产品成为市场上的佼佼者。1996年，彭鸣投资100多万元，征地建造1500平方米厂房，企业更名为锡山市中大粮机成套设备有限公司，产品供不应求。企业与日本等国外企业合作，引进新技术，派员赴国外进修学习新技术，产品出口外销。

十一、吴志新与梦燕制衣有限公司

1993年，吴志新在无锡县西漳开办服装加工厂，后发展为梦燕制衣有限公司。企业主攻中年职业装，开发淑女装、制服等系列，以独特的产品占领市场。为提高“梦燕”品牌价值，将产业延伸至服务业，建立售后服务网络，设买衣免费洗涤、特殊体型裁剪等服务项目。至2005年，公司拥有上千平方米厂房、240多名员工，成为江苏省AAA级资信企业。

图12-4　1999年的无锡梦燕制衣有限公司梦燕服饰专卖店（陈永年摄）

十二、黄锡安与无锡兴泰船舶装备有限公司

1993年3月，江阴文林镇黄锡安与两名同事依靠10万元积蓄，创办兴洋船舶装备有限公司，生产救生衣、救生圈。当时仅有10名员工、4台缝纫机、1台模压机。为争夺市场，他跑广交会，跑遍所有远洋运输公司、航运局、大型造船厂，推销产品。1995年春，新加坡黎光公司投资18万美元与兴洋组建无锡兴泰船舶装备有限公司。1998年，公司拥有员工72人、厂房7500平方米、注册资本400万元，全年销售收入1530万元，出口创汇100万美元，利润167万元，上缴税金80万元。至2005年，成为中国最大的救生衣、救生圈生产厂家，同时还生产救生设备示位灯、信号设备、救生筏具以及其他船舶配件，曾连续多年被国家统计局评为中国航标器材及其他浮动装置的制造行业排头兵企业。

十三、钱德山夫妇与无锡市德发印染有限公司

1993年，钱德山创办德发贸易公司和鸿业纺织品厂。其妻华琪美为无锡毛巾厂退休干部，退休后与几个姐妹做窗帘生意。1998年，夫妇俩收购创建于民国10年（1921年）的无锡印染厂，创办无锡市德发印染有限公司。1999年，公司产值1.6亿元，上缴税金110万元，创利540万元，吸纳工人540人。至2005年，公司设漂白、染色、印花、整包、服装车间及动力设备部，具备每年印染纯棉、涤棉、麻棉、人造棉等斜纹、平纹系列织物4000万米以上的生产能力，具有自营进出口权。公司为江苏省重点民营企业和江苏省高新技术企业，进入中国民营企业500强行列。

十四、夏志康与江阴康源印染有限公司

1994年，夏志康带动54名股东筹资780万元，在长泾镇长东村创办江阴第一家股份合作制民营

企业——康源印染有限公司，长东村以4.8万平方米土地折价80万元入股。1995年，以1100万元利润再投入，创办特种纱线厂、汽流纺厂、毛纺织厂，吸纳劳力900多人，全村500多名劳力全部安排进厂，1065名村民个个分得红利。至1998年，公司实现销售收入2亿元，创利税1500万元，跻身江苏省民营企业50强行列。

十五、张建秋与宜兴市恒源铝业股份有限公司

1994年，宜兴市丰义镇张建秋等5人出资200万元创办恒通铜材有限公司，张建秋被推举为总经理。公司当年投产，当年收益，第三年销售突破1亿元。企业抓住国家启动农网改造的机遇，决定生产铝线材。1999年2月，注册成立恒源铝业股份有限公司，4月铝材试产成功。

十六、王小立与贝贝集团有限公司

1994年3月，王小立创办江阴市贝贝窗饰有限公司。1995年，连续承接四星级暨阳山庄、三星级金都大酒店和东亚大酒店等大中型企业窗饰工程。1995年，公司窗饰系列、床上用品系列被确认为中国新星名牌产品，“贝贝”牌窗饰系列产品获第七届中国新技术新产品“双新”博览会金牌。时企业固定资产200多万元，成为华东地区具有一定规模的窗饰企业。1997年，成为江苏省百强私营企业，并将业务拓展至餐饮业。1998年，在上海青浦成立郎郎实业发展有限公司、创办江阴市贝贝洗染有限公司。1999年，王小立在云亭镇那巷村征地12公顷，从台湾引进黑美人、小兰、宝冠等西瓜新品以及花卉、玉米、蔬菜等作物种植，解决90多名村民就业。

十七、朱国民与无锡天然纺织实业有限公司

1995年，朱国民创办无锡天然纺织实业有限公司，从租赁的厂房中起步，引进第一台丝光机，投资丝光棉纱线产业。朱国民力求装备精良、工艺先进，先后聘请3名意大利染整工程师传授工艺。1998年，天然公司在中国时装周上被评为中国十大著名面料厂商。公司前6年以每年翻番的速度发展。1999年，在无锡国家高新技术开发区购地20余公顷，建设厂房。2002年、2003年，两次扩大规模，成为全球最大的丝光棉生产企业和亚洲丝光棉生产集散地。至2005年，公司成为集纺织、纱线深加工、丝光、染色以及面料、服装生产于一体的国家级高新技术企业、国家“火炬”计划企业，形成从绿色天然纤维纱线、高档环保面料到品牌成衣设计的完整产业链。拥有中国针织工业协会针织技术研究开发中心，长期与东华大学、江南大学等纺织院校进行产、学、研合作，形成一支由博士、硕士等组成的专业研发团队，自主研发出多彩纱、珍珠纱、新型段染纱等新品，产品远销北美、欧洲、韩国、日本等市场。公司被评为江苏省优秀民营企业、江苏省高新技术企业。

十八、吴晓龙与江阴市农业药械厂

1997年12月19日，以吴晓龙为主的股东买断民营股份制企业——江阴市农业药械厂，改制为私营企业。改制后的第一年，全厂销售收入1000多万元，缴纳税金60多万元，比改制前增加25%。在南京农机研究所的支持下，吴晓龙与工厂技术人员研制成功全塑高速离心风机，开拓10余个系列产品。“江农”牌16型、10型背负式手动喷雾器深受农民欢迎，销售网点遍及全国10多个省市；全塑高速离心风机被农机大企业普遍采用。至2005年，工厂拥有40余台套加工设备和先进的测试仪器，能生产多种规格的注塑成型机。

十九、丁淑君与金龙大酒店

丁淑君当过护士，开过五金店，办过链轮链条厂。1998年，她以710万元买断南站乡一家酒店，经翻修、装潢后创办金龙大酒店。开店前，她聘请酒店高级管理人员和厨师，招聘培训下岗失业人员

当服务员。丁淑君成功从护士转为老板。2005年，酒店被列入无锡市百强私营企业名录，丁淑君被评为优秀经理。

二十、曹参与无锡永中科技有限公司

2000年1月，无锡新区经济发展集团总公司和美国永中软件（Evermore Software）共同出资创立无锡永中科技有限公司，4月建成开业。公司创始人、总经理兼首席软件设计曹参带领公司软件工程师进行微机横向型套装软件开发，2001年12月推出世界级大型办公软件“永中office”。2002年，永中公司产品获江苏省软件产品“金慧奖”。2004年，永中公司被国家认定为“火炬”计划骨干软件企业，永中office成为入选“科技中国55个新第一”的唯一的办公软件。

二十一、沈锡兴与无锡沈氏精密轴承有限公司

2000年，沈锡兴创办无锡沈氏精密轴承有限公司。公司位于无锡市蠡园开发区湖滨路157号C区10号，专业生产高精度深沟球轴承、角接触球轴承、单向组合轴承和非标准轴承。“SHEN”牌产品广泛应用于家电、电动工具、电机、汽车、摩托车、电梯、工程机械等行业，为多家世界500强企业配套，70%产品远销欧洲、北美、东南亚等地区。至2005年，有员工350多人，其中工程技术人员60余人，厂区占地7200平方米，胡埭工业园区的新厂房占地3万多平方米。

第三章　政策与服务

第一节　民营经济政策

1986年以后，市政府根据《中华人民共和国私营企业暂行条例》《中华人民共和国个人独资企业法》《江苏省发展个体私营经济条例》《江苏省发展民营科技企业条例》和省委、省政府《关于加快私营个体经济发展的意见》等政策，扶持民营经济发展。1998年7月，市委、市政府发布《关于进一步鼓励、引导发展个体私营经济的意见》，市政府颁布《关于加快发展个体私营经济的实施意见》，提出推进个私经济发展的9条工作措施和10条政策意见，明确“积极扶持、正确引导、改善服务、加强管理、依法监督”的个体私营经济发展方针。

2000年11月，市委九届十三次全体会议指出，“十五”期间发展私营个体经济要按照放手、放开、放胆、放心、放宽、放活的“六放”要求，营造有利于私营个体经济发展的综合环境，积极推进私营个体经济发展。2001年4月，市委、市政府颁发《关于进一步加快发展私营个体经济的实施意见》，提出放宽私营个体经济经营范围和经营条件、鼓励私营个体企业走规模化发展道路和合资合作、促进私营个体经济加快科技创新步伐、支持私营个体企业努力开拓国际市场、推进私营经济园区建设、加大对私营个体经济的财税支持力度、放宽私营个体企业融资渠道、维护私营个体企业合法权益、营造私营个体经济良好的投资创业环境、加强对私营个体经济发展的组织领导等政策。

2004年4月，市委、市政府颁发《关于促进民营经济更快发展的意见》，提出加大对民营经济发展的推进力度，全面放宽民营经济投资领域和准入条件，重点支持科技型、外向型、商贸物流型和农副产品加工业等民营企业发展；统筹安排，合理布局，鼓励民营企业做专做精、做大做强，降低民营经济发展用地成本；营造公平竞争环境，建立健全促进民营经济更快发展的社会服务体系，维护民营企业

合法权益，帮助和推动民营企业加强人才引进和培训；加强对民营企业和个体工商户的引导和规范，加强对民营经济发展的组织领导。市发展计划委员会提出降低准入门槛，做好投资领域政策导向，除国家明令禁止的领域外，所有领域向民间资本开放。市经贸委制定《〈关于促进民营经济更快发展的意见〉的实施意见》，提出加快完善中小企业信用担保，提供民营企业信用担保服务，向金融机构推荐前景好、资金缺、守信用的民营企业提供流动资金贷款协调服务，技术创新、技术改造等贴息优惠重点支持民营企业；为民营企业提供急需原材料协调服务，电力、能源配套服务和运输协调发展服务。市科技局制定《关于贯彻市委市政府〈关于促进民营经济更快发展的意见〉的实施细则》，提出加大对民营科技企业技术创新的扶持力度，完善科技投融资体系建设，加大对民营科技企业科技风险投资与贷款担保力度，鼓励科技工作者创（申）办民营科技型企业和民营科技企业参与工程技术研究中心建设，鼓励民营科技企业加大知识产权的保护力度。市外经局、市中小企业局、市工商局、市国税局、市地税局等部门制定实施意见和细则，支持民营经济更快发展。

2005年5月，市委、市政府颁发《创建全省民营经济最佳成长区三年行动纲要》，提出全市民营经济2007年实现增加值2350亿元、上缴税金265亿元、社会消费品零售总额640亿元、固定资产投入占全社会的比重超60%，民营企业和个体工商户分别达到10万家和15万户，注册资金2000亿元以上。9月，市政府出台《关于进一步推进个体工商户发展的意见》，提出放宽经营范围、场所，减少审批环节，加快市场建设；表彰奖励突出贡献者，提高个体工商户社会地位，落实财税扶持政策，加强金融扶持力度；降低收费标准，严禁乱收费、乱罚款、乱检查等；建立“绿色通道”制度，完善考核、责任追究制度，完善服务与管理。市中小企业局、市财政局、人行无锡市中心支行颁布《无锡市中小企业信用担保机构管理暂行办法》。市经贸委、市中小企业局、市财政局颁发《无锡民营经济发展专项资金管理办法（暂行）》，规定市财政局在每年财政预算中安排民营经济发展专项资金。市中小企业局、市财政局颁布《无锡市中小企业信用担保机构担保风险管理奖励及代偿损失补贴办法》。

第二节　支持与服务

一、政府支持与服务

1998年，无锡市个体私营经济领导小组成立。1998年，市工商局开展调查研究，制定《关于鼓励引导个体私营经济参与国有集体企业改制工作意见》《关于贯彻市个体私营经济工作会议精神，促进个体私营经济健康发展的实施意见》《关于进一步发挥工商职能，支持下岗职工再就业工作的实施意见》，对下岗职工从事个体私营企业和私营企业吸纳安置下岗职工再就业提出11条扶持措施，建立下岗职工申办个体私营企业的快速通道，支持个私经济发展。

2000年起，无锡市每年举办民营企业高新技术洽谈会，帮助企业和高校搭建科技转化平台，每年帮助高校和企业分别提供和解决攻关难题50多项、科研成果500项左右。仅2005年，签约项目450个，合作金额60亿元。2000年10月，市科技局批准北塘区科技创业服务中心成立科技企业孵化基地。至2004年，在近万平方米的孵化基地内，创办科技企业87家，拥有科技人才587人，累计注册资金11315.8万元，全年技工贸收入31302.38亿元，实现税收1013.28万元。

2001年，市私营个体经济办公室设立无锡市私营经济维权中心。2002年，市科技局组织实施民营科技企业管理创新计划14项，下达科技经费24万元，带动14家企业为管理创新计划投入150多万元，14家企业销售收入同比增幅都在35%以上，其中友达电子公司实现销售收入翻两番。2003年下半年，根据修订后的《江苏省发展民营科技企业条例》的相关规定，民营科技企业管理由政府部门转向民营科技企业协会。2004年，市民营科技企业协会确认无锡省级民营科技企业119家，其中市区94家、江阴市22家、宜兴市3家，全市累计639家。全市科技拨款950万元，推出21个招标项目，其中民营科技企业中标80%。科技部门投入孵化器科技支持经费360万元，在孵872家企业大部分是民营科技企业。每年召开全市民营经济工作大会，评选十佳规模性、效益型、外向型、科技型、成长性、商贸型民营企业，评选一批优秀民营企业家。

2004年，在市、区两级建立中小企业发展服务中心，2005年建设乡镇(街道)民营经济服务中心，初步形成覆盖全市的民营经济服务网络。服务中心开设"民营经济维权投诉中心"热线电话和网上投诉通道，收集中科院等可转让成果2641项，组织5家业务能力强、信誉度高的咨询管理机构为民营企业提供ISO 9000、ISO 14000和3C等认证服务。

2005年，全市初步建成授信企业、技术创新支持、中介机构、创业资源信息、对外拓展等5类信息库。市政府实施万人培训工程，开办企业策略管理、领导艺术、创业辅导等68个班次，培训10290人次；银企授信总额389亿元，实际发放贷款550亿元；举办民营企业上市研讨培训班，组织民营企业开展东北行、西部行、苏北行等活动。市工商局从市场准入、加强扶持、完善服务、减轻负担等方面着手，促进个体私营经济快速发展，全年新增个体工商户41530户、私营企业7740家(不含分支机构)。市质量技术监督局完善名牌培育机制，"红豆"牌茄克衫、"海澜之家"牌茄克衫、"银鱼"牌日用陶瓷、"常工"牌单缸柴油机、"恒源祥"牌羊绒衫和"红柳"牌床上用品被评为中国名牌产品。协助民营企业实施产品标准化，兴澄集团成为全省首家通过国家标准委验收的4A级标准化良好行为企业。

二、工商业联合会支持与服务

1986～1990年，无锡市工商联合会(简称"市工商联")广泛联系各种经济成分的企业、经济团体和工商界人士，参与无锡经济建设等重大问题的协商讨论，组织企业会员出省、出国考察、参展，拓宽业务渠道。1991年，组织企业会员赴哈尔滨、黑河、济南、南京、上海等地举办商品交易会，拓宽企业经营思路，沟通经营渠道。此后，在各市(县)、区工商联组织健全的基础上，不断发展会员，每年有个体工商户、私营企业主、"三胞"投资者成为工商联会员。各级工商联反映非公有制经济人士心声，维护其合法权益，引导非公有制经济企业健康发展。同时加强对外联络，组织招商引资，为企业发展牵线搭桥和寻找商机，拓宽民营企业融资渠道。2005年，市工商联组织民营企业家及基层商会干部58人参加中央党校全国第57期民营经济理论与实务高级培训班学习，组织商会负责人参加第六期中欧商会国际商务研讨班，组织企业参加2005首席财务官论坛暨香港金融服务博览会，多次组织民营企业家赴外省、外国考察，参加经贸洽谈会、说明会、推介会；组织赴浙江招商，签约项目68个，投资额93.33亿元。在中国东西部合作与投资贸易洽谈会上成交28亿元；第六届民营企业高新技术洽谈会上签约40个，成交9亿元；与中国人民银行无锡市中心支行建立融资对接制度，解决有市场、有效益、有信用、融资难企业的贷款需求，660家(次)民营企业授信签约389亿元，授信规模扩大43%。

三、个体私营经济协会支持与服务

无锡市以及江阴、宜兴市，锡山、惠山、滨湖、崇安、北塘、南长各区和新区均设立个体私营经济协会。2001年，创办个私经济网站，当年为1264家企业免费发布信息，向国内外介绍23家单位38种产品和项目。组织世贸组织知识讲座、培训20余场次，为私营业主办理出国手续542人。2005年4～9月，为民营企业组织下岗失业人员再就业招聘会，提供岗位916个，200余人达成录用意向；4～10月，先后组织50名私营业主参加青海—无锡经贸投资项目对接活动，参与市政府组织、市工商局牵头承办的广东地区招商引资洽谈活动，协助政府组织个私业主参加民营企业高新技术洽谈会等活动。

无锡市志

【第二册】

第十三卷

农村　农业　农民

概　述

"七五"期间，市委把农业放在经济工作的首位，加强对农业生产的领导，促进农村经济向农业先进、工业发达、第三产业繁荣、林牧副渔各业兴旺的方向发展。1990年9月，在市第八次党代会上，市委提出完善家庭联产承包责任制，有条件的地方因势利导发展适度规模经营，加强农业新技术的研究、推广和应用，逐步提高农业的科技水平、管理水平和装备水平。1992年5月，市委出台《九十年代加快社会主义新农村建设的意见》，提出实现农村工业化、农业机械化、乡村城镇化、农民知识化、环境优美化，把无锡农村建设成为经济繁荣、科教发达、生活丰裕、环境优美、社会文明的社会主义现代化新农村。1994年，市委制定颁发《稳定发展农业的若干政策规定》《积极推行农村股份合作制的意见》等稳定农村农业发展的政策措施。

1995年下半年，无锡市制定《农村社会主义基本现代化建设实施纲要》，提出"九五"期间直至2010年农村经济发展的主要目标，全市加快推进农村社会主义现代化建设。进入21世纪，无锡市围绕农业增效、农民增收、农村发展，加快农业生产和经营方式的转变，建设具有无锡特色的都市型农业、外向型农业和生态农业，加快推进农业产业化经营，重点培育龙头企业、生产基地，抓好示范项目，形成一批名牌农副产品。以农村经济结构战略性调整为主线，深化农村改革，加快乡镇工业集约化、农村城镇化和农民知识化进程。大力发展农村村级集体经济股份合作社、土地股份合作社、专业合作经济组织的"三大合作"组织建设。建立健全农村医疗、养老、最低生活保障等农村社会保障体系。2004年起，无锡市加大财政转移支付力度，全面落实免农业税，给予种粮补贴、种子补贴、农机购置补贴（"一免三补"）等政策，基本实现农民"零负担"。

至2005年，无锡市农村农田向规模经营集中、乡镇工业向工业园区集中、农民向小城镇集中（简称"三集中"）取得明显成效，产业集聚、土地集约、人口集中程度提高，经济、社会、空间和生态等结构布局逐步优化，农民生活水平达到省定小康标准。锡山市、江阴市、宜兴市在历届"全国百强县"评比中，名列前茅；无锡县（锡山市）因"三连冠"被誉为"华夏第一县"；郊区主要经济指标在全国同等城市郊区评比中，亦居前列，被誉为"神州第一郊"。

第一章　农　村

第一节　基本情况

一、乡村建制

1986年1月，无锡市设111个乡、13个镇，村民委员会2125个、村民小组26526个。是年，江阴县4个乡撤乡建镇。1990年，全市124个乡镇中，工农业总产值超亿元（1980年不变价）的乡镇96

个，其中超双亿元的乡镇62个；无锡县前洲镇最高，为9.23亿元。随着大规模撤乡建镇，至1995年，乡减至28个，镇增至90个，村民委员会2081个、村民小组25756个。2000年，全市设乡1个、镇101个，村民委员会1821个、村民小组25183个；其中特色乡镇35个、专业村121个。进入21世纪，全市进行乡镇撤并和撤镇设街道。至2005年，全市设镇59个、村民委员会943个。

1986～2005年无锡市农村建置一览表

表13-1　　　　单位：个

年份	乡	镇	村民委员会	村民小组	年份	乡	镇	村民委员会	村民小组
1986	107	17	2125	26526	1996	22	95	2081	25835
1987	99	25	2128	26472	1997	22	95	2082	25019
1988	79	45	2122	26401	1998	19	98	2080	25001
1989	79	45	2088	26393	1999	10	107	2080	25198
1990	79	45	2090	25887	2000	1	101	1821	25183
1991	61	62	2088	25912	2001	1	93	1540	24834
1992	56	64	2089	25817	2002	1	91	1355	24392
1993	37	83	2083	25758	2003	1	84	1272	24122
1994	32	86	2084	25775	2004	—	59	1185	23561
1995	28	90	2081	25756	2005	—	59	943	23014

二、农村人口

1986年，全市农户总数82.36万户，农村总人口291.98万人。1995年，农户总数94.55万户，农村总人口293.87万人。2000年，农户总数94.33万户，农村总人口289.72万人。2005年，农户总数91.55万户；农村总人口279.72万人，其中从业人口158.31万人。

1986～2005年无锡市农村人口统计表

表13-2　　　　单位：万户、万人

年份	户数	人口	年份	户数	人口
1986	82.36	291.98	1996	94.23	294.12
1987	83.74	293.94	1997	94.85	295.53
1988	86.41	292.98	1998	94.62	294.56
1989	88.49	295.79	1999	93.32	290.78
1990	90.48	297.95	2000	94.33	289.72
1991	90.72	299.55	2001	94.99	288.33
1992	91.83	297.20	2002	94.45	288.43
1993	91.55	294.49	2003	94.23	285.98
1994	92.03	296.07	2004	95.41	288.18
1995	94.55	293.87	2005	91.55	279.72

三、农村经济结构

1986年，无锡市农村总产值（当年价）153.02亿元，其中：农业18.17亿元，占11.95%；非农业133.85亿元，其中工业产值118.79亿元，占农村总产值的78.14%。此后，农业所占比重逐年降低，至2005年降至1.7%；工业产值所占比重逐年攀升，至1992年达到峰值，占87.34%，此后稳定在80%以上。商贸餐饮业于1992年以后发展较快，所占比重逐年上升，至2005年增至12.94%。

2005年无锡市农村农业及非农业总产值构成表

表13-3　　单位：万元

区域	总产值	其中				
		农业	工业	建筑业	运输业	商贸餐饮业
全　市	56098054	953830	45255363	1838991	793468	7256402
锡山区	5509215	101289	4873720	144228	84539	305439
惠山区	7975572	103490	7017643	385592	68954	399893
滨湖区	3821470	63530	3521128	22778	10910	203124
新　区	7804525	34568	3743628	237810	49421	3739098
江阴市	20823692	311115	17548204	471078	355200	2138095
宜兴市	10163580	339838	8551040	577505	224444	470753

1986～2005年无锡市农村农业及非农业总产值构成表

表13-4　　单位：亿元、%

年份	总产值	其中									
		农业	占比	工业	占比	建筑业	占比	运输业	占比	商贸餐饮业	占比
1986	152.02	18.17	11.95	118.79	78.14	9.34	6.14	2.55	1.68	3.17	2.09
1987	199.98	21.22	10.61	159.82	79.92	11.62	5.81	3.27	1.64	4.05	2.02
1988	274.15	28.04	10.23	222.29	81.08	14.59	5.32	3.73	1.36	5.50	2.01
1989	296.61	28.17	9.50	244.99	82.60	13.83	4.66	3.63	1.22	5.99	2.02
1990	328.59	29.61	9.01	276.13	84.04	12.91	3.93	3.69	1.12	6.25	1.90
1991	402.24	29.19	7.26	344.70	85.70	15.97	3.97	4.48	1.11	7.90	1.96
1992	735.98	38.76	5.27	642.81	87.34	24.25	3.29	7.92	1.08	22.24	3.02
1993	1174.35	46.56	3.97	1024.31	87.22	48.40	4.12	12.32	1.05	42.76	3.64
1994	1616.40	67.37	4.17	1407.27	87.06	48.19	2.98	18.15	1.12	75.42	4.67
1995	2084.34	80.65	3.87	1815.01	87.08	58.17	2.79	25.23	1.21	105.28	5.05
1996	2010.15	92.50	4.60	1689.23	84.03	59.55	2.96	30.67	1.53	138.20	6.88
1997	1997.12	83.28	4.17	1664.30	83.34	69.17	3.46	27.21	1.36	153.16	7.67
1998	2094.92	85.87	4.10	1759.40	83.98	63.51	3.03	30.32	1.45	155.82	7.44
1999	2221.09	87.84	3.95	1875.69	84.45	63.96	2.88	35.10	1.58	158.50	7.14
2000	2511.30	90.48	3.60	2138.00	85.14	69.41	2.76	38.90	1.55	174.51	6.95

续表

年份	总产值	其　中									
		农业	占比	工业	占比	建筑业	占比	运输业	占比	商贸餐饮业	占比
2001	2473.39	93.97	3.80	2095.80	84.73	60.55	2.45	40.63	1.64	182.44	7.38
2002	2965.39	97.79	3.30	2437.51	82.20	74.48	2.51	45.38	1.53	310.23	10.46
2003	3897.00	81.44	2.09	3162.19	81.14	113.23	2.91	60.30	1.55	479.84	12.31
2004	5020.93	92.54	1.84	4070.52	81.07	148.45	2.96	67.82	1.35	641.60	12.78
2005	5609.81	95.38	1.70	4525.54	80.67	183.90	3.28	79.35	1.41	725.64	12.94

第二节　农村现代化建设

1986年5月，市委、市政府在无锡县前洲乡西塘村召开建设社会主义现代化农村座谈会，确定无锡县东绛、前洲、玉祁、东亭乡和华庄镇，宜兴县新街乡，江阴县西郊、长山乡，郊区扬名乡等9个乡镇，以及江阴县华西、三房巷、长江、观东、泾南、向阳，无锡县前洲、西塘、玉东、民主、蓉南、东群、新村、庙桥，宜兴县川埠、新庄、汤渡，郊区金星、卫星、湖滨等20个村作为农村现代化建设试点。10月，市委、市政府在江阴县华西村召开农村现代化建设试点工作第二次座谈会，制定出台促进农村现代化试点工作的扶持意见，明确各试点乡镇、村的乡镇、村办企业，计税工资税前从实列支由人均每月60～80元提高至100元，增加部分用于企业生产与生活；企业按职工总数每年人均税前提取180元建农金，由乡镇、村统一管理，专款专用；参照城镇大集体企业，按计税工资总额的15%～18%提取农民劳保统筹金，提取部分交地区合作经济组织统一管理，专款专用；每人每年提供15～20个义务工（可以工折钱），用于农田基本建设。

1987年7月，国务院办公厅批准无锡县为全国农村改革试验区，全市农村现代化试点单位扩展至9个乡镇、66个村。至1988年，试点单位普遍建立农工结合的农业积累投入机制，农业生产手段和条件明显改善；普遍建立稳定的农业服务队伍；探索农业规模经营，稳定发展粮食和副食品生产，保障对城市的有效供给。

1989年7月，市委、市政府在郊区金星村召开第三次农村现代化建设试点工作座谈会。会议根据无锡人多地少、人增地减的实际情况以及确保口粮和主要副食品基本自给的底线，提出坚持因地制宜，全面规划，综合发展，分步实施，选择切实可行的推进模式，坚持把农业现代化作为农村现代化建设工作的重点。随后，各试点单位努力提高粮食产量，完成定购任务；复垦荒废土地，消灭抛荒田；增加农业资金投入和劳动投入；发展统一服务，实现机耕中（型）拖（拉机）化，统一供种（秧）和专业防治；按标准疏浚河道、更新渠道、加固圩堤，推广田间暗灌、暗排、暗降的“三暗工程”；搞好农业规模经营；每年组织开展对种养大户农民和农技、农服人员的培训。同年12月，试点规模扩大至24个乡镇、123个村。是年，市委成立无锡市农村社会主义现代化建设试点工作领导小组，加强试点工作领导。各试点单位建立以工建农、以工补农的机制，筹集资金投入农业、装备农业，农业机械化水平、规模经营水平、抗灾能力和农产品商品率均得到较快提高。至1990年末，全市109个种粮试点村中，形成种粮1公顷以上的规模经营单位402个，经营面积1194.07公顷（17911亩）；筹集建农金3845.47万元，占全市总额的42.5%，其中当年投入2941.17万元，占总数的76.5%。全市试点乡镇、村拥有中型拖拉机827台、联合收割机327台、插秧机412台，占全市同类农机总量的41.7%、66.9%和77.4%。所有试点乡镇、村均建立农业综合服务站（队），常年性农业服务人员8555人，能够提供农机、农技、植保、供种供秧和肥药配供等基本服务。试点乡镇、村抗御自然灾害的能力得到提高，1991年，无锡地区遭遇百年不遇的特大洪灾，试点乡镇、村依然丰产丰收。1991年，全市农村现代化建设试点单位增至28个乡镇、189个村。

1992年起，全市农村现代化试点工作的重点由推进农业现代化转变为全面规划与建设农村现代化，各试点乡镇、村加快建设高标准的现代农业，高起点调整乡镇工业的结构，开拓有地方特色的第三产业，推进外向型经济发展，调整乡镇企业产业结构和产权结构，发展农业适度规模经营和社会化服务体系。是年8月，市委、市政府召开第六次农村现代化建设试点工作会议，市委制定出台《关于开创九十年代农村发展新局面的意见》，提出构建“三个体系”的工作目标，明确到2000年，无锡农村建设形成一、二、三产业协调发展的产业体系，加快建设以无锡城为中心、江阴和宜兴为两翼、小城镇为枢纽、中心村为基础的环境优美、交通便利、通讯发达、功能齐全、服务配套、分工合理的新型城乡体系，加快建设就业充分、少有所教、老有所养、病有所医、环境舒适、社会文明、治安良好的生活体系。各试点乡镇、村相继开始新一轮农村规划和建设，合理安排交通、水利、生产、生活、环境等基础设施项目建设，引导乡镇工业和农民向小城镇集中，加速农村城市化进程。部分乡镇、村按照启动新一轮农村住宅建设，着手规划和实施中心村建设。

1996年4月，市委、市政府制定《无锡农村社会主义基本现代化建设实施纲要》，提出到2000年，全市农村地区生产总值1200亿元，人均4万元；一、二、三产业结构为5∶57∶38；非农劳动力占就业人数的80%；农村集镇建成区绿化覆盖率25%；以养老就医为主的社会保障覆盖率90%；剔除物价上涨因素后，农民年人均净收入增长7%；恩格尔系数小于40%，基尼系数小于0.4，平均期望寿命超过75岁；基本建立与市场经济相适应的经济运行机制、较为完善的现代化生产运作的管理体系和新型社会保障体系。1997年12月，市委、市政府召开农村现代化建设试点乡镇村座谈会，提出到2000年基本实现全面小康的奋斗目标。各乡镇继续推进农业现代化、工业集约化和农村城镇化建设，农田向规模经营集中，乡镇工业向工业园区集中，农民向小城镇集中。至2000年，全市近两万家乡镇企业改制成股份有限公司和有限责任公司，10多家企业股票上市发行，实现乡镇企业投资主体和产权结构的多元化，资产存量搞活、总量扩大，劣质资产转化，促进规模经济的发展，非公有制经济成为农村经济发展新的生力军；通过以外引外、对外招商等手段，发展一批规模比较大、水平比较高的中外合资或独资企业；发展高新技术产业，坚持名牌创新，推进管理现代化，建设科技支撑体系，增强自我开发创新的能力；改变乡镇工业“村村点火、处处冒烟”分散发展的格局，走集中开发、园区发展的新路子，不断优化农业产品结构，建成多种形式的专业户、专业村、专业镇和商品基地，提高农业综合生产能力；城镇建设按照中心城市、城关镇、中心镇、一般集镇的梯度层次，调整各镇的功能和发展方向，按农村工业化、农业现代化、乡村城镇化、服务社会化、农民知识化“五化”和基本农田保护区、工业发展区、商贸区、居民居住区“四区”要求，加快城镇建设步伐；通过政策调节，着重帮助低收入的农民增加收入，确保农民群众的劳动权利和切身利益。至2000年末，无锡农村经济社会发展的各项指标大多超过小康社会的标准，有的已达到基本现代化的量化指标。

图13-1　宜兴善卷村　（宜兴市史志办供稿）

21世纪初，市委、市政府按照中央关于城乡统筹、两个趋向（工业化初期，农业支持工业；工业化达到相当程度后，工业反哺农业、城市支持农村）的农村工作新战略，调整城乡行政区划，统一规划城乡建设，统筹城乡重大工业项目、工业园区、农业现代化示范园区建设，支持城区相关企业有序地向农村特色工业园区集聚；加快户籍、教育、保障、就业等制度接轨，促进城乡政策的统一和规范。

2005年，成立以市委书记、市长为组长的无锡市推进农村基本现代化建设八项重点工作领导小组，下设农村规划编制、农民居住集中、乡镇工业集中、现代都市农业示范园区建设、农村“三大合作”、农村社会保障体系建设、现代农民培训和百村奔小康等8个工作办公室。各乡镇推进科学制定农村规划，加快实施农田向规模经营集中、乡镇工业向工业园区集中、农民向小城镇集中，加强农民专业经济合作、农村土地股份合作、农村社区股份合作建设，推进现代都市农业和产业化发展，建立健全农村社会保障体系，造就现代新型农民，推进农村造林绿化，帮扶农村困难家庭等8项重点工作。是年，全市农业机耕8.38万公顷、机播7.89万公顷、机械植保15.32万公顷、机械收割11.31万公顷，农村用电199.78亿千瓦时，有效灌溉面积14.57万公顷、旱涝保收面积13.82万公顷。农民工资性收入5946元，比2004年增加705元，增长13.45%。新增造林绿化面积6733公顷，森林面积增至8.18万公顷，森林覆盖率提高至20.3%，20%以上的乡镇建成环境优美乡镇。全市城市化水平提高至67%。

1986～2005年主要年份无锡市农业现代化概况表

表13-5　　单位：千公顷、万千瓦时、吨

指标			1986年	1990年	1995年	2000年	2005年			
							全市	其中		
								市区	江阴	宜兴
农机化	机耕面积		16.21	158.90	147.81	123.00	83.76	21.59	25.47	36.70
	机播面积		1.55	7.95	67.85	89.92	78.90	22.28	22.87	33.75
	机械植保面积		89.74	154.05	179.67	180.63	153.20	39.90	50.94	62.36
	机械收割面积		2.09	8.16	52.32	138.09	113.09	31.56	35.70	45.83
农村电气化			115676	172368	458706	684351	1997838	734081	878315	385442
化肥施用量	总量（折纯量）		79800	110200	132758	114311	91262	26074	24013	41175
	其中	氮肥	65899	66700	87727	64917	45086	12427	9935	22724
		磷肥	—	—	3685	2579	4606	1304	1673	1629
		钾肥	—	—	10697	4171	6251	1065	1723	3463
		复合肥	—	—	30649	42644	35319	11278	10682	13359
农药使用量			—	—	4604	4916	5936	1505	1993	2438
农膜使用量			—	—	4335	2266	4324	970	3055	299
水利	有效灌溉面积		177.02	180.71	167.70	170.04	145.66	40.78	42.48	62.40
	旱涝保收面积		—	—	144.52	163.21	138.16	35.27	42.48	60.41

第三节　扶持经济薄弱乡

1984年，宜兴县西渚、杨巷、堰头、芳庄、横山、潘家坝、扶风、元上、都山等9个乡的工业产值分别为200万～500万元，财政收入5万～10万元，乡财政出现赤字。1985年3月，市委、市政府召开全市农村工作会议，提出“局乡结合、城乡互助、工农联盟”的工作思路，确定市纺工、电仪、建材、冶

金、机械、化工、轻工、乡镇工业和工艺美术公司等9个局（公司）分别与上述宜兴9个经济薄弱乡挂钩，实行扶持帮带，计划花5年时间，使9个乡达到“一、二、三”发展目标，即在稳定粮食生产、发展多种经营的基础上实现工业利润100万元以上，形成两家工业产值300万元以上的骨干企业，年工业产值达到3000万元。扶持帮带由市委秘书长协调，市委办公室、市计委和市经委组织实施。会后，无锡市和宜兴县计委、经委、金融、税务、物资等部门制定相应的配套扶持政策，各局（公司）组成驻乡扶持工作组，到各乡开展调查研究，帮助制定发展计划，寻找发展项目；发挥科技、资金、人才和信息等方面优势，调整设备和产品，提供平价物资和技术资金支持。其间，市建材局每年支付堰头乡银行贷款利息8万多元；无锡钢厂派出骨干担任芳庄乡金属制品厂厂长及供销、会计人员，经过厂、乡共同努力，工厂扭亏为盈，1988年还清银行贷款和利息后还盈余5.3万元。1989年，市9个局（公司）向对口乡供应平价钢材250吨、木材100立方米、汽柴油50多吨、电力80万千瓦时、石碱300余吨；9个经济薄弱乡发挥自身资源优势发展乡镇工业，总产值3.62亿元，实现利润571万元，综合利润839万元。对照“一、二、三”脱贫标准，西渚、芳庄、杨巷、都山、扶风等5个乡的工业年产值超过3000万元，各乡都有2～3家工业产值300万元以上骨干企业，其中扶风、都山两个乡年利润超过100万元。

1990年5月，市政府在宜兴市召开扶持经济薄弱乡工作会议，决定由市纺工、建材、化工局分别与元上、堰头和潘家坝3个乡结对挂钩，其他局继续扶持其余6个乡，帮助解决经济发展中的突出问题。至1996年，3个乡财政收入分别增至294万元、438万元和266万元，基本自给后略有盈余；农民年人均净收入超过2000元，全部达到脱贫目标。1997年，元上、堰头和潘家坝3个乡工农业总产值分别达到3.76亿元、1.22亿元和1.62亿元，财政收入分别为430万元、453.3万元和384万元，农民人均收入超过2100元，步入稳定健康的发展轨道。

第四节　扶持经济薄弱村

1986年，江阴县采取“大厂挂”“富村带”“机关扶”等方式，开展扶持帮带集体经济薄弱村活动。之后，无锡县启动扶持薄弱村工作。1989年末，无锡市共有薄弱村439个，分布在87个乡镇，占全市行政村总数的21%。1990年6月20日，市委、市政府召开扶持集体经济薄弱乡村经验交流会，部署开展扶持工作。会议根据各市（县）、区不同的经济状况，确定不同的经济薄弱标准，全市共有126个村被列为扶持对象，其中江阴市88个、无锡县33个、郊区3个、马山区2个。会议决定建立以乡镇为主，市、市（县）、区同扶的扶持机制。集体经济薄弱乡村脱贫转化的标准为“一、二、三”，即：建设好一个商品意识比较强、富有开拓进取精神、甘为集体作奉献的领导班子；村级集体年纯收入20万元，其中5万元支付日常开支、5万元补农建农及办一些实事、10万元积累发展再生产；建有2～3家有一定水平、经济效益比较高、发展前景比较好的工业或其他产业的企业。会议要求列入市、市（县）区两级扶持的126个村3年内全部达到转化标准。会后，市、市（县）、区在财政、税务、金融、用电、支农等方面相继出台一系列优惠政策，安排相关部门、骨干企业分别与薄弱村挂钩，各挂钩部门派骨干帮助薄弱村工作。在帮扶单位和薄弱村干群共同努力下，扶持工作当年取得较好进展。江阴市20%以上的薄弱村工业产值超100万元，利润超过5万元，1/4的村有明显转变，一半村有好转的势头。无锡县33个薄弱村实现工业总产值3916.7万元，比上年增长117.9%，其中有2个村工业产值超过200万元、24个村超过100万元；全县薄弱村结算利润304.05万元，其中4个村的利润超过10万元。

1991年，各市（县）、区调整集体经济薄弱村的标准。江阴市和无锡县的标准为工业产值不满100万元、结算利润不满10万元，以及严重资不抵债的村；宜兴市的标准为工业产值不满50万元、农副工三业综合利润不满5万元的村；郊区的标准为工业销售不满500万元，结算利润不满50万元，劳均纯收入不满3000元，人均年收入低于1200元以及劳均占有耕地多、蔬菜副食品任务重，耕地面积

500亩以上的村；马山区把区内最困难的嶂青村和万丰村确定为薄弱村。经过调整，全市扶持的薄弱村为437个，其中江阴市97个、无锡县33个、宜兴市295个、郊区10个、马山区2个。无锡县和江阴市把薄弱村脱贫的标准提高至300万元工业产值、20万元的结算利润。通过各级各部门的有力扶持，特别是通过薄弱村自身的艰苦创业，至1991年末，江阴市薄弱村实现工业产值1.9亿元，比上年增长55.4%；实现销售收入1.74亿元，增长78%；产销率91.4%，比全市村办工业的产销率高5个百分点；实现综合效益1837.05万元，21个村脱贫转化。无锡县薄弱村工业销售收入6847万元，比上年增长126.93%；实现结算利润416.46万元，增长128.25%，有10个村达到转化脱贫的标准。宜兴市薄弱村新办93家工业企业，新增固定资产483万元，实现工业产值1.35亿元，32个村达到转化脱贫的标准。郊区薄弱村新上21个工业项目，投入资金656万元，6个村达到转化脱贫标准。马山区薄弱村走出困境，其中嶂青村的工业产值超过100万元。全市68个村达到"一、二、三"脱贫转化标准。

1992～1994年，全市启动新一轮扶持集体经济薄弱村工作，扶持259个薄弱村。第一年薄弱村完成工业产值8.6亿元，村均349.6万元；实现工业销售294.3万元，完成利润30.2万元。151个村（江阴市69个、无锡县30个、宜兴市40个、郊区11个、马山区1个）脱贫，转化率58%。其中19个村的工业产值超千万元，郊区山北乡会西村、江阴市顾山镇南曹庄村、无锡县新安镇东裕村年工业产值超过2500万元，进入全市先进村行列。郊区薄弱村全部脱贫转化，郊区区委被市委、市政府授予"扶持工作高起点，脱贫致富满堂红"称号。1993年，259个薄弱村完成工业产值14.6亿元，第三产业总收入3.4亿元；211个村脱贫，脱贫转化率81%；41个村年工业产值超过1000万元，无锡县新安镇东裕村工业产值超亿元。1994年，全市薄弱村工业产值22.91亿元，村均761.26万元，比上年增加34.5%。全年新办企业131家，新上项目120个，开发新产品86种，新增投入2.74亿元，比上年净增80%。累计达标村253个，达标转化率97%，其中工业产值超千万元村82个，江阴市顾山镇南曹庄村、无锡县新安镇东裕村工业产值超亿元。

1995～1997年，全市202个村被列为扶持村。其间，市、市（县）、区机关、部门、企业和经济发达村与薄弱村建立挂钩扶持关系，共无偿支持钱物1191万元，借出资金1288万元，给予税费减免和用电优惠2238万元，帮助新开发项目42个，开发新产品40种，新增工业产值7740万元；薄弱村投入1.05亿元发展村办工业，新上项目25个，技改扩能项目67个，开发新产品66种。1997年，202个薄弱村完成工农业产值20.64亿元，其中工业产值15.93亿元，村均工农业产值和工业产值分别达到1021.87万元和788.61万元；实现第三产业营业额3.4亿元，村均168.32万元；村级集体收益5629万元，村均27.87万元。174个村转化达标，转化率86.1%。其中65个村农、工、商业总产值超千万元，江阴市北涸镇模范村、锡山市厚桥镇塘西村、郊区扬名乡梁中村和河埒乡勤丰村成为亿元村，进入村级经济发展排头兵行列。

1998～2000年，全市确定扶持118个村，其中江阴市22个、锡山市30个、宜兴市60个、新区6个。郊区和马山区自我扶持经济相对滞后的村。1998年4月，市委、市政府召开扶持经济薄弱村工作会议。会议要求通过3年努力实现"一、三、四"目标，即：经济薄弱村基本实现建设一个好的领导班子，尤其要配好党支部书记，能团结带领群众贯彻党的路线方针政策，实现村级经济和社会事业，精神文明和物质文明同步发展；村级集体年净收益超过30万元（宜兴市20万元左右）；农业稳定，社会安定，村民生活小康，农民年人均净收入4000元（宜兴市3500元）。会后，各地制定3年发展规划。全市组织162个市（县）、区机关部门与经济薄弱村结成扶持对子，选派213名后备干部驻村任职，安排一批私营企业家担任村主要领导职务。市委、市政府实施先征后返薄弱村内企业应交纳的物调基金、粮食风险基金、防洪保安基金、建农金以及企业管理费、教育事业费附加、重点道路建设基金中市（县）、区自留部分和其他各项规费，返回企业上缴的增值税和所得税的地方分成，作为村集体收益；减免薄弱村新办企业、改制企业的工商登记费、注册资金验资费、资产评估费、土地使用登记费、征土管理费，耕地占用税中市、市（县）、区自留部分和变压器电力扩容地方增容费；缓交1年用电保证金，在电费收缴上给予优惠；专项拨付扶持资金，用于集体经济贷款贴息、完善农业基础设施和增添农业机械；农业银行和其他专业银行开设专项信贷资金用于经济薄弱村的发展，由挂钩部门进行担保和监督使用。薄弱村健全制度建设，强化管理增效，实行村务公开，改善干群关系，加快自主发展。2000年，列入扶持的薄弱村（含郊区和马山区自我扶持的10个村）完成农工商三业总产值14.84亿元，实现工业销售收入8.44亿元，村级可用总财力3773万元，村均28.16万元。48个村工业产值达千万元，114个村转化达标，达标率85.1%。

2001～2003年，江阴市、宜兴市和新区共有76个村被列为扶持对象。扶持目标为三地村级可用财力分别为25万元、15万元和20万元；农民人均纯收入分别达到所在市（县）、区平均水平的80%以上。2001年，三地薄弱村村均可支配收入21.8万元，34个村工业销售收入超过千万元。2002年，锡山、惠山、滨湖3个新设区启动扶持经济薄弱村工作，全市受扶持的薄弱村增至92个。是年，各地普遍加强薄弱村的组织建设，创新机关与薄弱村结对挂钩形式，对薄弱村进行财政资金重点倾斜，解决薄弱村在经济发展过程中的困难。全市薄弱村投入1.77亿元，新办企业275家，销售收入超20亿元。是年末，全市薄弱村中60个脱贫，占扶持村总数的65%。2003年，全市78个薄弱村实现脱贫目标，转化率85%。

2004年初，市委、市政府在全市农村实施“百村奔小康工程”，要求用3年时间，对全市村级可支配收入低于20万元、村级收支平衡比较困难的103个经济薄弱村进行全方位、多途径帮扶，到2006年，使80%以上的薄弱村年可支配收入达到30万元以上，村级收支状况和农民生活质量明显改善。市委、市政府制定出台《关于实施“百村奔小康工程”的若干意见》，在财政转移支付、税费超基数返还、信贷优惠、集体留用地、专项资金扶持和脱贫转化奖励等6个方面对薄弱村实行政策优惠。市委、市政府成立百村奔小康工程建设领导小组，下设办公室。对103个村的党支部书记、所在镇党委分管书记、各市（县）、区分管领导、农办主任和市级挂钩机关部门单位的分管领导、驻村中层干部等400多人进行专项培训。各地各级党委通过下派年轻干部、选送优秀经营人才、优秀青年竞争上岗等途径调整充实薄弱村班子，提升其凝聚力和战斗力。各级财政加大对薄弱村资金扶持力度，改善其投资环境和帮困补助。各挂钩部门帮助薄弱村梳理发展思路，制定脱贫奔小康规划，加大资金、物资、科技、种苗、信息、教育、管理等方面的支持，牵线搭桥引进发展项目，扩大农村劳动力就业，支持其进行道路、桥梁、泵站等基础设施建设，发展改水、改厕、危房改造等社会公益事业，全面改善薄弱村的生产、生活条件。

2004～2005年，全市经济薄弱村发展二、三产业投资7.62亿元，新办企业433家，村均4家多；建设厂房和商业用房31万平方米，村均3000平方米；投资基础设施建设和用于社会事业发展的资金1.67亿元，共修建农村道路610公里、排灌站151座、渠道12.8万米，改造农用危桥105座，实施改水工程后6.14万农户喝上清洁水，完成5.89万农户改厕，21.02万人参加大病医疗保险；投资农业5371万元，复垦开发土地517.2公顷，新建农业特色基地1286.67公顷，引进一批优质高效新品种，发展一批特色产业，农业收入大幅增加；安置转移农村富余劳动力1.28万人，增加农民的工资性收入。2004年，全市薄弱村村级收入4630万元，25个村提前两年脱贫转化。2005年，挂钩部门为薄弱村引进企业（项目）42个，引进资金6528万元，帮助转移劳动力2952人，捐助资金（含实物作价）849.64万元。是年，薄弱村销售收入48.75亿元，实现利税总额3.91亿元，分别比上年增长59.6%、68.2%；村级收入5657万元，村均54.9万元，比上年增长21.5%；农民人均纯收入6207元。39个村实现脱贫转化。两年内，全市64个薄弱村脱贫转化，占总数的62%。

第二章　农业综述

无锡素有“鱼米之乡”美誉，为粮油作物种植和水产养殖的传统农业生产地区。80年代，无锡市农村完善第一轮承包后的双层经营体制，农业生产水平不断提高。1986年，全市农业总产值25.24亿元。此后，随着城市建设步伐的加快，农田面积逐渐缩减，全市农村加大农业产业结构调整力度，适当调减粮田面积，在优化发展传统粮油作物生产的同时，深度开发地域资源，加强农业多种经营，发展优质、高效、创汇农业，其中包括规模化特种种植业和养殖业、园艺业、生态农业和现代都市农业，较好地实现全市农业的区域化布局、专业化生产和一体化经营，农业综合效益和农民收入大幅提高。1986～2005年，全市耕地由18.91万公顷减至15.12万公顷，水稻、小麦种植面积分别由16万公顷、9.8万公顷减至8.04万公顷、3.9万公顷，油菜种植面积由0.24万公顷增至1.93万公顷，粮食年产量由162.31万吨减至79.53万吨。全市基本形成优质稻米、双低油菜、特粮特经、特色蔬菜、优质茶果、花卉苗木、优质瘦肉型猪、优质家禽、优质奶牛、特种水产等10个优势农产品产业群，市级现代农业示范园初具规模。坚持科技兴农，培育和推广农业科技成果，开展农技培训，实施品种、技术、知识更新工程，提升机械化作业水平，建立健全农业服务体系，构筑以工建农机制，发展农民专业合作经济组织，推进规模经营。2005年，全市农作物面积19.35万公顷，其中粮食作物12.78万公顷，生产粮食795337吨；油料作物1.97万公顷，生产油料34364吨；菜田3.31万公顷，生产蔬菜103.93万吨。使用化肥（折纯量）91262吨。全市组建村级经济股份合作社236个，组建多种形式的土地股份合作社119个。全市农业产业化龙头企业50家，完成销售收入153亿元。农产品出口企业50家，出口基地20个，年出口农产品8613万美元。建成无公害农业生产基地7.15万公顷，无公害农产品173个、有机食品14个。全市农业总产值按1990年不变价格计算为39.32亿元，按当年价格计算为95.38亿元。

第一节　农业用地

1986年，全市耕地面积18.91万公顷，其中水田16.58万公顷、旱田2.33万公顷。随着城市建设的发展和城市化进程的加快，耕地面积不断缩减。尤其进入21世纪，无锡市建设特大城市，耕地缩减幅度增加。2001年，全市耕地面积17.26万公顷。至2005年，减至15.12万公顷，5年内减少2.14万公顷，超过此前15年缩减面积的总和；其中仅市区就减少1.19万公顷。全市15.12万公顷耕地中，水田12.21万公顷、旱田2.91万公顷。

1986～2005年无锡市耕地面积表

表13-6　　单位：千公顷

年份	全市	其中			
		市区	江阴市	宜兴市	无锡县/锡山市
1986	189.14	3.84	51.99	76.16	57.15
1987	187.93	3.62	51.69	75.77	56.85
1988	187.04	3.50	51.49	75.49	56.56

续表

年份	全市	其　中			
		市区	江阴市	宜兴市	无锡县/锡山市
1989	187.04	4.02	51.35	75.21	56.46
1990	186.40	3.83	51.24	74.97	56.36
1991	185.80	3.76	51.15	74.65	56.24
1992	183.89	3.72	51.01	73.33	55.83
1993	182.50	2.88	50.73	73.26	55.63
1994	181.23	2.30	50.87	73.10	55.26
1995	178.96	8.00	50.07	72.90	47.99
1996	177.45	7.80	49.87	72.20	47.58
1997	176.58	8.52	51.84	66.30	49.92
1998	175.73	8.20	51.76	65.92	49.85
1999	175.33	8.09	51.75	65.81	49.68
2000	175.34	7.97	51.69	66.09	49.59
2001	172.56	56.05	51.19	65.32	—
2002	164.15	49.83	49.78	64.54	—
2003	159.89	47.41	48.36	64.12	—
2004	152.27	45.05	42.64	64.58	—
2005	151.20	44.20	41.76	65.24	—

第二节　农业结构调整

一、农业经济结构调整

1998年秋，市委、市政府根据中央提出的“沿海经济发达地区应适当调减粮食面积，发展优质、高效、创汇农业”要求，实施农业经济结构调整，确定“压麦、扩油、扩经、扩绿”和“宜粮则粮、宜经则经、宜林则林”的原则，通过引进、培育、推广新品种，提升名特优品种的办法优化农产品结构；调减粮田面积，扩大经济作物种植面积，发展特种种植业、养殖业与园艺业，优化农业产业结构。

2000年开始，无锡市在继续巩固水稻等传统粮油作物生产的基础上，加大农业结构调整力度，强化农业多种经营。至2003年末，农业经济结构调整初见成效，基本建立和形成生猪、禽蛋、奶牛、水产、蔬菜、茶叶、果品、花卉苗木、蚕桑、毛竹及笋用林生产基地等10个农业商品基地。同时，结合各地地域资源，调整农业布局，培育并壮大一批传统地产农副产品产业。其中水稻、油菜主要集中在宜兴市平原圩区、江阴市青阳—长泾片区、锡山区锡东望虞河地区和惠山区沿运河地区等地，形成4个优质水稻生产区域。蔬菜生产主要集中在江阴市青阳镇，宜兴市洋溪、芳庄、周铁等乡镇及无锡市近郊市属蔬菜基地。在山丘地区扩大“太湖翠竹”“阳羡雪芽”“无锡毫茶”等名茶生产，开发深加工产品，加快新技术推广，推进产业化、规模化经营。锡山区、滨湖区发展“太湖翠竹”，扩大马山、大浮等地的茶叶栽种面积和产量；宜兴市重点发展“阳羡雪芽”，江阴市重点发展“暨阳雁翎”等名品。在果品生产上，加强以惠山区阳山、杨市两乡镇为中心向东西延伸的水蜜桃基地建设，以滨湖区太湖镇、锡山区鸿声镇、江阴市璜土镇为主的优质葡萄基地建设，以滨湖区山区为主的杨梅、温州蜜橘基地建设，以宜兴市山区缓坡及江阴市璜土为主的优质梨基地建设，以及规模型发展的桃、梨、葡萄新拓园地基地建设。生猪养殖主要分布在江阴市澄西的璜土与申港、澄东的长泾与华士、澄郊的云亭与澄江开发区等乡镇，宜兴市的宜城、张渚、新建、芳庄、官林、和桥等乡镇，以及惠山区洛社镇，重点扶持生猪养殖500头以上的专业户和年出栏5000头以上的乡镇。奶牛饲养的重点区域为宜兴市丘陵山区和江阴市祝塘、云亭、璜塘、澄江等镇，区域内奶牛规模饲养的比例80%以上。锡山区、惠山区、滨湖区和新区控制发展肉猪、奶牛养殖。禽类养殖重点发展以江阴市青阳、峭岐，宜兴市官林、新芳、范道、芳桥和新区硕放等乡镇为主的扬州鹅规模养殖区；以江阴市周庄、山观和宜兴市和桥等乡镇为主的雪山草鸡规模养殖区；以无锡市祖代鸡场太湖鸡选育项目为龙头的太湖鸡养殖区；以新区旺庄、滨湖区新安、江阴市利港等乡镇为主的肉鹌鹑养殖区。水产生产集中在沿江和沿太湖、滆湖地区，形成两个特色渔业经济板块。

2005年，全市农林牧渔业总产值按1990年不变价格计算为39.32亿元，其中农业产值最高，为14.37亿元，占36.55%；牧业产值居第二位，为11.44亿元，占29.1%；渔业8.78亿元，占22.33%；农林牧渔服务业产值3.95亿元，占10.05%；林业产值最低，为0.77亿元，占1.96%。与1986年相比，农业在总产值中所占比重降低29.65个百分点，其余林、牧、渔、服务四业占比分别增加0.73、4.49、14.38和10.5个百分点。农林牧渔业总产值按当年价格计算为95.38亿元，其中农业、牧业、渔业、服务业、林业分别为43.61亿元、26.87亿元、16.59亿元、5.38亿元、2.93亿元。

1986～2005年无锡市农业经济结构表

表13-7　　　　单位：万元、%

年份	总产值	农业		林业		牧业		渔业		农林牧渔服务业	
		产值	占比	产值	占比	产值	占比	产值	占比	产值	占比
1986	252387	167083	66.20	3105	1.23	62122	24.61	20077	7.95	—	—
1987	271051	175090	64.60	4240	1.56	67298	24.83	24423	9.01	—	—
1988	279002	181381	65.01	3494	1.25	68026	24.38	26101	9.36	—	—
1989	282794	184457	65.23	5158	1.82	66687	23.58	26492	9.37	—	—
1990	292229	182971	62.61	2572	0.88	74854	25.61	31832	10.89	—	—
1991	275794	168560	61.12	2742	0.99	76654	27.79	27838	10.09	—	—
1992	333153	206128	61.87	3544	1.06	86203	25.87	37278	11.19	—	—
1993	362231	226980	62.66	3638	1.00	83999	23.19	47614	13.14	—	—
1994	394857	242125	61.32	4479	1.13	87677	22.20	60576	15.34	—	—
1995	463568	298105	64.31	4739	1.02	101784	21.96	58940	12.71	—	—
1996	515989	346446	67.14	5363	1.04	100674	19.51	63506	12.31	—	—
1997	448736	318223	70.92	4269	0.95	75296	16.78	50948	11.35	—	—
1998	457381	327306	71.56	4818	1.05	74810	16.36	50447	11.03	—	—
1999	491121	344856	70.22	4939	1.00	86830	17.68	54496	11.10	—	—
2000	534490	364655	68.22	5694	1.07	101169	18.93	62972	11.78	—	—
2001	556093	369482	66.44	5895	1.06	107201	19.28	73515	13.22	—	—
2002	579312	372251	64.26	7199	1.24	113225	19.54	86637	14.96	—	—
2003	382114	127694	33.42	6345	1.66	118497	31.01	88282	23.10	41296	10.81
2004	385537	138336	35.88	6754	1.75	114025	29.58	87894	22.80	38528	9.99
2005	393207	143736	36.55	7712	1.96	114419	29.10	87811	22.33	39529	10.05

说明：本表按1990年不变价格计算。2003年开始，农业产值采用新口径。

1986～2005年无锡市农产品产量表

表13-8

年份	粮食（万吨）	油料（吨）	蚕茧（吨）	茶叶（吨）	水果（吨）	猪肉（吨）	水产品（吨）
1986	162.31	37135	3117	4310	14161	83149	51859
1987	153.64	39030	2044	5180	15963	70504	59538
1988	152.94	34902	1858	5778	18536	81681	65306
1989	150.14	35979	1966	5674	20355	79957	64535
1990	153.95	41741	2304	5870	22342	85522	66591
1991	138.65	43657	2324	5657	19042	86723	56676
1992	150.80	42880	2980	5898	18979	91091	67687
1993	149.94	35904	3273	6154	20909	88836	69654
1994	144.96	25592	3398	5036	22024	84695	76971
1995	153.54	38510	3607	4543	23365	86184	78178
1996	158.38	40689	1904	4682	23579	85940	80554
1997	157.83	38346	1139	4992	21888	68014	81634
1998	149.77	20297	1428	5082	19113	73018	87914
1999	144.90	41356	1217	4926	24665	85137	90932
2000	127.03	59134	1115	4898	27199	90057	102518
2001	106.30	53283	1176	4820	42127	94090	107275
2002	96.29	37905	1022	4848	45629	89500	111146
2003	71.70	24734	725	4910	61567	88617	112220
2004	81.27	36719	603	4680	78047	89394	113927
2005	79.53	34364	444	4802	82242	92840	120908

二、种植业结构调整

1986年，全市农作物种植总面积541.78万亩，其中粮食和大豆436.95万亩、经济作物37.52万亩（其中油菜35.22万亩）、蔬菜42.98万亩、瓜类8.74万亩、绿肥10.27万亩、青饲料4.35万亩。1991～1995年，水稻种植面积由219.33万亩缩减至202.86万亩，小麦种植面积由156.67万亩缩减至138.48万亩，油菜种植面积由39.55万亩缩减至32.29万亩，蔬菜瓜类种植面积由45.89万亩减至38.19万亩，其中常年种蔬菜面积由17.29万亩增至18.3万亩。

1998年秋，市委、市政府实施农业结构调整，调减粮田面积，扩大经济作物种植面积，发展特种种植业。1999～2001年，粮食作物种植面积由339.81万亩减至233.95万亩，其中水稻面积由197万亩调减至157万亩，小麦面积由133万亩调减至66万亩，油菜面积由31.87万亩增至46.02万亩，蔬菜瓜类面积由46.86万亩增至52.71万亩，粮经比例由1999年的8∶2调至6.5∶3.5。

至2005年，全市农作物种植总面积290.22万亩，其中粮食作物种植面积191.73万亩（其中水稻120.59万亩、小麦58.58万亩），油料作物种植面积29.6万亩（其中油菜29.01万亩），蔬菜瓜类种植面积51.51万亩，其他农作物种植面积17.38万亩。水稻、小麦、油菜、蔬菜瓜类种植面积分别比1986年减少119.45万亩、88.38万亩、6.21万亩、0.21万亩。粮食作物种植面积占总面积的比例为66.06%，比1986年降低14.59个百分点。

第三节　农业产业化

1996年，无锡市加强农产品市场体系建设，发展中介服务组织和新合作经济组织，推进农业产业化经营，加快培育贸工农一体化龙头企业。至年末，全市建成农业产业化龙头企业20家，其中亿元以上企业3家、5000万元以上企业8家；龙头企业产值13亿元，占多种经营产值的20%。同时，按照省委、省政府组织实施畜牧业“百项一体化”工程、科技兴牧工程和“放心肉”工程部署，全市先后建成12个良种基地，引进长白、大约克、杜洛克种猪，波尔山羊，夏洛来、西门塔尔种公牛和樱桃谷鸭等良种畜禽。

图13–2　茗岭现代农业示范园　（宜兴市农林局供稿）

2002年初，市委、市政府制定出台《关于促进农业结构战略调整，发展农业产业化经营的政策意见》，建立市级农业产业化发展资金。同年4月，市委农工办、市发改委、市农林局、市财政局联合制定《无锡市农业产业化发展专项资金管理办法（试行）》，规范全市农业产业化发展专项资金操作程序，提高资金运行效率和使用效益，加快农业产业化发展步伐，增强龙头企业带动产业化经营的能力。是年，全市形成103家农业产业化龙头企业，其中加工企业79家、农产品批发市场24个；省级龙头企业10家、市级龙头企业21家，朝阳集团公司被认定为国家级重点龙头企业。全市认定10个市级农业产业化特色镇和52个特色村。至2003年末，全市有农业产业化龙头企业116家，其中国家级1家、省级11家、市级34家。年销售收入超过1000万元的龙头企业45家、5000万～1亿元7家、1亿元以上8家，河埒渔工商集团公司年销售收入9.6亿元。以龙头企业为带动，全市建成6万公顷种植业基地、1.19万公顷水产业基地，牧畜业基地年饲养量30.4万头，禽类基地年饲养量904.2万羽。全市形成农业特色乡镇35个、专业村121个，建成初具规模的农产品专业市场24个，其中无锡朝阳集团、江阴小湖农副产品市场、无锡市水产批发市场成交额分别为20亿元、13亿元和6.7亿元。全市参与农业产业化经营人员30.11万人，占农林牧渔业总劳力的62.7%。

2004年，实施《无锡市优势农产品产业化发展总体规划》，确定优质稻米、双低油菜、特粮特经、特色蔬菜、优质茶果、花卉苗木、优质瘦肉型猪、优质家禽、优质奶牛、特种水产等10个优势农产品发展目标，规划到2007年建成特色明显，区域化、规模化、专业化程度较高的优势农产品产业群；通过优势农产品的发展，带动农业产业化龙头企业不断扩张，在培育农民专业合作经济组织、农产品行业协会和创建农产品现代营销体系的基础上，实现农业的区域化布局、专业化生产、一体化经营，提高农业综合效益和农民收入。是年，全市基本形成以青梅、板栗、银杏及优质茶叶、笋用林为主的林特产业；以生猪、奶牛、肉鸭为主的优质畜禽产业；以中华绒螯蟹、甲鱼、青虾为主的特种水产业；以设施栽培为主的精细蔬菜产业等四大主导产业群。新桥阳光园区、青阳邓阳园区、羊尖绿羊园区、鸿山花果园区、新区农业高新园区、太湖花卉园、胡埭唯琼园区、洛社南洋园区、阳山杨市水蜜桃园区、丁蜀园区、茗岭园区、西渚园区等12个市级现代农业示范园初具规模；天鹏集团被确认为农业产业化国家重点龙头企业。

2005年，全市有农业产业化龙头企业50家，其中国家级2家、省级14家、市级34家。龙头企业实现销售收入153亿元，利税6.33亿元，出口创汇1亿美元；其中销售收入超过10亿元的3家，1亿～10亿元的15家，5000万～1亿万元的17家。龙头企业销售收入占全市农产品加工业总额的72.4%，带动67.49万人，人均增收1509元；龙头企业收购的120万吨农产品中，当地产品占50%左右。全市有规模以上农产品加工企业554家，实现销售收入200余亿元，从业人员3.45万人；其中年销售收入超千万元的70余家，超亿元的23家，超5亿元的15家，超10亿元的5家。年成交额超亿元的农产品批发交易市场11个。

第四节　现代都市农业

1996年前后，无锡市开始农业园区建设。至是年11月，江阴市华士镇农业现代化示范园区、锡山市安镇镇农业现代化示范园区、宜兴市丁蜀镇农业现代化示范园区、宜兴市茗岭镇现代林业科技示范区和无锡新区农业高新技术示范园区先后奠基。随着城乡一体化的发展，旅游、观光休闲农业应运而生。2002年，建成太湖花卉园、唯琼生态休闲农庄等农业旅游园区。2003年初，根据市委、市政府提出的“要把示范园区建成设施农业、生态农业、创汇农业的先导区”的要求，全市农业园区建设创新发展，江阴市新桥阳光园区、青阳邓阳园区，宜兴市西渚园区、丁蜀园区、茗岭园区，锡山区绿羊园区、鸿山花果园区，惠山区阳山水蜜桃园区，滨湖区的唯琼园区、太湖花卉园区，新区的高新园区等12个园区成为无锡市第一批市级农业园区。2003～2004年，这12个园区投入建设资金11367万元，其中市级财政补助1260万元、园区自筹6984万元。

2004年初，市政府组织开展现代都市农业建设专题调研，编制《无锡市现代都市农业发展规划纲要》，确定现代都市农业的各种业态和空间布局,多数农业园区被纳入都市农业建设规划，有的被确定为都市农业的重点建设项目。2005年，市政府举办现代都市农业论坛，提出城市、平原、山区3个圈层结构布局，打造5个类型区：休闲度假型，包括滨湖区九龙湾乡村家园，江阴市华西农业生态园、阳光花卉苗木园，宜兴市天一度假村等；生态观光型，包括滨湖区太湖花卉园、唯琼生态农庄，惠山区富康生态园，锡山区羊尖绿羊生态园，宜兴市竹海公园等；特色体验型，包括惠山区阳山水蜜桃风光带、滨湖区马山杨梅采摘体验和大浮杨梅、醉李采摘体验、龙寺生态园葡萄采摘沟、宜兴市茶叶采摘和茶壶制作体验等；科技教育型，包括南长区扬名无公害蔬菜基地、滨湖区马山锦鲤养殖基地等；特色餐饮型，包括宜兴市山区的山珍野味、滨湖区的渔家乐和江阴市的长江三鲜特色餐饮服务等。

是年，无锡市按照“农田标准化、种养规模化、农艺科技化、生产无害化、经营产业化、水利现代化、环境生态化”的要求，发展特色精品农业、高效创汇农业、生态观光农业和现代设施农业，逐步将现代都市农业示范园区建设成为农林新品种、新技术的应用基地，农村“三集中”和产业化开发的示范基地，农业标准化、现代化的导向基地，园区农业综合生产能力和效益不断提高。江阴市华西村、阳光村，锡山区东港镇等万亩优质水稻园区，惠山区阳山万亩水蜜桃园区等重

图13-3　九龙湾乡村家园生态休闲农业　　（市史志办供稿）

点农业园区，高起点规划，高标准建设，水、电、路、渠等基础设施建设到位，展现出现代农业的风采。滨湖区唯琼生态农庄、雪浪山农业生态产业园、龙寺生态园、太湖花卉园、九龙湾乡村家园和宜兴市西太湖现代农业示范园等集农业生产、生态旅游、休闲观光、科普教育为一体的新型农业园区建成开放。全市各级财政投入现代都市农业建设的资金0.7亿元，引进工商、民间和外商资本7.8亿元，建成农业产业园区15个、农业观光旅游园区13个，其中红沙湾农业观光园、鹅湖翡翠湾、天蓝地绿生态农庄、太湖金水湾度假村等一批文化、休闲旅游农庄成为被列为国家级农业旅游示范点。至年末，江阴市、宜兴市、锡山区、惠山区各建成1个面积5000亩以上的现代都市农业产业园区，滨湖区建成1个现代都市农业观光园区。

第五节　农田水利建设

一、圩区建设

无锡地区低于本地较高水位（4.5米）的洼地占总面积的16.6%，占陆地面积的24.2%，低洼圩区治理始终是无锡农田水利建设的重点。80年代前，通过小圩并大圩、加高加固圩堤等治理改造，圩区形成规模，防洪除涝功能有所提高。80年代中后期，针对部分地区地面严重沉降及雨情水情的变化，各圩区除大规模加固改造圩堤外，将圩区治理范围扩展到周围半高地农田[①]。1991年，太湖流域发生特大洪涝灾害，无锡市半高地农田被淹20万亩。灾后，各地将圩区周边的半高地农田围入圩区，将一些成片的半高地合并建立新的圩子。在治理太湖工程实施中，重点治理望虞河沿线及武澄锡高片中的低洼地区，新建、扩建甘露大联圩以及茅庄、荡东、荡南、荡北、梁鸿、红豆树、沙墩港等圩子和江阴市北涸圩区，大规模加固滨湖圩区，并按照“历史最高洪水位时不出险，超标准洪水有对策”和“日雨200毫米不受涝”的要求建标准圩。由于万亩圩调蓄容量大，防洪战线短，管理集中统一，抗灾能力强，无锡各地加大万亩圩建设力度，2000年，全市圩子数由90年代的1205个减至995个，万亩圩由1991年的23个增至34个，其中江阴市4个、宜兴市17个、锡山市11个、郊区1个、马山区1个。2005年，全市圩子数662个，其中万亩圩41个，1000～10000亩圩215个；圩区控制面积由90年代的128.75万亩增至144.7万亩；修筑圩堤2137.38公里；建有圩区控制闸969座，其中防洪闸710座、套闸54座、分级闸205座；排涝站1340座，配有排涝动力70626千瓦，排水流量每秒1440.68立方米，平均排涝模数达万亩每秒9.96立方米；在标准圩建设中，采用多种建筑材料、多种护岸形式加固堤脚、保护堤坡，修建硬质护堤813.5公里。

图13－4　1997年的东湖塘东升村水利灌排系统　（陈永年摄）

二、农田排灌工程建设

七八十年代，无锡农村开展平整土地、格田成方、沟渠配套、路林成网农田建设。80年代后期起，各地普遍开展改造中低产田、建设吨粮田和农田示范方活动，农田排灌

① 地面高程在4.5～5.0米的圩外农田，一般洪涝年份不受灾，土地面积不大且零星分散。

采用混凝土管新建地下渠道，并将灰土地下渠道逐年改为混凝土管。90年代初，无锡市引进苏州吴县水泥板衬砌明沟技术，尝试建设田间明排暗灌工程。这一时期，全市农田暗灌暗排、暗灌明排和暗灌、暗排、暗降“三暗”工程并存发展。1999年开始，安镇农业示范区首开灌区自动化控制试验，根据作物不同生长期需水要求，应用微电子技术试行自动测验田间水分状况、自动传输数据信息、自动操作排灌设备运行，并检测农田排水水质，掌握农田排灌对环境影响状况。2000年，全市建成700多个排灌设施配套的百亩、千亩、万亩丰产农田方，总面积61.42万亩。

2001～2005年，无锡市改造中低产田面积40万亩。建成市（县）级示范区40多个，面积8.18万亩。建成江阴市华士镇向阳、锡山区安镇和宜兴市丁蜀等3个无锡市级农业示范区，农田面积1.16万亩，投入资金4040万元，建成地下渠道24.22公里、排水沟43.06公里，完成土方200多万立方米。推广防渗渠道、喷灌、滴灌等节水灌溉技术，建成多个不同类型的节水灌溉示范工程。其中国家级3项：江阴市白屈港灌区续建配套与节水改造工程，宜兴市茗岭、新芳节水灌溉示范工程，锡山市太湖翠竹茶叶科技示范园节水灌溉项目一期工程；省级5项：江阴市向阳村、宜兴市宜城镇、锡山区东湖塘镇、惠山区杨市桃园村、惠山区杨市镇节水灌溉项目。两级节水灌溉示范区总面积37.39万亩，建有太湖翠竹茶园微喷灌1150亩、江阴向阳大棚滴灌163亩、防渗渠道18.4公里、地下渠道25公里、混凝土衬砌明沟9公里，总投资2798万元。全市节水灌溉建设投入资金14264万元，改造防渗渠道1761.4公里。在改造中低产田、建设示范区过程中，各地根据农田及渠系建设要求，调整排涝站网，增大排涝站规模，提高泵站标准，实施机、泵、管及传动系统的配套改造，提高设备总装置效率。至2005年，全市农村电力排灌能力15.73万千瓦，建有电灌站4710座、86647千瓦，排涝站1340座、70626千瓦，防渗渠道5782.43公里、控制灌溉面积132.07万亩。

三、山区水利建设

1.水库塘坝建设

90年代，无锡市被列入省水利厅水库管理名录的水库18座，其中横山水库为大Ⅱ型水库，黄墅水库、七里亭水库、东岭水库为小Ⅰ型水库，省庄水库、金家水库、蒋家庄水库、响山红水库、淦里水库、水龙水库、马湖岕水库、军民水库、黄家冲水库、石板塘水库、东省庄水库、青口水库、会坞水库、陆平水库等14座为小Ⅱ型水库，总库容11595.16万立方米。各水库建成后，在使用过程中逐年实施维修、加固及配套工程。1999年开始，投入资金747.4万元，分两批加固整修17座小水库。2001年，横山水库加固扩容，通过加固大坝和合理调度，水库容量增加1000万立方米，扩增防洪和饮用水供水功能。调整灌区农田灌溉方式，实际灌溉的2531.19公顷农田中，田面高程10米以下的877.4公顷山田改为机电提水灌溉，10米以上的204.53公顷山田改为修筑塘坝蓄水灌溉，其余1449.25公顷山田“水改旱”，种植林果作物。2003～2004年，宜兴市新建以防洪、供水为主的太华小Ⅰ型龙珠水库，库容总量374.74万立方米。2005年，全市18座水库，库容总量1.29亿立方米。其中：大Ⅱ型水库仍为1座；小Ⅰ型水库增加龙珠水库，总数为4座；小Ⅱ型水库缩减会坞水库，总数为13座。此外，全市还有江阴市华士镇华明村等小水库多座，总库容约110万立方米。另有数以千计的蓄水塘坝为山田灌溉提供水源，其中宜兴市有库容1万立方米以上的塘坝99座（1987年时大小塘坝2727座，库容较大的104座），蓄水量485万立方米，由水库和塘坝蓄水灌溉山区农田面积7.06万亩。

2.井泉灌溉

70年代，山区农民在泉眼出露、水量较大的井口开凿大口径水井，并逐步安装机泵取水灌溉山田。至1997年，宜兴市建有大口径水井79眼和15座固定灌溉泵站，配套动力160千瓦，灌溉农田1500亩。

3.抗旱翻水线

70年代起，宜兴山区农民建设抗旱翻水线，在干旱年份用机电泵吸取水库塘坝储水进行翻水抗旱。80年代初，13个山区乡镇共建翻水线路60条，之后翻水线路逐年增加。一般翻水2～3级，最多5级，每条线路都建有固定的机埭和输水渠道，并在平时有灌溉任务的下面1～2级机埭上建有机房，其他各级机埭干旱时安装机泵直接翻水抗旱。90年代末，随着产业结构调整，翻水线逐渐失去功用。

4.水土保持

无锡山区主要通过山坡地整理和小流域治理保持水土。山坡地整理，或改顺坡田为横坡田，或修筑梯田。至2000年，全市完成坡耕地4.39万亩改造，营造水保和用材林32万亩、经济林17万亩，种草2万亩。小流域治理涉及宜兴丘陵山区面积693平方公里，其中48个小流域涉及6个镇，控制面积483.07平方公里。至1987年末，宜兴市杨店、官庄、大涧、长岗、南河、花园、园田、向阳、永红、小涧、蒋笠等主要小流域治理初见成效。90年代初，在抗击特大洪涝灾害过程中，宜兴各地对小流域实施较高标准治理，重点为杨店涧、官庄涧、乾元涧、洑西涧、永红涧、向阳涧、桃溪西涧和园田涧等涧沟治理，完成土石方100余万立方米，建筑跌水22座、滚水坝3座、护岸10公里，投入资金857万元。2001年，江苏省遥感测定宜兴丘陵山区水土流失面积296.5平方公里。2001～2005年，在多年小流域治理的基础上，完成25条涧沟整治，其中重点治理园田涧、百亩涧、长岗涧等，累计完成土方34万立方米、石方2.04万立方米、混凝土2.02万立方米，治理水土流失面积50平方公里；投入资金1027.8万元，其中中央补助资金80万元（国债项目）、江苏省补助资金103万元、宜兴市财政资金269.5万元、乡村自筹资金575.3万元。

第三章　种植业　林业

第一节　粮油作物

80年代后期，无锡农村开展“丰收杯”高产竞赛和“吨粮田”项目建设。90年代，随着作物群体质量栽培技术、水稻旱育秧等技术的推广，单产水平不断提高。1999年以后，全市开展新一轮种植业结构调整，实行“压缩粮食作物、扩大经济作物”，种植业生产由偏重高产，转向优质、高产、高效并重，粮田面积下降、单产徘徊；油菜种植面积先增后降，年度间单产差异较大。1990年，江阴市、宜兴市、无锡县战胜持续阴雨、低温和病虫害等多种自然灾害，获得夏熟作物大丰收而受国务院表彰。1986～2005年，全市农田面积递减，粮食年产量由162.32万吨减至79.53万吨。同时，种植业规模经营规模扩大，机械化水平不断提高。2001年，全市有千亩规模以上的粮油种植基地23个，规模种植专业户4891户，累计经营面积31.4万亩，占全市粮田面积的21%。

图13-5　1987年石塘湾乡林庄联片秧田

（陈永年摄）

2004～2005年，无锡市落实种粮补贴、种子补贴、农机购置补贴政策，市和市（县）、区两级用于种粮（水稻）直补和水稻良种补贴资金各2700多万元，惠及种粮（水稻）农户102.14万户次，其中2004年52.01万户、2005年50.13万户。种粮（水稻）直补标准为每年每亩20元，其中市级财政承担江阴市、宜兴市总额的30%，承担锡山区、惠山区、滨湖区、新区总额的50%。市级财政每年另安排水稻良种补贴资金150多万元，由市（县）、区财政以1 ∶ 1的比例落实配套资金。

一、种植制度和方式

无锡地区夏熟作物为小麦、油菜、大麦、元麦、蚕豆等，以小麦、油菜为主；秋熟作物为水稻、大豆、甘薯等，以水稻为主。稻、麦（油）一年两熟。1986～2005年，无锡地区水稻、小麦、油菜的种植方式向省工、节本的轻型耕作栽培技术转变，其中水稻种植由传统的手工栽插向机插、直播、抛秧等轻型稻作技术转变，特别是机插秧和直播秧呈快速发展的态势。2005年，全市水稻机插秧、直播稻、抛秧面积分别为10万亩、7.8万亩和5.25万亩。

80年代，为解决小麦秋播期间经常遇到的干旱或烂耕烂种不利天气而影响出苗和齐苗，无锡县和江阴市顾山镇率先进行稻田套播小麦探索。1988年，全市稻田套播麦面积1.03万公顷，占当年小麦种植面积的8.7%，之后套播面积逐年扩大。1997年，全市稻田套播小麦面积5.34万公顷，占小麦种植面积的56.4%。1998年后，因受暖冬影响，套播麦遭遇冻害的几率增加，市农业局倡导“合理利用套播麦、积极扩大板茬麦”技术，指导各地因地制宜推广以压板麦为主的小麦免耕技术，套播麦面积遂呈下降趋势。2005年，全市套播麦面积1.18万公顷，占小麦面积的30.2%。

90年代起，杂交籼稻逐步退出太湖稻区，直播油菜发展受到季节的限制，种植面积减少。90年代末期，由于暖冬影响，育苗移栽油菜费时费工，前洲镇黄石街村等地农民开始在早熟晚粳类品种为主的稻田中套播油菜，宜兴市部分乡镇在中熟中粳、中糯品种等类型的早熟水稻茬口进行直播油菜试验。由于机械收割水稻对套播油菜立苗、匀苗损伤较大，导致油菜套播面积和产量、效益难以提升；早直播的油菜实收株数足、产量较高，因此发展速度较快。2001年，全市直播油菜1.61万公顷，占油菜总面积的52.6%。

二、面积和产量

1986年，全市种植水稻240万亩。随着90年代中期农业结构调整和城市化进程加快，水稻种植面积减幅加快。2003年，全市水稻种植面积降至112万亩。2004年，中共中央、国务院下发《关于促进农民增收的若干政策意见》，实施“一免三补”惠农政策，调动农民的种粮积极性，水稻种植面积有所回升，2004～2005年，全市水稻种植面积稳定在120万亩左右。水稻每亩产量自1993年起连续13年在500公斤以上，其中1998年为613.2公斤，创历史最高水平。进入21世纪后，由于病虫害大暴发和台风等自然灾害影响，单产徘徊在560公斤左右。2005年，全市平均亩产514.8公斤，是1993年后亩产最低的一年。

无锡地区小麦生育期长、遭遇的自然灾害多、产量不高不稳，特别是1999年长江以南地区红小麦退出保护价收购后，小麦价格低，农民种麦微利甚至亏本，种麦积极性不高。1999年，各地提出“压粮扩经”“压麦扩油”，小麦种植面积大幅锐减。2004年，全市小麦种植42.99万亩，仅为1986年的29.25%，亩产也由1996年的284.4公斤下降至2003年的164.13公斤。

1986～1999年，无锡油菜种植面积稳定在35万亩左右。2000～2002年，油菜种植突破40万亩。2003年开始，由于油菜种植机械化水平低，产量和效益不高，种植面积逐年下降。

2005年，全市粮食作物种植191.73万亩，其中水稻120.59万亩、小麦58.58万亩；油料作物种植29.6万亩，其中油菜29.01万亩。粮食总产量795337吨，其中水稻620738吨（其中单季晚稻619550吨）、小麦155465吨、蚕豌豆2731吨、薯类6832吨、秋收豆类7801吨；油料作物总产量34364吨，其中油菜籽33794吨。

1986～2005年无锡市粮油作物种植情况统计表

表13-9　　单位:万亩、公斤

年份	水稻		小麦		油菜	
	种植面积	亩产	种植面积	亩产	种植面积	亩产
1986	240.04	484.50	146.96	248.40	35.22	104.00
1987	235.63	480.00	145.18	215.00	37.75	102.00
1988	232.29	480.00	149.06	224.00	35.54	97.00
1989	232.85	503.00	151.89	176.00	35.51	101.00
1990	230.48	492.00	155.40	222.00	36.19	114.00
1991	219.33	465.00	156.67	205.00	39.55	109.00
1992	219.14	475.00	155.56	272.00	36.61	116.00
1993	210.78	523.00	142.06	253.00	30.62	116.00
1994	202.47	543.00	137.24	232.00	31.28	81.00
1995	202.86	565.00	138.48	262.00	32.39	118.00
1996	202.13	576.00	139.25	284.40	32.02	126.40
1997	200.84	580.00	141.95	277.60	30.66	124.70
1998	199.85	613.00	141.50	181.50	29.76	67.70
1999	197.09	543.20	132.99	273.20	30.88	129.20
2000	178.21	564.00	99.16	249.30	45.26	130.20
2001	157.12	578.20	66.18	204.20	46.04	115.11
2002	139.34	583.80	71.85	179.60	41.28	90.62
2003	111.92	557.50	47.48	164.13	32.22	75.17
2004	121.68	566.70	42.99	247.93	29.09	124.40
2005	120.59	514.80	58.58	265.39	29.01	116.98

三、粮油作物品种

1.水稻

1985～1989年，无锡农村水稻种植以武复粳、农林百选、宇叶青、早单八、太湖糯等品种为主。1986年前后，全市种植杂交籼稻20万亩左右，集中种植于宜兴市西南部丘陵、半丘陵地区，主体品种为汕优63。1987年，引进试种8169-33（后定名武育粳2号）早熟晚粳品种，产量优势突出。1989～1995年，武育粳2号的种植面积迅速扩大，成为全市水稻当家品种，累计推广1000多万亩。90年代以后，各地基本种植单季早熟晚粳（糯）稻，先后推广武复粳、农林百选、宇叶青、武育粳2号、武育粳5号、武运粳7号、武香粳9号、武粳13、常农粳4号、武香粳14、武粳15等粳稻品种和银香21、太湖糯、武香糯8333等糯稻品种。1996～1997年，武育粳5号成为当家品种，种植面积250万亩。1998年，种植武运粳7号138.6万亩，占水稻总面积的69.35%，占绝对优势。之后，品质优势逐渐退化，至2005年，仅有规模经营种植为主的面积8万多亩。2000年以后，各地注重优质水稻品种和杂交粳稻品种的引进、筛选和示范推广，水稻品种优质化率从45%提高至2005年的75%，长年种植的主要优质品种为苏香粳1号。杂交粳稻种植面积每年扩大，由2000年的80亩增至2005年的6万亩，重点推广的品种有常优1号、申优1号、申优4号、86优8号等。其间，江阴市顾山镇成为杂交粳稻制种、发展的典型乡镇。2005年，发生特大稻飞虱虫害，杂交粳稻的生长优势、抗倒优势、抗耐稻飞虱优势、产量优势、米质优势、效益优势凸显。2002～2004年，全市水稻种植品种以武香粳14

为主，3年累计种植面积158万亩。2005年，主体品种改为武粳15，种植面积52.7万亩。

2.小麦

1990～2003年，无锡市小麦种植面积从155.4万亩降至47.48万亩。其间，先后推广种植的品种有扬麦4号、扬麦5号、扬麦158、宁麦9号、扬麦9号、苏麦6号、扬麦10号、扬麦12号等。1995～2005年，扬麦158成为推广种植年限最长的品种，种植面积最多年份1998年达119万亩。2000～2005年，每年种植抗梭条花叶病的宁麦9号10多万亩。2000～2001年，白皮优质品种苏麦6号品种优势突出，种植面积逐年增加，至2002年超过10万亩，但受当年5月多阴湿气候影响，"穗发芽"现象严重，此后几年种植面积急剧下降。

3.油菜

无锡市油菜种植品种引自全国各地，其中湖北中油所、贵州省油研所培育的品种均有较大种植面积和较长种植年限。1986～2005年，先后推广种植的品种有宁油7号、中油821、涪油1号、油研7号、宁油10号、黔油12、史力丰、苏油1号、淮杂油3号、沪油16等。其中1988～2000年推广种植中油821，累计面积240多万亩，占同期油菜面积的54%。其他种植年限较长的品种有宁油7号和扬油1号（1985～1996年）、苏油1号（1998～2005年）等，种植面积较大的品种有涪油1号（1999～2001年）、油研7号（2001～2003年）、史力丰（2003～2005年）。2000年从重庆引进渝黄1号（种皮黄色）试种，2001年有4个示范方试种，由于病害较重、产量较低，未推广应用。

四、种子管理与生产

1983～2001年，全市农作物品种由市种子站管理，江阴市种子公司（2005年前）、宜兴市种子公司（2002年前）、锡山市种子公司（2000年前）分别负责区域内的品种管理、种子生产、良种经营和种子技术指导。1993年，成立市种子公司。是年，市农作物品种审定小组审定无锡县农业试验站培育的特色水稻品种——锡御糯。1998年，市（县）、乡镇两级水稻繁种面积1.85万亩。其中，繁种面积市级最大的宜兴市为2898亩；镇级最大的锡山市为6075亩，品种以武95-22（后定名武运粳7号）为主，占87.7%。1999年，为增肥地力、提高耕地质量，市财政局实施红花草种子补贴。2000年4月，市农业局成立无锡市农作物新品种引育中心，在锡山市农业试验站设基地。该中心运行3年多，引进粮油类、瓜果蔬菜类、花卉园艺类等作物（包括小杂粮、药材、牧草等）品种300多个。2001年，市农业局将农技推广站、种子站、植保植检站、土壤肥料站整合为市农业技术推广中心。是年，锡山市种子公司改名锡山区种子公司，又名无锡市恒丰种子公司，2004年注销后成立无锡市珠峰种子有限公司；新设惠山区种子管理站，成立无锡市惠大种业有限公司；宜兴市种子公司改制成宜兴市明兴种子有限公司，之后又相继成立宜兴市华东农作物研究所（2004年）、宜兴市神州种子有限公司（2005年）两家种子生产、经营单位。

2002～2005年，市种子公司在江阴市顾山镇进行杂交粳稻制种，常优1号稻种纯度分别为97.4%、98.3%、99.3%、98.75%；市农业技术推广中心租用锡山区锡北镇刘巷农场100亩土地开展新品种引进繁育及示范，繁殖武9998-3、扬麦12号、苏油1号、宁麦9号等稻、麦、油菜种子。2004年，各地水稻种子供应紧张，无锡市连年补贴水稻优、新良种。2005年，全市种子经营持证企业13家，分别为：无锡市种子公司、惠大种业有限公司、锡山区稻麦原种场、北塘种子公司、唯琼园艺有限公司、益农农业服务公司、恒丰种子公司、珠峰种业有限公司，宜兴市蔬菜种子实业公司、华东农作物研究所、明兴种子有限公司、神州种子有限公司和江阴市种子公司。

五、栽培与管理

1.水稻

无锡地区水稻育秧方式多样，一般分小苗育秧和常规水育秧两种。小苗育秧又分肥床旱育秧、

图13-6　水稻抛秧　（市农机局供稿）

打孔地膜秧、工厂秧和抛秧等。江阴市东南片区，惠山区的阳山、堰桥镇，滨湖区、新区和宜兴市东北片区以小苗育秧为主，江阴、宜兴两市西片区以常规水育秧为主。肥床旱育秧5月20～23日播种，亩播稻种90公斤以内，秧大田比例1∶20～1∶25，秧龄20～25天。地膜小苗秧和抛秧5月25～28日播种，秧龄15天左右。工厂育秧根据插秧机栽插效率倒推计算播种期，秧龄控制在15～18天，一般不超过20天，每盘播种芽谷150克，秧大田比例1∶100。育秧管理重点为秧田水浆、施肥和防治病虫草害。病虫害防治重点为防止灰飞虱、条纹叶枯病等暴发蔓延。水育秧选择地势平坦、地力均匀、土质良好、沟渠配套、灌排方便的田块为秧田，先将稻种风飏或由选种机筛选，晒种1～2天后药剂浸种，预防恶苗病和干尖线虫病发生。5月15～20日催芽、"破胸露白"后播种，每亩播稻种30公斤左右，秧龄25～30天，秧大田比例1∶8～1∶10。各地在水稻秧苗栽插前，平整田面，田间开（或留）围沟、串心沟，有利中后期水浆管理。不论手插、机栽，均薄水栽插，宽行窄株，以增加通风透光性，降低倒伏风险，株行距13厘米×26厘米或10厘米×30厘米，每亩栽1.8万～2万穴、6万～7万株基本苗。抛秧田块在抛栽结束后，及时疏苗匀苗，以保证大田秧苗均匀分布。

各地种植水稻施用有机肥占氮肥总量的15%以上，基苗肥占50%～60%，穗肥占30%～40%，其余10%为平衡肥。每亩施纯氮15～18公斤，氮、磷、钾用量比例为1.0∶0.4∶0.6；预测预报，切实防治螟虫、纵卷叶虫、稻飞虱等虫害发生，注重农业防治病害和药剂防治病害相结合，防治小球菌核病、青枯病、纹枯病、稻瘟病和稻曲病等病害；生长前期薄水灌溉，中期开沟搁田，后期湿润灌溉，防止断水过早，保证稻株湿润活熟到老。

2.小麦

80年代后期至90年代初，无锡农村小麦一般在10月底至11月上旬播种，麦种播种量均在每亩10公斤以上，基本苗20万穴以上。90年代中期开始，下降至每亩10公斤以下，基本苗在15万穴左右，麦种用量减少而小麦产量增加。1995年开始，无锡农村栽培小麦实行免耕为主，省工、节本，播期提前、产量增加、经济效益提高。免耕分压板麦、套播麦两种，播种时机械开沟后覆土栽培，既减轻劳动强度，又提高覆土盖籽的播种质量。干旱年份及早抗旱以保全苗。

小麦在越冬前和越冬期进行化学除草，及时施用提苗肥，清沟理墒，拍麦压麦，加强田间管理；春季清沟排水降渍、消除春草和防治病虫害。为取得高产，抓准时机施用拔节孕穗肥；后期抓赤霉病和穗部蚜虫防治。2005年，全市90%的小麦实行机械化收获。

3.油菜

无锡地区种植油菜不仅为了解决农民吃油问题，还有轮作换茬和培肥地力的作用。油菜种植分育秧移栽和直播两种。丘陵山区、沿湖渎区和有移栽习惯的地区坚持育秧移栽油菜，其他地区采用稻田套直播和边割稻、边播种的直播方式。移栽油菜一般每年9月下旬播种，10月底至11月初移栽，亩栽8000株左右。在培育壮秧的前提下，确保移栽质量，施足基肥，早施苗肥，重施蕾苔肥。施用氮、磷、钾肥时，增加磷、钾肥的比重。为减少大田移栽用工量，农户亦采用板田移栽方式，栽后开沟。直播油菜出苗后，及早间苗，适时定苗，亩定苗2万株左右，并实行化学除草，早施提苗肥。直播或移栽均进行中耕除草，清沟理墒和培土壅根，并采取措施防治蚜虫和菌核病。

六、病虫害防治

无锡地区农作物常发性病虫害主要有水稻螟虫、纹枯病，小麦蚜虫、赤霉病和油菜菌核病等，稻飞虱、纵卷叶螟等迁飞性害虫也偶有发生。随着全球气候变暖和种植业结构调整，农作物病虫害发生种类、致害规律也随之发生变化。特别是进入21世纪后，一些迁飞性害虫和细菌性、病毒性病害开始成为农作物的主要病虫害。

1.水稻螟虫

80年代后期，水稻螟虫仅在宜兴市丘陵山区少量发生。随着推广免耕和扩种粳稻，发生范围由宜兴沿湖渎区扩大至锡山市的沿太湖稻区。至1995年，全市三化螟发生面积175万亩，严重面积2.5万亩。1994～1998年为三化螟大发生年份。1997～2002年，二化螟、三化螟、大螟三螟齐发，其中2001年最为严重，全市单季晚稻均遭不同程度螟害，各乡镇都有白穗率比较高的田块。各地采取冬季耕翻灭蛹、推迟播栽期、压缩水育秧、推广小苗旱秧，调整药剂防治、推广应用锐劲特等高效新药剂等综合措施进行防治。2003年后，由于灰飞虱大量发生，秧田防治次数增加，氟虫腈等药剂应用面积增大，螟虫种群发生量得到明显抑制。

2.褐飞虱

80年代后期和90年代初期，扑虱灵和吡虫啉、锐劲特等药剂出现后，水稻褐飞虱危害明显控制，产量损失显著降低。1987年、1988年、1990年、1991年、1997年和2005年为褐飞虱大发生年份，其中1997年和2005年为特大发生年份。2005年，前期过境台风次数多而带来褐飞虱迁入虫量大，再加上夏季高温天气不明显，秋季气温较高，有利于三代、四代褐飞虱繁殖，加上长期使用吡虫啉导致褐飞虱对吡虫啉的抗性高达475倍，无锡地区褐飞虱特大发生，其中三代褐飞虱为主害代。最早发生田块在9月10日前后，由于控制及时，四代造成的倒伏损失较轻。9月25日以后，因褐飞虱造成的倒伏冒穿基本停止，全市125万亩水稻最终倒伏毛面积1.6万亩，折实面积1485亩。

3.稻纵卷叶螟

90年代后，无锡地区水稻品种基本以单季早熟晚粳为主，有利稻纵卷叶螟的栖息取食和产卵繁殖，加上自2001年开始全面禁用甲胺磷等高毒农药，针对高龄虫的特效药剂缺乏，稻纵卷叶螟发生几率和发生程度呈加重趋势，出现发生期早、量大，蛾峰期长、世代重叠的现象。水稻纵卷叶螟侵害逐年加重，2002～2005年连年大发生。其中2003年稻纵卷叶螟迁入峰期之早、之长、数量之大前所未见，二代迁入期最早出现在6月20日，比常年提早1周左右，发蛾峰期高达8天以上，峰期内全市平均每亩草地蛾量达4100头，是前5年同期蛾量的30倍。沿太湖地区田块发生程度更为突出。由于二代防治适期内连阴雨天气多，严重影响防治质量，造成田间残留虫量多，为下一代发生积累了虫源基数，导致三代、四代稻纵卷叶螟特大发生，危害极为严重。农技部门提出“治前控后”和“药剂轮换”的防治措施，通过加强系统监测，将防治适期从二龄盛期提早到卵孵高峰期至低龄幼（若）虫盛期，在迁入期早、迁入峰次多的情况下，狠治二代，降低本地残留，减轻后期压力。同时，开展大量药剂筛选试验，科学选用防治药种，控制使用沙蚕毒素类等抗性较高的药剂，替代使用氟虫腈、毒死蜱等新型药剂，取得较好的防治效果。

4.条纹叶枯病

由于耕作制度调整和气候变化，1999年起，水稻条纹叶枯病在粳稻种植区危害逐年加重，成为水稻生产最重要的病害之一。2004年，全市大面积秧田灰飞虱（传播条纹叶枯病媒介昆虫）虫量每亩10万头以上，高的地区126万头。暖冬导致越冬虫量积累，2005年发生量是上年的两倍，且带毒率上升，全市平均带毒率36%，最高的58%，超过12%的流行指标，杂交粳稻条纹叶枯病发病率超过10%。全市水稻产区推广抗性品种和吡虫啉（或锐劲特）药剂浸种技术、实施推迟播种期避害技术和秧田全程药控技术等综合配套防治技术，将全市秧田平均发病率控制在0.1%，大田病穴率控制在1%以内，水稻条纹叶枯病对总产量基本未造成大的影响。

七、丰产增效竞赛

图13-7　1989年，无锡县农业会议代表参观丰产方（陈永年摄）

1987年起，在省农林厅的倡导下，各地组织开展“丰收杯”“吨粮田”“领导工程丰产方”竞赛活动。至1998年末，全市建立23个市级农业领导工程示范方，其中江阴市华士向阳示范方、锡山市安镇年余示范方、宜兴市丁蜀示范方被确定为省级农业领导工程方。1999年，上述3个现代农业示范区三期工程提前完成，建成高标准农田550公顷；全市各级领导工程丰产方和丰产示范带总面积73.1万亩次，比1998年增加5万亩次，其中夏熟领导工程丰产方25.6万亩、水稻领导工程丰产方47.5万亩。全市丰产方3000多个，其中省、市级水稻、小麦方各23个，油菜方6个；县级水稻方36个、小麦方46个、油菜方10个。由于技术措施到位率较高，各级领导工程丰产方在大灾之年仍取得高产稳产。23个市级小麦方亩产304公斤，6个油菜方亩产176公斤，分别比大面积增33公斤和47公斤；20个市（县）级水稻方亩产605公斤，比大面积增加12%。宜兴市宜城镇和平方和江阴市云亭镇同心方参与省级验收评比；江阴市申港农场水稻方经省专家高产认证，亩产713公斤。2004年，无锡各地启动建设水稻新品种示范方和新技术推广高产高效示范方。2004～2005年，全市表彰示范方建设成效显著单位49家（次）。

第二节　蔬　菜

一、蔬菜基地建设与管理

1.蔬菜基地

1986年，无锡市蔬菜生产以郊区为主。郊区政府贯彻“以菜为主、服务城市”的方针，在4.6万亩耕地中，种植蔬菜3万亩，其中常年性菜田1.8万亩、季节性菜田0.8万亩、水生菜田0.4万亩，分布于9个乡近百个村（其中常年菜田60个村），投入本地劳力近6000人、外来劳动力近4000人。

1987年下半年，无锡县的5个乡建市属蔬菜基地500亩。至1988年末，郊区菜田2.96万亩，无锡县市属蔬菜基地1605亩。1989年，无锡县新建市属蔬菜基地945亩，分布于4个乡11个村（农场）。是年，郊区菜田2.82万亩，分布于广益、南站、黄巷、扬名、河埒、山北、蠡园、旺庄、大浮等9个乡和城郊蔬菜管理区。

1988年，市政府颁布《关于建立蔬菜保护区的决定》。至1989年，市蔬菜办公室在郊区8个乡、52个村划定1.4万亩蔬菜保护区农田，其中常年性菜田9000亩、水生一季性菜田5000亩。无锡县区域内的市属蔬菜基地同时列入保护区范围。列入保护区的菜田，原则上至2000年不予征用。至

1990年末，全市蔬菜保护区面积16250亩，其中郊区1.42万亩、无锡县2050亩。至1993年，全市实有蔬菜保护区面积13640亩。

至1993年末，市属2.95万亩蔬菜基地中，郊区1.63万亩、马山区500亩、无锡县1.27万亩。至1997年7月，市属蔬菜基地实有菜田3.14万亩，其中常年性旱生菜田2.69万亩、水生菜田0.45万亩。按城市常住人口计算，达到省政府人均菜田面积0.03亩的要求。

1996年12月，市人大常委会颁布《无锡市蔬菜基地管理条例》。1997年，各市（县）、区、乡镇政府和有关部门开展重点保护区菜地划定工作，建立健全市属蔬菜基地保护责任制。至此，全市市属蔬菜基地实有31365亩，其中：常年性旱生菜田26854亩、水生菜田4511亩；郊区16115亩、新区4105亩、马山区500亩、锡山市10645亩。划定重点保护区菜田26006亩、一般保护区菜田5359亩。1999年，全市商品蔬菜田13.56万亩，其中郊区1.5万亩、新区4300亩顷、锡山市3.6万亩、宜兴市7.5万亩、江阴市5300亩。2000年，全市商品蔬菜田总面积增至20.13万亩，其中市属蔬菜基地3.15万亩，年产蔬菜60万吨。2001年，随着农业产业结构调整不断深入，全市重点发展一镇一品的特色栽培模式，建成规模化特色蔬菜基地41个，总面积3万亩，其中：滨湖区坊前镇丝瓜基地1500亩、华庄镇大棚番茄基地600亩，锡山区荡口镇白花菜（绿花菜）出口基地500亩、张泾镇扁豆基地1000亩，惠山区藕塘镇和钱桥镇蚕豆基地3000亩、玉祁镇花菜基地1000亩，新区硕放镇新农村茭白和藕水生蔬菜基地320亩，江阴市青阳镇和月城镇水芹菜基地2500亩、文林镇大蒜基地1000亩、峭岐镇和澄江镇番茄生产基地5000亩、璜土镇和青阳镇韭菜基地1500亩，宜兴市丘陵山区的百合基地1500亩、宜兴市嘉峰药植有限公司的百合和佛手基地500亩、官林镇芦笋和民田茄加工蔬菜基地800亩、宜兴万昌食品有限公司加工蔬菜配套基地1750亩、宜兴洋溪镇精细蔬菜基地3000亩。扬名无公害蔬菜生产基地全面采用无土栽培技术，生产的樱桃番茄驰名沪宁一带，结球生菜销往香港市场。

2002年，全市蔬菜种植面积增至27万亩。随着城市建设的加快，大量菜田被征用，各地在原有菜田急剧减少的情况下，新辟建设新菜田。2003年，全市商品蔬菜田29万亩，加上2.2万亩市属蔬菜田，总面积31.2万亩。2005年，市属蔬菜基地1.28万亩，其中惠山区1578亩、锡山区2192亩、滨湖区6771亩、北塘区1373亩、新区530亩、崇安区159亩、南长区193亩；市属蔬菜地中，在城市规划红线内6682亩，在城市规划红线外6114亩。在农业结构调整中，各地农民自发增加种菜面积，锡山、惠山、滨湖三区农民自发种菜4.94万亩，江阴市蔬菜面积10.88万亩，宜兴市蔬菜面积9.91万亩。惠山区堰桥、洛社、玉祁，锡山区安镇、锡北，滨湖区华庄，江阴市璜土、利港、夏港、周庄、祝塘、澄江、青阳、霞客，宜兴市宜城、芳桥、官林、杨巷、周铁、新庄等20个镇蔬菜种植超过5000亩。

2.菜田征用收费

1985年，市政府规定，凡单位征用菜田，在按原规定交付征土费的同时，缴纳新菜田建设费。征土后用于生产性建设的每亩1.5万元，用于建设居民住宅、医院、商店、菜场、学校等设施和修桥铺路建设的每亩5000元，不满3年的新菜地按上述标准的70%收取；乡镇企业单位经批准使用菜地，按照用一亩建一亩的精神，根据改建菜田的实际费用，每亩收取2000～3000元建设费。新菜田建设费一律由当地蔬菜主管部门统一安排使用，在当地人民银行建立专户，专款专用，用于新老菜田的基本建设，包括菜地的水利建设、土壤改良、粪池建设、种子培育、快速育苗、保护地栽培等。1988年8月1日起，市政府调整新菜田建设费。工厂、商店、宾馆、饭店等企事业单位建设用地和城市居民住宅用地，每亩征收新菜田建设费2万元；医院、学校、托儿所和铁路、道路、河道以及道路绿化等市政建设用地，每亩1万元；乡镇企事业单位经批准使用菜地的，按照用一亩建一亩的精神，根据改建菜田的实际费用，每亩收取2000～3000元，并收取粮食差价补贴费3000元。1989年起，市蔬菜办财政专户储存菜田建设费，并按规定编报用款计划。同时，市政府对粮田改菜田按每亩2000元的标准一次性安排新菜田建设费，其中60%～65%用于农田基本建设，35%～40%用于农科队配套设施与技术服务体系建设。

1994年，市委、市政府规定，蔬菜田按每亩2万～3万元征收新菜田建设费；凡征用保护区内菜田的，按此标准的2～3倍收取；工厂、商店、宾馆、饭店等企事业单位和城市居民住宅建设用地征收标准按上限执行；乡镇建设占用常年菜地，由乡镇负责增补等量新菜地，先补后征，征一补一。本乡无法增补或增补不足的，按国家建设占用标准交纳新菜田建设费，由市、县（市、区）统一安排增补新菜地。

1996年，无锡市实施100万平方米安居工程建设，明确减免新菜田建设费。1998年起，市政府对市区各私营经济园区建设给予政策扶持，金山北私营工业园等一批园区建设占用大量蔬菜田，免交新菜田建设费。

二、蔬菜生产

1986年，无锡市蔬菜生产以郊区为主，蔬菜总产量12.58万吨，产值1927万元，占郊区工农业总产值的1.21%。1988年，郊区菜田29627亩，生产蔬菜10.4万吨，合同交售国营蔬菜公司6.7万吨，蔬菜生产总值2900万元，平均亩产值1408元。当年春缺生产任务1.5万吨，实际完成1.66万吨；伏缺生产任务2.45万吨，实际完成2.79万吨。江阴市城郊蔬菜基地3075亩，生产上市蔬菜1.25万吨。江阴市各乡镇按人口规模分别建设30～80亩蔬菜基地，乡镇菜田总面积1113亩。宜兴市宜城镇等四大镇有蔬菜基地3854亩。无锡县除市属蔬菜基地1605亩外，有商品蔬菜田21891亩，生产蔬菜3.65万吨。随着新建菜田的增加，外来种菜劳力不断增多，其中郊区种菜外来劳力5266人，占种菜劳力的50%。

1991年，全市蔬菜基地24628亩，其中钢架大棚菜田2000亩，蔬菜良种繁育基地208亩。1994年，全市露地常年菜田亩产值3500～4000元；大棚菜田亩产值7000～8000元，最高的达万元。1995年，无锡市计划安排郊区生产上市蔬菜6万吨，无锡县市属蔬菜基地生产上市4万吨。为保春缺、伏缺的市场供应和国营菜场主要品种不脱销，由市国营蔬菜公司全年向郊区和无锡县市属蔬菜基地合同定购青菜5000吨，其中向郊区定购3500吨。为确保一季度蔬菜供应，市政府要求种足种好越冬青菜，其中郊区6000亩以上、无锡县市属蔬菜基地4000亩以上。为确保1～3月春缺期间的青菜供应，郊区区委、区政府把蔬菜副食品生产作为金牌产业，将“菜篮子工程”列为“党政一把手工程”，在全区乡村掀起蔬菜冬播生产热潮。为完成市蔬菜办公室下达的种植6000亩越冬青菜的任务，采取种足、种好、管好大田菜，提高单产，增加总量等措施，并动员村民广种“十边菜”、果园菜和征而未用的菜田菜。锡山市市属蔬菜基地克服新改菜田比重大、主要依靠外来劳力种菜、多数镇村干部不熟悉冬季蔬菜生产、没有大面积种冬菜习惯等困难，种足4000亩越冬青菜，做到当年改菜、当年投产、当年获益。为了确保越冬青菜生长，郊区实行地膜覆盖4000亩次、稻草覆盖1500亩次，锡山市的市属蔬菜基地越冬青菜全部覆盖稻草；全市郊、县还购置150万平方米遮阳网，用于冬菜覆盖。是年，全市蔬菜供应数量充足，质量提高，以往淡季市场供应紧张的状况得到改善。

1999年起，市政府将“放心菜”工作列入每年为民办实事项目之一，在蔬菜生产中全面禁止使用有机磷、有机氯等剧毒农药，合理使用生长调节素，实行“生产—采购—整理—加工—出售”全过程监（检）测，确保上市蔬菜无农药污染或农药残留不超标。全市组织乡、村菜干部和菜农进行相关知识培训，凡经过应知应会考试及格，发给绿色证书，实行持证上岗。各级部门与菜农签订承包菜田的合同书上，明确规定在蔬菜生产过程中不得使用剧毒农药，发现违规行为，立即中止合同，收回承包的菜田，由他人转包种植；凡因此造成中毒事故的，追查其经济甚至法律责任。严禁受污染的有毒有害蔬菜进入市场，蔬菜产品入市前，进行是否有超标剧毒农药残留的检测。为确保蔬菜生长期间不受或少受害虫危害，市政府还拨出专项资金，补助采用防虫网覆盖栽培技术的菜农。实行防虫网蔬菜定点生产、销售，在超市、农贸市场挂牌定点供应。1999年，全市防虫网覆盖栽培技术使用面积2000亩次。经多管齐下强化管理，全市全面供应放心菜，无蔬菜中毒事故发生。

进入21世纪，无锡市先后引进推广日本白花菜、梅绿90、天杰2号绿化菜、桃杂4号、株月白花菜、锦绿黄瓜、耐热青菜、超能菠菜、耐热苞菜、紫包菜、韩国甜粟南瓜、台湾南瓜、白玉春萝卜、荷兰番茄、樱桃番茄、蛋茄、彩色椒、多色茄、五色菜椒、网纹甜瓜、洋香瓜、蛇瓜、无花果、彩色甜玉米、耐热萝卜、草莓、西兰花、黄秋葵、芦蒿、芦笋、香椿、人参果、菊花叶、蒜黄、黑山芋、凤蓉菜、飞碟瓜、礼品西瓜等新品种，推广面积1万亩。2001年，无锡市商品蔬菜面积25.91万亩，其中市属蔬菜基地30580亩，设施栽培面积63312亩，建成无公害蔬菜基地5000亩；年产蔬菜93万吨，产值10.2亿元。2001～2005年，全市压缩耐贮运的瓜果类蔬菜生产，扩大叶菜生产，形成以叶菜为主体均衡生产上市的品种布局，实行小批量、多茬次、多品种、高复种的生产模式。拓展蔬菜精品、名品生产与销售，培育出锡山市的坊前丝瓜、张泾扁豆、玉祁花菜、藕塘蚕豆，宜兴市的洋溪萝卜、百合、包菜等精品、名品。无锡市近郊由城市主要蔬菜供应地转变为速生叶菜和部分高档花色品种蔬菜的生产供应地；三市（县）蔬菜基地趋向特色化、规模化，产品辐射面扩大，逐步形成生产、加工、保鲜、储运的产业链，除供应本市外，还销往上海、南京、北京等地。

2005年无锡市蔬菜生产统计表

表13-10　　　　单位：亩、吨、个

项目		全市	其中		
			市区	江阴市	宜兴市
总面积		496035	162195	133860	199980
其中	叶菜类	234315	67500	52560	114255
	瓜菜类	58920	22425	16575	19920
	块根、块茎类	37665	12990	11640	13035
	茄果菜类	48930	16650	14175	18105
	葱蒜菜类	34620	11415	14190	9015
	菜用豆类	37905	18525	9585	9795
	水生菜类	14385	5880	5430	3075
	其他菜	29295	6810	9705	12780
总产量		1039301	299666	354130	385505
其中	叶菜类	509820	124063	146936	238821
	瓜菜类	139699	51260	51789	36650
	块根、块茎类	82569	26780	28312	27477
	茄果菜类	110356	38094	34450	37812
	葱蒜菜类	75106	18704	42734	13668
	菜用豆类	53311	23459	16524	13328
	水生菜类	26400	8695	12248	5457
	其他菜	42040	8611	21137	12292
蔬菜大棚	个数	26143	16990	4660	4493
	面积	1536	998	288	250

第三节　茶　叶

无锡种植茶叶历史悠久，品种以绿茶为主，红茶次之；种植面积、产量以宜兴居首。1986年，无锡县多种经营管理局成立地方名茶研制课题组，在雪浪乡向阳林场、八士乡斗山茶林场协作下，于1994年研制出名茶“太湖翠竹”。

1994年11月，由无锡市茶叶品种研究所选育的茶树新品种锡茶5号、锡茶11号通过国家茶树品种审定委员会审定，被评为第三批国家茶树良种，填补江苏省茶树育种上的空白。1996年，宜兴市林副业局许晴暖、顾卫忠，茗岭岭下茶场蒋顺淮等创制出江苏省唯一红茶类名茶“竹海金茗”。同年，由宜兴市善卷林技站余庆初历时数年主持研制的高级名茶新品“善卷春月”通过省级鉴定，获国内贸易部“中国国货名茶”和“中国公认名牌”称号。1997年，无锡市实施国有茶园更新改造项目，发展无性系良种，项目一定3年，获省农林厅和财政厅改植换种茶园补助资金每亩1500元。

2005年，全市茶叶种植面积64320亩，其中宜兴市53085亩，占82.53%；产茶4802吨，其中宜兴市4388吨，占91.38%。茶叶产量中，红茶1222吨，占25.45%；绿茶3101吨、占64.58%；其他茶479吨，占9.97%。

1986～2005年无锡市主要年份茶叶种植情况表

表13-11　　单位：亩、吨

项目				1986年	1990年	1995年	2000年	2005年
种植面积	全市			62300	56700	60360	57870	64320
	其中	市区		4574	4700	6240	5445	10350
		江阴市		1306	1000	1035	885	885
		宜兴市		56420	51000	53085	51540	53085
采摘面积	全市			55359	53300	53385	54105	60570
	其中	市区		3672	3800	3900	4680	6660
		江阴市		1032	900	900	855	825
		宜兴市		50655	48600	48585	48570	53085
茶叶产量	总产量	全市		4310	5870	4543	4898	4802
		其中	市区	379	493	466	402	379
			江阴市	69	105	76	78	35
			宜兴市	3862	5272	4001	4418	4388
	各品种产量	红毛茶	全市	2528	—	1077	1576	1222
			其中 市区	62	—	3	2	2
			江阴市	14	—	24	18	—
			宜兴市	2452	—	1050	1556	1220
		绿毛茶	全市	1753	—	3343	2957	3101
			其中 市区	316	—	417	343	169
			江阴市	53	—	36	34	26
			宜兴市	1384	—	2890	2580	2906
		其他茶	全市	29	—	123	365	479
			其中 市区	—	—	46	57	208
			江阴市	—	—	16	26	9
			宜兴市	—	—	61	282	262

说明：表内数字均按2005年地域范围统计。

第四节　果　品

无锡果品主要为桃、杨梅、葡萄、柑橘、梨。90年代中期，逐步采用高效有机肥料为主，复合肥、微生物肥料为辅的果品施肥技术，替代80年代以化肥为主的施肥技术。2000年前后，无锡市先后制定、实施葡萄、桃、梅和杨梅的地方性标准化生产技术规程和质量标准。2001年，全市果树种植呈发展趋势，品种优化，效益提升，果品面积14.2万亩，年产量4.2万吨，产值1.5亿元，其中杨梅、草莓的产量分别为1400吨、2264.5吨，分别比上年增加312%、90.7%。至2005年，果品种植面积由1986年的48056亩增至181680亩，增长2.78倍；果品产量由14161吨增至82242吨，增长4.81倍。

一、桃子

桃子为无锡传统果树，各地均有栽培。80年代，无锡种植桃树的品种中早、中、晚品种比例约为2：5：3，雨花露、朝霞、白凤、湖景、朝辉、白花为主栽品种。2000年以后，早桃品种压缩，中、晚熟桃品种增加，以白凤、中湖景、大湖景、朝辉、白花为主。2005年前后，新白凤品种引栽成功，逐渐扩大种植面积，呈取代白花的趋势。2001年开始，全市种桃面积快速增长，仅惠山区就发展桃园2万亩左右。2005年，全市桃树种植44760亩，产量26623吨，惠山区阳山、杨市、陆区一带和滨湖区大浮为主产区。

二、杨梅

80年代后期，马山、大浮等地从浙江省引入荸荠、东魁等著名杨梅品种。1985～2000年，马山完成全山野生杨梅的更新改造嫁接换种。同期，宜兴山区大量种植杨梅，全市杨梅栽培面积增加。杨梅品种以马山乌梅种为主，荸荠种为辅。2005年，全市杨梅种植17200亩，产量1500吨，滨湖区马山、大浮和宜兴市湖㳇、丁蜀、张渚山区为主产区。

三、葡萄

1984年，马山区从中科院葡萄研究所引入巨峰等10多个品种试栽，1986～1987年，无锡市郊蠡园、南站等地采用大平棚架式大面积种植。1994年，江阴市璜土引栽滕稔品种葡萄。1994～1996年，在南站乡果品试验场进行的葡萄套袋技术试验及葡萄保果剂使用推广成功，成为保证果品优质的基础栽培技术之一，全市葡萄生产由此进入高产、稳产、优质、安全、高效时期。1995年起，全市葡萄种植面积迅速扩大，至2005年，栽培的主要品种有巨峰、滕稔等15个，并逐步尝试种植夏黑、信农乐、白鸡心、里扎马特、美人指等欧美杂交品种和少量欧亚品种。2005年，全市葡萄种植22440亩，产量38937吨，滨湖区华庄、新区鸿声、惠山区洛社、江阴市璜土和月城等镇为集中连片栽培产区。

四、柑橘

80年代起，无锡沿太湖一带大力发展柑橘生产。1990年，全市柑橘种植8800亩，主栽品种为早熟兴津。1993年早春大冻，橘树遭受严重冻害损伤，其后栽培面积剧减。2005年，滨湖区大浮镇部分橘园内首次在柑橘、桃、枣果实上发生柑橘小实蝇危害，市农林局制定综合防治技术措施，有关部门和生产单位迅速组织扑杀，阻止疫情蔓延。2005年，全市柑橘种植3150亩，产量5929吨，滨湖区马山、大浮沿太湖一带为主产区。

五、梨

90年代，无锡市引进日本优质梨及浙江优质地方梨品种。2000年起，全市梨树种植发展较快，主要品种为日本丰水、新高、幸水，韩国黄金，以及浙江黄花和翠冠等。2005年，全市梨树种植10425亩，产量4924吨，宜兴市周铁、丁蜀、芳桥、屺亭、宜城及江阴市璜土等镇为主产区。

六、其他

1986～1995年，无锡各地大量种植板栗、青梅、银杏，但产量及经济效益不甚理想，2000年后发展略显滞缓，其中青梅种植面积与90年代末相比有所减少。2005年，全市板栗种植52300亩，产量2300吨，主要分布于宜兴市山区；青梅种植1300亩，年产量1600吨，主要分布于宜兴市张渚、湖汶、新街等山区平缓坡地；银杏种植1200亩，年产量1300吨，主要分布于宜兴市张渚、西渚、周铁、丁蜀、湖汶等地。

1986～2005年无锡市主要年份果品种植情况表

表13-12　　单位：亩、吨

项目				1986年	1990年	1995年	2000年	2005年
果园面积	总面积	全市		48056	53100	45810	47055	181680
		其中	市区	29466	27200	16275	18990	67170
			江阴市	6138	4900	4635	3765	12990
			宜兴市	12452	21000	24900	24300	101520
	柑橘	全市		10541	8800	3270	3225	3150
		其中	市区	8304	7500	2775	2895	2505
			江阴市	295	200	60	120	270
			宜兴市	1942	1100	435	210	375
	梨	全市		5231	3400	2085	4035	10425
		其中	市区	972	300	60	645	1755
			江阴市	1864	900	810	390	2085
			宜兴市	2395	2200	1215	3000	6585
	葡萄	全市		1571	3800	6915	8955	22440
		其中	市区	1254	400	4455	4710	10980
			江阴市	134	700	1530	2310	8190
			宜兴市	183	2700	2280	1935	3270
果品产量	总产量	全市		14161	22342	23365	27199	82242
		其中	市区	9313	16798	14863	16116	55487
			江阴市	2772	3003	4553	5089	15000
			宜兴市	2076	2541	3949	5994	11755
	柑橘	全市		2310	4100	2762	2354	5929
		其中	市区	2211	3878	2668	2092	5718
			江阴市	8	27	21	79	151
			宜兴市	91	195	73	193	60

续表

项目				1986年	1990年	1995年	2000年	2005年
果品产量	梨	全市		2247	1188	1082	1416	4924
		其中	市区	632	155	38	33	849
			江阴市	862	574	779	790	1770
			宜兴市	753	459	265	593	2305
	葡萄	全市		147	3087	7442	9535	38937
		其中	市区	111	2530	4580	4529	35528
			江阴市	11	345	1760	3337	1835
			宜兴市	25	212	1102	1669	1574
	桃子	全市		8880	12868	9410	—	26623
		其中	市区	6081	9961	6913	—	11591
			江阴市	1886	1995	1795	—	11244
			宜兴市	913	912	702	—	3788

说明：表内数据均按2005年地域范围统计。

第五节　林　业[①]

80年代初至90年代，无锡市为防风固土、改善农田气候，提高平原绿化覆盖率，在平原地区开展以农田林网为主要内容的农村绿化建设，在山丘地带以改造低值林、发展经济林为主，发展10万亩茶林、果林、竹林和用材林等。1986～1989年，城乡造林年均1.5万亩以上，林地面积较快增长。90年代中期开始，全面实施以城乡一体现代林业建设为内容的造林绿化工程，发展融社会、经济、生态效益于一体的现代林业。宜兴丘陵山区生产毛竹，竹林面积约20万亩，毛刚竹3700万株，年产毛竹200万株。1999年，宜兴市茗岭现代经济林示范区开发、改造经济林7800亩。是年起，无锡市引进意杨，2000年全市以意杨为主的速生丰产林种植面积6000亩。2002～2004年，全市以绿色通道、城郊块状绿地、环城绿带、太湖生态防护林以及市级隔离带建设为重点，以森林生态园、自然保护区等生态公益林和成片速生丰产林、苗木花卉、经济林果等商品经济林基地建设为板块，基本形成放射状，圈层式，点、线、片网相交融的绿化框架，森林资源迅速增加，3年分别造林6000公顷、7087公顷和7067公顷。其间，农村成片造林1.2万公顷，新增花卉苗木、经济林面积6000公顷，建成林业（绿化）基地150多个，建成阳山水蜜桃、阳光花卉苗木等万亩以上林果基地10个。林业加工流通企业发展迅猛，有林特产品加工企业350多家、流通企业200家、造林绿化工程公司60多家，其中5000万元产值的企业10多家。涌现出一批林旅结合的新型生态园，建成九龙湾乡村家园、龙寺农业生态观光园、太湖花卉园、宜兴竹海公园、龙背山森林公园等一批具有农耕文化内涵特色的生态观光园。市政府不断增加财政投入，每年提高相应的补贴标准，出台优惠措施，引进工商、民间和外商资金，林业社会化进程不断加快。2005年，全市林业总产值7712万元，比1986年增长1.48倍；占农业总产值比重1.96%，比1986年增加0.73个百分点。

一、苗木栽培

无锡市制定树种规划和苗木生产规划后，着重抓专业单位和骨干苗圃、花圃建设，建设多种形式的苗圃。随着农业产业结构的调整，农民自发发展苗木、花卉、草坪等生产基地，成为城市绿化建设

① 城乡造林绿化等内容详见本志第五卷第七章第二节《城乡绿化》。

图13-8　红豆集团红豆杉林　（吕枫摄）

用苗的重要补充。至2001年，全市建成苗圃面积约2万亩（其中花卉苗圃4000亩），其中国有苗圃6个计2500亩、集体苗圃30个计1500亩、私营苗圃约13500亩、其他系统育苗2500亩，年出圃苗木1000万株，苗木产销值7000余万元。园林系统苗圃担负引进新品种，培育档次和栽培技术较高的苗木任务，用量比较大的常规苗木由其他苗圃培育。2000～2003年，全市年出圃合格苗木51.71万株，自给率82.08%。加强榉树、榆树、朴树、红豆树、木荷等乡土树种的育苗工作，杜英、八角金盘、桤木等广泛应用。2002年，锡山区港下镇集中发展香樟苗3300亩，年销售苗木100多万株，被省农林厅评为第二批省花木之乡。至2005年，全市育苗146个品种，常绿和落叶、乔木和灌木的比例确当，基本满足全市绿化建设需要。与此同时，引进、驯化新品种，紫叶酢浆草、过路黄、美人梅、桂樱、金叶含笑、深山含笑、乐昌含笑、杜英、缴房决明、金合欢、红翅槭、秤锤树等12个品种引种成功。全市育苗面积4226公顷，其中市区1128公顷、江阴市2171公顷、宜兴市927公顷。

二、花卉

1986年，宜兴县农民陈学祥率先从荷兰引入比利时杜鹃试栽，经多年探索，获得成功。1994年，无锡梅园园艺技术中心从荷兰引入郁金香试栽成功。其后，各地陆续从全国各地引入多种名花异草，均栽培成功。2000年起，全市花卉栽培面积急剧扩大，花卉品种不断更新，栽培技术有较快提升，花卉种植进入快速发展时期。2001年，花卉栽培面积8580亩，其中保护地栽培866亩。花卉栽培企业371家，规模较大的有江阴的马鑫花卉园艺场、宜兴的华盛杜鹃花实验场（华盛花卉公司）。华盛花卉公司是国内规模最大、实力最为雄厚的杜鹃花专业生产经营企业，有生产基地230亩，钢架大棚72万平方米，年产高档比利时杜鹃100万盆，年销售额3000多万元。2002年，全市花卉种植面积1.05万亩，花卉销售额约1.2亿元。2005年，全市花卉栽培总面积2.85万亩，其中保护地面积5409亩，花卉栽培企业389家；花卉销售额1.72亿元。栽培花卉以盆栽为主，灌木类的有中国杜鹃、梅花以及进行一般盆栽和嫁接造型盆栽的比利时杜鹃等，草本类的有国兰、蝴蝶兰、大花蕙兰、凤梨、仙客来、一品红、非洲菊、矮牵牛、唐菖蒲等，切花类的有安祖花、百合、扶郎等，灌乔木类的有观赏常绿树日香桂、广玉兰、无刺枸骨等。在全国第三届（1994年）、第四届（1998年）、第六届（2005年）中国花卉博览会上，无锡市选送的比利时杜鹃、嫁接造型杜鹃、日香桂获得金奖，大花蕙兰获得银奖。

1986～2005年无锡市植树造林统计表

表13-13　单位：公顷、万株

年份	造林面积	"四旁"植树	育苗	林业生产面积	年份	造林面积	"四旁"植树	育苗	林业生产面积
1986	1000	603	600	42540	1989	1180	1016	440	40460
1987	1187	1010	567	—	1990	993	866	393	41053
1988	1147	942	653	—	1991	507	821	467	41527

续表

年份	造林面积	"四旁"植树	育苗	林业生产面积	年份	造林面积	"四旁"植树	育苗	林业生产面积
1992	589	838	461	41860	1999	593	517	480	45323
1993	681	1000	500	42713	2000	663	562	685	46412
1994	1162	764	449	43283	2001	469	437	950	47236
1995	574	604	382	43667	2002	6000	406	1903	—
1996	472	606	424	41944	2003	7087	359	4113	—
1997	966	663	439	43814	2004	7067	574	5873	—
1998	521	687	488	44929	2005	3188	564	4226	—

第六节 蚕 桑

蚕桑业曾是无锡农村地区传统的重要副业。1986年，全市桑园面积61493亩，其中郊区490亩、江阴县6581亩、无锡县35106亩、宜兴县19316亩；蚕茧产量3117吨，其中郊区5吨、江阴县303吨、无锡县1939吨、宜兴县870吨。其后两年，蚕茧生产连续大幅度下降，1988年桑田缩减至3万亩，蚕茧产量降至1860吨，桑田普遍失管，长势不良。1989年开始，国家调整蚕茧价格，蚕茧生产出现转机。至1990年末，全市桑田增至4万亩，蚕茧产量增至2300吨。全市蚕桑生产形成相对集中的区域化生产格局，13个产茧千担（5万公斤）以上的乡（镇）桑田面积占总面积的62.03%，蚕茧产量占总产茧量70.89%。1995年，全市产茧3607吨，为20年中产量最高。

无锡地区栽桑桑苗一般向浙江湖州等地购买，有湖桑32号、湖桑199号、湖桑7号和桐乡青等品种。栽植密度以每亩栽1000株为宜，以离地2寸处剪定，二级养成为主，桑田普遍达到"千棵万条三万尺，亩产桑叶三千斤"。

全市普遍采用统一催青、1～3龄小蚕共育、4～5龄大蚕分散饲养的方式养蚕。春蚕品种大多以苏5×苏6（正反交）为主，90年代开始采用青松皓月新品种，夏秋蚕则以东肥×华合（正反交）为主，也采用75新×7532（正反交）等品种。上蔟工具以稻草蜈蚣蔟为主，少量使用方格蔟。

锡山市有西漳、锡东、锡北3个制种场，宜兴市有和桥、芳桥蚕种场，蚕种由省蚕种公司分配，费用由省蚕种公司统一结算。最多时的1995年，下达给锡山市92.97万张。1997年，蚕种生产由计划转向市场，实行合同订种，省公司综合调剂。

随着蚕桑收入在农户总收入中的比重下降，市郊和无锡县（锡山市）等蚕茧产区普遍毁桑改种其他经济作物；又由于城区不断扩大，蔬菜田不断向市郊、县区延伸，桑田不断缩小，蚕茧产量连年下滑。1999年，全市产茧1217吨。2000年，全市桑园17460亩，其中宜兴市11835亩、锡山市5625亩；蚕茧产量1115吨，其中市区34

图13-9 80年代无锡农村桑蚕养殖 （陆炳荣摄）

吨、宜兴市818吨、锡山市263吨。

21世纪初，各蚕种场改制，经营萎缩，有的蚕种场已无桑田，由其他蚕种场、点代生产。2003年，宜兴市张渚供销社联合本地50多户成立蚕桑专业合作社，帮助蚕农引进优质茧种，推广先进的养蚕技术，组织推销蚕茧；西渚、元上、堰头等主要养蚕区的基层供销社帮助农民制定蚕桑生产规划，联系组织桑苗，加强技术培训。2003～2005年，蚕桑专业合作社累计帮助蚕农收购蚕茧385.5吨，收购额527.3万元。2005年，宜兴芳桥蚕种场生产的蚕种3.84万张，全部由苏北原蚕点生产和其他蚕种场代生产。

2005年，全市桑园面积11025亩，其中市区4035亩、宜兴市6990亩；蚕茧产量444吨，其中市区99吨、宜兴市345吨；蚕茧总产值730万元。

第七节 肥 料

一、农家肥

无锡农村农家肥（也称有机肥）资源丰富，种类多。主要有：人畜粪尿——发酵分解后为优质有机肥，用作基肥和追肥；饼肥——大豆、油菜榨油后所得豆饼、菜饼，一般作基肥；厩肥——家畜家禽粪尿连同垫圈的干土、杂草等沤成的肥料，作基肥和追肥；绿肥——红花草、黄花苜蓿、紫花苜蓿、苕子、箭舌豌豆、田菁及其他豆科作物翻倒埋地腐烂作肥；秸秆肥——稻、麦、玉米等的秸秆铡碎后，用泥封堆使其发酵腐烂后作肥料使用，或直接还田作肥，是种地养地，培养地力的重要途径。

80年代后，随着城市化进程加快，农家肥的积造和使用逐年减少，投用农田的有机氮与无机氮比例失调。1985年起，通过宣传、示范等措施，逐年推广应用秸秆直接还田技术。1986年，全市小麦生产有机肥施用折纯氮每亩2.8公斤，占总用氮量的20.86%；水稻施用的有机肥折纯氮每亩1.62公斤，占总施氮量7.25%。1988年，为贯彻国务院关于重视和加强有机肥料工作的指示精神，市政府提出恢复积肥和发展绿肥，加强有机肥料使用的工作要求，农业部门加强组织领导和技术指导，绿肥种植和农家肥料的施用得到恢复发展。1995年开始，针对秸秆焚烧比较严重的状况，推广秸秆全量还田技术。2002年，宜兴市秸秆还田面积70万亩次，其中秸秆全量还田25万亩次。2003年，宜兴市耕地地力调查与质量评价数据显示，施用有机氮比例由1981年的24.1%降至2004年的8.32%，下降15.78个百分点。

2005年，全市小麦生产有机肥施用折纯氮每亩0.33公斤，占2.5%；水稻生产施用有机肥折纯氮每亩0.25公斤，占1.44%。

二、化肥

氮肥主要有尿素（含氮量45%～46%）、碳酸氢铵（俗称碳铵，含氮17%左右）、氨水（含氮12%～16%）、氯化铵（含氮24%～25%）。90年代中后期以后，主要施用尿素和碳铵。由于碳铵利用率低，施用量逐年减少，只在使用基肥时少量施用。磷肥主要有过磷酸钙（主要成分为磷酸二氢钙和石膏，含有效五氧化二磷14%～20%）、重过磷酸钙（磷酸二氢钙、含有效五氧化二磷30%～45%）。钾肥主要有氯化钾（含量50%～60%）。复合肥有高浓度复合肥、低中浓度复合肥。1985～1990年，全市化肥施用量由6.59万吨（按有效成分计，下同）增至11.02万吨，其中氮肥由5.67万吨增至6.67万吨；每年每亩施用量由34.45公斤增至59.12公斤。1991～2001年，年均11.85万吨，变幅10.85万～13.28万吨；每年每亩施用量66.35公斤，变幅59.88～74.18公斤；其中氮肥年均7.17万吨，变幅6.49万～8.77万吨。2002～2005年，全市化肥施用量由11.96万吨降至9.13万吨，其中氮肥由7.21万吨降至4.51万吨；每年每亩施用量由72.85公斤降至60.63公斤。

1986～2005年无锡市农村化肥施用量统计表

表13-14

年份	施用总量（折纯，吨）	其中				亩施用量（公斤）
		氮肥（吨）	磷肥（吨）	钾肥（吨）	复合肥（吨）	
1986	79800	65899	—	—	—	42.19
1987	97000	74000	—	—	—	51.61
1988	94900	64700	—	—	—	50.74
1989	92500	62400	—	—	—	49.45
1990	110200	66700	—	—	—	59.12
1991	123303	77403	—	—	26703	66.36
1992	113912	74145	—	—	23298	61.95
1993	114766	69242	4903	9427	31194	62.89
1994	108525	69155	6132	7682	25556	59.88
1995	132758	87727	3685	10697	30649	74.18
1996	119204	74434	5083	5793	33894	67.18
1997	117987	67334	3987	5517	41149	66.82
1998	122389	69767	3519	4527	44576	69.65
1999	118633	68834	2665	3968	43166	67.66
2000	114311	64917	2579	4171	42644	65.19
2001	117473	65864	3659	4716	43234	68.08
2002	119581	72083	3482	4947	39069	72.85
2003	102706	61840	3101	4799	32966	64.24
2004	98483	52902	4656	6410	34515	64.68
2005	91262	45086	4606	6251	35319	60.36

三、施肥

1985～1995年，全市施用钾肥量由2187吨增至10697吨，年亩均施钾肥量由1.14公斤增至5.98公斤、氮肥量由29.65公斤增至49.02公斤。此后，各地普遍使用高浓度复合肥，实施增磷补钾工程，推广应用秋播免耕技术和秸秆还田技术，复合肥用量从1992年的2.33万吨增至1998年的4.46万吨，之后常年稳定在3.5万吨左右。2002年，按照省精确施肥项目实施方案，宜兴市丁蜀镇、江阴市利港镇、锡山区羊尖镇、惠山区长安镇进行水稻精确施肥试验。结果表明，精确施肥后亩均减少氮肥用量1.86公斤，提高氮素利用率5.19%，增产粮食70.5公斤、增收71.9元。氮、磷、钾比例合理施用后，保持土壤养分平衡，环境污染减轻。2005年开始，各地推广测土（取土样进行土壤养分、元素含量的测定）配方（根据土壤、作物状况和产量要求，产前确定施用肥料的配方、品种和数量）施肥技术。根据土壤供肥性能、作物需肥规律与肥料效应，在合理施用有机肥的基础上，确定氮、磷、钾及中微量元素等肥料的适宜用量、比例及相应的施肥技术，以满足作物均衡吸收各种营养，维持土壤肥力水平，减少养分流失和对环境的污染，达到高产、优质和高效的目的。

第四章　畜禽业

1986年后，无锡畜禽养殖确立稳定生猪生产，发展养禽业，突出草食畜禽养殖，加快畜禽品种改良和良种推广，推进规模化、标准化、商品化和无公害生产的发展思路，畜禽各业稳步发展，产业结构日趋合理，养殖水平和产品质量不断提高，效益日益增加。1996年，组织实施畜牧业“百项一体化”工程、科技兴牧工程和“放心肉”工程，全市先后建成12个良种基地，引进长白、大约克、杜洛克种猪，波尔山羊，夏洛来、西门塔尔种公牛和樱桃谷鸭等良种畜禽；重点实施秸秆养畜新技术，调整优化畜牧业结构；落实以免疫为主的重大疫病综合防治措施。至2005年，全市形成一批生猪、禽蛋、奶牛生产基地。

2005年无锡市畜禽生产统计表

表13-15

项目			单位	全市	其中		
					市区	江阴市	宜兴市
牲畜年末头数	牛		万头	2.55	1.77	0.72	0.06
	乳牛		万头	2.52	1.77	0.72	0.03
	生猪		万头	82.31	21.85	33.25	27.21
	羊		万只	8.40	0.93	3.49	3.98
	山羊		万只	7.40	0.84	2.58	3.98
	绵羊		万只	1.00	0.09	0.91	—
畜禽产品产量	出栏	大牲畜	万头	0.28	0.18	0.07	0.03
		猪	万头	136.78	49.51	48.20	39.07
		羊	万只	10.72	2.01	4.10	4.61
		家禽	万羽	2879.83	634.35	1480.00	765.48
		兔	万只	9.62	3.07	1.44	5.11
	肉类产量		吨	146446.00	47472.00	56916.00	42058.00
	牛肉		吨	405.00	230.00	122.00	53.00
	猪肉		吨	92840.00	34164.00	31330.00	27346.00
	羊肉		吨	1141.00	151.00	298.00	692.00
	禽肉		吨	51423.00	12842.00	25096.00	13485.00
	兔肉		吨	156.00	58.00	21.00	77.00
	其他		吨	481.00	27.00	49.00	405.00
	牛奶		吨	91936.00	61880.00	29841.00	215.00
	禽蛋		吨	26758.00	6532.00	11430.00	8796.00
	蜂蜜		吨	284.00	156.00	42.00	86.00

第一节　家畜养殖

一、生猪

80年代前，无锡农村以散养生猪为主，专业户、规模猪场数量较少，大多猪场由集体经营，品种以太湖猪（二花脸、梅山猪）和杂交白猪为主，饲料以农副产品为主，饲养比较粗放，养殖技术水平、效益不高。1986年开始，无锡市实行生猪统一供精，在提高商品猪瘦肉率的同时，加快商品猪的生长速度。至90年代中期，无锡市养猪主要以二元杂交为主，以长白和大约克为父本、二花脸猪为母本生产长（大）二杂交商品猪。90年代后期，开始推广以大（长）二为母本，以长白、大白、杜洛克为父本的“二洋一土”的三元杂交优质瘦肉猪生产模式，并出现以南洋、昌兴和精盛等猪场为骨干的三洋杂交瘦肉猪规模生产企业。1993年，锡山种猪场被农业部列入首批公布的国家级重点种猪场（太湖—二花脸类群）。1998年，锡山种猪场通过第二轮国家级重点种猪场考核验收，取得种畜禽生产经营许可证。

1997年，全市组织实施“三元商品瘦肉猪综合高产技术”项目，推广土洋二元母猪、土洋洋三元和洋三元杂交猪，商品肉猪瘦肉率显著提高。至2000年，全市商品三元猪瘦肉率平均58%～60%。是年，全市存栏肉猪87.32万头，其中市区22.56万头、江阴市41.06万头、宜兴市23.7万头；出栏136.7万头，其中市区56.13万头、江阴市45.47万头、宜兴市35.1万头；产猪肉90057吨，其中市区37667吨、江阴市29575吨、宜兴市22815吨。2001年，无锡市建立以滨湖区畜禽良种场为中心的苏太猪扩繁场。锡山种猪场列入全国畜禽品种资源保护名录，定为全国畜禽品种资源场。全市建有万头猪场16个、千头猪场129个、500头以上猪场221个，形成百头以上养猪专业大户1081户，年存栏和出栏生猪分别稳定在80万头和110万头左右，规模经营率70%。是年，由无锡市畜牧兽医站牵头在全市组织开展实施的“三元杂交瘦肉型猪综合配套技术推广”项目获农业部农牧渔业“丰收奖”二等奖。

2005年，全市建有家畜改良站4个，主要饲养长白、大约克、杜洛克和二花脸种公猪。滨湖区畜禽良种场存栏苏太猪120头；锡山种猪场饲养二花脸母猪120头、种公猪9头，并保持6个血统。全市形成较完善的良种繁育体系，统一供精普及率85%以上。全市存栏肉猪82.31万头，其中市区21.85万头、江阴市33.25万头、宜兴市27.21万头；出栏136.78万头，其中市区49.51万头、江阴市48.2万头、宜兴市39.07万头；产猪肉92840吨，其中市区34164吨、江阴市31330吨、宜兴市27346吨。

二、奶牛

无锡农村素有奶牛饲养传统，二三十年代，无锡县东北塘养牛就很著名。80年代初，东北塘乡饲养奶牛千头以上，成为全省第一个奶牛之乡。1984～1987年，无锡市引进丹麦、西德良种黑白花奶牛。1986年，全市奶牛存栏6475头，其中无锡县3546头、郊区2384头、江阴县499头、宜兴县46头。年产鲜奶21473吨，其中无锡县15666吨、郊区4354吨、江阴县1379吨、宜兴县74吨。1987年后，各地开始引进饲养中国黑白花奶牛。随着市民生活水平的提升，鲜奶需求量日益增长。1988年，获欧共体奶类发展项目援助，成立无锡市奶类发展项目办公室，至1997年项目结束，获得援助款1200万元，主要援助物质有乳清粉、奶粉、奶油及乳品加工机械、中小奶牛等，推动全市奶牛产业发展。

2000年，全市奶牛存栏由1990年的5238头增至16500头，年产鲜奶由16003吨增至45692吨。随着规模奶牛饲养场对奶牛的选育改良以及国家实施奶牛良种补贴，全市乳品加工能力和奶牛良种覆盖率都有提高。至2001年，全市建有50头以上奶牛基地86个，百头以上奶牛基地19个，常年存栏奶牛2.2万头，年产鲜奶10万吨。

2005年，全市奶牛存栏2.52万头，其中市区1.77万头、江阴市0.72万头、宜兴市0.03万头；年产鲜奶91936吨，其中市区61880吨、江阴市29841吨、宜兴市215吨。

图13-10 江阴市璜塘镇奶牛养殖场 （江阴市农林局供稿）

三、羊

80年代初，国家批准江阴县为山羊板皮基地县，给予一系列鼓励政策，全市养羊业得到一定的发展。随着家庭联产承包责任制的推行，集体对家庭养羊在饲料和投肥报酬等方面的扶持取消，加上国际山羊板皮和湖羊皮价格疲软，无锡地区饲草资源缺乏、土地劳动力成本高、养殖效益差等因素，全市饲养量徘徊不前。1985年，全市山羊存栏15.59万只；1990年存栏27.97万只，出栏30.36万只；1993年存栏山羊27万只、湖羊1.9万只，出栏羊34.9万只；1995年存栏29.94万只，出栏41.74万只；2000年存栏28万只，出栏38.82万只。2001年起，全市饲养量逐年减少。2005年，全市存栏8.4万只，其中市区0.93万只、江阴市3.49万只、宜兴市3.98万只；出栏10.72万只，其中市区2.01万只、江阴市4.1万只、宜兴市4.61万只。主要饲养品种为山羊，地方品种湖羊仅江阴市顾山镇等地尚有少量饲养，年末存栏数仅1万只。

四、兔

无锡市养兔总量不多。1993年，全市出栏兔32.3万只；1995年，全市存栏兔31.8万只，出栏25.5万只；2000年，全市存栏31.37万只，出栏31.37万只。2001年，养兔量开始大量减少。至2005年，全市存栏15.49万只；出栏9.62万只，其中市区3.07万只、江阴市1.44万只、宜兴市5.11万只；产肉156吨，其中市区58吨、江阴市21吨、宜兴市77吨。位于宜兴市新街镇新街村天子墩的宜兴市天子墩畜牧养殖场是无锡市最大的兔饲养基地，栏存毛兔、獭兔1万多只，年出售獭兔皮6万多张、兔毛7000多公斤。

第二节 家禽养殖

80年代后期，农村全面实行家庭联产承包责任制，农村部分剩余劳动力转向养禽业，涌现出一大批养禽专业户和重点户。1986年，全市存栏家禽697.11万羽，出产禽肉11365吨、禽蛋21884吨。2000年，全市家禽存栏620.61万羽，出栏2424.68万羽，禽蛋产量24965吨，禽肉产量37617吨。至2001年，全市建有万羽蛋禽基地65个，千羽肉禽基地2450个，年上市家禽2200万羽，家禽规模经营率为90%。江阴市青阳镇有220个肉鸭养殖户，其中万羽以上20多户，全镇年上市肉鸭236万羽，产值3000多万元。至2005年，主要养殖伊莎褐蛋鸡、罗斯308、AA肉鸡、艾维茵肉鸡、太湖草鸡、绍鸭、樱桃谷肉鸭、新扬州鹅等品种。至年末，全市家禽存栏591.05万羽；全年出栏2879.83万羽，其中市区634.35万羽、江阴市1480万羽、宜兴市765.48万羽；禽蛋产量26758吨，其中市区6532吨、江阴市11430吨、宜兴市8796吨；禽肉产量51423吨，其中市区12842吨、江阴市25096吨、宜兴市

13485吨。

1.鸡

1985年，市政府集资600万元在市郊马山新建机械化、半机械化蛋鸡场，一期工程建成10万羽蛋鸡规模鸡场，1989年扩建为20万羽，1990年建成父母代种鸡场，1998年又新建1.5万套的祖代鸡场。后改制成立无锡市养鸡集团有限公司，其祖代种鸡场饲养直接从法国进口的伊莎褐祖代种鸡1万套，全年可供应父母代苗鸡70万套；父母代种鸡场饲养伊莎褐父母代种鸡25万套，常年提供无锡市场商品苗鸡、种蛋；商品代蛋鸡场饲养伊莎褐商品代蛋鸡20万羽，每年向无锡市场提供鲜蛋300万公斤；孵化场年孵化苗鸡3000万羽；存栏太湖草鸡种鸡2万套。2000年成立的宜兴市太湖珍禽良种场，主要养殖六黑鸡，有种鸡4000套，在宜兴拥有千羽养殖户20多家，并在苏北兴化、靖江建立两个万羽养殖场。2003年末，全市鸡存栏424.25万羽。

2.鸭

1987年，江阴市青阳镇和宜兴县率先引进推广英国樱桃谷肉鸭替代传统麻鸭养殖，全市肉鸭饲养量和养殖效益明显增加，其推广成果于1994年获得省农林厅农业丰收一等奖。引进樱桃谷肉鸭后，江阴市青阳镇、惠山区堰桥镇等地肉鸭养殖发展迅速，年养肉鸭600多万羽，并建成市级肉种鸭场，饲养超级SM3父母代肉种鸭。江阴市青阳镇为全市最大的肉鸭养殖基地，有220户养殖户，其中万羽以上20多户。2003年末，全市鸭存栏111.06万羽。

3.鹅

80年代末、90年代初，全市常年存栏生长速度快、产蛋率高、耐粗饲、抗病力强的无锡传统优良品种太湖鹅100多万羽。随着新扬州鹅的杂交改良，90年代中后期，太湖鹅在无锡市逐渐消失。2003年末，全市菜鹅存栏26.55万羽。

第三节　特种养殖

一、鹌鹑

80年代初，无锡县新安乡开始养殖鹌鹑。1988年，无锡市从朝鲜、法国等地引进法国巨型肉鹌鹑新品种，在郊区家禽良种场和旺庄、新安等地推广饲养。是年，新安乡年饲养鹌鹑4000万～6000万羽。1994年以后，新安镇肉用鹌鹑生产量年均增长超过30%。1997年，市畜牧兽医站等单位组织实施的“鹌鹑高产饲养技术推广”项目获农业部农牧渔业“丰收奖”一等奖。1999年，新安镇上市肉鹌鹑4000万羽，鹌鹑蛋800多吨，总产值近2亿元，肉鹌鹑上市总量占全省的80%；首次出口22.5万羽冻鹌鹑，销往中国香港、澳门地区和伊拉克、科威特、以色列等国。进入21世纪后，无锡城市化进展加快，土地、劳动力成本提高，加之疫病发生等因素，鹌鹑养殖总量开始下降。鹌鹑养殖主要集中在锡山区、江阴市、滨湖区等地，常年存栏蛋鹌鹑150万羽，出栏肉鹌鹑1500万羽。

二、肉鸽

80年代，无锡各地肉鸽养殖以散养为主。90年代末期，开始出现规模饲养。2000年初，锡山市杨市王鸽有限公司成立，饲养美国白玉王鸽，通过发放种鸽、包销乳鸽等方式，带动周边18户农户规模饲养，年销鸽20万羽，产值300万元。同年8月，江阴市创办威特凯鸽业有限公司，占地10.2公顷，建筑面积3.2万余平方米，总投资1200余万元，先后引进法国克里莫公司欧鸽原种、祖代鸽，选育优良白羽王鸽、银王鸽、红卡奴鸽。2005年，公司存栏种鸽及生产鸽20余万羽。同年，杨市王鸽有限公司生产经营规模扩大到年销售乳鸽200万羽。

三、蜜蜂

蜜蜂是无锡农村的传统养殖品种，但受到蜜源植物资源的限制，饲养总量不大，以定地饲养为主。2000年，全市蜜蜂存栏0.68万群，蜂蜜产量358吨，其中市区2吨、江阴市62吨、宜兴市95吨、锡山市199吨。2003年，蜂蜜存栏1.01万群，2004年1.05万群。2005年，全市蜂蜜存栏0.9万群，蜂蜜产量284吨，其中市区156吨、江阴市42吨、宜兴市86吨。

四、其他畜禽

1986～2005年，江阴璜土镇贤庄村、新区鸿山镇大坊桥村、锡山东北塘镇大马巷村、宜兴周铁镇等地开始饲养野鸡、野鸭、珍珠鸡、蓝孔雀、大雁、天鹅、白孔雀、锦鸡、白鹇等珍禽，饲养规模都不大，以发展旅游观光畜禽业为主。宜兴、江阴和惠山等地还饲养梅花鹿。2005年，全市梅花鹿存栏948头，以外销为主。

第四节　疫病防治

80年代前，无锡市畜禽的主要疫病有巴氏杆菌病、大肠杆菌病、沙门氏杆菌病、链球菌病、口蹄疫、乙型脑炎、痘病、猪瘟、猪丹毒、猪肺疫、猪喘气病（支原体病）、猪传染性胃肠炎、鸡新城疫、鸡霉形体病、鸡球虫病、鸭瘟、小鹅瘟、兔出血性肺炎、兔魏氏梭菌病、兔球虫病、犬狂犬病等50多种。80年代初期，猪瘟、猪丹毒、口蹄疫、鸡新城疫等重要畜禽疫病逐步得到控制。随着国际贸易扩大和国内地区间畜禽调运频繁，新的疫病传入境内。

1986年起，全市推广生猪阉割、免疫、驱虫“三位一体”的免疫制度，改春秋两季突击免疫为常年免疫，开展畜禽售前检疫。同年8月1日起，全市开展畜禽及其产品市场检疫。1986年9月，无锡养鸡场发生鸡传染性法氏囊病，扑灭淘汰育成鸡2.5万羽。10月，成立无锡市家畜检疫站，负责各农贸市场的畜禽产品检疫等事宜。1987年4月，扬名乡繁殖场发生鸡支气管炎和马立克氏病。1988年，全市推广以免疫监测为基础的“二瘟一病”免疫新技术。1989年，经省农林厅验收，郊区和无锡县达到猪瘟稳定控制县（区）标准，江阴、宜兴达到控制县标准

90年代，无锡市每年对奶牛采取布氏杆菌病、结核病检疫，扑杀淘汰布氏杆菌病阳性奶牛、治疗结核病牛和建立健康牛场、牛奶降价收购等措施，发放奶牛健康证，凭证出售和收购鲜奶，牛奶经巴氏消毒后才允许供应市场。1991年，市、市（县）、区相继成立兽医卫生监督所，加强防控力度。

1997年，南站生猪屠宰场发现已9年零4个月没有发生的牲畜口蹄疫；江阴市夏港镇夏东养猪场亦发生口蹄疫，扑杀销毁口蹄疫生猪417头。全市实施牲畜口蹄疫、猪瘟强制免疫制度。1998年，推行口蹄疫、猪瘟免疫生猪塑料耳标和免疫台账，提高免疫密度。2001～2003年，全市组织开展口蹄疫、猪瘟、鸡新城疫及猪链球菌病的综合防治，推广快速诊断技术，取得成效。

2003年冬～2004年春，世界范围内特别是东南亚国家爆发高致病禽流感，疫情很快传入国内。2004年2月，市政府在原市重大动物疫病防治指挥部的基础上组建成立无锡市禽流感防治工作指挥部，出台《无锡市高致病禽流感控制应急预案》。市级财政部门下拨防控经费1000万元；市交通、公安、工商、检疫等部门采取联合补堵措施，在交通要道设立路检消毒站，加强对入锡家禽的检疫和车辆消毒；防疫部门组织200多万毫升疫苗、上百吨消毒药品，调集上千名动物防疫员开展全社会的家禽突击性防疫、消毒，做到乡不漏村、村不漏户、户不漏禽、禽不漏针，保证家禽100%免疫；各禽疫防治指挥办公室坚持24小时值班，建立健全疫情报告制度；工商部门加强对市场管理督查；卫生部门

加强对人感染的监控。由于各项措施得力有效，禽流感疫情未在无锡传播。2004年，由无锡市畜牧兽医站牵头实施的科研项目"'二瘟二病'综合防治及快速诊断技术"获省农林厅农业丰收三等奖。

2005年4月22日，经农业部国家兽医参考实验室检测，确认惠山区堰桥镇寺头村奶牛发生亚洲I型口蹄疫，为省内首次发生，扑灭亚洲I型口蹄疫奶牛183头。宜兴市发生以高热为主要症状的生猪出血性、败血性传染病。短短两个月，死亡生猪1.1万头，发病死亡率占圈存生猪的5%以上。经省专家组会诊，分离出蓝耳病病毒和生猪链球菌，初步诊断为以蓝耳病为主的生猪高热病，但不排除生猪链球菌的混合感染。其后采取蓝耳病疫苗免疫措施，疫病很快得到遏制。

第五章　水产业

无锡地处江南水乡，渔民淡水捕捞、养殖经验丰富。1986年后，由于人口快速增长、工商业迅速发展等因素，区域内淡水水质逐年下降，淡水捕捞、养殖面积逐年缩小，部分从事捕捞、养殖的渔民或改行转业，或进行特种水产养殖，惠山区杨市等地发展珍珠养殖及其产品深加工，在国内外具有一定知名度。无锡市采取各种措施，加强生态环境和渔业资源保护，其中包括：全市各级渔政部门每年在太湖、滆湖、长江无锡段等实施4～6个月禁渔制度；为实施生态修复，全面清理湖泊定置渔具，建立螺蚬生态保护区；在每年征收的渔业资源费中拨款购买鱼种、贝类和河豚苗，放流江湖；对鳗鱼苗和中华绒螯蟹蟹苗的运输实施严格管理等。2005年，全市水产总产量120908吨，其中捕捞10737吨、人工养殖110171吨；总产值87811万元。

第一节　淡水养殖

无锡境内水网密布，水域宽广，淡水养殖历史悠久。1986年，全市投入渔业资金4200万元，改造老鱼池10304亩，新开鱼池7000亩，围网3568亩。全市水产养殖面积18万亩，淡水养殖产量4.49万吨，占全市水产品总量的86.65%。为解决养殖户冬放冬捕集中上市造成的季节性销售困难，各水产指导站重点推广轮捕轮放技术，同时开设鱼市场、鲜鱼批发部，通过在城镇设立的销售网点，直接销往饭店、菜场。销售网点中，仅郊区河埒乡10个养殖场（队）就开设1个鱼市场、6个门市部、35个销售点，组成一支由90人组成的销售队伍，增强淡水鱼的经营活力。1989年，各级政府把发展水产业作为"菜篮子工程"的主要项目，但因资金严重不足、渔需物资短缺、饲料价格大幅度上扬、税费增加和市场疲软等因素，淡水养殖产量5.67万吨，比1988年的5.78万吨减少0.11万吨。

图13−11　90年代梁溪河沿河鱼塘　（顾祚维摄）

1990年，全市投入鱼池改造和生产资金7794万元，比1989年增长79%。通过设施改造、产业结构调整和大面积推广轮捕轮放养殖技术，较好地扭转渔业生产滑坡趋势，全年淡水养殖产量5.78万吨。其中鹅湖水产养殖场1～8月上市鲜鱼56.5万公斤，超过1989年全年水产品上市总量。

1991年，淡水养殖因罕见洪涝灾害，遭受严重损失。全市水产养殖受灾面积22.98万亩，占养殖总面积的78.32%；逃逸成鱼2760万公斤、亲鱼1232组、夏花鱼种2万尾，损失小蚌6亿只、手术蚌1673万只，蟹、鳖等特种水产品10万公斤，饲料1.14万吨，直接经济损失1.65亿元，全年淡水养殖产量4.43万吨，仅为1990年产量的77%。

1995年，无锡市设立特种水产高新技术研究园，以特种水产品苗种生产为重点，扩大生产规模，开发新品种。1996年，生产罗氏沼虾苗2600万尾，青虾苗100万尾，红螯螯虾苗9万尾，加州鲈鱼夏花6万尾，建鲤、异育银鲫乌仔4500万尾。中华绒螯蟹人工繁殖试验获得成功，生产幼蟹2000只，填补无锡中华绒螯蟹人工繁殖的空白，当年实现产值280万元，创利税96.5万元，绒螯蟹人工繁殖试验场被列为江苏省首批省级农业科技示范园区建设项目。是年，全市淡水养殖面积26.34万亩，比上年减少1.1万亩，但水产品产量稳中有升，渔民增产增收。

针对养殖品种种质资源退化问题，无锡市加大新品种引进开发力度。1998年，引进方正鲫、刀额新对虾、彩虹鲷、淡水石斑鱼、七星鲈、黄鱼、彭泽鲫、条纹鲈、锦鲤等10多个品种，大部分品种引进取得开发阶段性成功。市特种水产高新技术研究园引进10万尾刀额新对虾苗，放在两亩鱼池中试养，饲养140天后上市刀额新对虾226.5公斤，每公斤160尾，成活率40%，亩均效益4892元。同年，无锡市水产研究所实验场首次引进日本锦鲤（观赏鱼）3.6万尾。2000年，江阴申港镇河豚养殖基地人工繁殖河豚苗获得成功，当年繁育鱼苗8万多尾，成活4万多尾。

2001年，全市淡水养殖面积41.52万亩（含稻田养殖），比上年增加6万亩，产量10.25万吨。淡水养殖面积中，特种水产28.41万亩，产量近1万吨。是年，首次成功引进南美白对虾。河蟹养殖户注重种苗质量，在养殖区域大量种植水草，移殖螺蛳等，提高产量。2002年，开展养殖竞赛活动，滨湖区胡埭镇参赛承包户周玉新在40亩鱼池中，放养每公斤180只的扣蟹1.8万只，并套养青虾和鲢鳙鱼，经核产验收，上市河蟹2210公斤、青虾800公斤、鲢鳙鱼3000公斤。其中，河蟹每只150克规格以上的占75%，规格最大的350克，平均售价每公斤90元，总收入24.09万元，扣除成本后亩均效益5500元。宜兴市官林镇承包户夏中祥参赛面积70亩，放养每公斤240只的扣蟹4.2万只，并套养青虾、鳜鱼和鲢鳙鱼，经核产验收，上市河蟹5250公斤、青虾1800公斤、鳜鱼300公斤、鲢鳙鱼1800公斤，亩产河蟹75公斤，回捕率60%～70%，亩均效益6000多元。

经多年发展，无锡逐步形成以长江沿岸、太湖、滆湖渎区为主的区域性规模化养殖基地。1999年冬至2001年春，宜兴市高塍镇调整发展水产养殖面积1800亩，占农业结构调整面积的62.7%；渔业产值5500多万元，约占多种经营产值的50%。2002年，锡山区甘露镇发展河蟹、青虾、青鱼等养殖2240亩。惠山区前洲镇利用新长铁路沿线的空余、荒废土地发展水产养殖3070亩，并投资130多万元建成1010亩特种水产科技养殖区。惠山区杨市镇珍珠养殖专业户席胜福投资近100万元，租用农田650亩开挖鱼池，养殖珍珠。宜兴市新建镇调整农田1800亩，全镇稻田养殖7100亩。2003年开始，由于城市建设的需要，大量鱼池被征用，水产养殖面积大幅收缩，部分水产养殖企业（户）转向园林绿化等行业。

2004年，“太湖三白”之一的翘嘴红鲌（即白鱼）池塘养殖试验获得成功，成为水产养殖新的增长点。2005年，全市重点开发观赏鱼养殖，共有观赏鱼养殖户26户，养殖面积18万平方米，养殖品种以金鱼、锦鲤、红鲫、热带鱼为主，共60多个品种，年上市商品观赏鱼1000多万尾，产值500多万元。相继成立无锡欣昌锦鲤有限公司、无锡市元隆昌观赏鱼养殖场、滨湖区太湖观赏鱼养殖场、锡山区港下锦鲤养殖场等具有一定规模和实力的观赏鱼养殖基地。结合建设旅游城市的总体规划及区划调整、园区开发，各地建成具有一定规模和水平的游钓场，如滨湖区梅园游钓场、龙寺生态园游钓场，新区新洲生态园游钓场，江阴市霞客镇渊酩苑休闲农庄等。是年，全市水产养殖面积36.7万亩，养殖技术日趋成熟，养殖品种基本稳定，养殖产量保持在11万吨左右。

2005年，全市水产品总产量12.09万吨，比1986年增加6.9万吨。按1990年不变价计算，渔业总产值8.78亿元，比1986年增加近6.77亿元。按当年价计算，渔业总产值超过18亿元；其中特种水产品产量2.5万吨左右，产值5亿元以上。

2005年无锡市水产品产量统计表

表13-16

项目			单位	全市	其中		
					市区	江阴市	宜兴市
水产品产量	总产量		吨	120908	27616	23353	69939
	按品种分	鱼类	吨	107000	24529	21780	60691
		虾蟹类	吨	10476	1578	1055	7843
		贝类	吨	2713	1103	335	1275
		其他	吨	719	406	183	130
	按生产性质分	淡水捕捞	吨	10737	3993	1432	5312
		人工养殖	吨	110171	23623	21921	64627
		池塘产量	吨	99578	17850	20873	60855
淡水养殖面积		总面积	公顷	24473	3396	4358	16719
		池塘面积	公顷	20526	2472	3786	14268
人工育珠			公斤	57251	7810	20941	28500

第二节　水产捕捞加工

一、淡水捕捞

1986年，无锡全市淡水捕捞机动船2352艘、21257.35千瓦，非机动渔船5839艘、21144吨位；全市专业捕捞劳动力5638人，兼业捕捞劳动力1152人；全年淡水捕捞总产量5591吨。1996年淡水捕捞产量7897吨，2002年8491吨，2005年10737吨。

图13-12　2005年淡水鱼捕捞

（刘萍摄）

二、海洋捕捞

1986年，全市海洋机动渔船34艘、1371吨位、2366.91千瓦，其中147～293千瓦机动船1艘、58～146千瓦机动船17艘、15～58千瓦机动船16艘。全年捕捞1330吨。随着环境污染日益严重，近海鱼类资源逐年减少，且小功率渔船难以适应远洋捕捞生产需要，至1998年，全市海洋捕捞量减至650吨，2002年减至130吨，2005年海洋捕捞基本停止。

三、水产加工

1986年，全市水产品加工仅为简单的冷冻包装，产量181吨，产值22万元。随着经济发展，水产品成为出口创汇的增长点，全市水产品加工企业逐渐增多。2004年，无锡市甘露水产公司通过与大专院校和科研单位的合作，进行青鱼、草鱼等水产品的深加工，建成年产2000吨的淡水鱼深加工生产线，开发鱼干、糟鱼等鱼制品4种，打入无锡各大超市。至2005年，宜兴市水产公司、江苏杨市珍珠有限公司成为全市水产品加工龙头企业。宜兴市水产公司主要加工银鱼、蚬肉等，产品销往日本等国，出口日本的水产品占日本市场总进口量的30%。中国加入世贸组织后，公司欧美市场水产品订单不断增加，2005年销售总额6768万元，创利税1000万元，水产品出口额650万美元。宜兴市河蚬捕捞户（东氿、西氿、滆湖、西太湖流域）和80%的银鱼捕捞户直接与公司挂钩，带动基地渔农户1200多户，增加收入1500万元。江苏杨市珍珠有限公司集淡水珍珠养殖、加工、销售、国际贸易为一体，在江苏、安徽、浙江、福建、湖南、湖北等地建有41个养殖基地，年产优质淡水珍珠80吨左右，占全国产量8%，占江苏产量20%。2005年，公司产值8000万元，出口创汇136.25万美元，创利税836.18万元。

第三节　渔政管理

1983年4月，无锡市为保护渔业资源，试行太湖每年禁止捕鱼（简称“禁渔”）1个月的制度。1984年，太湖禁渔期改为3个月。1985年起，滆湖实施8个月封湖禁渔制度。1986年起，太湖实施6个月的封湖禁渔制度。1986～1989年，无锡市对鳗鱼苗和中华绒螯蟹蟹苗运输实施专项管理。1987年起，宜兴县、无锡县从征收的渔业资源费中拨款购买鱼种在内河湖荡放流，每年放流鱼种800万～1000万尾。90年代后，无锡县因内河污染逐年严重而停止鱼种放流，宜兴县仍坚持鱼种放流。1990年起，无锡市加强鳗鱼苗、中华绒螯蟹蟹苗和成蟹以及长江刀鱼的捕捞管理，实施中华鲟、江豚、胭脂鱼和其他鲟鳇鱼类、娃娃鱼、鳄类（不含扬子鳄）等的捕捞许可证、经营利用许可证、准运证和驯养繁殖许可证等项制度。

1990年5月，无锡市及各市（县）、区相继建立渔政管理机构，123个乡镇配备渔政检查员，全市共有渔政检查员181人，配备渔政车4辆、渔政检查船（艇）6艘、摩托车2辆、无线电通信设备45台，初步形成三级渔政管理网络。是年，全市签办捕鱼许可证4825本，查获走私鳗苗101.92公斤，查处违规案件1166起，处罚收取水产资源赔偿费12.56万元，没收网具700多件。为增殖天然水域鱼类资源，提高淡水鱼捕捞产量，全年投入14.18万元，人工放流鱼种26020公斤、蟹苗60.5公斤、幼蟹657.5公斤、鲤鱼夏花1200万尾。

1997年，全市渔政部门实施渔业环境管理，调查处理渔业污染事故，寻找污染源，帮助渔民协商追索死鱼损失赔偿。是年，太湖全面禁止机动吸螺蚬作业。1999年，渔政管理部门从严整治炸鱼、毒鱼、电捕鱼等违法行为，调查处理渔业污染事件25起，为渔民挽回经济损失84万元。2000年，查处渔业违法事件214起，其中电捕鱼74起、毒鱼虾3起、无证捕捞117起、其他事件20起；查处渔船违章163起，其中证书不全42起、设备配备不全86起、未签证35起；查处渔业污染事件22起，为渔民挽回经济损失9.6万元。

2002年起，长江无锡段实行禁渔4个月并开展放流鱼种活动。当年，江阴市申江镇特种水产养殖户郑金良无偿捐献40万尾河豚苗放流长江，次年捐献100万尾河豚苗放流长江。

2004年，市政府统一部署，全面清理太湖梅梁湖定置渔具，清除虾浮473405个、地笼网145502条、鱼簖181.5幢。是年起，相继在梅梁湖和蠡湖建立螺蚬生态保护区，实施生态修复，每年放流鱼类和贝类。

2005年，无锡市建有市级渔政管理机构1个、县级渔政管理站5个，渔政管理人员45名，配备渔政管理船艇12艘。6月8日，省海洋与渔业局在长江4座大桥同时组织以“维护长江生态，保护生命之河”为主题的长江同步放流活动。江阴长江大桥为放流点之一，150多人参加放流活动，放流大规格长吻鮠2万尾、2～5公斤重的中华鲟50尾、3～5厘米长的暗纹东方鲀6万尾、四大家鱼夏苗100万尾和中华绒螯蟹苗10万尾。

第六章　名特农产品

无锡是鱼米之乡，物产丰饶，太湖“三白”、无锡大米历史上久负盛名。1986年后，农业生产水平快速提升，形成南部丘陵山区高效茶果产业、锡东经济林木产业、“三沿”（沿江、沿湖、沿河）特种水产产业、近郊精细蔬菜产业和环湖名优果品产业等五大产业集群。至2005年末，全市拥有省级名牌产品和名牌农产品18个、市级名牌产品69个，其中阳山水蜜桃、璜土葡萄、马山杨梅、太湖翠竹茶叶、宜兴百合和甘露青鱼享有盛誉。

第一节　水产类

一、太湖三白

太湖银鱼、白鱼、白虾统称“太湖三白”，均产自太湖，因外表皆为晶莹剔透的雪白之色而获此美称。

太湖银鱼原为海鱼，后定居在太湖繁衍，是太湖名贵特产。体长2寸余，体态略圆，形如玉簪，似无骨无肠，细嫩透明，色泽似银，故称银鱼。春秋时期，太湖就盛产银鱼，宋代诗人“春后银鱼霜下鲈”的名句，将银鱼与鲈鱼并列为鱼中珍品。清康熙年间，被列为贡品。银鱼肉质细嫩，营养丰富，无鳞、无刺、无腥味，可烹制各种佳肴。日本人常把银鱼与鲱鱼籽、海胆酱一起，配上调味品，制成珍贵菜肴。将银鱼晒成干，色、香、味、形，经久不变。烹制前，用水浸一下，柔若无骨，制成应时名菜，不比鲜银鱼逊色。80年代，太湖银鱼南移滇池、西湖，成为当地的名特产。

太湖白鱼学名翘嘴红鲌，体狭长侧扁，细骨细鳞，银光闪烁，是食肉性经济鱼类之一。白鱼肉质细嫩，鳞下脂肪多，酷似鲥鱼，是太湖名贵鱼类。大多在太湖敞水域中生长，以小鱼虾为食，一年四季均可捕获，在6、7月生殖产卵期捕捞产量最高。

太湖白虾，壳薄、肉嫩、味鲜美，是人们喜爱的水产品。清《太湖备考》有“太湖白虾甲天下，熟时色仍洁白”的记载。用白虾做的“醉虾”放在桌上，虾还在蹦跳，吃在嘴里，奇嫩异常，鲜美无比。白虾剥虾仁出肉率高，还可加工成虾干，去皮后便是“湖开”。太湖白虾还可入药。

二、长江三鲜

江阴滨江近海，是著名的名贵鱼类渔场水口，自古以来盛产从东海溯江而上的鲥鱼、刀鱼、河豚，被誉为“长江三鲜”。河豚，盛产于春季，誉称江鲜之冠。刀鱼，肉细腻鲜美，产于春二三月。鲥鱼，名贵鱼种，肉嫩味鲜，骨纤肥美。60年代后，长江生态逐渐遭到破坏及过量捕捞导致渔业资源衰退，

"长江三鲜"日渐稀少。江阴水产科技人员开始"长江三鲜"人工养殖试验。2000年起，申港镇长江三鲜养殖公司先后进行河豚、鲥鱼、刀鱼人工养殖与繁殖技术攻关，获得成功。

三、太湖清水蟹

太湖清水蟹系"中华绒螯蟹"蟹种之一，是著名淡水蟹，以肉嫩肥美，蟹黄饱满溢香而著名。每年深秋是大蟹上市的季节，俗有"九月团脐（雌）十月尖（雄）"的说法。无锡一带食蟹除蒸煮外，尚有醉蟹、面拖蟹、炒蟹黄油、蟹肉炖蛋等吃法，还有蟹粉小笼馒头等点心小吃应时。

四、甘露青鱼

无锡市甘露镇南临鹅湖，北依嘉菱荡，望虞河贯通全境，区内河塘交叉，水网稠密，水质良好，池塘养殖起源于20年代，当地渔民养鱼经验丰富，青、草、鲢、鳙、鲫、鳊立体混养，亩产成鱼可达1000余公斤，其中青鱼400公斤以上。甘露青鱼以螺蚬、玉米、麦类、豆类等无污染绿色饲料为主，按无公害青鱼生产技术操作规程养殖。所产青鱼，鱼头乌黑，鱼肉鲜美，营养丰富，可烧、可煮、可炒、可炸，煮汤、做丸均可口，深受消费者青睐。2000年，以青鱼为主的"甘露"牌水产品商标获国家工商总局批准。是年，全镇养鱼专业户500多户，池养青鱼200多公顷，年产成鱼800吨，占无锡市上市量的16%，产值1040万元。甘露渔民还承包外地鱼塘1000余亩。甘露青鱼销售遍及江、浙、沪地区。"甘露"牌青鱼2002年被认定为无公害农产品，2003年被评为江苏省名牌农产品。

第二节　林果类

一、阳山水蜜桃

无锡阳山、杨市等地处华东地区唯一的中生代火山岩地带，表面出露的中酸—中性火山碎屑岩、熔岩、凝灰岩、黑云母安山岩等火山喷发物适宜水蜜桃生长，当地所产水蜜桃果型大、色泽艳、皮薄肉厚、汁多味甜、香气浓郁，被誉为"果中皇后"，为全国四大传统产桃区。水蜜桃的品种很多，以早熟的雨花露、中熟的白凤和晚熟的白花水蜜桃为最佳。不仅色、香、味俱佳，而且含有一定的蛋白质、脂肪、维生素及多种矿物质，是畅销港、澳及海外的无锡特产。

图13-13　2003年的阳山桃市　（刘萍摄）

1995年，锡山市杨市镇选送的白花桃在全国第二届农业博览会上获金奖。1998年，阳山水蜜桃基地被列为江苏省首批农业标准化示范区。同年3月，阳山镇水蜜桃协会成立，会员1650人。协会向国家工商局申请注册"太湖阳山"牌水蜜桃商标，申请注册国家质量技术监督检验检疫总局认定的阳山水蜜桃原产地标记和地方证明商标。先后获得中国名牌农产品、中国驰名商标、国家环保总局有机产品认证证书等15项省级以上荣誉和证书。

2005年，惠山区组建无锡阳山水蜜桃科技园，并被列为江苏省现代农业示范园。科技园水蜜桃种植面积31700亩，总产量3万吨，产值1.8亿元。同年，阳山水蜜桃酒研制成功。

二、马山和大浮杨梅

江南是杨梅的发源地，古时称杨梅为吴越佳果。无锡市马山地区山清水秀，气候宜人，光、温、水、气、土等自然条件适宜种植杨梅，所产杨梅成熟早、果形大、汁浓可口，深受消费者喜爱。果农栽培杨梅只施有机肥，不施化肥农药，基本无化学污染。每年6月中旬成熟上市，6月底至7月初为收获期。马山杨梅品种有乌梅种、潭东、雪桃等优良品种10多个，其中乌梅种俗称“家杨梅”，以形大、肉厚、核小、味甜、色紫、汁多而胜超其他品种。马山杨梅产业协会利用马山杨梅品质好、价格高、农户种植杨梅积极性高的有利条件，加强品牌建设，“马山”牌杨梅在区域内享有很高的知名度和美誉度。2005年，马山地区种植杨梅5500亩，产量1500吨，产值3600万元。

大浮杨梅产于滨湖区大浮地区，有近千年栽培史。肉厚核小，酸甜可口，品种有乌梅、白荔枝、大叶细蒂等10多个品种。成果有止渴开胃、益气生津等功效。酒浸杨梅，兑少量红糖，可去湿、止泻、消暑、御寒。

三、璜土葡萄

80年代，江阴璜土村王家头农户种植1.2亩葡萄，收入不菲。以此为起点，璜土镇政府调整农业产业结构，鼓励和吸收工商资本、民间资本投入葡萄基地建设，先后引资9000多万元，并引进上海华中水果批发市场果品经销商的投资建立葡萄收购基地，促进璜土葡萄种植规模扩大，形成高效农业产业化、规模化经营的格局。先后申报葡萄商标5个、无公害农产品3个、绿色食品1个。2005年，璜土镇种植葡萄8000亩，产量1.2万余吨，亩均纯收入超过8000元，被誉为“江苏葡萄第一镇”。

四、无锡毫茶

无锡毫茶是由无锡茶叶品种研究所等单位的科技人员于1979年研制成功并通过鉴定，1986年被商业部定为全国名茶之一。其外形肥壮卷曲，身披茸毫，冲泡后白毫显见，叶底嫩匀，汤色碧绿澄清，滋味鲜醇，香气清高。2001年、2003年、2005年，“惠泉”牌无锡毫茶连续3次在“中茶杯”全国名优茶评比中获特等奖。

五、太湖翠竹绿茶

1986年，无锡县多种经营管理局组成地方名茶研制课题组，由高级农艺师顾轩强领衔，组织带领雪浪乡向阳林场、八士乡斗山茶林场茶农，在原无锡县名茶雪浪贡茶基础上，于1988年研制成功太湖翠竹绿茶并通过国家鉴定。太湖翠竹绿茶以福丁大白叶、槠叶等良种鲜叶为原料，春茶在清明前至谷雨期间、秋茶在白露前后采摘，严格实行适时嫩采、轻微萎凋、高温杀青、轻揉整形、烘干成型、烩炒提香等6道工序。其茶外形条索扁平似竹叶，冲泡时色泽翠绿油润，叶底嫩绿匀称，汤色清澈明亮，滋味香醇，清香持久。1991年，太湖翠竹茶叶在江苏省评茶会上获得第一名。主要产地为无锡市八士镇山林茶果场、雪浪镇向阳林场、藕塘镇七一林场、张泾茶林场、查桥东郊茶林场和胡埭刘塘茶场。斗山地区的茶场由3个发展至15个。八士斗山茶林场改制更名的无锡太湖翠竹茶业有限责任公司，茶园面积33公顷，开发生产的“碧绿香”系列太湖翠竹茶蝉联全国“中茶杯”第一至第五届名优茶评比特等奖，被授予“中茶杯”名优茶评比金奖；在中国国际农业博览会上连续两届被评为全国名牌产品。2002年，“斗山”牌和“尧歌”牌太湖翠竹获得国家质检总局的原产地标志注册。2004年，"碧绿香"被国家绿色食品认证中心认定为绿色食品，被确定为国家农业部无公害放心茶、江苏省首批无公害农副产品。随着太湖翠竹绿茶知名度的不断提高，无锡市茗品茶业有限公司、无锡市七星太湖翠竹生态园有限公司、无锡市晨东园艺场等培育制作太湖翠竹绿茶的企业相继成立。

六、宜兴毛笋

宜兴毛笋鲜嫩可口，是上好的菜品。除春笋、冬笋外，夏天还产鞭笋。宜兴18万亩毛竹，每年都要产1万～2万吨毛笋。宜兴毛笋体大，单支笋可达5～6公斤。除鲜食外，还可晒成笋干，年产笋干300～500吨；或制成筒笋、罐头。与江西、福建的笋相比，宜兴毛笋更鲜嫩可口，涩味较少。除毛笋外，宜兴还产刚竹笋、淡竹笋、水竹笋、早园笋。

第三节　蔬菜类

一、惠山蚕豆

惠山蚕豆成名于清乾隆年间，以皮薄肉糯，粒大清香，可以生吃。2001年，无锡市在惠山区藕塘镇、钱桥镇建成3000亩蚕豆特色蔬菜基地。

二、马山芋头

马山芋头产于马山地区和太湖沿岸一带。以产量高、品质好、软糯细腻、香甜适口而享有盛名。马山芋头的维生素和矿物含量较高，具有清热化痰、消肿止痛、润肠通便等保健价值。中秋时分，家人团聚，品尝桂花糖芋头，是欢度佳节的传统习俗。

三、宜兴百合

宜兴地产百合肥大肉厚，含有淀粉、蛋白质、钙、磷等营养成分，因其具有润肺止咳、清脾除湿、补中益气、清心安神等功能而享"太湖之参"美誉。宜兴百合煮熟后略带苦味，但细细品尝，则苦尽甘来，甜而生津。宜兴百合已有三四百年的栽培历史，鼎盛时种植面积万亩以上，鲜百合、百合粉、糖水百合罐头、百合羹等百合产品畅销各地。2001年开始，宜兴百合品质受土壤酸化污染而有所退化，经营市场又受外地百合冲击而趋于萎缩，种植面积急剧缩减，在市场上近乎绝迹。2004年起，宜兴市政府出台相关政策措施扶持促进百合生产，宜兴市湖滨百合科技有限公司通过百合鳞片扦插繁殖，成功将百合种植所需的种球由每亩250公斤降至每亩50公斤；通过百合品种提纯复壮技术，亩产由750公斤提高至1000公斤；与扬州大学农学院等科研单位合作，对地产百合进行种球脱毒等一系列处理。宜兴百合产业重振雄风。2005年，宜兴百合被国家绿色食品发展中心认证为绿色食品。

四、宜兴萝卜

宜兴沿太湖的村庄称"渎"，为太湖流域传统的蔬菜产区。其田地被称为"夜潮地"，种菜不用浇水，非常适宜萝卜生长，以洋溪一带的最为著名。宜兴萝卜产量高、品质好、口感好，水分足，有冬天赛雪梨之誉，畅销苏、锡、常、浙、闽、鲁等地，深受欢迎。

第七章　农业科技

第一节　农技推广

一、水稻轻简栽培技术

1.地膜小苗秧技术

1985年，宜兴市十里牌乡边庄村进行地膜小苗秧技术试验，用有孔地膜铺底，上复泥浆，然后播种，盖地膜，齐苗后揭膜，小苗带土移栽，秧大田比例1∶40～1∶50。当年栽种的两亩大田，亩产与常规育秧相仿。取得成功后逐年扩种。1993年，宜兴市种植地膜小苗秧20万亩，主要分布在周铁、和桥、宜城等地区，其中高塍、芳桥、新庄等乡镇占水稻种植面积60%以上。之后，随着全市水稻种植总面积的逐步减少，地膜秧种植面积也随之减少。2005年，全市地膜秧面积10.5万亩。

2.稻秧抛栽技术

80年代末，无锡市推广塑料秧盘育秧，小苗带土手工抛栽或机器抛栽技术。手工抛栽每人每天5亩以上，提高工效10倍以上，且劳动强度低，被誉为“快乐的种田”。1997年，全市稻秧抛栽技术推广面积40万亩，主要分布在江阴市河塘、夏港，锡山市东北塘、钱桥，宜兴市湖汊、洑东、张渚等乡镇，产量与常规育秧移栽相仿。1998～1999年，大面积试验推广机械抛秧技术。2005年，全市抛秧5.3万亩。

3.肥床旱育秧技术

1994年，无锡地区粮农冬春培肥旱地秧田，秧大田比例1∶20～1∶25，旱播、旱育和旱管，播种后复盖地膜，齐苗后揭膜。由于秧苗在旱地上生长，根系发达，秧苗素质明显提高，移栽后苗伤轻、分蘖快，稻苗粗壮，有利丰产，一般比水育秧增产5%以上。1999年前后，全市推广肥床旱育秧技术达到高峰，占水稻育秧的80%以上。2005年，肥床旱育秧63万亩，占水稻总面积的52%。

4.机插小苗秧技术

随着水稻机插秧面积逐年扩大，与之配套的机插小苗秧技术在各地试验推广，主要有营养土育秧和沟泥育秧两种方式。营养土育秧为播种前将营养土铺在盘内，厚度2厘米，然后播种育秧；沟泥育秧操作更为简便，深受粮农青睐。机插秧秧龄15～20天，常规粳稻播种量每盘150克芽谷，折干种每盘110克左右，秧大田比例1∶100。2005年，全市机插秧10.1万亩。

5.水稻直播栽培技术

90年代末，江阴市利港、锡山市前洲等乡镇试验水稻直播栽培技术。直播分水直播和旱直播，操作手段又分为人工撒播和机械播种，水直播技术相对成熟一些，播种前按照通气式秧田标准整坨，水耙后夹平备播，坨宽2～2.5米；适宜播期为5月25日～6月10日，宜早不宜迟，最迟不迟于6月15日。播种量2.5～3.5公斤，基本苗6万～7万株。播种迟的适当增加播种量。按照种子处理要求，药剂浸种，催长芽（半粒谷长）播种，播后至3叶期保持土壤湿润，4叶后建立浅水层。合理进行肥水管理，注重病虫草害防治。匀苗、控草、防倒是直播稻成活和生长的关键所在。水稻直播栽培省工、节本，产量与手插秧相仿，每亩比手插秧节约成本30～50元。2003年，水稻育秧移栽期遭遇“非典”，劳动力流动受到影响，直播稻面积迅速扩大。2005年，全市直播稻7.8万亩。

二、无公害稻米生产技术

1996年，锡山市粮油总公司与锡山市农业局联合开发成功无公害"太湖明珠"牌大米后，无锡市农技推广中心与太湖明珠粮油公司、扬州大学农学院联合承担江苏省农业三项工程项目，其中就包括"太湖地区无公害优质粳米产业化开发"项目，制定形成《无公害食品——优质稻米无公害生产技术规程》和《无锡市优质稻米产业发展规划》，加强培训和产销衔接，开展订单种植，探索"企业+基地+农技部门"和"农技部门+基地"的产业化开发模式，促进无公害生产技术推广。先后注册"怡馨""陶都""惠大""太湖明珠""隆元"等无公害优质大米品牌。2003年，宜兴市粮油集团大米有限公司在张渚镇凤凰村建成200亩稻鸭共作有机大米生产基地。无公害稻米生产选择生态环境条件符合相应要求的区域作为生产基地，采用优质、高产、高抗品种，培育适龄壮秧，合理水浆管理，科学用肥，实行病虫草无害化防治，使用高效、低毒、低残留农药和生物农药。2005年，全市经省认定的水稻无公害生产基地面积69.45万亩，占水稻总面积的57.6%。

三、稻麦群体质量栽培技术

90年代中期开始，无锡地区重点推广以壮秧、扩行、减苗、调肥、控水为主要内容的水稻群体质量栽培技术，即在选用高产优质良种的基础上，采取相关技术措施培育健壮秧苗；扩大行距，改善稻田通风透光条件；减少基本苗（基本苗控制在每亩6万～7万株），控制最高苗（控制在最后成穗数的1.1～1.2倍之间），提高成穗率（85%以上）；调肥（适当减少氮肥总用量，提高磷钾肥比重，前期在施足基肥的基础上，少施或不施分蘖肥，适时重施穗肥，实现"黄""黑"变化，保证杆青籽黄），控水（防止长期浸水，中期适时适度搁好田，后期保持干干湿湿，以利养根保叶，活熟到老），综合防治病虫草害，实施群体质量调控。

2005年，无锡市全面推广小麦群体质量栽培技术。小麦群体质量栽培的核心为精量、半精量播种，大幅度减少基本苗，培育冬前壮苗，早春控制高峰苗，重施拔节孕穗肥，在提高成穗率的基础上主攻大穗，提高正常年景的小麦产量。是年，全市小麦平均亩产265.39公斤。

四、蔬菜生产技术

1988年，郊区从事蔬菜栽培、种子、植保、土肥等专业的全民所有制科技人员78人，其中高级农艺师7人、农艺师35人、助理农艺师16人、技术员20人；集体性质的科技人员69人，其中助理农艺师16人、技术员53人；另有一批村级农民技术员和经验丰富的种菜老农。是年，全市蔬菜钢架大棚面积1200亩。郊区8个乡农科站（试验田328亩）、55个蔬菜村农科队（试验田1609亩）采用电热线快速育苗技术，培育蔬菜秧苗3800万株。江阴市6个蔬菜育苗场培育茄瓜类苗290万株。郊区引进早熟大白菜品种小杂542、上海矮抗青，培育并扩大无锡茭白早熟品种，提前无锡茭白的夏茭上市期；组织冬瓜、菜椒、花菜3个品种的高产协作，推广冬瓜早熟栽培、上架栽培和水旱轮作技术。郊区种植冬瓜3930亩，其中上架栽培1350亩；平均亩产2475公斤，出现多年少有的亩产超5000公斤田块；为改善夏季高温育苗条件，推广应用遮阳网17万平方米；利用大棚等设施种植结球生菜、绿花菜、芥蓝、菜心、节瓜等高档蔬菜，供应宾馆饭店。南站乡为京沪饭店、美丽都大酒店供应9个高档新品种蔬菜20吨。

1994年8月，郊区扬名无公害蔬菜基地被命名为江苏省无锡扬名蔬菜高新技术示范区，其70亩无土栽培和400亩钢架大棚蔬菜生产区的规模、技术含量、生产水平居全省之最。是年，市政府扶持无锡县的市属蔬菜基地东亭、华庄、雪浪、硕放、藕塘、新安、坊前等7个镇组建成立农科队。

1996年，全市蔬菜生产新增遮阳网110万平方米，总量300万平方米。郊区引进200亩防虫网，总计20万平方米。1997年，全市在推广高效低毒农药和生物农药的基础上，引进防虫网覆盖栽培技术，进行不同网眼、不同覆盖形式的试验，总结栽培经验。1998年，围绕堵缺进行矮抗6号青菜原种生产技术研究，进行野生芦蒿、马兰、枸杞等栽培技术的研究，引进东升小南瓜、正大苦瓜、伏缺56、夏王、爱华104以及夏抗40、春千萝卜等新品种，蔬菜花色品种大幅增加。重点推广无土育苗新技术，建立7个工厂化无土育苗中心。至1999年，育苗供苗能力3350万株，其中郊区3000万株、新区100万株、锡山市250万株。全市蔬菜生产广泛应用保护地设施栽培、无土栽培、遮阳网覆盖、防虫网覆盖栽培技术和轻小型园艺机械等新设施、新技术。扬名无公害蔬菜生产基地全面采用无土栽培技术，并形成栽培技术规范，所产樱桃番茄、网纹甜瓜等驰名沪宁一带，结球生菜成为香港市场热销蔬菜。至1999年末，全市拥有大棚设施9360亩，其中钢架大棚4856亩、连体大棚118亩、竹架大棚4386亩；反季节蔬菜产量占蔬菜总产量的30%；拥有防虫网75万平方米，网纱菜上市量5000吨。各地推广应用生物农药，组织BT[①]、蔬菜宝两种生物农药3.6吨，比上年增长89%，应用面积3.5万亩次。

图13-14　1997年华庄镇简易蔬菜大棚　　（陈永年摄）

2001年11月6日，荷兰自控温室在扬名蔬菜高新技术示范区竣工使用，温室以玻璃为覆盖材料，计算机控制，占地1万平方米，生产番茄和彩色甜椒。2002年，无锡市蔬菜技术推广中心引进频振式杀虫灯11盏，经大田应用，杀虫效果受到菜农肯定。全市蔬菜种植结合放心菜生产，开展速生叶菜硝酸盐残留控制技术研究，初步摸索出通过合理施肥控制蔬菜硝酸盐残留的方法。是年，全市拥有连栋大棚134亩、钢架大棚13740亩、竹架大棚12093亩、小棚20297亩，地膜覆盖39787亩，遮阳网3344470平方米，防虫网100万平方米。2003年，全市拥有防虫网195万平方米，上市网纱菜8855吨。

2004年，全市蔬菜产品技术标准总数20项。市蔬菜技术推广中心引进和推广频振式杀虫灯162盏，为菜农广泛使用，效果显著。至2005年，全市累计推广防虫网245万平方米，组织引进BT、菜农系列、锐星、奥绿1号、果蔬利、农地乐、菜喜等生物农药22.36吨，推广应用面积23万亩次。大型防虫网使用日趋成熟，全市推广应用440亩。全市拥有温室和连栋大棚3184亩、钢架大棚21747亩、小环棚34285亩，合计保护地栽培面积56350亩。

五、渔业科技

1.水产科技

1986年，无锡市开始在渔业生产中使用增氧机、投饵机等渔业机械。同年起，无锡市承担“池塘颗粒饲料主养团头鲂、罗非鱼技术”“稻田养殖名特优水产品高产高效技术”和“千亩池塘套养青虾高产高效技术”3个研究课题。2001年，无锡市组织申报并立项实施省水产三项更新工程项目“大规格商品蟹的生态养殖技术研究”，重点开展河蟹良种培育和生态养殖技术的研究和大面积推广应用，规范河蟹放养技术，推广EM生物制剂等养殖生态改良技术，使放养规格、密度、养殖生态、日常管理等一系列技术趋于科学合理，养殖情况好转，经济效益稳定提高。2005年，参与实施的省水产三项工程项目“观赏鱼良种选育与新品种引进”通过省级验收，由无锡市甘露水产有限公司实施的“太湖地

① BT生物农药的中文别名包括：7216杀虫菌、苏云金杆菌、BT杀虫剂、敌宝、康多惠、快来顺、苏云金芽孢杆菌制剂。

区养殖淡水鱼深加工技术及产业化开发”项目通过省科技厅鉴定，《暗纹东方鲀网箱养殖技术规程》无锡市地方标准的科技成果申报完成。是年，全市90%以上的水产养殖户使用渔业机械；水产养殖病害防治网络成员单位47家，其中：市、市（县）、区水产技术推广服务单位9家，重点乡镇和病害测报点20家，科研单位2家，渔药生产企业（兽药GMP企业）6家，渔药经销单位10家。为市、市（县）、区水产医院和有条件的重点乡镇、测报点配备鱼病电脑诊断系统10台（套）。

2.淡水渔业研究

中国水产科学研究院淡水渔业研究中心与相关渔业生产单位合作，开展渔业技术科研活动，带动地方水产养殖结构调整，丰富市民水产品篮子。1999～2001年，与广益乡广丰特种水产养殖场合作，开展鳄龟的引种繁育及人工养殖试验，攻克美国鳄龟在无锡人工繁育难关。2001年，与梅园水产养殖场开展人工养殖河豚的繁殖与控毒技术研究，解决河豚的繁殖难关，并使人工养殖河豚达到无毒要求。同年，与江阴市水产技术指导站和申港三鲜养殖有限公司合作，开展长江鲶鱼、刀鱼，美国鲥鱼、圆背角无齿蚌的人工繁育及规模化养殖研究。2003年，与梅园水产养殖场合作，开展笋壳鱼的引进与繁育试验。2004年，与惠山区水产技术指导站开展中华倒刺鲃的引种繁育与养殖技术研究，并承担农业科技跨跃计划“优质河蟹标准化生产体系示范”；与宜兴市水产指导站在河蟹选育、种质保护、生态养殖等方面开展合作，促进无锡河蟹产业发展。

1986～2005年，中国水产科学研究院淡水渔业研究中心先后开展淡水渔业研究项目281项，获得科技奖励120项，其中国家奖6项、省部奖45项。其中由中国工程院院士夏德全研究、培育的奥尼罗非鱼育种成果达国际先进水平，获国家科技进步二等奖；人工培育的中国第一个鱼类养殖新品种技术——建鲤育种技术获国家科技进步三等奖；首创青虾与近缘种杂交，结合系统选育获得新品系，获江苏省科技进步二等奖。其间，由淡水渔业研究中心承担的7项湖泊渔业综合开发技术中，通过浅水草型湖泊规模化养殖技术实现太湖养殖氮、磷的残留呈负值；根据渔业水域水文环境和生物多样性，深化建立渔业资源可持续利用体系的研究和大型工程对渔业资源影响的研究；国家“863”课题中“太湖水源地污染控制与修复技术及工程”，通过太湖农业面源污染的控制和渔业生态修复技术等专题研究，改善太湖水环境，降低蓝藻暴发几率。

第二节　农技管理

一、农技推广机构

1986年起，市、县两级农业部门相继设立农业技术推广站、种子管理站、植保植检站、土壤肥料指导站、畜牧兽医站、林特产技术推广站、水产技术指导站、蚕桑站等农技推广指导机构；乡镇级设立农技站、多种经营技术推广站、兽医站等技术服务机构；村级建立农业服务站，并逐步发展成为集农技指导和植保、供种、灌水、农机服务的一体化综合服务站。1990年以后，县级农业部门整合专业技术资源，成立农技推广中心；乡镇级建设有专业技术人员、有技术推广经费保障、有办公培训楼、有科学实验基地、有技物结合经济实体的“五有”农技站；村级建设标准化农业综合服务站。至2000年末，无锡市本级有种植业专业技术人员15人，其中高级职称9人、中级职称6人；县级有专业技术人员234人，其中高级职称34人、中级职称79人；乡镇级有专业技术员580人。2001年5月，市农业局和多种经营管理局合并，相关专业技术推广机构随之合并，并随着乡镇的撤并，乡镇农业服务中心和专业技术人员数量缩减。

二、农业科技成果

1986年后，无锡市实施农业部和财政部共同组织的全国农牧渔业“丰收计划”，有组织、有计划地把成熟的农牧渔业科研成果和先进适用技术大面积、大范围综合运用于生产实践，促进农牧渔业生产发展。至2005年，无锡市获得11项全国“丰收奖”，包括太湖地区560万亩麦茬晚粳稻亩产560公斤综合增产技术、无锡市水稻中产变高产综合丰产技术、锡山市50万亩粳稻综合增产技术、江阴市57万亩水稻单产超600公斤综合增产技术、宜兴市20万亩单季晚粳稻高产栽培技术、宜兴市双低油菜品种推广、无锡市优质粳稻无公害生产与产业化开发、苏南蔬菜工厂化育苗技术开发与推广、优质粳稻无公害生产技术集成与推广、鹌鹑高产综合技术研究与推广、三元商品瘦肉型猪综合配套技术研究与推广等；获得农业科技进步奖595项，其中种植业203项、多种经营392项。农业科技成果在生产实践中得到推广和应用，较为突出的有：水稻田杂草发生规律和综合防除技术、宜兴单季晚粳稻连续10年百亩连片丰产方亩产超550公斤的技术开发与推广应用、无锡县露地小苗直栽技术的研究与开发、无锡县太湖地区规模农业技术服务体系研究及建设、无锡市武育粳二号亩产超500公斤技术研究与推广、无锡市扬麦158高产栽培技术研究与示范、无锡水蜜桃优质稳产技术开发研究、茶叶持续高产优质栽培技术研究、万亩连片池塘高产养殖技术开发、蔬菜立体栽培技术开发研究、蔬菜集约化育苗规模化技术研究与应用、巨峰葡萄优质高产技术研究及应用、良种鹌鹑的培育与开发、花脸良种母猪的推广等。

2001～2005年，全市除获得全国“丰收奖”外，还获得省、市级农业科技成果创新87项。其中，水稻统一育秧商品化供秧技术、宜兴百合优势生产及产业化开发、太湖名特品种——翘嘴红鲌的扩繁与产业化开发、“二瘟二病”综合防治及快速诊断技术获省农业“丰收奖”，庚苄（爱农）除草剂开发应用技术研究、规模种场母猪繁殖障碍性疾病综合防治技术措施研究获省级农业科技进步奖。

三、品种、技术更新

1999年5月，无锡市抓住江苏省组织实施农业品种、技术、知识更新工程的契机，通过农业科技项目的辐射，加大科技兴农力度，加快农业结构调整。至2005年末，全市共组织实施省级农业（含水产、林业）品种、技术、知识更新工程项目68个，省级现代农业示范区项目5个，累计投入补助资金1765万元，带动3200多万元资金的科技投入。其中，实施品种更新、推广工程项目32个，技术更新工程36项。通过实施品种更新工程，全市优质杂交粳稻、双低油菜覆盖率分别达到52%和98%；三元瘦肉型猪、优质地方家禽、优质奶牛供精比例分别达到50%、51%和50%；特色蔬菜、优质茶果、名特茶覆盖率分别达到68.7%、65%和37%；水稻优质高效集约化生产技术体系示范、蔬菜工厂化穴盘育苗技术、干粉型与浸种型种衣剂技术、微生物有机复合肥料、伊莎褐蛋鸡的引进及高产配套技术、“太湖翠竹”茶无公害生产技术、长江名特水产品网箱养殖主体开发、水蜜桃全面套袋技术、淡水鱼深加工关键技术、茶叶清洁化生产技术等一批新技术得到开发和推广应用，大幅度提高农业综合生产能力和市场竞争力、影响力。

第八章　农业机械

1986～2005年，无锡市以农民增收为中心，以结构调整为主线，推进农业机械化发展。因耕地实际面积大量缩减，全市农机总动力由1986年的164.43万千瓦降至2005年的141.27万千瓦，但每公顷平均农机动力大幅增加。1999～2001年，市政府实施基本实现农业机械化乡（镇）考核，华庄镇等57个乡镇先后被授予"基本实现农业机械化乡（镇）"铜牌。2005年，平均每公顷耕地拥有动力9.34千瓦，高出全省平均水平2.6千瓦；拥有农机具27万台（套），其中林牧副渔业机械3.58万台，平均每公顷1.78台，居全省领先水平。全市联合收割机由140台增至3048台，其中自走式888台，农机结构发生根本性变化。机耕、机播、机械植保、机械收割面积分别为8.38万公顷、7.89万公顷、15.32万公顷、11.31万公顷。有效灌溉面积14.57万公顷、旱涝保收面积13.82万公顷。

第一节　农机设备

80年代初，无锡地区开始引进推广中型拖拉机（俗称"中拖"），逐步实现农田耕翻中拖化。80年代末，中拖普遍使用而手扶拖拉机基本退出农田作业。90年代初，推广国产机动插秧机及其配套工厂育秧技术，推广应用圆盘开沟机、桂林联合收割机，实现三麦生产全过程机械化，夏收夏种进度加快，劳动强度减轻。1995年，引进水稻抛秧机制造专利并试制成功，同时发展高性能半喂入式联合收割机。1999年，无锡市稻麦收割机械化水平居全省前列。2000年6月、10月，江苏省水稻机插秧现场会、全国跨区机收水稻暨水稻全程机械化生产现场会，先后在宜兴市丰义镇（今属官林镇）召开。同时，通过试验和改进，全市提升蔬菜管理机械化和花木移栽机械化水平。2004年，江阴市水稻生产全程机械化产业化基地项目立项，起步实施水稻生产全程机械化以及相配套的粮食加工机械化，至年末，南闸镇泗河村核心种植区基本实现水稻生产全程机械化。同年，市政府召开全市农业机械化示范现场会，现场展示水稻生产全程机械化装备和一大批高性能新型农机具。2005年，无锡市为应对突发的稻飞虱虫害，在全省率先启动对高效机动植保机补贴，当年新增高效植保机399台。

1986～2005年，全市农机装备发生结构性变化。拖拉机由小型向大中型发展，其中小型拖拉机由2.72万台减至1.13万台，功率由24.01万千瓦降至10.10万千瓦；大中型拖拉机由1487台增至2548台，功率由4.78万千瓦增至9.34万千瓦；联合收割机由140台增至3048台，高峰时的2000年达4917台。2005年，全市有旋耕机10538台、机动水稻插秧机1263台，渔业机械15895台、动力69801千瓦，林业机械2350台、动力17793千瓦。随着无锡市农业结构的调整，对农业机械化的需求由单一的粮食生产向林果、蔬菜、苗木、花卉等方面转变，农机推广部门先后引进、推广示范北京元凯机械公司生产的600W型、600S型园艺管理机用于林果、蔬菜和大棚作物的耕翻、除草作业，全市推广数量逾300台。同期，还引进蔬菜移植机、苗木挖穴机、枝条粉碎机等机械进行田间试验。

2000～2005年无锡市主要农机设备拥有量统计表

表13-17

农机名称	单位	2000年	2001年	2002年	2003年	2004年	2005年
农机总动力	万千瓦	178.23	169.80	160.90	153.82	145.02	141.27
小型拖拉机	万台	2.42	1.92	1.62	1.34	1.21	1.13
	万千瓦	24.01	17.30	15.20	12.22	10.82	10.10
大中型拖拉机	台	4419.00	4160.00	3729.00	2821.00	2585.00	2548.00
	万千瓦	16.33	15.32	13.54	10.29	9.44	9.34
机动水稻插秧机	部	858.00	738.00	611.00	604.00	802.00	1263.00
机动喷雾粉机	万台	1.36	1.07	1.15	1.11	0.88	0.94
	万千瓦	2.10	1.77	1.60	1.36	1.21	1.34
联合收割机	台	4917.00	4642.00	4275.00	3539.00	3296.00	3048.00
	万千瓦	2.41	2.56	2.83	2.89	2.62	2.74
机动脱粒机械	万台	14.99	14.92	13.25	12.32	11.41	10.43
排灌动力机械	万台	2.18	2.00	1.87	1.74	1.69	1.70
	万千瓦	24.96	23.91	23.18	22.87	22.74	22.77
农用水泵	万台	2.18	2.08	2.07	1.87	1.65	1.65
畜牧机械	台	1734.00	2059.00	1336.00	1354.00	1702.00	1776.00
	万千瓦	2.09	2.55	1.69	1.59	1.99	2.03
林业机械	台	877.00	990.00	959.00	1531.00	1660.00	2350.00
	万千瓦	1.54	1.50	1.49	1.68	1.37	1.78
渔业机械	台	11314.00	11572.00	13002.00	12580.00	17103.00	15895.00
	万千瓦	5.68	5.64	6.10	6.66	6.47	6.98
农用运输车	辆	5722.00	4664.00	3955.00	3525.00	2842.00	2418.00
	万千瓦	18.29	17.89	14.47	13.15	9.56	7.86
推土机	台	156.00	165.00	200.00	303.00	224.00	250.00
	万千瓦	0.88	0.90	1.12	1.61	1.76	1.43
水稻工厂化育秧	套	165.00	149.00	101.00	86.00	81.00	78.00

一、动力机械

1986年起，无锡市批量引进日本、韩国、意大利等国生产的柴油机和栽插、收割等机械。主要机型为3TN84-RA2C洋马发动机、3R90KV-AC发动机、V2203-D1-C久保田发动机、DC24-ELFAC东洋发动机、LG发动机、菲亚特60型发动机、大同发动机等。国产汽油机普遍配套于工农36型及东方红-18型植保机械，主要型号有165F型和微型1E-40F型。进口汽油机配套插秧机，其中：久保田GS150-2P型汽油机，气冷、4循环、单缸、立式，功率2千瓦，用作久保田插秧机动力；CA340SERA2型汽油机，气冷、四冲程，功率8.9千瓦，转速每分钟1800转，用作高速插秧机动力。

无锡农村长期使用上海拖拉机厂生产的上海-50型（504型）及淮阴清江拖拉机厂生产的江苏—50型（504型）拖拉机。配套动力36.8千瓦的495型（A型）柴油发动机。上海-50型（504型）采用整体式液压系统，江苏-50型（504型）拖拉机采用半分置式液压系统。50型为后轮驱动，504型为四轮驱动。504型转向有液压和机械两套装置，驾驶轻便，爬坡性能好，水田作业不易打滑。1998年，江阴市从常州拖拉机厂引进4台由意大利纽荷兰公司生产的菲亚特60-66S型轮式拖拉机。翌年，江阴市新桥镇水利农机管理服务站购进天津拖拉机厂生产的铁牛－654型拖拉机两台，用于筑田埂、平地等农田基本建设。之后，因受连年粮食价格低迷的影响，农民种田积极性下降，加之无锡市取消对中型拖拉机的财政补贴，导致其保有量下滑。2005年，逐年严重的“耕翻难”现象引起市政府重视，再次实施中型拖拉机更新财政补贴政策。是年，宜兴市新增40.44千瓦以上上海纽荷兰中拖35台，江阴市新增53台，全市累计新增中型拖拉机145台。

二、耕作机械

80年代，全市农田主要由与中拖配套的旋耕机耕翻。1989年，江阴市引进两台江西机引农具厂生产的1LYQ－722A型驱动圆盘犁。驱动圆盘犁由圆盘犁体、犁架、悬挂架及尾轮组成，与上海及江苏50型（504型）中型拖拉机均可配套，作业高效节能。1991年，江阴市农业机械维修服务中心开发研制生产130台圆盘犁，次年在江阴全面推广。随着秸秆还田技术的推广，1997年，江阴市引进6台盐城农机研究所研制生产的反转灭茬旋耕机进行试验示范，后在全市推广。

三、种植机械

1.播种机械

1986年开始，无锡各地推广使用国产2ZT系列插秧机移栽秧苗，主要机型为2ZT－935和2ZT－735。2ZT－935型插秧机主要分布在无锡县、江阴县和无锡市郊区等地。宜兴主要推广应用武进生产的2ZT－735型机动插秧机，该机行距23厘米，株距10厘米、13厘米可调，比较适合当时的农艺要求和农民种植习惯。1987年，江阴周庄镇三房巷村引进7台日本久保田手扶式机动插秧机，与国产2ZT系列插秧机相比，操作灵活，不壅泥，当年该村43公顷水稻全部实现机插。

图13－15 “久保田”水稻插秧机 （市农机局供稿）

1990年，江阴市农业机械维修服务中心研制出150台2BTP型手推式稻谷播种机，成为无锡地区较早制造、使用的人力播种机械。1992年，江阴市农机技术推广中心引进18台由上海市川沙县张桥农机服务站生产的1GK－230型中型复式作业机，作业机配套上海－50型拖拉机，能一次完成灭茬、浅耕、开沟、播种等多道工序。

1995年，全市推广由无锡新时代农机修造厂生产的“太湖”牌2ZPYZ型水稻抛秧机。1996年，该厂生产的抛秧机416台，销往8省、25市的80个县，使用效果良好。1997年，江阴市引进两台上海达力机械厂制造的沪嘉J－ZBD－10型水稻直播机，当年播种22.1公顷。同年，全市保有插秧机360台，作业面积5867公顷，与之配套的育秧工厂77家，供秧面积1.07万公顷。1997年后，原有插秧机因运行质量、配件供应价格、服务机制及水稻高产栽培技术等问题而逐渐被淘汰。1999年，宜兴市被省农机局列为全省引进试验日本“洋马”插秧机的两个试点县之一，分别在丰义镇丰南村和丁蜀镇农业示范园试验示范，以“洋马”“东洋”等合资品牌为主的高性能插秧机逐步推广，主要推广机型为东洋PF455S手扶插秧机，以及少量的东洋P600和洋马RR6高速乘坐式插秧机，其行距均为30厘米，株距为多档可调，具有省工、节本、增产、增效等优势。1999～2000年，江阴华士镇向阳村先后引进两台日本洋马高速插秧机，型号分别为GP6A型和RR6型。

2.育秧机械

1986年，江阴市周庄镇三房巷村示范引进1套2B-600型工厂化育秧流水线，能连续完成铺撒床土、刮土、洒水、播种、覆土等作业项目，工作效率每小时达600盘。秧盘采用综合机械性能良好，耐化学腐蚀、低温，耐受冲击的特种聚丙烯（TPPE），经注塑成型，辅以材质坚挺柔韧、吸水性小、无毒的钙塑纸作衬纸（使用寿命5～6年）。工厂化育秧配套机械为碎土机、筛土机、拌和机、小型输送机。育秧前先用碎土机粉碎稻田表土，经筛土机过筛成床土，然后用拌和机将过筛后的床土与肥料、调酸剂、消毒剂等均匀拌和，最后由小型输送机将拌和的床土运送到育秧流水线，经刮土、播种、覆土、喷淋后盖上聚乙烯薄膜，至秧苗长成。

四、田间管理器械

1.植保器械

全市农村植保器械除传统的电力高压黑光杀虫灯、背负式喷雾器外，1986～2005年，各地普遍使用工农-36型机动喷雾机和机动喷雾喷粉机。工农-36型机动喷雾机将柴油机和机泵安装在同一机架上，故亦称担架式喷雾机，主要用于水稻病虫害防治；机动喷雾喷粉机为轻便、灵活、高效的背负式小型低水量植保机械，有东方红-18型、飞翔-15型、湖山HS-18型等型号。2005年9月，无锡市发生大面积稻飞虱虫害，普通的植保机械无法控制虫情。市政府启动应急预案，对购买黑猫3WH-36E高效植保机用于稻飞虱防治的农户实行多级财政补贴，当年全市新增该型号植保机270台。

2.开沟机械

80年代中期，无锡农村推广1KSQ-35型圆盘开沟机，配套动力为东风-12型手扶拖拉机，故也称手扶拖拉机开沟机，有前置式圆盘开沟机和后置式圆盘开沟机两种。圆盘开沟机结构简单，操作方便。1990年，各地普遍使用。同期，上海川沙县张桥农机厂生产的与上海-50型拖拉机相配套的1KG-35型圆盘开沟机开始在江阴农村使用。之后，太仓农机一厂生产的与中型拖拉机配套的1KG-30型圆盘开沟机逐步占领江阴市场，因中型拖拉机开沟机作业效率高、质量好，很快在全市推广应用。

五、排灌机械

1986～2005年，无锡地区排灌机械主要由水泵和动力机械组成，农村以电动机为动力的排灌机械（排灌站）为主，部分低洼圩区的泵站和小型移动水泵配有柴油机组。排灌机械中的喷灌机械分为固定喷灌机械和移动喷灌机械，均靠水泵压送水流，经过管道输送至喷头呈雨雾喷射，产生人工降雨效应，所不同之处仅为动力装置的固定或可移动。固定喷灌操作方便，效率高，占地少，便于综合利用，可同时喷施液体肥和农药等，主要泵型为Sh型双吸式离心泵或者是BA型高压离心泵。移动式喷灌机常见的一种以拖拉机为动力输出装置带动水泵喷水，另一种配用小功率汽油机为动力带动水泵喷水，称手抬式轻型喷灌机，有CP-Y型系列、8Y-5C（D）型、8Y-1.1型、湖山50-14型等，因水泵安装在抬架上与发动机直联，灌溉时出水快、效率高，操作便捷可靠。

六、收获机械

1986年，无锡农村引进5台东海产4GL-130型稻麦收割机，俗称“割晒机”，配置东风-12型手扶拖拉机使用，因机身重，在水稻田容易下陷，后未能推广。1987年，引进两台福建省南靖生产的龙江—140型圆盘式割晒机，适于小而形状复杂的田块收获。1992年5月，无锡县引进适用于小田块作业的湖北省仙桃市机械厂生产的鄂100-5型割晒机，作业效果较好，轻便灵活，但因专用地盘通用性差而未能推广。

随着轮式拖拉机逐年发展，80年代中期，无锡市从广西引进桂林系列悬挂式稻麦两用联合收

图13-16　洋马联合收割机　　（市农机局供稿）

割机，与江苏-504型、上海-50型中拖配套作业。其中桂林-Ⅱ号联合收割机属全喂入式联合收割机，最大喂入量每秒2.5公斤，生产效率每小时0.26～0.53公顷，清洁度90%，总损失率小于2%。1986年，江苏省引进40台日本TC-2710EX型半喂入式联合收割机，俗称"洋马机"，其中20台在无锡市使用。1987年9月，无锡市组织生产仿洋马机型太湖-1350型联合收割样机。1991年，无锡开始引进桂林-Ⅲ号联合收割机。该联合收割机采用轴流脱粒滚筒，配以简易振动筛与气流结合的精选机构，清洁度较之桂林—Ⅱ号有大幅提高。1994年，无锡引进日本洋马公司制造的CA-355型半喂入式联合收割机。1996年，悬挂式联合收割机发展达到高峰。1997年秋季，无锡引进韩国LG机械公司制造的GC4500型联合收割机两台，在江阴市山观、石庄两镇试用，后因性能不稳定而停止引进。1998年，无锡引进日本久保田公司制造的PR0481型半喂入式联合收割机。宜兴市农机公司引进东杭2010型半喂入式联合收割机40台，因缺乏必要的试验示范环节而导致失败。还引进韩国产东洋HL5050型自走式半喂入联合收割机。同年8月，全国首家中外合资农机制造企业——洋马农机（中国）有限公司在无锡新区建成投产，无锡地区开始使用中国洋马公司生产的人民号Ce-1型及Ce-2型联合收割机，并逐步成为主推机型。1999年，无锡地区开始引进HL3500C型联合收割机。

七、农产品加工机械

1986～2005年，无锡农村使用的饲料粉碎机，包括饲草和饲料的切碎、粉碎、搅拌、打浆、青贮以及成品饲料的加工制作。常用的型号有550型、8-16型、FSW-310A型、9FZ-200（300）型、9FQ-36-20（40-20、50-25）型。

茶叶机械有茶园中耕机、茶树修剪机、茶叶采摘机等茶园作业机械，杀青机、揉捻机、烘干机、切块分筛机等制茶机械，产地主要为浙江省。杀青机通常使用杀青锅或滚筒杀青机。杀青锅是直径1米左右的专用大铁锅或6CCH-63系列型炒茶锅；滚筒杀青机一般采用6CSR-60型金属炉滚筒杀青机。常用的揉捻机是浙茶绿-265型或6C4-Z55型。切块分筛机有6CJS-30型茶叶解块机和6CTS-30型解块分筛机等。无锡茶场通常使用箱式烘干机烘干茶叶，主要型号有6CH-8型茶叶手拉百页烘干机。

八、养殖机械

90年代起，农村规模养殖大户发展迅速，促进饲养机具的引进与技术革新。至2005年，养猪设备主要有饲料调制、半自动饲槽、饮水以及清粪等机械设备；奶牛饲养的基本机具有饲料粉碎机具、挤奶设备、冷藏罐、牛粪处理机械等；禽类养殖机具有禽笼、喂饲机械、孵化设备、育雏设备；渔业养殖机具主要有给排水设备、增氧机、水质净化设备、孵化设备、起捕和鲜活装运设备以及适用于工厂化养鱼所需设备等。

九、运输机械

1997年前，无锡市农用运输机械以东风-12型手扶拖拉机为主，并有农用汽车。1997年6月25

日～2004年4月30日，县以下道路农用运输机械的静态管理由公安部门委托农机部门管理，县以上公路的动态管理由公安部门管理。1997年后，农用运输机械由手扶拖拉机逐步向拖拉机变型运输机（俗称“变拖”）过渡。“变拖”以其经济性、安全性、舒适性等相对较好而逐渐取代手扶拖拉机成为农用道路主要运输工具。农用汽车数量也不断增加。2005年，全市“变拖”保有量9399台。

第二节　农机投入与推广

一、农机投入

1986～1990年，无锡市各级政府坚持工业反哺农业，以集体自筹为主、以国家扶持为辅的投资原则，加大农机化发展资金投入力度，全市农机投入逐年增长，投入农机资金总额14.82亿元，其中1986年1.97亿元。农机投入重点为被列入全国农业现代化试点的无锡县和全市农村现代化试点的24个乡、124个村，以及1986年被列入无锡市首批农业现代化试点村的江阴周庄三房巷村，1989年被列为联合国粮农组织和开发计划署田间试验推广项目试点村的无锡县华庄友谊村等农机化建设项目。同时，重点扶持农机服务体系建设，特别是乡农机站、村农机队达标建设，恢复和发展基层农机服务组织，巩固农机化科研、技术推广、维修、培训等服务机构，改善服务手段。市委、市政府拨出专款组织实施稻麦生产收、种机械的研发，研制出太湖-1350型、215型半喂入式联合收割机和9334型插秧机。

1991～1995年，无锡市在农业资金、基金中增加农机化发展资金的比例，重点加强稻麦两用半喂入式联合收割机和中型拖拉机的发展，投入农机资金2.34亿元。“不买轿车买‘洋马’，优先发展农机化”一时成为无锡农村的流行语。全市联合收割机与中拖保有量大幅度增加，新增大中型拖拉机、联合收割机、插秧机、工厂化育秧设备分别比“七五”期末增长76.5%、513%、55%和57%。同期，各级政府重点扶持“两供一修一训”（油料供应点和零配件供应点、修理点、培训设施）和“五有”（有集体机具、有稳定农机队伍、有规章制度健全、农机服务有一定规模、综合经营自给自足有余）的合格农机站。

1996～2000年，在宏观经济调控、资金调度困难，乡镇企业改制、转制后集体经济投入减少，农业种植结构调整、农民种粮积极性下降等新情况下，无锡市农机资金的投放向新机具、新技术推广和服务体系建设倾斜，投入农机资金4.98亿元。1996年，无锡市与各市（县）、区及镇村按1：2：3的出资比例投入资金1050.4万元，重点用于农机具添置；市政府将水稻生产机械化专项补贴资金由100万元增至310万元，并在此后几年基本维持不变，引导农民发展水稻生产适用机械。1997年，全市投入农机资金3000万元，其中投入江阴市华士向阳村、锡山市安镇年余村和宜兴市丁蜀镇3个农机现代化实施区1713.67万元（其中市级投入417万元），主要用于购置洋马联合收割机、水稻抛秧机、中拖及其配套机具、种子烘干等先进农机具和农机机库、油料库、配件库、维修车间、机耕道路等建设，有效提高农机装备水平和作业水平。1997～1998年，全市重点实行中型拖拉机及其配套联合收割机的政策引导补贴。宜兴市自1997年起3年内财政拨款350万元，所有乡镇消灭中拖空白。1998年，为突破水稻机械化栽种难点，市政府在粮食发展基金和农业发展基金中列出专项资金44万元，作为每个稻麦生产乡镇添置1台抛秧机的补贴，当年全市水稻机栽水平达到21%。1998年和1999年，市政府分别拨款80万元、100万元专款，发展半喂入自走式联合收割机，凡购买人民号等新型适用联合收割机的，每台补贴1万元，市（县）、区和乡分别配套1万～3万元。同期，江阴市农业银行、农业发展银行、信用合作社率先推出农机抵押贷款业务。全市农机化综合水平达到80%，提前基本实现农业机械化的目标。1996～2000年，全市增加投入，扶持建立管理服务功能健全的“五有”合格乡镇

图13-17　2002年“送机下乡”活动　　(市农机局供稿)

农机站95个，其中创建达省标准的合格农机站24个；新建农机二级维修点47个。

2001～2005年，无锡市组织实施农机科技带动战略，扶持农机化发展，全市投入农机资金5.3亿元，其中财政投入7426.82万元，单位集体投入14406.08万元，个人投入31150.62万元，其他投入37万元。另有省财政投入无锡市农机资金2073.46万元，中央财政投入160万元。投入重点为宜兴、江阴两市水稻生产全程机械化产业化基地建设，宜兴市国家农业科技跨越计划农机项目配套项目、优质粮食产业工程现代农机装备推进项目、省级农机综合示范县及农机科技示范园建设、省级三项工程茶叶生产机械化技术试验示范项目，高速公路沿线和城区附近农作物秸秆还田技术推广，物理农业技术推广示范及装备成套研究等中央、省和市农机化发展项目以及市农机科技创新工程项目，5年共完成农机化项目203个，市级以上财政投资985.64万元(其中服务体系建设35个项目132.7万元)。根据各年度发展重点，侧重补贴新增水稻种植机械、联合收割机、高效植保机和更新中型拖拉机。

二、农机推广

1986年初，无锡市提出“先易后难、先麦后稻、先富先化”的农机化发展指导思想，选择确定江阴县西郊五星村、宜兴县川埠乡川埠村、无锡县玉祁蓉南村、郊区扬名乡梁中村、马山办事处化工农场等5个村(农场)作为农机化试点示范村，并逐步发展到以华庄镇友谊村为代表的9个乡(镇)、20个村。全市引进日本产TC2710EX联合收割机20台，宜兴市引进试验两种延吉产30厘米和23厘米机动插秧机。同年，农牧渔业部确定无锡县为全国第一批农业机械化综合试点县，探索南方水田地区发展农业机械化和规模经营的路子。1987年3月，无锡县委、县政府发布建设现代农业规划方案，启动筹集建农资金，并将建农资金中的25%用于推广新农机。为实现“农田耕翻中拖化”，无锡县在农田基本建设时进行路桥配套建设，至80年代末，全县农村普遍使用中型拖拉机，手扶拖拉机基本退出农田作业。

1990年，市委、市政府提出争取在短时间内攻克机械插秧难点、加快农机化发展的要求，拨出100万元启动资金，集中解决农业生产“三弯腰”中最突出、最艰辛的“种”的问题，推广国产机动插秧机及其配套工厂育秧技术，共投入配套资金286.75万元。同年，江阴市推广应用IKSQ-35型圆盘开沟机1469台，机械开沟面积34亩，实现三麦田间开沟机械化；引进武进产2ZT7358型机动插秧机进行试验并获得成功，至1994年，在全市推广应用，同时配套推广宜兴新街产的7寸工厂化育秧流水线。

90年代初，无锡市农机试点示范村辐射到28个乡镇、189个村。全市广泛推广桂林联合收割机，实现三麦生产全过程机械化。1991年，试点示范村共拥有中拖457台、联合收割机346台、插秧机354台、工厂化育秧设备94套，分别占全市拥有量的21.25%、41.89%、44.25%、57.67%。1992年，全市耕翻、排灌、植保、农田运输基本实现机械化，收割、插秧、开沟等综合机械化水平迅速提高。至1993年，联合国开发计划署和粮农组织帮助实施的无锡县华庄镇友谊村农机化田间试验示范推广项目成效显著，友谊村投入机具装备款13.35万美元，引进日本洋马CA-450稻麦联合收割机、洋马RR-60高速插秧机、英国福特6610Ⅲ四轮驱动拖拉机、德国杜齐KR-2000联合耕整气流播种机、广东南海5H2P-6型谷物烘干机各1套；无锡县政府与友谊村投入148万元购置配套水稻工厂化育秧设备、国产插秧机、联合收割机、开沟机等农机具。项目实施4年，友谊村除水稻收获机械水平72%外，育秧、插秧、植保等均全面实现机械化。1995年，市农机局从北京引进水稻抛秧机制造专利，经锡山市农机技术服务推广中心试制获得成功。1995～1999年，无锡市重点突破水稻收获机械化难点，仅1999年，以私人购机为主，投资4000万元，发展高性能半喂入式联合收割机193台，加上跨区作业的推动，实现水稻收获机械化。至此，夏、秋大忙时间缩减至20天左右，稻麦生产综合机械化水平居全省之首。

2000年5月，江阴市引进1台上海-ⅢU型油菜收割机，通过试验、分析、改进，探索推广蔬菜管理机械化和花木移栽机械化。同年，经省有关部门组织验收认定，锡山市农业综合机械化率84.58%，已基本实现农业机械化。2001年，江阴市政府对购买人民号、久保田联合收割机及油菜收割机的用户，每台补贴5000元；对购买秸秆还田机的农户，每台补贴2000元。全市新增39台联合收割机中，人民号、久保田等高性能联合收割机35台，五山2000型油菜收割机2台；新增水稻栽种机械中，抛秧机15台、水稻直播机4台、PF455S型手扶式机动插秧机12台。PF455S型手扶式机动插秧机经马镇镇南北埄村试用，1BMQ型水田埋茬起浆整地机经山观、新桥等镇试用，效果良好。引进江苏洋马公司1台（套）蔬菜管理机械，并进行花木移栽机示范表演。2003年，无锡市农机推广站和日本金子公司合作对玫瑰花的烘干、保鲜技术进行开发和应用，推出烘干保鲜机械，提升提高玫瑰花蕾的品质、品位和保鲜率，减损增收作用显著。

2003～2004年，宜兴市水稻生产全程机械化产业化基地建设项目在官林镇丰义村实施，共投入资金120.96万元，项目中心区3500亩粮田实现稻麦生产全程机械化，通过省级项目验收。2004年6月，江阴市实施水稻生产全程机械化产业化基地项目立项。项目以南闸泗河村2000亩水稻连片种植区为核心，辐射周边南闸村、龙游村、灯塔村、观西村、观山村及月城镇沿山村、秦皇村、白马村的1万亩水稻种植区。以实施水稻生产全程机械化以及相配套的粮食加工机械化为主，实现专业化管理、企业化经营和社会化服务。该项目由江阴市农业机械化技术推广服务中心承担，南闸镇、月城镇水利农机管理服务站和泗河村、市华贸米业有限公司共同合作，投资额156万元。至年末，南闸镇泗河村核心种植区基本实现水稻生产全程机械化。

2005年，江阴市农机化技术推广服务中心成立常优一号杂交水稻机插试验课题组，根据常优一号杂交水稻的栽插技术要求，调整插秧机参数和适宜播种量等技术数据，在顾山镇20亩杂交水稻丰产方试验示范。经测产，机插杂交水稻比人工栽插的亩均增产94.5公斤。同年夏，市政府在东港镇万亩水稻机械化示范园区召开全市夏种农业机械化示范现场会，现场展示水稻生产全程机械化装备和一大批高性能新型农机具。9月15日，为防治水稻褐飞虱，市政府下达高效植保机购置补贴政策，全市新增高效植保机399台，有效降减水稻病虫害带来的损失。11月27日，国家优质粮食产业工程宜兴市现代农机装备推进项目由国家发改委、农业部批准立项。项目实施地为宜兴市和桥、万石、周铁等3镇，建设规模为购置拖拉机等农机具320台（套），改善水稻机械化作业面积5万亩。总投资786.27万元，其中国家投资90万元，省、市、市（县）等地方配套97.8万元，农民自筹598.47万元。

第三节　农机管理

一、管理机构

1983年3月，成立无锡市农机水利局，下设农机科，承担农机行政管理职能。各乡镇设农机排灌站。1984年6月，成立无锡市农业机械安全监理所，为全民事业单位。1996年8月，成立无锡市农业机械局（简称“市农机局”），内设办公室、经济规划处、农机管理处、修配质量处、科技教育处等5个处室，下设农机排灌站（11月更名为农业机械技术推广站）、农机监理所。2001年区划调整后，江阴市、宜兴市及锡山、惠山、滨湖区均设水利农机局。崇安、南长、北塘三区和新区由区经济贸易局兼负农机管理职能；各乡镇明确相应机构负责农机工作。同年，市农机局内设机构调整为办公室、计划财务处、农机管理处、科技质量处、政策法规处。2005年12月，市农机局政策法规处增挂“行政审批处”牌子。

二、作业服务

80年代起，乡镇农机管理服务站和村农机服务队负责农机服务工作，服务内容以机耕、机耙、机开沟及三麦机械收获为主。随着农机改制和农民个人纷纷购买农机具，农机服务逐步向社会化过渡。1998年，为提高机具作业效率和作业收入，江阴市成立农机行业协会，下设20支联合收割机跨区作业服务队，拥有高性能联合收割机245台，作业地遍及苏、浙、皖、豫、鲁、川等省。1999年6月，宜兴市组织32台联合收割机赴淮阴地区机收三麦作业。2000年起，无锡市设立跨区作业信息网络，发放联合收割机跨区作业证和跨区作业信息汇编。至此，全市除个别村尚保留村级农机服务队外，个体农机作业户成为农机服务的主体，服务项目涉及耕、耙、灌、种、收等所有的农田作业和农用运输作业。随着机插秧技术的推广应用，插秧机进入跨区作业行列。至2005年，全市建立农机跨区作业供求直通车系统，形成市、县（区）、机手三级网络信息发布体系。全市有跨区作业协会4个；具有一定规模、较多机具、良好机制和综合效益的农机服务组织150多个，其中合作社17个、专业服务公司21家、农机跨区作业服务队101支，从业人员超过3000人。

三、农机供应

2000年前，无锡市农机由市、县两级国营农机公司供应，全市1家市级公司、3家县级公司（江阴、宜兴、锡山）。2000年后，全市农机公司转制为民营，农机供应和销售完全市场化。市、市（县）农机管理部门依据相关法律加强农机产品市场监管，与工商、技术监督部门联合执法，打击生产和销售伪劣农机产品行为。2003年起，由中标生产企业直销省、市、市（县）财政补贴的插秧机、中型拖拉机、植保机等，由农机推广部门承担本地区“三包”维修和操作培训服务，以减少销售环节让利于农民；其他农机产品和配件，大都由原市、县农机公司转制后分离出来的农机经营部，以厂家代理、批发零售等方式经营销售。

四、农机维修管理

80年代中期开始，无锡市将农机维修网点建设列为农机服务体系建设的重要内容。至90年代中期，基本形成以市（县）、区农机推广中心为依托，乡镇农机站为骨干，村级农机服务队为基础的全市农机维修服务体系。随着市场经济发展，社会维修点逐渐增多。1996年，市农机局设立农机修配质量处，负责全市农机维修网点建设及网点资质的审定和农机产品质量监督。1998年初，市农机局会同市工商局、市质监局制定《无锡市农业机械维修行业管理办法》。此后，江苏省农机维修点实行分级审批：一级维修点，由省辖市农机管理部门初审，省农机管理部门批准；二级维修点及技术要求较高的专项修理点，由省辖市农机管理部门审批；三级维修点及一般专项修理点，由市（县）、区农机管理部门审批。2000年，市农机局撤销农机修配质量处，维修行业管理职能划归农机管理处，农机及配件质量监督职能归为科技质量处。是年，全市农机维修点424个。2002年5月，市政府发布《无锡市农业机械维修行业管理办法》。2004年7月起，二级维修点及专项修理点的行政许可审批下放至各市（县）、区。2005年9月，省人大常委会批准施行《无锡市农业机械维修管理条例》。至2005年末，全市有农机维修点216个，其中二级维修点66个、三级维修点128个、专项修理点22个，农机维修人员523人。

第九章　农　民

1986～2005年，市委、市政府扶持经济薄弱镇、村和贫困农户，帮助发展经济、增加收入；结合实际做好"费改税"工作，纠正乱集资、乱摊派、乱罚款，减轻企业和农民负担，建立控制和减轻农民负担的长效机制；实施有利于共同致富的政策，着手建立农村社会保障体系。2001年，无锡市率先在全省建立被征地（含历次被征地）农民基本生活保障制度，其后推行实施失地农民"以土地换保障"分流安置办法，将失地农民纳入社会保障体系，农民的医疗保障、养老保障、孤老供养及最低生活保障等社会保障水平逐年提高，基本建成以"城保""地保""新农保"三项制度为框架、城乡统筹发展的养老保险体系。2004年，全市农村实施"百村奔小康工程"建设，实行"镇村代缴、市（县）区补贴"的办法，不再向农民直接征收农业税，减轻农民负担4690万元。加大财政转移支付力度，基本实现农民"零负担"。2005年，无锡农村劳力以非农产业为主，农民人均纯收入8004元，年末存款余额3157元、手存现金1308元，人均住房55.5平方米（抽样调查数），达到省定小康标准。

第一节　农村劳动力结构

80年代，无锡由于乡镇工业的迅速发展，形成以乡镇、村集体工业为主体的农村经济新格局，农村劳动力由传统农业向集体乡镇企业大规模转移。1986年，无锡市农村劳动力结构形成以非农产业为主的格局。全市农村168.04万个劳动力（男16～60周岁、女16～55周岁，下同）中，农业劳动力55.43万人，占32.99%；非农劳动力112.61万人，占67.01%。1988年、1989年，农村劳动力超过170万人。其后由于年度劳动力自然增长率变化、教育事业的发展、落实上山下乡政策、行政区划调整和农民进城等多种因素，劳动力总量逐年下降，1995年下降至159.79万人，农村劳动力占农村总人口的比重亦从1985年的56.64%降至54.30%。1995年，农村劳动力抽样调查结果表明，农村劳动力中，男性占52.1%，女性占47.9%；16～35岁占40.88%，比全国低11.01个百分点；36～60岁占59.1%，比全国高11.82个百分点，无锡农村劳动力出现老龄化趋向。农村劳动力中，文盲占1.86%，具有小学文化水平的占26.72%，分别比全国低15.9和11.16个百分点；具有初中毕业以上文化水平的占71.42%，具有专项技能的占42.94%，分别比全国高27.06和28.13个百分点。其中身强体壮的占73%，也高于全国平均水平。随着乡镇工业和第三产业的快速发展，10年间非农劳力的比重逐年提高，因发展速度起伏，农村劳动力的非农化转移相应有起有落，占比最高的1988年达72%，1990年降至68.6%，人数减少6.21万人，至1992年又回升至1988年的水平。1995年，全市159.79万个农村劳动力中，非农劳动力121.35万人，占农村总劳动力的75.94%，比全国高50.93个百分点，比1986年净增8.69万人；农业劳动力38.44万人，占农村总劳动力的24.06%，比全国低50.93个百分点，比1986年净减16.99万人。无锡农村劳动力在非农化转移中，大多"离土不离乡"而普遍兼业。全市48.3%的劳动力从事以一业为主的多业劳动，其中就地在本村转移的劳动力中，2/3兼业；就地转移的劳动力中，早出从事二、三产业，晚归进行种植养殖业，年均劳动295.5天、休息69.5天。由于人多地少，户均、劳均经营农业的面积不大，从事农业的专业劳动力全年人均劳动时间168天。无锡农村劳动力流出不多，但呈上升趋势，且以有组织的流动为多。村外流动以早出晚归式的居多。流出劳动力中，以在农村从事二产为主、占74.81%，三产占24.4%，极少数从事农业。外地劳动力流入呈速度加快和规模扩大的趋势，至1995年占本地劳动力的44.86%。外来人员中，外省的占51.8%、外县的占32.8%、外乡镇的占15.4%。流入形式以用人单位自招为主，占45%，自发的占26.9%，外来劳动力相互介绍的占22.9%。就业单位以乡镇、村集体企业为主，占79.95%，在私营企业就业的占9.7%。就业领域以二产为主，占86.9%，在三产就业的占7%，在一产就业的占6.1%。从事一般劳务的占85.1%，担任技术人员的占9.86%，从事管理工作、个体工商业及其他劳务的占2%。常年流入的占82.2%，6个月以上的占84.4%，不足半年的占15.6%。外来劳动力年人均收入4504元，远低于本地8252元的收入水平。

1996年起，无锡乡镇、村集体企业大规模改制为民营企业，原先由乡镇、村集体组织安排劳动力转变为企业与职工双向选择，农村劳动力的就业与结构由市场调节主导。随着改制面的扩大，下岗的乡镇企业职工越来越多。在非改制企业中也有大批本地劳动力下岗。此外，每年有大量年轻的文化程度较高、对报酬要求不高的外地劳动力流入。在改制最快的1997年，全市非农劳动力总数减少8.83万人，占农村总劳动力的比例下降5个百分点。1999年，全市乡镇企业改制基本结束，农村非农劳动力总数降至105.83万人，占农村劳动力总数的比例降至67.4%，比最高的1995年减少15.47万人，占农村劳动力总数的比例降低8.5个百分点。2000年，本地劳动力在非农产业中就业总数下降的趋势得到遏制。2000～2001年，全市非农产业快速发展，除消化本地的新增劳动力，还大量吸纳外地劳动力，非农劳动力总数保持在106万人左右，占劳动力总数的比例保持在67%左右。随着外地劳动力涌入势头减缓，乡镇企业开始注重职工队伍的稳定，农村非农劳动力总量回升。2003年，全市158.42万农村劳动力中，农业劳动力38.58万人，占24.4%；非农劳动力119.84万人，占75.6%。

至2005年，全市农村劳动力结构呈老龄化趋势。不充分就业、无业及视作失业的比例较高，达18.4%。农村就业结构以工业为主，在农业就业人员中不充分就业率最高，为37.6%，第三产业不充分就业率13.6%，工业不充分就业率8.1%。农村劳动力的素质比较低，小学及以下的人员占20.8%，初中64.6%，高中技职校11.9%，中专2.2%，大专及以上0.5%。掌握一项或以上职业技能的人员占61.5%，主要是农业种养植业技能和制造业、建筑业技能，其中取得国家职业资格证书的人员占6.5%。需要进行重点关注的人员比较多，有5.96万人，主要是纯农户家庭中的农业富余劳动力、失地农民、享受低保人员和大龄人员，其中无业要求就业的3.15万人、不充分就业要求充分就业的2.81万人。

全市农村劳动力结构形成各自的区域特点。经济发达乡镇农村劳动力的文化素质比一般地区要高，专项技能强，劳动生产率高，其创造的经济效益和得到的报酬相对较高。这些乡镇、村外来劳动力也多，一批外来劳动力进入企业的技术和管理岗位，其薪金收入也比一般乡镇高。城郊地区农村的劳动力由于接受教育、培训的机会多，文化素质更高，其中具有初中文化的占95%左右。他们大多不再从事种植业，也不再兼业，而从事二、三产业，以工资性收入为主。他们由于文化素质高，接受新生事物快，改革开放意识强，因而较早到市外、省外去就业创业。山区农村的劳动力，由于自然资源丰富，除了水产外的农林牧各业，几乎每个家庭都有经营，劳动力的兼业率最高。经营山区资源，对技术专长要求高，山区农民中的能工巧匠也最多。在山区，因占有资源较多，从事园林业和运输业的劳动生产率相对较高，从业人员的收入也较高。

1986～2005年无锡市农村劳动力结构表

表13-18 单位：万人

年份	劳动力总数	按性别分		按行业分						
		男	女	农林渔业	工业	建筑业	交通邮电业	商贸餐饮业	金融业	其他非农业
1986	168.04	89.06	78.98	55.43	78.82	8.30	3.19	1.96	0.05	20.29
1987	169.19	90.02	79.71	49.28	86.37	8.52	3.48	2.09	0.07	19.38
1988	170.08	89.49	80.59	48.14	87.54	8.56	3.66	2.37	0.07	19.74
1989	170.05	89.63	80.42	52.94	84.31	9.64	3.35	2.31	0.06	17.44
1990	168.76	87.93	80.83	53.03	83.71	9.89	3.27	2.48	0.07	16.31
1991	167.84	86.61	81.23	50.39	85.83	9.35	3.27	2.95	0.08	15.97
1992	167.63	87.16	80.47	46.03	88.80	9.12	3.56	3.75	0.12	16.25
1993	166.64	86.74	79.90	46.94	88.37	8.94	3.69	4.03	0.13	14.54
1994	161.96	84.54	77.42	45.40	84.06	8.80	3.80	4.82	0.20	14.88
1995	159.79	84.29	75.50	38.44	81.78	8.94	4.08	5.81	0.23	20.51
1996	158.60	82.67	75.93	39.90	77.71	8.74	4.21	5.83	0.23	21.98
1997	157.81	82.30	75.51	47.84	73.00	8.88	4.01	5.94	0.27	17.87
1998	158.48	81.94	76.54	50.88	69.71	8.99	4.21	6.50	0.31	17.88
1999	157.09	82.26	74.83	51.26	67.02	8.84	4.37	6.97	0.35	18.28
2000	155.13	80.98	74.15	49.28	65.81	8.79	4.49	7.32	0.34	19.10
2001	154.26	80.09	74.17	47.99	67.19	8.61	4.48	7.44	0.31	18.24
2002	156.20	81.10	75.10	44.41	71.91	8.44	4.57	8.55	0.41	17.91
2003	158.42	82.97	75.45	38.58	78.23	8.82	4.79	8.78	0.53	18.69
2004	161.42	85.01	76.41	34.51	82.49	9.36	5.20	10.27	0.56	19.03
2005	158.35	83.68	74.67	33.55	81.70	9.33	5.38	9.67	0.69	18.03

说明：1986～1989年，其他非农业数据含房地产管理、公共事业居民服务、咨询服务劳动力，卫生体育、社会福利、科研综合技术服务事业劳动力，教育、文化艺术、广播事业劳动力，科学研究和综合技术服务事业劳动力，乡经济组织（社务）管理劳动力等。

第二节 农民收入①

2005年，无锡农民人均年纯收入8004元，比1986年的807元增长8.92倍。家庭总收入9129元，其中工资收入5946元、经营收入2496元、财产收入230元、转移收入457元。江阴市农民人均年纯收入8539元，居全省第一。

① 详见本志第三十九卷第一章第二节《农村居民生活》。

第三节　失地农民补偿

1986～2005年，无锡市征用土地单位按1982年5月《国家建设征用土地条例》《中华人民共和国土地管理法》《中华人民共和国土地管理法实施条例》和《无锡市征用土地补偿和被征地农民基本生活保障暂行办法》等法规补偿失地农民。但各地、各单位在征与被征双方协商具体补偿时，由于土地使用的性质、处所、征用单位和征用年份等不一，补偿标准、项目等存在较大差异。1986年，丝绸公司江苏省进出口分公司征用江阴县青阳街西13生产队稻田6.68亩，各项补偿总额4.27万元，亩均补偿6386.03元。其中：土地征用费10688元（每亩1600元），青苗补偿费1336元（每亩200元）；安置劳动力10人（由乡镇安置），劳动力安置费19129.6元；粮、煤差价补贴11505.09元（补14年）。1987年，无锡市通用机械厂征用扬名乡五星村向阳生产队2.2亩土地，支付土地补偿费5940元（每亩2700元）、青苗补偿费506元（每亩230元）、老年保养费7500元、安置补助费2.1万元、新菜田建设费3.3万元、粮食差价补贴6600元、其他补偿费6万元，合计134546元，亩均61157.27元（征用单位另付征土管理费2692.18元、安置管理费63元）。1988年，市公安局交警支队征用扬名乡新联村6分土地，支付新联村土地补偿费840元、其他补偿费1500元、老年保养费720元、劳动力安置补助费3600元、劳动力安置管理费10.8元，合计6070.8元，亩均11118元。1991年，市冶金局供销经理部征用南站乡景渎村38.95亩土地，支付景渎村土地补偿费126.21万元，亩均32403.96元；房屋及附着物补偿费79万元，土地管理费6.16万元。1993年，市投资开发公司征用蠡园乡蠡湖11队2亩土地，除安置劳动力3人外，支付土地补偿费3870元、作物补偿费347.8元、老年保养费1764元、劳力安置补助费8820元、劳动力安置管理费26.46元、新菜田建设费9800元、粮食差价补贴费6000元，另付耕地占用税2666.68元、征土管理费1198.12元，合计34493.06元，亩均17246.53元。1995年，市铝制品总厂征用黄巷乡陈巷三队2.36亩土地，支付各项补偿费6.15万元，亩均26064.86元，其中土地补偿费6372元（每亩2700元）、青苗补偿费542.8元（每亩230元）、老年保养费4248元、劳动力安置补助费21240元、管理费63.72元、菜田建设费4720元、粮食差价补贴7080元，另付耕地占用税14160.07元、征土管理费1670.48元、区收菜地设施费1416元，安置劳动力51人。

2001年，城乡养老保险职能统一由劳动保障部门承担后，无锡市率先在省内建立被征地农民（含历次被征地农民）基本生活保障制度（简称“地保”），解决推进城镇化过程中失地农民的社会保障问题。“地保”新政将年轻劳力直接纳入城镇促进就业和社会保障政策框架，对中老年人实行“到龄即养”的办法，实现农民向市民转换后社会保障政策的无缝对接。2003年9月，市人大常委会做出建立被征地农民基本生活保障制度的决议，无锡市实施“以土地换保障”的失地农民分流安置办法。是年，将退渔还林、大学城等8个建设项目中的7000多名失地农民纳入社会保障体系。同时，建立新型农村养老保险制度，被征地农民基本生活保障实现全覆盖。

2004年3月，市政府制定出台《无锡市征用土地补偿和被征地农民基本生活保障暂行办法》。办法将崇安区、南长区、北塘区、滨湖区划分为一类地区，江阴市、锡山区、惠山区划分为二类地区，宜兴市划分为三类地区。办法规定，土地补偿费以耕地前3年平均年产值5～12倍确定，最低标准为一类地区每亩2500元、二类地区每亩1800元、三类地区每亩1600元；安置补偿费按人均耕地面积不等而计算标准不一，补偿3年年均产值的5～15倍、江阴市、宜兴市最低标准分别为2万元、1.7万元。明确征用土地安置人员数量按征用土地面积除以被征用前人均农田面积确定，并由农村集体经济组织或村委会提出名单，经相关部门审定批准后由集体经济组织或村委会张榜公布。同时规定，青苗补偿费标准为一年生作物按前3年平均产值补偿；一年两季作物或以上的，按前3年平均产值的50%补偿；苗木、花草和经济林可移植的支付移植费，不能移植的给予合理补偿或作价收购；果园、鱼塘按实际损失补偿。该办法还对被征地农民基本生活保障作出规定，规定16周岁以下及16周岁以上在校学生一次性补偿：一类地区8000元、二类地区6000元、三类地区5000元，在校生毕业后按新成长劳动力管理。对男16～50周岁、女16～40周岁的失地农民实行保障安置，纳入城镇企业职工保险范围。对男50周岁以上、女40周岁以上按不同情况作相应保障。办法对历次被征地农民基本生活保障视不同情况做出不同规定。同时制定《无锡市征用土地补偿和被征地农民基本生活保障办法》《无锡市被征地农民基本生活保障资金管理办法》等配套文件。6月1日起，锡山区建立被征地农民生活保障制度，全区历次被征地农民86925人享受被征地农民生活保障待遇。1～9月，滨湖区安置133名失地农民异地务农。

2005年，蠡湖地区规划建设领导小组办公室征用蠡湖街道办事处50.55亩土地，经双方协商，村庄用地38.25亩补偿343.8万元（每亩9万元）；公共用地12.45亩补偿74.34万元（每亩6万元）；园地、青苗等补偿费另行计算。至年末，无锡市对被征地农民全面落实"地保"政策。历次被征地人均土地不到0.1亩的44.5万农民中，31万人按月领取保养金，纳入基本生活保障体系的农民37.54万人。

第四节　农民社会保障

一、医疗保障

80年代，无锡农村以村级财力作经费保障，实施合作医疗制度，方便农民看病，并根据各地人均收入和村办企业盈利水平，确定村民医疗费用报销比例，补贴农民部分医疗费用；少数财力雄厚的村，全额报销村民的医疗费用。1986年前后，各地培训农村保健医生，组织农村保健医生参加省卫生厅业务考试，部分乡村卫生人员获得技术职称。村卫生室普遍达到门诊室、药房、注射室、休息观察室"四室分开"的要求。1990年起，合作医疗基金拓展为乡镇、行政村和个人共同筹集（负担）的保险机制。1995年，各市（县）、区达到初级卫生保健合格县（市）标准，全部通过卫生部评审。1996年，锡山市被省政府评为初级卫生保健合格市（县），提前达到世界卫生组织提出的"2000年人人享有初级卫生保健"的目标。1998年前后，为增强农民抗大病风险能力，各地在合作医疗保险基金中，提取大病风险基金。1999年，锡山市长安等镇根据大批农村劳力在乡镇企业务工的实际，实行乡镇、村出资，乡镇卫生院经费包干的医疗保障制度，由卫生院承包乡镇企业职工医疗服务事宜，包括预防保健、体检、劳动卫生指导等。

2001年起，农村合作医疗制度的内容、保障方式等发生重大变化，逐渐过渡为新型农村合作医疗（简称"新农合"）。是年，江阴市实施农村住院医疗保险（大病统筹）制度，参加的农村居民79.3万人，占当地农民总数的86.9%。至2002年，无锡市138.68万名农民参加新农合，占全市农村人口的48.08%。2003年，全市160.3万名农民参加以大病统筹为主的新农合，占全市农村人口的56.05%。

2005年，无锡市颁发《关于推进万户农民扶贫帮困工程的意见》，对农村年人均纯收入低于2000元的困难家庭中患有尿毒症（需要血透的）、恶性肿瘤（手术后两年内需要放化疗的）、器官移植（服抗排斥药的）3种特殊病种患者实施医疗救助，并给予每人每年5000元的慈善医疗救助。是年，全市参加新农合的农民218万人，占农村人口的77.94%，大部分镇村实现全覆盖。

二、最低生活保障

90年代后期，各市（县）、区按不同标准对农民实施最低生活保障（简称"低保"）。进入21世纪后，市委、市政府制定、完善对农村薄弱群体实施分类保障的政策，保障农村困难群众的基本生活，并随着经济社会发展水平的提高，不断提高低保标准。2000～2005年，全市农村享受低保212680人次，总额15382.52万元。2004年6月1日起，锡山区将3197户特困户、7920人全部纳入低保体系，享受每人每年1800元低保金。

2005年，《无锡市农村居民最低生活保障办法》实施，对符合条件的困难家庭，实行动态管理下的应保尽保。全市农村低保对象43584人，占农村人口的1.95%，基本实现100%享受低保的目标。为做到应保尽保，农村低保资金由原来的市（县、区）、镇、村三级负担改为市（县、区）、镇两级财政支出。同年6月，市政府颁发《关于在我市最低生活保障对象中实施分类施保有关问题的通知》，对农村低保对象中的残疾人、孤老（60周岁以上无亲属者）、70岁以上的老年人和少数民族老人，在享受当地低保待遇的基础上，再提高20%。市政府还颁发《关于实行农村居民最低生活保障标准最低线制度的通知》，完善农民低保最低线制度，建立低保标准自然增长机制。是年7月起，江阴市农村低保标准由年人均1800元调整为2160元。同年，宜兴市农村低保年人均1600元。

三、养老保障

70年代后期，无锡市城郊一些村陆续发放老年社员养老金。1981年7月起，无锡县前洲公社西塘大队对259名老年社员每人每月发放12～20元的养老金。随着农村经济的发展，一些地方利用村级财力对农村的老年人、老干部、老党员、老军人实行标准不同的养老补贴。1985年前后，各地陆续试行乡镇级合作养老统筹制度。1986年，郊区广益等乡实行乡级养老保险，建立以乡为单位的农村合作养老统筹基金制度，规定个人缴纳24元，其余由集体缴纳的养老金筹集，以集体缴纳为主，个人缴纳为辅。广益乡8345人参加乡级养老保险，1907名老人领取养老金。1987年1月1日起，全乡养老金基数每人每月7元，工（农）龄每年0.3元。对此前退休的老年社员，在原村、队发放养老金的基数上统一增至15元；已超过15元的，增至20元；超过20元的，暂保留两年。任职干部退休后，按职务高低，适当增加养老金。凡获得市、省、全国劳动模范称号的，在原领金额的基础上分别增加30%、60%和100%。老人病故，享受养老金3～6个月的一次性抚恤金。

1992年，无锡市由民政部门负责农村养老保险（简称“农保”），以个人账户全积累式的农保制度逐步取代镇级统筹、推行早期以乡镇企业职工为主体、集体补助份额较大、基金筹集标准较高、与苏州等地一起创出的农保“苏南模式”。是年，郊区根据老龄化趋势加快等情况，由以乡为单位统筹改为区级统筹。其中广益乡参加区级养老统筹6756人，养老人员2325人。至1996年，全市开展农保乡镇106个，参加农民17.52万人，累计保费5962.65万元。锡山市在港下镇进行农保试点基础上，于1996年2月制定《锡山市农村社会养老保险暂行办法》，全面推行农保。至2000年，锡山市参保农民27.43万人，累计保费40240.42万元，发放0.79万人的养老金944.09万元。其中，农村参保4.7万人，保费收入2748万元，累计筹集保险金1.07亿元，支付504万元。2001年，无锡市农保事宜由市民政局移交至市劳动和社会保障局。

2002年，无锡市理顺原郊区农村养老统筹关系，建立农保与城保（企业职工由农保转为企业职工保险）之间的转换衔接通道，将郊区近10万名乡镇企业职工及老年农民由区级农村养老统筹纳入城保。2003年7月起，马山、胡埭两镇农保纳入市级统一管理，市区农保管理体制全面理顺。是年，无锡市建立新型农村养老保险制度（简称“新农保”），纯农民参保率83.7%。2004年，全市所有乡镇建立农保经办机构，农保基金结余94818万元，其中市区8269万元。

2005年，市委、市政府制定《无锡市农民基本养老保险暂行办法》，启动新农保制度建设，决定用3年时间，在全市建立全员覆盖、城乡统筹的养老保险体系。把乡镇范围内的企业及非农化产业工人全部纳入城保，为从事农林牧渔业生产的纯农民和老年农民建立新农保，对征地农民全面落实地保。全市以城保、地保、新农保三项制度为框架、城乡统筹发展的养老保险体系基本成型，并覆盖80%左右农村。10月1日起，《无锡市农民基本养老保险暂行办法》施行，16周岁以上的146万农村户籍人口中，45.87万人参加城保，40.54万人参加新农保，38.67万老年农民领到养老金。参加城保和新农保的适龄农村居民占总数的59.32%。无锡市农村养老保障制度建设及覆盖面在全省乃至全国处于领先地位。资金筹集原则为个人、集体、财政三方共担，各地以上年农民人均纯收入为基数，按20%的比例筹集资金，其中个人缴纳8%、集体和财政负担12%。集体和财政负担部分由市（县、区）、镇两级财政和村集体经济组织分担，其中市（县、区）、镇两级财政承担不低于72%。是年10～12月，市（县、区）、镇两级财政投入新农保资金5400多万元。同年10月开始，宜兴市应参保农民开始交费，并按照规定标准发放养老金，16.6万人领取基本养老金。同时建立被征地农民生活保障制度，对集体土地被征用后人均耕地在0.1亩以下的失地农民，男满60周岁、女满55周岁后，在享受基本养老金的基础上，按月发放50元生活保障金。所需资金由市（县）财政承担60%，镇、村承担40%。同年，江阴市11.6万老年农民领取基本养老金。

1996～2000年无锡市农村养老保险概况表

表13-19　　单位：个、万元、万人

年份	实行乡镇	参保人数	保费积累	发放人数	发放金额
1996	106	17.52	5962.65	—	—
1997	108	17.84	11100.00	0.21	205.00
1998	109	22.01	20994.00	0.33	534.48
1999	109	24.79	32124.00	0.52	395.87
2000	90	27.43	40240.42	0.79	944.09

2005年无锡市农村养老保险概况表

表13-20　　单位：万人、%

指标			全市	其中					
				江阴市	宜兴市	锡山区	惠山区	滨湖区	新区
人均土地不到0.1亩的历次被征地农民	历次被征地农民总数		46.92	16.37	8.82	6.05	6.38	2.26	7.04
	其中实行基本生活保障人数		37.54	16.37	1.61	6.05	4.21	2.26	7.04
	覆盖率		80.00	100.00	18.25	100.00	65.99	100.00	100.00
农民基本养老保险覆盖率	18周岁以上农民数		64.81	16.95	33.90	4.75	3.24	2.49	3.48
	其中	适龄劳力数	25.98	5.00	17.25	0.45	0.42	0.38	2.48
		老年农民数	38.83	11.95	16.65	4.30	2.82	2.11	1.00
	其中参保人数		40.54	11.95	18.70	4.50	2.28	2.11	1.00
	覆盖率		62.55	70.50	55.16	94.74	70.37	84.73	28.74
农村养老保险综合参保情况	16周岁以上农民数		145.66	40.93	47.40	18.15	15.35	12.18	11.65
	参加企业基本养老人数		45.87	10.39	11.83	7.35	7.99	7.18	1.13
	参加农民基本养老人数		40.54	11.95	18.70	4.50	2.28	2.11	1.00
	享受其他社会保障人数		2.24	1.00	0.65	0.23	—	0.36	—

四、孤老供养

1983年，无锡县普遍建立乡镇敬老院，资金来源为财政补贴83万元，各乡镇村集资、社会赞助530万元。之后，各县、区先后以“县（区）财政补贴一点、乡镇赞助一点、社会集资一点”的方式建立乡镇敬老院。至1986年，全市建有乡镇敬老院73所，农村6475户五保户中入院老人1562人，占24.12%，供养标准每人每年400～900元。部分敬老院通过以院办厂、以厂养院、以副养院等方式，提高供养水平。1987年，全市124个乡镇建办敬老院113所，在建13所。1989年，郊区88%的五保老人入院，人均供养每年535元。1990～1994年，各地投资1155万元改建、易地重建68所敬老院。1995年，全市乡镇敬老院119所、村办敬老院24所，五保老人集中供养率达60%。人均供养每年1312元，散居孤老人均每年855元。此后，各地随经济社会发展拓展养老事业，敬老院生活环境不断改善，孤老供养标准逐年提高。

2005年，无锡市制定《关于进一步做好五保供养工作实施意见》，各地加大对五保供养资金和敬老院改扩建经费的投入，投入资金5294万元，改扩建农村敬老院16所。至年末，全市共有农村敬老院92所，床位7490张，供养五保老人4298人，供养率100%。其中集中供养3573人，人均供养每年3488元，供养支出共1065.87万元；分散供养725人，人均供养2118元，供养支出共400.9万元。全年五保老人年供养总费用1466.77万元，供养标准达到当地一般村民的生活水平。

2000～2005年无锡市农村最低生活保障、孤老供养情况表

表13-21

项目			单位	2000年	2001年	2002年	2003年	2004年	2005年
最低生活保障	农业人口		万人	271.10	269.10	263.43	254.66	218.22	223.52
	保障对象		人	21022.00	23937.00	35305.00	43876.00	44962.00	43584.00
	年保障总金额		万元	1340.81	1478.00	2471.40	2780.09	3746.72	3565.50
	其中	市（县）级投入	万元	511.49	575.80	919.65	994.75	1799.63	1694.16
		乡镇投入	万元	502.82	509.60	938.10	1021.59	1125.67	1536.30
		村集体投入	万元	310.20	396.20	613.80	765.19	821.42	335.30
	年人均金额		元	637.81	617.45	700.01	633.62	833.31	818.08
孤老供养	应供养人数		人	4502.00	5654.00	4926.00	4561.00	4492.00	4298.00
	已供养人数		人	4402.00	5654.00	4926.00	4561.00	492.00	4298.00
	其中	集中供养	人	3038.00	4041.00	3476.00	2990.00	3476.00	3573.00
		分散供养	人	1364.00	1613.00	1450.00	1571.00	1016.00	725.00
	年供养经费总额		万元	858.90	956.70	854.88	1065.87	1514.55	1466.77
孤老供养	乡镇办敬老院数		所	116.00	107.00	106.00	96.00	92.00	92.00
	敬老院床位数		张	5339.00	5679.00	6067.00	5754.00	6271.00	7490.00
	入住人数		人	4268.00	4871.00	4992.00	3899.00	4982.00	3573.00
	其中五保老人		人	3038.00	4041.00	3476.00	2990.00	3476.00	3573.00

无锡市志

【第二册】

第十四卷

工　业

概　述

无锡是工业强市，工业是无锡国民经济增长的主导力量。1986年起，市经委连续3年组织实施“六上五下”的适应性调整，即上拳头产品、市场适销产品、出口创汇产品、优质产品、新产品和地方配套产品，下滞销、高污染、高能耗、高物耗低效益和性能差质量劣产品。实施发展10个新门类、30种重点产品、20个重点基建项目和40个重点技改项目的“1324”工程，形成一批骨干企业和行业。通过节材节能管理、推广节材节能新技术、实施技术改造和物耗大户考核，实现增产节约、增收节支（简称“双增双节”）。同时，引导企业抓市场营销，拓展国内外市场。1990年，乡及乡以上独立核算工业总产值位于上海、北京、天津、苏州和广州之后，列全国第六位。

1991年后，无锡市工业系统以市场为导向，以效益为中心，以国有大中型企业为重点，推动企业转换经营机制,采用先进技术和装备实施技术改造，开发新产品、调整产品结构，产品适销度、市场占有率以及工业经济整体素质有较大提高，工业经济实现高速增长。1996年起，无锡市推进企业市场化运行，工业系统实施优先发展机械及汽车配套业、电子及新型家电业、精细化工及生物医药业、特色冶金及金属制品业、高档纺织及服装业五大支柱产业，培育壮大高新技术产业，调整改造提升传统产业，发展以名牌产品为龙头的适销对路优势产品群、以出口创汇为龙头的机电和传统类优势产品群、以高新技术为龙头的高技术含量、高附加类优势产品群，淘汰落后产品。至2000年末，无锡市拥有工业企业35443家，工业总产值2853.5亿元。

进入21世纪，通过调整所有制结构，无锡市国有及国有控股企业在一般性竞争行业中加速退出，民营、“三资”等非公有制经济发展成为工业经济的主导力量。加快产业结构调整，建成电子信息、机电一体化及汽车、新材料、高档纺织及服装、生物医药五大制造业基地。加快产业布局调整，城区企业实行“退城进园”，引导大型基础产业向沿长江一带集中、制造业向工业园区集中、高新技术产业向科技园区集中。工业呈现经济效益增长快于销售增长，销售增长快于生产增长的局面。至2005年末，全市拥有工业企业45634家，完成工业总产值6970.9亿元，工业增加值1488.3亿元，各项工业经济指标在全国大中型城市中保持第七位。

第一章　工业经济综述

第一节　工业经济运行

“七五”期间，全市工业生产出现两次较大波动。第一次始于1985年7月，受电力、煤炭、原材料和资金供应矛盾突出的影响，工业生产在之前连续6个月增长40%以上的情况下直线下滑，1986年7月到达“谷底”。第二次波动始于1989年初，受棉花、蚕茧等供求矛盾突出的影响，在上年四季度增长29.8%的状况下，逐月下降，9月起连续4个月出现负增长，1990年8月后增长速度才恢复至8%以上。这两次波动导致企业经济效益下降，亏损企业增加。1990年，乡及乡以上独立核算工业企业利税比上年下降9.7%，企业亏损面28.96%。

其间，全市调整工业经济结构，至“七五”期末，各种结构比重有所变化。在工业总产值构成中，江阴市、宜兴市和无锡县三市（县）占全市比重由“六五”期末的55.3%增至64.2%；全民所有制和集体所有制占比由96.4%降至92.8%；中外合资企业占比由0.1%增至2%；外贸出口所占比重明显上升，由6%增至12%。在所有制结构中，集体工业总产值占比由1985年的60.7%增至72.2%，中外合资企业占比由0.1%增至1.5%。能源消耗有所降低。1990年，全市原材料消耗考核品种扩大至200种，品种降低率74%。全年全市节约原材料1.15亿元，其中市区实施节材奖的88家企业节约钢材7647吨、铸铁1061吨、原棉1281吨、橡胶248吨。

1990年末，全市乡以上工业企业3785家，拥有固定资产原值128.6亿元，从业职工90.8万人；完成工业总产值309.9亿元，产品销售收入262.2亿元和利税总额22.4亿元。有企业集团38家，大中型企业由1985年的149家增至194家，100家最大经营规模工业企业销售收入103.74亿元，占乡以上工业的39.57%。乡镇企业工业增长较快，全市乡村两级工业企业12455家，完成总产值247.55亿元，实现销售收入199.6亿元。

1991年后，无锡市工业系统推动企业转换经营机制，调整产品结构，工业经济实现高速增长。1992年，对重点新增长点产品和重点企业给予生产要素供给协调等政策扶持，确定100个重点新增长点产品和100家（市区60家）重点企业进行跟踪考核。加强紧缺原材料、电力、资金等生产要素的调度，组织企业限产压库和开展催讨欠款，联合银行和产业局清理“三角债”。1995年，启动实施工业企业市场化运行工程、“四化”（集约化、国际化、多元化、现代化）集团工程、名牌产品工程、企业“一把手”工程，引导企业建立“营销特区”和“技术特区”。37家国有企业全面解困，10家特困企业中4家提前完成3年减亏补亏任务。全市工业企业亏损面28.7%，为省辖市最低。

“八五”期间，无锡国有经济以年均7.4%的速度发展，小天鹅公司等国有企业加速转换经营机制；集体工业以年均递增38.6%的速度增长；股份制企业和“三资”企业等其他所有制经济实现年均递增66.8%。至1995年末，全市拥有工业企业28378家，完成工业总产值1823.7亿元，实现利税115.2亿元，分别是1990年的3.99倍、3.49倍。其间，1991年工业总产值541.9亿元，首次突破500亿元；1993年工业总产值1365.5亿元，首次突破千亿元。1995年，全市拥有规模以上工业企业4460家，固定资产原值526.8亿元，职工89.6万人，完成工业总产值1161.2亿元、工业增加值263.3亿元，产品销售收入1069.5亿元，列上海、北京、天津、广州、苏州和深圳之后，居全国第七位。工业企业的规模结构发生较大变化，全市有大中型企业295家，比1990年净增101家，初步形成以小天鹅集团、双良—特灵溴化锂制冷公司、阳光集团、捷达摩托集团为代表的企业集团。乡镇工业异军突起，1995年，全市乡村两级工业企业13710家，其中乡镇企业集团251家，乡镇工业总产值、销售收入和利税分别为1794.27亿元、1263.97亿元和84.65亿元。开放型经济发展迅猛，全市累计建成投产开业的“三资”工业企业1084家。

“九五”期间，无锡市工业系统调整行业结构，发展高新技术产业和优势产品，突破重点难点，经济结构得到优化，经济运行质量实现升级。计算机硬盘、电脑传动臂、软磁盘等产品从无到有，大规模集成电路产量增长5.3倍；汽车及汽车零部件业规模扩大，改装汽车产量增长4.6倍，油泵油嘴产量增长1倍以上。乡镇工业发展速度加快，2000年，全市共有乡镇企业19540家，工业总产值1814.71亿元。外向开拓成效显著，对外开放步伐加快。全市实际利用外资累计53亿美元，外商投资企业数增至1060家，希捷、阿尔卑斯等公司在无锡建厂。无锡山禾、宏源、光明集团等企业到境外办厂设点，成为跨国经营的领头企业。小天鹅、华西、兴澄、庆丰等8家企业集团出口交货值超亿美元，威孚、红豆、澄星等14家企业出口增幅在20%以上。

进入21世纪，无锡工业系统重点围绕电子信息等高新技术领域及重点产品，建设电子信息、机电一体化及汽车、新材料、高档纺织及服装、生物医药等5个制造业基地。至2005年，5个制造业基地销售收入占全市规模以上工业的63.6%，形成精密机械、成套设备、汽车零部件、集成电路、电子元器件、高档家电、特钢及制品、精细化工、高档纺织及服装、生物工程、新医药等优势行业和产品。在高新技术产业中，电子及通信设备制造业所占比重达1/3，电气机械及设备制造业占比1/4左右，成为高新技术产业的主导产业；计算机及办公设备制造业、新材料产业占比也均超过1/8。以上4个产业占全市规模以上工业比重由2000年的14.4%提高至21.3%。

所有制结构呈现多元化、国际化发展趋势。2005年，全市规模以上工业企业实收资本9164292万元，其中国家资本499115万元，占5.45%，比2000年下降18.05个百分点；港澳及外商资本3783782万元，占41.29%，比2000年提高13.09个百分点。规模以上工业总产值中，国有企业、集体企业、股份合作企业、联营企业、有限责任公司、股份有限公司、私营企业、港澳台资企业、外资企业、其他企业分别占3.73%、14.9%、2.64%、0.22%、11.97%、3.85%、29.56%、12.3%、20.78%、0.05%，其中，国有、集体、股份合作、联营企业工业总产值占比分别比2000年降低9.23、15.54、8.68和0.51个百分点，有限责任公司、股份有限公司、私营企业、港澳台资企业、外资企业和其他企业占比分别提高0.33、0.46、22.37、4.19、6.56和0.05个百分点。

至2005年末，全市工业企业45634家，全年完成工业总产值6970.9亿元，工业增加值1488.34亿元，实现销售收入6619.02亿元，实现利税482.18亿元。规模以上工业企业4628家，完成工业总产值5720.3亿元，工业增加值1375.3亿元，利税总额382.3亿元，从业职工100.47万人。综合经济效益指数为186.3%，比2000年提高62.1个百分点。

1986～2005年无锡市全部工业主要经济指标表

表14-1　　单位：家、亿元

年份	企业数	工业总产值	工业增加值	销售收入	利税总额
1986	12419	214.7	52.3	226.2	25.6
1987	37018	263.0	61.7	242.1	29.4
1988	29075	368.6	62.6	398.2	29.5
1989	27914	418.3	102.1	386.5	40.1
1990	27687	456.6	102.6	497.8	33.0
1991	25647	541.9	121.7	740.1	36.6
1992	30354	897.8	183.7	1136.9	61.3
1993	30453	1365.5	267.2	1202.3	85.5
1994	31455	1805.4	355.0	1288.2	85.8
1995	28378	1823.7	429.1	1648.4	115.2
1996	30852	2186.1	484.2	1920.9	130.4
1997	28578	2204.8	526.1	1854.3	131.8
1998	34135	2337.2	565.8	2003.3	138.4
1999	35003	2492.2	608.3	2095.1	151.8
2000	35443	2853.5	629.3	2412.6	179.8
2001	34191	2930.1	683.0	2728.4	200.3
2002	36542	3455.8	784.5	3273.4	256.0
2003	41167	4379.2	992.7	4195.5	339.5
2004	44449	5689.7	1231.4	5383.5	402.3
2005	45634	6970.9	1488.3	6619.0	482.2

说明：工业总产值均为当年价。

1986～2005年无锡市规模以上工业主要经济指标表

表14-2　　　　单位：家、亿元

年份	企业单位数	工业总产值	工业增加值	销售收入	利税总额
1986	3756	157.6	38.6	131.4	18.9
1987	3826	190.3	45.8	167.9	21.8
1988	3632	248.9	57.5	222.4	27.1
1989	3781	286.1	63.2	246.5	24.8
1990	3785	309.9	69.6	262.2	22.4
1991	3935	360.1	80.9	330.9	24.3
1992	3894	545.6	114.2	460.1	38.1
1993	3982	807.5	167.1	711.0	53.5
1994	3895	1056.8	216.8	814.4	61.9
1995	4460	1161.2	263.3	1069.5	76.3
1996	4190	1407.4	315.7	1241.5	85.2
1997	3897	1421.6	321.4	1249.6	93.0
1998	2756	1460.9	318.5	1330.4	95.7
1999	2702	1551.5	368.9	1433.6	117.2
2000	2892	1779.1	411.9	1713.6	143.3
2001	3123	2010.9	453.5	1924.1	163.0
2002	3340	2445.1	580.4	2395.6	198.4
2003	3925	3284.7	790.6	3206.8	263.2
2004	4543	4575.1	1088.9	4399.8	325.8
2005	4628	5720.3	1375.3	5657.5	382.3

说明：工业总产值均为当年价。1985～1994年，统计口径为分市（县）全部独立核算工业企业主要经济指标；1995～1997年，统计口径为分市（县）乡以上独立核算工业企业主要经济指标；1998～2005年，统计口径为分市（县）全部国有及限额以上非国有工业经济指标。

第二节　市区工业布局

80年代后期，市区工业布局基本延续80年代初的格局。南门外地区是冶金、机械工业区，有无锡钢铁厂、无锡柴油机厂等近20家大中型企业；中桥地区是机械工业区，有无锡机床厂等10多家大中型企业；河埒口地区是电子仪表工业区，有无锡无线电厂、江南无线电器材厂、江宁机械厂等近10家大中型企业；吴桥地区是纺织、轻工工业区，有市第三棉纺织厂、协新毛纺织厂等近20家大中型企业；锡澄路附近是化工工业区，有市电化厂、造漆厂、第二制药厂等六七家大中型企业；周山浜地区是纺织工业区，有市第二棉纺织厂等十几家大中型企业；健康路两侧是以纺织为主的老工业区，有市第一棉纺织厂、光明内衣厂等七八家大中型企业；蓉湖庄地区是机械工业区，有无锡油泵油嘴厂、无锡市电机厂等五六家大中型企业；马山地区是新兴工业区，有华瑞制药公司、啤酒厂等。90年代开始，无锡在新区建设高新技术产业园区，新建的高新技术企业进入园区，一批老厂在改制和技术更新改造之后也逐渐迁入园区。工业布局逐渐形成向工业园区集中的格局。

进入21世纪，根据无锡市城市规划的需要，对产业布局调整优化，原在城区的企业实行“退城进园”，陆续搬出城区，引导大型基础产业向沿长江一带集中、制造业向工业园区集中、高新技术产业向科技园区集中，老城区工业有序合理向外转移，形成具有无锡特点的沿路、沿江布局的工业园区和高新技术产业带。至2002年末，全市已建工业园区155个，入园企业5000多家。新区以高新区和工业园为龙头，逐步形成以电子信息、精密机械及机电一体化、生物工程及医药等产业为特色的产业集聚优势。

2003年初，市政府出台《关于加快无锡市区工业布局调整工作的意见》，启动市区工业布局调整及企业“退城进园”。根据城市建设总体规划确定的区域功能，中心城区结合现代服务业的发展，向外迁移调整有污染、高消耗、大运输量的工业企业，同时规划发展高科技含量、高附加值和劳动密集型的都市型工业。市区工业布局调整的重点是中心城区内的三类工业企业：影响特大城市规划和建设的，特别是挡路阻桥、影响城市景观的工业企业；对商业和居住环境有较大负面影响的，特别是沿河、沿湖，对环境生态有较大影响的工业企业；有重大资产重组和改扩建项目，急需外迁发展的工业企业。市区工业布局调整的方向以省级以上开发区为主体，以重点乡镇工业园区为辅翼，符合条件的企业向配套完善的特色工业园区搬迁、集中。调整导向为：纺织产业集团、庆丰集团等纺织企业向锡山经济开发区内的无锡纺织出口工业区迁移调整；在惠山区具有纺织、印染产业优势的乡镇，择点规划建设符合生态技术标准的纺织印染工业园区。化工集团等化工企业向城北地区迁移调整，结合城市物流园区建设，择点规划建设环保达标的精细化工工业园区。医药工业向惠山区生命科学园、新区医药工业园、滨湖区马山生物医药园集聚，形成高科技生物医药产业化基地。冶金工业以锡钢为中心调整整合，形成环保达标的花园式优特钢产品加工工业区；结合西气东输工程规划建设环保型的特种金属材料加工区。机械工业的机电一体化产业向新区调整迁移，专用机械设备、普通机械分别向锡山区、惠山区、滨湖区内特色机械工业园集中。电子信息制造业重点向新区调整迁移，滨湖区蠡园开发区重点发展建设国家级IC设计产业化基地，锡山经济开发区重点发展新型电子元器件产品和计算机网络设备。2003年为调整的探索试点阶段，重点推进纺织、机械行业部分企业的迁移调整。

2004年，无锡市在工业经济外延逐步扩大到江阴和宜兴范围的条件下，引导工业经济区域向南北两个方向发展。大型重化工（石化、冶金、造船等）产业向沿江两岸集中，特色制造业（环保、新材料、食品等）向宜兴地区扩散和集中，高新技术产业（电子信息、生物医药、机电等）向科技园区集中。在城市规划的框架内，保留部分对环境无污染、能耗少、物流量小的都市型企业。至2004年末，仍有2000多家规模以上工业企业分布在市区。

2005年5月，无锡市实施新的工业布局调整规划。以建设国际先进制造技术中心为目标，以国家级和省级开发区为依托，按照“区域集中、产业集聚、开发集约”的思路，实施“城市南进、产业北移”战略，推进“工业出城入园”，迁移改造一批污染企业，淘汰退出一批劣势企业，支持发展一批都市型企业，打造各具特色的工业集中区，构建城市现代化工业新体系。调整规划确定：3年内完成快速内环50平方公里内（江海东路—凤翔路—青祁路—金城路）三类工业企业的迁移调整工作。快速内环50平方公里范围内不再新建工业项目，原有工业企业不再扩建工业项目。部分地处快速内环边界，对城市环境和景观有较大负面影响的冶金、化工等工业企业不再新建扩建。太湖新城、蠡湖新城和马山国家旅游度假区、太湖山水城旅游区内的工业企业也列入市区工业布局调整范围。2005年6月22日，市政府公布市区首批27家搬迁出城区的企业名单，至年末增至55家企业，其中20家完成整体收购评估、15家进入整体收购阶段、5家在新址建设厂房。

第三节　地区工业

“七五”计划期间，无锡市各地区工业经济发展较快。1990年，全市工业企业27687家，其中市区

2509家、江阴市9436家、宜兴市3409家、无锡县12333家；工业总产值456.61亿元，其中市区、江阴市、宜兴市和无锡县工业产值分别占35.8%、22.44%、13.42%、28.34%，市区工业所占比重比“六五”期末下降8.9个百分点。全市乡办及以上工业企业3785家，其中市区948家、江阴市690家、宜兴市951家、无锡县1196家；工业总产值309.86亿元，其中市区、江阴市、宜兴市和无锡县工业产值所占比重分别为45.35%、19.3%、12.52%、22.83%。1995年末，在全市工业总产值中，江阴市、宜兴市、锡山市所占比重分别上升至28.7%、15.9%和36.9%、市区则降至18.5%。

“九五”期间，全市各地区继续调整工业结构，工业经济运行质量和实力得到提高。2000年，全市共有规模以上工业企业2892家，其中市区697家、江阴市714家、宜兴市494家、锡山市987家；市区、江阴市、宜兴市、锡山市工业总产值分别占全市的27.7%、29.1%、15.4%、27.8%。

“十五”期间，各地区工业经济总量迅速扩大，经济效益持续攀升，工业结构不断优化，形成以电子及通信设备制造业、电气机械及设备制造业为主体，新材料产业、计算机及办公设备制造业为两翼，医药制造业、专用科学仪器设备制造业为补充的工业体系。企业规模不断壮大，市区小天鹅集团、希捷公司和江阴华西集团销售收入突破百亿大关。至2005年末，无锡市共有规模以上工业企业4628家，从业职工100.5万人；规模以上“三资”工业企业932家，比2000年增加496家，工业总产值占规模以上工业的31.7%。市区、江阴市、宜兴市工业总产值分别在全市的比重分别为52.3%、34.7%、13%。

2004年无锡市各地区工业经济普查情况统计表

表14-3　　　　单位：家、千元、人

区域	企业数	工业总产值	工业销售产值	出口交货值	主营业务收入	利润总额	从业人员
崇安区	458	5929912	5789032	713606	6220526	124996	21358
南长区	902	18343075	17850444	2848622	19203114	982977	51103
北塘区	1275	15842255	15849339	2956640	16205267	515887	57757
锡山区	4520	42450039	41166795	6238306	40958234	1111940	162705
惠山区	5612	54713215	53210938	3459085	53976279	1543535	200015
滨湖区	4516	44306794	43238522	3987540	43500197	2065246	151431
新　区	2217	98009954	94817977	45625020	94999987	3850059	161004
江阴市	7932	182377455	177162982	24437733	175265148	9196115	477158
宜兴市	7310	64886292	62766660	5815502	61966419	2157702	247945
合　计	34742	526858991	511852689	96082054	512295171	21548457	1530476

一、江阴市工业

“七五”期间，江阴市工业形成纺织、机械、冶金、化工、轻工、建材、电子、电力、拆船及食品等10个行业、90多个门类。1990年末，有工业企业9436家、职工33.2万人；工业总产值102.47亿元，比1985年增长134.66%，年均增长18.66%，轻、重工业比为52.35 ∶ 47.65。年产值超亿元的企业由1985年的1家增至10家。产品质量明显提高。5年间各级优质产品383个，其中获国家金质奖1个、国家银质奖2个、部优79个、省优120个、市优181个，优质产品率由1985年的5.5%提高至1990年的15.13%；开发新产品425个，其中达到国际水平的20个、填补国内空白的20个，新产品产值年均递增40%以上，1990年新产品产值率6.42%。5年间完成技改投资11.85亿元，引进国外先进技术装备425台（套），更新设备3万多台（套），江阴电厂、江阴钢厂花山新区等项目建成投产。

“八五”期间，江阴市规模以上工业累计完成产值（当年价）926.1亿元，实现销售收入、利税和利润810亿元、66.3亿元和34.9亿元，分别是“七五”期间的4.2、4.2、3.4和4.8倍。1995年，完成工业总产值（1990年不变价）626.2亿元，工业销售收入439.3亿元，实现利税总额31.9亿元，工业技改投入35亿元，全市22个重点重大建设项目有11个竣工投产，完成投资11.75亿元。产值超亿元的村和企业119个（家），利税超800万元的93个（家）。全市大中型骨干企业有56家；全国大型乡镇企业5家，占江苏大型一级乡镇企业的83%；大型二级乡镇企业8家，占全省的18%。18个示范村村均产值和利税分别达5.5亿元和4500万元。国家级乡镇工业企业集团23个，在全国2000多个县（市）中名列第一；省级企业集团55个，市级57个。1995年被评为全国乡镇企业先进市。

“九五”期间，江阴市规模以上工业累计完成当年价产值2537亿元，实现销售收入、利税和利润2222.9亿元、197.7亿元和115.1亿元。2000年，完成工业总产值830.4亿元。规模以上工业总产值609.8亿元，其中国有及国有控股工业总产值46.5亿元、集体工业330.8亿元、“三资”工业86亿元。规模以上工业增加值132.9亿元，产品销售收入572.6亿元，实现利润31.5亿元，利税总额51.9亿元。轻工业与重工业的比为57∶43。工业经济规模优势增强，有大中型工业企业58家，实现销售收入305.1亿元，利税总额31.6亿元。

“十五”期间，江阴市工业结构从传统的纺织、冶金等劳动密集型产业逐渐转向以新材料产业为主导，发展电力、特色冶金、软塑包装、电子信息、机械及汽车零配件、高档纺织等优势产业。规模以上工业累计完成当年价产值6324.5亿元，实现销售收入、利税和利润6080.4亿元、518.9亿元和350.4亿元。2005年末，有工业企业14514家，从业职工50.1万人，全年完成工业总产值2420亿元，其中规模以上工业总产值2141.1亿元、销售收入2099.7亿元；实现利税159.6亿元、利润113.8亿元。华西村集团营业收入突破300亿元，阳光集团、三房巷集团营业收入超过150亿元，5家企业营业收入超过100亿元，5家企业营业收入超过50亿元，10家企业营业收入超过20亿元。9家企业跻身中国企业500强，12家企业名列中国民营企业500强。

二、宜兴市工业

“七五”期间，宜兴市工业经济以乡镇、村两级集体经济为主，先后建成投产宜兴热电厂、宜兴建筑陶瓷厂琉璃瓦生产线、宜兴水泥厂三号窑、宜兴精陶厂白炻器生产线等重点项目，形成建材、陶瓷、纺织、化工、机电、冶金、轻工、粮油食品等门类比较齐全的工业体系。至1990年末，共有工业企业3141家；固定资产原值18.39亿元，比1985年增长230%。全年工业总产值54亿元，比1985年增长186.6%，占工农业总产值的90.4%，其中乡镇办工业30.51亿元、村办工业16.54亿元；利税总额3.12亿元，利润总额8679万元。工业总产值1亿元以上的乡镇21个，工业产值1000万元以上的企业97家，利税总额超200万元的乡镇企业15家。5年内共创无锡市级以上优质产品322个，其中部优29个、省优74个，55个产品采用国际标准或国外先进标准生产。全市国家二级企业7家，省级先进企业19家，无锡市一级企业36家、二级企业63家。

“八五”期间，宜兴市规模以上工业累计完成现价产值524.6亿元，实现销售收入、利税和利润422.5亿元、27.9亿元和9.3亿元，分别是“七五”期间的3.5、3.8、2.4和1.7倍。1995年，完成工业总产值346.5亿元（1990年不变价），工业销售收入263.6亿元，利税总额17.97亿元。工业产值10亿元的乡镇9个，产值亿元的村和企业56个（家），利税超千万元的村和企业29个（家）。1995年，工业企业生产性在建项目987个，总投资42.9亿元，8个重点技改项目和填平补齐项目全部建成投产；完成新产品鉴定验收102个，其中经省、部级鉴定的新产品34个，新产品产值30.91亿元。改制企业3959家，其中改制为股份合作制企业923家、有限责任公司和股份公司26家，拍卖444家，租赁2193家，乡镇企业改制面达92%。至1995年末，有企业集团78家（乡镇集团企业63家），其中国家级5家、省级32家。750家私营工业企业完成工业总产值27.12亿元，形成经济发展新的增长点。

“九五”期间，宜兴市规模以上工业累计完成现价产值915亿元，实现销售收入、利税和利润

768.7亿元、48亿元和18.2亿元。2000年，完成工业总产值439.9亿元，工业增加值76.68亿元，利税总额26.33亿元，自营出口创汇1.82亿美元，纺织面料、日用陶瓷、针织内衣等拳头产品出口增势强劲。工业投资增多，仅2000年工业企业生产性固定资产投资在建项目就有1205个，总投资32.72亿元。销售规模不断扩大，销售收入在10亿元以上的镇（园）16个，亿元以上的企业33家。108家骨干企业完成工业总产值134.8亿元，占宜兴市规模以上工业企业总产值的70.54%，其中超亿元企业44家；产品销售收入121.6亿元，占规模以上工业企业销售额的70.7%。私营经济份额持续上升，新办私营工业企业560家，新增投资3.3亿元；销售收入131亿元，利润8.4亿元。

"十五"期间，宜兴市形成以规模经济为载体的新型工业经济体系。规模以上工业累计完成现价产值2039.3亿元，实现销售收入、利税和利润分别为1954.7亿元、143.8亿元和85.1亿元。至2005年末，宜兴市有工业企业9121家，全部工业总产值903.8亿元。规模以上工业企业887家，完成工业总产值700亿元、销售收入681.3亿元、利税总额49.9亿元、利润30.2亿元。形成电线电缆、环保设备、精细化工、陶瓷、化纤纺织、亚麻纺织6个优势特色产业集群，有4个支柱产业跻身于无锡重点发展的15个产业集群之列；17个工业集中区有企业1000多家，产值、销售、利税分别超过250亿元、230亿元、15亿元。14种工业产品进入江苏省名牌榜，"远东"牌、"五彩"牌交联聚乙烯电力电缆和"银鱼"牌日用陶瓷被评为中国名牌产品。

三、无锡县、锡山市工业

"七五"期间，无锡县工业经济主要有机电、轻工、纺织、冶金、电子、化工、建材等7个行业，形成以乡镇工业为主、以加工工业为主、以集体经济为主的格局。至1990年末，无锡县有工业企业5389家，其中县属企业130家、乡镇和村办企业5259家；工业固定资产70.68亿元，职工总数46.34万人。工业总产值110.52亿元，占工农业总产值的92.6%，其中县属工业产值9.49亿元、乡镇工业产值101.03亿元，分别比1985年增长40%和176%。工业产值超千万元的企业272家，完成工业产值62.64亿元，县锡兴钢铁联合公司、杨市钢铁厂、前洲三洲钢厂、雪浪初轧厂、前洲印染厂等5家企业的产值均超亿元。轻工业产值首次超过重工业。

1995年，无锡县撤县建锡山市，当年完成工业总产值（1990年不变价）803.63亿元，其中市（县）属工业产值53.68亿元、镇办工业产值396.27亿元、村办工业产值340.66亿元、村以下工业产值13.02亿元。规模经济效应明显，前洲、东绛、洛社、查桥4个镇工业产值超过50亿元，总额203.34亿元；120家亿元企业产值总额占全市（县）经济总量的41%，其中江苏捷达摩托集团公司年产值超过32亿元。企业集团108家，其中被农业部首批认定为全国性乡镇企业集团23个，与江阴市并列全国第一。是年，锡山市在全国社会经济综合实力百强县（市）评比中，夺得"三连冠"，被授予"华夏第一县"称号。

"九五"期间，锡山市优化工业布局，规划建设乡镇工业园区43个，占地550多公顷，其中已建设面积440公顷。至2000年末，入园企业500多家，开工企业250多家，全年实现销售收入7.5亿元，实现利税1.06亿元。97%的镇村集体工业企业完成转制，34家市（县）属企业中有11家完成公司制改制。私营工业企业8685家，实现销售收入176.2亿元，上缴税金7.6亿元，分别占锡山市乡镇工业企业的39.3%和43.3%。2000年，锡山市实现工业总产值792.2亿元。

四、崇安区工业

"七五"期间，崇安区工业门类以服装、五金工具、建筑五金、医疗器械、有色金属冶炼、塑料制品等轻工业为主。1990年，有区街和校办工业企业87家，职工8400多人，工业总产值1.5亿元，实现利润2082.24万元。外贸产品产值占全区工业总产值的26.44%。

"八五"期间，崇安区工业经济以纺织、轻工、日用工业品等为主。1995年，完成工业产值2.4亿元、销售收入2.4亿元，实现利税1945万元。销售收入超1000万元的工业企业12家。至2000年末，有规模以上工业企业10家，完成工业总产值2亿元，实现利税1941万元，利润1315万元。至2005年末，崇安区工业以纺织、机械、化工等行业为主，拥有规模以上工业企业56家，从业职工1.3万人。全年完成工业产值56.7亿元、工业产品销售收入60.9亿元，实现利税24342万元。

五、南长区工业

“七五”期间，南长区新办区街工厂18家，初步形成以机械、制鞋、塑料、服装、文体用品等为主的产品结构。至1990年末，有工业企业68家，其中区属工厂20家（含民政、福利、校办等工厂12家）、街道工厂48家；固定资产原值3238.7万元，职工5273人。1990年，全区工业总产值7546.1万元，比1985年增长1倍；实现利润834.2万元，比1985年增长28.4%；实现税金306.6万元，其中区属工厂169.3万元。

“八五”期间，南长区工业实力增强，形成机械、纺织等产业。1995年，全区工业总产值2.7亿元，实现利税2993万元、利润1643万元。2000年末，规模工业企业8家，完成工业总产值2.7亿元，销售收入2.7亿元，实现利税总额1454万元。至2005年末，有规模以上工业企业113家，职工2.3万人，形成汽车零部件、精密铸造、通用机械、纺织服装等产业。全年完成工业总产值153.9亿元、销售收入165.8亿元，实现利税12.7亿元。

六、北塘区工业

“七五”期间，北塘区初步形成包装用品、鞋帽服装、电热器材和制刷等行业。1990年，有工业企业57家，工业总产值、利润分别为11556万元和1004.3万元；固定资产原值3926.8万元，是1985年的3.3倍；外贸产品收购值2837.74万元，外贸产品产值5579.0万元。

“八五”期间，北塘区工业经济形成纺织、轻工、机械产业。1995年，全区工业完成工业总产值2.6亿元，产销率98.03%。2000年，有规模工业企业13家，完成现价总产值1.7亿元，实现利润379万元，利税总额1372万元。至2005年末，北塘区拥有规模以上工业企业233家，职工3.69万人，以机械、化工和纺织行业为主。全年完成工业总产值151亿元、销售收入153.8亿元、利税总额9.6亿元。

七、郊区工业

“七五”期间，郊区工业技术改造的投资额2亿元，技术装备水平提高，形成纺织、机械、轻工、电子、化工、食品等六大行业、30多个门类，微机复合软塑包装成套设备等8个新产品列为国家级新产品，39种产品填补国内空白。1990年末，有工业企业1400家，工业固定资产原值10亿元，是1985年的3.7倍。全年工业总产值31.74亿元，外贸收购额1.67亿元，分别是1985年的2.5倍、3.8倍，年产值千万元或年利润百万元以上的骨干企业76家、外贸生产厂家81家，出口产品76种。

“八五”期间，全区工业经济快速发展，形成纺织、机械、轻工、电子、化工、食品等行业。至1995年末，郊区拥有乡及乡以上工业企业377家，职工4.4万余人。全年完成工业总产值46.6亿元，实现利润9763万元，比1990年分别增长245.2%和148.1%，全员年劳动生产率3.6万元。扬名乡、金星村的工业销售收入分别达到26.3亿元、5.2亿元，在全市街道（乡镇）、村中领先。工业销售超亿元或账面利润超千万元的村17个、企业16家。以培育优势产品为重点实施技术改造，工业投资9.3亿元，完成1.5万吨箱板纸、2万吨冷热轧管、2万吨“麒麟”牌饮品，2000吨涤纶丝等10个超千万元投资的技改扩能项目，形成新的经济增长点。按照抓大放小搞民营的思路，全面推进企业产权制度改革。至1995年末，全区组建企业集团21个，新纺实业、中深银洋实业、宏华轴承等3家集团公司跻身国家级乡镇企业集团行列。乡镇企业股份合作、租赁承包、资产转让、兼并拍卖等多种形式的改革全面展开，企业改制面67.8%。

至2000年末，郊区规模以上工业企业284家，全年完成工业总产值81.4亿元，销售收入80.7亿元，工业产品销售率98.19%，上缴工业增值税5.07亿元，全员年劳动生产率7.77万元，纳税销售超亿元或利税超千万元的企业18家。拥有三星级名牌产品15个，国家和省级产品抽查合格率87.5%。

八、马山区工业

马山区于1988年9月底成立后，通过市区企业“以老带新”发展工业。1990年，马山区有纺织、轻化、电仪、机冶等行业74家企业和内圆磨床、电视机、录音机等160多种产品，工业固定资产1.27亿元，产值2.3亿元，外贸收购总额2249.56万元。华瑞制药有限公司成为当时全国医药行业规模较大的中外合资企业。

“八五”期间，马山区工业初步形成制药、食品、汽车配套等支柱产业。1995年，全区完成工业总产值7.9亿元，比1990年增长146.9%；实现利润1734万元，比1990年增加1872万元；全员年劳动生产率25903元，工业经济运行质量有所提高。结构调整步伐加快，仅1995年引进国际先进设备10台（套），更新设备50余台（套），技改竣工项目16项，完成财务支用数1.19亿元，形成一批新的经济增长点。

2000年，马山区规模以上工业完成工业总产值14.2亿元，年销售收入超亿元工业企业3家。全年完成工业技改投入1.2亿元，开发高新技术项目8个。

九、新区工业

1995年，新区工业总产值43.57亿元，工业销售超亿元的村有旺庄乡的新光村、东裕村，超亿元的乡办厂有硕放六通集团。新批准进园区外商投资企业32家，总投资5.25亿美元，合同外资4.24亿美元，实际到位外资1.99亿美元。

“九五”期间，新区形成精密机械、电子信息、新材料、新型家电、医药等行业。2000年，全区完成工业总产值227亿元，自营出口12.7亿美元，被认定为全国首批高新技术产品出口基地和ISO 14000国家环保示范区。至2000年末，外资企业投资总额累计35.7亿美元，合同利用外资累计29亿美元，实际利用外资累计17.5亿美元，26家世界500强企业投资兴建33家企业。一批超千万美元的半导体、光电企业和信息技术产业落户新区，并带进一批关联配套企业，初步形成产业链。

至2005年末，新区有规模以上工业企业530家，职工10.63万人，形成以高新技术企业为支撑的电子信息、光机电一体化及精密机械、生物工程及医药、精细化工、新材料五大支柱产业。全年完成现价工业总产值1136.8亿元、销售收入1132.7亿元、利税总额70.7亿元，分别比2000年增长783.29%、812.73%和412.3%。支柱产业集中度提高，电子信息产业产值占全区工业产值的50%以上，希捷、夏普、索尼的年销售收入分别为167亿元、143亿元、77亿元。

十、滨湖区工业

2001年初，滨湖区成立。至2005年末，形成微电子、医药生物、精密机械等较高技术层次的产业，全区有规模以上工业企业609家，从业职工8.83 万人，全年完成规模以上工业产值393.5亿元、销售收入389.9亿元、利润15.4亿元、利税总额28.4亿元，分别比2001年增长76.94%、79.85%、63.82%和27.9%。

十一、锡山区工业

2001年初，锡山区成立。“十五”期间，锡山区形成机械、轻纺、电子、冶金、材料、化工医药、信息产业，工业门类较为齐全，其中新材料与电子信息制造业、高特纺织与服装制造业、精密机械与车辆制造业三大工业支柱产业群初具规模。至2005年末，锡山区拥有规模工业企业499家，从业职工9.6

万人。全年完成规模工业总产值448.5亿元，实现利税总额22.4亿元，分别比2001年增长228.49%和127.4%。

十二、惠山区工业

2001年初，惠山区成立。“十五”期间，惠山区形成冶金、纺织、机械等传统产业，有汽车及零配件、生物医药、风力发电配套设备等新兴产业。至2005年末，惠山区拥有规模工业企业数703家，从业职工11.45万人。全年规模以上工业总产值538.8亿元、销售收入538.2亿元、利税总额26.2亿元，分别比2001年增长207.93%、232.26%和192.79%。

第四节　工业结构

一、轻重工业结构

“七五”至“八五”时期，无锡市调整农业、轻工业、重工业关系，调整积累和消费关系，在继续加快消费品生产的同时，发展机械冶金、轻工纺织和石化工业。1986～1990年，重工业和轻工业分别以年递增14.2%和12.1%的速度增长。1990年，重工业总产值所占比重由1985年的47.3%提高至48.6%。1990～1992年，重工业以年递增28.2%的速度快速增长，1992年规模以上重工业总产值超过轻工业总产值，轻重工业比例达到47.37 ：52.63。

“九五”到“十五”时期，机械、纺织、电子、冶金、轻工食品、石化和建材等行业得到较快发展，并逐步转向电子信息、新材料、机械及汽车零部件、高档纺织及服装和生物医药等产业，重工业的比重又有回升。1996～2000年，重工业增速放缓，轻重工业之比保持在44 ：56左右。2001～2005年，在投资需求的拉动下，重工业增速加快。2005年，轻工业总产值2427.09亿元，重工业总产值4543.81亿元，重工业占全市工业总产值的65.18%。

二、工业行业结构

1986年后，无锡工业企业的内向型市场结构不适应外向型经济的要求，以劳动密集型产业和农业原料为主体的初级加工工业不适应产业升级的要求，高物耗、低附加值为主的产品面临原材料价格上涨的严峻挑战，小生产、粗放型的企业不能适应市场竞争的需要。1988年起，市政府对全市工业连续3年进行适应性调整，工业内部结构发生明显变化。1990年，在30个工业行业中，电子及通信设备业、黑色金属冶炼及压延加工业、化学原料业、皮毛羽绒业、金属制品、电力热力业、化学纤维业、农副食品业、印刷业、文体用品业、石油加工业、橡胶制品业、服装业、造纸业、木材加工业、水业产值的比重上升，通用设备业、纺织业、食品业、塑料制品业、建筑材料业等14个行业的比重下降。规模排列前位的纺织业、通信设备业、通用设备业、黑色金属冶炼业、化学原料业、电气机械业、非金属制品、金属制品业、塑料制品业、食品制造业等10个行业的工业总产值284.7亿元。

“八五”期间，无锡市围绕改造传统产业、发展主导产业、培育高新技术产业和加强基础产业原则，实施工业结构调整。重点调整产品结构，开发高效益、高创汇、高市场容量和低能耗、低物耗、低污染的新产品，推动加工工业、传统产业逐步向现代化、集团化发展，推动一般加工业向高、新技术产业发展，培育微电子、生物工程、机电一体化等产业。1995年，提出发展机械及汽车配套制造业、电子及新型家电制造业、精细化工及生物医药业、特钢及金属制品业、高档织物及服装加工业等5个支柱产业；结合发展规模经济，推动轻工、纺工等产业进行行业结构调整。至1995年，新增专用设备制造业和燃气生产供应业，电气机械业、交通运输设备业、专用设备业、通信设备业、电力热力业、纺织服装业、有色金属业、仪器仪表业、工艺品业、黑色金属冶炼业、化学纤维业、石油加工业、木材加工业、农副食品业、印刷业、金属制品业、水的生产业、造纸业、非金属制品业、塑料制品业、燃气业、文体用品业比重上升，通用设备业、纺织业等10个行业比重下降。32个行业中规模排列前位的纺织业、黑色金属冶炼业、通用设备业、电气机械业、化学原料业、交通运输设备业、非金属制品业、专用设备业、金属制品业、服装业等10个行业的工业总产值843.1亿元。

"九五"期间，无锡受东南亚金融危机影响，工业经济处于较为低迷的状态。工业系统围绕"发展支柱产业，重组工业新优势；培育战略产业，抢占高新技术产业制高点；加速企业结构调整步伐，提高工业的组织程度"要求，调整工业结构。1997年，无锡市被列入全国优化资本结构试点城市，国有工业企业实施战略性改组，促进资产存量和增量以及各种资源向支柱产业、名牌产品、优势企业集聚，优化工业经济素质。1998年，无锡市组织实施高新技术产业化标志工程和10个高新技术产品基地的建设，液晶、微电子、数控机床、酶制剂、制冷设备等高新技术产品形成一定规模和水平。至2000年，5个支柱产业占全市工业比重达51.7%，高新技术产品产值比上年增长80%，高新技术增加值占全部工业增加值的20.5%。化学原料业、通信设备业、化学纤维业、通用设备业、电气机械业、电力热力业、金属制品业、塑料制品业、有色金属业、农副食品业、燃气业、医药制造业等12个行业的比重提高，非金属制品业、纺织业等20个行业比重下降。规模排列前位的纺织业、化学原料业、黑色金属冶炼业、通用设备业、电气机械业、通信设备业、交通运输设备业、金属制品业、化学纤维业、专用设备业等10个行业工业总产值1353.4亿元。

进入21世纪，无锡市工业系统抓住国际制造业大规模向"长三角"集聚的机遇，各地区建设专业化工业园区，推动建设现代制造业基地，打造电子信息及软件、机电一体化及汽车、高档纺织及服装、新材料和生物医药等5个制造业基地。工业结构在调整中优化，产业集中度快速提高。至2005年，黑色金属冶炼业、通信设备业、化学纤维业、金属制品业、有色金属业、电气机械业、食品制造业、橡胶制品业、燃气业等9个行业的比重提高，纺织业、通用设备业等19个行业比重下降。规模排列前位的黑色金属冶炼业、通信设备业、纺织业、化学原料业、电气机械业、化学纤维业、通用设备业、金属制品业、交通运输设备业、有色金属业等10个行业工业总产值4735.7亿元。轻工业内部产业集中度迅速提高，纺织业（含纺织、服装、化纤制造业）5年年均增速20.5%，占轻纺工业的比重由2000年的72.3%增至76.1%。重工业内部结构也发生变化，特色冶金业和电子信息业等行业发展较快，比重逐年上升。在电子信息产业的带动下，加工工业年均增长27.1%，所占比重增至51.1%；在冶金产业的带动下，原料工业年均增长31.5%，所占比重增至48.9%，比2000年提高4.6个百分点。工业主要行业发展各有侧重，所占比重发生变化。冶金工业以年均18%的增速成为发展最快行业，所占比重增至23.5%；机械工业继续保持领先地位，占26.6%；电子工业比重稳定提高，占11.7%，居第四位。轻纺类传统产业的比重逐年下降，尤其是长期占据行业龙头地位的纺织业，所占比重由1986年的25.7%降至10.8%。高新技术产业中，电子信息产业占规模以上工业的8.5%，先进机械制造业占6.6%，生物医药业占2.3%，新材料产业占14.6%。电子信息产业、机电一体化及汽车产业、新材料产业、高档纺织及服装产业、生物医药产业等5个制造业基地初建成效，5个制造业销售收入占全市规模以上工业的63.6%。全市高新技术产业增加值451.27亿元，占规模以上工业增加值的33.4%，形成精密机械、成套设备、汽车零部件、集成电路、电子元器件、高档家电、特钢及制品、精细化工、高档纺织及服装、生物工程、新医药等优势行业和营业收入超100亿元、300亿元的企业集团，工业结构优化升级，综合实力增强。

20年间，工业总产值增长最快的行业是黑色金属冶炼及压延加工业，增长最慢的行业是家具制造业，非金属矿采选业是唯一收缩的行业；工业内部行业所占比重增加最多的是黑色金属冶炼及压延加工业，比重下降最大的是纺织业。

1986～2005年无锡市主要年份全部国有及限额以上非国有工业总产值统计表

表14-4

单位：万元、%

行业	1986年		1990年		1995年		2000年		2005年	
	工业总产值	占比	工业总产值	占比	工业总产值	占比	工业总产值	占比	工业总产值	占比
非金属矿采选业	10652	0.7	17382	0.5	45811	0.4	8547	0.0	3935	0.0
农副食品加工业	2127	0.1	14817	0.5	91769	0.8	149975	0.8	151706	0.3
食品制造业	49996	3.2	92842	2.9	121315	1.0	62841	0.4	311367	0.5
饮料制造业	5853	0.4	11435	0.4	36489	0.3	28733	0.2	37559	0.1
纺织业	405543	25.7	771279	24.2	2182238	18.8	2956558	16.6	6149903	10.8
纺织服装、鞋、帽制造业	27134	1.7	59814	1.9	460158	4.0	571637	3.2	1604654	2.8
皮革毛皮羽毛（绒）及其制品业	9053	0.6	33070	1.0	105845	0.9	81376	0.5	95951	0.2
木材加工及木竹藤棕草制品业	3895	0.2	8944	0.3	80711	0.7	35458	0.2	96893	0.2
家具制造业	4170	0.3	6500	0.2	5702	0.0	4932	0.0	9327	0.0
造纸及纸制品业	13418	0.9	29234	0.9	129066	1.1	194385	1.1	394875	0.7
印刷业和记录媒介的复制	10445	0.7	27808	0.9	135471	1.2	195668	1.1	263110	0.5
文教体育用品制造业	4206	0.3	13757	0.4	49698	0.4	26864	0.2	77457	0.1
石油加工炼焦及核燃料加工业	6694	0.4	18168	0.6	116097	1.0	118967	0.7	333781	0.6
化学原料及化学制品制造业	76448	4.9	221547	7.0	730725	6.3	1768925	9.9	4873623	8.5
医药制造业	23479	1.5	49023	1.5	133789	1.2	207081	1.2	462959	0.8
化学纤维制造业	23422	1.5	60482	1.9	295059	2.5	748026	4.2	3118509	5.5
橡胶制品业	25868	1.6	58331	1.8	165495	1.4	89529	0.5	360033	0.6
塑料制品业	53241	3.4	93009	2.9	345866	3.0	583429	3.3	1390835	2.4

续表

行业	1986年		1990年		1995年		2000年		2005年	
	工业总产值	占比	工业总产值	占比	工业总产值	占比	工业总产值	占比	工业总产值	占比
非金属矿物制品业	82188	5.2	160825	5.1	603299	5.2	531177	3.0	1112486	1.9
黑色金属冶炼及压延加工业	88839	5.6	286995	9.0	1135462	9.8	1618691	9.1	11100604	19.4
有色金属冶炼及压延加工业	27313	1.7	53189	1.7	367936	3.2	597086	3.4	2323475	4.1
金属制品业	51588	3.3	122295	3.8	475832	4.1	808730	4.5	3020599	5.3
通用设备制造业	258735	16.4	444595	14.0	893153	7.7	1568468	8.8	3066430	5.4
专用设备制造业					601335	5.2	685845	3.9	1734315	3.0
交通运输设备制造业	21196	1.3	33183	1.0	605287	5.2	886446	5.0	2670773	4.7
电气机械及器材制造业	103286	6.6	197351	6.2	743515	6.4	1292479	7.3	4326594	7.6
通信设备计算机及其他制造业	131604	8.4	195994	6.2	456538	3.9	1199659	6.7	6706472	11.7
仪器仪表及办公用机械制造业	18080	1.1	34282	1.1	128379	1.1	161832	0.9	402302	0.7
工艺品及其他制造业	27792	1.8	32781	1.0	91166	0.8	77419	0.4	117586	0.2
电力、热力的生产和供应业	7476	0.5	28352	0.9	251944	2.2	499741	2.8	758667	1.3
燃气生产和供应业					1709	0.0	7193	0.0	55793	0.1
水的生产和供应业	2244	0.1	5339	0.2	25601	0.2	22969	0.1	70611	0.1

说明：工业总产值为当年价，1986年和1990年统计数据为乡及乡以上口径。

行业分类对历年数据进行以下归类：1986年、1990年：煤炭采选业、建筑材料及其他非金属矿采选业归入非金属矿采选业，饲料工业归入农副食品加工业，缝纫工业归入纺织服装、鞋、帽制造业，石油加工业、炼焦、煤气及煤制品业归入石油加工、炼焦及核燃料加工业，建筑材料及其它非金属矿物制品业归入非金属矿物制品业，机械工业归入通用设备制造业和专用设备制造业，工艺美术品制造业、其他工业归入工艺品及其他制造业。1995年：煤炭采选业归入非金属矿采选业，食品加工业归入农副食品加工业，黑色金属矿采选业、有色金属矿采选业、武器弹药制造业归入工艺品及其他制造业。2000年：食品加工业、烟草加工业归入农副食品加工业，武器弹药制造业归入工艺品及其他制造业。

1986～2005年无锡市主要年份工业行业比重排位表

表14-5　　单位：%

年份	第一位		第二位		第三位		第四位		第五位		第六位	
	行业	占比	行业	占比	行业	占比	行业	占比	行业	占比	行业	占比
1986	机械	28.7	纺织	27.2	化工	11.2	电子	8.4	轻工	7.8	冶金	7.4
1990	机械	27.4	纺织	25.9	化工	13.9	电子	9.6	冶金	7.6	轻工	5.2
1995	纺织	26.2	机械	23.3	冶金	12.9	电子	10.3	化工	8.7	轻工	7.9
2000	机械	30.4	纺织	24.0	冶金	12.5	化工	11.1	轻工	8.1	电子	6.7
2005	机械	26.6	冶金	23.5	纺织	19.0	电子	11.7	化工	9.7	轻工	5.2

说明：1986～1995年数据为乡及乡以上口径。

本表以国家40个工业大类为分类依据，冶金业包括黑色金属冶炼及压延加工业、有色金属冶炼及压延加工业，机械包括金属制品业、普通机械制造业、专用设备交通运输设备制造业、武器弹药制造业及文化、办公用机械制造业，纺织包括纺织业、服装及其他纤维制品制造业、皮革、毛皮、羽绒及其制品、化学纤维制造业，石化包括石油加工及炼焦业、化学原料及化学制品制造业、橡胶制品制造业，电子包括电气机械及器材制造业、电子及通信设备、仪器仪表制造业，轻工包括食品加工业、食品制造业、饮料制造业、家具制造业、造纸及纸制品业、印刷业、记录媒介的复制、文教体育用品 制造业、塑料制造业。

第五节　工业投资

“七五”期间，无锡市工业投资围绕工业结构调整，以技术改造为主，以国有企业、城镇集体企业技术改造为主，有计划、有重点地集中对轻工、纺织、机械、化工等行业的老企业进行技术改造，全市企业共完成技术改造、技术引进项目975个，投资额20.5亿元，工业投资总量58.8亿元。

“八五”期间，国家对投资体制进行改革，乡镇企业投资加大，工业投资由技术改造为主向新建项目和技术改造并重发展，外资项目在工业投资中也占一席之地。工业投资根据“突出重点，择优扶强”的原则，实施“三上一创”工程，即：上规模，不断扩大骨干企业和拳头产品的生产经营规模，形成一批年销售10亿元、8亿元、5亿元、2亿元规模的企业和一大批具有市场垄断优势的产品；上水平，加速技术结构、产品结构、产业结构调整，培育高新技术，尽快形成高新技术产业群，在技术水平、产品水平、质量（含服务）水平、经营管理水平和生产力发展水平上迈上一个新台阶；上效益，开发高效益、高创汇、高市场容量和低能耗、低物耗、低污染的新产品，培育一批利税超5000万元的企业，提高装备质量水平和工业经济的总体效益；通过开发新的产业门类、新的拳头产品，不断创造发展后劲。无锡锅炉厂投资1900万元开发生产电站锅炉和凝结水处理设备，无锡压缩机总厂投资2900万元提高螺杆压缩机生产的质量水平和装备水平。同时形成FK系列高速弹力丝机、数控机床、溴化锂制冷机、海鹰B超、电脑全自动洗衣机、集成电路、VCD等机电高新技术产品的规模水平，推动高新技术产业化。

1994年，国家实施一期“加大技改力度，加快建设进度”（简称“双加”）项目，无锡市列入国家一期“双加”项目10个，总投资3.9亿元，专项贷款2.94亿元。无锡威孚集团投资2980万元实施国家一期“双加”“I号泵和A型泵扩能技改项目”的技术改造，A型泵生产能力由1990年的3.3万台增至1995年的17.1万台，I号泵产量由9.1万台增至18万台，三对偶件产量由576万副增至1274万副。太平洋色织集团投资2900万元实施一期“双加”项目改造，产品质量达国际先进水平。小天鹅集团投资2980万元，形成年产120万台全自动洗衣机生产线。

1990～1995年，无锡市工业投资总量520.9亿元，是前5年的8.8倍；其中技术改造投资276.41亿元。

1996年开始，国家实施二期“双加”项目，无锡有57个，总投资18.4亿元，贷款12.7亿元，至1998年末完成。江阴澄星磷化工厂投资3700万元，形成2万吨磷酸氢钙生产能力；江阴澄西船厂投资1亿元，改造3.5万吨级船台；小天鹅集团投资1亿元，开发生产立体喷射新水流洗衣机；无锡硫酸厂投资4600万元，形成8万吨硫磺法制硫酸生产能力；无锡酶制剂厂投资3000万元，形成3万吨高档酶制剂生产能力；无锡山禾集团投资5000万元，形成5吨“8907”（国家一类新药）抗生素原料药及针剂的生产能力。1998年起，国家实施国债技改项目和“双高一优”（高新技术产业化，利用高新技术改造传统产业，优化产品结构）项目。“九五”期间，全市列入国家一、二、三批财政债券专项10个，总投资10.76亿元，贷款6.96亿元；国家第一批“双高一优”项目13个，总投资5.03亿元，贷款3.04亿元。这些项目以纺织、机械为发展重点，太平洋集团、庆丰集团、协新集团、阳光集团等纺织企业投资5.38亿元；威孚集团、一汽锡柴两家机械企业投资2.18亿元，生产的电喷系统和6110柴油机均达到欧Ⅱ排放环保标准。

“九五”期间，无锡市工业投资总量695.4亿元，其中引进技改项目430个，用汇7亿美元；实际利用外资53.63亿美元。国际大公司、大财团投资高新技术项目、大项目明显增多，其中超千万美元以上项目498个，形成硬盘驱动器、液晶、电喷系统、生物医药等高新技术产品群，电子信息产业工业增加值占规模工业增加值的比重由1995年的2.85%增至8.13%。至2000年末，全市规模以上工业企业固定资产原值931.25亿元。

进入21世纪，无锡市抓住入世效应和国际产业、资本向“长三角”转移的机遇，以及国家宏观政策对工业投资产生的拉动作用，围绕五大支柱产业加大投资力度，工业投资高速增长。2003年，全市工业投入520亿元，比上年增长91.5%，为历年罕见；其中电子信息产业投资75.2亿元，机电一体化及汽车制造业投资78.3亿元，高档纺织及服装投资85.8亿元，生物医药投资10.2亿元，新材料产业投资107.1亿元。

“十五”期间，无锡市被列入国家国债技改项目26个，总投资31.3亿元，贷款21.34亿元。第二批“双高一优”项目14个，总投资17.9亿元，贷款2.7亿元。无锡庆丰集团三批国债技改项目总投资4.2亿元，实现织机无梭化，国内首家实现产品无疵、无结、无捻。尚德太阳能电力公司投资7800万元，攻克关键技术，形成生产线，无锡诞生第一家光伏企业。华晶微电子公司投资1.7亿元，实施集成电路国债技改。江苏长电科技公司投资3.54亿元，实现国产片式三极管“零”的突破。

“十五”期间，无锡市完成全社会工业投资2458.5亿元，其中技术改造投资987亿元。高新技术产业投资完成750亿元，占全部工业投资的30.5%。引进项目820个，用汇15.1亿美元。2005年，全市规模以上工业企业固定资产原值1956.1亿元。

第六节　技术进步

“七五”期间，无锡市以国家“七五”计划重点推广的70项新技术和省提出的7项节能技术为主要内容，推广新技术、新工艺。5年中，全市在新技术开发推广方面共完成市级以上鉴定验收项目712个，应用微电子技术改造机床920台、生产线22条，改造其他机械设备800多台，改造锅炉、窑炉105台，年节约标准煤20.5万吨。完成“双革四新”①项目13021个，创效益7.67亿元。全市92个项目获江苏省新技术金牛奖，4个被评为国家优秀机械电子产品。同时，在国家新产品免产品税政策的推动下，全市共完成市级以上新产品鉴定项目3121个，其中1658个项目被确认为江苏省新产品（享受两年新产品免税），52个项目被确认为国家级新产品（享受3年新产品免税），在江苏省新产品“金牛奖”

① 技术革命、技术革新，新技术、新工艺、新材料、新设备。

评选中获奖262个，形成一批有优势、有较强市场竞争能力的拳头产品。无锡市酶制剂厂开发的蛋白酶、淀粉酶、糖化酶等十几个产品占据国内1/3的市场。无锡市第二棉纺织厂、中国华晶电子集团公司被评为国家级技术进步先进企业。全市列入省计经委组织实施的国家引进技术消化吸收和国产化一条龙计划的子项目18个，市级消化吸收项目360个。电子行业的彩电国产化实行从元器件到整机的一条龙消化吸收，无锡“虹美”牌彩电年产量100万台，居全国第一位。

“八五”期间，无锡市实施集成电路、液晶、酶制剂、数控磨床等重大标志工程项目，承担72个国家科技攻关、工业性试验、重点实验室、技术开发、消化吸收等项目，在重点关键技术上取得突破。无锡电机厂的西门子无刷电机开发应用工业性试验项目，国家投资1500万元；核医学研究所的国家核医学重点实验室项目，国家和省拨款580万元，引进国际上先进的研究测试设备。全市完成市级以上新产品4642个，其中国家级新产品265个。实施一批重点高新技术开发项目，其中包括乙基西梭霉素、MG200采煤机、全封闭旋转式万能熨衣柜、聚酯帘帆布、城市污水处理设备、模糊理论全自动洗衣机、变频微电脑分体式节能空调器、复合超细旦合成纤维、特阔印花防羽布、溴化锂制冷机、预应力钢筒混凝土压力管、氟橡胶气门导杆油封、10MWVN6高压化肥管等，290个产品获江苏省优秀新产品、新技术（“金牛奖”）称号。加速产品更新换代，研制出电脑全自动洗衣机、新型油泵、溴化锂制冷机、CMOS电路、高支高密超细旦纺织产品、高速弹力丝机等优势名牌产品。围绕节能降耗目标，以钢铁、化工等高耗能行业为重点，以微电子技术和节能技术为主推广先进适用技术，每年确定10个重点新技术推广应用项目。锡兴钢铁集团实施国家小方坯电炉连铸热送连轧短流程节能示范项目，国家拨款1280万元，项目实施后，吨钢电耗下降110千瓦时以上，吨钢电极消耗下降3.95公斤（煤），吨钢成本下降147元。

“九五”期间，无锡市抓住国家经贸委实施技术创新工程的机遇，成为国家技术创新8个联系城市之一和国家技术创新信息网络平台试点4个城市之一，小天鹅集团被国家经贸委确定为全国技术创新试点19家企业之一。至2000年，全市拥有国家级企业技术中心6家、省级企业技术中心13家、博士后工作站3家，省级以上“一站两中心”（企业博士后工作站、企业技术中心、企业工程技术中心）企业数列全省第一，市级以上企业技术中心35家。建立和完善试点企业的技术创新机制，无锡机床厂、无锡锅炉厂等企业推行技术、技能、知识等生产要素参与分配的岗位职能制、干股制等多种分配形式；推行以重点开发项目为载体，由国家、集体和技术骨干群体三方出资的项目公司。建立产学研联合体，建成无锡海星电机集团—清华大学、无锡太极公司—中国纺织大学、无锡中亚化学公司—无锡轻工业大学等10个产学研联合体，江苏小天鹅股份公司与东南大学采用股份合作形式组建东南大学无锡应用科学与工程研究院，无锡太湖水集团与无锡轻工业大学、省微生物所等组建生物技术工程研究院，无锡威孚集团与吉林大学联合研究开发纳米技术，江阴阳光集团与国家生物研究中心共建生物研究平台。1999～2000年，全市举办8次产学研活动，签订产学研合作项目254个，成果转让88项，合作意向147项。“九五”期间，全市开发新品5770个，新品销售额1723亿元。

“十五”期间，无锡市以企业技术创新载体建设为重点，加快信息化带动工业化发展步伐。2002年，无锡市制定《2002～2003年度无锡市信息化带动工业化实施意见》。当年，全市有省级信息化带动工业化示范企业5家、试点企业13家，市级信息制造业示范企业8家。重点实施江苏小天鹅集团“企业资源管理软件（SAP）”、无锡威孚集团“计算机/现代集成制造系统（CIMS）”工程、无锡压缩机股份公司“企业需求计划软件（ERP）”等14个企业信息化示范项目。2003年，全市有省级企业信息化和电子商务试点示范企业18家。2004年，省经贸委组织对省级以上企业技术中心评价，无锡的国家级企业技术中心技术开发费投入比5%以上、省级企业技术中心技术开发费投入比3%以上，宏源集团企业技术中心居全省评价第一位，长电科技、申龙创业和远东电缆集团等3个省级技术中心列前十名，无锡市技术创新体系建设在全省名列前茅。至2005年，拥有市级以上“一站两中心”65个，其中省级以上企业技术中心26个，博士后工作站8个。全市80%的企业建立自己的网站，机械行业的计算机辅助设计应用90%以上，纺织、冶金等行业生产过程自动化水平70%以上，产品数据管理的信息化水平26.35%，新产品开发中信息技术应用40%左右。“十五”期间，全市开发新产品6818个。

第七节　优质名牌产品

“七五”期间，市经委组织开展产品创优活动，全市13个产品获国家金质奖，30个产品获国家银质奖，464个产品获部优质产品奖，638个产品获省优质产品奖。优质产品产值率由1985年的12.2%提高至1990年的18.1%。1991年是开展产品创优活动的最后一年，无锡市电讯元件厂生产的LT6.5MB陶瓷滤波器和XT6.5MB陶瓷陷波器获国家金质奖，无锡第一色织厂50×50色织府绸等6个产品获得国家银质奖。

1986～1991年无锡市获奖产品数量表

表14-6　　单位：个

年份	金质奖	银质奖	部优质奖	省优质奖	市优质奖
1986	1	2	74	93	119
1987	1	3	77	97	138
1988	3	7	92	131	141
1989	5	5	112	180	104
1990	3	13	109	137	121
1991	1	6	125	127	138

1986～1991年无锡市获国家金、银质奖产品一览表

表14-7

奖别	获奖年份	产品名称	企业名称
金质奖	1986	“三花”牌纯棉杂色防羽布	无锡漂染厂
	1987	“和平”牌CD11型铝电介电容器	无锡电容器厂
	1988	“双鱼吉庆”牌4040纯棉精梳高密防羽布	无锡市第二棉纺织厂
	1988	“水榭”牌染色电力纺11206-A	无锡市第一丝织厂、无锡市丝绸印染厂
	1988	“WX”牌MRB型乳化液泵站	无锡市煤矿机械厂
	1989	“华晶”牌CD7242CS电视机场扫描电路	中国华晶电子集团公司
	1989	“华晶”牌3DG1815型高频中小功率三极管	中国华晶电子集团公司
	1989	“太平洋”牌涤棉色织磨毛布	无锡第一色织厂
	1989	“龙光”牌涤棉什色细纺	无锡印染厂
	1989	“金蝶”牌JV22022全毛单面华达呢	无锡协新毛纺织染厂
	1990	“小天鹅”牌全自动洗衣机	无锡市小天鹅电器工业公司
	1990	“江农”牌多菌灵	江阴农药厂
	1990	“方圆”牌紫砂花瓶	宜兴紫砂工艺厂
	1991	陶瓷滤波器、陶瓷陷波器	无锡市电讯元件厂

续表

奖别	获奖年份	产品名称	企业名称
银质奖	1986	“太平洋”牌45s×45s色织涤棉细纺	无锡第一色织厂
	1986	“晶菱”牌药用柠檬酸	无锡市第二制药厂
	1987	“菊花”牌400毫米台扇落地扇	无锡电扇厂
	1987	“双桃”牌57*涤腈中长花呢	无锡市第四色织厂
	1987	“金龙”牌均釉园林陶	宜兴均陶工艺厂
	1988	“荷花”牌4040吨棉普梳纱府绸	无锡市第一棉纺织厂
	1988	“双兔”牌针织T恤衫	无锡市针织总厂
	1988	“钻石”牌塑料化纤地毯	无锡市塑料铺地材料厂
	1988	“彩鹰”牌复合膜（袋）	无锡市彩印厂
	1988	“虹美”牌47厘米彩色电视机	无锡市电视机厂
	1988	“小天使”牌长毛绒玩具	无锡工艺品厂
	1988	“宇星”牌YC201-300-3瓷辊	宜兴非金属化工机械厂
	1989	“红梅”牌M313录音机芯	无锡无线电厂
	1989	JTF-CTD光电感烟火灾探测器	无锡市电子管厂
	1989	“警犬”牌JW-JC差温火灾探测器	无锡县报警设备厂
	1989	“锡压”牌3立方螺扦压缩机	无锡压缩机总厂
	1989	“两江”牌轮胎钢丝帘线	江阴钢绳厂
	1990	“震球”牌男西服套	无锡市震球呢绒服装厂
	1990	“荷星”牌19.5/19.5267.5/267.5纯棉细布	无锡市第二织布厂
	1990	“银鱼”牌JT/C13tex涤棉精梳纱	无锡市第三棉纺织厂
	1990	“梅花”牌M-309F型盒式磁带录音机芯	无锡无线电厂
	1990	“海星”牌1FC5系列船用三相无刷同步发电机	无锡电机厂
	1990	“美峰”牌O型橡胶密封圈	无锡市第四橡胶厂
	1990	“闪电”牌CL11型聚酯膜电容器	无锡县无线电二厂
	1990	“龙珠”牌MNMF喷风碾米机	无锡县粮食机械厂
	1990	“绮山”牌FeMo60-A.B.C钼铁	江阴铁合金厂
	1990	“华宜”牌软性集装袋	无锡市集装袋厂
	1990	“金龙”牌堆花艺术陶	宜兴均陶工艺厂
	1990	“华艺”牌紫砂陶器	宜兴紫砂工艺二厂
	1990	“艺华”牌彩陶花瓶	宜兴彩陶工艺厂
	1991	44厘米黑白显像管	无锡市电子管厂
	1991	“裘达美”牌仿兽皮	无锡市人造毛皮厂
	1991	50×50色织府绸	无锡第一色织厂
	1991	绳索系列钻具	无锡市钻探工具厂
	1991	汽车V型带	无锡市橡胶厂
	1991	525R水泥	宜兴水泥厂

1994年，市政府评定无锡协新毛纺织染有限公司的“金鸡”牌精纺呢绒等60个产品为无锡名牌产品，无锡市生物化学制药厂的“新蕾”牌注射用蝮蛇抗栓酶等50个产品为无锡优质品牌产品。在113个江苏省名牌产品中，无锡市小天鹅全自动洗衣机等27个产品被确认，数量位居全省第一。1995年，市经委组织实施创名牌工程，建立名牌产品评价体系，制定名牌产品标准，并依据标准对全市名牌产品实行五星级制评价。上半年，首批评定四星级名牌产品6个、三星级27个。至年末，评定93个无锡市名牌产品，其中五星级1个、四星级11个、三星级81个，全年93个名牌产品销售额205.72亿元，实现利润13.5亿元，分别占全市乡以上工业的17%和35.8%。

1995～1998年无锡市星级名牌产品数量表

表14-8　　单位：个

时间	五星级	四星级	三星级	合计
1995年上半年	—	6	27	33
1995年末	1	11	81	93
1996年	1	17	94	112
1997年	3	18	98	119
1998年	3	19	94	116

1997年，“小天鹅”洗衣机、“红豆”服装被认定为中国驰名商标。2000年、2002年，“阳光”呢绒、“双良”中央空调被认定为中国驰名商标。

图14-1　“银鱼”牌精陶餐具、茶具　（宜兴市精陶集团供稿）

2003年，市政府制定《关于进一步推进企业品牌建设的实施意见》。2004年，新增5个中国名牌产品，数量居全省第二。2005年，无锡市当选全国十大品牌经济城市，新增6个中国名牌产品，协新集团、红豆集团等9家国家免检产品企业，华光锅炉、华达电机等22个江苏省名牌产品，“申达”“双鱼吉庆”等46件江苏省著名商标。至年末，全市拥有中国名牌产品17个（“红豆”衬衫两次获此称号）、省名牌产品117个、中国驰名商标4件、省著名商标123件。

2001～2005年无锡市中国名牌产品一览表

表14-9

年份	产品名称	注册商标	企业名称
2001	洗衣机	小天鹅	无锡小天鹅股份有限公司
2001	衬衫	银湖	无锡光明（集团）有限公司
2001	衬衫	红豆	江苏红豆集团有限公司
2003	男西服套装	红豆	江苏红豆集团有限公司
2003	精纺呢绒	圣凯诺	海澜集团有限公司

续表

年份	产品名称	注册商标	企业名称
2003	精纺呢绒	协新	无锡协新毛纺织染厂
2003	精纺呢绒	阳光	江苏阳光集团有限公司
2003	溴化锂吸收式冷（热）水机组	双良	江苏双良空调设备有限公司
2004	交联聚乙烯电力电缆	远东	江苏远东控股集团有限公司
2004	交联聚乙烯电力电缆	五彩	无锡江南电缆有限公司
2004	钢丝绳	法尔胜	法尔胜集团有限公司
2004	洗衣机	小天鹅	无锡小天鹅股份有限公司
2004	衬衫	红豆	江苏红豆集团有限公司
2005	夹克衫	红豆	江苏红豆集团有限公司
2005	夹克衫	海澜之家	海澜集团有限公司
2005	多缸柴油机	锡柴	一汽解放汽车有限公司无锡柴油机厂
2005	羊绒衫	恒源祥	江苏恒源祥羊绒制品有限公司
2005	床上用品	红柳	江苏红柳床单有限公司
2005	日用陶瓷	银鱼	江苏宜兴精陶股份有限公司

第八节　高新技术产业与企业

一、高新技术产业

80年代，无锡市通过技术改造，逐渐发展高新技术产业。1992年11月无锡成立高新技术开发区之后，高新技术产业成为新的经济增长点。1995年，无锡市提出发展5个支柱产业，按国家统计局高新技术产业的口径，为精密机械及汽车配套业、电子信息及高档家电业、精细化工及生物医药业、特色冶金及金属制品业、高档纺织及服装加工业。21世纪初，形成计算机及网络产品、数字通讯及数字化产品、新型电子元器件以及汽车关键部件等15个产品群。

2003年，市政府先后出台《关于进一步推进我市高新技术特色园区和产业基地建设的意见》等文件，高新技术开发区、软件园等一批国家级园区和特色科技园区成为高新技术产业化的重要载体，形成硬盘驱动器、光纤放大器、汽车柴油电喷系统等具有自主知识产权、达到国际先进水平的高新技术产品，建立一批以优势产品为龙头的企业集团。至2003年末，新区高新技术产业产值的68%来源于高新技术开发区，江阴高新技术产业产值的70%来自于沿江新材料产业带。是年，高新技术产业增加值占全市规模以上工业增加值28.31%，完成高新技术产业销售收入890亿元、利税88 亿元，分别占全市规模以上企业的27.75%和33.43%。

2004年，无锡市以高技术产业为重点，组织实施创新发展战略、科学发展战略和率先发展战略，培育形成电子信息、生物医药、新材料等五大优势产业，构建以大学科技园、无锡软件园、工业设计园和国家IC无锡产业化基地为龙头的一大批高新技术产业园区、工业集中区和科技成果孵化区。全年高新技术产业完成工业总产值1274.6亿元，占规模以上企业工业产值的27.86%；实现销售收入1233.1亿元，占规模以上企业销售收入的28%；创利税125.9亿元，占规模以上企业总量的38.64%；高新技术产业完成工业增加值330亿元，占规模以上企业工业增加值的30.3%。

2005年，无锡在加大地方财力投入的同时，争取到国家、省资金总数1.85亿元，其中省科技成果转化项目经费到位1亿元；获得国家创新基金项目30个、创新基金2035万元，为全省争取该项基金最多的城市；到位国家“863”计划经费3796万元。研究开发费用超亿元的企业5家，5000万元以上的企业10家。电子信息、机电一体化、新材料等主导产业受外资带动，投资增长较快，增幅分别为62.6%、73.2%和65.1%。高新技术产业和高新技术改造传统产业项目投资比重占90%以上，产品增加值率32.8%。全市高新技术产业产值1312.6亿元，占全省的16.55%，居全省第二位。高新技术产业出口额占销售收入的43%；高新技术产业完成工业增加值420亿元，占全市规模以上工业增加值的30.54%，比“九五”期末提高12个百分点。电子信息、先进制造、新材料和生物医药四大领域工业增加值占全市高新技术产业增加值的99%。电子信息产业成为引领产业，产品覆盖液晶显示模块、计算机硬盘驱动器、通讯雷达、数字视听产品、光通信产品等门类，基本形成电子信息新材料、元器件、整机等比较完整的产业链。全年通信设备、计算机类产值超过600亿元，占高新技术产业总量的“半壁江山”。“IC谷”“液晶谷”初见雏形，国家集成电路无锡设计产业化基地取得一批具有自主知识产权的核心技术，设计企业由2001年的不足10家增至2005年的65家，产业规模由不足2亿元增至18亿元。软件产业以无锡软件园为依托，涌现出永中Office等一批自主研发的品牌，基本形成软件研发、系统集成等门类齐全的软件产业。新材料产业发展迅猛，江阴、宜兴、锡山、惠山等市（县）、区的新材料基地集聚一批规模型、科技型、外向型的骨干企业，形成以尚德太阳能电力公司为代表的高新技术产值增长200%以上的企业群。

二、高新技术企业

90年代后，一大批高新技术企业脱颖而出。至2003年，全市有省级以上高新技术企业517家，其中国家级高新技术企业64家，产值超亿元的41家。上市公司中，有14家是省级高新技术企业。全市销售收入和利税前十名中，高新技术企业各占9家。

2004年，新增国家高新技术企业9家，建立国家级企业技术中心6个、省级企业技术中心17个、省级工程技术研究中心13个，培育国家重点高新技术企业14家、省级重点高新技术企业604家、省级民营科技企业639家。全市研究与开发经费占地区生产总值的比重达到1.38%，居全省第二，科技进步对工业经济的贡献率达48.7%。长电科技、申龙创业和远东电缆等3个省级技术中心位列省2004年中心评价前十名。

2005年，无锡市新增国家高新技术企业19家、省级高新技术企业108家，累计有国家重点高新技术企业92家，省高新技术企业697家，省外商投资技术密集、知识密集型企业40家。新增省级企业技术中心3个，累计有市级以上企业“一站二中心”（企业博士后工作站，企业技术中心、企业工程技术中心）65个，其中省级以上26个。全年完成省、市重点技术创新项目和新产品开发项目300个。一体化厚膜压力传感器、大型迷宫压缩机、ZFC全自动功能废水处理机等科技成果转化项目实现产业化，其中蓝天电子的船舶信息采集系统、聚汇科技的废弃淤泥处理成套设备、宜兴天鸟高新的TS飞机碳刹车预制件等新产品填补国内空白，达到国内领先或国际先进水平。宜兴市天石公司的二次包膜缓释型生物酸化剂、江苏申龙创业的多功能包装薄膜等技术创新项目被列入省级重点创新计划。江苏阳光技术中心的毛纺技术开发和研究、纳米中心的一体化厚膜压力传感器等项目分别被列为国家和省重点技术创新项目。重点实施树脂厂的面向数字化的管控一体化系统、华达电机的管理信息系统、阳通机械的企业资源管理产品数据管理系统等信息化项目。无锡市列入国家中小企业创新基金项目30个，占全省总数的20.3%，获科技经费2035万元。

2005年无锡市国家“火炬”计划重点高新技术企业名录

无锡威孚高科技股份有限公司	无锡华晶微电子股份有限公司
江苏一环集团有限公司	无锡市南方耐材（集团）有限公司

无锡华光锅炉股份有限公司
宜兴市助剂化工厂
无锡山禾药业股份有限公司
江苏汉光实业有限公司
无锡小天鹅股份有限公司
江苏得胜新型建材集团公司
无锡庆丰股份有限公司
宜兴循环水设备厂
无锡宏广电容器有限公司
江苏新远东电缆有限公司
无锡协新集团有限公司
江苏省宜兴非金属化工机械厂
无锡格兰塑机制造有限公司
江苏博大环保股份有限公司
无锡二橡胶股份有限公司
江苏享鑫科技股份有限公司
无锡压缩机股份有限公司
宜兴信益涂装环保设备有限公司
无锡市天然纺织实业有限公司
江苏泉溪环保股份有限公司
无锡四方特钢股份有限公司
江苏南方涂装环保股份有限公司
无锡华润矽科微电子有限公司
宜兴市化工成套设备厂
无锡机床股份有限公司
江苏卡欧电子股份有限公司
江苏宏源纺机股份有限公司
无锡市江南塑料机械有限公司
无锡格兰机械集团有限公司
江苏省新兴化工集团公司
无锡华达电机有限公司
宜兴市振球炉料有限公司
华瑞制药有限公司
江苏东光微电子股份有限公司
江苏太湖锅炉股份有限公司
江苏宜兴精陶股份有限公司
无锡万达金属粉末有限公司
江苏天音化工股份有限公司
江苏天奇物流系统工程股份有限公司
无锡江南电缆有限公司
江苏苏嘉集团新材料有限公司
宜兴市运通密胺粉化工厂
无锡市兴达泡塑材料有限公司
江苏三木集团公司
无锡市新建电子材料厂（江苏晶石集团公司）
宜兴协联生物化学有限公司
江苏金羊集团有限公司
江苏长电科技股份有限公司
无锡华能电缆集团有限公司
江苏法尔胜股份有限公司
江苏新广联光盘有限公司
江阴市空调除尘设备厂
无锡杰夫电声有限公司
江苏申龙高科技股份有限公司
江苏大为科技股份有限公司
凯诺科技股份有限公司
无锡中进塑胶有限公司
江苏阳光股份有限公司
无锡凯马动力有限公司
江苏双良空调设备有限公司
江苏瑞通信息产业有限公司
江阴市第九毛纺织厂
江苏聚慧科技有限公司
江阴海达橡塑制品有限公司
无锡阿科力化工有限公司
江苏四环生物股份有限公司
江苏三房巷实业股份有限公司
江苏茶梅灯芯绒科技有限公司
江苏澄星磷化工股份有限公司
江南模塑科技股份有限公司
江阴市怡达化工有限公司
江阴兴业塑化有限公司
一汽解放公司无锡柴油机分公司
江苏蝶美集团公司
无锡国盛精密模具有限公司
江苏共昌轧辊有限公司
无锡尚德太阳能电力有限公司
江苏傲伦达科技实业股份有限公司
江苏无锡小天鹅中央空调有限公司
江苏银燕化工股份有限公司
无锡威孚力达催化净化器有限责任公司
宜兴市精密钢管厂
无锡药明康德新药开发有限公司
江苏高科石化股份有限公司

无锡吉兴汽车内饰件有限公司
无锡新宏泰电器有限责任公司
宜兴新兴锆业有限公司
江苏生花农药有限公司

三、沿江新材料产业带

2001年，经国家批准，江阴沿江国家新材料产业带建立，规划面积150平方公里，重点发展光电子基础材料、特种金属材料、高分子复合材料、精细化工稀土材料、新型弦材料等五大领域。至2003年，产业带内有高新技术企业54家，建成国家企业技术中心3家、省级企业技术中心6家、省工程技术研究中心5家、博士后科研工作站6家，培育出法尔胜集团的光纤预制棒、兴澄公司特种钢、申达集团的软包装材料、澄星磷化工集团的磷化工产品及阳光、海澜集团的纺织新材料等拥有自主知识产权的高新技术产品。江阴沿江新材料产业呈现出产业规模大、突破的重大关键技术影响力大、新材料生产和出口基地多、集聚的规模型高新技术企业多、承担的国家重大科技项目多等特点。2003年，江阴市新材料产业带销售额290亿元，2004年增至385亿元。

至2005年，新材料产业带承担国家重大科技攻关项目2项、省攻关计划15项、国家“863”计划8项，居全国各新材料产业化基地之首，其中12项关键技术接近或达到国际先进水平。实施省级“火炬”计划90项、国家级“火炬”计划53项、国家中小企业创新基金42项，累计投入技术改造资金300多亿元。新材料产业形成精纺面料生产基地、磷化工生产出口基地、软塑包装材料生产出口基地、轴承钢生产基地、汽车用特钢生产基地、特种钢丝绳生产出口基地、花色灯芯绒生产出口基地、醇醚生产基地、单模光纤生产基地、轮胎用钢帘线生产基池等10个全国领先的生产、出口基地。

第九节　能耗管理

“七五”期间，无锡市制定《无锡市贯彻全国节约能源管理条例实施细则》《无锡市工业、交通企业节约能源奖励实施细则》和“七五”节能规划，提出“七五”节能工作目标。全市288家重点企业、474个产品实行定额考核，其中考核单位产品产量电耗的品种387个、煤耗品种389个、成品油耗品种202个、水耗品种150个。组织制定《企业能量平衡工作标准》，在全市200家能耗大户中开展企业能量平衡工作。全市110家年耗标准煤3000吨以上的企业完成企业能量平衡，占总数的80%。实施节能技术改造，实行能量回收利用和分级利用，发展热电联产集中供热，推广节能新技术、新产品。建立节能基金，每年下达节能技术、节能产品推广目录，下达节能技改贷款项目和节能技改奖励项目。无锡市双河尖热电厂、无锡热电厂分别于1985年、1988年并网发电、供热，所在片区的第一毛纺织染厂、第三棉纺织厂和丝印总厂、第二制药厂等蒸汽使用大户拆除自备锅炉，使用两家热电厂管道蒸汽。至1990年末，全市共完成节能技改项目58项，投入节能技改资金4585.44万元，完成水泵改造544台计9989千瓦、风机改造325台计7615千瓦、电加热炉改造215台计13062千瓦，形成年节电1573万千瓦时的能力。全市万元产值能耗由1985年的2.67吨标准煤降至2.2吨标准煤，能源消费弹性系数0.63；形成年节约能源123.35万吨标准煤的能力，累计节约原煤121.9万吨、成品油5.7万吨、电力9.46亿千瓦时，节约能源总计146.7万吨标准煤。至1990年末，全市共有国家一级节能企业14家，占全省的25.5%；国家二级节能企业52家，占全省的21.1%；省级节能企业86家，占全省的13.7%；市节能一级企业85家、二级企业86家、三级企业111家。

“八五”期间，无锡市对企业煤、电、油、水能耗实施定额管理与考核。1992年开始，每年组织开展节能监测专项培训。1993年，市经委牵头会同市标准计量局联合制定《无锡市节约能源监测规则》，对单位产品产量单耗定额（煤、电、油、水）、工业锅炉等11项用能设备耗能指标作出规定，对监测结果超规定能耗标准的企业，给予黄牌警告、限期整改。“八五”期间，全市共监测重点用能设备1500多台（套），165家企业完成能量平衡工作。无锡市每年推广一批节能技术、产品，每年下达一次节能技改计划。至1995年末，全市规模以上工业企业万元产值综合能耗1.45吨标准煤，比1990年下降34.1%，单位产品产量综合能耗稳定下降率由1990年的70%提高至75%，工业用水重复利用率由53.5%提高至60%。

“九五”期间，无锡市加强单位产品产量能耗的定额管理，共制定1907项产品定额。加强节能监测力度，节能监测由单项设备（系统）监测扩大到节能综合监测，5年监测重点设备2500台（套）、综合监测企业190家。淘汰落后生产能力、生产工艺和设备，尤其加强对新建项目的监控，发现新上项目采用落后设备的，立即限期整改。对全市249家年综合能源消费量5000吨标准煤以上的重点用能单位加强管理，加大奖励力度。开展资源综合利用企业（项目、产品）认定和退税工作，5年全市退税额度累计4000万元。推广节能技术、产品，重点推广绿色照明、余压余热回收利用、锅炉分层燃烧技术、变频调速技术、热电冷梯级利用技术、节能新工艺、新型建材生产技术、煤矸石综合利用等技术、产品。1999年，推广一体化节能灯30070只、细管荧光灯41800只、镝灯3600套、电子镇流器21072只。在纺织企业推广使用变频调速技术2580千瓦，增加2800千瓦就地补偿装置。加快地方热电厂建设，创办无锡协联热电有限公司，向新区、南片工业区集中供热。至2000年末，全市综合能源消费量1236.25万吨标准煤，万元产值综合能耗为0.765吨标准煤，比1995年下降47.25%。

“十五”期间，市经贸委颁发《无锡市重点用能单位管理办法》，修订《无锡市工业产品、交通运输能源消耗计奖定额》，对年耗标准煤5000吨以上的工业企业和年耗标准煤3000吨以上的第三产业企业实行定额管理。市节能主管部门委托市节能监测中心，每年对100家以上重点用能单位、500台（套）以上设备进行监测。每年颁发无锡市推广节能产品目录，召开节能技术（产品）推介会。淘汰落后设备2500台（套）以上。加强对资源综合利用企业的监管和服务，规范认定程序，落实相关政策，2005年退税额超过2亿元。发展以煤渣、炉底渣、钢渣、粉煤灰为原料的建材产品，市固体废物利用率每年都在98%以上。发展太阳能光伏发电、垃圾发电等新能源产业，2005年无锡尚德太阳能电力公司的光伏产品产量350兆瓦，居全国第一，质量达到国际水平。全面展开节能、资源综合利用、清洁生产审计，2001年在8家企业进行试点，5年共250家企业通过清洁生产审计。2005年，全市综合能源消耗量1895.32万吨标准煤，万元产值综合能耗0.33吨标准煤，万元工业增加值综合能耗1.49吨标准煤；全市规模以上工业企业万元产值电耗375千瓦时，万元工业增加值电耗1559千瓦时。

第十节　企业发展

“七五”期间，按照国务院《关于加强工业企业管理若干问题的决定》，无锡市组织开展抓管理、上等级、全面提高企业素质的工作。1986年，市政府制定《无锡市工业企业管理现代化纲要》《贯彻执行〈国务院关于进一步推动横向经济联合若干问题的规定〉的意见》《关于扶持和促进企业集团（群体）发展的若干意见》，推动企业进行现代化建设和升级，推动组建企业集团。至1990年末，全市778家企业实现升级，其中国家一级企业3家（无锡市协新毛纺织染厂、无锡市电视机厂、中国华晶电子集团公司）、国家二级企业91家、省级先进企业171家、市一级企业326家、市二级企业188家。全市乡办及以上工业企业3785家，其中大型企业58家。工业部门企业集团38家，其核心层和紧密层成员企业170家，固定资产原值22亿元；实现工业总产值51.7亿元、销售收入46亿元、利税4.1亿元、外贸出口收购额7.6亿元，分别占全市乡以上独立核算工业的16.7%、17.5%、18.3%、23.4%。

1991年，无锡市集中力量抓50家现场管理试点企业，推动企业实施产品质量、生产成本和作业计划的优化控制，提高生产现场管理水平。1993年，市经委推广18家现场管理先进企业的经验，无锡威孚公司等15家企业建成管理信息系统（MIS），小天鹅公司的“末日管理”在全国企业管理工作会议上获现代化管理成果一等奖。1994年，市委、市政府做出组建和发展一批集约化、多元化、国际化、现代化的“四化”企业集团的战略决策，小天鹅公司、威孚公司、太极实业公司等18家企业首批自愿报名申请加入“四化”企业集团。12月，将市轻工局所属的无锡市锅厂划拨给市机械局所属的无锡压缩机公司，开全市国有企业跨行业兼并的先河。1995年，又将“四化”集团扩展至江阴、锡山、宜兴三市（县）。培育上市公司、推动企业资产重组。至1995年末，全市批准建立企业集团319家，其中省级以上集团227家。年销售收入超10亿元以上的企业7家、超5亿元的22家、亿元以上的119家，无锡市摩托车厂以年销售收入21.6亿元位居全市第一。至1995年末，全部工业企业实现工业总产值1823.7亿元。乡办及以上独立核算企业4460家，其中大型企业79家。

1996年，在全市工交企业中开展学习邯郸钢铁厂经验、加强企业管理的活动。1996年、1997年分年度制定调整工业结构、培育企业集团、发展规模经济的工作意见，推动各地区各行业培育一批销售收入100亿元、50亿元、20亿元的跨地区、跨行业、跨所有制的企业集团。全市31家企业通过划拨、控股等形式进入企业集团行列，其中市区有4家企业集团吸收7家市外关联企业，石化总厂、缫丝一厂等企业则加入市外大集团。1998年，纺织行业结合棉纺压锭后资产重组，对棉纺、印染业6家企业实施优化重组，组建新的无锡庆丰集团，医药行业以强强联合组建无锡山禾集团。1999年，对小天鹅、威孚、庆丰等5家列入市重点大型企业集团兑现8000多万元所得税返投政策。至2000年末，全部工业企业实现工业总产值2853.5亿元。规模以上工业企业2892家，固定资产931.2亿元，其中国有企业147家、集体企业638家、股份合作制企业685家、联营企业27家、有限责任公司268家、股份有限公司52家、私营企业639家、港澳台企业199家、外商投资企业237家。拥有大型企业114家、中型200家、小型2578家。年销售收入超20亿元的企业10家、超10亿元的26家、超5亿元的57家。

2002年，市委、市政府制定《关于大力发展规模经济加快培育重点大企业大集团的意见》和《大力培育和发展民营企业“小巨人”工程的实施意见》，全年实施重大资产重组项目11个，涉及资产30亿元。小天鹅集团和希捷公司营业收入首次突破百亿元大关，华西集团、一汽锡柴、红豆集团营业收入首次突破50亿元大关，全市50家大企业大集团的营业收入总额首次突破千亿大关。2005年，全市百家大企业大集团实现营业收入3654.6亿元、利税总额211.9亿元、利润总额146.9亿元、出口销售总额92.3亿美元。华西集团以309.7亿元的营业收入居榜首，以18.3亿元的利税额排名第一；希捷公司完成出口销售20.3亿美元，居全市出口企业销售额首位。全年营业收入超100亿元的企业11家（华西集团、希捷公司、三房巷集团、阳光集团、夏普公司、红豆集团、兴澄公司、海澜集团、小天鹅集团、澄星集团、威孚集团）、超50亿元的19家、超 20亿元的48家。江苏华西集团公司、江苏三房巷集团有限公司、江苏阳光集团有限公司、江阴兴澄特种钢铁有限公司、无锡威孚集团有限公司、江阴澄星实业集团有限公司、红豆集团有限公司、海澜集团公司、法尔胜集团公司、申达集团有限公司、江苏锡钢集团有限公司、江阴市华发实业有限公司等12家企业进入国家统计局公布的中国制造业500强。

至2005年末，全市工业企业45634家，工业总产值6970.9亿元。规模以上工业企业4628家，其中大型企业49家、中型企业506家、小型企业4073家。规模以上工业实现产品销售收入5657.5亿元、利税总额382.3亿元，拥有固定资产1956.1亿元。

2004～2005年无锡市百强企业名录

江苏华西集团公司	江苏新潮科技集团有限公司
宜兴协联热电有限公司	江苏银铃集团公司
江阴联通实业有限公司	波尔威技术（无锡）有限公司

江阴精亚集团有限公司
江苏利港电力有限公司
江苏锡钢集团有限公司
希捷国际科技（无锡）有限公司
澄西船舶修造厂
无锡阿尔卑斯电子有限公司
江阴模塑集团有限公司
江苏红柳床单集团公司
宜兴新苏南商厦有限责任公司
江阴市康源印染有限公司
江苏双良集团有限公司
无锡市南方不锈钢市场
江苏阳光集团有限公司
江苏苏嘉集团有限公司
无锡市太极实业股份有限公司
无锡华润微电子有限公司
宜兴市明阳化纤厂
无锡市信德不锈钢有限公司
宜兴市乾震钢铁助材厂
江苏锡兴集团有限公司
江阴江东集团公司
江苏三房巷集团有限公司
江苏扬子江船厂有限公司
江苏华亚化纤有限公司
无锡江南电缆有限公司
无锡众星摩托车集团有限公司
科特拉（无锡）汽车环保科技有限公司
无锡菱光科技有限公司
一汽解放汽车有限公司无锡柴油机厂
无锡天鹏集团有限公司
江阴澄星实业集团有限公司
无锡新大中薄板有限公司
无锡荣成纸业有限公司
无锡尚德太阳能电力有限公司
江苏花园实业集团公司
江苏中油兴能沥青有限公司
无锡透平叶片有限公司
江苏融达建材装璜市场有限公司
无锡市雪浪钢铁集团有限公司
海澜集团公司
无锡小天鹅股份有限公司
江苏华士集团公司
江苏玉龙钢管有限公司
江苏金羊集团有限公司
无锡市云波铜铝材有限公司
福群电子（无锡）有限公司
江苏无锡商业大厦集团有限公司
无锡市大明金属制品有限公司
无锡威孚集团有限公司
江苏义源铜业集团
宜兴乐祺纺织集团有限公司
瀚宇博德科技（江阴）有限公司
江苏长隆集团有限公司
江苏林芝山阳集团有限公司
工装自控工程（无锡）有限公司
江阴苏龙发电有限公司
无锡兴达泡塑新材料有限公司
法尔胜集团公司
宜兴市意达铜业有限公司
江苏灵谷化工有限公司
无锡松下电池有限公司
江苏三鑫化纤有限公司
江苏刘潭集团有限公司
无锡威孚汽车柴油系统有限公司
索尼电子（无锡）有限公司
江阴市金属材料市场
无锡夏普电子元器件有限公司
尼康光学仪器（中国）有限公司
江苏利安达服装集团有限公司
江阴新和桥化工有限公司
江苏蝙蝠塑料集团有限公司
无锡协新集团有限公司
江阴福汇纺织有限公司
江苏华宏实业集团有限公司
江苏倪家巷集团有限公司
江苏新长江实业集团公司
江苏向阳集团有限公司
云蝠投资控股有限公司
无锡华光锅炉股份有限公司
江阴市电工合金有限公司
宜兴华地百货有限公司
江苏天地龙集团有限公司
红豆集团有限公司
无锡新大中钢铁有限公司

江苏申达集团有限公司
无锡大明物流股份有限公司
住友电工运泰克(无锡)有限公司
无锡市第一棉纺织厂
江阴经达实业有限公司
阿斯利康制药有限公司
宜兴市新芳铜厂
江苏无锡朝阳(集团)有限公司
无锡市凌峰电工材料厂
远东控股集团有限公司

第二章　纺织服装工业

第一节　发展状况

1978年后,无锡纺织原料工业、纺织加工工业、纺织装备工业全面发展,化纤制造业、棉纺织业、印染业、毛纺织业、色织业、麻纺织业、丝绸制造业、针织复制业、服装制造业、纺织机械制造业等门类齐全,为国内重要纺织生产基地和出口基地。"七五"期间,无锡纺织行业投入技改资金3.45亿元,完成技改项目145个;引进自动络筒机33台、无梭织机398台等关键设备,市区纺织业每万锭精梳机5.26台,属全国领先水平。深化改革,扩大开放,调整结构,在境内创办合资企业,还在境外投资创办企业。1988年7月,无锡市实行新的单一外贸体制,协新毛纺织染厂获得自营进出口权。1989年后西方国家对中国经济制裁,纺织品出口严重受阻,但无锡纺织工业仍快速发展,1990年固定资产原值11.94亿元,比1986年增加6亿元。产品结构调整取得重大进展,特阔防羽布、全棉精梳高密高支牛津布、色织防羽布、精纺呢绒、聚丙烯烟用丝束等新产品成为企业经济效益的增长点。无锡市漂染厂的染色纯棉涤棉高密防羽布、第一色织厂的涤棉磨毛布、印染厂的涤棉细纺布、协新毛纺织染厂的JV22022全毛单面华达呢等7个产品获国家金质奖;市第三棉纺织厂的"银鱼"牌JC/13TEX涤棉精梳纱,市第二织布厂的"荷星"牌19.5/19.5、267.5/267.5纯棉细布等21个产品获国家银质奖。1990年,市属纺织行业在全国纺织行业严重亏损的情况下,利税总额虽比上年下降13.24%,但远低于全国纺织工业下降32%的水平;资金利税率21.34%,高于全国9.75%的水平,无锡纺织工业经济效益仍居全国同行业首位。

1992年,全国棉花价格放开后棉价快速上涨。"九五"期间,亚洲金融危机严重影响外贸出口和利用外资,加之棉花价格急剧上涨,水、电、燃料价格多次提高,以及各地大幅度扩锭,全行业产能急剧膨胀,出现结构性的买方市场。无锡纺织行业实行压锭减员政策,压锭12.7万枚,淘汰有梭织机1000多台、毛纺锭7572枚、有梭毛织机228台,及部分窄幅印染设备和落后的色织纱线染色设备等,加快改组改造和结构优化升级。至2000年,全市销售收入500万元以上的纺织企业679家,拥有棉纺锭63.02万枚、棉织机11.72万台、毛纺锭67.79万枚、印染能力8.6亿米,从业人员18.98万人。

进入21世纪,全市纺织企业优化产品结构,加快开发新品步伐,开发差别化纤维和功能性纤维。2002年,无锡纺织产业集团有限公司实施"退城进园"战略,2003年建设无锡纺织出口工业园。至2005年末,无锡太极实业股份公司等8家纺织行业上市公司的总市值118.77亿元,流通市值45.47亿元。港澳台商和外商在锡投资的纺织服装企业共1398家,总投资46.1亿美元,其中港澳台商和外商投资24.6亿美元。中国台湾地区的远东、福田,中国香港地区的长江制衣,以及日本的日东纺、德国的巴马格等公司均在无锡投资建厂。境外办厂和设立境外贸易窗口初具规模,在柬埔寨、蒙古、巴基斯坦、墨西哥和马达加斯加等国设立6家生产型境外企业,与120多个国家和地区有贸易往来,外向依存度60%。市纺织行业协会统计，无锡纺织工业有规模以上企业968家，总资产839.26亿元，有棉纺环锭纺320万枚、气流纺近3万头、毛纺锭85万枚、织机2.8万台，年产各类化学纤维197.16万吨、纱48.15万吨、布8.44亿米、呢绒7146.73万米，总产值1087.31亿元，销售收入1067.79亿元，外贸出口29.85亿美元，利税总额57.24亿元，实现利润37.66亿元，从业人员28.47万人，经济总量占全市工业经济总量的19%，呢绒产量占全国的23.8%，化纤产量占全国的9.9%。

2005年，全市纺织行业国有及限额以上非国有企业974家，其中：纺织业712家，工业总产值614.99亿元，工业销售产值600.07亿元，工业增加值151.31亿元，利润总额22.23亿元，利税总额34.50亿元，从业人员19.15万人；纺织服装、鞋、帽制造业147家，工业总产值160.47亿元，工业销售产值157.98亿元，工业增加值39.49亿元，利润总额7.35亿元，利税总额10.2亿元，从业人员5.71万人；皮革、毛皮、羽毛（绒）及其制品业22家，工业总产值9.6亿元，工业销售产值9.49亿元，工业增加值2.26亿元，利润总额0.19亿元，利税总额0.37亿元，从业人员0.47万人；化学纤维制造业93家，工业总产值311.85亿元，工业销售产值308.17亿元，工业增加值67.64亿元，利润总额8.09亿元，利税总额12.29亿元，从业人员3.61万人。

乡镇纺织企业和民营纺织企业的迅猛发展，催生出江阴三房巷化纤产业集群、江阴新桥毛纺产业集群、宜兴鼎球丝绸产业集群、惠山区前洲印染产业集群，以及中国亚麻纺织名镇宜兴西渚镇、中国针织服装名镇江阴祝塘镇、中国化纤纺织名镇宜兴新建镇等纺织名镇。江阴市被命名为首批中国纺织基地市（二级市）。

在中国纺织工业协会等行业协会的评选中，三房巷集团有限公司、阳光集团有限公司、红豆集团有限公司、海澜集团有限公司、华西集团有限公司、倪家巷集团有限公司、庆丰集团有限公司、无锡市第一棉纺织厂获“2004～2005年度中国纺织行业销售百强企业”称号，阳光集团有限公司、庆丰集团有限公司、无锡市第一棉纺织厂、红豆集团有限公司、洛社印染有限公司获“出口百强企业”称号，无锡市第一棉纺织厂获“棉纺十强企业”称号，阳光集团有限公司、倪家巷集团有限公司、海澜集团有限公司获“毛纺十强企业”称号，新竹纺织有限公司获“针织十强企业”称号，红豆集团有限公司获“服装十强企业”称号。

2004年无锡市纺织服装相关工业经济普查情况表

表14-10　　　　　　　　　　　　　　　　　　　　　　　　　　单位：家、千元、人

行业	企业数	工业总产值	工业销售产值	出口交货值	主营业务收入	利润总额	从业人员
纺织业	3787	54197686	52310360	15226493	52976344	1179600	284638
棉、化纤纺织及印染精加工	1747	30444856	29464359	8139860	30316818	609947	144809
毛纺织和染整精加工	499	8761762	8509701	1494317	8370508	303189	40698
麻纺织	89	1294968	1180568	236197	1215844	16610	8320
丝绢纺织及精加工	62	1356175	1350205	174001	1248214	-32476	7427
纺织制成品制造	511	4068309	3900007	989233	3956448	94883	21637
针织品、编织品及其制品制造	879	8271616	7905520	4192885	7868512	187447	61747
化学纤维制造业	236	12807359	12373586	345862	12129638	388572	31707
纤维素纤维原料及纤维制造	25	353627	342325	—	339802	-1361	1252
合成纤维制造	211	12453732	12031261	345862	11789836	389933	30455
纺织服装、鞋、帽制造业	953	21008987	20360823	6363619	20310058	1074128	93229
纺织服装制造	917	20748769	20110412	6208058	20062481	1061723	91125
纺织面料鞋的制造	22	158186	151152	86820	148320	1144	1216

续表

行业	企业数	工业总产值	工业销售产值	出口交货值	主营业务收入	利润总额	从业人员
制帽	14	102032	99259	68741	99257	11261	888
皮革、毛皮、羽毛(绒)及其制品业	177	1192736	1155113	576143	1166967	-7430	10335
皮革鞣制加工	7	188720	183713	133679	179073	-4914	407
皮革制品制造	148	757754	739268	415080	754510	852	7794
毛皮鞣制及制品加工	15	155572	150027	19166	151279	-4778	1668
羽毛(绒)加工及制品制造	7	90690	82105	8218	82105	1410	466
合　计	5153	89206768	86199882	22512117	86583007	2634870	419909

1986～2005年无锡市主要年份纺织品产量表

表14-10

产品名称	单位	1986年	1990年	1995年	2000年	2005年			
						全市	其中		
							市区	江阴市	宜兴市
化学纤维	万吨	1.92	4.00	26.08	49.61	197.16	40.49	134.41	22.26
合成纤维	万吨	—	—	—	47.62	194.53	40.49	131.78	22.26
纱	万吨	8.08	9.69	13.69	20.27	48.15	12.15	34.84	1.16
纯棉纱	万吨	4.55	4.44	3.82	—	—	—	—	—
布	万米	40326.00	47212.00	61547.00	55120.00	84433.19	26910.79	42188.00	15334.40
棉布	万米	21086.00	19091.00	21797.00	28874.00	43964.68	14342.28	17453.00	12169.40
混纺交织布	万米	18085.00	23339.00	—	17453.00	33330.35	9260.35	21104.00	2966.00
纯化纤布	万米	6929.00	8268.00	16876.00	8793.00	7138.16	3308.16	3631.00	199.00
印染布	万米	25945.00	25547.00	40724.00	89247.00	122941.30	59998.30	52165.00	10778.00
帘子布	万吨	—	—	—	0.79	0.88	0.88	—	—
毛线	万吨	0.69	21808.00	53567.00	2.68	2.09	0.70	1.27	0.12
呢绒	万米	1297.00	1822.00	10805.00	6514.00	7146.73	860.03	6286.70	—
丝	吨	2235.00	1814.00	3205.00	2074.00	1812.28	714.98	—	1097.30
白厂丝	吨	1590.00	1127.00	—	—	—	—	—	—
丝织品	万米	3377.00	3717.00	8414.00	6122.00	2750.56	832.96	1306.00	611.60
服装	万件	—	3720.00	24648.00	15564.00	48286.18	22457.68	22146.00	3682.50
梭织服装	万件	—	—	—	7299.00	23059.71	15804.41	5810.00	1445.30
针织服装	万件	—	—	—	8262.00	25226.47	6653.27	16336.00	2237.20

第二节　棉纺织

1986年，市第一棉纺织厂、无锡第一色织厂、市第三针织厂、江苏省纺织品进出口公司、江苏省国际信托投资公司与香港黄浦江纺织有限公司合资兴办新联兴纺织有限公司，成为无锡的创汇大户。是年起，棉纺织业投入资金更新设备，调整产品结构，发展细支、薄型、高密产品，增加60支、80支精梳纱的生产量，扩大防羽布、牛仔布、4040府绸、2014纱卡等高质量、高创汇、高效益产品。1988年11月，第二棉纺织厂引进的片梭织机重大技改项目投产，形成年产1800万米防羽布生产能力，成为世界上第二家生产特阔高支高密防羽布的企业。1989年4月，无锡市漂染厂、第二棉纺织厂、第二织布厂等企业组建无锡市三利集团，主要生产防羽布，1991年5月解散。至1990年末，无锡防羽布国内市场占有率60%。

1991年，受原料价格上调、资金紧缺、市场疲软等多种因素的困扰，无锡棉纺织行业开展“质量、品种、效益年”活动，调整产品结构，开发高创利、高创汇、高技术难度、高市场容量的“四高”产品。第二棉纺织厂在开发出5050、6060等第二代高密防羽布的基础上，开发出斜纹、缎纹防羽布、丝棉交织的防羽绸及细旦涤棉防羽布等第三代高档防羽布，特别是94"特阔5050、6060高档防羽布跻身于美国市场后，引起羽绒制品商的极大兴趣。第三棉纺织厂引进瑞士C4梳棉机、村田络筒机及贝宁格整经机、津田驹喷气织机等多种先进设备，进行品种翻改，生产水平和经济效益明显提高。第二棉织厂专门生产高密细支薄型坯布，是全市唯一一家被中国纺织品进出口总公司授予出口质量先进单位称号的企业。第四棉织厂进行GA301-200浆纱机改造，由生产纯棉细支转产纯棉高密府绸。无锡市天元麻棉纺织厂投资56.3万元，将麻织车间改建为阔幅防羽布织造车间，形成年产30万米的阔幅纯棉防羽布的生产能力。1992年，市第二棉纺织厂创办无锡庆丰纺织有限公司（简称“庆丰公司”）、无锡永发纺织有限公司、无锡锡信被服有限公司等3家合资企业。1993年，无锡棉纺织行业增加细支、薄型等高附加值产品生产。第二棉纺织厂增加精梳设备，引进瑞士苏尔寿片梭织机和喷气织机，开发生产67"以上阔幅细支、斜纹、缎纹和提花等多种结构的防羽布系列，多种结构、多种纤维交织提花类府绸织物等混纺交织系列，80支、100支、120支等纯棉高支纱及其织物的高支纱布系列新三大系列产品。1994年，无锡棉纺织行业开发人造棉绉纱、银丝绸、特阔高支防羽布等新品种，1995年开发丝光纱线、白牛仔布等新品种。1995年4月，华亚织造有限公司成立，先后开发P/T格子系列织物，使白织布达到色织布的效果；无锡天然纺织实业有限公司成立，为国家规模最大、档次最高的烧毛丝光棉、纱生产企业。是年，棉纺织行业面临退税率下降，成本剧增的严峻形势。第一棉纺织厂拓展自营出口，全年创汇1518万美元。

图14-2　八九十年代市第二棉纺织厂阔幅高密防羽布生产车间（顾祚维摄）

1997年6月，外贸部批准成立无锡一棉进出口有限公司，成为江苏省首家由纺织企业创办的外贸进出口专业公司。第一棉纺织厂全年减员1000人，纺部万锭用工186.2人，织部百台用工121.2人，达到国内同行企业先进水平，全年实现利润853万元。1998年，无锡棉纺织业实行压锭重组、结构调整、减员分流。5月23日下午，无锡纺织压锭第一锤在天元实业有限公司敲响，3480枚纱锭被敲掉。至1999年末，第一棉纺织厂、庆丰公司、第三棉纺织厂、第四棉纺织厂共压锭15.114万枚，3年压锭任务1年完成。是年，庆丰集团先后兼并第四棉纺织厂、天元实业有限公司，收购破产的第五棉纺织厂，全年实现销售收入12.46亿元、利润1186万元，自营出口创汇1167万美元；收购第八棉纺织厂后，实施全流程改造，批量生产色织用纱；庆丰公司生产的弹力纱和弹力布销售收入11869万元，利润2221万元，分别占全厂的28.04%和37.95%。第一棉纺织厂承包经营兴化市兴发纺织有限公司，年内实现销售收入8386万元；与维新漂染有限公司承包埃塞俄比亚阿瓦萨纺织印染厂，当年扭亏为盈。第三棉纺织厂开发的80⁄2高支牛津纺弹力布，每米毛利5元多；承包济南第一织布厂的机台，取得较好的经济效益。2000年，无锡市棉纺织行业全面回升。各企业狠抓自营出口，拓展国际销售渠道，第一棉纺织厂、庆丰公司、第三棉纺织厂自营出口均超过1000万美元，其中第一棉纺织厂3749万美元。庆丰纺织有限公司承包东台市纺织厂80台喷气织机，进驻当月扭亏为盈，实现利润20万元，5～12月每月盈利均超过50万元。

"九五"期间，无锡棉纺织行业整体素质有所提高。第一棉纺织厂细纱断头率比国家规定低一半多，庆丰公司挡车工徐芳创出"三投七步一点"细纱操作法。市属棉纺织行业的无结无疵率100%，精梳纱占68.82%、无梭织机占33.78%，同类产品的吨纱价平均高出国内水平的1500元左右，坯布米价平均高出国内水平的0.6元左右，特殊品种米价高出1～2元。氨纶弹力系列产品、棉锦布、天丝纤维产品、导电纤维抗静电产品、双层提花织物、大提花特阔床上用品、功能性纺织品成为纺织行业创利、创汇的主要产品。至2000年末，全市有棉纺锭63.02万枚、棉织机11.72万台，年产纱20.27万吨、布5.51亿米；其中市属棉纺织企业有棉纺锭32.4万枚、气流纺8112头、棉织机5592台，年产纱5.61万吨、布1.8亿米。

2001年，继续实行减员增效。第一棉纺织厂自1993年起每年减员，至2001年共减员3401人，压缩人员46.9%，细纱用工每万锭仅70人，为全国纺织国有企业中用人最少的。8月，庆丰公司生产的"双鱼"棉纱和"双鱼吉庆"棉布被列入全国第一批原产地标记保护名单。2002年11月，第二棉织厂转制为和新织造有限公司。2003年，庆丰公司在苏北地区投资1.2亿元，先后收购大丰二厂、射阳呈明纺织厂等3家纺织厂和4家棉花加工厂。2003年5月，第一棉纺织厂与香港长江制衣有限公司合资创办的无锡长江精密纺织有限公司一期工程5万锭精密纺（又称"紧密纺"）车间建成投产，占当时全国精密纺产能的1/10，其后经技术攻关，用自制精密纺装置武装国产棉纺机，精密纺能力扩大至近30万锭，生产200支、300支纯棉纱线，产品档次和质量达国际一流水平。2004年，无锡棉纺织行业有规模以上企业173家，棉纺锭311.7万枚、气流纺2.7万头，拥有清梳联、细络联、自动络筒、紧密纺、喷气织机、剑杆织机、片梭织机等具有国际先进水平的生产设备。市区统计清梳联占有率37%、精梳纱占82.7%、无梭织机占58.9%、无梭布占80.1%。主要产品的技术指标达到国际先进水平，棉纱质量平均水平达到国际乌斯特2000版25%的水平，第一棉纺织厂达到5%的国际顶尖水平，成为我国高档棉布和针织用纱的生产供应基地。2005年，第一棉纺织厂、第三棉纺织厂、庆丰集团从无锡纺织产业集团划出，划入无锡国联集团。是年9月，第一棉纺织厂投资5000万元、年产棉纱3000万磅的扬子江纺织厂竣工投产。

至2005年，无锡市主要棉纺织企业有第一棉纺织厂、庆丰股份有限公司、第三棉纺织厂、第四棉纺织有限公司、和新织造有限公司、远东纺织有限公司、华亚织造有限公司等。市纺织行业协会统计，全市有棉纺锭320万枚、气流纺近3万头，年产纱48.15万吨、布8.44亿米。主要生产高支高密防羽布系列、混纺交织类、竹节系列、功能类、精密纺纱和氨纶弹力类六大类主导产品，主要产品有4040、5050、6060、6080纯棉防羽布、4545涤棉防羽布以及67"以上阔幅、细支、斜纹、缎纹、提花、丝棉交织、细旦涤棉防羽布等多种结构的防羽布，棉/麻交织、棉/涤混纺、涤/粘混纺、涤/腈混纺、棉/丝交织、棉/亚麻交织、粘/棉/涤三合一交织、麻/棉/弹三合一交织、棉/羊绒交织、棉/兔毛交织、棉与大豆纤维交织的产品，竹节纱、竹节弹力布、竹节防羽布、棉麻交织竹节布，预氧化丝纱线及织物、负离子特种功能面料、防静电织物、T/C导电布、防紫外线提花色织布、防臭棉、氨纶弹力纱、氨纶弹力布、精密纺纯棉纱等。

第三节　毛纺织

1986年，无锡协新毛纺织染厂先后投资5000多万元，实施改造项目20多个，企业技术装备提高至80年代初国际水平，研制纱支细、密度高、颜色浅的全毛单面华达呢，至1990年，该厂“金鸡”牌精纺呢绒年出口量均超过200万米，年创汇1500万美元，出口连续6年居全国第一，为国内精纺呢绒出口基地。1987年，市第三毛纺厂、中国纺织物资总公司和香港华耀雄基企业有限公司合资创办的无锡锡华毛纺有限公司开业，开发生产626毛腈针织绒，271兔羊毛纱，32支雪绒、42支、48支全毛、毛腈针织绒等新品种。1990年12月，无锡县毛线厂与港商合资建办无锡燕华毛纺针织有限公司，拥有精纺纱锭2400枚，生产“水猫”牌针织绒、绒线、羊毛衫系列。

进入90年代，协新毛纺织染厂经营方针由“单打外销”向“内外并举”转变，形成拥有607家国内客户、43家国外客户的内外销网络，1991年销售额1.65亿元，比上年增长76.54%；创汇5111.75万美元，增长104.59%；上缴税金2209.28万元，增长67.43%。1991年，江苏阳光集团在北京人民大会堂召开彩色呢绒新闻发布会，开发的高级单面花呢和驼丝锦引起轰动。市第一毛纺织染厂全年开发126个新品种，开发应用差别化纤维及低比例含毛呢绒，其中牙签呢、贡呢、锻背呢等品种的销售利润率20%左右，全年利税总额1094.97万元。锡华公司开发224、232、248全毛针织绒，640、642、648毛腈针织绒等9个新品种，年销售量200余吨，创汇130万美元。市人造毛皮厂生产的“裘达美”牌R1-n仿兽皮采用日本变性腈纶，以高弹纤维作刚毛，低弹纤维为底绒，21支涤棉混纺纱作底布，织物层次分明，1991年获部优质产品奖和全国人造毛皮行业首届创优评比银质奖章。1992年，协新毛纺织染厂开发雪尔坦克斯呢等高附加值产品，1993年赛罗克斯、高级特马斯两个新品通过省级鉴定投入批量生产，1994年与无锡市针织总厂、香港湛佑公司、上海土畜产公司在洪都拉斯合资兴办针织厂。1994年，江苏阳光集团引进96台剑杆织机、1.5万锭前纺设备及染整设备，江苏新伍集团江阴第九毛纺厂引进剑杆织机40台。“阳光”牌精纺呢绒、“三毛”牌牙签呢、“三毛”牌薄型呢被评为1994江苏名牌产品。1995年，江苏阳光、江苏三毛、江苏倪家巷、江苏银铃、江苏新伍、江苏蝶美成立国家级企业集团，“阳光”呢绒获中国国产呢绒最畅销产品第一名（“金桥奖”），“三毛”呢绒获“中国公认名牌”称号。协新毛纺织染有限公司开发花色线织物、格子花呢、全毛高支超薄贡呢、强捻纱、双经单纬、单经单纬和特种整理等高档新产品，“金鸡”牌精纺呢绒被评为无锡市四星级名牌产品。1996年，江苏阳光集团投入4500万元组建省级技术中心，与东华大学合作建设国家染整工程技术研究中心阳光精选纺后整理基地。三毛集团全毛高支哔叽获全国“唯尔佳”杯一等奖，新伍集团的“九猫”牌精纺呢绒和人造丝品获第八届中国新技术、新产品博览会金奖。

1996年，江苏阳光集团投资4亿元，引进2万枚精毛纺锭、140台剑杆织机。1997年，蝶美集团引进剑杆织机，新伍集团引进热轧定型等后整理设备。协新毛纺织染公司被列入国家重点支持扶植的512家国有大中型企业；市第五毛纺厂作为无锡市中小企业改股份合作制首批试点单位，改制为无锡市童球毛纺有限公司。1998年、1999年，市人造毛皮厂分别开发出新品种200多个、100多个，彩色仿羔绒、彩色珍珠绒获得国家纺织总会颁发的1999～2001年中国流行面料金奖。1999年，协新集团试制开发抗静电毛涤产品、蛹蚕白丝产品、马海毛织物、非氨纶弹性织物，双组份系列产品、羊毛和TENCEL系列新品、水溶性维纶混纺新品等系列产品。2000年，无锡毛纺织工业开发大量新产品。协新毛纺集团开发超薄呢绒、天丝花呢、泰可尔时装呢、泰可尔弹力呢、芳芳大提花呢、树皮绉时装呢、全毛格子花呢、马海毛时装呢等；市第一毛纺织染厂开发纯毛双向弹力呢、抗电磁波花呢、JC003835毛涤薄花呢等；市第二毛纺织染厂开发全毛粗花呢（07019）、17814丝光粗花呢、128203弹力牙签呢、12816仿灯芯绒大衣呢、12816毛腈大衣呢、02315兔毛大衣呢、12802混纺人字纹大衣呢、02299蒙古绒纯毛大衣呢、JC003111毛涤高支哔叽、纯毛女衣呢、16210彩条法兰绒、02302阿尔巴克双面大衣呢、12821混纺粒粒呢、16214闪光丝法兰绒、WZ993357闪光女式呢等;锡华公司开发美丽奴丝光柔软针织绒、防缩超柔软羊仔毛纱、纯美丽奴高支羊毛针织绒、羊毛化机织纱、雪尼尔点纱、2232多股针织纱等;市第五毛纺厂开发全毛翠竹绒线、全毛紫腈绒线等;市人造毛皮厂开发棉涤仿毛绒、凹凸仿动物提花绒、三色提花仿羊绒、素色拉毛仿羊绒、丝光条绒等。年末,由澳大利亚承担的协新集团与国际羊毛局技术合作的AUSAID项目竣工。

2001年,协新集团投资1.2亿元进行技术改造,引进百余台纺、织、染设备和产品检测设备,装备技术水平达到国内一流水平。在全国毛纺年会上,协新的大豆蛋白纤维与Tactel、羊毛混纺而成的蒙得里安彩色格子花呢获一等奖,采取涂层整理的全毛纸质花呢和莎丽纱获二等奖,采用水溶性维纶伴纺的索妮娅花呢获三等奖。阳光集团成立国内精毛纺行业第一个博士后科研工作站。2001年3月,恒源祥工业园在惠山区藕塘镇揭牌,建成集原料加工、产品生产、物业管理、产品销售和科研开发于一体的大型毛纺织基地。市人造毛皮厂和市第五毛纺厂合并。2002年,阳光集团成为亚洲第一家经国际羊毛组织认定的超细羊毛织物标准的毛纺企业,协新集团被认定为国家“火炬”计划重点高新技术企业。2003年,“阳光”牌精纺呢绒、“圣凯诺”牌精纺呢绒、“协新”牌精纺呢绒被评为中国名牌产品,“阳光”牌精纺呢绒、“圣凯诺”牌精纺呢绒和云蝠的“SHERFFERTHGF”牌羊毛衫被商务部确定为重点培育的出口名牌产品。2004年,恒源祥羊绒制品有限公司羊绒衫产销89万件,销售额3.5亿元,居国内同行前列。阳光集团销售收入107亿元,成为全国毛纺行业首家销售超百亿元的企业集团。2005年7月,阳光集团4个品牌的西服通过质检总局免检,同时获得出口免检资格。海澜集团与东华大学纺织学院承担的国家“863”项目“天然染料制造及其在生态纺织品开发与在羊毛清洁生产中的应用”,通过省级鉴定。

至2005年,无锡毛纺织行业有规模以上企业100余家,毛纺锭80多万枚,以精纺为主,全年呢绒产量7146.73万米、毛线产量2.09万吨。

第四节　麻纺织

80年代中期,无锡麻纺织工业生产黄麻麻袋、麻布、地毯底布、化纤编织袋和提花素色地毯等产品,其中927通用袋、780红线日本袋,650外贸出口袋、1020斜纹袋以及海参袋、麻布等为传统产品。同期,乡镇麻纺企业崛起。1986年,宜兴西渚乡与上海第九棉纺厂合资创办宜兴县第二麻纺厂,生产苎麻、精干麻;大塍乡创办宜兴县第三麻纺厂。1987年,江阴南闸创办苎麻制条厂,生产的麻条由上海土畜产公司包销出口。

“七五”期间,无锡麻纺织企业在长沙矿冶研究院的支持下,采用6微米不锈钢丝束,运用维纶欠切纺新工艺,成功仿制不锈钢纤维和维纶纤维混纺纱;与工程兵技术装备研究所合作研制出含不锈钢纤维防雷达伪装布,填补国内空白。1992年,国内麻纺行业产能过剩,无锡市天元麻棉纺织厂潜亏1220万元,被列为无锡市十大特困企业之一。1993年初,该厂调整产品结构,开发47个非棉新品种,其中14个批量生产投入市场。1994年开发的“爱维爽”粘亚麻混纺纱及布受到外商青睐,销售利润745万元;下半年开发粘亚麻绉布和亚麻棉纱、线、布等特色产品,并批量形成各种麻类产品,至10月扭亏为盈。1995年2月,天元麻棉纺织厂获得自营进出口权,其粘亚麻和亚麻绵混纺系列纱、线、布,既有绸类织物的轻柔飘逸,又有麻类织物的粗犷、吸湿、透气、凉爽的独特风格,当年实现自营出口368万美元。

1999年,天元实业公司开发亚麻、苎麻、大麻、罗布麻系列新产品,以天丝、莱卡等新型纤维为原料开发天丝亚麻交织时装面料、亚麻粘弹力时装面料。1999年,无锡天然纺织实业有限公司与东华大学联合，以优质苎麻为原料，采用生物酶纺织整理新技术，经过烧毛、丝光、柔软等处理工艺，对苎麻纤维进行特殊处理，有效解决苎麻类产品手感粗糙、穿着有刺痒感、不易织造三大关健技术，制成光洁、亮丽、柔软、挺爽的生化丝光麻纱，形成公司新的经济增长点。

2001年，天元实业公司开发30支全亚麻、全苎麻高附加值的新产品。2004年，该公司开发生产亚麻棉弹力布、4040/100 70支麻棉毛边平布、55/45 40支高细支麻棉混纺纱等新产品，还开发防电磁辐射产品和聚酯阻燃涤纶纱产品，全年生产阻燃纤维79吨、阻燃纱线75吨、阻燃布8.5万米。

至2005年，市区有天元和天然两家主要麻纺织企业。宜兴市西渚镇拥有亚麻纺织企业110家，其中产销超亿元企业2家、超5000万元的4家；有剑杆织机1137台、1515织机24台、气流纺63头、环锭纺23640锭、开梳机117台；年产亚麻纱2.5万吨、亚麻坯布1.5亿米、棉纺灯芯绒1500万米，开梳亚麻原料3000吨，形成从原料到亚麻开梳、纺纱、浆纱、织布、印染一条龙配套生产。亚麻产量名列全国第一，被誉为“亚麻之乡”。

第五节　色　织

1987年12月，市纺织工业局将无锡市第二色织厂、第三色织厂、第五色织厂合并组建为江南色织公司，1989年搬迁至无锡市中南路。并建后的江南色织公司有职工3500人，棉纺锭1万枚、色织布机840台、日染纱15吨的设备及2条色织整理线，年产40支棉纱700吨、色织布1800万米、后整理1200万米。同期，无锡第一色织厂投资1450万元建成全国最大的色织布整理车间，年整理色织布4500万米，创汇3500万美元；4040色织府绸经防缩整理后，缩水率由5%降至3%以下，达到国际80年代同类产品先进水平；“太平洋”牌涤棉色织磨毛布获1989年国家金质奖，80⁄2纯棉高密牛津纺被列为1990年国家级新产品。

“八五”期间，第一色织厂改革后整理工艺，使织物布面光洁匀整，手感柔软滑爽。1992年，第一色织厂和中国船舶工业总公司703研究所联合研制成功筒染机电仪一体化项目，劳动生产率提高50%，染色质量明显提高。1993年，第一色织厂先后开发生产T/C桃皮绒、大循环接结表里换层彩格绒、阻燃装饰布等新产品。

“九五”期间，第一色织厂转换企业经营机制，以单一生产经营转向生产经营、贸易经营、资本经营同步发展，1996年实现利税总额3304万元，自营出口收汇1438万美元，在全国同行业名列前茅。1997年，第一色织厂转制为无锡太平洋纺织有限公司，市国资委批准成立无锡太平洋集团和无锡太平洋集团有限公司。1998年，太平洋集团公司收购无锡市第十棉织厂，设立全资子公司无锡太平洋集团兴业纺织有限公司。1999年，太平洋集团公司与香港怡德实业有限公司合资成立无锡怡洋纺织有限公司。

2001年，太平洋集团公司投资7500万元进行技术改造，同时开发纯棉高支精梳色织府绸、TENCEL/棉交织色织府绸、纯棉精梳高支高密染色府绸、氨纶纬弹金丝府绸、涤棉交织大提花布、棉/莫代尔交织色织斜纹府绸、纯棉色织桃皮绒、涤/棉色织银丝府绸、纯棉色织大提花、棉/莫代尔交织大提花府绸、160⁄2纯棉精梳高支高密府绸等新产品。2002年，开发棉/大豆纤维色织布、纯棉剪花大提花府绸、棉/麻氨纶色织泡绉格布，形成纯棉、涤棉、磨毛三大系列。2004年，太平洋纺织有限公司的大提花剪花布、纳米整理缎纹方格布获市纺织新产品一等奖。2005年，该公司生产的大提花色织布获市纺织新产品一等奖、双面织物获二等奖。

第六节　印　染

八九十年代，无锡市漂染厂为全国印染行业排头兵企业，生产的“三花”牌印染防羽布享誉国内外。1987年，生产64英寸纯棉防羽布，“三花”牌44英寸纯棉杂色防羽布获国家金质奖，防羽布产量占全国防羽布生产总量的60%。“七五”期间，该厂共开发、生产64"纯棉高支高密防羽布、多套色金银粉印花防羽布、印花高密横贡缎防羽布、真丝防羽布和磨毛纯棉高密防羽布1537.83万米，新增利税1460.93万元，创汇2768.08万美元，居全国印染行业首位，成为全国羽绒面料的主要生产基地。1989年，市漂染厂、第二棉纺织厂、第二棉织厂组建三利集团，生产销售防羽布，1991年5月解散。1991年，无锡市漂染厂销售收入3.7亿元，为当年全国印染行业效益最佳的10家企业之一。1992年，该厂开发90英寸特阔高密印花防羽布、细支高密仿桃皮绒织物、50支以上高支府绸等出口创汇产品，全年新增利润411万元。1993年，采用日本质量标准组织生产，开发50支、60支阔幅，印花、提花防羽布等新产品，“三花”牌防羽布迅速占领日本市场。1993年1～10月，中国销往日本的羽绒制品218万条（件），其中使用该厂面料的产品占70%。此后，市漂染厂加大技改投入，从欧洲引进生产中高档服装面料的主机7台，从意大利引进国内第一台17套色平网印花生产线，开发58英寸类高档服装面料，形成新的拳头产品。1993年，市印染厂效益滑坡，由创利大户变为亏损大户，至4月份亏损和潜损6110万元，被列入无锡市特困企业之一。

1994年2月，江阴市第一家私营股份制合作企业——康源印染有限公司在长泾镇创办。1995年，在全国乡镇企业出口工作会议上，洛社印染厂被评为全国出口创汇先进企业。1996年，无锡维新集团有限公司注册成立。1998年，市印染厂破产，曾在该厂担任15年生产厂长后又“下海”经商的钱德山以自有资产作抵押，收购该厂，并吸收近400名下岗职工，组建无锡市德发印染有限公司。破产后的市漂染厂注册成立无锡庆丰集团维新漂染有限公司。是年，康源印染公司抓技改、抓质量、抓管理，实现销售收入2亿元，资本金以每年1.5的几何级数比率增值，远远超过市区大型国有印染厂，被业内称为“康源现象”。

1999年，维新漂染公司与第一棉纺织厂联合承包埃塞俄比亚阿瓦萨纺织厂，组成援外组赴埃国行使管理权。庆丰纺织有限公司、维新漂染公司与市第三棉纺织厂、第一毛纺织染厂、太平洋公司联合开发氨纶产品取得成功，并大批量生产，全年销售收入3.2亿元，实现利润4400万元。是年，维新漂染公司开发氨纶弹力布、麻棉布两大系列产品．氨纶弹力布开发出功能性的磨毛产品，并形成府绸、纱卡、提花包括树皮绉、方格、罗纹布系列，在上海的国际纺织面料及辅料博览会上引起轰动，美国客户的1个弹力布货单就达100多万米。

2000年，庆丰集团实施总投资1.27亿元的“采用特种印染后整理技术开发生产高档大提花装饰布面料”技改项目，为国家财政债券贴息技改项目。是年，维新漂染公司开发棉锦布系列产品投放市场，受到客户青睐。位于惠山区的前洲印染有限公司投入近1亿元从德国引进经编织机53台，形成全省最大的年产1200万米的锦纶氨纶布生产规模，项目上马后，年销售收入超过2亿元，产品远销美国、欧洲、韩国。2001年1月，维新漂染公司率先在全国印染行业中获得瑞士纺织有限公司“信心纺织品”认证；生产油田制服特种面料，首批12万米送往大庆油田。2004年，德发印染公司开发生产的微胶囊香型整理织物和全棉弹力金丝印花布分别获市纺织新产品一等奖和二等奖；开发的3万米纳米面料获得日商好评。

由于连年亏损和环境污染问题，维新漂染厂一度停产，2005年10月正式关闭。与此同时，民营印染企业发展壮大，成为无锡印染行业的生力军。2005年10月，美国斯威夫特公司与宜兴乐祺纺织集团有限公司共同投资1亿美元，打造具有世界先进水平的高级休闲面料和新型牛仔布生产基地。

三房巷集团股份有限公司年生产能力1.2亿米，生产的染色卡其、府绸、帆布、灯芯绒等印染产品远销20多个国家和地区，被中国纺织工业协会评为全国印染行业十佳企业。乐祺纺织公司形成年产近亿米灯芯绒、卡其、牛仔布等高档休闲面料和500吨针织面料的能力，年销售收入近20亿元，多次获得全国印染行业"十佳企业"称号。江阴红柳床单有限公司拥有7条具有国际领先水平的特阔印染生产流水线，年生产各类家纺面料1亿多米，成品2000万套，90%出口欧洲、美国、日本等发达国家市场，年创汇1.7亿多美元，"红柳"牌系列床上用品被评为中国名牌产品。坐落于惠山区的全国转移印花龙头企业江苏龙达转移印花纺织有限公司，生产的转移印花产品出口意大利、美国、日本等高端市场，深受好评。洛社印染有限公司进入全国百强出口企业，排名第79位。

第七节　针织复制

无锡市针织复制业产品有袜子、针织内衣、装饰品三大类。1985年8月，无锡针织内衣厂与无锡市第四针织厂（原第七棉纺厂）合并，成立无锡市针织总厂，职工2074人。无锡市第一袜厂与第二、第三袜厂组建无锡织袜总厂，袜子产量占全省的1/4，名牌袜子占全省的2/3。1986年，无锡县第二针织内衣厂被列入国家轻纺出口基地中标项目，由江苏省纺织品进出口公司捐资经营，改名为工贸合营无锡县长安棉纺针织总厂，组成4家分厂，固定资产3059万元。同年，无锡县第四针织内衣厂获农牧渔业部乡镇企业出口基地中标项目，引进资金技术改造。无锡市毛巾厂增添1515-56"织巾机50台，引进日本电脑绣花机1台，成为具有织、染、印、整全套功能的企业。1988年12月，该厂生产的"山湖"牌涂料印花茶巾、浴巾获纺织工业部优质产品奖。1989年7月，"红帆"牌、"山湖"牌毛巾获全国同类产品银梭奖，"红帆"牌涂料印花产品出口量占全厂70%。

1988年，市针织总厂开始生产T恤衫，年产403.32万件，其中外销137.94万件，"双兔"牌T恤衫获国家银质奖。是年9月，市针织总厂兼并市长征服装厂。1989年，市针织总厂年产服装800多万件、经编面料400吨、大圆机面料600多吨，固定资产5176万元，产值2392.92万元，利税总额581万元，出口创汇300多万元，从小型针织服装厂发展成为大型针织企业，被评为国家二级企业。1990年，无锡太湖针织制衣厂（1992年更名为江苏红豆针纺集团）由生产针织内衣扩展到衬衫、西服毛裤等。1991年5月，太湖针织制衣厂在全国针棉织交易会上力挫200多家同行，订货额2460万元，是年产值首次突破1亿元，跃居全国针织内衣行业龙头地位。同期，位于宜兴市和桥镇的无锡市雪竹针织有限公司年产针织内衣20万套以上。

1992年，市针织总厂开发新原料、新面料，按照国际流行色彩和款式，开发港仔衫、阿里衫、丝光烧毛衫等新产品。新产品手感细腻柔和滑爽，吸湿透气，色彩艳丽，轻盈飘逸，全年完成销售收入8870万元。1993年10月7日，市针织总厂与美国派克特拉国际股份有限公司合资组建无锡特拉贝针织有限公司；1994年2月，与香港中冠针织有限公司合资创办无锡中冠针织有限公司。1994年，市针织总厂按主要产品和设备类型分为中创针织染整厂、中发针织厂、中达经编厂等3家国集联营性质的分厂，并成立中利动力设备部、中益物资供销部、"双兔"产品销售部和针总中元发展部等4个经营部门，市针织总厂第二分厂更名为无锡市中新针织厂，特拉贝针织公司更名为中佳针织服装厂。

1996年12月，国内贸易部召开全国商品质量监督抽样新闻发布会，"雪竹"内衣等4个产品被评为全国质量信誉产品。是年四季度，茶花集团破产后，由江苏省正元集团重组建立无锡市正元袜厂，1997年销售收入300万元。

1999年5月，协新毛纺织染厂和市针织总厂部分自然人共同投资，在市针织总厂内组建无锡中天针织有限责任公司。2000年，中天公司开发出天然彩棉针织服装新品；市第二针织内衣厂开发的绿色纤维双面布获市纺工局"四新"产品一等奖；太平针织有限公司开发的超轻超柔童套衫、市针织总厂开发的32支双捻汗布、市第二针织内衣厂开发的新一代保暖内衣获二等奖。市针织总厂开发的双股60⁄2大圆机面料，市第二针织内衣厂开发的远红外线面料获“四新”产品四等奖。2003年，市第二针织厂改制而成的无锡协联针织有限责任公司开发移圈罗纹及异形纤维长毛圈女时装、天鹅绒系列产品、金光绒系列产品和婴儿装系列产品，还试验开发彩棉、竹纤维、段染丝光线、锦包氨、弹力华光格、棉麻混纺系列织物、段染丝光织物、彩棉氨纶汗布、竹纤维系列产品。2005年，明丽雅针织时装有限公司生产的绢/棉/粘双面大提花、协联针织有限责任公司生产的全棉提花汗布获市纺织新产品一等奖；明丽雅针织时装有限公司生产的丝棉金粉印花双面平纹、太平针织有限公司生产的特种整理产品获二等奖。

江阴祝塘镇自80年代开始发展针织服装业，至2005年，形成纺纱—织造—印染—成衣的产业集群。全镇有针织服装企业500多家，品种包括运动装、休闲装、内衣、毛衫、童装、T恤等，年产各类针织服装超过2亿件。全镇年销售收入500万元以上的企业100多家，有自营出口权的企业70多家，创汇超过4亿美元，其中自营出口超过1亿美元，被誉为“江南外贸第一镇”和“中国针织服装名镇”。

第八节　化学纤维

1986年，江苏省纺织研究所研制的涤纶混色长丝、抗起毛球涤纶切片和短纤维通过江苏省纺织工业厅鉴定；与江阴化纤厂共同研制的仿羽绒纤维获得成功，获省优秀新产品“金牛奖”。1987年11月，无锡市合成纤维厂与第二合成纤维厂合并，成立无锡市合成纤维总厂。1988年7月，市合成纤维总厂研制开发烟用聚丙烯丝束，攻克单丝截面、丝束表面处理、卷曲、热定型等技术难点，改变国内烟用丝束全部依赖进口的状况，被评为国家级重大新产品，该厂成为全国第一家烟用过滤丝束生产基地，此后10多年，烟用聚丙烯丝束产量保持全国第一，市场占有率超过30%。

1989年5月，无锡市金星加弹网络丝厂和江苏省纺织研究所联合组建的无锡市新纺合纤厂投产，先后开发生产50D、68D、75D等系列卷绕网络长丝和涤纶细旦三角异形丝。12月，市合成纤维总厂引进国外新技术开发的高强聚酯工业用长丝被列为国家级重大新产品，1990年6月通过技术鉴定后投产，当年实现利税5700万元，名列无锡工业企业第一；工业总产值2.87亿元，居全国同行业之首。中国的工业用涤纶长丝生产就此起步。1991年4月，无锡新纺合纤厂开发的涤纶细旦丝仿真系列产品、江苏省纺研所和无锡新联织造厂开发的涤纶复合分离型超细纤维砂洗桃皮绒产品通过鉴定。1992年，新纺合纤厂投入1.6亿元，形成万吨级纺丝能力，成为无锡市化纤行业的大型企业。市合成纤维总厂投资7亿元实施涤纶浸胶帘帆布工程项目、柔性纺丝新技术项目和复合超细纤维项目。是年11月，市合成纤维总厂改组为江苏省第一家上市的股份制公司——无锡太极实业股份有限公司（简称“太极实业”）。1994年11月，太极实业国家“八五”重点原材料工程——涤纶浸胶帘帆布一期工程竣工投产，设计能力为年产6800吨高强工业丝、7800吨机织、浸胶帘帆布，填补国内高质量涤纶浸胶帘帆布生产的空白，每年可替代20万吨进口棉帆布。1997年，太极实业被列入国家重点支持扶植的512家国有大中型企业名单。当年，太极实

图14-3　1996年太极实业公司生产线　（顾祚维摄）

业开发成功高性能烟用过滤丝束，防紫外线长、短纤，工业缝纫线等一批高新技术产品。1999～2000年，太极实业开发橡胶轮胎行业急需的高模低收缩聚脂工业丝和高模低收缩聚脂帘子布，填补国内空白；开发的亮扁丝具有较好折光效果，能替代高档时装面料的金银丝。

2003年7月，江苏神羊集团有限公司投资7.5亿元建设年产15万吨涤纶FDV半消光单熔体直接纺项目，2005年1月开车成功，当年完成销售收入22.5亿元，成为国内化纤行业“小巨人”。2003年，坐落于江阴霞客镇的悦达化纺有限公司建立，采用高压纺生产工艺开发仿大纤、中化纤、特别化纤等拳头产品。太极实业开发成功FDY二部位涤锦复合超细纤维产品，克服DT丝染色不稳定、难以应用于服装面料等问题。是年，太极实业生产的锦纶66（NNH）帘帆布和涤锦复合超细FDY长丝、江苏双良特种纤维有限公司的20D氨纶弹力丝获全国纺织工业新产品一等奖。无锡新纺集团有限公司开发成功涤纶花色网络丝、PBT纤维超细纤维、细旦异型混纤网络丝及锦涤复合丝、商标专用丝等10多个新品，其中2个获江苏省科技进步奖、4个被评为国家重点新产品、2个获中国高新新技术新产品博览会金奖。2004年，江苏华亚化纤有限公司投入2亿元，从德国引进234位20头纺FDY卷绕机，纺丝产能增至20万吨，2005年全部达产，跻身全国民营企业500强企业行列。

2004年，无锡化纤行业有规模以上企业60家，年生产能力200万吨，以合成纤维为主，主要产品有涤纶长丝、涤纶短纤、涤纶高强力工业丝、丙纶烟用丝束、热灌装的聚酯瓶级切片以及少量锦纶长丝、粘胶短纤。太极实业的高强力工业丝、丙纤烟用丝束，三房巷集团的聚酯热灌装瓶级切片，无锡新纺集团的涤纶超细纤维，江阴二化纤及霞客集团的再生聚酯有色丝，双良特种纤维有限公司的氨纶丝，江苏省纺织研究所的异电纤维等享誉国内市场。是年，三房巷集团销售收入超百亿元，成为无锡市化纤行业乃至纺织行业首家销售收入超百亿元企业。

2005年，太极实业全面调整生产经营格局，将丙纤分厂年产6000吨能力的3条生产线全部迁至长丝分厂，淘汰长丝分厂的普通FDY产品，保留4000吨能力的涤棉复合超细纤维生产线，形成1万吨生产能力。江苏三房巷集团和台商腾龙集团投资6亿美元的江苏海纶化纤PTA项目奠基。是年，全市化学纤维总产量197.16万吨，其中市区40.49万吨、江阴市134.41万吨、宜兴市22.26万吨。

第九节　丝　绸

“七五”期间，丝绸行业遭遇原材料争夺的“蚕茧大战”。无锡丝绸行业通过中外合资、合股联营、企业兼并、以老带新等形式，形成一批企业生产群体。1988年起，无锡市丝绸公司先后在珠海经济特区与香港永记集团有限公司、珠海江海电子联合（企业）公司开办中外合资锡海针织丝绸服装有限公司，在深圳经济特区和美国JPA公司、南海石油深圳开发服务总公司联合开办中外合资深圳飞天针织丝绸服装有限公司。无锡市缫丝一厂、丝绸印染总厂、丝绸针织服装总厂、丝绸公司供销经理部等单位在深圳经济特区相继开办合资企业或设立办事机构，产品直接进入国际市场。同时对二三十年代开办的4家缫丝厂进行设备改造，扩大国际市场畅销的筒装丝和优质白厂丝的生产能力。丝织行业的主机设备向无梭、自动、阔幅织机发展，整理设备从国外引进先进设备更新改造。市属12家丝绸工业企业投入技术改造、技术引进资金1.15亿元，用汇1688万美元。全行业竣工投产项目50多个，新建厂房55590平方米。市缫丝一厂引进的24台挠性剑杆织机技改项目竣工投产。1990年，市丝绸行业重点开发研制的FD501型自动缫丝机在全国鉴定评比中获总分第一；开发新产品34个，其中9个获江苏省新产品“金牛奖”。此外，开发生产涤纶仿真丝、人造丝人造棉仿真丝、醋酸仿真丝等16个仿真丝产品，并在北京、南京等地举办的全国仿真丝产品展评会上获得6个奖杯。

1990年，全市拥有缫丝机2132台、41620绪（自动缫丝机1202台、24040绪），其中市属企业有缫丝机1452台（自动缫丝机1082台）、绢丝精纺设备10628锭、细丝精纺设备1680锭，有丝织机

2725台。全年生产桑蚕丝1156.85吨（其中白厂丝1127.29吨）、丝织品3716.61万米、人造丝及其交织品273.32万米、合纤丝及其交织品1575.88万米。市属丝绸工业企业12家，其中7家为国家二级企业、2家为省级先进企业，市丝织一厂、丝织二厂、缫丝二厂被评为江苏省出口创汇先进企业。12家市属企业有职工13423人，形成年产白厂丝1200吨、绢䌷丝700吨、丝织品2000万米（其中高档真丝绸1200万米、真丝针织绸200万米）、丝绸服装200万件（套）、印染绸4000万米、丝肽系列化妆品80万瓶的生产能力；固定资产原值由1985年的6996万元增至1.81亿元，净值由4866万元增至1.36亿元；产值29820万元，产品销售收入78378万元，实现利税6867万元、利润4569.7万元，外贸出口收购值41962万元，产值利税率、利税总额在全市工业局（公司）中的地位分别由1985年的第九位、第七位升至第二位、第五位。

"八五"期间，无锡丝绸企业面对丝绸市场持续疲软、原材料质量下降、成品价格下跌等严峻形势，通过深化改革、调整产品结构、加快新产品开发等，保持一定的经济增长势头。1995年，全市丝绸企业完成工业总产值（1980年不变价）92823万元、工业增加值20574万元、产品销售收入9亿元、外贸供货额5.32亿元。其中市属企业完成工业总产值（1980年不变价）7.76亿元、工业增加值1.96亿元、销售收入8.25亿万元、利税2749万元、利润69万元、外贸供货额（含税）4.82亿元、自营出口8240万美元，各项指标完成情况均好于全省、全国平均水平，并在全省同行业中率先实现扭亏为盈。

70～90年代，无锡纺织工业的出口创汇占全市的70%左右，丝绸业占纺织业的20%以上。丝绸业创汇为100%，即不用进口任何原材料。其时，1吨生丝进入国际市场可换回208吨大米或1080吨优质钢材。无锡年产生丝1200吨左右，其中98%用于出口，换取大量外汇。

"九五"期间，丝绸行业面对停产、压产的严重困境，分类实施资产经营责任制、经营目标责任制和扭亏经营责任制，进行风险抵押承包，探索与大公司、大集团的合资合作。市缫丝一厂在与省丝绸集团公司实现联营的基础上，将产权、资产成建制划归省丝绸集团公司统一经营。至90年代末，无锡丝绸行业已基本淘汰劳动密集、手工或半机械操作的养蚕、制丝行业，转向面料织造、印染和高档服装设计，在深加工、高档次、高附加值的面料织造、印染和高档制造等领域具有优势。同时，保留和把握育种制作（冷藏）、染织技术、丝类检测、外销出证等关键环节。至2000年末，全行业拥有国有（国有控股）工业企业14家、丝绸技校和丝绸研究所各1所、进出口公司1家，形成缫丝、丝织、印染、真丝针织、针织及梭织服装、棉纺、筛绢、丝化工等门类的丝绸生产体系，为全国重要丝绸产品出口生产基地之一。全年完成销售收入11.8亿元、工业增加值2.23亿元、利润1360万元、利税总额4386万元，产销率103%，自营进出口额2400万美元。市区丝绸工业总资产12.5亿元，职工总数18541人，其中在职7363人。

进入21世纪，受桑茧价格持续上涨的影响，无锡丝绸企业普遍亏损，行业整体萎缩。明丽雅针织时装有限公司等企业调整产品结构，开发生产真丝和真丝交织、混纺的高档面料和高档时装，90%以上的产品出口欧美和日本。鼎球绢丝纺织有限公司拉长产业链，形成养蚕、绢纺、织绸、染色、服装一条龙生产。在2003年中国国际丝绸博览会上，"Minevv"牌真丝针织服装和"鼎球"牌绢麻、绢棉系列面料产品获新产品金奖。市统计局统计，2005年，全市生产丝1812.28吨，其中市区714.98吨、宜兴市1097.30吨；丝织品2750.56万米，其中市区832.96万米、江阴市1306万米、宜兴市611.60万米。全行业工业产值30亿元左右，约占全国丝绸工业总产值的3%；自营出口加外贸供货额合计创汇约2亿美元，占全国丝绸出口总额的6%左右。全市58家丝绸行业协会会员单位完成大类产品有制丝30万张、鲜茧280吨、白厂丝70吨、绢丝726吨、捻线丝520吨、丝织品4983万米（其中真丝绸1575万米）、印染绸2920万米、针织印染绸350吨、针梭织服装700万件、丝绵被52万条、绢丝毯20万条、头巾6万条、丝类化妆品45万瓶（盒）、丝化妆品原料5吨、机器制成品54台（套）。明丽雅针织时装有限公司、鼎球绢丝纺有限公司、裕通织造有限公司等为全国同行龙头企业。捻线丝、绢丝、真丝针织绸及服装等无锡丝绸行业的主打产品大部分出口海外市场，出口量占全国的2.4%～13.4%。医药用丝打入美国市场，染色丝稳定出口欧洲。

第十节　服装鞋帽

1985年，无锡市服装鞋帽业工业总产值、出口供货总额、利税总额在全市纺织行业中分别占5.4%、2.43%、5.19%。1987年8月，服装行业由市轻工局划归市纺织工业局管理。1990年，全市服装行业总产值21291万元、销售收入21257.2万元、利税总额1829万元，工业增加值5714万元，人均增加值74950万元。在江苏省同行业中，销售收入居第二位、利润总额第三位、利税总额第一位、现价总产值第二位。

“八五”期间，尤其是1992年后，无锡市服装行业通过兴办中外合资企业、兼并联合、产品开发、市场拓展，发展较快，重点服装企业开始由生产加工型向生产经营型和资本经营型转变。全市县属以上主要骨干企业共完成技术改造投入总额6278万元，引进高科技专用设备和先进的生产工艺流水线，提高全行业的技术装备水平和劳动生产率。产品结构档次有所提高，主要生产衬衫、西服、夹克、风衣、针织T恤、睡衣内衣、防寒服及其制品、鞋帽、服饰八大系列产品。据行业统计，以毛呢、丝、麻等精品面料制成的高档服装所占比重由1990年的8%提高至1995年的20%左右。1993年起，震球呢绒服装厂、红豆集团、光明内衣厂、星火制衣集团、长江服装厂、火炬服装厂、银铃集团、江阴服装绣品厂、中华服装厂等9家重点企业先后获得自营出口权。红豆集团、刘潭集团、银铃集团等乡镇企业迅速发展壮大，红豆集团1995年销售收入突破10亿元。

1995年，无锡市服装行业完成工业总产值47830.8万元，13家重点企业固定资产原值21729.9万元，服装总产量2201.3万件（套），其中内销168.3万件，销售收入64951万元，出口供货额60301.7万元，利税总额3030.81万元。在全国27个同行业重点城市中，销售收入、服装总产量均列第三位（省内分别为第二位、第一位），工业总产值、出口供货值均居第五位（省内第三位），利税、利润总额分别为第六位、第八位（省内第二位）。

“九五”期间，无锡服装业持续稳定发展，主要经济指标继续保持全省、全国同行业的先进水平。1996年，红豆集团投资2500万元，成立江苏省服装技术开发中心；1998年与法国著名的ESMOD（艾思蒙特）服装设计院合作办校，培养服装设计人才。同时对内衣、童装、羊毛衫等采用许可证特许经营，品牌无形资产经营与资本经营相结合。江苏三毛集团公司以服装为龙头，发展高市场容量、高竞争力、高附加值、高效益的新产品。1998年，震球呢绒服装厂、光明制衣（集团）有限公司、星火服装厂等企业成为全国第一批获得被动配额的出口企业。光明集团先后于1997年和2000年创办柬埔寨金卡门有限公司、无锡光明集团公司（蒙古）制衣有限公司两家境外企业，带动国内面辅料及相关机械设备的出口，扩大主体企业的经营范围。

80年代末至90年代末，无锡服装行业的所有制结构和经营结构发生较大变化。震球呢绒服装厂、光明内衣厂、外贸中茂等服装企业分别兼并长征服装厂、童装厂、火炬服装厂。星火制衣集团、湖光服装厂、八士服装厂等中小企业大部分由集体所有制改制为民营或私营。工贸联营宜兴市服装厂、市朝阳服装厂、市丝绸服装厂（原市中服厂）、市卫东服装厂、市新风服装厂、锡山市服装厂、市衬衫厂（原港下乡元亨集团公司的主体厂）以及南站服装厂、旺庄服装厂、扬名服装厂、太湖牡丹服装厂等中小型服装企业因经营不善而关、停、并、转。同时，红豆集团、刘潭集团、银铃集团、江阴服装绣品厂、江阴第四服装厂等乡镇服装企业脱颖而出，发展为服装行业的骨干企业。上述5家企业1995年完成工业总产值10.23亿元，服装总产量1672.97万件，销售收入15.48亿元，利税1.09亿元，利润0.98亿元。1989～2000年，无锡市先后创办以出口服装为主的合资、独资企业75家，投资总额5850.7万美元，注册资本4446.79万美元，其中引进外资2297.89万美元，占51.68%。市属光明、星

图14-4　1996年红豆集团生产场景　　（顾祚维摄）

火、震球、中华等4家企业先后创办合资合作服装企业17家。

2000年，无锡市销售500万元规模以上服装鞋帽工企业115家，资产总额43.83亿元，实现销售收入55.54亿元、利税4.2亿元，其中销售超亿元企业15家（梭织服装8家、针织服装6家、鞋帽1家），利税超千万元以上的企业10家（梭织服装4家、针织服装5家、鞋帽1家）。全年生产服装1.8亿件，其中市属企业2300万件。光明、震球、星火、中华、长江、红豆、刘潭、绣服、苏派9家重点企业所属的合资企业出口创汇5952.92万美元。

2001年，刘潭集团投资5000万元，移地新建3万多平方米的现代化大型厂房；红豆集团投资8000万元建成亚洲最大的西服衬衫车间；海澜集团投资数亿元引进国外先进生产设备，公司95%以上设备处于国际一流，服装设备100%从国外引进。2002年，震球集团与日本东亚纺株式会社共同兴建无锡西杰服装有限公司，引进日本全套西服工艺技术流程和生产管理，形成年产12万套高档西服生产能力；江阴利安达服装集团有限公司建成拥有国际一流的服装成衣设备和智能化的生产流水线，形成年产休闲服装1000万件（套）的生产能力，90%以上产品销往欧美、日本市场。是年，光明集团到非洲马达加斯加投资建立境外工厂；海澜集团在法国巴黎香榭丽舍大街开设服装专卖店，成为法国巴黎第一家由中国人开设的品牌专卖店；红豆集团在美国纽约、洛杉矶投资设立贸易分公司。2003年，无锡服装规模以上企业86家，年产服装2.5亿件。

2005年，中国进入纺织服装贸易无配额时代，无锡服装行业遭遇无序低价竞争、欧盟设限、贸易摩擦加剧等困境。众多服装企业积极转型，探索新形势下的发展路径。光明集团在美国纽约开设设计研发中心、销售公司，在当地聘请优秀设计师及熟悉当地市场的经营管理人员，产品逐步得到美国消费者的认可，年销售额4000万美元。星火制衣有限公司减少夹克衫、普通裤子等传统产品，增加西服、套装等品种，发展小批量、高品质的晚礼服产品，增加对澳大利亚等非设限市场的服装出口。震球集团打质量牌应对挑战，2005年12月，通过国家质临总局专家组出口免验现场考核，成为无锡市首家、江苏省第五家出口免验企业。凯诺科技股份有限公司建成中国服装业首个博士后科研工作站，在国内首创可机洗羊毛西服。江苏云幅集团自主开发的毛针织服装在美国注册商标，2005年进驻沃尔玛超市，当年供货额3000万美元。是年，全市纺织服装、鞋、帽制造企业147家，生产服装4.83亿件（套），工业总产值160.47亿元，工业销售产值157.98亿元。红豆集团、海澜集团销售收入双双突破百亿元大关，分列中国服装行业销售亚军和季军。

第十一节　企业选介

一、无锡市第一棉纺织厂

该厂位于无锡市健康路122号。前身为荣宗敬、荣德生于民国8年（1919年）集资创办的无锡申新第三纺织厂，1966年更名为国营无锡市第一棉纺织厂。工厂占地面积20万平方米，建筑面积30万平方米。1986～1987年，投入2578万元，引进国外先进设备，对纺部的生产设备进行较大规模的技术改造。其间创办无锡市第一家纺织合资企业——新联兴纺织有限公司，生产能力为年产800万米色织布、1000吨针织布。1988年，投资1600万元翻建织布车间老厂房，投资80万元设立拥有最先进仪器设备的中心试验室。1989年，获“国家二级企业”和“国家一级节能先进企业”称号，跻身全国十二大纺织企业行列。1991～1993年，引进140台喷气织机、27台自动络筒机，100台细纱机改造完工。1993年，成为全国棉纺织业第一批拥有进出口经营自主权的企业。1994年，其控股67%的合资企业长新房地产开发有限公司和长新纺织有限公司开业。1999年，中国棉纺织行业协会发布40家“排头兵”企业名单，第一棉纺织厂出口创汇排名第二、销售收入排名第五、实现利润排名第八、人均利税排名第十一，精梳纱、精密纺纱、烧毛丝光线的生产能力领跑全国乃至世界同行。2002年后，开发达克绒、OE纱、防臭棉、羊绒棉等150多个新产品，生产的“太湖”牌精密纺纱、米通纱、丝光纱线和弹力布等高档优质产品打入国际高层次市场，成为瓦伦蒂诺、皮尔·卡丹等著名品牌服装的用纱和面料坯布供应基地。2003年，第一棉纺织厂和香港长江集团投资2998万美元建设的无锡长江精密纺织有限公司在锡山开发区竣工投产。2005年，与香港长江集团投资5000万美元建设的扬子江纺织厂竣工投产，年产布3000万磅。

二、无锡庆丰集团有限公司

公司位于无锡市广勤路203号。前身为唐保谦、蔡缄三于民国9年（1920年）创办的庆丰纺织公司，1966年10月更名为国营无锡市第二棉纺织厂。1992年，与香港德信行有限公司、香港北丰被服有限公司先后创办中外合资无锡庆丰纺织有限公司、无锡永发纺织有限公司、无锡锡信被服有限公司、无锡新世纪家用纺织品有限公司；生活后勤部门、机修车间等建立庆丰实业公司、庆丰机电修造厂等。1996年8月，无锡市第二棉纺织厂改制为无锡庆丰集团有限公司。1999年，无锡庆丰纺织有限公司进行资产重组和股份制改造，相继联合、兼并、收购维新漂染厂、中华服装厂、第四棉纺织厂、天元麻棉纺织厂、第八棉纺厂等，总资产增至7亿元，年销售额9亿元。1999年9月，公司生产的40^s+70D弹力纱被评为江苏省高新技术产品。2000年，庆丰集团有限公司进入中国纺织工业全行业销售百强企业、出口百强企业。2001年，成为美国在中国棉纺行业设立杜邦莱卡实验室的首家企业。2003年2月，无锡庆丰股份有限公司在上海证交所挂牌上市。其后通过技术改造和低成本扩展，在苏北地区投资1.2亿元收购3家纺织厂和4家棉花加工厂。2005年10月，庆丰集团撤销。至2005年末，公司占地14万平方米，总资产11.33亿元，有纱锭20万锭、无梭织机1000余台，年产棉纱2.8万吨、布4700万米，主营业务收入10.71亿元。主要产品为色织米通纱（紧密纺）、高支纱、高档针织纱、精品弹力纱（竹节纱）、天丝等特种纱线5个棉纱系列产品，高支高密、弹力、聚酯与棉混纺（CVC）、天丝等高档服装面料和高支高密特阔、缎纹缎条、小提花、大提花等高档床品面料，主要产品覆盖全国18个省市，外销欧美、东南亚等20多个国家和地区。

三、无锡市第三棉纺织厂

该厂位于无锡市丽新路54号。前身为唐骧庭、程敬堂于民国9年（1920年）创办的丽新纺织印染厂，1966年更名为国营无锡市第三棉纺织厂。70年代，成为以阔幅、化纤织物为主的外贸生产重点纺织厂。1993年，与香港泰宁投质有限公司等投资1000万美元组建无锡丽新纺织有限公司。2000年，与中国纺织机械和技术进出口公司、香港新伟思国际有限公司投资成立国内最新纺织生产设备样板企业——无锡展新纺织机械有限公司，2001年投产。2003年4月，通过骨干募股和职工缴纳风险责任基金，组建无锡丽锦纺织有限责任公司。当年，启动第四期国债技改项目，总投资1.1亿元，引进日本和意大利设备。是年，第三棉纺织厂被市政府列入年末前完成转改制的重点企业之一，全厂压编减员413人。2005年4月，成建制由市纺织产业集团划转至市国联发展（集团）有限公司。同年，企业内部实施主辅分离，丽新实业公司划归国联（集团）物业，富盛阀业公司搬迁出厂并转让，机电实业公司金铸车间启动转制，丽锦公司申请注销，其1.2万枚纱锭设备由第三棉纺织厂受让。至年末，工厂有棉纺纱锭108216枚、气流纺1152头、喷气织机349台，固定资产原值37357.04万元、净值20397.8万元。全年生产棉纱11350吨、棉布2485米，实现工业总产值43995万元、利税1151万元。

四、无锡市第四棉纺织有限公司

该厂位于无锡市太保墩运河旁。前身为荣瑞馨、荣宗敬等人于清光绪三十一年(1905年)创办的振新纱厂，1966年10月更名为国营无锡市第四棉纺织厂。80年代起，开发生产系列人造棉纱、布，仿毛华达呢涤粘32⅔、涤腈30支纱、3040府绸、6060细布获纺工部优质产品称号。1994年，引进日本、美国设备，实现无梭化织造。1996年初，取得企业自营出口权。1998年，加入庆丰集团，更名为无锡四棉纺织有限公司。1999年起，争取国债一期、四期技改项目及企业自筹资金近5000多万元，分步实施技术改造和设备更新。2005年10月，庆丰集团撤销，公司加入国联集团。至年末，有纱锭6.5万枚、气纺1712头，年产棉纱1.1万吨、各类面料1500万米左右，固定资产总额2.1亿元，净资产增值7495万，全年销售收入3.3亿元，利税超过2000万元，出口创汇1070万美元。

五、无锡协新毛纺织染厂

该厂位于无锡市丽新路60号。前身为民国24年(1935年)唐骧庭、唐纪云等创办的协新毛纺织染厂。企业主要生产全毛啥咪呢、全毛华达呢、全毛花呢等精纺毛织品，1984年、1989年先后获国家金质奖。1984～1988年，以70%的外贸出口量连续5年名列全国同行业第一。1986年，投入600多万元引进德国精纺锭1万锭。1988年，取得自主经营出口权。1989年，被评为全国首批毛纺织行业唯一的国家一级企业。1991年、1993年，先后与台湾嘉裕股份有限公司合资创办嘉新服装有限公司和无锡协新毛纺织染有限公司。1996年，市国资委以协新厂为核心，组建无锡协新集团有限公司。1998年，借壳进入太极实业公司，筹措资金6000多万元，扩大1.4万锭毛纱出口生产线。2005年4月，协新厂整建制划入国联集团。至年末，协新厂有精纱锭3.8万锭、无梭织机120台，资产10亿元，全年生产精纺呢绒800万米、毛纱和针织绒3000吨、服装20万件(套)，产品60%外销。

六、无锡市天元麻棉纺织厂

该厂位于无锡市天元路1号。前身为民国36年(1947年)由荣德生独资创办的天元麻毛棉纺织厂，1966年更名为无锡市麻棉纺织厂。1986年后，先后成立天新、天富等3家合资企业。1988年，更名为无锡市天元麻棉纺织厂。1996年，兼并市第一织布厂、市第四色织厂，组建无锡天元集团实业有限公司。1998年，淘汰1947年生产的细纱机，引进国产和意大利新型机，实现织造无梭化。1999年，创办无锡市天元进出口公司。2000年，企业并入无锡庆丰集团。2005年10月，划入国联集团。至年末，天元麻棉纺织厂有麻类纱锭40580枚、气流纺1800头、意大利天马11E剑杆织机22台、国产无梭织机及阔幅无梭织机400余台，年产麻类纱5000吨、布1000万米，全年销售收入3亿元、利税1800万元，直接出口200余万美元。企业连年被评为无锡市工业百强，居全国麻纺行业销售前三位。

七、无锡市太极实业股份有限公司

公司位于无锡市锡澄路化工桥南。前身为1987年由无锡合成纤维厂、第二合成纤维厂合并组建的无锡合成纤维总厂。1992年11月，改制为无锡市太极实业股份有限公司。1993年4月，太极实业股票在国内率先采用无限量发售认购证方式公开向社会发行，募集资金2.88亿元，7月股票在上交所挂牌上市。1993年7月，投资5240万元，建成年产3000吨柔性纺丝项目。同年11月，投资7亿元，年产6800吨高强工业丝、7800吨浸胶帘帆布的项目主厂房奠基，被列为国家“八五”重点原材料工程。12月，总投资2987万元，年生产能力2000吨的涤锦复合超细纤维项目竣工投产。2000年，太极实业开发的第三代新型丙纤丝束——降焦Ⅰ、Ⅱ型和醋化型丙纤丝束投产，当年订货量占全国烟用过滤材料的20%。至2005年末，公司辖4家分厂、1个实验中心，拥有以烟用聚丙烯过滤丝束、仿生纤维、涤纶浸胶帘帆三大产品为龙头的3个万吨级生产基地，为中国500家最大工业企业之一。

八、无锡太平洋集团有限公司

公司位于无锡市健康路203号。前身为民国26年（1937年）穆漪君等人创办的兴业染织厂，1966年更名为国营无锡第一色织厂。企业主要生产"太平洋"牌细支薄型色织面料，是集染、织、整为一体的大型色织布生产企业和外贸出口的重要基地。80年代，引进先进设备，进行技术改造，企业的质量、消耗、全员劳动生产率、成本、利润等主要指标超过历史最好水平。1992年10月，与香港苏港服装有限公司合资成立无锡太平洋纺织有限公司，1993年取得外贸自营出口权。此后投资参股兴办太平洋樱花面包公司、新兴服饰有限公司、新田羊绒服饰有限公司、宗野印染有限公司等合资企业。90年代中期，先后利用国家技改和国债专项资金，投资改造设备、技术。1997年，第一色织厂转制为无锡市太平洋纺织有限公司，并以其为核心成立无锡太平洋集团有限公司。1998年，太平洋集团出资500万元收购市第十棉纺织厂，成立太平洋集团兴业纺织有限公司。1999年，与港商合资成立无锡怡洋纺织有限公司。2001年，投资7500万元进行技术改造。其后开发纯棉高支精梳色织府绸、纯棉色织桃皮绒、棉/大豆纤维色织布、棉/麻氨纶色织泡绉格布等新产品，形成纯棉、涤棉、磨毛三大产品系列。至2005年，集团总资产3.4亿元，年产色织布1800万米、染色印花布500万米。

九、无锡光明（集团）有限公司

公司位于无锡市运河东路148号。前身为创建于1951年的失业工人缝纫生产自救小组，1958年5月更名为无锡市光明内衣厂。1978年，与香港溢达公司合作，签订补偿贸易协议，引进先进设备，扩大生产规模。1990年，创建中外合资无锡联泰制衣有限公司，并向塞班岛开展劳务输出业务。1992年，成立无锡光明制衣集团公司。1993年，先后兴办5家中外合资企业，并取得自营进出口贸易权。1997年，组建无锡光明（集团）有限公司。1999年，成立外贸进出口公司。1997年、2000年、2002年，先后兴办柬埔寨金卡门制衣有限公司、无锡光明集团公司（蒙古）制衣有限公司、光明（马达加斯加）制衣有限等3家境外企业。公司主要生产中高档男女衬衫、T恤、夹克休闲服饰，产品90%以上销往境外，"银湖"牌产品多次作为中国著名品牌赴香港、日本展示。企业为伊夫·圣·洛朗、皮尔·卡丹、瓦伦蒂诺、克里汀·迪奥等国际著名品牌定点加工。2005年，企业完成改制，有2000余台服装生产设备、几十种服装深加工设备，年产服装700多万件。

十、无锡新中润国际集团震球有限责任公司

公司位于无锡小桃园大张巷。前身为创建于1959年的生产对苏联出口全毛华达呢女大衣的小工场。1964年，定名为无锡市和平呢绒服装厂，1966年更名为无锡市震球呢绒服装厂。1990年，"震球"牌男西服获国家银质奖。1997年，被批准成立外贸进出口公司。1998年2月，由震球呢绒厂整体资产和协新毛纺织染厂、第一色织厂、市第一毛纺染厂共同发起，改制为无锡市震球集团有限公司。1999年，与无锡中润（集团）有限公司联合成立无锡新中润国际集团有限公司，企业更名为无锡新中润国际集团震球有限责任公司。至2005年，公司控股无锡奥特兰服装有限公司、无锡明星服装有限公司、无锡诺曼时装有限公司、无锡震球服装有限公司，资产总额1.6亿元，服装专用设备1500余台（套），生产加工男女西服、休闲装、大衣、时装、职业装等，90%以上产品外销，年出口创汇1500万美元。

十一、江苏红豆集团股份有限公司

公司位于无锡市锡山区港下镇。前身为港下乡于1958年创办的回纺站，1961年成立港下回纺厂。1982年，更名为港下针织厂，生产针织内衣。1984年，更名为无锡太湖针织制衣厂。1992年6月，更名为江苏红豆针纺集团，为国务院确定的120家深化改革试点企业之一。1994年，红豆服装被评为中国十大名牌。1995年3月，成立红豆集团公司，为江苏省重点企业集团；6月，成立红豆实业股份有限公司，并于2001年1月在上交所上市。公司斥资2000多万元兼并上海申达摩托车厂，发展摩托车产业；同时投资橡胶轮胎产业。1997年起，企业重点发展西服、衬衫、时装、童装，投资2500万元筹建以集团总部为核心的省级服装技术开发中心，聘请国际级服装设计师，配备服装计算机辅助设计/辅助生产系统，形成服装设计制版中心、服装成衣检测与服装标准化中心、市场营销中心。投资350万元引进德国杜克普公司的先进设备，建成一条年产25万件（套）各类中高档时装的生产线。投资300万元，从德国等引进专用设备对西服和衬衫生产线进行技术改造。1997年，“红豆”商标被国家工商局认定为中国驰名商标。1998年2月，与法国著名的ESMOD服装设计院合作办学，成立红豆分校，培养设计师。1998年，成立江苏红豆集团股份有限公司。2002年，跻身中国企业500强，居269位。2003年，集团投资8亿元开发全钢子午线轮胎项目。2004年，投资8000万元开发红豆杉提炼紫杉醇项目。至2005年，公司主营业务涉及服装、机车轮胎、地产、生物制药四大领域，有9家子公司，在柬埔寨建立11.08平方公里的工业园，拥有美国纽约、洛杉矶2家境外分公司。2005年，营业收入31.48亿元、利税2.83亿元，夹克、T恤、内衣、西裤、油箱、摩托车轮胎等6个产品在全国同行销量第一。是年，集团跻身中国服装协会评定的2005年全国服装企业百强、国家统计局评定的全国纺织服装制造效益十佳企业，在中国企业500强和中国制造企业500强中分列318位和161位，在全国工商联公布的2005年500家上规模民营企业中列25位。总裁周海江成为美国著名财经杂志《福布斯》封面人物，获中国青年五四奖章。

十二、江苏阳光集团有限公司

公司位于江阴市新桥镇。前身为1987年新桥乡政府创办的精毛纺厂，是以生产精纺呢绒、西服为主的大型企业集团。1990年，推出中国第一批精纺彩色呢绒，被誉为中国毛纺史上的彩色革命。1992年，企业精纺纱锭增至5万枚，创立“阳光”品牌。1993年，创办全省第一家省级镇办企业集团——江苏阳光集团有限公司。是年起，先后投资3亿元进行4次大规模技术改造，从欧洲引进世界最先进的纺、织、染、成衣制作等生产和检测设备细纱机等生产设备和检测设备，成为国际上先进装备最齐全的毛纺企业。1994年，跻身全国500家最佳效益企业，“阳光”呢绒被评为最畅销国产名牌。1995年，投资5亿元建成2万平方米的生产车间。是年，企业成为全国首批大型乡镇企业集团。1999年9月，公司股票在上交所上市。至是年，精纺纱锭增至10万枚，年产面料1500万平方米，成为世界最大的精毛纺生产企业，创下中国毛纺行业精纺纱锭最多、花色品种最全、销售额最高、综合实力最强4项全国之最。2001年，成立全国毛纺行业第一个博士后科研工作站，在拉萨投资建立西藏阳光生物股份有限公司。2002年，跻身中国企业500强，居第242位。2005年，集团获国家级科技项目7项、省级科技项目8项、市级项目及省市科技进步奖9项。至2005年末，集团总资产90.38亿元，涉及毛纺、服装、生物医药、热能电力、房地产等产业。先后开发1.8万多个产品，形成年产“阳光”牌高档精纺呢绒2655万米、高档服装287万套的生产能力，成为世界生产规模较大的精毛纺企业和高支薄型面料生产基地。“阳光”呢绒被评为中国名牌和国家免检产品，成为精毛纺行业驰名商标。全年营业收入151.82亿元，利税9.29亿元，外贸出口2.58亿美元，被媒体誉为“毛纺巨人”。

十三、海澜集团有限公司

公司位于江阴市新桥镇。前身为创建于1988年12月的新桥第三毛纺厂。1993年起淘汰粗纺呢绒，转而生产精纺呢绒，1994年组建江苏三毛集团公司。2001年11月，更名为海澜集团有限公司。2002年，集团成立博士后科研工作室，在全国推开"海澜之家·男装自选"超市连锁经营模式，开设300多家门店。推出"海之唯"可机洗西服，填补国内市场空白。2002年，跻身中国企业500强，居296位。2004年，所产"圣凯诺"呢绒、西服被认定为国家免检产品。是年，海澜集团被命名为首批全国工业旅游示范点。至2005年，集团总资产60亿元，在国内设立数十家分公司，在中国香港、美国纽约、法国巴黎、意大利米兰、日本东京等地区建立境外分公司和信息站，年产西服等外套类服装1000万件（套），"海澜之家"夹克衫、休闲服分别被认定为中国品牌产品、国家免检产品。全年营业收入108.52亿元，利税5.96亿元，外贸出口5亿美元。

十四、无锡市星火制衣集团公司

公司位于无锡市望宾路75号。前身为创建于1953年的小作坊，1956年转为合作社，1969年更名为无锡市星火服装厂。1990年，与日本双叶株式会社共同投资64万美元创建无锡市双星服装有限公司。1992年，星火服装厂改组为无锡市星火制衣集团公司。1994年，与香港江联有限公司合资兴办无锡市江星服装有限公司，与无锡中润集团、香港钟山有限公司合资兴办无锡世纪服装有限公司。2000年，自营出口创汇首次突破1000万美元。至2005年，公司辖星火服装厂、江星服装有限公司、世界时装有限公司、双星服装有限公司、星火时装商场、星火经营服务部，拥有从日本、德国进口的缝纫专用设备1000余台（套），主要生产中高档男女夹克衫、防寒服、时装、便西服、睡衣套、童装六大类系列服装，成为初具规模的现代化出口服装专业企业。全年销售收入2亿元，自营出口创汇约1200万美元。

十五、无锡明丽雅针织时装有限公司

公司位于南长区中南路。1992年，由香港宏山有限公司和无锡新联实业总公司共同投资创办。2003年，"Minevv"牌真丝针织服装在中国国际博览会上获得新产品金奖，2004年获国家纺织工业协会科学技术进步三等奖。至2005年，公司有针织、印染、制衣、毛衫和物业等5家分公司，资产总值2亿多元，年产真丝和真丝交织、混纺高档面料600余吨，高档印花面料100余吨，丝、丝混纺、棉、蒙代尔、天丝、竹纤维针织服装250多万件，产品主要销往欧、美、日等国家和地区。

十六、无锡市帽厂

该厂位于通惠中路247号。前身为创建于1954年的联谊供销小组，1956年组建为无锡市制帽生产合作社，1968年12月改为无锡市帽厂。帽厂最早生产各种布、呢圆形帽、童帽、马帽、冬帽。1990年，与上海工艺品进出口公司合资成立上海工艺品进出口公司无锡工艺品帽联营厂。1993年，与香港永成贸易有限公司创建无锡华新电脑绣品有限公司。1997年，帽厂以资产置换形式兼并无锡市包装用品厂，同年获得工艺帽生产自营出口企业资格。至2005年，该厂有缝纫、裁剪、整烫设备200多台，电脑绣花设备4台，生产各类男女、儿童的中高档布、呢、毛、麻、丝绸、针织帽以及各类休闲旅游帽等近百个产品，产品98%以上出口，年销售额2000万元左右。

第三章　机械工业

第一节　发展状况

一、基本情况

机械工业是无锡市的支柱产业之一。80年代中期，主要产品有金属切削机床、内燃机、油泵油嘴、电站锅炉、工业锅炉、锻压设备、气体压缩机、交流电动机、电力电缆、通讯电缆、变压器、电动工具、电工仪器仪表、液压元件、气动元件、轴承、民用改装车等，形成通用机械设备制造、专用机械设备制造、电工电器、交通运输设备、仪器仪表等门类比较齐全的机械工业体系。1986年，全市机械行业有企业3500余家，其中规模以上企业1119家；职工246357人，工业总产值453887万元，销售收入407153万元元，利润46999万元。1987年，市机械局下属23家企业实行承包经营责任制。1990年，机械行业工业总产值72亿元，产品涉及农机动力、机床工具、电工电器、仪器仪表等45个大类、1200多个品种，全员劳动生产率21934元。

1991年，无锡油泵油嘴厂作为市综合改革试点单位，率先在机械行业实行全员劳动合同制。1992年起，无锡市机械行业14家企业列入全员劳动合同制、干部聘用制、岗位技能工资制“三制”改革试点，10家中小型企业实行风险抵押。1993年，市属企业全部完成“三制”配套改革，机构压缩率34%，非生产人员压缩率15%。1994年，成立5家集团公司或股份有限公司，威孚公司被列为全国百家建立现代企业制度试点单位。是年，市属企业工业总产值比1991年增长34%，工业净产值增长41%，利税总额增长84%。1995年，无锡机械工业调整结构，开拓国际、国内市场，降本增效，在全市各产业局中，利润总额、工业增加值总量均为第一，无一家亏损企业，经济效益指标连续3年保持首位。

1996～2000年，无锡模具厂、机床电器厂、电度表厂、冶矿轴承厂、新威钢球厂、机械新技术公司、机床设备成套公司、开源集团精密机械制造公司、无锡电缆厂的华跃塑料制品有限公司等9家企业进行全厂改制或分立改制，组建成股份合作制或职工出资的有限责任公司，涉及净资产3801万元。推进中小企业体制改革，部分困难企业通过组建新企业、土地置换、老企业依法处置等途径摆脱困境。加快技术进步，完成柴油机排放达欧Ⅰ标准、工业陶瓷在机床上的应用、垃圾煤混烧技术等科研攻关项目54项。建立国家博士后工作流动站1个、博士后创新中心1个，国家级重点高新技术企业1家、省级高新技术企业1家、省级技术中心企业1家，市级技术中心2个。1997～2000年，市属机械工业克服市场有效需求不足、竞争激烈等困难，销售收入、工业增加值、利税总额、实现利润4项指标在全市工业局中保持首位。

2001年，无锡市机械资产经营有限公司成立，次年市机械工业联合会成立。无锡电缆厂采用租股结合的方式，吸收北京电线电缆公司法人资产和本企业职工的资本进行改制；汽贸公司吸收威孚房屋开发公司进行改制；电力电容器公司寻求利用外资进行重组和改制。全年有开源机床集团、无锡电缆厂、供销公司、汽贸公司、联发机电、科奇电力、铸造厂、曙光模具、新时代泵业等9家企业完成改制。市机械公司全年销售收入113.43亿元，首次突破100亿元大关，完成工业增加值33.28亿元、利税13.08亿元、利润8亿元。无锡市机械行业被认定为省制造业信息化示范行业。

2001年后，全市内燃机、汽车、电力、机床、工程机械、通用机械、环保机械等行业增长较快，柴油机、锅炉、油泵油嘴、数控磨床、中央空调、压缩机、叶片、电缆、汽车零配件、轴承、气动元件、模具等产品增幅较大。2002～2005年，无锡装备制造业研制新产品3000多个，全行业50%以上产品达到国际先进或国内先进水平。一汽锡柴柴油机自主开发能力达到国内领先水平，华光锅炉和科研所合作开发生产的国产大型循环流化床高压锅炉跻身中国“四大动力”，无锡压缩股份公司研制生产的国产首台大型迷宫式压缩机填补国内空白。2005年，市机械公司32家全资、控股及参股单位中，有26家进行不同程度的改制，通用机械厂、水泵厂、新苏机械厂、量刃具厂、机电研究所等企业以及电焊机厂、工业锅炉厂、申五特钢公司、电工设备公司等二级子企业年内完成改制。

2005年，无锡市区装备制造业有国家级高新技术企业14家、省级高新技术企业25家，2个国家级技术中心、7个省级技术中心。据市机械行业协会统计，全市机械工业规模以上工业企业1800家，全年主营业务收入1495亿元，经济规模占全国同行业总量的2.5%、占江苏省的17.1%；工业增加值380亿元，出口交货值179亿元，实现利润80亿元，4项指标分别比2001年增长104.1%、122.7%、20%和115%。40多家企业销售收入超亿元，11家企业超10亿元，4家企业超50亿元。据市统计局统计，全市机械工业国有及限额以上非国有工业企业1459家，其中通用设备机械制造业560家、专用设备机械制造业365家、交通运输设备制造业201家、电气机械及器材制造业333家，工业总产值1179.8亿元，工业销售值1154.85元。在全国17个大中城市中，无锡机械装备业的经济规模位于上海、深圳、天津、广州、北京之后，在“长三角”地区位居第二，在省内位居第一。然而市场占有率仅2.5%，远低于上海的8%；产销率97.8%，低于北京、深圳、上海、广州和苏州；销售利润率仅位居十强城市第八位；机械装备业户均科技经费支出额低于深圳，技术开发经费占产品销售收入的比重低于青岛、深圳，机械行业新技术对经济增长的贡献率为50%左右。无锡市机械装备业具有自主知识产权的产品少，高附加值产品的生产技术和质量水平普遍低于国外，机电产品贸易竞争力指数为53.73%。

2005年无锡市重要机械企业一览表

表14-12　　　　单位：平方米、人、万元

企业名称	占地面积	年末职工数	工业总产值	固定资产		利润
				原值	净值	
一汽解放汽车有限公司无锡柴油机厂	500000	2812	382800	150500	77300	11200
无锡威孚集团有限公司	410021	9888	958388	81912	59870	17531
无锡华光锅炉股份有限公司	349925	1617	186126	29382	18506	11943
无锡开源机床集团有限公司	1948	3184	78169	41132	18925	2650
无锡压缩机股份有限公司	113357	847	25141	11513	7594	1284
江苏太湖锅炉股份有限公司	265000	3342	232051	83612	63314	23921
无锡万迪动力工程集团有限公司	115000	1035	71733	1434	7204	6236
无锡电缆厂有限公司	1958	858	80296	11442	2599	2275
江苏四达动力机械集团有限公司	136000	813	66527	10253	8287	2031
无锡透平叶片有限公司	106121	608	52098	41783	20987	10005
工装自控工程（无锡）有限公司	35485	252	60510	7667	5826	9368
一汽客车（无锡）无锡有限公司	271917	949	37779	15233	8450	-1997
无锡华达电机有限公司	95731	807	39322	7219	4494	2158
无锡华光工业锅炉有限公司	121724	419	14135	2445	1323	620

续表

企业名称	占地面积	年末职工数	工业总产值	固定资产		利润
				原值	净值	
无锡新宏泰电气有限公司	75149	900	11989	6807	3801	407
无锡市曙光模具有限公司	36943	291	12041	7952	2815	735
无锡市万旋金属制品有限公司	32927	685	17000	4848	3989	332
无锡市锡州机械有限公司	95409	418	20067	4952	2693	2578
无锡铸造厂有限公司	59000	257	8072	3478	2150	403
无锡市通用机械厂有限公司	58033	225	8075	5348	2791	99
无锡市锡泵制造有限公司	63113	449	10569	6350	2619	117
日新电机（无锡）有限公司	172958	608	38191	13453	7572	5654
江苏新苏机械制造有限公司	70000	387	12200	3416	2265	427
无锡市太湖锅炉有限公司	90885	603	15620	5493	3355	848
无锡力马化工机械有限公司	5760	349	12116	3807	1392	360
江苏南方机电股份有限公司	91671	537	10282	11699	8184	2018
无锡市明达电器有限公司	50836	541	6302	3399	2138	140
无锡大豪动力有限公司	8838	43	41394	3715	2536	4769

1986～2005年无锡市主要年份机械产品产量表

表14-13

产品名称	单位	1986年	1990年	1995年	2000年	2005年			
						全市	其中		
							市区	江阴市	宜兴市
工业锅炉	蒸吨	4071.00	2422.00	10812.00	7564.00	12238.00	8731.00	3022.00	485.00
电站锅炉	蒸吨	2207.00	2070.00	2615.00	3715.00	26290.00	26290.00	—	—
内燃机	万千瓦	164.76	100.84	805.43	777.00	1405.16	1405.16	—	—
金属切削机床	台	2418.00	1948.00	5052.00	2349.00	3316.00	3316.00	—	—
磨床	台	1378.00	1753.00	2855.00	—	—	—	—	—
锻压设备	台	1583.00	1994.00	—	—	2731.00	—	532.00	2199.00
泵	万台	2.20	2.27	12.57	27.28	2.41	1.02	—	1.39
气体压缩机	台	2579.00	3024.00	15807.00	7403.00	10405.00	9711.00	694.00	—
轴承	万套	687.00	1840.00	38862.42	16890.00	18554.30	18080.00	327.00	147.30
液压元件	万件	—	—	—	14.06	38.44	8.44	30.00	—
气动元件	万件	—	—	—	—	14.53	14.53	—	—
交流电动机	万千瓦	97.84	43.00	271.38	230.46	506.18	505.00	0.42	0.76
变压器	万千伏安	32.67	15.00	274.17	216.12	232.28	149.77	82.51	—
电力电缆	万公里	4.52	1.48	74.31	7.64	70.81	0.53	1.52	68.76
钢芯铝绞线	万吨	8000.00	2154.00	7783.00	—	—	—	—	—
通信电缆	万公里	—	—	—	671.89	299.79	289.95	—	9.84
油泵油嘴	亿元	—	—	3.86	8.28	14.83	14.83	—	—

续表

产品名称	单位	1986年	1990年	1995年	2000年	2005年			
						全市	其中		
							市区	江阴市	宜兴市
民用改装车	辆	1624.00	796.00	1887.00	11229.00	7601.00	7601.00	—	—
民用钢质船舶	万吨	7.04	4.74	14.60	6.06	14.25	0.69	13.56	—
民用水泥船	万吨	0.94	—	—	—	—	—	—	—
纺织机械	万吨	1.48	1.33	—	—	—	—	—	—
拖拉机	万台	2.06	1.61	5.77	1.81	—	—	—	—
收获机械	台	—	—	—	3741.00	2023.00	2023.00	—	—

说明：1995年、2000年全市锻压设备产量分别为1.97万吨、0.31万吨。

二、产品开发

1986～1990年，无锡机械行业共开发新产品984个，比“六五”期间增长45.7%；其中填补国内空白的99个、填补省内空白的113个。1990年，新产品产值率由1986年的4%提高至40.3%，有104项科研成果获部、省、市科技成果奖，其中国优产品9个、部省优产品68个，优质产品产值率27%。高精度磨床、大型扭曲叶片、螺杆压缩机、电子式时间继电器、精密航测仪器等产品被国家列为替代进口产品，研制出微电子技术控制的压缩机、柴油发电机组、遥控柴油机、水处理成套设备、智能蝶阀等新兴产品，环保机械、气动机械、印刷机械、清洗机械和自动控制系统等成为无锡机械行业新的门类。

1991～1995年，无锡机械行业开发新产品547个，其中30多个填补国内空白。6110ZX型柴油机、XQ6990Y型高级旅游车、HHS-90B型数控绘图仪、高效浮选装置、不供油滑柱式电气换向阀屏蔽电机、复费率电度表等产品成为经济增长点；高压混凝土输送泵车、多功能车床、电子磁卡保安锁、凿岩机等机电产品研制成功并投放市场；无油螺杆压缩机、超效浮选装置、高效曝气头、拦污格栅通过部省级鉴定；威孚助力车列入省轻工产品试销目录，摩托车液压盘式制动器、汽车机油滤清器等批量进入市场。

1996～2000年，无锡机械行业开发新产品1070余个，其中部、省级和国家级新产品58个，一汽锡柴的中压共轨燃油系统、通用厂的带式脱水机与污泥浓缩机一体化、机床公司的新一代高精度内圆磨床等被列为国家、省级重大科研攻关项目，具有国内先进水平的新型循环流化床锅炉、增压中冷柴油机、60m^3/min型无油螺杆压缩机、离心式/螺杆式冷水机组、轴承内外套圈加工自动线、PW喷油泵、汽车尾气净化器、铝合金桥梁式刮吸泥机等新产品投放市场。

图14-5　2003年一汽锡柴CA6DL柴油机内装线

（一汽锡柴供稿）

2001年，全市新批高新技术产品18个，申报实用新型专利技术16件，完成新产品开发502个。2002年，3MK1310、3MK1412、3MK2010等型号的数控机床和整体梯级压铸模具等项目列入年度国家重点新产品试产计划，"南水北调"工程大型水泵列入年度国家重大装备创新研制项目，CA6DL型柴油机列入年度国家级重点新产品。2005年，无锡装备制造业研制新产品800多个，其中包括用于"南水北调"工程的大型水泵、"西气东输"工程的天然气加气站和"神兵"号载人飞船太空模拟试验用的压缩机、向中国香港地区供水工程的大型污水处理装置、北京奥运重点工程的智能化空调等。油泵油嘴研究所开发研制的电控共轨系统通过1万公里道路试验，一汽锡柴开发生产的国内第一台拥有自主知识产权、具有国际先进水平的四气门"奥威"欧Ⅲ排放发动机和一汽解放"奥威"卡车获中国汽车创新大奖。新型数控加工、自动控制、在线检测、热压成形、激光切割、机器人焊接、真空热处理、工业电视、软件模拟、网络管理、远程监控等新技术、新装备在无锡机械行业内扩大应用。至2005年，全行业50%以上产品达到国际先进或国内先进水平，其中中国名牌产品4个、江苏省名牌产品38个，国家驰名商标产品1个。

三、外向型经济

1986～1990年，无锡市机电产品出口增长幅度较大，1990年出口收购额由1985年的830万元增至6400万元，出口企业由5家增至23家，出口品种由21个增至58个。其间利用外资项目12个，意向投资总额3564万美元，新建华光电子工业有限公司、龙力机械有限公司和无锡工装铸钢有限公司等3家合资企业，投资总额730万美元。

1992年，无锡市机床、油泵、压缩机、电缆、轴承、动力机等行业的大中型骨干企业分别与美国寿力、爱而盖奇，日本光洋机械、光洋精工、CKD，英国霍而塞脱，德国博世等公司合资创办企业6家，总投资865万美元。1993年，无锡机械行业签订合资合同7个，总投资6018万美元。1994年，市机械行业新批合资企业4家，总投资4210万美元，协议利用外资693万美元，资金到位657万美元。1995年，"三资"企业签约9家；无锡轴承厂与美国托林顿公司进行全厂合资，投资规模2999万美元。市机械局下属企业全年完成总投资9225.3万美元，合同利用外资5400万美元，外资实际到位3500万美元。

1996年，建立外商投资企业协会机械联谊会。是年，机电产品出口呈现强劲发展势头，一汽锡柴5个品种2500余台柴油机配一汽解放牌汽车出口，占全国载货车柴油机出口总量的40%。1998年，提高利用外资水平，总投资8410万美元，利用外资5620万美元，机电产品出口4.3亿元。2000年，全行业组织9次招商活动，并邀请美国英格索兰公司、日本光洋公司、日本日新公司等国际著名公司进行新项目洽谈。全年合同利用外资1456万美元，外资到位1049万美元。约克公司、联合电子、光洋轴承公司、英格索兰公司、工装自控工程公司、阿特拉斯公司、霍尔塞特公司等7家公司销售收入均超过1.5亿元。2002年，合同利用外资1860万美元，外资到位440万美元，外资累计总投资3亿美元。2004年，一汽锡柴引进德国等先进设备的CA6DL型柴油机二期改造项目进展顺利。总投资6亿欧元的威孚公司与德国博世公司合资项目在新区开工建设，建成后生产欧Ⅲ、欧Ⅳ排放标准的新一代电控喷射系统产品。博世RBCP燃油喷射系统转移项目从苏州转至无锡新区，总投资5亿元，生产欧Ⅱ排放标准的P型泵和VE分配泵，当年建设并投产。

第二节　通用设备机械制造

"七五"期间，无锡市通用设备机械制造业开发生产应用微电子技术控制的压缩机、智能蝶阀以及环保机械等机电一体化新产品，高精度电子进给磨床、大型扭曲叶片、螺杆压缩机、数控磨床、可编程序控制器（PC）、中档数控、STD工业控制机等形成生产能力，成为行业新的经济增长点。1990年，全市生产工业锅炉2422蒸吨、电站锅炉2070蒸吨、金属切削机床1998台、磨床1753台、轴承1840

万套、气体压缩机3024台、锻压机械1994台。1993年，全市通用设备机械制造业有企业352家，工业总产值689764万元，销售收入678171万元，利润总额40007万元，在职职工92799人。2005年，全市通用设备机械制造业国有及限额以上非国有工业企业有560家，从业人员91072人，工业总产值3066430万元，工业销售产值3004224万元，工业增加值896168万元，主营业务收入3074391万元，利润195759万元，利税总额306272万元，资产合计2731683万元，各项技经指标均居省内同行业首位。

2004年无锡市通用设备机械制造业经济普查情况表

表14-14　　　　单位：家、千元、人

行业	企业数	工业总产值	工业销售产值	出口交货值	主营业务收入	利润总额	从业人员
锅炉及原动机制造	304	5807926	5695216	259460	5825189	418388	16095
金属加工机械制造	685	3560023	3472441	76953	3502355	169447	20597
起重运输设备制造	280	3177917	3056974	218128	3024115	159983	12556
泵、阀门、压缩机及类似机械制造	710	4509231	4459736	272913	4442163	321520	20501
轴承、齿轮、传动、驱动部件制造	401	2758968	2687029	615124	2674766	154633	19612
烘炉、熔炉及电炉制造	116	665467	663518	274	658918	27728	3387
风机、衡器、包装设备等制造	761	9379861	9236294	1103155	9026113	981350	26172
通用零部件制造及机械修理	1027	3363421	3281219	401513	3312825	181546	20661
金属铸、锻加工	908	5892403	5684975	304193	5608802	268913	27127
合　计	5192	39115217	38237402	3251713	38075246	2683508	166708

一、机床

1986年以后，无锡机床制造企业引进国外先进数控制造技术，从传统机床制造转向数控机床制造。1986年，无锡机床电器厂研制出适应铣床、车床、镗床以及小型加工中心用的XNC-1型机床数字控制系统，加工精度误差小于1微米。无锡机床厂1EF电子进给内圆磨床应用美国APC500高性能数控系统，被列为首批国家级“火炬”项目和江苏省战略发展产品；由3MZ202/1等6种产品组成的新一代球轴承磨加工自动线，采用意大利E44数控系统，具有人机对话和自动测量、修正等功能，代表国内最先进水平。至1990年，无锡机床厂采用微电子技术的机电一体化产品79个，占工厂可供品种70%左右，采用数控技术的机电一体化产品产量、产值分别占总产量、总产值的56.6%和80.5%。1991年，无锡机床厂完成新品设计30个，新品试制26个，机电一体化产品产值率72%。1994年，无锡机床股份有限公司（简称“无锡机床公司”）研制成功MK2110全功能数控内圆磨床，

图14-6　90年代无锡机床厂全自动数控磨床　（过寿炎摄）

达到国际80年代末先进水平，并开发出混凝土输送泵车、磁卡保安锁、多功能工具机、微型轿车后桥、凿岩机等新产品投放市场。1995年8月，无锡机床公司研制成功国内首条圆锥滚子轴承套圈磨加工自动线，为机械部替代进口产品的"八五"重大技改项目，结束无锡通用设备机械制造业只能生产单机而不能生产自动线的历史。90年代中期后，无锡机床制造企业合资合作、外向发展步伐加快。1996年7月，无锡机床公司与日本光洋精工株式会社共同出资兴建无锡光洋轴承有限公司，生产具有国际水平的高精度低噪音、微小型精密球轴承。是年10月，无锡机床公司在印度首都新德里合资创办希拉姆—开源机床有限公司，成为无锡机械行业境外办厂的第一家。2005年6月，企业开发的MK2120B高精度数控内圆磨床获科技部等联合颁发的国家重点新产品证书。

二、压缩机

1986年，无锡压缩机总厂引进英国霍尔罗伊德公司2AC转子自动铣床及磨刀机、光学对刀仪和日本新日本工机公司FSP-50V、FSP-70H加工中心及人机对话、自动编程等高效装置，提高螺杆压缩机的关键部件转子和壳体的精度。在此基础上，自主开发20多个螺杆式压缩机新品种，其中为国家重点工程年产52万吨尿素生产设备配套的40立方米无油润滑螺杆式压缩机于1987年12月获国务院重大装备领导小组颁发的重大技术装备国产化奖；开发并批量生产排气量为3立方米的低噪声螺杆式压缩机，1988年参加原联邦德国汉诺国际博览会，1989年获国家银质奖。1990年，螺杆式压缩机销量占全国同类产品的85%以上。

1991年，无锡压缩机总厂引进瑞典阿特拉斯、科普柯公司螺杆压缩机设计与制造技术，在国内首家研制成功LDW型无油螺杆式压缩机。同年10月，无锡压缩机总厂和上海宝钢签订协议，为宝钢配套提供高质量的低噪声无油螺杆压缩机及其备品备件。1994年，无锡压缩机公司与世界著名螺杆压缩机生产企业瑞典阿特拉斯公司共同投资800万美元，成立无锡阿特拉斯有限公司，生产Ⅱ型系列喷油螺杆压缩机。1996年，无锡压缩机公司开发出具有90年代初期国际水平的100立方米大型无油螺杆压缩机和100立方米活塞式空气压缩机，在冶金、造船等领域具有明显优势。1997年，该公司实施总投资1.5亿元的系列技术改造，形成螺杆、活塞、工艺流程三大类压缩机为主，微型压缩机、气源后处理设备、纺织机为辅的产品格局。1999年9月，该公司研制开发的船用大扭矩液压联轴器在宁波召开的第十二届全国发明展览会上获金牌奖。2001年，该公司自行设计、试制成功的为天然气分离设备配套的32吨液化石油气体回收装置——干式压缩机组出口缅甸。2003年，无锡压缩机公司与西安交通大学合作，在国内独家生产出新型氦气压缩机，应用于"神舟"号飞船有关项目试验。2004年5月，该公司重点国债项目、国家重点技术装备研制项目大型迷宫式压缩机通过验收。2005年11月，该公司引进日本神户制钢所技术制造的首台国产化60吨大型工艺活塞压缩机试机成功。

三、锅炉

1991年12月，无锡锅炉厂自行设计制造的UG-65/5.3-M型次高压双链条炉排锅炉在浙江嘉兴热电厂投运，填补国家大型链条炉排锅炉的空白，耗电比同类容量机组降低5%，煤种适应性广，热效率超过81%。1996年11月，为秦山核电站二期工程提供60万千瓦机组中压凝结水精处理系统，国内产品首次在该处理系统取代进口产品进入核电领域。1997年末，无锡锅炉厂应用循环流化床燃烧新技术设计制造国内首台最大的75蒸吨煤泥循环流化床锅炉在山东兖州矿业集团公司东滩煤矿一次点火成功。1998年10月，锅炉和装机容量为1.2万千瓦的发电机组配套供电供热试运行。2000年12月，无锡锅炉厂改制成立无锡华光锅炉股份有限公司（简称"华光锅炉"）。2001年11月，华光锅炉研制开发国内首台大容量环保锅炉——116兆瓦大型强制循环流化床热水锅炉，在石家庄时光供热有限公司一次点火成功。2004年，华光锅炉和中科院热物理研究所合作，开发生产出每小时480吨国产大型循环流化床超高压锅炉，跻身全国"四大动力"。2005年，无锡地区重要的电站锅炉、工业锅炉制造企业有江苏双良集团公司、江苏太湖锅炉有限公司、无锡太湖锅炉有限公司、无锡华光工业锅炉有限公司等，工业锅炉总产量12238蒸吨，电站锅炉总产量26290蒸吨。

图14-7　2005年，华光锅炉公司200兆瓦机组锅筒吊运出厂（华光锅炉公司供稿）

四、叶片

无锡市主要叶片生产企业为无锡叶片厂，是国家唯一专业生产汽轮机大型叶片的骨干企业，为汽轮机、发电机等主机厂及电厂提供大型扭曲叶片。“七五”期间，开发叶片新品38种。1990年，生产叶片3万余片，其中400毫米以上大叶片9000余片，大叶片品种国内覆盖率70%。1991年，在消化吸收美国西屋公司叶片制造技术的基础上，869毫米大叶片在4000吨螺杆锤上进行分级锻造获得成功，为国家引进型30/60万千瓦发电机组全面国产化作出贡献，受到国务院嘉奖；配套产品引进型30万千瓦汽轮机获国家重大技术装备成果一等奖。1995年9月，万吨级离合式螺旋压力机在无锡叶片厂落成，是由德国哈森克莱佛公司最新设计制造的世界上第三大吨位螺旋压力机，自重1200吨，最大打击力1.8万吨，可精锻长达1.2米的大叶片，能够满足60万千瓦以上汽轮机的需要，是继奥地利、独联体之后的亚洲第一锤，标志着国家大叶片锻造达到世界先进水平。2004年，无锡叶片厂发展为全国汽轮机大叶片制造中心，形成年产20万片大叶片生产能力。2005年11月，无锡叶片厂改制成立无锡透平叶片有限公司。

五、其他通用设备制造

无锡通用设备机械制造业的主要产品还有轴承、环保设备、水泵、气动元件、模具、阀门、铸件等。

“七五”期间，无锡微型轴承厂投入1436万元实施技术改造，引进联邦德国、日本等国的先进生产设备，提高装备能力和技术水平。1995年，无锡最大的轴承企业无锡轴承厂与美国最大的轴承制造厂商托林顿公司合资建立无锡托林顿轴承有限公司，成为国内市场最具有竞争实力的滚针轴承、调心滚子轴承和其他项轴承的供应者，也是国际市场具有世界质量水平的轴承供应者。

1991年，在上海合流污水治理招标工程中，无锡市通用机械厂分别与英国百莱凯公司（Brackett）和美国布达公司（Budd）合作生产用于清除污水中的粗大漂浮物的机械格栅除污机和主要用于污水处理厂沉沙池清沙的链斗式刮沙机，产品达到国际90年代初水平。

1992年8月，无锡气动元件总厂与日本CKD株式会社、共和资材株式会社合资创办无锡喜开理气动工业有限公司，生产小功率电磁阀和小型气缸，主要产品有4K系列滑阀、CMK2系列和CMA2系列气缸，年产30万件。1993年，无锡气动集团公司995台“锡锻”牌压力机出口东南亚国家，878台先导锁定阀气动元件出口俄罗斯等国家，成为无锡机械行业的出口大户。1994年12月，无锡市气动公司“八五”期间技术改造项目通过省机械工业厅组织的竣工验收，形成年产气动元件13.08万件的能力，在全国气动行业由第五位升至第三位。

1994年，国内三大专业模具厂之一的无锡模具厂自筹资金，实施冲压件、压铸件项目技术改造。1995年，主导产品除模具、模架外，开发冲压、压铸磨具，企业规模、效益跃居全国同行第一。1999年6月，无锡模具厂开发成国内最大的压铸模——自动扶梯踏板整体式梯级压铸模。

1994年末，无锡工装自控阀门有限公司与日本工装阀门株式会社进行合资。1996年，仅有250人的无锡工装自控阀门有限公司销售收入1亿元，实现利润1000万元，居全国同行业首位。“KOSO”阀门大批进入国家重点工程项目，至是年末仅宝钢三期工程的订货就达3000万元。

1997年12月，无锡市铸造厂承接由上海华东造船厂订购的发电机组用中孔轴端盖特大型铸件的铸造任务。铸件直径4.3米，高度2.6米，重30吨，配模型砂需150吨。17时36分，汇集3个车间的电炉、化铁冲天炉的30多吨铁水，同时进场进行浇注，17时39分顺利收包，一次浇注成功。

1998年，无锡市水泵厂发挥企业设计制造2.8米以上口径特大型水泵的优势，在国内大型水利工程招标中接连中标，共承接泰州引江河枢纽工程等5个大项目的特大型水泵16台。2003年，锡泵制造有限公司参加南水北调第一座大型泵站招标，中标的4台3.4米口径导叶式混流泵流量为每秒33.4立方米，设计扬程7.6米，配置具有国际先进水平的中置式液压调节机构。

2005年，全市生产泵2.41万台、轴承18554.3万套、液压元件38.44万套、气动元件14.53万套。

第三节　专用设备机械制造

80年代中期后，无锡专用设备机械制造业在传统的纺织机械、矿用机械、粮食加工机械、塑料机械的基础上，增加水处理成套设备、印刷设备、清洗设备等，90年代初新增工程机械设备和医疗设备等。1993年，全市有专用设备机械制造企业377家，工业总产值526683万元，产品销售收入486366万元，利润总额24662万元，从业职工74323人。至2005年，全市专用设备机械制造业有国有及限额以上非国有工业企业365家，工业总产值1734315万元，主营业务收入1670191万元，利润总额113407万元，从业人员51710人。

2004年无锡市专用设备制造业经济普查情况表

表14－15　　　　单位：家、千元、人

行业	企业数	工业总产值	工业销售产值	出口交货值	主营业务收入	利润总额	从业人员
矿山、冶金、建筑专用设备制造	382	3486748	3321250	76410	3297325	197762	13039
化工、木材、非金属加工专用设备制造	581	3082383	3017468	182661	2973429	196600	17391
食品、饮料、烟草及饲料生产专用设备制造	73	832191	798776	94122	767315	75559	3005
印刷、制药、日化生产专用设备制造	252	1215087	1131372	42667	1113430	-39046	7116
纺织、服装和皮革工业专用设备制造	703	4749066	4647292	219846	4858270	234042	20901
电子和电工机械专用设备制造	126	1098413	1043661	214126	1065531	84437	4559
农、林、牧、渔专用机械制造	55	428097	446015	17840	432283	5838	2039
医疗仪器设备及器械制造	87	861240	897705	361082	900944	32784	4703
环保、社会公共安全及其他专用设备制造	1038	4955679	4681267	107129	4686627	300716	25637
合　计	3297	20708904	19984806	1315883	20095154	1088692	98390

一、纺织机械

纺织机械是无锡市机械工业的传统行业。1985年，全市纺织机械厂120余家，产品涵盖棉纺机械、棉织机械、毛纺机械、麻纺机械、缫丝机械、绒线机械、织绸机械、织袜机械、高温高压染色机械的全部配套和黄麻机械的基本配套，配套能力居全国第一位。1986年，无锡市纺织机械厂试制成功

SKV434型、SKV435型空气变型短机，可使单丝形成环圈，增加织物原料的品种；从瑞士格拉夫公司引进盖板针布生产线，年生产能力2500副。1986～1990年，市纺织机械厂与德国巴马格公司合作生产的FK6-700型高速弹力丝机共生产销售120余台，装备全国30多家化纤企业，1990年通过部优质产品考核，在国内具有垄断地位。1988年，市第二纺织机械厂、缫丝二厂、省纺织研究所共同研制的FD501自动缫丝机通过纺织工业部鉴定，性能和自动化程度均达到国际80年代初先进水平。是年，市纺织机械厂研制的YG701A型织物缩水率试验机获国家"星火"计划成果奖。江阴市玻璃钢纺织空调设备厂试制成功国内第一台JYL型内吸式滤尘器，并投放市场，其后陆续开发SLF高速空调机、JYF-1型回风过滤器、JYS-1型回转重力水冲式水过滤器等产品。

1991年2月，以市纺织机械厂为主体，联合市第三纺织机械厂、市第五纺织机械厂组建无锡宏源纺织机械制造集团。集团成立后，试制成功国内第一台新型的ASFA411新型悬挂式锭翼粗纱机，开发出填补国内空白的SKV435多功能空变机，与德国巴马格公司合作开发FK6M/V-900、FK6S/L-1200等4种涤、锦纶化纤弹力丝机，成为国家化纤机械的主要生产厂家之一。

1992年，无锡纺织机械制造业普遍实行承包责任制等改革，生产出现跨越性发展。市第二纺织机械厂试制的FD301V型煮茧机通过纺织工业部、中国丝绸总公司组织的鉴定，定为"八五"期间国内重点推广应用项目；该厂生产的缫丝机械出口印度尼西亚，首次打入国际市场。1993年，江苏宏源纺机股份有限公司（简称"宏源纺机"）生产的FA系列粗纱机被国家经贸委列入国家级重点新产品试产计划。1995年，宏源纺机与德国巴马格公司合作生产的FK6-1000卷绕部件试制成功，返销德国市场；市第四纺织机械厂开发生产GA74T剑杆织机替代传统产品GA615有梭织机；江阴市空调除尘设备厂开发的蜂窝除尘机组通过由省科委组织的专家鉴定，称其"国内首创，达到国际先进水平"，随后与安徽蚌埠棉纺厂引进的德国特冒茫勒清钢联生产线成功配套，1996年2月又与北京二棉引进的意大利马佐里精梳机配套，从此该机组在国内纺织行业推广应用，刮起"蜂窝旋风"。1996年10月8日，宏源纺机与德国巴马格公司合资组建无锡巴马格宏源机械有限公司，生产高科技化纤设备。

2001年，国内最新棉纺织设备样板企业无锡展新纺织机械有限公司成立，国家纺织机械质量检验中心在无锡市纺织机械研究所建成并通过评审。纺机装备业的开发和生产体现专、精、特、新、优的特点，机电一体化更为普及，数字化、智能化的程度有较大突破。江苏宏源纺机股份公司的HY491型电脑粗纱机获江苏省优秀新产品金奖，无锡宏大纺织机械专件厂的HT862摩擦式假捻器、包覆锭子获"江苏省高新技术产品"称号。2003年，宏源纺机在国际棉纺粗纱机项目招标中一举中标，签订508台粗纱机合同，开创此类产品国内订单数量的新纪录，其棉纺粗纱机、绳绒机出口量均居国内同行业首位，HY系列高速弹力丝机也是国内市场占有率最高的化纤机械之一。

至2005年，无锡纺织机械形成化纤、棉纺、印染、花式纺、毛纺、针织等6类产品及纺织电机、器材、专配件等系列产品。一批中小纺机企业尤其是民营企业通过技术创新，转型升级，做精做细，发展为行业"小巨人"，拥有不少单项冠军产品。江阴精亚集团拥有总资产近8亿元，全年销售收入7亿元，纺织空调除尘产品在国内市场占有率高达65%。无锡二橡胶股份有限公司生产的胶辊国内市场占有率46.5%，胶圈的市场占有率44%，在全国纺织橡胶器材行业一直处于龙头地位。无锡市第四纺织机械有限公司生产的GA74系列剑杆织机的市场占有率30%以上，在全国纺机行业名列前茅，销售突破3亿元。无锡市宏飞工贸有限公司是国内最大的转杯纺织轴承生产基地，其生产的转杯纺专件最高转速每分钟11万转，为全国之最。无锡市三达纺配有限公司生产的SKN系列空气捻接器，无锡宏大纺织机械专件有限公司生产的假捻器、包覆锭子、纺织轴承，江阴四纺机生产的GA163D型分条整经机、GA125超高速分批整经机，无锡市猫头鹰纺织器材有限公司生产的盖板和钢丝圈的市场占有率均位居全国前列。宏源纺机的弹力假捻机、粗纱机、并条机、精梳机，无锡丝普兰喷气织机有限公司的喷气织机，宏大纺织机械有限公司的假捻机、锭子轴承、锭带张力盘、包覆锭子、长短丝倍捻锭子，猫头鹰纺织器材有限公司的金属针布，前洲镇的印染机械，江阴、锡山的前纺设备、织造机械、空调除尘设备等达到或接近当时国际先进水平。

二、矿山、建筑机械

80年代末，无锡矿山专用设备制造业有较大发展，主要企业有无锡市煤矿设备厂、无锡探矿机械厂、无锡煤矿机械厂、无锡钻探工具厂等。无锡煤矿机械厂为综采液压支架配套生产的MRB型乳化液泵站获1988年度全国煤矿机械制造行业唯一的国家金质奖，1989年乳化液泵首次出口美国。1990年，市煤矿设备厂试制成功ZD600－I型矿车电动转盘机，达到国外同类产品水平。无锡钻探工具厂开发的孕镶金刚石赞通双管钻头、螺旋形金刚石扩孔器、绳索取芯钻具系列产品先后荣获国家银质奖，1991年获国家科技进步奖。1991年，市建材仪器机械厂开发生产的WY015型液压挖掘机填补国内空白，被评为部、省科技最佳新产品。1992年12月，无锡探矿机械厂兼并安徽省合肥探矿机械厂，成立江苏省无锡探矿机械总厂。总厂成立后，开发SH30－2A型、XY－4－3型、G－0型、GXY－1型新型钻机，扩大工程地质、工程施工、水文水井、岩芯钻探设备和坑探设备、建筑工程设备的生产经营能力，钻机的制造技术、产品质量、加工能力达到国内同行业领先水平。1994年，无锡采煤机械厂与煤炭科学研究总院上海分院、机械工业部西安重型机械研究所共同开发研制成功SSX型和NGW型两个系列行星齿轮减速器，承载能力达到当时工业发达国家同类产品水平，对空间条件比较窄小的煤矿井下带式输送机驱动减速具有特殊意义。90年代末，无锡市开始生产压路机械。1997年2月，无锡锅炉厂与美国英格索兰（中国）投资有限公司联合投资1000万美元兴建合资企业英格索兰（无锡）道路机械有限公司，6月中旬生产出第一台振动式压路机，8月首批6台压路机出厂。1999年，公司引进履带式全液压钻岩机和小型无人驾驶全自动压实机等3种新型压实机产品。进入21世纪，无锡矿山机械制造企业相继开发试制双滚筒采煤机、大功率采煤机、大流量乳化液泵站、油田注水泵、锚杆钻机等高新技术产品。

三、粮食机械

80年代，无锡市区有无锡粮食机械厂、无锡市粮油计量设备厂两家粮食机械生产企业。市粮食机械厂始建于1956年，原直属商业部；市粮油计量设备厂是原商业部、国内贸易部定点生产计量包装设备的专业工厂。无锡市粮食机械工业通过消化吸收国外先进技术，加快新产品的开发，先后研制开发FMFY8×2型液压磨粉机、MFQ10×2型气压磨粉机以及XK2型磨粉机等系列磨粉设备，形成年产5000吨磨辊的生产规模，达到国际先进水平。FMFY8×2型液压磨粉机获国家银质奖，MY8型液压磨粉机获商业部优质产品称号，MFQ10×2型气压磨粉机获江苏省优质产品“金牛奖”和科技进步二等奖。

80年代末，市粮油计量设备厂联合总参某研究所共同研制电脑秤，逐步取代进口产品。80年代末90年代初，该厂研发生产部属项目年产5000～10000吨成套饲料加工机组。1991年7月，无锡粮食机械厂引进英国鲁滨逊公司磨粉机制造技术，研制成功FMFQ10×2A气压磨粉机，投产后替代同类进口磨粉机。1993年11月，粮食机械厂与瑞士布勒国际有限公司共同投资1700万美元，兴建国内最大粮机生产合资企业——无锡布勒机械制造有限公司，生产的磨粉机、打麸机、高方筛等制粉设备具有国际先进水平。无锡县粮机厂开发的MF16A双辊喷风米机，加工籼米的碎粒下降4%，获1994年中国专利技术博览会金奖。1999年，布勒机械制造公司出口产品获第十三届国际欧洲产品质量优秀奖，MDDK气压磨粉机入选中国名优产品。2005年，粮食机械厂收购无锡中萃食品有限公司所有港方股份。

四、化工机械和仪表

1990年2月，无锡化工仪表厂与美国矿业安全设备公司（MSA）合资创办无锡梅思安安全设备有限公司，生产安全检测仪表、呼吸器防毒面具和安全帽等。2001年，无锡化工仪表厂转让梅思安公司的股份，由无锡力马化工机械有限公司（简称“力马化机”）一次性受让。2002年，无锡市化工防腐设备厂在无锡市化工集团公司、力马化机参股的基础上，成立无锡市恒河化工防腐设备有限公司。2003年，力马化机制造的GXZ高效旋转薄膜蒸发器被列为江苏省“火炬”计划项目，产品出口美国。

2005年，无锡化工机械和仪表行业的重点企业为力马化机、宜兴非金属化工设备厂和无锡恒河化工防腐设备有限公司。力马化机主要生产自动和半自动化工包装、码垛机、薄膜蒸发器和Ⅰ、Ⅱ、Ⅲ类压力容器，年销售收入127万元。宜兴非金属化工设备厂生产化工企业所需的防腐蚀容器和蒸馏塔中的瓷环等防腐产品，年产防腐蚀泵6000台、蜂窝陶瓷400万升。无锡市恒河化工防腐设备有限公司生产化工泵、冲压泵、消水泵、防腐设备和管道等5个系列70多个产品，年生产量2000台以上。

五、其他专用设备制造

“七五”期间，无锡化工机械厂生产的包装机由单一的机械类发展为机械、电子两大类8个型号的自动定量包装机，可包装尿素、纯碱、涂料、塑料粒子和脂肪醇等20多种物料。1996年生产的CJD电子包装机，可以自动校正和自动调节给料，获国家级新产品证书。

1988年4月，由无锡市电机厂制造的1FC5系列船用无刷三相交流同步发电机通过生产定型。在发展船用电机的基础上，无锡电机企业在2000年后，先后开发符合国际标准及各国船级社规范的低压无刷交流同步发电机，中频、双频发电机，永磁特种电机，高压电机，大功率电动机、电站等，用于远洋船舶、石油勘探、邮电通信、铁路运输、核电站、卫星发射中心等国民经济重要领域及出口。

1996年，无锡塑料机械厂与香港格兰科技产品公司合作建立格兰机械公司。至2000年，产品进入春兰、小天鹅、海尔、长虹等国内知名企业集团，为全国注塑机行业的四大企业之一。

第四节　电气机械制造

1985年，无锡市电气机械制造业生产电力电缆45220公里、钢芯铝绞线8000吨、变压器32.67万千伏安、交流电动机97.84万千瓦。1986年，电气机械制造业工业总产值103286万元，销售收入84961万元，利润8051万元，职工36821人。进入21世纪，无锡以太阳能为代表的新能源产业迅速崛起。2001年1月成立的无锡尚德太阳能电力有限公司主要从事晶体硅太阳电池、组件、光伏系统工程、光伏应用产品的研究、制造，至2004年成为全球前十位太阳能电池制造商之一，2005年末进入世界光伏企业前五强，成为全球四大太阳能电池生产基地之一。2005年，无锡市电气机械及器材制造业国有及限额以上非国有工业企业有333家，从业人员66030人，工业总产值4326594万元，主营业务收入4296646万元，工业增加值1067765万元，资产合计3268247万元，年产交流电动机501.18万千瓦、变压器232.28万千伏安、电力电缆70.81万公里、电工仪器仪表34.44万台。

2004年无锡市电气机械及器材制造业经济普查情况表

表14-16　　单位：家、千元、人

行　业	企业数	工业总产值	工业销售产值	出口交货值	主营业务收入	利润总额	从业人员
电机制造	263	4515345	4159623	855932	4087208	270078	15285
输配电及控制设备制造	808	6897465	6686687	704158	6629503	519519	28397

续表

行业	企业数	工业总产值	工业销售产值	出口交货值	主营业务收入	利润总额	从业人员
电线、电缆、光缆及电工器材制造	459	16082170	15537112	294255	15630037	448008	22859
电池制造	91	10176887	9922996	6109789	9815398	255161	15051
家用电力器具制造	144	4947673	4774588	1045386	4997040	80272	9143
非电力家用器具制造	23	58428	58398	221	57792	1646	382
照明器具制造	156	542155	520770	90341	499270	22541	5440
其他电气机械及器材制造	50	167034	160176	—	159269	11049	1006
合　计	1994	43387157	41820350	9100082	41875517	1608274	97563

一、动力机

70年代初期，无锡动力机厂开始进入军工配套领域，在行业内率先研发自动化发电机组，首批产品用于解放军第二炮兵和北京肿瘤医院，逐步形成系列产品。80年代前期，主要生产以继电器群控制的第一代自动化发电机组和以印刷电路和小型集成块控制的第二代自动化机组。80年代后期，在国内率先运用单片机微处理控制技术，开发以Z80单片机为控制核心的第三代自动化机组。1987年9月，无锡动力机厂研制的200GFZ11自动化机组开发成功，实现柴油发电机机组的自动化无人值守。1988～1989年，开发以PLC技术为主的第四代自动化机组，1990年开发以直流PC为控制核心的自动化机组。2000年之后，无锡动力工程股份有限公司(原无锡动力机厂)开发采用以微型计算机控制单元为主的第五代控制系统，提高控制系统的智能化程度和可靠性。2004年，为某新型雷达配套开发75千瓦双机方舱电站，实现发电机组自动并机、自动保护、遥控遥测等智能化控制，技术性能达国内先进水平。

二、电动机

1985年，无锡电机厂从德国西门子公司引进1FC6系列船用无刷交流同步发电机制造技术。90年代中期，其衍生产品广泛用于石油开采、钻井平台、列车、核电站设备、邮电通讯及宾馆大厦等的电源。1993年12月，无锡华达电机厂与香港中信泰富科捷有限公合资成立无锡华达电机有限公司，1994年试制国家更新换代产品Y2系列节能电机，1997年全面转产系列节能电机。至2005年，无锡市产值超亿元的电动机生产厂家有11家，年产交流电动机506.18万千瓦。

三、电力电容器和电力电缆

1987年，无锡市电力电容器厂试制成功国内第一台FM11-5000-3型大容量密集型高压并联电容器，为国家"七五"期间重大技术装备攻关项目，也是国内单台容量最大、三相共存于一箱的密集型电容器，年节约有功电量16.45万千瓦时、无功电量269.7万千瓦时，获江苏省1990年优秀产品"金牛奖"、国家500千伏电力工程重大装备成果一等奖。2002年12月，无锡电力电容器有限公司与日本日新电机株式会社合资成立日新(无锡)电机有限公司，主要生产1千伏以上的电力电容器、35千伏以上等级的电力互感器、电力电容器和其他电力成套装置相关设备，为国内最大的电力电容器制造中心之一。1999年，无锡电缆厂从德国引进"三层共挤"110千伏交联电缆生产机组，9月30日生产第一批高电压大截面交联电缆，企业主导产品交联电缆的生产截面由500平方毫米提高至1200平方毫米、电压等级由35千伏提高至110千伏，新增交联电缆年生产能力500公里以上，达到90年代交联电缆成套生产设备的世界领先水平。2000年12月，无锡电缆厂研制成功三峡工程用最大截面钢芯铝绞线，并用于三峡工程首条对外远距离送电线路工程——龙泉至政平±500千伏直流输电工程，其主干线路建造代表国家导线创造和敷设的最高水平。90年代中期，宜兴地区的电缆企业异军突起，形成国内最大的电缆产业集群。至2005年，无锡较大的电缆生产企业有江苏远东集团公司、无锡市沪安电线电缆有限公司、无锡市江南电缆有限公司，其中江苏远东集团公司为国内最大的电缆生产企业。无锡市重要的电工器材产品还有电力变压器、电压互感器、电流互感器、电器开关、电控柜、变频器等。

第五节　交通运输设备制造

1986年，无锡市交通运输设备制造业有规模以上企业62家，职工16294人，工业总产值21196万元，销售收入19475万元，利润1220万元，主要产品有车用柴油机、油泵油嘴、汽车零部件、改装车、大客车、摩托车、增压器、工程机械、橡胶金属减震器、水泥船、民用钢制船舶等。全年生产内燃机121.18万千瓦，其中柴油机120.56万千瓦、汽油机0.62万千瓦；民用改装车1624辆，民用钢制船舶7.04万吨。1990年，全市生产柴油机96.31万千瓦、汽油机4.53万千瓦、民用改装车796辆、民用钢制船舶4.74万吨。1995年，全市生产柴油机729.64万千瓦、汽油机75.79万千瓦、民用改装车1887辆、摩托车786027辆（其中锡山市754268辆）、民用钢制船舶14.6万吨。2000年，全市生产内燃机777万千瓦、改装汽车11229辆、摩托车58.66万辆（其中锡山市56.51万辆）、民用钢制船舶6.06万吨。“十五”期间，全市改装车呈系列化发展趋势，汽车零部件企业规模显著增强。2002年，一汽解放汽车有限公司无锡柴油机厂、无锡威孚高科股份有限公司被授予“2001年中国机械工业企业核心竞争力100强”称号，无锡中策减震器有限公司获“2001中国机械工业企业核心竞争力行业之星”称号；一汽锡柴、威孚集团、众星摩托、江阴模塑被列入2001年江苏机械工业50强，呈现国有、外资和民企齐头并进的发展格局，形成内饰件、发动机、燃油喷射系统、保险杠等汽车零部件系列产品集群。至2005年末，无锡市有汽车及汽车零部件生产企业520余家，其中国家公告内汽车生产企业（含农用运输车）12家、国家公告内摩托车生产企业20家、省公告内农用运输车生产企业（拖拉机变形运输机）3家、汽车零部件生产企业480余家，全行业从业人员5万余人。全年生产汽车及农用车17478辆，其中经济型轿车3649辆、客车2851辆、专用改装车8278辆、农用运输车2700辆；生产摩托车产品110万辆；生产汽车零部件品种1000多个，能提供近20亿件（套）产品。全年汽车工业规模以上企业完成现价工业总产值255亿元，占全市规模以上工业的4.56%。市统计局统计，2005年，无锡市交通运输设备制造业有规模以上企业201家，从业人员49406人，工业总产值2670773万元，主营业务收入2631882万元，工业增加值562740万元，利润总额11576万元，年产改装汽车7601辆、民用钢质船舶14.25万吨、摩托车48.33万辆、内燃机1405.16万千瓦、油泵油嘴148319万元。一汽锡柴、威孚高科、江阴模塑集团跻身2005年度中国汽车零部件百强行列，分列第11、17、26位。

2004年无锡市交通运输设备制造业经济普查情况表

表14-17　　单位：家、千元、人

行业	企业数	工业总产值	工业销售产值	出口交货值	主营业务收入	利润总额	从业人员
铁路运输设备制造	42	290562	287374	38063	285211	18376	1413
汽车制造	818	18606264	17824636	1336449	18406441	1045350	42448
摩托车制造	370	2513104	2374419	543898	2391018	13981	13960

续表

行 业	企业数	工业总产值	工业销售产值	出口交货值	主营业务收入	利润总额	从业人员
自行车制造	287	1445978	1415373	176698	1414450	27037	6833
船舶及浮动装置制造	132	3722393	3708080	2414741	3186542	195435	8089
交通器材及其他交通运输设备制造	36	165123	161127	1057	160572	2835	951
合 计	1685	26743424	25771009	4510906	25844234	1303014	73694

一、汽车

“七五”期间,无锡市主要整车产品为第一汽车制造厂(简称“一汽”)无锡汽车厂制造的“太湖”牌大客车。企业一方面组织进口日本6BD1型发动机和空调,一方面组织技术力量进行主机国产化的选型、设计、试制工作,并将南斯拉夫S411型旅游车的先进技术移植到XQ642Y型高级旅游车上,提高整车外形和车身内饰质量。1988年,研制出除空调外其余全部国产化的XQ6940Y型样车,达到国际80年代初水平,在北京举行的全国首届乘用车展评会上获部级优秀设计奖。同时,无锡市生产民用改装车客车底盘,年产民用改装车千余辆。

1990年7月,一汽无锡汽车厂第二代高级旅游车通过由中国汽车总公司主持的部级鉴定。1992年,对XQ6941Y型客车在车身外形、车身内饰、底盘部分及电气方面进行改进,并选用日本日野生产的EH700型柴油机及富士重工生产的BC-71型空调。改型后的旅游车在1992年举办的首届全国汽车用户和国内消费者推选国产车活动中,获消费者信得过国产车金奖。

1996年5月,单班年产均为5000辆(台)的“解放”牌改装车生产线和“解放”牌中型客车底盘装配线分别在第一汽车制造厂无锡柴油机厂(简称“一汽锡柴”)和一汽无锡汽车厂竣工投产,成为一汽集团华东改装车和南方客车底盘生产基地。“解放”牌汽车改装车生产线长120米,有12个车位,至年末产量1043辆,销售收入1.3亿元。“解放”牌中型客车底盘装配线长90米,可同时装配7台底盘,至年末产量410台,销售收入3500万元,改装车和客车底盘零部件地产化率30%以上。1997年,一汽锡柴利用一汽底盘和锡柴6110柴油机动力优势,研制成功翼翅干厢式车、拉臂自装卸厢式车、封闭型带卸尾板干货厢式车、8吨平头自卸车等17种科技含量高、具有市场竞争力的新品改装车,其中7种改装车年末通过省级鉴定、4种为国内首家开发,改装车销售总量1847辆、销售额1.6亿元。全厂改装车、专用车共40多个品种。同年,一汽无锡汽车厂生产的20辆“太湖”牌XQ6900Y型高档旅游车被确定为全国人大、政协“两会”和中共十五大的会议用车,替代进口客车。

图14-8 2005年1月,一汽客车无锡公司客车下线

(惠山开发区供稿)

2001年,无锡威孚集团、江阴模塑集团共同出资,与淮安客车厂实施资产重组,成立无锡神舟汽车制造有限公司,总投资1.2亿元,新建2.5万平方米厂房和涂装车间、总装车间、焊装车间,次年形成年产2000辆“宇舟”牌中高档客车的生产能力。2003年3月,南汽新雅途公司成立,建筑面积6.7万平方米,一期建设总投资2.5亿

元，引进欧洲整套汽车整车生产线，拥有焊装、涂装和总装3条完整的现代化生产线与全套设备，形成年产2万辆经济型家用轿车能力，是南汽集团旗下第四个整车生产基地。2005年1月，一汽客车无锡汽车厂和无锡惠山经济开发区共同投资组建一汽客车（无锡）有限公司，总投资3.2亿元，一期工程形成年产5000辆大客整车和8000辆客车底盘的生产能力，生产8～13.7米的大客车，涵盖团体旅游客车、城市客车和专用车三大系列135个产品。2005年12月，由国家“863”计划资助开发的首批6辆混合动力客车在一汽客车（无锡）有限公司装配车间下线，技术指标处于国内领先、国际先进的水平。项目在整车集成技术、整车控制技术、机械式自动变速箱、电机和电池关键部件及整车试验能力方面取得重大突破，获得国家10多件专利。2005年末，南汽新雅途公司生产新雅途1.5/1.3L型轿车、新雅途优尼柯多功能车、新雅途・君达皮卡及SUV型车四类产品，具备年产6万辆汽车的能力。

二、摩托车

“七五”期间，无锡市自行车公司与中国嘉陵机器厂采取技术合作、零部件配套的形式，联合开发生产“嘉陵”牌摩托车。1987年，无锡雅西摩托车厂在无锡县洛社镇雅西村成立，为国内摩托车行业首家集体企业。1991年2月，无锡市摩托车厂在无锡县查桥镇成立。1994年，无锡市摩托车厂完成销售收入11.55亿元，工业总产值、销售收入居全市企业第一位。

“九五”期间，无锡摩托车行业涌现出一批后起新秀。1995～1997年，江苏林芝山阳集团有限公司、赤马摩托车公司、江苏健龙新田摩托车制造有限公司、江苏国威摩托车有限公司、江苏新陵摩托车制造有限公司先后进入摩托车产业。江苏捷达摩托集团聘请专家成立捷达摩托设计院，研发高科技产品，1996年，“捷达”牌摩托车被认定为江苏名牌产品，1999年被认定为中国名牌产品。90年代后期，查桥镇从事摩托车、助力车整车和配件生产、销售的企业有二三百家，形成以产销摩托车、助力车为中心的产业链。

据市汽车工业办公室统计，2001年全市摩托车整车产量952520辆。2003年元旦起，国家实行摩托车生产准入管理政策，无锡摩托车企业加快调整重组步伐。至2005年末，由90年代中期的数百家锐减至20家，企业数占全省1/3、全国1/8；全市摩托车年生产能力200万辆（套），销量110万辆、占全国1/16。健龙新田、新陵、红豆、金捷、大红成莱宝驰、新世纪等摩托车企业的出口额占全市摩托车出口的80%以上。

三、内燃机

“七五”期间，内燃机行业经营不景气，无锡柴油机厂投入1000多万元进行技术改造。1992年12月，市政府与一汽集团公司签订协议，一汽与无锡柴油机厂实行资产经营一体化。1993年4月，无锡柴油机厂划归一汽集团，一汽集团当年投入改造资金4000多万元，无锡柴油机生产首次突破万台大关，成为全国七大柴油机生产厂之一。1994年，一汽锡柴6110A型车用发动机被认定为中国名牌产品。一汽锡柴主导产品“四达”牌6110车用柴油机获1996年中国市场畅销名牌柴油机第一名，1997年被评为国家重点新产品，并于1996年、1997年以零缺陷成绩蝉联国检第一名。1999年，一汽锡柴开发大功率、低排放、节能型的环保柴油机，至年末，功率120～230马力（折合88.26～169.16千瓦）的主要新机型全部达到欧Ⅰ排放标准，可与2～16吨型卡车和中、大型客车配套。2000年1月，一汽锡柴和瑞典沃尔沃遍达公司合资组建的无锡大豪动力有限公司投产，具备年产5000台“VOLVO”牌柴油机的生产能力，成为沃尔沃公司在亚洲的柴油机生产和销售中转基地。2001年，一汽锡柴投资10.7亿元的奥威CA6DL新一代绿色环保柴油机项目开工建设，2003年，“奥威”CA6DL1-30柴油机通过5000小时耐久试验。2004年8月起，“奥威”CA6DL柴油机批量投放市场，成为重型卡车的主要动力。是年，“奥威”CA4DF2、CA6DF2柴油机被评为国家重点新产品。2005年7月，一汽锡柴开发清洁燃料汽车，天然气发动机完成1000小时可靠性开发。

江苏四达动力机械集团公司以生产农用柴油机为主。2003年，生产多缸小功率柴油机6万台。2004年，形成年产多缸小柴油机20万台的能力，销售多缸小柴油机10万台，其485、490、4110、4112等系列柴油机在行业内率先达到欧Ⅱ标准。

2004年，惠山区明宇机械厂与广西柳州五菱汽车合作建立无锡五菱动力有限公司，一期形成年产3万台0.8～1.8升4个系列电喷汽油发动机能力。

四、车用零部件

1.油泵油嘴

“七五”期间，无锡油泵油嘴厂开发170个新产品，生产品种330多个，其中强化A型泵的设计获江苏省科技开发“金牛奖”，8缸A型泵、VE分配泵的开发填补国内空白。还进行机电一体化的电控汽油喷射系统的研制和汽油机开发，逐步形成以研制油泵油嘴为主体的多门类科技开发体系，成为全国油泵油嘴的科研生产基地。1991年，成立无锡油泵油嘴集团公司，1992年改制为威孚股份有限公司(简称“威孚公司”)。“八五”期间，完成样机台架试验准备和部分传感器、配套增压器的设计制造，完成VE分配泵与南京汽车制造厂的配试并生产300台。1994年11月，威孚公司与德国博世公司、日本杰克赛尔公司签订协议，共同出资成立无锡欧亚柴油喷射有限公司，形成年产P系列喷油器总成52.4万套、喷油嘴偶件130万副的生产能力，为中高档车用柴油机配套。1997年11月，威孚公司与上海汽车总公司、西安昆仑机械厂等10家企业联合出资26.68亿元，与德国博世公司合资成立联合汽车电子有限公司，生产汽车发动机控制系统全套零部件，无锡厂生产用于轿车电喷系统的电控喷油器、燃油分配管、调压阀等零部件。1998年，联合汽车电子有限公司无锡厂生产电控喷油器、燃油分配管、减压阀56万件，全年以定牌生产方式向法国雪铁龙公司出口32万件汽车发动机燃油喷射系统的核心部件电喷嘴，成为国内首家以OEM方式向世界著名汽车公司提供汽车关键零部件的企业。

2000年，威孚集团国家“九五”重大科技项目轻型卡车车用柴油机电控VE泵通过国家级技术鉴定和验收，高压共轨系统研制取得突破性进展，柴油喷射系统生产能力快速扩大，形成A型泵、Ⅰ泵、VE分配泵、喷油器总成、三对偶件五大类23个系列300多个品种规格的柴油喷射系统生产能力。2001年12月，威孚集团开发的新品PW2000泵和PL泵通过省级鉴定，能满足欧洲Ⅱ号、Ⅲ号排放标准；实施年产10万台的PW2000泵和年产200万副的排放油嘴两个国债项目。2004年8月，威孚集团公司与博世公司共同成立博世汽车柴油系统股份有限公司，研制开发排放达到欧Ⅲ、欧Ⅳ要求的新一代电控燃油喷射系统。2005年，全市油泵油嘴产值14.83亿元。

2.增压器

1986年起，无锡动力机厂进行大规模技术改造，成为国内一流的的增压器研发、制造生产基地。1992年，动力机厂引进英国霍尔塞特公司增压器生产技术，生产ZN261涡轮增压器，年产量突破万台，次年突破2万台。1994年，动力机厂改制为无锡动力工程股份有限公司，其生产的H1C增压器获国家级新产品奖。1995年12月，该公司与英国霍尔塞特公司合资兴办无锡霍尔塞特工程有限公司，年产涡轮增压器25万台。1996年1月，无锡动力工程股份有限公司和康明斯(中国)投资公司合资建成无锡康明斯涡轮增压技术有限公司，成为国内最大的中重功率柴油机涡轮增压器设计制造商。2000年起，无锡霍尔塞特工程有限公司先后开发带旁通阀的新型涡轮增压器等16个新产品，全年生产增压器16.8万台，产销量跃居全国增压器行业第一。2003年3月，霍尔塞特公司在无锡新区投资800万美元建设新厂区和技术中心，年生产销售涡轮增压器66万台，同时投资建立总部之外唯一的技术中心。2005年，无锡康明斯涡轮增压技术有限公司引进HE产品系列。

3.减震器

1986年，无锡市车用减震器主要生产企业为无锡市汽车减震器厂(原无锡市汽车配件厂)，主要产品AX100、JC70、DX100、YX100摩托车减震器，被中国汽车总公司列为全国首批摩托车减震器生产定点厂。1987年，与交通部重庆公路科学研究所联合开发S50（K）型空气弹簧悬架减震器，1988年通过省级新产品投产鉴定，1990年在江苏省第二届优秀新产品评比中获“金牛奖”。1992年，市汽车减震器厂从德国引进注射式橡胶硫化压机、动态试验机等生产设备和测试仪器，产品质量达到德国大众汽车公司的有关标准。1993年1月，市汽车减震器厂与江苏省无锡船厂共同出资成立国有联营企业无锡市摩托车减震器厂，当年开发数十种50～125毫升排量的铃木系列的摩托车减震器，年产量11万支，实现利润30万元，次年产量43万支。

1995年1月，市摩托车减震器厂与南京金城机械厂共同组建无锡市金城减震器厂。金城减震器厂在市摩托车减震器厂的基础上增添16台（套）装备，当年生产摩托车减震器108万支，利润总额401万元。1995年末，市汽车减震器厂、市交通发展有限公司、无锡船厂共同出资组建无锡市宏利减震器总厂，引进世界著名减震器制造企业日本KYB公司的整套摩托车减震器生产技术和关键的生产、检测设备，JTYD50、JTYDX100、GS125等3种摩托车减震器投产当年均获中国第八届新产品、新技术博览会金奖，占领金城铃木、轻骑铃木的配套市场。1996年6月，无锡宏利减震器总厂、马来西亚金狮特明有限公司、南京金城合资组建无锡拓普减震器有限公司，专门生产摩托车减震器。1997年6月，拓普减震器有限公司、市电镀二厂、马来西亚金狮特明有限公司共同出资组建无锡普华镀业有限公司，为拓普公司减震器零部件提供配套服务。1998年5月，市宏利减震器总厂和市交通发展有限公司共同投资成立无锡宏鑫铝业有限公司，为拓普减震器公司提供铝制品配套件。2003年，市宏利减震器总厂改制，更名为无锡宏利减震器有限公司，产品沿用“二泉”商标。2004年，拓普减震器有限公司产能扩大至年产摩托车减震器200万支、汽车减震器50万支。1999～2005年，拓普公司出口创汇3360万美元。至2005年，市汽车减震器厂批量为上海桑塔纳、一汽奥迪、南汽依维柯、天津夏利等车型配套，为国内最大的轿车减震器生产厂家。

4.其他零部件

1988年，江南模具塑化有限公司参加大众桑塔纳轿车保险杠生产投标并中标，成为上海大众桑塔纳轿车保险杠独家定点生产厂家。1993年，一汽集团无锡油泵油嘴研究所与日本泽根弹簧株式会社合资，创办生产油泵油嘴弹簧和发动机气门弹簧的无锡泽根弹簧有限公司。无锡标准件二厂自筹资金研制生产波型密封圈、锥型垫圈、汽缸盖垫圈、调整垫片等上百个品种规格的新产品，先后为南汽依维柯、江西五十铃，一汽奥迪等汽车配套。无锡模具厂完成桑塔纳轿车加强筋技改工程，定点为上海汇众汽车制造公司等厂家配套。无锡机床厂为上海汇众汽车公司提供4条配有随线装置的减震器连杆加工生产线。1995年，新苏机械厂开发出摩托车液压盘式制动器系列产品，技术性能达到国外同类产品水平。1998年8月，威孚公司与第702研究所、江苏国达集团公司共同投资3000万元组建无锡威孚力达催化净化器有限公司，研发和生产汽车尾气催化剂、催化净化器、净化消声器及摩托车尾气净化消声器，成为国内最大的催化净化器生产企业。2000年，开源集团进入汽车零部件行业，开发液压挺杆、等速万向节、汽车避震器、汽车轴承等汽车零部件产品。2004年，江阴模塑与北方奔驰客车底盘制造有限公司在江阴建立底盘生产合资公司，生产采用美国卡特匹勒电控发动机、附带先进液晶数字总线式仪表等配置的新型底盘。

五、船舶

1.船舶修造业

1986年，无锡市区船舶修造企业主要有江苏省无锡船舶修造厂和无锡市红旗造船厂两家，共有职工2300多人、主要设备580余台（套）。1988年，原以生产水泥船为主的无锡船舶修造厂转为生产60吨、80吨、100吨、200吨钢质驳船，同时生产渔政船、海监巡逻船、内河游览船等。1990年起，江阴船厂开发纵通式隧道Z型推进汽车渡船，承接全国第一艘900吨起重船“天龙号”制造业务；澄西船厂10万吨级浮船坞被列入国家新产品研制计划。1992年，无锡船舶修造厂和红旗造船厂合并，实行国（有）集（体所有）合营，定名为江苏省无锡船厂；江阴船厂更名为江苏扬子江船厂。同年，无锡船厂出资与张家港市长江村联合建立无锡船厂张家港分厂，有万吨级船台和常年水深8米的长江岸线，形成设计和建造1万吨级排水量以下的内河、沿海、远洋船舶的能力，能建造65米多用途工作船、83米集装箱船等出口船舶。1993年以后，无锡船厂逐步以制造大功率的沿海拖轮为主要产品，每年建造2～3艘，还生产工程船、巡逻艇、车客渡船、豪华游览船等。1998年，扬子江船厂首次、也是中国首次建造的澳大利亚运输船舶在江阴交付使用，船长110米，型宽21米，型深4.5米，排水量7700吨。1999年，扬子江船厂为德国建造的1850标准箱首制船“SAYLEMOON RICKMERS”号，创国内造船业同类型船舶载箱最多、功率最大、航速最快3项纪录。2001年，澄西船厂引进8万吨级“金山号”浮船坞，承接2.5万吨化学品船的建造，修船总量列国内同行首位；2002年，开拓澳大利亚、埃及、波兰和阿尔及利亚等国船舶市场，全年修船203艘；2004年，为挪威斯帕船务公司建造的长190米、载重吨位5.3万吨、设计时速14节的散货船下水，是无锡地区建造的吨位最大的船舶。2003年，扬子江船厂为中国港湾建设总公司建造全国最大的起重船，其最大吊力达2600吨，起身高度80米；2005年，承担泰国首次在中国建造集装箱船的工程，其载箱量、船速、功率列中国地方造船史3个第一；同年，公司投资24亿元，在靖江新建江苏新扬子造船有限公司，占地107万平方米，年船舶产能达200万载重吨以上。

2.船舶拆解业

无锡市船舶拆解业集中于江阴，始于70年代中后期，1987年拆解钢质船25.02万轻吨，年拆船量占全国的20%。1996年，国家环境保护总局等五部门联合发文，将进口废钢船列为管制范围，江阴拆船厂被批准为有权进口5万吨级废钢船的企业（江苏仅3家）。1998年，江阴具备拆船40万轻吨的能力。1999年，江阴市拆船厂与彩印厂，白屈港拆船厂与飞跃拆船厂，长山拆船厂与江阴市振华港口机械厂，黄山拆船厂与要塞拆船厂，夏港拆船厂与中国拆船总公司实行重组联合，江阴成为中国最大的拆船基地。至2001年，长江拆船厂可同时停靠10艘万轻吨级以上的废钢船，因装备和拆解条件、能力一流，有10多个国家的废钢船前往拆解。至2005年末，江阴市有船舶修造、拆解企业35家，职工9000多人，产值50多亿元。

第六节　企业选介

一、无锡开源机床集团有限公司

公司位于无锡市蠡桥埦，前身为荣德生于民国37年（1948年）创建的开源机器工程公司。1952年10月，公私合营，更名为公私合营无锡机床厂，生产内圆磨床和无心磨床，为国家主导机床工业发展的“十八罗汉厂”之一。1991年，被评为国家一级企业。1993年4月，无锡机床股份有限公司成立。1996年7月，与日本光洋精工株式会社共同出资兴建的无锡光洋轴承有限公司在蠡园经济开发区建成投产。一期工程总投资18亿日元，生产高精度低噪音、微小型精密球轴承，全部返销日本，为松下、三菱、东芝等电器配套。是年10月，与印度希拉姆公司在印度首都新德里合资创办希拉姆—开源机床有限公司，成为无锡机械行业境外办厂的第一家。是年12月，无锡开源机床集团有限公司（简称“开源集团”）成立。1999年，开源集团被列为国家520家重点企业集团，“锡机”商标被评为省著名商标。2000年，开源集团增资8亿日元引进新型轴承装备线和关键工序自动设备后，月产量由1996年的300万套提高至650万套以上，全年外销轴承6800万套，出口额2500万美元。是年，开发液压挺杆、等速万向节、汽车避震器、汽车轴承等汽车零部件产品。至2005年，开源集团拥有18家控股子公司、3家全资分公司、7家参股子公司，固定资产41132万元，主导产品为数控磨床，同时开发微小型轴承、机电一体化产品、中央空调、建筑机械等产品，为国家机械工业大型骨干企业、国家火炬计划重点高新技术企业。全年产销磨床3000多台，工业总产值78169万元，实现利润2650万元，国内市场占有率超过50%。

二、无锡压缩机股份有限公司

公司位于无锡市南下塘213号。前身为1956年由多个作坊式的小工厂合并组建的无锡农具制造厂。1967年，更名为无锡压缩机厂，1984年更名为无锡压缩机总厂，1992年改制为同行业中第一家股份制企业。主要生产工艺压缩机、离心式压缩机、通用压缩机、机场地面保障设备4大类产品。1995年，引进日本神户制钢所20～35立方米无油螺杆压缩机技术。2001年，2D32大型撬装天然气压缩机出口缅甸。2003年，从韩国三星公司引进离心式压缩机设计制造技术，从日本神户制钢所引进活塞式压缩机设计制造技术。2004年，试制成功国内第一台三列大型迷宫式压缩机，并在山东齐鲁石化塑料厂一次开车成功。是年，自行设计、开发的第一个压缩天然气（CNG）加气站落户青海西宁市。至2005年，公司注册资金9021万元，有主要生产装备700余台（套），为国家专业生产动力、工艺用压缩机的国家级重点骨干企业，国家经贸委认定的首批国家重点高新技术企业。

三、无锡华光锅炉股份有限公司

公司位于无锡市城南路3号。前身为创建于1956年的无锡锅炉厂，1958年正式成为制造锅炉产品的专业工厂。1987年，该厂被列为全市首批6家经营承包责任制试点探路企业之一。2000年7月，无锡水星集团有限公司等6个法人共同发起成立无锡华光锅炉股份有限公司。2003年7月，华光股份在上交所上市，募集资金主要用于大型热电联产循环流化床锅炉、大型城市垃圾焚烧锅炉等项目的开发。2004年，公司投入技改资金上亿元，引进制造大型锅炉的关键设备，当年生产锅炉3万蒸吨以上。至2005年，公司有设备800余台套，全年完成锅炉产量20170.09蒸吨，销售收入18.67亿元，利税1.65亿元，为国家电站锅炉、工业锅炉、垃圾焚烧锅炉、生物质能锅炉、燃气轮机余热锅炉、烟气脱硫净化设备、水处理设备和压力容器的专业制造公司，2005年度中国机械500强企业。

四、江苏太湖锅炉股份有限公司

公司位于无锡市洛社镇，前身为创建于1966年的无锡县洛社镇五金冷作厂。1974年专业生产锅炉后，先后更名为洛社锅炉厂、无锡县锅炉厂、无锡太湖锅炉厂。90代初开始，公司每年开发10～20个新产品，成为全国SZL型锅炉的开发基地。1997年，转制为股份有限公司。至2005年，公司有年产8000蒸吨的锅炉生产流水线，设备550余台（套），全年锅炉产量459台6971蒸吨，销售收入22.5亿元，利税2.39亿元，被列入2005年度中国机械500强企业、全国锅炉质量十佳优秀企业，为全国工业锅炉排头兵。“太湖锅炉”被世界品牌实验室评为中国500强最具价值品牌，无形资产11.77亿元。

五、无锡透平叶片有限公司

公司位于无锡市清扬路205号。前身为创建于1979年的无锡叶片厂，为国家大型电站汽轮机叶片专业化制造企业，首批江苏省高新技术企业。工厂主要为大型电站汽轮机、工业汽轮机、燃气轮机、大型压缩机、发电机等设备提供成套及维修用叶片。1995年，成建制加入上海电气集团总公司。2005年，公司固定资产总值41783.4万元，生产叶片167181片，国内电站大叶片综合市场占有率70%左右；销售收入50359.4万元，利税13740.3万元。

六、江苏宏源纺机股份有限公司

公司位于无锡市梁溪路11号。前身为创建于1956年的无锡市纺织机械厂，1991年组建无锡宏源纺织机械制造集团。公司主要生产“宏源”牌系列纺织机械，高速弹力丝机、棉纺粗纱机、印染设备等销往国外，为国内最大的纺织机械制造厂家之一、江苏省最大的纺机制造集团。至2005年，公司注册资金1.4亿元，总资产6.6亿元。

七、无锡二橡胶股份有限公司

公司位于无锡市团结路8号。前身为无锡市第二橡胶厂，为中国纺织橡胶器材行业的创始企业，中国最大的纺织橡胶器材开发和生产基地，国家“火炬”计划重点高新技术企业，中国橡胶制品行业100强、中国纺织机械器材行业50强之一。1992年9月实施股份制改革，10月成立无锡二橡胶股份有限公司。2003年，转制为民营企业。2005年，销售收入1.99亿元，实现利润5273万元，销售规模、经济效益均居全国纺织器材行业之首。

八、无锡粮食机械厂

该厂位于无锡市南长街。建于1956年，直属商业部，为中国最大的粮食机械生产企业。2002年，该厂与市政府项目引导资金、自然人投资组建无锡锡粮机械制造有限公司，主要生产和销售实验磨粉机、实验粉筛、小麦硬度测定仪等粮食机械及配件、粮食检验化验设备、环保设备以及各种轧辊。2003年，该厂投资并控股无锡浩邦科技有限公司，从事高低压真空开关的研究与开发、生产与销售。2005年，收购无锡中萃食品有限公司所有港方股份，无锡粮食机械厂净资产增至5210.96万元。

九、无锡布勒机械制造有限公司

公司位于无锡市南长街。由无锡粮食机械厂与瑞士布勒控股股份公司合资兴建，1994年1月运行，主要生产制粉机械和饲料机械，经营范围涉及粮食机械、食品机械、饲料机械、港口装卸、化工工程、油墨机械设备及压力铸造机械等领域，为全国粮食机械制造行业的龙头企业。1999年，公司出口产品获第13届国际欧洲产品质量优秀奖，MDDK气压磨粉机入选中国名优产品。至2005年，公司固定资产原值10903.3万元，全年营业额17672.1万元，利润2863.22万元。

十、无锡市爱邦高聚物有限公司

公司位于无锡市新惠路14号。1991年11月成立，主要生产电缆料。2004年，投资6000万元在惠山开发区钱桥配套园区兴建辐射加工服务和辐射装置研发基地，拥有1个加速器研究所、1000万多平方米的标准厂房和集实验室、金加工车间、加速器组装车间、加速器调试坑于一体的生产科研中心。其生产的加速器产品技术在国内处领先地位，出口韩国、俄罗斯。

十一、无锡力马化工机械有限公司

公司位于无锡惠山经济开发区。前身为创建于1966年的无锡市化工机械厂，1997年股份制改革为无锡力马化机股份有限公司，次年改制为民营企业，专业生产I、II、III类压力容器和石油化工包装、码垛机。1998年，获美国机械工程师协会颁发的ASME“U”钢印证书，其压力容器产品可进入国际市场。2001年，研制成功MDJ1600H码垛机（即高速码垛机器人），企业被列为国家“863”计划智能机械主题产业化基地。2005年，与美国矿业安全设备公司（MSA）在苏州合资创办MSA（中国）安全设备有限公司。是年，公司销售收入7127万元，实现利税746万元。

十二、无锡市恒河化工防腐设备有限公司

公司位于无锡市吴桥西路107号。企业初建于1958年，先后改为无锡电筒生产合作社、无锡化工设备厂、无锡化工仪表厂、无锡市化工防腐设备厂，专业生产销售各类泵及防腐设备和管道、化工设备，为原化工部投资建设和定点生产企业。在国内首创氟塑料衬里和搪玻璃衬里化工泵，其起草的氟塑料衬里耐腐蚀泵国家专业标准由化工部于1989年5月1日起公布实施。1990年2月，与美国矿业安全设备公司（MSA）合资创办江苏省化工行业第一家合资企业——无锡梅思安安全设备有限公司，生产安全检测仪表、呼吸器防毒面具和安全帽等。2001年，工厂改制转让梅思安公司的股份，由无锡力马化工机械有限公司一次性受让。2002年，整体改制，无锡市化工防腐设备厂在市化工集团公司、力马化工机械公司参股的基础上，成立无锡市恒河化工防腐设备有限公司。2005年，公司固定资产676.72万元，销售收入694.24万元，利税51.79万元。

十三、无锡电缆厂有限公司

公司位于无锡市城南路10号。前身为创建于1958年的无锡电缆厂，2003年改制为有限公司，为国家大型Ⅰ类制造企业、全国十大电线电缆综合型企业之一。1995年后，“喜爱”牌电缆被连续认定为江苏省名牌产品。2005年，公司有各类设备500余台（套），工业总产值8.03亿元，销售收入8.9亿元，利税2275万元。

十四、江苏远东控股集团有限公司

公司位于宜兴高塍镇，1990年创办。与中国科学院、上海电缆研究所等科研院所联合开发50多个新品种，填补国内多项空白。设电线电缆研究所和博士后工作站，研发成功碳纤维复合导线、交联电缆、橡套电缆等重大技改项目。2002年，跻身中国企业500强，居483位。至2005年，集团拥有9家子公司，资产40多亿元，以电线电缆、医药、新材料、房地产开发为核心业务，主要产品为裸电线、电气装备电缆、电力电缆、控制电缆、通信电缆、碳纤维复合导线、处方药、非处方药、保健品等10余个类别1万多个品种，其中电线电缆市场占有率3.6%。全年实现营业收入49.38亿元，利税4.03亿元。远东集团被评为全国重点高新技术企业、中国最具竞争力大企业集团，先后入围中国民营企业竞争力50强、中国电气产品制造十大领军企业、福布斯中国顶尖企业100榜。董事长蒋锡培获中国青年五四奖章，先后被评为全国劳动模范、中国优秀企业家、全国十大杰出跨世纪科技人才和中国十大民营企业家。

十五、西门子中压开关技术（无锡）有限公司

公司位于无锡国家高新技术产业开发区内。由无锡市电子仪表工业公司与德国西门子股份公司共同投资2700万马克创办，1997年建成开业，专业生产真空开关管及其设备。2004年，公司增加投资引入德国西门子同步新技术，生产陶瓷灭弧室、真空断路器、气体绝缘开关柜（适用于一次和二次配电）及其相关产品的开发、制造、销售及服务。2005年，实施12万只真空开关管扩产等项目，生产真空开关管5.14万只。是年，公司销售收入1.48亿元，利税2280万元，利润1345万元。

十六、无锡汾锡电机有限公司

公司位于无锡国家高新技术产业开发区83-D地块。2004年3月，由无锡市电仪资产经营公司利用江苏海星电机集团有限公司的品牌、技术与山西汾西重工有限责任公司（国营884厂）共同投资设立，注册资本7000万元。2005年，主要产品为1FC5、1FC6、1FC2系列西门子发电机（10～3000千瓦）、中频发电机、永磁特种电机、大功率电动机、电站、方舱等，全年完成工业总产值6413万元，销售

收入5559万元，利税219.1万元，利润180.2万元。

十七、一汽解放汽车有限公司无锡柴油机厂

该厂位于无锡市南门羊腰湾。前身为无锡柴油机厂，为新中国成立后无锡市最早的国有企业，国家大型Ⅰ类制造企业。"七五"期间，投入1000多万元进行技术改造。1993年，更名为中国第一汽车集团公司无锡柴油机，成为全国七大柴油机生产厂之一。2002年，一汽锡柴获"2001年中国机械工业核心竞争力100强"称号。2003年，一汽集团组建一汽解放汽车有限公司，一汽锡柴成为一汽解放有限公司下属的专业化分厂。2003年12月，国内首台具有自主知识产权的"奥威"重型柴油机投产暨锡柴第100万台柴油机下线。2004年6月，一汽锡柴自主研发的12升机重型柴油机点火成功。"锡柴"牌柴油机通过CQC产品认证，获"中国名牌产品"称号。"锡柴"商标被认定为中国驰名商标。2005年，一汽锡柴固定资产9.4亿元，销售柴油机106588台，销售收入41.03亿元，工业总产值38.28亿元，利润1.12亿元。

十八、无锡威孚集团有限公司

公司位于无锡市人民西路107号，为省、市政府授权国有资产经营的企业集团。前身为无锡油泵油嘴厂，1958年制造出中国第一副喷油嘴偶件。1988年，成立无锡油泵油嘴集团公司。1992年，改制为无锡威孚股份有限公司。1994年11月，与德国博世公司、日本杰克赛尔公司签约，共同出资成立无锡欧亚柴油喷射有限公司。1994年12月，成立无锡威孚集团有限公司。1995年，公司股票在深交所上市。1997年11月，威孚集团与上海汽车总公司、西安昆仑机械厂等10家企业联合出资26.68亿元，与德国博世公司合资成立联合汽车电子有限公司，生产汽车发动机控制系统全套零部件。1998年8月，与第702研究所、江苏国达集团公司共同投资3000万元组建无锡威孚力达催化净化器有限公司，成为国内最大的催化净化器生产企业。2004年8月，威孚集团与博世公司共同成立博世汽车柴油系统股份有限公司，生产满足欧Ⅲ排放标准以上的电控燃油系统产品，成为电控柴油喷射产品中国市场的主导企业。至2005年，威孚集团完成产业布局调整，增加尾气净化、柴油机、增压器等新的支柱产业，拥有国家级企业技术中心、博士后科研工作站、国家高技术研究发展计划成果产业化基地，年产销多缸泵100万台，销售收入100亿元，成为国内柴油燃油喷射系统的最大生产厂商，国内50%以上的车用柴油机使用其产品。

十九、无锡万迪动力工程集团有限公司

公司位于无锡市南长街720号。前身为创建于1956年的无锡动力机厂。1986年起，进行大规模技术改造，成为国内一流的增压器研发、制造生产基地。1994年5月，改制为无锡动力工程股份有限公司。1994年12月，与英国霍尔塞特公司共同投资1400万美元创办无锡霍尔塞特工程有限公司，成为国内生产规模最大的涡轮增压器生产企业。1996年1月，无锡动力工程股份有限公司和康明斯（中国）投资公司共同投资建成无锡康明斯涡轮增压技术有限公司，成为全国最大的中重功率柴油机涡轮增压器设计制造商。2004年6月，公司由国营企业改制为由内部骨干持股60%、威孚公司（国有）持股40%的多元投资主体的有限责任公司。2005年，公司研制生产的"万迪"牌中等缸径多缸内燃机获"中国柴油机十大影响力品牌"称号。2005年，公司资产总额7.83亿元，设备800余台，生产涡轮增压器60万台、"万迪"牌中等缸径多缸系列柴油机2000余台、柴油发电机组10万千瓦，销售收入73324万元，利润总额6236万元，经济效益综合指数在全国多缸内燃机同行业中居第三位，获"中国企业500强""机械工业核心竞争力百强"称号。

二十、江苏四达动力机械集团有限公司

公司位于无锡市洛社镇。1984年6月成立。2003年8月，以四达动力机械有限公司为母公司注册成立江苏四达动力机械集团。至2005年，四达集团成为具有年产20万台多缸小柴、30万台单缸柴油机和5000辆专用车生产能力的省级集团公司，形成集团总部控制中心和小马力柴油机基地、大马力柴油机基地、专用车基地、汽车零部件基地、铸造工业基地及化工包印基地，跻身中国机械500强。“四达”牌柴油机获“中国名优产品”称号和欧Ⅱ标准排放证书。全年营业收入9.38亿元，利税2083万元。

二十一、江阴模塑集团有限公司

公司位于江阴市周庄镇长青路8号。创建于1994年，前身为创建于1984年6月的江南模具塑化有限公司，是江苏省首家创办的中外合资乡镇企业。1988年，公司参加大众桑塔纳轿车保险杠生产投标，成为上海大众桑塔纳轿车保险杠独家定点生产厂家。1989年9月起，成为A级供应商，并相继获得上海通用、武汉神龙、沈阳金杯等汽车核心供应商资格。1992年，江南模具塑化有限公司与德国庆玛曼公司投资3000万美元创办江南庆玛曼模塑有限公司和江阴庆玛曼汽车塑件有限公司两家合资企业，与荷兰DSM公司合资创办江苏迪斯玛特种复合物有限公司。1999年11月，江阴兴澄集团公司与江阴模塑集团签署股份转让协议，兴澄集团公司将持有江阴兴澄冶金股份有限公司的69.06%股份全部转让给江阴模塑集团，2000年5月江阴兴澄冶金股份有限公司变更为江南模塑科技股份有限公司。2001年6月，公司出资1.8亿元入股国元证券股份有限公司。2002年3月，成立无锡神舟汽车有限公司，开发“宇舟”牌中高档大客车。5月，与无锡3家企业合资组建无锡德凯混凝土有限公司。2003年，在上海浦东金桥成立上海名辰模塑有限公司；投资2亿元成立武汉名杰模塑科技有限公司；与美国第四大工程公司美国万奇公司合资组建江阴万奇汽车内饰系统有限公司，生产汽车模具、检具及内饰件。2004年6月，与美国大型注塑机生产商米拉克龙公司共同投资1000万美元组建米拉克龙（江阴）有限公司，生产大型注塑机及配件。至2005年末，模塑集团成为以汽车零部件、模具机械制造、房地产和商贸服务业为主的规模型、跨国型、外向型集团公司，共有包括上市公司在内的35家子公司，资产总额31.2亿元，营业收入18.41亿元，利税2.08亿元，员工3800多人，是中国轿车保险杠生产基地、中国民营企业500强和中国1000强制造企业之一。

二十二、江苏众星摩托集团有限公司

公司位于无锡市安镇镇查桥。1991年，由无锡县自行车二厂分出，成立无锡市摩托车厂，当年生产摩托整车3600辆。1993年，生产四冲程摩托车，年产6万辆。1994年，成立江苏捷达摩托集团有限公司，年产量突破28万辆。1995年批准为国家级集团，年产量超过54万辆。2000年更名为江苏众星摩托集团有限公司，此后投入1.8亿元扩建厂区。至2005年，拥有整车、发动机、压铸、喷涂生产线20余条，具备年产摩托车、四轮全地形车、助力车、电动车等整车100万辆、发动机100万台的能力，全年营业收入6.85亿元，利税3132万元，先后被评为中国百强乡镇企业、江苏省工业百强企业。

二十三、江苏省无锡船厂有限公司

公司位于无锡市新惠路18号。前身为创建于1957年的江苏省无锡船舶修造厂，为无锡市区主要船舶修造企业。1988年，以生产水泥船为主的无锡船舶修造厂转为生产60吨、80吨、100吨、200吨钢质驳船，同时生产渔政船、海监巡逻船、内河游览船等。1992年，与无锡市红旗造船厂合并，实行国（有）集（体所有）合营，定名为江苏省无锡船厂。同年，无锡船厂出资与张家港市长江村联合建立无锡船厂张家港分厂。2004年3月，江苏省无锡船厂有限公司成立，为民营企业。2002～2005

年，无锡船厂建造9艘车客渡船，其中8艘航行于吴淞、石洞口至崇明、长兴、横沙岛航线，1艘航行于厦门沿海。无锡船厂还为上海黄浦江各游船公司建造豪华游览船，具有水上交通、观光、娱乐、商务等功能。“十五”期间，无锡船厂建造船舶58艘，其中拖轮31艘，出口东南亚和中东地区；车客渡船8艘，工程船15艘，游船、客轮4艘。

第四章　电子工业

第一节　发展状况

1986年，全市电子工业企业345家，其中部属2家、市属37家，居省内同行业之首；利税总额9422万元，销售收入72368万元，全员年劳动生产率28315元，出口创汇1025.18万美元，出口创汇额居江苏省各市同行业第一。“七五”期间，电子仪表系统总投资15838.5万元，完成技术改造、技术引进项目81项。其中：引进项目27项，总投资12774.1万元，用汇2602万美元；国内改造项目54项，总投资3064.4万元。市属电子企业引进国外关键设备和检测仪器2900多台（套），新增固定资产9800多万元，彩电国产化配套率提高至44%。1988年是市属电子工业发展最快的一年，次年起呈下滑之势。同时郊县及乡镇电子企业发展迅速，至1989年，列入省市计划内企业发展至70家，完成工业总产值（1980年不变价）6.19亿元，成为无锡电子工业发展的一支重要力量。至1990年，全市电子工业有计划内企业102家，其中中央企业2家、市属企业30家、市（县）郊企业70家，职工总数逾5万人，固定资产原值8亿多元；计划外的乡、村两级电子企业数百家；全年创汇3059万美元，全员年劳动生产率62666元。生产40多个大类300多个品种上千种规格型号的产品，其中年产值5000万元以上的产品10多个、500万～5000万元的产品20多个。形成无锡市电视机厂、无锡无线电厂、无锡市无线电五厂、无锡市电子管厂、无锡市电容器厂、无锡市无线电元件六厂、无锡市无线电变压器厂、无锡市无线电元件二厂、无锡县无线电二厂等骨干企业，以无锡市电视机厂为主体的虹美电器集团公司、以无锡无线电厂为主体的梅花电子集团公司、以无锡市电容器厂为主体的和平机械电子集团公司（无锡）、以无锡市无线电五厂为主体的咏梅（冠达）集团实业公司等4家企业集团，“虹美”牌彩电、“梅花”牌收录机及机芯、“和平”牌电解电容器、“咏梅”牌收音机等优质名牌产品，“宇宙”牌黑白显像管及电子枪、“百花”牌行输出变压器、“锡梅”牌电子调谐器、“爱尔”牌声表陶瓷器件、“杜鹃”牌电子计算器及电脑控制器、“梅花”牌通讯机、“华晶”牌集成电路及分立器件、西门子电机、气象雷达等拳头产品。

进入90年代，无锡电子工业的产品结构和社会经济发展需求不相适应的矛盾日益暴露，消费类电子产品比重过大，且品种较为单一；投资类产品比重过低，抗冲击能力弱；进出口不平衡。市电子仪表工业局（简称“市电仪局”）提出“优化消费类、提高基础类、发展投资类、开拓新门类”的电子产品调整和发展思路。1991年，建立中外合资企业5家，利用外资360万美元。市无线电五厂在马达加斯加投资33.4万美元建立境外电子企业，其他企业在深圳、珠海、海南等经济特区相继建立9家窗口企业，初步建立起内地—特区—境外相连的外向型经济格局。无锡市电子仪表工业公司成立，注册资本7837.6万元。是年，市属企业完成工业总产值171079万元，销售收入142686万元，利税6888万元，利润1609万元。1992年，市属企业完成工业总产值197464万元，销售收入152076万元，利税7804万元，利润2844万元，出口交货值17242万元。与1990年相比，无锡电子工业主要经济指标在全国37个电子工业中心城市中的地位销售收入由第三位降至第四位，工业总产值由第五位降至第七位，实现利税由第十二位升至第十位，出口创汇仍为第八位。

1993～1995年，无锡电子工业实施“技术换代，外向发展”战略，企业完善承包责任制。至1995年末，市电仪局属企业先后成立30家“三资”企业。其中，无锡市仪表厂创办中策仪表有限公司、雷华环球电子有限公司，无锡市仪表二厂全厂合资成立中策机电设备有限公司，无锡无线电厂创办新星电子有限公司等两家企业，市电视机厂与新加坡合资建立永固电子有限公司、鼎虹电子有限公司，市电仪工业公司与日本夏普公司合资创办夏普（电子）无锡有限公司，市电子管厂全厂合资成立中策电子有限公司，市无线电元件二厂成立永新电子有限公司等两家企业。与1990年相比，市区电子工业外贸供货额增加68.1%，工业总产值增加58.6%，销售收入增加30%，利税总额下降6.6%，利润下降82.4%。1996年，市区电子工业经营效益跌至谷底，全年完成工业总产值255734万元，销售收入163875万元，利税-2248万元，利润-8170万元。

“九五”期间，深化企业改革改制，海星集团、无线电元件六厂、电容器厂进行现代企业制度试点，无锡电讯设备总厂、双翼电器总公司（原无锡市无线电二厂）、市电阻厂、中策电子有限公司、市无线电元件三厂、无锡市船用电器厂、电化教育设备厂、鼎虹电子有限公司、永新电子器件有限公司、环球雷华电子设备有限公司等先后关闭，存在环境污染问题的电镀总厂停产并进行改制。虹美电器集团为香港东强公司加工音响产品，市电子计算机厂与上海一百商都公司合作生产“红壹百”电脑，永固电子无锡公司与春兰公司合作生产彩电，无锡无线电厂与深圳先科集团合作生产光头和机芯整机。电子信息类产品进入成长期，完成液晶显示器、激光拾音器、只读光盘（CD-ROM）、数字视盘（DVD-ROM）机芯的扩产扩能，经济总量由1996年的14500万元增至1997年54618万元、1998年76819万元，占市属电子产值比重由1996年的5.7%提高至1997年27.4%、1998年30.5%。2000年，市属电子工业完成工业总产值333984万元，销售收入337867万元，利税16835万元，利润6597万元，出口交货值175534万元。

2001年4月，以经济管理为主要职能的市电子仪表工业局改制为以资产经营、资本运作为主要职能的无锡市电仪资产经营公司（简称“市电仪资产公司”），公司下属企事业单位39家（含江南中等专业学校），其中年产销规模10亿元以上企业1家（无锡夏普元器件公司）、5亿元以上企业1家（无锡无线电厂）、1亿～3亿元以上企业4家、5000万元以上企业5家、1000万元以上企业10家。2002年，无锡电子行业10个重点产品完成增量经济12.1亿元，成为全市第三大优势产业。TCL数码视像产品生产基地技改项目、无锡夏普调谐器技改项目、市元件六厂数模兼容数字电视机机顶盒技改项目、无锡无线电厂与日本三协株式会社激光拾音器扩大合作规模项目、无锡众和公司改造低压阳极箔腐蚀项目相继建成投产。2003年，无锡市以市电仪工业公司为主体，组建信息产业集团，当年形成液晶显示器（1895万块）、数码彩电（123.3万台）、真空开关管（4.1万只）、西门子发电机（8万千瓦）、激光拾音器（834万只）、电子调谐器（2845万只）等6个主力产品的规模经济格局；集团下属无锡TCL公司（13.3亿元）、中策减震器公司（2.2亿元）、无锡无线电厂（8.2亿元）、超声电子公司（2亿元）、市元件六厂（1.3亿元）6家企业年销售收入超亿元。是年，全市电子信息产业企业增至251家，年销售收入10亿元以上的企业3家、5亿元以上6家、1亿元以上23家、5000万元以上29家，其中夏普元器件公司年销售额34.2亿元，居首位。2004年，全市电子信息制造业和软件业实现工业总产值1151389万元、销售收入1150625万元、利税37002万元、利润27541万元、出口交货值838047万元，成为全市第二大支柱产业。

“十五”期间，市电仪资产公司加快改革改制和资产重组步伐，市无线电二厂、市电子管厂、市无线电元件三厂、市无线电木壳厂、虹美电器集团公司、市无线电十五厂、市无线电元件二厂、市电阻厂、市电表厂、市仪表五厂、市电子物资器材公司、市无线电元件五厂、市电子计算机厂、锡联电子有限公司（市元件六厂分支企业）等14家企业破产，市仪表厂、市无线电元件十一厂、市电镀总厂等

3家企业关闭，无锡无线电厂、和平机械电气集团公司(无锡)歇业，虹美电器集团等企业实施资产重组。虹美电器集团破产后，由市电仪工业公司与TCL合资，成立TCL数码科技有限公司(无锡)，在新区建成全球最大单体电视机生产基地；海星电机集团公司由市电仪工业公司出资与军工企业汾西884厂合资组建无锡汾锡电机有限公司；海星电机集团公司与湖光仪器厂(559厂)合资组建无锡湖光海星雷达有限公司；和平机械电子集团公司利用存量资产与和平香港有限公司合资合作，组建无锡新和平电子有限公司；市电仪工业公司、市元件六厂及多个自然人持股改制调谐器、贴片加工项目；超声电子设备厂与新东电器公司合作，以增资扩股形式改由民营企业控股。此外，兰虹电子有限公司(整厂)、仪表厂(量仪)、市电容器四厂(薄膜电容器、钽材料)、市船用电器厂(船用开关柜、粘度控制仪)、市无线电元件五厂(电力模块)等5家困难企业实施整体或项目转让，加快国有资本退出。

2003年10月，市电仪资产公司规划建设无锡市电子工业园。该园位于无锡国家高新技术产业开发区B22地块，占地20.4公顷。2005年3月，一期工程首幢厂房落成并通过验收。5月，无锡科尔华电子有限公司入园，当年产值1.2亿元。此后新厂房陆续建成，至2005年末，新增华微洁净有限公司、康利精机有限公司、华协光电有限公司、市电仪公司第二工场等4家企业入园。

2005年，市电子仪表工业公司有规模企业18家，其中亿元以上企业8家、合资企业15家，职工总数8739人，资产总计(含企业)509283万元，资产负债(含企业)355798万元。全年完成工业总产值172.95亿元，产品销售收入172.8亿元，工业增加值12亿元，利税总额5.24亿元，利润3.29亿元。

2005年末，全市通信设备、计算机及其他电子设备制造业全部国有及限额以上非国有工业企业170家、工业总产值6706472万元，限额以上“三资”企业88家、工业总产值5961210万元；仪器仪表及文化、办公用机械制造业全部国有及限额以上非国有工业企业41家、工业总产值402302万元，限额以上“三资”企业12家、工业总产值256006万元。

2004年无锡市通信设备、计算机及其他电子设备制造业经济普查情况表

表14-18　　　　单位：家、千元、人

行业	企业数	工业总产值	工业销售产值	出口交货值	主营业务收入	利润总额	从业人员
通信设备制造	45	1111686	1044861	402161	1034284	82628	3357
雷达及配套设备制造	4	22215	22215	—	22215	1610	252
广播电视设备制造	31	116964	121607	15084	142163	12329	627
电子计算机制造	43	17635055	16936697	14950628	16933730	451367	11890
电子器件制造	190	8345297	7881957	3232893	7910495	407503	22737
电子元件制造	300	17602276	16937154	14434392	17036061	984186	40093
家用视听设备制造	34	3066500	3023822	1003786	3017142	16677	5386
其他电子设备制造	64	125493	114606	—	115407	4037	1116
合计	711	48025486	46082919	34038944	46211497	1960337	85458

1986～2005年无锡市主要年份电子产品产量表

表14-19

产品名称	单位	1986年	1990年	1995年	2000年	2005年			
						全市	其中		
							市区	江阴市	宜兴市
电视机	万台	57.62	103.93	74.83	—	—	—	—	—
彩电	万台	8.18	16.14	17.86	22.05	17.57	17.57	—	—
黑白电视	万台	—	—	—	4.90	2.23	2.23	—	—
收音机	万台	275.12	381.00	102.17	—	—	—	—	—
录音机	万台	—	46.15	14.40	—	—	—	—	—
收录机	万台	7.56	—	—	—	—	—	—	—
电话单机	万部	—	—	—	107.90	221.72		—	221.72
数码照相机	万台	—	—	—	—	136.84	136.84	—	—
组合音响	部	—	—	—	22850.00	8025.00	8025.00	—	—
雷达	部	—	—	—	27.00	—	—	—	—
液晶显示器	万部	—	—	—	148.68	367.87	367.87	—	—
电子管	万只	61.28	231.55	295.64	—	—	—	—	—
显像管	万只	60.93	231.55	295.30	—	—	—	—	—
电子计算器	万台	10.60	8.11	—	—	—	—	—	—
笔记本计算机	万部	—	—	—	—	10.27	10.27	—	—
半导体分立器件	亿只	0.89	0.38	4.86	19.45	134.58	10.05	117.22	7.31
半导体集成电路	亿块	0.21	0.96	1.11	7.17	46.37	10.95	35.42	—
电子元件	亿只	3.57	9.06	97.48	20.22	—	—	—	—
电工仪器仪表	万台	—	—	—	177.33	34.44	—	—	34.44
硬盘机	万台	—	—	—	848.54	4938.07	4938.07	—	—
软磁盘	万片	—	—	—	3574.00	—	—	—	—

说明：2000年，全市黑白显像管产量为60.59万只。2000年，全市大规模半导体集成电路产量为9300万块，2005年为5.08亿块，均为市区生产。

2005年无锡市电仪资产经营公司主要企业一览表

表14-20　　　　单位：人、万元

企业名称	年末职工数	工业总产值	工业增加值	利税	出口交货值
无锡市电子仪表工业公司	2260	52036	15608	7250	26076
无锡市华协光电科技有限责任公司	1589	47447	3435	432	47447
无锡康利精机有限公司	377	2128	461	25	2305
无锡科尔华电子有限公司	662	12209	3688	703	259
无锡夏普电子元器件有限公司	1375	1420964	79320	39872	1400230
西门子中压开关技术（无锡）有限公司	233	13404	4116	2280	2051
无锡中策机电设备有限公司	171	3256	1799	350	—
TCL数码科技（无锡）有限公司	778	149447	15166	2016	—

续表

企业名称	年末职工数	工业总产值	工业增加值	利税	出口交货值
和平机械电子有限公司（无锡）	150	2393	1632	-460	—
无锡格玛电子有限公司	140	1630	342	118	—
无锡新和平电子有限公司	80	3613	532	-189	—
无锡汾锡电机有限公司	330	6413	2094	219	—
无锡湖光海星雷达有限公司	105	2586	1164	459	—
无锡东洋电器有限公司	138	8613	569	-310	5781
无锡东特电子有限公司	82	1587	284	57	—
无锡市超声电子设备厂	181	214	0	-221	—
锡曼克电子有限公司	63	999	316	-9	—
无锡欣达电子有限公司	25	523	97	-109	416

第二节　集成电路

1986年5月13日，无锡微电子联合公司生产出国内第一块超大规模集成电路64K动态随机存贮器，无锡市微电子技术取得重大突破，获国家“六五”期间科技攻关奖。1987年10月，该公司建成彩色电视机用晶体管生产线，年设计生产能力1亿～3亿个晶体管。1988年9月，建成彩电用晶体管生产线与两片机电路组装生产线，设计能力为年产两片机电路250万套，为国内第一条具有国际80年代中期水平的彩电用两片机电路组装生产线。“七五”期间，中国华晶电子集团公司（简称“华晶公司”）集成电路总产量占全国总产量的35%，其中电视机电路、电视机调谐器用晶体管产量占全国产量的70%。

1990年11月，国家投资引进建设的超大规模集成电路工程——无锡微电子工程在华晶公司全面开工，建成一条与原3英寸生产线平行的4英寸生产线，集成电路年生产能力由2648万块增至5000万块，华晶公司成为全国集成电路产量唯一超过3000万块的企业。同年12月，无锡微电子工程2微米、3微米MOS电路生产线通过对外技术转让合同验收，1994年6月通过国家验收，形成前道月投片量11600片、后道年封装2000万块电路的能力，产品应用于程控交换机、电话机、计算机用电路、消费类家用电器等。

图14-9　90年代华晶集团净化车间　（顾祚维摄）

1992年11月，国家“八五”重点工程国产录像机集成电路项目定点华晶公司。公司投资约7200万元对原有双极电路生产线进行大规模技术改造，成套开发电路28个品种，其中20种为双极电路、8种为MOS电路，占整个录像机电路总数的88%，其中一块电路的集成度达1万只元件。

1995年1月，华晶公司研制出标准1微米集成电路产品FCT245八路双向收发器。1995年12月，国家“908”工程超大规模集成电路生产线项目开工建设。华晶公司从美国朗讯科技公司引进0.9微米超大规模集成电路开发、生产工艺技术和部分产品，建设1条工艺水平为0.8～1微米、月产6英寸硅片1万片（相当于年产集成电路5000万块）的超大规模集成电路生产线。项目建成后，国家集成电路大生产水平跨入亚微米阶段。1997年8月，华晶公司第一块亚微米集成电路1028CS芯片在MOS电路总厂诞生，首批中测（电参数和性能全面测试）成品率超过70%。产品采用单层多晶双层金属工艺、0.9微米设计规划设计，最小多晶栅尺寸为0.9微米，最小多晶走线为0.8微米，最小孔尺寸为1.0×1.0微米，最小第一层金属宽度为0.9微米，硅片尺寸为6英寸。1998年，华晶公司设计中心开发采用计算机辅助设计系统，形成与公司2微米、1微米生产线相匹配的数据库。

2000年9月，无锡微电子高新技术工业园在华晶公司成立。2001年，“908”工程华晶项目建设的超大规模MOS集成电路生产线通过国家验收。2003年6月，无锡华晶微电子股份有限公司变更为无锡华润华晶微电子有限公司（简称“华润微电子公司”）。全年公司投资2.6亿港元提高设计能力，改善生产线装备水平。2004年，设立无锡华润晶芯半导体有限公司，主要从事0.35微米大规模集成电路、电路模块、微处理器、半导体记忆体、新型电子元器件6英寸晶圆的生产。

2002年，江阴市长电科技股份有限公司生产集成电路8亿块，分立器件72亿只，新型片式化分立器件率先在国内形成规模化生产。2003年，法尔胜集团公司光子公司投资6.07亿元，开发年产120万芯公里显光导纤维预制棒、光纤预制二期工程、年产35万号光器件等3个项目。

2005年，华润微电子公司双极IC设计水平由1.5微米提升至1微米，MOS IC跨上8英寸工艺平台，数字音视频产品的设计技术由0.25微米提升至0.18微米，数模混合的MCU 产品由0.5微米提升至0.35微米。同年，海力士—意法半导体有限公司在无锡建厂，生产8英寸和12英寸集成电路晶圆。

第三节　电子元器件　电视机

1986～1990年，无锡电子工业实施“电子整机与元器件同步推进，军用与民用相互依托”的发展策略，拥有电子元件、电子器件、电子材料、广播电视整机、雷达、通信机、航空电子器材、无线电专用设备、电子计算机、仪器仪表及电子应用产品等11大类产品的开发、研制、生产能力。无锡无线电厂建成年产800万只盒式录音机芯的生产线，无锡市无线电元件六厂建成年产50万个C型彩电调谐器的生产线，无锡市无线电变压器厂建成年产50万个彩电回扫变压器的生产线。1988年，全市黑白电视机年产量突破100万台，产值10亿元，成为国内主要电视机生产基地之一。1990年，全市生产电视机97.8万台（其中彩电16.1万台）、收录机40.1万台、收音机381万台、电子元件32426万只、显像管80万只、雷达12部、通信机696部。

图14-10　1989年无锡无线电厂梅花收录机订货会（顾祚维摄）

1991年，无锡市建设以黑白电视机为龙头的国产化配套协作体系和以彩电为龙头的国产化配套协作体系，为黑白电视机配套的150万支电子枪技术改造工程竣工投产，黑白显像管玻壳工程开工（无锡虹宇显像管玻壳有限公司，总投资3000万美元，因黑白电视机市场变化，3年后国家将此项目调整下马），建设无锡黑白电视机出口基地。彩电国产化主要进行回扫变压器、电子调谐器、陶瓷滤波器、中高压铝电解电容器的配套改造。推出21英寸平面直角遥控彩电，30种新款录音机和机芯，九波段、钟控、调幅立体声、数字调谐收音机。实施电力半导体器件、高分辨率显像管、超小型铝电解电容器等基础性开发和改造，开发紫外光敏、光电感烟、PTC热敏消磁电阻、荷重传感器。市区电子企业形成录音机、收音机、黑白电视机等3个出口基地。

1993年开始，无锡市电子工业重点发展液晶显示器件及应用产品、有线无线通信产品、电子信息产品、广播电视类产品、新一代电子元器件和无线电专用设备，重点开发卫星电视接收系统，大屏幕、画中画、全制式、数字化、高清晰彩电，数字化、超薄型、中高档收音机，变频调速器，软磁盘及盘芯，CATV频率变换器及部件，CT1、CT2无绳电话机，大容量电力模块，条形码识别器，片状特种元器件，高分辨率电子枪及显示管，固态继电器，触摸式电子感应开关，计算机应用产品及软件开发，通讯系列产品，STN、TFT液晶显示器件及应用产品等16项高新技术产品。

1994年后，市电子仪表公司投入14亿元，与国际国内著名大公司的合资合作，建设液晶、调谐器、激光拾音器、真空开关管、数字视听产品等五大产业基地。1994年12月，由无锡市电子仪表工业公司和日本夏普株式会社合资组建无锡夏普电子元器件有限公司，产品由黑白STN-LCD发展到TFT-LCD、彩色STN-LCD、高性能电子调谐器、激光拾音器、数字照相机及摄像头、TFT-LCD驱动电路后道封装等产品，并按市政府部署，以夏普公司液晶显示器模块为主载体，建设“无锡液晶谷”，形成背光源、彩电滤光片、偏振片等配套件产品到液晶电视、计算机、液晶显示器等整机液晶应用产品的产业链，成为国内液晶产业基地之一。科尔华电子公司和夏普元器件有限公司生产卫星数字电子调谐器、彩电调谐器、数字电视机机顶盒、数字电子调谐器等数字化产品，2005年两家企业产量分别为509.1万个、3798.6万个，销售收入分别为1.57亿元和11.5亿元，成为国内最大的调谐器生产基地。无锡华协光电科技公司和日本三协精机公司合作生产激光拾音器，夏普元器件公司开始生产笔记本电脑用微型激光拾音器，2005年两家企业的产量和销售收入分别为1007万个、5.7亿元和530万个、3亿元，成为国内激光拾音器主要生产基地之一。2005年，TCL数码科技（无锡）有限公司及其研发中心在新区建成以数字高清彩电、POP、DLP及背投、液晶电视机为主的生产及研发基地，当年生产数字化彩电、背投等产品130.4万台，销售收入14.2亿元，成为国内单体规模最大的生产基地之一。

第四节　企业选介

一、无锡市电子仪表工业有限公司

公司位于无锡市永和路28号。1991年3月成立，注册资本7837.61万元。2005年，公司投资企业9家，其中无锡颐鼎科技有限公司、无锡华鼎科技有限公司、无锡科尔华电子有限公司、无锡华协光电科技有限责任公司、无锡华捷电子信息技术有限公司、无锡市电仪房产开发有限公司为控股企业，无锡夏普电子元器件有限公司、西门子中高压开关技术（无锡）有限公司和无锡达凯软件有限公司为参股企业。全年工业总产值5.2亿元，出口交货值2.6亿元，实现利税7250万元。

二、无锡华润微电子有限公司

公司位于无锡市梁溪路14号，为国家微电子骨干企业。1985年6月，电子部24所无锡分所和江南无线电器材厂联合建立无锡微电子科研生产公司，1989年8月改为中国华晶电子集团公司（简称“华晶集团”），部属无锡无线电工业学校（中专）划入。集团主要从事集成电路和分立器件两大部类产品的科研开发和商品生产。1993年，获国际电子委员会电子元器件质量评定体系（IECQ）制造厂认可证书，生产出全国第一块256K动态随机存储器（DRM）。1994年8月，与日本东芝株式会社合资兴办无锡华芝半导体有限公司。1998年，"华晶"商标获"江苏省著名商标"称号。1999年9月1日，华晶集团和香港上华半导体有限公司合资组建无锡华晶上华半导体有限公司，共同经营MOS电路圆片生产线。

2000年，华晶集团按设计、圆片制造和封装三业专业化协作分工要求进行内部体制调整和改革，新组建的无锡华晶微电子股份有限公司为国内从事分立器件和双极集成电路产品设计和制造规模最大的企业；由经营和技术骨干参股的Fabless公司无锡华晶矽科微电子有限公司为国内MOSIC设计业的四强之一；组建无锡华晶利达电子有限公司；华晶集团与华晶中央研究所（信息产业部电子第24所无锡分所）分立，第24所无锡分所定名为信息产业部电子第58所；封装资源重组后成立华晶集成电路封装总厂。8月，华晶微电子公司被科技部高新技术产业开发中心认定为重点高新技术企业。2002年9月，市政府与香港华润集团签订协议，华晶集团整体加盟香港华润集团。2003年6月，华晶微电子股份有限公司变更为无锡华润微电子有限公司（简称"华润公司"）。

至2005年，华润公司固定资产约30亿元，其中微电子专用设备固定资产14亿元；职工5700余人，其中专业技术人员约占50%。公司下设中央研究所、双极电路事业部、MOS电路事业部、分立器件事业部、硅材料工厂、掩模工厂、动力工厂、工模具与机械工厂、零件工厂、技术支援中心，拥有先进的MOS电路、双极电路和分立器件生产线，从事集成电路和分立器件两大类半导体产品的设计开发以及晶圆制造和测试封装业务，具备0.18微米产品的设计能力和0.35微米的工艺加工能力，拥有3条4英寸、1条5英寸、3条6英寸晶圆生产线，具备年产200余万片晶圆以及年总线位超过160亿线的新型集成电路封装能力。下属无锡华润华晶微电子有限公司、无锡华润上华科技有限公司分别当选2004年度中国十大集成电路与分立器件制造企业，无锡华润矽科微电子有限公司当选2004年度中国十大集成电路设计企业，无锡华润安盛科技有限公司当选2004年度中国最具成长性封装测试企业。

三、无锡夏普电子元器件有限公司

公司位于无锡市国家高新技术产业开发区54号地块。1994年12月，无锡市电子仪表工业公司和日本夏普株式会社合资创建，是日本夏普公司在全球的三大生产基地之一，也是国内首家大型液晶合资企业。公司占地10万多平方米，总投资超过8000万美元。主导产品TFT液晶显示模块和STN液晶显示模块，主要用于笔记本电脑、可携带电话、文字处理机、终端等信息通信、办公自动化设备显示用的彩色、黑白液晶显示模块。2005年，公司固定资产原值11.1亿元，销售收入142.6亿元，出口值140亿元，实现利税3.99亿元、利润2.4亿元。

四、希捷国际科技（无锡）有限公司

1995年3月15日，世界上最大的磁盘驱动器、磁盘和读写磁头生产厂家美国希捷国际科技有限公司进驻无锡新加坡工业园区，在园区注册成立希捷国际科技（无锡）有限公司，占地5.8万平方米。公司为当时江苏省最大的外商独资企业，也是园区内首家投产的跨国公司。在园区落户后，不断增资扩股。1998年第一次增资，投资总额由3000万美元增至 1.2亿美元，注册资本由1200万美元增至4200万美元。1999～2001年，希捷国际科技（无锡）有限公司连续3年生产总产量、销售收入和自营出口额名列全市和全省第一。2002年，公司成为全市首家年销售收入突破百亿元的外资企业，当年被评为中国十大高新技术企业。2002年和2005年，公司先后将泰国和深圳的两条生产线搬迁到希捷国际科技（无锡）有限公司，并分别将投资总额增至2.7亿美元和3.5亿美元，2005年注册资本增至6700万美元。至2005年末，投资总额4.2亿美元，建筑总面积9290平方米，员工1.2万人，为无锡市累计出口总量最大的外资企业。

五、TCL数码科技（无锡）有限公司

公司位于无锡市新锦路1号。前身为无锡市电视机厂，1992年更名为虹美电器集团公司，1999年破产后改为永固电子公司。2000年，无锡市电仪资产经营公司与TCL数码科技（无锡）有限公司在虹美电器集团公司原厂址合资成立TCL数码科技（无锡）有限公司，并接盘无锡永固电子公司。2001年1月起，生产TCL牌彩电产品，是年产量60万台。2004年，投资6000万美元在新区建设TCL数码科技园，建成数字电视机生产基地和数字产品研发中心，生产数字高清彩电POP、DLP、背投电视机、液晶电视等数码视听产品。2005年，公司生产彩电130.4万台，其中背投电视机4.8万台；实现工业总产值14.94亿元，营业收入13.72亿元，利税1898万元。

六、无锡中策机电设备有限公司

公司位于无锡市钱姚路乌径桥1号。前身为无锡市仪表二厂，1993年9月与香港中策集团合资成立无锡中策机电设备有限公司，为国家航空工业导航仪表定点生产企业和航空电阻器专业生产企业，民用产品有离心式气泵、旋涡式气泵、三叶罗茨风机、磨床自动测量控制仪，军用产品有精密航空电阻器、高度调节器、地平陀螺仪、电子控制器机箱等。2005年，公司净资产2384万元，实现工业总产值3256万元，销售收入3021万元，利税350万元，利润128万元。

七、无锡东洋电器有限公司

公司位于无锡市马山生物医药工业园霞光路18号。1995年1月，由无锡市无线电变压器厂和日本陶瓷株式会社合资成立，注册资本360.75万美元，拥有年产1000万个回扫变压器、300万个复印机用高压变压器、200万个高压单元、700万个家用电器用变压器和5000万件模具注塑的能力。2003年，14～18英寸电视机用的回扫变压器，13～45英寸液晶电视逆变器、复印机用高压变压器等3个系列产品获得美国UL及德国VDE安全认证证书。公司在日本大阪府堺市设立事务所，从事技术研究及产品开发、销售和材料采购。2005年，实现工业总产值8612.6万元，销售收入8444.8万元，出口交货值5780.8万元。

八、无锡康利精机有限公司

公司位于新区无锡市电子工业园内。前身为无锡无线电厂机芯分厂，2003年7月成立。主要生产梅花牌系列盒式磁带录音机芯，汽车放音机机芯，家用及车载CD、VCD、DVD光盘驱动装置及光盘驱动器，其中汽车放音机芯国内市场占有率30%，大量出口至美国、日本及东南亚地区，年出口创汇1500万美元。2005年，公司生产类CD机芯627万台，完成工业总产值2128.4万元，出口交货值2304.5万元。

九、海鹰企业集团有限责任公司

公司位于无锡市梁溪路18号。始建于1958年，隶属中国船舶工业集团公司，为国有独资大型骨干企业。1993年，被评定为国家级高新技术企业。公司为国内最早研制、生产清纱器的厂家，自行研制、生产电子清纱器、储纬器、纱疵分级仪、清棉金属探测器、电磁离合器、纬纱检测器等6个系列30多个品种。开发研制的海洋水声新型精密测深仪达到国外同类产品先进水平，还开发彩超、高强度超声聚焦刀、数字化B超、车用传感器、非标码垛机等民用产品。至2005年，形成水声电子、纺织电子、医疗电子、传感器件等4个系列产品。

十、海力士—意法（无锡）半导体有限公司

公司位于无锡市新区出口加工区。2004年8月18日，由韩国现代海力士半导体公司和欧洲意法半导体公司共同投资20亿美元的超大规模集成电路晶圆生产线项目在南京签署协议，2005年4月在无锡新区开工，成为当时国内半导体单体投资规模最大、技术最先进的项目，也是江苏省外商独资最大的项目。项目先期总投资20亿美元，主要生产8英寸和12英寸集成电路晶圆。

十一、无锡宝通电子科技股份有限公司

公司位于无锡市建筑路1058号。1980年创办，前身为无锡市电讯元件厂，主要产品压电陶瓷滤波器、陷波器于1991年获国家金质奖。2004年，与世界上最大的声表面波元器件制造商德国西门子EPCOS公司和日本松下公司合资创建无锡宝科电子有限公司。先后被评为江苏省高新技术企业、江苏省名牌产品企业、全国电子元件百强企业、农业部全国乡镇最佳效益企业等。2005年，公司主要产品为LT陶瓷滤波器系列、XT陶瓷陷波器系列、ZT陶瓷谐波器系列、JT陶瓷鉴频器系列和声表面波（SAW）系列等五大系列700余个规格的产品，年生产能力5亿只，为国内专业生产压电陶瓷元器件和声表面波（SAW）电子元器件最大的生产厂家之一。

第五章　冶金工业

第一节　发展状况

80年代初，无锡冶金工业管理和技术落后，效率和效益低下。1986年，无锡市冶金工业局（简称“市冶金局”）直接管理的企业有无锡市钢铁厂、市第二钢铁厂、市第三钢铁厂、市太湖耐火材料厂、市钢丝绳厂、市冶炼厂、市冶金局农工商联合公司、市采煤机械厂、市冶金工业供销公司、无锡焦化厂。全市冶金企业引入现代管理理念，生产形势有所好转。1987年，全市生产铁7.45万吨，较上年增长32%；产钢31万吨，增产8%；钢材61万吨，增产9%；钢丝绳1.9万吨，增产22.7%；耐火材料5.6万吨，增产2%；冶金行业全员劳动生产率26568元，增长9.4%；利润总额7218万元，增长16%。

1991年，无锡钢厂从瑞典购回1套二手设备，建成棒线材生产线，1993年投产。1994年，江阴月城镇沿山村从法国、德国引进电炉和轧机等设备，形成1条具有年产30万吨钢及连铸、连轧能力的短流程生产线。1995年，无锡县钢铁厂从意大利进口1台34吨电炉，从日本进口1台R6三机三流连铸机，建成电炉—全连铸—热送—热轧短流程生产线，带钢生产能力提高20%。其间，外方以资金投入或设备入股的方式，进入无锡冶金制造业。1993年，江阴钢绳厂与比利时合资兴建的特钢帘线生产线投产，江阴钢厂与香港中信泰富有限公司合资创建江阴兴澄特种钢铁有限公司。1997年，无锡梁溪冷轧薄板有限公司与韩国联合铁钢株式会社合资建设冷轧薄板和镀锌板生产线；无锡苏嘉镁碳砖有限公司与日本黑崎窑业株式会社合资建成镁砖生产线。

90年代中后期，无锡冶金企业逐步展开产权改革。乡镇冶金企业率先改制，采取承包经营—经营者持股—经营者持大股—“拍卖转私”的渐进改革步骤，至21世纪初相继完成产权改革。无锡县雪浪初轧厂改制为无锡雪浪钢铁有限公司，无锡县高频焊管厂改制为江苏玉龙钢管有限公司，无锡县镁碳砖厂改制为无锡苏嘉镁砖有限公司，无锡县三洲钢厂改制为无锡三洲冶金有限公司，宜兴湖汊

耐火电瓷厂改制为无锡市南方耐材有限公司，无锡县钢铁厂改制为锡兴集团公司，无锡县钢丝绳厂改制为无锡通用钢绳有限公司。其间，江阴市先后创办西城钢铁有限公司、长达钢铁有限公司，两家企业年产钢能力超过百万吨。

1997～2001年，无锡冶金行业多家企业处于亏损或虚盈实亏状态。1998年，市冶金局所属企业中有3家亏损，亏损总额2700万元，市属冶金企业利润为负数；江阴市、宜兴市、无锡县冶金行业10多家主要骨干企业中5家亏损，亏损总额4200多万元。

2001年4月，市委、市政府撤销市冶金局，设无锡市冶金资产经营有限公司。11月，市冶金资产经营有限公司等6家企业发起成立无锡市冶金工业协会。2002年，国家经济进入新一轮的快速增长上升期，带动钢材需求大增。2003年，全市冶金行业工业性投资39亿元，投入超亿元项目14个。江阴华西村投入11亿元自有资金兴建华西钢铁公司，形成从铁矿石进口到轧钢的完整产业链。江阴新长江集团在江阴—靖江工业园区投资14亿元，兴建长强钢铁有限公司。2004年，国家遏制高耗能产业盲目发展，对钢铁等行业投资项目进行清理。无锡冶金行业涉及黑色金属冶炼及压延加工业、有色金属冶炼及压延加工业和金属制品业的项目有169个，其中在建145个。经清理，20个在建项目暂停建设或限期整改，11个拟建项目取消立项。

2004年，江苏省无锡探矿机械总厂完成国有转民营的企业产权改革，无锡钻探工具厂主管部门由国土资源部转为中国地质装备总公司。至2005年末，全市冶金国有企事业单位产权改革基本完成，除江苏锡钢集团为国有全资（转让给香港华润集团旗下的机械五矿集团公司）、法尔胜集团尚有部分国有持股之外，无锡市赛福天钢丝绳有限责任公司（原无锡市钢丝绳厂）、无锡市盛达机械制造有限公司（原无锡市采煤机械厂）、无锡焦化有限公司、无锡市纽威型钢有限公司、市冶金工业供销公司等5家企业国有资本全部退出，转制为民营企业，市冶金铁路工业站改制为企业且国有资本退出。市第二钢铁厂（1993年）、市冶炼厂（1997年）、市太湖耐火材料公司（2004年）、市第三钢铁厂（2005年）等4家市属国有冶金企业宣告破产。

至2005年，无锡市冶金行业形成生铁、粗钢、钢材、耐火材料、金属丝绳、不锈钢和有色金属等七大类产品，在企业数量和经济比重中，以黑色金属压延加工业最大，华西钢铁、兴澄特钢两家企业的钢产量占全市的53%。市区冶金企业主要集中于惠山区，有300多家，其中年销售额亿元以上的企业33家，全年销售收入300亿元。江阴市冶金工业年产值813.18亿元。宜兴市冶金工业产值185.3亿元，销售收入174.7亿元。兴澄特钢、法尔胜集团与江苏银环精密钢管公司成为相关产品国家技术标准的起草者；兴澄特钢为全国特优钢基地和全国最大的汽车用钢供应商；法尔胜集团为全国最重要的大桥缆索生产供应商，“法尔胜”牌钢绳出口量连续保持国内第一，其生产的光棒为国家信息产业的发展做出重要贡献；西姆莱斯研制的石油专用管可抵抗井喷压井的超强压力，为高端油井国产化作出贡献；赛福天电梯绳产销总量继续保持全国同行第一；锡钢轴承钢、玉龙钢管、江苏银环U形管、新大中彩钢板、苏嘉镁砖、南方连铸耐火材料等产品在国内市场具有较高知名度。

1986～2005年无锡市主要年份冶金产品产量表

表14-21　　单位：万吨

产品名称	1986年	1990年	1995年	2000年	2005年			
					全市	其中		
						市区	江阴市	宜兴市
生铁	5.42	2.99	4.20	—	—	—	—	—
钢	28.70	48.18	102.46	124.80	594.56	246.63	347.93	—
钢材	55.73	52.60	321.16	467.19	1470.53	587.20	882.05	1.28

续表

产品名称	1986年	1990年	1995年	2000年	2005年			
					全市	其中		
						市区	江阴市	宜兴市
焦炭	13.56	14.39	30.17	29.87	32.29	32.29	—	—
铁合金	1.10	1.47	2.52	0.69	1.51	1.51	—	—
钢丝绳	—	—	8.23	14.61	—	—	—	—
铜加工材	—	—	—	15.52	40.11	5.56	2.51	32.04
铝材	—	—	—	10.91	22.96	3.55	16.85	2.56

2005年无锡市冶金工业主要产品产量表

表14—22　　单位：吨

产品名称		产量	产品名称		产量
生铁		3972159	钢材	钢筋	3079941
粗钢		7182542		线材（盘条）	2013834
成品钢材		16402352		中板	1194992
铁合金		15098		热轧窄钢带	1517655
耐火材料		353929		冷轧窄钢带	597452
铜加工材		413351		镀层板（带）	438477
铝加工材		262085		涂层板（带）	169213
焦炭		322874		棒材	1912598
钢材	无缝钢管	1128468		热轧薄板	148983
	焊接钢管	1187633		冷轧薄板	1316978
	中小型钢	944661		电工钢板	91039

说明：该表由无锡市冶金工业协会统计，与前表统计口径不同。

2005年无锡冶金工业主要生产企业情况表

表14—23　　单位：人、万元

企业名称	年末职工人数	固定资产原值	工业总产值	销售收入	利税总额
江阴兴澄特种钢铁有限公司	3449	364135	1165298	1165174	98119
江阴华西钢铁有限公司	3100	149425	487230	482601	12549
江苏锡兴集团有限公司	3937	139890	510153	548918	18677
江阴西城钢铁有限公司	2000	46488	628500	606937	16068
江苏锡钢集团有限公司	4368	182513	276780	295640	14669
无锡西姆莱斯石油专用管制造有限公司	910	19219	168769	195853	26241
江苏玉龙钢管有限公司	861	34247	180230	182517	19830
无锡市振达特种钢管制造有限公司	981	10481	47328	48900	1119

续表

企业名称	年末职工人数	固定资产原值	工业总产值	销售收入	利税总额
无锡市雪浪钢铁有限公司	1635	38247	356285	407576	5439
无锡新大中钢铁有限公司	705	31673	241311	266440	32779
江苏法尔胜股份有限公司	3074	196308	804792	819588	69517
无锡赛福天钢绳有限公司	786	7141	18719	22307	1092
无锡通用钢绳有限公司	630	5438	9628	8027	369
江苏苏嘉集团有限公司	1800	41000	118310	117120	9131
无锡市南方耐材有限公司	586	7516	30722	30722	4842
江苏锦绣铝业有限公司	531	13665	31108	29110	1027
无锡新三洲钢业有限公司	1401	20185	132153	108847	3398
无锡市兆顺不锈中板有限公司	762	39666	149600	151361	5043
宜兴市意达铜业有限公司	199	15600	238159	246324	12744

说明：该表为无锡市冶金行业协会统计数据。

第二节　黑色金属冶炼及压延加工

1986年，全市黑色金属冶炼及压延加工业独立核算工业企业62家，工业总产值88839万元，其中市区29054万元、江阴县19990万元、无锡县35136万元、宜兴县4659万元。至2005年，无锡市黑色金属冶炼及压延加工业国有及限额以上非国有工业企业338家，工业总产值11100604万元，工业销售产值10805142万元，工业增加值2249648万元，主营业务收入10902660万元，利润总额382585万元，利税总额574234万元，从业人员82786人。

2004年无锡市黑色金属冶炼及压延加工业经济普查情况表

表14-24　　单位：家、千元、人

行业	企业数	工业总产值	工业销售产值	出口交货值	主营业务收入	利润总额	从业人员
炼铁	38	1211286	1196722	1780	1049031	22129	1536
炼钢	36	13209160	13150717	747761	13118133	680213	5747
钢压延加工	865	69710363	68494781	2145945	69122440	2182710	67502
铁合金冶炼	24	3423845	3296431	453	3496842	138913	5057
合计	963	87554654	86138651	2895939	86786446	3023965	79842

一、黑色金属冶炼

1.炼铁

1986～2001年，无锡生产生铁的只有地处宜兴的无锡市第二钢铁厂和宜兴钢铁厂。市第二钢铁厂仅有两台100立方米的高炉，且因当地铁矿石和焦炭供应不足，两座高炉只能轮流使用，企业连年亏损，1991年停产。1988年，宜兴钢铁厂投产1座28立方米高炉，当年产铁2.5万吨，至2000年，年产量1.5万～3万吨，2001年关停。

2002年9月，江阴兴澄特钢公司第一座大容积高炉（450立方米）投产，当年出铁10.2万吨，改变无锡炼铁生产低水平的面貌。2003年9月，锡兴集团（雪丰钢铁公司）第一座450立方米高炉投产。2004年，兴澄特钢公司、华西钢铁公司和锡兴集团各有1座450立方米高炉投产。同年，创建于宜兴的天乾（无锡）科技有限公司120立方米和380立方米高炉投产。2005年，兴澄特钢公司和华西钢铁公司又分别投产1座530立方米和450立方米的高炉。

至2005年，全市生铁生产企业6家，投入生产的120立方米以上的高炉10座，其中300立方米以上的8座，总容积3950立方米，全年铁产量397.22万吨。兴澄特钢公司和华西钢铁公司年产铁均在100万吨以上。

2.炼钢

1986年，全市有13台电炉炼钢，其中无锡钢铁厂3台5吨电炉、2台10吨电炉，无锡县钢铁厂3台3吨电炉，江阴钢厂5吨和10吨电炉各2台、1.5吨电炉1台，全年钢产量28.7万吨。1987年末，无锡钢铁厂30吨电炉投产；1989年末，LFV-40精炼炉投产，步入特钢行列。

图14-11 2005年兴澄特钢生产车间 （江阴市政府供稿）

90年代，国内钢铁业出现以连续铸钢为特点的炼钢技术革命。1994年，江阴月城沿山钢厂从欧洲引进30万吨钢及连铸连轧生产线（此生产线安装后一直未投产，直至2003年春，锡钢集团受托派出技术骨干至现场反复调试，当年8月22日炼出第一炉钢、拉出第一条钢坯）。1995年，锡兴集团电炉—全连铸—热送—热轧短流程生产线投产。1998年，江阴兴澄特钢公司建成国内第一条100吨直流电弧炉炼钢—精炼—连铸—连轧“四位一体”短流程生产线。2000年，锡钢集团合金钢连铸生产取得成功，形成年产特种钢50万吨、连铸合金钢25万吨的生产能力。2001年，无锡市雪丰钢铁有限公司投产1条以65吨转炉、65吨精炼炉和六机六流方坯连铸机组成的连铸生产线，年产连铸钢坯80万吨。随着华西钢铁公司2004年连铸生产线投产，以及兴澄特钢公司2005年二期工程投产，至2005年末，全市共有7条连铸生产线，连铸比70%以上，其中兴澄、锡兴、华西等厂连铸比超过80%。

其间，无锡部分小型钢材和不锈钢加工企业以小电炉和工频炉炼钢，用于自身加工生产，不对外销售，钢产量约占全市的17%。2005年7月，国家发改委颁布《钢铁产业发展政策》，明令禁止使用工频炉和20吨以下电炉。

2005年末，全市产炼钢企业17家，年产钢718.25万吨，其中华西钢铁公司210万吨、兴澄特钢194万吨、锡兴集团149万吨。兴澄特钢公司和锡钢集团以生产合金钢为主，其他钢厂以普通碳钢为主。

二、压延加工

无锡钢材加工业发轫于乡镇企业。90年代中期，无锡县县属企业及主要乡办、村办冶金企业中，小型轧钢厂占40%以上。1995年前，无锡大宗钢材品种以线材和钢管为主。之后，随着基础设施建设和化工、机械等行业的迅猛发展，对钢材的需要日益增加，钢材品种和产量也随之增加。

1.型（棒）材

无锡冶金企业所产型钢，品种繁多，有工字钢、槽钢、角钢、H型钢、圆钢（棒材）、不等边角钢、扁钢、方管、矩形管等，以中小规格型钢见长。1989年12月，江阴钢厂从意大利引进的半连轧设备安装调试完毕，轧出当时省内最大盘重（300公斤）的直径6.5毫米线材。该套设备可生产直径5～16毫米的多种型号棒线材，年生产能力10万吨。1993年，无锡钢厂从瑞典引进合金钢棒线型材轧机1套，可生产14～160毫米棒材，年产优质钢合金棒材15万吨。1997年，无锡三洲冶金公司研制的桥梁伸缩用热轧异型钢材获国家级新产品奖。2001年，锡钢集团轴承钢模铸改连铸工艺取得突破，按照YJZ84标准拉铸的两炉轴承钢分别成功地试轧成棒材和线材。市第三钢铁厂生产中小型扁钢和冷拉型钢，2003年停产后，冷拉生产线异地重建，成立纽威型钢有限公司。兴澄特钢公司投产后，2005年拥有4条轧制生产线，设计产能180万吨，主要生产轴承钢、弹簧钢、齿轮钢，具备生产直径8～200毫米圆棒能力。以轧钢见长的华西钢铁公司具备年产厚8～30毫米、宽200～420毫米的热轧宽扁钢40万吨，厚6～30毫米、宽350～600毫米的热轧宽扁钢50万吨的能力。2005年，全市生产角钢、扁钢等中小型型钢（含棒材）285.7万吨；3家企业生产棒材，产量191.26万吨，兴澄特钢公司、锡钢集团、玉祁中兴冷拉厂分别为157.65万吨、33.27万吨和0.34万吨。

2.板材

八九十年代，无锡冶金行业生产少量冷轧薄板，生产企业集中于无锡县，1986年全县产带钢7300余吨。无锡县钢铁厂为当时无锡生产热轧带钢较早且产量最高的企业，1994年产带钢14.66万吨，钢种由普通碳钢扩展至优质碳素结构钢、低合金结构钢，能生产规格为（2～6毫米）×（100～250毫米）×（80～140米）的热轧长卷合金带钢。1994年，市第三钢铁厂与台商、日商共同投资成立江苏统一马口铁有限公司，全套引进日本川崎制铁株式会社电镀锡板（俗称“马口铁”）生产技术和设备，同时生产少量镀铬钢板。1997年，由韩国联合铁钢株式会社控股的无锡长江薄板有限公司在玉祁镇落户，其产品为冷轧薄板，2005年产薄板48.3万吨，为无锡最大的薄板生产厂家。1998年以后，机械、车辆、家电等行业板材消耗增加，高层建筑广泛运用钢结构代替混凝土结构，板材品种和产量迅速增加。2003年，第三钢铁厂停产后，冷拉生产线异地重建，成立无锡市纽威型钢有限公司，继续生产各类冷轧窄带钢和冷拉扁钢等，材质为优质碳素钢、合金钢。江阴西城钢铁公司对中板生产线进行技术改造后，生产能力提升1倍，2005年生产中板50万吨，主要供应建筑市场。华西钢铁公司扁钢生产线改造后，既能生产扁钢又能生产窄中板，2005年生产中板24万余吨。成立于2001年的无锡市兆顺不锈中板有限公司是无锡最大的中板生产企业和当时国内仅有的数家能生产不锈钢中板的企业之一，2005年产不锈钢中板10万吨。位于玉祁镇、成立于2002年的无锡新大中钢铁有限公司，于2003年5月投产热镀锌生产线、彩涂生产线，同年9月国内第一条55%镀铝锌硅生产线试产成功，主要产品有热镀锌板带、热镀铝锌硅板带、涂层板带、精密冷轧板带等，其冷轧钢板的厚度0.15～1.2毫米，镀层板厚度0.15～3毫米，2005年生产冷轧薄板46万余吨、镀层板和涂层板15万吨。2004年，江阴联合铁钢有限公司年产55万吨热镀锌板、高铝锌板和18万吨彩钢板的生产项目，在夏港镇开工建设。

3.管材

钢管在无锡生产历史较长。1986年，具备钢管专业生产能力的有无锡钢铁厂、无锡市第二钢铁厂和江阴钢厂、宜兴钢铁厂等。80年代末，全市钢管产量约4万吨，其中无缝管约3.8万吨。随着石油、天然气等能源工业以及基础设施建设投资居高不下，钢管需求旺盛，1990年以后无锡钢管生产企业逐年增多。90年代中期，达到一定规模的乡镇钢管厂有10多家，年产焊管15万～17万吨，无缝管1万～2万吨。锡钢集团90年代从西班牙购进一套无缝管生产线，生产管径增至直径102毫米，2000年起年产量跃至6万吨以上。1999年，无锡西姆莱斯石油专用管制造有限公司（简称“西姆莱斯公司”）在新区落户，2001年8月第一条10万吨无缝钢管加工线投产。1999年，以无锡县高频焊管厂为核心的江苏玉龙钢管有限公司成立，2001年完成“圆变方”技改和双面埋弧焊管生产线建设。2001年，无锡市振达钢管制造有限公司扩大生产能力，一年后生产能力提高50%以上。2003年，西姆莱斯公司研制成功油井管特殊螺纹接头连接件，改善油井管的螺纹连接性能，在国内居领先水平。2004年，该公司与马来西亚UMW公司合资的总投资5.8亿元的石油专用管扩建项目开工。同年，锡钢集团新建1条无缝管生产线，加工钢管直径25～273毫米，年生产能力8万吨以上。至2005年，全市有39家企业生产无缝钢管、44家企业生产焊接钢管；全年钢管产量231.6万吨，占全省钢管年产量的85%；其中无缝管112.8万吨、焊接管118.8万吨。

4.线材、钢筋

2002年后，建筑钢材热销。无锡市雪浪钢铁集团有限公司、江阴西城钢铁公司、江阴长达钢铁公司、华西钢铁公司等普钢生产厂家扩大线材生产能力。长达钢铁公司以450-550型连轧机为主组成5条带肋钢筋生产线，主要生产10～28毫米带肋钢筋,年产能力逾100万吨。雪浪钢铁公司优质碳素钢圆管坯、热轧带肋钢筋、光圆钢筋，以及江阴西城钢铁公司、长达钢铁公司的热轧带肋钢筋被评为江苏省名牌。2005年，全市生产线材201万吨，比2002年增加94万吨；钢筋308万吨。

第三节 有色金属冶炼及压延加工

1986年，全市有色金属冶炼及压延加工业独立核算企业57家，工业总产值27313万元，其中市区2124万元、江阴县892万元、无锡县4945万元、宜兴县19352万元。80年代中期，江阴铝加工业随着建筑装饰业而兴起。1986～1988年，涌现西石桥有色金属压延厂、长寿铜铝制品厂、周庄金属材料厂、璜土第二铜材厂、要塞铝合金构件厂及有色金属线材厂等。1988年，江阴有色金属压延加工企业58家，产值1.3亿多元。是年，宜兴产电解铜1939吨、铋159吨、锌525吨、电解铝5455吨（含合金铅801吨）、钼11.52吨、金9.4公斤、银1.72吨；以生产铜线（棒）、铜管、铜排、铜带等产品为主的企业有10多家，产值1.07亿元。80年代后期，小冶炼企业在结构调整过程中纷纷停产或转产，有色金属加工业发展壮大。1994年开始，宜兴铜加工业随着电线电缆制造业的发展壮大而快速发展。90年代，铁门窗、铝合金门窗等广泛使用，一批铜铝铸件、铝制品、铝材等加工厂创办投产。至1995年，江阴有色金属加工企业增至126家，产值2亿元以上，裕华铝业、龙山铝型材厂、华西铝型材厂等初具规模。此后，随着建筑行业的发展，铝制品需求量扩大，江阴市相继新建新大铝业、兴港铝业、金球集团等铜铝制品生产企业，对原有企业进行技改和扩建。裕华铝业利用外资，引进当时世界最先进的挤压、制模和涂装设备，建成铝合金幕墙型材生产线，年产能力1万多吨。江阴鑫裕装潢材料有限公司引进全套德国隧道式静电粉末喷涂线、意大利卧式静电粉末喷涂线和防火仿木纹及环保节能断热冷桥生产线，高档建筑门窗型材、装饰型材、工业型材年产量近2万吨。

2005年，无锡市有色金属冶炼及压延加工业国有及限额以上非国有工业企业164家，工业总产值2323475万元，工业销售产值2286959万元，工业增加值429793万元，主营业务收入2266626万元，利润总额59330万元，利税总额112127万元，从业人员18814人。惠山区有江苏锦绣铝业有限公司、江苏锡厦铝业有限公司等20多家铝业加工企业。锦绣铝业为国内最早引进全套铝型材生产线的企业之一，有生产线21条，其生产的铝合金轮毂为一汽大众、上海大众、江西柳州等汽车厂家配套。锡厦铝业有限公司铝门窗、幕墙铝型材年产能力40多万平方米，其外扣式隐框铝合金幕墙拥有专利权。江阴有裕华铝业、华西铝型材厂、新大铝业、兴港铝业、鑫裕装潢材料有限公司等100多家有色加工企业。宜兴市以江苏金辉集团公司、江苏义源铜业集团、江苏宇龙冶金电炉附件厂等企业为代表，初步形成铜材加工集群，22家企业全年总产量32.04万吨，销售收入107.3亿元，其中亿元以上企业13家；铜冶炼企业1家，产值1.33亿元；铅锌冶炼企业2家，总产值2270万元；贵金属冶炼企业6家，年产量分别为金50公斤、银25吨、钯20公斤左右。江苏远航集团为宜兴唯一、也是世界最大的镍合金制造企业，2005年生产镍合金带、箔1500吨，产值1.66亿元，国内市场占有率超过70%。

2004年无锡市有色金属冶炼及压延加工业经济普查情况表

表14-25　　单位：家、千元、人

行 业	企业数	工业总产值	工业销售产值	出口交货值	主营业务收入	利润总额	从业人员
常用有色金属冶炼	102	812062	750691	64586	740267	11143	2168
贵金属冶炼	15	206247	192818	—	192615	-3621	357
稀有稀土金属冶炼	22	865632	752711	293831	740337	33586	1950
有色金属合金制造	53	1125396	1076506	1667	1079698	38983	1799
有色金属压延加工	571	17712697	17425224	567192	17472225	213719	22865
合　计	763	20722034	20197950	927276	20225142	293810	29139

第四节　耐火材料制造

80年代中期，浇注料（散状）等新型耐火材料陆续从国外引进，应用于国内钢厂的连续铸钢、炉外精炼等生产线。1986年3月，无锡县轻质耐火材料厂研制的镁碳砖通过省级鉴定，9月厂名改为无锡县镁碳砖厂，转产镁碳砖，为国内最早生产镁碳砖的厂家之一。1987年，无锡市太湖耐火材料厂（简称“太耐厂”）研制成功上海宝山钢铁厂4000立方米特大型高炉所需的大型钢水浇注耐火砖，取代日本进口产品。1988年，宜兴县湖汶耐火电瓷厂开发成功宝钢300吨钢包用水口砖、钢包透气砖和高炉用高强度铁沟浇注料，成为宝钢稳定供货厂家之一。1990年，太耐厂为宝钢开发研制铁沟挡渣堰板和锆质座砖。80年代末，镁碳砖成为现代转炉、电炉、钢包渣线以及LF精炼炉上不可替代的耐火产品。无锡县镁碳砖厂购进大吨位压机，制造高强度镁碳砖，其抗氧化性、抗渣性和抗热震性能优异，显气孔率低，耐压抗折强度在不加添加剂的情况下较同类产品高25%～35%，外观尺寸精确，90年代初成为镁碳砖市场占有率最高的产品。1990年，全市耐火材料制品产量15.57万吨。

90年代初，湖汶耐火电瓷厂投资2000万元建成国内第一条自行设计的连铸三大件（连铸机专用耐火材料水口、浸入式水口和整体塞棒）生产线，产品进入多家国内大中型钢铁企业。1993年，太耐厂研制成功连铸中间包透气型莫来石上水口，进入宝钢、马钢、鞍钢等大钢厂。1995年，无锡县镁碳砖厂更名为无锡苏嘉镁砖有限公司，开始向日本出口镁碳砖。1996后以后，钢厂连铸比不断提高，浇钢砖市场需求快速萎缩，以此产品为主的宜兴丁山耐火器材厂等处于半停产状态。太耐厂浇钢砖生产线因开工不足亏损严重，1999年被迫关闭，专供宝钢的大型浇钢砖转入江阴长江耐火材料厂生产。宜兴振球炉料有限公司、宜兴新威集团公司、宜兴耐火材料厂、宜兴刚玉砖厂均大量压缩普通耐火材料生产，提高特种耐火材料的产量。

宜兴耐火泥资源丰富，耐火材料生产企业众多，1986年有近300家，除个别为国有和集体企业，绝大部分为乡镇村办企业，年产量9万吨。2004年，宜兴市政府限制和禁止倒焰窑和其他工业窑炉的使用，近200家耐材企业被列入整治和限制名单，大量低档次耐火砖停产。

2004年经济普查，全市耐火材料制品生产企业605家，工业总产值31.68亿元，工业销售产值30.57亿元，出口交货值4.37亿元，主营业务收入30亿元，利润总额1.68亿元，从业人员17949人。2005年，全市耐火材料制品产量35.39万吨，其中市区11.67万吨、江阴市1.28万吨、宜兴市22.44万吨。

第五节　金属丝绳制造

80年代，无锡市金属丝绳生产企业主要有江阴钢绳厂和无锡市钢丝绳厂、无锡县钢丝绳厂等3家企业。1986年，3家企业生产钢绳16039吨。

1987年，江阴钢绳总厂年产量突破万吨大关，为11001吨。1989年，该厂普通镀锌钢丝绳、电梯用钢丝绳、紧固用镀锌钢丝绳、拉筋用镀锌钢丝绳、航空用钢丝绳和胶带用钢丝绳等6个系列150个规格的产品获英国劳埃德船检社的最高产品质量荣誉——船检证书，产品开始销往海外市场。1992年，江阴钢绳集团组织力量研制大桥钢丝绳，一举中标国内第一座悬索桥——广东虎门大桥工程，结束国内大桥钢丝依赖进口的历史，此后其生产的钢丝和缆索用于江阴长江大桥、润扬大桥、苏通大桥。同年，无锡金羊金属制品有限公司在无锡县羊尖投产，主要生产预应力钢丝、钢绞线，年产量8万多吨。1993年，无锡县钢丝绳厂在东亭新设厂区，1994年产量超过5000吨。90年代后期，国内高层建筑日益增多，带动电梯钢绳的需求猛增。江阴法尔胜公司先后开发出胎圈钢丝、预应力钢绞线、不锈钢丝绳、汽车拉索等产品，年产量1997年突破4万吨，2004年突破10万吨。无锡市钢丝绳厂开发生产电梯绳，产量2001年为3000吨，2004年超过6000吨，市场占有率超过50%，成为国内最大的电梯绳生产厂商。无锡县钢丝绳厂在保持传统产品光缆用镀锌钢绞线、船用钢丝绳生产的同时，开发成功电梯绳和轿车电动门窗升降器用钢丝绳，2005年钢绳产量近9000吨。

2004年经济普查，全市金属丝绳及其制品的制造企业167家，工业总产值73.86亿元，工业销售产值73.48亿元，出口交货值11.7亿元，主营业务收入73.59亿元，利润总额4.45亿元，从业人员9587人。

第六节　企业选介

一、江阴兴澄特种钢铁有限公司

公司位于江阴市滨江东路297号。1993年，香港中信泰富有限公司与江阴钢厂达成合资协议，江阴钢厂更名为江阴兴澄特种钢铁有限公司，中信泰富有限公司持有55%股权（2005年调整为80%）。1994年，公司启动滨江一期工程，从德国、意大利引进主要设备建成特种钢生产线，1998年5月投产。2004年开工建设滨江二期工程，从日本等国引进100吨转炉、五机五流合金钢连铸机等主要设备，2005年9月投产。公司自建长江专用码头1座，拥有两个5万吨级泊位，年吞吐量600万吨；建有博士后工作站和国家认定的企业技术中心。2005年，公司产铁135万吨，产钢193.7万吨（合金钢及高压锅炉管坯钢39万吨、轴承钢27万吨、齿轮钢16.7万吨、弹簧钢17万吨、其他钢94万吨），其中优钢比92%、合金比71%，优特钢产量全国第一，为全球最大的特钢生产企业之一。全年销售收入116.52亿元，利税9.81亿元。

二、江苏法尔胜股份有限公司

公司位于江阴市通江北路203号。前身为创建于1964年的手摇麻绳生产合作社，后发展为县属大集体企业江阴县钢绳厂，1986年更名为江阴钢绳总厂，1992年更名为江阴钢绳集团公司，1993年更名为江苏钢绳集团公司。1993年3月，作为主发起人，联合中国冶金进出口江苏公司等5家单位共同发起，以定向募集方式设立江苏法尔胜股份有限公司。公司主要生产大桥用斜拉索、悬索、特种合金绳、开放式胶带绳、吊带绳、光缆钢丝、不锈钢丝绳、特细绳等产品，为国内规模最大、效益最好的钢绳企业之一，“法尔胜”牌钢丝、钢丝绳为全国同行唯一的国家名牌产品。1999年，公司涉足光纤光缆、光器件生产，能够提供从光纤预制棒、光纤、光缆钢丝、光缆以及光器件的全过程产品。建有博士后工作站和国家认定的企业技术中心。2000年，美国钢丝绳制造厂家对中国钢丝产品的倾销指控立案，法尔胜公司单独聘请经验丰富的美国伟凯国际律师事务所应诉并获胜。2001年2月，与日本新日制铁株式会社、丸红株式会社共同投资1600万美元创办江苏法尔胜新日制铁缆索有限公司。2002年，跻身中国企业500强，居354位。2003年，法尔胜公司产权改制为国有、法人、自然人持有股权的混合所有制。2005年，生产钢丝18.2万吨、钢绳13.9万吨、钢绞线17.9万吨，销售收入81.96亿元，利税6.95亿元。

三、江苏锡钢集团有限公司

公司位于无锡市塘南路。前身为无锡钢铁厂，1988年更名为无锡钢厂，1995年更名为江苏锡钢集团有限公司（简称“锡钢集团”）。2002年，锡钢集团部分资产与香港华润集团机械五矿公司重组，成立无锡华润制钢有限公司。2005年，市政府同意锡钢集团整体转让给香港华润集团，保留公司名称。其产品以特种钢、特种钢管为主，生产以轴承钢、弹簧钢、齿轮钢、合结钢、碳结钢及合金工模具钢等六大类钢种为主的锭、棒、线、丝、管、锻系列产品。2005年，生产电炉钢66.6万吨、钢材59.5万吨，其中轴承钢23.7万吨、无缝钢管19.5万吨，优钢比98.4%、合金比78.3%；销售收入29.56亿元，利税1.47亿元。

四、江苏锡兴集团有限公司

公司位于无锡市盛岸西路600号。前身为无锡县钢铁厂，1994年7月组建江苏锡兴集团。2004年完成产权改革，定名江苏锡兴集团有限公司。公司建有4条主生产线，两座450立方米高炉。主要产品有优质碳素结构钢热轧带钢、碳素结构钢和低合金结构钢热轧带钢、碳素结构钢和优质碳素结构钢连铸坯、船用钢连铸坯、热轧带肋钢筋用连铸坯、锅炉及压力容器用连铸坯等。2005年，产铁86.9万吨、钢149万吨、带钢34.8万吨，销售收入50.99亿元，利税1.87亿元。

五、无锡新大中钢铁有限公司

公司位于无锡市玉祁镇。2002年，由无锡市银光镀锡薄板有限公司与香港南辉国际投资有限公司合资建成。2005年，中方投资者调整为无锡市银星投资有限公司。主要产品为热浸镀锌板、彩钢板、镀铝锌板、酸洗板、冷轧薄板，年生产能力近100万吨。连续热镀铝锌硅合金镀层钢板和钢带被认定为国家重点新产品，产量位居国内第一；彩钢板产量位居国内第二。2005年，公司总资产16亿元，固定资产2.4亿元，年产销15万吨热浸镀锌板、15万吨镀铝锌板、25万吨彩钢板、60万吨酸洗板、60万吨冷轧产品。全年销售收入26.64亿元，利税3.28亿元。

六、西城钢铁有限公司

公司位于江阴市夏港镇。1997年，由夏港镇静堂里村出资39万元、恽相才等3人投资541万元创办。2000年，建两条半连轧螺纹钢生产线，年产螺纹钢12万吨，全年销售收入2.5亿元、利润2000万元。2001年、2002年先后建第三、四条螺纹钢生产线。2003年，新增炼钢生产线，采用电炉冶炼方式生产钢坯产品，销售收入23.27亿元。2004年，新建冷轧薄板生产线、热轧中板生产线。2005年起，“西城”牌螺纹钢被国家、省、市定为重点工程指定用材。是年，销售收入60.69亿元，居江苏省冶金行业第九位；利税总额1.61亿元。

七、无锡西姆莱斯石油专用管制造有限公司

公司位于无锡市城南路235号。1999年成立，设计制造无缝石油套管、油管和钻杆。2002年，获得美国石油协会认证，产品出口至北美。2003年，油井管特殊螺纹接头连接件研制成功。2004年，年产45万吨的热轧管项目正式动工，用于热采井开采用特级钢研制成功。其研制的套管特殊螺纹接头WSP-1T、热采井专用优质套管WSP-105H、非API的高抗挤套管WSP95T和WSP110T等产品，技术水平居国内一流、国际领先。2002～2005年，新增3条生产线，生产线增至4条，生产能力增至30万吨。2005年，生产油井管、套管和钻杆24.8万吨，全年营业收入19.59亿元，利税总额2.62亿元，为全国石油专用管三大生产企业之一。

八、江苏振达钢管集团

集团位于无锡市凤翔北路58号。前身为无锡市振达无缝钢管厂。2000年产权改革，2001年更名为无锡市振达钢管制造有限公司。改制当年投资2000万元，兴建年产2万吨的锅炉管生产基地。2002年，投资3亿元在洛社镇兴建的无锡市振达特种钢管制造有限公司投产，生产高压锅炉用无缝钢管，年产能力15万吨。2004年，与其他企业合作投资5000多万元成立无锡市振达轴承钢管制造有限公司。次年，成立江苏振达钢管集团，并在淮安市淮阴工业园投资3亿元建成年产30万吨大口径无缝钢管的淮安市振达钢管制造有限公司。2005年，无锡市振达钢管制造有限公司生产无缝钢管16.8万吨，销售收入4.89亿元，利税1119万元。

九、江苏玉龙钢管有限公司

公司位于无锡市玉祁镇。前身为创办于70年代的无锡县高频焊管厂。1994年组建企业集团，成立江苏玉龙钢管集团公司，1999年完成产权改革，定名江苏玉龙钢管有限公司。1999～2005年，相继投产方矩形管、双面埋弧焊管、防腐管、直缝焊管生产线，完成从低档品向高科技含量的转变。2004年6月，获得美国石油学会API会标使用权。2005年5月，获国家特种设备制造许可证（压力管道）。至年末，公司总资产20亿元，年生产钢管55万吨（出口13万余吨），销售收入18.25亿元，利税1.98亿元，为全国最大的方矩形管和螺旋管生产企业之一。“玉龙”商标被认定为中国驰名商标，方矩形管获欧盟CE标志认证。

十、江苏苏嘉集团有限公司

公司位于无锡市钱桥镇新街103号。1986年，无锡县轻质耐火材料厂开发成功镁碳砖，填补国内炼钢用内衬的空白，更名为无锡县镁碳砖厂。1995年，改制为民营企业，更名为无锡苏嘉镁砖有限公司。当年苏嘉公司以部分资产与日本新日铁公司黑崎播磨公司合资，成立无锡黑崎苏嘉耐火材料公司，生产滑板、连铸三大件等特种耐火材料。1997年，投资4000万元组建苏嘉钢管公司，生产应用于汽车制造和石油开采用油井管等产品。2001年后，成立无锡苏嘉创奇焊管有限公司、无锡鼎元精拔钢管有限公司，生产机械用焊管和低合金无缝管，形成30万吨精焊、冷拔、异型等钢管系列产品的生产能力，被列为国家“863”火炬计划项目，40%外销。2001年4月，组建苏嘉房地产开发公司。年末，成立江苏苏嘉集团有限公司，下设耐火材料、钢管和三产等3个生产经营子集团。2003年7月，收购设立创奇冷轧带钢有限公司，配套生产冷轧带钢。2004年8月，在新加坡设立凌海控股有限公司；10月，设立无锡法斯特管业有限公司。至2005年，公司形成耐火材料、钢管、房产、酒店等多元产业。耐火材料制品主要为炼钢用高级耐火材料，主导产品有镁碳系列耐火砖以及不定形耐火材料等，其高强度镁碳砖国内市场占有率一度高达70%以上。全年生产耐火材料11.7万吨、焊接钢管11.2万吨，销售收入11.71亿元，利税9131万元。

十一、江苏太湖耐火材料股份有限公司

公司位于无锡市塘南路。前身为无锡市太湖耐火材料厂。1986年，以上海宝钢为服务对象，开发特种耐火材料，销往宝钢的产品销售额一度达到企业产品销售总额的40%。1992年，更名为江苏特种耐火材料厂。1993年，改制为内部职工持有部分股权的国有控股公司，更名为江苏太湖耐火材料股份有限公司。1995年，研发技术停滞，产品逐渐跟不上钢铁生产工艺的更新步伐，产销量下降，1998年产量降至2.5万吨，经营亏损。2003年，公司职代会决定土地全部出让、企业清算、职工整体分流。2004年6月，市中级人民法院裁定公司破产。

第六章　石油和化学工业

第一节　发展状况

80年代中后期，无锡市化学工业调整企业结构，优化产业结构，提高精细化工产值率。1986～1990年，化工行业技术改造87项，基本建设17项，完成投资额39446万元；引进大型双酚A项目、医用X光片改造工程以及橡胶制品工业中的切割式V带生产线，密闭式炼胶机、挤出机，树脂工业中的食品医药级聚氯乙烯树脂环氧薄片机，多品种环氧树脂生产线，重防腐涂料生产线、喷雾装置，石油加工中钙基、锂基润滑脂，以及阴离子表面活性剂生产线等15项装备。1990年，市电化厂、合成化工厂、大众化工厂组建无锡化工集团公司；江阴农药厂的“江农”牌多菌灵获国家金质奖。1990年末，全市有化工企事业单位1138家（市属单位28家），其中企业单位21家、企业性公司3家、事业单位4家、县属企业11家、乡村企业1099家；县以上单位有职工30665人，其中市属单位职工19681人；全行业工业总产值（1980年不变价）89976万元，利税总额18394万元，分别比1985年增长41.11%和49.14%；固定资产65793万元（市属单位42907万元），比1985年增长87.98%。优质产品率由1985年的26.28%升至44.13%，新产品产值占化工总产值的11%，精细化工产值率41.9%。

1991年后，无锡化工企业加强企业内部技改，调整结构，扩大规模。无锡市石油化工总厂（简称“市石化总厂”）、造漆厂、化工集团公司、橡胶集团公司等单位投资3亿多元，万吨双酚A、万吨烧碱、多品种环氧、重防腐涂料、医用X光胶片等20多个项目投入生产，与世界知名化工企业兴办爱克发（无锡）影像有限公司、柯达（无锡）股份有限公司、无锡罗地亚精细化工有限公司、玉石精细化工（无锡）有限公司、德司达无锡染料有限公司、无锡霸润涂料有限公司、无锡迪爱生环氧有限公司、无锡拜耳化工有限公司等合资企业。1992年，污染较大的无锡市钛白粉厂和无锡市溶剂总厂关闭，分别并入无锡市华宫集团公司和无锡市第三橡胶厂。

1996年，无锡橡胶集团和化工集团公司进行综合改革试点，无锡化工机械厂列入无锡市首批放开搞活试点企业。1997年，市石化总厂与中国蓝星公司实行资产一体化，红星化工厂宣告破产。1998年，无锡市第四橡胶厂并入新中亚集团有限公司。2000年，无锡化工产品销售收入28.02亿元，利税1.17亿元。市石化工业局所属企业的资本构成中，外资比重增至51%，合资企业销售收入占全局比重的1/4。

2001年4月，市建材局撤销并入市石化工业局，成立无锡市石油化学资产经营有限公司，市政府授权经营国有资产。公司成立后，相继完成30家企业及公司本部的改革转制工作，15家企业改制

为民营企业，市染料厂、市橡胶集团公司等4家企业破产，太湖化工厂等6家企业关闭，划转5家。至2004年，全市化工行业改转制任务完成，9968名职工实行分流安置。市石化资产经营公司本部和所属3家国有控股企业二橡胶公司、橡胶厂、阿尔梅公司于2004年10月完成整体改制，成立民营企业无锡益鹏集团有限公司。至2005年，除市石化总厂隶属中国化工集团公司（属国有企业）外，其余市属化工企业均为民营企业。

2003年，全市具有规模经济以上的化工企业433家，占规模以上企业的11.03%；总产值295.5亿元，销售收入291.02亿元。无锡化工集团、江阴澄星化工公司、江苏三木集团、新苑公司、市石化总厂、江阴新和桥化工有限公司和润华化工制品有限公司销售收入超5亿元。

至2005年，无锡市化工行业形成石油加工、无机化工原料和有机化工原料制造、合成材料和专用化学品制造、橡胶制品制造、化肥和农药生产等14个门类上千个产品的化工工业体系。全部国有及限额以上非国有工业中，石油加工、炼焦及核燃料加工业有企业29家，工业总产值333781万元，工业销售产值339111万元；化学原料及化学制品业有企业386家，工业总产值4873623万元，工业销售产值4857168万元；橡胶制品业有企业59家，工业总产值360033万元，工业销售产值347592万元。

2004年无锡市石油化工类工业企业经济普查情况表

表14-26　　单位：家、千元、人

行　业	企业数	工业总产值	工业销售产值	出口交货值	主营业务收入	利润总额	从业人员
石油加工、炼焦及核燃料加工业	166	2716770	2659415	3490	2644151	60681	2855
精炼石油产品的制造	165	2051875	2032522	3490	2017258	47322	2675
炼焦	1	664895	626893	—	626893	13359	180
化学原料及化学制品制造业	2450	51524292	49800056	5899709	49141518	1907173	80055
基础化学原料制造	306	8196371	8067880	960331	7977784	354754	13213
肥料制造	38	6967136	6704698	1147950	6632453	256708	7922
农药制造	42	903443	841040	344754	833312	41140	2290
涂料、油墨、颜料及类似产品制造	689	4417129	4253714	437861	4159587	165456	14575
合成材料制造	263	21425290	20549127	1581683	20288342	620963	17766
专用化学产品制造	981	8550904	8293356	1323866	8164465	418059	21397
日用化学产品制造	131	1064019	1090241	103264	1085575	50093	2892

1986～2005年无锡市主要年份石化产品产量表

表14-27

产品名称	单位	1986年	1990年	1995年	2000年	2005年			
						全市	其中		
							市区	江阴市	宜兴市
原料加工量	万吨	—	—	—	17.54	17.00	17.00	—	—
汽油	万吨	—	—	—	5.08	8.15	8.15	—	—
柴油	万吨	—	—	—	6.63	3.25	3.25	—	—
润滑油	万吨	—	—	—	6.31	17.19	11.56	—	5.63

续表

产品名称	单位	1986年	1990年	1995年	2000年	2005年			
						全市	其中		
							市区	江阴市	宜兴市
燃料油	万吨	—	—	—	3.02	4.20	4.20	—	—
液化石油气	万吨	—	—	—	1.13	2.25	2.25	—	—
硫酸（折纯）	万吨	3.43	5.11	7.55	24.54	26.63	26.63	—	—
盐酸（折纯）	万吨	4.11	4.47	—	7.35	2.91	2.91	—	—
烧碱	万吨	3.07	3.94	6.74	10.38	15.43	15.43	—	—
电石	万吨	1.41	2.12	1.38	—	—	—	—	—
合成氨	万吨	5.49	7.71	8.39	15.99	28.67	7.00	—	21.19
化学肥料	万吨	4.04	5.63	6.93	14.29	20.73	4.42	—	16.31
尿素	万吨	—	—	—	11.07	20.54	4.42	—	16.12
化学农药	万吨	0.20	0.39	1.09	1.64	1.74	—	1.70	0.03
杀虫剂	吨	—	—	—	7157.97	375.00	—	57.00	318.00
塑料	万吨	2.00	2.08	7.31	—	—	—	—	—
聚氯乙烯	万吨	0.92	0.99	1.66	—	—	—	—	—
塑料树脂聚合物	万吨	—	—	—	—	40.40	17.00	5.22	18.43
合成纤维聚合物	万吨	—	—	—	—	100.25	5.60	81.41	13.24
增塑剂	吨	5230.00	5273.00	—	—	—	—	—	—
乙烯	吨	303.00	765.00	—	—	—	—	—	—
染料	万吨	0.16	0.14	2.62	2.87	3.00	1.00	0.40	1.96
油漆	万吨	1.17	1.84	9.27	4.24	5.50	2.00	0.53	3.33
输送带	万平方米	—	—	—	134.70	—	—	—	—
环氧树脂	吨	—	—	6957.00	13139.00	—	—	—	—
电影胶片	万米	1275.00	1022.00	—	—	—	—	—	—
自行车外胎	万条	463.00	764.00	1239.51	—	—	—	—	—
胶鞋	万双	795.50	1094.00	2207.32	—	—	—	—	—

说明：1995年全市盐酸（含量31%以上）产量为7.88万吨。

第二节　原油加工

1986年，全市石油加工企业4家，产品销售收入3037万元，上缴利税533万元。2005年，全市石油加工、炼焦及核燃料加工业全部国有及限额以上非国有企业29家，其中市石化总厂和无锡高润杰化学有限公司为大型原油加工企业。全年加工原油17万吨，生产汽油8.15万吨、柴油3.25万吨、润滑油17.19万吨、燃料油4.2万吨、液化石油气2.25万吨，工业总产值33.38亿元，工业销售产值33.91亿元，工业增加值7.88亿元，主营业务收入33.73亿元，利润9773万元，利税21148万元，从业人员2454人。

一、油气生产

1985年，市石化总厂投资1827万元，在年产4万吨常压炼油基础上，扩建成年产12万吨原油常减压馏馆装置和年产3万吨同轴式催化裂化装置，以及油罐区等配套设施。1987年建成投产，轻油收率由21%提高至49.26%。1990年，原油加工量11.7万吨，生产乙烯765吨、丙烯229吨、焦油78吨、乙基苯2090吨、苯乙烯1938吨。其中乙烯全部自用，用于制备苯乙烯。部分石化产品打入国际市场，1988年苯乙烯出口100吨。随着油裂解、催裂化、气体分离生产装置的相继建成，1990年，该厂生产4000余吨石油液化气，供近1.6万户居民使用。

图14-12　80年代的市石化总厂　（李鸿远摄）

1995年，市石化总厂投资2000万元对炼油装置进行改造，常减压装置产能提高至年产16万吨，催裂化装置产能提高至年产7万吨，整体轻油收率提高至60%，接近大炼油厂水平。1996年，原油加工量突破长期徘徊年产11万吨的水平，增至14.7万吨，催化处理量7.2万吨。90年代后期，逐步开发出90号汽油、200号工业溶剂油、130号橡胶溶剂油，淘汰70号汽油。2000年，常减压装置、催裂化装置加工能力分别提高至20万吨、12万吨。2004年，再次对催裂化装置进行改造，生产能力提高至14万吨；新建年产2.7万吨气体分离装置，可从石油液化气中分离出28%左右的乙烯。

2005年，市石化总厂汽油生产形成93号为主，90号、97号为辅的结构，轻油收率稳定在70%左右。全年完成原油加工量17万吨、催化处理量14.1万吨、气体分离处理量2.7 万吨，液化气产量1.9万吨。随着西气东输工程延伸到无锡市，市民用燃气逐步改用天然气，液化气以销往外地为主。

二、基础油加工

1985年，无锡市炼油厂投资762万元，以补偿贸易方式从日本协同油脂株式会社引进年产3600吨锂基润滑脂和4500吨钙基润滑脂两条生产线，1987年10月竣工投产，生产冶金、矿山、交通运输和机械工业需求的通用、多效、长寿润滑脂。1987年，市炼油厂投资建设为上海宝钢配套生产的年产2000吨冷轧制液车间，1989年竣工投产。1988年，市炼油厂自行设计改造年产3000吨高温脂生产线，1990年建成投产。1990年，无锡石油加工产品有润滑脂、白色油、润滑油、绝缘胶、橡胶助剂、合成制动液及其他化工类产品等7类近40个品种，总产量15371吨，白色特种脂获部优产品称号。2005年，全市生产润滑油17.19万吨。

第三节　无机化工原料

无机化工原料业是无锡化学工业起步最早的工业。1990年，市属无机化工原料生产企业5家、县属企业2家，工业总产值（1980年不变价）10716万元、利税总额3305万元。2005年，无锡较大的无机化工生产企业有无锡阳恒化工有限公司、无锡化工集团有限公司和江苏澄星实业集团公司。

一、烧碱

1988年，无锡电化厂投资2995万元，扩建5万吨金属阳极烧碱工程，1989年动工，第一期投入44个30-Ⅲ型电解槽，1990年增至50个，烧碱工艺技术由石墨阳极隔膜进入金属阳极隔膜生产，液氯也由氟里昂双极制冷取代氨—氯化钙盐水工艺。1990年，电化厂年产烧碱33199吨、液氯5130吨。

1995年，采用先进的离子膜烧碱生产技术，提高产品质量，降低能耗。进入21世纪，无锡市烧碱生产企业主要有无锡化工集团有限公司的格林艾普化工股份有限公司和无锡中立化工有限公司。2005年，全市烧碱产量15.43万吨。

二、无机盐

无锡市红星化工厂生产硼系列产品，1987年被评为全国硼砂行业先进企业。1986～1990年，该厂投资272万元对过氧化氢生产线进行技术改造，年生产能力扩大至5000吨；投资78万元开发增氧灵和DL酒石酸等新产品。1987年，该厂过硼酸钠年产量为112吨。1987年，碳酸钙由红星化工厂移交无锡县查桥石灰厂生产。1990年，红星化工厂年产过氧化氢4531吨、硼砂4281吨。生产过氧化氢的还有江阴化工一厂，1988年产量1275吨。江苏澄星实业集团公司以磷为原料生产磷酸和磷酸盐类系列产品，2005年磷化工产品产量100万吨，为国内最大的磷化工企业。

三、硫酸

1986年，无锡市硫酸产量3.43万吨（折100%，下同）。1987年，无锡市硫酸厂更新转化器和部分换热器，硫酸年产量提高至5.11万吨。1996年5月，在省内最先采用液体硫磺制酸的清洁生产工艺，1997年10月淘汰污染严重、运输量大的硫铁矿法制酸工艺。2005年，全市硫酸产量26.63万吨，其中发烟硫酸8万吨、电子用精细硫酸2万吨。

四、盐酸

1986年，无锡市电化厂采用石墨隔膜冷凝器三级吸收工艺，全年回收30%盐酸1200多吨。1988年，改进燃烧头结构等生产的食品级盐酸被评为省优产品。1990年，全市盐酸总产量4.47万吨（折100%，下同），其中无锡县电化厂7284吨。进入21世纪，盐酸生产由无锡化工集团有限公司与无锡市中立化工公司用氯气直接合成，以及阳恒化工有限公司硫酸钾生产的副产品组成。2005年，全市盐酸总产量2.91万吨。

第四节　合成材料

一、双酚A

1986年3月，无锡树脂厂建成年产1500吨硫酸改良法双酚A装置，与老的硫酸法双酚A装置同时生产，年产能力3300吨。1989年，建设年产1万吨离子法双酚A，1991年10月装置试车，1992年3月产出产品。由于工艺流程长、资金需求大，以及市场价格倒挂、装备存在缺陷等原因，1993年、1994年基本停产。实施改造后，1995年重新投产并获得成功，2002年产能扩大至1.6万吨。2001年末，投资3亿元的年产2.5万吨双酚A项目启动，2003年11月投产，质量达到聚碳级要求，次年开始出口。2005年，无锡树脂厂拥有国内唯一运行的两套双酚A装置，年产量3.72万吨，其中新装置2.45万吨；全年出口4100吨。

二、环氧树脂

无锡树脂厂是国内环氧树脂主要生产厂家。1985年，年生产能力5000吨，实际产量4364吨，在国内环氧树脂行业产能、产量、质量、品种均居第一位。1986年，从日本引进环氧树脂薄片机，实现609环氧树脂的片状化。1986年起，江、浙、沪地区大量兴办环氧树脂生产厂，环氧树脂销售由俏转平，是年无锡树脂厂产量降至3712吨。1990年4月，该厂建成年产3000吨、多品种环氧树脂引进项目的主体工程，生产的0164 等5种产品，质量接近当时国际先进水平，年生产能力增至1万吨，在国内同行业保持领先。1991年，"七五" 国家重大科技攻关项目 EP06651-412邻甲酚甲醛环氧树脂通过国家验收。

1997年3月，无锡树脂厂与日本大日本油墨株式会社、住友商事株式会社合资成立无锡迪爱生环氧有限公司。是年，无锡树脂厂更名为蓝星化工新材料股份有限公司无锡树脂厂。2001年10月，该厂得到中国蓝星的资金支持，投资2000万元建设年产5000吨环氧树脂装置，2002年总产量超过8000吨。2003年，投资2000万元，产能增至1.5万吨，2004年增至1.7万吨，产品为高纯度液化树脂。2005年，该厂总产量2.56万吨，其中新装置2.45万吨，出口1392吨；无锡迪爱生环氧有限公司年生产能力1.5万吨，生产液体、固体、溴化环氧树脂，主要为日资企业配套；江苏三木集团公司为环氧树脂行业中的后起之秀，2005年生产能力10万吨。

三、离子交换树脂

1986年，无锡树脂厂阳离子交换树脂生产能力3000吨、产量1201吨，其中间体原料白球年生产能力1000吨。苯乙烯是离子交换树脂的主要原料，1986年产能2000吨，产量749吨，较上年1873吨有较大下降。无锡树脂厂生产的阳离子交换树脂，品种仅有001×7，1988年开始出口外销并逐年增长，1990年增至194吨。1991年，阳离子交换树脂被评为化工部优质产品。1997年，该厂生产离子交换树脂和不饱和聚酶树脂的离子树脂分厂转制为独立的法人企业无锡硕华离子树脂厂，由无锡树脂厂全资控股。1998年，阳离子交换树脂产量不足386 吨，为20年最低点。2000年后，为世界上规模最大的离子交换树脂生产厂家漂莱特集团贴牌生产，产量逐年提高。2005年，转制为股份制民营企业，更名为无锡硕华树脂有限责任公司，年产量1400多吨。

四、不饱和聚酶树脂

1986年，无锡树脂厂不饱和聚酶树脂产能2000吨、产量 707吨。1987年3月，从英国引进玻璃成型机，以不饱和聚酶树脂为原料生产优质彩色不饱和玻璃钢平板、瓦，1990年产量近50万块。1990年，专用于粉末涂料的1006不饱和聚酶树脂通过省级鉴定并投入生产。此后产量逐步萎缩，最低的1991年仅376吨，1996～1998年超过1000吨，1998 年后因玻璃钢制品滞销、场地另有建设需要而拆除。2004年，无锡树脂厂不饱和聚酶树脂产量2127吨。此后，因市场竞争激烈压缩生产，转产油品助剂。

五、聚氯乙烯树脂

聚氯乙烯树脂为无锡化工行业传统产品。1986年，市电化厂研制成功用于加工无毒透明包装制品和建材制品的高型号聚氯乙烯，所开发的XS-5、XS-6、XS-7聚氯乙烯树脂具有较好的流动性与加工成型性，填补江苏省空白，并形成年产3000吨的能力。1987年，市电化厂生产新型的疏松树脂逐步代替紧密型树脂的生产。是年，市电化厂生产的蒸汽汽提卫生级树脂年产量2953吨，占聚氯乙烯总产量7093吨的41.63%；无锡县电化厂同类产品年产量960吨，占总产量3173吨的30.26%。1990年10月，市电化厂与锦西化工研究院、浙江大学协作，完成国家重点技改项目微悬浮糊状树脂聚合工艺技术，建成年产2000吨生产装置；引进设备建成年产3000吨食品医药级树脂生产装置。1990年，市电化厂聚氯乙烯年产量7160吨，县电化厂2709吨。

90年代后，无锡市聚氯乙烯生产进入均聚专用树脂多品种的开发以及低聚合、高聚合树脂生产阶段。2005年，无锡乙烯基的聚合物质（PVC）生产能力18万吨，主要生产厂家为无锡化工集团有限责任公司。江阴经济开发区为亚洲大型聚苯乙烯生产基地，生产的聚苯乙烯塑料粒子质量可以与世界聚苯乙烯生产鼻祖BASF公司相媲美。

六、其他

1986年，无锡太湖化工厂经氨基塑料（电玉粉、密胺、耐弧粉）技术改造后，年生产能力由500吨扩大至4000吨，尿醛树脂由500吨扩大至1500吨，酚醛树脂由300吨扩大至2500吨，并建成年生产能力110吨的多品种树脂车间。是年，该厂电玉粉年产量2984吨，居全国第二位。1988年，试制成功餐具级密胺塑料，并投入批量生产。1990年，电玉粉造粒新工艺试验成功投产，替代粉状电玉粉生产；改造耐弧粉生产技术，年产量由41吨提高至500吨。1990年，太湖化工厂年产氨基塑料3098吨、尿树脂1031吨、酚醛树脂416吨；其中电玉粉1988年开始销往国际市场，1990年出口546吨，仅次于上海。

第五节　专业化学品

一、表面活性剂

无锡的表面活性剂产品以农药乳化剂为主。1986年，市电化厂新建两套1000立方米的反应釜，开始生产匀染剂O，年生产能力1500吨。1988年，投资650万元，建成3套2000立方米不锈钢压力容器反应釜，加工生产农药乳化剂602，年产量200吨；该厂匀染剂O被评为部优产品。是年，无锡大众化工厂从美国开米松公司引进流量为每小时1吨的磺化生产装置及生产技术，生产70%脂肪醇聚氧乙烯醚硫酸盐（AES），30%脂肪酸甲酯磺酸盐（MES）、烷基苯磺酸（LABA）等多种磺化产品，1990年完工，后批量生产，达到80年代末国际先进水平。无锡合成化工厂自1987年12月起投产天然单碳脂肪醇，至1990年生产900吨，并获省优秀新产品金牛奖。1988年，该厂引进瑞士精馏设备，进行技术改造，高碳醇年产量增至1458吨，并开发精馏十二醇、十六醇、十八醇等品种，产品进入国际市场。随着国外洗涤剂大批进入中国市场，表面活性剂需求大幅度上升。90年代初，无锡化工集团与美国开米公司进行技术合作，与法国罗地亚公司合资生产脂肪酸甲酯磺酸盐和脂肪醇聚氧乙烯醚硫酸盐等表面活性剂。2005年，无锡化工集团天然脂肪醇产量2.19万吨，居国内第一；AES表面活性剂产量1万吨。

二、试剂、溶剂

1986～1990年，无锡市溶剂总厂年产试剂200吨左右。1987年，无锡市溶剂产量3487吨，占全省42.4%。其间，与北京化工厂合作，开发丁酮、醋酸乙酯、环己酮、甲醛、四氢呋喃、氢氟酸、乙二醇等产品。1992年，市溶剂总厂因污染较大而停业。进入21世纪，试剂产品生产企业主要在宜兴和江阴。宜兴的江苏天音化工有限公司为国内最大的醇醚类溶剂生产基地之一，2004年二元醇醚及醋酸酯系列产量15万吨。江阴的江苏怡达化工有限公司为国内最大的醇醚专业化生产基地之一，2005年丙二醇（乙二醇）醚及其醋酸酯系列产品产量3.5万吨。

三、各类助剂

1.纺织印染助剂

1987年，无锡市红星化工厂完成年产1000吨高浓度双氧水技改项目，1989年一级品率90.8%，为部优产品，1990年双氧水产量4531吨。1988年，无锡市溶剂总厂经投资改造，渗透剂拉开粉年生产能力由200吨提高至500吨。无锡市大众化工厂在南京化工学院的配合下，经投资改造，1990年安装年产3000吨保险粉的生产装置。市大众化工厂生产的雕白块于1987年获省新产品“金牛奖”；1990年，雕白锌和雕白粉形成年产2000吨的生产能力。2005年，无锡化工集团有限公司的无锡东泰精细化工有限责任公司保险粉产量4.5万吨、雕白块（粉）产量1万吨；朗盛（无锡）化工有限公司年产皮革助剂、纺织助剂1.7万吨。

2.橡胶助剂

1985年，市炼油厂开始生产橡胶软化剂。1987年，市大众化工厂将氧化锌移交江阴河塘化工三厂生产。1990年，江阴河塘化工三厂年产量4503吨，出口3000吨。1990年，全市橡胶软化剂产量2039.73吨；2005年增至2.7万吨，主要由无锡市三吉助剂有限公司生产。

3.塑料助剂

1986年后，国家控制从国外进口增塑剂，无锡市助剂厂生产的增塑剂供不应求，1988年产量5273吨。同时采用国际标准生产二丁酯，1988年获部优产品称号。是年，该厂生产的稳定剂硬脂酸盐类产品因污染严重停产。1990年，该厂生产的二辛酯开始进入国际市场。2005年，全市塑料助剂产量2.3万吨，主要由江苏省雅克化工有限公司生产。

4.食品添加剂

无锡食品添加剂主要有柠檬酸、谷氨酸、香精、香料。2000年2月，由法国罗地亚和日本宇部兴产株式会社共同投资兴建的玉石精细化工（无锡）有限公司投产，生产愈创木酚（对苯二酚）为香料、食品和药品添加剂的合成中间体，2005年生产能力4000吨。无锡帝斯曼柠檬酸有限公司是生产柠檬酸的外资企业，年生产能力1.8万吨左右。

5.电子信息化产品

无锡化工研究设计院为国内电子信息化学品的基地之一，2005年生产高绝缘性三醋酸纤维素技术薄膜20万平方米、片式钽电容器专用模塑料35吨。此外，京瓷化学（无锡）有限公司生产环氧灌封料2500吨；阿尔梅公司生产偏光片基系列、镜用片基系列深层硬化薄膜；柯达公司生产胶卷冲洗套药；阿克发公司生产医用胶片、工业X光胶片和PS板，2005年印刷制板感光材料产量1000万平方米。

第六节　橡胶制品

1985年，无锡市橡胶制品工业总产值13451万元，1990年无锡市属橡胶企业工业总产值19480万元。2005年，全市全部国有及限额以上非国有橡胶制品企业59家，销售收入34.75亿元，工业总产值36亿元，工业销售产值34.76亿元，工业增加值9.34亿元，利润总额422万元，利税总额1.27亿元，从业人员1.37万人。

2004年无锡市橡胶制品业经济普查情况表

表14-28　　　　单位：家、千元、人

行业	企业数	工业总产值	工业销售产值	出口交货值	主营业务收入	利润总额	从业人员
轮胎制造	22	514574	514655	41156	505435	-200890	2596
橡胶板、管、带的制造	132	800072	763933	25539	753135	72070	5259
橡胶零件制造	287	1614305	1556295	309853	1566786	89396	8979
再生橡胶制造	18	461236	467274	80396	463465	11511	959
日用及医用橡胶制品制造	41	482119	464932	174749	429828	7033	3215
橡胶靴鞋制造	8	48604	45574	19810	47080	311	450
其他橡胶制品制造	97	237786	227402	13833	227809	2131	1695

一、橡胶带、管

无锡市橡胶厂是无锡地区运输带、三角带、风扇带、传动带、切割式V带等最大生产厂家。80年代中期，该厂从联邦德国引进切割式及包布式聚酯线绳V带生产设备及技术，开发阻燃运输带、轻薄型运输带、尼龙片基平胶带、切割式V带、同步带等新产品。80年代末，具备年生产普通V带2860万Am①、运输胶带230万平方米、汽车V带90万条、胶管270万标米、尼龙平胶带10万平方米和聚酯V带48万条的能力，是普通V带出口企业。2005年，无锡地区具有一定规模的橡胶带、管生产企业27家。橡胶带生产企业主要为无锡橡胶厂改制后成立的3家公司：贝尔特胶带有限公司生产切边V带400万标条、多楔带120万条、同步带30万条；格林爱立特三角带有限公司生产"绿象"牌普通V带、窄V带、联组V带、食品带、农机变速（半宽）V带、六角带及其他用途V带，2005年销售收入1.99亿元；宝通带业有限公司生产输送带450万平方米，"宝通"牌高强力输送带被评为中国名牌产品。2005年，3家公司销售总收入3.5亿元，运输带市场占有率全省第一，切割式三角带、同步带和多楔带先后与天津夏利、长安汽车、南京依维柯等厂家建立合作配套关系，齿楔带、双面多楔带和弹性多楔带填补国内空白。胶管生产企业中，位于宜兴市的江苏凯凯工业设备有限公司生产规模较大，2005年生产能力2.2亿标米。此外宜兴市江富橡塑有限公司、江阴精华橡塑有限公司和无锡市金桥胶管厂等亦具有一定规模。

二、纺织橡胶

1986～1990年，无锡市第二橡胶厂投入1500多万元引进、更新设备，开发20个新产品。1990年，生产丁腈胶辊5966万只、胶圈11538万只，分别占全国总产量的51%和35%，国内市场占有率分别为60%和40%。1991年后，该厂开发汽车用软管和印染机械用的橡胶辊筒，经济效益居全国纺织橡胶器材行业之首。2005年，全市纺织橡胶制品企业10多家，无锡二橡胶股份有限公司、无锡大鹏纺织器材有限公司和无锡振华纺织橡胶有限公司规模较大。无锡二橡胶股份有限公司具备年产纺织用皮辊皮圈3亿个标准件的能力，2005年销售收入1.99亿元，利润5273万元，产品占全国同类产品总份额40%。

三、橡胶密封件

1986～1990年，无锡橡胶密封制品生产以自动化精密预成型机替代手工操作，年产量由1000万件提高至2000万件。1990年，无锡市第四橡胶厂承担国家计委下达的橡胶骨架油封系列开发项目，总投资600万元，开发、生产高、精、尖骨架油封，完全达到无泄漏标准，性能优于国内同类产品。该厂生产的密封件制品在煤炭部采掘机和铁道部主要机车车辆的使用份额分别占55%和40%，为铁道部引进机车车辆制动阀配套橡胶密封件唯一生产厂。1990年产量2357万件，成为化工部20家橡胶密封制品重点生产企业之一。

21世纪初，无锡地区具有一定规模的橡胶密封件制品企业近20家。江阴海达橡塑集团有限公司主要生产船用密封件，东亚化成科技（无锡）有限公司主要生产家用电器密封件。无锡美峰橡胶制品制造有限公司（原无锡市第四橡胶厂）是生产特种橡胶密封制品的龙头企业，主要产品为铁道机车车辆橡胶密封制品，煤炭综合采掘机橡胶制品，汽车、摩托车骨架油封，家用电器密封制品，为化工环保、工程机械、农机、电子产品配套的密封制品等五大类，2005年总产量3506万件，销售收入5856万元，实现利润815万元。

① 橡胶V带产品产量的统计单位以Am为基本统计单位，Am表示一般传动用普通V带A型V带1米，所有V带按其截面积与A型V带截面积的比值作为系数，换算成Am。

四、轮胎

1986～1990年，无锡橡胶轮胎生产加快产品系列化和升级换代。市第三橡胶厂投入2347.9万元，形成自行车胎（软边、真边、钩边）、摩托车胎、轻载轻型车胎三大系列80多个品种，1990年生产自行车外胎640万条、自行车内胎654.54万条、轻骑内胎35.71万条、轻骑外胎26万条,具备年产10万条汽车轮胎的能力。进入21世纪，无锡轮胎制造业发展较快，主要产品有自行车胎、摩托车胎、轻载和微型车胎、农林业机械用轮胎和汽车胎。2004年，无锡慰达橡胶有限公司生产汽车轮胎465万条，并开始生产摩托车胎。2005年，无锡市生产载重汽车轮胎外胎、汽车内胎、轿车外胎和全钢子午线轮胎的企业有普利司通（无锡）轮胎有限公司、红豆集团无锡通用橡胶有限公司、无锡长风轮胎有限公司等。普利司通年产全钢子午线轮胎207.1万条，红豆集团全钢子午胎年销售收入4亿元。全市生产摩托车胎267万条，主要由红豆集团和无锡远东轮胎有限公司生产。

第七节　肥　料

为满足无锡市农业用肥需要，1988年，由国家批准立项，无锡县化肥厂、宜兴化肥厂分别建设年产4万吨尿素工程。1990年，江阴化肥厂合成氨年产量19121吨、碳酸氢铵79500吨，宜兴市年产合成氨23214吨、碳酸氢铵95304吨，还生产复合肥。1991年，无锡市磷肥厂生产的水稻除草复合肥、三麦除草复合肥、水稻氮磷钾长粗肥经获化工部优秀新产品成果奖。1992年末，无锡县复合肥厂和无锡市磷肥厂在年产10多万吨普通复合肥的基础上，投资建成两条年产5万吨高浓度复合肥生产线，1993年全市尿素、高浓度复合肥产量突破1万吨，而上年这两种化肥产量尚不到千吨。1994年11月，无锡市磷肥厂研制生产、填补国内空白的彩色系列高浓度复混肥获省第四届优秀新产品和新技术应用项目“金牛奖”。2000年，无锡远东化肥有限公司生产的“撒特利”彩色系列复合肥获“全国独家特色金奖”以及国家级重点新产品等称号，2003年10月，在第十二届世界肥料大会上，远东化肥有限公司与中农集团总公司于1999年共同组建的无锡中农新肥料科技股份有限公司生产的“撒特利”牌彩色高浓度复混肥获世界肥料产品标志资格认定证书。江苏灵谷化工股份有限公司和江苏天鸿化工有限公司根据国家小化肥改造政策，生产线由合成氨生产碳酸铵和碳酸氢铵改为合成氨联产尿素，2005年共生产合成氨27.4万吨，分别生产尿素65万吨和13万吨。中农新肥科技股份有限公司生产磷肥、复合肥、BB肥、OA活化有机肥80万吨，江苏天鹏化工有限公司生产复合肥20万吨。是年，全市磷肥产量1.4万吨、钾肥产量2万吨。

第八节　农　药

1986年，无锡农药生产企业加快新产品开发。无锡惠山农药厂开发农药和医药中间体环合剂-U，1990年建成年产100吨车间并投产。江阴农药厂的主要产品“江农”牌多菌灵年产量约占全国的一半，1990年获国家银质奖，1990年100%多菌灵原粉出口量400多吨，占总产量的18.4%，创汇收入由1986年的200多万元增至1077万元，居国内农药行业出口创汇之首。进入21世纪，无锡农药产品有杀虫剂、杀菌剂、除草剂等。江阴凯江农化集团公司是国内生产多菌灵的大型企业，2005年生产多菌灵原药9000吨。无锡玉祁生物有限公司利用粮食酿酒废料制成5%含量井冈霉素。无锡禾美农化科技有限公司、宜兴兴农化工制品有限公司、无锡市农药厂、无锡龙邦化工有限公司等企业发展较快，惠山农药厂因环境污染、经营不善倒闭。2005年，全市化学农药总产量1.74万吨。

第九节　涂料　染料　颜料

一、涂料

1986～1990年，无锡市造漆厂建成年产500吨聚氨酯涂料车间，先后开发生产6个新产品，其中粉末涂料、聚氨酯漆获1987年江苏省优秀新产品“金牛奖”，其间C01-1醇酸清漆、A04-9白氨基烘漆、A04-9绿氨基烘漆、C04-1各色醇酸磁漆、H06-2Q铁红环氧底漆被评为部优产品，C03-1白醇酸调合漆和苯丙乳液被评为省优产品。1989年，胡埭防腐材料厂的环氧带锈漆获奥地利国际博览会银奖。1990年，市造漆厂从国外引进两条生产线，涂料年产连续4年超万吨，仅次于南京造漆厂，居江苏省第二位。无锡县特种化工厂建成年产500吨硝基漆车间，当年投产。是年，无锡乡镇企业涂料产量超过1万吨。1992年，市造漆厂开发被江苏省列为1992年新产品开发计划项目的酚醛玻璃钢鱼竿涂料和国内制革市场需要的改性丙烯酸乳液型皮革涂料；投资2000万元，引进日本年产5000吨重防腐涂料生产线，成为当时国内重防腐涂料的最大生产基地。是年，市造漆厂和马来西亚桑那美集团共同投资上亿元建立合资企业无锡霸润涂料化工有限公司。1994年11月，“万年青”牌重防腐涂料打进宝钢三期工程。1995年，全市油漆产量9.27万吨，其中市区1.84万吨、宜兴市5.1万吨。1998年，市造漆厂研制投产聚酯高光、亚光、半亚光高级家具系列漆、“威尔士”聚酯清漆王等产品。1999年，霸润涂料化工有限公司所生产的丝面漆（内墙）、超雅面乳胶漆（内墙）和超级晴雨漆（外墙）等3种漆的主要技术指标耐洗性均通过4万次测试，大大超过当时国内300次和1000次的一等品指标，且耐沾污性、耐冻融性和耐碱性等技术指标明显优于国内一等品。进入21世纪，无锡涂料行业大型企业有虎皇漆业股份有限公司、无锡造漆厂有限公司和尚利派涂料（无锡）有限公司等。2005年，全市涂料总产量5.5万吨。

二、染料

1986年，无锡市染料厂分散染料年产量1000吨以上，在国内仅次于上海第五染料厂，其中分散藏青HGL产量占全国的20%。1988年起，分别从丹麦、日本引进先进设备，经过技术改造，1990年生产染料1447吨，其中出口222吨（弱酸88吨、分散染料134吨）；染料中间体151吨。1992年，该厂试制成功颗粒状200%率份分散深蓝S-3BG新产品，深受市场欢迎，分散染料出口量增至238吨。1995年，全市染料产量2.62万吨，其中市区0.27万吨。2000年5月起，市染料厂停产，2002年9月宣告破产。2005年，全市染料主要生产企业为德司达（无锡）染料有限公司、江苏傲伦达科技实业股份有限公司和江苏申新染料化工股份有限公司，总产量3万吨，主要品种为活性染料、分散染料、还原染料。

三、颜料

1988年，无锡钛白粉厂年产量1332吨，搪瓷月钛白粉获“江苏省优质产品”称号。1989年，国内市场搪瓷钛白粉、电焊条用钛白粉和电容器用钛白粉滞销，该厂转产涂料用钛白粉，1990年产量1723吨。1992年，该厂因污染环境而停业，此后市区停止颜料生产。至2005年，有20多家乡镇企业生产颜料。

第十节　企业选介

一、无锡益鹏集团有限公司

公司位于无锡市复兴路121号。2004年，由无锡市石油化学资产经营有限公司（前身为无锡市石油化学工业局和无锡市建材局合并后转制成立的国有企业）整体改制成立，拥有独资和控股独立法人企业9家，为涉足化工和建材行业的综合性企业集团。主要产品为纺织橡胶器材、橡胶辊筒、汽车用橡胶软管、ATV轮胎、真空胎、普通车胎，与电子产品配套的新材料偏光片基系列、镜用片基系列、深层硬化薄膜，各种规格用于大型水利工程的PCCP钢筒水泥管、工业化纤帘帆布和玻璃纤维制品等，其中纺织橡胶器材产量居国内行业首位，偏光片基系列占国内市场60%，PCCP钢筒水泥管在国内50个工程、10个省市重大工程中使用。2005年，主营业务收入35261万元，利润7611万元。

二、无锡市石油化工总厂

该厂位于无锡市广瑞路1418号。1988年，无锡树脂厂更名为无锡市石油化工总厂，同时保留原厂名。1997年，整体划拨给中国蓝星清洗总公司。同年，与日本大日本油墨株式会社、住友商事株式会社合资成立无锡迪爱生环氧有限公司。1999年，市石化总厂化工部分注册为非法人企业蓝星化工新材料股份有限公司无锡树脂厂。聚碳级双酚A于2000年被列为江苏省高新技术产品，双酚A助催化剂国产化项目2004年获江苏省科技进步一等奖、2005年获全国科技进步二等奖，特种环氧树脂为2004年“神舟”六号专用配套材料。2005年，市石化总厂厂区面积30万平方米、建筑面积6万平方米，拥有铁路专用线1300米、可同时停靠16条驳船的油码头1座，总资产9.98亿元，年原油加工能力20万吨、催化裂解加工能力14万吨。全年完成工业总产值（1990年不变价）116686万元，产品销售收入152776万元，工业增加值12144万元，利润总额1283万元，利税总额6613万元。

三、无锡化工集团有限责任公司

公司位于无锡市锡澄路271号。1990年12月，无锡市电化厂、无锡市大众化工厂和无锡市合成化工厂等3家国有企业组建为无锡化工集团公司，1992年12月改制成立无锡化工集团股份有限公司。1996年12月～1997年4月，先后投资设立无锡市大众化工有限责任公司和无锡市合成化工有限责任公司。2001年6月，成立无锡化工集团有限责任公司，持有无锡化工集团股份有限公司（2001年11月更名为无锡格林艾普化工股份有限公司）85.66%的法人股权，持有无锡市合成化工有限责任公司94.95%的法人股权（2004年11月，市合成化工有限责任公司注销，由无锡市东泰精细化工有限责任公司吸收合并）。2003年7月，化工集团有限责任公司整体改制为民营企业。2005年，化工集团有限责任公司拥有无锡格林艾普化工股份有限公司、无锡市东泰精细化工有限公司、无锡华云商贸运输有限公司、昆明格林利夫锌业有限公司、启东千鹤精细化工有限公司等5家控股公司，主营收入20.02亿元。其中格林艾普化工股份有限公司销售收入16.18亿元，是1986年市电化厂销售收入的39.54倍；市东泰精细化工有限责任公司销售收入6.34亿元，是1986年市大众化工厂和市合成化工厂销售收入总和的19.22倍。

四、江苏三木集团有限公司

公司位于宜兴市官林镇。前身为创建于1979年的宜兴市官林镇都山乡化工二厂，1987年改制为宜兴市三木化工实业有限公司。1991年，企业形成产值超亿元规模。1992年，更名为江苏三木集团有限公司。2002年开始，官林镇工业C区投资超8亿元建设三木工业园。至2005年，三木集团下设江苏三木化工股份有限公司、三木曙光电缆有限公司等10多家直属企业，并在广东江门、辽宁沈阳、北京通州、四川成都、陕西西安、山东邹平、江苏泰兴等地建有7家全资生产型分公司，总生产能力60多万吨，总资产25亿元，生产合成树脂、溶剂、化工原料和塑料等10多个系列800多个规格型号的产品，主导产品醇酸树脂、环氧树脂和氨基树脂的国内市场占有率分别为25%、20%、18%，涂料用树脂类产品在全国产销量位居第一，全年营业收入25.75亿元，利税总额1.91亿元。

五、无锡阿尔梅新材料有限公司

公司位于无锡市滨湖区二湾。前身为1970年创建的无锡电影胶片厂，系化工部和江苏省重点大型精细化工生产企业。1986年，该厂生产银盐感光材料、非银盐感光材料和其他化工类产品，年销售量约占国内产品销售总量的10%。1993年6月，更名为无锡阿尔梅感光化学公司。1996年8月，建成国内感光行业第一家合资企业——无锡爱克发胶片有限公司。1998年4月2日，阿尔梅感光化学公司和美国伊士曼柯达公司合资组建柯达（无锡）股份有限公司。2003年9月，阿尔梅感光化学公司改制为民营企业，2005年更名为无锡阿尔梅新材料有限公司。

六、无锡市化工研究设计院有限公司

公司位于无锡市人民西路109号。前身为无锡市化工研究设计院，主要从事丝印材料、光刻胶、封装材料、纤维素衍生物等应用电子化工、丝网印刷领域的新型高分子化工材料（军用和民用）的研究、开发和生产，长期承担国家重要科技攻关和军工研究任务。2004年，改制成为民营企业。2005年，销售收入1615万元。

七、无锡市橡胶厂

该厂位于无锡市新惠路7号。创建于1950年，为新中国成立后无锡市最早6家公（国）营的工业企业之一，化工部、江苏省重点生产橡胶带、管制品的骨干企业。2000年末，企业固定资产原值12756万元，净值7328万元。2001年1月，市橡胶厂改革改制，轻薄型输送带产品由上海永利工业制带有限公司租赁生产经营，成立上海永利工业制带有限公司无锡分厂；法人参股的无锡市贝尔特胶带有限公司生产汽车V带；格林爱立特三角带有限公司生产普通V带；宝通带业有限公司生产输送带；新协祥胶业有限责任公司进行混炼胶加工；胶管产品租赁给无锡市橡胶厂绿象实业公司经营。所有公司均为独立法人，与市橡胶厂为设备租赁关系。2005年，市橡胶厂转制为民营企业。

八、无锡市美峰橡胶制品制造有限公司

公司位于无锡市锡澄路一号桥化机路1号。前身为创建于1971年的无锡第四橡胶厂，专业生产各类特殊橡胶密封件制品，为铁道部、中国汽车工业总公司、原化工部、原煤炭工业部的定点生产企业。“美峰”牌橡胶密封件制品1990年获国家优质产品银质奖。2005年，销售收入5856万元，实现利税1623万元，

九、无锡市三力工业布厂

该厂位于无锡市石门路2号，前身为无锡市玻璃纤维厂。1986年以前，以生产玻璃纤维系列产品、玻璃钢制品和不饱和聚酯树脂为主，玻璃纤维年生产能力2000吨。1988年，工厂抓住迁厂机遇，调整产品结构，建设锦纶帘帆布生产线，1989年生产能力为捻织2000吨、浸渍5000吨。1990年4月开始，在化工部北京橡胶工业研究设计院的指导下，完成国家聚酯帘帆布浸渍热处理试验，产品经荣成橡胶厂应用于轿车子午线轮胎，帘线质量与国外同类产品相同，子午线轮胎于11月通过化工部鉴

定，企业被化工部列为聚酯骨架材料国产化攻关成员厂之一。1995年，试制开发玻璃钢高位水箱。此前该厂连续多年亏损，被市政府列为1996年全市12家重点扭亏企业之一。企业加快结构调整，先后完成轮胎帘布向胶带帘布的转移，扩大玻纤方格布的拉丝炉台以及橡胶V型三角带帘布的规模，1996年扭亏。1999年，与国家建材局南京玻璃纤维设计院、无锡轻工大学等科研院校合作，成立无锡轻大三力布研究中心，合作开发玻纤网格布、高强V型传动带用广角包布、防撕裂布、接头布等4个新品项目。2005年，销售收入约2500万元。

十、无锡市造漆厂有限公司

公司位于无锡市锡澄路258号。前身为无锡市造漆厂，生产“万年青”牌涂料。2003年改制为民营企业。2005年，销售收入8466万元。

十一、无锡市高润杰化学有限公司

公司位于无锡市吴桥西路97号。前身为创建于民国35年（1946年）的无锡市炼油厂，为国内最早开发生产锂基类润滑脂厂家之一。1988年投资设立无锡市佳润实业公司，1994年投资设立无锡市新润石油化工公司，1995年合资设立无锡奎克化学公司。2002年，整体改制为无锡市高润杰化学有限公司。公司对基础油进行深度加工，生产高级润滑脂、润滑油、汽车制动液、特种专用油等150多个品种300多个牌号的产品，产品质量获得德国大众汽车公司认可。2005年，固定资产4769万元，生产润滑脂1.8万吨、品种100多个，润滑油1万吨、品种40多个，制动液及化工产品0.6万吨，轧制油0.73万吨。

十二、无锡阳恒化工有限公司

公司位于无锡市锡澄路265号。前身为无锡市硫酸厂，2001年改制为民营企业无锡阳恒化工有限公司，专业生产硫酸。1995年，与日本丸红公司合资成立无锡震宇化工有限公司。2005年，无锡阳恒化工有限公司有固定资产1.7亿元。

十三、江苏灵谷化工有限公司

公司位于宜兴经济开发区。前身为宜兴市化肥厂，2000年改制为江苏灵谷化工有限公司，为全国氮肥主要生产企业之一。2005年，公司有宜兴灵谷热电有限公司、宜兴市新联热电有限公司、宜兴市压力容器厂、姜堰市化肥有限责任公司、宜兴市灵谷复合肥有限公司等控股企业，固定资产原值9.35亿元，拥有年产65万吨尿素、2万吨碳铵、3万吨高低溶度复合肥和年发电7.5亿千瓦小时的能力，并具备Ⅰ、Ⅱ、Ⅲ类压力容器的设计、制造能力，年销售收入11.75亿元，利润1.98亿元。

第七章　医药工业

第一节　发展状况

1986年，无锡市有医药制造企业55家，工业总产值（当年价）23479万元。其中市区医药工业有化学原料药、药物制剂及生物制品、中成药和中药材加工以及医疗器械、卫生材料及药用包装等四大门类16家企业，其中化学原料药企业3家、药物制剂企业4家、生物制品企业1家、中成药及中药材加工企业2家、医疗器械企业4家、卫生材料企业1家、药用包装企业1家，职工总数7037人，固定资产原值6833万元，总产值18567万元（当年价），销售收入1.7亿元，实现利润980万元、利税2135万元。

随着改革开放的深入，无锡先后引进一批涉外项目与联营项目。1987年，中国与瑞典合资建设的华瑞制药有限公司投产。1990年，无锡市第四制药厂与中国牧工商联合总公司合资建设的华丰（无锡）营养滋补品厂投产，由联合国人口基金援助的Tcu宫内避孕器生产线在无锡医疗器材厂竣工投产。至1990年末，全市乡及乡以上医药工业企业21家，其中市区12家；全年工业总产值按当年价计算49023万元，其中市区40210万元；按1990年不变价格计算，总产值50631万元，其中市区41423万元。1991年末，市区医药工业固定资产原值1.84亿元，职工人数8810人，全年工业总产值（1990年不变价）6.73亿元，工业销售收入6.01亿元，实现利润4117万元，利税6311万元。

1991年后，国家放宽医药行业的准入条件，医药行业竞争日趋激烈。市区医药工业企业加快重组改造和扩建步伐，加强新品研发。是年9月，市政府将市轻工业局所属太湖造纸厂划归无锡医药管理局，由无锡第六制药厂实施兼并。1992年，无锡市中药厂合资组建无锡华纽药业有限公司；合资企业无锡新兴制药有限公司成立；无锡医药设计院兼并无锡市电子仪表工业局设计室，升格为二级医药工程设计单位，后改为江苏省医药设计院。1994年，江苏省内中药饮片行业最大的技术改造项目在无锡中药饮片厂竣工投产，市医药局负责的省援建藏药厂项目由无锡健宏药业总公司实施启动，无锡晶海氨基酸有限公司在无锡港下乡开业，总投资1800万美元的阿斯特拉（无锡）制药有限公司、总投资1750万美元的法玛西亚制药有限公司、中加西洋参天然滋补品有限公司等外资企业相继建厂投产。1991～1995年，市区医药工业完成技改1.35亿元，为1986～1990年的2.6倍；开发新品113个，有10个医药产品的国内市场占有率超过50%。至1995年末，全市乡及乡以上医药工业企业40家，其中市区18家；全年工业总产值134087万元（当年价），其中市区106880万元；销售收入122477万元，利润6103万元，利税13291万元；出口交货值18467万元，其中市区17362万元。按1990年不变价格计算，工业总产值172607万元，其中市区137733万元。

1996年，无锡市第四制药厂、无锡市第六制药厂与美国艾西恩（ICN）集团合资成立无锡ICN制药有限公司。1998年，华瑞公司总投资2.79亿元的二期工程竣工投产；阿斯特拉（无锡）制药有限公司两次增资、总投资1.18亿美元的新厂在无锡国家高新技术开发区建成，成为当时国内最先进的全电脑控制的现代化医药生产基地。

1998年5月，无锡市山禾药业公司、无锡市医药股份公司、无锡市健宏药业公司和无锡市悉能制药公司联合组成国有独资公司无锡山禾集团有限公司（简称"山禾集团"），下设山禾集团悉能制药有限公司（原市第一制药厂）、山禾集团医药股份有限公司（原市医药站）、山禾集团药业有限公司（原市药材站）和山禾集团健宏药业有限公司（原市中药厂）4家子企业，资产总额13亿元，净资产6亿元，当年销售收入12.33亿元，实现利税1.38亿元、利润9273万元。与此同时，健宏药业有限公司收购无锡医药物资供销公司，改建为五方医药公司；兼并无锡卫生材料厂，组建健宏卫生材料有限公司；兼并无锡生物化学制药厂，组建中药材测试中心（研究所）。

1999年，市区医药工业以山禾集团为龙头，筹建技术开发中心，启动建设位于新区的中成药及药物制剂基地，对无锡市第一制药厂和第二制药厂进行归并重组，建设原料药基地。2000年12月，江苏太湖水集团与美国中国技术公司合资成立无锡药明康德新药开发有限公司，为国内首批以组合化学和现代药物化学技术为核心的新药研发企业。

至2000年末，全市医药制造业全部国有及限额以上非国有企业23家，从业人员10196人；工业总产值（当年价）20.71亿元，按1990年不变价格计算为19.44亿元；工业增加值7.73亿元，销售收入32.12亿元，利润14086万元，利税35322万元。市区医药局下属企业9家，工业总产值（当年价）

13.19亿元，按1990年不变价格计算为12.61亿元；工业增加值5.35万元，销售收入4.63亿元，利润10804万元，利税27648万元。

2001年4月，市医药管理局直管企业全部划入山禾集团，由山禾集团行使资产经营公司管理职能（后改为托管）。2002年，无锡医药国有企业进入改制、改组、关闭、破产的重组阶段，无锡第三制药厂、中西药械集团（含医疗设备厂）、艾西恩（ICN）公司、生化药厂、华丰营养滋补品厂等先后破产关闭或改制联合。与此同时，新区、马山等地先后建立合资、独资、民营制药企业、医疗器械企业与医药包装材料企业。2004年9月，山禾集团完成整体改制并与市国资委签订股权转让协议书，10月完成工商变更登记手续。

至2005年末，全市医药制造业全部国有及限额以上非国有企业32家，从业人员8777人，全年工业总产值（当年价）46.3亿元，工业增加值17.75亿元，销售收入46.69亿元，利润32526万元，利税72470万元。限额以上"三资"企业10家，从业人员3805人，工业总产值（当年价）33.98亿元，工业增加值13.69亿元，销售收入34.29亿元，利润25078万元，利税57355万元。

2004年无锡市医药制造业经济普查情况表

表14-29　　单位：家、千元、人

指标	企业数	工业总产值	工业销售产值	出口交货值	主营业务收入	利润总额	从业人员
化学药品原药制造	34	1398375	1302907	322639	1341999	105977	3093
化学药品制剂制造	19	1815165	1861435	166036	1867333	177826	4180
中药饮片加工	6	11550	18424	—	68896	410	271
中成药制造	6	295635	253873	9899	255854	29905	1762
兽用药品制造	7	9303	7822	—	7472	43	81
生物、生化制品的制造	18	125232	125958	4964	125856	1550	408
医疗仪器设备及器械制造	87	861240	897705	361082	900944	32784	4703
卫生材料及医药用品制造	30	677370	693996	41970	692193	148241	1710

第二节　化学药品

一、化学原料药

1986年，市区化学原料药企业有无锡市第一制药厂、无锡市第二制药厂、无锡市第三制药厂等3家，以抗生素发酵产品为主，主要生产土霉素、庆大霉素、四环素、利福霉素、扑热息痛、柠檬酸、维生素E、乳酸、味精、药用谷氨酸等传统原药品种。新产品相模霉素通过卫生部新药审批并进入试产阶段，硫酸核糖霉素与乙酰螺旋霉素获得省科委、省计经委的新产品确认。是年，市区原料药行业固定资产原值3959万元，职工2653人，完成工业总产值（1980年不变价）9272万元、工业销售收入6851万元。

1986年，市第二制药厂"晶菱"牌药用柠檬酸获国家银质奖，1988年，该厂生产的无水柠檬酸质量达到英美药典标准，产量急剧上升，成为无锡市的出口创汇拳头产品，获中国首届食品博览会金奖。1987年，市第一制药厂土霉素车间提炼工段竣工，年生产能力由117吨提高至132吨，1988年年产2吨/10亿的小诺霉素扩产项目开工；1989年，抗结核药物、国家一类新药利福喷丁获得卫生部新药证书，当年试产170公斤。1990年末，市区化学原料药行业固定资产原值7363万元，职工2862人，工业总产值（1980年不变价）1.4亿元、工业销售收入1.4万元。

1991年，第一制药厂采用小诺霉素高组分菌种和产品分离工序微机集散控制等新工艺，硫酸小诺霉素年生产能力由2吨/10亿增至10吨/10亿，当年产量增至5.26吨/10亿，比上年度增长2.3倍。该厂当年工业总产值（1990年不变价）1.34亿元、利润与利税分别为2018万元与2627万元，成为当时江苏省医药行业与无锡市区的利税大户。由于新的化学原料药品种的逐渐替代，该厂自1991年起逐步停止在国内生产最早的土霉素品种的生产，并于1992年筹建兽药分厂，用硫酸小诺霉素副产品生产三类新兽药硫酸庆大霉素—小诺霉素，当年试产340十亿，以后逐步扩大到5000多十亿。1992年，第一制药厂实施年产利福喷丁20吨技改项目，当年竣工并批量生产。

1993年1月，国内首创国家四类新药西梭考霉素在第二制药厂投产。6月，该厂与意大利福曼奇工程公司合资成立福菱制药有限公司，专门生产螺旋霉素系列产品。9月，第一制药厂与香港中国制药集团公司合资成立无锡中策制药有限公司，1994年扑热息痛DC-90试产成功。1995年7月，中策制药公司“双鸟”牌扑热息痛迁至锡山市石塘湾梅泾村经济开发区第一制药厂扑热息痛分厂生产，年生产能力扩大至5000吨，成为扑热息痛的生产出口基地。是年，位于锡山市港下的无锡晶海氨基酸有限公司开业，采用微生物发酵高新技术在国内首次进行工业化规模生产L-异亮氨酸，结束国内异亮氨酸依赖进口的历史。无锡第二制药厂成立产品开发研究所，与中国药科大学联合开发国家二类新药氟罗沙星并获卫生部新药证书。

1995年，全市化学原料药产量2393.03吨，其中市区2245.59吨。由于水电气、粮食、原辅材料的价格上涨，市区化学原料药生产企业除中策制药公司盈利255万元外，第二制药厂、第三制药厂分别亏损206万元、298万元。庆大霉素、柠檬酸、味精、四环素等高能耗、高污染、低附加值产品逐步停产。1995年味精停产，1996年柠檬酸迁至中亚化学品厂生产，1997年庆大霉素停产。第二制药厂连续两年严重亏损后，加大新品开发力度，1997年生产核糖霉素9080十亿、西梭霉素87十亿、奈替半星125.22公斤、法典螺旋霉素2040公斤、氟罗沙星89公斤，当年扭亏为盈，并首次实现产值超亿元。1997年，中策制药公司与江苏省微生物研究所联合共同开发的国家一类新药硫酸依替米星E402（又称“8907”）获得卫生部颁发的原料药及注射剂新药证书；是年末试产70多公斤/10亿硫酸依替米星原料，1999年取得生产批准文号。2000年，全市化学原料药产量9936吨，其中市区4455吨、江阴市5475吨、锡山市7吨。

2001年8月，山禾集团第一制药有限公司与法国罗地亚工业有机体公司合资建立无锡罗地亚制药有限公司，主要生产扑热息痛原粉及颗粒，年生产规模1.5万吨。2002年，第二制药厂实施总投资1.37亿元的原料药基地建设二期国债项目，重点实施硫酸奈替米星、氟罗沙星、法典螺旋霉素的扩建技改，次年完成法典螺旋霉素扩产改造并通过国家GMP①认证。2002年，第三制药厂被法院裁定破产终结。2004年，山禾集团当年建成利福喷丁合成车间、奈替米星冻干和合成分离车间GMP改造，新品霉酚酸酯获得生产批准文号。

2005年，全市化学原料药产量1041吨，其中市区302吨、江阴市739吨。市区化学原料药行业生产企业有无锡山禾集团第一制药有限公司、无锡第二制药厂、无锡晶海氨基酸有限公司、罗地亚无锡制药有限公司等4家，主要产品有硫酸奈替米星、硫酸西梭霉素、硫酸核糖霉素、乳酸纳、法典螺旋霉素、氟罗沙星、L-异氨酸，L-缬氨酸，L-亮氨酸，L-脯氨酸等。

二、化学药物制剂

1986年，市区化学药物制剂行业主要有无锡第四制药厂、第六制药厂、第七制药厂等3家专业制

① Good Manufacturing Practice的缩写，是适用于制药、食品等行业的强制性标准。

剂生产企业，第一制药厂与制药厂亦有分厂生产制剂。主要剂型有片剂、注射剂、大输液、酊水糖浆剂、耳鼻滴剂、气雾剂、涂膜剂、滴丸剂、胶囊剂、软胶囊剂、外用软膏剂等。第四制药厂为省内最大专业制剂生产企业。全行业完成工业总产值（1980年不变价）8951万元、工业销售收入6673万元，实现利润1463万元、利税1800万元，年末固定资产原值1470万元，主要制剂产量为针剂2.17亿支、片剂12.83亿片、大输液105万瓶、口服蜂乳39.4万升、出口蜂皇浆26吨、抗生素分装141.7万瓶、眼药水300万支。1987年，与瑞典合资建设的华瑞制药有限公司竣工投产，次年上半年试产倍他洛克、博利康尼等14个品种，试产片剂615万片、脂肪乳输液6万瓶。1989年，第二制药厂从湖北江陵制药厂引进转让枸橼酸铋钾品种及技术，建成制剂车间及配套用房，开发新产品枸橼酸铋钾冲剂（商品名"晶菱得乐"）。1990年10月，第四制药厂与中国牧工商联合总公司合资建设的华丰（无锡）营养滋补品厂新厂房竣工，当年生产易拉盖口服蜂乳1913万盒、蜂皇浆冻干粉481.4万袋，以及蜂皇精片、宝尔康、双宝素、青春葆等8个新产品。至1990年末，市区全行业固定资产4239万元，职工2208人，全年完成工业总产值（1980年不变价）2.34亿元，实现利润1034万元、利税1402万元。

1991年，第四制药厂与高校科研院所挂钩开发新品，天冬素片等11个独家产品投放市场。1992年，市区化学药物制剂行业开发制剂新品30个，其中四类以上新药15种（其中一类新药2种、二类新药3种）。华瑞制药公司营养输液生产线扩产改造，年生产能力增至400万瓶。1993年，第二制药厂与香港嘉大公司合资成立无锡嘉菱医药股份有限公司，新增氟哌酸胶囊、氟罗沙星胶囊等制剂产品。同年，华丰（无锡）营养滋补品厂生产的"同乐令"冻干小袋蜂皇浆在第33届国际养蜂大会暨1993年国际养蜂博览会上获金奖。1994年1月，阿斯特拉（无锡）制药有限公司开业，主要生产片剂、胶囊，当年销售收入1.5亿元。台湾独资企业华裕（无锡）制药有限公司在马山建立，生产大容量注射剂、小容量注射剂、片剂、硬胶囊、颗粒、凝胶剂等剂型及聚丙烯包装瓶输液。是年，国家一类新药利福霉素胶囊注册商品名为迪克菲胶囊，当年销售量20万瓶。

1995年，正大科普利制药公司成立，生产片剂、胶囊、颗粒剂、霜剂与糖浆；法玛西亚制药有限公司奠基，主要生产抗癌药物；无锡健特药业有限公司在马山筹建，生产脑白金。是年，市区有国家一类新药硫酸依替米星（悉能）注射液、迪克菲胶囊，国家二类新药氟罗沙星胶囊，国家三类新药三乐喜胶囊批量试产，当年脂肪乳输液与三乐喜胶囊的国内市场占有率分别达85%与80%。至1995年末，市区药物制剂行业固定资产原值5.9亿元，职工3080人，全年完成工业总产值（1990年不变价）6.06亿元、工业销售收入7.26亿元，实现利润6317万元、利税6601万元。

1996年9月，第四制药厂、第六制药厂与美国艾西恩公司合资成立无锡艾西恩（ICN）公司。华瑞制药有限发展迅速，1997年销售收入3.37亿元，为投产初期的77倍，公司净资产2.87亿元，成为当时国内最大的临床全营养液生产基地。1998年5月，阿斯特拉（无锡）制药有限公司开发生产呼吸系统、心血管系统、消化系统等制剂产品。6月，华瑞制药公司二期工程竣工，总投资2.45亿元，形成年产1300万瓶营养输液的生产能力。10月，无锡信孚药业公司、凯西药业有限公司、凯夫制药有限公司相继建立，第六制药厂的多烯康胶囊移至信孚药业公司生产；ICN公司停产，其三乐喜胶囊移至凯西药业有限公司生产。2000年1月，荷兰纽迪希亚公司收购无锡正大科普利制药有限公司全部股份，成立独资企业纽迪希亚（无锡）制药有限公司，生产肠内营养混悬液、片剂胶囊和肠内营养输注器、输注泵（ESP）等。9月，阿斯特拉（无锡）制药公司在无锡高新技术开发区建造的新厂房竣工，无锡公司的投资累计1.18亿美元。是年10月，华瑞制药公司静脉输液产品首次打入欧洲市场，结束国内大输液无出口的历史，其脂肪乳输液与氨基酸输液在国内市场的份额分别占2/3与1/3。2002年11月，该公司扩建的肠内营养液生产线竣工，年生产能力增至600万瓶；冻干粉针剂生产线扩建后年生产能力增至1300万瓶，4月第一批38400支水乐维他运至瑞典斯德哥尔摩，成为国内第一家向欧洲市场出口冻干粉针剂的企业。是年，华丰（无锡）营养滋补品厂改制后更名为无锡添氏保健品有限公司，除生产传统口服蜂乳、冻干小袋蜂皇浆粉、PVC系列口服液外，还采用超临界技术开发蜂胶软胶囊以及“添字”营养蛋白质粉、氨基酸片、破壁松花粉（片）等产品；阿斯利康制药公司再次增资1600万美元，累计投资达到1.34亿美元，成为全球最先进的制药厂之一；无锡法玛西亚公司被美国辉瑞公司并购，更名为辉瑞制药（无锡）有限公司，主要生产包括盐酸表柔比星、盐酸多柔比星等抗肿瘤药的冻干制剂。

2004年，全市化学药品制剂生产企业19家，工业总产值18.15亿元，利润1.78亿元。2005年，市区化学药物制剂企业中，阿斯利康、华瑞、纽迪希亚、辉瑞、华裕等5家企业年销售收入超过5000万元。

三、生物制品

1986年，市区仅有无锡生物化学制药厂1家生物药品生产企业，隶属市食品公司，有职工170人左右，固定资产190万元，主要生产肝素钠注射液、胃蛋白酶等小针、片剂，工业总产值（1980年不变价）255万元，次年348万元。1987年，第二制药厂从卫生部北京生物制品研究所引进单克隆抗体PAP盒品种和技术，次年11月获卫生部批准文号，1990年获江苏省优秀新产品“金牛奖”，成为当时国内比较先进的生物诊断试剂产品。1998年，无锡生物化学制药厂被山禾集团药业有限公司兼并，2003年办理破产清算。2000年后，市区先后成立生物制品生产企业6家，主要生产体外诊断试剂、检测试剂盒等品种，规模均不大。2004年，全市生物、生化制品生产企业18家，工业总产值1.25亿元，利润155万元。

第三节　中成药及中药材加工

1986年，市区只有无锡中药厂1家中成药企业和无锡中药饮片厂1家中药材加工企业，职工873人，生产包括丸剂、片剂、散剂、煎膏剂、糖浆剂、酒剂、冲剂、茶剂、橡皮膏剂、酊剂以及中成药注射剂等16个剂型、200多个规格品种。无锡中药厂根据著名喉科老中医黄莘农医师祖传秘方试制成功新药黄氏响声丸，按当代名方二仙汤和清宫秘方参茸丸、十补丸等开发更年乐药酒、更年乐片，采用密闭提取新工艺生产传统产品驴皮膏，建立江苏省中药测试中心。无锡中药饮片厂在省内率先进行机械化生产设备改造，产品品种在省内同行业中最多最齐，饮片质量标准被采纳为江苏省中药饮片质量标准，为当时全国44个重点中药饮片厂之一。市区全年生产中成药1642吨，加工中药材583吨，实现工业总产值（1980年不变价）1758万元、工业销售收入3060万元、利润92万元。

1987年，无锡地区自1983年开始的中药资源普查工作结束，全市共查到药用植物1050种、动物130种、矿物6种，填补市中药资源档案空白。1990年，中成药及药材加工行业完成工业总产值（1980年不变价）2603万元，实现利润223万元。

1991年，中国医药对外贸易总公司、无锡中药饮片厂与北美人参企业有限公司合资成立无锡中加西洋参天然补品有限公司，具备年加工成品参100吨、洋参丸200万盒的能力。1992年，无锡中药厂的黄氏响声丸国内市场占有率达100%，单一产品获利超过企业总利润的80%。1994年，中药饮片厂营业大楼和饮片生产大楼竣工验收，3800平方米的饮片大楼集中药饮片加工、成药生产与精品包装等于一体，中药饮片生产能力提高40%。1995年，一批中药饮片品种走出国门，并开发洋参片、梅花鹿茸片、红参粉、珍珠粉、羚羊角粉等滋补保健品产品，当年销售收入4600万元。1995年，全市中成药产量1142.48吨，其中市区797.9吨。市区中成药及中药材加工企业3家，全年工业总产值（1990年不变价）3968万元，利润1767万元。

1996年，无锡健宏药业总公司的“醒脑静”注射液被列入全国中医药急诊必备药物目录，1998年单品种销售额1.39亿元。2000年初，无锡山禾药业股份有限公司对小容量注射液进行GMP改造，是年公司被列为江苏省天然药物提取及深加工基地。是年，中成药行业销售毛利大幅下降，山禾药业加大市场开拓力度，健全市场网络建设，实施非处方药策略，重点品种黄氏响声丸的销量比上年翻一番。2000年末，市区中成药与中药材加工行业有国家中药保护品种3个，全行业完成工业总产值（当年价）2.1亿元、销售收入4.2亿元，实现利润3800万元、利税7624万元。全市中成药产量330吨。

2002年，无锡中加西洋参天然补品有限公司破产，中天天然药物有限公司成立。2003年，云南白药集团无锡药业有限公司在新区成立，主要生产白药膏、白药创可贴、小儿退热贴等中药外用贴膏。山禾药业公司在新区建造占地10多万平方米的新厂区，对原料药、口服固体制剂、口服液体制剂、中药前处理等工序进行系统、规范的GMP改造，至2005年，生产剂型全部通过GMP认证。

2004年，全市中成药生产企业6家，中成药产量310吨，工业总产值2.96亿元，利润2990.5万元；中药饮片加工企业6家，工业总产值1155万元，利润41万元。至2005年末，市区中成药及中药材加工企业4家，全年完成工业总产值约2.5亿元、销售收入2.8亿元。

第四节　医疗器械

1986年，无锡市有医疗器械生产企业73家，其中大部分是乡镇企业，市管企业仅5家。市区主要有无锡医疗设备厂、无锡第二医疗器械厂、无锡医疗器材厂、无锡县医疗器材厂等4家企业，均为小型企业，其中前3家为当时省医疗器械定点生产企业，生产医院装备、医院化验设备、口腔医疗设备、医用呼吸设备、计划生育器械、常规手术器械、真空设备等80多个品种。至1986年末，市区医疗器械行业固定资产原值538万元，职工1095人，全年工业总产值（1980年不变价）996万元，生产节育环224.4万个、台式血压计2.85万台、血压表504.4万支、快速换片机28台、自动高压注射器24台、麻醉设备1027台、吸引器4459台、牙科椅469台、呼吸设备80台，其中血压计、血压表、牙科椅、人体秤等均有出口。

1987年，国营第721厂利用声呐技术优势开发的SJN-2031型B型超声诊断仪通过生产鉴定，1988年获国家科技进步二等奖。1990年，由联合国人口基金会援助75.74万美元、无锡医疗器材厂负责实施的Tcu宫内避孕器生产线竣工投产，可年产Tcu节育器150万套。1991年，位于无锡县张泾镇的无锡医用仪表厂生产口腔体温计出口492万支、腋下体温计出口13.9万支、台式血压计出口3万多台，工业产值1516万元，成为省内同类产品的主要出口企业。位于东北塘镇的宏宇一次性输液器厂为当时国内生产最早、产品质量最好、产量最高的医疗用一次性输液器生产企业。1991年，721厂完成B型超声诊断仪生产线一期改造，形成年产200台B超诊断仪的生产能力；1995年完成二期改造，形成年产2500台B型超声诊断仪、3500个B型超声诊断仪探头的生产能力。1996年，通用电气医疗系统（中国）有限公司在无锡国家高新技术开发区成立，从事医疗器械的开发、生产和销售，主要产品有中、高档彩超和黑白B超、产妇病人监护仪、心电图仪、呼吸麻醉机等。进入21世纪，市区医药器械行业每年成立10多家企业。2001年7月，无锡海鹰电子医疗系统有限公司组建成立，为国内B超、彩超、多功能监护仪、肿瘤治疗系统等医疗设备的研发生产基地。是年，全市医疗器械生产企业90家，其中第一、二、三类分别为13家、55家、22家。

2005年，全市医疗器械生产企业183家，其中第一、二、三类分别为40家、106家、37家。通用电气医疗系统（中国）有限公司、无锡海鹰电子医疗系统有限公司、西门子爱克斯射线真空技术（无锡）有限公司、无锡祥生医学影像有限责任公司年销售收入超过5000万元。

第五节　卫生材料及药用包装

一、卫生材料

1986年，市区卫生材料行业仅无锡卫生材料厂1家企业，为省医药系统定点生产企业，规模较小，主要生产脱脂药棉、脱脂纱布、医用绷带、关节止痛膏、消炎止痛膏、冻疮未溃膏、肤疾宁膏等，年末固定资产原值65万元，全年工业总产值（1980年不变价）249万元，1991年工业总产值（1990年不变价）237万元。1997年，工业总产值（1990年不变价）193万元，此后逐年萧条。2000年，被无锡山禾药业有限公司兼并。同时，市区卫生材料行业逐年有新的民营企业产生。2005年，市区有9家企业生产医用高分子材料及制品、医用卫生材料及敷料，规模均不大。

二、药用包装

1986年，市区药用包装材料行业仅无锡红光玻璃厂1家企业，为省医药系统定点的7家药用包装生产企业之一，也是江苏省生产药用包装材料最早的企业。全行业年末固定资产原值311万元，职工383人，全年工业总产值（1980年不变价）584万元。1991年，红光玻璃厂从美国引进两台IB-506-3V主机，实施年产4500万套低压高密度聚乙烯药用塑料瓶技改项目，在无锡地区开创生产药用塑料瓶的历史。1995年，工厂新建19.38平方米池炉，新增年产3000万只标准瓶的能力；老池炉由27.28平方米扩至35.88平方米，年生产能力由4200万只标瓶增至5500万只标瓶。1995年，市区药用包装行业固定资产原值2356万元，工业总产值（1990年不变价）2334万元；2000年，全行业工业总产值（当年价）2655万元。此后因国内燃油、化工原料价格上涨，药用黄料瓶与药用塑料瓶生产未得到发展。进入21世纪，市区先后有专业与非专业的生产药用包装的企业新建。2005年，市区全行业办有注册证的企业11家，产品销售收入约9000万元，其中规模较大的有无锡华众玻璃有限公司（生产盐水瓶）、无锡四方制桶有限公司（生产药用包装铁桶）、无锡市羊尖华强塑料彩印有限公司及无锡国泰彩印有限公司（生产药用铝塑复合膜）。

第六节　企业选介

一、无锡山禾集团第一制药有限公司

公司位于无锡市通惠西路150号。始建于1953年，1956年更名为公私合营江南化学制药厂。1965年1月，划归中国医药工业公司南京分公司，更名为中国医药工业公司无锡制药厂。1970年，划归地方管理，更名为地方国营无锡市第一制药厂。1993年，与香港中国制药集团公司合资组建无锡中策制药有限公司。1999年，先更名为无锡悉能制药有限公司，后并入无锡山禾集团，并更为现名。公司主要产品为抗生素、化学合成药及部分制剂，为国内最早开发土霉素的企业，“双鸟”牌扑热息痛1985年获国家银质奖。2005年，公司生产硫酸小诺霉素3283公斤、迪克菲胶囊88.24万瓶，完成工业总产值5235万元、销售收入3699万元，实现利润64万元、利税612万元。

二、无锡市第二制药厂

该厂位于无锡市锡澄路257号。前身为建于民国32年（1943年）的振元化学品厂，1951年迁锡，1952年更名为公私合营无锡惠山制药厂。1965年1月，划归中国医药工业公司南京分公司领导，更名为中国医药工业公司无锡第二制药厂。1970年，划归地方管理，更为现名。主要产品为抗生素、有机酸、合成药及部分制剂，国家大二型企业。1993年，在厂内成立合资企业无锡嘉菱医药股份有限公司和福菱制药有限公司，分别生产经营制剂产品和抗生素产品。1996年，传统产品柠檬酸因高能耗、高污染等原因停止生产，开始生产奈替米星、硫酸核糖霉素、法典螺旋霉素等新的抗生素。1998年，进行4次抗生素品种的转换生产，硫酸奈替米星、氟罗沙星、法典螺旋霉素、硫酸西梭霉素逐渐成为一线产品。2001年，进行山禾集团原料药基地建设，2004年完成所有产品的GMP认证。2005年，完成工业总产值1.51亿元、工业销售收入1.8亿元，自营出口产值6343万元，实现利润953万元、利税1855万元。

三、华瑞制药有限公司

公司位于无锡市马山北闸路16号。1982年，中国和瑞典签订协议，成立华瑞制药有限公司（简称“华瑞制药”），1984年动工，1987年竣工，为国内建立最早、当时规模最大的中外合资制药企业。1993年，销售收入2.82亿元，实现利润6429万元、利税7920万元。随着股东阿斯特拉的撤出，华瑞制药的片剂、气雾剂等业务转移至新成立的阿斯特拉（无锡）制药有限公司，华瑞制药成为生产经营脂肪乳剂、氨基酸注射液、注射用维生素制剂、注射用多种微量元素制剂等肠外临床营养产品的专业公司。1999年，德国费森尤斯卡比公司成为华瑞的外方股东，占51%的股份；华瑞制药的中方股东为中国医药集团总公司及其子公司中国医药工业有限公司、中国医药对外贸易公司，占49%的股份。2000年6月，华瑞制药获得欧盟GMP证书，成为中国首家获准向欧洲出口大输液和冻干粉针产品的制药企业。2005年9月，华瑞制药完成股份结构调整，外方股东为在中国的独资公司弗森尤斯卡比（中国）投资有限公司，占51%；中方股东为中国医药工业公司、中国医药集团总公司、中国医药对外贸易公司，占49%。至2005年，华瑞制药注册资本2790万美元，固定资产原值5.32亿元，全年完成工业总产值（当年价）6.48亿元、工业销售收入6.28亿元，实现利润1.59亿元、利税2.28亿元。华瑞制药在国内临床营养领域所有企业中排名第一，临床营养市场占有率33%，被评为中国外商投资双优企业、国家医药局“十佳”合资制药企业、国家“火炬”计划重点高新技术企业。

四、无锡山禾药业股份有限公司

公司位于无锡市长江南路12号。前身为1952年建立的无锡市国药业丸散统一配置处，1956年改为公私合营丸散加工场，1961年改为无锡中药厂，1971年更名为无锡市第五制药厂，1981年更名为无锡市中药厂。1986年开始，在江苏省率先实行中成药机械化生产、建立中草药注射剂生产车间、建成管道化的中药密闭提取车间，并建立江苏省中药测试中心，能生产15个剂型200余个制剂产品，研制成功国家中药保护品种——黄氏响声丸和醒脑静注射液。1994年，更名为无锡健宏药业总公司。1997年，更名为无锡山禾集团健宏药业有限公司，1999年更为现名。2005年，公司通过国家优良制造标准认证，固定资产原值3.4亿元，职工1000人，全年完成工业总产值1.92亿元、工业销售收入1.48亿元。

五、无锡海鹰电子医疗系统有限公司

公司位于无锡新区高新技术创业园二区205室。公司前身为苏联于1958年援建的国营第721厂。1979年开始，利用声纳专业优势研制开发B超诊断仪及B超探头，为国内最早专业从事超声类产品研制的企业。1987年，SJN-2031型B超诊断仪通过生产鉴定，1989年第一代医用B超批量上市。1997年1月，海鹰集团医疗设备有限公司研制生产的中国第一台具有国际90年代先进水平的全数字化的B超彩色仪进入批量生产。2001年7月，海鹰企业集团有限责任公司出资并整合海鹰企业集团医电分公司、医疗电子研究所、无锡海鹰电子公司，成立无锡海鹰电子医疗系统有限公司，为国家中高档B超、全数字高档彩超、多功能监护仪、肿瘤治疗系统等高档医疗设备的研发生产基地。2005年末，公司固定资产原值1900万元，全年生产B超诊断仪2507台，完成工业总产值4903.5万元、销售收入5063.4万元，实现利润150万元、利税242.4万元。

六、阿斯利康制药有限公司

公司位于无锡市国家高新技术开发区黄山路2号，1993年由瑞典阿斯特拉有限公司、无锡市新区经济发展集团总公司与江苏省无锡医药公司合作成立阿斯特拉制药有限公司，阿斯特拉有限公司全额出资1800万美元。当时租用华瑞制药的厂房，生产华瑞制药的注册产品。1998年，增资在现厂址建设无锡工厂，2000年竣工。1999年，瑞典阿斯特拉公司和英国捷利康公司合并为阿斯利康制药有限公司。公司生产销售片剂、硬胶囊剂、气雾剂和冻干粉针剂等4种剂型的产品，获国家和欧盟优良制造标准认证，并获准向欧盟及认可欧盟标准的国家出口产品，其产品占阿斯利康集团在中国市场医药产品销售总额的80%。2005年，完成工业总产值（当年价）19.3亿元，完成产品销售收入18.5亿元，实现利税2.2亿元。

七、通用电气医疗系统（中国）有限公司

公司位于无锡国家高新技术产业开发区。1996年成立，为美国通用电气（GE）公司在华投资的独资企业，注册资本990万美元，总投资1960万美元。公司主要从事医疗器械的开发、生产和销售，为中国医疗器械领域规模最大的外商独资企业。至2005年，共开发新产品21个，拥有23项国际专利，为首批实施ISO 13485的企业，通过欧洲统一标志（CE）认证，连续两年高分通过美国食品和药物管理局认证。产品出口美国、欧洲和日本等市场，年均营业额超过10亿元。

八、江苏四环生物股份有限公司

公司位于江阴市滨江开发区。原名江苏振新实业股份有限公司，成立于1992年5月18日。2001年，收购北京四环生物工程制品厂和江苏省江阴制药厂，介入医药行业。2005年，从国外引进先进设备，从生产单一的葡萄糖大输液、针剂片剂发展为生产吡哞酰胺、卡马西平、舒胆通、氛氟拉明、止血敏、甲基斑蝥胺（治疗原发性肝癌）、尼索地平（治疗高血压二类新药）等10余种针剂片剂。2005年，公司总资产12.95亿元，主营业务收入2.06亿元，亏损1.03亿元。

第八章　轻工业

第一节　发展状况

1986年，全市有县属以上轻工企业126家、职工68712人，其中市轻工业局直属企业55家、职工36457人。全市轻工业总产值15.06亿元（1980年不变价），其中市属企业10.7亿元；利润1768.6万元，其中市属企业1251.7万元。市轻工业局直属企业固定资产原值5.28亿元，净值3.77亿元，全员劳动生产率29619元（1980年不变价）。

80年代中后期，无锡市轻工业有造纸、日用机械、日用硅酸盐、电光源、日用化学制品、食品、皮革毛皮及制品、木制品及竹藤棕草制品、家具、文教体育用品、工艺美术、塑料制品、家用电器、照明

器具、衡器、日用杂品、轻工装备、玩具等行业。其间，受到原材料涨价、电力议价、劳保统筹等增本减利因素的冲击，各企业调整产品结构，加快技术进步和改造，发展外向型经济，增产国内外市场适销对路产品。1986～1990年，全市完成技术改造项目187项，投资总额2.8亿元，用汇2853万美元，按可行性方案同口径测算，新增产值5.96亿元，新增利税8780万元，创汇3435万美元。无锡皮鞋厂与上海畜产进出口公司、红星刀剪厂与江苏省轻工进出口公司、无锡瓶盖总厂与中国粮油进出口总公司、无锡五金工具集团公司与深圳深锡金属材料公司、无锡伞厂与江苏省工艺品进出口集团公司实行工贸联合；市轻工业局与深圳无锡实业公司、深圳贸易公司联营，在特区设立窗口，为无锡轻工产品进入国际市场提供条件。市属轻工行业以名优产品为龙头、骨干企业为依托，先后成立菊花电器集团、小天鹅电器工业公司、长征自行车集团、五金工具集团公司、家用电器有限公司等企业集团，基本形成自行车、塑料制品、家用电器、五金制品、酶制剂、包装用品等六大支柱行业，酶制剂、空调器（含电烤箱）、自行车（含助力自行车）、电脑全自动洗衣机、塑料化纤地毯、塑料机械、电扇（含砂轮机）、轻瓶及盖、日用包装膜、汽车塑配件等10个重点产品，电扇、洗衣机、空调器、自行车、轻型轴承、螺钉（含异型钉）、五金机械件、晴雨伞、家具、水泵钳等10个重点创汇产品。“小天鹅”牌全自动洗衣机获国家金质奖，“菊花”牌400毫米台扇、“钻石”牌塑料化纤地毯、“彩鹰”牌OPP/LDPE复合膜、“小天使”牌长毛绒玩具获国家银质奖，32个产品获轻工业部优质产品奖，26个产品获江苏省优质产品奖。1990年，市区轻工业6个支柱行业工业总产值9.83亿元，占市属轻工企业工业总产值的91%；10个重点产品产值61904万元，占市轻工业局直属企业总产值的57.33%；10个重点创汇产品外贸收购额11436万元，占市轻工业局外贸收购总额的72.29%。

“八五”期间，无锡市轻工业投入资金约8亿元，其中年产10万辆助力车、5000吨塑料煤气管道、40万台系列节能空调、500万套高档软质瓷等项目投资规模均超过1000万元。加大行业改组改造，无锡市塑料三厂、塑料四厂、塑料篷帆厂合并组建无锡轻工塑料总厂，金笔厂、缝纫机零件厂、佳东塑料厂、无锡钟厂等亏损企业分别被无锡锁厂、无锡洗衣机厂、无锡造粒厂、无锡服装机械厂等企业兼并。市塑料一厂实行股份制改革，组建无锡巨龙塑化股份有限公司。推动资产向重点企业集结，迎燕制冷公司加盟小天鹅集团，无锡锁厂与振奋螺丝厂联合。盘活企业资产存量，“退二进三”（退出第二产业，从事第三产业），兴办三产项目。先后实施30万台滚筒洗衣机、50万台无氟冰箱、130万台冰箱压缩泵、20万套厨房器具、20亿只瓶盖、3万吨高档化妆品瓶、10万台微波炉、15万吨复合酶制剂、3000吨高档电缆料等重点项目，成为无锡轻工业新的经济增长点。1995年，市属轻工企业完成工业总产值29.5亿元、销售收入28.2亿元，实现利润1.16亿元，完成外贸供货额4.08亿元，自营出口创汇2550万美元。

“九五”期间，无锡市针对轻工业中小企业多而散的特点，加快调整改制进程。至2000年，市属轻工行业组建股份合作制和有限责任公司39家，行业集约度明显提高，规模优势逐步显现。重点企业形成技术创新体系，加大科技投入，全年完成技改工作量2.84亿元。小天鹅公司采取输出管理、定牌生产等形式，全自动洗衣机市场占有率连续10年保持同行业领先地位；波尔卡空调器公司连续3年实现翻番增长；华众玻璃公司通过合资嫁接，增资扩股，形成5亿个轻瓶的生产规模。年销售超亿元企业由1999年的6家增至11家，利润超2000万元的企业由1家增至6家。各企业主动寻找大公司进行国际贸易合作，小天鹅公司先后在中国香港和印尼、马来西亚、阿根廷创办企业；江南工具厂与世界著名工具商STN公司合作，保证出口业务。出口市场由以东南亚市场为主转为以欧美市场为主，出口产品由传统产品转为中高档产品，洗衣机、空调器、冰箱等家电产品出口额占市轻工系统总量的65%。2000年，市属轻工企业完成销售收入62.6亿元、工业增加值12.79亿元、外贸出口供货额7.8亿元，实现利润2.39亿元。

2001年4月，市政府机构改革，市轻工业局改制为无锡市轻工资产经营有限公司（简称“市轻工资产公司”），从事资产经营、资本运作，下辖企事业单位55个，在岗职工11381人，总资产22.08亿元。原隶属于市轻工业局的小天鹅集团成建制划出并单列。年内,市轻工资产公司下属7家企业实现产权制度整体转让,4家企业实施破产。至年末,全行业累计组建股份合作制企业49家,募集个人资本4580万元;实施产权整体转让18家、个私嫁接2家、租赁经营1家,完成公司制改造2家;组建合资企业35家,利用外资3.38亿元;调整存量资产13家,盘活资产1.82亿元;实施破产重组和破产淘汰17家。是年,市轻工资产公司完成销售收入16.2亿元、工业增加值3.89亿元、外贸供货额3.36亿元,利润同比减亏220万元。

2002年初,市轻工资产公司与华融投资公司、东方公司达成债务重组协议,分3年以2236万元的现款回购华融公司在公司所属10家企业中的债权7809万元。抓住振奋螺丝厂地块变现等机会,筹措资金6000多万元,分流安置振奋螺丝厂、利民瓷厂等5家破产企业职工2410人。年内分别实施和启动轻型轴承厂破产、博凯公司重组、塑料七厂改制、飞马公司收购嫁接、玩具厂破产、钢锯条厂重组、大连特钢公司收购等措施,重组存量资产。年内筹措改革资金1.17亿元,完成改制企业10家,理顺职工劳动关系6000余人,其中分流破产企业职工4000多人、置换改制企业职工身份2000多人。全年完成工业总产值16.49亿元(当年价)、销售收入16亿元、工业增加值3.69亿元、外贸供货额3.74亿元,实现利润1466万元。大禹家电、华众玻璃等6家重点企业销售收入10.66亿元,实现工业增加值2.32亿元,利润总额2052.9万元。30家规模企业中,24家已改制企业的经济总量占全公司的95.1%。

2003～2004年,市轻工资产公司加快推进中小企业民营化和公有资本在竞争性产业的退出步伐,优谛幻彩色母公司、彩印厂、塑料公司和金三环印刷公司等4家企业完成改制,合力钙塑材料总厂、搪瓷厂、光荣塑料造粒公司、锡锋钢锉厂、旅游工艺品经销公司、第二压缩机厂、家具一厂、迎燕电器有限公司等8家企业完成破产清算,彩鹰集团公司、轻工研究所、工艺美术总公司等5家单位关闭撤销。至2004年末,市轻工资产公司累计完成88家企业的改革改制,全行业国企改革任务基本完成。全年公司产品销售收入21亿元,完成工业增加值4.4亿元、外贸供货额6.5亿元,实现利润1820万元;其中华众玻璃、华鹏瓶盖、菊花电动工具、杰能科生物公司等6家重点骨干企业产品销售收入11.7亿元,完成外贸供货额4.06亿元,实现利润2769万元;改制后的国泰彩印、巨龙塑化公司、环宇脚手架和双邦钢材制品等公司各项经济指标均有较大幅度增长。

2005年,市轻工资产公司完成格兰机械和格兰塑机两家合资企业中方股权的转让,红星刀剪厂破产清算,理顺改制企业职工劳动关系1000余人。全年向市国资委上缴国有资产收益1093万元。

2005年无锡市轻工业全部国有及限额以上非国有企业统计表

表14-30　　单位:家、万元

行业	企业数	工业总产值	工业销售产值	工业增加值
食品制造业	40	311367	301642	95595
饮料制造业	6	37559	38712	15012
皮革、毛皮、羽毛(绒)及其制品业	22	95951	94859	22599
木材加工及木、竹、藤、棕、草制品	21	96893	90684	29216
家具制造业	4	9327	8852	2098
造纸及纸制品业	57	394875	380328	95611
印刷业和记录媒介的复制	60	263110	260681	97179
文教体育用品制造业	19	77457	71126	25592
塑料制品业	170	1390835	1363080	320521
工艺品及其他制造业	31	117586	117292	37264

说明:食品、饮料与粮食行业有交叉,皮革、毛皮、羽毛(绒)及其制品业与纺织业有交叉,以下二表同。

2005年无锡市轻工业限额以上“三资”企业统计表

表14-31

单位：家、万元

行业	企业数	工业总产值	工业销售产值	工业增加值
食品制造业	20	217828	210664	75656
饮料制造业	3	24364	25884	9651
皮革、毛皮、羽毛（绒）及其制品业	10	67514	66814	15276
木材加工及木、竹、藤、棕、草制品	8	40462	38390	12947
家具制造业	3	7557	7188	1655
造纸及纸制品业	15	227543	217304	53202
印刷业和记录媒介的复制	7	36257	35460	10193
文教体育用品制造业	10	22313	21469	6049
塑料制品业	41	271199	270197	56510
工艺品及其他制造业	15	65827	64999	20454

2005年无锡市轻工业大中型工业企业统计表

表14-32

单位：家、万元

行业	企业数	工业总产值	工业销售产值	工业增加值
食品制造业	4	97340	98101	18130
饮料制造业	2	23038	24139	9786
皮革、毛皮、羽毛（绒）及其制品业	1	16731	16813	3946
木材加工及木、竹、藤、棕、草制品	1	28700	25591	8682
造纸及纸制品业	7	198841	188658	44806
印刷业和记录媒介的复制	4	130948	131109	55526
文教体育用品制造业	2	32344	28537	12448
塑料制品业	10	852111	834388	187439
工艺品及其他制造业	2	17428	17190	5626

1986～2005年无锡市主要年份轻工业产品产量表

表14-33

产品名称	单位	1986年	1990年	1995年	2000年	2005年			
						全市	其中		
							市区	江阴市	宜兴市
自行车	万辆	158.39	132.25	132.82	23.17	43.65	42.79	—	0.86
助力车	辆	—	—	2500.00	—	—	—	—	—
摩托车	万辆	—	—	78.60	58.62	48.33	48.33	—	—
空调器	万台	0.31	1.80	40.84	—	—	—	—	—
家用空调器	万台	—	—	—	30.05	27.77	27.77	—	—
手表	万只	17.25	—	—	—	—	—	—	—
洗衣机	万台	20.00	5.77	80.83	—	—	—	—	—
家用洗衣机	万台	—	—	—	154.53	185.09	185.09	—	—
电扇	万台	137.42	207.08	118.87	—	—	—	—	—

续表

产品名称	单位	1986年	1990年	1995年	2000年	2005年			
						全市	其中		
							市区	江阴市	宜兴市
燃气用具	台	—	—	—	1751.00	—	—	—	—
家用电冰箱	万台	—	—	—	13.54	34.70	34.70	—	—
排油烟机	台	—	—	—	8800.00	—	—	—	—
微波炉	万台	—	—	—	4.59	—	—	—	—
家用洗碗机	万台	—	—	—	1.41	—	—	—	—
电淋浴器	万台	—	—	—	33.11	124.23	124.23	—	—
酒精	吨	1377.00	1248.00	—	—	—	—	—	—
饮料酒	万吨	6.40	4.44	10.29	7.65	—	—	—	—
啤酒	万吨	2.53	2.55	8.10	—	—	—	—	—
软饮料	万吨	—	—	—	7.82	—	—	—	—
酶制剂	万吨	0.76	1.17	4.73	—	—	—	—	—
机制纸及纸板	万吨	7.66	8.80	21.50	28.79	62.05	35.68	17.82	8.55
纸制品	万吨	—	—	—	7.19	8.73	3.66	3.86	1.21
多色印刷品	万对开色令	—	—	—	849.81	—	—	—	—
日用精铝制品	吨	464.00	340.00	266.87	—	—	—	—	—
日用陶瓷制品	万件	8776.00	9503.00	12989.05	—	—	—	—	—
日用搪瓷制品	吨	3605.00	2588.00	1558.00	—	—	—	—	—
日用玻璃制品	万吨	3.38	3.49	3.95	—	—	—	—	—
食品添加剂	万吨	—	—	—	1.82	—	—	—	—
化妆品	万元	—	—	—	6.32	—	—	—	—
塑料制品	万吨	6.02	7.05	35.19	39.70	91.98	48.92	42.10	0.96
塑料薄膜	万吨	—	—	—	6.95	27.02	3.77	23.25	—
农用薄膜	吨	—	—	—	610.89	189.00	189.00	—	—
灯泡	万只	1262.00	1636.60	5219.96	—	—	—	—	—
地毯	万平方米	—	192.00	275.30	—	—	—	—	—
成衣服装	万件	3203.00	—	—	—	—	—	—	—
皮革服装	万件	—	—	—	51.17	19.26	—	19.26	—
铁锅	万只	133.00	120.00	—	—	—	—	—	—
皮鞋	万双	143.00	115.83	378.36	184.58	63.25	38.25	25.00	—
钟	万只	24.98	21.60	13.35	—	—	—	—	—
家具	万件	41.76	156.02	73.80	4.33	—	—	—	—
木制家具	万件	26.86	109.39	46.37	—	—	—	—	—
电熨斗	万只	6.41	11.87	2.09	—	—	—	—	—
皮革	万张	51.88	61.88	—	—	—	—	—	—
轻革	万平方米	—	—	—	—	129.18	—	129.18	—
复合地板	万平方米	—	—	—	—	16.41	—	—	16.41
灯具	万台	—	88.97	3463.47	102.52	—	—	—	—
工艺美术制品	万元	—	—	—	25.31	—	—	—	—

续表

产品名称	单位	1986年	1990年	1995年	2000年	2005年			
						全市	其中		
							市区	江阴市	宜兴市
医疗器械	万元	1108.00	3642.00	—	10.27	—	—	—	—
照相机	万架	3.23	0.97	—	—	—	—	—	—
电度表	万只	64.05	79.68	137.06	—	—	—	—	—
水表	万只	9.21	15.52	9.56	—	—	—	—	—
煤气表	万只	1.57	—	—	—	—	—	—	—
罐头	万吨	0.29	1.02	1.20	—	—	—	—	—
民用锁	万把	998.67	812.00	9946.07	—	—	—	—	—

说明：2005年全市饮料酒产量为10552万升，其中市区7842万升、宜兴市2710万升。

第二节　家　电

一、洗衣机

1986～1990年，无锡洗衣机厂从日本引进全套离合器生产设备和大型注塑设备，与日本松下电器集团共同开发爱妻型全自动套缸洗衣机，质量性能达到国际80年代中期先进水平，被全国各大型商场推荐为最受消费者欢迎的洗衣机，并销往中国香港地区和法国、泰国、摩洛哥、巴基斯坦、菲律宾、智利等国家，出口总量近4万台。1990年9月，“小天鹅”牌爱妻型全自动洗衣机荣获全国洗衣机行业第一枚国家金质奖。1991年，全市生产洗衣机14.4万台。1992年，“小天鹅”洗衣机在全国开设120个维修网点，推行“金奖服务信誉卡”，后扩大形成1500多个销售网点和500多个维修服务点。1993年，无锡小天鹅股份有限公司（简称“小天鹅公司”）投资3450万元，从日本松下公司引进设备生产模糊理论洗衣机和自动感应全自动洗衣机，达到国际先进水平。1994年，全自动洗衣机产量68万台，市场占有率保持在40%以上，销售收入7.8亿元，利润1.3亿元。1996年10月，小天鹅公司与德国博世—西门子家电集团合资兴建的博西威家电有限公司竣工投产，年产50万台滚筒洗衣机，成为向亚洲其他国家出口“西门子”滚筒洗衣机的生产基地。1998年，小天鹅公司开发大循环、立体水流节能型全自动洗衣机，以及“洁静”“洁宝”新款双缸洗衣机和超薄型、顶开式滚筒洗衣机，形成多种容量和系列的洗衣机。1999年1月，与瑞士苏泰集团共同投资的无锡小天鹅苏泰洗涤机械有限公司开业，生产工业洗衣机、烘干机和熨平机等3个系列产品，年生产能力6000台套。2000年2月，与日本车辆株式会社共同投资兴建的小天鹅富士清洁设备有限公司开业，主要从事环保型封闭式干洗机的生产、制造和销售，干洗机单班生产能力为1000台。是年6月，“小天鹅”变频洗衣机通过国家级鉴定。2001年，“小天鹅”洗衣机（包括单缸、双缸、滚筒、波轮）成为首批国家免检产品，“小天鹅”双桶、波轮全自动洗衣机和滚筒洗衣机获“中国名牌产品”称号。2003年，小天鹅公司与日本东芝合作销售“东芝”洗衣机8000台，新增销售收入1200万元。2005年，全市家用洗衣机产量185.09万台。

二、电扇

无锡自1979年始生产“菊花”牌电扇。80年代中后期，生产品种有落地扇、换气扇、圆周扇、箱式扇、台地扇、台扇、吊扇、壁扇等八大类35个款式。1986年，全市电扇产量137.42万台。是年，无锡电扇厂从日本引进制造电扇电机的设备，形成15条生产流水线，风扇电机质量在全国同行业中名列前茅，1987年出口电扇3.65万台，创汇102万美元。1990年，出口电扇41.35万台，创汇518万美元。1992年，“菊花”牌电扇打入北美和西欧市场，全年出口75.4万台，创汇742万元，居全国同类产品出口量之冠。1995年后，电扇的生产和出口大幅萎缩，无锡菊花电器有限公司以生产电动工具、取暖器、微波炉为主。

三、空调

无锡于1978年末开始生产“春风”牌空调，1982年生产“迎燕”牌空调。1986年，全市空调产量3100台，1991年为3万台。1992年，无锡家用电器有限公司分别与香港博腾公司、日本鹿岛集团和盐城燕舞电器集团合资组建3家企业，形成年产20万台空调器的规模，“迎燕”牌空调器连续3年产销量和出口量在全国名列前茅。1993年，受国际市场的影响，空调生产一度跌入低谷。是年12月，市家用电器公司与小天鹅公司合资组建无锡市迎燕制冷设备工业公司，首台全部由中国自行设计研制、填补国内空白的“迎燕”牌变频空调器通过省级鉴定，主要技术指标达到国际同类先进产品标准。

1996年12月，无锡家用电器公司与美国合资组建约克（无锡）空调冷冻设备有限公司，专业制造大、中型中央空调和冷冻设备。

1997年，小天鹅公司开发小天鹅“波尔卡”牌空调器，1998年销售收入1.3亿元，比上年增长1523%，利润108.9万元，2000年空调器产量25万台，销售收入5.41亿元，利润1577.1万元。

1998年，无锡家用电器公司破产，吸纳外地资本重组成立股份制民营家电企业——无锡大禹家用电器制造有限公司。至2001年末，公司总资产由1000多万元增至1.2亿元，空调器由5个规格发展为4个系列40多个规格，销量由2万台增至14万台，销售收入由3000余万元增至2.3亿元，销售规模列无锡轻工行业之首。2002年，该公司开发家用空调的同时，中央空调和特种空调的部分产品进入市场。

1999年，无锡利帆达电器有限公司抢占空调器配套市场，先后与波尔卡空调器公司、美国特灵公司、新联电器公司、宁波惠康公司和衡山公司建立协作配套关系，全年销售收入4078.5万元，利润362.5万元。

2001年，小天鹅集团投资3000万元成立无锡小天鹅制冷设备工程设计有限公司，从日本松下公司引进商用中央空调生产技术，试生产商用中央空调，并向家用化转变。2003年10月，小天鹅三江电器有限公司与日本富士通（将军）签订合资协议，为富士通贴牌生产空调6.5万台，小天鹅集团无锡飞翎电子有限公司为富士通生产空调器80万台。2004年，小天鹅空调销售36.3万台，增长24%。2003～2004年，迎燕电器有限公司破产清算。2004年元月，江森自控约克（亚太）在无锡成立研发中心。

2005年，无锡市生产空调的企业主要是约克（无锡）公司与小天鹅公司，年产家用空调27.77万台。

四、冰箱

1996年，小天鹅公司与日本松下电器产业株式公社、松下冷机株式会社合资组建无锡松下冷机有限公司，11月首批960台无氟冰箱投放市场。1998年，日本松下公司为小天鹅公司定牌生产双绿色无氟冰箱。2005年，全市家用电冰箱产量34.7万台。

五、洗碗机

1997年7月，无锡小天鹅股份有限公司与意大利梅洛尼公司合资组建小天鹅梅洛尼洗碗机有限公司，生产家用洗碗机。1998年12月竣工投产，2000年产量1.41万台，2001年1.18万台，2002年0.67万台。

第三节　工艺美术

无锡市工艺美术行业主要产品有雕塑工艺品、首饰、刺绣工艺品、抽纱工艺品、染织工艺品、工艺鞋帽、玩具、绣衣、地毯等。市属工艺美术企业中，有4家对外开放旅游参观定点单位，1家旅游工艺品经销公司。1992年8月，无锡市建立工艺美术集团总公司，生产经营抽纱刺绣、工艺绗缝、雕塑、金银首饰、珠宝、钻石、玩具等工艺美术品，开展内外贸易，兼营工艺美术行业所需原辅材料。2004年无锡市经济普查，全市工艺美术品制造企业107家，工业总产值3.76亿元，工业销售产值3.65亿元，主营业务收入3.61亿元，出口交货值1.45亿元，利润总额560万元，从业人员4555人。

一、惠山泥人

惠山泥人是国家著名的传统手工艺品，1986年以后，惠山泥人的销售逐年减少。制作、销售惠山泥人的，除无锡惠山泥人厂外，还有诸多私人作坊和店铺。1993年，惠山泥人厂产品销售收入突破400万元。1994年3月，该厂100万件锌合金彩绘蝴蝶出口到德国、奥地利等国家，第一次进入欧洲共同体市场。2003年起，无锡市建立每年20万元的无锡泥人传统艺术保护专项资金，用于征集无锡泥人精品，鼓励工艺创新、人才培养。2004年9月，在无锡第二届太湖博览会上举办全国泥人艺术大展，无锡8名国家级和省级工艺美术大师专门创作作品参展，会上江苏省文联启动省民间艺术最高奖“大阿福奖”。12月，无锡市工艺美术学会和7名无锡籍国家级和省级工艺美术大师共同发起，在市民间艺术博物馆成立惠山泥人彩塑工作室，并依托惠山泥人厂作为研究、开发、创新、传承的基地。是年，高级工艺美术师徐存才创作的一对1米高的《惠山阿福》被国家博物馆收藏；无锡惠山泥人厂有限公司申请的“惠山泥人”原产地标记获得国家质监总局专家组认定，并发给注册证书。2005年7月，经中国民间艺术家协会专家组评审，无锡被命名为“中国泥人之乡”。

二 、长毛绒玩具

无锡市工艺品厂是江苏省长毛绒玩具的重点企业，产品有玩具、动物形鞋、滑雪靴等三大类400多个品种，其中长毛绒玩具、动物形鞋造型逼真、手感柔软、毛质挺滑、立体感强，受消费者青睐。“小天使”牌长毛绒玩具在1988年全国轻工行业质量评比中获第一名，获国家银质奖和国家工艺美术“百花奖”银杯。该厂长毛绒玩具年产35万～40万打，产值1500万～1800万元，绝大部分产品销往中国香港和西欧、北美、大洋洲、中东等40多个国家和地区，年创汇300万美元以上。

三、绣品

锡绣为无锡传统工艺，包括绒绣、精微绣、发绣等。1986年，无锡中华绣品厂受命将邓小平1979年访美时同美国前总统卡特并肩站立在白宫阳台上的照片制成大幅绒绣，作为中国政府赠送给美国卡特图书馆的礼品。80年代，无锡人温毓华以《清明上河图》为蓝本，结合北塘古运河段实际，创作锡

图14-13　精微绣《丝绸之路》　（市文广新局供稿）

绣《三里桥风情》，出口法国。无锡市工艺美术研究所创作的精微绣《丝绸之路》1987年被评为国家工艺美术珍品，收藏于中国工艺美术馆。该作品绣稿设计者顾青蛟，由研究所赵红育等3位青年艺人绣制，长40厘米、宽16厘米，描绘一支由26人、21匹骆驼、4匹马、5头毛驴和3条猎犬组成的商旅。1993年，无锡市工艺美术研究所金家翔绘制、该所发绣课题组共同制作完成发绣长卷《古运河梁溪风情图》。作品全长12.88米，宽0.25米，耗用3000余克20多种不同颜色的头发，花费8000多个工时，以清末民初古运河两岸风土人情为题材，连贯展示高桥夜眺、黄埠墩龙舟竞渡、三里桥米市、北塘街市、莲蓉桥商区、无锡县衙门、崇安寺皇亭、惠山寺庙会、西水墩社区、棚下街元宵灯会、南城门迎亲、妙光塔古风、清名桥节场、南水仙庙、大窑路明窑场、太湖宝界桥等16个主要景点，上千个人物前呼后应，展示出江南鱼米之乡的秀丽和人文兴盛。发绣采用滚针、缠叶等多种针法，借助头发的自然色彩，以线条为主，画面典雅古朴，富有立体感，为当时国内最长发绣画卷。

第四节　包　装

1986～1990年，无锡市包装行业通过技术改造，总产值以年均15%的速度递增。1989年10月，国家计委批准无锡合众玻璃厂年产4万吨薄壁玻璃包装瓶（简称“轻瓶”）项目开工。1990年末，全市有乡以上包装企业300余家（村办包装企业超过2000家），职工7万余人，形成软塑料包装、印刷包装、薄壁轻瓶（盖）、大型集装袋和纸类生产基地，工业总产值9.91亿元，利税1.57亿元，年出口产值1.23亿元，直接和间接创汇2000万美元。12家被列为省包装重点骨干企业，6家为中外合资企业。江阴市璜塘镇不到2年时间创办3家中外合资包装企业，形成年产2000吨塑料包装袋、240多种包装机械零配件、800吨扭结膜等的生产能力。1990年，无锡市集装袋厂生产的“华宜”牌软性集装袋获国家银质奖。

1991年，全市轻瓶盖产量3.4亿只，覆盖全国60%的市场。1992年，工贸合营无锡轻瓶厂建成，为当时国内规模最大、生产手段最先进的轻瓶生产厂家。1993年6月，无锡市包装联合公司与广东佛山市东方包装材料有限公司、日本住友商事株式会社合资的无锡环宇BOPP包装材料生产线开工建设。第一期投资2190万美元，引进国际先进的双向拉伸聚丙烯薄膜生产线及配套装备，1994年末完工，竣工后年产1.5万吨BOPP包装薄膜，销售收入2亿元，利润4000余万元，基本满足华东地区市场需求。3期建设全面完工后，成为全国BOPP包装材料最大生产基地之一。1995年，美国华厦国际投资公司与无锡合众玻璃厂合资成立无锡市华众玻璃有限公司。1997年6月，江阴市申达集团引进的当时国内规模最大的BOPP高档包装薄膜生产线投产。

90年代后期至21世纪初，无锡包装行业国营企业全部改制。至2005年，无锡市包装行业企业约有2000家，主营业务收入约200亿元，其中销售超过亿元的企业近30家。OPP包装塑料薄膜在国内市场占有相当份额，在烟包、酒包、月饼包装、制桶、包装机械等领域居江苏包装行业绝对领先地位。

2005年无锡市包装行业主要产品、重点企业一览表

表14-34

包装类型	主要产品	重点企业
塑料包装	OPP、CPP、PVC、塑料容器、塑料薄膜等	申达集团、双良集团、环宇包装、宏铭材料、圣马塑业、宜光光辉、倪华振包装、环亚包装
包装印刷	纸张印刷、塑料印刷、不干胶印刷、特种印刷等	江阴联通、蓝天彩印、贝迪、国泰、鸿兴包装、双龙、证券、德华、申乾、外贸印刷、冈桥、金广顺包装等

续表

包装类型	主要产品	重点企业
纸制品包装	纸箱、纸管、纸杯、纸容器等	方成包装、江阴东盛、良丰外贸、飞达纸箱、东吴纸业等
金属包装	盖、罐、桶等	四方制桶、华鹏瓶盖、统一实业等
玻璃包装	玻璃制品	华众玻璃、锡佛玻璃等
运输包装	木托、木箱、空气袋、各种物流包装等	耐帆包装、前程木业、宜兴长风、新通联等
包装机械	包装机、印刷机、制袋机、分切机、复合机、打包机等	江南印机、宝南机械、江阴汇通、宏昌机械、力达机械等
包装材料	发泡材料、纸张、油墨、打包带、封箱带等	兴达泡塑、江阴正阳、爱克发、德建塑料等

第五节 酶制剂

1986年，全市酶制剂产量0.76万吨。1987年，无锡酶制剂厂引进国外3个酶种的生产技术，经过3年消化吸收，达到国外80年代中期先进水平，原辅材料基本实现国产化，试制出的产品经国内饴糖、葡萄糖、酿酒等工业企业应用试验，效果与丹麦、美国产品相当，可以替代进口。无锡酶制剂厂年产2万吨酶制剂的扩建项目是国家“七五”计划期间的重大技改项目，1990年6月国家计委批准开工，至年末总投资6415万元、外汇额度566万美元，建成后成为全国酶制剂生产的试验、开发、检测、菌种保藏中心和酶制剂生产基地。

1993年5月11日，无锡酶制剂厂和美国星达公司共同投资2980万美元创办中美合资无锡星达生物工程有限公司，生产填补国内空白的“雪梅”牌高温淀粉酶、高转化率糖化酶、食品淀粉酶、啤酒酶、葡萄糖异构酶、脂肪酶、中性和碱性蛋白酶等20多种酶制剂产品，为亚洲最大的酶制剂生产基地。1995年，该公司酶制剂产量4.5万吨，生产规模居全国同行业之首，市场占有率超过30%，市场覆盖面居国内同行第一位。

1998年，无锡酶制剂厂和美国杰能科毛利求斯有限公司合资经营无锡杰能科生物工程有限公司，全年出口酶制剂363.6吨。2002年，公司销售收入8541万元，1/3酶制剂出口，外贸供货额2436万元；其中小品种复合型、专用型等不同剂型的酶制剂增至近30种，销售收入的份额超过40%。2004年，杰能科公司完成外贸收购额7200万元，外销产品的比重超过40%。至2005年，杰能科公司成为世界第二大工业酶制剂生产供应商。

第六节 其他轻工业

一、五金工具

无锡五金工具产品门类众多。1988年，无锡五金工具厂获得自营出口权。1993年，无锡刀剪厂、无锡钢锯条厂、无锡五金工具厂、江南工具厂联合组建无锡五金工具集团公司，形成工具五金、日用五金、建筑五金、文教五金等4大类100多个品种的产品，80%以上出口，为全国五金工具出口生产基地之一。当年自营出口额400万美元。

1993年9月，生产L型扳手、地弹簧、门锁等建筑五金小产品的无锡建筑五金厂成为全市首批实行公有民营的10家企业之一。1994年，五金行业多个产品走俏国际市场，振奋螺丝厂的异型钉、无锡锁厂的插蕊门锁、五金集团的木工凿和西服剪、红星刀剪厂的水泵钳等，均在国际市场享有盛誉，外销量分别居全国同类产品之首。是年，全市6个外贸供货额超过1500万元的轻工产品中，五金产品占5个；其中插芯门锁外贸供货额逾3000万元，在印尼市场的覆盖面超过90%。振奋螺丝厂年销售收入8750万元，自营出口创汇622万美元，为全国同行业中规模最大的螺钉生产工厂和全市自营出口总量最高的工业企业。1995年，无锡家用电器公司转产，生产电动工具14.4万台。红星刀剪厂生产的各种规格水泵钳、塑柄剪100%出口，出口总量325万把，外贸供货额2130.27万元。1996年2月，以振奋螺丝厂为核心的无锡振奋集团成立，至年末集团总资产1.2亿元，有全资子企业、控股企业、参股企业和协作配套企业20多家。

1999年12月，具有40多年历史的无锡市红星刀剪厂实施产权整体转让，由该厂原经营者出资154.85万元买断企业的公有资产，组建无锡市红星工具有限公司，2003年出口各类工具550万把，出口销售额4500万元。2003年，无锡菊花电动工具有限公司在改制后开发电动工具系列产品，形成16个品种系列，全年外贸供货额2.9亿元，创汇3400万美元，成为轻工行业又一产品出口大户。2005年12月，红星刀剪厂破产清算。

二、自行车

80年代，无锡市自行车厂生产的“长征”牌自行车畅销市场。80年代中后期，生产“长征”牌电动自行车、“无锡—嘉陵”牌轻便摩托车、“长征”牌家庭病床用车以及外销的健身车等。1988～1990年，市自行车厂连年亏损，1990年亏损492万元。1990年6月，该厂“太湖公主”牌萨克斯助力车研制成功，为国内最早采用直接驱动方式的助力车，采用德国萨克斯公司SACHS301/A型发动机、后轮和控制系统组装而成，最高车速每小时20公里，列入国家级新产品试制计划。1991年，市自行车厂年产量136.7万辆，生产水平创历史最高纪录，跃居全国第六位；销售收入30055万元，利税总额1399万元。1992年，该厂生产的“萨克斯”牌助力车，档次、质量和产销量均居全国首位。是年12月，市自行车厂经过3年为上海自行车厂协作加工、生产近300万辆“永久”牌自行车后，两厂以法人合股的形式组建永久自行车无锡股份有限公司，生产“永久”牌TF911型助力自行车、ZA58型农用载重自行车、QF434型女式轻便自行车等品种，1993年生产助力车35053辆。1998年，市自行车厂破产。

2004年无锡市经济普查，全市自行车制造企业287家，工业总产值14.46亿元，工业销售产值14.15亿元，出口交货值1.77亿元，利润总额2704万元，从业人员6833人。2005年，全市生产自行车43.65万辆。

三、塑料制品

80年代中期，无锡市有县属以上塑料制品企业22家，门类产品多样。1986年，无锡市塑料一厂开始研制汽车塑料保险杠。1988年8月，该厂承接上海SH760B型轿车塑料保险杠制造业务，并与中国科学院化学研究所联合研制乙丙橡胶改性聚丙烯专用材料获得成功。是年，无锡塑料铺地材料厂生产的“钻石”牌化纤地毯获国家银质奖，次年该产品被第十一届亚洲运动会工程指挥部选中，进入亚运村。1993年8月，该厂加入南京化学工业（集团）公司，更名为南化集团无锡地毯厂，投资1.03亿元，形成年产200万平方米尼龙地毯生产能力。

1992年，无锡市塑料五厂、江苏省塑料公司和上海燃气公司联合研制的国家“七五”科研攻关项目——塑料燃气管通过国家级鉴定，注册商标“二泉”。该燃气管铺设20年内不需检漏（钢管3年左右就要检漏），成本比钢管低20%，安装费用比钢管低40%。1992年，产销量250吨。“八五”期末，该厂形成年产万吨塑料燃气管的生产能力。

1998年，无锡塑料七厂开发的铁路塑料配件产品进入国内新的16条铁路干支线中，并供应伊朗德黑兰地铁。同时开发日本汽车用防滑链包装箱、美国卡宾车用方向盘，与加拿大合资生产出口汽车灯具。企业全年销售收入1005万元。

至2005年末，无锡市塑料制品行业国有及限额以上企业170家，其中限额以上"三资"企业41家。全年生产塑料制品91.98万吨，工业总产值1390985万元，工业销售产值1363080万元，工业增加值320521万元，利润总额51376万元，利税总额78751万元，从业人员29731人。

2004年无锡市塑料制品业经济普查情况表

表14-35　　单位：家、千元、人

行　业	企业数	工业总产值	工业销售产值	出口交货值	主营业务收入	利润总额	从业人员
塑料薄膜制造	218	5362744	5326429	310537	5274069	171637	7363
塑料板、管、型材的制造	527	2436919	2364162	134083	2353496	32330	12199
塑料丝、绳及编织品的制造	169	522627	510511	135913	506404	15372	4328
泡沫塑料制造	96	2105203	2125660	300708	2127399	94707	1861
塑料人造革、合成革制造	33	3335471	3274046	280963	3350175	101759	7154
塑料包装箱及容器制造	236	1024383	993292	190473	992203	-9078	8228
塑料零件制造	282	1268335	1226607	241173	1220446	123260	7370
日用塑料制造	123	574628	542263	80389	545902	11826	3080
其他塑料制品制造	401	1612332	1547735	123280	1531132	42419	8521

四、陶瓷、搪瓷制品

1993年起，生产碗、碟、匙等民用小产品的无锡市利民瓷厂尝试生产附加值高、技术含量高的工业瓷。至1994年下半年，工业电瓷、电容瓷等新产品已基本取代日用瓷器。在此基础上，设立市利民瓷厂电瓷分厂，生产工业电瓷产品。1997年3月，在电瓷分厂基础上，组建股份合作制企业无锡电瓷厂，改制后10个月完成销售收入432万元，实现利润15万元。

1999年，无锡天平工业搪瓷厂改制为股份合作制企业。该厂主要生产搪瓷反应釜，改制后投入50万元，增添压机、模具和专用设备，改造老厂闲置设备，2000年企业销售收入608.6万元。

2004年无锡市经济普查，全市陶瓷制品制造企业424家，工业总产值13.71亿元，工业销售产值13.2亿元，出口交货值5.22亿元，利润总额8902万元，从业人员20362人；搪瓷制品制造企业22家，工业总产值1.39亿元，工业销售产值1.33亿元，出口交货值2694万元，利润-507万元，从业人员869人。

五、皮革制品

自80年代后期起，受原材料供应、生产工艺、地理环境等因素制约，无锡皮革行业持续多年不景气。以生产"红狮"牌皮鞋而知名的无锡皮鞋厂业绩较为突出，1994年销售收入突破2600万元，70%以上产品外销。1996年10月，在全国首届鞋业博览会上，该厂送展的"贝璐姣"牌女鞋和"华琦"牌鞋植获金奖。1999年，该厂加大技术开发投入，开发数千种新品皮鞋，吸引日本市场的消费者，全年外贸出口供货额2991万元，比上年增长64.86%。2005年，全市生产轻革129.18万平方米、革皮服装19.26万件、皮鞋63.25万双。

2004年无锡市皮革业经济普查情况表

表14-36 单位：家、千元、人

行 业	企业数	工业总产值	工业销售产值	出口交货值	主营业务收入	利润总额	从业人员
皮革鞣制加工	7	188720	183713	133679	179073	-4914	407
皮革制品制造	148	757754	739268	415080	754510	852	7794
毛皮鞣制及制品加工	15	155572	150027	19166	151279	-4778	1668

第七节 企业选介

一、江苏小天鹅集团有限公司

公司位于无锡市惠钱路67号。前身为创建于1958年的国营无锡陶瓷厂，1978年8月更名为无锡洗衣机厂，1986年10月改建为无锡市小天鹅电器工业公司。1992年11月12日，国务院副总理朱镕基致电祝贺“小天鹅”洗衣机5000次无故障运行，达到国际先进水平。1993年11月，成立无锡小天鹅股份有限公司，为世界上极少数能同时制造全自动波轮、滚筒、搅拌式等多种类洗衣机的洗衣机制造厂家。1994年，合资成立博西威家用电器有限公司，生产滚筒式洗衣机。是年生产洗衣机67万台，完成销售收入7.8亿元，实现利润1.31亿元，成为无锡市首家利润超亿元的国有企业，被评为全国轻工知名企业。1995年，成立江苏小天鹅集团有限公司。1996年7月，无锡小天鹅股份有限公司在深交所上市。是年，与日本松下公司合资组建无锡松下冷机有限公司，生产无氟冰箱。1998年10月，无锡小天鹅冷机精密铸造有限公司开工。12月，与意大利梅洛尼公司合资组建无锡小天鹅梅洛尼有限公司竣工投产，生产洗碗机。2004年，小天鹅集团实行民营化改制。全年销售洗衣机311.7万台、冰箱56.4万台、空调36.3万台，销售收入106.5亿元，创汇1.3亿元。至2005年，小天鹅集团有30多家子公司，生产经营洗衣机、空调、冰箱、洗碗机、干衣机、冷柜、工业洗衣机和干洗机等家用、商用电器产品，全年营业收入超百亿元，跻身全国百强企业。“小天鹅”洗衣机连续10年蝉联洗衣机市场销量桂冠，“小天鹅”商标品牌价值82.71亿元。

二、无锡市惠山泥人厂有限责任公司

公司位于无锡市锡惠路26号。前身为创建于1954年的无锡市泥人石膏工艺供销合作社，1958年更名为惠山泥人厂，为国内最大的设计、展示、生产、销售惠山泥人的企业。80年代，受私人作坊和店铺的冲击，连年亏损，1989年亏损36万元。1990年，企业提出产品设计与旅游市场相结合、与经济效益相挂钩、与艺术创作相结合的方针，转换经营机制，当年扭亏为盈，李仁荣创作的《渔翁》获全国旅游产品“天马奖”金奖。1993年，产品销售收入突破400万元。1994年3月，100万件锌合金彩绘蝴蝶出口到德国、奥地利等国家。1994年，新建惠山泥人展示馆。1998年，接收、管理无锡市民间艺术博物馆。是年，惠山泥人销售收入380万元。1999年，作品《三十六行》被中国美术馆收藏，作品《金童玉女》在首届北京国际民间艺术博览会上获金奖。2002年6月，企业改制，组建无锡市惠山泥人厂有限责任公司。是年，开发生产惠山泥人浮雕造型镜框，成为时尚流行的旅游纪念品、礼品。2005年，公司设大师工作室，作为王木东、喻湘涟、王南仙、柳成荫4位已退休中国工艺美术大师等人创作、研究、传承、交流的平台。

三、无锡市中华绣品厂

该厂位于无锡市运河东路158号。始建于1958年，专业生产各种绗缝制品、机绣制品等室内寝饰品。2002年工厂转制后，采用先进设备，结合拼、贴、绣等绣花工艺及各种绗缝工艺，采用各种纺织面料，开发生产各种独具特色的被类、被套类、垫类、装饰用品类等绗缝制品和绣花制品，满足美国、日本和欧洲客户的需求。2002年，仅销往美国市场的全天然材料绣花重工手绗水洗被就有14.5万条，销售额3000万元，各类多针绗缝床上用品的销售额也有3000万元。2003年，建成舜华纺织艺术品公司，该厂多针绗缝制品和电脑单针绗缝制品的生产能力均扩大两倍，全年销售总额1亿元。2004～2005年，该厂室内寝饰品年产量约80万件（套），年外贸额约1000万美元。

四、无锡国泰彩印有限公司

公司位于无锡市锡澄路311号。前身为创建于1958年的无锡市彩印厂，是无锡市生产软塑包装产品最早、规模最大的专业公司之一。1981年6月，与中国包装进出口总公司合营成立全国第一家工贸合营企业——工贸合营无锡市彩印厂。1992年7月，市彩印厂等单位投资组建中外合资无锡国泰彩印有限公司，在国内软塑包装行业中率先引进凹印、复合包装生产线。1993年，引进的八色软塑印刷机投入生产；生产的“彩鹰”牌薄膜、复合包装和胶粘带三大系列软塑包装材料的产销量均名列全国同行前茅，成为全国软塑包装生产基地。2001年，公司实施改制。至2005年，公司先后研制成功真空镀铝纸、医用纸塑、迪斯尼礼品包、立体插片袋等复合包装材料，其中立体插片袋包装材料获美国杜邦公司的技术成果二等奖。是年，为“雕”牌洗衣粉、“白猫”洗衣粉、“安琪”酵母等产品提供包装材料，销售总额1.25亿元。

五、江苏申达集团有限公司

公司位于江阴沿江开发区。前身为创建于1986年的申港装潢彩印厂，依靠电烙铁等工具生产低档塑料包装袋。其后借助国营包装厂“星期日工程师”的技术力量，研制出被誉为“包装皇后”的三层共挤复合膜。1992年12月，与上海服装进出口公司、日中时装株式会社合资成立申申彩印有限公司。1993年4月，与香港金凤公司合资成立金利包装有限公司。1994年，组建江苏申达包装集团公司，1995年被农业部认定为国家级乡镇企业集团。1996年，与南京包装材料总厂、四川内江万事达公司联合组建南京中达制膜（集团）股份有限公司。是年，从德国布鲁克纳引进1.2万吨双向拉伸烟膜生产线试产成功，1998年被指定为中国烟草物资公司卷烟材料基地定点企业。1997年6月，当时国内规模最大的BOPP高档包装薄膜生产线在申达集团投产。1999年，申达集团创立包装工业园，次年被国家农业部批准为全国乡镇企业科技园区，更名为申达科技工业园。2000年初，改制为江苏申达集团有限公司，并组建江苏申龙创业集团有限公司和江苏申龙高科股份有限公司。2001年1月，投资3.2亿元建设的年产2.5万吨热收缩型包装材料生产线，软塑包装新材料幅宽提升至8.4米，线速度提高至每秒350米。2003年9月，常州申达新材料工业园开园奠基。9月23日，申龙高科股份有限公司在上交所上市。11月，年产1.6万吨双向拉伸聚酯薄膜（BOPET）的江阴金中达项目投产。2003年11月28日，“申达”“金中达”牌塑料包装膜被评选为中国塑料包装膜市场产品质量用户满意品质信誉第一品牌。2004年，年产3万吨特种复合膜的申恒项目工程和年产20万吨非纤类高速膜级聚酯切片项目开工建设，申达集团率先进入技术水平居世界软塑包装材料产业最前沿的七层、九层共挤特种复合膜领域。是年10月，申达集团被中国企业联合会评选为首届中国优秀民营企业，并入选中国企业500强。11月6日，中德两国总理参加在北京人民大会堂举行的申达集团和德国布鲁克纳公司技术合作的签约仪式。2005年5月，收购江苏钛白集团。至年末，申达集团拥有总资产35亿元，下属17家骨干企业，具备年产软塑新材料30万吨的能力，位居亚洲第一、世界第三，为中国包装产业的龙头企业。

六、无锡市巨龙塑化有限公司

公司位于无锡市惠盛路1号。前身为创建于1952年的国营无锡市塑料一厂，专业生产塑料制品。“巨龙”牌塑料周转箱先后于1985年、1990年获国家银质奖。1992年，该厂改组为无锡市巨龙塑化股份有限公司。1996年，公司利用模具开发优势，重点开发家电、摩托塑配件，先后与小天鹅、春兰、嘉陵摩托集团建立配供关系。2003年，转制为民营企业。至2005年，公司主要生产“巨龙”牌塑料托盘、塑料周转箱、汽车塑料配件、家电塑料配件、工程塑料配件等塑料制品，年销售收入6390万元，上缴税金558万元。

七、无锡格兰机械集团有限公司

公司位于无锡市湖滨路89号。1992年，香港大同机械有限公司与无锡塑料机械厂共同投资600万美元创办，主要生产中高档注塑机产品。1996年，公司开发噪音低、能耗小、技术先进的13个新产品系列，产品进入春兰空调、小天鹅洗衣机、济南轻骑、海尔冰箱、长虹电视机等知名企业集团，并销往中国香港地区和印尼、泰国等国，成为全国注塑机行业的四强之一。1999年12月，公司开发的WG系列电脑全自动塑料注射成型机通过江苏省科技成果和新产品鉴定，为国内首创，达到国际同类产品先进水平，可替代进口。2000年，公司开发4万吨大型电脑注塑机，产品锁模力2700吨，填补国内空白。2002年，与日本宇部兴产机械株式会社进行技术合作，并承接四川长虹电器股份有限公司为其红太阳二期工程配套的近1800万元的订单。2003年，从日本东芝公司引进两台大型五面体加工中心，提高制造精度。是年末，与日本宇部合作的“格兰-UBE”特大型注塑机推向市场，集团全年实现销售收入逾2亿元。

八、无锡华鹏嘉多宝瓶盖有限公司

公司位于无锡市黄山路6号。1991年，中国粮油食品（集团）有限公司在无锡投资5000万美元建成，为亚太地区金属瓶盖生产规模最大、水平最高的专业化企业。公司先后从日本、德国、英国等国引进具备国际先进水平的生产线，形成年产7亿只耐高温、耐高压、不漏气、不漏水、符合食品卫生标准的旋开式瓶盖的能力。1992年，生产旋开式瓶盖4.11亿只，产销量占全国同类产品的60%，利润523.1万元。2002年，开发中高盖等新品6个，填补国内市场空白。公司还自行设计制造旋开盖生产线和皇冠盖生产线各1条，各项生产技术指标均达到进口设备的性能。2005年，实现产品销售收入3.5亿元，利润1700万元，中高档旋开瓶盖的国内市场占有率超过50%。

九、无锡华众玻璃有限公司

公司位于无锡市锡港路230号。1995年，美国华厦国际投资公司与无锡合众玻璃厂合资成立无锡市华众玻璃有限公司，投资总额1500万美元。10月，年产3万吨高档玻璃包装瓶生产线点火投产，日产量50多万只，成为中国生产高档玻璃包装瓶的重要基地。1996年，从德国引进4条六组双滴制瓶机生产线和两条压机生产线，耗资800万美元收购无锡轻瓶厂。1998年4月，以轻瓶厂为基础组建华众玻璃二厂，具有年产3亿只玻璃瓶的能力。2000年，公司拥有6条玻璃制品生产线，形成食品、饮料、医药等八大类350多个品种系列、年产5亿只玻璃瓶的能力。2001年，销售收入和利润分别为1.96亿元和2322万元，生产能力列华东地区同行业之首；上缴税金1958万元，为全市轻工行业第一利税大户。2002年，公司与台湾华夏玻璃公司合资；投资4000多万元新建的广东江门华众玻璃厂投产。至此，公司有25条进口行列机组和年产12万吨玻璃制品的生产能力，成为国内制瓶行业的排头兵。2003年，公司开发生产用于出口芦笋的玻璃包装容器，当年销售约4500万只；研发生产高难度、高附加值的化妆品瓶，全年销售1.28亿只。2005年，公司产量14万吨，销售收入3.8亿元，利润1500万元。

第九章　粮油工业

第一节　发展状况

1986～1990年，无锡市粮食系统引进港澳台资和外资，对国有粮油工业嫁接改造。1986年7月，锡港合资成立无锡中萃食品有限公司（简称“中萃公司”）。其间，无锡市粮油工业投资4387万元，用汇150万美元，完成无锡第一米厂的油炸花生生产线、无锡粮食机械厂的磨辊生产技术、无锡市茂新面粉厂等级粉车间和无锡市第二面粉中试车间的技术改造、年产2万吨饲料厂扩建工程等25项重点技改项目，开发华新可可食品有限公司的DB403可可白脱和可可粉、中萃公司的油炸方便面和系列调料以及第一米厂的“金梅”牌兰花豆、兰花片、玉带豆、无衣花生等34个新产品。至1990年末，全市粮食系统粮食工业企业固定资产1.19亿元，全年完成工业总产值3.2亿元，利润2802.79万元，分别比1985年增长117.7%、25.2%、55%。

90年代初、中期，无锡市粮油工业外向型经济蓬勃发展，外向型企业效益明显提高。华新可可公司当年合资、当年开业、当年盈利，成为合资企业的典型。中萃公司连续4次增资，1991年摆脱连续3年亏损的局面，1992年利税突破1000万元，1993年突破2000万元，1994年3018万元。1992年，第一米厂与新加坡鸿贸国际私人有限公司合资创办华新明珠食品有限公司，生产的无衣花生、玉带豆、兰花豆等油炸食品打入国际市场。1994年，市第二面粉厂与香港中国面粉集团有限公司合资成立华丰面粉有限公司；与台商合作改造挂面车间，兴办咪咪乐食品有限公司，形成年产油炸果条1000吨的生产能力。1995年，茂新面粉厂与香港迪敏有限公司、上海海上石油工程联营公司合资组建无锡茂新食品有限公司，生产系列速冻食品，年生产能力1500吨。其间，茂新面粉厂研制生产适销对路的“兵船”牌低筋力饼干粉、高筋力面包粉、方便面专用粉和自发粉等系列产品；华丰面粉有限公司打出“顺风”牌商标，先后开发面条粉、特精粉等新产品；中萃公司研制生产碗装面、桶装面、盒装面、杯装面以及宫爆鸡丁面、无锡排骨面等系列新产品；茂新食品公司开发生产白菜、芹菜、香菇水饺。至90年代中期，全市粮油工业形成大米加工、面粉加工、饲料加工、粮油食品、粮食机械等5类10个产品系列40多个品种产品。

90年代后期，随着粮油市场放开，国有粮油加工企业受到民营企业和产粮区粮食加工企业日益激烈的竞争和挑战，市场份额逐渐减小。1999年开始，无锡市国有粮办工业加快改革转制步伐，鼓励、引导民营企业发展传统米面油加工产业。1999～2003年，茂新面粉厂、第二面粉厂、第一米厂、市配合饲料厂等7家单位完成改革转制，国有资本退出。无锡明珠米业有限公司、苏惠米业有限公司、荣国面粉有限公司、红灯面粉有限公司、莱特油脂贸易公司、花木郎油脂贸易公司等民营企业应运而生，崭露头角。随着粮食大流通、大市场格局的形成，苏北、东北、安徽等地的粮油加工企业成为无锡粮油主要供应商。

2004年，市粮食局通过引进战略投资者，上海金丝猴集团受让华新可可公司的全部资产。同年，第二面粉厂和华丰公司破产，无锡千惠浴业有限公司投资2000万元，对两家企业的房产进行改造，建成铜锣湾大酒店。无锡龙天计量设备厂改制后加大科技投入，主攻电脑包装秤，市场占有率逐年提升。

2005年，无锡市粮食系统粮油工业企业15家，比1986年增加8家；销售收入3.3亿元，增长365%；利润3194万元，增长273%。全市食品制造企业40家，工业总产值31.14亿元，固定资产原值15.88亿元；饮料制造企业6家，工业总产值3.76亿元，固定资产原值3.46亿元。全年生产小麦粉7.45万吨、配混合饲料12.57万吨、食用食物油9.12万吨、方便主食品9477吨（全在市区）、液体乳51412吨（全在市区），完成销售收入14.5亿元，其中市区3.3亿元；利税4257万元，其中市区3194万元。

2004年无锡市粮油工业经济普查情况表

表14-37　　单位：家、千元、人

行业	企业数	工业总产值	工业销售产值	出口交货值	主营业务收入	利润总额	从业人员
谷物磨制	29	342048	340293	22458	357602	5493	526
饲料加工	29	354910	341830	—	333320	1332	760
植物油加工	11	627381	726458	—	810936	10782	700
焙烤食品制造	40	161270	146218	—	146680	8765	777
糖果、巧克力及蜜饯制造	34	243463	234453	87806	231089	-34896	1055
方便食品制造	30	302793	302278	36261	296573	-5453	1588
液体乳及乳制品制造	11	98349	98057	—	98057	1966	468
罐头制造	14	45439	44049	10955	43240	-154	302
调味品、发酵制品制造	46	820839	826808	541543	826165	50260	1536
其他食品制造	73	1405185	1384787	194547	1378500	223440	2606

第二节　大　米

80年代中叶，无锡第一米厂为市区粮油工业中唯一一家国有大米加工企业，年产大米4万吨左右，承担市区2/3居民和驻锡部队的口粮供应，生产的蒸谷米出口至欧洲、中东等地。1993以后，随着粮食市场和粮食价格的放开，该厂保证居民口粮供应的功能逐渐弱化，产量逐年降低，且噪音、粉尘严重超标。1999年11月，总投资130万元的大米车间易地新建项目竣工投产，日产优质大米80吨，首批“锡珠”牌小包装优质大米投放市场。2005年，由于市政建设的需要，大米车间停产，企业整体搬迁，该厂所占市场份额逐年萎缩。同期，明珠米业有限公司、苏惠米业有限公司以及江阴、宜兴改制后的米厂等民营大米加工企业快速发展，成为无锡市大米加工业的骨干力量。

第三节　面　粉

80年代，市区有无锡市茂新面粉厂和无锡市第二面粉厂两家国有面粉加工企业，三市（县）有江阴市、宜兴市和无锡县面粉厂。1985年起，茂新面粉厂率先在全国同行业中开展面粉自营业务，并开拓国际市场，首批1660吨“兵船”牌特二粉、标准粉销往越南，创汇40万美元，实现无锡市面粉出口零的突破。其面粉产品有标准粉、特一粉、特二粉、精制粉、饼干专用粉、方便面专用粉、糕点粉、淀粉专用粉等10余个品种，其中标准粉、特制一等粉多次蝉联商业部优质产品桂冠。1993年10月，市第二面粉厂与香港面粉集团合资组建无锡市华丰面粉有限公司，开发生产“顺风”牌面条粉、特精粉等新产品。1996年、1997年，无锡市面粉加工业年销售收入近2亿元，为历史顶峰。90年代后期，国有面粉加工企业经济效益逐步下滑。2003年，华丰公司破产，市第二面粉厂关闭；茂新面粉厂整体置换，改建为中国无锡民族工商业博物馆；江阴市、宜兴市面粉厂改制。同期，无锡荣国面粉有限公司等民营面粉加工企业先后建立并迅速发展。

第四节　粮油食品

80年代中期，无锡市通过引进外资，加大技改投入，推动粮油食品业快速发展。1986年，成立江苏省粮食系统第一家合资企业无锡中萃食品有限公司，引进日本10万包方便面的成套设备和5台日本东京汤料自动包装机，生产“中萃”“龙公公”等品牌油炸方便面和“中萃”系列调料。“中萃”“龙公公”方便面和“中萃”系列调料分别获首届中国国货精品博览会银奖和优秀奖，“龙公公”方便面获1990年商业部优质产品奖。1988年，无锡市新明食品厂与美国利夫糖果有限公司合资开办无锡华美糖果有限公司。1990年1月，创办中外合资无锡华新可可食品有限公司（简称“华新可可公司”），上马万吨级可可生产线，可可豆年加工能力翻一番，增至1.2万吨，居全国同行业之首，生产的“海鸥”牌可可白脱获首届中国食品博览会金奖、可可粉获首届中国食品博览会银奖，公司被评为1990～1991年度全国最大的300家合资企业之一。

1990年，无锡市太湖酱类厂更名为无锡市调味食品厂。1992年，惠山油酥食品厂与澳门中澳食品有限公司合资成立无锡咀香园饼业公司。1994年，市罐头食品厂（原无锡市酱品厂）并入市调味食品厂。同年5月，市第二面粉厂与台湾好家乡股份有限公司合资成立无锡市咪咪乐食品有限公司，形成年产油炸果条1000吨的生产能力。是年，锡港合资企业无锡大邦食品发展有限公司成立，主导产品为紫菜系列调味品和佐餐汤料，并研发生产“大邦”佐餐酱、纯净水、酱油等调味食品和八珍豆、即饮麦片等休闲食品，产品销往苏、浙、沪地区。1995年，茂新面粉厂与香港迪民有限公司、上海海上石油公司合资创办无锡市茂新食品有限公司，生产“三合欢”牌系列水饺、汤圆、馒头等10多种的速冻食品，主要销往宜兴、江阴及浙江湖州等地。

90年代后期，无锡市粮油食品加工业经济效益逐渐滑坡，仅保留可可制品、方便面调味食品生产。1996年，无锡市幸福食品厂关闭，1998年注销。咪咪乐食品有限公司、大邦食品公司和无锡市茂新食品有限公司分别于1998年和2001年停产关闭。2001年7月，大邦食品公司部分员工自行联合组建股份制民营企业——无锡市恺隆食品有限公司。2005年1月，华新可可公司国有股份转让给上海金丝猴集团。中萃公司调料生产保持良好势头，方便面生产规模及市场占有率有所下降。

第五节　饲　料

80年代中叶，随着养殖业的兴起，无锡饲料加工业快速发展。无锡市配合饲料厂为市区唯一一家由市粮食系统创办的饲料企业，位于大运河旁市粮食七库内，设计规模为年产5000吨，品种有肉鸡、蛋鸡、子鸡、鱼、猪用饲料等品种。1990年末，市粮食局投资1200万元，在蠡溪桥南堍建成单班年产2万吨饲料新厂，为当时苏南地区最大的现代化饲料厂之一。90年代中期，市配合饲料厂产品有鸡、鸭、猪、鹌鹑、奶牛用饲料及预混料等8个系列36个品种，包括禽畜所需的粉状饲料、颗粒饲料以及淡水养鱼所用的耐水溶性极高的颗粒饲料和鹌鹑用颗粒破碎饲料，年销量1.5万吨，销售收入2000

万元，利税近8万元。产品除销售本市，还销往浙江长兴、安徽广德等地。90年代后期，传统养殖业日益萎缩，企业生产设备无法满足新兴养殖业快速发展的要求，饲料销量急速下滑。2001年，市配合饲料厂实行转制，2004年所在地块被市政府征用拆迁。饲料工业伴随养殖业向农村转移，淡出市区粮油工业行列。

第六节　企业选介

一、无锡市新一米业有限公司

公司位于无锡市东北塘镇。前身为1949年由无锡米厂和江苏田赋粮食管理处无锡加工试验厂合并组建的公营无锡碾米厂，1954年更名为国营无锡第一米厂，1955年国营第二米厂、第三米厂、联合米厂、隆源米厂并入第一米厂，该厂成为无锡市区唯一一家国营米厂，时为“长三角”地区最大的粮食加工企业之一。其主要产品为大米、蒸谷米、油炸食品、炒货等。80年代中期，大米、蒸谷米加工年产40万吨，油炸无衣花生仁、兰花豆形成5000吨年加工能力，为省内最大的油炸食品基地。1992年，与新加坡鸿贸国际私人有限公司合资创办无锡华新明珠食品有限公司。2002年，该厂50名职工出资217万元改制组建民营企业——无锡新一米业有限公司。2005年，企业由南门外塘泾桥搬迁至东北塘镇，投资400多万元建造热处理车间，年销售收入由300万元增至600万元。

二、宜兴市粮油集团大米有限公司

公司位于宜兴市解放西路100号。1997年创建，隶属于宜兴市粮食局，从事粮油、饲料、农副产品的加工和批发，主要产品为“隆元”牌系列精制大米、米糠油以及稻米副产品等。公司实行订单种植，年产大米9万吨左右，销售收入1.5 亿元左右。下属宜兴隆元大米有限公司专门从事大米出口业务，年出口大米 4 万吨。2000 年，宜兴市粮油集团大米有限公司被确定为国家粮食局大米标准样品定点生产厂。2002 年，“隆元” 牌特等晚粳米被评为全国“放心大米”、江苏省名牌产品。2003 年，“隆元” 牌特等粳米和特等糯米被评为国家 A 级绿色食品。

三、无锡市茂新面粉有限责任公司

公司位于无锡市西水墩。前身为荣宗敬、荣德生于清光绪二十六年（1900年）创建的保兴面粉厂，光绪二十九年更名为茂新面粉厂。1984年，茂新面粉厂率先在全国同行业中开展自购议价原料和自销议价成品的自营业务，1997年创下销售9640万元的最高纪录。1990年，该厂引进以英国鲁滨逊公司所产零件为主组装的生产设备，日生产能力为250吨。1995年，该厂与香港迪民有限公司、上海海上石油公司合资创办无锡市茂新食品有限公司，生产“三合欢” 牌速冻食品，2001年停产关闭。2000年，茂新面粉厂转制，36名在职职工出资240万元改制组建民营企业——无锡市茂新面粉有限责任公司。2003年7月，茂新面粉公司实施整体置换，利用原厂房筹建中国无锡民族工商业博物馆。

四、无锡市第二面粉厂

该厂位于无锡市广瑞路。前身为创建于民国26年（1937年）的无锡广丰面粉公司，1959年更为现名。1986年，企业争取到“中试车间” 等国家试验项目，其后，先后建造2000多平方米的制面大楼、5000多平方米中试车间大楼、6200多平方米的综合办公大楼、5000吨圆桶仓1座，改造更换锅炉等设备。1993年10月，与香港面粉集团合资组建无锡市华丰面粉有限公司，其日处理200吨小麦的食品专用粉车间属商业部“七五” 重点消化吸收科技项目，为全国第一条消化吸收设备全自动控制的食品专用粉生产线，被国内贸易部命名为食品专用粉中试示范厂，生产的“顺风”牌优质面粉被评为市星级名牌产品，畅销国内外。1994年5月，与台湾好家乡股份有限公司合资成立无锡市咪咪乐食品有限公司，1996年产值达亿元。1997年开始，企业经营效益逐步下滑。1998年末，咪咪乐公司因经营不善等原因关闭清算。2000年末，市第二面粉厂、华丰公司全面停产，2003年破产关闭。2004年2月，华丰公司被无锡市新业建设发展公司拍卖购得，市第二面粉厂被法院判给无锡市新业建设发展公司接管经营。2004年6月，无锡市新业建设发展公司将两家企业租赁给铜锣湾大酒店经营。

五、金丝猴（无锡）可可食品有限公司

公司位于无锡市锡山区经济开发区。前身为无锡华新可可食品有限公司，1990年1月开业，由无锡市可可食品厂与中国茶叶进出口公司、新加坡鸿贸国际私人有限公司共同投资成立，为中国可可生产行业首家中外合资企业，生产规模为年加工可可豆1.2万吨。生产的可可白脱获第26届比利时世界食品博览会金奖、首届中国食品博览会金奖，可可粉获首届中国食品博览会银奖。2002年，企业由东梁溪路28号搬迁至锡山区经济开发区，2003年5月新厂投入运行。1990～2004年，公司共上缴税金5000万元以上，实现利润5000万元以上，企业资产增至近亿元。2005年1月，华新公司转制为民营股份制企业，国有资本退出，股份转让给上海金丝猴集团，并更名为金丝猴（无锡）可可食品有限公司。

六、无锡中萃食品有限公司

公司位于无锡市南长街。1986年11月，无锡市爱国建设公司、无锡粮油食品厂（前身为振益碾米厂）、中萃发展有限公司（由中国国际信托投资公司与美国碧萃斯有限公司合资）、香港TFU食品有限公司共同投资成立，为江苏省粮食系统第一家合资企业，首期投资额125万美元。公司专业生产经营方便面和快餐汤类食品，生产设备均从日本引进。公司成立后，生产线由1条增至5条，年生产能力6亿包方便面，品种、规格100多个。1994年，公司销售收入近2亿元，实现利润3500万元，为历史最高。公司下属无锡南洋包装彩印有限公司、无锡雪新包装彩印有限公司、无锡大邦食品发展有限公司、无锡艾富发展有限公司、无锡锡澳服装有限公司、无锡新世纪食品包装有限公司、无锡中萃快餐公司等7家独立核算企业，业务涉及彩印包装、进出口贸易、粮油加工等方面。2005年，公司“退城进园”，在惠山区前洲镇建新厂，一期投资6000万元。

七、无锡龙天计量设备制造有限公司

公司位于无锡市胡埭工业园。前身为创建于1982年的无锡市粮油计量设备厂，为原商业部、国内贸易部定点生产机械自动秤、成套饲料机组的专业工厂。80年代末，联合总参某研究所共同研制电脑秤，替代进口产品。80年代末90年代初，市粮油计量设备厂承接商业部年产5000～10000吨成套饲料加工机组项目，其中FPS56×36锤片式粉碎机获商业部科技进步三等奖。2002年，企业实施改制，15名职工出资组建无锡龙天计量设备制造有限公司，生产多种类型称量包装设备。

第十章　建材工业

第一节　发展状况

1986～1990年，无锡市建材工业调整行业结构和产品结构，从欧洲引进设备和技术，先后投资3000万元用于技术改造，开发56个新品，逐步形成具有一定生产能力的硅钙板、商品混凝土、水泥包装等生产线，200吨压力机获国家银质奖，粉煤灰硅酸盐砌块、“锡山”牌水泥等10个产品获部、省优质产品称号。至1990年末，全市村以上建材企业1500家，固定资产原值3.3亿元，职工总数15万人。全年完成工业总产值16亿元，比1985年末翻一番；大理石薄板、石料、建材仪器机械、釉面砖、玻璃钢制品、砖瓦机械、卫生陶瓷等产品产量占全省的60%以上。全行业外贸收购额2500万元，整套真空挤砖机组、大理石板材、玻璃钢游艇、水泥被誉为四大“拳头”出口产品。

1991年，全行业开发硅钙板、透明防火涂料、挖掘机等50个新品，鉴定投产21个。市建材工业局所属7家企业生产水泥199.47万吨、水泥构件33.5万立方米、花岗石板材14万平方米、玻璃钢制品1.05万吨、墙地砖72.25万平方米、瓷土1.26万吨、油毡23.71万卷、建筑石料2234万吨、砖瓦机械2200吨，完成工业总产值12593万元，产品销售收入12421万元，利税总额1242万元。

1992年，全市建材行业利用外资102万美元。无锡利农砖瓦机械（集团）公司与老挝合资创办老挝砖厂，成为全市建材行业首家境外企业。利用台资创办祥宝新型建材有限公司，开发搅拌机、PVC胶粘剂等12种新产品，新产品销售收入4554万元。是年，市属建材企业完成工业产值1.8亿元，销售收入2.02亿元，利税总额1950万元，优质产品产值6570万元，外贸收购额712万元。以市建材供销公司、市农房公司为主的流通企业全年实现营业额1亿元，比上年增长40%。1993年，全市砖瓦机械、建材仪器、轻钢龙骨、玻纤布、水泥构件等产品产量的增幅均超过30%，市属建材企业完成工业总产值2.22亿元，销售收入3.37亿元，利税总额2620万元，其中市水泥厂利税超过1000万元。

1994年起，无锡市建材行业向节能、轻质、技术含量高、附加值高的新型建筑材料和新型装饰材料产品转产。是年投入资金8414万元，完成开发并鉴定的新产品和科研成果44项，完成新产品试制20项，实施技术改造18项。从美国阿麦隆公司引进先进设备和技术，开发直径1400～3000毫米大口径预应力高工压钢筒复合管。无锡市水泥制品规模、产量均居全省领先地位；有无锡市建材仪器机械厂、无锡利农砖瓦机械（集团）公司、无锡市建材配件厂、无锡市建材工业电算化中心、国家建材局无锡自动化控制设备研究设计院等60多家建材机械企业和科研单位，建材仪器、机械与砖瓦机械生产水平名列全省前茅。成套建材仪器、空心砖真空挤砖机、轻钢龙骨机、建筑工程钻机，消化吸收国外先进技术的日产2000吨、4000吨水泥生产设备，水泥生料均化设备及两嘴、四嘴、六嘴水泥自动包装机、水泥厂自动控制设备及微机控制系统、建材行业财务微机控制系统等新产品、新设备在全国领先。无锡市成为全国发展新型建材房屋九大基地之一。

“九五”期间，无锡市部分建材企业出现产品压库、车间停产等状况。全行业实施优化重组、调整结构、扭亏增盈的发展战略，开发八嘴机械秤回转式包装机和八嘴包装机、马歇儿稳定试验仪器、“银通”牌装饰氯丁胶等新产品，增加钢筒混凝土管、玻纤布、全天候密封膏、红平瓦、全自动压力试验机、真空挤砖机等产品的生产销售，主要产品转换为技术含量高的新型建筑材料、新型墙体材料、新型装饰装潢材料、高档化工建材及机电工一体化产品。1996年，市属企业完成工业总产值18240万元，销售收入27540万元，外贸供货额663万元。此后3年，建材行业处于亏损状态。1997年、1998年、1999年，分别亏损1931万元、742万元、1199万元。2000年，工业总产值15847万元，工业增加值5624万元，销售收入18600万元，实现利税1512万元、利润219万元，扭转亏损局面。

2001年，市建材企业加快改制转制步伐，国有资本退出力度加大。是年4月，撤销市建筑材料工业局（公司），国有资产划给市石油化工资产经营公司，行业管理划归市石化行业公司协会。7月，市建筑材料仪器机械厂改制成立无锡市建材仪器机械有限公司，事业单位性质的市建材科研所改制成立无锡市建筑材料科研所有限公司。2002年，市水泥制品厂研制开发预应力混凝土管桩，建材仪器公司开发LPY-35A型沥青软化点仪等。2004年，完成江苏恒禾建材有限公司的国有股权转让；市水泥制品厂改制成立无锡市太湖水泥制品有限公司。2005年，全市生产水泥1147.74万吨、花岗石板材29.17万平方米、耐火材料制品35.39万吨。

2004年无锡市建材工业经济普查情况表

表14-38　　单位：家、千元、人

行　业	企业数	工业总产值	工业销售产值	出口交货值	主营业务收入	利润总额	从业人员
水泥、石灰和石膏制造	139	3414793	3339302	186	3296983	152426	12068
水泥及石膏制品制造	229	2281593	2208973	11979	2069128	135399	5585
砖瓦、石材及其他建筑材料制造	838	2019192	1928957	170016	1900377	78005	27312
玻璃及玻璃制品制造	270	1417833	1356146	190045	1582774	88381	8400
陶瓷制品制造	424	1371708	1319181	522225	1344079	89018	20362
耐火材料制品制造	605	3168280	3057072	437230	2999510	167776	17949

1986～2005年无锡市主要年份建材产品产量表

表14-39

产品名称	单位	1986年	1990年	1995年	2000年	2005年			
						全市	其中		
							市区	江阴市	宜兴市
水泥	万吨	157.16	158.60	388.54	434.10	1147.74	345.29	143.51	658.94
花岗石板材	万平方米	—	—	—	5.95	29.17	—	—	29.17
玻璃纤维	吨	1081.00	983.00	1657.00	—	—	—	—	—
人造板	万平方米	1.81	1.89	—	6.84	3.95	0.75	—	3.20
卫生陶瓷	万件	16.10	41.98	42.62	—	—	—	—	—
砖（折合量）	亿块	33.68	28.11	50.48	0.91	—	—	—	—
瓦（折合量）	万片	1476.08	569.00	1762.32	—	—	—	—	—
耐火材料制品	万吨	—	15.57	65.59	21.58	35.39	11.67	1.28	22.44

第二节　水泥及水泥制品

80年代，全市乡镇兴办水泥企业，尤以宜兴为多。无锡市水泥制品厂被列为国内9个新型建材生产基地之一，“锡山”牌水泥等10个产品获得部、省优质产品称号。1991年，宜兴水泥厂的“青龙”牌水泥获国家银质奖，盛销东南亚国家，全年出口5万吨，完成外贸供货额700万元，在全省建材行业名列前茅。

90年代初，无锡发展散装水泥。1991年，市水泥厂投资20余万元，改装两部散装水泥车，扩建4个散装水泥库，建造两套散装水泥发放设施，每吨散装水泥低于包装水泥19元，全年推广使用散装水泥16万吨，散装水泥用户比上年增加近1倍，占领无锡散装水泥市场。1992年，该厂研制成功新型快速高强黏结水泥，特别适用于应急抢修、抢险项目。利用这种水泥修复各类混凝土建筑物，终凝强度可达98MPA以上（相当于200标号混凝土抗压强度的5倍），只需4小时就可投入正常使用，比普通水泥提高工效40倍以上。

1994年，市水泥厂与香港太湖国际投资有限公司合资建立无锡华太混凝土有限公司，投产后年产商品混凝土8万立方米。无锡市湖山水泥厂自行设计制造预加水成球设备、高效旋风式选粉机、除尘设备，改造配料计量系统、粉磨工艺流程系统、收尘系统和烘干系统，其中DS组合式高效选粉机填补国内空白，达到国际先进水平，是年实现利税1500万元，电耗降低30%，被列为全省节能降耗和文明生产的样板企业。无锡水泥制品有直径300～800毫米混凝土自应力压力管、直径800～1200毫米预应力输水管、多种规格的圆形及矩形混凝土管桩、直径1200～1400毫米混凝土排水管、直径1400～3000毫米大口径预应力高工压钢筒复合管、混凝土空心砌块、6米和9米大型屋面板等，品种较为齐全，规模、产量居全省领先地位。1996年，无锡市水泥行业加快机立窑环保、节能综合治理的实施步伐，全年投入资金近1000万元，建成一批污染治理设施。1999年，市水泥制品厂投资140万元改造预应力管生产线，年生产能力由2万米提高至4万米。是年，无锡市关闭14家小水泥企业，其中13家属于窑径1.2米以下、国家明令淘汰的小水泥企业，1家为污染源企业。2000年9月，市水泥厂宣告破产。

2000年，全市散装水泥发货量63.9万吨，比上年增加23.9万吨，水泥散装率13.07%。2002年，无锡湖山水泥有限公司与新疆天山水泥股份有限公司合资成立江苏天山水泥集团。2003年4月，江苏恒禾建材有限公司的“恒禾”牌水泥和江苏天山水泥有限公司“天山”牌水泥被评为江苏省建材行业十强产品。恒禾建材公司具备年产205万吨水泥能力，天山水泥公司具备年产300万吨水泥能力。

2005年，国家固定资产投资急剧下降，水泥需求也随之下降，加之前两年投资的大量水泥项目建成投产，产品供大于求，价格逐步下降，一季度无锡市水泥行业大面积亏损。在此情况下，江阴绮星、江阴顾山、宜兴丁山等10家水泥厂开发利润较高的矿渣微粉生产。无锡市区约定水泥销售自律价。至年末，全市有50家水泥生产企业，其中市区9家、江阴市8家、宜兴市33家。产能落后的企业被淘汰，水泥机立窑生产线被新型的干法熟料生产线取代，生产线上安装大布袋收尘或静电收尘装置。大部分企业为水泥粉磨企业，即外购熟料加工粉磨生产水泥，全市共100多台粉磨设备（包括矿粉磨），其中直径3米以上的有50台，其产能占全市粉磨产能的65%左右；有百万吨以上粉磨能力的企业12家。全年生产水泥1147.7万吨，比1986年增加990.54万吨。

第三节　新型建筑材料

1986年起，无锡市新型建材房屋建设公司推广应用新型建筑墙体材料（简称“新墙材”），房屋建筑由轻板结构发展为异形梁板柱结构、矩形梁板柱结构和异形混合梁板柱结构，在结构、性能、隔音、运输量、保温上均优于砖混结构房屋。1989年10月，无锡市成立墙体材料改革领导小组，严格限制毁田烧砖，推进墙体材料改革，成立新型墙体材料发展基金（简称“墙体基金”）。在全省1990年度砖瓦外观质量行检行评会上，利农砖瓦机械厂生产的承重空心砖获第一名。至1990年末，全市生产新墙材的企业40多家，其中生产承重空心砖的5家、生产粉煤灰烧结砖的30家、生产混凝土空心砖的5

家，生产石膏空心砌块和泰柏板的各两家。筹集墙体基金205万元，抽出65万元贷款给利农砖瓦机械厂等企业进行技术设施改造。全年全市共生产新墙材15亿块（折合标准砖，下同），按1亿块砖需挖土1.6公顷推算，节省土地24公顷；按1万块砖综合能耗降低80公斤煤推算，节煤1.2万吨；还消化13万吨粉煤灰和废渣，减少环境污染。

1991年，全市限制黏土实心砖生产，广泛采用江河湖泊淤泥和粉煤灰等工业废渣生产墙体材料，重点扶持市利农砖瓦机械厂、江阴文林砖瓦厂等新墙材试点生产企业，对一批实心砖厂整顿改造，清理拆除土砖窑。宜兴市江南轻型建材厂研制生产的“兴塔”牌钢塑轻型墙板通过省科技新产品鉴定。新墙材在兴竹、芦村、五河等住宅小区普遍推广应用。至1992年末，全市生产新墙材的企业27家，其中生产黏土空心砖5家、小型空心砌块6家、石膏砌块3家、泰柏板6家、硅钙板1家、其他新材料6家，生产能力1.5亿块。市区建成新墙材建筑物65万平方米，采用新墙材建成的建筑物占比由1990年的0.4%提高至30%。

1992年5月，无锡市新型建材房屋建设开发总公司与台湾久贸实业股份有限公司合资成立无锡祥宝新型建材有限公司。市建筑材料总厂在轻钢龙骨、硅酸钙板成功投产的基础上，开发具有质轻、比刚度高、隔热、阻燃、减震等优点的蜂窝板。1993年起，全市建材行业以企业废弃的大宗煤矸石、炉渣、粉煤灰、废水、废气为主要原料，组织新墙材生产。市新华墙体材料厂开发生产以玻璃纤维增强水泥和膨胀珍珠岩复合而成的玻璃纤维增强混凝土（GRC）轻质墙板，具有较强的抗折和抗撞击力，可用于非承重用的隔墙板。市建筑材料总厂开发新型轻质的国际流行板材，投入墙体基金1200万元，先后建成年产50万平方米矿棉吸声板生产线和年产120万平方米大幅面纤维增强硅钙板生产线。

1994年3月，无锡市成立新墙材推广应用中心，对推广新墙材有成效的单位给予政策优惠和奖励，处理违法生产黏土实心砖的企业。是年，改造和新建城镇各类墙体材料企业60多家，总投资2770万元，生产能力12亿块，新墙材和装饰装修材料产品的产值约占建材工业总产值的80%以上，市区新墙材在建筑中的应用比例提高至40%。至1995年，全市砌块生产企业增至12家，新墙材产量10亿块，黏土空心砖成为墙体材料的主体。

1996年，无锡市规定所有围墙建筑中禁止使用黏土实心砖，禁止新建扩建黏土实心砖厂，整改和取缔小砖厂、小土窑厂，对生产实心砖的企业进行技术改造，重点开发硅酸钙空心砌块、岩棉钢丝网夹层板等项目，新增新墙材生产企业11家，新增新墙材生产能力1.42亿块。全年新墙材房屋开工面积55万平方米，全市框架结构建筑和节能建筑中新墙材的使用率接近100%。1999年，全市新建、改造新墙材技术项目13个，新增新墙材生产能力1.48亿块；全年新墙材产量5.6亿块，黏土实心砖产量15亿块；新墙材应用面积97万平方米，应用比例36.9%（其中市区65%）。

2000年，无锡市印发《关于加快新型墙体材料推广应用工作的意见》和《关于限制使用实心黏土砖和推广节能建筑的通知》，规定自是年6月1日起，全市建筑正负零线以上禁止使用黏土实心砖。确定锡山市华庄镇、洛社镇，宜兴市周铁镇、官林镇，江阴市华士镇为首批墙体材料改革试点示范镇。至年末，全市关停轮窑18座，4家企业完成“实转空”的技术改造，7家新墙材企业开发生产混凝土空心砌块和粉煤灰空心砌块等。全年新建、改建新墙材生产线14条，新增生产能力2.2亿块，新墙材产量6.82亿块，新墙材建筑应用面积170.18万平方米，应用比例54%（其中市区68%）。

进入21世纪，全市传统建材业相继转产。2003年，宜兴市新建混凝土空心砖块生产线35条，新增产能5.4亿块。2004年，泰山石膏建材有限公司在江阴市成立，投资1.4亿元。2005年，全市关闭97家窑厂，新增13条非黏土墙材生产线，新增新墙材生产能力3亿块。全年墙体材料总产量36.49亿块，其中黏土实心砖3.77亿块、新墙材32.72亿块；新墙材应用面积1435万平方米，应用比例96%。

第四节　矿山开发

无锡市开采非金属矿种有建筑面料、陶土、砖瓦黏土、石灰石、煤等。1991年末，全市有国营矿山企业14家、集体矿山企业650家。1992年，全市矿山企业矿石开采量3950万吨，矿业总产值3.19亿元。1994年，有国有矿山企业14家，其中无锡县3家、江阴市1家、宜兴市9家、马山区1家，职工7791人，生产建筑石料251.4万吨、煤22.2万吨、大理石0.75万立方米、矿泉水55.7吨，矿业总产值763.56万元；乡、镇、村办集体矿山企业627家，其中无锡县58家、江阴市201家、宜兴市355家、郊区和马山区13家，从业人员5.9万人，生产建筑石料1817.3万吨、石灰石900.5万吨、煤3.8万吨、陶土30.5万吨、大理石0.3万立方米、矿泉水0.25万吨，矿业总产值4.5亿元。1995年，有国有矿山企业13家，其中无锡市属1家、宜兴市8家、锡山市3家、江阴市1家，职工3950人，生产建筑石料193.6万吨、石灰石0.25万吨、煤17.5万吨、大理石5000立方米、陶土0.82万吨、矿泉水2.3万箱，矿业总产值6300万元；乡、镇、村办集体矿山企业622家，其中郊区和马山区16家、宜兴市362家、锡山市53家、江阴市191家，从业人员4万余人，矿业总产值3.34亿元。

1996年，全市治理整顿矿业秩序，加强对自然资源和生态环境的保护，国有矿山企业减至11家，乡镇、村集体矿山企业大幅减少至383家。1997年，国有矿山企业减至8家，集体矿山企业减至265家，矿产品销售总额4亿元。2000年，全市关闭51家采矿企业，精简人员6000人，压缩矿产250万吨。至年末，全市有矿山企业271家，从业人员1.2万余人，年产矿石3132.29万吨，销售额37118.06万元，利润1886.57万元。

2001年，无锡市限期关停乱采滥挖、浪费资源和安全生产隐患多的矿山企业，全市共关闭67家矿山企业，其中宜兴市关闭43家96处宕口，江阴市关闭15家35处宕口，锡山区、惠山区各关闭2家，滨湖区关闭5家。至2002年，位于禁采区的85家采石企业基本关闭。2003年，全市关闭矿山企业51家，其中江阴市13家、宜兴市38家。2004年，关闭59家开山采石企业，其中宜兴市32家、江阴市27家。至此，全市开山采石基本停止。2005年，全市全部国有及限额以上非国有非金属采选企业1家，工业总产值3935万元，工业增加值996万元，利润103万元，利税总额395万元；非金属矿物制品企业216家，工业总产值1112486万元，工业销售产值1072421万元，工业增加值338058万元，利润47349万元，利税总额98779万元。

2004年无锡市采矿业经济普查情况表

表14-40　　　　单位：家、千元、人

行业	企业数	工业总产值	工业销售产值	出口交货值	主营业务收入	利润总额	从业人员
非金属矿采选业	105	804688	793995	231	780937	37695	4248
土砂石开采	90	795109	784637	231	771572	37100	4123
石棉及其他非金属矿采选	15	9579	9358	—	9365	595	125
其他采矿业	1	5500	3355	—	3355	72	20

第五节　企业选介

一、无锡利农砖瓦机械(集团)公司

公司位于无锡市锡山区羊尖、东湖塘、港下三镇交界处。前身为创建于民国8年(1919年)的利农砖瓦厂，1952年公私合营，是以提供成套制砖机械为主、兼生产水泥机械的国营大中型企业，主要产品为制砖机械和黏土砖。1988年，试制出体积小、重量轻、功能全的40B真空挤砖机，6台真空挤砖机首批出口埃及。随后，承包苏联成套砖瓦厂工程建设项目。至1990年，出口成套真空挤砖机30多套，成交金额700多万元。1995年，外贸销售额1700多万元。此后连年亏损，严重资不抵债。2002年4月，宣告破产，其土地由市政府拨给新区经济发展集团总公司并复垦为耕地。

二、无锡市建筑材料总厂

该厂位于无锡市新虹桥附近，为专门生产红砖、石灰、轻钢龙骨、矿棉吸声板、硅钙板防火装饰板的市属国有企业。1995年，硅钙板防火板在第七届中国新技术新产品博览会获金奖。90年代中期，企业生产经营严重滑坡，于1996年7月改制改组，建成无锡市天地装饰材料有限公司、无锡市新虹建筑材料有限公司、无锡市运河建材机械制造有限公司等3家独立企业；老厂利用空余土地和房屋成立无锡市新虹副业养殖中心，安置富余职工。1998年5月，市建筑材料总厂宣告破产，由新中亚投资有限公司出资1200万元收购。

三、无锡市建材仪器机械有限公司

公司位于无锡市春阳东路8号。前身为创建于1958年的无锡市建筑材料仪器制造厂，1964年定名无锡市建筑材料仪器机械厂，为原国家建材工业局重点企业、中国建材仪器唯一定点生产企业。1986～1992年，先后引进开发水泥自动包装机、水泥生料均化系统，水泥散装机械、水泥水化热测定仪、双表压力试验机和电子数显试验机，并形成批量生产，成为水泥包装机的主要出口企业。1997年，开发研制的六嘴水泥包装机获得省新产品“金牛奖”。1998年，开发马歇儿稳定试验仪器等系列产品和八嘴机械秤回转式包装机、八嘴包装机。1999年，组织生产市场热销的2000TD型压力试验机，成为市建材局所属工业企业中唯一一家主要技术经济指标较上年增长的企业。2001年3月，改制为无锡市建材仪器机械有限公司。2003年，公司由湖滨路新北桥迁至现址。至2005年，公司拥有无锡哈佛水泥机械有限公司、无锡精仪测试设备有限公司、无锡北桥仪器设备有限公司等3家子公司。

四、无锡市水泥厂

该厂位于无锡市惠钱路石门下。前身为驻锡某部所建水泥厂，1964年移交地方，改建为无锡市水泥厂。1992年，研制成功快速高强黏结水泥。1994年，与香港太湖国际投资有限公司合资成立无锡华太混凝土有限公司。2000年9月，该厂破产，所持无锡华太混凝土有限公司的股权转让给江阴混凝土有限公司。

五、无锡市太湖水泥制品有限公司

公司位于无锡市惠山区锦溢路27号。前身为创建于1963年的无锡市水泥制品厂，1984年改为无锡市新型建材房屋建设开发公司，仍保留水泥制品厂名，主要生产混凝土制品和钢筋混凝土管。1993年4月，引进美国预应力钢筒混凝土压力管生产线(PCCP)，1995年4月建成投产，形成年产直径1800

毫米PCCP管2万米的生产能力。2004年3月,公司由蠡桥南塊迁至现址,并成立无锡市太湖水泥制品有限公司。2005年,主要生产线完工。一期年产60万米混凝土自来水管、排水管系列产品,年销售收入6700万元。二期扩大生产薄壁预应力混凝土管柱(PTC),形成年产120万米管桩的生产能力。

六、无锡华毅管道有限公司

公司位于无锡市春惠中路18号。1994年11月,由无锡市新型建材房屋建设开发总公司与香港TAB国际有限公司合资成立。1997年,开发生产的PCCP管获省新产品"金牛奖",应用于无锡市60万吨水厂引水工程、苏州新加坡工业园区60万吨水厂、无锡市贡湖水厂管线建设工程。1998年,开发直径1200～2400毫米的系列PCCP管。2001年,开发生产直径3000毫米的PCCP管,并在国家重大建设项目山西省万家寨引黄工程中标,获得1.65万米的订货量。至2005年,在全国建成6家PCCP管道工厂,主要设备的性能和产能均超过进口设备。

七、无锡市埃尔伊楼宇工程有限公司

公司位于无锡市学前东路宁海里1号。1993年8月,由无锡市楼宇清洗装饰公司与香港中国有限公司(IRE)共同投资创办,为最早进入内地建筑业喷涂装饰翻新的香港投资企业。公司采用新加坡IRE装饰材料,实施最新工艺技术,为高层建筑、宾馆、饭店、公寓等提供涂饰、翻新、防水清洗等业务。公司每年生产建筑机械吊篮100台,建筑翻新、清洗、防水等施工量75万平方米。2003年7月,公司"莱特斯顿"专业工程涂料系列获国家绿色产品奖并通过中国环境标志产品认证。至2005年,公司在上海、南京、北京都设有分公司,拥有配套的涂料工厂,承接北京京西宾馆、上海香格里拉大酒店等大型建筑工程内外墙喷涂装饰,采用新工艺对南京金陵饭店、南京中央大厦、南京虹桥饭店、江苏省总工会等建筑物旧墙面马赛克、面砖进行改造。

第十一章　能源工业

第一节　发展状况

1986年起,尤其是1988年后,无锡电力工业进入快速发展时期,先后创办江苏利港发电股份有限公司和苏龙发电股份有限公司两家骨干电厂。无锡市在"多家办电,自办自用,谁出钱谁受益"政策鼓励下,地方办电的积极性高涨。1988年,全市有6000千瓦及以上非省调地方、自备电厂9家,机组容量9.6万千瓦。1991～1993年,小火电地方、企业自备电厂由24家发展至47家,装机容量118.36万千瓦,总发电量47.11亿千瓦时。2004年始,无锡市实行分片区联网供热,热电厂快速增长。

无锡供电电源主要依靠华东电网、江苏电网以及利港电厂、苏龙电厂、谏壁电厂、望亭电厂等公用电厂组成的电源点,向无锡地区输送电力,大型骨干电厂及电网供电量供电占90%。无锡供电公司作为无锡地区电力工业龙头企业、国家特大型企业和国家电网公司一流供电企业,承担无锡地区的供电任务。无锡电网电压等级有超高压输电500千伏、高压输电220千伏、高压配电110千伏和35千伏、中压配电10千伏、低压配电400伏和220伏7个电压等级。1990年,无锡地区全社会用电量48.72亿千瓦时,用电总户数13.45万户。至2005年,全社会用电量337.05亿千瓦时,用电总户数201.23万户,供电最高负荷544.47万千瓦。

无锡市煤炭工业主要位于宜兴地区。至1999年末，市属及乡镇煤矿先后关停报废。煤气生产主要企业为无锡市焦化厂，2005年生产煤气1亿立方米、冶金焦炭32.3万吨。

第二节　电厂　电站

一、骨干电厂

1.江苏利港发电股份有限公司

公司位于江阴市利港镇，系中信集团新力能源开发有限公司、江苏省投资管理有限责任公司、无锡市地方电力公司和香港新宏电力投资有限公司分别以26.21%、8.74%、8.74%、56.31%的比例出资组建，为国家第一批引进境外资金以股份制方式建设的大型火力发电厂。1988年12月20日，一期工程破土动工，国家副主席荣毅仁参加奠基仪式，并题词“建好一个点，发展一大片”。1993年5月，一期工程1号机组运行投产；12月，2号机组并网发电。1998年，二期工程3号、4号机机组先后并网发电。至此，工厂共安装4台机组，单机容量35万千瓦、37万千瓦各两台，总容量144万千瓦，成为江苏第四家超百万千瓦等级的发电厂。三期工程于2003年12月开工，安装两台60万千瓦机组。

图14-14　2005年利港电厂厂区　（江阴市政府供稿）

1993～2005年利港发电股份有限公司生产情况表

表14-41　单位：兆瓦、万千瓦时、吨

年份	装机容量	发电量	上网电量	耗原煤量	年份	装机容量	发电量	上网电量	耗原煤量
1993	700	113384	107179	512462	2000	1440	688043	660320	2725518
1994	700	380635	362176	1569034	2001	1440	710255	680657	2850175
1995	700	401726	383695	1603452	2002	1440	850493	815224	3352352
1996	700	390303	373014	1589982	2003	1440	894387	857646	3448166
1997	700	382353	363889	1512201	2004	1440	952409	914513	3764314
1998	1440	467525	445874	1840117	2005	1440	851041	816112	3444658
1999	1440	611330	584326	2428984	—	—	—	—	—

2.苏龙发电股份有限公司

公司位于江阴市夏港镇，系国电龙源电力集团公司、雄亚（维尔京）有限公司、江苏电力发展股份有限公司和江阴电力投资有限公司合资兴办。1995年7月和12月，一期工程两台12.5万千瓦发电机组先后建成投产，开国内同类型机组利用煤泥发电先河。2001年9月和2002年2月，先后对一期工程进行改造，单机容量由12.5万千瓦提高至13.75万千瓦。2002年3月，二期工程两台14万千瓦机组开工建设，翌年投入运行。2004年、2005年，三期工程两台33万千瓦发电机组先后建成投运。

1995～2005年苏龙发电股份有限公司生产情况表

表14-42　　单位：兆瓦、万千瓦时、吨

年份	装机容量	发电量	上网电量	供热量	年份	装机容量	发电量	上网电量	供热量
1995	250	51383	47160	—	2001	275	144004	136323	44389
1996	250	151208	139248	—	2002	275	175489	165615	47121
1997	250	142954	133309	—	2003	555	333655	313935	51393
1998	250	128309	120665	—	2004	885	418701	391396	359574
1999	250	123632	116724	—	2005	1215	630212	591570	806104
2000	250	138646	131693	29316	—	—	—	—	—

二、自备电厂、热电厂

1988年，全市有6000千瓦及以上非省调地方、自备电厂9家，机组容量9.6万千瓦。1989年末，自备电厂发电总量12.75亿千瓦时，全年供电11.74亿千瓦时，占全社会供电量23.7%。1991～1993年，自备电厂由24家增至47家，装机容量118.36万千瓦，总发电量47.11亿千瓦时，占无锡地区同期总供电量195.68亿千瓦时的24%，一定程度缓解用电紧张局面。2004年始，无锡市加大城市空气污染整治力度，限时拆除企事业燃煤小锅炉，实行分片区联网供热，热电厂快速增长。至2005年末，无锡地区有6000千瓦及以上地方、自备电厂47家，机组容量435.69万千瓦。其中，省调度电厂7家，容量337.19万千瓦；非省调度地方电厂19家、机组容量57.25万千瓦，自备电厂21家、机组容量41.25万千瓦。地方自备电厂上网电量32.29亿千瓦时，占全市全社会总供电量328.61亿千瓦时的9.8%。

1.无锡国联环保能源集团有限公司

公司由无锡水星集团有限公司和无锡市地方电力公司于2005年7月出资成立，隶属于无锡市国联发展(集团)有限公司，下辖无锡华光锅炉股份有限公司、无锡惠联热电有限公司、无锡友联热电股份有限公司、无锡市双河尖热电厂、无锡惠联垃圾热电有限公司、无锡市电力燃料公司、无锡锅炉厂锅炉产业公司等公司，形成以垃圾焚烧发电为龙头的环保产业链。

无锡市双河尖热电厂位于无锡市吴桥西路123号，是无锡市第一家以集中供热、热电联产为主体的地方性节能企业。1981年筹建，1985年8月投产，初建规模有两台35吨/小时的次高压锅炉、两台3000千瓦背压式发电机组，承担周边地区多家纺织企业的生产用汽。1987年1月，新增投产1台低压凝汽式1500千瓦发电机组；年末，1台35吨/小时锅炉、1台6000千瓦发电机组竣工投产。1993年，新增1台抽凝式6000千瓦发电机组。1996年，兼并列车发电厂。1999年5月，并入国联投资集团公司。2002年，1台75吨/小时循环流化床锅炉和1台6000千瓦背压式发电机组并网发电。至此，形成五炉五机生产规模，总装机容量24万千瓦。2005年，工厂供热管道总长约30公里，管道最大供热能力每小时220吨，供热范围东至火车站地区、南至喜来登大酒店、西至石塘湾地区、北至西漳水泥厂。至2005年末，企业固定资产20318万元，全年发电量12291万千瓦时，供汽量84.7万吨，供汽用户149家，销售收入13759万元，利税总额1791.2万元。

无锡友联热电股份有限公司位于无锡市梅育路129号，为无锡市地方电力公司、香港锡州国际有限公司等6家公司合资的股份制企业。2003年3月，一期工程开工建设，两台100吨/小时循环流化床锅炉、两台15兆瓦抽凝式汽轮发电机组于12月并网发电，对外供热。2005年2月，一期续建工

程开工建设，两台150吨/小时循环流化床锅炉，1台24兆瓦抽凝式汽轮发电机组和1台12兆瓦背压式汽轮发电机组于12月并网发电、供热。至2005年，供热区域覆盖无锡新区A区、B区、梅村、硕放、鸿声、厚桥、荡口、坊前、锡东开发区等地区，供热面积80余平方公里，供热管网70余公里，全年供电2.4亿千瓦时、供热30万吨，利税总额1209万元。

无锡惠联热电有限公司位于无锡市惠山区仓桥头88号，2004年2月由无锡市地方电力公司、无锡惠山开发建设有限公司、无锡市锡能实业有限公司、上海华东电力投资经营有限公司、苏州新区华东电力投资经营有限公司和香港锡州国际有限公司合资成立，注册资本1.5亿元。一期工程建设两台170吨/小时时高温高压煤粉锅炉、两台2.5万千瓦抽凝式汽轮机发电机组，分别于2005年4月和5月投入商业运行。2005年10月，华光锅炉股份有限公司受让公司部分投资者持有的公司股权。至2005年末，公司热网主干线及支线管道铺设长度超过50公里，全年发电量31292万千瓦时，供汽38.7万吨，销售收入14515万元，利税总额1559万元。

2.无锡市热电厂

该厂位于无锡市新惠路19号。1988年3月建成投产，1989年全面供热，供热区域主要为大运河西片和市区部分地区。初建时仅1台1.2万千瓦抽凝式汽轮发电机组，1992年增加1台0.3万千瓦背压汽轮机组。至2005年，总装机容量增至3万千瓦，供汽能力每小时200吨，全年发电1.29亿千瓦时，上网电量1.05亿千瓦时；售汽48.85万吨，供热用户百余家，供热管道近40公里，供热区域南至运河饭店、第四人民医院、青山中学，东至锦仑饭店、第二橡胶股份有限公司，北至金山北工业园，西至钱桥胜丰地区。

3.无锡市协联热电有限公司

公司位于无锡市城南路1号。1995年，无锡市焦化厂与泰国协联集团、无锡国联环保能源集团有限公司、无锡市新区经济发展集团总公司等企业共同出资成立。1996年4月，一期工程3台75吨/小时煤粉锅炉、两台15万千瓦抽凝式汽轮发电机组投产发电，并向新区集中供热。随着二期、三期工程投产，形成年产蒸汽300多万吨、发电10亿千瓦时的能力，供热区域扩展至南片工业区及市中心商业区。2005年，市冶金资产经营有限公司受让协联热电10.28%股权。至2005年末，协联热电有5条热力主管线，长度超过140公里，全年发电9.8亿千瓦时，其中上网电量8.5亿千瓦时；供热160万吨，用户190多家。

4. 无锡苏源发电有限公司

公司位于无锡市惠山区南西漳。前身为始建于1995年的无锡爱依斯—凯瑞克燃机电力有限公司，装有美国普惠公司生产的（PWPS）FT8-1型燃气—蒸汽联合循环机组1台，总容量6.6万千瓦，为江苏电网第一家燃气—蒸汽联合循环电厂。2001年末，江苏电力发展股份有限公司、无锡惠丰电力实业有限公司、无锡市苏源实业有限公司、无锡市西漳工贸有限公司共同出资收购该公司，组建无锡苏源发电有限公司。2003年，扩建一套美国通用电气公司LM5000-STIG燃气蒸汽回注循环发电机组。至2005年，装机容量4.7万千瓦。

5.无锡市益多环保热电有限公司

公司位于无锡市新区（太湖）国际科技园。2000年，由陆效江等5人投资创办。2001年，一期工程开工，安装3台循环流化床垃圾焚烧发电锅炉（蒸汽蒸发量每小时75吨），两台1.2万千瓦抽凝式汽轮发电机组，150吨/小时生活垃圾分拣线两条，成为江苏省第一家利用生活垃圾和污水处理污泥焚烧发电、余热供热的综合利用电厂。2005年3月，一期工程建成投运，年焚烧发电处理生活垃圾36万吨，焚烧发电处理污水处理厂污泥18万吨，发电2.3亿千瓦时，上网电量2亿多千瓦时，供热80万～100万吨。

6.江阴热电厂

该厂位于江阴市周庄鸡笼山南、张家港河东。前身为建于1987年10月的周庄电厂，时有装机容量5万千瓦机组两台。1991年起，采用煤泥燃烧技术发电。1999年8月，工厂发电划归省电力局直接调度。1999～2001年，将两台发电机由纯凝汽机组改为抽凝汽机组，并建成周庄镇及周边地区的供热管道，实施集中供热，企业从火力发电厂转型为热电厂。2000年1月，更名为江阴热电厂。至2005年末，建成供热管道网络96.7公里，供热用户290家。

7.宜兴市张渚热电有限公司

公司位于宜兴市张渚镇。始建于1959年3月，机组容量1500千瓦，1962年更名戚墅堰电厂张渚发电所。1971年，划归无锡供电局管理，更名为无锡供电局张渚发电所。1984年，原1500千瓦机组因煤耗高被拆除。1987年11月，宜兴市集资950万元，组建张渚镇热电厂，投建1台6000千瓦发电机组，1988年10月建成并网发电。1995年，无锡供电局将张渚发电所有偿转让给张渚镇，张渚镇将张渚发电所和张渚热电厂合并组建张渚热电有限公司。2004年9月，公司投产1台1.2万千瓦机组，装机总容量增至3万千瓦。2005年，发电量1亿千瓦时，供热用户30多家。

8.宜兴协联热电有限公司

公司位于宜兴市宜城镇。1995年初，由宜兴热电厂与泰国协联能源公司合资成立，两台5万千瓦发电机组分别于1996年2月和1997年8月建成投产、并网发电。至2005年，装机总容量420万千瓦，全年发电21.7万千瓦时，上网电量19.8亿千瓦时，供热137吨。

2005年无锡市非省调地方公用电厂及企业自备电厂情况表

表14-43　　　　单位：万千瓦

电厂名称	装机容量		并网年份
	总容量	供热机组容量	
无锡东沃化能热电厂	0.60	0.60	2004
无锡红豆热电厂	2.70	2.70	2004
无锡荣成纸业热电厂	0.60	0.60	2004
无锡天鸿化工热电厂	2.70	2.70	2002
无锡锡兴热电厂	3.30	3.30	1994
无锡新洋热电厂	2.70	2.70	1999
无锡银卡化工热电厂	1.20	1.20	1998
无锡帝斯曼柠檬酸热电厂	0.60	0.60	1990
无锡格林艾普化工热电厂	0.60	—	1991
无锡德发印染热电厂	0.30	0.30	1986
无锡石油化工热电厂	0.60	0.60	1988
无锡阳恒化工热电厂	0.45	0.45	1993
宜兴华亚化纤热电厂	3.30	3.30	2003
宜兴三木化工热电厂	1.20	1.20	2003
宜兴新兴锆业热电厂	0.30	0.30	1992
宜兴有机化工五厂热电站	0.30	0.30	—
江阴红柳热电厂	0.30	0.30	1991
江阴华西热电（2）厂	2.40	2.40	2002

续表

电厂名称	装机容量		并网年份
	总容量	供热机组容量	
江阴双良热电厂	2.40	2.40	2004
江阴泰富兴澄热电厂	2.40	2.40	1993
江阴阳光热电厂	1.80	1.80	2002
江阴澄星热电厂	2.40	2.40	2004
江阴华西热电厂	5.00	5.00	2004
江阴康源印染热电厂	1.20	1.20	2003
江阴三房巷热电厂	3.00	3.00	2003
江阴升辉热电厂	1.20	1.20	2003
张渚热电厂	1.80	—	—
宜兴热电厂	2.40	—	—
宜兴化肥厂热电分厂	1.20	—	—

三、华东宜兴抽水蓄能电站

2001年10月，江苏蓄能发电有限公司成立，启动建设华东宜兴抽水蓄能电站。电站位于宜兴市铜官山，是江苏省当时唯一的大型水电工程。设计安装4台单机容量25万千瓦的立轴单级可逆混流式机组，总装机容量100万千瓦，设计年抽水用电量19.6亿千瓦时，年发电量14.9亿千瓦时，综合效率0.76。工程静态投资39.85亿元、动态投资47.63亿元，其中世界银行贷款1.45亿美元。电站由上水库、下水库、输水系统、地下厂房和地面开关站等5部分组成。前期工程2002年4月开工，主体工程2003年8月开工，计划2008年末全部建成。至2005年，地下厂房工程建成。

第三节 电 网

无锡电网分南北两块，呈“8”字形，大圆在北，即由无锡与江阴构成的锡澄电网；小圆在南，即宜兴电网。两网电源均来自华东电网和江苏电网，其中宜兴电网一直由常州地区110千伏转供（后改为220千伏直供）。1988年11月8日，以苏南首座500千伏变电所——斗山变电所投运为标志，无锡电网在苏南率先进入超高压电网时代。80年代末，无锡电网在三市（县）均实现220千伏变电所布点，在市区形成110千伏环网。90年代，加快以220千伏输变电工程为重点的电网建设。1998年，开始城乡电网建设与改造，220千伏网架逐步取代110千伏网架，成为电网主网架，市区形成220千伏双环网。至2005年，无锡地区电网形成以大电厂和500千伏变电所为主供电源、220千伏输电网架和变电所为骨干、110千伏及以下配电网为基础的网架结构。电网分为550千伏超高压输电，220千伏、110千伏、35千伏高压配电，10千伏中压配电和400伏、220伏低压配电7个电压等级。变电所236座，主变402台，容量2388.23万千伏安；35千伏及以上输电线路合计551条，其中架空线531条4835.18公里、电缆20条238.57公里。

2005年末无锡市35千伏以上电网规模表

表14-44

电压等级	变电所			线路		
	数量(座)	主变台数(台)	容量(万千伏安)	架空线		电缆长度(公里)
				数量(条)	长度(公里)	
500千伏	3	6	450.00	13	382.42	—
220千伏	35	58	942.00	103	1403.07	—
110千伏	128	200	777.00	194	1564.79	66.28
35千伏	70	138	219.23	221	1484.90	172.29
合　计	236	402	2388.23	531	4835.18	238.57

一、500千伏网络

500千伏网架由华东电管局、江苏省电力局直接管理，无锡供电局受托管理辖区内的线路运行和检修。1988年11月建成投运的无锡500千伏斗山变电所是省内第一个500千伏输变电工程的配套工程。2002年，在无锡东南新建500千伏梅里变。至2005年，无锡境内500千伏输电线路共有13条，杆路长度246.98公里，回路长度382.42公里。

2005年无锡市500千伏线路情况汇总表

表14-45　　单位：公里

线路名称	杆路长度	回路长度	线路名称	杆路长度	回路长度
斗牌Ⅰ线	18.26	18.26	斗张线	—	20.61
斗牌Ⅱ线	17.84	17.84	斗家线	20.61	20.61
斗南Ⅰ线	27.99	27.99	梅坊线	16.26	16.26
斗南Ⅱ线	15.52	28.38	里坊线	—	16.26
瓶武线	44.78	44.78	泰斗线	43.58	43.58
武梅线	42.14	42.14	兴斗线	—	43.58
武里线	—	42.14	合计	246.98	382.42

1.无锡斗山变电所

该所位于无锡市锡北镇斗山山麓西侧，占地10.65公顷，为山西阳城电厂专供江苏和转输上海的配套工程，也是省内第一个500千伏输变电工程的配套工程，使用世界银行贷款建设。1986年10月开工，安装两组容量各50万千伏安的大型主变压器。首台主变1988年11月4日投入运行，第二台主变1992年6月13日投入运行。90年代，江苏兴建第二个500千伏输变电工程——繁昌变(安徽)连接斗山变的繁斗线。斗山变增加主变1台，容量50万千伏安。1992年8月，繁斗线投运。1995年，斗山变与500千伏网络成单回路辐射状，向北经500千伏江都变至徐州任庄升压站，向西连安徽500千伏繁昌变，向东接500千伏上海黄渡变。1996年

图14-15　斗山变电所　　(市供电公司供稿)

3月，500千伏瓶窑至斗山500千伏瓶斗线建成投运。繁斗线、瓶斗线的建成，开通“西电东送”通道。1998年7月，500千伏斗渡Ⅱ回路线建成，开通苏—沪第二条通道，原斗渡线更名为斗牌Ⅰ线，斗渡Ⅱ回路线更名为斗牌Ⅱ线。2002年，田湾核电站动工兴建，配合送出工程，向无锡建设一条南北通道，线路从扬东变起至斗山站，架设斗山变至张家港变双回路500千伏输电线路。

2002年7月，江苏省“北电南送”新通道——500千伏江阴长江大跨越工程开工建设，2004年11月竣工投运。2002年11月，500千伏扬东变至500千伏跨江线江南段开工建设。2004年，斗家线、斗张线、泰斗线、兴斗线建成投运。

500千伏斗山变从投运初期江斗线、斗牌Ⅰ线两条线路，至2005年发展为8条线，分别为：至常州武南变电所的双回线斗南Ⅰ、斗南Ⅱ线，至苏州石牌变电所的双回线斗牌Ⅰ、斗牌Ⅱ线，至泰州的泰斗线、兴斗线，至张家港的双回路斗张线、斗家线。500千伏斗山变电所成为500千伏徐—沪输变电系统、500千伏淮—沪输变电系统、500千伏葛—沪直流输变电系统的紧密结合体，成为华东三省一市500千伏主网架的枢纽变电所和苏、锡、常地区的主供电源。

500千伏斗山变电流分别经220千伏斗塘Ⅰ、Ⅱ线，220千伏斗扬线、220千伏斗胶线、220千伏斗东线、220千伏斗芙线、220千伏斗暨线、220千伏斗谢线、220千伏斗戴线，由塘头、扬名、胶山、东亭、芙蓉、暨阳、戴圻变电所输入锡澄电网。

2.梅里变电所

该所位于无锡市梅村镇，处于华东500千伏电网输电中心和220千伏供电负荷中心。2002年10月18日开工，首期安装两组100万千伏安（3×33.4万千伏安单相）调压主变压器。2004年1月竣工，2月5日启动投运。首期500千伏出线2回，均接至常州500千伏武南变。梅里变电所是苏南地区的第二条500千伏输电大通道，具有改善地区用电环境、加强国家“西电东送”主网架结构的作用。

3.岷珠变电所

该所位于宜兴西部善卷洞附近。2002年8月开工建设，主要释放三峡电站输送到常州政平站的电量，向宜兴、溧阳地区提供能源，宜兴电网经岷珠变与三峡电源相连。2004年4月27日，500千伏岷珠变电所首台主变建成投运，第二台主变2005年12月25日投运，容量各为75万千伏安。

二、220千伏网络

1988年，锡澄电网有220千伏无锡变、扬名变、塘头变、江阴变等4座变电所，主变7台，容量73万千伏安；220千伏输电线路9条，回路长度240.52公里。宜兴电网220千伏变电所1座，主变2台，容量24万千伏安；220千伏输电线路1条，回路长度29.2公里。至2005年末，无锡地区有220千伏变电所35座，主变58台，容量942万千伏安；220千伏输电线路架空线103条，长度1403.07公里。其中：锡澄电网220千伏变电所28座，主变48台，220千伏输电线路84条，回路长度1111.29公里；宜兴电网220千伏变电所7座，主变10台，220千伏输电线路19条，回路长度291.78公里。

三、110千伏网络

1.市区110千伏网络

1986年末，无锡市区有110千伏变电所6座，总容量41.45万千伏安；线路10条，总长度162.37公里。1996年3月，110千伏黄泥变电所在全市率先完成无人值班监控改造。1998年7月，全市首座全户内110千伏变电所——车站变电所投运。2004年7月，全省首座通过电脑全自动控制的程序化变电所——110千伏安镇变电所建成投运。至2005年，市区110千伏架空线84条、622.63公里，电缆6条、60.98公里。

2.江阴市110千伏网络

1990年前，有祝塘变、青阳变、柏木变、西郊变等4座110千伏变电所。1991年，有110千伏线路10条、113.02公里。1991～2002年，江阴新建110千伏变电所27座，分别是肖山变、新桥变、北guo变、长寿变、利港变、要塞变、兴周变、桐岐变、虹桥变、夏港变、文林变、泾水变、凤凰变、富华变、南闸变、东郊变、金塔变、贤庄变、长山变、周西变、申北变、仁和变、峭新变、石化变、孟济变、锦南变、河塘变。2005年末，江阴地区电网由以35千伏骨干网架升至以110千伏为主的骨干网架为主，共有110千伏变电所38座，总容量224.9万千伏安；110千伏线路76条、571.8公里。

3.宜兴市110千伏网络

宜兴地区110千伏输电线路，始建于1959年，竣工后先降压为35千伏电压运行。1962年6月升压为110千伏运行。1986年末，110千伏输电线路有3条，54.97公里；110千伏变电所2座，主变3台，6.5万千伏安。2005年，宜兴电网110千伏输电线路34条，回路长度370.36公里；110千伏变电所24座，主变38台，容量129.2万千伏安。

四、35千伏网络

2005年，无锡市区35千伏网络有架空线107条、719.49公里，电缆12条、90.15公里，中心商务区较多采用35千伏电缆。江阴市有35千伏变电所17座、534.3万千伏安，35千伏线路68条、381.22公里。宜兴市有35千伏架空线46条、384.19公里，电缆2条、57.8公里。

五、配电网

1.市区配电网

1986年起，无锡市区每年投入资金，新增或改造配电网线路，增加配电变压器，改造低压配电区，改善居民夏季用电困难。至1996年，城区基本消灭低电压区，缓解夏季供用电矛盾。1998年，对4个变电所首次实施环网供电改造。是年末，在锡山市投入改造资金1.64亿元，进行为期近3年的农网改造工程，新建及改造10千伏线路621公里、400伏线路2599公里，新装10千伏配电变压器1785台、新增容量19.8万千伏安，加装配电箱1788台。2001年，市区实施配网自动化工程，完成8个10千伏开闭所的改造，主站进入调试阶段。2003年，优化电网结构，2004年起由省级大网向省级强网转变。至2005年，配电线路由1986年的47条增至635条，配电线路长度由486公里增至7068.98公里，配电变压器由854台增至13333台，配电变压器容量由29.82万千伏安增至339.51万千伏安，10千伏及以下配电电缆线路从无到有，增至23762.42公里。

2.江阴市配电网

1991年，江阴电网10千伏线路共105条、1473.81公里，其中电缆长度0.1公里；配电变压器2299台、容量43.49万千伏安，其中局配电变压器1206台、容量12.09万千伏安，用户变压器1093台、容量31.40万千伏安。1993年8月，江阴市第一座配电所花园南配电所投运。1995年8月，第一条全线电缆线路10千伏美仑线投运，第一座商场箱式变八商场箱式变压器投运。2000年12月，第一个高压分支箱光子1号分支箱投运。2001年9月，第一个环网箱朝阳2号环网箱投运。至2005年，江阴电网10千伏线路共计458条、12563.19公里，其中电缆401公里；配电变压器9974台、容量421.19万千伏安。

3.宜兴市配电网

1980年起，宜兴推行“一乡一线”供电，至1985年，已有11个乡实现1个乡1条供电线路的配电设施。同时，对宜城、丁蜀、张渚等城镇企业用电设立工业专线，改变工、农业混用一条线路的情况。1986年，110千伏张渚变电所建成投运，对区内配电电压进行升压改造，112台配电变压器由6.6千伏升至10千伏，总容量1.5万千伏安，升压配电线路206公里。1987年，“一乡一线”新增20个乡，年末全县有10千伏配电线路61条，总长1649公里；配电变压器2106台，总容量30.55万千伏安。另有用户自备的6～10千伏线路101条，长177.89公里；配电变压器269台，计7.14万千伏安。至此，宜兴地区公用配电电压基本统一。1988年，宜兴开始一乡一座变电所建设，1998年开始农网改造，2001年开始城网改造等配网建设。至2005年，宜兴市拥有10千伏配电线路357条，总长度3167.4公里；配电变压器8638台，总容量211.31万千伏安。

第四节　供用电

一、用电水平

80年代，无锡地区电力电量需求快速增长步入持续增长期。1990年末，无锡地区全社会用电量仅48.72亿千瓦时。至2005年，全社会用电量增至337.05亿千瓦时，供电最高负荷544.47万千瓦，用电总户数201.23万户。

1988～2005年无锡市用电量与负荷情况表

表14-46

年份	全社会用电量（亿千瓦时）	全社会最大负荷（万千瓦）	用电户数（万户）	年份	全社会用电量（亿千瓦时）	全社会最大负荷（万千瓦）	用电户数（万户）
1988	43.70	55.51	11.50	1997	108.33	173.54	33.18
1989	44.34	54.40	12.40	1998	109.02	183.03	36.51
1990	48.72	64.22	13.45	1999	117.73	198.68	39.81
1991	55.86	74.55	13.94	2000	137.97	222.38	115.25
1992	67.18	85.54	14.45	2001	158.44	260.08	158.63
1993	76.58	101.14	17.25	2002	188.63	321.73	185.03
1994	86.98	131.52	20.35	2003	238.88	375.94	188.34
1995	96.35	145.25	26.17	2004	289.70	445.30	196.34
1996	103.40	158.15	29.63	2005	337.05	554.47	201.23

说明：2001年起，用电户数含综合变下。

二、用电结构

“八五”期间，无锡地区总用电量382.95亿千瓦时。其中：工业用电310.3亿千瓦时，占总用电量81.03%；农林牧渔水利用电24.48亿千瓦时，占6.39%；建筑业用电1.73亿千瓦时，占0.45%；地质勘探用电0.05亿千瓦时，占0.01%；城乡居民生活用电25.9亿千瓦时，占6.76%；商业、饮食、物供物储业用电5.55亿千瓦时，占1.45%；其他用电14.94亿千瓦时，占3.9%。

“九五”期间，无锡地区总用电量576.45亿千瓦时。其中：工业用电442.84亿千瓦时，占76.82%；农林牧渔水利用电36.96亿千瓦时，占6.41%；建筑业用电2.8亿千瓦时，占0.48%；交通运输、邮电通信用电3.38亿千瓦时，占0.59%；地质勘探用电0.06亿千瓦时,占0.01%，城乡居民生活用电53.12亿千瓦时，占9.22%；商业、饮食、物供物储业用电11.03亿千瓦时，占1.91%；其他用电26.26亿千瓦时，占4.56%。

“十五”期间，无锡地区总用电量1212.7亿千瓦时。其中：工业用电1016.01亿千瓦时，占83.78%；农林牧渔水利用电21.09亿千瓦时，占1.74%；建筑业用电6.52亿千瓦时，占0.53%；城乡居民生活用电24.7亿千瓦时，占2.04%；其他用电144.38亿千瓦时，占11.91%。

三、供用电管理机构

1983年4月，无锡供电局接收江阴、宜兴县供电局。1989年2月1日，成立无锡县供电局。1994年5月25日，锡南开发区供用电管理所更名为无锡供电局开发区分局。1995年，无锡县供电局更名为锡山市供电局，无锡供电局新区分局挂牌。2000年6月，无锡供电分公司更名为江苏省电力公司无锡供电公司，11月又更名为无锡供电公司。2001年5月，锡山市供电局更名为无锡供电局市郊分局。2002年末，市郊分局撤销，各项业务由市局直辖管理。2002年5月，无锡供电公司承担的政府管电职能移交至市经贸委。

2005年，无锡供电公司内设发展策划部、生产技术部、安全监察部（含保卫部）、基建部、财务部、审计部、营销部（农电工作部）、电力调度中心等13个部门，变电运行一工区、变电运行二工区、输电运行工区、输电检修工区，变电检修工区、配电工区、供电设计研究院、计量中心、信息中心、市区营业所、新区营业所、东亭营业所、职工教育培训中心等13家直属生产单位，省电力高级管理培训中心、江阴市供电公司、宜兴市供电公司等3家基层单位。下属无锡市锡能实业有限公司、无锡市太湖电力建设有限公司、恒能电力器材有限公司、锡能汽车服务有限公司、锡能物业管理有限公司、太湖能园度假村有限公司等6家集体企业，94家多种经营企业。

四、电力调控

1986年，电力部门出售用电权，无锡市筹资5720万元认购，当年分得计划外电量1135万千瓦时，弥补计划用电缺口。1987年购买电力债券，每元优先供电2千瓦时，无锡购买电力债券2226.54万元，1988年开始每年分得电量4453.08万千瓦时，20年不变。电力供应紧张时，还利用地方产燃料煤及油发电，调整用电负荷，各厂矿企业按线路安排轮休。实行用电分配，规定周一避早峰、周六避晚峰；电化厂电石炉、锡钢电炉，每日避早、中、晚三峰；工厂、企业错开上下班时间和中午用餐时间；大设备及加热设备安排夜间使用。

1988年8月起，由于省内计划发电煤炭到货严重不足，下半年到货率只有60%，省政府实行煤电挂钩办法，由各市协调组织计划外煤炭弥补缺口，做到以煤定电。无锡市由市计委、市经委、市物资局、市燃料公司、市供电局组织代表团赴徐州矿务局、铁路局协商，当年组织计划外煤炭13万吨，至1990年一季度，共组织43.9万吨煤炭弥补缺口。1990年二季度起，省里统一扎口组织计划外煤炭，各市承担扎口煤差价，直至1999年电价并轨，纳入综合电价中。无锡先后支付缺口煤差价2.15亿元（税前）。

1988～1998年为用电紧张阶段，无锡多渠道开辟电源。1989年华能南通电厂建成投产后，利港、苏龙电厂根据参与集资的比例分电，直至1999年实行全省统一分类销售电价出台为止。

1988～1998年无锡市电力来源表

表14-47　　单位：万千瓦时、%

年份	全社会供电量	国家分配电力		其他电源				
		供电量	占比	自备电厂自用电量	自备电厂上网电量	自筹煤油加工电量	集资分电购用电权债券电量	集资新价电电量
1988	426876	206560	48.39	28360	60549	52128	79279	0
1989	432677	185378	42.84	21825	80811	58960	82641	3062
1990	475846	223256	46.92	21513	80960	43387	83973	22757

续表

年份	全社会供电量	国家分配电力		其他电源				
		供电量	占比	自备电厂自用电量	自备电厂上网电量	自筹煤油加工电量	集资分电购用电权债券电量	集资新价电电量
1991	546729	222712	40.74	25311	92644	69807	91632	44623
1992	658791	221639	33.64	33644	104375	143470	94000	61663
1993	751367	220490	29.35	43136	110057	113367	94000	170317
1994	852228	190982	22.41	50095	129140	38525	94000	349486
1995	943781	172254	18.25	55983	147631	27273	94000	446640
1996	1003504	176572	17.60	68762	187615	43850	94000	432705
1997	1052422	204965	19.48	77872	168911	63320	94000	443354
1998	1060880	184943	17.43	74013	149964	62827	94000	495133

1990年，国务院对无锡的234家国家骨干企业、军工企事业单位以及化肥、农药、水利等支农生产单位的用电采取倾斜政策，优先安排电力。无锡叶片厂、无锡县化肥厂、宜兴化肥厂、无锡硫酸厂等企业纳入国家“双保”①范围。1991年，无锡供电局落实国家规定，将城乡居民用电列入计划，落实指标。1993年，贯彻国务院办公厅、中央军委办公厅要求，保障军队用电。

1996年下半年起，江苏省电力工业经过长期较快的发展，供需严重失衡的缺电局面得到初步缓解。1998年，电力工业部决定停止执行有关限制用电和超计划指标的惩处罚则条款及有关规定。同年，停止执行买用电权、停止执行控制非生产用电和超计划（指标）用电加价收费的规定，在确保电网安全稳定和供电质量前提下，放开用电限制。

2000年，基础建设发展加快，电力供需状况又进入紧张状态。2001年7月，发生钢厂限电的情况。2002年，省经贸委采用电力负荷管理系统控制负荷，并针对首先缺电的无锡、苏州钢厂等大用电负荷实行可中断负荷有偿限电，出现新一轮电力紧缺。

第五节　煤炭工业

无锡煤炭工业起始于60年代，70年代为鼎盛时期，先后在宜兴、江阴等地建设15对矿井，从业人员1万余人。80年代后，由于煤炭地质储量渐趋枯竭，市属煤炭工业规模逐步缩小，但宜兴地区乡镇煤矿发展迅速。1986年，无锡市属生产矿井有川埠、砺山、园田、小张墅、任墅等5家煤矿，基建矿井有白泥场煤矿，停缓建矿井为花山煤矿。此外,还有无锡煤矿机械厂、煤矿设备厂等多种经营企业9家，全行业从业人员7000余人。1986年末，砺山、任墅煤矿先后结束开采，矿井报废。

1987年6月，白泥场煤矿建成投产。该矿井田面积13平方公里，煤炭地质储量2800万吨，核定年生产能力12万吨，为无锡乃至苏南地区规模最大、也是最后建成的地方国有煤矿。1988～1989年，该煤矿连续两年利税超过500万元。

1986～1990年，全行业年均煤炭产量30万吨左右。1989年，宜兴乡镇煤矿有19处，年产量52.5万吨，创历史最高水平。其间，先后在小张墅、白泥场煤矿井田周边的西氿湖、太湖水底实施煤

① 国家保证企业（多为国家或各级省、市重点、骨干企业）原料、燃料、动力等生产物质条件的计划供应，企业保证完成国家利税上缴基数。

炭地质补充勘探,均有煤层发现,但开采成本巨大。煤炭销售1990年前以计划销售为主,1991年后煤炭销售价格放开,由煤矿自主销售,销售市场以本市工矿企业为主。

1991年后,小张墅、川埠、园田煤矿相继报废。白泥场煤矿亦因生产成本上升、亏损严重、矿井安全可靠性难以保障等多方面原因,于1999年8月停止开采。至1999年12月,无锡地区市属及乡镇煤矿先后关停报废。2005年12月,市政府决定将市属关停煤矿的闲置资产包括矿区土地63.34万平方米、房屋建筑物47.2万平方米等全部划归当地政府实行属地管理。

1985～1999年无锡市属煤矿生产、报废表

表14-48

矿井名称	地址	形式	投产时间	开采概况	报废年份
砺山煤矿	宜兴太华	斜井	1958	累计产煤290万吨	1985
任墅煤矿	宜兴丁山	斜井	1978	地质储量82.95万吨,累计产煤33.36万吨	1986
小张墅煤矿	宜兴红塔	立井	1977	累计产煤76万吨	1991
川埠煤矿	宜兴川埠	斜井	1969	累计产煤317.32万吨	1995
园田煤矿	宜兴茗岭	斜井	1972	累计产煤73.79万吨	1996
白泥场煤矿	宜兴洑东	立井	1987	地质储量2800万吨,累计产煤133万吨	2000
花山煤矿	江阴峭岐	立井	1974年基建,1980年停缓建,其后报废		

2004年无锡市煤炭业经济普查情况表

表14-49　　单位:家、千元、人

行业	企业数	工业总产值	工业销售产值	出口交货值	主营业务收入	利润总额	从业人员
煤炭开采和洗选业	4	956	927	—	921	-5504	766
烟煤和无烟煤的开采洗选	3	—	—	—	—	-5534	761
其他煤炭采选	1	956	927	—	921	30	5

第六节　煤气生产

1983年前,无锡市焦化厂生产焦炭时每天产生的6万立方米煤气,除少部分供给机械厂家用于工业窑炉加热外,其余基本放空。1983年,该厂通过专用管道向市内居民供应煤气。1986年,市焦化厂由市化学工业局划归市冶金工业局管理。1992年1月,该厂新建1座80型42孔焦炉投产,供气能力提高1倍,当年新增1.2万个管道煤气家庭用户。1997年,市政府与市焦化厂共同投资3000余万元新建1座液化气掺混站(按一定比例将液化气掺混于煤气之中)。2002年,市焦化厂改制为国有控股、职工参股的有限责任公司,更名为无锡焦化有限公司。2005年,国有资本全部退出。至2005年末,市焦化公司有职工1240人,全年生产煤气1亿立方米、冶金焦炭32.3万吨,实现工业总产值2.34亿元、销售收入6.02亿元、利税总额4074万元。

无锡市志

【第二册】

第十五卷
乡镇工业

概　述

1978年后，全市农村各级党委、政府和农民依靠"踏遍千山万水、吃尽千辛万苦、说尽千言万语、历尽千难万险"的"四千四万"精神，继续创办乡镇工业，开展与城市企业、科研机构和大专院校的横向联合，嫁接新技术，开发新产品，提升产品档次，提高经济效益。1986～1990年，市委、市政府在总结推广无锡县堰桥乡"一包三改"经验的基础上，实行厂长任期目标制、企业两级核算制和内部审计制的"三制配套"改革；总结和推广无锡县在实践中创造的"两段分配"[①]经验，乡镇工业持续快速发展。1990年，全市乡镇工业企业总产值247.55亿元，占全市工业总产值的54.21%，比1980年提高36.36个百分点，总产值仅次于苏州市，居全国第二位。在90年代进行的三次中国农村综合实力百强县（市）评比中，无锡县（锡山市）实现"三连冠"，被誉为"华夏第一县"；郊区主要经济指标连续数年在全国同等城市郊区中居领先地位，被誉为"神州第一郊"；江阴、宜兴两市亦名列全国百强县（市）前列。飞跃发展的苏南乡镇工业，被邓小平誉为"异军突起"；以集体经济为主的经营体制，被誉为对中国改革开放产生重大示范作用的"苏南模式"。

90年代中后期，乡镇工业企业全面实施产权制度改革和结构调整，至90年代末，产权制度改革基本结束。同时，各地重点培育规模经济，组建大型企业和企业集团，迅速向规模化、集约化方向发展，形成华西、三房巷、双良、红豆、海澜、远东等具有一定规模的集团公司和江阴市新桥镇、锡山市查桥镇等乡镇工业的明星镇、特色镇。

进入21世纪，全市乡镇工业企业外贸出口收入快速增长，经济总量不断攀升，运行质量提高，职工收入逐年增长。乡镇企业总产值占全市工农业总产值的78%以上，就业劳动力占全部农业人口的65%以上，形成"四分天下有其三"的格局。乡镇企业中，境内上市公司17家（含异地控股上市公司3家）、境外上市公司4家，成为中国资本市场中无锡板块的核心支撑力量。

第一章　发展与规模

第一节　发展历程

1986～1990年，按照中央"积极扶持、合理规划、正确引导、加强管理"的方针，全市乡镇工业企业从外延扩大生产向内涵发展生产转变，从偏重抓数量、速度向抓质量、上水平转变，从主要依赖银行贷款向企业自身积累转变；从劳动密集型向技术密集型转变，加强生产管理，开展产品创优、出口创汇和增产节约、增收节支活动，提高经济效益，克服国家取消税收优惠、原辅材料大幅度涨价等不利因素，取得持续稳定的发展。1990年，全市乡镇工业企业12455家，职工1032856人。

① 企业经营保本时得基本报酬，亏损时扣基本报酬，盈利超额时按核定比例分成；企业上交乡镇、村按占用资产份额多少确定。

1990年无锡市乡镇、村办工业企业概况表

表15-1　　　　单位:家、人

区域	企业数			职工数		
	乡镇办	村办	合计	乡镇办	村办	合计
无锡县	1816	3493	5309	180699	204565	385264
江阴市	1089	2114	3203	162002	139047	301049
宜兴市	940	1795	2735	113369	133545	246914
郊　区	223	935	1158	40381	54825	95206
马山区	17	33	50	2370	2053	4423
全　市	4085	8370	12455	498821	534035	1032856

1991年,全市乡镇工业企业以提高经济效益为中心,优化经济结构,推动技术进步,增加有效投入,拓展外向经济。1992年邓小平视察南方谈话发表后,全市乡镇“三资”企业由201家猛增至1412家,全年新增合同利用外资7.22亿美元。1993年,国家加强宏观调控,收紧银根,无锡市推进“三高一优”(追求高劳动生产率,形成高水平的技术装备,造就高素质的职工队伍,优化经济结构)发展战略,全年发展股份合作制企业807家,总股本17亿元,对弱小亏损企业实行租赁、拍卖或兼并。贯彻外向带动战略,全年新批“三资”企业906家,新增合同利用外资7.04亿美元,累计14.93亿美元;完成外贸供货额134.47亿元,占全市总量的66%,52个乡镇外贸供货额超亿元。江阴市祝塘镇完成5.09亿元,列全市各镇之首;江阴市山观镇勇峰村完成8760万元,为全市各村之冠。

1994年,在市场平淡、原料价格上涨、资金紧缺、税负增加以及各项优惠政策取消等情况下,全市乡镇工业企业加大科技投入,加快技术改造,全年固定资产投资完成80.77亿元,其中65%用于技术改造。无锡县、江阴市、宜兴市均被评为全国科技进步县(市),无锡县被评为全国科技百强县(市)第一名。江阴市周庄镇在近两年间投入资金7亿元,70%用于重点设备、技术改造、外向内联等重大项目。江南实业集团公司投资1.5亿元生产高级旅行箱,产品全部出口。三房巷村投资0.8亿元,从意大利进口一套年产100万平方米铜质墙地砖设备。扩大与大专院校、科研单位、国有大中型企业的横向联合,加快科、工、贸一体化进程,江阴市澳化锂制冷机厂、无锡县铜材五厂、无锡邮电电缆厂、江苏诚怡集团公司电容器厂被国家科委评为全国高新技术百强企业,江阴市溴化锂制冷机厂建立国内中央空调行业唯一的国家级技术中心。加快人才工程建设,采用技术入股、知识产权入股、对科技人员赠股等办法调动和激励科技人员的积极性。郊区蠡园乡在北京科技大学特设“蠡园奖学金”;无锡县洛社镇实施全方位人才引进战略,形成结构比较合理的科技队伍。创建名牌产品、驰名商标,江苏红豆集团生产的“红豆”服装被评为全国十大名牌服装之一。1994年,全市乡镇工业企业完成销售收入、工业增加值、外贸供货额分别占全市工业经济总量的76%、77.3%、71.3%,经济运行走上良性循环的轨道。是年,农业部评选1000家全国最佳经济效益乡镇企业,无锡市148家企业入选,其中江阴市56家、无锡县56家、宜兴市27家、郊区9家,入选总数占全国的14.8%、江

图15-1　1989年,郊区扬名乡金星村被市政府授予“工业亿元第一村”荣誉牌　（市经信委供稿）

苏省的46%。省乡镇企业管理局评选1000家全省最佳经济效益乡镇企业，全市478家企业入选，其中无锡县192家、江阴市176家、宜兴市86家、郊区24家。

1995年，全市乡镇工业企业13710家。因1994～1995年产权制度改革，关闭和拍卖一些弱小企业，乡镇企业职工963147人，比1990年减少69709人。同时，乡镇之间、村之间的差距有所拉大。

1995年无锡市乡镇工业企业概况表

表15-2　　单位：家、人

区域	企业数			职工数		
	乡镇办	村办	合计	乡镇办	村办	合计
锡山市	1118	3535	4653	179509	187993	367502
江阴市	1248	2670	3918	162129	123220	285349
宜兴市	919	2595	3514	101827	100722	202549
郊　区	262	899	1161	38125	50792	88917
马山区	17	28	45	1635	1655	3290
新　区	57	362	419	5109	10431	15540
全　市	3621	10089	13710	488334	474813	963147

说明：表内数字不含合作、个体企业数和年末人数。1995年全市合作企业1191家，年末职工13586人；个体企业7600家，年末职工29596人。

90年代中后期，乡镇工业企业加快经济增长方式的转变，全面实施产权制度改革和结构调整，至90年代末，产权制度改革基本结束，各种所有制共同发展的格局初步形成，资本经营取得重大突破。其中，股份有限公司、有限责任公司和股份合作制企业总股本110.91亿元。110.91亿元中：集体股23.13亿元，占21%；个人股73.43亿元，占66%；社会法人股14.35亿元，占13%。总股本中，新增股本42.79亿元，占38.58%。同时，全市拍卖转让乡镇企业4867家，通过评估自有资产17.07亿元，拍卖成交18.29亿元，增值率7.15%；租赁经营企业624家，净资产6.72亿元，年租金0.91亿元，收益率13.54%。改制后，大部分企业技术创新能力加强，装备水平提高，产品竞争能力增强，实现企业增产、经营者增效、国家增收、职工增分。

同期，各地改变粗放经营方式，重点培育规模经济，通过兼并、投资、控股等形式调整组织结构，组建产业关联度大、经济规模大、资金技术密集的大型企业和企业集团。1996年，新组建省级集团公司43家，累计188家，占全省省级集团公司总数的48.21%；新增国家级集团公司38家，累计93家，占全国总数的12.64%，占全省总数的42.85%；全市经农业部认定的全国大中型乡镇企业245家，占全国总数的5.4%。1997年，部分企业响应中央“南北挂钩、东西合作”号召，主动把部分剩余生产力向经济欠发达地区转移。注重技术创新，全年开发新品800个，一批产品填补省内、国内空白。1998年，增加技改投入，全年投入71亿元，单项投入在千万元以上的在建项目64个。列入市政府年度目标管理技改考核的申达集团5000万元的产品包装扩能项目、红豆集团2950万元的引进先进设备创名牌工程和天平水泥公司20万吨水泥生产线改造项目竣工投产，列入局级考核的26个重点技改项目80%竣工投产。全市乡镇企业拥有省级以上技术开发中心3个，全年22个项目获省级科技进步奖；开发1018个新品，其中双良集团的自动化燃油蒸汽锅炉、得胜集团的穿孔复合吸音板等45个新产品被确认为国家级新产品。1999年，无锡市乡镇企业形成多元化投资主体，在329.82亿元的实收资本中，法人、个人、外商资本金共182亿元，占资本金总额的55.2%。特别是个人资本金由上年的49亿元增至88亿元，占比升至26.7%。营业收入5000万元、利税300万元以上的企业183家，营业总收入419亿元、利税43.56亿元，分别占全市乡镇企业总数的27.34%和41.8%。通过培育企业的核心竞争力，实施省和国家重点科技项目和新产品开发项目，开发新产品1012个，投产745个，通过各级鉴定的143个，达到国际先进水平的48个，填补国内空白的67个。2000年，全市乡镇工业企业项目投资规模明显增加，100多个项目列入国家“火炬”和“星火”计划。加大招商引资力度，改善投资环境，出口商品供货额比上年增长13.46%；经济总量持续增长，营业收入和利税总额分别比上年增长18.35%和21.8%。由于乡镇企业产权制度改革，至2000年末，集体所有制企业比1995年减少6025家，私营企业增加4345家。

2000年，全市乡镇工业资产总额1228.90亿元，固定资产原值557.14亿元，工业总产值1814.71亿元，工业增加值416亿元，利税总额114.89亿元；其中257个企业集团营业收入623.2亿元、利税总额53.2亿元、工业增加值126.2亿元。

2000年无锡市乡镇工业企业概况表

表15-3　　单位：家、人

区域	企业数			职工数		
	集体	私营	合计	集体	私营	合计
锡山市	1409	6234	7643	130896	167249	298145
江阴市	2533	2646	5179	198022	60570	258592
宜兴市	2418	1769	4187	109790	53455	163245
郊　区	928	976	1904	53674	14633	68307
马山区	40	28	68	1909	928	2837
新　区	267	292	559	10185	3798	13983
全　市	7595	11945	19540	504476	300633	805109

2001年，全市乡镇工业企业完成工业投入133.99亿元，新增固定资产114.63亿元，投入金额之多、项目规模之大、科技含量之高、产品市场容量之大，为历年之最。全年新批外资项目361个，合同利用外资1.81亿美元，到位外资4750万美元。2002年，企业实收资本中，集体资本占21.91%，个人资本占49.96%，法人和外商资本占28.13%，资本结构趋向优化。2003年，完成工业投入380.64亿元；新开工项目4244个，总投资632.09亿元；竣工项目3048个，竣工率71.82%。其中，江阴华西集团投入20亿元，三房巷集团投入18亿元，阳光集团、申达实业有限公司投入均超8亿元，澄星磷化工集团、双良集团投入均超5亿元。2004年，在国家实行宏观调控和生产要素紧缺的形势下，全市乡镇工业企业在建项目3519个，总投资788.39亿元，完成投资456.53亿元；竣工项目2447个，完成投资382.32亿元；营业收入和利税总额分别比上年增长31.82%和26.7%，产销率达97%。规模企业完成的主要经济指标所占比重上升，营业收入、利税总额分别达76.65%和70.15%。436家企业营业收入超亿元，比上年增加108家。其中，6家企业营业收入超50亿元，最高的华西集团为260亿元，其次为阳光集团107亿元，三房巷集团105亿元；27个镇营业收

图15-2　2003年华西集团彩板厂流水线　　（市经信委供稿）

入超50亿元，其中江阴市华士、周庄、澄江、新桥、夏港、霞客，宜兴市官林，惠山区洛社、钱桥、玉祁，滨湖区太湖等11个镇超百亿元。规模、重点骨干企业和重点乡镇的快速发展，支撑着全市乡镇企业的稳定发展。

2005年，全市乡镇工业企业31911家，职工127.06万人，其中集体企业2903家、职工239965人，私营工业企业29008家、职工1030659人。资产总额3590.46亿元，固定资产原值1432亿元，所有者权益1271.65亿元，工业总产值5162.39亿元，工业增加值1249.19亿元，营业收入5022.96亿元，出口产品交货值549.32亿元，利税总额490.3亿元。594家乡镇工业企业营业收入超亿元，江阴澄星实业集团有限公司名列首位，为107.54亿元；286个村营业收入超亿元，华西村名列首位，为309.66亿元。

2005年无锡市乡镇工业企业概况表

表15-4

单位：家、人

区域	企业数			职工数		
	集体	私营	合计	集体	私营	合计
江阴市	472	6699	7171	114658	322416	437074
宜兴市	1329	5639	6968	42255	189507	231762
锡山区	143	3580	3723	18587	112905	131492
惠山区	150	6135	6285	26306	178218	204524
滨湖区	491	3838	4329	20482	119025	139507
崇安区	47	252	299	4240	4715	8955
南长区	115	131	246	5472	4940	10412
北塘区	78	582	660	4549	12633	17182
新　区	78	2152	2230	3416	86300	89716
全　市	2903	29008	31911	239965	1030659	1270624

说明：本表不含个体企业78702家，从业人员336218人。下表同。

第二节　规模和效益

一、资产规模

无锡市乡镇工业企业规模指标以1986年为基数，至2005年，资产总额由57.14亿元增至3590.46亿元，净增3533.32亿元，年均递增23.92%，其中市区、江阴市、宜兴市年均分别递增23.97%、24.09%、23.34%。企业平均占有量由6.26万元增至1125.15万元，净增1118.89万元，年均递增29.64%，其中市区、江阴市、宜兴市年均分别递增28.04%、30.95%和30.7%。固定资产原值由19.69亿元增至1432亿元，净增1412.31亿元，年均递增24.92%，其中市区、江阴市、宜兴市年均分别递增22.07%、25.47%和25.45%。职工人均拥有固定资产原值由2560元增至11247元，净增8687元，年均递增7.68%，其中市区、江阴市、宜兴市年均分别递增6%、8.68%和9.92%。企业平均拥有固定资产原值由2.16万元增至446.97万元，净增444.81万元，年均递增30.55%，其中市区、江阴市、宜兴市年均分别递增28.61%、31.54%和33%；所有者权益由27.98亿元增至1271.65亿元，净增1243.65亿元，年均递增21.02%，其中市区、江阴市、宜兴市年均分别递增18.58%、23.48%和22.83%。所有者权益占资产总额的比重由48.97%降至35.42%，反映出负债增加，企业自有流动资金不足。就积累集体资金而言，年均积累62.18亿元，并非易事。

二、工业总产值

1986～2005年，全市乡镇工业总产值由86.44亿元增至5162.39亿元，增加5075.95亿元，年均增加253.8亿元，市区及江阴市、宜兴市年均分别递增22.24%、24.53%和22.73%。“八五”时期发展最快，年均递增48.61%，高出“七五”时期1倍；“九五”时期，年均递增仅0.02%，且发展不平衡。

三、工业增加值

1986～2005年，全市乡镇工业增加值由23.67亿元增至1249.19亿元，增加1225.52亿元，年均增加61.28亿元。其中：江阴市、宜兴市年均分别递增22.9%和22.09%，市区年均递增24.17%。工业增加值占地区生产总值的比重1986年为26.59%，2005年为44.47%。

四、营业收入、利税

1986～2005年，全市乡镇工业营业收入①由73.47亿元增至5022.96亿元，净增4949.49亿元，市区、江阴市、宜兴市年均分别递增22.30%、25.56%和24.17%。产品基本能适应市场的需要，年均产销率100.8%，2005年产成品资金316.7亿元，仅占当年工业总产值的6.13%。利税总额由12.88亿元增至490.3亿元，净增477.42亿元，年均增加23.87亿元，市区、江阴市、宜兴市年均分别递增15.5%、20.85%和19.96%。2005年，全市乡镇工业由于成本过高而盈利水平下降，利税率普遍低于1986年。

五、工资水平

1986～2005年，全市乡镇工业企业工资总额由8.01亿元增至186.62亿元，净增178.61亿元，年均增加8.93亿元，市区、江阴市、宜兴市年均分别递增18.81%、17.2%和17.25%。人均年工资由911元增至14687元，其中市区由989元增至14915元、江阴市由1264元增至17060元、宜兴市由820元增至13934元，递增幅度基本持平。

1986～2005年无锡市主要年份乡镇工业规模效益统计表

表15－5　　　　单位：亿元、%

项目	资产总额	固定资产原值	所有者权益	工业总产值	营业收入	工业增加值	利税总额
1986年基数	57.14	19.69	27.98	86.44	73.47	23.67	12.88
1990年	182.97	74.50	72.80	247.55	199.60	51.12	12.40
年均递增	26.21	30.49	21.16	23.42	22.13	16.64	–0.73
1995年	861.22	365.03	329.98	1794.27	1263.97	355.06	84.65
年均递增	36.32	37.65	35.35	48.61	45.54	46.77	47.34
2000年	1228.90	557.14	472.84	1814.71	1665.49	416.00	114.89
年均递增	7.37	8.64	7.33	0.02	5.03	3.63	5.95
2005年	3590.46	1432.00	1271.65	5162.39	5022.96	1249.19	490.30
年均递增	23.92	24.92	21.02	23.26	22.69	21.22	17.96

① 原称销售收入，1995年乡镇企业财务会计制度改革后更名。

第三节　外贸出口

80年代，无锡乡镇工业由“三来一补”（来料加工、来样生产、来资金、补偿贸易）发展为外资、外贸、外经（简称“三外”）。至1990年，生产出口产品的乡镇企业647家，完成出口产品供货额22.15亿元，比1985年增加20.65亿元，占全市乡镇工业销售收入的11.08%。全市124个乡镇中有123个乡镇的产品出口创汇，出口产品855个。除传统的纺织、服装外，机械、冶金、化工产品的出口数量和品种都有明显增加，一些外贸生产基地初步形成。无锡县前洲镇生产出口产品企业24家，全镇21个村中10个村生产出口产品，全年外贸产品收购额2.65亿元。江阴市祝塘镇1981年办起全市首家工贸合营江阴针织服装厂，走出口创汇之路，至1990年，全镇出口企业15家，完成外贸收购额2.16亿元。

1991年，市委、市政府提出“三外一齐上”和“三个层次（市〈县〉区、乡镇、骨干企业）一齐上”的方针，全市乡镇企业外向型经济进展加快。郊区扬名乡由1988年的外贸空白一跃成为外贸超亿元乡，全年出口产品供货额1.19亿元；宜兴市太华乡转变投资方向，全年完成出口产品供货额1.13亿元，成为宜兴市乡镇企业外向型经济排头兵之一。1992年，全市乡镇工业完成外贸供货额69.71亿元，比上年增加38.11亿元。27个乡镇出口产品供货额超亿元，其中江阴市祝塘镇4.69亿元，居全市各乡镇之首；14家企业超5000万元，无锡县杨市钢铁厂1.82亿元，居全市乡镇企业之首；无锡县前洲西塘村6937万元，居全市各村之首。1993年、1994年，全市乡镇企业出口产品供货额分别为134.47亿元和227.3亿元。无锡县杨市钢铁厂1993年出口产品供货额2.21亿元，被评为无锡市出口创汇先进企业。1994年，全市73个乡镇出口产品供货额超亿元，其中28个乡镇超3亿元，江阴市澄江镇8.37亿元，居全市各乡镇榜首；宜兴市太华镇6.54亿元，保持全国绢纺出口第一的排名。

1995年，全市44个乡镇企业拥有自营进出口权，占全省有自营进出口权乡镇企业总数的44%，自营出口的企业数、创汇额均居全省首位。乡镇外经工作实施以优引外、以大引外、以外引外、以市场引项目的方法，一批实力强、科技先进的企业参与合资，同时由单个分散办合资企业向集中连片形成合资、独资工业园区转变。全年乡镇企业完成出口产品供货额333.69亿元，其中江阴市澄江镇11.08亿元，居全市乡镇之首。1997年7月以后，受亚洲金融危机的冲击，乡镇外向型经济连年负增长或徘徊不前。1998年，农业部、外经贸部联合表彰的全国乡镇企业出口创汇5强县（市）中，江阴市、锡山市分列第一、二位；在全国100家乡镇企业出口创汇10强企业中，江阴市振华港口机械有限公司名列其中；在全国100家乡镇企业出口创汇管理先进单位县（市）中，江阴、锡山、宜兴三市和郊区乡镇企业局榜上有名；在全国100家乡镇企业出口创汇管理先进乡镇中，江阴市澄江、要塞、祝塘、周庄、山观、华士、青阳、文林、顾山，锡山市洛社、华庄、港下、查桥、东亭、玉祁、长安、前洲、雪浪，宜兴市太华和郊区扬名、黄巷等21个乡镇入围。

图15-3　1988年5月8日，无锡市乡镇企业出口商品恳谈会开幕（顾祚维摄）

2003年，全市乡镇企业出口产品

供货额370.78亿元,扭转连续数年的出口低迷状况。2004年、2005年,全市乡镇企业出口产品供货额分别为424.77亿元、549.32亿元。

1995年、2000年、2005年无锡市乡镇工业出口产品行业结构表

表15-6　　单位:家、万人、亿元

行业	1995年		2000年		2005年	
	企业数	出口产品交货值	企业数	出口产品交货值	企业数	出口产品交货值
化　工	212	46.03	167	24.80	151	50.95
机　械	297	38.87	241	38.61	258	68.10
矿　产	54	20.81	31	10.07	19	5.03
轻　工	394	58.45	389	49.15	505	148.33
食　品	22	2.04	23	2.45	13	2.66
土　产	4	0.38	4	0.77	1	0.37
畜　产	2	0.94	5	1.30	—	—
纺　织	355	101.09	410	92.35	539	148.52
纺　织	21	3.20	9	3.00	12	1.38
服　装	142	28.73	170	31.16	223	59.05
工艺品	71	7.54	52	4.29	53	10.96
其　他	188	25.61	115	13.67	215	53.97
合　计	1762	333.69	1616	281.62	1989	549.32

第四节　职工队伍

乡镇工业企业初创时,职工绝大部分为当地农民,也有少数非农业户口的城镇居民和原手工业从业人员,干部和管理人员多为乡镇企事业单位和村民委员会的干部和人员,有少数技术骨干。80年代,一些劳动强度较高和劳动力不足的企业吸收外地人员,并引进各类技术人才。1991年,全市乡镇工业企业职工111.82万人,其中女职工56.08万人,占50.15%。职工中,大专及以上文化7509人,占0.67%;高中16.16万人,占14.45%;初中64.52万人,占57.7%;小学及以下30.39万人,占27.17%。工程技术人员2.41万人,占2.15%,其中:高级技术职称416人,占工程技术人员总数的1.73%;中级技术职称5014人,占20.8%;初级技术职称18661人,占77.43%。聘用人员21331人,其中有技术职称的5134人、技术工人11050人。

1991年无锡市乡镇工业企业职工情况表

表15-7　　单位:人

项目	无锡县	江阴市	宜兴市	郊区	马山区	全市
职工总人数	418105	330917	255943	108678	4575	1118218
女职工	216908	175282	114440	52597	1589	560816

续表

项目		无锡县	江阴市	宜兴市	郊区	马山区	全市
文化程度	大专及以上	3717	1458	1068	1136	130	7509
	高中	62697	40262	40643	16347	1650	161599
	初中	272376	180200	134103	56563	2000	645242
	小学及以下	79315	108997	80129	34632	795	303868
工程技术人员	总数	13908	2903	4352	2768	160	24091
	高级	—	—	406	—	10	416
	中级	2493	1102	737	677	5	5014
	初级	11415	1801	3209	2091	145	18661
聘用人员	总数	11794	2962	1657	4894	24	21331
	有技术职称	2692	821	540	1061	20	5134
	技术工人	5327	1366	942	3415	—	11050

2001年，全市乡镇工业企业职工97.78万人，其中：女职工42.77万人，占职工总数43.74%；非农业户口职工11.67万人，占11.93%。按劳动岗位分，工人和学徒75.14万人，占76.85%；工程技术人员6.07万人，占6.21%；管理人员9.79万人，占职工总数的10.01%；服务人员3.11万人，占职工总数的3.18%；其他人员3.67万人，占职工总数的3.75%。按年龄分组：20及20岁以下4.79万人，占职工总数的4.9%；21～35岁52.18万人，占职工总数的53.36%；36～50岁34.56万人，占职工总数的35.34%；50岁以上6.26万人，占职工总数的6.4%。按文化程度分组：大专及以上3.43万人，占3.51%；中专6.12万人，占6.26%；技校5.2万人，占5.32%；高中26.31万人，占26.91%；初中50.3万人，占51.44%；小学及以下6.43万人，占6.58%。按技术职称分，有技术职称的6.86万人，占7.02%，其中：高级技术职称6838人，占职工总数的0.7%；中级技术职称19445人，占1.99%；初级技术职称42326人，占4.33%。在有技术职称人员中，聘用人员1.19万人。全年职工受教育人数13.55万人，其中学历教育37669人、培训97853人。年龄结构比较合理，21～50岁的人员占职工总数的88.7%。

2001年无锡市乡镇工业企业人员分类情况表

表15-8　　单位：人

项目		市区	江阴市	宜兴市	合计
职工总人数		482216	301438	194104	977758
其中	女职工人数	191836	84208	151681	427725
	非农业户口人数	64817	28336	23547	116700
按岗位分	工人和学徒	368137	234353	148872	751362
	工程技术人员	32506	17024	11153	60683
	管理人员	48694	30301	18905	97900
	服务人员	14685	10052	6370	31107
	其他人员	18194	9708	8804	36706
按年龄分	20岁及以下	21947	19179	6731	47857
	21～35岁	259853	163867	98054	521774
	36～50岁	166886	99994	78690	345570
	50岁以上	33530	18398	10629	62557

续表

项目		市区	江阴市	宜兴市	合计
按文化程度分	大专及以上	18067	10018	6259	34344
	中专	36408	13988	10795	61191
	技校	32252	9450	10252	51954
	高中	126485	76765	59800	263050
	初中	249174	161909	91879	502962
	小学及以下	19830	29308	15119	64257
按技术职称分	高级技术职称	3847	1563	1428	6838
	中级技术职称	10065	4514	4866	19445
	初级技术职称	23830	8787	9709	42326
	聘用人员	5507	2448	3944	11899
职工教育情况	学历教育	18366	6684	12619	37669
	大专及以上	5156	1478	3477	10111
	中专	7238	2637	5722	15597
	技校	5972	2569	3420	11961
	培训	42786	24093	30974	97853

进入21世纪，全市乡镇工业步入全新的发展阶段，但人员素质与经济发展不相适应，高素质的科技和管理人才相对缺乏，且存在人才引不进、留不住的问题。至2005年，全市乡镇企业职工总人数127.06万人。

第二章　行业　产品

第一节　行业结构

一、轻重工业比例

1985年，全市乡镇工业中，轻重工业之比为1∶1.38，重工业高于轻工业。经过产业结构调整，1990年为1∶0.83，轻工业高于重工业。随着各地实施规模经济和发展高新技术产业，1995年重工业又高于轻工业，轻重工业比为1∶1.3。2000年，轻重工业比基本持平，为1∶0.99。此后，重工业发展快于轻工业，至2005年，轻重工业之比为1∶1.16。

二、主体行业

70年代初，无锡市各级党委、政府提出“围绕农业办工业，办好工业促农业”和“三就地、四服务、四不争”[①]的方针，各地发展乡镇工业从实际出发，因地制宜，江阴县偏重纺织行业，无锡县偏重

① 就地取材、就地生产、就地销售；为农业生产服务、为人民生活服务、为市场服务、为城市工业配套服务；不与农业争土地、争劳力、争资金，不与城市工业争原料。

机械行业，宜兴县偏重建材行业，郊区偏重为城市工业协作配套。随着改革开放的深入发展，束缚乡镇工业发展的条条框框日渐松动，各地抓住机遇发展机械、纺织、化学（含医药）、冶金、电子、建材、电力等行业，90年代后发展高新技术产业。1990年、1995年、2000年、2005年，全市乡镇工业15个主要行业中，冶金、机械、化学、纺织等4个行业的企业总数分别占全市乡镇工业企业数的63.11%、76.22%、66.11%、45.77%；工业总产值分别占全市乡镇工业总产值的85.27%、77.27%、83.21%、81.18%。上述4个行业成为无锡乡镇工业的主体行业。其间，电子等高新技术行业发展较快，建材行业呈下降趋势。

1. 冶金工业

随着机械工业快速发展，一些经济实力较强的乡镇兴办钢铁厂，将废钢铁压并成块（俗称“并铁”）后用电炉冶炼、压延加工成线材。1985年，全市乡镇冶金工业企业204家、职工15935人、工业总产值35262万元，生产钢材近5万吨，宜兴县生产黏土、高铝碳化硅和氧化铝等耐火材料8万吨。此后逐步形成黑色金属冶炼及压延加工业、有色金属冶炼及压延加工业等。无锡县三洲钢厂、杨市钢厂、华庄轧钢厂、雪浪初轧厂等拥有直径25～2500毫米轧机10多套；宜兴市有色金属加工从小冶炼开始，发展到深度加工，生产电解铜、铜锭、锌、电解铝、合金铝等。2005年，乡镇冶金工业企业336家、职工148569人、工业总产值9058541万元。

2. 机械工业

70年代开始，全市各地普遍建立农机厂，修理和制造农机具。80年代开始，农机厂除修理和制造农机具外兼生产工业专用机械设备和金属制品等，企业的规模逐步扩大，老厂带新厂、一厂变多厂，专业生产轻工机械和工矿设备。1985年，全市乡镇机械工业企业2200家、职工178259人、工业总产值37.23亿元，占全市乡镇工业产值的43.07%。1986年，全市乡镇机械企业拥有金属切削机床28645台、锻压设备7677台，主要产品有变压器、电动机、电力电缆、机动喷雾器、机动脱粒机、工业锅炉、压力容器、钢瓶、塑料机械、橡胶机械、工矿配件、建筑机械、柴油机、拖拉机及其配件等。1990年，乡镇机械工业企业4588家、职工356764人、工业总产值89.68亿元。“八五”期间，各地实施技术改造，调整产品结构，研制开发新品。1995年，乡镇机械工业企业5252家、职工298088人、工业总产值504.75亿元。1996～1998年，全市乡镇机械工业企业基本完成改制，设备较好、技术较先进、产品质量优、市场有竞争力和经济效益好的企业实行股份制或组建企业集团，技术落后、效益差的企业实行兼并或租赁，弱小亏损企业实行拍卖转让或关闭。2005年，全市乡镇机械工业企业7903家、工业总产值1106.49亿元。双良集团营业收入69.44亿元、锡兴集团有限公司54.89亿元、远东集团49.38亿元、大明金属制品有限公司39.92亿元、宜兴市江南电缆有限公司24.39亿元，成为支柱企业。

3. 化学工业

无锡市乡镇化学工业起步于化肥、农药等农业服务产业，后逐步向精细化工发展。1985年，有乡镇化工企业617家、职工34220人、工业总产值9.55亿元。1986年以后，乡镇化工企业积极利用大专院校、科研机构的科研成果，开展横向协作，拓宽生产领域，形成生产规模，生产磷肥、农药、兽药、医药、橡胶、油漆、染料及有机、无机化工原料等。至2005年，无锡乡镇化工企业产品除满足国内市场外，部分出口创汇。江苏禾丰集团输出技术，帮助尼日利亚萨拉米有限公司建设年产5万吨高浓度复合肥项目。2005年，全市乡镇化工企业1816家、职工181358人、工业总产值850.13亿元。

4. 纺织工业

纺织工业是无锡城乡传统优势产业，有大量可利用的物质资源和人文资源，并具有投资少、见效快的行业特点，无锡大部分乡镇企业是从纺织业起步。80年代初期，一些国营纺织企业将旧设备、老产品转让给乡镇企业，同时在管理、技术方面给予培训、指导，纺织工业成为乡镇工业的主导产业之一。1985年，全市乡镇纺织企业797家、职工121152人，完成工业总产值17.54亿元，占全市乡镇工业产值的20.29%。1986年，全市乡镇纺织企业拥有棉纺锭10万枚、毛纺锭5.6万枚、化纤纺锭1.6万枚，棉纺织机1.2万台、台车579台、织袜机938台、织被单机316台、织毛巾机272台。1986～1990年，棉纺织企业采用自动布机替代普通织机、宽幅机替代狭幅机；印染行业从低档单色发展到能对各种纯棉织物、化纤混纺织物、毛纺织物进行印染加工，并能对多种纺织品进行树脂整理和防缩整理；生产工艺向高速度、高效率、短流程、连续化、自动化方向发展。1991～1995年，各地发展合成纤维纺织业，形成江阴三房巷等20多家合成纤维骨干企业；引进国外先进设备发展毛纺织业，形成阳光、三毛等10多家骨干企业。2000年，乡镇纺织工业企业3850家、工业总产值618.47亿元，其中阳光集团营业收入50.1亿元、三毛集团13.2亿元。

至2005年，乡镇纺织工业由单一的棉纺织业发展为棉、毛、麻、绢、合成纤维纺织和针织等门类齐全且具有一定规模的行业，在全市乡镇工业总产值中所占比重高于机械工业，成为比重最高的行业。拥有江苏红豆股份公司、江苏阳光股份公司、江苏凯诺科技股份公司、江苏华西村股份公司、江苏三房巷股份公司、江苏霞客股份公司等6家上市公司，红豆集团、江苏阳光集团、江苏三房巷集团、江苏华西村集团、江苏海澜集团等5家年销售100亿元以上的企业集团，无锡江苏倪家巷集团、江苏向阳集团、江阴福汇纺织有限公司、江苏新伍集团、宜兴乐祺纺织集团、江苏华士集团、江苏红柳床单集团、江阴康源印染有限公司等8家年销售10亿～50亿元的企业集团，以及一大批年销售5亿～10亿元的企业集团。"阳光"呢绒获"中国世界名牌"称号；"阳光"呢绒、"海澜之家"夹克、海澜"圣凯诺"呢绒、"红柳"床单、倪家巷"虎跑"呢绒、"恒源祥"羊毛衫、"云蝠"羊毛衫以及"红豆"衬衫、夹克衫、西服套装等10个产品获"中国名牌产品"称号。

1990～2005年无锡市主要年份乡镇工业结构和主体行业概况表

表15-9　　单位：家、万人、亿元

<table>
<tr><th colspan="3">项目</th><th>1990年</th><th>1995年</th><th>2000年</th><th>2005年</th></tr>
<tr><td colspan="2" rowspan="3">总　况</td><td>企业数</td><td>12455.00</td><td>13710.00</td><td>19540.00</td><td>31911.00</td></tr>
<tr><td>职工数</td><td>103.29</td><td>96.31</td><td>80.51</td><td>127.06</td></tr>
<tr><td>工业总产值</td><td>247.55</td><td>1794.27</td><td>1814.71</td><td>5162.39</td></tr>
<tr><td rowspan="6">轻重工业结构</td><td rowspan="3">轻工业</td><td>企业数</td><td>5475.00</td><td>5027.00</td><td>10384.00</td><td>17526.00</td></tr>
<tr><td>职工数</td><td>49.11</td><td>43.69</td><td>44.50</td><td>76.00</td></tr>
<tr><td>工业总产值</td><td>135.40</td><td>780.41</td><td>913.53</td><td>2390.19</td></tr>
<tr><td rowspan="3">重工业</td><td>企业数</td><td>6980.00</td><td>8683.00</td><td>9156.00</td><td>14385.00</td></tr>
<tr><td>职工数</td><td>54.18</td><td>52.62</td><td>36.01</td><td>51.07</td></tr>
<tr><td>工业总产值</td><td>112.15</td><td>1013.86</td><td>901.18</td><td>2772.20</td></tr>
<tr><td rowspan="12">主体行业</td><td rowspan="3">冶金工业</td><td>企业数</td><td>454.00</td><td>471.00</td><td>674.00</td><td>336.00</td></tr>
<tr><td>职工数</td><td>4.83</td><td>7.32</td><td>6.02</td><td>14.86</td></tr>
<tr><td>工业总产值</td><td>27.13</td><td>142.30</td><td>146.48</td><td>905.85</td></tr>
<tr><td rowspan="3">机械工业</td><td>企业数</td><td>4588.00</td><td>5252.00</td><td>6755.00</td><td>7903.00</td></tr>
<tr><td>职工数</td><td>35.68</td><td>29.81</td><td>22.49</td><td>34.53</td></tr>
<tr><td>工业总产值</td><td>89.68</td><td>504.75</td><td>533.77</td><td>1106.49</td></tr>
<tr><td rowspan="3">化学工业</td><td>企业数</td><td>1818.00</td><td>1537.00</td><td>1639.00</td><td>1816.00</td></tr>
<tr><td>职工数</td><td>11.80</td><td>11.10</td><td>11.35</td><td>18.14</td></tr>
<tr><td>工业总产值</td><td>37.84</td><td>207.27</td><td>211.36</td><td>850.13</td></tr>
<tr><td rowspan="3">纺织工业</td><td>企业数</td><td>1000.00</td><td>3190.00</td><td>3850.00</td><td>4551.00</td></tr>
<tr><td>职工数</td><td>17.60</td><td>27.59</td><td>22.97</td><td>28.72</td></tr>
<tr><td>工业总产值</td><td>56.44</td><td>532.06</td><td>618.46</td><td>1328.19</td></tr>
</table>

第二节　产　品

80年代初期，无锡乡镇工业产品主要用于农业生产和城乡居民日常生活。随着改革开放的深入，乡镇企业开发深加工、高技术、高附加值产品，发展化纤、电子、化工原料、钢材等工业，产品覆盖面逐步普及国内市场，并向外拓展，同时通过产品创优提高质量。1986～1990年，全市乡镇工业创国家优质产品3个、部优117个、省优242个、市优797个，省以上优质产品产值率4.32%。1991年，市乡镇工业局会同市标准计量局联合颁发《关于乡镇企业产品质量实施"质量否决"的意见》，各级政府开展质量管理达标工作。无锡市电讯元件厂生产的"宝通"牌LT6.5MB陶瓷滤波器、XT6.5MB陶瓷陷波器获国家金质奖，成为全市乡镇工业产品的第一块金牌；无锡菊花电器集团公司二厂获农业部质量管理奖。一批企业加快产品结构调整，按照生产一代、储备一代、试制一代、预研一代的目标，形成产品优势。全年开发国家级新产品33个、部级新产品21个、省级新产品295个、市级新产品45个，创历年之最。1992年12月全市乡镇工业排头兵会议后，各地实施科技进步发展计划。1993年，全市乡镇工业开发新品600多个，其中50%以上获部级、省级以上部门的鉴定；新产品销售收入38.65亿元，占全市乡镇工业销售收入总额的6.49%。1994年，江阴市溴化锂制冷机厂、无锡县钢材五厂、无锡邮电电缆厂、江苏双良集团公司电容器厂等4家企业被国家科委评为全国高新技术百强企业，江苏双良集团公司拥有全国乡镇企业唯一一家全国企业技术中心。是年，全市乡镇企业开发新品924个，其中经省级以上鉴定450个；郊区蠡园乡开发36个高新技术产品，其中28个通过部省级鉴定、7个在全国高新技术产品博览会上获金奖、14个被列为国家级重点新产品试制计划。"红豆"服装等名牌产品脱颖而出。无锡县晶石集团公司开发医药产品L-异亳氨酸，国内、国际市场均很紧俏。宜兴封头厂与日本北海铁工所等合资建立的宜兴北海封头有限公司投产后，年产直径108～200毫米、厚度1～250毫米的碳钢、不锈钢、合金钢等多种规格、材质、形状的异型封头10万只，年产值5亿元。江苏阳光集团有部省优质产品24个、部省级新产品11个，精纺呢绒产品获国际羊毛局羊毛标志。

1995年，江苏禾丰集团创办复合肥研究所，开发60多个新品种，开发的高浓度复合肥生产技术获国家新技术、新产品博览会金奖，跻身全国化工行业百强之列。1997年，江阴市申达集团拥有塑料基材、彩印包装袋、纸张印刷及纸盒包装、塑料包装袋撕裂袋等4个产品系列，成为中国最大的包装产品生产基地。1999年，江苏捷达集团与重庆宗申集团共同投资组建锡山宗申摩托车有限公司，形成年产50万台宗申摩托车发动机的生产规模。江苏三毛集团的产品包括从彩色呢绒到绿色环保型面料，从高支轻薄面料到150支超高支、超薄型极品面料的十大系列3万多个花色品种，其中4个产品获国家级新产品奖、12个产品获省新产品和科技进步奖，高科技产品销量占75%，被国家科技部评为国家重点高新技术企业，成为全国毛纺行业唯一获此殊荣的企业。2000年，江苏三毛集团获得英国UKAS皇冠标志咨询服务有限公司颁发的UKAS认证证书，为三毛集团产品进入欧美市场开辟绿色通道。

进入21世纪，全市乡镇企业做大做强重点产品，开发高效新品，培育名牌产品。2001年，江苏海澜集团率先在全国同行业中采用纳米技术开发面料新品。2002年，宜兴市15家企业的17个产品被评为江苏名牌产品、9家企业的10个产品被评为江苏省乡镇企业名牌产品。2003年，远东集团的"远东"电缆获"全国用户满意产品"和"国家免检产品"称号。2004年，国家"火炬"计划重点高新技术企业江苏太湖锅炉股份有限公司A级（原B级）高压锅炉制造压力容器许可证生产通过验收审查，SZL10-1.25-AⅡ工业锅炉主产品被评为全国机械工业用户满意产品，"太湖"锅炉被评为中国500最具价值品牌排行榜第405位，品牌价值9.32亿元；宜兴的"远东"和"五彩"牌交联聚乙烯电力电缆被评为中国名牌产品。2005年，江苏双良集团空调设备股份有限公司以天然气为动力的中央空调系统被首都机场3号航站楼采用。法尔胜集团大桥缆索制品项目被列入国家重点“火炬”计划项目，国内市场占有率达80%；光纤预制棒、光纤达到或接近国际先进水平，国产光纤市场占有率居全国第二位。江苏玉龙钢管有限公司大口径方矩形管被评为江苏省高新技术产品，填补国内空白；利用大口径方矩形管生产的建筑钢柱梁被国家知识产权局授予实用型专利。“红柳”牌床上用品，“银鱼”牌精陶餐、饮具等产品被评为中国名牌产品。

1990年、1995年、2000年无锡市乡镇工业企业产品产量表

表15-10

产品名称	单位	1990年	1995年	2000年
发电量	万千瓦时	7337	27909	53667
食用植物油	吨	28876	16853	16977
罐头食品	吨	6271	16143	20930
乳制品	吨	2650	7115	6524
饮料酒	吨	16112	27555	27515
汽水	吨	15101	24754	24704
配合饲料	吨	37628	30491	24716
混合饲料	吨	16706	18422	20414
针棉织品（折用纱量）	吨	23406	28474	36520
纱	吨	22786	32314	54043
布	万米/万平方米	22484/25091	11204/12060	52166/82177
印染布	万平方米	4927	47507	76898
毛巾	万条	3214	2245	1813
毛线	吨	23597	36428	40412
羊毛衬衫	万件	115	510	712
呢绒	万平方米	1207	2736	5084
丝	吨	78	54	28
丝织品	万米/万平方米	1460/1581	5865/5914	3188/3465
服装	万件	1975	5019	10419
针织服装	万件	4414	8354	14246
床褥单	万条	412	603	824
皮革制品	万件	902	1244	842
布鞋	万双	2254	1407	311
皮鞋	万双	523	203	293
家具	万件	2004	2032	2930
机制纸及纸板	吨	46789	91916	261493
书刊印刷	万令	10822	12113	21427
工艺美术品	万件	7063	48421	54212

续表

产品名称	单位	1990年	1995年	2000年
玩具	万个	1265	1482	2212
氮肥（折纯量）	吨	194	2458	2646
磷肥（折纯量）	吨	4336	103711	188042
钾肥（折纯量）	吨	1539	2306	3414
油漆	吨	6116	12240	14802
染料	吨	2172	3246	4835
乳胶手套	万双	355	408	687
化妆品	吨	3037	4416	5014
塑料	吨	8057	10244	16882
塑料制品	吨	59307	65066	88744
水泥	吨	80440	1618814	1887806
砖（实物量）	万块	371011	404147	254267
瓦（实物量）	万片	4363	4218	3228
石灰	万吨	22266	26484	28342
水泥预制件	万立方米	340	2508	13206
大理石板材	万平方米	28	60	188
花岗岩板材	万平方米	24	42	49
日用陶瓷	万件	645	934	1077
建筑陶瓷	万件	846	1086	1347
卫生陶瓷	万件	180	240	316
耐火砖	吨	106533	14420	18430
铅	吨	4603	2811	2402
钢材	吨	38730	64424	108840
钢丝绳	吨	7200	10420	12240
工业锅炉	台/蒸吨	550/1577	642/1674	724/1844
冷冻设备	套	779	842	922
环保设备	台	384	414	522
轻工机械	台	12550	14604	26440
印刷机械	台	696	714	842
食品机械	台	22	48	98
建筑机械	台	70	120	212
机动脱粒机	台	11425	8214	4112
半机械化农具	万件	2286	1824	1024
中小农具	万件	80	25	21
农机具配件	万件	106	116	124

续表

产品名称	单位	1990年	1995年	2000年
汽车配件	万件	104	184	274
内燃机配件	万件	1825	2042	2242
自行车	辆	22700	24423	18420
自行车配件	万件	7823	8442	10084
手推胶轮车	辆	1400	3240	4402
交流电动机	千瓦	123938	574240	844242
直流电动机	千瓦	1981	2440	2830
变压器	千伏安	128900	184400	242600
电力电缆	万千米	14208	90337	208402
电线	万千米	7374	10224	14880
电风扇	万台	116	236	242
电视机	部	39394	41236	55640

第三章　乡镇工业集中区

第一节　集中区建设

1996～2000年，无锡农村依托日益发展的小城镇和日益完善的农村基础设施，实行乡镇企业布局的战略性调整，建设乡镇工业集中区（亦称“乡镇工业区”），改变无锡乡镇工业的分散状态。各乡镇通过统一规划、集中开发，进行大规模的基础设施建设，形成良好的工业发展条件，然后招商引资，吸收多种投资主体进园入区兴办企业，为乡镇企业的发展提供新的阵地和载体，成为经济发展中新的增长点。市委、市政府要求所有行政村新办企业全部进园入区，原有企业有条件的也逐步向集中区搬迁。工业集中区一般建设在高速公路道口、小城镇镇区，或依托乡镇骨干企业、工业重点村，或紧靠国家级、省级经济开发区，由镇、村出资，统一建设路、电、水、气、厂房等基础设施，以及业主入区就能直接生产的比较完善的配套设施。部分地区建设外商投资园和私营工业园等。部分园区以产业形成特色，出现纺织园、化工园以及区中有园，园中有园、一区两园、一园两区等现象。集中区招商引资，一般享受市（县）级开发区优惠，实行所得税减免政策。按照“谁投资、谁收益”原则，由镇、村收取入区企业支付的各项规费。一般镇、村实行低标准收取进区企业的建设费用和基础设施使用租金，有的实行入园初期减免缓缴部分规费的优惠政策。各地有重点地扶持发展技术上水平、产品上档次、后劲强的企业进区，在集中区内培育一批规模型、科技型、开放型企业。2005年，全市1300家乡镇企业搬入工业集中区。

至2005年末，全市农村规划和启动的工业集中区64个，集中区规划面积31644.07公顷，其中已开发22815.66公顷；集中区累计投入1703.74亿元，实际利用外资30.31亿美元。入区企业14259家，占全市乡镇企业数的44.68%；职工64.56万人，占50.81%；全年营业收入3424.21亿元，占

64.01%；工业增加值682.21亿元，占59.50%；利税总额246.03亿元，占70.54%；出口企业827家，出口交货值159.93亿元，占29.11%。入区职工人均年收入1.43万元。

2005年无锡市乡镇工业集中区主要情况表

表15-11

项目	集中区数量（个）	集中区面积		企业数（家）	职工数（万人）	营业收入（亿元）	工业增加值（亿元）	利税总额（亿元）	出口企业数（家）	出口交货值（亿美元）
		规划面积（公顷）	开发面积（公顷）							
江阴市	16	1918.07	8068.00	4675	28.88	1438.47	295.25	97.48	320	15.10
宜兴市	17	5189.67	3138.00	1336	6.54	449.99	72.12	23.47	122	14.83
锡山区	7	4660.00	1953.33	1904	8.70	312.00	49.98	16.99	99	45.29
惠山区	6	9648.00	4025.00	1658	7.41	418.58	79.75	32.43	81	18.05
滨湖区	8	4760.00	2633.00	2572	4.61	378.72	90.00	40.83	37	11.69
崇安区	1	63.33	43.33	87	0.46	25.66	7.13	1.22	12	6.10
南长区	1	200.00	120.00	173	0.84	23.13	6.71	2.42	10	0.10
北塘区	2	445.00	202.00	654	1.43	107.07	18.23	3.89	24	6.16
新　区	6	4760.00	2633.00	1200	5.69	270.59	63.04	27.30	122	42.61
合　计	64	31644.07	22815.66	14259	64.56	3424.21	682.21	246.03	827	159.93

第二节　主要园区

一、无锡市硕放工业园区

园区创办于1998年，规划面积17.89平方公里，实际开发4.53平方公里。2001年，被市政府列为全市19个重点开放园区之一，2002年被命名为江苏省首批乡镇工业小区之一，并获农业部授予的“全国乡镇企业科技园区”称号。至2005年，签约进区企业400余家，总投资129.88亿元，其中外资企业90家；全年营业收入58.07亿元，工业增加值15.1亿元，利税总额5.6亿元。

二、无锡市扬名高新技术产业园

园区创办于1999年，占地2平方公里。至2005年，累计投入近40亿元，建成厂房62万平方米，建成占地9.5万平方米的精密机械产业园、占地11.8万平方米的数字电子产业园、占地1.8万平方米的科技创业园以及荷兰农业观光园。入园企业220家，包括国盛精密模具有限公司、华阳科技有限公司等规模企业40多家。2005年，实现营业收入37.23亿元，工业增加值10.42亿元，利税总额4.22亿元。

三、无锡市马山生物医药工业园

园区创办于2001年，规划面积5.4平方公里，已开发近3平方公里。2002年初，被市政府批准为市级重点园区。至2005年，累计投入2.2亿元，集聚华瑞、健特、华裕、辉瑞、瑞年、凯夫、世纪生物、药明康德和正东等24家生物医药企业。2005年，完成营业收入25.2亿元，上缴税金2.6亿元。

四、无锡市梅村工业集中区

园区创办于2000年，规划面积7.1平方公里，建成4.5平方公里。2002年，被定为省级重点乡镇工业园区。至2005年，累计投入28.2亿元，建成标准厂房15万平方米，入区企业480余家，其中工业企业330家、三产企业150余家；330家工业企业中，外资企业60家，省级高新技术企业15家；形成以精密电子、精密塑胶、精密机械、精密日化为主的四大产业集群。2005年，实现技工贸总收入110亿元，财政收入3.21亿元，一般预算收入1.76亿元。

五、无锡市胡埭工业园

园区创办于2001年，规划面积10.3平方公里，为市级重点工业园区，城区企业"退城进园"的重点安置区和滨湖区工业发展的主要载体。2002年、2003年分别建设南区2.2平方公里和北区3.5平方公里。至2005年，累计投入资金20多亿元，入园企业150多家，全年完成营业收入30.3亿元，税收1.2亿元。

六、无锡市惠山经济开发区洛社配套区（无锡洛社重点开放园区）

园区创办于2002年，规划面积13平方公里，分表面处理区、机电工业区、重大项目区、港池物流区、商贸市场区、滨水服务区、配套服务区、拆迁安置区等8个功能板块，是经省环保局批准的全省首个由政府设立的以表面处理（电镀）和机电工业为重点的主题园区，也是省政府批准保留的无锡市重点开放园区之一。至2005年，入区企业260多家，其中表面处理企业32家，外资企业中有法国罗地亚制药、日本神户制钢和富士电子等3个世界500强投资项目。全年工业营业收入70亿元。

七、无锡市钱桥配套区

园区创办于2002年，规划总面积5.87平方公里，由溪南舜柯、西漳民政、恒源祥等3个工业小区组成。至2005年，建成工业厂房11.93万平方米，入区企业391家，其中外资企业18家，以冶金焊管和镁碳砖行业为主。全年完成工业投入9.84亿元，协议外资12838万美元，到位外资3008万美元，完成经济总量42.2亿元。

八、无锡市安镇工业集中区

园区创办于2001年，规划面积7平方公里，分为新世纪工业园区和大成工业园区。至2005年，总投资45亿元，建成厂房近200万平方米。其中，新世纪园区规划面积3平方公里，总投资近26亿元，入园企业200多家；大成园区规划面积4平方公里，完成总投资19亿元，入园项目66个，投产12个。园区以车辆制造、机械、电子、轻纺为主导发展产业，以电动车为重点特色产业。2005年，园区企业开票销售收入75亿元，占全镇经济总量的68%。

九、无锡市鹅湖工业园区

园区创办于2002年，规划面积7.84平方公里，建成2平方公里，分彩印包装、不锈钢、电子服装、五金机械等工业区以及印刷包装市场、物流区等6个片区。至2005年，累计投资76.6亿元，建成标准厂房35.1万平方米，入园企业150家，其中外资企业29家，全年完成营业收入30.56亿元。

十、无锡市崇安区都市工业园区

园区创办于2003年，前身为广益私营园区，占地0.67平方公里。至2005年，基础设施建设总投资1.2亿元。入园企业包括精细化工、新材料、纺织等行业，共引进投资12亿元。以东泰精细化工为首的精细化工行业总投资近4亿元，占引资总量的30%，年纳税收入占园区总量的近40%。

十一、无锡市山北产业集聚区

园区创办于2000年，规划面积2.4平方公里，2001年被市政府确定为市重点开放集聚区，获“无锡市先进乡镇工业园”称号。至2005年，建成1平方公里，建造厂房35万平方米，入区企业380多家，投资总额超过17亿元。全年完成纳税销售收入54.34亿元，地区生产总值76782万元，税收总额10349万元。

十二、江阴市云亭工业集中区

园区创办于1999年，2000年10月被定为镇级工业集中区，规划面积6.7平方公里。至2005年，累计完成投资31.38亿元。集中区分为以纺织、服装为主的轻纺工业区，占地0.51平方公里，入区企业51家；以需要污水处理的染整、生物及精细化工厂为主的印染、生化工业区，占地47.07公顷，入区企业24家；以精密机械、电子、金属加工为主的高新技术和外商投资区，占地0.54平方公里，入区企业63家；以吸收中小投资者为主、以高精纺织机械制造为主的创业园，占地0.37平方公里，入区企业40家。至2005年，实际建成3.08平方公里，营业收入41亿元，财政收入1.4亿元。

十三、江阴市新桥工业集中区

园区创办于2000年，为镇级工业集中区，规划面积7.5平方公里。至2005年，累计投入基础设施资金2.2亿元，投资37.54亿元，合同利用外资1.28亿美元，实际利用外资0.8亿美元。初步形成3个区：以中外合资项目为主的东区，占地1平方公里，聚集阳光胜海毛条和阳光羊毛炭化等项目；以本地民间资本为主的西区，占地0.3平方公里，以劳动密集型产业为主；聚集阳光服装城等项目的北区，占地6.2平方公里。2005年，营业收入180.1亿元，利税总额13.4亿元。

十四、江阴市申港工业集中区

园区创办于2003年，规划总面积18.6平方公里，建成面积11平方公里。2003年4月，亚洲包装制造中心落户申港镇，中心规划面积10平方公里，首期启动6平方公里，包括软塑材料、印刷包装、包装机械、金属包装、纸包装等工业园区，物流中转中心和生活配套区域。至2005年，累计投入基础设施建设5.5亿元，入区企业250余家，其中外资企业55家，形成以包装产业为主导产业和石油钻具、新型能源、电子元器件、新材料、汽车零部件、精密机械铸造、高档纺织等新兴产业相结合的格局。

十五、宜兴市官林工业集中区

园区创办于1998年，规划总面积12.1平方公里。港台工业园以电子行业及外商塑机行业为主，A、B区及C区拓展部分以电线电缆为主，丰义有色金属工业园以有色金属冶炼、加工为主，原C区2.2平方公里以三木化工园为主。2005年，完成工业应税销售收入162亿元，占全镇经济总量的97%。

十六、宜兴市高塍工业集中区

园区创办于2002年，规划总面积10平方公里，已开发6.6平方公里，分为综合性工业集中区的中心区、以环保产业为主的外商投资集中区和以电缆产业为主的桃园工业集中区。至2005年，累计投入基础设施2亿元，入区企业200余家，在建项目40个，全年实现产值34.51亿元，利税总额4.25亿元，出口创汇2亿元，占全镇经济总量的43.55%。

十七、宜兴市新建工业集中区

园区创办于2001年，规划总面积9.8平方公里，其中化纤纺织产业集中区5平方公里、生物化工产业集中区3.22平方公里、综合产业集中区1.58平方公里。至2005年，有化纤纺织企业120家，资产总额35亿元，实现应税销售55.6亿元，化纤纺织产业集群经济占全镇经济总量和财政贡献份额近8成，新建镇成为全国最大的全拉伸丝超细旦涤纶长丝生产基地。集中区内还有全国最大的氨基酸生产基地、全国品种最全的土工材料生产基地、亚洲最大的轧辊生产基地和全球最大的天门冬氨酸、丙氨酸生产企业。

第四章　企业　企业家

第一节　超亿元企业

80年代，无锡市乡镇工业形成一些骨干企业，90年代发展壮大。1995年，营业收入超亿元的企业107家，其中2亿～5亿元24家、5亿元以上8家，最高的捷达摩托集团有限公司营业收入20.17亿元。排名前10的企业拥有固定资产原值14.23亿元、所有者权益20.73亿元、营业收入98.21亿元、工业增加值19.63亿元、利税总额7.47亿元。2000年，营业收入超亿元的企业159家，其中2亿～5亿元97家、5亿元以上21家。阳光集团固定资产原值16.26亿元、所有者权益29.46亿元、营业收入50.2亿、利税总额4.05亿元，四项指标均居全市首位。华西集团工业增加值7.93亿元，居全市首位。

图15-4　1996年捷达摩托集团生产线　　（顾祚维摄）

2005年，全市乡镇工业营业收入超亿元的企业594家，其中江阴市191家、宜兴市108家、锡山区46家、惠山区94家、滨湖区75家、新区57家、崇安区5家、南长区6家、北塘区12家。594家企业中，营业收入2亿～5亿元的168家，5亿元以上96家。5亿元以上的企业中，江阴市42家、宜兴市19家、锡山区8家、惠山区12家、滨湖区6家、新区6家、崇安区1家、北塘区2家。占全市乡镇工业企业总数0.3%的96家企业，占全市乡镇工业企业固定资产原值的38.14%、所有者权益的42.34%、营业收入的38.34%、工业增加值的33.31%、利税总额的38.92%。营业收入最高的华西集团为309.66亿元。

1995年、2000年、2005年无锡市营业收入5亿元以上乡镇工业企业一览表

表15-12　　单位：万元

年份	企业名称	营业收入	所有者权益	固定资产原值	工业增加值	利税总额
1995	江苏捷达摩托集团有限公司	201652	13702	10372	43956	24281
	无锡县铜材五厂	96090	9560	12322	11326	2484
	江苏太湖钢铁集团公司	86596	21541	12097	21584	3265
	无锡县前洲三洲钢厂	80047	15411	7645	13885	3913
	无锡县雪浪初轧厂	72085	26229	14575	11081	1877
	无锡县华庄轧钢厂	71547	14342	7804	18560	2419
	江苏彩雯丝绸集团公司	60335	4176	3502	6436	2304
	江苏红豆集团	50478	9206	13186	18043	4652
2000	江苏阳光集团公司	502019	294634	162616	73189	40513
	江苏华西集团公司	349444	175871	115830	79281	37588
	江苏捷达摩托集团有限公司	220674	55008	46126	58000	19387
	江苏澄星磷化工集团公司	204785	66263	45063	44795	20854
	锡山市雪浪初轧厂	163472	14988	27884	29492	2000
	锡山市兴达泡塑材料厂	139944	5198	6719	15706	5559
	江苏双良集团公司	135000	102017	79359	46880	30086
	江苏三毛集团公司	132092	120925	69321	31758	19085
	江阴市振华港口机械有限公司	130000	43056	35104	32500	12500
	江苏模塑集团公司	113689	50122	67972	27901	13196
	江苏远东控股集团有限公司	100406	20129	32569	26786	7620
	江苏金达来集团公司	84382	16313	13098	13324	3566
	江苏红豆集团公司	66438	81963	42528	19557	7554
	宜兴市凯凯橡塑保温材料厂	65034	6564	4177	1495	1368
	江苏茶梅灯芯绒集团有限责任公司	65013	14446	20022	12338	3845
	江苏万翔集团公司	60234	12338	10618	13162	3549
	无锡市长江薄板有限公司	55691	21165	58657	10183	4281
	江苏华士集团公司	55296	12248	19842	12048	5672
	锡山市铜材五厂	52828	4759	17999	10174	1552
	江苏三木集团公司	51789	11521	10521	11394	5000
	江苏泰清集团公司	50659	8710	15324	9632	4558
2005	江苏华西集团公司	3096647	661054	566819	485044	183227
	江苏三房巷集团有限公司	1603859	401507	549141	289488	66279
	江苏阳光集团有限公司	1518234	477877	358698	149568	92889
	海澜集团有限公司	1085186	434620	443300	129578	59550
	江阴澄星实业集团有限公司	1075362	311680	269218	145734	75100
	江苏双良集团有限公司	694403	307923	322737	117996	47776
	申达集团有限公司	616230	116903	178880	89126	35725
	江阴市西城钢铁有限公司	615768	21692	46488	12078	16068
	江苏锡兴集团有限公司	548918	45711	139890	80842	18677

续表

年份	企业名称	营业收入	所有者权益	固定资产原值	工业增加值	利税总额
2005	江苏华宏实业集团有限公司	530366	107607	115989	79930	30184
	江苏远东控股集团有限公司	493837	98299	79950	109014	40371
	无锡兴达泡塑新材料有限公司	409760	30295	10543	62429	12953
	无锡市雪浪钢铁集团有限公司	407576	22701	38426	71494	5439
	无锡市大明金属制品有限公司	399213	27453	8635	23282	6386
	江阴市长达钢铁有限公司	323468	22604	41443	68079	13744
	江苏倪家巷集团有限公司	320559	110969	105242	49149	30651
	江苏红豆集团有限公司	314817	226691	151017	84387	28261
	江阴江东集团公司	285301	71397	41094	55391	26425
	无锡新大中钢铁有限公司	266440	55170	31673	53088	32779
	江苏三木集团公司	257538	81453	73429	50600	19148
	无锡长江薄板有限公司	256018	57238	98790	56449	1634
	宜兴市意达铜业有限公司	246324	15849	15600	23826	12744
	无锡江南电缆有限公司	243886	27745	14936	51276	19306
	江苏伟达化纤集团有限公司	237487	17578	13184	61190	3269
	江苏玉龙钢管有限公司	205766	31589	26025	39747	19847
	江阴龙山集团有限公司	198448	39544	33835	27177	9695
	西姆莱斯石油专用管制造有限公司	195853	47001	13231	36634	26276
	江阴模塑集团有限公司	184097	123262	147568	47452	20829
	无锡新大中薄板有限公司	179732	43459	14874	39541	14907
	宜兴市恒通铜业有限公司	178351	11186	7974	18505	1673
	江苏万翔集团公司	163219	49549	42412	36157	10058
	无锡市兆顺不锈钢中板有限公司	151361	7953	39666	13094	5043
	江苏华亚化纤有限公司	142318	17937	75870	15236	4663
	TCL数码科技（无锡）有限公司	137234	16595	22809	15166	1898
	江阴市联合铁钢（中国）有限公司	135710	27434	70939	20961	–1263
	宜兴市无氧铜杆厂	134234	253	1771	28092	6470
	江苏向阳集团有限公司	132621	41319	51892	26385	11669
	宜兴市明阳化纤厂	128365	907	8594	23047	2748
	江苏苏嘉集团有限公司	123086	62823	34121	24101	9131
	江阴海达集团有限公司	115675	46538	39226	21212	8423
	江阴市无缝钢管总厂	113568	10575	14865	22753	10192
	无锡市凌峰电工材料厂	109515	3608	1546	11568	11397
	无锡新三洲钢业有限公司	108847	1763	20185	31125	3398
	江苏红柳床单集团公司	106670	22090	34792	12831	4597
	无锡市信德不锈钢有限公司	105955	84	356	10596	185
	江阴市康源印染有限公司	101428	28948	40348	15290	1909
	宜兴市天地龙异型线材厂	100431	1435	1987	13209	6477
	宜兴市新芳铜厂	100036	6263	1507	17151	13196
	宜兴市乾震助材厂	100028	11294	17618	21256	5162

续表

年份	企业名称	营业收入	所有者权益	固定资产原值	工业增加值	利税总额
2005	江苏华士集团公司	97356	23158	36469	22085	10455
	江苏沪宁钢机股份有限公司	95898	42910	50834	13913	6551
	无锡兴澄钢材有限公司	95653	12560	8815	24190	2824
	江苏四达动力机械集团有限公司	93839	19204	10253	15424	2083
	无锡卡兰德钢铁有限公司	93810	25974	10886	23440	67
	无锡浦新不锈钢有限公司	90297	1067	290	4233	1518
	江阴市云蝠投资控股有限公司	87539	17441	10760	16467	6686
	江阴市双达钢业有限公司	86975	2849	6069	3601	1039
	无锡市云波铜铝材有限公司	81069	485	53	20608	870
	宜兴市江苏亨鑫科技股份有限公司	80832	13104	8033	27885	9356
	江阴市电工合金有限公司	79545	11829	7056	8423	3115
	江阴法尔胜钢铁制品有限公司	77889	27855	17871	17084	11342
	无锡通达不锈钢集团公司	77213	18729	9389	16977	3547
	江阴市联通实业有限公司	76982	41606	27744	25903	11529
	上海中铝凯林无锡分公司	75777	149	25	2178	94
	无锡华庄轧钢有限公司	75508	5678	5785	15102	4988
	无锡开普动力有限公司	74739	9770	11874	12123	4719
	无锡市宏达合成纤维厂	73723	15837	16773	562	180
	宜兴市振丰铜材厂	73649	6794	4179	7390	4612
	江阴市江苏新伍集团	73637	56042	59178	15330	6628
	江苏蝙蝠塑料集团有限公司	73256	15663	31538	11522	3786
	江苏银铃集团公司	72699	20534	26677	15630	5163
	江苏双象集团有限公司	71471	23886	22490	18305	2110
	无锡市中新不锈钢有限公司	69612	1503	914	6961	326
	无锡荣成纸业有限公司	69183	47438	74474	14743	8330
	无锡众星摩托集团有限公司	68456	20849	22135	10220	3132
	江苏三鑫化纤有限公司	67024	16127	22197	22421	3929
	无锡市东泰精细化工有限公司	63384	12840	23454	10689	7954
	江阴市长隆集团有限公司	61992	22493	30145	15043	4897
	江阴精亚集团有限公司	61588	22023	15339	19169	5064
	宜兴新威集团有限公司	61584	38547	25165	15396	6099
	工装自控工程（无锡）公司	61206	23902	7667	16312	10517
	江苏金达来集团公司	61099	17993	21901	13093	2808
	江苏三洲冶金（集团）公司	60354	10529	12576	15871	1677
	江阴长江纸业有限公司	60030	2274	37972	9245	2448
	江阴市百川化学工业有限公司	59808	5027	14265	13000	4452
	无锡百乐薄板有限公司	58772	7680	9049	5614	4086
	江阴经达实业有限公司	58399	5756	7231	12430	1856
	江阴市华发实业有限公司	56577	47744	20490	13121	4042
	宜兴申利化工有限公司	56449	3372	9870	9110	127

续表

年份	企业名称	营业收入	所有者权益	固定资产原值	工业增加值	利税总额
2005	无锡华能电缆有限公司	55623	6635	5035	8321	1447
	江阴市长发耐指纹钢板有限公司	54028	11637	24733	11106	1153
	江苏花园实业集团公司	52120	17801	20969	8716	4381
	江阴市天华纱业有限公司	51001	8300	10088	9850	1562
	江苏金羊集团有限公司	50592	35217	21761	1459	7910
	江苏银燕化工股份有限公司	50061	10238	6431	7216	4458
	江苏天音股份有限公司	50003	9712	8327	7106	2463

第二节　乡镇企业家

1987年起，江苏省政府在全省乡镇工业中开展争当乡镇企业家活动，全市19名厂长、经理被省政府命名为1987年度江苏省乡镇企业家，其中无锡县5人、江阴市6人、宜兴市4人、郊区4人。1990年省政府命名23名厂长、经理为1989年度乡镇企业家，其中无锡县8人、江阴市7人、宜兴市5人、郊区3人。1991年11月，农业部授予江阴市合成纤维厂厂长卞兴才、菊花电器集团公司无锡二厂厂长黄锦荣、无锡市太湖针织制衣总厂港下厂厂长周耀庭、无锡县前洲镇西塘实业总公司总经理唐涌祥、无锡太湖锅炉厂（洛社）厂长陆道君、无锡市电工厂（宜兴官林）厂长芮云芝、宜兴紫砂工艺二厂厂长史俊棠、无锡第一色织厂扬名分厂厂长华介成等8人“全国乡镇企业家”称号。1994年，农业部召开全国乡镇企业表彰会，江苏华西集团公司董事长吴仁宝获“中国乡镇企业功勋”称号，江苏红豆集团公司总经理周耀庭、江苏沿山集团公司总经理梁林宝获“全国优秀乡镇企业家”称号，江苏新纺集团公司董事长刘茂生、江苏捷达摩托车集团公司董事长华浩兴、江苏彩雯丝绸集团公司董事长张才云、江苏神鹰集团公司总裁范晓枫、江苏阳光集团公司总经理陆克平、无锡县雪浪初轧厂厂长浦惠林、江苏六通机械集团公司总经理黄锡伦、江苏双灵集团公司总经理缪双大、无锡太湖锅炉集团公司总经理蔡桂兴、江苏三房巷实业集团总经理卞兴才、无锡第一色织厂扬名分厂厂长华介成、江苏太湖锅炉集团公司董事长陆道君、无锡县前洲镇西塘实业总公司总经理唐涌祥、江苏豪阳电器集团董事长黄锦荣等14人获“全国乡镇企业家”称号，江苏彩雯丝绸集团公司总经理张才军、江苏金钥匙集团公司经理宋晓明、江苏金三角建材集团董事长兼总经理何云柏、无锡市第六色织厂陶国屏、江阴山观钢管集团公司董事长兼总经理胡福才、无锡市摩托车厂经营厂长杨仲华、宜兴市吸音材料厂蒋锡峰等7人获“全国乡镇企业优秀供销员”称号。

1995年起，《中国乡镇企业报》每年评选中国乡镇企业十大新闻人物。1997年，江苏三毛集团公司董事长周建平被评为1996年中国乡镇企业十大新闻人物，江苏百乐皮件公司总经理杨祥娣被评为中国乡镇企业新闻人物。江阴申达集团公司董事长张国平1997年被评为中国乡镇企业十大新闻人物，1998年被评为中国包装企业十大杰出人物，并被评为全国优秀包装企业家、中国包装界新闻人物，2001年被评为中国优秀包装企业家。2001年，江苏远东集团公司总裁蒋锡培当选中国乡镇企业十大新闻人物。2002年，无锡兴达泡塑新材料有限公司董事长兼总经理华若中获“全国优秀乡镇企业家”称号，并当选中国乡镇企业十大新闻人物。2004年，华西集团公司董事长吴协恩当选中国乡镇企业十大新闻人物和全国十大杰出村官。无锡江南电缆有限公司董事长芮福彬于2003年当选中国乡镇企业十大新闻人物、当代中国优秀企业家，后当选2004年度中国经济十大新闻人物、第五届中国乡镇企业家。2005年1月，周耀庭、蒋锡培被评为全国优秀乡镇企业家。

第三节　企业选介

一、江苏刘潭集团有限公司

公司位于无锡市锡澄路二号桥堍。前身为创建于1956年手工业合作化时期的刘潭服装供销小组，1980年发展为刘潭服装厂，为郊区黄巷乡的乡办企业。1990年1月，与日本樱花株式会社合资创办无锡樱花制衣有限公司。1991～1995年，先后与日本4家企业、中国香港地区3家企业合资兴办东联、东润、奥田、三和（塑料衣架制品）、刘潭服装、爱丽诗、佳电（ECL）等7家合资企业。1992年6月，更名为无锡市鑫达实业公司。1994年12月，成立无锡市刘潭集团公司，1997年更名为江苏刘潭集团有限公司。1997～2000年，公司兴办美尔特、双惠针织、威鹰、新东方等4家合资企业。至此，企业拥有12家合资企业，居无锡市全行业之首。至2005年，公司生产西服、西裤、衬衫、夹克衫、睡衣套、童装、针织服装、休闲运动装、家纺用品、塑料衣架及辅料等九大类上百种产品，98%以上外销，成为以出口服装生产为主业的外向型乡镇民营企业集团，无锡市最大的出口服装生产基地，连年被评为江苏省生产出口服装重点企业和江苏省服装行业50强、中国服装行业百强企业。

二、江苏双象集团有限公司

公司位于无锡市鸿山镇。前身为创建于1976年的无锡县传动机械厂。1985年5月，制成5台“双象”牌XK400开放式炼胶机样机。1992年，与港商合资创办无锡中进塑胶有限公司，生产PVC人造革，1995年产销突破1亿元。1995年，与台商合资成立无锡利拿机械公司和上海双象橡塑机械公司。1997年，投资1亿多元筹建PU合成革项目，并以100万元的年薪引进国外专家，公司迅速成长为国内人工皮革行业的龙头型企业。2001年，江苏双象集团有限公司成立。年末，成立无锡双象化学工业有限公司，生产制造聚氨酯鞋用、革用树脂。2002年12月，成立无锡双象超纤材料股份有限公司，2004年实施超细纤维超真皮革产品项目，成为国内人工合成皮革产业链最齐全的唯一一家企业，销量居全国第二位。是年，集团分别投资成立无锡双象房产开发有限公司和无锡双象大酒店有限公司。至2005年，公司下辖7家公司，总资产7亿元，年营业收入7.15亿元，为国内橡塑机械、合成皮革、聚氨酯树脂行业生产能力最强的企业之一，开放式炼胶（塑）机、高精度压延机国内销量和市场占有率均居第一位。

三、江苏南方机电股份有限公司

公司位于无锡市凤翔北路15号。前身为创建于1976年的无锡市解放热处理厂，系郊区黄巷乡红五月村的村办集体企业。经1997年、2001年两次改制，成立江苏南方机电股份有限公司。2002～2003年，投资1.5亿元建成新厂区。至2005年，公司总资产1.83亿元，拥有100多台套热处理炉，配备美国进口的全套高精度专用检测设备，从事真空热处理、光亮热处理、可控气氛渗碳、碳—氮共渗、离子氮化和数控中高频等清洁热处理，生产WZ系列真空炉、RM系列密封箱式多用炉等热处理炉种。全年营业收入9200万元。

四、江苏神羊投资集团有限公司

公司位于无锡市锡山区羊尖工业园。前身为1986年投产的无锡县第三化纤厂，1994年成立江苏吉诚集团公司，1995年更名为江苏元畅集团公司。1998年12月，收购锡山市第二针织厂，组建无锡市毅达针织品有限公司。1999年，收购江苏羊尖建筑建材集团公司，组建江苏羊尖建筑工程有限公司。1999年9月，收购锡山市针织厂，并入毅达针织品有限公司。2004年10月，成立江苏神羊投资集团有限公司。2005年1月，江苏神羊化纤有限公司投产。2005年10月，成立无锡市神羊工贸实业有限公司。至2005年，神羊集团下辖10多家子公司，主要生产全拉伸丝长丝、涤锦纶POY、涤纶低弹丝、护肤品等产品，并涉足贸易、能源、房产建筑和针织服装等领域。

五、江苏新纺集团公司

公司位于无锡市金星路17号。前身为创建于1987年的无锡市新纺合纤厂，系郊区扬名乡金星村的村办企业。1990年5月投产，当年实现销售收入6252万元，利税802万元。90年代初，引进国际先进设备，形成年产超万吨纺丝的能力。90年代中期，组建江苏新纺集团公司，对原有设备进行技改扩能，先后开发涤纶混色网络丝、PBT纤维、超细纤维、细旦异型混纤网络丝及锦涤复合丝、商标专用丝等10多个产品，其中2个获江苏省科技进步奖、3个填补国内空白、4个被评为国家级新产品、2个属国际领先水平。同时开发高档电梯及电梯的电脑监控和群控系统。至2005年，集团有净资产数亿元，成为以江苏新纺实业公司为核心，以无锡市金星加弹网络丝厂、无锡市新纺欧迪诺电梯有限公司、古罗马大酒店为紧密层企业的省级企业集团，列中国化纤行业100家最大规模乡镇企业第五位。

六、无锡华光轿车部件集团有限公司

公司位于无锡市阳山镇杨市。前身为创建于1990年12月的无锡华光轿车附件厂，为生产上海大众、长春一汽大众等汽车厂商生产车顶装饰条、玻璃导轨和金属零部件。1995年，与日本INOAC公司合资成立无锡井上华光汽车部件有限公司，生产轿车非金属复合工艺装饰密封条。1998年1月，成立长春华光汽车部件有限公司。2001年6月，与美国礼恩派（L&P）公司合资，成立无锡礼恩派华光汽车部件有限公司，成为美国礼恩派在亚洲最大的座椅腰托、网格生产基地。2002年10月，组建成立无锡华光轿车部件集团有限公司。2003年，成立无锡福华汽车零部件有限公司。至2005年，集团下辖6家企业，生产轿车金属件、非金属件、座椅悬挂类和汽车踏板（出口）四大类产品。全年营业收入2.6亿元，工业增加值5733万元，实现利润2254万元，上缴税金1159万元。

七、无锡兴达泡塑新材料有限公司

公司位于无锡市东亭镇。1991年创办，为镇办企业。主要产品为聚苯乙烯钢丝网架复合板、金属面夹芯板等建筑材料，研究开发的阻燃型可发性聚苯乙烯树脂被列为国家“火炬”计划项目。2005年，公司总资产15亿元，营业收入40.98亿元，利税1.3亿元，成为中国聚苯乙烯树脂行业的龙头企业，生产规模居全国同行之首。先后被评为江苏省优秀民营企业、国家“火炬”计划重点高新技术企业。

八、江苏三房巷集团有限公司

公司位于江阴市周庄镇三房巷村。1962年，三房巷大队开始办农具维修厂。1980年，贷款100万元开办合成纤维厂。1984年，建成染整厂、涤纶树脂厂、化纤布厂和化纤纺织厂，形成从化纤原料到成品面料的完整产业链。1993年，成立江苏三房巷实业集团总公司。1995年，被农业部认定为全国乡镇企业集团。2000年，成立江苏三房巷集团有限公司。2002年，跻身中国企业500强，列第277位。同年，公司股票在上交所上市。2005年，营业收入160.39亿元，利税6.63亿元。公司被认定为省高新技术企业、国家“火炬”计划重点高新技术企业、中国印染行业十佳企业。

九、江苏红柳床单集团公司

公司位于江阴市花园东路9号。前身为创建于1965年的江阴被单厂。1979年，注册“红柳”牌床上用品。2000年10月，改制为乡镇民营企业。至2005年，拥有自有资本5亿元、固定资产4亿元，有7条国际领先的特阔幅染色印花连续大生产后整理设备流水线，具有年产家纺布1亿米、缝制产品

2000万套的能力。全年销售总额10.67亿元，外贸销售额9000万美元，利税4597万元。

十、江苏华西集团公司

公司位于江阴市华西村。1969年，华西村顶着压力创办五金厂。1978～1987年，依靠集体企业创造积累的资金，先后创办塑料纺织厂、板网厂、农机厂、药械厂、织布厂、铜铝材厂、锻造厂、窑厂、金属材料制品厂、冷轧带钢厂。1988年，成立华西农工商联合企业，当年产值9952.8万元。1992年，成立江苏省当时最大的乡镇企业集团——华西实业总公司，吴仁宝任总经理，固定资产2.3亿元。1993年，组建省级企业集团，并更名为江苏华西集团公司。1995年，与淮阴卷烟厂协作开发“华西村”系列卷烟。1999年，组建华西村股份有限公司，3500万股A股在深交所上市。2000年，设立华西工业园区（工业集中区）。2002年，跻身中国企业500强，居110位。至2005年，集团公司固定资产70多亿元，职工2.5万人，生产面料、西服、化纤、线材、热带钢、法兰、扁钢、彩板和针织、染整等系列产品1000多个品种1万多个规格，全年实现营业收入310亿元，先后被评定为全国大型一档乡镇企业、国家大型工业企业、全国出口创汇先进乡镇企业、全国最佳经济效益乡镇企业。

十一、江苏新长江实业集团公司

公司位于江阴市夏港镇长江村。前身为创建于1971年的砖瓦窑，后以积累的资金创办五金厂、螺帽厂。1978年，成立长江村工业总厂，1986～1995年主要生产冶金产品，辅以化工产品，并经营码头港口、仓储物流等。1992年，创办长江实业总公司，是年产值首次超过亿元，为1.79亿元，其所在的长江村成为江阴3个亿元村之一。1994年，组建江苏新长江实业集团公司。至1995年末，集团资产2.55亿元、销售3.74亿元、利税2500万元，成为江阴市3家产值超亿元的企业之一，跻身国家级乡镇企业集团行列。1996～2005年，以江阴市标准件二厂为工业发展基地，先后创办长江化工厂、长江拆船厂、长达钢铁有限公司和江阴—靖江工业园区的长强钢铁有限公司，兼并江阴市无缝钢管总厂等4家镇属企业和江阴市标准件厂（市属企业），发展为华东地区最大的钢管配送中心和中石化、中石油钢管定点供应商。先后建成3座内港码头、5个万吨级泊位的外港码头，建成具有现代物流功能的长宏国际港口码头、长江港埠公司、船台和废金属加工供应基地，并为江阴临港新城建设、江阴新港区建设提供场地、码头等载体。2003～2005年，连续跻身中国500强行列。2005年，集团下辖12家重点骨干企业，总资产66.2亿元，营业收入83.46亿元，利税总额5.16亿元。

十二、江苏万翔集团公司

公司位于江阴市霞客镇。前身为创建于1980年的江阴县第一化纤厂，从事废弃聚酯的再生利用，“废弃聚酯资源回收与开发利用技术项目”被国家环保总局认定为全国重点环境保护实用技术推广项目。1996年，被农业部批准为全国乡镇企业集团。2005年，在宁夏回族自治区石嘴山市投资3亿元建设的三喜工业园一期3万吨高效农药和精细化工项目投产，滁州安邦聚合高科技有限公司、滁州安兴环保彩纤有限公司的20万吨熔体直纺项目的聚酯部分投产。至2005年末，集团公司下属8家企业，固定资产8亿元，拥有年生产聚酯切片20万吨、再生聚酯回收及清洗3万吨、差别化再生聚酯纤维12万吨、高效农药和精细化工产品3万吨的能力，全年营业收入16.32亿元，利税1亿元。

十三、江阴澄星实业集团有限公司

公司位于江阴市澄江镇。前身为创建于1984年的要塞澄南化工厂，时有职工13人、石棉瓦厂房3间，生产五氧化二磷。1988年创办日用化工厂，1989年创办江阴市磷酸盐化工厂。1992年，首批2000吨磷酸出口泰国，实现中国散装磷酸出口零突破。1994年组建成立江苏澄星磷化工集团公司，1998年买壳上市，控股江苏鼎球实业股份有限公司。2000年，建澄星工业园。2001年，澄星集团实施整体改制，更名为江阴澄星实业集团有限公司，鼎球实业通过资产重组置换更名为江苏澄星磷化工股份有限公司，股票名称变更为澄星股份。2002年，澄星集团首次跻身中国企业500强，居271位。2003年，建热电厂。次年整体收购江苏新亚化工集团有限公司，涉足煤化工领域；设立云南宣威磷电有限责任公司，在云贵地区开创中国矿、电、磷一体化项目先河；启动年产24万吨特种磷酸项目和年产5万吨特种磷酸盐项目。至2005年，澄星集团独资、控股的独立法人企业50家，总资产65.59多亿元，年产磷化工产品100万吨、PET聚酯切片30万吨、重碳级氨10万吨、中间体17.5万吨，年营业收入107.54亿元，利税7.51亿元。澄星集团成为国内最大的精细磷化工产品生产和出口企业，居中国石油和化学企业500强第56位、化学原料及化学制品制造业500强第六位、中国石油和化工民营企业百强第二位、中国无机盐工业企业百强第一位，先后被评为全国乡镇百强企业、全国乡镇化工先进企业、全国民营化工明星企业。

十四、江苏双良集团有限公司

公司位于江阴澄江镇西利路。前身为创建于1985年的江阴溴化锂制冷机厂，1993年成立江苏双良集团。2001年，设双良博士后科研工作站。2003年，双良股份在上交所上市。企业先后被评为中国机械行业十佳优秀企业、中国机械工业百强企业、中国工业行业排头兵企业等，“双良”商标及产品先后被国家认定为中国驰名商标和中国名牌产品。至2005年，公司由单一的中央空调制造企业发展成为集机械制造、化工新材料、酒店服务产业于一体的大型企业集团，有两家上市公司和14家子公司，拥有亚太地区规模最大的中央空调制造基地，国内重要的氨纶丝、包覆纱生产基地，国内唯一的GMT复合材料生产基地，国际先进的包装材料及苎乙烯苯胺化工材料生产基地。全年实现产值53亿元，营业收入69.44亿元，利税4.78亿元，出口额1150万美元。

十五、江苏向阳集团有限公司

公司位于江阴市华士镇向阳村，创办于1996年。至2005年，下辖10家工业企业，总资产10亿元，其中固定资产5.19亿元。拥有国内先进的聚酯生产线、两条涤纶短纤生产线和化工检测设备，具有年产化纤、精纺、棉纺纱线5万吨，牛仔布、色织布3000万米，涤纶化纤4万吨，超净高纯试剂4000吨，印花涂料、颜料、印刷油墨4000吨，冷轧带钢制品10万吨的能力。2005年，完成工业产值15亿元，营业收入13.26亿元，跻身全国民营企业500强、棉纺行业企业前50强、色织行业企业前10强。

十六、无锡江南电缆有限公司

公司位于宜兴市官林镇新官东路53号，创办于1997年。初期从事普通电线、服装生产与销售，为镇办小型福利企业。其后逐渐发展壮大，能设计、生产35千伏及以下各种电力电缆、特种电缆，航空用中频低耗橡皮绝缘电缆填补亚洲空白，聚氯乙烯A类电力电缆被省科技厅确定为高新技术产品。“五彩”牌电线电缆先后被评为中国名牌产品、国家免检产品。2005年，营业收入24.39亿元，利税1.93亿元。

十七、江苏华亚化纤有限公司

公司位于宜兴市新建镇工业园区。前身为创建于1985年的宜兴市涤纶厂，年产涤纶牵伸丝1000吨。1991年，聚酯树脂（PBT）纺丝技术获全国“金牛奖”。其后企业增加设备，1997年涤纶长丝产能增至1万吨。1998年，改制并更名为江苏华亚化纤有限公司。1999～2001年，投资1.3亿元从日本引进当时国内最先进的FDY纺丝卷绕机和技术项目，全拉伸丝涤纶长丝成为品牌丝。2002～2005年，在镇工业园区征地26.67公顷，投资7亿元建设1个自备热电站、2个世界装备最先进的全拉伸丝纺丝车间，增加全拉伸丝产能15万吨，68D全拉伸丝系列丝占国内市场的50%左右。至2005年，固定资产10.5亿元，形成年生产纺丝25万吨、经轴丝1000吨、布1800万米和织带2000吨的能力。全年营业收入14.23亿元，利税4663万元。

无锡市志

【第二册】

第十六卷

房地产　建筑业

概　述

80年代，随着城镇居民对住房改善需求的日益增加，房地产市场开始起步，商品房进入流通领域，但是房屋买卖不活跃，房地产业发展缓慢。90年代，无锡房地产业开始较快发展，形成一定的行业规模，成为新的投资热点。1998年12月1日起，无锡市停止住房实物分配制度，实施住房分配货币化，建立以经济适用房为主的多层次住宅供应新体系，允许已售公房上市流通，允许住房使用权有偿转让。2003年，国务院将房地产业提升为国民经济的支柱产业。无锡市一方面加大城市危旧房、低洼地区和城中村改造力度，加大城市基础设施建设；一方面通过出台住房信贷金融等政策，鼓励和支持居民购房；同时加大招商引资力度，吸引全国著名房地产企业到无锡开发投资。2005年，全市房地产开发企业391家，房地产开发投资完成额227.74亿元。

其间，无锡市建筑行业转换经营机制，深化内部改革；建筑施工企业向总承包和集团型规模经营发展，进行股份制试点。管理部门加强建筑市场管理，规范、完善建设工程招投标管理，推行工程建设监理，加强建筑工地安全生产管理和建筑质量管理。2005年，全市建筑企业414家，全年建筑业总产值224.32亿元。

第一章　房地产开发

第一节　发展状况

1986年前，房地产开发为政府行为，且成片开发少，零星开发多，布局零散，基本没有配套，房地产发展缓慢。1992年7月，成立直属市政府领导的无锡市地产开发办公室和无锡市地产开发总公司。市地产开发办公室负责对中心城用地、涉外房地产用地以及中心城外重要地块（不包括经济技术开发区）的统一规划、统一出让（受让）、统一管理、统一有偿转让、统一开发；市地产开发总公司负责重要地块及涉外地产的开发经营（不包括经济技术开发区）。是年全市共有偿出让土地37幅、128.27万平方米，其中市区18幅、30.16万平方米。至1993年6月末，全市共有房地产开发企业288家（含乡镇一级建设服务公司和利用外资房地产开发公司），其中市区116家。1993年下半年起，因海南房地产市场泡沫严重，国家收紧银根，加之其后发生东南亚金融危机，至1998年上半年，无锡房地产市场较为平淡。

2000年，市区范围内住宅开发和商业、旅游、娱乐、金融用地停止协议出让供地，一律采用招标拍卖方式取得土地使用权。是年，无锡市房地产企业开始改制转制，走市场化道路。2001年10月，推出《锡房指数报告》，初步建立房地产信用信息平台。在政策刺激下，无锡房地产业稳步发展。至2002年，市区城镇居民家庭人均住房建筑面积由1978年的4.14平方米增至23.33平方米，其中房改房占82.38%、商品房占7.12%、租赁房占6%、私房占4.5%。2003年，国务院印发《关于进一步深化城镇住房制度改革，加快住房建设的通知》，将房地产业提升为国民经济的支柱产业，极大促进无锡房地产业的发展。2004年，万科、顺驰、华润等房地产企业先后进驻无锡，进行大规模房地产开发。

2004年12月31日，无锡市经济普查，全市房地产开发企业393家，其中市区248家、江阴市81家、宜兴市64家，内资企业360家、港澳台商投资企业22家、外商投资企业11家；资产总计5977560万元，其中市区4878359万元、江阴市685417万元、宜兴市413784万元；年末从业人员9572人，其中市区6090人、江阴市1582人、宜兴市1900人；全年完成投资2154192万元，其中市区1523790万元、江阴市370064万元、宜兴市260338万元；完成投资中，办公楼46335万元、住宅1599024万元、商业营业用房354968万元、其他153865万元，市区分别为41689万元、1090516万元、267029万元、124556万元；全年开发土地3592689平方米，购置土地6953869平方米，其中市区5174307平方米、江阴市866704平方米、宜兴市912858平方米；主营业务收入1307915万元，其中市区826433万元、江阴市282886万元、宜兴市198596万元；利润总额124646万元，其中市区110096万元、江阴市11162万元、宜兴市3388万元。房地产物业管理企业191家，其中市区153家、江阴市13家、宜兴市25家；从业人员7239人，其中市区5763人、江阴市867人、宜兴市609人。房地产中介服务企业181家，其中市区161家、江阴市7家、宜兴市13家；从业人员1748人，其中市区1588人、江阴市77人、宜兴市83人。

2005年，全市房地产开发企业391家，其中市区240家、江阴市81家、宜兴市70家；年末资产合计935.52亿元，负债合计654.99亿元；从业人员9409人，其中市区5691人、江阴市1764人、宜兴市1954人。全年完成房地产开发投资227.74亿元，其中住宅158.48亿元、办公楼7.54亿元、商业营业用房35.57亿元、其他26.15亿元；土地开发面积3089914平方米、购置土地面积4480023平方米；竣工商品房面积689.77万平方米，其中住宅544.03万平方米；主营业务收入150.21亿元，其中房屋销售收入138.46亿元；利润总额13.8亿元。

第二节　房屋总量

80年代，由于大批知青、下放户回城以及落实政策等需要解决无房户、困难户的住房问题，家属宿舍和集体宿舍建设较多。1986年，全市家属宿舍施工面积1396152平方米、竣工面积787864平方米，集体宿舍施工面积109369平方米、竣工面积62286平方米，合计超过全部房屋施工、竣工面积的40%。1988年末，沁园新村竣工。该项目为建设部在南方地区的实验小区，总用地11.4万平方米，总建筑面积12.5万平方米，其中住宅11.2万平方米，有77幢房屋，其中住宅57幢、商品房2102套。1989年通过部级验收，获建设部“优秀实验住宅小区”称号。1990年，包含水秀新村、溪南新村及震泽一、二村的水秀居住区竣工，建筑总面积50万平方米，其中住宅建筑面积45.5万平方米，公共建筑配套4.5万平方米，安排居民7195户，约2.7万人。

图16-1　1995年的沁园新村　（顾祚维摄）

1990年，城区实有房屋建筑面积2532万平方米，其中房管部门管房361万平方米、单位管房1840万平方米、私房331万平方米；实有住宅建筑面积1138万平方米，其中房管部门管房315万平方米、单位自管房497万平方米、私房326万平方米；竣工房屋38.43万平方米，其中住宅35.62万平方米；房屋减少面积19万平方米，其中住宅17万平方米；实有住宅使用面积853.5万平方米、居住面积569万平方米。

1992年，建设部第二批城市住宅试点小区芦庄住宅小区竣工，总建筑面积129788平方米，其中住宅112626平方米、公建配套17162平方米，居民2046户。1995年，城区实有房屋建筑面积3280万平方米，其中房管部门管房352万平方米、单位管房2535万平方米、私房393万平方米；实有住宅建筑面积1476万平方米，其中房管部门管房314万平方米、单位管房772万平方米、私房390万平方米；市区竣工房屋115.54万平方米，其中住宅96.17万平方米；房屋减少面积23.8万平方米，其中住宅减少19.7万平方米；实有住宅使用面积1077.2万平方米、居住面积737.8万平方米，人均居住面积8.3平方米。

1996～2000年，全市竣工房屋面积1883.21万平方米，其中住宅面积1004.83万平方米。2000年，城区实有房屋建筑面积4358万平方米，其中房管部门管房174万平方米、私房1256万平方米；实有住宅建筑面积1947万平方米，其中房管部门管房150万平方米、私房1458万平方米；房屋减少面积32.2万平方米，其中住宅面积25.5万平方米；实有住宅使用面积1518.7万平方米，居住面积973.5万平方米。

2001～2005年，全市竣工房屋面积4532.73万平方米，竣工住宅面积2113.55万平方米。2005年，全市固定资产投资（城镇规模以上）施工房屋面积3742.99万平方米（其中市区2906.89万平方米），其中城镇投资1802.72万平方米、房地产开发1940.27万平方米；竣工面积1637.77万平方米（其中市区1216.29万平方米），其中城镇投资948万平方米、房地产开发689.77万平方米。全市施工住宅面积1854.69万平方米，其中城镇规模以上投资施工332.5万平方米、房地产开发投资施工1522.19万平方米。全市竣工住宅面积647.33万平方米，其中规模以上城镇投资竣工103.3万平方米、房地产开发投资竣工544.03万平方米。

2005年，全市有房屋9567.71万平方米，其中住宅5515.29万平方米、非住宅4052.42万平方米。住宅中，私有住宅4588.45万平方米，成套住宅389782套、4327.88万平方米；非住宅中，工业仓储用房2058.67万平方米、商业用房787.86万平方米、办公用房456.53万平方米、其他用房749.36万平方米。市区有房屋7038.37万平方米，其中住宅3848.2万平方米、非住宅3190.17万平方米。住宅中，私有住宅3070.23万平方米，成套住宅309265套、2886.15万平方米；非住宅中，工业仓储用房1710.17万平方米、商业用房526.48万平方米、办公用房247.73万平方米、其他用房705.79万平方米。

1986年、1990年无锡市房屋施工和竣工情况表

表16-1　　单位：万平方米

项目		1986年		1990年	
		施工面积	竣工面积	施工面积	竣工面积
按区域分	市区	238.78	120.13	101.19	46.16
	江阴市	45.74	27.74	27.06	17.62
	宜兴市	38.62	25.80	19.06	10.56
	锡山市	29.12	18.86	16.02	9.83
按用途分	厂房	73.83	36.83	53.21	25.63
	仓库	16.31	9.04	11.22	5.46
	商业营业用房	15.14	7.13	12.67	5.27
	服务业用房	13.88	6.77	2.29	1.54
	办公室	13.55	8.67	8.58	3.15

续表

项目		1986年		1990年	
		施工面积	竣工面积	施工面积	竣工面积
按用途分	家属宿舍	139.62	78.79	19.88	12.90
	集体宿舍	10.94	6.23	5.01	3.69
	教育用房	27.10	15.15	19.97	12.08
	文化体育用房	4.26	1.73	3.26	2.01
	医疗用房	7.34	5.80	5.87	2.59
	科学实验用房	4.50	1.69	3.50	1.23
	其他	25.79	14.71	17.87	8.62
合　计		352.26	192.53	163.33	84.17

说明：1990年数据不含商品房投资。

1986～2005年无锡市房屋施工和竣工情况表

表16-2　　单位：万平方米

年份	施工房屋		竣工房屋		竣工住宅	
	总面积	其中市区	总面积	其中市区	总面积	其中市区
1986	352.26	238.78	192.53	120.13	85.01	58.99
1987	—	—	187.99	—	74.48	—
1988	376.28	236.82	197.27	104.38	82.97	69.38
1989	265.78	182.64	168.72	106.30	58.03	40.58
1990	243.22	150.18	122.59	64.86	52.21	44.43
1991	291.28	167.69	156.64	75.38	57.62	—
1992	431.67	231.97	207.12	97.46	84.25	46.52
1993	607.12	318.80	314.22	139.95	163.10	85.45
1994	619.31	348.49	345.66	154.93	165.04	76.06
1995	812.28	421.09	430.16	209.56	233.82	96.69
1996	673.25	326.54	437.70	176.38	192.99	85.36
1997	676.77	382.38	374.38	168.17	189.94	71.24
1998	684.75	399.15	339.03	151.59	187.35	73.61
1999	684.86	397.29	367.05	177.55	234.81	110.73
2000	622.56	351.58	365.05	179.42	199.75	75.60
2001	742.11	525.28	347.44	200.91	208.24	110.91
2002	942.97	673.87	395.73	261.52	259.12	157.17
2003	1864.11	1454.64	961.08	595.52	521.55	297.08
2004	2866.37	2122.73	1190.72	784.77	477.31	268.83
2005	3742.99	2906.89	1637.77	1216.29	647.33	404.04

说明：2003年、2004年、2005年为城镇规模以上数据。

2005年无锡市区20层以上高层建筑一览表

表16-3　　　　单位:平方米、万元

建筑名称	层高	面积	造价	竣工年份
无锡大饭店主楼	22	21829	637.11	1988
市物资局物产大楼	22	27126	1698.50	1995
市公安局政技楼	22	24247	1354.64	1996
南方大饭店	23	16000	850.00	1996
华宇大厦	24	15700	1024.00	1996
恒通大厦	24	19500	1450.00	1997
邮电综合大楼	34	34494	3676.00	1997
华光珠宝城	39	51410	12000.00	1997
商业大厦二期	28	48100	2090.00	1997
农林大厦(国际饭店)	28	42000	3500.00	1997
太湖娱乐城	22	53780	3641.90	1998
吉祥大厦	25	32083	1526.00	1998
鸿运酒楼	22	14522	841.00	1998
市第二人民医院急救中心	22	26264	2205.40	1998
新锦江大酒店	25	32000	2020.00	1998
喜来登大酒店	22	59265	6124.00	1998
中国饭店	21	11000	1000.00	1998
新纺合纤厂测试楼	20	3000	160.00	1998
市供电局电力科技楼	27	28500	2292.00	1998
德源公寓	22	16000	1200.00	1998
邮电大楼	34	31255	3500.00	1998
中国银行(华江大厦)	25	35000	3500.00	1999
圆通大厦	20	30628	1690.00	1999
市第一人民医院综合楼	22	39145	3343.50	2000
国联大厦	32	38000	2000.00	2000
锦树里	26	35878	2300.00	2000
五爱大厦	26	23588	2052.74	2000
广电大厦	25	27603	2531.74	2000
兴江花园公寓B幢	26	18125	1513.92	2001
新江南花园	24	12000	1032.00	2001

第三节　商品房建设与管理

一、商品房建设

1986年起,无锡市坚持新区开发和旧城改造相结合,按"统一规划、合理布局、综合开发、配套建设"的方针建设商品房。1987～1990年,全市固定资产投资竣工商品房195.35万平方米,其中住宅177.25万平方米。至1990年,市区有房地产开发企业11家。1992年,房地产开发企业发展迅猛，商品房开发投入加大。市区新成立地产开发公司2家、房产开发公司77家，市区房地产开发公司增至近百家。市区还成立涉外房地产开发公司26家，批准涉外房地产项目33个，投资额4.47亿美元，出让给外商的土地（包括出让给合资、合作和独资企业的土地）17幅、105.5万平方米；可建建筑192.3万平方米，其中写字间27万平方米、公寓51万平方米、商业娱乐设施25万平方米；出让平均价格每平方米194元。在出让土地中有开发进度的土地26幅、120.55万平方米，占出让土地总面积的93.98%。外商的投资目标大多为太湖风光带的别墅区、湖滨高新技术开发区和集商业、娱乐、住宅于一体的高层建筑等。

1991～1995年，全市固定资产投资竣工商品房700.71万平方米，竣工商品房住宅582.39万平方米。1993年，市区房地产开发企业完成10.55亿元工作量，1994～1995年，市区房地产开发企业投入开发资金40.28亿元。

1997年，全市房地产开发企业230家，其中市区100家；资本金合计26.4亿元；全年投资商品房建设25.29亿元，投资土地开发6.22亿元。2000年，全市房地产开发企业218家，其中市区107家；资本金合计26.76亿元，其中国家资本金1.36亿元；全年完成土地开发128.95万平方米，购置土地186.57万平方米；竣工住宅17375套，拆迁还建竣工房屋面积95165平方米。22个住宅小区通过竣工综合验收，面积91万平方米。是年，市区新建商品房价格每平方米1700～2700元左右，二手房每平方米1200元左右。

2001年12月，新世纪花园小区竣工，总投资2.88亿元，建筑面积12.8万平方米，欧式建筑风格，为无锡首个列入全国康居和智能化管理示范小区。2002年，新世纪花园、锦绣花园、风顺里等16个住宅小区通过竣工综合验收，面积56万平方米，其中公建配套用房面积4.12万平方米。

1993～2002年，市区商业地产以中山路和人民路以及相交会的诸家百货公司、商业大厦为代表，还有较为分散的商铺。2003年，国家对商业用地进行立项，并确定商业地产可拥有40年或50年产权，商业地产不再属于商品住宅的附属品，开始作为独立产品出现，很多大型商业项目在此时立项。此后，无锡城区以地产主导商业，开发项目主要是综合类的，有集购物、休闲、娱乐、餐饮、旅游、酒店、办公、商住、教育于一体的保利广场，有以时尚女性为主题的东方巴黎商场，有商铺型的大洋百货等。这些地产以商业形式上市后，销售火爆。

2003年，金海苑、二泉花园、红山半岛一期、五爱家园等23个住宅小区通过竣工综合验收，建筑面积122.28万平方米。2004年，万科、顺驰、华润等一线房地产公司在无锡太湖新城等区域进行大规模房地产开发，建筑面积都在100万平方米以上，并且带来全新的房产开发和物业管理理念。是年，太湖惠泉花园（一期）、槐古豪庭、凤宾家园（二期）、吉庆苑、春申公寓、南洋花园（二期）、金色江南（一期）、红山半岛（二期）、木樨苑（二期）、家乐苑等15个住宅小区通过竣工综合验收，建筑面积78.46万平方米。

图16-2　金色江南小区　（陈平摄）

至2005年，全市房地产开发企业391家，全年商品房施工面积1940.27万平方米，其中住宅1522.19万平方米；竣工689.77万平方米，其中住宅544.03万平方米。商品房销售面积398.68万平方米，其中市区233.77万平方米、江阴市74.6万平方米、宜兴市90.31万平方米。商品房销售额129.03亿元，其中市区、江阴市、宜兴市分别为86.33亿元、22.77亿元、

19.93亿元；住宅销售额100.56亿元，其中市区、江阴市、宜兴市分别为65.33亿元、18.3亿元、16.93亿元。当年新建商品房均价每平方米3300～5000元左右，二手房每平方米2000元左右。商品房价格，城区高于市郊和江阴、宜兴，市郊南区又高于北区。

1987～2005年无锡市商品房屋建设、销售情况表

表16-4　　单位：万平方米、亿元

年份	商品房				其中住宅			
	施工面积	竣工面积	销售面积	销售额	施工面积	竣工面积	销售面积	销售额
1987	—	41.80	—	—	—	39.37	—	—
1988	119.29	65.31	51.57	1.91	100.55	60.11	50.92	—
1989	71.36	49.81	74.86	1.07	61.11	42.15	24.32	—
1990	79.89	38.43	39.33	2.08	71.97	35.62	38.52	—
1991	105.31	47.70	42.39	2.57	84.28	39.43	39.26	—
1992	165.20	82.27	64.07	5.13	134.14	66.92	57.66	—
1993	292.47	162.80	—	—	228.70	141.14	—	—
1994	294.07	156.61	—	—	217.26	128.81	—	—
1995	513.66	251.33	—	—	342.77	206.09	—	—
1996	373.12	229.39	—	—	250.99	166.25	—	—
1997	434.46	241.03	151.81	20.69	301.49	173.06	134.11	17.16
1998	470.44	218.00	172.71	26.20	360.12	165.70	152.44	21.32
1999	512.59	264.09	180.39	29.87	427.35	223.02	160.23	24.17
2000	457.01	236.76	218.23	37.50	368.92	196.61	197.34	99.18
2001	520.98	247.88	201.82	36.49	346.32	136.03	130.90	26.06
2002	748.14	290.87	235.36	42.66	657.71	254.06	219.24	37.53
2003	1282.46	508.01	304.56	67.50	1089.39	456.29	282.11	56.60
2004	1548.23	483.35	410.06	103.92	1237.35	403.32	354.17	80.67
2005	1940.27	689.77	398.68	129.03	1522.19	544.03	338.54	100.56

说明：2003年、2004年、2005年为城镇规模以上数据，下表同。

1988～2005年无锡市区商品房屋建设、销售情况表

表16-5　　单位：万平方米、亿元

年份	商品房				其中住宅			
	施工面积	竣工面积	销售面积	销售额	施工面积	竣工面积	销售面积	销售额
1988	92.35	45.87	36.68	1.47	77.35	41.33	36.68	1.47
1989	58.06	39.68	16.57	0.78	50.83	33.45	16.57	0.78
1990	48.99	18.71	25.09	1.43	44.28	16.98	24.28	—
1991	68.95	23.14	22.69	1.66	53.28	18.07	20.60	—
1992	96.99	48.06	28.28	2.52	74.78	38.66	26.58	—
1993	176.57	85.09	—	—	133.41	71.36	—	—
1994	222.48	106.91	73.74	8.70	161.63	84.76	—	—
1995	281.22	115.54	48.24	10.06	178.77	96.17	42.94	8.35
1996	190.78	116.60	52.71	10.58	131.58	88.19	49.30	9.25

续表

年份	商品房				其中住宅			
	施工面积	竣工面积	销售面积	销售额	施工面积	竣工面积	销售面积	销售额
1997	241.84	106.94	67.00	10.87	143.71	64.53	59.41	8.76
1998	275.95	98.08	83.28	15.25	204.56	68.54	73.30	11.96
1999	287.03	128.68	82.61	17.59	230.43	106.44	73.46	13.75
2000	235.52	90.86	108.81	21.91	179.45	72.47	99.26	18.58
2001	346.32	136.03	130.90	26.06	252.28	108.51	118.07	22.43
2002	520.75	176.32	150.61	28.68	454.56	153.17	144.31	25.81
2003	830.21	276.07	184.68	45.89	700.14	239.04	171.80	37.79
2004	1054.40	239.28	240.78	66.19	817.41	196.66	212.97	51.71
2005	1337.86	408.97	233.77	86.33	1027.41	305.22	197.65	65.33

1998年、2000年、2005年无锡市房地产开发房屋建设、销售情况表

表16-6

单位:平方米、万元

指标	1998年		2000年		2005年	
	全市	市区	全市	市区	全市	市区
房屋施工面积	4704383	2759542	4570099	2355171	19402697	13378599
住宅	3601195	2045611	3689195	1794455	15221903	10274108
别墅、高档住宅	63507	29807	167675	112596	1385895	499093
经济适用房	757132	697272	232039	102285	1146342	1016342
办公楼	153093	74990	95719	48968	541838	441442
商业营业用房	556366	284648	469204	324429	2671789	1933156
其他	393729	354293	315981	187319	967167	729893
竣工房屋面积	2180031	980820	2367633	908585	6897662	4089710
住宅	1656980	685361	1966137	724677	5440317	3052153
别墅、高档住宅	31600	4400	89407	36096	732358	160373
经济适用房	245646	194226	178807	73273	226157	226157
办公楼	88884	41233	42256	3305	242618	218933
商业营业用房	298986	139571	223683	129428	862807	543549
其他	135181	114655	135557	51175	351920	275075
房屋销售面积	1727130	832817	2182291	1088137	3986848	2337716
住宅	1524383	733034	1973442	992620	3385394	1976531
别墅、高档住宅	17162	6702	56236	26331	436308	59651
办公楼	32448	22810	43189	21377	110968	107662
商业营业用房	113576	35558	147851	67363	394561	224806
其他	56723	41415	17809	6777	95925	28717
实际销售额	261956	152545	374989	219073	1290330	853254
住宅	213239	119586	322043	185768	1005576	653342
别墅、高档住宅	4008	2491	12273	8577	163853	30162
办公楼	10032	8655	12181	9862	55682	54787
商业营业用房	27978	14650	37563	20959	213542	147417
其他	10707	9654	3202	2484	15530	7708

二、商品房建设管理

为了加强地产开发和管理，1992年7月，无锡市成立地产开发办公室和地产开发总公司，同时制定房地产开发5项措施，强调规划、土地、建设、开发四位一体，改革土地使用制度，变长期以来土地无偿无期无流动为有偿有期有流动使用，建立两级房地产市场，一级市场由政府垄断，二级市场放开经营，以协议、招标、拍卖3种方式出让土地使用权。1992年，有偿出让土地37幅、128.27万平方米，出让最高价为毛地每平方米1500元，最低价每平方米42元，平均价每平方米217元。出让土地中，招标出让的有2幅、2.29万平方米。

1993年，市政府制定《关于对住宅建设及房屋销售加强管理的规定》等文件，明确开发商品房必须严格按基建程序办理审批手续，凡在城市规划区范围内未经市计划、土管、规划和建委等有关部门批准建设的商品房，一律不得开发、经营和销售；住宅建设配套不全的一律不得销售；房屋销售一律要有销售许可证。凡是未办妥基建手续和房屋销售许可证而擅自建设的商品房，一律不得销售和用于拆迁安置，有关部门不得办理编排门牌号码、接水接电和房屋产权、户籍登记发证等。

1995年，市政府印发《关于加强新建住宅小区公建配套项目建设和管理的若干意见》，全年审批公建配套项目面积15.66万平方米。是年，市建设主管部门在市区房地产开发企业中开展“创无质量通病住宅工程”活动，确定汤巷小区等首批23个工程目标项目。1996年，市建设主管部门拟订《无锡市住宅产业现代化试点的规划方案》，选择新江南花园小区三期工程的1万平方米为试点项目。市建设主管部门全年审批公建配套项目16.49万平方米，当年立项施工的芦庄三期、西园里、小桃园等住宅小区的公建配套设施日趋完善。组织开展“商品房综合质量信得过单位”创建活动，经省建委对住宅小区的规划设计、建筑工程、居住环境和物业管理等方面质量的全面考评，中房集团无锡公司、无锡市房地产开发公司、崇安区房地产经营公司、南长区城市建设综合开发公司、江阴市房地产发展公司、宜兴市陶都商品房开发公司、宜城镇商品房开发公司、锡山市房地产综合开发公司等8家企业被评为江苏省1996年度住宅商品房综合质量信得过单位。

1997年，市建设管理部门对棉花巷、通扬、西园里、银杏苑、叙康里安居工程等住宅区的绿化方案进行评审；以太湖花园的整体环境质量建设为重点，组织开展创无质量通病住宅群体工程活动。1998年，规范商品房销（预）售管理，对不符合要求的项目不予批准房屋销（预）售。全面实行《房地产开发项目手册》登记制度，要求房地产开发企业（包括建设单位）在房地产开发项目批准立项或地块、项目招投标中标后的15天内，凭项目批文或中标通知书到市建设主管部门登记备案，申领手册，并在办妥领取到建设项目选址意见书、建设用地规划许可证、拆迁许可证、建设工程施工许可证等证（书）或批文后5天内到市建设主管部门验核登记。当年9月起，市建设主管部门健全和完善商品住宅质量保证体系，要求房地产开发企业在商品住宅交付用户使用时必须提交住宅质量保证书和住宅使用说明书。1999年，市建委按国家《城市居住区规划设计规范》，结合城市规划要求，根据住宅建设项目规模和开发地块周边的公建配套及区域性公建配套设施的状况，提出拟建住宅项目的配套项目建设的具体要求。全年审批公建配套项目372项，建筑面积16万平方米，总投资约9000万元。市建委根据《无锡市住宅小区竣工综合验收办法》，会同有关部门对小区的规划实施、工程质量、绿化配套等环境建设、市政设施建设、物业管理等方面进行审核验收；公建配套项目未与住宅建设同步实施的，不予预售。

2000年12月，市政府批转《无锡市住宅区交接管理暂行规定》，明确市建委为住宅区交接管理的行政主管部门。2002年，全年批准预售商品房项目44个，建筑面积123万平方米。2004年，制定《加大推进我市住宅产业现代化工作的若干意见》，在市区房地产开发企业中启动新建住宅全装修和住宅性能认定试点工作。2005年，市建设局将住宅小区（组团）竣工综合验收行政许可事项调整为竣工综合验收监督管理备案管理。

第四节　保障性住房建设

图16-3　太湖花园小区　（潘晓鸣摄）

1994年1月，无锡市投资6000万元，在郊区南站乡征地6.67万平方米（100亩），建造第一期经济适用房7.6万平方米，年末竣工交付使用。经济适用房实行政府扶持、单位支持、个人负担的原则，以成本价向中低收入家庭出售，并优先出售给无房户、危房户和住房困难户。1995年，无锡市被国务院房改办确定为国家安居工程建设试点单位。1996年10月，市安居工程领导小组成立，领导小组办公室设在市房管局。是年起，利用公积金贷款和国家专项贷款，先后建设叙康里住宅区一期、二期解困房近20万平方米，为3228户人均居住面积低于4平方米的住房困难户解决住房困难。在解困房建设中，政府减免收费26项、减半收费4项；房屋设计从住户使用需求出发，推出户均面积65平方米的20多种房型；基本实现"当年开工、当年竣工、当年销售"的目标，预售率70%，居全国前茅。1997年，无锡市第二期安居工程中的太湖花园一期工程被列为全国第四批住宅建设试点小区及市政府目标管理项目。工程占地15.25万平方米，建筑面积22.13万平方米，其中住宅41幢、18.8万平方米，可居住2287户；公共配套设施24项，面积4.1万平方米。至年末，41幢住宅完成主体建设，1998年6月交付使用，8月通过建设部专家组综合验评，获建设部城市住宅小区建设试点金奖，其规划设计获1997年全国跨世纪住宅小区方案竞赛优秀奖。1998年10月，太湖花园二期工程开工建设，用地面积26.84万平方米，建筑面积42.36万平方米，其中住宅面积35.23万平方米，共建造安居住宅和公建配套用房88幢，总户数3900户，绿地率44.4%。太湖花园二期工程1999年末基本竣工，2000年销售完毕。该工程亦获建设部城市住宅小区建设试点金奖，

1998年12月30日，市政府印发《关于无锡市市区进一步深化住房制度改革实施方案及四个配套文件的通知》，提出建立和完善以经济适用住房为主多层次城镇住房供应体系。对不同收入家庭实行不同的住房供应政策，最低收入家庭可租住政府提供的廉租住房，中低收入家庭购买经济适用住房和普通居民住宅，其他高收入家庭按市场价购、租商品住房。鼓励有条件的企事业单位建设经济适用住房，享受国家经济适用住房建设各项政策。作为配套文件之一的《无锡市经济适用住房建设管理暂行办法》，就经济适用住房的计划、建设、价格、销售、物业管理等做出具体规定。

2001年，市委、市政府决定3年建设300万平方米经济适用房，提高中低收入家庭居住水平。2002年，无锡市修订《无锡市经济适用住房建设管理暂行办法》。同年4月，出台《无锡市经济适用住房建设出售管理办法》，明确规定经济适用住房优先供应市政府实施的城市重点工程建设和低洼地区危旧房改造的被拆迁居民家庭。是年，无锡市新一轮经济适用住房的建设启动。

2005年，全市经济适用房施工面积114.63万平方米，其中市区101.63万平方米、江阴市13万平方米；竣工面积22.62万平方米，全部在市区。

1996～2005年无锡市经济适用房建设情况表

表16-7　　单位:套、万平方米

项目名称	基本概况		交付使用情况			2005年在建项目情况		
	住宅套数	立项年份	总面积	套数	交付年份	总面积	套数	工程进度
叙康里一期	—	1996	10	—	1996	—	—	—
太湖花园一期	2287	1997	22	2287	1998	—	—	—
太湖花园二期	3900	1998	35	3900	1999	—	—	—
太湖花园三期	772	一期续建	10	772	2003	—	—	—
民丰家园	1348	2002	20	1348	2004	—	—	—
广益佳苑一期	2370	2002	35	2370	2004	—	—	—
广益佳苑二期	2300	2003	28	2300	2004	—	—	—
广石小区	2300	2003	37	2300	2004	37	2300	在建
天竹苑小区	400	2003	—	—	—	5	400	工程收尾
马山定向房	450	2005	—	—	—	5	450	主体阶段
落霞小区	4300	2005	—	—	—	60	4300	在建
瑞希路小区	4300	2005	—	—	—	—	—	未动工
盛岸西路	2300	2005	—	—	—	—	—	未动工
五星家园	5930	2002	—	—	—	—	—	—
五星家园A、B组团	—	—	20	1734	2003	—	—	—
五星家园C、E组团	—	—	23	1756	2005	—	—	—
五星家园D、F、G、H组团	—	—	—	—	—	35	2800	主体工程

第五节　单位及私人建房

1986年,无锡市以固定资产投资施工建设的房屋均属单位建房,或为全民单位,或为集体单位,全市施工面积3522592平方米,竣工1925339平方米。当年,全市城镇私人建房2116户,竣工面积14.78万平方米;农村私人建房165149间,竣工面积735.47万平方米。尤以江阴县最多,达99115间、321.13万平方米。1995年,全市城镇私人建房2873户,竣工面积32万平方米。

1996年起,全市推进新农村建设,引发农村建房热潮。1997年10月,市政府出台《无锡市郊区新农村多层住宅建设管理暂行办法》,明确郊区各乡镇、村建造的多层住宅主要用于安置农村居民和家庭主体属于农民的农居混合户居住;在符合城市总体规划和优先安排农民多层住宅建设的前提下,允许乡镇在拆旧建新的基础上,安排一定数量的商品房开发建设用地用以置换、补偿新农村多层住宅建设的部分资金不足。但用于置换的商品房开发建设用地必须符合城市住宅建设规划,不搞零星插建,同时必须与新农村多层住宅建设分开,不得混建,并禁止将建造的新农村多层住宅作为商品房出售。凡人均耕地面积不足0.5亩的乡镇,不再批建单院独户式农民住宅。此后,农村宅基地审批逐步停止,农民私房新建也随之停止。同一时期,随着旧城改造的逐步推进,无锡城区出现私房翻建、改建现象,造成拆迁成本增加。1998年起,市规划部门规定,凡属危房的私房,须经规划部门审批同意后方允许按原拆原建原面积翻、改建。此后,私房鲜有新建。1998年12月,无锡市停止住房实物分配制度,各单位停止建造或购买职工住宅,单位房建造仅限于工业、商业、办公用房。2004年,全市城镇工矿区私人建房共1641户、24.62万平方米。

1986～2004年无锡市城镇工矿区私人建房情况表

表16-8　　单位：户、万平方米

年份	全市			其中市区		
	私人建房		其中住宅	私人建房		其中住宅
	户数	面积		户数	面积	
1986	2116	14.78	14.77	905	5.74	5.74
1987	2038	16.53	15.87	—	—	—
1988	3839	39.42	37.26	—	—	—
1989	4534	39.79	38.88	—	—	—
1990	4387	33.02	32.01	—	—	—
1991	4641	37.89	36.19	2979	22.05	20.37
1992	3104	21.85	19.85	1721	5.15	5.15
1993	2252	24.92	24.91	926	7.72	7.72
1994	2373	26.87	26.87	779	5.30	5.30
1995	2873	32.00	32.00	1561	12.87	12.87
1996	3448	38.40	38.40	3055	33.69	33.69
1997	2950	32.20	32.20	2662	28.25	28.25
1998	3085	39.23	39.20	2970	37.39	37.39
1999	15879	158.05	158.05	—	—	—
2000	9003	114.54	114.54	—	—	—
2001	8190	98.31	98.31	—	—	—
2002	7326	102.25	102.25	—	—	—
2003	2032	30.80	30.80	—	—	—
2004	1641	24.62	24.62	—	—	—

第六节　市区危旧房改造

解放初，无锡市城区共有房屋300多万平方米。由于对旧城区利用多、改造少，至1986年初，尚有240余万平方米危旧房没有得到改造，其中严重损坏和破旧危房占40%左右，且基础设施严重超负荷，容易出现汛期受涝、盛夏断水、公厕粪水外溢、交通不畅等问题。无锡市根据“择危择涝先行”的原则，进行旧城改造。1986～1990年，市区拆除危旧房54.49万平方米。

1991年，市区旧城改造中拆迁危旧房17.73万平方米，搬迁3622户居民，安置面积24.44万平方米。其中西河头、南禅寺等地区拆迁旧危房4万多平方米，危房占一半以上。北塘地区自莲蓉桥至吴桥的北塘大街和北塘沿河的房屋，大部分是危房，1991年的特大洪涝灾害期间险象环生，危及北塘大联圩的安全。是年，市建设部门结合道路建设，拆除北塘沿河一条街，拆除总建筑面积1.85万平方米，其中住宅1.2万平方米（私房7500平方米）、公用房产0.65万平方米，搬迁居民423户，安置建筑面积2.4万平方米。

1992年，市区完成旧城改造拆迁项目60个，拆除危旧房24.56万平方米，为5439户拆迁居民安置住房32.82万平方米。1994年，以改造低洼地区、结构性危房和成片简易房为重点，加大旧城改造步伐，市区共审批旧城改造拆迁面积50.1万平方米，安置拆迁居民10834户、63.58万平方米。完成拆迁39.15万平方米，安置拆迁居民9839户、58.46万平方米。其中，建于70年代末的上马墩、扬名二村、黄巷新巷、上里东等4个地区的上山下乡回城户简易房约9.4万平方米、近3000户居民，被列入重点改造项目。上马墩地区改造于1994年3月开始实施，拆除705户住户和8户营业用房，共计27362.63平方米，安置住户41149.9平方米；新建建筑面积77020.66平方米，其中公建配套1万余平方米。上里东地区改造于1994年5月开始实施，拆除危旧简易房14900平方米，拆除总户数457户；新建总面积42679平方米，其中住宅39413平方米、公建配套项目3266平方米。1995年末，上马墩、上里东改造工程竣工。

1995年，市区完成拆迁项目61个，拆除危旧房38.46万平方米，为8266户拆迁居民安置50.09万平方米住房。1996年，市区旧城改造完成拆迁项目49个，拆除危旧房22.05万平方米，安置拆迁居民5300余户、32.37万平方米。1997年，市区完成旧城改造拆迁项目41个，拆除危旧房19.89万平方米，为3742户拆迁居民安置26.09万平方米住房。1998年，市区完成旧城改造拆迁项目28个，完成唐巷、上马墩三村、青石路九间头、盛岸一村等4个地块的危旧房改造3.6万平方米，拆除危旧房29.27万平方米，为4961户拆迁居民安置33.5万平方米住房，启动勤俭新村、前宋巷、下河塘、团结一村等4个片区5.2万平方米、1620户居民的危旧房改造。1999年，市区完成拆迁项目33个，拆除危旧房屋14.26万平方米，为3328户拆迁户居民安置21.49万平方米住房。2000年，市区审批房屋拆迁项目59个，拆迁总建筑面积39.23万平方米，其中组织实施棚下街、西水墩、吴桥东路和亮坝上等4个片区改造，拆迁居民约2600户、非住宅单位85个，拆除建筑面积约15.1万平方米。

2001年，市房管局建立危旧房数据库。市委、市政府决定在3年内完成城区309万平方米低洼地区危房改造，建设300万平方米经济适用房。至年末，吴桥东路9.3万平方米危旧房改造竣工；棚下街危旧房改造建设26万平方米，开始建设回迁房；亮坝上危旧房改造建设8万平方米，完成3万平方米；完成振新一村至申新路0.24万平方米拆迁，基本完成拆除槐古新村2.3万平方米低洼地区危旧房；开始拆迁泗堡桥、荷叶村 10.75万平方米低洼地区危旧房；投资5.34亿元的五爱家园低洼地区改造项目当年10月开工，改造面积25万平方米，成为无锡低洼地区改造样板工程。2002年，市区危旧房改造与重点道桥工程结合，完成火车站、西梁溪路、江尖等危旧房改造，实施龙船浜、长庆路低洼地块改造，完成改造62.61万平方米，改善老城区1.25万户居民住房条件。2003年，完成危旧房改造36万平方米，基本完成大成巷、复兴巷、通惠东路危旧房拆迁，道长巷、东大街改造拍卖成功。2004年之后，市区实施土地出让等项制度，危旧房改造基本停止。

第七节　企业选介

一、中房集团无锡房地产开发有限公司

公司成立于1982年3月，具有房地产开发一级资质。公司开发的清扬新村获建设部质量银奖，沁园新村被评为建设部南方优秀住宅示范小区、全国模范文明小区和中国房地产开发集团首批“中房名牌住区”，银杏苑小区被评为第二批“中房名牌住区”，时代中心大厦被评为全国城市物业管理优秀示范大厦，宁海里小区在无锡城区率先实施物业管理。公司名列江苏省房地产开发企业经济实力30强、综合效益50强、综合质量信得过50强，连年被评为江苏省企业资信等级省特级企业。

二、无锡市房地产开发公司

公司成立于1984年10月，具有房地产开发一级资质，商品房注册“鼎”牌商标。先后参与稻香新村、水秀新村、溪南新村、芦庄小区、东河花园、叙康里、嘉泰公寓、标准花园、新梁溪人家、五爱家园等建设。其中，芦庄小区获建设部质量银奖，叙康里安居工程获国家优秀安居工程奖，东河花园被

评为全国优秀物业管理小区，标准花园为无锡市首个智能化小区，新世纪花园为无锡首个全国康居示范小区和智能化管理示范小区。公司连续多年被江苏省建行评为资信AAA级企业，先后名列江苏省房地产开发企业30强、50强。

三、无锡润地利建设发展有限公司

公司成立于1998年，为江苏润华建设发展集团控股子公司，具有房地产开发一级资质，注册资金10118万元。开发的主要项目包括太湖明珠·世纪大厦、太湖明珠·发展大厦、太湖明珠·数码大厦、润华国际大厦、江苏润澳花园大酒店、东城·宜景苑等地产，其中太湖明珠·世纪大厦获2002年中国房协授予的“中国·江苏地产商务楼盘成功开发典范”称号，太湖明珠·发展大厦于2004年跻身中国商业地产50强。2003年、2004年，公司被评为无锡市房地产业综合实力10强企业、江苏省房地产业综合实力50强企业。2005年，获无锡首个“长江三角洲区域房地产开发企业80强”称号。

四、无锡市益多投资发展集团有限公司

公司成立于1992年，是一家以房地产开发为主，集化工、酒店、金融、物业管理、房屋拆迁等于一体的企业。旗下江苏金马房地产有限公司为无锡较早从事房地产开发的企业之一，具有国家房地产开发一级资质。公司先后开发无锡高档的外商别墅区——太湖威尼斯外商别墅区以及上海愚园公馆、无锡金马国际花园、国际饭店、金马大厦、清扬康臣、宜兴东氿1号等18个大中型住宅社区、商用楼盘，其中妙光苑是无锡第一个坡屋顶的项目、益都苑是无锡第一个全高层的项目、益明苑是无锡第一个多层全电梯的项目、金马国际花园是无锡第一个真正人车分流的项目。公司连续被省建设厅、省统计局评为江苏省房地产综合实力50强企业。

五、无锡市人防建设开发公司

公司成立于1992年，具有房地产开发三级资质，主营业务为人防工程建设和房地产开发。开发建设的项目有胜利门广场人防大楼、火车站地下商场、火车站和永丰路人防大厦、青山三村、东城花园、梅苑新村等，合作开发的有二泉花园和惠泉花园等住宅区。

六、无锡市房屋拆迁公司

公司成立于1993年，隶属于无锡市房产管理局，为全民事业单位，具有城市综合开发三级资质。1996年起，公司经营业务由专业拆迁逐渐转向房地产开发，投资参与开发叙康里、锦明苑、锦明南苑、上马墩三村、太湖花园二期、西园里京江苑、古运河小区、惠泉花园等住宅小区和青石路、健康路景观商业用房等10多个项目，开发总面积30多万平方米。

七、无锡市新江南实业股份有限公司

公司成立于1993年，总股本4040.62万元。参与开发的新江南花园一区、二区、三区花园式住宅小区和新江南世代雅居高层住宅被评为百姓理想住宅、无锡市园林式居住小区。

八、无锡市民生房地产开发有限公司

公司成立于1997年，由无锡商业大厦集团有限公司等股东发起成立。参与开发民生公寓小区、新世纪花园小区、长江国际花园和保利广场等项目，其中民生公寓小区在’99江苏百姓说房活动中被授予环境满意奖，新世纪花园小区为2000年国家级康居示范工程和智能化小区。

九、太湖家园房地产开发有限公司

公司成立于1996年，前身为无锡市经济适用住房发展中心。1999年8月，注册“太湖”商标。2002年10月，改制更名为太湖家园房地产开发有限公司，注册资本2000万元，具有房地产开发二级资质。公司先后参与开发叙康里，太湖花园一期、二期、三期，西太湖花园，惠钱三村，惠泉花园等小区建设，形成“太湖”系列品牌小区，并受托代建某部队用房、社会福利中心等。太湖花园小区一期获建设部住宅小区试点综合金质奖、全国城市物业管理优秀示范小区和无锡市综合性最高奖“腾飞奖”。太湖花园小区一期、二期在建设部的综合验收中两度囊括规划、建筑、质量、科技4块金牌。公司两度被建设部授予全国优秀开发管理奖、科技进步奖。

十、无锡红豆置业有限公司

公司成立于2001年，前身为红豆集团建筑安装公司，具有房地产开发二级资质，注册资本1亿元。先后承担红豆集团公司各实体企业厂房、办公楼和4.2平方公里的红豆工业城开发建设，累计开发建设面积100多万平方米。2003年8月，被中国房地产及住宅研究会授予“引领中国城市住宅风尚企业”称号，10月被江苏省住宅产业促进中心授予“诚信开发企业”称号。2004年8月，所开发的香江花城项目在博鳌21世纪房地产论坛上被评为引领中国城市住宅十大风尚名盘。

十一、江阴利昌房地产开发有限公司

成立于2001年，由江苏阳光集团和江阴市新星房地产开发有限公司共同投资成立。公司开发完成丽都城市花园系列的桃源居、名雅居和锦绣庄园别墅群，以及市中心的阳光金色家园和位于城西住宅区的全景公园小区怡江城一期。2005年4月，丽都城市花园通过建设部国家康居示范工程考核验收，成为江阴首个国家康居示范工程住宅小区，同时获住宅产业成套技术推广金奖、规划设计金奖和施工组织管理金奖。2005年，公司成为无锡市房地产销售额最高和销售面积最多的企业。

十二、无锡虹亚房地产开发集团有限公司

公司前身为宜兴市华亚房地产开发公司，2001年改制成立宜兴市华亚房地产开发有限责任公司，2002年7月变更为无锡虹亚房地产开发集团有限公司，具有房地产开发二级资质。先后开发宜兴东虹新村、佳佳苑、锦绣二村、太滆花苑、佳佳商住楼，并开发盐城建湖县兴湖花苑、射阳县双龙新村等小区，先后被评为无锡市房地产综合开发实力十强企业、江苏省房地产综合开发实力50强企业、中国最具投资价值企业。2004年，开发的东方明珠花园在第四届中国国际住宅产业展览会上获创新楼盘奖。

第二章　房产管理

第一节　机　构

80年代，无锡市房产管理实行市、区、所三级管理，市、区两级设房产管理局（简称“房管局”），区房管局下设房管所。市房管局委托区局管理全市直管住宅，各区局下设的房管所实施房屋征租和

修理等项工作。1993年3月，成立市公用房产管理处和市公用房产公司，实行“一套班子、两块牌子”管理体制。市区直管非住宅公房管理由市公用房产公司经营管理。同年10月，市政府成立无锡市住房基金管理委员会和无锡市住房基金管理中心。市住房基金管理中心和市房改办合署办公，人员编制隶属市房管局。市房管局增设住房基金管理处管理全市住房基金。1995年3月，市公用房产公司更名为市公用房产经营总公司，由正科级提升为副处级单位，实行管、修、开发建设等多种经营。1996年3月，市房管局增设物业管理科。2001年1月，撤销郊区房管局，成立滨湖区房管局，并接管原锡山市管辖的梅村、坊前、华庄、新安、东埄、雪浪、马山房管所。

2002年，黄巷、中桥、芦庄、梅村、坊前等5个房管所分别移交北塘区、南长区和新区房管局管理。按照市委、市政府“两级政府、三级管理”的城市管理体制改革要求，城区房管所实施转制。南长区撤并基层单位和机关职能部门，扩大所级单位规模；崇安区将8个房管所整合为2个；北塘区惠山房管所国有资本全部退出，实施股份制改革。同年10月，无锡市成立住房公积金管理委员会；成立住房公积金管理中心，直属市政府，为全民事业单位，相当于副县处级建制，下设江阴市分中心、宜兴市分中心、锡山区管理部、惠山区管理部。

2003年初，市住房公积金管理中心接受市住房基金结算中心就公积金方面的资产移交，同步接受江阴、宜兴分中心和锡山、惠山管理部等公积金方面的资产，实行统一政策、统一核算、统一操作管理模式，在全省率先实现全市住房公积金的统一管理。11月，市公用房产经营总公司完成改制，撤销建制，分别成立无锡市方舟房地产开发有限公司、无锡市公房经营管理有限公司、无锡市天怡物业管理有限公司、无锡市中天拆迁有限公司、无锡市新锦辉大酒店等5家股份制企业。保留原市公用房产经营总公司房产管理处建制，并入市房管局。2004年7月，成立市房管局公用房产管理处，为全民事业单位。是年，市房管局制定《关于无锡市城区房管系统经营性事业单位实施转改制工作的意见》，转改制后的各区房管局不再设立事业性的派出机构，房管所的房产行政管理职能集中到区房管局，原有房管所等经营性事业单位全部转制；各区房管局作为受市房管局委托的房产行政管理机构管理直管公房，并按市场规律选择物业管理公司、房屋修缮公司等。至2005年末，崇安、南长、北塘三区房管局下属房管所完成转制。

第二节　产权产籍管理

一、登记发证

1985年2月，全国第一次城镇房屋普查启动，无锡市区房产登记机构在普查中开展私房换证和正常交易登记发证工作，当年发证量不足2000份。1986年起，全面启动市区私房和单位房登记发证工作。至1991年1月，市区31个街道（镇）和三市（县）46个建制镇应登记私房101050户，已登记94621户，发证89977户；单位自管房应登记总面积3165万平方米，已登记3066.16万平方米，发证2913.41万平方米；房管部门直管公房应登记总面积455.04万平方米，已登记410.86万平方米，发证362.97万平方米。1992年，无锡市着手处理房产登记遗留问题，清理催办未登记、缓登记房产，包括1990年后翻、改、新建房屋的变更登记和拆迁房屋的注销登记，共催办53家单位，补办登记40家单位。1994年5月～1995年11月，无锡房产登记机构启动公有住房（包括直管公房和单位自管房）统一测量工作。1995年12月1日起，按建设部《商品房销售面积计算及公用建筑面积分摊规则（试行）》确定的新标准对全市商品房和公有住房进行测量，其中1996年测量公有住房1529万平方米。1996～1998年，全市公有住房出售12.44万起，均以统一测量面积为依据计算产权面积。1997年1月起，明确房产面积测量由房产登记机构指定的测绘单位承担。1999年，《无锡市城市房屋权属管理办法》出台，明确和规范房产登记发证的范围、种类及操作规程，将权属审查设为“三审制”。2000年，改革办证流程，将登记发证的周期由60天缩短至20天。2002年，产权产籍管理将“三审制”改为“两审制”。2003年，商品房登记程序由“两审制”改为“一审制”，审查时间缩短1/4。2004年，房产登记启用二维条码防伪系统。2005年，编制《无锡市城镇房屋权属登记办法释义》《无锡市城镇房屋权属登记技术规范（试行）》等文件，规范房屋权属登记业务工作。至2005年，无锡城区（不含锡山、惠山、滨湖区）登记发放房产证58.41万起，发证总面积8722.68万平方米。

二、档案管理

无锡市房管局房产档案资料室设立于1979年2月，负责市区房产档案资料保存管理。1986年5月，无锡市完成第一次全国城镇房屋普查后，着手进行市区28个街道和马山办事处的普查成果资料的收缴、归档、汇编工作，至年末基本完成，并制定形成普查资料变更管理和房屋统计数据上报制度。1991年第一次全国城镇房屋登记发证工作结束后，《无锡市城镇房屋档案管理实施细则》制定出台，产籍资料管理趋于正常。1992年5月，市房管局房产档案资料室更名为市房地产档案馆。1993年1月，无锡房地产籍资料管理电子信息系统投入使用。1994年5月，开发研制房地产平面图数字测绘系统（又称“野外数字成图系统”），完成无锡轻工业学院、太极股份公司四分厂、港务公司芦庄货场等项目的房地产平面图新测及其他地区的补测共170万平方米，成为无锡房地产籍资料及图形微机管理系统的重要组成部分。1995年，市房管局投资70万元改造房地产档案馆，建立大中型企业产权产籍管理网络，实现与三市（县）产籍系统电脑信息联网。1998年11月，市房地产档案馆被国家档案局批准为国家一级档案管理单位。

2000年，以验（换）证为契机，无锡市调整房地产号码。2002年，完成区划调整后的产权产籍管理接管工作。2003年，开展村镇房屋调查工作，在国内率先建立覆盖城乡的房屋基础资料数据库。2004年，房产档案电子登记册系统初步建成。2005年5月，房产地理信息系统（GIS）启动研发，12月通过验收。

至2005年，无锡市房产档案馆总藏房产档案48.07万卷。馆藏包括同治五年（1866年）清粮执业田号单，光绪十九年（1893年）区数单，民国元年（1912年）江苏财政厅印发卖契官纸，民国35～38年的土地申报资料及无锡县地籍原图、无锡县航空测量地籍原图，1949年市政府颁发的土地所有权状、江苏省无锡市人民政府印发房地契，1952年8月～1953年2月、1962年4月～1963年10月两次房产调查资料，1979年8月～1985年末的市区私房“五清二建”资料，无锡市第一次全国城镇房屋普查、第一次全国城镇房屋登记发证及日常权属登记资料，1998年、2005年建设部统一印制颁发的房屋所有权证等珍贵档案。

第三节　公房管理

一、直管住宅公房管理

1986年，全市直管住宅总面积266.85万平方米、67048户，年租金收入277万元。其中：崇安区85.57万平方米、22194户，租金收入97.8万元；南长区66.76万平方米、17566户，租金收入80.62万元；北塘区62.93万平方米、17088户，租金收入62.78万元；郊区51.59万平方米、10200户，租金收入35.8万元。

1986～1995年，直管住宅租金基本按每平方米0.12元征收，用于支付维修、管理等费用。1995年，《无锡市市区深化住房制度改革实施方案》出台后，全市直管公房开始向承租人出售，并同步改革低租金制度，公有住房租金每年按上年度双职工家庭收入的5%确定，当年每平方米平均月租金为0.9元，并按结构、地段、层次等因素进行调节，此后调租5次。1999年，市政府发布《关于切实加强市区公有住房租赁管理通知》《关于加强市区国有直管住宅权属经营管理的通知》，统一全市公有住房租金标准、租金票据和租赁契约，健全登记备案制度，规范租金减免审批手续，并组织力量清理欠租。各区房管局清理辖区内直管住宅，由房管局产权监理处直接代为登记，凡属于国有直管住宅，市房管局向各管理单位发放产权移交通知书，各区房管局根据产权移交通知书与辖区内原管理单位签订移交协议书，由各区房管局实行属地管理。其间，市区共接管直管住宅 265.66 万平方米，其中崇安区接管66.22万平方米、南长区接管42.44万平方米、北塘区接管75万平方米、滨湖区接管82万平方米。

2002年，市区砖混一等房屋月租金提高至每平方米2.5元。是年，根据《无锡市关于清理纠正干部职工违规建房、分房、购房和公款装修住房若干问题的实施办法》，结合住房制度改革，市房管局与市清房办合作，对干部、职工已购公有住房超过清房面积控制标准上限部分，按其房改购房时的清房市场价补交购房款。全年处理132名干部、职工违规购房问题，补收房款79.25万元。2004年6月，市房管局印发《无锡市公有住房承租权有偿转让管理暂行规定》，规定公有住房承租权转让的条件、转让办理的程序等。是年，为适应国有企事业单位转改制等新形势，市房管局制订出台《关于房管部门接管单位自管房的意见》，明确接管单位自管房须产权清晰，补足房屋维修基金，住宅与配套用房同时移交，落实好接管单位，并一次性交纳一定接管费后，方可办理产权移交接管手续。2005年10月，市房管局制定《关于规范各区房管局接受单位自管房管理的意见》，明确单位自管房的移交接管费，根据移交房屋可使用年限，每年不得低于每平方米3元标准统一归至无锡市物业管理中心，专款专用，按年度拨付给管理单位。随着公有住房的大量出售，全市直管住宅公房面积逐年减少。

二、直管非住宅公房管理

1986年，无锡城区直管非住宅公房建筑面积38万平方米，租户1600户，年租金总额180万元，由市房管局下属市公用房产公司经营管理。是年，市房管局、市公用房产公司进行非住宅公房首次租金改革，将非住宅公房房屋结构分成4类7等，按折旧费、修缮费、管理费、固定资产占用费、房地产税等5项因素测算成本租金。1987年5月，市政府批转市建委、市物价局、市房管局制定的《关于改革城镇非住宅公房租金的意见》，明确调租范围、非住宅公房租金标准，对行政机关、微利行业和无经营收入的事业单位做出暂缓调租的规定。租金改革后，调租960户，占应调户总数的60%；年租金总额420万元。同年11月6日，江苏省第六届人大常委会第二十八次会议批准《无锡市城镇房产管理条例》，其中对直管非住宅公房的转租、转让、转借，以及解决房屋租赁纠纷等做出具体规定。

1993年4月，市政府常务会议通过《无锡市房屋租赁管理办法》，明确规定市公用房产管理处负责直管非住宅公房的租赁管理。市房管局与工商部门协商明确，凡是到工商部门办理营业执照的公房承租户，租约上没有公房租赁鉴证的，一律退回不予受理，以制约转租行为。同日，市物价局、市房管局出台《关于深化改革城镇直管非住宅公房租金的通知》，调整1200户非住宅公房租金；对444户区属社会福利、物资回收、煤炭燃料等行业的租户给予定期定额减缓调租政策，占应调户数的37%；对420户行政事业单位租用的公房按成本租金的40%调租，平均每平方米月租1.5元，占应调户数的35%。调租后，年租金总额1200万元。1994年6月，市房管局将21户、6800.1平方米建筑面积托管房产移交市民族宗教事务局管理。1995年11月，市政府常务会议通过《无锡市房屋拆迁管理办法》，对拆除非住宅公房的补偿做出新的规定，在单一的拆迁作价补偿基础上，增加产权调换的按重置价结合成新结算差价的补偿形式。1998年，根据国务院、省政府《关于调整城镇国有粮油零售网点房产经营管理权的通知》精神，经市财办、市房管局、市粮食局协商，移交粮食网点房产经营管理权18户、3080.3平方米。

2001年，市房管局全面调查城区私房出租、单位出租、存量商品房出租及直管公房擅自转租的出租房屋，建立出租屋租赁档案，实行计算机动态管理。11月，市政府颁发《无锡市城市房屋拆迁管理办法》，对非住宅房屋拆迁实行货币补偿，拆迁补偿金中的80%补偿给房屋承租人，20%补偿给被拆迁人。2003年，因历年旧城改造拆除、落实私房政策发还和单位无偿划拨等原因，直管非住宅公房尚有建筑面积15.44万平方米，租户478户，年租金495.9万元。2005年4月，市房管局对所管非住宅公房产权进行全面清理和权属申报登记，登记面积15.91万平方米。

第四节　房屋安全管理

一、房屋安全鉴定

1986年，按照市危险房屋联合鉴定小组的分工，由市房管局鉴定直管公房，市规划局和市公安局鉴定非直管公房，大型房屋建筑则由上述3个局联合鉴定。1988年9月，检查发现崇宁路小学一教学楼因蚁害致险，屋面下沉，经及时采取防治措施而避险；对文物保护单位市图书馆钟楼木结构实施害虫综合治理，提交《珍贵图书遭受档案盗蠹危害的调查》《无锡市图书馆钟楼蚁情鉴定》等调查报告。

1990年7月，市政府制定《无锡市城市危险房屋管理办法》，确定市房管局为城市危险房屋的主管机关，并成立市房屋安全鉴定办公室。1997年，因拆除重建等因素，危房鉴定数量下降；因装修等原因引起的房屋安全鉴定需求上升。全年房屋安全鉴定项目103个，鉴定面积25.95万平方米。

2001年，以房屋结构安全鉴定为重点，完成房屋安全鉴定102项、9.4万平方米。2003年，市房管局排查房屋安全隐患，普查房屋1789.61万平方米，查出危房2.68万平方米、严重损坏房屋7.72万平方米；完成房屋鉴定203项，鉴定面积19.45万平方米，确认危房122幢、9.27万平方米；其他鉴定18项、35.99万平方米。2004年，无锡市房屋安全管理鉴定中心成立，当年鉴定面积41.86万平方米。2005年，全市受理房屋安全鉴定505起、98.86万平方米。

二、白蚁防治

1986年，无锡市组织开展房屋蚁害鉴定工作并为住户提供灭蚁工程咨询服务。至年末，直接进行白蚁施药防治219户、463间，施药18466.5平方米。1987年，白蚁防治936户、51700 平方米，施药46613 平方米。江阴市、宜兴县在白蚁活动活跃季节尝试开展白蚁防治工作。是年，市白蚁防治所针对新建房屋受白蚁危害的情况，向市政府提交《关于认真开展我市新建房屋白蚁预防的报告》。1988年，全市完成房屋建筑白蚁防治3.69万平方米。1992年，市白蚁防治所普查全市白蚁危害情况，危害率按户数计为72.4%，按面积计为20.31%，其中危害严重地区受害户达94%、受害面积68.9%。沁园新村等54个新建新村和多处新建公共建筑相继出现白蚁危害。市建委、市房管局等部门联合颁发《无锡市新建房屋白蚁预防实施细则》，明确白蚁防治分为新建房屋白蚁预防、发生白蚁危害后的白蚁灭治两大块，全市启动新建房屋白蚁预防工作。是年，新建房屋白蚁防治项目45个，施工面积75.5万平方米。

1993年，启动开展溴氰菊酯在白蚁防治中的应用研究。1995年，全市新建房屋白蚁防治工程开工63万平方米、竣工42万平方米，灵山胜境建设过程中实施白蚁预防，江阴文庙修复工程实施白蚁灭治和白蚁预防相结合综合治理。1998年，太湖花园一期安居工程实施新建房屋白蚁预防施工。1999年，新建房屋白蚁预防开工面积87.28万平方米，完工50.20 万平方米，灭治面积7.2万平方米。是年，制定形成荷花里、曹张新村、轻工开发住宅小区白蚁危害防治技术方案。

2001年，市白蚁防治所以有效成分毒死蜱制成的新白蚁防治剂取代原氯丹制剂广泛应用于白蚁预防工程。全年新建房屋白蚁预防开工面积90万平方米，完工78万平方米，灭治面积4.9万平方米。

2002年，市政府颁布《无锡市城市房屋白蚁防治管理规定》。是年，新建房屋白蚁预防开工面积250.5万平方米、竣工118.5万平方米，灭治面积6.14万平方米；其中梅荆花园16.5万平方米和坊前1.6万平方米农民安居房实现新建房屋白蚁预防覆盖。2004年，使用联苯菊酯制剂为新白蚁灭治剂，560户白蚁危害源得到有效防治。2005年，建立以GPS全球定位系统为监测手段的白蚁防治监控系统，对五星家园、蠡湖度假村、太湖国际会议中心实施监控防治。全年新建房屋白蚁预防开工面积850万平方米、完工520万平方米，灭治面积11万平方米。

第五节　住宅区改造

一、老新村改造

1996年，无锡市制定计划，组织实施老新村改造。1997年，投资300多万元整治震泽二村、江海、扬名、五河等老新村共22万平方米，翻修路面7087平方米，修补路侧石10054米，疏通下水道1400米，化粪池清坑244只；增建花坛37个、游园1处、假山景点2处，增补绿地2250平方米、草坪21616平方米；增设窨井58只、铺设下水道1320米；拆除违章营业用房580平方米、违章搭建224处，堵墙封门182户；增建自行车库693平方米、居委配套房450平方米、值班室143平方米，封闭围墙698平方米。整治后，各新村均落实物业管理，创建成样板新村。投资2000余万元整治叙丰里、风雷、石利、塘南、永胜、惠峰、溪南等老新村，清理违章建筑、实施小区美化绿化、完善配套设施和基础设施、设宣传教育阵地等，整治面积77.08万平方米，建筑面积98.25万平方米。1998年，完成曹张、盛岸、水秀、稻香、上马墩等老新村200万平方米住宅区环境配套整治。1999年，完成勤俭新村等4个片区的100万平方米老新村改造。

2000年，通过改造化粪池、新铺道路和排水排污管道、增设绿化景点、修建封闭围墙和车库等措施，完成广益、刘潭、惠龙等老新村整治，面积61万平方米；实施住宅配套设施、环卫设施“两完善”改造93万平方米。2001年，整治清名新村等9个老新村79.8万平方米；对接管的215万平方米自管住宅中急需维修的部位进行特别修理，完成维修95万平方米，实现两年内轮修一遍目标；对90年代前所建造的直管公房和接管住宅的2145只屋顶水箱计划分两年进行改造，年内完成1442只。2002年，改造广瑞一村、广丰三村、虹桥新村、通扬新村、木栖厅、木栖新村、五河二村、庄前一村、桃园新村、蓓蕾新村、公益新村等11个老新村，整治面积64.7万平方米。

图16-4　改造后的蓓蕾新村　（陈平摄）

2003年，整治叙康里一期等5个老新村、59.81万平方米，其中投资530万元改造1000只屋顶水箱。2004年，对石利新村，中桥三村，双河一村、二村，青山一村、二村等老新村实施改造，整治建筑面积60.17万平方米。2005年，整治江海、胜利、塘南、庄前等老新村，建筑面积60万平方米，新铺彩色道板，新铺、翻筑混凝土路面，新建、改建化粪池，实现雨污分流，增设景点，修补绿化，拆除违章建筑，修补、翻新外墙，水电一户一表全部到位。整治中首次结合74式、76式住宅改扩建，并增加300余个停车位。

二、平顶改坡顶

2001年4月，市房管局对曹张新村运河东路段8幢80年代建造的老住宅楼组织实施平顶改坡顶（简称“平改坡”）改造试点。“平改坡”还修整房屋外立面（俗称“穿新衣”），改善住宅性能和建筑物外观视觉效果。试点楼房屋顶渗漏基本消除，形成城市新景观，被誉为“民心工程”。是年，先后完成太湖大道、运河东路曹张新村等40幢住宅“平改坡”。

2002年起，市委、市政府把居民住宅“平改坡”列入每年为民办实事项目。至2005年，先后在运河东路、太湖大道、学前东路、长江北路、清扬路、解放环路、凤宾路、梁溪河、梁清路、塘南路、运河西路、盛岸路等道路两侧和结合老新村整治、74式和76式住宅改扩建，分别对300幢、63万平方米的老住宅楼实施“平改坡”及外墙面改造，一改“灰头土脸”旧貌，受益居民1.25万多户。其中，2002年，完成太湖大道两旁44幢、9.8万平方米老居民楼“平改坡”；2003年，实施南洋新村、溪南新村、江海新村、风雷新村等地段的46幢、10万平方米房屋“平改坡”改造；2004年，对石利新村，中桥三村等老新村改造时，对68幢住宅实施“平改坡”。2005年起，结合老新村整治，分别对江海新村、塘南新村、蓉湖新村的居民楼实施“平改坡”。2005年10月，首例由居民自费出资改造的中市桥巷“平改坡”试点竣工。是年，市房管局制定《无锡市老住宅自费平改坡工程管理办法（试行）》。

第六节　物业管理

1992年，无锡房管部门在沁园小区、芦庄小区等直管公房尝试推出物业管理，实行免费服务。1993年11月，全市第一家物业管理公司——中房集团无锡房地产开发公司物业管理公司成立，员工由房管、建设两个部门抽调人员组成。1994年，无锡市物业管理企业增至10家。当年下半年，宁海里小区实施物业管理试点，管理费收取标准为60平方米以下住宅每月6元、60～80平方米住宅每月8元、80平方米以上住宅每月10元。1995年，无锡市全面开展部、省、市级城市物业管理优秀住宅小区（大厦、工业区）创建工作，芦庄小区、沁园小区、锡惠里小区获“全国城市物业管理优秀（示范）住宅小区”称号；宁海里小区、双河小区、江阴花园五村获“江苏省城市物业管理优秀（示范）住宅小区”称号。1996年3月，市房管局设立物业管理科。6月，市政府颁发《无锡市住宅区物业管理暂行办法》。之后，市房管局相继制定出台《无锡市物业管理公司资质审批与管理规定》《无锡市住宅小区业主管理委员会实施办法》，会同市物价局制定《无锡市城市住宅区物业管理服务收费暂行办法》，全面规范物业管理行政、服务及业主委员会运作等行为。是年，市房管局对全市房改房维修资金实行统一归集管理。

1997年，无锡市物业管理专业委员会成立，市房管局组织第一批物业管理执业人员上岗培训。1999年，市房管局推出《无锡市住房共用部位共用设施设备维修基金管理实施细则》。2000年5月，梁溪苑小区率先向物业管理企业发出邀请招标函，于当月举行前期定标大会，市中房物业管理有限公司中标。此后，无锡市物业管理步入市场化运作。2001年起，市房管局物业管理处承担全市接管住宅特别修理和住宅水箱不锈钢改造工作，增加公房维修、为民办实事等职能。

2003年3月，无锡市物业管理中心成立后，对190家开发公司的538个项目的维修基金缴纳情况进行对账，为清理维修基金提供依据。滨湖等区房管局开展农民安置房物业管理调查。新区国土房管局对324万平方米农民安置房全面加强物业管理，建立物业公司进行专业管理。是年9月22日，《无锡市物业管理招标投标实施细则》出台，五爱家园、五星家苑一期、太湖花园三期等12个住宅小区实行前期物业管理单位招投标。2004年2月，市政府颁发《无锡市住宅共用部位共用设施设备维修资金管理办法》。2004年起，崇安、南长、北塘等区房管所改制为物业管理公司，实行企业化、市场化运作。

2004年经济普查，全市有房地产物业管理企业191家，其中市区153家、江阴市13家、宜兴市25家；资产合计135889万元，其中市区119237万元、江阴市12213万元、宜兴市4439万元；从业人员7239人，其中市区5763人、江阴市867人、宜兴市609人；在管物业占地面积16766438平方米，其中市区14361303平方米、江阴市1138808平方米、宜兴市1266327平方米；在管房屋建筑面积24317632平方米，其中市区21154349平方米、江阴市1661393平方米、宜兴市1501890平方米；在管房屋中，住宅19185086平方米、办公用房1960207平方米、商业用房1021435平方米、厂房1218004平方米、其他932900平方米；主营业务收入38082万元，其中市区27729万元、江阴市9155万元、宜兴市1198万元；利润总额783万元，其中市区417万元、江阴市121万元、宜兴市245万元。

2005年12月，市政府颁布《无锡市物业服务收费管理办法（试行）》《无锡市物业管理办法》。至年末，全市物业管理企业230家，其中进入无锡物业管理市场的外地企业15家；从业人员5万余人；实施物业管理800多个小区（大厦）、面积近4500万平方米。物业管理企业中，国家一级资质企业9家，其中外地物业管理企业8家；二级资质企业17家，其中外地物业管理企业7家。

第三章　建筑业

第一节　发展状况

1986年，无锡市有建筑安装企业17家，其中建工系统5家。17家企业中，全民所有制9家、集体所有制8家。固定资产原值8001万元，固定资产净值6090万元，职工20506人，全年建筑安装工程量18911万元，利润1367万元。是年，在无锡的外地建筑安装单位183家，人数37531人，完成工作量12887万元。

1991年，无锡市建筑行业在无锡市第二建筑公司率先实行项目法施工试点，1992年在全市推行，逐步转换经营机制。1993年，建筑施工企业向总承包和集团型规模经营发展，组建无锡市工程建设总承包公司，被建设部批准为首批工程总承包一级资质企业。至1994年，全行业累计组建集团公司11家，其中省级7家、市级4家。同年，无锡市建工开发公司进行股份制试点。

1996年5月13日，《无锡市建设工程招标投标管理办法》颁布实施。1997年，无锡市建筑工程局更名为无锡市建筑工程管理局。1998年，无锡市建立评标专家库，实施和完善建筑有形市场一站式管理、一条龙服务体系，工程建设项目的承发包全部进入交易管理中心。全面建立和落实工程质量行政领导责任制、项目法人责任制、工程质量终身负责制，以及参建单位工程质量领导人责任制、项目工程招标投标制、工程监理制和合同管理制，组织开展全市工程建设质量检查，确保工程建设质量。开展工程建设监理试点工作，并在全市全面推行。

1999年，无锡市完善建设工程招投标管理，推行公开招投标，取消施工队伍抽签入围和甲方推荐评委“两个三分之一”（甲方推荐施工队伍入围占1/3，甲方推荐评委占1/3）的规定。采取动态管理办法加强对工程造价的管理，每季度公布土建工程、安装材料信息指导价和材差系数，测算公布材料信息指导价。强化建筑企业的资质审批和年检管理，部分企业被限令整改或被取消资质。2000年，建筑企业实行政企分开改革，向资产经营发展；逐步深化内部分配制度改革，推行全员劳动合同制。至年末，全市建筑企业338家，其中市区76家；从业人员10.89万人，其中市区1.8万人；自有机械设备47463台，其中市区10082台；全年建筑业总产值86.6亿元，其中市区19.29亿元。

2001年，推进全市建设系统事业单位和国有企业改革改制，组建无锡市建设资产经营有限公司，工程造价咨询机构与政府部门实行脱钩改制。2002年，市建设资产经营有限公司以明晰产权、理顺劳动关系和建立法人治理结构为重点推进国有企业改革。至年末，国有企业改制面73%，市第二建筑集团公司、市机械施工公司完成整体改制，市对外建筑公司、市建筑总承包公司实现人员整体分流，市构件门窗公司关闭。

2004年经济普查，全市建筑业企业1119家，其中市区751家、江阴市180家、宜兴市188家；房屋和土木工程建筑业331家、建筑安装业203家、建筑装饰业447家、其他建筑业138家；总承包和专业承包企业427家、劳务分包企业39家、资质以外企业653家；资产总计2670787万元，实收资本526360万元，总产值2183349万元，利润总额74602万元。

2005年，无锡市实行工程建设联动执法，建立完善举报受理和立案查处机制，组织巡查、抽查、专项检查，全年检查工地156处，调查涉嫌违法违规行为145起，立案130起，处理123起。推行建筑工地“安全生产许可证”制度，开展安全生产宣传教育和建筑安全专项治理，开展文明工地、平安工地、优质工地创建活动，评选出市级文明工地133个、省级文明工地37个。加强建筑质量管理，全市在建工程和竣工工程质量合格率均为100%。全年完成网上清理拖欠工程款44239.33万元、农民工工资3000余万元。

至2005年末，全市建筑企业414家，其中房屋和土木工程建筑企业211家（其中房屋工程建筑企业141家、土木工程建筑企业70家）、建筑安装企业84家、建筑装饰企业84家、其他建筑企业35家。土木工程建筑企业中，铁路公路桥梁建筑企业31家、水利和港口工程建筑企业12家、工矿工程建筑企业3家、架线和管道工程建筑企业3家、其他土木工程建筑企业21家。实收资本48.79亿元，其中国家资本3.17亿元、集体资本1.85亿元、法人资本9.12亿元、个人资本34.29亿元、港澳台资本0.2亿元、外商资本0.16亿元。全年建筑业总产值224.32亿元，其中房屋和土木工程建筑业162.83亿元（其中房屋工程建筑业120.48亿元、铁路公路桥梁建筑业33.03亿元、水利和港口工程建筑业3.23亿元、工矿工程建筑业0.22亿元、架线和管道工程建筑业2.22亿元、其他土木工程建筑业3.65亿元）、建筑安装业45.22亿元、建筑装饰业8.53亿元、其他建筑业7.74亿元。房屋建筑施工面积2828.4万平方米，其中市区1135.31万平方米；房屋建筑竣工面积1423.81万平方米，其中市区487.05万平方米。承建10层以上高层建筑238幢，其中29层以上超高层21幢；承建建筑面积10万平方米以上小区36个。

1995年无锡市建筑业生产情况表

表16-9

指标	单位	合计	其中		
			国有经济	集体经济	其他经济
施工企业单位数	家	71	29	35	7
建筑业总产值	万元	224510	112802	109654	2054
建筑工程	万元	195666	101421	93252	993
安装工程	万元	26801	10324	15415	1062
房屋构筑物修理	万元	1276	290	986	—
非标准设备制造	万元	767	767	—	—
附营总产值	万元	40962	24717	16237	9
企业总产值	万元	265472	137518	125890	2064
竣工产值	万元	181312	85245	94237	1830

续表

指标	单位	合计	其中		
			国有经济	集体经济	其他经济
房屋建筑施工面积	平方米	3154788	1145583	1988374	20831
房屋建筑竣工面积	平方米	1396347	372863	1023484	—
自有机械设备总台数	台	12621	5044	7260	317
从业人员年平均人数	人	35680	17636	17872	172
劳动生产率平均人数	人	36876	18105	18378	393
全员劳动生产率	元/人	60882	62304	59666	52275
流动负债合计	万元	294978	131868	161687	1423
长期负债合计	万元	11872	8637	3028	207

2004年无锡市全部建筑业企业经济普查情况表

表16-10　　单位：家、千元、人

指标			企业数	资产总计	实收资本	总产值	利润总额	从业人员
按注册类型分	内资企业	国有企业	28	3408226	378021	2854804	63183	10374
按注册类型分	内资企业	集体企业	64	797823	180654	758942	25825	7460
按注册类型分	内资企业	股份合作企业	54	2061768	461963	1703698	42113	15287
按注册类型分	内资企业	有限责任公司	160	8121422	1469488	7753292	257609	48815
按注册类型分	内资企业	股份有限公司	24	2209591	232949	1095099	17075	5491
按注册类型分	内资企业	私营企业	766	9501246	2449119	7434800	330074	74907
按注册类型分	内资企业	其他企业	5	5631	2102	8749	1206	48
按注册类型分	内资企业	小　计	1101	26105707	5174296	21609384	737085	162382
按注册类型分	港澳台商投资企业		13	216174	59995	173277	7669	1532
按注册类型分	外商投资企业		5	385984	29309	50832	1263	155
按地区分	市区		751	17084272	2699673	11684910	399132	39913
按地区分	江阴市		180	5649424	1224164	4330943	165258	41613
按地区分	宜兴市		188	3974169	1339763	5817640	181627	50194
按行业分	房屋和土木工程建筑业		331	18455403	3198065	15863494	380144	125548
按行业分	建筑安装业		203	5912726	1112253	4000100	251442	22071
按行业分	建筑装饰业		447	1131344	503074	940226	34504	8803
按行业分	其他建筑业		138	1208392	450208	1029673	79927	7647
合　计			1119	26707865	5263600	21833493	746017	164069

2005年无锡市建筑业生产情况统计表

表16-11

指标	单位	全市	其中			国有企业	集体企业	股份合作企业	其他有限责任公司	股份有限公司	私营独资企业	私营有限责任公司	私营股份有限责任公司	其他企业	港澳台企业	外商投资企业
			市区	江阴市	宜兴市											
企业数	家	414	218	97	99	18	26	27	97	22	3	195	13	2	8	3
实收资本	万元	487858	249160	106750	131948	36782	15238	43747	141160	22159	1408	210209	10177	1630	3514	1835
建筑业总产值	万元	2243212	1133835	493005	616372	262832	52581	212150	785377	118990	4022	746965	40071	2254	8237	9732
在外省完成产值	万元	145170	57830	16662	70678	34489	2732	6000	65273	7859	350	25852	—	—	120	2495
装修装饰产值	万元	94739	50334	16580	27825	200	3680	1806	24643	1598	—	53526	1106	—	7560	619
1.建筑工程	万元	1948719	900160	483409	565150	222682	52383	203120	680041	116789	4022	610572	40071	1800	7719	9520
2.安装工程	万元	282713	224294	7475	50944	40150	198	9030	103058	1284	—	127808	—	454	518	212
3.其他产值	万元	11780	9381	2121	278	—	—	—	2278	918	—	8585	—	—	—	—
竣工产值	万元	1815359	876506	415126	523727	208806	54682	191045	602280	87369	2083	622678	27951	704	8440	9320
自有机械设备总台数	台	55105	25582	12333	17190	4421	3120	6238	17341	3156	249	17802	2080	120	513	65
计算劳动生产率平均人数	人	174016	77868	44995	51153	11882	7066	14097	56206	10157	217	68493	4399	310	743	446
期末从业人数	人	159618	68374	35345	55899	8944	7568	11694	54511	5813	263	65331	4012	367	883	232
工程技术人员	人	22119	9782	5884	6453	1987	981	1515	6997	1056	68	8788	462	55	126	84
企业总产值	万元	2308684	1166040	524272	618372	274613	52581	215243	797289	124765	4022	777290	40078	4054	8702	10047
期末拖欠工程款	万元	369886	211488	74088	84310	28256	11789	17530	145071	21420	768	135282	6497	660	2612	—
竣工拖欠	万元	226035	112910	62526	50599	11564	10373	7819	82958	20494	768	83569	6347	10	2132	—
全员劳动生产率	元/人	128908	145610	109569	120496	221202	74414	150493	139732	117151	185346	109057	91091	72710	110861	2218206

第二节 勘察设计

一、机构队伍

1986年初，无锡市共有45家建筑勘察设计单位，从业人员1250多人。1987年4月，无锡市建筑设计院被建设部评定为国家甲级建筑设计院。“七五”期间，市建筑设计院共完成设计项目1076个，总建筑面积165万平方米，占全市建筑设计面积完成量的25%，包括航运大厦等高层建筑9个、江南色织中心等大型工厂的总体设计和大型车间7个、无锡火车站等重要公共建筑12个、纺织干部管理学院等高等院校及科研单位10个、无锡大饭店等饭店宾馆7个以及黄泥头、小桃园、沁园、锡惠里等住宅小区。设计项目中，获国家、部级奖9项，华东地区奖2项、省级奖10项、市级奖23项。

1991年，全市共有勘察设计单位44家，其中：市属勘察设计单位30家，包括2家勘察单位和28家设计单位；部、省属及军队所属的勘察设计单位在无锡注册登记的14家，包括1家勘察单位和13家设计单位。是年，全市设计单位完成初步设计385项、施工图2048项，投资额135864.37万元；勘察单位完成工程测量17.24标准平方公里、工程地质142782.44标准米。是年，无锡市建设委员会成立勘察设计质量管理小组，设在市勘察设计协会内，由4名高级工程师组成，主要负责施工图质量抽查。对15项高层建筑的基础、立体结构、消防和抗震等方面进行论证。

1992年，无锡市对外来勘察设计队伍实施注册登记管理制度，实行资质审查和勘察设计合同管理制度。开展建筑装饰装潢设计资质认证和换证工作，办理18家装饰装潢施工企业的设计资质认证手续。1993年，勘察设计开放度扩大，本地企业参与省内外竞标，香港、北京、上海等地的优秀设计单位（包括同济大学、东南大学等大专院校）参与无锡市工程项目的设计竞标活动。1995年，无锡市建筑勘察设计单位由事业单位向企业转变，实行以设计为龙头的工程总承包。无锡市建筑设计研究院、无锡市规划设计院、无锡市民用设计研究院、锡山市建筑设计院等单位率先取得工程总承包资质。原隶属于无锡市规划设计院的无锡市测绘队更名为无锡市测绘院，隶属于无锡市规划管理局。

1996年，无锡市加强对勘察设计分支机构的管理，对违规单位进行查处。加强对勘察设计单位的资质管理，对新成立、新升级的勘察设计单位进行资格复查。推行注册建筑师制度。1997年，建立勘察设计单位资质审批制度、执业考试注册制度、市场登记制度、设计审查等制度，制定出台《建设工程勘察设计合同管理条例》，整治勘察设计市场乱压价、乱收费等行为。1999年，无锡市建筑设计研究院、市民用建筑设计院、市勘察设计研究总院、江阴市建筑设计研究院、锡山市建筑设计研究院5家单位通GB-ISO 9000质量标准认证，无锡轻工大学建筑设计院被批准为甲级建筑设计单位。

2001年，建筑勘察设计单位体制改革全面展开，市建筑设计研究院、无锡建筑科研设计有限公司等单位完成改制。至2005年，改制基本完成。

2002年5月，无锡市建设工程设计审查中心成立，年内先后成立新区、惠山区、锡山区审查部，对全市建设工程施工图实行统一审查。6月，无锡市开展勘察专项治理，全市11家具有勘察资质的单位对1999～2002年间完成的1034个项目，从市场行为、质量管理等方面逐项自查；省、市建设行政主管部门组织的专项检查组分别抽查其中的55个项目。检查结果表明，无锡市勘察市场管理健康有序，总体状况良好。2003年，无锡市建设工程审查专家委员会成立，拥有符合资格的专业审查人员128人。市建设工程设计审查中心扩大审查覆盖面，加大施工图审查力度，实现建筑工程施工图设计审查100%全覆盖；全年接审项目300多个，总建筑面积约500万平方米，查出违反建设工程强制性标准条文的问题5164处。2005年，无锡市颁布《关于贯彻建设部〈房屋建筑和市政基础设施工程施工图设计文件审查管理办法〉和江苏省建设厅〈江苏省房屋建筑和市政基础设施工程施工图设计文件审查管理实施意见〉的通知》《无锡市勘察、设计单位、审图机构及其工程技术人员不良记录管理暂行办法》等规范性文件。

至2005年末，无锡市具有建筑勘察设计资质的专业单位103家，包括工程勘察设计、装饰、智能、轻钢、幕墙、环保等专项设计单位，具有甲级设计资质的单位30家，具有乙、丙级设计资质单位73家。全市勘察设计从业人员4928人，其中高级工程师1036人、工程师1739人，一级注册建筑师88人、二级注册建筑师59人，一级注册结构工程师184人、二级注册结构工程师16人。全年勘察设计行业总收入5.4亿元。

第三节　建筑施工

一、境内施工

1986～1990年，无锡市建筑工程系统完成施工产值343599万元，工业产值52807万元，竣工面积1198.15万平方米。5年间，市属建筑企业共投资1147万元，添置先进施工技术装备，完成一批高层建筑、高级公共建筑和高难技术建筑工程。无黏结预应力技术从升板建筑扩大应用于无锡航运大楼、无锡火车站站屋等工程的高层框架大跨度结构和板柱体系；钢结构技术从桁架结构转向柱网架的高荷载大跨度空间结构、大型板类空式结构；无锡钢厂36米跨度30吨电炉车间采用100吨重级钢吊车梁和单根重20吨、长19米的钢板焊接柱；升降脚手架在上海药水弄26层高层住宅楼投入使用，节约费用40万元；屋面工程由块体屋面、微膨胀屋面发展为预应力钢筋混凝土屋面、油毡铺空屋面，并变“热作法”为“冷作法”；基础工程采用“钻打结合”“先钻后打”的施工方法，减少打桩时的振动影响；投资400万元建成商品混凝土搅拌站，泵送混凝土从基础工程发展到高层建筑，焦化厂工程泵送混凝土曾创出28小时浇筑1360立方米混凝土基础工程新纪录。市第二建筑工程公司进行管理改革试点，建立质量管理、安全生产、物资管理、成本核算、民主管理等5个体系，试行项目责任制和组合工资制，晋升为国家二级企业，为全省建筑业第一家。“七五”期间，无锡市建筑企业在北京市、上海市、海南省和山东省青岛市、辽宁省大连市、福建省厦门市等地频频中标承包工程，承建的北京亚运会4个场馆铝合金工程受到亚运会工程指挥部嘉奖。至1990年末，全市建筑施工企业182家。

1991～1995年，无锡市建筑业累计完成总产值191.2亿元，房屋竣工面积2420万平方米。新组建总承包企业、集团企业12家，23家企业年总产值超亿元，市建筑公司、市第二建筑总公司、市工业设备安装总公司、市古典建筑公司进入中国建筑业500强行列。市建工局直属建筑安装企业完成市重点工程项目77项，建成焦化厂焦化工程、无锡火车站站屋、锡钢750工程、无锡微电子工程、无锡太极公司帘帆布工程、无锡叶片厂大型叶片工程、无锡邮政枢纽、无锡革命陈列馆、无锡新体育中心等一批国家和地方重点工程。其间完成部、省、市级科研项目15个，研制成功帷幕桩拉锚桩、现代塔机电控国产化、改造爬升式架手、轻钢结构建筑应用技术、第二代节能住宅、全封闭自动酸洗生产线等在国内有影响的项目。在上海、海南和青岛等地累计出市施工12.5万人次，施工面积153万平方米，完成工作量8.7亿元，承建高层、超高层建筑48幢。

1996年，无锡市各施工企业在13个省、市承接工程，其中驻沪建筑企业43家，注册人数7840人，完成施工产值2.81亿元，施工面积40.41万平方米，竣工面积6.8万平方米，全员劳动生产率60600元。宜兴市基础公司承建的金融大厦被评为上海样板工程。1997年，无锡市工程建设总承包公司施工队伍涉足首都建筑市场，提前完成国家重点工程——陕京输气管道北京调控中心工程的施工项目。1998年，无锡施工企业先后承接上海莘东公寓、上海地铁停车场检票设备维修中心、浦东陆家嘴隧道安装工程、浦东桃园小区商住楼等施工项目；向中西部地区拓展，华东金属结构有限公司承接四川长虹电视机厂和沱牌酒厂的施工项目。宜兴太湖地基公司在全国布设20多个施工点，年产值1亿多元。锡山市港下建筑工程集团利用地处苏锡交界的地理优势，拓展苏州、张家港、常熟建筑施工市场。1999年，新开工项目均实行公开招投标，并推广智能化技术的应用。1996～2000年，无锡市建筑业累计完成总产值354.2亿元，建筑施工面积5121.86万平方米，竣工5121.66万平方米。完成39层无锡华光大厦以及无锡市人民大会堂、56所、太湖花园二期、无锡市妇幼医院爱婴楼、无锡儿童医院、无锡市第一人民医院、无锡广电大厦、建设银行无锡分行、中国银行无锡分行等工程以及灵山胜境一期主体工程。

2001～2005年，无锡市建筑业累计完成总产值929.78亿元，施工面积12659.13万平方米，竣工6929.96万平方米。无锡人民大会堂等一批工程项目获江苏省建筑工程“扬子杯”奖，太湖花园54号房、锦明西苑2号房被评为江苏省建筑业用户满意住宅工程，市第二建设集团有限公司等企业被评为江苏省建筑业最佳企业，江阴市新桥建筑安装工程有限公司徐栋芳等人被评为江苏省建筑业优秀企业经理（或优秀项目经理），500千伏梅里变电站获中国建筑工程“鲁班奖”。2002年，市第二建筑集团公司在工程施工中广泛应用新技术、新材料、新工艺，在高层建筑施工中使用电动升降外脚手架，节约周转设备，增强施工安全性；粗直钢筋连接从电渣压力焊发展到套筒冷挤压和滚压直螺纹连接，可不受气候影响，提高钢筋连接质量和缩短工期；应用砂浆增塑剂替代石灰膏，遏制粉刷中空鼓、龟裂的通病；大量使用木质夹板模板，提高混凝土构件的外观质量。该公司承建的无锡天成大厦、金鼎广场通过江苏省第六批新技术应用示范性工程的验收。2003年，全市建筑系统加快推进“三节二化一治”（节能、节水、节地，污水资源化、信息化，污染治理）、住宅产业化和“四新”成果，相继下达19个科技计划项目，其中宜兴市溢洋水工业有限公司的YBP1500-T型氧化沟转碟曝气机项目列入建设部年度科技计划项目，无锡尚德太阳能电力有限公司被列为江苏省太阳能光伏光热技术与建筑一体化产业基地，由无锡高新技术产业发展公司实施的无锡星湖苑小区太阳能集中供热工程被列为江苏省科技示范工程的头号项目。2005年，无锡阳光城市花园、无锡市体育中心跳水游泳馆、江阴市公安局公安指挥中心等10个工程项目被评为2005年度江苏省建筑业新技术应用示范工程，无锡阳光城市花园还被评为江苏省9个2005年度国家级建筑业新技术应用示范工程目标项目之一；无锡市锡山三建实业有限公司实施的“变电所设备预埋件精确预埋施工法”被评为2005年度江苏省建筑业40个施工工法之一。

二、境外施工

1986～1990年，无锡市建筑行业开拓境外建筑市场，其中在科威特承接76项工程、281幢公寓，在美国关岛承接皇宫大饭店安装工程；劳务输出2616人次，完成劳务工程12.81万平方米，创外汇772.4万美元。

1991～1995年，建筑业劳务输出地包括中国澳门地区和科威特、关岛、新加坡等国家和地区，输出劳务和工程管理1420人次，完成境外营业额2120万美元，创汇1696万美元。新办“三资”企业19家、境外企业1家。组建中南国际无锡公司和无锡国际经济技术合作公司，享有对外签约权，独立承接海外工程，开展对外贸易。

1996年，无锡市建筑企业在科威特建设水电部、公用事业部大楼工程主体，基本结束后，又承接阿哈玛亚贸易公司海滨项目工程，建筑面积7万平方米，工程造价120万美元。全年完成境外合同额552.80万美元、境外营业额612.70万美元、国外贸易额180万美元，劳务输出256人次，创汇459.5万美元，实际利用外资56.6万美元。1997年，完成境外合同额1054.6万美元，境外营业额770万美元，劳务输出214人次，创汇116.2万美元，实际利用外资185.85万美元。

1998年，无锡建设工程总承包公司利用对外签约权，除继续向科威特派遣劳务人员外，先后向新加坡、苏丹等国输出40名劳务人员。承接默洛尼、阿尔卑斯、西门子和阿斯特拉等4家知名企业的厂房工程，建筑面积51530平方米。全年实现境外合同额1005.2万美元，境外营业额964.87万美元。年末境外劳务人员人数260人。

1999年，华德铝合金制品有限公司完成马达加斯加、圣罗西亚等国的5个工程项目。无锡建设工程总承包公司与新加坡汇通建筑有限公司签订200人赴新加坡的劳务合同，并获得2000年度新加坡建筑市场的准入证。全年共新签对外工程合同额212万美元，完成营业额416.53万美元，年末在境外人数153人。

2001年3月，由科威特阿拉米亚公司总承包、中国江苏国际经济技术合作公司劳务承包、无锡市对外建设公司具体实施的科威特杰布里亚"241住宅工程"通过竣工验收。工程施工总面积9.3万平方米，劳务总价404万美元，总工期3年。

第四节　建筑安装

八九十年代，无锡市建筑安装行业调整产业结构，延伸产业链，在重点发展冷轧带肋钢筋、金属结构、预制混凝土制品等生产的同时，相继南下北上，进军上海、昆山、南京、徐州、北京等地，承揽空调净化、设备安装、金属门窗、玻璃幕墙等工程。1997年，无锡在沪地基工程和专业幕墙公司由1996年的4家增至7家，玻璃幕墙年施工面积56143平方米，铝合金门窗年施工面积63302平方米，年产值6016万元，占进沪建筑安装和装饰装潢企业产值总量的20%。

1998年，市属建筑安装企业相继撤销土建施工分公司，建立项目经理部，所有在建项目实行项目管理。经建设部审核批准，无锡市6家建筑安装企业晋升为一级资质企业，全市具有一级资质的建筑安装企业累计14家，分别为：无锡市工程建设总承包公司、无锡市建筑工程公司、江苏无锡二建建设集团公司、无锡市工业设备安装总公司、无锡市园林古典建筑公司、江阴市建筑安装工程总公司、锡山市华东幕墙工程有限公司、锡山市金城金属门窗安装公司、江苏锡厦铝业有限公司、锡山市建筑实业总公司、宜兴市建筑安装工程总公司、宜兴市工业设备安装有限公司、宜兴市基础工程公司、江苏建基集团有限公司。

1999年，无锡市建筑安装企业继续开拓上海市场，全年新开工项目46个，施工面积26.7万平方米。2000年，无锡市建筑安装工程产值139256万元（不包括股份合作制企业、私营企业）。2005年，无锡市建筑安装企业84家，期末从业人员26638人，全年总产值452266万元，其中建筑工程产值194063万元、安装工程产值258104万元、其他99万元。

第五节　建筑装饰

1986年，无锡市钢窗公司与港商合资兴办的无锡华德铝合金制品有限公司，开发生产铝合金门窗和玻璃幕墙天棚，成为全国3家铝合金门窗出口定点厂之一，被建设部评定为装饰二级企业。无锡市建筑二公司与港商合资联营成立华德装饰工程有限公司，试制生产40多种图案的彩色水泥地砖。

1993年起，装饰装潢设计纳入勘察设计管理轨道，增设装饰专业、轻钢专业和幕墙专业设计等新的专业设计资质，重点扶持装饰装潢、环保、轻钢及幕墙设计等专业设计单位。无锡市首批19家装饰装潢设计单位获得专项设计资质证书，其中8家为乙级资质、11家为丙级资质。

1999年，无锡市制定颁布《家庭装饰装修管理暂行规定》及与之相配套的《家庭装饰资格管理办法》《家庭居室装饰装修合同》示范文本，启动并实行家庭装饰工程管理。2000年，全市装饰装修产值7.53亿元（不含股份合作制企业、私营企业）。2001年，装饰装修行业由市轻工业局管理归口至市建设局统一管理。市建设局按照建设部标准重新核定装饰装修设计资质，9家单位通过审核。是年，在建设部第一批轻型房屋钢结构、建筑幕墙工程设计专项资质申报审批中，无锡市有两家企业获得轻钢专项设计资质、6家企业获得幕墙专项设计资质。2002年，江苏建伟幕墙装饰有限公司、江苏锡厦铝业有限公司、无锡王兴幕墙装饰工程有限公司入选江苏省建筑装饰10强企业。

2005年，无锡市建筑装饰企业84家，年末从业人员7972人，全年总产值8.52亿元。

第六节　工程监理

1993年开始，无锡市开展工程建设监理试点工作，形成专业工程监理队伍。1994年，无锡市制定出台《无锡市建设监理管理办法》。无锡市建设监理公司、无锡同济工程建设监理公司、无锡市市政工程监理公司获得资质证书，全年实施监理项目19项，投资总额约4亿元。

1995年，无锡市建苑监理公司、无锡市五洲建设工程监理有限责任公司、无锡市科发建设工程监理有限公司、无锡市中诚建设监理事务所、无锡市工装工程建设监理事务所、华东电子工程公司（监理公司）、华晶工程建设监理公司取得省级监理资格证书。全市具有省建设委员会颁发资格证书的专业监理单位累计10家，从业人员377人。当年完成监理项目38个，建筑面积55万平方米，控制工程造价35.5亿元，工程合格率100%，节约工程建设资金4050万元。

1998年，全市大部分重点建设项目和大型公共设施建设均全面实行工程监理制，市政公用工程监理覆盖率80%以上，市区建筑工程监理覆盖率60%以上。建立监理单位行业协会，全面推行监理人员上岗培训制，全市54人取得全国注册监理工程师资格证书。《无锡市监理招投标实施细则》制定出台，全市6个项目实行监理招投标。无锡同济监理公司参与外地工程建设市场的竞争，先后取得吴江市、宿迁市等地的监理业务工程项目8个。1999年，全市组织监理项目招投标15个，中标额450万元。市区新开工项目监理覆盖率90%以上，锡山、江阴、宜兴三市（县）超过60%。

2000年，制定出台《无锡市建设监理管理暂行规定》和《关于全面推行建设项目总监理工程师负责制的实施意见》，规定自是年10月1日起，凡在无锡市实施监理的新开工工程项目，在实施合同备案的同时，必须在醒目处张贴或悬挂建设项目监理告示牌；项目实施中，实行总监理工程师负责制，凡应有总监理工程师负责签字的必须签字，并加盖江苏省建设厅印鉴。《无锡市家居装饰监理资格管理暂行办法》制定出台。是年末，全市监理企业17家，具备总监理工程师上岗资格130人，95人经上岗注册成为监理工程师，具备上岗资格的监理员782人。

2001年，全年共组织监理项目招投标24项，全市重点建设项目和大型公共设施建设全面实行工程监理制。2002年，监理项目覆盖工民建工程、市政工程、电子工程、园林绿化工程等领域。市区监理项目覆盖率达95%以上，市（县）监理项目覆盖率75%以上。2003年，《外省市监理企业进市资质核验制度》出台，加大力度清理监理市场，重点整治套用资质和人员虚设挂靠等不良行为。

至2005年末，全市具有工程监理资质的企业23家，其中甲级5家、乙级13家、丙级5家；有国家注册监理工程师398人，持证上岗人员1781人。

无锡市志

【第二册】

第十七卷

商贸　服务业

概　述

1986年后，随着商业流通体制改革的推进，无锡的商品市场和商品供应继续放开，逐渐形成多种经济成分、多种经济形式、多条流通渠道、少环节的“三多一少”商业流通经营格局。消费品市场由卖方市场变为适度买方市场，国有集体商业企业经营自主权基本确立，市场竞争主体地位基本形成，经营能力加强。私营个体商业快速发展，城乡商品流通日趋活跃，大型市场开始涌现，商业由单纯的服务行业转变为国民经济的重要行业。90年代中后期，随着八佰伴商贸中心和麦德龙超市开业，外资商业加快进入无锡市场，并以多种方式提速发展。同时，商业流通大型企业按照现代企业制度实行公司化改造，中小型企业启动以股份合作制为主的多形式改制，商贸流通业由改革开放初的国有、集体商业一统天下转变为股份经济、外资经济、民营经济、混合经济等多元资本的共生共赢。仓储式超市、便利店、折扣店、专卖店、一价店等新型业态涌现，直销、连锁经营等现代营销方式迅速兴起并向多行业、多业种扩张，在百货、日用品、家电、家居建材等领域，连锁经营成为主要经营方式。

进入21世纪，无锡市假日休闲经济和黄金周消费持续走热，物流、中介等新兴产业发展迅速，绿色保健、品牌时尚、电子数码类商品以及汽车、家居用品、装潢材料成为消费热点，电子商务初露端倪。至2005年，无锡中心商务区建设初见成效，特色商业街区稳步发展，社区商业服务网络不断完善，农村连锁商业网点增量扩容。“一站”（火车站）、“两路”（中山路、人民路）、“两寺”（南禅寺、崇安寺）、“三广场”（胜利门广场、朝阳广场、五爱广场）所构成的中心商务区和健康路休闲服饰街、学前街电脑文化用品街、人民西路电子街、青石路餐饮服务街等各具特色的商业片区格局基本形成。2005年，全市社会消费品零售总额在“长三角”16个城市中居第五位，在全国大中型城市中居第十四位。

第一章　商业经济综述

第一节　商业经济运行

80年代初，无锡市商品交易主要由百货公司、综合商店和零售商店等进行，国营商业为商业主渠道。其时，国有企业开始创办商品、物资交易市场。1985年，市蔬菜公司创办朝阳蔬菜副食品交易市场；由无锡百货批发总公司发起，组织成立由供货厂家、省内三级批发公司、供销社、市内大型零售商店等单位参加的营销共同体，形成关系紧密的营销网络。1987年，组建商业大厦股份有限公司。1986～1990年，无锡市进行商业流通体制改革，城乡商品流通日趋活跃，市场建设和培育开始起步。商业网点结构布局有所调整，基础设施得到改善。市商业局系统在火车站、工运桥、胜利门、中山路等无锡最繁华地带新建扩建一批有时代气息的大中型商业服务设施。商业大厦建筑面积2.6万平方米，日营业额最高达180万元，在省内屈指可数；设有高中档酒家、旅馆的5层大楼三凤桥肉庄，建筑古典别致；胜利门附近，15层楼的交电大厦、双筒形11层楼的五金大楼、9层楼的化工大楼拔地而起，使这一带成为苏南地区五交化商品的专业批发主要市场。此外还有东门立交桥旁10层楼的百货大楼、火车站附近7层楼的无锡商场、河埒口风格独特的友谊公司等。同时，改建装修百货一店、醉月楼、聚丰园、华成商场、迎宾楼、江南酒家、古运河酒家、朝阳饭店、旅游公司、鸿运酒楼等老网点、老门面。5年间，全市商业、饮食、服务、仓储业完成固定资产投资额4.51亿元。1990年，全市社会商品零售总额50.63亿元，比1986年增长62.09%；商贸服务业（含商贸、饮食、服务、物资供销、仓储业）地区生产总值11.9亿元，利税总额4.71亿元。1990年末，全市商贸、饮食、物资供销和仓储业有从业人员12.6万人，其中企业职工9.3万人、城镇个体和农村劳动力3.3万人，分别比1986年增长17.4%、15.8%和22.2%。

1990～1995年，无锡市消费品市场供应稳定，流转规模扩大，经营网点增加，经营设施改善，运行质量提高，商业改革稳步推进，"米袋子""菜篮子"供应充足稳定。1995年，全市批零贸易业增加值101.97亿元，饮食服务业增加值12.62亿元；零售商业、饮食业网点7.51万个，零售商业、饮食业人员25.67万人；年销售额超亿元商场15个，亿元基层供销社33个，亿元市场32个，成交额超过10亿元的市场8个。其间，市商业局系统开拓总经销、总代理（简称"双总"）经营业务。1992年，有"双总"单位135家，年销售额2.49亿元。无锡食品公司业务科总经销、总代理"春都"火腿肠，无锡商场总经销"张小泉"剪刀，旅游公司总经销"康师傅"方便面，储运公司总经销"百惠"啤酒。1996年，商业局系统的"双总"销售额6.4亿元，其中1000万元销售额的商品有38个。

1996年，江苏省第一家中日合资零售企业——八佰伴商贸中心在无锡开业，次年德资麦德龙超市进入无锡，无锡商贸零售业对外开放步伐加快。个体、私营商业亦迅猛发展。仓储式超市、便利店等新型业态涌现，直销、连锁经营等现代营销方式迅速兴起，市区引进24小时营运的可的便利店，中山路引入专卖店、专业店、专门店，加快建设健康路、新生路等专业特色街，中心商务区向多层次、全方位、多功能、立体式方向发展。推广消费信贷，无锡商业大厦推出私人购车分期付款业务，创出汽车信贷消费的"无锡模式"。2000年，全市批发和零售贸易、餐饮业增加值204.36亿元；批发零售贸易业销售总额913.85亿元，批发零售贸易业零售额265.26亿元；餐饮业营业收入56.75亿元，餐饮业零售额46.29亿元；其他行业零售额6.21亿元；消费信贷余额43.56亿元。

进入21世纪，无锡市商贸发展环境继续优化，政府部门除保留加油站建设、拍卖、旧车交易等省委托审核上报的项目外，取消所有市级审批项目。根据无锡市城市南拓、北展、东联、西优的发展战略，无锡市在整合、优化原有零售业业态的基础上，重点发展大型购物中心、大型超市、连锁便利店、折扣店和食杂店等新型零售业态。重点发展商贸物流园区、第三方物流配送、专业化配送中心、系统内配送中心的建设。与旅游业发展相结合，协调发展宾馆（饭店）、餐饮业。无锡朝阳集团公司、天鹏集团公司营造"基地（生产）+市场（批发）+超市、分店（零售）"的农产品经营模式，保障农副产品流通货源。2002年，商业大厦投资9000万元兴建的东方汽车城竣工并投入使用。是年6月，商业大厦股份有限公司上市，无锡市实现商贸流通领域上市企业零的突破。2005年7月，无锡市制定《关于加快发展现代服务业的意见》和《服务业发展总体规划纲要》，全市商贸服务业发展进入新时期。是年，无锡市实现社会消费品零售总额816.4亿元。全市拥有亿元以上商品交易市场64个，实现成交额1319亿元，其中年成交额超过10亿元以上市场25个。商业大厦集团公司、一百集团公司、八佰伴商贸中心、朝阳集团公司、天鹏集团公司成为市商业局系统五大巨头，总资产31.26亿元，所有者权益6.59亿元；销售总收入159.33亿元，占市商业局系统总销售额的95.83%；利润2.46亿元。

1986～1992年无锡市社会消费品零售总额表

表17－1　　单位：万元

年份	社会消费品零售额（调整后）	社会消费品零售额（调整前）	其中（调整前）				
			商业	饮食业	工业	其他行业	农民对非农业居民
1986	312345	343709	257518	17265	47331	5243	16352
1987	366287	404106	304956	20211	49323	8126	21490
1988	494594	540179	421606	27637	54262	10349	26325
1988	530740	576542	447822	30705	55937	14204	27874
1990	506293	555568	432255	29145	51477	10536	32155
1991	589045	642514	509905	34111	51196	8285	39017
1992	786160	844921	658978	44973	77687	13318	49965

附：1992年全市城乡集市贸易成交额182003万元，其中城市、农村集市贸易成交额分别为94780万元和87223万元。

1993～2005年无锡市社会消费品零售总额表

表17－2　　单位：万元

年份	社会消费品零售额（调整后）	社会消费品零售额（调整前）	其中（调整前）		
			批零贸易业	餐饮业	其他
1993	1424725	1164530	912593	60733	—
1994	1982768	1620659	1284993	89873	—
1995	2541451	2077311	1654628	121391	—
1996	3119183	2549533	2014452	221625	—
1997	3441522	2813004	2120199	307836	—
1998	3671966	3001362	2184014	364294	—
1999	3937638	3218515	2427561	379099	—
2000	4300537	3515139	2652657	462898	—
2001	4781469	3908239	2954300	542729	—
2002	5435607	4442913	3331886	664207	—
2003	5958853	4870600	3955124	801997	113479
2004	7086248	5792101	4730298	953568	108235
2005	8164000	8241118	7367637	752105	121376

说明：1993年起，表社会消费品零售额按新口径计算，不包括农业生产资料。1997年起，不包括居民购买商品房。

2005年无锡市批发零售贸易业商品销售总额表

表17-3

单位:万元

指标	全市	其中		
		市区	江阴市	宜兴市
批零贸易业商品销售总额	35015656	23312844	9161904	2540908
批发企业	26924520	17871053	7440066	1613401
零售企业	8091136	5441791	1721838	927507
限额以上企业	7595938	5678370	1366952	550616
批发企业	4884104	3758833	839780	285491
零售企业	2711834	1919537	527172	265125
限额以下企业和个体	27419718	17634474	7794952	1990292
批发企业和个体	22040416	14112220	6600286	1327910
零售企业和个体	5379302	3522254	1194666	662382

说明:本表为调整前数据。

第二节 经济成分

1986年,公有制经济是全市商贸业经济的主流,在社会商品零售总额中,国有经济、集体所有制经济所占比重分别为29.99%和57.63%,合营经济、个体经济和农民对非农业居民则分别为0.28%、7.34%和4.76%。90年代后,国有经济成分逐渐呈缩小趋势,其他经济成分逐渐增加。1993年,全市社会商品零售总额中,国有经济、集体经济、个体经济、联营经济、港澳台资投资经济、其他经济所占比重分别为36.65%、43.44%、12.37%、0.59%、0.29%、6.66%。随着经济体制改革和对外开放的深入,个体私营企业和外商投资企业在商贸业中所占比重逐年攀升。同时,无锡市零售业对外开放程度不断提高,创办中外合资、中中合资的商业企业成为无锡商业改革开放和发展的一大亮点。上海资本首先冲破区域屏障,先后以合作、合营、合资等多种形式在无锡市中心开办上海华联、上海十一百、上海精品商厦、心族百货等大型商厦;其余外地资本纷纷开办梦之岛、美罗百货、太平洋百货、马尔萨斯广场等大型商场。1993年7月,无锡市第一家中外合资商业公司无锡肯德基公司开业,此后公司规模不断扩张,网点覆盖至全市。1995年,市商业系统共建立八佰伴、新世界百货、三阳百盛等大中型合资、合作企业35家,总投资12264万美元。

2004年经济普查,无锡市批发企业173家,销售总额561.54亿元,其中国有控股、非国有控股、非国有控股中民营经济企业分别为28家、243.34亿元,145家、318.2亿元,136家、294.97亿元;零售企业116家,销售总额167.03亿元,其中国有控股、非国有控股、非国有控股中民营经济企业分别为20家、40.26亿元、96家、126.77亿元,92家、120.38亿元。2005年,全市限额以上批发贸易业销售总额488.41亿元,国有企业、集体企业所占份额缩减至8.59%和3.74%;限额以上零售贸易业销售总额271.18亿元,国有企业、集体企业所占份额分别缩减至3.81%和0.14%,私营企业在批发和零售贸易总额中所占份额分别增至17.58%和23.98%。

2000年、2005年无锡市各种经济成分批零贸易业销售情况表

表17-4 单位：万元、%

登记注册类型	2000年		2005年	
	批零销售总额	占比	批零销售总额	占比
国有企业	1195657	31.42	522965	6.88
集体企业	401727	10.56	186598	2.46
股份合作企业	5121	0.13	71924	0.95
联营企业	14005	0.37	80059	1.05
有限责任公司	1555480	40.87	3949412	51.99
股份有限公司	432863	11.37	963894	12.69
私营企业	34447	0.91	1508847	19.86
港澳台资企业	12824	0.34	67568	0.90
外商投资企业	153433	4.03	244670	3.22
合　计	3805557	100.00	7595937	100.00

说明：本表为调整前数据。

2005年无锡市限额以上各种经济成分批零贸易业情况表

表17-5 单位：家、人、万元

类型		法人企业	产业活动单位数	从业人数	销售总额	销售总额中	
						批发	零售
批发贸易业	内资企业	129	296	11656	4741703	4410797	330906
	国有企业	8	23	690	419569	412132	7436
	集体企业	2	11	368	182831	182831	—
	股份合作企业	2	7	158	32613	26280	6334
	联营企业	2	8	126	63847	61935	1912
	有限责任公司	54	87	5758	2475551	2404639	70912
	股份有限公司	7	73	1984	708651	472327	236324
	私营企业	54	87	2572	858641	850653	7988
	港澳台资企业	—	—	23	13572	7866	5706
	外商投资企业	2	4	117	128829	128829	—
	小　计	131	300	11796	4884104	4547492	336612
零售贸易业	内资企业	113	828	27272	2541996	195527	2346469
	国有企业	6	92	930	103396	7600	95797
	集体企业	1	2	100	3767	—	3767
	股份合作企业	3	14	406	39311	13394	25918
	联营企业	2	24	276	16212	1593	14616
	有限责任公司	55	425	16144	1473861	54388	1419473
	股份有限公司	7	139	3693	255243	86418	168825
	私营企业	39	132	5723	650206	32134	618073
	港澳台资企业	1	1	720	53996	—	53996
	外商投资企业	2	2	693	115841	—	115841
	小　计	116	831	28685	2711833	195527	2516306

说明：本表为调整前数据。

第三节　经营业态

一、批发

80年代中期，无锡市商业经营尚未彻底放开，商业系统的二级批发站凭借着流通渠道广、经营网络多、经商资金有银行保障以及一些商品还属于计划控制的优势，发挥企业的活力，组织外地采购，保证三级批发站和市内零售商业的货源供应，购销兴旺。无锡交电站从生产资金、产品销售等方面支持无锡市本地的洗衣机、电风扇、自行车等民用轻工产品的生产和发展，尤其对无锡小天鹅洗衣机名牌产品的崛起作出贡献；五金站、化工站在工厂和零售商业之间发挥桥梁和纽带作用；百货站既从上海、广州等一级站采购紧俏商品，又和市内上百家生产百货产品的工厂建立产销关系，以丰富的商品货源充实无锡市场，并满足苏南、苏中地区的商品需求。1988年，百货站销售额近5亿元，创利1700多万元。80年代中期，批发销售额占全市商业系统销售额的约75%。

1990年，无锡市清理批发公司606家，撤并157家。剩下的批发企业转换经商理念，调整经营策略，从立足无锡市场、实施批零结合、适度保持省内三级批发业务等方面进行转轨。开展"总经销、总代理"业务。1996年，百货站的"双总"销售额占公司总销售的40%。创办综合、专业、特色型、货仓型的日用消费品批发市场。1998年，糖业烟酒公司在纳新桥创办副食品仓卖式超市。组建一批一体化的连锁企业和批发配供中心。进行跨行业的多种经营，经营领域向房地产、金融、生产资料等拓展，合资合作领域由单一的商办工业向快餐业、装潢业、餐旅业、零售商业等扩展。1994年，批发销售额占全市商业系统销售额的53%，1997年降至37%。

90年代后期至21世纪初，纯批发业务难以为继，几家批发公司陷入销售下降、连年亏损的困境，先后转向搞资产、资本经营（对外投资、资产租赁），批发业务退出商业经营。与此同时，批发企业先后改制。2002年，糖业烟酒公司改制为民营企业，效益明显，2005年利润1456万元。2004年，五金站、化工站并入商业实业公司，随后两家企业撤销。

2005年，全市限额以上批发贸易企业131家，销售额488.41亿元，其中批发额454.75亿；零售贸易企业116家，销售额271.18亿元，其中批发额19.55亿元。

2004年无锡市限额以上批发业经济普查情况表

表17-6　　单位：家、千元

类型		企业数	销售总额	其中	
				批发额	零售额
合计		173	56154281	53384535	2769746
注册类型	内资企业	171	54990852	52221106	2769746
	国有企业	15	6296946	6223753	73193
	集体企业	7	1159594	1120108	39486
	股份合作企业	4	241180	189124	52056
	联营企业	1	292642	288273	4369
	有限责任公司	57	25292226	25202701	89525
	股份有限公司	6	6579788	4513512	2066276
	私营企业	81	15128476	14683635	444841
	外商投资企业	2	1163429	1164429	—

续表

类　型		企业数	销售总额	其中	
				批发额	零售额
地区	市　区	129	30918116	28823416	2094700
	江阴市	25	21540172	20929221	610951
	宜兴市	19	3695993	3631898	64095
行业	农畜产品批发	3	107872	107872	—
	食品、饮料及烟草制品批发	18	8165212	7775321	389891
	纺织、服装及日用品批发	30	8125892	8125574	318
	医药及医疗器材批发	5	604840	522175	82665
	矿产品、建材及化工产品批发	66	29764904	27893093	1871811
	机械设备、五金交电及电子产品批发	38	6995579	6572666	422913
	其他批发	13	2389982	2387834	2148

二、零售

1986年，无锡市零售商业机构27914家（市区5658家）。按所有制结构分：国营1143家（市区408家），集体所有制6478家（市区1783家），集体所有制中供销合作社1328家（市区186家），合营5家（市区5家），个体20288家（市区3462家）；按行业分：粮油商店308家（市区118家），副食品商店1338家（市区351家），其他食品商店1485家（市区296家），百货商店587家（市区184家），纺织品商店200家（市区55家），五金、交电、化工商店519家（市区178家），医药商店138家（市区31家），书店59家（市区23家），煤炭商店94家（市区77家），石油商店16家（市区10家），日用杂品商店360家（市区88家），农业生产资料商店256家（市区24），其他专业商店355家（市区168家），综合性商店1911家（市区593家），个体有证商店20288家（市区3462家）。随着交易市场的发展，除传统百货商店等业态外，超市、专卖店、便利店等新型业态和连锁企业等新型经营方式相继兴起。

1992年，无锡百货站为处理上年特大洪水中受损商品，创办廉价商场，后利用仓库试办招商场。1994年4月，无锡第一家超市——百惠商场（超市）开张，打出“批价作零价，全省第一家”的口号，在全市引起轰动，当年4～12月销售额1238万元。

1995年3月，无锡商业大厦与日本八佰伴株式会社合资成立无锡八佰伴商业大厦超市有限公司（简称“百业超市”），日方出资120万美元，中方出资80万美元，6月开张。4月，无锡百货站在锡沪路创办无锡惠客隆商城，经营日用百货、文化用品、针织服装、鞋帽、交电、副食品、建材装潢、家具等商品，后于1999年停办。1995年6月，市蔬菜公司在学前街开办天惠超市，1996年销售额超亿元，至2005年有门店66个。1995年，南长区以区糖业烟酒公司为主体，创建星河商业连锁公司。1995年，全市开办连锁超市10家，连锁网点120多个，营业额2亿元左右，占全市消费品零售总额的1%。1996年，市区新增3家连

图17-1　1997年麦德龙锡山商场开业典礼　（陈永年摄）

锁公司、连锁网点88个,共有13家连锁公司、210家连锁超市便民店,连锁企业营业额6.6亿元,占市区消费品零售总额的6.1%,其中星河商业连锁公司销售突破1亿元。

1997年9月,无锡中百集团(百货站)组建中百日用品有限公司(配销中心),并与市糖业烟酒公司合办华联超市。1998年在河埒口租用原江南商场,开设中百超市,2001～2005年,年销售额均突破亿元。2005年5月,加盟上海联华超市有限公司,成立无锡联华中百连锁超市有限公司。

1997年10月,无锡华联商厦超市开业。11月,德资麦德龙锡山商场开业,为全市首家仓储式超市。2000年,市区引进24小时营运的可的便利店。1999年9月,好买得超市在市中心开张,为全市首家一站式自我服务的大卖场,营业面积1万多平方米,经营生鲜食品、熟食品、饮料、酒类、日用百货、服装鞋帽、文化用品、家用电器等大类2万余种商品。2000年12月,法国家乐福在无锡市永乐路开设悦福超市,总投资1亿多元,营业面积2.14万平方米。德资欧倍德建材装饰家居购物中心也于是年开业。至2000年末,全市连锁超市82家,网点243家,销售额15.6亿元。

进入21世纪,以连锁经营为特征的超市、专卖店、便利店等快速扩张,成为零售业生力军。2001年,台湾大润发(天润发超市)落户无锡,开业不到两个月销售额4200万元;苏宁电器集团在无锡开设第一家门店三阳店。2002年,台湾诚隆(好又多,后由沃尔玛控股)、法国欧翔(高尚超市)先后落户无锡。2003年,台湾大洋百货、北京物美超市、泰国易初爱莲超市落户无锡;上海良友金伴便利连锁公司于9月登陆无锡,年内发展门店10个。宜兴华地百货把超市开到溧阳、金坛、丹阳等周边地区;农工商超市、五星电器等外地连锁商业在江阴成功打开市场。2004年,国美电器集团在苏南开设首家门店学前街店。至2005年,可的、良友金伴连锁便利店门店共110个;国美电器、苏宁电器、五星电器等国内家电巨头在锡门店13个,其中2005年新开门店7个。

2005年,全市限额以上批发贸易企业131家,零售额33.66亿元;零售贸易企业116家,零售额153.94亿元。市商业系统连锁放心超市153家,其中中百超市、天惠超市、好买得超市、百业超市全年新增门店21个,营业网点增至80个,年销售额7.54亿元,销售额中食品类占55.5%。

2004年无锡市限额以上零售业经济普查情况表

表17-7　　单位:家、千元

类型		企业数	销售总额	其中	
				批发额	零售额
合计		116	16703213	1218640	15484573
注册类型	内资企业	114	16212947	1218640	14994307
	国有企业	9	880320	47374	832946
	集体企业	2	149510	32333	117177
	股份合作企业	2	94113	—	94113
	联营企业	2	217437	25645	191792
	有限责任公司	53	7048595	194695	6853900
	股份有限公司	4	2355656	464000	1891656
	私营企业	42	5467316	454593	5012723
	港澳台投资企业	1	186148	—	186148
	外商投资企业	1	304118	—	304118
地区	市区	73	11583921	680196	10903725
	江阴市	20	3081406	448308	2633098
	宜兴市	23	2037886	90136	1947750

续表

类型		企业数	销售总额	其中	
				批发额	零售额
行业	综合零售	35	6811933	69339	6742594
	食品、饮料及烟草制品专门零售	8	288369	28241	260128
	纺织、服装及日用品专门零售	3	63009	8773	54236
	文化、体育用品及器材专门零售	8	382348	25227	357121
	医药及医疗器材专门零售	9	1986698	610274	1376424
	汽车、摩托车、燃料及零配件专门零售	37	4883155	317431	4565724
	家用电器及电子产品专门零售	11	1860021	127022	1732999
	五金、家居及室内装修材料专门零售	2	234972	—	234972
	无店铺及其他零售	3	192708	32333	160375

2005年无锡市限额以上零售贸易企业情况表

表17-8　　单位:家、人、万元

类型		法人单位	产业活动单位数	从业人员	销售额
地区	市　区	82	576	15754	1919537
	江阴市	17	157	6885	527171
	宜兴市	17	98	6046	265125
经营方式	独立商店	92	111	16290	2159116
	连锁商店总店	13	20	2069	183704
	连锁商店分店	11	660	9820	363839
	其　他	—	40	506	5174
经营业态	百货商店	18	18	9488	878936
	超级市场	18	103	7576	419385
	专业店	61	555	9059	1145452
	专卖店	14	45	1311	247172
	其　他	5	110	1251	20888
合　计		116	831	28685	2711833

第四节　市区商业网点建设

1986～1990年，无锡市加快商业网点建设步伐。市区商业网点建设改造总计投入2亿多元，扩建新建具有一定规模的商业网点200多个，新增营业面积15万平方米。中山路南段西侧、北大街西侧、通惠东路、熙春街南侧、五爱路等路段初步形成商业街，河埒口、野花园等地块形成新的商业中心，中桥、金城湾地区建成一批宾馆、招待所、休养所、度假村。在推进大型骨干网点建设的同时，加强城市居民新村生活配套设施建设和乡镇商业网点改造建设。5年中，市区建成并交付使用的新村配套商业服务网点3.3万平方米，完成盛岸、刘潭、靖海、稻香、沁园等小区商业设施配套，新建翻建沙文井、曹张、一里街、双河等菜场，改造崇安寺菜场为综合型副食品商场，新建东林、水秀、金城、上马墩、盛岸浴室，改造广瑞、河埒、南泉等浴室。1990年，无锡市成立商业网点开发公司，相继开发南禅寺一期工程配套商业网点。至是年末，无锡市有商业批发、仓储机构1114家，比1985年增加

428家，其中工业品批发、农副产品批发和仓储机构之比大体为41∶53∶6。全市有零售商业、饮食业、服务业网点5.40万个，比1985年增加1.73万个，其中零售商业、饮食业、服务业网点之比大体为68∶14∶18。全市平均每千人拥有零售服务网点12.9个，拥有商业服务人员33.3人，分别比1985年末增加3.5个和4.1人，其中市区平均每千人拥有零售服务网点10.5个，拥有商业服务人员50.0人，分别比1985年增加0.2个和2.3人。

1991～1995年，无锡市加大商业网点主体工程投入，形成一批标志性商业建筑群。市区华锦大厦、一百新楼、二百新楼、白天鹅大厦、商业大厦二期、华光珠宝城、南禅寺一期工程、无锡华联商厦、机电商厦、泰山饭店、天宝商厦等大型商厦以及崇安寺皇亭小吃群、时和商厦、通惠副食品市场等大型商业设施相继建成开业。1995年9月，由无锡商业大厦和厦门奋发有限公司合资组建的无锡美罗百货有限公司开业。10月，由省无锡五金机械总公司投资近1亿元兴建的华锦大厦竣工开业。该大厦坐落于胜利门广场西侧，建筑面积2.8万平方米，主体建筑高22层，地下2层，是当时胜利门地区最高建筑，也是同时期国内同行规模最大、设施最为先进的五金专业商场之一。同月，占地2300平方米、建筑面积2.48万平方米的无锡市第一百货商店新大楼开业。1995年末，无锡市商业系统国有固定资产原值16.89亿元，比“七五”期末增长3.88倍。

1996～2000年，无锡鸿运大酒店、聚丰园大酒店等大型商饮服网点竣工开业；白天鹅大厦、心族百货、花园城、中艺百事商场陆续开业。市区中山路引入专卖店、专业店，优化业态结构。健康路、新生路等专业特色街建设加快，南禅寺文化市场内涵得到充实。1996年，由无锡市百货公司与日本八佰伴株式会社共同投资创办的无锡八佰伴商贸中心开业面市，为省内第一家中外合资零售企业，也是江苏省当时规模最大的集购物、餐饮、娱乐、休闲于一体的多功能综合性商厦。

2001～2005年，无锡市以市场为导向，加大商贸流通业结构调整力度，商业布局更趋合理，“一站”（火车站）、“两路”（中山路、人民路）、“两寺”（南禅寺、崇安寺）、“三广场”（胜利门广场、朝阳广场、五爱广场）的中心商务区和各具特色的商业片区格局基本形成。中山路基本形成“吃、穿、住、用、玩”功能齐全的中心商务区，百货店、连锁超市、大卖场、专卖店等业态齐全；健康路、新生路、学前街、县前街“二纵二横”特色商圈基本形成；健康路休闲服饰一条街、学前街电脑文化用品一条街、人民西路电子一条街、青石路餐饮服务一条街等特色商业街初具规模。

至2005年末，无锡市有综合商店14家、超级市场13家，形成中山路商业大厦、第一百货、八佰伴、新世界、三阳百盛、大洋百货等一批以大型百货零售为特色的商贸企业群，以及分布于锡城东南西北人口集中、交通便利地段的悦福、麦德龙、欧尚、天润发、诚隆等以大卖场为特色的商贸企业群场。

第五节　市区商业中心和商业街

一、商业中心

1.市级商业中心

无锡城中心商业区以中山路为纵轴，人民路为横轴，向两边扩张延伸，纵横形成若干条特色街；以三阳广场为中心，在南禅寺、东大街、崇安寺、火车站站前和胜利门形成5个商业聚集区，呈现群星拱月之势，并与城郊商业区相呼应。

崇安寺商业区　以中山路商业大厦为中心，北至大成巷步行街，东连崇安寺、城中公园，集地方文化展示、现代商业销售、餐饮娱乐休闲于一体，具有地标意味，是传统韵味与现代时尚相融合的商业中心。

南禅寺商业区　以朝阳广场为中心，以购物、休闲、商旅为主营，依托古运河，集花鸟古玩、酒肆茶楼、旅游商品于一体，既类似上海豫园，又具有无锡特色，是散发无锡历史人文气息的步行休憩小区。

东大街商业区　连接崇宁路、后西溪、健康路商业街，汇聚商务办公、客商会所、高档公寓、餐饮娱乐、美容美发，以及与之相配套的咖啡酒吧、国内外时尚服饰商业服务门店群，为时尚青年族的购物休闲区。

站前商贸区　火车站地段的商贸服务区，具有无锡地产商品的展示功能，驻锡商务机构的聚集功能，为过往客商服务的综合功能，被称为商务观光购物的“不夜城”。保利广场购物区与之毗邻。

胜利门商业区　第一百货、喜来登等重点商贸服务企业居于其中心地段，沿环城路向西拓展，沿北大街向北延伸，结合运河风光带改造和招商城搬迁调整，形成中山路北端新的商业聚集区。

图 17-2　2005 年崇安寺商业区　　（刘其新摄）

2.片区商业中心

80年代中期，市区形成胜利门、东林广场、五爱广场、河埒口、崇安寺、工运河桥、南长街等7个主要商业区。随着城区改造扩展和商业质态的变化，原片区已成为城区市级商业中心的组成部分。至2005年，逐步形成新的片区商业中心。

河埒口片区商业中心　以青祁路为轴线、以河埒口为中心，有天润发超市等。

山北片区商业中心　以盛岸路与石门路交叉区域为中心，连接惠山古镇祠堂群，辐射山北、钱桥、藕塘等3镇。

新区片区商业中心　太湖大道以南，新光路以北，以长江北路为轴线向两边延伸，集居住、商务办公、商贸物流、研发培训等功能于一体。

东亭片区商业中心　以东亭中心区为核心，以麦德龙、欧倍德、红星美凯龙为依托，以锡沪路和友谊路构成的十字路线为轴线，向东延伸至查桥，以生产资料、生活资料市场交易为主体。

锡北片区商业中心　以堰桥为中心，以吴文化公园为依托，配套国家级堰桥科技工业园的建设发展。

马山旅游度假区商业中心　以灵山胜境景区建设发展为依托，形成具有休闲、度假、旅游功能的新型商业中心。

3.社区商业中心

社区级商业中心为中小型商业网点群，位于社区或周边人流集中、交通便利的地域，主要经营群众生活必需品，具备行业齐全、服务配套的特点，服务对象主要是社区居民。城区有稻香、曹张、沁园、芦庄、荣巷、上马墩、刘潭、五河、马圩等社区商业中心，市郊有洛社、胡埭、钱桥、玉祁、港下、藕塘、安镇、荡口、华庄、太湖镇等商业中心。社区级商业中心一般有1～2家中型超市，配以新型农贸市场，以及餐饮、洗涤洗浴、美容美发，银行、邮电通信、维修、书报亭等生活服务设施。

二、商业街

1.中山路综合商业街

中山路位于无锡市区中心。新中国成立后，伴随着城中直河的填没和多次拓宽改造而逐步繁荣。

特别是经过1987年、1998年、1999年3次大规模改造，形成南起朝阳广场、北至胜利门广场，长2145米、宽40～45米，贯穿无锡中心商务区南北、全市人气最旺的商业一条街。

解放初期，中山路长850米，平均宽度仅4米，最宽处5余米。450余家大小商店主要集中在南起大市桥（现三阳广场）、北至老北门（现胜利门广场）一带，以日用百货、服装鞋帽商铺居多。其中：百货、绸布店40家，著名的商家有世泰盛绸布店、金国衫袜厂（店）、上海帐子公司等；中西服装店、裁缝店45家，有专做女装的绿叶、大华服装店，专做男装的金星服装店，专做中服的周荣记、乔记服装店，专做童装的小玲珑、小朋友服装店，专做内衣的乐凯、三爱衬衫店；鞋帽店26家，著名的商店有鹤鸣、隆昌祥、中国、五福等皮鞋店，西天宝、圆圆、怡茂祥等鞋帽店；参药店20家，著名的药铺有李同丰、济生堂、阜昌、阜丰等参药号，其特点是前店后室，有坐堂医生，代客加工丸散，代煎送药，代制膏补药。老店、名店有：三阳南北货商店、慎余肉庄（三凤桥肉庄）、过福来馄饨店、稻香村茶食店；余昌、亚米茄、亨大利钟表店，精明眼镜店；魁元堂、中书馆等笔墨店，春麟堂扇画庄；杨庆和银楼；大同、国华书局，尊汉斋古籍书店；吉士照相馆；王泉兴木器店；王大昌箕木梳店等。50年代后，老店、名店被公私合营；单一经营的小店有的被合并为合作商店，有的组建成合作社，有的转入工业系统。虽然行业格局变化不大，但商店数量明显减少。1954年，第一百货商店、梁溪饭店在中山路建成开业。六七十年代，随着中山路的拓宽延伸改造，在道路两侧相继兴建无锡浴室、友谊商店、东风饭店、自行车商店、手工业商场（后更名为东方红商场、无锡商业大厦）、新风饭店（现鸿运酒家）、外贸大厦（现新中润集团）、江南菜馆、百花床上用品商店、妇女儿童用品商店等规模型、特色化商店。其间，王兴记馄饨店、新万兴银丝面店、仁号茶食店、新新食品店和中服厂、卫东服装厂、小朋友童装厂等服装加工门市部陆续迁至中山路。

1986年，中山路商业街有六大行业87家大小商业网点，主要集中在中山路北段。其中：商贸流通业（百货、服装、纺织、鞋帽、五交化、电讯、钟表眼镜、文化、糖烟酒、南北货、烟酒、水果、家具日杂、药品药械）59家，饮食服务业（菜馆、面馆、点心、卤菜、饼馒、旅社、理发、浴室、照相、洗染、娱乐）28家。名特老店有：世泰盛呢绒布绸商店、三凤桥肉庄、三阳南北货商店、聚丰园菜馆、仁号茶食店、沈广茂洗染店、王兴记馄饨店、光明眼镜店等。中山路南段（三凤桥至朝阳广场）仅有梁溪饭店、益民副食品店、朝阳饭店、无锡浴室等6家企业。全路段营业面积在1000平方米以上的企业8家，规模最大为第一百货商店，营业面积4400平方米。其时，剪布绸到世泰盛，吃点心到王兴记，买五香豆到三阳，吃奶油花生到仁号，买酱排骨到三凤桥，配眼镜到光明，成为老无锡人的传统习惯。

1987～1995年，中山路经首次拓宽改造，拆除沿街商业网点40余家，新建扩建商业网点15家，沿街商业网点逐步改变矮、旧、小面貌。其间，在三凤桥段，郊区河埒水产养殖场投资开办烤鸭馆，开创农民进城办商业的先河；三凤桥肉庄投资1040万元，在原址建成三凤酒家；1993年，由市财贸系统投资兴建的鸿运大酒店落成开业，与隔路相望的烤鸭馆、三凤桥肉庄形成市区餐饮“金三角”。在三阳广场段，1988年，无锡商业大厦在东方红商场原址落成，开业次年营业额2.2亿元，成为全市零售商业企业之首，居全省第三。在中山路北段，崇安区政府投资开办3700平方米的中山商场，传统老字号喜福楼饭店恢复营业，特色商店灵通针纺织品公司扩大规模、移地经营。1992年，以销售时尚休闲服装为主的崇安商场开张营业。在胜利门广场段，市财贸系统相继投资建成交电大厦、五金大楼、化工大楼、聚丰园菜馆（原在解放西路）等。

1996年起，中山路商业街成为境外资本投资无锡商圈的首选地段和注入资金最多、最集中的街区。1996年1月，香港新世界百货在中山路投资建成华光珠宝城，新世纪百货开张营业。同年，中山路首家日资企业——八佰伴商贸中心开业，中山路南段商气由此由冷趋热。1998年，新加坡客商建成喜来登大酒店。在烤鸭馆旁建成中外合资新锦江大酒店。1998～1999年，中山路两次改造。其间，太平洋百货、华联商厦等规模企业相继建成开业，好买得等超市进驻落户，五交大厦、永乐家电、五星家电等专业商场和品牌专营店先后入驻，与大商场相呼应。全路段金融、餐饮、娱乐、休闲、医院等诸多配套服务设施日趋完善。2000年，由马来西亚金狮集团投资的三阳百盛广场开业。是年，市政府投资1300余万元，启动全线环境亮化工程，中山路入晚华灯通明、霓虹灯闪烁。中山路购物、休闲、餐饮、娱乐功能日益凸显。

至2005年末，中山路云集商场、酒店、公司660余家，其中金融、保险、旅游、咨询、广告等现代服务业机构48家，住宿、餐饮企业15家，大型百货商场6家，大型超市4家，大型电器专卖连锁店3家。经营行业由1986年的6个拓展至16个，其中：商贸流通业185家，占28%；现代服务业111家，占16.8%；装潢业72家，占10.9%；物资贸易业64家，占9.7%；科技咨询业41家，占6.2%；对外贸易业42家，占6.4%。非公有制企业470多家，占总量的76.4%。企业规模不断扩大，烤鸭馆、三凤桥肉庄、王兴记、梁溪饭店、朝阳饭店等6家企业营业面积均在4000平方米以上，商业大厦、八佰伴、聚丰园、喜来登、鸿运大酒店、华联大酒店、锦江饭店、好买得超市、吟春大厦、东方广场、华光珠宝城、中国银行、时代大厦、天安大厦、中发大厦等15家企业营业面积均在1万平方米以上。6幢专业商务楼宇共20.44万平方米，入驻企业391家。是年，中山路商业服务业销售总量位居全国商业街第七位，为全国10条中华商业示范街之一。

80年代无锡市中山路商店一览表

表17-9

名称	地址	备注
南阳水果店	中山路5号	
无锡市友谊商店	中山路8号	1964年5月1日开业
朝阳饭店	中山路10号	1972年创办
万丰烟酒店	中山路32号	
春阳点心店	中山路66号	
群众百货商店	中山路122号	
梁溪饭店	中山南路147号	创办于1954年，原名时郎中巷招待所，1978年改现名
无锡浴室	中山路学前街口	创办于1959年
无锡市中南旅馆	中山路学前街口	
益民烟酒店	中山路201号	
无锡市新风药店	中山路217号	原为民国37年（1948年）创办的国泰药店，1967年改名
无锡烤鸭馆	中山路222号	1987年创办
更新理发店	中山路233号	
三凤桥肉庄	中山路240号	民国16年由王云清开设
锡风点心店	中山路266号	
大方糕团店	中山路284号	
鸿运酒楼	中山路297号	1966年建成，原名东风饭店，前身公园饭店，1989年改建
浴德池浴室	中山路300号	
紫罗兰美发厅	中山路301号	原名羊子理发店，民国27年于宝子创办，1964年改为紫罗兰理发厅，1987年改现名
无锡市国光水果店	中山路314号	1958年开业
世泰盛呢绒布绸店	中山路318号	清光绪十七年（1891年）由钱孟安创办，一说光绪十九年创办，1966年曾改名无锡市第四百货商店
新丰酱类食品店	中山路319号	
太湖馄饨店	中山路321号	
新万兴银丝面店	中山路321号	
新新食品商店	中山路323号	民国16年由江玉和、谢少静等合资创办

续表

名称	地址	备注
无锡市新华书店	中山路333号	1951年建店，原在公园路31号，1968年迁现址
无锡商业大厦	中山路343号	1964年创办
灵通服装店（个体）	中山路345号	
无锡崇安电料商店	中山路350号	1958年开业
为群五金商店	中山路354号	1966年开业
中山路烟酒店	中山路362号	
沈广茂洗染店	中山路366号	创办于清光绪三十四年，为苏州沈广茂洗染店分店
小花百货商店	中山路369号	1982年9月开业
洁美化妆品商店	中山路	1983年开业
保健药店	中山路382号	原名中央药房，民国33年开设，1970年改现名
精益眼镜店	中山路386号	
吟春书场	中山路389号	创办于清同治十三年（1874年）
王兴记馄饨店	中山路391号	民国2年创办
长征服装厂门市部	中山路393号	
妇女儿童用品商店	中山路395号	1984年创办
无锡市外贸公司	中山路393号	
亨达利钟表店	中山路396号	
白玫瑰理发店	中山路404号	
无锡市照相服务部	中山路406号	1964年开业
湖光照相馆	中山路418号	原名吉士照相馆，民国23年由张德馨创办
无锡市电讯修理部	中山路421号	1958年开业
大众南北货商店	中山北路423号	创办于1953年，有“小三阳”之称
无锡市自行车商店	中山路425号	1964年开业
四季青水果店	中山路426号	
无锡市电讯商店	中山路427号	原名为无锡市中山路电讯器材商店，1976年改名
江南酒馆	中山路435号	1973年创办
健康参药店	中山路428–430号	原名李同丰参药号，清宣统三年（1911年）由李云泉创办于书院弄口，民国28年迁现址，1966年改现名
无锡市化学试剂玻璃仪器商店	中山路437号	1981年创办
钟表缝纫机专业商店	中山路439号	1973年在市百货公司在基础上设立
百花床上用品商店	中山路439号	1979年1月开业
无锡春联文具商店	中山路440号	前身为民国9年创办的春麟堂，1960年改名
新中鞋帽商店		原名新中百货店，1959年建，1982年改名
崇安区百货公司经营部	中山路444号	
光明眼镜店	中山路447号	市内最大的眼镜专业商店
无锡市万红照相馆	中山路448号	1956年与益友照相馆合并而成
仁号茶食公司	中山路457号	创办于清光绪十九年，原在盛巷
无锡钟表商店	中山路460号	创办于1981年8月，为市内最大的钟表专业商店
无锡市文物商店城中门市部	中山路466号	前身为无锡市信托商店珠宝门市部，1961年5月改建为文物商店，1985年在河埒口设新店
无锡市家具一厂门市部	中山路471号	
无锡市糖业烟酒公司批发部	中山路473号	
卫东服装厂门市部	中山路473号	

续表

名称	地址	备注
聚丰园菜馆	中山路475号	始建于清同治六年，1965年迁现址
大陆理发店	中山路488号	
新虹牛羊肉店	中山路510号	
复兴大饼店	中山路512号	
又一村点心店	中山路534号	
灵通针纺织品公司	中山路544号	1984年创办
同丰参店	中山路540号	创办于清咸丰三年（1853年），原名同丰药栈，解放前与大吉春、李同丰齐名，为无锡三大参药号
无锡市中服厂	中山路560号	1956年建办
崇安料瓶商店	中山路568号	1958年开业
喜福楼饭店	中山路584号	民国8年李喜福创办
中山商场	中山路586号	1988年12月建成开业
大陆百货商店	中山路592号	
无锡市综合贸易服务公司金属机电贸易货栈	中山路600号	1984年开业
味雅点心店	中山路602号	
大林烟酒店	中山路614号	
崇安综合服务社	中山路620号	1970年开业
工农日用杂品商店	中山路626号	原名祥发炊具商店
无锡市皇后理发厅	中山路640号	1952年开业
鹤鸣鞋厂门市部	中山路642号	
中山路杂品综合商店	中山路646号	
无锡市第一百货商店	中山路670号	1954年创办
帆布制品厂门市部	中山路679号	

说明：其时，中山路处于改造变迁之中，时有门牌号混排、混用现象，中山路北段一度称为中山北路、南段称为中山南路。

2005年无锡市中山路商业街规模商贸企业一览表

表17-10

名称	地址	名称	地址
朝阳广场大酒店	中山路10号	无锡银楼	中山路316号
八佰伴商贸中心	中山路168号	鸿运大酒店	中山路317号
梁溪饭店	中山路177号	好买得超市	中山路328号
无锡锦江大酒店	中山路218号	华美达酒店	中山路335号
无锡烤鸭馆	中山路222号	哈哈大酒店	中山路341号
王兴记有限公司	中山路223号	新世界百货	中山路341号
三凤桥肉庄	中山路240号	无锡商业大厦	中山路343号
三阳百盛广场	人民中路139号	喜来登大饭店	中山路403号
无锡大洋百货	中山路260号	花都百货	中山路403号
云蝠烧鹅仔美食城	中山路278号	光明眼镜有限公司	中山路447号
华联大酒店	中山路309号	聚丰园大酒店	中山路555号

说明：花都百货于2005年歇业。

2.特色街区

锡沪路建材一条街 1986年起，地处无锡城东的锡沪路逐渐形成建材经营特色。80年代末，广东、福建、浙江等地的建材经营户聚集于此，将外地品牌建材引入无锡。无锡东鹏国际建材市场由陶瓷门店起步，发展壮大。浙江省温州市一蔡姓陶瓷厂工人在锡沪路上开店卖陶瓷，从年销售十几万元起步，至2005年，打响“胜辉”陶瓷品牌，年营销额升至3亿元。1992年华东国际建材市场落户锡沪路，1993年，锡沪装饰材料市场建，这两家市场遂成锡沪路建材市场规模经营和品牌经营的引领者。2005年，锡沪路建材市场经营面积由90年代的20万平方米增至250万平方米，经营户由500多家增至5000多家。

健康路服饰街 健康路人民路交会处至体育场桥段为服饰街，全长937米，原有健康烟酒店、健康点心店、学前大饼店、三元大饼店、健康理发店等区属商业网点零星分布。1995年，位于健康路北段的朝阳丝绸服装厂腾出沿街厂房，开办太平洋电器广场。2000年，崇安区景观街建设指挥部办公室结合健康路道路拓宽工程，对沿街两侧有碍观瞻的房屋拆迁改造，建成商业用房7840平方米，沿街成市，逐年繁荣。至2005年，沿街商铺220余家，其中服装品牌专营店165家，占75%；服装饰物、休闲娱乐用品店47家，饮食、烟酒店6家。崇安区丝绸服装厂部分厂房经改建，开办深港电器广场。

大成巷商业步行街 东起中山路北段，西迄解放西路，全长388米，宽15米，为无锡城区首条商业步行街。2003年6月启动建设，2004年8月竣工开街，建有商业用房1.1万余平方米，大多为二层，少数三层。地面为毛面花岗石，街中有座椅、售货亭、遮阳棚架等设施。街中修复保留张謇读书处、顾毓琇读书处、云薖园3处文物建筑。至2005年，开设商铺197家，一楼以经营精品服装为主，二楼以上为咖啡馆、茶座、酒吧等休闲场所。

新生路休闲商业街 南起朝阳广场公交停车场，北至人民路。八九十年代，该路两侧主要为民居，仅有宝泰烟酒店、长春点心店、新东生面店、新生大饼店、新生理发店和红光油漆门市部（后改为新亚装饰公司门市部）等10余家商店。2000年2月，崇安区景观街建设指挥部办公室结合新生路道路拓宽，对沿街两侧有碍观瞻的房屋实施改造，至年末，在新生路南段（朝阳广场至学前东路）新建商业用房1300平方米，遂逐渐繁盛。沿市妇幼保健医院一侧，有妇儿服装用品专业商店18家。该路段另有饮食店10家，烟酒、水果店13家，旅馆、浴室、美容店18家，规模较大的有中浪发型美容文化连锁机构新生路店等。在新生路中段（学前东路至人民中路），自南向北开设休闲、美容、饮食等店铺，有名典咖啡语茶、避风港茶楼、台湾豆浆大王、花之林时尚茶馆等；新生路与学前东路交会处，设有大众保险无锡中心支公司、华夏银行无锡支行、招商证券新生路营业部、太平洋人寿保险无锡中心支公司、商业银行新生路分理处等金融机构。

后西溪饮食服装街 东起三凤桥，西至解放西路，全长500余米。七八十年代，后西溪中心小学、无锡中医院、崇安区少年宫占据后西溪东段的大部分街面，仅有3家小型烟酒店、点心店、水果店；后西溪西段，主要是民居，仅有少量商业服务网点。1995～1996年相继建成后西溪布料市场和健康路服装城。后西溪布料市场设摊位174个，经营各类面料；场外设缝纫加工摊位105个，纽扣、拉链等服装辅料经营摊位24个，成为当时华东地区影响较大的专业市场之一。2000年启动后西溪景观街建设，带动沿街商业服务网点迅速发展。至2005年，开办商铺114家，其中：服装、纺织品专卖店81家，服装饰件、理发美容店8家，饮食店12家，烟酒店8家。

站前商贸区 位于车站路以南，县前东街以西，解放北路以北，通运路以东，由无锡市城市投资发展公司和香港仲盛集团亿达控股有限公司合资、无锡市仲城房地产有限公司开发建设，为集商务、贸易购物、餐饮、观光、休闲、旅游、娱乐于一体的商贸街区。该街区总投资28亿元，占地16万平方米，建筑面积28万平方米。商贸区内有市级文物保护单位锡金商会旧址，以及中百二店、国际饭店、长庆大厦等多幢商务楼宇。2004年10月，主体建筑16万平方米的站前商贸城和步行街、地下车库等竣工。步行街5号楼被无锡和香港两地确立为长江三角洲首座香港零关税服务中心。站前商贸城

一、二层为商铺，三层以上为餐饮、住宿、娱乐和商务写字楼。开业后，陆续引进百度、歌巢、玛田夜总会，阿玛尼、七星桌球会所、七君子歌舞厅、翔天电玩、东山网吧等8家娱乐企业，先后入驻南京1912、子云轩、翰林轩、王兴记、半岛咖啡、莫泰168、七天、汉庭、速8、快捷利、789、帝伦、花园、永庆等18家住宿餐饮企业和天姿美容、老房子足浴等休闲服务企业。

图17-3　站前商贸区　（朱晓光摄）

保利广场　位于县前东街与解放东路交会处，为无锡地区首家采用国际先进商业经营模式的一站式休闲购物中心，总投资10亿元，占地20万平方米。2002年启动建设，2004年10月一期工程项目保利广场竣工，部分开业。一、二楼设有时尚保利、生活保利、餐饮保利、运动保利4个板块。时尚保利板块4万平方米，经营化妆品、皮具皮鞋、黄金珠宝、国际时装、儿童服装等，引进艾格、拉夏贝尔、皮尔卡丹等多种国际品牌商品；生活保利板块9000平方米，开设家乐福无锡保利店；餐饮保利板块2万平方米，入驻特色餐饮店20家，美容、美发、足浴、瑜伽店6家；运动保利板块位于地下一层，4500平方米，开设运动休闲用品连锁专营店、室内灯光篮球场、攀岩馆及乒乓球馆。2005年，启动二期开发项目。

图17-4　保利广场内景　（崇安区志办供稿）

南禅寺古玩文化特色街区　位于南禅寺旁，分设文物古玩、书画艺品、花鸟鱼虫、古旧家具、邮币交易等市场，并有各种风味小吃，是集旅游、商旅为一体的文化专业市场。

人民西路通信电子街　位于人民西路，是以经营手机、电脑、数码通信、IT部件及软件、电子娱乐、音像制品和提供技术信息服务为特色的通信电子产品街区。

湖滨路旅游品特色街区　依傍蠡湖、山水城度假村，建有工艺品、纪念品、地方精品名品、干水产品、土特产

图17-5　2001年7月21日，南禅寺文化商城开业　（顾祚维摄）

品等专业旅游用品商场，配以旅游书店、水乡茶座、西餐店、咖啡馆等，为旅游购物区和栖憩地。

青石路旅游餐饮街 2002年9月28日开始营业。该街汇集各地菜系，并以锡菜为特色，反映无锡饮食文化。

第六节 特色市场

80年代起，无锡国有商业企业就创办商品、物资交易市场，尤以朝阳集团、天鹏集团、商业大厦等3家大型企业创办的市场最为突出。

1985年，朝阳集团的前身市蔬菜公司在槐古桥地区创办朝阳蔬菜副食品交易市场。1990年，在城北锡澄路和312国道交会处创办锡澄水果副食品市场。1999年，打破行业界线，在城南下甸桥创办储运公司的钢材交易市场。至2005年，共创办蔬菜、水果、粮油、钢材、家禽、花卉、农贸、茶叶等8个市场，在锡城形成一南一北两大市场基地。城北基地位于锡澄路、江海路交会处，集蔬菜、水果、粮油三大市场于一地，占地约33万平方米，成为华东地区最大的粮油、果蔬、农副产品交易市场。城南基地位于新区下甸桥，占地20万平方米，成为集物资储运、市场交易、流通加工、信贷质押于一体的大型现代化物流基地。

1991年4月，天鹏集团利用自有的场地(食品公司大院占地10.8万平方米)及房屋、冷库等设施，冲破计划经济时期单一搞肉食禽蛋营销的界限，创办以猪肉、禽畜冻品、南北货为主的食品、副食品交易市场，获得成功。1992年，在锡澄路东侧，利用原家禽繁殖场的场地开办宏达农副产品批发市场。1993年初，在公司厂区东部和北部创办食品商城。2003年7月，与毗邻的八达市场联营，形成年吞吐量60万吨、年交易额60亿元的大型食品商城。

2001年9月，商业大厦在广南立交和太湖大道交汇处开始建造东方汽车城，投资9000万元。2002年元旦，汽车城竣工并投入使用。2005年，汽车城占地16万平方米，有22个4S汽车展示厅、1所汽车驾驶培训学校，承担28个国内外著名汽车品牌的代理权，年销售汽车1.5万辆。

2005年，全市有商品交易市场429个，其中消费品市场311个、生产资料市场118个①。市商业局系统有10个交易市场，占地50.93万平方米，年成交额近150亿元。

2000年无锡市区特色市场一览表

表17-11

名称	地址	名称	地址
锡澄卤菜加工市场	江海东路瓜果市场南侧	猪肉批发市场	锡澄路251号
广南卤菜集中加工市场	312国道广南路口	副食品市场	锡澄路2号桥堍
溪南卤菜豆制品加工市场	蠡园乡溪南村	瓜果交易市场	锡澄路259号
卫星豆制品集中加工市场	南站乡卫星村	锡澄果菜副食品交易市场	锡澄立交桥堍
装饰工程交易市场	中桥金匮路口	朝阳蔬菜副食品交易市场	槐古桥268号
招商城劝业场家庭装潢工程交易市场	汉昌路66号	崇安区夜市市场	公园路
华东室内装潢市场(华东装饰城)	广瑞路122号	三里桥粮油市场	小三里桥特1号
广益新天地装潢市场	锡沪路2号桥西侧	特种水产批发市场	高墩桥堍
花鸟市场	南禅寺内	生产资料交易市场华光电脑商城	中山路319号5楼

① 参见本志第十卷第五章第一节《商品市场建设》。

续表

名称	地址	名称	地址
二泉公园花鸟市场	盛岸中路211号	梦之岛电脑通信市场	人民西路41号
花卉批发市场	县前西街175号	旧货市场	长康路28号
邮票钱币市场	南禅寺内	后西溪布料市场	后西溪88号
招商城小商品专业市场	解放西路232号	健康路布料市场	健康路38号
招商城皮具市场	五爱北路底	炊事机械市场	江尖桥洞下
招商城针织品市场	解放西路234号	厨具城	东门典古桥堍
招商城床上用品市场	解放西路240号	物产家用电器市场	人民中路185号
招商城鞋帽市场	五爱北路永定桥堍	旧机动车交易市场	312国道全丰路口
招商城针纺织品市场	永定桥堍	石材市场	312国道民丰桥堍
招商城劝业市场	工运桥吉庆路	中储装饰材料城	锡沪路183号
金三角建陶市场	广益镇	华东装饰城	广益镇
利民摩托车配件市场	黄巷镇	统一摩托车配件市场	黄巷镇
华东汽车城	黄巷镇	广益汽配市场	广益镇
南方不锈钢市场	南站	超储设备调剂市场	南站镇

说明：至2005年，特色市场大部分仍在原址，个别迁移。

2005年无锡市贸易资产经营公司所属市场情况表

表17-12　　单位：平方米、万元

名称	地址	开业时间	占地面积	内部设施	投资总额	备注
猪肉批发市场	锡澄路251号	1991	7064	经营摊位200个、100吨冷库1座	120	隶属无锡天鹏食品公司
食品商城	锡澄路251号	1994	40000	营业用房390间9000平方米、大型冷库3座，总容量2万吨	6000	隶属无锡天鹏食品公司
宏达农副产品批发市场	锡澄路1号桥	1992	3335	经营摊位30个、营业楼1幢	550	2000年转制为民营企业
朝阳蔬菜副食品交易市场	北滨路28号	1985	66700	1万平方米大棚3个、4000平方米大棚1个	8000	隶属无锡朝阳股份公司
锡澄果蔬副食品市场	锡澄路268号	1990	102718	大楼1幢1.6万平方米、1万平方米大棚2个	15500	隶属无锡朝阳股份公司
朝阳家禽市场	槐古路6号	1994	15341	交易大棚1个	800	隶属无锡朝阳股份公司
朝阳农贸市场	槐古路8号	1996	10005	—	100	隶属无锡朝阳股份公司
朝阳花卉市场	长埭路57号	1998	53360	经营门店100余间	1200	隶属无锡朝阳股份公司
朝阳钢材市场	城南路25号	1999	194764	交易大厅9个	6900	隶属无锡朝阳股份公司
东方汽车城	广南立交西堍	1998	16000	汽车展示厅22个	9900	隶属商业大厦集团公司

第七节　市区老字号

在民族工商业发展过程中，无锡百货业、食品业、饮食业、服务业、酿造业和医药业等领域涌现出许多名店、名庄及名品，形成一批老字号企业。八九十年代，一部分老字号企业充分发挥自身独有的优势，不断改革创新，成为行业的领头羊，但也有部分老字号企业渐渐失去竞争优势而衰败。1993年，市政府财贸办公室在全市零售、饮食、服务等行业首次开展无锡市名牌、特色、老字号商店评选活动。至2000年，共开展4届评定工作，先后命名三凤桥肉庄等26家发展历史长、声誉口碑好、经营特色浓的企业为无锡“老字号”。

2005年无锡市老字号商店一览表

表17-13

序号	企业名称	现状
1	无锡市三凤桥肉庄有限公司	正常经营
2	无锡市聚丰园大酒店有限责任公司	正常经营
3	无锡市供销合作总社三阳公司	正常经营
4	无锡市世泰盛呢绒布绸商店	尚在经营
5	无锡市中国饭店	调整即开业
6	无锡市泰山饭店	正常经营
7	无锡市迎宾楼菜馆	因城市拆迁停业
8	无锡市醉月楼菜馆	因城市拆迁停业
9	无锡市拱北楼面店	正常经营
10	无锡市真正陆稿荐肉庄	正常经营
11	无锡市第四副食品商店徐嘉和茶食店	尚在经营
12	无锡市大吉春参药店	正常经营
13	无锡市长春堂参药店	正常经营
14	无锡市同丰参药店	正常经营
15	无锡市沈广茂洗染店	尚在经营
16	无锡市玉泉浴室	因城市拆迁停业
17	无锡仁号茶食公司	因城市拆迁停业
18	无锡王兴记馄饨店	正常经营
19	无锡光明眼镜店	正常经营
20	无锡市健康参药店	正常经营
21	无锡市第一副食品商店	因城市拆迁停业
22	无锡市湖光照相馆	因城市拆迁停业
23	锡山市甘露药店	正常经营
24	江阴医药股份有限公司致和堂药店	正常经营
25	江阴第一副食品商店	尚在经营
26	宜兴市土产杂品总公司	尚在经营

一、无锡王兴记馄饨店

图17-6 王兴记馄饨店 （孙怡摄）

民国2年（1913年）1月，无锡北乡塘头人王庭安在崇安寺昇泉浴室旁开办馄饨店，专卖手推皮子馄饨。民国4年末，店名定为王兴记馄饨店。此后，王庭安不断改进制作方法，使王兴记馄饨滑爽鲜嫩，汤水浓而不浊，再加上开洋、紫菜、蛋皮丝、青蒜叶、胡椒粉等辅料、佐料，色香味俱全，很受顾客欢迎。1956年，实行公私合营。1965年，迁至中山路391号。1966年，更名为无锡馄饨店。“文化大革命”结束后，恢复原名，添置雅座和空调，并开始接待外宾。

80年代后期，王兴记馄饨店进行技术更新，推出新品。1995年初，王兴记馄饨店大楼拆迁后，在火车站广场开设临时营业点。是年末，租赁中山路89号原无锡浴室400平方米门面房再度开张。“王兴记”字号经市工商局核准为注册商标，其主打产品三鲜馄饨、蟹粉馒头被誉为“江南一绝”。1996年4月，市商业局整合王兴记馄饨店、醉月楼菜馆、二泉酒家，合并成立王兴记总店。王兴记总店在保持传统特色的基础上，采用绿色放心食品原辅材料，提升产品品质，鸡汤三鲜馄饨、鲜肉小笼馒头获商业部“中华名小吃”称号。是年末，创办王兴记速冻食品厂，生产“王兴记”牌速冻系列点心。是年末，成立无锡市王兴记有限公司。1999年，“王兴记”商标被评为无锡市知名商标。2000年，无锡小笼、三鲜馄饨被国内贸易局推荐为“中国名点”，蟹粉小笼、蟹粉馄饨被中国烹饪协会认定为“中华名小吃”。2001年，王兴记馄饨店被中国烹饪协会授予“中华餐饮名店”称号。2003年3月，获“全国绿色餐饮企业”称号。2005年3月，王兴记中山店二楼开设“御兴苑”中餐厅，推出锡帮特色菜肴。7月，在崇安寺地段开设王兴记餐饮分公司。2005年末，王兴记有限公司资产2224万元，职工226人，年销售额2438万元，“王兴记”被认定为江苏省著名商标。

二、无锡市三凤桥肉庄有限公司

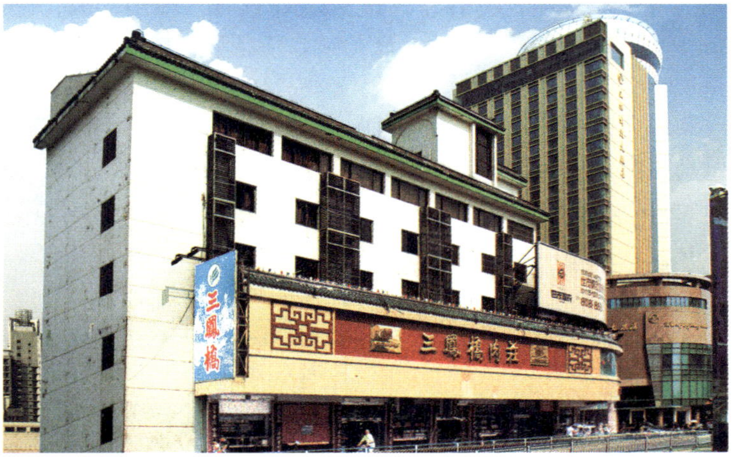

图17-7 三凤桥肉庄 （崇安区志办供稿）

三凤桥肉庄原名慎余肉庄，由经营猪行、肉摊的王云清于民国16年（1927年）在三凤桥堍开设，经营生、熟肉。王云清重金聘请名师，融合无锡烧煮熟肉的南北两派精华，创制酱炙排骨（俗称“肉骨头”），骨酥肉烂、香美味鲜，驰名沪宁线。慎余肉庄1956年公私合营，1967年转为国营，70年代更名为三凤桥肉庄。1987年、1989年两次扩建，1990年12月更名为无锡市三凤桥肉庄，1998年改制更名为无锡市三凤桥肉庄有限公司。进入21世纪，三凤桥肉庄及三凤酒家扩大规模，成为中山路商业区的名牌商铺，主营商品有新鲜熟食、真空包装和保鲜卤菜三大系列100多个品种。2005年，企业投资2000万元，建设生产基地，引进具有国际先进水平的质量检测和自动或半自动生产设备，日生产能力达到10吨，成为华东地区最大的老字号品牌生产基地。公司拥有11家连锁分店，年销售收入8901万元，利润1838万元。

三、无锡市真正老陆稿荐肉庄

清同治十年（1871年），无锡陆步高夫妇以卖熟肉起家。民国16年（1927年），传到其子陆稿和陆荐时，以兄弟姓名作为肉庄名称，打响"陆稿荐"招牌。世代相传，遂成无锡百年老店。陆稿荐的熟食系列以色之光润、香之浓郁、味之独特、质之正宗而深受消费者青睐。为区别于后起的同业门店，定名为真正老陆稿荐。1956年公私合营。1991年，原加工场所在地兴建民族饭店，在市食品公司内建造新的工场间，改变沿袭多年的"前店后坊"生产模式。1992年，成立肉食品零售总店，1993年定名真正老陆稿荐肉庄。1994年开始发展连锁店，最多时有56家。1997年，开发推出真空保鲜卤菜全家宴。2003年改制为有限公司。2005年，营业额7031万元。真正老陆稿荐肉庄产品先后获"江苏省名牌产品""江苏省著名商标""中国放心肉类信誉品牌"等称号。

四、穆桂英美食城

前身为穆桂英糕团店，创办于无锡解放初期，是市区规模最大的专业糕团店。因由女职工发起开办，故名。"文化大革命"中改名为时新点心店，1998年恢复原名。穆桂英糕团店主要经营五色挂粉汤团、玉兰饼、各色花色糕点、喜庆糕团，及包装糕点、盒式糕点、优质八宝饭。1996年11月8日，穆桂英糕团店扩容并更名为穆桂英美食城，在南禅寺商城开业，成为南禅寺文化、旅游商贸区的一个重要组成部分。2000年，穆桂英美食城实行改制，国有资本全部退出，由经营集团持大股。2002年，被中国烹饪协会命名为中华餐饮名店。2005年营业额8983万元。

五、无锡市聚丰园大酒店有限责任公司

原名聚丰园菜馆，始建于清同治六年（1867年），由盐公堂烧饭师傅王荣初等人在北门外城墙脚下合股开设。民国元年（1912年）创出船菜。菜馆背靠护城河，平时将太湖盛产的鲜鱼、虾、蟹笼养在河中，任顾客挑选，当场加工烹饪，新鲜味美。其特色名菜有腐乳汁肉、锡式卤鸭、油爆大虾、奶汤鲫鱼、清炒虾仁、炒蟹胱油、梁溪脆鳝等。民国35年，蒋介石偕夫人宋美龄到锡"避寿"，乘"苹香"画舫游太湖，品尝聚丰园名厨烹饪的蟹粉鱼翅、鸡油菜心、清炒虾仁等船菜。1956年公私合营。1966年，迁至胜利门口。1972年，美国民间代表团到馆就餐。1979年后，先后推出灌汤虾球、咸蛋黄焗河蟹、清蒸银雪鱼、八宝辣酱、盐焗鸡、豉汁盘龙鳝等新品种。1995年，腐乳汁肉被评为无锡市十大名菜之一，锡式卤鸭被评为无锡市十大优质菜肴之一。1995～1996年，投资9000万元，翻建17层大厦。1996年9月，改制成无锡市聚丰园大酒店有限责任公司。2001年，在第二届中国美食节上，聚丰园的腐乳稻香肉、灌蟹乌鱼蛋获金奖；在省烹饪协会举办的名菜名点展销会上，炒蟹胱油、蟹粉炖蛋、酥香大黄蛇、鸡酱活鲈获金奖。2005年，营业额3483万元。企业先后获"中华餐饮名店""全国绿色餐饮企业"等称号。

六、无锡市健康参药店

无锡健康参药店原名李同丰参药号，开设于清宣统二年（1911年）。民国10年（1921年）在通运路开设分店，民国23年在北大街开设李同丰北号，为无锡三大参药号之一。1956年，公私合营。1966年，更名为健康参药店。90年代末，归入无锡市山禾集团健康参药连锁公司，为无锡市最大的综合性医药商店，经营品种包括中药材、中药饮片、中成药、西药、医疗器械、卫生材料及营养保健品等2300多个。健康参药店从"小"字着眼、"便"字入手，设立以小丸散加工、小病问讯服务、小商品

供应、小药材收购、夜间急病售药、代客邮寄、代客煎药为主要内容的“七小服务”以及代客送货上门、代客缺药登记、到货通知、代客鉴别真伪药材、代客切参片、中医坐堂门诊等便民项目，社会效益和经营效益同步增长，在全省医药零售行业中居首位，连续多年被评为全国20家文明示范药店之一和全省医药行业最佳零售商店。

七、沈广茂洗染店

清光绪三十四年（1908年），苏州沈广茂洗染店在无锡前竹场巷开设沈广茂洗染厂，专为丝绸庄加工染色整批丝绸、青布。后在胜利门增设老正和，在书院弄口增设明新两家支店，洗染厂改为洗染店。1956年实行公私合营。1959年，迁至中山路道长巷20号。“文化大革命”中曾更名为更新洗染店。1970年后，化纤织物增多，该店5次派员工到上海正章洗染店、苏州太湖洗染店学习，并添置洗衣机、整烫机。80年代后，除经营绸、毛、布等成品服装的洗、漂、染业务外，又陆续开设呢绒服装干洗、整烫，皮夹克上光，雨衣上胶，羊皮洗白，毛料化纤衣裤织补等业务。2000年，成为中国洗染行业协会发起单位之一。

八、无锡光明眼镜店

光明眼镜店前身为精明眼镜店，19岁的张秉辉于民国12年（1923年）创建，为无锡第一家拥有科学验光设备的专业眼镜店。店址在城内中山路仓桥下，两间门面，3个员工。张秉辉通过函授，获得美国费城大学的视光学毕业证书。该店坚持精确验光、精细加工、精心服务的宗旨，声誉鹊起，成为当时无锡近视患者的唯一配镜处。1956年公私合营，1967年更名为光明眼镜店，店址迁至中山路447号。90年代，光明眼镜店实行股份制。

九、无锡市湖光照相馆

创建于民国28年（1939年），原名吉士照相馆。时有店面1间，电光摄影场1处，并备有日光摄影场，职工7人，经常从上海聘请名师到锡传授技术，一些名流、富者和影剧明星慕名前往拍照留影。吉士还自设电台进行广告宣传。1956年公私合营后，逐步发展彩色相片，增设预约外拍业务及工业机械、轻纺产品、工艺广告的照相业务。1960年后，吉士有130余幅作品入选全国、省、市各级影展。1962年，更名为湖光照相馆，为沪宁线的名店之一。1965年，扩建门面、楼屋及摄影室。1983年，评出特二级、特三级摄影师各1名。其艺术人像照、结婚照、团体照等立意新颖、形态优美、格调高雅，深受顾客青睐。该店还兼营摄影器材等业务。2005年，该店停业，由元盛集团负责注销。

十、无锡市世泰盛呢绒布绸商店

创办于清光绪十七年（1891），始由钱孟安开办，店址位于大市桥口（现中山路318号），名世泰盛绸缎庄，以经营绸布为主，兼营丝棉线和顺袋。至民国16年（1927年），经营品种增至1000余种，且花色齐全，备货充足。民国19年后，增加国外进口和国内生产的机织平布、府绸、卡其、色织布、呢绒等品种，并增设服装部，代客加工服装，年营业额超过30万元。1937年11月日军侵占无锡后，世泰盛经营惨淡，濒临破产。无锡解放后，世泰盛重获新生。1955年公私合营，恒新、恒丰洋、大纶柏等3家绸布店和新大陆百货店等并入，1958年更名为世泰盛百货商店。1966年百货部划出，更名为世泰盛呢绒布绸商店。是年8月，又与红光百货商店合并，更名为无锡市第四百货商店布绸部。1984年8月，复称世泰盛呢绒布绸商店，主营纺织品和服装，兼营针纺织品。1999年，被市政府评定为老字号商店。2002年初改制后，兼并崇安区百货公司、无锡市自行车商店、无锡钟表店、崇安区五交化商场等8家企业，组建成世泰盛经贸有限责任公司，注册资金300万元。2005年，与“世泰盛”品牌联营合作的企业和旗舰店发展至13家，从业人员110人，年营业额6458万元。

十一、无锡仁号茶食公司

清光绪十九年（1893），黄菊农等人合股在北塘桃枣沿河、原仁号糖栈的基础上开设，专营桃肉、桂圆、枣子等，时有店面12间，为无锡最大的南北货商店。民国13年（1924），由黄菊农之子黄云章接管，民国23年，糖栈收缩，改办碱厂，南北货业务衰落。民国28年，黄云章之侄黄明华在盛巷开办南货店，起名仁号南货店。民国32年，黄明华兄弟聘请镇江炒货师傅，经销炒熟花生米，一炮打响。后又逐步增加花色品种，从椒盐花生到奶油花生、白脱花生；从奶油瓜子、水炒瓜子到酱油瓜子、甘草瓜子，生意日隆。仁号南货店遂更名为仁号炒货店，并盘进三爱糖果厂，自产糖果，先后创制鸡球牌水果糖、元宝糖、丁果条、石果糖、牛轧糖、芝麻片等苏式糖果以及什锦糖。民国36年至1949年，日销奶油花生1000多公斤、糖果500多公斤，产品销往常州、宜兴等地。仁号炒货"香、松、脆、色"，风味独特，"仁号麻糕"名闻遐迩。1951年，在安仁巷建新工场，获利丰厚。1954年更名为仁号茶食糖果店。1956年公私合营后，迁至中山路685号。1968年10月更名为利群副食品商店，1979年，复称仁号茶食店。1985年，更名为仁号茶食公司，炒货发展至63个品种，年产量28.23万公斤，营业额112.65万元。1987年，因胜利门广场改造拆迁，迁至中山路427号。1995年，因市政建设拆迁歇业。

第八节　管理机构

1985年6月，恢复成立无锡市政府财贸办公室，负责财政、金融、市场物价，以及生活、生产物资流通工作。11月，成立蔬菜办公室，与财贸办公室合署办公。各县、区及相关单位确定主要领导牵头负责，时称"菜县长""菜区长""菜乡长""菜村长""菜厂长"，负责蔬菜产销日常工作。是年，无锡市糖业烟酒、饮食、服务等3家公司所属的分公司、管委会、中心店和大部分零售企业下放到区，实行属地管理。第一副食品商店、第二副食品商店、仁号茶食公司、中国饭店（包括下属中国饭店分店、二泉酒家）、迎宾楼、聚丰园、江南菜馆、工农饭店、王兴记馄饨店、泰山饭店、京海旅社、东风饭店、无锡浴室、湖光照相馆等14家商店暂不下放。

1991年末，市、市（县）、区相继明确商业企业主管部门，建立12个商业行业协会，初步形成社会商业管理网络。1992年，各商业主管部门分别开办或转为经济实体，组建集团公司。三市（县）商业局、供销社、粮食局相继改组为具有企业法人资格的经营实体，职能由行政管理转为经营、服务、行业管理相结合，新进人员不作干部编制，工资、经费与财政脱钩。

1996年，市政府财贸办公室更名为无锡市财贸办公室，归口市政府办公室管理，挂"无锡市蔬菜办公室"牌子；市商业局更名为无锡市贸易局。10月，无锡商业联合会成立。2001年4月，无锡市成立发展现代物流领导小组，领导小组办公室设在市发展计划委员会。

2001年11月，无锡市政府机构改革，撤销市财贸办公室（市蔬菜办公室），财贸行政管理职能划入市经贸委，蔬菜管理职能和"市蔬菜办公室"的牌子并入市农林局；撤销市贸易局和市物资局，分别组建无锡市贸易资产经营公司和无锡市物资资产经营公司，原承担的行政管理职能划入市经贸委；原无锡国有资产管理局承担的组织实施商贸领域有关企业国有财产监管的职能，原无锡市经济体制改革委员会承担的组织实施现代企业制度试点、指导中小企业改革与发展的职能，原无锡市经济体制改革委员会承担的审核设立股份有限公司的职能，划入市经贸委。市经贸委内设流通规划调控处和贸易市场处，贸易市场处挂"市酒类管理办公室"的牌子。2005年7月，市经济贸易委员会挂"无锡市服务业办公室"牌子，设服务业综合处、商贸运行处、流通发展处和市场建设处。

第二章　商贸业

第一节　日用消费品购销

“七五”期间，无锡市调整商品购销政策，减少计划管理的商品，逐步扩大市场调节范围。购销体制打破“固定供应区域、固定供货渠道、固定作价办法”的旧体制束缚，发展横向经济联合，拓展货源基地和销售基地建设。1987年，无锡最大的国营工业品批发企业无锡百货站与省内50多家经营能力强、辐射面广、知名度较高、信誉好的批零单位实行商商联销，建立由基层社、大中型商场、批发公司组成的多层次联销网络，联销额当年为2052万元，1989年增至2666万元，1990年又比1989年增长65.5%。1990年，建立由无锡百货站提供商品货源、各成员单位组织销售的自愿组合的江苏省无锡百货行业营销共同体，共同协商安排商品交易，联合举办供货会；同时与收购额百万元以上的20余家工厂建成稳定的产销联合体，与300余家中小型乡镇企业进行产销联营；与粤、沪200余家企业实行跨地区联合产销，建立总代理、总经销关系，巩固和发展联结全国2500余家批零企业的销售网络，初步形成以无锡为中心的四通八达、纵横交叉的商品流通网。无锡百货站组建成立百货、文化、鞋帽、钟表缝纫、照相器材、纺织品、劳保用品等7家专业批发公司和包装、储运、贸易等3个专业经营部，1986～1989年，连续4年的销售总额、实现利润、流动资金利用率、劳动效率均列全省第一，成为无锡市创税利大户。无锡市五金采购批发站改变传统经营模式，扩展经营范围，向零售和新的商品门类延伸。据商业部统计，1991年末全国412家五金商品重点企业中，无锡市五金采购批发站销售额20112万元，名列第五，仅次于上海、北京、天津、沈阳同行；利润719万元，名列第三，仅次于上海、沈阳同行。1992年，江苏省无锡五金机械总公司扩大零售，五金零售商场成为全省最大的五金专业商场；建立配供中心，成立装潢工程部，增设轴承标准件专业商店。是年，公司销售额2.23亿元，利税1520万元，为江苏省商业系统经济效益最佳企业之一。

1995年，无锡商业大厦和第二百货商店实行资产一体化经营，组建成立无锡商业大厦集团有限公司。1996年，组建成立无锡市第一百货集团有限公司，与交电站实现资产一体化经营。年内，无锡商业大厦、市蔬菜公司、市食品公司3家企业年销售总额首次超10亿元，市第一百货集团等7家企业利税总额超1000万元。10月25～28日，由市百货批发总公司承办的’96秋季全国鞋帽商品交易会在无锡高新技术开发区新加坡工业园举行，全国30个省（市、自治区）的700多家参会工商企业以及5000余家会外工商企业参加交易会，到会5万余人，成交40.81亿元。

1997年，百货批发总公司等30家企业组建成立无锡市国贸控股（集团）有限公司，总资产35.17亿元，注册资本8.6亿元。第二百货商厦、市交电站分别并入无锡商业大厦和第一百货商店。原有各大批发站，除五金机械总公司外，其余分别被无锡商业大厦集团等大公司兼并。1998年，华锦集团成立，下属江苏省无锡五金机械总公司、无锡华锦化工有限公司、无锡商场等3家企业，为当年国内同行最大的五金专业商场。自此，无锡市日用消费品购销主要企业分别为无锡商业大厦集团、中百集团、一百集团、华锦集团、八佰伴集团、食品公司（后改制为天鹏集团）、朝阳集团、元盛集团、糖业烟酒公司等9家集团公司。2000～2005年，无锡市商业系统继续调整经营经济结构，企业改制基本完成。

1986年、1992年无锡市日用消费品零售情况表

表17-14

品种	单位	1986年		1992年	
		全市	其中市区	全市	其中市区
棉布	百米	372614	213958	130914	68877
棉花化纤混纺布	百米	199541	96607	124324	40717
化纤布	百米	135130	66147	56298	27522
呢绒	百米	48156	15913	20390	10712
绸缎	百米	63558	32121	42258	24501
毛巾	百条	71509	29762	—	—
锦纶袜	百双	54962	26050	—	—
汗衫背心	百件	32677	15812	18295	7365
棉毛衫裤	百件	28428	11913	25887	12213
卫生衫裤	百件	2487	384	1369	477
床褥单	百条	5980	2466	—	—
服装	百件	38238	19095	56207	36835
毛线	百公斤	9803	3809	6727	1747
皮鞋	百双	12200	4694	19447	9882
胶鞋	百双	39301	10566	37140	9590
肥皂	百箱	2349	652	851	344
洗衣粉	吨	6201	2262	6569	1962
缝纫机	架	33683	7345	21115	3389
手表	百只	2321	1205	2427	941
自行车	辆	196292	74906	233721	93966
半导体收音机	台	164225	143993	74871	42426
电视机	台	139779	86621	89858	28704
录音机	台	89301	63577	65635	33666
电风扇	台	247220	108982	252376	61702
洗衣机	台	111403	62628	65818	22428
电冰箱	台	7411	5236	34546	13158

2005年无锡市限额以上商业企业日用消费品批零销售情况表

表17-15　　单位：家、人、万元

经营范围		法人企业	活动单位数	从业人员	销售总额	其中	
						批发	零售
批发	食品、饮料及烟草制品批发	13	66	1935	637272	587804	49468
	纺织、服装及日用品批发	18	25	1171	814882	813599	1283
	医药及医疗器材批发	4	5	661	148598	108982	39616
	矿产品、建材及化工新产品批发	57	156	3920	2154371	1970718	183653
	机械设备、五金交电及电子产品批发	30	36	3672	878506	816015	62491

续表

经营范围		法人企业	活动单位数	从业人员	销售总额	其中	
						批发	零售
零售	食品、饮料及烟草制品专门零售	6	134	1293	26509	1564	24945
	纺织、服装及日用品专门零售	2	4	288	29275	464	28811
	文化、体育用品及器材专门零售	7	57	756	37417	2987	34430
	医药及医疗器材专门零售	8	330	2482	125680	28055	97625
	家用电器及电子产品专门零售	10	23	1818	178492	2811	175681
	五金、家具及室内装修材料专门零售	3	3	449	26093	—	26093

第二节 生产资料购销

一、工业生产资料购销

1986年后，随着经济体制从计划经济向市场经济的逐步过渡，生产资料的配置由指令性计划分配转向放开进入市场，生产资料的供给由短缺紧张转向买方市场，生产资料价格由国家统一计划价转向计划指导价，计划价和市场价双轨运行，直至随行就市。无锡市物资企业随着国家对生产资料的管理、经营、价格和进出口权的放开，从发挥主渠道作用、保障生产企业供应，逐渐转为市场竞争主体。

1986～1990年，市属物资企业承担部分政府职能，为生产建设及应对突发性自然灾害提供物资保障。在生产资料价格双轨运行期间，每年完成700万元市贴补计划，并消化民用煤价差。市属物资企业年均组织计划外钢材26万吨、煤炭135万吨、木材23万多立方米，水泥22万吨；重要生产资料市场占有率，钢材52%、煤炭95%、木材92%、水泥90%。1990年，市区物资企业销售总额22.51亿元，比1986年净增15.21亿元。5年中，市区物资企业累计上缴国家税利8529.19万元，年均上缴1705.84万元。主要物资供应量和计划外物资实物量逐年递增，其中1989年销售指标居全省之冠。市区物资企业把市内重点项目和市“拳头”产品（“长征”自行车、“菊花”电风扇、“小天鹅”洗衣机等），出口创汇及产值亿元以上、税利在千万元以上的大型骨干企业作为保供重点对象，实行品种上优先满足，时间上优先安排，价格上优惠照顾，并实施配套供应。供应范围由1987年的10家市重点企业、3个“拳头产品”、22个市重点项目，扩大至1990年的100家重点企业、32个重点工程和项目建设。对文教、卫生、民政等非工业系统的需求，实行上门核实供应，对农民建房所需钢材、木材、水泥“三大材”，实行定额供应。1990年，市区物资企业代理出口钢材、有色金属、化工原料、机电产品，总额1049.94万美元；与市外汇调剂中心联手，进口企业所急需物资总额7311.29万美元。1986～1992年，通过承办全国物资会议，无锡市组织到计划外钢材87万吨、有色金属7万吨、煤炭441万吨、水泥30万吨、化工产品20万吨、木材9.5万立方米及机电、汽车等物资。

1990年12月，国家体改委、物资部确定无锡市为全国首个物资流通综合改革试点城市。1991年，《无锡市物资流通综合改革试点方案》启动实施。物资流通企业加强横向联系和区域经济合作，加快经营机制转换步伐，经营触角开始向进出口贸易、期货经纪、生活资料、实业、房地产开发、仓储租赁等方面延伸。改革传统的物流方式，尝试代理、配送、连锁和直供直销。1991年，市区物资企业对100个重点用煤大户、15家企业实行“零库存”配送。1993年，配送企业232家，其中“零库存”配送企业103家，配送物资总额达到14.9亿元。市金属公司、机电公司、物资资源开发公司分别以建立销售协会、网络、特约经销处和连锁分店等方式实行连锁经营，物资经营网点1986年124个，1990年148个，1994年直销总额11.8亿元。

1991～1993年，市区物资企业累计完成销售总额112.98亿元，实现经营利润9545.9万元，其中1993年实现税后利润4231万元，为利润的峰值；投入建设资金7111.8万元，新增固定资产2274.77万元，充实企业自有流动资金1065.2万元；进出口贸易总额10202.3万美元。

1993～1995年，市区部分物资企业盲目向实业、房地产业及其他领域延伸，造成重大经营失误。其中，市资源开发公司于1993年在海南投资房地产，市生资公司于1994年与南德集团合作投资卫星发射项目，两公司先后向社会集资，项目失败后，造成很大的负面影响。

1994～1998年，无锡市生产资料市场呈现买方市场特征，物资企业亏损面扩大，年销售总额由43.89亿元下滑至18.76亿元，经营业绩由盈利1038万元转为亏损4200万元，仅1997年一年就亏损8500万元。无锡市物资系统着手清理不正常应收款，盘活存量资产，创新经营业态，建成无锡市生产资料信息系统；物资企业深化产权多元化改制，部分企业关闭、破产。汽车流通行业呈快速发展态势。1996年，全市汽车经营单位170多家，年成交汽车1.3万辆，交易额23亿元。1998年，市机电公司与国内贸易局中国新纪元流通中心共同投资2500万元组建成立新纪元汽车贸易有限公司，开无锡市物资企业资产跨地区重组之先河。

图17-8　1992年在无锡举行的全国汽车订货会样车展览现场（顾祚维摄）

1999年开始，面对物流业兴起及多主体抢滩生产资料经营的市场态势，无锡市物资行业加快企业改革、产业结构提升和国有资产整合力度，国有股、集体股相继退出，扩大经营者和业务骨干持股比例，通过置换优质资产、整合存量资产、以增量性投入替代消耗性投入等方式提高国有资产经营管理能力，并继续做好分流职工安置工作。加快调整产业结构、经营品种，兴建金城湾汽车城，组建无锡市旧机动车交易物业管理有限公司。1999年，市区物资企业经营止跌回升，销售总额回升至20.7亿元，较1998年减亏1941万元。至2000年末，市物资局下属企业改制面86%，改制企业销售总额20.27亿元。2001年，市物资局改制成立物资资产经营公司。2002年，上汽大众江苏销售服务中心建成开业，成为上汽大众公司在国内的第一个具有最高特许A级经销资格的省级销售中心。同年，整合拓展油品经营业务，成立中油无锡公司，成为无锡市第三家具有石油专营资格的单位，当年销售油品12826吨。2002年，物资系统利润总额1333.6万元，比上年净增1763.2万元，全系统在连续8年亏损后实现扭亏为盈。2005年，全系统实现销售总额40.44亿元，经营利润3600万元。

2005年，市经贸委加强特许行业管理，制订《无锡市加油站网点发展规划（2005～2010）》《无锡市水上加油站布点规划（2005～2010）》《无锡市水上加油站发展规划》，对成品油批发企业销售月报及成品油市场进行跟踪分析，为上级决策提供服务。年内，全市成品油批发销售量172.71万吨。是年，全市工业生产资料市场64个，其中市区31个、江阴市23个、宜兴市10个；工业生产资料成交额7808525万元，其中市区3926058万元、江阴市3436042万元、宜兴市446425万元。

1986～2005年无锡市区物资企业主要物资供应量表

表17-16　　单位：万吨、万立方米

年份	钢材	煤炭	水泥	木材
1986	15.00	105.00	24.00	21.00
1987	21.00	130.00	26.00	30.00
1988	38.00	145.00	28.00	27.00
1989	31.00	139.00	19.00	23.00
1990	25.00	156.00	16.00	18.00
1991	30.00	155.00	17.00	18.00
1992	36.00	161.00	20.00	18.00
1993	40.00	165.00	21.00	20.00
1994	42.00	143.00	8.00	19.00
1995	39.00	151.00	8.00	5.00
1996	27.00	129.00	4.00	5.00
1997	18.00	96.00	5.00	5.00
1998	56.00	156.00	5.00	6.00
1999	21.00	54.00	1.00	3.00
2000	23.28	55.70	5.42	1.49
2001	26.98	50.73	6.03	0.57
2002	26.32	43.69	6.37	0.25
2003	34.86	46.11	3.29	0.31
2004	32.26	39.38	2.33	0.03
2005	32.90	29.70	1.91	0.06

2005年无锡市生产资料成交情况表

表17-17

项目	单位	成交额	其中		
			市区	江阴市	宜兴市
生产资料市场	万元	8422298	4527381	3436042	458875
工业生产资料市场	万元	7808525	3926058	3436042	446425
机动车	辆	80795	74340	585	5870
汽车	辆	59255	55160	585	3510
钢材	吨	10989915	2451822	8340993	197100
水泥	吨	1185000	—	—	1185000
煤炭	吨	1575596	165596	—	1410000
木材	立方米	574280	32850	27430	514000

二、农业生产资料购销

1.化肥

1999年前，全市农村组成市、市（县）农资公司和基层社的三级农资经营网络，农资公司重点组织化肥供应。化肥每年由省计委和省供销社联合下达计划，再由市计委和市供销社按计划分配到各市(县)、区，货源则由省农资公司根据计划直接调拨到市、市(县)农资公司，市、市(县)农资公司再按计划调拨批发到基层社，最后由基层社直接供应农民。省分配化肥计划往往是全市总需求量的1/3，大部分优质氮肥需要由各级供销社和农资部门组织计划外货源。1983年后，市政府每年划出进口1万吨尿素(实物吨，折标2万吨)的外汇交由市农资公司进口尿素，弥补货源缺口。全市常年化肥需求总量40万吨左右(折标)，其中氮肥23万～25万吨、氮肥中尿素16万～17万吨、碳氨7万～8万吨。而尿素的国家分配计划为5万多吨，1995年尿素计划分配5.32万吨，占33%，地产尿素可供应2万吨左右，占15%，其余50%需外采；碳氨地产可供50%，另50%也需外采；磷、钾肥等货源能满足供应。

1999年农资市场放开后，市、市(县)、乡镇三级农资供应部门先后改制而直接进入市场，农资市场重组，省农资公司及外地农资经营、生产企业进入本地农资市场，发展连锁企业和网点。市农资公司转变经营方式，发挥渠道优势，重点转向农资的外采和批发，批零兼营。1999年，在江阴、宜兴、锡山和郊区开设农资直供点31个。2001年9月28日，市农资总公司改制成立无锡市农业生产资料有限公司，除继续承担全市救灾化肥储备的政府职能外，直接面向市场，参与竞争；公司下属业务部门全部改制，至年末，先后成立苏锡化肥农药有限公司、苏农化肥农药有限公司、中农物资有限公司、锡农农资经营部和兴农农资经营部，成为独立企业法人。这些公司都经营化肥、农药，有自己的下伸网点——各乡水利农业办公室。其中，中农物资有限公司还经营生铁、钢材，兴农农资经营部还经营药械、农用薄膜等。2005年，各公司(经营部)在农村的农资直供点有34个，全年销售化肥32613吨。

1986～2005年无锡市农资公司(经营部)化肥销售一览表

表17-18　　　　单位：吨

年份	化肥销售量		无锡地区化肥供应量		年份	化肥销售总量
	总量	其中尿素	总量	其中尿素		
1986	4845	2872	274865	74266	1995	38088
1987	6530	3692	294783	78773	1996	27142
1988	6848	4668	297922	89751	1997	31107
1989	7740	5267	381939	175050	1998	25048
1990	7737	5870	279730	101927	1999	21037
1991	25376	11690	955913	217254	2000	21228
1992	29618	22090	458908	230532	2001	51037
1993	16202	12642	484846	185449	2002	43249
1994	32827	11207	126808	29802	2003	38794
—	—	—	—	—	2004	30854
—	—	—	—	—	2005	32613

2.农药

1982年开始，农药实行合同制供货。随着技术进步，低毒高效农药不断替代高残毒农药。农药种类繁多，几及千种。农药经营方式基本与化肥同，由化肥农药业务部门营销，在农药计划供应时，公司接到省公司调单后，派卡车到农药厂，从南通、苏州、上海自行提货，也有从苏州吴县、常州奔牛等中转仓库提货。在经营转轨时期，市农资公司曾为生产厂家解决资金方面困难。90年代中期，农药市场先于化肥放开。各级农资公司只是经营大路货品种，小品种基本为个体私营商铺所经营，且多为生产厂家与经营者甚至种田大户直接交易。1986～1998年，市农资公司农药销售额分别为

76.07万元、70.12万元、813.99万元、1081.21万元、397.84万元、141.4万元、249.17万元、333.63万元、394.17万元、695.88万元、1119.85万元、624.91万元、659.6万元，2000年销售额430.72万元。进入21世纪，农药全部为私营个体户经营。

3.农用薄膜

70年代后期，无锡市开始大面积使用农用薄膜，地膜覆盖、蔬菜大棚、渔业、果树等农、林、渔均使用，用量逐年增加。80年代，农膜被纳入省计划，由省农资公司平价分配。由于农膜进销差价极小，一般都亏损经营。公司一般采取就厂直拨，降低费用，以争取微利。农膜的供应期集中在每年三四月，储存期较长，由省农资公司储存。省公司对下级农资公司按调拨季节，给予不同的差率。1989年，国务院规定将农膜列入农资部门专营商品。农膜的营销有一多、一少、一平三年轮回的规律。货源紧张时，市农资公司到外省、市组织货源，甚至到化工系统购进塑料粒子组织加工薄膜以缓解紧缺。1992年，通过调剂利用外汇进口高压聚乙烯300吨，1993年进口350吨，到市塑料三厂加工农用薄膜保障市场供应。货源充裕时，设法调剂到外省、市、县。1986～1996年，市农资公司农用薄膜销售额分别为57.61万元、187.88万元、371.3万元、216.87万元、142.53万元、145.73万元、256.8万元、95.34万元、86.69万元、195.64万元、160.28万元。

4.农用药械

市农资公司经营的农用药械为手动喷雾器、喷粉器，机动药械一般由农机公司经营。药械也为农资公司的主营商品，同时还供配件。虽然经营的量不大，1986～1990年销售额在6万元左右，90年代后期销售额1万～2万元，但此项业务市农资公司始终保留经营部门。药械的大宗销售在农村基层供销社和农资代销店。2000年公司转制后，由兴农农资经营部继续经营。

5.桐油

1986年前，桐油由省农资公司计划分配，市农资公司按分配计划销售。桐油生产地在四川、贵州，少量从湖南、湖北调入。货源紧张时，市农资公司曾自行找关系采购。1989年，市农资公司组织车队到湖北天门县驳运回公司仓库。桐油销售额最高为1991年、1992年，分别为109.45万元和136.45万元。1995年后，市农资公司桐油经营量骤减，批发零售业务划归市土产公司（油脂公司）。1996年，随着电子产品的兴起及无锡地区电子线路板企业建立，桐油经营的对象逐步向电子覆铜板行业发展，桐油经营的实物量迅速提高。1999年，桐油销售对象由造漆行业完全转向电子覆铜板行业，油脂公司桐油经营量2030吨。2000年以后，农资公司不再经营桐油，批零均由市土产公司经营。2001年，市农资公司油脂农膜分公司注销。

6. 竹材

1984年，无锡市竹材市场放开，时有北塘竹材商店、大公桥竹材商店和迎新竹材商店。1985年后，竹材产区跳开市农资公司，与使用单位或个体经营者直接交易，大公桥、迎新竹材商店先后停业撤并。至1986年，仅剩北塘1家竹材商店。市竹材购销部门开始经营木材，并逐年增长销售量。但郊区农村种植蔬菜，对棚竹、竹制小农具如扁担、桶类、柄竹（锄头、铁耙柄）的需求量仍较大，船用篙竹需求量也不小。改革开放后，建筑脚手架用竹量很大，市农资公司在竹材市场尚占有一定的份额。1989年，市农资公司成立竹木批发部，独立核算。1992年9月，竹木批发部更名为农资竹木建材分公司。其时，由于建筑脚手架多用钢管替代，加之竹木材经营市场已全部市场化，市农资公司竹木材业务急剧下滑。1986～1994年，市农资公司毛竹销售额分别为25.47万元、17.24万元、29.97万元、8.56万元、24.41万元、1.34万元、1.69万元、2.21万元、3.18万元。1998年3月，竹木建材分公司注销。北塘竹材商店经两次改制，2001年3月改为锡农农业生产资料经营部。宜兴主产毛竹，1986～2005年，宜兴供销社系统收购毛竹149.8万支。

第三节　农副产品购销

1984年起，无锡市放开猪肉价格；蔬菜仅有7个品种实行合同定购，其他品种全面放开。1986年，对猪肉一度取消凭票。1988年恢复，实行"保放结合、双轨经营"，即对城市居民计划凭票供应每人每年14公斤猪肉，其余部分议价销售；对行业用肉逐步转为议价销售。提高猪肉销售价，购销价格倒挂和必要储备部分的费用由财政给予补贴，对职工每人增发10元补贴。1996年起，市食品公司取消生猪合同购销，价格全面放开。1986～2005年，无锡市农副产品购销（不含粮油购销）逐步放开市场，经营规模不断扩大。其中，蔬菜主要由商贸系统购销，棉花、茶叶、百合、蚕茧、板栗、山羊板皮及兔毛（绒）等主要由供销合作社系统购销。

宜兴是无锡市农产品的重要产区之一。1986～2005年，宜兴供销社累计收购百合95.7吨、板栗100多吨、兔毛7.46万公斤、山羊板皮33.8万张。2002年，宜兴供销合作社投资创办蔬菜果品批发市场，至2005年，累计成交农副产品60.56万吨，交易额18.39亿元。江阴主要农产品包括棉花、茶叶、蚕茧、蘑菇和畜产品及皮、毛等。1986～1995年，江阴供销合作社农副产品收购总额14724万元，其中棉花177.8吨、茶叶114.9吨、山羊板皮217.5万张。1995年后因业务下滑而停止。

1986年、1992年无锡市农副产品零售情况表

表17-19

品种	单位	1986年		1992年	
		全市	其中市区	全市	其中市区
猪	百头	12822	5279	11855	4177
猪肉	吨	60211	24176	63983	21977
牛	百头	246	184	190	96
羊	百头	259	35	393	204
家禽	百只	36185	22844	—	—
蛋类	吨	10072	5641	6833	4843
水产品	吨	20309	10699	22959	11566

2005年无锡市农副产品市场销售情况表

表17-20

项目	单位	全市	其中		
			市区	江阴市	宜兴市
农副产品市场销售额	万元	1783600	681070	741472	361058
肉禽蛋类销售量	吨	574919	166821	158428	249670
猪肉	吨	265190	114366	40824	110000
牛肉	吨	72592	5070	22722	44800
羊肉	吨	50594	1026	19408	30160
鲜蛋	吨	102292	21674	45368	35250
家禽	吨	84211	24645	30106	29460

续表

项目	单位	全市	其中		
			市区	江阴市	宜兴市
水产品销售量	吨	474957	281637	92180	101140
蔬菜销售量	吨	1721351	409901	1287320	24130
干鲜果类销售量	吨	1103907	994657	96420	12020

1990～2005年无锡市天鹏集团、朝阳集团交易情况表

表17-21

年份	天鹏集团	朝阳集团
1990	供应猪肉1.6万吨(凭票供应1.4万吨)、鲜蛋212.86万吨、家禽51万只	供应蔬菜9.89万吨
1991	猪肉成交0.77万吨(仅4～12月数据)	—
1992	猪肉成交1.77万吨，猪肉供应2.65万吨	蔬菜成交5.09万吨，蔬菜供应8.6万吨，水果成交3.93万吨
1993	猪肉成交2.48万吨，猪肉供应3.66万吨	蔬菜成交9.98万吨，蔬菜供应11.59万吨，水果成交7.08万吨
1994	猪肉成交2.55万吨，猪肉供应3.5万吨	蔬菜成交12.25万吨，水果成交9.5万吨
1995	猪肉成交2.57万吨，食品商城交易额5亿元	蔬菜成交15.15万吨，水果成交13.06万吨
1996	猪肉成交2.33万吨，宰猪5.12万头，食品商城交易额6.5亿元	蔬菜成交18.84万吨，水果成交18.82万吨
1997	猪肉成交2.13万吨，食品商城交易额9.04亿元	蔬菜成交21.13万吨，水果成交28.48万吨，朝阳市场交易额8.95亿元
1998	猪肉成交2.87万吨，猪肉供应3.87万吨，食品商城交易额10.13亿元	蔬菜成交23.33万吨，水果成交28.87万吨，朝阳市场交易额9.09亿元
1999	猪肉成交3.51万吨，猪肉供应3.87万吨，宰猪13.44万头，食品商城交易额13.04亿元	蔬菜成交25.94万吨，水果成交27.23万吨，朝阳市场交易额10.03亿元
2000	猪肉成交3.75万吨，猪肉供应3.37万吨，宰猪34.36万头，食品商城交易额23.95亿元	蔬菜成交28.78万吨，组织外市客菜22.25万吨，水果成交28.21万吨,朝阳市场交易额10.5亿元
2001	猪肉成交2.44万吨，猪肉供应2.42万吨，宰猪36.76万头，食品商城交易额22.6亿元	蔬菜成交31.45万吨，水果成交31.74万吨，家禽556万只，朝阳市场交易额14.75亿元，储运物资市场交易额1.2亿元
2002	猪肉成交2.95万吨，猪肉供应2.75万吨，宰猪37.72万头，食品商城交易额25.8亿元	蔬菜成交36.79万吨，水果成交33.37万吨，家禽636万只，朝阳市场交易额16.93亿元，储运物资市场交易额2.1亿元
2003	猪肉成交3.71万吨，猪肉供应2.82万吨，宰猪42.3万头，食品商城交易额32.88亿元	蔬菜成交40.57万吨，水果成交39.26万吨，家禽588万只，朝阳市场交易额20.07亿元，储运物资市场交易额4.7亿元
2004	猪肉成交4.13万吨，宰猪27.86万头，食品商城交易额40.07亿元	蔬菜成交42.78万吨，水果成交44.15万吨，家禽577万只，朝阳市场交易额22.03亿元，储运物资市场交易额12.11亿元
2005	猪肉成交4.98万吨，宰猪36.76万头，食品商城交易额50.51亿元	蔬菜成交36.26万吨，水果成交44.95万吨，家禽557万只，朝阳市场交易额23.08亿元，储运物资市场交易额23.05亿元

一、蔬菜

1985年起，市蔬菜公司对蔬菜购销由统购包销改为管放结合、合同定购。1986～1990年，无锡市在种植面积和产量计划管理的基础上，对青菜、纽菜、卷心菜、冬瓜、茭白、白菜、土豆等7个主要品种实行计划价格、合同定购，按合同规定的品种数量上市，购销价格倒挂的由财政给予补贴。合同任务以外的部分自由上市，实行指导性价格，随行就市。其间，在郊区河埒乡实行产销一体试点。国营蔬菜收购批发企业加强蔬菜批发交易市场管理，稳定市郊蔬菜生产基地，促进蔬菜的跨地区运销，实行淡旺季和品种调剂，初步形成行政和经济手段相结合的宏观调控管理机制。在蔬菜合同定购中实行“管六放四”（60%计划管理、40%市场调节）。其间，郊区年度生产上市任务9万吨，其中合同定购5.4万吨，5年累计收购31.3万吨，年年超额完成定购任务。无锡市在巩固与郊区合同定购关系的基础上，又在市（县）、区发展市属蔬菜基地。1990年，向市（县）、区定购蔬菜332万公斤。扩建北塘、锡澄、朝阳、西门等4个蔬菜批发交易市场，总投资443万元，扩建面积1万多平方米。蔬菜批发交易市场面向全国，形成联结各主产地和城乡菜场、集市场的购销网络，5年间采购调入蔬菜3.6万吨。1990年，全市蔬菜成交额6708万元，比1985年增长4.4倍；成交蔬菜4.2万吨，相当于地产菜合同定购上市量的77.8%。

1991年初，崇安寺蔬菜副食品商场投入营业。1992年，无锡市大幅度调减蔬菜合同定购数量，放开蔬菜流通渠道和价格。锡澄、朝阳蔬菜副食品批发市场以市郊县、苏北大丰县、安徽歙县、山东寿光县等4个蔬菜基地为核心，购销触角遍及全国28个省、市、自治区的市场。在此集散的外地蔬菜占全市消费总量的70%以上，年吞吐蔬菜20多万吨，销售额1.2亿元，跻身锡城亿元市场行列。

1993年，无锡县新增蔬菜基地10788.5亩，马山区扩建菜田500亩，郊区改建常年菜田500亩，宜兴渎区蔬菜进入锡城。各市（县）、区相应建立蔬菜、副食品基地，确保城镇居民供应。锡澄、朝阳等蔬菜批发市场成交各类蔬菜11万吨，占市区蔬菜消费总量的60%以上。1994年，全年市区蔬菜总投放量18万吨，按150万吃菜人口计算，人均年供应量120公斤，品种保持在30个左右，价格稳中有降。市区蔬菜、副食品批发市场年成交蔬菜12.25万吨，占总投放量的68%。1994年9月，由朝阳蔬菜批发交易市场、朝阳副食品批发交易市场、锡澄蔬菜批发交易市场、锡澄副食品批发交易市场、西门蔬菜副食品批发交易市场为发起单位，组建成立朝阳股份有限公司，开创江苏省蔬菜副食品行业股份制的先例。公司成立次年，蔬菜、水果成交实物量就达28万吨，成交额5.8亿元，分别占当年无锡市场供应量的80%和50%多。

1995年，市商业局组织蔬菜的年供应量15.15万吨，占市区消费总量的80%左右，成为市区“菜篮子”供应的主渠道。1996年，市商贸局组织蔬菜18.84万吨，占市区消费总量的80%左右。朝阳、锡澄两大蔬菜副食品批发市场扩展经营场地，全年共成交蔬菜18.22万吨、水果18.22万吨，总成交额7.78亿元，成为无锡地区最大的蔬菜、水果集散中心、信息中心和价格中心。天惠连锁超市公司把11个连锁门店40%的经营场地用来卖菜，蔬菜品种每日供应40多个，并规定蔬菜差率为10%～20%，形成略低于农贸市场蔬菜价格的优势，日销售蔬菜40多吨。

1997年，全年市区投放蔬菜20万吨，人均日供蔬菜超过400克。1998年，国有商业部门组织蔬菜23.87万吨，占市区消费量80%左右；朝阳、锡澄批发市场年成交额8.94亿元。1999年，实施新一轮“菜篮子工程”并初显成效，蔬菜市场化运行机制逐步确立。市区全年人均日供蔬菜600克。2005年，朝阳集团成交蔬菜36.26万吨。

二、肉禽蛋

“七五”期间，无锡市郊生猪合同定购年计划11万头。市食品公司在黄巷乡龙塘岸自建养猪场，年出栏上缴数由0.5万头增至1.5万头，5年累计收购5.3万头。经营肉禽蛋的部门和个体经营者迅速增加。至1990年末，猪肉个体经营者600余户，国营食品公司经营量下降。5年间，市食品公司销售猪肉168.89万头，与“六五”计划期间相比下降26.81%，其中1990年销售猪肉1.63万吨，占市区供应量的56%。为了吸引外地猪源来锡成交，1994年8月12日起，凡进场交易生猪，按每头5元予以奖励，后提高至每头8元。

1985年起，无锡市放开禽蛋收购。1987年，无锡市在马山建成10万只蛋鸡场，由食品公司按其产量的1/3合同定购，分月上市，至1990年累计收购109.9万公斤。基本实行供应敞开，价格放开，但节日期间和淡季仍实行凭票优惠价供应。其中，鸡蛋每人每年1.5～1.75公斤，家禽1989年以前每户每年1～2只。

1991年4月1日起，无锡市全面放开猪肉价格。4月1日，市食品公司利用猪肉禽蛋交易的场地，建立市肉禽蛋批发交易市场，国营、集体、个体猪肉经营者均可进场交易，成交品种以新鲜白条肉和前后腿为主，交易时间一般从凌晨2时开始至6时左右结束，交易价格以市场中心指导价为基础，由买卖双方协商定价，自由成交。是年4～12月，批发交易市场共成交猪肉7710.18吨，总成交金额4088.92万元，平均每天成交新鲜猪肉31.47吨，当年节约财政补贴1300万元。7月1～4日，商业部在锡召开全国畜禽蛋批发市场现场会，推广无锡经验。

1992年，无锡猪肉批发交易市场每天为市场提供1100头生猪的新鲜猪肉，全年成交33.8万头、猪肉1.79万吨，成交额1亿元，约占市区社会供应量的70%左右，成为全国唯一的鲜肉交易超亿元的现货市场。1993年，猪肉批发交易市场扩容，成交猪肉2.49万吨，成交额1.33亿元，所供猪肉占全市猪肉消费总量的90%以上。同年，市食品公司投资260多万元兴办食品商城，经营速冻蔬菜、副食品、禽蛋、水产品及南北货等，当年成交0.8亿元，次年成交2.2亿元，1995年跃升至4.5亿元，成为沪宁线上第一冻品市场。

1996年，市商业局在市区批准设立14个生猪定点屠宰点，统一收费标准，强化检疫手段。1996年4月27日起，市食品公司推出“电话预约、免费送货上门”举措，隔天预订，清早送货，猪肉新鲜、卫生、价平，被称为“放心肉”。订购份数由每天几十份增至2000多份，最多时2500份，至年末送“放心肉”215759份，共计607.34吨，销售收入9236万元。

2005年，全市肉禽蛋类市场成交574919吨，其中猪肉265190吨。

三、水产品

1985年起，无锡市取消水产品派购，价格放开，实行市场调节，仅在市郊保留1000吨淡水鱼合同定购任务，价格考虑养殖成本作适当调整，并实行平价鱼需物资换购和“农工一体化”让税补贴。这一部分淡水鱼在节日对城市居民实行凭票优惠价供应。其余水产品的购销和价格完全放开，议价经营，敞开供应。1993年，新建水产市场等专业批发市场。1994年，水产批发市场年成交鲜活鱼3287吨，年增长13%。是年，市水产公司销售水产品1000吨。2005年，全市水产品成交额474957吨，其中市区281637吨。

四、果品

果品行业主要经营水果、干果、干菜等3类农副产品以及月饼、蜜饯、炒货、调味品辅料，江苏省无锡果品公司为无锡市场果品行业经营的主渠道。1986年，水果总销量1.4万吨。1987年起，果品市场放开，鲜果批发部先后开设梨庄市场、梁溪大桥市场、塘头市场。1987年，水果总销量1.76万吨，其中苹果、梨、香蕉、柑橘13963吨。1990年，水果总销量16554吨，其中苹果、梨、香蕉、柑橘12340吨（苹果503吨）。1991年，振新路城南果品市场、吴桥果品交易市场开业。此后，随着果品、干菜等农副产品直供、直销经营的体制形成，加上1993年地处北塘大街的干果、鲜果批发部的经营场地因市政建设被拆迁，传统果品行业首先受到冲击，水果销量逐步减少。1994年，果品公司的销售额由上年的7964.78万急速下降为1582.66万元,此后,果品公司主营业务大部分停止。

在果品公司业务下滑之时,黄巷、江海东路、锡澄路、港下等新的果品市场出现,销售量不断上升。一些蔬菜市场也兼营果品。黄巷瓜果市场与全国15个省、区建立稳定关系,1990年成交果品2.5万吨。朝阳集团于1990年在锡澄路创办水果副食品市场,2005年水果成交量44.95万吨。

1986～2005年无锡市果品公司销售、利润情况表

表17-22　　单位:万元

年份	销售额	利润额	年份	销售额	利润额
1986	4458.00	55.00	1996	848.28	-208.24
1987	5713.00	34.00	1997	680.06	-150.83
1988	7987.00	102.00	1998	363.39	-79.41
1989	6566.00	135.00	1999	464.06	12.59
1990	6825.70	70.23	2000	607.04	-67.28
1991	8405.48	94.85	2001	953.69	-21.88
1992	8763.62	32.29	2002	593.27	-10.39
1993	7964.78	-367.75	2003	467.77	0.19
1994	1582.66	—	2004	519.33	23.74
1995	1590.52	-339.83	2005	735.16	17.47

五、土产

1986年,由无锡市土产公司和无锡市综合贸易服务中心农副产品经营部经营土产。土产公司经营8类商品、80余个品种,其中:草类有草包(袋)、草片、草绳、草垫,芦类有芦席、芦帘,蒲类有蒲包、蒲席、茭包,柳类有柳条箱、柳条片,棕类有棕绳、棕线、棕丝,麻类有黄(红)麻、大麻、宁麻,柴炭类有树柴、木栗炭,还有蜂、畜产品和生漆、藤皮、石膏、留兰香、蓖麻籽、牛羊皮等品种。市农副产品公司年销售金额2530万元,利润70万元。

1987年5月,在惠农桥堍新市场7号开设无锡市土特产品交易市场。11月,无锡市综合贸易服务中心农副产品经营部复名为无锡市农副产品公司,其下属副食品批发部以自营为主,南北山地货行以代销为主,经营品种有干菜调味品、干果蜜饯炒货、奶粉、饮料、水产及海味品、肉禽蛋、食糖烟酒、粮油糕点等15个大类。经销全国各地名优农副产品及山地货,品种有东北木耳、陕西香菇、福建桂圆和笋干、广西梧州生粉、四川榨菜、湖南辣酱、山东龙口粉丝、河北红枣、浙江干菜、江苏新庄腐乳、宿迁黄花菜、如皋香肠等1000多种。此后业务量逐渐减少。1989年,传统商品仅存生漆、木碳、木柴、牛羊油、蓖麻油、桐油、薄荷油、麻绳、草绳、草包等10余个品种。由于国家出口政策的变化,蜂产品外贸销量开始下滑,被自然淘汰。1990年,市土产公司主营商品销售大滑坡,亏损51.02万元。1992年,土特产品交易市场扩大经营范围,经营糖烟酒、罐头食品、食用油、非酒精饮料、山珍海味、香瓜子、西瓜子、香菇、黑木耳、干果等商品。

传统的草包被塑料代替而销售量下降,1989年销售30万只,其中部分自购自销供应市场,另一部分为市防汛防旱指挥部代储草包和完成省防汛防旱指挥部下达的自行采购储备计划20万只。

1994年,由于土产类商品经营市场发展快,更新变化大,自然淘汰率高,市土产公司和副食品公司传统的8类商品(除草包等防汛物资外)大部分停止经营,大部分经营部门相继撤销,仅存市土特

产品交易市场与市土产公司土产建材批发部两家独立核算的企业。市土特产品交易市场只保留副食品中葵花子、西瓜子、南瓜子、香菇、木耳等炒货原料，经营方式为批发、代购、代销、代储。1997年2月，市农副产品公司和市南北山地货行划入市土产公司。2000年以后，草包用于防汛抗灾的数量越来越少，销售的草包一般只用于建筑工程的遮盖防护和冬季防滑应急，2005年草包销售量仅17万只。

2005年，市土产公司销售额412.85万元，利润额-7.86万元。市土产公司建材批发部经营的土产类主营品种除草包、木炭外，几乎全部被淘汰，纤维板、三夹板、油毡、防水材料、沥青、洋镐、铁铲、彩条布、篷布、石棉布、打包带、绳、线等成为替代经营商品。

1986～2005年无锡市土产公司销售情况表

表17-23　　　　单位：万元

年份	销售额	利润额	年份	销售额	利润额
1986	1509.54	13.39	1996	636.99	-17.22
1987	1207.08	17.06	1997	640.87	-34.10
1988	1569.47	41.64	1998	477.93	-42.67
1989	2062.13	44.12	1999	588.45	0.25
1990	1690.03	-51.02	2000	571.73	-2.24
1991	1762.53	-29.22	2001	551.69	0.10
1992	3173.97	4.11	2002	503.08	0.18
1993	4013.55	-1.72	2003	421.05	0.21
1994	2182.58	2.07	2004	366.08	-7.39
1995	1091.80	-25.26	2005	412.85	-7.86

六、棉花

1.工业用棉

1985年前，棉花作为国家一类农副产品，一直由供销社统一收购和经营。1985年起，棉花统购改为定购。江苏省棉麻公司无锡分公司每年根据省计委、省供销社、省纺工局联合下达无锡市的原棉计划，将计划分配到全市各纺织厂。1993年，无锡分公司更名为无锡总公司。1999年国家放开棉花经营，棉麻公司的棉花经营完全转向自行采购、自行销售。销售量最高为1999年的22620吨，最低为2004年的3044吨。2004年，公司改制为无锡市棉麻有限公司。2005年，销售总额8370万元，利润159万元。

2.民用絮棉

1983年12月1日起，各地絮棉实行敞开供应。市棉麻公司在调入计划民用棉的同时，组织计划外原料，满足市场需求。1988年，全市年销售棉胎94068条、卷花17.55吨。90年代后，絮棉的替代品开始增多，替代量不断增加，絮棉销量也随之逐年减少，1991年棉胎销量21240条、卷花15.45吨。1994年起，改委托加工为从产区絮棉厂进销、代销，是年销棉胎3.2万条。随着工业用棉计划的结束，絮棉计划也随之结束，完全进入市场经济，棉麻公司退出絮棉供应市场。

1986～2005年无锡市棉花购销数量表

表17-24　　　　单位:吨

年份	购进	销售	年份	购进	销售	年份	购进	销售
1986	3692	3675	1993	13910	11665	2000	8720	10442
1987	6424	6071	1994	14890	15620	2001	2380	3730
1988	22865	17791	1995	16940	16560	2002	9120	7250
1989	16690	18147	1996	11530	15010	2003	5185	6630
1990	20565	21567	1997	4800	5996	2004	2950	3044
1991	30462	24055	1998	3402	2886	2005	7430	7130
1992	11584	18933	1999	24510	22620	—	—	—

七、茶叶

在计划经济年代,茶叶为市棉麻公司的主要经营品种,设有茶叶批发业务部,长年从事绿茶、红茶、花茶等三大类30多个品种、100多个规格茶叶的大宗批发业务。1983年后,茶叶经营放开,实行多渠道经营。1986年,购进额157万元,销售额162万元。

90年代,全国各地的茶商大批涌入无锡。1992年5月,市棉麻公司成立茶叶专营公司——无锡市茶叶公司。进货渠道由传统的苏、皖、浙三省拓展到全国各大茶叶产区,经营品种扩大至绿茶、红茶、花茶、乌龙茶、紧压茶、保健茶等六大类200多个品种、500多个规格,成为无锡地区茶叶品种、规格最齐全的专业公司之一,销售额保持每年在200万元以上,销售量每年2000担。其专营的“中格”牌茶叶获“无锡市重点保护产品”称号。2005年,市茶叶公司购进额155万元,销售额207万元。至2005年,无锡市有六七个茶叶市场,茶叶批零商家近千家。宜兴是无锡市茶叶主产区,1986～2005年,宜兴供销社累计购销茶叶11170吨。

第四节　粮油购销

一、粮食购销

1986～1990年,无锡市粮食部门严格执行粮食收购政策,发挥各市(县)160余个粮油收购网点的作用,全市计划粮食年销售量稳定在3.9亿～4.2亿公斤,油脂年销售量700万公斤左右。随着无锡城镇人口的不断增长,地区粮油生产自给不足和粮油品种结构的矛盾开始显现。全市粮食系统参与市场调节,搞活议价经营,逐步形成市(县)、区(片)、乡镇三级粮油议购议销经营网络,与全国多个省、市、自治区建立业务联系,保障无锡市生产和城市人民生活需要。1990年10月,无锡市与黑龙江省国营农场总局签订关于投资开发补偿粮豆的经济合同,无锡市分5年投资3200万元,开发粮豆生产面积10万亩,其中玉米3万亩、大豆7万亩;黑龙江省国营农场总局分10年按国家规定的黑龙江省定购价偿还无锡市粮豆6250万公斤,其余开发生产的粮豆按当年议购指导价优先供给无锡。1991年6月10日,无锡市粮油批发市场开业,成为全省首家区域性批发交易市场。1992年,无锡市放开搞活粮油议价经营,通过多头联销、外购内销、外购外销、品种串换等多种形式,丰富城乡粮油市场。全市粮食系统议价粮油经营总量近10亿公斤,为平价品种串换议价稻谷8000万公斤、玉米1000万公斤。是年,南长区粮食分局被商业部命名为1992年全国城镇粮油购销先进单位。是年,全市粮油商店由1986年的308家（市区118家）增至2382家（市区1405家）。

1986年、1992年无锡市粮油收购和零售情况表

表17-25　　　　单位：吨

品种		1986年		1992年	
		全市	其中市区	全市	其中市区
收购	贸易粮	503168	47258	316358	57334
	食用植物油	13222	4546	8220	3387
零售	贸易粮	387279	227907	437511	215540
	食用植物油	20868	9691	15055	10593

1993年4月1日，无锡市粮油经营和价格全面放开。6月10日，根据国家统一上调粮食购销价格的要求，确定不同标准的稻谷、小麦和粳米、籼米、面粉等分类价格。1995年始，无锡市先后3次调整计划供应的大米、面粉销售价格。

1998～2001年，全市开始大范围的粮油购销仓储企业改革改制和人员分流工作，企业改制12家，分流职工约1160余人。2000年，省政府首次未下达无锡地区粮食定购任务，同时江南地区红小麦率先退出保护价收购范围，加上粮食作物面积调减和遭受春寒、夏涝、病虫害等多种自然灾害的频繁侵袭，无锡地区夏粮、秋粮均较大幅度减产，小麦、稻谷质量普遍低于国家中等质量标准。市场粮价持续低迷，交易清淡，国有粮食企业收购、储存、销售面临沉重压力。面对多种经济成分参与、多种流通渠道并存、多种营销方式竞争的粮食商贸新格局，全市各级粮食部门采取“边购边销、快购快销、分购联销、内购外销”的灵活策略，压库促销，全年销售粮食67458万公斤，其中小麦29610万公斤、稻谷36163万公斤，大米外贸出口增幅显著，粮食库存总量降至1996年以来最低水平。2001年起，在全市开展创建“放心粮油生产经营企业及产品”活动。根据省政府下达的地方储备粮扩充计划，完成市政府确定的2001年度地方储备粮规模为稻谷5000万公斤（其中市区3500万公斤）的扩储任务。

2002～2005年，全市粮食系统购销储企业完成改转制50家，其中粮店拍卖41家。2003年，市粮食局启动“无锡米市”物流发展项目，建立以粮油中转储备仓库为基地，以原粮、食用油、饲料、大宗农副产品现货批发为基础的无锡市粮油中心批发市场。同年9月，依托这一平台举办首届无锡市地方储备粮食竞价交易大会，全国53家粮油经营企业近200余人与会，共拍卖粮食1.78万吨，成交额3976万元，最终成交价平均超出拍卖底价10%以上，实现地储粮轮换的顺价销售。2005年，推行社会粮食统计制度，建成粮油信息预警平台，加强对全市粮食供应各类指标的监控。5月，无锡市粮油行政监督执法监察支队挂牌运行。9月底，启动“粮食110”系统，应对粮食安全突发事件，查处粮食收购、储存、运输环节中的违法违规行为。

二、粮油储运

1.储运设施

1986年，市区有粮油仓库9个，总容量11.76万吨、油池容量8400吨。1989年，由商业部、省粮食局、市粮食局合资兴建的无锡市粮油中转储备仓库建成运行。仓库位于市区东南部，背靠京沪铁路，面临京杭运河，傍依锡沪公路，占地7.33万平方米，配有1.72公里铁路专用线、4000平方米站棚、13个粮食装卸货位、4套食油吸放设备和200多米长的粮油运输码头，构成公路、铁路、水路运输相济，粮油散装、包（桶）装并举，中转储备功能互补的完整体系，成为当时全省规模最大的粮油中转储备仓库。

1993年起，市粮食局分别将粮油中转储备仓库、第七粮食仓库、国家储备库并入南长区粮食分局、北塘区粮食分局、崇安区粮食分局，第二粮食仓库并入无锡市粮油贸易公司，将负责粮食调运的粮食汽车运输队改建为泰丰粮油实业公司，形成购、销、储一体化，采、供、销一条龙的企业运作新模式。

1994年11月，位于江阴肖山山麓的江苏无锡滨江国家粮食储备仓库及物资海运码头建成投运。该项目占地8.8万平方米，总投资2400余万元，仓储规模2.5万吨。建有5000吨级海运码头，年吞吐量30万吨以上，同时建成年加工能力4万吨的大兴加工厂。

2000年开始，无锡国家粮食储备库（原1602仓库）相继研制投产一批新型粮食输送设备，先后在全国100亿公斤国家粮库机械设备招标活动中中标。2004年，随着市、市（县）、区小规模仓储企业改制，全市粮食部门筹措近千万元资金，加强仓储硬件设施建设，改善仓储基础设施，增添应用低温烘燥、电子称重等设备，并开始运用电子测温等粮食保管监测新手段，确保储备粮质量，延缓陈化速度。

1986年、2005年无锡市区粮油仓储容量表

表17-26　　单位：平方米、吨

1986年初				2005年末			
仓库名称	粮库面积（平方米）	容量（吨）	油池容量（吨）	仓库名称	粮库面积（平方米）	容量（吨）	油池容量（吨）
1602库	33063	50013	—	国储库	114900	77019	—
第二粮库	4890	12755	—	新安库	52175	50000	—
第三粮库	1525	2935	—	中转库	59073	40148	9600
二米厂库	5913	11420	—	硕放	4853	2000	—
第五粮库	2068	2800	—	胡埭	15676	5000	—
北塘粮库	1417	2935	—	—	—	—	—
第七粮库	6157	12645	—	—	—	—	—
第八粮库	11039	22145	1200	—	—	—	—
油库	—	—	7200	—	—	—	—
合　计	66072	117648	8400	合　计	246677	174167	9600

2.粮油储备

1993年开始，无锡市建立地方粮油储备。全市地方粮食储备9500万公斤、油脂300万公斤，其中市区粮食储备6500万公斤、油脂300万公斤，江阴市、无锡县、宜兴市粮食储备各1000万公斤。

1995年4月1日～5月20日，无锡市对300多家粮食企业全面开展粮食库存清查，共清查包括国家专项储备粮、特种储备粮、地方储备粮、国家定购粮、企业自营粮、代客保管粮在内的原粮、成品粮43935万公斤，食油764万公斤。2001年3月上旬至5月中旬，市粮食局会同市财办、财政局、审计局、监察局、农业发展银行等部门，对全市国有粮食企业的所有存粮统一开展清仓查库。经查，全市粮食实物库存明显低于国家规定的正常损耗率，存粮质量稳定。

2001年，无锡市按照国家关于“销区保持6个月储备量”的要求，扩大储备粮规模。根据省政府下达的粮食储备计划和统一部署要求，无锡市从2002年秋粮收购开始，分年度建立、扩增市和市（县）、区两级地方粮食储备，2004年末有17.5万吨。2004年9月，市政府制定《无锡市地方储备粮管理运作办法》，对地方储备粮的收购、储存、轮换、日常监管及其政策补贴做出明确规定。

三、粮油供应

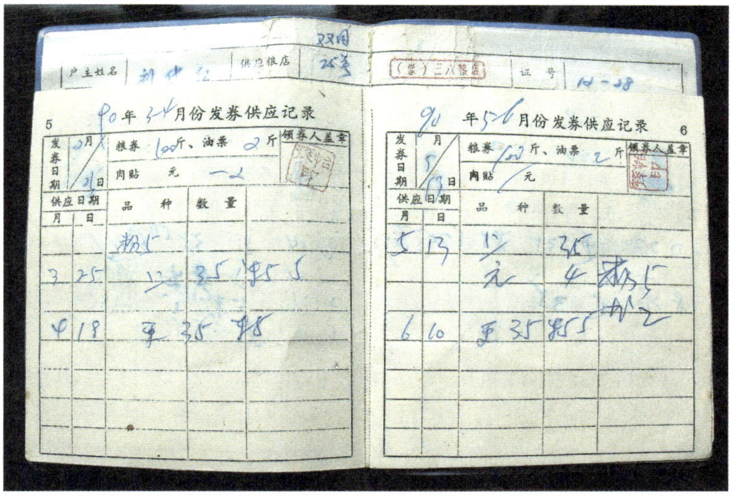

图 17-9　1990 年无锡市城镇居民粮油供应证　　（孙怡供稿）

1986～1987年，无锡市粮油供应仍实行凭证、凭票、定点、定量、记录供应办法。1988年，对部分迁入市区人口收取粮油差价款，弥补无锡粮油购销缺口。1989年，随着农村产业结构调整和城市人口的不断增长，无锡地区粮油生产自给不足和品种结构矛盾日益突出，小麦有余，稻谷不足，玉米、大豆全部需由外地调入。市粮油供应部门加大市场供应体系建设步伐，吸引外省粮油投入无锡市场。1991年，无锡地区发生特大洪涝灾害期间，全市110家粮店（生面店）坚持正常供应，并及时组织人员外出采购粮食5000余万公斤，确保城乡人民生活安定。1992年，市粮食部门用小麦、籼稻议转平等办法，串换进粳米6000万公斤，确保市区粳米供应。

1993年，无锡市粮油供应放开价格、放开经营、放开市场，取消定购和对居民定量供应，不再用粮食、食用油票券，集体、个体经营进入粮油购销领域。是年，全市粮油、饲料经营量上升，达到6亿公斤。是年12月上旬，无锡市出现食油价格短时期内上扬过快、市场争购现象，市粮食部门迅速组织采购外地食油200万公斤，并及时抛售库存平抑油价，对城镇定量供应人口、大中院校在校学生和部队采取“凭证定量、定点、定价”供应办法，稳定市场食油供应。同时，粮食部门会同物价部门，对主要粮油品种实施价格审报和临时监控，国有粮店统一限价挂牌销售。为确保对驻锡部队的粮油供应，市、县粮食部门均专门成立军供站。

1994年6月10日起，市粮食部门按照国家调整粮油主要品种销售价格的决定，全市实行统一挂牌、限价供应。自9月起，对城镇定量人口每人每月供应大米9公斤（江阴市、无锡县、宜兴市为10公斤），食油0.5公斤，面粉敞开供应不限量。为平抑新粮价格，三市（县）从11月起、市区从12月起，比往年提前1个多月，向城镇居民供应新粳米，使粮油集贸市场新粳米价格由每公斤3.3元左右迅速回落至2.90元。市粮食部门组织力量分赴全国粮油主产区，先后调入稻谷4000万公斤、玉米1500万公斤、小麦2000万公斤、食油600万公斤、小杂粮500万公斤。

1995年，无锡市历经3次大的粮油价格调整。市区特二粳米零售挂牌价由每公斤2.08元调至2.72元；特二面粉零售挂牌价由每公斤1.90元调至2.00元，下半年调至每公斤2.28元。为确保供应，市粮食部门组织人员分赴外地粮食产区，先后采购稻谷2500万公斤、玉米1500万公斤、小麦2000万公斤、黄豆500万公斤以及小杂粮300多万公斤，并组织陈粳米回机加工后投放市场。当年秋粮登场后，粮食部门边收购、边加工、边调运，保证市区居民从12月就吃上新粳米，贸易集市的新粳米零售价由每公斤3.6元回落至3.1元左右。1996年，集贸市场的新粳米零售价回落至每公斤3元以内。

2003年，受“非典”疫情影响，粮油价格大幅上扬，市粮油管理部门编制完成并启动《无锡市粮油应急保供预案》。2005年，启动粮油供应预警预报体系。在本地粮油自给能力越来越低的情况下，市粮油管理部门与徐州、扬州两市粮食部门及60多家企业签订粮食购销合同，协议购销总量4.48亿公斤，其中徐州3.45亿公斤、扬州1.03亿公斤；在铜山县建立1000.5公顷粮食生产基地，每年供应无锡市区商品粮0.5亿公斤；无锡、徐州两市签订5万亩粮食生产基地的协议，基本解决困扰无锡市粮食供应的瓶颈问题，打开粮油供应的外围空间。

四、粮油市场

1979年8月，无锡市组建粮油贸易货栈，开展粮油议购议销业务，1982年更名为无锡市粮油议购议销公司。1984年7月，在北塘区三里桥无锡米市旧址成立无锡粮油贸易中心，在国内率先建立粮食市场。1989年，无锡粮油贸易中心与市粮油议购议销公司合并为无锡市粮油贸易公司。1993年，上海粮油商品交易所开市，市粮油贸易公司出资20万元席位费和10万元结算保证金，成为上海粮油商品交易所第一批会员单位。

图17-10　1995年三里桥沿河停泊的运粮船　（张惠良摄）

1994年，由北塘区黄巷镇提供土地租赁、浙江台州市粮商出资建造的无锡市粮油交易市场（北市场）开业经营。该市场占地2.17万平方米，库房面积5350平方米，拥有粮油交易摊位200余个，年成交量10万吨左右，成为无锡主要的居民口粮市场之一。是年，经上海粮油商品交易所、无锡市政府批准，市粮油贸易公司建立无锡利大期货经纪有限公司，成为全省第一家专业从事粮油期货交易的单位，1998年由宜兴市华证投资集团控股，更名为宜兴华证期货经纪有限公司。

1995年4月，国内贸易部批准成立国家级粮油批发市场——无锡粮油中心批发市场。市场位于北塘区小三里桥段，共投资4200万元，建筑总面积6000多平方米，1996年5月建成。1998年后，因整治大运河和市政建设需要，市场一度迁至永定桥堍营业。2003年下半年，利用市粮油中转储备仓库原有基础，建造无锡粮油批发市场。2004年6月建成开业，有160多家商户进场。

至2005年，无锡市形成以批发原粮、杂粮为主的无锡粮油批发中心市场，以批零兼营成品粮为主的朝阳粮油批发交易市场和江阴、宜兴区域性粮油市场。是年，全市粮食市场交易量54.38万吨，其中市区12.18万吨、江阴市8.16万吨、宜兴市34.04万吨；油脂油料交易量19.37万吨，其中市区2.27万吨、江阴市2.9万吨、宜兴市14.2万吨。

第五节　医药品购销

1986年，全市有医药零售商店138家，其中市区31家。其后，无锡市开展医药市场清理整顿，至1990年末，116家药品批发企业报省审批保留65家，其中市区24家、无锡县22家、江阴10家、宜兴9家；自行撤销51家，市区6家、无锡县21家、江阴21家、宜兴3家。其间，医药企业完善网点建设，先后开设梁溪、江南、新亚、南宛，水秀、沁园等药店以及大众、益群、同丰、群力等分店，分设实验器材批发商店等11家医药供应网点。

在市区旧城改造过程中，健康、同丰、大吉春、长春堂4家参药店先后更新改建，总面积增加1188平方米。位于城中心的健康参药店经营品种2600余种，1990年日均中药配方216张、1372帖，占城区中药配方量的1/3，年销售额710万元，实现利润67万元，居全省医药零售商店之冠，被评为江苏省医药行业最佳零售商店。同丰参药店以经营参茸保健滋补品著称，专设参茸保健品经营部。至1991

年，全市有医药零售商店1417家，其中市区485家、无锡县321家、江阴市396家、宜兴市215家。无锡市医药站经营近2000个品种规格，其中大品种近百个，年总销售额3亿元，利税总额1580万元。

1992年4月19～24日，由中国药材公司主办、无锡药材站承办的全国中药交流会在无锡市召开，无锡药材站成交额1500万元。1993年3月，省医药公司无锡采购供应站组建成立江苏省无锡医药股份有限公司，年利税1868万元。

1994年，无锡市贯彻落实国务院《关于进一步加强药品管理工作的紧急通知》精神，整顿市场秩序，规范市场行为。江阴市政府组织开展3次专题检查，对证照不齐和经销药品过程中违反规定的7家批发企业，撤销医药公司牌子，收回批发营业执照，要求其改为医药商店，申领零售证照。郊区查封3家无证经营单位，封存药品20余件。宜兴市政府对某兽医站无证经营的51个品种的人用药品全部予以没收。是年，健康参药店、无锡市新药特药商店、大吉春参药店被列入市首批名、特、老商店行列。

1995年，无锡市医药商业系统实行工商统一管理体制，市属企业以无锡医药股份有限公司、江苏无锡药材采购供应站和江苏省无锡药品器械采购供应站为主体，三市（县）分别以锡山市医药公司、江阴市医药公司和宜兴市医药公司为主体。是年，全市医药商业销售额10.87亿元，较“七五”期末翻一番多，其中市属完成6.73亿元；利税4165万元，较“七五”期末增长49.61%，其中市属完成3066万元。

1996年，全市医药商业系推进规模经营。2月8日，无锡医药股份有限公司成为全国首批GSP验收达标的6家企业之一。11月28日，无锡市医药管理局首家外贸公司——江苏中贸发进出口公司无锡医药分公司揭牌。自此，无锡市医药行业获得进出口自营权。1997年5月，健康参药店等40家医药零售企业首批获准悬挂全国统一的“绿十字”标志。至年末，全市获准悬挂“绿十字”标志的医药零售企业265家。1999年10月，无锡市确定健康参药店等6家药店为处方药和非处方药分类管理流通试点单位。2000年，全市439家零售药店全面实施药品分类管理。是年，山禾集团健宏参药连锁有限公司改制重组为山禾集团健康参药连锁公司，市区82家零售药店并入，成为江苏省内规模最大的医药连锁企业，年销售额超亿元，实现利润500万元。同年11月，山禾集团健康参药连锁有限公司健康参药店、山禾集团健宏大药房展西店、无锡医药股份有限公司新药特药商场、无锡市金鹿保健品有限公司益寿堂参药店确定为无锡市首批职工基本医疗保险定点零售药店，向市区参保人员提供非处方划卡购药和处方药外配服务。

2001年，医药销售市场竞争加剧，药品招标采购与政策性降价压缩销售利润空间。无锡医药销售业加大产品的市场开拓力度，健全市场网络，重点品种“醒脑静”销售120万盒，营业额超亿元；黄氏响声丸系列产品“响声茶”和“响声含片”相继投放市场，国家一类新药“迪克菲”胶囊和“悉能”注射液的销售有较大增长。是年，全市医药商业流通企业实现利润2200万元。2002年，无锡医药股份有限公司通过国家药品经营质量管理规范GSP认证。

2005年，无锡市限额以上医药及医疗器材批发业有法人企业4家，产业活动单位5家，从业人数661人，销售总额148598万元；限额以上医药及医疗器材零售业法人企业8家，产业活动单位数330家，从业人数2482人，销售总额125680万元。在全市商品销售收入最高的50家贸易企业中，山禾医药集团物流股份有限公司排名第15位。

第六节　日用杂品购销

80年代中期，无锡市日用杂品公司（简称“市日杂公司”）主要经营陶瓷制品、日用小杂品、生活用品、铁木家具、建筑装潢材料、炊事机械等6个门类4000多个品种，年销售额6000多万元。1986年2月，在无锡朝阳饭店首次举办春季供货会，成交额480万元。4月，炊事机械公司举办全国炊事机械展览会，成交额150万元。是年末，全市有日用杂品零售商店360家，其中市区88家。

1987年3月，市日杂公司在无锡展览馆召开全省春季日用杂品供货会，成交额1285万元。同年，与张家港南沙乡组建联营公司，3年收回投资。炊事机械公司在宜兴、江阴组建联营分公司，3年收回投资。市日杂公司与无锡蚊香厂实行联销分成，取得广西平东县“野牛”牌蚊香在无锡地区的总经销权，至1990年，销售“野猪”“野牛”蚊香2902万盒，销售额2463万元。1990年，市日杂公司会展经营额1880万元，占公司批发年销售的25.92%。1986～1990年，公司实现利润1234.82万元。

1991～1996年，市炊事机械公司增加空调、冰柜、吸排油烟机新品经营，1992年销售额2023.78万元。工陶机电公司开拓机电、橡胶制品、工业陶瓷等生产资料品牌经营，1992年销售额420.08万元。宾馆用品公司1992年高档宾馆用瓷销售额220万元，获毛利61万元。1994年，纸张公司取得建湖造纸厂生产的“金莲”卫生纸无锡地区总经销，年销售额1472万元。日用化学品分公司1995年开拓杀虫、化妆、洗涤用品品牌经营，三大类商品的年销售额1472万元。凯利摩托车销售公司发展品牌摩托车经营，1995年销售“金城”“捷达”等品牌摩托车12709辆，其中“捷达”摩托车的销售总量在全国经销点中名列第三，销售额6380.98万元。

1997年后，市日杂公司在传统经营品种基础上，增加钢木家具及沙发、塑料盆桶及制品、建筑卫生陶瓷、搪瓷制品、不锈钢制品、炊事机械、家用电器（电风扇、电冰箱、电饭锅、洗衣机）、劳保用品、洗涤用品、胶合板、油毛毡等新品中。随着产销直供，中间批发经营优势逐步丧失，业务受到巨大冲击。是年，各经营部门中，工陶机电公司的销售额比上年增加105.69%，纸品分公司、日化分公司的销售额略有上升，其余11个经营部门销售额都有不同程度下降。1999～2001年，由于经营业务继续下滑，连年亏损，市日杂公司下属经营部门一部分相继关、停，一部分改制为民营或个体经营。2005年，市日杂公司除烟花爆竹外，传统日用杂品经营业务全面停止，年销售额仅725万元。其间，无锡招商城等新的市场出现，业务量不断上升。

1986～2005年无锡市日杂公司经营情况表

表17-27 单位：万元

年份	购进额	销售额	利润额	年份	购进额	销售额	利润额
1986	4890	5378.77	225.36	1996	14226	11964.52	-2.48
1987	6295	6865.11	230.9	1997	10512	10855.64	-135.87
1988	7428	9367.98	311.67	1998	6786	6750.80	-317.41
1989	7084	8341.03	302.46	1999	5850	5620.72	-171.46
1990	7196	8411.47	164.43	2000	5730	5827.69	-151.32
1991	8638	9464.45	146.09	2001	4970	4536.73	-109.60
1992	10850	12275.71	176.56	2002	3986	3823.14	-90.76
1993	15211	15942.83	221.23	2003	—	2913.14	-15.15
1994	9769	10687.92	69.91	2004	—	2093.00	-24.00
1995	16504	15556.25	88.85	2005	—	724.94	0.14

一、烟花爆竹

80年代初期，烟花爆竹为日用杂品行业传统经营的主要品种之一。1985年，市区和无锡县约有700个网点。1989年，市日用杂品公司烟花爆竹销售额214.13万元，1992年超过300万元。1992年以后，烟花爆竹销售额以每年30%～40%幅度增长，1995年销售额530万元左右，1996年销售额

580万元，市区300家零售网点均从市日杂公司进货销售，形成喜庆礼炮、地面旋转、喷花、地面升空、组合盆花、手持类、多发、带响、变色等400余个花色品种。大型工程的烟花燃放活动增多，每年有60万～70万元的工程燃放业务量。

1997年1月1日起，《无锡市禁止燃放烟花爆竹条例》实施，市日杂公司停止销售烟花爆竹，城区和市（县）、区的零售网点统一从锡山市日杂公司进货。1999年8月20日，市区实行有条件局部开禁，2000年春节开始，在规定的时间、范围可以销售和燃放烟花爆竹，市日用杂品公司逐步恢复城区烟花爆竹批发业务。

2001年，烟花爆竹销售方式由单纯批发发展为批发、专卖店、超市设点供应，零售网点由市治安、消防、工商、技监、供销社联合选定，城区和郊区共发放经营许可证300余家。2004年，全市烟花爆竹批发企业由5家增至12家，其中城区1家、滨湖区2家、惠山区2家、锡山区2家、宜兴市2家、江阴市3家。由于批发企业增多，无锡苏南日用杂品有限公司的市场占有率由50%降至10%～20%，2005年销售额298万元。

二、民用碱

1984年9月，市日杂公司石碱加工场成立，主要加工生产民用食碱。无锡市各大商店、三阳南北货店、豆类制品加工点、县郊各供销社销售的民用碱，均出自该加工场。工场成立后的几年里，年产量一直保持在600吨左右。1989年，市场受涨价风的影响，食碱的需求量猛增，1990年销量近千吨，为历年最高。1992年起，个体市场大量涌现，民用碱出现替代商品，需求量越来越少，销量开始下降。1995年，工场产量仅几十吨。1996年10月，石碱加工场注销。

三、油脂品

1986年，无锡市油脂品主要由市土产公司建新油麻商店经营，销售对象主要是造漆业和铸造业，以桐油为单一品种，销售额30万元左右。1988年，成立无锡市土产油麻批发部。随着造漆行业产品更新和发展，蓖麻油逐步应用于油漆之中，批发部批量采购供应蓖麻油，当年供应量50吨左右，并逐年增加。1991年1月，在锡澄路开设土产油麻批发部分部。1992年7月，无锡市油脂公司成立。

1994年1月，市油脂公司从市土产公司中划出，经营品种有桐油、蓖麻油、亚麻油、豆油等，由国产油脂向进口油脂经营发展，由省内经营向省外拓展，经营对象由化工行业向电子电路板、印刷、油墨行业发展，由桶装经营向散装经营发展，油脂销售量由1992年的1200吨增至6000多吨，销售额由1992年的800多万元增至5000多万元。1995年，公司开始经营进口亚麻油，当年销售进口亚麻油250吨。1998年，市油脂公司进行股份制改革，变更为无锡市金宇油脂有限公司。2000年，开始经营进口蓖麻油。2004年以后，蓖麻油进口量增至400～500吨，占蓖麻油年销售量的40%左右。2005年，尝试亚麻油外销业务，销往中国台湾地区65吨。

2005年，无锡市油脂油料类商品市场交易量193686吨，其中市区22686吨、江阴市29040吨、宜兴市141960吨。市油脂公司销售油脂品4988吨，其中桐油2470吨、亚麻油896吨、蓖麻油1310吨、食用油312吨。

第七节　物资回收和调剂

一、物资回收

80年代，废旧物资购销权归属市物资局下属的市金属回收公司及市供销社下属的市物资回收公司，市金属回收公司收购厂矿单位的生产性废旧金属，市物资回收公司收购社会生活性的废旧物资，且必须持有公安部门核发的特种行业许可证方可从事废旧物资购销活动，其他单位或部门不得从事废旧物资购销活动。时城区北大街、中山路、公园路、南长街等地有多家信托贸易商店，民间常称之为寄售商店、旧货商店，百姓可把家庭旧物寄于商店销售，后逐渐改为综合杂品商店。物资回收价格有严格规定，废钢铁必须执行国家定价，部分商品须省定价。

1986年开始，以废钢铁、造纸原料为重点，开展元旦、春节、“五一”、国庆等节假日突击大回收。每年回收废旧物资5000多吨，金额100多万元。是年，城区代购站24家。1987年，国家开放废钢铁市场，市物资回收公司开始向厂矿收购生产性废旧金属。公司设立纤维、金属、料瓶3个批发部，金属批发部设立工厂收购组，收购废钢铁、废有色金属等废旧物资。1987年8月，在龙船浜仓库成立无锡市废钢铁交易市场，当年组织大型交易会，为150家生产企业提供五大类300多个品种的黑色金属、有色金属、不锈钢利用料和回炉料。废旧物资回收后，市物资回收公司将吴桥仓库、龙船浜仓库、纳新桥仓库、郊区的西漳寺头仓库、红五月仓库作为固定加工基地，对废钢铁、废纸、废回丝、废塑料、破布、废油脂、料瓶等初步加工。90年代初，市物资回收公司开拓经营有色金属、机电产品、绝缘材料、不锈钢材料、装配自行车及配件、电视机、电风扇、三轮车、轮胎、劳保用品等门类，经营品种增至2000多种。

1991年6月，全市首家拍卖商行开张，主营实物拍卖、实物信托，并于10月22日举办无锡市解放后首次公开拍卖。是年，成立无锡市首家闲置设备调剂市场。市场以现货和代购代销为主，每年举办两次大型调剂会，每年闲置设备调剂金额在1000万元左右，调剂普通机械800多台。

1986～1993年，废旧物资、新品生产资料和生活资料及信托贸易等业销售额年均5860万元，1993年为1.3亿元；利润年均250万元，1988年、1989年超过300万元；废旧物资加工每年增值60万～100万元。回收废旧物资年均1.5万吨，回收总值1800万元，其中：1986年19937吨、797万元，1993年20900吨、3969万元。

1994年，实行以增值税为主体的新税制，收废单位在收购中无法取得抵扣发票，导致税负加重，全行业亏损。是年起，代购站与市物资回收公司脱离业务关系，自购自销。1994年、1995年、1999年，因市政建设，崇宁回收站、工运回收站、友谊信托贸易商店、三里桥回收站关闭。1995年，利达物资公司和绝缘材料公司从市物资回收公司划出。1997年，废旧物资经营业务继续萎缩，黑色、有色、轻化等3家主业公司亏损总额超过80万元；7家回收站虽实行委托经营承包责任制，仍累计亏损10万元。是年3月，在信托贸易调剂业务的基础上，归口成立全市首家旧货市场。1998年初，对8家回收站试行合伙（个人）租赁经营，基本消灭亏损。1999年5月，启动社区回收服务，20多个下岗人员、20辆专用流动车参与此项活动，为时不长。是年8月，市物资回收公司取得二手手机经营权。

2003年4月，市物资回收公司与苏州吴中区金属回收利用公司共同创办无锡市华通废旧物资交易市场。市场位于华庄镇，占地8500平方米，经营门店70余间，交易品种以废旧物资、废黑色金属、废有色金属、旧型材料为主，年成交金额近1亿元。

至2005年末，市物资回收公司下属9家改制企业，其中包括市旧货市场和无锡市华通废旧物资交易市场。

二、旧货市场

1997年3月，市物资回收公司改建公司食堂及仓库（无锡市长康路28号），成立无锡市唯一一家综合性旧货市场——无锡市旧货市场，并利用纳新桥仓库成立纳新桥分市场。市场面积500平方米，摊位28个，从业人员25人，交易商品以旧服装、旧自行车、旧日用品等小商品为主。1998年7月，租用中百站仓库底层，市场面积扩大至4500平方，摊位增至138个，从业人员220人。是年，旧服装、旧日用品等低值无市场竞争力的小商品逐步退出市场，引入高值、更新换代较快、具有一定市场潜力的旧电视机、旧电冰箱、旧空调、旧音响、旧传真机等二手商品。1999年初，专辟二手手机专营区。2000年5月，征用中百站超市场地，面积扩大至5500平方米，摊位增至215个，从业人员500人。是年，引进旧电脑、旧橱具等商品进入市场。2002年末，长康路28号市场因市政建设拆迁，搬迁至兴源路78号。至2005年，市场商品交易额每年6000万元左右，摊位年收入110万元左右。2005年7月，市旧货市场改制为无锡旧货市场有限责任公司，股本金10万元，其中回收公司9.5万元、华通废旧物资交易市场0.5万元。

三、物资调剂

1984年4月，成立无锡市物资调剂商场。1987年1月，复兴巷旧杂品商店并入无锡市利用物资调剂商场。1991年12月，利用复兴巷旧木器商店场地，成立无锡市闲置设备调剂市场；旧木器商店并入利用物资调剂商场。1992年1月，市国有资产管理办公室书面委托市闲置设备调剂市场对国有资产的闲置设备进行调剂处置。是年5月，成立无锡市利达物资公司，下设无锡市闲置设备调剂市场、无锡市物资调剂商场以及无锡市闲置设备经营部、型材经营部。

1994年1月1日起，利达物资公司直属市供销合作总社管理。4月，租赁黄巷乡解放运输公司3000平方米场地，开设市闲置设备调剂市场江海东路市场。4月，举办全国闲置设备调剂会，24个省、市的500多个代表进场交易，意向性成交1.35亿元。6月，成立无锡市利达闲置设备经纪人事务所。

1996年5月，无锡市闲置设备调剂市场升级为省级江苏无锡设备调剂市场，在建筑路1号筹建。1996年8月，在东门唐巷建办五金分市场，10月更名为二手生活用品分市场。1997年1月，市供销合作总社等10多个部门组建江苏无锡设备调剂市场管理委员会。5月，江苏无锡设备调剂市场揭牌成立，复兴巷老市场更名为江苏无锡设备调剂市场解西分市场，江海东路市场更名为江苏无锡设备调剂市场江海东路市场，东门唐巷新办江苏无锡设备调剂市场朝阳家具分市场。5月，利达物资公司加盟金太湖租赁集团，成立省级租赁中心市场。8月，开设无锡市时代信息公司，为设备调剂市场配套服务。1997年1月和6月，先后将市食品机械厂和市轴瓦厂劳动服务公司划入市利达物资公司，市场交易场地扩增至1万平方米。10月，无锡设备调剂市场与江苏金太湖租赁中心市场、江苏无锡汽车交易市场、江苏无锡电器批发市场等4个省级市场联合组建国家级无锡租赁中心市场，11月投运，为国内首家实物租赁企业。

1998年上半年，江苏无锡设备调剂市场举办春季设备交易会，现货成交530万元，意向性成交200多万元。交易会后，工厂企业单位以及银行等破产处理物品、抵债及抵押品的信息源源不断，年内处理闲置物品300多万元。9月，开设无锡市时代设备维修有限公司，为二手设备调剂提供服务；进驻生产资料交易市场，开设利达物资公司驻场经营部，主要经营金属材料、普通机械及配件等。12月，开设无锡亚东设备调剂有限公司，并承接九江一家军工厂价值250万美元的数铣大型设备的维修和养护。1999年4月下旬，无锡设备调剂市场与无锡设备管理协会联合举办春季设备交易会，可供调剂的各类闲置设备1亿多元，意向性成交2500多万元，现货成交358万元。1996～1999年，利达物资公司连续4年销售额（含调剂额）突破1亿元。

2000年12月，改制设立无锡市利达物资调剂有限公司。2002年，无锡设备调剂市场、无锡旧货市场、无锡市超储设备市场发起组建无锡市市场协会二次流通商品市场工作委员会。1992～2005年，利达物资调剂公司调剂闲置设备28132台（套），单向调剂总额67116万元，销售总额（含调剂额）8.75亿元。

第八节　烟草业

一、机构

1983年6月，市政府批准成立江苏省烟草公司无锡分公司（简称“无锡烟草分公司”），由市商业局代管。12月，增挂“江苏省无锡市烟草专卖局”牌子，实行“一套机构、两块牌子”管理体制，由省烟草专卖局和市政府双重领导，以省烟草专卖局领导为主，供、产、销和人、财、物由省局统一管理，党组织和政治思想工作由地方领导。1984年，成立县级烟草专卖局和经理部。1987年1月，无锡市烟草专卖局划归市政府财贸办公室领导。是年11月，省烟草公司销售公司在无锡设立苏南支公司，1988年12月撤销。1990年3月，市烟草专卖局明确为市政府一级局。2005年，设有办公室、专卖监督管理处（稽查支队）、卷烟营销处、财务审计处（国有资产管理处）、经济信息管理处、审计处、安全保卫处等9个处室。

二、卷烟销售

1.销售网络

无锡地区的卷烟经营纳入全国统一的凭许可证生产、经营和运输的专卖体系，无锡烟草分公司为无锡市区唯一合法的烟草批发经营企业，担负无锡城乡卷烟市场货源的采购和供应工作。80年代中后期，公司批发供应的主要对象为分布于城乡的各基层供销社和国有、集体及其他流通服务企业。90年代以后，卷烟零售户逐步增多，尤其是个体卷烟零售户发展很快。1996年9月，设立南站、人民路、友谊、金星、山北、中山路、复兴路、曹张、周山浜及广益等10家联建连锁店，开展卷烟销售批发经营业务。1998年3月，设立马山、马围、胡埭、硕放、旺庄、锡甘路、梁溪、河埒、广益、刘潭、锡澄、周山浜、山北、通惠、蠡园、长绛路、朝阳、城中等18个联建批发部。1999年12月，自建崇安、硕放、南长、长江路、北塘、胡埭、湖滨、梁溪等8个批发部。是年末，市区卷烟零售户2118户，其中个体经营户1603户。2003年，设客户服务中心、物流中心和崇安、硕放、雪浪、北塘、胡埭、湖滨、东湖塘、东北塘、东亭、荡口、前洲、洛社等12个客户服务部，配备46辆送货汽车、46台POS机（销售点终端机）、44台电脑，为市区零售户提供批发服务。2005年末，市区卷烟零售户11868户，其中个体零售户近1.1万户。

2.品牌和销量

80年代中后期，市区卷烟消费品牌以沪产烟为主，热销牌号有“牡丹”“大前门”“光荣”“芒果”等。由烟草公司主渠道经销的40601箱卷烟中，甲级烟4105箱，占10.11%；乙级烟31950箱，占78.69%；丙级烟3243箱，占7.99%；丁级烟1268箱，占3.12%。1990年以后，云南产“画苑”“阿诗玛”“茶花”“红山茶”“红塔山”等牌号卷烟逐步进入无锡市场，本省徐州卷烟厂“东渡”等卷烟进入无锡市场。90年代中期，省内卷烟厂家与各地烟草公司组织开展联产联销活动。1996年，无锡烟草分公司与徐州卷烟厂合作联产联销“锡梅”牌号系列卷烟，1997年与南京卷烟厂联产联销“灵山”牌号卷烟，均取得良好的销售业绩。1998年开始，省烟草专卖局要求把南京、徐州、淮阴3家烟厂生产的“南京”“一品梅”“红杉树”“东渡”四大名烟作为重点牌号，在全省卷烟市场推广。无锡地区以“南京”牌卷烟为代表的四大名烟销售一路领先，不仅销量名列前茅，效益也高于其他卷烟牌号。“南京”牌号卷烟一度供不应求、效益可观。这一时期，“红塔山”“锡梅”等卷烟销量逐步萎缩，外省卷烟销量萎缩尤为明显。2000年，无锡地区卷烟总销量46390箱，其中江苏产卷烟销量为26456箱（四大名烟11938箱），省外烟总销量19934箱。2005年，江苏产卷烟在无锡地区销量为73099箱（四大名烟43223箱)，占总销量125080箱的58.44%；省外烟总销量51981箱，占41.56%。是年，无锡烟草分公司批发销售收入由1986年的6873万元增至192748万元，实现利税由1986年的106万元增至53806万元。

三、专卖管理

市烟草专卖局成立后，加大《烟草专卖条例》宣传和市场管理力度，打击假烟、走私烟和未经允许进入无锡市场的牌号卷烟。1986年，查处违法案件118宗，没收假烟2835.4条。1992年1月《中华人民共和国烟草专卖法》和《烟草专卖法实施条例》施行后，对卷烟市场进行353次检查，查获卷烟走私案件367宗，查获涉案卷烟36454条，上缴罚没款110.3万元。1997年开始，对广益市场卷烟集中摊区的非法卷烟交易活动开展专项整治，1998年11月末，市场卷烟集中经营摊位全部关闭。1998年3月，在郊区、马山区和新区农村设立马山、胡埭、硕放、旺庄、南站、河埒、广益、刘潭、山北、蠡园等10个烟草专卖管理所。2000年，市烟草专卖局和无锡烟草分公司成立1个稽查支队、5个稽查大队、4个专卖管理所，聘用60多名专卖协管人员，推广"户籍化"管理模式，对卷烟零售户实行A、B、C、D分类管理。当年查处各类涉烟违法案件268起，上缴罚没款121.52万元。2002年，开展"卷烟打假年"活动和"四无"(无假烟、无走私烟、无无证经营卷烟行为、无经非法渠道流入本地市场卷烟)达标活动等。2003年，加强对省际、市际等交通要道、边界地区、重点地段的监控。2004年起，开展非法生产卷烟窝点端打、卷烟体外循环治理、无证卷烟零售户取缔清理等项工作，组织实施"三打"(打击假冒烟、打击走私烟、打击未经许可进入无锡市场的牌号的卷烟)百日活动、"先锋行动""秋风行动"和烟用丙纤丝束流通秩序的整治等专项行动。2005年，查处卷烟违法案件1192起，没收假冒卷烟263808.6条，上缴罚没款185.71万元。

第九节　盐　业

一、机构

1984年12月，无锡盐业批发站更名为江苏省盐业公司苏州分公司无锡支公司。1989年撤销，成立江苏省盐业公司无锡分公司(简称"无锡盐业分公司")，由省盐业公司直接领导，下辖无锡盐业批发部和江阴、宜兴两家支公司。1992年，成立无锡市盐务管理局，与无锡盐业分公司实行"两块牌子、一套班子"管理体制，行使盐政管理职能。1993年，江阴市盐务管理局成立；1994年，宜兴市盐务管理局成立。1999年，无锡盐业分公司改制为国有独资有限责任公司，更名为江苏省盐业集团无锡有限公司(简称"无锡盐业公司")，江阴、宜兴支公司也相应变更为江苏省盐业集团无锡有限公司的分公司。2003年，苏州、无锡、常州三市盐业公司合并，成立江苏省苏南盐业有限公司，无锡公司与江阴、宜兴分公司均成为其下辖的分公司，江阴、宜兴两市盐务管理局仍归无锡市盐务管理局管辖。2005年，无锡盐业公司内设盐政处、计划财务处、业务处、食盐专营部和工业盐经营部等。

二、市场供应

1.销售网络

无锡盐业公司主要供应食盐和工业用盐。食盐主要供应对象是分布于城乡的各基层供销社、商业社和其他流通服务企业，工业盐主要供应纺织印染、化工、冶金、医药、油脂、水处理等行业的国有、集体和乡镇企业。90年代，鉴于各个乡镇供销社和商业社相继转制、从事副食品批发的个体户日益增多，在每个乡镇设置3～4个食盐转批点，最多的乡镇设置6个转批点，转批点总数126个。90年代末，超市、大卖场陆续开业，全部实行盐品直供。2000年，食盐转批户数量调整为80个。2003年，再次调整食盐转批网点，每个乡镇只设1个。2004～2005年继续对转批网点进行微调，至2005年末，全市乡镇转批户29个，另在城郊结合部和广益市场设立转批户10个；市区直接供应的大型超市16家。2004年，无锡盐业分公司被中国盐业协会授予AA级食盐批发企业称号。

2.品种和销量

无锡地区销售的盐产品主要有两种，一种是连云港和盐城等沿海地区所产的海盐，另一种是淮安和徐州地区生产的井矿盐，偶尔从山东、安徽和湖北等省调运部分盐品补充供应。1985年之前，只有工业原盐、普通小包装食盐等几个品种。1986年，无锡盐业公司销售30850吨，其中小包装食盐7453吨、散食盐10136吨、工业盐13261吨。1987年9月，无锡市场出现食盐抢购潮，由于盐业公司应对得当、供应充足，抢购潮迅速平息。是年，销售盐产品31958吨，其中小包装食盐9823吨、工业盐22135吨。1994年，盐业公司制售精细盐3万吨。2003年4月受“非典”疫情影响，无锡市场再次出现食盐抢购潮，5月末逐步平息。

随着经济社会发展，盐的品种逐步增多。至2005年，有加钙盐、加硒盐、加锌盐、低钠盐、蒜香盐、果蔬洗涤盐、沐浴盐、软水盐等20多个品种。是年，无锡地区盐产品销售68324吨，其中小包装食盐16521吨、散装食盐13966吨、品种盐264吨、工业盐37573吨；销售收入6692.57万元，实现利润883万元。

三、盐政管理

无锡市盐务管理局成立后，加强市场监管，加大执法力度，打击盐业违法行为。1990年，施行国务院颁布的《盐业管理条例》。1991年，施行《盐业行政执法办法》和《江苏省<盐业管理条例>实施办法》。是年，出动市场检查人员330人次，走访113个乡镇供销社，查处违章案件5起。1994年10月，实施国务院《食盐加碘消除碘缺乏危害管理条例》；1996年5月，实施国务院《食盐专营办法》。1997年7月，《无锡市盐业管理办法》实施，市盐务管理局出动检查人员2338人次，检查用盐大户、个体批发户、饭店等单位2000多家，查缉私盐2889吨，没收627吨，查处较大案件40起，捣毁私藏窝点36个。

2000年，市盐务管理局成为全省盐业系统第一个加入“110”社会联动体系的单位。是年，在市公安经侦支队的配合下铲除一个大型贩卖私盐制假团伙，主犯魏某、胡某被逮捕判刑。该案件成为无锡地区首例进入司法程序的盐业犯罪案件。全年出动执法人员3053人次，查处案件112起，查获私盐843.38吨（其中非碘盐252.04吨），捣毁私盐窝点10个。

2004年，市盐务管理局成立3个稽查队，加大对广益商城、曹安市场、通惠市场等大型集贸市场的监管力度，对饭店、食堂、食品加工点、卤菜作坊以及饲料加工企业进行大规模清灶台、清仓库检查。结合食品安全开展“烈火行动”，抓获追查1年之久的制售假冒小包装食盐的私盐贩子王某。王某累计贩卖假冒小包装食盐51.43吨，案值9.2万余元，是无锡地区最大的制售假冒小包装食盐案件，也是全省假冒伪劣私盐案件中数额较大的一例，被判处有期徒刑5年6个月。2005年，在全国开展的整顿与规范盐业市场活动中，市盐务管理局全年出动执法人员3595人次，查处盐业违法案件386起，其中移交公安立案9起，批捕5人，判刑4人，取保候审1人，监视居住2人，查没盐产品50余吨，罚款65万元。

第十节　企业选介

一、无锡第一百货（集团）有限公司

公司位于无锡市北大街8号，前身为1952年成立的中国百货公司无锡市公司第一门市部，1957年改为无锡市第一百货商店。1995年，一百新大楼建成开业。1996年，兼并无锡交电批发站，成立第一百货（集团）有限公司。2001年，一百老大楼拆除建成胜利门广场。2003年，公司以一百公司主体营业大楼本部13个商场为“一体”，好买得超市连锁和新家电商厦为“两翼”，其中家电销售5.49亿元，占集团销售总额的60.05%。2004年4月，实施改制，国有股权全部退出，成立无锡第一百货（集团）有限公司。2005年，成立新五金商厦有限公司。是年，公司注册资本6200万元，总资产5.6亿元，经营业务涉及现代时尚主题百货、家交电专营卖场、连锁综合超市、进出口贸易、仓储物流、房产物业、广告营销等多个领域，先后被评为全国商业百强企业、全国商贸行业50强。

二、江苏无锡中百（集团）有限公司

公司位于无锡市工艺路，前身为1958年成立的无锡百货站。1984年10月，无锡百货站与市百货公司分开，并先后建立百货、文化、鞋帽、钟表缝纫、照相、劳保、包装等7家批发公司和1家服装纺织批发公司。1990年，在工艺路建成新大楼后，百货站形成二片（工艺路片、东梁溪路片）、一店（县前街钟表缝纫店）、二库（张泾仓库、胡埭仓库）的资产布局。1992年，开办江苏省第一家廉价商店。1994年，更名为江苏省百货批发总公司，同时保留江苏无锡百货采购批发站的牌子。同年，创办无锡市首家超市——百惠商城。1995年，创办新型批发市场惠客隆商城。1991年和1996年，两次承办全国鞋帽商品交流会。1995年，公司销售6.99亿元，创历史最高。1997年1月，组建江苏无锡中百（集团）有限公司，无锡市糖业烟酒公司参股5%。1998年开始，下属27家企业改制，先期成立中百鞋业、劳动保护、东箭玻璃等3家改制公司，文化、纸张、照相、钟表缝纫、针织、日用电器、包装、机电、汽配、副食品、鞋帽、配销、储运、百惠商城、中百超市、惠客隆商城、百乐门歌舞厅、百老汇舞厅、百味苑饭店、中百旅馆、进出口部、纺织品公司及后勤等24家企业也相继改制。至2003年，大多数改制为民营企业，有的关闭注销。2005年，中百集团进行企业改制审计评估，准予转让的资产总额2254.31万元，净资产361.01万元。

三、江苏无锡商业大厦集团有限公司

公司位于无锡市中山路343号。1986年12月，无锡市百货公司、无锡市工业品贸易中心、东方红商场联合组建成立无锡商业大厦股份有限公司。1987年4月，新大楼试营业，年销售首次突破1亿元。1995年12月，改制为国有独资的江苏无锡商业大厦集团有限公司。是年，与日本八佰伴中国社合资开办百业超市，门店发展至11家。1997年3月，兼并无锡市第二百货商店。1998年，创办东方汽车城，成为无锡市最大的汽车经销商。是年8月，被市政府列为资产授权经营的重点企业集团。1999年9月，集团有限公司以经营性资产出资设立无锡商业大厦股份有限公司，2002年6月在上海证券交易所上市。2002年，控股无锡三凤桥肉庄有限公司。2003年，在新区建成年产量3600吨肉的加工厂房。2004年，开通东方百业网，成为全市第一家购物网站。是年8月，商业大厦集团经国务院国资委批复同意改制为民营资本控股90%的集团公司，控股股东为上海均瑶集团公司。至2005年，商业大厦集团由单一的百货零售企业发展为以百货零售业务为核心，汽车经营和食品经营为两翼，涵盖连锁超市、进出口贸易、电子商务、房地产的商贸企业集团，年营销总额41.42亿元，利税2.01

亿元,资产规模16.88亿元,职工人数4000多人。1999～2005年,营销总额连续7年列全省同行第一位。

四、无锡八佰伴商贸中心有限公司

公司位于无锡市中山路168号。1994年7月,由无锡市百货公司与日本八佰伴株式会社合资创办,总投资7700万美元,注册资金3500万美元,其中中方占40%、日方占60%。1996年4月试营业,7月正式营业。无锡八佰伴为当年江苏省流通领域规模最大的中外合资企业之一,占地2.3万平方米,建筑面积8.5万平方米,营业面积4.2万平方米,经营百货、食品、粮油制品和烟酒等。当年实现销售额3亿元,创利税400万元。1997年7月,日方退出,由中方接管。1999年,调整经营商品结构,强化中高档商品经营份额,开发商旅品牌商品,销售规模进入全省零售企业50强第六位。2001～2005年,实施商品电脑单品管理,开通网上客户对账系统。2002年,退出部分大家电市场,重点发展服饰类商品。2003年9月,无锡八佰伴由无锡贸易资产经营公司管理划归无锡国联集团管理。2004年9月,由江苏华地企业集团有限公司控股。2005年,销售额10.56亿元,利润7700万元。

五、无锡三阳百盛广场有限公司

公司位于无锡市人民中路127号。1996年3月,由无锡市供销合作总社与马来西亚金狮集团狮贸控股有限公司合资创办,投资总额2亿元,注册资本1.5亿元,其中中方出资6000万元、外方出资9000万元。1999年2月开业。1999年,零售总额1.1亿元,2000年1.5亿元。由于与其他大型综合商场的经营基本类同,在竞争中没有优势,开业后前两年亏损近2000万元。2001年开始,引进时尚品牌,强化休闲特色,与市内同类大型商场错位经营,当年实现利润109.35万元。2002年、2003年,注册资本分别减至1亿元、8000万元,中外双方投资比例保持不变。2003～2005年,化妆品区引进“CD”“SKII”“香奈儿”“倩碧”“兰蔻”等世界著名化妆品品牌。2005年4月,合资方变更为香港益盛普利有限公司。是年,销售总额3.77亿元,利润3050万元,经营业绩跻身全市大型综合商场第三位,在全国42家百盛商场中销售额居第五位、利润居第四位。

六、无锡市三阳南北货有限公司

公司位于无锡市人民中路127号。前身为创建于民国18年(1929年)的无锡三阳南北货商店,以经营南北货、副食品零售为主要经营特色,是无锡市老字号商店,也是市民购买南北杂货的首选之处。1984年9月,更名为无锡市三阳公司。1993年5月,与台湾万富达集团公司在二楼合作成立无锡三达食品有限公司,在无锡率先引进西式快餐——德克士乡村炸鸡。1994年1月,更名为无锡市供销合作总社三阳公司。1991～1997年,年销售连续在3000万元以上;其中1995年4975万元,为历史最高纪录。1998年4月,因市政建设需要,营业大楼被整体拆除,公司零售经营搬入三阳工程简易房内过渡。1999年2月,零售进入三阳百盛地下商场经营。由于营业面积缩小和人员负担,1998～2000年连续出现亏损。2001年4月,公司改制为无锡市三阳南北货有限公司。2005年,销售额1143.66万元,利润18.66万元。

七、锦江麦德龙现购自运有限公司无锡锡山商场

商场位于无锡市团结路2号。1995年,麦德龙与锦江集团合作建立锦江麦德龙现购自运有限公司。1997年11月27日,麦德龙锡山商场开业,为无锡首家仓储式超市。开业当天营业额突破800万元,至年末实现销售额5346.87万元。商场实行会员制经营方式,实行严格的质量控制和低成本运作,经营商品超过3万种,成为无锡及周边城市企业、机关和事业单位采购的主要渠道,拥有客户数近10万户。开业至2005年累计销售额46.18亿元,缴税7218万元;其中2005年销售额5.31亿元。

八、江苏无锡朝阳集团有限公司

公司位于无锡市解放东路800号。1994年，无锡市蔬菜公司所属的蔬菜批发市场进行股份制改造，组建成立朝阳股份有限公司，发展蔬菜、水果批发市场，并先后并购无锡港务起重运输公司、无锡市合力钙塑材料厂、无锡市钙塑篷帆厂等企业。1995年组建成立无锡天惠连锁超市公司，在学前街开设第一家门店，至2005年共有连锁门店60家。1997～1998年，先后对市商业局托管的无锡糖果厂、无锡冷饮食品厂、无锡市副食品公司依法实施破产处理。1998年5月，市蔬菜公司、无锡储运公司联合组建江苏无锡朝阳集团有限公司。2004年末，完成股份制改造，先后组建储运有限公司、天惠超市股份有限公司、朝阳蔬菜冷库有限公司、调味食品有限公司和天天食品有限公司等。2005年，朝阳集团资产总额5.89亿元，拥有蔬菜副食品交易市场、花卉市场、家禽市场、锡澄果菜副食品交易市场，年销售额42.66亿元，销售蔬菜、水果80万吨。

九、无锡天鹏集团有限公司

公司位于无锡市通沙路88号。前身为成立于1953年8月、位于锡澄立交桥堍的无锡市食品公司，为主营生猪屠宰、肉制品加工、冻品市场、荤食品配送的食品加工、流通企业，是无锡市“菜篮子工程”重点实施企业、国家战略物资储备定点企业、国家级龙头企业。1984年，在龙塘岸村创办生猪养殖场，每年向无锡市场提供肉猪2万余头。至1998年养猪场结束，为无锡市场提供活猪30多万头。1991年4月，创办以猪肉、禽畜冻品、南北货为主的食品、副食品的交易市场。1993年初，创办食品商城，率先推出“天鹏放心肉”品牌优质冷鲜肉，并在居民新村和市郊乡镇开设“放心肉”供应店（点）。2003 年7月，企业与毗邻的“八达”市场联营，形成年吞吐量60万吨、年交易额60亿元的大型副食品市场。2005年，天鹏集团下辖食品商城、无锡市天鹏食品有限公司（包括肉类加工分公司、营销分公司、猪肉批发交易市场）、真正老陆稿荐肉庄等企业，“放心肉”供应店（点）90家，年营销总额超50亿元；供应生猪100多万头，占市场份额的65%左右；提供冷冻荤食品超30万吨，占市场份额的85%左右。

十、无锡市糖业烟酒有限公司

公司位于无锡市中山路309号。前身为1953年成立的中国专卖事业公司无锡支公司。1985年末，公司下属食糖、酒类饮料、糖果罐头食品等3个批发部，第一副食品、第二副食品、仁号茶食、华丰贸易等4家零售商店，另有招待所。1986年，市食品工业公司及下属6家工厂归入公司，1992年又划出。1993年，投资8535万元建造的无锡华联商厦竣工开业，由商场与大酒店组成。90年代，公司与外商先后开办无锡肯德基、无锡华美糖果（2000年转让给吉宝公司）、无锡芳香鸡（1998年5月关闭）、无锡太湖明珠夜总会（2000年1月关闭）等4家合资公司。1997年，华联商场改为超市。2000年10月～2002年6月，公司先后对食糖等5家批发分公司、华联大酒店、华联超市（2001年5月关闭）等非独立核算单位实行分立改制，国有资本退出570余万元，并成立天宏食糖经营有限公司等5家民营资本为主的责任有限公司。2003年4月15日，改制后的无锡糖业烟酒有限责任公司成立，总股本1000万元，其中国有法人股160万元、个人股840万元。2005年1月1日，国有法人股160万元退出。2005年末，公司总资产9551万元。

十一、无锡市乳品公司

公司位于塘南三支路。前身为建于1956年的无锡乳牛场，1975年更名为无锡市乳品厂。1988～1989年，联合国粮食署和欧洲共同体对中国无偿提供脱脂奶粉和无水黄油的援助，无锡是接收项目援助的20个城市之一，市乳品厂领到援助奶粉209.77吨、黄油9.87吨，价值150.98万元。市政府对中小牛的培育、牛奶生产和鲜奶供应也给予政策优惠。1985～1993年，乳品厂与马山鱼种场合资建立湖山奶牛场。1991年，撤销锡沪路第二牧场，转让给无锡百货站建造仓库，同年兴建龙塘岸牧场。1992年，更名为无锡市乳品公司。同年，撤销锡澄路第三牧场。与马来西亚合资创办无锡泰柯食品有限公司（1998年注销）。是年，供应市场的鲜奶从瓶装改为软包装。1994年，撤销塘南的第三牧场，在原址与美国凯斯顿公司合资创办无锡金兰食品有限公司（2003年转让给无锡市商业实业有限公司）。1995年4月，与温州均瑶航空饮品有限公司合资创办无锡均瑶饮品有限公司（1998年注销）。1997年，与杭州经济开发区大昌贸易公司合资创办无锡市康明乳品公司，生产酸奶，2000年破产。2000年5月，与上海光明乳业集团合资成立无锡光明乳品有限公司。2003年，企业完成改制。2004年4月，并入无锡市商业实业公司。2005年，龙塘岸牧场778头奶牛感染口蹄疫，对全场奶牛进行扑杀，无锡地区规模最大的现代化高产牛奶场从此关闭。2005年，公司注册的“锡山”商标租给无锡市天资乳品厂使用。

十二、无锡市商业实业有限公司

公司位于无锡市塘南三支路3－1号。前身为徐嘉和食品加工场，1965年更名为无锡市新明食品厂。1988年，与美国利夫糖果有限公司合资创办无锡华美糖果有限公司。1992年，更名为无锡市新明实业有限公司。1995年，更名为无锡市商业实业公司，归属市商业局。此后，无锡市国贸控股有限公司（市商业局）以商业实业公司为资本经营平台，出资6200万元，对商业大厦等15家企业进行投资。同时，实业公司利用资金优势，对商业企业进行借款融资，一般以短期为主。1998年11月，改制为无锡市商业实业有限公司，为国有企业。2004年，进行改制评估，参加评估的有商业实业公司本部、五金机械总公司、化工原料总公司、无锡商场、乳品公司、咀香园等企业的经营性国有资产和部分土地，总资产20383.29万元，负债2314.06万元，净资产18069.23万元。2005年6月，转让给王建炜等自然人。7月，新组建的公司成立。12月，以578万元收购无锡市惠山油酥食品厂资产。

十三、无锡咀香园食品有限公司

公司位于无锡市惠盛路6号惠山油酥食品厂内。1992年3月，惠山油酥食品厂与澳门中澳食品有限公司合资成立无锡咀香园饼业有限公司，生产月饼、中式糕点、西式糕点、无锡特产惠山油酥、真空熟食等类食品，年均产量100吨。生产的广式双黄莲蓉月饼选料精细，做工考究，畅销全国，在江南地区成为中秋月饼的主流品牌产品。此外，还生产以酱排骨为主的全家宴礼盒，端午节推出广东风味的咀香粽。1994年，更名为无锡咀香园食品有限公司。1995年，“咀香”产品获国际食品博览会金奖。2002年，广式双黄莲蓉月饼被中国焙烤食品糖制品工业委员会评为优质月饼。同年，惠山油酥被评为全国特色糕点。2003年，“咀香”商标被评为江苏省著名商标。2005年末，公司总资产2179万元。

十四、无锡市物产总公司

公司位于无锡市人民中路185号。1992年6月创办，以物产大酒店和生产资料交易市场为经营主体，兼营其他生产资料，下辖无锡上海精品商厦、物产家电商场和7家经营分公司。1995年，组建江苏省无锡市生产资料交易市场，当年交易总额13亿元，租赁率100%，被评为江苏省十大生产资料市场之一。1997年，无锡上海精品商厦关停。1998～1999年，企业先后对10家分公司（部门）进行改制，成立有限责任公司。2000年6月，组建无锡市通成物业管理有限责任公司，物产家电商场停业。2002年，物产总公司经营业务停止。2002年，下属7家企业的国有股权全部退出。

十五、无锡市化轻公司

公司位于无锡市五爱路18号。1986年，公司首次运用外汇1700万美元组织一批进口物资，口7858.94吨本市化工企业急需的塑料。1992年，筹资建造方米的广丰三村商品房。1986～1993年，公司销售总额18.34亿，公司改制，组建无锡市自力化工有限公司。1998年，组建无锡市自业经营业务停止。2004年，组建无锡市华洁物业有限公司。至2005年分置换工作基本完成，大部分债权债务得到妥善处理。

电设备有限公司

市人民中路199号。1986年，无锡市机电设备公司组建无锡市汽车交易市场，牵、常州、南京、杭州等5市机电公司联合体。1988年，首次出口机电产品，创汇30 0～1994年，企业发展状况良好，销售额最高年份为1994年的12亿元，利润峰值为 00万元，摩托车、汽车、机床、轴承、空调、工具、电缆等销售保持上升势头，配送物资总，销售规模居全国机电行业前10位、地市级公司首位。其间，建成2500平方米汽车展销路8号机电商厦等。1991年，被国务院企业管理指导委员会评为物资流通行业1990年度二业。1993年，下属机电产品交易市场、汽车自选商场、乐达精品商厦、现代神话娱乐总汇、机电电产品维修中心相继开业，并涉足汽车期货交易。1993年末，公司固定资产6966.58万元，创历史最高水平。继1989年成为瑞典SKF公司轴承无锡区域性总代理后，1995年成为为德国西门子电器产品在无锡地区的总代理以及一汽、二汽、上海汽车厂等国内大型汽车厂家的区域总代理。无锡市机电设备公司机床分公司成为国内18家大型机床厂的特约经销商，机床销量居全省第一。

1995年以后，企业销售逐年下滑，利润逐年减少，出现亏损。1998年，机电商厦被无锡市商业银行购买；市机电设备公司改制为无锡市机电设备有限公司，先后成立新启元机电设备有限公司、美伊凯摩托车有限公司和梁青、凯莱、新超元、蓉湖庄等4家责任有限公司，以及由中国新纪元物资流通中心投资控股、企业持股的新纪元汽车贸易有限公司。1998年，市机电设备有限公司被恒通物业集团兼并。2005年，市机电设备有限公司下属的新启元机电有限公司以及18家二级企业全部实行国有资本退出和企业职工身份置换，企业经营业务由改制企业无锡市新启元机电有限公司承接。

十七、无锡市农业生产资料有限公司

公司位于无锡市健康路前宋巷190号，1978年4月，成立无锡市农业生产资料公司。1989年，下设农药化肥经营部、竹木批发部、农具批发部、中山路综合经营部、竹木综合商店等。1991年，增设木器加工场。1992年，成立化肥农药分公司、竹木建材分公司、农机具批发部、北塘经营部、农资综合经营部、供销金属材料公司、化工经营部。1993年，成立中新物资公司、物资经营部、科技拓展公司。1994年初，公司升格为无锡市农业生产资料总公司。1995年以后，农资市场逐步放开，省农资公司及外地农资生产、经营企业纷纷进入无锡市场，发展连锁网点。2000年10月，公司改制为无锡市农业生产资料有限公司，注册资本400万元，其中市供销合作总社出资380万元。转制后，除继续承担全市救灾化肥储备的政府职能外，直接面向市场。公司下属业务部门全部改制，2001年先后成立苏锡化肥农药有限公司、苏农化肥农药有限公司、中农物资有限公司、锡农农资经营部和兴农农资经营部，经营重点转向农资的外采和批发。至2005年，公司固定资产61.62万元，农资直供点34家，年销售额6102.91万元，利润-3.85万元。

十八、无锡市果品公司

公司位于无锡市兴源中路75号。1986年1月，江苏省无锡果品公司更名为无锡市果品公司。1987年7月，公司20家零售商店移交给各区商业局，仅保留大众南北货商店、熙春综合经营部、德新联营公司、公司贸易货栈。1990年，熙春综合经营部更名为无锡市朝阳交电商行。1992年2月，在化肥桥冷库开办保鲜纸厂。10月，鲜果批发部更名为无锡市鲜果鲜菜公司，干果干菜批发[illegible]锡市干果食杂公司。1994年4月，朝阳交电商行成建制划归市供销合作总社。1995年后，[illegible]大量涌现，公司干果和鲜果两大主营业务停止，化肥桥冷库转为代客冷藏，干果食杂公司、[illegible]市场、果品冷饮厂、大众南北货商店、朝阳交电商店等相继关闭或歇业。公司一部分自有房产[illegible]换和拆迁，一部分开设的小经营部门相继转为民营或个体经营。2000年2月，市供销总社关[illegible]后的供销大厦。2005年2月，果品公司（含供销大厦）与苏南日用工业品集团公司合署办公，分[illegible]算。是年末，公司总资产2486.84万元。

十九、无锡市土产公司

公司位于无锡市前宋巷190号。前身为江苏省土产公司无锡分公司土产批发部，1986年9月变更为无锡市土产公司土畜产品经营部。1987年7月，下属利农蒲包商店、三里桥油麻商店、惠农桥油麻商店划入北塘区商业局，南长油麻商店划入南长区商业局；建新油麻商店变更为无锡市土产公司土产油麻批发部，无锡市油灰厂继续作为该批发部的加工作坊。1988年1月，西门桥堍的土产建材综合商店变更为无锡市土产公司建材批发部。9月，公司迁至北大街布行弄20号，下设土畜批发部、土产油麻批发部、建材批发部、交易市场、油灰厂等5个经营生产部门。1989年销售额2062.13万元，利润44.12万元。1992年8月，土产油麻批发部变更为无锡市油脂公司。1994年1月，市油脂公司（包括无锡市油灰厂）成建制划给市供销合作总社。

公司先后组建无锡市土得利畜产品公司、无锡市土得利纺织品公司、无锡市土得利物资公司、无锡市土得利经贸公司、无锡市土产公司粮油经营部、无锡市土产副食品经营部、无锡市土产公司稻香副食品批发部、无锡市土产公司物资经理部、无锡市土产公司金属材料经营部。1996年，土产行业传统经营商品萎缩，新组建的经营部门关闭、清理歇业，仅保留无锡市土特产品交易市场和无锡市土产建材批发部。1997年2月，无锡市农副产品公司、无锡市南北山地货行成建制划入市土产公司。2000年，无锡市土特产品交易市场、无锡市土产公司土产建材批发部改制成立股份合作制企业。2001年4月末，市土产公司与无锡市农业生产资料有限公司合署办公。2005年，公司固定资产270.81万元。

二十、无锡苏南日用工业品（集团）公司

公司位于无锡市兴源中路75号。前身为无锡市日用杂品公司。1987年7月，公司18家零售商店移交各区商业局管理，仅保留人民桥日杂商店、工农日杂商店、永新日杂商店、大新建筑装潢商店、无锡市炊事机械公司。1988年3月，重组陶瓷、杂品、生活用品、建筑装饰材料、炊事机械等5家批发分公司。12月，在杂品批发分公司中分离出烟花爆竹、劳保用品大类商品，成立纸张烟炮批发部。1992年3月，被市政府列为市流通领域推行“搞活经营、搞活价格、搞活用工、搞活分配”的综合改革5家试点单位之一。先后组建百货批发部、工陶机电公司、凯利摩托车销售公司、空调制冷设备公司、成套办公用品公司、物资销售部。1993年2月，变更为无锡市日用杂品总公司。1994年4月，无锡市炊事机械公司、无锡市成套办公用品公司成建制划给市供销合作总社。是年，总公司成立纸张分公司、交电分公司、副食品分公司，888商城批发部开业。

1995年，公司先后成立日用化工分公司、日月工业品分公司、成套办公用品分公司，并与圆圆鞋帽公司联营组建永昌鞋业有限公司，工农日杂商场变更为申申商场。1996年5月，无锡市日用杂品总公司改制组建为无锡苏南日用工业品（集团）公司，保留无锡市日用杂品总公司为集团公司第二名称。公司全资和控股的企业有无锡市凯利摩托车销售公司、无锡市朝阳交电商行、无锡市工陶机电公司、无锡市炊事机械公司、无锡市成套办公用品公司、无锡市永昌鞋业有限公司，参股的有申申商场、无锡市蚊香厂、金湖县造纸厂，有固定契约关系的企业有福建恒安集团公司、无锡市摩托车厂。

1997年，公司对典古桥仓库进行改建，筹建无锡厨具城；撤并化工、副食品、永昌鞋业等3家单位。1998年9月，投资50万元对工艺路仓库进行改建，组建苏南劳保用品市场；关闭凯利摩托车销售公司，朝阳交电商行停业清理。1997～2005年，公司销售额由1.08亿元逐年下降至725万元，下属经营部门一部分关、停，一部分转为民营或个体经营。至2005年，苏南日用工业品（集团）公司拥有营业大楼1幢，仓库4个，总资产1628万元。

二十一、无锡市燃料总公司

公司位于无锡市打铳巷34号。前身为1984年组建的无锡市燃料公司，下属3家煤球厂、6个蜂窝煤球工场和72家煤球店。1986～1993年，供应无锡市场煤炭总量1131万吨、油料135万吨、蜂窝煤134.5万吨，回收煤渣344.5万吨，实现利润3185万元，并每年为市政府承担部分市区居民用煤亏损补贴。1992年，与台商合资成立无锡市宪大实业公司、无锡市光隆房产发展有限公司。1992年6月，燃料公司更名为无锡市燃料总公司。1993年，将煤球店、加工厂、运输站、经营部等改建为公司，先后组建崇安、南长、北塘燃料公司。1995年，公司固定资产9722.8万元，销售总额5.4亿元。1999年，民用煤行业趋向萎缩，燃料总公司对下属10家非独立公司和6个独立核算部门，以企业员工、企业法人和总公司共同参股等方式，相继重组成立无锡市苏南燃料有限公司、无锡市宏南仓储有限公司和无锡市石塘湾仓储有限公司。2000年末，燃机厂和南长、北塘民用煤燃料公司关闭。随着液化气逐渐替代煤炭成为民用燃料，民用煤企业从燃料产业中退出。2001年开始，市燃料总公司加快处理债权债务、盘活资产、企业改制和人员分流步伐。2002年，市燃料总公司分别组建无锡市中油经贸有限公司、无锡市顺福商贸有限公司；对苏南、宏南、石塘湾3家有限公司进行二次改革，国有股份全部退出。2003年，市燃料总公司业务停止，人员分流，经营业务由无锡苏南燃料有限公司承担。2005年6月，市燃料总公司关闭。

二十二、无锡市木材总公司

公司位于无锡市广瑞路22号。前身为无锡市木材建筑材料公司。1986～1990年，公司销售总额10.46亿元，木材供应量102.17万立方米，水泥供应量115.22万吨，经营利润2255.29万元。1991年，无锡市实行木材和建筑材料分开经营，成立无锡市木材总公司。1991～1998年，木材经营行业进入萎缩状态，公司出现严重亏损，1996年几乎处于瘫痪境况。1998年，公司改制，分别组建通达、富达、万达、顺达、华隆、裕泰等6家有限公司，对广达、锯木车间实行经营承包。1999年，组建由木材总公司职工持股会控股、钢模公司和进口材分公司入股的无锡市利达木业有限公司。2000年，下属无锡市木材厂破产，华隆有限公司由经营者买断市木材总公司的股份，通达、万达、富达等3家有限公司停业。2002年，市木材总公司控股的二级企业裕泰、通达、万达、顺达有限公司和独立核算企业市木材二厂、广达公司关闭。2003年，市木材总公司经营业务停止，业务由市利达木业有限公司经营和托管。

二十三、无锡市建筑材料总公司

公司位于无锡市广瑞路22号。1991年，由无锡市木材建筑材料公司业务分开经营后成立，主要经营水泥、玻璃、建筑材料，下设14家分公司（经营部）和2家联营公司。1991～1993年，供应水泥分别为17.02万吨、20.04万吨、25万吨；玻璃分别为20.55万重量箱、21.21万重量箱、28.65万重量箱。1994～2000年，公司经营严重萎缩，出现亏损，1999年仅四五个经营部勉强维持，销售总额由10438.96万元下滑至2557万元；经营利润由21.4万元下滑至-112万元，其中1999年亏损392万元；水泥供应量由7.87万吨缩减至5.8万吨。1999年，改制组建由职工持股会控股、职工投资参股的无锡市恒基建材有限公司；与海螺水泥集团联合组建无锡市海螺水泥销售有限公司，建材总公司占

39.5%股份。2001～2005年，市建材总公司经营业务停止，由恒基建材有限公司接手经营。

二十四、无锡市金属材料股份有限总公司

公司位于无锡市钱皋路168号，前身为无锡市金属材料公司。1986年，销售额1.9亿元，实物量（含钢材、生铁炉料、有色三材及稀有金属等）7.34万吨，利润296万元。1987年3月，公司组建的无锡钢材市场营业。是年，公司销售额居全国大中型城市同行第五位。1990年，晋升为国家二级企业。1992～1993年，销售规模居全省同行第一位，在全国大型物资供销企业500强中居第16位。1993年，改制组建为无锡市金属材料股份有限总公司，下设18家分公司、8家联营公司和2家中外合资企业，其中金万达经纪公司全年期货交易额39亿元。1994～1998年，公司销售规模由12.6亿元逐年下降至3.38亿元，实物量由28.7万吨降至10.8万吨，利润由811.8万元降至231万元。1998年，新建具有独立法人资质的改制企业无锡市恒顺金属材料总公司，2000年7月改制为无锡市恒顺金属材料有限公司。2001年，市金属材料股份有限总公司由恒顺金属材料有限公司托管，2002年经营业务全面停止。2002～2005年，恒顺金属材料有限公司销售额39.44亿元，实物量91.4万吨，利润5106万元，居全国同行前茅。

第三章　商务服务业

第一节　代理类中介服务

一、会计事务

1981年，无锡市成立第一家会计师事务所——无锡市公证会计师事务所。1987年11月，成立无锡梁溪会计师事务所。1995年3月，成立江苏无锡众信会计师事务所，隶属于市地方税务局，2000年改制为无锡众信会计师事务所有限公司。1997年，无锡市注册会计师协会成立，每年组织开展注册会计、评估师的年审核查和登记工作，组织开展注册会计师、评估师的资格考试、考务工作，对注册会计师、评估师进行教育培训。至2005年末，协会有会员单位42家，执业会员432人，非执业会员621人。全市有会计师事务所42家，其中市区26家、江阴市10家、宜兴市6家，全行业业务收入1.76亿元。无锡梁溪会计师事务所有专业人员60多人，其中中国注册会计师23人、中国注册资产评估师16人；无锡众信会计师事务所有限公司有注册会计师、注册税务师、注册资产评估师、工程造价师等20余人。

2005年末无锡市会计师事务所一览表

表17-28

地区	序号	事务所名称	地　址
市区	1	江苏公证会计师事务所	无锡市梁溪路28号
	2	无锡大众会计师事务所	无锡市人民中路35号
	3	无锡众信会计师事务所	无锡市解放东路850号

续表

地区	序号	事务所名称	地　址
市区	4	无锡太湖会计师事务所	无锡市复兴路151号6楼
	5	无锡宝光会计师事务所	无锡市中山路159号12（1/2）楼
	6	无锡普信会计师事务所	无锡市人民中路37号
	7	无锡梁溪会计师事务所	无锡市人民东路17号
	8	无锡东华会计师事务所	无锡市解放西路321号3楼
	9	无锡泰信和会计师事务所	无锡市人民中路97号903室
	10	无锡信达会计师事务所	无锡市梁青路32号5楼
	11	无锡中证会计师事务所	无锡市五爱北路32号
	12	江苏方正会计师事务所	无锡市崇宁路19–3号7楼
	13	无锡长江会计师事务所	无锡市中山路215号7F
	14	无锡安信会计师事务所	无锡市中山路198号A座9楼
	15	无锡瑞华会计师事务所	无锡市广瑞路58号2501室
	16	无锡恒新会计师事务所	无锡市春申路53号1708室
	17	无锡公众会计师事务所	无锡市人民中路97号1505室
	18	无锡嘉誉会计师事务所	无锡市县前东街187号13楼
	19	无锡东林会计师事务所	无锡市解放北路16号813室
	20	无锡方正会计师事务所	无锡华光大厦17楼D3座
	21	无锡大明会计师事务所	无锡市新江南花园114号301
	22	无锡银河会计师事务所	无锡市人民中路123号摩天360–3106
	23	无锡金达信会计师事务所	无锡市锡山区锡沪中路80号海关附3楼
	24	无锡天诚会计师事务所	无锡市南长区唐巷26号
	25	江苏苏亚金诚无锡分所	无锡市新区长江路7号2区202
	26	江苏天衡无锡分所	无锡市人民中路37号
江阴市	27	江阴暨阳会计师事务所	江阴市文化西路111号
	28	江阴诚信会计师事务所	江阴市文化西路67号
	29	江阴大桥会计师事务所	江阴市朝阳路168号
	30	江阴虹桥会计师事务所	江阴市虹桥北路68号4楼
	31	无锡中天衡会计师事务所	江阴市澄江中路276号6楼601室
	32	无锡德恒方会计师事务所	江阴市澄江西路214号
	33	江阴中正会计师事务所	江阴市澄江西路246号实验小学北门西3楼
	34	江苏天成会计师事务所	江阴市澄江中路90号3楼
	35	江阴天华会计师事务所	江阴市澄江西路148号
	36	无锡文德智信会计师事务所	江阴市澄江中路260号1901室
宜兴市	37	无锡宜信会计师事务所	宜兴市宜城镇茶局巷32号
	38	宜兴方正会计师事务所	宜兴市宜城镇健康路1号
	39	宜兴中信会计师事务所	宜兴市宜城镇王府综合楼2楼
	40	宜兴达华会计师事务所	宜兴市宜城街道人民南路250–252号
	41	江苏天华大彭无锡分所	宜兴市东山西路62号2楼西
	42	江苏天业无锡分所	宜兴市宜城镇人民南路67号

二、税务事务

1988年6月,无锡第一家税务事务所——大公税务师事务所成立。1996年10月,无锡众信税务师事务所成立。至2005年,全市有税务师事务所11家,执业人员733人,其中执业注册税务师161人。无锡市大公税务师事务所有注册税务师35人,中级以上专业技术职称的中、高级会计师、经济师和工程师27人,下设3个分所。无锡众信税务师事务所有注册税务师15人,注册会计师8人,会计师等中级职称28人。

2005年无锡市税务师事务所一览表

表17-29 单位:人、万元

事务所名称	成立年份	从业人员	执业注册税务师数	注册资本	地址
无锡市大公税务师事务所	1988	130	35	50	无锡市人民中路35号
无锡市众信税务师事务所	1996	51	15	102	无锡市解放东路838号3楼
江苏正卓税务师事务所	1996	95	16	200	无锡市芙蓉中路99号-8
无锡市方正税务师事务所	1996	58	9	30	无锡市锡山区府北路4号
江阴市长江税务师事务所	1996	95	19	50	江阴市朝阳路168号
江阴市苏澄税务师事务所	1996	67	13	100	江阴市虹桥北路131号
宜兴市正大税务师事务所	1996	120	11	30	宜兴市宜城镇陶都路16号
宜兴市中兴税务师事务所	1996	64	21	30	宜兴市宜城镇人民中路王府综合楼2楼
无锡市公众税务师事务所	1998	18	10	30	无锡市人民中路97号佳福大厦1505室
无锡市安瑞税务师事务所	2004	23	7	30	无锡市解放北路16号913室
无锡市普信税务师事务所	2005	12	5	30	无锡市人民中路37号

三、土地评估

1993年6月4日,无锡市首家从事土地价格评估的中介机构——无锡市土地评估事务所成立,为正科级全民事业单位,隶属于市土地管理局。2000年开始,无锡市将土地评估机构改制成为两类不同性质的评估机构:一类是由土地估价师或其他专业人员出资设立的有限责任制或合伙制性质的土地评估中介服务机构,从事市场中介性土地评估业务;另一类是按《事业单位登记管理暂行规定》进行登记,保留事业单位性质的土地评估机构,专职承担政府职能性、公益型土地评估业务。市土地评估事务所未参加改制,仍保留事业单位性质,专职为市政府承担职能性、公益性土地评估事务。

2001年起,市区相继成立一批从事市场中介性土地评估业务的中介机构。10月,无锡市同方不动产顾问有限公司成立,2004年5月更名为无锡同方地产估价经纪咨询有限公司,至2005年,分别在南京、淮安、连云港、江阴、宜兴设立多家分支机构,有注册土地估价师14人,资质等级为一级。2003年3月,无锡市郊区土地评估事务所经改制更名为无锡市振业不动产咨询评估事务所,与郊区国土管理局脱钩,资质为二级。2004年11月13日,江苏安瑞土地及房地产评估有限公司在无锡成立,资质等级为一级。其间,外地土地评估机构也在无锡设立分支机构。2000年12月,江苏省金宁达不动产评估咨询有限公司无锡分公司设立。2005年2月,江苏苏信房地产评估咨询有限公司无锡分公司设立。2005年3月,江苏苏地房地产咨询评估有限责任公司无锡分公司设立。至2005年末,市区有从事市场中介服务的土地评估机构及分支机构6家,注册土地估价师34人。

第二节　经纪类中介服务

一、经纪中介

1979年后，经纪活动在无锡出现。1992年6月，无锡市成立第一家由个人集资的无锡市金融经纪人事务所。其后，全民事业性质的无锡市商标事务所和无锡市广告事务所相继建立，当年办理商标申请917件，新组建广告公司58家。是年，《无锡市经纪人管理条例》颁布。同年10月5日，市工商局和市科委联合举办无锡市首届技术经纪人培训班，培育第一批基本具备技术经纪人素质的队伍。1994年，无锡市科技经纪中介机构160多家，其中包括22家高新技术服务机构；资产评估事务所、工程造价咨询事务所、房地产咨询事务所、专利事务所等中介服务机构1483家。

1999年2月，市工商行政管理局市场分局设经纪人管理所。5月4日，发布《无锡市工商局关于加强经纪人管理的通告》，规定凡从事经纪业务的组织和个人，无论是否已取得经纪资格，均须于5月20日前到指定的工商行政管理部门登记。11月26日，无锡市经纪人协会成立。12月30日，经纪人管理所和生产要素所合并，成立生产要素管理所。是年，取缔无照个体经纪人3户，查处首起非法人才中介案。至1999年末，无锡市经纪业扩展至房地产、技术、运输、体育、旅游等领域，经纪从业持证人员1759人。2000年1月1日起，实施经纪资格年检制度。

2003年，各市（县）、区相继建立经纪人协会，并设立直属经纪人协会的技术经纪人分会。滨湖区经纪人协会率先在全区7个乡镇建立分会。惠山区经纪人协会建立阳山分会，并在水蜜桃专业批发市场专辟经纪人办公室。全市区级协会逐步建立健全乡镇分会组织，发展一批农村经纪从业持证人员，带动农户15994户，与农户签订合同36735份，金额21071万元。是年，针对劳动就业、二手房等经纪中介服务投诉较多的状况，市工商行政管理部门会同市、区经纪人协会和政府有关职能部门，加强日常巡查监督和突击整顿，取缔无证中介机构97家。2003年末，全市持证经纪人员1.2万余人。

2004年1月，市委组织部制定《关于进一步加强农村党员经纪人队伍建设的意见》，推动农村经纪人队伍的健康发展，涌现出“江苏省农民经纪人50强”虞锡华、“无锡市农村青年致富带头人”和“十佳水蜜桃经纪人”杨晓卫、“无锡市农民经纪人50强”黄小听等优秀农村经纪人。是年，全市有经纪人机构5864家，持证经纪从业人员16875人，经纪业务额83亿元。2005年，全市持证经纪从业人员18324人，经纪业务额95亿元。经纪领域涵盖消费品、生产资料、房地产、人才、劳动力、金融、科技、信息、产权交易、文化体育、运输、旅游等方面，出现无锡市人才市场、无锡市劳动力市场以及首佳房地产中介有限公司等行业龙头企业。

2005年无锡市经纪从业人员统计表

表17-30　　　　单位：人

类别	崇安区	南长区	北塘区	锡山区	惠山区	滨湖区	新区	江阴市	宜兴市	技术分会	市协会	合计
房地产	66	585	354	70	2	270	515	308	171	—	950	3291
劳动力	35	315	66	46	1	40	155	232	46	—	300	1236
技术（含农业技术）	54	149	122	22	—	231	182	165	72	191	—	1188
运输	69	90	92	244	1	26	76	63	8	—	618	1287
产权	28	411	—	—	—	8	—	24	2	—	28	501

续表

类别	崇安区	南长区	北塘区	锡山区	惠山区	滨湖区	新区	江阴市	宜兴市	技术分会	市协会	合计
文化	25	61	—	85	—	5	—	5	1	—	62	244
广告	47	272	115	—	—	184	53	33	—	—	49	753
旧机动车	3	45	—	—	—	14	17	18	20	—	300	417
体育	20	69	—	—	—	11	5	5	1	55	—	166
旅游	10	107	11	1	—	14	25	80	5	—	—	253
信息	873	795	44	10	38	1287	653	1096	736	—	2000	7532
证券代理	16	36	—	—	—	—	—	15	2	—	—	69
农副产品	10	—	—	260	61	165	18	606	225	42	—	1387
合计	1256	2935	804	738	103	2255	1699	2650	1289	288	4307	18324

二、拍卖

1991年6月，无锡市第一家拍卖企业——无锡市拍卖商行开业，经营范围除拍卖外，还包括典当、信托、代销、零售等综合服务。1993年2月28日，市电信局授权无锡市价格事务所在吟春豪华影厅主持举办首场公开优选电话号码拍卖会。1993年7月，无锡嘉德拍卖公司成立。至1998年，相继成立无锡市金威拍卖有限公司和无锡市华东拍卖行。拍卖物涉及公安、检察、法院授权处理的实物，海关、税务抵税、欠税实物，以及破产企业资产、银行物流资产、公车改革的车辆等。是年，无锡市对拍卖行业进行专项检查，制定《关于贯彻〈中华人民共和国拍卖法〉的实施意见》，规定自1999年1月1日起，使用江苏省统一制定的委托拍卖合同、成交确认书示范文本。1999年，无锡市清理整顿拍卖公司（行）。2002年以后，挂靠性质的拍卖公司（行）先后转制。2005年，组建无锡拍卖网。是年，全市经注册登记的拍卖公司（行）32家，开展拍卖617场次，成交金额35.9亿元。

第四章　生活服务业

第一节　家政服务

一、家政服务实体

1986年7月5日，全市首家家政服务企业——无锡市崇安区三八家务服务部在崇安区注册成立，经营地点在新彩路7号，营业用房10余平方米，集体所有制性质，职工8人，注册资本3万元，首批20多名服务员为来自安徽省无为县的农村女青年。所招收的服务员试用期为1个月，试用合格正式签订用工合同，并将表现好的服务员推荐至织袜总厂、朝阳服装厂等企业就业。至1990年，先后招收外地女青年1000人以上。1992～1993年，滨湖区、江阴市等地出现从事家政服务的公司和个体户。1995年，北塘区注册成立专业保洁公司。至1996年，全市共有40家经营家政服务的企业和个体户登记注册。1998年，全市新注册家政服务企业19家，其中全民企业性质的宜兴市好阿姨家政服务中心注册资本10万元，职工17人。2002年9月，无锡兰涛专业清洗保洁服务有限公司成立；11月，无锡市妇联家庭服务社成立。2003年，全市新注册家政服务实体150家，各市（县）、区均有经营性的家政服务实体注册。2004年，家政服务企业新增58家。2005年，新增92家。

1986～2005年，全市共注册登记家政服务实体341家。至2005年末，在业237家，注册资本3250万元，从业人员1653人。

二、家政服务价格

1986年，无锡市家政服务员月收入为20～30元，最低为17元。1997年，市妇联家庭服务社公布参考价，按技术等级高低、每周单双休和月子护理等，每月350元至850元不等，钟点工每小时8～10元，节假日和涉外服务适当上浮。2004年，再次公布参考价，上涨幅度约20%。当事人的实际议价通常高于参考价，一般每小时20元以上；建筑面积100平方米房屋的擦窗、打扫、地板打蜡等保洁业务，一次不低于50元。2005年5月，根据市劳动就业管理中心和市妇联的抽样调查，每天工作2～4小时，月薪酬500元；每天服务4～6小时，60%为月薪酬500～800元，30%为月薪酬800～1200元，少数为1200～1500元，最高可达2000元。

第二节　美容美发　沐浴

一、美容美发

1986年初，无锡市有651家理发店，其中市区176家；从业人员1874人，其中市区788人。著名的有：无锡理发店，民国27年（1938年）由陈玉珍、诸明来、潘再生创办，位于无锡市人民路181号，原名南京理发店，1960年改名无锡理发店，1989年更名为无锡美发厅；紫罗兰理发店，民国27年由于宝子创办羊子理发店，位于无锡市中山路三皇街口，1964年更名为紫罗兰理发厅，1987年更名为紫罗兰美发厅。随着经济社会发展和生活水准的提高，理发逐渐转为包含焗油、磨面、画眉、护肤等内容的美容美发。1989年，崇安区蒙娜丽莎美容美发厅五爱路分部注册开办美容服务。其后，新开张的美容美发店每年以数十家的速度增加。1992年，郊区上里东形成美容美发一条街，共有40多家洗头房、发廊，消费热延续数年。1986～1992年，全市美容美发业门店新登记开业237家，1993年新增104家，绝大部分为个体经营或私人承包。1997年11月，无锡市私营个体美发美容行业协会成立。

20世纪末至21世纪初，无锡地区美容美发业进入高速发展时期。1998年，全市新开张美容美发店269家，2000年新增620家，2001年新增887家，2003年新增1637家，2004年新增1444家，2005年新增2106家。至2005年末，全市美容美发经营在业的共7998户，注册资本8.55亿元，从业人员17489人。其中：国有和集体129户，注册资本15277万元，从业人员458人；私营147户，注册资本6534万元，从业人员1649人；“三资”7户，注册资本42983万元，从业人员124人；个体7715户，注册资本20706万元，从业人员15258人。

二、沐浴

1986年初，全市有81家浴室，其中市区18家；从业人员897人，其中市区520人。著名的有新乐泉浴室，抗日战争前开办，是当时苏、锡、常地区最大的浴室；天发池浴室，民国26年（1937年）由荣国铭创办，位于北塘大街，176个席位；玉泉浴室，民国8年由潘凤琦开办，位于无锡南门金钩桥街，191个席位，1972年改名群益浴室，1980年称玉泉池，1984年改现名。浴室服务一般从中午至深夜，内设低、中、高温水池。休息室分为两种，普通席只可坐，衣物放置木箱中；雅座可躺卧，有服务员为客人往高处挂衣。浴室提供擦背、修脚服务，并代购小吃、茶食、香烟等。里弄里供应开水的“老虎灶”一般兼营女子盆浴，浴位1～3个。

随着经济社会发展，浴室业务种类不断增加，除传统的池浴、盆浴和后来增添的淋浴外，逐步出现桑拿、按摩、休闲、足浴等专业性服务。1987年，西郊宾馆在全市率先开设桑拿洗浴服务。1990年，无锡市盛岸休闲苑有限公司在北塘区注册开业。1991年，因盈利状况不佳、城市改造拆迁等诸多原因，无锡城区的浴室（包括“老虎灶”附设的小浴室）由上年的155家减至48家。

1994年，无锡太湖花园置业有限公司开办按摩、桑拿业务。1996年，无锡星州花园大酒店有限公司推出足浴服务。1999年，国有浴室实行改制。无锡市水秀浴室改制成股份合作制企业，经营场地由江苏无锡元盛（集团）有限公司租赁使用。无锡浴室部分空置房产通过华东产权交易中心交易投入王兴记有限公司。

2000年，无锡市玉泉浴室被市政府财贸办公室公布为无锡市第四届名特老商店名单中的特色商店。同年，无锡市长发浴场有限公司将游泳和洗浴结合起来，在长发商城顶层设浴场，居民可四季洗浴、游泳。无锡市元盛公司以无锡浴室房产为依托，开设大众化浴场。2001年，无锡市千足金保健休闲有限公司在南长区成立，从事足浴服务。2003年，无锡市江南名淑沐足休闲有限公司、无锡市南长区星都足疗休闲苑、无锡市海兰云天浴业有限公司开业。无锡中周投资有限公司开设中周浴业，内设多个温水浴池、游泳池和休闲娱乐项目，每位浴客38元，免费供应自点餐饮，其他服务另行付费。水秀浴室增设冲浪、摩面等服务项目。

1986～2005年，市区先后注册大众化浴室358家、桑拿休闲服务性经营实体144家、足浴店94家。至2005年末，全市在业沐浴注册户1320户，注册总资本52180万元，从业人员11026人。其中：国有和集体87户，注册资本5147万元，从业人员493人；私营244户，注册资本15382万元，从业人员3672人；“三资”6户，注册资本15785万元，从业人员685人；个体983户，注册资本15866万元，从业人员6176人。

第三节　洗　染

1986年，全市有洗染店11家，其中市区5家；从业人员67人，其中市区40人。1988年，全市新增洗衣店7家，并增设干洗服务。其后，洗染店业务逐渐向以“洗”为主和衍生服务转变，发展连锁经营，“染”业务逐渐淡出。1990年，派克洗烫店于崇安区中山路66号开业，逐渐发展成为从事衣物干洗、湿洗、熨烫，皮衣保养、改制、定做等业务的综合性洗涤企业，拥有1000多平方米洗涤中心，日洗1.5万件左右，在江苏省内连锁店超过20家。

90年代，市区有26家洗衣店开设皮衣上光上色服务。1995年，北塘区山北人人电脑洗烫店、晓武电脑干洗店注册开业。2000年，沈广茂洗染店被市政府财贸办公室公布为无锡市第四届名特老商店称号之老字号商店。2002年，全市新注册洗染店138家，其中市区82家。2002年、2004年，无锡市派克洗烫有限公司两次被中国商业联合会授予“全国洗涤十佳企业”称号。2005年，全市141家洗染店核准登记，其中市区68家。

2005年末，全市洗染业在业693户，注册资本8188万元，从业人员1501人。其中：国有和集体12户，注册资本384万元，从业人员55人；私营50户，注册资本2038万元，从业人员507人；“三资”4户，注册资本4000万元，从业人员8人（其中1户未统计从业人员）；个体627户，注册资本1766万元，从业人员931人。

第四节　婚丧服务

一、婚庆服务

80年代前，无锡市鲜有经营性的婚庆服务企业。1984年，南长区文明书画社注册经营婚庆礼品服务，为顾客提供婚庆用剪字、书画、对联等。90年代，婚庆服务需求逐渐升温。1992年，注册资本50万元的宜兴市爱悦教育摄影有限公司开业，专业从事婚庆礼仪服务，为新人摄影，并出租婚纱。随着科技进步，录像带、光盘等电子产品越来越多地应用到婚庆服务之中。1994年，无锡市许星明礼仪策划有限责任公司在北塘区成立。1997年，无锡市新天地婚姻服务有限公司在滨湖区注册开业，注册资金10万元，从业人员8人，开设新人摄影摄像、出租礼服等服务项目，并进行婚庆礼仪服务。2002年，宜兴市鹏德广告服务有限公司开业，运用电脑技术拍摄照片、录像，为用户提供婚庆、照相服务，并制成VCD光盘。2004年，从事婚庆服务的企业和个体户逐渐增多，仅崇安区就新增11家，服务项目包括婚庆礼仪策划、喜庆用品租售等。

2005年，全市婚庆服务企业和个体户新增43户。无锡冠华王府酒店管理有限公司专业经营婚礼服务，注册资本500万元。崇安区从事婚庆服务的企业和个体户累计23户。至年末，全市婚庆服务企业在业85户，注册资本803万元，从业人员258人（不包含专业婚纱摄影企业和个体户）。其中：国有和集体5户，注册资本26万元，从业人员35人；私营22户，注册资本655万元，从业人员112人；个体58户，注册资本122万元，从业人员111人。

二、丧事服务

1992年，锡山区东北塘福寿花圈店注册开业。1996年，新区1家经营香烛的个体户注册开业。2003年，无锡市平安殡仪服务有限公司、无锡市金辉殡葬礼仪有限公司、无锡市永灵殡葬用品有限公司等8家承办丧事服务的经营企业注册开业。江阴市出现注册登记从事丧葬用品零售服务，经营骨灰盒、纸品、香烛、日用杂品、花圈、寿衣、一次性卫生棺等的个体户。2004年，无锡市灵安礼具礼仪有限公司注册开业，不仅从事婚丧礼仪服务和殡葬、民俗用品经营，还从事临终关怀服务。至2005年末，全市从事丧事服务的经营户33户，注册资本232万元，从业人员123人。其中：国有和集体4户，注册资本60万元，从业人员61人；私营4户，注册资本151万元，从业人员29人；个体户25户，注册资本21万元，从业人员33人。

第五节　照　相

1986年初，无锡市有照相馆303家，其中市区206家；从业人员856人，其中市区569人。其时，市民的工作照、风景照、生活照、结婚照一般请照相馆拍摄，大多为黑白照片，彩照尚不普及，照相馆开设放大着色业务。是年，专业婚纱摄影初显端倪，1家个体婚纱影楼在江阴县璜土镇注册。1987年，良友彩色摄影服务部在宜兴市工商局登记注册。1988年，专业从事彩色扩印的无锡乐凯胶片有限公司成立。1989年，宜兴县和桥镇出现彩扩摄影部。1990年，无锡市湖光照相馆增设彩色服务部。此后，专业从事彩扩业务的企业和个体户逐年增多，彩照逐渐取代黑白照。

1991年，湖光照相馆为适应顾客快速取照的需求，投资54万元，添置进口快速彩扩机。是年，在江苏省第五届人像摄影艺术展“环球杯”大奖赛中，无锡市入选作品58幅，获奖24幅。国际照相馆周洪椿的摄影作品《结婚照》获一等奖，湖光照相馆顾宝荣的摄影作品《烛光情》获二等奖。1992年，在全国婚纱摄影大赛中，国际照相馆周洪椿获银奖和铜奖；在江苏省"乐凯杯"彩扩技艺大赛中，湖光照相馆、国际照相馆分获金、银奖；在江苏省黑白照相摄影、暗室、整修、着色四大工种比赛中，湖光照相馆顾宝英、陶莉茵，国际照相馆冯玉茹，光艺照相馆杨宪华获团体赛冠军、团体单项总分第一；陶莉茵获着色工种第一名；国际照相馆周怡峰获大赛最高奖——"福达杯"特别奖。

1995年，宜兴市青龙实业公司金梦婚纱艺术影楼登记注册。1996年宜兴市花坊婚纱摄影有限公司开业。其后，婚纱摄影日渐普及，所花费用少则上千元，多则上万元。全市有80家专业婚纱摄影企业和个体户相继开业。1999年，全市照相业进入快速发展时期，当年新增门店超过50家。2000年，国际照相馆被市政府财贸办公室评选为特色商店，湖光照相馆被评定为老字号商店。是年，湖光照相馆推出个人写真照业务；宜兴市宜城镇"童的梦"艺术摄影社开业，开儿童专业摄影店之先河。其后，无锡市金色童年摄影部、我爱宝贝儿童摄影社、宝贝星球儿童摄影店等先后注册开业。

2001年，数码摄影走进百姓生活，无锡市士博数码影像有限公司永和路分公司开业。2004年，无锡市皇凯数码摄像馆成立中山路分店，客户当天可取照片。全市专门经营数码影像业务的企业和个体户34家。照相馆逐渐形成冲印、摄像及制作光盘等多项服务格局。

至2005年末，全市照相业共680户，注册资本10271万元，从业人员2466人。其中：国有和集体68户，注册资本2349万元，从业人员366人；私营84户，注册资本3510万元，从业人员571人；"三资"2户，注册资本710万元，从业人员225人；个体526户，注册资本3702万元，从业人员1304人。

第六节　维　修

1986年，全市有消费品修理店5204家，其中市区704家；从业人员6452人，其中市区793人。随着城市改造步伐加快，日常维修逐渐进入门店化经营，小修小补街边摊点淡出人们视野，仅在农贸市场的边角之处，还可以偶然寻觅到踪影，维修内容也随着人们生活需求而不断更新。2005年末，全市维修业在业4054户，注册总资本33426万元，从业人员8640人。其中：集体和国有155户，注册资本7542万元，从业人员1012人；私营254户，注册资本13708万元，从业人员2568人；"三资"4户，注册资本1143万元，从业人员155人（其中3家未统计从业人员）；个体3641户，注册资本11033万元，从业人员4905人。

一、棕绷修理

70年代，无锡居民渐以棕绷代替床板，"修棕绷～～"的叫喊声常会响起在居民住宅区内，专司棕绷修理的南长区伯渎劳务修补组登记注册开业。八九十年代席梦思床垫出现后，使用棕绷的市民渐少，床垫维修行业日渐式微。

二、家用电器修理

1986年，全市家用电器修理店仅有6家。90年代后，电冰箱、电视机、洗衣机、空调等家电产品日益普及，各种家用电器进入人们生活，大型商场自设的家电修理部不能满足需求，专业维修门店纷纷开业，居民小区内相继开设家用电器维修店。至2005年，市区先后注册家电维修店327户。规模最大的是2005年注册的江苏永乐家电维修服务有限公司，注册资本500万元。

三、自行车修理

1986～2005年，自行车仍是市民出行的主要交通工具之一。数量巨大的自行车保有量和使用量，催生自行车修理行业的兴盛，其显著特征是一般不开门店，沿街路口摆摊作业，主要修理项目为打气、补胎、修刹车、换零部件等。1986年12月3日，无锡自行车修理个体户严大幼出席全国个体劳动者第一次代表大会，当选为中国个体劳动者协会常务理事。他1981年在中山路姚宝巷口摆摊修理自行车，并在工商局规范登记注册。至2005年，市区自行车修理累计注册经营户725户。

四、摩托车修理

八九十年代，摩托车和轻便摩托车（亦称“轻骑”）是较为时尚的交通工具，无锡城乡均开有摩托车修理门店。进入21世纪，市区“禁摩”范围和力度加大，摩托车用户逐渐萎缩，修理门店逐步退出市中心。至2005年，市区累计注册摩托车修理户619户。

五、汽车维修

90年代前，无锡市汽车维修主要有两种形态：一是机关企事业单位设立汽车修理部门，负责一般性的日常维修工作；二是由专门的汽车修理厂承揽修理业务。90年代后，随着私家车的出现，汽车维修行业逐渐扩容。除了品牌4S店承接本品牌车辆的专业维修外，汽车专业修理厂家也逐渐增多。1991年，无锡友谊旅游汽车公司、无锡华耀进口汽车修理有限公司和无锡—大昌合资汽车服务有限公司等3家合资维修企业相继落户郊区。1999年，无锡万方汽车服务有限公司开业，注册资本1000万元。至2005年，市区先后有202家汽车修理企业。

六、汽车美容

1995年，无锡市红太阳汽车美容部在崇安区注册从事汽车美容装潢服务。其后，市区先后有11户注册从事汽车美容装潢。1998年，南长区东方汽车装潢店和锡山市东亭新世界汽车美容中心开张。2003年，无锡市明达汽车快修部在新区专业为汽车美容。2004年，无锡市新区博爱汽车美容护理服务部、无锡市洛社镇欧迈克汽车美容护理服务部、无锡市洛社镇石塘湾亮旺汽车美容店开张。此后，洛社镇又有数家专业汽车美容店注册经营，形成特色。

七、电动助力车修理

20世纪末21世纪初，电动助力车逐渐成为无锡市民的主要代步工具之一。1997年，滨湖区原田轻骑摩托车维修部首先将电动助力车列入修理范围。至2005年，市区有66户登记修理电动助力车。

八、金银首饰翻新改制

随着市民对金银器翻新、改制需求的增强，专业银楼逐渐扩大规模，个体加工店也有发展的空间。1997年，南长区金鑫金银加工店开张。2004年，无锡市正派首饰加工店在北塘区注册。

九、手机维修

2000年，手机维修个体户无锡市雪浪万顺通讯修理店在滨湖区注册。随着手机使用的普及，生产厂家专业维修与个体手机维修并存。至2005年，市区先后注册手机维修个体户39户。

十、修锁配钥匙

修锁配钥匙行当历史悠久，以往匠人大抵挑担穿街走巷，担上有一排铜片，行走时叮当作响，故俗称“铜匠”。除了修锁配钥匙，还兼做“烫婆子”（一种贮以热水的扁圆形暖器）、手炉、脚炉等铜制用品。随着生活变迁，铜制器具淡出人们生活，修锁配钥匙和开锁成为日常生活的必需，锁钥品种也越来越多。配钥匙原先为手工作业，后配以专用的小巧机械，匠人或在里弄和农贸市场上设摊，或开设门店，有的自行车修理摊也兼做修锁配钥匙业务。由于频繁出现钥匙遗失或遗忘在室内的情形，开锁业务日益增加。专门锁匠须在公安部门登记注册，并通过警方“110”委托上门开锁。2000年，南长区华良修开锁服务部注册开业。

十一、鞋包及拉链修理

修鞋为传统服务项目，民间称其匠人为“皮匠”，主要服务内容为修理各种鞋（以皮鞋为主）、包和拉链，一般为设摊经营，地点相对固定。至2005年，市区先后注册登记的“皮匠”60户。其中，焦玉梅经营满意日用杂品修理店20多年，多次为“希望工程”、特殊群体、困难群众捐款捐物，获“省级巾帼示范岗”“光彩之星”称号。

此外，街头小巷还有白铁匠和钟表、眼镜修理摊点，而补伞、钉碗、箍桶、补缸匠人则越来越少，甚至绝迹。

图17-11　街头便民维修点　（市史志办供稿）

第七节　其他服务项目

1986年，全市居民服务业中作为“其他服务业”统计的单位有2118家，其中市区253家；从业人员3728人，其中市区1046人。2005年末，居民服务业中作为“其他服务项目”统计的在业户数为417户，注册资本2777万元，从业人员886人。其中：国有和集体13户，注册资本605万元，从业人员118人；私营企业42户，注册资本912万元，从业人员275人；外资企业1户，注册资本500万元，从业人员65人；个体经营户361户，注册资本760万元，从业人员428人（江阴市79户个体户未统计人数）。

一、开水灶

开水灶，民间称“老虎灶”，一般开设在居民区，以笼糠、废木屑、煤炭等为燃料，为周围居民供应开水，兼设女子盆汤浴室。六七十年代每瓶（以普通5磅热水瓶为计量单位）开水价格为1分钱，其后随着物价水平逐步提高。进入21世纪后，每瓶开水的价格为1角至2角钱。其时，液化气、管道煤气、天然气逐渐成为百姓生活的主要燃料，水灶服务因污染环境受到限制，但部分老居民区仍有需求，遂出现俗称“懒汉炉”的无压热水炉。“懒汉炉”仍采用煤炭、木柴、杂物等为燃料，在城市改造中逐渐淘汰。

二、誊印

1988年，北塘区鹏程誊印社登记开业。其后，誊印门店相继出现在无锡城乡。誊印服务起初为钢板蜡纸刻印，90年代初期改为铅字打印，90年代中期开始使用四通打字机，90年代末普遍使用电脑、扫描仪、复印机等。业务范围逐渐扩展至打字、复印、装订、名片印制、图文制作等项目。

三、家禽宰杀

鸡、鸭、鹅、鸽等家禽宰杀原本均有居民自行解决。随着人们生活水平的提高，代为宰杀家禽成为人们的实际需求。1993年，北塘区有个体户注册为居民进行家禽宰杀服务项目。此后，在各农贸市场，宰杀家禽逐渐成为售卖家禽摊点的辅助性服务项目，代为宰杀（包括拔毛、开膛）家禽每只收费1元。

四、家用电器清洗

80年代起，各种家用电器进入百姓家庭，使用时间一长，脱排油烟机、空调等家用电器的清洗成为消费需求，除生产厂家的特约维修部承担这一服务外，专业清洗服务机构应运而生。1996年，北塘区光明清洗服务社注册从事家用电器清洗服务。

五、保洁

保洁服务包括小区保洁、楼宇保洁、家庭保洁等。其中，小区保洁、楼宇保洁等一般包含在物业管理之中；家庭保洁一般分为包月、钟点工和一次性等种类。1998年，专业从事室内外清洗保洁的南长区三星保洁服务部开业。此后，先后有33家保洁服务企业落户南长区。2002年9月，无锡兰涛专业清洗保洁服务有限公司成立，注册资本110万元，为同行业中注册资本最多的一家。

六、搬家

1999年，无锡市速达搬家运输有限公司成立，注册资本10.8万元，从业人员20人。至2005年，市区有14家搬家公司。

七、“弹棉花”

“弹棉花”是传统服务项目，匠人运用传统技法，将棉花弹铺成棉胎，或将旧棉胎翻新成新棉胎。以往“弹棉花”匠人都是在城区里弄或乡间村头的路边空地上（或到居民家中），一个木槌、一张大弓进行作业。八九十年代起，出现加工棉花的专门机器，开始有经营户开设专业店。2000年，南长区有个体户登记注册弹棉花服务。此项服务不只限于棉制品，旧毛衣、旧羊毛衫也可打碎后制成羊毛被胎。至2005年，市区先后登记开展此项服务的经营户4户。

八、缝纫加工

80年代初，无锡市居民多习惯于请裁缝制衣，特别是春节前，家家户户都要添置新衣，裁缝生意十分繁忙。民间裁缝一般不注册登记，或在家接活，或应客户约请上门服务。90年代起，出现专业裁缝店，裁缝们在街面或居民小区内租赁门面房开设缝纫店，承接服装加工制作业务。后西溪无锡布料市场开业后，周边开办许多裁缝店铺，为购买布料的客户加工成衣。进入21世纪，成衣买卖渐渐主导服装市场，但裁缝仍具有满足人们个性化需求的优势。至2005年，市区先后有27户裁缝注册经营。其间，居民小区出现缝纫摊点，为居民提供衣物修补、改制服务。

九、废品回收

废品回收由来已久，开办废品回收站须注册登记。废品回收站属市物资回收利用总公司。2000年，有个体户申请经营废品回收。至2005年，市区先后有51户登记。参与废品回收的人员则相当庞杂，有游走于城区街巷拣拾废旧物品的“拾荒者”，也有专门到企事业单位和居民小区收购旧纸箱、旧报刊、旧家电等物品的谋生者。

十、棋牌、桌球、乒乓球服务

2004年，崇安区和锡山区有经营户登记注册提供桌球、棋牌、乒乓球室服务。至2005年，崇安区共注册36户，锡山区注册8户。各居委会为老年人设置的活动室也多开办棋牌服务，属非营利性，一般不作经营性登记。

十一、磨刀服务

磨刀服务历史悠久。磨刀人肩扛一张长凳，上有一块磨刀青砖，走街串巷为人磨剪子、镪菜刀，一般不申请注册登记。2005年，有两家磨刀服务个体户分别在南长区和锡山区登记。

2005年末无锡市居民服务业注册经营在业状况统计表

表17-31　　　　单位：户、万元、人

分类	国有、集体			私营			“三资”			个体			合计		
	户数	注册资本	从业人员	户数	注册资本	从业人员	户数	注册资本	从业人员	户数	注册资本	从业人员	户数	注册资本	从业人员
家政	14	136	57	84	2868	1371	—	—	—	139	246	225	237	3250	1653
美容美发	129	15277	458	147	6534	1649	7	42983	124	7715	20706	15258	7998	85500	17489
沐浴	87	5147	493	244	15382	3672	6	15785	685	983	15866	6176	1320	52180	11026
洗染	12	384	55	50	2038	507	4	4000	8	627	1766	931	693	8188	1501
婚庆	5	26	35	22	655	112	—	—	—	58	122	111	85	803	258
丧事服务	4	60	61	4	151	29	—	—	—	25	21	33	33	232	123
摄影扩印	68	2349	366	84	3510	571	2	710	225	526	3702	1304	680	10271	2466
维修	155	7542	1012	254	13708	2568	4	1143	155	3641	11033	4905	4054	33426	8640
其他	13	605	118	42	912	275	1	500	65	361	760	428	417	2777	886
合计	487	31526	2655	931	45758	10754	24	65121	1262	14075	54222	29371	15517	196627	44042

说明：本表所列数为工商行政管理部门登记注册数。表内未统计江阴市79户“其他”个体户从业人数和滨湖区9户美容美发、沐浴、洗染、维修业的“三资”从业人数。

第五章　餐饮　住宿业

第一节　发展状况

1986年，全市有饮食业网点5293个（市区1435个），其中国营66个（市区49个）、集体所有制943个（市区412个）、个体4284个（市区974个）；年末从业人员17635人，其中市区8127人。全市旅店444家，其中市区229家。1990年，无锡市饮食业网点增至7278个（市区1667个），其中国营80个（市区33个）、集体所有制982个（市区351个）、合营4个（市区4个）、个体6212个（市区1279个）；从业人员21559人，其中市区7581人。全市旅馆616家，其中市区215家；从业人员6668人，其中市区4300人。其间，市商业局和有关企业相继新建一批具有相当规模和较高档次的酒楼饭店，包括市食品公司的三凤酒家、商业大厦的鸿运酒楼、商业技校的古运河酒家、市旅游公司的朝阳饭店等；一些区、局、企业也兴建宾馆、饭店、酒家、招待所。

90年代初，市政府鼓励发展第三产业，全社会餐饮业迅速发展，全民、集体、外资、私营、个体一起上，多种经营体制并存。许多企事业单位破墙开店，餐饮业网点增多，呈现繁荣兴旺景象。1992年末，市区餐饮业网点2080个，中山南路、南禅寺地区形成新的餐饮市场。1993年，全市餐饮网点猛增至7840个，其中个体占80%；餐饮从业人员25508人，其中个体占47%。其时，饮服业呈现国营、集体相对萎缩，个体、私营稳步发展的态势，尤其是个体、私营餐饮业和旅馆业蓬勃发展，传统小吃门店进入闹市区和大型商店，新一轮餐饮格局初现轮廓。1995年，“双休日”制度的实行和旅游市场的发展，餐饮、旅馆业发展迅猛。上档次、多功能、大规模的饮服企业明显增多，一批有特色的区街商饮服务网点相继建成开业，面包房、西饼屋等饮食网点兴起，中萃快餐、德克士乡村鸡等中西式快餐风靡锡城。市区形成以烤鸭馆、三凤桥肉庄、无锡华联、鸿运酒楼为代表的新餐饮中心和以皇亭小吃为代表的新小吃中心，逐步取代以中国饭店为代表的老餐饮中心，连同城郊结合部的无锡大饭店、美丽都大酒店，以及保持高档品位的太湖饭店、湖滨饭店等，组成无锡风景旅游特色餐饮业的新格局。至1995年末，全市餐饮业企业731家，网点8901个，从业人员45596人，注册资本29416.2万元；其中市区409家，网点3601个，从业人员23386人，注册资本16405.6万元。全年餐饮业营业收入33825.5万元，其中市区21306万元；主营业务利润14402.2万元，其中市区12046.1万元；税金及附加费1423.4万元，其中市区1040.5万元。饮食服务业增加值12.62亿元，占全市第三产业总值的0.5%。

1996年，无锡城区餐饮业小吃火爆，家常菜走俏，大众化居民消费所占比重上升，旅馆业陷入滞缓低迷状态。1998年，全市社会饮服网点迅猛增加，国有饮服所占比重下降明显，江苏无锡元盛（集团）公司下属网点仅17个。个私饮服企业不断涌现，且具有一定的竞争实力。一些机关、企事业单位、社会团体新建的设有饮服功能的综合性大楼相继开张投入运行。国有饮服所属网点因道路建设、城市拆迁、结构调整或资金匮乏等原因，难以重建或改造，逐渐退出领衔地位。2000年，“国退民进”取得进展，三凤桥肉庄率先实施改革，830万元国有资产从总股本中一次性退出。江南酒家实施关闭改制。

2001年，随着城市框架拉开、中外游客增多、外来人口大批涌入，无锡餐饮、住宿市场日趋繁荣，消费总量扩大，网点继续增加。是年，全市国有饮服企业通过公开拍卖、协议转让、企业关闭、建新租旧等途径改转制面超过50%，50%以上的国有资本从企业中退出或从中小企业的经营中分离。全市餐饮企业新增1万多家，客位100万个，全社会餐饮业销售额44.7亿元。2002年，中国饭店、醉月楼菜馆等老字号饮服企业国有资本相继退出。2003年，王兴记、迎宾楼、穆桂英等企业国有资本相继退出，全市国有饮服企业改转制面累计98%以上。至2004年，除个别名牌企业还略留少部分国有股外，全社会饮服业99%资本为民营资本，国有仅占1%。是年，全市餐饮网点客位125万个。无锡餐饮业的数量和结构发生变化，销售增幅最高的仍然是快餐业，专业化、连锁化的大型餐饮企业的网点不断增加，中小型餐饮企业在经营环境、服务水平上都有较大提高，但分布在街头、社区、旅游区和集镇的小型饭店存在设施差、管理水平低、环境卫生状况不好、影响市容市貌、扰民、污染环境等问题。

2005年，全市国有饮服企业转改制全面完成。泰山饭店“建新租旧”，成立泰山饭店管理有限公司，租赁原企业经营。江苏无锡元盛（集团）有限公司经资产审计评估后挂牌拍卖，国有资本全部退出。除酒店式餐饮消费外，商务餐饮、大卖场餐饮、24小时便利餐饮等多形式的餐饮消费兴起。是年，全市有星级饭店74家，其中五星级2家、四星级14家、三星级28家、二星级24家、一星级6家，餐饮服务业实现营业额78.68亿元。

2004年无锡市限额以上住宿和餐饮业经济普查情况表

表17-32 单位:家、千元

类型		企业数	营业额	其中		
				客房收入	餐费收入	商品销售收入
注册类型	内资企业	153	1397742	480125	808444	23970
	国有企业	22	256599	97818	136141	3777
	集体企业	13	160846	46163	94037	10413
	股份合作企业	5	30631	3476	25950	418
	联营企业	3	34391	14592	19072	229
	有限责任公司	26	518937	205313	269580	10896
	股份有限公司	3	36762	10150	24812	200
	私营企业	79	983124	204785	738029	9392
	其他企业	2	15031	1091	12727	991
	港澳台商投资企业	6	224892	88946	123099	4111
	外商投资企业	8	528255	80430	423707	2460
地区	市　区	116	2074834	533163	1454525	23198
	江阴市	30	498139	141990	282615	16228
	宜兴市	21	216495	77611	130014	3461
行业	住宿业	37	590254	341161	197403	15105
	旅游饭店	33	570452	326710	192583	15047
	一般旅馆	4	19802	14451	4820	58
	餐饮业	130	2199214	411603	1669751	27782
	正餐服务	122	1795568	411603	1266105	27782
	快餐服务	6	379856	—	379856	—
	其他餐饮服务	2	23790	—	23790	—
合　计		167	2789468	752764	1867154	42887

2004年无锡市限额以下住宿和餐饮业经济普查情况表

表17-33 单位:家、千元

类　型		企业数	营业额	其中		
				客房收入	餐费收入	商品销售收入
注册类型	内资企业	527	543448	174148	340530	7138
	国有企业	38	50344	31535	14609	216
	集体企业	120	63004	25869	35368	55
	股份合作企业	29	16128	4740	9723	—
	联营企业	4	574	363	165	40
	有限责任公司	27	83538	41176	37711	1367
	股份有限公司	5	8496	520	7976	—

续表

类型		企业数	营业额	其中		
				客房收入	餐费收入	商品销售收入
注册类型	私营企业	293	308944	68398	227080	4797
	其他企业	11	12420	1547	7898	663
	港澳台商投资企业	3	3554	—	3554	—
	外商投资企业	6	9633	3400	5382	—
地区	市　区	383	433639	151224	261943	6690
	江阴市	53	68599	11214	50642	40
	宜兴市	100	54397	15110	36881	408
行业	住宿业	194	221396	149956	53549	4507
	旅游饭店	21	43912	27372	11022	996
	一般旅馆	148	154579	108193	35740	3511
	其他住宿服务	25	22905	14391	6787	—
	餐饮业	342	335239	27592	295917	2631
	正餐服务	257	277794	27592	240873	1485
	快餐服务	39	24821	—	24344	472
	饮料及冷饮服务	13	6613	—	5363	—
	其他餐饮服务	33	26011	—	25337	674
合　计		536	556635	177548	349466	7138

1995年、2005年无锡市餐饮、住宿业收入前10名企业表

表17-34

1995年	2005年
无锡大饭店有限公司	无锡市肯德基有限公司
无锡美丽都大酒店有限公司	无锡花园城广场大酒店有限公司
江阴市金都大饭店	无锡蓝天新港餐饮娱乐有限公司
锡山市第二招待所	无锡湖滨集团有限公司
无锡太湖饭店	无锡太湖饭店有限公司
宜兴市饮服公司	无锡市国际饭店有限公司
无锡金城宾馆	无锡大饭店有限公司
江阴市第二饮食服务公司	江阴国际大酒店有限公司
无锡市西郊宾馆	无锡锡州宾馆
无锡锡海宾馆	宜兴国际饭店有限公司

第二节　市区餐饮业

1986年起，隶属无锡市饮食服务公司的餐饮网点绝大部分下放至各区，由区商业局管理。至1990年，仍属市饮服公司领导管理的有中国饭店、醉月楼、聚丰园、江南菜馆、迎宾楼菜馆、二泉酒家、王兴记馄饨店等7家国营餐饮门店，以及泰山饭店、京海饭店等8家旅馆。其间，这些饭店先后进行整修、装潢、扩建，在菜肴点心的品种规格上亦有开拓创新；新建三凤酒家、鸿运酒楼、古运河酒家、朝阳饭店等具有相当规模和较高档次的酒家饭店。传统的皇亭风味小吃，逐渐在集体、个体饮食摊店中恢复供应。

1991年起，政府鼓励发展第三产业，居民饮食消费需求日益增长，婚庆、生诞、祝寿、满月、高考录取、毕业就业、聚会、节庆等都上酒店摆宴席，市区饮食业网点大幅增加。为适应多层次消费需要，餐饮业服务档次不断提高。其后至1995年，烤鸭馆进行扩建，泰山饭店建成竣工，王兴记、二泉酒家、朝阳饭店、江南酒家、醉月楼、鸿运酒楼等改善内部设施、增辟雅座，聚丰园、中国饭店、三凤酒家分别开办龙山分店、晶菱分店、紫罗兰分店，中外合作兴办无锡雷蒙餐饮服务有限公司取得营业执照。餐饮业营销方式出新，菜肴点心品种增加，锡帮菜、外帮菜、海鲜、西餐、盒饭、外卖、自助餐、早茶、夜宵并存，适应各种消费层次和口味。早点供应打破“大饼油条豆腐浆、汤团馄饨小笼包”的传统格局；王兴记除供应传统品种鸡汤三鲜馄饨、小笼馒头外，开发速冻食品，增设烧卖、寿桃等品种；中萃快餐、肯德基、德克士乡村鸡、麦当劳、必胜客等中、西式快餐发展迅猛。华联大酒店、友谊海鲜城等在推出各具特色的菜肴点心的同时，辅以一流的娱乐设施。三凤桥肉庄引进真空包装设备流水线，生产抽真空酱排骨，使之走出无锡地区，销量倍增。醉月楼增设月宫歌舞厅，扩大整体经营面积，增创效益。

1996年，聚丰园大酒店、八佰伴美食中心、美罗美食中心等中上规模的饮服企业陆续开张，王兴记总店将原王兴记馄饨店、醉月楼菜馆、二泉酒家合并。1997年，金和大酒店、国际饭店、花园城、东方美食广场、南洋皇亭美食城、长发美食城等饮服企业开张。王兴记增加7个连锁销售点，营业额大增。1998年，黄金海岸大酒店、人才大酒店、吉祥大酒店、新锦江大酒店、万家灯火、国际美食城、云天楼、天竹苑、福乐园、川妹子、龙凤包子馆等餐饮店相继开业。中国饭店推出西北特色涮羊肉火锅系列，江南酒家开出“二元店”，迎宾楼引进西安牛仔烧烤，菜根香美食苑推出“菜根香”酥饼。各餐饮店实行价格浮动，降低成本，增设配套服务项目，薄利多销，吸引回头客。鸿运大酒店每月推出一项促销活动，包括“克林顿总统宴”“吃吃白相相”等。王兴记增加供应30多个特色品种，穆桂英美食城发展特色早点。三凤桥肉庄投资建设二期工程，鸿运大酒店、京海饭店实行资产整体租赁经营，月华公司、华侨友谊公司分别将部分经营场地出租给牛仔烧烤城和娱乐有限公司。

1999～2000年，市区节假日餐饮消费呈明显增长趋势，出现“3个50%”，即：114个节假日的消费占全年消费的50%，周末两天的消费占全周的50%，夜市消费占全天消费的50%。大众化经营占据主流，小吃、快餐和家庭餐饮市场持续红火，外卖送餐增势强劲，夜市、团体餐饮等逐步兴起，连锁经营不断发展。各餐饮企业积极参与国家、省、市举办的烹饪大赛和菜肴展评活动，并举办各种美食节和烹饪大赛等系列展销活动。聚丰园举办“百鱼宴”“家常菜不家常”“百年锡帮菜回顾展”活动；鸿运大酒店与上海杏花楼、燕云楼联袂举办“烹饪英才献艺月”活动，并利用一楼大堂开设休闲餐饮，通宵服务，婚宴常年性爆满；王兴记推出“活蟹现剥”，发展蟹粉、糟卤、速冻系列产品；中国饭店、醉月楼、广瑞饭店等调整餐旅经营场地，改善顾客食宿环境。青石路开街后，餐饮业门店由3个发展至40多个，成为无锡著名的餐饮一条街。2000年5月8日，菜根香酒店装潢后重新开张，增设上百种质优价廉的大众化菜肴点心。

进入21世纪，市区餐饮企业优化经营策略拓展市场。王兴记推行质量责任制，加大品牌促销力度，在醉月楼分店拆迁关闭的情况下，年营业收入及利润仍有增长。泰山饭店抓住火车站改造商机，运用价格杠杆广泛吸引客源。中国饭店、聚丰园大酒店赴外地取经，推出创新菜、家常菜、传统菜、药膳菜200多种，取得良好经济效益。私营个体饮服网点发展迅速，快餐业销售额激增。2003年上半年，受“非典”疫情影响，餐饮行业一度出现经营不景气状况。三季度末，随着“非典”疫情趋于平稳及中秋、国庆两大节日效应，全行业经营疲软发生逆转，销售态势火爆。品牌经营、连锁经营、超市化经营成为大众餐饮发展主要模式。除了老字号的传统优势和洋品牌的引进效应，楼上楼、陈大嘴、烧鹅仔、水乡茶楼等新品牌在此前后创立，7+7、避风塘等连锁品牌也在无锡经营，物美、欧翔、诚隆、天润发、悦福等超市、大卖场同步推出与之经营定位相适应的餐饮超市。2004年，市区餐饮企业60%以上属小企业低档次，20%～30%属中档，高档次上规模的约占10%。民营化的饮服市场带来各地风味交融的同时，优胜劣汰更趋激烈，部分企业经营周期明显缩短，业主更迭频繁。肯德基、烧鹅仔、小肥羊、日式餐等专业店各具特色，质优价稳，卫生舒适，不断推陈出新。是年，外地连锁餐饮企业大举进入无锡餐饮市场，大娘水饺堂吃快餐、丽华快餐非店铺式经营跃升为无锡快餐市场的响亮品牌。蓝天新港集团一年内在无锡开办以粤菜为主的连锁餐饮企业4家，营业额超1亿元。以时尚餐饮为特色的天语雅阁、外滩风情，以休闲餐饮为特色的钱箱娱乐、世纪明珠，以茶文化与食文化相结合为特色的钱塘茶人、薛家花园等专业店竞相开办。西餐、酒吧、咖啡吧发展迅速，四川火锅、兰州拉面门店遍及全城。

2005年末，市区餐饮企业总数15793家。其中，注册的餐饮企业10793家（其中私营614家、个体9399家），遍布背街小巷、新村里弄、菜市场周围未经注册的流动餐饮摊点约5000多家；年营业收入300万元以上的63家，营销总收入20.9亿元。中小餐饮业占总数的99.5%的。餐饮网点中，中式快餐店、快餐公司76家，美食城6家，品牌点心店13家。肯德基门店由1992年的1家增至46家，年销售3.84亿元，增长35.4倍。在激烈的市场竞争中，三凤桥肉庄、聚丰园大酒店、崇安寺皇亭小吃、拱北楼面馆、状元楼大酒店、王兴记馄饨店、泰山饭店、真正老陆稿荐肉庄、太湖饭店、横云饭店、穆桂英美食城等老字号餐饮企业经受考验并获得发展。三凤桥肉庄（三凤酒家）销售总额8901万元，实现利润1903万元，居全市同行之首。王兴记有限公司年营业收入2156万元。是年，市区餐饮业的营业收入59.2亿元。

2005年末无锡市区星级和重点饭店营业收入统计表

表17-35　　　　单位：万元

排序	饭店名称	营业收入	其中餐饮收入
1	无锡三凤桥肉庄有限公司	8901.18	4872.80
2	无锡蓝天新港餐饮娱乐有限公司	8622.00	7241.00
3	无锡喜来登大酒店	8447.85	2103.44
4	无锡湖滨饭店	7168.48	3767.85
5	无锡太湖饭店	6982.70	3728.97
6	无锡大饭店	6668.36	2259.99
7	无锡国际饭店	6598.00	4228.00
8	无锡锡洲花园酒店	5621.52	3445.19
9	无锡锦江大酒店	5250.39	2003.69
10	无锡华美达酒店	4606.27	1041.57
11	无锡鸿运大酒店	4539.00	3564.00
12	无锡黄金海岸大酒店	4067.56	2358.49
13	无锡太湖花园度假村	3906.88	1665.87
14	无锡友谊大饭店有限公司	3183.27	1918.24
15	无锡锡海花园酒店	3134.87	2384.72
16	无锡山明水秀大饭店	3099.44	1532.78

续表

排序	饭店名称	营业收入	其中餐饮收入
17	无锡状元楼大酒店	3000.00	3000.00
18	无锡美丽都大酒店	2613.03	796.28
19	无锡太湖能园度假村	2469.05	742.64
20	无锡市港丽大酒店	2432.88	438.18
21	无锡市欣旺大酒店有限公司	2366.23	1812.14
22	无锡西郊宾馆	2337.90	1443.77
23	无锡锦仑大酒店	2316.30	571.90
24	无锡锦江之星旅馆有限公司	2223.80	717.28
25	无锡新雅大酒店	2134.88	1310.52
26	无锡市君悦大酒店有限公司	1848.96	900.62
27	无锡运河大酒店	1810.26	875.57
28	无锡东林大酒店	1677.19	913.76
29	无锡古罗马大酒店	1552.46	792.78
30	无锡苏嘉金龙大酒店	1455.40	1128.0l
31	无锡吉祥大饭店	1421.13	784.12
32	无锡梁溪饭店	1412.20	557.91
33	江苏舜天碧波花园度假村	1383.08	598.38
34	聚丰园大酒店	1181.02	681.02
35	无锡锦湖大酒店	1171.16	518.73
36	无锡物产大酒店	1162.00	242.00
37	无锡金和大酒店	1109.15	395.48
38	无锡中旅大酒店	1062.50	388.39
39	无锡太湖明珠国际大酒店	1006.70	338.41
40	无锡长城大酒店有限公司	1004.80	703.20
41	无锡朝阳广场大酒店	1000.00	720.00
42	无锡海天大酒店	855.70	355.07
43	无锡市新城大厦	849.65	29.42
44	无锡大地宾馆	843.93	544.44
45	无锡园外园酒店	777.04	486.21
46	无锡协和广场大酒店	771.35	81.34
47	无锡市新蠡园酒店	733.30	372.50
48	无锡宝钢碧波园饭店	603.35	232.87
49	无锡双象大酒店有限公司	593.98	487.44
50	无锡紫京饭店	413.60	177.60
51	无锡天瑞大酒店	399.64	126.49
52	无锡景山楼饭店	329.00	189.00

续表

排序	饭店名称	营业收入	其中餐饮收入
53	无锡兴隆大酒店	315.07	105.22
54	无锡锡城大酒店	287.08	131.94
55	江苏省公路宾馆	215.92	105.72
56	无锡市西运河饭店	150.75	89.11
57	无锡丽新宾馆	141.30	20.00
58	无锡啤酒花园饭店	89.50	47.55
59	胜利油田管理局无锡太湖度假村	70.90	20.58
60	无锡天骄宾馆	62.44	12.10
61	无锡丽新宾馆丽新大酒店	40.91	30.41
62	无锡枫叶大酒店	13.14	5.55

第三节　名菜名点

一、名菜

1.无锡肉骨头

又称无锡酱排骨，起始于清光绪二十三年（1897年）。随着无锡近代轻纺工业的发展和太湖风景区的建设开发，客商、游人增多，无锡肉骨头日渐出名，成为无锡的风味土特产品。无锡肉骨头是挑选近肋骨处的精肉连同肋骨一起烧成。佐料有茴香、酱油、陈酒等，烧煮时必须用面粉将锅沿封住，用文火烧，烧至喷香酥烂，出锅前用冰糖收膏。其肉汁甜香成糊状，俗称“老汁”。出售肉骨头时，将老汁浇在熟肉上，使汁与肉拌和。无锡肉骨头色、香、味俱佳，具有咸中带甜、油而不腻、骨酥肉香、色美味鲜四大特点。无锡肉骨头分为南北两派，南派以三凤桥肉庄为代表，北派以陆稿荐肉庄为代表。南派用笼圈垫锅，紧汤烧煮；北派使用木接口宽汤烧煮，用菱粉收汤。烧煮排骨较著名的店家有三凤桥肉庄、陆稿荐肉庄、慎余肉庄、太湖饭店、梁溪饭店等。

图17-12　无锡酱排骨　（市史志办供稿）

2.水晶虾仁

创始于民国9年（1920年），当时为聚丰园菜馆为招徕上海等外埠游客增加的高档菜品。该菜选取大只淡水虾，挤出虾仁清炒而成。此菜口味咸鲜，粒大齐整，洁白晶莹如玉，为筵席高档菜肴。

图17-13　水晶虾仁　（市史志办供稿）

3.梁溪脆鳝

又称爆鳝。清同治年间，惠山直街一油货摊主在祖传烹饪技法基础上，将鳝丝经两次油炸而成脆鳝，后由其子再传至今，并命名为梁溪脆鳝。其外观酱褐色，乌光发亮，口味甜中带咸、松脆适口，即使保存几天，也不致发软。装盆时，在盆中交叉架空似宝塔状，给人以松脆的感觉。又在顶部放上一小撮嫩姜丝，给人以色彩调和美感。是无锡冷盆菜肴中的招牌菜。

4.响油鳝糊

由去骨的鳝段烹制过油炒透，然后焖制而成。装盆后，在盆中挖一小潭，潭内放葱花，潭边放置蒜泥、火腿末，然后将烧热的油浇在上面，发出吱吱声响，故称响油鳝糊。此菜口味咸中带甜，色呈酱红，沸油翻响，鲜香腴润。

5.腐乳汁肉

清光绪三十二年（1906年）由无锡聚丰园菜馆厨师王荣初创制。选取五花三层薄皮肋条方肉，在开水中焯洗后，放下红米等佐料烧煮而成。也可与卤鸭同烧，使二者的滋味互相渗透，汁亮色红，更添喜庆气氛，成为无锡喜庆筵席常用的大菜之一。此外，无锡太湖船菜中还增配有荷叶夹子（面粉发酵制品），用来夹着汁肉同吃，既以面点代饭，又使面点混和着汁肉的酥肥香润，别有风味。

6.肉酿面筋

原系四时新菜馆名菜，后为无锡风味菜，逢年过节，家家都要烧煮。肉酿面筋制法相当简单，只要将肉馅塞入无锡清水油面筋内烧煮即可。如肉中再加冬笋、香菇、黑木耳、金针菜等，其味更佳。

7.油爆大虾

选用青壳大活虾，剪去头须和虾脚，在油锅中爆熟。再加入黄酒、酱油、白糖、葱花、姜汁、盐，用铁勺搅和至卤汁稠粘时，将炸好的虾倒入颠翻，使卤汁拌粘在虾身上，洒上少许五香粉即成。该菜口味甜中带咸，壳脆肉嫩，重甜轻咸，虾壳鲜红，

8.奶汤鲫鱼

原为无锡船菜之一，后为聚丰园菜馆引入，将鱼篓挂在河中，现杀现做。做法是把活鲫鱼宰杀后油煎，加黄酒、葱结、姜片和清水煮至汤色乳白，再加入盐、味精、火腿片、笋片、香菇等佐料，略煮后即可。其口味咸鲜，鱼形完整，肉质鲜嫩，汤色乳白，味香浓醇。

9.脆皮银鱼

将银鱼去头尾、内脏后洗净沥干，加调料腌制，然后用生粉、面粉、鸡蛋清调制成脆皮糊。油锅烧热后，将银鱼逐条挂糊，入油锅中炸至外脆里嫩，即可捞出装盘。其口味咸鲜，色泽淡黄。

10.太湖云块鱼

1954年，无锡横云饭店厨师费锡生散步时，见夕阳西照，彤云斑斓，于是模拟云块创作而成。此菜以青鱼中段切片，入油锅炸至金黄色，再以香菇、冬笋片、番茄酱、白醋、白糖等调味品烧沸勾芡，将炸过的鱼片放入芡汁中颠翻，即可装盘。其口味酸甜，色呈橘红，鱼肉鲜嫩，酸甜宜口。

11.镜箱豆腐

民国32年（1943年），由无锡迎宾楼菜馆名厨刘俊英创制，选用无锡特产小箱豆腐烹制而成。刘俊英对油豆腐酿肉加以改进，将小箱豆腐滤去水，入热油锅氽至四面金黄，捞出后中心挖空塞入肉馅，肉馅上嵌虾仁再以油煎，加调料文火烧煮而成。此菜口味鲜美，馅心饱满，块形美观，细腻鲜嫩，因豆腐块形如妇女梳妆用的镜箱而得名。

12.生麸肉圆

民国15年，由无锡李喜福饭店创制。取生麸剪成小块，肉馅制成丸子，将生麸拉薄裹入肉馅封口，并随即放入开水中煮熟。生麸肉圆不碎不穿，内有卤汁，上口清爽，汤汁清淡而鲜。

13.无锡同肠

同肠又名套肠。清道光十三年（1833年），由南门界泾桥福记饭店创制。民国19年，由李喜福饭

店加料改制。此菜将猪小肠洗净后，把一条肠叠为两层，塞进另一条肠内，成为"三套肠"。然后将葱结、姜片与同肠一起煮一个半小时；换上清水，加酱油、红米、黄酒等一起烧煮后，取出切断，与笋片一起在油锅中煸炒即可。

14.红烧划水

选取太湖产青鱼带2.5寸肉段的尾巴，经热油熘过后，先旺火烧煮，再文火焖煮收膏。青鱼尾巴肉脂丰腴，味极鲜美，民间有"青鱼尾巴鲢鱼头"之说。其口味咸鲜，色呈酱红，咸中带甜，肉质肥嫩。以状元楼菜馆的最为著名。

15.什锦面筋

相传此菜创始于清乾隆年间崇安寺山门口的一家小菜馆。以油面筋、虾仁、水发蹄筋、腰片、笋片、肴肉、青豆、水发香菇等为原料，烹制而成。其口味甜中带咸，汁卤浓稠，鲜香软嫩。状元搂菜馆烹调尤佳。

16.老烧鱼

将青鱼斩成块，在油锅里略煎，加黄酒稍焖，再加酱油、白糖和清水，焖至汁稠入味，勾芡淋入麻油，即可装盘。此菜口味咸中带甜，色呈酱红，汁味浓厚，鱼肉鲜嫩，是无锡地区历史悠久的传统名菜，最能反映无锡本帮菜浓油赤酱、咸出头、甜收口的特色。虽名叫老烧鱼，鱼肉却很鲜嫩。状元楼菜馆、江南酒家、中国饭店最为有名。

17.三虾煎豆腐

将小箱豆腐划成4块，再批开成8大块，在油锅中煎至金黄色，捞起。再起葱油锅，放入虾子、虾脑略熬，再放入豆腐，加入调料文火烧，勾芡起锅后，放上熘熟的虾仁即可。此菜口味咸鲜，荤素结合，口味鲜美。

18.虾子茭白

将整根茭白蒸熟，切成条形；将虾子酱油、盐、白糖、味精等调料同茭白拌和，即可。口味咸鲜，虾子鲜美，茭白脆嫩，软糯清鲜。

19.天下第一菜

民国初年，无锡大新楼菜馆名厨采用中西调料改制成鸡虾锅巴，将锅巴炸至发脆，将大虾仁、熟鸡丝用番茄酱等调料烧沸勾芡，上桌时将卤汁倒入锅巴上即可。此菜口味酸甜，色呈橘红，锅巴酥松脆香，鸡虾鲜嫩，酸甜宜口，风味独特。民国26年（1937年）元旦，陈果夫以此菜宴请部属，称其为"天下第一菜"。

20.糟扣肉

原为苏南民间家常菜，百余年前引入菜馆，以太湖猪五花肉为原料，切块后涂抹酒酿汁，在油中炸至皮色棕黄，再切成大片，加入调料浸渍，码放在碗中，浇上糟汁，蒸至酥烂。口味咸鲜，酥烂入味，肥而不腻，入口即化，糟香浓郁。

二、名点

1.小笼馒头

清同治二年（1863年），拱北楼面馆经营传统鲜肉馒头，当时酵面已改用紧酵，馅心里拌入鲜肉皮冻，故成品有卤。民国24年，皇亭里的祝三大馒头摊主，因摊基所限，改用小笼蒸制。民国28年，王兴记馄饨店亦蒸制小笼馒头。无锡小笼馒头选用上等面粉、皮冻、猪肉制作，选料精细，配料严格，小笼蒸煮，成品皮薄色白，外形美观，味鲜卤足。秋冬时，馅心中加入熬熟的蟹黄油，即为"蟹粉小笼"。

2.三鲜馄饨

民国13年，无锡始有手摇面机。王兴记馄饨店首先购置使用，改手推皮子为机轧皮子，并改进馅心和汤料。1965年，用鲜肉、开洋、榨菜末为馅，故称"三鲜"，并以肉骨头吊汤，豆腐干丝、蛋皮丝为佐料，具有皮薄、馅多、汤鲜的特点，是最受市民喜爱的大众化小吃。

3.惠山油酥

原名重油烧饼。相传元末明初，由惠山寺僧人创制，因其形状似寺内四大金刚塑像的肚脐，被僧人誉为“金刚肚脐”。惠山油酥采用纯素油，精白粉、芝麻、果仁、瓜丝等原料，经烘制而成。品形规整，色泽金黄，酥松香甜，甜中带咸，具有独特风格，数百年盛销不衰。

4.玉兰饼

清道光三十年（1850年），由无锡城中迎迓亭孙记糕团店创制。采用民间玉兰花瓣做面拖饼的方法，将玉兰花瓣水焯后剁碎，拌料作为馅心，外包糯米粉油煎而成。后馅心品种增加鲜肉、菜猪油、玫瑰、豆沙、芝麻等。此饼色泽金黄，外皮香脆，内壳软糯，甜咸适口，香味诱人。

图17－14　玉兰饼　（市史志办供稿）

5.方糕

民国32年（1943年），由崇安寺六芳斋师傅王禹清引进湖州大方糕改制而成。方糕用特制的方形木质模板，筛入糕粉，显出凹型，分别放入鲜肉、豆沙、菜猪油等馅心，筛上一层糕粉，刮平，用刀划成块，上笼用旺火蒸熟即成。糕呈白色，粉质柔软，馅心丰满，具有浓郁的江南风味。

6.酒酿圆子

在无锡已有百年历史。选用糯米粉用热水拌和搓韧，切成小方块，用扁筛滚成大小似棉子的小圆子。另将酒酿捣碎和白糖一起放入碗中，将煮熟的圆子连汤盛于碗中即成。

7.春卷

用上白面粉加少许水和盐拌揉捏，放在平底锅中摊烙成圆形皮子，然后将制好的肉末、豆沙、菜猪油等馅心摊放在皮子上，将两头折起，卷成长卷下油锅炸成金黄色即可。春卷皮薄酥脆、馅心香软，别具风味，是春季的时令佳品。

图17－15　春卷　（市史志办供稿）

8.豆腐花

将豆腐脑制作在大口坛内，边卖边舀，既嫩又热。食时，加上熟酱油、葱花、紫菜、虾皮、榨菜末、白糖、麻油等调味品，成为无锡老少皆喜欢的风味小吃。

9.海棠糕

创制于清代，因糕形似海棠花而得名，后逐渐成为无锡风味小吃之一。它将面粉、酵粉用冷水调成浆状，在特制模具里刷上少许水油，注入面浆，放入豆沙、鲜肉、菜猪油等馅心，再用面浆盖面，加上糖猪油丁和红绿瓜丝、瓜子仁等，盖上撒白糖的铁板，放在煤炉上烤熟即成。海棠糕香甜可口，热食尤佳。

10.萝卜丝饼

将萝卜洗净刨成丝，用少许食盐略腌后，挤去水分，放入葱末拌匀。另用面粉和冷水调成浆糊状，再用白铅皮做成的椭圆形模勺，底层铺满粉浆，放入萝卜丝，再用面浆封面，放入油锅内煎成金黄色脱模即成，食时美味可口。

11.桂花糖芋头

创制于清咸丰七年（1858年）。选地产上等芋头的芋籽，去皮、洗净、放碱，烧至芋籽呈紫红色时再转为文火焖，放入红糖和桂花，煮沸即成。具有芋艿酥烂、色泽鲜红，甜汤鲜洁、香味四溢等特点，为老少皆宜的应时小吃。

第四节　住宿业

1986年前，旅馆住宿业被列为特种行业，是公安部门实行社会治安严格管理的重点行业。其时，无锡市旅馆由国营服务公司统一开办及经营，私人不准申办，数量偏少、规模偏小、设施较差。外地人员投宿要由国营服务公司设立在火车站地区的无锡市旅馆服务站登记后，统一分配到市内的旅店、招待所，住宿天数须事先约定，不得随便延长，且大部分中小旅馆的客房不设卫生间，只在楼层中设立公用的卫生间，客房内一般安放双层床，一间房要入住多人，浴室也是集中开设，有的旅馆甚至不提供洗澡和就餐。1986年初，市区仅有旅馆120家，床位12828张，其中国营服务公司所属旅馆20家、床位3779张，企事业单位、街道、郊区社队办的招待所再加上浴室开设的临时铺位合计9449张，远不能满足改革开放和经济大发展特别是各地乡镇企业到锡人员的住宿需求。为缓解住宿难，火车站地段设有一些条件更加简陋的“一夜旅馆”。此后，政策逐步放宽，鼓励企事业单位、机关、部队开设招待所、休养所。

八九十年代，旅馆的住宿对象主要为国营企业和乡镇企业的供销人员。其时，物资交易市场还处于起步阶段，供货会成为计划与市场调节的主要平台，无锡是全国、全省和区域间各类供货会、交易会的经常举行地之一，每次到会代表都在二三千人左右，成为市区住宿业的重要客户群。加之乡镇交通不便，周边乡镇企业一般在市区旅社长期包租房间作为驻锡办事处的有二三百处。随着到锡旅游的海外旅游者增加，无锡兴建、改建一批旅游饭店。1985年8月，郊区河埒乡梁溪商业旅游公司与香港永德贸易有限公司合资兴建美丽都大酒店，是省内第一家由乡级单位与外资合营的旅游饭店。1989年，中日合资无锡大饭店开业，9月被国家旅游局评定为四星级饭店，是全国首批四星级饭店之一。1990年，无锡星级饭店增至5家，客房1408间、床位2817张。90年代中后期，允许私营经济实体开办旅馆，外资也开始进入市区住宿业市场，出现喜来登大饭店等高档宾馆。1995年6月，在无锡湖滨饭店基础上组建无锡市旅游系统第一家企业集团——无锡湖滨集团公司。1996年，全市有无锡大饭店、锡山市锡州宾馆、江阴市暨阳山庄等四星级饭店3家，湖滨饭店等三星级饭店16家，梁溪饭店等二星级饭店10家。1998年，无锡市为群旅社注册成立，为全市住宿业第一家转制为股份制性质的企业。2000年9月28日，经资产重组后的太湖饭店被国家旅游局评定为五星级旅游饭店，为无锡首家五星级旅游饭店。

进入21世纪，随着城乡交通日益通达，乡镇企业驻锡办事处减少，各类供货会被物资交易市场取代，国内外到锡旅游的团队和散客迅速增长，对旅馆住宿条件的要求愈来愈高，国营旅馆步入改制，国有资本逐渐退出旅馆住宿业。国（境）外企业相继在锡独办或合办大饭店、大酒家，环境设施和卫生条件改观，接待宾客的能力和档次提高，市区主要饭店、旅馆每天可接待外宾或境外客人的床位数有1万多张。街道里弄里由民间资本投资建立的小旅馆随处可见，住宿难不复存在，一些入住率不高的小旅店专门派人到车站拉客、接客，不少旅馆推出钟点房来招徕住客。客源发生显著变化，各种文化节、艺术节、旅游节、研讨会、学术论坛、培训班以及招商引资活动的参加者成为住宿消费的主要客源之一，长期在无锡工作的外商和港澳台商在具有一定档次的宾馆长期包租客房。

至2005年末，全市旅馆、旅社及设旅馆的饭店、酒家、宾馆、度假村、招待所等共1292家，床位7

万多张。其中:餐饮齐备、客房70间以上、床位120张以上的70多家,床位16755张;喜来登大饭店、国际饭店、无锡大饭店的客房数分别为407间、369间、315间,分列全市一、二、三位;度假村30家、招待所42家。全市旅游涉外饭店88家,客房12579间,床位22078张;星级饭店72家,其中五星级饭店4家、四星级18家、三星级33家、二星级7家、一星级10家;品牌经济型酒店9家,其中国际品牌2家、国内品牌7家。

2005年无锡市二星级及以上饭店一览表

表17-36　　单位:间、张

饭店名称	星级	地址	客房数	床位数
无锡太湖饭店有限公司	5	无锡市景宜路1号	271	512
无锡湖滨饭店	5	无锡市环湖路1号	482	706
江阴市海澜大酒店	5	江阴市新桥镇陶新中路18号	63	97
江阴泓昇苑酒店	5	江阴市人民中路289号	308	411
无锡大饭店有限公司	4	无锡市梁清路1号	297	372
无锡锡州花园酒店	4	无锡市二泉中路68号	266	439
江阴市暨阳山庄有限公司	4	江阴市澄江镇公园路99号	189	293
无锡锦江大酒店有限公司	4	无锡市中山路218号	275	420
无锡太湖花园度假村有限公司	4	无锡市山水东路8号	151	262
无锡市黄金海岸大酒店有限公司	4	无锡市北大街蔡墅巷1号	181	296
江苏舜天碧波度假村有限公司	4	无锡市碧波支路9号	121	224
无锡市锦仑大酒店有限公司	4	无锡市五爱路58号	193	294
无锡山明水秀大饭店有限公司	4	无锡市蠡溪路999号	252	471
无锡市国际饭店有限公司	4	无锡市县前东街88号	378	600
无锡新雅大酒店	4	无锡市西梁溪路18号	103	193
无锡锡海花园酒店有限公司	4	无锡市苏锡路207号	95	139
江阴国际大酒店有限公司	4	江阴市澄江西路299号	260	389
江阴兴澄大饭店有限公司	4	江阴市人民东路161号	135	253
江阴来富岛大酒店有限公司	4	江阴市朝阳路105-109号	221	339
江阴法尔胜大酒店有限公司	4	江阴市体育场路8号	138	241
宜兴国际饭店有限公司	4	宜兴市通贞观路52号	366	630
宜兴大酒店	4	宜兴市东山西路70号	168	312
无锡美丽都大酒店有限公司	3	无锡市梁溪路2号	238	255
无锡物产大酒店有限公司	3	无锡市人民中路185号	219	400
无锡市梁溪饭店	3	无锡市中山路177号	70	115
无锡古罗马大酒店有限公司	3	无锡市中南路1号	148	280
无锡市运河大酒店有限公司	3	无锡市湖滨路7号	196	358
无锡市长城大酒店有限公司	3	无锡市锡沪中路82号-1	91	160

续表

饭店名称	星级	地址	客房数	床位数
无锡市大地宾馆有限公司	3	无锡市崇宁路55号	34	60
无锡太湖能园度假村有限公司	3	无锡市环湖路188号	80	122
无锡市西郊宾馆	3	无锡市太康新村290号	154	295
无锡鸿运大酒店有限公司	3	无锡市中山路317号	175	335
无锡友谊大饭店有限公司	3	无锡市苏锡路211号	147	258
无锡海天大酒店	3	无锡市湖滨路36号	115	218
无锡中旅大酒店	3	无锡市车站路88号	139	263
无锡东林大酒店有限公司	3	无锡市人民东路33号	126	213
无锡市欣旺大酒店有限公司	3	无锡市长江北路18号	88	150
胜利油田管理局无锡太湖度假村	3	无锡市南泉镇裕村	70	140
无锡双象大酒店有限公司	3	无锡鸿山镇后宅中路11号	70	127
江阴新扬子大酒店有限公司	3	江阴市虹桥北路171号	115	219
江阴市长江饭店	3	江阴市人民东路18号	142	250
江阴新东亚大酒店有限公司	3	江阴市虹桥北路142号	88	170
江阴瑰宝宾馆	3	江阴市祝塘镇人民南路33号	50	92
江阴阳光大厦	3	江阴市新桥镇	139	248
江阴市云都大酒店	3	江阴市长泾镇人民路83号	64	93
江阴华西金塔宾馆	3	江阴市华西村	119	223
江阴金湾海悦饭店	3	江阴市周庄镇北新西路	78	127
江阴杜康园大酒店	3	江阴市迎宾路22号	76	156
宜兴市大亚达酒店有限公司	3	宜兴市阳泉路108号	58	108
宜兴市陶都大饭店有限公司	3	宜兴市人民中路134号	64	147
宜兴上海宾馆	3	宜兴市丁蜀镇公园路206号	122	223
宜兴市华亭国际酒店有限公司	3	宜兴市解放东路169号	100	206
宜兴市新贝斯特国际大酒店有限公司	3	宜兴市太滆东路21号	85	165
宜兴市苏源电力宾馆有限责任公司	3	宜兴市阳羡西路88号	88	173
宜兴市禄漪园大酒店有限公司	3	宜兴市人民南路3号	68	114
无锡天骄宾馆	2	无锡市隐秀路199号	107	200
无锡苏嘉金龙大酒店	2	无锡市钱桥大街103号	102	162
江阴市纺织大厦有限公司	2	江阴市暨阳路20号	74	148
江阴大都会酒店有限公司	2	江阴市人民中路司马街12号	65	128
宜兴宾馆	2	宜兴市人民南路2号	260	428
宜兴市公路宾馆	2	宜兴市丁蜀镇北郊	106	208
宜兴新中苑大酒店	2	宜兴市宜城镇太滆西路106号	49	96

第五节　企业选介

一、江苏无锡元盛(集团)有限公司

公司位于无锡市中山路221号。前身为1985年成立的无锡饮食服务公司。1997年5月,以市饮服公司为主体,加上市旅游公司、广告公司、中国饭店等组建成立江苏无锡元盛(集团)有限公司,下辖15家企业,总资产43910万元。此后,下属单位聚丰园酒店、泰山饭店、月华公司、中国饭店、民族饭店大楼先后由市贸易资产公司接收,王兴记、二泉酒家、醉月楼合并改制成立王兴记有限公司,市旅游公司改制为民营企业,湖光照相馆、京海旅社、广告公司、江南酒家、中国饭店关闭注销。2004年,公司整体改制,以元盛集团公司存量资产加上改制的朝阳饭店、广瑞饭店的国有资产作评估。2005年,以5409万元股权价转让给自然人。7月,新组建的江苏无锡元盛(集团)有限公司成立。

二、太湖饭店

饭店位于无锡市景宜路1号。1952年,在荣德生创办的江南大学原址建太湖饭店。1998年改扩建,2000年被国家旅游局评定为五星级旅游饭店。饭店由A楼、B楼、森林山庄、太湖贵宾楼等4个主体建筑构成,占地32万多平方米,绿化覆盖率74%,是中国十大园林饭店之一。内有271间客房,包括总统套房、豪华别墅等多种房型;寄畅轩、江月楼等20余个中西式餐厅,餐位1110个。2005年,营业收入6983万元,利润1904万元。

三、湖滨饭店

饭店位于无锡市环湖路1号,隶属于无锡湖滨集团。建于1976年,1978年10月开业,1990年被评定为三星级饭店,1997年被评定为四星级旅游饭店,1999年成为全国首批AAAAA级绿色饭店。2001年末,按照五星级标准实施全面改造,2003年9月被评定为五星级旅游饭店。至2005年末,有客房482间(套),餐位数800个。全年营业收入7168万元,利润243万元。

四、无锡大饭店

饭店位于无锡市梁清路1号,是由日本东急公司、市旅游总公司和中国国际信托投资公司合资兴建的省内首家中外合资酒店。1988年试营业,1989年4月正式开业,同年被评定为四星级饭店。2001年资产重组,市国联发展(集团)有限公司、香港锡洲国际有限公司成为无锡大饭店有限公司的股东。饭店有297间客房,总餐位1482个,提供中餐、西餐、日餐等菜系,另有商务中心、游泳池等。2005年,客房出租率82.3%,其中境外客人占95%,商务客人占99%以上。全年营业收入6668万元,利润1700多万元。

五、无锡锦江大酒店

酒店位于无锡市中山路218号,由江苏河埒渔工商集团与上海锦江国际酒店集团合资兴建,委托上海锦江国际酒店管理有限公司经营管理,1998年6月开业。酒店楼高100米,连地下3层共28层,有客房275间(套),餐位1200个,提供法式西餐、美式西餐、川菜、淮扬菜、广东菜和上海菜等,位于28层的旋转餐厅集观景与就餐于一体。酒店还有健身房、桑拿浴、美容美发、精品店等配套设施。2000年,被评定为四星级旅游饭店。2005年,营业收入5250万元,利润2206万元。

六、锡州花园酒店

酒店位于无锡市二泉中路68号。原名锡州宾馆，1995年3月试营业，1996年5月被评定为四星级旅游饭店。2003年，酒店投资1.5亿元按五星级标准进行扩建，增加各类客房266间（套），增设可容纳550人的宴会厅和28个餐厅包间，在中庭花园设有西餐厅和咖啡厅。酒店还有游泳池、健身房、美容美发室、网球场、垂钓中心等娱乐休闲设施。至2005年末，有客房266间（套），餐位1134个，包间31间，会议室9个。全年营业收入5621万元。

七、山明水秀大饭店

饭店位于无锡市蠡溪路999号。1998年，无锡市滑导电器有限公司和河北省廊坊市燃气有限公司合资创建。2002年，被评定为四星级旅游饭店。2003年，廊坊市燃气有限公司将股份出让给无锡市滑导电器有限公司。2004年，饭店对商场、商务中心、客房、宴会包厢等设施进行大规模改造。至2005年末，有客房252间，餐位1200个。全年营业收入3099万元。

八、江苏舜天碧波度假村

度假村位于无锡市马山碧波支路9号。始建于1990年，原名碧波花园度假村，为舜天集团所属的江苏省服装进出口公司无锡基地培训中心。1996年扩建并更名。1997年，被评定为三星级涉外旅游饭店，2002年被评为四星级旅游涉外饭店。度假村占地4万平方米，有客房121间（套）和高档贵宾别墅，餐位600个，还有高尔夫练习场、网球场、露天游泳池、垂钓中心等配套设施，以及户外拓展培训场所。2005年，营业收入1383万元。

九、无锡太湖花园度假村

位于无锡市山水东路8号。1998年，由上海虹桥经济技术开发区联合发展有限公司和无锡太湖山水城旅游发展总公司共同投资兴建。2000年1月，被评定为四星级旅游饭店，2003年通过AAAAA级绿色饭店的认证。至2005年底，饭店有客房80间，总餐位800个。全年接待海内外宾客3.4万人次，营业收入3907万元，利润121万元。

十、中国饭店

饭店位于无锡市汉昌路90号。民国36年（1947年），由毛仲寅、章绥卿创建。1951年6月，成为无锡市餐饮行业第一家国营饭店。1961年、1975年两次扩建。1986年初，有餐桌125张、餐位1140个，客房140间、床位334张，为当时全市商业系统最大的饭店。该店菜肴选料精细，制作考究，质量稳定，具有江南水乡的特色风味，为锡帮菜的代表，镜箱豆腐、杏仁粉包、梁溪脆鳝、太湖焗鸡、黄泥煨鸡、母油全鸭、龙眼鳝片、香酥银鱼、糟煎白鱼、龙眼大玉是十大名菜，小笼馒头质量上乘。1979～2002年，被评为特级厨师的有12人、特级点心师4 人、特级服务员4人，并向市内各饭店和驻外使馆输送人才。1993年，投资1.4亿元建造22层高的新营业大楼，1996年封顶。1998年，饭店总资产15386万元，所有者权益3298万元。2002年初，饭店因城建需要被拆除，人员安置分流，5月28日企业关闭。

十一、无锡鸿运大酒店

饭店位于无锡市中山路317号。前身为公园饭店，1966年更名为东风饭店，1989年扩建改造，更名为鸿运酒楼，以经营中餐为主，兼营客房。2001年，成立鸿运大酒店有限公司。2002年起，鸿运大酒店租赁友谊公司的鸿运大楼承包经营。餐厅部有大厅7个、雅座17间，餐位2000个；客房175

间，床位335张，会议室3间。2002年9月，被评定为三星级涉外旅游酒店。2005年5月，在新区开设按五星级标准建造的金座大酒店。鸿运大酒店菜点以锡帮菜为主，响油鳝糊、荠菜鸽蛋羹、灌蟹虾球、热泡鱼片、清炒虾仁、豉油河虾、大年鸽炖鳖、鸿运第一煲、味噌银鳕鱼、干锅鲜贝皇为十大名菜，鸿运大包被评为中华名小吃。2005年，营业收入4540万元。

十二、无锡肯德基有限公司

1993年2月，由无锡糖业烟酒总公司、美国肯德基国际公司和上海新亚（集团）联营公司合资成立。7月，第一家门店在人民路第一副食品商店二楼开业，为肯德基进入中国的第15家门店。至2005年，开设门店46家，其中市区21家，江阴市、宜兴市各6家，其余分布于镇江、苏北等地。2000年，营业额首次超亿元。2005年，营业收入3.84亿元，利润8832万元。

第六章　物流业

无锡位于长江三角洲中部，是区域性交通枢纽，物流交换量、辐射半径及辐射区域较大，运输业、仓储业较为发达，商贸业各大公司都建有仓库及运输队。1992年，中国物资储运总公司南京公司无锡仓库最早尝试发展现代物流业。进入21世纪后，部分企业开始把物流作业外包给专业公司，集中精力提高和扩大主业；部分外资企业开始实施第三方物流管理。2001年，无锡市物流业增加值约197亿元。

2002年4月，市委、市政府召开全市现代物流工作会议，提出用3～5年时间，初步建成包括交通运输、仓储配送、流通加工、信息网络等功能完善的与国际惯例接轨的现代物流体系。2003年，无锡市启动现代物流项目57个，其中投资额超1000万元的项目28个、超5000万元的项目12个。其中，锡山区东华科技园新建项目投资2.5亿元，红星美凯龙二期项目投资1亿元，无锡商业大厦东方物流配送中心和超市项目投资近2亿元，惠山区洛社天奇物流系统工程股份有限公司项目投资1亿元，无锡市朝阳股份有限公司农副产品物流中心项目投资1.2亿元，江阴市澄江镇城东市场物流基地项目投资1亿元，宜兴化工市场项目投资5000万元。是年11月，首家中外合资现代物流企业——无锡住商高新物流有限公司开业。

“十五”期间，无锡市重点扶持无锡中储物流有限公司、无锡邮政、无锡货运交易中心、无锡高新物流中心、无锡港、商业大厦、朝阳集团等具有第三方物流雏形的物流企业，同时鼓励国际、国内知名第三方物流企业及货代企业到锡设立分支机构。全市出现一批依托开发区的物流企业、货运市场形态的物流企业、以大型批发市场为基地的物流企业、以电子商务为基础的物流企业、外商和内资在锡投资设立的物流企业。2004年7月，启动无锡物流公用信息平台建设。无锡货运信息中心加快构建全国陆路货运物流网，在全国设立50个地级市货运信息中心。

至2005年末，无锡拥有以通关物流、保税物流和物流方案设计为主的无锡住商物流、高新物流，以整合社会资源为主的无锡星网物流，以区域性物流配送为主的新东南物流、海尔物流、南方物流，以承接制造业物流外包为主的小天鹅安泰达物流，以流通加工、增值服务为主的无锡大明物流等物流形态，初步形成比较完备的现代物流服务体系。注册企业名称中冠以“物流”的规模以上物流企业有58家，全市社会物流总成本占地区生产总值比重由2001年的18%降至16%。

第一节 物流园区

2002年上半年，在沪宁、锡澄高速公路无锡互通道口到锡沪路、312国道之间逐步形成区域性物资配送中心。由于火车站地区改造，原在通惠路、工运路、汉昌路上的100多家生产资料经营商店率先向锡沪路、锡澄路转移，在锡城北部以锡沪路为中心的二三公里半径范围内，形成千家生产资料经销店云集的格局。其中，市机电五金商场在锡澄路开办天地行物流有限公司，构筑无锡乃至华东地区最大的机电五金产品物流平台，许多知名厂家在此租下大面积店铺，设立仓库，建立华东配供中心，开展物流业务。

2002～2005年，根据《无锡市"十五"现代物流产业发展规划纲要》，提出无锡市重点发展与电子商务密切结合的批发零售方面的物流、与生产企业密切结合的仓储服务物流、与国际贸易密切结合的口岸物流，逐步建设无锡综合物流园区、江阴长江港口综合物流园区、无锡口岸物流中心、宜兴综合物流园区、藕塘综合物流园区和空港物流中心等6个物流基地。无锡综合物流园区启动建设新东南物流、海尔物流、大明物流、南方不锈钢物流、中储物流、朝阳农副产品物流中心、广益物流园区、交通局的通江物流园区等15个重点项目。无锡口岸高新物流中心投资建设7000多平方米的二期智能化物流仓库，建成监管仓库、保税仓库、智能化仓库为一体的物流配送基地和现代化大型仓储设施。投资2000多万元建设下甸桥水路二类口岸，兴建报关大楼、监管仓库和集装箱堆场。江阴长江港口物流园区东区以成品油、粮油仓储配送为主；中区以集装箱联运，钢管、钢材、废钢、煤炭和副食品仓储为主；西区以化工仓储为主。

一、无锡口岸物流中心

无锡口岸物流中心包括无锡新区国家陆路二类口岸、紧邻的无锡港国家水路二类口岸，以及下甸桥仓储区，呈东西长约6公里的带状分布，由国家二类口岸无锡港、无锡高新物流中心以及下甸桥港区等3部分组成。2000年9月，国家二类口岸无锡港开通。12月，无锡高新物流中心投入运行。无锡口岸物流中心通过改造提升无锡高新物流中心功能，优化通关条件，引进国内外著名的大型货代公司、物流公司，扩大进出口货物的通关量，逐步形成集进出口货物集散和国内原辅材料及产成品的仓储、分拨、配送为一体的国际物流中心。

二、江阴长江港口综合物流园区

江阴长江港口综合物流园区位于江阴市主城区西北部，2003年3月28日成立。园区以国家一类对外开放口岸江阴港为依托，根据经国家级专家组评审通过的《江阴长江港口综合物流园区规划》，利用沿江的港口、仓储、运输条件，设立以钢铁、煤炭、建材等生产资料交易、物流为主的长江港口物流园区交易中心，集中建设一批石化、钢材、煤炭、建材、粮油等大宗物流的仓储、中转基地和配送中心，加快诚信储运、润华仓储、元亨物流、集装箱码头和江阴港物流中心等在建项目建设，加快澄星仓储、瑞尔达金属加工配送中心、中亚橡胶市场等新项目的立项和动工。根据"区港一体化"的设计理念，实现码头作业区、仓储堆场区、物流商贸区、生活休闲区在空间和规模上的合理分布。至2005年，园区开票金额150亿元，实现税金2.51亿元。

三、宜兴物流园区

宜兴物流园区建设以设立宜兴直通式海关监管点为起点，该直通点于2002年12月由南京海关批准设立，2004年9月开通，2005年完成通关箱量3705标箱，进场企业64家。

四、无锡综合物流园区

1.东亭商贸物流园区

东亭商贸物流园区位于沪宁高速公路与312国道之间，东起东亭道口商贸区，西至无锡互通道口，东西长约9公里，拥有近50万平方米的仓储面积和3平方公里园区开发建设用地。园区内有全国最大的不锈钢市场群、省内最大的东亭大卖场超市群、苏锡常三市最大的金属材料市场、无锡最大的农副产品批发市场和省内最大的陆路货运交易配载中心、集装箱铁路专线、水运码头。至2005年，东亭商贸物流园区总投资4.2亿元，总面积3.5平方公里，3.5万伏变电所投入运营，锡沪路商贸园路段改造方案设计初步完成。

图17–16　东亭商贸物流园区　（锡山经济发区供稿）

2. 锡北物流园区

锡北物流园区南起312国道，北至沪宁高速公路，西临惠山大道，东濒白屈港，规划总用地面积8.43平方公里。依托通江大道、北环路、广石路和惠山大道等交通干道，分为四大结构片：物流北片（通江大道与惠山大道之间，北环路两侧）、物流南片（白屈港与312国道之间）、仓储服务片（北环路以南，广石路以北，通江大道与白屈港之间）、居住片（广石路以北，通江大道与惠山大道之间）；两大商业带：通江大道及惠山大道两侧商业服务设施带。

3.广益片区

广益片区位于无锡市锡北路东侧，占地50万平方米，处于无锡综合物流园区的中心位置，为市政府确定的重点物流片区之一。该片区主入口为锡北路，北靠锡北大运河，离火车站2公里，东接锡沙路，交通运输优势突出。该地区商家云集，拥有市内最大的金属材料市场、农副产品批发市场、装饰材料市场，片区所在的广益镇商流发达，拥有市场13个，现货交易批发市场年交易额超过50亿元。片区周围有10多个货运交易市场，停车场地 14万多平方米，平均每天外地货运车辆停驻2500辆以上。广益片区实行优先发展的产业政策。

五、通江物流园区

通江物流园区位于无锡城北锡山区东北塘境内，居京沪、锡澄、锡宜等3条高速公路交会处，距市中心约6公里，北邻锡北运河，西近锡澄运河，东临白屈港，南靠312国道，是《无锡市“十五”现代物流产业发展规划纲要》确定的重点物流项目，以不锈钢仓储、加工贸易、配供服务的综合性现代物流为主导产业。园区规划总用地面积为6.52平方公里，首期启动0.7平方公里。2002年6月，实施园区建设和公共管网（含水、电、通讯等）铺设。

六、江南商贸物流城

江南商贸物流城位于无锡城东锡山区与新区交会处，沪宁高速公路锡东道口东西两侧。2005年，启动建设，规划范围总面积约10平方公里，总体结构为“一点一带一区”，共计18个功能组团。“一点”，即东方国际轻纺城，规划布置商业街区、商务办公区及配套生活区等3个功能组团；“一带”，即太湖大道公建服务带，规划布置东方汽车城、卡摩尔汽车城、商务办公区、公寓区、五星级酒店及海尔物流等6个功能组团；“一区”，即锡东道口以东地区，规划布置购物中心、新世界国际纺织服装城、轻工城、赛维拉商业广场、汽车城、家具城、物流中心、客运中心、公共服务带等9个功能组团。

第二节　企业选介

一、无锡中储物流有限公司

公司位于无锡市锡沪路183号。前身为1958年成立的国家计委、国家物资储备局、江苏省储备物流管理处无锡仓库，是以生产资料储存和运输为主业的国有仓库。1981年，更名为中国物资储运总公司南京公司无锡仓库。1992年起发展现代物流，1993年更名为无锡中储物资总公司。1996～2002年，相继开办陶瓷、钢材、有色金属等3个现货市场，拥有500多家客户。2002年，更名为无锡中储物流有限公司，完成运输、信息、仓储三大物流平台建设工作，初步形成物流、信息流、资金流、商流四流合一的区域物流中心雏形。依托铁路专用线优势，到货量逐月增加，仅金属材料一项，就由月均500车皮增至1000多车皮。是年，被市政府列为生产资料区域物流基地。2003年上半年，成为上海期交所在无锡唯一的期货交割库。成立货代公司，整合自身的集装箱、公路运输、铁路运输和加工、配送等功能优势，以总承包的方式发展业务。至2005年，公司拥有铁路专用线两条计2.5 公里，库房50 余幢计3.7 万平方米、料棚1.2 万平方米、货场4.4 万平方米，仓储能力25 万吨，起重设备80 余台（套），韩国浦项、柯达胶卷、欧芬汇川等外资或合资企业客户30多家。

二、无锡市储运有限公司

公司位于无锡市城南路25号。前身为1953年成立的无锡市商业局仓储公司筹备组，1955年成立仓储公司，1968年改为商业储运公司。1978年开始，在下甸桥建造新仓库和铁路专用线。1992年更名为无锡市储运公司，1998年并入朝阳集团，年末改为无锡市储运有限公司。1999年，建成朝阳钢材市场。2001年，再次改制，国有股全部退出。2003年在旺庄新光物流配套区（杨湾里）征地建设新专线，2005年竣工。2004年，营销额12.4亿元，利润361.2万元。至2005年，储运公司拥有5条铁路专用线，长3公里，年物资吞吐量400万吨，成为集物资运输、市场交易、流通加工、信贷质押等于一体的大型现代物流基地。

三、无锡高新物流中心

中心位于无锡市高浪路288号。由无锡市新区经济发展集团总公司投资，注册资本5000万元，总投资1亿元，2000年12月投入运行，是一家以进出口通关物流服务为核心业务，为企业提供供应链物流增值服务的现代物流企业，被海关总署批准为沪宁高速公路直通式转关运输监管点。中心建有海关监管仓库、公共保税仓库、普通仓库，室内仓库面积1.3万平方米，室外堆场2.5万平方米，并建有海关监管车辆专用进出卡口，配有两台80吨电子式汽车衡、1台集装箱正面吊和多台铲车等设备。2005年，经过中心进出口的货值总额超过35亿美元。

四、无锡大明物流股份有限公司

公司位于沪宁高速公路无锡道口的东北塘区域内。2001年10月成立，是一家以不锈钢加工与销售、市场开发与经营相结合的大型专业物流型企业。2002年7月，投资1000万美元建设大明不锈钢加工配送中心。2004年4月，改制为无锡大明物流股份有限公司，注册资本11820万元。2005年，不锈钢销售量20.1万吨，销售额近40亿元，在国内不锈钢流通行业名列前茅。

五、无锡星网物流有限公司

公司位于无锡市北环路18号。前身为无锡货运交易中心有限责任公司，2000年1月成立，为无锡市交通产业集团控股企业。公司以具有自主知识产权的物流信息交易系统为服务平台，以互联网为依托，以企业内部网为支持，采取现场和网上交易两种模式开展物流业务。企业仓储面积1.7万平方米，业务用房面积6000平方米，综合商务楼面积1.2万平方米，停车和集装箱堆码场3万平方米，信息交易大厅拥有92个交易席位。2005年，实现货运成交量56.17万吨，成交金额1.34亿元。

六、无锡住商高新物流有限公司

公司位于无锡市经一路。由无锡高新物流中心、日本住友商事株式会社和住友商事（中国）有限公司共同投资建设，2003年11月开业。公司占地2.75万平方米，其中一般仓库7200平方米、保税仓库2600平方米。经营范围涵盖第三方物流的全部业务范畴，包括国际运输代理、国内运输、仓储配送、物流咨询等业务，并拥有自营和代理进出口贸易权，是省内第一家集进出口贸易和物流服务为一体的现代物流企业。

七、无锡新东南物流有限公司

公司位于无锡市广石西路88号。2002年4月，由马来西亚最大的物流上市企业东南集团和无锡金南物流有限公司共同投资建立，2004年11月投入运营，拥有运输、仓储、配送、信息等物流服务功能。

八、江苏天奇物流系统工程股份有限公司

公司位于无锡市洛社镇人民南路。前身为创办于1984年的无锡南方天奇物流机械有限公司，主要从事国内自动化物流集成设备制造，1997年转制。2000年，变更为江苏天奇物流系统工程股份有限公司。2004年6月，在深交所上市。2005年，被批准为江苏省物流自动化装备工程技术研究中心。

无锡市志

【第二册】

第十八卷

金　融

概 述

1986年7月20日，国家经济体制改革委员会、中国人民银行（简称“人行”）批准无锡市为全国第二批金融体制改革试点城市，9月无锡市实施金融体制改革。1987年，组建成立综合性的交通银行（简称“交行”）无锡分行。之后，在市区和江阴市建立6家股份制信托投资公司，办理金融委托、租赁、咨询等业务；组建成立3家股份制、集体性质的城市合作银行和6家股份制、集体性质的城市信用合作社，为局、区街、居委所属集体工商企业和个体户办理信用服务；开办邮政储蓄所，办理邮政储蓄业务，结合邮政汇款吸收储蓄存款。1990年，市信托投资公司、中国工商银行（简称“工行”）无锡分行和中国农业银行（简称“农行”）信托投资公司等15个证券业务代理点相继开办证券发行、兑付和转让买卖业务。至此，无锡市基本形成以人行为领导、国家专业银行（保险公司）为主体，其他金融机构并存，多层次、多种类型的金融体系。

1991年1月，在人行无锡分行组织推动下，无锡金融市场成立，为全市金融系统调剂资金余缺、平衡资金缺口提供渠道。根据社会银根情况安排债券规模，为企业开通直接融资渠道。各保险公司扩展国内新险种和涉外保险业务。1992年，无锡市成立小额贷款处，开展典当质押业务。1993年开始，国有商业银行改制为股份制银行，逐步向自主经营、自负盈亏、自担风险、自我约束的商业银行转轨。是年，无锡市首家期货公司——金万达期货经纪公司成立。1994年，推进外汇体制改革，实现汇率并轨和单一的、有管理的浮动汇率，实现人民币经常项目可兑换。

1997年6月起，全市证券机构不再由人行管理，改由市证券管理办公室管理。2000年8月起，典当行的监督管理职能由人行划归市经济贸易委员会。10月，保险业的监管职能由人行划归中国保险监督委员会南京保险监督办事处。2002年开始，新疆、华南、西北等外区域保险公司和新组建保险公司纷纷进驻无锡保险市场，无锡保险主体由9家增至21家。

至2005年末，全市有政策性银行1家、国有和国有管理商业银行11家、地方性商业银行2家、外资银行2家，金融机构本外币存款余额3343.62亿元、贷款余额2264.04亿元。保险公司21家，业务总量58.06亿元，居民人均保费1282.13元，居全省第一位。信托业务模式由单一资金借贷逐步向以股权投资和资金借贷相结合的方向转型，业务规模49亿元。典当公司14家、分公司4家，年末典当余额30921万元。担保公司40余家，担保余额近100亿元。

第一章 银行业

1986年开始，无锡市逐步形成以国有商业银行为主体、多种银行机构并存的银行体系。1987年前后，全市社会资金需求旺盛。1988年，国家采取信贷紧缩措施，人行无锡分行对商业银行实行规模控制；控制金融债券发行，压缩拆入外地资金；整顿结算纪律，清理企业间相互拖欠；整顿金融秩序，制止部分储蓄品种在执行法定利率时非正常竞争；清理企业多头开户，实行基本账户管理。1992年末，结束无锡一度贷大于存的历史，信贷收支基本平衡。

1993年开始，全市银行业实施信贷、结算、外汇等改革，国有商业银行改制为股份制银行，商业银行发展信用卡、国际金融、中间业务等业务新品种，贷款种类由生产、流通领域扩大至个人消费贷款，服务对象由国营、集体企业扩展至乡镇、个体、私营企业。是年，人行无锡分行协调工行、农行、城市信用联社组织联合贷款，支持市纺工系统采购棉花，向各专业银行上级行争取到重点项目的点贷资金；支持无锡小天鹅集团等企业进行产品更新换代。1995年，无锡市金融系统成功开发国内首创有线与无线相结合的同城票据清算系统，为资金清算电子化安全运行提供保障性支撑。

1996年，全市银行卡第一期网络工程在工行、中国银行（简称“中行”）、中国建设银行（简称“建行”）、交行开通，迈出金融电子化历史性一步。1996年，中国农业发展银行（简称“农发行”）无锡市分行成立，农村金融体系形成农业银行发放商业性贷款、农业发展银行发放政策性贷款、农村信用社发放小额农户贷款的格局。1996～1998年，第一家外资银行驻锡机构——东京三菱银行无锡代表处以及无锡市商业银行、上海浦东发展银行无锡支行、招商银行无锡支行、广东发展银行股份有限公司无锡支行等相继成立。1997年，无锡市被列为全国第四批组建城市合作银行的试点城市，八九十年代建立的城区16家信用社（含市联社）、郊区12家农村信用社合并组建成立的无锡市城市信用合作社，经人行总行批准，更名为无锡市商业银行。1998年，人行对各国有商业银行取消贷款限额控制，实行资产负债比例管理和风险管理，无锡在全省率先对国有亏损企业发放封闭（专款专用）贷款。2000年，无锡金融系统运用货币政策工具，推动票据市场发展。人行无锡市中心支行与市经委、计委、财办、科委等部门合作，引导信贷资金流向。银企签约贷款年末余额117亿元，当年新增44.6亿元。

2000年开始，无锡市金融系统贯彻执行国家稳健货币政策，创建金融安全区。2003年12月，银行监督管理业务从人行无锡市中心支行分离出来，成立中国银行业监督管理委员会（简称“银监会”）无锡监管分局。2004年，中行无锡分行、建行无锡分行、工行无锡分行经过资产清理、清分和重组等，组建成股份制商业银行。是年，无锡成为全省率先建成的3个金融安全区之一。2005年，无锡市城郊农村信用合作社联合社组建成立江苏锡州农村商业银行股份有限公司。至2005年末，全市有政策性银行1家、国有和国有管理商业银行11家、地方性商业银行2家，营业网点1031个，从业人员15314人。全市金融机构本外币存款余额3343.62亿元、保证金存款余额396亿元；本外币贷款余额2264.04亿元，不良贷款余额 85.39亿元，不良贷款率3.84%。全市银行业实现账面利润52.03亿元。

第一节　行业监管

一、监管机构

1.中国人民银行无锡市中心支行

1985年1月，人行无锡支行升格为分行，为中央银行派出机构。人行无锡分行履行中央银行职责，贯彻执行货币政策，维护金融稳定，提供金融服务，领导、管理、稽查、监督全市金融产业的健康发展。国家外汇管理局无锡分局同时成立，与人行无锡分行合署办公，承担对无锡全民所有制单位、集体经济组织、“三资” 企业、境外投资企业、个人的外汇管理、外债管理及违反外汇管理法规的处罚等职能。1986年7月～1989年12月，相继成立3个县级支行和外汇管理支局，全市中央银行分支机构全部建立。1998年6月1日起，无锡市证券机构不再由人行管理，改由市证券管理办公室管理。1999年1月，人行无锡分行更名为中国人民银行无锡市中心支行。2000年，保险业和典当业不再由人行监督管理。2003年12月，人行无锡市中心支行将部分监督管理职能分离出去，增加维护金融稳定、征信管理和反洗钱等3项新职能。2005年，人行无锡市中心支行设货币信贷管理科、调查统计科、会计财务科、科技科、货币金银科、国库科、内审科、国际收支科、经常项目管理科、资本项目管理科、事后监督中心等18个部门。

2.中国银行业监督管理委员会无锡监管分局

2003年12月16日，中国银监会无锡监管分局（简称"无锡银监局"）成立。无锡银监局是银监会的省辖市派出机构，独立行使银行业金融机构的监督管理职能。2005年，无锡银监局内设办公室、统计信息科、人事科、银行管理一科、银行管理二科、合作金融机构监管科等6个部门，江阴、宜兴两市设监管办事处。

二、银行业监管

1.银行管理

1986年，人行无锡分行履行中央银行的职责，贯彻执行国家稳健的货币政策，根据政策、法规负责审批和管理辖区的金融业务、机构、市场和资本金，检查和处罚违反金融法规的机构和企事业单位。1988年9月起，人行无锡分行针对一度出现的信贷失控，清理整顿金融机构，撤并金融公司1家、信托投资公司1家、分理处3家、储蓄所16家、城市信用合作社1家，控制新增机构，查处违反储蓄政策行为。经过两年多的清理整顿，1990年末，全市现金投放3.62亿元，比1988年下降72.79%；存贷款轧差由1988年末的借差27亿元，至1990年缩小至8.6亿元。各金融机构在人行账上的备付金存款亦有较大幅度的增长。

1991年，人行无锡分行依据布局合理和经济效能原则，撤销一批擅自设立的金融机构和储蓄额不满50万元的储蓄所，撤并调整发展前景不好的金融机构，为城市开发区、农村小城镇和居民住宅小区配套7家储蓄所、2家分理处和1家保险服务所；督促各信托投资公司重新修订业务章程，筹足资本金和清理债权债务，保留和合并5家公司，撤销1家公司；帮助城市信用社巩固、提高、发展区、街金融业务，整章建制，并选择振华、澄通两家城市信用社进行资产负债比例管理试点。

1995年，人行无锡分行查处宜兴太滆城市信用社违反结算纪律，套用人行联行汇差资金的违纪行为，并派驻结算组对城市信用社全面检查；公开通报和处罚开发信用社下属机构变相提高利率吸收存款的违规行为；检查全市8家银行外汇代办业务，对783家外商投资企业开展外汇年检，对其中5家违纪单位予以立案查处，确保外汇改革的顺利进行。1996年，人行无锡分行有计划地支持金融机构合理有序地调整，增设金融服务网点75个，撤销不符合条件的金融机构59个，新设储蓄所24家，批准迁址分支机构83个，批设分理处35家，批准经营外汇业务的储蓄所61家。1997年，撤销50多个分支机构和营业网点。1998年，对全市17个金融机构及其分支机构进行年检，发出整改通知书63份，撤销效益差的网点90个，批准变更、迁址83个。是年，人行无锡分行加强对高级管理人员任职资格的审查，对不符合任职资格的11人提出质询、调换和进行处理的建议。1999年，人行无锡市中心支行对辖内1340家金融机构进行年检，针对发现的问题，发出44份涉及373个网点的整改通知书，落实整改措施；严把金融机构市场准入和退出关，新批机构网点101个，撤销67个，调整70个，为300多家金融机构换发经营许可证；加强基本账户管理，对11家商业银行、17个营业网点、3391个基本账户提现情况进行检查，处理3家银行存在的非基账户提现行为。

2000年，人行无锡市中心支行开展国有商业银行新增不良贷款真实性检查。查处金融违规行为，发现并制止部分商家直接发售储值纪念卡等问题；对辖区内1096家银行机构进行年检，合格1079家，上报南京分行终检8家，缓检16家；调整金融机构网点52个，撤销75个，审批筹建7家分支机构，核准开业4家，批准18个国有银行支行级营业网点恢复资本项目外汇业务；实行金融机构高级管理人员任职资格审查，全年共审核任职资格215人，其中备案108人。是年，无锡市开展创建金融安全区工作。人行无锡市中心支行加强金融资产管理，推动全市各级政府成立创建金融安全区工作领导小组。印发《无锡市创建金融安全区工作实施意见》，从整治社会信用环境入手，清理和制止企业逃废金融债务的行为。对市区涉债金额8.23亿元的104家企业发出书面告诫，落实债权金额近1亿元；对严重拖欠金融债务的28家企业进行银行间内部通报。与工商部门达成共识，明确规定企业转改制必须由债权银行签署意见确认，否则不予办理。至年末，确认企业300多家，落实债权2000万元。

2001年，人行无锡市中心支行指导辖区内农村信用联社完成开展产权制度改革，督促其继续完善法人治理结构；帮助无锡市城郊信用联社和宜兴市信用联社完成清产核资和增产扩股工作；指导城郊信用联社做好组建农村商业银行的各项准备工作。整顿社会信用环境，全年对22家企业实施内部通报，公开曝光通报后仍不改正的7家企业；集中清理和逃废债的金融债务，落实逃废债企业300家、9.51亿元，分别占应落实逃废债企业数的62%、应落实逃废债的47.1%。主动参与江阴市农村商业银行组建，督促其健全和完善法人治理机构，是年12月，江阴市农村商业银行挂牌营业。对照创建金融安全区目标和防范化解金融风险规划，对各银行清理降低不良资产情况进行调查，建立不良贷款台账，提出警示和监管意见，定期在行长联席会议上予以通报。年内，全辖金融机构本外币不良贷款率下降4个百分点。

2002年，无锡市91个乡镇全面建立创建金融安全区工作机构，启动农村信用工程建设，制定《无锡市农村信用村、信用镇创建活动实施意见》。人行无锡市中心支行加大对逃废债行为打击制裁力度，先后3次对8家恶意欠贷欠息企业发出书面告诫，对拒不履行还款义务的3家企业进行内部通报和联合制裁。与法院联手对欠贷欠息“钉子户”采取强制措施，共讨回债务5.34亿元，其中现金1.91亿元。重新设置监管职能部门，充实监管力量，明确监管科室的监管权限和监管重点；监管科室依据风险度把被监管机构划分为正常、关注、预警三类，分别实行日常监管、跟踪监管和实时监管，随时掌握和控制风险隐患；推行主查人监管演示制度，整体提高监管人员解决实际问题的能力；中心支行、支行行长、分管行长、监管科室科长分层次约见辖内金融机构负责人谈话，考察综合素质，做出科学评价，记入高级管理人员任职资格档案。全年共对全辖884名高级管理人员谈话考核，其中优秀146人；指导金融机构按“五级分类”标准重新划分资产质量，锁定辖区信贷资产的底数；督促各金融机构建立不良贷款台账，落实、细化压降目标；对贷款形态变化异常的机构，发出预警信号，提出监管要求；定期在行长联席会议上通报不良贷款压降情况，督促金融机构采取措施。

2003年，全市银行业为309家转改制企业办理债权登记确认手续，涉及债权15.89亿元。清理企业逃废债存量，加快落实进度。至年末，全辖企业逃废债余额仅剩 0.35亿元，比年初下降2.32亿元，基本实现“零”目标。2004年，清毕全辖26.7亿元的逃废债，全辖区信用面貌发生根本变化。全辖评出信用镇33个，信贷优质信用单位236家。建立金融机构分层次管理体系，落实贷后管理检查制度，防止新的不良贷款产生。运用人民银行专项资金，帮助地方法人金融机构消化历史包袱，加快不良资产的处置进度。加强对融资类担保公司和典当行的风险监测，防止担保、典当机构为抢占市场份额而发生扰乱金融秩序行为。同年，无锡市成立反洗钱工作领导小组，在每个部门确定联络员，建立反洗钱联合办公制度，将大额和可疑支付的线索移交给公安部门。各银行对个人消费贷款、住房贷款和信用卡恶意透支情况进行监控，全年共提示信用卡恶意透支1000多笔、逾期个人住房贷款700多笔、逾期汽车消费贷款3000多笔。是年，无锡成为全省率先建成的3个“金融安全区”之一。

2005 年，无锡银监局全面落实案件专项治理工作，成立案件专项治理工作督查指导小组。将存在问题较多的银行，特别是近年发生过案件的机构作为重点关注对象，督促其增强整改力度，落实案件追究责任。组织对国有商业银行、无锡市商业银行及农村商业银行案件专项治理情况进行实地督查，推广建行无锡分行、锡州农村商业银行等机构案件专项治理工作的成功经验。是年，辖内银行发生案件数和涉案金额比上年大幅下降。围绕实现不良贷款余额和比例“双降”的总体目标，无锡银监局改进不良贷款监测分析和考核办法，对辖内部分银行贷款偏离度情况、固定资产投资项目贷款、个人消费贷款情况进行检查，分析贷款分类偏离的原因，跟踪贷款迁徙变化情况，及时进行风险提示，督促各银行加强清收、争取核销，加大风险资产管理力度。至年末，辖区银行不良贷款额和不良贷款率继续保持“双降”势头，全辖银行不良贷款余额比年初下降36.72亿元，不良贷款率比年初下降2.67个百分点。针对辖内部分银行重复授信造成少数大企业授信总额过大，部分银行贷款倾向于集团公司、上市公司、垄断性行业，银团贷款占比低，贷款担保多为集团企业相互担保或政府财政承诺等情况，无锡银监局通过组织关系人贷款专项检查、银行监管例会、农村法人机构联席会议、监管谈话等多种方式提醒、督促相关银行防范风险。在江阴市某些企业暴露信贷风险苗头时，配合政府、人行无锡市中心支行进行协调，力保债权银行少受损失。通过客户大额授信和零售贷款违约情况统计报告制度、监管统计信息共享机制和金融机构运行及风险情况分析报告，向辖区银行提示贷款集中度风险。督促城市商业银行和农村商业银行等法人金融机构在盈利情况较好的情况下，多提拨备，留足利润，充实资本金。是年末，无锡市商业银行贷款损失准备缺口比年初下降2.9亿元，资本充足率比年初提高1.57个百分点；江阴农村商业银行资本充足率比年初提高2.76个百分点；宜兴市农村信用合作联社资本充足率比年初提高2.26个百分点；锡州农村商业银行资本充足率与年初持平。

2.稽核监督

1991年，人行无锡分行通过对专业银行信贷资产质量的专项稽核和对34个金融机构的贷款质量稽核，纠正不合理贷款投向，遏制超规模放贷的违纪行为，实际完成压缩短期贷款任务8000万元，超额完成31.25%。1992年，对全市的信贷规模采取逐月监控考核措施，如期完成压贷1.9亿元的任务，并超额10.5%；清收全市逾期专项贷款本息，收回630万元；投入清欠资金，帮助5189家企业清理拖欠资金8.2亿元，信贷规模控制在上级核定的规模以内。

1993年，人行无锡分行执行中央金融宏观调控方针，排查并纠正金融机构违章拆借、绕开规模放贷款、乱集资、擅自设立金融机构、自办经济实体、挤占挪用邮政储蓄资金等问题。全年共收回拆借资金28.21亿元，清收率57.14%；绕规模贷款压缩12.36亿元，占绕规模贷款总量的23%；收回挪用的邮政储蓄资金0.86亿元，占挪用总量的17%。撤销市梁溪保险合作社等越权擅自审批的金融机构；停止新的社会集资，冻结非法集资款，抑制过热投资欲望，经济增长速度逐步趋于正常。同年8月24日，在全市清算资金极其短缺的情况下，人行无锡分行纠正以往同城票据结算中存在的靠强行拆借弥补清算资金赤字的变相透支行为，实施各银行资金结算的行长负责制，结算资金一律由各行自主平衡、自担风险，对压降同城拆借资金实行时间和数额“双指标”指令性管理；调整银行现金库存限额，不定期检查现金库存，收缴超储备库存；设立违反结算纪律举报中心，受理社会各界对部分银行无理压票压单、拒收拒付结算票证等违纪行为的举报并严肃查处；依照各银行的存款情况，扣收欠缴的存款准备金，杜绝由人行变相垫付结算资金的行为；通报批评、严肃查处部分金融机构以扩股为名，提高利率，行筹资之实，以及不规范的贴水（补）储蓄、赠物储蓄等违纪行为。运用专项稽核、常规稽核、报送稽核等多种稽核手段，对42家金融机构进行金融宏观调控政策执行情况、信贷资产质量、信用社经营情况等全面检查，针对经营中存在的问题制订整改措施，全年查出违纪金额16.74亿元，罚息194.66万元，没收非法所得2.1万元，追缴存款准备金1.02亿元。

1995年，人行无锡分行抽调各行监管人员，稽核4家国有商业银行、50家分支机构的资金来源与运用；对全市26家金融性公司进行业务检查和重新登记；在全省率先完成对1.3万多家企业的银行账户清理，纠正企业账户混乱现象。1997年，人行无锡分行抽查60多家金融机构利率政策执行情况，对违规情况进行通报和经济处罚；稽核检查161家县以上金融机构，查出违规金额109.7亿元，经济处罚178万元，没收非法所得24.5万元，提出372条整改意见。1998年，开展对农发行粮食收购资金使用情况专项稽核、宜兴人行内部稽核、对国有商业银行前三季度贷款发放及使用情况的稽核等18项稽核调查，提出整改建议139条。1999年，开展对国有商业银行中长期贷款利率和外币储蓄利率检查,整顿和规范银行间外币挂牌基准利率不统一的问题;加强基本账户管理,通过审验核发基本账户10359个,清理不动户6943个;对全市11家商业银行、17个营业网点、3391个基本账户提现情况进行检查,对3家银行存在的非基本账户提现行为给予处理。对浦东发展银行江阴支行、工行无锡第一营业部经营管理情况进行稽核。

2000年,人行无锡中心支行组织开展真实性检查和国有商业银行新增不良贷款真实性检查。全辖检查97个营业性机构,抽查和复查贷款4.4万笔,金额676.64亿元。先后开展《金融违法行为处罚办法》执行情况专项检查、对农业发展银行无锡市分行全面稽核、对上海浦东发展银行江阴支行整改情况跟踪检查、"存款实名制"检查、国有商业银行外汇业务开展情况检查等多项现场检查。查处金融违规行为,发现并制止部分商家直接发售储值纪念卡等问题。

2003年,无锡市金融监管部门在完成各项日常监管工作的同时,完成对宜兴市农村信用联社的信贷大检查,提出28条检查意见和13条整改意见;完成辖区所有商业银行2002年以后银行承兑汇票和商业承兑汇票贴现贷款、房地产贷款、基本建设贷款的专项调查;按月对各商业银行存、贷款余额前10名企业追踪调查。完善非现场监管制度,按月收集整理非现场监管数据资料,完成监管分析报告,并组织监管专业知识培训班,加强对全辖监管工作的指导,提高非现场监管质量。

2005年,无锡银监局规范和细化现场检查流程。全年共完成各类现场检查项目21个,提出整改意见259条,处罚违规金融机构2家,罚款58万元,处分高级管理人员25人,取消1名高级管理人员任职资格2年。

3. 清理"三角债"

80年代末期,企业出现大面积连锁性货款拖欠,严重影响资金周转。1990年,市政府成立清理"三角债"领导小组,全市银行系统先后参与全省外贸系统清欠、全市以龙头企业为主的跨行跨系统清欠、各专业银行系统内开户企业间清欠、省内跨行跨市清欠、华东地区清欠和全国范围内清欠等多层次清欠工作。全年累计清欠金额20亿元(含"人欠""欠人")。在全国范围清欠中,清进被长期拖欠的贷款2.15亿元,清出1.48亿元,争取到人行江苏省分行清欠专用资金7000万元,清欠专用信贷规模1.43亿元,全市实际收差1.37亿元。

第二节　货币管理

一、人民币流通

1986～1990年,全社会现金收支总量成倍增长,全市现金总收入384.81亿元,总支出409.87亿元,收支轧差净投放现金25.06亿元,其中1988年现金净投放13.3亿元,创历史新高。1990年,全市现金总收入118.72亿元,总支出122.34亿元,比1985年分别增长2.23倍和2.2倍。现金收入中,商品销售回笼的现金逐年缩小,1990年为43.88亿元,仅占现金总收入的36.96%,比1985年下降18.16个百分点;储蓄存款收入现金逐年扩大,1990年为38.87亿元,占现金总收入的32.74%,比1985年上升16.68个百分点。现金总支出中,乡镇企业原材料采购和年终分配所占比重逐年扩大,成为无锡市现金投放的主要因素。至1990年末,全市货币流通量22.87亿元,比1985年末增加16.43亿元,增长2.55倍,其中单位库存现金5.7亿元、城乡个人手持现金17.17亿元,比1985年末分别增长7.5倍和1.97倍。1995年,无锡市现金收入813.06亿元、支出827.81亿元。2005年,全市商品销售现金收入和储蓄现金收入分别占现金总收入的22.22%和43.76%,工资性支出现金占现金支出总量的14.8%。

1986～2005年,无锡市现金净投放年份为16年,现金净回笼年份为4年。2005年,全市现金净投放121.05亿元,为无锡历史上现金投放最多的一年。

1986～2005年无锡市金融机构现金收支情况表

表18-1　　　　单位：亿元

年份	现金收入	其中		现金支出	其中		净投放+净回笼-
		商品销售收入	服务事业收入		工资性现金支出	行政管理现金支出	
1986	18.95	10.00	2.42	16.06	13.17	1.92	-2.89
1987	60.49	20.70	3.79	65.07	16.15	2.80	+4.58
1988	87.87	37.27	4.42	101.17	22.20	4.81	+13.30
1989	98.78	37.28	5.43	105.23	24.76	5.64	+6.45
1990	118.72	43.88	6.29	122.34	27.64	6.92	+3.62
1991	161.24	58.06	8.35	173.06	33.53	9.19	+11.82
1992	253.08	84.74	13.88	282.76	42.26	15.59	+29.68
1993	418.14	142.61	23.10	445.27	65.73	31.53	+27.13
1994	605.73	166.60	24.52	632.10	85.05	37.92	+26.37
1995	813.06	210.36	31.51	827.81	98.99	45.87	+14.75
1996	1031.89	246.99	34.76	1027.54	100.15	55.99	-4.35
1997	1274.66	265.50	39.19	1279.70	127.20	59.48	+5.04
1998	1827.50	405.38	96.37	1818.81	221.72	179.72	-8.69
1999	2100.14	426.20	112.68	2101.59	232.73	208.76	+1.45
2000	2590.72	533.55	126.66	2586.71	285.59	243.33	-4.01
2001	3026.18	615.50	139.37	3029.77	334.92	283.07	+3.59
2002	3836.83	769.79	164.39	3844.93	458.65	355.26	+8.10
2003	5127.82	1050.09	225.03	5184.13	690.75	439.68	+56.31
2004	6746.72	1411.60	347.44	6849.00	923.46	595.31	+102.28
2005	7863.16	1747.45	387.03	7984.21	1182.35	617.57	+121.05

二、现金管理

1986年后，随着商品经济的发展和经济体制改革的深入，原核定的单位库存现金限额已不再适应现金流量需求；银行手工转账结算，票据交换速度缓慢，难以满足客户办理相关业务的速度效率要求；对市场上新出现的专业户、承包户、个体工商户等更是缺乏相应的现金管理办法，因而出现大量现金"体外循环"的现象。1987年，部分单位自行制发购物券，巧立名目发放奖金、实物，避开银行现金监督。下半年起，人行无锡分行加大现金管理力度，对发放购物券的单位进行查处，涉及121家单位、金额60万元；对30家不愿纠正、继续使用购物券的单位，没收所得并处罚款2.7万元。1988年1～9月，全国出现货币投放过猛、信贷增加过多、物价大幅上涨、储蓄增长缓慢的情况，人行总行、省分行委托人行无锡分行起草修订现金管理条例。9月，国务院发布《现金管理暂行条例》，人行总行制定实施细则。10～12月，人行无锡分行从各金融机构抽调368人，对全市4137家企事业单位进行现金大检查，发现单位库存现金大量超过核定限额、现金收入不及时送存银行、现金坐支、白条抵库以及以多种方式套取银行现金等问题。人行无锡分行责成各银行对488万元超限额单位库存现金组织回笼。是年，全市现金支出比上年增加55.5%，全社会集团消费支出比上年增加31.8%。

1989～1990年，无锡市银行转账结算起点由30元提高至1000元，现金使用范围相应扩大，并重新核定单位库存现金限额。各银行普遍加强柜面现金监督，控制消费基金支出。两年间，全市现金支出分别比上年增加4%和16.3%，社会集团消费支出分别比上年增加5.6%和1%，均大大低于1988年的增速。1990年，全市现金投放3.62亿元，比1988年下降72.79%。是年末，全市金融机构在人行的备付存款4.71亿元，占各项存款总额的5%；存贷款轧差从1988年末的借差27亿元缩小至1990年末的8.6亿元。

1999年，人行无锡市中心支行加大反假币工作力度，接待群众咨询10万余人次，收缴假币5万余张、假币额409万元；协助公安部门破获假币案43起、案额42万元。2000年，收缴假币6.9万余张、假币额416万元。2004年，人行无锡市中心支行组织成立反洗钱工作领导小组，建立无锡市金融系统反洗钱联席会议制度，加大反洗钱工作力度。2005年3月起，运用人行总行开发的货币管理子系统，对每笔金额5万元以上的大额收支逐笔进入电子记录，人行无锡市中心支行对当月126106笔电子记录进行非现场检查，研究解决所发现的倾向性问题。各商业银行按照《关于大额现金支付管理的通知》精神实行监督和自律自查。至年末，市区各金融机构大额现金支付降至83497笔、金额136.66亿元，其中个人支取47789笔、金额91.87亿元，单位支付35708笔、金额44.79亿元。

三、金银管理

无锡市的金银配售须经人行总行、省行核准配售对象的生产销售计划及消耗定额后，由人行配售。人行同时按规定收兑民间持有的金银，以及公安司法等机关罚没的金银。1987年开始，实行“区别对待、择优供应”办法，重点支持外向型经济和优质、名牌、出口创汇产品的生产。是年，人行无锡分行查处将计划配售的135.7公斤白银移作他用的违法行为，责成如数追回，并对有关人员进行行政处分。1988年，在市工商局的配合下，人行无锡分行查处12起倒卖金银大案。其中，宜兴电子器件厂倒卖黄金50.97公斤，罚没非法所得69.18万元；无锡县工艺品厂倒卖白银98.42公斤，没收非法所得1.4万元。是年，无锡市采用优先配售以金银为主要原料的出口产品生产企业和用外汇购买金银配售指标的做法，被人行江苏省行在全省推广。1989年下半年起，无锡市组织开展金银制品市场清理整顿工作，加强对黄金饰品销售价格、来料加工和金融机构开办金饰品奖售储蓄的管理。是年7月，共清理整顿经营金银制品（包括加工、销售金银制品和金银回收）3家生产厂和17个商业点，责令未经批准、擅自生产和销售的两家生产厂停产，并由银行收兑黄金饰品、白银及银饰品。1989年8月，经人行江苏省分行批准，无锡市设立7个旅游金饰品销售点，以收取外币或外汇兑换券的方式销售。是年，人行无锡分行检查发现宜兴稀有金属冶炼厂擅自销售冶炼副产品黄金5407克、白银99.36公斤，没收非法所得3.47万元，罚款5248元。1994年，无锡市制定实施《无锡市审批经营黄金饰品零售业务暂行办法》《无锡市经营黄金饰品零售企业审定标准》等管理办法，成立无锡黄金饰品检测站，查验黄金饰品的成色和重量，重点检查黄金饰品进货渠道、经营范围、明码标价等内容，撤销8家不符合经营标准的黄金饰品零售店。2001年10月，上海黄金交易市场成立。此后，人行无锡市中心支行不再管理、收购和配售金银。

第三节　存　款

1986年后，无锡经济社会快速发展，各项存款大幅增加。人行无锡分行实行“实贷实存”的信贷管理办法，专业银行信贷资金自求平衡，人民银行不包资金供应。各专业银行改变“重贷轻存”观念，组织存款，吸收游资，增补信贷基金，提高资金自给率。各金融机构普设网点，改进服务态度，提高服务质量，开办零存整取、定活两便储蓄、大面额存单、单位定期存款及有奖储蓄，发行1～3年期的金融债券，组织存款。原来不办储蓄业务的中国银行、建设银行也增设储蓄机构，开展储蓄业务。各银行经人行无锡分行批准开办外币存款、外汇存贷款、国际结算和担保咨询业务。1990年末，金融机构本外币存款余额94.67亿元，比1985年末增加66.81亿元，增长2.4倍。其中城乡储蓄存款余额54.76亿元、企业存款余额22.67亿元，分别比1985年末增加44.85亿元和14.78亿元，分别增长4.52倍和1.87倍。1995年末，全市金融系统本外币存款余额406.41亿元，其中企业存款余额150.46亿元、城乡储蓄存款余额202.45亿元、农村存款余额17.50亿元、信托类存款余额30.76亿元，年末银行备付率9.68%。2000年末，全市金融机构本外币存款余额1165.73亿元，其中企业存款余额414.69亿元、储蓄存款余额553.94亿元。2005年末，本外币存款余额增至3343.62亿元，其中企事业单位存款余额1202亿元、储蓄存款余额1452亿元、人民币保证金存款余额396亿元。

1986～2005年无锡市金融机构存款余额一览表

表18-2　　单位：亿元、亿美元

年份	本外币合计	其中		其中		
		人民币	外汇	储蓄	企业	农业
1986	37.70	37.70	—	14.39	9.76	3.30
1987	48.19	48.19	—	20.84	12.33	4.65
1988	35.92	35.92	—	24.98	15.04	5.86
1989	67.98	67.98	—	38.33	15.99	5.31
1990	94.67	94.67	—	54.76	22.67	—
1991	126.20	126.20	—	51.04	34.99	7.71
1992	167.72	167.72	—	87.94	49.91	15.49
1993	202.61	202.61	—	103.96	63.21	15.67
1994	278.18	278.18	—	140.77	107.15	14.99
1995	406.41	406.41	—	202.45	150.46	17.50
1996	553.26	553.26	—	292.46	205.69	22.46
1997	730.48	694.15	4.38	379.96	261.99	—
1998	901.14	848.71	6.33	467.46	318.67	—
1999	1027.58	962.62	7.85	530.77	354.83	—
2000	1165.73	1078.35	10.55	553.94	414.69	—
2001	1361.85	1269.12	11.20	644.46	484.43	—
2002	1737.15	1626.83	13.32	812.64	594.08	—
2003	2271.55	2156.85	13.85	1058.48	879.48	—
2004	2710.54	2585.16	15.15	1210.83	1055.92	—
2005	3343.62	3222.39	15.02	1452.00	1202.00	—

一、储蓄存款

1986年，无锡市银行储蓄种类有活期储蓄、整存整取、定期储蓄、定活两便储蓄、零存整取、华侨定期储蓄、建设储蓄、大额优息定期储蓄、全国储蓄旅行支票、个人大面额存款证等20余种，年末居民储蓄存款余额14.39亿元。1988年4月，受物价上涨影响，储蓄存款出现滑坡。9月，推出保值储蓄和奖售储蓄，储蓄存款止跌回升，年末储蓄余额24.98亿元，其中保值储蓄占29.79%。当时农村信用社存、贷款利率有较大的浮动空间，国家对农村储蓄利率亦给予较多优惠。1989年，郊区信用社实行储蓄承包，将1年期、2年期定期储蓄利率上浮30%～40%，城市居民纷纷携款下乡储蓄，年末农村储蓄存款金额比上年增长49%。80年代末90年代初，各金融机构一度擅自提高存款利率进行“储蓄大战”，经清理整顿后得以纠正。1999年11月1日，国务院颁布《对储蓄存款利息所得征收个人所得税的实施办法》，是日起，各金融机构对居民储蓄存款利息代扣20%个人所得税。2004年4月1日起，实行存款实名制。至2005年，储蓄种类有活期存款、整存整取定期存款、活期一本通存款、定期一本通存款、人民教育储蓄、人民币零存整取定期存款、人民币整存零取定期存款、人民币存本取息定期存款、人民币定活两便存款、个人通知存款、定活通等11种。储蓄存款由手工操作发展为电脑操作，由定点存取发展为通存通兑，由存单存折发展为信用卡、一本通，由柜面办理发展到网上、电话办理。2005年末，全市居民储蓄存款余额1452亿元，比1986年增长99.9倍。

1986～2005年无锡市整存整取定期储蓄月利率表

表18-3　　单位：‰

调整时间	3个月	6个月	9个月	1年	2年	3年	5年	8年
1985-08-01	—	5.10	—	6.00	—	6.90	7.80	8.70
1988-09-01	—	5.40	—	7.20	7.65	8.10	9.00	10.35
1989-02-01	—	7.50	—	9.45	10.20	10.95	12.95	14.70
1989-06-01	6.30	—	8.55	—	—	—	—	—
1990-04-15	5.25	6.45	7.50	8.40	9.15	9.90	11.40	13.50
1990-08-21	3.60	5.40	6.30	7.20	7.80	8.40	9.60	11.40
1998-03-25	2.88	4.14	—	5.22	5.58	6.21	6.66	—
1998-07-01	2.79	3.96	—	4.77	4.86	4.95	5.22	—
1998-12-07	2.79	3.33	—	3.78	3.96	4.14	4.50	—
1999-06-10	1.98	2.16	—	2.25	2.43	2.70	2.88	—
2002-02-21	1.71	1.89	—	1.98	2.25	2.52	2.79	—
2004-10-29	1.71	2.07	—	2.25	2.70	3.24	3.60	—

二、企业存款

随着经济迅速发展，以及物价指数上涨因素，无锡各金融机构资金流量倍增。加之银行实行存贷比例管理，各银行加大吸收存款力度效果明显。银行承兑汇票，出票银行要求按出票金额100%存入保证金专户；信用特别好，与出票行长期往来的大客户，也需按50%～70%、最低20%的比例将款项存入保证金专户。企业向银行借款，一般要求按借款额的10%～20%存入结算账户。因上述两项业务产生的派生存款，为数相当可观。1997年开始，农业存款并入企业存款，不再分农业存款统计。1986～2005年，无锡市企业存款由9.76亿元增至1202亿元，增长122倍。

第四节　信　贷

1986～1990年，全市金融机构贯彻执行国家信贷政策，在规模控制前提下，适时调节、优化投向，重点支持农业增产和农副产品收购；支持大中型骨干企业扩大生产和乡镇企业发展壮大，支持企业技术改造；支持外贸出口创汇和能源、交通、原材料等基础产业和基础设施建设；支持商业、物资、供销社增设网点扩大流通、增加商品储备等。1988年9月起，人行无锡分行根据“调整结构、保证重点、压缩一般、适时调节”的信贷方针，采取措施控制全社会信贷规模。人行无锡分行调整信贷管理办法，按“既有基本分工，又有适度交叉”的原则，企业可以选择银行，允许资金缺口较多、经济效益好、有偿还能力的企业向多家金融机构贷款。1990年，全市新增贷款15.36亿元，是1987年后贷款增加最多的一年。全市贷款大于存款8.58亿元，比1985年末缩小4.42亿元，加上各类金融机构的自有资金，信贷收支基本平衡。至年末，金融机构各项贷款余额103.25亿元，比1985年末增加62.39亿元，增长1.53倍；其中工商企业流动资金贷款余额61.13亿元、农业贷款余额2.5亿元、乡镇企业贷款余额22.08亿元、固定资产贷款余额7.81亿元，分别比1985年末增加20.27亿元、1.72亿元、15.85亿元和5.3亿元，分别增长49.61%、2.2倍、2.54倍和2.11倍。

1991～1995年，全市金融系统调整全市信贷存量资金结构，优化增量资金，向资金商品化、利率市场化、经营效益化的方向过渡，支持国营大中型企业转轨变型，支持国家级高新技术和度假开发区建设，支持第三产业、外向型企业、乡镇企业发展。1995年末，全市金融系统贷款余额382.21亿元。短期贷款中，工业贷款余额84.42亿元、商业贷款余额47.57亿元、乡镇企业贷款余额64.38亿元、农业贷款余额7.47亿元、“三资”企业贷款余额12.79亿元。中长期贷款中，技术改造贷款余额21.78亿元、基本建设贷款余额10.73亿元。

1996年起，人行无锡分行贯彻执行“适度从紧”的货币信贷政策，将抑制通货膨胀作为金融宏观调控的首要任务，在对国有商业银行实行以资产负债比例管理为基础的贷款规模管理的同时，对其他商业银行及城乡信用社全面实行资产负债比例管理。根据国家经贸委和人行总行“在全国300家国有大中型企业实行主办银行制度”的通知精神，人行无锡分行协调太极、威孚、庆丰、小天鹅等4家集团与开户银行签订银企协议，建立主办银行制度。1998年，人行总行对各国有商业银行取消贷款限额控制，实行资产负债比例管理和风险管理，人行无锡分行转变调控方式，采取逐月对比、同期对比方式监控存贷款资金的流向和流量，基本实现全年存、贷款增长目标。在全省率先对国有亏损企业发放封闭（专款专用）贷款。是年末，全市金融系统本外币贷款余额691.16亿元，比年初增加84.64亿元，增幅13.96%；外汇贷款余额9.07亿美元，新增1.7亿美元，比年初增长23.1%。工行无锡分行首次实现资金自我平衡，当年增存大于增贷16.54亿元，信贷资金由上年贷差转为存差，贷、存比例为77%。各银行支持中小企业和个私经济健康发展，全年对中小企业贷款余额381.95亿元，比年初增加38.97亿元。陆续开办住房、汽车、农机具、助学等消费贷款和出租汽车营运证抵押贷款业务，年末全市消费贷款余额12.89亿元，比年初增长19.22%；贴现19.5亿元，比年初增长45.3%。人行无锡分行办理再贴现余额8.2亿元，累计近13亿元；配合有关部门，核销银行呆坏账3.7亿元。1999年，人行无锡市中心支行组织和督促各商业银行通过内部挖潜、增存增贷、争取上级行授权支持等方式，加大对重点行业和企业、高新技术产业和企业、中小企业以及消费信贷领域的信贷支持。年内，发放技术改造贷款24.18亿元、封闭贷款1.73亿元、压锭改造项目贷款1.4亿元。年末，全市金融系统人民币贷款余额663.48亿元，其中中小企业贷款余额381.95亿元、消费贷款余额12.89亿元。2000年末，全市金融系统本外币贷款余额754.85亿元。短期贷款余额608.86亿元，其中工业贷款、乡镇企业贷款、“三资”企业贷款余额分别为181.97亿元、144.89亿元和61亿元。中长期贷款余额快速增长至60.46亿元。

2001年，人行无锡市中心支行会同市计委、市经委，市科技局，先后召开3个层次的银企签约仪式，向11家商业银行推荐50个重点项目、196家有发展后劲的工业企业、60个科技含量高的项目，共增加贷款102.6亿元；与全市10家中小企业担保公司合作，全年为中小企业和个私企业增加贷款50.53亿元；各商业银行发放住房、助学贷款，全年增加30亿元；多渠道提供金融服务，降低企业融资成本，全年签发银行承兑汇票329.3亿元，人行办理再贴现50.4亿元。2004年，人行无锡市中心支行发出《关于金融企业进一步支持民营经济发展的指导意见》和《关于进一步做好无锡市信贷工作的指导意见》，调整信贷结构，引导信贷投向，对普通钢、水泥、高档商品房等整体过热行业采取“坚决压缩（贷款）、不留余地”的措施，对行业内具有领先优势的龙头企业采取有所关注、继续支持的策略。金融机构对“三农”、县域、下岗失业人员等领域简化贷款手续，设立直贷通道。先后组织3次大规模的银企签约活动，协议贷款和授信额度超过480亿元。9月起，全辖贷款投放开始扭转颓势，在全省率先出现“拐点”，出现同比多增。年末，民营企业贷款余额439.7亿元，比年初增加99.1亿元。

2005年，人行无锡市中心支行牵头组织全市13家银行与823家企业举行一揽子大签约活动，共签订信贷协议601亿元，比上年增加131亿元。走访国家开发银行江苏省分行，吸引政策性资金介入无锡市重大项目的开发与建设，签订130亿元贷款协议。无锡市与农业发展银行签订100亿元贷款合作协议，农业龙头企业获得长期稳定的贷款。是年末，全市金融业本外币各项贷款余额2264.04亿元，居全省第三位。当年新增384.75亿元，增幅20.5%，高于全省平均4.7个百分点，位居全省第一。贷款余额中，短期贷款1347.57亿元、中长期贷款543.1亿元，票据融资316.59亿元，异地贷款403亿元，银行承兑汇票636亿元。本外币不良贷款85.39亿元，不良贷款率3.84%。

1986～2005年无锡市金融机构贷款余额表

表18-4　　　　　　　　　　　　　　　　　　　　　　　　　　单位：亿元、亿美元

年份	本外币合计	其中		短期贷款	短期贷款中			中长期贷款
		人民币	外汇		工业	商业	农业	
1986	56.78	55.50	0.37	—	18.40	14.55	11.90	3.04
1987	74.20	72.45	0.47	—	22.19	17.90	15.64	4.10
1988	85.34	82.59	0.74	—	25.92	20.61	1.40	6.19
1989	91.02	87.89	0.83	—	28.60	23.11	1.90	6.98
1990	103.25	103.25	—	—	34.54	25.30	2.50	7.81
1991	135.70	126.07	1.81	—	42.30	28.61	—	10.40
1992	173.82	159.26	2.64	—	46.25	37.46	—	16.18
1993	221.64	196.00	4.45	—	53.95	45.57	6.20	20.56
1994	295.48	251.44	5.11	197.31	57.14	40.60	5.94	32.19
1995	382.21	331.44	6.08	236.39	84.42	47.57	7.47	39.53
1996	457.05	401.51	6.68	299.95	111.60	56.95	9.29	46.84
1997	586.72	532.14	6.59	427.39	128.23	84.79	11.96	—
1998	691.16	616.00	9.07	508.07	160.88	98.40	16.53	49.72
1999	725.35	663.48	7.48	566.21	171.49	98.54	16.68	47.09
2000	754.85	712.39	5.12	608.86	181.97	76.18	15.69	60.46
2001	850.49	809.28	4.97	627.99	211.48	80.68	16.54	160.14
2002	1098.64	1046.99	6.23	764.75	228.89	81.21	20.84	200.85
2003	1515.07	1435.82	9.57	1044.31	321.20	93.98	28.73	341.94
2004	1880.18	1802.45	9.39	1224.87	473.74	108.96	34.75	445.00
2005	2264.04	2183.41	9.99	1347.57	547.32	118.57	40.23	543.10

说明：1986年、1987年农业贷款中，分别含乡镇企业贷款11.08亿元、14.51亿元。

一、工业贷款

1986年，无锡市各银行根据市区264家工业企业、1952种产品的市场销售情况，实行贷款分类管理。向无锡交电批发站与无锡电视机厂、无线电厂、自行车厂、洗衣机厂等发放联营贷款2300万元，向化工批发站与造漆厂发放联营贷款1250万元。1987年初，开展企业信用等级评估工作，对765家工业企业近3年的财务状况、经营管理水平、企业发展前景等进行综合评定，实行不同的信贷政策。经评估，一类企业53家、二类企业214家、三类企业415家、四类企业76家、五类企业7家。1989年，

根据国家宏观调控政策，实行"控制总量、调整结构、保证重点、压缩一般、适时调节"的货币信贷政策，确定全市64种产品为重点支持对象，采取"先压后保、边压边保、以调促保"的方法，全年压缩不合理贷款16841万元，集中资金支持重点产品生产。1990年末，全市工业贷款余额34.54亿元，其中工业流动资金贷款余额16.29亿元，比1985年末的8.58亿元增长89.86%；集体工业贷款余额2.86亿元，比1985年末的1.22亿元增长134.43%。

1991年起，无锡市银行业调整信贷结构，拓展出口信贷业务。1992年，对无锡国棉一厂、无锡色织一厂、无锡轻瓶厂、无锡箱板厂等5家企业发放联合贷款9200万元。同年4月，对无锡市五金机械进出口公司首次试办卖方信贷1000万元业务，用于向香港疏浚有限公司出口4艘1000立方米开体泥驳船，由此创汇1328万港元。1994年，无锡市金融系统重点信贷支持集约化、国际化、多元化、现代化（简称"四化"）集团企业，向小天鹅、锡钢、锡漂、威孚、锅炉等5家"四化"集团企业投放流动资金贷款5.02亿元；向锡棉一厂、橡胶厂等30余家效益好的大中型企业签发银行承兑汇票和发放贴现贷款12.5亿元，新增流动资金贷款1.89亿元；为17个国家专项重点技改项目新增贷款21821万元。1995年，重点支持18家"四化"集团企业和32家大中型骨干企业，全年新增流动资金贷款1.1亿元，新增技术改造贷款1.21亿元，签发银行汇票4亿多元。1995年末，全市工业贷款余额84.42亿元，其中工业流动资金贷款余额58.14亿元、集体工业贷款余额26.28亿元。

1996年，无锡金融机构加大对国有企业的资金投入，增加技术改造贷款。全市工业新增贷款26.12亿元，核销工业企业的呆账贷款2.7亿元。1998年，评定企业信用等级，共评出AAA级企业38家、AA级企业226家、A级企业660家。各银行集中资金支持优势企业发展，4家国有独资银行对银企挂钩的47家重点企业投放贷款45.2亿元；对符合信贷政策的中小企业合理安排资金；对产品有销路、有效益的亏损企业，在全省率先发放封闭贷款。是年末，工业贷款余额111.6亿元。1999年，人行无锡市中心支行与市经贸委牵头组织银企合作签约，11家银行与137家企业共签约31.95亿元，全年实际到位33.95亿元。增加对高新技术产业和企业技术改造的信贷支持，发放的技术改造贷款24.18亿元；对虽然整体亏损、但部分产品有市场的国有大中型企业实行封闭贷款。全年各银行共对89家企业发放扭亏增盈封闭贷款1.73亿元。对纺织系统7家国有企业发放压锭改造项目贷款1.4亿元，保证压锭任务顺利完成。2000年末，工业贷款余额181.97亿元。

2001年起，人行无锡中心支行探索银企合作新机制，扶持有发展后劲的工业企业和科技含量高的项目。2002年，各商业银行推出仓库质押、资产保理①、自然人资产抵押贷款等适应个私企业的新业务。2003年，实施"重点行业、重点客户"战略，提供差别化服务，为大型企业集团、上市公司提供更便捷、更完善的信贷支持。至年末，全辖大型企业贷款余额369.09亿元。2004年，加大对阳光、凯诺、兴澄、华西村等优势企业集团的信贷扶持力度，对国家鼓励的能源、交通、电力建设项目的贷款申请，开辟绿色通道，缩短审批期限，促使项目早上马、早投产、早见效；对于普通钢、水泥、高档商品房等整体过热行业的信贷，采取坚决压缩、不留余地的措施。

2005年，省农发行与无锡市政府举行农业政策性金融合作签约仪式，商约3年内，农发行向无锡市提供100亿元贷款授信额度，用于支持符合农业发展银行经营范围的涉农企业。农发行无锡市分行与江苏华西集团、江苏阳光集团、江苏三房巷集团、无锡长新纺织公司等签订合作协议。工行无锡分行向江阴利港发电股份公司2×60千瓦超临界发电机组工程等项目发放贷款。是年末，全市短期贷款中，工业贷款余额547.32亿元。

二、商业贷款

1986～1987年，无锡市出现"经商热"，各类集体性质的商业公司、商业中心、经营部、劳动服务公司纷纷开张。受此热潮影响，银行一度管理偏松，发放贷款669万元，出现逾期贷款、风险贷款和

① 保理业务是一项集贸易融资、商业资信调查、应收账款管理及信用风险担保于一体的新兴综合性金融服务。

呆账增多现象。1988年，全市商业资金不足，合理商品储存下降，市区粮食供应紧张，大米缺口增大。人行无锡分行组织协调，调度资金发放贷款9450万元，支持市粮食局紧急调入大米5000万公斤，稳定粮食市场。5月初，市区出现甲肝、红眼病疫情，发放贷款9600万元，支持医药卫生部门购进应急药物。是年，无锡商品市场由过热转至疲软，地产品销售受阻。为发挥国营商业主渠道作用，信贷资金重点向国营大中型批发站、店倾斜，全年发放收购地产品贷款12315万元。

1993年12月，中行无锡分行扩大利用外资渠道，在中行与国外银行签订的国际商业贷款协议限额内，成功试办第一笔国际商业贷款550万美元，支持无锡协新毛纺厂进口羊毛所需外汇资金，贷款期1年，利率按伦敦同业拆借利率加1个百分点，在限额和期限内可反复提款和还款。

1997年，建行无锡分行在协助市政府办好政策性个人住房低息贷款的同时，推出与政策性个人住房低息贷款相结合的组合贷款和个人住房担保贷款，拓展消费信贷领域。中行无锡分行以买方信贷的方式介入汽车消费领域，至1999年末，为无锡商业大厦亚飞汽车连锁店发放专项贷款2500万元，签发银票4054万元；连锁店全年销售汽车1736辆，累计销售额2.6亿元。银企共推汽车消费的"无锡亚飞模式"在全国推广。2000年9月28日，农行无锡分行开设"金钥匙"金融超市。超市集住房按揭贷款、出国留学贷款、担保质押贷款等18种消费信贷于一体，实行一对一服务，并率先推出个人消费贷款零首付业务。

2001年，人行无锡中心支行引导各银行拓展住房、助学等贷款业务。年末助学贷款余额421万元，住房、汽车等消费贷款余额68.6亿元，比年初增加30亿元。中信银行无锡分行率先开办出口退税质押贷款业务，与市内10余家出口额超千万美元的外资企业签订退税合作协议，由税务部门提供退税证明书，银行据此办理质押贷款，并延伸至银票签发、进口开证等授信保证业务。全年累计发放出口退税质押贷款21999万元，签发银票9343万元。至2002年末，全市有12家金融机构开办外贸出口账户托管专项贷款业务，共向179家（次）企业发放出口退税账户托管专项贷款12亿元。年末，助学贷款余额842万元，个人消费贷款余额97.62亿元。2003年，市商业银行在无锡首家推出下岗失业人员小额担保贷款，解决下岗失业人员自谋职业、自主创业、合伙经营或组织企业等就业资金不足的困难。随着房地产业的发展，至年末，全辖房地产开发贷款余额67.07亿元，比年初增加23.99亿元。全辖个人消费贷款余额128.56亿元。

2005年末，，全市短期贷款中，商业贷款余额118.57亿元，分别比1990年、1995年、2000年末增加93.27亿元、71亿元、42.39亿元。

三、农业贷款

1986年起，全市金融机构信贷重点支持农业增产和农副产品收购。1988年，无锡市生猪生产滑坡，荤食品供应紧张。在银根紧缩的情况下，农行无锡分行坚持对农业投入，发放集体农业贷款2638万元，其中畜牧业贷款680.62万元、渔业贷款976.59万元、副业贷款580.11万元。1990年，农行无锡分行为支持郊区副食品基地建设和鱼池改造，全年发放贴息贷款159.5万元。是年末，全市农业贷款2.5亿元，比1985年末增加1.72亿元。

1991年，无锡市发生特大洪灾，农行无锡分行发放复产贷款2.6亿元。1994年上半年，农行无锡分行为支持农产品收购部门不向农民打"白条"，多方筹措资金2.8亿元，保证农副产品夏购资金的需要。同年下半年，政策性业务划转后，在农发行省以下尚未建立机构的情况下，继续承担代理职责，灵活调剂1.4亿元资金并投放到位，协助无锡市在全省率先完成秋粮定购任务；调剂资金1.6亿元，保证全市顺利完成棉花调运任务；确保骨干企业和重点乡镇企业的资金合理需求。是年末，农行无锡分行向259家骨干企业发放贷款余额59亿元，新增14.5亿元。

1996年9月，农发行无锡市分行成立后，确立农业政策性信贷资金既重供应、更重管理的指导思想，确保农业政策性信贷资金封闭运行，全年投放收购资金6.84亿元，收购粮食52938万公斤、油菜籽1250万公斤，在全省率先完成全年粮食收购任务。1998年4月30日，根据国务院和人行提出的要求，农发行无锡市分行将农业开发贷款和人行专项贷款划转到农行无锡分行，附营企业占用贷款划转农行无锡分行和工行无锡分行等商业银行。

2001年，人行无锡市中心支行引导金融机构加大对农村经济发展的信贷投入力度，年末全辖金融机构支农贷款余额16.54亿元，比年初增加0.85亿元。2002年，无锡市粮食购销企业全面实施改制重组，农发行无锡市分行为协助有关部门妥善解决企业老人、老账、老粮（“三老”）问题，实施“新老划断”政策，按照“放得出、管得准、收得回”的原则提供贷款，对已确认的所有权资产7710万元办理抵押贷款。

2004～2005年，农发行无锡市分行为保证中央和地方储备粮棉油增储和转入的资金供应，及时足额提供贷款，支持企业转入中央储备粮分别为1137万公斤、6302万公斤，转入地方储备粮分别为3008万公斤、5988万公斤。2005年末，全市短期贷款中，农业贷款余额40.23亿元，其中中央储备粮贷款余额1.66亿元、地方储备粮油贷款余额1.54亿元。

四、中长期贷款

1986年起，无锡市金融机构优化信贷投向，重点支持大中型骨干企业，能源、交通、原材料等基础产业和基础设施建设。1989年，中行无锡分行在全市启用买方信贷与政府混合贷款，共4个项目，并根据项目同时引进第三国配套设备等实际情况，搭配外汇贷款给予支持。其中：使用奥地利政府混合贷款1.15亿先令，支持市自来水厂30万立方米扩建项目；使用联邦德国买方信贷273.76万马克和搭配外汇贷款68.44万马克，支持市污水处理厂项目建设；使用比利时买方信贷与政府贷款共10.15亿法郎，支持无锡电影胶片厂采用X光胶片技改项目；使用西班牙买方信贷、政府贷款共6.27亿比塞塔和搭配外汇贷款120万美元，支持市针织总厂引进织、染、缝设备，生产高档运动服项目。项目还款期最长30年，最短10年，政府贷款利率一般为2%，平均利率因有关国家提供的买方信贷和政府贷款间搭配比例而不同，一般为4.5%～6%。1990年，无锡市组织第五笔中外银团贷款，向无锡县梁溪冷轧薄板有限公司贷款1000万美元，其中港澳中银集团贷款400万美元（香港浙江兴业银行、香港中国银行、香港新华银行、香港广东省银行各100万美元）、新加坡中国银行200万美元、交行无锡分行200万美元、中行无锡分行200万美元，期限均为5年，利率按同业拆借加1%。1990年末，全市固定资产贷款7.81亿元，比1985年末增加5.3亿元。

1991年，建行无锡分行筹集资金支持无锡焦化厂异地改造、自来水厂扩建等市政府重点工程建设，贷款1.1亿元保证工程急需资金及时到位。1992年，农行无锡分行分别对苏、锡、常高科技“火炬带”项目发放贷款3000万元，对国内最大的酶制剂生产专业企业——无锡市酶制剂厂2万吨酶制剂扩建项目发放贷款5023.5万元，支持无锡轻瓶厂4万吨轻瓶项目基建贷款2356万元、流动资金1255万元。1993年起，建行无锡分行经办沪宁高速公路无锡段的投资管理，两年累计完成工程投资3.51亿元。

1996年，无锡金融机构加大对国有企业的资金投入，严格控制基本建设贷款，增加技术改造贷款。人行无锡分行参与全市20家综合改革配套试点企业方案论证，对重点企业协调增贷4.14亿元。1997年末，全市中长期贷款余额55.87亿元，比年初增长11.38%；其中技术改造贷款30.02亿元、基本建设贷款14.39亿元。

2001年，市政府引入“经营城市”理念，实施城建融资体制改革。工行无锡分行与市计委、市建设局等综合部门联手，促成人行江苏省分行与无锡市政府签署城市基础设施建设项目贷款合作协议，承诺自2001年11月起，为无锡城市基础设施建设项目提供贷款资金支持。工行省行、无锡分行与无锡城市投资发展总公司签订首笔1.1亿元启动贷款合同。2002年，农行总行与无锡新区签约3年内授信30亿元，全部授信额实际在两年内到位。工行无锡分行促成省行向无锡新区授信贷款38亿元，签

图18-1　2003年3月31日，12家商业银行授信189亿元帮助私企发展（顾祚维摄）

约时即签发贷款1.5亿元。工行无锡分行为配合实施“西气东输”工程，发放贷款1亿元，全年投放市政项目贷款15亿元；先后向威孚集团、江苏阳光、江苏法尔胜等优质上市公司发放技改贷款4.9亿元。

2003年，无锡市各银行加大基础设施贷款投放力度，全年累计投放113亿元，保证无锡特大城市建设、惠山行政区建设和沿江开发区建设的资金需求。实施重点行业、重点客户战略，提供差别化服务，年末全辖大型企业贷款余额369.09亿元，比年初增加91.07亿元。针对民营经济快速发展的特点，调整信贷政策，把民营企业作为拓展业务的重要领域，年末全辖中小企业贷款比年初增加250.43亿元，个私企业贷款余额比年初增加150.53亿元。2004年，工行无锡分行支持全市重大项目建设，分别向江苏利港电厂第三期基建项目发放贷款2亿元、江南大学项目发放贷款3亿元、锡宜高速公路建设项目发放贷款9500万元、经济适用房重点项目——五星家园项目发放贷款1亿元，向无锡市土地储备中心的蠡湖新城1号地块、滨湖新城2号和3号地块发放土地储备贷款1.8亿元。

2005年，农发行总行与市政府签订总额100亿元的合作协议，阳光、华西村等农业龙头企业获得长期、稳定的资金支持。工行无锡分行为江南大学新校区建设、无锡联新科创投资有限公司海力士代建厂房等项目发放贷款。农行总行、江苏省行与市政府签订合作协议，在未来5年内向无锡市提供260亿元意向性信用额度，支持重点基础设施建设项目、土地储备开发和重点房地产项目以及电力、电信、石化、电子、机械、钢铁、医疗卫生、文化教育、旅游等重点行业和相关项目。

2005年末，全市中长期贷款余额543.1亿元，分别比1990年末、1995年末、2000年末增加535.29亿元、503.57亿元、482.64亿元。

第五节　企事业融资

一、融资渠道

1986年4月，人行无锡分行设立短期资金拆借、短期融资债券和票据承兑贴现市场，期限短则几天，长则几个月。同年10月，由工行南京、苏州、无锡、常州四市市行联合组建以无锡为中心、面向全国金融企业的无形短期资金市场在工行无锡分行开业，当年拆入资金16.6亿元，拆出资金4.8亿元。无锡形成全国最大的区域性资金市场，其中：以人行无锡分行为主的全辖性市场，开展辖内各金融机构之间的横向拆借业务，并拓展市外拆借业务；以工行无锡市支行为主的开放型的区域性市场，与全国26个省、市、自治区220家金融机构发生横向资金拆借业务；以农行无锡支行为主的系统内市场，开展市内外系统间的横向资金拆借；以人行宜兴县支行为主的区域性市场，开展辖内金融机构以及与浙皖二省交界县（市）之间的横向资金拆借业务；以郊区农行和农村信用联社为主的系统内市场，在郊区范围内开展营业所和信用社之间的横向资金拆借业务，并与市区金融机构发生拆借往来。至1990年12月，5个市场融资量累计576亿元，全市从资金市场净拆入的资金量每月最高时达13亿元，一般维持在5亿～6亿元。至1991年，311个行、处参加融资活动，6年成交6700余笔，金额700多亿元，其中直接流入无锡市资金262亿元。

1988年，人行无锡分行开办对商业银行的票据再贴现业务。各商业银行也先后开办票据贴现、转贴现业务。3月，经人行无锡分行批准，工行无锡市支行首先为无锡电视机厂等向社会发行短期融资债券，期限6个月、9个月不等，最长1年，得益率比同期储蓄率高20%～40%。1989年，资金趋于紧张，个别专业银行在人行无锡分行存款账户上出现赤字，人行无锡分行通过日拆资金调剂解决，当年共拆借调剂资金15亿元。

1991年，人行无锡分行在调度计划内资金支持国有大中型企业、外向型企业及乡镇企业生产周转资金需要的同时，把筹措资金缺口的目光转向资金市场，批准发行企业债券2.48亿元、短期融资券3.43亿元；拆借资金（拆入）100.23亿元；调剂外汇3.14亿美元，缓解资金紧张的压力。1992年，中行无锡分行使用省行与香港中银集团短期外汇拆借资金3100万美元和中行上海分行外汇拆借资金1000万美元，用于支持大中型企业和“三资”企业的临时流动资金需要。交行无锡分行融外资支持国家一级企业庆丰集团纺织品出口创汇。至年末，庆丰集团通过交行无锡分行向奥地利汇划中心银行筹措500万美元，引进60台瑞士无梭织机以及配套设备。1993年，交行无锡分行又为庆丰集团向瑞士联合银行融资出口信贷233.5万法郎。

2000年，无锡市各银行推动票据市场发展，缓解企业资金紧张矛盾，降低企业融资成本。全年为企业签发银行承兑汇票发生额215.55亿元，贴现发生额161.84亿元，人行办理再贴现发生额64.68亿元，余额27.78亿元。签约企业贷款余额达117亿元，实际新增44.6亿元。次年，各商业银行签发银行承兑汇票发生额329.3亿元，人行无锡市中心支行提供票据再贴现发生额50.37亿元；各外汇指定银行为企业开立信用证4815笔，金额9.1亿美元。2003年，全辖银行承兑汇票余额322.02亿元，全年签发承兑汇票679.43亿元。2004年，票据融资316.59亿元，异地贷款403亿元，银行承兑汇票636亿元。

2005年末，各银行签发银行汇票发生额1296.83亿元，余额636.02亿元；贴现余额103.97亿元，比年初增加48.27亿元。

二、企业融资

1986年下半年，江阴钢厂、无锡晶体管厂被人行无锡分行批准为首批发行企业债券的企业，共向社会发行2～3年期的企业债券1140万元。1987年，市自来水公司委托建行发行3年期个人债券1500万元，年息11%；自来水大户企业债券，年息6%。同年12月，无锡市成立资信评估委员会，对申请向社会发行股票、债券、短期融资券、内部集资的企业进行资产经营和信誉度评估。1990年12月，无锡钢厂委托工行无锡市支行发行3年期个人债券2000万元，年息14.112%。企业债券可以在人行无锡分行指定的交易场所转让，但不能作为货币在市场流通。

1994年，无锡市禁止新的社会集资，冻结两家企业的非法集资款，并予以罚款处分。无锡新兴实业公司非法集资案涉案时间最长（1989年～1994年5月）、集资利息最高（年息40%）、涉案额最大（累计非法集资32.15亿元）、涉案人员最多（经立案侦查的罪犯有68名）、案件对社会震动最大。

至1995年，人行无锡分行根据评估委员会评定的资信等级及有关资料批准127家企业向社会发行企业债券、企业短期融资债券、内部风险承包集资累计56.55亿元，其中由各商业银行和信用合作社向社会吸收的企业债券10.14亿元、短期融资券46.41亿元。

1986～1995年无锡市企业债券发行情况统计表

表18-5　　单位：亿元

年份	企业债券	企业短期融资券	年份	企业债券	企业短期融资券
1986	2.70	—	1991	1.70	4.49
1987	0.09	—	1992	2.48	3.43
1988	—	0.50	1993	—	7.45
1989	3.17	0.72	1994	—	12.96
1990	—	2.28	1995	—	14.58

三、外汇调剂

1986年5月，国家外汇管理局无锡分局获准开办辖区内留成外汇调剂，调剂范围限于机关、团体、部队、学校、国营和集体企事业间的自有留成外汇，外商投资企业的现汇限在外商投资企业间调剂。是年，外汇调剂113笔、2048.5万美元。1987年1月，设立无锡市外汇调剂所。全市当年留成外汇98%参加调剂，调剂金额4684万美元。1988年5月，经国家外汇管理局江苏分局批准，无锡市外汇调剂中心成立，统一办理全市外汇调剂，严禁非法买卖外汇，逐步形成有管理的外汇调剂市场。其时，纺织行业原由中央外汇进口的化纤、染料改用地方外汇进口，无锡市纺织经理部一时筹措不及，市外汇调剂中心及时调剂298万美元，得以进口聚酯片1265吨、油剂染化料128吨，纾解全市纺织、印染、针织等行业原料供不应求的矛盾。是年，全市外汇调出单位853家，调入单位224家，调出、调入金额各4684万美元。1989年起，无锡分局根据经济发展动向，制定《无锡市外汇调剂投向指导序列》《无锡市小额零星外汇调剂暂行办法》，在江阴、宜兴设立无锡市外汇调剂中心代理处，引进上海、福州等地外汇603.7万美元。是年，共调剂外汇10104.5万美元，其中分散沉淀外汇104万美元。1994年，外汇体制改革，成立全国外汇调剂中心，金融机构各总行成为调剂中心会员，负责全行外汇调剂，无锡市外汇调剂市场结束。

第六节　金融服务

一、信用卡发行

1988年3月，中行无锡分行在全市发行第一张人民币信用卡——长城卡。1990年10月，工行无锡分行开办牡丹信用卡业务。随后各银行相继推出各自的信用卡，不断发展特约商户。各银行所发行的信用卡分借记卡和贷记卡两种。2004年，兴业银行与中国银联、维萨、万事达三大银行卡组织合作，发行双币信用卡——兴业信用卡，同时提供美元及人民币两个账户，持卡人可在全球200多个国家和地区的2000多万个带有银联、VISA或MASTERCARD标识的商户、自动柜员机刷卡消费或取现。2005年1月，无锡商业银行推出太湖卡“缴费通”业务；10月，与市劳动和社会保障局合作推出“太湖金保卡”，成为得到劳动和社会保障部、中国银联认可的全国第一张联名认同卡。

二、票据结算

1986年，无锡市成立同城票据交换所，16家金融机构参与。1987年，人行江阴市、宜兴县支行相继成立同城票据交换所，共有26家辖内金融机构参与，变部分异地结算为同城结算，票据抵用率提高，结算在途资金比邮汇提前1～3天到账抵用。

1990年，无锡市部分城市合作银行和郊区信用社与上海等地城乡信用社相互开办通汇通兑业务，方便开户单位结算购销资金，实现“人到钱到”。实行同业拆借与票据交换结算相结合，较好解决专业银行因存款不足在人行账上发生透支的问题。同年4月1日，无锡市恢复托收承付结算办法，方便大中型企业结算和回笼货款。至是年末，无锡、江阴、宜兴3个同城票据交换所扩大至103家金融机构，日均票据交换2万笔以上、交换金额2亿元。票据交换内容由支票、汇票、委托收款等发展至汇兑结算、托收承付、国库税票等。

1995年，人行无锡分行在国内首创有线与无线相结合的同城票据结算系统，为资产结算电子化安全运行提供较好保障。1996年，全市无线同城票据交换网络交换点372个，票据日结算量15亿元，资金抵用率75%。人行、工行、农行、建行等相继完成区域内电子联网，实现储蓄通存通兑、票据跨机构结算。全省银行卡第一期网络工程在工行、中行、建行、交行的无锡分支机构开通。

2000年，人行无锡市中心支行在全市开通大同城票据交换网络，377家企业参与，全年办理交换630万笔、金额7838亿元。2001年，江阴、宜兴两市金融机构纳入同城交换范围。2004年9月30日，无锡市同城票据结算系统正式运行，实现全市494个金融网点全覆盖。2005年，全市票据交换网络用户973个，办理交换850万笔、金额17071亿元。

三、中间业务

1988年，工行无锡分行率先开展代发工资业务，1990年开办代收电费、水费等中间业务。1994年，建行无锡分行开展代收住宅电话和移动电话费业务，次年开展代收管道煤气费、液化石油气费和代缴工商税等业务。2000年，市商业银行代理财政收缴罚款、代办社会保险费卡等业务。

2001年，工行无锡分行成立中间业务拓展委员会，将中间业务划分为委托贷款、企业贷款承诺、投资银行长年财务顾问、融资顾问、银团贷款、代理财产保险、企业职工社保以外的养老保险年金缴费等，并逐渐开办其总行推出的个人存款理财业务、代理基金业务等个经中间业务和结售汇、国际结算及衍生产品——人民币债务风险管理（与境外合作）及短期业务等，还包括会计、银行卡、电子银行等国际业务。建行、中行、农行、交行及招商、商业、浦发、广发等银行的无锡分支机构也各自推出多种中间业务，大多以代收代付、个人理财、代理基金银证转账等为重点，市商业银行还代理社保中间业务。2005年，无锡各商业银行中间业务量57329.23万元。

第七节　外汇管理

改革开放前，无锡市主要承担出口货物的收购和调拨任务，没有进出口经营权。国家以外贸、外汇的国家垄断为基础，实行全面计划管理，外汇管理实行收、支两条线，统收统支，要求全国外汇收支平衡略有节余。改革开放后，无锡市对外贸易、对外交往日趋繁荣，从“三来一补”（来料加工、来样订货、来件装配、补偿贸易）入手，利用外资，补充无锡市资金缺口。1985年4月27日，国家外汇管理局无锡分局成立，承担无锡市外汇管理职能。

1988年，无锡市进行外汇管理制度改革，推进外贸经营责任制，实行外汇分账管理。1990年，实施按外汇毛收入核算管理，考核出口收汇实绩。国家外汇管理局无锡分局建立出口收汇、结汇额度账，对出口收汇项下的一切收支实行管理；对市内核准收取外汇兑换券的旅游单位，外汇兑换券收付全部纳入一个账户管理。

1991年，人行无锡分行对贸易外汇实施《出口收汇核销管理办法》，提高外贸出口收汇率。是年，全市外贸自营出口收汇0.92亿美元，比上年同期增长62.43%，出口收汇率90.2%。无锡外汇管理分局及时跟踪监测外债使用情况，帮助偿债困难的企业调剂外汇还贷4138万美元，全市直接外债按期偿还，通过对全市外汇额度账户的全面清理，调减36.9%的开户单位和37.16%的外汇账户，活化沉淀的外汇资金196万美元。立案查处11起逃汇套汇案件，罚没4.87万元。对持有收汇许可证的96家企业进行年检，吊销23家内部管理不善、外汇收入萎缩企业的收汇许可证，完善外汇收支双账户管理制度，旅游外汇管理步入规范化轨道。

1992年，无锡市针对全市“三资”企业发展迅猛、外汇资本金投量较大、国内企业生产原料进口需求旺盛、技改项目层次提高等情况，建立异地调汇基地，充实外汇资金来源；配合外贸体制改革，挖掘本市汇源潜力，调节外贸企业汇源存量，发展个人外汇调剂业务，吸收社会闲置外汇资金。全年外汇调剂成交5.2亿美元，同比增长62%，其中从外地引进外汇1.52亿美元，占汇源总量的59%。调剂外汇占全市实际用汇量的92.5%，同比上升11.5个百分点，成为全市外汇资金筹措的主渠道。加强外汇外债管理，对贸易外汇实施出口收汇核销与核拨企业留成外汇挂钩的办法，出口核销率同比提高11.27%。通过外债监测，帮助“三资”企业及时偿还外债，全年偿债率同比提高10.6%。对一类旅行社开展境外游业务的，将境外游用汇与非贸易创汇挂钩，对持有收取外汇兑换券许可证单位进行年检，对3家非贸易外汇结汇承包试点单位和4家开设外汇现汇账户旅行社进行检查指导，清理长期不动的小额零星额度账户，搞活外汇账户资金。全年共办理外汇收入2.69亿美元，其中贸易收汇1.18亿美元、非贸易收汇523万美元；办理外汇支出2.76亿美元，其中进口用汇1.65亿美元、偿还外汇贷款6638万美元。

1993年，推进现汇留成试点，扩大非贸易承包试点，无锡市外汇管理部门与8家企业签订结汇承包合同，全年非贸易外汇结汇389.81美元。对辖区内30多家有外汇收支的企业进行外汇检查，查出违纪单位12家、违纪外汇金额718.75万美元；允许外汇指定银行继续办理美元、日元等7个币种的外汇移存和提取业务；制定《银行外汇业务柜面监督实施细则》，加强外汇现汇账户管理；对总投资2539万美元的50家境外投资企业的13个项目进行外汇资金来源和外汇风险检查。是年，全市共办理外汇收入15682万美元，其中贸易收汇7686万美元、非贸易收汇295万美元；办理外汇支出17991万美元，其中进口用汇9283万美元、还贷支出2502万美元。同年，国家停止发行外汇兑换券（已发行的可继续使用），并由银行收兑对公单位外汇券。

1994年，国家改革外汇管理，取消经常项目尚存的汇兑限制，实现人民币经常项目可兑换，取消外汇的留成和上缴。3月，江苏、上海、深圳、大连在全国首先进行外商投资企业银行结售汇试点，无锡市积极参与，实行银行结售汇制。此后，外商投资企业经常项目的用汇与国内企业一样可到指定银行购汇，也可继续在外汇调剂中心办理；扩大居民因私用汇的范围，提高购汇标准，取消对居民移居出境后原国内资产收益的汇兑限制和非居民合法人民币收入的汇兑限制。

1996年，无锡市对工行无锡分行、中行无锡分行和交行无锡分行的国际业务进行检查；对564家外商投资企业1995年度外汇收支进行年检，对辖内57家企业设立的62个现汇账户进行年检后撤销9户；搞好进出口收付汇核销，并按照《外汇管理条例》严肃查处外汇违纪案件，涉案金额8.1万美元，罚没人民币7.7万元，强制收兑3.6万美元。1997年，组织外汇专项检查，对1377家外商投资企业进行外汇联合年检，换发353家外汇登记证，批准开立账户261个，审批资本项目外汇131笔、3964.5万美元。1998年，批准13个支行开办自营外汇业务，46个网点开办外汇业务；对全市331个外汇业务网点进行年检；组织对远期信用证、打击骗购外汇等专项检查，全年共立案6起，结案4起，罚没人民币140万元；对1984家外商投资企业进行外汇联合年检，批准开立外汇账户257个，审批资本项目结汇226笔、2765.52万美元。1999年，新批4个网点开办外汇业务，为28个网点换发许可证；组织对远期信用证、打击骗购外汇等专项检查，全年立案3起，累计结案10起；对近2000家外商投资企业进行外汇联合年检，批准开立外汇账户257个，审批资本项目结汇226笔、2765.52万美元。全年核准售汇111968万美元。

2001年，开展外商投资企业外汇登记、外汇账户审批及资本项目下结售付汇的审批工作，全年共批准开立外汇账户449个，审批资本项目外汇结汇1.35亿美元；联合公安、工商等部门开展打击非法买卖外汇黑市活动，全年共立案13起，收缴罚款105.15万元；拓宽外汇结算渠道，开通与上海的异地外币结算业务，为商业银行提供外币结算渠道。

2003年，组织进出口收付汇核销，加强服务贸易监管，全年共办理进口付汇核销55亿美元，出口收汇核销60亿美元；开展中资企业2002年度外汇账户年检，完成经常项目外汇账户限额的调整；加强国际收支统计申报和外汇形势分析预测，提高申报数据的时效性，全年国际收支间接申报率和非现场核查面均达到100%。全年共对18家企业逾期未核销业务进行备查处理，总额1642万美元。把好资本项下外汇流动关，重点关注跨国公司在锡投资项目资金进出和国际热钱对辖区外汇收支的影响。

2004年开始，无锡市实行货到付款项下进口付汇核销直接在银行办理的新政策，选择部分出口核销优秀企业进行自动核销，方便企业办理国际结算业务。率先在全省进行账户限额调整，新增13.6亿美元的限额，帮助企业降低财务成本。2005年，无锡市金融系统实行本外币联动，创新外汇监管方式，设立外汇黑市监测点。加强对各商业银行及信用社开办外汇业务及账户的审批、审查和监督，2002～2005年，对4家商业银行外汇业务检查，清理检查进出口逾期未核销的业务，共立案9起，处罚金65万元。

第八节　信息化建设

80年代末开始，无锡市金融系统信息化建设发展迅猛，微机应用面迅速扩大，开发使用软件，用于储蓄、会计、计划统计、国库库款上划、柜面业务处理、专业报表处理和信息处理等。

1988年，人行总行下拨日立M240中型机1台（为当时全市仅有的两台中型机之一），人行无锡分行设立电脑处，开发使用商品价格指数、信贷现金计划软件，率先进入办公自动化。4月，工行无锡分行在总行帮助下，联合开发完成国家“七五”攻关项目“68-2-03”子项软件S/1280储蓄通存通兑网络系统，用于储蓄柜面业务和中小城市储蓄所联网业务。1989年，人行无锡分行开发使用国库运行系统，监控国家税收及时足额入库。1990年，人行无锡分行开发的国家支付系统（第一期）在无锡市、苏州市两地试点，后发展成为全国现代化大额支付系统。1992年，开发完成同城票据结算系统，1993年6月开始运行，大幅提高结算速度与质量。

1998年，工行无锡分行依托ES/9000大型计算机开发新型金融电子产品，与所有营业网点实现实时联网和本外币业务通存通兑。同年6月15日，开通江苏省首家自助银行，配备自动取款机、自动存款机、补登折机、客户多媒体查询终端等，为客户自助办理存取款、补登折、修改密码、转账、查询账户信息和金融信息提供方便。

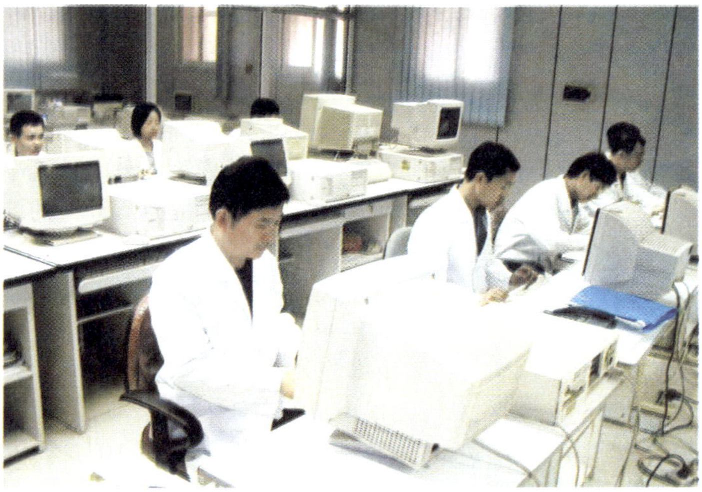

图18-2　人行无锡分行电子联行　　（人行无锡分行供稿）

1999年，人行无锡市中心支行信贷登记咨询系统发展为全市征信系统，为各金融机构发放贷款提供可靠信息，预防骗贷案件发生。实现全市“大同城”（同城票据交换）的票据交换，在全辖推广本票的使用。推进银行卡工程建设，建成无锡市银行卡信息转发网络，共有9家发卡银行加入，在10家大、中型商场的100台自动取款机实现“一机多卡、一柜一机、一卡多用”。开展信贷登记咨询系统试点，为22672家企业配发贷款卡、205个信贷网点编列机构代码。2000年，全市所有12家发卡行全部加入银行卡转发网络，102家特约商户、420台POS基本实现“一柜一机、一机多卡”，日均交易突破3000笔、金额突破100万元，居全省第一。2001年，无锡市金融系统加快现代化支付系统建设，畅通结算渠道。扩大同城票据交换覆盖面，单机操作改为联网运行。发展特约商户160家，安装560台POS。

至2005年末，无锡市银行系统分别开发使用“网上银行”——企业银行系统、银行与证券机构的“银证通系统”、银行与海关的“银关通系统”、银行与保险业的“银保通系统”、银行与旅游业的“漫游汇款系统”，开通无锡辖区“金卡工程”。各银行卡发卡机构，含办理银行卡业务的各商业银行、邮政储蓄银行和农村信用社利用自身的计算机网络系统、终端机具（主要是自动柜员机ATM和销售终端POS）、特约商户联接运行，实现银行卡跨行收付和交易。

第九节　银行简介

一、中国农业发展银行无锡市分行

该行位于无锡市健康路89号。1996年9月26日，农发行无锡市分行成立，下设宜兴市支行、锡山市支行和江阴市支行。主要办理由国务院确定、人行安排资金并由财政予以贴息的粮食、棉花、油料、猪肉、食糖等主要农副产品的国家专项储备贷款；办理粮、棉、油收购和调销贷款；办理政府财政支农资金的代理拨付，为各级政府设立的粮食风险基金开立专户并代理拨付；办理业务范围内开户企事业单位的存款和结算等经营业务。1998年3月，国务院决定将农发行承办的农村扶贫、农业综合开发、粮棉企业附营业务等项贷款业务划转到有关国有商业银行，农发行集中精力加强粮棉油收购资金封闭管理。据此，农发行无锡市分行的业务范围作重大调整，4月30日，向农行无锡分行划转信贷资产47281.75万元，其中农业开发贷款15990.76万元、其他贷款6405万元；向人行无锡分行划转专项贷款24885.99万元。12月10日，划转加工附营企业占用贷款17838.11万元。

1998～2003年，农发行无锡市分行按照粮棉油收购资金封闭运行政策，按照“放得出、管得住、收得回”的原则，发放粮食收购贷款479202万元、粮食调销贷款157242万元；支持专项储备计划实施，保证储备粮轮换资金供应，履行稳定区域市场的职能，确保粮食安全，累放粮食储备贷款71387万元。随着粮棉油流通体制市场化改革的不断深化，农发行无锡市分行政策性业务逐年下降，2003年末各项贷款余额96196万元。2004年，开办粮棉油产业化龙头企业贷款业务和其他粮食企业贷款业务，并代理保险业务。2005年11月，农发行江苏省分行、市政府举行农业政策性金融合作签字仪式，贷款专门用于支持无锡地区符合农发行经营范围的涉农企业。农发行无锡市分行与首批参与的江苏华西集团公司、江苏阳光集团有限公司、无锡长新纺织有限公司、宜兴粮油（集团）公司、宜兴协联生物化学有限公司等5家企业签订银企合作协议。12月，农发行无锡市分行为支持市政府新农村建设项目的实施，上报宜兴市粮食生产基地建设项目贷款，发放6000万元农业产业化龙头企业中长期贷款，在全国农发行系统率先开办低风险项目贷款。

2005年末，农发行无锡市分行各项存款余额2.1亿元，各项贷款余额20.61亿元。各项贷款利息综合收回率99.15%，其中粮油贷款利息收回率101.2%、棉花贷款收息率95.94%；不良贷款收回145万元。实现利润2125万元。

二、中国工商银行股份有限公司无锡分行

该行位于无锡市五爱路30号。1986年，工行无锡市支行下辖江阴县支行、宜兴县支行、无锡县支行和城区营业部及4个办事处，网点112个，年末各项存款余额175074万元，各项贷款余额293472万元。1988年，在全国率先实行10家储蓄所的S/1280超型微机联网，活期存折储蓄和代发工资业务实现通存通兑。同年9月，开办国际业务，办理外汇存贷款业务、结售汇业务、汇入汇出业务、开证业务、打包贷款、代收代付业务。1990年，发行第一张牡丹信用卡（准贷记卡）。1992年，工行无锡市支行更名为中国工商银行无锡分行。1994年起，分行所有数据集中进入大型计算机，实现各网点间的通存通兑。2000年，工行无锡分行与市政府签订5年共30亿元的筹资计划协议，并落实锡宜高速公路、贡湖水厂、锡北公铁立交、山北污水处理厂、新区污水处理厂等5个项目，到位项目贷款8亿元。2001年，与市政府签订全面合作协议，为城市建设项目安排基本建设贷款计划60亿元。同年，开发电子银行业务。2002年，与无锡新区签署全面合作暨38亿元综合授信协议，当年发放市政工程项目贷款15亿元。同年，分行进入工行全国二级分行综合经营效益十强行列，名列第七。2003年，分行作为牵头银行组织利港电厂三期工程38亿元银团贷款，中标财政集中支付项目和江南大学校园一卡通项目。11月，推出集银行、投资于一体的“金融@家”个人网点银行。2005年，分行签约江阴城建银团贷款20亿元。

2005年末，工行无锡分行下辖63家支行，网点136个，总资产433.9亿元，各项存款余额392.6亿元，各项贷款余额323.9亿元，经营利润8.18亿元。个人按揭贷款金额近40亿元，开发贷款余额16亿元，个人住房公积金贷款4亿元，归集住房公积金近10亿元。无锡地区牡丹卡特约商户300多家，累计发放信用卡15.5万张。个人电话银行客户60269户、网银客户96437户，企业电话银行客户1653户、网银客户2258户。

三、中国农业银行无锡分行

该行位于无锡市解放北路55号。1986年初，农行无锡支行全面推行企业信用等级贷款管理办法，按不同的等级，实行不同的信贷政策，年末各项存款余额16.77亿元，各项贷款余额 20.3亿元。1988年，农行对全国27家试点行进行9项经营指标考核，无锡支行获得第一名。1989年1月，更名为中国农业银行无锡分行。4月，在全省农行系统率先成立国际业务部。1992年7月，设立信用卡部，10月在全省农行系统首批开办金穗信用卡业务。是年，在全省农行系统率先开通自动柜员机服务。1994年5月，农发行筹备组建，农行与农发行分账经营。7月1日，农行无锡分行完成对农发行无锡市分行的资产、负债账务划转工作，共分账划转存款余额507.09万元，贷款户141户，贷款余额4.86亿元，但暂仍委托农行无锡分行经营管理。同时代理接收工行系统划转存款余额1.71亿元，贷款户39户，贷款余额1.9亿元。

1995年5月，设立农村信用合作管理处，至年末，全市127个合署办公的基层办事处、信用社全部实行分开办公。农村信用社的运行体制由市（县）农行领导和管理，改为由市分行领导和管理市（县）信用联社、再通过信用联社领导和管理基层信用社。12月，在全国首开无形资产质押担保先例，以“红豆”商标为质押，向江苏红豆集团发放贷款2000万元。1997年2月，农村信用社与农行系统脱钩。1998年，在全辖各网点开通储蓄存款通存通兑，农行无锡分行机关迁入解放北路55号吉祥大厦。1999年，在全辖推出汽车消费贷款业务，推广实施综合柜员制，开办农机消费贷款业务。2000年6月中旬，完成不良资产剥离，全行累计剥离贷款1574户，清算资金总额404831万元，全部由长城资产管理公司南京办事处接收。9月28日，设立苏南地区首家“金钥匙”金融超市。9月29日，江海分理处“马丽娜服务窗口”挂牌，为全市金融系统首个以个人名字命名的服务窗口。

2001年末，农行无锡分行人民币储蓄存款余额116.9亿元，储蓄存款总量首次跃居全市同业首

位。2002年，农行总行分别与无锡国家高新技术产业开发区、江苏省江阴经济开发区签署综合授信30亿元和15亿元的全面合作协议。2003年4月，农行无锡分行在全市率先与韩国产业银行、上海浦东发展银行合作，签订银团贷款合作协议，共同为江阴联合铁钢（韩资）公司发放银团贷款。2005年4月，农行总行与无锡国联发展（集团）有限公司（简称"国联集团"）签订全面战略合作协议；11月，与市政府签订协议，在5年内向无锡市提供260亿元的意向性信用额度。

2005年末，农行无锡分行下辖8家支行、175个网点，总资产591.5亿元。本外币存款余额448.26亿元，其中人民币存款余额435.13亿元，储蓄存款总量和增量保持同业首位；本外币贷款余额327.68亿元，其中人民币贷款余额302.93亿元。累计完成国际结算40.68亿美元、发放银行卡183万张。全年实现利润7.93亿元。

四、中国银行股份有限公司无锡分行

该行位于无锡市中山路258号。1986年，中行无锡分行在市内同业中保持国际结算、外汇资金等业务的主导地位，增设机构网点吸收存款。年末，人民币存款余额4147万元、外币存款余额941万美元；人民币贷款余额36850万元、外币贷款余额3940万美元。

1988年3月，在全省率先发行长城信用卡；与114家外商投资企业建立往来关系，对53家"三资"企业发放外汇和人民币贷款。1992年，以支持"大外贸"、国有大中型企业、第三产业发展为重点，新增存贷款。1994年，新开网点机构36个，创历年之最。实现外汇体制改革的平稳过渡，完成汇率并轨、结汇售汇、回收兑换券等新汇制方面的关键性工作，全年累计自营结售汇7.98亿美元。1996年，实现市区所有网点通存通兑，并实现长城信用卡、ATM、POS终端机全省联网及实时清算。1998年，推出长城电子借记卡、本外币一本通、个人小额抵押贷款、代理保险收费、代理证券转账等新业务。1999年，中行无锡分行被总行确定为全国14家重点发展分行之一。

2000年，建立以利润为目标的财务分配机制、竞争效益型的劳动用工和干部调配奖惩机制、以效定酬的个人分配机制。2002年，设立当时华东地区一流的理财中心。加强信贷消费营销，扩大住房和汽车贷款两大重点产品，介入二手房贷市场，并继续开展出国留学贷款等业务。2003年，按照贴近大型居民区、贴近繁华商贸区、贴近工业园区的标准，统筹调整网点布局。2004年8月，中国银行改组为股份有限公司，中行无锡分行被列为中行系统人力资源改革试点行。2005年，实现国际结算业务总量120亿美元，市场份额44%，长期保持同业第一位。代客外汇买卖完成交易量173186万美元，"黄金宝"业务年交易量1791公斤。1997～2005年，中行无锡分行累计为企业核销呆坏账超过21亿元。

2005年末，中行无锡分行下设8家支行、网点130个。本外币各项存款余额485.51亿元，其中各项人民币存款余额444亿元、外汇存款余额52191万美元；各项人民币贷款余额237亿元，其中公司贷款余额181.02亿元、消费贷款余额55.98亿元；外汇贷款余额38647万美元；本外币授信资产总额268.19亿元，不良贷款率2.54%。实现拨备前利润总额8.77亿元。中行无锡分行营业部被授予全国"青年文明号"称号。

五、中国建设银行股份有限公司无锡分行

该行位于无锡市五爱路88号。1986年，建行无锡支行办理会计结算业务，承担财政职能。1987年12月下旬，开办储蓄网点5个。1989年1月，升格为分行。1990年，建行无锡分行下辖3家市（县）支行、利港电厂专业支行、投资银行、投资公司，以及农业部1个、办事处6个、储蓄所（柜）56家，形成完整的营业网络。

1991年11月，建行无锡分行成立国际业务部，办理外汇存、贷、汇和外币兑换等外汇业务。1992年，设住房信贷部，在无锡金融机构中独家办理公积金汇缴、转移、支取等业务，并开办无锡市解困解

危房贷款业务。同年3月，成立信用卡部，9月发行第一张万事达龙卡信用卡（准贷记卡）。1995年，与市税务局合作，推出“税银一体化”业务；率先推出信用卡代交工商税业务。住房信贷部首推个人住房公积金贷款，同时在无锡首家推出楼宇按揭贷款业务以及职工住房储蓄和住房抵押贷款业务。1996年末，在全国建行系统内首家实现资金汇划、清算24小时内到账。1997年，推出信用卡银证转账业务。1998年5月，与无锡证券有限责任公司合作，推出联名资金交易卡业务。同年，相继推出小额质押贷款业务、个人电子汇款业务、汽车消费贷款业务。国际业务迅猛发展，1999年末，建行无锡分行对公外汇存款余额超过1亿美元，位居全市第一。

2000年7月，建行无锡分行学前办事处被建行总行、中央金融团工委命名为总行级“青年文明号”。是年，推出个人耐用消费品贷款业务和个人助学贷款业务，开办个人网上银行和公司高级网银业务。2003年8月，发行双币种贷记卡。2004年9月，更名为中国建设银行股份有限公司无锡分行。2005年，与联通公司合作推出手机银行，并在全市首家推出短信银行业务，签约客户5万户。

2005年末，建行无锡分行下辖14家支行、网点122个。一般性存款余额353.07亿元，其中企业存款余额157.33亿元、储蓄存款余额195.74亿元；贷款余额215.7亿元，其中个人按揭贷款余额33.6亿元、开发贷款余额55.81亿元，个人住房公积金贷款余额22.4亿元，归集住房公积金35.8亿元。累计发放信用卡20万张，信用卡交易额累计158亿元。国际结算量累计22.86亿美元，结售汇金额累计9.2亿美元。

六、交通银行无锡分行

该行位于无锡市人民中路198号。1987年，交行无锡支行重新组建，成为无锡市第一家股份制商业银行，10月5日试营业，1988年12月28日正式开业。至1990年，交行无锡支行东门、北门、朝阳等3家办事处先后开业，并相继开办保险业务、证券业务和外汇业务，基本形成服务功能较为齐全的综合性银行的框架。1990年9月，升格为分行。1991年，与6家国际银行设在42个国家的171个分支机构建立代理行关系。1999年2月，升格为直属分行，由总行直接管理。2000年起，陆续推出全球通、银证通、外汇宝、无线POS、保管箱、网上银行、手机银行、基金超市、仓单质押、圆梦宝等产品。2003年，交行无锡分行被总行列为世界银行项目推广行。年末，按“一逾两呆”（逾期、呆滞、呆账）口径，不良资产余额67414万元。2004年，开展不良贷款集中处置和提取拨备工作。两个多月处置可疑及损失类贷款本息合计上亿元，向信达资产公司移交档案清单1万余份，通过总行验收。

2005年末，交行无锡分行下辖支行51家，总资产260亿元。人民币存款余额234.27亿元，其中储蓄存款余额46.8亿元；人民币贷款余额185.4亿元，其中个人贷款余额26.34亿元；外币存款余额1.19亿美元，外币贷款余额0.68亿美元。不良贷款占比1.17%。全年完成国际结算总额35.21亿美元，其中非贸易类结算2.85亿美元；太平洋卡特约商户在无锡地区30家，累计发放信用卡44.82万张；经营效益4.86亿元。

七、中信实业银行无锡分行

该行位于无锡市人民西路112号。1995年5月22日，中信实业银行无锡分行成立。年末，资产总量10.7亿元，存款余额5.5亿元，贷款余额4.62亿元。1996年，经江苏外管分局批准，自营外汇业务。1997年，开办非贸易业务，与美国花旗银行联手在无锡地区独家开办20个币种的环球汇票业务。在无锡率先推出4家夜市银行，全年365天对外营业，全市11个网点实现储蓄通存通兑。1999年，在无锡率先开办个人耐用消费品贷款。2001年，推出出租车营运证质押贷款，当年发放汽车贷款2408笔，金额2.67亿元，占全市出租车更新量的80%。在全市成立第一家银行出国金融服务中心；首家推出出口退税托管贷款业务；推出中储公司205库仓单质押贷款，成为当时全国最早开发具有知识产权质押业务的基层商业银行。

2003～2005年，加强资源优化配置，累计向无锡地方优势产业、技术领先行业、政府签约企业、优秀民营企业发放贷款400亿元。调整信贷结构，压缩淘汰无发展潜力的客户268家，压缩授信15亿元。2004年，在无锡地区首次推出期限短、高回报、低风险的固定收益型、效益递增型美元理财产品和"丰盈一号"人民币理财产品。2005年，信用卡业务快速发展，累计推出魔力女性卡、幸福安康卡、中信STAR威士卡、万事达卡（MasterCard）信用卡和中信STAR公务卡等5个系列贷记卡。出国金融服务中心实现非贸易结算业务快速增长，全年累计办理赴美代收签证代传递业务1万余笔，办理澳大利亚留学贷款资信证明34笔，金额1300万元。与国内重点汽车集团及经销商协作，推出汽车金融、钢铁金融业务，覆盖全分行80%的网点。与海关总署合作推出"关贸e点通"业务，发展签约客户46户。

2005年末，分行下属经营机构全部升格支行，总计12家支行、1家营业部，资产总量105.4亿元，各项存款余额89.84亿元，各项贷款余额80.29亿元。连续3年实现新增不良资产零纪录，不良贷款率由1995年末的26.84%降至0.7%。全年实现税前利润19168万元。

八、无锡市商业银行股份有限公司

该行位于无锡市工运路8号。1986年，无锡市成立南长、崇安、北塘等3家合作银行和宝光信用合作社，是首批城市信用合作社，为股份制民营金融机构。1992年6月29日，郊区农村信用社和市区城市信用社以股份制形式实行联合，成立无锡市城市信用社中心社，成员单位25家，其中城市信用社13家、郊区信用社12家，各成员单位保留一级法人机构形式。城市信用社中心社召开第一次股东大会，选举产生董事会、监事会。经人行无锡分行授权，中心社对全市城市信用社和郊区农村信用社进行归口领导和管理。1994年3月，无锡市城市信用社中心社改建为无锡市城市信用合作社联合社，为集体金融机构，入股单位37家。1997年末，无锡市区共有信用社31家（城市信用社19家、郊区信用社12家），职工1467人，存款61.95亿元、贷款39.5亿元。

1998年1月26日，由市区信用社组建成立无锡市商业银行股份有限公司（简称"市商行"），成为无锡市首家具有法人资格的地方性股份制商业银行，注册资本金4.14亿元，共有营业网点133个，职工1467人。初期，主要经营传统的存款、贷款和结算业务。3月，市商行加入全国同业拆借市场，从事网上债券回购、证券买卖、资金拆借业务。12月，市商行成为人行公开市场业务一级交易商。1999年，市商行加入全国城市商业银行通汇清算网络，取得财政部凭证式国债一级承销商资格，参与发起组建无锡市第一家中小企业担保公司——无锡梁溪担保有限责任公司，发行太湖储蓄卡，与无锡轻工大学签订银校合作协议。

2000年，市商行开办代收各项行政罚款业务，取得代理机关事业单位财政统一发放工资的资格，在全市银行业中较早推出仓单质押贷款业务。2001年，开办外汇业务，市商行成为中国外汇交易中心会员，代理新区区级支库和大浮乡级金库业务，开办出口退税账户托管贷款业务。2002年，在全行推行贷款五级分类管理，开办网上银行业务，在全市金融机构中率先推行企业股东、法人代表、经营者个人联保和关联企业联保制度，加入中国银联，太湖卡实现跨地区跨行交易，上线准24小时银行服务系统。年末，各项存款余额158.86亿元，在全省11家城市商业银行中排名第一。2003年3月，市商行参加无锡市私营企业银企授信签约大会，与全市139家个私企业签订授信合约，授信总额80290万元，签约总户数、当年资金履约率列参会12家金融机构之首。同年，开办下岗失业人员小额担保贷款业务，开办电话银行业务。2004年2月，经过公开投标，市商行成为首批无锡市市级财政国库集中支付代理银行。6月，市商行被银监会确定为城市商业银行首批信息披露试点单位。6月24日，增资扩股方案获银行监管机构批准，注册资本金由4.14亿元增至7.2亿元。

2005年，推出太湖卡"缴费通"产品，实现同城、异地资金汇划实时到账。10月，与市劳动和社会保障局合作推出太湖金保卡，成为全国第一张得到劳动和社会保障部、中国银联认可的联名认同卡。至年末，太湖卡发卡90.34万张，卡内存款20.37亿元，其中太湖金保卡发卡3.46万张。有营业网点123个，总资产362.11亿元。本外币各项存款余额324.45亿元，其中储蓄存款118.05亿元；各项贷款余额205.95亿元。四级分类不良贷款率3.19%，比1998年下降40.61个百分点。全年实现利润4.58亿元。

九、华夏银行无锡支行

该行位于无锡市新生路105号。1997年12月28日，华夏银行无锡支行成立，设营业部和城北分理处两个营业网点。1998年4月，开办外汇自营业务。1999年，发行华夏卡，推出“华夏一百卡”联名卡。2000年，拓展金融、保险、证券、投资基金等资金市场。2001年，推出客户服务中心、银证通、个人网上银行、企业网上银行。2002年，支行由无锡市公园路61号搬迁至无锡市新生路105号新鼎球大厦办公。4月，华夏卡加入江苏省金卡工程，推出华夏白领卡、丽人卡。2005年，实行各项信贷运行流程改革，采用数字化信贷管理系统（新信贷系统）。11月3日，推出华夏至尊金卡和华夏外汇卡。至2005年末，支行下辖8个网点，资产总额93亿元，本外币各项存款余额88.25亿元、各项贷款余额60.19亿元。

十、上海浦东发展银行无锡支行

该行位于无锡市解放西里191号。1998年3月27日，浦东发展银行无锡支行成立。2000年，开展东方卡、房地产抵押贷款和汽车消费贷款等业务。2001年，扩大贷款投向，地域范围由无锡城区和江阴向宜兴拓展，业务范围由为工商企业贷款向典当行业突破，相继开办出口退税托管贷款和委放贷款以及居民投资B股业务。2002年，先后开办存单质押、邮储存单质押、仓单物资抵押贷款、外汇中长期贷款、福费廷业务和备用信用证业务，以及国债项目配套贷款、个人经营性贷款。2003年，增设个人理财中心、个贷中心、客户管理中心，开办个人外汇买卖业务，开通信泰证券的银证通、外汇宝业务。2004年，开通移动、联通的手机话费代缴业务，在省内率先推出外汇交易短信提示服务。连续3年继续获得总行AAA达标先进单位称号。2005年，推出“浦发创富”品牌下的企业现金管理方案系列产品，成功操作全行系统内首例出口深加工结转项下买断型保理业务。至2005年末，下辖4家支行、10个网点，各项存款余额50.58亿元，各项贷款余额40.57亿元，全年利润9843万元。累计发放银行卡107287万张。

十一、广东发展银行股份有限公司无锡支行

该行位于无锡市五爱路79号。1998年6月26日，广东发展银行无锡支行开业，隶属广东发展银行南京分行。2001年，开办国际业务，推出贷记卡，全年办理贴现44亿元。2002年，票据业务优势扩大，全年办理贴现113.59亿元。2003年，创新国际业务产品，先后推出出口收汇保险项下的T/T押汇、出口信用证项下单据质押开立人民币银票以及结构性外汇存款业务。与市商行签订代理还款协议，全市商业银行120多家网点均可受理广发卡还款业务。2005年3月，更名为广东发展银行股份有限公司无锡支行。全年累计贴现443.2亿元，创造效益近1.22亿元。国际结算业务量3.69亿美元，结售汇量近2.5亿美元。整合消费信贷与发卡资源，推出信用卡分期付款业务。至2005年末，支行下辖7家同城支行，本外币资产总额163.7亿元，各项存款余额127.1亿元，各项贷款余额93.6亿元。

十二、招商银行无锡分行

该行位于无锡市人民中路128号。1998年5月28日，招商银行无锡支行成立，有营业网点1个。1999年，加入无锡市银行卡网络系统，率先实现商场MES系统与银行主机直接对接。拓展国际结算业务，形成国际业务一条龙服务规范。率先推出“一网通”网上个人银行和网上企业银行，成为无锡

第一家由监管局批准开展在线服务的商业银行。2000年，率先推出财务查询、转账、缴费、理财、证券行情及买卖、外汇实盘买卖等功能集于一体的“手机银行”，以及手机话费自助充值、证券交易和一卡通上网、网上购物、网上分付功能等新业务。首创“网上信用证”，解决企业间电子商务中的分付瓶颈问题。2001年，开设自助银行，实现个人实盘外汇买卖业务24小时交易，开发国税电子收费系统及图书馆联名卡管理系统，实现电子汇兑系统与网上企业银行系统一体化。2002年，营业部和新区支行实行外汇账户改革，成为无锡市继中行、中信、工行之后第4家可办理个人售付汇业务的银行。代销开放式基金业务，率先推出一卡双币国际信用卡。开办离岸银行业务，加大对保理、福费廷、远期结售汇业务等国际业务新产品的营销。10月，推出个人高端客户理财服务品牌——“金葵花”理财服务体系。2003年3月，率先在同业中推出对公业务“点金理财”，实行综合理财服务。4月8日，招行无锡支行升格为无锡分行。成立放款中心，实现业务经办与放款操作的分离。10月，在无锡首家推出“银税通”电子报税系统。2004年，推出“一卡通”金卡和亚太区首张理财白金卡“金葵花”卡。至此，“一卡通”普通卡、金卡、“金葵花”理财卡分别面向低端、中端和高端用户群，基本构建形成招商银行零售银行分层服务体系的框架。与无锡海关合作推出“银关通”电子口岸网上分付税费服务。是年，分行的资产规模、存款总量、储蓄增量、国际业务收益以及利润均列南京分行所辖分支机构首位。2005年，参与利士德化工、海力士半导体、无锡城建和交通产业集团城建、新区出口加工区二期公共设施等重大项目的银团贷款，上报贷款金额超过10亿元。

2005年末，分行辖有6家同城支行、2家异地支行（江阴）、8家自助银行，总资产127亿元，各项存款余额73.72亿元，各项贷款余额49.95亿元，国际结算业务量10.05亿美元。不良贷款率0.4%。

十三、兴业银行无锡支行

该行位于无锡市县前西街99号。2003年10月，筹建兴业银行无锡支行，2004年2月18日对外营业。2005年，开办个人实盘外汇交易业务。9月30日，贵宾理财中心暨外汇交易中心营业。至年末，下属支行3家、网点4个，本外币资产总额48.72亿元，本外币各项存款余额42.96亿元、各项贷款余额24.67亿元，全部贷款利息实收率100%，全年实现利润5198万元。

十四、江苏锡州农村商业银行股份有限公司

该行位于无锡市解放北路1号。前身为锡山市农村信用合作社联合社。该社原与农行锡山支行联合办公，1995年11月脱钩独立，12月23日对外营业。1997年1月22日，锡山市农村信用联社与农行脱离隶属关系。8月12日，松鹤、金匮、康辉等3家城市信用社纳入联社，实施归口管理。2000年10月20日，召开统一法人联社社员代表大会，对所辖信用社实现统一法人。

2001年3月6日，锡山市农村信用联社更名为无锡市城郊农村信用合作社联合社。2002年5月，开办国际业务。2004年10月下旬，申请组建农村商业银行，12月22日获准筹建。年末，联合社各项存款余额130.43亿元，贷款余额80.57亿元。2005年4月28日，江苏锡州农村商业银行成立暨第一届股东大会召开。6月28日，挂牌开业，为股份有限公司，注册资本44060万元，下辖32家支行、1家营业部、34家分理处。至年末，各项存款余额152.54亿元、贷款余额92.76亿元。

第二章 保险业

1986年，无锡市保险市场仅有国有性质的中国人民保险公司无锡分公司（简称“人保无锡分公司”）1家经营财产险和人身险业务，全年保费总额5161.7万元。1989年7月，交行无锡分行保险部开始办理保险业务。1993年，交行无锡分行保险部独立经营，成立太平洋保险公司无锡分公司（简称“太保无锡分公司”）。1996年，人保无锡分公司财产险、人身险机构分设经营。1994～2000年，平安、天安、大众等保险公司相继在无锡成立分支机构。2000年10月起，实行银行与保险分业经营、分业监管，人行无锡分行将保险业的监管业务划至中国保险监督委员会南京特派员办事处（简称“南京保监办”）归口管理。2001年末，新华人寿保险公司进驻无锡市场。至此，无锡保险主体由1家发展至9家，形成多家竞争的格局。其间，太保无锡分公司、平安保险公司先后实施分业经营。

2002年开始，新疆、华南、西北等外区域保险公司和新组建保险公司纷纷进驻无锡保险市场，首家中外合资海康人寿公司登陆无锡，无锡保险主体由9家增至21家。同期，各类民营中介公司和外地中介机构纷纷抢滩进驻，构成无锡“主体多元化、经营多层次”的保险市场新结构。保险产品不断更新，融资理财、出口信用、贷款保证等新型险种快速发展。“银（行）保（险）合作”加强，融资理财型保险产品成为人身险业务的主导产品。中国人寿保险公司无锡市分公司（简称“国寿无锡分公司”）、太平洋人寿保险公司无锡中心支公司（简称“太保人寿无锡分公司”）和平安人寿保险公司无锡中心支公司（简称“平安人寿无锡公司”）先后参与新型农村合作医疗保险和城镇职工补充住院医疗保险，发挥商业保险对社会保障的重要补充作用。

其间，保险代理机构在无锡相继成立。2003年，江苏无锡诚禾保险代理有限公司、江苏统一保险代理有限公司、江苏首信保险代理有限公司、无锡华美保险代理有限公司、江苏新润保险代理有限公司等5家中介公司在无锡开业。2002～2005年，南京保险监督管理局先后批准388家银行、邮政局、车行、汽修厂、运输公司、铁路等单位为保险兼业代理单位，为保险公司代办企财险、家财险、机动车辆险、货运险、责任保险、保证保险、长期寿险、航空意外险、健康险和人身意外险等10类保险。至2005年，无锡有12家代理公司、2家经纪公司、1家公估公司；1700家左右兼业代理、1.1万余名个人代理（业务营销员），兼业和专业中介代理人约2500～3000人，中介队伍1.3万～1.4万人，形成由专业代理、兼业代理和个人代理等较为完整的保险中介体系。

2005年末，全市有财产保险公司11家，其中地市级分公司3家、市级中心支公司7家、市级营销服务部1家；人寿保险公司9家，其中地市级分公司1家、市级中心支公司7家、市级营销服务部1家；出口信用保险公司1家；保险专业代理公司12家、17个机构，保险公估公司1家，保险经纪公司2家，保险兼业代理单位388家。保费总收入58.06亿元，在全省位于南京、苏州之后，居第三位，在全国20个保费超40亿元的大中城市中居第12位；保险密度（居民人均保费）为1282.13元，在全省城市中居第一位，在全国20个大中城市中居第五位；保险深度（保费占同期当地GDP的比例）为2.07%，在全国20个大中城市中居第17位。

第一节　管理机构

一、行政管理机构

1986年，无锡保险业由人行无锡分行管理。2000年9月，中国保险监督委员会南京特派员办事处成立。10月起，人行无锡市中心支行将保险业的监管业务划转南京保监办归口管理。2004年2月，南京保监办更名为中国保险监督委员会江苏监督管理局（简称“江苏保监局”），负责保险机构的准入、准出、变更，保险机构高级管理人员的审批，各保险公司的条款、费率和有关实务规定的审批以及对保险企业的经营行为和偿付能力的监管。

二、行业管理机构

1998年6月，市保险行业协会成立，人保无锡分公司、国寿无锡分公司、太保无锡分公司、平安保险无锡支公司和天安保险无锡办事处等5家单位为首批会员单位。协会日常工作机构为秘书处，设在人行无锡分行，下设产险及信息统计、寿险及投诉咨询两个办公室。1999年，全市各保险公司的业务负责人组成财产保险、人寿保险和机动车辆保险3个专业协调委员会，2002年4月调整为产险、寿险两个专业协调委员会。2003年10月，江阴市保险行业协会成立，成为全国第一个县级保险行业协会。2005年1月，市保险行业协会设立常务理事会和保险中介专业协调委员会。至年末，市保险行业协会共有会员单位22家。

第二节　财产保险

一、保费收入

1986年，无锡市财产险保费收入3547.9万元，其中农业险保费53.4万元。1992年，财产险保费收入16790.54万元，其中涉外险保费233.9万美元。1993年以后，产险业务发展快速，保费由1993年的21258.7万元增至2001年的72025.45万元；其中机动车辆险保费收入由7094.3万元增至36879.7万元，占产险比重由33.4%提高至51.04%。2001年，理财型家财险、贷款保证保险等个人投保险种保费收入8500万元左右，占产险比重由2000年的4.2%增至11.7%。此后，产险保费收入逐年增长，2002年85219.35万元，2005年148696.94万元，产险业务在全市保费总量的比重由2002年的19.07%上升至2005年的25.61%。至2005年，全市财产险保费总收入931563.67万元。

二、市场结构

1989年前，无锡财产保险市场由人保无锡分公司独揽。1989年，交行无锡分行保险部开始办理保险业务，但所占市场份额极低。1993年，太保无锡分公司成立，当年市场份额占6%。此后，随着平安保险、天安保险、大众保险在无锡成立分支机构，人保无锡分公司市场份额逐年下降。2002年，人保、太保、平安、天安、大众等5家无锡公司市场份额分别为59.9%、23.6%、11.1%、3.6%、1.8%。至2005年，无锡市从事财产保险业务的企业 11家。经营规模均超2亿元、职工数超200人的有3家，在全市产险市场份额中，人保无锡分公司占39.7%、太保无锡分公司占14.4%、中华联合保险公司无锡中心支公司占14.6%；平安财产保险公司无锡分公司、天安保险公司无锡中心支公司经营规模超1亿元、职工数超100人，市场份额分别为9.2%、7.3%；大众、大地、永安、华安、安邦、阳光等6家财产保险公司在无锡的分支机构经营规模均在1亿元以下、职工数一般不足100人，市场份额分别为2.7%、2.3%、4.4%、3.7%、1.4%、0.3%。

三、险种结构

1986年，无锡产险业主要经营企业财产保险、家庭财产保险、运输工具险、货物运输险、农业保险、责任险等六大类险种和涉外保险。各险种中，企业财产保险占52.31%，运输工具险占18.73%，货物运输险占17.17%，家庭财产保险占10.02%，农业保险占1.51%。随着经济社会的发展，各保险公司陆续开办机损险、水管爆裂险、盗窃险、生产（营业）中断工资保障保险、“三停”（停电、停水、停气）责任险、运输工具险附加车上责任险、产品质量责任险、锅炉压力容器险、雇主责任险，移动电话、BP机险，拆房、住宿安全险，建筑工程、安装险等附加险。随着市场需求的变化，机动车辆险、责任险的市场占比不断上升。1995年，机动车辆险占比升至46.2%，首次超过企业财产保险，成为产险业的第一大险种。1998年后，贷款保证险等先后进入产险市场，2003年停办住房贷款保证险。2002年以后，开办理财型财产险。人保无锡分公司开办“人保理财——金牛投资保障型家庭财产保险”，收到保险投资金8076万元；太保产险无锡分公司开办“安居理财保险”。2004年，华安保险无锡中心支公司开办“华安金龙收益联动家庭理财保险”，当年收到保险投资金8900万元。农业险2002年起逐渐萎缩，2005年退出市场。

1986～2005年无锡是主要年份财产险险种结构表

表18-6　　单位：万元、%

险种	1986年		1993年		2002年		2005年	
	保费	占比	保费	占比	保费	占比	保费	占比
企业财产险	1856.02	52.31	9296.40	43.73	20021.81	23.49	24029.93	16.16
家庭财产险	355.50	10.02	953.10	4.48	2090.17	2.45	2647.06	1.78
机动车辆险	664.50	18.73	7094.30	33.37	47801.66	56.09	101587.02	68.32
责任险	—	—	513.30	2.41	3975.92	4.67	4196.68	2.82
贷款保证险	—	—	—	—	5253.06	6.16	1748.01	1.18
人身意外险	—	—	—	—	339.09	0.40	4181.39	2.81
健康险	—	—	—	—	—	—	442.68	0.30
船舶险	—	—	163.90	0.77	—	—	—	—
农业险	53.40	1.51	149.90	0.71	47.00	0.06	—	—
货运险	609.18	17.17	2025.80	9.53	4662.76	5.47	7501.21	5.04
工程险	—	—	1.50	0.01	510.80	0.60	1115.06	0.75
其他险	9.30	0.26	1060.50	4.99	517.08	0.61	1247.90	0.84
合计	3547.90	100.00	21258.70	100.00	85219.35	100.00	148696.94	100.00

四、保险赔付

1986～1992年，人保无锡分公司处理赔案228651件，年均32664件；支付赔款总额53427.56万元，年均赔款7761万元，年均赔付率91.85%。1989～1992年，交通银行保险部处理赔案2389件，年均赔案597件；支付赔款1084万元，年均赔款271万元，年均赔付率为71.12%。全市产险年均赔付率91.32%。

1993～2001年，全市处理赔案427054件，年均赔案47450件；支付赔款185131.7万元，年均赔款20570万元，年均赔付率45.34%。2002～2005年，处理赔案557571件，年均赔案139393件，支付赔款248382.4万元，年均赔款62096万元，年均赔付率53.58%。

至2005年，全市财产保险公司共受理赔案1214696件，支付赔款488025.66万元，年平均赔付率52.39%，赔案和赔款呈逐年上升趋势。年均赔付率以1991年的283.6%为最高（特大洪灾），以1986年的34.7%为最低。

1986～2005年无锡市财产险保费收入和理赔情况表

表18-7　　单位：万元、件、%

年份	保费收入	赔案数	赔付额	赔付率
1986	3547.90	13981	1231.19	34.70
1987	4878.10	23271	1861.10	38.15
1988	6598.40	28921	2825.80	42.83
1989	7633.50	35291	3416.40	44.76
1990	9094.20	40393	4428.98	48.70
1991	11148.00	44077	31612.10	283.57
1992	16790.54	45106	9135.99	54.41
1993	21258.70	51104	15010.00	70.61
1994	26639.10	80425	13819.30	51.88
1995	34947.30	55059	14904.80	42.65
1996	37496.20	40970	16992.20	45.32
1997	48876.00	36704	20049.30	41.02
1998	51749.80	35419	23485.00	45.38
1999	55639.10	35160	23484.90	42.21
2000	59667.69	39089	25000.00	41.90
2001	72025.45	52155	32386.20	44.96
2002	85219.42	57323	48047.40	56.38
2003	95109.23	96971	54630.10	57.44
2004	134548.10	185587	67228.60	49.97
2005	148696.94	217690	78476.30	52.78

五、重大赔案

1990年8月31日，15号台风袭击无锡地区，全市971家企业、1510户家庭、5000亩水稻受灾，共赔款1077万元。无锡印染厂获赔款最多，为77.19万元，其中人保无锡分公司赔付50.5万元、交行无锡分行保险部赔付26.69万元。宜兴太华乡村民张某某为获赔款最多的农户，为1.05万元。

1991年六七月间，无锡遭受特大洪灾，全市约4.85万家投保企业和家庭受灾。其中，在人保无锡分公司投保的企业5138家、家庭41288户、水稻3.6万公顷；在交行保险部投保的企业和家庭约2000

家。共支付赔款28100余万元，其中人保无锡分公司支付27200万元、交行保险部支付903万元。为支付洪灾赔款，人保无锡分公司向银行和上级公司借款8000万元。交行保险部当年保费收入仅400万元，理赔金额约为保费收入的2.26倍。

1992年10月5日下午1时，位于宜兴市的无锡兴业纺织印染公司因油气分离器锅炉爆炸而引起大面积火灾，经对其设备、材料、账务等方面检损，并请两名国际公证行专家评估，人保无锡分公司支付赔款1896.1万元，为当年全省最大的火损赔案。

1993年8月3日下午3时，江阴长泾片和华士片遭受龙卷风、暴雨袭击，北涸、华士、陆桥、新桥、长泾、周庄、长寿等7个乡镇受灾，110家企业、12户家庭财产受损。人保无锡分公司仅用15天时间将109件赔案全部结案，赔款196.50万元。

1994年10月9～10日，无锡地区暴雨成灾，玉祁芙蓉圩80%的工厂被淹，339家投保企业受损，人保无锡分公司共支付赔款1074.3万元。

1994年12月17日，华瑞制药有限公司药品仓库由于外部自来水管爆裂，大批药品被淹，损失严重。经上级公司核准，太保无锡分公司通融赔付98万元。

1995年7月9日和8月25日，江阴汇华化工公司和江阴市商检局金属室分别发生火灾和爆炸事故，财产损失严重，太保无锡分公司分别向两家受损单位支付赔款393万元和183万元。

1996年7月4～5日，无锡地区骤降暴雨，500多家投保企业受损，人保无锡分公司支付赔款1480万元。

2001年7月23日，由江阴人保公司承保的兴澄钢铁有限公司装运钢坯的ELEVIT号轮从土耳其驶往中国江阴港途中搁浅受损，江阴人保公司赔付救助费用和海员下滩费用48.1万美元，成为无锡当时最大的一笔水险赔款。

第三节　人身保险

一、保费收入

1986年，无锡市的人身险业务由人保无锡分公司独家经营，全年收入1613.8万元。1991年，人保无锡分公司及下属支公司设立专门的人身保险部，人身险业务突破性发展，保费（含储金）收入5244.9万元，占全市保险业务总量的1/3；全年增收保费2177.4万元，比上年增长70.98%；其中长期储蓄性业务3784.3万元，比上年增长115.6%。

1992年，人保无锡分公司强化长期储蓄性业务，农村以养老金为重点；市区巩固子女婚嫁金保险的业务，加快发展独生子女两全保险①。全市全年人身险保费收入10159万元。其中，人保无锡分公司的子女婚嫁金保险新增参保人数15386人，全年保费收入1312.7万元；独生子女两全保险市区参保人数达17934人次，保费141.8万元，分别比上年增加7倍和1.18倍。

1993年后，无锡地区经营人身险业务的机构和展业模式均发生重大变化。1995年8月，国寿无锡分公司和太保人寿无锡分公司推行营销员展业模式，两家公司共招聘营销员350余人，走进千家万户。1999年，国寿无锡分公司拓展乡镇市场，乡镇保费近4亿元。2001年，全市人身险保费收入203525.1万元，比1993年的13211万元增长14倍，以年均37.4%的速度递增，在全市总保费中的占比由1993年的38.33%上升至73.86%。

① 两全保险，又称生死合险，是指被保险人在保险合同约定的保险期间内死亡，或在保险期间届满仍生存时，保险人按照保险合同约定均应承担给付保险金责任的人寿保险。

2002年开始，短期人身意外险和健康险发展较快，反映实际价值的折合成标准保费[①]有所提高。由分红险、万能险和投资连结等3个险种组成的理财型保险产品得到快速发展，其总保费占人身险保费总量的一半以上。是年，全市人身险保费总额361553万元；其中理财型保险保费179697万元，较上年增长455.62%。2003年，全市人身险保费总额481058万元；其中理财型保险保费290760.9万元。随着银行利率上调和其他金融理财产品的上市，理财型保险产品失去竞争优势，退保率不断上升，理财型保险业务下滑，导致人身险业务整体滑坡。2003年退保19464.2万元，退保率6.69%；2004年退保34329.5万元，退保率12.65%；2005年，退保51617万元，退保率22.35%。2005年，全市人身险保费收入431856万元，在全省列第三位。从总体上看，人身险的增速仍快于财产险，在无锡保险市场所占的比例由1986年的31.27%增至2005年的74.39%。

二、市场结构

1986年，无锡地区仅有人保无锡分公司经营人身保险业务。1993年，太保无锡分公司成立，占据0.1%的市场份额，此后逐年增加。随着平安、新华、泰康等3家保险公司无锡分支机构的成立，国寿无锡分公司、太保人寿无锡分公司所占市场份额逐步缩减，2002年分别为52.6%、25.4%，平安人寿保险公司无锡中心支公司（简称"平安人寿无锡公司"）、新华人寿公司无锡中心支公司（简称"新华人寿无锡公司"）、泰康人寿保险公司无锡中心支公司（简称"泰康人寿无锡公司"）分别占18.4%、2.5%、1.1%。2005年，全市有9家公司经营人身保险业务。其中，国寿无锡分公司业务收入24.16亿元，占市场份额55.9%；太保人寿无锡分公司、平安寿险无锡公司业务收入分别为8.3亿元、5.7亿元，分别占19.2%、13.2%；新华人寿无锡公司、泰康人寿无锡公司、生命人寿有限公司无锡中心支公司（简称"生命人寿无锡公司"）经营规模均超1亿元，市场份额分别为4.2%、3.7%、2.6%；太平人寿公司无锡中心支公司（简称"太平人寿无锡公司"）、民生人寿保险公司无锡中心支公司（简称"民生人寿无锡公司"）经营规模均在1亿元以下，市场规模分别为1.1%、0.1%；海康人寿保险公司无锡营销服务部营业收入和市场份额为0。

三、险种结构

1986年，无锡市场的人身险业务包括短期人身险（意外人身险和健康险）、长期寿险和养老金险三大类，包括团体人身1年期还本险、学生和幼儿平安险、独生子女两全险、子女教育婚嫁险、旅游险、驾驶员意外险、养老金险等32个险种。险种结构中，短期人身险占37.0%、长期寿险占41.4%、养老金险占21.6%。1998年8月，平安人寿无锡公司首先推出"团体新世纪增值养老金"等4个利差返还型保险。同年8～10月，平安人寿无锡公司、国寿无锡分公司和太保人寿无锡分公司先后推出利差返还新型险种。1999年，银行利率连续下调，无锡保险业按照保监会要求停办年利率2.5%以上的保险产品，分红险、投资连结保险等理财型品种快速发展。2000年起，无锡市对105种一年期以上的返还性人身险出台免征营业税的优惠政策，分红型、万能型、投资连结型险种快速发展。无锡8家人寿公司均开办分红险，太保人寿无锡分公司、平安人寿无锡公司、无锡泰康人寿公司等3家公司开办万能险，平安人寿无锡公司开办投资连结险。2002年、2003年、2004年、2005年，3种保险保费年收入分别为204209万元、290760.9万元、271366.2万元、230981.5万元，分别占当年全市人身险业务总量的56.48%、60.44%、58.06%、53.49%。分红险、万能险、投资连结险4年分险种收入分别为944704.5万元、36016.1万元、16597万元，分别占同期全市人身险业务总量的54.46%、2.08%、0.96%。

① 折合成标准保费是指寿险储金性业务按实际价值折合成相应的标准保费。

1986～2005年无锡市主要年份人身险险种结构表

表18-8 单位：万元、%

险种类型	险种	1986年		1993年		2002年		2005年	
		保费	占比	保费	占比	保费	占比	保费	占比
—	长期寿险	667.80	41.38	4520.13	34.21	296270.80	81.94	336474.70	77.91
理财型	其中：理财产品	—	—	—	—	179697.00	49.70	182624.70	42.29
保障型	年金（养老金）	348.80	21.61	5357.20	40.55	51066.00	14.12	72547.00	16.80
	意外伤害险	597.20	37.01	3128.27	23.68	4425.70	1.22	9707.59	2.25
	健康保险	—	—	205.40	1.55	9790.50	2.71	13126.72	3.04
合 计		1613.80	100.00	13211.00	100.00	361553.00	100.00	431856.01	100.00

四、保险给赔

1986～1992年，人保无锡分公司支付赔款3068.4万元、给付款5744.6万元，平均赔付率13.72%、给付率25.69%；交行无锡分行保险部支付赔款548.5万元。1993～2001年，全市5家寿险公司合计赔款39677万元，给付款58189万元，平均赔付率为5.6%，给付率为8.2%。2002～2005年，全市9家寿险公司合计赔款58654.3万元、给付款219845万元，平均赔付率3.4%、给付率12.7%。

1986～2005年无锡市人身险保费收入和给赔情况表

表18-9 单位：万元、件、%、人次

年份	保费收入	赔案数	赔付额	赔付率	给付人次	给付额	给付率
1986	1613.80	—	156.80	9.72	—	—	—
1987	2323.70	—	293.30	12.62	—	—	—
1988	2730.20	—	—	—	—	—	—
1989	2869.20	—	558.53	19.47	—	—	—
1990	3067.50	—	621.00	20.24	—	—	—
1991	5244.90	—	803.60	15.32	—	—	—
1992	10159.00	—	1184.20	11.66	—	—	—
1993	16153.00	—	1983.60	12.28	—	—	—
1994	17645.00	—	2282.80	12.94	—	—	—
1995	17333.00	50254	3603.00	20.79	—	—	—
1996	25092.00	—	—	—	1549	183.39	0.73
1997	63552.00	26585	5513.00	8.67	267	4465.60	7.03
1998	107299.00	3822	4219.00	3.93	8158	8841.00	8.24
1999	118785.00	—	2670.00	2.25	—	14969.00	12.60
2000	141064.00	—	11304.00	8.01	—	15932.00	11.29
2001	203525.00	30436	8101.50	3.98	—	13799.00	6.78
2002	361549.00	68516	11295.00	3.12	—	29620.00	8.19
2003	481058.00	59617	11991.00	2.49	—	56278.00	11.70
2004	466909.00	148895	18644.00	3.99	275233	98343.00	21.06
2005	431856.00	96299	16725.00	3.87	302575	35604.00	8.24

五、重大赔案

1997年6月3日傍晚，张某因在屋顶催鸽归巢失足摔下，经抢救无效于6月5日身故。事发后，太保无锡分公司派员核查，在7天内完成核查赔付手续，赔付20万元。

1997年11月13日，无锡客运分公司一辆由无锡开往靖江的客车途经江阴塘头桥时发生车祸，车内乘客11人死亡、12人受伤。车祸发生后，国寿无锡分公司派员组织理赔，赔付27.18万元。

1999年7月9日，在江阴做服装生意的任某某在家中擦玻璃时，不慎从4楼坠下，当场死亡。国寿江阴支公司支付赔款48万元。

2000年11月中旬，个体经营者王某患重症身故。其生前向国寿无锡分公司投保"鸿寿养老保险"和"重大疾病终身保险"。王某发病后，国寿无锡分公司即预付8万元让其治病。王某病故后，国寿无锡分公司向其家属支付102.88万元的保险金，为当时省内赔付金额最大的个人赔案。

2005年5月日，杨某因车祸颅脑严重损伤不治身亡，其妻当场死亡。杨某生前在平安人寿无锡公司投保意外伤害险。事发后，向被保人给付理赔款183.65万元。

第四节　其他保险

一、公益型医疗保险

2001年起，无锡各人寿保险公司参与兴办新型农村合作医疗保险（简称"新农合险"）。当年11月，太保人寿无锡分公司在江阴率先启动农村大病住院医疗保险，80万人参保。2002年7月1日和10月1日，分别在锡山区、滨湖区推广新农合险，参保人数分别为20万人、15万人，江阴市的参保人数增至85万人。同年12月，国寿无锡分公司在无锡新区推出农村大病住院医疗保险，参保人数10万人。是年，全市新农合险保费收入2236.95万元。2003年7月，太保人寿无锡分公司在惠山区推开新农合险，21.8万人参保。2004年1月，国寿无锡分公司在宜兴市推广新农合险，参保人数54.4万人。至2004年末，无锡保险业参与江阴、宜兴两市和锡山区、惠山区、滨湖区和新区的新农合险，合计226.12万人参保，农村居民除已参加社会医疗保险者之外，几乎全部参加新农合险。此外，平安人寿无锡公司2003～2005年在市区开办针对在职职工和退休职工的城镇职工补充住院医疗保险（简称"职工住院险"），22.9万人参保，参保率95%。2005年，全市新农合险保费收入21302万元，职工住院险保费收入1693.93万元。

二、出口信用保证保险

90年代初期，无锡市出口信用保险起步，主要由人保无锡分公司代为办理。2001年12月，中国出口信用保险公司成立后，此项业务划并到中国出口信用保险公司江苏分公司。2005年4月18日，中国出口信用保险公司无锡办事处挂牌运作。至是年末，无锡地区出口信用保险累计承保2.4亿美元，对无锡市一般贸易的支持率由2003年初的0.7%提高至2.7%，直接拉动一般贸易出口增量2亿美元。

三、个人住房担保贷款综合保险

1998年，太保无锡分公司开办个人住房担保贷款综合保险，至1999年，承保1154户，保费83.77万元，未发生赔案。2000年后，人保无锡分公司、天安保险无锡公司和平安产险无锡公司先后进入个人住房担保贷款综合保险市场。随着此项保险潜在风险的日益显露，2002年，天安保险无锡公司退出该险种市场。2003年8月5日，南京保监办责令无锡市的贷款保证保险停业整顿。至2003年8月，共承保82232户，保费7303.95万元，发生赔案311起，赔款1835.66万元。

四、分期付款购车保险

1998年，人保无锡分公司开办分期付款购车保险，承保350户，保费131.3万元，未发生赔案。1999年后,太保产险无锡公司、平安产险无锡公司和天安保险无锡公司先后开办此项保险。至2003年8月，全市承保43223户，保费11678.29万元，发生赔案2238起，赔款7070.14万元，风险日益显露。2002年，天安保险无锡公司退出该险种市场。2003年8月5日，南京保监办责令无锡市的贷款保证保险停业整顿。此后，各公司主要处理前几年承保业务的遗留赔案和追偿工作。经过停业整顿，2004年末起，个别公司又恢复该项业务。

第五节 保险公司简介

一、中国人民财产保险股份有限公司无锡市分公司

公司位于无锡市中山路58号。1949年12月，中国人民保险公司苏南分公司在无锡成立。1952年，苏南、苏北两家分公司合并成立江苏省分公司，并成立无锡市支公司。1959年3月，保险业务停办。1979年，恢复成立无锡市支公司，隶属人行无锡市支行，对内称保险科。1980年，无锡市支公司正式独立。1985年2月，更名为中国人民保险公司无锡分公司。1988年，更名为中国人民保险公司无锡市分公司，推出子女婚嫁金保险等新型险种。1989年，设4个市区办事处，全年保费首次突破亿元大关。1996年3月，中国人民保险公司改组成立中国人民保险（集团）公司，下设中保财产保险有限公司、中保人寿保险有限公司、中保再保险公司3家子公司，各分（支）公司产、寿险分业经营。中保产险无锡公司继承原人保无锡分公司全部资产、负债以及分支机构，经营除人身保险以外的所有保险业务。1999年1月，中国人民保险（集团）公司撤销，无锡分公司更名为中国人民保险公司无锡分公司。是年，成立追偿中心，在市区成立业务处理中心。2000年，开通“95518”服务专线，成立客户服务中心，实行市区所有险种集中定损理赔，接受客户电话投保、咨询服务，处理投诉举报等。2002年，在市区推行24小时现场救援服务。2003年7月，公司更名为中国人民财产保险股份有限公司无锡市分公司。2004年，开通电子商务网站，全辖完成保费收入6.03亿元。

至2005年，人保无锡分公司设有6家支公司、8个专业保险部、43个营业部以及101个营销服务部，建立起以直销为主、代理为辅的业务发展渠道，有职工800多人、专兼职代理人员1000余人，经营机动车辆险、企业财产险、货运险、责任险、家庭财产险和保证险等近400个险种。全年保费收入59003.1万元，处理赔案91675件，赔付金额40335.49万元，实现报表利润6193万元。

二、中国人寿保险股份有限公司无锡市分公司

公司位于无锡市梁清路4号。1995年2月，人身险业务从中国人民保险公司系统中分设出来，成立南京人寿保险股份有限公司无锡市代理处。1996年，中保（集团）人寿保险有限公司成立无锡分公司和江阴、锡山、宜兴等3家支公司。1999年3月，更名为中国人寿保险公司无锡分公司（简称“国寿无锡分公司”），全年总保费9.33亿元，名列全国系统同级分公司第一位。江阴支公司获得1999年度全国总工会颁发的五一劳动奖状，成为全国人寿系统唯一获此荣誉的单位。

2000年，开办银行代收、代付业务。全年总保费10.16亿元，在全省系统率先跨入10亿元地（市）级分公司，居全国同类公司首位，成为全省系统唯一蝉联四年的总、省公司系统“双文明”建设先进单位，江阴支公司成为全省系统第一个保费总量突破3亿元的县级支公司。2001年，率先推出分红

保险和银行邮政代理保险产品，开通“95519”全国统一客户服务专线电话。2002年，在全市开通787个银行、邮政代理网点，代理业务占全年直销新单保费的75%以上；设立农村大病住院医疗保险管理中心，与新区政府合作承办新区农村大病医疗保险。2003年8月，更名为中国人寿保险股份有限公司无锡市分公司。2005年，重点发展10年期以上期交险种和意外险等效益型险种，江阴、宜兴支公司实现专职专业化经营。市区成立锡山、惠山、滨湖3家综合经营的区级支公司，拓展农村市场。同年10月，宜兴支公司与地方政府合作承办农民基本养老保险业务。是年，公司实现保费总收入24.16亿元，其中寿险首年保费10.83亿元，寿险首年期交保费2.55亿元；处理赔案72758件，赔款9277万元。

三、中国太平洋财产保险股份有限公司无锡分公司

公司位于无锡市崇宁路8号。1993年11月19日，中国太平洋保险公司无锡分公司成立。1994年，设江阴市、宜兴市、无锡县等3个代理处，自营涉外保险业务。2000年11月，产、寿险分业经营，在原分公司财产险业务和人员的基础上，成立中国太平洋财产保险股份有限公司无锡分公司，仍设于原址。2001年12月，改为中心支公司。2002年10月，独家承保第十一届中国金鸡百花电影节开幕式公众责任险，保额25亿元，成为无锡市保险业第一笔大型活动公众责任险业务。2003年，公司升格为产险直属中心支公司，由总公司直接管理。2004年，公司在扩大非车险业务的同时，将企业财产险、货运险、责任险、人身意外险等业务列入重点发展险种，控制低效益和高赔付险种，调整业务费用。2005年，非车险业务市场份额增至25.28%，其中家庭财产险市场份额位居全市第一；车险业务在众多不利因素下保持不亏损。独家承保江苏省规模最大的外资项目“海力士”标的20亿元的建工险。10月，公司由中心支公司改为分公司。全年保费收入20082万元，赔付10384万元。

四、中国太平洋人寿保险股份有限公司无锡中心支公司

公司位于无锡市新生路109号。2000年11月，在原太保无锡分公司人身险业务和从业人员的基础上，设立中国太平洋人寿保险股份有限公司无锡分公司及江阴、宜兴、锡山、郊区支公司。2001年，先后成立滨湖支公司（原郊区支公司）、惠山支公司、营销业务部（由原营销管理部分设）、中介业务部，基本形成“城乡并重、同步发展”组织架构和管理体制。8月，由太保寿险总公司开发的全国首个万能寿险“太平盛世·长发两全（万能型）”在无锡上市，首日销售3480万元。同年11月，公司参与创办和实施专业化管理的全国首家新农合险——江阴农村住院医疗保险开办，参保农民79.3万人，参保率86.9%。是年锡山支公司保费收入10132万元，在江苏省全辖率先成为亿元支公司。2002年3月，更名为中国太平洋人寿保险股份有限公司无锡中心支公司。公司首个中介业务产品“红利来两全保险A款（分红型）”上市，首日销售720万元。是年，公司被评为太保系统AAA级中心支公司。2003年起，公司实施业务结构调整和核保核赔集中管理，重点发展个人传统新保期缴业务和短期意外险业务，协调发展团体寿险业务和中介代理业务。公司向解放军101医院赴小汤山医疗小分队捐赠保额为230万元的保险。2002～2003年，相继开办锡山区、滨湖区、惠山区新农合险。2005年，公司重点发展个人业务、短期意外人身险（简称“短意险”）业务、健康险业务和规模业务。全年保费总收入83012万元，其中个人传统新保期缴保费收入6121万元、短意险3317.2万元、团体寿险35491万元、银行代理业务9560万元；赔付2091万元。至是年末，由太保寿险无锡中心支公司管理的当年度新农合参保人员148.61万人，管理基金10723万元。

五、中国平安财产保险股份有限公司无锡分公司

公司位于无锡市园通路26号。1994年，中国平安保险股份有限公司江苏分公司在无锡设立代表处，由南京分公司统一管理。至1996年，无锡代表处经办保险业务6500万元。1997年11月，中国平安保险股份有限公司无锡支公司成立。是年，财产险保费收入1405万元，综合赔付率40%；人

身险保费收入6500万元。成立江阴团队，由江苏分公司管理。1998年，成立锡山支公司，江阴团队划归无锡平保公司管理。1999年，在宜兴设立代表处。2000年，开办汽车保险以及住房贷款保证险。是年，产寿险保费收入近2亿元，代理点增至300多个，职工3000多人。2001年，产、寿险分业经营，成立中国平安财产保险股份有限公司无锡支公司（简称“平安产险无锡公司”）。开通网上电子平台，实现网上投保、报案、查询服务，并在网上开设保险会员专区。3月，首家推出团体退休金投资连结保险，填补国内团体保险市场的空白。2003年2月，升格为中心支公司。2005年，升格为分公司，设团体客户、个人客户、资源支持、客户服务等4个中心和江阴、宜兴、锡山、营业本部等4个机构。全年保费收入13704万元，赔付6637.7万元。

六、中国平安人寿保险股份有限公司无锡中心支公司

公司位于无锡市梁清路10号。1997年，成立中国平安保险股份有限公司无锡中心支公司，开办51个险种，全辖保费4384.48万元，给付3.37万元。1998年8月，公司人身险业务部门迁入无锡市五爱路33号人行无锡分行内办公。1999年，公司在江阴市、锡山市的8个乡镇以网点模式开展人身险业务。同年12月，实行个体险、团体险专业化经营。是年，人身险保费突破亿元大关，达1.89亿元。2000年，与建行无锡分行合作银行保险业务，开无锡保险市场先河。

2001年，产、寿险分业经营，成立中国平安人寿保险股份有限公司无锡支公司。率先推出团体退休金投资连结保险。至年末，公司开办险种118个；分别在市区中行、工行、农行、建行、邮储铺设网点，全年银保业务总量1.2亿元。2002年，公司在全市设立营销服务部50个，在江阴市、宜兴市、锡山区设银保网点600个，全辖保费6.86亿元，其中银保业务2.8亿元。2003年2月，升格为中心支公司。5月，针对“非典”疫情，公司制定推出团体保险计划和个人保险新条款，拨备1000万元建立抗“非典”教育救助基金，为因救治非典患者而殉职医务人员的未成年子女提供相关年龄段的教育资金。其时，无锡保险市场竞争主体增加，其他保险公司相继开设银保业务，公司银保业务同比下降，当年保费总量6.19亿元，略有下滑。2005年，公司保费总量5.94亿元，赔付3225.29万元、给付3625.1万元，利润2347.45万元。

七、天安保险无锡中心支公司

公司位于无锡市学前街27号。1997年5月26日，天安保险股份有限公司南京分公司无锡办事处成立，28日挂牌营业。2001年10月，更名为天安保险股份有限公司无锡中心支公司。2003年2月，滨湖、锡山、江阴、宜兴等4家支公司开业。2004年，开发区、堰桥两个营销服务部开业；公司获经营外汇业务许可证，开展外汇业务。2005年，完成保费收入10856.17万元，实收保费10345.68万元，赔付率52.89%，利润38万元。

八、大众保险股份有限公司无锡中心支公司

公司位于无锡市新生路107号8楼。2000年8月，大众保险股份有限公司无锡支公司成立。2001年9月17日，升格为中心支公司。2002年，设立江阴支公司、宜兴支公司、锡山营销服务部。2003年，设滨湖、新区两个营销服务部。2005年10月，锡山营销服务部升格为支公司。2005年，完成保费收入4058万元，其中非车险业务占30%。

九、新华人寿保险股份有限公司无锡中心支公司

公司位于无锡市人民中路97号佳福大厦16楼。2001年12月，新华人寿保险股份有限公司无锡中心支公司成立。2002年8月，在江阴、宜兴、洛社和华庄设4个营销服务部。11月12日，投保年龄放宽至80周岁的新险种“美满人生”在无锡市场上市，首单为一名79周岁的老人投保3万元。2003

年，与中行、工行、建行等10家金融机构合作，设立兼业代理机构网点397个。2004年6月，撤销华庄营销服务部。2005年，公司启动银行代理业务的二次开发（银代期缴业务）。2005年，公司个险标准保费2428.2万元，实现保费收入1.8亿元。

十、泰康人寿保险股份有限公司无锡中心支公司

公司位于无锡市五爱路18号化轻大厦。2001年12月，筹建泰康人寿保险股份有限公司无锡中心支公司，2002年4月成立，下辖江阴、宜兴两个营销服务部。年内，率先在无锡市场推出客户百分之百电话回访，设计开发出个性化保单封套。2003年，在人身险市场上率先推出专门针对“非典”的“世纪泰康抗击SARS保险计划”。2005年，公司保费收入14011.8万元，赔付169.3万元。

十一、中华联合财产保险公司无锡中心支公司

公司位于无锡市人民中路97号佳福大厦17楼。2004年1月，中华联合财产保险公司无锡中心支公司开业。4月，江阴、宜兴、锡山、惠山、滨湖等5家营销服务部开业。10月，下属营销服务部升格为支公司。2005年，拓展机动车辆保险业务，承保无锡市区80%的出租车车险。是年，完成签单保费2.3亿元，实收保费2.2亿元；赔付9706.2万元。

十二、永安财产保险股份有限公司无锡中心支公司

公司位于无锡市前西溪15-18号。2004年3月，永安财产保险股份有限公司南京分公司无锡营销服务部成立。9月，江阴、宜兴、锡山区等3个营销服务部相继成立。12月，无锡营销服务部升格为无锡中心支公司，并成立滨湖区营销服务部。2005年2月，成立新车险业务部和惠山业务部。是年，公司签单保费5906.9万元，实收保费5782.6万元，赔付3690.6万元，利润385.5万元。

十三、民生人寿保险股份有限公司南京分公司无锡营销服务部

公司位于无锡市五爱路81号润富泰大厦4楼。2004年7月，成立民生人寿保险股份有限公司南京分公司无锡营销服务部。9月，成立宜兴营销服务部。2005年8月，成立江阴营销服务部。是年，无锡营销服务部保费收入947.52万元，赔付8.3万元。

十四、华安财产保险股份有限公司无锡中心支公司

公司位于无锡市五爱路81号润富泰大厦4楼。2004年9月，华安财产保险股份有限公司无锡营销服务部挂牌营业。2005年4月，无锡营销服务部升格为无锡中心支公司。2005年，无锡公司连同江阴、宜兴营销服务部实现保费收入5483.72万元，华安金龙收益联动家庭理财保险保障金收入9400万元。

十五、生命人寿保险股份有限公司无锡中心支公司

公司位于无锡市解放西路195号华通大厦6楼。2004年12月，生命人寿保险股份有限公司无锡中心支公司开业，先后设立江阴、宜兴、锡山等3个营销服务部。2005年，公司保费收入10356.08万元，创无锡保险行业新建公司在1年时间保费收入即超亿元的先例；给赔17.51万元。

十六、中国出口信用保险公司无锡办事处

公司位于无锡市人民中路123号摩天360大厦27楼。2004年，中国出口信用保险公司江苏分公司筹建中国出口信用保险公司无锡办事处，2005年4月18日挂牌。2005年，承保金额1.65亿美元。

第三章　证券　信托　期货　典当

第一节　证券业

1987年11月，无锡市第一家证券业务部成立，由建行无锡分行信托投资公司承办，既办理规范化债券的代理发行业务，又办理包括国家发行和金融机构发行的债券和大面额存单的转让买卖业务。1988年6月上旬，全市各家银行和市信托投资公司在市区设立5个国库券交易点，开办国库券转让买卖和代保管业务。至1990年末，无锡市信托投资公司、工行无锡分行和农行信托投资公司、交行无锡分行相继开办包括代销、承销、包销在内的证券发行、代理兑付和转让买卖业务，并允许批准上市的企业债券、短期融资券进入市场转让买卖。至此，全市共设立15个证券业务代理点，证券转让买卖总额5427万元，其中成交5187万元。

1991年，全市增设20个证券交易营业部及证券代购点，增加债券交易种类。全年各证券交易机构自营买卖有价证券1.37亿元，其中成交国家债券1.04亿元、地方企业债券0.34亿元。1992年9月，上海申银证券公司无锡营业部开业。12月，注册资本金3000万元的无锡市证券公司及宜兴证券交易柜挂牌营业。全市证券交易部增至9个。1993年1月19日，市证券公司选派无锡第一代红马甲进驻上海证券交易所，开办上海股票委托买卖业务。1月21日和2月15日，市证券公司分别被上海和深圳证券交易所吸收为会员。4月，江苏省证券公司在无锡筹建营业部。6月，中国新技术创业投资公司无锡证券营业部开张营业。同月4日，市证券公司通过亚洲一号卫星同步接收沪、深股市行情，并于9月13日开通股票交易条形码自动委托系统及电话委托业务，开苏南地区股票交易自动化先河，在无锡地区以跑道最快、业务最全、网点最多、实力最强、规模最大著称。至1993年末，市证券公司开设资金专户14000户，其中上海12600户、深圳1400户；共接受股票委托买卖业务124516笔，成交金额9.48亿元。

1994年7月，市证券公司开办国债业务，至年末业务量55亿元。是年，全市证券交易机构增至19个，股票年交易量137亿元。1995年，股东开户80233户，股东资金账户金额12963万元，全年证券成交总额565亿元，证券机构营业收入4037万元，利润343.6万元。

1997年初，市财政局出资3000万元，控股市证券公司。同年，市证券公司取得经营股票承销业务资格。1997～1998年，市证券公司先后参与无锡小天鹅A股、中视股份、鼎球实业、上海建工、江苏威孚A股、扬子石化等新股的发行及四川长虹原始股份的配股承销业务和国债的发行承销业务，累计承销证券金额61530.84万元，其中承销新股34080.84万元、配股12500万元、国债14950万元。1998年11月15日，市证券公司进行增资扩股和改制，更名为无锡证券有限责任公司。

1999年，江苏省证券公司无锡营业部改制为华泰证券有限责任公司无锡营业部。是年，全市有证券营业部15个，从业人员386人；全年新增股东账户46744户，累计264973户；年末客户保证金余额589766万元；利润总额12618万元。2000年，全市有证券营业部16个，从业人员449人，全年证券营业机构沪、深两市股票（包括基金）成交总额1412.62亿元，年末客户保证金余额96.66亿元，全年新增客户102424户；营业收入5.61亿元，实现利润2.62亿元，缴纳地方税费3637.94万元。

2001年，无锡证券有限责任公司吸收合并无锡市信托投资公司所属3家证券营业部，并在此基础上增资扩股至10亿元，组建无锡市国联证券有限责任公司（简称“国联证券”）。2002～2005年，

图18-3　2004年，位于县前东街的国联证券公司股票交易大厅
（市委宣传部供稿）

全市证券市场持续低迷，国联证券通过完善制度、控制风险和规模、提高投资收益等措施，实现连续3年赢利，利润总额分别为2800万元、10755万元、5068万元。2005年末，国联证券内设13部1室，职工294人，下辖证券营业部14个，其中无锡市区6个、上海2个，南京、北京、杭州、广州和江阴、宜兴各1个；证券服务部2个。本部全年证券交易量438.26亿元。

2005年，市区有国联证券有限责任公司及其6个证券营业部、华泰证券有限责任公司无锡解放西路营业部和永乐路营业部、申银万国证券股份有限公司无锡清扬路营业部、中国建银投资证券有限责任公司无锡健康路证券营业部、国信证券股份有限公司无锡梁溪路证券营业部、招商证券股份有限公司无锡新生路证券营业部、国泰君安证券股份有限公司无锡人民中路证券营业部、广发证券股份有限公司无锡清扬路证券营业部、大通证券股份有限公司无锡建筑路证券营业部、海通证券股份有限公司无锡营业部、信泰证券有限责任公司无锡证券营业部，江阴市有华泰证券有限责任公司、南京证券有限责任公司、国联证券有限责任公司各1个证券营业部，宜兴市有国联证券有限责任公司、新疆证券有限责任公司各1个证券营业部。

第二节　信托业

1986年12月9日，无锡市投资信托公司（简称“市信托公司”）成立。1987以后，在市区和江阴市建立6家股份制信托投资公司。1990年，信托业资产总额19900万元。1991年，更名为无锡市信托投资公司，注册资本增至5150万元。1992年5月，市信托公司在全市首次发行无锡信托受益债券1500万元。1993年，公司总资产3.83亿元，资本金5800万元，资金营运规模4.17亿元，各项存款余额1.88亿元，各项贷款和投资租赁余额2.53亿元，固定资产原值1103万元，实现利润1056万元。1994年，无锡信托业按照国家银行、信托分业管理的要求，以效益为核心、金融为龙头、证券为主干、实业为基础，以道、桥、路、水、电、气为业务重点，实施投资、贸易、房地产等业务全面发展战略，进入快速发展时期。全市信托行业吸收企事业单位和机关团体预算外委托资金，全年委托存贷款余额2.38亿元。初步建立相对稳定的融资网络，从北京、上海、宁夏等地引进中长期资金2亿元。是年，市信托公司营运资金5.16亿元，各项存款3.8亿元，各项贷款及投资3.33亿元，发行债券4500万元，兑付债券5000万元，兑付国库券占全市总量的80%；实现利润1350万元，人均创利38万元，资产总量、资产质量、实现利税、人均创利等主要经济指标位居全省同行前列。1995年，无锡信托业发行国债2480万元、兑付1600万元，代理发行、兑付企业融资债券9300万元。组织基金存款，优化信贷结构，各项基金和代理收费额1.9亿元，贷款4.47亿元，帮助企业解决原材料采购、技改、生产流动资金不足等困难。

1996年，无锡信托业扩大委托、代理、证券、担保见证等新业务，全年代理发行8期企业债券和融资券8000万元，兑付16个品种到期国债1740万元。靖江江苏金城物资交易中心无锡分公司非法集资案暴露后，市信托公司承担部分债权和物资清理工作，追回大量散失物资，筹措资金减少出资者损失。1997年，市信托公司协助政府盘活国有资产存量，先后收购无线电元件四厂、友谊商店和冶金疗养院等多年亏损单位，分别建成住宅小区和证券交易大楼；收购归并恒信、锡信和开信证券交易营业部；成立无锡与香港合资的无锡金匮建设有限公司，引进外资6200万美元；组建集金融、证券、地产、贸易、资本经营为主体的新中亚投资集团有限公司。1998年，首次作为主承销商，代理发行地方电力公司债券1.2亿元；服从政府决策，承担风险为10多家企业提供2000多万元担保，出资2000万元参加发起组建无锡市担保公司，出资3000万元与市科委共同创立无锡高新技术风险投资基金。全年市信托公司实现利润4210.7万元，投资收益2096万元，净资产收益率31%，在全省19家同类地方信托投资公司中均名列第一。1999年，国家清理整顿信托业，市信托公司压缩信贷业务，扩大委托业务，增加投资力度，拓展信托投资新业务，全年实现利润4618.6万元，资产总额34.2亿元，净资产收益率10.71%；全年证券交易金额178亿元，其中股票144亿元、国债34亿元。

2000年，市信托公司代理交易沪深股票337.41亿元，占上海、深圳交易总额的0.51%；佣金收入10793万元；股民开户85183户，新增20907户；兑付各期国债2076万元、中亚债券370万元；代理政府收费13515万元，其中粮食物价调节基金7500万元、防洪基金3400万元、教育基金1120万元、居民环卫费1800万元；资产总额42.52亿元，净资产收益率10%，实现利润5321.62万元。

2001年，市信托公司涉足租赁领域，全年办理人保无锡分公司的10辆理赔车和工人太湖疗养院的医疗设备租赁，租赁总额1189万元。调整信贷政策，贷款重点向国有大中型企业、市政府重点项目、国联集团倾斜，全年信托贷款16050万元，对资金运营情况实施实时监控；筹措资金3.55亿元，为重点企业、项目和国联集团单位的银行借款提供担保18587万元；代理收费16500万元，兑付各期国债550万元、威孚公司债券1000万元、地方电力公司债券1900万元。12月底，在全国信托业的第五次清理整顿期间，由于市信托公司资本金充实、资产质量优良、没有个人负债、盈利能力较强，符合信托公司保留政策的实际情况，人行南京分行同意其金融许可证使用期限延长至2002年6月30日。年末，市信托公司资产规模38.4亿元，为1986年开办时的700倍；净资产4亿元，是开办时的800倍；当年实现利润5018万元，人均创利27.94万元。

2002年1月，市信托公司根据证监会《关于同意无锡市证券有限责任公司股权变更及增资扩股的批复》及人行总行有关精神，对3个证券营业部资产进行会计处理，结清所有资金往来。资产剥离后，市信托投资拥有26.80%股份。同年7月，人行同意调整市信托公司整顿方案，保留市信托公司。公司资产总额18.53亿元，实现利润3511万元，净资产收益率为8.22%。2003年3月，市信托公司重新登记，更名为国联信托投资有限责任公司（简称“国联信托”），注册资本6.15亿元，控股股东为国联集团。国联信托拓展信托业务新领域，先后组织实施芦村污水处理厂三期工程、江阴钢厂和宜兴土地交易中心等24个项目的资金信托，操作实施无锡电缆厂、无锡糖业烟酒有限公司等10个管理层收购项目。全年完成信托业务规模近30亿元，实现利润5300万元。

2004年，国联信托以服务无锡地方国企改制为目标，通过金融创新和运用组合投资等手段，实施金融资本与实业资本相结合战略，全年信托业务资产规模38亿元，自营资产规模7.18亿元，实现利润7658万元；担保增资至2亿元，累计担保金额5.7亿元。2005年，信托业务模式由单一资金借贷逐步向以股权投资和资金借贷相结合的方向转型，围绕政府重点项目开拓新业务、发行新产品，业务规模增至49亿元，净资产73814万元，实现利润10189万元。

第三节　期货业

1993年4月，无锡市金属材料公司全资筹建成立金万达期货经纪公司，成为首批在国家工商总局注册登记的期货经纪公司之一，拥有上海金属交易所、深圳有色金属交易所、苏州商品交易所、郑州商品交易所、天津联合期货交易所、北京商品交易所等国内大交易所的会员资格，当年成交额60亿元，手续费收入488万元，利润1022万元。1995年起，期货业进入治理整顿阶段，国家规定国有企业未经有关部门批准不得参与期货交易，同时取消国债期货、部分钢材品种、建材品种、农产品等期货合约的交易，关停众多交易所，金万达期货公司经营业绩大幅下滑。市物资局牵头调整公司股东结构，增加无锡市物产总公司为股东，持有30%的股份，公司迁址无锡市人民中路185号物产大厦2楼，注册资本2000万元。1999年，公司增资扩股并变更股东结构，其中无锡市金属材料公司出资1800万元、无锡轻骑摩托车公司出资1000万元、无锡市物产总公司出资200万元。

2001年末，金万达公司股权全部转让，更名为无锡国联期货经纪有限公司（简称“国联期货”），注册地址为无锡市梁溪路28号东2～4层。国联集团持股2000万元，占总股本的66.67%；无锡国联基础设施投资有限公司持股1000万元，占33.33%。2003年，国联期货在江阴、盐城开设两个期货营业部。2004年8月，国联期货迁至无锡市人民路97号佳福大厦4楼。至2005年，国联期货下设盐城、江阴、长沙、上海等4个营业部，全年完成期货交易额580亿元。

第四节　典当业

1992年，由人行无锡分行退休干部出资，成立无锡市小额贷款处。1993年，建行无锡分行、无锡市城市信用联社部分退休干部先后开办梁溪小额贷款分理处、河埒小额贷款分理处，均挂靠无锡市小额贷款处。市小额贷款处归口人行无锡分行管理，以黄金饰品质押为主要业务，业务经营范围涉及动产质押、权利质押和房地产抵押等。1998年，市小额贷款处、梁溪小额贷款分理处、河埒小额贷款分理处按国家规定重新登记注册，分别更名为五爱典当行、梁溪典当行、胜利典当行；新设立宜兴振达典当行。4家典当行经办业务仍以黄金饰品质押为主，也有部分车辆、证券质押和房地产抵押。1999年末，4家典当行注册资金2000万元，资产总额2922万元，典当余额2110万元，贷户5987个，全年典当45223人次。典当余额中黄金饰品质押1392万元，占66%；其余为证券、房产、车辆等。

2000年8月起，无锡典当业改由市经贸委监管。典当业务范围拓展至手机、照相机、手表、电脑、家用电器、车辆等质押业务，房地产抵押业务，证券、债券、应收账款、仓单、股权等权利质押业务。2004年，成立无锡市典当行业协会。

2005年，无锡市新设10家典当行及4个分支机构。至年末，全市共有14家典当公司和4家分公司。其中：城区有五爱、胜利、梁溪、普润、现代、春申、梁青、银苑等8家，江阴有安泰、太阳、银信、泰昌等4家，宜兴有振达、友邦2家；五爱、胜利、梁溪、安泰各有1家分公司。14家典当公司注册资金23500万元，资产总额37111万元，贷户18078个，全年典当115196人次，典当余额30921万元。典当业务中，黄金饰品等传统质押业务2476万元，占比由1992年的90%以上降至7.5%；车辆典当893万元，占2.9%；证券典当1371万元，占4.4%；房地产典当19699万元，占64%。全年累计放款20亿元，其中个私企业426户、13.3亿元，典当月费率1分半至3分。全行业全年营业收入4530.2万元，利润1190.46万元，上缴税金317万元，经营业绩居全省前列。

无锡市志

【第二册】

第十九卷

财政　税务

概 述

1986年，无锡市实行总额分成加增长分成财政体制。1988～1990年，实行收入递增包干的财政体制。1994年1月1日起，中央实施国、地税分设的新税制，无锡分别设立国税局和地税局，并进行税种税制和税收征管制度改革，加强重点税种、重点行业和重点税源的征收管理。同年，中央实行分税制财政体制改革，无锡市财政以此为转折点，通过在1993年做大5亿元的收入基数，不仅使无锡市的财政状况得到根本性好转，更奠定以后长远的发展基础，一举扭转1992年收支赤字并倒挂0.2亿元的局面。自此，市、市（县）收入均大幅增长，三市（县）收入总量及增幅第一次超过市区。进入21世纪，在国家扩大内需、拉动经济增长的宏观政策带动下，无锡市经济出现超常增长，财政收入快速增长，收入结构不断优化。除一般税收外，外资企业税收、个人所得税、房屋交易税、城建税等税收有很大的增长。上市国有企业经济效益的增长，较大地拉动财政收入的增长。5年间，全市财政总收入累计实现1373.47亿元，是前15年财政收入总和664.07亿元的两倍多。2005年，无锡市财政总收入421.8亿元，一般预算收入181.68亿元，在全省各市中居苏州、南京之后，均列第三位。财政支出240.95亿元，公共财政支出的重点领域集中于保运转、保稳定、促公共事业发展等“两保一促”项目。

第一章 财 政

第一节 机 构

1986年，无锡市财政局内设秘书科、人事科、预算科、综合计划科、商贸科、工交科、行财科、驻厂科、农财科、财研所等10个科室，下设无锡公证会计师事务所、无锡市财务培训中心两家事业单位。1991年，增设无锡市国有资产管理办公室（简称“市国资办”）。1992年12月，成立无锡市证券公司。1993年，实施经营性财政，组建财政保险公司和梁溪合作银行。6月，设无锡市契税征收管理所。1995年4月，市国资办更名为市国资局，为市财政局下属二级局。1995年11月，市财政局内设机构由科改为处，设农业财税处、工交企业财务处、预算管理处、税政处、行政事业财务处、社会保障处、综合计划处、商贸企业财务处、基本建设处、外贸外经处、财政监察处、会计事务管理处、财政政策研究室、控制社会集团购买力办公室等；市国资局内设机构调整为综合处、资产评估管理处、产权一处、产权二处。

1996年，增设财政部驻无锡组。5月，成立无锡市华东产权交易中心，为市财政局下属事业单位。1998年，成立无锡市财政监督稽查局。1999年5月和12月，分别增设无锡市政府采购中心、赛诺资产管理中心两家下属事业单位。2000年9月，华东产权交易中心成为独立法人单位。

2001年，市国资局调整为市财政局内设机构，更名为国资处。2002年6月，增设无锡市财政支付中心，为市财政局下属事业单位。2003年12月，撤销无锡市华东产权交易中心。2004年4月，撤销无锡市财务培训中心。

2005年4月,撤销市财政局国资处,原由市经贸委承担的指导国有企业管理、改革和国有资产监督等职能,原由市委组织部承担的国有企业负责人管理和企业党建工作等职能,原由市财政局承担的市直国有企业资产管理和统计评价等职能,原由市劳动和社会保障局承担的市属国有企业经营者收入分配政策拟定和工资总额管理等职能,划入无锡市国有资产管理委员会(简称“市国资委”);增设无锡市财政投资评审中心,为市财政局下属事业单位。是年末,市财政局内设预算处、预算审核中心、国库处、财政支付中心、综合处、税政法制处、企业处、外金处、经济建设处、行政政法处、社保处、农业处、基层财政管理局、会计处、财政监督局、绩效评价处等19个处室,下设无锡市财政投资评审中心、中华会计函授学校无锡分校两家事业单位。

第二节　财政收支

一、收入

1986年起,为增强企业活力,国家调减部分大中型企业调节税,对纺织丝绸行业和工商联营联销的国营批发商业免征调节税,纺织和五类产品原按产品税征收改为征收增值税;调整部分企业第二步利改税的基期利润;给一些拳头产品和新产品开发减免税照顾,提高乡镇企业的计税工资标准,作为专项建农补农基金,对工资改革采取补充和完善措施,并实行“工资包干”试点,在全民企业中实行承包经营责任制。1993年起,“三资”企业的税收成倍增长。当年市区纳税的“三资”企业662家,比上年增加322家。

1994年,实施分税体制改革。全市财政收入中,市区收入20.7亿元,比上年增长17.95%;三市(县)收入20.95亿元,比上年增长22.7%。全市上划中央收入完成23.69亿元,增长19.98%,增收3.95亿元;地方收入完成17.86亿元,增长17.17%,增收2.63亿元;中央收入增幅高于地方收入2.81个百分点。增值税完成30.57亿元,占全市总收入73.4%;增值税增收4.57亿元,占总增收额的69.45%。

1996年,财政收入的增幅开始超过经济的增幅。是年,地区生产总值增长14.04%,财政收入增长16.75%,地方财政收入增幅19.24%,超过上划中央收入的增幅14.76%。税收结构有很大变化,工商税收中的增值税、营业税等主体税种所占的比重逐年下降,而个人所得税、涉外企业所得税所占比重上升,分别由1994年的2%、3%上升至1997年的8%、4%。1998年,加强罚没收入收支两条线管理,全市罚没1.22亿元,比上年增长52.81%。

2000年,国家出台一系列拉动消费的宏观经济调控政策,无锡工业经济平稳增长,固定资产投资稳步上升,消费品市场活跃,外贸出口较快回升,财政收入快速增长。税务部门实施“征管适度集中、检查实行外分、秩序逐步理顺”的征管思路,淡化收入计划观念,强化质量指标考核和依法治税观念。实施罚缴分离,建立“公物仓”。全年罚没收入比上年增加9235万元,同比增长79.69%。当年,全市财政收入112.06亿元。按收入类别分:工商税收102.71亿元,占91.65%;农业税收2.68亿元,占2.39%;其他财政收入2.3亿元,占2.05%;专项收入1.95亿元,占1.74%;基金收入2.94亿元,占2.65%;企业收入-0.52亿元。按地区分:市区54.75亿元,占48.86%;江阴市25.02亿元,占22.33%;锡山市21.19亿元,占18.91%;宜兴市11.1亿元,占9.9%。1986～2000年,全市财政收入累计664.1亿元,比1950年以后35年财政收入总和115.8亿元多4.7倍。其中“七五”期间96.94亿元,年均增长5.35%;“八五”期间166.78亿元,年均增长17.62%;“九五”期间400.35亿元,年均增长18.4%。

2005年,全市财政收入421.8亿元,占地区生产总值的比重由2001年的10.4%提高至15.01%。

按收入类别分：工商税收326.06亿元，占77.3%；农业税收13.9亿元，占3.3%；其他财政收入18.72亿元，占4.44%；专项收入6.02亿元，占1.43%；基金收入57.52亿元，占13.64%；企业收入-0.42亿元。按地区分：市区270.36亿元，占64.1%；江阴市108.38亿元，占25.69%；宜兴市43.06亿元，占10.21%。全市财政一般预算收入181.68亿元，占全省1323亿元的13.73%。

1986～2005年无锡市财政收入表

表19-1　　单位：万元

年份	财政收入	其中市区	财政收入中					
			工商税收类	企业收入	农业税收	专项收入	其他收入	基金收入
1986	169662	97268	136099	27969	2947	1775	872	—
1987	183322	103058	147557	29722	3684	1739	620	—
1988	194919	107035	160425	27613	4404	1291	1186	—
1989	207434	113498	178692	19534	4626	994	3588	—
1990	214033	116299	187872	14598	4586	2180	4797	—
1991	196316	104822	177287	6059	4319	4710	3941	—
1992	226848	118305	203715	6318	6616	6655	3544	—
1993	346247	175467	323063	7866	6649	5636	3033	—
1994	416514	206971	402016	-7957	11542	6570	4343	—
1995	481888	237769	459275	-4962	12984	8896	5695	—
1996	562614	271548	533763	-5815	18492	9459	6715	—
1997	681934	333115	646310	-3743	18165	11676	8251	1275
1998	759896	375254	711915	-3918	17420	14790	14545	5144
1999	878442	428571	806953	-4950	15559	16648	13076	31156
2000	1120620	547541	1027065	-5208	26835	19527	22974	29427
2001	1419233	917137	1339871	-5208	25634	22049	23146	13741
2002	2008500	1347523	1604949	-4208	51359	20174	61382	274844
2003	2655800	1669082	1994508	-4208	99946	24329	87551	453674
2004	3433169	2217441	2606475	-14208	122251	52750	139214	526687
2005	4218016	2703578	3260561	-4208	139052	60192	187214	575203

说明：本表按各时期体制的实际情况反映，从1994年起不再按以上内容分类，所列工商税收即为税务部门征收的所有税收。

2005年无锡市财政收入主要指标表

表19-2　　单位：万元

指标	全市	其　中		
		市区	江阴市	宜兴市
财政收入	4218016	2703578	1083838	430600
上缴中央收入	1825995	1146295	500628	179072
地方财政收入	2392021	1557283	583210	251528
一般预算收入	1816818	1155862	483838	177118
各项税收	1573620	1040965	373412	159243

续表

指标	全市	其中		
		市区	江阴市	宜兴市
增值税25%	443739	270640	124783	48316
营业税	410045	286000	81415	42630
企业所得税	239942	153230	69888	16824
个人所得税	80665	61843	13411	5411
农业五税	139052	102220	19545	17287
基金收入	575203	401421	99372	74410

说明:农业五税是指由财政部门负责征收的农业税、农业特产税、牧业税、耕地占用税、契税及滞纳金罚款收入。

二、支出

1986年起,无锡市农业、文教科学卫生、城市建设、城市维护和行政管理等费用出现较大增幅,财政支出快速增长。1987年,中央决定全国紧缩财政开支,无锡市严格控制集团购买力,控制行政事业费开支,控制机关人员增加,行政机关实施按部门包干公务费制度。

1991年,无锡市遭受特大洪涝灾害,全市财政收入短收3.18亿元。市政府发出《关于紧缩财政严格控制财政支出的紧急通知》,冻结机构编制、压缩会议、控制公费安装电话等,以确保必要的科技、教育事业发展的经费。1995年,贯彻《中华人民共和国预算法》,推进各项配套改革,实行市级机关干部住宅电话费包干使用办法、会议开支管理办法,实行公费医疗改革试点。

1986～2000年,无锡市财政支出累计276.96亿元,其中"七五"时期支出25.86亿元,年均增长9.2%;"八五"时期支出65.45亿元,年均增长26.4%;"九五"期间支出185.65亿元,年均增长23.2%。2000年,全市财政支出55.66亿元,比1985年增长1622.8%,年均增长20.9%。按支出类别分,经济建设支出22.84亿元,占41.03%;文教科技支出11.98亿元,占21.52%;抚恤社保支出5.53亿元,占9.94%;行政管理费支出8.27亿元,占14.86%;价格补贴支出105万元,占0.02%;专项支出1.89亿元,占3.4%;其他支出2.29亿元,占4.11%;基金支出2.85亿元,占5.12%。按地区分,市区28.1亿元,占50.49%;江阴市12.47亿元,占22.4%;锡山市9.24亿元,占16.6%;宜兴市5.85亿元,占10.51%。

2005年,全市财政支出240.95亿元,比2001年增长232.4%。按支出类别分:经济建设支出67.27亿元,占27.92%;文教科技支出36.11亿元,占14.99%;抚恤社保支出15.91亿元,占6.6%;行政管理费支出30.79亿元,占12.78%;专项支出5.19亿元,占2.15%;其他支出27.62亿元,占11.46%;基金支出58.06亿元,占24.1%。按地区分:市区157.64亿元,占65.43%;江阴市57.02亿元,占23.66%;宜兴市26.29亿元,占10.91%。

1986～2005年无锡市财政支出表

表19-3　　单位:万元

年份	财政支出	其中市区	财政支出中							
			经济建设	文教科技	抚恤社保	行政管理费	政策性补贴	专项支出	其他	基金支出
1986	43713	22543	15714	10920	4580	3839	6151	1499	1010	—
1987	43832	23790	12253	12830	4796	3941	6575	2000	1437	—
1988	51241	27057	13364	14285	5542	5528	8663	1687	2172	—

续表

年份	财政支出	其中市区	财政支出中							
			经济建设	文教科技	抚恤社保	行政管理费	政策性补贴	专项支出	其他	基金支出
1989	59117	30408	15412	15567	6106	6424	11548	1028	3032	—
1990	60707	31538	14838	17391	6643	7207	9898	2085	2645	—
1991	67322	34099	17617	19187	8649	7704	7028	4187	2950	—
1992	73466	35501	18400	23256	9084	11642	4014	4978	2092	—
1993	146039	60969	51790	38743	12945	18921	2546	6319	14775	—
1994	171738	85177	59582	49916	17819	28034	455	5542	10390	—
1995	195886	98010	62962	53300	21796	34876	50	8921	13981	—
1996	240317	123349	73123	72182	27982	43407	162	10487	12974	—
1997	290693	150877	95142	83263	32695	49320	165	11478	17371	1259
1998	347882	185545	119402	93099	40069	57397	213	14397	16811	6494
1999	421067	214557	143190	101838	45411	69316	80	16325	14463	30444
2000	556579	281103	228365	119795	55304	82701	105	18916	22902	28491
2001	724928	476478	314292	138635	78455	106435	429	20344	51798	14540
2002	1114021	766288	340029	170726	92875	147414	15	19899	71267	271796
2003	1544293	968585	447054	231964	102864	183129	31	22752	105787	450712
2004	1955997	1233701	527880	297342	125377	249132	13	43660	187619	524974
2005	2409494	1576374	672704	361051	159114	307921	17	51840	276222	580625

2005年无锡市财政支出主要指标表

表19-4　　单位：万元

指标	全市	其　中		
		市区	江阴市	宜兴市
基本建设支出	182280	134440	41154	6686
农业支出	67859	44881	13292	9686
林业支出	2292	1317	591	384
水利、气象事业支出	22504	13644	6567	2293
城市维护费	246867	178695	63032	5140
文教卫生事业费	331675	202013	87456	42206
教育	250216	146951	69405	33860
卫生	56234	38047	11652	6535
科学事业费	2903	2381	389	133
行政管理费	164941	112728	40166	12047
科技三项费	28207	18255	6606	3346
福利救济费	37094	25357	7692	4045
财政总支出	2409494	1576374	570173	262947

三、财政贡献

1986～2005年,无锡市每年有上缴中央财政和省财政任务。1986年,上缴14.2亿元。1987年,中央要求地方财政在1986年决算支出的基础上节减10%作为中央借用地方财政款,江苏省决定压缩江南几个城市支出的2%作为贡献给省,全市共需安排中央借款3568万元,其中市区1587万元。1993年上缴20.38亿元,1999年50.07亿元,2005年190.84亿元。

1986～2005年无锡市财政总收入及上缴财政统计表

表19-5　　单位:万元

年份	财政总收入	上缴中央、省财政收入	其中上缴中央	年份	财政总收入	上缴中央、省财政收入	其中上缴中央
1986	169661	142044	—	1996	562614	334202	306736
1987	183322	145266	—	1997	681934	394650	367579
1988	194919	162374	—	1998	759896	431401	403304
1989	207434	171991	—	1999	878442	500725	444950
1990	214033	184052	—	2000	1120620	593448	532728
1991	196316	161082	—	2001	1419233	695480	654517
1992	226848	189386	—	2002	2008500	943749	881690
1993	346247	203808	—	2003	2655800	1158726	1114683
1994	416514	268929	236935	2004	3547387	1593578	1210985
1995	481888	294854	267291	2005	4218016	1908397	1825995

第三节　国有资产管理

1986年～1993年6月,无锡市国有资产管理围绕国有企业改革,全面推行多种形式的承包经营责任制,对国有企业进行税利分流试点,减税让利。国有企业增提折旧、增提技术开发费、补充企业自有流动资金、折旧基金免征能源交通重点建设基金和预算调节基金,部分国有大中型企业所得税税率由55%降至33%。1993年7月1日起,在全市国有企业中实行《企业财务通则》《企业会计准则》以及分行业企业财务会计制度等新企业财务会计制度,使企业公平竞争和与国际接轨。在新老制度转轨过程中,允许企业职工福利基金赤字、长期借款利息和汇兑损益等冲减专用基金,专用基金赤字冲减固定基金、流动基金,减轻国有企业的历史包袱。

1994年1月1日起,国家实行新税收制度,统一内资企业所得税。为配合建立现代企业制度,企业财务改革的思路开始转向支持搞好增资减债、减轻企业社会负担和剥离企业富余人员等方面。一部分市属国有企业的"拨改贷"本息余额和经营性基本建设贷款本息余额逐步转为国家资本金,并拨付安置下岗职工费用等。允许企业在一定比例控制下据实列支业务招待费,企业奖金全部进成本,长期借款利息进成本,并实行制造成本法和提取坏账准备。取消专用基金专户存储制度,允许企业根据生产经营的实际情况灵活组织资金来源,包括发行股票和债券等方式筹集资金;企业拥有对外投资权,允许企业根据生产经营的要求和财力状况,以现金、实物、无形资产或者购买股票、债券等对外投资;允许企业在确保资产保值、增值的前提下,自主使用资产,依法处置资产,扩大企业对资产的使用、处置权。在利润分配上,财政政策只规定利润分配顺序,允许企业自主决定税后利润的分配,扩大企业对税后利润的支配权。

1994年9月，经市国资办批准，市区第一家行业主管局改组建成的行业控股公司——无锡电仪资产经营公司成立。至1998年末，先后成立机械、国贸、医药、轻工、纺工、化工等6家行业控股公司。市国资委以授权经营方式，将其行业内的国有资产授予7家控股公司经营，确立其国有资产投资主体的地位，落实其作为出资人享有的投资收益权、重大投资决策权和对其所属全资、控股子公司的人事任免权，并承担相应责任。

1997年，无锡市被列入全国优化资本结构试点城市。全年7家破产企业核销坏账6938万元，处理存货损失3303万元，消灭亏损3258万元，盘活资产46743万元。全市56家试点国有企业冲销呆、坏账准备金4.8亿元，盘活和调整存量资产23.8亿元，分流职工21560人，新增经济效益23725元。成立山禾、威孚、小天鹅、新中润、庆丰5家重点大型企业集团。2000年，确定商业大厦、庆丰、山禾等8家股份制改造和争取上市的重点大型企业集团。按照现代企业制度的要求，先后对20家国有企业、7家控股公司、8家重点大型企业集团派出监事会。监事会成员分别由政府机关人员、社会专家、职工代表担任，监事会定期召开监事会会议。对国有企业实行财务总监委派制度，对企业重大经济事项实行企业负责人和财务总监的联签制度，对企业重大经济活动实行事前与事中控制。是年，根据市委"三年内将国有资本从竞争性行业中退出"的总体目标，采取国有资本退出工作与企业改制改组、筹集改革成本等多种形式推动国有资本有序退出。分解落实2.1亿元国有资本退出指标，7家行业控股公司签订国有资本退出目标任务。橡胶集团、江南第一色织公司、无锡印染厂、燃料公司、钢丝绳厂、采煤机厂、中药饮片厂、微型轴厂、灵山发展公司等企业实施改制和资产重组。2001年4月，按照市政府战略性调整的要求，市机械、电仪、石化、轻工、冶金、贸易、物资等产业局转为资产经营公司，财政贷款1.48亿元转为资产经营公司资本金。

2002年，国有控股的无锡四方特钢股份有限公司、商业大厦股份有限公司、山禾药业股份有限公司、庆丰股份有限公司、压缩机股份有限公司、华光锅炉股份有限公司通过上市企业资产评估确认及股权设置、增资扩股。是年，无锡商业大厦股份有限公司上市，募集资金3.67亿元。2003年，组建无锡市交通产业集团、无锡市市政公用产业集团。按照市委、市政府关于国有资产战略性退出的要求，小天鹅集团、化工集团、庆丰集团、山禾集团、商业大厦集团、万迪动力集团、朝阳集团、机械资产经营公司、石化资产经营公司等授权公司实行股权转让及资产重组。同年，庆丰股份和华光股份上市，共募集资金6.71亿元。

2005年，市国资委启动清产核资和国有产权登记工作，对6家资产经营公司清产核资，对市（县）、区部分企业国有资产状况调查摸底。完成丝绸针织服装总厂、医药中专、梁溪饭店、花山煤矿、白泥场煤矿、园田煤矿、川埠煤矿的产权划转管理；将纺织产业集团下属的无锡市第一棉纺织厂、第三棉纺织厂、协新集团、庆丰集团等4家企业成建制划归国联集团，形成国联纺织新板块。全年办理改制企业资产处置、国有股权转让手续13宗；产权交易公开挂牌总金额90499.96万元，实际成交总金额86821.26万元；审批核销16家改制企业的不良资产21029.78万元；审批8家改制企业剥离非经营性资产26289.59万元；审批企业对外投资8宗，投资金额21978万元；为12家企业的36宗国有土地办理处置手续，办理3宗解除企业优化配置土地的手续。清理已改制企业国有资产收益的缴纳情况，对应缴未缴的企业逐一追缴，全年收缴国有资产收益51368万元，其中资本性收益2100万元、转让性收益49268万元。

第四节　财政监督

1988年之前，无锡市财政部门建立财政驻厂员制度，对无锡市钢铁厂、机床厂、油泵油嘴厂、无线电厂、国棉一厂、自行车厂、石化总厂等23家大型国有企业派驻财政驻厂员，监督、检查、核实企业上缴地方财政收入和地方财政拨付的专项款的申报和使用情况等。随着国有企业改革改制，财政驻厂员制度取消。

80年代中期，国内财经领域偷逃骗税、截留国家财政收入、挥霍浪费国家财政支出等问题突出，财经秩序混乱。1986～1998年，每年由市政府牵头，财政、税务、审计、纪检监察和物价管理部门联合实施财务、税收、物价检查（简称“大检查”），集中整治财经领域的违法违纪问题，追缴违法违纪金额和“小金库”。1992年，组织全市农业税、农业特产税、契税和耕地占用税及财政支农资金、财政票据大检查，查出违纪金额521.7万元，全部收缴入库；清理30家单位、24271人的着装情况，清理出着装费699.8万元，个人补交着装费40.6万元；未经批准自行着装的单位取消统一着装，补交着装费。1995年，按照国务院的部署和要求，全市开展“小金库”专项检查，清查违纪金额2248万元。

1997年，抽查136家外商投资企业的会计决算，查出违纪总额751万元。对22家行政机关、事业单位的预算外资金收支情况进行检查，查出违纪金额2710万元。对43家外地驻锡机构的财务税收检查，查出违纪金额53万元。对市区乡以上140家房地产企业开展代收行政性规费、代征契税的“两代”检查，查出欠缴规费3738万元、欠缴契税370万元、其他违纪127万元，违纪金额100%追缴入库。

1998年“大检查”取消后，无锡市撤销市财务、税收、物价检查领导小组及办公室，成立无锡市财政监督稽查局，与市财政局财政监督处合署办公。是年，对169家外商投资企业的财务重点检查，查处违纪总额610万元，收缴入库391万元；对180家行政机关、事业单位预算外资金重点检查，查出违规资金12896万元；对市区机关、事业单位1995～1997年的养老金征收、解缴情况开展专项检查，收缴社会保障基金2902万元；对57家金融、保险、证券及部省属企业地方政府性基金征收解缴情况进行专项检查，查处并收缴违纪金额324万元；对市地税局所属6个税务所基金（税）款报解情况进行检查，查出延解、占压基金（税）款以及擅自设立基金过渡户等问题。1999年，对离休干部住院医疗费用支出开展专项检查，查出存在违规问题的病历312份，违规金额23.8万元，全部收缴入库。对28家中介机构审计的国有企业年度决算进行检查，查出违纪总额2079万元。

2001年，市财政监督部门对5家会计师事务所及31家单位重点检查，查出违纪违规问题金额19598.19万元，进行处理和追缴。2002年起，市财政监督部门对内部和下属单位开展内部审计，将内外监督整合为统一的监督体系。2004年，对市建设局、卫生局、民政局、教育局等4个系统及所属42家行政事业单位2002～2003年度财务收支和财政政策执行情况进行检查，有违规问题的单位31家，查出违规资金 5518.56万元，收缴财政监督检查专户226.33万元；对党政机关工作人员借用、拖欠公款和为个人购买保险开展清理检查。2005年，对市区46家行政事业单位2003～2004年度财务收支和财政政策执行情况综合检查，查出违纪金额1496万元。2001～2005年，市财政监督部门共查出违纪违规问题金额28490.63万元，

第二章　税　务

1984年，实施以第二步利改税为主要内容的工商税制改革。1986～1993年，全市税务部门组织工商税收151.46亿元。1994年1月1日起，实施国、地税分设的新税制。9月12日，无锡市税务局分设为无锡市国家税务局（简称“市国税局”）和无锡市地方税务局（简称“市地税局”）。

1994年10月，市国税局被国家税务总局确定为税收征管改革首批试点单位之一。1995年起，

在全国率先实施“管事制”，即由上门收税向自行申报缴税、由管户制向管事制转变。2001年，实施新一轮税收征管改革，建立集中征收、属地管理、一级稽查的新型征管运行体系。随着外商投资企业的发展，市国税局对外商投资企业和外国企业的税收管理范围发生变化，其管理范围包括流转税、所得税、涉外税务审计、反避税、非居民税收等。1994～2005年，全市国税系统征收增值税和消费税992.31亿元、营业税6.26亿元、中央企业所得税 46.7亿元、涉外企业所得税55.08亿元、个人储蓄存款所得税13.54亿元、车辆购置税7.16亿元，办理出口退（免）税284.87亿元，兑现落实税收优惠845亿元。

1994年，市地税局登记税务户数55610户。改革征管模式，取消税务专管员管户制度，提高征收集中度。1996年，市地税局建立办税服务厅，实施涉外税收集中征管，农村征管改革稳步推进。1997年，全面取消管户制，向管事制转变。2000年，试行稽核管理员制度。2001年，市国税局、市地税局进驻无锡市行政审批中心，合署办理税务登记。2002年，市地税局实施税收属地征管改革。2003～2004年，先后对建设工程项目和房地产行业税收实行集中管理。2005年，完善税收管理员制度，强化涉外税务、上市公司和房地产等税收专业化管理。至2005年末，市地税局税务登记户数184925户，有12个基金费停止征收。1994～2005年，组织征收入库地税各项收入866.31亿元，年收入由1994年的10.81亿元（含分设前税务局征收的地方税、基金费部分）增至2005年的219.7亿元，增长19.32倍。其中：组织入库地方税收525.25亿元，年税收由9.15亿元增至128.72亿元；组织入库基金、费341.06亿元，年组织基金、费由1.66亿元增至91亿元。

第一节 机 构

1984年1月，市政府撤销无锡市财政税务局，财政、税务单独建局。1986年初，市税务局内设税政一科、税政二科、税政三科、对外税务稽征处、稽征管理科、税务稽查队等部门。市区按照行业或地区设置第一税务分局、第二税务分局、崇安税务分局、南长税务分局、北塘税务分局、郊区税务分局等6个派出机构。1994年初，市税务局机构有11个行政职能科室、8家直属单位、8个税务分局，以及下属单位税务干部培训中心、市检察院派驻的税务检察室。

1994年8月25日，税务局分设国家税务局与地方税务局，人、财、物按原税务局7∶3的比例划分。9月12日，市国家税务局与市地方税务局挂牌成立，实行地方政府与上级税务机关双重领导，以地方政府管理为主的体制。市国税局主要负责增值税、消费税、中央企业所得税以及外商投资企业、集贸市场和个体工商业户所缴各项税收等14个方面税种（基金）的征管。市地税局负责营业税、地方企业所得税、个人所得税、城市建设维护税、房产税、城市房地产税、城镇土地使用税、土地增值税、固定资产投资方向调节税、车船使用税、车船使用牌照税、资源税、屠宰税、印花税等14个税种的税收业务和征收管理；同时受政府委托，先后代征地方教育基金、社会保险费等31个基金和费。

2005年，市国税局内设货物和劳务税处、所得税处、收入核算处、纳税服务处、征收管理处、财务管理处、大企业和国际税务管理处、进出口税收管理处（加挂第六税务分局牌子）等13个处室，直属机构有稽查局、车辆购置税征收管理分局，下辖高新技术产业开发区国税局，派出机构有第一税务分局、第二税务分局、第三税务分局、第四税务分局、第五税务分局，辖市（县）、区局机构有江阴市、宜兴市、无锡市锡山区、无锡市惠山区等4个国税局。市地税局内设基层工作处、计划财务处、税政管理一处、税政管理二处、信息管理处、征收管理处等10个处室，派出机构有第一税务分局、第二税务分局、第三税务分局、第四税务分局、第五税务分局、第六税务分局，直属机构有江阴市、宜兴市、无锡市锡山区、无锡市惠山区等4个地税局和稽查局、涉外税务分局。

第二节　税制税种

一、1986～1993年的税制税种

1986～1993年，继续实施1984年的税收制度。根据1981年国务院批转财政部《关于改革工商税制的设想》，在第二步利改税的同时，进行工商税制的全面改革。此次全面改革工商税制主要内容是将1973年简化合并后的工商税按照征税对象划分为产品税、增值税、营业税和盐税；增加资源税、城市维护建设税、房产税、土地使用税和车船使用税；并对在第一步利改税中设置的国营企业所得税和调节税加以改进。

在此期间，除关税、农业税、耕地占用税和契税以外，工商税收共有33个税种，即工商统一税、产品税、增值税、营业税、盐税、国营企业所得税、国营企业调节税、集体企业所得税、私营企业所得税、城乡个体工商业户所得税、个人所得税、个人收入调节税、中外合资经营企业所得税、外国企业所得税、固定资产投资方向调节税、烧油特别税、资源税、国营企业奖金税、集体企业奖金税、事业单位奖金税、国营企业工资调节税、特别消费税、屠宰税、牲畜交易税、集市交易税、城市房地产税、车船使用牌照税、印花税、城市维护建设税、筵席税、房产税、城镇土地使用税和车船使用税。其中除集市交易税、筵席税未开征，市税务局共征收31个税种。此外，市税务局还负责征收能源交通重点建设基金、预算调节基金、市场物价调节基金、粮食补贴基金、防洪保安资金等中央和地方的若干基金。1986～1993年，市税务局征收工商税分别为136099万元、147557万元、160425万元、178692万元、187872万元、177287万元、203715万元、323063万元，总计1514710万元。

1.新流转税

1986～1993年，国务院多次发布条例，扩大增值税征税范围，缩小产品税征税范围，从而使增值税成为主体税种。

产品税　1984年实行第二步利改税时，由原工商税中划分出来的一个税种。产品税的应税产品分别为工业品及农、林、牧、水产品两大部分。工业品部分划分为24类、260个税目，最高税率60%，最低税率3%。1986年，市税务局征收产品税39484万元。1993年，产品税的征税范围缩小至9类，全年征收30286万元。1986～1993年，累计征收入库198386万元。1994年新税制实施，产品税取消。

增值税　由于无法直接计算增值额，采用间接计税的扣额法和扣税法。1986年以后，增值税在征税范围、税目税率、计税方法和征收办法等方面不断调整。1986年，市税务局共征收增值税39458万元。1993年，增值税税目31个，征收149100万元。1986～1993年，累计征收入库661919万元。

营业税　1986～1993年，基本无大的政策变动，仅在1993年5月1日起，商品零售和其他饮食业营业税的税率由3%增至5%。钢材、煤炭、木材、黄砂、石子5类笨重商品，在批发环节，经过税务机关批准后，可减按5%征税。1986～1993年，累计征收入库352300万元。

特别消费税　1989年2月1日起，市税务局对彩色电视机和小轿车在销售价格以外另征收特别消费税。具体单位税额为：彩色电视机14英寸以下每台400元，14英寸以上每台600元；小轿车分别按进口和国产确定单位税额，最高每辆4万元，最低每辆0.5万元。1990年3月起，相继下调国产彩色电视机和小轿车的税额。1991年4月起，停止征收国产彩色电视机特别消费税。

2.所得税

国营企业所得税和调节税　1983年开始第一步利改税，有盈利的国营大中型企业根据实现的利润征收55%的所得税，有盈利的国营小型企业根据实现的利润按《中华人民共和国工商所得税法》中集体企业8级超额累进税率征收所得税，营业性的宾馆、饭店、招待所、饮食服务公司交纳15%的所

得税，县以上供销社按8级超额累进税率交纳所得税。1984年，进行第二步利改税，设国营企业所得税和国营税。1986～1993年，继续按上述税率征收。

集体企业所得税 1985年，集体企业全部改按《国营企业所得税条例》中国营小型企业适用的8级超额累进税率交纳所得税。1986～1993年，继续按上述税率征收，累计征收入库141591万元。

私营企业所得税 1988年6月起，私营企业所得税依照35%的比例税率计算征收。1993年，市税务局征收41万元。

城乡个体工商业户所得税 1986年起，征收城乡个体工商业户所得税。1986～1993年，累计征收入库3090万元。

个人所得税 1980年9月10日，《中华人民共和国个人所得税法》公布施行。1986年1月和9月，国务院分别发布《中华人民共和国城乡个体工商业户所得税暂行条例》和《中华人民共和国个人收入调节税暂行条例》。个人所得的征税制度由此形成个人所得税、城乡个体工商业户所得税和个人收入调节税并存的格局。1987年起，征收个人收入调节税。1988年度起，对私营企业投资者从私营企业税后利润取得的收入，按规定征收个人收入调节税。1987～1993年累计征收个人收入调节税4451万元。

3.涉外税

外商投资企业和外国企业所得税 1991年7月1日起，实行《中华人民共和国外商投资企业和外国企业所得税法》。1994年，改外商投资企业和外国企业的工商统一税为增值税、消费税、营业税，所得税征收办法不变。涉外企业所得税纳税人为外商投资企业和外国企业。外商投资企业包括中外合资经营企业、中外合作经营企业、外资企业；外国企业包括在中国境内设立机构、场所，从事生产、经营和虽未设立机构、场所，而有来源于中国境内所得的外国公司、企业和其他经济组织。外商投资企业和外国企业所得税的计税依据为应纳税所得额，即纳税人在中国境内设立的从事生产、经营的机构、场所每一纳税年度的收入总额，减除成本、费用和损失的余额。对从事生产经营的应税所得，实行30%的比例税率；另外按应纳税所得额征收3%的地方所得税，合计税率33%；对在中国境内未设立机构、场所而来源于中国境内的利润、利息、股息、租金、特许权使用费和其他所得，或者虽设立机构场所，但上述所得与其机构、场所没有关联的，按10%的税率征收预提所得税。外商投资企业和外国企业所得税以纳税人的应纳税所得额和规定的适用税率计算应纳税额。1994年，全市征收涉外企业所得税0.36亿元。2005年，涉外企业所得税14.07亿元。

外商投资企业和外国企业享受定期减免所得税、降低税率、先进技术企业和产品出口企业税率优惠、再投资退税等税收优惠政策。

工商统一税 此税对外资企业征收。1986年，征收工商统一税116万元。1993年，征收22583万元。1987～1993年，累计征收35811万元。1994年1月1日起，外商投资企业和外国企业统一适用于增值税，不再征收工商统一税。

个人所得税 在境内合资经营的外国合营者，从企业分得的利润汇出国时，按汇出额交纳10%的所得税。对在境内住满1年的个人，不论属于哪国国籍，其来源于中国和外国的收入均应分期征收个人所得税。1986～1993年，累计征收437万元。

车船使用牌照税 1986年以后，此税仅适用于涉外企业和个人。1986～1993年，累计征收6277万元。

城市房地产税 1987年起，国内企业按照新的《中华人民共和国房产税暂行条例》缴纳房产税，不再缴纳城市房地产税，对外商、外侨拥有的房产仍沿按《中华人民共和国城市房地产税暂行条例》征收房产税。城市房地产税的计税价格和税率根据不同情况，规定不同的计税价格和税率。有标准房价的，按标准房价的1.2%计算缴纳；标准房易求得的城市，按标准房租价的18%计算房产税；企业的应税房屋按房产原值的70%计算全年房产税。1986～1993年，累计征收15727万元。

4.其他税种

资源税 1986年下半年,资源税改按税率征收办法为从量定额征收。1992年,对金属矿产品中有代表性的铁矿石征收资源税,同时将其纳税地点规定为资源开采地。1994年,征收75万元。

建筑税 1987年6月25日,国务院发布《中华人民共和国建筑税暂行条例》,自7月1日起,按新规定征收建筑税,原1983年9月20日国务院发布的《建筑税征收暂行办法》同时废止。1987～1992年,累计征收8381万元。

固定资产投资方向调节税 国务院于1991年4月16日发布《中华人民共和国固定资产投资方向调节税暂行条例》,无锡市从1991年度起开征。按条例所附税目税率表执行,税目税率表未列出的税率为15%,除适用税目税率目表中0%税率以外的更新改造投资,税率为10%。按年度实际完成投资额结算,实行差别税率。建筑税同时废止。1992～1993年,累计征收2045万元。

奖金税与工资调节税 1985年,国务院修订《国营企业奖金税暂行规定》,对未实行工资与效益挂钩浮动的企业征收奖金税。同时,国务院发布《国营企业工资调节税暂行规定》,对实行工资与效益挂钩浮动的企业征收调节税,按超额累进税率计征。国务院又公布《集体企业奖金税暂行规定》《事业单位奖金税暂行规定》,同年起开征。1986～1993年,未有大的调整,累计征收1316万元。

城市维护建设税 1985年,国务院发布《中华人民共和国城市建设维护税暂行条例》,同年起征。纳税人所在地在城市的,税率为同时交纳产品税、增值税、营业税额的7%;在县城、镇的为5%,不在城市、县城、镇的为1%。1986～1993年,累计征收79945万元。

房产税 1986年9月15日,国务院发布《中华人民共和国房产税暂行条例》,无锡市从10月1日起开征。房产税依照房产原值一次扣除30%后的余值计算缴纳,税率1.2%;没有房产原值的,由房产所在地税务机关会同建行、城建、房管等有关部门参照当地同类房产核定。房产出租的,以房产租金收入为房产税的计税依据,税率12%。

车船使用税 1986年9月15日,国务院发布《中华人民共和国车船使用税暂行条例》,无锡市自10月1日起开征。1987年1月起,恢复征收自行车车船使用税。自行车车船使用税采取定额征收,每辆车每年4元,于每年上半年组织征收。1986～1993年累计征收6277万元。

城镇土地使用税 1989年1月1日起,无锡市根据《中华人民共和国城镇土地使用税暂行条例》开征。1989～1993年,累计征收198386万元。

印花税 1988年8月6日,国务院发布《中华人民共和国印花税暂行条例》,无锡市自10月1日起开征,至1993年,累计征收6210万元。

屠宰税 实施1950年政务院颁布的《屠宰税暂行条例》。1986～1993年,累计征收229万元。

盐税 实施1984年国务院发布的《中华人民共和国盐税暂行条例(草案)》。无锡市系非产盐区,只对核准的工业、农牧业和渔业用盐监督管理,并在核准的减税、免税用盐变更用途时,进行补征盐税。

牲畜交易税 实施1982年国务院发布的《牲畜交易税暂行条例》。

烧油特别税 实施1982年国务院批转财政部制定的《关于征收烧油特别税的试行规定》,对于锅炉和工业窑炉烧用原油、重油的单位,征收烧油特别税。实行从量定额征收办法,原油每吨税额40～70元,重油每吨税额70元。

二、1994～2005年的税制税种

1994年1月,全面实施新税制。主要包括流转税、企业所得税、个人所得税和其他税种的改革等方面。工商税制经过改革,形成增值税、营业税、消费税、资源税、企业所得税、外商投资企业和外国企业所得税、个人所得税、土地增值税、城市维护建设税、固定资产投资方向调节税、房产税、车船使用税、土地使用税、印花税、屠宰税、筵席税等16个税种。市税务局于1994年征收其中的14个税种,

筵席税及土地增值税未开征。

1.流转税

流转税制是整个税制改革中最主要、最关键的部分，流转税改革主要是建立和形成增值税、营业税、消费税三税并立的流转税体制格局。新的流转税统一适用于内外资企业，取消对外商投资企业征收的工商统一税。对商品的交易和进出普遍征收增值税，并选择少数消费品交叉征收消费税，对不实行增值税的劳务征收营业税。

增值税　增值税在生产、批发、零售和进口产品及加工、修理修配环节征收。增值税实行价外计税的方法，即以不含增值税税金的价格为计税依据。增值税采用一档基本税率和一档低税率的模式。基本税率17%，低税率13%，除税收条例规定适用低税率的商品外，其他应税产品的劳务均适用基本税率，对出口商品适用零税率，即产品报关出口退还全部税金。实行根据发票注明税金进行抵扣的制度。中国实行生产型增值税，外购的资本性固定资产中所含的税款不得抵扣。对于年销售额低于一定规模并且财务制度、财务核算不健全的，为小规模纳税人，采取国际通用的简易征收办法，征收率为6%。改革后按规范化办法计算纳税的增值税纳税人要进行专门的税务登记，并使用增值税专用发票。无锡市为衔接新老税制，开展增值税一般纳税人认定和小规模纳税人转换认定工作。1994年，全市认定增值税一般纳税人28490户，增值税收入308910万元。为保持政策的连续性，对老的外商投资企业采取超税负退税的办法。

1998年7月1日起，年销售额不足180万元的商业企业一律划转为小规模纳税人，增值税征收率由6%调减为4%；工业企业小规模纳税人征收率仍为6%不变；运输发票抵扣率由10%降至7%。是年，全市划转小规模企业5050家，占商业企业一般纳税人总户数的31.3%。2000年1月1日起，纳入防伪税控系统的企业开具的所有增值税专用发票一律通过防伪税控系统开具，停止使用手写10万元版专用发票。同年，市国税局对增值税一般纳税人重新认定登记、系统发行、发放发售、购票开票、认证报税、技术服务、安全措施、监督检查等，全面开展增值税防伪税控系统推行工作。2003年9月，国家税务总局在市税务部门试运行防伪税控（网络版）系统。2004年5月1日，新版增值税纳税申报软件系统在无锡市国税系统全面启用。当月实现增值税自行网络申报11297户，代理网络申报50011户，委托银行代征等其他电子申报39071户，全市增值税准期申报率99.34%。1994～2005年，全市增值税一般纳税人由2.85万户增至5.8万户。

消费税　消费税征收范围为烟、酒及酒精、化妆品、护肤护发品、贵重首饰及珠宝玉石、鞭炮焰火、汽油、柴油、汽车轮胎、摩托车、小汽车等11种24目。采用从量定额征收和从价定率征收两种办法，税率3%～45%不等。1994年，全市征收消费税7639万元。2001年5月1日起，粮食白酒、薯类白酒消费税税率由规定的比例税率调整为定额税率和比例税率。2001年6月1日起，卷烟消费税税率由规定的比例税率调整为定额税率和比例税率。至2005年，全市累计征收消费税11.79亿元。

营业税　1994年1月1日起，实行新的营业税。征收范围主要以商品流通以外的第三产业为课税对象，为提供应税劳务、转让无形资产及销售不动产的内、外资企业。营业税税目共有9个项目和3档税率，其中：交通运输业、建筑业、邮电通信业、文化体育业为3%；金融保险业、服务业、转让无形资产、销售不动产为5%；娱乐业为5%～20%，由各地在规定的幅度内具体掌握。铁道部、各银行总行、各保险总公司集中缴纳的部分归国税部门征收。

2.所得税

内资企业所得税　1994年1月起征收。企业所得税率实行33%的比例税率和两档优惠税率，年所得额3万元以下（含3万元）的税率18%，年所得额3万～10万元（含10万元）的税率27%。取消国营企业调节税和国营企业上缴的国家能源交通重点建设基金和物价调节基金。取消允许企业在所得税前归还投资性贷款的优惠政策，建立新的规范化的企业还贷制度。企业所得税实行每季预缴，年终汇算清缴，多退少补的征收方式。是年9月，国、地税分设后，中央企业所得税由国税局征管，地方企业所得税由地税局征管。

企业所得税改革分两步进行，第一步先统一内资企业所得税，第二步在适当的时机再统一内资、外资企业所得税。1994年企业所得税的改革主要涉及内资企业。实行统一的内资企业所得税后，国营企业不再执行承包上缴所得税的做法。对年销售额在500万元以上的企业实行查账征收，对年销售额在500万元以下的企业实行按销售额附征的办法。附征率依据不同行业分别确定，简化征收办法。

1995年5月18日，国家税务总局明确企业所得税的征收管理范围为中央各部门、各总公司、各行业协会、总会、社团组织、基金会所属的企事业单位以及上述企事业单位兴办（包括以货币、实物、土地使用权、知识产权投资等形式兴办）的预算内、外的国有企业（包括境内、境外所得）的所得税；金融保险企业的所得税；军队（包括武警部队）所办的国有企业的所得税。1999年，国有企业所得税征收管理职能由财政部门划入税务部门。

2002年1月1日起，在其他行政管理部门新登记注册、领取许可证的事业单位、社会团体、律师事务所、医院、学校等缴纳企业所得税的其他组织，其企业所得税由国家税务局负责征收管理。1月24日，根据国税总局《关于所得税收入分享体制改革后税收征管范围的通知》，实行所得税分享体制改革，对国税局、地税局的征收管理范围调整为：自2002年1月1日起，按国家工商行政管理总局的有关规定，在各级工商行政管理部门办理设立（开业）登记的企业，其企业所得税由国税局负责征收管理。是年，市国税局自主开发企业所得税管理信息系统。至年末，征管企业所得税7265户，征收所得税3.32亿元。2005年9月，市国税局对全市128家房地产开发企业已开工项目及已预售项目实施所得税项目化管理。至年末，征管企业所得税12890户，征收企业所得税17.19亿元。

1994～2005年，市地税局共征收地方企业所得税1551537万元。

个人所得税 1994年10月，实行《无锡市个人所得税自行申报、代扣代缴办法（试行）》，制定加强个人所得税征收管理的工作意见。个人所得税实行分项扣除、分项定率、分项征收，工资、薪金所得适用5%～45%的9级超额累进税率，个体工商业户的生产、经营所得和企事业单位的承包经营所得适用5%～35%的5级超额累进税率，劳务报酬适用20%的比例税率，其他应税项目适用20%的比例税率。个人所得税自国、地税分设后成为市地税局征管的主体税种之一，1994年征收1396万元，2005年征收201662万元，12年累计征收749275万元。

图19-1 个人所得税申报 （市地税局供稿）

个人储蓄利息所得税 根据1999年国务院《对储蓄存款利息所得征收个人所得税的实施办法》，无锡市自1999年11月1日起对储蓄存款利息所得征收个人所得税，税率20%。储蓄存款利息所得个人所得税由国税局负责征收管理，由商业银行（包括外资银行）或其他金融机构代扣代缴，所代扣的税款在次月前7日内向国税机关报送《储蓄存款利息所得扣缴个人所得税报告表》，并缴入中央金库。对个人取得的教育储蓄存款[①]利息所得以及国务院财政部门规定的其他专项储蓄存款或者储蓄性专项基金存款的利息所得，免征个人所得税。2005年，全市征收个人储蓄存款利息所得税3.7亿元。

① 指个人按国家有关规定在指定银行开户、存入规定数额资金、用于教育目的的专项储蓄。

3.其他税种

土地增值税　1996年，市地税局与市国土局联合发出《关于土地增值税若干征管问题的通知》，对非从事房地产开发业务的纳税人转让土地使用权的，由各级土地管理部门在办理土地权属变更手续时，代征土地增值税；对于从事房地产开发业务的纳税人，须到主管税务机关办理土地增值税纳税申报手续后，市国土局方可办理土地权属变更登记。1997年起，市区和锡山市（锡山区、惠山区）非从事房地产开发业务的纳税人转让国有土地使用权、地上建筑物并取得收入的单位和个人应缴纳的土地增值税，委托市国土资源管理局代征代缴，预征税率1%。2003年，对房地产开发企业的房地产销售收入（含预收购房款），按销售收入的1%附征土地增值税。2004年1月起,税款所属期调整土地增值税的预征率，销售经济适用住房取得的收入暂缓预征土地增值税，待项目销售完毕办理土地增值税结算手续时，对达到增值比例的，仍按规定征收土地增值税。

城市维护建设税　执行1985年颁布的《中华人民共和国城市维护建设税暂行条例》，凡是缴纳增值税、消费税、营业税的单位和个人，都是该税种的纳税义务人。1994年9月，市地税局负责征管纯营业税单位的城市维护建设税。1995年2月起，原由市国税局按增值税、消费税征管的企事业单位的城市维护建设税改由市地税局征管。1996年7月起，原市国税局征收的个体工商业户、集贸市场、外商投资企业、外国企业的城市维护建设税和教育费附加改由市地税局征管。2001年8月起，生产企业自营或委托外贸企业代理出口自产货物，增值税实行免、抵、退税管理办法，企业在出口货物实行免抵增值税的同时，也减少城市维护建设税。2005年2月，对生产企业出口货物全面实行免抵退税办法后，经国税局正式审核批准的当期免抵的增值税税额应纳入城市维护建设税和教育费附加的计征范围，分别按规定的税（费）率征收城市维护建设税和教育费附加。

房产税　1995年起，税务部门规定对房产税年应纳税额分别在5万元（含5万元）以下的单位，原则上每年一次性缴纳；5万元以上的单位可分两次缴纳。2000年，为配合住房制度改革，对个人出租的住房，如果出租后仍用于居住的，房产税税率由12%下调至4%。2004年，根据省地税局关于对高速公路各收费站和服务区向所在地主管地方税务机关申报缴纳房产税的要求，规定总、分支机构都在市区的由总机构统一管理；总机构在市区，分支机构设在江阴市、宜兴市的，按属地原则由江阴市、宜兴市征管；外地设在无锡市的分支机构由分支机构所在地征管。

城市房地产税　1984年利改税后，国务院将城市房地产税划分为房产税和城镇土地使用税，对内资企业和个人征收；对外商投资企业和外国企业继续征收城市房地产税。1996年，原由市国税局征收的涉外企业城市房地产税改由市地税局征管。1996～2000年，无锡市对涉外企业出租房产根据租金收入按18%的税率征收城市房地产税。2001年起，对涉外企业出租房产暂比照国内企业出租房屋的规定，按12%的税率从租征收城市房地产税。

城镇土地使用税　1994～2000年，城镇土地使用税单位税额仍沿用1989年城镇土地使用税开征的单位税额。2001年4月，市区非农业用地划分5个等级，新城镇土地使用税定额分别调整为每平方米一等土地3元、二等土地2元、三等土地1.5元、四等土地1元、五等土地0.5元。市区以解放路为准，老城区范围内的中山路、人民路和解放环路两侧的土地为一等；解放路以外、老城区范围以内除一等土地以外的分别为二、三等；马山、胡埭、硕放镇的土地为五等；一、二、三、五等以外的土地为四等。同时规定锡山区、惠山区所属各镇的非农业用地，仍按照原单位税额标准每平方米0.5元执行。2001年1月起，江阴澄江镇、宜兴宜城镇范围内的土地，每平方米年税额1元，锡山区、惠山区各镇和江阴市、宜兴市其余各镇包括所属行政村的应税土地每平方米年税额0.5元。2005年起，各类房地产开发用地，除经批准开发建设经济适用房的用地外，均要缴纳城镇土地使用税。

固定资产投资方向调节税　1994年9月国、地税分设后，固定资产投资方向调节税由市地税局征收管理。1999年7月，减半征收固定资产投资方向调节税。2000年1月起，暂停征收固定资产投资方向调节税。

车船使用税 1994年9月国、地税分设后，车船（包括自行车、机动车辆、机动船舶）使用税由市地税局负责征收管理。1994～1999年，在职职工的自行车车船使用税委托各企事业单位财务部门或单位指定的部门在规定时段内代扣代缴；社会居民自行车车船使用税自行到各税务征收大厅缴纳；在代征代缴阶段结束后，委托街道设点代征。2000～2001年，取消企业代扣代缴方式，改为委托街道（乡镇）代征。2002年,停止征收自行车车船使用税。

1994～2003年，对于企事业单位拥有的车船（不包括当年度新添置的车船），当年2月底前向主管税务局申报办理征免税手续，否则在车辆年检的同时在代征点缴税；个人车辆在车辆年检时由车管所代征点缴税；凡新增车辆，于领牌照时由车管所代征点负责征收。2004～2005年，机动车辆全部委托代征车船使用税，按年一次性征收。纳税人在向车管部门办理初次登记、年检、转籍、变更、报废等业务时，须先缴清所有应纳车船使用（牌照）税，否则不予办理。1994～2005年，船舶车船使用税由纳税人于每年2月底前向主管地方税务机关申报缴纳。

车船使用牌照税 1996年7月起，由市地税局征管，仅对外商投资企业、外国企业及外籍个人继续征收车船使用牌照税。1996～2003年，纳税人于每年1月向主管税务机关申报缴纳。凡新增车辆，其当年度的车船使用牌照税于领牌照时由车管所代征点征收。2004～2005年，市区机动车车船使用牌照税实行全面委托代征。

资源税 无锡市资源税主要在宜兴市局征收。1994～2001年，委托宜兴市化工公司按火工品发放环节定额代征资源税。2002年，改变征收办法，不再委托矿管站代征，改由各企业按主管税务机关核定的定额申报缴纳。2003年，由按火工品发放环节定额代征，改为按发包开采量委托乡镇政府代征。2005年，委托国土资源部门代征矿山企业（宕口）的资源税，根据开采矿山所耗用的火工品用量，按照每种矿产品的火工单位开采量核定其应税矿产品数量。

屠宰税 根据1994年《江苏省征收屠宰税暂行办法》，对宰杀或者收购的生猪、牛、羊、马、驴、骡征税。2001年1月起，取消屠宰环节和收购环节征收的屠宰税。

印花税 1994年9月，印花税划归地税局征收管理。1998年，省地税局印发《印花税征收管理暂行办法》，规定对确实不能完整提供购销合同或提供购销合同不实的纳税单位或个人，可采取核定计税的办法征收印花税。2001年，印花税核定征收在江阴市、宜兴市、锡山区、惠山区试点。2004年1月起，对市区工业企业、商品流通企业、房地产开发企业的纳税人实行购销合同印花税核定征收。工业企业的购销合同，对采购、销售两环节应征的印花税合并按销售收入的100%作为计税依据（不含外商投资企业、外国企业）。商品流通企业的购销合同，对采购、销售两环节应征的印花税合并按销售（营业）收入的60%作为计税依据。商品房开发企业的购销合同，按商品房销售收入（含预收定金部分）的100%作为计税依据。同年5月，规定从6月（税款所属期）起，印花税核定征收范围由购销合同扩大至购销合同、建筑安装工程承包合同、货物运输合同、财产保险合同及借款合同等5类，涉及工业、商业、房地产业、建筑安装业、货物运输业、财产保险业及银行业等7个行业。

车辆购置税 《中华人民共和国车辆购置税暂行条例》自2001年1月1日起施行，原车辆购置附加费统一改为车辆购置税。条例所称购置，包括购买、进口、自产、受赠、获奖或者以其他方式取得并自用应税车辆的行为，其征收范围包括汽车、摩托车、电车、挂车、农用运输车。车辆购置税实行从价定率的办法计算应纳税额，应纳税额为计税价格×10%（税率），由市交通局车辆购置费征收办公室代征。2005年1月1日起，划转国税部门征管。是年，全市征收车辆购置税7.16亿元，入库7.08亿元。

三、基金和费

市地税局先后受国务院、省、市政府委托，代征社保费、地方教育基金等基金和费，其中社会保险费、国有土地年租金、工会经费、退休人员社会化管理服务费、职业技术教育统筹经费、离休人员统筹医疗费等6个基金费由地税部门根据相关主管部门核定后征收，地方教育基金、物价调节基金、粮食风险基金、防洪保安基金、人防建设基金、城镇垃圾处理费、绿化费义务植树统筹费、残疾人就业保障金、文化事业建设费、旅游事业发展费、风景名胜资源费、教育费附加、地方教育附加等29个基金费均由缴费单位自行向地税机关申报后征收。1996～2005年，建农基金、地方平预算调节基金、散装水泥费、大化肥基金、桑蚕事业改进费、农业重点建设发展基金、再就业基金、城市配套费、消防基金、解困基金、农村教育费附加、市级河道清淤以资代劳金、北塘联圩工程养护费、烧香港建设基金、人民教育基金、综合基金等16个基金、费先后停征。

1.社会保险费

2000年8月，市区和宜兴市实施地税部门征收社会保险费工作。次年1月，江阴市和锡山区、惠山区社会保险费由地税部门征收。社保部门负责受理社保数据的审核，地税部门依据社保部门提供的征缴数据征收入库。各缴费单位或个人在规定期限内，按月向社会保险经办机构申报上月全部职工工资总额，由社会保险经办机构依法计算并核定缴费人当期应缴纳的社会保险费。月底，各社会保险经办机构分别将核定的当月社会保险费征收数据提交地税部门，地税部门在接收征收数据后，通过征缴系统进行校验并下发基层征收分局，基层征收分局对各缴费单位进行征管关系的确认并组织入库。社会保险费征收数据如需调整，凭社会保险费经办机构出具的《社会保险费调整通知单》实行专人负责制；征缴的社会保险费直接划入财政专户。

2001年初，市劳动局、市财政局、市地税局联合发出《关于单位欠缴社会保险费改由地方税务局清欠的通知》，规定限时归还所欠社会保险费；对当年形成的新欠费管理，主要通过日常催报催缴实施清欠，经催缴仍不缴纳的，主管征收机关依据省政府规定实施银行扣缴。

为加强社会保险费征缴和压欠，市地税局采用税费同征同管同查办法，即社会保险费的征收及日常管理与缴费单位缴纳的税收的征收管理主管地税机关相一致，实行费随税走；税务稽查部门在实施税收检查时对被查企业申报缴纳社会保险费情况一并进行检查，将检查中发现的未参保或申报不实情况，通过地税与社保的信息交换渠道定期反馈给社保部门处理。

2.教育费附加

1986年7月1日起，市政府根据国务院发布的《征收教育费附加的暂行规定》，由税务部门代征。按单位和个人实际缴纳的产品税、增值税、营业税总额的1%征收，与产品税、增值税、营业税同时征纳。1994年税制改革后，产品税取消，按增值税、消费税、营业税总额的1%征收。

3.能源交通重点建设基金

1987年，国务院决定扩大征集能源交通重点建设基金。自1987年5月1日起，无锡市对未开征能源交通重点建设基金的城乡集体企业和个体工商业户征收能源交通重点建设基金。1994年，随着新税制的实施，该基金取消。

4.国家预算调节基金

1989年1月1日起，市税务局根据国务院发布的《国家预算调节基金征集办法》开征。征收对象为所有国营企业事业单位、机关团体、部队和地方政府的各项预算外资金；所有集体企业、私营企业以及个体工商户缴纳所得税后的利润。基金按各项目当年收入的10%计征。1994年，随着新税制的实施，该基金取消。

5. 市场物价调节基金

1989年1月1日起，市税务局根据该局与市财政局协商制定的《无锡市企业单位市场物价调节基金征集办法》而开征。企业单位按当年财务会计制度规定应实现的销售（营业）收入总额（含有关价外补贴）的1‰计征，银行（金融）、保险企业、信托投资公司等按缴营业税的2‰计征，外来建筑、交通运输企业按在建筑安装、交通运输管理处开票的营业额的1‰计征。中外合资、合营及外商投资企业，市食品公司所属肉、禽、蛋经营企业，市蔬菜公司所属的蔬菜经营企业，粮油平价商业、加工企业及饲料企业，外销部门收购出口的产品销售额等免征。对政策性亏损和极少数有特殊困难的企业单位、经市财政、税务部门核准后，适当减免。1989年7月1日起，该基金与粮食补贴基金合并征收。

6. 粮食补贴基金

1989年1月1日起，市税务局根据省、市政府关于征集粮食补贴基金的通知精神，开始征收。凡在市区范围内有销售（营业）收入的企业、单位和个人，均应按销售（营业）收入总额的1‰缴纳粮食补贴基金。1989年7月1日起，粮食补贴基金与物价调节基金合并征收，银行、保险部门按应纳营业税额的3‰计征，其他企业、单位和个人按销售（营业）额的2‰计征，中外合资、合营、外商独资企业和政策性亏损企业免征。

7. 防洪保安基金

1992年1月30日，市财政局、税务局根据省、市政府有关文件要求，制定《关于筹集无锡市区防洪保安资金的贯彻意见》，市税务局负责市区集体企业和金融部门等防洪保安资金的征收。商业、物资、外贸、供销等流通企业按上年销售收入的1‰计征，旅游服务业按上年营业收入的1‰计征，工交企业按上年末的固定资产原值的2‰计征，建筑安装企业按上年工程结算收入的2‰计征，银行部门按上年利息收入的2‰计征，保险部门按上年财产保险费收入的1‰计征，信托投资公司按上年利息收入的2‰计征。

1994～2005年无锡市国税局税收收入和出口退税统计表

表19-6　　单位：亿元

年份	税收收入（不含海关代征）	其中增值税、消费税	出口退税
1994	34.12	31.34	2.15
1995	38.22	35.67	3.05
1996	44.20	41.59	8.10
1997	50.48	48.28	7.60
1998	57.25	53.91	6.90
1999	64.29	59.63	9.35
2000	81.22	72.50	13.14
2001	100.71	88.33	14.38
2002	117.12	104.88	21.30
2003	137.53	120.58	32.10
2004	182.18	156.00	86.15
2005	213.73	179.60	80.65
合计	1121.05	992.31	284.87

1994～2005年无锡市地税局税收分税种情况表

表19-7　　单位：万元

年份	总数	营业税	企业所得税	个人所得税	资源税	城建税	房产税	印花税	土地使用税	土地增值税	车船使用税	固定资产投资方向调节税	屠宰税	税款滞纳
1994	91471	38891	37522	1396	75	3253	4696	1241	2062	—	942	1091	—	302
1995	115523	46662	40246	3363	75	13909	5359	1143	1729	—	1389	1340	74	234
1996	140967	59741	42544	8632	34	17454	6453	1331	1693	1	969	1433	161	521
1997	177892	66563	55507	18037	38	20136	9998	1864	1800	18	1469	1408	465	589
1998	192734	79343	45727	24241	40	22902	13399	2136	1666	20	1273	1500	487	—
1999	221903	90123	51650	30902	138	24912	16467	2456	1680	57	1558	1345	615	—
2000	301031	112932	79872	44707	474	32970	21367	4260	1772	104	1545	526	502	—
2001	449835	134533	180598	59757	353	43523	20767	5684	2809	83	1568	101	59	—
2002	530082	174207	171041	86270	616	52390	30999	7747	5053	317	1442	—	—	—
2003	714552	272424	195936	116697	1695	66549	32766	12011	4974	7888	3612	—	—	—
2004	1029318	385228	300350	153611	2454	87098	42693	24651	6402	23827	3004	—	—	—
2005	1287168	474787	350544	201662	1882	107595	66508	31803	11501	37854	3032	—	—	—
合计	5252476	1935434	1551537	749275	7874	492691	271472	96327	43141	70169	21803	8744	2363	1646

1994～2005年无锡市地税局收入主要情况表

表19-8　　单位：亿元、%

分　类	1994年	1995年	1996年	1997年	1998年	1999年	2000年	2001年	2002年	2003年	2004年	2005年
财政收入	41.65	48.19	56.26	68.19	75.99	87.84	112.06	141.92	200.85	265.58	343.32	421.80
全市地税总收入	10.81	15.57	17.48	22.50	25.15	28.48	42.94	79.19	98.13	129.60	176.75	219.70
税收	9.15	11.55	14.10	17.79	19.27	22.19	30.10	44.98	53.01	71.46	102.93	128.72
其中市县级税收	7.72	9.93	12.41	15.65	16.65	19.66	27.38	42.15	50.01	67.95	98.01	122.16
地方财政一般预算收入	17.96	21.46	25.59	31.44	35.14	40.23	55.85	75.10	78.99	104.34	135.28	181.68
其中地税征收一般预算收入	—	—	—	—	—	15.36	20.68	28.60	35.52	50.35	75.17	94.12
地税征收一般预算收入占比	—	—	—	—	—	38.18	37.03	38.08	44.97	48.26	55.57	51.80
全省地方税收	—	84.67	118.14	146.29	162.72	184.12	235.68	302.12	369.32	482.34	674.45	833.13
无锡地税占比	—	13.64	11.93	12.16	11.84	12.05	12.77	14.89	14.35	14.81	15.26	15.45
宏观税负	1.63	1.58	1.62	1.85	1.83	1.95	2.51	3.31	3.35	3.76	4.38	4.59

1994～2005年无锡市地税局征收基金、费一览表

表19-9

单位：万元

分类	1994年	1995年	1996年	1997年	1998年	1999年	2000年	2001年	2002年	2003年	2004年	2005年
平衡基金	6005	14635	3159	7631	2000	6	—	433	—	—	—	—
粮物调基金	9127	13608	6121	14775	9204	12342	8591	10395	14684	14898	22912	54519
防洪保安基金	874	2957	1166	4402	4925	4999	3556	4472	7309	8513	13092	32084
农业发展基金	—	1561	143	88	70	25	1	—	2	—	—	—
农村教育费附加	—	4827	—	6179	7299	7081	8267	10782	—	—	—	—
人民教育基金	—	734	709	728	720	716	703	705	751	648	16	1
综合基金	—	—	18842	5511	25640	26977	35437	63855	—	—	—	—
城市环境卫生费	—	—	—	185	139	215	166	195	—	—	—	—
以资代劳费	—	—	—	—	456	674	833	826	880	29	3	—
城市垃圾处理费	—	—	—	—	—	—	—	—	279	330	481	718
旅游事业费	—	—	—	—	—	24	355	294	290	146	380	508
绿化植树费	—	—	—	—	—	—	—	202	359	287	471	866
教育费附加	526	1208	2641	5124	5692	6093	7184	8047	8773	11020	40507	50438
教育地方附加费	—	—	929	1981	2169	2472	3482	3593	4659	5501	15060	22643
文化事业建设费	—	—	—	50	386	362	460	401	371	390	509	780
地方教育基金	—	—	—	—	—	—	—	—	—	—	1376	2486
社保费	—	—	—	—	—	—	58684	237522	311335	410902	493296	623795
地方综合基金	—	—	—	—	—	—	—	—	92670	110681	119540	91062
区地方基金	—	—	—	—	—	—	—	—	6321	10024	7442	143
离休干部医疗统筹费	—	—	—	—	—	—	—	—	—	2131	2318	2242
退休人员管理费	—	—	—	—	—	—	—	—	—	—	5270	3169
残疾人保障金	—		—	—	—	—	—	—	—	2682	5171	5018
工会经费	—		—	—	—	—	—	—	—	2906	7117	6879
其他	116	647	76	483	42	948	699	348	2549	344	3264	12434
合计	16648	40177	33786	47137	58742	62934	128418	342070	451232	581432	738225	909785

1994～2005年无锡市地税局征收情况表

表19-10

单位：万元

年份	收入总数	税收收入			各项基金、费			
		小计	其中		小计	其中		
			省级	市县级		社保费	教育费附加及教育地方附加费	文化事业建设费
1994	108119	91471	14293	77178	16648	—	526	—
1995	155700	115523	16193	99330	40177	—	1208	—
1996	174753	140967	16916	124051	33786	—	3570	—
1997	225029	177892	21345	156547	47137	—	7105	50
1998	251476	192734	26231	166503	58742	—	7861	386
1999	284837	221903	25315	196588	62934	—	8565	362
2000	429449	301031	27203	273828	128418	58684	10666	460
2001	791905	449835	28315	421520	342070	237522	11640	401
2002	981314	530082	29967	500115	451232	311335	13432	371
2003	1295984	714552	35094	679458	581432	410902	16521	390
2004	1767543	1029318	49247	980071	738225	493296	55567	509
2005	2196953	1287168	65618	1221550	909785	623795	73081	780

第三节　国地税分开前的征收管理

1986～1994年，税务征收管理经历《中华人民共和国税收征收管理暂行条例》（简称“征管条例”）和《中华人民共和国税收征收管理法》（简称“征管法”）的两次演变。依据征管条例和征管法，市税务局建立和完善对纳税人管理、发票管理、纳税申报管理、税款征收管理和纳税检查、违章处理等管理制度，逐步建立以税务事宜分类管理的管事制征管模式。

一、税务登记

1986～1994年，无锡市全面税务登记有3次。第一次为1987年，全市清理发证60382户，其中国营企业2218户、集体企业26895户、个体工商业户30598户、其他671户。第二次为1992年，清理换发税务登记82720户，其中国营企业3562户、集体企业40642户、私营企业295户、个体工商业户38221户；清理换发清册登记4291户，其中国营企业1516户、集体企业2769户、私营企业6户。第三次为1994年，为实施新税制，在搞好税务登记全面换证、做好按税种认定纳税人和对增值税一般纳税人、小规模纳税人认定工作的基础上，制定《小规模纳税人转换认定工作的管理意见》。办理税务登记的纳税人89134户，其中国有企业4972户、集体企业47304户、私营企业2439户、外商投资企业和外国企业857户、个体工商业户33562户；列入增值税一般纳税人管理的40754户。

二、纳税申报

纳税申报有代扣代缴税款报告表、延期申报申请表和减税免税申报表。新税制实施前，纳税申报表是订本式的，分甲、乙两类。个体工商户建账的按订本式个体专用申报表填写申报，定额户按月填单页申报表。市税务局于1989年设立进出口退税管理部门，专门负责出口退税的受理、审核、报批和退税，并相继制订有关管理制度和规定规范出口退税管理操作规程。纳税申报的送达方式，原来为专管员上门收纳税申报表，后逐步转变为纳税人直接到征管服务厅报送申报表。

三、税款征收

1986～1993年，市税务局税款征收方式主要有查账征收、查定征收、查验征收、定期定额征收和委托代征、代扣、代缴等。对查账征收户中一贯遵章纳税的国营、集体、外资企业的流转税，采取自报核缴税款的办法；个体工商业户中的重点建账户，也采取自报核缴的方法；其他个体工商业户和部分小型商业流通企业、街道乡镇企业，绝大部分采取定期定额征收方式；对少量生产型个体户，采取查定征收方式，对流动税源一般采取查验征收方式；对交通运输业和建筑行业中的部分外来经营者、个人收入调节税等，则采取委托代征代扣和代缴的方式。所得税的征收方法，国营企业、大型集体企业、外资企业，采取按季预缴、按年汇算清缴税款的方法；对账证不健全的年销售收入在300万元以下（后改为500万元以下）的小型集体企业，采取定率附征的办法。个体工商业户实行定期定额征收的，一般采取双定的办法。1986年7月，在调查测算的基础上，核定10个大类22个经营项目的附征率，简化纳税手续。

在自行纳税申报制度推行基本到位的前提下，1993年起，先后在3个征收管理分局试行在征收点直接办理税款入库办法，即“税银一体化”（后称税银合署办税）。对批准的减免税款，实行“先征后退、专户存储、使用审批、跟踪服务”的管理办法，对减免税金行使监督管理权。

四、税务监管

市税务局的税务监管包括纳税检查、纳税监督、群众监督和自我监督等4个方面。1993年，全市检查35773户纳税户，补税3518万元，罚款287万元，税务检察室立案查处23件。

第四节　国家税务管理

1994年1月1日起，国家规定国税征收的税种主要有增值税，范围包括货物、应税劳务、进口货物；消费税，范围包括烟、酒及酒精，化妆品、护肤护发品、贵重首饰珠宝玉石、鞭炮烟火、汽油、柴油、汽车轮胎、摩托车、小汽车等。1994～2005年，市国税局税收收入（不含海关代征）1121.05亿元，办理出口退税284.87亿元。

一、征管模式

1994年10月6日，市国税局税收征管改革领导小组成立。市税务师事务所成立并开展税务代理，实现纳税事务社会化。1995年4月，市区改革传统的管户制度，建立管事制，设立纳税人办税服务厅，改变税务专管员上门收税的方式。9月，市国税局被国家税务总局确定为税收征管改革首批4个试点单位和世行贷款项目“中国税收征管信息系统”（CTAIS）、金税工程先期试点单位。1996～1997年，开发、完善无锡市国家税务局税收信息管理系统。2000年，推进以网络申报为主体的多元化电子申报和以预储税款自动或受托划缴为主体的申报纳税方式。全市基本建立申报、缴税、税款划解入库的快速渠道，逐步取消纸质完税凭证，实现税收资金电子结算。

在实施由管户制向管事制转变的过程中，建立以纳税人自缴自核为基础的申报制度和按征管职能事项分工的管事制度，各分局建立、完善征管服务厅功能，实现征税事宜电脑化；设立税款征收专柜，实现“税银一体化”。2001年7月，全市国税系统征管、机构、人事制度3项改革基本到位，市区设置1个征收职能局、4个管理职能局和3个稽查职能局，建立起“以申报纳税和优化服务为基础，以计算机网络为依托，集中征收、属地管理、一级稽查”的新型税收征管模式。

2004年，市国税局与清华同方公司联合开发并全面运用无锡国税管理信息系统WGIS2.0版，实现主要税务管理业务流程网络化运作、数字化监控、信息化考核目标。2005年，通过开发无锡市国家税务局税收征管综合应用系统，形成以CTAIS为主体，多种应用软件归集应用的税收征管操作系统。

二、纳税户登记

1994年，国税局、地税局分设，税务登记管理根据“统一代码、分别登记、分别管理”的原则进行管理。1994年末，全市国税税务登记户102567户，其中一般纳税人28490户。2001年，国、地税局进驻市行政审批中心，合署办理税务登记。2003年，根据国税总局《税务登记管理办法》，国、地税局（分局）按照征管范围，实施属地管理，采取联合登记或分别登记的原则办理税务登记。2005年末，全市国税税务登记户数135458户，其中一般纳税人48439户。

三、纳税申报

2000年，市国税局对全市纳税人纳税申报方式采取统一电子申报软件、统一规范申报程序。11月，全市国税系统全面推行纳税人通过网上银行缴纳税款或委托银行扣缴税款的税、银、库联网的电子缴款方式。至2005年末，全市推行电子申报户数99085户，其中网络申报60636户，实行委托银行代征个体工商业户58449户；一般纳税人电子申报推行面99.95%，小规模纳税人电子申报推广面98.5%，定期定额纳税的个体户委托银行代征面99.9%。2002年，与多家商业银行签订网上银行划缴税款及委托商业银行批量扣税协议，初步实行税款电子缴款。2004年1月，撤销征收分局，税银库全面联网，税款缴款实行无税票化实时扣款方式，实现无纸化征收。

图19-2　2002年7月23日，市国税第三分局召开办税绿色通道新闻发布会　（市国税局供稿）

四、发票管理

1.发票开具

1995年起，市国税局承担国税总局“金税工程”试点，对增值税专用发票实施交叉稽核。1997年1月1日起，全市增值税一般纳税人有7户使用百万元版增值税专用发票，全部配备防伪税控系统自行开具，全市取消手工版百万元版增值税专用发票，取消税务机关代开百万元版增值税专用发票。2000年1月1日起，取消手工10万元版增值税专用发票。2003年6月底，取消手工版增值税专用发票。7月1日起，开具增值税专用发票的一般纳税人全部纳入增值税防伪税控管理，增值税专用发票全部由防伪税控系统开具，手工版增值税专用发票和没有密码的电脑版增值税专用发票全部停止使用。同年，市国税局推行增值税专用发票网上认证系统。2005年1月，税务机关代开的增值税专用发票纳入防伪税控系统。

1999年1月，统一全市小机动车销售发票和粮食销售发票。2000年，市国税局推行商业企业零售销货开票制度。2005年4月1日起，全面启用新版普通发票。

2.发票检查

1996年4月19日，市国税局与市检察院联合召开打击利用增值税专用发票违法犯罪活动新闻发布会，对无锡市三菱机电设备公司等10起虚开、代开增值税专用发票的涉税案件进行曝光。2002年起，在对增值税专用发票防伪税控管理的同时，加强增值税专用发票的协查（委托协查和受托协查）和专项检查。至2005年，全市共受托协查50546份，委托协查56512份，同时承担国家税务总局全国特大发票案件的协查工作。1994～2005年，先后开展6次增值税专用发票的专项检查，查补税款43094万元。

五、涉外税务管理

1.跨国公司税收管理

2003年9月，市国税局提出“大企业专业化管理”的理念，对户数占全市外商投资企业5%、税源占全市国税涉外税收收入80%的262户大企业实行专业化管理。市国税局成立专门的大企业管理机构，江阴、宜兴、锡山、惠山、高新区等涉外税收管理部门成立相应的机构，并由专人对涉外大企业进行专业化管理。在此基础上，市国税局加强跨国公司税收管理，对全市272家跨国公司实施专业化税收管理。2000年起，市国税局加强对境外投资企业的日常税收管理和纳税服务。

图19-3　2005年9月，市国税工作人员到外企宣传税收政策（市国税局供稿）

2.反避税

1998年，市国税局在涉外税务分局成立反避税调查科，全市涉外税收管理部门成立相应的机构，加强反避税工作。当年对两家企业进行转让定价调查，调整应纳税所得额8900万元，补税198万元。2001年，涉外税务分局成立涉外税务审计科。至2005年，市国税局调整应纳税所得额23亿元，通过反避税增加涉外税收1.68亿元；通过审计增加涉外税收1.4亿元。

六、出口退（免）税

1985年起，实施出口退税政策。1994年1月1日起，建立以新的增值税、消费税制度为基础的出口货物退（免）税制度，确定出口货物退（免）增值税，征、退税率一致的政策。此后又进行3次政策调整。1996年，国家大规模降低出口货物退（免）税税率，形成3%、6%和9%共3档增值税退税率。1997～1999年，国家多次普遍或部分提高出口货物退（免）税税率，至2000年形成17%、15%、13%和5%共4档增值税退税率。2001年8月1日，对生产型企业（包括外商投资企业）一律实行“免、抵、退”税管理办法。2002年1月1日起，对生产企业自营出口或委托外贸企业代理出口货物全面实行“免、抵、退”税管理办法。2004年1月1日起，对出口退税机制进行结构性调整，出口退税率由15.51%下调至12.51%；建立中央和地方财政共同负担出口退税的新机制，其中中央财政负担75%、地方财政负担25%。调整后，出口退税率变为5%、8%、11%、13%和17%共5档。同时运行以“新账不欠，老账要还”为原则的出口退税新机制。截至8月10日，2003年12月31日前报关出口货物的陈欠退税全部退清，无锡市累计办理退库40.33亿元，办理2004年当年出口货物退、调库45.74亿元。8

月1日起，市国税局对全市出口企业实施分类管理。9月1日起，对首批试点企业进行出口退税网上申报试运行。截至12月13日，共有7003家（次）出口企业网上申报，基层分局反馈审核数据8934笔，申报成功率98.77%。1994～2005年，全市共办理出口退（免）税284.87亿元。

七、欠税管理

无锡市各级基层国税机关以税务责任区为依托，加强对纳税人的日常涉税动态信息的监控和分析，加强欠税管理。对欠税人有合并、分立、撤销、破产和处置大额资产行为的，税务机关建立欠税档案，实施动态监控。2001年，根据国税总局的《欠缴税金核算管理暂行办法》，对纳税人欠缴税金分类审批，单独核算。对纳税人需要延期缴纳税款的，主管税务机关严格加强对其缓缴原因的核实把关，确实符合条件的，上报省级税务局审批。对纳税人既有应退税款又有欠税的，一律先将欠税和滞纳金抵顶应退税款；对纳税人生产经营正常但经常发生欠税的，采取控制其发票用量或代开发票的办法，督促其足额缴税。2005年2月起，全市各级国税机关在办税服务厅或新闻媒体对欠税单位及个人实行公告制，同年4月起按季在《无锡日报》刊登欠税公告。实行公告制后，清缴欠税843.01万元。1994～2005年，先后采取查封纳税人存款账户扣缴欠税，提请法院行使代位权、查封、扣押、拍卖财产抵缴欠税和阻止法人代表出境等强制执行措施，清缴欠税9.17亿元。

八、税务稽查

1994年，全市国税系统实行“二级稽查”模式。1997年4月，市国税局成立涉税举报中心。同年10月，市公安局派驻市国税局，协助办理有关涉税犯罪经济案件。1998年6月，成立市国税局稽查局，负责监督检查无锡各部门、各单位纳税人依法纳税情况，直接查处重大偷税、抗税、骗税案件，办理有关人民来信、来访举报的税务案件。2001年，成立稽查职能局，市区建立第一稽查局、第二稽查局，江阴、宜兴两市和锡山、惠山两区成立稽查局，全市实行“一级稽查”工作模式。

1994～2005年，市国税局分别开展增值税专用发票的专项检查、重点税源户的纳税检查、行业整治的执法检查、涉税案件的举报检查、督办案件的专案检查、全国特大案件的护税协查等，共检查111387家纳税企业，查补税款32.98亿元；受理和查处举报案8049件，查补税款61365万元；向举报人发放举报奖励69.37万元。与市中级人民法院、市检察院、市公安局联合开展打击伪造、倒卖、盗窃增值税专用发票等专项整治，缉查假票窝藏黑点4处。在查处涉税犯罪案件中，公安受理涉税案件83件，立案66件，破案61件，抓捕75人，移送59人，逮捕15人。无锡国税重大税务案件审理委员会共审理案件107件，涉及查补税款34464万元，罚款15271万元。

第五节　地方税务管理

一、征管模式

1994年无锡市地税局成立后设置分局，对纳税人实行“一员到户、各税统管”的管理方式。1995年，开始税收征管模式改革，逐步取消税务专管员管户制度。1996年，按照集中专业化税收管理要求，逐步以管事制度替代户管员制度。当年，全市地税系统168个基层税务所全部实行电脑开票，人工开税票成为历史。1997年，市区实行稽查与征管工作分离。1999年，完善集中征管模式，在全市形成以信息化技术手段为支撑，相互协调制约的纳税申报、税务代理、税务稽查、计算机监控四位一体的地税征管格局。

2000年1月起，市地税局全面推进征管集中、检查外分。在征管一分局实行稽核管理员制度，在征管四分局试行“无区域征收，有区域管理”税收管理模式。2002年，对全市企业（除外资企业）实行税收属地管理。结合市区行政区划变动，以企业属地管理为基础，调整税收征管范围，设置征管机构，取消全职能征管分局，撤销税务所，成立专业化征管分局和检查分局。至2005年，全市地税基层执法机构由1996年的168个减少至60个。2005年，制定《无锡市地方税务局税收管理员制度》，明确税收管理员的职责和权限，理顺管户与管事关系。

二、专业化管理

1.涉外税务管理

1996年7月1日起，外商投资企业的地方税种由地税局负责征收管理，市地税局组建的第二分局负责市区范围内外商投资企业及外籍人员的地方税收征管，江阴、宜兴、锡山市地税局亦先后成立相应的征管分局。1997年起，实行外籍人员税收登记管理办法，1998年开发外挂软件对外籍人员实施专门等级、单独开票管理。1999年1月起，对外商投资企业、外国企业和外籍人员开展审核评税工作，当年对790家企业的城市房地产税、755名外籍人员的个人所得税、971家企业的教育费附加进行评税，审核出应补城市房地产税2000万元、个人所得税277万元、教育费附加159万元，加收滞纳金13万元。2000年起，为境外企业和个人开具售付汇凭证。2001年，首次对国际饭店的俄罗斯演出团征收个人所得税2500元；全年对5批演出团体征收税款4万元。2002年7月，第二分局更名为征收管理二分局。是年，对到锡演出的理查德·克莱德曼等人征收税款23.3万元。与美国、日本、韩国等6个国家进行税收情报交换，2001年，对351名外籍人员进行离境查税，查补个人所得税1260万余元；对38名外籍人员进行核查，查补个人所得税145万余元。2003年，征收管理二分局更名为涉外税务分局。2005年，根据日本提供的情报信息，差补入库税款、滞纳金75万余元。2005年，对50家企业的87名外籍人员开展税务约谈，入库税款933万元。

2.建设工程项目税收属地征管

2003年5月，市政府成立建设工程项目税收属地管理领导小组，市地税局相应成立领导小组，下设建设工程项目税收属地征管办公室，负责对市区范围内建设工程项目（包括建筑、安装、修缮、装饰、市政公用事业、园林、绿化、人防等和房地产开发项目）实施专业化税收征收管理，统一集中登记、集中开票、集中纳税和集中管理。同年，市地税局项目办在规划部门取得获规划许可证的建设项目信息资料，完成房地产开发企业税控开票系统安装。开设税款专户，按区设置项目征收通用户。2004年，市地税局成立第二分局，负责市区房地产开发企业（涉外企业除外）的地方税、基金（费）的征收管理。2005年末，有项目5925个，全年征收市区房地产开发企业、建筑业税31.18亿元。

3.房地产开发企业税收集中征管

2004年，对市区房地产开发企业实现行业专业化管理，各征管分局税款收缴国库按建设项目所在地入当地国库，实现属地征收。根据国税总局规定，对房地产企业预售收入预征企业所得税，是年征收4.7亿元。2005年，推行房地产开发企业预征企业所得税年度结算工作，全年房地产行业税收15.93亿元。

4.上市公司税收集中征管

2000年8月，对江阴市6家上市公司实行集中征管。2001～2003年，上市公司分别入库企业所得税33397万元、22294万元、26928万元，分别占同年入库企业所得税的56.66%、36.62%、43.47%。

三、发票管理

1.发票改版与改革

1995年1月起，无锡市启用套印市地税局监制章的营业税专业发票，设置营业税发票18种。次年4月，对国际货物运输代理业统一使用电脑发票。1996年10～12月，启用无锡市饮食业剪额专用发票，但旅游涉外饭店和使用电脑票的餐饮业纳税人除外。1998年1月，启用防止大头小尾的普通营业税发票，设置32种小类票种。除电脑发票、定额发票及窗口开具发票外，经市地税局监制的营业税普通发票改为剪额发票。8月，凡由市地税局监制的营业税普通发票（包括套印发票监制章的公园门票、歌舞票）均增印防伪标记。2002年，统一发票式样，江阴、宜兴地税局印制发票分别套印江阴、宜兴地税局发票监制章，锡惠地税局和市区各分局发票套印市地税局发票监制章。

2003年11月，国家税务总局对货物运输业发票管理方式进行改革，将货运业纳税人分为自开票纳税人和代开票纳税人，推行货物运输行业电脑开票。开展对货物运输发票清理，取消近百家委托代征单位的委托代征资格，从12月起正式启用新版货运发票，对自开票纳税人和代开票纳税人的自有车辆及挂靠车辆鉴定登记。

2004年1月，首先在餐饮、住宿、娱乐等行业推行防伪有奖发票。防伪有奖发票分为防伪发票和有奖发票。防伪发票印制发票密码，不参与发票刮奖和抽奖。有奖发票印制发票密码和奖区，既有数码防伪功能，也能参与刮奖和抽奖，每份发票均有两次中奖机会。2004～2005年，有奖发票注册91万人次，一次性刮奖兑付奖金752万元，二次抽奖兑付奖金299万元，兑奖人数64万人次。

图19-4　2005年第四季度有奖发票二次抽奖现场

（市地税局供稿）

2004年7月，无锡市使用全国新版公路、内河货物运输业统一发票，取消手工填开发票。简化、归并发票种类，统一发票分类代码和发票号码，逐步取消手工发票，使用机打发票，实现以税控电脑开票为主，定额发票、少量手工发票为辅的发票改版目标。2005年，使用新版营业税普通发票。简并和修改所有自行设计印制的统一发票和企业自印发票，统一使用全国普通发票分类代码和发票号码，普通发票由无锡市地税局印制。

2.窗口代开发票管理

市地税部门负责营业税项目发票及地税局负责税种的窗口代开票管理，同时一并征收应纳各税及基金、费。2005年1月1日，以全国统一式样的税务机关代开统一发票代替无锡市地方税务局特种发票。使用税务机关代开统一发票时必须电脑开票，同时加盖税务机关代开发票专用章。

3.税控装置管理

2000年开始，市地税局从推行使用税控装置。凡从事餐饮、娱乐、服务业中符合规定的6类纳税人购置、使用税控收款机；纳税人使用计算机开票的，可以不使用税控收款机开票。2001年11月，凡使用营业税普通发票（不含营业税定额发票、公园门票等）并缴纳营业税的纳税人，按照规定安装、使用税控装置。纳税人使用税控装置开票的，不得使用其他任何票据。符合规定的新办餐饮、住宿、娱乐业等单位，要求购置、使用税控装置。推行使用出租车税控计价器。2005年初，在餐饮、沐浴、娱乐等3个行业的代表性企业试点，推行税控收银管理系统，将税控管理系统与企业内部收银管理系统相结合，纳税人打印电脑结账单的同时，其营业数据记入税控系统并打印发票。

四、纳税申报

1995年，市地税局实行纳税人到税务机关申报纳税制度，纳税人在银行服务专柜统一开设专项账户,纳税申报、开票征收、税款解缴在办税厅内一次完成。1996年,建立纳税人申报声明制度,纳税人承诺全面真实申报所有纳税事项,并承担完全的法律责任。财务管理严密、会计核算健全、纳税情况较好且有条件的企业试行邮寄申报,一般企业可自愿委托社会中介机构进行税务代理申报。

2001年,市地税局在市区推行电子申报方式以及网上银行划缴税(费)款、银行信用(储蓄)卡划缴税(费)款申报方式。年末,市区359户重点税源户及大中型企业安装电子申报客户端软件,实现网上电子申报;与工行、农行、商业银行合作,逐步对个体工商业户实行委托银行划缴税款办法。2002年,14531户个体工商业户实行委托银行划缴税款。至2003年末,市区7105家企业自主选择网上申报方式,2.8万户定期定额征收个体工商户实行银行扣缴税款,2.2万家企业用IC卡银行申报纳税,逐步形成网上申报、IC卡申报、银行划缴和少量邮寄申报的多元化申报方式。至2005年末,市区29443户纳税人通过网上申报方式申报纳税。

五、税款征收

1.定期定额征收

1995年4月,市地税局制定《对部分小型企业实行定期定额核定征收办法》,对符合规定的小型商业、饮食、服务、修理修配、交通运输、娱乐业等企业原则上实行定期定额征收办法。1997年4月,制定《对个体工商户、集贸市场地方税征收管理若干办法》,加强定期定额管理。首次制定《个体工商户基准经营额一览表》,规定理发美容等13个行业3类6个档次的基准经营额。9月,对个体工商户实行定期定额管理。1999年,试行基准定额加发票开票额征收管理的办法。2000年,对私营企业营业税户进行定额加发票征收的情况进行清查,分行业、地段、季节完善个体户定额核定办法。2001年,调整定额加发票开票额征收户和定期定额征收户的基准定额,分3类地区6个档次对16类营业税应税行业确定基准定额标准。2004年2月,实行《营业税户核定征收管理暂行办法》。2005年,组织开展营业税户定额核定和调整,重新制定分行业月基准定额等级标准,对纳税人调整定额。

2.代征代扣

1995年起,市地税局逐步建立地税代征代扣征收方式。1996年,委托市、区职业介绍服务机构办理用工单位劳务费结算开票手续,并代扣税费基金。1997年,委托市技术市场管理办公室、市科技咨询服务中心等7家单位对未取得技术贸易资格证书的单位和个人,在发生技术贸易收入时代征代扣营业税、城建税及附加,对个人同时代征代扣个人所得税。1998年,收回交通运输发票管理权,由市地税局直接管理。2000年,制定《关于加强委托代征单位票据管理的意见》,建立代征代扣台账,对所有委托代征单位开展检查。2001年4月,启用新的委托代征税款证书,委托开票分为劳务开票、建筑安装开票、交通运输开票、技贸开票、私房租赁开票、以劳养武开票等。2003年,对个人出售坐落于市区(不含锡山、惠山两区)的房屋(包括房改房、二手房等住宅以及非住宅房屋)的,统一委托市产权监理处开具发票并代征有关地税。2004年10月,明确代征税款单位开票范围及对象,委托劳务开票代征税款单位按月将开票、征收税款明细上报主管税务机关。

六、分级分类管理

1.重点税源户税收征管

2000年,市地税局制定《重点税源户管理办法》。2002年,建立以重点税源户统计分析为主要内容的税源监控体系。2004年,对重点税源户管理实行专户专管。2005年,建立税务机关重点税源监控管理机制,建立重点税源户总局级、省局级、市局级、分局级、科所级五级管理的分级管理体制,按年应征税额实施纳税评估。年应征税额在1000万元以上(含1000万元)的重点纳税户建立分局长联系制度,年应征税额在500万～1000万元(含1000万元)的重点税源户建立科(所)长联系制度。

2.私营个体经济税收征管

1996年2月，全市集贸市场和个体工商户的税收划归地税局征管。3月，市地税部门负责全市城区（崇安、南长、北塘）的市场、个体的营业税、个人所得税及其他地方税种的征收、管理和检查，建立私营企业和个体工商户的税收档案备案制度，确定大户备案标准。1997年，制定对个体工商户、集贸市场地方税征收管理若干办法，明确对个体工商户加强定期定额管理。2004年，建立个体工商户大户征管情况报告制度。

图19-5　2005年，地税人员上门进行税法宣传　（市地税局供稿）

3.集贸（专业）市场税收征管

1996年10月，市地税部门对无锡招商城、前西溪布料市场、崇安寺农贸市场、三里桥粮油市场、五爱农贸市场、南长副食品市场等专业市场进行集中征收管理，其他市场从事经营活动的纳税人按属地管理原则征管。1998年，调整专业市场征管分工。2002年，组织开展集贸市场专项整治，专项整治的集贸市场包括工业品市场、生产资料市场、建筑装潢材料市场、农副产品市场等商品交易市场，以营业税为主的建筑装潢市场、货运交易市场和生产资料租赁市场等全部纳入重点整治。2003年，开展集贸市场整治行动，重点整治以批发为主要经营项目的商城、商厦和其他集贸市场中的经营大户，将无锡市统一摩托车配件市场、红星美凯龙家具装饰批发市场、劝业广场、金属材料市场列为市地税局重点监控市场。

七、减免税

1.医疗事业

1994年起，市地税局对医院、诊所和其他医疗机构提供的医疗服务免征营业税，对工会疗养院（所）比照其他医疗机构减免营业税。2000年起，城镇医药卫生体制改革后，将医疗单位分为非营利性医疗机构和营利性医疗机构。对非营利性医疗机构按照国家规定的价格取得的医疗服务收入，免征税收；对营利性医疗机构取得的收入，直接用于改善医疗卫生条件的，自其取得执业登记之日起，对其取得的医疗服务收入3年内免征营业税。对非营利性医疗机构自用的房产、土地、车船免征房产税、城镇土地使用税和车船使用税；对营利性医疗机构自注册登记之日起3年内免征其自用的房产税、城镇土地使用税和车船使用税。

2.福利事业

1994年起，市地税局对养老院、残疾人福利机构提供的育养服务，以及婚姻介绍、殡葬服务、残疾人劳务，免征营业税；对安置“四残”人员占企业生产人员35%以上的（含35%）民政福利企业，其经营属于营业税“服务业”税目范围内（广告业除外）的业务，免征营业税。2000年，按照财政部、国税总局文件，对政府部门和事业单位、社会团体以及个人等社会力量投资兴办的福利性、非营利性的老年服务机构，免征其自用的房产税、城镇土地使用税和车船使用税。

3.保险事业

1994年1月起，市地税局对保险公司开展的1年期以上返还性人身保险业务的保费收入免征营业税。

4.文化、教育事业

1994年起，市地税局对学校和其他教育机构提供的教育劳务，对托儿所、幼儿园提供养育服务取得的收入，对学生勤工俭学提供的劳务，免征营业税。校办企业凡为本校教学、科研服务所提供的应税劳务（“服务业”税目中的旅店业、饮食业和娱乐业税目除外，从2004年起广告业、桑拿、按摩、氧吧等除外），免征营业税。2000年末～2005年末，高校后勤经济实体经营学生公寓和教师公寓及向师生提供餐饮服务获得的收入，免征营业税。对符合资格条件的校办企业予以企业所得税减免的优惠。根据国家税务总局的规定，2004年起，停止执行校办企业的所得税减免政策。

1994年起，对纪念馆、博物馆、文化馆、美术馆、展览馆、书画院、图书馆、文物保护单位举办文化活动的门票收入，免征营业税。

5.现代服务业

1994～2001年，市地税局对新办第三产业企业兑现所得税减免优惠政策；对符合税收规定的国有农口企业、为农业生产服务企业，国家重点龙头企业及其控股50%以上的子企业减免企业所得税。2005年，全面梳理税收政策，兑现现代服务业等的税收优惠。

6.高新产业和外向型经济

市地税局对1993年12月前批准设立的外商投资企业，由于改征增值税、消费税、营业税增加税负的，在已批准的经营期限内，在不超过5年的期限内退回超过原税负的部分；没有经营期限的，在最长不超过5年的期限内，退还多缴纳的税款。1994年1月起，对科研单位取得的技术转让收入免征营业税。对经国务院批准的无锡高新技术开发区、宜兴环保科技园内的高新技术企业实行企业所得税减免。1999年10月起，对单位和个人（包括外商投资企业、外商投资设立的研究开发中心、外国企业和外籍个人）从事技术转让、技术开发业务和与之相关的技术咨询、技术服务业务取得的收入，免征营业税。

1999年开始，对盈利的国有、集体、民营科技工业企业，当年发生技术开发费比上年增长10%（含）以上的，实行技术开发费加计扣除。国家税务总局于2003年、2004年两次调整该政策的实施范围。对进行技术改造的工业企业，兑现技术改造项目购进国产设备投资抵免所得税的优惠政策。

7.企业产权制度改革

1998年，市地税局对企业改革、改组、改造等而涉及税务登记证件的申领、变更的，降低收费标准。2000年开始，为转制勘察设计事业单位和国家、省、市属科研机构，办理所得税减免，其中勘察设计转制事业单位的所得税减免政策执行至2004年末。2003年，提高个体经营者营业税起征点，将按期纳税由营业额800元提高至5000元，按次纳税起征点提高至100元。2005年，对市、市（县）所属转改制科研企业比照部、省属转改制科研企业“对经批准的转制科研机构，从转制注册之日起可在7年内免征科研开发自用土地、房产的城镇土地使月税、房产税”的文件精神，对已完成转制的18家市属科研机构需减免的房产税和城镇土地使用税办理减免税手续。

8.再就业

1998年起，市地税局对失业、下岗职工从事个体经营的，免收税务登记证件工本费。2001年起，凭《就业登记证》直接进入各类集贸市场从事个体经营的失业、下岗职工经审批后，在开业1年内免征个人所得税；对经劳动部门认定的失业、下岗职工成立的从事社区服务的生产自救性劳动组织及社会服务等非正规就业性的劳动组织，从事家庭服务、便民代理服务、居民的家政教育服务、求助服务、居民小区内的微型生活服务网点等社区服务业务收入，3年内免征个人所得税；对下岗失业人员从事个体经营，凭就业登记证，经有权主管税务机关批准，在开业1年内免征个人所得税。2003年1月～2005年12月，对新办的服务型企业（除广告业、桑拿、按摩、网吧、氧吧外）当年新招用下岗失业人员达到职工总数30%以上（含30%），并与其签订1年以上期限劳动合同的，经劳动保障部门认定、地税机关审核，3年内免征营业税、城市维护建设税、教育费附加和企业所得税。对下岗失业人员从事个体经营（除建筑业、娱乐业以及广告业、桑拿、按摩、网吧、氧吧外）的，自领取税务登记证之日起，3年内免征营业税、城市维护建设税、教育费附加和个人所得税。

9.农副产业

2001年1月，市地税局取消屠宰环节和收购环节征收的屠宰税。2004年2～7月，应对高致病性禽流感疫情的影响，对家禽加工企业和冷藏冷冻企业加工销售禽肉产品实行增值税即征即退政策，免征城市维护建设税和教育费附加。对家禽养殖（包括种禽养殖）企业、家禽加工企业、冷藏冷冻企业及个人生产经营用的土地、房产和车船，减免当年城镇土地使用税、房产税和车船使用税。2005年11月，对家禽加工企业和冷藏冷冻企业加工销售禽肉产品实行增值税即征即退政策，免征城市维护建设税和教育费附加。

10.“非典”防治

2003年，因“非典”疫情影响，市地税局对饮食业、旅店业减征、免征或缓征营业税、城市维护建设税、教育费附加。5～12月，对民航旅客运输业务和旅游业免征营业税、城市维护建设税、教育费附加。

八、税务稽查

1.稽查模式

市地税局建局之初，稽查工作集征、管、查于一体，各征管单位成立检查科（所），在辖管范围内对税源户进行稽核，催缴滞纳、拖欠的税款，清理注销户，实施日常税收检查以及查处举报涉税案件，稽查的管理职能在征收管理处。1995年，市区城郊分局实行“征管在所、稽查在分局”的模式，直属分局深化和完善管、征、查三分离，充实稽查人员，完善稽查工作职责、管理制度和操作规程。

1995年7月，成立市地税局税务稽查局，内设综合科和稽查科，负责无锡市区重点税源户以及大案、要案的税务稽查。2002年7～8月，成立市地税局检查三分局，负责纳税人的税务稽查。市区形成税务稽查局和检查一分局、检查二分局和检查三分局两个层级4个检查机构的格局。至此，除征收管理二分局对外资企业实施税务审计外，市区各征管分局已无税务稽查职能。

图19-6 2004年8月，地税局召开市区稽查局长、分局长例会，部署稽查工作 （市地税局供稿）

2003年，市税务稽查局在市区承担选案和审理职能，选案和审理环节从基层稽查单位分离，实行集中选案和集中审理。2004年2月，市税务稽查局从涉外分局接手承担市区涉外企业地方税收的稽查职能。至此，市区基本形成一级稽查的模式。

2.日常检查

日常检查包括清理漏征漏管户、清理注销户、核查发票、催报催缴、年度汇算清缴等日常性检查。1994～1997年，日常检查结合每年第四季度开展的税收、财务、物价大检查同时进行。1998年起，不再专门开展地方税收大检查。2001年5月1日起实施征管法后，加大专项检查和专案检查力度，日常检查转移到征管分局。至2005年，市区实现以专项检查和专案检查为主的税务检查。

3.专项检查

单税种专项检查 1994年10月，市地税局在开展大检查时对个人所得税作重点专项检查，检查对象主要是高收入行业、高收入企业的纳税人和扣缴义务人。1996年，对金融系统重点检查营业税、个人所得税和固定资产投资方向调节税，对新闻出版系统重点检查企业所得税、个人所得税和固定资产投资方向调节税。1998年，对金融保险业营业税和个人所得税、建筑装潢业营业税重点检查。1999年，开展对国有企业和事业单位企业所得税的重点检查。

行业性专项检查　市地税局针对税收薄弱环节和行业，每年开展整治性的省级专项检查和市级专项检查。1996年，市地税局与市公安局、市工商局配合，加强对私房出租税源的控管。1997年，首次开展中介机构的全面检查。1998年，对金融保险业开展专项检查。1999年，开展对税务登记、纳税申报不正常的非学历教育办学单位和婚纱摄影业突击检查，开展对证券业、会计师事务所、律师事务所和国营企业所得税的专项检查。2000年，对房地产和建筑安装业、房屋出租、金融保险证券业及重点税源户、代征代扣税款户等进行专项检查，举办被检查企业负责人清欠培训班。2001年，组织开展餐饮业、境外企业所得税、打击假发票、上市公司和转改制企业个人所得税等专项检查。2002年，组织开展建筑业，房地产业，重点税源户，转让、出租的加油站，医疗机构，中介行业，餐饮业等专项检查。2003年，组织开展建筑、房地产行业，外国企业取得利息、特许权使用费，中介、事务所企业，学校、医院、科研所等专项检查。2004年，开展汽车市场、货物运输业、医药行业、房地产开发企业、出版社、邮政电信业等专项检查和自行组织的餐饮、娱乐业专项检查。2005年，开展电力、烟草、银行等行业个人所得税专项检查。

区域性检查　2004年10月，市地税局试行区域性集中稽查。稽查局、征收管理分局及街道财政部门均派人协助办公，实施统一的税收政策和统一的处罚标准，对稽查发现的问题进行现场研究和现场处理。2005年，各稽查分局利用现有协税护税网络，开展区域性税收检查，补税20余万元。

4.专案检查

1997年7月前，市地税局与市检察院派驻的税务检察室合作，加强打击涉税违法犯罪活动。市地税局与无锡市检察院首次联手召开查处涉税案件新闻发布会，对查处的3件涉税案件予以新闻发布，并就查处地税专案进行通报。1998年，与公安部门联手打击涉税犯罪活动，先后抓获销售假发票9人，移送司法机关处理5人。1999年，与市国税部门联手查处涉嫌偷税案4起，捣毁出售假发票窝点3个。1999年后，与市公安局驻地税办公室互通信息，联合办案。2001年，与市国税局、市公安局联合发出《关于严厉打击伪造、倒卖发票违法犯罪活动》的通告，收缴假发票25万余份，抓获贩卖假发票者18人，行政拘留15人，向司法机关移送涉税案件22起。2002年成立专案组，为重大案件的查处建立典型的操作模式。

无锡市志

【第二册】

第二十卷

综合经济管理

概　述

1986～2005年，无锡市在深入推进以市场为导向的经济体制改革和经济发展的同时，加强综合经济管理，促进各项经济活动有序开展。市政府制定五年计划，发挥国民经济和社会发展综合计划的指导和引领作用，促进经济体制改革深化、经济结构调整和生产方式转变，加快经济对外开放步伐。统计部门及时提供经济统计数据，开展经济统计数据分析，为各级党委、政府科学决策提供服务。物价管理部门推进物价管理体制改革，在价格逐步放开的新体制下，调整管理方式，加强价格监管。审计部门依法开展财政金融审计、行政事业单位审计、企业审计、固定资产投资审计、经济责任审计、外资运用审计、专项资金审计，查究各类资金使用和经济活动中的违规违纪行为。国土资源管理部门落实耕地保护政策，严格建设用地管理，加强土地和矿产资源保护。与此同时，全市依法开展工商行政管理、质量技术监督管理、安全生产监督管理和食品药品监督管理，为企业提供公平公正的市场环境，维护消费者合法权益，保障安全生产，为经济发展提供良好保障。加强和完善口岸建设，形成水路、陆路、航空共6个口岸。无锡海关配合开放性经济发展的需要，改革作业模式，完善通关平台，优化通关环境。检验检疫部门严把物品进出口检验检疫关口，加强产品检测和认证服务。

第一章　计划管理

第一节　机　构

1954年，成立无锡市人民政府计划委员会。1964年，成立无锡市计划委员会（简称“市计委”），为市政府主管宏观经济和社会发展的综合经济部门，内设机构包括经济综合处、工业处、市场流通处、农村经济处、社会发展处、投资调控处、对外经贸合作处、办公室等。2001年5月，撤销市计委，成立无锡市发展计划委员会（简称“市发计委”）。2004年12月，改组为无锡市发展和改革委员会（简称“市发改委”），吸收合并原体制改革委员会的部分职能和人员，增设经济体制综合改革处、社会事业改革处、企业与市场改革处等。

第二节　计划编制

1986年3月，无锡市成立由市政府、市计委、市经贸委、市发展研究中心等组成的市“七五”计划编制领导小组，负责全市“七五”计划的编制和修订工作。各市（县）、区及工业主管部门和城建、科技、教育、文化、卫生、交通、邮电、供电等部门开始编制本地区、本行业的“七五”发展规划。10月，《无锡市国民经济和社会发展第七个五年计划》经市九届人大五次会议审议通过并下达实施。“七五”

计划提出，推进经济发展战略和经济管理体制由旧模式向新模式转变，开拓城市骨架，拉开工业布局，合理经济结构，改善城乡环境，以电子、轻纺及精密机械为主的现代化工业和环境优美的旅游胜地为发展目标，把无锡逐步建设成开放式、多功能、城乡一体的中心城市。同年，市政府制定每年度的经济和社会发展奋斗目标，对年度计划中提出的主要经济指标和重点建设项目实行目标管理。目标管理项目由市计委拟订，市政府下达至有关综合部门，并建立相应的考核和奖惩制度。

1987～1990年的无锡市国民经济和社会发展计划，贯彻稳定经济、稳定物价的方针，在计划的安排上实行紧缩财政、紧缩信贷、紧缩投资，着重强调产品结构调整，全面推行企业承包经营责任制，进行农业现代化试点，改善生产要素供应，加强重点项目建设，继续推进各项改革。

1991年的无锡市国民经济和社会发展计划，由严格控制固定资产投资规模、信贷规模为主转向以搞好大中型企业、结构调整为主。主要是增加对农业、城市基础设施、能源、基础原材料工业等薄弱部门的投资，清理企业之间相互拖欠资金的“三角债”，对产大于供的产品实行限产压库。加强和改善人口计划管理。市区人口机械增长继续采取指令性计划指标与政策双重控制的办法，并辅以一定的经济手段。对全市急缺的专业技术人才则采取优惠政策加以引进。全市人口机械增长率控制在1.8‰的计划指标以内。对全市经济和社会发展的主要计划目标和重点建设项目继续实行目标管理，下达100项目标，分解到市计委、经委、农委等8个部门归口管理，至年末完成96项目标。

1992年2月，市计委牵头编制的《无锡市国民经济和社会发展十年规划和第八个五年计划纲要》经市十届人大五次会议审议通过。规划提出90年代的战略目标是：提前实现现代化建设的第二步战略目标，争取到20世纪末把无锡建设成为工业先进、第三产业发达、农业现代化水平较高、科学技术比较先进的开放式、多功能、现代化的经济中心城市，经济发达、文化繁荣、民主文明的富庶地区和风景优美的旅游胜地，人民生活在全国提前达到小康水平。

1994～1995年，市计委负责起草《中共无锡市委关于制定无锡市国民经济和社会发展“九五”计划和2010年远景目标的建议》，经市委九届二次会议讨论批准通过。组织编制54个分规划，并逐一进行论证。起草无锡市“九五”和2010年工业支柱产业发展规划，组织编制无锡市“九五”和2010年社会发展规划、人口规划、人才工程规划和“九五”土地利用总体规划、六大高新技术产品生产基地建设规划、重点项目建设规划、“310”工程建设规划、超千万美元外资项目建设规划以及1995～1997年水、电、气发展规划，形成无锡市1995～1997年建设方案。编纂完成《迎接新世纪，奔向现代化——无锡市“九五”和2010年发展构想》。在省政府的统一组织下，开展《苏锡常跨世纪发展纲要》和《沿江发展规划》的编制。

1997年，无锡市编制完成《无锡市社会主义精神文明“九五”基本建设规划》；组织对无锡市个体私营经济“九五”后三年发展纲要的论证，提出个私经济“九五”后三年发展目标、发展措施及政策建议；编制完成《无锡市1996～2010年信息服务业发展规划》，编制完成《无锡市1996～2010年重点市场规划纲要》，公布《无锡市1997～1998年产业导向目录》，为产业布局与升级以及开展招商引资、项目立项、企业审批等工作提供重要依据。

2000年，市计委组织完成太湖国家旅游度假区、江阴鹅鼻嘴公园等有关旅游项目发展规划。组织“十五”重点专项规划、行业规划的编制、论证和审定工作。完成6个重点专项规划的编制、论证和修改完善，完成45个行业规划的论证。按照国家和省确定的“十五”计划的指导思想、基本原则和有关工作要求，研究提出无锡市“十五”发展的基本思路，主要包括发展目标、发展战略的确定以及发展重点与方向等。根据市委九届十三次全会通过的《关于无锡市国民经济和社会发展第十个五年计划的建议》，结合重点专项规划、行业规划的初步成果，做好《无锡市国民经济和社会发展第十个五年计划纲要（草案）》的起草和修改完善工作。

2003年，面对“非典”疫情，市发计委提出《关于抓好当前经济工作的意见》，由市委、市政府转发全市各部门。围绕争创全省“两个率先”先导区和示范区，市发计委牵头编制“两个率先”重点专项调控计划，汇集土地、交通、水电气、商贸、旅游、城市绿化、环境保护等6个方面共21个专项调控计划，并由市委和市政府转发全市。制定《无锡市沿江开发详细规划》，明确沿江开发的目标、产业发展、岸线开发、基础设施建设、环境治理与生态建设以及政策措施等方面的内容。启动“十一五”规划的前期工作，形成《无锡市“十一五”规划编制工作方案》，酝酿提出20多个前期研究课题。组织编制全市服务业发展规划、市区商品市场调整规划纲要，修订完善现代物流业发展等一批规划。

2005年，启动《无锡市国民经济和社会发展第十一个五年规划纲要》编制，市委成立“十一五”规划建议起草小组，市发改委牵头成立“十一五”规划纲要起草小组，重点开展26个前期课题研究，举办“共同畅想新无锡，我为‘十一五’建言献策”活动，公开向全社会征集对“十一五”发展的建议。市委、市政府还组织专家咨询会，听取国内知名学者专家的意见。

第三节　经济运行管理

1986～1987年，全市经济运行管理上加大产品结构调整力度，提出“六上五下”的方针，即上拳头产品，上出口创汇产品，上优质名牌产品，上适销对路产品，上新产品，上地方工业配套的产品；下滞销产品，下能耗高且不为本市所配套的产品，下污染严重的产品，下效益低的产品，下性能差、档次低、型号旧的老产品。

1988年，在全市经济治理整顿期间，经济运行管理工作加强固定资产投资管理，控制建设项目的投资规模、投资方向，按规定审批；加强基础工业和农业建设，兴建利港电厂，对无锡钢厂实施大规模改造，建设“菜篮子工程”；加强城市基础设施建设，兴建30万立方米自来水厂、10万吨污水处理厂、2万门程控电话、锡澄路立交桥、火车站改造等城乡建设重要工程；加快发展外向型经济，制定无锡外商投资规划区总体规划。

1989～1993年，根据市委、市政府建设市场、培育市场的要求，规划和建设一批生产资料和消费品市场，主要有江苏纺织市场、无锡米市、无锡招商场、锡澄路蔬菜副食品及果品市场、江阴纺织市场、马山家具城、南禅寺综合市场、物资贸易商场等。继续进行产业结构调整，发展第三产业。对劳动密集型行业，特别是纺织、丝绸、煤炭行业实施减人、转产，产品结构调整，有条件的企业由工业转办第三产业。加强市场建设，新建和扩建一批消费品和生产要素市场，证券市场取得较快发展。在控制固定资产投资过快增长的同时，加强重点项目建设，尤其是比较集中地投资于重要基础设施、基础产业等重点工程。加快发展外向型经济。在加快建设原7个开发区的基础上，制定建设无锡—新加坡工业园的规划，并进入筹备和实施阶段。

1994年，在加强对农村经济发展计划编制、指导的基础上，突出抓好国家商品粮基地、粮棉大县、农业示范区等重点项目建设，以及秋播计划面积的落实；围绕工业结构的调整，研究提出发展汽车配套工业的思路，加快煤矿行业的劳动力转移，重点推进无锡米市等大市场和太湖影视城旅游区建设的规划与实施。1995年，加强投资计划管理和产业政策导向，从侧重抓国家投资转向抓全社会投资，并结合目标管理的制定分解，将所有建设项目纳入年度计划盘子。有效组织资金筹措与平衡，编制并下达全市资金平衡计划，加强计划与金融、财政之间的联系与协商。在资金调控与管理中，重点强化农业、基础产业、基础设施建设方面的专项资金和地方机动财力用于社会事业建设的资金筹措与征管，加强火车站扩能整改费、煤气开发建设费、电力和邮电建设资金的征收管理，保证全市基础产业和设施项目的顺利建设，增强政府的资金实力和调控手段。

1996年，制定中信泰富6200万美元间歇资金的统筹安排使用计划，以支持重点项目建设，落实5000户居民煤气用户的资金工作，筹措1700多万元资金全部清偿火车站改造的工程欠款；向省申报企业债券发行指标，帮助争取到1995年度企业债券指标的企业协调有关债券发行工作。此外，组织召开全市电力建设资金征收工作会议，向省电力结算中心筹措2000万元，迈出全市贷款投资电网建设的第一步。促进一、二、三产业协调发展。在农业和农村经济中，着重抓好农业的后劲投入和"示范区""丰产方"等项目建设；推行项目建设目标责任制，继续做好治理太湖工程的以工代赈工作，共核销资金700万元，落实小型以工代赈资金145万元。在工业经济中，重点在培育发展支柱产业、调整经济结构上下功夫，对5个支柱产业发展规划提出具体实施意见，提出全市汽车工业发展的专题报告，参与一汽无锡柴油机厂、一汽无锡汽车厂相关项目的协调服务工作。在第三产业中，召开全市加快发展第三产业工作会议，制定《无锡市第三产业发展"九五"计划和2010年规划纲要》《关于我市加快发展第三产业若干意见》。集中力量查处靖敦公司集资案，做好善后工作，较好地平息事态。

1997年，严格执行基本农田保护区制度，加强耕地保护，保持耕地总量动态平衡，保证粮食种植面积。做好各级农业示范区和丰产示范方的建设，扶持一批以农产品加工或贸易为主体的龙头企业和适度规模的专业化生产基地。加强经济与科技的紧密结合，组织安排省级以上"火炬"计划项目20个。提高第三产业发展水平，年末第三产业增加值占国内生产总值比重比上年提高0.8个百分点。

1998年，推进农业产业化、现代化建设，实施农业项目管理，促进贸工农龙头企业发展。在工业上，围绕大工程、大产品、大企业抓好专业化协作配套，推进中小企业向优势产业、名牌产品渗透，与全国百强企业和重点城市挂靠联合，提高工业经济的组织化程度。组织编制环保、医疗器械产业发展规划，促进新兴产业的发展。做好协调工作，推进土工布的产业化进程。在推进结构调整过程中，做好重点重大项目的挖掘、培育、建设，增强发展后劲。促进高新技术产业化，年内30个项目申报省级以上重点项目，其中国家一类新药8907高技术产业化示范工程、过压过流保护用半导体器件产业化前期开发、氟利昂替代产品高纯度异丁烷工业性试验项目列入国家计划。加强对第三产业发展的导向，引导发展专业市场和特色市场，避免低水平重复。牵头抓好推广使用无铅汽油的工作。

2000～2001年，按照中央改革要求，突出"三个转换"和"三个突出"，提高"五个比重"。"三个转换"即从注重经济总量转向注重经济质量，从注重"以物为本"转向注重"以人为本"，从计划主体以企业为主转向以社会为主；"三个突出"即突出富民强市、经济运行质量和经济发展后劲；提高"五个比重"，即提高财政收入占国内生产总值的比重、提高高新技术在工业经济中的比重、提高服务业在三次产业中的比重、提高开放型经济在全市经济中的比重、提高私营个体经济在各种所有制经济中的比重。促进农业结构调整，种植业粮经比例由上年的7∶3调整至接近6∶4。抓好农业龙头企业发展和农林水项目管理工作，争取江阴市璜塘镇的良种羊繁育、饲养、加工一体化项目列入国家计委小城镇经济综合开发示范镇项目。抓紧工业项目的争取和协调服务工作，组织上报列入省政府考核的工业重点建设项目，进行日常跟踪衔接，加强对全市3个环保装备国产化项目实施进度的跟踪管理。牵头开展加快无锡现代物流业发展的课题调研和规划纲要编制工作，推进第三产业领域的外向型经济发展，在合资合作发展新的旅游项目方面有所突破。培育、挖掘和组织申报高新技术产业化发展项目，上报山禾集团的现代中药提取分离及注射液等11个项目，争取列入国家和省高新技术产业发展计划。

2002年，推进计划安排与宏观调控的科学化，推进为民办实事和目标管理的规范化。确定和分解全市2002年度国民经济和社会发展30个大项、135个子项的一级目标，提高目标管理工作的水平。修订《无锡市国民经济和社会发展目标管理办法》，全市目标管理归口单位精简为6个部门，全市物质文明建设30项目标以目标责任书形式分解、下达。如期编制、分解和下达2002年全市国民经济和社会发展计划。对涉及区划调整的滨湖、新区、崇安、南长和北塘等5个区的有关指标进行合理衔接，确保区划调整的顺利进行。

2003～2005年，持续推进全市经济结构调整。建立翔实的省、市级农业龙头企业基础信息资料库，将11家省级重点龙头企业和34家市级龙头企业纳入考核管理范围，并会同有关部门制定2003年度龙头企业扶持资金的使用管理意见，扶持龙头企业扩大生产规模，增强竞争能力和示范带动作用。市政府出台《无锡市现代都市农业发展规划纲要实施意见》，明确扶持都市农业建设的政策措施，提升产业化规模。加强小城镇经济示范镇项目管理，确定宜兴林业生态观光示范园等7个区域特色农业经济区。转变经济增长方式，通过对土地、能源等紧缺生产要素设置准入标准，引导工业投资方向，调整工业发展结构。高新技术产业化进程加快，5个高技术项目列入国家和省重点计划，其中永中办公系统集成办公软件项目列入国家高技术产业化信息网络专项，国家投资800万元。创建高技术产业化基地的前期工作顺利推进，以江阴新材料、新区电子信息、宜兴环保等3个高技术产业基地的创建为重点，对基地申报程序、规划编制和资金落实等事项进行详细的指导。国债管理工作成效显著，重点跟踪服务威孚公司等3个工业国债项目，并通过国家级验收；2004年，向省申报各类工业项目77个，其中工业国债项目13个、总投资19.8亿元。制定《无锡市服务业发展总体规划纲要》和《市政府关于鼓励服务业健康发展的若干意见》，明确无锡市“国内外著名的旅游度假胜地，区域性物流中心、商贸中心和研发中心”的服务业发展定位。推进物流业发展，制定《关于加强锡北物流园区建设管理的若干意见》，成立锡北物流园区建设协调小组，开通“无锡现代物流在线”网站。

第四节　重点项目管理

1986～1990年，无锡市共安排75个重点技术改造和基本建设项目。吸引社会资金，争取国家和省的低息贷款，保证重点项目建设的资金需要。其间，国家“六五”计划科技攻关重点项目——国内第一块超大规模集成电路64KB动态随机存贮器在无锡微电子公司研制成功；建成江阴周庄电厂第一台5万千瓦机组、黄巷热电厂1.2万千瓦机组和10万吨芦村污水处理厂；开工兴建利港电厂、30万立方米中桥自来水厂扩建工程、2万门程控电话、商业大厦等，对无锡钢厂实施大规模改造。

1991年起，在严格控制固定资产投资规模、信贷规模的宏观形势下，以搞好大中型企业、结构优化调整为主，增加对农业、城市基础设施、能源、基础原材料工业等薄弱部门的投资。1992年，全市完成水利建设投资超过3亿元，较上年度增长3倍以上，并完成锡钢750轧机工程、医用X光胶片工程、梁溪薄板工程等工业重点建设项目，建成江苏纺织市场、无锡招商城一期等重点市场项目。1993年，集中投资重要基础设施、基础产业等重点工程项目，13个重大项目和25个重点工程的投资占全年总投资额的48%。1995年，在保持适度规模的前提下，重点抓投资结构的调整与平衡，加强利用外资力度。全年排出重点、重大项目35个，计划投资25.8亿元，其中13个项目利用外资，利用外资额占项目总投资的40%，年内国内首家大型液晶合资企业——无锡夏普电子元器件有限公司奠基。1996年，在宏观经济环境偏紧、资金紧缺的情况下，以农业水利、能源、交通、邮电、市政公用事业等重点项目为主，进行投资结构的有效调整，年初确定的38项重点工程进展顺利，年度竣工投产11项，二院急救中心、新图书馆等项目进展情况较好，沪宁高速公路（无锡段）建成通车，江苏利港电厂二期扩建工程被列入国家新开工项目，总投资近37亿元。1997年，突出城乡建设，精心组织重点项目，在年初确定的66个重点项目中，江阴长江公路大桥建设达到计划进度，锡澄高速公路路基全线贯通，提前完成市区“六路二桥”建设任务，芦村污水处理厂二期、荷叶新村煤气储气柜、焦化厂调峰气源等城市公用设施项目建成投运，利港电厂二期工程完成3号机组的建设，无锡市建成省级园林城市。

1998～2000年，无锡市挖掘、培育、建设重点重大项目，增强经济发展后劲。调整和加强重大项目建设领导小组，制定和落实重大项目挖掘、培育工作的刚性指标，由注重日常管理转向招商引资、寻找项目源、推进项目前期进度等开拓性工作转移。建立重大项目季度例会制度，对重大项目建设工作进行检查和考评；加大项目建设的监控力度，对达不到阶段性目标进度的项目及时协调解决存在的问题。强化招商力度。建立全市重点骨干企业、名牌产品及现代企业家动态更新资源库，筛选出一批可以合资嫁接的企业名单，排出世界500强企业中与无锡有关联的企业目录，开拓项目源，组织开展多种形式的招商活动。1998年,抓住国家扩大内需的机遇,争取到城市电网、水厂、安居工程、污水处理工程、国家粮库、水利等建设资金17.36亿元,促进重点项目建设。1999年,对新建工业后劲项目实行部分税收财政返投政策,对确定的40个项目抓好责任分解,建立项目跟踪责任制。2000年,对太极总厂工业丝、石化总厂双酚A、罗地亚二期等投资额大、带动作用强的项目,逐项现场办公,协助有关企业解决项目前期工作中存在的问题,创造条件促使项目尽快启动。制定重点项目贷款导向计划,并搞好跟踪、服务。全年各银行对所推荐项目共投放贷款6.55亿元。

进入21世纪,市委、市政府把重大项目建设作为构筑无锡新的经济增长点、增强全市经济发展后劲的关键,逐步建立完善的重点项目管理体制。2001年,颁布《无锡市重大建设项目管理办法》和《关于进一步加强重大项目建设管理的若干意见》。向上争取国债资金。做好跟踪服务,向各专业银行推荐重点项目。全市84个重大项目总体进展顺利,完成投资额占全社会固定资产投资的22%。天然气利用工程项目建议书获省计委批准。2002年,共安排158个重大项目建设,总投资492亿元,项目数量和投资规模创历年之最。在项目推进过程中,强化重大项目建设工作的领导责任。全年争取资金超过3.5亿元,无锡环太湖公路建设动工,蠡湖水环境综合整治全面推进,重新启动国际货运机场建设争取工作,新长铁路试通车。2003年,完善项目汇总分析制度、项目跟踪服务制度、项目储备更新制度等3项重大项目管理制度,建立重大项目储备库。2004～2005年,重点抓好在建项目的跟踪管理、重点项目的现场稽查、困难项目的专题服务等工作,加强项目跟踪服务制,建设重大项目“绿色通道”,确保重大项目计划如期完成。对投资20亿美元的海力士项目,成立专门班子,重点攻关,该项目于2004年通过国家发改委主任办公会议审议,2005年通过国务院办公会议审议。做好利港电厂三期、梅梁湖生态清淤工程、硕放机场改扩建等项目的争取工作。

第二章　统　计

第一节　机　构

一、无锡市统计局

1953年,在市财委统计科的基础上设无锡市统计局。1986年,市统计局有秘书科、综合科、工交科、财贸科、农业基建科等5个内设机构,另有电子计算站、统计咨询服务部、统计干部函授中心站等3家独立核算单位。1995年,撤科设处。2001年,市统计局内设综合统计处(国民经济运行监测处)、国民经济核算处、第一产业统计处、第二产业统计处、第三产业统计处、信息自动化管理处(计算站)等。2002年,增设普查中心,在市行政审批服务中心设立统计行政登记窗口。2004年,撤销统计咨询服务部、统计干部函授中心站。

二、调查队

无锡市城市抽样调查队和无锡市农村经济调查队成立于1984年。1989年,市城市抽样调查队更名为无锡市城市社会经济调查队。1998年9月,组建无锡市企业调查队。1999年,明确3支调查队机构名称分别为国家统计局无锡市城市社会经济调查队、国家统计局无锡市农村社会经济调查队和国家统计局无锡市企业调查队,为国家统计局派驻地方行使统计调查行政职能并依照国家公务员制度进行管理的直属事业单位，实行上级调查队和市统计局双重领导、以上级调查队领导为主的管理体制。2001年，3支调查队分别增挂“无锡市城市经济调查局”“无锡市农村经济调查局”“无锡市企业调查局”牌子。

三、基层统计部门

至1991年，无锡市全面建立乡镇计划统计站，村及乡、村企业配备专兼职统计人员。2001年，市编办明确乡镇配备专职统计人员，其中1名列入乡镇行政编制。2003年末，各街道统一设置街道统计办公室，为街道办事处下属的全民事业单位，相当于股级建制，核定人员编制2人，人员经费由同级财政全额拨款。

第二节　经济与社会发展统计

一、农村统计

80年代末，无锡市农业统计扩大为农村统计。1987年，市统计局对粮食产量调查方法进行探索和改革，首创无锡市粮食产量“乡乡测产、以测定产”的调查方案并在全省推广。1998年起，全面开展畜牧业主要统计指标的抽样调查工作。2003年，对全市92个乡镇94.45万户农村常住户2002年的农民收入水平进行快速调查。2004年，制定《无锡市农村富民进程统计监测方案》，实施对农村弱势群体帮扶的跟踪监测和对农民总体收入水平、收入结构的抽样监测。2005年，开展低收入户（2004年农村人均纯收入2000元以下）调查。

农产品产量、耕地、总产值等统计采用全面报表方法，从村级起报，层层汇总。主要统计内容有：农业基本情况及生产条件、农业主要产品生产情况，茶叶水果、林业生产情况，畜牧业生产情况，渔业生产情况，耕地面积增减变化情况，农林牧渔业总产值、增加值、农业科技含量，村、乡、镇基本情况。

二、工业统计

1987年，对乡及乡以上全部工业年报实行超级汇总。1988年后，国家和省统计局对工业统计制度多次进行重大改革。在统计指标上，全面淡化工业总产值指标，改用工业增加值为主要指标。1991年，建立工业系统经济效益指标体系。1992年，改进工业生产评价考核体系。1993年，做好新财会制度与工业统计接轨和新报表制度的实施工作。在统计范围上，1998年，从对原乡及乡以上工业实行全面调查改为对全部国有工业和年产品销售收入500万元以上（含500万元）非国有工业（称规模以上）实行全面调查，对年产品销售收入500万元以下非国有企业（称规模以下）采用抽样调查。1999年，配合无锡市培育和发展五大支柱产业，建立五大支柱产业的统计季报。对销售收入500万元以上工业企业主要经济指标实行超级汇总。2000年，在工业经济效益月报实施超级汇总的基础上，实行工业生产月报、产销存季报的超级汇总。同年，物资能源不再作为独立统计专业，纳入工业专业统计。2001年，贯彻执行全国5000家工业企业联网直报制度，做好无锡市相关企业的联网直报工作。2002年，试行工业发展速度计算方法的改革，首次编制无锡市工业品出厂价格指数。2003年起，不再采用以不变价格计算发展速度，改用同年工业品出厂价格指数缩减现价总产值，直接计算工业发展速度。2005年起，扩大大中型工业企业联网直报面，在部分地区和部分调查表上尝试推行工业企业联网直报。

三、固定资产投资统计

1987年，建设部、国家计委、国家统计局联合发文，将商品房投资纳入固定资产投资统计范围。

同年，各种所有制类型均实行统一基层表式。1991年，无锡市建立健全商品房开发统计网络和制度，建立新开工项目和竣工项目报告制度。1998年，全面实施全社会固定资产调查统计工作。2000年起，贯彻执行全国3000家重点房地产企业联网直报制度，建成全国房地产企业统计直报网无锡分网站，做好相关企业的联网直报工作。2002年起，拓宽房地产联网直报面，将原来二级及以上资质单位扩大到全市有条件的所有房地产开发企业。开发无锡市固定资产投资数据处理平台，对城镇50万元以上和农村500万元以上的投资项目建立市级、县区级、乡镇级分级的固定资产投资项目数据库，并实现投资项目动态管理。2005年，全市所有建筑企业实行网上直报。

四、批发零售贸易、餐饮业统计

80年代末，集体商业的统计范围由城镇集体扩大到全社会集体。1998年起，批发零售、餐饮业按销售额及从业人员数、星级等级等分为限额以上和限额以下企业进行统计。限额以上批发零售、住宿餐饮业运用全面调查方法统计，限额以下批发零售、住宿餐饮业采用抽样调查推算。2000年，首次建立商品交易市场年定报制度，对无锡市亿元商品交易市场实行季度统计。2003年，全市限额以上贸易、餐饮企业全面实施联网直报。2005年，全市亿元以上商品交易市场实现联网直报。

五、劳动工资统计

劳动工资统计范围为城镇集体以上单位。1986年，根据国家统计局和劳动人事部要求就劳动工资统计任务进行分工，无锡市新的劳动工资统计报表分为统计系统填报和劳动人事系统填报两部分。统计系统负责劳动力资源与分配、农村劳动者与城镇个体劳动者、职工人数与工资、职工人数增减变动、职工工资总额构成、劳动生产率、职工分类等项目的统计。1987年，月报内容为全民所有制分行业全部职工期末人数、累计工资总额，季报增加各种所有制职工人数与工资、城镇个体劳动者人数，年报为劳动力资源与分配、职工人数增减变动、职工分类。1990年，国家统计局将职工人数与工资总额两表的统计范围扩展为全民、集体、其他所有制经济单位，同时发布《关于工资总额组成的规定》。1991年，增加城镇私营企业人员和个体劳动者人数指标。1993年，增加从业人员指标，包括职工和其他从业人员，职工工资总额、平均工资也相应改为在岗职工工资和平均工资。调查方法仍采用全面布置报表方式。2004年起，与市劳动和社会保障局联合公布《年度职工平均工资》和《无锡市劳动和社会保障事业发展统计公报》。同年，全市劳动工资报表实行网上直报。

90年代开始，无锡市每年抽取部分小区进行抽样调查，摸清城镇劳动力数量、结构及就业的变动情况，上报国家和省进行分析。

六、服务业统计

2003年，无锡市全面启动服务业统计工作，按季监测。市统计局首次刊出《无锡市服务业发展主要指标完成情况》小册子。2005年，建立和完善现代服务业统计，制定《全面实施服务业统计改革工作方案》，并建立《无锡市服务业综合统计报表制度》，包括市政府各有关职能部门报表，市统计局相关专业处报表，各市（县）、区统计局报表，个体和非经营性的机关、事业单位报表和部分实施抽样调查的服务业报表等五大块37张统计报表，按季开展监测。

七、国民经济核算

1985～1993年，全市国民经济核算处于物质产品平衡表体系和国民经济账户体系共存平行阶段，在统计调查中既要反映社会总产值、国民收入，又要反映地区生产总值，这套指标是为适应中国从计划经济向社会主义市场经济过渡而建立起来的。1994年起，进入和国际通行的国民账户体系接轨时期，在统计调查中以地区生产总值为核心指标，分别以生产法、收入法、支出法测算。1995年起，实行按季测算。2000年，省统计局规定国内生产总值的公布采取下管一级的办法，即市级数据由省级评估把关。全国第一次经济普查后，利用经济普查资料开展经济普查年度（2004年）地区生产总值的初步核算。

八、外经统计

1978年后，无锡市逐步建立起外商投资企业等对外经济统计。1987～1988年，先后建立与完善全社会的外贸出口商品收购总值和出口商品供货总额、“三资”企业、“三来一补”、吸收外资、引进技术、技术劳务输出、海外投资、海关等非贸易创汇资料。1988年，建立完善外向型经济统计制度，对12类外向型经济统计内容进行调查和协调，理顺外向型经济统计渠道。2004年，制定《无锡市对外经济统计综合报表制度》。

九、价格统计

1987年，全市建立78个物价调查点，直接采集第一手资料，定期计算全市职工生活费用价格指数、零售物价指数、工业品出厂价格指数、工业原材料和农副产品采购价格指数等。1995年，新增建筑业其他费用价格指数编调工作。是年起，定期公布全市商品零售物价指数。1996年，新增固定资产投资价格统计半年报。1997年起，实行新的工业品价格统计调查方案，在适当保留部分原有调查企业和产品的基础上，增选较多新的调查企业和产品。2005年起，新增房地产价格统计，计算房地产价格指数。

十、住户调查

1988年，无锡市城镇住户调查点由150户增至200户，调查内容由以职工为代表的家计调查改为居民住户调查。2002年，城镇住户调查点由200户增至300户。城镇住户样本原则上每3年一次大轮换，每年进行1/3轮换。1986～2005年，开展过7次样本大轮换。

1991年，农村住户调查点由320户改为300户，2001年增至410户，2002年起改为400户。农村住户样本原则上每4年一次大轮换。

十一、民营经济统计

1998～2000年，无锡市建立个体私营经济定期统计调查方案，实行城镇个体私营经济抽样调查月报制度，并将私营个体统计纳入国民经济核算体系。2004年，研究调整民营经济核算口径，制定《民营经济统计方法制度》，按月实施监测。

十二、企业调查

1998年，市统计局会同市经委、市财政局联合颁发《关于建立重点企业集团统计报表制度的通知》，首次对无锡市列入国家级重点企业集团、省政府批准的省重点企业集团、省支柱产业中重点扶持的企业集团和市重点“四化”企业集团等范围的集团企业建立定期统计报表制度。同年起，实施企业景气调查、国有企业经营情况调查、现代企业制度跟踪调查。1999年，为全面反映全市的企业集团发展状况，建立全市50家工业企业集团统计季报。2002年，市统计局与市经贸委联合建立大企业大集团定期统计报表制度和跟踪监测体系。

十三、社会发展评估

1997年，与市计委联合开展社会发展综合评估工作，对1994～1996年的130多个指标进行收集、分析、对比，撰写评估报告。至2005年，每年开展社会发展综合评估工作。

十四、妇女儿童发展规划监测评估

1999年，为监测全市妇女儿童的发展状况，检查无锡市执行《中国妇女发展纲要》《九十年代中国儿童发展规划纲要》的实施情况，在全市开展1998年度妇女儿童发展两个规划监测评估工作，完成29个主管部门1990年、1995年、1996年、1997年、1998年共1773个年度统计数据的采集工作，撰写1.4万字的无锡市妇女儿童发展评估报告。至2005年，每年开展妇女儿童发展规划监测评估工作。

第三节　普查和大型调查

1994年7月，国家确立周期性普查制度，普查项目包括人口普查、农业普查、工业普查、第三产业普查和基本单位普查等5项。人口普查、第三产业普查、工业普查、农业普查每10年进行一次，分别在年尾数逢0、3、5、7的年份实施；基本单位普查每5年进行一次，在年尾数逢1、6的年份实施。1990～1999年，按照国家统一部署，实施1990年第四次人口普查、1993年首次第三产业普查、1995年第三次工业普查、1996年第一次基本单位普查、1997年第一次农业普查，完成第一轮的5个普查。从2000年开始进行第二轮普查。2000年实施第五次人口普查，2001年实施第二次基本单位普查。2003年实施第二次第三产业普查准备进行时，受到“非典”疫情的影响，第三产业特别是旅游、交通运输、文化娱乐、住宿及餐饮业等行业遭受严重冲击。

2003年8月，调整国家普查项目和周期安排。普查项目调整为人口普查、经济普查、农业普查3项。人口普查以自然人为对象，主要普查全国人口和住房及与之相关的重要事项，每10年一次，仍在年尾数逢0的年份实施。经济普查以企业事业组织、机关团体和个体工商户为对象，主要普查第二、三产业的发展变化情况，每10年两次，分别在年尾数逢3、8的年份实施。农业普查以从事第一产业活动的单位和农户为对象，主要普查农、林、牧、渔业的发展变化情况，每10年一次，在年尾数逢6的年份实施。2004年，开展调整后的第一次经济普查。

一、工业普查

第二次工业普查年度为1985年，普查登记标准时间为1986年1月1日。普查对象为全部工业企业，以与国计民生关系较大的工业企业为重点。除调查工业基本情况（包括产、供、销、人、财、物），反映工业经济全貌外，以工业装备技术状况、经济效益、工业内部结构和职工状况为重点。普查结果：1985年，全市工业普查企业数11514家，工业总产值179.88亿元（含村办企业），其中乡以上工业产值132.65亿元，年末共有乡以上工业企业职工80.6万人。

第三次工业普查年度为1995年，普查登记标准时间为1996年1月1日。普查对象为全部工业企业和附营工业单位，重点是国有企业、乡镇企业和外商投资企业。普查结果：1995年末，全市有工业企业和生产单位28378家，工业总产值（1990年不变价，原规定）1809.58亿元，从业人员150.48万人，全部工业增加值396.27亿元，工业在全市整个国民经济中仍居主导地位。

二、人口普查[①]

第四次人口普查登记标准时间为1990年7月1日零时，普查对象为无锡市常住人口（不包括离开本县、市外出一年以上人口）。第五次人口普查登记标准时间为2000年11月1日零时，普查范围为无锡市常住人口（不包括离开乡镇街道半年以上人口）。

① 参见本志第三卷第四章第一节《人口普查》。

三、第三产业普查

第三产业普查只在1993年开展过一次。普查年度为1991年、1992年和1993年，普查对象为辖区所有的第三产业的企业、事业、行政单位和社会团体。普查结果：1991～1993年，全市第三产业单位数分别为121598家、155503家、177984家，1993年比1991年增长46.4%；从业人数分别为591884人、690688人、782654人，1993年比1991年增长32.2%；增加值分别为641464万元、944912万元、1474713万元，1993年比1991年增长129.9%。1993年全市第三产业增加值占国内生产总值的比重为32.2%，比1991年提高1.3个百分点。

四、农业普查

第一次农业普查年度为1996年，普查登记时点为1996年12月31日。普查范围为全市农村和国有农林场。普查结果：1996年末，全市从事生产经营活动的农村住户数83.63万户，其中纯农业户8.01万户、非农业户45.19万户；非农村住户类农业生产经营单位3129家，非农乡镇企业22310家；农村从业人员209.94万人，户均从业人员2.51人。

五、基本单位普查

第一次基本单位普查年度为1996年，普查的标准时点为1996年12月31日。普查对象为全市范围内的法人单位及其所属的产业活动单位。通过普查，首次取得全市国民经济各部门的基本单位名录。第二次基本单位普查年度为2001年，普查的标准时点为2001年12月31日。普查的对象和范围为本市范围内所有从事社会经济活动的法人单位及其所属的产业活动单位和城乡个体工商户。普查结果：2001年末，全市有法人单位53499家，其中企业法人46349家、事业法人3124家、机关法人（国家机关和政党机关）672家、社会团体法人791家，其他法人2563家；从事个体的工商户110856户。

六、经济普查

第一次经济普查年度为2004年，普查的标准时点是2004年12月31日，时期资料为2004年度。普查结果：2004年末，全市共有从事第二、第三产业的单位67945家，第二、第三产业的单位和个体经营户从业人员2749689人，全市工业总产值5268.59亿元，工业主营业务收入5122.96亿元，全市批发零售贸易业主营业务收入2132.82亿元，住宿餐饮业主营业务收入33.11亿元。

七、大型调查

1.投入产出调查

投入产出调查每5年开展一次，无锡市自1987年起，在年尾数逢2、7的年份先后开展4次投入产出调查。

2.1%人口抽样调查[①]

80年代起，为了及时掌握人口变动情况，国务院决定在每两次人口普查中间，进行一次1%人口抽样调查。无锡市于1987年、1995年和2005年进行3次1%人口抽样调查。

① 参见本志第三卷第四章第二节《抽样调查》。

第三章　审　计

第一节　机　构

1983年7月，成立无锡市审计局，内设秘书科、工业交通科、财政金融科、文教行政科。2005年，市审计局内设财政金融审计处、行政事业审计处、经贸审计处、农环审计处、固定资产投资审计处、外资审计处、经济责任审计与内部审计指导处等12个处室。江阴、宜兴两市和6个区、新区管委会均设审计局。

第二节　财政金融审计

1986～2005年，市审计局完成财政审计项目59个，查出违纪违规金额64122万元，上缴财政45495万元；完成金融审计项目55个，查出违纪违规金额4287万元，上缴财政1230万元。

一、财政决算审计

1986年，市审计局对无锡县财政决算进行审计，重点检查财政收支真实性、合法性，以及执行财经纪律情况。1988～1989年，市审计局与市财政局、市税务局组成联合审计工作组，对部分县、区级财政收支进行检查，发现的问题由市审计局依法处理。

1990年起，市审计局围绕财政决算的真实性，重点进行商业、物资行业承包经营指标完成情况审计，基建和技改项目的立项审批和投资情况审计，税前还贷、集贸税收入和分成管理情况审计，并将财政周转金使用管理情况和镇级财政收支情况列作审计重点。

1995年《中华人民共和国预算法》颁布实施后，审计重点转向财政决算的合法性审计。鉴于各地区普遍设立开发区，将开发区财政管理及财税政策执行情况作为审计的主要内容。

2002年起，市审计局深化财政决算审计的同时，加大预算外资金的审计力度，将地方政府和财税部门贯彻执行财税政策情况、政府开发建设负债情况、土地出让金收支管理情况等作为审计的重点，并将行使政府职能的经营性公司等作为延伸审计的主要对象。

2004年，市委组织部委托市审计局开展地方党政领导经济责任审计，此后财政决算审计与地方党政领导经济责任审计同步进行，并强化财政决算的真实、合法性审计，突出政府财政家底审计以及地方政府、财税部门与组织管理财政收支相关的决策责任、发展责任、管理责任审计。

1986～2005年，市审计局分别对所辖市（县）、区政府财政决算进行多轮审计，共计实施财政决算审计项目49个。

二、预算执行审计

1995年10月，市政府召开全市财政审计工作会议，部署无锡市预算执行审计工作。首次预算执行审计采取预审、终审分段实施的办法。预审于当年10月实施，对1～9月预算执行和其他财政收支开展审计。终审于次年1月实施，对10～12月预算执行和其他财政收支开展审计。审计的主要对象是组织及参与组织预算执行的市财政局、市地税局以及预算外资金和基金管理部门和单位，审计的内容主要是预算收支的真实性和合法性。审计结束后，市审计局向市政府和省审计局提出审计结果报告，并受市政府委托向市人大常委会提出审计工作报告。首次预算执行审计，基本摸清家底，反映市本级财政预算内外的收支和管理状况，揭示财政管理中存在的问题和不足，针对性地提出改进措施和建议，为市政府加强财政预算管理、市人大更好地监督财政预算资金起到一定的服务作用。

第二次预算执行审计继续采取预审、终审的方式，分别于1996年10月17～20日和1997年2月17日～3月18日，对市本级1996年预算执行和其他财政收支情况进行预审和终审。审计中对市级教育资金投入情况开展专题审计，对事业单位服务性收入依法纳税情况和财政部门向证券公司等非银行金融机构投资情况开展专题调查。市长常务会议和市人大常委会议分别审议审计结果报告和审计工作报告，并以会议纪要形式印发有关部门，要求加强财税管理，研究解决存在的问题。

1998～2000年，按照"账户入手、下审一级""全面审计、突出重点"的要求开展审计工作。审计的主要对象是财政、地税、国库以及与预算执行有关的部门和单位，审计的主要内容开始从预算资金向预算外资金拓展，从财政审计、税收审计向社会保障资金、科教资金、城建资金、国土资金等重点专项资金审计拓展，从预算执行的真实性、合法性向财政资金管理使用的效益性拓展。1998年2～3月，对1997年市本级预算执行和其他财政收支进行审计。此次审计不再采用预审加终审的方式，实行一次性审计。重点审查财政部门预算批复、调整和资金拨付情况，预算收入、支出和平衡情况，地税部门税收政策执行、税收征管情况；延伸审计财政投资基金和财政周转金，并对市区预算外资金进行审计调查。1999年2～4月，对1998年市本级预算执行和其他财政收支情况进行审计，同步开展教育资金、科技经费、社会养老保障资金、医疗保险专项资金、再就业专项资金、城市住房专项资金的审计，并将审计情况纳入审计结果报告和审计工作报告。2000年1～3月，对1999年市区预算执行和其他财政收支情况进行审计，同步开展教育专项资金审计，并将审计情况纳入审计结果报告和审计工作报告。

2001年，根据国家审计署《2001～2005年预算执行审计工作发展规划》制定的预算执行审计的目标任务，市审计局以财政部门构建公共财政框架、深化预算体制改革为背景，以预算执行审计为主线，以财政支出为重点，以提高财政资金使用效益为目标，对本级预算执行和其他财政收支以及部门预算、政府采购、国库集中收付等新的财政改革内容进行研究探索和审计实践，对财政管理的专项资金和基金进行跟踪审计，对一级预算单位的审计覆盖面30%～50%。2001年2～4月，对2000年市本级预算执行和其他财政收支情况、税收征管情况进行审计，同时对市教委教育资金筹措安排情况、市交警支队车辆证照费使用管理情况、11个主管局公有资产转让收入情况以及房地产开发公司缴纳政府规费情况进行专项审计。

2002年1～3月，在对2001年市本级预算执行和其他财政收支情况审计的同时，对领导重视、群众关心的教育资金、土地批租及拍卖资金、粮物调基金、防洪保安资金、河道清淤费、慈善资金等6项财政性资金的使用、管理情况，以及政府外债情况进行审计和审计调查。

2003年，预算执行审计同步安排市法院等6家单位部门预算执行情况，以及养老基金、医保基金、住房基金、人防建设专项资金、交通专项资金、社会福利基金等6项政府专项资金审计。

2004年，同步开展市卫生局、市科技局、市外经局、市园林局、市司法局、市检察院等6个部门预算试点单位2003年预算执行和决算情况审计，企业养老保险基金、住房公积金、"非典"防治资金、慈善资金、卫生事业发展基金等5项专项资金审计，市政府重点项目建设审计，以及政府采购实施情况、土地拍卖资金到位情况、苏南环保项目还贷情况、外商投资企业软环境等审计调查。

2005年，主要审计市财政局、市地税局组织和参与组织本级预算执行情况，市旅游局等19个部门预算执行情况，社会保障、农业投入、大型活动等10项专项资金的使用管理情况，并对政府重点项目建设资金、芦村污水处理厂外债项目效益情况、教育收费情况、社会审计组织审计业务质量情况等进行专项审计和审计调查。

三、金融审计

1986年7月，省审计局要求省辖市审计局分别对各地工商银行和信托公司的财务收支进行审计。自此，无锡市分别对银行和非银行金融机构进行多轮审计。

1986～1994年，金融审计以财务收支与信贷业务审计为主。1986年7～8月，市审计局对工行无锡市支行及其信托部财务收支实施审计，为市审计局成立后开展的第一个金融审计项目。此后7年，无锡市、市(县)审计机关每年同步审计1家专业银行，并逐步实行对国家金融机构的轮审，先后对工行、农行、建行、交行、中行、信托投资公司、保险公司开展财务收支审计，查出漏缴税款、违规贷款、逾期贷款未及时清理收回等问题。

其间，市审计局先后开展5次专项审计和审计调查。1988年8月，对无锡市1986年以后新建的5家信托投资公司的资金来源及运用、财务收支及利润分配情况进行审计检查，查出部分公司注册资金不足、投放固定资产的资金突破上级规定的比例、发放流动资金贷款数额过大、委托放款未按规定控制等问题。1989年9月，对工行、农行、建行、保险公司所办的4家信托投资公司给本系统本单位投资，贷款建造办公楼、职工宿舍和招待所，以租赁形式购置固定资产等情况审计调查。1990年1月，对全市银行1989年信贷计划执行情况实施审计检查。发现紧缩信贷规模以后，银行对大中型骨干企业缺少重点支持，一定程度上企业的生产和经营受到影响；银行贷款的发放存在前紧后松的情况；企业多头开户，不利于银行加强信贷监督，加大银行收贷的难度；企业“三角债”问题、资金体外循环和资金严重不足等问题。1991年10月，对工行无锡分行技术改造贷款的资金发放、控制管理、收回贷款等政策制度执行情况审计调查，并随机选择10家贷款单位、13个项目，对其资金使用、项目效果、还贷能力等作延伸调查。发现贷款单位自筹资金比例过低，依赖贷款搞技改；部分项目未能达到预计目标，还贷计划落空；部分项目未按计划建成，贷款逾期、还贷困难；部分还贷资金来源不符合规定。1993年10月，对非银行金融机构的基本情况进行调查，基本摸清全市21家非银行金融机构存款总量、贷款总量以及各机构经营情况。

1995～2003年，金融审计步入资产负债损益审计阶段。先后对中行、农行、建行、农发行等国有商业银行以及保险公司等非银行金融机构在无锡的分支机构开展资产负债损益审计。主要查出违规经营、固定资产超规模占用信贷资金、损益不实、账外资产、漏缴税金等问题，提出从制度上规范信贷工作、对从事违规经营的人员严肃处理、建立完善的考核管理机制、完善有关法律法规、加强内部审计制度等建议。同时完成地方金融机构审计项目9个。1996年6月和11月，分别对市诚业城市信用合作社和市开发城市信用合作社进行资产负债损益审计，查出损益不实、贷款利息一息二票核算、漏缴税金等问题。1996～2000年，对市证券公司、市信托投资公司进行5次审计，查出隐匿收益、漏缴税金、账外设账、违规经营等问题，提出整改建议。2002年6月，对市商业银行的资产负债损益审计，基本摸清家底、核实盈亏，真实全面反映银行贷款质量及信贷管理内控制度上存在的问题。2003年5月，对无锡经纬工业投资开发公司、无锡市梁溪担保有限责任公司、无锡市科发投资担保有限公司等3家由政府出资设立的担保机构进行资产负债损益审计，并向市政府提交审计建议。

第三节　行政事业审计

1986年起，市审计局对市文化局、市教委试行定期审计。1988年，制定《无锡市审计局行政事业单位定期审计试行办法》。1990年以后基本结束定期审计，对行政事业单位开展财务收支审计。1986～2005年，共审计行政事业单位431家，查出违纪违规金额66727万元，上缴财政6169万元。

一、政府办事处审计

1989年3月，市审计局分别对市政府驻深圳、厦门办事处1988年度财务收支情况进行审计。1997年7～9月，根据市政府要求，派出6个审计小组先后对市政府驻北京、南京、厦门、深圳、上海、海口办事（联络）处及下属公司自成立以后至1997年6月的财务收支情况进行审计。审计反映出政府办事处存在违反金融管理规定拆借银行贷款资金，违反规定对外出借资金，固定资产管理不严、部分资产产权不明晰，内控制度不健全、财务管理薄弱等问题。通过审计，促进政府办事处建立健全各项内部控制制度，提高管理水平。

二、工商管理部门审计

1989年起，市审计局对市工商行政管理部门财务收支进行审计，共开展11个审计项目。是年5月，对崇安、马山、南长、北塘等4个区的工商局1988年度和1989年一季度财务收支实施审计，提出将罚没收入结余数上缴市财政金库、各项规费应严格按照规定范围使用、严格执行现金管理规定等审计处理意见和建议。1992年，对市工商局1990年1月～1992年7月的财务收支进行审计，对该局1990年、1991年规费收入增长和资金紧缺的原因进行分析。1996年，再次对该局财务收支情况进行审计，发现该局1995年收取的工商罚没收入未按预算管理规定及时上缴财政、部分资产未及时办理专控手续和进行固定资产核算、查扣物资一直未建立物资数量账等问题。1998年4月，对该局及所属7个分局的1997年度财务收支进行审计，并延伸审计16个工商所和1个执法中队，就存在问题提出6条审计意见和建议。2000年，组织江阴、锡山、宜兴审计局对所在地工商行政管理部门1998～1999年行政性收费、罚没款收缴情况以及1999年财务收支进行审计。审计反映，无锡工商行政管理部门能较好地按中央和省有关规定及特价部门核定的项目和标准进行执收执罚，并全额上缴，特别是试行行政性收费汇缴一体化后，资金汇缴速度提高，有效防止基层滞留资金。审计抽查未发现超越权限、擅自设立收费项目或提高收费标准等现象。针对存在的问题，审计单位提出规范预算编制，以收定支，合理、节约使用资金，并逐步向零基预算过渡；及时清理往来款，严格按规定执行票据领用、结报和缴销制度，建立健全暂扣及罚没物资仓库保管制度等建议。

三、农林、水利、环保部门审计

1987年起，市审计局对农林、水利、环保等行政机关开展审计。1988～1989年，每半年一次定期审计。1989年以后，以财务收支审计为主。

1987～2002年，对市农机水利局进行5次审计，查出部分水费移作他用、基建行政经费挤占农机水利经费、虚列支出、周转金管理不严等问题。

1988～1993年，对市乡镇工业局进行3次审计，反映出该局在财务制度执行方面情况良好，存在部分管理费使用不规范等问题。

1992年，对市农业局进行财务收支审计，提出加强财务核算与管理，理顺资金收支渠道，严格执行财政法规，管好、用好项目资金，以取得最佳资金使用效果的审计建议。

四、科技、旅游等部门审计

1988年3月，市审计局对市旅游局1987年财务收支进行审计，发现管理费收取偏高，并存在挤占、浪费的现象。1988～1990年，对市旅游局、市民政局、市外办等单位开展财务收支定期审计。1990年以后，多次对市科委、市旅游局的财务收支进行审计。

五、教育部门和学校审计

1988年起，市审计局对全市学校开展审计。2001年以前以财务收支审计为主，2001年以后开展院校的资产负债审计。

1988年11月，对经济日报社函授大学无锡分校1987年财务收支和学费中有关问题进行审计检查。1988～1990年，对市教育局收支进行审计。

1990年3～4月，根据省审计局部署，对江南大学教育事业费社会集资、捐赠款，江南大学科技咨询服务部社会有偿服务收入进行财务收支审计。

1991年1月，对无锡市第二中学1990年财务收支进行审计。1994年3月，对无锡市第一棉纺织厂子弟学校、无锡市天元麻棉纺织厂职工子弟学校、无锡市第三棉纺织厂子弟学校的财务、物产情况实施审计。

2001年2月，对江苏省无锡师范附属小学2000年度财务收支进行审计。3月，分别对无锡市东林小学、无锡市第二中学2000年度财务收支进行审计。4月，对江南学院开展资产负债审计，主要审核学院2001年2月末的资产、债权、债务的真实性、合法性，以及基建账户和投资企业的情况。

2003年5月，对无锡市干部学校、无锡市职工大学、江南学院旅游经贸学院2003年3月31日的资产、负债、损益情况及2002年至2003年3月的财务收支情况进行审计。2005年5月，对无锡市医药中等专业学校2005年3月31日资产负债情况进行专项审计。

至2005年末，共审计学校19个项目。

六、文化及传媒单位审计

1987年3月，市审计局对市广播电视局进行审计，对存在问题提出6条处理意见和建议。1988年及以后，多次对市文化局、市广电局开展财务收支定期审计。1988年起，对报社、电视台、展览馆等文化单位进行财务收支审计，至2005年末共审计17家单位。重点审计文化单位财务收支的真实性、合法性和财经纪律执行情况，揭露有关单位违反财政、行政法规的问题，促进被审计单位规范财务管理，加强成本核算。

1988年5月，首次对无锡日报社1987年财务收支进行审计。1989年7月，在对市委农工部实施审计过程中，发现农民日报社驻江苏记者站站长与深圳市广厦文化有限公司一起组织违章经营活动，获取大量非法收入。因涉及经济犯罪的可能性，市审计局向国家审计署及审计署驻深圳特派员办事处作报告，建议采取果断措施，彻查农民日报社驻江苏记者站以及深圳广厦文化有限公司《中国之最》摄制组的全部经济问题。10月，市审计局受国家审计署委托，对农民日报社驻江苏记者站的财务经济问题实施审计。审计反映，该记者站站长违反财政法规性质严重，建议农民日报社和江苏省委农工部给予党纪、政纪处理。

图20-1　2002年，审计人员对无锡广播电视集团进行领导干部离任经济责任审计　（高布供稿）

1990年2月，对无锡展览馆（含无锡市工业供销公司）1989年财务收支进行审计。1991年2月，对华东信息报社1990年度财务收支实施审计。1994年6月，对无锡日报社1993年度财务收支进行审计，重点审计编辑部、经理部、广告部、图片社的财务收支。1996年8月，分别对无锡市有线电视台、无锡人民广播电台1995年度财务收支审计。1997年11月，对华东信息报社本部及下属非独立核算的广告部、无锡市场、印刷厂、技术发展中心1996年的财务收支进行审计。

1998年后，对文化单位的审计由财务收支审计转向经济责任审计为主。1998～2005年，对无锡日报社、无锡广电集团、华东信息报社等文化类单位的领导干部开展经济责任审计。

七、医疗卫生单位审计

1988年起，市审计局对医疗卫生单位开展审计，以财务收支审计为主。是年6月，分别对市第二人民医院、市中医院财务收支进行审计。1988～1990年，市审计局对市卫生局开展财务收支定期审计。1990年11月，对市商业职工医院1990年1～9月的财务收支进行审计，发现该医院行业风气不正，财务管理混乱。1997年4月，分别对市第三人民医院、锡山市人民医院1996年度的财务收支情况进行审计。2000年6月，分别对市第二人民医院、市卫生防疫站1999年度财务收支情况进行审计，重点检查1994～1996年的医疗保险资金的使用情况。2002年，分别对市第七人民医院和市同仁医院2001～2002年10月的资产、负债、损益情况进行审计。至2005年末，共进行12个医疗单位审计项目。

八、司法机关审计

1990年起，市审计局对公安、法院等司法机关开展财务收支审计，重点审查司法机关的内控制度、收入情况以及支出的真实性、合法性，资金、资产管理情况。1990年7月，首次对市公安局1989年财务收支定期审计，主要审查财务收支的真实性、合法性。1992年6月，对市公安局1991年度财务收支进行审计，并抽查其8家基层单位的罚没财物收缴管理情况。1999年，组织全市审计机关分别对市中级人民法院和各市（县）、区人民法院1997～1998年度财务收支进行审计，并延伸审计部分基层法庭。2001年3月，对市交通巡逻警察支队2000年度财务收支及1999年收取的更换摩托车、助力车牌照费进行审计。2003年4月，根据审计署统一组织安排及要求，组织全市审计机关对无锡市、区两级10个公安局、分局的2002年度财务收支进行审计。针对发现问题，提出无锡公安部门应严格执行《中华人民共和国预算法》《预算外资金管理实施办法》《行政单位财务规则》等有关规定，加强经费支出的管理和固定资产、基建项目的管理以及对基层派出所的财务管理等6条建议。至2005年末，共对司法机关开展11个审计项目。

第四节　企业审计

1986年，市审计局对市金属材料公司等3家企业进行审计，对查出的以虚开基建劳务费名义套取现金私设“小金库”等问题做出严肃处理。1987年，对11家年税利500万元以上的全民大中型企业开展重点审计，查出市粮油贸易中心等百万元以上违纪单位7家，主要问题是挤占生产成本、截留国家税利、转移收入等。1988年，审计18家国有大中型企业，查出无锡电视机厂、国棉一厂两家百万元违纪单位。对利润大幅度下降的无锡电缆厂进行专项审计，帮助企业分析经营管理上存在的薄弱环节并提出改进建议。1989年，围绕整顿经济秩序，对市纺织机械器材工业公司营业部、市针织公司、无锡油泵油嘴厂、市钢丝绳厂等4家企业进行审计。

1990～1993年，企业审计贯彻“一审二帮三促”的原则以及“向内控制度和经济效益延伸”的工作思路，帮助企业加强管理，提高效益。1991年，通过对市生资服务公司的审计，反映出虚盈实亏、管理混乱等严重问题，促使调整领导班子、健全制度、扭亏为盈。1992年，在审计15家亏损企业过程中，帮助企业内部整改，有11家企业转盈。1993年，开展糖果行业效益审计和国有企业潜亏审计，推动企业机制转换和内部财务管理水平的提高。

1994年开始，企业审计由企业财务收支审计转向以真实性为主要目标的资产负债损益审计。3月，市审计局对橡胶集团1993年度资产负债损益真实性进行审计。根据审计建议，企业调整财务班子，加强会计核算基础工作和制度建设，加强企业内部审计。4月，对市石化总厂1993年度资产负债损益审计，根据审计建议，企业针对应收账款成立专门清债讨债组，并运用法律手段进行清债。7月，对无锡商场1993年资产负债损益的真实性、合规性进行审计。1995年6月，对无锡商业大厦1994年资产负债损益进行审计。审计发现，服装商场未能按规定设置三级明细账，且业务上内控制度不健全，福利费超支。审计建议加强商品三级明细核算，商品存厂和调价及时办手续，完善内控制度。1997年，对市第一百货（集团）公司等6家商贸企业1996年资产负债损益的真实性、合法性进行审计，查出国有资产被长期无偿占用、"小金库"、虚盈实亏、现金管理失控等问题，引起主管部门和企业重视。1998年8月，对市液化气公司的资产负债及损益进行审计，针对公司出现的巨额亏损，审计建议公司把工作重心放扭亏为盈上。公司提出整改指施，修订公司3年解困、改革、发展计划。1998年，结合股份制改制情况，对无锡朝阳股份有限公司等7家商贸企业1997年资产负债损益的真实性、合法性进行审计。

1998年12月～2001年2月，市审计局对民营企业无锡市德发印染有限公司1998年6月～2000年的资产、负债、损益进行4次审计。审计组参与固定资产、原辅材料、在产品、产成品的盘点，检查、核实企业的资产负债。

1999年2月，为核实新组建的无锡市国联发展有限公司的资本金来源，市审计局对新中亚投资（集团）公司、地方电力公司、双河尖热电厂1998年资产负债损益进行审计，重点核实企业1998年末的净资产和待处理不良资产事项。同年对市恒通物业集团总公司等3家商贸企业1998年资产负债损益的真实性、合法性审计，审计建议加强内控、盘活资产。

1999年7月和2001年5月，两次对江苏海星电机集团有限公司1998年度和2000年度的资产负债损益情况进行审计。通过审计，有关部门加快对该公司的改革步伐，通过改制改组，企业逐步摆脱困境。2001年3月，分别对市公共交通（集团）有限公司、无锡新中润国际集团震球有限公司资产负债损益情况进行审计。2002年4月，对威孚集团有限公司2001年度的资产负债损益情况实施审计。2005年5月，为加强对投融资主体的监督，对国联发展（集团）有限公司、市交通产业集团有限公司2004年度资产负债损益情况进行审计，重点审计资产负债、投资、财务管理和遵守财经法纪等情况。

1986～2005年，市审计局共实施企业审计项目565个，查出违纪违规金额42668万元，上缴财政10299万元。

第五节　固定资产投资审计

1986～1990年，市审计局根据国家审计署控制固定资产规模的精神，开展以审查全民自筹资金基建项目资金落实情况、清理固定资产投资在建项目为主的固定资产投资事前审计，并于1990年建立开工前审计制度。1991年起，固定资产投资审计的重点逐步转向政府投资的公益性、基础性项目。1996年起，开展建设项目全过程跟踪审计。

一、开工前审计

1990年，无锡市按照国家审计署的要求建立基本建设项目开工前审计制度。是年，在审查的43

个新开工、复工项目中，查出不具备或暂不具备开工条件的项目4个，建筑面积34978平方米，投资额2795万元。

1992年2月，审计范围扩大至包括技术改造项目在内的固定资产投资领域。固定资产投资项目开工前审计成为建设单位报批项目开工报告前，由审计部门对有关内容进行审计并做出审计证明的监督程序。无锡市确定审计建设项目总投资来源是否合规，当年资金是否落实，项目开工前的各项审批手续是否完备、合法，建设项目投资是否纳入国家年度计划，设计编定的建设规模和建设标准是否与可行性研究报告文件相符，建设项目征地拆迁、配套设施是否完成等。

至2001年，对344个项目进行开工前审计，审计资金总额80.91亿元，审计建筑面积327万平方米。2002年开始，不再对建设项目进行开工前审计。

二、竣工决算审计

1987年3月，根据省审计局《关于1987年开展对中央和省合资粮库基本建设审计》的意见，由无锡市牵头，组织常州、徐州、淮阴、扬州、南通、连云港、盐城等7个市审计局对无锡市南门粮食中转储备库基建工程进行审计，查出违规征土费用68.39万元、多计工程款19913元等问题，提出相应建议。

1991年开始，市审计局加强对重点项目的竣工决算审计。1991～1994年，分别对无锡市30万吨水厂、广播电视中心、焦化厂焦炉改扩建、锦园国宾馆改扩建工程进行竣工决算审计。

1995年《中华人民共和国审计法》实施后，无锡市建立政府投资项目预算执行和竣工决算审计制度，固定资产投资审计由以工程管理、财务收支为主体的真实性合法性审计转向对政府投资为主的建设项目的预算执行和决算进行审计。是年，全市完成县前街、中南路、新宝界桥、市体育中心等890个工程决算项目的审计，核减投资2.1亿元。1996年4月，鉴于固定资产投资领域中出现的问题，市审计局向市政府提交题为《高估冒算触目惊心建筑市场亟待整顿》的审计情况参考，揭示建筑市场存在的问题，提出审计建议。

2000～2005年，加强政府投资的重点项目的竣工决算审计，分别对体育公园（一期）工程、自来水总公司贡湖水厂一期工程、排水管理处城北污水处理厂厂区建设项目、铁路建设处通江立交工程、太湖广场绿化环境工程、市民政局社会福利中心建设项目、自来水公司锡东水厂建设项目、排水管理处芦村污水处理厂三期厂区建设项目、商业职业技术学院学生公寓及生活俱乐部建设项目、职业技术学院教学楼建设项目、沿蠡湖环境绿化工程进行竣工决算审计。

1986～2005年，市审计局共开展建设项目竣工决算审计689个，审计资金总额74.19亿元，核减工程款6.42亿元。

三、跟踪审计

无锡市建设项目跟踪审计始于1996年。是年，市审计局对市焦化厂煤气掺混工程进行跟踪审计，主要工作包括：对批准概算进行审核，防止超概算、超规模、超投资问题的产生；对验工月报进行审核，并以此作为拨付工程款的依据，防止超付款现象；对隐蔽工程进行审核，避免出现事后扯皮现象；对工程决算进行审计，纠正高估冒算行为。该项目概算总投资2999.32万元，经跟踪审计，初步确定投资2820万元。

1998年，对人民大会堂、锡北路、城中公园等15个政府拨款的重大建设项目按工程进度实施定期跟踪审计，对投资概算、资金来源、工程进度、竣工决算进行全过程审计。年内完成2.55亿元投资的审计任务，经审计核定金额2.39亿元，节约工程投资1527万元。2002年，对城市天然气利用、火车站广场、锡北立交、社会福利中心等重点项目进行全过程跟踪审计，其中市社会福利中心的跟踪审计报告得到市领导多次批示。2003年，对城市天然气利用、蠡湖地区市政环境改造、锡东水厂、体育中心二期、硕放机场改扩建等8个政府投资重点建设项目进行跟踪审计，审计资金总额29.03亿元。体育中心二期跟踪审计过程中，对施工单位所报工作量3681万元进行现场实测计算，审计后确定为2558万元，节约工程款1123万元。2004年，对金城公铁立交、蠡湖地区环境改造等9个项目实施跟踪审计，审计资金总额20.97亿元，节约建设资金1.29亿元。2005年，对蠡湖地区市政环境改造、仙蠡桥水利枢纽建设、古运河水环境整治和两侧绿化建设、硕放机场二期改扩建等8个重点政府建设项目实施跟踪审计。在仙蠡桥水利枢纽建设项目的跟踪审计中，审计组在控制建设成本的同时，还针对该水利项目的公益项目性质，对项目的土地影响、防洪排涝、水质改善等国民经济、社会效益指标进行评价。

图20-2　2002年，审计人员对市社会福利院进行现场审计
（朱一龙供稿）

第六节　经济责任审计

1987年，无锡市首次开展厂长（经理）离任审计。1988年起，开展全民所有制企业承包经营责任审计，并取代厂长（经理）离任审计。1998年，制定《无锡市国有企业领导人员离任审计条例》，开展国有企业法定代表人离任审计。

一、承包经营责任审计

1987年起，无锡市全面实行国有企业承包经营责任制。1988年，市审计局选择4家工业企业进行承包经营责任审计的试点。1989年1月，市政府办公室转发市审计局制定的《关于全民所有制企业经营责任审计的意见》。根据文件精神，对21家重点企业进行审计。1990年，对21家重点企业进行承包经营责任审计。1991年，对21家重点企业进行第一轮承包经营终结审计。1992年，对12家工业企业和3家商贸企业进行第二轮承包经营责任审计。

二、国有企业领导人员离任经济责任审计

1986年，市审计局与市委组织部、市体改委、市经委联合发布《关于对国营企业厂长（经理）离任试行经济责任审计的通知》。1987年1月，市委组织部发出第1号委托审计书，委托市审计局对无锡第一色织厂厂长进行离任经济责任审计。1988年，对市自行车厂厂长进行离任经济责任审计。

1997年，市审计局与市委组织部、市经委、市财政局、市国资局联合下发《无锡市国有企业法定代表人离任经济责任审计规定》，重新启动国有企业领导人员离任经济责任审计。1998年，市人大常委会通过《无锡市国有企业领导人员离任审计条例》。是年，对6名国有企业领导人员进行离任经济责任审计，2名企业领导人员被免职。1999年，对4名国有企业领导人员进行离任经济责任审计，发现无锡市丝绸印染总厂和无锡市中亚丝绸股份有限公司存在严重做假账、资产和利润严重不实的问题。市委组织部免去丝绸印染总厂厂长职务。2000年，对3名国企领导人员进行离任经济责任审计。2001～2003年，分别对无锡新中润国际集团有限公司、无锡市贸易资产经营有限公司、无锡新中润

国际集团有限公司的法定代表人进行离任经济责任审计。

三、党政领导干部经济责任审计

2000年起，市审计局开展党政领导干部经济责任审计。2002年，市委、市政府联合印发《关于党政领导干部任期经济责任审计的若干规定》。2003年，市纪委、市委组织部、市监察局、市人事局、市审计局制定《关于开展党政领导干部届中经济责任审计的意见》，细化党政领导干部经济责任审计。

1.部门党政领导干部经济责任审计

2000年2～5月，根据市纪委和江苏出入境检验检疫局的委托，对江阴进出口检验局局长进行经济责任审计，为市审计局开展的第一个党政领导干部经济责任审计项目。审计发现，该局长在任职期间存在长期拖欠公款、用虚假发票报销、参与非法集资、擅自赞助外单位资金等严重违反财经纪律问题；江阴进出口检验局下属13家企业，有12家资不抵债，并存在违法犯罪行为。市审计局分别向市纪委和江苏出入境检验检疫局提交审计报告。审计后，该局长受到行政处分，3名下属企业经理被逮捕。2001年11月，市委组织部委托市审计局对市市政公用事业局和市科技局已离任的局长进行离任审计。2003年，对16名部门领导干部进行离任经济责任审计、9名部门领导干部进行届中经济责任审计。2004年，对18名部门领导干部进行届中经济责任审计、2名部门领导干部进行离任经济责任审计。2005年，对13名部门领导干部进行届中经济责任审计、9名部门领导干部进行离任经济责任审计。

2.地方党政领导干部离任经济责任审计

2004年，对南长区区长进行离任经济责任审计，为市审计局开展的第一个地方党政领导干部经济责任审计项目。审计发现在财政收支和国有资产管理方面存在一些问题，市审计局提出处理意见。2005年，对宜兴市市长、惠山区和北塘区区长等3名地方政府领导干部进行离任经济责任审计，提出处理意见和建议，纠正财政收支中的问题。

四、审计机关领导干部经济责任审计

审计局局长经济责任审计由上一级审计机关负责实施。对辖区范围内的审计局局长经济责任审计的内容与其他党政领导干部经济责任审计的内容基本相同。2001年，无锡行政区划调整，市审计局受滨湖区委组织部委托，对原郊区和马山区审计局局长进行离任经济责任审计。2003年，根据委托对南长区和北塘区审计局局长进行离任经济责任审计。2004年，市审计局根据委托对江阴市审计局局长进行离任经济责任审计。2005年，市审计局根据委托对北塘区审计局局长进行离任经济责任审计，对南长区审计局局长进行届中经济责任审计。

第七节　外资运用审计

一、国际组织贷援款项目审计

1986～2005年，省审计厅授权无锡审计的金融组织贷款、援款项目7个，协定贷援款总额8278.05万美元。

1.教育项目审计

1986～2005年，由省审计厅（局）授权无锡审计的教育项目包括二期大学发展项目、中学在职教师培训项目、职业技术教育项目等3个。在无锡的项目执行单位包括无锡轻工业学院、无锡市教育学院、无锡市电子职业中学和无锡机械制造学校共4个。市审计局对以上项目执行情况进行审计，主要审计项目内控制度、项目财务报表、账册和凭证、项目设备管理和项目土建工程计划执行进度、项

目资金使用效益和国内配套资金落实情况等。

2.工业交通项目审计

1987年2月～2005年，市审计局根据省审计厅（局）授权，对无锡市电视机厂、无锡市第二棉纺织厂、宜兴市纺织工业公司、无锡市电扇厂、无锡市利用造纸厂、无锡电扇二厂、无锡市信息记录纸厂、无锡市第二毛纺织染厂、江阴压敏胶厂、无锡市生物化学制药厂、无锡市塑料一厂、无锡市第三橡胶厂、江阴市化学试剂厂、江阴市冷轧薄板厂和无锡市轧辊厂等项目执行单位财务收支及其效益情况进行审计，共审计20家次。项目贷款分配总额2859.65万美元，项目总投产24217.56万元。亚洲银行贷款项目1个，贷款及总投资35.28万美元。审计世界银行工业项目2个，项目执行单位16个。

3.综合项目审计

1996年1月～2002年3月，市审计局根据省审计厅的授权，对江阴造纸厂（两次）、无锡橡胶厂（两次）、无锡市颜料厂、江苏新伍集团、无锡化工股份有限公司、无锡市第四橡胶厂、无锡江洲生物制药有限公司、锡山市化工助剂三厂、无锡橡胶集团公司、无锡市消防支队、无锡市石油化工总厂、锡山市利达精密焊管厂、锡山市无线电变压器厂、锡山市泉山化工厂、宜兴市菲达化工厂、无锡市炼油厂、江苏锡钢集团有限公司等17家项目执行单位先后进行19次审计，贷款协议总金额5067.28万美元，累计提款额4787.37万美元。至2005年末，审计综合性项目1个，即苏南环保项目。世界银行贷款苏南环保项目无锡市共涉及32个项目执行单位，贷款协议总金额8699.20万美元，累计提款8478.43万美元。

4.国际组织援助项目审计

1988年12月～1997年3月，市审计局分别对无锡市奶类发展办公室、无锡市湖山致冷剂厂、无锡格林艾普化工股份有限公司等项目执行单位的财务收支及其效益情况进行审计。至2005年末，市审计局根据审计署授权，共审计国际组织援助项目4个，分别为欧共体（欧盟）援助项目，即20城市奶类发展项目和过渡期奶类项目；世界银行蒙特利尔议定书多边基金赠款项目3个，即无锡市湖山致冷剂厂氯氟烃整体淘汰项目、无锡市湖山致冷剂厂氯氟烃淘汰技术援助项目和无锡市格林艾普四氯化碳淘汰项目。全市共计接收受援脱脂奶粉898.9吨和无水黄油299.8吨，受援资金2009.64万元人民币和72.6万美元。

5.中国环境技术援助项目审计

1994～1999年，市审计局对中国环境技术援助项目进行审计。该项目世界银行贷款14.57万美元，国内配套资金108.71万元，项目还贷期15年。审计发现该项目从1996年10月起使用世行贷款进度有所减缓。为此建议国家环保局世行贷款部门尽快落实到位世行贷款资金，使该项目全面完成。

二、外商投资企业审计

无锡对外商投资企业审计始于1989年。1989年8月，市审计局对新兴纺织有限公司进行审计，查出中方实收资本未能按规定缴集。审计建议迅速落实注册股本缺口，同时严格贯彻《中华人民共和国中外合资企业法》有关规定和严肃执行合同章程有关条款，要求两个违约方赔偿由此而造成的经济损失。1996年对无锡中萃食品有限公司等9家企业、1997年对无锡华新可可食品有限公司等8家公司、1998年对无锡雷克汽车发展有限公司等8家公司、1999年对中亚化学美国公司等5家公司、2001年对无锡太平洋纺织有限公司等4家公司、2002年对无锡小天鹅佳科电子有限公司进行审计。审计主要反映出漏缴税费、合资企业与中方企业关系不明晰、企业管理及核算不够规范等问题。至2002年，共对37家外商投资企业的财务收支和资产负债损益进行审计。

三、涉外审计调查

无锡涉外审计调查始于1987年。1989年6月，市审计局对无锡市“三资”企业的基本情况进行审计调查。针对调查发现的问题，提出改善投资环境、把利用外资的重点放在对老企业的改造上、在利用外资的过程中随同引进先进的技术和管理方法等审计建议。

1995年6月，对无锡锡南高新技术开发区中有国有资金投入的中外合资（作）企业的基本情况进行审计调查，审计调查反映出由于经营不善、资金紧张，已投产的22家企业中，14家企业亏损；进区的合资企业，有极少数存在假合资情况，并造成名存实亡宣告解散。

1997年12月，对部分外商投资企业纳税情况审计调查。结果表明企业尚不能严格依法纳税，偷税、欠税比较严重。2000年8月，对5家外商投资房地产开发企业的房屋开发、销售、效益及房地产企业的行政收费审计调查。调查反映出中高档房积压时间长、数量多，注册资本占投资总额的比重小，变相抽走注册资本，利润反映不实等问题。2002年2月，对2001年末政府外债情况进行审计调查，全面分析总结还本付息情况不理想的主要原因，提出加强政府外债监管力度，完善管理体制；设立外债还贷准备金专户，提高还贷能力等建议。

2003年6月，对无锡市外商投资软环境建设情况进行审计调查。审计调查中反映的主要问题：现行的优惠政策对新招商引资的吸引力增强，但对经营多年的外资企业的优惠及激励相对缺乏；在各区（市）之间、区内区外之间、新老企业之间、大小企业之间、效益好的与差的企业之间享受的优惠政策及各项服务存在标准不一、苦乐不均的现象；个别行政事业性收费在执行过程中仍存在透明度不够、伸缩性较大、企业不知情等问题；职能部门的监督与服务还存在不足之处。

至2005年末，无锡市共开展涉及外债、外贸、外商投资企业和外商投资环境等方面的审计调查15项。通过审计调查，了解、分析外商投资基本情况及投资环境，保护中外投资各方的利益，反映存在的普遍性和倾向性问题，促进积极合理有效利用外资。

第八节　专项资金审计

1986年起，市审计局逐步开展对国家用于发展某项事业、具有专门用途的资金，包括社会保障资金、农业专项资金、教育科研体育专项资金等专项资金的审计。至2005年，共实施专项资金审计项目256个，审计资金总额443.73亿元。

一、社会保障资金审计

1.养老保险基金审计

1991～2005年，市审计局对无锡市社会保险机构管理的养老保险基金的征缴、使用、管理进行10次审计。1991年9月，对无锡市社会统筹保险事业管理处管理的养老保险基金进行首次审计，发现统筹基金欠交数较大、扩大统筹基金支出范围、养老金结余资金和管理费未按规定全部实行财政专户储存等问题。在1992年和1994年的审计中，发现的突出问题仍是欠交金额大。1995年3月，在对养老基金的审计中，发现市社保局将养老金委托放贷，且主要流向县属、乡镇和自办三产企业，部分委托放贷资金回收困难，对基金的安全造成威胁。审计部门要求市社保局对委托放贷资金进行清理，采取有效措施，追回全部放贷资金，并将清理情况定期向市政府汇报；对委托放贷资金造成损失的要追究责任，以维护养老保险基金的安全完整。对市社保局隐匿转移委托放贷息外收息收入130万元，审计决定全额没收。1996年3月，首次组织一城三市（江阴、宜兴、锡山）及马山区审计机关分别对各级1995年度职工养老保险基金的征收、使用和管理情况进行专项审计。审计部门分析养老金严重欠缴的主要原因是企业亏损增加，资金紧张；少数企业领导缺乏社保意识，故意拖欠养老金；社保机构征收力度不够。对1995年审计中发现的委托放贷问题，经过1年的清理和积极催讨，部分资金已收回，且1995年没有发现新的自行放贷现象。1998年9月，在对社会保障制度情况进行审计调查中重申社保机构要严格执行国务院办公厅《关于一些地区挤占挪用社会保障基金等问题的通报》精神，加强社会保障基金的投资管理，结余基金主要用于购买国家债券和银行专户存储，不得用于其他任何形式的投资。1999年，重点审计挤占挪用养老金的问题，分析收缴情况，测算基金的支撑能力，确保养老金按时足额发放。2000年5月，重点调查1999年末全市基本养老保险的参保情况和未参保企业情况，反映养老保险扩面工作中存在的问题，促进劳动保障部门完善社会保险费征缴制度。从2000年8月起，无锡市的企业养老金由地税局负责征收。至2005年的审计中，发现养老金入不敷出、企业漏报基数现象严重、养老金负担沉重、养老保险基金个人账户严重不实等问题。

2.职工医疗保险基金审计

1997年12月，市审计局对无锡市社会保险事业局职工医疗保险基金的收支及管理情况进行首次审计，发现医保基金欠缴严重、社会统筹医疗基金缺口较大、部分医疗机构及参保人员违规行为较为突出、医保基金会计核算及收支管理不够规范等问题。1999年1月，第二次对医保基金审计。审计部门建议加大征缴力度，对欠款单位排出重点，尽力征收；建立健全医保基金管理制度，及时足额上缴财政专户，做到收支两条线。2000年4月，在第三次审计中，发现基本医保金中社会统筹基金严重赤字，挤占个人医疗账户资金；基金征缴困难，欠缴数额大；医疗机构的医疗行为不够规范；社保局内部核算及基础管理仍比较薄弱等主要问题。2002年6～9月，对市医保制度改革及市区职工医保基金管理使用等情况开展审计调查。通过调查，提出引入竞争机制，深化医疗改革制度；坚持以病人为本，从改善医疗服务上找出路；采取多种有效途径，在降低药品价格上想办法；完善医院补偿机制，促进医疗事业的良性发展；立足新的保障网络，提高现有医疗资金效用等5条建议。

3.职工失业保险基金审计

1992年，市审计局对市区职工待业保险基金首次审计，发现职工待业保险金的管理不完善、擅自借贷等问题。市领导在《审计情况参考》上批示："基金要专户储存，增值积累，实行财政监督""业务部门不能直接放贷"。在1994年的审计中，查出袛征单位上报工资总额不实，造成基金征收不足；社保部门超范围使用失业保险基金，建造办公大楼；借出资金回收困难等问题。1996年3月，组织对一城三市及马山区1995年度职工失业保险基金的筹集、使用和管理情况进行审计，并延伸审计部分借款用款单位，发现借出资金回收不理想，基金征收率下降。2004年7月，分别对无锡市市级、江阴市、锡山区、惠山区2003年度失业保险金进行审计。因2003年失业保险金已由地税部门征收，且实行收支两条线管理，因此除了重点审计失业保险金和筹集、使用和管理情况，还延伸审计财政、地税等部门，同时对62家参保单位的参保和缴费情况进行审计调查。

二、预算外资金审计

市审计局从1993年开始，对预算外资金进行4次较大规模的审计。

1993年5～9月，首次对全市预算外资金进行审计。在全面自查的基础上，选择有重点资金且金额较大的市建委、经委、财贸办公室、公用事业局、人防办公室、三电办、建行住房信贷部、物资局、交通局、土管局、环保局等11个部门重点抽查审计，向市政府报送题为《政府加强预算外资金的调控已经刻不容缓》的审计情况参考，分析预算外资金管理中存在问题的弊端和产生的原因，并提出建议。

1996年，对市财政局、交通局、人防办、教委、农机水利局、多种经营管理局、民政局、卫生局、科委、公费医疗办公室等10个部门的预算外资金进行审计。以《预算外资金管理中存在的问题不容忽视》的审计情况参考向市政府作专题汇报，提出对预算外资金进行全面清理检查、制定管理办法、健全监督制度、加强宏观调控等4点审计建议。市政府下发《关于加强预算外资金管理的通知》，对规范预算外资金的收支、管理作出明确规定。

1998年，再次对市区预算外资金全面审计。审计历时5个月，对市区178家单位1997年度未纳入财政预算管理的资金进行专项审计，审计检查政府各项基金、专项资金和其他行政性收费513项，基本摸清市区预算外资金的收支存情况，为市政府筹集再就业基金提供依据，同时揭示预算外资金管理中存在的主要问题。审计结束后，市委、市政府召开全市工作会议，成立预算外资金管理领导小组和办公室，制定《无锡市预算外资金管理办法》；建立15个专项基金（资金）管理委员会，负责政府性基金的筹措、年度收支计划的审核、实施、监督和检查。1999年，对1998年建立的15个专项基金（资金）管理委员会管理的98项资金进行全面审计。

1999～2005年，对预算外资金的审计从大规模拉网式清理审计转为定期审计，对一些金额较大的政府专项资金，在每年的同级财政审计中一并审计；其他预算外资金，在行政事业单位财政财务收支审计和党政领导干部经济责任审计中一并审计。

三、农业专项资金审计

1.农业资金总投入审计

1994年6月，组织无锡县、江阴市、宜兴市、郊区、马山区审计局分别对当地1993年度农业资金的投入和使用情况进行审计，重点审查各级政府投入的农业资金。审计发现少数部门挤占挪用农业资金、对资金的使用和效益缺乏跟踪管理、个别项目配套资金未及时到位等问题。1995年5月，对市财政局1993～1994年财政预算内和预算外农业投入资金进行审计，并延伸审计市农业局、农机水利局、多种经营管理局、乡镇工业局和市委农工部。审计提出加强本级农业投入资金的核算和管理、完善农业资金管理制度等建议。

2.新菜田建设费审计

1988年起，对新菜田建设费（简称“菜建费”）多次审计。1988年3月首次审计，发现征用菜地未按规定收齐交足菜建费，挤占挪用比较严重等问题。1989年，通过对1985～1987年的菜建费的后续审计，提出尽快收回挤占挪用以及欠交借用的菜建费、收取的菜建费必须按规定实行财政专户存储、健全各级财务核算和管理制度等审计建议。1990年4月，对1988年菜建费审计意见的执行情况进行后续审计，并对1989年度菜建费的征收、使用、管理情况进行审计。1991年4月，主要审计1985～1989年菜建费历年审计结论决定的落实情况及资金使用效益情况。1994年3月，对市菜办、郊区、马山区、无锡县等政府部门及部分乡、村，围绕1991～1993年菜建费的征收、使用、管理及菜地面积变动情况进行审计调查。

3.国土专项资金审计

1993年3月，市审计局对无锡市1991～1992年国有土地使用权有偿使用收入和耕地占用税的征收、使用、管理情况进行审计，在全面自查的基础上重点抽查市土管局、马山区土管局国有土地使用权有偿使用收入和郊区财政局耕地占用税的征收、使用、管理情况，调查市高新技术开发区、马山太湖国际旅游度假区国有土地开发出让情况。1994年3月，对市土管局1993年国土资金及预算外资金的收入、使用和管理情况进行审计。1996年3月，对锡山市土管局1994～1995年国有土地使用权出让和出让金的收支情况进行审计，并延伸审计锡山市财政局、锡山市经济开发区开发总公司、胡埭镇土管所。2001年5月，对市本级、新区、原郊区、原马山区、江阴市、宜兴市及原锡山市国土管理系统自土地规费开征起至2000年末的农业重点开发建设资金、国有土地出让金、国有土地有偿使用费等18项国土资金的征收、缴拨、分配、使用和管理情况进行专项审计清理，审计各级国土管理局7个，延审下属事业单位和土管所43个，抽查用地单位48个。审计发现国有土地出让不规范，国土资金征收不到位、使用超范围、财务管理及会计核算不严格等问题。

4.水利专项资金审计

1990年5月，市审计局对无锡市1988～1989年水利工程水费的征收、使用和管理进行审计。1995年5月，对1992年开征以后的防洪保安资金进行专项审计，重点审计市财政局、税务局等主要征管机关以及市城市防汛指挥部、农机水利局等主要使用部门，延伸审计崇安区、南长区、北塘区、郊区防汛指挥部和北塘联圩管理所，抽查10家企业防洪保安资金的缴纳情况，调查城区防洪保安资金投入项目的效益情况。1997年4月，分别对市本级（含郊区、马山区，下同）、锡山市、江阴市、宜兴市1994～1995年水利工程水费征收、使用、管理情况专项审计，除重点审计各级水利主管局及下属水费收缴部门，还延伸审计市自来水公司等4个水费代收单位，抽审18个乡镇水利站、12家水费缴纳单位及部分水费使用单位。1998年3月，对市本级1996年、1997年度水利工程水费、水资源费、防洪保安资金等水利专项资金进行审计，涉及16个单位和部门，审计金额23224万元。2002年3月，对市本级2001年度防洪保安资金的征收、投入和使用情况进行专项审计，审计市财政、水利、建设等10个有关部门和单位，审计金额4300余万元。

5.小型农田水利建设资金审计

2004年7月，市、市（县）、区审计机关分别对市本级、江阴市、宜兴市、锡山区、惠山区、滨湖区和新区2001～2003年小型农田水利建设资金进行审计，延伸审计财政等相关单位，抽查部分建设项目。审计发现部分资金使用不合规、拨付不及时、个别建设项目未及时完工、工程项目及资金管理欠规范等问题。

6.农村改水资金审计

2004年5月，市审计局组织各市（县）、区审计局对农村改水资金专项审计，审计重点是各镇村改水工程专项资金收入、使用和管理情况。审计后提出切实加大对各地改水工作的投入，加大对资金使用和工程项目的管理力度；广泛宣传用水卫生知识，提高入户率；改水工作应制定切实可行的计划，统一统计项目的口径，统一核算方法等建议。

7.粮食直补资金审计

2005年2月，市审计部门对无锡市2004年粮食直补市级补助资金进行专项审计，重点审计市农林局、市财政局相关资金的收支管理情况，延伸调查有粮食直补资金兑付任务的6个市（县）、区农林局、财政局，8个乡镇财政所，并对42户种粮农户就粮食直补资金兑付情况进行调查核实。审计结果表明，无锡市对粮食直补资金使用管理严格，各级农林、财政部门都能严格按照省农林厅、财政厅的规定程序进行操作和管理，达到专户管理、封闭运行、专款专用的要求，资金兑付及时，管理规范，审计中未发现挤占、克扣和挪用等违纪违规问题。

四、教育、科研、体育专项资金审计

1.教育经费审计

教育经费审计的内容主要为财政预算内安排的教育事业费和政府筹集的教育专项资金，其中教育专项资金包括教育费附加、人民教育基金、建房教育附加费等。1990年4月、1993年3月，两次对教育费附加专项审计。审计建议完善教育费附加的征收管理办法，确保足额征收；坚持专款专用，将有限的资金用在刀刃上；及时足额安排使用资金，使中小学教育设施和办学条件得到更好的改善。1995年上半年，组织各市（县）、区审计机关分别对各级1994年度教育经费的投入、使用和管理情况进行专项审计，对各级教育主管部门实施重点审计，抽审部分学校和校办企业。1996年1月、1997年2月，分别对市教委1995年和1996年教育资金进行审计。2000～2002年，市审计局连续3年对教育经费进行审计。审计表明，市级教育经费的投入每年都有一定程度的增长，教育状况逐年有所改善；建议加大预算外资金的管理力度，全面实行收支两条线和财政专户管理。

2.科研经费审计

1989年5月，市审计局组织江阴市、宜兴市审计局对1988年～1989年3月科研经费的财务收支情况及使用效益专项审计。对无锡市、无锡县、江阴市、宜兴市科委，4个研究所，48个科研课题的实施单位进行审计，审计总金额404万元。1992年5月，对市科委1991年科技三项费用的收支、回收、继续投放进行审计，并对市科委所属的市科技情报所、市科技开发服务中心、市科技对外交流中心、市专利事务所、市新技术新产品开发公司等5家单位使用科技三项费用的情况进行审计。

3.体育运动专项资金审计

1994年，市审计局对第三届全国城市运动会专项资金的筹集与使用情况进行审计。经审计，资金的筹措达到预定的收入任务，无截留等违纪现象。1997年5月，对无锡市第七届运动会专项资金的筹集和使用情况进行审计。审计表明，七运会基本做到专款专用，但在物资领用和管理方面还存在一些不足。2001年8月，对市体育彩票管理中心2000年～2001年6月体育彩票资金的收入、使用和管理情况进行审计。审计发现体彩中心现金及票据管理不规范、会计核算不规范，体育局管理和使用公益金不规范等问题。2005年1月，对无锡市第九届运动会专项资金进行审计，重点审计专项资金的完整性、支出的真实合规性，延伸审计无锡市宇航策划咨询有限公司、无锡市博威体育产业投资发展有限公司、无锡市体育中心、无锡市残疾人联合会等单位有关专项资金的拨付和使用情况。

五、救灾款物及捐赠款物审计

1.接收国际红十字会捐赠救灾款物审计

1991年12月，对无锡市红十字会接收、分配、使用国际红十字会捐赠救灾款物专项审计，并跟踪审计江阴市、无锡县、北塘区和崇安区红十字会。1992年7月，对市红十字会1991年12月～1992年6月接收、分配、使用和管理救灾款物进行审计，并抽查江阴市、宜兴市、崇安区、南长区、郊区红十字会及其所属的26个乡镇的红十字会、卫生院、街道红十字会等单位，追踪审计无锡市第三人民医院、无锡市中药厂、无锡市第一制药厂。两次审计表明，无锡市红十字会对救灾款物的接收、分配由专人进行管理，捐赠款单独核算，账目清楚，凭证齐全；捐赠物资的接收与分配，登记造册，下拨及时；捐赠款物的使用方向基本符合捐赠意向。

2.抗洪救灾捐赠款物审计

1991年入夏后，无锡地区遭受百年未遇的特大洪涝灾害，国内外陆续捐赠大批救灾款物。1992年8月，无锡市各级审计机关先后派出审计组，分别对无锡市本级和三市（县）民政部门1991年1月～1992年9月接收的救灾款专项审计。重点审查救灾款的拨入数与实收数是否相符，有无截留挪用等违纪现象；各级民政部门分配款项是否按救灾救急、突出重点，下拨是否及时，用款单位是否专款专用、专项管理和核算等。1998年10月，无锡市一城三市审计机关分别对抗洪救灾捐赠款物的接收、发放和使用情况进行审计，主要审计经办部门反映的捐赠收入是否真实、准确，票据使用是否合规，账目是否清楚，发放的使用是否符合国家规定等，延伸审计个别单位和部门的接收、分配捐赠款物的情况。2003年，江苏淮河流域灾情发生后，市委、市政府安排民政部门统一接收社会捐款，筹集抗灾资金，并由市慈善会实施。2003年12月，对此次抗洪救灾资金的捐赠款物进行审计，重点检查专项资金的安排、拨付、管理和使用情况，捐赠款物的接收、分配、管理和使用情况。

3.防治“非典”专项资金和社会捐赠款物审计

2003年8月，无锡市各级审计机关派出审计组，对截至2003年7月31日的全市防治“非典”专项资金和社会捐赠款物收支情况专项审计。对15家医院、11个疾控防疫部门、12个街道和乡镇以及19个其他部门进行抽查，对各单位实际使用的防非专项资金和捐赠款物进行审计。审计表明，所有单位共收到拨入资金2301.67万元，均用于防治“非典”疫情的相关支出；拨入物资折合230.82万元，也做好相应的分配、使用及保存。

4.禽流感防治专项资金审计

2004年11月，市审计局对市级禽流感防治专项资金进行就地审计，重点审计资金使用的真实性、合规性和管理的合理性，延伸审计江阴市、南长区、北塘区、新区、滨湖区、惠山区、锡山区农林局及无锡市疾病控制中心、无锡市卫生监督所等单位，并对部分养殖企业和养殖大户进行调查核实。

5.“希望工程”基金审计

1998～1999年，市审计局连续两年对无锡市“希望工程”办公室筹集使用和管理的“希望工程”基金以及未纳入“希望工程”网络管理的捐资助学情况进行审计。审计发现有相当部分的捐资助学工作未纳入“希望工程”的管理网络、财务核算及财务管理不够规范等问题。

6.慈善资金审计

2004年2月，市审计局对无锡市慈善会2001年7月～2003年12月慈善资金募集、使用和管理情况专项审计，同时延伸审计无锡市第一中学、无锡市社会福利院。审计提出市慈善会要加强会计核算和财务管理、制定资金的具体管理规定和实施细则、多形式多渠道募集慈善资金等建议。

第四章　国土资源管理

第一节　机　构

1986年10月，成立无锡市土地管理局（简称“市土管局”），为市政府直属二级局（副处级）。1990年3月，升格为一级局（正处级），列入市政府组成成员单位。1996年，更名为无锡市国土管理局（简称“市国土局”）。2001年5月，市国土局与市地质矿产局（简称“市地矿局”）合并，组建无锡市国土资源局（简称“市国土局”），同时将市规划局测绘管理职能划归市国土局。2005年1月，省以下国土资源系统实行垂直领导体制，国土资源部门由同级政府的组成部门改为工作部门，锡山区、惠山区、滨湖区国土资源局、新区国土房管局划归市国土局领导，分别更名为无锡市国土资源局锡山分局、惠山分局、滨湖分局、新区分局。至2005年，市国土局辖崇安、南长、北塘、锡山、惠山、滨湖、新区等7个分局，内设土地利用管理处、地籍管理处、法规监察处、耕地保护处、矿产管理处、地质环境处、测绘管理处等11个处室，下属市国土资源监察支队、市征地处、市土地整理中心、市地价管理所、市土地登记发证中心、市土地收购储备中心、市档案信息中心等7家事业单位。

第二节　土地利用总体规划

1991年，市土管局着手编制第一轮土地利用总体规划。无锡市首先从乡村土地利用总体规划编制入手，至年末，全市123个乡镇有15个乡镇560个村完成乡村土地利用总体规划编制工作。1992年，各地乱占滥用土地成风，土地管理阻力重重，土地利用总体规划编制工作一度停滞。至是年末，全市120个乡镇中，完成乡级规划编制工作的有100个，占83.33%。1993年末，土地利用总体规划编制工作重新启动，市、县级规划的规划期作调整，基准年为1993年，规划期为1994～2000年，展望年为2020年。

1994年，县级规划均完成初稿。乡级规划在1992年以前完成的乡镇，根据前3年的实际用地情况进行调整完善；城郊接合部乡镇，在市、县两级规划编制过程中同步编制。1995年8月，《无锡市土地利用总体规划（1991～2000）》通过市政府常务会议审定和省专家组的评审验收，报省政府审批。至此，无锡市、市（县）、乡镇三级土地利用总体规划编制工作全部完成。是年，各地开始撤并乡镇、行政村，终止村级规划的修编和实施。

1997年10月25日，市政府召开全市土地利用总体规划修编工作会议，要求对农用地和非农用地实行严格的用途管制，实现全市耕地总量动态平衡。本轮规划调整的基期为1996年，规划期为1997～2010年。1998年初，全市三级土地利用总体规划修编工作全面完成。规划期末（2010年）全市耕地保有量266.81万亩，其中基本农田地226.4万亩；基本农田中粮田确保200万亩，市属蔬菜地确保3万亩；非农业建设占用耕地15.3万亩；通过土地复垦开发整理增加耕地16万亩，增减相抵净增7000亩，保持规划期内全市耕地动态平衡略有增加。12月1日，《无锡市土地利用总体规划（1997～2010）》通过省政府的评审验收。1999年10月21日，经国务院批准实施。2000年4月17日，全市各乡镇土地利用总体规划经省政府批准实施。

2001年7月，再次对不适应新情况的乡镇土地利用总体规划进行全面调整完善。2003年，全市乡镇土地利用总体规划调整完善全面完成，90个镇级规划全部通过省级评审。通过规划调整，在规划期内增加建设用地规划指标44.7万亩，核减基本农田26.2万亩。同时调整无锡市城市规划区和新区基本农田保护区规划，城市建设用地规划指标增加近11万亩。

2004年，全市建制镇由89个撤并为59个，各级土地管理部门调整撤并镇的土地利用总体规划，开展对土地利用规划实施情况的调研和评价，为修编新一轮土地利用总体规划做准备。

2005年，为推进惠山职教园区、滨湖太湖科技园区等园区建设和新区海力士、硕放机场扩建等重大项目建设，先后对涉及有关镇的土地利用规划进行修改。10月，新一轮土地利用总体规划修编工作再次启动。按照农田向规模集中、工业向集中区集中、农民向城镇集中“三集中”的要求，结合各地新农村建设规划，指导督促各地编制农村建设用地整理专项规划，上报省国土厅评审。

第三节　土地资源保护

一、基本农田保护

1992年3月17日，市政府批转市土管局《关于建立农田保护区工作意见》，要求各地在编制乡村土地利用总体规划中划定基本农田保护区，将生产粮、油、菜的农田，生产各种名、特、优、稀农产品的农田，经复垦成为耕地和低产田改造的农田划入基本农田保护区。基本农田分为一级、二级，一级农田为永久性不得占用的农田，二级农田为在规划期内原则上不得占用的农田。是年，全市划定一级农田保护区209.1万亩、二级农田保护区60.2万亩，两项合计占全市耕地的97.2%。但各地并未严格执行。

1994年，江苏省下达无锡市一级农田保护区251.3万亩、二级农田保护区40.7万亩、规划期（1994～2000年）预留建设用地12万亩。但无锡市1993年末实有耕地数仅273.75万亩。经市土管局反复测算论证并报市政府同意，把规划期内将进行土地整理区域内的非耕地划入一级农田保护区，通过土地整理恢复为耕地；把大部分园地、林地划入二级农田保护区。1995年2月，全市基本农田保护区划定工作全面展开。是年末，全市基本农田保护区划定基本完成，共划定一级农田保护区面积226.4万亩；二级农田保护区101万亩，其中耕地40.7万亩；1994～2000年建设预留用地15万亩，其中耕地12万亩。从市政府到广大农田承包户，层层签订耕地保护责任状，逐级落实保护责任人，做到基本农田保护区图、表、现地相吻合，保护面积、田块、措施、责任四落实。乡镇、村、片块均设置保护标志牌，接受全社会监督。1996年，全市整治农田地2.35万亩，增加耕地3000多亩；签订基本农田保护责任状2590份，签发农户基本农田保护通知书70余万份。

1998年7月1日，市政府印发《无锡市基本农田保护管理办法》。年内，各级土地管理部门编制“九五”期间和2010年耕地总量动态平衡规划，明确规划期内年度耕地保护指标、建设占用耕地指标、复垦开发整理成耕地指标，实现年度耕地总量平衡，进而实现规划期末耕地总量平衡。同时，实行耕地总量平衡行政首长负责制，列入各级领导干部任期政绩考核重要内容，并实行耕地保护“一票否决制”。

2002年7月，为确保无锡特大城市建设需要，将无锡城市规划区范围内7.95万亩基本农田一次性调整到宜兴市，实行异地代保。一次性给宜兴市补偿基本农田代保费每亩1200元，共计9540万元。同时规定，2002年7月1日起，对建设占用无锡城市规划区范围内农用地的，耕地开垦费收取标准由每亩6000元提高至7200元，收费期为5年，收费范围为：崇安区广益镇，南长区扬名镇，北塘区黄巷镇、山北镇，滨湖区河埒镇、蠡园镇、东绛镇、华庄镇、雪浪镇，新区旺庄镇、南站镇、硕放镇、梅村镇、坊前镇。

2004年，落实土地用途管制制度，严格保护耕地。通过开展基本农田保护大检查，全市各级建立健全基本农田保护台账、制度和信息反馈网络，逐级签订责任状、责任书计49.52万份，使基本农田保护责任落实到村组、农户、田块。2005年，探索建设用地占用耕地“占一补一”苏南苏北直接挂钩的办法，分别与盐城市、徐州市、泰州市签订补充耕地协议，落实耕地补充指标27195亩。

至2005年末，全市有基本农田193.2万亩，其中市区44.62万亩、江阴市50.3万亩、宜兴市98.28万亩。

二、复垦开发整理

1989年，全市土地管理部门首次开展土地复垦工作。6月起，对土地复垦资源全面调查，共有可恢复利用的修建公路、铁路、水利工程挖压废土地、砖瓦窑业挖废土地和其他废弃土地资源53542亩。在此基础上，市土管局确定1989～1993年复垦土地5万亩的总目标，每年复垦土地1万亩，并列入各级政府目标管理项目。当年复垦抛荒土地和开发荒坡、滩涂土地11372亩，其中建成耕地9885亩。9885亩耕地中，江阴市3461亩、无锡县3144亩、宜兴市2955亩、马山区325亩。复垦土地以粮田为主，因地制宜，宜渔则渔，宜果则果，一般能做到当年复垦，当年种养，当年收益。至1993年，全市共复垦开发土地60959亩，其中建成耕地39829亩。

1993年，无锡市进行第二次土地后备资源调查，重点是生产建设挖压废地、“四荒地”（荒地、荒山、荒滩、荒水）和建新拆旧后的老宅基地。经调查，全市仍有5万余亩可供利用的土地后备资源。在此基础上，制定第二个土地复垦开发五年计划（1994～1998年）。1995年，市政府决定凡通过复垦复耕开发成水稻田的，每亩由市政府补助100元。宜兴市重点把前几年农业产业结构调整中，将耕地特别是水稻田改为鱼池、园地、林地而经济效益低下的土地，通过复垦复耕恢复为水稻田。江阴市由于乡村集体经济实力较强，侧重抓基本农田建设，将一批中低产田通过土地整理建成吨粮田。次年，市政府对复垦复耕开发成水稻田的补助款增至每亩150元。1997年2月19日，《无锡市土地复垦实施办法》颁布。市政府对复耕开发成水稻田的补助款提高至每亩200元。全年复垦开发土地3.5万亩，其中耕地1.95万亩、园地1.14万亩、林地0.41万亩。通过复垦增加的耕地面积超过当年建设占用的耕地面积，全市耕地面积首次出现正增长。

1999年2月，无锡市被国土资源部确定为首批20个国家级土地开发整理示范区之一，入选示范区的项目为江阴市向阳村、锡山市安镇镇、宜兴市丁蜀镇等3个示范点，整理区总面积16720亩。当年节余新增耕地占补平衡指标6000余亩，结转下年度使用。2000年，无锡建设用地量急剧增加，无锡市首次探索新增耕地占补指标易地有偿转让办法。首先在新区与宜兴市之间进行耕地占补指标有偿转让，新区向宜兴市购入3100多亩耕地占补指标。

2001年8月，无锡市第一批国家级土地开发整理示范区项目建设通过部级验收，向阳、安镇、丁蜀3个示范点共整理土地16720亩，新增耕地2067亩。是年，国土资源部批准再设立江阴新桥和宜兴茗岭两个示范项目，争取到中央级土地开发整理资金2150万元。2002年，申报江阴新桥（第二期）、宜兴茗岭（续期）和宜城3个国家级土地开发整理项目，并获得批准，争取到国家资金近4000万元。宜兴市茗岭丘陵山区万亩土地整理项目还被列为联合国国土整治项目和全国“国土整治与土地资源可持续利用项目”10个示范区之一。

2004年，全市列入省级以上土地整理项目5个，其中国家级2个，争取到上级资金8500多万元。通过建设用地复垦，获得建设用地置换指标0.51万亩。至2005年，全市累计复垦土地283788亩，新增耕地192436亩。

1989～2005年无锡市土地复垦情况表

表20-1　　单位：亩

年份	复垦面积	新增耕地	年份	复垦面积	新增耕地
1989	11372	9885	1998	16600	12600
1990	10640	6720	1999	22000	13000
1991	10738	7369	2000	12729	8193
1992	11437	8623	2001	9300	6300
1993	16772	7232	2002	14100	10700
1994	12500	4414	2003	24000	15000
1995	25700	12000	2004	12600	12600
1996	20000	20000	2005	18300	18300
1997	35000	19500	—	—	—

三、清淤造田

1994年，无锡县玉祁镇率先实施清淤造田，添置20艘挖泥船，疏通河道淤泥，回填取土坑，填平低洼地，在挖废地和低洼地上建成1200亩良田。1997年6月19日，市国土管理系统联合成立无锡市土地整理清淤造田公司，设立锡山玉祁，江阴马镇，宜兴杨巷、新街、湖汶和郊区胡埭等6家分公司，配备40多名专业人员，购置推土机、挖泥船等大型设备32台（套），当年清淤造田960亩。1998年，市大地造田工程有限公司完成土地整理600余亩，废弃地复垦成耕地130亩；其他6家造田公司完成土地复垦开发2000余亩、土地整理1000余亩。1999年，全市8家造田公司完成土地复垦3000亩、土地开发4000亩。此后，清淤造田工作基本结束。

第四节　建设用地管理

一、用地计划管理

1987年，无锡市开始实行用地计划管理。当年江苏省下达无锡市非农用建设占用耕地计划13816亩，比上年减少2.5万余亩。市土管局分解用地计划指标，江阴市2563亩、无锡县3526亩、宜兴县3030亩、郊区582亩、马山区115亩。全年建设实际占用耕地14396.4亩，超计划指标4.2%。1988～1996年，江苏省共下达无锡市建设用地计划112601.2亩，实际使用99806.1亩。

1988～1996年无锡市建设用地情况表

表20-2 单位：亩

年份	省下达指标	实际使用面积	年份	省下达指标	实际使用面积
1988	14490.00	11227.70	1993	13000.00	16478.50
1989	14310.00	7122.00	1994	15500.00	17216.00
1990	6800.00	4688.00	1995	11100.00	9612.60
1991	7200.00	6688.00	1996	15001.20	12398.50
1992	15200.00	14374.80	—	—	—

1997～1998年，为配合《中华人民共和国土地管理法》的修订，无锡市冻结新增建设用地，除省级以上重点工程、安居工程、解困房项目外，其他项目一律停止审批占用耕地。各级土管部门通过盘活存量，通过安排利用非耕地、闲置建设用地，造地置换等方法，分别新批建设用地6074.69亩和15287亩。

1999年，新《中华人民共和国土地管理法》实施，非农建设用地实行用途管制制度，建设用地实行"占一补一"制度，确保耕地总量动态平衡。当年，江苏省下达无锡市农用地转用计划8025亩，依法获批农用地转用近7000亩。

2000年，无锡市开始实施建设特大城市战略，建设用地需求急增，而江苏省下达无锡市农用地转用计划仅5085亩，远不能满足实际需求。经市国土局争取，数次追加计划指标共7995亩。新增建设用地计划优先安排用于市以上重点项目、开发区、城镇基础设施以及重点乡镇工业园区建设。当年获批农用地转用6600亩。2001～2004年，无锡市获批农用地转用分别为2.7万亩、8万亩、12.16万亩、3.04万亩。2005年，省政府下达无锡市农用地转用计划9480亩，后追加30195亩。是年，通过土地整理折抵一批、推进"三集中"挂钩一批、清理项目调剂一批、加强执法收回一批、盘活存量腾出一批、对上争取追加一批等"六个一批"措施，全市实际供地超过6万亩。

二、建设用地审批

1986年，需要使用土地的建设单位，持有关文件向县级以上人民政府土管部门提出申请。经县级以上人民政府批准后，由土管部门根据批准文件，通知建设单位缴纳、支付各项税费，再由市、市（县）土管部门发出用地通知，颁发建设用地许可证，将土地划拨给建设单位使用。建设项目竣工后，建设单位向市、市（县）土管部门申请用地验收，并申请土地登记。市、市（县）土管部门对申请材料进行审核，符合用地批准文件的给予注册登记，核发土地使用证。

1987年，根据《中华人民共和国土地管理法》和《江苏省〈土地管理法〉实施办法》规定，国家建设征用耕地1000亩以上、其他土地2000亩以上，由省人民政府报国务院批准；征用耕地30亩以上、蔬菜地3亩以上、其他土地50亩以上，由省人民政府批准；征用耕地3亩以上、30亩以下，蔬菜地3亩以下，其他土地10亩以上、50亩以下，由设区的市人民政府批准；征用耕地3亩以下、其他土地10亩以下的，由县级人民政府批准。乡（镇）村集体建设用地的审批权限同国家建设征用土地审批权限。农民建房必须使用耕地或国有土地的，经乡级人民政府审核后报县级政府批准；使用原有宅基地或其他非耕地的，由乡级人民政府批准。非农业户居民、职工、国家工作人员必须使用集体所有土地建住宅的，由县级以上人民政府批准。1992年，各级政府下放审批权限。省政府委托无锡市政府办理耕地30亩、非耕地50亩以下的用地审批权，委托江阴市、无锡县享受无锡市政府原用地审批权限，即耕地15亩以下、菜地3亩以下、非耕地20亩以下的用地审批权。同年，市政府印发《关于印发〈无锡市经济技术开发区预征土地暂行办法〉的通知》，无锡市经济技术开发区内实行土地预征制度，先行用地，然后再按法定程序办理用地审批手续。1995年末，上述两项规定停止执行。

1999年1月1日，新《中华人民共和国土地管理法》实施。新法实行土地用途管制制度，用地审批分为规划审批、转用审批和征用审批。按照规定，无锡市区土地利用规划，经省政府审查同意后报国务院批准。除此以外的土地利用规划，逐级上报省政府批准，其中乡（镇）土地利用规划可以由省政府授权的设区的市政府批准。2001年，无锡市除市（县）政府所在地的镇和省政府确定的19个重点中心镇外，其余的乡镇土地利用规划，经县级政府审查同意后报市政府批准，审批文件和审批后的乡镇土地利用总体规划报省国土资源厅备案。

农用地转用实行项目和分级审批。在无锡市行政区域内，凡省以上政府批准的建设项目用地涉及农用地转为建设用地的、无锡市城市规划区内按年度土地利用计划将农用地转为建设用地的，由国务院批准；其他范围，按年度土地利用计划将农用地转为建设用地的，由省政府批准。在已批准的农用地转用范围内，具体建设项目用地供地，由市、市（县）政府批准。

土地征收实行两级审批。征收基本农田的、基本农田以外的耕地超过35公顷的、其他土地超过70公顷的，由国务院批准。征收除应由国务院批准以外的土地的，均由省级政府批准，并报国务院备案。征收农用地的，应当先行办理农用地转用审批。其中，经国务院批准农用地转用的，同时办理征地审批手续，不再另行办理征地审批；经省级政府在征地批准权限内批准农用地转用的，同时办理征地审批手续，不再另行办理征地审批；超过征地批准权限的，应当另行办理征地审批。

2000年起，无锡市实行建设项目用地规划审查制度。在建设项目用地报批前，首先进行规划审查，主要审查用地范围是否符合土地利用规划、有无当年用地指标、耕地占补平衡方案是否落实等。

三、建设用地清理

80年代中期，无锡乡镇工业快速发展，非农业建设用地失控，乱占滥用土地的现象十分严重，仅1986年就减少耕地38366.6亩。1987年5～9月，市土管局对1982年5月以后非农业建设用地全面清理。1988年，全市125个乡镇清查870615个用地单位和个人，清理非农建设用地33.52万亩，其中国家建设用地3.22万亩，乡镇、村集体建设用地12.17万亩，农民建房用地18.13万亩。

1990年，市土管局对41家房地产开发公司建设用地进行清理，清理建设用地339宗、5423.19亩，其中违章用地14宗、36.61亩，征而未用土地533.93亩。1992年，无锡市一度出现严重的乱占乱圈、擅自用地的现象，市政府发出《关于严格依法审批土地，制止乱占滥用耕地的紧急通知》。

1996年，市国土局开展对市区国有土地市场的清理整顿工作。至年末，属清理范围的单位和个人60%基本完成，30%部分完成，其中：补办土地出让手续7宗、5.5万平方米，补办划拨手续15宗、11.3万平方米，签订土地有偿使用合同3519份、19.96万平方米。市国土局还会同市财政、物价等部门对1995年以前签订的土地出让合同进行清理，共清理出让合同50个，涉及土地面积42.02万平方米，合同出让金总额4.93亿元。通过清理，解除合同，收回土地8个项目，土地面积55822平方米；落实还款协议15个，还款金额4292.19万元；落实还款意向6个，还款意向金额6220.28万元。

1997年，市国土局对1991年1月1日～1997年4月14日期间全市新增各类非农建设用地情况清查补办。经查，实际用地115735宗，总面积21.6万亩，其中占用耕地13.65万亩；共查出违法用地3862宗、2.69万亩，占实际用地总面积的12.46%；补办用地手续3089宗、2.15万亩，补办率79.93%。1998年，全市补办用地手续1527宗、13367亩，累计补办3808宗、34658亩，补办率99.8%。着手农村宅基地清理和管理试点工作，发现一户多宅、建新不拆旧等超面积情况比较严重，党员干部尤甚。

1999年，市国土局在全市开展清理非法转让土地工作，清理出非法转让土地7223宗、45447亩，其中企业改制未规范处置土地2266宗、20701亩，依法纠正和处理。2001～2002年，开展全市土地批租专项清理，完善和补签土地出让协议16宗地，补缴土地出让金5877万元，追缴到位1992年以后拖欠的土地出让金1.87亿元，低价出让土地行为得到纠正。

2003年2～7月，市国土局治理整顿园区违法用地、非法圈占土地、违规违法交易等行为，撤销市（县）、区、镇批准设立的园区55个，报省批准保留市批19个市级重点开放园区；因地制宜处理闲置荒芜土地；查清前3年查处的违法用地1035宗，其中制止363宗、立案查处672宗，涉及土地6000多亩。

2004～2005年，市国土局会同市发改委等部门，结合固定资产投资项目清理、基本农田保护检查，对土地占用、用地审批、耕地“占一补一”、征地补偿与安置、新增建设用地有偿使用费征收使用和经营性土地使用权“招拍挂”出让等情况进行清查。对清查中发现的问题及时纠正，违法用地得到及时制止和查处；荒芜闲置土地通过复耕、限期开发、依法收回等措施得到有效处置。

四、节约集约用地

1986年后，无锡市国土部门在建设项目用地选址审核上，坚持能用非耕地的不用耕地，能用山地、劣地的不用粮田、菜地，能建多层建筑的不建平房，尽量少占地。1989年，清理整顿关停并转企业空闲地和停缓建项目用地，将875亩具备复耕条件的土地重新种植农作物，将602亩水利设施已被破坏的土地调剂给其他新上项目用地。

1990年6月，市土管局抓住夏收夏种时机，在全市开展查荒灭荒工作，新增粮食种植面积4500亩。1994年、1995年，分别完成860家单位、10810亩和440宗、6884亩抛荒耕地的复种。

1998年，无锡市推行城镇规划区内农民多层住宅建设，改变传统的一户一宅农民宅基地供地模式。首先在郊区扬名乡金星村试点，当年拆除老农舍67户，建造多层住宅8幢84户1.5万平方米。1999～2000年，每年盘活存量土地3000多亩。

2003年12月31日，市政府出台《关于进一步加强土地集约利用，促进经济可持续发展的意见》，规定省级以上开发区投资强度每亩不低于250万元，市级重点开发园区投资强度每亩不低于150万元，乡镇工业园投资强度每亩不低于120万元。投资强度每亩低于120万元的不直接供地，由企业主租用园区标准厂房。开发区、开放园区推行建多层厂房，加快集约用地步伐。新区实际投资强度每亩40万美元，约合330万元。2004年，推广江阴海澜、蠡园开发区、胡埭工业集中区等地建造多层厂房和新区、蠡园街道建造高层农民拆迁安置房的经验，鼓励电子、轻纺等工业项目进驻多层标准厂房，提高单位面积土地承载力和产出率；支持建造多层、高层农民拆迁安置房。

2005年，抓住工业用地和农村居民点用地两个重点，推进土地节约集约利用。全市建成多层标准厂房1192万平方米，建成多层、小高层、高层农民拆迁安置房近2000万平方米，累计节约土地约6万亩。通过挖掘土地利用潜力，盘活存量建设用地3.81万亩；对因产业政策、供地政策、集约用地等原因不能使用原批准用地位置的，进行异地调整，置换242个项目9870亩建设用地。是年6月，全国节约集约利用土地资源市长研讨班暨全国国土资源厅局长座谈会在无锡召开，中央电视台作专题报道，将无锡节约集约用地的做法在全国推广。

第五节　地籍管理

一、土地详查

1988年，市土管局首次组织开展土地资源详查工作。无锡县作为省试点单位，率先进行土地资源详查，1989年末基本完成，涉及35个乡镇1063.38平方公里，1990年通过省级验收合格，成为全省第一个完成土地资源详查的县。1989年，江阴市、宜兴市开展此项工作。1991年，无锡县获全国第一次土地利用现状调查优秀成果二等奖。

1993年，全市全面开展土地利用现状详查工作，当年完成调查2999.28平方公里，并初步完成数据汇总。1994年，全面清查汇总全市土地的权属、数量、质量、分布和利用状况等详情。无锡县、宜兴市、郊区、马山区完成情况汇总，江阴市完成航测。1995年10月开始，在土地详查的基础上，市土管局组织大规模土地利用现状变更调查，获得以1995年10月31日为基准期的现势性全市土地统计数据，并据此进行土地详查数据汇总，建立起无锡市农村日常地籍管理制度和土地统计制度。此后，每年以10月31日为基准期，进行一次变更土地调查，以保持土地利用现状的现势性。1996年，土地详查市级手工汇总工作结束，完成包括图件编绘、数据汇总、调查报告、《无锡市土地资源》专著等。1996年初，建立土地利用动态监测制度，11月中旬提交1996年10月31日全国同步数据，为首次全国农业普查中的农用地普查提供依据。

1998年，无锡市建立适合耕地保护、用途管制要求的土地变更调查工作机制。在两次组织对3市（县）、3区19个乡镇1997年度的土地变更调查成果实地核查的基础上，市国土局制定《关于切实做好土地利用现状变更调查工作的意见》。2000年，无锡市被国土资源部确定为利用卫星遥感技术监测土地利用现状的全国66个城市之一。市国土局利用卫星遥感技术对28宗、2007亩城郊结合部的土地利用情况进行检查，此后这一技术在全市推广应用。是年，对在农业产业结构调整中没有破坏耕作层或轻度破坏但易于恢复的耕地，在土地详查时不作地类变更，仍按耕地统计，同时按规程要求做出专项调查统计，以加强对农业结构调整占用耕地情况的监管。2002年，全市按新的土地分类方案要求开展的土地利用现状变更调查工作提前完成，并相继在宜兴市、江阴市、惠山区、锡山区、滨湖区进行土地利用现状数据库的建库工作。

2005年10月，全市土地利用现状数据库全面建立。组织实施国土资源部、土地利用基础图件与数据更新试点，其中一期试点为江阴市城镇1：500、农村1：1000土地利用基础图件数据更新和宜兴市1：5000土地利用基础图件数据更新项目，在全国率先实现城乡一体化地籍建设的实践。2005年12月，通过省、部级验收，为全国大比例尺土地利用更新调查工作作出示范。

二、地籍调查

1988年11月～1989年10月，全市开展新中国成立后第一次国有土地使用权申报登记工作。全市共抽调1489名业务人员，设立342个申报点，申报面积111.05平方公里，申报户数63667户，申报宗地80060宗，申报率97%以上。与此同时，无锡县、江阴市、郊区等地进行农村集体非农建设用地的申报登记和确权工作。1990年，在完成土地申报扫尾工作的同时，开展地籍调查、发证试点工作。当年完成城镇地籍调查7.12平方公里，调查宗地2843宗；农村非农建设用地地籍调查49.60平方公里，调查宗地46498宗。江阴市新虹桥完成地籍调查1.5平方公里，无锡市崇安街道完成3.9平方公里，两家试点单位均完成试点任务。此外，江阴市、无锡县、南长区、北塘区、马山区基本完成辖区内军事用地的权属调查工作。1991年，全市完成地籍调查面积108.72平方公里，其中城镇10.69平方公里、农村98.03平方公里。江阴市、无锡县基本建立起村庄（集镇）初始地籍，宜兴市完成乡镇村企事业单位用地地籍调查、登记发证工作，郊区完成农民宅基地地籍调查、登记发证工作。1992年，全市完成地籍调查180.57平方公里，其中城镇50.94平方公里、农村129.63平方公里。江阴市、无锡县、郊区基本全面完成城乡地籍调查。

1993年，无锡市城区（崇安区、南长区、北塘区）地籍调查全面展开，当年完成13个街道、7308宗地、32平方公里的权属调查。全市完成73.5平方公里的变更地籍调查。1994年，市区5个区、26个街道、11个乡镇、1个国营场圃共38家单位的土地权属调查基本结束，地籍测量的外业工作过半。江阴市、无锡县、宜兴市又有29个建制镇开展地籍调查工作。1995年，市区38家单位全面完成权属调查和地籍测量外业工作。全市73个建制镇完成权属调查工作，其中43个镇开展地籍测量工作。全市范围内铁路、国有水利工程用地的地籍调查全部完成。

1996年，市区完成27个街道（乡镇）、825个街坊的32076宗地，平面控制测量136平方公里，地籍调查测量面积80.56平方公里，形成1：500地籍图2290幅，积累近4万件地籍档案资料。该成果于1996年11月17日通过省级验收和鉴定。全市各建制镇地籍调查工作完成总量的98.6%。此外，根据省局部署，无锡市在马山区进行规范化村庄地籍调查试点。1998年，全市73个建制镇的城镇地籍调查全面完成。同时抓好城镇规模扩大范围和新增独立工矿、交通用地等大型宗地的地籍调查，当年新增城镇地籍调查面积37.53平方公里。至此，全市城镇地籍总面积250.21平方公里。

2000年，市国土管理局着手开展市区变更地籍调查工作，并将调查面积由80.56平方公里扩大至130平方公里。2001年，随着全市行政区划调整、撤并乡镇，城镇建设规模不断扩大，市区变更地籍调查的范围内扩大至150平方公里。市局还与河南省遥感测绘院合作，完成650平方公里控制测量，建立无锡市地籍座标系统。江阴市区和宜兴市张渚镇地籍调查面积各增加3平方公里，锡山区14个建制镇、惠山区12个建制镇中，各有9个镇完成变更地籍调查。

2003年，启动无锡市全域性“数字国土”工程建设，该工程被列为国土资源部土地利用基础图件和数据更新试点项目。工程分两期实施，一期为江阴农村1：1000、城镇1：500约988平方公里，宜兴农村1：5000、城镇1：500约2178平方公里的城乡一体化地籍调查项目。2005年9月，此两项成果经国土资源部验收通过。

三、土地登记发证

1989年，江苏省、无锡市确定无锡县为颁发国有土地使用证、集体土地所有证、集体土地使用证（简称“三证”）试点县。11月23日，在无锡县华庄镇召开首批颁发土地“三证”现场会。1990年，全市发放土地证书1.2万本。1991年，全市发放土地证67.39万本，其中国有土地使用证1500多本。全年完成215宗新增建设用地的定界、验收工作，直接发放国有和集体土地使用证116本；办理1373个集体土地权属变更登记，换发土地证书1204本。1993年，宜兴市完成28万宗农民宅基地登记发证工作。至此，全市农村集体土地建设用地土地初始登记工作基本结束，城镇初始地籍基本建立。

1994年3月，市政府召开土地发证大会，颁发市区91本国有土地使用证。1995年，市区开始土地初始登记的街道、乡镇20个；完成土地登记资料初审11050宗，占宗地总数的35%，其中5335宗地通过初审；填发土地证书4722本。

1996年，无锡市区按权属调查一片、地籍测量一片、检查验收一片、登记发证一片的方法，运用地籍调查成果进行土地初始登记发证。当年完成土地登记发证23555宗，占应发证宗地总数的82.1%；填发土地证书25218本，市区土地初始登记发证工作基本结束。江阴、锡山、宜兴3市（县）的城镇土地初始登记发证工作早已完成，但限于当时条件，宗地面积未经解析法测量，该年度开始按新测量面积开展换证工作，全年办理日常土地变更登记1938宗，换发土地证书2968本。

1998年3月25日，市国土局发出第一张市区“房改房”国有土地使用证，至年末共发放32262本。全市为企业改制颁发土地证书761本，其中集体土地使用权承租证明书503本；办理变更土地登记4925宗；颁发国有土地使用证32848本，集体土地使用证241本，宅基地使用证4235本；办理土地使用权抵押登记144宗；处理市区暂缓登记宗地，发证1066宗，城区土地初始登记发证率达91.4%。锡山市在完成集体土地所有权证发放的基础上，推进农村集体土地所有权和农业用地使用权的登记发证工作。江阴市开始农村集体土地所有权登记发证工作。

1999年，全市共发放集体土地所有证969本，完成1520个村的集体土地所有权登记，发证率77%。2000年，新发放集体土地所有证103本，累计发放1623本，登记发证率82.2%。“房改房”土地登记发证，着重解决往年手续不完善用地及部分违法用地涉及到“房改房”土地登记发证问题，全年发放“房改房”土地证书3.7万本。全市国有土地使用权、集体土地使用权、宅基地使用权初始登记发证率分别为93%、95%、99.5%。

2001年，全市共发放（换发）各类土地证书10.4万本。2002年，发放（换发）76057本。市区试点城郊结合部撤组后集体土地换发国有土地使用证。2003年，集体土地所有权登记发证实现全覆盖，首次理清农村土地镇、村、组三级所有的状况。全面开展市区近郊5区7镇撤组后宅基地换发国有土地使用证工作，换发国有土地使用证约3万本。全年全市发放（换证）各类土地证书98944本，2004年发放（换发）126391本。2005年，全市发放（换发）土地证书87602本，其中集体土地所有证36本（换发）、集体土地使用证20660本、国有土地使用证64708本、土地他项权证书2198本。

四、城镇土地定级估价

1992年，为配合土地使用制度改革，首次开展城镇土地定级估价工作。江阴市澄江镇的土地定级估价成果通过省级鉴定验收。1993年，江阴市、无锡县分别与高校、科研院所机构合作，在45个建制镇开展土地定级估价工作。无锡县东绛镇、华庄镇的土地定级估价成果通过省局验收。

1994年，全市大规模开展土地定级估价工作。无锡市成立土地定级估价委员会，完成城区160平方公里和马山区25平方公里的土地定级估价。无锡县所有35个建制镇一次性全部完成土地定级估价，在全国为首例。江阴市、宜兴市各有10个建制镇开展此项工作。1995年，江阴市、宜兴市的全部建制镇及两个开发区全面完成土地定级估价工作。无锡市区土地定级估价成果获国家土地调查优秀成果一等奖和科技进步三等奖；锡山市城镇土地定级估价成果获国家土地调查优秀成果一等奖和科技进步二等奖。

1997年，市国土局采用1∶10000城市地形图，通过外业修测，运用地理信息系统叠加技术，完成无锡市区土地级别调整及定界工作。10月6日，无锡市城镇基准地价正式对外公布执行。无锡市1997年基准地价由主城区、马山区、新区等3个部分组成，其中主城区土地分为8个级别，马山区分为3个级别，新区分为4个级别；同级别土地分为商服、住宅、工业不同用途的基准地价。马山区一、二、三级土地基准地价分别对应主城区六、七、八级土地基准地价，新区一、二、三、四级土地基准地价分别对应主城区五、六、七、八级土地基准地价。

1997年无锡市主城区用地级别基准地价构成表

表20-3　　单位：元/平方米

土地级别	地价构成 / 用地类型	平均地价	土地所有权收益	设定容积率	楼面土地所有收益	土地开发成本（含利息、利润）
一	商服用地	6000	2700	3.0	900	3300
	住宅用地	3500	1050	2.5	420	2350
	工业用地	900	—	—	—	—
二	商服用地	4500	2100	2.5	840	2400
	住宅用地	3000	950	2.5	380	2050
	工业用地	800	—	—	—	—
三	商服用地	3000	1450	2.0	750	1550
	住宅用地	2000	720	2.0	360	1280
	工业用地	600	400	1.2	—	200
四	商服用地	1500	720	1.6	450	780
	住宅用地	1400	620	1.8	344	780
	工业用地	550	380	1.0	—	170
五	商服用地	1000	640	1.6	400	360
	住宅用地	900	540	1.8	300	360
	工业用地	500	350	1.0	—	150

续表

土地级别	地价构成 / 用地类型	平均地价	土地所有权收益	设定容积率	楼面土地所有收益	土地开发成本(含利息、利润)
六	商服用地	700	500	1.6	312	200
	住宅用地	600	400	1.6	250	200
	工业用地	400	300	0.8	—	100
七	商服用地	500	380	1.4	271	120
	住宅用地	400	280	1.4	208	120
	工业用地	350	250	0.8	—	100
八	商服用地	350	250	1.0	250	100
	住宅用地	350	250	1.4	178	100
	工业用地	280	200	0.6	—	98

2000年,市国土局对市区及三市(县)城关镇的土地级别和基准地价重新评估调整。2001年,江阴市、宜兴市和原锡山市城镇土地级别和基准地价调整更新成果通过省厅验收。市区完成土地级别和基准地价调整更新,但因行政区划调整,市区土地级别和基准地价调整更新成果随后作相应调整修改。市国土局与南京大学城市与资源学系合作,完成马山区农用地分等定级估价工作,并通过省级验收。

2002年,无锡市被江苏省确定为土地分用途定级估价试点城市,启动市区土地分用途定级估价成果更新工作。2003年,完成市区土地分用途定级估价初步成果,确定为2003年基本地价,其价格时点为2003年1月1日的无限期基准地价。主城区商业用地分为10级,住宅用地分为8级,工业用地分为6级;马山地区商业用地分为4级,住宅用地分为3级,工业用地分为2级。次年通过论证,首次建立起城乡一体化的地价体系。

2003年无锡市主城区用地级别基准地价构成测算表

表20-4　　单位:元/平方米

土地级别	地价款构成 / 用地类型	基准地价	土地取得费	城市综合开发配套费(宗地红线外土地开发费)	宗地红线内场地平整费	投资利息、利润	土地所有权收益	平均容积率
一	商业用地	18000	10000	420	10	1388	6182	4.0
	住宅用地	6200	3500	315	10	509	1866	3.0
	工业用地	800	330	205	10	72	183	—
二	商业用地	13000	8000	370	10	1115	3505	3.5
	住宅用地	4800	3000	265	10	436	1089	2.5
	工业用地	650	260	190	10	61	129	—
三	商业用地	9800	6600	315	10	921	1954	3.0
	住宅用地	3600	2500	210	10	362	518	2.0
	工业用地	520	200	170	10	50	90	—
四	商业用地	6800	4600	260	10	648	1282	2.5
	住宅用地	2550	1700	160	10	249	431	1.5
	工业用地	420	150	160	10	42	58	—

续表

土地级别	地价款构成 用地类型	基准地价	土地取得费	城市综合开发配套费（宗地红线外土地开发费）	宗地红线内场地平整费	投资利息、利润	土地所有权收益	平均容积率
五	商业用地	4400	3000	210	10	428	752	2.0
	住宅用地	1700	1150	160	10	175	205	1.5
	工业用地	300	110	120	10	32	28	—
六	商业用地	3400	2400	210	10	348	432	2.0
	住宅用地	1000	630	140	10	104	116	1.3
	工业用地	240	80	105	10	26	19	1.0
七	商业用地	2000	1400	160	10	209	221	1.5
	住宅用地	650	380	125	10	68	277	1.2
八	商业用地	1400	1000	105	10	148	37	1.0
	住宅用地	450	245	105	10	48	42	1.0
九	商业用地	950	650	105	10	102	83	1.0
十	商业用地	550	330	105	10	59	46	1.0

2003年无锡市马山地区各类用地级别基准地价构成测算表

表20-5　　　　单位：元/平方米

土地级别	地价款构成 用地类型	基准地价	土地取得费	城市综合开发配套费（宗地红线外土地开发费）	宗地红线内场地平整费	投资利息、利润	土地所有权收益	平均容积率
一	商业用地	1450	620	150	10	104	566	1.4
	住宅用地	650	340	135	10	64	101	1.3
	工业用地	370	175	105	10	38	42	—
二	商业用地	950	450	130	10	78	282	1.2
	住宅用地	410	200	115	10	43	42	1.1
	工业用地	230	70	105	10	24	21	—
三	商业用地	640	330	105	10	59	136	1.0
	住宅用地	250	90	105	10	27	18	1.0
四	商业用地	470	250	105	10	48	57	1.0

第六节　土地执法监察

1988年，市土管局成立法规监察科。全市共查获违法用地案件296起，违法占地308.35亩；查处结案242起，其中申请法院强制执行23起；拆除违章建筑物11424.4平方米，收回土地30.16亩，罚款5.7万元。金城副食品市场未经批准擅自占地1.13万平方米，案发时已投入基建费用30多万元，建筑面积1862平方米，土建工程基本竣工。市土管局依法拆除全部非法建筑，并处罚款，同时责成主管部门对责任人严肃处理，将处理结果在媒体上公布。1989年，市土管局重点查处农村党员干部违章建私房问题。全市查出1987～1989年4192名党员干部有违章占地建私房问题，违法占地5.3万多平方米，其中副乡级以上干部32人；27人受到处理，其中行政处分7人、党内处分5人。

1990年，无锡县土管局首创土地巡回监察制度，以防为主，减轻土地违法的损失。1992年，巡回监察制度在全市推广。1993年，市土管局组织4次土地执法检查。4月下旬至5月中旬，在全市范围内随机抽查8个乡镇、76个行政村的206个建设用地项目，对圈而未用的28家单位、746亩耕地因资金难以到位，责令立即退耕还田；对圈多用少的54家单位、497亩耕地，责令落实措施，限期复耕；对未批先用的76家单位、1613.43亩土地，依法补办用地手续。6月，组织对全市8个开发区用地管理执法检查，落实开发区用地必须以项目带土地的用地管理办法。7～8月，组织市区房地产开发用地执法检查，全面清理1992年～1993年6月30日期间以行政划拨方式取得土地使用权的18个房地产开发单位30个开发项目、1409亩土地的利用情况，其中10亩以上的22个较大项目中，实际开工的仅占43%。对此，市土管局采取收取土地荒芜闲置费、停止审批有闲置土地的开发单位新增用地等措施，引导房地产开发单位健康有序发展。

1994年11月10日，市土管局设土地监察大队，专司巡回监察、制止和调查土地违法案件。1995年，市土管局开展两项土地执法检查。第一项检查是全面开展土地行政执法和非农业建设用地专项执法监察。至6月底，查出在1993～1994年间全市非农建设用地3793起、面积54312亩，其中非法占地1052起、面积10951亩。6～12月，对违法用地，先处罚再依法补办用地手续；对化整为零、越权批准的，撤销原批文，重新办理报批手续；对窑业用地专项整治；对15份违规文件，12份纠正、废除，3份按程序撤销。第二项检查是依法规范新农村建设用地执法检查，查出1993～1994年间全市共建别墅式住宅4610幢、占地1706亩，其中耕地1266亩。

1997年，全市形成市、县、乡镇、村四级土地监察网络，土地监察专兼职人员2596人，形成土地日常巡回监察、土地动态监测、典型案例查办督办、处罚决定备案等一系列制度。1999年，将执法监察工作重心前移，通过健全监察网络、公布举报电话、加强巡回监察和联合执法检查等手段，建立查处土地违法行为快速反应机制，把土地违法行为遏制在萌芽状态，违法用地发案率明显减少。2000年，健全土地动态巡查责任制，建立市、市（县）、区、乡镇三级土地动态巡查网络。全年开展全市性土地专项执法检查5次。

2001年，市国土局与市（县）、区局城乡联动，利用卫星图片等技术，开展土地批租、窑业用地等5项执法检查，初步形成“天上有‘眼’紧盯，地面有人勤转”的立体化国土资源监管模式。全年查处土地违法案件173起，涉及土地面积1125.9亩，申请法院强制执行34起。2002年，国土资源执法监察系统纳入“110”社会联动网，全年开展窑业用地、小城镇经营性用地、矿产资源等6项执法检查。

2003年，市国土局重点抓经济适用房、拆迁安置房用地的专项清理，对以农民拆迁安置房形式非法入市的扬名五星村、南站东风村等项目给予严厉查处，追究党纪责任6人。2004年，全市立案查处国土资源违法案件721起，涉及违法土地12214.05亩，罚没款3829.95万元，拆除建筑物、构筑物19955平方米，没收建筑物、构筑物22229.32平方米，追究党纪政纪责任31人。2005年，结合土地市场治理整顿和日常巡查，查处违法用地866宗、22130.3亩，其中农用地20295.33亩（包括耕地18988亩），罚款5170万元，追究相关党纪政纪责任367人，其中乡镇领导23人。

图20-3　打击非法占地，拆除违法建筑现场　（市国土局供稿）

1988～2005年，全市共立案查处国土资源违法案件8042件，涉及违法土地54812.74亩，罚款7756.57万元，追究党纪政纪责任77人。

第七节　地质矿产管理

一、矿产资源管理

无锡市开采矿种有建筑石料、陶土、砖瓦黏土、石灰石、煤等。七八十年代，江阴、宜兴曾大量开采煤矿以及铁矿、耐火黏土，由于品位低，储量少，经济价值不大，90年代初逐步停采。

1986年，《中华人民共和国矿产资源法》颁布后，省地质矿产局设立无锡市矿产资源管理处，并相继建立各级矿产资源管理机构，开展矿点登记和许可证颁发工作。1991年5月，市地质矿产办事处更名为无锡市矿产资源管理局。7月1日起，《无锡市矿产资源管理办法》施行。是年末，全市有国营矿山企业14家、集体矿山企业650家，基本做到持证开采，合法办矿。

1992年起，市矿产资源管理局加强对国营、集体矿山企业的监督管理，于每年下半年起至次年4月止，对矿山企业进行年检注册。各市（县）集体矿山企业由各（市）县矿产管理部门负责。1993年，市政府办公室转发市矿产资源管理局制定的《关于加强矿泉水资源开发管理的意见》，要求凡在无锡进行矿泉水勘查、评价的单位，以及准备进行矿泉水开发的单位，均须到市矿产资源管理局办理登记备案手续，凭省矿泉水技术鉴定证书，办理采矿登记手续，领取采矿许可证。市矿产资源管理局还对矿泉水的动态监测、水质复检、年度报告、年检等作具体规定和要求。至1994年，无锡市初步建立和健全矿产资源监督管理的执法组织体系和法规体系。600余家国有、集体矿山企业领取采矿许可证。当年全市矿业总产值4.5亿元。

1995年以后，随着全市矿产资源枯竭，各级管理部门对矿业秩序治理整顿力度加大，以及对自然资源和生态环境的保护力度加大，全市矿山企业数量有所减少。1999年，矿山企业减至322家，煤矿、铁矿、耐火黏土企业全部关闭。2000年，关闭51家采矿企业。

2001年4月12日，根据《无锡市采矿权招标拍卖实施细则》规定，市政府对马山杨家山矿区采矿权招标出让，开全省矿产资源市场化配置之先河。是年，按照《无锡市矿产资源总体规划（2001—2015年）》，市国土部门压减矿产开采总量，划定禁采范围，加大矿山关闭力度。11月，市政府召开全市矿产资源管理和矿山整治工作会议，开展矿山专项整治，全面清理采矿许可证，对乱采滥挖、浪费资源和安全生产隐患多的矿山企业限期关停。全市共关闭67家矿山企业，其中宜兴市关闭43家、96个宕口，江阴市关闭15家、35个宕口，锡山区、惠山区各关闭2家，滨湖区关闭5家。

图20–4　阳山镇将废弃宕口整理成水蜜桃种植基地
（市国土局供稿）

2002年，市国土局与滨湖区局合作，尝试将矿山宕口复垦复绿与土地整理工作相结合。当年，经省国土厅立项后投资100多万元，联合开展胡埭镇马鞍村200多亩及马山和平村53

亩废弃宕口的复垦工作。宜兴市选择官林等5个镇的关停宕口进行矿山环境恢复整治试点，投入资金25万元，植树7万多株，绿化宕口面积373亩，并建成两块面积2万平方米的绿化示范区。

2003年，各市(县)、区确定并组织实施一批矿山环境重点整治项目，完成矿区复垦复绿2801亩，其中江阴市840亩、宜兴市1276亩、锡山区110亩、惠山区300亩、滨湖区275亩。积极探索将边坡绿化技术应用于矿山整治，完成3万平方米矿山山体的复绿。全年关闭矿山企业51家，其中江阴市13家、宜兴市38家。

2004年，市国土局执行《无锡市矿山环境综合整治工作实施意见》，坚持先关闭，再治理，开展矿山环境整治。江阴市全面禁止开山采石，92家采矿企业全部关闭，完成矿山整治项目6个，平整复垦矿区土地4100亩，绿化山体坡面12万平方米。宜兴市关闭32家开山采石企业。滨湖区投资1500万元，绿化山体坡面6万平方米。

2005年，全市完成平整复垦土地6177.12亩，坡面绿化40.2万平方米。其中：市区实施13个综合整治项目，完成平整复垦土地1287.41亩，完成坡面绿化39.2万平方米；江阴市完成平整复垦土地2889.71亩；宜兴市完成平整复垦土地2000亩，坡面绿化1万平方米。全市有矿山企业70家，从业人员4461人。

二、地质环境管理

1.地质灾害勘查、调查

1997年，市地矿局与省地质环境监测总站联合对江阴市河塘镇地裂缝进行勘查，运用物探电法和浅地震对地裂缝区域的地质构造进行分析，并结合大量野外调查，认为该地裂缝的产生是由基岩起伏不平，区域内大量抽取地下水造成地层不均匀压缩所致。由于该地裂缝穿过河塘镇中心地区，对城镇建设和人民生活安全造成较大影响，该调研对城镇建设提出相应建议。市地矿局还联合市计委、省地质环境监测总站等单位，向国家计委申请无锡钱桥地裂缝调查项目[①]，该项目被列为国家重点地质灾害勘查项目，为钱桥地区的建设规划提出合理建议。2001年，参与城市规划论证，分别组织协调惠山区政府选址和太湖饭店选址等地质灾害勘查工作，为搞好城市建设规划提供有关地质灾害、地质环境背景材料。2002年，市国土局对地质灾害情况进行全面调查，对无锡地区地质灾害易发区进行划分，拟制文本草案。

2.地面沉降预警预报系统建设

1999年，江苏省苏锡常地区地面沉降预警预报系统建设启动，市地矿局负责无锡段工程。2000年，基岩标分层标建设进展顺利，其中江阴市璜塘镇、锡山市前洲镇的基岩标工程通过验收，达到优质工程标准；完成48个地面沉降全球卫星定位系统监测剖面，并建立定期监测制度和灾情报告制度。至此，初步建成地面沉降预警预报系统。2001年11月，无锡市完成江阴市璜塘镇基岩标、滨湖区南站乡分层标以及56个GPS监察标的建设，建成5条地裂缝监测剖面，逐步形成一套地面沉降、地裂缝监测网络。2002年，全面完成无锡工程段建设，经省厅及专家组评审验收，工程被评为优秀级。2005年，南站分层标迁移工程竣工，通过省厅验收，工程质量评为优秀级。

3.地质灾害防治

1999年，市地矿局推进地质灾害防治工作。2000年7月27日，市政府首次召开地质灾害防治管理工作会议，明确今后5年无锡市地质灾害防治的目标及主要措施。市地矿局在汛期编发地质灾害防治预案，组织人员巡查，确保汛期地质环境安全。

2002年，市地矿局组织地裂缝危害、矿山滑坡崩塌、交通干道两侧山体稳定状况等3项专项巡查，向滨湖区政府和10个镇政府发函，要求排险防灾。严格矿山环境影响评价制度，组织和指导江阴地矿办做好20家矿山企业开发利用方案、储量报告、环境保护等方案的设计编制，为滨湖区5家矿

① 该地裂缝在钱桥镇溪北村毛园村，因长期超量开采地下水而产生地层不均匀沉降，于1991年初夏形成，后不断扩大。

山企业设计环境保护评价方案。开展对单独选址的建设项目用地地质灾害危险性评估。完成惠山大道、无锡职业技术学校、无锡南洋国际学院和江南大学等单位建设用地的地质灾害危险性评估，确保工程建设中的地质安全。

2003年，着重抓好汛期地质灾害防治，编制2003年汛期地质灾害防治预案。各地加强监测，建立快速反应机制。对所有矿山宕口以及矿区附近有人员居住的房屋都拉网式巡查，发现险情，立即排除，或迅速组织疏散；已关闭的矿山宕口设置警示标志，控制人员进入；将地裂缝发展变化及危房排查情况通报当地基层政府，共同做好汛期防灾工作；建立群测群防监测网络体系，把重点地区、重点隐患点的监测报告责任落实到国土所及责任人。市国土局建立无锡市汛期地质灾害防治应急指挥部，成立江阴、宜兴和无锡市区3支应急分队。

2004年3月，市政府批转市国土局等部门制定的《无锡市2004年度地质灾害防治方案》《无锡市突发地质灾害应急预案》。市国土局全年检查矿山宕口135个、地裂缝危房142间（套），发放防灾明白卡。5月下旬，宜兴市丁蜀镇兰山发现山体滑坡前兆，市国土局接报后立即处置，排除险情。

第八节　测绘管理

一、城市测绘

1986年初，市政府决定对市区及经济开发区进行航测1∶500比例尺测图工作。测区东起广益乡、旺庄乡与无锡县交界处，西抵惠山、横山、五里湖，南至无锡县东埄镇，北至山北乡、钱桥、东北塘乡，包括崇安区、北塘区、南长区、郊区以及无锡县部分乡镇，总面积112.8平方公里，分幅共2256幅。测区分两期摄影，1988年6月前完成第一期测图面积60.15平方公里，由省测绘局、市测绘队承担；至1990年末基本完成第二期测图面积52.65平方公里，由省测绘局、省地矿局测绘大队、市测绘队承担。

1994年，市规划局着手无锡市地理信息系统（GIS）。旧城区15平方公里范围内共有319张1∶500地形图进入工作站，建立地形图、道路与地下管理、建设用地及建筑管理四大模块，收集规划管理的有关数据和图形，并分为近30层的管理，其中有高压走廊、微波通道、测量标志、古树名木、历史文物古迹、历史名建筑、名人故居、危险品仓库、地下管线、街道、煤气调压站、医院、中小学、幼儿园、垃圾中转站、桥梁、公共厕所、批租地块、控制性详细规划等。

1996年，市测绘院在城区及近郊区布设二级导线38.9公里，四等水准22公里，完成地下管线整测二期工程，除中心商务区外，整测北至刘潭，南至金城路，西至梅园，东至312国道，面积约35平方公里。先后完成8″、12″级红外测距导线15.2公里，一、二级图根导线45公里，解析地物强部点约668点，1∶500比例尺地下管线带状图442幅，各类管线总长389.53公里，探查管线测点约1.9万个点。管线中有污水管48.38公里、雨水管95.44公里、自来水管136.43公里、通信管81.44公里、煤气管21.13公里、电力管6.71公里。

1998年末开始，市规划局在全市246平方公里范围进行大比例尺航测数字化测量工作，用以建立城市地理信息系统（GIS）。该工作由省第二测绘院、市测绘院和市规划局信息中心承担。作业采用JX-3解析测图仪进行数字化成图，使用回放初级图进行野外定性调绘替代像片野外调绘、用数据改正替代图解改正屋檐宽度的传统方法，减少中间环节，提高成图精度。

二、地形测绘

1986年～1991年6月，无锡市完成总面积112.8平方公里，北纬31°29′30″～39°37′30″，东经

120°12′00″～120°21′45″，比例尺为1∶500的地形图测绘。

1990年下半年，着手编绘1∶2000地形图，坐标、高程系统分别采用1980年无锡市城市坐标系和1956年黄海高程系统。江苏省地矿局测绘大队承担X＝44.0～48.0公里，Y＝71.0～80.0公里，计33幅；其他121幅由无锡市测绘队承担，总计编绘1∶2000地形图154幅。其中龙山梢、水泥厂、惠峰村3幅处于惠山山麓，约1.2平方公里的1∶500地形图未测，为保证地形图完整，编制时参考1∶2000地形图并经过实地修测。1991年9月底完成编绘，经检查验收合格后制版印刷。

1996年，市规划局委托江苏省第二测绘院航测分院对胡埭、硕放两地尚未施测地形图的地区，进行1∶2000地形测量。胡埭测区施测面积36.4平方公里，位于胡埭镇行政区域南部，与1995年施测的1∶2000比例尺航测数字化成图（北部）相接。该测绘项目于2月开始，5月中旬提交成果。共完成一级测距导线27.72公里，四等水准60公里，航测数字化成图（含软盘）45.5幅，耗资28.92万元。硕放测区施测面积61.6平方公里，与无锡国家高新技术产业开发区施测的地形图相接。该测绘项目于1996年4月开始，同年12月结束。共完成一级测距62.22公里，三等水准47.12公里，四等水准108.12公里，航测数字化成图77幅（含数字化软盘），耗资52万元。

1996年，因城市道路新建、扩建、改造，市测绘院先后对外环路、梁溪路、永丰路、黄泥头路施测1∶500、1∶2000比例尺带状地形图，其中1∶500比例尺带状地形图0.28平方公里，耗资3.91万元，1∶2000比例尺地形图4.15平方公里，耗资7.28万元。另因市政工程建设，先后对西河头、健康路、新生路、复兴路、沈果巷、跨塘路一带进行1∶500比例地形图修测，修测面积共0.32平方公里。

三、地图编制

1993年10月，由市规划局组织编绘的《无锡市区地图》出版发行。新版地图的资料截至1992年末，绘制中采用变形比例尺，突出市中心；山区地貌用深浅不同的色调表示，形象直观。1999年，受市政府委托，市规划局和江苏省第二测绘院共同主编出版《无锡市地图集》。2001年、2005年，市规划局两次组织编绘《无锡市区地图》和《无锡市地图》。

四、测量标志维修普查

1980～1991年7月，无锡市在分析历次三角网精度基础上，对无锡市三角网进行改造，建立独立的无锡市三等三角网，控制面积650平方公里。自北纬31°23′00″～31°40′00″，东经120°03′45″～120°22′30″，共布设三等三角点44点，其中建造8～16米钢标14座，对8米以上钢标维修加固。该项目耗资2.37万元，经规划管理局测绘管理科实地抽查，维修加固后的钢标稳定牢固，埋入地下部分的构件周围灌入混凝土后，钢材受到保护不易腐蚀，效果较好。钢标的维修加固设计，经省测绘局实地检查，在全省推广。

1988年1月起，对全市范围内的857个水准点和三角点全面普查和维修。4月，市政府和军分区联合组成测量标志普查领导小组。至1990年末，共普查三角点、水准点637点，其中无锡县184点、宜兴市190点、江阴市145点、市区118点，同时维修三等三角网的钢质觇标29座。

2003年，完成全市一、二、三、四等测量标志普查工作，查明全市共有一、二等三角点、水准点共169个，完善测量标志委托保管工作，首次发放保管员津贴。2005年，开展全市测绘标志维护工作。

第五章　工商行政管理

第一节　机　构

1949年4月，设无锡市工商局。几经变更，1980年定名为无锡市工商行政管理局（简称“市工商局”）。1986年，无锡市及所管辖的无锡县、江阴县、宜兴县和崇安区、北塘区、南长区、郊区均设工商局，设55个基层工商所。1992年8月，设开发区分局、市场分局。1995年，崇安区、北塘区、南长区、郊区等4个区的工商局分别改设为市工商局的分局，开发区分局改为新区分局。

1998年，国务院决定全国工商行政管理系统实行省以下垂直领导体制。无锡市工商行政管理局改设为江苏省无锡工商行政管理局（简称“无锡工商局”），下辖江阴、宜兴、锡山、郊区等4个直属局，直属局下属基层工商所全部改设为基层工商分局，分局下属基层单位仍称为工商所。2001年3月，设无锡市锡山、惠山、滨湖工商行政管理局。2002年，撤销市场分局，设朝阳、招商城两个分局，由无锡工商局直管。

2005年，无锡工商行政管理系统由无锡工商局及其领导的江阴、宜兴、锡山、惠山、滨湖等5个直属局和崇安、南长、北塘、新区等4个分局组成。无锡工商局内设法制科、登记注册科、公平交易监督科（消费者权益保护科）、企业监督管理科、外资企业监督管理科、个体私营经济监督管理科、市场合同监督管理科、商标广告监督管理科等11个科室，以及直属行政机构经济监督检查支队。全市有46个基层工商分局、18个工商所。

第二节　国有集体企业登记管理

1985年10月～1986年5月，市工商部门对全市2006家公司（中心）清理整顿，791家因不具备企业基本条件而办理报歇，340家变更名称，清理查处违章违法经营41家。1986年7～11月，根据中共中央、国务院《关于进一步制止党政机关和党政干部经商办企业的规定》，列入清理范围的企业173家。经过清理，120家企业继续经营，35家企业与原举办单位完全脱钩，18家因不符合条件而歇业。1988年7月起，清理整顿全市党政机关、社会团体举办的公司和其他公司共2524家，至1990年末，撤、并、降961家公司，其中撤销850家。其间，清理名为集体、实为个体的假集体企业，1987年开始调查摸底，经过两年多的清理，完善承包合同按集体企业登记的2629家，不再实行承包、由集体自营的804家，转办为私营企业或个体工商户的1228家，办理注销、歇业登记的1189家。

1991年，根据市政府调整产业结构的要求，市工商局为市属企业办理变更登记事项852次，其中大中型企业变更经营范围及方式52次。1993年，支持国有大中型企业转换经营机制，核准登记股份有限公司26家、有限责任公司31家、股份合作制企业77家和54个企业集团，其中乡镇企业集团占95%。改革企业登记管理制度，提交登记的注册书由3份改为1份，注册栏目由44项减至18项。

1994年，《中华人民共和国公司法》（简称“公司法”）施行后，市工商局制定改进企业登记管理工作的意见。实施市政府确定的37家企业实行现代企业制度的试点，做好50家大中型企业的公司制改制工作。年内，还进行企业登记由审批制向直接登记制转换的试点。1995年，在全省范率先运用公司法办妥8家国有独资公司的登记注册手续。全年按公司法规范组建有限责任公司908家，注册资本46亿元。在商业流通系统，推行集约化经营，全年登记注册连锁企业9家、连锁网点44家。1996年，先后制定《规范企业登记管理，推进企业改制、改组、改造工作的意见》《企业“三改”中若干问题的意见》等文件，全年为5673家企业办理改制改造的登记事宜。1997年，在全省率先出台股份合作制企业登记管理办法。年内，清理无资金、无场地、无人员的“三无”企业5923家，查处企业违章违法案件1786起。1998年，推进符合条件的股份合作制企业依照公司法规范成有限责任公司。2000年，坚持一厂一策的办法，全市11495家企业完成改制登记。支持金融、邮政、电信等系统的企业改制。

2001年，无锡工商部门降低各类企业准入门槛，推出对重点企业全程式跟踪服务新举措。完成10585家国有企业、区街经济和挂靠企业的改制、改组和改革工作。2002年，市政府转发《关于进一步改进工商行政管理工作，促进地方经济发展的若干意见》，就促进全市企业改革和发展提出34条政策措施。2003年，在全省率先实行“一审一核制”试点，将注册资本100万元以下的有限公司的登记权下放至城区分局。2004年，执行《中华人民共和国行政许可法》，改进审批方式，压缩审批时间。2005年，抽调专门力量参加市政府组织的企事业单位改革改制工作领导小组的工作，完成72家改制企业的注册登记，为市冶金、电仪资产经营公司的改制、改组提供全程服务。全年完成新登记内资企业910家。年内，试点注册官制度。

至2005年末，全市有国有集体企业26089家，注册资本855.04亿元。

第三节　私营企业和个体工商户登记管理

1986年11月，林芝电塑厂在无锡县注册成立，成为无锡地区第一家私营企业。1988年，颁布《私营企业管理暂行条例》。1989年，依据《城乡个体工商户管理暂行条例》，全面整治个体工商户，申报歇业和被吊销营业执照的个体工商户15489户。1990年，对全市25家民办科技企业理顺关系，明确性质，补齐手续，核发执照。“七五”计划期间，全市个体工商户徘徊在6万户左右。

1992年，个私经济发展增速。1994年，通过“小、微、亏”集体企业拍卖转办、假集体“摘帽”转办、上规模的个体工商户升格等3种途径以及新登记注册，全市私营企业比上年新增1964家，个体工商户比上年增加8092户。1998年，私营企业开始与外商合资，成立20家中外合资企业。1999年，私营企业向规模型、外向型、科技型方向发展，注册资本500万元以上的私营企业110家，比上年增加50%。1996～2000年，全市个体经济数量相对稳定，私营企业增长3.6倍。

2001～2005年，个体工商户数以年均8998户的速度迅速增加，私营企业以日均26.6家的势头猛增。2002年，全市私营企业数超过国有、集体企业数，达49178家。2003年，私营企业户均注册资本首次达到100万元。2004年，超亿元的私营企业61家。

2005年末，全市有私营企业77933家，注册资本1053.37亿元①，从业人员91.04万人；个体工商户139228户，从业人员19.95万人。

第四节　外商投资企业登记管理

1985年6月，市工商局设外资企业登记管理科。是年末，全市共有10家外商投资企业。至1990年末，全市实有外商投资企业120家，其中外商独资企业1家。

① 因统计口径不同，《民营经济》卷的私营企业总数为68167家，注册资本1107.9亿元。

1992年1～5月，先后批准江阴市、宜兴市、无锡县和郊区工商局参与辖区内外商投资企业登记前期的审查和后期的监督，年内核准登记注册外商投资企业1230家，为1981～1991年总和的5.5倍。1993年，新核准登记外商投资企业1280家。其中，外商独资企业明显增多，有37家，是1981～1992年总和的1.37倍；从事第三产业的企业明显增加，有153家，是前12年总和的1.47倍。1994年，新增99家投资总额500万美元以上、62家投资总额1000万美元以上的外商投资企业。年内，因不出资而被注销的外商投资企业数大幅度上升，有130家，为1981～1993年注销总和的3.02倍。1995年，注销“空壳子”外商投资企业176家。

1996～1999年，外商投资企业数量进入低速增长期，年均核准登记注册外商投资企业178.25家。2000年，外商投资企业数量发展有所回升，新登记外商投资企业294家。从2000年起，根据属地管理的原则，将三市（县）外商投资企业的年检工作下放到工商所。

进入21世纪，外商投资企业的发展迎来第二个高潮期，由“无锡看好外资”向“外资看好无锡”转变。2001年，新登记外商投资企业487家。2002年开业585户，虽然为1992年开业户数的47%，但投资总额是1992年的150%。2003年，无锡工商局制定《外资转内资，内资转外资的操作规范》，支持引导外商参与国有经济的战略性调整和改组。是年，全市外商投资企业的注册资本首次突破百亿美元大关，达123亿美元。2004年末，全市有634家自然人控股的有限公司、160家个人独资企业或合伙企业成为外商投资企业的股东。7月，国家工商总局授予江阴工商局外商投资企业核准登记权，该局成为国家工商总局外资局成立后第一批授权的县级局之一。2005年，全省投资规模最大的外商投资企业海力士—意法半导体有限公司，经授权注册登记落户无锡，投资额20亿美元。

至2005年末，全市实有外商投资企业4786家，投资总额357.73亿美元，注册资本178.25亿美元，外方认缴140.43亿美元。

第五节　市场监督管理

随着商品经济的发展，市工商行政管理部门监督管理对象由农贸市场、小商品市场拓宽到生产资料、文化、劳务等市场。1986～1990年，查处违章违法、投机倒把等案件46975起，查处掺杂使假案件3900起。

1991年2月，《无锡市城乡集市贸易管理条例》正式施行。市工商局拟订“八五”计划时期市场建设规划，重点为培育和建设具有一定规模和辐射力的专业市场。80%的农贸市场做到鸡入笼、鱼入池、货上架，脏、乱、差的局面大为改观。1994年，在集贸市场实行差率管理，市区6家主要农副产品批零市场的电子网络管理基本到位。1995年，对无锡招商场等6家市场进行办管脱钩试点。制定《无锡市农副产品集贸市场三年（1995～1997）建设规划》。

在培育和建设市场的过程中，以创建国家卫生城市和创建中国优秀旅游城市为契机，推进市场管理工作。1996年，为解决城区繁华地段市容环境较差的老大难问题，在市场管理中推行一只袋、一杆秤、一只箱、一条线、一块牌“五个一”规范化管理。确定14个生猪定点屠宰点并加强检疫力度。1997年，确定崇安寺、靖海、塘南、五爱、青山等5个样板市场，带动全市市场的规范化管理。市工商局成立市场检查执法大队，各分局成立中队，集中整治无证摊担。全年共出动3000余人次，取缔无照经营5668起，疏导1700余人次。1998年新增第二批8个样板市场，督促城区中小市场主办单位按创建标准强化内部物业管理。1998年5月，全市最大的室内集贸市场——沁扬市场开业。1999年，对城区18家市场和3家大市场群的管辖权进行调整的同时，对市场监管方式进行调整，全面实施市场巡查制，并开展专项整治。1999～2000年的专项整治中，查处违章违法案件10998起，立案查处305起，范围涉及文化、旅游等市场。1998年，国家对粮食流通体制实行改革，至2000年，查处粮食

图20-5 商场化改造后的学前街农贸市场 （崇安区政府供稿）

购销中的违法案件496起，没收和查扣粮食2282吨。

2001年，市场监督管理以构建“食品放心工程”为主线，取缔非法屠宰户206家，查处销售病害猪肉及注水猪肉2821公斤、注水牛肉380公斤、老母猪肉320公斤、私宰肉954.5公斤、非法交易猪肉15430公斤；查处着色大米5000公斤、豆制品加工销售违章违法行为78起；立案查处粮食违法案件13起，查处非法购销粮食22.39吨、假冒劣质化肥5800公斤、农药169箱、种子333公斤、饲料250公斤。

2002年，加快“食品放心工程”的市场立法。8月，市政府颁布《无锡市生猪屠宰销售管理办法》。9月1，无锡工商局印发《无锡工商系统市场“食品放心工程”实施意见》。全市40多个市场落实残留农药检测措施，豆类制品实行销售准入制。全年，对集贸市场进行83次专项整治及联合整治，涉及食品、保健品、粮食（没收陈化粮大米120吨）、农资、成品油、野生保护动物等方面，查办案件2839起。取缔50家无照经营网吧，没收机器78台；收缴非法音像制品、电子出版物120余万张，书刊1.6万余册。2003年，工商部门、市经贸委、市农林局联合印发《关于加强上市蔬菜残留农药检测工作的通知》。细化市场主体准入、随机检测、缺陷商品退回等8项制度，为市场食品安全长效管理打下初步基础。传统节日开展“打假、打毒（主要是毒鼠强等违禁杀鼠剂）、打击欺诈”为内容的市场整治。“非典”期间，查处传销、假冒伪劣商品案123起，没收假冒伪劣口罩、消毒液。2004年，会同市政府食品卫生办公室制定发布《无锡市集贸市场实施“食品放心工程”工作规范》。全年投资900余万元，加强食品安全硬件建设。全市工商行政管理系统装备8辆流动检测车，各市场主办单位与食品经营户签订2.46万份食品安全质量责任书。年内，推进农贸市场商场化改造，8家市场通过验收。2005年，集贸市场“食品放心工程”被正式列为市政府“为民办实事工程”。全市连续9年杜绝重大群体性食品中毒事件的发生。至2005年末，全市有市场447个，营业总面积620万平方米。

第六节 合同监督管理

1986年，工商管理部门负责合同鉴证、无效经济合同确认、经济合同纠纷的调解和仲裁、《中华人民共和国经济合同法》（简称“合同法”）的宣传等。全年市工商局鉴证合同890份，总金额774万元，帮助企业追回货款264万元。每年组织开展“重合同，守信用”企业认定工作，是年101家企业获此称号。

1987年3月24日，市工商局印发《关于对联营合同订立、履行、管理的暂行规定》，促进横向经济联合组织的健康发展。6月18～21日，抽调专人检查无锡市钢铁厂、无锡市第二和第三钢铁厂自1986年以后指令性计划合同完成情况。7月，对具备法人资格的企业开展经济合同资信服务，至1990年，办理资信1755件，使企业免受经济损失10853万元。

1990年10月1日，全国推行经济合同示范文本制度。至1992年末，全市21134家企业使用经济合同示范文本，占法人企业总数的89.6%。1999年，新合同法施行后，企业是否使用示范文本不受限制。

1991年，无锡遭遇特大洪灾，企业合同履行出现违约危机，市工商局首次开展“合同解忧工程”。6～7月，为2000多家重灾企业向合同对方发信函10476件、出具证明2058件，先后派出工商干部950人次赴全国15个省、市、自治区现场办案，帮助企业变更合同3113份、终止合同403份，为1500家企业收回拖欠货款1.23亿元。

1992年起，无效合同确认权依法改由人民法院和仲裁机构行使。市工商局建立第一家派出仲裁机构——无锡市交通运输汽车维修行业仲裁庭，并在锡山、江阴、宜兴三市经济发达镇的10个工商所设立仲裁庭。全年仲裁合同纠纷326起，争议额624万元。1988～1992年，全市工商行政管理部门共确认无效合同637份，金额3.09亿元。1993年6月和9月，市工商局先后发布加强外资和私营企业合同管理的通知。针对经济合同纠纷案上升趋势的情况，6月26日，给各企事业单位发出《关于加强经济合同鉴证、资信等工作的通知》。1994年，市工商局制定“经济合同管理网络制度”等14个经济合同管理制度范本印发各企业作为参考。

1995年9月1日，《中华人民共和国仲裁法》实施，按规定工商行政管理部门县、区级和市级仲裁工作分别于1996年3月31日和8月31日终止。工商行政管理部门成立调解委员会，调处企业合同纠纷。至2005年，调解合同纠纷5693起，争议金额1.1亿元。

1996年，市工商行政管理系统加大对经济合同的检查，处理违法合同48件。是年，《中华人民共和国担保法》颁布实施，工商行政管理部门被规定为企业动产抵押的登记机构。1998年，企业办理动产抵押登记1338件，抵押物价值54.9亿元，企业得到贷款34.86亿元。至2005年，共办理抵押登记9398件，抵押物总价值624.35亿元。

1998年9月，无锡工商局根据省工商局有关在全省开展打击合同欺诈违法行为的精神，检查5971家企业、30344份合同签订履行情况，立案24起，移送公安部门立案侦查7起。对拍卖、住宅装饰行业和商品房销售、建筑市场、外地驻锡建筑施工企业进行合同专项检查，查处案件120起，案值1467万元。

1999年，《中华人民共和国拍卖法》颁布实施，拍卖前必须到工商行政管理部门备案，并实施全程监管，对社会影响较大的拍卖会进行现场监拍。当年，无锡工商局监管拍卖83场次，成交金额8888.46万元。至2005年，共监拍1809场次，拍卖成交金额44.63亿元。

2001年，无锡工商局制定《无锡市企业合同信用征信办法》《无锡市企业征信试点工作实施方案》和《无锡市企业合同信用查询办法》，收集整理76184家企业信息，录入15584家企业法人及其经营单位资料，建立企业信用体系。2002年，市政府办公室转无锡工商局《关于在全市企业实施信用工程的意见》。对市区8家大型超市开展信用评查，随机抽选100家企业进行专项调查。加大专项检查，查处违法合同案385件，涉案金额4496万元；其中欺诈违法案270件，涉案金额3416万元。

2003年，工商行政管理部门以合同行政监管为主线，强化日常和专项检查，检查合同19907份，查处违法合同案件211起，合同金额1.02亿元。对中介服务领域合同欺诈行为开展专项检查，出动执法人员1826人次、车辆417台次，检查各类中介企业1930家，检查合同1853份，查处案件105起。加强企业信用公示工作，对严重失信行为警示企业按季按时上报，年内上报警示企业15家。

2004年6月30日，国家工商总局废止《合同鉴证办法》。全市工商行政管理部门历年累计鉴证合同184893份，合同金额353.4亿元。是年，开展企业信用评价，53家企业被省政府命名为AAA级“重合同，守信用”企业。是年起，办理企业股权质押登记，至2005年共办理37件，金额5.44亿元。

至2005年末，全市“重合同，守信用”企业5313家，其中国家工商总局命名21家、省政府命名117家。办理资信12708件，企业避免损失13.23亿元；累计查处违法合同2333件，合同总金额7.64亿元。

第七节　商标广告监督管理

一、商标管理

随着商品经济的发展，申请商标注册的日益增多。1986年，无锡市注册商标总数2162件，比1985年增加9.1%。利用商标搞经济违法的案件日趋显现，全年查处假冒商标案件23件，罚没金额8373元，赔偿损失3780元；收缴假冒商标标识55.1万件（套）。集中1个多月时间，对假冒“一河（洋河）三沟（双沟、汤沟、高沟）”酒类专项检查，检查2026家经营单位，查出假冒名酒96711瓶。

1987年，对全市1754家企业使用的2223件注册商标使用情况进行检查，规范商标的使用，建立和健全商标管理制度。全年立案查处假冒商标案17起。1988～1990年，共查处商标违法违规案244件，封存、没收和销毁违法商标标识996942张。1989年，对27家酒类商标生产企业进行清理，查处违法违规酒类商标216件。1990年，重点对全市食品和药品生产企业商标使用情况专项检查。规范整顿全市588家商标印刷企业，注销不合格企业12家，对合格企业核发指定印刷商标单位证书。

1991年，配合“质量、品种、效益年”活动，市工商局支持企业参加全国首届“中国驰名商标”消费者评选活动，“小天鹅”商标牌洗衣机和“菊花”商标牌电风扇分别获得提名奖。到全市1800多家企业现场咨询，鼓励企业创名优产品，在全市开展“争创驰名商标”活动。1992年1月1日起，商标申请注册由核转制改为代理制。3月，市工商局设立全民事业单位无锡市商标事务所。7月1日起，无锡市受理商标申请等事务由无锡市商标事务所承办。9月，“小天鹅”“红豆”等17件商标入选为江苏省著名商标。

1993年，结合《中华人民共和国商标法》实施10周年，在城乡宣传商标专用权的保护。1994年，对注册商标统一验证，共检查4797家企业4947件注册商标。是年，首次接受国外企业商标被侵权的投诉，依法及时做出相应查处。1995年，加强对外商投资企业的商标管理，规范外资企业商标使用行为。1992～1995年，共查处商标侵权案件295起。1996～1998年，查处商标案577件，涉及商标侵权案398件，其中商业流通领域占13.15%。

1997年4月，“小天鹅”“红豆”被国家工商总局认定为驰名商标，成为无锡市第一批驰名商标。1999年，对9143件注册商标和1014家商标印刷企业进行验证。是年，首次开展无锡市知名商标认定活动，79件商标被认定。1992～2000年，全市核准注册商标14129件，比1991年净增10203件。

2003年，无锡市实施商标发展战略。4月，市政府颁发《关于进一步推进企业品牌建设的意见》，对获得驰名、著名商标称号的企业分别给予一次性奖金50万元和10万元。5月，“阳山”水蜜桃经国家工商总局商标局核准注册，成为无锡第一件证明商标。7月，国家放开商标代理机构审批权限，进行市场化运作，无锡市突破商标代理独家经营的状况。8月，无锡市商标协会成立，协助政府主管机关组织实施商标发展战略，配合无锡工商局举办“商标战略论坛”，组织15场次商标法律法规培训。

2004年初，无锡工商局发现有6000多件有效商标闲置不用。无锡工商局联合市商标协会组织构建闲置商标网络交易平台，以拍卖形式推向市场，盘活闲置商标。2003～2005年，全市注册商标申请数以每年20%的速度递增。至2005年末，全市民营专业商标代理企业19家；有效注册商标26744件，其中中国驰名商标5件、江苏省著名商标167件、无锡市知名商标444件、证明商标1件。

二、广告管理

1986年3月，市工商局对全市广告内容、广告经营单位清查整顿，普查自1985年起发布的5436条（块）广告内容，虚假失实的95条、违章广告89条，对其中15起未经批准擅自经营发布广告的案件，没收违法所得和罚款13505元；检查验审24家广告经营单位，21家合格，1家不合格报歇，2家限期整改。是年，无锡市出现显示广告屏。1987年，在城区5条公交线路、8条长途线路开辟汽车车身广告。1988年，对37家经营单位进行查验，其中专业公司（单位）19家、报社12家、电台4家、电视台2家，共查广告10958条，查出违法违章及虚假广告等占总发布数的1.1%。对广告经营单位重新核定经营范围，换发经营许可证。

1989年，市工商局协同市广告协会在广告经营单位中开展“重信誉、创优质服务”活动，评选出12家市先进单位，其中9家被评为江苏省先进单位、1家被评为全国先进单位。9月，开展专项清理新闻单位经营广告业务，规定新闻出版单位驻无锡记者站不得经营广告业务，严禁新闻记者借采访名义招揽广告，并对擅自开展广告活动进行清理。

1990年10月，举办首届无锡市优秀广告作品展，以后每两年举办一届。1993年，举办无锡城区路牌广告评比。开展游医广告专项整治，清理户外医药广告，取缔无证游医11处和非法游医药贩窝点30余个，销毁3万多张游医广告标语。1994年，广告监管以检查发布广告的真实性为重点，查处违法案35起，其中虚假广告案5起。1995年，配合《中华人民共和国广告法》宣传贯彻，修订《无锡市户外广告管理办法》《取缔游医药贩公告》《无锡市户外广告收费管理办法》等，强化打击虚假违法广告行为的执法力度。开展广告市场整顿，中山路、人民路停止发布商业性条幅广告，严格限制灯箱广告，清理违法条幅600余块，拆除交通护栏广告180余块，对70余处有碍市容的霓虹灯广告提出限期整改意见，没收违法广告印刷品4万余张。

1997年，无锡市开展“自强创辉煌”公益广告月活动，召开中国广告战略研讨会。市工商局建立广告监测网站，对辖区内报纸、电台、电视台刊登和发布的广告进行监测。1999年，集中整治户外及店堂牌匾广告，开展印刷品广告专项检查等。1997～2000年，累计监测广告251632条次，对违法违章广告做出处理，对印刷品广告、医疗广告专项整治。1999年和2000年，无锡市连续承办第六届全国优秀广告作品展和第七届中国广告节。2000年，查处各类广告违法案件509起，收缴违法印刷品广告156.20万份，拆除户外违法广告593块（条）。2001年，成立无锡市广告审查办公室，并在江苏省内率先组建首家广告监测中心。

2002年，无锡市举办“太湖美”主题海报展。开展医疗服务广告、保健食品广告、房地产广告等专项检查。2003年，开展以打击虚假广告为重点的专项整治。2004年，开展食品、医疗广告以及广告用语用字、店堂招牌等广告专项整治，规范乡镇户外广告发布的监管。7月1日起，专业广告经营单位不需再领取经营许可证，凭营业执照就可进行经营活动；非专业广告经营单位的报刊杂志社、电台、电视及有关事业单位等，开展广告经营业务需领办经营广告许可证。10月，无锡市广告协会成立。2005年，加大媒体广告监测，全年共监测媒体广告554201条，查处违法违章广告8710条。开展虚假广告专项整治，查处131件。加大户外广告检查力度，出动检查车辆878车次、执法人员891人次，检查户外广告614件，拆除非法广告牌及灯箱340处。

2005年，全市广告经营单位1035家，较1986年的31家增加32.4倍。广告经营额5.13亿元，较1987年的1122万元增加44.7倍。

第八节　经济监督检查

1986年2月，市工商局增设经济监察科。1989年，市工商局所属各市（县）、区工商局设立经检科、股、站机构，成立9个经济案件举报中心。1986～1990年，全市查处经济案件46797起，其中投机倒把大案、要案1118起，上缴财政罚没金额2758万元。其中，投机倒把活动主要是企业和个人利用价格双轨制就地倒卖重要生产资料、贵重物资、紧俏耐用消费品以及倒卖、贩运名烟。

1991年以后，查处重点从企业内部转移到破坏经济秩序的社会性案件，查处内容转移到集中打击走私贩私、假冒伪劣商品上。1992～1993年，开展打私、打假专项行动，查处走私案件1036起，其中1993年查获走私汽车660辆；查获假冒伪劣商品总价值5790余万元，捣毁制假窝点100多个。1994年，查处不正当竞争行为案件65起。

1995年，全市工商行政管理部门在全国工商系统“公平交易执法年”活动中，组织开展4次打假专项整治，捣毁制假窝点102个，立案470起，查获假冒伪劣商品标值4301.75万元，组织3次销毁假冒伪劣商品现场会。打击走私贩私违法行为，查处走私贩私案件216起，案件标值2355万元，查获走私汽车82辆、摩托车165辆、卷烟27306条。是年，市工商局及其经济监督检查处分别被国家工商局评为全国工商系统公平交易工作先进集体和打假工作先进集体。

1996年，市工商局打击走私贩私重点由走私汽车、摩托车、卷烟向走私原辅材料、机械设备及倒买免税商品、多进少报关税商品、多层联系贩私商品延伸。1996～1998年，共查处此类案件456起，案值16907万元。同时，抓住季节变化市场销售特点和群众反映的热点，开展“堵源头、整市场、端窝点”等多种形式的打假行动。1999年，打击重点由走私贩私转向假冒伪劣商品、不正当竞争、合同欺诈、商标侵权、虚假广告等违法行为。2000年，开展以打假为重点、反不正当竞争为主线的“两整顿”和“万人百日”执法活动，全年查结经济违法案件4783起，其中不正当竞争案425起、商业贿赂案52起，案值总计65589万元，罚没入库金额4450.65万元，捣毁窝点272个，组织销毁假冒伪劣商品标值1100余万元。

2001～2003年，以整顿和规范市场经济秩序、创造公平竞争环境作为经济监督检查工作的主线，连续开展“红盾系列”专项执法行动。2001年，重点抓农资、食品、药品、汽摩配件、拼装车、成品油等市场以及医用氧、地条钢的专项执法检查；加大对不正当竞争、传销、网上违法广告、非法保险等新类型案件的查处。2002年，对保险市场、旅游市场、房地产市场的违法行为加大整治力度，开展打击销售劣质钢材、非法倒卖陈化粮、无证生产销售细纱机和打黄打非等专项执法行动。2003年，开展“打假护农”和“反侵权、反仿冒、反误导”专项执法；严厉打击传销和变相传销行为，端掉窝点61处。3年间，查处经济违法案件37492起。

2004年，围绕打假、打毒、打击欺诈交易，市工商行政管理部门开展14次专项整治；强化建筑领域房地产开发和销售不合格建筑材料的查处力度，查结此类案件164件；强化对虚假购销活动中商业贿赂行为查处力度，查结此类案件案值1119.05万元；强化对传销和变相传销的查处力度，取缔非法窝点120个，立案4起；强化对文化、出版市场违法行为的检查；强化对汽车市场的监察和打击假冒进口汽车配件，查处一批汽车经销欺诈案件。

2005年，国务院颁布《禁止传销条例》《直销管理条例》，市工商行政管理部门打击传销和变相传销，加强对传销多发区、高发区等重点地区巡查，重点打击“拉人头”“团队计酬”等非法传销行为，做好直销企业的准入监管和规范。先后开展酒类市场专项检查、盐务市场专项整治、医药购销活动中商业贿赂专项治理、农资市场专项整顿、“扫黄打非”专项整治等较大规模的执法行动，共查处经济违法案件8374件。

第九节　消费者权益保护

80年代初，假冒伪劣商品增多，侵犯消费者合法权益事件频频出现。1986年，工商行政管理部门查处此类案件3246件。1987年7月，市政府批准成立无锡市消费者协会（1990年更名为无锡市消费者委员会，简称“市消委”），此后江阴市、宜兴市、无锡县和各城区也先后组建消委会分会。各级消委会在受理消费者投诉的同时，开展对商品和服务的社会监督。

1987年7月30日，市消委首次受理消费者投诉后，会同有关职能部门对9家煤球厂及2家煤球店生产销售的民用煤球质量、计量进行抽查，并将查实结果在《无锡消费者信息》上公布。同年12月，无锡商业大厦组建第一个自律型的维护消费者权益监督站。

1988年3月15日，无锡市首次组织纪念“3·15”国际消费者权益日活动，市工商局协同市消费者协会开展以维护消费者权益为主题的宣传。此后，每年“3·15”都举办纪念活动。1991年，市消委同城区各分会对煤球店、水果店等商店以及月饼、酱排骨、粮店豆浆等物品进行商品和服务质量抽查，并将结果公布于众，社会反响强烈。

1992年，市消委协同有关职能部门对10家粮店的计量和卫生、10家药店的100余种滋补品的标签、10家饮料冷饮生产企业和3家卫生巾厂的产品质量、4家个体豆制品加工场的现场环境等进行突击检查。1993年，受理投诉、组织调查因使用“热得快”和燃气热水器造成触电和中毒死亡的两起事件，使受害者亲属得到合理赔偿；并建议有关部门对不符合质量要求的商品进行处理，禁止销售。

1997年2月14日，无锡市开通全省第一辆“天天3·15”流动投诉车，至3月16日接待消费者咨询6021人次，受理投诉566起，现场解决136起。市消委成立10年间，累计受理投诉1.6万余件，解决率98%，挽回消费者经济损失1407余万元。其间，无锡市制定《无锡市保护消费者权益暂行规定（讨论稿）》《关于禁止商品搭售的规定》《鞋类商品“三包”规定》《关于市场商品抽查的实施意见》等保护消费者权益的规章。1998年，以“为了农村消费者”为主题，开展“送法下乡”活动。针对商品房、移动电话机质量、电话收费以及铁路货运物品丢失等投诉热点，联合监管职能部门实施专项检查。

1999年12月，无锡工商局增设消费者权益保护处，与市消委合署办公。12月，“12315”消费者投诉举报中心成立，同时开通“12315”专用电话。是年，市消委配合工商行政管理部门加大打击出售伪劣农用种子和农药的力度。2000年，以“明明白白消费”为主题，开展明明白白装修、打电话、买空调、旅游等活动。市消委配合无锡工商局加强监督检查，开展“揭谎打假”专项整治，组织对液化气市场专项检查、对桶装饮用水卫生质量抽检和比较试验，组织“销售放心房，提供放心中介”联合承诺活动等。全年接待来访咨询45321人次，受理投诉8665起，调解率99.3%，为消费者挽回经济损失1019.48万元；接受举报1407次，立案317起，罚没金额480余元。

2002年，无锡工商局消费者权益保护处与公平交易处合署办公。是年，以“绿色消费”为主题，把保护消费者合法权益提升到“民心工程”的高度。开展“红盾闪光”食品执法检查和专项整治，对先后发生的光明牛奶风波、绿色小天使电动轻便车承诺不兑现、桃子市场宰客、啤酒瓶爆炸等8起群体投诉深入调查，取得合理解决。开展“红盾春雨”“红盾春雷”执法活动，铲除制假窝点20余个。下半年，中国无锡政府网站开通后，无锡工商局对网上相关咨询、举报及时调处，处理率99.5%。全年消保系统受理投诉10014起，调解处理率99.5%；流动投诉车出动530次，现场调解疑难投诉450起。

2003年，国务院赋予工商行政管理部门负责流通环节商品质量监测和管理的职能，无锡工商局完善内部管理网络。6月，消费者权益保护处正式单列，同时设立“12315”消费者申诉举报指挥中心，各直属局、分局和基层分局（工商所）均设立“12315”消费者申诉举报受理台（站）。组建以流通企业为主的“12315”社会维权网，制定维权网成员单位商品索证备查制度和经营单位承诺制度。市消委配合和参与无锡工商局组织开展的羽绒服、手机、食品、保健品等专项检查60余次，在城区一个家具市场和一个通信器材市场推行先行赔付制度。

2004年，全市围绕重点问题商品、涉及人民生命财产安全商品，开展8次专项整治，检查经营单位12563家（次），涉及食品55795件（次），捣毁制假窝点7个，收缴不合格商品31640件。市消委对食品质量组织暗访和社会调查，并将查实情况及时公示；同时，开展争创“诚信单位”活动。

2005年，以食品安全管理为重点，全面推行商品准入工作，至年末有20385家商品经营单位实施商品索证备案制度，占全市经营单位总数的96%。延伸维权触角，设立农村维权联络站182个、企业维权站104个、学校青少年维权站点38个，与12家新闻媒体建立维权热线，基本形成行政执法、企业自律、社会监督的维权工作链。无锡工商局投资100余万元，在省内率先建成“12315”受理信息软件系统，实行市局一级受理、分级转办、三级联动的网络。2003～2005年，无锡工商局共受理咨询、申（投）诉、举报140743起，接待来访、来信、来电61778人次，为消费者挽回经济损失3627.53万元；查处侵害消费者权益案1943起；抽查监测流通环节商品质量1500多批次，对400多批次不合格商品的经销单位实施行政处罚。

第六章　物价管理

第一节　机　构

1959年，成立无锡市物价局。1986年，市物价局内设秘书科、工业品价格科、农副产品价格科、物价检查所、农产品成本调查队。1989年10月，成立马山物价检查站。1991年7月，农产品成本调查队更名为物价成本调查队。1993年6月，成立房地产价格评估事务所、无锡市嘉德拍卖公司。1995年11月，所有科更名为处。2000年7月，增设价格认证中心。至2001年10月，市物价局内设机构有办公室（人事教育处）、综合调控处（政策法规处）、农产品价格处、工业品价格处、收费管理处、服务价格处、物价检查所、物价成本调查队。2005年，撤销农产品价格处，工业品价格处增挂“农产品价格处”牌子，人事教育处单列。

第二节　价格调控

1986年起，价格管理由定调价管理为主转向市场价格行为管理为主。是年9月，市物价管理部门对放开的7种地产商品的出厂、零售差率除已有规定外，一般按原差率执行。提高高档紧俏商品价格，中低档商品价格不动或适当降低。同一档次中，名牌、优质商品允许适当提价。零售企业自行采购的商品，凡是主营公司有规定的按规定销售价格执行，无规定的由主营批发公司按规定作价办法核定。是年，全市零售物价指数上涨5.9%。

1987年春节后，无锡市场物价出现反弹，肉、禽、蛋、水产品、鲜菜等生活必需品价格上涨，部分工业品因受计划原材料价格上涨的影响而纷纷提价，流通领域转手倒卖、变相涨价、哄抬价格、乱涨价等现象突出。为此，市物价局对已放开的农副产品、计划外生产资料的主要品种实行临时最高限价，对生活必需品加强供给和调剂，同时整顿流通领域，整顿乱收费。全市零售物价总指数比上年上涨12.7%。1988年，市场出现抢购风潮，拉动许多已放开商品和集市商品价格的持续上涨，市场价格秩序出现混乱现象，全年零售物价总水平比上年上升27.1%。是年三季度末，市物价部门执行国务院新规定，收回1988年7月以后下放的价格管理权限，执行国家管理的同一商品不准搞地区内外两个价、不准擅自扩大顺加作价的商品范围等新规。对少数农副产品实现最高限价措施，制止少数商贩哄抬物价。1989年，对市场物价采取“控涨、治乱”的措施，狠抓商品流通领域的治理整顿。集市的猪肉、禽、蛋等荤食品及市场上的纺织制品和部分家电、自行车、烟酒等价格有所回落。全年社会零售物价总水平上涨15.8%。

1990～1991年，市物价局调整价格结构，逐步放开大部分日用工业品和除粮食、棉花以外的农副产品价格，清理整顿乱收费，集市价格整体逐步回落。1990年度价格总水平上升3.8%，1991年上升9.2%，物价涨势趋于平稳。

1993年5月起，对地产18种和外地产22种日常生活用品价格实行提价申报备案制度。8月，印发《采取有效措施抑制物价总水平过快上涨的通知》，规定年内不再出台调价项目。建立健全重要生活资料储备制度，严格控制征用菜地，落实“菜篮子”工程建设的各项扶持政策。落实农业价格政策，执行粮食收购保护价政策，坚持粮棉“三挂钩”政策，实行农业生产资料最高限价，取消37个涉农收费项目。9月，对46种商品和收费实行备案制度。12月起，所有国有粮店一律公开挂牌销售粮油。

1994年5月，由于受食品类价格大幅上涨的影响，消费价格指数比上年同期上升27.8%，群众反响强烈。对此，市政府组织货源，增加市场供应，继续定量限价供应食油，增加水产品等实行差率管理的品种，组织集市豆制品行业实行行业议价。6月，公布居民生活必需品、部分消费品和服务项目监审品种的零售物价和收费标准。对部分蔬菜、猪肉、水产品继续实行差率管理，蔬菜类平均为60%，猪肉类平均为50%，水产类平均为40%。9月起，稳住“米袋子”“菜篮子”价格，对生活必需品和基本服务价格实行监审。10月前后，5种粮食复制品提价申报由市粮食局负责；其他品种的提价申报由行业协会负责，或由市烟草公司、乳制品厂、调味制品厂、酱品厂、百货站、日用杂品公司、锅厂等分别负责。

1995年1月，无锡市加强集市菜价调控，鼓励菜农进城、进场直销。3月，对棉毛衫裤、床单、洗衣粉、铝锅、卫生纸、啤酒、彩电、自行车等20种商品实现差率管理。6月，在市区崇安寺等16个农贸市场设置物价监督公平秤。9月，调整蔬菜、水产品、猪肉的30多个品种的管理差率。1996年2月起，对部分豆制品实行最高限价。1997年1月，规定调价申报的品种为特等粳米、特二级面粉、生面、皮子、国有粮食系统的二级菜油、鲜牛奶、消毒牛奶、绵白糖、白砂糖、“锡山”牌甲级黄酒、“太湖”牌特制啤酒、“太湖”“二泉”“灵山”牌瓶装与袋装酱油、“白猫”“加佳”“海鸥”牌洗衣粉、各牌号无磷洗衣粉、“金莲”“双灯”牌皱纹卫生纸，调价备案的品种为鲜鸡蛋和“小天鹅”牌全自动洗衣机、干衣机，下级物价部门向上级物价部门调价申报的品种为面粉、籼米、粳米、公共交通票价、房租，调价备案的品种为民用煤、煤气、液化石油气、天然气、自来水、托儿费。1998年2月，对家用电器修理实行分等定价，按级收费。

1992～1999年，全市社会商品零售物价累计上涨80.2%。其中：1992～1994年分别上涨7.6%、19.3%、21.4%；1995～1996年，分别上涨12.5%、7.8%，涨幅呈走低之势；1997～1999年，零售商品价格指数和居民消费价格指数连年下滑，其中商品零售价格指数分别为99.9、99、96.4；1996～1999年的总指数为106。

2003年，全市涉农价格和收费实行公示制度。在各市（县）、区建立农村价格监督网络，建成农村价格监督管理站102个，聘请义务价格监督员220名。对农民进城务工收费、农村医疗服务收费、农村建房收费、农村中小学收费等开展检查和清理。2003年10月和2004年2～3月，粮油副食品市场出现两次大的波动，价格大幅度上升。2004年第四季度起，落实政府连续3个月价格涨幅环比超过4%、或价格总水平同比上涨超过4%，不得出台新的调价项目的规定。2005年前5个月没有出台新的调价项目，缓解价格总水平上涨的压力。

2000～2005年，居民消费价格指数总体上升6.5%，分别为100、100.2、99.2、101、104、102，总体趋于稳定。

第三节 价格管理

一、粮油及副食品价格管理

1987年12月初，实行冻猪肉与鲜猪肉同价，与此相关的饮食点心、菜肴、卤菜等价格均相应提高。1988年，提高鲜牛奶、生面、熟面等品种的价格。凭票定量供应的猪肉价格每500克提至2.3元，牛、羊肉价格亦同步提高，与此相关的各种饮食点心、菜肴、卤菜的价格亦相应提高；取消豆制品、粉丝和油面筋的平价定量供应，改为议价敞开供应；鲜牛奶零售价格每瓶（220毫升）由0.2元提至0.26元；提高价格的品种还有食盐、食糖、火柴、地产黄酒和啤酒、酱油、生面、饼干、糕点等。1990年，消毒牛奶每瓶0.3元，比1985年末提高0.5倍。热水灶热水、阳春面、大饼、油条价格等也相应提高。

为缓解粮油购销价格倒挂矛盾，1991年5月起，国务院大幅度提高粮食统销价格。无锡市城镇居民定量供应的统销价格，标二粳米每50公斤由14元提至29元，标准面粉每50公斤由16.1元提至27元，二级菜籽油每50公斤由79元提至208元。1993年4月1日起，取消对粮食的定购和对居民的定量供应，不再使用粮票。

1996年，中等质量标准的小麦定购价格为每50公斤72元，比1985年提高2.4倍，议购指导价每50公斤为80元，其他品种也相应提高；粳稻每50公斤92.19元，比1985年提高5.8倍；油菜籽收购指导价每50公斤130元，比1985年提高6.7%。是年7月29日，城镇居民定量供应的统销价格调整为特等粳米每500克1.63元、特二粉每500克1.32元，市场议销的价格略高。8月起，下浮市场猪肉、豆制品等副食品价格5%的差率。

1998年5月起，国营粮食销售企业销售的粮食，一律按省政府规定的最低零售价格。2001年秋粮收购起，放开粮食收购、销售价格，粮油价格随市场运行。2005年，小麦收购价格为每50公斤65元，比1996年回落10.8%。

二、日用工业品价格管理

1988年，国产彩色电视机实现浮动价格，规定地产18英寸“虹美”彩电上浮封顶零售价格每台1970元。1989年2月起，对彩色电视每台加收特别消费税600元和国产化发展基金300元，地产18英寸“虹美”彩电零售价格每台提高至2870元。1990年3月起，取消对彩电收取的国产化发展基金，降低特别消费税，18英寸C4725“虹美”彩电零售价每台降至2410元。2002年5月起，“淮”牌精制海盐零售价每500克1.5元，“淮”牌精制盐1.4元，比1985年上涨7.2%。

三、成品油价格管理

1986年7月，江苏省对计划外高价油实行最高限价，66号汽油出厂限价每吨1030元，0号柴油出厂价每吨895元。计划内油品价格基本未变，66号汽油计划零售价格每500克0.77元，柴油批发价每吨490元。1994年9月，重油销售价格采取按进价加运杂费，再加综合差率8%。建立重油价格调节基金。1998年6月，成品油价格实行政府指导价。汽油、柴油零售价格仍实行政府指导价，由国家计委制定并公布零售中准价，具体零售价由石化、石油集团公司在规定浮动幅度内确定，浮动幅度由±5%扩大为±8%。

2000～2005年无锡市成品油零售价格调整情况表

表20-6　　　　单位:元/升

日期	90#汽油	93#汽油	97#汽油	98#汽油	0#柴油	-10#柴油	高清洁剂	备注
2000-02-20	2.30	2.46	2.60	—	2.32	2.46	0.05	
2000-05-05	2.48	2.66	2.81	—	2.50	2.65	0.05	
2000-06-05	2.72	2.91	3.07	—	2.59	2.75	0.05	
2000-07-14	2.87	3.05	3.22	—	2.75	2.92	0.03	
2000-08-18	2.99	3.18	3.36	—	2.90	3.07	0.03	
2000-09-20	3.07	3.25	3.44	—	3.16	3.36	0.03	
2000-10-20	2.96	3.14	3.32	—	3.49	3.71	0.03	
2000-11-17	2.89	3.06	3.24	—	3.38	3.58	0.03	
2000-12-21	2.87	3.05	3.22	—	3.11	3.30	0.03	
2001-01-14	2.77	2.94	3.11	—	2.81	2.98	0.03	
2001-02-05	2.64	2.80	2.96	—	2.64	2.80	0.03	
2001-03-07	2.80	2.97	3.14	—	2.60	2.76	0.03	
2001-04-08	2.72	2.91	3.08	—	2.52	2.67	0.03	
2001-05-14	2.80	2.97	3.14	—	2.71	2.87	0.03	
2001-06-06	2.94	3.12	3.30	—	2.83	—	0.03	
2001-07-04	2.55	2.70	2.85	—	2.72	—	0.03	
2001-08-12	2.38	2.52	2.67	—	2.73	—	0.03	
2001-09-10	2.38	2.52	2.67	—	2.64	2.80	0.03	
2001-10-17	2.65	2.80	2.96	—	2.73	2.90	0.03	
2001-11-25	2.36	2.50	2.64	—	2.40	2.54	0.03	
2002-01-01	2.17	2.30	2.43	—	2.21	2.34	0.03	
2002-03-05	2.28	2.41	2.55	—	2.33	2.47	0.03	
2002-04-04	2.49	2.64	2.78	—	2.55	2.70	0.03	
2002-05-04	2.68	2.84	3.00	—	2.77	2.93	0.03	
2002-10-01	2.84	3.01	3.18	—	2.94	3.12	0.05	11月5日由0.03调至0.05
2003-02-01	2.99	3.17	3.35	—	3.10	3.28	0.05	
2003-05-10	2.76	2.92	3.09	—	2.86	3.03	0.05	
2003-07-02	2.83	3.00	3.17	—	2.86	3.03	0.05	高标准清洁汽油,柴油未调
2003-12-06	2.99	3.17	3.35	—	3.02	3.21	柴0.05	
2004-03-31	3.23	3.42	3.62	—	3.02	3.21	柴0.05	柴油未调
2004-05-18	3.23	3.42	3.62	4.17	3.28	3.48	柴0.05	汽油未调
2004-08-25	3.42	3.63	3.83	4.38	3.50	3.71	柴0.05	
2005-03-23	3.66	3.88	4.10	4.65	3.50	3.71	0.05	柴油未调
2005-05-10	3.66	3.88	4.10	4.65	3.64	3.85	0.05	汽油未调
2005-05-24	3.54	3.75	3.97	4.52	3.64	3.85	0.05	柴油未调
2005-06-25	3.70	3.92	4.14	4.69	3.78	4.01	0.05	
2005-07-23	3.94	4.18	4.41	4.96	4.01	4.25	0.05	

四、棉花价格管理

1994年9月起，标准级（三级27毫米）皮辊棉收购价格提高至每50公斤500元。其他各等级长度皮辊棉收购价格按调整后的等级差率计算。调整籽棉收购价格，并调整籽棉加工费。产地二级站统一执行每50公斤613.49元，销地二级站执行二级站产区价格，另价外以量增加每50公斤5元运杂费。此后，无锡地区不再收购棉花。

五、农用生产资料价格管理

1994年，地产的小尿素和碳铵出厂价格由市、市（县）价格部门制定中准价和浮动幅度或规定最高出厂价格。对化肥零售价格实行统一经营差率控制，进口尿素的零售价格按高于国产大尿素的价格10%制定，代收费用由各地物价部门规定。1995年1月，省统配农膜中的高压聚乙烯普膜中准价每吨9990元，地膜每吨10500元，企业可在8%幅度内上下浮动。1996年，对化肥零售价格实行最高限价，进口尿素每吨2500元，国产大尿素每吨2350元、小尿素2200元、碳铵630元。对农膜、农药销价实行差率管理。1996～1999年先后几次下调化肥价格，平均每吨降约300元。1997年7月，确定市、市（县）农药价格管理目录。列入管理目录的品种的价格，如需变动，必须报市物价局审定；未列入管理目录的农药品种，由生产企业上报物价部门办理价格申报手续。1998年4月起，物价部门对主要品种制定中准出厂价格并规定浮动幅度，浮动幅度不超过5%；原药、成药成本利润率控制在8%以内，复配农药控制在5%以内；小品种以及产量小的复配农药、分装农药，可实行企业提价申报制度。农药经营差率调整为17%，对各级物价部门管理以外的农药品种由经营企业按进价加合理的运杂费，再加规定差率制定零售价格。进口农药价格本着与国内农药同质同价原则确定。农药经营以农资供销部门为主渠道，农垦物资公司为辅助渠道，其他任何单位和个人都不能经营农药。1999年度省救灾化肥（尿素）的零售价格每吨1320元，比上年下降30元。农药、农膜价格均有不同程度上涨。2004年，市物价局先后下发《关于对化肥等农业生产资料价格过快上涨实行干预的紧急通知》等文件，要求各地适时对未列入定价目录的国产化肥出厂价格、进口化肥港口交货价格和化肥批发、零售价格采取干预措施，加强价格监管，降低价格水平；对列入目录的，从紧从严核定价格水平。4月，对化肥出厂价格一律实行上限控制。以4月20日实际水平为上限，只能下降，不能提高；实行进销差率和批零差率管制，除运杂费顺加外，从出厂到零售环节综合经营差率不能超过7%。

六、商品房价格管理

1993年1月，市政府决定对商品房价格实行统一领导，分级管理；对普通商品房实行政府定价，对豪华别墅式商品房和非住宅商品房实行市场调节价。8月，市物价局发出《对普通住宅商品房楼层差价实行指导平衡的通知》，各楼层差价率可下浮，不得上浮，其总和应趋向于零或小于零。多层住宅楼层差价率为一楼-10%，二楼0，三楼+5%，四楼+15%，五楼+10%，六楼-5%，七楼-15%。9月，对预售住宅商品房申报价格的时间、事项、程序等做出明确规定。1994年6月，取消商品房价外每平方米收取的5元房修费。1999年10月，无锡市对不同类型的商品房采取不同的价格管理形式，经济适用房实行政府定价，普通住宅商品房实行政府指导价，高档住宅商品房和非住宅商品房实行市场调节价，实行成交价格申报制度。2000年6月，对普通住宅商品房和经济适用房的楼层、区位和质量差价率作出规定。2003年9月，规定经济适用房实行政府指导价。同年10月，发布规范商品房价格构成和价格行为规则。2004年1月，全面实施住宅商品房销售“一价清”制度，规定房价中包含行政事业性收费、管道煤气开发建设费和电控防盗门费用。同年7月，放开立项为别墅、写字楼、公寓式办公用房、容积率小于1.0或大于4.0的楼盘、全装修成品住宅的价格，实行市场调节价，同时规定普通商品房基准价格上浮幅度不超过5%。

2005年，无锡市住宅商品房综合平均价为每平方米4100元，比1993年上升近5倍。其中：普通住宅房3990元；最高价为别墅房，每平方米8890元；经济适用房2238元。

七、医药药品价格管理

1994年8月，医药商品实行价税分离；改生产成本法为制造成本法，改价内税为价外税。西药的进销差率为化学药品针剂18%、片剂17%、其他类20%以内、抗癌药品19%～20%、医疗器械19%，批零差率15%，增值税率17%。中成药进销差率24%，批零差率16%，增值税率17%；饮片批零差率35%。零售店和医疗单位折扣率分别为25%和20%。1998年8月起，实行生物制品制造成本和期间费用按全社会平均制造成本和期间费用计算。带异型包装的药品，包装费不得计入价格。利润率凡达到《药品生产质量管理规范》（GMP）生产标准，列入分类管理范围的生物制品，一类不限，二类为40%，三类30%，四类20%；未列入国家新药分类管理范围，或已不在新药保护期的生物制品为20%；凡达不到GMP生产标准的生物制品，最高销售利润率在上述各类利润率基础上降低3个百分点。进销差率最高22%，批零差率最高15%。政府定价的生物制品实际出厂价、批发价不得高于国家规定的出厂价和批发价。同年11月，国产药材除麝香仍继续实行国家指导价，其他品种实行市场调节价。麝香执行国家统一规定的最高限价。145种大宗中药材的综合差率实行年度总量控制。综合差率：产地县15%～17%，二级站18%～20%，销地县12%～14%；其余中药材实行市场调节价。中药材的零售价格实行差率控制，批零差率最高35%。中药饮片出厂、批发，原则上实行同价，无税价与增值税分开，但由于销售对象不同，亦可执行价税合一的批发价格，即对饮片厂直接销售给零售药店和医疗单位的，均为含税批发价格。零售价格为含税价。凡列入国家中药主管部门定点的全国重点饮品厂生产的饮片，最高成本利润率7%；其他饮片厂产品达到国家中药主管部门制定的《核发中药饮片生产企业合格证验收准则》的，最高成本利润率4%。商业流通部门供应价格，大宗品按出厂价格供应；省外调剂的小品种，可顺加10%进销差率计算供应价格；零售环节的批零差率最高不得突破22%。医院自制饮片的零售价格，在批发价格的基础上顺加10%制定。1999年5月，适当放宽部分药品销售利润率，部分普通药品实行优质优价，控制药品销售费用在销售价格中的比重。按照管大管少管好的原则，确定定价目录。推进顺加作价，规范药品销售折扣行为，以及总代理药品的价格管理。严格按照药品价格管理办法审核药品价格，取消对药品零售价格进行平衡的做法，完善药品价格登记公布制度。1999年11月起，降低部分药品价格，包括省定价的药品29类87种、生产企业定价的药品49类67种。2000年1月，降低81种药品的价格，其中政府定价品种25个、企业定价品种56个。2000年10月起，政府定价的药品价格原则上按社会平均成本制定，对供大于求的药品按社会先进成本定价。市场调节价的药品，由生产企业根据生产经营成本和市场供求制定零售价格。药品批发、零售单位在不超过生产企业制定的零售价格前提下，制定药品销售价格。鼓励招标采购药品，规范招标价格行为。招标采购药品，由招标单位在一周内将中标价格报省和当地价格主管部门备案，提高药品价格管理的科学性和透明度。政府定价药品的最高零售价格、采购招标药品的中标价格，以及市场调节价药品的零售价格，由江苏价格网向社会公布。2000年12月，针对医药药品价格偏高现象，严格审查招标药品的中标价格，及时下达最高零售价；对基本医疗保险药品目录中的203个规格品种化学药品实行最高零售价管理。2002年，对药品价格管理权限、药品价格审核、药品生产企业药品价格上报审批程序等作出规定，经几年多次降低药品零售价格，降幅达20%以上。对医疗机构自制药剂及中药饮片价格进行集中整治，限定610种自制药品及中药饮片的最高零售价格。2004年，继续降低虚高药价，24种598个规格剂型的抗感染类药品价格下调，平均降幅30%；公布4批72种集中招标采购药品价格，加大对平价药房的扶持力度，将符合条件的6家平价药房列入社会公费医疗定点单位范围。

八、公用事业价格管理

1.用电价格

1986～1993年，无锡市执行水利电力部1976年电、热价格表，电价由目录电价、燃运加价、电力建设基金组成，另由市三电办收取统一差价。无锡市城镇居民电价为每千瓦时0.22元。1993年7月起，照明用电分为居民生活用电和非居民生活用电。将燃运加价标准并入目录电价，并征收三峡工程建设基金、城市建设基金、电力建设基金，统一差价仍按原标准收取。1999年，无锡市实行统一销售分类电价，国家批准的电力建设基金及附加费均纳入统一销售电价中，不在销售电价外另行加收；农村地区的统一销售分类电价由国家计委批准的县级供电企业销售给乡电管站（营业所）的电价（含国家规定的附加）加省物价局批准的农村低压电网维护管理费构成。10月，全市机械、冶金、化工、医药、建材、纺织6个行业中，受电容量在315千伏安及以上的工业用户及电热锅炉（蓄冰制冷）用电的电价实行峰谷电价。2000年1月起，降低商业空调用电电价；对无锡钢厂等8家重点企业新增用电电价给予每千瓦时0.1元的优惠；取消电力企业向城市居民电力用户收取的电表、电费保证金；降低供配电贴费，由时行标准降低50%，并对原有一户一表申请增容和整幢或单元住宅改造成一户一表容量在4千瓦内的免收供配电贴费。2001年7月起，城乡居民生活用电实行同网同价。2003年，市区居民用电试行峰谷分时电价。2004年1月，提高除居民生活、农业生产（含贫困县农排）、化肥生产、商业照明用电外其余用电价格。2004年6月，调整除城乡居民生活用电、农业生产用电、贫困县农业排灌用电、中小化肥生产用电、商业照明用电外的其他行业用电价格，大工业的基本电价也相应适当调整，对电解铝、铁合金、电石、烧碱、水泥、钢铁等6个行业高耗能电价统一调整，停止执行购买用电权加价政策。2005年5月起，取消超发电价，实施煤电价格联动。完善峰谷分时电价办法，放宽电价浮动幅度，峰时上网电价上浮调整16%，谷时上网电价下浮19%。是年，城镇居民生活用电1千伏以下每千瓦时0.52元。

2.民用燃料

80年代中期，无锡市城镇居民燃料以蜂窝煤球为主，并有少量瓶装液化气供应。1986～1990年6月，计划内蜂窝煤价格为每吨44元，此后经过几次调整，1992年9月提高至170元，1993年5月提高至245元，1995年提高至250元。此后，煤球逐步退出城镇居民家庭。1994年12月，核定管道液化气安装建设收费标准为每户2500元，由职工双方单位各承担1250元。由于液化气价格购销倒挂，从1994年起，对液化气公司实行补贴，每户每年120元，1997年提至270元。1999年12月，规定钢瓶充装液化气重量15公斤，误差±0.5公斤。民用瓶装议价液化气经营综合差率有储罐设备的最高不超过28%，无储罐设备的最高不超过22%。2000年7月起，提高民用瓶装平价液化气价格，对最低生活保障线以下的平价液化气用户实行优惠政策。从2001年1月起，放宽民用瓶装液化气价格的管理权限，中准价浮动幅度10%；管道液化气价格仍实行政府定价。2003年5月起，管道液化气实现政府指导价。2004年4月，西气东输天然气到户试行价为每立方米2.2元；非居民用气实行政府指导价，浮动幅度为上浮15%，下浮不限。从2005年1月起，取消民用瓶装液化气补贴费，浮动幅度调整为±15%。

3.交通

1991年，开征市区公交、农交、半农交汽车客票附加费。1995年4月，公交车实现一票制价格改革。1999年12月，城市公交票价通过调整，城市所有公交线路基本实行1元一票制无人售票方式，小公共汽车、夜间公交车、空调车、新辟线路较长的公交车实行2元一票无人售票方式。2000年5月起，市公交公司开行的空调大客车票价实行2元一票制无人售票。2001年6月起，对城区范围内的普通公交车全程不少于10公里，实行1元一票无人售票制；农村公交线普通公交车、中巴公交车及有人售票车等票价也进行调整，比1985年票价平均提高45.6倍。1999年12月，公交普通月票每张30元，学生月票每张12元。2000年12月起，提高交通客运月票价格，普通月票每张40元，学生月票每张20元，比1985年分别提高3.6倍和5.7倍；老年人优惠季票，满60周岁的每张80元，满65周岁的每张60元。2005年3月起，普通月票卡持有者乘坐1元一票制普通公交车每人每次0.8元，乘坐2元一票制空调公交车每人每次1.6元，取消月票卡隔月作废的规定和乘车次数的限制。

1989年，铁路、公路、水运客运票价均有所提高。1990年，公路货运每吨公里0.26元。1992年6月，水运企业货物运价上调26%。1992年8月，因燃料实行议价供应，汽车客货运、水上客货运全部实行一定幅度的加价。提高汽车客票和货运附加费征收标准。1997年5月起，公路客运价格执行新的费率。同月，调整农村公路客运票价。1998年9月起，调整长江客渡票价。

1991年1月，出租车轿车运价标准为每车公里1元，2公里起租，起租价5元。9月，调整出租车收费标准，小轿车普通型每车公里1.2元，5公里起租，起租价9元。1998年12月，调整客运出租车租价标准。起步价：一类车面议，二类车、三类车、四类车均为7元，五类车6元；基价公里统一为3公里。2000年10月起，对出租车行业进行整治，取缔非法经营，保护合法经营；降低出租车行业管理服务费，每辆每月最高不超过500元，安全风险金每辆降至8000元，过路过桥费降至40元，出租车起步价由7元提至8元。

4.有线电视

1991年12月，实施有线电视收费，项目分为入网收费和收视收费。1997年1月起，有线电视入网收费标准为每个终端380元，提幅为72.7%。1999年收视费为每月14元，提高1.8倍。

5.自来水

1986～1993年，无锡市生活用水调价2次，每吨由0.12元调为0.32元；工业用水调价4次，每吨由0.18元调整为0.50元。1994年6月，水价改革，实行价费分开。生活用水水价中包含基本水价和城市附加费；工业交通用水、商业服务用水和宾馆、酒店、桑拿、饮料业用水水价中包含基本水价、城市附加费和水厂建设费。生活用水调整为每吨0.45元，工业用水调整为每吨0.75元，新定市政工程、商业和服务业用水每吨0.85元，宾馆酒店、娱乐场所和饮料业用水每吨0.95元。1995年，生活用水价格不变外，7～9月实行季节性上浮水价，工业用水价格每吨0.85元，商业、建筑等用水每吨0.95元，宾馆、饭店等用水每吨1.05元。1996年4月，由于电力价格上涨，各种辅助材料价格提高，自来水成本大幅上升，调整水价为每吨生活用水0.6元，工业用水0.95元，商业、服务用水1.24元，宾馆、饭店用水1.44元。1996年12月，水价组成增加污染处理费，调整后生活、工业、商业服务业、宾馆饭店用水分别为每吨0.75元、1.1元、1.35元、1.55元；1998年10月，分别调整为每吨0.95元、1.35元、1.6元、1.8元。1999年11月，生活、工业、商业服务用水水价调整为每吨1.15元、1.55元和1.8元；2000年12月，调整为每吨1.4元、1.7元和2.05元。2002年3月，调整市区水价中的污水处理费，生活、工业、商业服务业、特种用水水价分别调整为每吨2元、2.5元、2.6元、2.8元。2004年4月,在调整市区水价的同时，实行区域供水同城同价，上述4种水价分别调整为每吨2.4元、2.7元、3元和3.2元。

6.邮政资费

1986年，无锡市邮政资费为平信每重20克本埠0.04元、外埠0.08元。1990年，提高邮政资费，平信每重20克本埠0.1元、外埠0.2元。1999年3月，信函首重100克以内，每重20克本埠（不含所辖县）0.6元、外埠0.8元；明信片每件0.6元；印刷品首重100克，本埠0.3元、外埠0.6元；挂号每件2元。

7.通信电话

1991年1月，调整市内电话基本月租费，在万门标准的基础上，乙种用户每级递增3元，甲种用户每级递增2元。1996年12月起，适当降低电话初装费和长途电话的农话过线费，不再收取农村电话通信建设费。1997年5月起，住宅电话通话费每3分钟由0.24元降为0.2元，其他用户（包括公用电话）电话通话费每3分钟由0.34元降至0.3元。1998年11月，取消农话用户拨打国内长途电话加收的农话过线费、话机代维费，取消固定电话市话计次费、月租费上加收的城市公用事业附加费、固定电话月租费上及中继线上加收的通信建设费。固定电话初装费甲、乙种用户统一降为每部2500元，降幅分别为28.6%和50%。1999年7月起，取消乙种电话用户区间电话扶贫电信发展费，基本月租费甲种用户13.6元，乙种用户21元。2000年2月起，交通、旅游、教育、科技信息服务每分钟0.4元。2000年8月起，电话基本月租费甲种用户提高至17.6元，乙种用户27元。2005年8月起，甲、乙种用户全部调整为18元。

第四节　收费管理

一、房地产服务收费管理

1.房屋交易费

1997年2月起，无锡市调整房地产交易管理费，住宅商品房由每平方米售价的0.8%降至0.6%，非住宅商品房由每平方米售价的3%降至0.8%，存量房产的转让由成交额的3%降至2%，安居工程、解困解危房、经济适用房和拆迁安置房免收房地产交易管理费。房地产抵押管理费由按房产值的2%调整为按抵押评估值作计费基数，实行差额定率累进收费，由抵押人支付，抵押期低于1年的收费标准下降20%，超过1年的上浮20%。1999年3月起，取消房地产交易管理费。12月起，土地交易双方向土地交易市场缴纳土地交易综合服务费，交易双方各承担50%。2000年6月，商品房（含安居房、经济适用房）、私人住宅、非住宅用房交易按成交价（扣除政府代收费用）的0.9 %收取交易综合服务费，由买卖双方各负担一半。交易综合服务费中包括房屋初始登记、转移登记、测绘、产权证工本费等相关费用。私人住宅及非住宅仅办理房屋权属登记，不收取交易综合服务费，按评估价格的0.3%收取产权登记服务费，评估不得另行收费。房改房首次上市交易，卖方缴纳150元准入审批和房地产交易综合服务费。买方缴纳申办房屋所有权证、国有土地使用证费用150元和房地产交易综合服务费100元。接受赠与和继承房地产的由受赠人、继承人按评估价的0.5%负担。2002年3月，取消房地产交易综合管理费，分设房屋产权登记费和房屋交易手续费。2004年8月起，房屋产权登记部门在办理房屋产权证明时，除收取房屋产权登记费外，不再收工本费、测绘费等。

2.房屋拆迁费

1995年11月，无锡市城镇拆迁的安置房产权凋换和超面积实行按标准价格收费，产权调换按建筑工程造价，超面积按建筑成本价。新建多层砖混住宅房屋建筑安装工程造价每平方米534元，在规定安置标准内的超面积成本收费每平方米702元。另外，对拆迁安置中有关补助费、奖励费等标准也作了规定。2002年2月，拆迁单位在实施房屋拆迁时可收取拆迁经办费，城市房屋每平方米30元（含评估费），农村房屋每平方米17元。

3.物业管理费

1996年10月，物业管理收费的形式分为政府定价、政府指导价和协商议价，物业管理收费必须签订合同、使用统一发票。1996年，普通住宅的物业收费标准为：建筑面积小于60平方米的每户每月6元，60～80平方米的8元，80平方米以上的10元。公共服务费与等级考评和群众测评结果挂钩，物业管理公司按甲、乙、丙分等定级，每年考评和测评一次。评为甲级的，可按规定的收费标准加10%的收费；评为乙级的，收费标准不升不降；评为丙级的，按规定的收费标准减10%。2000年8月，规定普通住宅收费实行政府指导价，非普通住宅以及写字楼、办公房、厂房、经营性用房等实行市场调节价。2005年12月，发布物业公共服务等级收费标准：一级每平方米0.1元，二级0.3元，三级0.5元，四级0.7元，五级0.9元，六级1.1元，七级1.3元。

二、医疗收费管理

1985年3月，无锡市调整公立医院医疗机构的住院费、手术费等6类168项收费标准，同时明确公费、劳保医疗费，除挂号费、住院费、手术费仍执行原收费标准外，其他项目与自费病人执行同一收费标准。1986年4月，决定将60年代以后沿用的640余项收费与全省新开展的960余项收费合并，共计21类1600余项。市以下的医疗机构的收费标准在规定标准范围以内，由市负责制定，乡级由县制定。1987年，降低自费复诊和急诊挂号收费标准。1989年，对医疗收费管理进行整顿，取消病历书写费、查房费等26种不合理收费，对住院床位费实行分等级定价，调高门诊挂号、检查治疗、化验类140项收费标准，提高手术费收费标准，降低CT、碎石机的收费标准，降幅30%～40%。1993年2月，提高普通挂号费和部分检验、手术费收费标准，降低核磁共振、振波碎石治疗、CT检查等收费标准，将公费、劳保医疗和自费收费标准合而为一。1997年1月起，医疗收费进行试点改革，对定点医疗机构部分医疗服务收费项目进行调整，提高护理费等6大类收费标准，降低大型仪器检查诊疗收费标准；非定点医疗机构的上述项目仍按原标准执行。1998年1月起，全面提高手术费、抢救费、麻醉费、X光透视费、摄片费以及部分治疗费、检查费、检验费收费标准，降低核磁共振、ECT、DBA、胃镜、肾透视仪等大型仪器检查的收费标准，取消热敷、擦浴、中医诊断等5项收费；允许注射器、输液器、采血针等直接用于病人的一次性医用材料按进价加5%的损耗费，最高不超过当地零售价的原则进行收费；明确对领取最低生活保障金的病人减免医疗服务收费。1999年4月，适当调整医疗单位病房床位的收费标准。2000年9月起，新增化验类、检查类、治疗类、手术类四大类168项医疗项目收费标准。2000年11月，提高医疗机构的服务收费标准，浮动部分由医院根据医生的技术水平和服务质量自主确定，中手术、大手术、特大手术的手术费在原规定标准基础上提高30%。2005年9月，出台医疗服务价格改革措施，将7000多个新增医疗服务项目归并为3916个，对不同等级的医疗机构实行分等定级，按等级定价，对非营利性医疗机构手术类和护理类项目，实行分类、分地区制定基准价格，部分大型设备检查项目分类但不分地区制定基准价格，允许医疗机构每年1次在省定基准价格15%的范围内上下浮动。一等病床两张以下每床50元，二等3张以下每床35元，四等以下每床15元，平均上涨12.3倍左右。挂号三类医院每人次收费不超过1元，二类、一类医院每人次收费不超过0.8元；三类医院急诊挂号费不超过1.5元，二类、一类医院不超过1.2元，比1985年平均提高3.5倍；肌肉注射收费每人次0.6元，静脉注射1.6元，比1985年分别提高5倍和7倍；尿常规检查每人次为1元，比1985年提高4倍。对低保人员实行医疗服务价格减免政策，住院诊疗费、床位费减半收取，治疗费、大型设备检查费减免30%，免收普通门诊诊疗费等。

三、教育收费管理

1985年开征教育事业附加费，同时允许在自愿的基础上，鼓励单位、集体和个人捐资办学。2002年，在全市学校实行教育收费公示制度。2004年，贯彻执行教育收费决策听证制度。

1.义务教育

1989年，明确中小学收取杂费和高中收取学费，并对义务教育阶段和非义务教育阶段高中收费设立差别政策。10月，在小学和初中实行义务教育，规定免收学费，只收杂费。从1992年起，每两年对义务教育杂费进行1次调整。1999年1月，规定中小学代办费收取的最高标准为每人每学期小学130元、初中220元；代办费按学期结算多退少补，结算清单交给每一个学生；发生超支，须向教育部门申报批准后才能补收；学校为学生提供的各种服务性项目必须得到家长同意后方可办理，收费项目不得以赢利为目的，也不得在代办费中列支，各项收费均需报物价局和教育主管部门备案。2004年，在义务教育阶段推行“一费制”收费办法，“一费制”内容包括杂费、课本费和作业本费。规范中小学代办费、代办性收费和服务性收费；取消民办学校建校费，将其并入学费，逐年收取。2005年，取消学校收取的上机费、家长学校培训费、自行车管理费、假日新视野活动费、初中招生服务费等6项收费，规范择校收费行为。是年，春季杂费可在收费标准基础上上浮15%。

1986～2005年无锡市中小学杂费标准变化表

表20-7　　　　单位：元/生・学期

类别	1986年			1989年			1992年	1994年	1996年	1998年	2000年	2005年
小学	初小	中年级	高年级	初小	中年级	高年级	14.00	30.00	40.00	50.00	70.00	87.00
	3.50	4.00	6.00	5.00	7.00	9.00						
初中	8.00			13.00			22.00	50.00	65.00	80.00	100.00	125.00

2.普通高中

1994年，市物价局和市教委规定高中段招收自费生比例为学校当年招收新生总数的20%，1996年调整为35%，且不得招收计划外学生。1998年，对高中不再确定自费生比例，改按每班公费生22人，其余为自费生。1999年1月，规定高中收取杂费每人每学期240元。2003年，对高中招收择校生严格执行“三限”政策（限分数、人数、钱数）。分数不低于当地高中录取控制线，人数不超过高中实际招生总人数（以学校为计算单位）的20%，少数通过银行贷款异地扩建校舍、招生规模超过2000年实际招生总人数1倍的重点中学，最高不得超过该校实际招生总人数的35%；钱数规定每生不超过3万元。2005年，普通高中择校费标准为省重点和国家示范高中（三、四星级）每生3万元，市重点高中2.5万元（二星级），一般高中2万元。

1986～2001年无锡市普通高中学费标准变化表

表20-8　　　　单位：元/生・学期

类别		1986年	1989年	1992年	1994年	1996年	1998年	2001年
公费生	一般	11	20	70	100	150	170	500
	市重点	—	—	—	—	—	300	650
	省重点	—	24	—	200	260	300	850
自费生	一般	—	—	—	500	650	650	—
	重点	—	—	—	650	900	900	—

3.中等职业技术教育

1991年，对中等专业学校（不含中师）、技工学校和职业高中学校学生适当收取学费。1993年，批准职高和中专可招收一定比例的自费生。技校的自费生收费标准按高于职高、低于中专的原则确定。1998年，实行收费并轨。

1991～2001年无锡市中等职业技术教育收费标准变化表

表20-9　　　　单位：元/生・年

类别			1991年	1993年	1994年	1996年	1998年		2000年		2001年	
普通中专校	非自费生	一般	200	480	—	520	收费并轨		收费并轨		收费并轨	
		重点校	—	—	550	550	一般	重点	一般	重点	一般	重点
	自费生	文科	1400	1400	—	1450	1950	2000	2100	2200	—	—
		理科	1600	1600	—	1650	2100	2200	2300	2400	—	—
		艺术	—	2000	—	2050	2700	2900	3100	3100	—	—

续表

类别			1991年	1993年	1994年	1996年	1998年		2000年		2001年	
技工学校	一般		—	—	—	500	520	—	2100	—	—	—
	重点校		—	—	—	540	580	—	2200	—	—	—
	自费生		—	1400	—	1500	1500	—	—	—	—	—
职业高中	一般		—	240	—	280	300	—	300	—	—	—
	重点		—	480	—	520	560	—	560	—	—	—
	热门		—	700	—	800	800	—	800	—	—	—
	自费生	文科	600	1200	—	1200	1200	—	1200	—	800×2	1000×2
		理科	700	1400	—	1400	1400	—	1400	—	900×2	1100×2
		艺术	800	1600	—	1600	1600	—	1600	—	1000×2	1200×2

4.幼儿园、托儿所

1998年2月，市物价局和市教委决定调整市区幼儿园、托儿所收费标准。1999年秋季学期起，适当上浮省级重点幼儿园的收费标准。其中，实验幼儿园等重点幼儿园在原规定的基础上上浮15%，崇安区中心幼儿园等其他幼儿园、实验托儿所等在原规定的基础上上浮10%。2002年，民办幼儿园收费标准根据幼儿园生均教育培养成本和幼儿园的类别核定，并明确幼儿园教育培养成本的范围及幼儿园类别系数。类别系数分别为合格园1、二类园1.05、一类园1.2、省示范园1.5。

1992～2001年无锡市市区幼儿园收费标准变化表

表20-10

类别	时间	管理费（元/生·月）		保育费（元/生·月）		杂费（元/生·学期）
		公办	集体办	公办	集体办	
省示范园	1998年2月	—	—	经市物价局批准，可在一类园收费标准基础上适当上浮（不超过20%）		—
	2001年8月	55	60	115		50
一类园	1992年8月	35	35	20	17	10
	1994年12月	50		35	30	30
	1998年2月	55	60	60		40
	2001年8月	55	60	85		50
二类园	1992年8月	35	35	15	12	10
	1994年12月	50		25	20	30
	1998年2月	55	60	45		40
	2001年8月	55	60	60		50
合格园	1992年8月	35	35	12	10	10
	1994年12月	50		20	15	30
	1998年2月	55	60	30		40
	2001年8月	55	60	50		50

1992～2001年无锡市区托儿所收费标准变化表

表20-11

类别	时间	管理费（元/生·月）	托费（元/生·月）		杂费（元/生·学期）
			18个月以内（1992年为1周岁）	19–36个月（1992年为1～3周岁）	
省示范园	1998年2月	—	经市物价局批准，可在一类所收费标准基础上适当上浮（不超过20%）		—
	2001年8月	65	105	100	40
一类园	1992年8月	35	20	17	8
	1994年12月	50	35	30	25
	1998年2月	60	45	40	30
	2001年8月	65	75	70	40
二类园	1992年8月	35	15	12	8
	1994年12月	50	30	25	25
	1998年2月	60	40	35	30
	2001年8月	65	60	55	40
合格园	1992年8月	35	13	10	8
	1994年12月	50	25	20	25
	1998年2月	60	35	30	30
	2001年8月	65	55	50	40

5.民办教育

1992年，无锡市鼓励和支持社会力量办学。1993年，确定对民办教育收费实行两级管理，即高等民办教育收费标准由省制定，其他阶段民办教育收费标准由市物价和教育部门制定。1996年，规定具有独立事业法人、独立财务核算、独立师资和独立校舍等条件的办学实体的公办民助学校收费标准，小学每生每年500元，初中每生每年1250元，高中每生每年1500元。规定民办学校可收取建设费，按照民办学校基本建设投资、办学规模以及各年级学生实际占用教育资源的份额，以不少于13年逐步收回学校基本建设投资为原则。1997年秋季开学起，按各学段收取每生每年3000～12000元的学校建设费。1999年，学费标准每生每学期提高至小学1300元、初中1500元、高中1800元。2003年，将建校费与学费归并，初步制定民办学校学费收费标准。2005年，民办学校的收费标准按照补偿成本的原则并适当考虑合理回报的因素制定。

四、公园收费管理

1991年3月，市区各园林公园对老红军、残疾军人、离休老干部、70岁以上老人、30年以上教龄教师办理优惠卡。1995年6月，对游览参观点收费的管理范围、收费管理原则、收费标准制定、禁止搭售商品、禁止增加收费项目、优惠对象及优惠标准及实行明码标价等作出规定。2005年，无锡市区公园门票价格为鼋头渚每人次70元、蠡园30元、梅园20元、吟园5元、薛福成故居25元、三国城55元、水浒城50元、唐城40元、灵山胜境88元。

五、服务收费管理

1.环境卫生服务

1996年8月，无锡市对环境卫生收费实行由国家、单位、个人合理负担的原则，统一由单位按每人每月4元(单位、个人各负担2元)、离退休人员3元(单位负担2元、个人负担1元)代扣代缴。1997年1月起,对市区沿街单位门前卫生实行有偿服务收费,市区主要道路、广场、出入口路段的沿街商店每个自然间每月20元,其他道路的沿街商店每个自然间每月15元。2001年6月,规定市区城镇范围内的机关、企业事业单位、社会团体、驻锡部队、个体工商户及个人均须缴纳城镇垃圾处理费,标准为单位负担部分按在职职工人数每人每月4元征收,个人负担部分按在职职工每人每月4元、离退休人员每人每月2元征收,其他人员按每人每月6元征收。2004年8月,明确环卫有偿服务的范围是除城镇生活垃圾以外的建筑垃圾、工程渣土、生产经营性垃圾等废弃物的清运、处理和环卫责任区的保洁、清运等服务。环卫有偿服务实行市场化运作,适当调整收费标准。

2004年8月～2005年无锡市环卫有偿服务范围和收费标准表

表20-12

收费项目	收费标准	收费对象	备注
餐饮业、娱乐休闲业	每月每平方米1元	经营者	炸鸡快餐业上浮80%
食品加工业、农贸市场	每月每平方米1.2元	主管单位	按营业面积
办公、商住楼	每月每平方米0.1元	主管单位	按使用面积
美容美发、洗烫、照相等	每月每平方米2元	经营者	按营业面积
宾馆、饭店、旅社、招待所	每月每床4元	经营者	餐饮、娱乐业部分另收
长途客运、货运汽车	每天每辆1元	单位或车主	
摊点	每月15元	经营者	
百货、金融、五金交电等行业	每月每平方米0.4元	主管单位或经营者	
厂矿企业经营性垃圾清运费	每吨50元	厂矿企业	包含经营性垃圾处置费
桃花山填埋场垃圾处置费	每吨12元	单位	由桃花山填埋场收取
单位厕所粪便清运	每吨30元	单位	
单位化(蓄)粪池清坑	每次800元	单位	每年至少1次
单位化(蓄)粪池管道疏通	每次50元	单位	
单位厕所保洁、消毒服务	每月每蹲位20元	单位	消毒期4～11月
工程渣土、建筑装潢垃圾处置费	每吨4元	建设单位或物业公司	不含运输费
汽车承运渣土服务检验费	每辆50元	单位或车主	
单位卫生责任区代保代扫费	每月每米5元	单位或业主	
市区河道作业、装卸货物等船只	每船每月15元	船主或公司	
占用水域岸线的作业点保洁	每月每米16元	单位	
清除污染道路	每次每平方米0.3元	污染道路的单位或个人	含冲洗污染路面经费

2.停车

1998年1月,无锡市住宅小区汽车停车收费标准为:小型、中型、大型客车白天分别为2元、2.5元、3元,夜间分别为4元、5元、6元,月票分别为80元、90元、120元。2002年2月,自行车停放每月收费标准为地面5.5元,地下及楼上5元;电动自行车地上9元,地下或楼上8元。至2005年未变。

3.理发业

1992年7月,无锡市普通理发,男子每人次2元、女子2.5元,比1985年分别上升6.7倍和6.6倍。1993年5月1日起,放开理发收费。

4.洗浴

1993年1月,无锡市浴价男子每位乙级2元、女子每位2.6元,比1985年分别上涨5.7倍和3.7

倍。1993年5月1日起，洗浴收费全面放开。

5.婚姻服务

1998年12月，无锡市收取结婚证工本费每对10元，婚前教育指导费每对20元，婚前医学检查费每对75元。受理离婚登记收取调查建档和资料费每对120元，离婚证工本费每对10元，离婚财产协处费每对50元。婚姻介绍所按每人不超过150元标准一次性收取服务费。1999年6月，婚前卫生指导8元，婚前卫生咨询5元，原规定同时废止。至2005年未变。

6.殡葬服务

1999年10月15日，无锡市火化费每具300元，比1985年提高约4倍。抬尸费、冷冻费、化妆费等其他项目收费标准均有所提高。至2005年未变。

7.餐饮业服务

1992年6月，无锡市除大饼、油条等省定市管等品种外，其余饮食业的价格均采用国家指导价的管理形式，以毛利率按质分等计价。1996年10月，对涉外饭店范围、价格管理形式和收费标准、明码标价管理等内容做出明确规定。1997年11月，餐饮业的价格实行政府价格主管部门指导下的经营者自主定价，采用分等定级、考核价格毛利率、加价率的管理办法。餐饮业根据设施设备、技术力量、菜肴质量、服务质量、安全卫生及价格管理等情况，划分为特级、一级、二级、三级等4个等级，每三年实行1次等级审验。餐饮业经营自制食品、菜肴的毛利率，特级52%、一级48%、二级42%、三级35%、其他25%；经营饮料、酒水价格按实际进价加相应的等级毛利率计算，特级70%，一级50%，二级40%，三级30%。少数特级的饭店、一级的雅座，经物价局批准，可收取10%的服务费。2000年10月，明确毛利率和加价率的具体标准由市物价局会同贸易局制定和调整。餐饮业价格等级的认定，凡市属餐饮业企业及特级餐饮业企业，由市物价局和贸易局协商后评定核定；各辖区内的一、二、三级餐饮企业由区物价部门评定核定。各等级之间保持合理的差价水平。特级饭店、一级饭店外，其他企业一律不得以任何形式收取服务费和价外加价，并取消在用餐场合向消费者收取的茶水费。至2005年未变。

六、行政事业性收费管理

1991年，无锡市对旅店业、歌厅、舞厅开征城市建设与管理附加费和通讯建设费。1994年5月，凡非本市市区户口在市区购买商品房须按不同地区类别征收城市建设费，根据一至五类地区每平方米征收600～100元不等。1994年8月，市区企业和实行自收自支企业化管理的事业单位缴纳人防建设资金按上年末职工在册人数每人每年15元计收，个体工商户每户每年交纳60元，结合民用建筑修建防空地下室缴纳每平方米2600元易地建设费，其他民用建筑按地面建筑总面积计算每平方米30元。1995年3月起，恢复、调整对小汽车、大轿车征收市政建设基金及消费附加费，每年每辆5000元。1998年10月起，调整就业调节基金标准，各单位使用的农村劳动力所征收的就业调节基金，除建筑、环卫、矿山行业一线工人以外，缴费标准调整为外省农村劳动力每人每月35元，本省劳动力每人每月10元。1999年2月起，征收除学校、幼儿园、托儿所、医院、敬老院和福利性工厂外的城市建筑消防设施建设费，10层或24米以上的高层建筑、从事经营的地下建筑、石油化工建筑均为每平方米3元，其他建筑每平方米2元。1999年7月，收取营业性演出管理费，经营性民族高雅艺术按2%～5%收取，通俗流行音乐按8%收取。2000年3月，市区各职业介绍服务机构统一执行核准的新收费项目和标准，委托招聘代理服务费每人次100元，户粮关系代理费每人次200元，转正定级代理费每人次60元，缴纳社会保险代理费每人每月2元，人事关系转移代理费每人次30元，调资晋级代理费每人次10元。民政部门在办理民办非企业单位登记过程中，向申请单位收取登记费每件100元，变更登记费每件40元，至2005年未变。

七、不合理收费清理

1990年，市物价局全面清理整顿收费、罚款、集资和各种摊派，明确行政事业性收费项目的审批权限集中在中央和省两级，全年取消不合理收费2900多项。1991年7月，公布取消行政事业性收费项目169项。1993年8月，制止部分学校乱收费，对收取杂费、择校费、自费生费的标准及加强经费管理、增加教育投入等提出意见。1995年秋季开学起，市区中小学实行收费登记制度。10月，取消收费项目36个，降低收费标准项目5个。11月，取消收费项目50项，同时对国家公布的第一批75个取消收费项目及省公布的第一批60个取消收费项目一并贯彻落实。1995年6月，整顿规范车辆停放收费，整顿游泳场收费。7月起，对商品房在开发经营中的乱收费进行清理整顿。8月，整顿规范管道煤气安装、设计收费。1996年，取消收费项目34项，降低收费标准42项。1997年6月，取消48个建设收费项目。10月，取消外地在锡务工经商人员城市建设费、外地驻锡机构管理费、城市停车场建设费、新村统管费等29个收费项目。1998年8月，降低税务登记证工本费、城市市政公用基础设施配套费、就业管理费等10项向企业收取的行政事业性收费标准。1999年1月，取消20个收费项目，分别涉及文化、公安、建设、旅游、广播电视、林业、口岸等7个部门。6月，取消市市政公用事业局的特种垃圾管理费收费项目，降低加工贸易品质检验和外商投资财产鉴定收费标准。8月，降低农贸市场、工程建筑监理收费标准，调整海关总署104项收费。10月，取消火车站广场收取的管理费和向个体出租车驾驶员收取的公用基础设施配套费；降低广场管理费、工商管理费、安全组织管理费、车辆检测费等8项。11月，取消农村电网改造向农户收取接户线费、施工费等费用；应承担费用的最高标准，使用电子表的每户200元，使用机械表的每户175元。2000年3月，取消市建委等14家单位17个收费项目，降低市劳动局等4家单位的收费项目标准4项。4月，取消涉及交通、劳动、新闻出版、海关、环保、外汇、司法等部门收费项目20项。11月，取消车辆登记费、机动车驾驶员登记费、准考证费、其他表格费和驾驶员审验、违章法制教育费。市政府宣布取消行政事业性收费项目51项，降低收费标准5项，全年减负1.5亿元。2001年9月，取消涉及公安、经贸委等13个部门38个收费项目。是年，取消行政审批事项6项，降级事项2项，确定保留21项；取消主要涉及商品房、文化、电信行政事业性收费项目66项，降低收费标准10项。2002年1月，开展农民建房收费专项治理工作。年内，共取消收费项目79项，主动取消基金和收费项目15项，涉及金额1亿元。至此，所有市立行政性收费项目全部取消，并将交费登记卡制度推广到全市所有企业和个体工商户。根据上级指示，对省以上收费项目继续进行清理。2003年，取消收费项目34项，降低收费标准6项。2004年，取消和行政事业性42项，降低收费标准11项。减免涉及民企和农民27项收费项目，合计减负2000万元。2005年，取消收费项目118项，降低收费标准10项。

第五节　价格服务

一、价格监测

1992年12月，市物价局在市区建立市场价格动态监测网络，选定28个监测定报单位（点），对155种商品定期跟踪监测，其中农副产品55种、日用工业消费品75种、生产资料25种（类）。1993年3月起，对工业品实行价格监测，主要有金属材料类22种，燃料类8种，化工原料类15种，建筑材料类13种，木材类11种，摩托车、汽车类8种。1995年4月，对24种农业生产资料实行价格监测。1995年12月，新增4家大型百货商场为监测点。1996年2月，生产资料价格监测品种有6类122个品种，其中金属材料类28种，燃料类21种，化工原料类24种，建筑材料类24种，木材类13种，摩托车、汽车类12种。1998年，对大型批发市场的主要农副产品的成交价格实行监测，5个主要农贸市场的主要副食品的零售价格每5天监测1次。在全市各大型商场设立价格监测点，建材价格监测点扩大到18个，对600多个建材品种每季度监测1次。2004年，有93个价格监测点，对食品、百货、建材、家电、化工、服装、日杂、旅游、房产、汽车、医疗、学费等1659种重要商品和服务价格实施跟踪监测，采集价格数据3.39万条，完成分析任务789期，其中反映市场粮油及农资等价格情况的8条信息分别被中共中央办公厅和国务院办公厅录用。2005年，全市有104个价格监测点，重点对粮油、农资、家电、钢材、石油等15类1659种重要商品和服务价格实行跟踪监测，全年采集价格数据1.1万条，编发价格监测分析材料152份。

二、价格优惠扶持

1998年10月，无锡市对下岗职工再就业或申请从事个体工商经营或开办私营企业的，给予一系列优惠政策；对生活特别困难的下岗职工及其子女在生活、就医、上学等方面，按有关规定减免费用。2003年，制定并实施《下岗失业人员从事个体经济有关收费优惠政策的通知》，规定涉及11个部门免交的16类收费项目，全市共有1.2万人次从中受益，减免收费500多万元。2001年7月，为发展个体私营经济制定17项实施细则。2004年，制定促进民营经济发展的19条价费扶持政策。2005年，出台《关于发挥价格部门职能作用促进服务业快速发展的实施意见》，对交通、旅游、教育、卫生和社会福利等服务行业出台用电、用水、用气价格与工业行业并轨的16条价费扶持政策。

第六节　价格监督检查

1984年10月，无锡市物价检查所成立，内设日用工业品价格检查组和农副产品价格检查组。1998年12月，无锡物价检查所增挂无锡市价格举报中心牌子。2002年12月，市物价检查所更名为无锡市物价检查局。

1986～1991年，价格监督检查工作的主要任务是控涨治乱，以关系国计民生的重要商品和服务收费为监督检查重点，先后开展生产资料、日用工业品、财税物价等监督检查活动。1992～1996年的主要任务是抑制通货膨胀、控制物价过快上涨，开展以行政事业性收费为重点的税收、财务、物价大检查，以电力价格、教育收费、医疗收费为重点的专项检查，以与人民生活密切相关的“米袋子”“菜篮子”价格为重点的市场价格检查等。1997～2005年的主要任务是清费治乱、促进经济发展，开展公安、医疗、交通、教育、工业、土地及建设项目收费、电力、电信、药品价格，房地产价格，涉农收费及价格等专项价格检查。2001年10月，无锡市开通全国统一的价格监督举报专用电话“12358”，并参与“110”社会服务联动网络。

1986～2005年，全市共查处价格违法行为和案件99762件，实施经济制裁4.05亿元，上缴财政1.78亿元，退还消费者2.27亿元。1998～2005年，全市共受理价格举报案件14630件，处理14369件，办结率98.22%；回复14630件，回复率100%；实施经济制裁6468.93万元，其中退还用户4851.76万元，没收违法所得1382.14万元，罚款235.03万元。其中，市价格举报中心受理价格举报案件9998件，处理9831件，办结率98.33%；回复9998件，回复率100%；实施经济制裁4293.55万元，退还用户3436.17万元，罚款160.01万元。

第七章　质量技术监督

第一节　机　构

1980年，成立无锡市标准计量局。1986年9月，局机关内设党委办公室、秘书科、总工程师办公室、标准化管理科、计量管理科、质量监督管理科。1987年，下属事业单位有无锡市计量测试中心、无锡市计量科学研究所、无锡市标准计量情报所（实行“三块牌子，一套班子”管理体制，合署办公）和无锡市产品质量监督检验所、无锡市标准计量培训班。1988年12月，成立无锡市度量衡器管理所。1989年3月，单独设立无锡市标准计量情报所。1992年1月，成立无锡市纤维检验所。7月，成立无锡市物品编码所，与市标准计量情报所实行“两块牌子，一套班子”管理体制。同年，成立无锡市金银制品质量公证处。1993年3月，市标准计量局内设市场商品质量监督办公室。是年，无锡市标准计量检测中心划分为无锡市计量测试中心和无锡市产品质量监督检验所。2月13日，无锡市度量衡器管理所更名为无锡市度量衡管理所。3月，成立无锡市标准计量局技术监督稽查队。4月5日成立无锡市产（商）品质量公证鉴定事务所。8月，成立中国质量万里行江苏投诉站无锡分站。1996年6月，成立无锡市眼镜计量公正行，在省微生物所设立营养品检验站，在石油地质中心设立珠宝饰品检验站。

1997年2月，成立无锡市技术监督条码印刷品产品质量检验站，与市物品编码所、标准计量情报所实行“三块牌子，一套班子”管理体制。是年，市标准计量局更名为无锡市技术监督局（简称“市技监局”），内设机构有综合计划科技处、质量监督管理处、标准化处、计量处、稽查处、质量认证管理办公室、市防伪技术管理办公室等。9月成立无锡市经济技术监督信息中心，11月成立无锡市质量认证咨询中心，均为全民事业单位。12月，市标准计量局技术监督稽查队更名为无锡市技术监督稽查支队。1998年，市局设稽查处。12月，无锡市技术监督轴承产品质量检验站由市机械工业局建制划归市技术监督局，与市产品质量监督检验所实行“一个机构，两块牌子”管理。是年，成立无锡市木材计量公正行和无锡市商品房面积公正计量站。

1999年12月，市、市（县）、区技术监督局更名为质量技术监督局（简称“质监局”），实行省以下质量技术监督系统垂直管理。经委、劳动部门的有关质量管理和生产许可证管理、锅炉（压力容器和特种设备）安全监察职能以及市打假办公室的有关机构编制和职能同步划转同级质监局；劳动部门下属的无锡市锅炉压力容器检验所和无锡市劳动安全卫生检测检验站，也相应成建制划归无锡质量技术监督局管辖。

2000年12月，市计量测试中心和市度量衡管理所合并，对内实行统一管理，对外保留市计量测试中心、市度量衡管理所、市计量科学研究所牌子；市商品房面积公正计量站更名为无锡市商品量公正计量站。

2003年8月，无锡市劳动安全卫生检测检验站更名为无锡市特种设备安全监督检验所。2004年1月，成立无锡质量技术监督产品质量司法鉴定所。11月，无锡市产品质量监督检验所组建成立国家电动自行车产品质量监督检验中心。2005年1月，江苏省技术监督轴承产品质量检验站更名为江苏省轴承产品质量监督检验中心。

2005年8月，实行江苏省特种设备安全监察省以下垂直管理。撤销无锡市锅炉压力容器检验所、无锡市特种设备安全监督检验所及宜兴、江阴市相关检验所、站等5家单位，分别组建为江苏省特种设备安全监督检验研究院无锡分院、宜兴分院、江阴分院，均为省院的直属机构。

至2005年末，江苏省无锡质量技术监督局内设计划财务科技处、质量管理与认证处、监督处、标准化处、计量处、稽查处、特种设备安全监察处等。市产品质量监督检验所发展成为拥有国内外各类先进检测仪器和专项检测设备1135台（套），域跨机械、冶金、电气、电子、轻工、纺织、食品、化工等众多行业，具有国家电动自行车产品质量监督检验中心、机械工业气动元件产品质量监督检测中心、江苏省轻型电动车产品质量监督检验中心、江苏省轴承产品质量监督检验中心、江苏省质量技术监督无锡食品农产品检测中心、全国电焊机产品3C强制性认证指定检验机构、全国工业产品生产许可证蓄电池产品指定检验机构、全国工业产品生产许可证电动自行车产品指定检验机构、全国工业产品生产许可证建筑门窗产品指定检验机构、中国质量认证中心（CQC）签约实验室、中国质量认证中心南京分中心无锡办公室、食品生产许可证（QS）认证指定检验机构和美国保险商实验室（UL）、出口欧盟市场认证（CE）、英国太平洋科学委员会（PSB）、欧洲认证中心（TUV）、中国通标标准认证机构（SGS）合作实验室等检验资质的行业内一流检测机构。

第二节　计量管理

一、计量法制

1.法定计量单位使用

1986年7月1日，《中华人民共和国计量法》实施。当日，无锡市在崇安寺农贸市场组织物价计量执法检查，当场焚烧上半年收缴的千余支不合格木杆秤。1987年，市标准计量局责成市计量检测中心对全市使用非法定计量单位示值的计量器具组织改制。年内完成105台压力机的改制，完成率100%；完成75台材料试验机的改制，完成率37.5%；完成11台冲击机的改制，完成率55%；完成1万多只压力表的改制。1988年，组织对电台、报社和电视台的稿件检查，计量单位的名称使用问题较多，引起各部门重视。对全市印刷及包装行业等企业发出禁用非法定计量单位的专题通知，出台《无锡市商业计量工作考核办法（试用）》。1989年，组织全市普查，市级机关、企事业单位的报表、公文材料和《无锡日报》等传媒已鲜见使用非法定计量单位名称的现象，市区集贸市场的固定摊点95%以上使用千克秤。1990年末，在用计量标准器和新生产计量器具的改制率100%，工作计量器具的改制率95.42%，商贸在用度量衡器已全部完成改制；新闻单位使用法定计量单位名称的准确率98%，政府文稿、出版物等的使用准确率95%，全市基本如期实现向法定计量单位过渡的目标。

2.计量器具强制检定

1986年，市标准计量局组织受理企业最高标准器的考核发证工作，编制全市强制计量器具《周期检定目录》。1987年，市计量检测中心21项计量标准器通过省计量局考核取得证书；三市（县）、郊区标准计量局和相应企业的288个计量标准器，经市局考核，162个合格。年内组织调查158家工厂、22家医院和537家商店，涉及55项95种强检工作计量器具86634台（件）。1988年，市区社会公用标准器116项完成省计量局考核，纳入省《周期检定目录》。市企业最高标准器申请考核的企业有202家计1324项。经市局考核并取得证书的有101家企业计863项标准器。是年，按省计量局公布的首批《强制检定目录》，有33项64种计量器具纳入全市强检范畴；设立血压计、煤气表和水表3个授权检定站。1989年，全市经登记造册纳入管理计划的强检工作器具196841台（件），受检率为87.5%；市区领证的企业最高标准器共有183家企业1342项，受检率98.7%。

1999年，市技监局与市市政公用事业局联合印发《关于对我市计费新装水表实行首次强制检定的规定》，市区在建工程的5600只新装水表实行首次强检。是年，首次开展电话计费器强检，对全市40家宾馆的电话计费系统和147个公用电话计费器实施强检。至年末，全市社会公用标准器655台（套），受检率100%。

2001年，市计量测试中心有22个计量标准器项目通过国家计量校准实验室认可考核。2003年，邀请中国计量科学研究院对全市30家医院的52台大型医疗设备检定，合格率仅为38.46%，其中直线加速器25%、医用CT27%、X光机37.5%。2004年，先后对全市79家医疗单位的8320台（套）医疗计量器具专项检查，其中大型医疗器具57台，一次合格率超过90%。对全市8万多只新装电表、1084只新装水表、7193只煤气表100%实施安装首检，对218个加油站的1273把加油枪及465家热电用户的蒸汽流量计实施强检。

2005年，对163家医疗卫生单位开展计量执法检查，综合情况合格的占80.37%，发出责令改正通知书10份。实行计量IC卡管理制度，全市3000多家企业纳入电子智能动态管理系统。年内，完成首检水表22060只、煤气表9030只、电能表14500只，合格率均为100%。

3.市场计量监管

1987～1988年，市标准计量局组织9次农贸市场计量检查，检定衡器1.2万多台（件），称重复查1100多次，斤两不足占10%，对其中15人做出处罚决定。1991年，崇安寺农贸市场获“全国计量先进集贸市场”称号，无锡市第一副食品商店等3家商贸企业获省先进“双信”单位称号。1994年，对市区850辆出租车安装计价器并实施检定。是年，贯彻国家《关于对黄金、白银生产、加工和销售加强计量监督管理的通知》，在全市首次组织对黄金饰品标重计量专项检查。1995年，继续对全市2000辆出租车的计价器加强监督检查，500辆新出租小货车全部安装计价器；组织对27个加油站99台加油机计量检定，合格率仅为50.5%，严重超差的有18台，责令限期整改。是年，组织对22个液化气站检查，重量合格率仅为37.7%，市液化气公司进行整改。

1996年，出租车计价器纳入强检管理。国家颁布《定量包装商品计量监督规定》，无锡市制定实施《加强对冷冻肉畜（含副产品）、水产品预包装食品管理规定》。市标准计量局组织对专业市场、超市突击抽查，把好商品质量称重和食品标识关。向29个农贸市场宣传淘汰杆秤，推广电子计价秤。1997年，市眼镜计量公正行与教委联合成立市青少年眼镜配置服务指导中心，为全市青少年学生免费视力测试和眼镜检测，中小学生配镜合格率由20%提高至76%。1998年，液化气站重量合格率升至70.3%。是年，组织房地产开发单位自查自纠，自查出与实际不符商品房面积1388.26平方米，清退面积339.3平方米，清退金额57.8万元；受理商品房面积书面投诉60起，实地公正测量2.5万平方米，查出不足面积192.24平方米，退款30万元。2005年，开展粮食市场专项检查，共查93个粮食收购点、24个粮食市场，并实施免费检定。是年，12家饭店贯彻《江苏省餐饮业计量规范》达标。

二、工业计量管理

1986年，《中华人民共和国计量法》实施，市标准计量局组织落实企业最高计量标准器及相应的工作计量器具。1991年，全市723家企业通过定、升级验收，其中一级15家、二级76家、三级632家。1996年，全市分层次全面推行计量确认。2001年，国家制定《定量包装商品生产企业计量保证能力评价规定》和《定量包装商品生产企业计量保证能力评价规范》，推行定量包装商品“C”标志管理制度，开展生产领域“C”标志评定工作。至2002年，全市通过计量确认的企业累计4047家，其中检测体系较完善的企业8家、具备基本计量保证能力的企业143家、符合合格确认要求的3896家。贯彻省《关于进一步加强全省推广使用“C”标志工作的通知》，定量包装商品生产企业计量保证能力评价工作开始起步。2004年，有12家企业通过考核，11家企业办证；对436家生产定量包装产品企业的1075批次产品抽查检测，合格率71%。新增计量确认企业465家，全市累计5292家。2005年，全市25家生产定量包装商品的企业通过“C”标志认定；新增计量确认企业831家，全市累计6123家。

第三节　标准化管理

一、工业标准化

“七五”期间，全市企业标准化工作发展颇不均衡。大中型骨干企业急于提高档次，向国际标准靠拢，乡镇企业的标准化工作近乎空白。1986年，市标准计量局以“抓两头，促全面”为方针，在指导骨干企业采用国际标准和国外先进标准的同时，帮助乡镇企业树立标准化意识，逐步实现有标生产。对无锡县、江阴县、宜兴县、郊区2276家企业涉及的6998个产品开展标准化调查；举办98期标准化知识普及班，组织约6868人次接受培训。1987年，标准化普查面扩大到全市1.2万家企业，产品有标率明显上升，县属以上企业的产品有标率90%，乡镇骨干企业的产品有标率80%左右。1988年，将乡镇企业分成三个“5”（500万元产值、50万元利税、500名职工）和三个“3”（300万元产值、30万元利税、300名职工）两个层次，确定年内基本实现90%的产品有标率目标。1989年4月1日《中华人民共和国标准化法》颁布实施，《无锡市企业标准暂行管理办法》出台，加速全市标准化工作纳入法制管理轨道步伐。

1991年，清理2704件无锡市地方标准，受理企业标准备案632件。1995年，开展强制性国家标准贯彻工作，重点推行《食品标签通用标准》《公共信息图形标志符号标准》和《三相电动机经济运行标准》等。1996年，江阴市、锡山市分别通过国家和省级“消灭无标生产试点县”的验收。1997年，无锡市成为全省第二个国家级“消灭无标生产”的省辖市，全市产品有标率97.4%。1998年，市政府规定实行标准执行证书年检。2000年，对全市2445家企业生产的4366个产品的执行标准开展执法检查，发出书面整改通知180份。经整改复查，99.5%的企业保持“消灭无标生产”的要求。年内，开展企业标准质量评价，在全市抽取62个产品的企标进行评审，合格率95%。省局抽查无锡企业产品标准执行情况，合格率100%。

2001年，配合制定《无锡市食品卫生安全实施方案》，完成全市六大类受控食品标准汇编工作。2003年，无锡市被定为全省唯一的国家技术标准试点城市，制定《无锡市实施标准战略三年行动纲要》，开展环保、新材料、纺织三大产业企业调查，组织10家示范企业调研。2005年，无锡市通过科技部和国家标准化委员会技术标准试点城市验收。推进企业标准化体系建设和标准化良好行为企业活动，企业标准化体系建设确认国家、省两级立项20家（其中国家级3家、省级17家），兴澄钢铁集团公司成为全省首家通过国家标委验收的AAAA级标准化良好行为企业。年内，清理完成491家企业已备案的食品企标1119件，其中废止233件、新修订467件。企标到期复查率91.8%，修订企标2366件，修订率91.8%；依法备案企标5042件；新发产品执行标准证书1896张；年检证书12497张。

二、国际标准采用

1985年，无锡工业企业有197个产品按国际标准组织生产。1986年，市政府将采用国际标准（简称“采标”）工作纳入年度目标管理，全年62个重点产品完成采标任务。1987年，124个产品通过采标验收，采标产品数列全省之首。至1990年，全市累计采标数782项；其中重点产品215项，占全市重点产品的49.8%。

1992年，全市累计采标数1020项，其中列入国家重点产品的采标数273项，占全市重点产品总数的63.2%。1999年，全市累计采标产品1565个，三星级以上名牌产品采标率由56%增至63%。2000年，针对无锡外向型经济结构特点，探索对外资企业高科技产品标准的备案工作，采用外商产品标准译文本，以等同、等效形式认可采标。年内新增采标产品87个，85%以上名牌产品不同程度地采用国际标准和国外先进标准。2002年，全市累计采标产品1807个。

2003年，市政府发布《关于进一步推进采用国际标准工作的实施意见》，引导有条件出口产品而尚未出口的企业（特别是民营和乡镇骨干企业）主动采标。年内新增采标产品98个，累计1905个，采标产品数保持全省第一。2004年，围绕纺织品传统优势产业，组织标准信息、纺织品生态安全检测、技术标准咨询服务等3个服务平台，专题研究并举办培训班，推进采标工作。年内新增采标产品109个。2005年，新增采标产品199个，全市累计2213个。

三、农业标准化

1997年，市技监局会同市农林局提出"水稻抛秧技术标准化"项目，经市政府批准立项并落实在三市（县）实施验证，1998年通过验收。同年开展"锡山市万亩水蜜桃标准化示范区"等2个省项目实施工作。2002年，组织制定省、市级农业标准12项，其中"无公害阳羡雪芽茶"被列为省无公害示范区建设项目。全年制修订农产品标准58项，近百家企业生产的222个农产品制定企业标准并依法备案。2003年，组织制定《无锡市蔬菜安全标准》，组织完成全市农副产品普查并建成相关数据库；完成跨年度农业标准化项目15项，"阳羡雪芽""宜兴百合"等项目通过省专家组评审；启动"阳山水蜜桃""大浮醉李""太湖白茶"等12个农业标准化项目。江阴市《暗纹东方豚网箱养殖技术操作规程》制定实施后，一龄河豚网箱养殖成活率由70%升至90%，二龄河豚由85%上升至98%，商品河豚养殖产量由每平方米1.8公斤增至2.6公斤。2004年，建成省级农业标准化示范区2个，滨湖区1万亩标准化无公害蔬菜基地和宜兴市6.5万亩标准化无公害农产品生产基地皆初具规模。标准化建设项目新增3个省级示范区、3个市级示范区，上报1个国家级示范区。年内，组织制定农产品省地方标准10项、无公害农产品企业标准11项、农副产品企业标准103项；完成跨年度12个农业标准项目的验收，其中江阴蔬菜副食品推广站组织生产的"山岗"牌蔬菜（茗荷、紫苏）享誉日本，年出口创汇40万美元，单位面积效益比常规种植增加10.7倍。2005年，完成省、市两级项目申报和规划近40项，新增国家级示范区（阳山水蜜桃产地）1个、省级4个、市级2个，国家级示范区实现"零"的突破。

四、服务标准化

无锡服务标准化工作始于2003年，启动灵山胜境景区和公交系统服务标准化两个项目。公交服务标准化项目当年通过审核并实施，《灵山景区旅游服务标准》于2004年通过省级地方标准评审并试运行。2004年，实施省地方标准《洗染行业服务标准》《物业管理服务标准》，制定《加油站管理标准》。2005年，会同市旅游局制定4项《旅游安全质量标准》，将服务标准化由景区推向全市旅行社和星级宾馆及旅游客运。灵山景区服务标准被确认为全省旅游业首个省地方标准。

五、机构代码和物品条码管理

1990年，无锡开始推广产品条形码。1992年，全市21家企业的产品开始采用条形码标识。7月，无锡市物品编码所成立，并向省、市两级科委申报条形码参数检测系统课题，列入1993年度市科技计划。1993年，启动代码登记发证工作。至1996年，全市领取代码证单位2.37万家。条形码采用企业累计178家，采用产品累计1552个。1998年，推动商贸超市应用条码扫描结算销售点（POS）系统营销，天惠、星河两家超市接受推广试点。年内条形码应用企业累计270家，产品累计2169个。代码证形式改革，兼发IC卡。年内领证6000个，发放IC卡累计1690张。同期，按照《无锡市商品条码管理办法通知》的要求，市物品编码所组织对市场商品条码鉴伪检测，市场商品条码总合格率72%，地产品合格率84%。是年，全市条码应用企业累计440家，产品3160个。1999年，组织对地产条码标识应用产品监督检测，合格率仅62.69%。年内条码用户企业累计515家，产品3967个。是年，《江苏省组织机构代码管理办法》颁发，全市发放代码证书24008张、IC卡20785张。2003年，发放代码证书30809张、IC卡25987张。2004年，发放代码证书36138张、IC卡26080张。2005年，发放代码证书3.5万张、

IC卡2.6万张。全市大型超市皆采用POS系统营销，条形码在工业企业内部仓储物流管理推开应用。

第四节　质量监督管理

一、产品质量管理

1979年始，市标准计量局引导全市企业推行全面质量管理（TQC），鼓励企业争创优质产品。“六五”期末，无锡市共获国家金质奖12项、银质奖65项，评为部优质产品246个、省优质产品412个和市优质产品188个。“七五”期间，加大企业内部推行全面质量管理力度，引导企业争创国家质量管理奖和优质产品奖，制定实施市优质产品培育计划。

1991年，国家定为“质量、品种、效益”活动年，无锡市被国家定为首批试点城市。根据《工业产品质量分等目录》发布的17个行业1123种产品分类，组织全市《目录》规定的行业和产品严格按优等品、一等品、合格品等3个等级实施质量分等。根据中国质量管理协会《关于“八五”期间继续在工业企业开展有计划推行全面质量管理的通知》精神，推动全市“七五”期内未列入推行全面质量管理计划的大中型工业企业，产品出口的中、小型企业，以及主导产品的图纸、标准、工艺文件完整，已获三级计量单位称号和有较好管理基础的小型企业、乡镇工业企业，实施全面质量管理。市乡镇工业局、市标准计量局联合出台《关于乡镇企业产品质量实施“质量否决”的意见》，促进乡镇企业提高质量管理意识。年内，36家乡镇企业通过农业部全面质量管理达标验收。无锡菊花电器集团二厂获农业部质量管理奖；电讯元件厂的“宝通”牌陶瓷滤波器和陷波器获国家金质奖，为全市乡镇企业产品的首个金奖。1994年，市政府倡导名牌战略，市经委、市标准计量局等有关主管部门，按产品质量高、市场占有率高、经济效益佳、质量体系严和出口创汇强5个标准和三、四、五星3个等级，组织参评。首批评审，市协新毛纺织染有限公司的“金鸡”牌精纺呢绒等60个产品确认为无锡市名牌产品。经省评审确认，其中“小天鹅”全自动洗衣机等27个产品为江苏省名牌产品，数量居全省第一。江苏高科石化股份有限公司被农牧渔业部授予“全面质量管理达标单位”称号。1995年，贯彻落实国家《关于在深化企业改革中进一步加强质量工作的意见》，推动集团企业和行业竞争激烈的企业自觉达标，与国际接轨。江阴钢绳集团公司推行ISO 9002标准，成为中国金属行业第一家通过国内外权威认证机构质量体系认证的企业，获得国家技术监督局、国家商检局和英国、美国船级社颁发的4张政府认可证书。年末，华晶电子集团、小天鹅股份有限公司等18家企业分别通过ISO 9001和ISO 9002质量体系认证，数量居全省首位。

“九五”期间，市政府围绕国务院《质量振兴纲要（1996年—2010年）》，全面推行企业质量体系和产品质量认证，推进“名牌工程”建设。1996年，协新集团、星达工程公司、太极公司等18家企业先后通过体系认证，诚怡集团、锡山钢绳厂等3家乡镇企业自觉达标，分别通过体系认证，全市累计50家企业通过国内外机构的质量体系认证。中策仪表有限公司的微波炉用微电机先后通过国家CCEE和美国UL安全认证。“小天鹅”全自动洗衣机无故障运行5000次，摘取全国全自动洗衣机唯一金奖，该产品还通过美国、瑞士、澳大利亚和新西兰等5个国家的质量认证，取得口岸通行证。全年93个名牌产品销售额205.72亿元，实现利润13.5亿元，分别占全市乡以上工业的17%和35.8%。1997年，全市有三星级以上名牌产品111个，其中“小天鹅”牌全自动洗衣机和“四达”牌柴油机为五星级，“阳光”牌呢绒等15个产品为四星级。1998年，市政府下发《无锡市贯彻〈质量振兴纲要〉实施意见》，促进全市经济运行质量稳步提高。全市116个名牌产品实现销售收入302.57亿元，利润19.4亿元，分别占全市规模以上工业企业的22.4%和30%，其中40个产品国内市场占有率位居第一。2000年，质量管理职能由市经委划转市质监局。

进入21世纪，一批在国内市场有明显竞争优势，国际市场有一定知名度的地方名牌产品群体形成。2001年，一汽无锡柴油机厂的6110柴油机被评为2000年中国公认名牌产品。全国首届评选中国名牌产品活动中，"小天鹅"洗衣机、"红豆"衬衫、"银湖"衬衫3个产品榜上有名。

2002年一季度，市政府召开全市"质量振兴"工作会议，出台《无锡市质量工作目标考核暂行办法》，首次与各市（县）、区政府签订质量工作年度目标责任状，向各资产经营公司下达质量工作目标任务书。市质监局组织开展全市工业企业质量专项普查，完成1.1万家销售额100万元以上企业的建档工作，普查率95%以上。2003年3月底，市政府成立市质量工作领导小组，制定《关于进一步推进企业名牌建设的实施意见》，明确获得中国名牌产品和驰名商标的企业奖励50万元，获国家免检产品、江苏省名牌产品和著名商标的企业奖励10万元。年内新增体系认证企业90家，全市累计1350家。江阴市被评为全国质量振兴工作先进县（市）。

至2005年，全市拥有中国名牌产品17个①，江苏省名牌产品117个，国家免检产品44个；无锡市当选全国十大品牌经济城市。商务部公布190个2005～2006年度重点培育和发展的出口名牌中，无锡市有6个，分别占全国、全省名牌总量的3.2%和24%，列全省第一。31家企业的产品被评为江苏省质量信用产品，9家企业成为省质量诚信企业。

二、产品质量监督

1986年，国务院出台《工业产品质量责任条例》，7月1日起实施。是年上半年，省抽查无锡产品的质量合格率仅为45.7%。市经委、市标准计量局联合实施红黄牌制度，推出黄牌警告、红牌停产举措，严格执行不合格品不准入库、不准出厂、不准销售的"三不准"强化质量监管。通过实行质量一票否决制、对不合格产品企业落实帮扶与指导等各项有效措施，三季度省抽查合格率上升至80.6%。

1988年，随着消费市场扩大，不法分子乘机将伪劣商品抛向市场。市标准计量局组织5次商品质量抽查，涉及100多个商品。对浙江等地非国家定点厂生产的"日芝"牌冰箱进行调查，并会同市工商局责令各店立即停售并负责修理或办理退货手续。查出假冒优质味精、洗衣粉、酒类等多项劣质商品，罚款13226元，查封洗衣粉17.42吨。

1989年，全市组织商品质量大检查，共抽查低压电器28.2万台（套），其中131586台（套）劣质商品被查封，价值近百万元；《无锡日报》首次曝光37种伪劣商品；组织商企开展自查，自查出1541种249262件伪劣商品，均被逐出市场。商业大厦反复自查3次，清出伪劣商品59种，自负经济损失近8万元。1990年，对市场商品质量实行每季1次大检查，全年查封、禁售伪劣商品22.3万余台（件），284吨不合格啤酒被清退出市场。

1992年，无锡市贯彻国务院《关于严厉打击生产和经销假冒伪劣商品违法行为的通知》精神，成立"打假"工作领导小组，在全市开展打击制售假冒伪劣商品违法行为的活动。查获劣质低压电器12万余台（套）、轴承6000余套、阀门714只，冒牌自行车2万余辆，劣质彩釉面砖7096箱，以及劣质、过期或变质食品44万余盒（听、瓶），假冒酒48万余瓶、烟7800余条、味精2.05吨、人参蜂皇浆17余万盒、名牌笔尖1.8万余个、鞋1万余双、"力士"香皂5776箱，劣质热水器98台、彩电143台、皮夹克279件，假标识40万余套，无证一次性输液器、注射针10多万支，假劣药品759种共30余万瓶（包、盒），不合格放映机1008台等。捣毁制售假冒名牌自行车、低压电器、洗发用品的黑窝点、地下工厂69个，处理假"红塔山"香烟、假酒等大要案80起，一起假酒案移交司法机关处理，累计罚没金额110余万元。

1993年，全市产品质量稳中略升，市区优于市（县）、郊区的产品质量。国家抽查合格率66.9%，接近全国67.2%的平均合格水平；省抽查合格率81.6%，其中市区产品抽查合格率91.3%，均高于全省75.2%的平均合格水平。1995年，全市产品质量国家抽查合格率79.3%，比全国平均合格水平高6.6个百分点；省抽查合格率79.2%，比全省平均合格水平高3.2个百分点；计量产品质量监督抽查合格率100%。商品质量波动较大，年内抽查平均合格率仅41.2%，建筑装修材料、低压电器、营养保健品

① 参见本志第十四卷第一章第七节《优质名牌产品》。

等伪劣品居多。针对市场状况，无锡市先后制定《铝合金玻璃幕墙质量管理办法》《铝合金玻璃幕墙质量标准》《电话机等终端设备生产、销售监督管理暂行规定》《珠宝行业规范使用宝石名称的规定》以及《酒类质量标准》等文件，开展“商品质量信得过企业”评选活动，全市25家商企获市级“商信”称号，其中4家获省级“商信”称号。

1996年，无锡市以查大案、整市场、端窝点为重点，于8～10月开展系列集中“打假”活动。检查商品标值2532万元，查处不合格商品标值800余万元；捣毁制、售假窝点6个；立案62起，其中万元以上大案16起；销毁伪劣商品标值44.46万元。受理消费者举报投诉272起，落实210起，为消费者挽回损失85万元。

1997年，组建无锡市经济技术监督信息中心，并由市经委、市技监局联合筹资，在八佰伴广场设50平方米大型电子显示屏，发布质量监督信息。开展查大案、整市场、清柜台、抓专项、保名优为重点的“打假”活动。检查1.2万多家商业企业及个体工商户，组织专项检查40多次，查处伪劣商品总值4000多万元，捣毁制售假冒伪劣商品窝点30个，销毁伪劣商品1.6万多件，总值160余万元。立案234起，结案210起，其中大要案39起，结案30起。受理投诉和举报288起，处理273起，为消费者挽回损失96万余元。9月，全省统一组织集中销毁假冒伪劣商品活动，无锡市集中销毁标值300多万元的假冒伪劣商品。

2000年，市质监局完成对全市1997年后抽查产品不合格的企业情况摸底调查工作，建立数据库；组织全市100个乡镇全面开展质量法规培训，重点企业法人专门集中学习；建立国家产品质量抽查合格率分级考核责任制，定期分析全市质量动态；实行分类指导，对基础薄弱企业组织技术服务，促其提高产品质量；加大后处理力度，分别实施通报抽查结果、曝光不合格产品、责令整改直至停产整顿等措施。是年，全市产品质量国家抽查合格率84.09%，省抽查合格率81.8%。

2001年4月，颁布《无锡市产品质量监督管理条例》。市质监局制定《无锡市食品卫生安全实施方案》，在全市粮油企业开展“放心粮油”活动。无锡市金谷粮油实业总公司等7家粮油生产企业和“太湖明珠”牌精制大米等8个产品获市首批“放心粮油企业”和“放心粮油产品”称号。是年，全市检查生产、销售场所8238个，立案查处假冒伪劣商品案件2255件，查获伪劣商品标值8032万元。市质监局开展以“查农资、保春耕”为主题的执法检查，检查化肥15776吨、农药394吨，查处经销伪劣商品商店52家，查处违法案件52起。在以“查建材、保建设”为主题的执法检查中，查获伪劣建材产品标值1220.62万元，查处销售伪劣产品商店59家，查处违法案件71起。

2002年4月，市政府发布《关于严厉打击生产销售国家明令淘汰的“地条钢”产品违法行为的通知》，全市检查钢材生产销售企业159家，查封“地条钢”以及轧制线材和螺纹钢5056.87吨。2003年，全市质监系统在防治“非典”期间检查生产、销售企业1524家，查处伪劣商品标值84万元，涉及防护服40904件、口罩10.81万个、消毒液15619公斤、洗涤用品345瓶和喷雾器7400个。市质监局成为全省质监系统唯一获全国系统“抗非打假”先进集体称号的单位。推行“质量信得过产品”活动，确认105个产品为市质量信得过产品，其中12个产品成为省质量信得过产品，7个产品成为国家免检产品。首次组织对19家企业生产的小麦粉等属于市场准入的5类食品实施抽样检验，合格率68.42%。

图20-6　国家电动车质监检验中心技术人员进行专项检验（市质监局供稿）

2004年，11个产品成为国家免检产品，全市累计23个国家免检产品；有18个产品进入省质量信用产品名单。年内47家获食品生产许可证，抽查大米等产品62批次，合格率88.71%。实行食品生产许可证制度，年内审核食品生产企业172家，121家领到生产许可证。组织对获证企业专项检查8次，查出31家企业不符合生产条件，严令整改并把屡犯不改的企业清除出生产领域。

2005年，按省质监局对产品质量监督实行目录管理和产品质量指数评价要求，全市共有109类、530种、7398批次产品列入监检目录。开展食品生产企业普查，摸清全市2371家食品生产企业基本情况（包括个体加工户1403家）。全面推进食品质量安全市场准入，当年全市有294家企业（其中老五类125家、新十类169家）通过“QS”考核，247家获得许可证。审核食品生产企业132家，有6家因标准、条件不符，暂停发证。查出无证生产企业12家，责令停止销售和停产整顿。是年，国家质检总局抽查无锡市国内产品合格率为85.71%，比全国平均水平高9.8个百分点；省质监局抽查无锡市产品合格率87.98%，比全省平均水平高0.5个百分点；产品质量指数96.05，略高于全省平均水平。

第五节　特种设备安全监察

1986年，市劳动局设置锅炉压力容器安全监察科和锅炉压力容器检验所，加强对锅炉、压力容器的制造、使用的监察。1988年，全市有在用固定式压力容器12405台，1990年增至13671台。1990年末，全市有在用锅炉2728台，总容量6884蒸吨，比1985年末增加1061台和3422.21蒸吨；有液化储配站18个，总储量8000立方米，液化气汽车槽车87辆；有锅炉制造厂9家，持证的压力容器制造厂52家，压力容器设计资格单位8家，锅炉安装单位16家。1990年2月，市劳动局印发《无锡市简易载货电梯安全管理暂行规定》，加强对简易载货电梯在设计、制造、安装（大修）、使用中的安全管理。

1991年，全市共检验压力容器886台。1992年，检测起重机械997台，检测避雷装置240支，检验在用锅炉2178台、压力容器24台。1997年，全市锅炉、压力容器定期检验率分别为99%、94%，检验电梯、起重机械400多台（次）。1998年，完成锅炉、压力容器、液化石油气钢瓶定检7万余个。1999年12月，锅炉、压力容器、压力管道、特种设备的安全监察职能由劳动部门划转质量技术监督部门。

2000年，市质监局分别开展石油液化气充装安全专项治理和锅炉、压力容器、压力管道、特种设备持证生产、安全使用状况及钢瓶、土锅炉、土电梯重点整治工作。全市组织安全专项检查192次，检查单位1459家，发现事故隐患995个，整改962个，查处土锅炉313台，检查气体充装单位40家，检验钢瓶总数7.1万只。

2001年11月，市政府发布《无锡市锅炉压力容器和压力管道使用安全监察暂行办法》，市质监局在全市范围内启动锅炉、压力容器、压力管道、特种设备在用设备普查登记，对特种设备操作人员组织培训考核，严格执行特种设备安装开工审批制度，从源头控制设备安全。2002年，全市普查锅炉用户4108家、压力容器用户2456家、特种设备用户7698家；普查锅炉5367台、压力容器22885台、电梯4768台、起重机械16602台、厂内车辆3203台、游乐设施395台、客运索道2条；发出安全监察整改意见通知书1890份。

2002年12月，省人大常委会颁布《江苏省特种设备安全监察条例》。2003年3月，国务院颁布《特种设备安全监察条例》。全市举办学习条例的培训班62个，参加培训3950人次。开展对气瓶、电梯、起重机械的专项整治。全市有气瓶充装单位124家，气瓶检验单位23家，已注册气瓶总数967898只；电梯5241台，起重机械18807台。6月30日，与市安监局共同举办无锡市首届电梯“110”应急救援演练。

2004年，对全市2049家企业事业单位1185公里的工业压力管道和487辆槽罐车及危险化学品实施专项整治，接受并通过国家质检总局、公安部、铁道部、交通部及国家安监总局的督查验收。2005年，市质监局强化特种设备安全监察，建立健全特种设备监察网络。

第八章　食品药品监管

第一节　机　构

80年代初至2001年，无锡市药品、医疗器械的监督管理分别由市卫生局和市医药管理局行使。市卫生局下设药政处和药品检验所，行使药政、药检职能；市医药管理局行使行业监管职能。1989年11月，市卫生局药品检验所更名为无锡市药品检验所，各市（县）均设药品检验所，隶属各市（县）卫生局领导。2001年7月，无锡药品监督管理局（简称“无锡药监局”）成立，接受省药监局垂直领导，集中行使药品（含医疗器械）研制、生产、经营、使用全过程的行政监督和技术监督。下设江阴局、宜兴局和锡惠分局。市药品检验所划归无锡药监局领导。各市（县）、区药检所不再具备药品法定检验职能，其人员主要协助所在市（县）、区药品监督管理局（分局）开展药品监督管理及快速检验等工作。

1986年后，无锡市饮食食品卫生监督管理由市卫生局卫生预防科（1995年11月改为卫生预防处）负责。全市各级卫生行政部门均设有专门科室。市卫生防疫站设食品卫生科，负责食品卫生监督和业务指导。2001年7月，市卫生局设卫生法制与监督执法处、疾病预防控制处。2004年3月，无锡药品不良反应监测中心成立。

2005年 6月3日，组建江苏省无锡食品药品监督管理局（简称“无锡食药局”），为省食药局直属机构，内设政策法规处、食品安全监察处、药品安全监管处、药品市场监督处、医疗器械处、药品稽查处等处室。下设江阴、宜兴、锡山、惠山、滨湖等5个食药局和无锡药品检验所。

第二节　食品卫生监督

1986年起，市卫生防疫站承担食品卫生监测职能。是年，查处1起致6人中毒、4人死亡的食物中毒事故，4名肇事者被移送司法机关并受到刑事处理。

1995年起，对高危食品行业实行当年卫生许可证制度；扩大监督监测覆盖面，对高危食品行业，采取季节性高频率检查方法，全市平均监督频次为每户4.2次（其中市区每户5.6次），比上年提高50%；对违法行为敢动真格，先后组织“拉网式”执法大检查3次，处罚2697户次，占经营单位数的9%，罚款61.5万元，责令停业整改313户次，吊证14户次，提请法院强制执行32户次；与有关部门配合，取缔露天摊担。1995年，全市食物中毒发生率比1994年下降72.7%。1995年11月《中华人民共和国食品卫生法》颁布后，市卫生防疫部门先后开展以“保障人民群众饮食安全”为主题的卫生综合执法月活动、食品安全行动、放心食品工程、“卫剑”行动、“蓝盾”系列行动、放心餐桌金秋行动、节日期间食品卫生专项整治行动等。每年有重点、分阶段地对食品及食品添加剂开展专项整治，并不断扩大监督抽检范围，对学校食堂、建筑工地食堂和食品生产经营从业人员健康管理加强监督，依法查处违法行为。1999年，查封二噁英类污染食品15686公斤。

2002年1月，食品卫生监测由新成立的市疾控中心和市卫生局卫生监督所共同承担，市疾控中心负责食品卫生的专项监测，市卫生局卫生监督所负责食品卫生的常规监测。2002年起，贯彻落实卫生部《食品安全行动计划》，无锡市被列为江苏省食品污染物及食源性致病菌监测点之一，重点加强对食品添加剂、保健食品生产单位的生产环境监测。

2003年，无锡市实施“食品放心工程”。全市各级卫生行政部门成立工作小组，建立各区联络员制度和联络员例会制度，制定食品安全事故应急预案等工作方案，实施食品安全责任制和预防食物中毒责任制，严格实行食物中毒责任追究制，实施食品卫生监督量化分级管理制度[①]，建立学生快餐准入制、食品卫生安全日报告和零报告制度、食品卫生信息公示制等。以餐饮业、学校食堂、食品添加剂以及乳与乳制品、保健食品、卤菜加工场所等为重点，开展专项整治和专项检查。年内抽检食品合格率达84.6%，其中，粮油制品合格率95.2%，保健食品、糖果和糕点合格率均超过90%，豆制品、乳与乳制品合格率分别达87.4%、82.7%。7家乳品企业的10个产品被评为“无锡市放心鲜奶”，抽检合格率均达100%。7月28日起，在全省率先全面实行食品卫生安全日报告和零报告制度。市和各市（县）、区卫生监督所以辖区为单位，在每日规定时间内报告此前24小时内的食品卫生安全动态。同时，严格执行食品安全责任制、预防食物中毒责任制和食物中毒责任追究制，明确对违反报告制度的单位和个人将严肃追究责任。是年，无锡市在全省率先组织开展学校食堂卫生等级评定工作。经学校自查、初评、整改复查和核准等程序，全市579个学校食堂评定等级。卫生行政部门对学校食堂卫生等级评定实行动态管理，定期公布相关信息，对被评为D级且不按照要求整改或整改后仍不符合要求的学校食堂，将不予验证。这项工作促进学校食堂卫生科学监管体系的建立健全。同时，在食品生产经营单位中逐步推行良好生产规范（GMP）和危险分析关键控制点技术（HACCP）等先进管理理念和管理制度。9月20日～10月20日，为确保首届中国无锡太湖博览会举办，加大对有关接待饭店、宾馆、快餐公司的监督力度，巡回监督饮食饮水卫生。

2004年，市卫生局在部分食品生产经营单位试行量化分级管理的基础上，组织评审小组运用危险性评估原则，评定首批食品卫生A级单位63家，其中餐饮企业27家、学校食堂及学生快餐外加工单位15家、食品经营企业17家、乳制品生产企业4家。12月28日，举行授牌仪式。市卫生局对评出的食品卫生信誉等级实行动态监督管理。是年，市卫生局共组织检查食品生产经营单位9.3万户次，抽检样品8925件，合格率逾86%，立案查处1465起，取缔假冒伪劣食品生产窝点216个，专项整治成效显著。市卫生局制定《无锡市食品卫生专项整治工作方案》等文件，重点组织开展10项食品卫生专项整治行动。专项检查奶粉单位1434家、奶粉850余个品种，抽检奶粉105件，行政处罚6家，销毁劣质奶粉400余公斤；专项整治散装食品，检查单位468家、从业人员800余名、散装食品1500余种，查出不合格食品282种，立案查处107家，取缔无证经营单位4家；专项检查卤制品单位465家，抽检样品108件，合格率88.9%，责令整改87家，行政处罚15家；专项检查肉与肉制品单位1111家、产品592种，销毁“毒火腿”2.2吨；专项检查水发产品单位445家，取缔非法加工场1家，销毁水发产品和水发剂850余公斤；专项整治保健食品单位150余家、保健食品250余种，行政处罚30家；专项检查餐饮业单位3169

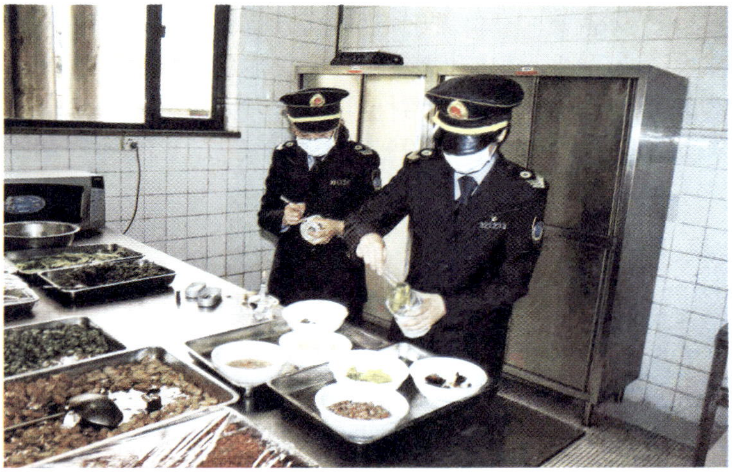

图20-7　卫生监督人员对饭店菜品进行检测　（市卫生局供稿）

① 分A、B、C、D4个等级，A级为食品卫生安全低风险单位，予以简化监督；B级为中度风险单位，采取常规监督模式；C级为高度风险单位，强化监督；D级为极高风险单位，不予许可、不予验证或责令其停业整顿。

家次，行政处罚70家，取缔无证经营单位3家；专项整治学校卫生，检查学校食堂600余个次、学生外送快餐企业180余家次，查处单位5家；专项整治食品添加剂，检查单位147家，责令整改13家、停止生产2家，封存违法食品6.5吨，销毁违法添加剂39.5公斤；专项检查酱油等调味品单位277家，抽检样品27件，行政处罚7家。另组织酒类产品、非食品原料生产加工食品、液态乳制品、火锅底料、裱花蛋糕、冷饮、粉丝、纯净水、月饼等专项检查50余次。全市食品卫生整治工作取得阶段性成果，食物中毒发生数较上年下降30%以上，控制在历年来的最低水平。

2005年，全市评选出159家A级单位。是年，开展"苏丹红"工业添加剂专项检查，销毁问题调料5018.9公斤。至年末，全市食品生产经营单位及从业人员食品卫生许可证、健康证明持证率逾95%，食品卫生监督覆盖率98.5%，监督合格率94.60%，从业人员培训合格率99.61%。食品合格率由1985年的约80%上升至87.8%，其中粮食、食用油、食糖等达到100%，乳与乳制品、水产品、调味品、保健食品等合格率均在93%以上，食物中毒发生次数和中毒人数总体呈下降趋势。

1986～2005年，累计监测食品样品392184件，合格356580件，总合格率90.92%。1996～2005年，食品卫生合格率逐年提高，持续10年达到85%以上。监测样品从初期以熟肉卤菜为主，逐渐扩大到乳制品、饮料、保健食品和食品添加剂等23大类样品。其中，发酵酒、保健食品、食品添加剂、糖果蜜饯类合格率较高、比较稳定；肉及肉制品、冷饮、消毒鲜奶、糕点等合格率偏低。食品监测结果表明，存在问题是食品微生物污染比较普遍，滥用食品添加剂，如冷饮中糖精钠含量超标、糕点中苯甲酸钠含量超标等。

第三节　药品监督管理

一、企业准入制度

1985年，无锡市有20家药品生产企业（专营12家、兼营8家）、258家药品经营企业（专营199家、兼营59家）、113家配制自制制剂的医疗机构（普通制剂106家、灭菌制剂7家）获许可证。1995年，42家药品生产企业、331家药品经营企业和61家医疗机构获许可证。2001年，医药企业由计划准入控制改为必要条件的准入控制。2001年，有43家药品生产企业、506家药品经营企业（批发41家、零售465家）和44家医疗机构分别获许可证。医药企业准入要求调整后，无锡第一家民营药品零售企业凤翔堂药店和无锡第一家集体药品批发企业江阴华弘医药有限公司分别于2002年4月和2004年11月获得药品经营许可证。2005年，全市有45家药品生产企业、1275家药品经营企业（批发34家、零售1241家）和24家医疗机构分别获得许可证。

二、质量管理规范

1.药品生产质量管理规范

无锡是全国宣传、贯彻《药品生产质量管理规范》（GMP）最早的地区之一。1982年，市第一制药厂根据《药品生产管理规范（试行稿）》要求，开展质量管理工作。1987年起，全市连续举办药品生产企业实施GMP学习班，要求按GMP要求加强生产过程的质量监控。1988年卫生部颁发《药品生产质量管理规范》后，全市药品生产企业以华瑞制药有限公司为样板组织学习、培训，制定GMP实施细则。市第四制药厂被评为江苏省执行GMP先进企业。1989年8月制定的《无锡市医药行业产业结构及产品调整方案》，提出"八五"期间坚持"质量第一，搞好GMP技术改造"的要求。1991年、1992年，市医药管理局分步实施GMP的工作计划。按照卫生部《关于执行〈药品生产质量管理规范〉（1992年修订）的通知》精神，1993年，市卫生局对有出口业务的企业、车间和3月1日后新建、改建、扩建的药品生产企业或车间提出按GMP标准认证的要求，并开展推行GMP的试点工作。1997年，无锡有金丝利药业有限公司、华弘药业集团有限公司、华裕（无锡）制药有限公司等3家企业通过卫生部GMP认证，通过数量名列全省第一。其中金丝利药业有限公司是全国第一家通过认证的生物制品生产企业。1998年，华瑞制药有限公司、金丝利药业有限公司、华裕（无锡）制药有限公司、法马西亚有限公司通过国家医药管理局的GMP认证。1999年8月1日，国家药品监督管理局（简称"药监局"）实施《药品生产质量管理规范（1998年修订）》，要求药品生产企业必须于2004年7月1日前通过GMP认证，未通过认证的企业不得生产。至截止期限前，全市有21家企业的整体和8家企业的部分剂型通过认证，5家企业延期认证，共获47张GMP证书。2005年，延期认证的5家企业中有3家分别通过认证。

2.医药商品质量管理规范

1984年，国家医药管理局在全国医药商业试行《医药商品质量管理规范》（GSP）。1996年2月，无锡医药股份有限公司成为全国率先达到GSP要求的6家医药经营企业之一。1997年，江阴市三八医药商店成为全国第一家县级市GSP达标企业。2001年7月1日，国家药监局实施《药品经营质量管理规范》。无锡医药股份有限公司作为试点企业，率先通过GSP认证。2004年，无锡全面完成226家县以上零售企业的GSP改造和认证。至2005年末，全市有22家批发企业、6家连锁企业、571家零售企业通过GSP认证。

3.整顿医院药剂

根据省卫生厅《关于整顿医院药剂工作的通知》精神，无锡从1987年开始对市、市（县）医院以及乡镇卫生院药剂工作全面整顿。1990年，停止县级以下医疗机构灭菌制剂的生产。1991年，全市157家单位（含乡镇136所卫生院）全部取得合格证书。同年，市卫生局对全市八大类552个品种、2076份医院自制制剂表进行审核，完善自制制剂的质量标准。1996年8月，召开无锡市医院制剂品种整顿工作会议，部署对全市1300个医院制剂品种重新审批、换发批准文号工作。1997年，针对医院制剂标准不统一、质量水平不高的问题，市卫生局组织专业人员对1978年出版的《无锡市医院制剂操作规程》进行修订，编纂出版《无锡医院制剂规范》。2001年3月，国家药品监督管理局实施《医疗机构制剂质量管理规范（试行）》。全市医疗机构制剂室经过整顿，由60个减为40个。2001年、2005年全市分别有1361个和494个医院自制制剂品种获得省药品监督管理局颁发的批准文号。

四、药品分类管理

1999年10月，国家药监局召开处方药与非处方药分类管理工作会议，确定深圳市、无锡市、绵阳市3个市以及南京医药百信药房有限责任公司等7家药品经营企业开展处方药与非处方药分类管理试点工作。市政府成立无锡市药品分类管理试点工作领导小组，制定《无锡市处方药与非处方药分类管理流通试点工作方案》，确定健康参药店、大吉春药店、新药特药商场、梁溪药店、健宏大药房展西店和清扬店为首批试点单位，从1999年12月10日起实施分类管理试点。2000年2月1日～3月15日，74家药店实施第二批试点。4月1日起，大输液和粉针剂须凭医生处方销售。7月，健康参药店、新药特药商场、益寿堂药店等21家药店被列入国家药监局确定的124家药品分类管理示范药店。至年末，全市439家零售药店全面实行药品分类管理。2003年7月1日起，抗菌药品须凭医生处方销售。

五、特殊药品管理

1987年10月，市卫生局对全市161家麻醉药品使用单位全面检查，清理少数单位药库麻醉药品无专门账册、麻醉药品处方书写不正规、麻醉印鉴卡与实际管理人员不相符合、晚期肿瘤病人无卡供应麻醉药品等问题。1992年，全市医疗单位建立统一的特殊药品档案管理制度。医疗单位使用麻醉药品、一类精神药品实行购用印鉴卡制度，凭卫生局审核批准的印鉴卡和购用计划到指定的经营单位采购。实行晚期癌症病人麻醉药品特殊使用卡制度，确保治疗需要。1996年，按卫生部《关于加强麻醉药品经营管理的紧急通知》要求，对麻醉药品二、三级经营企业进行整顿。根据省卫生厅部署精神，对放射性药品使用单位核发使用许可证，无锡市19家医疗单位全部通过省卫生厅、省环保局验收。1997年，市卫生局印发《关于加强药用罂粟壳管理的通知》，对药用罂粟壳的采购、使用作出规定。2000年，国家药监局指定市第七制药厂为盐酸麻黄素碱注射液的定点生产企业之一，无锡医药股份有限公司药品分公司为全国二级麻醉品经营单位之一。2002年，市药监局、市卫生局、市公安局等部门多次组织对医疗机构特殊药品管理的专项检查，对药品生产企业制毒化学品加强监管。2003年4月，无锡市麻醉药品供应业务由无锡医药股份有限公司和江阴医药股份有限公司承担。2005年，在近50家企业中开展三唑仑、盐酸克仑特罗等6项检查，规范特殊药品的流通。

六、药品监督

1986年12月，市第四制药厂、市中药厂因严重质量事故受到市卫生局处罚。1989年，市政府召开医药市场整顿专题会议，组建由市医药局、卫生局、工商局组成的市医药市场整顿协调小组，整顿医药市场经营秩序和药品质量，重点查处无证经营和超范围经营等问题，撤销无锡市泰康医药公司，梳理无锡医药站、药材站、器化玻站经营范围，立案查处药材站下属个别单位的违法经营行为。经过近两年的整顿，全市药品批发企业由116家减至65家。

1991年7月，市卫生局查获在无锡市场销售的“洁尔阴”洗液36批细菌总数严重超标，其中24批含有绿脓杆菌，没收违法所得20余万元，销毁追查退库的4.5万余瓶劣药。卫生部为此发文通报全国。国家药品监督员赴产地监督检查，在全国各地追回价值2000余万元“洁尔阴”洗液劣药。1992年9月，市卫生局查获浙江苍南县灵溪五洲滋补药行无药品经营企业许可证在锡销售“扬山”牌假劣洋参丸，没收39762盒，罚款15万元，同时对参与该产品销售的市糖烟酒公司副食品批发部、康复保健品经营部等单位进行处理。1994年，市卫生局查处香港一洲公司“一洲”洋参丸假药案，涉及全市30多家销售单位、70多万盒假洋参丸，查获的假洋参丸全部公开销毁，并处罚金200余万元。11月，无锡市政府成立加强药品管理工作领导小组，下发《无锡市贯彻〈国务院关于进一步加强药品管理工作的紧急通知〉的实施意见》。药品监督部门经过全面清查，对全市21家药品经营企业限期整改，5家无证经营药品的单位、7家超范围经营药品的单位、2家使用未经批准制剂的个体医生分别受到处罚；新规范7家企业名称，查处一批违法案件，没收违法所得100余万元。1995年1月1日，市政府召开打击假冒伪劣商品大会，公开销毁价值612058.48元的假劣药品。1996年，查处假劣药品案件91起，查获假劣药品129.9万元，罚没金额66.37万元。1999年，根据国家药监局《关于严禁开办或变相开办各种药品集市贸易市场的紧急通知》精神，清理个体参股的国有药品经营企业。

图20-8　药监人员检查药品市场　（惠山区药监局供稿）

2001年无锡药监局成立后，全市药品监管工作得到加强。2002～2004年，连续开展整治药品市场秩序的“正源行动”“正源行动在农村”“正源行动保健康”等专项整治系列活动。2002年11月10日～2003年1月10日，开展保健品及基层医疗机构药品质量集中整治行动，查封近240种涉嫌含有枸橼酸西地那非成分的性保健品及伪劣药品、医疗器械19箱。2003年，查处纽迪希亚（无锡）制药有限公司使用生产许可证过期的企业生产的医药包装材料，价值25万元的药品全部销毁，并处以近70万元的罚款。2004年，江阴市捣毁假冒辉瑞公司药品艾万可的窝点；宜兴市对鹏鹞药业等3家企业从无证单位购进VC原料药、无证经营药品的行为分别作出行政处罚，罚款近200万元。

2005年，全市查处药品违法案件542起，涉案金额923.76万元，取缔违法涉药企业67家；其中3起被移交司法机关处理，5人受刑事处理。

七、药品安全应急监管

1991年，苏皖地区发生洪灾，无锡市抢运、分发247个品种价值784160元的应急药品，收购贮备20万瓶地产输液。7月，市卫生局查获安徽药贩杨应合等人销售的假土霉素片20万片、假氯霉素片8万片，全部销毁并处罚款1.6万元。

1998年，长江、嫩江和松花江流域发生特大洪灾。为确保灾区药品的安全使用，市卫生局对捐赠药品的生产、经营单位走访和抽验，查出18批次接近有效期及有疑问的药品、3批不合格药品，把住赈灾药品出口关。

2003年"非典"疫情发生后，无锡药监局对30家涉及抗"非典"药品、医疗器械的生产企业全面检查，对经营、使用的96种265批次抗"非典"药品抽样检验。协调组织供应"防非"中药汤剂14万多瓶、"防非"中药颗粒剂27.6万袋及外用消毒剂类23.2万瓶。

八、农村药品"两网"建设

1986～1987年，市卫生局制定、实施《村卫生室基本用药目录》《村卫生室药品管理制度》，在乡卫生院聘请质量检查员，对农村药品供应渠道和药品质量实行监控。2002年初，根据国家、省药监局关于加强农村药品监督网络和供应网络（简称"两网"）建设的部署，无锡药监局在宜兴试点建立药品监管网络，规范村卫生室药品代购管理制度，加强药品质量监管。在国家药监局组织的评价性抽样中，宜兴市的29个乡镇98家药品产、供、用单位的533批药品，合格率为99.6%。2004年9月初，市政府在宜兴市和桥镇召开全市农村药品监管工作现场会，推广宜兴农村药品"两网"建设经验。市政府批转市药监局、市卫生局联合制定的《关于进一步加强我市农村药品监督管理工作的实施意见》，市药监局、市卫生局联合印发《无锡市农村镇（街道）卫生院为村卫生室代购药品管理规定（暂行）》，加快农村药品"两网"建设步伐。2005年，聘请义务药品监督协管员、信息员442人，充实监管力量。全市1154家零售药店中，农村有660家，占总数的57.2%。全市农村形成专业人员、群众、社会舆论共同参与的市（县）、乡镇、村三级药品监管网络。

第四节 医疗器械监督管理

一、企业分类管理

1991年4月，国家医药管理局发布《医疗器械管理暂行办法》，明确按医疗器械安全性、有效性不同控制程度实行分类管理。2001年4月，国务院《医疗器械监督管理条例》实施。规定开办第一类医疗器械生产企业，应当向省级药品监督管理部门备案，开办第二类、第三类生产企业，应当取得省级药品监督管理部门的生产企业许可证。开办第一类医疗器械经营企业，应当向省级药品监督管理部门备案；开办第二类、第三类经营企业，应当取得省级药品监督管理部门的经营许可证。是年，全市医疗器械生产企业90家，其中第一、二、三类分别为13家、55家、22家；经营企业454家，其中第一、二、三类分别为5家、375家、74家。

2005年，省食药局规定，只经营第一类医疗器械产品和国家食药总局规定不需要申请许可证的第二类医疗器械不再换证，原许可证收回。是年，全市医疗器械生产企业183家，其中第一、二、三类分别为40家、106家、37家；经营企业1244家，其中第二、三类分别为1016家、228家。

二、产品和市场监管

1989年2月，市卫生局发布《无锡市一次性输液（血）器注册登记暂行规定》，要求生产一次性输液（血）器的单位，必须按规定办理企业和产品的注册登记，不合格的产品不准出厂。组织对全市15家一次性输液（血）器、注射器生产企业进行检查，发现问题，限期整改。1991年，市医药局完成医疗器械产品登记，基本改变医疗器械无标准生产的乱象。1995～1996年，分别查处具有严重违法、违规行为的江阴市第二医疗器械厂、江阴市输液器厂和江阴市医疗器械厂，无锡市8家一次性输液器生产企业淘汰4家。

2000年，江阴河岸村一次性输液器部件（滴斗）无证制假窝点被中央媒体曝光，当事人受刑事处分。经查核，无锡没有发现使用河岸村制假产品。8月16～18日，省医药管理局对江阴市中卫医用高分子制品有限公司进行检查，发现存在与私人签订合同在厂内开设独立车间、使用过期许可证原辅料生产一次性使用输液器等严重问题，对此进行全省通报、责令限期整改。

2001年9月，无锡药监局召开医疗器械监管工作暨法规培训会议，全市220多名医疗器械生产、经营企业的法人代表、质量负责人参加医疗器械法律法规培训和考试。2002年3月，开展一次性使用医疗器械专项检查，涉及生产、经营企业和医疗机构208家，对15家经营、使用假劣一次性医疗器械的单位进行处理。中原医疗器械有限公司因擅自改变产品型号，生产销售无注册证医疗器械而受到处罚。对三类医疗器械特别是无菌医疗器械定期检查监管，每月检查重点单位生产情况。是年，在国家和省药监部门抽查无锡市医疗器械重点产品的29个批次中，合格率93%。

2003年抗击“非典”期间，无锡药监局对全市37家涉及抗“非典”医疗器械的生产企业全面检查，检查防护服、呼吸机、监护仪，确保器械及时、安全投入使用；协调组织口罩32万只、体温计62万支，保证市场供应。无锡药监局、质监局分别查处惠某某非法生产并销售一次性隔离衣、市洁尔康高分子材料有限公司非法生产防护服、市秋扬服饰有限公司生产未消毒纱布口罩、宜兴市化学制剂厂生产不合格过氧乙酸等违法案件，总标值70多万元。是年，完成143个医疗器械产品标准技术审查、118个产品注册审查和18家单位的质量体系考核。

2004年，《无锡市医疗器械采购廉政准入规定（试行）》实施。美迪可医疗器械有限公司和百泰医疗器械有限公司贿赂医院有关人员受到处罚，其产品3年内不得进入无锡市场。2005年，在省内率先实施医疗器械生产企业重要事项报告制度，内容包括质量事故、质量投诉、企业证照变动、产品合格率及各级质量监督等情况，实施质量日报制度。

三、使用监管

1986年，市卫生局对全市医疗机构设备使用率、完好率等方面进行专题调查，制定《无锡市医疗器械、仪器设备管理细则》。1988年，市标准计量局、医药管理局联合发出《关于建立市计量局血压计（表）计量检定站的通知》，检定站设在市医疗设备厂内，对血压计（表）进行强检。市卫生局、医药管理局、工商行政管理局、教育局联合印发《关于对一次性医疗器具使用后处理的有关规定的通知》，明确所有使用过的一次性医疗器具必须由使用单位集中就地销毁，严禁废弃的一次性医疗器具上市销售。1996年，市卫生局对医疗单位价值1万元以上的医疗设备进行统计、汇总，实施规范管理。2000年，市卫生局对全市医疗单位的一次性输液器、注射器的采购和使用后无害化处理的情况进行调查，针对少数单位管理不到位的情况，提出加强管理的要求。2003年，按照“药品放心工程”要求，对各大医院逐家监督检查，督促健全医疗器械进出管理制度，改善医疗器械仓库条件，保证医疗器械使用安全、有效。2004年，开展重点行业的计量检定工作，先后对全市79家医疗单位的8320台（套）医疗计量器具专项检查，一次合格率超过90%。

第五节　药品检验

1987年，市卫生局药品检验所到药品生产企业、工矿保健站、村卫生室检查药品质量，完成67种中成药、20种生化药品、6种肝炎用药、47种抗生素再评价工作。1988年，加强对新品质量监测工作，对新品报批前及新品前6批进行检测。1989年，鉴于市场假西洋参增多，对首次进入无锡市的西洋参进行强检，不合格率由12.48%迅速降至0.86%。1991年，对辖区17家药厂161个品种733批次1990年版《中国药典》收载品种复核检验。1992年12月～1993年11月，对无锡市10家药厂56个品种141批次的新产品进行报批的复核检验。1993年7～8月，对17家经营企业、14家医院（重点为乡卫生院）的31个品种64批次的药品进行检验，其中11个品种28批次不符合规定，不合格率43.8%。1994年，执行卫生部颁发的药品检验所工作制度，统一填写药品检验卡。1997年，建立、完善检品月报、三级药品质量标准检索与变更、地产药品品种等9类数据库，实行微机管理。2000年，配合药政部门，对质量不稳定、群众投诉的药品加大抽验力度，检出小桃园门诊所的康妇消炎栓、市场经销的元亨胰泰冲剂、市第一人民医院的洛赛克等不合格药品。

2001年，无锡药监局开展专项活动，打击中成药中擅自添加枸橼酸西地那非等其他物质的违法行为，对全市药店和保健品市场检查，在120批保健品中检出94批含有枸橼酸西地那非。配合质监、公安等部门对假“伟哥”案进行样品检验。2005年，参加中国药品生物制品检定所（简称“中检所”）抗生素室组织的全国4个地区药检所的实验室比对及新批左氧氟沙星化学对照品和氨曲南化学对照品的协作标定，报送的结果均被采用。

1986～2005年无锡药品检验所药品检验情况表

表20-13　　单位：批、家、%

年份	检品总数	抽验数	送验数	抽验合格率	抽验检品分类			其他检品
					生产企业	经营企业	医疗单位	
1986	1156	655	501	89.6	225	159	268	101
1987	1490	1086	404	92.6	273	257	499	99
1988	1773	798	975	95.7	—	—	—	—
1989	2462	837	1625	95.7	—	—	—	—
1990	2042	941	1101	97.1	—	—	—	—
1991	2485	1322	1163	95.5	—	—	—	—
1992	2219	1543	676	96.1	—	—	—	—
1993	2008	1540	468	94.9	—	—	—	621
1994	2048	1015	748	96.6	299	465	251	285
1995	2593	1574	872	96.2	390	723	461	147
1996	2281	1385	835	96.3	268	664	453	61
1997	2584	1735	790	95.0	207	976	552	59
1998	2720	1924	722	95.5	297	1091	536	74
1999	2642	1638	939	96.4	219	972	447	—

续表

年份	检品总数	抽验数	送验数	抽验合格率	抽验检品分类			其他检品
					生产企业	经营企业	医疗单位	
2000	2603	1708	811	95.3	357	785	566	84
2001	2427	729	1285	96.9	66	397	266	413
2002	2319	1403	916	87.0	188	903	312	—
2003	2530	1850	680	82.2	125	762	741	222
2004	2267	1700	567	94.6	168	625	807	—
2005	2311	1600	711	96.0	113	701	786	—

第六节　执业药师管理

1994年3月和1995年7月，人事部分别与国家医药管理局、国家中医药管理局明确在中西药品生产、流通领域实施执业药师和执业中药师资格制度。1995年，无锡市通过认定获得执业药师资格的有10人。1995年8月，全国举行首次执业药师资格考试，无锡市通过考试获得执业药师资格的有22人。1996年，无锡市通过认定获得执业中药师资格的有 3人。1996年8月，全国举行首次执业中药师资格考试，无锡市通过考试获得执业中药师资格的有 2人。1999年，执业药师和执业中药师归口人事部和国家药监局统一管理，分类别考试、上岗。无锡市经考试获得执业药师资格的有45人。

为弥补执业药师数量不足，2000年起，国家药监局在药品经营企业实施从业药师资格认定工作。2001～2003年，无锡市分别有33人、146人、189人通过认定。2004年7月1日起，不再进行该项认定；对2004年6月30日以前通过考试、考核认定取得从业药师资格的人员，延长其资格有效期。

2001年，无锡市根据人事部、卫生部、国家药监局《执业药师资格（药品使用单位）认定办法》的要求，在药品使用单位开展执业药师资格认定工作，5人通过认定。2002年，全国执业药师资格考试符合有关条件的专业技术人员，免试部分科目，只需参加“药学综合知识与技能”一个科目的考试，合格者即可获得执业药师资格。无锡市经考试获得执业药师资格的有267人。至2005年，全市有执业药师资格的专业技术人员980人。

第九章　安全生产监管

第一节　机　构

1986年，无锡市劳动局下设劳动安全监察科，承担国家安全生产监察和市安全生产委员会办公室的协调管理职责。1988年4月，成立无锡市劳动安全卫生监测检验站，为正科级建制、全民事业单位，与1984年成立的无锡市劳动保护教育中心合署办公。1995年，市劳动局劳动安全监察科更名为职业安全卫生监察处。1999年12月，撤销市劳动保护教育中心。

2001年6月，无锡市成立安全生产监督管理局（简称“市安监局”），副处（县）级建制，隶属市经贸委管理，内设综合管理处、安全宣传教育处、安全监督管理一处和安全监督管理二处。各市（县）、区分别成立安监局，副科级建制。

2005年1月，市安监局调整为市政府工作部门，正处（县）级建制。市卫生局承担的作业场所职业卫生监督检查职能、市公安局承担的烟花爆竹生产经营单位的安全生产监督管理职能划转给市安监局。内设政策法规处、危险化学品安全监督管理处、安全监督管理一处、安全监督管理二处、规划科技处、宣传教育处等处室。无锡市安全生产委员会更名为无锡市人民政府安全生产委员会。各市（县）、区安监局均为政府工作部门，正科级建制。是年6月，成立无锡市安全生产监察支队，为市安监局下属的全民事业单位，相当于正科级建制，依照国家公务员管理。

第二节　安全生产管理

1986年，无锡市在全国率先实行安全生产目标管理责任制，把安全生产各项指标纳入全市国民经济和社会发展目标。在企事业单位全面推广安全生产责任制，加强安全生产规章制度建设，强化生产一线安全监管。在1987年劳动部召开的全国安全监察工作会议上，向全国推广无锡经验。

"七五"期间，无锡市加强尘毒治理，全市共完成安全技改项目1813项，总投资6959万元；其中列入市级治理项目的32项。与"六五"期间相比，全市全民和县属以上集体企业在职工人数增加27.6%，工业生产总值翻一番多，因公死亡人数下降28%；乡镇企业职工增加近1倍，工业总产值翻两番，因公死亡人数下降25.3%。

1991年，全市各行业完成安置项目995项，投放资金3934万元，完成市级尘毒治理项目6项。是年，全市全民和县属以上大集体企业职工因公死亡13人，没有发生死亡3人以上的重大伤亡事故，大型企业消灭死亡事故。开展非矿企业安全整治工作，1993年全市非矿山企业没有发生死亡3人以上的重大事故。其间，乡镇企业因公死亡人数较高，1992年、1993年分别为89人、50人，分别是全民和县属以上集体企业因公死亡人数的5.56倍和3.13倍。

"九五"期间，完善安全生产领导责任考核制度，形成自上而下的安全生产责任考核体系；开展贯穿全年的安全生产工作无重大事故隐患、无安全责任事故的"双无"竞赛活动和阶段性的"安全生产月""夏季百日安全"等活动。1996年5月，首次举办全市"安全大型集市"，市区5万多职工参加活动。1997年，逐级签订安全生产责任书，促进安全责任制的落实。1999年，全市职工因公死亡38人，工伤事故为历史最低水平。2000年，全市因公死亡57人，重伤40人。

2002年起，市政府每季度在政府常务会议上专题分析安全形势，提出工作要求。2003年，全市推进安全工程师制度试点工作，建立各地、各部门、各单位行政正职领导安全生产定期履职报告制度，市安全生产委员会建立领导分片挂钩联系制度、安全生产委员会协调工作制度、重大事故隐患挂牌督办整改制度、重点监管单位定期检查制度和安全生产新闻发布会制度。市政府投入专项资金150万元，筹建无锡市安全生产管理信息系统和重大事故应急救援指挥系统。在全市开展危险源点普查，普查企业12476家。开展乡镇（街道）安全生产达标活动，抓好乡镇（街道）安监机构建设，全市建立乡镇（街道）一级安全生产机构105个，配备专职安监人员323人，基本做到人员、装备、经费、办公场地"四落实"。在乡镇安全达标活动中，全市88.2%的乡镇、街道通过年终考核验收。2004年，市安监监察部门将安全生产达标活动向村（组）和社区延伸，乡镇全部建立安监机构，街道均配备专职安监人员，269名安监人员持证上岗，村（组）和社区一级安监人员1700余人。江阴市、锡山区开展村村达标活动，推动乡镇安全生产达标活动向村组和社区延伸。2005年，全市逐级签订目标管理责任书8669份、颁发告知承诺书46849份。是年，全市发生安全生产事故6505起，比2001年减少7342起；死亡833人，与2001年持平。2000～2005年，企业职工因公死亡人数分别为75人、61人、71人、94人、84人、74人。

第三节 专项整治

1989年6～9月，无锡市组织开展“夏季安全生产竞赛”活动。1991年5月，首次组织开展“安全生产周”活动，检查4187家单位，查出不安全因素16045条，整改率95.7%。1995年，鉴于乡镇化工企业迅猛增加，在全市开展乡镇化工企业安全生产专项整治，对424家生产使用苯及其衍生物、氯及有机氯化物的乡镇化工企业逐厂检查，323家合格，79家不合格（其中20家被责令停产、转产），不具备审查条件的22家。

1996年，全市进行两次安全生产大检查，组成8个专业组，检查企业400余家，着重对城市燃气和公共游乐设施专项检查。完成2个尘毒治理项目。加强事故监察，严肃查处事故，结案率85%。1997年，开展建筑、化工、矿山、交通、危险化学品管理、公共娱乐场所和高层建筑防火安全等6个方面的安全生产专项治理，组织3次全市性安全大检查，督促企业消除隐患；加强现场监察，搞好新、改、扩建工程项目的审查，开展压力管道、医用氧舱、厂内机动车辆安检，组织女职工及未成年工特殊劳动保护、工时制度执行情况等专项检查。1998年，开展对乡镇化工、建筑、矿山及烟花爆竹安全生产专项治理。1999年，开展重大事故隐患的排查监管，在全市建立重大事故隐患管理网络；组织开展全市安全生产综合性大检查、专业性安全大检查以及重大节日期间的安检等共16次。2000年，开展化工、建筑、烟花爆竹、城市燃气等安全生产专项治理，狠抓安全生产检查和事故隐患的整改，组织安全生产大检查，做到节日查、夜间查、反复查，提高各级领导的安全责任心和企业生产的安全性。

2002年，集中力量开展交通、公众聚集场所以及化工、矿山、建筑、农机、城市燃气、烟花爆竹和民用爆炸物品、土锅炉和气瓶等方面的安全专项治理。2003年，开展道路交通、水上运输、危化品、建筑、矿山、人员密集场所、船舶修造与拆解、电梯和气瓶、“三线”交越和搭挂、西气东输管道安全等10个方面的专项整治。加强危险化学品生产安全管理，建立市、市（县）区和主管部门、乡镇（街道）三级危化品从业单位重点监管体系，确定150家重点监管单位，实施分级监管。以在役装置安全评价为着眼点，强化对危化品各从业单位的规范化管理，对全市520家危化品生产、储存单位的安全生产状况进行评估，全市70.7%的重点危化品经营单位、84.4%的危化品生产和储存单位、100%的剧毒化学品、有机过氧化物类危化品单位通过评价评估。

2004年，市安全生产委员会组织开展6次全市性检查活动，检查单位11745家，发现隐患19262个，发出整改通知书2291份，责令停产整改单位61家，依法关闭13家不具备安全生产基本条件的单位。对全市庙会、集市情况进行专项调查，责令5处不符合安全条件的宗教场所停止开展活动。开展危桥专项检查，整改完成38座危桥。严格检查危险化学品从业单位，抽查1219家，发现隐患2299个，限期整改360家，责令停产整顿29家，限期搬迁5家，依法关闭1家。完成无锡市西气东输管道13处安全隐患的整治。

2005年，全市开展道路交通、学生接送车辆、水上交通、人员密集场所、危险化学品、烟花爆竹、矿山、建筑、作业场所职业卫生、内河港口起重机、水上旅游安全等11个方面的安全生产专项整治。压缩矿山开采活动，全市矿山企业由上年末的52家100个宕口减至44家63个宕口。结合矿山企业安全生产许可证换发工作，全市矿山100%经过规范设计，100%进行现场安全评价，宜兴市实现非煤矿山零事故。

第四节　宣传教育

1986年起，市安全生产主管部门每年对特种作业人员、企业厂长（经理）和安全技术干部、班组长进行安全知识和劳动保护知识培训。“七五”期间，2万多名特种作业人员经培训考核合格，5000余名厂长（经理）和3万多名大中型企业的安全技术干部、班组长参加劳动保护知识培训。1990年，市总工会在停产、半停产企业开展调查研究，培训300名劳动保险干部、500名劳动保护干部和8000名兼职劳动保护检查员。1991年起，无锡市每年5月15～21日开展“全国安全生产周”活动。1992年5月，市劳动局在全市开展安全生产宣传画、漫画、摄影等图片展览，组织安全演讲会、座谈会、文娱会等宣传教育活动。1994年起，每年组织开展“安全生产月”活动，进行安全生产知识宣传。1998年，市总工会先后编写3辑12万字的《安全在我心中》系列教材和《百例事故案例》；组织6000多名职工收看全国班组长安全知识培训录像，其中1902名班组长领到安全培训合格证书。全市化工企业中有1.58万名职工参加全国化学品安全知识竞赛，市属16家化工企业建立近300种化学品信息卡。1999年4月，市总工会和市劳动局在全市国有企业中组织开展“安康杯”竞赛活动。此后扩大竞赛范围，每年在全市企业中开展竞赛。

2000年，市劳动部门举办15期由非公有制企业负责人参加的安全知识培训班，1166名厂长（经理）参加培训。2002年6月9～15日，市安监局在城中公园举办无锡市安全文化集市，推出“安全责任重于泰山”大型安全图片展览。11月，举办宣传咨询日活动，市领导带领近300名安监干部走上街头，开展大型宣传咨询活动，发放宣传资料1万余份。2003年6月，围绕“实施安全生产法、人人事事讲安全”的活动主题，组织开展“安全生产月”活动。市安监局会同市质监局等部门，组织电梯安全“110”应急救援演练，摄制并播出安全生产专项治理电视专题片，开展安全图片巡回展览和全市安全检查等活动。是年，市安监部门完成第一期1263名注册安全师的培训考核工作，举办两期乡镇、街道负责人参加的安全管理知识培训班。2004年，开展危险化学品生产经营单位从业人员安全知识教育培训，举办安全知识培训班38期，4192名化工企业保管员、采购员、押运员、驾驶员参加培训，持证上岗率100%；培训、考核企业法人代表3515人次；特种作业人员培训12892人次，复审8535人次；发放《外来务工人员安全基础知识》5万余册。2005年，围绕“遵章守法、关爱生命”活动主题，采取多种形式开展“安全生产月”、道路交通安全“三让和五进”工程、“119消防宣传日”和“安康杯竞赛”等宣传教育活动。举办安全文化集市暨大型宣传咨询活动、无锡太湖安全文化论坛、“太保杯”安全生产知识电视直播大奖赛和“十万新市民安全主题教育”等系列主题活动。

图20-9　危化品生产企业进行安全演练　　　　（市委办供稿）

第十章　口　岸

第一节　机　构

2002年5月，市委、市政府成立市口岸协调委员会。9月，成立无锡市口岸管理办公室（简称“市口岸办”），为市政府派出机构，行使市政府对口岸统一管理的职能，正处（县）级建制，内设综合计划处、水港处、陆港管理处、空港管理处等。市口岸办分别于2003年与无锡硕放机场改扩建工程领导小组办公室、2004年与市空港规划建设与管理领导小组办公室、2005年与无锡机场改扩建工程指挥部合署办公，承担空港规划管理和机场两期建设等职责，完成机场建立民航站、开通民用航班等工作。

第二节　口岸建设

1992年5月，江阴港经国务院批准为一类口岸并开放。至2005年，无锡口岸初步形成一地六点（一类口岸江阴港、二类口岸下甸桥港区、无锡新区海关直通点、无锡出口加工区、宜兴海关直通点、无锡机场临时航空口岸）、一二类口岸齐全、水陆空进出口配套的口岸格局。

一、水路口岸

1.一类口岸江阴港

江阴港南距无锡市区、西邻常州各38公里，港口长江岸线全长35公里，1992年5月经国务院批准为一类口岸并开放。至2005年末，建有千吨级码头泊位71个，其中万吨级以上泊位36个（含靖江园区），开放码头泊位20个，最大靠泊能力7万吨，形成以集装箱、件杂货为主的公共型新港区和黄田港港区，以化工仓储为主的石庄港区，以煤炭和精细化工为主的利港港区，以成品油中转集散为主的长山港区，成为江苏乃至华东地区最大的钢材和石化产品中转基地之一。2005年，货物吞吐量4278万吨，集装箱吞吐量4.9万标箱。

2.二类口岸下甸桥港

下甸桥港区地处运河东路，与沪宁高速公路、312国道相连，距无锡机场15公里。2001年3月，经省政府批准，设立国家二类水路口岸。9月，交通部批准开通无锡—上海国际集装箱内河支线，至2005年末，有两条内河支线航班直达上海港。2005年，启动下甸桥二类口岸一期改扩建工程，规划面积28公顷，岸线1010米。

二、陆路口岸

1.无锡新区海关直通点

2000年12月，无锡新区海关直通点开通运行。总投资1.2亿元，占地6.67万平方米。至2005年末，拥有高新物流中心、室内仓库1.5万平方米、集装箱室外堆场2.5万平方米。

2.宜兴直通式海关监管点

宜兴直通式海关监管点位于宜城镇北环路东侧，东濒芜申运河，南接104国道，西临锡宜高速宜兴西互通，北靠新长铁路货运站。2004年9月开通，占地12万平方米，总投资6000万元。建有综合办公楼6680平方米、监管仓库3000平方米、室外集装箱堆场1.8万平方米、千吨级集装箱码头两座。

3.无锡出口加工区

2002年6月21日，国务院批准成立无锡出口加工区，规划面积2.98平方公里。2002年11月26日，一期0.7平方公里封关运作。至2005年，二期2.08平方公里已启动建设0.8平方公里，B区0.2平方公里采用对已建成区域实行出口加工区管理的新模式。

图20-10　无锡新区直通点　（无锡海关供稿）

三、空港口岸

2004年，启动无锡机场空港口岸开放的申报工作。2005年12月，无锡—香港临时客运包机航班获海关总署批准，无锡机场空港口岸实现临时开放。

第三节　口岸管理

无锡市口岸管理办公室自2002年成立后，在推进口岸建设的同时，加强口岸管理。2004年，编制《无锡市口岸发展规划纲要》，出台《关于推进无锡口岸通关物流的工作意见》，推动口岸物流发展，适应无锡开放型经济快速发展的需要。

2004年起，利用新区陆路直通点监管条件以及无锡航空口岸开通民航的优势条件，探索实施国际货物上海—无锡空陆联程中转、无锡—深圳—香港陆路直通、无锡—深圳—香港至世界各地的出口货物空陆空联程中转等新的通关模式。11月起，与禄口机场先后进行11票空运进出口货物“属地报关、口岸验收”模式的试点。2005年初，设立口岸发展专项资金。4月，市口岸办分别在新区直通点和下甸桥港区设立二类口岸办事处，口岸工作重心前移。建立口岸及联检工作协调机制，及时协商和解决口岸运行中存在的问题，提高口岸服务水平。2005年7月，协调口岸联检单位联合启动“5+2”通关制度，为无锡市及周边企业进出口贸易提供全天候、多通道的通关物流平台。协调推进检验检疫“绿色通道”工程，推广出口货物电子快速核放系统和“多点报检、统一管理”模式，提高检验检疫通关速度。推进加工贸易联网监管工作，提高通关效率。至2005年末，无锡海关辖区内经海关总署批准的联网监管企业有16家，占加工贸易进出口总值的60%。

第十一章　海　关

第一节　机　构

图20-11　1992年11月18日，无锡海关举行开关典礼
（无锡海关供稿）

1988年1月4日，国务院同意设立中华人民共和国无锡海关，正处级，隶属南京海关。11月18日，无锡海关开关，业务管辖范围涵盖无锡市区、无锡县、宜兴县。1992年3月，张家港海关驻江阴办事处划归无锡海关管辖，更名为无锡海关驻江阴办事处，无锡海关管辖范围扩大至无锡市全境。1993年6月，成立无锡海关驻宜兴办事处，为副处级。1993年11月，无锡海关驻江阴办事处升格为江阴海关，隶属南京海关。1995年12月，成立无锡海关驻锡山办事处，为副处级。1997年2月，无锡海关驻宜兴办事处开关。1998年6月1日，无锡海关驻锡山办事处开关。1999年8月，成立无锡海关走私犯罪侦查支局，为正处级，管辖范围为无锡市区、锡山市、宜兴市。2002年11月，无锡海关驻出口加工区办事处成立，为副处级。2003年2月，无锡海关走私犯罪侦查支局更名为无锡海关缉私分局，为南京海关缉私局的下属机构。

第二节　监　管

一、货运监管

1.通关物流平台建设

无锡海关成立前，无锡的进出口货物只能在口岸海关报关。单证传递、运输调运等因素往往造成“压站”，影响进出口企业的经济效益和履约率。无锡海关成立后，构建、完善无锡通关物流平台，开通与不同口岸之间的转关通道，促进贸易便利化。

1988年，无锡海关会同市外经委、铁路、外运等有关部门，商定辖区内通过火车转关至香港的货物，集中在无锡商储公司专用线由海关监管。1988年12月5日，商储公司专用线第一批出口货物就地封关。至1990年末，有586节车皮货物发往香港。1989年，无锡海关先后派员赴九龙、拱北、张家港、上海等地海关商谈转关运输监管业务，与口岸海关建立起业务联系，开办对上述口岸转关运输货物的监管业务。1990年1月，无锡海关开办无锡市国际铁路集装箱运输货物（简称“大陆桥”）的监管业务，经海关人员就地封关的首批装有丝绸制品的集装箱起吊装车，发往意大利。至1990年，共监管大陆桥进出口车皮95节。

1992年10月，印发《无锡海关关于〈中华人民共和国海关关于转关运输货物监管办法〉的实施细则》，规范转关操作。1995年，与各口岸海关试行进口货物无联系单转关办法，简化监管手续。1998年，与上海虹桥机场海关开通空运进口货物直转业务。

2001年起，无锡海关紧跟海关总署"两水两路"①快速通关改革和区域通关改革步伐，拓展新的转关通道和通关模式。2001年，沪宁高速直通式转关运输无锡新区监管点成立，对进出口转关货物进行海关监管。同年，无锡海关开通与上海海关的海运转关业务，降低企业进出口货物的成本。2002年，设立无锡港海关监管点，开办无锡港沪锡运河内支线进出口中转业务。2004年，先后开通无锡—深圳—皇岗—香港客机带货业务、无锡—皇岗—香港陆路直通出口中转业务。8月17日，宜兴直通式海关监管点通过南京海关验收，年内监管进出口集装箱932个，进出口货物16888吨、货值1630万美元。11月24日，针对IT产品快速进出的物流特点，无锡海关依托无锡机场"WUX"航空代码，开通上海—无锡空陆联程中转业务，适应无锡IT产业发展。2005年，开通南京禄口机场至无锡"属地报关、口岸验放"新通关模式，企业的货物进出口向无锡海关申报纳税，在货物实际进出境地海关办理货物验放手续，打破地区间的关区限制，促进物畅其流。

2.通关作业监管

1994年11月1日，无锡海关在通关业务中全面使用防伪印油，打击仿造海关作业单证不法行为。1995年1月，实施H883工程，实现对接受申报、报关单审核、查验、进出口舱单核销、征税及放行等现场通关环节的计算机管理。1996年11月，启用T4型防伪印油。1999年4月，实施报关作业改革，启用全国海关统一的EDI5.0报关新系统。新系统将南京海关作为江苏关区唯一接受报关的海关，设立报关单审单中心，运用计算机远程传输系统，在省内各基层海关（包括无锡海关）设置报关数据输入端口。

2004年5月10日，无锡海关H883通关管理信息系统升级为H2000通关管理信息系。2005年，在H2000系统中开通F通道，对占无锡海关报关单总量3/4的形式报关单、出口报关单和加工贸易进口报关单直接实施接单、审核、放行一体化操作，简化作业流程，缩短通关时间。同年，设立虚拟性质的无锡海关大通关管理办公室，统一管理通关、监管、统计3个科室，实现货、征、统一体化管理。

3.查验管理

无锡海关建关初期，针对辖区尚无海关监管场所的情况，推出"门到门"查验模式，即对进出口货物上门查验。1989年，"门到门"查验1500余次。1991年，随着业务量的增长，在无锡商储公司专用线推行义务监装员制度，实行海关上门查验和义务监装员当场监装相结合的查验模式。

90年代后，海关总署先后在广州、上海、大连设立货物送样化验归类中心。1992年，无锡海关开始在查验中采用取样标本送交化验的方式，提高查验科学性。

2001年沪宁高速直通式转关运输无锡新区监管点和下甸桥二类口岸等海关监管场所设立后，无锡海关开始在海关监管场所内集中开展进出口货物查验工作，并增设集装箱地磅、电子

图20-12　海关工作人员进行货物验放　　（无锡海关供稿）

①　"两水"指长江水域、珠江水域，"两路"指深圳—广州为主的广东陆路以及上海—南京为主的长江沿线陆路。

卡口、电子车牌识别设备等监管设施。

2004年，无锡海关设立选择查验岗位，选查人员运用通关监管风险分析系统，定期开展情况分析，实行风险分析布控。同年，建立无锡口岸进出口常见商品样品库，收集常见进出口商品的实物和电子图片，提高现场查验人员的商品识别能力。2005年起，建立监管风险分析月报制和监管动态月报制，定期分析研究本口岸进出口货物特点、企业资信、监管效能，确定风险因素和监管重点，同时将风险分析月报转发南京海关监管处和本关稽查部门，实现资源共享。

二、保税监管

1.加工贸易监管

1990年以前，无锡市加工贸易发展比较缓慢，海关监管侧重对企业的宣传和引导，加强对企业办理加工贸易合同备案手续的辅导和监督。90年代初，全市加工贸易业务迅猛发展。1990年，无锡海关设立保税业务监管科，专门负责企业加工贸易海关监管。同年，在企业资信好、符合海关监管条件的加工贸易企业中，推行保税工厂制度，保税工厂为生产出口产品而进口的料件准予缓办进口纳税手续，按实际加工出口成品所耗用的进口料件免征关税及其他海关代征税。首批批准无锡无线电厂、无锡电扇厂和无锡市电视机厂等3家加工贸易保税工厂。1991年，制定加工贸易半成品结转办法、进料加工对口合同管理办法，以及适合滚动式连续加工企业的核销办法、中期核销管理办法，建立保税设备时效跟踪管理卡。1992年3月，颁布《关于外口岸经营单位跨关区申请建立保税工厂的审批和管理办法（试行）》《关于加工贸易半成品结转管理办法的实施细则（试行）》。1992年2月，批准无锡华鹏瓶盖有限公司、无锡华贸化工有限公司建立无锡市首批“三资”企业保税工厂。1992年11月，批准江阴申申彩印包装公司建立无锡市首家乡镇保税工厂。至1994年12月，无锡海关累计批准设立保税工厂22家。1995年10月，对加工贸易登记手册增贴防伪纸标签。1996年7月，按照海关总署统一部署，实施加工贸易进口料件银行保证金台账制度。

1998年4月，无锡海关开通对希捷国际科技（无锡）有限公司的计算机联网监管，增强对企业计算机数据的实时监控，对加工贸易的监管由粗放型向集约型转变。2003年，针对无锡市服装、纺织类中小型加工贸易企业面广量大、电子联网监管难以覆盖的情况，开发中小型加工贸易企业信息管理系统，建立海关对中小型加工贸易企业标准化、数字化、风险管理体系。2005年，无锡海关辖区内实施加工贸易联网监管的企业12家，联网企业加工贸易量占辖区加工贸易进出口总值的64%。

1990～2005年无锡海关加工贸易监管业务情况表

表20-14　　单位：份、万美元

年度	备案合同数	备案合同金额	年度	备案合同数	备案合同金额
1990	540	9645	1998	4029	190515
1991	1455	12141	1999	4402	162500
1992	2924	36252	2000	5232	247798
1993	4547	37759	2001	4684	222852
1994	5242	43628	2002	5386	413993
1995	4758	52912	2003	5906	567064
1996	4911	80361	2004	6900	951668
1997	4265	107349	2005	7937	1001730

2.出口加工区管理

2002年11月，江苏无锡出口加工区通过海关总署等9个部委的联合验收，正式封关运作。同年，无锡海关设立驻出口加工区办事处，负责对出口加工区内企业进出境活动进行监管。2004年，组建出口加工区海关协管队，对出口加工区实现24小时监管。当年区内入驻企业11家，审核进出口报关单2001份，监管进出境集装箱153只，进出境货运量1376吨，进出境货值2860万美元。

2005年，无锡海关创新监管手段，试用物流信息化系统，实现区内海关、企业、仓库、卡口的联网管理；同时引入"以查代核"模式，简化对出口加工区保税货物的管理。2005年，审核进出口报关单9561份，监管进出境集装箱2901只，监管进出境货运量17120吨，卡口验放进出区车辆7.5万余辆次。

3.保税仓库

1991年10月，无锡海关批准成立无锡首家自用型保税仓库——无锡油泵油嘴厂博世产品维修站保税仓库。1996年，对辖区内自用型保税仓库进行检查清理，对长期无业务的予以撤销。至年末，辖区有自用型保税仓库5家。

2000年10月，无锡国家高新技术开发区公共型保税仓库通过海关验收。该仓库仓储面积6696平方米，存放无锡加工贸易企业及外商投资企业为加工复出口产品所需进口的生产原料。2005年7月，更名为无锡高新物流公共型保税仓库。公共型保税仓库成立后，保税物流软硬件方面的优势不断凸显，逐渐取代无锡企业自用型保税仓库。

2005年5月，无锡新丰金属物流有限公司公共型保税仓库启用。该仓库位于锡山经济开发区纺城大道，仓储面积4896.66平方米。

2005年，无锡海关辖区内两家公共型保税仓库共审批出入库货物819批次，货物总值5145.28万美元，货运量16204.73吨。

三、海关稽查

1992年，海关总署开始试点稽查制度。同年10月，无锡海关在保税科设立稽查小组，选择9家企业及出口产品加工企业开展稽查工作的试运行。1993年，扩大稽查试点范围，采取固定稽查与抽样稽查相结合的办法，确定21家进出口企业为固定稽查户和非固定稽查户，对保税、特定减免税货物和外商常驻人员自备车辆等实施稽查，发现某中外合资企业违规案件，案值700余万元。

1994年，全国海关关长会议决定成立稽查机构，全面推行海关稽查制度。同年12月，南京海关批准无锡海关增设稽查科。1995～1998年，无锡海关稽查业务逐年大幅增长，并逐渐形成加工贸易稽查占据主导、一般贸易稽查持续增长、减免税设备稽查从无到有的工作格局。1998年，全国打击走私工作会议召开以后，稽查部门与调查部门协同配合，发挥海关稽查的先导作用，共同开展反走私专项斗争，共查获案件18起，补税581万元。

2000年以后，无锡海关稽查以办案为主转向以查缉为主，以查处个案为主转向以规范企业行为为主。2001年4月，无锡海关稽查科、调查科合并，稽查职能由调查科承担。2004年，在稽查工作中引入风险管理理念，开展风险管理信息平台建设。2005年7月，无锡海关调查科更名为无锡海关稽查科，承担稽查职能。

四、报关员及企业管理

1.报关员管理

1988年12月，无锡海关举办第一期报关员培训班，全市外贸公司、"三资"企业、加工贸易企业及私营企业的60余名业务人员参加培训，经考试合格，发给报关员证，成为无锡地区首批持证上岗的报关人员。

1997年8月，无锡海关对辖区内报关员试行条码卡管理，由报关员持证报关改为持卡报关，通过计算机读卡过程将其报关次数、报关差错、走私违规自动记录在案。565人申领条码卡，占无锡海关在册报关员总数的80%。是年，海关总署颁布《报关员资格全国统一考试暂行规定》，在全国实行报关从业人员统一资格考试。12月，无锡市被列为考点，360人报名参考。2004年，海关总署出台《中华人民共和国海关对报关员记分考核管理办法》，对出现报关单填制不规范、报关行为不规范，以及违反海关监管规定或者有走私行为但未被海关暂停执业、撤销报关从业资格的报关员予以记分考核。2005年12月，无锡海关启用报关员IC卡管理系统，对报关员报关行为实施关区联网记分考核。

2.企业管理

1988年无锡海关成立后，随着对外贸易经济交往的扩大和投资环境的改善，全市拥有进出口经营权的企业迅速增加，进出口业务量的增长同时带动报关行业的发展。至1992年末，无锡海关辖区有5家报关企业经批准注册登记并取得报关注册登记证明书。

1995年，无锡海关对进出口企业进行A、B、C分类管理，确定各类企业名单，与A类管理企业签订谅解备忘录，明确双方在进出口环节上的职责和权利，促进企业守法自律。

1998年起，无锡海关参加由市外经委等7部门开展的外商投资企业联合年检工作。1998年5月8日，命名阿尔卑斯电子有限公司、希捷国际科技有限公司、脱普日用化工品（中国）有限公司等3家企业为首批海关信得过企业，给予优先通关、集中报关、集中报核等便利措施。

1999年7月，《中华人民共和国海关对企业分类管理规定》颁布，海关根据企业的经营管理状况、报关情况、遵守海关法律法规情况等，设置A、B、C、D共4个管理类别，对企业实施动态分类管理。至2005年末，无锡海关辖区有A类管理企业60家、B类3597家、C类10家、D类2家。

2004年7月，《中华人民共和国对外贸易法》颁布，对进出口企业采用备案登记制度，放低进出口企业的管理门槛，内资企业从事外贸的热情空前高涨。至年末，无锡海关辖区注册登记的私营企业552家，当年增幅123%，占无锡海关注册企业总数的19.5%。

2005年10月，无锡海关参加无锡市诚信体系建设，通过定期向市政府相关部门提供企业在海关系统的守法状况等信息，与地方政府建立对企业资信共享、社会共管的机制。

第三节　征　税

一、税收征管

无锡海关成立后，依照《中华人民共和国进出口关税条例》对本地进出口货物征收关税及进口环节税。1989年，在税收征管中推行兼职审价员制度和征税复核制度，加强应收尽收管理。1991年，通过审价和复核，发现6起低报价格偷漏税事件，避免漏税13余万元。

1994年1月起，无锡海关对进口货物的代征税由征收产品税、增值税、工商统一税和特别消费税收合并改为征收增值税、消费税。海关在进口环节征收的增值税涉及13%和17%两档税率，对出口货物增值税税率为零。2001年，开展归类咨询和报关预归类工作，指导进出口企业正确申报纳税，全年办理归类补税56起，补税额109.2万元。2003年4月，无锡海关与交行无锡分行合作，对无锡富士通用电气驱动控制有限公司和无锡阿尔卑斯电子有限公司两家企业实施税款网上支付系统试点成功，加快通关速度。

2004年1月1日，新关税条例实施。无锡海关强化价格审查，全年通过审价补税157起，补税额87.41万元。2005年，推广税款网上支付业务。至年末，开通网上支付企业56家，全年办理网上支付966起，支付税款6494万元。

1988～2005年无锡海关征收税款情况表

表20-15　　单位：万元

年份	征收税额	年份	征收税额	年份	征收税额
1988	0.07	1994	22151	2000	19355
1989	138.26	1995	10287	2001	39678
1990	4583.56	1996	11694	2002	62740
1991	2052.50	1997	12810	2003	87596
1992	3534.43	1998	11691	2004	113020
1993	10819.00	1999	16454	2005	114445

二、税收减免

1989年，无锡海关受理首笔减免税业务，当年共减免关税及进口环节代征税55.9万元。1990年，无锡建立特定减免税的三级审批制度。1991年，配合地方政府落实大中型企业技术改造规划，按照临时减免税相关规定，免征无锡机床厂精密导轨磨床技术改造项目进口设备税款70万元。

1992年8月，无锡海关印发《关于〈中华人民共和国海关对外商投资企业进出口货物监管和征免税办法〉的实施意见》。全年办理减免税业务1113笔，减免关税及进口环节代征税3.86亿元。1993年，受理技术改造项目减免税申请80多笔，全年减免税额11.5亿元，比上年增长183%。1994年起，国家停止临时性减免税的审批工作。

2000年后，无锡海关的减免税业务量迅猛增长。无锡海关从严控制盲目投资和重复建设的个别行业项目减免税审批，加强减免税首办验厂和对免税设备的核查。2005年，审批减免税申请6691笔，减免税额17.69亿元。

1988～2005年无锡海关办理减免税情况表

表20-16　　单位：万元

年份	减免税额	年份	减免税额	年份	减免税额
1988	100	1994	31967	2000	39262
1989	238	1995	27726	2001	68966
1990	10651	1996	17291	2002	114306
1991	15000	1997	5957	2003	152476
1992	38600	1998	10880	2004	169792
1993	115000	1999	36169	2005	176887

第四节　缉　私

一、缉私机制

1986～1988年，无锡市的海关缉私业务由张家港海关管辖，张家港海关作为缉私职能管理机构，委托无锡税务部门承担查私任务，海关负责协调。无锡海关成立后，负责无锡市的缉私业务。最初缉私工作由业务部门兼带管理。随着辖区走私案件增多,1990年1月,成立调查技术科。1990年,无锡海关与市公安、司法和税务部门建立经常性二作联系机制,确定专案查缉与联合办案相结合的工作方法。1992年,探索情报组织工作,初步建立情报渠道,并向社会公布走私举报电话。1993年,无锡海关与市公安局、市工商局联合发布《关于严厉打击走私贩私的通告》。9月,无锡市成立打私工作协调小组,由市长任组长、海关关长任副组长,领导开展全市打私工作。1995年5月,专设调查科,承担无锡海关行政处罚案件的调查、审理和处罚职能。1998年,中央召开全国打私工作会议后,无锡海关在加强监管力度,确保各项量化指标执行到位的基础上,增强缉私意识,明确重点,严防猛打。初步形成强大的打私攻势,遏制货运渠道尤其是加工贸易领域的走私势头。

1999年前,走私犯罪刑事案件由地方公安机关侦办。1999年,国家对缉私体制做出重大调整,在海关设立走私犯罪侦查机构,专门负责对走私犯罪案件的刑事侦办。是年8月,无锡海关走私犯罪侦查支局成立。2001年,全国海关关长会议确定"打防结合、预防为主"的调查工作新方针,无锡海关探索以稽查为先导,以机动查私为威慑,以综合治理为后盾的调查工作新模式,建立重大案件的企业回访制度。是年,无锡海关走私犯罪侦查支局专设情报科,开展情报经营。2003年2月18日,无锡海关走私犯罪侦查支局更名为无锡海关缉私分局。

2005年7月,无锡海关调查科更名为无锡海关稽查科,全面承担辖区内的海关行政处罚案件的调查、审理及处罚执行工作。是年,无锡市打击走私综合治理领导小组成立。无锡海关建立健全与地方公安、安全、工商、国检等有关执法部门之间的走私案情通报、信息交流、联合行动、专项治理等合作机制,加强数据交换和信息共享。年内,通过公安技侦部门的支持,先后在四川、杭州等地抓获犯罪嫌疑人3人;联合工商部门先后查获无锡某经营部进口激光照排机违规案件、某经营部购买进口的农副产品无合法手续等案件。

二、打击走私

1989年6月23日,某丝绸进出口公司向无锡海关申报出口丝绵被胎2000条,价值100余万元。经查验,发现丝绵被胎中夹藏未加工的丝绵,其行为构成逃避丝绵出口许可证管理,涉嫌走私。同年8月8日,无锡海关将案件移交市公安局侦办。此为无锡海关建关后查获的第一起涉嫌走私犯罪案件。1993年11月,无锡海关联合市公安局查获无锡历史上最大的走私香烟案,查获香烟1100箱,案值300多万元。

90年代中期后,随着加工贸易业务的大量开展,少数不法分子采取冒用、甚至伪造海关加工贸易登记手册,违规内销加工贸易保税货物等方式偷逃应缴进口税款进行走私。1994～1995年,无锡海关共查获此类走私、违规案件16起,其中江阴某企业走私电脑配件案被全国反走私展览收录。

1998年,全国打击走私工作会议召开,无锡海关开展以纺织原料、化工原料为重点商品,以加工贸易为重点渠道的反走私专项斗争。全年共查处走私案件10起,违规案件30起,案值9900余万元。1999年10月15日,立案侦查无锡市某印刷器材有限公司走私普通货物案,案值230万元,涉税37万元,涉案两名犯罪嫌疑人均被判处有期徒刑。

2005年,无锡海关缉私分局通过对摊铺机、贴片机、数控机床、混凝土运输车等进口商品进行数据分析,发现伪报技术参数走私进口摊铺机的案件线索。该案案值约4175万元,涉税约839万元,抓获犯罪嫌疑人13人,执行逮捕3人,成为海关总署缉私局、南京缉私局两级挂牌督办案件,并由此引发全国打击摊铺机走私的专项行动。

1989～2005年无锡海关查处走私、违规案件情况表

表20-17　　　　单位：起、万元

年份	案件数	案值	年份	案件数	案值	年份	案件数	案值
1989	6	100	1995	34	15000	2001	65	8000
1990	13	238	1996	17	15000	2002	67	5000
1991	17	298	1997	34	3720	2003	75	14400
1992	17	583	1998	40	9900	2004	47	7028
1993	26	3050	1999	31	9000	2005	53	47393
1994	27	2850	2000	65	8000	—	—	—

第十二章　出入境检验检疫

第一节　机　构

一、行政管理机构

1985年10月，中华人民共和国南京进出口商品检验局无锡处更名为中华人民共和国无锡进出口商品检验局（简称“无锡商检局”），1986年1月启用印章。1999年11月，国家出入境检验检疫局在无锡商检局基础上批准设立中华人民共和国无锡出入境检验检疫局（简称“无锡检验检疫局”）。至2005年末，内设13个职能处室，下设新区、出口加工区、机场等3个副处级办事处。

二、检测机构

1.纺织工业产品检测中心

1988年5月，无锡商检局接收江苏省生丝检验所纤维检验机构，1989年成立无锡纺织原料检验所，1991年成立无锡进出口生丝检验所，1997年成立无锡进出口商品检验局生丝与纺织原料检测技术中心，1999年更名为无锡检验检疫局生丝与纺织原料检测技术中心，2003年10月更名为江苏检验检疫局纺织工业产品检测中心，下设生丝实验室、纺原实验室、纺织品实验室，被国家质检总局列为国家级重点实验室。至2005年末，该中心连续4年获得国际羽绒羽毛局羽绒、羽毛检测的

图20-13　生丝检验所检验员进行生丝强伸力检验（无锡检验检疫局供稿）

认可，可出具国际羽绒羽毛局（IDFB）证书。通过国家实验室认可委员会的认可和国家计量认证合格确认，可以开检的项目有340多项，承检标准800多个，检测技术综合能力达到国内领先水平。

2.机电产品检测中心

80年代中期，无锡商检局成立家电实验室。1995年，成立江苏商检局机电产品检测中心，1998年2月通过国家商检局实验室认可委员会（CCIBLAC）的审核认可。2002年4月，成为中国国家认证认可监督管理委员会指定的首批“3C”产品认证测试实验室之一。2003年10月，更名为江苏检验检疫局机电产品检测中心。7月，通过中国实验室认可委员会（CNAL）的扩项评审和复评审。是年，被国家质检总局确定为国家级重点实验室。2005年，被国家质检总局指定为承担电子电器产品有毒有害物质检测的检测机构之一。

3.动植物与食品检测中心

1988年，无锡商检局成立食品实验室。1994年成立食品与化工实验室，并通过国家商检局实验室认可委员会（CCIBLAC）认可。1999年，成立动植物与食品检测中心，2000年通过国家实验室认可委员会（CNAL）认可。2005年，中心新增化学检测业务，是CNAL认可的电机电子产品限量使用有害物质（RoHS）检测实验室、生态纺织品实验室以及食品、动植物产品检验检疫实验室。

4.医学实验室

2000年3月，江苏国际旅行卫生保健中心下设无锡分中心，同时成立医学实验室，开展艾滋病抗体筛查和常规医学检验。2000年8月，该实验室获得国家质检总局授予艾滋病病毒抗体筛查实验室资格。2003年8月，获国家颁发的ISO/IEC 17025计量认证证书。

第二节　商品检验

随着改革开放和对外贸易的迅速发展，无锡经营出口和生产外销商品的单位迅速增加，进出口商品的数量和结构发生重大变化。1986年以前，对出口机床、电机、轴承、电线电缆、柴油机等机电产品实施法定检验。1986年起，增加进出口钢材、进口金属材料和成套设备等商品检验。是年，无锡进口法定检验商品种类20多种，检验仅数十批，约10万吨。1989年，进口商品增至40类148种，主要进口商品大都列入法定检验。1986～1989年，累计检验进口商品346批，向国外公司索赔16批，金额20万美元。

图20-14　2002年8月，检验检疫人员对星火服装厂出口服装进行质量抽查（无锡检验检疫局供稿）

1990年后，无锡引进成套技术设备、进口重要原材料等增多，利用外资建立中外合资企业的数量越来越多，其中50%以上为外方以引进技术设备作价投资。1993年起，市商检局开展外商投资财产鉴定业务。至2005年，共对300多家外资企业作价投资引进的设备进行品质检验和价值鉴定，挽回直接经济损失1.21亿美元。

1986～2005年，全市检验出口商品113.5万批，检出不合格商品6118批；检验进口商品8.7万批，检出不合格商品1650批。

2000～2005年无锡市进出口商品检验分类统计表

表20-18　　单位：批、万美元

年份	机电产品		轻纺产品		动植物产品		合计	
	批次	金额	批次	金额	批次	金额	批次	金额
2000	12150	40416	25881	94315	1291	4325	39322	139056
2001	18552	70646	23235	44484	2090	7572	43877	122702
2002	26400	139956	32672	79479	3600	11896	62672	231331
2003	38172	226209	37098	93421	4016	17871	79286	337501
2004	54899	346013	28720	41437	5047	20703	88666	408153
2005	79316	400430	49201	140632	7716	15815	136233	556877

1995～2005年无锡市出口商品检验情况表

表20-19　　单位：批、万美元

年份	出口商品检验		其中检验不合格	
	批次	金额	批次	金额
1995	24825	45600	93	223
1996	26339	51000	84	215
1997	26811	60800	62	204
1998	26757	57800	24	58
1999	34374	69100	53	107
2000	37900	80200	36	106
2001	30700	82300	29	101
2002	51900	120200	30	40
2003	62200	167600	33	87
2004	83600	236800	48	188
2005	103600	317700	41	224

1995～2005年无锡市进口商品检验情况表

表20-20　　单位：批、万美元、%

年份	进口商品检验		其中检验不合格		价值鉴定	
	批次	金额	批次	金额	批次	降值率
1995	603	12330	32	32	98	8.30
1996	1087	22000	108	282	54	6.80
1997	1054	21670	98	488	31	5.90
1998	1723	31911	181	860	155	1.40
1999	1949	18400	247	1414	152	4.30
2000	1426	18100	117	993	25	0.16
2001	2324	33600	108	1003	39	2.88
2002	7767	92800	206	1602	15	0.01
2003	12900	156000	334	11600	66	5.92
2004	18400	251800	310	6713	33	0.41
2005	26200	253000	309	6458	—	—

第三节 动植物检验检疫

1999年前，无锡市出入境动植物及其产品需到上海、江阴等口岸报检并检疫。1999年，无锡检验检疫局增加动植物检验检疫职能。2000年，无锡检验检疫局建立动植物检疫实验室。2001年，无锡陆路直通点开始封关运作，无锡检验检疫局在陆路直通点设检疫科，负责口岸进境动植物检验检疫和国境口岸卫生检疫业务。至2005年末，在口岸截获外来有害生物1762批次，其中二类外来有害生物松材线虫33批次；检出有毒有害物质12批次；实施进出境动植物及其产品检疫监管14452批次，货值61432万美元。

2000～2005年无锡口岸截获外来有害生物统计表

表20-21　　单位：种、批次

年份	截获外来有害生物		有害生物中松材线虫批次	有毒有害物质检出批次
	种类	批次		
2000	12	4	1	—
2001	6	10	—	—
2002	10	186	2	—
2003	12	270	9	—
2004	14	530	15	2
2005	54	762	6	10

2000～2005年无锡市进出境动植物及其产品检疫情况表

表20-22　　单位：批、万美元

年份	检疫批次	货值	出境动植物产品	入境动植物产品
2000	900	4000	木柄、家具、蔬菜、水产品等	法国种鸡、羊毛
2001	1354	6000	木柄、家具、蔬菜、水产品等	荷兰郁金香、马氏沼虾
2002	1631	8000	活鱼、蚕种、烤鸭、树苗等	法国种鸡、比利时信鸽、美国紫蚌、观赏性树苗
2003	2094	8478	水蜜桃、竹帘子、画框、活蚬等	埃及尼罗尖吻鲈鱼、梅树苗、郁金香
2004	3324	15953	活蚬、画框、画架、胶合板、家具等	法国种鸡、菲律宾红木家具、进境肉类
2005	5149	19001	木质包装、胶合板、画框等	羊毛、竹镊子、进境肉类

第四节 卫生检疫

1999年，无锡检验检疫局增加卫生检疫职能。2000年起，在无锡口岸实施卫生检疫监管，对出入境人员实施传染病监测。至2005年末，实施出入境人员体检23697人次，传染病预防接种29181人次，检出肺结核、性病、肝炎等传染病121例，检出HIV感染患者2例；对出入境集装箱实施检疫监管63169标箱，查验12355标箱，截获媒介生物149批次。

至2005年末，无锡检验检疫局颁发口岸储存场所卫生许可证3张、口岸食品生产经营单位卫生许可证1张、口岸服务行业卫生许可证1张，从业人员199人；先后对相关口岸卫生许可证单位实施卫生监督20次。

2000～2005年无锡市出入境人员传染病监测情况表

表20-23　　单位：人次、例

年份	体检	预防接种	传染病检出	HIV感染检出
2000	1332	7268	13	—
2001	2802	3362	16	—
2002	3907	3905	27	—
2003	4330	4811	30	—
2004	5065	5670	13	2
2005	6261	4165	22	—
合计	23697	29181	121	2

2001～2005年无锡口岸进出境集装箱检疫查验情况表

表20-24

年份	入境检疫（标箱）	出境检疫（标箱）	查验		截获媒介生物（批次）
			入境（标箱）	出境（标箱）	
2001	2766	1060	892	115	2
2002	7200	1587	1975	176	4
2003	11833	1954	2797	205	5
2004	16448	2495	2919	301	8
2005	15239	2587	2678	297	130
合计	53486	9683	11261	1094	149

第五节　产地证业务

1987年，无锡商检局开始办理出口货物普惠制签证、优惠原产地证书等业务。2001年5月，中国成为曼谷协定成员。2002年10月起，检验检疫机构对出口到韩国、斯里兰卡的部分产品签发曼谷协定证书。2004年1月起，签发中国—东盟自由贸易区优惠原产地证书。3月起，对印度签发曼谷协定证书。

至2005年末，无锡检验检疫局共签发曼谷协定证书120批，签证金额195.95万美元，主要签证国家为韩国，主要签证产品为染料、服装等纺织产品、金属铜线材；签发中国—东盟自由贸易区优惠原产地证书49份，签证金额77.4万美元，主要签证国家为马来西亚、新加坡、印度尼西亚、泰国、越南等东盟国家，签证产品主要有柳酸甲酯、樟脑、人造革、拼图、无缝碳钢管、轮圈、鱼竿等；签发普惠制产地证等优惠原产地证书30多万份，签证金额70多亿美元，按照进口国平均关税减免7%计算，无锡外贸企业减免关税接近5亿美元。

第六节　认证认可

1983年,国家商检局会同有关工业主管部门,分别对机械、电子、汽车、纺织机械、陶瓷、玩具、煤炭等重要出口商品实施出口商品质量许可制度。至1996年,先后有30多家企业获得机械工业部与国家商检局颁发的量具、电机、柴油机、电线电缆生产出口质量许可证。至2005年末,无锡检验检疫局通过国家出口质量许可的产品类别有机械、电子、轻工机电、纺织机械、玩具共5大类140份证书,涉及110家进出口生产企业。

1984年起,国家对出口食品生产企业实施卫生注册登记制度。至2005年末,无锡检验检疫局通过国家认监委注册的食品有17类30份证书,涉及29家食品出口企业。

1987年,国际标准化组织颁布ISO首个管理体系标准即ISO 9000标准。90年代初,无锡商检局成立质量体系认证办公室,机构设在局科技科。1994年,无锡商检局和市科协开展进出口企业ISO 9000质量标准的宣传贯彻活动。1995年,无锡商检局成立质量体系评审办事处,当年有两家进出口企业通过ISO 9000认证。1999年,通过质量体系认证的进出口企业突破百家,1家企业通过环境管理体系认证。至2005年末,申请企业400多家。认证业务由单一的质量体系认证(ISO 9000)扩展至环境管理体系(ISO 14001)、职业健康安全(OHSMS 18001)、食品安全管理体系(HACCP)、汽车行业(TS 16949)认证,认证行业由制造业扩展至政府机关、金融保险、宾馆餐饮、广播电视等服务业。

无锡市志

【第二册】

第二十一卷
人力资源

概　述

1986年起，无锡市推行以干部聘用制为主要形式的人事制度改革。1992年起，市人事局进行机构编制工作改革的探索与实践。1999年起，启动经营性自收自支事业单位改革改制工作。2002年后，市委、市政府加大人才政策环境建设的力度，先后制定《关于在锡院士享受有关待遇的意见》《关于在锡国家级专家享受有关待遇的意见》等文件，初步形成比较完善的人才政策体系。全市人才载体不断发展，基本形成各类人才尤其是高层次人才的创新创业平台。2005年人才大普查，全市有各类人才721453人，其中党政人才22647人、企事业单位经营管理人才195051人（含专技人才）、专技型人才245638人、技能人才251159人、农村实用人才6958人。

1986年开始，无锡市进行劳动用工制度改革，实行劳动合同制，改革劳动工资制度，建立劳动力市场。随着企业改革不断深入和劳动关系的变化，劳动管理部门着力规范企业用工管理，培养和规范劳动力市场，加强职工技能培训，增加就业岗位，促进社会就业。1994年，无锡市被劳动部列为全国“再就业工程”试点城市之一。通过技能培训、政策优惠扶持、资金保障等措施，解决下岗、失业人员的劳动和生活问题。加强劳动监察和仲裁，保护职工合法权益。2005年，全市企业签订工资专项集体合同10992份，涉及22328家企业和91.1万名职工；75.5%的建制企业建立工资集体协商制度。全市城镇登记失业人数3.92万人，登记失业率3.27%，为全省最低。

第一章　人　事

第一节　机　构

1986年初，市人事局设有秘书科、干部计划调配科、专业技术干部科、工资福利科、奖惩科、无锡市军队转业干部安置工作小组办公室、市编制委员会办公室。1993年2月，设干部一科、干部二科、干部三科（与无锡市军队转业干部安置工作小组办公室实行“两块牌子、一套班子”管理体制）、干部四科、干部五科（与市编制委员会办公室实行“两块牌子、一套班子”管理体制）。1995年11月，市人事局内设机构调整为办公室、干部一处、干部二处、干部三处、无锡市军队转业干部安置工作小组办公室（与干部三处合署办公）、干部四处、无锡市机关事业单位工人技术等级考核办公室（与干部四处合署办公）、干部五处（市机构编制委员会办公室）、干部六处。1996年8月，市人事局设专业技术职称管理处，市科委科技干部处撤销，4个行政编制划归市人事局。

2001年11月，市人事局机构改革。机关、事业单位社会保险管理职能移交市劳动和社会保障局，非教育系统出国留学人员的派出职能移交市教育局，市管干部退休管理职能移交给市委老干部局，市科委会承担的引进国外智力管理职能及其机构移交市人事局。市人事局设局办公室（挂“政策法规处”“机关党委”牌子）、综合管理处（挂“企事业人事制度改革处”“市人事争议仲裁委员会办公室”牌子)、人才开发处(挂“市人才工程领导小组办公室”牌子)、公务员管理处、专业技术人员管理处(挂“市专业技术人员职称工作领导小组办公室”牌子)、军官转业安置处(挂“市军队转业干部安置工作小组办公室”牌子)、工资福利与退休管理处(挂“市机关事业单位工人技术等级考核办公室”牌子)、国际交流合作处(挂“市外国专家局”“市引进国外智力工作办公室”牌子)8个职能处室。下属事业单位有无锡市人才市场管理办公室。市机构编制委员会办公室与市人事局合署办公,设行政机构编制管理处(挂“综合处”牌子)、事业机构编制管理处。

第二节　机构编制管理

1986年,市编制委员会对全市科级干部职数限额进行规定。1987年,市委、市政府发布《关于严格控制机构编制的通知》,要求严格控制机构编制增长,严格控制干部队伍增长,严格按照规定的领导职数配备干部,检查清理机构编制和领导职数,严肃编制纪律。市委办公室转发《机构编制审批工作暂行规定》,市政府办公室转发《加强事业机构编制管理意见》。是年,为乡镇党政机关核定4021名人员编制;明确县以下医疗卫生机构编制审批权限;完成市直及区属事业单位定编工作;建立区级编委并明确职责和任务;实行有计划地使用工资基金,制定工资基金管理办法;在市级机关和直属事业单位实行精兵简政,压缩编制,抽调人员到基层工作,并以各部门(单位)抽调人员后的实有人数作为暂定编制数下达;印发《关于市级党政群机关、全民事业单位调进人员有关问题的通知》,严格控制机关、事业单位进人。

1988年,在市级党政群机关试行编制包干、节编奖励;在事业单位试行“编制管理手册”制度。1989年,对严格控制市级机关中层干部职数配置作要求。1990年起,对市、区全民事业单位实行机构编制计划管理;市委办公室、市政府办公室发布《关于党政群机关清退借用人员和严格控制留聘用退(离)休干部的意见》,要求各事业单位参照执行。

1991年,市委、市政府发布《关于认真学习和贯彻执行〈中共中央、国务院关于冻结机关、事业单位机构编制的通知〉的通知》,要求对全市各级机关、社团组织机构编制实行冻结,事业单位原则上实行冻结,严格控制党政群机关、事业单位进人,继续抓好对现有机构编制和领导职数的检查清理。1992年,市编委会规定,由财政或主管部门拨付部分经费的事业单位调整编制,可按适当放宽的原则;不需财政拨付经费的事业单位,调整人员编制和人员结构(领导职数除外),可按用人放开、自定编制的原则进行。

1996年6月,开始实施全市党政机构改革,历时1年完成。市级党政工作机构设置60个,比改革前减少22个;市级党政群机关(含街道办事处)行政编制4300个,比实有5985个减少1685个。1997年,对市属履行行政职能的事业单位参照(依照)执行公务员制度进行界定。1998年,市委办公室、市政府办公室发布《关于进一步加强全市各级党政机关机构编制管理工作的通知》《关于加强全市事业单位机构编制管理工作的意见》。1999年,市委、市政府发布《无锡市机构编制委员会议事规则》,开始推行毕业生进入市属事业单位使用“编制使用计划卡”制度。

2000年,清理裁减乡镇机关人员、事业单位超编人员和由农民负担的补贴人员(包括临时工、计划外用工、自聘人员和借用人员),以及上级派驻在乡镇的工商所、地税所、派出所等部门的临时、非在编人员,全面推行行政事业单位财政统一发放工资,机构编制部门负责审核单位性质、编制数,核对当月实有人数。

2001年4月～2002年5月,全市党政机关机构改革。改革后,设市级党委部门12个,比改革前减少1个;设市政府工作部门40个,比改革前减少15 个;市级党政机关的行政编制由2294个精简至1721个,全市政法专项编制由7263个精简至6912个,市级政府机构行政审批事项由1393项减少至

567项。

2002年6月，为建立机构编制长效管理机制，市委、市政府发布《无锡市机构编制委员会议事规则》。2003年6月，市委办公室、市政府办公室发布《关于进一步加强机构编制管理工作的通知》。2004年10月，部分政府机关机构改革，组建国资委，发展计划委员会改组为发展和改革委员会，安全生产监督管理机构由部门直属行政机构调整为政府工作部门，计划生育委员会更名为人口和计划生育委员会，卫生局承担的保健品审核有关职能划入食品药品监督管理局，至2005年6月完成。

第三节　公务员管理

一、考试录用

1986年，无锡市按照有关规定面向全社会统一组织招考录用政法、税务、工商行政管理部门的国家干部。1989年，首次实行招录国家干部全省统一笔试的模式，通过省、市两级笔试、面试，录用机关干部204人。1995年，无锡市在全省率先实行对应届高校毕业生采取考试的方式录用机关干部。1997年，全市科级以下非领导职务人员实行“凡进必考”。2002年，首次实行市、县（区）、乡镇党政群机关和省行政机关垂直管理机构所属单位考试录用国家公务员和机关工作人员。至2005年，共招考录用1700人左右。2005年，无锡市在省辖市中率先实行考试录用国家公务员网上报名，并在新录用公务员中实行宣誓仪式。市委组织部、市人事局于2004年发布《关于进一步规范我市机关调任科级领导职务人员的若干规定》，采用考试、考察的方法，竞争择优确定调任科级领导人选，市（县）区级机关通过面向社会公开选拔副局长、街道办事处副主任，改善机关干部队伍的文化结构、年龄结构、素质结构。

二、职位职务管理

1997年和2001年，无锡市先后两次推进公务员职位分类，按照“三定”（定机构、定编制、定职责）方案核定领导职务职数和非领导职务职数，编制职位管理的计算机软件，对每个职位的人员变动情况进行动态监控、跟踪管理。1997年，制定《无锡市国家公务员职务任免实施细则》。1998年，在全市推行公务员轮岗，推动公务员职务任用方式转变。2000年末，向市级机关在同一职位上任职满4年的175名中层领导的所在单位发出轮岗建议书。制定《无锡市依照公务员管理工作实施意见》，对人员过渡、补充、流动等做出具体规定，加强对依照管理单位的监管力度。2005年，市委组织部、市人事局联合发布《关于新录用公务员下基层锻炼的意见》，要求凡未在基层企事业单位工作1年以上的市、县（区）机关新录用公务员，在试用期满后，必须下基层单位锻炼1年。

三、考核和奖惩

1994年起，无锡市对公务员实行平时考核和年度考核。1996年，在省内率先设立“基本称职”等次，并对“不称职”等次设置可操作性条件。2001年，试行量化考核、民主测评，完善确定“不称职”等次的条件。2002年起，实行“基本称职”“不称职”等次人员与年度奖金的挂钩制度。

2000年，开展评比无锡市“人民满意的公务员”活动，市委、市政府表彰10名“人民满意的公务员”，同时给予34名公务员记二等功。1999年和2003年，全市受到江苏省表彰的“人民满意的公务员”4人、“人民满意的公务员集体”1个。2003年起，每年组织市级机关符合条件的优秀公务员实行健康休养。

严格执行公务员辞退规定。1993～2005年，全市机关共辞退164人，开除98人，初步改变机关人员能进不能出的状况。

第四节　专业技术人员管理

一、职称管理机构

1986年1月，无锡市成立职称改革工作领导小组，下设办公室，办公室设在市科委科技干部科。1996年8月，职称管理职能由市科委移交至市人事局。1997年3月，更名为无锡市职称工作领导小组，下设办公室，办公地点设在市人事局。2004年4月，更名为市职称（职业资格）工作领导小组；撤销无锡市思想政治工作专业技术资格领导小组，纳入市职称（职业资格）工作领导小组统一管理。

二、职称评审

1986～1991年，无锡市开展职称改革，重点解决职称评审长期停止后存在的历史遗留问题。省职改领导小组向无锡市下放机械、电子、化工、建设、冶金、纺织、中学高级教师、卫生等9个专业系列高级职称评审权。1990年、1993年，分两批开展地方行政机关专业技术职务任职资格评审工作，只评资格不聘任，不与工资待遇挂钩，共评出高级职称823人、中级2610人、初级2881人。随后，停止机关职称评审。1998年，进行乡镇职称改革试点，2000年通过验收。1999年，省职称工作领导小组同意组建无锡市工程技术高级职务任职资格评审委员会（简称“高评委”）。2000年9月起，实行评聘分开，职称工作逐步向评价社会化、用人聘约化、管理法制化的方向发展。2001年4月，省职称办同意无锡市重新组建相应的高评委，原来的综合工程高评委分设为机械、电子、化工（医药）、建设（交通）工程等4个高评委。至此，包括中学高级教师高评委，无锡市共有5个高评委。2004年7月，明确职称工作中报评对象、机关工作人员报评、离退休人员报评、申报多系列专业技术资格、留学回国人员报评、部分没有职称台阶的院校毕业生报评、职称外语、信息化素质培训考核等相关政策问题。8月16日，江苏省开设思想政治工作专业研究员级高级政工师的评审。2005年5月，在全省中学中率先开展教授级中学高级教师资格评审与职务聘任工作。经评审，无锡市有19名中学教师具备教授级中学高级教师资格。8月，江苏省首次开设研究员级高级工艺美术师资格评审，39人获此资格。

三、专家选拔

1.推荐选拔有突出贡献的中青年专家

国家级专家　1988年，无锡市启动有突出贡献中青年专家的选拔、推荐工作，无锡市钢铁厂马宗况、无锡柴油机厂应忠堂、无锡酶制剂厂霍兴云、江阴钢丝绳厂周建松、江苏省原子能医学研究所张满达等10人获首批国家级专家称号。至1996年暂停此项工作时，全市有35人获此称号。

省级专家　1988年，推荐省级有突出贡献中青年专家，无锡机床厂丁邦泰等20人获首批“江苏省有突出贡献中青年专家”称号。此后每两年推荐评选一次。至2005年，共有196人获此称号。

市级专家　1988年，无锡动力机厂丁晓西等110人获无锡市首批“百名优秀科技工作者”称号。至1996年末共评审5批，510人获此项表彰。1998年，原由市科委开展的无锡市优秀科技工作者的评选及市委组织部开展的市中青年拔尖人才的选拔统一纳入市级专家评审范围，由市委组织部、市科委、市人事局联合实施，具体工作由市人事局承担。1999年，唐力等36人获首批“无锡市有突出贡献中青年专家”称号。至2005年，共有136人获此称号。

2. 推荐享受国务院政府特殊津贴人员

1991年，无锡市开展推荐享受国务院政府特殊津贴人员工作，无锡市钢铁厂马宗况等11人获首批享受此津贴。1995年起，新选拔的享受政府特殊津贴人员，不再采取逐月发放津贴的办法，由国务院给予一次性奖励；1990～1994年选拔的人员，仍逐月发放。至2005年，全市有621人获此津贴。

第五节　事业单位人员管理

1988年，全市28家事业单位试行干部聘用制工作，重点选择市第一人民医院、市政工程公司、市医药研究所、市北高级中学、南长区环卫所、市工人文化宫、市化工研究设计院、市路灯管理处、江阴市人民医院等9家单位作为无锡市事业单位首批实行干部聘用制试点单位。领导职务实行聘任制，干部实行聘用制，打破干部身份和领导干部职务的终身制，打破干部和工人的身份界限，实现干部队伍能进能出，干部职务能高能低等为试点主要内容。1988年11月，市人事局召开全市科研事业单位深化人事制度改革，推行干部聘用制工作动员大会。12月，市政府批转市人事局《关于进一步强化人才流动社会化调节机制，逐步开放人才市场的意见》，允许专业技术人员在一定条件下于本职工作之外，利用自己的专业知识和技术专长，在不改变人员隶属关系的情况下，到外单位进行科学研究、工程设计、技术开发、技术培训、技术咨询以及讲学、著作、翻译、编辑等有报酬的活动；专业技术人员及管理人员，若提出辞职或申请停薪留职，在符合一定的条件下所在单位应予以批准；单位可以解聘或辞退富余的专业技术人员及管理人员；临时性待业人员可以领取待业救济金。1989年，市人事局与市委组织部、市劳动局先后制定《关于企事业单位聘用干部工资待遇的若干办法》《关于企事业单位从社会上招收聘用干部的若干规定》。2月，市人事局召开全市企事业单位干部聘用制工作经验交流大会，下发《企事业人事制度改革经验选编》。

1991年末，市政府召开全市企事业单位管理人员和专业技术人员全面推行聘用制工作会议，印发《无锡市企事业单位管理人员和专业技术人员聘用制暂行办法的通知》。1993年，市电子技术应用研究所、市路灯管理处、市中医院、市工人文化宫、市广瑞中学、市新华书店、市建材科研所等7家单位被确定为事业单位综合配套改革试点单位，实施行政领导负责制、管理人员和专业技术人员岗位聘用制、工资分配绩效考核制、工资总额包干制。

1996年，市人事局、市财政局发布《关于完善和深化我市事业单位工效挂钩分配的实施办法》《无锡市事业单位领导集团个人收入与工作业绩挂钩考核分配试行办法》，完善、规范事业单位工效挂钩和领导集团的分配制度。1997年，市人事局、财政局、国资局发布《1997年度实行工效挂钩和经营承包事业单位年终考核结算意见》，激励差额拨款及自收自支事业单位提高工作积极性及经济效益。1999年，在市广电集团、市化工设计研究院、郊区人民医院等6家单位进行以深化综合配套改革和创建市场化运行机制为主要内容的试点。

2001年，市科委会同有关部门，对市属18家科研院所实行改、转制。在此基础上，市政府发布《关于推进市属事业单位改制转制的暂行意见的通知》。2003年，市人事局撰写《关于我市事业单位实行聘用（任）合同制情况的调研报告》，对1994年以后推行全员聘用（任）合同制所取得的成绩、经验、做法和存在的问题进行总结，提出深化事业单位人事制度改革的意见和建议。2004年2月，市政府办公室转发市人事局《关于进一步加强和完善事业单位聘用合同管理的若干意见的通知》。3月，市委组织部、市人事局发布《无锡市事业单位人员聘用合同管理办法》，内容包括聘用人员的条件、聘用的程序、聘用合同的订立履行及解除等；发布《关于事业单位实行聘用合同制度后有关问题的处理意见》，对聘用人员的工资及退休、医疗期及内部退养等问题做规定，并停止执行聘用制干部审批工作，停止执行停薪留职及自动离职制度。在全市事业单位中逐步建立起以人员聘用制和岗位管理为主要内容的用人机制。

2005年9月，市委办公室、市政府办公室转发市委组织部、市人事局《关于进一步完善事业单位人员聘用制、强化岗位管理的实施意见》《无锡市事业单位公开招聘工作人员的实施细则》《无锡市事业单位公推竞岗、公开选拔领导干部实施意见》《关于全面推进事业单位分配制度改革的指导意见》,建设高素质、社会化的专业技术人员和管理人员队伍,提高公共服务能力和水平,增强事业单位内部动力和自身活力。

第六节　工资福利管理

一、工资制度改革

1994年1月,无锡市贯彻实施1993年机关、事业单位工资制度改革方案。机关工资改革后实行职级工资制,由职务工资、级别工资、基础工资、工龄工资组成。事业单位实行不同类型的工资制度,工资构成分为固定部分和非固定部分,固定部分主要体现工作人员的水平高低、责任和贡献大小,非固定部分主要体现工作人员实际工作量的多少。全额拨款单位固定部分与非固定部分的比例为7∶3;差额拨款单位的比例为6∶4;自收自支单位根据非固定部分比例还可高一些。机关、事业单位工人工资制度也相应改革。机关工人根据其劳动特点,技术工人实行岗位技术等级工资制,工资由岗位工资、技术等级工资和奖金组成;普通工人实行岗位工资制,工资由岗位工资和奖金组成。事业单位的工人,分为技术工人和普通工人两大类,技术工人实行技术等级工资制,工资由技术等级工资和岗位津贴两部分构成;普通工人实行等级工资制,工资由等级工资和津贴两部分构成。

二、增资机制

按照1993年工资改革的规定,无锡市从1996年7月开始布置机关事业单位的工资正常升级工作。机关、事业单位正式工作人员,凡1993年10月1日工资制度改革后,两年考核成绩为称职(合格)以上的人员,从1995年10月1日起在本职务(技术等级)所对应的工资标准内晋升一个工资档次。此后,在每两年考核后的年份,即1997年7月1日、1999年7月1日、2001年1月1日、2001年10月和2003年7月,均按1993年工资改革的规定实施正常升级,先后5次提高机关、事业单位工作人员工资标准,并相应增加离退休人员离退休费。1995年11月,市人事局发布《关于事业单位正常升级中部分优秀专业技术人员"提前晋升"或"越级晋升"职务工资问题的通知》,规定从1995年起,每年在年度考核结束后进行。"提前晋升"或"越级晋升"的人员控制在事业单位当年年末总人数的3%以内。

三、工资发放

2001年10月前,工资由各单位发放。此后,市人事局、编制委员会办公室和市财政局布置全市实行财政统一发放工资,范围是市、市(县)、区财政部门用财政性资金(包括预算内、外)安排工资基金的行政事业单位,具体包括各级党政机关、人大机关、政协机关、民主党派和工商联机关、人民检察院、人民法院、有关人民团体及事业单位中由财政供养的编制限额内的正式人员。统一发放的工资项目按国家、省、市统一规定的工资制度和标准执行。各单位的离退休人员养老金的发放仍按原办法执行。市本级第一批选择52个行政机关进行试运行,2002年增加88家单位。

四、休假制度

1986年,市政府发布文件,规定工作年限满10年的工作人员,除享受国家法定的公休节假日外,每年安排一次休假(实行寒暑假或其他休假制度的单位除外)。工作已满10年不满20年的,年休假

10天；已满20年的，年休假15天。1992年，根据国家规定，对机关、事业单位工作人员的休假时间进行调整。工作年限满5年不满10年的，年休假7天；工作年限满10年不满20年的，年休假10天；工作年限满20年以上的，年休假14天。

五、退休人员工资管理

1985年4月，省人事局、省劳动局明确国家机关、事业单位工作人员的退休工作由人事部门负责，企业单位职工的退休工作由劳动部门负责，干部的退休按管理权限审批。2001年，规定各区人事局成立退休人员管理领导小组，负责本辖区退休管理工作的指导和考核。单位凡退休人员满10人以上的建立退管会，未满10人的建立退管小组，明确管理职责和目标，按照统一指导、分级管理的原则，实行以由原单位管理为主的管理办法，探索和尝试以社区为主、单位为辅的管理模式，退管工作逐步向社会化管理过渡。为保证退管工作和活动的正常进行，单位确保退休管理费按退休人员每人每年60元、退休活动费按退休人员每人每年200元到位。

第七节　人事培训教育

一、公务员培训

1986～1993年，无锡市人事培训主要以岗位培训、新招收工作人员上岗前培训以及与有关部门联合组织的专业人员培训为主，培训的规模小、人数少、难以形成制度化、规范化。

1993年10月1日施行《国家公务员暂行条例》，市人事局明确公务员培训分为初任培训、任职培训、更新知识培训和专门业务培训等4类。1996年4月，全市机关工作人员进行以国家公务员制度、《国家公务员暂行条例》为主要内容的过渡培训，至1997年6月底结束，全市有21534人参加培训，21530人考试合格，合格率99.98%。2000年5月起，会同市委组织部对全市公务员（含参照、依照公务员管理的工作人员，下同）实施“世贸组织与中国”的更新知识培训，至年末，全市机关工作人员轮训一遍。

2001年6月，开展普通话培训测试，要求1956年1月1日以后出生的公务员必须参加普通话测试，并达到三级甲等（含三级甲等）以上水平。至2003年6月完成，5300人参加测试。

2002年初，开展法制宣传教育和学法用法依法行政培训，21448人参加公务员“四五”普法培训考试。5月，将《国家公务员行为规范》列入初任培训内容。11月，实施以“创新原理与方法”为主要内容的新一轮更新知识培训，至2003年6月完成，15686人参加培训考试。

2003年5月，开展学习英语300句活动。1963年1月1日以后出生的公务员必须通过规定类别的测试，至2005年12月结束，5731人通过测试。

2004年3月，在全市行政机关公务员中分批开展《中华人民共和国行政许可法》培训，至年末，17516人通过考试。是年8月，开展信息化与电子政务培训，至2005年末结束，17337人参加培训考试。

二、专业技术人员继续教育

1998年前，无锡市专业技术人员继续教育的组织和实施由各业务主管部门自主负责。1998年开始，按照市委组织部、市科委、市人事局联合印发的《无锡市专业技术人员继续教育实施意见》，面向全体专业技术人员实施公共教育必修课与专业提升教育培训相结合的继续教育制度，公共教育必修课由政府人事部门统一组织实施，专业提升教育由相应的业务主管部门组织实施。公共必修课培训教育，采取统一组织、统一教材、统一管理、统一要求的形式，实行3年一周期轮回，共开展“信息技术革命与知识产权法”（第一周期）、“创新原理与方法”（第二周期）、“现代职业道德与通用能力”（第三周期）的公共必修课的继续教育，培训考核人数平均每个周期10万人次左右。

三、国际化人才培训

2001年，无锡市引进国外智力工作职能由市科委划入市人事局，日常工作由市人事局国际交流合作处承担，同时挂“无锡市外国专家局”牌子。市外国专家局负责举办出国培训外语水平（BFT）考试，选派机关、企事业单位人员参加国（境）外培训，指导机关、企事业单位组织出国（境）培训。2005年，全市共派出国（境）外培训团组19批，参训人数98人。

2001～2005年，市外国专家局共派出国（境）外培训团组67批，选送298名学员。其中无锡市厂长经理后备人才经济研究班赴澳培训连续举办4期，共100名学员参加培训，成为无锡市高层次人才培养的品牌。还派员参加中国国际人才交流协会组团的香港蒋氏基金制造业高级管理人员培训、美国物流信息系统使用与管理培训、以色列中小企业发展国际课程培训、加拿大首席信息官培训、欧洲国际人才市场建设、MBA研修及物流培训等。

四、机关事业单位技术工人岗位技术等级考核培训

1995年3月，无锡市成立机关、事业单位工人技术等级考核办公室，与市人事局干部四科合署办公。7月，发布《无锡市机关、事业单位工人技术等级岗位考核实施意见》和《关于对机关、事业单位中非经政府人事部门考核取得技术等级的工人进行复核认定的通知》。1995～1997年，按照工资改革时划定的技术等级，分5批对全市机关事业单位技术工人进行本等级培训，共培训221个工种25070人，并对原来有技术等级证书的2135名技术工人的证书复核认定。1997年起，每年12月和次年1月，组织机关事业单位技术工人技术等级培训考核报名、审核。1998年6月，启动机关事业单位工人技师评聘申报工作。2000年7月，组织参加省“江苏风味乡土菜”美食技能比赛，获二等奖。同年10月，组织全市园艺工种操作比赛，8人参加省首届园艺工种比赛，市园林局获唯一团体一等奖，4人获“江苏省园艺技术能手”称号，盆景工种一等奖1人，花卉工种一等奖3人（全部由无锡市包揽）、二等奖1人。2001年7月，开展交通行业试验工技能比赛，并参加省的比赛，2人获得前5名。同月，开展水利行业泵站运行和维修工的技能比赛，3人参加全省比赛，1人获第9名。在2002年江苏省第二届闸门运行工技能竞赛中，市水利局获先进集体称号，2人获优胜个人称号、2人获“江苏省机关事业单位技术能手”称号。同年11月，在全省机关事业单位计算机操作比赛中，无锡市获组织奖。2003年3月，对所有培训基地挂牌。11月，在全省首届机关事业单位烹饪套餐技能竞赛中，无锡市获省设的6个一等奖中的4个。2004年初，启动机关事业单位技术工人继续教育工作。2005年12月18日，全省机关事业单位泵站运行与维修工操作比赛中，1人获市县组第二名，并获得“江苏省机关事业单位有突出贡献技术能手”称号。1998～2005年，全市共培训18071人次，其中初级工3363人次、中级工7204人次、高级工7504人次。

第八节　人事争议仲裁

1988年，无锡市人才市场成立，市政府发布《无锡市人才流动争议仲裁处理办法》，成立人才流动争议仲裁委员会机构，解决人才在流动过程中发生的争议。1993年，市政府印发《无锡市人才流动争议仲裁实施细则》。至1999年，处理人才流动争议20余件。

2000年，市人事局制定《无锡市人事争议处理办案规则》，人事争议处理工作步入规范化、法治化轨道。同年，成立无锡市人事争议仲裁委员会，下设办公室。2003年，最高人民法院发布《关于人

民法院审理事业单位人事争议案件若干问题的规定》。2004年，无锡市印发《关于推动我市人事争议仲裁工作有关问题的通知》。2000～2005年，全市处理人事争议仲裁案件94件，其中受理68件、不予受理26件。受理的案件中，调解解决的58件，裁决10件。

第九节　军队转业干部安置

无锡市军转安置部门每年根据军队转业干部安置任务进行调研，在听取各方面意见的基础上，研究制定当年军转干部安置办法。90年代后期，在指令性计划的前提下，师职干部采用积分考核选岗的安置方式；团职干部采用考核和分类面试积分选岗的办法安置；营职以下和专业技术干部要求进党政群机关（含参照公务员管理的事业单位）安置的，采用考试考核的办法进行安置。1986～2005年，全市共接收安置军转干部8823人，其中师职64人、团职1519人、自主择业139人；接收安置家属3571人。

1986～2005年无锡市军转干部、随调（迁）家属接收安置情况表

表21-1　　　　单位：人

年份	军转干部接收总数	其中								家属	合计
		计划分配					自主择业				
		师职	团职	营职	连排职	技干	团职	营职	技干		
1986	1253	7	142	333	531	240	—	—	—	790	2043
1987	829	4	70	203	351	201	—	—	—	414	1243
1988	529	1	63	133	187	145	—	—	—	283	812
1989	262	3	51	62	67	79	—	—	—	189	451
1990	228	1	45	52	43	87	—	—	—	128	356
1991	211	2	48	52	32	77	—	—	—	121	332
1992	183	4	39	31	46	63	—	—	—	89	272
1993	372	5	82	106	87	92	—	—	—	201	573
1994	344	2	72	116	62	92	—	—	—	150	494
1995	341	3	60	124	58	96	—	—	—	147	488
1996	396	1	76	127	75	117	—	—	—	183	579
1997	411	2	96	133	62	118	—	—	—	157	568
1998	414	1	87	140	46	140	—	—	—	196	610
1999	518	4	95	163	74	182	—	—	—	177	695
2000	469	1	99	141	78	150	—	—	—	149	618
2001	335	1	64	97	42	106	5	4	16	61	396
2002	274	3	39	85	53	63	4	6	21	22	296
2003	321	3	90	91	37	65	8	6	21	31	352
2004	615	12	109	157	115	189	3	2	28	50	665
2005	518	4	92	189	83	135	2	2	11	33	551
总计	8823	64	1519	2535	2129	2437	22	20	97	3571	12394

第十节　人才资源开发

1986～1988年，无锡市人力资源开发采取计划经济条件下的调配模式。机关事业单位、国有企业等人员进出、应届大中专毕业生分配，均由相关主管部门调配。人力资源的条块分割和区域之间的不平衡比较突出，人力资源的开发和利用的领域、范围狭窄，人力资源的合理配置受到计划的调控，区域之间的人才流动受到严重影响。

1988年12月，无锡市在省内率先开放人才市场，并制定9个配套文件，跨出以人才市场配置应届大中专毕业生资源的第一步，人力资源开发进入计划调配与市场调节相结合的阶段。1991年，制定实施《关于区级机关从非国家干部中选拔局级领导干部的意见》《关于县（市）级机关从非国家干部中选拔局级领导干部的暂行意见》和《关于从非国家干部中选拔机关科级领导干部的暂行意见》，拓宽选人用人渠道。

图21-1　2005年第二届太湖人力资本论坛　（高兵摄）

2000年开始，无锡市人力资源开发步入以市场配置为主的发展阶段。市委、市政府先后制定《关于进一步加强人才资源开发与管理，构筑无锡人才高地的若干规定》《关于引进海外留学人才来锡创业服务的若干规定》以及6个配套文件。2003年8月，召开全市第一次人才工作会议，制定颁发《2003-2005年无锡人才队伍建设规划纲要》和《关于进一步加强人才队伍建设的决定》等政策文件和举措，逐步形成具有无锡特点的人力资源开发和利用的政策优势。以留学人员创业园、企业博士后科研工作站、科技创新中心、在锡科研院所和高校为主要形式的人才载体建设不断延伸，带动人才和智力引进，产生明显的人才集聚效应。2003年，全市引进外地本科以上人才1035人，其中博士27人、硕士48人；先后为16家企业聘请外国专家25人，实施引智项目20个，获得25万元经费资助及60%出国培训资助；无锡尚德太阳能电力有限公司总经理施正荣、无锡小天鹅有限公司总经理柴新建被评为国家级留学人员先进个人。

其间，市人事局每年举办100多场次的人才集市招聘活动，建立网上求职和推荐活动，推动有形市场和无形市场融通；完善高层次人才境内外培训、职称培训、继续教育培训、学历培训、技能型人才培训等培训机制，提升人才的综合素质和能力，增强人力资源竞争力。

至2005年，全市建成科技创业园区17个、博士后科研工作站（流动站）17个、技术创新中心2个、市级以上工程技术研究中心34个、公共技术服务平台12个，部省属科研所11家、市属科研所28家，在锡高校17所，拥有600多家国家级、省级高新技术企业，64家世界500强企业，建成“硅谷”“液晶谷”“药谷”“动漫产业基地”等高新技术产业基地，形成富集人才、技术、项目的条件和环境。

第十一节　引进国外智力

一、培育精品项目

1992年，由市电影胶片厂实施的医用X光胶片和市石化总厂实施的双酚子生产技术等两个项目被国务院智力引进办列为重点项目。1993年的 早川葡萄示范园，1995年的低银量X光胶片、机械手的运动控制、无油螺杆压缩机产品开发，1999年的英国5AC数控转子铣维修技术、音频工作站语音数字化技术和柴油机主要部件改进等项目，均获得业界专家的认可和巨大的产业收益。1986～2001年，无锡市在机械、电子、农业、食品等众多行业引进国外专家进行项目指导及技术合作，共完成国务院和江苏省智力引进计划的引智项目100余个。

2002年，永中OFFICE集成办公软件项目获国家外国专家局软件集成电路专项项目重点资助。2003年，无锡嘉能电动车有限公司与俄罗斯合作的DSP机电一体化无刷电动轮项目被列入国家独联体专项引智重点项目和年度审批类出国（境）重点培训项目，获得国家外专局重点项目资助及60%的出国培训资助。通过引进国外智力，涌现出以电控共轨柴油喷射系统、永中OFFICE集成办公软件和高效及低成本晶体硅太阳电池产业化技术研究等项目为代表的处于国际科技发展前沿的引智项目，以及无锡油泵油嘴研究所、无锡尚德太阳能电力有限公司、江苏法尔胜集团等致力于产业升级、善于借助国外智力勇攀科研高峰的优秀引智单位群体，也涌现出一批为无锡市经济建设和社会发展做出突出贡献的优秀外国专家。全市有4名外国专家分别获得省政府授予的江苏“友谊奖”；无锡油泵油嘴研究所聘请的外国专家约翰·贝瑞（John Berry）获2005年国家“友谊奖”，此奖项为给予在中国工作的外国专家的最高荣誉。

2002～2005年，市科技局为全市企事业单位向国家外国专家局申报立项的引智项目273项，批准立项项目179个，执行引智项目165个；聘请国外经济、技术、管理专家288人次。

二、引智基地

2002年10月，省人事厅命名江阴向阳草坪有限公司为美国无土草坪速生栽培技术基地，为江苏省引进国外智力成果示范推广基地。2004年 11月，江苏血防研究所的寄生虫病防治技术基地被命名为江苏省引进国外智力成果示范推广基地。2005年11月，江苏阳光集团有限公司被命名为江苏省引进国外智力示范单位。

三、支持留学人员创业

2000年3月，在新区创办无锡留学人员创业园。2005年8月，建立江苏省江阴留学人员创业园。2002年，先后在美国旧金山、澳大利亚墨尔本、法国巴黎、俄罗斯莫斯科举办海外留学人员创业恳谈会。2005年5月，在中国驻美国旧金山总领馆举办“中国无锡·美国旧金山海外留学人员来锡创业恳谈会”。至2005年，为在锡创业的留学人员申报留学人员择优资助

图21-2　无锡留学人员创业园　（潘晓鸣摄）

项目45个，获人事部和省、市的人事、财政部门资助经费141.8万元。按照市政府2002年《关于引进海外留学人才来锡创业服务的若干规定》，为符合享受优惠政策条件的留学人员兑现生活、购房补贴220.62万元。经推荐，6名在锡创业的留学回国人员先后被评为全国、全省留学回国人员先进个人，10人分别被市政府授予“创新创业人才奖”“优秀留学回国人员创业奖”“优秀人才贡献奖”，14人获得江苏省高层次创新创业引才计划项目资助，7人分别被评为江苏省、无锡市有突出贡献中青年专家和无锡市劳动模范。

四、人才科技交流

1986～1990年，到无锡讲学、工作的专家1667人次，无锡市参加国际学术会议150人次，派出进修人员775人次，组织出国科技考察409人次；市对外科技交流中心组织实施引进国外人才和派出培训计划95项。1991年10月15日，由无锡轻工业学院、美国加利福尼亚大学戴维斯分校和江苏省食品工业协会联合举办的首届国际食品科学技术交流会在无锡太湖饭店召开，180多名国内外专家出席交流会。一批国内外著名专家、学者、企业家介绍食品科技动态，展示食品工业新技术、新产品，商讨国际食品科技合作意向。1992年，市科协国际民间科技交流中心共接待美国、英国、日本、韩国和马来西亚等国及中国香港地区科技访华团体9批35人次，向日本派遣技术研究生10人，并组织中医交流、农业管理培训等赴外交流活动，其中赴马来西亚中医交流团为市科协系统首次独立组团赴国外开展科技交流活动。郊区蔬菜协会、林桑茶果协会也分别与日本同行专家开展学术交流，郊区医学会派出两名会员赴美国参加国际中医学术研讨会。1994年3月25～26日，美国全球技术和贸易公司代表团到锡考察，双方就在无锡国家高新技术产业开发区建立21世纪水准的高新技术的中美科技工业园达成初步意向性协议，签订相互合作备忘录。8月15日，市科协与市机械工程学会、市电工技术学会联合邀请北京理工大学教授、日本东京工业大学客座研究员吴平东一行3人到锡，作“金桥工程”高新技术推广性质的“机电一体化与计算机”讲座。

图21-3　2005年引才引智项目合作洽谈会　　（市委办供稿）

2002年起，市外国专家局主动参与全市境外经贸、科技招商活动，实施跨国界的人才和智力引进，实现境外招商引资和招才引智有机结合，并通过邀请海外专家学者到锡的方式实现城市推介和项目对接的目标。是年7月，组织北大、清华、中科院博士生考察团一行33人，参观考察无锡高新区、江阴、宜兴，以及威孚集团、华晶集团、小天鹅集团、阳光集团和法尔胜集团等5家企业博士后科研工作站，36家企业和科研机构与考察团携带的50多个项目进行对接。8月10日，参加由省委书记李源潮率领的江苏省经贸、旅游、人才代表团赴日、韩开展交流活动，法尔胜集团分别与日本国住友电工钢线株式会社和日本春田公司签订技术应用开发项目合作协议。8月14日，组织企业及相关人员参加“2002百名海外留学博士江苏行暨高新技术项目洽谈会”，部分重点企业找到理想的合作伙伴。

2005年，市人事局分别与硅谷科技协会、硅谷中国工程师协会就加强拓展海外人才市场、开发海外人才资源、促进国际交流等方面签订合作意向书。9月，举办无锡市引智引才项目合作洽谈会，征集企业、高校提供的科研项目59个，海外留学人员及国内参会博士自带项目25个。有180名美国、英国、日本等国家的海外留学人员以及北大、清华、复旦等国内一流高校的博士与企业、科研院所进行现场项目对接，并与美国专家及海外留学人员当场签订合作协议。

第二章 劳 动

第一节 机 构

无锡市劳动局设于1949年。1986年，市劳动局内设秘书科、计划科、调配科、工资保险科、技工培训科、劳动安全监察科、锅炉监察科，下设市技术工人交流服务中心、市劳动保护教育中心、市安全生产办公室、市劳动服务公司、市技工学校、市职业培训中心、市劳动管理干部训练班、市锅炉压力容器检验所、市锅炉水处理服务站。市辖各县均设有劳动局，各区设劳动科。1998年1月，组建无锡市劳动监察支队，各市（县）劳动部门相应建立劳动监察大队。1999年7月，市劳动局增设医疗保险处，市社会保险事业局划归市劳动局管理。

2001年11月，组建无锡市劳动和社会保障局，内设办公室、政策法规处、劳动关系处、财务和基金监督处、综合信息和工资处、劳动争议仲裁处（挂“市劳动争议仲裁委员会办公室”牌子）、就业和失业保险处（挂“市再就业领导小组办公室”“市外国人就业管理处”牌子）、培训处（挂“市工人技术业务培训考核委员会办公室”牌子）、养老保险处（挂“农村养老保险处”牌子）、医疗保险处（挂“市医疗改革领导小组办公室”“市劳动鉴定委员会办公室”牌子）、人事教育处（挂“机关党委”牌子）。市劳动监察大队更名为市劳动保障监察支队，市劳动就业管理处更名为市劳动就业管理中心，市社会保险事业局更名为市社会保险基金管理中心，组建市劳动保障信息中心。2002年8月，滨湖区社会保险事业管理站并入市社会保险基金管理中心。12月，无锡市退休职工管理委员会办公室由市劳动和社会保障局归口管理。

2005年末，市劳动和社会保障局内设办公室、政策法规处、劳动关系处、财务和基金监督处、综合信息和工资处、劳动争议仲裁处（挂“市劳动争议仲裁委员会办公室”牌子）、就业和失业保险处（挂“市再就业领导小组办公室”“市外国人就业管理处”牌子）、培训处（挂“市工人技术业务培训考核委员会办公室”牌子）、养老保险处（挂“农村养老保险处”牌子）、医疗保险处（挂“市医疗改革领导小组办公室”“市劳动鉴定委员会办公室”牌子）、工伤和生育保险处、人事教育处（挂“机关党委”牌子）等12个处室。下辖劳动保障监察支队、劳动就业管理中心、社会保险基金管理中心、劳动保障信息中心（挂“无锡市社会保障卡管理服务中心”牌子）、职业介绍服务中心、工人技术业务培训考核委员会办公室、技工培训教学研究室、职工教育统筹经费征收办公室、劳动保障学会、职业培训指导中心、退休职工管理委员会办公室、技师学院、高级人才实训基地等。

第二节 劳动用工制度改革

80年代起，无锡市逐步废除企业内部招工、老职工子女顶替和劳动部门按计划统一分配的劳动就业办法，实行劳动制度改革。1986年10月1日起，对新招工人，除大中专毕业生、转复退伍军人、技校毕业生外，贯彻先培训、后就业，面向社会、公开招收，全面考核、择优录用的原则，实行企业与劳动者双向选择。1987年起，在全民工业企业尝试进行优化劳动组合，1988年扩大至工业、商业、交通运输等行业的全民、集体、合营企业92家，涉及职工9万多人。试点企业按照先科室、后车间，先干部、后工人的顺序，采取考评上岗；试点采用优化组合、全员聘任等方法，搞活固定工用工制度。至1989年末，全市43家企业试点结束，2192名富余人员撤离原岗位，占试点企业职工总数的8.4%；其中2083人得到妥善安置，占富余人员总数的95%。1989年，对部分企业试行全员劳动合同制。1990年，制定《无锡市职工待业保险暂行办法》，为劳动制度改革提供配套措施。

1991年，无锡第一色织厂、油泵油嘴集团公司、小天鹅电器工业公司等3家企业率先试行劳动人事、工资分配、社会保险制度的综合配套改革。1992年，市劳动局成立劳动改革领导小组，制定《无锡市企业劳动人事、工资分配、社会保险制度改革的试行意见》，以改革劳动人事制度为重点，推进工资、保险、培训等各项制度的同步改革和衔接配套，逐步形成劳动岗位靠竞争、工资总量靠效益、个人收入靠贡献、保障制度社会化的相互配套协调的劳动用二、分配和保障机制。实施全员劳动合同制之后，劳动合同的签订、变更、终止、解除、续订等要经过双方平等协商，职工对企业有择业权，企业对用人有择优权。当年，小天鹅电器工业公司、油泵油嘴集团公司、色织一厂等3家企业主要领导朱德坤、薛祖兴、刘钟其分别与市轻工局、机械局、纺工局签订劳动合同，成为无锡市最早告别固定工制度的带头人。是年6月，无锡合成纤维总厂实施全员劳动合同制改革，10月实施岗位技能工资制改革，翌年开始组建股份制公司。1992年末，全市有65家企业、约9.75万名职工告别传统的固定工制度，实行全员劳动合同制，职工劳动合同签约率超过97%。1993年，全员劳动合同制改革在全市机械、冶金等行业推广。是年，全市115家企业、14万工人实行全员劳动合同制，安置企业富余工人5500余人。

无锡市在试点、推广全员劳动合同制改革过程中，实施工资分配改革与劳动合同制、优化劳动组合改革的配套，用工制度改革与人事制度改革的配套，养老金计发办法与工资、劳动制度改革配套，劳动者的培训考核与使用和待遇制度配套，职工实行全员劳动合同制与有关政策的调整、衔接配套，与安置企业富余人员的政策措施配套等6个方面的配套改革。改革初期，对企业富余职工采取多渠道分流。职工可以自寻门路调往外单位工作，由企业主管部门办理正常调动手续，保留本人原有身份；自寻门路的，一次性发放生活补助费；企业职工的组织人事和工会关系暂挂靠在主管部门。对企业转制后的员工实行劳动合同制管理；企业原有的40岁以上职工，只要本人愿意可与企业签订长期劳动合同，从而避免企业在拍卖转制后，把一批年龄较大的劳动力推向社会。企业可自主进入劳动力市场招聘新工人；企业职工在劳动合同期满或经双方协商终止劳动合同后，可以进入劳务市场自主择业。

1993年12月23日，马山区政府批准马山热处理厂（有38万元固定资产的大集体性质的企业）公开招标拍卖，最终以25万元（包括企业1400平方米工业生产土地）的价格拍卖给私人经营，原债务由主管公司处理，厂内除退休职工外，19名在职固定职工保留大集体身份转入私企工作。1994年，市劳动局制定《关于分行业推进和深化全员劳动合同制改革的意见》，以培育和发展劳动力市场为中心，确保社会稳定为前提，加快整体推进劳动体制改革。至年末，无锡市区实行劳动合同制的职工22.8万人，其中实行全员劳动合同制的企业172家、工人16.4万人，分别比1993年增长49.5%、31.2%。全市劳动合同制工人占职工总数的48%，比全省平均数高出15%。

1995年，无锡市对企业富余职工分流安置、职工基本生活保障和下岗职工再就业等34个涉及职工利益的政策性问题提出明确的处理意见。劳动合同期限规定符合“3个10年”（职工距法定退休年龄10年以内的、原固定职工连续工龄10年以上的、原劳动合同制工人在同一单位工作满10年的）条件之一的对象，用人单位原则上都应当与其签订无固定期限劳动合同。医疗期执行规定距法定退休年龄10年以内的老职工经企业劳动鉴定患有严重疾病的，可暂不设医疗期。年末，无锡市区、局集体以上企业3474家，其中3395家实行劳动合同制度，签订劳动合同的职工578030人，占职工总数的98.8%。1995年末抽样调查，无锡市企业与职工签订的劳动合同期限情况为：签订无固定期限劳动合同的在职工人数占67.5%，10年期限以上的占4.5%，5～10年的占8.6%，3～5年的占5.1%，1～3年的占14.3%。1996年，无锡市将劳动合同制扩大至实行企业化管理的自收自支的事业单位和区街集体企业、私营企业、有条件的乡镇企业以及其他非公有制经济组织。1997年，无锡市被国务院列为全国111个优化资本结构试点城市之一，全市55家企业、6.8万名职工被列入兼并破产和职工再就业工作计划。

图21-4　2003年再就业政策咨询活动　　　　（市人社局供稿）

2001年，无锡市劳动关系制度改革调整基本完成，集体合同工作取得进展，劳动关系预警机制和劳动关系预警信息网络基本建成。全市签订集体劳动合同的企业6155家，涉及职工59万人。市劳动管理部门开通分流安置企业下岗职工有离岗退养、协议保留社会保险关系、自谋职业、一次性接续社会保险关系以及领取经济补偿金或生活补助费后办理退工等5种渠道。至2002年末，全市国有企业劳动合同签订率98.5%，外商投资企业劳动合同签订率98.2%，私营和个体工商户劳动合同签订率83.12%。全市签订集体合同的企业8205家，占应签企业的95.1%，报送劳动部门备案登记率100%；区域性集体合同签订1600多份，覆盖企业6000多家，职工8万余人。2003年，全市签订区域性（行业）集团合同1466份，其中行业性集体合同106份、大型企业集团签订集体合同44份、工业园区签订集体合同6份。

随着企业改革的不断深入，集体合同中的工资协商等问题亟待解决。2005年，市劳动和社会保障局会同市总工会、市经贸委联合印发《无锡市工资集体协商运行规程》。至2005年末，无锡市签订工资专项集体合同10992份，涉及22328家企业和91.1万名职工；建立工资集体协商制度的企业占全市建制企业总数的75.5%。

第三节　劳动关系管理

1986年10月起，无锡市对新招工人，除大中专毕业生、转复退伍军人、技校毕业生外，一律实行劳动合同制。劳动部门对劳动合同的制定以及企业用工等情况进行监督管理。

1989年，全市进行劳动工作的治理整顿和深化改革，严格控制全民所有制单位职工人数和工资总额的增长，清退计划外用工，对外来人员全面清理和劝返。全市劝返外来无业人员1.8万多人，其中市区8000多人，全民单位职工人数比上年末减少14132人。1990年继续清退计划外用工，对外来劳动力实行“统一计划、分级管理、劳动部门扎口”的原则，建立健全管理制度。4月起，对外来劳动力实施务工许可证、暂住证、身份证三证管理。1988年、1989年全民单位共减少计划外用工7298人。至1990年末，全市全民单位职工人数48.09万人，比1988年减少4500人。1989年以后，劳动部门对劳动合同进行鉴证。1991年，办理合同鉴证31732份，纠正5975份不规范合同。

随着经济结构调整和企业改革、改制力度的加大，国有企业安置劳动力的容量减少，而部分地区因征地而导致“农转非”数量激增，全市失业人数大幅度上升，1993年市区约有5万人从生产岗位上分离成为待业富余人员。同时，企业私招乱雇外来劳动力现象严重，部分企业特别是外商投资企业和私营企业，擅自张贴招工启事，不按规定办理用工手续，擅自招用外来人员。1993年，市区34家外商独资企业私招乱雇非法招聘外来工3000余人，个别外商独资企业私招乱雇的员工占企业员工总数的90%左右。这些企业既未依法为员工办理劳动用工手续，又未与员工签订劳动合同，且随意克扣员工工资、处罚员工，严重损害员工的合法权益。1994年，市劳动局组建劳动监察机构，设立举报电话，首次在全市开展劳动用工执法大检查。全年受理有关劳动关系的群众举报123起，来信来访2000余件次，基本上做到件件有答复、有处理、有结果。

1995年3月，制定《无锡市私营企业劳动管理暂行办法》，对私营企业招用、解聘职工进行规范。招收农村或外市（县）劳动力的，须报市、市（县）劳动行政部门批准，并按规定办理务工许可证。与职工解除或者终止劳动合同后，应当在15天内办理有关手续。因歇业、破产或者濒临破产处于法定整顿期间解除劳动合同的职工，应当发给职工辞退费。是年，颁布实施《无锡市外来务工劳动力使用管理条例》，对外来务工人员的使用做出明确规定。1996年7月1日起，实施《无锡市单位招工、退工管理暂行办法》和《关于转发〈江苏省就业登记办法〉的通知》，实行待业证、待业救济金领取证和劳动手册三证（册）合一，规范就业登记证的申领与管理办法，市区共核发就业登记证1.8万张。实施退工审核，企业辞退职工或终止、解除合同必须到市、区劳动就业管理机构按合同管理和政策规定进行审核后，才准予办理退工手续，并对签订10年以上劳动合同的老职工进行保护，从严把关。年内市区退工审核1565人。

1997年，市劳动局印发《关于严格控制企业裁减人员的意见》和《关于建立劳动力需求预测预报制度的意见》，控制和规范企业裁减人员，加强劳动力市场的有序运作。施行《无锡市外来务工劳动力使用管理实施办法》，对外来劳动力实行总量控制、分级分类管理和证卡合一等制度，规范用工行为。全市18.86万名外来劳动力办理劳动用工证，办证率89.3%；其中市区8.15万人，办证率93.5%。

2000年，无锡市颁布实施《关于推动下岗职工出中心再就业和推进下岗保障与失业保障并轨的意见》《关于国有企业破产关闭撤销后职工分流安置的意见》以及《关于国有中小企业产权制度改革中劳动关系处理及富余职工分流安置工作的意见》，为转制、改制企业分流、安置职工提供政策依据。各级政府做好劳动关系突发事件的报告和处理。是年，全市处理职工集体上访事件34起，涉及职工1338人；其中市劳动部门接待处理华宫集团公司、市乳品公司、水泥厂、自行车厂等单位14起职工集体上访事件，涉及职工995人。

随着市场经济的不断深入，经济成分的多元化，劳动管理出现就业形式多样化、劳动关系复杂化的趋势。2002年，无锡市规定用人单位招用劳动者期限在1个月以上，必须依法签订劳动合同，并缴纳社会保险费，取消劳务性用工制度。各级劳动保障部门通过加强劳动合同管理，加大劳动保障监察执法，建立劳动合同鉴证与缴纳社会保险互连互通等制度，促进非公有制企业劳动合同制度覆盖面，劳动合同签订率明显提升，企业劳动用工行为得到规范。加强与市总工会等部门的联系与配合，推进集体协商机制，完善集体合同制度。全年市属国有工业企业新增破产、关闭、撤销、改制企业78家，理顺劳动关系2.6万人，其中分流富余职工1.67万多人，督促企业为分流职工妥善办理经济补偿和社保关系的接续工作。市区67家非工业系统国有企业完成改制任务，通过退养、协保等5种分流渠道理顺近6000名职工的劳动关系，分流职工3300多人。

2003年，市劳动和社会保障局针对企业在劳动合同管理中存在的薄弱环节，举办劳动合同、集体合同业务培训班，并到市供电集团、市中房公司等单位实地指导，从源头上规范企业用工行为。加强对企业自制劳动合同文本的审查，对侵害职工合法权益的条款进行修改。市劳动和社会保障局全年鉴证劳动合同64083份，纠正企业劳动合同中存在的违法违规条款3451条。市劳动和社会保障局发布《转发贯彻落实〈禁止使用童工规定〉的通知》，在全市范围内开展专项执法检查，严厉打击非法使用童工的违法行为。同年，无锡市规定用人单位在防治“非典”期间，对“非典”病人、疑似病人及因“非典”原因留检观察、隔离人员，一律不得与其解除或终止劳动合同，不得变更其劳动岗位，更不得采取或变相采取歧视性管理等措施。

2004年，在全市开展《江苏省劳动合同条例》的宣传活动。全年鉴证劳动合同约23万份，集体合同审查备案9816份，审查备案率100%。2005年，市劳动和社会保障局会同市地税局出台《关于企业退城进园中职工劳动关系、经济补偿金、社会保险关系等有关问题处理意见》，明确用人单位根据市政府规划，在实施工业布局调整、组织迁移过程中，有责任整体安置本企业所有职工。企业迁移后应继续履行原劳动合同约定的工作岗位、合同期限、劳动保护和劳动条件、劳动报酬等条款，提供交通便利，维护职工的合法权益。是年，涉及退城进园的企业385家，职工20多万人。4月6日，无锡市制定《关于贯彻江苏省劳动和社会保障厅〈关于实施劳动合同书面报告制度的通知〉的意见》，全面开展劳动合同订立、终止或者解除书面报告制度，并统一劳动合同订立、终止或者解除书面报告、录用和退工备案工作流程。全年经市劳动行政部门鉴证的劳动合同291720份，办理订立劳动合同报告55464人次，纠正企业劳动合同中违法违规条款7700余条。全市办理录用备案职工4.6万人，其中女性2.2万人；办理退工1.9万人，其中女性0.7万人。退工人员中，劳动合同期满终止0.8万人，本人要求解除合同0.42万人，双方协商解除合同0.28万人，企业破产退工0.4万人。国有企业、集体企业办理退工1.6万余人。被退工人员以男性为主，年龄25～40岁。

第四节　劳动就业与保护

一、劳动就业

1986～1990年，无锡市建立市、市（县）、区、街道（乡镇）、居（村）委待业人员四级管理网络。不断培育和完善劳务市场机制，建立健全职业介绍信息网络，调整就业政策，鼓励城镇待业人员到街道（乡镇）和居委（村）办企业去工作，全市职工人数由77.02万人增至79.86万人。其间，安置劳动就业170602人，其中市区108354人、江阴市27502人、无锡县18319人、宜兴市16427人；安置在全民所有制单位的92538人，集体所有制单位的70876人，其他所有制单位的7188人。此外发展城镇个体户1832人。1990年末，全市待业率1.8%，其中市区1.3%，低于全国和全省水平。

1992年，无锡市职业介绍所共举办200多场劳务洽谈会，3万余名求职人员进场参加洽谈。全年共安置劳动就业26350人，包括特困对象120多人，其中经劳动部门推荐到街道（乡镇）及居委（村）办企业工作的756人，自谋职业的2572人（其中从事个体经营的1489人），全市待业率降至1.1%。

1994年，随着企业劳动制度改革的深化和市场经济的发展，结构性就业矛盾突出，国有大中型企业吸纳劳动力的能力逐渐减弱，农村劳动力涌入城市的速度加快，企业隐性失业逐步显性化，社会失业人员迅速增加，年内失业人员最多的9月份达9405人。全年享受失业救济人数6573人，发放失业救济金310余万元，分别是上年的2.2倍和3倍。针对严峻的就业形势，全市加大劳动就业服务体系建设的力度，将职业介绍、转业训练、失业保险和劳动服务企业等工作相互结合，从而控制失业，扩大就业。上半年，无锡市劳服企业400多家，营业额3.2亿元，利税1600万元，安置从业人员1.39万人，取得安置就业和经济效益双丰收。全年安置就业2.72万人，全市失业率为1.28%。1995年，安置就业2.55万人，分流安置企业富余职工2.2万人，失业率控制在1.5%以内。

1996年，劳动就业形势渐趋稳定，就业安置主渠道逐步由原来的国有经济吸纳为主向非国有经济部门转移。市区安置劳动就业的1.68万人中，由非国有经济部门安置就业的占55%。市区年初排出的54个特困失业人员中53人得到就业安置。1997年，全市举办384场（次）劳动用工招聘洽谈会，5.36万人参加用工洽谈，其中2.27万人重新就业。

2001年，全市职业介绍机构共提供7.2万个就业岗位，4.2万人实现就业，城镇登记失业率控制在3.6%以内。2002年1～6月，市劳动和社会保障部门开发就业岗位2.89万个，其中市职介中心开发岗位1.86万个，劳服企业、社区就业实体、生产自救企业、小企业和个私企业等5类企业开发劳动就业

1986～2000年无锡市城镇安置就业情况表

表21-2 单位：人

年份	安置总数	按地区分				按经济类型分			按来源分								
		市区	江阴	宜兴	无锡县（锡山市）	国有经济	集体经济	其他	统一分配的大中专技校生	统一分配的转复退伍军人	招收退休职工子女	城镇高、初中和职业班毕业生	安排征土劳动力	招收计划内合同农民工	安排知青配偶	民政招收“四残”人员	其他
1986	30671	19213	4872	3247	3339	14781	14973	917	4424	1430	883	8450	8708	5789	—	—	987
1987	38221	24882	6037	2344	4958	22426	15163	632	5383	1324	465	9150	4960	13622	—	—	3317
1988	39887	25266	6870	4499	3252	21852	16136	1899	6251	906	496	12332	6852	11537	—	—	1513
1989	28109	17787	4689	2897	2736	15679	11207	1223	7025	958	580	11074	3695	1769	587	—	2421
1990	33714	21206	5034	3440	4034	17800	13397	2517	8807	704	561	11401	6851	3149	323	33	1885
1991	36211	23622	4891	4003	3695	22615	11685	1911	9234	749	632	9002	3946	8059	321	44	4224
1992	39284	23213	6411	3342	6318	23674	13181	2429	9309	736	488	8986	4342	13860	268	32	1263
1993	40246	19704	7217	6078	7247	21870	15563	2813	11795	994	370	10259	3019	11402	67	9	2331
1994	40027	19862	7525	6216	6424	19297	15333	5397	11401	821	551	10139	5189	8477	3	5	3441
1995	37811	19440	7597	5492	5282	16541	12805	8465	13124	829	333	8674	4011	8295	3	10	2532
1996	25901	10283	6186	4236	5196	12515	8132	5254	9763	698	200	6002	1949	3013	—	3	4273
1997	32473	16358	5434	4928	5753	12972	9152	10349	9613	870	106	8693	2996	3194	—	—	7001
1998	31555	19139	4557	3514	4345	9802	14411	7342	9700	996	37	4216	2226	1804	—	2	12574
1999	37203	23656	4815	5353	3379	11580	10382	15241	12070	1001	20	2352	3109	3253	—	—	15398
2000	44365	32514	5530	2630	3691	11904	8419	24042	13398	990	7	2518	546	3008	—	—	23898

岗位1.03万个，全市共提供就业岗位信息6万余条（其中市区1.95万条），全年实现就业9.2万人次。

图21-5　2003年6月25日全市大型择业招聘会（市委办供稿）

随着城市化建设的迅速推进，无锡市劳动和社会保障部门的工作重点由城市就业逐步转为城乡统筹就业，将农民的就业与土地开发使用相结合，解决在城市化建设过程中失地农民的就业问题。2004年，无锡市在全省率先开展农村劳动力资源调查，掌握全市128万农村劳动力的年龄结构、技能结构、就业状况和就业需求等情况，建立农村劳动力的资源动态数据库。在此基础上，实施城乡统一的就业管理制度，农村劳动力凭就业登记证与城市居民得到同样的服务。

2005年，无锡市城镇新增就业14.91万人，其中下岗失业人员实现再就业1.92万人、农村劳动力新增就业5.01万人、吸纳苏北地区劳动力7.98万人。是年，全市城镇登记失业人员9.73万人，年末尚有3.92万人，失业率为全省最低。

1986～2005年无锡市城镇待业/失业情况表

表21-3　　单位：人、%

年份	待业/失业人员总数	安排就业人数	年末城镇待业/失业人数	城镇待业/失业率
1986	14332	10405	2084	0.27
1987	22036	17792	3685	0.45
1988	32835	21375	10041	1.20
1989	49256	22840	17083	2.08
1990	50546	34468	14683	1.80
1991	43227	28910	10328	1.24
1992	37703	26335	6313	1.19
1993	39650	28492	6789	0.80
1994	39610	27215	10377	1.26
1995	37912	25749	11626	1.47
1996	41604	23644	12207	1.45
1997	42341	23587	16237	1.92
1998	39435	22705	16596	1.96
1999	41390	22116	19015	2.30
2000	46064	23008	22351	2.80
2001	51853	23508	28000	3.57
2002	92272	48713	30145	3.86
2003	91445	51816	38447	3.48
2004	91445	51816	38447	3.48
2005	97304	51603	39218	3.27

1995～2005年无锡市工业企业使用外来劳动力统计表

表21-4　　单位:人

年份	全市总数	市区总数	市区总数中	
			本省	外省
1995	295391	116591	96735	19856
1996	265499	105986	81164	24822
1997	211055	87142	67500	19642
1998	165738	73643	55841	17802
1999	165967	61617	47030	14587
2000	161084	56484	43263	13221
2001	171091	124525	68551	55974
2002	209518	134105	45823	88282
2003	251029	156131	85760	70371
2004	513361	352323	220537	131786
2005	506144	345106	213893	131213

二、劳动保护

1.劳动卫生

1986年,无锡市加强尘毒治理,全市完成安全技改项目1813项,总投资6959万元。其中列入市级治理项目32个,市区企业的重点尘毒危害得到治理。1988年,市劳动部门选拔、培训一批劳动卫生安全监察员,初步形成一支年龄结构和专业配备相对合理的劳动卫生安全监察队伍。建立健全一批特种设备的检验站、监测站,充实和完善技术监督机构,提高全市劳动卫生监督水平。1991～1992年,全市实施劳动保护、安全技术措施项目130项左右,投入劳动保护技改经费300多万元,有效控制重大伤亡事故和职业病的发生。1993年10月,市劳动局成立安全生产科,与职业安全卫生与锅炉压力容器监察科一起对无锡地区的劳动安全卫生实施全面监察。

1995年7月,市政府制定《无锡市外来务工劳动力使用管理条例》,规定用人单位落实劳动保护、卫生防疫和对从事有毒有害作业人员的定期健康检查等措施。10月4日,市劳动局转发劳动部办公厅《关于贯彻〈外商投资企业劳动管理规定〉有关问题的复函》,要求企业必须严格执行国家劳动保护法规和国家安全卫生标准,为职工提供符合安全卫生要求的劳动条件,保障职工的安全与健康。

1996年,市劳动局转发《关于患职业病职工工资福利待遇问题的通知》,规定凡确诊为职业病的在职职工,在治疗、疗养期间和调离有毒有害作业岗位后,其奖金按本企业同类人员在岗职工的平均奖金水平执行。是年,加强对企业尘毒危害治理工作的监察力度,主要是制鞋行业苯中毒、水泥粉尘治理,以及铸造企业的粉尘和含铅毒物危害的治理,规定各市、区劳动部门每年至少要完成1～2个重点治理项目。市劳动部门对全市化工、建筑、矿山等6个行业的专项治理进行复查,重点检查工作卫生环境。1997年,全市开展劳动卫生竞赛活动。

1997年,市劳动局转发省劳动厅《转发劳动部〈建设项目(工程)劳动安全卫生监察规定〉的通知》,明确建设单位在进行项目可行性论证时,必须有职业安全卫生的论证内容,并将论证结果载入可行性论证条件。建设单位在项目建成、试行一段时间后,由法定认可的单位对生产过程中的高温、高压、辐射、振动、噪声、粉尘、有害气体等有毒有害作业部位进行检测、检验,并将检测、检验结果填写在建设项目劳动安全卫生验收审批表内。

1998年,卫生部重新颁发《职业病报告制度》,明确职业病范围和处理办法。新的报告制度将职业分为9类99种。职业病报告实行以地方为主，逐级上报的办法。无锡市规定所有企事业单位发生的职业病，都必须报告卫生监督机构，统一汇总上报。职工被确诊患有职业病后，其所在单位应根据职业病机构的意见，安排其医疗或疗养。在医疗或疗养后被确认不宜继续从事原有害作业或工作的，应在确认之日起两个月内调离原工作单位，另行安排工作。

2002年，市卫生局在开展全市职业病危害因素摸底调查、职业病危害因素申报和职业性健康体检等工作的基础上，会同市劳动局等8个部门对有毒有害化学品的生产、销售、使用实行专项整治，责令83家不符合职业卫生要求的用人单位限期整改，对46家单位予以警告，对3家单位实施罚款共10余万元。

2003年，全市首次开展市级职业病鉴定工作、职业病诊断医师和职业健康检查机构资质审定，初步建立职业病诊断、职业卫生技术服务、职业健康检查体系。成立无锡市职业病诊断鉴定委员会。全市拥有职业病诊断医师29人，其中入选江苏省职业病诊断鉴定委员会专家库12人。无锡市疾控中心、江阴市疾控中心、宜兴市疾控中心、广益医院通过职业病诊断机构资质审定，无锡市疾控中心、江阴市疾控中心、锡山区疾控中心、惠山区疾控中心获职业卫生技术服务和职业健康检查资质。至2005年，无锡市可开展职业中毒、尘肺、物理或生物因素所致职业病、职业性皮肤病等职业病的诊断工作。

2. 劳动防护用品和保健食品制度

60年代开始，无锡市对全民所有制企业职工发放劳动防护用品，对从事有毒有害和高温作业的职工发放保健食品。1993年6月，市劳动局、市财政局、市税务局联合印发《关于调整保健食品发放标准的通知》，规定对从事有毒、有害、高温及矿山井下等作业的职工实行保健食品制度。随着物价水平提高，原先每天按0.4～0.7元供应的保健食品（营养菜）标准偏低，调整后的新标准规定凡经市、市（县）级劳动部门批准的经常从事矽尘、毒物、放射性物质及季节高温作业等有毒有害工种的人员，保健食品每月发放标准分别调整为36元、28元和20元（季节高温工种限执行每月20元标准）。全月累计接触不满20天者，按天数计算。

1995年，无锡市根据《中华人民共和国劳动法》，明确规定用人单位必须为劳动者免费提供必要合格的劳动防护用品，建立健全劳动防护用品的购买、保管、发放、使用、更换、报废等管理制度，教育职工正确使用劳动防护用品。劳动防护用品主要有安全帽类、呼吸护具类、眼防护具、听力护具、防护鞋、防护手套、防护服、防坠落护具、护肤用品等。是年，无锡市劳动部门建立地方劳动用品质量监督站，全面监督劳动防护用品的生产、经营，保障劳动防护用品的质量。1997年，市劳动局制定《关于贯彻劳动防护用品管理规定的实施意见》，规定生产劳动防护用品企业必须取得生产许可证，严格实行定点经营。是年，无锡市劳动防护用品公司等6家企业获得劳动部门颁发的定点经营证，无锡梅思安安全设备有限公司等8家企业获得劳动部门批准的劳动防护用品定点生产许可证。

3.女职工劳动保护

1989年，市政府批转市总工会、市经委、市劳动局、市卫生局制定的《无锡市关于贯彻〈女职工劳动保护规定〉的意见》。在实施中，将女职工比例较高的市纺工局和丝绸公司所属企业列为工作重点，对因执行女职工怀孕、生育不做夜班，哺乳期休假等规定所带来的劳动力不足，采取请（请刚退休职工回厂做一部分夜班）、顶（用合同工顶岗）、调（车间内部调换）、放（孕妇放11个月长假，工资打八九折）的办法，挖潜消化。这两个行业基本上实现女职工怀孕7个月以上和哺乳6个月以内不上夜班的规定。对女职工较多的“三资”企业贯彻女职工劳动保护法规的情况进行调查，督促和推动“三资”企业认真落实对女职工实行月经期、怀孕期、产假期、哺乳期“四期”保护的规定。在有毒气体岗位的怀孕女职工，全面实行放长假制度，基本工资不低于80%。女工卫生保健设施普遍建立，全市建有女职工冲洗室576个，女工浴室735个，女职工每两年进行一次妇科病普查，形成制度。

1993年9月，市劳动局会同市卫生局、市总工会向无锡市第一棉纺织厂等71家单位授予“无锡市女职工劳动保护合格单位”称号。1996年，无锡市成立女职工委员会，30多个局、区建立女职工组织。是年起，市劳动局会同有关部门每年对女职工保护情况组织检查。很多企业将对女职工的劳动保护写进企业《员工手册》。

1997年，市有关企业相继制定《关于女职工特殊保护的规定》，规定孕期、哺乳期以及已婚未孕的女职工禁止从事有毒有害的作业工种；怀孕满7个月和产假后6个月哺乳期内的女职工不得做夜班；女职工生育享受90天产假，晚婚、晚育的另加30天假期，第一棉纺织厂等单位还对配偶生育的男职工实行3～7天陪产假；怀孕7个月以上的女职工，享受7天以上的工间休息；有不满1周岁婴儿的女职工，每天给予两次哺乳时间，每次不少于30分钟；部分企业还实行女职工经期休息1天的公假制。部分女职工较多的单位建立和完善女职工卫生室、孕期休息室、哺乳室，改善浴室、厕所等设施。一些纺织行业的老厂将厕所、浴室、卫生冲洗室改建达标，杜绝妇女病的交叉感染。市区大部分企业坚持每两年组织1次妇女病普查。

2003年10月，无锡市明确外资企业依法破产、解散时在怀孕期、产期、哺乳期内的女职工的相关待遇。规定女职工在剩余怀孕期、哺乳期内，由企业按不低于本人基本工资80%的标准一次性发给生活费，其基本工资低于无锡市企业最低工资标准的，按无锡市企业最低工资标准计算；女职工产期内的有关待遇参照生育保险规定计算。

4.未成年工劳动安全保护

国家法律明确规定禁止任何单位和个人雇用童工，市劳动部门对未成年劳动者实施特殊劳动安全保护。内容包括用人单位在招用未成年劳动者时，必须对其进行体格检查，合格者方可录用；录用后要定期对其进行健康检查；用人单位对招用的未成年劳动者不得安排从事矿山井下、有毒有害、国家规定的第Ⅳ级体力劳动强度的劳动和其他禁忌从事的劳动；对未成劳动者实行缩短工时制度；用人单位不得安排未成年劳动者加班加点和从事夜班劳动；用人单位应对未成年劳动者安排适当的学习文化、业务技术的时间，对其职业技能培训给予照顾和保证。

2002年，无锡市开展贯彻实施《禁止使用童工规定》情况检查活动，劳动保障行政部门到基层、企业、乡镇和社区对制衣、玩具、饮食等重点行业，非国有企业、个体工商户、家庭作坊等重点对象实地检查，查处非法使用童工案件31起。2005年，市劳动监察部门在全市开展禁止使用童工专项执法大检查，共检查1083家单位，涉及劳动者168407人，查出非法使用童工13人（其中女童8人），涉及单位被处罚金15.5万元。

第五节 职工与工资

一、职工队伍

1986～1990年，全市职工人数由77.02万人增至79.86万人，增长率3.7%。1991年，全民所有制单位和其他各种所有制单位职工人数增加，集体所有制单位职工人数减少。全民单位职工总数496352人，其他所有制职工总数53689人，集体单位职工总数255246人。全民单位中，企业单位职工总数368705人，机关事业单位职工总数127647人，机关事业单位职工数增长幅度高于企业单位。国民经济12个部门职工总数有增有减，较上年末增长的部门为工业、金融、卫生、机关、教育、科研，较上年末减少的部门为建筑、交通、公用事业、农业。劳动合同制职工人数继续增加，共96181人，其中市区70758人。计划外用工减少，为29817人，其中来自农村的10267人。

1992年，全市职工总数804224人，比1991年末净减1063人。其中，全民单位498974人，其他所有制单位（含“三资”企业）60042人，集体单位245208人。劳动合同制职工224432人，机械和自然减员23436人，其中：终止或解除合同5318人，除名5421人，开除254人，辞退、辞职2845人，离、退休9598人。

随着经济改革的深化，所有制结构的多元化，职工流动机制开始形成，职工身份逐渐淡化，国有单位、城镇集体单位职工数逐年减少，其他经济类型职工数逐年增加。1995年末，全市职工总数762608人，其中：国有经济437537人，占57.37%；集体经济194956人，占25.56%；其他经济类型（含国集联营、“三资”企业、股份制企业）130115人，占17.06%。

2001年末，全市职工人数585894人。2002～2005年，全市国企改革涉及企业993家，分流职工88073人，其中：离岗退养32598人，占37.01%；协保14834人，占16.85%；续保13038人，占14.8%；自谋职业12551人，占14.25%；终止或解除合同15052人，占17.09%。

2005年末，全市职工总数549395人，其中市区381441人、江阴市98587人、宜兴市69367人。市区国有经济单位职工131410人，占34.45%；集体经济单位职工28330人，占7.43%；其他经济类型单位（含国集联营、“三资”企业、股份制企业）职工221701人，占58.12%。

1986～2005年无锡市区各经济类型职工人数表

表21-5 单位：人、%

年份	职工总数	其中					
		国有经济		城镇集体经济		其他经济	
		人数	占比	人数	占比	人数	占比
1986	501584	323920	64.58	153269	30.56	24395	4.86
1987	507608	330741	65.16	148989	29.35	27878	5.49
1988	525939	336732	64.02	156993	29.85	32214	6.13
1989	511042	327685	64.12	144157	28.21	39200	7.67
1990	505341	333201	65.94	131453	26.01	40687	8.05
1991	508220	334643	65.85	127568	25.10	46009	9.05
1992	504552	332100	65.82	121623	24.11	50829	10.07
1993	492766	291974	59.25	112787	22.89	88005	17.86
1994	472930	275506	58.26	99196	20.97	98228	20.77
1995	460141	258669	56.22	92165	20.03	109307	23.76
1996	444439	251598	56.61	76707	17.26	116134	26.13
1997	430613	245261	56.96	71643	16.64	113709	26.41
1998	424074	230267	54.30	61180	14.43	132627	31.27
1999	415131	226817	54.64	55514	13.37	132800	31.99
2000	396330	205999	51.98	51891	13.09	138440	34.93
2001	426169	226240	53.09	53211	12.49	146718	34.43
2002	401600	196364	48.90	49309	12.28	155927	38.82
2003	382342	172113	45.02	33713	8.82	176516	46.17
2004	367517	141318	38.45	28802	7.84	197397	53.71
2005	381441	131410	34.45	28330	7.43	221701	58.12

二、职工工资

1986年，无锡市企业实行工资基金管理手册制度。当年7月起调整工资区类别，县、区和市区分别由原来的5类、5.33类统一调整为6类。调整部分企业起点工资标准，一类产业企业起点工资标准调至38元，二类产业企业调至37元，三类产业企业调至36元。1987年，调整市区企业职工工资水平，将1985年工资套改结余指标与1986年、1987年度规定的3%晋级指标，以及劳动人事部有关文件规定的月人均增资1.8元三项来源合并使用，给每个职工增加一档（半级）工资，增资人数493903人，占增资对象总数的99%。1989年，对1984年以后实行工效挂钩的企业将一级浮动工资转为固定工资。1990年，调整企业职工工资结构，适当提高职工工资收入中标准工资的比重，同时适当提高离退休人员的待遇，增发离退休费。全市在职职工调整工资结构的52.3万人，其中市区34.68万人；增发离退休费的12.6万人，其中市区8.99万人。1986～1990年，全市职工工资总额由10.16亿元增至19.31亿元，职工年均工资由1113元增至2449元。

1991年，无锡市开展以岗位技能工资制为主要内容的企业基本工资制度改革试点工作，无锡机床厂、压缩机总厂、太湖耐火材料厂、轴承厂制订岗位技能工资制试点方案。实行职工实得工资与档案工资脱钩，与其劳动贡献挂钩办法，恢复对企业有突出贡献的职工3%的奖励晋级制度。调整化工行业一线岗位津贴标准，调整部分专业技术人员聘任技术职务的工资等级线。全市职工工资发放总额214070万元，人均2658元，比上年增加241元，扣除物价因素，与上年持平。其中：全民单位138356万元，人均2812元；集体单位60067万元，人均2367元；其他所有制单位15647万元，人均2929元。全市职工奖金人均656元，其中市区714元、江阴市646元、宜兴市445元、无锡县578元。

1992年，全市职工工资总额272092万元，其中全民单位178658万元、集体单位71861万元、其他所有制单位21573万元。扣除物价因素，年人均实际工资增长低于净产值全员劳动生产率增长。1993年，全市职工工资总额364806万元，其中国有单位223359万元、城镇集体单位87447万元、其他经济类型54000万元。扣除物价上涨因素，人均实际收入3774元，比上年增长10.3%；其中市区4027元，比上年增加10.1%。1994年，全市职工工资总额483523万元，其中国有经济291748万元、集体经济107272万元、其他经济类型84503万元，分别比上年增长30.62%、22.67%、56.49%。市区职工工资总额311456万元；其中市区市属地方企业228012万元，比上年增长22.6%。按弹性工资计划计算，低于非农地区生产总值增长幅度，工资总额的使用控制在国家宏观调控计划的总量内。

1995年，无锡市开始执行企业最低工资标准。市区及江阴市、锡山市、宜兴市执行江苏省1995年度企业最低工资一类标准，月最低工资210元。市区1545名企业离休干部月人均离休金由499元增至644元，10.9万名企业退休（职）人员月人均养老金由295元增至360元。当年全市职工工资总额550545万元，其中国有经济330171万元、集体经济118734万元、其他经济类型101640万元。

1996年，无锡市根据企业的生产经营特点，采取不同的工资总额调控办法。市区实行“两低于①、自主分配”的企业7家，职工0.65万人；实行工效挂钩的企业747家，职工21.84万人。是年7月1日起，新中国成立前参加革命工作的老工人每人每月增加82元，退休人员每人每月按工龄分32元、42元、48元、55元等4个档次调整，退职人员每人每月增加22元。

1997年7月1日起，调整最低工资标准，市区由240元调整为280元，三市（县）由240元调整为250元。

2000年，规定本年度企业工资增长基准线、预警线，增长下线分别为8%、15%和3%。通过对市区六大行业、190余家企业、涉及在岗职工11万余人劳动力市场工资指导价位的调查，产生171个职位（岗位）、513个价位，并向社会公布。调整企业最低工资标准，7月1日起，市区由320元调整为390元，三市（县）由290元调整为340元。

2001年，无锡市公布企业和行业工资指导线、企业人工成本控制线、市场即时价位、企业最低工资标准和小时最低工资标准，对所有公司制企业试行自主确定工资总额，取消工效挂钩封顶的限制，推广年薪制、期股期权、科技、营销特区等分配政策，促进现代企业收入分配制度的建立。2002年3月15日，对参加城镇企业职工基本养老保险、并于2001年6月底前退休、退职的人员调整基本养老

① 企业工资总额增长低于本企业经济效益、增长幅度，职工实际平均工资增长幅度低于本企业劳动生产率。

金(生活费),人均每月增加63元。11月7日,对参加城镇企业职工养老保险、于2002年6月30日前退休(职)的人员再次调整养老金,人均每月增加53元;对1953年底前参加工作、原军队转业干部、原工商业者、具有高级技术职称和获劳动模范称号的5种对象,另按一定标准增发养老金。市区退休(职)人员人均养老金增至每月673元。2003年,再次调整企业最低工资标准,市区、江阴、宜兴的最低工资标准分别提至540元、540元、450元。

2004年7月1日起,无锡市调整最低工资标准。最低工资一类标准由每月540元增至620元,小时工最低工资一类标准由每小时4.6元调整到5.2元,市区和江阴市执行一类标准;最低工资二类标准由每月450元增至500元,小时工最低工资二类标准由每小时3.8元调整到4.2元,宜兴市执行二类标准。

2005年,推进工资集体协商,72%的建制企业建立工资集体协商制度。11月1日起,调整最低工资标准,此为1995年后第10次提高最低工资标准。调整后,最低工资一类标准由每月620元增至690元,小时工最低工资一类标准由每小时5.2元增至5.8元,市区和江阴市执行一类标准;最低工资二类标准由每月500元增至550元,小时工最低工资一类标准由每小时4.2元增至4.6元,宜兴市执行二类标准。2005年,全市在岗职工平均工资25602元,增幅15.7%,居全省第二。

2005年,全市职工工资总额1321770万元,人均24059元。

1986～2005年无锡市城镇职工工资情况表

表21-6　　单位:人、万元

年份	全市职工总数	全市工资总额	市区		江阴		宜兴		无锡县(锡山市)	
			职工总数	工资总额	职工总数	工资总额	职工总数	工资总额	职工总数	工资总额
1986	770224	101583	501584	68395	97046	12030	96344	11424	75250	9734
1987	788131	118148	507608	78743	102639	14343	100074	13494	77810	11568
1988	815180	158002	525939	105897	106703	19966	102065	17396	80473	14743
1989	797766	180874	511042	119826	105346	23288	101971	19991	79407	17769
1990	798628	193065	505341	127514	107156	24690	104212	21577	81919	19284
1991	805287	214070	508220	142144	109215	27374	104437	23527	83415	21025
1992	804224	272092	504552	181532	110890	35305	103114	29316	85668	25939
1993	794939	364806	492766	242190	111475	49158	105007	38306	85691	35152
1994	774523	483523	472930	311456	109220	66318	104992	52019	87381	53730
1995	762608	550545	460141	347789	107526	75523	102479	62759	92462	64474
1996	742795	599230	444439	374849	105869	83118	100715	69342	91772	71921
1997	722358	624002	430613	391196	103248	86258	99725	73395	88772	73154
1998	705550	643958	424074	406061	97189	88078	97377	75823	86910	73996
1999	684983	693968	415131	449514	94655	92603	92953	76722	82244	74729
2000	643231	730420	396330	485716	91677	94841	78957	74711	76267	75152
2001	585894	759845	426169	587054	91664	99430	68061	73361	—	—
2002	557269	811401	401600	623769	91866	111359	63803	76273	—	—
2003	535316	941427	382342	693150	90418	162114	62556	86163	—	—
2004	527262	1084383	367517	787857	94257	190729	65488	105797	—	—
2005	549395	1321770	381441	955565	98587	237197	69367	129008	—	—

1996～2005年无锡市区企业职工及退休、退职死亡人员待遇一览表

表21-7　　单位：元

待遇名称	对象	计发基数	标准	1996年	1997年	1998年	1999年	2000年	2001年	2002年	2003年	2004年	2005年
丧葬费	死亡职工及离退休人员	上年全市职工月平均工资	4个月	2496	2801	3009	3204	3204	3250	3250	3250	3300	3300
直系亲属一次性抚恤金	死亡职工及离退休人员	上年全市职工月平均工资	4个月	2496	2801	3009	3204	3204	3250	3250	3250	3300	3300
供属定期救济费	缴费15年以上职工、退休人员的城镇户口供属	上年全市职工月平均工资	1人20%	124.8	140	150.5	160.2	160.2	160.2	160.2	175	200	260
			2人30%	187.2	210	225.7	240.3	240.3	240.3	240.3	260	300	300
			3人及以上40%	249.6	280.1	300.9	320.4	320.4	320.4	320.4	350	400	520
	参保15年以上职工、退休人员的农村户口供属	上年全市职工月平均工资	1人15%	93.6	105	112.9	120.2	120.2	120.2	120.2	130	200	260
			2人25%	156	175	188.1	2002	2002	2002	2002	215	300	300
			3人及以上35%	218.4	245	263.3	280.3	280.3	280.3	280.3	305	400	520

1995～2005年无锡市最低工资标准表

表21-8　　单位：元

年份	市区	江阴市	宜兴市	锡山市
1995	210	210	210	210
1996	240	240	240	240
1997	280	250	250	250
1998	280	250	250	250
1999	320	290	290	290
2000	390	340	340	340
2001	430	360	360	—
2002	460	460	370	—
2003	540	540	450	—
2004	620	620	500	—
2005	690	690	550	—

第六节　职业技能培训与鉴定

一、技工学校技能培训

1986年，无锡市技校由20所增至24所，专业技术工种由41个增至51个，学生8230人，其中在校学生7425人。1987年，技校师资队伍1569人，比1983年增加474人，其中理论教师483人、生产技能实习教师300人；具有高级专业技术职称的38人、中级技术职称的367人；大专以上学历的472人。

1988年起，无锡市技校全面实行毕业证书与技术等级证书（简称“双证”）会考制度。1990年，技校应届毕业生在全市“双证”会考中，三级技工考核合格率占毕业生总数的99.76%，四级技工考核合格率占32.51%。

1992年，加大技校改革力度，全市技校全部实行差额招生，并自主招收委培生和自费生；毕业生全部进入劳务市场，实行由毕业生和用人单位双向选择的就业分配制度。坚持厂校结合，突出技能训练，发展校办企业。是年，市劳动部门对3543名技校学生和职业高中毕业生，以及3272名就业前培训生进行“双证”考核，其中技校毕业生三级工合格率100%，四级工合格率67.4%。1994年，在全市技校生中围绕7个工种开展操作技能比赛。

1995年，无锡市首次实行职工教育经费统筹使用制度。统筹经费主要用于改善市属中专、技校、职业高中（含在锡部、省属企业和市属企业开办的上述学校）以及市职业培训中心的办学条件，重点用于无锡市高级技校的建设和完善职教中心的教育设施。

1996年，全市技工（职业）学校实施“三证一能”（毕业证书、技术等级证书、计算机操作证书、多工种复合技能）制度，当年应届毕业生中35%的车、钳工专业毕业生在全市车、钳工种考核中，三级、四级工考核合格率均为100%，五级工考核合格率89.7%。

1997年，新建江阴市技工学校。是年，全市技校招生5636人，应届毕业生4681人；其中3200人参加“双证”考核，四级工考核合格率99%，五级工考核合格率94%。是年，无锡市在全省车、钳工五级工考核中获统考团体第二名。1999年，全市应届技校毕业生“双证”考核四级工合格率98%，就业率95%以上。2000年，技校毕业生经“双证”考核，中级工合格率96.35%。

2001年，江阴市技工学校被评为全国唯一一所县级优秀技工学校。2003年10月，无锡市技校应届毕业生就业率达到99%以上，技校毕业生呈现供不应求状况。2004年，宜兴技师学院被评为国家级重点技工学校，无锡宏源技工学校和无锡市医药技工学校被评为省（部）级重点技工学校。2005年，无锡市有22所技工院校，其中国家重点技工院校4所、部省级重点技工院校4所，应届毕生7296人，就业率99%。

二、社会劳动技能培训

1987年，无锡市成立工人技术业务培训考核委员会及其办公室，各市（县）、区、局相继成立工人技术培训考核机构27个，开展对新职工定级培训考核。年内，全市共培训国有企业在职工人、大集体企业职工、乡镇企业职工、军地两用人才以及派到企业就业的学校毕业生等共8.82万人。至1990年末，全市参加定级考核的技术工人48750人，合格定级的44259人，占90.79%。参加中级技术培训的工人6万多人；试办12个工种的20个高级技工班，培训结业学员512名。此外，为9万多名工人进行优化组合中的转岗培训，为郊区和三市（县）乡镇企业培训职工1.3万余人，培训驻锡部队、武警支队军地两用人才1324人。

1992年，根据省、市劳动部门关于企业开展技术工人考核晋级试点意见，无锡市工业企业率先组织3.85万名工人参加技术培训。建立分级培训考核制度，2万余名职工参加初、中级技工的培训、考核，3500多人参加高级技工培训，150多名乡镇企业工人参加技师培训。年内，无锡市完成10家大中型企业工人的技能考核晋级试点工作，2000余名技术工人晋升工资，207名优秀技工被评聘为技师。

1993年，根据国务院颁布的《工人技能考核条例》，无锡市劳动部门开展多层次职业培训。全年培训在职技工2万多名，1500余名下岗人员通过转岗技能培训重新走上劳动岗位。

1994年，无锡市明确由劳动部门具体负责对职工的技能培训、职业资格认定和证书的核发与管理。技能培训的重点是对企业下岗、失业职工的转业、转岗培训，提高其技能素质。是年，无锡市有2万人参加初、中、高级技术等级培训，8000人参加就业前培训和再就业的转岗培训。1995年，全市近4万工人参加各类技术等级培训，其中初、中、高级技术工的结构比例为35 ∶ 60 ∶ 5。

1998年10月，市劳动局制定《无锡市开展劳动预备制度的试点意见》，在全市建立统一有序的再就业培训网络，成立再就业培训工作领导小组。培训层次以初、中级技工为主，兼有高级技工的培训。办学经费除少部分由国家财政投入外，主要靠社会筹资。市总工会再就业服务中心等28家再就业技能培训单位被市劳动局核准为全市首批再就业培训定点单位。1999年，市劳动部门对2.67万名下岗职工进行转业、转岗技能培训；10万名职工参加职业技术培训，1.3万人取得职业资格证书和岗位合格证书。

2000年，市劳动局印发《关于从事技术工种的劳动者必须持证上岗的意见》，对国家规定的技术工种实行就业准入制，首批实行的技术工种有60个。当年有8万多名职工参加职业技术培训，1.65万人取得职业资格证书和岗位合格证书。

2003年，市劳动部门制定《无锡市机电高级技工培训项目实施方案》《无锡市技师职业资格社会鉴定实施意见》，着力培训高技能人才。无锡市技师学院、开源机床集团、一汽锡柴、市压缩机公司等4家单位被批准为江苏省高技能人才培训基地。上半年，全市1108人参加上述培训基地的培训，其中416人取得高级职业资格证书。是年，无锡市对下岗、失业人员开展免费再就业技能培训，全年培训4.87万人次。无锡市被劳动和社会保障部列为全国百城创业培训试点城市之一，率先在全省启动对下岗失业人员进行创业培训工作。市职业指导培训中心引进国际劳动组织推介的“创办和改善你的企业（SYB）”培训项目，对有创业意愿并具有一定创业条件的失业人员进行专门培训。9月，市职业指导培训中心被省劳动和社会保障厅命名为江苏省首家创业培训基地。次年，在劳动保障部SYB项目办公室支持下，无锡市开办首期SYB师咨询培训班，并将培训对象扩大至被征用土地的失地农民、全市农村劳动力和高校毕业生、转复军人。

图21－6　2004年滨湖区举办农村青年经纪人培训班

（市委办供稿）

2004年，无锡市建立21个省、市级高技能人才培训基地，启动“无锡市三年三千六百名新技师培养计划”。2005年，加大对高级工、技师、高级技师等高技能人才的培养力度，全市高技能人才培训单位由20个增至22个。此外，全年共25070人参加再就业及创业培训，其中创业培训1840人。

2003～2005年，无锡市参加职业技能培训人数累计50多万人，其中10

万人取得国家职业资格证书。至2005年末，全市拥有高技能人才3.6万人，占技术工人总数的12%。

三、职业技能鉴定

1986年，无锡市首次对企业新职工开展定级考核，开设工种、专业351个，参加考核4285人，考核合格率76%。1987年起，在371家企事业单位、17万名技术工人中开展工人技师聘任制工作。开展多种形式的岗位练兵、操作比赛活动，每年举行不同工种的市级操作比赛。1988年，市劳动部门在全市50家企事业单位中进行首批工人技师聘任制试点工作，429人被聘任为工人技师，占可评技师工种总人数的0.94%。

图21-7　1997年劳动竞赛，无锡供电局线路专业比赛场景
（无锡供电局供稿）

1989年，全市开展10万职工技术操作大赛，有231人分别获得市级40个比赛项目的前六名。开展烹调、理发、泥瓦工等工种的青工技术操作选拔赛，毛法正、孙绍辉、赵文彪等3人在省大赛中进入决赛，最后在全国青工操作大赛中均获金奖。是年，无锡市在321家企事业单位开展第二批技师聘任试点，涉及158个工种、12.64万多名技工，评出工人技师921人，其中女技师125人。

1996年，无锡市成立技师学会，在各行业开展高级技师的考核评聘工作，评聘高级技师10人、初级技师2059人，其中7人被评为省级技术能手。1997年，对从事美发、美容、汽车修理、摩托车修理、家用电器产品维修等5个工种的从业人员进行技能统考，170人取得技术等级资格证书。1998年，全市近5000名技术工人进行职业技能鉴定。1999年，200多名技工被评聘为技师。

2001年，根据国家新的职业技能鉴定标准和鉴定范围，以及劳动和社会保障部、江苏省提出的95个职业（工种）的就业准入规定，结合无锡市60个职业（工种），加快形成比较规范的职业资格鉴定模式，扩大企业职工（包括技师）社会化鉴定试点工作和中专院校毕业生参加职业技能的鉴定面。市劳动部门开通职业技能鉴定智能化管理系统。全市1.69万人参加职业技能鉴定，共颁发职业资格证书1.62万张，鉴定合格率95.92%。

2003年，无锡市全面推行职业资格认证制度，建立职业技能鉴定质量督导制度。经劳动和社会保障部批准，全市国家职业资格全国统一鉴定培训机构由2个增至6个，全年487人参加物业管理职业资格统一鉴定，315人参加秘书资格统一鉴定。在车工、钳工、维修电工、汽车驾驶员、汽车修理工等5个职业（工种）开展首批技师职业资格社会化鉴定。全年463人参加技师鉴定统考，其中335人考核合格，取得技师职业资格证书。组织全市职工开展岗位练兵技能比武活动，314人参加7个工种的市级技能总决赛，179人取得高级技工职业资格证书。

2004年，市劳动和社会保障局印发《关于在无锡市开展高级技师职业资格社会化鉴定工作的意见》《关于做好2004年技师和高级技师职业资格社会化鉴定工作的通知》，完善职业技能鉴定的相关配套政策以及技师职业资格社会化鉴定的具体实施办法。制定《无锡市开展职业培训与鉴定专项治理工作实施方案》，开展对10个职业（工种）有关培训机构、职业技能鉴定机构、职业介绍机构及用人单位的检查，规范培训和鉴定行为，推行就业准入制度。同年，对技师鉴定的职业（工种）范围扩大至29个，其中23个通用类、6个行业类。全市886人申报参加18个职业（工种）的技师鉴定。市劳动部门印发《关于建立无锡市技术能手评选表彰制度的通知》，评出40名无锡市技术能手，9名江苏省技术能手，10家单位获得市政府颁发的“无锡市培养技能人才突出贡献奖”。开展无锡市高技能人才评选工作，29人被评为省、市有突出贡献的高级技师和技师。继续开展技能竞赛，在两项省级技能大赛中，无锡市4名职工获得技师职业资格证书，10名职工（含技校学生）取得高级职业资格证书，5人入选江苏省代表队参加全国技能大赛。市劳动和社会保障局还会同市烹饪协会等部门，举办首届无锡厨师节，全市80家酒店、饭店共5000多人参加，197种菜点获得无锡太湖名菜、创新菜金奖，130人被评为无锡太湖烹饪大师、名师。同时，无锡市开展“技能振兴行动”，市红卫织造厂宋庆庆、市美容美发协会陈庆东等获“全国技术能手”称号。

2005年，在全市组织开展10项技能大赛。12万人参加35个工种的技能竞赛，其中451人获高级工职业资格证书，30人获市（县）、区技术能手称号，46人获市技术能手称号，11人获省技术能手称号。无锡市还获得省残疾人职业技能竞赛团体第一名，无锡技师学院学生曹彧获全国首届“振兴杯”青年职业技能竞赛数控车床第三名。是年，无锡市技师社会化鉴定工种增至31个，高级技师的鉴定工种由3个扩大至23个，申报技师鉴定1128人、高级技师鉴定162人。至年末，全市初、中、高级技能人才的比例为33 ∶ 55 ∶ 12。

2000～2005年无锡市职业技能鉴定情况一览表

表21-9　　单位：家、人

年份	职业技能鉴定机构	参加本期技能考核人数				本期获职业资格证书人数				
		总数	初级技工	中级技工	高级技工	总数	初级技工	中级技工	高级技工	技师
2000	16	15627	6022	8790	815	14611	5781	8093	737	—
2001	19	16882	5965	9875	1042	16194	5845	9381	968	—
2002	19	22713	9795	12138	780	21439	9600	11167	672	—
2003	20	19724	9452	9327	945	20057	9451	9326	945	335
2004	23	27591	9921	16231	1439	28097	9888	16080	1425	704
2005	26	38277	10678	25133	2466	37577	10451	23443	2465	1131

说明：表中数据均不含全国、全省统考的数据。2005年，有高级技师87人。

第七节　劳动保障监察

1993年8月，劳动部发布《劳动监察规定》，明确劳动监察工作由各级劳动行政主管部门对所在地的单位和劳动者遵守劳动法律、法规、规章情况进行检查并对违反行为予以处罚。1994年7月，市劳动局成立劳动关系与监察大队，加强劳动监察和劳动执法力度。1995年，制定《无锡市劳动监察实施办法》，市（县）、区组建相应的劳动监察机构。同年9月，通过《无锡日报》、无锡电视台等新闻媒体公布劳动监察举报电话。劳动监察部门通过日常巡查、举报核查、重点抽查和立案检查等监察方式，在全市开展劳动法执行情况大检查，查出6.45万名劳动者与用人单位未签订劳动合同，3.65万份劳动合同未经劳动部门鉴证。全年接受群众举报369件，举报内容包括企业不依法与职工签订劳动合同和不办理招工录用手续，企业私招乱雇外地农民工，企业以各种名义向职工乱收押金、保证金、定金，企业随意超时加班加点和不按规定支付加班费，拖欠或不缴纳职工社会养老保险金等。劳动部门取缔18家非法劳务中介机构，责令4家企业立即清退非法使用的童工，补签劳动合同1.48万人，补办用工手续2544人，补发员工加班工资10.56万元，补缴职工养老保险金226万元，清退违规收取职工押金54.13万元。是年起，市劳动监察部门印发《劳动年检手册》，对全市企业劳动用工情况开展劳动年检，重点审查用人单位工资发放表、职工花名册、劳动合同书、招收农村及外来劳动力手续和证卡、社会保险费用缴纳凭证、内部劳动管理制度等。对年检审查合格的企业颁发劳动年检合格证；对存在违法行为的企业下达劳动监察整改指令书，责令限期改正。整改后经重新审查合格的，再发给劳动年检合格证书；对逾期不改正的，进行严肃处罚。

1996年，无锡市实行劳动监察协理员制度，监督用人单位和劳动者遵守劳动法律、法规，对违反劳动法律、法规的行为督促纠正，对情况严重的及时提请劳动监察机构依法处理。实行劳动用工年审制度，对在劳动用工年审中发现存在问题较多或较严重的用人单位，劳动监察机构及时责令其限期整改，或予以处罚，并暂缓发给劳动用工年审合格证。用人单位向工商行政管理部门报送企业法人年检报告书时，必须同时提交劳动用工年审合格证，否则工商行政部门暂缓工商年检；对严重违反劳动法律、法规的用人单位，劳动行政部门提请工商行政部门予以责令停业或吊销营业执照。

随着股份制、股份合作制和非公有制经济的迅速发展，企业兼并、破产、改制等情况增加，劳动关系的变更、解除和终止现象日渐增多。1998年1月，组建无锡市劳动监察支队，各市（县）、区劳动部门相应建立劳动监察大队，重点查处企业私招乱雇、少报多用外来劳动力，不依法与职工签订劳动合同等违法用工行为。全年组织开展4次专项检查活动，检查用人单位近1500家，涉及职工17.32万人，理顺劳动关系，查处、纠正不合法或不规范行为。

2000年，制定《无锡市劳动局信访工作暂行规定》，建立重大信访即时报告、日常信访月报、领导定期接待、疑难信访会办、基层信访处理反馈等工作制度。全年检查用工单位21917家（次），涉及职工112万人次，对637家单位的违规行为进行查处。受理群众举报1027件，结案1001件。受理群众来信200件，接待来访6157人次，信访办结率95%，领导交办信访办结率100%。

2001年11月，无锡市组建劳动和社会保障监察支队，各市（县）、区组建劳动保障监察大队，全市有劳动保障监察人员68人，兼职人员532人。市劳动监察部门围绕劳动用工年检，重点查处非公有制企业、新建企业和2000年后被举报投诉企业遵守劳动法的行为；每个季度针对劳动用工合同和社会保险等情况开展专项执法检查。全年限期整改企业违法违规案件835件。

2003年，市劳动保障监察部门检查11074家单位，涉及职工107.09万人；参与处理突发事件51起，涉及劳动者3384人；为流动人员补办流动就业证8566张；帮助1531名劳动者清退用人单位违规收取的风险抵押金98.36万元；为12.06万名职工补签劳动合同，帮助3.2万名劳动者向用人单位追讨回拖欠的劳动工资2730.78万元；督促3011家单位为29.4万名劳动者补缴社会劳动保险费9411万元。

2005年，完善举报投诉制度，开通政府网站和劳动保障“12333”声讯电话业务，多渠道受理劳动群众举报和政策咨询。全年受理群众举报投诉5204件，立案查处1821件；劳动保障年检6143家单位，涉及劳动者67.6万人；审查32492家用人单位报送的书

图21-8　2005年1月，宜兴市劳动监察大队为农民工追讨工资
（宜兴市史志办供稿）

面材料，涉及劳动者147.8万人。共为2746名劳动者清退回风险抵押金123.77万元，为8.1万名劳动者补签劳动合同，对2744家用人单位的41.47万劳动者补缴社会劳动保险费4912.6万元。责令限期整改单位违法违规案件640件，行政处理违法违规案件13件，行政处罚违法违规案件75件。5月下旬～10月中旬，在全市开展对劳务派遣工、短期劳动合同工等人员参加基本养老保险情况专项检查。共检查72家单位，涉及劳务派遣人数5619人，查实未参保人员218人，应收未收养老保险费2312.27万元，实收养老保险费2220.51万元。全年完成书面稽核单位10481家，涉及少报员工人数3234人，查出少报、漏报缴费工资基数单位396家，漏报工资总额基数8869万元，经稽查后补申报率达100%。年内，会同有关部门开展农民工工资支付专项检查。对全市建筑工地、纺织服装、制造等劳动密集型企业重点检查，对在建工地全方位排查，设立农民工维权快车道，直接受理举报、投诉，确保春节前农民工工资按时足额到位。是年，先后为34515名劳动者向用人单位讨回欠付工资2812.93万元；对75起涉及劳动者2537人、社会影响大的拖欠民工工资群体性事件，启动应急行动方案，相关部门联合执法，全部得到妥善解决。

第八节　劳动争议调解与仲裁

一、劳动争议调解

1987年，无锡市全民集体企业相继成立企业劳动争议调解委员会(简称“劳调会”)，至1989年，全市989家基层单位成立劳调会。1990年，在基层工会组建职工法律咨询组。至1992年，组建劳调会1254个，有专兼职调解委员6811人。1987～1992年，全民集体企业受理内部劳动争议2000多起，调解解决1401起。1995年8月起，各级工会和企业职代会分别成立劳动法监督领导小组和监督委员会。是年，全市各企业劳调会调解处理劳动争议880起。至1996年末，全市有劳调会2812个，96.6%以上的国有、集体企业建立劳调会。1998年，市总工会着力在乡镇(街道)私营企业建立劳调会。10月，成立市总工会职工法律援助中心。至2000年，市(县)总工会相继成立职工法律援助机构，全市企业建立劳调会3492个，基层劳动争议调解率85%以上。2004年11月22日，市总工会、市劳动和社会保障局、市经贸委在宜兴和桥镇联合召开全市工会区域性劳动争议调处工作现场推进会。至年末，全市累计成立9507个企业劳调会，1279个区域性、行业性劳调组织，有9373家企业建立劳动关系预警机制，9569家企业建立劳动法律监督组织，覆盖面均达85%以上。11月，形成区域性劳动争议调解机制，由同级劳动保障行政部门、工会、经济运行管理部门(企业协会或企业联合会)三方组成，以工会组织为主，其他有关部门协同配合，接受本地区同级劳动争议仲裁委员会的业务指导，使劳动争议处理在基层。

图21－9　2004年无锡市工会区域性劳动争议调处工作现场推进会　(市总工会供稿)

至2005年，全市有基层企业劳动争议调解组织19874个。全年受理劳资纠纷7521起，结案率98.5%。年内，建立1386个区域性劳动争议调解组织，组建率89%；受理结案5961件，将区域性劳动纠纷解决在萌芽状态。

二、劳动争议仲裁

1988年8月，经市政府批准，成立劳动争议仲裁委员会及其办公室，并于当月立案受理市大众化工厂起诉农村劳动合同制工人杭某某擅离工作岗位、不履行劳动合同发生的劳动争议案。经调解无效，市劳动争议仲裁委员会于1988年9月19日裁决，杭某某败诉。

1990年，崇安区、北塘区分别建立劳动争议仲裁委员会。1991年，马山区、郊区分别建立劳动争议仲裁机构。是年，将外商投资企业纳入仲裁受理范围，健全完善有关制度。开展劳动政策法规的宣传教育，编印发行《劳动争议案例选编》4400多册，接待企业和职工劳动政策咨询600余人次，举办劳动争议处理培训班6期，培训仲裁干部259人。当年共处理劳动争议案件26起，立案受理14起，结案率92.85%。1992年，受理劳动争议案件47起，结案46起。

1993年，无锡市试行仲裁员、仲裁庭办案制度，实行一案一庭的办案形式，提高办案效率和办案质量。10月11日，无锡市首次采用仲裁庭的形式审结两起劳动争议案，取得较好效果。全年市劳动部门立案受理劳动争议29起，结案28起，案外调解处理46起。1994年起，全面推行仲裁庭、仲裁员办案制度，共立案受理劳动争议案46起，结案处理46起，案外调解处理107起。1995年，开庭处理仲裁劳动争议案件76起，涉及职工98人、用人单位76家。

1996年，市劳动局转发《江苏省劳动厅关于印发一九九六年全省劳动仲裁工作实行目标管理的意见的通知》，制定《无锡市预防集体劳动争议的规定》。是年，劳动争议大幅度上升，其中因履行劳动合同争议上升尤为明显，外商投资企业争议占立案数的30%。全市共处理劳动争议205起，其中案外调解117起；立案受理88起，结案86起。立案受理的案件类型为：开除、除名、辞退争议21起，工资、福利争议20起，履行劳动合同争议40起，工伤争议3起，其他争议4起。处理后，通过裁决结案的23起，调解结案的11起，调解后撤诉等其他方式结案的52起。在裁决的案件中，企业胜诉11起，职工胜诉10起，双方部分胜诉2起。

1997年，在各乡镇建立市（县）、区劳动服务机构，并逐步在其机构内设立仲裁委员会派出机构，行使部分劳动争议仲裁职能。7月，开展劳动政策咨询宣传活动，在《无锡日报》连续刊登劳动争议处理知识问答和典型案例评析。是年，市劳动仲裁部门共编印12期《劳动争议案例选编》；举办81期业务培训班，参加培训6854人次。

1998年，市劳动部门改进劳动争议仲裁方式，简化办案程序，抓好乡镇仲裁员业务培训，提高办案效率，乡镇企业劳动争议结案率90%。1999年，相当多企业实施兼并破产、减员增效，企业下岗职工及被兼并破产企业失业职工的劳动争议矛盾突出。市劳动部门抓好下岗职工的劳动争议处理工作，制定完善劳动争议预防制度，从偏重事后处理转为事前预防。2000年，市劳动争议仲裁部门共受理劳动争议案件606起，结案480起，其中市区立案301起、结案278起。

图21-10　2002年9月12日，无锡市劳动争议仲裁委员会首次在市总工会公开开庭　（市总工会供稿）

2001年，全市受理劳动争议案件

914起，结案869起，结案率95%，高出全省结案率4个百分点。市仲裁委被劳动和社会保障部、共青团中央命名为全国优秀青少年维权岗。2002年，市劳动部门建立和规范劳动争议调解、仲裁的处理程序和制度，30人以上的集体劳动争议做到及时逐级上报集体会商。2004年，推进仲裁机构实体化建设，各级劳动仲裁委员会聘用兼职仲裁员208人，参与办案2748起，结案率100%。

2005年，无锡市各级劳动争议仲裁部门严格执行集体劳动争议上报和集体会商制度，做到及时受理，积极调解，慎重处理，公正、公平、公开裁决；对特困家庭、失业职工等特困人员，减免仲裁费；对案情简单、申诉人填写规范、材料齐全的劳动争议，做到当日立案、当日送达、及时调处结案。对涉及外来民工追诉工资、劳动报酬、押金、经济补偿等争议案件，简化操作程序，缩短办案时间，切实维护当事人的合法权益。全年各级仲裁机构共受理劳动争议仲裁案件5593起，结案5615起(含上年结转22起)，结案率100%。其中受理外来用工申诉劳动争议案件2887起，结案2866起；劳动者胜诉1016起，双方部分胜诉的1798起。

2001～2005年，全市劳动仲裁部门共开庭仲裁劳动争议案件14498起，参与处理突发事件314起，清退违规收取的风险抵押金578万元，为19.16万名劳动者追讨欠付工资13864万元，督促9722家用人单位为136.9万名劳动者缴纳社会保险费2.65亿元。

1988～2005年无锡市劳动争议仲裁情况统计表

表21-10　　单位：起、人次、家

年份	仲裁数	涉及劳动者	涉及单位	年份	仲裁数	涉及劳动者	涉及单位
1988	10	10	8	1997	255	590	242
1989	32	32	30	1998	567	773	539
1990	23	23	23	1999	573	1139	544
1991	26	30	23	2000	606	723	578
1992	47	59	47	2001	914	1093	868
1993	53	53	53	2002	1685	2621	1601
1994	46	53	46	2003	2252	2380	2139
1995	76	98	76	2004	4054	4619	3851
1996	205	226	205	2005	5593	5838	5313

无锡市志

（第三册）

无锡市地方志编纂委员会 编

WUXI

SHIZHI 1986~2005

方志出版社

图书在版编目（CIP）数据

无锡市志. 1986～2005 / 无锡市地方志编纂委员会编. -- 北京：方志出版社, 2015.7

ISBN 978-7-5144-1637-4

Ⅰ. ①无… Ⅱ. ①无… Ⅲ. ①无锡市－地方志－1986～2005 Ⅳ. ①K295.33

中国版本图书馆CIP数据核字（2015）第152773号

无锡市志（1986～2005）

编　　者：无锡市地方志编纂委员会
责任编辑：王笃银　陈　菁　梅中英
出 版 人：冀祥德
出 版 者：方志出版社
　　地　址　北京市朝阳区潘家园东里9号（国家方志馆4层）
　　邮　编　100021
　　网　址　http://www.fzph.org
发　　行：方志出版社发行中心
　　电　话（010）67110500
经　　销：各地新华书店
印　　刷：南京凯德印刷有限公司
开　　本：889×1194　1/16
印　　张：186.75
字　　数：5060千字
版　　次：2015年7月第1版　2015年7月第1次印刷
印　　数：0001～4000册
ISBN 978-7-5144-1637-4　定价：1280.00元

总　目

目　录

（第三册）

第二十二卷　中共无锡市地方组织

第二十三卷　无锡市人民代表大会

第二十四卷　无锡市人民政府

第二十五卷　政协无锡市委员会

第二十六卷　民主党派　工商联

第二十七卷　社会团体

第二十八卷　政　法

第二十九卷　军　事

第三十卷 科 学

第三十一卷 教 育

第三十二卷　卫　生

第三十三卷 体 育

第三十四卷 文 化

第三十五卷　文　博

无锡市志

【第三册】

第二十二卷

中共无锡市地方组织

概　述

80年代中期，通过拨乱反正，社会秩序基本稳定，党的中心工作转移到经济建设方面，中共无锡市委适时提出加快改革开放和发展的步伐，"两个加快"成为时代潮流。继续推进乡镇企业体制改革，引导城市国营企业学习乡镇企业经营机制与市场意识，推进城市经济体制改革。同时推进教育、科技、文化、卫生体制以及城区体制、乡镇综合体制的改革。1988年，根据沿海开放地区经济发展新形势，提出"转轨变型"，推动经济实现从内向型到外向型的历史性转变。其间，市委提出"科教兴市"战略，市委、市政府作出《关于依靠科技、教育振兴无锡经济的决定》。至90年代初，无锡市经济规模扩大，总体实力增强，提前实现现代化建设第一步战略目标。

1992年邓小平视察南方谈话发表后，无锡市进入改革开放新发展阶段。市委首次提出"两个率先"的目标，即在全省率先初步建立社会主义市场经济的运行机制，率先初步实现社会主义现代化，并提出一系列量化指标。同时，在深化城乡体制改革和建立外向型经济中，无锡市实施第二次转型，内容包括建立高新技术开发区、企业改制、发展民营经济、发展第三产业等。突出"人才强市"战略。倡导和引导全社会尊重知识、尊重人才，有计划、有重点地引进各种优秀的专业技术人才。注重城乡一体化发展，1992年，市委印发《加快社会主义新农村建设的意见》，实施农村现代化战略。在这一阶段，加强党的建设，坚持和完善中国共产党领导的多党合作和政治协商制度，重视发挥民主党派、工商联参政议政、民主监督作用。1994年起，市委开展"树形象、做表率、创新风"活动和"百名勤政廉政好公仆"评选活动。开展多种形式的党风廉政法律法规、理想宗旨和党的优良传统教育。颁发有关党风廉政规定，加强干部廉政建设。1995年起，按照公务员管理的有关规定，首次组织对全市市管领导干部进行年度考核，实施市管领导干部收入申报制度。开展"培育跨世纪新人"活动，挑选优秀的机关年轻干部到基层挂职，基层优秀干部到经济综合部门挂职。在农村和企业党支部开展"堡垒工程"活动，总结推广农村党建和基层组织建设的经验。

进入21世纪，在中央提出科学发展观后，无锡进入科学发展机遇期。市委于2003年提出在省内率先全面实现小康社会，率先基本实现现代化的目标，争创"两个率先"的先导区和示范区。这一时期，加强党员教育，开展讲学习、讲政治、讲正气的"三讲"理想信念教育，树立优秀共产党员、援藏干部任国庆等先进典型。2004年，改进党员教育管理，开展党员分类管理，进行发展党员票决制、责任追究制和党员退出机制的试点。建立起以理论培训和实践锻炼为主体的干部教育培养工作机制。以"增强纪律观念、自觉接受监督"为主题，组织引导领导干部学习《中国共产党党内监督条例（试行）》和《中国共产党纪律处分条例》，树立"立党为公、执政为民"的思想。继续加强廉政教育，创建省级廉政文化示范点和反腐倡廉教育基地。实施"强基工程"，提高基层党组织建设水平。开展"公推直选"基层党组织领导班子试点工作，在滨湖区试行区级党代会常任制。至2005年，无锡市实现率先建成全面小康社会的目标，进入率先基本实现现代化目标的新阶段。

1986～2005年，召开中国共产党无锡市第八次至第十次党代表大会。2005年，全市党员总数309471人，共有基层党组织14862个，其中党委534个、总支部1270个、支部13058个。

第一章　党代表大会

第一节　第八次代表大会

1990年9月15～18日，中共无锡市第八次代表大会召开，正式代表472人。大会听取和审议市委书记刘济民代表第七届市委所作的《坚持党的基本路线，调动一切积极因素，为夺取无锡市社会主义现代化建设事业的新胜利而奋斗》的工作报告，听取和审议俞世福代表市纪委所作的工作报告，通过关于第七届市委工作报告的决议和关于市纪委工作报告的决议。刘济民在工作报告中回顾总结市第七次党代会召开后5年的工作成绩和经验。主要是各级党组织加强党对经济工作的领导，集中力量发展社会生产力，使无锡市国民经济获得较快发展，经济总体实力明显增强。大会提出以后5年工作总的要求是：坚持党的基本路线，贯彻"一要稳定、二要鼓劲、三要发展"的方针，实施"科技、教育兴市"的战略，动员和组织全市人民振奋精神，艰苦奋斗，推动全市经济向集约经营为主转变，经济结构向技术密集型、外向型和效益型转变，推动城乡的社会主义精神文明程度提高，为把无锡市建设成为开放式、多功能、现代化的经济中心城市，经济发达、文化繁荣、民主文明的富庶地区和风景优美的旅游胜地而继续努力。大会确定以后5年经济社会发展的7项主要目标是：加强社会主义精神文明建设和民主法制建设，完成治理整顿的各项任务；扩大对外开放；发展科学技术事业和教育事业；加强交通、通信和城市基础设施重点项目的建设；保持市场和物价的基本稳定；人口自然增长率继续控制在10‰左右；保护水土资源，保护生态环境。7项工作任务是：提高农业生产水平，调整城乡工业结构和提高经济效益，坚持社会主义方向下的改革开放，发展科技教育，继续发展城乡建设和社会公用事业及改善人民生活，推进社会主义精神文明建设，加强社会主义民主法治建设。大会选举产生由委员33人、候补委员7人组成的中共无锡市第八届委员会；选举产生由委员21人组成的中共无锡市纪律检查委员会。

第二节　第九次代表大会

1995年9月13～16日，中共无锡市第九次代表大会召开，正式代表527人。市委书记洪锦炘代表第八届市委作《加快改革开放，加强党的建设，为到本世纪末基本实现社会主义现代化而努力奋斗》的工作报告。市纪委书记张锦贤代表市纪委作工作报告。大会总结市第八次党代会召开后特别是邓小平视察南方谈话发表和中共十四大召开以后所取得的工作成绩和经验，市委带领全市各级党组织和广大党员、干部群众，解放思想，振奋精神，抓住机遇，加快发展，使改革开放进入新阶段，经济和社会事业跃上新台阶，党的建设、精神文明建设、民主法制建设和各项社会事业取得更大成就。大会确定以后5年的主要目标和任务是：以建设有中国特色社会主义理论为指导，贯彻执行党的基本路线，坚持解放思想、实事求是，坚持两个文明一起抓，加强党的建设，团结带领全市人民，抓住机遇，深化改革，扩大开放，促进发展，保持稳定，到20世纪末基本实现社会主义现代化，使无锡成为重要的经济中心、区域性交通枢纽和著名风景旅游胜地，把无锡城乡建设成为经济繁荣、科教发达、生活富裕、法制健全、环境优美、社会文明的地区。为实现上述目标和任务，大会提出必须坚定不移地实施三大发展战略：实施“科教兴市”战略，加速经济和社会现代化进程；实施开放带动战略，加快经济国际化步伐；实施城乡一体战略，增强区域发展整体优势。主要措施是：加强农业基础地位，加快农业现代化步伐；加快形成以高新技术产业为标志的现代工业体系，促使工业走向以集约经营为主的新阶段；加快形成发达的第三产业，增强中心城市功能；全方位扩大开放，加快经济国际化进程；加大改革力度，使城乡经济充满生机和活力；加快城乡基础设施建设，形成现代化大城市形态和新农村风貌；大力发展科技、教育事业，把经济建设和社会发展真正转到依靠科技进步和提高劳动者的素质上；增加人民收入，提高生活质量；加强社会主义精神文明建设，促进社会全面进步；加强社会主义民主和法制建设，保障改革开放和社会主义现代化建设的顺利进行。大会选举产生由委员35人、候补委员6人组成的中共无锡市第九届委员会；选举产生由委员23人组成的中共无锡市纪律检查委员会。

第三节　第十次代表大会

图22-1　中共无锡市第十次代表大会　（市委宣传部供稿）

2001年8月31日～9月4日，中共无锡市第十次代表大会召开，正式代表543人。市委书记蒋定之代表第九届市委作《实践“三个代表”，加快富民强市，为无锡率先基本实现现代化而努力奋斗》的工作报告，市纪委书记张锦贤代表市纪律检查委员会作工作报告。大会总结自市第九次代表大会召开后，市委带领全市各级党组织和广大党员、干部群众，解放思想、团结奋斗、开拓进取，实现全市经济建设、社会事业长足发展所取得的成绩和经验。主要是：经济综合实力跨上新台阶，市场经济运行机制初步形成，开放型经济取得突破性进展，城乡面貌发生深刻变化，人民生活水平明显提高，精神文明建设和民主法制建设取得新成绩，党的建设加强。大会确定以后5年的主要目标是：综合实力显著增强，经济整体质量明显提高，市场经济运行机制更趋完善，特大城市发展框架基本形成，社会文明全面进步，人民生活走向富裕。为实现上述目标，大会明确以后5年重点做好的7个方面的工作是：增创产业发展新优势，提升市场竞争能力；增创开放型经济新优势，提升经济国际化水平；增创体制机制新优势，提升市场化程度；增创区位环境新优势，提升城市化水平；增创新世纪人才新优势，提升科技创新能力；增创生态环境新优势，提升人民生活水平；增创两个文明协调发展新优势，提升社会文明水平。大会选举产生由委员36人、候补委员7人组成的中共无锡市第十届委员会；选举产生由委员23人组成的中共无锡市纪律检查委员会。

无锡市出席中国共产党第十三～十六次全国代表大会代表名单

无锡市出席中国共产党第十三次全国代表大会代表名单（3人）

姓　名	性别	工作单位及职务
邓鸿勋	男	无锡市委书记、市人大常委会主任

何正明	男	无锡县委副书记、县人民政府县长
顾蕴玉	女	无锡市第一中学党总支书记

无锡市出席中国共产党第十四次全国代表大会代表名单(4人)

姓　名	性别	工作单位及职务
刘济民	男	无锡市委书记
郁家树	男	无锡县委书记
苏广平	男	中国华晶集团公司总经理
何巧凤	女	无锡市第五棉纺织厂细纱值车工

无锡市出席中国共产党第十五次全国代表大会代表名单(4人)

姓　名	性别	工作单位及职务
洪锦炘	男	无锡市委书记
陆荣德	男	无锡市委常委、锡山市委书记
朱德坤	男	江苏小天鹅集团公司董事长、总经理
桑　勤	女	无锡市第三棉纺织厂纺部细纱乙班工人

无锡市出席中国共产党第十六次全国代表大会代表名单(4人)

姓　名	性别	工作单位及职务
蒋定之	男	江苏省委常委、无锡市委书记
王伟成	男	江阴市委书记
杨剑华	女	无锡市协新集团有限公司党委书记
蒋锡培	男	江苏新远东集团公司董事长、总经理 江苏新远东电缆有限公司总经理、副董事长

无锡市出席中国共产党江苏省第八～十次代表大会代表名单

无锡市出席中国共产党江苏省第八次代表大会代表名单(51人)

于顺源　王士兴　王宏民　王慧芬　邓鸿勋　田庆白　朱根宝　刘济民
刘湘根　许顺钊　许祖元　孙荣根　李仕梅　杨惠菊　吴　钊　吴经起
邹联根　张荣坤　张振翼　陈　浩　承欣茂　郁家树　宗菊如　胡福明
俞世福　姜启才　袁燮淦　徐　森　徐永昌　谢锡源　虞为政　卜华祥
王平南　朱炳忠　辛定一　沈蓉娜　陆明华　徐成仪　董　伟　蒋茂林
程志翔　谢志英　王祥兴　何巧凤　陆俊泉　陈祥林　秦兴基　徐　萍
徐金保　郭法根　程惠明

无锡市出席中国共产党江苏省第九次代表大会代表名单(52人)

于广洲　于顺源　王家骏　田庆白　吉久林　朱根宝　朱德坤　伍卓明
仲跻宁　刘湘根　孙　颔　贡培兴　李文海　李仕梅　杨志明　肖国兴
吴　钊　何正明　应建德　沈达人　张振翼　张锦贤　陈毓强　邵国振
邵斌华　周瑞芬　承欣茂　宗菊如　洪锦炘　郭永福　浦学坤　韩本初
虞国胜　翟怀新　上官庆元　方沛伦　冯泉钧　许谷秀　李梅丽　汪寅仙
张金祥　黄鸣歧　蒋菊英　谢志英　王祥兴　许忠兴　杨忠琪　吴仁宝
何新民　周茂盛　徐　萍　桑　勤

无锡市出席中国共产党江苏省第十次代表大会代表名单(53人)

于志华　王　荣　王伟成　方剑秋　叶永福　史祖能　冯国鹏　朱伦昌

朱建平　伍卓明　许卫国　许良飞　孙　颔　杨剑华　贡培兴　吴惠明
吴富生　张明珠　张锦贤　陆荣德　林玉英　郁家树　周令根　周志海
周解清　胡序建　徐一平　梁　京　董　伟　蒋定之　蒋洪亮　简大钧
缪根宝　戴解平　于宗光　王友根　生继兰　刘礼华　刘晓亚　李肖蓉
邱玉林　宋春岚　张鹿平　洪德翠　柴新建　薛　燕　王德莉　边宪华
任培燕　吴仁宝　蒋彬洪　蒋锡培　谢德良

第二章　中共无锡市委

第一节　历届委员会

一、中共无锡市第七届委员会（1985.06～1990.09）

书　记：邓鸿勋（1985.06～1989.06）
　　　　刘济民（1989.06～1990.09）
副书记：朱根宝（1985.06～1988.07）
　　　　吴冬华（1985.06～1987.12）
　　　　华焕林（1985.06～1986.03任副书记、1986.03～1988.07任常委）
　　　　李锦华（女，1985.06～1990.09）
　　　　王宏民（1987.12～1990.09）
　　　　刘济民（1988.07～1988.08任常委、1988.08～1989.06任副书记）
　　　　缪根宝（1985.06～1989.06任常委、1989.06～1990.09任副书记）
　　　　陈璧显（1989.10～1990.09）
常　委：吴　钊（1985.06～1986.03）
　　　　俞世福（1985.06～1990.09）
　　　　孙荣根（1985.06～1990.09）
　　　　宗菊如（1985.06～1990.09）
　　　　房如云（1985.06～1986.01）
　　　　陈可吼（1986.01～1988.07）
　　　　陈　浩（1987.02～1990.09）
　　　　洪锦炘（1988.07～1990.09）
　　　　邹正新（1988.07～1990.09）
　　　　王家骏（1990.09～1990.09）

二、中共无锡市第八届委员会（1990.09～1995.09）

书　记：刘济民（1990.09～1993.07）
　　　　洪锦炘（1990.09～1992.04任常委、1992.04～1993.07任副书记、1993.07～1995.09任书记）

副书记：王宏民（1990.09～1992.04）
陈璧显（1990.09～1995.09）
缪根宝（1990.09～1995.09）
于广洲（1993.07～1995.09）
王家骏（1990.09～1993.07任常委、1993.07～1995.09任副书记）
常　委：俞世福（1990.09～1993.04）
孙荣根（1990.09～1993.04）
宗菊如（1990.09～1995.09）
邹正新（1990.09～1992.04）
缪广成（1992.04～1995.09）
何正明（1992.12～1995.09）
吴新雄（1992.12～1995.09）
张锦贤（1993.04～1995.09）
韩　军（1994.02～1995.09）
钱志新（1994.05～1995.01）

三、中共无锡市第九届委员会（1995.09～2001.08）

书　记：洪锦炘（1995.09～2000.08）
蒋定之（2000.08～2001.08）
副书记：于广洲（1995.09～1997.07）
缪根宝（1995.09～1998.01）
王家骏（1995.09～2001.06）
范燕青（1995.09～2001.01）
吴新雄（1995.09～1997.07任常委、1997.07～2001.06任副书记）
韩　军（1995.09～1997.12任常委、1997.12～2001.08任副书记）
袁静波（2000.08～2001.08）
王　荣（2001.06～2001.08）
常　委：张锦贤（1995.09～2001.08）
宗菊如（1995.09～1997.12）
缪广成（1995.09～1995.12）
朱长兴（1996.05～2001.05）
陆荣德（1996.12～2001.08）
丁大卫（1997.01～2001.01）
于顺源（1997.12～2001.02）
周令根（1999.08～2001.08）
周解清（1999.08～2001.08）
戴解平（1999.08～2001.08）
毛小平（2001.01～2001.08）
宗晨阳（2001.05～2001.08）

四、中共无锡市第十届委员会（2001.08～　　）

书　记：蒋定之（2001.08～2003.03）

王　荣（2001.08～2003.03任副书记、2003.03～2004.11任书记）
杨卫泽（2004.11～）
副书记：许津荣（女，2001.08～2003.04）
韩　军（2001.08～2003.06）
张锦贤（2001.08～2001.09任常委、2001.09任副书记）
毛小平（2001.08～2002.01任常委、2002.01任副书记）
樊金龙（2003.05～2005.01）
周解清（2001.08～2003.06任常委、2003.06任副书记）
王咏红（女，2002.12～2005.02任常委、2005.02任副书记）
常　委：陆荣德（2001.08～2003.06）
宗晨阳（2001.08～2005.04）
周令根（2001.08～）
戴解平（2001.08～）
徐一平（2001.09～2002.12）
贡培兴（2002.01～）
王伟成（2002.12～2005.03）
王立人（2002.12～）
丁卜人（2004.01～）
徐　劼（2005.03～）
孙建华（2005.04～）
盛克勤（2005.07～）

第二节　工作机构

1986～1995年，市委设市纪委、办公室、研究室、组织部、宣传部、统战部、农工部 、政法委员会、老干部局、对台办公室、市级机关党委、党史资料征集研究委员会办公室（1987年8月后为党史工作委员会）、来信来访处（1989年6月处改为局）、保密委员会办公室（1990年3月设市保密局）、党校，1989年7月成立市委教育工作委员会。

1996年和2001年，市委工作机构进行两次大的调整。1996年，市纪委与市监察局合署办公，一套机构、两块牌子；教育工委与市教育委员会合署办公；党史工委更名为党史工作办公室，为市委直属正处级事业单位；市档案局与市档案馆合署办公，一套机构、两块牌子，为市委直属正处级事业单位；市级机关党委更名为市级机关工作委员会；农工部挂“市政府农村集体资产管理办公室”牌子，撤销市农业委员会；政法委员会挂“市社会治安综合治理委员会办公室”牌子；台湾工作办公室挂“市政府台湾事务办公室”牌子；保密委员会办公室挂“市国家保密办公室”牌子。调整后，市委工作机构9个：办公室、组织部、宣传部、统一战线工作部、政策研究室、政法委员会、市级机关工作委员会、台湾事务办公室、农村工作部。部门管理机构3个：老干部局、保密委员会办公室、党史办公室。实行合署办公的机构2个：市纪委机关与市监察局合署办公，教育工委与市教育委员会合署办公。

2001年，政策研究室更名为研究室；市社会治安综合治理委员会办公室与政法委合署办公；市信访局改为市委部门管理机构，由市委办公室、市政府办公室共同管理；办公室机要局更名为机要局，与保密委员会办公室合署办公。不再保留农工部，组建农村工作办公室，与研究室合署办公；不再保留在农工部增挂的“市政府农村集体资产管理办公室”的牌子；市机构编制委员会办公室列市委工作机构序列，与市人事局合署办公。调整后，市委部门设市纪委机关（市监察局与其合署办公）。市委工作机构9个：办公室、组织部、宣传部、统一战线工作部、政法委员会（市社会治安综合治理委员会办公室与其合署办公）、研究室（农村工作办公室与其合署办公）、台湾工作办公室（挂“市政府台湾事务办公室”牌子）、市机构编制委员会办公室（与市人事局合署办公）、市级机关工委。市委部门管理机构4个：老干部局（由组织部管理）、市信访局（由市委办公室、市政府办公室共同管理）、保密委员会办公室（与机要局合署办公，并挂“市国家保密工作局”牌子，由市委办公室管理）、市史志办公室（党史办公室与地方志办公室合并）。上述机构中，市委工作机构均为正处级建制。市委部门管理机构中，老干部局、市信访局、市史志办公室为正处级建制，其余为副处级建制。

2005年，市委设市纪委、办公室、研究室、组织部、宣传部、统战部、政法委员会、社会治安综合治理委员会办公室（与政法委合署办公）、研究室、农村工作办公室 、对台办公室、机构编制委员会办公室、市级机关工委、老干部局、信访局、保密委员会办公室（市国家保密工作局）、机要局、新区工作委员会、太湖国家旅游度假区委员会、史志办公室、党校。

第三章　重要会议和重大决策

第一节　重要会议

1986年12月27～28日，市委召开工作会议。市委书记邓鸿勋作工作报告，明确1987年着重抓好4件大事：经济工作以调整结构、提高效益为重点，在调整中求发展，求效益，带动整个经济稳定、协调地向前发展；围绕增强企业特别是大中型企业活力这个中心环节，“总体设计，配套改革，有主有次，分步实施”，坚决、稳妥地推进各项改革；城乡建设要拓骨架，打基础；扎实开展社会主义精神文明建设的各项工作，为物质文明的发展提供精神动力和智力支持。会议还讨论通过《无锡市开展大中型企业经营管理责任制试点的实施意见》和《关于我市企事业单位全面推行干部聘用制的决定》。

1987年7月14日，市委召开七届六次全体（扩大）会议，传达贯彻省党代表会议精神。市委书记邓鸿勋在报告中指出，上半年工作主要抓两件大事：在政治思想领域开展坚持四项基本原则、反对资产阶级自由化的斗争；在经济战线上，开展双增双节运动。下半年重点做好5项工作：围绕党的基本路线，把教育活动引向深入；继续开展双增双节运动；深化各项改革；抓好有关人民生活的几个问题；加强党的建设。

1989年7月7～8日，市委召开七届十一次全体（扩大）会议，学习和贯彻中共十三届四中全会精神和邓小平重要讲话，传达贯彻省委扩大会议精神。会议认为全市上半年工作总的情况是政治局面基本稳定，经济继续稳定发展。按照“有利于平息事态，有利于稳定局势，有利于安定团结”（简称“三个有利于”）的工作方针，各级党政组织和社会各界为稳定局势，主动开展多方面、多层次的工作。广大工人、农民、知识分子坚守岗位，从而维护社会秩序的基本稳定。

1992年4月23～24日，市委举行工作会议，传达省委工作会议文件。市委副书记、市长王宏民对市委、市政府《加快改革开放和经济发展若干问题的暂行规定》作说明。市委书记刘济民代表市委常委会作工作报告。报告提出推动无锡经济实现高起点、跨越式发展、提高的一系列政策措施。强调改革驱动，增强企业活力；外向带动，大胆利用外资；科技推动，提高发展水平；优化结构，发展第三产业；优势互补，促进城乡经济共同提高。

1994年12月29～30日，市委召开八届十三次全体会议。会议传达贯彻省第九次党代表大会精神，市委书记洪锦炘代表市委常委会作题为《加快改革开放，加强党的建设，奋力推进经济和社会发展再上新台阶》的工作报告。会议总结全年工作，分析形势，统一思想，研究确定1995年工作的目标、任务和主要措施，动员全市各级党政组织和广大干部群众，加快改革开放，加强党的建设，推进经济和社会发展再上新台阶。

1995年7月15日，市委召开工作会议。市委书记洪锦炘强调重点抓好7项工作：加强“米袋子”“菜篮子”工程，夺取农业全面丰收；加强市场促销，保证城乡工业又快又好增长；深化改革，加快转变企业经营机制；以扩大利用外资为重点，提高对外开放水平；加强精神文明建设，促进社会全面进步；安排好人民生活，保持社会稳定；开好市第九次党代会，加强党的建设。

1997年10月21～22日，市委召开九届八次全体会议，对贯彻落实中共十五大精神作具体部署。市委书记洪锦炘作题为《深入贯彻落实党的十五大精神，开创无锡改革开放和现代化建设新局面》的报告。报告提出，坚持以“三个有利于”（是否有利于发展社会主义社会的生产力，是否有利于增强社会主义国家的综合国力，是否有利于提高人民的生活水平）为标准，推进以调整和完善所有制结构为重点的各项改革，加快建立社会主义市场经济运行机制。坚持以经济结构调整为主线，进一步实施“科教兴市”战略，构筑面向新世纪的经济新优势。坚持对外开放的基本国策，加快经济国际化进程，培育新的经济增长点。坚持“两手抓、两手都要硬”的方针，加强精神文明建设和民主法制建设，促进社会全面进步。全面实现“两个率先”的奋斗目标，把无锡建设成为经济繁荣、科教发达、生活富裕、法制健全、环境优美、社会文明的先进地区。

1997年12月31日，市委召开工作会议，贯彻落实中央和全省经济工作会议精神。市委书记洪锦炘在讲话中提出1998年全市工作的指导思想、总体要求和主要任务。着重要抓好6个方面的工作：加快以调整和完善所有制结构为重点的各项改革；加快经济结构的战略性调整；加快对外开放步伐，加速经济国际化进程；增强长远发展所必需的支撑能力，实现经济和社会可持续发展；推进再就业工程；加强精神文明建设和民主法制建设，提高人的素质和城乡文明程度。

1999年10月22日，市委召开九届十二次全体会议，市委书记洪锦炘作题为《认真贯彻落实党的十五届四中全会精神，奋力开创无锡国有企业改革和发展的新局面》的报告。要求学习中共十五届四中全会文件，把全市上下的思想高度统一到全会精神上来；明确目标，狠抓关键，推进国企改革和发展；加强和改善党的领导，保证国企改革和发展任务的顺利完成。报告指出，无锡市国企改革和发展的主要目标是：至2000年，率先实现国有大中型企业改革和脱困的3年目标，80%的国有大中型骨干企业初步建立现代企业制度。国有中小企业基本实现股权多元化，通过多种形式放开搞活。建立国有资产管理、监督、营运体系。至2003年，基本完成对国有经济的战略性调整和国有企业的战略性改组，形成比较合理的国有经济布局和结构，大中型国企基本建立现代企业制度，主要经济指标处于国内领先水平，企业科技开发能力、市场竞争能力和抗御风险能力明显增强。至2010年，完成战略性调整和改组，形成资源优化配置、产业优势明显、布局更为合理的国有经济结构，大中型国企建立起完善的、与国际接轨的现代企业制度，国有经济的控制力、带动力和影响力显著增强，主导作用得到更好的体现。

2000年7月14日，市委召开工作会议。市委书记洪锦炘在讲话中提出，下半年要推进思想解放，以改革创新精神，加快改革攻坚步伐，增强经济发展的活力；加快经济结构调整步伐，提高经济的整体素质；加快全方位开放步伐，提高开放型经济发展水平；加快城市化进程，增强中心城市的集聚力和辐射力。并按照“三个代表”重要思想的要求，加强党的建设。

2001年7月19日，市委召开工作会议。市委书记蒋定之在讲话中提出，下半年要确保主要经济指标增幅高于全省平均水平，确保市委、市政府年初确定的各项目标任务不变，确保无锡在全国大中城市中的地位不变。市委副书记韩军、袁静波，市委常委、常务副市长毛小平，副市长刘湘根、贡培兴先后就私营个体经济、国企改革、经贸运行、城市建设、开放型经济等重点工作的进展情况和下半年工作措施作专题发言。

2001年12月22～23日，市委召开工作会议，贯彻落实中央和全省经济工作会议精神，提出2002年的主要任务。会议明确全市2002年国民经济和社会发展的主要预期调控目标为：国内生产总值增长11%，财政收入增长12%，全社会固定资产投资增长12%，工业增加值增长12%；出口总额增长11%，合同利用外资40亿美元，实际利用外资16亿美元；社会消费品零售总额增长11%；城镇居民人均可支配收入和农民人均纯收入分别增长8.5%和5.5%。

2002年12月21日，市委召开工作会议，学习贯彻中共十六大和中央、全省经济工作会议精神。会议提出2003年“三个进一步提升”的工作目标，即主要经济指标在全国大中城市的位次进一步提升，在全省所占的份额进一步提升，在苏南5市中的增幅进一步提升。市委书记蒋定之在讲话中要求，必须围绕既定目标，抓住改革开放两个关键，增强经济社会发展的动力和活力；必须以结构调整为主线，提升经济整体素质和区域竞争力；必须把富民摆上更加突出的位置，提高人民生活水平；必须提高社会文明程度，营造富有竞争力的发展环境；必须加强和改善党的领导，团结带领广大干部群众开创全市各项工作的新局面。

2003年4月5日，市委召开工作会议，学习贯彻全省领导干部会议精神，总结分析一季度经济运行情况，明确当前和以后一个时期的工作重点。市委书记王荣在讲话中强调要在确保工作连续性和稳定性的基础上，咬定目标，锐意开拓，全面加快“两个率先”进程，力争在全省率先全面建成高标准、高水平的小康社会，使全市经济更快发展，民主更加健全，科教更加进步，文化更加繁荣，社会更加和谐，人民生活更加殷实。同时，不失时机地加快第二个“率先”进程，力争在全省率先基本实现现代化，把无锡建设成为一个“大而强、富而美”的现代化城市。至2005年全市人均国内生产总值达到6000美元以上，2010年达到1万美元以上，成为全省实现“两个率先”目标的先导区和示范区。围绕这个目标，要推进经济国际化，推进新型工业化，推进产业高度化，推进城市化，推进人的现代化。

2004年12月23～24日，市委召开十届八次全体会议。全会学习贯彻中共十六届四中全会、省委十届八次全会、中央和省经济工作会议精神。全会提出，努力建设宜居、宜商、宜游，山清水秀、清新怡人、和谐发展的新无锡。推进“活力无锡”建设，调动一切积极因素。推进“富裕无锡”建设，不断提高人民群众的生活水平。推进“绿色无锡”建设，走生产发展、生活富裕、生态良好的发展道路。推进“文化无锡”建设，提高全社会的文明程度。推进“法治无锡”建设，加快建设法治社会。推进“平安无锡”建设，确保社会稳定。

2005年12月22～24日，市委召开十届九次全体会议，总结“十五”时期无锡市经济社会发展情况，研究部署无锡市“十一五”发展。全会着重部署推进“十一五”经济社会的4个方面内容，总结过去，准确分析形势，确保至2010年率先基本实现现代化；转变发展理念，创新发展模式，确保经济社会转入全面协调可持续发展轨道；把握战略重点，转变增长方式，推动“两个确保”的目标任务；加强和改进党的领导，肩负起“两个确保”的历史重任。

第二节　重大决策

一、开放带动战略

1990年9月，市第八次党代会提出要加快实施对外开放，5年实现出口商品供货总额占国内生产总值的比重达到30%左右，初步形成与无锡经济规模相适应的外向型经济格局的奋斗目标。大会要求，增强开放意识，提高发展外向型经济的自觉性和紧迫感，抓住上海浦东开放的历史性机遇，利用沿江靠港、紧邻上海的有利条件，实行对外开放。决定立即着手筹建无锡外商投资企业规划区，启动对外开放的各项政策措施，争取在“八五”期间形成雏形。

1992年3月，市委常委会连续3次举行全体会议和扩大会议，学习邓小平视察南方谈话和中央政治局全体会议精神，统一改革开放、加快发展的思想，凝聚各级党组织和广大党员干部的智慧和力量，推动开放带动战略的全面实施。4月召开的市委工作会议强调，要借学习贯彻邓小平视察南方谈话的东风，解放思想，破除“小步渐进”“小富即安”“因循守旧”三种观念，树立五种理念，即：改革驱动增强企业活力、外向带动大胆利用外资、科技推动提高发展水平、优化结构大力发展第三产业、优势互补促进城乡经济共同提高。会上印发《加快改革开放和经济发展若干问题的规定》。

图22-2　1992年4月25日，市委市政府召开无锡市加快改革开放加速经济发展动员大会　（顾祚维摄）

1993年12月，市委八届九次全体会议提出，要在更宽领域、更高层次，以更大步伐加快改革开放和经济发展，做到在加快形成社会主义市场经济运行机制上领先一步，在资金、市场、产品、技术、管理等加快与国际经济接轨上领先一步，在经济发展的效益、速度和水平上领先一步。

1995年9月，市第九次党代会提出以后5年重中之重是继续实施开放带动战略，全方位扩大对外开放，加快经济国际化进程。集中力量加快3个国家级、5个省级开发区等重点开发区建设，至20世纪末，使各重点开发区成为无锡市高新技术工业基地、出口产品生产基地和主要经济增长区；加快利用外资步伐，“九五”期间，全市利用外资兴办的高新技术项目累计达到500个以上；发展对外贸易和对外经济技术合作，推进以质取胜和市场多元化战略，提高产品在国际市场的占有率；鼓励企业到海外投资，从事跨国经营，加快形成重点突出、布局合理的海外经贸网络，组建一批有较强实力的跨国集团。

1997年7月，市委强调继续全面实施开放带动战略，抓住中国加入世贸组织的历史性机遇，加快推进经济国际化步伐，提高参与国际经济分工、合作、竞争的能力，融入世界经济发展潮流。提出到2000年全市经济结构实现“六个提高”，即：提高一、二、三次产业结构层次，提高支柱产业在国民经济中的比重，提高增加值率，提高产品科技含量和企业装备水平，提高规模化集约化水平，提高经济的外向度。

2001年9月，市委要求在“十五”期间全市开放型经济发展必须抓好利用外资，重点加强与跨国公司的战略合作，引进产业关联度大、技术含量高、辐射带动力强、出口带动作用大的终端产品项目、高新技术项目和基础产业项目，通过多形式利用外资，调整和创新招商引资形式，扩大利用外资总量。

2002年6月，市委强调重点开放园区是推进开放带动战略实施的重要载体，要把开放园区载体建设作为带动开放型经济发展的重要工作加快推进。提出园区发展实现“二次跨越”的目标任务，重点抓好利用外资、创新体制机制、优化发展环境和构筑人才高地等环节，用3～5年时间，创造出相当于前10年的业绩。

2003年1月，市委强调要重视园区错位竞争问题，培植开放型经济新的增长极。2004年1月，市委强调要提升园区建设的集约化水平，统一规划、梯度开发、集约发展、打造品牌，加大“调弱、扶优、做特”力度。2005年1月，市委强调要认识对外开放所面临的形势，抢抓经济国际化的新机遇，把握对外开放的工作重点，在提高园区建设水平、“走出去”、吸引国际先进生产力、转变外贸增长方式上下功夫，实现经济国际化新突破，形成经济国际化的强大合力。

至“十五”期末，全市经济开放度达到91.4%，较“九五”期末提高43.5%，5年到位注册外资和进出口总额分别是“九五”期间的2.2倍和4倍；外贸出口成为拉动经济增长的重要支撑，“十五”期末外贸依存度达到84%，较“九五”期末提高43%。无锡建成4个国家级开发区、11个省级开发区，成为中国外商投资企业最为密集的区域。

二、科教兴市战略

1986年后，无锡提出“科教兴市”战略，要求推进科技教育事业，尽快改变智力结构同经济发展不相适应的状况，提高经济社会发展的科技支撑能力。

1.科技兴市

1989年7月5日，市委颁发《依靠科技进步振兴无锡经济的决定》，提出1995年前科技进步的8项主要目标是：推进科技成果向现实生产力的转化，不断提高科技进步在经济增长中的贡献份额；推广适应性强、见效快的农业科技成果；加强科技开发，发展高新技术；逐步形成多层次的适应全市经济社会发展需要的科技体系；加强科技队伍的建设，调整科技队伍结构；发展教育事业；运用现代科技，加速社会事业现代化进程；逐步建立强有力的科技进步和发展教育的社会支撑环境。

1990年9月，市第八次党代会提出到1995年主要行业60%的产品、骨干企业60%的技术装备达到国际80年代初的水平。1995年9月，市第九次党代会强调实现从小康迈向现代化的历史性转变，关键在于依靠科技进步和提高劳动者素质。2000年4月，召开全市技术创新大会，提出到2005年全市科研开发经费占国内生产总值的比重达到1.5%以上，企业的研发费用占全市研发费用的75%以上。

图22-3　1999年，“两院”院士及专家学者为无锡科教兴市献计（顾祚维摄）

2001年9月，市第十次党代会强调以后5年增强人才优势，提升科技创新能力。

2003年2月，全市科技创新大会强调发展高新技术产业，加快推进科技创新体系建设，争取在科技进步与创新上有更大的作为。2004年2月，在全市科技工作会议上，市委强调科技兴市必须要以高新技术产业为主导，打造国际制造业基地；以信息化标准化建设为基础，走新型工业化之路；以企业为主体，加快构筑科技创新体系；以统筹发展为目标，提高全社会科技创新与发展水平。2005年2月，全市科技创新大会要求各级党政一把手要抓好科技第一生产力，抓好科技第一资源，推进科技创新环境建设、科技创新体系建设、科技体制机制改革和科技人才队伍建设。

2.教育兴市

1990年9月，市第八次党代会强调要贯彻“教育为社会主义现代化建设服务，教育与生产劳动相结合，培养德智体美劳全面发展的社会主义事业建设者和接班人”的教育方针，加强和改善教育工作。

1992年10月，全市教育工作会议提出：要在1993年全面实现九年制义务教育达标的基础上，实施基础教育现代化工程；至1995年，市区和各市（县）高中阶段教育的普及率要分别达到90%和70%以上，全市每万人口中大学文化程度人数由1990年的210人提高至250人左右，在业人口人均受教育年限提高至8年。会议颁发《加快教育发展和深化教育综合改革若干问题的决定》《巩固和发展九年制义务教育成果的意见》和《大力发展职业技术教育的意见》3个文件。

1995年9月，市第九次党代会指出，科技的发展、经济的振兴、社会的进步，都必须坚持把教育放在优先发展的战略地位。至20世纪末，形成符合“面向现代化、面向世界、面向未来”要求和无锡实际的现代化教育体系。1999年11月，市委提出到2005年，全市高质量普及15年教育（含学前三年教育）；18～21周岁人口高等教育入学率达45%以上，每10万人口中受到高等教育者达8000人左右，基本实现高等教育大众化。全市基础教育、职业教育、成人教育、地方高等教育持续协调发展的总体水平居全省前列。2005年9月8日，市委要求各级牢固树立“教育更好为经济发展服务、为人的需求服务”的意识，加快教育改革、开放和调整，营造崇文尚教、尊师重教的社会氛围，推动教育率先发展、科学发展，力争到2010年全面实现教育现代化，初步实现教育国际化，建成全国一流的教育强市。

三、人才强市战略

1990年9月，市第八次党代会提出各行各业都要重视人才的培养提高，发挥他们的聪明才智，注重人才的引进，通过多种措施，解决好人才断层问题。

1991年5月，市委制定《无锡市1991～1993年知识分子工作规划》。强调各级党政组织要重视知识分子工作，倡导和引导全社会尊重知识、尊重人才；有计划、有重点地引进优秀专业技术人才，重视引进重点大学毕业生，储备高科技人才，壮大知识分子队伍。

1995年9月，市第九次党代会提出以后5年要加紧实施人才工程，促进人才和智力资源的开发，造就一大批实用型、复合型和高层次专业人才，特别要着重建设高新技术专门人才队伍、外向型人才队伍，精心培育一支政治思想素质好、具有开拓精神、善于决策、精于经营管理的企业家队伍。强调要强化全市人才意识，在全社会弘扬“尊重知识、尊重人才、尊师重教”的良好风尚，不断改善教师、科技人员的工作条件和生活条件，创造人尽其才、才尽其用的社会环境，促进各项事业的发展。

2001年9月，市第十次党代会强调，进入21世纪人才的问题更加突出，人才竞争日益激烈，只有走人才强市战略之路，增强人才综合竞争力，才能使无锡市经济社会发展迈上新台阶。要求全市各级要努力创新人才的培养、引进和使用机制，建设一支规模大、素质高、结构优的人才队伍，重点培养和引进企业经营管理人才、高科技人才和优秀年轻创新人才及其他急需人才，为改革开放和现代化建设提供坚强的人才保证。2002年7月，市委、市政府印发《进一步加强人才资源开发与管理，构筑我市人才高地的若干规定》，市政府印发《引进海外留学人才来锡创业服务的若干规定》。

2003年8月19日，市委在全市人才工作会议上明确：至2005年，全市人才总量达45万人，其中中高级人才约占25%，每万人中拥有人才1000人左右，基本建立起与社会主义市场经济相适应的人才管理新体制；至2010年，人才总量达到58万人，其中高层次人才8万人，人才综合竞争力达到全国领先水平，基本建成“环境一流、机制灵活、素质优良、结构合理、产出高效”的人才强市。至2005年，全市共引进人才33989人，其中海外人才241人。

四、农村现代化战略

“七五”时期，市委始终把农业放在经济工作的首位，提出要加强领导，促进农村经济向农业先进、工业发达、第三产业繁荣、林牧副渔各业兴旺的方向发展。1987年2月，市委提出新时期建设社会主义新农村“一个中心、两个坚持、三为主、四结合、五有利”的基本思路，即：坚持以经济建设为中心；坚持四项基本原则，坚持改革开放；产业结构以工业为主，所有制结构以集体为主，经济形态以社会主义商品经济为主；在经济发展上实行农工结合，在经济活动中实行产销结合，在经济管理上实行统分结合，在经济联系中实行纵横结合；有利于在工业为主的条件下协调发展农村各业，有利于在公有制的主导下实现共同富裕，有利于在经济发展的基础上协调社会事业的发展，有利于在物质文明的基础上加强社会主义精神文明建设，有利于在城乡共同繁荣的过程中缩小三大差别，促进城乡一体化。1989年3月，全市农村工作会议提出农村工作“四增三自给”的方针，即：增粮食、增副食、增效益、增后劲，保证口粮、主要副食品和主要农用生产资料的基本自给。在同年12月市委七届十四次全会上，要求以“四优先”来保证农业发展，即：资金安排上优先安排农用资金，调整工业结构优先发展农用工业，调剂外汇优先考虑农业用汇，组织物资供应时优先保证农用物资。

1990年9月，在市第八次党代会上，市委把提高农业生产水平作为农业发展的重要任务，完善家庭联产承包责任制，有条件的地方因势利导发展适度规模经营，加强农业新技术的研究、推广和应用，逐步提高农业的科技水平、管理水平和装备水平。1992年5月，市委印发《九十年代加快社会主义新农村建设的意见》，提出实现农村工业化、农业机械化、乡村城镇化、农民知识化、环境优美化，把无锡农村建设成为经济繁荣、科教发达、生活富裕、环境优美、社会文明的社会主义现代化新农村。同年9月，全市农村工作会议提出新时期农业发展高产量、高质量、高效益、出口创汇“三高一创”的新思路，要求农业发展要按照“三个结合”（即：市场导向与因地制宜、积极引导与群众自愿、调整与开发相结合）原则进行结构调整，确保实现“四个转化”（即：单纯的种养向“种养加工、农工商、内外贸、农科教”转化，兼业农业向专业化、集约化、基地化、商品化转化；注重社会效益向注重市场效益转化；以劳动力投入为主向物质投入为主转化）成果。1994年4月，市委制定《稳定发展农业的若干政策规定》和《积极推行农村股份合作制的意见》等文件。

1995年9月，在市第九次党代会上，市委指出稳定和发展农业的根本出路在于实现农业现代化。明确以后5年推进农业现代化5项具体工作是：加速农业机械化进程；推进农业科技进步；在继续稳定家庭联产承包责任制的前提下，发展农业适度规模经营；发展农业社会化服务，形成贸工农科结合、全过程多功能的社会化服务体系；改善农业基础设施。1995年下半年，市委制定《农村社会主义基本现代化建设实施纲要》，提出“九五”期间直至2010年农村经济发展的主要目标，至20世纪末，农村国内生产总值1600亿元，年均增长21%，人均3.9万元，农村一、二、三产业结构调整到5∶57∶38，非农劳力占就业人数的80%。1996年3月，要求认识农村“体制转变”“增长转型”的重要意义，加快农村社会主义现代化建设。1997年4月，市委要求加快传统农业向现代农业转变，继续深化改革，为农村经济发展注入新的活力。1999年1月，市委要求全面深化农村改革，推进全市农业现代化建设。

2001年9月，市第十次党代会要求围绕“农业增效、农民增收、农村发展”主题，加快农业生产和经营方式的转变，建设具有无锡特色的都市型农业、外向型农业和生态农业，加快推进农业产业化经营，重点培育一批龙头企业、生产基地，抓好一批示范项目，形成一批名牌农副产品。2002年1月，全市农村工作会议提出，要以增加农民收入为中心，以农村经济结构战略性调整为主线，深化农村改革，加快乡镇工业集约化、农村城镇化和农民知识化进程，确保农村经济持续快速健康发展和社会全面进步。2003年2月，全市农村工作会议强调，要推进农业农村经济结构调整，开创农业农村经济发展的新局面。2004年，强调要围绕加大统筹力度，突出富民目标，推进各项改革，提升发展水平，农村经济继续保持快速协调发展的势头。

2005年4月，全市农村工作会议要求加大“以城带乡、以工促农、反哺农业、回报农民”的力度，加大农村生态建设和环境保护的力度，发展现代农业、建设现代农村、培育现代农民，实现农村经济社会的全面协调可持续发展，确保到2010年农村实现基本现代化的目标。会上，市委、市政府作出《推进农村基本现代化建设八项重点工作的决定》。主要内容是：科学制定现代农村规划，按照高起点、高标准和适度超前的原则，加快制定城乡统筹、相互衔接、全覆盖的农村总体规划和分区规划；推进农业向适度规模经营和现代都市农业规划区集中，推动农村土地集约开发。推进乡镇工业向开发园区和工业集中区集中，推动农村产业集聚；建立突出主导产业，强化功能布局，坚持集约发展，形成品牌特色的工业集中区。发展农村村级集体经济股份合作社、土地股份合作社、专业合作经济组织的“三大合作”组织建设。推进现代都市农业和产业化发展（包括加快现代都市农业园区建设、推进农产品标准化建设、规划建设一批农产品交易市场、扶持农业龙头企业做大做强、推广农业生产保险等方面）。建立健全农村社会保障体系，造就现代新型农民，推进农村造林绿化，加大对农村低收入户家庭（指人均纯收入不足市〈县〉、区农民人均纯收入平均水平30%的农户）就业技能培训的投入。

五、发展乡镇企业

1986年后，市委继续推广实行经济承包责任制、改干部任免制为选聘制、改工人录用制为合同制、改固定工资制为浮动工资制的“一包三改”，推进乡镇企业体制改革。1987年起，乡镇企业有计划地推行以经济承包责任制、厂长任期目标制、内部审计制为内容的“三制”配套改革。1989年3月和7月，市委两次召开“双增双节”动员大会，要求加强企业管理，千方百计缓解资金、能源、原材料的严重困难，确保乡镇企业的发展。1990年7月，市委制定的《无锡市农村经济1990～1992年发展规划》中提出，要不断提高村级集体和乡镇工业外向型经济发展水平。9月，总结推广无锡县东亭镇调整产业结构，加快技术改造，深化企业改革，提高工业组织程度、管理水平和经济效益的“一调二改三提高”的做法。

1991年12月，全市召开乡镇企业外向型经济工作会议，强调要解放思想、转变观念，加快产业结构调整提升，发展外向型经济，使乡镇企业成为推动对外经济贸易发展的重要力量。1992年11月，市委召开八届七次全会，强调要按照大胆试验、稳步推进、严格按照规范化要求实施的原则，推进股份制试点，重点推行企业内部职工持股和城镇集体企业股份合作制的试点。

1993年，为加速社会主义市场体制的形成，根据建立现代企业制度要求，全市乡镇工业改革由原来的微观上的调整和完善，转向深层次的全面突破。在产权制度方面，发展股份合作制企业，在做好资产评估、产权界定、资产明晰化的基础上，以集体控股为主，实行增量扩股、存量转股、公私合股、社会法人参股等形式。至年末，全市发展股份合作制企业807家，总股本17亿元。对弱小亏企业实行租赁、拍卖或兼并。在经济承包责任制改革方面，全面推行资产滚动承包、两段结算分配。把资产增值、利税指标和职工收入放到考核的重要位置。改变单一的投资结构，借助外力、借助全社会力量，形成多种经济成分、多种形式联合投资，逐步向“混合型”经济发展。改革报酬分配办法，实行按劳与按资分配相结合。加速企业向规模化、集团化、现代化方向发展。自1992年6月全市首家省级乡镇企业集团公司成立后，一年多时间发展至50家省级集团公司。

1996年9月，市委、市政府召开全市乡镇企业工作会议，总结“八五”期间乡镇企业发展的成绩和经验，部署“九五”期间加快发展乡镇企业的任务、目标和措施。市委要求，“九五”期间乡镇企业要基本建立起适应社会主义市场经济体制要求的企业运行机制，基本建成具有强大竞争力和充满活力的现代工业，整体发展水平继续走在全国和全省的前列。1997年11月，市委要求抓住发展的第三次机遇，加快推进乡镇企业产权制度改革，构筑乡镇企业跨世纪发展的新优势。

2000年，市委要求乡镇企业加大招商引资力度，改善投资环境，主动适应国际市场。2001年，全市乡镇企业按照改革与管理同步推进，配套联动的思路，加强以管理创新为主题的企业管理工作。按照现代企业制度要求，完善法人治理结构，加速形成适应社会主义市场经济的体制和机制。2003年，市委要求以调整经济结构为目标，加速传统产业的改造升级和高新技术产业的引进。2005年，市委鼓励乡镇企业开拓市场，促进产业梯度转移，加快实现乡镇企业产业结构调整，率先在全省开展“走出去”活动。

六、发展国有企业

1986年起，无锡市连续3年进行工业企业结构性调整，抓“六上五下”，即：上拳头产品、市场适销产品、出口创汇产品、优质产品、新产品和地方配套产品，下滞销、高污染、高能耗、高物耗低效益和性能差质量劣产品。同年5月，部署开展增产节约、增收节支的“双增双节”活动，要求国企开展以提高经济效益为中心、产品结构调整和原材料节约为主要内容的“双增双节”活动。

80年代末，市委根据中共中央和省委关于国企改革指示精神，明确国企改革要实现由计划生产为中心向经营为中心、从以产定销向按需生产、从计划主导向市场主导的转变，把国企改革引向深入。

1991年2月，市委八届二次全会部署国有大中型企业改革工作。同年3月，市委、市政府组成联合调查组，围绕增强大中型企业活力问题集中进行为期1个多月的调查研究，提出国有大中型企业初步搞活的3个主要标志，即：基本完成企业从生产型向生产经营型的转轨变型；企业作为相对独立的商品生产者和经营者的地位初步确立；企业自我改造、自我发展的能力从无到有，逐步增强。在此基础上，又提出增强大中型企业活力的4条对策，即：改善企业外部经营环境，转变企业内部机制，围绕10个方面拟订30条政策措施，落实和扩大企业自主权。同年4月，全市召开国企改革大会。会议要求各级抓好各项政策措施的落实，继续减轻企业负担，不断完善搞活大中型国企的政策和措施。同年6月，市委印发《关于进一步深化改革，增强大中型企业活力的若干意见（试行）》。1994年8月，市委印发《无锡市关于搞好国有工业企业的工作方案》和《关于进一步搞好国有工业企业的若干意见》，加快产权制度改革、建立现代企业制度、转换企业经营机制，确定全市37家国有工商企业列入现代企业制度改革试点，217家大中型国企完成清产核资工作，核定企业国有资产占有量。

1995年9月，在市第九次党代会上，市委明确国企的改革方向是建立现代企业制度，加快转换城乡企业特别是国企的经营机制，落实企业法人财产权，强化资产经营责任，使企业真正成为独立的法人实体和市场竞争主体，用3年左右时间，在国有大中型企业和乡镇骨干企业中基本建立起现代企业制度。1996年7月，市委印发《关于国有小型企业推进“五放活、三加强”的试点意见》。同年，制定《关于进一步深化国有企业改革的若干意见》，推进现代企业制度试点。是年末，市委作出开展向华西村和小天鹅股份有限公司学习的决定，要求全市各企业弘扬创新创业精神，加快企业现代化发展步伐。1997年，市委要求抓住“企业优化资本结构”试点城市的机遇，按照“抓大放小”和“三改一加强”的思路，重点推进20家企业的综合配套改革试点，争取年内50%的区属以上中小企业基本达到转制解困目标。

2001年5月，全市召开国企改革工作会议，市委、市政府强调用3年左右的时间，深化国企产权制度改革和理顺劳动关系改革，基本形成产权多元化格局和职工市场化就业机制，基本完成国有经济布局战略性调整和国有企业战略性改组，建立比较完善的现代企业制度和适应市场经济的经营机制，建立比较完备的社会保障体系，形成一批有竞争力的大企业、大集团，使国企的科技开发能力、市场竞争能力和抵御风险能力明显增强，国有经济在全市国民经济中发挥主导作用。

同年9月，市第十次党代会对国有企业改革进行部署，提出要促进国有资本从一般竞争性领域中退出，向优势行业和高新技术等关键领域集聚，培育骨干企业，使国企成为投资多元、主业突出、核心竞争力强的大集团公司。2002年3月，市委提出至2005年，全市形成营业收入超200亿元企业1家，营业收入超100亿元或利税超10亿元企业5家以上，营业收入超50亿元或利税超5亿元企业10家以上，营业收入超30亿元或利税超3亿元企业15家以上，前10位重点大企业大集团营业收入、利税总额和利润总额分别占全市规模以上工业的25%、30%和35%以上。

七、发展非公有制经济

改革开放后，市委把发展私营个体经济作为促进经济发展的一项重要任务。

1998年7月，市委、市政府出台《关于进一步鼓励、引导发展私营个体经济的意见》，鼓励引导私营个体经济参与国有集体企业改制。

进入21世纪后，强调要抢抓全方位开放和经济国际一体化的发展机遇，调整和完善所有制结构，鼓励和放手发展私营个体和民营企业发展，增强非公经济对全市经济的战略支撑作用。国企改制、乡镇企业改制基本完成，大部分成为民企。

2000年11月，市委九届十三次全体会议审议并通过《关于制订无锡市国民经济和社会发展第十个五年计划的建议》。指出"十五"期间发展私营个体经济要按照放手、放开、放胆、放心、放宽、放活的"六放"要求，营造有利于私营个体经济发展的综合环境，推进私营个体经济发展。各级要解放思想，尊重人才，吸引、富集和培育私营个体经济带头人，鼓励和支持现有民企加快发展，鼓励和支持有志于发展私营个体经济的人员创业；要解决私营个体经济发展中的"瓶颈"制约，在土地使用、市场准入、银行信贷等方面做到一视同仁；要加快私营经济园区建设，简化办事程序，提高服务效率，引导和扶持私营经济园区上规模、上水平；要扶持促进民营高科技企业加快发展，对优势民营企业，加强培训指导，争取上市；要鼓励和支持私营企业通过参股、控股、兼并、收购、租赁等形式参与国有集体企业改革。私营个体经济在全市经济总量中的比重提高3～4个百分点。

2001年3月，市委在全市私营个体经济工作会议上明确：至2005年，力争私营企业、个体工商户在数量、注册资金、从业人员等方面名列全省前茅，私营个体经济实现国内生产总值占全市总量的40%左右，民营科技企业高新技术产值占全市高新技术企业产值的50%左右。8月7日，全市私营企业工会工作现场交流会召开，要求确立"三个有利于"的根本标准，推进思想解放，采取措施，促进全市私营个体经济发展、提高。9月，在市第十次党代会上，市委强调要增创体制机制新优势，提高市场化程度，加快发展私营个体经济，提高非公有制经济比重。

2002年3月，在全市私营个体经济工作会议上，市委强调各级政府部门要充分发挥服务职能，为加快私营个体经济发展创造良好环境。次年3月，市委、市政府召开全市私营个体经济工作会议，提出发展私营经济要"抢抓机遇、发挥优势、率先领跑、形成特色"的总体要求，强调增强转制企业的持续力、民间资本的爆发力和外来资本的吸纳力的"三个力量"；突出着力扶持一批规模型企业、外向型企业和科技型企业的"三个重点"；建好园区、市场和城镇的"三个载体"。

同年12月，市委召开十届六次全会，提出要把2004年作为"改革促进年"，明确以放手发展民营经济为突破口，加快调整和完善所有制结构。要求制定有利于民营经济发展的政策措施，规定要及时清理限制非公有制经济发展的政策和法规，推行开放平等的行业准入制度，允许民间资本进入法律法规不禁入的行业和领域，在融资、税收、用地和对外贸易等方面同等对待，鼓励公众创业，挖掘民智、民资潜力。加强产业导向，重点扶持民营高科技企业和大市场建设，支持有条件的民企做大做强。鼓励民企参与国企改革和资产重组，与外资企业合资合作。拓宽多元融资渠道，规范担保基金运作，完善中小企业服务体系。

2004年2月，市委、市政府在浙江台州召开加快民营经济发展推进会。会议要求学习台州经验。首次推出市领导、有关部门与重点民企挂钩服务制度，市领导以及市发展计划委、经贸委、中小企业局等部门分别与50家民营企业结对挂钩，并组建市中小企业服务中心和中小企业担保公司。

全市私营个体和民企在政策扶持下取得进展。2005年末，全市民企2.4万家，经营总资本1100亿元，占全市国民经济比重40%以上，民营经济增加值占全市地区生产总值比重由5年前的14.7%上升至51.2%，民营经济总量、规模水平和增长速度跃居全省前列。

八、发展服务业

1985年6月，市委强调第三产业是国民经济的重要组成部分。提出要继续贯彻国家、集体和个体一起上的方针，发展商业、服务业，扩大商品流通；同时发展信息、咨询、金融、保险和邮电事业。

1990年9月，市委强调要结合产业结构调整，提高三产在国民经济中的比重，发挥经济中心城市的功能。在制订"八五"计划时，市委强调要加快发展三产，实现"八五"期末三产在国内生产总值中的比重由"七五"期末的20%提高至25%，至20世纪末提高至30%以上。

1992年9月，市委提出至1995年全市三产的增加值达到110亿元，平均每年递增26%；三产占国内生产总值的比重由1991年的22.9%提高至30%，至2000年达到38%以上。同年印发《关于加快发展第三产业的若干政策意见》。1994年3月，召开城区经济工作会议。要求城区实施"三产兴区"战略，发挥三产在发展经济、服务社会中的生力军作用。市委八届十三次全会提出要始终坚持发展三产，增强中心城市功能。1995年9月，市第九次党代会提出加快发展经济必须提升三产的发展水平和能力，要求到20世纪末全年三产占国民经济的比重争取达到40%，市区达到50%。

2001年9月，市第十次党代会提出至2005年三次产业结构调整为3∶52∶45，围绕增强城市集聚辐射能力和综合服务功能，加快发展现代服务业。2002年4月，召开全市现代物流工作会议。会议出台无锡发展现代物流业的规划和相关扶持政策，提出用3～5年时间，初步建成包括交通运输、仓储配送、流通加工、信息网络等功能完善的与国际惯例接轨的现代物流体系，提升现代物流业服务水平，保持物流产业增加值增长高于全市国内生产总值增幅，把无锡建成与上海国际物流中心相适应的长江三角洲区域物流中心，基本成为全国现代物流业发展供应链中的重要枢纽和节点。同年12月，在全市现代物流项目推进会上，确定推进51个重点物流项目，总投资37.55亿元。

2004年4月，在全市服务业工作会议上，市委、市政府提出要加快服务业发展，确保服务业增加值增幅不低于同期地区生产总值的增幅，对地方财政收入的贡献率不低于工业的贡献率。至2005年，金融、中介、物流等现代服务业在服务业中的比重30%，服务业就业人数占全社会就业人数的比重35%。

2005年7月21日，全市召开加快发展服务业工作会议，市委、市政府强调加快现代服务业发展要坚持以科学规划为龙头，以体制创新为动力，以基础设施为先行，以招商引资为核心，以政策创新为关键，以人才队伍为根本。坚持二、三产业互动并举，突出发展生产服务业和新兴服务业，促进服务业与制造业均衡发展，力争服务业增加值占地区生产总值的份额平均每年提高1个百分点，至2010年左右，使无锡市服务业、制造业增加值占地区生产总值的比重大致相当，把无锡建设成为苏、锡、常都市圈的服务业高地，成为国内外著名的旅游度假胜地和区域性商贸中心、物流中心、工业设计和创意研发中心。

九、城乡一体化和城市化战略

1990年9月，市第八次党代会提出要集中必要的人、财、物，加快推进城乡建设，继续按照"拓骨架、打基础、治环境"的总体要求，搞好城市建设，规划和管理好小城镇建设，加强农村交通设施建设，以城乡建设的大发展适应经济和社会发展的需要。1995年9月，市委强调城乡建设要形成多功能、开放型、一体化的现代化城市群体，加快城乡基础设施建设，市区形成以中心商务区为核心，城中城、城外城和山水城有机组合的"三城一中心"现代化大城市框架，加速农村城市化、城乡一体化进程，至20世纪末，形成大中小城市和新型小城镇梯度结构、组团发展、功能互补、各具特色的现代化城市群格局。

在制订无锡"十五"计划时，市委强调"十五"期间，无锡要按照省委、省政府规划要求建设特大型城市，实现城市现代化、农村城镇化、城乡一体化，增强城市对现代化进程的强大推动作用和对区域经济的辐射作用，形成人流、物流、资金流、信息流的集聚效应，提升城市的地位和功能。2000年8月，市委、市政府召开城市工作会议，提出把推进城市化和城市现代化，建设特大城市作为"十五"期间的重大战略，摆在重要议程，科学制订发展目标和政策措施。明确无锡城市化和城市现代化发展的主要目标是基本形成特大型城市发展框架，至2005年，全市城市化水平超过60%，城市人均国内生产总值超过5万元，市区建成面积达到140～150平方公里左右，城市人口达到140万～150万人左右，第三产业在国内生产总值中的比重达到50%，建成全国重要的经济中心、区域性交通枢纽和国内外著名旅游胜地，成为设施先进、配套完善、管理科学、法制健全、环境优美、社会文明的现代化特大型城市。

2001年1月，市委、市政府抓住经济新一轮发展机遇，适时进行行政区划调整，撤销锡山市，成立锡山区、惠山区和滨湖区，使无锡中心城市发展区域扩大至1628平方公里，构建特大城市发展框架。同年9月，在市第十次党代会上，市委要求按照“城市现代化、农村城镇化、城乡一体化”的要求和“一年一个样、三年大变样”的奋斗目标，使城市形象和环境质量明显改善。要素集聚能力、基础设施承载能力和辐射、带动、服务功能增强。同年10月，召开全市“爱我无锡、美化家园，创建国家环保模范城市”动员大会。要求依据新一轮城市建设总体规划，以创建国家环保模范城市和国家园林城市、全国文明城市为载体，以建设现代湖滨城市、山水城市为目标，提高城市建设水平，通过3年努力，形成现代化特大城市的新格局和新面貌，把无锡建设成为更富创新活力、竞争实力和人居魅力的现代化城市。大会发布《无锡市城市建设和环境综合整治三年目标的实施意见》。2002年后的3年内，完善部分地区空间布局和行政区划，合理进行城市功能分布。

2005年9月，市委明确城市工作的总体要求，提出至2010年率先基本实现城市现代化和郊区城市化目标，力争初步实现城市国际化，实现城市发展转型和功能提升，把无锡打造成和谐宜人的山水名城。12月，市委总结“十五”城乡建设，对“十一五”城乡建设动员部署。要求在更高起点上开启新的5年城乡建设和发展，强调树立“五种理念”，即规划先行、规划是政府第一资源、做好规划是政府第一责任、城乡建设的根本目的是创造发展生活空间、既抓经济发展又抓城乡建设；实现“三个加快”，即加快开拓区域城市化道路，加快建设社会主义新农村，加快构筑城乡一体的基础设施体系；必须把握“五个要点”，即实现拆迁安置“零过渡”、实现城乡规划“全覆盖”、确保各项建设“不遗憾”、做好城市经营“大文章”和提高领导干部素质。至2005年末，无锡山水名城建设加速，城乡统筹获得新的进展，城市管理体制不断完善，城乡建设布局不断优化，圆满完成市委提出的城市建设3年建设目标，一批重大基础设施相继建成，城市框架全面拉开。中心城市建设区面积比“九五”时期增加1倍，集聚辐射功能显著增强。全市城市化水平67%，比5年前提高15个百分点。无锡建成国家卫生城市群和国家环保模范城市群，江阴市跻身全国首批国家生态城市行列，无锡市和宜兴市建成国家园林城市。

第四章　组织建设

第一节　机　构

1986年，市委组织部设秘书科、干部一科、干部二科、青年干部科、组织科、审干办公室、干部培训办公室。2001年12月机构改革后，设办公室（挂“研究室”牌子）、干部一处、干部二处、青年干部处、综合干部处、干部教育处、干部监督处、组织处、组织员办公室、知识分子工作处。2003年1月，调整内设机构，原综合干部处更名为干部一处，原干部一处、干部二处重组为干部二处、干部三处、干部四处。2004年3月，在知识分子工作处增挂“人才工作处”牌子。

至2005年，市委组织部内设机构为办公室（研究室）、干部一处、干部二处、干部三处、干部四处、青年干部处、干部教育处、干部监督处、组织处、组织员办公室、知识分子工作（人才）处、电教中心。

第二节　党员队伍

1989年上半年起，城乡基层党组织分期分批开展民主评议党员工作。各级党组织采用个人自评、群众测评、党员互评、组织考评等方法对党员评议。至1990年上半年，第一轮民主评议党员工作基本结束。参评党员共203412人，占全市党员总数207563人的98%，其中2543名党员被评为基本不合格和不合格党员，占党员总数的1.2%；被限期改正的党员2293人；劝退115人，除名135人，出党面占0.12%，并有100名党员受到党纪处分。这次评议是自1985年整党以后按照党章要求对党员进行的一次全面评估。至年末，党员总数由1985年末的172478人发展至210727人，党员占全市人口的比例由4.41%上升至5.04%。

1992年末，全市党员总数222323人，占全市总人口的5.24%。党员总数中，市区（包括郊区、马山区）86118人、江阴市45761人、无锡县46435人、宜兴市44009人。全市25岁以下的党员4470人，占党员总数的2%，该年龄段党员1987～1991年每年下降的比例0.5%左右，1992年后略有回升。1994年，全市219463名党员参加民主评议，评出优秀党员20136人，398名不合格党员被要求限期整改，61人被清退出党。召开党员教育工作会议和组织党员进行"三学"考试和竞赛。年末，全市党员中高中以上文化的95215人，占总数的40.28%；大专以上文化的30756人，占总数的13.01%。此后，文化程度比例，尤其是大专以上文化程度逐年提高。

1995年，无锡市在党内开展"学理论、学党章"（简称"双学"）活动，加强党员的教育管理。宣传优秀共产党员的先进事迹，在无锡电视台开播《党的生活》专栏，改刊创立《无锡党建》月刊，举办全市党员电教片展评，组织开展全市新一轮民主评议党员的工作；核发流动党员活动证，加强对流动党员的管理。印发《加强在青年中发展党员的意见》。全市共有基层党组织15644个，比上年净增474个。

1997年，无锡市提前半年完成中央要求的党员"双学"轮训任务，开展"学先进树新风，创一流献厚礼"党员主题教育。开始实行党员电化教育，加强流动党员管理。1998年，开展向优秀共产党员陈凤英学习活动，组织陈凤英先进事迹巡回演讲，1万多人听事迹报告。对民主评议党员、党员发展和党费收缴管理工作全面检查，对企业下岗职工党员、私营业主党员情况专题调查，并提出相应的工作措施。1999年"七一"前，无锡市评选表彰一批先进基层党组织和200名市优秀党员，开展新一轮民主评议党员工作。同时，制定关于加强离退休党员教育管理的意见。是年，党员始有研究生学历统计，有975人，并逐年增多。

2002年后，无锡市开展社会新阶层发展党员试点工作，完成相关课题报告。在新经济组织和社区拓展党建工作。2003年，以党员先进性教育为主题，开展学习新党章、党的知识竞赛和"保持党员先进性"征文比赛活动。"七一"前夕，市委表彰100名市优秀党务工作者。2004年，全市开展党员分类管理，进行发展党员票决制、责任追究制和党员退出机制的试点。加强组织部门自身建设，开展"树组工干部形象"学教活动，组织开展警示教育、"公道正派"部（处）长论坛、干部人事工作法规知识竞赛等活动。在全市组织系统部署开展组织工作创新活动，形成一批创新成果。

2005年，无锡市开展保持共产党员先进性教育活动。至2005年末，党员总数309471人，比上年净增7166人，其中：35岁及以下的55911人，占18.07%；36～45岁的59069人，占19.09%；46～54岁的66577人，占21.51%；55～59岁的39320人，占12.7%；60岁及以上的88594人，占28.63%。研究生学历的2437人，占0.79%；大学学历的35371人，占11.43%；大专学历的51509人，占16.64%。

1991～2005年无锡市中共党员发展情况表

表22-1　　　单位：人、%

年份	党员总数	其中女党员	女党员占比	发展新党员
1991	216116	35681	16.51	5410
1992	222323	—	—	5993
1993	229534	38603	16.82	6482
1994	236407	40071	16.95	6606
1995	243982	41968	17.20	7245
1996	252256	44202	17.52	7653
1997	259740	46426	17.87	7454
1998	263823	47849	18.14	6957
1999	270784	50120	18.51	6763
2000	277318	52254	18.84	6008
2001	282953	53765	19.00	5745
2002	288655	55876	19.36	5614
2003	294736	58161	19.73	5975
2004	302305	61983	20.50	6360
2005	309471	65797	21.26	6922

第三节　干部管理

一、教育培训

1986～1989年，各级党校、干校对领导干部马列主义基本理论的培训从未间断。对中青年领导干部多轮培训，初步形成不同岗位、不同层次干部的多种类型、多种形式、多种渠道的培训新格局。完成中央下达的有关干部中专教育的任务。1989年9月，市委在市委党校举办首期党外领导干部培训班，组织党外中青年干部和县（市）、区、局现职党外领导干部及部分民主党派机关秘书长共52人，学习党的基本路线、统战理论和领导科学基本知识。培训结束后，有6名党外后备干部走上区、局领导岗位。此后每年举办一期党外干部培训班，形成制度。

1991年，举办高级专业人才政治理论培训班，省级中青年专家、市优秀科技工作者、局总工程师和做出显著成绩的科技工作者共38人参加培训。1993年，举办7期市管领导干部读书班、培训班，共有385名领导干部参加。1994年，全市有2万多人次干部参加培训。各主要培训基地完成14种37个班次1676人次的培训任务，选送27名干部参加省组织的培训。开展市管领导干部第三轮轮训，举办10期市管领导干部社会主义市场经济理论进修班，有443名市管领导干部参加进修。同时，加大对中青年干部培训的力度，举办5期中青年干部培训班，共培训281人。1995年，对市管领导干部进行第四轮政治理论培训，举办6期培训班，285人参加。297人参加中青班的学习培训。

1996年，全市干部有8万人次参加政治理论和现代知识培训。注重提高各级领导干部的政治思想素质和知识水平，举办10期市管领导干部进修班，参训人员400多人，完成市管领导干部第四轮培训，轮训面91%以上。加大培养优秀年轻干部，举办两期党内中青年干部培训班、1期非中共党员中青年干部培训班、1期中青年科技干部培训班和两期中青年挂职干部培训班，培训学员345人。围绕经济建设中心培训经济管理干部，举办3期企业领导干部岗位任职资格培训班，培训学员106人；举办1期一年制外向型经济高级管理人员培训班和4期外商投资企业中方高级管理人员培训班，培训154人。全市国家机关工作人员向国家公务员过渡培训考核全面启动，13664名机关工作人员通过培训考试合格，其中县处级干部525人。1997年，抓好党政领导干部政治理论培训，市主要干训基地举办16种35个主体班次，培训领导干部1390人次。1998年，组织新一轮市管干部轮训，全年举办市管领导干部培训班10期，培训555人，轮训率83.2%。会同有关部门印发《坚持和健全领导干部学习制度的若干规定》《建立县（处）级领导干部自学制度的意见》和《加强对干部培训工作宏观管理的意见》。1999年，建立健全并实施干部自学考核考查制度，坚持和督促领导干部在职自学。全市举办12种25个培训班，培训1283人。举办县处级以上领导干部学习邓小平理论进修班5期，参训人数283人。举办青年干部和党内外中青年干部培训班、农村现代化建设年轻干部培训班等6期，培训人数197人。先后举办两期厂长（经理）后备人才经济研究班，组织43名学员分别赴美国、中国香港地区参加培训。进行干部外语知识和计算机操作能力的培训考核工作，全年参加"双考"4.2万人次。

2000年，集中力量完成县处级"三讲"教育。县处级领导班子和领导干部集中教育从3月下旬开始分两批进行，历时4个月。全市122个县处级领导班子和923名领导干部进行"三讲"集中教育。

2001年，举办市管领导干部培训班14期，817人次参加学习。2002年，对市管领导干部培训，重点学习中共十五届六中全会精神、世界贸易组织知识和中共十六大精神，全年培训10期、994人次。举办3期中青年干部培训班。2003年，围绕加强领导班子和领导干部能力建设，大规模开展干部教育培训。全年举办5期中共十六大精神领导干部读书班，499名县处级领导干部参加培训。完成市管领导干部学习中共十六届三中全会精神的轮训。2004年，全市逐步建立起以理论培训和实践锻炼为主体的干部教育培养工作机制。市财政加大干部教育的投入，拨专款120万元，举办第29期中青班和中青年领导干部执政能力建设专题培训班，把学员送到建设部、国家行政学院、同济大学和德国、法国、新加坡的培训机构培训。创建干部教育网，集中清华大学、国家行政学院等高等院校或培训机构的优质教育资源，为干部再教育提供公共平台。

2005年，在全省率先开展党政领导干部"新知识、新技能"培训，277名市管领导干部参加培训，120名中青年干部参加执政能力培训。投入1000万元，加强党校建设，发挥党校在干部培训中的主阵地、主渠道作用。开通无锡干部教育网，开展"自主式""菜单式"学习，300多名市管干部在网上进行9类课程的业余学习。整合国内外优质教育资源，在国内外建立多个干部教育基地，组织10个主体班次280人出国出境培训。

二、考核监督

1986～1990年，市委通过年度总结与谈话等方式对市管领导干部进行考核。1991年，市委对大中型企业干部的考核管理渐趋规范。采取个人述职、群众评议、组织鉴定等方法定期对干部进行较系统的考核，并落实干部岗位责任制。

1993年，市委突出抓民主集中制建设和廉洁自律、自查、自纠的教育，促进领导班子整体功能的提高。1994年，市管领导班子召开3次民主生活会，重点是廉洁自律对照检查。1995年，按照公务员管理的有关规定，首次组织对市管领导干部的年度考核，2人被要求限期改正，5人被评为不称职并及时作调整。首次实施市管领导干部的收入申报。1996年，加强对领导班子和领导干部的监督。强化对市管企业领导班子和领导干部的年度考核和经营业绩考核。1997年8月，市委印发《关于对领导干部进行告诫教育的规定》，对领导干部在廉洁自律方面问题突出但不构成违纪，以及在考察、考核、考廉或群众来信来访中反映问题较多，根据信访有关组织对需要提醒或需要由本人作出说明的领导干部进行告诫教育。对其中20多名有明显缺点和问题的市管领导干部，由市委领导分别谈话告诫，有的作组织调整。市委印发《关于加强干部监督管理工作的意见》。规范干部实绩考核，完成对市（县）党政领导班子及其成员工作实绩考核的试点工作和市管企业经营者上年度的经营业绩考核。实施对市管领导干部和参照管理部门工作人员的年度考核。1998年，各单位对贯彻执行《党政领导干部选拔任用工作暂行条例》自查，市委专门检查有关局的干部选拔任用工作。1999年，市委推行领导干部经济责任审计制度，印发《认真搞好县级以下党政领导干部经济责任审计，进一步加强和完善领导干部管理工作的通知》，运用审计结果，准确认定干部实绩，防止用人失察。在一些单位进行领导干部任前公示制试点。

2001年，市委加强干部监督管理。县处级领导干部收入申报率保持在99%以上。调查登记全市县处级领导干部配偶、子女及个人经商办企业和县处级以上领导干部离职、退（离）休后3年内从业行为。开展市管领导干部及其配偶的因私护照、前往港澳通行证、外国居留证的登记工作。下半年开始实行干部考察预告，全年预告考察对象131人。任职经济责任审计在县以下普遍推开，并在县处级试点。疏通干部“下”的渠道，根据干部考核结果，对经过考核民意比较差、德才素质一般的干部进行调整，对干部产生较大的警示作用。新区等单位在干部中实行末位淘汰制。江阴市“下”8名市管领导干部，宜兴市对18名干部降职使用，滨湖区“下”4名区管干部。建立健全并实施收入申报制度、领导干部重大事项报告制度、诫勉制度以及谈心谈话制度等监督制度。2002年，无锡市完成中共中央组织部确定的干部考核制度改革试点任务。全年考察预告2019人次。任前公示1298人，其中县处级干部111人，公示后未任用或暂缓任用的5人。市及市（县）区两级机关82个部门进行差额考察和考核结果反馈试点工作，市委组织部对换届考察涉及的领导班子及领导干部全部反馈考察结果。市及市（县）、区两级机关30个部门进行生活圈社交圈考察试点，有3个区局开展领导干部任前廉政鉴定试点工作。市委制定票决制实施办法，全委会票决任用县处级正职领导干部4人，全委会闭会期间，征求全委会成员意见后任用领导干部40人。江阴、宜兴、南长、北塘、锡山、惠山等6个市（县）、区开展票决制试点工作。

2003年，无锡市建立党政领导干部任期经济责任审计工作领导小组，出台《开展党政领导干部届中经济责任审计的意见》，建立审计工作的操作规程。全年对26个市级机关部门的“一把手”进行经济责任审计，增进对领导干部实绩的准确把握，规范领导干部尤其是“一把手”的用财权行为。2004～2005年，实施党政领导干部任中审计与离任审计，加强对权力运行的制约和监督。其间，全市实施审计项目594个，审计后免职10人，建议给予党政纪处分8人、降职5人、撤职1人，责令被审计单位制定整改措施102条。

三、选拔任用

1986～1990年，无锡市探索改革干部人事制度，在废除领导职务终身制、坚持干部到退（离）休年龄即退（离）制度、民主评议领导干部、开展干部工作新方法研究、乡镇干部实行选聘制、实行党政领导干部易地交流制度等方面取得进展。1987年上半年，对市经委副主任、市城乡建设管理委员会副主任、市外办副主任、市文化局副局长等4个局级领导职位，在全市公开招考选拔。至报名截止日期，被推荐和自荐人数445人。其中：个人自荐225人，占50.56%；组织推荐79人，占17.75%；群众举荐141人，占31.69%。通过组织考察、书面考试、面试答辩、考评委员会考评，4人履赴新职；另有4人分别被选为市电子仪表工业局副局长、市公用事业总公司副经理、市环境保护局副局长和市规划管理局副局长；4人分别被选送到基层县团级单位及其中层的领导岗位工作。

1991年，市委制定后备干部工作3年规划。第三季度开始对131个市管领导班子的后备干部工作和614名后备干部进行检查。市管领导班子的后备干部由364人扩展至495人，增加36%。年末又从市级机关选派69名青年干部到基层锻炼。1992年，市委在对185家市属大中型企业班子考察基础上，重点调整充实60多家企业领导班子。在有条件的企业实行党政“一肩挑”，全市大中型企业中厂长（经理）书记“一肩挑”的占47%，同时推进党政交叉任职，即党委书记、副书记兼任副厂长（副董事长、副总经理）等。在企业领导班子中加大善经营、懂技术的专门人才的比重，全市大中型企业领导中，具有工程师以上职称的占62.6%。增加企业党委班子中熟悉经济工作的成员，吸收一批符合条件的经营和技术副厂长、总工程师等进入党委班子，突破以往在党委班子中厂级行政领导只安排1～2名的规定。1993年，在全市开展“发展无锡，推优荐才”活动，经考察筛选，8139名对象被列入人才库。注重年轻干部的实践锻炼，在市级机关设置助理职务。1994年，巩固发展1993年“推优荐才”成果，突出“四个一批”，即培训一批优秀年轻干部，选派一批年轻干部分别到基层或机关交流挂职锻炼，选拔一批比较成熟的优秀年轻干部进领导班子，树立一批年轻干部的先进典型。全年新提拔的50名县处级干部中，绝大部分是45岁以下的年轻干部，一些年轻干部被推上主要领导岗位。1995年，全市开展“培育跨世纪新人活动”，重点开展“八个一”工作，即推荐一批新人、下派一批挂职、选配一批助理、培训一批骨干、开展一次谈心、召开一次会议、选拔一批上岗、组织一次检查，各级后备干部队伍得到充实。逐步形成以40岁以下、35岁左右干部为主体的两级（市管、局管）“一二三”后备干部队伍的名单，即一支100人左右的市管正职后备干部队伍、一支200人左右的市管近期成熟能进班子的后备干部队伍、一支300人左右的年龄在35岁上下的市管后备干部队伍。在市管党政领导班子中配备14名助理，挑选30名机关年轻干部到基层挂职，16名基层干部到市经委、外经委等经济综合部门挂职。全年新提拔的县处级领导干部中，40岁左右的16人，35岁左右的10人。

1996年，重点围绕机构改革和市（县）、区委换届以及企业转制调整充实领导班子。全年提拔任用县处级领导干部132人。1997年，通过换届，优化领导班子结构，一批优秀年轻干部走上领导岗位，8个市（县）、区政府班子配备35岁左右的年轻干部。市委制订《无锡市（1997～1999年）优秀年轻干部培养选拔规划》，市（县）、区、局相应制订3年规划。1998年，推进干部制度改革，宜兴市公开选拔科局级领导干部，市轻工局推进企业领导民主选举等改革。1999年，推进党政机关中层职位竞争上岗。在市检察院进行45个中层领导职位全额竞争上岗试点，团市委、市中级人民法院、无锡日报社等机关部门和市（县）、区检察系统先后开展中层干部竞争上岗工作。

2000年，相继制定关于竞争上岗、扩大交流、任前公示、任期制、试用期制等操作性意见。全市1737个中层职位通过竞争上岗选配干部，61名领导干部通过公开选拔产生，其中面向全省公开选拔15名副县处级领导干部。2000～2001年，全市组织公开选拔领导干部7次，选拔副科以上领导干部113人，其中县处级领导干部30人。一批年纪较轻、学历层次较高、学有专长的干部走上领导岗位。2001年，市人事局、交通局等20个副县处级岗位面向全国公选，实际选拔15名副县处级干部，年龄全部在40岁以下，平均年龄34.4岁。全市所有市（县）、区均推行竞争上岗，市直机关有53个部门运用竞争上岗方式产生中层干部。年内，全市党政机关共有1202个职位实施竞争上岗。全市所有市（县）、区以及82.1%的市直机关推行领导干部任前公示，有7名干部因群众有反映而未予任用。全市有373名领导干部实行试用期制，试用1年经考核称职再正式

图22-4　2001年，无锡市面向全国公开选拔副县处级领导干部报名现场
（市委组织部供稿）

任用。1731人实行任期制,任期届满即自然解除职务。全市共交流县处级领导干部120人。宜兴市交流市管领导干部132人,占调整干部总数的44.9%。滨湖区交流区管领导干部102人。交流采取4种形式:规定交流,市委规定凡是在县处级领导岗位同一职位工作满10年、年龄在50岁以下的领导干部,原则上都要交流;培养交流,按照建设具有复合型知识结构干部队伍的要求,有计划地安排年轻干部交流任职,起到丰富经历、锻炼能力的作用;重点交流,突出"一把手"和年轻干部的交流;提拔交流,有近一半的年轻干部是通过交流方式选拔到县处级领导岗位的。

2002年,市委制定票决制实施办法,票决任用县处级正职领导干部4人,全委会闭会期间,征求全委会成员意见后任用领导干部40人。江阴、宜兴、南长、北塘、锡山、惠山等6个市(县)、区开展票决制试点工作。公开选拔和竞争上岗继续推进,全市公开选拔领导干部233人,有826名干部通过竞争走上中层岗位。2003年,分两批在新区用"公推竞岗"方式选拔18名副处级中层领导干部,实行聘任制管理,聘期3年,可以续聘1次,同一岗位连续聘任时间一般不超过6年。10月底和11月,分别在市财政局、信访局、总工会、科协等单位,通过系统内的"公推竞岗",选拔4名副处级领导干部。2004年,以"开门举贤、民主荐才"为主题,组织部分市管县处级党政领导班子缺额定向推荐,领导干部署名推荐优秀年轻干部,联合市委统战部、团市委、妇联等开展优秀党外干部、年轻干部和女干部后备人选等3个专项推荐活动。全市共推荐优秀年轻人才2100多人,其中女干部377人、党外干部280人、35岁以下年轻干部512人。2005年,在全市领导干部的选拔中全面实行"公推竞岗",并首次采用此种方式选拔14名县处级党政正职领导干部。

第四节　基层组织建设

1985年,无锡市有党的基层委员会322个、总支342个、基层支部9848个。

1986～1990年,市委先后开展"新时期党员形象"讨论,"经受执政和改革开放的考验""发挥党的政治优势"等党员主题教育系列活动。"争创先进党支部、争当优秀党员"活动逐渐深入,除评选表彰先进党支部和优秀党员外,同时开展评选表彰优秀党委(总支)书记、优秀党小组活动。

1991年,检查21个局的基层党建工作情况,并制定局党委负责党建工作的标准,分别开展党务干部培训。召开经济困难企业党建工作座谈会,重点研究这些企业党建工作面临的新问题。针对全市农村437个村集体经济较薄弱状况,开展对农村党支部的"整顿、升级、创先"活动,采取思想整顿、组织调整、经济扶持、县区有关部门挂钩帮助等综合措施,做好整顿后进村党支部和扶持经济薄弱村工作。有76个村脱贫致富,175个后进村党支部的整顿工作基本结束。针对企业车间一级党支部生机活力不够的状况,在24家企业中进行基层党支部"升级创先"活动的试点。同时,举办一期企业车间党支部书记培训示范班。1992年,加强对共青团工作的领导和指导。从制定工作目标,开展主题教育活动,党、团责任区活动,民主评议党、团员,达标升级和创优工作等方面同步做起。推荐优秀青年入党,推荐优秀青年干部上岗。在全市开业或投产的524家"三资"企业中,建立基层党组织的251家,占"三资"企业总数的47.9%。1993年,在生产、经营、科研一线吸收新党员4312人,占全市新党员67%。"七一"期间,集中表彰100名优秀基层党组织书记。加强对亿元村企和集体经济薄弱村党的建设,培育一批各具特色、富有说服力和影响力的亿元村企党组织先进典型群体。至年末,已开业或投产的1225家"三资"企业中,建立基层党组织的389家,占31.75%,其中建立党委的13家、总支部的10家。1994年4月,召开全市农村党建工作会议,总结交流乡镇党委在加快农村发展中加强党的建设的经验;探讨农村股份合作制条件下的党建工作等问题。同时对企业集团、股份制企业、公有民营企业等多种类型企业党的建设进行调查研究,制定外商独资企业党的建设工作的意见。"七一"前夕,评选表彰68个市先进基层党组织和198名市优秀党员。至年末,113065家乡村企业中，建立党委的8家，建立总支的74家。开业、投产的2209家外商投资企业中，建党组织的491家（其中党委18家、党总支21家），占22.23%。

1995年，在全市农村和企业党支部开展“堡垒工程”活动，制定《无锡市农村基层组织建设三年规划》；建立由市委组织部、宣传部、农工部等9个部门参加的全市农村基层组织建设协调会议制度。部署第二批经济薄弱村党支部的整顿转化工作，按照新的标准，重新列出192个集体经济薄弱村，调整村党支部书记61人，市（县）、区机关干部128人、乡镇干部193人驻村帮助工作，1年中有52个村脱贫；落实党建工作领导责任制，明确书记为第一责任人，实行常委蹲点制度，6个市（县）区41个常委建立联系点59个。出台《企业党组织参与重大决策的意见（试行）》；将大部分街道党委改建为党工委，制定《无锡市街道党工委工作条例》，抽调97名机关和企业干部到居委挂职。

1996年，“堡垒工程”活动在全市1.2万多个基层党支部展开，普及面超过85%。市（县）、区、局评出“堡垒”党支部566个，调整村支部书记678人、村主任530人、支委3816人。全市第二轮202个集体经济薄弱村有142个脱贫。城区街道党建试行街道党员分类管理和对街道新经济组织选派党建工作指导员。在学校党建方面重点抓民办及私立学校党建工作，市属5所民办及私立学校全部建立党组织。新党员的素质和结构得到优化，35岁以下的占60.02%，高中以上文化程度的占72.38%。年末，118个乡镇的12458家乡村办企业中建立党委的13家，建立总支部的93家。开业、投产的1687家外商投资企业中，建党组织的566家（其中党委20家、总支部30家、支部516家），建立党小组的252家，仅有个别党员的532家，没有党员的337家。1997年，在街道推行党员分类管理和向街道新经济组织选派党的工作指导员。

1998年，开展“堡垒工程”创新成果评选活动，从申报的115项成果中评出优秀成果25个。1998～1999年，开展“加强农村基层组织建设、加快农村现代化建设”示范乡镇、村活动，命名第一批21个示范乡镇和52个示范村；加强农村基层民主政治建设，全市95%以上的村实施村务公开、民主管理，提前实现规划要求。对全市118个经济薄弱村党支部书记进行培训，推进薄弱村转化工作。重视村级班子建设，全市精简村干部5073人，精简36.7%。

2000年，全市建立私营企业党组织742个、个体工商户党组织73个、外资企业党组织330个，分别占应建数的88.2%、100%和97%。建立区级社区党建工作指导协调组织，全市30个街道全部成立社区党建工作协调组织，各社区居委会普遍与辖区单位党组织缔结共建对子，初步形成以区、街道和社区居委会为主体的社区党建工作三级组织网络。2002年，开展“全市农村学华西”活动，分两批组织全市3000多名村书记和村主任到华西村参观学习。2003年，开展以创建“五好”村党支部、“六好”乡镇党委和党建工作先进县为内容的“三级联创”活动。加大非公经济组织党建工作，崇安、南长、北塘等3个区建立非公经济组织党工委。至年末，全市30个街道的253个社区中建立总支部的159个。全市企业中，公有经济控制的企业法人单位建立党委171个、总支部108个、支部1237个；非公有经济控制的企业法人单位建立党委52个、总支部98个、支部2098个；个体工商户建立支部43个。2004年，召开农村、社区、企业和机关4个基层党建推进会。社区以创建“堡垒”党（总）支部活动为载体，党建水平有较大提升，年内全市有60%以上的社区党（总）支部达到创建目标。至年末，全市城市社区建立党委2个、总支部186个、支部42个；建制镇居委会（社区）建立总支部36个、支部186个。全市公有经济控制的企业法人单位建立党委128个、总支部95个、支部1156个；非公有经济控制的企业法人单位和个体工商户建立党委51个、总支部119个、支部2407个。事业和民办非企业法人单位建立党委64个、总支部75个、支部1236个。国家机关、政党机关和社会团体法人单位建立党委48个、总支部135个、支部623个。是年，崇安寺街道党工委以中山路为载体，与沿街10个社区和52家单位党组织联手开展“文明示范街展新姿，我为中山路添光彩”的“中山路大党建”活动，以“事务共同管理，难题共同解决，任务共同完成，成果共同享受”为主要内容，用党建推动创建，把中山路打造成无锡市的首善街、诚信街、精品街和文明示范街。次年，“中山路大党建”活动参与单位由42

个扩大至46个，党员由1450人扩大至近2000人。并把“中山路大党建”打造成“中山路党建驿站”，为辖区单位提供党务政策咨询、受理创建事宜，并设立求助热线、在互联网开设“中山路大党建”网页，成为党组织之间的交流平台。“中山路大党建”活动获2005年“无锡市创新成果奖”。

2005年，实施“强基工程”。深化社区“堡垒”党（总）支部创建活动，推进和谐社区建设；开展“三级联创”“经济强、党建强”企业创建、“党组书记抓党建”等活动；推进组织制度创新，开展“公推直选”基层党组织领导班子试点，在滨湖区试行区级党代会常任制。至年末，全市城市社区建立党委11个、总支部189个、支部49个，建制镇党委59个，建制镇居委会（社区）建立总支部41个、支部218个。全市公有经济控制的企业法人单位建立党委126个、总支部94个、支部1050个；非公有经济控制的企业法人单位和个体工商户建立党委113个、总支部125个、支部2742个，事业和民办非企业法人单位建立党委64个、总支部79个、支部1328个，国家机关、政党机关和社会团体法人单位建立党委66个、总支部125个、支部826个。

1990～2005年无锡市基层党组织一览表

表22-2　　单位：个

年份	党组织总数	其中				
		党委	总支	支部	村级党委	村级总支
1990	13184	417	514	12253	—	—
1991	13981	433	545	13003	—	—
1992	14224	449	559	13216	—	—
1993	14791	478	613	13700	—	—
1994	15170	508	685	13977	11	74
1995	15644	497	743	14404	13	86
1996	15715	501	753	14461	13	88
1997	16039	503	846	14690	16	140
1998	15451	519	725	14207	16	142
1999	15050	531	760	13759	15	143
2000	14535	510	852	13173	17	210
2001	14606	537	1011	13058	16	247
2002	14693	557	1054	13082	15	273
2003	14566	537	1142	12887	16	339
2004	14716	530	1251	12935	14	405
2005	14862	534	1270	13058	12	455

第五章　纪律检查

第一节　机　构

1986年5月，中共无锡市纪律检查委员会（简称“市纪委”）内设机构5个：办公室、检查科、审理科、信访科和干部教育科。1988年，内设机构由科更名为室，撤销检查科，设立检查一室、检查二室。1991年3月，增设调查研究室。

1993年3月10日，各级纪检、监察机关合署办公，实行一套机构、两块牌子。合署后市纪委、监察局内设机构11个，即：办公室、调查研究室、宣传教育室、信访室、案件审理室、监察综合室、执法监察室、干部管理室、第一纪检监察室、第二纪检监察室、党风廉政建设室。同年，在全市经济综合、执法管理等重点部门新建14个纪律检查组。1994年6月，宣传教育室更名为《纪检与监察》编辑室，调查研究室更名为教育研究室，执法监察室和监察综合室合署办公。同年8月，建立市纪委机关党委。1994年，宜兴、郊区乡镇纪委全部建立，郊区纪委在发挥108个村级纪检组作用的同时，在部分乡镇企业建立纪检组。1995年1月，崇安、南长、北塘、郊区、马山等5个区的街道纪委改为街道纪工委。同年3月，市纪委、监察局在乡镇设立监察室，与乡镇纪委合署办公。至1996年，全市各级纪检监察机关完成对机构、人员的调整配置。市纪委内设机构增加第三纪检监察室，监察综合室与办公室合署，市行政监察举报中心与信访室合署。

2001年机构改革，市纪委、监察局内设10个职能处室，即：办公室（挂“机关党委”“监察综合室”牌子）、宣传教育室（挂“编辑室”牌子）、信访室（挂“市行政监察举报中心”牌子）、案件审理室（挂“法规室”牌子）、执法监察室、干部管理室、第一纪检监察室、第二纪检监察室、第三纪检监察室、党风廉政室（挂“市纠正行业不正之风领导小组办公室”“市惩治腐败廉政建设领导小组办公室”牌子）。市级政府部门设置派驻纪检监察机构22个，市委部门设置派出纪检机构3个，市级派驻纪检监察机构增至27个。

2004年3月，成立市行政效能投诉中心，日常工作由市监察局负责，办公地点设在市纪委、市监察局执法监察室。同年8月，市纪委内设机构增设纠正不正之风办公室。至2005年，市纪委、监察局内设11个职能处室，即2001年10个与2004年增设1个。

1986～2005年中共无锡市纪委书记任职表

表22-3

机构名称	书记	任职时间
第七届中共无锡市纪律检查委员会（1985.06～1990.09）	俞世福	1985.06～1990.09
第八届中共无锡市纪律检查委员会（1990.09～1995.09）	俞世福	1990.09～1993.04
	张锦贤	1993.04～1995.09
第九届中共无锡市纪律检查委员会（1995.09～2001.09.）	张锦贤	1995.09～2001.09
第十届中共无锡市纪律检查委员会（2001.09～）	张锦贤	2001.09～

第二节　党风廉政建设

一、党风廉政教育

1986～1991年，市纪委会同有关部门在全市党组织中开展“共产党员要经受执政和改革开放双重考验”“发挥党的政治优势”等党员主题系列教育活动。1990年，市纪委与市检察院等单位联合举办历时1个月的反贪污贿赂展览会，全市13.1万人次参观，整理20个反面典型案例汇编成《痛悔遗恨》一书印发基层。1991年，市纪委印发《认真贯彻好对受处分党员回访教育工作的意见》，各级纪检组织回访1987～1989年受处分党员1157人。

1994年，市纪委在党员干部中进行以“学习邓小平建设有中国特色社会主义理论，增强党性观念，做清正廉洁模范”为主题的党风廉政教育活动。开展学习《邓小平文选》第三卷、《中国共产党章程》和社会主义市场经济基础知识为主要内容的知识竞赛活动。1995年，配合省纪委等单位拍摄无锡新兴实业总公司非法集资案电视专题片《巨浪淘沙》《欲海浮沉》，会同市检察院举办邓斌部分罪证展览，组织158家单位1500多名领导干部观看。1996年，开展党纪政纪条规教育和竞赛。1997年，在党员干部中开展以“讲学习、讲政治、讲正气”为主要内容的廉洁自律教育，开展“树形象、做表率、创新风”活动，评选“百名勤政廉政好公仆”。同年，实行领导干部告诫教育制度，对在廉洁自律方面问题突出、但不构成违纪的领导干部进行告诫教育。同年，对93名市管领导干部谈话教育。1997年后的4年间，全市各级纪检监察机关共对3698名党员干部告诫教育。通过党校集中培训和干部任前谈话，对新提任的领导干部加强廉政教育，接受教育4041人。1998年，市纪委以《中国共产党纪律处分条例》等7个党风廉政法律法规为主要内容，把学习法规与知识竞赛、剖析典型、改进工作和建章立制结合起来，开展多种形式的党风廉政法律法规教育、理想宗旨教育和党的优良传统教育。同年，在《无锡日报》开设廉政教育专栏，在无锡人民广播电台开设廉政教育专题节目。1999～2000年，组织开展“三讲”和“双思”教育活动。2000年，拍摄以无锡市5名处级干部蜕变的人生轨迹为素材的《锡城反腐警示录》。2001年，在全市选择勤政廉政好干部典型，宣传先进事迹。

2002年，围绕“牢固树立正确权力观”的主题，在党员干部中开展党风党性党纪教育。组织编写5万多字的《权力观教育讲课教材》，指导基层开展主题教育。组织“党政一把手讲廉政”活动，全市1800多名各级党政一把手讲廉政、上党课。当年起，在县处级以上领导干部中开展“廉文荐读”活动，倡导领导干部读廉文、办廉事、做廉官。

图22-5　2003年，新提任县处级领导干部廉政教育会
（市纪委供稿）

2003年，市纪委在《无锡日报》《无锡纪检与监察》开辟《我读廉文》专栏，刊登领导干部读廉文的体会文章，组织召开“读廉文、做廉官”心得交流会。同年，把开展“两个务必”主题教育活动作为全年党风廉政教育的主线，近千名党政领导带头上好主题教育党课。2004年，以“增强纪律观念、自觉接受监督”为主题，组织领导干部开展学习《中国共产党党内监督

条例（试行）》和《中国共产党纪律处分条例》的征文活动，举办“立党为公、执政为民”先进事迹报告会，倡导向郑培民、李元龙等先进典型学习。同年，开展向领导干部推荐一篇廉文、过节寄送一张廉政贺卡、任前上一堂廉政党课的“三个一”活动，全年向县处级以上领导干部推荐《叹息桥感悟》《重温甲申三百年祭》等4篇廉政文章，“我读廉文”专栏发表20多名领导干部读廉文体会文章。

2005年，市纪委开展廉政文化进机关、进学校、进社区、进企业、进家庭、进农村“六进”活动，创建省级廉政文化示范点和反腐倡廉教育基地。

二、领导干部廉洁自律

1. 告诫和自查

1986～1992年，市纪委协助市委、市政府建立健全党风责任制和关于党员、干部建房分房购房装修房屋、公费安装私人住宅电话等规章制度；建立执纪执法机关联席会议、党风通知书等制度。1993年，全市以“领导干部廉洁自律、查办大案要案和狠刹几股群众反映强烈的不正之风”为3项重点工作，会同市委组织部印发《党政机关县（处）级以上领导干部廉洁自律的实施意见》，明确廉洁自律的对象、范围、方法及目标和要求。全市116个党政机关县处级领导班子召开廉洁自律专题民主生活会，对照中共中央和省委提出的廉洁自律5条规定进行自查自纠。处理利用职权为子女经商提供优惠的个别领导干部。1993年开始，全市党政机关县处级领导班子每年召开廉洁自律专题民主生活会，把领导干部廉洁自律情况作为民主生活会的重要内容。市纪委加强对民主生活会的监督检查，每年派员参加党政机关县处级领导班子民主生活会，参加率80%以上。以后，纪委每年采取各种措施，做好廉洁过年过节工作。元旦、春节前，通过领导上门进行廉政谈话，印发有关文件提出要求，新闻媒体进行廉洁过年宣传，给领导干部寄发廉洁过年公开信、廉政贺卡和手机廉政短信等方法，对党员干部教育提醒。节日期间组织专项检查，发现问题及时解决。1997年，市委及市纪委先后颁发《对领导干部实行告诫教育的规定》《〈领导干部报告个人重大事项规定〉的实施意见》及《在干部调动中严肃有关纪律和廉洁规定的通知》等8个党风廉政规定。2001年，落实领导干部不准收受和赠送礼金、有价证券和支付凭证的规定，市纪委在工商银行开设“510”廉政账户，用于收存党员干部主动上缴收受的礼金。是年，廉政账户收款120多万元，2004年末达302.29万元，2005年收到上缴款32.5万元。

2. 检查

1989～2002年，市纪委每年组织党风廉政建设检查。由市领导带队，抽查县处级单位的党风廉政建设情况。1992年，专门组成考核班子，对市石化局等10个县处级单位的领导班子进行党风党纪考核。1993年春节前，市委常委带队对市教委等8家单位党风廉政情况检查。1997年初，以开展党风廉政检查的形式，重点对市级机关18个部门和单位与所办经济实体脱钩工作情况检查。1998年，市纪委颁发《建立和完善党风廉政建设责任制的意见》。2001年，推行《党风廉政建设责任制责任落实和整改情况反馈制度》，对在党风廉政建设方面存在问题的部门、单位和个人，向责任领导发出反馈通知，要求责任领导负责对群众反映的问题调查核实或实施整改和追究责任，并于规定期限内将查处情况反馈给纪检监察机关。市纪委向5名市管领导班子的正职发出反馈通知书。因失职和违反责任制有关规定被追究责任、受到查处的党员干部共40人，其中县处级领导干部3人。2002年6月，市纪委对全市2001年、2002年落实党风廉政建设责任制情况专项检查，重点检查市（县）、区以及市建设局等12家单位，另有83家单位书面汇报自查整改情况。组织对国企和国有控股企业领导人1999年以后执行廉洁自律规定情况检查，共检查143家企业领导人员7446人。2003年，市纪委制定《贯彻落实党风廉政建设责任制“三项制度”的意见》，同时将全市党风廉政建设和反腐败22项重点工作分解。是年，市委印发《在市管领导班子及成员中开展述职述廉工作的实施意见》。至2005年，全市各县处级单位开展述职述廉工作，市纪委每年确定一些重点单位，派员全程参与。

三、源头治理

1998年起，在全市实行预算外资金“收支两条线”管理。通过对72家单位开展重点抽查，整治存在问题。全市共撤销1400多个预算外资金账户，315个部门和单位的预算外资金纳入财政专户管理，账面收缴率100%。推行会计委派制，试行部门预算管理。2001年，参与大额标的政府采购项目，对投标、开标、评标、议标、定标等环节现场把关，实施全过程监督。建立采购项目跟踪制度，加大对定点单位的管理和考核。2002年，规范和完善预算外资金收支两条线管理，查纠私开账户问题，全面实施“罚缴分离”，确保资金纳入专户管理。2002～2005年，加强对政府采购的监督，对公务用车定点维修等涉及面广、情况复杂的采购项目，以及一些标的额大、时间要求紧的采购项目，实施过程性监督。2003年，推进镇级机关公务用车制度改革，镇级党委机关、人大机关、行政机关和人民团体以及各镇属财政开支和具有行政管理职能的其他单位全部纳入车改范围，实行“限额包干、超支自付、节余归己”的货币化包干办法，取消公务用车，原有车辆经公开拍卖或经物价部门价格认证中心统一价格评估公示后出售。及时制定实施办法和纪律规定，防止车改过程中出现违纪问题，保证车改规范有序。全市84个镇的924辆公车全部改革到位，每年节约财政开支2500多万元。2004年，严格执行收支两条线管理规定，加强对非税收入的管理，市区200多个机关和相关事业单位实行部门预算。推进区级党政机关公车制度改革，7个市（县）、区相继完成车改，涉改公车779辆，费用比车改前下降38%。至2005年，全市涉改车辆2019辆。2005年，以推进建设工程“阳光”公开为重点，加强惩治和预防腐败体系建设，督促各部门围绕改革攻坚重点，针对权力运行的重点领域和关键环节，加强制度建设，强化监督制约，确保权力规范运行。

四、纠风治乱

1. 纠正不正之风

1986年，开展整顿纪律和整顿机关作风的工作，并协助有关部门纠正行业不正之风。1987～1988年，对违反规定用公款请客送礼、挥霍浪费，以及党员参与赌博、封建迷信、婚丧喜庆大操大办等问题查处。

1992年，国务院发布《全民所有制工业企业转换经营机制条例》后，市纪委组织开展对贯彻该条例情况的检查。督促有关部门清理乱设卡、乱罚款、乱收费（简称“三乱”）等问题。全市共取消不合理收费项目181个，降低过高收费项目43个，停止执行不合理收费项目29个。1993年，市纪委会同农工部对控制和减轻农民负担工作进行监督检查，全市废除涉及农民负担的文件7个，取消项目23个，取消涉费文件17个，取消涉农收费项目19项。1994年，市纪委会同市物价局、教委对违反规定将捐资助学与入学挂钩、自定标准、自立项目乱收费的学校查处。对312国道治理“三乱”、创建文明样板路段监督检查。对医务人员收受“红包”问题开展专项清理。

1996年，全市禁止发放和使用代币券，市纪委通过明查暗访，查处并通报顶风违纪的两家单位及其主要领导干部，收缴违纪金额两万多元；组织开展药品回扣专项检查，全市310家单位自查回扣额768万元，对131家重点单位检查，查出药品回扣违纪收费77.28万元。1997年，对乱收费行为清理，查出建设项目违纪收费1.26亿元，查出中介服务项目违纪收费661.5万元；对违反规定用公款为个人购买人寿保险及滥发纪念磁卡组织清查，及时纠正保险市场的违纪行为。1998年，全市继续抓制止发售、使用代币购物券工作，对4家超市发售、使用代币购物券查处和新闻曝光，收缴违纪金额9.34万元，5名责任人受到行政处分；对“公车送学”组织突击检查，检查结果通过新闻媒体公开曝光；开展对计划外生育费的征收、使用和管理的专项清理；督促做好“规范中小学收费行为工作达标县（市、区）”创建工作。1999年，全市共排查出漏报、瞒报计划外生育人数234人，追缴违纪计划外生育费106.3万元。2000年，扩大实行交费登记卡制度的范围，从源头上遏制乱收费行为的产生。全年共发放交费登记卡33362份，减轻企业负担1.5亿元；落实涉农收费公示制，减轻农民负担4000万元。

2001年，市纪委会同有关部门成立药品联合集中招标采购管理委员会和药品联合集中招标采购中心，对18大类61个规格180个品种的药品集中招投标采购，平均降低药价近20%。至年末，全市173家医院中有113家实行药品集中联合招标采购；查处药品商业贿赂案，涉案金额18.8万元，罚款19.8万元。查处发放使用代币购物券（卡）问题。加大对公路河道“三乱”情况明查暗访的力度，及时纠正不规范收费行为，基本实现公路河道无“三乱”的目标，通过国务院有关部门的检查验收。2002年，企业交费登记卡发放范围扩大至“三资”、私营、股份制等所有制企业，全市发放的登记卡超过14万份。建立企业负担监测网，加强对违反规定增加企业负担行为的监督。2003年，全市县以上公立医疗机构全部实行药品集中招标采购，查处药品、医疗器械采购中的违纪违规问题454个；查处巧立名目收取赞助费、建校费和捐资助学费等顶风违纪行为，全年共清退教育乱收费1051.3万元，4名校领导受到党政纪处分，5所学校被通报批评。2004年，市纪委督促有关部门全面落实教育收费公示制，清退各类乱收费547万元。实施医疗“控费”计划，对医疗卫生行业收受红包、回扣等行为专项整治，医务人员主动上交钱物127.6万元。

2005年，市纪委继续把治理教育乱收费作为纠风工作的重点，实行“一费制”收费办法。药品集中招投标引入市场机制，将药品招标委托给中介机构代理，实现药品招标监管权与操作权分离。

2. 组织行风评议

1998年起，市纪委组织开展行风评议工作。1999年，在市国税、地税、供电和市政公用事业系统开展行风评议。2000年，在市交通、公安、教育、房管、法院、质量技术监督等10个行业部门中开展行风评议。2001年，组织对工商、司法、财政、建设等4个系统9家单位的行风评议。2002年，对质量技术监督、劳动和社会保障、物价以及旅游等4个系统进行行风评议，在电台开设《行风热线》专题节目。2003年，市纪委聘请21名政风行风评议员，与市文明办、无锡广播电台合办行风热线，在“中国无锡”网站开设“政风行风评议”网页，开展民主评议行风。2004年，各级成立行政效能投诉中心，全年受理投诉2346件，办结率92%。

五、专项清理

1987～1988年，市纪委对干部建房、分房、购房、装修房屋中的以权谋私问题集中清理，涉及人员4968人，查处和纠正问题120多件，给予党纪、政纪处分33人，收缴空关房117套，并重新分配给住房困难户。1992年，开展对违反国务院规定统一着装的清理整顿。1994年，清理党员干部拖欠公款，共清理12885人，欠款总额4251.4万元。对党政机关及其工作人员无偿占用企业钱物问题专项清理，118个党政机关共清退赞助款47万多元、交通工具27辆、通信设备126台、其他物品23件。清理纠正党政机关及领导干部乘坐进口豪华小轿车问题，共清理出进口豪华小轿车116辆，需纠正的98辆都按要求予以处理。对不符合规定使用公安汽车号牌专项清理，共收缴公安汽车号牌53副，其中市、县党政机关18副。1996年，对党政机关及其领导干部违反规定购买和换乘超标准轿车问题复查纠正，建立清纠责任制，做到“四查”（自查、路查、重点查、追踪查）、“四落实”（车子的底数落实、纠正后的去向落实、办理纠正的手续落实、纠正后的管理制度落实）。共清理乡以上党政机关超标准轿车233辆，全部按规定处理。清理纠正国有企事业单位超标准轿车56辆，对封存的超标准豪华轿车作价拍卖、转让。1996～2001年，共清理党政机关、军队和政法机关办商业企业389家，军队和政法机关办工厂企业131家，分别注销、划转。

1997年，对用公款为党政机关领导干部安装住宅电话和配置移动电话专项清理。共有15331部公费住宅电话过户给个人，共清理出6870部手机，其中折价给个人4375部，收回资金571.75万元。1998年，对公款安装住宅电话清理情况复查，全年节约话费3000多万元。

2000年，对党政机关、企事业单位干部、职工住房登记清理，重点纠正领导干部违规建房、分房、购房和公款装修住房问题，处理纠正531人，退出住房322套，面积20766平方米，207人补缴款项174.4万元。对军转干部及有关人员占用军地两处住房清退，共清退住房307套。2001年，退房退款409人，退款总额343.1万元，面积2734.4平方米，其中市厅级5人、县处级41人。2003年，实行清房工作责任制，清理党员干部违规住房。全年共有32.56万人填报个人住房登记表，2500多人的住房违规问题得到纠正处理，退出多占住房108套，退、补缴房款3000多万元。2005年11月，对党员干部违规购买经济适用房和农民安置房清理，要求有问题的党员干部在规定时间内自查自纠。规范行政事业单位非自用房地产出租、转让行为，36家基层单位存在的违规问题得到纠正，个别党员干部违规购买的房屋主动退出。清理56名党政领导干部（其中副厅级干部4人、县处级干部52人）在企业兼任的115个职务。

第三节　信访举报

80年代，各级纪检监察机关落实中央纪委、监察部信访工作办法等规章制度，完善内部工作制度，纪检监察信访举报工作逐步规范。纪检监察机关拓宽和畅通信访举报渠道，为党风廉政建设和反腐败斗争提供大量有价值的信息。处理检举、控告和申诉，解决群众反映的问题。

1993年，市纪委和市监察局合署办公后，纪检控申工作与行政监察举报工作合二为一，市纪委通过报纸、电台、电视台向社会公布举报电话，完善信访举报工作流程。1996年，制定《1997～1999年全市纪检监察信访工作目标管理规划实施办法》和考核细则。各级纪委内部加强配合协作，统一管理，初步形成全委办信访的格局。是年起，全市纪检监察机关年受理信访举报总数逐年下降，从1996年的8414件次下降到2005年的2851件次。1997年8月，市委印发《关于对领导干部进行告诫教育的规定》，对领导干部在廉洁自律方面问题突出但不构成违纪，以及在考察、考核、考廉或群众来信来访中反映问题较多、且组织上认为需要提醒或需要由本人作出说明的领导干部告诫教育。12月，市纪委、市财政局、市监察局制定《奖励举报有功人员的暂行办法》。

2001年，制定《2001～2003年全市纪检监察信访工作目标管理规划实施办法》。2002年2月，印发《在全市纪检监察机关推行“三个依法”办理信访的实施意见》，引导群众依法信访，督促干部依法行政，指导基层组织依法处理信访。制定《实行党政领导干部诫勉制度的若干规定》，增强领导干部的廉政自律意识。4月，市纪委会同市委组织部、市检察院、市公安局等7家单位联合制定《进一步健全和完善联系通报制度的意见》，密切各单位在联防预警体系中的工作联系。2003年，在市纪委网站开设网上举报中心，建立重要信访案件动态管理制度，会同市委组织部、市检察院、市信访局等7家单位建立联席会议制度。2004年5月下旬，省纪委检查组检查无锡信访目标管理工作，无锡市纪委被授予“全省2001～2003年组织开展纪检监察信访工作目标管理优胜单位”称号，江阴市和北塘区、锡山区、惠山区纪委被授予“全省2001～2003年组织开展纪检监察信访工作目标管理先进单位”称号，张建群等6人被授予“全省2001～2003年组织开展纪检监察信访工作目标管理先进个人”称号。

2005年，为控制和减少越级、集体、异常上访（简称“三访”），建立“三访”问题排查处理月报制度。协助配合市信访局做好全市统一接访的筹备工作，推动建立全市统一的接访中心。印发《2005～2007年无锡市纪检监察信访举报工作目标管理规划实施办法》。完善市（县）、区信访举报情况半年一次向市（县）、区党委、纪委主要领导通报制度，探索实施信访办理公示制度和信访听证会制度。

第四节　案件查处

1986～1990年，全市纪检机关坚持重点查处贪污受贿、弄权勒索、徇私枉法、投机倒把、严重以权谋私等以权钱交易为特征的腐败行为，以及严重官僚主义、挥霍浪费和腐化堕落等各种违纪案件。5年中，全市纪检机关共受理群众来信来访33576件次，立案查处党内违纪案件2195起，处分党员2511人，其中县处级干部23人、乡科级干部170人。1991～1992年，纪检系统严格执行“事实清楚、证据确凿、定性准确、处理恰当、手续完备”办案方针，共立案查处党内违纪案件890起，处分党员814人。其中查处万元以上大案48起。

1993年，市纪委、市监察局召开案件检查工作形势分析会、全市案件检查工作会议和查案工作经验交流会，印发《进一步做好案件线索排查工作的通知》。突出查处大案要案，抓好自办案件，重点查办发生在党政机关和司法机关、行政执法机关、经济管理部门工作人员中的违纪案件。全市纪检监察系统共受理信访举报案件5029件次，立案查处违法违纪案件442起，其中查处县处级以上干部违纪要案6起、万元以上大案59起、10万元以上特大案14起。

1994年起，发生在党政机关、司法机关、行政执法机关、经济管理部门的案件呈现上升趋势，各级党委、政府加强对办案工作的领导，严查大案要案。7月起，市纪委和有关县（市）区纪委与司法机关、经济管理部门配合，查处北京兴隆实业总公司下属无锡新兴实业总公司非法集资案。市纪委配合省纪委和检察机关先后对邓某等48名案犯侦查、审讯、调查和取证，对8名市管领导干部的违纪问题立案查处。市纪委与检察、法院、公安、审计等部门协调配合，做好查案的情况综合、上下联络、查案简报、全案总结等工作。组织起草处理意见。在查处新兴公司案件中，各级纪委共立案63起，处分违纪党员干部59人，其中县处级干部7人、乡科级干部15人。

1995年，市委先后15次研究部署反腐败工作，保证办案工作顺利进行。各级纪检监察机关加强自办案件查处，崇安区、南长区、北塘区纪委为提高自办案件的成效，实行书记包案责任制。是年2月起，市纪委、市监察局牵头对南京金中富国际期货交易公司无锡公司客户用公款炒期货的问题调查处理。经清理核查，发现单位公款客户116户，投入公款资金6242.31万元，公款炒亏2099.25万元。立案查处违反党纪、政纪案件36起，给予33人党纪、政纪处分，移送司法机关18人。1996年，市纪委协调组织有关部门单位，对数额大、牵涉面广、造成严重损失的江苏金城物资交易中心无锡公司的非法集资案彻查，共清退群众个人集资1.5亿元，挽回经济损失1亿多元，惩处违法违纪人员50多人。1997年，全市纪检监察机关查处发生在党政机关和司法部门、行政执法部门、经济管理部门的案件127起，查处县处级干部案件8起。牵头查办东金电梯有限公司涉税案件，依法追缴赃款1041万元，9名涉案人员被查处。

1998～1999年，市纪检监察机关查处县处级干部28人，查处万元以上经济大案516起，为国家和集体挽回经济损失7304.23万元。2000年，10名县处级干部受到党纪政纪处分，市纪检监察机关查办鼎球公司、中瑞公司等一批有影响的经济大案，挽回经济损失近3亿元。

2001年，市纪检监察机关查处县处级干部14人，配合省纪委调查处理部分党员领导干部违规购买小天鹅公司内部职工股等问题。当年，全市纪检监察机关立案查处违法违纪案件812起。

2002年和2003年，全市纪检监察机关查处违法违纪案件818起和819起，26名县处级领导干部受到党纪、政纪处分，并在全市通报。重点查处企业转制过程中隐匿、转移、私分国有集体资产等行为及“村官”腐败问题，2002年有9名村党支部书记受到处理。2003年，市纪检监察机关会同有关部门查处无锡华锦五金机械有限公司违纪违法串案，涉案金额3000多万元。指导协调江阴市纪委查处江阴市自来水总公司原经理利用单位工程发包受贿400多万元的典型案件，此案为当时无锡地区个人受贿金额最大的一起案件。

2004年起，全市纪检监察机关针对信访主渠道案件线索减少，企业转制后管理对象减少等情况，突出重点查处工程建设领域中的权钱交易行为、群众反映强烈的基层党员干部腐败问题以及领导干部严重失职、渎职导致重大安全生产事故等案件。对基层重大、疑难复杂案件或查处遇到阻力的案件，坚持下管一级直接查或组织力量协助查。是年，共受理信访举报案件3308件次，立案查处违纪违法案件738起，给予党纪政纪处分656人，为国家和集体挽回经济损失2900多万元。2005年，立案查处违纪违法案件692起，给予党政纪处分643人，其中县处级干部5人、乡科级干部58人，为国家和集体挽回经济损失3051万元。

第六章　宣传教育

第一节　机　构

1986年，市委宣传部内设秘书科、宣传科、理论教育科、党员教育科、五讲四美三热爱办公室、农村工作科、新闻科、文教科，行政编制38人。9月，秘书科改为办公室。1987年5月，增设对外宣传科。1988年4月，建立市社会主义精神文明建设协调小组办公室。1989年2月，撤销文教科，建立调研室（科级建制）。1991年5月，市社会主义精神文明建设协调小组办公室更名为市精神文明建设活动委员会办公室（简称“市文明办”），科级建制。对外宣传科更名为市委对外宣传小组办公室，与市政府新闻办公室一套班子、两块牌子。9月，内设机构调整为办公室、宣传处、理论教育处、党员教育处、新闻处、对外宣传办公室、市文明办、农村宣传处、文艺调研处，均为科级建制。1993年9月，撤销农村宣传处（原职能并入宣传处），设立干部处。2003年12月，市文明办由正科级调整为副县处级，增设综合协调处。2004年10月，市文明办由副处级调整为正处级。2005年，内设机构为办公室、宣传处、理论教育处、党员教育处、新闻处、对外宣传办公室、市文明办、干部处、文艺调研处、综合协调处、未成年人思想道德建设处、创建活动处，编制53人。

第二节　干部理论教育

1986年，市委组织学习《邓小平文选》。1987年中共十三大召开后，市委组织中共十三大文件学习轮训，有170多名市管领导干部参加学习。1988年，在干部中开展以“治理、整顿、改革”为主题的形势任务教育。1989年中共十三届四中全会召开后，组织举办7期县处级以上领导干部学习班，共轮训612人。10月，市委办公室和市委宣传部联合印发《进一步健全党委（党组）中心组学习制度的通知》，所有县处级以上单位恢复并健全党委（党组）中心组学习制度。1990年，市委举办4期县处级以上领导干部学习社会主义纲要轮训班，轮训干部230人。1991年，组织学习社会主义纲要、中共十三届六中全会精神。1986～1989年，先后有4万多名在职干部参加马克思主义理论教育。

1992年，组织各级干部重点学习邓小平视察南方谈话和中共十四大精神。市委举办4期市管领导干部轮训班。全市23个县（市）、区、局共举办邓小平视察南方谈话和中共十四大精神学习班948期，轮训党员干部9.2万多人。市委举办6次领导干部“建设有中国特色社会主义理论和现代化知识”

系列讲座。1993年《邓小平文选》第三卷发行后，市委印发《关于认真学习〈邓小平文选〉第三卷的通知》，组织召开常委学习会和县处级以上领导干部学习报告会。11月，中共十四届三中全会召开后，组织干部学习《建立社会主义市场经济体制若干问题的决定》和社会主义市场经济理论，共举办培训班1200期，轮训党员干部10.5万人次。

1994年，组织党员干部学习《邓小平文选》，中共十四届三中、四中全会精神以及社会主义市场经济基本知识。举办市管领导干部社会主义市场经济理论进修班10期，参训444人；举办《中共中央关于加强党的建设几个重大问题的决定》学习班3期，201名领导干部参加学习；举办领导干部"学习邓小平理论和现代化知识"系列讲座5场，1500多人听讲；举办宣传理论骨干培训班和城乡基层党校骨干培训班，组织10万多名农村党员干部参加冬训，学习中国特色社会主义理论基本要点和社会主义市场经济基本知识。市委宣传部、市委组织部联合召开部分区局党委书记座谈会8次，对县处级以上党委（党组）中心组理论学习情况专题调研。1995年，继续学习中共十四届四中全会精神。轮训市管领导干部285人；举办"学习邓小平理论和现代化知识"系列讲座6场，市管领导干部和宣传理论骨干2000多人次听讲。同年，市委宣传部、党校、讲师团和市社科联、市经委、江南大学等6家单位联合发起成立无锡市邓小平理论研究会。

1996年，全市轮训市管干部462人，轮训面累计85%。举办"学习邓小平理论和现代化知识"系列讲座5场，市管干部和宣传理论骨干2100多人次听讲。市委宣传部会同市委组织部、市级机关党工委，以市级机关系统党委（党组）中心组为标杆，推动全市党委（党组）中心组学习制度化、规范化建设。组织以邓小平理论在无锡的实践为主题的理论研究活动，开展《邓小平理论与无锡现代化》征文活动，举办"以邓小平理论为指导，率先实现无锡现代化"为主题的邓小平理论学习交流会。1997年，举办全市第一次党委（党组）中心组学习秘书培训班。通过组织观看大型文献纪录片《邓小平》、学习中央《告全党全军全国各族人民书》等重要文献和悼念邓小平的活动，加深对邓小平理论历史地位的理解。组织广大党员干部学习江泽民5月29日重要讲话。健全党委中心组学习制度，表彰江阴市、南长区、市工商局等10个县处级党委理论学习先进中心组；以党校轮训为主渠道，培训市管领导干部402人，完成第四轮轮训；举办"学习邓小平理论和现代化知识"系列讲座6场，2500余名领导干部和宣传理论干部参加听讲。完成1995～1997年第一轮全市政工干部培训。1998年，将中共十五大报告、《建设有中国特色社会主义若干理论问题学习纲要》等列为领导干部必读书目。举办10期市管领导干部中共十五大精神培训班，555名领导干部参加学习。举办"学习邓小平理论和现代化知识"系列讲座5场，听众1700多人次。1999年，全市县处级以上党委（党组）中心组90%以上达到或基本达到省委宣传部、省委组织部规定的学习要求。全市组织干部学习邓小平理论和中共十五大，十五届三中、四中全会精神，学习江泽民在中共十五届三中全会上的讲话和在欢迎中国驻南联盟使馆工作人员大会上的讲话。围绕国际国内形势，组织举办"世界经济形势和我国经济增长前景""澳门回归""南斯拉夫和科索沃问题""提倡唯物论反对伪科学""世贸组织与中国经济"等7场讲座。2000年，举办3期县处级正职领导干部学习中共十五届五中全会精神读书班。建立理论宣讲队伍，全年宣讲330场次，听课9万人次，覆盖市（县）、区、局党委中心组50多个，基层单位150多家。1998～2000年，第二轮政工干部培训10502人次，考试合格率96%。

2001年，将《江泽民论"三个代表"》《江泽民论党的建设》作为各级党委中心组必读书目。邀请上海、南京、温州等地专家学者举办"七一"讲话辅导、"温州模式与民营经济"以及"世贸组织与我们的对策"等6场"学习邓小平理论和现代化知识"讲座；举办13期市管领导干部读书班；举办基层党员干部培训班2000多期，培训干部23万多人次；组织理论宣讲辅导活动，全年宣讲385场次，听课干部超过10万人次。2002年，先后制定《加强和改进市委中心组学习的意见》以及《建立县处级党委中心组学习旁听制度的意见》《全市县以上党委中心组百分考核办法》。全年举办11期市管领导干部读书班，组织6场专题讲座，就中共十六大报告的新思想、新观念、新论断，以及群众关心的热点和难点问题，组织理论阐述和专题讨论。2003年，市委印发《在全市兴起学习贯彻“三个代表”重要思想新高潮的通知》，规定《“三个代表”重要思想学习纲要》《江泽民论“三个代表”》作为各级党委中心组的必读书目，近1200人次领导干部参加中共十六大、十六届三中全会精神的集中学习培训，26万名党员参加各种形式的教育。市委召开学习贯彻“三个代表”重要思想交流会议，市委中心组和江阴市委、北塘区委中心组等6个党委中心组被评为全省县以上党委（党组）中心组理论学习先进集体。2004年，学习中共十六届四中全会精神、胡锦涛在纪念邓小平诞辰100周年大会上的重要讲话，同时组织学习《中华人民共和国宪法》《中华人民共和国行政许可法》《中国共产党党内监督条例》《中国共产党纪律处分条例》等内容。围绕学习践行“三个代表”重要思想、树立和落实科学发展观、加强党的执政能力建设，抓好党委中心组学习和专题辅导。市委召开全市学习贯彻“三个代表”重要思想交流会，举办无锡改革发展论坛5场。在基层党员干部和广大群众中，依托乡镇、街道宣传教育阵地和宣讲团队伍，组建全市理论教育宣讲师资库，全年组织宣讲报告1700多场，听课20多万人。

图22-6　2005年1月全市保持共产党员先进性教育活动工作会议
（市委组织部供稿）

2005年，立足无锡“两个率先”的实践，抓好领导干部的理论学习。抓住开展保持共产党员先进性教育活动的契机，实施中心组学习百分考核。举办3期市管领导干部培训班，轮训276人。举办宣传理论骨干培训班和农村冬训骨干培训班，轮训党员干部1.8万人次。在全市领导干部中开展“提高执政能力，构建和谐社会，推进‘两个率先’”专题学习调研活动，先后举办5期“无锡改革发展高层论坛”系列讲座，创办“东林学习讲坛”，定期邀请专家学者举办专题讲座。以“创新大讨论”学习教育等为载体，开展“激发三创”热情，弘扬城市精神，建设和谐宜人新无锡主题教育活动。举办无锡工商文化研讨会、“长三角”民营经济发展论坛，承办第五届国史学术年会。组建哲学社会科学专家团队伍，在全市首次推行实施哲学社会科学课题公开招标制度，完成“构筑和谐宜人新无锡战略研究”等16个课题，推进应用性理论和对策咨询研究。在全省开展的“树立和落实科学发展观”专题调研征文评选中，无锡市有6篇文章分别获得二、三等奖。

第三节　党员教育

1986～1987年，在党员、干部中组织学习《建设有中国特色的社会主义》和《坚持四项基本原则，反对资产阶级自由化》两本书。1987年初至9月中旬，举办学习班130期，轮训党员、干部7868人。是年起，开展党员主题教育活动。全年确定一个主题，各基层党组织围绕这一主题确定各自的分主题，组织系列教育活动，并将此活动列入目标管理进行考核。同期开展塑造“新时期共产党员形象”讨论活动。1987～1991年，市委每年组织基层党校校长培训。至1991年末，建有乡镇党校120所。

1988年，组织党员学习中共十三大和十三届三中全会文件，学习《社会主义初级阶段理论和党的基本路线》一书。在党员中开展“共产党员如何经受执政和改革开放的考验”讨论活动，20多万名党员参加活动。1989年，以党课形式组织党员学习中共十三届四中全会精神，基层单位利用党训班、基层党校等轮训党员。以“充分发挥党的政治优势”为主题，结合学习中共十三届四中、五中全会精神，对党员进行“三基本”（党的基本知识、基本理论、基本路线）教育。6月底，市委召开纪念中国共产党成立68周年大会，要求党员干部自觉做到在政治上、思想上、行动上同党中央保持高度一致，维护安定团结的政治局面，为推进“四化”建设作出贡献。1990年，以“大家谈”为主要形式，对企业和农村的党员进行社会主义基本原则教育。

1991年，全市基层党组织围绕纪念建党70周年开展系列活动，普遍开展“学马列、忆传统、作贡献，做新时期合格党员”的主题教育活动。6月，在党员中进行党课教育，开展党的知识学习竞赛活动，约14万党员参加。1992年，分层次、有重点地组织党员学习邓小平视察南方谈话和中共十四大精神。全市各县（市）、区、局利用学习日、上党课、组织生活、基层党校短期轮训以及农村冬训等多种形式开展学习，举办学习班948期，轮训党员9.2万余人。1993年，组织学习邓小平建设有中国特色社会主义理论和中共十四届三中全会精神，举办“学习邓小平理论和现代化知识”系列讲座。《邓小平文选》第三卷发行后，举办党员领导干部读书班和宣传部（科）长学习班、农村冬训骨干培训班，17万名党员和干部参加学习。同时组织党员学习社会主义市场经济基本理论和基本知识，城乡各级各类党校共办轮训班1890多期，培训党员17.6万人次。1994年，组织党员学习《邓小平文选》，中共十四届三中、四中全会精神以及社会主义市场经济知识。举办《中共中央关于加强党的建设几个重大问题的决定》学习班和“学习邓小平理论和现代化知识”系列讲座。以建设中国特色社会主义理论的基本要点和社会主义市场经济的基本知识为重点内容，举办宣传理论骨干培训班和城乡基层党校骨干培训班，各市（县）区局举办培训班1200期，轮训党员10.5万人次；组织10万多名农村基层党员干部参加冬训，形成理论学习热潮。1995年，颁发《关于在全市党员中开展建设有中国特色社会主义理论和党章学习活动的三年规划》，分层次有重点组织党员学习轮训。以中央印发的《建设有中国特色社会主义理论学习纲要》、省编发的《学理论、学党章党员读本》等为教材，对党员普遍进行系统轮训，15万多名党员接受培训。

1996年，全市基层党组织围绕中共十四届五中全会提出的跨世纪发展战略和社会主义精神文明两个重点，开展党员“双学”（学理论、学党章）主题教育活动。市委宣传部等部门总结推广华庄镇、市丝织一厂、市轻工大学、北塘区北大街街道等4个“双学”示范点的做法和经验。举办“双学”轮训班1740多期，轮训党员7万多人，入党积极分子1.5万人。同时，开展“爱心献群众、真情献社会、奉献在岗位”党员主题教育，有10万多名党员参加为群众做好事、办实事活动，为群众献爱心、送温暖，做好事2000多件。为加强基层党校建设，印发《无锡市基层党校规范化建设工作条例》。1997年，组织全市党员学习中共十五大精神，开展“树新形象、创新业绩、建新无锡”党员主题教育活动，举办优秀共产党员事迹报告会，组织10名省市优秀党员在全市巡回报告8场。召开建党75周年和红军长征胜利60周年纪念大会，举办《光辉的历程》《红军不怕远征难》两个大型图片展，17万人次参观展览。党员“学理论、学党章”活动完成3年规划任务，共举办“双学”培训班5000多期，累计轮训党员24.8万多人，占全市党员总数98.7%，经考核22万名党员领到结业证书，同时轮训入党积极分子两万人。全市4个市（县）、区被评为省“双学”活动先进市（县）、区，20家单位评为省“双学”活动先进单位。召开农村党员冬训20周年先进表彰会议，同时组织中共十一届三中全会召开20周年纪念活动。1999年，学习江泽民《在纪念党的十一届三中全会召开20周年大会上的讲话》，组织全市基层党员、干部学习中共十五届三中全会精神，学习市委九届十次全会和农村工作会议精神，进行农村改革开放20周年巨大成就教育，进行农业和农村跨世纪发展奋斗目标和政策措施的教育。举办基层党校轮训班3600期，轮训党员21万多人，占全市党员总数的84%。召开全市乡镇党校和街道党校规范化建设两个现场会，评比表彰15所红旗党校、52所先进党校和46名优秀党教工作者。同时，在党员中开展以“高举理论旗帜、建设坚强堡垒、争当时代先锋”为内容的主题教育活动。

2000年，全市党员教育工作以讲学习、讲政治、讲正气“三讲”活动为契机，对基层党员、干部进行理想信念教育。开展“树新形象、创新业绩、建新无锡、迎新世纪”为主题的党员教育活动。开展致富思源、富而思进的“双思”教育活动，组织专题讲座20场，举办培训班2000多期，有23万多名党员参加培训，参训率85%以上，其中党员领导干部参训率90%。制定《无锡市基层党校档案资料建设的若干规定》，推广北塘区北大街街道等单位创建社区党校的先进经验，组织18万农村党员干部的年度冬训。树立优秀援藏干部任国庆和外贸战线优秀共产党员王丽敏等先进典型，并组织开展系列宣传学习活动。2001年，在党员中开展以纪念建党80周年、学习实践“三个代表”重要思想为主题的教育活动。市委宣传部编辑出版集中宣传优秀共产党员先进事迹的报告文学集《先锋颂》，组织党员先进事迹巡回报告会。市有关部门联合开展以“争当时代先锋、再创新的辉煌”为主题的党员教育活动。根据中央和省、市委关于用两年左右时间在农村基层干部中开展“三个代表”重要思想教育活动的部署，组织全市18万名农村党员、干部以冬训形式进行“三个代表”重要思想集中教育。推进基层党校的规范化建设，北塘区北大街街道党校被中宣部确定为“全国基层党校教学示范点”。2002年，开展“贯彻中共十六大精神，增创新优势，增强竞争力”为主题的党员教育活动，对基层党员干部提出思想领先、兴业争先、开拓率先、奉献在先的要求。组织成立党员主题教育宣讲团，开办“双增”党员主题教育骨干培训班，举行“迎接建党81周年，争当‘四个为先’”党员主题教育万名党员大家谈活动。中共十六大闭幕后，组织党员宣讲团到各地巡回宣讲100多场次，听众13万多人次。年内，还开展基层党校创建20周年调研成果评选活动，评出创新成果奖20项，优秀论文一等奖10篇、二等奖20篇、三等奖30篇。2003年，开展“率先发展当代表、富民强市当模范”的主题教育活动，编印《无锡党员教育热点问题40例》，组织党员联系思想实际学习讨论。组织开展“党旗在‘两个率先’中飘扬”新人、新事、新业绩宣传教育和实践活动，评出10个“新人新事新业绩”先进典型并将其事迹刻录成光盘发到基层作为学习材料。8所党校被命名为全市基层党校创新工作示范点，26万余名党员参加教育培训。2004年，组织党员进行中共十六届三中全会精神学习教育、“两个率先”在无锡实践成果教育、农村改革与发展形势任务宣传教育。召开全市基层党校工作会议，举办基层党校校长培训班，调研落实镇党校专职人员编制，制定新经济组织基层党校工作条例，全市有33所基层党校被省委宣传部、组织部分别授予“红旗基层党校”“先进基层党校”称号，13人被评为省基层党校优秀教员。市委宣传部、市委组织部、市纪委联合颁发《无锡市新经济组织基层党校工作条例》。

2005年，全市党组织开展“提高创新能力、发挥先锋作用”主题教育活动，藉以增强广大党员的政治意识、大局意识、责任意识和表率意识。以“新经济组织如何实现党员教育全覆盖”为党员教育的新课题，组织开展调研活动。8月，在江苏红豆集团党校召开全市新经济组织基层党校教育工作调研交流会，探讨推动新经济组织基层党校建设规范发展的方法和路子。至年末，全市建立新经济组织党校35所，此项工作获得省思想政治工作创优奖。

第四节　新闻宣传

一、专题新闻报道

1986年，全市新闻单位重点宣传报道无锡轻工、纺织、机械、电子、化工、医药等行业和单位冲破旧的经济体制束缚，开展横向经济联合，克服能源紧张、资金短缺、原材料不足等困难，推动经济发展的相关情况。同时，围绕精神文明建设，宣传报道创优活动取得的成效。市委、市政府建立新闻座谈会制度，定期由市领导和市有关部委办负责人向新闻单位发布全市政治、经济、科教、文化等方面的重要信息，听取新闻单位反映群众的呼声、要求和批评意见。1月，举行有市领导参加的首次新闻座谈会。1987年，新闻宣传部门抓好四项基本原则宣传教育活动和开展增产节约、增收节支（“双增双节”）活动两件大事的报道。宣传报道市机床厂、钢铁厂、染料厂、压缩机厂等单位围绕提高经济效益，开展“双增双节”运动，促进企业发展的成功经验。10月下旬，全市新闻单位组织开展中共十三大精神系列宣传。市电视台开辟《梁溪夜谭》节目，多次组织社会对话，市广播电台开辟学习辅导节目，《无锡日报》加强思想评论和理论副刊的栏目宣传。

1988年，加强发展外向型经济的宣传报道。市委宣传部组成新闻采访考察团赴深圳、海南、珠海等地采访考察，发回新闻报道20多篇，制作3档南方巡礼电视专题片。3月，市级新闻单位派出记者随市政府代表团赴京举行发展外向型经济新闻发布会，活动受到在京60多家媒体、80多名中外记者的高度关注。《无锡日报》先后发表社论《加快无锡经济走向世界的步伐》、记者述评《实现战略转换，建立新的经济循环，突破口是发展外向型经济》和《迎接第二次挑战——关于无锡经济发展的思考》等文章。当年全市在省级以上报纸发表宣传无锡的文章130多篇，其中，《人民日报》30多篇，省、市和上海电视台录用无锡电视台新闻稿320多条，名列上海经济区城市第一位。1989年，市各新闻单位增设专版、专栏、专题，宣传新中国成立40年尤其是改革开放10年无锡各条战线取得的成就，讴歌各条战线先进模范人物的事迹。同时，贯彻中共十三届三中全会精神和市委七届十次全会精神，对全市各行各业和各部门自觉服从宏观控制、压缩固定资产投资规模、控制物价指数上升、规范流通渠道、建立正常经济秩序等所采取的措施和行动进行宣传报道。

1990年，全市新闻单位加强治理整顿、深化改革的宣传报道，重点宣传报道全市各行各业在调整产业、产品结构，生产适销对路产品；加强企业管理，开展“双增双节”运动；实施外向带动战略，发展外向型经济等方面采取的决策措施和取得的成效。同时，各新闻单位报道基层开展社会主义信念教育活动的做法和成效。在全国掀起向福建三明学习热潮、中央决定开发上海浦东之际，市委宣传部及时组织新闻采访团赴闽、赴沪实地采访考察，分别刊播报道37篇（条）和25篇（条），《无锡日报》9月3日整版报道上海扩大开放的消息，提出“浦东开发，无锡怎么办”的思考。1991年，全市新闻宣传的着力点放在经济建设上，宣传无锡治理整顿、改革开放的成就，宣传搞好大中型企业和发挥科技的作用。市委宣传部组织新闻媒体开辟“广泛开展质量、品种、效益年活动”“搞好大中型企业”“科学技术是第一生产力”“我为搞活大中型企业献一策”等专栏，宣传国棉二厂等先进典型和先进经验。全市新闻单位围绕加强农业基础地位、推进产业和产品结构调整、增强大中型企业活力、实施外向带动战略等4个重点，抓好治理整顿、深化改革宣传报道。同时继续报道基层单位进行形势教育和社会主义信念教育的情况。是年6～7月，无锡遭受百年不遇的洪涝灾害，全市新闻单位及时组织开展抗洪救灾报道和生产自救报道，并就无锡特大灾情、抗洪救灾、恢复生产等在《人民日报》《新华社通讯》发表3篇通讯。无锡日报社总编室和农村部、无锡广播电台新闻部和无锡电视台新闻部获得江苏省抗洪救灾先进集体荣誉。

1992年，市各新闻单位组织开展邓小平视察南方谈话精神的系列宣传。各新闻单位对改革发展取得显著成效的国棉二厂、无锡钢厂、无锡锅炉厂等单位，对城区和无锡县、江阴市发展外向型经济取得突破性进展的典型，对宜兴市百货公司等单位发展第三产业的成功经验重点宣传报道。加强对科技的宣传，对全市获国家特殊津贴奖的优秀科技工作者逐一报道，对高新技术开发区、高科技产品的宣传形成一定声势和规模。“小天鹅”洗衣机5000次无故障运行达到国际先进水平后，以“一丝不苟抓质量，依靠科技创名牌”为主题，对洗衣机厂作全方位、多角度的宣传。10月，中共十四大召开，全市新闻单位及时开辟专栏、专题和论坛。1993年，各新闻单位以主要版面和黄金时间，重点加强经济形势、经济政策的宣传。电视台开辟《360行》专栏，宣传200多个各行各业先进人物。《无锡日报》开设《市场经济大家谈》专栏，连续发表15篇言论文章，《华东信息报》发表40余篇反映经济建设的“大特写”。加强改革开放的宣传，通过新闻媒体宣传发展外向型经济、“三外”（外资、外贸、外经）一齐上的成就，宣传《全民所有制工业企业转换经营机制条例》，宣传庆丰厂、太极公司等国有大中型企业转换经营机制取得的成效，宣传江阴月城等镇在乡镇企业推行股份合作制改革的一系列举措。开展培育和发展市场，进行物价、房改、粮油购销体制改革等的宣传。加强科技和教育的宣传，宣传教师法，宣传小天鹅洗衣机厂等一批依靠科技进步、狠抓产品质量、提高市场竞争力的典型，宣传无锡钢厂、江阴钢绳厂等利用国外资金搞好技术改造的典型。加强反腐败斗争的宣传，宣传市委、市政府反腐败的一系列政策和举措。7月，市委宣传部组织赴浙江新闻采访团，先后采访杭州丝绸市场、绍兴轻纺城、义乌小商品市场和温州桥头纽扣市场，通过报纸、广播和电视进行宣传。11月，全市新闻单位及时报道《邓小平文选》出版发行在全社会产生的反响。

1994年，全市新闻单位加大经济宣传在新闻宣传中的比重，报纸拿出主要版面，电视台电台利用黄金时间，宣传加快建立社会主义市场经济运行机制的重要性、迫切性和政策措施，宣传“五大改革”（金融、财政、投资、外贸、国有资产管理改革）的基本原则、内容要求，宣传现代企业制度和搞活国有大中型企业的一系列政策措施和成功经验。宣传农业的基础地位和稳定发展农业的重要意义，宣传全国和省、市农村工作会议精神，宣传各地乡镇加强农服队伍建设、稳定农副产品收购价格、推进科技兴农、加大资金投入等措施，宣传报道在农村第一线的干部群众。《无锡日报》《华东信息日报》组织《加快产权制度改革，建立现代企业制度》《亿元村风采》《米袋子和菜篮子工程》等深度报道，新辟《乡镇企业》《新税制讲座》《经济与法》等28个专栏，宣传名镇、名村、名企业、名企业家、名产品，《无锡日报》有关“米袋子、菜篮子工程”的报道全年在头版发稿120多篇。重点报道小天鹅股份有限公司、宏源纺机集团公司、太极实业股份有限公司等国企单位推行现代企业制度的做法和经验，特别是关于小天鹅股份有限公司《“末日管理”赢得利润超亿元》的报道在全社会引起反响。同时，全市各新闻单位以省第十三届运动会在无锡举办为契机，加强以“讲文明、做主人、迎省运”为主题的群众性精神文明建设活动宣传。1995年初，宣传全市上下排找差距、制定规划、加快发展、奋力争先，以优异的成绩迎接市党代会召开。各新闻单位贯彻落实全市经济工作会议精神，围绕提高经济运行质量和效益这个经济工作的核心问题，重点对经济运行质量好、经济效益实现超常规增长的企业典型进行报道，突出宣传无锡小天鹅股份有限公司、无锡锅炉厂、无锡威孚股份有限公司等典型。9月前后，集中力量宣传无锡“八五”期间的巨大成绩，“两个文明”建设协调发展的大好形势，宣传“两个率先”的奋斗目标和“科教兴市”等三大战略。宣传“九五”规划和2010年远景目标，全市报纸、电台、电视台开辟专题专栏，仅9～10月就刊出文章100篇、播出报道200余条，各市（县）、区新闻单位也开辟栏目。同时，各新闻媒体围绕纪念抗日战争胜利50周年、深化爱国主义教育活动进行报道，累计刊播稿件800余篇。

1996年，全市新闻单位先后组织国有企业改革和“两个根本性转变”①、城乡环境卫生综合整治、严打斗争、建党75周年和纪念红军长征胜利60周年、学习宣传贯彻中共十四届六中全会及市九届四次全委会精神等宣传报道，并配合省企业工作会议和“无锡名牌产品开拓市场万里行”活动策划组织宣传报道。对江阴市开展“家庭读书工程”进行重点报道后，《人民日报》、中央人民广播电台、中央电视台《新闻联播》相继报道。无锡国有企业改革的经验也引起中央媒体的关注，《人民日报》连续3次报道无锡国有企业改革经验并配发评论员文章，在全国产生较大影响。1997年，市各新闻媒体突出经济建设宣传，宣传国民经济持续、快速、健康发展的大好形势，报道各地各行业以市场为导向实施经济结构调整的成效和经验，宣传国有企业改革取得的新进展。围绕迎接香港回归和中共十五大召开开展重点宣传。先后开展香港特区基本法和“一国两制”“港人治港”“高度自治”“五十年不变”的宣传，各新闻媒体通过开设专题专栏、举办知识竞赛、开展征文活动、开辟摄影专刊等多种形式，持续抓好“迎回归”宣传。7月1日，市各新闻媒体报道全市人民踊跃收看中央电视台实况转播，以各种形式欢庆香港回归祖国的盛况。《无锡日报》开辟迎接中共十五大召开专栏，在头版连续刊登反映各行各业改革发展成就的10多篇报道；电台和电视台开辟专访栏目，邀请不同岗位的10多位人

① 指实现经济体制从传统的计划经济体制向社会主义市场经济体制转变，经济增长方式从粗放型向集约型转变。

员走进演播室,话成就、谈体会。中共十五大闭幕后,及时宣传报道。

1998年,全市新闻媒体宣传学习贯彻中央和省经济工作会议精神的情况以及市委工作会议精神,组织开展各行各业特别是骨干企业提速增效的宣传报道。江泽民等中央领导视察无锡后,集中宣传中央领导的重要指示和江阴等地的经验措施,加强对深化国企改革和乡企转制、经济结构调整、提高对外开放水平和农业现代化、产业化的宣传。全年相关经济报道达5000多篇(条)。同时,抓好创建国家卫生城市、优秀旅游城市和"三大创建"的宣传报道,组织市机械行业、陈凤英等先进典型宣传和抗洪救灾斗争的宣传,做好再就业工程、反腐倡廉、社会治安综合治理和维护社会稳定的宣传。组织开展纪念改革开放20周年宣传报道,各新闻媒体开辟《辉煌的20年》专栏,报道全市各条战线业绩。4月,市委宣传部和《无锡日报》策划组织"全国百名报社老总'看无锡'"大型新闻采访活动,邀请中央主流媒体和24个省、市、自治区的百名报社总编到锡采访报道。1999年,开展迎接国庆50周年和迎澳门回归宣传报道,各新闻媒体开辟《与共和国同步》等专题栏目,无锡电视台播出30集系列短片《无锡之最》,宣传报道新中国成立50年特别是中共十一届三中全会召开后无锡城乡面貌的巨变和各行各业取得的成就,报道欢庆新中国成立50周年和迎澳门回归群众性庆祝活动。配合国家卫生城市考核、全国第四次城市卫生和环境综合整治考核检查及全省文明城市检查做好宣传工作,报道创建活动取得的成果。继续抓好经济宣传,重点报道企业在结构优化、产品升级、开拓市场、提速增效等方面取得的新进展新成效。

2000年,全市新闻单位宣传"九五"成就和"十五"奋斗目标,强化对发展开放型经济和非公经济、推进高新技术产业和突破国企改革、提高城市规划建设水平的宣传报道。各新闻单位加大对实施科教兴市发展战略,加快技术创新、机制创新,提高国民经济整体素质的宣传报道,重点宣传无锡新区和威孚、法尔胜等集团企业推进科技创新、争创发展新优势的事迹,组织开展县处级以上干部开展"三讲"教育活动的报道和各地各单位开展"致富思源,富而思进"活动的宣传报道。重点报道无锡援藏干部任国庆身体力行"三个代表"重要思想的事迹,《无锡日报》头版头条刊发长篇通讯《丹心映雪域,平凡见精神——记援藏优秀党员干部任国庆》,7月14日,新华社播发由新华社与无锡日报社记者共同采写的通讯《以生命传播文明——记援藏干部任国庆》。8月27日,中央电视台《焦点访谈》播出中央电视台和无锡电视台联合摄制的专题片《援藏干部任国庆》。9月8日,中共中央政治局委员、书记处书记、中宣部部长丁关根到无锡视察,对无锡新闻宣传工作给予肯定。2001年,各新闻单位抓好农村开展学习"三个代表"重要思想教育活动的宣传,报道农村各地深化改革、调整产业结构、提高农民收入的措施和成效。对新世纪无锡形象大讨论活动进行宣传报道。在纪念建党80周年之际,对无锡先进党组织和优秀共产党员的先进事迹连续报道。市委宣传部、无锡军分区和市双拥办发起并组织各新闻单位联合开展寻访无锡籍将军采访活动,刊播22位无锡籍将军的事迹。

2002年,以宣传贯彻中共十六大为契机组织宣传战役。围绕市场开拓、利用外资、后劲投入、国企改革、体制创新、发展个私经济等专题,组织开展以"争创新优势,增强竞争力"为主题的经济宣传,重点报道小天鹅、一汽锡柴、威孚、华西、红豆、阳光等企业集团提速增效的业绩,无锡新区等经济开发区取得的新突破新进展,境内外招商引资取得的新成效以及实施"双轮驱动"战略、发展私营个体经济取得的新成绩等。城建宣传图文并茂,展示无锡城建工作的力度和成就,全年市各新闻媒体共刊发城建报道1800余篇。全市各新闻媒体开辟专题专栏,宣传中共十五大后无锡各行各业推进"两个文明"建设取得的成就,共刊播有关文章、消息5000多篇(条)。全年在《人民日报》《新华日报》等中央、省级报刊刊发无锡改革发展稿件1500余篇(条)。2003年,突出抓好争创全省"两个率先"先导区示范区的宣传报道,各新闻媒体开设"学习贯彻中共十六大精神,开创无锡发展新局面""争创'两个率先'先导区示范区""全面小康大家谈""一把手谈发展"等专栏。7～8月,《新华日报》和江苏卫视先后对无锡"两个率先"的实践作专题报道。各新闻单位围绕市委、市政府重点工作,组织开展"爱我无锡、美化家园"专题宣传、沿江开发系列报道、"治摩"宣传、新区日资高地报道和首届太湖博览会的全程宣传报道。太博会期间，中央和省、市媒体刊发报道近2000篇，人民日报社、中央电视台等中央新闻单位对无锡各条战线改革发展的成就做专题宣传。各新闻单位做好抗击“非典”的宣传报道工作。

2004年，市委宣传部先后组织“弘扬城市精神，推进‘两个率先’”主题教育活动、“两个率先”先进典型宣传、预防禽流感、争创首批全国文明城市、开展“文明交通工程”和文明行业文明社区等群众性创建活动，以及第二届太湖博览会、国庆55周年、加强未成年人思想道德建设、宣传贯彻中共十六届四中全会精神、贯彻市委全会关于加强执政能力建设等重大活动和重大工作的宣传报道。加强对发展民营经济的宣传，报道在浙江台州召开的无锡市加快民营经济发展推进会精神，对市委、市政府出台的促进民营经济更大发展的50条政策进行系列宣传，组织采访市计委、经贸委、财政局、工商局等部门负责人，解答民营企业关心的问题。同时，宣传无锡“城市精神”表述用语讨论征集活动和“尚德、务实、和谐、奋进”无锡城市精神的内涵。全市新闻单位开展以学习“三个代表”重要思想、马克思主义新闻观和职业道德为内容的“三项学习教育”活动。全年中央、省级媒体采用报道无锡稿件近2000篇，其中《人民日报》近50篇。2005年，先后组织开展“以创新为动力，建设和谐宜人新无锡”主题宣传、“一把手谈创新”等主题报道活动，对创新发展成效突出的华西村、一汽无锡柴油机厂等14家单位以及两市（县）七区“一把手”进行采访报道。各新闻媒体开设“保持共产党员先进性”和“牢记执政使命永葆先锋本色”“争创文明城市，共建和谐社会”等专栏，并对小康社会各项指标集中宣传，为无锡年底“冲刺”全面小康社会目标营造氛围。3月，配合全市农村工作会议召开，市新闻采访团先后赴青岛、佛山、苏州、上海安亭等地采写“三农”工作经验。下半年，市各新闻媒体对施正荣、顾建明、丁俊晖等6位先进典型的事迹进行宣传。完成全国十运会无锡赛区宣传报道任务，做好第三届太博会的宣传报道工作，无锡广播电台和中央人民广播电台联合制作长达90分钟的直播节目《走进无锡》，市委书记走进演播室，向听众介绍无锡经济文化历史和改革开放成果。这一年，中央、省级新闻媒体对无锡的宣传报道在质和量上有较大突破。全年中央和省级主要媒体报道无锡达2456篇，比2004年增长20%以上，重点稿件比例也超过历年。

二、新闻舆论监督

80年代，《无锡日报》设《惠泉山下》和《市长信箱》栏目，并坚持出版《读者来信》专版10多年，刊发《来信与调查》《问题调查》等稿件。1987年，中共十三大第一次提出“舆论监督”的新概念。7月，无锡电视台自办综合节目每周增至3次后，时长15分钟的《无锡新闻》开设《观察与思考》栏目，播出针砭时弊的批评性报道。是年12月，无锡电视台制播的评论《制止滥用公款吃喝》和新闻《无锡市公款吃喝风日盛》分别获评1987年全国电视评论特等奖和1987年全国电视新闻一等奖。

1988年，市委宣传部制定《关于发挥新闻在协商对话和舆论监督中作用的意见》，各新闻单位发挥各自优势，拓宽与群众协商对话的渠道，听取群众对政事的意见、建议，反映要求和呼声。无锡广播电台针对群众关心的“分配制度如何改革”等问题，采用问题征答、讲座等形式连续报道，无锡电视台举办“我最关心的十个议题”社会对话活动。市十届人代会期间，各新闻单位重点报道人民代表的活动和反映，无锡电视台在省内首次录制“市长与人民代表对话”节目，取得良好反响。是年2月，《无锡日报》设立的《市长信箱》专栏共收到人民来信1400多封，该专栏发稿21期共41篇文章，就市民关心的物价、不正之风、滥占耕地和旧城拆迁、住房困难等问题，请市政府领导或有关部门领导进行“对话”，架起政府与群众的桥梁。1989年2月市“两会”召开之际，无锡电视台组织“市民电视议政——假如我是市长”活动，近百名市民就廉政建设、干群关系、教育、物价、住房、城建、交通、旅游等问题发表意见，市长到电视台录制现场，倾听市民意见，鼓励市民参政议政，促进政府工作。1994年，一封人大代表反映出租车乱开价宰客的读者来信引起江南晚报社记者的注意，记者暗访发现，不打表、乱开价成为当时无锡出租车行业的普遍现象。报道见报后，相关监管部门随即采取一系列治理措施，整治活动持续一年，其间《江南晚报》及时对整治情况跟踪报道，曝光违规出租车号牌，并与监管部门联合举办学习班，对出租车驾驶员进行教育，引起巨大的社会反响，经过这次曝光整治，无锡出租车行业逐步走上正轨。1996年，《无锡日报》开通传真热线“2758080”，24小时接受新闻线索。同年5月1日，无锡电视台13频道和二台45频道分别开设《今日视点》和《45新闻·特别报道》栏目，通过深度报道和评论加强批评性报道，开展新闻舆论监督。

1997年9月，无锡新闻媒体贯彻中共十五大提出“把党内监督、法律监督、群众监督结合起来，发挥舆论监督的作用”的精神。在当年的创建文明城市活动中，市委宣传部组织各新闻媒体开设相关专栏，批评曝光不文明现象，推动无锡创建国家卫生城市工作。1998年，无锡广播经济台开办舆论监督类民生节目《104维权热线》，开办10多年受理听众投诉逾万件，所反映的问题80%以上得到解决。1999年5月，无锡电视台13频道在《今日视点》的基础上开办《今日观察》栏目，每档10分钟，每周播出4档。2000年11月，《今日观察》被评为江苏广播电视优秀栏目，2002年1月后由每周播出4档增至5档。是年，一名孕妇向《江南晚报》反映无锡公交车上没有孕妇席或无人让座，孕妇乘车遭遇尴尬，文章见报后，公交公司随即在800辆公交车上设置爱心专座。

这一时期，无锡新闻媒体把衣食住行、上学看病、住房物管、分配保障等与百姓密切相关的民生问题作为舆论监督的重点，反映群众呼声，排解群众困难，受到市民欢迎和社会广泛关注，成为政府与群众沟通的桥梁，成为表达民意、传递民情、关注民生的公共话语平台。2000年2月，无锡广播新闻频率和市纪律检查委员会纠风办联合开办省内第一家《行风热线》，通过舆论监督促进政府机关和各行业的政风、行风建设。栏目把市民投诉的政府职能部门行业作风有关问题报送相关部门，由市纠风办定期请有关单位的一把手走进电台直播室直接回答听众，限期办结。节目将群众监督、舆论监督和纠风办的行政监督有机结合，听众投诉的许多问题很快获得解决。2004年后，政府职能部门一把手参与《行风热线》节目情况及解决问题的处理情况被列入年度考核指标。

2003年，《无锡日报》编辑部增设“新闻热线”电话，实行采编人员夜间轮值制。同年，无锡广播电台江南之声频率开办《926投诉台》《一炮双响》《甲方乙方打擂台》栏目，通过跟踪调查、热线互动、观点评议等手段，发挥舆论监督作用为民排忧解难。2004年5月31日，无锡广电新闻综合频道创办时长60分钟的民生新闻栏目《第一看点》《看点服务车》和《看点评点》，都市资讯频道推出时长60分钟的民生新闻栏目《今晚60分》。2005年5月11日，无锡广电集团旗下太湖明珠网建立社区论坛“东林书院”，提供舆论监督的网上平台，当年论坛注册会员超过13万人。

三、突发事件新闻报道

进入21世纪，随着无锡城市建设步伐的加快，各种社会矛盾和利益矛盾更趋复杂，群体性事件和突发事件时有发生。市委宣传部提高突发性事件的舆论引导水平，使多起突发事件得到顺利解决。

2003～2004年，“非典型性肺炎”是最大的突发事件。市委宣传部组织媒体做好宣传报道，坚持审稿制，保证正确舆论导向，保障信息透明畅通，稳定人心，为无锡“防非”斗争的胜利营造良好氛围。此外，还对有关城市拆迁、火灾等突发事件的宣传报道进行及时有效的新闻处置，维护正确的舆论导向。

2005年，先后发生宜兴天音化工恶性爆炸事故、格林艾普氯气泄漏事件、放射源泄漏事故、商业大厦员工群体事件等突发事件，市委宣传部及时启动突发事件应急机制，通过撰写新闻通稿，严格把握报道口径，召开新闻通气会，及时掌握网上动态，对事件处理提出合理建议，同时主动积极地应对市外媒体采访，对中央、省级媒体做好沟通解释，使各媒体对无锡突发事件的报道及时、客观、公正，防止小报小刊恶意炒作，在保障公众知情权的同时，最大程度消除不良影响，为无锡的发展赢得良好的舆论环境。

第五节　社会宣传

一、时政形势宣传

1986年，全市开展“双增双节”宣传教育活动，引导干部职工学习和发扬乡镇企业踏遍千山万水、吃尽千辛万苦、说尽千言万语、历经千难万险的“四千四万”精神。编印《形势教育问答》1.3万册，在市电缆厂、市印染厂进行形势教育试点。1987年，继续开展“双增双节”教育活动。市委宣传部举办形势报告会，总结推广市印染厂、市机械局、市建筑公司开展“双增双节”宣传教育的经验，树立一批“双增双节”先进典型。无锡橡胶厂开展的“改革与富强主题对话”，市动力机厂开展的“千人提问千人答”、南长区长街街道开展的“我们生活在初级阶段”等国情教育活动，主题鲜明，在全市产生反响。1988年9月，在城乡开展以“治理、整顿、改革”为主题的群众性形势教育活动。将北塘区、市机械局、江南大学、无锡协新毛纺厂等4家单位作为形势教育试点。同时组织城乡基层单位采用对话、演讲、征文、黑板报评比、演唱会、图片展等多种形式，对群众进行形势教育。1989年4月，召开无锡解放40周年纪念大会，进行“勤俭建国、艰苦奋斗、实现四化、振兴中华”的教育。5月，开展纪念五四运动70周年活动，在大中学生中开展“实现四化、振兴中华”主题教育。7月，组织干部群众学习党中央、国务院关于平息政治风波、稳定局势的有关精神。10月，开展纪念新中国成立40周年活动。

1990年，把握“一要稳定、二要鼓劲、三要发展”的基调，在城乡开展社会主义思想教育活动。举办骨干培训班300多期，培训骨干近1万人。各级领导和宣传理论骨干到基层宣讲两万多场次。160多所企事业党校累计办班530期，轮训党员、干部3万多人。280多所基层单位职工政校累计办班720多期，轮训职工9.8万多名。各高校组织学生参加社会调查和实践6300人次，占大学生总数的91.3%。1991年，开展以“建设有中国特色社会主义”为主题的社会宣传教育。是年夏天，无锡遭受特大洪涝灾害。7月下旬，各级党政组织以抗灾的事迹作为活教材，编写抗洪专辑《党员党组织在抗洪救灾中的事迹》和抗洪救灾恢复生产党课材料；制作发行《抗洪之歌》电视片，撰写出版报告文学、通讯专集《抗洪之歌》，举办《无锡抗洪救灾摄影大型展览》，观众10万人次；先后由25人组成抗洪救灾事迹报告团，在城乡巡回演讲25场，直接听众近1.5万人。同时组织“抗洪救灾”研讨会，概括出“不畏艰难、顽强拼搏；舍己为人、忘我牺牲；群众至上、身先士卒；一方有难、八方支持；顾全大局、团结治水；自力更生、艰苦奋斗”的抗灾精神。围绕纪念建党70周年开展系列活动。《无锡日报》“在党的光辉旗帜下”专栏和无锡广播电台“党旗飘飘”专题，刊出播出专稿100余篇，拍摄优秀党员专题片18部；举办纪念建党70周年电视片展播展评活动和“壮士热血七十秋”征文活动，共展评45部电视片，刊登100余篇征文。组织召开纪念建党70周年理论研讨会。组织以歌颂党、纪念“七一”为主题的影片汇展、音乐舞蹈专场、诗歌征文、革命史陈列展览和电视剧创作活动。1992年，邓小平视察南方谈话发表后，市委及时召开宣传、文化、理论部门负责人会议，对学习宣传“谈话”精神作出部署。市委宣传部组织编写辅导材料、重要理论观点学习问答和党课教材；召开“解放思想，转变观念，抓住机遇，加速发展”理论讨论会和笔谈会；举办全市理论骨干培训班和农村乡镇党校教育骨干培训班。中共十四大召开后，市委及其有关部门编写党课教材、宣传提纲和学习问答，举办宣传、新闻、理论、文化部门学习中共十四大文件培训班，组织开展面向基层干部群众的学习宣讲活动。1993年，开展邓小平建设有中国特色社会主义理论学习宣讲活动。编写《社会主义市场经济简明读本》《市场经济知识问答100题》《社会主义市场经济纵横谈》3本书，共发行3.7万多册。结合学习中共十四届三中全会精神，组织开展“市场经济大家谈”活动，举办社会主义市场经济知识竞赛。围绕纪念毛泽东100周年诞辰，组织研讨会、报告会等纪念活动。是年，市委八届九次全会提出“两个率先”的奋斗目标和“三个领先一步”[①]的工作目标。1994年，市委宣传部开展“两个率先”宣讲活动。为创新形势任务教育，开展“五讲两看话改革”主题活动，组织“无锡人看大上海”“无锡人看无锡”的“两看”大型参观活动，当年参观人数6000人次。《解放日报》《新华日报》《无锡日报》刊登反映“五讲两看”活动的稿件近50篇（条）。《无锡日报》刊登《无锡人看无锡》征文30多篇。开展“锡沪两地记者采访活动”“‘无锡市民谈上海’‘上海市民谈无锡’广播电视谈话会”“无锡、上海建设成果知识竞赛”等活动，寓教于“讲”，寓教于“看”。1995年，市第九次党代会召开前后，开展“八五”成就宣传活动，同时宣传“两个率先”的奋斗目标和“科教兴市”等三大战略、宣传无锡“九五”发展规划和2010年远景目标。在纪念中国抗日战争和世界反法西斯战争胜利50周年之时，开展以“勿忘历史，发展无锡”为主题的爱国主义教育活动。市委召开大型纪念座谈会，举办“侵华日军南京大屠杀暴行史料巡回展”等3个大型图片展，组织部分党团员和各界代表参观侵华日军南京大屠杀遇难同胞纪念馆、马山地区抗战遗址，举办“和平之声”大型群众歌会和抗战优秀影视片展映，出版发行《抗日烽火录》《铁流东进》等一批图书和音像制品。同时，市委批转《无锡市1995～1997年爱国主义教育实施规划》《无锡市爱国主义教育基地建设管理办法》等。

1996年，组织开展“建设新无锡，实现现代化”形势任务教育。编写发行《现代化教育百题问答》1万余册；组织开展“八五”成就、“九五”规划和2010年远景目标知识竞赛，有两万余人参与竞赛活动；拍摄电视专题片《走向新世纪的无锡》，在省内外播放；组织新闻单位开设《回眸“八五”，展望“九五”》《争当跨世纪新人、实现跨世纪目标》等专栏。组织开展国企改革宣传，宣传中共中央总书记江泽民5月在上海考察国企改革时的重要讲话精神、中央关于国企改革的指导思想和基本方针以及国企改革发展的进展和成效，并重点宣传一汽无锡柴油机厂、威孚公司等一批国企改革的成功经验。1997年，组织实施迎香港回归宣传教育活动。3月23日回归倒计时100天时，编发《香港知识问答》、举办《香港的历史与发展》大型图片展览和迎香港回归电视知识竞赛。4月4日，香港基本法颁布7周年之际，全市各界纷纷召开学习基本法和“一国两制”座谈会；5月12日回归倒计时50天时，开展有15万人参加的“迎接香港回归百题知识竞赛”。6月，举办“‘一国两制’与香港回归”报告会。1998年，组织开展中共十一届三中全会召开20周年纪念活动，召开纪念真理标准讨论20周年座谈会。策划制作“江苏辉煌20年成就展无锡展馆”参加全省会展，会同市委农工部、市经委等10个部门在全市城乡开展“看成就、话改革、争贡献”主题教育活动。12月，召开纪念中共十一届三中全会召开20周年理论研讨会。各市（县）、区、局以及社会各界以多种形式开展纪念活动。各新闻媒体、理论刊物开辟《辉煌20年》《20年巨变》等专栏，宣传在邓小平理论指导下改革开放20年取得的历史性成就。1999年，围绕无锡解放50周年、新中国成立50周年、迎接澳门回归祖国等重大事件组织社会宣传，举行庆祝大会、升国旗仪式和彩车巡展等群众性庆祝活动。城乡普遍开展“创造新业绩，奔向新世纪”爱国主义教育主题活动。在市革命陈列馆举办澳门回归祖国大型图片展览，参观人数10万多人；在市体育馆举行“同唱一首歌”庆祝澳门回归祖国文艺晚会；在市区主要广场和市人民大会堂，组织举行群众性庆祝活动。

2000年2月，市委颁发《加强和改进思想政治工作的意见》，总结宣传江阴市、郊区、市机械局、市公用事业局、市第三棉纺厂等一批先进典型。2001年，开展以解放思想、创新发展为核心的“新世纪无锡形象”大讨论活动。颁发《在全市开展“新世纪无锡形象”大讨论活动的意见》，确定“改善出租车形象、营造个私经济发展的有利环境和深化文明城市创建”3个重点专题。还组织策划“新世纪无锡人新形象”电视辩论赛，并组队参加全省电视辩论赛。2002年，围绕增强创新能力、增强综合竞

① “两个率先”是指在全省率先初步建立起社会主义市场经济的运行机制，率先达到初步实现社会主义现代化的目标。2003年，市委提出新的“两个率先”目标，即在省内率先全面实现小康社会，率先基本实现现代化。
三个领先一步”：一是推进改革向纵深发展，使无锡在加快形成社会主义市场经济运行机制上领先一步；二是推进开放向更广领域、更高水平开拓发展，使无锡在资金、市场、产品、技术、管理等加快与国际经济接轨上领先一步；三是推进经济结构向科技型、集约型、效益型调整优化，使无锡在经济发展的效益、速度和水平上领先一步。

争力和增强可持续发展能力专题，组织“双增”论坛和专家讲座，举办“跨世纪的辉煌——无锡市两个文明建设成就展”等展览。中共十六大召开前后，组织各新闻媒体围绕城市建设、市场开拓、利用外资、后劲投入、国企改革、体制创新、发展个私经济等专题展开宣传。全年在中央电视台制播专题节目1300分钟，《人民日报》《新华日报》等中央、省级报刊刊发全市改革发展的文章1500多篇（条）。组织10多个系统近500人次，组成文化、农业科技、卫生计生、法制宣传和志愿者等5个分团开展“三下乡”活动41次，发放宣传资料11万多份，赠送实物总价值20万元，接受服务的基层群众13.5万人，中央电视台《新闻联播》节目对此作报道。2003年，开展首届“学习创新节”“力争‘两个率先’”读书知识竞赛等活动，举办1500多场宣讲会、报告会，20多万干部群众接受教育，30多万人次参加读书竞赛。8月中旬，组织开展无锡城市精神大讨论。市委宣传部与13个部门领导组成无锡城市精神大讨论指导组，社科理论界专家、学者组成无锡城市精神研究课题组。同时，发动和引导群众通过座谈、征文、演讲、网上留言等形式，提出表述用语、观点言论和意见建议。组织媒体开设专题专栏100多个，讨论专题25个，刊发报道400多篇（条），城市精神大讨论网页访问量突破127万人次，举办主题宣讲会、报告会1500多场，受教育人员16万多人。吸引100多万市民参与大讨论活动。各行业部门将大讨论同文明创建、诚信服务、塑造窗口形象、建设新型邻里关系结合起来，使“城市精神”深入人心，推动市民素质的提高。2004年，确定无锡城市精神为“尚德、务实、和谐、奋进”。

图22-7　2003年10月22日，市人大代表举行城市精神座谈会（市委宣传部供稿）

2005年，先后开展“以创新为动力，建设和谐宜人新无锡”主题宣传、“一把手谈创新”新闻采访报道活动。印发宣传提纲两万多份，举办各类研讨会、报告会、座谈会3000多场，并在新闻媒体推出系列言论、专访、理论文章和跟踪报道，营造率先发展、科学发展、和谐发展的社会环境。

二、先进典型宣传

1987年，无锡市“五讲四美三热爱”活动委员会公布市仪表阀门厂、市电影胶片厂、无锡县无线电二厂、江阴县针织服装厂、宜兴县电视机总装厂等48家单位成为1986—1987年度无锡市文明单位。作为无锡市首批文明单位，开展重点宣传。

1990～1992年，宣传表彰一批先进党支部和南长区工商局局长王祥生等优秀共产党员；总结推广市国棉四厂和江阴市的先进事迹和经验，先进事迹分别在中宣部《党建》杂志和省委宣传部杂志《江苏宣传》上发表，并在全市媒体宣传。重点推介宣传市国棉二厂等企业和农村乡镇企业先进典型，宣传坚持科学技术第一生产力、搞活大中型企业、推进农村改革取得的成效。

1994年起，由市文明委等10家单位联合发起，每年开展精神文明“十佳”新人新事评选活动，评选出见义勇为、助人为乐、孝亲敬老、拾金不昧、献血捐髓以及关心下一代健康成长等方面的新人新事，树立身边典型、弘扬文明新风，营造健康向上的社会氛围。1994～1995年，集中宣传小天鹅洗衣机厂提高市场竞争力的典型事迹，宣传无锡钢厂、江阴钢绳厂利用外资搞好技术改造、南方悬挂输送机厂、宜兴黄家村等一批注重教育和科技投入的典型事迹。

1996年，参加江苏省第一届精神文明建设新人新事评选活动，无锡市推荐中国水产科学院无锡淡水渔业中心副研究员、九三学社会员杨华祝和他妻子为“热心帮助下岗女工再就业”的先进事迹参与评选。

1998年，宣传并推出先进典型柴瑛（教师）参加江苏省第二届精神文明建设新人新事先进典型评选。宣传宜兴张泽镇茅棚村农民、带领村民共同致富的“全国十大农民女状元”嵇锡华的先进事迹。1999年，开展优秀共产党员陈凤英先进事迹的学习宣传活动，全市举行事迹报告会32场，1万多人听报告。

2000年，宣传在1999年江苏省第四届精神文明建设新人新事评选中，被评为“情系千万家，服务你我他”先进集体的江阴社区服务求助中心的先进事迹。宣传王丽敏、秦素华和全市精神文明“十佳新人新事”等爱岗敬业、无私奉献的先进典型；宣传锡澄高速公路、江阴长江大桥等重大基础设施建设和重点工程建设典型。2001年，无锡商业大厦、红豆集团等8家单位获江苏省文明单位标兵称号。结合“双增”主题教育活动，推出无锡新区、小天鹅集团、威孚集团等10多个创新发展、不断增强综合竞争力的先进典型。总结华西村党委书记吴仁宝、无锡晨星社区服务部经理束静君的先进事迹，向省推荐，两人均入选省“时代风范 道德楷模”——全省实践“三个代表”先进典型事迹报告团，并先后在无锡、常州、苏州、南通、泰州等5地作巡回报告。吴仁宝、束静君、任国庆3人入选省委宣传部编辑的《迎接党的十六大胜利召开——江苏省“时代风范道德楷模”集萃》大型宣传图片。树立一批普通劳动者与创业者先进典型：自强创业的下岗女工——束静君；福利院洗尿布的男子汉——黄梦飞；艰苦奋斗的农民企业家——张国平；刻苦钻研肺移植技术的青年医疗专家——陈静瑜等。同年，黄梦飞获民政部最高荣誉——“孺子牛奖”。在江苏省第五届精神文明建设新人新事的评选中，中外合资无锡霍尔塞特工程有限公司总经理、英国人布莱恩·凯思雷被评为“热心社区公益事业的老外志愿者”。无锡各条线还开展“精神文明建设十佳新事”“职业道德十佳单位”“十大杰出青年”“巾帼示范岗”等评选活动。总结宣传外贸战线优秀共产党员王丽敏、关心他人的基层党支部书记陈凤英、大公无私的优秀企业家顾鼎元等的先进事迹。

2003～2004年，以“坚持科学发展，推进‘两个率先’”为主题，加强典型宣传。从基层推荐的104个先进典型中筛选出20个“两个率先”先进典型，集中宣传。经市委常委会同意，确定宜兴市官林镇等6个先进集体和个人，组成先进事迹报告团，举行千人报告会和多场巡回报告。报告团成员新区党工委书记吴建选被列为全省“坚持科学发展、提高执政能力”党员领导干部先进典型，省各大媒体进行宣传。宜兴华都集团董事长姜达敖及妻子王腊华，被评为无锡市“爱心老人”。总结宣传宜兴市官林镇镇南庄村村民、为百名孤儿找到亲人的“寻亲大姐”吕顺芳的典型事迹。

2005年，制定实施《无锡市先进典型宣传工作管理办法》，建立健全典型宣传工作管理机制。全年相继开展“创新路上看先进”集中报道等4轮较大规模的典型宣传和创新大讨论活动。加大典型特别是一些重大典型的宣传力度，重点宣传走共同富裕之路的社会主义新农村建设典范华西村；奉献高原、至死不渝的优秀援藏干部任国庆；被评为“感动中国2005年度人物”的“军旅独臂英雄”丁晓兵；注重自主创新，瞄准世界先进水准，勇于超越发展的尚德太阳能公司；坚持科学发展、提高执政能力的党员领导干部吴建选；自强创业、回报社会的下岗女工束静君等一批先进典型群体。市委、市政府授予施正荣“无锡创新先锋”、顾建明“无锡英雄市民”、丁俊晖“无锡青年标兵”称号。特别在吴仁宝、一汽锡柴党委两个重大典型的学习宣传中，发出学习决定，召开千人报告大会，印发万份先进事迹材料。组建由市委常委、宣传部部长王立人为组长的“吴仁宝同志先进事迹”宣传工作组，形成上万字的吴仁宝事迹报告材料。中宣部、中央先进性教育活动办公室组织35家中央媒体、8家省级媒体对吴仁宝集中采访，列入“时代先锋”专栏进行宣传。撰写《中国农民的骄傲》和《铸就国有企业的丰碑》两篇事迹材料，创作电视专题片《吴仁宝》、长篇报告文学《我们可以称他是伟人》等文艺作品。吴仁宝和一汽锡柴党委先进事迹报告团赴全市基层巡回演讲。吴仁宝被推荐作为全省首个“三创之星”在省级主要媒体宣传，被中宣部、中央先进性教育办公室确定为全国重大先进典型，成为无锡历史上第一个全国重大典型。市委宣传部还着重宣传优秀信访干部赵大松、宜兴官林镇、江阴沿江开发区、无锡新区等一批典型；宣传一汽锡柴、威孚集团等机制创新、技术创新、人才创新的现代企业典型；宣传沈纪欣等勤政廉洁、为民谋利的党员领导干部；宣传陈凤英、蔡培泉、朱敏芳等无私奉献、迎难而上、帮困助弱的基层工作者。同时，还推出各条线的先进典型，有环卫部门的“女子清扫班”、公安“110”服务中心、“抗非”一线的医护人员群体以及一大批青年志愿者队伍、巾帼示范岗等。

图22-8　英雄市民顾建明　（市委宣传部供稿）

三、爱国主义教育基地

1994年11月15日，无锡市率先在省内命名首批市级爱国主义教育基地，共27家，分别是无锡市革命陈列馆、无锡烈士陵园、无锡市博物馆、无锡市张闻天纪念馆、无锡市东林书院、无锡市体育中心、无锡船舶科学研究中心、无锡芦村污水处理厂、无锡市公益小学、无锡市城中公园、无锡市锡惠公园、无锡市鼋头渚风景区、无锡市太空城、无锡市马山烈士陵园、无锡县洛社镇、无锡县吴文化公园、无锡县农民运动纪念馆、无锡县前洲镇西塘村、江阴市华士镇华西村、江阴市黄山炮台、江阴市徐霞客纪念馆、江阴市刘氏纪念馆、宜兴市革命纪念园、宜兴市徐悲鸿纪念馆、宜兴市陶瓷博物陈列馆、宜兴市善卷洞公园、中国人民解放军83107部队（1996年改为武警8723部队）1营1连等。2001年，市委颁发《关于加强全市爱国主义教育基地管理的意见》，召开全市爱国主义教育基地工作会议，命名第二批市级爱国主义教育基地，并确定9个示范点。

市委宣传部每两年召开一次基地工作会议，制定管理意见，定期举办基地骨干培训班，评选优秀讲解员。各基地及其主管部门制定服务承诺、管理规定，按照开放式工作思路充分整合和利用社会化资源，组织开展一系列形式多样、内容丰富的教育活动。市革命陈列馆、市博物馆连续推出《跨世纪的辉煌》《民族魂》《民族的胜利》等大型展览。基地通过财政安排、自筹、社会支持“三管齐下”，在场馆兴建、陈列更新、设备添置、环境美化等方面加大投入，创建精品，更多的教育基地成为开展爱国主义教育的重要课堂的同时，也成为全市文化景观的亮点和人们旅游观光的选择。东林书院、薛福成故居、无锡公花园等工程分别投资数千万元，成为彰显历史文化内涵和发挥教育功能的精品工程。基地对未成年人免费开放。许多教育基地主动与中小学校结成共建关系，依托爱国主义教育基地建立学生素质教育基地和德育基地，开展“假日新视野”等课外活动；各教育基地还以自身独特的教育资源，不断延伸教育网络，经常到学校、社区、镇村举办流动展览、广场服务和宣传活动。同时，市委宣传部等部门组织各基地拍摄电视专题片在电视台集中展播；编印未成年人爱国主义教育游览参观指南，推荐14条爱国主义教育旅游线路；依托市文明网推出教育基地网页。东林书院在文博类单位中率先设计启用专用徽识，并申请注册商标，形成基地专有的知识产权品牌。

2005年11月8日，经重新申报、评定，对符合“八有条件”①的基地，由市委重新命名，共有43家

① 有开展一定规模教育活动的场馆，有丰富的教育内涵和较大的社会影响，有对社会尤其是青少年参观实行免费开放的承诺，有完备的管理规章制度和相应的工作台账，有开展教育活动的计划，有一整套较为规范的图、文、声、像教育资料，有一批专职或兼职的管理人员和讲解员队伍，有社会教育联系共建制度。

市级爱国主义教育基地，其中11家为省级基地。另有宜兴市陶瓷博物馆、宜兴善卷风景区亦为省级爱国主义教育基地。

2005年无锡市爱国主义教育基地名录

无锡市革命陈列馆（省级）
无锡市博物馆（省级）
无锡市芦村污水处理厂（省级）
吴文化公园（省级）
徐霞客纪念馆（省级）
徐悲鸿纪念馆（省级）
无锡市图书馆
无锡市科普馆
钱锺书故居
无锡市社会福利中心
无锡市城北污水处理厂
武警8723部队1连
江阴市刘氏纪念馆
江阴市渡江战役纪念馆
宜兴市革命陈列馆
宜兴市青少年活动中心
宜兴市尹瘦石艺术馆
锡山区华蘅芳故居
锡山区唐君远纪念室
惠山区安阳书院
无锡市荣巷中心小学
泰伯墓
张闻天旧居（省级）
东林书院（省级）
薛福成故居（省级）
江阴市鹅鼻嘴公园（黄山炮台）（省级）
江阴华西村“华西之路”（省级）
无锡市烈士陵园
无锡市档案馆
无锡公花园
秦邦宪故居
无锡市体育中心
无锡市生活固体废弃物填埋场
中国船舶科学研究中心
江阴市炎黄纪念馆
江阴市天华文化中心
宜兴市档案馆
宜兴市周培源故居
无锡县农民运动纪念馆
锡北诸巷新四军六师师部旧址纪念馆
惠山区玉祁文昌公园
马山革命烈士陵园
泰伯庙

第六节　对外宣传

1986年，市委初步尝试建立新闻发布会制度和座谈会制度，全年先后召开4次会议。1986～1988年，市委宣传部编印《无锡》画册，拍摄制作外宣录像片《太湖明珠——无锡》。1988年，确定对外宣传的根本任务是：“使无锡了解世界，让世界了解无锡，为无锡发展经济服务”，并探索建立对外宣传网络。邀请5批国外、中国港澳台地区的新闻代表团到无锡采访，发表宣传无锡的文章。协调各新闻单位向外发稿。1989年，组织中外记者到无锡采访，《中国日报》和《人民日报》海外版均开设无锡专版。1990年，市委、市政府召开全市发展外向型经济工作会议，强调对外宣传工作的重要性。

1991年之前，对外宣传工作由市对外开放领导小组领导、市委宣传部具体组织实施。1991年8月8日，无锡市首次召开对外宣传工作会议，部署任务。9月1日，成立以市委副书记为组长的市委对外宣传领导小组，负责全市对外宣传工作的总体部署、组织协调和检查指导。日常工作机构为市委对外宣传领导小组办公室和市政府新闻办公室（两块牌子、一套班子），机构设在市委宣传部。1989～1992年，制作发行大型综合画册《无锡风情》，获国务院新闻办公室最高外宣品奖“金桥奖”。

摄制《太湖新貌》《开放中的无锡》等一批电影、电视片。1992年，无锡市进行改革开放和经济发展成就对外宣传。创办《港台海外经济信息》，组织作家、记者深入城乡，并赴深圳、珠海特区，采写并出版《超国界行动》一书，宣传无锡人"走向世界"的先进典型。全年在中央级涉外新闻单位发表介绍无锡两个文明建设的稿件200多篇（条），在香港《大公报》《商报》《东方日报》和台湾《联合报》等报刊组织10多期重点反映无锡改革开放和经济建设成就的专版。还举办"今日无锡"大型摄影采访活动和太湖国际钓鱼节、宜兴陶艺节等活动。

1993年，确定"让世界了解无锡，使无锡走向世界"为无锡对外宣传的指导思想。拍摄《变化中的中国无锡专辑》《奔腾中的扬子江》《无锡投资环境》等对外宣传电视专题片，分别在中央电视台、美国纽约电视台等媒体播放。编辑出版《上海航空·无锡》专辑，随机传向世界各地。编辑出版介绍无锡投资环境的中英文宣传折页1万册。组织"腾飞的长江"摄影比赛活动。在香港《大公报》《商报》和台湾《联合报》等境外数家报纸组织20多个反映无锡改革开放、经济建设成就和良好投资环境的专版，发表文章50多篇。1994年，举办中国无锡太湖影视文化旅游节，并以此为契机加大对外宣传力度，在中央、省及境外报刊上发表文章约300篇，《人民日报》《解放日报》和香港《大公报》开辟专版、专栏报道无锡。向海外送播《无锡正在走向世界》《辉煌的明天》等外宣电视片。无锡电视台开辟《世界与无锡》专栏，连续播出70多集反映外资企业投资无锡、走向成功的电视专题片。1995年，扣住"外向带动"战略，突出宣传无锡——新加坡工业园和高新技术开发区等8个开发区建设的成就。完成《中国无锡》《欢迎你到无锡来》两部介绍投资环境的出国招商电视片，拍摄3部介绍小康县建设的专题宣传片。编辑和印发大型宣传画册《无锡》8000册。

1996年，市委宣传部配合支持香港《文汇报》"九五开局长江行"系列采访活动在无锡采访，支持美国公共电视台（Public Broadcasting Service，简称"PBS"）到无锡拍摄专题片《当代中国》，在香港《商报》《大公报》《中国经贸动态》等报刊组织编发5个无锡专版，参加省组织的江苏十大企业集团对外系列宣传，接待美国《侨报》、法国《欧洲时报》等17家境外新闻机构到无锡采访报道。与美国斯科拉电视台合作，举办美洲东方卫视《中国无锡》节目。成立中国国际广播电台无锡记者站，开办《太湖明珠·无锡》广播节目，开设《锡梅乡音》《开发区新貌》等10个专栏，广播覆盖中国港澳台地区和澳大利亚、新加坡等国家。1997年，围绕香港回归和中共十五大召开，组织"迈向新世纪的无锡"大型采访活动。邀请境外及国内省级以上25家新闻单位的36名记者，在无锡进行为期1周的采访活动，先后发表新闻报道文章123篇，电视、电台类专题报道15条。美国《侨报》和香港《大公报》《文汇报》《商报》均以整版篇幅报道无锡改革发展的最新成果，《人民日报》《中国乡镇企业报》和中央电视台、中央人民广播电台等众多新闻媒体报道无锡新貌。1998年，在美国等境外媒体开辟《辉煌20年》《20年巨变》等宣传专栏。通过中国国际广播电台无锡记者站，宣传"江苏辉煌20年成就展外宣展馆"，同时宣传无锡人民弘扬抗洪精神、奋力提速增效的精神面貌。市委宣传部及市旅游、园林、郊区等部门和地区，参与争创中国优秀旅游城市活动。1999年，对外宣传主要围绕无锡解放50周年、新中国成立50周年、迎接澳门回归祖国等重大事件开展工作。制作大型宣传画册《无锡》、电视宣传片《无锡》、无锡风光邮资明信片等系列外宣品，组织"爱我无锡"中外人士摄影展。在香港、澳门华文报纸组织专稿，开展庆祝澳门回归祖国的宣传活动。2月15日，建立"新无锡"网站，开设主栏目23个、服务栏目47个，篇幅25万字，配图67幅，内容涵盖无锡经济、政治、金融、科教、文卫、旅游等众多领域，年内上网访问10万人次，成为全省宣传文化系统最早建立的外宣网站。

2000年，以迎接新千年为契机，市委宣传部参与组织4月在水浒城举行的中华鼓王大会、6月在三国城举行的全国第十届"屈原杯"龙舟赛等活动，邀请境内外记者50多人采访，在电视、广播、报纸、网络等媒体发表反映无锡风土人情和美丽风光的文章和作品70多篇（条）。编写包含无锡19大类、256个行业等近1万条生活信息的《无锡人手册》和中英文对照无锡地图册。2001年，先后举办太湖国际经贸节、无锡—自贡第三届国际恐龙灯会、第七届太湖旅游节、中国首届体育健身旅游展示大会、中国国际驾车节。利用“新无锡”网站、中国国际广播电台无锡记者站、无锡电视外宣节目、境外报刊无锡专版专栏等外宣阵地，向境内外全面宣传新世纪的无锡和无锡人的新形象。2002年4月，市委宣传部为配合市政府赴日本开展大型经贸文化交流活动，印制《中国无锡》画册，拍摄《无锡旅情》DVD光盘，组织“无锡旅情”专题宣传活动。8月14～16日，市政府和省台湾事务办公室、省文联、省广播电视总台共同组织举办“江南民乐节”暨“七夕相会无锡”海峡两岸联谊联播活动。会同有关部门组织开展青少年业余二胡邀请赛、七夕放河灯、七夕夜大型联谊晚会、民乐之夜专场演出等，邀请中央电视台、台湾东森电视台、香港凤凰电视台、江苏卫视、无锡电视台等10多家媒体联手直播和转播。大型联谊晚会由两岸民乐演奏家和演艺人员同台演出，通过台湾东森电视台向台湾观众直播总计4.5个小时。2003年，邀请日韩主流媒体到无锡采访，利用“无锡旅情”“日资高地”品牌为招商活动做宣传。11月中下旬，无锡市新闻参访团赴台展开专访活动，先后拜会台湾9家主流媒体，专程看望和采访台湾著名诗人余光中，在已故无锡籍教授钱穆故居开拍无锡名人专题片，并访问无锡在台同乡联谊会。其间，东森电视台《走进两岸》节目播放4集160分钟的无锡专辑，是无锡在外播出时间最长、内容最系统完整的电视节目。同时结合举办首届中国无锡太湖博览会以及无锡、香港《关于建立更紧密经贸关系的安排(Closer Economic Partnership Arrangement)》经贸合作恳谈，邀请香港36家媒体的40多位记者与会采访，发出相关报道80多篇，无锡成为最受香港媒体关注的内地地级市。2004年，组织第二届太湖博览会对外宣传，邀请香港媒体高级访问团和全国22家卫视台到无锡访问。参观访问无锡新区、锡山经济开发区、在锡港资企业和徐霞客、薛福成故居等人文旅游景观，并对无锡经济社会发展和太博会作报道。10月11日，举办为期两天的中日传媒交流论坛。中国中日友好21世纪委员会首席委员杨振亚、日本大使馆公使畏丸优次以及新华社、中新社、人民日报社、中央电视台、日本共同社、朝日新闻社、日本广播公司等媒体代表和外交、经济界人士共70多人参加。

2005年，探索建立新闻发布会制度，先后举办12场新闻发布会，增进经济社会发展重大信息与公众的沟通。在格林艾普公司氯气泄漏事故、商业大厦员工纠纷等事件中，由于新闻发布把握得当，及时沟通，最大限度消除不良影响，确保社会稳定。结合海力士—意法半导体超大集成电路项目无锡制造工厂开工典礼、国际粮油大会等，开展外宣活动。围绕政府招商工作重点和城市交流，编印《魅力无锡》《太湖明珠·中国无锡》《小上海·大摇篮》等画册2万多册，制作《品牌无锡》宣传片。加强与国内主流网站的合作，在新华网开设无锡频道，成为国内地级市中首家在该网开设的频道。聘请台球选手丁俊晖为无锡城市形象代言人，受到130多家境内外平面媒体和互联网站的关注。

图22-9　2005年1月24日，无锡市举办首场新闻发布会
（市委宣传部供稿）

第七章　统一战线

第一节　机　构

1986年，市委统战部内设秘书科、干部科、党派工作科和海外联络科。10月，秘书科改为办公室。1989年5月，党派工作科增挂“经济工作科”牌子。1990年，全市有5个委、局设立统战科，123个乡镇中有38个乡镇配备专职统战干部，其他委、局、大中型企事业单位、乡镇、街道都明确分管领导和兼职统战干部。1991年2月，恢复建立市社会主义学校。1992年1月，所有内设科改为处（仍属科级建制）。同年9月，增设培训处。1994年，干部处增挂“知识分子工作处”牌子。1997年，设办公室、综合处、党派工作处（挂“工商经济处”牌子）、联络处、干部处、培训处（挂“党外知识分子工作处”牌子）共6个职能处、室。2005年，内设机构为办公室、综合处（挂“宣传办公室”牌子）、党派工作处（挂“工商经济处”牌子）、联络处、干部处（挂“机关党委”牌子）、无党派与党外知识分子工作处（挂“培训处”牌子）。

第二节　多党合作和政治协商制度

1986年后，市各民主党派、工商联根据各自的特点和社会关系，围绕重点工作和群众关心的“热点”“难点”问题，开展调查研究，为市委、市政府科学决策提供依据，建言献策。每年在市人大、市政协“两会”上，民主党派、工商联以组织或个人名义提出大量提案、议案。一些意见和建议被市委、市政府及有关部门采纳。

1987年起，市委和市委统战部分别建立与市各民主党派及有关人民团体负责人的双月座谈会制度和月月座谈会制度，定期就重大决策和重要工作听取意见和建议。

1990年上半年，无锡市和各市（县）、区又相继建立党员领导干部与党外领导干部交友谈心制度。7月，各民主党派、工商联联合召开首次思想政治工作会议，会议一致通过《无锡市各民主党派、工商联关于加强思想政治工作的若干意见》，明确思想政治工作的基本任务。年末，为贯彻落实中共中央《关于坚持和完善中国共产党领导的多党合作和政治协商制度的意见》，市政府办公室、市政协办公室和市委统战部联合印发贯彻意见。政府各委、办、局与各民主党派、工商联和政协各专门委员会建立对口联系制度，邀请参加政府及其部门的有关会议，选择某些专题进行联合调研，或委托调研；聘请具有一定专业知识、符合条件的民主党派、党外人士担任特约监察员、审计员、教育督导员。

1991年，市政府11个部门与民主党派、工商联建立对口联系制度。是年，市各民主党派换届，新增选主委两人、副主委10人、常委17人、委员60人。7个民主党派全部选出主委、机关专职副主委和秘书长。7个民主党派188名市委委员中，担任政府县处级以上职务的17人，担任市、市（县）、区人大常委会副主任、政协副主席的14人。1992年，各民主党派、工商联召开为经济建设服务经验交流暨表彰大会，表彰30个集体、101人。1994年，市委、市政府印发《加强党外特约员工作的意见》。1995年，市委制定《坚持和完善与市各民主党派、工商联政治协商制度的若干规定》。1996年，市各民主党派换届，33名领导成员中有18人担任政府及有关部门的领导职务，占54.5%。

图22-10　2003年1月7日，市委召开民主协商座谈会
（市委统战部供稿）

1998年，市委印发《进一步健全全市党员领导干部与党外干部谈心交友制度的意见》。11月，召开民主党派、工商联加强领导班子建设和加强思想建设工作研讨会，统一思想，明确要求。从1999年起，每年举办1期民主党派负责人学习班，围绕贯彻“三个代表”重要思想、中共十六大精神、加强领导班子建设、机关建设和参政议政能力建设等专题，进行学习研讨，提高民主党派领导班子成员的政治素质和参政议政能力。

2001年换届，各民主党派新一届领导班子成员平均年龄48.2岁。2003年，制定《规范民主党派组织发展工作的若干意见》，明确民主党派组织发展的指导思想和基本原则。2005年，中共中央《关于进一步加强中国共产党领导的多党合作和政治协商制度建设的意见》颁发后，市委制定实施意见，同时制订有关部门贯彻落实实施意见的重要举措分工方案。是年，建立民主党派和无党派代表人士意见建议办理落实情况反馈机制，对民主党派、无党派人士在民主协商会、座谈会、调研文章中提出的意见建议，市委、市政府督促有关部门办理，并将办理情况反馈，提高民主党派、工商联和无党派人士建言献策的积极性。年末，市各民主党派建有7个市级地方组织，共有成员5209人。

第三节　党外干部培养选拔和党外代表人士队伍建设

1986年后，市委把培养选拔党外干部工作纳入干部队伍建设总体规划，作为加强领导班子建设的重要内容。

1989年起，市委统战部、组织部和市委党校每年联合举办党外领导干部培训班。1989年组织党外中青年干部，市（县）、区、局现职党外领导干部及部分民主党派机关秘书长共52人，学习党的基本路线、统战理论和领导科学的基本知识。1990年末，全市各级人大代表中党外人士1088人，占代表总数2747人的39.6%，其中常委会委员59人，占常委会委员总数204人的28.9%。各级政协委员中党外人士980人，占委员总数的61.8%。其中常委会委员207人，占常委会成员总数的66.6%。有43名民主党派、党外人士被选举担任市、市（县）、区人大、政协的领导职务，有19名党外干部担任市、市（县）、区政府及市有关委局的领导职务。1991年，市社会主义学校恢复成立，作为民主党派、党外人士的联合党校。1993年，在各级人大、政协换届工作中，推荐安排全国和省的党外人大代表、政协委员72人，安排市政协党外委员253人。1994年，对党外知识分子状况和担任科级以上行政职务的党外干部情况调查摸底，分别建立市管党外后备干部、现职科级党外干部、党外知识分子、无党派代表人士、中青年专家学者等5个人才信息库。是年，制定《关于进一步做好党外人士实职安排工作和加强党与党外人士合作共事的意见》，制定《市管非党后备干部队伍建设三年（1994～1996）规划》，组织召开全市党外干部工作经验交流会。同年，举办首期党外高级知识分子政治理论培训班。1995年，成立市留学人员联谊会。

1996年，市委对市管党外后备干部调整，充实一批新人，总人数180人，平均年龄34.2岁，其中大专以上文化程度占92%。1997年，市委提出党外干部培养选拔工作三年（1997～1999年）目标任务，并列入《无锡市1997～1999年优秀年青干部培养选拔规划》，全市共推出各层次、各界别的党外人士500多人。1998年，市委以各级人大、政协换届为契机，推荐党外人士担任全国人大代表3人、全国政协委员两人，省人大代表17人、省政协委员23人，市和市（县）、区两级人大、政协中选拔任用党外领导干部11人。1998年，建立290名党外知识分子重点联系对象信息库，其中国家、省部级专家24人，45岁以下、副高级以上职称216人。是年9月，举办党外专家、学者理论研讨班。1999年，针对检察院、法院系统党外领导干部难配备的问题，专门召集各市（县）、区委组织、统战部及检察院、法院的领导研究讨论，要求未配备的单位明确培养对象、培养目标和上岗途径，按期完成目标任务。

2000年，市委要求在机构改革中已安排有党外领导干部的单位，原单位保留的，应继续安排；原单位撤并的，对党外干部做出相应安排；在机构设置减少的情况下，党外领导干部的数量不能减少。在全市首次举行的副县处级干部公开选拔中，选拔3名党外干部担任副县（处）领导职务，占录用人数的20%。对党外知识分子人才库调整，新增国家和省部级专家、省“333工程”对象、海外留学归国人员等方面人才300多人。2001年，在区划调整和市（县）、区人大、政协届中调整及市级机关机构改革过程中，全市共选拔安排县处级党外干部35人，是集中安排数量最多的一年。市教育局局长、市计生委主任分别由党外干部担任，市中级人民法院配备1名党外副院长，1名私营企业董事长担任江阴市政协副主席。组织市留学生联谊会成员参观考察无锡新区和苏州新区留学生创业园，帮助他们拓宽视野，增进交流。同时会同有关部门举办“应对入世后的人才交流与人才竞争国际化”座谈会，探讨新形势下做好吸引人才、用好人才工作的新举措。2002年4月，市社会主义学校更名为市社会主义学院，并升格为正县处级，全民事业编制两人。11月19日，在市委党校举行市社会主义学院成立暨揭牌仪式。市社会主义学院成立后，共组织举办培训班50多期，累计培训2754人次。其中举办民主党派骨干培训班18期，培训900多人；基层统战干部培训班8期，培训290人；乡镇街道统战干部培训班5期，培训589人；非公经济人士培训班5期，培训249人；民族宗教人士培训班3期，培训164人。在无锡市担任县处级以上领导职务的党外干部中90%以上经过培训，其中有1人提任为省部级领导干部，7人提任为市厅级领导干部，125人提任为县处级领导干部，42人进入市各民主党派、工商联领导班子担任专兼职领导，539人次当选为各级人大代表和政协委员。2003年，推荐安排全国、省人大、政协党外代表46人。其中，全国人大代表3人、全国政协委员两人；省人大代表17人、省政协委员24人；安排使用29名新人，新进面达63%。推荐并当选市人大代表118人，协商安排市政协委员422人，其中党外委员253人，新进面62.6%。是年，市委统战部会同组织、人事部门共同组织省“333二期工程”第三批培养对象以及市“学术技术带头人培养工程”首批培养对象的选拔推荐工作，共选拔19名党外知识分子作为培养对象。2004年，在开展“开门举贤、民主荐才”活动中，组织民主党派和有关团体，共推出100多名新人，根据不同培养方向和层次，充实到市管党外领导干部后备队伍库和党外人才队伍信息库。同时，建立社会中介组织党外知识分子联络小组，形成由统战部牵头、行业协会参与、代表人士参加的工作机制。

2005年，市委制定《无锡市“580党外人物工程”实施意见》，提出重点培养选拔80名县处级以上党外后备干部、80名民主党派骨干、80名无党派代表人士、80名新的社会阶层代表人士和归国留学人员、80名民族宗教界代表人士，建立一支有500多人、结构比较合理、素质比较优良的党外代表人士队伍。12月，市无党派知识分子联谊会成立。联谊会由各界有代表性、有影响力的无党派知识分子为主体组成，首批发展会员108人。是年，举办党外干部培训班16期，培训非中共中青年领导干部703人。

第四节　非公有制经济代表人士工作

1994年开始，市委统战部会同市工商联对全市80多家私营企业和台湾同胞、港澳同胞、海外侨胞“三胞”投资企业调查摸底，掌握一批非公有制经济代表人士的情况，初步建立档案。当年，在崇安区、南长区、北塘区和郊区恢复区级工商联组织，同时进行建立乡镇工商联分会试点工作。1995年，各区都恢复和建立区级工商联（商会），建立乡镇工商联分会6个。举办首期非公有制经济代表人士培训班。1996年11月，市委统战部、市工商联组织成立市光彩事业促进会。1997年，由市委统战部、市工商联和市各民主党派、部分非公有制经济人士共同捐款98万元，建成延安市杨家岭光彩中学。1998年，长江和松花江、嫩江流域发生特大洪涝灾害后，各民主党派、工商联及统一战线各方面成员捐款捐物，价值204万元。1999年，通过对全市规模较大、有一定影响和良好发展前景的个体私营企业进行调研，排出50名重点联系对象和20名后备对象。召开《信誉宣言》响应书新闻发布会，引导非公有制经济人士重信义、讲信用、守信誉，树立良好的社会形象。

2000年，在非公有制经济代表人士中开展“富而思源、富而思进”教育活动和“信誉宣言”达标活动，有113家个体私营企业通过达标验收。2002年7月，分别召开注册会计师和律师代表人物座谈会，围绕中介机构从业人员的思想行为特征、工作中的困难和疑惑以及对统战工作的建议等问题进行交流。2003年，对新的社会阶层发展状况进行调研，建立民营科技企业的创业人员和技术人员、非公有制经济人士、社会中介组织从业人员、留学归国人员等4个人才库。纪念市工商联成立50周年，组织表彰社会主义建设贡献奖、优秀民营女企业家、优秀青年民营企业家。2004年，组织一批优秀民营企业家到江南大学、南洋职业技术学院等5所大专院校演讲，与3000多名大学生对话交流，同时组织48名民营企业家到中央党校进行为期半个月的学习。

2005年8月，举办“纪念荣德生先生诞辰130周年暨锡金商会成立百年”系列活动，宣传和弘扬荣德生的爱国创业精神，挖掘和总结无锡工商文化优良传统，激发各界人士创业创新热情，促进民营经济发展。引导企业开展光彩事业，工商联会员企业扶贫投资16.8亿元，助学、助困捐资2479.83万元，培训下岗人员5642人次，提供就业6507人。

第五节　海外统战工作

1986年6月20日，应全国人大常委会副委员长荣毅仁邀请，有7个国家和地区200多人组成的荣氏亲属回国观光团到无锡参观访问。11月，市委统战部制定《进一步开展海外统战工作的意见》。

1988年，原国民政府教育部次长、中央政治大学校长顾毓琇偕夫人从美国到无锡参观，寻根问祖。1989年，顾毓琇回国参加新中国成立40周年庆祝活动后到无锡访问。市委、市政府搬迁其旧居的住户，在其旧居建立纪念其母亲的顾诵芬纪念馆。

1990年，邀请160多名海外客商参加无锡对外经贸恳谈会，牵线促成签约项目5个，实际利用外资119万美元。1991年，以周文轩、唐翔千为首的香港实业家友好人士考察团到无锡考察访问。1992年，市统战系统邀请150多名海外客商参加无锡（深圳）外向型经济恳谈会，促成签约项目8个，引进外资3000多万美元。1993年11月，举行荣宗敬诞生120周年纪念活动，荣氏海内外亲属21人和无锡市各界人士代表120余人参加会议。1993年，时任香港工业总会会长、全国政协常委唐翔千及其家属一行30人，到无锡为其父亲唐君远举行骨灰安放仪式。

1994年10月，应市海外联谊会邀请，以全国政协副主席、香港南联集团主席、港府顾问安子介为团长，新加坡新达投资私人有限公司主席周文轩、香港南联和记有限公司常务董事唐宏源为顾问的国际著名企业家访问团一行63人，到无锡考察访问，参观无锡国家高新技术产业开发区、无锡—新加坡工业园、中萃食品有限公司、太平洋针织有限公司、崇安小学、民办辅仁中学和吴文化公园等，并参加佳福国贸中心奠基仪式。举办薛福成逝世100周年纪念活动，薛氏后裔10多人参加。年内，全市统战系统引进外资项目40个，协议利用外资6848万美元。1995年，市海外联谊会与市商会先后3次组团出访，与海外“三胞”和华人社团接触，引进合资合作项目6个、经济贸易项目2个、技术培训交流项目2个、外资3800万美元。1998年，市委统战部举行唐星海诞辰100周年纪念活动，美国、日本和中国香港、台湾等地的唐氏后裔40多人参加，唐氏后裔捐资200万元，设立唐星海奖学金，并在纪念大会上向无锡轻工大学、江南学院、无锡教育学院50名品学兼优的学生颁发奖学金。

2000年，市委统战部召开唐君远诞辰100周年纪念大会，唐氏后裔捐款100万元设立唐君远奖学金。2003年，市委统战部与无锡电视台合作制作电视专题片《唐氏父子》，展示唐家在无锡的发展历史以及对家乡的贡献；与唐氏发祥地——无锡市羊尖镇政府联合编写《唐氏家谱》。2004年，邀请香港财政司司长唐英年及唐氏家属到无锡参加太湖博览会。

2005年，举办“纪念荣德生先生诞辰130周年暨锡金商会成立百年”系列活动，荣德生后代荣鸿仁夫妇、荣智和夫妇等荣氏亲属代表以及海内外友好商会代表等1000多人出席会议。

第六节　民族宗教事务管理

一、机构

1979年6月，市政府恢复设立民族宗教事务处。1991年1月，更名为市民族宗教事务局。1997年5月，市民族宗教事务局为市政府部门管理机构，副处级建制，内设办公室、民族处、宗教处，归口市政府办公室管理。2001年7月，改设为市政府主管民族宗教事务的工作部门，正处级建制。同年12月，各市（县）、区民族宗教事务局相继列入政府序列。2004年，在市民族宗教事务局办公室增挂“行政法规处”牌子。

二、民族事务管理

1988年12月，无锡市召开新中国成立后第一次民族团结进步先进集体、先进人物表彰大会，表彰奖励7个先进集体、21名先进个人。12月16日成立市少数民族联络委员会，1990年更名为少数民族联谊会。

1992年，市民族宗教事务局通过调查研究，整理形成《10年来无锡市民族工作情况》。调查情况表明，改革开放以后，无锡市少数民族人口迅速增加，少数民族增至35个，人数5822人。在市区的少数民族中，大中专以上学历的占23.1%。在市（县）、区，从边疆少数民族地区婚入的女青年增多。10年中，各级政府经常对民族政策宣传教育和落实情况进行检查。先后为上百名少数民族居民恢复和变更民族成分，并享受到民族尊严和民族平等权利。对回族等少数民族恢复民族节日，节假日放假。建立回民公墓和清真寺，开设清真饮食店4家、清真糕点加工场两家。对禁食猪肉的少数民族职工，单位无清真伙食且又不能回家就餐的，按规定发给伙食补贴。一批少数民族先进分子加入中国共产党。有7人担任市、区人大代表，8人担任市、区政协委员，市区有6人担任处、科级领导干部。

1999年国庆前夕，市民族宗教事务局和市广电集团广播中心新闻台合作，推出7集专题系列节目《民族之花》，展示新中国成立后民族工作成绩，宣传少数民族优秀代表人物，重点介绍市体委副主任潘多（藏族）、热心支持社会公益事业的企业家童渝（回族）等先进典型事例。9月，举办大型广播文艺晚会《民族团结之歌》。至2000年，各市（县）、区均建立少数民族台账，共为216户少数民族贫困户、特困户专门建档。

2000年，市青山中学招收首批新疆班学生80人，有维吾尔族、哈萨克族、塔吉克族、柯尔克孜族等多个民族，其中农牧民子女居多。他们在青山中学学习4年后，参加全国高考。

2001年12月，市伊斯兰教协会创办的市民族业余学校改由市少数民族联谊会管理。学校先后开设专科和本科两个学历层次培训班，同时开设高中复习班、高中文化班，以及日语、英语、电脑、会计、新闻、法律等10多个专业，上百门课程，为各民族培养人才。

2003年6月，市民族宗教事务局与市公安局、市卫生局、市工商局、市环保局联合印发《对西部来锡少数民族经营清真拉面店优惠办证加强管理的通知》。对少数民族适当放宽申办营业证照准入条件，并考虑其生活贫困等情况，将每户650元的收费标准降低至350元；卫生部门办理拉面店人员健康证时实行减半收费，同时对其经营活动加强管理。对36户符合低保条件的少数民族贫困家庭由市民政部门纳入社会保障范围。市和市（县）、区有关单位、民族宗教团体、个人与少数民族贫困家庭结对帮困225对，帮困资助18万多元。

2004年，全市162户少数民族贫困家庭全部脱贫，达到并超过省定贫困线标准。无锡市举办民族团结游园联欢会，编印《民族宗教政策法规知识》《来锡少数民族务工经商服务指南》等，组织开展民族团结进步模范创建活动。走访慰问驻锡部队少数民族官兵，召开"庆祝党生日、不忘党恩情"少数民族中青年干部座谈会。

2005年，市民族宗教事务局将民族工作融入文明社区创建内容，完善台账，健全制度。编发《来锡少数民族流动经商服务指南》专刊，发放为您服务联系卡，建立协调机制，妥善处理矛盾纠纷。少数民族低保对象的困难补助在低保标准基础上提高20%；符合低保标准的少数民族困难户，及时纳入最低生活保障体系。走访96户少数民族困难家庭，送慰问礼金（品）计10万余元。建立健全少数民族联谊组织三级网络，滨湖区成立少数民族医疗志愿者服务队和少数民族文艺宣传服务队。做好少数民族干部及科技人才培养工作，有271名少数民族干部，61人担任科级以上领导职务；5人担任县处级以上领导职务，其中1人担任副市长职务；具有中高级职称的106人。担任市、市（县）、区人大代表、政协委员有26人。

1991～2005年，市民族宗教事务局共接待全国各地少数民族参观团、学习团、考察团97批，1493人次；为近800名少数民族考生办理中、高考加分证明手续。1993～2005年，为121名少数民族居民办理更改和恢复民族成分手续。

三、宗教事务管理

1986年始，市民族宗教事务局贯彻落实党的各项宗教政策，逐步建立宗教团体，宗教活动场所和宗教活动逐步恢复和规范。至1990年，宗教界人士担任市、市（县）、区人大代表的有7人，担任政协委员的21人；市区宗教房产清理结束，落实房产总面积5.68万平方米，收回被占用单位和房管部门拆除房产作价偿还款及"文化大革命"期间停付租金款共计113万元。至1990年末，全市恢复开放教堂寺庙11处、简易活动点25处，其中天主教6处、基督教21处、佛教8处、伊斯兰教1处；恢复建立市、县（市）爱国宗教团体14个，在天主教教徒聚居乡镇建立天主教爱国组织86个。

1991年2月，市委邀请市各宗教团体负责人谈心，学习座谈中共中央总书记江泽民与全国宗教团体领导人会见时的讲话精神。11月，市政府批转市土地管理局《确定土地权属的若干意见》。有关单位落实宗教政策，原宗教部门自用土地被其他部门占用、宗教部门要求归还自用的，尽量退还。1992年1月，市政府同意重建祥符寺，建成后作为佛教活动场所。8月，市政府同意修复南禅寺，修复后作为佛教活动场所。1993年，市政府协调解决市基督教堂与工业学校共用大门通道的问题。1995年，开展宗教活动场所登记工作。1996年，市委统战部、市民族宗教事务局等部门联合印发《坚决制止共产党员信教和参与封建迷信活动的通知》,组织召开全市依法加强宗教活动场所管理工作会议。1997年,对乱建寺庙专项治理。1998年,市民族宗教事务局加强宗教界时政、法律学习和爱国主义教育。3月,组织各宗教团体负责人参观"国旗展"。6月,举行形势报告会;制定民族宗教工作系统"三五"法律宣传规划,推进法制宣传教育。9月,举办宗教界法制学习班。11月,举办由市级宗教团体和市区各宗教活动场所财会人员参加的学习班,对存在的不规范做法提出整改要求。1999年初,结合宗教活动场所年检,重点对市各宗教团体和活动场所进行财务大检查,促使财务管理逐步规范。

2000年,市宗教工作领导小组办公室组织举办两期天主教爱国组织人员培训班,集中进行独立自主自办教会方针教育。筹措资金800多万元,妥善解决市天主教堂与北塘区解放桥小学的房产矛盾。2001年,组织宗教界人士揭批"法轮功"邪教。集中时间、集中力量开展对乱建寺庙、基督教私设聚会点和假僧假道乱做佛事道场等问题的专项整治活动。在美国对伊拉克战争期间,加强对穆斯林信众的思想工作,维护民族宗教领域的稳定。2002年6月,市委、市政府召开全市宗教工作会议,颁发《贯彻〈中共中央、国务院关于加强宗教工作的决定〉的实施意见》,对加强民族宗教工作机构、网络建设提出明确要求,建立市(县)区、乡镇(街道)、村(社区)三级民族宗教工作管理网络和乡镇(街道)、村(社区)两级责任制。2004年,全市59个乡镇基本配有专职统战委员并兼任民族宗教助理,24个街道全部设立宣传统战委员,并负责民族宗教工作。

2005年,无锡市和西安、舟山、三亚一起被确定为"世界佛教论坛"会址。市委统战部、市民族宗教事务局协助中国佛教协会在无锡举办第七届理事会第三次会议,组织承办"人间佛教与社会关怀"研讨会。组织对市基督教发展现状及薄弱宗教活动场所调查,分析信教群众结构状况和信教原因,针对存在问题提出对策措施。至年末,全市共有宗教活动场所206处。

第八章　政策研究

第一节　机　构

1986年,市委设研究,1993年更名为市委政策研究室。2001年机构改革,恢复为市委研究室。2005年,研究室内设机构为秘书处、经济处、综合处和党群处。

第二节　课题调研及成果转化

1986年,市委研究室围绕城乡经济改革、农业经济发展、商业、教育、科技文化发展等方面进行调查研究和经验总结。1987年,就搞活科技、企业、外贸等方面进行调研,形成《我市科技体制改革的情况和建议》等7篇科技调研报告、《实行两权分离,搞活大中型企业》等8篇搞活企业的调研报告;围绕农村经济发展趋势调查和探索,撰写《乡镇工业的新趋势、新忧虑、新对策》《无锡市后八年乡镇工业发展战略转移的基本思路》等4篇文稿,并两次召开无锡市农村经济发展战略讨论会,讨论无锡农村经济发展状况、矛盾和今后趋势。总结城市大中型企业向乡镇企业学习的情况,直接推动城乡企业"一上一下"互学活动的开展。1988年,抓住发展外向型经济、企业党政分开、企业兼并与股份制、改革思想政治工作等的调研,编发《怎样走向世界》《企业兼并和试行股份制的实践》《无锡十年》等5本书，对动员企业走向世界，实现二次转轨变型起到促进作用。1989年，先后就乡镇工业的资金、市场和战略转移，金融管理、价格管理、票证管理等方面普遍存在问题，农村现代化和加强社会无业人员管理等进行调研，形成《在治理整顿中提高“异军”发展水平》等多篇调研文稿，关于加强社会无业人员管理的建议被市政府采纳。

1990～1994年，围绕外向型经济、搞活大中型企业、提高乡镇工业发展水平、科技教育兴市和基层精神文明等5个方面的工作进行调研，形成《自觉进行经营机制转换是企业搞活的关键》《当前我市农村形势分析和对策建议》《关于发展市场农业的调查》《关于促销工作的几个问题》等调查报告，提出发展“三资”企业是老工业基地振兴的重要途径；上海浦东开放开发是“长三角”外向型经济发展的重要转机；企业要搞活必须面向市场，眼睛向内，坚持改革，自觉实行“一转二增三改”[①]；把经济发展转到依靠科技进步和提高劳动者素质的轨道上来等思路，其中大多数建议得到省市领导的肯定。《当前经济管理方面的漏洞种种及原因对策分析》和《端平企业经营两碗水》两篇调研报告，分别被省纪委和中央纪委转载。在1991年特大洪灾后，针对灾后复产的16个方面问题展开调研，为领导决策提供依据。1994年获省党委系统研究室首次优秀调研报告二等奖1个、三等奖两个。

1995年，撰写调查报告、研讨论文等文稿46篇，其中12篇次被中央级、省级刊物选用，参与《苏锡常特色研究》及《无锡目标管理十周年》两书的编纂。围绕起草市第九次党代会报告承担“发展目标与战略”“改革开放”“社会事业、社会稳定及精神文明建设”等3个分课题的调研；结合省第九次党代会对苏南提出的要求，综合分析无锡的现实条件与可能，逐步形成无锡在江苏率先基本实现现代化的系列研究成果，其主要观点及提法大多被党代会报告所采纳。通过两个月的调查，撰写《华西之路》调查报告，总结华西村30年发展过程和成功经验，其主要观点被中央电视台新闻联播节目作为首条新闻播出，华西经验被介绍到全国。围绕农村经济的发展，分析新形势下全市农村发展所面临的问题，为市委加强对农村工作的领导提供有价值的参考意见。

1996年，形成调查报告16篇，总结典型经验材料3份，编发《决策参考》68期。围绕经济与社会发展中的关键问题，就“拓宽融资渠道，规范金融市场”进行调研，针对社会反响较大的集资问题，提出处理意见。总结华西村、小天鹅公司两个典型经验，起草向华西村、小天鹅公司学习的决定，并与江阴市委联合召开总结探索华西之路的全国性研讨会议。1997年，撰写调查报告、论文30篇，编发《决策参考》48期。围绕国有企业、乡镇企业产权制度改革等问题开展系列调研，形成《放开放活中小企业实践问题的政策解答》《国有大型企业集团改革10条意见》《引进高层次人才与外智问题的调查》等报告和文件。1998年，围绕外贸出口、市场、工业“四化”（集约化、多元化、国际化、现代化）、企业改革、资本经营等问题进行调研，撰写调查报告、论文22篇，编发《决策参考》42期。

1999年，围绕住宅小区物业管理、小城镇发展及其政策建议、城区街道居委职能转换、技术创新及其政策建议、企业思想政治工作、小天鹅技术创新、加快乡镇大中型企业改制转制、跨世纪无锡城市现代化发展、加快中小企业发展等18个课题调查研究。承担并完成中央政策研究室、中央编译局下达的深化国有企业改革、无锡农村基层民主政治建设等课题的研究，并同有关部门合作完成《1999无锡发展报告》的起草任务。其中，技术创新、小城镇建设及政策意见建议和社区服务产业化等调研成果，转化为市委、市政府《加快技术创新的若干意见》《加快我市人才高地建设的意见》和《加快社区服务产业化进程的意见》。

2000年，独立和参与完成关于加快无锡市城市化和城市现代化步伐、关于新时期党建和思想政治工作、关于加快优势企业发展、关于推进产学研结合等21个课题的调查研究，编发《决策参考》31期。围绕无锡城市建设的总体要求，直接承担市委关于优化城市发展空间，实施锡山市等地行政区划调整方案的起草制定。完成无锡建设特大型城市的工作方案，提出建设的总体思路，研究部分地

① 指企业生产经营的指导思想以计划为中心转变为以市场为中心，增强企业产品开发创新能力和自我发展能力，改革劳动人事制度、工资分配制度和内部管理机构。

区、城区重要板块新一轮行政区划调整方案。开展城市资本经营、资产经营系列调研，组织起草经营城市、经营财政、土地经营市场等相关的政策性意见。参与《无锡市“十五”计划总体规划（草案）》的编撰，主持起草《无锡市高新技术产业发展“十五”计划与2010年远景规划》。承担市计委“提高无锡综合竞争能力”和“关于无锡参与西部开发的战略思考”的软课题研究，其中西部课题的研究成果获得省“西部开发和江苏发展论坛”论文一等奖。2001年，围绕增强无锡市综合竞争力、创建全国环保模范城、城市功能和产业布局调整、城市建设投融资体制改革、现代物流产业发展、私营个体经济发展、国有企业改革与发展、政府职能转变、“两级政府、三级管理”等重点课题进行调研，形成《增创新优势，提升竞争力》等20多篇调研报告，《增创新优势，提升竞争力》主要观点被市第十次党代会吸纳，并转化为无锡市在省提升苏南水平会议上的交流材料。围绕市领导关注的马山国家旅游度假区建设专题调研。2002年，撰写调查报告、论文35篇，编发《决策参考》《信息专递》等内部刊物98期。其中《市区部分行政区划调整方案》《城市建设若干问题反映》《市区产业布局调整建议》《应对入世转变政府职能》《建立无锡高层论坛建议》《锡苏两市市区经济发展比较》《城市现代化建设若干建议》《城市经济热点问题反映》等20多篇文稿，得到市领导批示，一些对策建议得到转化和实施。组织起草《无锡市城市建设三年行动纲要》等一批重大政策文件。建立研究室特约研究员队伍，成立无锡市城市经济研究会，拓展调研网络。2003年，围绕争创全省“两个率先”先导区、示范区奋斗目标，撰写调研报告、论文31篇，编发《决策参考》40期，参与城市管理工作会议、城区工作会议、经济形势分析会等重要会议的筹备及文件起草。围绕无锡特大城市建设发展蓝图和加速区域城市化进程的要求，进行关于“实施区域集中战略，加速城市体系调整”的研究，对新一轮城镇体系、结构布局和乡镇区划调整以及新设区体制政策的对接问题，提出思路建议；针对长江三角洲都市圈一体化发展，就“依托上海，主动接轨，加快无锡国际化、现代化进程”问题进行研究，调研报告被省级内刊采用。组织承担《无锡市城市管理三年行动纲要》《无锡市近三年产业布局调整》和《加快无锡地方金融控股集团发展的思路建议》及进行战略重组的方案的制定，成为城市管理，企业退城入园、产业布局战略调整，企业兼并、联合重组的重要依据和工作方案。

2004～2005年，主持完成重大专项课题调研53个，在国家和省级刊物发表研究成果14篇，起草政策意见10多个，编发《决策参考》114期，承办无锡市经济社会发展战略和城乡规划建设专家咨询委员会第一次例会、中国城市经济学会年会暨中国可持续发展高层讨论会等重大会议和高层论坛5个。根据无锡城市发展总体战略，进行“区域整合、南拓北进”城市发展方向课题研究，提出“临江环湖、一核多极”特大城市建设思路，进行无锡建设国家可持续发展实验区专题研究，起草市委《关于建设国家可持续发展实验区行动纲要》。针对无锡市进入人均国内生产总值5000美元以上的发展新阶段，提出“确立科技创新主题，调整发展模式”的发展思路；围绕科学发展观的要求，提出“转变经济增长方式、打造山水名城”的战略措施；就推进无锡城镇组团建设的思路和理论体系进行研究，提出“疏解城市、整合农村、实行多元扁平发展、建立新型卫星城市”的发展理念；围绕影响无锡未来发展的转变经济增长方式、打造山水名城、加快沿江开发和构建和谐社会等重点、热点问题进行研究，提出“把握科技创新主脉，构筑核心竞争力”、社会国际化、无锡和谐发展模式、统筹城乡发展的思路，得到市委主要领导的高度重视。2005年9月，会同市委办、市发改委、市政府研究室等部门，组织市委“十一五”规划建议的调查研究和文稿起草，形成《市委关于“十一五”发展规划的建议》，并根据“十一五”建议，组织起草城市国际化、富民工程等10个专项行动计划。围绕推动创意和设计工业发展，就无锡工业设计园建设发展定位、模式等方面进行调研。就宜兴环科园建设问题，提出转型发展、理顺关系、创新体制，建设“环保新城”的战略发展思路，为市委决策提供依据；根据无锡商贸服务业快速攀升、流量经济迅速放大的发展新特点，提出“发育无锡要素市场，强化中心城市的集聚扩散能级，构建区域性商都”的思路建议；形成《实施重点目标管理工作意见》《关于改进和完善党政领导班子及领导干部政绩考核机制的意见》《关于加快城区重点片区开发的意见》《关于加快太湖国际科技园建设的实施意见》和《关于加强学习型、创新型、服务型党组织建设的实施意见》等多项服务决策的成果，部分直接转化为市委的正式文件。注重经验总结性研究，先后总结形成一汽锡柴、江阴新桥、惠山开发区、崇安主题市场等8个先进典型经验。承办无锡建设国际制造业基地高层专家理论研讨会、“长三角”15+1城市市委研究室主任会议、全省党委系统研究室主任会议、省内高层专家咨询会议等重大会议，就无锡经济社会发展中的重大问题进行讨论。

第九章　党　校

第一节　机　构

1986年3月，市委党校设办公室、组教科、学员工作科、函授科、理论研究室，哲学、政治经济学、科学社会主义、党史党建、科技文化教研室，图书资料室、管理科。1987年，核定编制102人。1990年12月，被省委审定为大专院校体制。

1994年4月8日，无锡市行政学院成立，与市委党校实行“一套班子、两块牌子”。

2000年，市委党校成为省委党校在职研究生无锡教学点。2001年2月，党校从事党务和行政管理工作的人员过渡为参照公务员管理人员。9月，市委面向全国公开选拔市委党校副校长1人。11月，市交通局所属的市交通局职工培训中心成建制并入党校。

2002年，党校核定编制105人，其中参照公务员管理的机关工作人员编制55人（含机关附属工人编制20人），全民事业人员编制50人。内设机构17个，其中行政管理机构8个、教研机构9个。内设机构为：办公室、组织人事处、教务处、财务审计处、建设管理与保卫处、生活服务处、函授处（挂“中央党校函授学院无锡学区”和“中共江苏省委党校干部函授学院无锡分院”牌子）、科研处（挂“中共中央党校无锡科研基地秘书处”牌子）、基本理论教研室、党史党建教研室、经济学教研室（挂“研究生工作办公室”牌子）、行政学教研室、科技文化教研室、图书信息中心、城中培训中心。2003年，增挂“无锡市社会主义学院”和“无锡市预防职务犯罪法制教育基地”两块牌子。

至2005年，在编人员87人，其中正高职称2人、副高职称11人、中级职称21人。同时聘请28名国内专家学者和党政领导干部担任兼职教授。在职的17名专职教师中，有13名是从全国各地引进，其中副教授5名、硕士研究生5名，1名江苏省“333二期工程”第三层次培养对象。

第二节　主体班教学

1986～2005年，市委党校共举办市管领导干部、中青年干部、党外干部、统战干部、纪检干部、公务员初任与任职培训、军转干部培训等主体班226个，参加学习1.48万人次。

一、干部培训

1.市管领导干部培训班

1989年5月～2003年12月，市委党校先后举办11轮116期市管领导干部培训班，共轮训7663人次。主要学习马列主义、毛泽东思想基本原理，邓小平理论，党的路线、方针和政策，社会主义建设的必备知识和党的基本知识。2003年，举办5期市管领导干部学习中共十六大精神读书班、5期市管领导干部学习中共十六届三中全会精神读书班、1期新提任县处级领导干部廉政教育会，参加学习的市管领导干部共1226人次。

2005年4月，根据省委《实施“百千万”党政领导干部培训工程的意见》和市委《党政领导干部新知识新技能学习培训的计划》（以下简称“双新”），在全省率先启动新一轮干部培训，第一期市管领导干部“双新”学习培训班开学，99人参加1个月的学习培训，全年共举办3期。“双新”培训主要开设现代政府公共管理、现代金融与外经外贸、现代城市建设和管理等课程。“双新”培训创新教学模式，突出资源整合与教学互动的特点，聘请一批国内著名专家学者和有关领导到校授课，并采用案例教学、小组研讨、学员论坛等多种教学方式；“双新”培训创新教学管理和学员考核方法，突出从严治学与全员参与的特点，建立并实施学员百分综合考评制度、主体班学员党校学习情况通报制度、优秀学员评比制度，建立学员学习档案数据库，提升教学管理水平。

2.中青年干部培训班

1986～2005年，举办第 五～三十期中青年干部培训班。2004～2005年，举办两期中青年领导干部执政能力建设专题培训班，每期约2～6个月。提升学员的理论基础、世界眼光、战略思维和党性修养。2004年后，采取市内与市外、境内与境外相结合的“开放式、流动式”培训方式。为期3个月的培训，开头与结尾两头在党校，对学员进行基本理论、市情和党性教育，其余时间组织学员到上海、北京和新加坡等地，就国际贸易、政府管理、行政体制改革、城市建设与管理、社会危机处理等内容学习考察。

3.机关公务员培训班

1996年7月，举办首期机关公务员过渡培训班，参加学习57人。1999～2005年，先后举办国家公务员任职培训班、新录用公务员初任培训班和军队转业干部培训班。按照《国家公务员培训暂行规定》的要求，市行政学院与市委组织部、市人事局紧密配合，精心组织，公务员培训规范有序。任职培训中，把基本理论、能力培训和体验式教学有机结合起来，开展情景模拟教学、课前即席发言、撰写调研报告等多种教学活动，第十九期任职班还引进“学习型组织理论研习营和移交—经营—移交（TOT）”等现代培训理念。

4.党外干部培训班

1987年3月，举办第一期统战干部培训班，学员47人。市委党校与统战部合作，共同做好非中共中青年干部、统战干部、民主党派骨干等班级的培训。1989年9月，举办第一期非中共中青年干部培训班，52名学员参加两个月的学习。

5.其他干部培训班

1986～2005年，先后举办纪检监察干部培训班、领导干部党风廉政教育学习班、高级专技人才理论培训班、挂职干部培训班、乡镇干部培训班、宣传干部进修班、秘书工作研讨班、法制学习班、新闻文化教育班、对台干部学习班、科技工作者学习班、优秀团干部班等。

二、学历教育

1986～1989年，市委党校按照干部教育正规化的要求，继续举办两年制脱产大专班，新招收两期106人。累计举办干部大专学历班5期，毕业410人。

1985年起，举办党校函授教育，成为省委党校干部函授学院无锡分院和中央党校干部函授学院江苏分院无锡学区，形成以市委党校为中心，市（县）、区级党校为依托，覆盖全市的党校函授教育网络，开辟党校培养人才的新途径。至2005年，共毕业学员16180人，其中大专毕业生10218人、本科毕业生5962人，绝大部分已经成为经济社会建设和发展中的骨干力量。

2000年春季，首次举办党校研究生班，开设经济学专业，成为省委党校党员干部在职研究生教学点。每年新招1个班，先后开设经济、法律、社会学等专业。至2005年，有3个班221名学员获得省委党校在职研究生毕业证书。2005年10月，研究生教育管理再次通过省委党校的检查评估，被评为省委党校党员干部在职研究生优秀教学点。

党校发挥师资、管理等优势，面向社会，先后与华东理工大学、苏州大学和湖南大学等高校联合举办大专、本科班，与南京农业大学联合举办公共管理硕士班和农业推广硕士班。1986～2005年，联合办学共毕业1770人。

第三节 科 研

一、科研活动

1997年5月，中共中央党校无锡科研基地在市委党校挂牌成立。1998年7月，中央党校无锡科研基地、省委党校共同主办’98乡镇企业改革与发展研讨会。1999年起，市委党校连续3届（1999年、2002年、2005年）获得省党校系统优秀科研组织奖。2004年和2005年，分别承办全国党校系统“科学发展观”理论研讨会、国家行政学院和中国行政管理学会教学研究会2005年年会暨公共部门绩效管理与评估研讨会。市委党校组织教研人员撰写的论文多次参加高层次学术交流活动。2004年后，市委党校入选全国党校系统理论研讨会5篇、中韩伦理研讨会1篇、省委宣传部等部门联合主办的全省性重大理论研讨会7篇。

图22－11 2004年5月，全国党校系统“科学发展观”理论研讨会在无锡召开 （市委党校供稿）

二、科研成果

1986～2005年，市委党校共发表科研成果1200多项，包括省级以上成果500多项，著作144项。有多篇论文在《求是》《人民日报》《光明日报》《群众》《中国共产党》等报刊发表。1999～2005年，共获得全国党校系统优秀科研成果三等奖1项；省精神文明建设“五个一工程奖”两项；省哲学社会科学优秀成果三等奖两项；省党校系统优秀调研决策咨询奖一等奖1项、三等奖两项，优秀科研成果二等奖1项、三等奖15项，市哲学社会科学优秀成果奖一等奖1项、二等奖6项、三等奖14项；市精神文明建设“五个一工程奖”3项；市科技进步奖四等奖1项。2000年，共获中央党校课题3项、省哲学社会科学规划课题3项、省“三个代表”重要思想研究会课题2项（其中1项为重点课题）、市委重点委托课题2项、市哲学社会科学重点招标课题两项，市软科学课题5项；向市委、市政府、市有关部门提供决策调研报告20余项。2003年，《我国沿海发达地区率先基本实现现代化的实证研究》被列为中共中央党校重点调研课题，并成为国家特别委托课题《全面建设小康社会》的子课题，实现在国家级课题的立项上零的突破。

1992年7月，中央党校无锡科研基地、市委党校、市行政学院主办综合性社会科学理论刊物《太湖论丛》。至2005年，共出刊55期，有14篇文章被中国人民大学报刊复印资料《体制改革》全文转载，30多篇被列为索引。

第十章　老干部工作

第一节　机　构

1986年3月，市委老干部局增设接待科。1987年3月，内设机构更名为办公室、一科、二科。1997年5月，一科、二科更名为政治工作处、生活福利处。2001年11月，生活福利处增挂“市管退休干部处”牌子。2005年，内设机构为办公室、政治工作处、生活福利处（市管退休干部处）。下属单位有市老干部活动中心（市老干部管理服务中心、市老年大学），市老年事业服务中心。

第二节　老干部概况

1986～1990年，无锡市有离休干部5319人，其中享受地市级待遇468人、享受县处级待遇2401人，共产党员3946人。

至2000年末，全市离休干部总数为3844人（不包括易地安置来锡离休干部299人和部省属离休干部662人）。离休干部中：按参加革命工作时间分，红军及红军时期5人，抗日战争时期1090人，解放战争时期2749人；按享受待遇分，地市级待遇321人，县处级待遇1628人，科级待遇534人，其他待遇1361人；按年龄分，70～79岁2708人，80岁以上376人，年龄最大的98岁，平均年龄73.7岁；按机构分布情况分，机关1047人，事业单位945人，企业单位1852人。离休干部中，中共党员2909人，占离休干部总数的75.7%；有老干部党总支1个，单建党支部465个，单建党小组217个。离休干部中，有高级专业技术人员176人，中级专业技术人员254人，初级专业技术人员99人。有1567人在各个岗位上继续发挥作用，其中从事关心教育下一代工作的257人，参加居委会工作的76人，从事种植养殖业及专业技术服务的156人。

至2005年末，全市离休干部3247人（含江阴市351人、宜兴市456人），平均年龄77.9岁。是年去世127人，转至省直系统40人。按参加革命工作的时期分，第二次国内革命战争时期2人，抗日战争时期850人，解放战争时期2395人；按现享受待遇分，享受地市级政治、生活待遇250人，享受县处级政治、生活待遇1292人，享受科级及其他待遇1705人；按机构性质分，机关846人，事业815人，企业1586人；按性别分，男性2774人，女性473人；按年龄分，69岁以下3人，70～79岁2008人，80～89岁1183人，90岁以上53人。另有在锡的部省属单位离休干部619人，外省市安置在锡的离休干部262人。全市有老干部工作专职干部90多人。

第三节　落实政治待遇

1990年起，无锡市建立落实老干部政治待遇的各项制度。实行通报工作制度，市委主要领导每年两次向市级老领导，享受地市级政治、生活待遇的离休干部，市管退休干部和离退休干部党支部书记通报工作；实行形势报告制度，请专家、学者每年两次向老干部报告国际、国内形势；分层次每年组

图22-12　2004年，“共和国之恋”电视专栏现场与老同志访谈
（市委老干部局供稿）

织老干部就近、就地参观工农业生产项目和改革开放、经济社会发展成果。

1992年起，每年组织离退休干部党支部书记进行为期1周的学习培训。1997年，制定《进一步落实老干部政治待遇的意见》，明确和规范落实老干部政治待遇的各项制度。1998年起，按照“政治坚定、思想常新、理想永存”的目标要求，每年在老干部中开展主题实践活动。先后组织开展“学会生活、积极养老”“做文明老人、促城市文明”“学习‘三个代表’争当‘三个模范’”“共建和谐无锡、谱写晚霞新篇”等主题教育活动。举办“岁月如歌——无锡市老干部风采展”“重走当年进军路、喜看无锡新风貌”“共和国之恋”“党的光辉照我心”电视访谈等大型活动。

2004年，组织老干部和青年干部开展优势互补、互学、互帮的“两代人携手共进”主题活动，2000多名老干部与青年干部参加。活动内容丰富，形式多样新颖，被评为全市组织工作创新成果一等奖。10月，离休干部伏敏被评为全国老干部先进个人，江阴市霞客镇老干部党支部被评为全国先进离退休干部党支部。

2005年，在保持共产党员先进性教育活动中，在党员老干部中开展“永葆革命本色，树立先进形象”主题教育活动，组建老干部先进事迹报告团，编印老干部先进事迹《闪光的足迹》两万册，教育活动受到省先进性教育督导组好评。针对老干部高龄、高发病的特点，创新离退休干部的学习形式，与无锡教育电视台共同创办“老干部荧屏党校”，每月1课，每周播放1次，方便离退休干部居家学习。

第四节　落实生活待遇

1986年后，无锡市从医疗、住房等方面逐步提升老干部生活待遇。

1987年，在市第一、第二、第四人民医院建立和扩建老干部病房，在4个区级医院设立老干部病房床位；对红军、地市职和部分享受地市级待遇年高体弱的离休干部实行巡回医疗、送医送药上门；解决离休干部住院期间空调费报销问题。2月，市委办印发《老干部工作会议纪要》，要求原单位负责从优解决老干部住房困难。明确符合离休条件而未办理手续就已病故的老干部，其遗属同离休干部遗属一样享受有关待遇。

1988年6月，开始发放离休干部参观工农业生产费、特需经费、交通费。1989年9月30日，解决市区离休干部液化气问题。1990年，由市计委和市公安局协商逐年解决全市（含一市三县）离休干部配偶户口农转非问题。1992年5月21日，市委办公室解决部分原区局职离休干部安装住宅电话问题，电话初装费减半，住宅电话费实行定额包干。1992年起，对无工作生活困难的离休干部配偶定期定额补助，由离休干部所在单位给予每人每月20元的补助。

1993年开始，明确机关事业单位按年发给在职干部目标管理奖的一半发给离休干部，企业参照执行。1995年6月，印发《关于企事业单位部分离休人员按照机关职级工资套改的有关政策》。2000年8月，印发《无锡市区离休干部、老红军统筹医疗管理暂行办法的通知》，解决离休人员遗属（无工作的配偶）医疗待遇，年人均统筹费用1100元。市区离休人员医疗实行单独统筹，人均年统筹医疗费征缴基数根据年人均实际使用额逐步增长。2001年12月，市委办、市政府办转发市劳动和社会保障局等部门《关于完善离休干部离休费医药费保障机制的意见》，完善离休干部离休费保障机制、医药费保障机制及财政支持机制。2003年8月，印发《做好改制企事业单位离休干部管理工作的意见》，市属改制企事业单位离休干部费用按每人每年医药统筹费1.5万元、相关经费1.3万元，共提10年，从净资产中一次性提取28万元并上缴市财政部门。费用上缴后，离休干部由市委老干部局统一管理，并委托离休干部常居住地的市（县）、区委老干部局负责日常管理。2004年起，市财政建立60万元资金对医疗自付费过多造成生活困难的离休干部给予补助。

2004～2005年，制定《无锡市企业离休干部住房货币补贴实施办法》《无锡市市级机关和事业单位离休干部住房货币补贴工作的实施办法》，累计为884名市属企业离休干部、105名市级机关事业单位离休干部发放住房货币补贴2692.8万元，解决离休干部住房的历史遗留问题。

第十一章　保密工作

第一节　机　构

1978年，市委恢复保密委员会。1980年9月，市委保密委员会设办公室。1981年，全市有141家单位建立保密组织。1988年8月，市委保密委员会办公室对外挂牌“无锡市国家保密局”。1989年8月，各县（市）、区委保密委员会办公室对外增挂“保密局”牌子。1999年末，全市230家县处级以上基层单位均建立保密组织。2001年，市委保密委员会办公室（市国家保密局）与市委机要局合署办公。各市（县）、区保密局与机要局统一合并为市（县）、区委机要保密局，市及市（县）为部门管理机构，区为挂牌机构。

2005年，市保密局内设机构为办公室、法规处、科技处、通信处。

第二节　保密教育

1986年7月起，市委保密委员会编发《无锡保密工作》简报。1988年起，全市每年举办各个层次的保密知识培训班。1988～1989年，围绕《中华人民共和国保守国家秘密法》（以下简称“保密法”）的颁布与实施，开展一系列保密宣传教育活动。1990年，中共中央颁发《关于加强保密工作的通知》后，各地各级党委和保密组织学习贯彻，普遍加强对保密工作的领导，把保密工作列入议事日程。

1991年，对县处级以上干部执行省委保密委员会《关于县处级以上干部保守党和国家秘密的暂行规定》情况进行检查。1993年，为纪念保密法颁布5周年，先后印发《在全市开展保密法制宣传教育的通知》，组织开展形式多样的宣传活动。1994年，全市33520人参加市保密局组织开展的保密法及其配套法规的测试活动。1997年，中共中央颁发《加强新形势下保密工作的决定》后，市委常委会专题听取全市保密工作的汇报，并以决议的形式提出加强保密工作领导的要求。1998年起，市委、市政府每年年初召开全市保密工作会议，总结、研究和部署工作。1998年，以纪念保密法颁布10周年为主题，全市设立12个宣传点，市委保密委员会召开座谈会，154个部门4.8万多人参加“全国保密知识竞赛”，75个部门和单位共组织两万多人观看保密宣传教育录像片。1999年，通过调研，选择有关国防军工、科技攻关、经济建设和对外合作项目、党政机关、金融企业等重点涉密单位和项目，采取与单位负责人签订保密责任书的形式加强管理。先后与11家重点涉密单位、23个重点涉密项目、14家涉密计算机信息系统单位的负责人签订保密责任书。

2000年以后，以互联网、局域网、内部刊物、画廊、闭路电视系统、多媒体显示屏等为阵地，进行保密宣传教育。2001年，组织开展“新世纪的保密工作”征文及优秀论文评选活动，围绕中国加入世贸组织，国民经济和社会信息化，涉密人员流动对保密工作带来的挑战、影响及对策等课题，展开理论研讨活动。此后，全市每年组织开展保密论文的撰写与评选活动。6月，100多名领导干部、保密干部和涉密人员赴南京参观由中央保密委员会办公室、国家保密局主办的“警钟长鸣——窃密泄密案例展”。10月26日，印发《对〈党政领导干部保密工作责任制的规定〉落实情况进行检查的通知》。各单位就领导干部贯彻落实保密工作责任制的规定进行自查。2002年，全年共有10万多人次收看电视专题片《创举——中国普法之路》、保密影视连续剧《绝路》，7000多人次观看保密宣传教育录像片、VCD影视片。同年，在中国无锡门户网站开设保密工作网页，完成修改保密法“关于建立和落实定密责任”子课题研究任务，建立无锡市保密法制建设信息库。

2003年，以保密法颁布15周年为契机，组织人员到机关和企事业单位作保密知识专题讲座。9月，开展保密法制宣传月活动，举办保密知识竞赛，组织领导干部、公务员、涉密人员和社会有关人员共1.8万人参加。配合省保密局对市公安、法院、检察院、纪检系统近600名办案人员专题培训。同年，市保密局组织编写并印发3000多册《保密工作手册》。2004年，组织开展“进行一次集中学习、进行一次保密教育、开展一次保密检查、组织一次保密知识测试、举办一期保密业务培训”为内容的“五个一”活动，组织1000多名县处级以上领导干部进行保密知识测试。

2005年10月，召开全市保密工作创新研讨会，围绕保密工作体制、机制等方面的问题研究和探讨。12月，组织召开全市保密宣传教育工作会议，市保密局编写、印发1万多本《保密宣传手册》。

第三节　保密管理

一、保密范围和密级划分

1984～1985年，市委办、市人大常委会、市政府办、市政协、市纪委等40多家单位相继出台保密工作暂行规定，市委农工部、台办、党校，市计委、经委、安全局等30多家单位制定关于保密范围和密级划分的暂行规定。

1989年12月，市委保密委员会发出通知，明确中央国家机关各部门根据其业务管辖范围分别制定的保密范围规定是全国统一适用的标准，要求各机关、单位以中央国家机关有关部门下达的保密范围为准，只需做好“对号入座”工作，无需再层层制定保密范围。

1990年，按照《国家秘密及其密级具体范围的规定》，在市交通系统开展定密工作的试点，并在此基础上召开全市定密工作会议。至1992年末，8个市（县）、区和101家局级以上机关单位完成集中定密工作，共确定以上地区和单位产生的国家秘密事项2022项。

1999年，根据重新制定的《国家秘密及其密级具体范围的规定》，各机关单位开展重新定密工作，至2002年基本完成。

2004～2005年，无锡市作为全国定密责任制的试点地区之一，在市公安局、614研究所开展定密、解密责任制的试点工作。

二、重点部门管理

1981年始，市委保密办先后就印刷复制、密级文件管理、通信保密、合资拍摄影片、留学生管理、外事活动、统计工作、科技工作、计划资料、气象情报、新闻报道、对外提供资料、物价调整、外商投资企业、新闻出版、涉外饭店、国防军工、商业秘密、国家统一考试等方面出台相关的保密管理规定，建立健全各项保密管理规章制度。

1989年起，保密工作列入涉外宾馆、涉外项目选址审批内容。12月，市保密局、公安局、工商行政管理局、供销合作总社等部门联合印发《关于加强保密废纸回收销毁管理工作的通知》，对保密废纸回收作出规定，以“一站、一库、一厂”的形式加强保密废纸的回收、销毁工作。1990年，按照国家保密局《印刷、复制等行业复制国家秘密载体暂行管理办法》的要求，确定12家印刷复制国家秘密载体的定点单位。同年，市委保密委员会印发《关于试行保密工作目标管理百分考核制的通知》，把各机关单位分成13个保密工作活动组，对20个保密工作的项目进行考核。

1991年，按照国家保密局《做好保密要害部门（部位）保密工作的意见》，各机关单位开展保密要害部门（部位）的确定工作，至年末共确定保密要害部门71个、保密要害部位266个。各机关单位按照规定，从硬件设施和制度完善两个方面加强对保密要害部门、部位的管理。

1992年，印发《对外提供文件、资料有关问题的通知》。1994年，颁发《无锡市外商投资企业保密工作管理暂行规定》。1995年，制定印发《关于试行“市级机关保密工作八项基本要求”的通知》。1997年始，市保密局牵头成立市复制国家秘密载体定点单位保密工作协作组，并建立年报、年检制度和持证上岗制度，每年与定点单位签订保密责任书，并加强检查。1999年，印发《无锡市商业秘密管理暂行规定》，对商业秘密的范围、认定、权利归属、保护等问题作出规定。

2003年起，各国防武器装备科研生产单位开展保密资格审查认证工作；对各市（县）、区、各机关单位的保密工作实施年度考核。2004年，根据省保密局的要求，各机关单位再次开展保密要害部门部位的确定工作，在市级机关共确定要害部门81个、部位128个。2005年，各市（县）、区、各机关开展保密要害部门、部位的确定工作。

三、查处失泄密事件

1981年起，每年对泄密事件进行查处和通报。1984年3月，印发《建立保密工作报告制度的通知》，要求各县、区，各部门保密委员会每年年终上报总结，发生窃密及重要泄密、失密事件须及时报告。

1984～1990年，共查处泄密事件5起。1991～1997年，共查处泄密事件11起，其中刑事处分1起。1998～2002年，共查处泄密事件4起。2003年起，计算机互联网上泄密事件增多，加大网上泄密事件的查处力度。

第四节 保密技术

1992年，市委保密委员会转发国家保密局制定的《涉密计算机系统口令字使用管理指南》，对各单位使用、管理和建设涉密计算机系统进行指导。

1993年，市委保密委员会转发省保密局制定的《办公自动化保密工作暂行规定》，对通信和办公自动化工作中的保密管理作出规定。同年起，市委保密委员会、市国家保密局先后颁发《加强现代通信保密技术防范的意见》《办公自动化保密工作暂行规定》《计算机信息系统管理暂行规定》《国际互联网使用管理制度》《计算机机房管理制度》《上网信息保密审查制度》《关于严禁用涉密计算机上国际互联网的通知》《无锡市政务专网保密管理暂行规定》等一系列规章制度，各机关单位按照要求结合工作实际建立健全保密技术方面的相关制度。各级保密工作部门每年到各有关单位进行计算机信息系统安全保密知识讲座，普及技术防范知识，推荐技术防范设备，指导采取防范措施，并运用保密技术检测，查找系统漏洞，提出整改措施。

2001年6月，针对计算机信息系统安全保密工作存在的问题，市保密局与市公安局联合召开计算机信息系统安全保密管理工作会议。2002年起，市保密局全程参与无锡市电子政务网的规划论证、建设及后续管理。

2003年9月，首届全国保密技术检查工作研讨会在无锡召开。11月，130多个党政机关、重点涉密单位的200多名计算机信息系统相关人员参加市保密局举办的计算机信息系统安全保密管理培训。2004年，市保密局颁发《无锡市政务专网保密管理暂行规定》，会同市信息化办公室与每一个接入网单位签订保密责任书。2005年，对无锡市党政机关、重点企事业单位利用计算机及其网络处理国家秘密信息的情况调查。为确保计算机硬盘、优盘等涉密载体在维修和数据修复过程中的安全保密，在无锡市确定一家单位为江苏省涉密载体维修及数据修复定点单位。

第五节　保密检查

1986～1990年，市委保密委员会每年印发开展保密检查的通知，开展重大节假日、重要活动期间的保密检查活动。

1992年，按照国家保密局《关于保密检查的基本要求》，明确保密检查的原则、对象、内容与方法。市委保密委员会对50个测绘资料归口单位进行综合性的测绘成果保密检查。1994年，省人大执法检查组对无锡市保密法规执行情况检查。对市广电局、无锡日报社、江南晚报社、华东信息报社等4家主要新闻单位的保密规定执行情况检查。1995年，市保密局配备电话机保密检查装置、有线保密电话机、无线电超短波接收机及其他保密防范设备。

1998年起，开展对高考和中考试卷的保密管理和检查。1999年，开展检查清除BO（Back Orifice，后门）黑客程序，加强计算机信息网络互联网的安全保密工作，以及查缴泄密非法出版物的工作。市人大常委会对保密法贯彻执行情况组织执法检查。

2001年，对27家单位的局域网、服务器抽查。2002年，对互联网有害信息专项清理整治，并对28个公共网站检查。开展计算机信息系统（网络）及其安全保密管理情况调查。2003年，对7个科研院所、重点企业的科技保密工作检查。根据中共中央保密委员会《严禁用涉密计算机上国际互联网的通知》要求，市保密局分两个阶段对45家单位的计算机使用情况检查。2004年，对江阴市、宜兴市等9个市（县）、区党政机关计算机网络安全保密情况检查。开展无锡市涉密测绘成果保密管理情况。

2005年，组织开展历时3个月的保密大检查活动，针对存在的问题和隐患，完善各项规章制度。根据国家和省保密部门的要求，开展传播国家秘密信息的互联网站检查整顿工作。

无锡市志

【第三册】

第二十三卷

无锡市人民代表大会

概　述

1986～2005年，无锡市人民代表大会历经5届，即第九届、第十届、第十一届、第十二届、第十三届。共举行21次会议，每次会议收到议案、质询案以及建议、批评和意见（以下简称“建议”），作出决议、决定150项。会议期间，听取和审议市政府工作报告、市计划委员会（后为市发展和改革委员会）关于年度国民经济及社会发展计划执行情况和安排的报告（以下简称“计划报告”）、市财政局的年度决算预算报告（以下简称“财政报告”）、市人大常委会工作报告、市中级人民法院和市人民检察院工作报告、代表议案建议办理情况的报告等，并作出通过有关报告的决议；听取和审议无锡市国民经济和社会发展“七五”“八五”“九五”“十五”计划纲要，通过相应决议；先后通过议案决议20项，向政府提出质询案3件。在市十一届人大三次会议上，审议通过《无锡市人民代表大会议事规则》；在市十二届人大五次会议上，审议通过《无锡市制定地方性法规条例》。

市人大常委会先后作出决议、决定159项。其中关于农业发展、整顿建筑市场、城镇职工基本养老保险扩面、贡湖水源保护、拆除违法建筑、“非典”防治、失地农民社会保障、惠山青龙山保护等方面事项的决定49项；市人大各次会议的召开，市和市（县）、区、乡镇换届选举，行政区划调整等方面事项的决定46项；接受市政府、市中级人民法院、市人民检察院领导人员辞职和确定代理人选、接受市人大常委会组成人员辞职、对违法违纪的市人大代表进行处理等人事方面事项的决定37项；批准财政年度决算预算、经济和社会发展计划、预算的部分调整及变更、城市总体规划的编制等方面事项的决定27项。

市人大常委会通过听取和审议专项工作汇报，组织人大常委会组成人员、代表开展视察、调查研究和执法检查等形式，对几十部法律法规贯彻实施情况开展监督。组织人大代表先后对市公检法机关、市工商行政管理局、市文化局、市建设局、市国土资源局等部门开展工作评议。

市人大常委会依法制定地方性法规43件，修改21件（次），废止8件。1996年、2001年、2004年，进行3次大规模的法规集中清理工作。

历届人大第一次会议选举和任命市人大、市政府、市“两院”领导人（名单见有关卷）。市人大常委会共依法任免干部1291人次，其中任命899人次、免职392人次。市人大常委会接受市长、市中级人民法院院长、市人民检察院检察长因故不能担任职务而提出辞职的10人次，决定代理人选10人次，接受市人大常委会组成人员辞职16人次。1994年起，市人大常委会探索并开展述职评议工作。2003年起，对述职报告进行满意度测评，推行任前承诺制，拟任命人员在任命前向市人大常委会会议作出承诺。2004年起，对提请任命人员进行任前法律知识考试。至2005年，市人大常委会会议听取和评议市政府组成人员和市中级人民法院、市人民检察院副职领导人员121人次的述职报告。

历届市人大代表围绕全市中心工作、市人代会的各项决议、代表和群众关心的热点问题，通过代表小组活动、持证视察、专题视察及调研、参加立法座谈、明查暗访等形式，参政议政，履行代表职责。市人大常委会尊重和维护代表权利，发挥代表作用，完善代表活动制度；通过建立代表地区大组、行业大组、专业小组等形式，完善代表活动网络；邀请代表列席市人大常委会会议，参加视察、执法检查、调查研究、立法听证等活动，为代表订阅寄送报刊资料，拓宽代表知情知政、参政议政的渠道；办理代表议案、建议、批评和意见，加强对代表议案决议和重点建议的督办。20年间，督办代表建议8479件。受理来信来访26555件（批次）。

第一章　人民代表

第一节　代表选举

各届人民代表的选举根据《中华人民共和国全国人民代表大会和地方各级人民代表大会选举法》（以下简称“选举法”）的规定，在代表名额的分配、酝酿、协商、提名推荐候选人和确定正式候选人，以及选举等各个环节上发扬民主，依法办事，重视代表素质的提高和结构的合理。市十二届人大代表的选举按重新修改的选举法进行。

一、市十届人大代表

1986年，全国人大常委会修改选举法、《中华人民共和国地方各级人民代表大会和地方各级人民政府组织法》（简称“地方组织法”）。是年末，《江苏省各级人民代表大会选举实施细则》作出相应修改。1987年8月，市九届人大常委会第三十三次会议根据全国和省人大常委会关于精简、效能，便于开会、讨论决定问题的原则和适当减少地方各级人大代表名额的要求，结合无锡的实际情况，作出关于市十届人大代表名额和选举问题的决定，确定代表名额的分配方案。

在酝酿推荐代表候选人阶段，先由各县（市）、区、局组织有关单位和部门，在分析市九届人大代表情况的基础上，根据本部门的实际情况，提出初步名单。征求各主管部门、基层单位、党内外等各方面的意见，召开座谈会听取群众的反映。各县（市）、区人大常委会组织县（市）、区人大代表，采用听介绍、看材料、召开座谈会、与候选人直接见面交谈等多种形式，对初步提名的候选人熟悉了解。最后召开民主协商会议，听取市、县（市）、区各政党、各人民团体的意见，确定初步名单，向大会主席团推荐。县（市）、区人大代表10人以上联名推荐的候选人6人，经提交代表反复酝酿、协商，全部列入代表正式候选人名单。各县（市）、区在选举市十届人大代表时，实行差额选举。

至1987年11月，全市各市（县）、区和解放军驻无锡部队先后召开人民代表大会和军人代表大会，选举产生市十届人代会代表586人，选举工作按原定计划完成。586个代表中，崇安区人代会选举产生95人，南长区人代会选举产生97人，北塘区人代会选举产生74人，郊区人代会选举产生111人，江阴市人代会选举产生65人，实际选举产生64人（因有两名票数相等的候选人在重新投票时均未获过半数选票）；无锡县人代会选举产生67人；宜兴县人代会选举产生69人；解放军驻无锡部队军人代表大会选举产生9人。

二、市十一届人大代表

省人大常委会确定无锡市十一届人大代表名额597人。1992年9月，市十届人大常委会第三十三次会议根据省人大常委会关于全省十一市下届人大代表名额的决定精神，原则通过无锡市十一届人大代表产生办法和代表名额的分配方案。

市人大代表候选人的提名，依法由市和市（县）、区各政党、各人民团体联合推荐以及市（县）、区人大代表10人以上联名推荐结合进行。各市（县）、区、局和市级机关、各民主党派、解放军驻无锡部队，重视代表候选人的提名工作，严格按照代表素质的要求和市人大常委会分配的名额，反复酝酿、协商，征求被提名候选人所在单位和党内外有关干部群众的意见，提出候选人的建议名单。在此基础上，市和市（县）、区党委召开由各政党、人民团体参加的协商会议，确定向市（县）、区人代会主席团推荐的候选人名单。

选举过程中，各选举单位实行差额选举。凡是代表10人以上联名推荐的候选人，全部列入代表候选人名单，并同联合提名推荐的代表候选人一起提交全体代表酝酿、协商，主席团根据较多数代表的意见，确定正式候选人名单；在代表出席人数、确定当选人等方面，严格按照选举法的有关规定执行。选举过程符合法律程序要求。

至1993年2月20日，全市各市（县）、区和解放军驻无锡部队先后召开人代会和军代会，选举产生无锡市十一届人代会代表596人，选举工作按原定计划完成。596个代表中，江阴市65人，无锡县68人，宜兴市69人，崇安区86人，南长区93人，北塘区70人，郊区121人，马山区14人，解放军驻无锡部队10人。尚留1个机动名额。

三、市十二届人大代表

省人大常委会确定无锡市十二届人代会代表名额为433人。1997年7月，市十一届人大常委会第三十三次会议通过《关于市、县两级人大换届选举有关问题的决定》。8月，市十一届人大常委会第三十四次会议通过《关于市人大代表名额分配方案》，并报经省人大常委会会议批准。

市人大代表候选人的提名，依十一届人大选举办法执行。各选举单位在选举过程中，实行差额选举和无记名投票。至1998年1月7日，全市各市（县）、区和解放军驻锡部队先后召开人代会和军代会，选举产生无锡市十二届人代表会代表429人，选举工作按原定计划完成。429个代表中，江阴市69人，锡山市67人，宜兴市70人，崇安区43人，南长区47人，北塘区42人，郊区70人，马山区11人，解放军驻无锡部队10人。尚留4个机动名额。

四、市十三届人大代表

省九届人大常委会第三十一次会议确定无锡市十三届人代会代表名额与上届相同，仍为433人。2002年9月，市十二届人大常委会第三十七次会议通过《关于市、县两级人大换届选举有关问题的决定》，以及市第十三届人大代表名额分配调整方案，并报经省九届人大常委会第三十二次会议批准。

第十三届人大代表候选人的提名与选举，依十二届人大代表选举的办法执行。至2003年1月10日，全市各市（县）、区和解放军驻无锡部队先后召开人民代表大会和军人代表大会，选举产生无锡市十三届人代会代表428人，选举工作按原定计划完成。市人大代表中，江阴市69人，宜兴市68人，崇安区46人，南长区51人，北塘区46人，锡山区36人，惠山区33人，滨湖区69人，解放军驻无锡部队10人。除南长区人代会未选足1名市人大代表外，尚留4个机动名额。

1986～2005年无锡市人大代表构成情况表

表23-1　　　　单位：人

<table>
<tr><th colspan="3">届次
人数</th><th>九届</th><th>十届</th><th>十一届</th><th>十二届</th><th colspan="2">十三届</th></tr>
<tr><td colspan="3">总人数</td><td>814</td><td>586</td><td>596</td><td>429</td><td colspan="2">428</td></tr>
<tr><td rowspan="5">其中</td><td>工人</td><td>人数</td><td>237</td><td>156</td><td>140</td><td>48</td><td rowspan="2">工农</td><td rowspan="2">132</td></tr>
<tr><td>农民</td><td>人数</td><td>62</td><td>46</td><td>45</td><td>71</td></tr>
<tr><td>知识分子</td><td>人数</td><td>191</td><td>144</td><td>152</td><td>141</td><td colspan="2">129</td></tr>
<tr><td>干部</td><td>人数</td><td>209</td><td>153</td><td>174</td><td>122</td><td colspan="2">123</td></tr>
<tr><td>归侨</td><td>人数</td><td>7</td><td>5</td><td>6</td><td>6</td><td colspan="2">3</td></tr>
</table>

续表

人数 \ 届次			九届	十届	十一届	十二届	十三届
其中	军人	人数	13	9	10	10	10
	其他	人数	95	73	69	31	31
	妇女	人数	199	136	141	108	94
	非中共代表	人数	291	223	217	133	118
	本科（以上）	人数	—	—	—	156	191
	大专（以上）	人数	242	247	344	163	165
	36～55岁	人数	504	412	517	334	358
	56岁以上	人数	180	81	26	46	49
	上届代表	人数	246	200	225	159	152

1986～2005年无锡市出席第七～十届全国人民代表大会代表名单

表23-2

届次	姓名	性别	工作单位及职务
第七届（8人）	王宏民	男	中共无锡市委副书记、市长
	潘　多	女	无锡市体委副主任
	董世汤	男	中船总公司第702研究所所长
	谭泉海	男	江苏省宜兴紫砂工艺厂工艺美术师
	翁心鹤	男	无锡市麻棉纺织厂咨询办公室主任
	吴仁宝	男	江阴市华士镇华西村党总支书记
	杨志明	男	无锡县前洲镇党委书记、镇长、工业总公司经理
	严克强	男	无锡市崇安饭店副总经理兼美容厅经理
第八届（8人）	洪锦炘	男	中共无锡市委副书记、市长
	潘　多	女	无锡市体委副主任、中华全国体育总会副主席
	董世汤	男	中船总公司第702研究所所长
	赵森森	男	无锡柴油机厂总工程师
	谭泉海	男	江苏省宜兴紫砂工艺厂副总工艺师、宜兴市人大常委会副主任
	许忠兴	男	无锡钢厂炼钢三分厂炉前班班长
	程惠明	女	无锡华联商厦商场副经理、党支部副书记
	吴仁宝	男	江阴市华士镇华西村党委书记
第九届（8人）	吴新雄	男	中共无锡市委副书记、市长
	潘　多	女	无锡市体委副主任
	吴有生	男	中船总公司第702研究所所长
	曹幼铉	男	威孚集团联合汽车电子公司无锡厂副经理
	许忠兴	男	江苏锡钢集团公司第三炼钢厂副厂长
	钱红菱	女	无锡市第一中学英语教师
	周耀庭	男	锡山市红豆集团公司董事长、书记
	谭泉海	男	宜兴市人大常委会副主任

续表

届次	姓名	性别	工作单位及职务
第十届（10人）	王　荣	男	中共无锡市委书记
	王　武	男	江南大学副校长
	王德莉	女	崇安区人民法院民庭副庭长
	许良飞	男	威孚集团董事长、总经理
	周建平	男	海澜集团总裁
	周耀庭	男	红豆集团董事局主席
	夏德全	男	中国工程院院士、淡水渔业研究中心名誉主任
	柴新建	男	小天鹅股份有限公司总经理
	钱红菱	女	无锡市第一中学英语高级教师
	徐安碧	男	宜兴精陶股份有限公司高级工艺美术师

说明：潘多为藏族。

无锡市出席江苏省人民代表大会代表名单

江苏省第六届人民代表大会代表

（无锡市九届人大第一次会议1983年3月11日选举产生107人，后补选6人）

丁可则　王凤娟（女）　孙根源（女）　许美珍（女）　邢泉星　陆纪凤（女）　宋从荣　吴茂根　张娟芬（女）　郑双喜　高骏焕　钱金寿　宁彪　袁德清　黄白英（女）　蒋向红（女）　潘南强　潘晓祥　丁本度　丁轩仁　陈永金　陈永康　陆凤金（女）　李龙兴　吴彩芬（女）周龙棣（女）　周相方　赵毛妹（女）秦林法　曹永年　黄菊英（女）　谢小仙（女）　蒋雪霞　马健　王瀛之　尤旭　刘立荣　孙颔　陈文章　李松霖　李授章　张文仙（女）　张栋南　林钧珍　周浩良　胡畏　胡云娥（女）　胡福明　钱炳福　曹忠兴　韩本初　彭鹤鸣　韦钰（女）王瑞超　冯元桢　米霞琴（女）　孙浩增　庄家棣（女）　陈巨昌　沈佩华（女）　吴宝珍（女）　吴湘臣　吴鹤筠（女）　杨世杰　张汉臣　张志澄　张继青（女）　张满达　单健　胡宁生　胡玉泉（女）　施达昌　施国庆　赵季红（女）　顾培成　钱松岩　钱钟韩　徐俊贤　康守清　屠曾端（女）　熊毅　丁永铭　于道文　王敬良　刘金铎　许彦生　沈学源　陈焕文　何莘耕　陆正一　李继先　吴光南　张凤鸣　张和男　张羡曾　罗明铮　周一林　荣增仁　姚璋　高奇南　顾雄万　徐丰荣　焦秀琳（女）　庄钦敏　沈维夫　王志学　陈效华　黄鹤清（补）　阎怀民（补）　马莹伯（补）　王遵亲（补）　任贵发（补）　黄宁一（补）

江苏省第七届人民代表大会代表

（无锡市十届人大第一次会议1988年1月7日选举产生80人，后补选1人）

马元品　马莹伯　卫幸福　邓鸿勋　王志学　王敏生　王瑞超　王遵亲　王瀛之　尹俊生　成强　吉久林　刘天觉　刘铁平　任贵发　孙颔　孙根源（女）　许忠兴　朱广杰　庄钦敏　陈川舟　陈巨昌　陈良欣　陈建平　陈育斌（女）　陈耀良　杜国玲（女）　陆凤金（女）　陆正一　李同华　宋从荣　沈佩华（女）　吴钊　吴有生　吴望始（女）　汪乔森　严志清　张凤鸣　张伯端　张娟芬（女）　张满达　邹志鸿　林国春　罗明铮　周吉　周建松　周顺生　周浩良　周蓉仙（女）　费忠兴　胡上治　胡玉泉（女）　胡保同　胡荣梅　胡福明　洪锦炘　荆越　荣增仁　姚璋　俞震东　赵毛妹（女）　高奇男　顾培成　钱金寿　钱钟韩　钱裕盛　陶爱萍（女）　唐涌

祥　徐世珍(女)　袁德清　曹永年　黄宁一　黄宪辉(女)　黄鹤清　尉天池　阎怀民　惠镇熊　彭鹤鸣　谢忠义　鲍溪英(女)　周玉皎(补)

江苏省第八届人民代表大会代表

(无锡市十一届人大第一次会议1993年3月6日选举产生80人,后补选2人)

于根兴　马元品　马建芬(女)　王永顺　王竹平　王锦鸿　卞兴才　尹俊生　石振华(女)　史俊棠　白希贤　包渭清　吉久林　过解明　朱德坤　任炳相　华焕林　刘天觉　刘茂生　刘铁平　刘湘根　庄钦敏　许时婴(女)　许宜生　孙颔　孙朴仁　杨开南　杨菊仙(女)　杨新民　贡培兴　苏红平(女)　李同华　李德培　严克强　吴钊　吴秩华　吴新雄　沈达人　张士怀　张通海　张菊芳(女)　张斛西　张满达　陆荣德　陈川舟　陈巨昌　陈良欣　陈奇梅(女)　陈祥林　陈锦富　陈璧显　邵力正　林振雄　周建松　周德藩　周耀庭　胡毋我(女)　胡超然　查正南(女)　赵毛妹(女)　赵嵋麟　赵群贤(女)　钟思维　顾介康　钱文剑　钱忠道　钱裕盛　徐世珍(女)　翁振根　唐涌祥　黄宁一　黄宪辉(女)　曹正荣　尉天池　韩军　董伟　蒋永生　鲍溪英(女)　滕建国　薛同璋　季奎顺(补)　俞敬忠(补)

江苏省第九届人民代表大会代表

(无锡市十二届人大第一次会议1998年1月22日选举产生62人,后补选1人)

沈达人　孙颔　王珉　顾介康　张通海　钱志新　王蕴(女)　余成安　黄煌　白雪(女,回族)　华洪兴　任炳相　马建芬(女)　卞兴才　刘茂生　孙建华　杨兆莲(女)　李同华　陈佩佩(女)　陈祥林　周建松　赵毛妹(女)　俞祥九　徐安碧　徐敬甫　曹正荣　阚云轩　滕建国　马元品　王竹平　白希贤　朱士雄　刘铁平　许时婴(女)　许树声　杨志毅　苏红平(女)　李宁(女)　李文海　李延人　陈巨昌　林建坤　钱月珍(女)　黄宁一　鲍溪英(女)　王伟成　王家骏　史祖能　朱伦昌　朱德坤　孙银龙　李锦华(女)　张士怀　邵斌华　范燕青　洪锦炘　董伟　蒋汉良　汤纪南　吴秩华　邵力正　蒋廉培　蒋定之(补)

江苏省第十届人民代表大会代表

(无锡市十三届人大第一次会议2003年1月25日选举产生61人,后补选3人)

王新潮　毛小平　毛保家　毛海圻　叶永福　白雪(女,回族)　冯雷　朱士雄　朱晓红　朱敏芳(女)　朱渭平　华若中　华洪兴　刘勃　刘茂生　刘国中　刘建国　刘钟其　刘铁平　许津荣(女)　许祖元　孙颔　苏红平(女)　李宁(女)　李云峰　李守才　李国良　吴协东　吴峰枫　吴琦萍(女)　沈达人　沈锡良　张士怀　张明珠(女)　张国平　陈捷元　范春雨　郁家树　金征宇　周建松　赵龙　秦蕴石(女)　顾介康　顾磐曾　钱志新　高咏沂　浦惠林　谈福元　陶文沂　黄士良　黄正威　黄丽泰(女)　麻建国　韩晓枫　董伟　蒋定之　蒋彬洪　蒋廉培　颜开　潘国清　潘霄燕(女)　王荣(补)　杨卫泽(补)　王咏红(女,补)

第二节　代表活动

一、督办代表建议

1986年起,每年人代会结束后,市人大常委会与市政府、市政协联合召开代表建议交办会,部署办理工作,落实承办任务。逐步完善督办和联办制度,通过参加会办会、协调会了解掌握办理情况,督促政府制定办理代表建议的暂行办法和考核评比细则。分管领导和有关职能部门抓住重点问题，到承办单位实地察看，听取汇报，提出要求。对代表普遍关心的问题，常委会组织视察调研，加大督办力度，推动承办单位落实办理措施，提高办理效率。办理答复后，向代表印发征求意见函，对代表反馈不满意的答复，督促有关部门重新办理。每年年底前，召开办理代表建议检查落实会，对建议办理情况进行现场检查，听取代表对建议办理落实工作的意见，推动政府解决群众关注的老大难问题。

1992年，通过代表建议的办理，惠钱路、城南路、锡塘路得到拓建，民族饭店、中桥浴室开始兴建，312国道锡澄立交至锡沪立交桥路段以及永胜新村附近街巷的路灯安装、风雷新村和江海新村地区建设垃圾中转站等问题得到解决。1993年，翻修湖滨路中桥至宝界桥段，建设桃花山垃圾填埋场，拓宽后张巷道路，缓解阳春巷、新生弄、西康路等地居民的吃水难问题。1994年，先后解决中南路翻修、建筑路修建和部分居民区供水、供电不正常等问题。

1997年，市人大常委会加强对代表建议的督办检查，听取办理情况汇报，推动办复工作；对答复解决的重点建议进行抽查。2000年，常委会组成人员和代表对重点建议落实情况进行现场督办，对代表表示办理不满意的11件建议，退回承办部门，督促重办。水泥厂环境污染、锡塘路和红星路建设、郊区行政村的环卫经费、部分住宅区用电一户一表等问题得到解决。

2002年，市人大常委会抓住建议中群众普遍关心的热点、难点问题，加大督办力度，搬迁三里桥旧船市场、关闭大浮镇采石场、扩大回民墓地等建议得到落实，保护惠山古镇祠堂群、保护开发古运河等建议的实施方案得到完善。

2003～2004年，代表提出的慈善医院建设、规范民办学校招生、自来水价格“同网同价”、污水处理费按政策返还、易地安置退休人员相关待遇、部分新村路段照明等关系群众切身利益的建议，相继得到办理。为办好市十三届人大一次会议上126名代表提出的关于整治城区河道水环境的建议，市政府制定三年规划目标，市人大常委会多次组织代表视察整治现场，检查整治进度，使城区河道综合整治工作见成效。

图23-1　2005年2月，市人大常委会视察城区河道综合整治工作（沈霞摄）

2005年初，为使人代会通过的《关于加强停车场规划、建设、管理议案的决议》落到实处，市人大常委会审议关于议案决议实施方案的汇报，年中组织多次督查和调研，年末又组织视察和审议。市政府加强对这项工作的组织领导，编制停车场建设三年专项规划，老住宅区停车场综合整治试点工作开始启动，一批社会停车场加快建设。市十三届人大三次会议所有建议全部实现网上办理。市人大常委会对6个方面的建议和8个主要承办部门重点督办。一些涉及群众切身利益的重点难点问题得到解决，有关增加和延长部分公交线路、加强市区部分路段的交通管理、提高少数民族困难群众的低保标准、加快城市社区医疗服务中心建设、职工遗属补助与土地征用补偿应同时享受等建议的办理，代表和群众比较满意。

1986～2005年，市人大代表在市九届人大四次会议至十三届人大三次会议上，共提出建议8479件。

1986～2005年无锡市人代会议案、质询案、代表建议统计表

表23-3　　单位：件

市人民代表大会届次	议案		质询案		代表建议总数
	提案	立案	提案	立案	
九届四次	12	3	1	—	666
九届五次	—	—	—	—	—
九届六次	6	1	4	2	602
十届一次	21	1	3	1	621
十届二次	27	4	—	—	562
十届三次	22	1	—	—	743
十届四次	21	1	—	—	595
十届五次	8	—	—	—	443
十一届一次	18	2	—	—	517
十一届二次	20	1	—	—	489
十一届三次	12	1	—	—	455
十一届四次	21	1	—	—	457
十一届五次	15	—	—	—	385
十二届一次	20	1	—	—	243
十二届二次	13	1	—	—	284
十二届三次	6	—	—	—	291
十二届四次	16	1	—	—	248
十二届五次	13	—	—	—	286
十三届一次	11	—	—	—	169
十三届二次	8	—	—	—	216
十三届三次	5	1	—	—	207
总　计	295	20	8	3	8479

二、代表活动网络

1983年3月换届，选出市九届人大代表814人，主要按代表所在的行业编组，分成87个代表小组。1988年1月换届，选出市十届人大代表586人，按照“就近就地，方便活动，以块为主，条块结合”的原则编组，即按代表选举单位编为7个地区大组、42个代表小组；在市区18个主要行业中的市人大代表，同时编为18个行业代表大组。这既便于代表与原选举单位联系，接受原选举单位的监督，又便于同行业代表围绕本行业的重大问题开展活动，加强对政府部门工作的监督。同时还建立省、市人大代表的多层次联络网络，各市（县）、区人大常委会确定代表工作的分管领导和代表联络员，各行业大组和代表小组也确定兼职代表联络员。

2001年，部分行政区划调整和政府机构改革，原有机构、人员变动较大，给代表活动的组织工作带来一定困难。市人大常委会加强对代表活动的指导，年初即对全年代表活动提出指导意见，并给每个代表发信。全市建有28个代表小组，年活动次数均在3～4次，代表的出席率保持在80%左右。2003年，健全代表组织网络，按8个代表大组分成27个代表小组，成立教育、卫生2个行业组。为加强和改进代表在闭会期间的活动，成立7个与市人大常委会工作机构相对应的代表专业组。

三、代表活动制度

1987年，市人大常委会制定《市人大代表工作暂行办法》《关于加强与人民代表联系的暂行办法》《代表持证视察暂行办法》，并会同市政府联合作出《关于认真接待代表持证视察的通知》等。当代表在行使职权中遇到阻力时，市人大常委会及时督促有关部门处理。1989年，与政府联合印发《关于重申支持人大代表履行职权的通知》。1994年，市人大常委会组织代表学习《中华人民共和国全国人民代表大会和地方各级人民代表大会代表法》和《江苏省实施〈代表法〉办法》，增强代表依法履行职责的自觉性。

2003年，制定关于市人大代表视察人民法院庭审活动的规定，组织代表每年两次旁听市中级人民法院开庭审理案件。2004年，市人大常委会组成人员坚持联系代表制度，带头参加小组活动，加强与代表的沟通和交流，帮助代表解决履行职责中碰到的实际困难。创新人大代表与人民群众的联系形式，在南长区、惠山区85名市人大代表中试行"代表联系卡"制度。许多代表开展个人持证视察，到企业、社区了解情况，为民执言。2005年3月，完善和推广"代表联系卡"制度，为全体市人大代表制发代表联系卡，印发《代表联系原选举单位和人民群众统计表》，并对代表联系卡的使用和有关意见建议的处理办法作出明确规定。

四、代表活动形式

1986年起，除在市人代会召开前组织代表进行会前视察，平时开展专题视察、调查研究，邀请部分代表列席市人大常委会会议外，增加代表同市政府领导直接见面座谈、代表持证视察等活动形式，逐步形成部分代表集中视察和分散就地视察相结合、全面视察和专题视察相结合、集体视察和代表个人持证视察相结合的一整套视察方式。1988年初，将全年工作要点、代表工作意见印发给代表，小组活动每季度1次，分别由各小组、地区代表大组、行业大组和市人大常委会按计划和实际情况各组织1次，使代表活动逐步制度化、经常化。1988～1992年，市人大代表围绕中心工作，先后开展"为'七五'计划献计献策""发展外向型经济""治理整顿"等专题通讯活动。1988～2005年，在市人大代表中开展"积极参政议政，争当代表活动积极分子"活动，先后召开8次代表工作经验交流暨表彰会，有488名代表和75个代表（小）组被评为代表活动积极分子和先进集体。

第二章　人民代表大会

第一节　第九届人民代表大会

一、市九届人大四次会议

1986年3月10～15日，市九届人大四次会议举行。出席会议的代表751人，市政协全体委员和市各有关部门负责人列席会议。大会主席团由邓鸿勋等71人组成。

市长吴冬华作政府工作报告，市计划委员会主任纪海荣作1985年度计划报告，市财政局副局长郑受明作1985年度财政报告。市人大常委会副主任任贵发作市人大常委会工作报告，市中级人民法院院长徐森、市人民检察院检察长孙蔚分别作工作报告。经过审议，以举手表决的方式通过上述各项报告，并作出相应的决议。

会议收到代表联名提出的议案12件、质询案1件。大会主席团同意并提请大会表决通过《关于综合整治新运河环境，建设河滨绿化带议案》《关于进一步加强我市农副产品市场建设和管理议案》和《关于发展幼儿教育事业议案》的决议。其余9件议案和1件质询案作为建议处理。会议收到建议666件。

二、市九届人大五次会议

1986年10月8～10日，市九届人大五次会议举行，出席会议的代表734人，在无锡的全国人大、省人大代表，市政协全体委员和市各有关部门负责人列席会议。大会主席团由邓鸿勋等72人组成。

会议听取和审议市长吴冬华《关于无锡市国民经济和社会发展第七个五年计划的报告》，并通过相应的决议。

三、市九届人大六次会议

1987年2月16～20日，市九届人大六次会议举行，出席会议的代表761人，市政协全体委员和市各有关部门负责人列席会议。大会主席团由邓鸿勋等73人组成。

副市长华焕林作政府工作报告，市计委主任纪海荣和市财政局副局长郑受明分别作计划报告和财政报告，市人大常委会副主任任贵发、市中级人民法院院长徐森、市人民检察院检察长孙蔚分别作市人大常委会和“两院”工作报告。经过审议，通过上述各项报告，并作出相应的决议。会议还审议市政府关于市九届人大四次会议议案办理情况的书面报告。会议学习全国人大常委会《关于加强法制教育维护安定团结的决定》，并通过相应的决议。

会议收到代表联名提出的议案6件、质询案4件。大会主席团同意并提请大会表决通过《关于制定无锡市实施〈义务教育法〉若干问题的暂行规定议案》的决议；主席团决定“关于市统建办商品房价格问题的质询案”和“关于郊区建设饭店违章建筑的质询案”成立，由市政府领导和有关部门负责人在代表团和代表小组会议上作口头答复。其余3件议案和两件质询案作为建议办理。会议收到建议共602件。

对“统建商品房价格”和“建设饭店违章建筑”问题的质询案，市政府领导及有关部门负责人到提出质询的代表团接受质询。由于被质询部门提出的处理意见不够明确、具体，提出质询的代表表示不满意。大会主席团决定，以上两个质询案的办理结果，由市政府向市人大常委会报告。

第二节　第十届人民代表大会

一、市十届人大一次会议

1988年1月5～11日，市十届人大一次会议举行，出席会议的代表585人，市政协全体委员和市各有关部门负责人列席会议。大会主席团由邓鸿勋等52人组成。

市委书记邓鸿勋在会议开幕时讲话，提出以后一个时期全市的发展战略，就是坚持党在初级阶段的基本路线，抓住农业和科技教育这两个根本，推动全市经济从粗放经营向集约经营转变，从内向型向外向型转变，把无锡建成一个文明民主、率先富裕的地区和多功能、现代化的中心城市。

代市长王宏民作政府工作报告，副市长兼市计委主任洪锦炘和市财政局局长钱裕盛分别作计划报告和财政报告，市人大常委会副主任任贵发、市中级人民法院院长徐森、市人民检察院检察长孙蔚分别作市人大常委会和“两院”工作报告。会议以举手表决方式通过上述报告，并作出相应决议。会议还审议市政府关于市九届人大议案实施情况的书面报告。

会议收到代表团和代表联名提出的议案21件、质询案3件。经大会主席团决定，提请大会表决通过《关于加强蔬菜和副食品生产基地建设，改善供应议案》的决议。大会主席团决定将沈维夫、胡昌等43名代表提出的“关于大众剧院事故处理问题的质询案”列案，市政府及有关部门领导到郊区代表团驻地向提出质询案的代表作口头答复。其余的议案和质询案作为建议办理。会议收到建议621件。

二、市十届人大二次会议

1989年2月26日～3月1日，市十届人大二次会议举行，出席会议的代表523人，市政协全体委员和市各有关部门负责人列席会议。大会主席团由邓鸿勋等63人组成。

市长王宏民作政府工作报告，市计委主任吴经起和市财政局局长钱裕盛分别作计划报告和财政报告，市人大常委会主任吴钊、市中级人民法院院长徐森、市人民检察院检察长孙蔚分别作市人大常委会和“两院”工作报告。经过审议，通过上述报告，并作出相应决议。会议还审议市政府关于市十届人大一次会议议案实施情况的书面报告。

会议收到代表提出的议案27件，是历次人代会所提议案最多的一次。经大会主席团决定，提请大会表决通过《关于严格控制城乡建设用地，切实保护耕地议案》《关于严格控制人口增长议案》《关于加强肠道传染病预防工作议案》《关于重视农业，增加投入，确保农业生产发展议案》的决议。其余的议案作为建议办理。会议收到建议562件。

会议期间，部分代表与市政府领导进行协商对话活动，市长、副市长及有关部门负责人答复代表们提出的问题，并听取意见。

三、市十届人大三次会议

1990年3月10～15日，市十届人大三次会议举行，出席会议的代表532人，市政协全体委员和市各有关部门负责人列席会议。大会主席团由刘济民等55人组成。

市长王宏民作政府工作报告，市计委主任吴经起和市财政局局长钱裕盛分别作计划报告和财政报告，市人大常委会主任吴钊、市中级人民法院院长徐森、市人民检察院检察长孙蔚分别作市人大常委会和“两院”工作报告。经过审议，通过上述报告，并作出相应决议。会议还听取和审议副市长华焕林关于市十届人大二次会议议案实施情况的报告。

会议收到代表提出的议案22件，经大会主席团决定，提请大会通过《关于加强市区城郊结合部管理议案》的决议。其余的议案作为建议办理。会议收到建议743件。

会议期间，市政府领导分别同市（县）、区的部分代表座谈，直接听取代表意见；陶听根、史科强、戴泉生、费森熊、顾鼎元、杨贯群、李云歧、沈维夫、姚可权、邵国振、陶大钧、张瑞宝等12位代表作大会审议发言，对工业、农业、城市建设、社会治安和中小学教育等方面的工作提出意见和建议。

四、市十届人大四次会议

1991年2月28日～3月4日，市十届人大四次会议举行，出席会议的代表540人，市政协全体委员和市各有关部门负责人列席会议。大会主席团由刘济民等55人组成。

市长王宏民作政府工作报告，副市长兼计委主任吴经起和市财政局局长钱裕盛分别作计划报告和财政报告，市人大常委会主任吴钊、市中级人民法院院长徐森、市人民检察院检察长孙蔚分别作市人大常委会和“两院”工作报告。经过审议，通过上述报告，并作出相应决议。会议还听取和审议副市长华焕林关于市十届人大三次会议议案实施情况和办理代表建议情况的报告。

会议收到代表提出的议案21件，经大会主席团决定，提请大会通过《关于改善我市水环境质量议案》的决议，其余的议案作为建议办理。会议收到建议595件。

五、市十届人大五次会议

1992年2月11～16日，市十届人大五次会议举行，出席会议的代表543人，市政协全体委员和市各有关部门负责人列席会议。大会主席团由刘济民等54人组成。

市长王宏民作政府工作报告和关于制定无锡市国民经济和社会发展十年规划和第八个五年计划纲要（草案）的说明，市计委主任李荣融和市财政局局长钱裕盛分别作计划报告和财政报告，市人大常委会主任吴钊、市中级人民法院院长徐森、市人民检察院检察长高振家分别作市人大常委会和"两院"工作报告。经过审议，通过上述报告，原则通过《无锡市国民经济和社会发展十年规划和第八个五年计划纲要》，并作出相应决议。会议还听取和审议副市长华焕林关于市十届人大四次会议议案实施情况和办理代表建议情况的报告。

会议收到代表提出的议案8件，经主席团会议决定不列入大会议程，同建议一并处理。会议收到建议443件。

第三节　第十一届人民代表大会

一、市十一届人大一次会议

1993年3月1～6日，市十一届人大一次会议举行，出席会议的代表564人，市政协全体委员和市各有关部门负责人列席会议。大会主席团由刘济民等60人组成。

代市长洪锦炘作政府工作报告，市计委主任韩军和市财政局局长张士怀分别作计划报告和财政报告，市人大常委会主任吴钊、市中级人民法院院长徐森、市人民检察院检察长高振家分别作市人大常委会和"两院"工作报告。经过审议，批准上述报告，并通过相应决议。会议还听取和审议副市长华焕林关于无锡市十届人大会议议案决议执行情况的报告。

会议收到代表提出的议案18件，经大会主席团决定，提请大会通过《关于加快发展我市第三产业议案》《关于加强市容市貌管理议案》的决议。其余的议案作为建议办理。会议收到建议517件。

二、市十一届人大二次会议

1994年3月5～9日，市十一届人大二次会议举行，出席会议的代表557人，市政协全体委员和市各有关部门负责人列席会议。大会主席团由洪锦炘等68人组成。

代市长于广洲作政府工作报告，市计委主任韩军和市财政局局长张士怀分别作计划报告和财政报告，市人大常委会主任吴钊、市中级人民法院院长王金大、市人民检察院检察长高振家分别作市人大常委会和"两院"工作报告。经过审议，批准上述报告，并通过相应决议。会议还审议市政府关于市十一届人大一次会议议案决议执行情况的报告。

会议收到代表提出的议案20件，经大会主席团决定，提请大会表决通过《关于加快城区道路建设和加强交通管理议案》的决议。其余的议案作为建议办理。会议收到建议489件。

三、市十一届人大三次会议

1995年2月15～18日，市十一届人大三次会议举行，出席会议的代表553人，市政协全体委员和市各有关部门负责人列席会议。大会主席团由洪锦炘等68人组成。

市长于广洲作政府工作报告，市计委主任贡培兴和市财政局局长张士怀分别作计划报告和财政报告，市人大常委会主任吴钊、市中级人民法院院长王金大、市人民检察院代检察长王立人分别作市人大常委会和“两院”工作报告。经过审议，批准上述报告，并通过相应决议。会议还审议市政府关于议案决议实施情况的报告，审议通过《无锡市人民代表大会议事规则》。

会议收到代表提出的议案12件，经大会主席团决定，提请大会表决通过《关于进一步加强菜篮子工程建设议案》的决议。其余的议案作为建议办理。会议收到建议455件。

四、市十一届人大四次会议

1996年2月10～14日，市十一届人大四次会议行，出席会议的代表567人，市政协全体委员和市各有关部门负责人列席会议。大会主席团由洪锦炘等68人组成。

市长于广洲作政府工作报告（含《无锡市国民经济和社会发展“九五”计划和2010年远景目标纲要》的主要内容），市计委主任贡培兴和市财政局局长张士怀分别作计划报告和财政报告，市人大常委会主任吴钊、市中级人民法院院长王金大和市人民检察院检察长王立人分别作市人大常委会和“两院”工作报告。经过审议，批准上述报告，并通过相应决议。会议还审议市政府关于执行议案决议和办理代表建议情况的书面报告。

会议收到代表提出的议案21件，大会主席团决定并提请大会表决，通过《关于抓紧治理太湖无锡水域污染议案》的决议。其余的议案作为建议办理。会议收到建议457件。

五、市十一届人大五次会议

1997年2月24～27日，市十一届人大五次会议举行，出席会议的代表570人，市政协全体委员和市各有关部门负责人列席会议。大会主席团由洪锦炘等67人组成。

市长于广洲作政府工作报告，市计委主任贡培兴和市财政局局长张士怀分别作计划报告和财政报告，市人大常委会主任洪锦炘、市中级人民法院院长王金大、市人民检察院检察长王立人分别作市人大常委会和“两院”工作报告。经过审议，批准上述报告，并通过相应决议。会议还听取和审议副市长陈林荣关于执行议案决议和办理代表建议情况的报告。

会议收到代表提出的议案15件，经大会主席团会议审议，决定不列入大会议程，全部作为建议办理。会议收到建议385件。

第四节　第十二届人民代表大会

一、市十二届人大一次会议

1998年1月16～22日，市十二届人大一次会议举行，出席会议的代表419人，市政协全体委员和市各有关部门负责人列席会议。大会主席团由洪锦炘等68人组成。

代市长吴新雄作政府工作报告，市计委主任叶永福和市财政局局长张士怀分别作计划报告和财政报告，市人大常委会主任洪锦炘、市中级人民法院院长王金大、市人民检察院检察长王立人分别作市人大常委会和“两院”工作报告。经过审议，批准上述报告，并通过相应决议。会议还听取和审议副市长陈林荣关于市第十一届人民代表大会议案决议执行情况的报告。

会议收到代表联名提出的议案20件，经大会主席团决定，提请大会表决通过《关于加快清除城乡河道积淤议案》的决议。其余19件议案作为建议办理。会议收到建议243件。

二、市十二届人大二次会议

1999年1月25～29日，市十二届人大二次会议举行，出席会议的代表417人，市政协全体委员和市各有关部门负责人列席会议。大会主席团由洪锦炘等60人组成。

市长吴新雄作政府工作报告，市计委主任叶永福和市财政局局长张士怀分别作计划报告和财政报告，市人大常委会主任洪锦炘、市中级人民法院院长王金大、市人民检察院检察长王立人分别作市人大常委会和“两院”工作报告。经过审议，批准上述报告，通过相应决议。会议还听取和审议副市长陈林荣关于执行市十二届人大一次会议议案决议和办理代表建议情况的报告。

会议收到代表联名提出的议案13件，经大会主席团决定并提请大会表决，通过《关于治理大气污染，提高环境质量议案》的决议。其余12件议案作为建议办理。会议收到建议284件。

三、市十二届人大三次会议

2000年1月25～28日，市十二届人大三次会议举行，出席会议的代表412人，市政协全体委员和市各有关部门负责人列席会议。大会主席团由洪锦炘等62人组成。

市长吴新雄作政府工作报告，市计委主任叶永福和市财政局局长张士怀分别作计划报告和财政报告，市人大常委会主任洪锦炘、市中级人民法院院长王金大、市人民检察院检察长王立人分别作市人大常委会和“两院”工作报告。经过审议，批准上述报告，并通过相应决议。会议还听取和审议副市长陈林荣关于执行市十二届人大二次会议议案决议和办理代表建议情况的报告。

会议收到代表联名提出的议案6件，经大会主席团会议审议，决定不列入大会议程，作为建议办理。会议收到建议291件。

四、市十二届人大四次会议

2001年2月5～9日，市十二届人大四次会议举行，出席会议的代表415人，市政协全体委员和市各有关部门负责人列席会议。大会主席团由蒋定之等65人组成。

市长吴新雄作政府工作报告及《无锡市国民经济和社会发展第十个五年计划纲要（草案）》的说明，市计委主任叶永福和市财政局局长张士怀分别作计划报告和财政报告，市人大常委会副主任李锦华、市中级人民法院院长王金大、市人民检察院检察长王立人分别作市人大常委会和“两院”工作报告。经过审议，批准上述报告，并通过相应决议。会议还审议市政府关于办理市十二届人大三次会议代表建议情况的书面报告。

会议收到代表联名提出的议案16件，经大会主席团决定，提请大会表决通过《关于加强食品卫生安全议案》的决议。其他15件议案作为建议办理。会议收到建议248件。

图23-2　郁家树参加市十二届人大五次会议分组讨论

（市委宣传部供稿）

五、市十二届人大五次会议

2002年1月22～26日，市十二届人大五次会议举行，出席会议的代表414人，市政协全体委员和市各有关部门负责人列席会议。大会主席团由蒋定之等63人组成。

代市长王荣作政府工作报告，市发展计划委员会主任谈学明和市财政局局长张士怀分别作计划报告和财政报告，市人大常委会主任郁家树、市中级人民法院院长王金大、市人民检察院检察长王立人分别作市人大常委会和“两院”工作报告。经过审议，批准上述报告，并通过相应决议。会议还审议市政府关于执行市十二届人大四次会议议案决议和办理代表建议情况的书面报告。会议审议并通过《无锡市制定地方性法规条例》《无锡市第十二届人民代表大会关于设立法制委员会的决定》，通过市第十二届人大法制委员会主任委员、副主任委员、委员名单。

会议收到代表联名提出的议案13件，经大会主席团会议审议，决定不列入大会议程，作为建议办理。会议收到建议286件。

第五节　第十三届人民代表大会

一、市十三届人大一次会议

2003年1月21～25日，市十三届人大一次会议举行。出席会议的代表428人，市政协全体委员和市各有关部门负责人列席会议。大会主席团由蒋定之等68人组成。

市长王荣作政府工作报告，市发展计划委主任张士怀和市财政局局长毛保家分别作计划报告和财政报告，市人大常委会主任郁家树、市中级人民法院代院长周晖国、市人民检察院代检察长袁金彪分别作市人大常委会和“两院”工作报告。经过审议，批准上述报告，并作出相应决议。会议还听取和审议副市长毛小平关于执行市十二届人大议案决议和办理市十二届人大五次会议代表建议情况的报告，审议市十二届人民代表大会法制委员会工作报告。

会议收到代表10人以上联名提出的议案11件，经大会主席团会议审议，决定不列入大会议程，与建议一并办理。会议收到建议169件。

二、市十三届人大二次会议

2004年2月8～11日，市十三届人大二次会议举行，出席会议的代表共425人，市政协全体委员和市各有关部门负责人列席会议。大会主席团由王荣等60人组成。

代市长毛小平作政府工作报告，市发展计划委主任张士怀和市财政局局长毛保家分别作计划报告和财政报告，市人大常委会主任郁家树、市中级人民法院代院长褚红军、市人民检察院检察长袁金彪分别作市人大常委会和“两院”工作报告。经过审议，批准上述报告，并作出相应决议。会议还审议市政府关于市十三届人大一次会议代表建议办理情况的报告和市十三届人大法制委员会工作报告。

会议收到代表联名提出的议案8件，经大会主席团会议审议，决定不列入大会议程，作为建议办理。会议收到建议216件。

三、市十三届人大三次会议

2005年1月25～28日，市十三届人大三次会议举行，出席会议的代表共407人，市政协全体委员和市各有关部门负责人列席会议。大会主席团由杨卫泽等60人组成。

市长毛小平作政府工作报告，市人大常委会主任郁家树、市中级人民法院院长褚红军、市人民检察院检察长袁金彪分别作市人大常委会和“两院”工作报告，审议市发展计划委主任张士怀和市财政局局长毛保家的计划报告和财政报告、副市长王咏红关于办理市十三届人大二次会议代表建议情况的报告以及市第十三届人大法制委员会工作报告（均为书面报告）。会议决定批准上述报告，并通过相应决议。

会议收到代表联名提出的议案5件，经大会主席团会议决定，提请大会表决通过《关于加强停车场规划、建设、管理议案》的决议。其他4件议案作为建议办理。会议收到其他建议207件。

第三章 人民代表大会常务委员会

第一节 机构设置

1985年末，市人大常委会内部机构设置为：办公室，下设秘书、联络、行政3个科；财政经济、科教文卫、城乡建设、法制等4个工作委员会。1986年，科教文卫工委更名为教科文卫工委。1989年6月2日，市十届人大常委会第十次会议决定建立内务工作委员会，并将行政科从办公室划出，改为行政处。办公室下设秘书、调研、信访等3个科。6月，建立市人大常委会生活服务部，1990年2月，更名为培训服务部，为正科级编制，全民事业单位。

1991年8月，市十届人大常委会第二十五次会议决定建立市人大常委会研究室，撤销办公室下属的调研科。12月，办公室下属的秘书科、信访科更名为秘书处、信访处。1995年7月，市十一届人大常委会第十八次会议决定建立市人大常委会法规室、农业经济工作委员会，行政处改为机关行政管理处（副处级建制），内务工委更名为人事代表工作委员会。1999年1月，法规室更名为法制工作室；城乡建设工作委员会更名为城乡建设环境保护工作委员会；人事代表工委更名为人事代表联络工作委员会；法制工委更名为内务司法工作委员会；农业经济工委更名为农村经济工作委员会。5月，市十二届人大常委会第十次会议决定增设民族宗教侨务工作委员会，与市人大常委会办公室合署办公。2002年12月20日，法制工作室更名为法制工作委员会。

至2005年末，市人大常委会工作机构有：办公室、研究室、法制工作委员会、内务司法工作委员会、人事代表联络工作委员会、财政经济工作委员会、农村经济工作委员会、城乡建设环境保护工作委员会、教育科技文化卫生工作委员会、民族宗教侨务工作委员会和机关行政管理处。办公室内设秘书处、综合处、信访处；研究室内设调研处、宣传处；人事代表联络工委内设选举处、综合处；财政经济工委内设预算监督处、综合处；法制工委、内务司法工委、农村经济工委、城乡建设环境保护工委及教育科技文化卫生工委均内设综合处；民族宗教侨务工委因与办公室合署办公没有内设机构。

第二节 领导人更迭

一、市第九届人大常委会（1983.03～1988.01）

主　任：马　健（1983.03～1985.02）
　　　　邓鸿勋（1985.02～1988.01）
副主任：谭　克（1983.03～1985.02）
　　　　胡启奎（1983.03～1985.02）
　　　　耿子民（1983.03～1985.02）

许彦生（1983.03～1985.06）
杨同德（1983.03～1988.01）
唐寿千（1983.03～1988.01）
任贵发（1985.02～1988.01）
王连道（1985.02～1988.01）
吴　钊（1986.03～1988.01）
黄宁一（1986.03～1988.01）

二、市第十届人大常委会（1988.01～1993.03）

主　任：吴　钊（1988.01～1993.03）
副主任：王连道（1988.01～1993.03）
李祖法（1988.01～1993.03）
杨同德（1988.01～1991.11）
黄宁一（1988.01～1993.03）
苏红平（女，1992.2～1993.03）

三、市第十一届人大常委会（1993.03～1998.01）

主　任：吴　钊（1993.03～1996.02）
洪锦炘（1996.02～1998.01）
副主任：李锦华（女，1993.03～1998.01）
俞世福（1993.03～1998.01）
孙荣根（1993.03～1995.11）
薛成志（1993.03～1998.01）
黄宁一（1993.03～1998.01）
程志翔（1993.03～1998.01）
陈璧显（1994.03～1996.02）
邱雪珍（女，1994.03～1998.01）
何正明（1995.02～1998.01）

四、市第十二届人大常委会（1998.01～2003.01）

主　任：洪锦炘（1998.01～2000.09）
郁家树（2001.02～2003.01）
副主任：李锦华（女，1998.01～2003.01）
黄宁一（1998.01～2003.01）
邱雪珍（女，1998.01～2003.01）
项洪方（1998.01～2003.01）
袁静波（1998.01～2000.09）
王家骏（2001.02～2003.01）
于顺源（2001.02～2003.01）

五、市第十三届人大常委会（2003.01～　）

主　任：郁家树（2003.01～　）

副主任:杨惠菊(女,2003.01～)
苏红平(女,2003.01～))
陆荣德(2003.01～)
刘湘根(2003.01～)
项洪方(2003.01～)
于顺源(2003.01～)
王金大(2003.01～)
周令根(2003.01～)
丁卜人(2003.01～)

第三节　地方立法

1987～2005年,市人大常委会行使地方立法权,制定地方性法规43件,修改21件次,废止8件,现行有效的地方性法规共33件。

一、立法程序

1987年1月17日,市九届人大常委会第二十九次会议通过《关于制定地方性法规程序的规定》,规范地方立法工作。1997年,市十一届人大常委会第三十五次会议制定《无锡市制定地方性法规条例》,经省人大常委会批准后实施。该条例对立法规划和计划的制定、法规的起草、法规案的提出、审议、通过、报批、公布和备案等一系列问题作出明确规定,对规范和推动全市地方立法工作发挥重要作用。1999年8月14日,首次在《无锡日报》全文刊登《无锡市产品质量监督管理条例(草案)》,向社会广泛征求意见,扩大立法的公开化程度。

根据《中华人民共和国立法法》的要求,2002年1月26日,市十二届人大五次会议决定设立市人大法制委员会,负责地方立法的统一审议工作。审议通过《无锡市制定地方性法规条例》,经省人大常委会批准后施行。1997年公布的《无锡市制定地方性法规条例》同时废止。

2002年1月,市人大法制委员会第一次会议通过《无锡市人大法制委员会工作规则》,对法制委的职责、会议的召开、议事原则和决定问题的方式等作出明确规定。同年开始实行地方立法的统一审议工作,法规草案二审前,都要经过法制委全体会议审议,并按照统一审议规则,提出审议结果的报告、草案修改稿和草案表决稿。同年,在制定《无锡市抵押物登记管理条例》时,通过召开立法论证会、座谈会及登报公布法规草案等形式,征求和听取人民群众的意见。2003年2月,市人大常委会首次通过《无锡日报》《江南晚报》等新闻媒体发布公告,向社会公开征集2003～2007年立法规划项目建议,共征集到立法建议40条。

2005年6月,为加强对政府规章的审查监督,市人大常委会会议通过《无锡市人大常委会关于政府规章备案审查工作程序》,从制度上保证政府规章的合法性、公正性和可行性。

二、地方性法规制定

依照全国人大常委会1986年修正的地方组织法,市人大常委会可以根据无锡市的具体情况和实际需要,制定地方性法规,报省人大常委会批准后施行。

1987年初,着手起草《无锡市城镇房产管理暂行条例》,1987年10月市九届人大常委会第三十四次会议审议通过。1987～1990年,先后制定《无锡市残疾人保护条例》《无锡市企业事业单位治安保障条例》《无锡市外商投资企业工会条例》《无锡市工业产品质量监督条例》《无锡市传统工艺美术保护条例》《无锡市实施〈中华人民共和国集会游行示威法〉办法》《无锡市城乡集市贸易管理条例》等地方性法规。

1991年，审议并通过关于制定《无锡市邮电通信管理条例（草案）》的决定，提请省人大常委会批准。1993年，审议并通过关于制定《无锡市房屋居住权处理办法》《无锡国家高新技术产业开发区条例》《无锡市暂住人口管理条例》的决定。通过《无锡市人大常委会人事任免办法》。1994年，制定《无锡市水环境保护条例》《无锡市人民警察巡察条例》。1996年，制定《无锡市出租汽车管理条例》《无锡市禁止燃放烟花爆竹条例》和《无锡市蔬菜基地管理条例》。1997年，制定《无锡市制定地方性法规条例》。1998，制定《无锡市国有企业领导人员离任审计条例》《无锡市城市市容和环境卫生管理条例》《无锡市检察举报条例》；制定《无锡市人大常委会地方立法规划》。1999年，制定《无锡市各级人民代表大会常务委员会监督司法工作条例》《无锡市城市排水管理条例》《无锡市产品质量监督管理条例》。

2000年，制定《无锡市社会力量办学条例》《无锡市城市公共交通管理条例》。2001年，制定《无锡市预防职务犯罪条例》《无锡市城市绿化管理条例》。2002年，针对抵押担保适用范围越来越广，抵押物登记涉及的行政部门较多，要求不一，影响抵押权实现，而国家未作具体规定的实际情况，制定《无锡市抵押物登记管理条例》。制定《无锡市实施〈江苏省旅游管理条例〉办法》。2003年，制定《无锡市促进行业协会发展条例》《无锡市流动人口计划生育管理条例》。2004年，制定《无锡市粮油安全监督管理条例》《无锡市档案管理条例》《无锡市城市规划条例》。2005年，制定《无锡市外送快餐卫生管理规定》《无锡市教育督导条例》《无锡市农业机械维修管理条例》《无锡市水上交通安全管理条例》。

三、法规清理

市人大常委会重视地方性法规实施情况的督促检查和信息反馈，根据国家法律要求，适应改革发展的形势需要，及时进行法规清理。

市十一届人大常委会第九次会议将《无锡市城乡集市贸易管理条例》修正为《无锡市城乡集贸市场管理条例》，对原来带有计划经济痕迹的条款作相应修改；市十一届人大常委会第十七次会议对已不适应建立社会主义市场经济要求的《无锡市城镇房产管理暂行条例》作出废止的决定。

1996年10月起，根据《中华人民共和国行政处罚法》的有关规定和省、市法规清理工作会议精神，共清理地方性法规14件，其中修改10件、废止1件。1999年，对《无锡市禁止燃放烟花爆竹条例》的部分条款进行修改。

2001年，修订《无锡市产品质量监督管理条例》，对建立部分重点产品质量安全审核制度、规范产品质量监督抽查工作、强化产品质量的行政管理和社会监督等方面作出规定。2002年，废止《无锡市邮电通信管理条例》和《无锡市外商投资企业工会条例》。2003年，修订《无锡市暂住人口管理条例》，取消向暂住人口出租房屋核发特种行业许可证的规定，删除有关收容遣送的内容；废止《无锡市外来务工劳动力使用管理条例》，取消对农民进城务工的限制。

2004年，拟订《关于贯彻实施〈行政许可法〉，清理地方性法规的实施意见》。通过清理，规范行政许可的设定和实施，简化行政许可程序，促进政府职能转变。特别对可能涉及地方保护主义、部门保护主义、损害人民群众利益的事项予以清理纠正。先后废止《无锡市社会力量办学条例》等3件地方性法规，修改《无锡市实施〈中华人民共和国集会游行示威法〉办法》等8件地方性法规。为适应城市发展和城市管理的需要，《无锡市城市市容和环境卫生管理条例》实施4年后，根据实施情况和上位法的要求进行修订，增强条例的针对性和可行性，规范城市管理的依法行政行为。

1987～2005年无锡市人大及其常务委员会制定地方性法规情况表

表23-4

序号		地方性法规名称	市人大常委会审议通过			省人大常委会批准			施行时间
现行	立法	（修改、废止等项目）	届	次	时间	届	次	时间	
	1	无锡市城镇房产管理暂行条例	9	34	1987-10-17	6	28	1987-11-06	1987-11-06
		（废止）	11	17	1995-05-24	8	16	1995-08-11	—
1	2	无锡市残疾人保护条例	10	2	1988-03-24	7	2	1988-04-27	1988-07-01
		（修改）	11	32	1997-05-28	8	30	1997-08-29	—
2	3	无锡市企事业单位治安保障条例	10	3	1988-06-01	7	4	1988-08-28	1988-10-01
		（修改）	11	32	1997-05-28	8	32	1997-12-18	—
	4	无锡市外商投资企业工会条例	10	6	1988-11-23	7	6	1988-12-25	1989-02-01
		（修改）	11	31	1997-03-19	8	30	1997-08-29	—
		（废止）	12	38	2002-11-28	9	34	2003-02-14	—
	5	无锡市工业产品质量监督条例	10	10	1989-06-02	7	10	1989-08-21	1990-01-01
		（废止）	11	31	1997-03-19	8	30	1997-08-29	—
	6	无锡市传统工艺美术保护条例	10	12	1989-09-23	7	12	1989-12-15	1990-05-01
		（修改）	11	32	1997-05-28	8	30	1997-08-29	—
		（废止）	13	9	2004-05-26	10	10	2004-06-17	—
3	7	无锡市实施《集会游行示威法》办法	10	16	1990-04-11	7	14	1990-04-22	1990-04-27
		（修改）	13	9	2004-05-26	10	10	2004-06-17	—
	8	无锡市城乡集市贸易管理条例	10	19	1990-09-26	7	18	1990-12-19	1991-02-01
		（废止）	—	—	1994-09-03	—	—	—	—
	9	无锡市邮电通信管理条例	10	22	1991-03-30	7	22	1991-04-27	1991-08-01
		（修改）	11	36	1997-11-29	8	32	1997-12-18	—
		（废止）	12	38	2002-11-28	9	34	2003-02-14	—
4	10	无锡市房屋居住权处理办法	11	3	1993-06-22	8	3	1993-08-26	1993-08-31
		（修改）	11	31	1997-03-19	8	30	1997-08-29	—
5	11	无锡国家高新技术产业开发区条例	11	4	1993-07-31	8	3	1993-08-26	1993-09-02
6	12	无锡市暂住人口管理条例	11	5	1993-09-23	8	4	1993-10-30	1993-11-03
		（修改）	11	32	1997-05-28	8	30	1997-08-29	—
		（修改）	13	6	2003-11-21	10	7	2003-12-19	—
7	13	无锡市城乡集贸市场管理条例	11	9	1994-03-31	8	9	1994-09-03	1994-09-03
		（修改）	11	32	1997-05-28	8	30	1997-08-29	—
		（修改）	13	9	2004-05-26	10	10	2004-06-17	—
8	14	无锡市水环境保护条例	11	12	1994-09-22	8	12	1994-12-30	1995-01-09
		（修改）	11	32	1997-05-28	8	30	1997-08-29	—
	15	无锡市人民警察巡察条例	11	14	1994-12-17	8	17	1995-10-19	1995-11-01
		（废止）	13	9	2004-05-26	10	10	2004-06-17	—

续表

序号		地方性法规名称	市人大常委会审议通过			省人大常委会批准			施行时间
现行	立法	（修改、废止等项目）	届	次	时间	届	次	时间	
	16	无锡市外来务工劳动力使用管理条例	11	18	1995-07-27	8	17	1995-10-19	1995-11-02
		（修改）	11	31	1997-03-19	8	30	1997-08-29	—
		（废止）	13	5	2003-09-25	10	6	2003-10-25	—
9	17	无锡市出租汽车管理条例	11	24	1996-03-27	8	21	1996-06-14	1996-09-01
10	18	无锡市禁止燃放烟花爆竹条例	11	26	1996-07-27	8	23	1996-08-16	1997-01-01
		（修改）	12	11	1999-07-28	9	11	1999-08-20	—
11	19	无锡市蔬菜基地管理条例	11	27	1996-09-26	8	24	1996-10-18	1996-12-01
		（修改）	13	9	2004-05-26	10	10	2004-06-17	—
	20	无锡市制定地方性法规条例	11	35	1997-09-26	8	31	1997-10-17	1997-11-01
		（修改）	12	5	2002-01-26	9	29	2002-04-24	2002-06-01
12	21	无锡市检察举报条例	12	3	1998-07-23	9	4	1998-08-28	1998-10-01
13	22	无锡市国有企业领导人员离任审计条例	12	4	1998-09-23	9	6	1998-10-31	1999-01-01
14	23	无锡市城市市容和环境卫生管理条例	12	6	1998-11-25	9	7	1998-12-29	1999-02-01
		（修改）	13	10	2004-07-28	10	11	2004-08-20	—
15	24	无锡市各级人大常委会监督司法工作条例	12	10	1999-05-25	9	10	1999-06-18	1999-08-01
16	25	无锡市城市排水管理条例	12	11	1999-07-28	9	11	1999-08-20	1999-10-01
		（修改）	13	11	2004-09-24	10	12	2004-10-22	—
17	26	无锡市产品质量监督管理条例	12	12	1999-09-23	9	23	2001-4-13	2001-07-01
		（修改）	13	9	2004-05-26	10	10	2004-06-17	—
18	27	无锡市社会医疗机构管理条例	12	17	2000-05-26	9	17	2000-06-30	2000-09-01
		（修改）	13	9	2004-05-26	10	10	2004-06-17	—
	28	无锡市社会力量办学条例	12	18	2000-07-26	9	18	2000-08-26	2000-11-01
		（废止）	13	9	2004-05-26	10	10	2004-06-17	—
19	29	无锡市城市公共交通管理条例	12	19	2000-09-27	9	19	2000-10-17	2001-01-01
20	30	无锡市预防职务犯罪条例	12	27	2001-05-24	9	24	2001-06-29	2001-08-01
21	31	无锡市城市绿化管理条例	12	29	2001-07-25	9	25	2001-08-24	2001-10-01
		（修改）	13	9	2004-05-26	10	10	2004-06-17	—
22	32	无锡市抵押物登记管理条例	12	36	2002-07-25	9	31	2002-08-20	2003-01-01
23	33	无锡市实施《江苏省旅游管理条例》办法	12	36	2002-07-25	9	31	2002-08-20	2002-10-01
		（修改）	13	11	2004-09-24	10	12	2004-10-22	—
24	34	无锡市促进行业协会发展条例	13	4	2003-07-25	10	4	2003-08-15	2003-12-01
25	35	无锡市流动人口计划生育管理条例	13	5	2003-09-25	10	6	2003-10-25	2004-01-01
26	36	无锡市粮油安全监督管理条例	13	8	2004-03-25	10	9	2004-04-16	2004-07-01

续表

序号		地方性法规名称	市人大常委会审议通过			省人大常委会批准			施行时间
现行	立法	（修改、废止等项目）	届	次	时间	届	次	时间	
27	37	无锡市档案管理条例	13	9	2004-05-26	10	10	2004-06-17	2004-08-01
28	38	无锡市城市规划条例	13	12	2004-11-26	10	13	2004-12-17	2005-04-01
29	39	无锡市教育督导条例	13	16	2005-04-27	10	16	2005-05-26	2005-11-01
30	40	无锡市农业机械维修管理条例	13	18	2005-08-26	10	18	2005-09-23	2005-11-01
31	41	无锡市水上交通安全管理条例	13	18	2005-08-26	10	18	2005-09-23	2005-12-01
32	42	无锡市外送快餐卫生管理条例	13	19	2005-10-26	10	19	2005-12-01	—

第四节　重大事项审议决定

1986年，针对建筑业市场乱、质量差、事故多、造价高等问题，市九届人大常委会第二十三次会议听取和审议政府相关报告后，作出《关于整顿建筑市场的决议》。决议要求整顿建筑队伍和建筑市场，对近两年建成的和正在建设的工程进行质量大检查。经过半年多的实施，建筑市场面貌有改观，施工队伍实行归口管理，无证设计、无照施工、越级承包、层层转包等不良现象得到初步遏制，各级领导及工商、税务、银行加强对建筑市场的管理，工程质量稳中有升。1988年，市十届人大常委会作出《关于进一步贯彻实施〈土地管理法〉加强土地管理工作的决议》。决议实施后，政府对私占乱用耕地的突出问题进行整顿，私占乱用耕地的状况得到初步控制。1989～1991年，市人大常委会作出《关于深入开展经济犯罪案件举报工作，坚决打击严重经济犯罪活动的决议》《关于努力推进依法治市工作的决议》和《关于加强社会治安综合治理的决议》。

1992年，市十届人大常委会第二十九次会议审议市政府关于农业发展议案实施情况的汇报，作出《关于进一步实施<关于重视农业，增加投入，确保农业生产发展的决议>的决定》。提出完善农业积累机制、建立农田保护区、加速科技兴农等要求。市政府落实决定精神，制定完善农业积累机制的具体意见，完成乡（镇）土地利用规划的编制，当年划定209万亩的农田保护区。为调动农业科技人员的积极性，为农业系统57名农艺师解决户口“农转非”问题。1993年，市十一届人大常委会第三次会议听取和审议市政府《关于成立综合执法巡警队的报告》，作出《关于在市区实行公安巡警综合执法的决定》。市政府和有关部门较快地完成300名巡警的招收工作，经集中培训后，分批于1993年国庆节前后上街执勤。是年，为维护华侨归侨侨眷的合法权益，市十一届人大常委会第六次会议作出《关于拆迁华侨归侨侨眷私有房屋有关问题的决定》，确定“留根”原则的法律地位。1994年，为保证全市农业生产的稳定发展，市十一届人大常委会第十次会议听取和审议市政府关于农业情况的汇报，作出《关于进一步加强农业的决定》。

2001年，市十二届人大常委会第三十次会议作出《关于加强无锡贡湖供水水源保护决定》，对保护区的范围、近期达到的目标和远期规划、环境的综合治理以及责任制的落实，提出明确要求。为实施这项决定，市政府颁发《无锡市贡湖供水水源保护办法》，分级划定保护区，对保护区内61家畜禽养殖场和9家企业限期治理，黄泥田港内停泊的渔船全部迁出，并从清淤、截污和建设生态农业等多方面开展综合治理。2002年，市十二届人大常委会第三十八次会议作出《关于扩大城镇职工基本养老保险覆盖面、加强基本养老保险费征缴工作的决定》，规范和完善社会基本养老保险制度。2003年，市十三届人大常委会第五次会议作出《关于加强失地农民社会保障工作的决定》，要求完善和规范统一的征地补偿标准和办法，保障失地农民合法权益，做好失地农民就业安置工作，并通过设立社保基金等办法，全面建立“以土地换社保”的社会保障新机制。同年5月，在抗击“非典”斗争中，市人大常委会组成人员和市人大代表视察疾病控制中心和医院病区等，并作出《关于加强传染性非典型肺炎防治工作的决定》，为无锡市建立公共卫生预警和应急体系、提高处置突发公共卫生事件的能力提供法律依据。2004年，市人大常委会针对惠山、青龙山范围内乱开乱挖、私埋乱葬、私搭乱建等现象严重，广大群众和人大代表反映强烈的情况，成立专题调研组，进行历时3个月的调查研究，市十三届人大常委会第十次会议进行专题审议，作出《关于保护惠山、青龙山的决定》。

1986～2005年，市人大常委会先后作出决议、决定156件，其中九届14件、十届39件、十一届37件、十二届45件、十三届至2005年21件。

1986～2005年无锡市人大常委会决议决定目录表

表23-5

届次	作出时间	名　称
九届	1986-01-28	关于召开无锡市第九届人民代表大会第四次会议的决定
	1986-05-10	关于进一步加强农业生产领导的决议
	1986-05-10	关于整顿建筑市场的决议
	1986-07-25	关于加强管理、监督，保证《中华人民共和国食品卫生法》进一步贯彻执行的决定
	1986-07-25	关于上半年国民经济计划执行情况、预算的部分变更和下半年工作意见的决议
	1986-09-13	关于召开无锡市第九届人民代表大会第五次会议的决定
	1986-09-13	关于县、区和乡、镇人民代表大会换届选举工作的决定
	1987-01-17	关于召开无锡市第九届人民代表大会第六次会议的决定
	1987-01-17	关于禁止赌博活动的决议
	1987-06-18	关于江阴县人民代表大会改为江阴市人民代表大会的决定
	1987-08-19	关于无锡市第十届人民代表大会代表名额和选举问题的决定
	1987-12-16	关于召开无锡市第十届人民代表大会第一次会议的决定
	1987-12-24	关于同意吴冬华辞去无锡市市长职务的决定
	1987-12-24	关于任命王宏民为无锡市副市长、代理无锡市市长职务的决定
十届	1988-02-09	关于宜兴县人民代表大会改为宜兴市人民代表大会的决定
	1988-03-24	关于无锡市1987年财政决算的决议
	1988-06-01	关于无锡市马山区人民代表大会有关问题的决定
	1988-07-29	关于进一步贯彻实施《中华人民共和国土地管理法》加强土地管理工作的决议
	1988-07-29	关于将农历九月初九定为“无锡市敬老日”的决定
	1988-07-29	关于停止执行《无锡市农副产品市场管理暂行规定》的决定
	1988-07-29	关于停止执行《无锡市基本建设拆迁安置暂行条例》及其补充规定的决定
	1989-01-18	关于召开无锡市第十届人民代表大会第二次会议的决定
	1989-02-13	关于表彰1988年度代表活动积极分子的决定
	1989-06-02	关于建立内务工作委员会的决定
	1989-06-02	关于接受苏红平辞去市人大常委会委员及有关职务请求的决定
	1989-07-28	关于深入开展经济犯罪案件举报工作　坚决打击严重经济犯罪活动的决议
	1989-07-28	关于接受陈明玄辞去市人大常委会委员职务请求的决定

续表

届次	作出时间	名　　称
十届	1989-09-23	关于加强性病防治工作的决议
	1989-09-23	关于县、乡两级人民代表大会换届选举的决定
	1990-01-13	关于召开无锡市第十届人民代表大会第三次会议的决定
	1990-01-13	关于确定四月一日为“无锡市环境卫生日”的决定
	1990-02-16	关于表彰1989年度代表活动先进集体、积极分子的决定
	1990-04-11	关于撤销俞冠无锡市中级人民法院刑一庭副庭长和审判员职务的决定
	1990-05-31	关于《制定无锡市邮电通讯设施保护条例的议案》的决议
	1990-09-26	关于努力推进依法治市工作的决议
	1990-11-16	关于接受贾寿元辞去无锡市十届人大常委会委员职务请求的决定
	1991-01-03	关于召开无锡市第十届人民代表大会第四次会议的决定
	1991-01-03	关于撤销张栋男无锡市十届人大常委会委员、代表资格审查委员会委员职务的决定
	1991-03-30	关于在全市深入开展法制宣传教育的决定
	1991-03-30	关于接受王辰斗辞去市人大常委会委员职务请求的决定
	1991-08-08	关于建立研究室的决定
	1991-11-28	关于加强社会治安综合治理的决议
	1992-01-23	关于召开无锡市第十届人民代表大会第五次会议的决定
	1992-01-23	关于表彰1990—1991年度代表活动先进集体和积极分子的决定
	1992-03-26	关于进一步实施《关于重视农业，增加投入，确保农业生产发展的决议》的决定
	1992-03-26	关于批准无锡市1991年财政决算的决定
	1992-05-06	关于接受王宏民辞去无锡市市长职务请求的决定
	1992-05-06	关于任命洪锦炘代理无锡市市长职务的决定
	1992-07-09	关于同意市人民政府调整1992年国民经济计划部分指标的决定
	1992-07-09	关于设立选举工作办公室的决定
	1992-09-16	关于县（市）、区下一届人民代表大会代表名额的决定
	1992-09-16	关于县（市）区、乡（镇）两级人民代表大会换届选举时间的决定
	1993-01-14	关于召开无锡市第十一届人民代表大会第一次会议的决定
十一届	1993-06-22	关于在市区实行公安巡警综合执法的决定
	1993-07-31	关于接受洪锦炘辞去无锡市市长职务请求的决定
	1993-07-31	关于任命于广洲代理无锡市市长职务的决定
	1993-11-25	关于拆迁华侨归侨侨眷私有房屋有关问题的决定
	1994-01-19	关于召开无锡市第十一届人民代表大会第二次会议的决定
	1994-02-21	关于同意市人民政府调整1993年财政收支预算的决定
	1994-05-26	关于进一步加强农业的决定
	1994-05-26	于认真贯彻执行《中华人民共和国教师法》的决议
	1994-05-26	关于制定《无锡市城镇房产纠纷仲裁条例》的决定
	1994-12-17	关于召开无锡市第十一届人民代表大会第三次会议的决定

续表

届次	作出时间	名　称
十一届	1995-01-19	关于表彰1993—1994年度市人大代表活动先进集体和积极分子的决定
	1995-01-19	关于接受高振家的辞职，免去其检察长职务的决定
	1995-01-19	关于任命王立人代理无锡市人民检察院检察长职务的决定
	1995-05-24	关于无锡市1994年本级决算的决议
	1995-07-27	关于无锡县人民代表大会改为锡山市人民代表大会的决定
	1995-07-27	关于调整市人大常委会部分工作机构的决定
	1995-09-27	关于无锡市乡镇人民代表大会换届选举的决定
	1995-09-27	关于《无锡市城市总体规划（修订方案）》的决议
	1995-11-30	关于接受孙荣根辞职请求的决定
	1995-12-27	关于对52人分别授予优秀人民警察、优秀检察官、优秀法官称号的决定
	1995-12-27	关于设立无锡市开发区人民检察院的决定
	1996-01-09	关于召开无锡市第十一届人民代表大会第四次会议的决定
	1996-01-25	关于接受赵根生、陈德大、马建国辞去市人大常委会委员职务请求的决定
	1996-05-30	关于开展“三五”普法教育推进依法治市的决定
	1996-05-30	关于无锡市1995年本级决算的决议
	1996-11-27	关于授予梅涵昌等12人优秀工商行政管理干部称号的决定
	1997-01-03	关于召开无锡市第十一届人民代表大会第五次会议的决定
	1997-01-27	关于表彰1995—1996年度市人大代表活动先进小组和积极分子的决定
	1997-03-19	关于对潘建根暂停行使无锡市第十一届人大代表职务的决定
	1997-05-28	关于批准无锡市1996年本级决算的决议
	1997-07-23	关于接受于广洲辞去无锡市市长职务请求的决定
	1997-07-23	关于任命吴新雄代理无锡市市长职务的决定
	1997-07-23	关于市、县两级人大换届选举有关问题的决定
	1997-09-26	关于授予缪维荣等2位同志“优秀文化行政管理干部”称号的决定
	1997-09-26	关于对无锡市十一届人大代表吴玉兴许可逮捕、暂停执行代表职务的决定
	1997-09-26	关于对无锡市十一届人大代表童子文许可监视居住的决定
	1997-12-25	关于召开无锡市第十二届人民代表大会第一次会议的决定
十二届	1998-05-27	关于全面推进依法治市的决议
	1998-05-27	关于批准无锡市1997年市级决算的决议
	1998-09-23	关于全市乡级人民代表大会换届选举问题的决定
	1998-09-23	关于接受孙银龙辞去市人大常委会委员职务请求的决定
	1998-12-22	关于召开无锡市第十二届人民代表大会第二次会议的决定
	1999-05-25	关于批准无锡市1998年市区决算的决议
	1999-05-25	关于旺庄乡人民代表大会改为旺庄镇人民代表大会的决定
	1999-05-25	关于增设无锡市人大常委会民族宗教侨务工作委员会的决定
	1999-12-23	关于召开无锡市第十二届人民代表大会第三次会议的决定

续表

届次	作出时间	名　　称
十二届	2000-01-15	关于表彰1998—1999年度市人大代表活动先进小组和积极分子的决定
	2000-05-26	关于批准无锡市1999年市区决算的决议
	2000-09-27	关于接受洪锦炘辞去市人大常委会主任职务请求的决定
	2000-09-27	关于接受袁静波辞去市人大常委会副主任职务请求的决定
	2000-09-27	关于制定《无锡市人民代表大会常务委员会讨论、决定重大事项的规定》的决定
	2000-11-24	关于调整无锡市国民经济和社会发展“九五”计划部分指标的决定
	2000-12-26	关于召开无锡市第十二届人民代表大会第四次会议的决定
	2000-12-26	关于设立无锡高新技术产业开发区人民法院的决定
	2001-01-17	关于接受周解清、吴富生辞去市人大常委会委员职务请求的决定
	2001-02-09	关于新设锡山、惠山、滨湖三区人民代表大会选举等有关问题的决定
	2001-04-24	关于授予赫伯特·华纳博士“无锡市荣誉市民”称号的决定
	2001-05-24	关于批准无锡市2000年市区财政决算的决议
	2001-06-16	关于接受吴新雄辞去无锡市市长职务请求的决定
	2001-06-16	关于任命王荣代理无锡市市长职务的决定
	2001-07-24	关于进一步开展法制宣传教育的决议
	2001-07-24	关于批准2001年市区预算调整报告的决议
	2001-09-21	关于全市乡级人民代表大会换届选举问题的决定
	2001-09-21	关于加强无锡贡湖供水水源保护的决定
	2001-11-28	关于拆除违法建筑的决定
	2001-11-28	关于加强本级预算审查监督的决定
	2001-12-25	关于召开无锡市第十二届人民代表大会第五次会议的决定
	2001-12-25	关于授予陈瑞球、陈永棋先生“无锡市荣誉市民”称号的决定
	2001-12-25	关于表彰2000—2001年度无锡市人大代表活动先进小组和积极分子的决定
	2002-03-20	关于授予比尔·渥特金斯“无锡市荣誉市民”称号的决定
	2002-05-30	关于批准无锡市2001年市区财政决算的决议
	2002-05-30	关于《无锡市城市总体规划（2001—2020）修编方案》的决议
	2002-05-30	关于接受朱爱勋辞去市人大常委会委员职务请求的决定
	2002-09-19	关于市、县两级人大换届选举有关问题的决定
	2002-11-28	关于扩大城镇职工基本养老保险覆盖面、加强基本养老保险费征缴工作的决定
	2002-11-28	关于授予任红举、龙飞“无锡市荣誉市民”称号的决定
	2002-11-28	关于将歌曲《太湖美》作为无锡市市歌的决定
	2002-12-20	关于召开无锡市第十三届人民代表大会第一次会议的决定
	2002-12-20	关于接受王金大辞去无锡市中级人民法院院长职务请求的决定
	2002-12-20	关于任命周晖国代理无锡市中级人民法院院长职务的决定
	2002-12-20	关于接受王立人辞去无锡市人民检察院检察长职务请求的决定
	2002-12-20	关于任命袁金彪代理无锡市人民检察院检察长职务的决定

续表

届次	作出时间	名 称
十三届	2003-03-21	关于接受王荣辞去无锡市市长职务请求的决定
	2003-03-21	关于任命毛小平代理无锡市市长职务的决定
	2003-05-28	关于加强传染性非典型肺炎防治工作的决定
	2003-05-28	关于批准无锡市2002年市区财政决算的决议
	2003-05-28	关于授予李仁雨“无锡市荣誉市民”称号的决定
	2003-05-28	关于授予程桂兰“无锡市荣誉市民”称号的决定
	2003-09-23	关于加强失地农民社会保障工作的决定
	2003-11-21	关于召开无锡市第十三届人民代表大会第二次会议的决定
	2003-11-21	关于批准无锡市2003年市本级预算部分变更的决定
	2004-01-15	关于批准《无锡历史文化保护规划》的决定
	2004-01-15	关于接受周晖国辞去无锡市中级人民法院院长职务请求的决定
	2004-01-15	关于任命褚红军代理无锡市中级人民法院院长职务的决定
	2004-05-26	关于批准无锡市2003年市级财政决算的决议
	2004-07-28	关于保护惠山、青龙山的决定
	2004-11-26	关于召开无锡市第十三届人民代表大会第三次会议的决定
	2004-11-26	关于批准无锡市2004年市本级支出预算变更的决定
	2005-01-05	关于调整市十三届人大三次会议召开时间的决定
	2005-01-05	关于表彰2003-2004年度无锡市人大代表活动先进小组和积极分子的决定
	2005-01-15	关于接受滕兰英、潘中岳辞去市人大常委会委员职务请求的决定
	2005-03-01	关于授予禹义济等五人“无锡市荣誉市民”称号的决定
	2005-06-24	关于批准无锡市2004年市级财政决算的决议

第五节 人事任免

1986～2005年，市人大常委会依法任免干部1291人次，其中任命899人次，免职392人次。根据地方组织法规定，在市长、市中级人民法院院长、市人民检察院检察长因故不能担任职务的时候，接受辞职的10人次，决定代理人选10人次；接受人大常委会组成人员辞职16人次，其中常委会主任1人，副主任2人。

1990年4月，市中级人民法院刑一庭副庭长、审判员俞冠因挪用公款，其职务被撤销。1991年1月，撤销张栋男的市十届人大常委会委员、代表资格审查委员会委员职务。1995年1月，市十一届人大常委会接受高振家的辞职请求，决定免去其市人民检察院检察长职务。2002年7月，市民政局局长葛某某因挪用公款，其职务被撤销。

为加强对被任命人员履行职责情况的监督、考察，从1994年起，市人大常委会探索并开展述职评议工作。1994年3月29日，常委会制定《关于搞好市政府组成人员述职评议的实施意见》，明确述职评议的要求、内容、对象和办法。6月29日，召开有140多人参加的述职评议动员大会，明确开展这项工作的意义和要求，规范述职报告的内容和评议方法。1997年3月，常委会再次召开述职评议动员会议，要求政府中尚未向市人大常委会述职的干部，年内均要通过会议或书面的形式进行述职。

2003年始，常委会推行任前承诺制，拟任命人员在任命前向常委会会议作出承诺。制定关于对提请任命人员进行任前法律知识考试的办法。同时，对述职报告要进行满意度测评，由组成人员无记名投票。

2004年开始，对提请任命人员进行任前法律知识考试，考试成绩印发常委会组成人员；邀请部分兼职委员参加对述职评议对象的考察，继续对述职报告的满意度进行测评。

1994～2005年，常委会会议先后听取和评议市政府组成人员和“两院”副职领导人员的述职报告121人次，其中1997年有18名政府组成人员分别在两次常委会会议上作书面述职，2002年有25名政府组成人员作书面述职。

1986～2005年无锡市人大常委会任免情况统计表

表23-6　　单位：人

年度	任命						免职					
	市人大常委会	市政府		市中级法院	市检察院		市人大常委会	市政府		市中级法院	市检察院	
		人数	其中副市长		人数	其中批准		人数	其中副市长		人数	其中批准
1986～1987	2	18	2	4	22	7	3	18	1	1	2	—
1988～1992	18	78	5	47	31	10	13	30	2	28	23	3
1993～1997	30	96	8	65	59	12	21	36	5	27	21	6
1998～2002	18	103	6	88	69	17	14	39	4	36	14	—
2003～2005	8	56	3	42	45	5	7	14	2	23	22	5
小计	76	351	24	246	226	51	58	137	14	115	82	14
总计	899						392					

第六节　依法监督

一、法律法规实施监督

市人大常委会通过听取和审议政府、“两院”贯彻实施法律法规及人大决议决定的情况汇报，组织人大常委会组成人员、代表开展视察、调查等形式，对法律法规实施情况进行检查监督。

1986～1987年，市九届人大常委会听取和审议政府、“两院”关于《中华人民共和国商标法》《中华人民共和国食品卫生法》《中华人民共和国统计法》《中华人民共和国专利法》《中华人民共和国经济合同法》《中华人民共和国义务教育法》等法律法规执行情况的汇报，视察检查《中华人民共和国环境保护法》《中华人民共和国食品卫生法》等法律的实施情况，以学习、贯彻全国人大常委会《关于加强法制教育维护安定团结的决定》为重点，推动全市开展以宪法为核心的普法教育。

1988～1992年，市十届人大常委会听取和审议政府、“两院”关于《中华人民共和国土地管理法》《中华人民共和国企业法》《中华人民共和国计量法》《中华人民共和国标准化法》《中华人民共和国义务教育法》《中华人民共和国文物保护法》《中华人民共和国大气污染防治法》《中华人民共和国食品卫生法》《中华人民共和国归侨侨眷权益保护法》《中华人民共和国妇女权益保护法》《中华人民共和国残疾人保障法》《中华人民共和国治安管理处罚条例》《江苏省计划生育条例》《无锡市工业产品质量监督条例》等法律法规的实施情况和行政诉讼法实施准备情况的汇报，组织检查中外合资经营企业法、技术合同法、传染病防治法、水法和人民防空条例等法律法规的实施情况。1992年，对在司法监督中发现的12起典型案件进行调查研究，就其中的6起向司法机关提出改正意见，督促依法作重新处理。

1993～1997年，市十一届人大常委会组织人大常委会组成人员、代表先后视察检查《中华人民共和国审计法》《中华人民共和国劳动法》《中华人民共和国教育法》《中华人民共和国教师法》《中华人民共和国反不正当竞争法》《中华人民共和国进出口商品检验法》《中华人民共和国科学技术进步法》《中华人民共和国农业技术推广法》《中华人民共和国计量法》《中华人民共和国标准化法》《中华人民共和国环境保护法》《中华人民共和国城市规划法》《中华人民共和国食品卫生法》《中华人民共和国药品管理法》《中华人民共和国归侨侨眷权益保护法》《中华人民共和国城市绿化管理条例》《江苏省计划生育条例》《江苏省文化娱乐市场管理条例》《江苏省水资源保护条例》等法律法规的执行情况。为掌握环保设施运行的真实情况，1996年8月，市人大常委会与市环保部门一起，夜间突击检查10家工厂企业的环保设施运行情况，对发现的问题，由环保部门责成限期整改。

1998～2002年，市十二届人大常委会组织对《中华人民共和国教育法》《中华人民共和国职业教育法》《中华人民共和国文物保护法》《中华人民共和国律师法》《中华人民共和国产品质量法》《中华人民共和国农业技术推广法》《中华人民共和国工会法》《中华人民共和国房地产法》《中华人民共和国建筑法》《中华人民共和国防洪法》《中华人民共和国国旗法》《中华人民共和国国家安全法》《中华人民共和国消防法》《中华人民共和国食品卫生法》《中华人民共和国母婴保健法》《中华人民共和国老年人权益保障法》《中华人民共和国村民委员会组织法》《中华人民共和国档案法》和《江苏省少数民族权益保障条例》《江苏省农机管理条例》《江苏省华侨捐赠条例》以及《无锡市社会医疗机构管理条例》等法律法规的执法检查。在《中华人民共和国土地管理法》执法检查中，针对无锡市部分建设用地审批管理不严，窑业、墓葬用地缺少布局规划，导致随意侵占耕地等问题，市人大常委会督促有关部门尽快落实管理措施，严肃查处一批群众反映强烈的典型案件。在《中华人民共和国房地产法》《中华人民共和国建筑法》等法律法规的执法检查中，要求政府强化房地产拆迁、开发、交易、产权产籍和住房基金管理。2000年，在对《中华人民共和国村民委员会组织法》的执法检查中，根据群众信访反映的情况，对个别镇政府违反法定程序、随意调离村委会主任一事，实施跟踪监督，使其得到及时纠正。通过《国有企业领导人员离任审计条例》的实施和检查，先后有10名企业领导因业绩显著而被提拔重用，有15名企业领导因企业严重亏损、管理混乱或经济问题而被降职使用，有的还受到党纪政纪处分或被免除领导职务。在《中华人民共和国老年人权益保障法》的执法检查中，督促政府相继颁发一些新的优惠政策，70岁以上的老年人在就医挂号、景点游览、乘坐公交车等方面，明确收费减免的优惠。锡山区、惠山区及滨湖区所有乡镇的老年人与市区老年人享受同等待遇。

2003～2005年，市十三届人大常委会组织对《中华人民共和国食品卫生法》《中华人民共和国劳动法》《中华人民共和国农村土地承包法》《中华人民共和国科学技术进步法》《中华人民共和国科学技术普及法》《中华人民共和国土地管理法》《中华人民共和国人民防空法》《中华人民共和国消防法》《中华人民共和国水法》《中华人民共和国药品管理法》《中华人民共和国职业病防治法》《中华人民共和国红十字法》《中华人民共和国未成年人保护法》《中华人民共和国预防未成年人犯罪法》等法律法规开展执法检查，对《无锡市促进行业协会发展条例》《无锡市粮油安全监督管理条例》等实施满1年的地方性法规进行视察评估，了解贯彻实施中的成效和存在问题，推动和保障地方性法规更好施行。

二、听取和审议专项工作汇报

1986～1987年，市九届人大常委会围绕全市性重大问题，审议政府关于农业生产、计划执行情况、审计工作、经济体制改革、对外开放、无锡市“七五”计划草案、城市总体规划修改方案、整顿建筑市场、绿化、体育事业发展、社会治安等工作报告以及“两院”关于打击经济犯罪活动、民事审判和法纪检察等工作汇报。审议“七五”计划草案时，要求政府总结和吸取“六五”期间的经验教训，严格控制固定资产投资规模。在听取市政府贯彻市人大常委会《关于无锡市区古运河规划的决议》情况时，要求政府抓紧制定管理办法，采取切实措施，对工业污水、生活污水、河床疏浚等进行综合治理。

1988～1992年，市十届人大常委会先后听取和审议市政府关于治理整顿和清理固定资产在建项目、发展外向型经济、利用外资及开发区建设、农副业生产和菜篮子工程、物价和流通市场建设、科技、普法、外事活动、廉政建设、社会治安综合治理、预算外资金管理、企业扭亏增盈、乡镇工业、农业科技、发展第三产业、交通建设计划、房改实施方案、教育综合改革、抗洪救灾、依法治市等工作汇报，同时还听取和审议“两院”关于反贪污贿赂斗争、执行刑事案件办案期限规定、执行工作、审判工作、少年法庭工作和打击经济犯罪等情况汇报。1989年，市十届人大常委会制定《关于预(决)算监督的暂行规定》，要求政府严格实行“收支两条线”，切实改变“管理松、使用乱、效益差”的状况，加强对资金的调控能力。

1993～1997年，市十一届人大常委会先后听取和审议市政府关于农业、国企改革、开发区建设、社会治安综合治理、适应宏观调控提高经济素质、贯彻新税制、高等教育发展、科技、体育、外事活动、机构改革、区划调整、反腐倡廉、“严打”斗争等工作汇报，同时听取和审议“两院”关于反贪污贿赂斗争、民事案件、经济审判、执行和执行监督工作等情况汇报。1993年初，针对一些地方“未批先用、少批多用、土地抛荒”的现象，提出“依法批土地、用地要支持、圈地不荒地”的意见，督促土地管理部门依法管理土地，搞好建设用地的清理工作。1994年，到轻工、电仪行业了解企业扭亏增盈情况，选择困难较多的大型企业，帮助分析情况，共同研究摆脱困境的办法，推动企业转换经营机制。

1998～2002年，市十二届人大常委会专题审议市政府关于建立和完善社会保障体系、完善医疗保险制度、医药卫生体制改革和加快发展城市公交等工作汇报，听取和审议市政府关于“十五”计划编制、国企改革与脱困、个私经济发展、再就业工程、贡湖水源保护、机动车尾气治理、绿化工作、申请太湖治理工程贷款、机构改革、区划调整、行政审批制度改革、社会治安防控体系建设、打击经济犯罪、禁毒、“打黑除恶”以及“两院”关于预防职务犯罪、民事审判、经济审判、刑事审判、检察举报和“严打”整治斗争等情况的报告。针对少数企业领导人违反财经纪律、动用公款购买高消费会员卡、建设项目高估冒算、一些部门收费不规范等问题，督促有关部门整改。2001年，市人大常委会以专题审议意见的形式，要求政府完善医疗保险方案，降低参保人员住院统筹基金的起付标准，扩大补充医疗保险的支出范围和大病医疗保险的参保范围，各定点医院加快引入市场机制的改革步伐，提高医疗服务质量。2002年，市人大常委会专题审议《无锡市城市公共交通管理条例》实施情况，并在会前组织代表和人大常委会组成人员乘车暗访，切身体验乘坐公交车的感受，直接听取群众意见，对科学编制城市公交发展规划，改善公交管理，延伸公交线路，加快轨道交通的规划建设提出建设性的意见。

2003～2005年，市十三届人大常委会先后听取和审议城区河道综合整治、加强噪音管理、城市重点工程项目建设、就业和再就业等情况汇报，还听取和审议市政府关于“十一五”规划纲要编制情况、新三年城建发展纲要、贡湖水源保护、禁采地下水、增强自主创新能力、促进民营经济发展、富民工程、建立企业职工收入增长机制、征地补偿和失地农民保障、经济适用房和蠡湖新城建设、教育收费专项治理、“非典”防治、残疾人事业、“四五”普法规划实施、社会治安防控体系建设、打击黑恶势力和“两抢”犯罪工作以及“两院”关于人民法庭建设、“严打”和整治社会治安等情况汇报。2003年，在审批财政决算前，督促审计部门对涉及投资环境和群众切身利益的税收征管、养老基金使用和部门预算情况加强审计；在审批市本级预算部分变更方案时，要求超收财力集中用于公共支出，更好解决社会突出矛盾，促进财政资源配置的优化和利用效率的提高。2004年，专门听取市政府关于富民工程实施情况的汇报，在调查研究的基础上，提出尽快建立企业职工收入增长机制，严格执行最低工资标准，推行工资集体协商机制，加强劳动执法监察，维护职工合法权益等意见。针对群众反映强烈的看病难、看病贵问题，市和县区两级人大上下联动，开展多种形式的视察调查活动，并形成专题调研报告，有关放大参保范围、提高医保标准、加大政府资金投入、扩充慈善医疗救助基金、完善医保收支政策等建议得到较好落实。市人大常委会连续3年把群众反响强烈的打击黑恶势力和“两抢”犯罪列为年度工作重点，采取多种形式加强监督，推动政府采取切实措施，确保社会稳定，增强人民群众的安全感。

三、评议政府、“两院”工作

1994年，市人大常委会根据市十一届人大二次会议的要求，首次组织人大代表开展评议市（县）、区公检法机关工作的活动。江阴市、北塘区于4月先行试点。7月起，在其他市（县）、区推开。

1995年10月，市人大常委会采取市、县区两级人大上下协同的方法，对市公检法机关工作开展评议。人大代表参评率93.8%。在先后召开的3次评议大会上，有24人次代表8个大组发言，共提出建议、批评和意见886条。市公安局对10名严重违法违纪的干警作严肃处理，其中两人被追究刑事责任。市十一届人大常委会第二十一次会议分别授予39名公安干警、6名检察官、7名法官“优秀人民警察”“优秀检察官”“优秀法官”称号。

1996年6月，市人大常委会开展评议工商行政管理部门工作的活动。市、县、乡三级人大代表参加评议活动，参评率90%以上，共提出建议、批评和意见398条。

1997年3月，市人大常委会组织代表开展对市文化局的工作评议。对文化市场管理、文物保护和文化艺术发展等问题进行专题视察和明查暗访，共提出5个方面38条批评意见。

1998年7月，市人大常委会组织代表开展对市建委工作的评议活动，代表参评率达90%。在历时4个多月的评议中，共提出11个方面121条意见。清扬新村南北路大修、职教中心前路灯安装、连元街小学科技楼加固和青石路拓建等群众关注的热点、难点问题相继得到解决。

2000年8月，市人大常委会组织对市国土管理局的评议活动，参评的人大常委会组成人员和代表本着“简化程序，提高质量，突出重点，讲求实效”的原则，采用多种形式，了解该局在土地管理执法、土地保护开发管理、行风建设和土地使用制度改革等方面的情况，推动土地管理法律法规的实施，加快国土资源市场化配置和土地资产经营管理制度的改革进程。市政府制定《无锡市国有土地使用权招标拍卖实施办法》，经营性项目用地公开招标、拍卖；房改房土地登记发证工作加快进行；收回部分闲置土地的使用权，一批土地违法案件得到严肃查处。

图23-3　2000年8月，市人大常委会对市国土管理局工作进行评议　（市委宣传部供稿）

四、督促议案决议实施

1986～2005年，市九届人大四次会议至十三届人大三次会议共通过20件有关议案的决议。市人大常委会督促政府、“两院”实施这20件议案决议，推动全市经济建设、环境保护、教育卫生等事业的发展，促进城乡人民生活质量的改善。

1986年，市人大常委会作出《关于在贯彻调整、改革、整顿、提高方针中切实做好环境保护和消防工作议案》的决议，经九届、十届人大和政府历时9年的努力，先后投入资金1.3亿元，搬迁、疏散企事业单位32家，就地治理18家，解决79家火险隐患企业以及噪音、粉尘、有毒、有害气体污染严重企业的扰民问题，成为全市贯彻力度最大、成效最明显的议案决议之一。

1988年，在实施《关于加强蔬菜和副食品生产基地建设，改善供应的议案》决议时，常委会审议通过政府制定的实施方案，划定蔬菜保护区，增加用于开发新菜田和改造老菜田的资金投入，完善生产责任制，搞活流通，扩大购销，平抑市价，改善蔬菜副食品的供应。

1991年，为贯彻落实《关于大力改善我市水环境质量议案》的决议，市十届人大常委会第二十四次会议听取并评议分管副市长和7个部门主要领导的专题述职汇报；多次不分昼夜地对部分重污染企业环保设施运行状况进行突击抽查，对16个大中型建设项目环保"三同时"情况实地视察；明确水污染治理重点，采取关、停、并、转措施，限期治理。1992年，市十届人大五次会议又决定把100多名代表提出的《关于加强七一水厂水源保护的建议》和水环境质量议案合并办理。支持政府对利用造纸厂、太湖造纸厂、钛白粉厂、溶剂总厂等4家企业实施关停并转。

1996年，在市十一届人大四次会议上，351名代表联名提出《关于抓紧治理太湖无锡水域污染的议案》。市人大常委会把督促议案的实施作为重点工作，加大监督检查力度。市政府加强领导，抓住重点，加大投入，严格执法，先后关停128家严重污染企业，及时制定收取治污费的有关政策。

1998年，市人大常委会督办《关于加快清除城乡河道积淤的议案》决议，审议议案实施方案，多次组织委员和代表察看清淤施工现场，督促政府狠抓清淤治水。至2003年末，清淤城乡河道长度4199公里，总量5298万立方米。

1999年，市十二届人大二次会议审议通过180名代表联名提出的《关于治理大气污染，提高环境质量的议案》决议。经过各方面的共同努力，年初目标确定的全市337家大气污染企业中，有19家被依法取缔、关闭，4家被责令停产治理，其余均在限期内完成治理任务。2001年，市人大常委会把监督重点放在机动车尾气污染的治理上，要求政府按照"减少总量、加快淘汰"的原则，抓好议案决议的实施。至2005年末，市区路面摩托、助力车实际通行总量由22万辆降至7.5万辆。

2005年，市十三届人大三次会议通过《关于加强停车场规划、建设、管理议案》的决议，市人大常委会督促政府编制停车场建设三年规划，建设完善6个社会公共停车场(库)，当年竣工的城区住宅均按规划配建停车场，增加停车泊位2.4万个，并着手整治老住宅区停车场。

五、办理质询案

在市九届人大六次会议和市十届人大一次会议上，代表对政府工作中的突出问题提出7件质询案，大会主席团决定，列案3件。市政府领导及有关部门负责人到会向提出质询的代表作口头答复，部分代表仍不满意。经主席团决定，责成市政府继续办理，向市人大常委会作出报告。

1987年2月，在市九届人大六次会议期间，代表共提出4件质询案，大会主席团决定，列案两件：一件是关于商品房价格的质询案，主要针对7家房屋开发单位经营的统建商品房价格混乱、质量不高等问题。市建委就此向市九届人大常委会第三十一次会议作报告，明确3点处理意见；另一件是关于建设饭店违章建筑质询案，主要是郊区城建局在建造建设饭店时，比市计委批准的面积超出1949平方米，超高一层，压青山路规划红线深2米、长8米，未到规划局办定点手续，且与市仪表厂油库仅一墙之隔，严重违反防火安全规定。市政府及有关部门在发现上述问题后没有一查到底，制止不力。副市长华焕林就此质询案的办理情况向市九届人大常委会第三十二次会议作报告，明确问题的责任，责成郊区政府对直接责任者和有关人员处理；拆除其超红线部分；改变使用功能，作为一般商业网点和办公用房，并按规定办好手续，如遇国家建设需要时应无条件拆除；市仪表厂油库在1987年三季度搬迁至安全地点。以上质询案办理情况，经市人大常委会会议审议同意。

1988年1月，在市十届人大一次会议期间，代表共提出3件质询案，大会主席团将关于大众剧院事故处理问题质询案列案。大众剧院从1982年动工兴建，历时5年，投资545万元，不仅建设周期长，投资一再加码，而且由于施工、设计、验收中未严格按规章办事，在1987年9月28日落成典礼前试映时发生部分顶棚塌落，造成死亡两人、重伤15人、轻伤37人的重大事故。副市长薛成志就此质询案的办理向市十届人大常委会第二次会议作书面报告，明确事故原因和责任人员的处理，汇报修复加固工作的情况，并代表市政府和有关部门承担领导责任。此质询案办理情况经市人大常委会会议审议同意。

1984～2005年无锡市人大议案目录表①

表23-7

议案标题	提案人	会议届次
关于在继续贯彻"八字"方针中切实做好环境保护和消防安全工作的议案	无锡市人大常委会	九届二次
关于加快新村配套设施建设的议案	无锡市人大常委会	
关于加速智力开发、人才培养问题的议案	无锡市人大常委会	
关于开展文物普查的议案	无锡市人民政府	
关于采取紧急措施，保护七一水厂水源的议案	郁春荣等4名代表	
继续贯彻市九届人大二次会议第1号议案，作出决议	无锡市人大常委会	九届三次
继续贯彻市九届人大二次会议第3号议案，作出决议	无锡市人大常委会	
关于学习宪法、法律和对执法情况进行检查的议案	无锡市人大常委会	
关于实施城市总体规划加快我市老城改造的议案	无锡市人大常委会	
关于加强城市环卫工作的议案	第七代表团一、二、三组，第八代表团	
关于综合整治新运河环境、建设河滨绿带的议案	无锡市人大常委会	九届四次
关于进一步加强我市农副产品市场建设和管理的议案	无锡市人大常委会	
关于发展幼儿教育事业的议案	无锡市人大常委会	
关于制定《无锡市实施〈义务教育法〉若干问题的暂行规定》的议案	第六代表团	九届六次
关于加强蔬菜和副食品生产基地建设，改善供应的议案	沈维夫等67名代表	十届一次
关于严格控制城乡建设用地，切实保护耕地的议案	无锡市人民政府	十届二次
关于严格控制我市人口增长的议案	无锡市人民政府	
关于加强肠道传染病预防工作的议案	无锡市人大常委会	
关于重视农业，增加投入，确保农业生产发展的议案	陆岳明等38名代表	
关于加强市区城郊结合部管理的议案	金柏清等15名代表	十届三次
关于大力改善我市水环境质量的议案	潘中传等97名代表	十届四次
关于加快发展我市第三产业的议案	顾美云等186名代表	十一届一次
关于加强市容市貌管理的议案	徐永康等50名代表	
关于加快城区道路建设和加强交通管理的议案	李淑琴等143名代表	十一届二次
关于进一步加强菜篮子工程建设的议案	沈维夫等184名代表	十一届三次
关于抓紧治理太湖无锡水域污染的议案	陆介标等351名代表	十一届四次
关于加快清除城乡河道积淤的议案	陆介标等189名代表	十二届一次

① 经大会主席团决定列入大会议程并作出决议的议案。

续表

议案标题	提案人	会议届次
关于治理大气污染，提高环境质量的议案	陆介标等180名代表	十二届二次
关于加强食品卫生安全的议案	陆介标等169名代表	十二届四次
关于加强停车场规划、建设、管理的议案	陆介标等218名代表	十三届三次

六、信访

1986年，市人大常委会建立群众到访接待日制度，通过信访处理，督促政府部门落实一些难度较大的政策问题，督促司法机关处理多年积存的民事纠纷和民事案件。1988年，受理司法方面的申诉控告信67件，其中10件转交司法机关处理后，有两件撤销原判。

1995年，市人大常委会领导对重要信访阅批，亲自接访，组织专人调查处理，督促行政执法机关、司法机关纠正和解决一批处理不当或久拖不决的案件。市人大常委会办公室信访处于1996年被全国人大常委会办公厅评为全国人大信访工作先进集体。2000年，建立与政府、"两院"信访工作联系制度和重要信访的领导会办制度。2004年，召开全市人大信访工作会议，建立健全包括乡镇在内的人大信访网络，突出抓好涉法信访和疑难信访，化解社会矛盾，维护社会稳定。

1986～2005年，市人大常委会共受理来信来访2.66万件次。

七、开办《人大之声》节目

2002年7月，市人大常委会研究室和无锡电视台新闻综合频道创办《人大之声》新闻性专题节目。每月一期，每期20分钟。每月的第二个周六19：50首播。每期围绕一个重点，宣传人民代表大会制度，以人大代表为主角，履行人大监督和舆论监督职能，关注社会热点，倾听人民呼声。从第一期节目《遏制地面沉降》开始，以后有《稳步推进医保改革》《净化文化娱乐市场》《打好国企脱困攻坚战》《消防责任重于泰山》《食品安全民心所系》《让百姓呼吸到清新空气》《关注失地农民》《加快公交发展，方便市民出行》等。节目一经播出，就以其独特的内容和形式，首开省内同类节目先河，受到社会各方的广泛关注。当年，在无锡电视台自办的28档节目中，《人大之声》收视率位居第一。2003年，获江苏省广播电视"十大名牌栏目"称号。2005年起，将采访中发现的重大问题、广大人民群众的心声、人大代表的意见、领导的指示以及以往反映问题的整改情况整理成《人大之声》情况专报，送市领导阅示。《人大之声》情况专报第1期反映城市河道综合整治中的几个突出问题，市委、市政府主要领导作出批示。在每期节目的开头，通报热点难点问题最新的整改情况，并在节目结束时公布《人大之声》热线电话和电子邮箱，方便人民群众反映问题。至2005年，共播出42期。

无锡市志

【第三册】

第二十四卷

无锡市人民政府

概　述

1986～1991年，无锡市政府围绕提前实现现代化建设的第一步战略目标，即：地区生产总值翻两番、人民生活水平接近小康、把无锡城乡建设成文明富庶的地区而推进各项工作，加快改革开放步伐。重视农村、农业、农民（简称“三农”）工作，推进乡镇企业改革，促进乡镇工业蓬勃兴起，繁荣农村经济。推动企业实行经济责任制，通过横向联合，组建企业集团，扩大生产规模。加快城乡建设，改善基础设施，拓展城市布局，初步形成道路骨架。城区改革围绕理顺市、区关系，增强城区活力，发挥城区功能逐步展开。确定“科技、教育兴市”的战略，发展科技、教育、文化、新闻、卫生、体育等事业。

1992年邓小平视察南方谈话发表后，无锡各项建设加快步伐。市政府注重推进开发区建设，推进外向型经济。农业围绕高质、高产、高效，创汇（“三高一创”），提高社会化服务水平，提高土地资源的开发和保护能力，建设农业基础设施，推进农村现代化建设。工业围绕上规模、上水平、上效益，创后劲（“三上一创”），加快产业结构调整，加快公有民营、股份合作、租赁承包等多种形式的企业改革，实施现代企业制度。发展民营经济和发展第三产业，加快开拓国内外市场。搭建国有资产平台，技术、人才、金融等要素市场逐步向多层次、网络化方向发展。加大投入，建设一批社会事业项目和公益性设施，发展科教文卫体等各项事业。加快基础设施、公共设施建设。加快城市布局调整和老城改造，新建、拓建一批道路、桥梁，推进城乡一体化，改善城乡生产生活条件。建设农村电网，农村电价下降。实施棚下街等低洼地块危旧房地改造，整治南扬、刘潭、惠龙等新村150万平方米住宅小区的环境。关心民生，建设“菜篮子工程”，抓好市场供应，管理市场物价，搞好农副产品生产、收购和重要商品的储备，同时对粮、油等重要生活必需品进行补贴，保持物价稳定。社会保障体系逐步规范健全，养老、失业、医疗保险和住房制度改革逐步推开。加大城乡环境整治力度，由市各主要领导挂帅，分片负责各自的环境整治责任区，在全市掀起环境整治活动，使城乡环境面貌迅速改观。无锡市两次被授予“全国卫生城市”称号。加快科技进步，实施省级以上“火炬”计划、“星火”计划、重大科技攻关项目，科技进步对农业、工业经济增长的贡献份额大幅度提高。加快教育事业发展，推进素质教育。加快对高污染高排放企业的监管，加快关闭小炼铁、小炼焦、小化肥、小造纸、小煤窑等“五小企业”，从源头上严格限制污染物排放总量。加快城镇污水处理厂和管网建设，强化截污、接管措施。

进入21世纪后，特别是2003年中共中央提出科学发展观后，科学发展、统筹发展和宏观调控成为政府工作的主旋律，发展理念出现转折，发展方式发生转变。无锡市为实现“两个率先”目标，加快转型升级，以实现经济快速发展、科学发展、创新发展、和谐发展。各产业局改组为经营公司。推进国有企业改革与脱困，国有经济优化调整。加快建设现代企业制度，民营经济快速发展、壮大。确定市属事业单位改制转制的目标。无锡社会发展指数跃居全省第一，入选中国十大最具经济活力城市和最佳商业城市。城市建设、生态环境、公共设施、社会事业等全面优化发展，人民群众得到较多实惠。1986～2005年，先后进行四次党政机构改革。至2005年，无锡市实现建成全面小康社会的目标，跨入在全省率先基本实现现代化目标的新阶段。

第一章 组织机构

第一节 机构设置

1982年，无锡市政府工作部门设置40个，即市政府办公室、市计划委员会、市经济委员会、市科学技术委员会、市计划生育委员会、市体育运动委员会、市政府人民防空办公室、市政府外事办公室（市政府侨务办公室与其合署办公）、市人事局（市编制委员会保留名义，办事机构设在市人事局）、市劳动局、市统计局、市物价局、市物资局、市机械工业局、市轻工业局、市冶金工业局、市纺织工业局、市电子仪表工业局、市化学工业局、市建筑材料工业局、市交通局、市建设局、市环境保护局、市房地产管理局、市财政局、市税务局、市商业局、市粮食局、市工商行政管理局、市文化局、市教育局（市职工教育办公室与其合署）、市卫生局、市民政局、市公安局、市司法局、市农业局、市水利局（包括农机管理工作）、市多种经营管理局、市社队工业局、市审计局。1984年，建立市国家安全局和市城乡建设管理委员会，同时撤销市建设局。1986年，设立市经济体制改革委员会。至此，市政府工作机构共42个。1987年3月，成立市旅游总公司（局）。4月，规划管理处改为市规划管理局。1989年3月，市经济技术协作办公室更名为市经济技术协作委员会。7月，撤销市教育局，成立市教育委员会。1990年3月，市政府经济研究中心改为市发展研究中心。

1996年，市政府机构调整。调整后，市政府设有工作机构51个，即市政府办公室、市计划委员会、市经济委员会、市经济体制改革委员会、市教育委员会、市科学技术委员会、市公安局、市司法局、市民政局、市财政局、市人事局、市劳动局、市建设委员会、市交通局、市农业局、市贸易局、市文化局、市卫生局、市计划生育委员会、市审计局、市统计局、市工商行政管理局、市监察局、市国家安全局、市地方税务局、市国土管理局、市环境保护局、市水利局、市粮食局、市对外经济贸易委员会、市体育运动委员会、市物价局、市技术监督局、市广播电视局、市人民防空办公室、市政府外事办公室、市政府侨务办公室、市市政公用事业局、市多种经营管理局、市乡镇企业管理局、市机械工业局、市冶金工业局、市纺织工业局、市电子仪表工业局、市轻工业局、市石油化学工业局、市环境管理委员会、市医药管理局、市规划局、市房产管理局、市建筑工程管理局。

2001年，进行新一轮的机构改革，改革后，市政府工作部门设置40个，即市政府办公室、市发展计划委员会、市经济贸易委员会（挂“市乡镇企业管理局”牌子）、市教育局（市委教育工作委员会、市政府教育督导室与其合署办公）、市科学技术局、市公安局、市监察局（与市纪委机关合署办公）、市民政局、市司法局、市财政局、市人事局（市机构编制委员会办公室与其合署办公）、市劳动和社会保障局、市国土资源局、市建设局（挂“市建筑工程管理局”牌子）、市交通局、市水利局、市农林局（挂“市农业资源开发局”“市蔬菜办公室”牌子）、市对外贸易经济合作局、市文化局（挂“市新闻出版局”“市版权局”牌子）、市卫生局、市计划生育委员会、市审计局、市环境保护局、市规划局、市房产管理局、市市政公用事业局、市园林管理局（挂“市绿化委员会办公室”牌子）、市城市管理局（挂“市城市管理行政执法局”牌子）、市统计局、市粮食局、市体育局、市物价局、市旅游局、市信息化办公室、市人民防空办公室、市外事办公室、市政府侨务办公室、市政府法制办公室、市市级机关事务管理局、市民族宗教事务局。市委、市政府共同管理的直属事业机构设置3个：市接待办公室、市史志办公室、市档案局。市政府直属事业机构设置5个：市政府研究室、市煤炭行业调整办公室、市农业机械局、市地震局、市无线电管理局。

2004～2005年，启动新一轮政府机构改革。改革后，市政府设置工作部门和直属特设机构共41个，即市政府办公室、市发展和改革委员会、市经济贸易委员会（挂“市乡镇企业管理局”“市中小企业局”牌子）、市教育局（市委教育工作委员会与其合署）、市科学技术局（挂“市知识产权局”牌子）、市公安局、市民政局、市司法局、市财政局、市人事局、市劳动和社会保障局、市国土资源局、市建设局（挂“市建筑工程管理局”牌子）、市交通局（挂“市港口管理局”牌子）、市水利局、市农林局（挂“市农业资源开发局”牌子）、市对外贸易经济合作局、市文化局（挂“市新闻出版局”“市版权局”牌子）、市卫生局、市人口和计划生育委员会、市食品药品监督管理局、市审计局、市环境保护局、市规划局、市房产管理局（挂“市住房制度改革办公室”牌子）、市市政公用事业局、市园林管理局、市城市管理局（挂“市城市管理行政执法局”牌子）、市统计局、市安全生产监督管理局、市粮食局、市体育局、市物价局、市旅游局、市信息化办公室、市人民防空办公室、市外事办公室、市政府侨务办公室、市政府法制办公室、市级机关事务管理局、市民族宗教事务局、市政府国有资产监督管理委员会。市监察局与市纪委机关合署，列入政府工作部门序列，不计政府机构个数。

第二节　领导人更迭

一、第九届市政府（1983.03～1988.01）

市　长：陈文章（1983.03～1983.10）
代市长：吴冬华（1983.10～1984.03）
市　长：吴冬华（1984.03～1987.12）
代市长：王宏民（1987.12～1988.01）
副市长：吴　钊（1983.03～1986.03）
　　　　李祖法（1983.03～1988.01）
　　　　薛成志（1983.03～1988.01）
　　　　夏秀英（女，1983.03～1988.01）
　　　　庄　申（1983.03～1988.01）
　　　　张汉臣（1984.07～1988.01）
　　　　华焕林（1986.03～1988.01）
　　　　洪锦炘（1986.08～1988.01）

二、第十届市政府（1988.01～1993.03）

市　长：王宏民（1988.01～1992.05）
代市长：洪锦炘（1992.05～1993.03）
副市长：薛成志（1988.01～1992.05）
　　　　华焕林（1988.01～1993.03）
　　　　洪锦炘（1988.01～1992.05）
　　　　何正明（1988.01～1993.01）
　　　　张怀西（1988.01～1993.03）
　　　　吴经起（1991.01～1993.03）
　　　　李德力（挂职，1991.09～1992.11）

吴新雄（1992.04～1993.03）

三、第十一届市政府（1993.03～1998.01）

市　长：洪锦炘（1993.03～1993.07）
代市长：于广洲（1993.07～1994.03）
市　长：于广洲（1994.03～1997.07）
代市长：吴新雄（1997.07～1998.01）
副市长：张怀西（1993.03～1993.06）
吴经起（1993.03～1997.12）
吴新雄（1993.03～1993.07）
丁浩兴（1993.07～1995.03）
杨惠菊（女，1993.07～1998.01）
陈林荣（1993.07～1998.01）
王竹平（1993.07～1998.01）
易智峻（挂职，1993.03～1994）
范燕青（1994.02～1998.01）
李永民（挂职，1995.07～1996.07）
刘湘根（1997.11～1998.01）
贡培兴（1997.11～1998.01）

四、第十二届市政府（1998.01～2003.01）

市　长：吴新雄（1998.01～2001.06）
代市长：王　荣（2001.06～2002.01）
市　长：王　荣（2002.01～2003.01）
副市长：杨惠菊（女，1998.01～2003.01）
陈林荣（1998.01～2001.02）
王竹平（1998.01～2001.01）
范燕青（1998.01～2001.02）
刘湘根（1998.01～2003.01）
贡培兴（1998.01～2003.01）
赵　龙（2000.01～2002.09）
毛小平（2001.01～2003.01）
谈学明（2002.09～2003.01）
麻建国（2002.09～2003.01）
王咏红（女，2002.12～2003.01）

五、第十三届市政府（2003.01～）

市　长：王　荣（2003.01～2003.03）
代市长：毛小平（2003.03～2004.02）
市　长：毛小平（2004.02～）
副市长：贡培兴（2003.01～）
谈学明（2003.01～）

麻建国（2003.01～）
王咏红（2003.01～2005.03）
姚建华（2003.01～2003.05）
王国中（2003.01～）
黄继鹏（2003.07～）
周敏炜（2003.07～）
吴建选（2005.03～）

第二章　施　政

第一节　工作机制

1986～2005年，无锡市政府不断健全、完善并坚持各项工作制度，以保证正常运行。

一、市长负责制

市政府实行市长负责制，市长主持市政府全面工作，副市长协助市长工作。市长出国访问和出市执行公务期间，由常务副市长主持工作。市长负责召集和主持市政府全体会议、常务会议和市长办公会议。其外出期间可委托常务副市长召集和主持。市政府工作中的重大问题，须经市政府全体会议或常务会议讨论决定。需提交市委常委会研究的议题经市长审定同意后提交。副市长按照分工负责分管工作，受市长委托负责其他工作或专项任务，可代表市政府开展对外活动。

二、依法行政制度

市政府适时制定、修改或废止规范性文件，确保其合法性和可操作性。严格执行规范性文件、重大行政处罚备案制度和行政区域复议制度，及时纠正行政机关违法或不当的具体行政行为。基层行政机关和市政府各部门制定规范性文件以及行政执法机关的重大行政处罚，须报市政府备案。市政府及其各部门按照行政诉讼法及有关法律规定，自觉接受司法监督、行政执法监督和专项监督。严格执行行政执法责任制和执法过错追究制，做到依法办事、严格执法。

三、会议制度

市政府通过市政府全体会议、常务会议、市长办公会议和专题会议讨论、处理、决定事项。

市政府全体会议由市长、副市长、秘书长、政府序列的各委员会主任、各局局长、各办公室主任组成，必要时请各市（县）、区政府主要负责人及有关部门负责人列席。一般每半年召开1次。主要研究贯彻落实上级党委、政府及市委的方针、政策和重大决策；讨论分析全市经济、社会发展形势，决定和部署市政府重要工作；总结、部署年度（半年度）工作任务；讨论确定年度发展目标，研究实施目标的管理意见；讨论需由市政府全体会议决定的其他重要事项，具体议题由市长确定。

市政府常务会议由市长、副市长、秘书长组成，邀请市人大、市政协领导人参加，市政府有关部门以及与议题相关的部门负责人列席。一般每月召开1～2次。主要研究贯彻党和国家的方针、政策，上级政府和部门的指示、决定及工作；讨论决定向上级政府报告或请示的重要事项；讨论通过提请市人大及其常务委员会审议、审定的政府工作报告和有关事项；讨论决定政府工作中的重大问题；审查通过以市政府名义印发的工作计划、报告、决定和行政规章；研究处理各地、各部门和单位请示的问题及需由政府批准的重大事项；研究和部署政府各项工作；通报或交流有关情况等。

市长办公会议不定期召开，由市长、副市长、秘书长和与议题有关的副秘书长以及部门主要负责人参加。议题为传达贯彻上级政府或上级有关部门召开的、需要在全市或相当范围内执行的工作会议精神；研究确定市政府日常工作中事关全局、需要统筹安排的事项；讨论通过相关规范性文件，听取、审议相关工作情况专题汇报或报告，研究年度城市建设重点工作，明确市政府领导分工，研究有关财力安排方案；讨论通过相关工作实施意见（方案），交流市政府前阶段主要工作，研究、分析和确定当前和下阶段重点工作；研究市政府日常工作中的其他重要事项。

提交市政府常务会议和市长办公会议讨论的具体议题，由相关部门负责形成书面材料，经分管副市长初审同意，于会议召开前一周报送市政府办公室汇总筛选后报市长审定。市政府全体会议和常务会议必须有半数以上的副市长参加。市政府常务会议和市长办公会议研究决定的事项，一般通过会议纪要印发有关单位贯彻执行。会议纪要由市长签发，或由市长委托常务副市长签发。

专题会议由市长、副市长或由市长、副市长委托秘书长、副秘书长主持召开，主要研究、协调市政府工作中的专项问题。其会议纪要由召集或委托召集会议的市长、副市长签发。涉及政策调整、机构设置、人员编制、重大项目、资金安排等重要事项的，由分管副市长审核、市长签发。

四、公文制发审批制度

市政府公文由市政府办公室起草。属于市政府部门职能范围的，需由市政府或市政府办公室行文时，由部门代拟文稿；涉及两个以上部门时，由一个部门牵头起草，相关部门会签。提请市政府讨论的政府行政措施和规范性文件先经市政府法制工作部门审核。基层行政机关和市政府各部门、各单位报送市政府审批的公文，由市政府办公室按照市政府领导分工呈批，重大问题报市长审批。

市政府发布决定、命令和行政措施，向上级机关请示、报告，向市人大及其常务委员会提出议案、人事任免，由市长签发，或经市长授权由副市长签发。以市政府名义发文，按照工作分工由分管副市长签发；涉及重要事项的文件报市长签发。副市长接到上级党委、政府和市委主要领导批示后按程序办理，办理结果经市长审定同意后报上级党委、政府和市委主要领导。

市政府和市政府办公室文件，除涉及国家机密外，均要通过“中国无锡”政府网站、《无锡市人民政府公报》和《无锡日报》等途径向社会公布。

对市政府批办或市政府办公室转办的公文，市政府各责任部门、单位要及早办结、及时回复。对交办的人大代表建议和政协委员提案，在规定期限内办结。

五、政务督查制度

市政府实行自上而下的政务督促检查制度，确保政令畅通。市政府办公室根据市长、副市长、秘书长的指示，行使市政府督查职能。重点开展《政府工作报告》确定的各项任务落实及完成情况的督查，督查结果于年中和年终向市政府常务会议报告；市人大和人大常委会决定、决议落实情况的督查，人大代表建议、政协委员提案办理情况的督查，督查结果向市长和负责与人大、政协联络工作的副市长汇报；市政府全体会议、常务会议、市长办公会议及专题会议决定事项落实情况的督查，督查结果在决定事项完成的期限范围内向召集和主持会议的市长、副市长报告；上级机关颁发的重要文件精神及市政府领导交办任务落实情况的督查，督查结果在督查事项办理时限内向相关领导汇报。

市政府办公室负责将督查事项分交各市（县）、区政府及市政府各有关部门，并明确办理时限，承办部门在规定时限内办理完毕，并及时将办理结果报送市政府办公室。因特殊情况不能办理完毕的，将具体情况和理由书面呈报市政府。

六、重大事项报告制度

各市（县）、区政府，市政府各部门，市各直属单位将工作中的重大事项及时报告市政府。对重大突发性事件、事故、疫情、灾情、案件等，在事发两小时内报告市政府，并及时续报有关情况。

市政府办公室须随时掌握各地、各部门上报的重要事项，并及时向市长、副市长、秘书长报告。

七、内事活动及外事活动制度

市长、副市长、秘书长每周周末前简要拟定下周活动计划，并将主要活动通知市政府办公室，市政府办公室据此预先做好安排。

为保证市政府领导集中精力研究处理政府工作中的重大问题，除上级机关及市委、市政府统一组织安排的活动外，市政府领导一般不出席各地、各部门、各单位召开的会议以及所安排的接见、照相、颁奖、剪彩等活动。各地和各部门、各单位不得直接向市政府领导发邀请函或请柬。市政府领导不为各地、各部门、各单位的工作会议签发贺信、贺电，不题词、题名。市政府领导内事活动的宣传报告从严掌握，由市政府组织或经市政府批准的有重大影响的会议和活动，按经批准的方案宣传报道。市政府领导出席各地、各部门、各单位的会议和活动，以及市政府领导下基层调查研究、考察工作，需要新闻报道的，报道内容要经领导或领导委托秘书长、副秘书长审定。

市长、副市长出访，经市委、市政府同意后报省政府审批。市政府各部门、各单位的正职领导出访，经有关部门会审，秘书长签署意见，分管对外工作的副市长审核后，报市委书记、市长批准。上述部门、单位的副职出访，经市有关部门会审，秘书长签署意见，分管对外工作的副市长审核后报市长批准。

市长、副市长会见外宾，由接待单位向市政府提出请示，由市政府办公室征求外办及有关部门意见后，报市政府审定。会见港澳人士参照以上规定办理。会见台湾来访的人员及华侨、外籍华人知名人士，由接待单位提出请示，分别经市台办、侨办审核后报市政府审定。

八、接受市人大监督制度

市政府对市人大及其常委会负责并报告工作，自觉接受监督。每年的工作安排及时向市人大常委会报告，作出重大决策和研究的重要事项时主动与市人大常委会联系。对市人大及其常委会提出的议案、建议和意见，市政府常务会议听取综合汇报，并及时分类转办；涉及面广、影响较大的重要建议，由市政府常务会议专题研究，分管副市长亲自督办。承办部门实行主要领导和分管领导负责制，明确责任人和承办人。承办任务较重的单位成立专门办理工作小组，制定计划，落实责任，确保按时完成。在每年1次的市人大会议上，市政府向与会人大代表报告重要议案、建议的落实和实施情况，听取代表的意见和要求，接受审议和监督。市政府组成人员定期向市人大述职，主要内容为任职以后履行职责的情况，包括贯彻执行宪法、法律、法规和党的有关方针政策，贯彻执行市人大及其常委会决议、决定，办理人大代表议案、建议和意见，完成工作任务，处理人民群众普遍关心和迫切需要解决的问题，廉洁自律和抵制不正之风，以及抓班子带队伍等方面情况。

市长或分管某方面工作的副市长参加市人大常委会和市政协组织召开的有关会议及开展的各项视察、检查、评议活动，并轮流列席市人大常委会和市政协例会；对会议、视察、检查、评议中提出的问题，市政府及有关部门高度重视，研究改进措施，并将落实情况分别报市人大常委会和市政协。

九、办理市政协民主协商意见制度

市政府及时向市政协通报重要工作，听取市政协及其常委会的意见，并进行协商。作出重大决策和研究重要事项时，主动与市政协联系。制定规范性文件时与市政协协商，征求意见。及时办理市政协及其常委会的提案，通过听取综合汇报、及时分类转办，与政协协商、共同督办，实行归口管理、明确责任，相关部门配合、全力协办，办理情况及时通报、征求意见等，确保提案办理的高质量和高办复率。对事关全局的重点提案，市政府主要领导亲自过问，研究制定相关措施、意见，切实解决问题。

第二节　施政纪要

一、经济发展

1986～1990年，市政府遵循对内搞活经济、对外实行开放的总方针，着力加快城乡经济发展。推进乡镇工业迅速发展，调整工业结构，加强基础原材料工业，加快发展机械、电子工业，改造提升轻纺等传统工业。轻重工业发展基本协调，结构继续向重型化方向偏转。加强农业基础地位，农业生产条件有所改善。巩固完善家庭联产承包责任制。加大固定资产投资力度，调整投资结构。加强市场治理整顿，商品销售基本趋于正常，市场供应比较丰富。外向型经济发展取得进展。财政收入逐年增长。信贷规模明显扩大，信贷结构趋于合理。以增强企业活力为中心环节，由点到面地推行企业承包经营责任制，在企业内部普遍实行厂长负责制和多种形式的经济责任制，调动企业和职工的生产积极性。发展横向联合，组建企业集团，推进金融、流通、劳务等领域的改革，为搞活企业创造条件。全面实施科技攻关计划“星火”计划，科学技术发展迅速，科技成果日益增多。

1991～1995年，市政府围绕经济建设中心，解放思想，克服困难，加快改革开放步伐，促进国民经济上一个大台阶。坚持“决不放松粮食生产，积极发展多种经营”的方针，重视加强农业的基础地位，完善农业双层经营机制，增加农业投入，开展科技兴农，调整农业内部结构，既稳定粮食生产，又促进多种经营的全面发展。以市场为导向，以效益为中心，加快转换工业企业经营机制。采用先进技术和装备，对老企业进行大规模技术改造，加快开发新产品、调整行业和产品结构的步伐，提高产品适销度和市场占有率，工业经济整体素质有较大提高。高度重视发展第三产业，城乡出现多层次、多类型加速发展三产的势头。坚持全方位、多渠道、多层次、多功能对外开放的方针，吸引外商投资，鼓励外贸出口，外向型经济迅猛发展。发展对外贸易，形成市级专业外贸公司、县区级综合外贸公司、进出口自营权企业和“三资”企业“四路大军”发展外贸的新格局。对外经济技术合作发展到20个行业，海外企业遍及60多个国家和地区。对外承包工程和劳务合作发展较快。确立率先初步建立社会主义市场经济运行机制的改革目标，逐步发挥市场配置资源的基础性作用。推进以建立现代企业制度为主要内容的企业改革，加快市场体系建设步伐，巩固和发展公有制经济，加快发展外向型经济和个私经济，多种经济成分均有较大增长。

1996～2000年，市政府坚持“发展是硬道理”的基本指导思想，推动一、二、三产业协调发展，不断扩大对外开放，保持经济的持续快速发展，经济综合实力不断增强，结构调整取得成效。农业经济作物种植面积与粮食种植面积比例趋于合理，养殖业占农业的比重逐渐提高。推广农业先进适用技术和农作物优良品种。加快高新技术产业化，推进重点高新技术产品群的发展。提高服务业发展水平，增强集聚、辐射能力，服务业增加值占国内生产总值比重上升。社会主义市场经济运行机制初步建立，国企改革脱困三年目标基本实现，多种所有制经济共同发展格局初步形成。加快国有资本退出步伐。推进乡镇企业改革，产权制度改革面95%。全市建有私营经济园区123个，私营个体经济创造的国内生产总值、上缴税收有较大增长。重点企业集团建设成效显著。利用外资、进出口总额、对外工程承包营业额均有较大幅度增长。8个省级以上开发区建成区面积40平方公里。

2001～2005年，市政府以率先发展统揽全局，以转变增长方式为着力点，以改革开放为动力，主动适应宏观经济环境的变化，抢抓发展机遇，破解发展难题，增创发展优势，综合经济实力再上新台阶。城市影响力扩大，入围中国内地城市综合竞争力十强和十大活力城市、品牌经济城市、最佳商业城市。坚持走集约发展之路，转变经济增长方式，把高新技术产业和现代服务业的发展放上先导位置，实施制造业和服务业"双轮驱动"战略，打造国际先进制造业基地和区域性服务业高地。发展生态农业、休闲农业和设施农业等新兴产业，通过培育重点"龙头"企业，农业产业化程度逐步提高。工业向集群化和高端化发展，以电子信息为主导的高新技术产业发展迅速。服务业发展层次提升，商贸物流业、旅游业、信息服务业、创意产业、房地产业发展迅猛，国家级无锡工业设计园、无锡国家动画产业基地启动建设。着眼全球经济一体化的背景，实施经济国际化战略，协议外资、到位外资和进出口总额三项指标跻身全国大中城市前列，开放型经济实现历史性跨越。民营企业成为"走出去"的生力军。国企改革任务基本完成，国有资产管理体制基本建立，完成一般竞争性领域654家市属国有（集体）企业的产权制度改革，完成312家自收自支事业单位经营类事业单位改革。上市公司数增加至32家。22家企业跻身全国民营企业500强。

二、城乡建设

1986～1990年，市政府加快城乡建设步伐，加强基础设施建设力度，拓开城市布局，初步形成道路骨架。市区建成区面积由1985年的42.3平方公里扩展至1990年的65平方公里。确定城市规划管理实行"集中领导，统一规划，分级管理"的原则，全面实施城市总体规划。城市道路、桥梁等市政工程建设项目逐年增多。自来水供应量、管道煤气用户量、城市路灯、排水干道铺设等均有增加；芦村污水处理工程于1990年实现一级处理出水。整治京杭运河无锡段，新建和改建金城桥、金匮桥、红星桥、下甸桥和江阴黄田港大桥等，新辟3条航空航线，完成无锡火车站客运中心及硕放机场候机楼的改造。城市绿化覆盖率上升。电话交换机总容量、电话机总数成倍增长。房产经营管理从单一直管公房管理逐步转向"面向社会、面向市场、面向行业"的全面管理。加强环境保护，加强城市管理工作，深化"创三优"（优美环境、优良秩序、优质服务）活动，市容环境由整顿性管理转入建设性管理。

1991～1995年，市政府组织开展大规模的城乡改造、建设和开发，无锡市投资硬环境大大改善，成为国内外客商竞相投资合作的热点地区之一。市区建成区面积达到78平方公里。加快公路、港口、桥梁建设和改造步伐，无锡机场开通6条国内航线，加快推进沪宁高速公路无锡段、苏南运河无锡段和江阴长江大桥等重大项目建设。1995年，无锡县撤县建立锡山市。全市有51个乡撤乡建镇，一批新型城镇崛起，开始向农村城镇化、城乡一体化方向迈进。市区以改善交通为中心的旧城改造快速推进，县城和乡镇集镇面貌日新月异，生产、生活环境日益优化。消费品零售总额比1990年翻两番。开发区总面积超过50平方公里，成为外商特别是大财团、跨国公司投资合作的理想之地。无锡新加坡工业园区一期建设进展顺利，二期开发前期工作全面展开。加快城市住宅建设，加快对简易住宅区的拆迁改造进度。加快以大容量程控电话为重点的通信基础设施建设，在省内率先实现交换程控化、传输光缆数字化；全市电话实现程控化，无线寻呼、移动电话从无到有，发展较快。供电、供水、供气能力增长，人均公共绿地面积上升。加快治理污染进度，规范各项管理制度，推进城乡环境综合整治，在国民经济持续、快速、健康发展中保持环境质量的基本稳定。城乡卫生面貌改观，1990～1992年，市政府动员和组织市民开展创建国家卫生城市活动，被评为全国卫生先进城市。1994年7月，江阴市被命名为国家卫生城市。

1996～2000年，市政府加强城乡规划，加大基础设施建设力度，推进现代文明城市建设。建立市规划委员会，开展城市总体规划修订工作。以建设现代文明城市、营造一流人居环境为目标，组织制定15个重点地区的详细规划。实施部分乡镇和行政村的撤并，推进重点中心镇的建设。中心商务区经过持续不断的高强度开发，初步形成具有现代化特色的城市风貌。加快城乡基础设施建设，沪

图24-1　蠡湖新城骨架路网建成，图为蠡湖大道　　（陈平摄）

宁高速公路无锡段、锡澄高速公路和江阴长江公路大桥建成通车，完成城区道路改扩建工程。兴建一批防洪排涝重点工程和防污治污设施。电力、通信、自来水、燃气的供给能力增强。实施低洼地区危旧房改造，加快推进住宅小区环境整治。城市化率52%，市区建成区面积扩大至102平方公里。加强生态环境保护，如期实现工业污染源达标排放，一批污染企业完成治理任务。加强太湖水污染综合防治工作，梁溪河、直湖港等6条主要出入湖河流水质得到改善；城北、新区、宜城等污水处理厂开工兴建，污水截流范围扩大。启动区域联网供水工程，严格限采地下水。全国爱卫会授予无锡市“国家卫生城市”称号。江阴市建成国家环保模范市，新区获“ISO 14000国家环保示范区”称号。

2001～2005年，市政府以统筹协调为基本原则，加快完善城乡布局，推进城乡一体化，构筑“一体两翼、七区一体”的发展格局。实施“工业北移、城市南进”战略，适时调整行政区划，推进“城市建设三年行动计划”，市区建成区面积扩大到193平方公里。市域三级城市体系规划确定、形态初现。编制完成市域农村规划、现代服务业规划和轨道交通线网及建设规划等一批重大基础设施规划。加快提升城市功能，推进建成区功能调整和工业企业“退城入园”，实施蠡湖新城、惠山新城、锡东新城等重点地区的开发建设，并启动江阴市临江新城和宜兴市环科新城建设。重点道桥竣工投用，312国道和沪宁高速无锡段改拓建完成，芜申运河宜兴绕城段通航，蠡湖新城骨架路网基本形成。推进现代化新农村建设，改善农村生产生活条件，建设农村公路，488个自然村并入城镇和农村新型社区。区域供水工程完成。无锡机场获准开通香港临时客运包机。无锡港江阴港区和夏港第二公共型港区建设力度加大。本地网固定电话号码升至八位。加快建设绿色无锡，突出构筑人与自然和谐的生态环境，加强资源保护和环境综合整治，省内第一个工业固体废弃物安全填埋场投入运行。加快惠山、青龙山环境整治，推进绿色通道和城市绿地建设，蠡湖及十八湾景区成为全省最大的开放式绿地之一。无锡获得“国家园林城市”“国家环境保护模范城市”称号，宜兴成为国家园林城市，江阴建成国家生态示范区。

三、社会事业

1986～1990年，市政府加快发展各项社会事业，提高人民生活水平。劳动就业面扩大。城镇职工工资多次调整，平均工资逐年提高，城乡居民储蓄存款大幅度增加。教育经费年均增长15.03%，超过全市财政收入的增长比例。高等学校健康发展，中等教育结构日趋合理，初等教育全面普及，学龄儿童入学率100%，成人教育稳定发展。加快广播电视事业发展，建成广电中心和卫星地面接收站，开通10个电视频道，增加调频立体声播出节目。伤寒、肝炎等传染病发病率明显下降。1990年，全市人口平均期望寿命为72.87岁，比1982年提高2.92岁。江阴市和无锡县被国家体委命名为全国体育先进县（市）。发展社会福利和社会保障事业，基本解决“入托难”“入园难”等问题，城乡兴建一批敬老院，建立福利基金组织，基本做到“少有所教、老有所养”。

1991～1995年，市政府协调发展科技、教育、卫生、文化、体育等社会事业，着力改善居民生活，逐步配套完善社会保障体系，人民生活步入小康。以家用电器为代表的高档耐用消费品普及率迅速提高。市区居民人均居住面积增加。市区参加基本养老社会保险单位覆盖面近95%，在职职工参保率98%。街道服务中心建立普及率70.4%，居委服务中心建立普及率66%，社区服务中心的服务项目普遍增加至20个以上，全市社区服务志愿者队伍扩大至5万人。5年共获国家科技进步奖2项、省级科技进步奖248项、市级科技进步奖754项。5年共培养高校毕业生近万人，中专、中技和农职业中学毕业生5.99万人。学龄儿童入学率、小学毕业生升学率、初中毕业生升学率分别为100%、98.45%和77.21%。农村合作医疗制度覆盖面扩大，基本达到初级卫生保健规划目标。传染病发病率持续下降。新建江苏省内规模较大的体育中心，承办江苏省第十三届运动会和第四届城运会羽毛球赛等重大赛事。

1996～2000年，市政府坚持“两手抓、两手都要硬”的方针，推动社会全面进步和两个文明建设的协调发展。居民、农民收入增长。城市人均居住面积9.8平方米，人均公共绿地面积7.6平方米，每千人拥有医生数2.26人，人均预期寿命76岁，恩格尔系数降至43.1%。社会保障体系框架基本形成，养老、失业、医疗保险覆盖面扩大，实现三项保险费统一征收和养老金的社会化发放，全市城镇在职职工养老保险参保面99%，城镇企业职工失业保险覆盖面98%，医疗保险覆盖率61%，建立城市最低生活保障制度。加快实施教育现代化工程，基本完成薄弱学校改造任务。继续深化教育综合改革，推进素质教育，减轻学生过重的课业负担。高标准实施九年制义务教育，全市基本普及高中阶段教育，适龄人口接受高等教育人数比例31.9%。民族舞剧《阿炳》获“文华”大奖。高城墩良渚文化遗址被列入全国十大考古新发现。开展争创“名院、名科、名医”工程，建成市儿童医院和第一人民医院综合大楼、妇幼保健院病房大楼，113个乡镇达到农村初级卫生保健标准。新图书馆、广电大厦投入使用，实施广电综合信息网升级改造工程，广电覆盖率达98.5%。计划生育率保持在99%以上，人口自然增长率控制在3‰以内。创建文明城市，开展“讲文明、树新风”活动，文明小区、文明单位、文明村镇的创建覆盖面扩大。严格落实社会稳定工作责任制，重视群众信访，化解社会矛盾和不安定因素。强化社会治安综合治理，严厉打击刑事犯罪和经济犯罪活动，扫除社会丑恶现象，净化社会环境和社会风气。

2001～2005年，市政府以安民富民为立足点，从促进就业、鼓励创业入手，强化居民收入稳定增长机制，强化社会保障体系建设，强化社会救助措施，促进城乡居民共同迈进小康社会。推进富民工程。鼓励群众自主创业，推进建立城乡统筹的就业机制，开展农村劳动力转移就业培训，5年新增城镇就业岗位60万个，农村劳动力转移就业22万多人，城镇登记失业率控制在3.27%左右。企业工资集体协商制建制面71.8%，提高企业最低工资标准，落实各项惠农政策。恩格尔系数降至37.5%。国家“金保工程”试点——社会保障卡工程主体项目基本建成。城镇职工基本养老、基本医疗和失业三大社会保险覆盖面分别为98%、97.4%、97.9%，新型农村合作医疗覆盖面98.8%，新型农民养老保险覆盖面72%，被征地农民基本生活保障率100%，城乡低保对象应保尽保。财政用于社会事业投入持续增长，相继建成一批公共设施项目，社会发展指数连续保持全省首位。推行社会事业领域“管办分离”改革，市医院、学校、文化艺术、体育场馆与训练等4个管理中心运行，71家行业协会完成“政会脱钩”。以企业为主体、产学研结合的技术创新体系初步形成，研究与开发经费占地区生产总值1.5%。发展各类教育，普及高中段教育，残疾儿童义务教育普及率超过99%，11.5万适龄常住流动人口子女在锡接受义务教育。鸿山遗址被列为2005年全国十大考古新发现，民族舞剧《红河谷》被评为全国十大舞台精品剧目，无锡成为江苏省历史文化名城。市区建成社区卫生服务中心24个。无锡市获“全国城市畅通工程模范管理城市”称号，被评为全省首批社会治安安全市。全市注册志愿者人数增加至22万人。

第三章　机关和事业单位体制改革

第一节　机关机构改革

一、1986年机构改革

1986年8月，无锡市被列为全国16个中等城市机构改革试点城市之一。市委确定机构改革从适应有计划商品经济发展的需要出发，本着党政分工、政企分开的原则，转变政府职能，逐步从过去把主要精力放在订指标、批项目、分资金、分物资的直接调控方式，转为以搞好统筹规划、掌握政策、组织协调、提供服务，运用经济调节手段进行间接调控为主的方式。10月，市区撤、转行政性工业公司13家，各县（市）相应改革。同时，市委、市政府授权市体改委牵头，对市计委、经委、外经委、建委、科委等政府经济管理部门的职责范围统筹协调，合理分工，并相应作出10项规定，经市政府批准实施。

二、1993年改革试点

1991年下半年，省委、省政府确定宜兴市作为省机构改革方案论证试点市（县）。经过1年多的机构改革调研、论证，1993年上半年，宜兴市机构改革初步方案经省委、省政府正式批准并组织实施。宜兴市机构改革按照党政分开、转变职能、精干机构、精简人员、提高效率以及克服官僚主义、逐步理顺政府同企事业单位关系的目标要求而进行。

三、1996年机关机构改革

1996年6月～1997年5月，全市党政群机关机构改革在计划经济体制向社会主义市场经济体制过渡的背景下进行，改革的关键在政府职能转变，重点是转变政府对企业特别是大中型企业的管理职能，根据现代企业制度的要求，对属于企业的权力，按照企业法和国务院《全民所有制工业企业转换经营机制条例》的规定，全部下放给企业，促进政企分开和企业转换经营机制；加强对市场的培育和管理，促进社会中介组织的发育成长，建立健全社会保障体系；加强对城市的规划、建设和管理，搞好各项基础设施和公用事业建设；理顺城市与农村的关系，加强对农业和农村工作的领导，不断完善市管县的体制。党政机构经精简后，市级党政工作机构设置60个，其中市委工作机构9个、市政府工作机构51个。另设部门管理机构10个。省委、省政府核定无锡市市级党政群机关（含街道办事处）行政编制4300名（不含政法专项编制），比实有5985人减少1685人，精简28.2%。

这一轮党政机构改革完善市管县体制，理顺市与县级市的关系，市政府在抓好城市行政管理的同时，既适当扩大县级市政府在区域经济和社会发展方面所必需的权限，又加强市一级宏观管理与调控的能力；调整和完善市、区管理的权限，理顺市与城区的关系，推动市重点片区建设，发挥城区和街道在城市建设管理中的作用。城市规划、经济综合管理等事务以市管理为主，城市社会服务等工作以区级管理为主；理顺部门之间的关系，在计划经济体制向社会主义市场经济体制转轨过程中，通过理顺综合经济部门之间以及综合经济部门与专业经济部门之间的关系，划清相互之间的职能，合理分工，避免交叉。

四、2001年机关机构改革

2001年4月，无锡市启动党政机关机构改革，至2002年5月完成，改革的重点是转变政府职能，通过改革，强化政府对宏观经济运行调控和干预的职能，推进政企分开，不再保留工业、商业等专业经济管理部门，将机械、冶金、纺织、轻工、电子仪表、石化、贸易、建材、物资、丝绸、工艺美术等部门原承担的行政管理职能划入市经贸委，原部门就地转为资产管理公司或集团公司。解除政府主管部门与所办经济实体和直属企业的行政隶属关系，明确政府部门不再兴办经济实体，要求政府部门与已办实体在人、财、物等方面全部脱钩。在审核各单位职能过程中，强化分类管理，推进政事分开，将辅助性、服务性、事务性职能分离出来，交给事业单位和社会中介组织。结合机构改革进行行政审批制度的改革，市级政府机构原有审批事项1393项，改革后减少826项，减幅59.3%。

合理设置机构，从源头上解决因职能交叉而导致的扯皮现象。组建市劳动和社会保障局，将原分散在有关部门的社会保险职能统一交该局承担；组建市信息化办公室，统一履行全市信息化工作职能等。按照“一件事一个部门管”的原则，将相同或相近职能交由一个部门承担，合理划分政府部门之间的职责分工。机构改革后，市级政府部门之间调整和新增的职能231项。按照权责一致的原则，合理划分事权，理顺市级机关各部门与市（县）、区的关系，将一些应由市（县）、区承担的职能下放给市（县）、区政府。对确需由几个部门共同承担的职能，明确由一个部门牵头，分清主次，明确侧重点，使工作相互衔接而又不交叉，提高工作效率。

改革后，市级党委部门共设12个（其中市纪委和市委工作机构共9个、部门管理机构3个），与改革前的13个机构相比减少1个，精简7.69%；市政府工作部门共设40个，与改革前55个机构相比，减少15个，精简27.27%；市级党政机关的行政编制由原来2294名精简至1721名，减少573名，精简24.98%；市级机关各部门内设机构数由686个精简至496个，减少190个，精简27.7%；中层领导职数由1349人精简至891人，减少458人，精简33.95%。全市政法专项编制由7263人精简至6912人，减少351人，精简4.83%。

五、2004～2005年市、市（县）、区部分政府机构改革

2004年10月，市、市（县）、区部分政府机关进行机构改革，至2005年完成。重点对部分政府机构和职能进行合理调整和重新配置，转变政府职能，优化组织结构，完善运行机制。通过组建市国资委，推动国有经济布局和结构的战略性调整，发展和壮大国有经济。通过将市发展计划委员会改组为市发展和改革委员会，强化政府对全市宏观调控的总体指导和综合协调，增强综合协调经济社会发展的能力。通过将安全生产监督管理机构由部门直属行政机构或内设机构调整为政府工作部门，提高安全生产监管工作的权威性，确立各级安监局的执法主体地位。通过将计划生育委员会（局）更名为人口和计划生育委员会（局），加强人口发展战略研究，推动人口与计生工作的综合协调，增强可持续发展能力。通过将卫生局承担的保健品审核有关职能划入食品药品监督管理局，强化对食品药品安全的综合监督、组织协调和依法查处职能，变“多龙管水”为一家执法。改革历时半年多，按照中央和省规定的“机构按职能整合的要求设置，不突破机构限额；人员编制不能超出已核定的行政编制总数；领导职数按规定配备”的要求，较好完成各项改革任务。

第二节　干部人事制度改革

一、考试录用机关干部

1986年，无锡市即把考试录用方式引入机关。1988年，市人事部门统一为政法、税务、工商行政管理等机关和银行保险系统组织面向全社会招考干部。1989年，中组部、人事部颁发《国家行政机关补充工作人员实行考试办法的通知》，并组织以省为主的全省统一笔试。无锡市通过省笔试、市面试的二级考试，录用机关干部204人，开启补充机关干部的新模式，从考试的程序、报名条件设置、公开透明、体检政审等各个环节进行探索，为以后的考试录用公务员打下基础。采用考试方式录用干部成为主渠道，形成一套科学化、制度化的考试程序和方法。

1993年10月1日《国家公务员暂行条例》施行后，为确保录用应届大中专毕业生进机关的质量，1994年，市人事局印发《关于行政机关补充工作人员的几点意见》，要求从应届大中专毕业生中录用机关干部必须实行考试录用。1995年，无锡市在全省率先实行考试方式录用应届高校毕业生，有119名应届高校毕业生录用为机关干部。1997年，无锡市分别颁发贯彻实施《江苏省录用国家公务员实施办法》《江苏省国家公务员录用考核实施细则》《江苏省国家公务员录用监督办法》的意见，执行科级以下非领导职务人员“凡进必考”的规定，严格把好进人关。为吸引各层次人才进入机关工作，市委组织部、市人事局于2000年联合印发《关于从应届毕业研究生中招录国家公务员和机关工作人员有关问题的通知》，通过面试、体检、考察择优录用应届毕业研究生为公务员，为机关引进一批高层次人才。根据《国家公务员录用暂行规定》精神，2002年，首次实行市、市（县）、区、乡镇党政群机关考试录用公务员和机关工作人员，共录用569人。2005年，无锡市在江苏省省辖市中第一个实行考试录用公务员网上报名，报名人数达到拟录用计划数的36倍。2001～2005年，全市共招考录用1468名公务员和机关工作人员，提高机关干部队伍的学历层次，改善年龄结构。

二、竞争上岗

1999年，市委组织部、市人事局转发《江苏省党政机关内部中层领导职位竞争上岗暂行办法》，推动机关公务员职务任用方式的转变，各级党政群机关在调整中层干部时，采用缺位竞争或全员竞争的方式选拔拟任人选，推动以中层干部竞争上岗、任职前公示以及公开选拔等为主要形式的干部人事制度改革。市检察院率先实行全员竞争上岗。2000年，市委组织部、市人事局联合颁发《关于进一步推进党政机关中层职位竞争上岗的意见》，规范实施竞争上岗。在2001年的机构改革人员分流和定岗定员工作中，各级机关普遍实行竞争上岗的方式确定中层领导和科级非领导职务人选，创造公开、平等、竞争、择优的用人环境。2004年，根据市委组织

图24-2　2005年崇安区科级干部竞岗演讲答辩（市委办供稿）

部、市人事局联合颁发的《关于进一步规范我市机关调任科级领导职务人员的若干规定》，采用考试、考察的方法，通过竞争择优确定调任科级领导人选，市、市（县）、区级机关面向社会公开选拔副局长、街道办事处副主任，促进基层区级机关干部队伍的文化结构、年龄结构、素质结构的改善。

三、挂职锻炼和轮岗交流

1998年，市人事局颁发《关于贯彻实施〈江苏省国家公务员职位轮换（轮岗）实施办法〉的通知》，在全市范围推行公务员轮岗，并针对轮岗难的实际情况，对市级行政机关在同一职位上任职满4年的175名中层领导干部发出轮岗建议书。2000年，市级机关轮岗人员280余人；锡山市580余人，轮岗面占总人数的25%以上。2001年，各机关在机构改革的公务员定岗定员工作中，对同一职位任职满4～5年的部分科级领导干部实行岗位交流。

2005年，市委组织部、市人事局联合颁发《关于新录用公务员下派基层锻炼的意见》，要求凡未在基层企事业单位工作一年以上的市、市（县）、区机关新录用公务员，在试用期满后，必须下派基层单位锻炼一年。

四、公务员管理及依照公务员管理事业单位

1997年，无锡市人事局制定《无锡市国家公务员职位分类工作实施意见》《无锡市国家行政机关现有工作人员向国家公务员过渡的实施意见》《无锡市国家公务员职务任免实施细则》《国家公务员职务升降的暂行规定》，与市委组织部联合制定《关于市、县（市）、区机关非领导职务设置的实施意见》等政策规定，在全市初步形成国家公务员的管理体系。同时，以职位分类工作为重点，分期分批组织职位分类、人员过渡的业务骨干培训，推动面上公务员入轨工作的进程。在此基础上，实施国家公务员考试录用制度，全年先后从应届高校毕业生中考试录用进机关207人，为纪检监察等机关公开向社会招录工作人员32人，为全市公安机关招录公安民警264人，为全市司法系统首次招录公务员46人，为全市乡镇录用干部384人，至此，全市国家公务员制度初步正常入轨运行。1998年，全市各级机关有8100名工作人员（其中市区3994人、江阴市1437人、锡山市1329人、宜兴市1340人）经过培训过渡为公务员，基本完成机关工作人员向公务员过渡和入轨运行工作，并对机关人员过渡和职位分类等工作进行检查验收，巩固全市职位分类工作成果，建立相应的职位分类及有关过渡资料档案。加大对公务员考核奖惩的力度，制定《无锡市国家公务员百分考核试点单位实施办法》。2000年，按照“公开、平等、竞争、择优”的原则，做好已毕业研究生和特殊职位录用公务员工作。先后为工商、税务从应届大专院校毕业生中招录77名公务员，为市区、锡山、江阴公安局录用公务员293名。

各级人事部门执行公务员单项法规及实施细则，从“进、管、出”（进口、管理、出口）方面落实工作措施，加快公务员队伍法制化管理的进程，提高和新机制运行的水平和质量。在实施国家公务员制度过程中，对经市级机构编制委员会认定的使用事业编制并经批准授权行使行政职能的事业单位，根据有关规定依照国家公务员制度实施管理。据此，2000年，制定《无锡市依照公务员管理实施意见》，对依照公务员管理单位的人员过渡、人员补充、人员流动和工资福利等作出具体规定，其工作人员中经批准的聘用干部也参照办理过渡手续，享受国家公务员待遇。人员补充与机关同步实施公开招考录用，加强对依照管理单位的监管力度，实施依法管理。

第三节　行政审批制度改革

一、组织机构

2001年4月，无锡市召开市级党政机构和行政审批制度改革动员会，会议明确行政审批制度改革的总体目标为行政审批总事项减少50%以上，初步形成与社会主义市场经济体制相适应，公开、便捷的审批运行机制和有效的审批监督约束机制，并印发《无锡市行政审批制度改革实施意见》，明确行政审批制度改革的总体要求、基本原则、主要内容、工作安排、组织领导及责任纪律等，成立市行政审批制度改革领导小组。11月29日，市行政审批服务中心挂牌对外运行（地址新区旺庄路），其职能是履行市政府核定的对市级机关集中审批事项实施组织协调、管理监督和指导服务。进驻30个部门，办理审批事项175项、行政事务事项345项。2002年5月18日，行政审批服务中心迁入新区长江北路办公，新进驻14个部门。至2005年，共进驻41个部门，办理审批事项362项。

二、行政许可（服务）

无锡市较早建立行政服务中心平台，但部门内审批职能分散、部门间审批职能交叉、进驻行政服务中心的事项“只受不理”“两头受理”“多头办理”等问题还一定程度存在。为缓解并逐步解决这些突出问题，2004年7月1日施行行政许可法后，无锡市加大改革力度，依法开展清理审批事项、改革审批体制、建设行政（审批）服务中心、创新审批运行机制等工作。8月，无锡市选择农机局、城管局作为试点单位推行“两集中三到位”改革。“两集中三到位”改革，即在不增加人员编制、不增设内设机构和不新增部门中层领导职数的前提下，对各行政职能部门归并许可（服务）职能，整合内设机构，通过单独设立或增挂设立行政许可（服务）处和集中许可（服务）事项及权限等措施，将部门的审批服务事项相对集中到一个处室，在此基础上，推进行政许可（服务）处室整建制集中到行政服务中心窗口办公。同时要求各部门对行政服务中心窗口的许可（服务）事项进驻、权限授权、人员配备等落实到位。

三、清理、减少、规范审批

2001～2005年，无锡市开展三轮审批事项集中清理。2001年8月，由1393项削减至567项，削减59.3%。2002年11月，由567项削减至389项，削减31.4%。2005年9月，由389项清理调整为449项。

四、优化审批机制

2001～2005年，市行政审批中心对集中审批事项开展办事流程优化再造活动。建立重大项目审批“绿色通道”，对事关产业结构调整、增长方式转变和推动优化发展的重大项目，设立专门办理窗口，以最快的速度、最优质的服务和最简明的流程审批，审批时间整体缩短1/3以上；实施企业设立“告知承诺制”和“并联审批制”，以淡化审批、强化监管，降低企业准入门槛，激发全社会以创业促就业的积极性；推行联审会办制度，对涉及两个以上窗口审批的事项，按照“一门受理、抄告相关、同步审批、限时办结”的模式审批，审批提速50%以上；实行基本建设项目代办制度，构建“一门式”的审批办理网络体系，全市共聘任85名代办员；探索网上流转审批程序，发挥信息网络技术零距离、无障碍沟通的优势，推行审批程序网上流转，进“中心”所有审批事项表格网上能够下载，135个事项实现网上申报，同时对审批结果通过手机短信形式即时通知办事企业和群众。

市行政服务中心围绕窗口建设、窗口管理、政务公开、服务行为、服务质量等5个方面推行标准管理，41个窗口单位经考核达标成为标准化服务窗口；实行ISO 9001国际质量标准管理体系并通过认证；推行服务大厅值班长岗位制度，现场维护及协调服务大厅运行秩序；构建立体监督体系，多次走进无锡新闻电台《政风行风热线》栏目接受企业群众现场投诉咨询，聘请人大、政协、纪检、新闻媒体、招商机构等部门共10名特约行风监督员不定期对“中心”作风效能建设情况进行暗访，会同市监察局对审批办件过程细节在线电子监察，同时对进“中心”的每一项审批事项的办事须知、示范文本等在办事窗口显著位置公开，对办件流程实行公开审批机关、审批内容、审批依据、审批条件、审批程序、审批时限、收费标准、审批责任人和投诉举报电话等。

第四节　事业单位改革

一、改革转制

2001年，无锡市通过撤、转、并，比2000年减少事业单位机构520家，人员减少3865人。强化聘用合同的鉴证和管理，全年新增合同鉴证人数5125人。为推进事业单位分配制度改革，全市有200多家事业单位实行工效挂钩。为贯彻落实省科研机构改革转制工作的实施意见，市人事局制定《关于市属科研院所改革改转制中有关政策的补充意见》，并确定17家转改制对象。对江阴市、宜兴市和锡山区、惠山区、滨湖区乡镇事业单位的设置进行审核，年末前完成滨湖、锡山两区镇设事业单位的批复工作。市人事局还会同市体改办、市财政局等10个部门制定《关于推进市属事业单位改制转制的暂行意见》。

2002年1月23日，市政府批转市经济体制改革委员会办公室等《关于推进市属事业单位改制转制的暂行意见的通知》。同日，建立市事业单位改革指导小组，下设办公室。3月7日，市政府召开全市事业单位改革工作会议。3月下旬，举办市属事业单位改转制政策培训班。8月22日，为完善事业单位改革转制政策，市体改委等单位联合颁发文件，对改革中遇到问题提出详细的解决途径和办法。12月31日，市委、市政府召开全市事业单位改革工作会议，对2003年改革作出安排。2003年6月，全市企业和事业单位改革领导小组合并成立市企事业单位改革领导小组，统一领导和指导全市企事业单位改革。同时，设企事业单位改革领导小组办公室，负责推进全市企事业单位改革的日常工作。8月28日，领导小组印发通知，推进市属事业单位的改革改制，对改革中出现的问题，提出处理意见。文件锁定市属尚未改制的185家经营性自收自支事业单位名单。

无锡市事业单位改革首先从经营性自收自支事业单位改革开始，坚持“四个锁定”方针，即“锁定46个行业、183家单位3年完成改革转制；锁定应改制单位人员，特别是提前退休人员和年满30年工龄的人员；锁定改革成本、来源和筹措渠道，比较细致地测算各行业改革所需的成本，分析来源和渠道；锁定工作进度，根据各行业3年改革总体方案和分年度实施计划，明确改制进度”。至2003年末，完成市属事业单位改革转制63家，其中23家通过实施产权制度改革转为企业，走向市场。改制后的企业总股本合计9421.23万股，其中：国有股1464.56万股，占15.55%；个人股中经营者占38%，骨干占29%。24家单位关闭撤销，人员妥善安置。6家单位理顺关系后转为企业，收回事业编制。10家单位实行联合重组。改制单位共理顺职工劳动关系1557人。

2004年4月12日，市政府颁发专题会议纪要，对改制的事业单位及科研院所退休人员待遇提出完善处理意见。8月6日，市政府对城区房管系统经营性事业单位转改制工作提出意见。11月16日，市企事业单位改革领导小组办公室会同有关部门，对会计师、审计师、律师事务所和科研院所改革中有关问题提出处理意见。2005年9月29日，社会事业“管办分离”改革启动，按照政事分开、管办分离的原则，将文教卫生体育领域4个职能部门一分为二，分别组建成医院管理中心、学校管理中心、文化艺术管理中心、体育场馆和训练管理中心，为政府发展社会事业和行业市属国有资产管理的责任主体。其中，市属公立医院和卫生学校全部进入医院管理中心，非义务教育阶段的市属高中及中、高等职业技术教育全部进入学校管理中心，市属文化企事业单位全部进入文化艺术管理中心，市属体育场馆和训练机构全部进入体育场馆和训练管理中心。至12月，各中心相继成立。全市卫生、教育、文化、体育部门共有79家市属单位、12184名干部职工整建制全部脱离原行政主管部门并划归各中心管理。4家管理中心和原行政主管部门按照政事分开、管办分离的原则相对独立运行。各行政主管部门重点行使行业管理职能，注重宏观调控和市场开放，做好政策导向、规划布局、行业指导与监督管理，负责组织购买和提供公共服务、营造发展环境。各管理中心为市政府直属正处级单位，代表政府履行出资人职责，负责经营原行政主管部门直属管理的国有医院、学校、文化艺术单位、体育场馆和训练机构的资产和业务，依照国家公务员制度管理。

2005年，完成502家市属事业单位分类工作，划分为行政管理类单位48家（含4家新成立的管理中心）、无偿性公益类单位129家、有偿性公益类单位143家，撤销合并182家。同时制定一系列配套政策，颁发事业单位用人制度、分配制度等7个相关配套实施意见和细则，明确行政管理类事业单位仍归属原主管部门管理；公益类事业单位分为两种，其中，无偿性公益类事业单位新进人员（除政策性安置外）一律实行考录制，有偿性公益类事业单位人员管理采取“老人老办法、新人新办法”。

二、人事制度改革

1.干部聘用制

1986年，无锡市对企事业单位干部管理情况进行调研，组织起草企事业单位干部聘用制政策性文件。1987年1月29日，市人事局制定《关于集体所有制干部管理的暂行规定》，对集体所有制企事业单位干部管理作出明确规定。2月10日，市人事局组织召开全市企事业单位实行干部聘用制动员大会，印发有关聘用制的办法。在1987年对全市28家企业单位试行干部聘用制工作取得经验的基础上，1988年初，又重点选择市第一人民医院、市政工程公司、市医药研究所、市北高级中学、南长区环卫所、市工人文化宫、江阴市人民医院等7家事业单位作为全市事业单位实行干部聘用制首批试点单位，领导职务实行聘任制，干部实行聘用制，打破干部身份和领导干部职务的终身制，打破干部和工人的身份界限，实现干部队伍的能进能出，干部职务的能高能低等。11月，市人事局召开全市科研事业单位深化人事制度改革、推行干部聘用制工作动员大会。1989年初，召开全市企事业单位干部聘用制工作经验交流大会。是年，市人事局制定、编印有关聘用干部工资待遇的办法和从社会上招收聘用干部的规定等文件。1991年，在调研基础上，着手制定企事业单位管理人员和专业技术人员实行聘用制的有关政策。年末，召开全市企事业单位管理人员和专业技术人员全面推行聘用制工作会议，颁发市政府《无锡市企事业单位管理人员和专业技术人员聘用制暂行办法》。

2. 综合配套改革

1993年，在全市事业单位中选择市电子技术应用研究所、市路灯管理处、市中医院、市工人文化宫、市广瑞中学、市新华书店、市建材科研所等7家单位作为事业单位综合配套改革试点单位，主要改革内容为推行行政领导负责制、管理人员和专业技术人员岗位聘用制、工资分配绩效考核制、工资总额包干制。

3. 产权改革和制度创新

1999年，无锡市选择市广电集团、市化工设计研究院、郊区人民医院等6家单位进行试点，引导事业单位深化综合配套改革和创建市场化运行机制，并在实施包、租、股、联、转等方面有所突破。2001年，市人事局会同有关部门，对市属18家科研院所实行改、转制，主要围绕产权改革和制度创新,优化科技资源配置,从根本上解决科技与经济的脱节问题。在科研院所实行改、转制工作的基础上,市政府颁发《关于推进市属事业单位改制转制的暂行意见的通知》,推开事业单位改、转制工作。

4. 推行人员聘用制

2003年,市人事局就事业单位试行人员聘用制度,调研14个市(县)、区、局等主管部门、68家事业单位。通过调研,形成《关于我市事业单位实行聘用(任)合同制情况的调研报告》,对自1994年后推行全员聘用(任)合同制所取得的成绩、经验、做法和存在的问题进行总结,提出深化改革的意见和建议。在此基础上,印发《市政府办公室转发市人事局关于进一步加强和完善事业单位聘用合同管理的若干意见的通知》。2004年3月,市委组织部、市人事局印发《无锡市事业单位人员聘用合同管理办法》和《关于事业单位实行聘用合同制度后有关问题的处理意见》。9月,市人事局组织全市机关和事业单位的人事干部进行事业单位人事制度改革业务培训。

2005年9月,市委办公室、市政府办公室转发市委组织部、市人事局印发事业单位公开招聘工作人员实施细则,公推竞岗、公开选拔领导干部以及分配制度改革的文件,深化事业单位人事制度改革。

第五节　行业协会和学会改革

2002年初,根据《无锡市加入WTO行动计划》,为加快行业协会和社会中介组织改革发展的步伐,成立市行业协会和中介机构改革发展领导小组。市委、市政府把加快行业组织的改革和发展作为无锡与国际市场接轨、融入经济全球化,促进新一轮跨越式发展的重要举措之一。为保护行业协会合法权益,规范行业协会的组织和行为,营造行业组织发展的法律环境,在全省率先启动行业协会的地方立法工作。2003年7月25日,经市十三届人大常委会第四次会议审议通过 ,颁布《无锡市促进行业协会发展条例》,为行业协会的发展提供法律依据。市政府批准颁发《关于促进行业协会(商会)发展的若干规定》。

2005年,市委、市政府把行业协会的改革与发展作为全市实施7项改革攻坚重点任务之一,成立专门的行业协会改革办公室,制定《关于行业协会和学会改革发展的实施意见》,在全市范围内实施改革突破。按照“改革、发展、调整、完善”的总体要求和市场化原则,推进行业协会、学会的改革和发展,逐步建立与社会主义市场经济相适应的法律健全、体制完善、结构合理、行为规范的行业协会发展体系。至年末 ,全市已登记的各类行业协会288个(其中市级行业协会135个),覆盖商贸、服务、工业、交通、农业、金融、通信、软件、咨询等行业。行业组织坚持为会员服务,为行业服务,为社会服务,在参与行业管理、制定行业标准、收集行业信息、协调行业价格、举办各类培训、组织对外交流、加强企业管理和文化建设等方面发挥作用。启动行业协会和学会的政、会脱钩以及结构调整等工作。

第四章　为民办实事

1989年起,市政府每年确定为市民办实事项目,逐步解决人民生活中的突出问题和群众普遍关心的问题,并将确定的实事项目和完成情况登报公布,接受舆论和人民群众的监督。

第一节　劳动就业与人民生活

1993年，职工平均工资性收入比上年增长20%以上，消费品零售价格指数上升幅度控制在10%以内。1994年，职工工资性收入在扣除物价上涨因素后实际增长10%，农民人均纯收入2700元。农村扶贫2000户，脱贫率60%，特困户定向补助覆盖率100%，90%的薄弱村达到脱贫标准，农民负担控制在5%以下。1995年，居民消费价格总指数控制在15%以内。职工平均工资性收入增加1000元，农民人均纯收入增加500元。1996年，商品零售物价指数涨幅控制在11%以内。1999年，推进"再就业工程"，城镇登记失业率控制在2.5%以内，下岗职工待业率控制在5%以内，下岗职工再就业率50%。加强社会保障体系建设，城镇职工养老保险覆盖面99%，基金筹集率92%，失业保险覆盖面99%，基金筹集率90%，工伤、生育保险覆盖面99%。2000年，全市下岗职工待业率控制在4%以内，下岗职工再就业率50%以上，城市登记失业率控制在2.8%。2004年，市区实行城乡自来水同城同价。2005年，增加就业人数14.91万人，帮助下岗失业人员实现再就业1.92万人。全面实施"农民知识化、现代化"教育培训计划，培训本地农村劳动力3.5万人，其中技能培育1.5万人。全市新办企业一律纳入企业职工基本养老保险统筹范围。全市2/3的企业建立工资集体协商制度。

第二节　安居工程与市政建设

1989年，新建住宅32万平方米，其中水通灯亮交付分配30万平方米，安置150户住房特困户。水厂通过挖掘生产潜力缓解高峰用水，节约工业用水。1990年，县前街道路一期（西河头—五爱广场）工程建成通车。同年，市区解决住房特困户100户，完成危房改造15万平方米。1991年，市区新建住宅面积50万平方米，竣工25万平方米，解决1986年统计的市区173户住房特困户的住房问题。无锡汽车站客运中心站一期工程竣工，拓宽锡沙线出入口、金匮路。1992年，全市楼房房顶自来水水箱全部清洗一次。1993年，火车站广场改造工程完成广场拆迁，地下工程开工建设；江阴巷及春申路北闸街段、解放东路、后张巷、青祁路、塘南路、运河东路北段、十八湾、丁村立交桥、莲蓉路、青祁桥等路桥改扩建工程建成通车。1994年，住宅施工面积220万平方米，竣工120万平方米，其中市区施工面积120平方米，竣工60万平方米，解决困难户6.7万平方米。建成火车站广场地下工程A、B块和通惠东路延伸段，中南路、运河东路开工建设。建成吴桥、新宝界桥、高墩桥。1995年，住宅竣工100万平方米，其中市区竣工60万平方米，基本解决人均居住面积4平方米以下的困难户。金扬立交桥、羊腰湾大桥开工建设，南长街（朝阳广场—跨塘桥）一期改造工程全面实施。1996年，实施安居工程，市区住宅竣工80万平方米。完成永乐路、金匮路延伸、经一路、旺五路、薛典路、解放路的改扩建工程，完成春申路前期拆迁。完成北栅口立交桥、金扬立交桥工程建设，江尖大桥完成主体工程，广南立交、环湖路六号桥建成通车。新增宁海里—朝阳广场、芦庄—朝阳广场、黄巷—胜利门等3条公交线路，82路延伸至三国城，5路延伸至黄山路，20路延伸至体育中心，27路延伸至火车站。1997年，安居工程一期工程安置6万平方米，新开工建设15万平方米。市区居民楼房自来水箱全部清洗一遍。新开通至运河东路、长江北路公交线路两条。1999年，加快道桥建设步伐，江阴长江公路大桥和锡澄高速公路建成通车，市区拓宽锡沪西路、运河东路延伸段、凤翔路、盛岸路、青石路，完成建设苏锡路、庆丰桥、利民桥等路桥。实施环境绿化、美化、净化工程，完成体育公园一期工程和运河公园建设，新开至凤翔路延伸段公交线路1条，改设无人售票线3条（21、16、12路），公交线路延伸5条（29、11、17、26、5路）。市区竣工经济适用房40万平方米，开工9万平方米，结合道桥建设，完成勤俭一村、团结一村、下河塘、前宋巷等地块10万平方米危旧房改造。2000～2005年，着手对城区棚下街、西水墩、泗堡桥、竹场巷、荷叶村地段等9个城区低洼地区危旧房实施改造，拆迁面积31万平方米，受益群众6900户。完成马圩南大堤等太湖大堤加固工程20公里，完成锡澄运河养护工程20公里、白屈港枢纽引河工程2.8公里。锡北公铁立交桥开工建设，沪宁铁路（新安、硕放）平改立交桥建设竣工；兴源路、吴桥东路、中南路、锡塘路、广石东路、新生路中段、运河东路改扩建工程竣工。2002年，完成五星村二期、杨木桥等地区经济适用房建设，新增建筑面积50万平方米。完成城市轨道交通的规划设计，规划建设3～5个现代化重点中心镇。实施青山路、鸿桥路等一批便民要道的维护工程，建成开放江尖公园。新辟、延伸公交线路10条，重点向农村地区倾斜，新增、改建新型公交站台站棚60个。2003年，市区新开工经济适用房50万平方米，竣工40万平方米。完成危旧房改造50万平方米，老新村综合整治60万平方米，"平改坡" 10万平方米。2004年，新增公交车150辆，新辟公交线路8条，实现市区镇镇通公交目标，新增公交站棚100个，完成市区老城区公交站棚改造。无锡机场开通民用航线。2005年，新开工经济适用房面积50万平方米，新增竣工面积40万平方米。完成老新村综合整治60万平方米，实施平改坡面积15万平方米。通过租金减免、补贴、实物配租等方式，为人均住房使用面积8平方米以下的低保家庭住房困难户提供廉租房600套。在主城区开工建设3个较大规模的社会停车场。完成翠云新村路、广丰新村路等道路大中修面积5万多平方米。加强全市公路路牌、指示牌整治工作，确保城市出入口、国道省道、县乡道路交叉口的路牌和指示牌的规范化、标准化、国际化。

第三节　生态建设

1990年，太湖犊山工程主体工程竣工。是年，芦村污水处理厂完成一级处理出水，1993年，5万吨/日二级处理实现达产，1994年，污水处理量达到设计能力。1994年，桃花山垃圾填埋场竣工投入使用，市区完成40%的噪声达标建设。1996年，控制水污染，提高饮用水质，严格控制城市污水泄入太湖，清除梅园、小湾里、充山取水口湖底积泥，清理围网养鱼，水源保护范围污染治理达标，完成梅园水厂净水工艺改造试点。1997年，完成城中公园环境改造及解放路绿化带建设；改造城市河道环境，疏浚河道24条，清淤20万立方米。1999年，完成长江堤防达标建设，建成直湖港水利枢纽主体工程，疏浚河道700条，完成土方1000万立方米。城市生活污水处理率达到40%，推广使用无磷洗涤剂，完成第一批大气污染源限期治理任务，对市区超标排气机动车逐步安装尾气净化装置，大气环境质量控制在二级标准以内，市区建成区实施"禁鸣"，噪声达标区覆盖率70%，推广使用可降解塑料。2000年，完成市区吴桥东路等6条道路污水管的铺设和两侧主要污染单位的接管，山北污水处理厂一期开工建设，城市生活污水处理率达到50%。完成47家大气污染企业、4家二氧化硫污染企业、9家固体废弃物污染企业等重点源在内的所有工业污染源达标排放任务，实施市区空气环境质量日报制度，空气质量保持在二级。完成太湖大道市民广场一期环境工程，创建园林式单位25家、居民居住区5个，继续实施老新村的环境治理工程。2003年，完成梅梁湖调水泵站建设，实施古运河江尖大桥至黄埠墩段、界河、冷渎港、庙桥浜等河道的清淤工程。开工建设仙蠡桥、江尖水利枢纽工程，提高城区防洪能力。完成封井385眼，停止地下水开采。2004年，完成滨湖新城污水处理厂一期工程建设，开工建设贡湖水厂第二浑水管道工程，改造城区供水管网30公里。完成五里湖水环境综合整治工程，启动梅梁湖清淤一期工程。完成古运河、环城河等12条河道清淤59万立方米，调水1.2亿立方米。2005年，新增造林绿化面积10万亩，全市森林覆盖率20%。滨湖新城污水处理厂一期工程建成投运，城北污水处理厂二期工程基本建成。推广使用清洁能源，新建天然气汽车加气站5座。建成工业固废安全填埋场，完成垃圾中转站改造21座。

第四节 生活设施

1989年，新发展液化气用户6000户，新增河埒、中桥两个液化气供应站，液化气储罐项目开工。新建、改建南泉、东林、水秀浴室。新建沁园、小桃园等两个新村农贸市场。建成金城湾住宅小区的粮店、煤球店和中小学配套设施项目。新建锡澄路蔬菜副食品交易市场。建成民政局老年公寓。扩建马山养鸡场。1990年，新增集资液化气用户3000户，液化气储罐项目如期竣工。盛岸浴室、沁园浴室竣工开业。南河浜副食品市场二期工程竣工。年内新建100亩种子田，改造老菜田2000亩，新扩200亩大棚。安装2.3万门门程控电话，放装市话5265号线，市话话机数增至71487部，市话普及率每百人7.7部。中桥、山北、水秀建成国营蔬菜供应网点。1991年，接通民用户煤气管道1万户，新增集资液化气用户3000户；新增自来水供水能力15万立方米，以缓解高峰用水矛盾。改造老菜田2000亩，扩建菜田大棚200亩。加快马山副食品基地建设，年内开工建设30万羽肉鸡场配套冷库、屠宰场；建好小商品市场、纺织品市场和锡澄路蔬菜副食品交易市场二期工程。农村改水受益人口净增15万人。1992年，利港电厂第一期工程第二台机组竣工并网，建成坊前、下甸、太湖等11个输变电工程，对中桥二村、稻香新村、锡山新村等116个地区的低电压、过载线网进行改造，缓解居民用电紧张。新增日供水能力10万立方米，达到日供水能力83万立方米，确保向东亭开发区日供水3万立方米。1993年，完成管道煤气安装用户2万户，新增液化气用户5000户，引进液化气灌装线投入使用。市区及无锡县内电话年内实施程控，放装电话2.2万号线。建立地方储粮制度，地方储备粮达6～8个月的水平。建成无锡招商城C区、无锡华联大楼、泰山饭店、学前街菜场、一里街菜场、五爱菜场、道长巷食品一条街等市场和骨干商业网点。1994年，全市城镇粮、油确保6个月的储量，建成1万亩市属蔬菜基地。调整中桥二村、锡澄新村等22条低压小口径供水管，基本解决压力偏低的里弄和街巷居民区的用水问题，新增自来水供水量每日15万立方米。农村改水新增受益人口10万人，农村自来水受益率达63.9%。市区新增管道煤气用户1万户、液化气用户5000户。全市放装电话超8万号线，其中市区放装电话4.5万号线，放装公用电话6000部，累计总数突破1.5万部。全市新增程控交换机容量20万门，其中市区电话容量突破20万门，全市初步实现市、县电话全面程控化、传输数字化。1995年，市区储粮达7500万公斤，年轮换1/3，保证居民粮油基本需要。七一水厂分质供水工程完成尤渡里增压站及部分配套管网建设。调整市区20条小口径供水管，自来水供水能力95万立方米，农村改水受益人口10万人，农村自来水受益率65%。启动管道煤气调峰气源项目建设，加快液化气管道供气的试点推广，市区新增煤气用户1.2万户，城市气化率74%。1996年，中桥60万吨水厂二期工程夏季高峰前投产，完成直径1.8米混水管2.5公里；日产50万立方米贡湖水厂完成前期工作并开工建设。1997年，提高城市气化率，建成日产6万立方米煤气调峰气源工程，新增燃气用户1万户，其中管道煤气用户5000户、液化气用户5000户。1998年，加强农贸市场改造，完成农贸市场改造8家，基本清除马路市场，在12家农贸市场增设价格电子显示屏。扩大和提高城市饮用水总量和质量，加快贡湖新水厂建设。改善城区供电状况，完成58个低压配电区的改造，受益群众超过3万户。2000年，城市燃气气化率91.5%。实施蔬菜、猪肉、豆制品、熟食品、调味品“五放心工程”，完善市级4个生猪屠宰点建设，筹建活猪市场。2003年，扩大无公害粮油、蔬菜、水果、茶叶生产基地20万亩，新增无公害农产品40种。2004年，新增农村造林面积10.6万亩，新增无公害农产品生产面积11万亩，城市绿化覆盖率37%。建成粮食交易中心一期工程。

第五节　文教卫体

1989年，完成市四院治疗肿瘤的直线加速器，市二院500张床位的病房楼，市妇幼保健医院待产室、婴儿室、手术室“三室”项目，新建改建30家街道卫生所。完成一批“一老一少”项目，市实验幼儿园交付使用，建成42家地区幼儿园、托儿所，基本解决入园入托难；建成3个城区“托老所”和文化宫老年活动室。1990年，完成残疾人三项康复2316人次，其中白内障手术复明2000人次、小儿麻痹后遗症矫治200人次、聋儿语言训练116人次。市新华书店新大楼落成并举行第三届太湖书市；改善广电质量，完善电视5个频道节目，调频立体声广播调整延长播出时间，电视台每周增加一次《无锡新闻》。1991年，完成残疾人三项康复1158人次；市三院急救中心工程、一院医技楼外形建设完成。举办第四届太湖艺术节和第四届太湖书市，完成有线电视试验区规划并进行局部试点。1992年，市区有线电视开播，新增入网2万户。城乡九年制义务教育实施面100%，市区初中入学率99%以上，初中毕业生升入高一级学校的比例达85%以上。1993年，市五院病房大楼、传染病医院门诊大楼竣工，市卫生健康教育中心开工建设。完成残疾人三项康复1310人次，其中白内障复明1100人次、低视力康复80人次、小儿麻痹后遗症矫治100人次、聋儿语训30人次。1994年，城区初中入学率99%以上，农村初中入学率98%以上，应届初中毕业生市区升学率88%以上。完成广瑞、塔影、河埒等中学和后西溪、盛岸中心小学等教育楼的改扩建，完成亭子桥幼儿园等教育用房的改扩建，无锡县钱桥中学改扩建工程年内交付使用。市体育中心一期工程竣工，确保省第十三届运动会如期在锡举行。市区新增有线电视用户3万户，总数8万户，有线电视节目由12套增加至15套，中央电视台无锡外景基地三国水寨对外开放。完成残疾人康复1246人次，其中白内障复明手术1000例、小儿麻痹后遗症矫治手术126人次、聋儿听力语言训练20人次、低视力康复100人次。1996年，继续改善教师生活条件，逐步解决民办教师“民转公”问题，解决2000名民办教师“农转非”和转公录用。加快改善城区中小学办学条件，完成无锡职业教育中心教育楼1.5万平方米建设，市一中教育楼、学生宿舍楼主体外形和无锡师范图书楼、市六中科技楼等完成改扩建工程，新建、扩建、改建中小学校舍面积1.5万平方米。1997年，无锡教育电视台开播，完成无锡市区和三市（县）有线电视大联网。改善医疗条件，完成市儿童医院、二院急救中心建设，加快推进市一院、三院、中医院病房大楼，妇幼保健医院的改扩建工程。1998年，开展创建国家卫生城市工作，全市80%的街道达到城市卫生街道标准。加快农村改水改厕步伐，新增农村自来水受益人口超过10万人，新建农村无害化卫生户厕1.2万只。1999年，新建、改建广勤中学、后西溪小学分部等中小学校舍4.8万平方米，筹建无锡师范学院，全市有线电视用户达80万户，广电大厦竣工，新图书馆局部投入使用。市一院综合医疗楼和儿童医院、妇幼爱婴病房大楼等项目竣工，市三院病房大楼投入使用。2000年，市中医院病房大楼开工建设，市妇幼爱婴病房楼交付使用，完成市社会福利中心的总体规划设计，主体工程开工建设。市新图书馆竣工对外开放，农村有线电视入户率70%。2001年，市区养老、医疗扩面5万人，全面推行工伤、生育保险。补充医疗保险的慢性病门诊补助范围由6个病种增加至12个病种，基本医疗保险统筹基金最高支付限额由10万元提高至16万元。2002年，推进中小学布局调整，撤并小学120所，建成市学生综合实践基地。启动市一中、二中改扩建项目，扩大市一中的招生规模，重点高中就读的学生数达到全市普通高中学生总数的65%。实施有线广电网双向改造，新增双向网覆盖用户10万户。新建全民健身工程5个和全民健身点50个。新建市红十字中心血站业务楼，完成急救中心“120”通信系统装备工程，筹建市慈善医院。2004年，市体育中心二期体育馆改扩建工程投入使用。加快建设市医疗中心。新建、改建农村无害化卫生户厕10万只，新增农村自来水受益人口50万人，农村自来水普及率95%以上。修复并开放东林书院，修缮并开放秦邦宪、顾毓琇等名人故居，完成薛福成故居二期主体工程。筹备建设太湖艺术中心。推进全民健身活动，建成全民健身工程5个、全民健身点100个。市体育公园二期工程体育馆投入使用。2005年，完善新型农村合作医疗制度，各级政府财政补助人均总额不低于30元。建成市疾病预防控制中心、急救中心和24家社区卫生服务中心，初步形成“小病在社区，大病进医院”的就医格局。建成慈善超市16家。实施残疾孤儿手术康复“明天计划”，为40名残疾孤儿实施康复手术。

第五章　决策咨询研究

第一节　机　构

1984年，成立无锡市经济研究中心。1990年，更名为无锡市人民政府发展研究中心。1991年，增挂“市人民政府研究室”牌子。1997年，组建无锡市人民政府研究室，内设4个处室。2001年，由市政府办公室管理的部门管理机构改为市政府直属事业机构，正处级建制，内设3个处室。2005年，内设机构调整，内设综合处、区域发展处和产业经济处。

第二节　课题调研及成果转化

1986年，市经济研究中心进行无锡市“七五”计划的初步论证工作，组织撰写各专业初步论证报告和综合性论证报告。全年就农村经济三业协调发展、无锡“中心城市”功能、机构体制改革、商业改革及市场流通、出口创汇以及苏锡常区域经济现状等课题展开调查研究和理论探讨，为市委、市政府决策服务，发挥参谋助手作用。

1987年，围绕经济发展战略问题进行调研，撰写《关于前八年我市经济发展战略实施情况的回顾》《关于后八年我市经济社会发展战略的若干构想》和《关于后八年我市经济社会发展战略若干问题的意见》等3篇文章，总结经验教训，找出问题，并明确以后的发展方向。为配合搞活大中型企业，组织力量同市体制改革委员会进行探路试点，总结搞好承包经营责任制的方法步骤，并编辑出版《企业经营责任制的探索》一书，为全市推行承包经营责任制提供理论和实践经验。此外，就调整产业结构、发展外向型经济，强化中心城市功能、发挥城乡综合优势，改革马山领导体制，农村规模经营等方面进行调研，提出对策建议。

1988年，撰写《关于振兴无锡经济的一些看法与建议》，分析无锡经济发展面临的新形势和新问题，并提出发展的新思路和相关对策。全年开展深化外贸体制改革、发展外向型经济，高层次调整产品和产业结构，新的历史条件下的市县体制问题等课题研究，提交相关研究报告，为解决实际问题提供思路和对策。此外，就优化和组建企业集团、企业兼并和试行股份制、强化中心城市功能、优化投资环境、改革物资流通体制和农村经济、农村小城镇发展等方面开展调研。1989年，围绕治理整顿、深化改革、调整经济结构这一中心工作，进行大量调研，撰写出一批研究成果。针对物价状况、“菜篮子”工程、饲料供应、外贸滑坡、外商投资企业情况等当时经济生活中的突出问题进行短期对策性调研，提出对策建议；针对“长三角”地区产业结构布局调整、苏南地区生产力布局调整等重大课题进行战略性对策调研，撰写多篇专题报告；针对深化企业改革、现代化小城镇建设、科教兴市、社会分配不公等问题进行调研，形成调研报告和对策建议。

1990年，市发展研究中心围绕贯彻“治理整顿，深化改革”的方针，特别是调整经济结构，开展咨询研究。完成《无锡市产业结构调整的基本思路》《关于无锡市大中型企业技术进步动力机制的研究》等重点课题。针对加快外向型经济状况、扩大机电产品出口、浦东开发后的形势和无锡拟建外商投资规划区等进行调研，形成《关于开放浦东、开发浦东对我市影响及对策的若干意见》《土地批租浅析》等调研报告。针对城乡一体化、物价形势、税利分流、物资流通体制改革、改革流通体制等进行调研，提出参考意见。此外，还完成省经济研究中心下达的部分课题任务，撰写“江苏省产业结构合理化与高度化”一章，完成省中心交办的“国家产业政策公布后的执行情况与建议”的调查报告；参与财政局“企业承包发展战略研究”课题；参加市政府组织的三市（县）上半年治理整顿情况调查等。编印《无锡经济结构现状与趋势》一书；举办苏锡常区域经济研究会第二轮第一次会议，并出版《苏锡常区域经济研究会第二轮第一次会议材料汇编》一书。

1991年，重点投入无锡“八五”计划的制定和论证工作，参与由市计委牵头组织的“八五”计划和十年规划纲要的编制，并起草《关于我市“八五”计划纲要的说明》。提出针对搞活大中型企业，搞活流通、深化流通体制改革，培育市场、加快市场建设，经济结构调整等问题的对策建议。是年夏季，无锡遭受特大洪涝灾害。灾后，到基层调研，提出对策建议，受到市领导的重视和采纳。此外，起草或参与起草市政府第八次、第九次政府成员会议等一些重要会议的主题报告，市领导的讲话稿等重要文稿。同年，与市经委合编《调整工业结构，提高经济效益》一书。1992年，围绕贯彻邓小平视察南方谈话精神、加快无锡改革开放和经济发展步伐等问题，赴广东和上海浦东考察调研，后整理成书面材料上报市政府，其中一些意见被市政府采纳，得到转化和实施。通过对城市建设问题的调研，撰写《关于无锡市城市建设问题的调研报告》；通过对第三产业、市场的发育和建设、转换企业经营机制等方面的调研，发表《新兴第三产业坚持更快地发展》《促进市场发育的十点思考》《宜兴调查的几点启示——销售是企业发展的生命线》《强化激励是搞活企业的必由之路》等文章。

1995年，调研、协调近20家单位，提出战略研究分析报告，受到省有关部门的好评和全省同行的关注。课题研究围绕跨世纪发展战略，推进城市化、市场化进程，实施产业结构战略性调整和经济增长方式根本性转变等方面展开。《无锡中心城工业经济发展趋势展望》《无锡实施科教兴市战略推动经济发展的调查》等调研报告受到市领导的高度重视，部分被吸收转化为政府文件。此外，参加市规划局、市市政公用事业局等部门组织的10多个规划论证会，协助规划的编制和综合协调平衡。1996年，针对经济和社会发展中的重点和热点问题进行调研。撰写《无锡搞活大中型企业的基本经验》等文章。对小天鹅公司、阳光集团、无锡柴油机厂等基层单位调研。全年参与市领导调研课题两项，完成年度目标课题5项和内部重点课题12项。其中参与的“加快新区建设、优化城乡生产力布局”和“进一步扩大开放、培育发展高新技术产业”两项课题，最终形成市委、市政府联合颁发的《关于进一步扩大开放、加快经济国际化若干意见》。此外，还与其他部门合作进行课题研究，参加无锡市组织的重大课题讨论会和论证会，与无锡日报社、市高级经济师联谊会等单位联合举办“转变经济增长方式”征文活动和专题研讨会。

1998年，新一届市政府领导班子成立，提出事关全局和长远发展的14项实战型战略研究课题。市政府研究室负责牵头和联络并作为责任部门参与并完成其中7项课题的调研。还就经济社会发展的重点、难点与热点问题完成《无锡经济社会可持续发展研究报告》《探索城市化和城市现代化建设的新路》等30多篇课题研究报告。当年参加“安居乐业”工程等多个实施方案的论证工作。1999年，参与和主持“十五”发展规划等重大课题的研究，撰写《“十五”无锡经济发展战略和基本方针研究》《“十五”计划指标体系、支撑条件、制约因素分析与研究》等多篇研究报告。独立进行关于积极利用外资、加快开发区建设，引导个私经济发展，无锡投资环境的综合分析和横向比较，住宅消费，增加投资和扩大消费，振兴中小企业等专题的调研，撰写《关于加快我市开发区建设的十条意见》等相关调研文章，其中部分调研成果被转化为市政府的政策性文件。此外，配合省政府研究室进行乡镇企业改革、发展等3项重点课题的调研，协助市政协对市区再就业工程等3项重点课题进行调研，与市科委、马山区政府等合作调研，形成研究报告；发挥课题调研的协调作用，组织协调市多个部门参加关于优先发展公交等多项课题的研究。是年，国企改革进入攻坚期，一些深层次的矛盾需解决，为此，到商业大厦等多家单位，参与改革发展的论证，为企业提供咨询服务。完成省政府办公室布置的《江苏发展五十年》无锡篇的组稿、写作任务。

2000年，市政府研究室对提高无锡综合竞争力、新区扩大招商引资、城市社区工作、入世对无锡经济发展的影响及其对策、个体私营经济、无锡医疗卫生体制改革、全市纯净水生产和销售流通规范管理、公交优先发展等八大热点问题重点调研，提出对策建议。组织国企改革、“走出去”到境外办企业、社会保障体制和房地产市场等4次全市性调研，结合调研成果，召开4次专题研讨会，许多对策建议被有关部门及时吸纳，多篇论文在省市刊物上发表。此外，还参与制定无锡“十五”计划，参与组织无锡迈向21世纪战略研讨会，参与马山、市旅游局等部门的课题规划论证会。成立《无锡经济参考》编辑部，负责刊物的编辑工作。

2001年，围绕市政府决策，突出抓住城市产业结构布局调整，推进资本经营与发展规模经济，加快科技创新、发展高新技术产业，无锡市人才环境与政策研究，发展旅游产业和构建无锡物流中心等6个重点课题进行研究，市政府主要领导专门作出批示。2002年，围绕市委、市政府确定的发展战略和发展目标，就无锡经济和社会发展的若干重大问题，组织有关部门进行调研，就世贸组织规则下规范地方政府管理经济行为、加快房地产业发展、加强技术工人队伍建设、完善市区工业布局调整、构筑现代商贸流通业发展新优势、推进民营科技企业做大做强、营造民营外贸企业创业环境等方面，提出对策思路和工作措施。同年，创办于1985年、至2001年共出版153期的《无锡经济参考》更名为《无锡经济》，并由月刊改为双月刊。

2003年，市政府研究室承担市委、市政府交办的《关于实施富民工程的研究》《关于国际制造业基地建设的对策研究》《农村社会保障体系建设的对策研究》《上海“173计划”所带来的影响及我市应对措施》《上海商务成本及我市相关问题的对策研究》等近20项课题的研究，提出对策思路和工作措施，其中有相当一批对策建议转化为政府决策。会同市经济学会、市高级经济师联谊会和市外经局筹备召开“2003年经济论坛——无锡企业国际竞争力研讨会”。2004年，国内经济环境发生重大变化，科学发展、统筹发展和宏观调控成为政府工作主旋律。为此，市政府研究室组织力量，展开《宏观调控背景下无锡发展若干问题的思考》《科技进步与新型工业化发展道路》和《2005年无锡经济社会发展环境与目标预测》等3项重大专题研究，为市委、市政府决策服务。牵头完成《无锡出口加工区发展研究》《无锡粮食安全体系课题研究》《无锡能源预警机制研究》等14项重点课题研究，其中6项课题研究成果转化为市政府文件颁发实施。是年3月，参加国际科技工业园区发展论坛，起草国内第一个有关科技园区发展的国际性宣言——《无锡宣言》；联合市房产局举办《无锡房地产发展论坛》和《无锡房地产市场发展电视专题》。

2005年，市政府研究室突出全局性、战略性、前瞻性重大课题调研，为系统解决经济社会发展中的热点和难点问题谋求思路和对策，发挥政策研究的决策咨询功能。组织“十一五”发展有关专项规划编制，完成《“六个无锡”建设五年行动纲要》《城市国际化五年行动纲要》等重点课题；参与策划并论证《无锡市“十一五”国有资产调整与发展规划》等课题；完成《关于液晶产业发展的调查》《完善城乡社会救助体系》等市政府交办课题；开展合作调研，主持或参与完成民营企业集团培育和发展研究、物流园区建设发展情况等课题的调研。主持或参与完成市委、市政府《关于进一步加强城乡建设工作的意见》等文件的草拟工作。

第六章　法制工作

第一节　机　构

1989年前，无锡市政府设法制科，属市政府办公室内设机构，负责政府行政法制工作。

1989年8月，成立市政府法制局，副处级建制，为市政府办事机构，由市政府办公室代管，行政编制8人。1990年5月，增加行政编制5人，内设秘书科、地方立法科、执法检查科、行政复议应诉科。1991年1月，成立市政府行政复议委员会，下设办公室，设在法制局内，具体承办行政复议和行政应诉工作。1997年政府机构改革，市政府法制局核定行政编制23人，附属编制2人，内设办公室、行政法规处、经济法规处、行政执法监督处、行政复议处。

2001年4月，市政府法制局更名为市政府法制办公室，正处级建制，内设秘书处、综合处、行政法规处、经济法规处、行政执法监督处、行政复议处，核定行政编制26人，附属编制4人。直至2005年不变。

第二节　政府规章

1984年末，无锡市被国务院批准为全国13个较大城市之一，赋予市人民政府制定政府规章的权力，政府立法工作起步。12月11日，市政府印发《无锡市城市建设档案管理暂行规定》，这是无锡市的第一部政府规章。

1986年12月2日，《中华人民共和国地方各级人民代表大会和地方各级人民政府组织法》修改，无锡市人大及其常务委员会拥有制定地方性法规的权力，市政府拥有制定政府规章的权力。

1986～1988年，市法制办对全市新中国成立后至1983年制定的404件规章全面清理，审定予以废止317件。1988年，为配合对外开放需要，清理市政府中共十一届三中全会以来制定的涉外规章17件。颁发《无锡市政府关于制定规章工作程序的暂行规定》，对规章制定的原则及计划、起草、论证、送审、颁发等作出规定。

1998年至21世纪初，政府法制工作突出为改革发展稳定大局服务，就推进社会主义市场经济、创建工作、加强城市管理和可持续发展、维护社会稳定等方面制定并实施有关规章和文件。2000年，清理改革开放以来外向型经济和个私经济方面的地方性法规、规章和规范性文件，对不适应的规定修改或废止，汇编《无锡市发展个私经济指南》《无锡市鼓励外商投资和外贸出口优惠政策汇编》。2001年，共清理新中国成立后制发的文件4万多件，列出清理目录5376件，决定废止1672件，修改473件，继续适用的3231件。其中，市政府决定废止328件，修改75件，继续有效442件。2001年后，在加强城市管理、城市建设、国企改革和发展、服务城市现代化建设、促进旅游产业发展、保护环境土地、保护弱势群体就业、保障群众的住房需求以及推进政府职能转变和依法行政方面，制定一系列规章文件，突出民生和人才两个方面。

1986～2005年，市政府共制定规章、规范性文件894件。各市（县）、区和市政府部门制定规范性文件1615件。同时清理1984～1990年制定的规章157件，其中继续有效的110件，对其余的47件，有的予以废除，有的作重大修改。

1992～2005年无锡市政府规章立改废一览表

表24-1

序号	规章名称	制定时间及文号	修改时间及文号	废止时间及文号
1	无锡市人民政府制定规章的规定	1992年2月10日市政府令第1号	—	2002年11月市政府令第67号（立新废旧）
2	无锡市外商投资规划区国有土地使用权出让和转让暂行办法	1992年2月9日市政府令第2号	—	1998年4月18日市政府令第38号
3	无锡市公民义务献血暂行规定	1992年3月3日市政府令第3号	—	1999年5月市政府令第44号（立新废旧）
4	无锡市户外广告管理规定	1992年3月6日市政府令第4号	1998年4月18日市政府令第38号	2004年7月市政府令第73号
5	无锡市水利工程管理办法	1992年5月9日市政府令第5号	1998年4月18日市政府令第38号；2004年7月市政府令第73号	—
6	无锡市航道管理办法	1992年5月9日市政府令第6号	1998年4月18日市政府令第38号；2004年7月市政府令第73号	—
7	无锡市废旧物资回收管理规定	1992年7月8日市政府令第7号	1998年4月18日市政府令第38号	2003年8月锡政发〔2003〕195号
8	无锡市城市规划管理实施细则	1992年5月18日市政府令第8号	1998年4月18日市政府令第38号	—
9	无锡市职工待业保险暂行办法	1992年8月13日市政府令第9号	—	—
10	无锡市城镇供水水源管理办法	1992年8月18日市政府令第10号	2004年7月市政府令第73号	—
11	无锡市烟草专卖零售管理办法	1992年8月24日市政府令第11号	2004年7月市政府令第73号	—
12	无锡市土地变更登记暂行规定	1992年8月28日市政府令第12号	2002年4月30日市政府令第61号	—
13	无锡市实施《江苏省计划生育条例》办法	1992年11月23日市政府令第13号	1998年4月18日市政府令第38号	1998年9月市政府令第42号（立新废旧）
14	无锡市环境噪声达标区建设管理办法	1993年4月29日市政府令第1号	—	—
15	无锡市房屋租赁管理办法	1993年4月9日市政府令第2号	1998年4月市政府令第38号；2003年8月锡政发〔2003〕195号	—
16	无锡市人民防空工程维护与开发利用管理办法	1993年4月9日市政府令第3号	1998年4月18日市政府令第38号；2004年7月市政府令第73号	2004年11月市政府令第75号（立新废旧）
17	无锡市地名管理实施办法	1993年5月14日市政府令第4号	1998年4月18日市政府令第38号；2004年7月市政府令第73号	—
18	无锡市全民所有制企业转换经营机制实施办法	1993年7月29日市政府令第5号	1998年4月18日市政府令第38号	—

续表

序号	规章名称	制定时间及文号	修改时间及文号	废止时间及文号
19	无锡市市容和环境卫生管理实施细则	1993年9月3日市政府令第6号	—	1998年4月18日市政府令第38号
20	无锡市人民警察巡察暂行规定	1993年9月3日市政府令第7号	—	1998年4月18日市政府令第38号；1994年12月市十一届人大常委会第十四次会议（立新废旧）
21	无锡市汽车维修与配件经营行业管理办法	1993年9月22日市政府令第8号	2002年4月30日市政府令第61号；2004年7月市政府令第73号	—
22	无锡市城市绿化管理实施办法	1993年10月23日市政府令第9号	1998年4月18日市政府令第38号	2001年7月市十二届人大常委会第二十九次会议（立新废旧）
23	无锡市信访工作规定	1993年12月30日市政府令第10号	—	—
24	无锡市制止价格欺诈和牟取暴利的暂行规定	1994年5月27日市政府令第11号	—	2002年4月30日市政府令第61号
25	无锡市城市排水管理暂行办法	1994年6月4日市政府令第12号	1998年4月18日市政府令第38号	2004年7月市政府令第73号
26	无锡市劳动模范评选和管理工作实施细则	1994年8月15日市政府令第13号	—	—
27	无锡市自行车、摩托车管理暂行规定	1994年8月18日市政府令第14号	—	2004年7月市政府令第73号
28	无锡市出租汽车客运管理办法	1994年8月24日市政府令第15号	—	1998年4月18日市政府令第38号
29	无锡市烟花爆竹安全管理暂行规定	1994年12月8日市政府令第16号	—	1998年4月18日市政府令第38号
30	无锡市犬类管理办法	1994年12月30日市政府令第17号	2002年4月30日市政府令第61号	—
31	无锡市残疾人专用机动车管理暂行规定	1994年12月30日市政府令第18号	2004年7月市政府令第73号	—
32	无锡市公共场所禁止吸烟暂行规定	1995年2月市政府令第19号	—	—
33	无锡市私营企业劳动管理暂行办法	1995年4月市政府令第20号	1998年4月18日市政府令第38号	2004年7月市政府令第73号
34	无锡市生猪定点屠宰管理办法	1995年10月9日市政府令第21号	—	2002年8月市政府令第65号（立新废旧）
35	无锡市城市房屋拆迁管理办法	1995年11月1日市政府令第22号	—	2001年11月市政府令第54号（立新废旧）

续表

序号	规章名称	制定时间及文号	修改时间及文号	废止时间及文号
36	无锡市搬运装卸业管理实施细则	1995年12月市政府令第23号	2002年4月30日市政府令第61号；2004年7月市政府令第73号	—
37	无锡市文化娱乐市场管理办法	1996年2月市政府令第24号	1998年4月18日市政府令第38号	2004年7月市政府令第73号
38	无锡市建设工程招标投标管理办法	1996年5月市政府令第25号	—	—
39	无锡市住宅区物业管理暂行办法	1996年6月市政府令第26号	2003年8月锡政发〔2003〕195号	2005年12月市政府令第81号（立新废旧）
40	无锡市城镇流浪人员教育遣送暂行办法	1996年7月市政府令第27号	2002年4月30日市政府令第61号	—
41	无锡市外来务工劳动力使用管理实施办法	1996年10月市政府令第28号	—	2003年8月锡政发〔2003〕195号
42	无锡市住宅小区竣工综合验收办法	1997年1月市政府令第29号	—	—
43	无锡市土地复垦开发实施办法	1997年2月市政府令第30号	1998年4月18日市政府令第38号	2004年7月市政府令第73号
44	无锡市盐业管理办法	1997年7月市政府令第31号	2004年7月市政府令第73号	—
45	无锡市液化石油气管理实施细则	1997年10月10日市政府令第32号	—	2003年4月市政府令第68号（立新废旧）
46	无锡市城市市容和环境卫生管理实施细则	1998年1月市政府令第33号	—	2002年4月30日市政府令第61号
47	无锡市体育经营活动管理暂行办法	1998年1月市政府令第34号	2003年8月锡政发〔2003〕195号；2004年7月市政府令第73号	—
48	无锡市城市供水管理办法	1998年3月市政府令第35号	2003年8月锡政发〔2003〕195号	—
49	无锡市殡葬管理办法	1998年3月市政府令第36号	2004年7月市政府令第73号	—
50	无锡市人民调解暂行办法	1998年4月市政府令第37号	—	—
51	决定废止的80件政府规章规范性文件	1998年4月18日市政府令第38号	—	—
52	无锡市行政执法责任制暂行规定	1998年6月市政府令第39号	—	—
53	无锡市民兵预备役工作规定	1998年8月市政府令第40号	—	—
54	无锡市河道管理实施细则	1998年9月市政府令第41号	2003年8月锡政发〔2003〕195号；2004年7月市政府令第73号	—

续表

序号	规章名称	制定时间及文号	修改时间及文号	废止时间及文号
55	无锡市实施《江苏省计划生育条例》办法	1998年9月市政府令第42号	—	2004年7月市政府令第73号;2004年8月市政府令第74号（立新废旧）
56	无锡市古树名木保护管理办法	1999年4月市政府令第43号	2004年7月市政府令第73号	—
57	无锡市献血管理办法	1999年5月市政府令第44号	—	—
58	无锡市城市道路管理办法	1999年7月市政府令第45号	2004年7月市政府令第73号	—
59	无锡市城市房屋权属登记管理办法	1999年7月市政府令第46号	2002年4月30日市政府令第61号	2005年4月市政府令第77号（立新废旧）
60	无锡市城镇住宅安全管理暂行规定	1999年8月市政府令第47号	2003年8月锡政发〔2003〕195号；2004年7月市政府令第73号	—
61	无锡市国旗管理暂行办法	1999年9月市政府令第48号	—	—
62	无锡市性病防治管理办法	1999年9月市政府令第49号	—	—
63	无锡市机动车辆排气污染监督管理办法	1999年12月市政府令第50号	2001年12月市政府令第55号	—
64	无锡市人民防空规定	2000年4月市政府令第51号	2004年7月市政府令第73号	—
65	无锡市审批制度改革规定	2001年5月市政府令第52号	—	—
66	无锡市拆除违法建筑实施办法	2001年10月市政府令第53号	—	—
67	无锡市城市房屋拆迁管理办法	2001年11月市政府令第54号	—	—
68	无锡市人民政府关于修改《无锡市机动车辆排气污染监督管理办法》的决定	2001年12月市政府令第55号	—	—
69	无锡市锅炉压力容器和压力管道使用安全监察暂行办法	2001年12月市政府令第56号	2004年7月市政府令第73号	—
70	无锡市统计管理办法	2001年12月市政府令第57号	—	—
71	无锡市城市建筑物和构筑物外立面保持整洁管理规定	2002年2月市政府令第58号	—	—
72	无锡市城市房屋白蚁防治管理规定	2002年3月市政府令第59号	2003年8月锡政发〔2003〕195号	—
73	无锡市规范性文件备案审查规定	2002年4月市政府令第60号	—	—

续表

序号	规章名称	制定时间及文号	修改时间及文号	废止时间及文号
74	市政府关于废止和修改2001年末以前制定的部分市政府规章和规范性文件的决定	2002年4月30日市政府令第61号	—	—
75	无锡市农业机械维修行业管理办法	2002年5月市政府令第62号	2004年7月市政府令第73号	—
76	无锡市贡湖供水水源保护办法	2002年7月市政府令第63号	—	—
77	无锡市矿产资源管理办法	2002年8月市政府令第64号	—	—
78	无锡市生猪屠宰销售管理办法	2002年8月市政府令第65号	2004年7月市政府令第73号	—
79	无锡市客运出租汽车管理办法	2002年9月市政府令第66号	2004年7月市政府令第73号	—
80	无锡市人民政府规章制定办法	2002年11月市政府令第67号	—	—
81	无锡市燃气管理办法	2003年4月市政府令第68号	2004年7月市政府令第73号	—
82	无锡市城市管理相对集中行政处罚权试行办法	2003年5月市政府令第69号	—	—
83	无锡市历史街区保护办法	2003年12月市政府令第70号	—	—
84	无锡市城市公共照明设施管理办法	2004年1月市政府令第71号	—	—
85	无锡市商品条码管理办法	2004年4月市政府令第72号	—	—
86	市政府关于废止和修改部分市政府规章规范性文件及对部分行政许可项目予以取消或改变管理方式的决定	2004年7月市政府令第73号	—	—
87	无锡市实施《江苏省人口与计划生育条例》办法	2004年8月市政府令第74号	—	—
88	无锡市人民防空工程建设和使用管理办法	2004年11月市政府令第75号	—	—
89	无锡硕放机场净空环境保护办法	2005年1月市政府令第76号	—	—
90	无锡市城市房屋权属登记管理办法	2005年4月市政府令第77号	—	—
91	无锡市蠡湖风景区管理办法	2005年12月市政府令第78号	—	—
92	无锡市档案资料征集办法	2005年12月市政府令第79号	—	—

续表

序号	规章名称	制定时间及文号	修改时间及文号	废止时间及文号
93	无锡市除四害工作管理办法	2005年12月市政府令第80号	—	—
94	无锡市物业管理办法	2005年12月市政府令第81号	—	—

第三节　行政执法监督

1986年，市政府组织有关部门对国家合同法、会计法、商标法、中外合资企业经营法、统计法、计量法等45部法律、法规的贯彻实施情况进行检查，对违法行为查处。1987年，在首次执法大检查中，查处违法事件6921起、违法人员618人；查出违法占用土地5312亩，处理退耕还田3600亩；查出违法合同135份，处理金额1432.5万元；查出违反财政税收政策金额2598万元，补缴入库1889.1万元；查处假冒伪劣商品酒4万瓶、烟1504条、自行车550辆、化肥1万吨、食品43.66吨、药品2816包；查处非法出版物、报刊20.9万份，图书40.26万本，录音磁带1289盒，录像带35盒，罚款金额共129万元。1991年，在开展水法执法检查中，帮助水利部门查处违法案件3起，并完善5个方面的执法制度和建立各级水利执法监察员队伍。

1993年，无锡市政府法制部门对《全民所有制工业企业转换经营机制条例》（简称"《条例》"）、卫生法、环境保护法、产品质量法、计量法等31个法律、法规执行情况进行11次行政执法监督检查活动，及时查纠一批违法行为。在开展《条例》执法检查中，共清理文件74件，废止或修改29件。召开贯彻《条例》的座谈会3次。由市纪委、监察局牵头，对24家企业贯彻条例情况检查。1994年，开展对《城市绿化条例》、保密法、《无锡市公共场所禁止吸烟的规定》、《无锡市规范性文件备案规定》、森林法、环境保护法、《无锡市水环境保护条例》、档案法等法律、法规的执行情况检查。完善规范性文件备案制度，全年收到报送备案文件64件，对23个部门作备案复函。组织清理1984年后市政府颁发的规范性文件128件，确定其中继续有效的92件，需要修改的17件，应予废止的19件。1994年5月12日《中华人民共和国国家赔偿法》颁布，组织行政执法人员培训。1995年，对全市37家委办局规范性文件备案工作重点抽查，根据审查情况及时对不完备、不规范、错报、漏报等存在问题指导，促进改进备案。37个部门上报备案文件63件，收到补报文件39件，合计102件，经过审核把关，复函审结100件，其中92件通过、2件退回不备案、6件建议修改，并收到修改复函。1995年8月16日，《江苏省行政执法证件管理办法》颁布实施后，组织培训，核发行政执法证，行政执法人员持证上岗。1996年3月2日《中华人民共和国行政处罚法》颁布，组织培训。对环境保护法、《无锡市出租汽车管理条例》等12个法律法规的执行情况检查，纠正执法中的问题。1997年，按行政处罚法的规定，采取边清理、边公告的办法，对现有行政执法主体依法审查清理。市政府法制局规范行政处罚有关文书，组织开展市国税局、市交通局、市人防办等部门行政处罚听证制度试点工作，对各部门70名听证人员专业培训，组织全市首起行政处罚听证会。5月，组织对全市行政处罚法、《江苏省行政执法监督办法》、无锡市规范性文件备案的规定等法律、法规的执行情况开展自查和抽查工作。其中，采取"片查线，线查片"交叉进行的方法，对市政府22个行政部门、10个行政执法部门及3市（县）、5区贯彻实施行政处罚法等法律法规的情况抽查。会同市政府办公室、市统计局、市老龄委对统计法、老年法的贯彻实施情况检查。结合行政处罚主体的确认，组织对全市行政执法机关的11115件行政执法证和1830件行政执法监督证的发放情况审查备案。

1998年6月25日，印发《无锡市行政执法责任制暂行规定》《无锡市行政执法责任制实施方案》，随后在81个市级行政执法机关和组织,223个市(县)、区政府所属行政执法部门,113个乡镇街道实施行政执法责任制。做好规范性文件备案及行政执法证件的换证和管理工作。对市政府各部门1200余件行政执法证注册登记。对全市1.5万余名行政执法人员的执法证件统一制作、换发,加强对行政执法证件的监督管理。对无锡市殡葬改革等重要法规、规章实施情况执法检查。1999年,有79个行政机关组织制定行政执法责任制实施方案,确定各自的执法依据、执法责任,建立法律法规学习、行政执法监督检查、行政执法评议考核等10项制度,使行政执法的依据、程序、行为和责任得到规范。对两万多名行政执法人员进行全员培训考核,使执法人员基本做到持证上岗、文明执法。依据《无锡市行政执法责任制考核办法》,对市政府51个行政执法部门和35个行政执法组织实施行政执法责任制情况,分5个方面、26个项目考核。

2000年,深化行政执法责任制。组织对全市行政执法部门进行评议考核,严格规范行政执法程序,各部门公开办事制度以及行政收费和处罚依据、额度。市区119个行政机关和组织进入罚缴分离体系,集中收缴罚没款1亿多元。加强对各部门制定的规范性文件的备案和行政执法争议的协调工作。备案审查82件,纠正部门制定文件不合法的行为。协调市劳动局、市建工局等部门行政执法争议4起,依法界定部门的行政执法权限。对2000余名新领证人员进行上岗培训,对两万余张行政执法证审查登记注册。对国旗法等10多部法律法规实施情况检查督促,纠正一批违法行为。探索加强行政执法监督的新途径。郊区政府在全区建立"窗匚"企业制度,对政府机关的行政收费行为监督。锡山市政府加大行政执法责任制的考核力度,做好行政执法投诉的受理处理。宜兴市政府对各部门和乡镇实施行政审批、行政登记、行政许可行为检查,对行政机关的行政许可行为规范和监督。

2001年,根据国务院审批改革意见进行审批改革。采取抽查、暗访等形式对市公安、交通、市政、商业银行等单位实施罚缴分离工作的情况进行日常监督检查,组织锡山区、惠山区、滨湖区政府和市财政局、商业银行等,对行政区域调整后的罚缴分离实施工作协调指导,保证罚缴分离工作的实施。抓好行政执法检查工作。组织人员对11家单位实施行政处罚情况检查,对人防法、统计法、《农机管理条例》等法律法规的实施情况检查。2002年,组织行政执法和执法检查11123次,出动行政执法人员54237人次,查处行政违法案件105834起,涉案标的8.15亿元。其中,查处涉嫌刑事犯罪案件52起,涉嫌犯罪团伙和窝点340个,涉案标的227万元。2003年,惠山区、崇安区、南长区政府组织人员及时对210余起公民网上行政法制投诉调查处理。市公安、工商、劳动等部门在加强内部评议考核的同时,拓宽外部民主评议和行风监督渠道,使评议考核更具社会性。各级行政机关共查处行政违法案件1.3万余起。至年末,市和市(县)、区两级共收到备案规范性文件386件,经审查复函331件、建议修改纠正55件。2004年,共收到备案规范性文件153件,经审查准予备案127件、建议修改纠正16件、退回9件、责令停止执行1件。对行政执法人员的资格审核把关。2005年,结合深化城市管理相对集中行政处罚权和综合执法改革,解决行政执法体制问题。依据《无锡城市管理相对集中处罚权试行办法》,会同市城管局、公安局等部门,对市、区之间,部门之间的执法权限、执法范围明确界定,解决交叉执法等问题。组织实施《行政执法投诉办法》,建立投诉中心,公开投诉电话、投诉信箱,统一行政执法投诉、受理、办理、结案法律文书等工作。3月1日后,共受理投诉42起、立案31起、调查结案11起,转交市(县)、区法制办办理20起。加强规范性文件备案审查工作,全年共收到备案文件622件,准予备案557件、通知自行修正33件、退回32件,停止执行2件。是年,对行政权力梳理,市政府门户网站对社会公开。

第四节　行政复议　应诉

1989年,《中华人民共和国行政诉讼法》公布施行后,市政府召开各市(县)、区和各部门领导干部会议,组织学习和宣传贯彻。全市举办培训班200多期,培训干部1万多人次,编发宣传材料8.5万册。为做好行政复议和应诉工作，市政府建立由市长担任主任的市政府行政复议委员会，各市（县）、区和市有关委办局也建立相应的组织。

1992年，行政复议案件中涉及公安20起、工商8起、市（县）政府3起。全年基层法院共受理一审行政案件36起，审结27起。审结案件中，判决维持原具体行政行为的4起、撤销的1起、原告撤诉的22起。各级行政机关的行政复议注重超前介入、预防在先和基础制度建设。1993年，各级法制部门出庭应诉一批行政诉讼案件。市公安局办理行政复议和诉讼案件把好事实、定性、程序、裁决4个关，全年办理24起复议案件和8起诉讼案件。1995年，办理复议案件5起基本符合受理条件。1起经审理完毕，对永兴居委、溪南居委申请市政府行政复议案，作妥善处理；另有4起在退回补正过程中，申请人没有再提出补正的复议申请书。对市劳动局、新区管委会、崇安区政府等部门的12起行政复议案，帮助了解案情，研究方案，起草复议决定书，受理行政复议案件。1996年，指导办理行政复议案件155起。出庭应诉40起，胜诉33起。案件范围涉及房屋拆迁、房地产交易许可、房产权证、城市规划等。

1997年，行政复议案件数量明显增加，受理案件和接待复议咨询人是实施《行政复议条例》以来数量和涉及部门最多的一年。受理案件涉及公安41起、工商18起、城市和村镇规划24起、计划生育7起、土地管理9起、建筑和林木管理各2起，交通、卫生和产权管理各1起。出庭行政应诉57起，维持16起，撤诉41起。

1998年，全年共出庭应诉行政诉讼案件85起（旧存3起），复议后行政应诉28起，经审理撤诉6起、维持18起、未审理4起。未经复议直接应诉57起，经审理撤诉20起、维持33起、撤销4起。1999年10月1日《中华人民共和国行政复议法》颁布后，成立由市长担任主任的市政府行政复议委员会，贯彻实施行政复议法。市政府直接受理12起，审结12起。全市受理行政应诉案件121起，旧存4起，共125起。审结112起，其中维持70起、撤诉32起、撤销8起、限期履行2起。市政府直接出庭应诉17起。做好行政复议咨询服务工作。接待复议咨询人员500多人次，涉及房屋拆迁、城市规划管理等方面。2000年，行政复议案件主要涉及公安、土地、规划、工商、城管、计划生育等6个方面。市政府受理复议案件35起，撤销1起。应诉行政诉讼案件96起。共接待行政复议咨询人员2000多人次。

自行政复议法颁布至2001年，共收到行政复议申请386起，受理339起，不予受理47起，审结327起，其中撤销、变更24起，维护公民、法人和社会组织的合法权益，促进行政机关依法行政。接待行政复议咨询人员5000多人次，及时为人民群众提供法律服务。2001年上半年，全市受理行政应诉案件77起。审结58起，其中维持19起、撤诉24起、撤销2起、变更1起、其他12起。市政府直接受理行政复议案件36起，审结34起，指导各地各部门审结行政复议案件29起。法制办代理市政府出庭应诉行政诉讼案件3起，指导部门应诉行政诉讼案件12起，及时为市政府对兴江花园等21个地块的拆迁安置和明珠花园有关善后处理工作实施正确决策提供法律服务，保证城市建设和改造的顺利实施。

2002年，共收到行政诉讼案件84起，审结74起，其中维持52起、撤诉17起、撤销变更5起。制定《无锡市行政复议办案程序》。市、市（县）和各部门418名行政复议人员就行政复议法律文书的制作进行专题培训，100名行政复议应诉人员参加并通过全省行政复议人员资格考试。2003年，通过复议纠正一批违法和不当的执法行为，保障公民、法人和其他组织的合法权益。其中市法制办承办市政府的行政复议案件80起，审结74起。全市受理行政诉讼案件89起，审结58起，其中维持37起、撤销变更3起、撤回14起、其他4起。建立和完善行政复议办案工作制度。市法制办制定印发《行政复议案件集体讨论制度的若干规定》《关于对两类行政复议案件实施备案的通知》，明确规定对涉及社会稳定或反映重要社情民意等方面的其他行政复议、应诉案件以及对涉及私营个体经济的行政复议案件，实行一案一报，建立联系工作会议和文书传递制度、备案制度。2004年，承担省政府受理的市政府为被申请人复议案件1起。市政府法制办与市检察院联合研究制定《关于加强查办和预防渎职侵权案件协调配合及案件移送工作的有关规定》,规范办案过程中的配合协调以及移送程序等。加强法院关于行政审判和行政复议方面信息的交流,建立联系工作会议制度和文书传递制度。实施《行政复议案件备案制度》和《行政复议听证程序规则》。明确行政复议案件的办案责任,加强对各市(县)、区和各委办局行政复议案件办案质量的监督和业务指导,年内达80余次。

2005年,市政府法制办代理市政府出庭应诉行政诉讼案件2起,与滨湖区政府协商落实行政复议赔偿案件1起。对受理的行政复议案件坚持依法审理,对疑难重大案件坚持集体讨论制度,保证办案质量,先后对12起案件进行协调,及时化解矛盾。全年共接待来信来访人员335人次,与广益街道广丰村建立行政复议工作联系点,使行政复议向基层延伸。在审理行政复议案件中,对行政执法中存在的问题,先后16次向有关部门提出行政复议意见,督促加强整改,交换法律文书40件,研究解决疑难案件26起。

1992～2005年无锡市行政复议案件表

表24-2　　单位:起

年份	收到	受理	审结	维持	撤销、变更	撤回	不予受理	其他
1992	—	32	28	15	5	8	—	—
1993	—	42	41	—	—	—	—	—
1994	—	—	—	—	—	—	—	—
1995	—	17	—	—	—	—	—	—
1996	—	62	56	29	10	17	—	—
1997	—	106	100	38	25	33	4	—
1998	—	113	102	35	15	52	—	—
1999	156	153	149	62	14	49	—	—
2000	176	163	145	65	11	58	4	7
2001	54	36	34	—	—	—	43	—
2002	204	173	155	—	12	—	—	—
2003	—	286	—	—	—	—	—	—
2004	78	53	43	30	—	13	12	13
2005	91	79	83	40	—	31	3	9

第七章　行政监察

第一节　机　构

1988年1月20日,无锡市监察局成立,列入市政府序列。市监察局内设办公室、宣传教育科、信访科、监察一科、监察二科、审理科。至1989年7月,完成辖市、县(区)级行政监察机关的组建。1989年1月3日,市监察局内设机构增挂“行政举报中心”牌子。

1993年2月，市监察局和市纪委合署办公，实行一套机构、两块牌子、两种职能的体制，合署后的市纪委履行党的纪律检查和行政监察两项职能。合署后市纪委、市监察局内设机构11个（其情况参见第二十二卷中共无锡市地方组织第五章纪律检查第一节组织机构）。

第二节　执法监察

1988年，市监察部门开展对外经济合同的清查，共清查243家企业1378份，总金额5.76亿美元，查清29个问题和疑点，挽回部分经济损失。参与清理党政机关和机关干部经商办企业，清理企业137家，其中停办48家、转变隶属关系41家、人财物脱钩48家。1990年，对税务系统执行税收法规情况监察，对税收征管、违章处罚、减免税管理、内部财务制度等方面存在问题提出监察建议，发现并查处一批违法违纪案件，两人移送司法机关。对群众关心的建房、购房、分房、用公款装修住房等热点问题开展专项执法监察，清理涉及违法、违纪、违章问题人员4968人，拆除违章房屋3.43万平方米，补罚金额120余万元，查处和纠正购房、分房中突出的不正之风问题120多件，予以党纪、政纪处分33人，收缴空关房117套。

1991年，对1990年农业发展基金的筹集、使用、管理和投入效益展开监督检查，查出违规资金55.4万元，发出监察建议书5份，提出整改建议16条；对公安系统收费情况进行专项检查，清理收费项目145项，减轻群众和企事业单位负担45万余元；对代币购物券发放使用情况抽查，公开曝光部分有禁不止的单位，先后有15家单位办理退券手续；根据《国务院关于打破地区市场封锁，进一步搞活商品流通的通知》精神开展检查，取消个别地区和部门擅自设立的检查站和不符合规定的检查项目。是年，全市监察部门剖析亏损企业178家，帮助企业追回赃款121.98万元，收回欠款164.75万元，对发现的80多条违纪线索进行调查，并协助主管部门调整部分企业领导班子，帮助亏损企业健全和完善党风廉政建设制度，建立配套的激励和约束机制。1992年，剖析亏损企业168家，发现经济案件82起，经济问题金额435.87万元，查处违纪违法人员83人次，其中党纪处分29人、政纪处分31人、移交司法机关追究刑事责任23人。帮助企业追回赃款239.73万元，收回个人和集体宕欠款1314.11万元，挽回经济损失1553.84万元。经剖析后，有45家企业扭亏为盈，占剖析企业总数的26.8%。

1993年，市监察局开展执法监察工作15项，发现和清理问题41个，写出专项检查报告8份，编发执法监察情况简报8期，向市政府提出建议26条。所撰写的《用主要精力抓主要任务——关于检查党的路线方针政策和决议执行情况的调查报告》一文，被中纪委和省纪委通报转发。会同市委农工部对控制和减轻农民负担工作监督检查，全市废除达标文件7件，停止达标项目23个，取消涉及收费文件17件，取消涉农收费项目19个。对夏粮收费和农村电价进行专项检查。1994年，市监察机关共开展执法监察项目35个，纠正违法违纪行为13起。向有关单位提供建议125条，监察建议4条。查出违纪金额733.63万元，纠正退出违纪金额316.95万元，解缴违纪金额261.12万元，避免经济损失195.57万元。对市有关部门贯彻市政府公布取消的86个收费项目的情况进行检查，对江阴长江公路大桥、沪宁高速公路无锡段、苏南运河整治、白屈港水利枢纽等重点建设工程开展跟踪监督，确保工程建设顺利进行。市监察局会同市交通局对各市（县）交通局的规费征收、资金补缴、财务收支监督检查，追缴372万元交通规费，并提出整改建议。会同市物价局、市教委等单位重点抽查18所学校，查处违反规定将捐资助学与入学挂钩、自定标准、自立项目乱收费的学校，清退乱收费款112.4万元。对全市工商系统行政性收费管理的执行情况进行检查。

1995年，市监察局围绕粮油价格、个人调节税、重点建设工程以及群众反映强烈的18个热点问题开展执法监察，纠正违法违纪行为859起，查处违纪案件41起，为国家和集体避免和挽回经济损失5827万元。市监察局被省监察厅、省委农工部评为全省减轻农民负担先进集体。围绕重大改革措施开展执法监察。三市（县）纪委会同物价部门对粮油价格等问题开展跟踪检查，查处违纪问题7起，收缴违纪金额13.1万元，保证国家粮油政策落实到位。市监察局会同市建委、市建工局对5个委局以及5家房屋开发公司检查。会同市教委、市物价局、市工商局等对行政事业性收费、中小学乱收费问题清理，清退乱收费20.7万元。对江阴长江公路大桥、沪宁高速公路无锡段工程开展跟踪检查，提出建议18条，纠正违规行为为16起，对白屈港、苏南运河整治工程资金到位使用情况监督。1996年，实施执法监察项目23个，其中主办项目12个全部办结、查出违纪金额1842.46万元，纠正退还违纪金额655.29万元，避免经济损失260万元，督促上缴税费金额242.1万元，立案查处5人。

1997年，市监察局会同审计、司法等部门组成剖亏工作小组，对151家非正常亏损企业剖析，追回欠款4833.46万元。加强对企业改制的监督检查，防止国有资产流失，共查处违纪对象190多人，追缴赃款赃物900多万元。1998年，对环太湖污染企业达标排放开展监督检查，会同市环保局加大监督检查力度，确保“零点工程”按时完成。继续加大剖析非正常亏损企业工作力度，剖析74家非正常亏损企业，收缴违纪金额514.38万元，清收欠款1068.03万元，立案查处26人。继续推行企业收费登记卡制度，全年共取消企业收费项目24个、涉农收费项目12个，共减少收费2.26亿元。组织开展计划外生育费的征收、使用和管理的专项清理工作，督促做好“规范中小学收费行为工作达标县（市、区）”创建工作。1999年，推行企业交费登记卡制度，制止乱收费、乱摊派、乱集资，全年共减轻农民不合理负担1.44亿元，精简乡镇编外人员和村组补贴干部9093人，减少经费开支7019.8万元；取消企业不合理收费、集资和基金项目189项，减轻企业负担5.41亿元，查处加重企业负担的违法违纪案件两起；减轻中小学生费用负担178.9万元，查处中小学乱收费案件20件，涉及违规金额41.66万元。开展粮改执法监察，共查处违法违纪案件4件。对计划外生育费专项治理作回头检查，追缴违纪计划外生育费106.3万元。

2000年，无锡市扩大实行交费登记卡制度的范围，全年共发放交费登记卡33362本，取消行政事业性收费项目51项，降低收费标准5项，减轻企业负担1.5亿元，从源头上遏制乱收费行为的产生。落实涉农收费公示制度，共减轻农民负担4000万元。深化工程建设领域专项治理，全年建设工程项目公开招投标率99.18%，共降低工程造价5000多万元。加强对执行失业保险等4项基金政策情况的监督检查，重点规范4项基金的收缴、管理和使用，督促企业补交社保费4898.29万元。2001年，组织对国企下岗职工基本生活保障资金、失业保险基金、基本养老保险基金和城市居民最低生活保障资金管理使用情况的专项检查，督促社保资金纳入专户，确保专款专用。至年末，全市企业参保率99.8%。加强对重点交通工程建设的监督检查，重点对锡宜、沿江（无锡段）、宁杭（无锡段）等3条高速公路建设开展执法监察，对物资供应商的资质资信、材料质量、工程验收等进行监督。参与土地批租专项治理。2002年，抓好企业减负工作，加大行政审批制度改革力度，清理行政收费项目，取消或降低收费项目63项，减轻企业负担1.2亿多元。企业交费登记卡发放范围扩大至“三资”、私营、股份制等所有制企业，发放登记卡超过14万本。建立企业负担监测网，加强对违反规定增加企业负担行为的监督。2003年，执法监察共计立项89个，提出监察建议208条，协助有关部门建章立制27项。针对政府职能部门履行职责情况开展效能监察，重点抽查11个市级机关部门的政务公开情况。会同有关部门清理多年来欠交的社保基金，追回应收资金900多万元。参与“非典”防治措施落实情况的监督检查。2004年，开展执法监察项目151项，纠正违纪金额1372万元，提出建议120余条。各级行政效能投诉中心共受理投诉2346件，办结率92%。

2005年，各级纪检监察机关开展执法监察项目156项，查出、纠正退还违法违纪金额0.9万元，避免经济损失3516万元，提出建议102条，被采纳建议89条，协助建章立制52项。对企业违法排污、损害群众利益热点问题开展专项执法监察。加大对重大安全生产责任事故的查处力度。2003～2005年，全市共发生重大事故6起，给予党、政纪处分40人，组织处理10人，移送司法处理22人。

第三节　效能监察

1997年，全市监察部门组织开展效能监察，共制定实施效能监察项目147个。1998年，开展企业效能监察工作，共立项146个。2000年，共立项开展效能监察144项，避免经济损失2957.13万元，挽回经济损失667.83万元，提出改进管理意见182条，采纳140条，建章立制176项。2002年，市监察局制定《无锡市行政效能监察办法》《无锡市行政机关工作人员行政过错责任追究暂行办法》，为行政机关实施行政管理提供制度保证。2003年，制定《无锡市市级机关政务公开行政效能监察实施意见》，对市劳动保障局、市公用事业局、市技术监督局、市地税局、市房管局等部门政务公开工作开展效能监察。2004年3月，成立市行政效能投诉中心，办公地点设在市监察局，市监察局领导任投诉中心主任。各市（县）、区成立相应机构，初步形成覆盖全市的行政效能投诉网络。年内，投诉中心受理投诉2346件，办结2150件。继续开展政务公开行政效能监察，对市公安局等10个部门实施政务公开情况进行效能监察。

2005年6月，市委、市政府颁发《关于进一步加强机关效能建设的决定》，成立市机关效能建设领导小组。制定《无锡市机关效能监察投诉中心工作规则（试行）》《无锡市机关工作效能责任追究办法》，加大对机关工作人员大错不犯、小错不改现象的查处力度。会同市物价局、市民营办（市中小企业局）组成联合督查组，对30个政府部门贯彻落实市委、市政府《关于促进民营经济更快发展的意见》情况开展效能监察。对北塘、崇安、南长等3个城区和市城管局等9个相关职能部门"治搬霸""拆违建"专项整治工作落实情况开展效能监察，严格纪律规定，严查违规行为，促进城市环境和治安秩序的改善。

第四节　专项治理

一、工程建设专项治理

1996年4月，无锡市成立工程建设专项治理工作领导小组，下设办公室，由市建委、市纪委（市监察局）牵头负责，开展以反腐败和反不正当竞争为主要内容，以建立统一开放、竞争有序的建筑市场为目标的工程建设专项治理工作。全市纠正手续不全、擅自开工的项目42个，查处违规违章项目278个，补交规费1508.14万元。开展竣工结算审计，核减1.1亿元，核减率11.05%。查处工程建设中违法违纪案件68起，涉及79人。通过专项治理，至年末，报建率96.1%，招投标率92.6%。1997年，建立和完善建筑有形市场，全市50万元以上工程建设项目报建率和招投标率基本达到100%。查处新开工项目中违规违章项目51个，立案查处案件76起，收缴金额310万元。1998年，市纪检监察机关派员进驻装饰装修工程、商品混凝土使用有形市场，通过招投标，平均降低工程造价5.13%，缩短工期1/5。通过对193个工程项目的审计，共核减资金8292.05万元，减少财政拨款1277.15万元。市建设工程综合联合执法队进行专项检查25次，查处151个违规违章建设项目，挽回经济损失116.07万元。1999年，撤销市招标办所属郊区、马山区和新区招投标办事处，开发区所有工程项目的招投标统一集中到市有形建筑市场进行，交通、邮政、电信、水利、供电等专业工程项目纳入有形市场统一管理。通过招投标降低工程造价3.42%，节约投资6352.8万元。对56个项目的专项审计，节省和挽回资金3229.5万元，减少财政拨款580.52万元。对92个项目进行联合执法检查，发整改通知书11份，处罚金额374.78万元。对45起案件立案查处，涉及人员49人，挽回经济损失

334.78万元。

2000年，市监察局与有关部门制定《关于加强50万元以下建筑工程管理意见》，将原来限额以下的工程项目列入公开招标范围。提高有形建筑市场IC卡电脑管理系统的效能，建立责任落实档案管理制度，强化工程建设责任终身制。2001年，加强对评委评标工作的监管，设计“建设工程开标备忘录”，真实反映项目开标全过程。修改完善电脑抽取评委的软件，每次评委抽签的号码随机编号。调整和充实专家评委库，扩大评委的数量与范围，增加专业工程、煤气、绿化、智能布线、设计、设备采购等方面专家，加强对评委的动态管理。根据监察部中澳合作项目要求，参与并组织在全市范围内开展试行《中国监察机关在工程建设领域监察工作手册》的工作。规范锡山、惠山、滨湖3个新设区建设工程交易管理。

1996～2001年，无锡市新开工项目报建率、招投标率由1995年的44.6%和10.44%提高至2001年的两个100%。有形建筑市场运作逐步规范，各级招标办和建设工程交易管理中心完成职能分离工作，“一站式”管理、“一条龙”服务的模式普遍推开。全市组织75个审计小组、1600人次审计人员，对财政投资和国有、集体投资的841个基建竣工决算项目专项审计，审计金额46.19亿元，核减金额4.09亿元。通过专项审计，减少财政拨款5740万元，节约资金3亿元，纠正挤占成本3279万元，查出偷漏税金655万元，提供案件线索86条。违规违章项目占工程项目总数的比例由1994～1995年的51%下降到1996～2001年的7.14%。全市共接收工程建设方面的信访举报654件次，立案查处343起，涉案人员344人，移送司法机关237人，党纪处分189人，政纪处分71人，挽回经济损失3089.43万元。

2002年，市纪检监察机关深化工程建设专项治理，改进和完善招投标管理办法，规范招投标行为。立案查处工程建筑领域违纪违规案件39起。继续实施中澳合作项目《中国监察机关在工程建设领域监察工作手册》试行工作，工作成效获得监察部和澳方专家好评，配合市检察院、市建设局实施《建筑市场廉政准入规定》，严把建筑市场入口关。市纪委、市监察局撤回派驻工程建设交易市场的监管人员。2003年，发挥市重点工程建设纪检监察工作小组的作用，对高速公路等重点工程、拆迁征地、工程招投标、材料采购等项目和环节进行廉政监察。查处建筑市场违规问题47个，取缔5家违规企业在无锡的投标资格。2004年，全市执法监察工作以工程建设为重点，突出对宁杭高速公路、环太湖公路和312国道改扩建工程以及政府重大投资项目的监督。共处理100多起工程建设违规违纪问题，限制和取消10多起招标弄虚作假行为。3个有行贿行为的企业被勒令退出无锡市场。

2005年，市纪检监察机关抽调10多名纪检监察干部派驻无锡市重点工程建设办公室、无锡市建设工程交易管理中心、无锡市医疗中心工程建设指挥部等单位，实行驻地办公，全过程监督。全年派驻纪检监察组参与监督检查重点工程的项目共71个，核减资金2.24亿元。

二、土地专项治理

1993年，市纪检监察机关会同市土管局、市农委对8个开发区及1992年以来国家建设用地和乡（镇）村集体建设用地情况开展检查，先后抽查8个乡（镇）、76个行政村，察看206个建设项目，对群众举报的违法用地的情况调查处理。督促有关乡镇补办征地手续2500余亩，补缴规费3000多万元，9000余亩闲置抛荒的土地补种农作物。围绕土地行政执法开展专项执法检查。1995年，会同土管部门对1993年、1994年各级政府土地行政执法情况和非农业建设用地情况开展执法检查，共查出违法用地10950亩，圈而未用闲置抛荒地6248.1亩，纠正6474亩，督促补办用地手续5709.07亩，并按规定督促交纳规费4300余万元，退复耕荒闲置地5348.8亩。

2001年6月至2002年末，全市开展土地批租专项治理工作，加强经营性土地使用权、拍卖过程的监督，以市场方式实行招标拍卖挂牌出让，纠正低价出让土地使用权行为，补缴出让金5877万元；催交欠缴土地出让金，1992～2002年欠缴的19995.45万元出让金，追缴到位18676.45万元；土地资金纳入财政专户管理，严格出让金减免审批程序；开展经济适用房等房地产开发用地专项清理。2003年，开展治理整顿土地市场秩序工作，对经营性土地使用权招标拍卖挂牌出让情况开展执法监察。年内市区共出让经营性土地637万平方米，拍卖价高出底价28.3亿元。

2004年，继续开展土地市场治理整顿，严格土地管理工作；开展经营性土地使用权招标拍卖挂牌出让情况执法监察工作；市监察局会同国土、审计、农林等部门，对征用农民集体所有土地补偿费管理使用情况开展专项整治和检查工作。2005年，继续纠正征用土地中出现的问题，规范用地秩序。

第八章　信访工作

第一节　机构和制度

一、机构

1989年4月，市委、市政府信访处更名为市信访局。1996年，市信访局为市政府部门管理机构，副处级建制，内设办公室、办信接待处、督办处、市人民建议征集办公室，核定编制20人。2001年，市信访局改为市委部门管理机构，正处级建制，新增办信处；行政编制23人，行政附属编制2人。2005年末，市信访局内设办公室、接访处（挂“市人民来访接待中心”牌子）、办信处、督办处、人民建议征集处（挂“市长公开电话办公室”牌子），编制人数不变。

二、制度

1986年，市委、市政府建立领导阅批人民来信、约访和会办重要信访问题制度。

1993年11月，市政府常务会议审议通过《无锡市信访工作规定》，规范各级政府、群团组织及相关部门的信访工作和信访群众的行为。市委、市政府建立市领导信访接待日制度，每月第一周的周四，由市委常委、副市长轮流到市信访局接待群众。

1999年，按照市委、市政府《关于加强乡镇（街道）信访工作的意见》的部署和要求，加强基层信访工作网络建设，配备专（兼）职基层信访工作人员，每个乡镇（街道）均设立固定的、有一定接待条件的群众来访接待室。10月，市委、市政府建立和实施各级党政领导接待群众来访制度，市委办公室、市政府办公室颁发《关于建立各级党政领导干部接待群众来访制度的通知》，规定市委、市政府领导实行约访接谈制，每月1次；各市（县）、区和有关部门领导实行双周接待制，每月第二周和第四周为接待周，每月接待不少于两次，乡镇、街道党政领导实行每周接待制，每月不少于4次，全市统一星期三为各级党政领导信访接待日。同年，市信访工作领导小组颁发《关于进一步落实重要信访信息必报制度》《关于妥善处理群众到市委、市政府上访，维护机关办公秩序的意见》《关于加强乡镇、街道信访工作的意见》《关于进一步落实信访老户领导包案责任制的通知》，建立和完善信访情况通报制度、信访会办制度等，规范信访工作秩序。

2002年1月，市委办公室、市政府办公室再次印发《关于进一步加强和完善党政领导信访接待日制度的意见》和《关于贯彻落实党政领导信访接待日制度的通知》，对规范党政领导信访接待提出具体、明确的要求。2003年，市信访局提请市政府制定、审议、颁布《无锡市人民政府关于维护正常信访秩序的通告》，促使信访工作更加依法有序。大部分信访群众能够到指定地点反映问题，并遵守接待场所的秩序，各级党政机关门前聚集上访明显减少。2004年，各级信访部门普遍设立法律咨询服务处，为上访人员提供法律服务。市信访局建立律师参与信访接待日制度，由市司法局定期安排律师接待，提供法律咨询等服务，引导来访群众通过合法途径解决信访问题，引导涉法案件到司法机关按法律程序办理。1月，建立信访情况月通报制度，及时通报各市（县）、区和市各有关部门每月去省赴京上访和到市集访情况。9月，市委、市政府建立市处理信访突出问题及群体性事件联席会议制度，市委、市政府分管领导为召集人，针对农村土地征用、城镇房屋拆迁、国企改制、涉法涉诉、部分企业军转干部等5类突出信访问题，成立5个专项工作组，分别由市国土资源局、市建设局、市国资委、市委政法委和市人事局牵头负责。10月，市信访工作领导小组颁发《信访听证暂行办法》《处理无理上访暂行办法》《开展上访老户专项治理工作实施意见》，依法对一批无理闹访、缠访人员和一些上访老户进行终结，并在媒体上予以公布。年内，对群众重复上访专项治理，成立工作领导小组，做好重点信访人员和上访老户的教育疏导和停诉息访工作，促使群众重复信访的问题就地化解。在全省率先建立后备干部到信访部门挂职锻炼制度，由市委组织部选派优秀后备干部到信访部门挂职，至2005年，共有4批18人到市信访局挂职锻炼。

第二节　信访受理

1986年起，市委常委会、市政府常务会议多次专题研究和部署信访工作，成立市信访工作领导小组，召开市处理信访突出问题及群体性事件联席会议，并多次调整人员。市委、市政府主要领导和分管领导对信访工作作出重要批示、指示，给予具体指导。明确各级各部门主要领导是信访工作第一责任人，对本级本部门的信访工作负总责；分管信访工作的领导直接负责，其他成员负责抓好分管部门和单位的信访工作，形成一级抓一级、一级对一级负责的信访工作体系。

1992年前，信访反映问题多为检举揭发、控告以及历史遗留问题。此后，求决类诉求增多，反映的问题多为现实问题，特别是改革开放和经济建设中涉及职工社会保障、安置就业、环境污染等热点问题增多。1993年，越级上访呈现上升趋势。去省进京上访开始出现。12月，市纪委、市财政局、市监察局制定《关于奖励举报有功人员的暂行办法》，激发群众举报的热情。

2001年，制定颁发《2001～2003年全市纪检监察信访工作目标管理规划实施办法》，强化信访举报工作管理。2002年2月，制定《在全市纪检监察机关推行“三个依法”办理信访的实施意见》，引导群众依法信访，督促干部依法行政，指导基层组织依法处理信访问题。2003年，在市纪委网站开设网上举报中心，建立重要信访案件动态管理制度。2004年，全市大部分委办局实现信访工作微机管理，开通网上举报，拓宽信访举报渠道。

1986～2005年，全市两级信访部门共受理来信来访420182件次，其中市信访局受理来信来访234961件次，占总量的55.92%。1996～2005年，全市集体上访总量比1986～1995年增加63.3%。2003年起，大规模集体上访增多，问题相对集中在城镇房屋拆迁、农村土地征用、企事业单位改制、涉法涉诉等方面。

2005年，为控制和减少越级、集体、异常上访，各部门建立“三访”问题排查处理月报制度。做好全市统一接访的筹备工作，推动建立全市统一的接访中心。完善市（县）、区信访举报情况半年一次向市（县）、区党委、纪委主要领导通报制度，探索实施信访办理公示制度和信访听证会制度。

1986～2005年无锡市来信来访统计表

表24-3

年份	受理来信来访（件/人）	其中	
		初次来信（件）	初次来访
1986～1990	50012	23704	16474批
1991	7750	3419	2909批、4570人次
1992	7080	2970	2502批、4872人次
1993	10366	4766	2356批、4221人次
1994	12853	4612	3391批、7198人次
1995	21760	4883	4011批、10636人次
1996	28946	5012	4722批、12476人次
1997	26491	4652	2135批、7422人次
1998	31023	9802	4793批、18731人次
1999	31718	8988	3197批、22730人次
2000	28056	8561	1635批、12055人次
2001	23386	7563	2017批、15320人次
2002	28928	8019	1962批、14763人次
2003	29226	7413	2231批、16398人次
2004	37786	7927	3955批、19859人次
2005	44801	8143	1286批、30836人次

第三节　信访案件查办

2000年12月，市信访工作领导小组颁发《关于进一步做好信访查办工作的意见》，规定对于群众反映的重大和疑难复杂信访问题，上级转办、交办的信访事项，由市信访局派专人查办，限期上报查办情况和结案材料，提高信访事项的一次性办结率。2003年9月，在全市开展越级去省进京上访的专项治理，排查梳理越级上访案件206件，按照"属地管理"和"谁主管、谁负责"的原则，交由相关地区和部门办理，同时派出督查组，不定期对办理情况进行督查督办。同年11月，在全市开展联名信、异常信集中查办活动，妥善处理62件，有效防止信转访。2004年7月，开展重信重访专项整治，对中央和省交办116件的重信重访逐案梳理、分析、交办，并督促相关地区、部门认真办理，所有案件均按时按要求处理报结。同时，开展重要信访案件排查化解活动，排查信访案件156件，集中跟踪查办，95%以上得到有效化解。

2005年5月《中华人民共和国信访条例》颁布实施后，市信访工作领导小组根据相关法律法规，制定《关于进一步做好办信工作的意见》《关于进一步规范来访接待工作的意见》《关于定期上报不再受理的信访事项的通知》和《无锡市信访事项查办及督查工作的意见》，依法规范对相关工作，推进信访案件查办督办法制化。

第四节　市长公开电话

1993年11月1日，市委、市政府在市信访局设立市长公开电话，增设“市长信箱”。1994年，完善市长公开电话网络，由各地区和相关部门确定专人负责，在解决群众反映问题方面，发挥方便、快捷的作用。1999年12月，市长公开电话正式启用“12345”专用号码，全面开通“12345”热线，并将下设的16个分电话号码在报纸上公布，接受群众监督。市长公开电话开通以后，共受理电话近12万次。2000年8月，市信访局印发《关于进一步加强市长公开电话工作的意见》，要求各地各相关部门畅通渠道，配齐人员，整合资源，提高服务质量，及时受理、办理群众来电，同时按照市政府的要求，在8个职能单位增设分电话，至此，市长公开电话下设分电话延伸到24家单位，并将电话号码在新闻媒体上公示。2002年，将“民心热线”并入市长公开电话。7月，市政府办公室印发《关于加强市长公开电话受理和承办工作的通知》，再次对市长公开电话受理诉求的办理时间、办理方式等作出明确规定。同年8月，市政府召开市长公开电话工作会议，表彰一批先进工作者，市长王荣到会讲话。2004年，市政府办公室印发《关于进一步做好市长公开电话工作的通知》，市政府召开全市市长公开电话工作专题会议，市路灯管理处、江阴市等单位作交流发言。2005年，为提升市长公开电话办理信访事项的质量和效率，市信访局颁发考核办法，以人民群众的满意度为重要标准，定期对来电群众电话回访，对各地、各部门的月度工作排位通报，对年度工作情况进行绩效考核。

第五节　人民建议征集

1993年起，市信访局开展征集人民建议工作，引导群众对党委、政府的工作建言献策。汇集和分析研究建议，举办优秀建议有奖征集活动。建立健全建议遴选、汇总、分析机制，并对重要的意见和建议充分肯定和采纳，给予一定的奖励。2003年起，每年与《无锡日报》联合开展“优秀人民建议评选”活动，筛选出对经济社会、城市建设、改善民生等方面的优秀建议，加以总结提炼，形成有情况、有分析、有建议的信息专报，报市委、市领导和市各相关部门作为决策参考，有的建议被采纳应用，有的建议被转化为制度。至2005年末，共征集到人民建议2300多件，被采纳475件，其中大庄里居民区自来水管道改造、老新村平改坡、新区公交线路合理化调整等涉及民生的建议，相关部门迅速调研论证、采纳实施，解决一大批群众关心、社会关切的热点难点问题。

2003～2005年，市信访局人民建议征集处连续3年被省信访局评为省人民建议征集工作先进单位。

第九章　接待工作

第一节　机　构

1987年2月，市政府接待处从市政府外事办公室划出独立办公，内设秘书科、接待科、业务管理科，有梁溪饭店和运河饭店两个基层单位。1991年5月，更名为市政府接待办公室。2001年4月，更名为市接待办公室，并定为市委、市政府共同管理的直属事业机构，内设秘书处、管理处、交际处。2005年，内设机构调整为秘书处、接待一处、接待二处。

市接待办公室的主要工作职责是负责接待至无锡工作考察、调研、参观的党和国家领导人，部、省级领导以及地、市级领导带队的团组；协助有关部门做好参加全国及部、省在无锡召开大型重要会议和经济活动的重要宾客的接待工作。

第二节　接待活动

1986～2005年，无锡市共接待党和国家领导人296人次。

1986～2005年无锡市接待人数统计表

表24-4　　单位：人、批

年份	批数	人数	警卫任务		省部级		地厅级		其他	
			批数	人数	批数	人数	批数	人数	批数	人数
1986	1706	30992	17	17	241	321	875	1728	573	28926
1987	1466	16810	5	7	224	249	689	1096	548	15458
1988	1320	20180	10	10	167	233	561	1514	582	18423
1989	1093	17763	7	7	148	180	526	965	412	16611
1990	1201	19779	8	8	189	276	521	1447	483	18048
1991	1354	21242	13	13	175	286	569	1495	597	19448
1992	1041	9736	14	14	175	283	467	1450	385	7989
1993	848	8467	19	19	181	373	355	1335	293	6740
1994	967	10152	19	19	165	289	432	1698	351	8146
1995	896	11453	17	18	150	476	339	2207	390	8752
1996	966	13959	20	20	154	388	321	1875	471	11676
1997	1003	13461	17	17	135	258	351	1704	500	11482
1998	969	11589	17	18	123	293	331	1487	498	9791
1999	991	15747	14	16	146	315	282	1571	549	13845
2000	871	11299	11	11	152	361	238	1393	470	9534
2001	1016	23880	20	20	198	469	313	1876	485	21515
2002	930	18525	12	12	190	347	301	1601	427	16565
2003	810	10945	17	17	149	274	263	1334	381	9320
2004	925	13755	30	30	272	584	242	1848	381	11293
2005	970	17928	21	21	273	430	279	2216	397	15261
合计	21343	317662	308	314	3607	6685	8255	31840	9173	278823

1986～2005年无锡市接待党和国家领导人一览表

表24-5

姓　名	职　务	日　期
李　鹏	国务院副总理	1986年1月8～9日
杨尚昆	中央军委副主席	1986年2月20～23日
黄　华	全国人大常委会副委员长	1986年3月9日
姬鹏飞	国务委员	1986年3月13～24日
谷　牧	国务委员	1986年3月30日～4月2日
朱学范	全国人大常委会副委员长	1986年4月27日～5月19日
宋任穷	中共中央顾问委员会副主任	1986年5月13～15日
费孝通	全国政协副主席	1986年5月20～21日
杨静仁	全国政协副主席	1986年5月28～30日
薄一波	中共中央顾问委员会副主任	1986年5月29日～6月3日
乔　石	国务院副总理	1986年6月18～21日
耿　飚	全国人大常委会副委员长	1986年7月18～26日
胡耀邦	中共中央总书记	1986年10月25～26日
费孝通	全国政协副主席	1986年12月18日
胡乔木	中共中央政治局委员、书记处书记	1987年4月25～28日
吕正操	全国政协副主席	1987年5月24～27日
费孝通	全国政协副主席	1987年5月21～25日
屈　武	全国政协副主席	1987年5月22～27日
廖汉生	全国人大常委会副委员长	1987年5月24～26日
吴学谦	中共中央政治局委员、国务委员兼外交部部长	1987年10月5日
周培源	全国政协副主席	1987年11月5～12日
钱伟长	全国政协副主席	1988年5月17～19日
陈俊生	国务委员、国务院秘书长	1988年5月22日
丁关根	中共中央政治局候补委员	1988年6月4日
李贵鲜	国务委员、中国人民银行行长	1988年6月16～18日
李先念	全国政协主席	1988年11月1～5日
王任重	全国政协副主席	1988年11月1～5日
谷　牧	全国政协副主席	1988年11月25日～12月1日
周培源	全国政协副主席	1988年11月27～28日
荣毅仁	全国人大常委会副委员长	1988年12月21～23日
邹家华	国务委员、机电部部长	1989年2月14～15日
宋　平	中共中央政治局委员、中央组织部部长	1989年2月19～20日
李铁映	中共中央政治局委员、国务委员	1989年3月9～10日
荣毅仁	全国人大常委会副委员长	1989年4月7～9日
钱伟长	全国政协副主席	1989年5月18～21日
胡乔木	中共中央顾问委员会常委	1989年10月16～18日
李　鹏	国务院总理	1990年1月19～21日
彭　冲	全国人大常委会副委员长	1990年1月31日～2月3日

续表

姓　名	职　务	日　期
康世恩	中共中央顾问委员会常委	1990年4月22日～5月22日
叶　飞	全国人大常委会副委员长	1990年5月5～7日
屈　武	全国政协副主席	1990年6月3～7日
孙起孟	全国人大常委会副委员长	1990年6月18～25日
宋　健	国务委员	1990年9月25～28日
钱伟长	全国政协副主席	1990年11月27～29日
陈丕显	中共中央顾问委员会常委	1991年2月5～17日
李瑞环	中共中央政治局常委	1991年4月14～16日
刘华清	中央军委副主席	1991年4月23～26日
刘复之	最高人民检察院检察长	1991年4月26～28日
李德生	中共中央顾问委员会常委	1991年4月30日～5月4日
李铁映	中共中央政治局委员、国务委员	1991年8月19～20日
程思远	全国政协副主席	1991年10月28日
宋　健	国务委员	1991年11月11～13日
刘华清	中央军委副主席	1991年11月11～14日
彭　冲	全国人大常委会副委员长	1991年11月12～15日
朱镕基	国务院副总理	1991年11月17～19日
费孝通	全国人大常委会副委员长	1991年11月18～21日
江泽民	中共中央总书记	1992年1月20～21日
钱伟长	全国政协副主席	1992年1月10日
王光英	全国政协副主席	1992年4月20～24日
费孝通	全国人大常委会副委员长	1992年4月22～24日
王恩茂	全国政协副主席	1992年4月22～25日
廖汉生	全国人大常委会副委员长	1992年4月30日～5月3日
王　平	中共中央顾问委员会常委	1992年5月7～10日
邹家华	国务院副总理	1992年5月12～13日
李　鹏	国务院总理	1992年5月24～25日
乔　石	中共中央政治局常委、中纪委书记	1992年6月14～16日
王光英	全国政协副主席	1992年9月10～13日
费孝通	全国人大常委会副委员长	1992年11月10～16日
姚依林	国务院副总理	1992年11月18～23日
钱伟长	全国政协副主席	1992年12月2～4日
邹家华	国务院副总理	1993年2月1日
费孝通	全国人大常委会副委员长	1993年4月17～19日
谷　牧	全国政协原副主席	1993年4月21～25日
彭　冲	全国人大常委会原副委员长	1993年5月16～18日
荣毅仁	国家副主席	1993年5月24～27日
赛福鼎	全国政协副主席	1993年6月2～4日
丁关根	中共中央政治局委员、中央书记处书记，中央宣传部部长	1993年6月26日～7月1日

续表

姓名	职务	日期
倪志福	全国人大常委会副委员长	1993年9月6～12日
胡　绳	全国政协副主席	1993年9月24～29日
邓力群	中共中央顾问委员会委员	1993年9月24～29日
王丙乾	全国人大常委会副委员长	1993年10月12～14日
董寅初	全国政协副主席、致公党中央主席	1993年10月16～21日
杨汝岱	全国政协副主席	1993年10月21～22日
李岚清	中共中央政治局委员、国务院副总理	1993年10月27～28日
刘澜涛	中共中央顾问委员会原常委	1993年11月3～14日
张劲夫	国务院原国务委员	1993年11月11～15日
钱伟长	全国政协副主席	1993年11月12～13日
宋　健	国务委员	1994年2月15～16日
李铁映	中共中央政治局委员、国务委员	1994年2月15～17日
钱伟长	全国政协副主席	1994年4月2～4日
赵朴初	全国政协副主席	1994年4月9～10日
钱伟长	全国政协副主席	1994年5月24～26日
陈俊生	国务委员	1994年6月8～9日
彭　冲	全国人大常委会副委员长	1994年6月11～17日
张思卿	最高人民检察院检察长	1994年6月11～12日
任建新	最高人民法院院长	1994年6月12～13日
宋　平	中共中央政治局原常委	1994年6月27日～7月2日
马文瑞	全国政协原副主席	1994年9月18～20日
费孝通	全国人大常委会副委员长	1994年10月7～9日
雷洁琼	全国人大常委会副委员长、民进中央主席	1994年10月11～18日
荣毅仁	国家副主席	1994年10月13～18日
安子介	全国政协副主席	1994年10月18～20日
杨成武	全国政协原副主席	1994年10月1～24日
李德生	中共中央顾问委员会原常委	1994年11月26～30日
吕正操	全国政协副主席	1994年12月5～8日
朱镕基	中共中央政治局常委、国务院副总理	1994年12月11～13日
彭　冲	全国人大常委会原副委员长	1995年3月17～23日
费孝通	全国人大常委会原副委员长	1995年3月26～29日
李贵鲜	国务委员	1995年3月30～31日
李锡铭	全国人大常委会副委员长	1995年4月3～4日
张　震	中共中央政治局委员、中央军委副主席	1995年4月6～11日
钱正英	全国政协副主席	1995年4月14～15日
荣毅仁	国家副主席	1995年4月26日～5月6日
霍英东	全国政协副主席	1995年4月30日
江泽民	中共中央总书记、国家主席、中央军委主席	1995年5月12～13日
王汉斌	中共中央政治局候补委员、全国人大常委会副委员长	1995年5月26～28日

续表

姓　名	职　务	日　期
田纪云	中共中央政治局委员、全国人大常委会副委员长	1995年5月28～30日
王鹤寿	中纪委原书记	1995年9月24～25日
李铁映	中共中央政治局委员、国务委员	1995年10月8日
邹家华	国务院副总理	1995年10月10日
丁关根	中共中央政治局委员、中央书记处书记，中央宣传部部长	1995年10月21～22日
杨尚昆	中央军委原副主席	1995年12月10～12日
吴学谦	全国政协副主席	1995年12月13～16日
马万祺	全国政协副主席	1996年3月18日
费孝通	全国人大常委会副委员长	1996年3月28～30日
吴阶平	全国人大常委会副委员长	1996年4月1日
安子介	全国政协副主席	1996年4月1日
彭珮云	国务委员、国家计划生育委员会主任	1996年4月12～13日
万　里	全国人大常委会原委员长	1996年4月18日
迟浩田	国务委员、中央军委副主席、国防部部长	1996年5月1～2日
王兆国	全国政协副主席、中央统战部部长	1996年6月24～26日
钱伟长	全国政协副主席	1996年6月27～28日
华国锋	中共中央原主席、中共中央委员	1996年9月16～21日
彭　冲	全国人大常委会原副委员长	1996年9月22日
李岚清	中共中央政治局委员、国务院副总理	1996年10月12～14日
荣毅仁	国家副主席	1996年10月24～26日
张思卿	最高人民检察院检察长	1996年10月28～29日
胡锦涛	中共中央政治局常委、中央书记处书记	1996年10月30～31日
刘华清	中共中央政治局常委、中央军委副主席	1996年11月18～20日
朱光亚	全国政协副主席	1996年11月18～20日
彭珮云	国务委员	1997年1月13～14日
吴邦国	中共中央政治局委员、国务院副总理	1997年1月21～24日
费孝通	全国人大常委会副委员长	1997年3月27～30日
铁木尔·达瓦买提	全国人大常委会副委员长	1997年4月11～12日
谷　牧	全国政协原副主席	1997年4月26日～5月3日
丁光训	全国政协副主席	1997年5月31日
荣毅仁	国家副主席	1997年10月3～18日
杨汝岱	全国政协副主席	1997年10月5～7日
廖汉生	全国人大常委会原副委员长	1997年10月14日
吴阶平	全国人大常委会副委员长	1997年10月16日
吴　仪	中共中央政治局候补委员、外经贸部部长	1997年11月6～7日
赵朴初	全国政协副主席	1997年11月13～25日
费孝通	全国人大常委会副委员长	1997年11月17日
陈俊生	国务委员	1997年11月20～22日

续表

姓　名	职　务	日　期
程思远	全国人大常委会副委员长	1997年11月21～23日
罗　干	国务委员、国务院秘书长	1997年12月30～31日
吴邦国	国务院副总理	1998年2月1日
宋　平	中共中央政治局原常委	1998年4月12～17日
李　鹏	中共中央政治局常委、全国人大常委会委员长	1998年4月14日
钱其琛	中共中央政治局委员、国务院副总理	1998年4月15～16日
江泽民	中共中央总书记、国家主席、中央军委主席	1998年4月18日、20～21日
温家宝	中共中央政治局委员、国务院副总理	1998年4月18～21日
彭　冲	全国人大常委会原副委员长	1998年5月5～8日
陈锦华	全国政协副主席	1998年6月2日
尉健行	中共中央政治局常委、中央纪律检查委员会书记	1998年7月7～8日
荣毅仁	国家原副主席	1998年9月29日～10月12日
经叔平	全国政协副主席、全国工商联主席	1998年11月3～4日
陈锦华	全国政协副主席	1998年11月8日
成思危	全国人大常委会副委员长、民建中央主席	1998年11月10日
吴阶平	全国人大常委会副委员长	1998年11月9～10日
邹家华	全国人大常委会副委员长	1998年11月14～15日
姜春云	中共中央政治局委员、全国人大常委会副委员长	1998年11月17～18日
黄　菊	中共中央政治局委员、中共上海市委书记	1998年11月21、23日
叶　飞	全国人大常委会原副委员长	1998年11月26～29日
费孝通	全国人大常委会原副委员长	1999年3月28～31日
吕正操	全国政协原副主席	1999年4月24～26日
雷洁琼	全国人大常委会原副委员长、民进中央名誉主席	1999年5月1～3日
许嘉璐	全国人大常委会副委员长、民进中央主席	1999年5月1～3日
张　震	中共中央军委原副主席	1999年5月26～29日
乔　石	全国人大常委会原委员长	1999年6月21～24日
温家宝	中共中央政治局委员、国务院副总理	1999年7月9～10日
李贵鲜	全国政协副主席	1999年9月4～7日
江泽民	中共中央总书记、国家主席、中央军委主席	1999年9月28日
曾庆红	中共中央书记处书记	1999年9月28日
铁木尔·达瓦买提	全国人大常委会副委员长	1999年10月4～9日
李铁映	中共中央政治局委员	1999年10月8日～11月1日
张思卿	全国政协副主席	1999年10月29日
钱正英	全国政协副主席	2000年2月3～6日
王文元	全国政协副主席、九三学社中央常务副主席	2000年2月6日
李　鹏	中共中央政治局常委、全国人大常委会委员长	2000年2月22日、24～25日
邹家华	全国人大常委会副委员长	2000年6月9日
赵南起	全国政协副主席	2000年9月6日

续表

姓 名	职 务	日 期
丁关根	中共中央政治局委员、中央书记处书记，中央宣传部部长	2000年9月6～8日
经叔平	全国政协副主席	2000年9月23日
万国权	全国政协副主席	2000年10月14日
李岚清	中共中央政治局常委、国务院副总理	2000年10月17～19日
布 赫	全国人大常委会副委员长	2000年11月21～22日
经叔平	全国政协副主席、全国工商联主席	2000年11月27～29日
罗豪才	全国政协副主席、致公党中央主席	2001年1月25～26日
吴邦国	国务院副总理	2001年1月26日
钱伟长	全国政协副主席	2001年2月14～19日
尉健行	中共中央政治局常委、中央书记处书记，中央纪律检查委员会书记	2001年4月11～12日
胡启立	全国政协副主席	2001年4月12～13日
丁光训	全国政协副主席、中国基督教“三自”爱国运动委员会名誉主席	2001年4月28日
王兆国	全国政协副主席、中央统战部部长	2001年4月30日～5月1日
江泽民	中共中央总书记、国家主席、中央军委主席	2001年6月8日
李岚清	中共中央政治局常委、国务院副总理	2001年6月9日
温家宝	国务院副总理	2001年9月3日
张思卿	全国政协副主席	2001年9月3～6日
孙孚凌	全国政协副主席	2001年9月21～23日
荣毅仁	原国家副主席	2001年9月25日～10月15日
钱伟长	全国政协副主席	2001年10月21～23日
万国权	全国政协副主席	2001年10月26日
韩杼滨	最高人民检察院检察长	2001年10月30日～11月3日
曹 志	全国人大常委会副委员长	2001年11月8日
李铁映	中共中央政治局委员、中国社会科学院院长	2001年11月16～21日
彭珮云	全国人大常委会副委员长	2001年11月22～24日
蒋正华	全国人大常委会副委员长、农工党中央主席	2001年12月10～14日
王丙乾	全国人大常委会原副委员长	2002年1月16～17日
张万年	中央军委副主席	2002年4月13～14日
肖 扬	最高人民法院院长	2002年4月18～20日
王汉斌	中共中央政治局原候补委员、全国人大常委会原副委员长	2002年4月19～20日
费孝通	全国人大常委会原副委员长	2002年5月25日
毛致用	全国政协副主席	2002年6月19～20日
王文元	全国政协副主席	2002年7月4日
张克辉	全国政协副主席	2002年8月18～19日
荣毅仁	原国家副主席	2002年9月25日～10月15日
丁石孙	全国人大常委会副委员长	2002年9月30日～10月6日
成思危	全国人大常委会副委员长、民建中央主席	2002年10月18日

续表

姓　名	职　务	日　期
宋　健	全国政协副主席、中日友好协会会长	2002年10月19日
吴阶平	全国人大常委会副委员长	2003年2月12～14日
丁关根	中共中央政治局委员、中央书记处书记，中央宣传部部长	2003年4月22日～5月9日
迟浩田	中央军委原副主席	2003年5月27～30日
吴官正	中共中央政治局常委，中央纪律检查委员会书记	2003年8月14～15日
华建敏	国务委员、国务院秘书长	2003年8月16～17日
李瑞环	中共中央政治局原常委、全国政协原主席	2003年9月17～20日
张怀西	全国政协副主席	2003年9月19～21日
荣毅仁	原国家副主席	2003年9月22日～10月14日
钱伟长	全国政协原副主席	2003年9月29日～10月11日
盛华仁	全国人大常委会副委员长	2003年10月4～5日
华建敏	国务委员、国务院秘书长	2003年10月4日
李　蒙	全国政协副主席	2003年10月8～9日
杨汝岱	全国政协原副主席	2003年10月11～12日
周光召	全国人大常委会原副委员长	2003年10月22日
顾秀莲	全国人大常委会副委员长	2003年11月16～17日
陈良宇	中共中央政治局委员、中共上海市委书记	2003年12月9日
彭珮云	全国人大常委会副委员长	2003年12月14日
张怀西	全国政协副主席	2004年1月20日～2月19日
黄　菊	中共中央政治局常委、国务院副总理	2004年1月24日
华建敏	国务委员、国务院秘书长	2004年1月24日
何鲁丽	全国人大常委会副委员长	2004年1月25日
韩启德	全国人大常委会副委员长	2004年2月13～15日
许嘉璐	全国人大常委会副委员长	2004年2月19日
王文元	全国政协原副主席	2004年3月23～27日
温家宝	中共中央政治局常委、国务院总理	2004年3月25～26日
朱镕基	国务院原总理	2004年4月7～9日
万国权	全国政协原副主席	2004年4月11日
丁光训	全国政协副主席	2004年4月14日
李铁映	全国人大常委会副委员长	2004年4月14～15日
李　鹏	全国人大常委会原委员长	2004年4月14～18日
曾培炎	中共中央政治局委员、国务院副总理	2004年5月9～11日
丁关根	中共中央原政治局委员、中央书记处书记，中央宣传部部长	2004年5月17～21日
韩启德	全国人大常委会副委员长、九三学社中央主席	2004年5月24～28日
路甬祥	全国人大常委会副委员长	2004年5月26～27日
吴　仪	中共中央政治局委员、国务院副总理	2004年6月8～9日
成思危	全国人大常委会副委员长	2004年6月9日
李长春	中共中央政治局常委	2004年6月13～14日
陈至立	国务委员	2004年6月18～19日

续表

姓　名	职　务	日　期
李铁映	全国人大常委会副委员长	2004年9月1～6日
张怀西	全国政协副主席	2004年9月19～20日
荣毅仁	原国家副主席	2004年9月25日～10月23日
钱伟长	全国政协原副主席	2004年10月20～28日
徐匡迪	全国政协副主席、中国工程院院长	2004年10月28～29日
丁光训	全国政协副主席、中国宗教和平委员会主席	2004年11月8～9日
彭　冲	全国人大常委会原副委员长	2004年11月19日～12月1日
罗　干	中共中央政治局常委、中央政法委员会书记	2004年12月24～25日
张怀西	全国政协副主席	2005年2月8～17日
华建敏	国务委员、国务院秘书长	2005年2月8～9日
张怀西	全国政协副主席	2005年4月1～3日
黄孟复	全国政协副主席、全国工商联主席	2005年4月24～26
李铁映	全国人大常委会副委员长	2005年5月1～8日
李岚清	中共中央原政治局常委、国务院原副总理	2005年5月2～5日
钱其琛	中共中央原政治局委员、国务院原副总理	2005年5月8～9日
李锡铭	全国人大常委会原副委员长	2005年5月21～24日
钱伟长	全国政协原副主席	2005年5月23～27日
刘云山	中共中央政治局委员、中央宣传部部长	2005年6月7日
张怀西	全国政协副主席	2005年6月16～20日
王汉斌	中共中央原政治局候补委员、全国人大常委会副委员长	2005年7月2日
何鲁丽	全国人大常委会副委员长、民革中央主席	2005年7月14～16日
黄孟复	全国政协副主席	2005年8月8日
张怀西	全国政协副主席	2005年9月9～10日
李铁映	全国人大常委会副委员长	2005年9月10～13日
陈奎元	全国政协副主席、中国社会科学院院长	2005年9月23～26日
李　蒙	全国政协副主席、农工党中央副主席	2005年9月24～27日
荣毅仁	国家原副主席	2005年9月25日～10月7日
李岚清	中共中央原政治局常委、国务院原副总理	2005年9月30日～10月6日

第十章　外　事

1986～2005年，无锡市利用国际友城、民间交往等渠道，配合服务各阶层、各方面的对外交流交往，扩大友城覆盖面。外事部门共接待重要外宾106016人次，其中党宾、国宾73批、679人次，部长级重要客人191批、1635人次，世界著名跨国公司高层率领的客商12274人次，外国驻华使领馆官员324批、1693人次；全市受理批准因公出国（境）团组15778批、51346人次，办理出国（境）（含因私)手续23998批、78501人次;邀请到无锡采访和参加无锡在境外举办大型经贸活动的外国媒体记者257批、1079人次;经外交部、中国人民对外友好协会批准,先后与有关国家城市结为友好城市。

第一节 机 构

1986年,市政府外事办公室、市政府侨务办公室、市政府接待处、市旅行游览事业管理局,对外挂4块牌子,内部一套班子合署办公,行政由市外办统一管理,党内由市外办党委统一领导。市政府外事办公室下辖11家科级基层单位、1家股级单位,即:中国国际旅行社无锡支社、市中国旅行社(含无锡华侨旅行服务社)、无锡湖滨饭店(含无锡水秀饭店)、无锡太湖饭店、市梁溪饭店、无锡饭店(含无锡市天马旅行社)、市外事汽车服务公司、市外事游船服务公司(含无锡锦园宾馆)、市外事建筑公司(含无锡市外事服务公司)、市旅游物资供销公司和合资经营的无锡太湖乐园有限公司及市外事幼儿园。

1987年2月,市政府接待处、市政府侨务办公室和市旅游局与市政府外事办公室分设,单独建制。市外办下辖新建全民事业单位市对外友好服务中心。

1992年12月,建立市国际交流公司,隶属于市外办。1993年3月,市外办调整行政业务机构,设秘书处、友好城市处、外宾接待处、综合处、出国来华管理处等5个处室。江阴市和宜兴市先后成立对外友协。

2001年,市政府外事办公室更名为市外事办公室,为市政府主管全市外事工作的工作部门,正处级建制。下设秘书处、礼宾涉外业务处、友好城市处、出国来华管理处、市对外友协办公室等5 个处室。2004年4月,成立市翻译服务中心,为隶属市外办的全民事业单位。12月,市外办下属的市对外友好服务中心、市国际交流公司、市人民对外友好协会服务部等3家事业单位改制,合并为市对外友好服务中心,性质为国有企业。

第二节 到 访

1985年,无锡被国务院批准为沿海开放城市。1986年后,到访的外宾尤其是外国经贸团组增多。

一、国宾、党宾

1986年5月18～20日,由副主席安德烈·恩贡冈·旺吉率领的喀麦隆人民民主联盟代表团一行6人访问无锡。同年6月2日,佛得角共和国总理佩德罗·皮雷斯和夫人一行16人,从常州赴宜兴访问,参观紫砂工艺厂、陶瓷陈列馆、宜兴茶园,游览善卷洞。

1987年3月22～24日,民主柬埔寨主席诺罗敦·西哈努克亲王和夫人莫尼克公主一行14人抵无锡访问。西哈努克亲王一行在无锡参观江阴县华西村、无锡工业展览馆,游览太湖风景区。同年4月9日,瑞典王国首相莫瓦尔·卡尔松和夫人一行20人到无锡访问,并出席中国与瑞典合资经营的华瑞制药有限公司开工典礼,卡尔松首相在开工典礼上发表讲话。同年9月5～7日,莱索托王国玛莫哈托王后一行9人抵无锡访问。

1988年9月10～20日,以总书记豪尔赫·德尔普拉多为团长的秘鲁共产党代表团一行4人访问无锡。1989年7月5～6日,多米尼加劳动党总书记埃斯特万·哈克斯一行2人访问无锡。

1990年4月19～20日,中非共和国总统、中非民主联盟主席安德烈·科林巴上将和夫人一行33人访问无锡,参观无锡县华庄镇的敬老院、幼儿园、养鱼场和县拖拉机厂,访问农民家庭,游览寄畅园、锡惠公园和太湖。

1992年1月21日，白俄罗斯共和国部长会议主席维亚切斯拉夫·弗拉采维奇·克比奇一行14人抵无锡访问。中共中央总书记江泽民在无锡会见并设午宴款待克比奇主席一行。克比奇主席一行前往无锡县前洲镇参观农民家庭和乡镇企业，还参观无锡县钱桥镇的江南皮件厂。同年9月30日至10月1日，新加坡共和国资政李光耀和夫人、副总理王鼎昌和夫人一行13人到无锡访问，新加坡驻华大使郑东发和夫人随同到访。李光耀一行在无锡参观无锡县洛社镇的南方悬挂输送机总厂。此为李光耀第二次访问无锡。

1993年1月15～17日，俄罗斯最高苏维埃副主席沃罗宁率领俄罗斯最高苏维埃代表团一行15人访问无锡。同年8月20～21日，以总书记克里斯蒂昂·塞莱斯特为团长的瓜德罗普共产党代表团一行3人访问无锡。

1994年3月18～20日，尼泊尔共产党（联合马列）中央委员拉金德拉·施瑞斯塔率领尼共（联合马列）经济考察团一行5人到无锡访问。

1995年9月10～12日，坦桑尼亚前总统、南方中心主席尼雷尔一行10人在出席北京第四次世界妇女大会后到无锡访问。9月22～24日，由副主席内瓦·莫雷拉率领的巴西民主工党代表团一行8人到无锡访问。同年10月8～9日，新加坡共和国副总理李显龙一行3人及随团记者8人到无锡访问。新加坡贸易与工业部部长姚照东、环境部代部长及国防部高级政务部长张志贤准将、新加坡驻华大使郑东发等随同到访。8日，新加坡贵宾出席德国西门子元件（无锡）有限公司在无锡新加坡工业园投资签约仪式，并前往无锡新加坡工业园考察希捷国际科技公司，出席日本松下冷机公司的奠基仪式和新加坡工业园医疗中心开业剪彩仪式。

1996年1月9～11日，阿根廷共产党总书记帕特里西奥·埃切加赖到无锡访问。同年3月17～19日，以总书记查尔斯·恩夸库拉为团长的南非共产党代表团一行4人到无锡访问。客人在锡参观锡山市洛社镇、小天鹅公司，游览太湖、三国城。

1997年6月7～9日，以俄共中央第一副主席、俄国家杜马俄共议员团副主席库普佐夫为团长的俄罗斯联邦共产党代表团一行5人到无锡访问。6月11～12日，由中央政治委员会委员热罗尼莫·德·索萨率领的葡萄牙共产党干部团一行5人到无锡访问。同年12月4日，新加坡共和国资政李光耀一行25人及随行记者8人到无锡访问。

1999年2月3日，立陶宛共和国国民议会议长维陶塔斯·兰茨贝尔吉斯偕夫人一行19人抵无锡访问，参观游览灵山胜境、无锡小天鹅股份有限公司和无锡新区。2月10～12日，乌拉圭众议长海梅·马里奥·特罗沃一行2人到无锡访问。同年10月16日，莱索托国王莱齐耶三世及其随行人员一行16人由南京抵无锡访问。国王一行在无锡期间参观红豆集团。

2000年1月9～10日，乌拉圭众议长阿列尔·劳萨洛特和乌拉圭众议院外事秘书皮基内拉一行2人到无锡访问。

2001年5月24～25日，以副众议长艾洛伊·坎图·塞哥维亚为团长的墨西哥众议院代表团一行8人到无锡访问。同年6月23日，老挝人民革命党中央主席、国家主席坎代·西潘敦及其随行人员一行13人访问无锡。随同坎代主席到访的还有老挝副总理兼国家计委主任通伦·西苏里，副总理兼外长和中联部长宁宋沙瓦·凌沙瓦以及财政部长苏甘·马哈拉、贸易部部长富米·提帕汶、工业手工业部部长苏里马·达拉冯等。同年12月16日，南非非国大总书记莫特兰蒂率领南非非洲人国民大会代表团一行4人抵无锡访问。

2002年2月6日，乌拉圭众议院议长佩纳德斯一行4人访问无锡。同年7月28日，以安东·塔博恩议长为团长的马耳他议会代表团一行9人到无锡访问。

2003年1月21日，乌拉圭众议院议长吉列尔莫·阿尔瓦雷斯一行应邀到无锡访问。同年9月27日，以议长乔纳森·亨特为团长的新西兰议会代表团一行到无锡参观访问。

2004年9月29日,由副议长恩达马纳塔利·安普里莫·普拉率领的秘鲁国会代表团一行9人到无锡参观访问。同年11月16～18日,由刚果(布)、几内亚、赤道几内亚、卢旺达和多哥等5个非洲国家执政党中高级干部组成的研讨考察团一行10人到无锡访问。11月29日至12月1日,几内亚比绍执政党—几内亚和佛得角非洲独立党第二副主席、议会第一副主席卡马拉一行5人到无锡访问。

2005年4月23日,以瓦努阿图民族联合党秘书长,政府商业、贸易和工业部部长詹姆丝·布莱为团长的该党议员代表团一行8人到无锡访问。

二、其他贵宾

1986～2005年,无锡市接待各国其他贵宾263批次、3000多人次。

1986～2005年其他贵宾到访无锡统计表

表24-6　　　　单位:批次、人

年份	次数	总人数	年份	次数	总人数
1986	20	168	1996	15	180
1987	13	353	1997	23	210
1988	8	36	1998	11	80
1989	3	12	1999	21	148
1990	5	40	2000	11	66
1991	12	620	2001	15	116
1992	10	79	2002	12	122
1993	20	124	2003	5	32
1994	21	319	2004	4	42
1995	16	304	2005	18	136

说明:1997年为不完全统计数。

三、重要经济团组

50年代至1978年前,到无锡访问的外国经济界代表团主要是社会主义国家和亚非拉国家,不仅人数很少,且大多数是一般性参观访问。进入80年代特别是90年代后,包括世界500强企业在内的各国重要经济团组到访迅速增多。

1994～2005年外国重要经济团组到访无锡统计表

表24-7　　　　单位:批次

年份	批次	年份	批次	年份	批次
1994	16	1998	21	2002	3
1995	10	1999	23	2003	14
1996	14	2000	17	2004	21
1997	27	2001	6	2005	20

四、各国驻华使领馆官员

自1986年起，各国驻华使领馆官员到访无锡人数呈上升趋势。1997年超过10批次。

1986～2005年各国驻华使领馆官员到访无锡统计表

表24-8　　单位：批次

年份	批次	年份	批次	年份	批次
1986	1	1993	3	2000	10
1987	3	1994	—	2001	12
1988	3	1995	5	2002	9
1989	1	1996	8	2003	—
1990	—	1997	12	2004	13
1991	6	1998	11	2005	11
1992	3	1999	11	—	—

五、外国记者

70年代以前，到无锡采访的主要为社会主义国家和亚非拉国家的外国记者，70年代中期尤其是1978年后，到无锡采访的西方国家记者开始增多。1987年4月18～20日，就有11个国家、20家新闻机构的外国驻京记者到无锡采访。此后至90年代末期，到无锡采访的西方国家记者逐年增多，采访后的落地报道逐年增多，较为客观的报道逐年增多。进入21世纪后，无锡的经济社会高速发展，在国内外的知名度和影响力日益扩大。2001～2005年，外国记者到访次数分别为10、7、14、12、13批次。

六、国际友城和友好交流城市、外国友好团体、友好人士

到访无锡人士1989年最少，仅1批。2005年最多，达26批次。

1986～2005年国际友城和友好交流城市、外国友好团体、友好人士到访无锡统计表

表24-9　　单位：批次

年份	批次	年份	批次	年份	批次
1986	4	1993	11	2000	8
1987	4	1994	18	2001	4
1988	3	1995	11	2002	4
1989	1	1996	16	2003	7
1990	3	1997	15	2004	12
1991	7	1998	10	2005	26
1992	2	1999	8	—	—

第三节　出　访

为确保因公出国（境）团组，尤其是招商引资、外贸促销团组顺利出访，方便基层办理出国（境）手续，2001年末，无锡市制定《关于进一步简化因公出国及邀请非经贸外宾手续的意见》，从团组申报方式、办理程序、审核权限等方面采取10项措施，简化因公出国（境）审批手续，在全省率先实行出国（境）组团表格化申报；结合党政机关机构改革的实施，实行因公出国（境）审核审批一个窗口对外、一站式服务。

80年代后，无锡的国际友好交流尤其是外向型经济进入一个新的发展时期，对外经贸合作日趋活跃，经贸团组出访逐年增多，历届市领导多次率团赴外考察交流、洽谈经贸。2002～2005年，经贸团组出访分别为3次、3次、3次、6次。

1986～2005年无锡市重要友好团组、社会事业等各界人士出访情况表

表24-10　　单位：批次、人

年份	次数	总人数	年份	次数	总人数
1986	3	43	1996	2	—
1987	3	15	1997	2	10
1988	2	10	1998	4	—
1989	1	5	1999	3	—
1990	4	20	2000	2	10
1991	8	29	2001	3	—
1992	5	25	2002	3	—
1993	4	18	2003	5	26
1994	4	—	2004	4	27
1995	2	10	2005	7	39

第四节　国际友好城市和国际交流

一、国际友好城市

1.新西兰怀卡托地区哈密尔顿市

1986年7月5日，市长吴冬华率无锡市友好代表团5人出席在哈密尔顿市芬道斯剧场举行的缔结友好城市签字仪式。此后，两市政府和民间来往密切，在经贸、文化等领域开展丰富多彩、卓有成效的友好交流。1995年，经哈密尔顿市牵线，新西兰国家水和大气研究所与市环保局联合开展太湖水质研究项目。

2.葡萄牙卡斯卡伊斯市

1992年9月3～7日，卡斯卡伊斯市代表团一行9人，以及随行的中澳葡投资有限公司总经理张伟智等4人，在中国驻葡大使过家鼎及夫人陪同下到无锡访问。代市长洪锦炘与客人会谈后签署备

忘录。1993年9月14日，代市长于广洲率团访问卡斯卡伊斯市，并与该市市政厅代理主席塞亚签署两市建立友好城市关系协议书。

3.加拿大安大略省斯卡伯勒市

1996年4月9～12日，斯卡伯勒市政府代表团21人到无锡访问。10日下午，无锡市与斯卡伯勒市建立友好城市关系协议书签字仪式在湖滨饭店举行，市长于广洲和斯卡伯勒市市长富柏代表两市签署结好协议书。1998年初，该市作为社区被并入多伦多市后，双方交流有所减少。

4.德国北威州勒沃库森市

90年代后，德国拜尔公司先后在无锡投资4家企业，领域涵盖化工、染料和感光材料等。2005年4月12日，常务副市长贡培兴率市经贸代表团专程前往德国勒沃库森市进行友好访问和经贸考察。和该市政府签署两市缔结友好城市协议书。4月27日，在无锡新区举行签约仪式，无锡市市长毛小平、德国勒沃库森市市长恩斯特·库其勒参加。勒沃库森市成为无锡市在德国的第一个友好城市，也是无锡市继葡萄牙卡斯卡伊斯市后在欧洲的第二个友城。

另外，无锡市与美国卡拉马祖市于1998年5月9日建立友好交流关系。

二、交流活动

1.无锡旅情

1986年5月，无锡市通过日本阪急旅行社邀请日本著名诗人、作曲家中山大三郎和东京ABC出版公司社长山口广田到无锡旅游，为无锡创作并出版《无锡旅情》和《清名桥》两首歌曲，由日本当代歌星尾行大作演唱，灌制成唱片和磁带，在日本广为发行。

2. 中日樱花友谊林

1986年，经与市人民对外友好协会协商，坂本敬四郎和长谷川清巳等日本友人在日本组织成立“日本友谊林建设实行委员会”，决定通过向无锡市赠送种植樱花树苗的方式开展中日民间友好交流活动。1987年夏，“中日樱花友谊林”民间友好活动启动。1988年3月，经外交部和全国友协批准并命名，由市人民对外友协和日本友谊林建设实行委员会共同建设的“中日樱花友谊林”第一期工程在鼋头渚公园鹿顶山麓竣工，在梁溪苑种植樱花树苗1500株。1989年4月，日本“中日樱花友谊林”第二次访华团400余名日本友人访锡，作为第二期工程在太湖乐园种植樱花树苗500株，并立碑纪念。1990年4月，日本“中日樱花友谊林”第三次访华团共1176名日本友人访问无锡，第三期工程在新运河无锡市内段沿岸共种植樱花树苗1000株。4月12日，举行“中日樱花友谊林”工程竣工仪式。共种植樱花树苗3000株。1991年起，日方每年都组织大型访华团访问无锡。中日双方除了开展植樱交流以外，还在经济、教育、文化等领域开展广泛交流。至2005年，在中日双方的共同努力和呵护下，鼋头渚公园内的“中日樱花友谊林”共栽樱花树8300余株，樱花40余个品种，还在林内增建赏樱楼亭等设施，完善和改进“中日樱花友谊林”景观和公共设施。

3. 无锡国际友城交流会

2005年9月11日，由市政府和中国国际友好城市联合会主办、市外办承办的第一届“无锡国际友城交流会”在市人民大会堂国际会议中心开幕。成为中国无锡第三届太湖博览会暨太湖国际经贸节中的内容之一。与会的美国、日本、韩国、英国、法国、德国等11个国家、24个无锡市国际友城、友好交流城市和地区的90余位嘉宾围绕“国际友城，在交流中共同发展”的主题进行探讨，加深与会城市间的相互了解，增进友谊。会议期间，无锡市市长与美国查特努加市市长签署两市友好交流协议。无锡市政府和惠山区政府代表分别与韩国利川市、德国拉丁根市签署友好交流协议。

4. 承办国际交流活动

中、日、韩三国地方政府交流大会　2003年11月5～7日，第五届中、日、韩地方政府交流大会在无锡市举行。各级相关领导以及与会的中、日、韩三国90多个省市共250多位代表共同探讨促进三

图24-3　第五届中日韩地方政府交流大会客人参观新区
（市外办供稿）

国地方政府间交流与合作的前景。

中国无锡(上海)迎新恳谈会　2005年1月11日，中国无锡(上海)迎新恳谈会在上海花园饭店举行。市外办邀请德国、瑞典、新西兰、以色列、英国、美国、日本、韩国、法国等20个国家驻沪总领馆的总领事和商务官员32人以及《日本经济新闻》、韩国《联合通讯社》和新加坡《联合早报》等10家外国媒体记者出席活动。

中国无锡(北京)迎新恳谈会　2005年1月19日，中国无锡(北京)迎新恳谈会在北京天伦王朝饭店举行。应市外办邀请，意大利、马耳他、斯洛伐克、波兰、南非、匈牙利以及日本、韩国等11国的驻华大使、商务参赞以及驻京商会会长及机构负责人和英国《金融时报》、日本共同社、韩国《世界日报》等10家国外媒体记者出席会议。

驻沪总领馆官员到锡考察交流活动　2005年11月5～6日，德国、加拿大、乌克兰、波兰、美国、日本、挪威等18个国家的驻沪总领事、副总领事和领事官员及其家属近50人应邀到锡参加“相聚太湖”——驻沪总领馆官员到无锡考察交流活动。

5. 友城结好纪念庆典

无锡市与日本明石市缔结友好城市纪念活动　1986年8月29日是无锡市与明石市缔结友好城市5周年纪念日。8月23日下午，市政府在市人民大会堂举行无锡市与明石市缔结友好城市5周年纪念大会。1991年8月29日，无锡市与明石市缔结友好城市10周年纪念日。庆祝大会在江南大学文浩科学馆举行，日本明石市友好代表团326人参加。市政府在无锡大饭店举行欢迎宴会，宴请明石市友好代表团及明石市各界友好人士计13个访华团的成员。1996年8月28～30日，举行庆祝无锡市与明石市建立友好城市关系15周年活动。

无锡市与日本相模原市缔结友好城市纪念活动　1990年10月6日是无锡市与相模原市缔结友好城市5周年纪念日。相模原市友好访华团及相模原市商工会议所友好访华团、大风筝访华团、日中交流协会访华团等共220名相模原市市民到无锡访问，参加两市缔结友好城市5周年庆祝活动。1995年10月5～6日，相模原市各界人士共252人分8个代表团参加无锡市与相模原市建立友好城市关系10周年庆祝活动。2005年10月5～7日，应市政府邀请，相模原市各界人士组成的20个团组共220人汇聚锡城，与无锡市各界人士一起隆重庆祝两市缔结友好城市20周年。

无锡市与美国查特努加市缔结友好城市纪念活动　1992年，无锡市与查特努加市结好10周年。4月23～24日，查特努加市政府友好代表团到无锡访问。根据无锡市与查特努加市的交流项目，无锡市与田纳西大学查特努加分校签署有关交换进修生和科研合作的协议书。

无锡市与新西兰哈密尔顿市缔结友好城市纪念活动　1996年11月26～28日，哈密尔顿市代表团一行8人到无锡，出席无锡市—哈密尔顿市结好10周年庆祝活动暨哈密尔顿市向无锡市赠送的毛利族门楼落成仪式。

2005年无锡市国际友好城市一览表

表24-11

无锡市、市（县）、区	结好城市所属国家	结好城市	缔结日期
无锡市	日本	兵库县明石市	1981年8月29日
无锡市	美国	田纳西州查特努加市	1982年10月12日
无锡市	日本	神奈川县相模原市	1985年10月6日
无锡市	新西兰	哈密尔顿市	1986年7月5日
无锡市	葡萄牙	卡斯卡伊斯市	1993年9月14日
无锡市	加拿大	斯卡伯勒市	1996年4月10日
无锡市	德国	勒沃库森市	2005年6月13日
江阴市	巴西	贝洛·奥里藏特市	1996年11月18日
江阴市	日本	藤冈市	2000年4月28日
宜兴市	斯洛文尼亚	新梅斯托市	1994年5月
无锡市锡山区	英国	奥尔德姆市	1999年9月

第五节　涉外管理

一、因公出国（境）管理

1987年3月，江苏省政府将部分出国、赴中国港澳地区审批权下放给无锡市，凡经济贸易方面因公出国任务及其人员（不含省管干部）可直接由无锡市审批。市委办公室和市政府办公室联合对出国、出境管理工作列出统一规范，并建立初审、会审制度。

1994年5月1日起，因公出国审批的有关具体手续交由市政府外办办理。1997年，市委办公室、市政府办公室联合颁发《关于调整无锡市有关人员从事经贸活动因公出国（境）审批程序的意见》，简化程序、搞好服务。1998年，严格控制无实质性内容的出访。1999年12月1日起，对副处级以上领导干部出访任务和非经贸性质出访任务实行会审制度，严格控制无实质性内容的出访。

2000年，严格因公出国（境）审批和管理，实行对副处级以上领导干部出访和非经贸性质出访的会审制度，对非无锡市组团的严格执行预报制度。2001年，市外办结合党政机关机构改革的实施，实行因公出国（境）审核审批一个窗口对外、一站式受理服务，申办单位在市外办一站式服务中心就能办妥申报、审核、护照、签证等所有手续。2002年，市外办制订实施《关于为需经常出国经贸人员办理一年多次出国（境）任务批件的实施意见》。2004年，市外办继续简化出国（境）程序，在原有12个企业集团的基础上，新增30家企业实行因公出国（境）直接申报，方便企业集团走出国门，拓展外经贸业务。

2005年，市外办在全省率先实施因公出国（境）网上申报和查询，并加强外事和涉外安全教育与管理。是年，规范对党员干部因公、因私出国的管理，严格按照上级有关规定办法对出国（境）任务审核把关。

二、授予“荣誉市民”称号

随着无锡改革开放的不断深入，城市国际化和经济国际化的不断发展，越来越多的外国人、中国港澳台地区人士为无锡经济社会发展和对外合作交流作出重大贡献。无锡市自1992年起开展“名誉市民”授予工作。1998年后改称“荣誉市民”。至2005年,共对17位国内外人士授予无锡市“荣誉市民”称号,其中包括12位外国人士、3位外市籍人士和两位中国香港同胞。

1992年,日本松下电器株式会社洗衣机事业部技术专家津坂定夫为无锡小天鹅公司与日本松下电器联合开发“小天鹅”爱妻型全自动洗衣机,并为成功投产和大批量生产作出重大贡献,成为第一位无锡市“名誉市民”。

1998年8月2日,市委办公室、市政府办公室发出《关于转发市政府外事办公室〈关于无锡市授予外国人“荣誉市民”称号的实施办法〉的通知》,规范授予外国人“荣誉市民”称号的条件、程序等内容。进入21世纪后,制定《无锡市授予“荣誉市民”称号办法》,对“荣誉市民”的申报范围提出明确要求,对授予“荣誉市民”工作的推荐、审核、审议、表彰等程序作出明确规定,由各地区、部门推荐候选人,市外办牵头审核,经市政府常务会议审定后,提请市人大常委会审议通过。同时还明确“荣誉市民”所享有的权利。

2003年,词曲作家和演唱家、无锡市市歌《太湖美》的词曲作者和演唱者任红举、龙飞和程桂兰被授予无锡市“荣誉市民”称号。香港籍无锡“荣誉市民”陈瑞球、陈永棋慷慨解囊,捐资500万元,用于无锡市第一中学奖励优秀学生、资助贫困学生。

2005年3月,无锡市分别对韩国海力士半导体公司董事长禹义济、日本索尼株式会社总裁安藤国威和普利司通公司社长渡边惠夫授予无锡市“荣誉市民”称号,这3家企业分别在无锡追加投资19亿美元、7745万美元和4000万美元。

1986～2005年无锡市荣誉市民一览表

表24-12

姓 名	性别	身 份	授予时间
津坂定夫	男	日本松下电器(株)洗衣机事业部海外部主任	1992-08-31
坪井珍彦	男	日本光洋精工株式会社社长	1993-01-01
伊井金弥	男	中日合资无锡大饭店总经理	1993-03-01
雨果·铁林	男	中瑞合资华瑞制药有限公司原副董事长、瑞典卡比法玛西亚公司副总裁	1993-07-01
赫伯特·华纳	男	德国博世—西门子公司前总裁	2001-04-24
陈瑞球	男	香港长江制衣集团董事长、香港制衣终身名誉主席	2001-12-25
陈永棋	男	香港中华工商联合会会长	2001-12-25
比尔·渥特金斯	男	美国希捷科技公司总裁	2002-03-20
任红举	男	《太湖美》词作者	2002-11-28
龙飞	男	《太湖美》曲作者	2002-11-28
李仁雨	男	韩国独资企业无锡开益禧半导体有限公司副董事长	2003-05-28
程桂兰	女	《太湖美》演唱者、国家一级演员	2003-05-28
禹义济	男	韩国海力士半导体公司董事长	2005-03-01
安藤国威	男	日本索尼株式会社总裁兼全球运营中心总裁	2005-03-01
町田胜彦	男	日本夏普株式会社代表取缔役社长	2005-03-01
渡边惠夫	男	日本普利司通公司代表取缔役社长	2005-03-01
吉田纮司	男	日本光洋精工株式会社取缔役社长	2005-03-01

第十一章　侨　务

第一节　机　构

1986年以前，无锡市侨务办公室与无锡市外事办公室合署办公，行政编制5名。1987年2月，市侨办为市政府二级局（副处级建制），业务由市委统战部归口领导，人员编制8名。1992年12月，市侨办列入市政府工作部门，为正处级建制。

2001年7月，市侨办内设秘书处、侨政处、经济联络处，人员编制13名。至2005年无变化。2002年11月，无锡市海外交流协会成立。

2005年10月，明确各市（县）、区侨务办公室是同级政府主管侨务工作的职能部门，属政府序列，与市（县）、区委统战部合署办公，正科级建制。

第二节　侨　情

1987年4～12月，市侨办开展全市侨情普查，全市有归侨251人，其中市区210人、无锡县20人、江阴市8人、宜兴市13人。侨眷27669人，其中市区14755人、无锡县5825人、江阴市4418人、宜兴县2671人。归侨、侨眷分布在全市各行各业，其中以纺织、机械、教育、卫生等行业尤多。全市有归侨、侨眷知识分子410多人；具有中高级以上职称的220多人，大多是科研和生产的骨干。全市旅外华侨和外籍华人共9669人，其中市区4829人、无锡县2389人、江阴市977人、宜兴县1474人，分布在50多个国家和地区，人口较集中的美国3864人、日本641人、加拿大489人。至2005年末，全市共有归侨220人，旅居海外的华侨华人6万多人，侨眷以及海外留学人员亲属近10万人。

无锡市旅外华侨、华人中，在国内外享有一定知名度和影响的代表人物有顾毓琇、程及、蔡世金、蔡贤章、荣鸿元、荣尔仁、薛迪萱等。

第三节　宣传联络

1986年后，侨务部门坚持“对外宣传无锡、对内宣传侨务”的指导思想，加强侨务宣传阵地建设，开展侨务政策法规、爱国爱乡、侨务对台等宣传工作。

1991年《中华人民共和国归侨侨眷权益保护法》（简称“侨法”）实施后，各级侨务部门组织学习贯彻，开展宣传活动，先后编印宣传资料，组织培训班等。1992年后，中国旅行社通过接待海外华侨华人这一平台，进行“窗口”宣传。

2000年9月，在侨法颁布10周年之际，市委副书记、常务副市长范燕青接受无锡电视台记者的专访，就侨法颁布和实施的重要意义回答记者的提问。2003年9月，市侨办创办《无锡侨务信息》。2004年10月，市侨办开通“无锡侨网”，有《侨务政务公开》《侨港资企业介绍》等11个栏目。2004年、2005年，市侨办开展“侨法宣传月”活动，组织侨法知识竞赛、侨法座谈会等系列活动。

市侨办根据“侨中有台、台中有侨”的特点，充分利用平时接待和出访时机，向海外华侨华人宣传“一国两制”方针和《中华人民共和国反分裂国家法》，为遏制台独分裂势力、维护两岸和平稳定、实现祖国和平统一服务。市侨办在香港《文汇报》《华人时刊》《江苏侨务通讯》《江苏侨网》《无锡日报》等媒体上刊登大量无锡侨务信息、研讨文章。加大与海外华文媒体的合作，先后邀请多家华文媒体及记者到无锡采访报道，展示开放进步的良好形象。

侨务部门先后多次组团赴新加坡、马来西亚、泰国、美国、澳大利亚等国家考察访问，重点对侨团和华侨华人对当地的侨团发展情况、华侨华人生存状况作更深的了解。接待到无锡考察访问及探亲的海外侨团和侨胞。至2005年末，全市共邀请和接待海外华侨华人11200多人次。侨务部门与40多个海外重要华侨华人社团、50多位海外重要侨领、100多名海外重点专业人士建立较为密切和稳固的友好交往关系。

第四节　服务侨胞

一、落实政策

1985年开始，侨务部门对包括私房改造中被错改，新中国成立后代管以及土改中被没收、征收等历史遗留的华侨私房问题进行调查和处理。其中：涉及土改侨房遗留问题的148户、48348平方米；涉及华侨私房改造的332户、63162平方米。市侨办会同市有关部门历经8年，于1993年末全部完成历史遗留的华侨错改房问题。

1992年10月，市政府召开有20个部门参加的协调会，形成市政府《关于协调侨务工作有关问题的会议纪要》，重点对城市建设中拆迁华侨私房作出“留根”即保留住房的原则。1993年11月，市人大常委会制定《关于拆迁华侨归侨侨眷私有房屋有关问题的决定》，明确华侨在家乡的“留根”政策。针对被拆迁中属于空关房和业主有产权而无使用权的留房问题以及对被拆迁侨房业主的住房安置和安置后的产权问题等，市侨办会同市拆迁办研究具体的实施办法，受到广大华侨和侨眷的欢迎。

在办理华侨回国定居，华侨和归国华侨及其眷属身份认定，归侨青年、归侨子女和在国内的华侨子女考学加分，归侨出国探亲报销路费等具体问题上，严格按照有关政策规定给予办理。

二、侨务信访

1986～2005年，侨务部门共受理信访3263件(人)次，信访内容主要涉及侨房拆迁安置、离退休待遇、归侨子女下岗、祖坟迁移等问题，信访历年办结率98%以上。

三、捐赠

改革开放后，众多海外华侨华人向公益事业捐资捐物。1986年，荣氏家族向江南大学捐资300万元用于建造公益图书馆和设立公益奖学基金。1997年，旅日华侨蔡贤章捐资400万元建造的无锡教育电视台“贤章楼”落成。2002年4月，市侨办对改革开放以后的捐赠项目、资金使用情况等作全面的调查统计，做到笔笔有登录、有着落。配合市人大常委会开展《江苏省华侨捐赠条例》专项执法检查。

1986～2005年，共接受海外华侨华人、港澳同胞的捐赠1.4亿多元，主要用于文教卫生、社会福利事业以及基础设施等。

四、扶助侨界困难群体

五六十年代回国的一批老归侨，有的年老体衰，有的家庭困难，成为社会中的弱势群体。市侨办主动关心他们的生活，在中秋节、春节等节假日走访慰问，尽力帮助他们解决一些实际困难。2000年起，市财政每年拨付5万元专项补助款，由侨务部门对部分生活特别困难、生病住院的归侨、侨眷定期或不定期地发放补助。2003年，市侨办、市财政局印发《关于回国满30年老归侨探亲路费报销问题的通知》，使一批老归侨尤其是经济困难的老归侨陆续踏上出国探亲之旅。

图24-4　2005年10月，泰国九属会馆访华团到无锡访问
（市侨办供稿）

五、社区侨务

2001年，宜兴市侨办率先在宜城等4个镇成立侨台服务中心，在居委会开通侨台眷属服务热线，并组织600人的志愿者队伍为侨台眷属提供服务，社区侨务工作初见成效。2005年9月，市侨办在全市选择9个街道、乡镇开展侨务进社区试点工作，为推进社区侨务工作积累经验。

第五节　服务经济

一、为经贸活动牵线搭桥

1992年，经市侨务部门牵线搭桥，泰国华侨李光隆在无锡投资2650万美元建设“华侨城”。1994年，由市侨务部门参与引进宜兴国浩瓷砖有限公司、江苏中邮国浩光缆有限公司两个合资项目，总投资3982万美元。1996年，经市侨务部门牵线引进的锡东地面水厂项目，总投资6000万美元。1986～2005年，侨务部门共组织和参与经贸活动100余次，签订合作项目267个，协助引进合同外资20.62亿美元。

二、为侨港资企业服务

1986年后，市侨务部门多次开展侨港资企业调查。90年代后，多次开展在锡归国留学人员创业企业情况调查。从江苏省第一家中外合资无锡江海木业有限公司成立至2005年末，在无锡注册并正常运转的侨港资企业1828家，总投资额91.58亿美元，占境外到无锡投资企业的34%；注册资金46.24亿美元，实际到账外资28亿美元，占境外到无锡投资企业的30%。投资项目涉及钢铁、能源、纺织、机械、轻工、医药、化工、电子、农牧水产、房地产、旅游、酒店等10多个行业。在调查基础上，市侨办撰写《无锡市侨港资企业发展情况调查》，为促进和推动侨港资企业发展提出若干建议，供领导决策参考。至2005年末，美国、加拿大、澳大利亚、日本、英国、德国、法国等31个国家和地区在无锡市创业服务的人员有700多人，主要集中在无锡高新技术产业开发区，特别是无锡新区留学人员创业园先后吸引海外留学人员250多人，投资创办105家企业，总注册资金2.5亿元。企业开发项目主要涉及软件开发、光电子技术、生物技术、环保工程、新材料等高新技术领域。

2003～2005年，无锡尚德太阳能电力有限公司被国务院侨务办公室评为全国百家明星侨港资企业。省、市侨办于2004年、2005年联合对尚德太阳能电力有限公司、天龙房产开发有限公司、新威利耐火材料有限公司等14家侨港资企业实行挂牌服务，重点开展走访联络、政策咨询、信息提供、维权护益等工作。2005年，尚德公司董事长施正荣和无锡永中科技有限公司总裁曹参获国务院侨务办公室颁发的首届“华侨华人专业人士杰出创业奖”。

市侨务部门按照《涉侨经济案件处理工作暂行办法》的规定，会同有关部门及时、有效地协调处理涉侨企业的经济纠纷，维护海外侨商的合法权益。2001年，因太湖大道改造需占用“华侨城”已批租土地，经市侨办协调，由政府拨款706.4万元，将“华侨城”附近两家村办企业搬迁后的土地置换给“华侨城”，妥善解决土地纠纷问题。

第十二章　台湾　港澳事务

第一节　台湾事务管理机构

1984年，市委设立对台工作办公室。1987年，增挂“市政府台湾事务办公室”牌子。1988年，各区政府设立台湾事务办公室。1991年，市委对台工作办公室更名为市委台湾工作办公室，同时挂“市政府台湾事务办公室”牌子。2001年，江阴市、宜兴市、锡山区、惠山区、滨湖区在党委部门内单设台湾工作办公室，崇安区、南长区、北塘区台办与统战部合署办公。2001年，市委成立对台工作领导小组。

第二节　对台经济工作

1986年后，市对台工作部门与其他有关方面密切合作，通过热情接待台湾同胞和在台的无锡乡亲，开展赴台招商引资工作。无锡籍台湾工商界知名人士焦廷标、陆润康、杨世缄等在为家乡招商引资、促进锡台经贸合作方面作出贡献。市对台工作部门通过台湾的工商团体与台湾企业界建立广泛的联系。台湾工业总会、电机电子同业公会、工商建研会、青商总会、车辆同业公会、旅游界同业公会等工商团体多次组织企业界人士到无锡参观考察。

1988～1994年，台商在无锡投资以中小企业为主。无锡赴台人员或直接回乡投资，或与无锡企业合资、合作。1988年，台商陈清国投资兴办的无锡珊瑚礁饰品有限公司，成为无锡第一家台资企业。无锡籍台胞奚杰回乡创办明芳汽车部件工业有限公司，台湾华夏玻璃与无锡合众玻璃厂合资成立华众玻璃有限公司，台湾嘉裕股份有限公司在无锡与有关单位合资兴办湖嘉、新裕、嘉新等服装企业。其余规模较大的台资企业还有江阴华新钢缆、永丰余造纸、新和桥化工以及华裕制药等。1994年，《中华人民共和国台湾同胞投资保护法》施行以后，市人大、市政协对法律实施情况及台商投资环境进行多次执法检查和调研活动。

90年代中期，无锡市组织经贸团组赴台湾考察。1995～1999年，台商投资大项目比较多，在一些开发区和乡镇初步形成台资企业集聚效应。其间，先后引进统一马口铁、统一实业包装、荣成纸业、强茂电子等一批单个项目投资数千万美元的大型台资企业，无锡新区以及锡山东北塘、江阴市祝塘等乡镇成为台资企业比较密集的地区。

2001～2005年，无锡市赴台经贸考察团组有179批、1118人次。各主要开发区实行“一站式”服务受到台商广泛好评。由台办牵头，经常邀请政府部门与台商代表座谈，强化政府与台商的联系。其间，台湾投资“长三角”地区，以电子信息产业为主体。无锡是这一波台商投资的热点地区之一。

无锡新区引进东元集团、光宝集团、远东集团、宏仁集团等台湾大企业集团和上市上柜公司的一系列投资项目；健鼎科技、联茂电子、百和织造、信邦电子、翰宇博德电子、华新特殊合金材料、华新精密金属、华森化纤等大型台资企业先后落户锡山区、江阴市、宜兴市等地。其中无锡新区以光电、半导体、电子元器件为主，锡山经济开发区以印刷线路板、精密机械、高特纺织为主，江阴经济开发区以电子元器件、金属材料、石油化工为主。无锡形成以台湾上市上柜公司投资项目为主体，具有不同产业特色的3个主要台资板块。2000年以后，一批台资企业陆续进入无锡“百强企业”“百大纳税企业”行列。

1986～2005年，台商投资主体由中小企业和个人为主，转变为以上市上柜公司为主；产业结构由传统产业、劳动密集型产业为主，转变为以电子信息等科技型产业为主；台资布局由分散的单家企业转变为按产业门类集聚，形成产业链延伸和基地化发展。无锡利用台资的规模与水平不断得到提升，至2005年，无锡累计批准台商投资项目1917个，协议注册台资70.43亿美元，到位注册台资34.62亿美元。形成无锡新区、锡山经济开发区、江阴经济开发区等3个主要台资聚集区和一批台资企业比较集中的乡镇。无锡吸引台资的规模在江苏省居第二位，在全国各大、中城市中也位居前列。

图24-5　2005年，市委、市政府举办台商中秋招待酒会（高兵摄）

第三节　对台交流

自50年代起，台北无锡同乡会、台北江阴同乡会和台北宜兴同乡会相继成立。80年代两岸开放往来后，无锡与台湾保持密切联系，开展文化交流活动，设立奖学金，捐资赈灾，助教兴学，为建设家乡做出贡献。无锡对台交流交往工作从以接待到无锡探亲、旅游台胞为主，逐步延伸到对口交流、城市交流以及与台湾政界上层人士的交流。每年到无锡的台胞人数由80年代末的二三万人次上升至2005年的6万多人次。2001～2005年，无锡市赴台交流团组64批、467人次。1986～2005年，无锡市因公赴台团组共333批、1891人次，到无锡旅游、探亲、经商、交流的台湾同胞约70多万人次。许多台湾行业组织、文化团体及知名人士先后到无锡考察交流，无锡有不少单位与台湾有关方面建立对口联系，开展经常性的交流互访活动，无锡成为江苏省对台交流交往工作的重点地区之一。

一、对口交流

1991年，台湾无锡籍画家陶寿伯回无锡举办“陶寿伯九十画作暨旅台乡亲书画展”，与无锡书画界同行开展交流活动并合作出版《无锡历代乡贤书画名迹录》。1992年，无锡泥人研究所和宜兴紫砂二厂先后派出工艺师赴台交流访问，成为无锡市较早赴台开展交流活动的单位。90年代中期后，两地交流交往活动日趋频繁，交流领域从传统工艺为主扩展到科学、文化、体育、教育、农业、旅游、宗教等多个方面。1998年，由海峡两岸知名学者发起的面向21世纪国际经济发展和国际金融风险防范研讨会在无锡召开，海协会会长汪道涵出席会议并讲话。1999年，每年一度的台商锦绣江南行活动开始启动，此后无锡接待大批台湾工商界和政界知名人士。2002年，台湾汉声杂志社社长黄永松在台湾历史博物馆及台中等地举办为期3个月的无锡惠山泥人展，并出版惠山泥人专辑。2004年，无锡旅游协会与台湾旅游业经理人协会在无锡举行太湖旅情——无锡、台湾两地旅游合作交流洽谈会，达成推进两地旅游业发展的若干合作意向。市总工会、市妇联、市教育局、市广电局、市旅游局、江南大学等单位都与台湾有关方面建立比较稳定的对口联系，开展经常性的互访交流活动。

二、城市间交流

2000年以后，无锡市与台湾台东县逐步建立友好的交流互动关系。台东县议会5次组团到无锡参观访问。2002年，台东县议会与无锡市人大建立友好合作关系，双方多次互访；台东县妇女会、农会等社会团体也与无锡市有关方面建立对口联系。2004年，台东县关山高级职校60余名师生组成的台湾原住民歌舞团应邀到无锡，与无锡江南影视艺术学院、东林中学的师生联欢演出。2005年，关山高级职校部分师生又应邀参加海峡两岸锦绣江苏夏令营活动，参观江阴华西村，并与江阴天华艺术学校师生同台演出。

三、与台湾政界上层人士交流

1997年5月，国民党前副主席林洋港一行到无锡参观江阴华西村，与华西村书记吴仁宝进行友好交谈。2002年2月，国民党副主席吴伯雄应邀到无锡参观泰伯庙并进行祭祖活动。2004年4月，台湾前行政部门负责人郝伯村参加“台商锦绣江南行”团组到无锡参观访问。2005年5月，台湾新党主席郁慕明应邀到无锡参观访问。9月，国民党中央大陆研究会主任张荣恭，国民党中常委连胜文、中央委员马以南等应邀参加“台商相聚无锡”大型中秋联欢活动。10月，国民党副主席江丙坤率国民党台商服务中心访问团到无锡参观访问，与市领导举行会谈，并召开台商座谈会，听取台商的意见和建议。

四、宣传交流

1992年，台湾电视公司《中国心》剧组到无锡拍摄泥人传统工艺和无锡风土民情，台湾九甫传播公司到无锡拍摄电视系列片《诗心和童心》节目的部分专集，台湾《联合报》《中国时报》记者到无锡采访报道。1996年3月29日至4月6日，无锡市与台湾《工商时报》合作，在该报以9个整版连续刊出“无锡专版”，介绍无锡，推进经贸合作。2000年以后，与台湾的宣传交流工作不断加强。2002年，中央电视台在无锡市拍摄21集《两岸万事通》节目、介绍无锡台资企业经营发展情况和政府部门开展的相关服务工作。台湾东森电视台、中天电视台、年代电视台、三立电视台、八大电视台，平面媒体《联合报》《工商时报》以及“中央通讯社”等多次到无锡市采访，报道内容涉及历史人物、文化传统、特色工艺、民俗风情、经济建设以及台商生活等多个方面。

为加强与台湾主流媒体的合作，无锡市分别于1999年、2003年组成新闻交流团赴台湾参观考察，参访台湾主流媒体，与台湾同行友好交流。2002年6月，台湾东森电视台高层人士应邀访问无锡，东森电视台与无锡电视台建立友好合作关系。同年8月，无锡市政府举办“江南民乐节暨‘七夕’相聚无锡——海峡两岸联谊联播”活动，无锡电视台、江苏电视台、台湾东森电视台合作现场直播。中央电视台和香港凤凰卫视台也报道活动的盛况。无锡电视台与台湾东森电视台还开展节目互换等合作项目，2004年4月起，无锡电视台大型互动类文艺系列节目《江南人家》在东森美洲电视公司“ETV中国台”连续播出。

第四节　台属联谊会和台资企业协会

一、台属联谊会

1987年，无锡市成立台属联谊会。台属联谊会与无锡在台同乡会组织保持密切联系，在招商引资、鼓励台胞支援家乡建设以及帮助台属解决实际困难等方面积极开展工作。无锡旅台乡亲程志新、程正平父子先后捐赠115万美元和500万元人民币，用于建设江南大学文浩馆。台北无锡同乡会从1993年起设立“故乡子弟奖学金”，委托无锡台属联谊会办理。1993～2005年，无锡12所大专院校学生共810人次获得奖学金，625人次获得助学金，奖学金、助学金总额14.35万美元。

二、台资企业协会

1996年，市台湾同胞投资企业协会成立。协会以“团结联谊，服务发展”为宗旨，致力于沟通台商与政府联系，维护台商合法权益，开展各种联谊活动和社会公益活动。2000年以后，协会邀请政府部门和其他相关单位为会员企业举办政策法规讲座和业务培训共50多次，对增强台商依法经营和依法维权意识发挥作用。协会与政府部门保持经常联系，及时反映台商意见，帮助台商解决经营发展以及生活中遇到的问题。2001年，协会在市体育中心举办“同根文化之声”大型演唱会，罗大佑等台湾著名歌手登台献艺，两万多人观看演出；无锡新区台商组织支持北京申办奥运会的长跑活动。2002年，协会在无锡师范学校举办万人爱心园游会，活动募集资金捐赠给市福利院和无锡师范学校贫困生。2003年，协会组织举行台商运动会，部分台资企业向无锡市医疗机构捐赠防“非典”器材。2004年，举办协会成立8周年庆典活动，江阴举行协会成立庆典活动，台湾华新丽华集团荣誉董事长焦廷标向江阴残疾人事业捐赠30万元，锡山台商联谊会捐赠100万元支持地方消防事业。是年，成立江阴市台湾同胞投资企业协会。2005年，无锡台协举办台商相聚无锡大型中秋联谊活动，省内1000多名台商参加活动。

附：台北无锡同乡会

1950年9月28日，无锡旅台同乡会首次举行集会。1951年5月，召开成立大会，推选华寿嵩为大会主席，选举第一届理监事。1962年，由刘公正等14人发起，重新申请，成立台北无锡同乡会。1969年5月，创刊发行《无锡乡讯》，由钱穆题写报头，每月1期，至2005年，共出刊434期，刊载无锡历史、乡情、风俗、会讯等。1968年，重印元《无锡志》。由杨保和影印《无锡文献丛刊》，共10集。筹资152.9万元，建设无锡公墓。1988年，在无锡公墓建“忠灵厅”，此后每年举行春祭郊游活动。同乡会设有青年励进社，经常开展户内外活动，组织赴大陆访问，开办书画研习班等。历届同乡会会员有万余人，有从事实业、文化、教育的，也有原国民党党政军警特人员，以及外地籍曾长期生活在无锡的季璞、姚冬声等人。1993年起，设故乡奖助学金，发放给困难的大学生。

第五节　港澳事务

无锡市政府侨务办公室主管港澳事务。

1987年，旅居港澳的无锡籍同胞9334人，其中市区4201人、无锡县2230人、江阴市1783人、宜兴市1120人，建有无锡旅港同乡会、江阴旅港同乡会。在香港的著名人士有吴昆生、唐翔千、唐鑫源、唐英年、荣智健、徐展堂、丁熊照、丁午寿等,其中相当部分是民国时期无锡实业家或他们的后代,在香港继续发展。

1992年后,无锡市中旅社年均接待港澳同胞以及台湾同胞数万人。通过中旅社接待服务这一平台,宣传《中华人民共和国香港特别行政区基本法》《中华人民共和国澳门特别行政区基本法》,发挥宣传窗口作用。市侨务部门多次组织赴港澳访问,与港澳同胞加强联络。

1997年1月,市侨办会同市委宣传部、市委党史办和市革命陈列馆联合举办《香港回归祖国》图片展,在全市150多家单位巡回展出,约有100万观众参观展览。3月,在香港回归倒计时100天之际,市委宣传部、市委党史办、市侨办联合举办《香港的历史与发展》大型图片展。市侨办还在全省率先组织报告团,到机关、部队、街道、乡镇、学校宣讲香港回归有关知识100余场次,听众5万多人。国务院侨办在《侨情》刊物介绍无锡开展迎香港回归宣传活动的做法和经验。

1999年9月,市委党史办、市外宣办和市侨办联合举办《澳门回归祖国》图片展,在全市巡回展出,参观群众超过10万人。是年,市侨办举办关于澳门问题报告会20余场,听众7000多人。香港企业家邹善德向锡南中学和锡山职教中心各捐赠100万元。

2000年9月,无锡旅港同乡会成立30周年,市政府邀请省领导和各界人士400多人在无锡锦江饭店举行庆典活动。市长吴新雄代表市委、市政府致贺词,无锡旅港同乡会会长邹善德在会上表示,要继续为加强锡港两地的发展与合作、为家乡的建设多做贡献。同年,香港企业家荣智健捐资200万美元帮助建设无锡市儿童医院;香港企业家丁鹤寿向洛社华圻小学捐赠430万元。

2001年,香港长江制衣集团的创办者陈氏家族向无锡市一中捐赠500万元,设立"陈荫川奖学助学金"。2002年,香港企业家田家炳捐款300万元,资助江南大学田家炳教育科学学院。2000～2002年,与香港合资的江阴兴澄特种钢铁有限公司被国侨办评为全国百家明星侨港资企业。

市委、市政府自2003年举办首届中国太湖博览会,每年邀请有一定影响的香港、澳门侨团组织的访问团到无锡考察洽谈。在2003年无锡香港经贸会上,市侨务部门邀请海外60多名重要客商参会。在2005年中国无锡国际经贸节上,市侨办会同市外经局承办"无锡—香港现代服务业合作恳谈会",并邀请30多位重要客商参会。

图24-6 2005年无锡—香港现代服务业合作恳谈会(高兵摄)

2004年,香港企业家唐宏源向无锡捐赠500万元,用于家乡公益事业。同年,香港企业家顾铁华向江阴老年活动中心捐赠500万元。是年,侨务部门牵线引进香港宝耀发展有限公司投资合成纤维皮革项目,总投资1.5亿美元,同年还引进香港肇丰投资有限公司投资2998万美元建设的大型超市。2005年,香港企业家陆镇向无锡捐资助学累计974万元。

附:无锡旅港同乡会

1970年9月,旅港无锡籍人士薛志平、邹善德等发起成立召开无锡旅港同乡会第一次会议。该会吸收无锡籍在港各界人士为会员,宗旨是联系在港乡亲、相互帮助就业、相互支持企业发展、联系失散亲友、帮助生活困难之乡亲等。1971年8月,核准成立,11月召开成立大会,选举第一届理监事,张仁昌为理事长,叶振扬为监事长,周器之为总干事,尤石炎为秘书长。1987年,会长李仲英、孙景洵等率团回内地参加国庆、联谊活动。1996年，该会加入江苏旅港同乡会联合会。2001年9月20～22日，应无锡市政府邀请，在无锡举行无锡旅港同乡会成立30周年庆典，无锡旅港同乡会理监事及部分成员，江苏旅港同乡会联合会、香港苏浙同乡会、台北无锡同乡会、浙江旅港同乡会联合会、绍兴旅港同乡会的代表，以及无锡旅港同胞中的知名人士和经济实业界人士等48人参加。无锡旅港同乡会与无锡市委统战部、市侨办、无锡海外联谊会等部门和相关组织取得联系并获得支持，在组织在港同胞回内地和无锡探亲访友、旅游访问、考察投资、交流合作、共同发展等方面做大量工作，也为无锡政府部门和社会团体到香港考察招商等活动提供方便。

第十三章　区域协作交流

第一节　机　构

1986年，市政府制定《关于贯彻执行〈国务院关于进一步推动横向经济联合若干问题的规定〉的意见》，成立市经济技术协作办公室，组织各部门和各县（市）开展经济、技术、信息、人才、资金、物资等方面的横向经济联合，横向经济联合迅速发展。根据国务院关于"扬长避短、互惠互利、互相支援、共同发展"的原则，至1988年，无锡市与苏州市、常州市、南通市建立"苏锡常通"经济协作网络。2000年，撤销市经济技术协作办公室，其部分职能划入市经济贸易委员会（简称"市经贸委"），并在市经贸委内设经济协作处，主要开展对口支援工作。2005年12月，经济协作处成建制并入市发展和改革委员会，改设为经济合作处，主要开展对口支援和"南北挂钩"工作。

第二节　对口支援

1993年，为支持三峡水利工程建设，国务院明确江苏省对口支援重庆市云阳县移民工作。是年起，无锡市承担云阳县12个乡镇的对口支援任务。各级政府、部门和有关企业坚持"优势互补、互惠互利、长期合作、共同发展"的原则，两地在社会事业、经济技术方面的合作取得一定成绩。无锡市组织实施对口支援项目24个，无偿援助三峡库区资金1730万元。其中，援建云阳县11所希望学校和广电中心、第一初中、天然气储运站等搬迁项目资金640万元，支援三峡库区的涪陵地区367万元，用于援助教育卫生和基础设施等费用723万元。2002年7月，云阳县委选派45名领导干部到无锡市进行为期10天的培训。

1996年，中共中央、国务院为加快《"八七"扶贫攻坚计划》的实施，明确江苏省与陕西省开展挂钩扶贫协作。是年，根据党中央的部署和苏陕两省协议，无锡市与延安市建立对口协作与经济合作关系。无锡市坚持从帮助延安农村贫困地区培育新的经济增长点着眼，从改善贫困农民的生产、生活条件着手，突出"农业开发和智力帮扶"两个重点，实施"生态治理工程、水利甘露工程、绿色帮扶工程、希望工程、人才培养工程"等5个工程。通过援助项目的实施，帮助延安修建高标准农田2666多公顷，水利灌溉受益农田面积1500多公顷，植树育苗20多万株，改造乡村道路150公里；扶持3000余农户发展种植业和养殖业，一大批农民因此加快脱贫致富的步伐；援建、改造希望学校150所，改善11000多名学生的学习和生活条件，6000多人次的贫困学生得到无锡市各界人士的资助。

同时，还为延安市培训教师、医务人员、乡镇干部、农技骨干等人才7000多人次，捐赠棉衣棉被80余万件。

国务院明确江苏省派出干部开展援疆工作后，无锡市承担援疆干部的派出任务。1997年2月，无锡市委常委丁大卫率领11名江苏援疆干部赴新疆伊犁州开展援疆工作，丁大卫被任命为伊犁地委副书记，分管经济工作。2002年，中组部进行援疆工作试点，无锡市承担对口支援新疆伊犁州霍城县的试点任务。2002年7月，江阴市委副书记项雪龙率领6名援疆干部赴霍城开展第一轮3年援疆试点，项雪龙任霍城县委书记。2005年7月，张士怀率9名江苏援疆干部到霍城县，继续援疆试点。张士怀任中共伊犁州委常委、霍城县委书记。

1993～2005年，无锡市筹措援助资金17546.34万元，组织实施扶贫协作和经济合作项目733个。其中霍城县9090万元、延安市6846.34万元、云阳县1610万元。援助资金约85%依靠市、县、区地方财政安排，15%为市有关部门和社会各界的捐赠。无锡市对口支援工作得到受援地区干部群众的欢迎和好评，多次得到省委、省政府的充分肯定。1999年，无锡市被省政府评为对口支援三峡库区先进单位和苏陕挂钩扶贫协作先进单位。2004年，被国务院扶贫开发领导小组、人事部评为全国东西扶贫协作先进集体。2005年，被江苏省对口支援工作领导小组评为对口支援三峡库区移民工作先进单位。

第三节　南北挂钩

八九十年代，无锡即与苏北地区城市建立南北合作关系，互相协调物资、产品等。2001年6月6日，省委、省政府颁发《关于进一步加快苏北地区发展的意见》，决定从2001年起，确定南京与淮安、无锡与徐州等建立市级挂钩合作关系。调整和完善省级机关、科研院所、企事业单位、苏南和苏北部分县“五位一体”的挂钩帮扶体制。此后，无锡市与徐州市结为“南北挂钩”城市，开展挂钩帮扶工作。根据省委、省政府要求，无锡市于8月成立无锡市与徐州市挂钩合作协调领导小组，由副市长刘湘根任组长，市有关委办局主要领导为小组成员。11月，结合机构改革，在市发展计划委员会设立苏北发展协调办公室，专门负责南北挂钩工作的计划制定、组织协调、检查考核等工作，并在各地区、各部门建立联络员制度。江阴市、滨湖区与徐州睢宁县、丰县确定南北结对帮扶关系后，成立挂钩领导小组，设立专门办公室。在省委、省政府确定江阴市、滨湖区帮扶结对的基础上，确定宜兴市、锡山区、惠山区、崇安区与徐州市有关市（县）的挂钩合作关系。为加强两市合作交流，增进双方友谊，无锡市与徐州市分别于7月和11月开展两市高层代表团互访活动，签署两市国民经济和社会发展合作协议书。协议书在壮大工业经济总量、加快农业资源开发、促进商贸旅游业发展、加快发展开放型经济、开展人才交流、联合开发劳动力资源、对口支援及制度建设等8个方面达成合作协议，并明确挂钩合作采取整体推进、重点突破的工作方式，确保各项工作取得实效。作为挂钩合作的启动事项，无锡市向徐州赠送30万元的“星光计划”助老基金及两辆客车，共计180万元。根据两市挂钩合作的总体目标，两市又签署2001年无锡市与徐州市挂钩合作计划议定书，明确2001年的工作内容、工作计划。11月，由无锡市旅游局、园林局以及旅游企业一行83人组成的考察团，实地考察徐州旅游业，签署两市旅游局挂钩合作协议书；两地饭店、旅行社、景点景区之间对口或交叉交流合作，共签订136项旅游合作协议；无锡中视基地股份有限公司与徐州中国国际旅行社签订联合组建旅游车队的协议书，项目总投资150万元。与此同时，签订6份劳动力交流意向协议书，引进劳务人员4000多人；无锡市组织有关部门和企业赴徐州参加徐州市“十五”重点项目发布暨2001年重点建设项目推介会，会议期间，无锡晨光电气有限公司、宜兴荆元面粉有限公司、无锡茂新面粉有限公司、无锡伟达五金交电公司等4家企业与徐州有关企业接洽，达成4项合作意向。

2002年，两市市政府和企业互访考察200余人次，向徐州市经济薄弱地区无偿援助款、物412万元；收购徐州粮食1.05亿公斤；吸纳徐州市劳动力1.3万人；交流挂职干部38人。2003年，通过两市共同努力，采取电视签约方式签署两市挂钩协议。年内，两市各级政府、企业互访考察26次、500余人次。徐州有5个种类的农副产品进入无锡市超市，完成1亿公斤徐州粮食收购任务。全年无偿援助徐州市资金1441.5万元（其中，市本级400万元，江阴市、滨湖区各200万元），主要用于徐州草房、危房改造和帮助发展教育卫生及民政福利事业，资助贫困户和贫困失学儿童。全年为徐州提供5万多个劳动就业岗位，实际接收3.06万人。安排苏北劳动力培训资金150万元，对11827名徐州地区劳动力进行就业前培训和岗前技能培训。市委组织部和团市委共接收徐州挂职干部40名，帮助培训120名徐州乡镇干部。2003年，北塘区与徐州九里区建立挂钩关系。2004年，确定南长区、新区与徐州建立挂钩关系。是年，两市党政和企业代表团互访考察交流达15次，接待、安排和组织企业参加徐州市和有关区、县到无锡市召开投资洽谈会6次。5月，市委副书记樊金龙、副市长黄继鹏带领市有关部门赴徐州考察交流，6名处（县）级干部派徐州挂职两年，并向徐州市捐赠800万元草房、危房改造资金。9月13日，在无锡—徐州挂钩合作工作座谈会上，新区与徐州铜山县、南长区与徐州泉山区签署挂钩合作协议书。同时，两市市长还签署关于在徐州合作建设无锡（徐州）工业集中区的原则协议。

2005年6月14日，市委、市人大常委会、市政府、市政协领导率领无锡市各地区和有关部门的主要负责人以及41名优秀企业家组成的百人党政代表团赴徐州学习考察，签署无锡市与徐州市挂钩合作协议。是年，徐州农副产品在无锡成交量4000吨，金额超过4500万元，春秋两季调运徐州意杨树苗近20万株，用于绿色无锡建设。市旅游局与徐州共同举办“无锡徐州首届自驾车旅游节”，开辟近10条旅游线路。两地劳动部门组织多种形式的劳动力招聘活动达40余次，共接收苏北地区劳动力7.9万人，其中徐州3.55万人。市教育局划拨20万元资金援建徐州市无锡联谊学校，开展“帮困助学”活动，资助徐州100名特困学生重返校园。接收徐州9名中小学校长、骨干教师进行为期两个月的挂职锻炼。扩大招生规模，面向徐州招收3939名初中毕业生到无锡有关职业学校就读。团市委接收9名徐州团干部，分赴华西村、海澜集团、红豆集团、小天鹅集团和远东集团等大企业挂职，促进两地青年干部的交流。市组织部门和发改委为徐州市举办两期农村经济发展战略研讨班，帮助培训72名乡镇干部。

2005年无锡、徐州两市南北挂钩对口表

表24-13

无锡市单位（挂钩）徐州市单位		无锡市单位（挂钩）徐州市单位	
无锡市	徐州市	惠山区	新沂市
江阴市	睢宁县	北塘区	九里区
宜兴市	沛　县	南长区	泉山区
滨湖区	丰　县	崇安区	贾汪区
锡山区	邳州市	新　区	铜山县

第四节　接轨“长三角”

长江三角洲城市经济协调会是“长三角”地区16个城市的经济合作组织。在上海市经济合作交流办公室的牵头组织下，区域经济合作的形式由宽松型向紧密型转变，合作内容由务虚向务实转变，合作方法由情况信息的沟通交流向课题专题的调研合作转变。2004年开始，每年召开一次16个城市市长会议。

2004年，协调会第五次市长会议在上海召开。16个城市的市长在会上签署长江三角洲地区城市合作协议，讨论通过《关于设立信息、规划、科技、产权、旅游、协作专题工作的提案》。是年起，无锡市在完成所有合作专题的过程中，做到组织落实、经费落实、工作落实。各专题职能部门较好地完成与上海市的对接，尤其是在旅游专题、科技专题以及人才专题的合作方面取得成效。由市科技局根据上海市科委提出的“区域科学研发仪器设施公共服务平台”的规定，在“长三角”城市中率先成立“无锡地区大、中型科研仪器协作共用网”项目课题组，短时间内便有300多台仪器申请入网，总金额两亿元，建成“长三角”大型科学仪器网无锡模块。

2005年，在江苏南通市召开的第六次市长会议上，16个城市讨论并通过关于设立“港口、通关、人才专题的提案”和关于设立交通“一卡通”互通、诚信制度建议、区域教育合作以及完善协调会功能的调研课题。会上，无锡市政府提出推进水港、空港、信息港等基础设施建设，推进物流集聚区的规划和建议步伐，推进区域性物流服务功能载体培育，推进物流发展环境的完善，推进物流人才的引进和培育等5个方面加快建设和形成区域性物流中心的建议。

第五节　友好城市和驻外办事机构

1986～2005年，无锡市先后与山西省太原，安徽省芜湖，广东省佛山，江苏省盐城，河南省洛阳、郑州，山东省泰安，四川省攀枝花，吉林省吉林，黑龙江省大庆，江西省南昌等城市结为友好城市。先后于北京（1986年）、深圳（1986年）、厦门（1987年）、上海（1988年）、南京（1991年）、日本东京（2002年）、成都（2004年）设立驻外办事处。

1986～2005年无锡市友好城市一览表

表24-14

签约城市	名称	签约时间	签约城市	名称	签约时间
太原市	姐妹城市	1986-10-13	泰安市	姐妹城市	1988-09-13
芜湖市	兄弟城市	1986-12-25	攀枝花市	友好城市	1991-10-21
佛山市	兄弟城市	1987-01-15	吉林市	友好城市	1992-01-19
盐城市	姐妹城市	1987-09-21	大庆市	友好城市	1998-09-15
洛阳市	姐妹城市	1988-04-14	南昌市	友好城市	2001-07-17
郑州市	兄弟城市	1988-05-18	—	—	—

无锡市志

【第三册】

第二十五卷
政协无锡市委员会

概　述

1986年后，政协无锡市委员会团结和组织政协委员和各界人士，学习中共中央一系列重要指示精神，统一思想、明辨是非，增强团结合作，与中共中央保持一致；组织委员围绕改革和建设中亟待解决的问题开展调查研究、建言献策；组织参加政协的各党派、团体和各界人士参政议政，为推进社会主义现代化建设和维护、发展安定团结的政治局面，促进社会主义民主法制建设和精神文明建设做贡献。这一时期，市政协组织委员和各界人士开展学习和宣传教育活动，组成"热爱社会主义祖国"宣讲团，向大中专学生、机关干部和企事业单位职工进行宣传教育；围绕解决落实"文化大革命"遗留问题、棉纱紧缺和引进技术改造投资效益问题、青少年教育与保护问题、加强政治思想教育和城市管理等多个方面，开展调研和专题协商，提出意见建议。

1994年后，市政协组织委员开展"无锡人看无锡"爱国主义教育活动以及薛福成、徐寿、唐文治等无锡历史名人纪念活动，围绕稳定发展粮食生产、加强文化市场管理、发展非公有制经济、搞活商业批发企业、粮食和蔬菜副食品供应、自来水供应和污水处理、沪宁高速无锡段建设等关系经济社会发展、人民生活的重要方面进行调查研究和委员视察活动。市政协通过会议、视察、提案、信访和座谈等各种形式，了解和反映社情民意，民主评议有关政府部门的行风建设。

2004年《中国人民政治协商会议章程》修订后，政协无锡市委员会团结全市各民主党派、工商联、人民团体和各界代表人士，紧扣团结民主主题，关注经济建设、社会发展和百姓生活，围绕加快转变经济增长方式，加快构建和谐社会，加强中共执政能力建设，履行政治协商、民主监督、参政议政的主要职能，为推进无锡"两个率先"、构建和谐无锡，为巩固和发展最广泛的爱国统一战线做出贡献。这一时期的市第十一届政协根据界别特色组建25个委员联系小组，制定活动意见，组织委员开展经常性活动；围绕全市中心工作和人民群众关心的问题开展一月一次的重点视察、情况通报，召开一月一次的委员约谈会或社情民意座谈会；建立特约研究员制度，召开一月一次的"决策咨询沙龙"；围绕背街小巷整治、市区工业布局调整、城市化进程中农民利益保护、农村劳动力就业和社会保障、加强太湖水污染防治等方面调查研究，建言献策，督办跟踪重要提案。

第一章　政协委员

第一节　委员构成

根据《中国人民政治协商会议章程》规定，1983年2月26日，市六届政协常委会举行第十八次会议，协商决定政协无锡市第七届委员会由中共无锡市委、民革、民盟、民建、民进、农工、致公、九三、共青团、工会、农民、妇联、工商联、文联、台联、科技、教育、体育、新闻、医卫、对外友协、少数民族、台胞台属、归国华侨、宗教、解放军等26家单位和方面的代表以及特别邀请人士组成，增加工商联和解放军2家单位，委员名额406人，第二次会议时增至410人。其中：中共党员151人，占委员总数的36.83%；各民主党派和无党派委员259人，占委员总数的63.17%。委员中妇女委员62人。

政协无锡市第七届委员会于1988年1月任期届满。经市政协七届二十七次、二十八次常委会议协商决定，第八届委员会减少市台联，由25个单位、界别和方面的代表以及特别邀请人士组成，委员名额410人。

市九届政协中，新增市青联（与团市委作为一个参加单位）、科协、侨联、台联和经济界、农林界，减少对外友好团体和农民、台胞台属、归国华侨、解放军界别。其中，中共党员157人，占38.29%，民主党派和无党派人士253人，占61.71%。经届中调整，委员增至413人。

市十届政协新增社科界。十一届政协新增无党派代表人士。农林界调整为农经界，共有28家单位、界别和方面的代表组成，委员名额410人。

1988～2005年无锡市政协委员界别及人数构成一览表

表25-1　　单位：人

界　别	第八届	第九届	第十届	第十一届
中共	19	19	19	19
民革	4	5	5	5
民盟	15	15	15	15
民建	15	15	15	15
民进	7	9	10	10
农工	12	12	12	12
致公	3	5	5	5
九三	9	10	11	11
共青团、青联	6	8	8	8
总工会	14	14	14	14
妇联	12	12	12	12
工商联	23	23	20	20
科协	—	14	14	14
科技	70	48	38	40
文艺	24	20	18	17
经济界	—	30	34	38
农民、农林、农经	8	16	20	20
教育	51	39	32	30
体育	7	7	7	7
新闻出版	3	5	5	5
医卫	39	28	25	24
对外友好团体	1	—	—	—
少数民族	2	2	2	3
台胞台属、台联	5	4	4	4
归国华侨、侨联	4	4	4	4
宗教	6	6	6	6
解放军	2	—	—	—
特别邀请人士	49	43	40	40
社科	—	—	15	—
无党派人士	—	—	—	12

在无锡政协全国委员会委员

在无锡政协第七届全国委员会委员（1988～1993）

庄　申　市第八届政协副主席、民建无锡市委主委、民建江苏省委副主委
刘复光　市第八届政协副主席、无锡轻工业学院教授、民进无锡市委主委
陈日藻　江苏省纺织研究所主任

在无锡政协第八届全国委员会委员（1993～1998）

庄　申　市第九届政协副主席、民建无锡市委主委、民建江苏省委副主委
张怀西　江苏省副省长，民进江苏省委副主委、主委，民进中央副主席
陈日藻　江苏省纺织研究所主任

在无锡政协第九届全国委员会委员（1998～2003）

丁霄霖　市第十届政协副主席、民盟无锡市委主委
苏红平（女）　市第十届政协副主席、市工商联会长
陆克平　江苏阳光集团总经理

在无锡政协第十届全国委员会委员（2003～）

苏红平（女）　市人大常委会副主任
麻建国　市人民政府副市长、致公党无锡市委主委
陆克平　江苏阳光集团总经理

在无锡政协江苏省委员会委员

在无锡政协江苏省第六届委员会委员（1988～1993）

朱根宝　雷焕文　徐渭彬　童荣源　葛之欣　汪寅仙（女）　程志翔　丁霄霖　许居衍　朱伦昌　邹石溪　沈江　华其根　张惠森　谢奕（女）　李谷村　秦达明　陆慧琴（女）　季文宝　杨同德　吴楚英（女）　周幼权　苏仁骊　孙方琛（女）　卢裕康　袁国琪 孙惟青　张光祖　顾文璧　柳昌学　梅兰珍（女）　窦骏烈　伦世仪　龚正毅　贾秀金（女）　杨家盛　薛立夫　李春森　景维新　王哲曾　童子文

在无锡政协江苏省第七届委员会委员（1993～1998）

丁霄霖　王哲曾　毛景舜　卢裕康　朱小健　朱根宝　伦世仪　刘楚学　华其根　许林生　许居衍　孙方琛（女）苏仁骊　陆慧琴（女）　吴楚英（女）　邹石溪　杜宗岳　汪寅仙（女）杨美琳（女）杨祥娣（女）　季文宝　周国华　赵龙　施惠敏（女）　秦达明　贾秀金（女）　顾文璧　徐玲（女）　徐旭东　钱其昌　姚志法　殷显华　梅兰珍（女）　童子文　童荣源　彭杏林　雷焕文　霍兴云　陈璧显　吴景平

在无锡政协江苏省第八届委员会委员（1998～2003）

杜宗岳　秦蕴石（女）徐保国　殷显华　吴景平　赵龙　彭杏林　顾磐曾　陆慧琴（女）　曹锡荣　季正明　胡超然　荣毅　徐玲（女）　徐旭东　王建伟　汪寅仙（女）　欧式裕　潘森森　朱焕培　许林生　杨红　吴晓白　周国华　施惠敏（女）　杨祥娣（女）　吴仁宝　周建清　姚志法　尤仁德　过涵如（女）　张逸新　郑义通　唐建年　伍卓明　缪根宝　徐振源

在无锡政协江苏省第九届委员会委员（2003～）

韩军　伍卓明　陆慧琴（女）　王竹平　蔡捷敏　季正明　周国华　吴仁宝　郑义通　陈之芥　曹锡荣　华博雅（女）　惠淑君（女）　唐炳泉　龚海涛　姚曼君（女）　吴晓白　陈建平　朱焕培　宋颂康　徐保国　许建樟　金元兴　徐振源　荣毅　陶再荣　六以方　王建伟　蔡立国　蒋伟平（女）　吴亚生　杨　红　许林生　席胜福　张逸新　唐建年　郑茳　徐雷

第二节　委员调整

无锡市政协委员调整由界别调整而增减;或因辞去,或不再担任,或撤销,并作适时增补。市政协七届委员会届中先后增补6人。八届委员会中,上届连任委员170人,占委员总数的41.46%,新进委员240人,占委员总数的58.54%。届中先后三次增补14名委员。

九届委员会中,上届连任委员179人,以410人为基数占43.66%;新进委员231人,占56.34%。九届委员会与八届相比,参加单位适当增加,界别设置相应调整。有关代表分别列入有关单位、界别或特邀。委员平均年龄下降,文化业务层次提高。九届委员会平均年龄51.3岁,比八届政协一次会议时委员平均年龄降低2.5岁;新进委员平均年龄48岁。委员中具有大专以上学历的285人,占69.51%;中级以上技术职称的317人,占77.32%。委员结构更趋合理,代表性和联系面更广。委员中民主党派成员132人,占32.19%;妇女74人,占18.05%。适当减少文艺、教育、医卫界人士,增加经济、农林、法制界人士和乡镇企业、私营企业、个体户,种植业、养殖业,中外合资企业外方代表以及定居香港的无锡籍人士等方面的代表性人物。委员分布的地区和部门有市辖3个市(县)、5个区和94个市各部、委、办、局及直属单位,比八届委员分布的地区和部门扩大1/4。市政协九届委员构成较好地体现适应无锡改革开放、经济发展的新形势和政协工作的需要。经届中调整为412名委员。

市十届政协委员会第一次全体会议时,委员名额410人,与第九届相等。经届中调整,先后增至414人、415人。第十一届政协委员会中,非公经济组织和其他新经济组织的委员较第十届增加近两成。委员名额调整为425人。

第二章　常务委员会和工作机构

第一节　常务委员会

市政协常务委员会主持会务。常委会由政协全体会议选举产生的主席、副主席、秘书长和常务委员组成,主席主持常委会工作。副主席、秘书长协助主席工作。主席、副主席、秘书长组成主席会议,处理常委会的重要工作。

1983年,选举产生市七届政协常委。主席、副主席13人,其中中共党员7人,民主党派、无党派成员6人。常委会成员68人。

1988年,选举产生市八届政协常委。主席、副主席9人,其中中共党员4人、民主党派成员5人。常委会成员71人。后增补至81人。

1993年,选举产生市九届政协常委。主席、副主席11人,其中中共党员5人、民主党派成员6人。常委会成员共83人,占委员总数的20.24%,比八届政协常委会成员增加两名。其中八届政协常委会成员连任34人,占40.96%;新进49人,占59.04%。中共党员29人,占34.94%;民主党派和无党派人士54人,占65.06%。具有大专以上学历的61人,占73.49%。中级以上技术职称的67人,占80.72%。妇女13人,占15.66%。平均年龄53.7岁,比八届常委会任期开始时降低3.5岁。其中55岁以下的47人、56岁至60岁的25人、61岁以上的11人。

1998年，选举产生市十届政协常委。主席、副主席11人，其中中共党员5人，占45.45%；民主党派成员6人，占54.55%。常委会成员83人，占委员总数20.24%，与上届规模相同。其中上届政协常务委员连任34人，占41%；新进49人，占59%。中共党员29人，占34.9%；民主党派和无党派人士54人，占65.1%。妇女18人，占21.7%。平均年龄51.5岁，比上届换届时降低2岁。具有大专以上文化程度的71人，占85.5%。中、高级以上技术职称的78人，占94%。

2003年，选举产生十一届政协常委会。主席、副主席12人，其中中共党员7人、民主党派成员5人。常委会成员81人，占委员总数的19.2%，比上届少2人。其中上届政协常委会成员留任28人，占34.6%；新进53人，占65.4%。中共党员28人，占34.6%；民主党派和无党派人士53人，占65.4%。妇女17人，占21%。平均年龄47.7岁，比上届换届时降低3.8岁。具有大专以上文化程度的79人，占97.5%，其中研究生11人。中、高级以上技术职称的77人，占95.1%。

第二节　领导人更迭

一、政协无锡市第七届委员会（1983.03～1988.01）

主　席：胡仰德（中共，1983.03～1987.03）
副主席：杨　增（中共，1983.03～1985.02）
周　吉（中共，1986.03～1988.01，1987.03～1988.01无正职，主持工作）
雷焕文（中共，1985.02～1988.01）
宋华南（中共，1983.03～1988.01）
张　静（中共，1983.03～1988.01）
冯晓钟（民盟，1983.03～1988.01）
高景岳（民建，1983.03～1984.05）
阴景曙（农工党，1983.03～1988.01）
李永锡（民建，1983.03～1988.01）
刘复光（民进，1985.02～1988.01）
陆秀如（中共，女，1983.03～1985.02）
李　凯（中共，1983.03～1984.03）
朱龙和（中共，1985.02～1988.01）
孙蕴三（民革，1983.03～1988.01）
郑粟铭（中共，1983.03～1985.02）
史明东（无党派，1983.03～1988.01）
罗明铮（无党派，1985.02～1988.01）
袁培春（中共，1987.03～1988.01）

二、政协无锡市第八届委员会（1988.01～1993.02）

主　席：朱根宝（中共，1988.01～1993.02）
副主席：雷焕文（中共，1988.01～1993.02）
李永锡（民建，1988.01～1993.02）
庄　申（民建，1988.01～1993.02）
刘复光（民进，1988.01～1992.07）

朱龙和(中共,1988.01～1993.02)
袁培春(中共,1988.01～1993.02)
史明东(无党派,1988.01～1993.02)
罗明铮(无党派,1988.01～1993.02)
丁霄霖(民盟,中共,1992.02～1993.02)
张汉臣(中共,1992.02～1993.02)
秦达明(农工党,1992.02～1993.02)

三、政协无锡市第九届委员会(1993.02～1998.01)

主　席:朱根宝(中共,1993.02～1996.02)
陈璧显(中共,1996.02～1998.01)
副主席:雷焕文(中共,1993.02～1998.01)
华焕林(中共,1993.02～1998.01)
庄　申(民建,1993.02～1998.01)
丁霄霖(民盟,中共,1993.02～1998.01)
张汉臣(中共,1993.02～1998.01)
秦达明(农工党,1993.02～1998.01)
苏红平(民建,女,1993.02～1998.01)
陆慧琴(农工党,女,1993.02～1998.01)
邱雪珍(中共,女,1993.03～1994.03)
杜宗岳(民革,1993.02～1998.01)
夏秀英(中共,女,1994.03～1998.01)

四、政协无锡市第十届委员会(1998.01～2003.01)

主　席:缪根宝(中共,1998.01～2003.01)
副主席:宗菊如(中共,1998.01～2003.01)
丁霄霖(民盟,中共,1998.01～2003.01)
张汉臣(中共,1998.01～2001.02)
苏红平(民建,女,1998.01～2003.01)
陆慧琴(农工党,女,1998.01～2003.01)
杜宗岳(民革,1998.01～2003.01)
夏秀英(中共,女,1998.01～2003.01)
陈林荣(中共,2001.02～2003.01)
王竹平(民盟,2000.01～2003.01)
余炳才(中共,2002.01～2003.01)
伍卓明(中共,1998.01～2003.01)
顾磐曾(民进,1998.01～2003.01)
赵　龙(民建,1998.01～2000.01)

五、政协无锡市第十一届委员会(2003.01～)

主　席:韩　军(中共,2003.01～)
副主席:伍卓明(中共,2003.01～)

陆慧琴（农工党，女，2003.01～）
王竹平（民盟，2003.01～）
余炳才（中共，2003.01～）
顾磐曾（民进，2003.01～）
史祖能（中共，2003.01～）
荣德海（中共，2003.01～）
秦蕴石（民革，女，2003.01～）
蔡捷敏（九三学社，2003.01～）
朱伦昌（中共，2003.01～）
黄士良（中共，2003.01～）

第三节　工作机构

一、专门委员会和工作组

市政协第七届委员会设学习、文史资料研究、提案工作、经济技术咨询服务、智力开发、海外联络等6个委员会和科技、教育、文化、文艺、医卫、工业、商业、农村工作、城乡建设、妇幼、民族宗教、华侨、祖国统一、法制等14个工作组。1986年，增设财贸工作组，教育工作组改名为教育体育工作组。市政协第八届委员会设学习、文史资料研究、提案、科学技术经济建设、文教卫生体育、海外联络等6个委员会和科技、工业、城乡建设、农村、财贸、文化、教育、医药卫生、体育、妇幼、民族宗教、法制、华侨、祖国统一、经济联络等15个工作组。1989年，将6个委员会和15个工作组改建为提案、学习、文史资料、科技经济、城建环保、财贸金融、教育文化、医卫体育、妇幼青年、社会法制、民族宗教、三胞联谊等12个专门委员会。市政协第九届委员会将科技经济委员会分设为经济委员会、科技委员会。1997年，将13个委员会调整合并为提案、经济科技、城乡建设、文教卫体、社会法制、民族宗教海外联络、学习文史等7个委员会。市政协第十届委员会将7个委员会列为常设工作机构，2002年城乡建设委员会改名为人口资源环境城乡建设委员会，民族宗教海外联络委员会改为港澳台侨外事委员会、民族宗教委员会。市政协第十一届委员会至2005年第三次会议时，设提案、经济科技、人口资源环境城乡建设、文教卫体、社会法制、学习文史、港澳台侨外事和民族宗教等8个委员会。

二、日常办事机构

1985年，设办公室和行政处，办公室下设秘书科、委组工作科、提案信访科、文史编辑室。1988年，委组工作科分为联络一科、联络二科。1991年，秘书科改为秘书处。1993年，联络一科、联络二科分别改为联络一处、联络二处，提案信访科改为提案信访处。1995年，设科技经济办公室、社会事业办公室，行政处改为机关行政管理处。1998年，根据市政协机构改革方案，办公室增设综合处、组织人事处、老干部工作处，联络一处、联络二处分别改为经济科技处、社会事业处，文史编辑室改为学习文史工作处，机关行政管理处下设行政处、总务处（财务处），撤销科技经济办公室、社会事业办公室。2002年，市政协内部机构调整。调整后，建立研究室，办公室下设秘书处、综合处、组织人事处（老干部工作处），专门委员会分别下设提案信访处、经济科技处、人口资源环境城乡建设处、文教卫体处、社会法制处、学习文史处、海外联络和民族宗教处。2003年，海外联络和民族宗教处改为港澳台侨办事处、民族宗教处。至2005年，保持上述机构。

第三章　历届政协会议

第一节　全体会议

市政协第七至第十一届委员会，至2005年共举行21次全体会议。历次全体会议均分别邀请中共无锡市委、市人大常委会、市人民政府、市纪律检查委员会和军分区的领导参加；曾担任过市政协和市委统战部领导职务的老同志列席开幕式和闭幕式；在无锡的全国政协委员和省政协委员以及市政协专门委员会特邀委员，各县(市)、区政协和统战部负责人以及有关人士列席；未进入新一届的原政协常务委员列席新一届一次会议。全体委员均列席同时举行的市人民代表大会的历次会议，听取和讨论政府工作以及其他方面的报告。市委、市政府的领导参加会议的大组专题协商讨论，听取意见、建议，就全市重大事项进行协商讨论。

一、第七届全体会议

1986年1月～1987年12月，政协无锡市第七届委员会共举行3次会议。

1986年3月8～13日，举行第四次会议。382名委员出席。市政协主席胡仰德主持开幕式并讲话。会议听取和审议市政协副主席李永锡作的市七届政协常委会工作报告和市政协副主席罗明铮作的提案工作情况报告。会议围绕继续深化改革、扩大开放，努力实现社会风气和社会治安好转展开协商讨论，有21名政协委员作大会个人或联名发言。会议还听取宜兴市政协副主席毕西英传达全国政协召开的地方政协工作座谈会主要精神。会议通过常委会工作报告和政治决议。中共无锡市委副书记朱根宝在会议闭幕前讲话。副主席宋华南作闭幕讲话。10月8～10日，举行第五次会议。371名委员出席。市政协主席胡仰德致开幕词。全体委员听取和讨论市长吴冬华作的关于无锡市国民经济和社会发展第七个五年计划的报告，专题讨论协商市“七五”计划(草案)。会议通过政治决议。副主席李永锡致闭幕词。

1987年3月15～19日，举行第六次会议。382名委员出席。市政协主席胡仰德致开幕词。听取和审议市政协副主席李永锡作的市七届政协常委会工作报告和市政协副主席罗明铮作的提案工作情况报告。会议围绕在经济上压缩“过热”空气，开展增产节约、增收节支运动和在政治思想领域坚决反对资产阶级自由化展开讨论。有18名政协委员作大会个人、联名或书面发言。会议通过常委会工作报告和政治决议。中共无锡市委书记邓鸿勋在会议闭幕前讲话，副主席周吉致闭幕词。

二、第八届全体会议

1988年1月～1993年1月，政协无锡市第八届委员会共举行5次会议。

1988年1月4～10日，举行第一次会议。397名委员出席。会议由大会选举的46名委员组成的主席团主持。执行主席朱根宝致开幕词。听取和讨论中共无锡市委书记邓鸿勋关于无锡市经济和社会发展战略问题的讲话；听取和讨论市七届政协副主席李永锡作的题为《团结奋斗，开创政协工作新局面》工作报告，讨论提案工作情况书面报告。会议围绕贯彻中共十三大精神，深化改革和稳定经济开展协商讨论。会议收到提案371件，通过提案审查情况报告和政治决议。会议选举产生新一届市政协领导以及常务委员71名。副主席雷焕文致闭幕词。

1989年2月24～28日，举行第二次会议。373名委员出席。市政协主席朱根宝致开幕词。听取和审议市政协副主席李永锡作的市八届政协常委会工作报告和市政协副主席朱龙和作的提案工作情况报告。会议围绕治理经济环境、整顿经济秩序、全面深化改革等问题展开协调讨论。12名委员作大会个人或联名发言。会议通过常委会工作报告、提案工作报告和政治决议。中共无锡市委书记邓鸿勋在会议闭幕前讲话。副主席庄申致闭幕词。

1990年3月9～13日，举行第三次会议。378名委员出席。市政协副主席李永锡致开幕词。中共无锡市委书记刘济民在会议开幕时讲话。会议学习和贯彻《中共中央关于坚持和完善中国共产党领导的多党合作和政治协商制度的意见》，听取和审议市政协副主席庄申作的市八届政协常委会工作报告和市政协副主席朱龙和作的提案工作情况报告。会议围绕治理整顿、深化改革、维护安定团结、促进经济稳定发展进行协商讨论，21名委员作大会发言。会议收到提案431件，通过提案审查报告和政治决议。主席朱根宝作闭幕词。

1991年2月26日～3月2日，举行第四次会议。372名委员出席。副主席雷焕文主持大会开幕。委员们学习中共十三届七中全会精神，听取和讨论中共无锡市委书记刘济民在开幕式上的讲话，听取和审议市政协副主席庄申作的市八届政协常委会工作报告和市政协副主席朱龙和作的提案工作情况报告。会议围绕治理整顿、深化改革，促进两个文明建设等议题展开协商讨论，24名委员作大会个人或联名发言。会议收到提案357件，通过提案审查报告和政治决议。主席朱根宝致闭幕词。

1992年2月10～15日，举行第五次会议。377名委员出席。副主席李永锡主持大会开幕。中共无锡市委书记刘济民到会讲话。听取和审议市政协副主席庄申作的市八届政协常委会工作报告和市政协副主席朱龙和作的提案工作情况报告。会议着重围绕制定和实施国民经济和社会发展十年规划和“八五”计划纲要展开协商讨论。22名委员作大会个人或联名发言。会议收到提案343件，通过提案审查报告和政治决议。主席朱根宝致闭幕词。

三、第九届全体会议

1993年2月～1997年12月，政协无锡市第九届委员会共举行5次会议。

1993年2月27日～3月4日，举行第一次会议。388名委员出席。大会主席团执行主席朱根宝作开幕讲话。中共无锡市委书记刘济民到会讲话。会议听取和讨论市八届政协副主席庄申作的八届政协常委会工作报告和提案工作情况书面报告。会议围绕加快改革开放和现代化建设步伐，促进经济发展和社会进步展开协商讨论。会议收到提案308件，选举新一届市政协领导和83名常务委员。会议通过提案审查报告和政治决议。副主席雷焕文致闭幕词。

1994年3月3～7日，举行第二次会议。376名委员出席。副主席雷焕文主持大会开幕。中共无锡市委书记洪锦炘到会讲话。听取和审议市政协副主席庄申作的市九届政协常委会工作报告以及提案工作情况报告。会议围绕推进改革开放和现代化建设，加快建立社会主义市场经济体制展开协商讨论。15名委员作大会发言或书面发言。会议收到提案396件，通过提案审查报告和大会决议。主席朱根宝作闭幕讲话。

1995年2月14～17日，举行第三次会议。382名委员出席。主席朱根宝主持大会开幕。中共无锡市委书记洪锦炘到会讲话。听取和审议市政协副主席庄申作的市九届政协常委会工作报告以及提案工作情况报告。会议围绕全面完成“八五”计划，加快改革开放，推进经济和社会发展展开协商讨论。12名委员作大会发言或书面发言。会议收到提案370件，通过提案审查报告和大会决议。主席朱根宝致闭幕词。

1996年2月8～12日，举行第四次会议。392名委员出席。主席朱根宝主持大会开幕。中共无锡市委书记洪锦炘在开幕、闭幕时两次到会讲话。会议听取和审议市政协副主席庄申作的市九届政协常委会工作报告以及提案工作情况报告。围绕实施市“九五”计划和2010年远景目标展开协商讨论。16名委员作大会发言和书面发言。会议收到提案393件,过提案审查报告和大会决议。陈璧显补选为市政协主席,并作讲话。副主席雷焕文致闭幕词。

1997年2月23～26日,举行第五次会议。393名委员出席。主席陈璧显主持大会开幕。中共无锡市委书记洪锦炘到会讲话。会议听取和审议市政协副主席庄申作的市九届政协常委会工作报告以及提案工作情况报告,表彰市政协九届一次会议后的50件优秀提案。会议围绕加快改革开放和现代化建设,推动两个文明建设再上新台阶展开协商讨论。16名委员作大会发言。会议收到提案423件,通过提案审查报告和大会决议。主席陈璧显致闭幕词。

四、第十届全体会议

1998年1月～2002年12月,政协无锡市第十届委员会共举行5次会议。

1998年1月16～21日,举行第一次会议。402名委员出席。大会主席团执行主席缪根宝主持大会开幕。中共无锡市委书记洪锦炘在开幕、闭幕时两次到会讲话。会议听取和讨论市九届政协副主席张汉臣作的市九届政协常委会工作报告以及提案工作书面总结报告。会议围绕贯彻中共十五大精神,为实现跨世纪发展目标打下良好基础展开协商讨论。会议收到提案373件。会议选举新一届市政协领导和83名常务委员,通过提案审查报告和大会决议。主席缪根宝致闭幕词。

1999年1月25～28日,举行第二次会议。399名委员出席。副主席宗菊如主持大会开幕。中共无锡市委书记洪锦炘到会讲话。会议听取和审议市政协主席缪根宝作的市十届政协常委会工作报告以及提案工作情况报告。会议围绕贯彻中共十五大和十五届三中全会精神,实现跨世纪奋斗目标展开协商讨论。10名委员和市政协有关专门委员会代表作大会发言或书面发言。会议收到提案463件,通过提案审查报告和大会决议。主席缪根宝致闭幕词。

2000年1月24～28日,举行第三次会议。384名委员出席。中共无锡市委书记洪锦炘到会讲话。会议听取和审议市政协主席缪根宝作的市十届政协常委会工作报告以及提案工作情况报告。会议通过大会决议和提案审查情况报告。在十届三次全会的预备会议上,对1998、1999年度先进委员联系小组、优秀提案和优秀社情民意信息进行表彰,调动委员参政议政的积极性。

2001年2月4～8日,举行第四次会议。407名委员出席。中共无锡市委书记蒋定之到会讲话。会议听取和审议市政协主席缪根宝作的市十届政协常委会工作报告和市政协副主席夏秀英作的提案工作情况报告,协商讨论市国民经济和社会发展“十五”计划纲要(草案),通过大会决议和提案审查情况报告。

图25-1　市政协十届五次会议　　(市委宣传部供稿)

2002年1月21～24日,举行第五次会议。406名委员出席。中共无锡市委书记蒋定之到会讲话。会议听取和审议市政协主席缪根宝作的市十届政协常委会工作报告以及市政协副主席夏秀英作的提案工作情况报告。会议围绕市第十次党代会确定的战略目标,就加快全市国企改革,加快开发区建设,公民道德建设,加快房地产业发展,加快旅游产业发展,高层次人才的培养、引进、使用和中等教育结构布局等问题展开协商讨论。通过大会决议和提案审查情况报告。

五、第十一届全体会议

2003年1月～2005年12月，政协无锡市第十一届委员会共举行3次会议。

2003年1月20～24日，举行第一次会议。415名委员出席。中共无锡市委书记蒋定之到会讲话。会议听取和讨论市十届政协副主席余炳才作的市十届政协常委会工作报告和市十届政协副主席王竹平作的提案工作总结报告。会议围绕全市全面建设小康社会和加快推进社会主义现代化的目标任务进行协商讨论。会议选举新一届市政协领导和81名常务委员，通过提案审查报告和大会决议。市政协主席韩军致闭幕词。

2004年2月7～10日，举行第二次会议。405名委员出席。中共无锡市委书记王荣到会讲话。会议听取和审议市政协主席韩军作的市十一届政协常委会工作报告和市政协副主席王竹平作的提案工作情况报告。会议组织大会发言，并分别就"加快推进富民工程""城市化进程中生产力布局的调整""城市建设与人文环境""进一步推进科教兴市战略的实施"组织大组专题讨论。会议提案502件。市电视台首次对开幕大会进行电视实况直播。会议通过大会决议和提案审查情况报告，增补4名常务委员。

2005年1月25～28日，举行第三次会议。382名委员出席。听取和审议市政协主席韩军作的市十一届政协常委会工作报告以及提案工作情况书面报告。通过大会决议和提案审查情况报告。

第二节　常委会议

一、第七届政协常委会议

1986年1月～1987年12月，市政协第七届委员会先后召开12次常委会议。会议听取和协商全市经济工作情况，传达贯彻中共中央关于加强统一战线、政协工作和海外统一战线工作的有关文件，决定调整部分委组设置，协商关于如何解决棉纱紧缺问题和引进技术改造投资效益问题，商讨有关落实"文化大革命"中抄家物资政策遗留问题的处理意见，协商市政协换届工作意见（方案），协商通过市第八届政协委员名单，商讨成立市政协联谊会。

二、第八届政协常委会议

1988年1月～1993年1月，市政协第八届委员会先后召开24次常委会议。会议协商确定市第八届政协工作机构设置和人事任免，协商通过市第九届政协参加单位、委员名额和人选以及有关人事事项，协商通过市第八届政协历次全会会议议程、日程和常委会工作报告、提案工作报告，传达贯彻全国政协会议精神，专题协商加强青少年教育与保护问题、加强城市管理问题、党政机关廉政建设问题和全市治理、整顿工作等。协商通过"加强思想政治教育""加强城市管理""发展外向型经济""优化青少年教育环境""科技为经济建设服务""健全农业服务体系""行风建设中加强民主监督和制度建设""深化企业改革中加强职工思想教育"等建议案。协商通过《无锡市政协常委会工作规则》《无锡市政协委员视察简则》《无锡市政协专门委员会组织通则》《无锡市政协提案工作条例》《无锡市政协贯彻〈政协全国委员会关于政治协商、民主监督的暂行规定〉实施细则》，协商讨论《无锡市国民经济和社会发展十年规划和第八个五年计划纲要（草案）》。

三、第九届政协常委会议

1993年2月～1998年1月，市政协第九届委员会先后召开25次常委会议。会议协商确定市第九届政协工作机构设置和人事任免，协商通过市第十届政协参加单位、委员名额和人选以及有关人事事项，协商通过市第九届政协历次全会会议议程、日程和常委会工作报告、提案工作报告，传达贯彻全国政协会议精神，听取全市经济工作情况、反腐败斗争工作情况、工业结构调整情况和市政协建议案办理情况通报，协商通过“发展和办好‘三资’企业”“加强社会治安综合治理”“加快道路交通建设和强化管理”“加强农业基础地位”“加强文化市场管理”“国有大中型企业深化改革”“市民基本道德素质”“水资源保护”“农业现代化建设”“推进教育现代化工程”“加强企业管理”“加强文化事业建设”等建议案。协商通过《政协无锡市第九届委员会专门委员会组织通则》《无锡市政协联谊会章程》。

四、第十届政协常委会议

1998年1月～2003年1月，市政协第十届委员会先后召开25次常委会议。会议协商确定市第十届政协工作机构设置和人事任免，协商通过市第十一届政协参加单位、委员名额和人选以及有关人事事项，协商通过市第十届政协历次全会会议议程、日程和常委会工作报告、提案工作报告，传达贯彻全国政协会议精神，听取全市经济运行情况、完善职工医疗保险改革措施情况、人口与计划生育工作情况、全市工业结构调整工作情况、新一轮城市规划建设编制情况、国企下岗职工基本生活保障和再就业工作情况、城市建设和经营城市情况通报。协商通过“加快住房制度改革”“放手发展个体私营经济”“加快信息产业化建设”“加快汽车零部件生产基地建设”“充分发挥科技人员在科技创新中的积极作用”“加快公共交通事业发展”“加快推进农业产业化经营”“增强企业技术创新能力”“完善政策推进劳动就业”“加快全市市属国有工业中小企业改革转制步伐”“关于全市乡镇企业改制后发展问题”“加快全市信息化建设”“提升无锡城市文化品位”“加快全市民营科技企业发展”“遏制五里湖蓝藻水华”“加快现代企业制度建设”“加快推进企业信息化”“加快小城镇建设”“培育企业文化，增强企业竞争力”等建议案。协商讨论无锡“十五”计划，并提出建议案。协商通过《无锡市政协贯彻〈政协全国委员会关于政治协商、民主监督、参政议政的规定〉的实施办法》。

五、第十一届政协常委会议

2003年1月～2005年12月，市政协第十一届委员会先后召开12次常委会议。会议协商确定市第十一届政协工作机构设置和人事任免，协商增加委员名额。协商通过市第十一届政协第一至第三次全会会议议程、日程和常委会工作报告、提案工作报告；传达贯彻全国政协会议精神，听取全市重点工程建设情况、制定“十一五”规划情况和政协提案办理情况通报。协商通过“提高城市管理水平”“建立和完善国有资产管理体制和运行机制”“城市化进程中农民利益保护问题的意见和建议”“市区工业布局调整”“加快发展城市道路交通”“农村劳动力就业和社会保障工作”“培育和建设具有自主知识产权的企业群体”“重视背街小巷建设管理”“建设文化无锡”“关注低收入群体生活”等建议案。民主评议市委、市政府《关于促进民营经济更快发展的意见》的贯彻落实情况，协商通过民主评议综合报告，协商通过《无锡市政协提案工作条例（修正案）》和《无锡市政协全体会议工作规则》《无锡市政协常委会工作规则》等7项制度。

第四章　政治协商

第一节　重大事项协商

市政协第七届至第十一届会议期间，着重协商讨论各个时期的国民经济和社会发展规划，以及市人民政府的工作和计划安排等。从市政协十届四次会议起，选择统筹城乡发展、构建和谐社会、农业增效和农民增收、推进富民工程、高新技术改造传统产业、加快开放型经济发展、加快科技型中小企业发展、加快城市化建设、完善医疗改革、推进科教兴市战略、城市化进程中生产力布局调整、关心群众生活、自主知识产权、城市建设与人文环境等方面，组织全体委员分4～6个大组进行专题协商讨论，邀请中共无锡市委、市政府领导及有关部门负责人到各组直接听取委员意见，共商全市改革发展大计。

1986～2005年，市政协历届委员会共举行98次常务委员会会议，传达和学习中共中央及省、市委有关重要会议精神，听取中共无锡市委、市政府以及有关部门负责人对有关重要问题的报告或说明，围绕市委和市政府重大方针政策及社会生活中的重大问题，进行协商讨论，先后协商通过55个建议案，内容涉及经济社会发展、生态文明建设和人民群众生活等许多方面。市政协常委会还协商决定市政协历届委员会的参加单位、委员名额和委员人选及界别设置，以及举行全体会议的各项事宜；讨论决定市政协职责范围、机构设置、人事任免、规章制度和各个时期的工作安排等。

2001年，中共无锡市委召开全市政协工作会议，要求各级党委和政府切实把政治协商纳入决策程序，做到“三在前、三在先”，即重大决策要协商在党委决策之前，人大通过之前，政府实施之前；制定经济和社会发展中长期规划要先协商后决策，对重要人事安排和关系人民群众切身利益的重大问题要先协商后决定，制定重要的地方性政府法规要先协商后通过。2004年，中共无锡市委制定颁发《关于进一步推进人民政协履行职能制度化规范化程序化建设的若干意见》，要求各级党委和政府确保“三在前、三在先”制度的落实。

第二节　专题协商

1986后，市政协历届委员会通过召开主席会议、专题协商会、情况通报会、政情交流会，列席市委常委会议、市政府常务会议以及专门委员会对口联系会议等形式，就全市的大政方针以及政治、经济、文化和社会生活中的重要问题，在决策之前和决策执行过程中进行专题协商。1996年始，市政协主席会议就改革、建设和群众关注的热点问题，通过专题协商，形成主席会议建议案，提交市委、市政府研究办理。

2000年，为提高协商议政的质量和效率，市政协十届三次会议在安排上作改进。会前，组织140多名委员，由市政协领导带队，分别就国企改革和发展，增加农民收入和推进农业产业化，高新技术产业发展和传统产业改造提高，职工医疗保险制度改革，环境质量，城市规划、建设和管理等热点问题，进行集中视察，使委员们更好地掌握真实情况。会议期间，在安排好分组讨论的基础上，分5个大组围绕这些热点问题进行专题协商讨论，让委员发表意见，提出建议。市政府5位领导及有关部门主要负责人到会参加讨论，听取意见，与委员相互沟通，增进共识。常委会议协商议政突出发展主题。市政协常委会围绕国有中小企业改革、私营企业发展、改制后乡镇企业发展等重点课题调研，形成3个建议案，提出44个方面的意见和建议；对中共无锡市委关于制定无锡市国民经济和社会发展第十个五年计划的建议（征求意见稿），提出“大力实施可持续发展战略”“加大力度用高新技术改造传统产业”“把旅游作为全市经济的支柱产业”“加强文物保护工作，争创国家历史文化名城”等重要修改意见。是年，市政协组织市各民主党派、工商联负责人及部分政协委员，分别就工业结构调整、职工医疗保险、计划生育、社会稳定、文化教育、法院和检察院工作等，听取情况通报，开展专题协商，推进有关方面的工作。

2001年，在市政协十届四次会议上，委员围绕无锡市国民经济和社会发展“十五”计划纲要（草案）进行协商讨论，并就农业增效和农民增收，加快推进城市化建设步伐，完善医疗改革，用高新技术改造传统产业，加快科技型中小企业的发展，加快开放型经济的发展等方面进行专题协商讨论，提出许多建设性的意见和建议。市委、市政府5位领导及32个有关部门主要负责人到会听取委员意见，并给予肯定。上半年，市政协各专门委员会和市各民主党派、工商联联合组成4个专题调研组，围绕加快信息化建设，提升城市文化品位，加快民营科技企业发展，放养鲢、鳙鱼遏制蓝藻水华等课题调研，在常委会议上协商讨论、通过的4个相关建议案中，提出47条意见和建议，其中不少建议被采纳实施。下半年，市政协常委会议对新一轮城市总体规划进行协商建言，就城市功能的定位、特大城市的发展方向和布局、社会事业发展和生态环境、城市管理体制等重大问题，提出意见和建议。是年，市政协组织主席会议成员和市各民主党派、工商联负责人，先后就经济结构调整、国有企业深化改革、科技发展“十五”计划、调整部分市（县）区行政区划、城市规划工作、劳动就业和社会保障、农村税费改革等方面，听取情况通报，开展专题协商，提出意见和建议。

2002年下半年，市政协常委会议对全市城市建设和经营城市的工作进行协商建言，就创建优秀的人居环境，提高城市的形象和品位等问题，提出许多有价值的意见和建议。是年，市政协组织主席会议成员和市各民主党派、工商联负责人，先后就全市困难职工生活和工作、财政工作、现代服务业发展、科技创新和服务工作、法院和检察院工作等，听取有关部门的情况通报，进行协商议政。2003年，就全市经济发展和社会事业建设、个私经济发展、开放型经济、电力建设、就业和社会保障、土地批租、房屋拆迁等方面，听取14次专题情况通报，进行协商议政。2004年，市政协先后就《无锡市征用土地补偿和被征地农民基本生活保障暂行办法》《无锡市城市房屋拆迁管理办法补充意见》《职工养老保险市级统筹试点意见》等6项政策的制定，以及城镇组团规划、医疗中心建设方案开展8次专题协商。2005年，市政协围绕中共无锡市委关于制定“十一五”规划的建议、无锡城市建设发展三年行动纲要、推进农村基本现代化建设八项重点工作、全面实施改革攻坚工程、城区片区开发、社会事业重点项目建设等方面，开展10次专题协商。

第五章　民主监督

第一节　视察活动

1986～1990年，市政协组织委员围绕改革开放、经济建设、发展科教文卫事业、加强精神文明建设和人民群众关心的问题开展视察活动。

1991年，市政协组织委员专题视察28次，计631人次参加，分别视察80家单位。到工厂、农村、街道进行专题调查研究，形成调查报告和专题材料21篇，参加调研活动的有1200多人次。

1994年，政协委员为了解社情民意，分别视察国有大中型企业经营管理和外资嫁接，发展农业、乡镇企业和非公有制经济，重点工程和国家开发区建设，市政设施、交通道路和防汛工程，粮食和蔬菜副食品供应，医疗卫生和医药、农贸市场管理，自来水供应和污水处理，对教育和人才的需求，落实提案办理和人文景观建设以及罪犯管理等情况。1996年4月下旬开始，先后视察环保、人防、江阴水利防汛工程、新区建设、城区河道、沪宁高速公路（无锡段）、锡山市教育现代化工程、宜兴农村经济等情况。9月，举办委员活动日，组织400多名政协委员和联谊会成员视察新开发的旅游项目，为知情出力创造条件。1997年，市政协采用4种形式组织视察活动：以专委会和委员联系小组为单位，开展小型分散的视察，为全会的大会发言和委员提案作准备；组织全体委员和联谊会成员集中视察；专委会结合调研课题开展日常性的视察活动；组织主席会议成员和各民主党派、工商联负责人进行专题视察。市政协领导先后对农业现代化建设、科研院所发展、锡澄农业和乡镇工业、住宅小区改造和安居房工程、宜兴多种经营、无锡太湖国家旅游度假区建设等视察。在夏粮生产视察中，发现农民对丰收后的粮食收购反应较为强烈，视察后立即向市委、市政府作反映。市委及时将此列为市委常委会议的重要议题，研究确定粮食部门敞开收购、议购粮实行保护价等措施，保护农民的积极性，稳定粮食生产。1998年，组织主席会议成员和各民主党派、工商联负责人，开展重点视察，先后视察纺织工业结构调整、个私企业发展、居民住宅区治理改造工程、太湖水污染治理限期达标排放、交通重点工程和新区开发建设和锡山市“科技兴农”等情况，并把视察中的意见和建议及时向市委、市政府反映。

2000年，市政协邀请市各民主党派、工商联负责人参加每月一次的重点视察，先后视察民政、旅游、卫生、土地管理、水利建设、高新技术改造传统产业和民营科技企业等情况。2001年，先后视察外经外贸、城市公交事业、摩托车与助力车治理、国家级惠山森林公园、太湖水污染防治和饮用水源保护、小城镇建设、社会治安等情况。同时还组织委员就发展高新技术产业、转变政府职能、推动企业信息化、营造城市优美环境、建立企业职工生育保险、加强消防工作，以及女职工劳动保护等方面开展专题视察，建言献策。2002年，对全市交通道路建设、农业产业化经营、工业园区建设、国企改革和现代企业制度建设、电力事业建设、经济适用房建设和危旧房改造工作，城市广场和太湖大道、锡宜高速公路建设等进行视察。2003年，主席会议组织市各民主党派、工商联负责人，开展一月一次的视察和情况通报，先后对江阴沿江开发、农业产业化经营、现代物流等进行10次重点视察。2004年，组织主席会议成员和市各民主党派、工商联负责人开展重点视察和情况通报，先后对全市安全生产、经济适用房建设、水环境治理、高新技术企业发展情况等开展12次重点视察，就创建国家环保模范城市、药品市场监管和贯彻落实中央一号文件情况等方面，听取12次专题情况通报。2005年，组织委员围绕重点工程建设、城镇污水处理、基本农田保护、商贸市场建设、社会福利事业、职业技术教育等方面开展11次重点视察。市政府有关部门分别就加快

图25-2　2003年，市政协委员视察堰桥赛蜜特葡萄园（市政协供稿）

转变经济增长方式、人口发展战略、空气污染治理、发展现代服务业、发展旅游产业、食品药品安全、传染病防治、台资企业发展等方面，向市政协作10次情况通报。市政协还听取市中级人民法院、市检察院工作情况通报。

第二节　提案办理

无锡市七届政协自1986年初至1987年末，共收到委员提案803件。提案内容涉及各项改革、社会经济发展、城乡建设、政治生活、精神文明建设和爱国统一战线等方面。提案全部交市政府和有关部门办理。同时有针对性地组织提案人直接与承办单位进行座谈，听取意见。对不符合提案条件的作为委员意见转有关部门酌处，并及时告诉本人。市政协提案委员会还选择重点提案，与有关工作组一道进行专题调查研究，向承办单位提出建议，协助改进工作。

无锡市八届政协自1988年1月至1990年末，收到委员提案1316件，确定立案的1228件。这些提案经交办后，承办单位基本上能及时回复。经市政协征询1146件提案，委员对提案办复的意见，其中表示满意的333件，占29.3%；基本满意的770件，占67%；不满意的43件，占3.7%。列为意见和建议的28件，转交有关部门研究参考。绝大多数委员提案经过办理，收到一定效果。1989年6月，市政协会同市人大常委会、市政府联合召开全市办理人大代表建议、政协委员提案工作会议，促进提案有效办理。1990年4月，市人大常委会办公室、市政府办公室、市政协办公室联合召开“市人大代表建议、市政协委员提案交办暨1989年度办理工作先进表彰会”，促进各承办单位的办理工作。市政协还制定《提案工作试行办法》。

1991年，修改制定《市政协提案工作条例》。市政协共收到提案382件，其中以民主党派名义或会议讨论小组提出提案7件次，以委员个人或联名提出提案439人次。经审查，列为提案的379件。其中：经济建设方面102件，科技、教育、文化、体育、卫生等方面128件，统战、政协、宗教方面18件，政法、劳动人事和其他方面131件。市政协提案经中共无锡市委和市政府有关部门，以及有关团体和各区政府等66家单位承办并全部办复。委员对办理答复表示满意的210件，占55.4%；基本满意的159件，占42%；不满意的10件，占2.6%。市政协提案委员会按照“着力解决重点，努力办好热点，尽力处理疑点”的要求，选择教育、旅游和市政公用事业等部门承办的50多件提案，进行实地视察检查，推动、督促落实。会同市人大常委会、市政府联合发出通知，推动各承办单位总结1990、1991年度办理市人大代表建议、市政协委员提案工作的经验，提高办理工作水平。

1993年，市政协共收到提案337件，经审查列为提案的335件。其中以民主党派组织或会议讨论小组集体名义提案4件，委员个人或联名提案331件。提出提案的委员293人，计565人次，占委员总数的71%。在335件提案中，有关经济建设方面的139件，占提案总数的41.5%；有关科技、教育、文化、卫生、新闻、体育等方面的91件，占提案总数的27.2%；有关政协、统战、宗教、政法、劳动人事和其他方面的105件，占提案总数的31.3%。提案经市委、市政府和市政协有关部门以及市有关人民团体和各市（县）、区政府等单位研究办理，均全部办复。提案所提问题解决或基本解决，以及被采纳作改进的112件，33.5%；列入计划逐步解决的161件，占48%；因条件限制或按政策规定暂时不能解决的55件，占16.4%；需向上级反映或供有关部门参考的7件，占2.1%。委员对提案办复表示满意的，占34.6%；基本满意的，占37.2%；表示理解的，占23%；不满意的，占5.2%。对不满意的提案，及时转告有关承办单位重新办理。

1994年，市政协共征集和办理提案415件。其中以民主党派市级组织、市政协专门委员会或会议讨论小组集体名义提案21件，委员个人或联名提案394件。提出提案的委员260人，计717人次，占委员总数的63%。提案内容有关经济建设方面的172件，占41%；教科文卫体方面的114件，占

28%；政治、法律、劳动人事方面的61件，占15%；政协、统战、民族、宗教、侨务等方面的14件，占3%；人民生活方面的54件，占13%。提案经市委、市政府分送62家单位研究办理，均全部办复。提案所提问题解决或基本解决和所提意见建议被采纳作改进的137件，占33%；列入计划逐步解决的225件，占54%；因条件限制或按政策规定暂时不能解决的43件，占11%；需向上级反映或供有关部门参考的10件，占2%。委员对提案办理表示满意、基本满意或理解的占92%。特别是经市政协专题调查并由在无锡的省政协委员向省政协提出的关于加强"菜篮子工程"建设的提案，引起省政协的重视并到无锡调研，所写调查报告经省政府领导批示："这个调查报告，不仅对无锡市，而且对全省各地都有指导意义。"省政府将此报告转发全省各市，并在无锡召开市长会议专题讨论，对无锡"菜篮子工程"建设起到较好的促进作用。

1995年，市政协共征集和办理提案419件。提出提案的委员218人，占委员总数的53.2%。提案内容涉及无锡市国民经济和社会发展的各个方面，其中经济方面179件，占42.7%；教科文卫体方面108件，占25.8%；政治、法律、劳动人事方面27件，占6.4%；政协、统战、民族、宗教、侨务等方面13件，占3.1%；人民生活方面92件，占22%。提案经中共无锡市委和市人民政府分送61单位研究办理，均全部办复。提案所提建议和意见，解决或基本解决以及被采纳作改进的145件，占34.6%；列入计划逐步解决的有218件，占52%；因条件限制或按政策规定暂时不能解决的55件，占13.1%；所提问题向各上级反映或供有关部门参考的1件，占0.3%。委员对提案办理表示满意、基本满意或理解的占92%。提案承办单位召开提案委员座谈会，征求办理意见，市公安局、交通局就车站的出租车管理问题，分别连续召开两次座谈会，使问题得到妥善处理。对不满意的提案重点重新办理，采取承办单位与提案委员座谈，听取意见，相互沟通，取得委员的理解。对"老大难"提案跟踪办理、实地视察，收到良好效果。

1996年，市政协共办理提案422件。提出提案的委员214人，占委员总数的52.2%。以单位或组织名义提出提案58件，占提案总数的13.7%，为历年来集体提案最多的一年。提案内容有经济建设方面191件，占45.3%；科技文卫体方面101件，占23.9%；政治、法律、劳动人事方面35件，占8.3%；政协、统战、民族、宗教、侨务方面13件，占3.1%；人民生活方面82件，占19.4%。提案经中共无锡市委和市人民政府分送67家单位研究办理，均全部办复。提案所提意见和建议已被采纳或基本上得到落实的141件，占提案总数的33.4%；列入计划逐步解决的225件，占53.3%；因情况发生变化或条件所限，一时难以解决或不能解决的56件，占13.3%。年内，市政协把提案工作的着力点放在提高提案质量和办案质量上，做好提案前的发动准备工作，包括会前组织委员视察、调研，提前发放提案内容和要求的书面参考意见，召开各民主党派、人民团体的座谈会等，使提案内容逐步集中到围绕全市中心任务，着重经济建设、精神文明建设、社会发展，以及社会普遍关注、人民群众普遍关心的热点、难点问题上来。对集体提案和有分量的重点提案由领导亲自批示。做好提案的分送交办、催办、督办、反馈跟踪。对不满意提案返回重办，协商座谈，跟踪视察。对市政协九届一次会议后的1591件提案全面评选，在征求承办单位意见的基础上，选出50件作为优秀提案进行表彰。4月，市政协联合市人大常委会、市政府表彰办案先进单位和个人，促进提案质量和办理水平的提高。

1997年，市政协收到并立案的提案460件，全部办复。提案内容出现"五个增多"：围绕中共和政府中心工作的提案增多，为全市改革开放经济建设出谋献策的提案增多，推进精神文明建设和反腐倡廉的提案增多，党派团体的集体提案增多，经过调研论证可行性、可操作性强的提案增多。塘泾新村危房改造和惠钱路改造工程提案的落实，被群众称为"为民办了一件大好事"。市政协重新制定从提案征集到审查立案、重点提案领导审批、分类交办、催办督办、反馈协商、跟踪视察等一系列制度。

1998年，市政协立案的395件提案全部办复。反映全市工作重点和群众关心的热点问题的提案增多，集体提案增多，经过调研论证，可行性、可操作性强的提案增多。加大推广使用无磷洗衣粉力度的提案，被市有关部门采纳，并组织实施。市委、市政府主要领导亲自过问并阅批集体提案，承办单位采取措施落实。政协提案基本解决和列入计划解决的占88.4%。市政协重新修订《市政协提案工作条例》。运用计算机进行提案管理。1999年，收到提案502件，确定立案498件，占99.2%，未立案的4件转作来信处理。提出提案的委员249人，占委员总数的61%；集体提案110件，其中市各民主党派、工商联、有关人民团体提案82件，市政协各专委会、委员联系小组和全会讨论小组提案28件。提案涉及80家承办单位，其中已经解决和着手解决的占39.8%，列入计划逐步解决的占46.2%，因条件、职权范围限制，一时无法解决或作为今后工作参考的有70件，占总数的14%。评选出优秀提案32件。

2000年，市政协立案的404件提案全部办复，落实率和满意率比往年都有新的提高。委员提出的提案已经解决、着手解决或列入计划解决的达89.4%，集体提案解决和列入计划解决的占92.2%。修订和完善《市政协提案工作条例》等制度，从提案的组织、征集、审查、立案到提案的交办、办理、督办、检查、表彰等方面，强化制度化管理、规范化操作，并形成有效的协商督办机制。2001年，立案的463件提案全部办复。其中已经解决和基本解决的占36.7%，列入计划准备解决的占56.2%。市政协改进和加强对提案的督办，采取主席会议成员重点督办、专门委员会分工督办、提案委员参与督办等措施，推进提案办理质量的提高。2002年，立案的提案463件全部办复。其中基本解决的占40.2%，列入计划准备解决的占52.7%。年内，市政协对提案工作继续坚持着眼于经济和社会发展中的重大问题建言立论，树立精品意识，实现提案由注重数量向注重质量转变。市委、市政府领导亲自阅批重要提案，并参加重点提案的督办工作，加大提案办理力度。市政协采取多种形式加强提案督办，并形成有效的协商督办机制，促进提案办理工作落到实处。2003年，立案的384件提案全部办结，解决和基本解决的146件，占38%；列入计划准备解决的208件，占54.2%。经过主席会议讨论，确定8件重点督办提案，其中关于调整市区中等学校布局、优化中等教育资源，尽快实施羊腰湾片区截污工程等7件重点提案，由各专委会开展督办。主席会议就《关于在全市建立以农民大病统筹为主的新型合作医疗制度的建议》的提案开展调研、视察，提出意见建议，对市政府制定《关于建立新型农村医疗合作制度的实施意见》起到推动作用。2004年，市政协收到提案517件，经审查立案514件，其中集体提案121件、个人提案393件，全部办复。为促进提案的落实，经过主席会议讨论，确定7件重点督办提案，分别由主席会议和专委会负责，采用调查研究、专题协商、集中视察和现场办理等方法督办。关于加快实施北塘联圩内污水截流工程和城北污水处理厂二期工程建设的重点提案，其内容被市政府列为为民办实事目标之一，责成市有关部门落实整治措施，加大截污工作力度，城北污水处理厂二期工程开工建设，使联圩内的水环境得到逐步改善。

2005年，市政协收到委员提案425件，经审查立案414件，其中市各民主党派、工商联、有关人民团体、市政协专委会、市政协联系小组、会议讨论小组提出集体提案111件，这些提案分别送交58家承办单位办理，全部办复。经市政协主席会议研究，选择制定无锡知识产权发展战略纲要、加强社区卫生服务、提高管理城市能力、缓解中心区停车难、提高少数民族低保对象生活补助等12件重点提案由主席会议和各专委会分工督办。关于重视背街小巷改造、提升城市文明形象的提案，由市政协有关专委会的委员在全会上集体提出，会后被列为主席会议重点督办提案。3月开始，市政协组织力量对全市背街小巷的情况重点调查，由市政协常委会议协商形成建议案，得到市委、市政府的高度重视，决定花3年时间对全市529条背街小巷进行整治。7月，整治工程启动，市政协对工程进展情况进行视察，当年完成101条背街小巷的整治任务，受到广大市民欢迎。年底，市政协通过无锡市新闻媒体和网络公开向市民征集400条提案线索，筛选出382条提供给市政协委员，让委员们在市政协十一届四次会议上作为提案参考，使委员提案更多地反映广大群众关心的问题，使提案的视角更加开阔，内容更加充实。

1986～2005年，市政协收到委员提案8470件。提案内容涉及全市经济建设和社会发展中的重大问题，以及人民群众关注的热点问题。这些提案分别送市有关单位承办，每年的办复率100%。2000～2005年历次全会期间收到委员提案2538件，其中经济建设方面1085件，占42.8%；科教文卫方面690件，占27.2%；政法、统战、人事、宗教、侨务方面296件，占11.7%；其他467件，占18.3%。

第三节　反映社情民意

1996年始，市政协把了解和反映社情民意作为一项重要的经常性工作。组织全体委员和政协联谊会成员，多渠道、多形式了解和反映重要的社情民意。当年先后编发9期《社情民意》，供市委、市政府领导人参阅，并在《无锡政协》上开辟专栏，刊出30多条意见和建议，引起市委、市政府领导的重视和有关方面的关注。市政协领导出题目、审稿件、写信息，参加市委、市政府的重要会议、活动，如实提供情况，反映所掌握的社情民意。政协委员力争做到每年每人至少提一条建议、反映一条信息。各民主党派、工商联，市（县）、区政协，市政协联谊会成员热情支持。市政协通过会议、视察、提案、信访和座谈等形式，广辟信息来源。1997年，在改版后的《无锡政协》设《社情民意》专栏，1年中共刊登100多条意见和建议。同时，通过向委员征集和专题调研等形式，收集信息，分析问题，共编发15期《社情民意》内部信息。发挥政协联系面广、上通下达的优势，直接向市委、市政府领导反映人民群众的呼声。其中关于盛岸一村4幢5层大板结构住宅出现险情的问题，年末通过改造加固得到解决。反映的国有储备粮陈化问题和夏粮收购问题，引起省、市党政领导的高度重视，省委、省政府主要领导分别作批示，并采纳市政协提出的意见和建议。1998年，市政协第六次主席会议通过《关于加强了解和反映社情民意工作的意见》，规范收集、反映社情民意工作。在市邮电部门的支持下，开通社情民意专用电话语音信箱，为广大政协委员、联谊会会员更方便、更快捷地反映社情民意创造条件。年内共编发向市领导直接反映的《社情民意》内部信息35期，并在6期《无锡政协》会刊上的《社情民意》专栏发表41条信息。市委、市政府领导收到第四期“搭车收费应坚决制止”的社情民意信息后，立即作出批示，要求对此类收费依法查处，有关区局为此建立收费卡制度。1999年，《无锡政协》会刊上登载社情民意26条，编发《社情民意》内部信息28期。“无锡市技监检测设备陈旧落后，加大投入改变现状刻不容缓”的信息刊出后，引起市委、市政府领导重视，立即作出批示，要求财政等部门给予支持解决。上半年，200多万元资金和有关检测设备到位，促进无锡市技术检测设备状况的改观。“吴桥东路低洼地区居民住房险情亟需解决”的社情民意报送后，市委、市政府领导先后批示，决定将这一低洼地区纳入城市改造计划，解决和改善这一地区居民的居住条件和环境，得到市民拥护。关于合作开发软件产业、将宜兴板栗基地列为示范区、重视贡湖水厂取水口水质等建议，也受到市有关部门的重视和采纳。

2000年起，市政协建立委员约谈日制度，围绕市委、市政府的中心工作，就一个主题开展座谈，把委员反映的意见和建议形成专题社情民意，及时报送市领导，供决策参考。上半年，市政协专门召开市（县）、区政协信息工作研讨会，建立由69人组成的特约信息员队伍。《无锡政协》会刊登载社情民意69条，编发《社情民意》内部材料44期。重视出租车卫生问题的信息报送后，市委、市政府领导立即批示，要求市创建办牵头，交通、卫生等部门联手，建立一套长效管理制度。夏季，无锡市开展加强出租车内部环境卫生管理专项整治工作。2001年，市政协有关加快特大城市建设、加大水质污染治理力度、加快新设区公共交通发展等社情民意，引起市委、市政府主要领导重视。通过约请委员座谈后整理编写的“加快国有企业改革势在必行”“着力营造全市经济发展的良好环境”等社情民意，市委、市政府主要领导予以批示，要求有关部门研究采纳政协的意见和建议。是年，市政协共收集整理社情民意110条，《无锡政协》会刊刊登58条，报送重要社情民意27条，有的在市委《决策参考》刊登。市政协制作“关注信息化”“看病何时不再贵”“管好城市交通，提升无锡形象”等电视节目。

2002年，市政协共收集整理社情民意100余条，《无锡政协》会刊刊登38条，报送市委、市政府的重要社情民意23条。内容涉及加快城市管理体制改革、加快市区生产力布局调整、建立信用体系、关注弱势群体、工业固体废物处理等热点、难点问题，许多社情民意引起市委、市政府主要领导的重视，促进有关问题的解决。2003年，市政协制定《加强了解和反映社情民意工作的意见》，完善反映社情民意工作机制，健全信息网络，建立由各界人士和基层政协干部组成的信息员队伍，拓宽反映社情民意的渠道。市政协每月选择一个主题组织委员开展一次约谈，内容涉及拓宽民间资本准入领域、改善投资软环境、征用集体土地时保护农民利益等方面，委员们发表的意见和建议以社情民意专报市委、市政府。

2004年起，定期开展社情民意双月谈，邀请市民、农村居民围绕人民群众关心的问题进行座谈，听取基层群众意见，将反映的突出问题和提出的重要意见和建议形成《社情民意》提交市委、市政府和有关部门。

2005年，市政协开展社情民意双月谈、委员约谈共11次，根据提供的社情民意，经过分类筛选和调查核实，向市委、市政府及有关部门转送《社情民意》90多期，市委、市政府主要领导对其中的18期作批示。许多反映的问题、提出的意见被重视、采纳。4月，有97名市民联名反映殷家河河道治理后污染又回潮，市政协专门派人实地调查，通过《社情民意》反映给市委、市政府，使问题很快得到解决。

1996～2005年，共编发《社情民意》内部信息264期，并在《无锡政协》会刊《社情民意》专栏发表470条信息，引起市委、市政府领导的重视和有关方面的关注。

第四节　民主评议

80年代起，政协委员中有监察员、检察员、审计员、教育督导员等身份的特约监督员，市政协重视发挥民主监督作用，召开专门会议，对特约监督员进行政治业务培训，提出工作要求，建立工作制度，民主监督的基础得到加强。组织委员参与对市司法、工商、财政、电信、环保、建设、医疗卫生等部门和单位的检查、监督和行风评议，参与对有关法规文件的修订。

2001年，市政协开展对卫生系统行风建设民主评议试点。通过召开市各民主党派、工商联负责人和部分政协委员座谈会、个别走访、发放问卷等形式，征询和听取意见，汇总3万多字的意见材料，经过筛选整理，综合分析，形成综合评议材料，反馈到市卫生局，并向市委、市政府作反映。市委高度重视，专门召开全市卫生行风建设会议，加强卫生系统行风建设。2004年，市政协围绕“营造创业环境，促进民营经济加快发展”开展民主评议，重点评议有关部门贯彻落实市委、市政府《关于促进民营经济更快发展的意见》情况。评议中向委员和民营企业发放1000份问卷调查表，组成7个调研小组，赴各市（县）、区座谈调研，并召开19个部门负责人座谈会。同年9月，市政协召开常委会议，专门开展民主评议，受到民营企业的欢迎。

第六章　参政议政

第一节　调查研究

1986～1987年，市七届政协组织委员围绕改革和建设中亟待解决的问题，进行41个专题调查，提出许多意见、建议，受到市委、市政府和有关部门领导的重视并采纳。1988～1990年，市八届政协围绕两个文明建设调研，形成专题调查报告82篇。

1991年起，在调研之后，经常委会议协商，提出若干建议案。是年，围绕在行风建设中加强民主监督和制度建设、科技为经济建设服务和科研与生产相结合等两个方面开展重点调研，写出3篇调查报告和3篇专题材料，经市政协常委会议协商，提出两份专题建议案。市委、市政府对这两个重点调研课题都很重视，经有关领导研究办理，作出具体答复，并登载于有关刊物。当年，围绕经济社会发展和人民生活中的重要问题调查研究，形成19份调研报告和专题材料。

1992年，围绕健全农业服务体系和深化企业改革中加强职工思想教育等两个方面调研。健全农业服务体系问题，由市政协科技经济、财贸金融委员会和有关市（县）区政协组成联合调查组，分别听取市和市（县）、区有关部门的情况汇报，到13个乡（镇）、7个村和4个乡（镇）农技站、林业指导站进行两个多月的专题调研，形成4篇调查报告。加强职工思想教育问题，由市政协教育文化、社会法制、妇幼青年委员会组成专题调查组，对10家国有大中型企业实地调查，召开5个专题座谈会，形成3篇调查报告。上述调研课题经市政协常委会会议协商，提出两份建议案，送请市委、市政府研处，有不少意见和建议被采纳。全年共向市委、市政府及有关部门报送建议案、调查报告11份。

1993年，围绕发展和办好“三资”企业、加强社会治安综合治理、加快道路交通建设和强化交通管理等调研，形成9份调查报告，提出3份建议案，送请市委、市政府研究办理，大多数意见和建议被吸收采纳并贯彻实施。围绕经济社会发展和人民生活中的重要问题调查研究，当年形成11份调研报告和专题材料。1994年，围绕加强农业基础地位、稳定发展粮食生产和加强文化市场管理调研，提出两份建议案，报送市委、市政府研究处理，并在9月下旬举行的市政协第八次常委会议上，听取和视察两份建议案的办理和落实情况。围绕城市规划管理、发展非公有制经济、搞活商业批发企业、加强金融宏观调控、地方高等教育体制改革、医疗预防技术设施、完善经济开发区和太湖国家旅游度假区建设等调研，全年形成19份调研报告。

1995年，围绕国有大中型企业深化改革、提高市民基本道德素质调研，提出两份建议案，报送市委、市政府。市委、市政府领导作批示和交办，市委宣传部、市经委、市体改委等部门对建议案的办理专题研究，作明文答复，采纳建议案提出的意见和建议，并尽力付诸实施。围绕建筑市场依法管理、搞好商业连锁经营、打击假冒伪劣商品、教师队伍建设、发展环卫事业、科研院所状况和合资企业发展等开展专题调研，全年提出23份调研报告和专题材料。1996年，围绕农业现代化、水资源保护和巩固九年制义务教育、推进教育现代化工程方面调研，经市政协第十七次常委会协商，提出3份建议案，报送市委、市政府。市领导认为建议很实在，有针对性和可行性，要求有关部门研究、采纳。围绕城区河道整治建设、搞好中小企业和“三资”企业、加强科普工作、创建国家卫生城市、加强外来人口管理和新移民工作、制止私建滥建寺庙等调研，全年形成调研报告21篇。

1997年起，凡建议案的提出，须分别经常委会议和主席会议协商。是年，围绕加强国有工业企业管理、加强文化建设和推进医疗保障制度改革先后开展重点调研和专题跟踪调研，分别经市政协第二十二次常委会议协商和第四十二次主席会议协商，提出3份建议案。围绕改善环境质量、规避化解金融风险、发展旅游文化、制止乱建庙宇和露天佛像，以及加强城市居委会建设等问题调研，全年形成调研报告18篇。1998年，围绕促进住宅产业发展、放手发展个体私营经济、加快信息产业化建设、加快汽车零部件生产基地建设、充分发挥科技人员在科技创新中的积极作用、加快公共交通事业发展等调研，提出6份建议案。建议案报送市委、市政府后，有关部门组织实施。推动科技创新，成为无锡市跨世纪人才工程建设的一个重点。个私经济的发展明显加快，成为无锡经济快速发展的一个重要增长点。市政府对加快城市公共交通建设，排出具体计划。围绕培育发展无锡新的经济增长点、下岗女职工再就业、优化外商投资软环境、市民交通安全法制意识、古运河保护开发利用、社区卫生服务、落实民族宗教政策等调研，全年形成调研报告14份。

1999年，围绕加快推进农业产业化经营、增强企业技术创新能力、推进劳动就业、加强无锡古运河历史文化保护区建设和管理等开展重点调研，提出4份建议案。市政府对加快推进无锡市农业产业化经营作出具体部署，并投入专项资金。各专委会在完成市政协重点协商课题调研的同时，还先后就企业改革和民主管理制度、个私经济发展、公共交通建设、加快发展信息产业、创建安全文明小区、调整教育结构、纯净水市场管理、发挥归国留学人员作用以及文物保护利用情况等调研，全年形成调研报告13份。加快公共交通事业发展，努力提高城市客运水平的建议案报送后，市委、市政府决定3年拿出1亿元资金发展城市公交事业。市十届政协第十四次主席会议通过的《关于加强无锡古运河历史文化保护区建设和管理的建议案》报送后，促进无锡古运河的保护、开发和利用。

2000年起，市政协常委会议在调研的基础上协商，提出若干建议案。是年，围绕加快市属国有工业中小企业改革转制步伐、营造私营企业发展良好环境、乡镇企业改制后发展问题调研，提出3份建议案。围绕发挥科研院所作用、发展高等职业教育、加快公共交通建设、预防未成年人违法犯罪、化解人民内部矛盾、保护台商合法权益等开展专题调研。2001年，围绕加快信息化建设若干重要问题、提升无锡城市文化品位、加快民营科技企业发展、遏制五里湖蓝藻生长调研，提出4份建议案。各专委会围绕加强信息技术培训、推进科技型中小企业发展、治理水质污染、加快中等教育体制改革、强化环保执法、建立思想道德体系、营造良好社会信用环境、加强惠山地区历史文化保护、发展旅游事业、规范物业管理等调研，全年形成调研报告12份，提出对策建议。海外联络委员会还就台湾情况开展调研，就吸收台资、开展双向交流、加强对台资企业协会指导、继续做好台资企业工作提出建议。

2002年，市政协围绕加快现代企业制度建设、加快推进企业信息化建设、加快小城镇建设、培育企业文化调研，经常委会协商讨论，提交4个相关的建议案，有的建议被市委、市政府采纳实施。市政协各专门委员会围绕“富民强市、率先基本实现现代化”的目标，抓住改革发展稳定中的重要问题，组织委员分别就加快发展城市公共交通事业、推进旅游产业建设、培育和发展行业协会、私营经济发展、工业园区建设、创建国家园林城市、农村小城镇建设、省运会筹备工作、促进台资企业发展、民族宗教工作、职工权益保护等开展专题调研，提出对策建议。

2003年，市政协围绕提高城市管理水平、建立和完善国有资产管理体制和运行机制、城市化进程中农民利益保护等调研，提出3份建议案。围绕增加农民收入、提高城镇居民收入、建设国际制造业基地、优化城镇布局、全市经济运行质量、科学考核政绩等开展专题调研，全年形成调研报告4份，建言献策材料14份。许多建议被市委、市政府采纳。

2004年，市政协围绕市区工业布局调整、加快发展城市道路交通、农村劳动力就业和社会保障工作调研，提出3份建议案。围绕留学归国人员服务情况、少数民族就业和扶贫帮困、流动人口管理、建设文化城市、古运河保护利用等开展专题调研，形成16份专题调查报告报送市委、市政府。2005年，围绕培育和建设具有自主知识产权的企业群体、重视背街小巷建设管理、建设文化无锡、关注低收入群体生活调研，提出4份建议案。各专委会围绕居民“看病贵”问题、推进养老事业、整合旅游资源、促进农村社会保险和发展行业协会等开展专题调研，形成12份专题调查报告，报送给市委、市政府，效果明显。关于居民"看病贵"问题的调查，市委主要领导专门批示给有关部门研究，新闻媒体详细报道。

1986～2005年，市政协通过调查研究共提出建议案、调研报告360多篇。

第二节　建言献策

1988年9月～1990年10月，政协无锡市第八届委员会常务委员会先后形成5份建议案、1份意见和建议。其中《关于青少年教育与保护问题的建议案》受到市政府的重视，其中的一些意见和建议在《无锡市青少年保护暂行规定》中得到采纳。《关于优化青少年教育环境的建议案》受到中共无锡市委重视，召开专门会议，要求各有关部门切实加强青少年保护工作，优化教育环境，把建议落到实处。《关于进一步加强我市思想政治教育的建议案》由中共无锡市委转发各级党组织，要求结合中共十三届四中、五中全会精神的学习贯彻，联系本单位实际，研究采纳。《关于党政机关廉政建设情况专题调查的意见和建议》，市廉政建设领导小组逐条研究和落实，制定有关制度、规定和措施，组织实施、检查和处理。《关于加强城市管理的建议案》，市政府结合实际情况，加强对城市管理的领导，解决"脏、乱、差"问题，改进城郊结合部的管理，抓好日常的环境卫生和小商品市场、农贸市场、停车场的建设。《关于进一步发展我市外向型经济的建议案》也受到市委、市政府和有关部门的重视和采纳。

90年代，市政协的建言献策主要通过围绕经济社会和人民生活中的重要方面开展调查研究，提出意见、建议，供市委、市政府及有关部门研究、参考。以后随着政协事业的发展，拓展建言献策的形式。

2002年6月、9月，市政协先后举办"企业文化论坛"和"企业信息化论坛"，220多名专家、学者、政府有关部门领导、企业界人士为企业文化建设和信息化发展提出意见和建议。2003年，市政协建立特约研究员制度，聘请部分专家学者和部门领导开展一月一次"决策咨询沙龙"专题论坛，分别就经济运行质量，科学考核政绩，制造业战略升级，转换经济增长方式、调整产业结构，加快生态城市建设、防止城市病，挖掘传统文化资源、推动历史文化名城建设，深化经济体制改革等问题展开研讨，形成14期《建言献策》，受到市委、市政府高度重视。2004年，市政协定期组织政协特约研究员进行研讨，形成20期《建言献策》，其中《以人为本，统筹规划生态城市》和《无锡历史文化的源、脉、品》两篇建议，市委主要领导专门批示，全文发表在《无锡日报》头版；《落实科学发展观，细化"两率先"指标体系》等建议，市委和市政府主要领导要求有关部门研究采纳。2005年，政协特约研究员、有关委员围绕国家宏观形势，结合无锡市经济社会发展中的重要问题进行研究，形成《转变经济增长方式，提高经济运营质量》《保持适度人口，促进经济可持续发展》《凸现无锡山水文化底蕴》《发展新型合作经济，创新苏南发展模式》等14期《建言献策》，供市委、市政府决策参考。同年7月，市政协举办以"构建和谐无锡"为主题的政协论坛，收到政协委员和各界人士论文33篇，收集成册后送市委、市政府及有关部门作为决策参考。

1986～2005年无锡市政协建议案一览表

表25-2

届次	建议案	时间
市七届	关于解决棉纱紧缺问题和引进技术改造投资效益问题的建议	1987年6月
市八届	青少年教育和保护问题的建议案	1988年9月
	加强城市管理的建议案	1989年6月

续表

届次	建议案	时间
市八届	进一步加强思想政治教育的建议案	1989年9月
	进一步发展外向型经济的建议案	1990年6月
	优化青少年教育环境的建议案	1990年6月
	党政机关廉政建设情况专题调查的意见和建议	1990年10月
	行风建设中加强民主监督和制度建设的意见和建议	1991年9月
	科技为经济建设服务、科研与生产相结合建议案	1991年11月
	进一步健全农业服务体系的建议案	1992年6月
	深化企业改革中加强职工思想教育的建议案	1992年6月
市九届	进一步发展和办好“三资”企业的建议案	1993年9月
	加强社会治安综合治理的建议案	1993年9月
	加快道路交通建设和强化管理的建议案	1993年9月
	加强农业基础地位，稳定发展粮食生产的建议案	1994年6月
	加强文化市场管理的建议案	1994年6月
	搞活国有大中型企业的建议案	1995年7月
	加强道德建设，提高市民道德素质的建议案	1995年7月
	加强水资源保护的建议案	1996年6月
	促进农业现代化建设的建议案	1996年6月
	巩固九年制义务教育，推进教育现代化工程建议案	1996年6月
	加强国有工业企业管理的建议案	1997年7月
	加强无锡市文化建设的建议案	1997年7月
	关于积极稳妥推进无锡市医疗保障制度改革的建议案	1997年7月
市十届	加快住房制度改革，促进住宅产业发展的建议案	1998年7月
	放手发展个体私营经济的建议案	1998年7月
	加快信息产业化建设的建议案	1998年7月
	加快无锡汽车零部件生产基地建设的建议案	1998年7月
	充分发挥科技人员在科技创新中的积极作用的建议案	1998年7月
	加快公共交通事业发展的建议案	1998年10月
	加快推进农业产业化经营的建议案	1999年6月
	增强企业技术创新能力的建议案	1999年6月
	广开渠道、完善政策，推进劳动就业的建议案	1999年6月
	加强无锡古运河历史文化保护区建设和管理的建议案	1999年
	加快市属国有工业中小企业改革转制步伐的建议案	2000年6月
	进一步营造私营企业发展良好环境的建议案	2000年6月
	全市乡镇企业改制后发展问题的建议案	2000年6月
	加快全市信息化建设若干重要问题的建议	2001年5月
	提升无锡城市文化品位的建议案	2001年5月
	加快全市民营科技企业发展的建议案	2001年5月
	放养鲢、鳙鱼，遏制五里湖蓝藻水华的建议案	2001年5月
	加快现代企业制度建设的建议案	2002年6月
	加快推进企业信息化建设的建议案	2002年6月
	加快小城镇建设，推进城市化进程的建议案	2002年6月
	培育企业文化，增强企业竞争力的建议案	2002年6月

续表

届次	建议案	时间
市十一届	加大城市管理力度，提高城市管理水平的建议案	2003年5月
	建立和完善国有资产管理体制和运行机制的建议案	2003年5月
	城市化进程中农民利益保护问题的意见和建议	2003年5月
	市区工业布局调整的建议案	2004年5月
	加快发展城市道路交通的建议案	2004年5月
	农村劳动力就业和社会保障工作的建议案	2004年5月
	培育和建设具有自主知识产权的企业群体的建议案	2005年6月
	重视背街小巷建设管理，提升城市建设水平的建议案	2005年6月
	建设文化无锡的建议案	2005年6月
	关注低收入群体生活，共享改革发展成果的建议案	2005年6月

第七章　其他事项

第一节　文史资料征编

1986～1990年，市政协共征集工商经济、科技、文教等方面的史料590篇、269.3万多字。编辑出版《无锡文史资料》7辑、《无锡历史名人传》4辑、《无锡史话》和海外来稿专辑《海鸿乡音》各1辑。

1991年，市政协征集文史资料94篇、38.6万多字，编辑出版《无锡文史资料》第24辑、《无锡历史名人传》第5辑，发行文史书刊2700册。1992年，为发展无锡外向型经济和促进祖国和平统一服务，征集文史资料70篇、40万字。

1996年，市政协向全国政协和省政协选送征集出版的文史资料有46篇、26.5万字，被全国政协和省政协分别汇编入《中华文史资料文库》和《江苏文史资料》。1997年，在继续征集新中国建立前文史资料的同时，加强征集新中国建立后文史资料的工作。1999年，征集史料110余万字，编辑出版《无锡政协五十年》和文史资料《漫话无锡》《数学双星》《古运河的呼唤》等。2000年，清理库存史料160万字，编辑出版《无锡文史资料》第44辑，以及反映90年代无锡私营经济发展史料的《春暖花开》、反映无锡籍两院院士科技创新业绩的《科学之光》。完成省、市政协合编《江苏近代名人丛书》协助任务。

2002年，市政协征集编辑出版《近百年无锡人物》《荣氏梅园史存》《园林走笔》《科学之光》（第三册）以及《无锡画家》等文史资料，共93万多字。2003年，编辑出版关于荣氏家族无锡企业史料《中国民族工业首户》。2005年，与有关部门共同征编《无锡宗教》等书籍。

自80年代至2005年末，市政协征集整理有关政治、历史、经济、文教、科技、卫生、社会生活和重大历史事件等文史资料1175万多字，出版《无锡文史资料》36辑，《无锡历史名人传》5辑。

第二节　开办《政协话题》电视节目

2000年4月始，市政协与无锡电视台联合创办《政协话题》电视节目，每月一期、每期一题，选择无锡经济和社会发展中政府和社会各界共同关注、群众普遍关心的问题，以及政府即将出台的一些政策措施，邀请有关政协委员和社会各界代表，共同分析情况，开展讨论，发表见解，提出建议。内容涉及经济建设、社会发展、农村改革、文化教育、医疗卫生、环境保护、群众体育以及行风监督等，针对一些热点问题让政协委员们直观评说。节目贴近基层，贴近百姓生活，开播后，越来越赢得市民关注和喜爱。其中《保护名人故居》和《关注信息化》节目于2001年被省委宣传部和省政协办公厅评为政协好新闻一等奖和三等奖。2004年，《政协话题》电视节目被江苏省广电部门评为全省电视十大名牌栏目之一。

图25-3 《政协话题》电视节目　（市政协供稿）

至2005年末，共推出70期《政协话题》，600多人次政协委员参加，50多名专家学者和市民参与。

第三节　海外联络与对外交往

一、活动

1986～2005年，市政协会同有关单位举行历史名人和历史重大事件纪念活动，以及中秋各界人士联欢等一系列活动，弘扬无锡历史文化，增进各界人士的团结。

1991年11月，市政协举行各界人士纪念辛亥革命无锡光复80周年大会，同时举行市级文物保护单位辛亥革命锡金军政分府旧址标志碑揭幕仪式和辛亥革命历史文物展览，宣传辛亥革命历史，弘扬爱国主义精神，促进祖国和平统一。1993年，会同有关方面举办著名实业家荣宗敬诞辰120周年等历史名人纪念活动。1994年，举行近代思想家、外交家薛福成与化学家徐寿、教育家唐文治等历史名人的纪念活动。1997年，市政协召开各界人士迎接香港回归祖国专题座谈会，举办各界人士“庆七一、迎回归”专题文艺演出。2002年，举办纪念王昆仑与周培源诞辰100周年活动；2005年，举办纪念国学大师钱穆诞生110周年座谈会，弘扬传统文化和学术思想，宣传爱国主义精神，扩大无锡海内外影响力。

二、接待与出访

1986年后，市政协通过接待与出访，加强同“三胞”亲友的联谊交往，探索发挥新移居的境外人员作用的途径，为发展经济，扩大提升无锡知名度和促进祖国和平统一服务。1993年，通过多种形式加强同台湾同胞、港澳同胞、海外侨胞和“三胞”亲友的联谊，共同为发展经济和促进祖国统一服务。1995～1999年，市政协接待泰国潮州会馆首长访华团和泰国九属会馆首长访问团；接待香港地区全国政协委员江苏视察团，并赴港参加香港江苏旅港同乡会联合会成立典礼，拜会部分在港无锡籍著名人士，以及部分在无锡投资的香港企业家，加强联系与交流。2004年，应日本友好城市明石市、相模原市的邀请，市政协组团访问日本。应邀赴韩国拜会有关经贸团体和在无锡新投资的韩资企业。同年，先后接待日本明石市、相模原市友好访问团，开展人民友好外交活动。

无锡市志

【第三册】

第二十六卷

民主党派　工商联

概　述

1986年后，无锡市各民主党派和无锡市工商业联合会（简称“工商联”）贯彻“长期共存，互相监督，肝胆相照，荣辱与共”的方针，履行政治协商、参政议政、民主监督职能。1986～1990年，无锡市各民主党派和工商联就全市科技、教育体制改革，拟订全市“七五”计划，开展“双增双节”活动等提出多项意见和建议。1991年，围绕纪念中国共产党建党70周年、辛亥革命80周年和太平天国运动140周年等，各民主党派、工商联开展社会主义和爱国主义教育系列活动。1995年，在纪念民建、民进、九三学社等3个党派成立50周年和纪念致公党成立70周年活动中，各党派分别对其成员进行民主党派历史和传统教育。1996年，以讲政治为主线，加强政治学习和宣传教育，先后举办市各民主党派、工商联负责人学习班、中共党外中青年干部培训班、非公有制经济人士培训班、高级知识分子学习班、党外干部学习交流会和民主党派、工商联负责人座谈会等，组织学习邓小平建设有中国特色社会主义理论和中共十四届五中、六中全会精神，以及江泽民《关于讲政治》《努力建设高素质的干部队伍》等讲话。1997年，以香港回归为契机，市委统战部举办各民主党派新进市委常委、委员培训班和骨干、新成员培训班，进行爱国主义教育。2000年，市工商联在非公有制经济代表人士中开展致富思源、富而思进（“双思教育”）活动和“信誉宣言”达标活动，引导非公有制经济人士爱国敬业守法。各党派市委召开会议，开展“素质教育”“双思教育”及“怎样做一个新时期的民主党派成员”等主题活动。2002年起，各民主党派采取多种形式，组织成员学习中共十六大报告，开展“认清形势、明确责任、坚定信念”“我为党派添光彩”“我为改革献一计”“立足本职、多作贡献、争创佳绩、展示风采”“建设学习型基层组织”等主题活动。举办培训班、学习班培训骨干。组织“三下乡”、义教义诊等活动，受益群众1.49万多人次。

至2005年末，无锡市有中国国民党革命委员会（简称“民革”）、中国民主同盟（简称“民盟”）、中国民主建国会（简称“民建”）、中国民主促进会（简称“民进”）、中国农工民主党（简称“农工党”）、中国致公党（简称“致公党”）、九三学社（简称“九三”）等7个民主党派市委。各民主党派共有成员5165人，基层组织321个，主要分布在科技、教育、文化、医药、卫生等行业。市工商联（市总商会）有会员12179人，行业商会55个。

第一章　中国国民党革命委员会无锡市委员会

第一节　代表大会

1988年8月15～17日，民革无锡市第五次党员大会召开，出席党员69人。经民革中央委员会批准，民革江苏省委员会直属无锡市支部升格为市委，大会选举产生民革无锡市第一届委员会，杜宗岳任主任委员，陈党、王哲曾、卢裕康任副主任委员，王哲曾兼任秘书长，孙蕴山为名誉主委，曹树青为顾问。

1991年12月10～12日，民革无锡市第六次党员大会召开，出席党员84人。会议选举产生由9人组成的民革无锡市第二届委员会，杜宗岳任主任委员，王哲曾、卢裕康、陈觉任副主任委员，王哲曾兼任秘书长，曹树青为顾问；1995年下半年，经民革江苏省委批准增补秦蕴石为副主任委员。

1996年10月3～5日，民革无锡市第七次党员大会召开。出席党员115人。会议选出由9人组成的民革无锡市第三届委员会，杜宗岳为主任委员，王哲曾、秦蕴石、宋颂康为副主任委员，王哲曾兼任秘书长。

2001年9月10～12日，民革无锡市第八次代表大会在无锡召开，出席代表81人，代表无锡市161名民革成员。会议选举产生民革无锡市第四届委员会，秦蕴石任主任委员，宋颂康、伍建平、韩平为副主任委员，宋颂康兼任秘书长。

第二节　组织建设

1986年，民革江苏省直属无锡市支部共有党员50人。1988年8月，民革无锡市支部升格为民革无锡市委员会。同年12月，将原有南长区、崇安区、北塘区的3个小组重新组建为按行业划分的5个支部，并选举产生第一届支部委员会。市委会坚持标准，严格把关，推进组织发展，注重将一批年纪轻、学历（职称）高、能力强、政治素质好的人员吸收加入组织。1988年后，对基层支部进行4次换届改选，对支部班子进行政治思想、统战理论以及党务工作基础知识的系统培训。至1990年末，拥有党员92人，其中吸收新党员58人、外地转入两人，新增党员中具有大专文化程度、中高级职称的在职中青年占80%以上。1994年3月11～13日，民革各基层支部分别召开党员大会，通过无记名投票选举产生新的一届支部委员。这次支部调整改选按行业划分为主的原则，建立机关、教育、文化、科技、医疗和厂企等6个支部，同时在离退休成员居住较集中的清扬地区组建地区支部和为照顾年老体弱行动不便的老同志成立支部。在新产生的22名支部委员中，具有大专以上文化程度的17人；各支部支委都由年富力强的中青年担任，一批年事已高的老成员主动让贤，采用“传、帮、带”的形式，帮助新支委更好地开展支部工作。1995年，在组织发展工作中注重政治素质和年龄知识层次。全年发展7位新党员，平均年龄44.3岁，其中高级职称两人、中级职称4人、初级职称1人；有市政协委员1人。年末，市民革有党员111人，在职党员57人，首次超过离退休党员54人，平均年龄降至58.7岁。2000年，各基层支部进行调整和改选，由原来的11个支部调整为12个支部（小组），全市民革党员158人。无锡民革党员、民革教育支部主任委员周道芸获民革全国先进个人称号。

2003年9月，无锡民革第六次基层支部调整、换届工作结束。此次调整幅度大。基层支部由12个增加至16个，新组建崇安医院、工业学校、城建、直属等4个支部，跨支部调整的党员49人。支部班子的结构、素质明显改善。支委平均年龄下降4岁，大专以上学历占88%。新一届支委中全票当选的达90%，得到绝大多数党员的赞同，形成团结合力。是年，滨湖支部被评为民革全国先进支部，北塘、教育支部被评为民革江苏省先进支部。2004年，滨湖、北塘、教育支部在全市各民主党派、工商联中，被评为社会主义三个文明建设服务先进集体。2005年，滨湖支部被民革中央评为全国先进支部。

1986～2005年，民革无锡市委推荐优秀成员到政府部门任职，担任各级特约监督（联络）员。有20多人次当选为各级人大代表或担任各级政协委员。民革无锡市委还建立民革后备干部队伍，并向中共无锡市委培养选拔党外代表性人士的“580党外人物工程”[①]推荐一批干部后备人选。2005年，发展党员10人，其中大专学历7人、本科3人。60%以上具有中、高级职称，平均年龄37.8岁。年末，

① 580党外人物工程：培养选拔80名县处级以上党外后备干部、80名民主党派骨干、80名无党派代表人士、80名新的社会阶层代表人士和归国留学人员、80名民族宗教界代表人士。

全市有民革支部16个，民革党员222人，平均年龄50岁，大专以上学历占77%。

第三节 参政议政

1986年后，民革无锡市委围绕经济建设中心，抓住“参政议政、民主监督”主线建言献策。邀请专家讲座辅导，每年培训参政议政骨干100多人次。开展“议政日”“一人一提案”“一支部一精品”等活动。

1992年，民革市委开展“议政日”活动，收集民革党员对搞好大中型企业、发展外向型经济等方面的意见和建议。担任各级人大代表和政协委员的民革党员全年共提建议和提案60多件。1995年，民革市委在市政协九届三次会议上作《做好台属和定居台胞工作》的发言，受到关注。

1996年，民革市委承担市政协关于制订无锡市“十五”计划建议案中关于“十五”计划基本思路课题的研究和论证。提出《对我市贯彻实施劳动法的几点建议》和《关于修复“抗战胜利纪念塔”的建议》两件提案。1997年，市民革关于《不许拖欠教师工资》《恢复树立抗战胜利纪念塔》《制订和实施我市可持续发展战略》等3件提案被评为省、市政协优秀提案。1998年，在市政协十届一次全会上，市委副主委王哲曾代表民革市委作《关于我市城郊结合部环境卫生整治的几点建议》的发言；市委以党派名义提出《关于我市城郊结合部环境卫生整治工作的建议案》《关于完善我市职工医疗保障制度的建议案》《关于将李纲“草仓祠诗碑”移回成性寺的建议案》和《关于加大推广使用无磷洗衣粉力度的建议案》（与市民盟联合提出）。市政府分管领导对上述提案都及时批示，并得到基本落实。1999年1月，在市政协十届二次会议上，民革市委提出的《关于加强技工教育提高职工素质的建议案》《关于巩固和发展养老福利设施的建议案》《关于保护寄畅园周边环境的建议案》《关于帮助解决民用煤行业困难的建议案》得到市政府领导的批示和落实。开展“议政日”活动，收到意见、建议40余条。担任省、市、区各级人大代表和政协委员的18名民革党员在各级人大和政协会议上共提议案、提案和建议49件。

2000年，民革市委开展“我为民革参政议政贡献什么”的主题活动。“议政日”活动收到意见、建议40余条。在市政协十届三次会议上，民革市委以党派名义提交《抓住试点机遇，以全方位创新推进科技兴市》《关于学习先进经验，振兴无锡经济的建议案》《关于物业管理法制化、市场化、规范化的建议案》《关于切实加强对流动人口卫生防病防疫管理工作的建议案》等4件集体提案，各提案均落实。担任省、市、区各级人大代表和政协委员的民革党员在各级人大和政协会议上共提议案、提案和建议50件。2001年，在市政协十届四次全会期间，民革市委作题为《关于健全失业保险制度的几点建议》的书面发言；以党派名义提交《关于贯彻〈台湾同胞投资保护法〉及〈实施细则〉的几点建议》《关于健全失业保险制度的几点建议》《关于无锡市与新江南大学相互支持共谋发展的建议》《关于增强劳动保障监察力量的建议》《关于加强我市慢性病防治工作的建议》《关于改善无锡城市空气质量，发展“绿色交通”的建议》等6件集体提案，许多意见建议在实践中得到采纳。

2002年，民革市委在市政协十届五次全会期间，提交《加强社区老龄工作，发展社区养老服务业》的大会书面发言和《拆临拆违中应注重三个结合》《关于筹建无锡国际会展中心的建议》《关于发展绿色产业的建议》《关于缩小企事业单位退休人员收入差距的呼吁》《关于在市中心建设停车楼的建议》《关于真正实现“规划先行”的建议》《关于加强社区老龄工作，发展社区养老服务业的建议》《完善担保公司运作，促进无锡经济发展》等8件集体提案。《加强社区老龄工作，发展社区养老服务业》的提案被市政协评为年度优秀提案。2003年，民革市委在市政协十一届一次全会期间作《提高出生人口素质，为现代化建设提供优质人口资源》大会发言，民革市委以党派名义向大会提交11件提案，7名市政协委员以个人名义提交19件提案。

2004年，民革市委参政议政工作委员会被民革江苏省委评为参政议政先进集体。2005年，共上报统战信息80条。被中央统战部录用两条，其中《警惕部分台商在台湾民众中的误导作用》得到统战部部长刘延东批示；被市“统战信息”录用10条。上报社情民意80条。在政治协商会上，提出《关于加强农村富余劳动力转移就业的建议》，受到市委、市政府领导好评。提案《引江济太值得商榷》和《关于开展无锡市基底构造特征及断裂构造探测研究的建议》引起市领导的高度重视，“引江济太”提案被提交省政协全会；“基底构造”提案提交后，市政府专门向地震局拨款300多万元用于该项探测。2002～2005年，民革市委以集体和个人名义上报各级人大、政协的提案、议案近400件，上报社情民意300余条、信息150余条，被中央统战部录用6条，全国政协录用4条，其他各级党政部门录用36条。被中央级媒体录用稿件3篇、省级媒体录用10多篇、无锡市媒体录用15篇。

1990年，市民革有特邀（约）市级参政人士1人，后逐年增加，至2005年有8人。

1986～2005年无锡市民革成员任各级人大代表和政协委员统计表

表26-1　　　　单位：人

年份	省人大代表	市人大代表	区人大代表	省政协委员	市政协委员	区政协委员	备注
1986～1987	—	1 [九届]	2～5（1）	1 [五届]	7（1） [七届]	10（2）～9（1）	市政协副主席1人
1988～1992	—	2 [十届]	5～3（1）	2～3 [六届]	4（1） [八届]	9（1）～11（2）	市政协副主席1人 区政协副主席1～2人
1993～1997	—	2（1） [十一届]	2	2 [七届]	5（1） [九届]	9（3）	市政协副主席1人 区政协副主席2人
1998～2002	1 [十二届]	1 [十二届]	3	2 [八届]	7（2） [十届]	9（4）	市政协副主席1人
2003～2005	1 [十三届]	4 [十三届]	1	1 [九届]	9（3） [十一届]	27（6）	市政协副主席1人 区政协副主席1人

说明：（ ）内为常委数。

第四节　调　研

1986年后，民革无锡市委组织开展各种调研活动。1990年10月，在“三胞”（台湾同胞、港澳同胞、海外侨胞）亲友中进行一次专题调查，写成《做好“三胞”工作，促进祖国统一》专题调查报告。调查对象有干部、教师、医生、工程技术人员和家庭妇女共100人，调查时限1987年11月～1990年10月，调查内容主要是如何做好接待“三胞”工作。通过调查，收集整理热情接待、拒收财物，促进文化交流，引进外资，宣传政策以及“三胞”热爱祖国，拥护统一等先进事例。

1991年，民革无锡市委对全市“三胞”（主要是台胞）亲友进行专题调查，并撰写调查报告，提出做好“三胞”亲友工作的9条意见和建议，11月29日，举行专题调研汇报会。1992年，部分党员完成《关于老龄问题的调查报告》和《关于引进台资办好台资企业的几点思考》两篇调查报告，并于12月26日召开专题调研汇报会。1993年10月，民革市委写成《关于部分台资企业的调查报告》，就改善台商投资的软环境等问题提出6项建议。

1995年，民革无锡市委形成《关于我市贯彻实施劳动法情况的调查报告》，就实行劳动合同制、妥善安置富余人员、失业和养老保险日趋完善等方面的成绩及问题作出评估。1996年，在贯彻劳动

图 26-1　2000 年，市民革成员到现代农业企业调研（实林摄）

法的基础上形成《关于企业养老保险工作的几点建议》调查报告。1997年，第二支部组织部分教育界党员对无锡市部分中学图书馆抽样调查，撰写出《关于中等学校图书馆的滞后现状亟待改变的建议》的调查报告。1999年，民革市委与市政府台湾事务办公室联合开展无锡新台属情况的专题调研，形成调研报告，提出有关建议，促使逐年增多的涉台婚姻健康发展，调动新老台属的积极性。民革市委开展无锡医改方案与中央医改方案接轨和住宅小区物业管理的专题调研。2000年，对全市3个市（县）和3个区贯彻实施台湾同胞投资保护法和实施细则的情况调查，形成调研报告，提出建议。对失业保险情况调研，指出存在问题，提出改进和完善意见和建议。

2003年，民革参政议政委员会撰写《发挥优势，探索民革组织对台工作新思路》调研论文。妇女工作委员会和市计生委合作撰写《关于我市开展出生缺陷干预工作》调研报告。调研报告《落实"三个代表"思想维护老年人合法权益》，得到中共无锡市委书记王荣的批示。2005年，调研报告《危机、转机、良机——新时期对台工作思考》被民革中央《团结》杂志录用。调研报告《关于建立全社会综合预警系统的若干建议》得到市领导批示。

第五节　社会服务

80年代初期，为了满足社会需要，民革无锡市委创办中山业余学校，从初高中补习班开始，以后又先后开设高考复习班，电脑、日语、烹饪等专业技能培训班。进入21世纪后，和省内有关高校联合开办多个专业的成人大专学历班。学校从1983年创办到2005年停止招生，毕业学生累计1.3万余人。学校多次被市政协、民革江苏省委评为先进集体，两次被市政府评为无锡市成人教育先进集体，2005年被民革江苏省委评为社会服务先进集体。

1987年，民革无锡市委成立无锡市中山经济技术咨询服务部，组织民革成员中的建筑、机械、电子等方面的专业人才，为企业开展技术设计、技术咨询、科技攻关，完成相关项目的设计，为企业解决科技难题。

1988年后，民革成员更多地参与社会公益活动。80高龄的党员朱绍曾在家乡雪浪镇开办中学生英语补习班，免费为镇上的学生补习英语，10多年先后辅导近百名学生。1992年，民革党员邹政之联络海外友人引进资金开办"松柏之家"，免费为"三胞"眷属提供文化娱乐、保健咨询和旅游联谊，先后几年接待"三胞"眷属600余人。1994年，彭亚忻的《城市现有地层震害预测智能辅助决策系统》论文，获中国地震局科技进步二等奖。

1995年起，民革党员翁正统连续10年资助湖北恩施州两名土家族儿童从小学一年级读到初中毕业。1997年，民革无锡市委机关为延安杨家岭中学建设捐款3000元，并捐赠打字机1台、书籍百余册。1998年，全市民革成员为长江洪涝灾区捐款1万余元。2002年1月，在无锡市各界慈善医院现场募捐大会上，民革无锡市委机关人员当场捐款2000余元。2003年，党员穆棣的论文《韭菜帖系列考》获首届中国书法兰亭奖理论奖。

第六节　重大纪念活动

民革无锡市委每逢孙中山、宋庆龄诞辰等纪念日，均及时组织活动。1986年11月11日，民革无锡市委举行孙中山诞辰120周年纪念大会。同日举办展览会，展出孙中山当年从事革命活动和有纪念意义的历史文物以及书、画、照片等共36件，其中包括孙中山为《无锡指南》所题刊名，用199枚"总理奉安"纪念邮票贴成的"总理奉安"4个大字，还有孙中山安葬纪念币和"开国纪念币"。11月12日孙中山诞辰日，民革市委组织参观江阴黄山炮台、中山公园，瞻仰中山塔，追忆孙中山至江阴视察和关心江阴交通事业的历史事迹，举行电影招待会，观看故事片《孙中山》，举办孙中山生平、革命业绩知识竞赛。

1993年6月5日，为纪念宋庆龄诞辰100周年，民革无锡市委在蠡园举办《孙中山与宋庆龄革命史迹展览》。展览收集整理孙中山、宋庆龄在各个革命时期的675件（幅）照片、图片资料，反映他们的生平革命史迹。全国政协副主席、民革中央名誉主席屈武为展览题写匾额。展览为期8个月，接待各界参观者约20万人。

1994年6月16日，为纪念黄埔军校建校70周年，黄埔同学会江苏省无锡市联络组成员一行6人，赴南京中山陵谒陵。6月22日，无锡市联络组举行纪念黄埔军校建校70周年茶话会。1995年，为纪念抗日战争胜利50周年，召开纪念抗日战争和世界反法西斯战争胜利50周年座谈会；《无锡民革信息》出版征文专刊；在全体民革成员中进行纪念抗日战争和世界反法西斯战争胜利50周年知识竞赛；向中共无锡市委、市政府提出"关于修复抗战胜利纪念塔"的提案，得到市领导的重视。抗战胜利50周年前夕，在城中公园老干部活动室东墙边（原塔址旁），又重新矗立起"抗战胜利纪念塔"石碑。1996年11月12日，民革无锡市委举行纪念孙中山诞辰130周年座谈会。民革市委机关刊物《无锡民革信息》刊登纪念文章。2001年10月，与市历史学会联合举行纪念辛亥革命90周年座谈会，主委秦蕴石代表民革无锡市委作主题发言，民革文史工作委员会举行纪念征文活动，《无锡民革》发表纪念文章5篇，其中雷炎燕的《在中山先生身边的日子里——追忆我的父亲雷彪》一文刊登在《江苏民革》上。

2005年，在纪念中国人民抗日战争暨世界反法西斯战争胜利60周年活动中，民革成员徐志鳌和刘坤申获中共中央、国务院、中央军委颁发的纪念中国人民抗日战争胜利60周年纪念章。

第七节　接待出访

1986年后，民革无锡市委机关和成员每年接待海外亲友近百人。1992年，部分党员牵线并参与接待海外"世界至德宗亲会"泰伯后裔198人，赴无锡县梅村泰伯庙祭祖。在上马墩地区创办"松柏之家"，为"三胞"及其眷属回大陆探亲旅游、洽谈商贸、开展文化交流提供无偿服务。在无锡市和湖州市创办两家中外合资企业。2002年3月30日台湾大地震后，立即组织有台湾关系的成员与台湾亲友通电话，了解灾情，送去大陆亲人的问候，同年接待在南京参加孙中山研讨会到无锡旅游的台湾高雄工业专科学校校长、博士吴建国，台湾大学历史系教授赵雅书，台湾中华会长、博士马起华等6人。民革成员吴伟勋多次接待全台吴氏宗亲名誉理事长、台湾国民党副主席吴伯雄及夫人到无锡访亲祭祖。2004年初，市委主委秦蕴石带领7名民革成员组团访问台湾。至2005年，先后单独组团三批共计30余名成员赴台交流考察探亲访友。是年5月，台湾新党主席郁慕明应邀到无锡访问，受到中共无锡市委、市政府领导和民革无锡市委领导的接待。是年，民革无锡市委有台湾港澳同胞和海外侨胞"三胞"关系近500人，其中台胞关系400余人，担任重要职务的近50人。

第二章　中国民主同盟无锡市委员会

第一节　代表大会

1987年11月27～28日，民盟无锡市第七次盟员代表大会召开，出席代表102人。大会选举产生民盟无锡市第七届委员会，委员31人，常务委员13人，主任委员李谷郇，副主任委员何莘耕、童有勇、范士元，秘书长范士元（兼），名誉主任委员冯晓钟，顾问钱钟夏、徐为裳。

1992年1月10～11日，民盟无锡市第八次盟员代表大会召开，出席代表120人。大会选举产生民盟无锡市第八届委员会，委员30人，候补委员3人，常务委员10人，主任委员丁霄霖，副主任委员童有勇、殷显华、王竹平，秘书长殷显华（兼），名誉主任委员冯晓钟，顾问李谷郇、何莘耕、徐为裳。

1996年12月1～2日，民盟无锡市第九次盟员代表大会召开，出席代表161人。大会选举产生民盟无锡市第九届委员会，委员33人，候补委员3人，主任委员丁霄霖，副主任委员王竹平、殷显华、吴大伟、彭奇均，秘书长殷显华（兼），顾问李谷郇、何莘耕、徐为裳。

2001年11月22～23日，民盟无锡市第十次盟员代表大会召开，出席代表161人。大会选举产生民盟无锡市第十届委员会，委员41人，主任委员王竹平，副主任委员彭奇均、吴建中、皮何总，秘书长吴建中（兼），顾问李谷郇、何莘耕、徐为裳。

图26–2　民盟无锡市第九次代表大会合影　　（民盟无锡市委供稿）

第二节　组织建设

1986年1月，民盟无锡市委成立社会服务部。时有盟员357人。1987年2月，民盟无锡市委成立科技咨询服务部。11月，第七届委员会下设组织部、宣传部、社会服务部、办公室。时有盟员400人，分属29个基层组织。1988年3月，民盟无锡市委设教育工作委员会、文艺工作委员会、“三胞”联络工作委员会、妇女工作委员会、财务审核组。4月，成立离退休工作委员会。11月，成立民盟江苏书画会无锡分会。

1992年1月，无锡市有民盟盟员551人，分属34个基层组织。6月，成立高教工作委员会、中专职教工作委员会、妇女工作委员会、文化工作委员会、普教工作委员会、"三胞"联络工作委员会、扶贫工作委员会、离退休工作委员会。1996年12月，有盟员760人，分属40个基层组织。1997年5月，民盟无锡市委设立教育工作委员会、文化艺术工作委员会、三胞联络工作委员会、老龄工作委员会、参政议政工作委员会、妇女工作委员会、统战理论研讨组。2005年，锡山区总支被民盟中央评为全国先进基层组织。年末，无锡市共有盟员1097人，基层组织66个。

第三节　参政议政

1988年3月，民盟市委成立统战理论研讨组，并作为团体会员加入市统战理论研究会，至1990年进行两次研讨活动。1992～1996年，民盟第八届无锡市委围绕无锡市国民经济和社会发展、精神文明建设、民主法制建设等人民群众关心的热点问题提出各类建议、提案共500多条。其中，在市政协八届四次全会上，4位盟员就《"八五"计划要体现两个文明建设一起抓》《从太湖无锡湾蓝藻暴发说起》《培养有较高外语水平的合格新生的建议》《要减轻学生课业过重负担》等作大会发言，内容均有前瞻性。其中，《关于尽快建立无锡教育电视台》提案被列入1996年两个文明建设目标，《关于制订义务教育阶段素质教育评估标准，巩固我市义务教育》提案被列入市教委议事日程，关于《确保我市技工学校经费投入》《建议在我市限制使用含磷皂粉》《制订和实施可持续发展战略》等集体提案和《加强对烟草市场检查和打假》《加大技术市场投入，加速技术市场发展》《培育皇亭小吃市场，发展地方速冻食品》《加强对出租车管理，建立统一指挥系统》等个人提案被评为第九届政协的优秀提案，占九届市政协优秀集体和个人提案的近1/7。1995年，继续开展"我们只有一个太湖"系列活动。同年，在中共无锡市第九次代表大会前夕的"双月谈"上，民盟无锡市委提出将可持续发展战略列入无锡经济发展战略的建议。

1996年7月，民盟无锡市委与华东信息日报社联合主办"限制使用含磷皂粉治理太湖水质污染"座谈会，市政协等20多家单位的领导或代表和有关无磷洗衣粉生产厂家的代表参加会议，一致同意在无锡地区必须推广使用无磷皂粉、限制含磷皂粉以制止太湖水质恶化。1996～2000年，民盟第九届无锡市委在市政协十届一次全会期间共提交集体提案8件、个人提案29件。其中《大力加强社区建设》提案被评为优秀集体提案，程麟寅《全社会支持纺织压锭，各行业帮助分流安置下岗职工》、吴大伟《抓住机遇，加快构建无锡大师范教育体系》提案被评为优秀个人提案。在市政协十届二次全会期间，民盟市委共提交集体提案18件、个人提案46件。其中《管好零售发票，保证税金征收》提案被评为优秀集体提案。此外，民盟无锡市委还向中共无锡市委、市政府提出《关于将可持续发展战略列为市"十五"计划发展战略之一》建议，并在市政协八次常委会议上作专题发言。

2001～2005年，民盟第十届无锡市委共向市政协全会提交集体提案42件、个人提案110件。其中《关于调整市区中等学校布局，进一步优化中等教育的提案》《进一步加强太湖大道的设施建设和交通管理》《关于尽快出台合理配套的"退城进园"政策的建议》和《加强自主知识产权建设，促进经济社会持续健康发展》等被列为市政协重点督办提案，《关于加快我市城市综合执法的建议》《关于尽快出台合理配套的"退城进园"政策的建议》等被评为优秀集体提案。高亚光《关于生产力布局调整具体操作的若干建议》、薛新奇《关于构筑"投资无锡"平台，逐步开放城市基础设施、经营市场的建议》被评为优秀个人提案。共报送统战信息及社情民意400余条，被上级录用近150条。其中《胡锦涛同志的走访是多党合作的典范》等信息被中央统战部采用，《关于我省"非典"病人集中治疗的建议》等信息被省委统战部录用。盟员庄若江《关于加快发展我市影视产业的建议》被评为优秀社情民意。

1990年，市民盟有特邀（约）市级参政人士两人，2005年22人。另有特邀（约）区级参政人士每年一二十人不等。

1986～2005年无锡市民盟成员任各级人大代表和政协委员统计表

表26-2　　　　单位：人

年份	全国人大代表	省人大代表	市人大代表	各区人大代表	全国政协委员	省政协委员	市政协委员	各区政协委员	备注
1986～1987	—	4 [六届]	24（3） [九届]	8	—	3 [五届]	42（7） [七届]	21（2）	市政协副主席两人、副秘书长1人 区（县）人大常委会副主任1人、政协副主席两人
1988～1992	—	2 [七届]	15（1） [十届]	8～6	—	5 [六届]	38（10）～39（11） [八届]	21（2）	市政协副秘书长1人、副秘书长1人 区（县）人大常委会副主任1人、政协副主席3人
1993～1997	—	2 [八届]	15（1） [十一届]	9（3）	—	4（1） [七届]	32（7） [九届]	34（11～6）	市政协副主席1人、副秘书长1人 区（县）政协副主席3～2人
1998～2002	—	2 [九届]	11 [十二届]	21（2）	1 [九届]	3 [八届]	33（8） [十届]	73（15）	市政协副主席1人、副秘书长1人 区（县）政协副主席两人
2003～2005	1 [十届]	2 [十届]	11 [十三届]	21（2）	—	3 [九届]	37（8） [十一届]	73（15）	市政协副主席1人 区（县）政协副主席4人

说明：( )内为常委数。

第四节　调　研

1986年，为贯彻实施《中华人民共和国义务教育法》，民盟无锡市委组织盟员到10多所中小学开展调研，形成《实施义务教育法及当前初中教育现状调查报告》，分送中共无锡市委、市政府和市教育局，其中部分内容和建议被民盟江苏省委采纳，在民盟中央召开的18省、市贯彻实施九年制义务教育研讨会上交流。1988年4月，对全市教育事业情况和中等教育职称评审工作情况调查；1990年，在轻工业学院、江南大学和教育学院对优化大学生教育环境问题调查，两调查报告呈送市教委、民盟江苏省委员会。1992年始，民盟无锡市委主动服从和服务经济建设，开展调查研究，选好课题，围绕无锡市的重点工作，反映社情民意，提出意见和建议。至1996年，共形成调查报告20余篇，其中《当前教育事业中值得注意的几个问题》《关于再就业工程情况调查》《对当前合资企业的一些看法和建议》《关于保护耕地的情况调查》《关于技工学校经费调查》《教师队伍的潜在危机》《关于我市群众文化设施情况的调查》《建立健全社会保险体系，促进私营企业健康发展》《关于无锡市私营企业失业保险问题》等调查报告，从多个领域向中共无锡市委、市政府建言献策。其中《保护耕地的情况调查》，具体提出加强土地使用的规划管理、建立土地和耕地保护责任制、改进土地使用和审批管理、促进集约用地、提高土地综合利用率和采用新的国民经济核算体系等6条对策措施建议。

1993年，民盟无锡市委、江南大学文化发展公司共同发起“我们只有一个太湖”系列活动，召开无锡市环保专家学者和有关领导参加的座谈会，共商治理太湖污染大计，并在《无锡日报》发表座谈会纪要，第一次较全面地把太湖污染问题摆到公众面前。1994年，民盟无锡市委在市政协九届二次全会上作“重视保护太湖，防止太湖水质污染”的大会发言，支持以盟员张瑞涛为首的课题组完成“无锡太湖水源蓄积性蓝藻藻毒去除及利用”的研究，《人民日报》海外版转登由民盟无锡市委和华东信息日报社合写的报道《太湖蓝藻去毒难题被攻克》一文。同年8月，市政协专门为民盟无锡市委召开无锡太湖水源蓄积性蓝藻藻毒去除及利用研究项目专家论证讨论会。1995年，民盟无锡市委又向市政协九届三次全会提交《逐步限制使用含磷皂粉》的提案，提案内容被列为无锡市治理太湖水质污染10条措施之一。

1996年，民盟无锡市委联合市政协、市环保局等单位和10家新闻单位召开“关于限制使用含磷皂粉”的座谈会。同年，民盟无锡市委参加省政协举办的太湖流域水质污染防治研讨会，发表治理太湖的意见和建议。民盟无锡市委在市政协九届四次全会上作“树立可持续发展观，促进经济社会与环境协调发展”的发言，在《江南论坛》1996年第三期发表《试论可持续发展理论》一文。1997年，民盟无锡市委撰文《我们只有一个太湖》在《光明日报》发表，《情系太湖》一文在《中国统一战线》发表。1998年1月，《情系太湖》一文获中共中央统战部、光明日报社1997年“同心谱”征文三等奖。1999年，中共无锡市委、市政府为制订“十五”计划广泛征求听取各民主党派的意见和建议，民盟无锡市委提交《关于将可持续发展战略列为我市“十五”计划发展战略之一的建议》。

1997年后，民盟无锡市委继续围绕科教兴国和可持续发展战略调研，形成《关于保护耕地的调查》《关于河道整治的调查和建议》《关于我市社区建设的调查和建议》《对“税改费”问题的几点建议》《对我市医改的思考》《苏南锡澄两市村镇农村现代化建设情况报告》《江阴璜土镇特色农业调研报告》《加快各级各类图书馆协调发展，促进创建文明城市进程和加快城市现代化步伐》《关于加强我市德育工作的调查和建议》等专题调研报告，得到市委、市政府领导的重视。其中《江阴璜土镇特色农业调研报告》经分管副市长批转至三市（县）的农业部门，形成《加快发展特色农业，推进农业机构调整》一文，参加第四届环太湖地区21世纪可持续发展战略学术研讨会。《关于保护耕地的调查》在《无锡日报》全文发表。是年，民盟无锡市委加强与政府部门的联合调研活动。与市劳动局联合开展再就业状况调查，形成《无锡市再就业工程情况调查报告》，以市劳动局、市民盟的名义，在《无锡日报》上连载《无锡再就业工程问答》共8期。

2002年始，民盟无锡市委连续开展“一支部一调研，一盟员一建议”活动。2002年，与市园林局联合调研，形成《关于加快培育我市旅游支柱产业的调查和建议》；与市陶行知研究会、市教育局联合调研，形成《中小学师德现状的调研报告》。2003年，与市园林局联合调研，形成《关于全面启动“绿色无锡”三年行动计划的调查和建议》；与市陶研会开展调研，形成《关于我市中小学课改情况调查》；与市农业局开展调研，形成《关于我市无公害农产品情况的调查和建议》。2004年，与市园林局、市教育局、市陶行知研究会、市农业局和市科技局等有关部门联合调研，先后形成调研报告11篇。2005年，完成《关于构建我市和谐社区的调查和建议》《传承历史文化，打造山水文化名城》《关于市区民工子弟学校办学状况的调查和建议》等多篇调研报告。其中关于民工学校的调研引起社会关注，市社科联《社科通讯》出专刊登载。

第五节　社会服务

民盟无锡市委在鼓励盟员做好本职工作的同时，发挥盟组织智力密集的优势，开展扶贫帮困、捐资助学、科技咨询、社会办学等社会服务活动。

民盟无锡市委创办的时代业余学校由单一的外语培训，逐步发展为多学科、多层次的综合性学校。1986年5月，为东亭乡举办乡镇企业财会培训班1期，培训学员60人。1987年，为无锡县华庄镇举办厂长、经理经济管理培训班1期，为无锡县纺织仪器厂举办技工短训班1期。至1987年，先后开设班级201个，培训学员7200余人次。科技咨询服务部成立后至1990年末，共进行科技咨询服务282项。1994年，民盟市委、锡师附小和市儿童福利院联合举办“献爱心、做好事、庆六一”联欢活动，市儿童福利院40名孤儿参加活动。民盟市委机关干部为儿童福利院募集3万余元的食品和钱款。1996年，开展“献爱心、做好事、做实事”系列活动。1998年，民盟市委、市国画院举办书画赈灾义卖活动，义卖款两万余元和余下的书画、画册全部捐赠市慈善总会，作为抗洪救灾款。2002年，民盟无锡市委向青海省定西县香泉民族中学捐赠电脑应用教材3200册，盟员许嘉明向拉卜楞藏民小学捐款5000元。民盟江阴市委在江阴市慈善基金会发起的慈善捐款活动中捐款8万余元，其中盟员费学军个人捐款5.5万元。在民盟江苏省委召开的社会服务工作会议上，民盟无锡市委受到表彰，许嘉明被评为先进个人。2003年，滨湖区一支部资助无锡市第二工业学校1名女生部分学习费用；南长区支部开展“扶贫帮困献爱心”活动；江苏信息职业技术学院全体盟员连续多年以交纳“特殊盟费”的形式作为帮困助学基金；盟员许嘉明连续多次向拉卜楞藏民小学10名贫困学生提供资助，共捐款1万元；民盟无锡市委联合市陶行知研究会成立行知科技学院，招收新生500余人。2004年，民盟江阴市委和惠山区总支分别开展“我为民盟增光彩”“我为江阴发展献一计”和“创造新业绩，树立新形象”专题活动。滨湖区一支部在民盟无锡市委、市商业银行、青山湾街道党工委和青山社区居委的支持下，开办暑期辅导班，共义务辅导中小学生60余人。民盟江阴市委组织盟内书画家义务为群众书写春联600余幅。在与梨庄中学联合开展的“携手互助”活动中，民盟无锡市委向梨庄中学捐赠1套价值5000余元的《中外经典视听图书馆》，并由民盟无锡市委和基础教育委员会成员个人共同出资1500元，资助学校3位贫困学生。江南大学委员会在滨湖区大丁村民工小学开展“帮教助学”活动，发动盟员捐书1000余册，为学校办1个百科图书室。2005年，江阴盟员郁光宙出资10万元创建江阴市羽毛球培训中心，盟员费学军捐资10万元资助医院、学校及孤儿，盟员曹亚平捐资3万元资助贫困学生，盟员李惠珍出资5万元在山观中学设立奖学金；锡山区总支盟员王兴禾向锡山区教育局捐款5000元，分别资助天一中学和东亭中学学生各1人；由民盟无锡市委牵头，盟员奚觉民持续3年资助1名贫困小学生和1名贫困大学生。中教联合支部盟员王培应香港乐施慈善基金会的邀请，赴贵州为山区教师培训讲学。

第三章　中国民主建国会无锡市委员会

第一节　代表大会

1988年10月6～8日，民建无锡市第六次代表大会召开，出席代表149人。大会选举产生民建无锡市第六届委员会，委员46人，常务委员14人，主任委员庄申，副主任委员季文宝、苏红平、赵龙，秘书长袁珏为，顾问李永锡、丁永铭等11人。

1992年1月13～15日，民建无锡市第七次代表大会召开，出席代表164人。大会选举产生民建无锡市第七届委员会，委员45人，常务委员11人，主任委员庄申，副主任委员季文宝、苏红平、赵龙、陈日藻、吴景平，秘书长吴景平（兼），顾问王恒沛。

1996年10月16～18日，民建无锡市第八次代表大会召开，出席代表164人。大会选举产生民建无锡市第八届委员会，委员45人，常务委员12人，主任委员赵龙，副主任委员吴景平、过燮康、彭杏林、张慕农，秘书长吴景平（兼），名誉主任委员庄申，顾问王恒沛。

2001年11月14～16日，民建无锡市第九次代表大会召开，出席代表164人。大会选举产生民建无锡市第九届委员会，委员44人，常务委员11人，主任委员赵龙，副主任委员过燮康、过丹、华博雅、许建樟，秘书长许建樟（兼），名誉主任委员庄申，顾问王恒沛。2005年1月，委员会届中调整，华博雅任主任委员，王萍等8人增补为委员。

第二节　组织建设

1986年，无锡市共有民建会员319人，增补副主任委员、副秘书长各1人，增补常委3人、委员4人。1988年初，民建无锡市委机关设置组织处、宣传处、社会服务处等3个职能机构，充实干部力量。至1988年6月，全市会员503人，平均年龄58.2岁。至年末，共有29个支部。民建无锡市委在发展组织的同时注重巩固工作，采取多种形式加强基层骨干和新会员的学习培训，推动各基层支部健全各项规章制度，增强支部活力，并创造条件使综合、行业支部逐步向单一企业支部过渡，以发挥基层组织作用。至1992年，会员总数620人，基层支部36个。

1993～1996年，民建无锡市委从提高基层组织的整体素质，以适应跨世纪的新老交替和多党合作对参政党的工作要求出发，坚持“在工作中发展，发展为了工作”的方针，积极争取市各级统战部和各级基层组织的关心支持，共发展新会员140人，平均年龄从1992年的58.5岁降为1996年的55岁。民建无锡市委重视和加强基层组织建设，将两个跨行业支部改组为1个行业支部，新建4个支部，江阴支部升格为总支部。至1996年末，共有会员740人，基层总支部1个，支部41个，会员中具有中高级职称的占68.8%。在鼓励先进、再创新业的评先创优活动中，先后有一批支部和会员分别被民建中央、省、市评为先进集体、先进个人。

1997～2001年，民建无锡市委坚持政治素质第一的原则，注重发展中高层次的代表性人士，有专业特长、年富力强的人士以及少量的非公有制经济代表人士入会，使会员的年龄结构、知识结构和专业结构得到改善。至2001年6月末，全市有会员923人，平均年龄55.2岁，其中具有中、高级职称的占71.6%；基层支部54个，基层总支部1个，县级市委1个。其间共发展新会员234人，其中大专以上学历196人，占83.8%；中高级以上职称151人，占64.5%。新建机关直属、北塘、民营等支部，江阴总支升格为市委，宜兴支部升格为总支部。完成因区划调整引起的3个区级支部的重组，健全基层支部组织生活制度，支持和组织基层支部开展形式多样的交流联谊活动，增强支部活力。

2002～2005年，民建无锡市委根据民建中央组织发展工作“注重质量、注意数量”的方针，会员总数1103人，其中大专以上学历851人，中高级职称804人，平均年龄54.7岁。有县级市委1个、基层总支部6个、基层支部49个。民建无锡市委注重人才储备、选拔、培养工作，共组织6期新会员暨骨干会员培训班，培训会员300多人次，选送40多名骨干会员参加社会主义学院学习，组织50多名干部参加省民建组织的培训班。先后对40多个支部进行调整，成立惠山、南长、锡山和崇安等4个区级总支部和首个行业总支部——医药总支部。民建市委以全国先进支部——机械科技支部创建“学习型”支部为典范，开展“一支部一调研”“文明达标支部”创建等学习型支部的创建活动，提升基层组织的制度化、规范化建设水平。2002年10月、2003年11月，民建中央主席成思危、副主席路明分别到无锡，参加机械科技支部组织生活。2005年12月，在中国民主建国会成立60周年纪念大会上，机械科技支部获“全国先进支部”称号。

第三节　参政议政

1986年，无锡市民建会员担任各级人大代表、政协委员128人次，担任政府及有关部门县处级领导12人次，参加人大、政协的各项活动，开展调查研究、参观视察，并积极提出提案和建议。1987～1988年，民建无锡市委组织和推动会员中的人大代表、政协委员和基层骨干共提出有情况、有分析、有建议，具有较强可行性的17份专题调查材料。1988年，民建无锡市委成立参政议政研讨组，市合众玻璃厂支部、市柴油机厂支部、压缩机厂支部等为单位工作献计献策，发挥协商监督和参谋助手作用。是年，民建会员担任各级人大代表、政协委员106人次，担任政府及有关部门县处级领导12人次。1989年，民建无锡市委组成参政议政研究委员会，使参政议政工作逐步做到经常化、制度化。至1992年1月，民建会员共有120人担任各级人大代表和政协委员，担任政府及有关部门县处级领导13人次。共提出提案、建议98项。其中《关于发展乡镇企业十三条建议》《关于加强社会商业管理建议》《关于搞活大中型企业拾遗补缺的建议》《关于中药材实行专营的建议》《关于我市4万吨轻瓶工程项目顺利建成投产的几点建议》等43份书面材料，受到中共无锡市委和市政府的高度重视和部分采纳。

1993年，民建会员担任各级人大代表、政协委员121人次，担任政府县处级以上职务7人。至1996年，担任各级人大代表、政协委员133人次，政府县处级以上职务11人，共提出提案、意见和建议436件，完成专题调研建议材料54篇，其中《关于搞好国有大中型企业的几点建议》《关于转换国有企业经营机制，建立现代企业制度过程中的几点建议》《关于国有亏损企业解困的几点建议》《国有企业要大力推进两个根本性转变》等4篇材料在市政协全会上作为大会发言。为拓宽参政议政渠道，民建无锡市委组建信息员网络，按照信息工作要求归纳、整理上报信息150多条，并连续两年被评为江苏省民建信息工作先进集体。

1997年，民建成员担任各级人大代表、政协委员109人次，担任政府县处级以上职务4人，2001年担任各级人大代表、政协委员128人次，担任政府县处级以上职务5人。累计向市政协历次全会递交集体提案43件，个人提案或意见建议563件，专题调研报告40份，上报信息350条，分别得到市有关部门的办复。在市政协全会上的专题发言有：《关于深化我市国有商业体制改革，充分发挥主渠道作用的建议》《关于稳步推进和深化国企改革的几点建议》《贯彻十五届四中全会〈决定〉精神，进一步完善国有控股公司运作机制》《无锡外向型经济与昆山、吴江的差距及建议》等，受到市领导的重视和采纳；《对民主党派参政议政专题调研报告要及时反馈的建议》《为民办实事，查处伪劣酱油，规范酱油市场管理》《加大对企业一把手（法人代表）离任审计的力度》等集体提案和委员个人提案分别被评为市政协优秀提案。民建无锡市委围绕经济建设和各项社会事业的协调发展，就稳定和加强农业基础地位，加快国有企业改革和发展等问题调查研究，论证上报的专题调研材料得到党政领导和有关部门的重视、批复和采纳，其中包括《我市外向型经济与昆山、吴江的差距与建议》《关于稳步推进和深化国有企业改革的几点建议》《优化粮食种植结构，开拓啤麦生产新路》《关于加强对我市劳动力、房地产和家政服务等中介机构监督管理的建议》《关于全社会关心、重视、支持敬老院事业的建议》等。

2002～2005年，民建无锡市委参加中共无锡市委、市政府、市政协召开的座谈会、协商会、通报会及视察活动200多次，共向市委、市政府提交调研报告15份，就无锡经济和社会发展的各个方面和社会热点难点问题、“十五”“十一五”规划的修订贯彻实施等重大问题建言献策。市民建会员担任各级人大代表、政协委员的2002年130人次，2005年136人次；担任政府或司法机构县处级以上职务的2002年5人，2005年4人。他们关注民生，反映民情民意，共提交各类提案、建议案等共850多件，其中《关于提升再造无锡纺织产业比较优势的建议》《鼓励和引导民间投资，促进我市经济发展》等被市政协评为优秀集体提案；《关于加快农村医疗体系建设的建议》被列为省、市政协主席重点督办提案，并在省政协、市政协全会上被评为优秀提案，《关于改善我市投资软环境的几点建议》《建议无锡市行政机关实行“朝九晚五”作息制度》《切实关注城市流动人口，加快建立新型城市管理体制》等被市政协评为优秀个人提案。民建无锡市委开展“议政日”“一支部、一调研”及走访座谈，搜集社情民意信息；利用基层支部信息员和特约信息员两支骨干队伍，广开言路，畅通民意表达渠道。共反映社情民意信息300多条，大多数被中央、省、市等有关部门采纳并引起重视，其中：《关心农民、支持农业》《党外人士对全国“两会”的期盼》《防范保险诈骗，促进保险业健康发展》《打击虚假验资，防范金融诈骗》等被《零讯》采纳，《专家建议：慎用亚硝酸盐》被全国政协采用，《农村网吧亟待加强管理》《加强过期药品监管，保证百姓用药安全》《建设新农村必须发展新文化》等信息被《光明日报》刊用，《建议将“三个代表”重要思想载入宪法》等信息被中央统战部采用。

1990年起，市民建每年有特邀（约）各级参政人士一二十人，1996年28人，2005年20多人。

1987～2005年无锡市民建成员任各级人大代表和政协委员统计表

表26-3　　单位：人

年份	全国人大代表	省人大代表	市人大代表	各区人大代表	全国政协委员	省政协委员	市政协委员	各区政协委员
1988～1992	1 [七届]	3 [七届]	15 [十届]	—	2 [七届]	6 [六届]	39 [八届]	—
1993～1997	1 [八届]	2 [八届]	22 [十一届]	16～26	2 [八届]	5 [七届]	29 [九届]	32～46
1998～2002	1 [九届]	1 [九届]	9 [十二届]	14～20	2 [九届]	3 [八届]	29 [十届]	36～73
2003～2005	—	5 [十届]	11 [十三届]	19	2 [十届]	3 [九届]	31 [十一届]	82～91

第四节　社会服务

1986～1988年，民建市委充分利用民建会员绝大多数在工商企事业单位和科研机构从事经济、技术和科研工作的优势，面向中小企业，面向少数民族地区和边远贫困地区，开展经济咨询、工商业专业培训等工作。1987～1988年，完成科技和信息咨询91项，专业培训学员7050人，举办技术知识讲座13次，5500人次听讲。为广西百色地区设计年产1万吨烧碱的项目受到当地政府肯定。至1988年，民建无锡市委接待"三胞"和国外各界人士200多人次。参加荣德生诞辰110周年纪念活动和荣氏海外回故里亲属的接待工作。多次接待中国驻美大使馆医学顾问高景泰，他赠款10万美元和1万元人民币用于无锡医疗和教育事业；多次举办海外见闻报告会、"三胞"亲友座谈等活动。

1989～1991年，民建无锡市委鼓励、推动和帮助会员发挥特长，立足本职，面向社会，作出贡献。其间，会员受到奖励和表彰667人次，涌现出一大批先进人物，有国家有突出贡献中青年专家、全国优秀归侨、侨眷知识分子陈日藻，省、市劳模陆月华，国家"七五"重点项目"清钢联"带头人、中国纺机总公司优秀科技工作者宋毓琳等。1991年夏季，无锡市出现百年未遇的洪涝灾害，民建市委动员会员投身抢险救灾活动，共捐赠救灾钱物折款5000多元、粮票1000多公斤。共完成技术设计、咨询项目332项。举办业务知识培训班12个，培训3800人次。开展"三胞"亲友会员接待工作和"三引进"协调工作，邀请5名港台商参加无锡市外向型经济恳谈会，引进1家台商合资企业。是年，民建无锡市委发动基层组织和会员开展为"质量、品种、效益年"献计出力活动，共提出合理化建议上百条，增收节支1200多万元。设计或研制成的数控磨床、磨加工自动连线、"清钢联"、高速柴油机用油泵、新型及工艺型空气压缩机、超细纤维等，填补国内技术空白或取代进口。民建市委编发简报12期，报道25个支部、60多位会员在提高产品质量、开发新品、增加经济效益等方面的典型事例。

1992年，在继续开展的"质量、品种、效益年"活动中，压缩机厂、轻工、粮食、化工医药、商业综合等支部会员共开发出干式螺杆机、湿法氧化锌、新型地毯、新型墙布、新型饲料等40多个新品种，创经济效益1124万元；提合理化建议增收节支获益546万元，为企业推销产品创益11255万元。陈日藻、陆月华、吴惠贤、胡毋我、李力、王泉生等获1992年民建全国优秀会员称号，无锡纺机试验中心、机床厂、压缩机厂、轻工粮食等4个支部获1992年民建全国先进集体称号。1992～1996年，先后接待外商、海外亲友83人次，出国考察洽谈近20人，引进中外合资企业20家，引进外资近1000万美元，其中1位成员获全国侨联爱国奉献奖。共完成咨询项目474个，举办工商专业和外语培训班30期，学员近3500人；开展扶贫工作，为苏北睢宁县丝绸厂进行设备调试顺利投产，为徐州市铜山县吴桥乡整顿和开发产品实现扭亏为盈，为高邮市沙堰乡建成两个粮食加工机械项目，为革命老区茅山天王镇建成加工长毛绒出口玩具项目，促成马山纺试中心与安徽长风县合办锡风气流纺纱厂。会员沈耀明、柳昌学出席全国智力支边扶贫经验交流暨表彰会，丝绸支部荣获"全国先进集体"称号。民建无锡市委还向市扶贫救济基金会捐款5000元，向希望工程捐款两万元。

1997～2001年，民建会员5人次获全国性表彰奖励，92人次获省、市级荣誉称号，19个基层支部、209名会员分别获民建全国、省、市表彰或市各民主党派、工商联的联合表彰。会员苏伟生为国防现代化事业开发研制成功飞机涡喷发动机数控系统；会员郑汉兴带领员工多次参加国际烹饪大赛，累计夺得27枚金牌，并与胡毋我一起牵线搭桥促成无锡轻工业大学与加拿大莱姆顿学院在锡联合办大学；会员许跃华设计开发的3100ZLQ型轴流泵获省、市优秀新产品，被无锡市政府授予"有突出贡献中青年专家"称号；民营支部帮助特困生30多人，促成与新疆、宁夏贸易合作两起，与苏北滨海县建成合作项目两个，结对帮助两个贫困户，捐资用于敬老、造桥铺路、建校等15万元。其间，民建市委完成四技咨询项目218个，举办烹饪、服务员、焊接、电脑等专业技术培训班17期，培训学员1000

多人，接待“三胞”56人次，牵线搭桥“三资”项目11个，引进外资1084.65万美元，推进银行与民营企业的信贷合作，鼓励民营企业主会员吸纳下岗职工1000多人，为西部大开发办实事，促成外地民建会员到无锡发展餐饮业。向抗洪救灾、希望工程、社会慈善事业捐款34.77万元，捐衣近400件。2001年起，民建市委共选派50多位会员分别参加民建中央主办的“中国风险投资论坛”“中国非公有制经济发展论坛”和中共无锡市委组织部举办的民营企业家培训班，帮助会内民营企业家拓宽经营思路，提升经营理念。

2002～2005年，民建无锡市委围绕“对内增强凝聚力，对外增强影响力”的工作目标，开展社会服务活动。民建老会员比例超过50%，民建市委组织慰问活动100多次，慰问1000多人次，发放慰问品、慰问金共计10万多元。2002年6月，民建市委组织有关会员随无锡市党政代表团赴延安考察、学习交流，向延安10名优秀贫困生捐赠资助。是年，促成马鞍山市中周集团与北塘区的合作，创办“无锡中周浴业”，该项目首期投资到位6000多万元，当年签约、投资、投产。2003年3月，两地民建组织签订友好合作备忘录，缔结友好协作关系，谋求长期深层次合作。民建市委组织考察团5次赴延安捐资助学，直接资助优秀贫困生1000多人。会员还募集资金，参与援建延安希望小学、文泰华光彩小学、甘泉惠山民建希望小学，建立民建江阴市委爱心助学金。10月，民建市委发起举办“爱我太湖——‘银发’环保健身千里行”活动，作为首届中国无锡太湖博览会系列活动之一，得到沿途几万名群众的签名响应，新闻媒体对活动作40多次报道。2004年6月，民建市委发起“关注宁夏南部山区贫困学生、倾心征集教学电脑支边助教”的倡议，共征集电脑70余台套，分别赠给银川市兴泾镇回民一小和江苏省邳州市第六中学，有关基层支部为宁夏、延安、涟水、宜兴等地中小学捐赠大批课桌椅、书籍，帮助贫困学校建立起“爱心书屋”。2005年3月，民建市委组团赴云南德宏傣族景颇族自治州，开展“关爱西部、真情无限”爱心助学活动。2003～2005年，民建市委支持民营企业家与广西柳州五十菱汽车集团钣金车间达成租赁经营，投资500万元参与国有企业改革，实现销售收入3500多万元，利税500多万元，吸纳下岗工人近百名。

图26-3　2005年，民建无锡市委定点帮扶的洛川水利希望小学挂牌　（民建无锡市委供稿）

2001～2005年，民建会员共捐资捐物折合800多万元，受助贫困人员1100多人次。共接待和联系日本、美国、德国等10多个国家和地区的客商120多批，1000多人次，通过牵线搭桥和招商引资，引进资金1.2亿多美元、人民币2700多万元，引进和洽谈项目17个。

第四章　中国民主促进会无锡市委员会

第一节　代表大会

1987年6月20日，民进无锡市会员代表会议召开，出席代表57人。会议增选9名民进市委委员，民进无锡市第四届委员会委员增加至19人。1988年8月11～12日，民进无锡市第五次代表大会召开，出席代表93人。大会选举产生民进无锡市第五届委员会，委员21人，主任委员刘复光，副主任委员张怀西、周幼权、顾文璧，秘书长范智莹。

1991年1月，举行民进无锡市会员代表会议，增选5名市委委员。

1992年1月2～4日，民进无锡市第六次代表大会召开。出席代表103人。大会选举产生民进无锡市第六届委员会，委员25人，主任委员张怀西，副主任委员顾文璧、龚勇、顾磐曾，秘书长范智莹，名誉主任委员刘复光。

1994年6月5日，民进无锡市委召开六届十三次全体委员会议，接受民进无锡市委六届二十次常委会提请的关于张怀西因工作调动辞去本届主任委员的请求，选举顾磐曾为主任委员。

1996年11月25～27日，民进无锡市第七次代表大会召开。出席代表108人。大会选举产生民进无锡市第七届委员会，委员27人，主任委员顾磐曾，副主任委员龚勇、徐振源、陆懋松，秘书长陆懋松（兼）。大会还选举产生出席省民进第六次代表大会的12名代表。

2001年11月7～9日，民进无锡市第八次代表大会召开。出席代表98人。大会选举产生民进无锡市第八届委员会，委员27人，主任委员顾磐曾，副主任委员龚勇、徐振源、金元兴、章一中、李宁。大会还选举产生出席民进江苏省第七次代表大会的14名代表。

第二节　组织建设

民进无锡市委结合参政议政、后备干部队伍建设，以优化结构为目标，积极慎重地做好发展工作。1985年，有民进会员158人，基层支部（小组）23个。1986年后，民进无锡市委每年都选送会员参加江苏省各民主党派省委联合举办的民主党派骨干培训班，中共无锡市委组织部举办的党外干部中青年骨干培训班等。1989年5月，在崇安区建立无锡市第一个民进总支部委员会。至1990年，会员发展至380人；基层支部（小组）发展至39个，在无锡县、宜兴市发展一批会员，并建立两个民进直属支部。

1991年，发展会员13人，会员总数389人。同时，建立干部培训制度。全年选送参加中央、省、市的社会主义院校和党外干部培训班学习的会员29人。举办支部主任、会员骨干和新会员学习班、培训班，参加90人次。

1996年，发展新会员36人（其中女性17人），平均年龄36.6岁，其中高级职称2人、中级职称25人。年末有会员528人、基层支部（小组）49个。民进直属锡山市支部于8月31日召开大会选举换届，促进领导干部年轻化。1997年，调整下属组织，民进三中小组升格为支部，单独成立民进山北中学支部，联合支部减少至23个，单一支部增加至27个。1998年，民进宜兴市委成立。新成立市园林局、市教研中心、市一中学等3个支部；直属江阴市、锡山市支部升格为总支部。年末有支部60个。除新成立的支部外，各支部完成换届。建立基层组织工作手册与台账制度。1999年，有会员653人、59个基层支部（小组）及民进宜兴市委会，民进崇安区总支部、锡山市总支部、江阴市总支部等3个总支部。2000年末有会员686人。新建民进小组1个，合并组建支部两个；原民进育红小学支部更名为民进无锡市郊区综合支部，民进社桥中学小组升格为社桥中学支部，民进北塘支部升格为北塘总支部，民进锡山市总支部升格为锡山市委。

2001年7月，民进锡山市委因行政区划调整而撤销。年末有会员718人、1个市（县）委、3个总支部、61个基层支部。2002年1月6日民进江阴市委成立，4月29日民进江南大学基层委员会成立。因行政区划调整，原滨湖区黄巷支部并入北塘区总支部。是年，民建市委下辖有两个县级市委、1个基层委员会、两个总支部、62个基层支部（小组），会员752人。民进宜兴市委获“民进全国先进集体”称号。北塘区总支部等5个支部获江苏省“先进基层组织”称号，孙宜华等12人获民进江苏省“优秀基层干部”和“优秀会员”称号。2003年，民建惠山、南长总支部成立。全市有4个总支部、66个基层支部，会员787人。

2004年，民建市委根据民进中央“组织建设年”的部署，制定《民进无锡市委领导班子成员监督、考核工作的实施意见》，印发《民进无锡市委对基层组织开展“争先创优”活动的具体要求和评比条件》，在各基层组织开展“争先创优”活动。江阴教育联合支部被评为民进全国先进基层组织；北塘区总支部、惠山区总支部、宜兴市第三支部被评为民进江苏省先进基层组织。有10个集体被评为1999～2004年无锡市各民主党派、工商联“为三个文明建设服务”先进集体，24名会员被评为先进个人。11月下旬，完成市区基层组织换届，整合部分支部，市区支部，由53个减少至47个，新任支部主任占40%左右。民进锡山支部升格为锡山总支部。基层组织经过调整、充实、培训，得到明显改善。是年，民进无锡市委制定《后备干部三年培养规划》。

2005年，发展会员48人，平均年龄36.63岁。其中研究生3人、本科32人、大专13人，高级职称6人、中级37人。年末有会员875人，两个市（县）委员会、5个总支部、47个基层支部（小组）。建立省、市、区（县）三级后备干部信息库。12月，民进市委举行纪念中国民主促进会成立60周年活动。开展“继承传统、开拓创新”主题教育活动。先后举办新会员学习班、基层组织负责人培训班、骨干培训班等，通过讲座、报告、座谈等形式，对会员进行多党合作优良传统教育、会史教育和民进光荣传统教育。

第三节　参政议政

1986年后，民进无锡市委领导每年都应邀出席中共无锡市委召开的民主协商会和市委统战部召开的“月月谈”“双月谈”活动，列席中共无锡市委和市政府有关重要会议，参加市政府及市教委等部门召开的情况通报会、座谈会等，就协商的议题发表意见和建议。1986～1990年，会员中参加全国、省、市、市（县）、区的人大代表和政协委员56人，在人大、政协会议中就经济建设、教育、文化、医卫等社会事业提出建议和提案。

1994年3月，民进无锡市委成立崇安区、北塘区、南长区、马山区、无锡县、宜兴市人大代表、政协委员参政议政小组，各由一位担任市（县）、区政协副主席或常委的会员任组长。1995年，在市政协九届三次会议上，担任市政协委员的会员对市文化、教育、经济建设等方面共提提案和建议36条，民进无锡市委提提案7件，并在大会上作《实现初等教育现代化，必须加快我市小学师资大专化进程》的发言。民建市委所提的《无锡市区群众文化事业发展中亟待解决的几个问题与建议》作为大会的书面发言材料。担任各市（县）、区人大代表、政协委员的民进会员，会议期间共提提案61件，两篇材料作为大会发言材料。

1996年，民进市委多次举行任市人大代表、市政协委员的会员“议政日”活动。在市政协九届四次大会上，民进委员提交提案32件，民进无锡市委向大会作《规范我市社会用语用字、净化我市语言文字环境》的专题发言，并提交《关于市区幼儿教育管理体制等方面的建议》《解决1986年前离退休教师的套级问题》《重新规划与筹建城市雕塑工程》（与民盟合作）《要巩固落实“教师安居工程”的有关政策》《大力推广普通话》《规范我市社会用语用字》《制订市区幼儿教学事业规划和合理布局》《将我市文物保护维修经费纳入财政预算》（与民盟、民建合作）《将新华书店网点建设纳入全市经济社会发展规划》（与民盟合作）等9件提案，与民盟合作撰写的《无锡市图书事业现状及其分析建议》作为大会书面发言材料，均得到有关方面的重视和采纳。1997年，民进市委向政协大会作《加强青少年思想道德教育，促进全社会精神文明建设》的大会发言，提出《关于尽快落实政协九届四次大会第42号提案的复函（国棉二厂退休教师待遇问题）》《新建我市文化艺术中心，使之成为我市文化标志性工程》等两个集体提案；与其他民主党派联合提出《认真执行国家教委〈关于规范当前义务教育阶段办学行为的若干原则意见〉规范我市民办学校的办学行为》《要求市财政局今年兑现将文物保护维修经费纳入我市财政预算，并且随着财力的增长而增加的承诺》等集体提案。民进市委关于《加快我市小学师资大专化进程的建议》和《规范我市社会用语用字，净化语言文字》等两个集体提案及另两个个人提案被评为市政协九届一次大会以来的优秀提案。7月11～13日，民进市委在江阴举办参政议政研讨会，就基层支部如何围绕本单位中心工作开展活动、如何当好政协委员等专题交流研讨。

1998年，在市政协十届一次会议上，民进市委提出《认真贯彻职业教育法，加强技工学校的建设》《关于设立劳动模范基金会的建议》《再次呼吁落实原二棉子弟学校20名退休教师享受教师待遇》《进一步完善文化经济政策，迎接第六届中国艺术节》《关于“三位一体”创建国家卫生城市、优秀旅游城市、园林城市，以此加强我市环境建设，发挥整体效益，巩固战果，开拓前进》等5件集体提案。市政协民进委员共提个人提案21件。在市人大十二届一次会议上，人大民进代表履行职责，提出建议和意见。

2000年，民建市委在市人大十二届三次会议上提出建议和意见32条，在市政协十届三次会议上提出提案18件。向市政协会议提交《发展旅游产业，带动无锡经济》《积极做好预防未成年人犯罪工作》《让无锡绿化更上一层楼》《基础设施建设应向北塘区倾斜》《关于实施〈无锡市机动车辆排气污染监督管理办法〉的建议》与《大力促进民办教育振兴，全面推行素质教育实施》等6件集体提案。市委副主委龚勇、市委委员沙无垢分别作《关于我市医疗改革问题的意见和建议》《让无锡绿化更上一层楼》的专题发言。2001年，在市人大十二届四次会议上，5名民进代表提出建议和意见21条；在市政协十届四次会议上，14名委员提出提案23件。民进无锡市委向市政协十届四次会议提交《保护好利用好重点文物，尽快把无锡建成历史文化名城的建议》《加强我市少年宫建设的建议》《对我市专业文艺团体建设的建议》《关于“黄埠墩”恢复清乾隆时期建筑风貌及现建筑迁往太湖仙岛的提案》《关于惠山浜“龙头下”恢复清代“御码头”历史风貌的提案》《关于寄畅园“卧云堂”恢复清康熙、乾隆皇帝巡幸时“屏风宝座”陈设的提案》《关于寄畅园“含贞斋”（宸翰堂）恢复书斋陈设并充实相关藏品的提案》《关于筹建“惠山寺遗址博物馆”并对该寺遗址作整体保护的提案》《关于复原二泉“竹炉山房”明清时期之〈竹炉煮茶〉茶艺的提案》《关于锡惠公园内“钱武肃王祠”作相应人文陈列的提案》《关于寄畅园和西水墩不定期开办特色旅游项目一夜游的提案》《关于在双虹园内设置范蠡〈养鱼经〉四面碑的提案》《关于在鼋头渚风景区宝界山恢复湖山草堂并与菇经堂统一保护的提案》《东林小学应是“东林历史文化带”的重要组成部分》等14件集体提案。集体提案《发展旅游产业，带动无锡经济》等4件提案被评为2000～2001年度市政协优秀提案。

2002年，在市政协十届五次全会上，民进市委提交的《关于加大政府投资力度，加快我市院前急救建设步伐的提案》《关于惠山历史街区保护和利用工作宜定位发展“旅游休闲”业的建议》《关于我市中等职业学校的管理体制和布局调整问题的几点建议》《关于进一步关心特殊家庭儿童的提案》《对我市今年普通高中招生问题的几点建议》等5件集体提案均得到承办单位的重视和办理。民进市委参与“政协话题”的选题和拍摄工作，与市政协法制工委、学习文史委共同策划、摄制的《珍惜生命，远离毒品》《规范小区物业管理，营造良好居住环境》《张扬文化个性，提高城市文化品位》等均收到良好社会效果。是年报送的《治理古运河刻不容缓》社情信息，受到无锡市多家媒体的跟踪报道，引起市领导和有关部门的高度重视，并采纳治理措施。民建北塘总支提交的《建设江尖公园，造福子孙后代》、张夏的《当前低保工作中几个亟待解决的问题》等先后在《无锡政协》上刊登。2003年，在市政协十一届一次全会上，副主委李宁代表民建市委作《大力推进我市教育信息化建设》的大会发言。民进市委提交《关于进一步巩固和扩大我市禁毒工作成果的建议》《关于我市在建设特大城市过程中同步实施国际生态名城的建议》《关于在锡城北部地区加强文化体育设施的建议》《关于尽快建设无锡美术馆》等7件集体提案，许多建议内容被有关部门采纳。2件提案被市政协评为优秀提案，1件被评为优秀社情民意。宜兴市政协确定的12件重点提案中，4件是民进宜兴市委提交的。报送的社情民意《要切实保护失地农民的利益》分别被省政协、民进中央采用；《关于在城市化过程中要注意保护生态和人文的建议》《我市具有发展“人力游船项目”的巨大市场空间》被评为市政协优秀社情民意；《关于整治改造梁溪河的建议》成果得到实际转化，被立项作为无锡市重点工程列入施工计划。开展3次会员议政活动，主题分别是“关注整顿教育乱收费”“无锡城市精神之我见”和“为我市私个经济发展进一言”。加强《民进无锡市委信息和社情民意工作试行条例》的实施力度，民进市委收到的信息和社情民意明显增多，仅市区就超200条，被有关部门录用数也有所增加。2004年，整理形成《规范物业管理，提升城市形象》《关于加强初中教师队伍建设的建议》《锡剧代表人物的舞台音像资料亟待抢救》《关于检察机构设置预防犯罪工作局的建议》《关于保护振兴惠山泥人艺术的建议》《无锡“大阿福”可推荐为2008北京奥运会吉祥物》《关于尽快确定市老年大学新校址的建议》《关于做好特约员工作的建议》等8件集体提案。连同43件个人提案，全年在市政协会议上的提案达51件。《关于我市中等职业学校的管理体制和布局调整问题的几点建议》《规范物业管理，提升城市形象》等被评为2002～2004年度优秀集体提案。全年共收到市区会员报送的社情民意386条，向民进省委、无锡市政协、市委统战部报送150多条，建言献策15条。

2005年，在无锡市政协十一届三次会议上，民进市委提交《关于进一步加强社区建设的建议》等集体提案11件，个人提案41件。副主委金元兴代表民进市委作题为《关注青少年心理健康，促进社会和谐发展》的大会发言。副主委金元兴在省政协全会上提出的《政府埋单，法定婚检》被作为无锡市政协的集体提案。10月，民进市委和市政协法制工委联合策划拍摄《政协话题》专题片《规范小区物业管理，营造良好居住环境》。民进市委召开参政议政工作交流会，制定《关于进一步加强参政议政能力建设的意见》，完善会员议政日。民进宜兴、江阴市委的多个提案被列为重点提案、一号提案、主席督办提案。民进北塘区总支部的《关于惠山古镇保护的建议》，使惠山古镇的保护建设得以顺利立项，并被列为省政府申报世界文化遗产项目。2002～2005年，民进市委共提交政协集体提案43件。各基层组织报送信息1360余条，被中共中央统战部、民进中央、民进江苏省委及省、市政协，市委统战部录用约220条。

1990年始，市民进有特邀（约）市级参政人士1人。1996年，有特邀省、市、区三级参政人士16人。至2005年，有特邀市、区级参政人士21人。

1986～2005年无锡市民进成员任各级人大代表和政协委员统计表

表26-4　　单位：人

年份	省人大代表	市人大代表	各区人大代表	全国政协委员	省政协委员	市政协委员	各区政协委员	备注
1986	—	4 [九届]	—	1 [六届]	1（1） [五届]	12（3） [七届]	—	市政协副主席1人
1987	—	4 [九届]	—	1 [七届]	2（1） [六届]	12（3） [七届]	—	市政协副主席1人
1988～1992	—	10 [十届]	—	1 [七届]	2（1） [六届]	16（5） [八届]	—	市政协副主席1人
1993～1997	—	9 [十一届]	-—	1 [八届]	2（1） [七届]	23（5） [九届]	—	—
1998～2002	1 [九届]	11（1） [十二届]	17(4～3)	—	3 [八届]	22（5） [十届]	49～54（16）	市政协副主席1人 区人大常委会副主任1人 区政协副主席5～6人
2003～2005	2 [十届]	7 [十三届]	14（1）	1 [十届]	2 [九届]	32（5） [十一届]	71（18）	市政协副主席1人 区人大常委会副主任1人 区政协副主席3人

说明：( )内为常委数。

第四节　调　研

一、专项调研

1986～1990年，民进无锡市委组织教育界的会员对无锡市中小学职称评聘，小学青年教师的培养和公办、民办幼教事业的发展等调查研究，并撰写调查报告5篇。1991年8～9月，民进文化界会员和民进机关干部先后对崇安区、北塘区、南长区、郊区的8个街道的“社区文化”专题调查，撰写《社会主义文化百花苑的一朵奇葩——无锡市社区文化》的调查报告，并与市文化局对口研讨。1992年，围绕提高教育质量开展4项专题调查，撰写《我市中等职业技术教育的作用、现状和发展对策》《关于潘家坝、新芳两乡实施九年制义务教育情况的调查报告》《关于我市部分中小学教育现状调查的情况汇报》《深化改革，转变机制，服务经济建设——关于城市普通高中“2+1”办学模式的探讨》等4篇调查报告。12月28日，民盟市委、民进市委联合邀请市教委领导举行专题调研对口交流会。1994年，民进市委形成《关于无锡市市区群众文化事业发展中几个问题的调查与建议》《无锡市中学青年教师现状的专题调研报告》《关于加快我市小学师资大专化进程的建议》《关于市图书馆馆舍严重紧缺的调查报告》《关于无锡市区属大集体幼儿园收费标准等问题的紧急建议》《我市旧城改造中妥善做好文物保护工作和开征文物保护费的建议》等6篇调查报告。其中《关于无锡市区属大集体幼儿园收费标准等问题的紧急建议》被有关部门采纳，使大集体幼儿园面临的经费问题得到初步解决。1997年，在对14个建筑工地调查后，完成《关于建筑施工现场文明管理的调研报告》，在7月的“双月谈”会议上提交市委、市政府。1998年，撰写《关于市区增设重点中学的调查报告》。此外，民进文化工委围绕“有繁荣的经济必须有繁荣的文化”这一课题调研并写出调研报告。民进宜兴市委、民进锡山市总支、江阴市总支先后写出《重视教育投入，确保教育优先发展》《着力提高企业人员素质，促进锡山市经济持续发展》《关于发展高新技术产业的几点建议》《我市普及高中阶段教育必须注意的几个问题》等多篇调研报告。

2000年，组织部分文化界会员与机关工作人员前往上海进行文化市场调研，完成调研报告《贯彻中共中央十五届五中全会精神，推动我市文化产业进程》。完成调研报告《我市中小学生课外活动场所的现状分析及发展建议》。2001年6月上旬，组织会员先后到江南大学、商业职业技术学院、市工业学校等7所院校调研，形成《关于积极推进我市学校后勤服务社会化进程》的调研报告。2002年，民进无锡市委就《推进我市教育信息化建设》和《关于我市禁毒斗争的现状与建议》等专题调研。2003年，撰写《加强师资培训，提高初中教育质量》和《加强物业管理，提升城市形象》。2004年，围绕加强青少年心理健康教育，加强和扶持城市粮食市场建设，规范社居委职能、发挥社居委作用调研，撰写3篇调研报告。2005年，就外来人员子女就学和市区河道整治情况等课题调研。

二、联合调研

1995年，民进市委完成《无锡市图书事业现状分析及其发展建议》《关于中小学生饮用水现状及解决办法的调查报告》《关于我市青少年科普工作的现状和加强科普工作的建议》《关于市区幼儿教育情况的调查报告》等4篇调查报告，其中3篇与市政协、民盟、民建共同合作完成。1997年，民进无锡市委与市政协联合进行无锡市文化队伍建设情况调研，撰写《关于我市文化队伍建设情况的调查报告》，供有关部门参考。1999年，配合并参加民进中央调研组在无锡的调研活动，组织有关人员参观考察无锡南洋国际学校、私立无锡光华学校、江阴华姿职业学校、培尔学院和江阴市职业高级中学。同年8～9月，针对社会上青少年犯罪率上升的趋势，民进市委与市司法局、教委联合组成调研组，经调查考察形成《积极做好预防未成年人犯罪工作》的调研报告，提交有关部门。

2000年，为配合减轻中小学生负担工作，民进市委和市教委联合组成调研组，完成调研报告《我市中小学生课外活动场所的现状分析及发展建议》。2001年，民进市委领导和6位会员参加市政协组织的提升城市文化品位问题调研活动，先后到市委、市政府有关部、局和滨湖区、宜兴市、江阴市及苏州、常熟、宁波、杭州等地参观考察，形成《关于提升城市文化品位，建设无锡文化强市》的调研报告。与市政协联合开展中等教育管理体制和结构布局调整问题的调研活动。2002年下半年，民进市委协助民进中央和民进浙江省委调研组分别就“长江中下游地区环境保护与修复对我国可持续发展的影响及对策”和“如何推进工业设计产业发展”问题进行调研。2005年，与民盟无锡市委合作调研“山水名城建设”。

三、其他调研

1993年，民建文化工委组成两个专题调研小组，形成《关于无锡县农村“小康文化”的调研报告》和《深化改革，繁荣文艺——关于我市4个专业剧团现状的调查报告》。民建教育工委根据市教委提供的调研课题，于1993年9月中旬至10月下旬分别对市北高级中学、市六中、梨庄初级中学、梨庄中心小学等4所学校进行素质教育调查，撰写《对我市4所素质教育试点学校的调研报告》，为有关部门提供参考。1996年，民建市委围绕城市建设中文物保护问题组织调研，完成《关于我市城市建设与文物保护问题》专题调研报告。着重对市泰德国际学校、光华私立学校和南洋国际学校等3所私立学校的状况和存在问题调研，并召开青少年学生思想道德教育问题座谈会，完成《关于我市三所民办学校情况》和《关于加强青少年学生思想道德教育》两篇调研报告。1997年10月，民进教育工委成员听取市劳动局对全市技工学校的介绍，实地考察部分学校，写出调研报告《我市技工学校的现状与展望》，为搞好职业教育建言献策。

第五节　社会服务

一、辅导、培训

1986～1990年，民进无锡市委主办的无锡市锡进业余学校，先后举办87个班，学员3459人次，其中幼教师资培训班37个，学员1132人次，为企事业单位培养大批幼教专业人才。为了帮助发展农村幼教事业，实施“送教下乡”，先后在郊区山北乡、马山区和无锡县雪浪乡、坊前乡、荡口乡等12个乡镇开办11个幼教师资培训班，学员483人次。雪浪乡中心幼儿园的教师，经连续培训和辅导，在全省农村重点幼儿园评估中获一等奖。1991年，锡进学校受市劳动局培训中心的委托，对企事业单位录用的新工人进行职前就业培训，先后开办文卫、综合两个培训班，招收学员47名，经全市统考，成绩突出。

1993年，锡进学校在城区部分学校的支持下，开办青少年国际象棋班，并于5月22～23日举办市首届“苗苗杯”中小学国际象棋邀请赛，以后每两年举办一次。1995年，民进教育工委组织优秀小学教师赴新区“送教下乡”，为新区小学教师讲课、评课；锡进学校以多种形式办学，全年共办教学班8个，学员272人。1999年11月6日，民进会员中的优秀教师前往前洲镇镇东小学支教，通过示范公开课、专家听课评讲等一系列活动，致力于提高当地小学教师的教学水平。

2000年4月13日与6月6日，民进教师会员中的学科带头人、教育能手、优秀教育工作者、优秀青年教师等，与特邀会内外各科教育专家多人前往郊区蠡园乡夏家边小学、江阴市要塞镇中心小学进行送教下乡活动。优秀教师们为两地100多名小学教师上数学、英语、语文等8堂示范课，并作评课讲座。2001年6月初，锡进学校和上海公文教育软件有限公司合作，引进“日本公文式”学习法，并在市东新路小学、二勤幼儿园等学校（幼儿园）试点，效果显著。锡进学校举办的少儿英语、网络文学等12个班，参加480余人。2002年7月，民进市委与市体育局、市教育局共同主办无锡市第六届“苗苗杯”国际象棋邀请赛。锡进学校试办的名师点拨班教学水平高，管理严格规范，学习效果受到家长一致好评。2003年，民建市委组织特级教师蔡剑秋、何志奇，全国模范教师王菊娣，无锡市有突出贡献的中青年专家沈瑞清等4位会员到江阴、大丰和盐都讲学。锡进学校开办的公文教学延伸至宜兴设点开班。2004年4月，4位专家型教师到淮安市7所中学作专题讲座。民进机关干部到硕放中学送去助学金和学习用品。11月，民进市委牵头，与市教育局、市体育局联办第七届“苗苗杯”国际象棋邀请赛。民进中央联络委员会委员，《中国微循环》杂志社社长李小芳率国内4名著名医卫专家，赴民进中央扶贫点贵州省黔西南地区开展讲学和义诊活动，并全程资助当地两名医师到无锡培训。2005年11月23日和12月9日，民进市委分别组织会内专家赴江阴要塞中学和宜兴张渚中学进行评课活动。

二、献爱心活动

1992年，民进市委会发起“我为义务教育献爱心”活动，发动会员及通过会员所在学校广大师生捐赠图书，支援宜兴贫困乡早日实现九年制义务教育达标。至年末，共捐赠图书6000多册。“六一”前夕，组织会员参加市教委组织的“为贫困地区幼儿园赠礼品，送温暖，共度节日”活动。从事幼教工作的民进会员利用业余时间，制作许多教具、玩具，购买部分学习用品，于5月26日送往宜兴市堰头乡中心幼儿园。1995年，民进妇幼工委联合市教委连续第五年举办为贫困地区幼儿园赠礼品、送温暖、共度节日活动。“六一”前夕向宜兴堰头乡儿童送去价值2000余元的图书。

1998年，民进市委与市妇联联合免费为下岗、失业人员举办服装裁剪培训班。是年8～9月，长江、松花江流域发生特大洪涝灾害，民进市委捐款3000元。8月23日上午，民进市委与市民政局、市政协书画社、市慈善会等单位联合在无锡市八佰伴商城广场举行“情系灾区献爱心——无锡市书画家作品义卖”活动。2005年，江阴、宜兴和各直属基层组织参与各类社会公益活动，累计捐款50余万元。

三、送书画活动

民进无锡市委每年组织书画界会员前往部队开展拥军献画活动，前往各市（县）、区的乡镇开展“送春联下乡”活动，受到部队官兵和当地农民的热烈欢迎。1994年6月4日，17位民进书画界会员向江苏省第十三届运动会捐赠22幅书画篆刻作品。7月27日，6位民进书画界会员冒着高温酷暑前往总参谋部56研究所开展拥军献画活动，当场挥毫作画15幅、书法作品4幅。此后，民进书画界会员又先后4次前往八士、长安等乡送画下乡，现场作画32幅、书法作品16幅。1999年2月8日，7位书画界会员前往锡山市前洲镇送春联，为当地农民书写春联400余副。2000年1月，6名书画界会员前往锡山市杨市镇，为当地农民群众现场书写赠送春联400余副。7月27日，6名书画界会员前往驻无锡83421部队拥军献画40余幅。为迎接第六届中国艺术节在江苏省举行，10位民进书画家会员参加由市美术家协会、书法家协会和市文物公司、嘉德拍卖公司联合举办的中国第六届艺术节无锡当代书画家艺术品拍卖会，13幅作品全部售出。2001年初，组织书画界会员前往张泾镇送春联下乡，为农民书写春联近500副。2002年“八一”节前，组织书画家前往国防科工委第23基地开展拥军献画20余幅。2005年，在无锡市文化馆举办庆祝民进成立60周年书画展，展出民进知名书画家60件作品。民进会员许惠南等7名书画家将集体创作的大型国画《黄岳松云》呈送民进中央作为会庆60周年贺礼。春节前夕，组织书画名家赴江阴云亭镇和锡山区东港镇为农民免费写春联800多副。

四、扶贫济困

1.助学

1997年6月初，民进轻工大学等6个支部和陆懋松、李小芳等两人各扶持1名新区贫困学生，完成9年制义务教育。1999年1月，在全体会员中开展“献爱心建希望小学”的捐款活动，全市会员共捐款1.2万元，在苏北盱眙县铁佛乡援建民进希望小学。至2002年，民进无锡市委开展的5年资助新区8名特困学生的“手拉手爱心助学活动”结束，被资助学生大部分学习成绩良好。

2003年，民进市委与新区硕放中学签订3年帮困助学合同，由民进市委向10名初一贫困户新生每人每年资助500元书本及学习文具购买费，直至初三毕业。2005年，在民进江苏省委联络处、民进昆明市委的支持下，市稻香新村小学和云南省昆明市宜良县匡山小学结为“手拉手”对口学校，同年4月8日在稻香新村小学举行东西部地区城乡少年手拉手助学活动启动仪式。民进惠山区总支在中共石塘湾中学总支的支持下，将民进中央扶贫点贵州省普安县的两名贫困女生接到石塘湾中学免费寄宿学习，直至完成3年初中学业。

2.济困

1996年3月19日，民进锡山市总支部主任李小芳在北京中共中央统战部礼堂代表锡山市医疗光学仪器厂，向民进中央扶贫地区的医疗机构贵州省黔西南州人民医院、河北省滦平县人民医院，赠送4台价值21万元的多媒体微循环检测仪和血流变综合检测仪等，民进中央主席雷洁琼对李小芳扶贫助医献爱心的义举给予高度评价。1999年，李小芳代表无锡双微产业集团有限公司向西藏那曲地区人民医院捐赠总价值20余万元的医疗仪器设备，免费对有关人员培训，并负责援助设备的运输，11月26日，民进中央副主席张怀西出席捐赠仪式。

第五章　中国农工民主党无锡市委员会

第一节　代表大会

1986年7月，农工党无锡五届二十次委员会议增选陆慧琴为副主任委员，庄庆平等3人为常务委员，补选秦达明为秘书长（兼）。

1988年4月19～20日，农工党无锡市第六次代表大会召开，出席代表91人，近300名党员列席大会。大会选举委员31人，常务委员11人，秦达明为主任委员，陆慧琴（兼任秘书长）、杜晓山、姚璋为副主任委员，阴景曙为名誉主任委员，王兰亭为顾问。

1991年12月26～28日，农工党无锡市第七次代表大会召开，出席代表94人。大会选举委员31人，常务委员11人，秦达明为主任委员，杜晓山、赵景芳、陈瑞华（兼任秘书长）为副主任委员，阴景曙为名誉主任委员，王兰亭、姚璋为顾问。

1996年11月21～22日，农工党无锡市第八次代表大会召开，出席代表109人。大会选举委员31人，常务委员11人，陆慧琴为主任委员，赵景芳、陈瑞华（兼任秘书长）、曹锡荣、孙亚石为副主任委员，阴景曙、秦达明为名誉主任委员，王兰亭、姚璋、杜晓山为顾问。

2001年9月20～21日，农工党无锡市第九次代表大会召开，出席代表110人。大会选举委员31人，常务委员11人，陆慧琴为主任委员，陈瑞华（兼任秘书长）、曹锡荣、孙亚石、孙志亮为副主任委员，阴景曙为名誉主任委员，王兰亭、杜晓山为顾问。

第二节　组织建设

1986年，农工党无锡市委坚持“发展为了工作，从工作中发展”的原则，稳妥地进行发展工作。在市区共建立基层组织29个，党员280人。同年，农工党市委与中共基层组织建立联谊恳谈会制度。邀请基层支部所在单位中共党政领导和市、区县两级统战部负责人举行恳谈会，通报工作情况，研究组织发展、基层建设等问题，并听取意见，取得支持。1987～1988年，农工党宜兴市支部、无锡县支部、江阴市支部相继成立。全市基层组织发展至35个，党员383人。

1992～1996年，农工党市委贯彻“注重质量，同步发展”的原则，着眼培养跨世纪人才，将组织发展工作与建立后备干部队伍紧密结合，注重发展代表性人士，并正确处理好“数量与质量”“发展与巩固”“重点与非重点”关系。共发展新党员173人，新党员中具有高级职称的占95.4%；初步形成各级各类后备干部队伍。农工党市委在1993年和1996年两次完成基层组织改选。着重从基层支部改选、基层干部队伍培训、健全基层工作制度等3个方面加强基层组织建设。制定并颁发《关于加强基层组织工作的意见》，组织结构改善，组织活力增强，基层工作逐步规范化。至1996年末，共有基层组织42个（含总支部），党员601人。

1997年，农工党市委开展“创文明支部，做四有新人”活动。1998～2000年，农工党市委开展为期3年的“创建达标”活动，致力于建好一个班子、带好一支队伍、完善一套制度。创建活动使基层工作趋向规范化、制度化。1998年成立农工党锡山市、江阴市两个县级市委。1999年11月10日，在

图26-4　2001年12月，农工党中央在无锡召开基层组织建设工作经验交流会　（孙世钊摄）

农工党无锡八届九次委员（扩大）会议上，增补孙志亮等5人为委员，孙志亮为常务委员。同时，新建3个支部，撤并4个支部。2000年，农工党市委在农工党中央全国组织工作会议上，获全国组织工作成绩奖。同年11月，在无锡召开农工党全国基层工作会议，充分肯定无锡的做法，并予以推广。2001年，无锡市行政区划调整，撤销农工党锡山市委，成立锡山区、惠山区支部。至年末，农工党基层组织有县级市委1个，基层支部48个（含总支部1个，江阴市委下设支部7个），党员722人。

2002年，农工党锡山区支部和惠山区支部分别升格为总支部。新建、撤并部分基层支部。是年，完成基层组织改选工作，并开展为期3年"创优争先，迎接农工党建党75周年"活动。活动目标为4个方面：培养骨干，发挥群体功能；抓好活动，提高组织生活质量；转变薄弱，均衡基层工作水平；奉献爱心，加强离退休党员工作。活动中，评出全国先进个人两名，省级先进集体8个，市级先进集体16个。组织开展为期两年的"争创党务工作积极分子"活动，评出积极分子53人。

至2005年末，农工党无锡市委有县级市委1个，基层总支部、支部（组）49个（含总支部3个，江阴市委下设支部7个）。党员867人，三级后备干部77人。

第三节　参政议政

1986～1988年，无锡市农工党党员担任各级人大代表和政协委员的91人次，1989～1991年共86人次。市人大常委、农工党无锡市委常委庄庆平提出的《关于加强肠道传染病防治和加强性病防治工作的议案》，由市人大常委会交市政府办理，并在1990年受到市人大常委会表彰。3位党员担任政府及有关部门县处级以上领导职务。

1992～1996年，担任各级人大代表和政协委员的农工党党员82人次，在"两会"上提出建议和提案462条。农工党市委在各次市政协全会上提交大会发言6件，集体提案13件，得到中共无锡市委、市政府的重视和采纳。1995年《适应新的形势，加快卫生执法体制改革》和1996年《〈无锡市外来务工劳动力使用管理条例〉亟待认真落实》两件集体提案被评为市政协优秀提案。6位党员担任政府及有关部门县处级以上领导职务。

1997～2001年，担任各级人大代表和政协委员的农工党党员100人次，提出建议和提案305条。农工党市委提交市政协全会大会发言5件，集体提案45件，其中《关于当前我市再就业培训工作的建议》被评为优秀提案。同时，拓宽参政议政、民主监督的渠道，有11人被市级政府有关部门和司法机关聘为"特约员"，8人担任政府及有关部门县处级领导职务。

2002～2005年，担任各级人大代表和政协委员的农工党党员118人次，在"两会"上的个人提案和建议300多件。农工党市委5年累计在市政协全会上作大会发言和大组发言13次，集体提案34件。其中，《发挥政府主导作用，加快我市公共卫生体系建设》《大力加强我市社区卫生服务工作的建议》等4件被市政协确定为重点督办提案，有两件集体提案和1件个人提案被市政协评为优秀提案。

2005年，聘任市级“特约员”13人，市（县）级“特约员”23人。6位党员担任政府及有关部门县处级领导职务。

1989年，市农工民主党有特邀（约）市级参政人士3人，至2005年，有市级13人、区级23人。

1986～2005年无锡市农工党成员任各级人大代表和政协委员统计表

表26-5　　单位：人

年份	省人大代表	市人大代表	各区人大代表	省政协委员	市政协委员	各区政协委员	备注
1986	1 [六届]	10（1） [九届]	9（3）	2 [五届]	22（7） [七届]	15（5）	市政协副主席1人 区人大常委会副主任2人
1987～1992	2 [七届]	11（1） [十届]	18（3～5）	2 [五届～六届]	22（7） [七届～八届]	33（11）	市政协副主席1人 区人大常委会副主任2～1人 区政协副主席1人
1993～1997	4（1） [八届]	10 [十一届]	14（5）	2（1） [七届]	19（7） [九届]	29（11）	市政协副主席2人 区人大常委会副主任1人 区政协副主席4人
1998～2002	2 [九届]	8（2） [十二届]	14（7）	2（1） [八届]	25（6） [十届]	41（12）	市政协副主席1人 区人大常委会副主任2人 区政协副主席4人
2003～2005	2 [十届]	6（1） [十三届]	18（6）	2（1） [九届]	32（7） [十一届]	62（20）	市政协副主席1人 区政协副主席6人

说明：( )内为常委数。

第四节　调　研

1986～1988年，农工党市委针对中医中药事业、公费医疗制度改革、中小学美育教学等开展专题调查、研讨论证并提出建议。1988～1991年，农工党医工委就医卫改革实施方案、无锡县巩固农村合作医疗的做法和经验、农村合作医疗现状等专题开展调查，农工党教科文工委就无锡市教育综合改革实验方案、弱智儿童教育等专题调研，写出有分析、有措施的专题调查报告，得到有关部门的肯定。

1992～1996年，农工党市委先后就公费医疗制度改革试点情况、适应市场经济新体制，理顺卫生执法体制和提高教育质量、优生优育等问题开展调查，共撰写调查报告18份。1994年，对无锡县巩固农村合作医疗的做法和经验实施跟踪调查，为完善和巩固无锡县合作医疗提供重要决策参考。

1996～2001年，农工党市委新设参政议政工委。形成调研报告37份，其中，《适应社会主义市场经济需求，积极推进我市医疗卫生改革》《加入WTO对我市制药业的影响和对策》等专题调研报告，均涉及医药卫生领域的热点难点问题。1998～2000年，先后开展“知我家乡、爱我无锡、争作贡献”“母亲抚育我成长，我为祖国添光彩”“面向新世纪，争作新贡献”等献良策活动。基层成员共完成专题调研报告29篇，献良策400多条。

2002～2005年，农工党市委先后就医疗体制改革、社会保障、公共卫生、教育事业、城市建设和管理等问题开展调研，共完成专题调研报告54件，其中7件被中共无锡市委领导作批示。注重跟踪调研，农村大病住院保险的系列调查取得实效。同时，先后开展"认清形势，明确责任，坚定信念""学习贯彻十六大，我为改革献一计"和"建有用之言，献务实之策"等主题活动，以多种形式献计献策134条，召开成果展示会4次，形成专辑两集。

第五节　社会服务

1986年，农工党市委建立医卫咨询服务部，组织送医上门，开设专家门诊，方便病员。同时组成幼教咨询组，为无锡县乡镇幼儿园服务。创办前进业余学校，1986～1990年共办192个班级，培训7086人。1987年3月，成立市农工综合咨询服务部，多渠道、多形式地开展服务活动，至1991年，共开展科技咨询项目434项，参加服务的党员2000余人次，社会受益者近万人。

1991年起，开展送医到厂、到乡、到校活动70多次，受益群众7000多人次。结合重大节日，举行大型义诊5次，为800多人次无偿服务。咨询服务部实现科技咨询项目540个，在1993年召开的农工党江苏省为经济建设服务经验交流大会上被评为先进集体，并在1994年召开的农工党华东六省一市咨询服务经验交流会上作大会交流。

1994年，落实农工党中央《关于向"中国初级保健基金会"捐助的通知》，发动党员，筹集并向基金会捐助1万元。机关干部为广西柳州地区募集衣被115件，向省运会捐款300多元。1995年11月，农工党市委儿科咨询热线电话开通，1996年6月开设"多美滋农工热线咨询电话"，由农工党著名专家为妇女、儿童无偿服务。

1996年，基层组织开展义诊活动，累计受益群众1万余人次。同年，农工党江阴市委设立"聋生奖学金"，为贫困地区的教育事业奉献爱心。1997年始，"多美滋儿科保健热线"（1998年5月更名为"华瑞农工老年保健热线"，1999年4月再次更名为"山禾健宏农工导医热线"）坚持免费咨询导医约4500多人次。同年，支援"光彩事业"，为筹建延安杨家岭中学捐款捐物，其中捐资1万元、捐书550本及有关办公用品。2000年，农工党员、市一院副院长杨代茂赴新疆伊犁地区医院援疆3年。2001年，许多党员为西部贫困地区儿童捐书，向宁夏贺兰县通义中学捐赠初中书籍近4000册。

2002年，响应农工党中央号召，农工党市委发挥自身特点和优势，以智力援助为主，不断拓展服务新途径，开展"捐植千棵树，奉献一片绿"活动，为内蒙古自治区"农工世纪林"捐献1万元。2003年，为西部和苏北地区支教助学捐款2.4万元，使31名贵州和盐城的贫困学生得以继续学习。2004年6月，五院支部葛焕青参加为期两年的全国第六期援助圭亚那医疗队。2005年，开展"三胞"联系活动，通过寄发贺卡、中秋慰问、学习座谈等加强联络。许多党员通过多种途径参与对外联络工作。精心组织纪念"国际科学与和平周"活动，在4个社区进行老年人"三高"症的防治，健康保健知识巡回讲座，并免费发放保健牙刷，受益群众250多人。

第六章　中国致公党无锡市委员会

第一节　党员大会、代表大会、代表会议

1984年，致公党无锡市工作委员会成立。1986年11月11日，致公党中央批准增补黄雨春、陈川舟为致公党无锡市工委委员。

1988年4月16日，致公党江苏省委筹委会批准增补李同华、李雪梅（女）为致公党无锡市工委委员。是年11月9～11日，致公党无锡市第二次党员大会召开，会议选举产生致公党无锡市委，由7人组成第一届委员会，苏仁骊任主任委员，李松平、郭伟如、李同华任副主任委员，黄雨春任秘书长。

1991年10月17～19日，致公党无锡市第三次党员大会召开，会议选举产生第二届委员会，委员9人，苏仁骊任主任委员，郭伟如、李同华、邵力正任副主任委员，郭伟如兼任秘书长。

1993年5月4日致公党无锡市第二届委员会第十三次全体会议和1993年9月4日第十五次全体会议，分别增补委员两人。1995年4月8日第二届委员会主委会议增补委员1人。

1996年12月11～12日，致公党无锡市第三次党员大会①召开，会议选举产生第三届委员会，委员11人，邵力正任主任委员，郭伟如、李同华、季正明任副主任委员，邱明德任秘书长，苏仁骊为名誉主任委员。

1999年10月31日，致公党无锡市代表会议召开，选举增补委员两人。

2001年10月23～25日，致公党无锡市第四次代表大会召开，会议选举产生第四届委员会，委员11人，麻建国任主任委员，李同华、季正明、邱明德、高慧（女）任副主任委员，邱明德兼任秘书长，推举苏仁骊为名誉主任委员。

2005年1月11日，致公党无锡市第四届委员会第九次全体会议民主选举增补委员1人。

第二节　组织建设

致公党无锡市委坚持“注重质量”“保持党派特色”的原则，稳妥发展党员，加强组织建设。1986年，全市共有党员45人。1990年有党员98人，其中1986～1990年共发展新成员67人，分布在全市科技、教育、医卫等3个界别的53家单位。1987年，新组建单一支部2个，基层支部6个。1989年，组建妇女工委和海外联谊工委，基层组织调整为3个综合支部和4个单一支部。1991年，基层组织调整为4个综合支部和4个单一支部。1992年，新组建单一支部1个，基层支部增加为9个。1994年，撤并单一支部1个，共有基层支部8个。至1995年，有党员128人。1997年，组建参政议政工委、科技经济工委，单一支部4个，综合支部4个，共有基层支部8个。2000年，有党员160人。2001年，组建老年工委。2002年，组建单一支部3个、区级支部1个、综合支部4个（其中退休人员组建2个支部），共有基层支部8个。2004年，组建区级支部1个、基层支部增加为9个。2005年，9个基层支部

① 1984成立工委，1988年成立第一届市委和1991年成立第二届市委的三次党员大会，依次称作第一次、第二次和第三次党员大会。鉴于此，党员大会与市委会的届次出现不符的情况。为使今后党员大会与市委的届次相符，经市委换届工作组研究，决定这次党员大会仍冠名为“中国致公党无锡市第三次党员大会”。

保持不变。年末，有党员206人。

第三节　参政议政

致公党无锡市委把参政议政作为工作的重点。从1989年开始，不定期举办联谊恳谈会，通报工作情况，听取建议和意见。1991年后，和市侨办建立对口联系制度，每年就侨务工作进行交流，磋商有关问题，协调相关工作，在省、市政协全会上联合提案。历届主委、副主委重视并参与“双月谈”“月月谈”，建言献策。

1990年始，市致公党有特邀（约）市级参政人士1人。1996年，有特邀参政人士省、市级8人、区级14人。至2005年，有特邀参政人士市级12人、区级19人。

一、“两会”建议、提案

1986～2005年，致公党市委在各级人大和政协会议上提交建议、议案、提案867件，大会决议3件，大会发言13篇。《重视农业生产，增加投入，确保农业生产发展》《改善无锡市水环境》《关于抓紧治理太湖流域污染》等议案交政府部门办理，受到中共市委、市政府的高度重视。《我市开发区的原则和对策》《关于加强我市无公害农产品生产和生态保护的建议》《关于进一步加强我市学校德育工作的建议》得到市政府领导的批示。《归侨职工不到退休年龄不应要其下岗或内退》《解决少数归侨中存在的问题和困难》《充分积极调动海内外无锡籍的科学家、企业家人士为我市21世纪经济发展出谋划策》《关于大力改善市区低层空气质量的建议》《无锡市水泥厂环境污染该解决了》《关于聘请非党特约参政人员的几点建议》《我市开发区建设的原则和对策》《关于大力推进无锡传统农产品深加工产业运用高新技术的建议》《关于利用生态修复技术，深化城区河道综合治理效果的建议》等14项提案被评为市政协优秀提案。

二、调研课题和社情民意

1986～2005年，致公党市委每年联合政府有关部门，组织成员中的专家，围绕无锡市发展中一些重要问题进行调查研究，提出建设性的意见和建议，共完成调研课题37件，许多意见和建议被有关职能部门采纳。《留学归国人员来锡创业服务的调查与建议》《做好生态保护环境，深化河道综治效果》分别受到中共无锡市委书记、副书记的批示，交有关部门办理。致公党市委调动党员的积极性，发挥基层组织和党员的作用，做好信息和社情民意工作。上报信息和社情民意435条。获全市统战信息一等奖两次、二等奖1次；获致公党江苏省委信息工作特等奖两次；有3条信息获得中共中央统战部部长刘延东的批示。部分信息被中共中央统战部《零讯》和《信息专报》录用。

1986～2005年无锡市致公党成员任各级人大代表和政协委员统计表

表26-6　　　　单位：人

年份	省人大代表	市人大代表	区人大代表	全国政协委员	省政协委员	市政协委员	区政协委员	备注
1986	1 [六届]	2（1） [九届]	3	—	—	3（1） [七届]	6（2）	—
1987	2 [七届]	2（1） [十届]	5	—	—	4（1） [七届]	8（3）	—

续表

年份	省人大代表	市人大代表	区人大代表	全国政协委员	省政协委员	市政协委员	区政协委员	备注
1988	2（1） [七届]	3（1） [十届]	5	—	1 [六届]	9（2） [八届]	9（4）	—
1989	2（1） [七届]	3（1） [十届]	5	—	1 [六届]	10（2） [八届]	12（5）	—
1990～1992	2（1） [七届]	3～4（1） [十届]	5（1）	—	1 [六届]	10（2） [八届]	12（4）	区人大常委会副主任2人 区政协副主席1人
1993～1997	4（1） [八届]	4（1） [十一届]	6（1）	—	1 [七届]	10（2） [九届]	11（2）	市政协副秘书长1人 区人大常委会副主任2～1人 区政协副主席1人
1998～2002	3（1） [九届]	1 [十二届]	5（2）	—	2 [八届]	10（3） [十届]	10（2）	市政协副秘书长1人 区政协副主席1人
2003～2005	1 [十届]	3（2） [十三届]	1（1）	1 [十届]	1 [九届]	7（3） [十一届]	12（2）	市政协副秘书长1人

说明：( )内为常委数。

第四节　海外联谊

1989年，致公党市委组建海外联谊工委。2000年起，致公党市委每年与相关单位举行“五侨”（侨办、侨联、致公党、人大华侨委员会、政协港澳台侨委员会）联席会议，就加强市（县）、区侨务机构建设、贯彻落实捐赠法有关问题、全市侨务工作存在问题、涉侨房屋拆迁过程中出现的问题和矛盾等进行研究和讨论，推动侨务工作实施。

2003年，全国出现“非典”疫情，致公党市委把开展海外联络工作与加强“非典”防控形势的对外宣传有机结合起来，让远隔重洋的海外亲人放心，让关注中国的外国朋友消除顾虑。

1986～2005年，全市致公党员接待国（境）外到无锡亲友2135人次，党员出国（境）探亲访问120人次。致公党市委接待回国观光团25次，举办华侨到无锡讲学1次，同时，做好引资和引智工作，引进外资3230.5万美元，洽谈和引进外资项目44个。

第五节　社会服务

一、关注关爱未成年人

1995～2005年，致公党市委向市社会福利院、市儿童听力语言训练中心、各区培智学校赠送衣物500余件、图书600余册、打击乐器4套、食品折价4000余元。

1997年，致公党市委到市社会福利院慰问孤残儿童。国庆节，组织志愿人员到福利院为儿童服务。参与各民主党派、工商联捐助延安杨家岭中学的活动，发动党员捐献2500元和书籍80本、衣物31件给杨家岭中学。

图26-5　2002年，致公党无锡市委与塘南中学举行帮困助学结对仪式
（致公党无锡市委供稿）

2002年，致公党市委到崇安区辅读学校开展慰问活动，向学校赠送篮球、足球和羽毛球拍等体育用品，给智残学生带去节日的关怀。同年，发起“寄希望、献爱心”活动，筹得捐款1万余元，资助12名特困生。

2003年，致公党市委为救助镇江市致公党员熊晓梅患白血病的8岁女儿，全市致公党员纷纷伸出援手，捐款5045.1元。在参与致公党中央发起的“新长城——特困大学生自强项目”和支持“无锡市癌症康复俱乐部成立十周年”活动中，分别捐款2000元和1000元。先后为备灾救助基金、“慈善一日捐”等公益事业捐款近千元。“六一”前夕，妇女工委向新区旺庄镇中心幼儿园捐赠价值700余元的图书，7月，致公党妇女工委代表全市党员向当年考取重点高中的两名助学对象赠送学习用品。

2004年，致公党市委到市儿童听力语言训练中心慰问在训聋儿，向西新中学两名助学对象赠送学习用品。2005年，致公党滨湖一支部与1名品学兼优的贫困学生结成帮扶对子，每年资助1000元及部分衣物和学习用品。

二、促进地区合作

1997年，致公党市委组织人员到常州市金坛市花山乡考察，促成无锡轻工业大学和该乡签订开发无花果干果的协议。2004～2005年，和致公党泸州市委互派考察团交流协商，“锡泸合作”迈出步伐。

三、开办“致福工程”

“致福工程”是致公党江苏省委倡导并实施的对农民提供免费电脑培训、帮助农民掌握现代信息技术、提高致富能力的民心工程。2005年起，每年联合市农林局、市财政局等单位在滨湖区农广校开设“致福工程”培训点，向农民传授知识和技术。

第七章　九三学社无锡市委员会

第一节　代表大会

1988年10月11～12日，九三学社无锡市第七次代表召开，出席代表128人。大会选举委员26人，候补委员3人，常委8人。主任委员黄宁一，副主任委员王赓唐、孙方琛。1991年4月召开七届二次代表大会，增补委员11人。

1992年11月，九三学社无锡市第八次代表大会召开，出席代表104人。大会选出委员36人，常委13人，主任委员黄宁一，副主任委员孙方琛、张大炎、胡超然，顾问王赓唐。

1996年9月，九三学社无锡市第九次代表大会召开，出席代表108人。大会选出委员36人，常委13人。主任委员黄宁一，副主任委员孙方琛、张大炎、胡超然、高振飞，顾问王赓唐。

2001年10月，九三学社无锡市第十次代表大会召开，出席代表108人。大会选出委员37人，常委12人，主任委员蔡捷敏，副主任委员张大炎、华圣同、程红、祝建中。

第二节　组织建设

图26-6　2002年，九三学社中央接受无锡市委敬献的紫砂微雕壁挂　　（九三学社无锡市委供稿）

1986年末，九三无锡市委有基层组织35个（支社16个，小组19个），社员388人。

1994年初，九三市委组织部拟订《关于基层换届工作的意见》，1994～1996年有22个基层组织完成民主选举，顺利换届，充实中青年骨干担任基层组织负责人，加强基层组织的建设。1995年1月，九三江阴支社成立，社员23人。1999年，升格为江阴市委会。1996年末，全市有社员560人，其中有高级职称的占58%，45岁以下的占60%以上。全市基层组织40个（支社25个、小组15个）。1997～2001年，九三学社市委有序发展组织，着重提高基层组织的活力。5年中发展新社员151人，平均年龄37岁。至2001年末，全市有社员705人，具有高级职称的占65%；基层组织31个（支社27个、小组3个、基层委员会1个）。

2002年4月，成立九三江南大学委员会。2002～2005年，九三市委加强基层组织建设和机关作风建设。市委机关着重增强服务意识，健全各项制度，提高综合服务能力；基层建设着重抓组织生活制度化，社务活动规范化，鼓励社员立足岗位，为社组织争光。发展新社员112人。至2005年末，全市社员795人，具有高级职称的上升至72%，平均年龄下降至55岁，基层组织31个。

第三节　参政议政

1986年后，九三市委参加中共无锡市委、市委统战部召开的各种座谈会、协商会、通报会、“月月谈”、“双月谈”。社员中的人大代表、政协委员在“两会”发言，提交议案、提案。九三市委各工委，开展重点、热点问题的专题调查，与对口部门协商对话。发挥特约监察员、党风监督员等特约人员的作用，广泛听取、收集社情民意。在社内开展“议政日”“社员一人一建议”活动，履行参政议政职责，发挥参政党的作用。

1986～1991年，社员中有省、市、区人大代表16人，政协委员45人，在市政府担任副局级领导职务的两人，应聘担任市特约监察员、教育督导员等职务的5人。每年九三市委领导参加中共无锡市委、市委统战部的协商会、座谈会、通报会20次左右，就无锡市重大事务、人事安排、社会热点问题提出意见、建议，反映社员呼声。1989年，社员中的人大代表在市人大会议上与其他代表共同提出《关于“菜篮子工程”的提案》，列入大会议程。1990年在市政协全会上作《“科技教育兴市”与微电子工程》的发言，受到有关方面的重视。

1992～1996年，九三市委领导参加中共无锡市委、市委统战部召开的政治协商会、座谈会等会议110多次，就中共无锡市第九次代表大会人选、促进祖国统一、治理污染、拯救太湖、创建国家卫生城市等重大问题提出建议，发表意见。在市人大、市政协“两会”期间提出议案、提案86件，在市政协全会上发言3次。1995年，建立“社员议政日”制度，听取社员意见，反映社情民意。1995年、1996年在市政协全会上呼吁“治理污染，拯救太湖”。《控制污染，治理太湖，提高饮用水质量，确保市民健康》被评为1996年无锡市政协优秀提案，并得到江苏省和全国“两会”的重视。

1997～2001年，九三市委在市政协全会期间提交集体提案46件，委员个人提案220余件，在市政协全会发言材料有《大气污染不可忽视，治理力度必须加强》《发展农业产业化经营，加快农业现代化步伐》《营造文化绿洲，美化城市形象》。2000年上报的5项建议列入全国政协会议委员联合提案。2001年，上报九三学社中央提案6件，获优秀提案奖。

2002年，在市政协十届五次全会上，主任委员蔡捷敏当选市政协副主席。在中共无锡市委、市委统战部召开的“双月谈”“月月谈”等协商座谈会上，蔡捷敏多次就发展都市农业、科技兴农、发展文体产业等热点、重点问题发表意见，提出建议。这些建议被吸纳写入无锡市的地方法规。2002～2005年，共征集上报社情民意1170多条，被省以上领导部门采纳200多条。2005年，社员中的人大代表，政协委员开展“一代表（委员）一建议（提案）”的活动。4年间，在市政协全会期间提交集体提案38件、委员提案143件，件件有回音。其中《引进和培养高层次人才》《加强我市电子政务建设》等5件提案得到中共无锡市委、市政府领导的批示、督办。

1990年始，市九三有特邀（约）市级参政人士1人。至2005年，有特邀参政人士市级9人、区级21人。

1986～2005年无锡市九三成员任各级人大代表和政协委员统计表

表26-7　　单位：人

年份	省人大代表	市人大代表	县区人大代表	省政协委员	市政协委员	县区政协委员	备注
1986～1987	2 [六届]	13～10 [九届]	3	1 [五届]	17（8） [七届]	15（3）	市人大常委会副主任1人 市政协副秘书长1人
1988～1992	2 [七届]	10 [十届]	4	1 [六届]	17（10） [八届]	18（5）	市人大常委会副主任1人 市政协副秘书长1人
1993～1997	2 [八届]	9 [十一届]	5	1 [七届]	28（8） [九届]	21（6）	市人大常委会副主任1人 市政协副秘书长1人
1998～2002	1 [九届]	9～11 [十二届]	8	1 [八届]	19（7） [十届]	23（7）	市人大常委会副主任1人 市政协副秘书长1人 县区人大常委会副主任1人 县区政协副主席1～2人
2003～2005	（1） [十届]	12～14 （1～2） [十三届]	10（1）	（1） [九届]	18～20 （4） [十一届]	28～29（8）	市政协副主席1人 市政协副秘书长1人 县区人大常委会副主任1人 县区政协副主席2～3人

说明：（ ）内为常委数。

第四节 调 研

九三无锡市委注重发挥科技、医卫、文教、关心下一代等委员会的作用，抓好专题调查，并建立社员议政日制度，收集整理上报社情民意，发动每个社员献计献策。

1989年，组织社员完成6项专题调查，就“双增双节”、环境保护、深化医疗改革等专题写出调查报告。《参政议政（专题调查）总结》作为九三江苏省委的材料在九三中央八届三次全会上交流。

1991～1995年，开展专题调查，履行参政议政职责，写出21篇调查报告，与市政府有关部门建立对口协商交流制度。1994年，《联合时报》两次介绍九三市委开展专题调查活动的经验。1995年，市科委委托项目《无锡造就一支跨世纪科技人才队伍的研究》调查报告获得九三中央的嘉奖。

1996～2000年，各工委写出23篇专题调查报告，大多得到中共无锡市委、市政府主要领导的批示，九三市委还对各调查报告的落实情况跟踪调查。其中关于发展高等职业技术教育和无锡市村镇建设发展的两篇调查报告被市科委列入1998～1999年度软课题项目，迅速得到落实。2000年，九三市委征集、整理、上报社情民意140余条信息，其中《提前做好加入世贸组织的准备工作》被中央采纳。九三市委连续3年获得九三江苏省委信息工作一等奖。

2001～2005年，九三市委完成专题调查14篇，在社员中开展“一社员一建议”活动。2002年，获得九三江苏省委“三增强，四热爱”活动先进集体一等奖。2003～2004年，上报社情民意600多条，被中共中央统战部、九三中央采纳104条。2004年，与市政协合办的“关注仪器卫生”专题节目，在《政协话题》电视专栏节目中播出。专题调查《无锡市旅游要率先融入长江三角洲经济圈》，得到市旅游局的肯定；《无锡市特大城市建设中的社区文化发展》项目，被列入市科技局科研软课题。

第五节 社会服务

一、服务经济

1987年，九三市委成立科技咨询服务部。1988年，受九三中央委托，派专家对贵州省惠水地区进行淡水养殖调查论证。1989年，帮助江苏海安县创建生物工厂。1992年8月，邹志鸿等4位社员支持无锡县东湖塘绵绸厂技术改造，培训技术人员，并被聘为该厂顾问。1993年，帮助无锡市扬名乡芦村华德公司引进全套制杆设备。1993年，九三中央刊物《民主与科学》出“无锡专页”介绍九三无锡市委为经济建设服务的经验。1993～1994年，科技咨询服务部完成咨询项目250多项。

二、社会培训

1993年，九三市委与市妇联联合举办家政礼仪讲习班4期，结业学员280人，全国多家新闻媒体报道。九三业余进修学校至1996年共办班6期，结业学员836人。1997年，为无锡柴油机厂举办英语强化班，提高科技人员的英语水平。

三、医卫咨询

1988年后，九三市委医卫咨询服务部先后开设市商业医院、省荣军医院、大吉春药店九三专家门诊。先后和九三上海市委合作举办肾脏病、肿瘤病等专家讲座。医卫咨询服务部每年组织专家到学校、幼儿园、工矿企业、居委社区进行大型义务医疗咨询活动，开展义务体格检查、医疗咨询。1991

年，九三市委组织专家组成抗洪医疗队，走访社员，为受灾群众服务。1998年，妇女节、敬老日义务咨询就诊3000多人次。

四、关心下一代成长

1994年11月，九三市委成立关心下一代工作委员会。到学校、社区进行科普、时政讲座。1999年，作科普讲座39场，宣传反对邪教，提倡科学。2005年，作科普讲座60多场，听众1.68万人；捐资助学1.06万元，为结对学校捐赠书籍、电脑，扶持7名贫困学生完成学业。

第八章　无锡市工商业联合会

第一节　代表大会

1989年12月8日，无锡市工商联召开第六次会员代表大会，选举产生第六届执行委员会。李永锡为主任委员，设常委44人、执委90人，庄申、顾耀祥、王祖华、孙惟清、陈前友、吴楚英、张建明、胡上治、程景灏为副主任委员，秘书长陈前友(兼)。

1993年6月25日，市工商联召开第七次会员代表大会，选举产生第七届执委会，设常委30人，执委67人。苏红平当选为会长，庄申、施成昌、陈前友、吴楚英、程景灏、翟锁金、徐永昌、冯秋声当选为副会长，秘书长陈前友(兼)。

1997年5月28日，市工商联召开第八次会员代表大会，选举产生第八届执委会，设常委27人、执委70人。苏红平当选为会长，施成昌、陈前友、翟锁金、徐永昌、冯秋声、赵佳曾、荣毅当选为副会长，秘书长陈前友(兼)。7月，蔡家彬当选为副会长。2000年增补3名执委。

2002年1月30日，市工商联召开第九次会员代表大会，选举产生第九届执委会，设常委35人、执委86人，另保留空额4人。苏红平当选为会长，蔡家彬、陈前友、冯秋声、赵佳曾、荣毅、韦顺芳、周国华、黄丽泰、蒋锡培、周海江当选为副会长，蔡家彬任党组书记，秘书长冯秋声(兼)，2003年1月，由陆德良替换蔡家彬当选为副会长。2004年2月，黄达民当选为副会长。2005年，增补常委6人。

第二节　组织建设

1989年4月，市工商联与民建无锡市委分署办公，独立开展工作。1993年7月，市工商联增名无锡市商会。1996年，成立由非公有制代表人士组成的会员联谊会，1998年，成立由非公有制企业中的女企业家组成的市工商联妇女联谊会。2002年，成立参政议政工委、组织宣传工委、经济科技工委和老会员工委，聘请工商联的兼职副会长、常委、执委等担任工委委员，提升工商联参政议政、组织宣传、经济服务等方面的工作水平。2003年7月，市民政局授权市工商联在业务上主管市属行业商会。2004年7月，市商会更名为市总商会。

一、基层组织

1993年12月，江阴青阳镇成立全市第一个镇级商会。1994年，先后恢复或新建崇安、南长、北塘、郊区、马山等区工商联。1995年初，无锡所属的市（县）、区均建立工商联组织。1996年，崇安区广瑞街道、北塘区西新街道最先成立街道商会。1999年，成立蠡园经济开发区、宜兴市环科园等开发区商会。2001年6月，锡山市工商联调整为锡山区工商联、惠山区工商联。7月，由郊区工商联、马山区工商联合并为滨湖区工商联。同年成立全市第一个异地商会——市工商联泉州商会。年末，乡镇商会91个。至2003年，街道商会26个，后因为乡镇、街道合并和区划调整，乡镇、街道等基层商会进行合并或重建，数量减少。2004年12月，成立市总商会潮汕商会。2005年9月，成立无锡市总商会温州商会；惠山区礼舍村成立全市第一个村级商会。至2005年末，乡镇商会60个、街道商会20个、开发区商会4个、村商会1个。

二、行业商会

1987年起，无锡市由从事同行业或相关行业的工商联企业会员和个人会员组成的基层商会组织，以“自选领导、自聘人员、自筹经费、自理会务”为原则，实行“自我管理、自我服务、自我协调、自我约束、自我教育”的形式，发挥桥梁和纽带、市场开拓、信息服务、参与制定行业标准、培训服务、诚信自律、帮助中小企业融资、维护会员权益、培育非公经济代表人士等职能。最早建立的是以国有、集体企业会员为主的商会组织。

1987～2005年无锡市成立行业商会一览表

表26-8

行业商会名称	成立时间	地 点
无锡市中药业同业公会	1987年	人民西路94号
无锡市百货行业协会	1988年	工艺路3号
无锡市浴室行业协会	1988年	中山路89号
无锡市照相行业协会	1988年	中山路418号
无锡市理发行业协会	1988年	中山路640号
无锡市菜馆行业协会	1988年	长康路15号
无锡市点心行业协会	1988年	中山路391号
无锡市工商联（商会）五金交电业商会	1998年	盛岸西路宪丰村
无锡市工商联（商会）美容美发业商会	1998年	人民西路9号-1
无锡市工商联（商会）通信业商会	1998年	银辉大厦24楼8号
无锡市工商联建设商会	2001年	解放东路890号
无锡市工商联家居商会	2001年	前西溪3-1号
无锡市工商联房地产经纪商会	2001年	天安大厦1707室
无锡市工商联家具装饰业商会	2003年	人民东路7号2楼
无锡市归国人员创业商会	2003年	新区科技园5区2楼
无锡市电子信息商会	2004年	蠡园开发区管委会二楼
无锡市工商联物流运输业商会	2004年	江海西路168号
无锡市总商会蔬菜果品业商会	2004年	槐古路2号
无锡市总商会塑料保护膜业商会	2004年	惠山区玉祁镇
无锡市总商会金银珠宝业商会	2005年	惠钱路210号
无锡市总商会铜铝挤压机械业商会	2005年	惠山区前州镇政府内
无锡市总商会鸽业商会	2005年	惠山区洛社镇
无锡市总商会不锈钢型材商会	2005年	锡山区东北塘
江苏省工商联工业陶瓷同业商会	2005年	宜兴市川埠

1998年始，市（县）、区、乡镇、街道也开始组建行业商会组织，其中宜兴市工商联成立全市第一个省级同业商会——江苏省工商联工业陶瓷同业商会。至2005年末，全市有57个行业商会组织，其中省级1个、市级24个、县级14个、乡镇（街道）级18个。同业商会涉及的行业有零售百货、五金交电、餐饮、美容美发、装饰装潢、纺织服装、建材、电子通信、石油化工、农产品加工、机械制造和加工、印刷、拉链、塑料制品、物流运输和其他服务业，共有个人、企业会员2991个，占全市工商联会员总数的24.56%。

三、会员发展

1986年初，无锡市工商联有会员1493人。因老会员自然减少，1987年末，有会员1264人，其中退休会员1090人。之后开始发展国有、集体企业加入工商联。1991年开始，突出发展私营企业和个体工商户入会。1992年9月，市工商联国有、集体会员分别为126个、59个，老会员867个，占会员总数的86.94%。1998年，无锡市工商联把转制和改制企业纳入会员发展范围。随着非公有制经济快速发展，工商联的会员数有大幅度增加。

至2005年末，全市工商联有会员12179个，其中个人会员3071个、团体会员147个、企业会员8143个、其他会员818个。与1992年相比，会员总数增长10倍，其中企业会员数增长超过30倍，个人会员数增长近4倍。企业会员集中在纺织、服装、机械制造、金属加工、陶瓷塑料加工、电子信息、批发零售等，农林牧副渔、交通运输、木材加工、建筑材料、石化等行业，其他行业所占比重较小。

第三节　参政议政

1989～1993年，市工商联就治理整顿、开展“质量、品种、效益年”，治理“三乱”、搞好大中型企业、制定和实施无锡市十年规划和“八五”计划等提出提案和建议，撰写《关于对中外合资企业进一步加强管理的意见和建议》等4篇调研报告。1993～1997年，围绕加强精神文明建设、促进非公有制经济健康发展、发展外向型经济等重点问题开展调研，报送调研报告11篇，提出议案、提案68件。其中《加强非公有制经济代表人士的思想政治工作，促进非公有制经济领域的精神文明建设》《积极引导，加强管理，提高非公有制经济整体素质》和《发挥商会优势，加强海外联络》等调研材料分别在市政协会议上作专题发言。1998年，在市政协十届一次会议上提出《关于进一步完善我市非公有制经济发展环境的建议》《建议党政部门制订发展非公有制经济实施细则》等4件集体提案。1999年，在市政协会议上提出《关于切实把发展个私经济纳入国民经济整体发展计划的建议》《关于做好招商引资工作的几点建议》等8件集体提案，并在市政协会议上作《加强引导服务，促进非公有制经济健康发展》专题发言。2000年，提出《关于重视中小企业融资的建议》《关于自下而上组建行业商会的建议》《关于构建小企业服务体系的建议》等20件全国、省、市政协会议上的集体提案，提出《关于立法保护私营企业合法权益，促进公平竞争的建议》等3件省人大议案，并在市政协会议上作《放开搞活，引导服务，进一步促进我市个私经济快速健康发展》专题发言。2001年，提出《关于改善太湖水体生态环境案》《关于加快火车站地区改造的建议》等16件全国、市政协会议上的集体提案，提出《深化金融体制改革，继续加强对中小企业金融服务》等两件省人大建议，在市政协会议上作《培育创新投资体制，促进民营科技企业发展》专题发言。2002年，提出《引导民营企业积极参与我市外向开放战略》等14件市政协会议上的集体提案，并在市政协会议上作《加快科技园区立法，促进知识经济发展》专题发言。2003年，提出《高度重视农民工的权益保护》《必须重视和解决我市烂尾楼问题》等12件全国、市政协会议上的集体提案。2004年，提出《关于培养和造就民营企业家队伍的建议》《关于制定促进行业协会发展实施办法的建议》等10件全国、市政协会议上的集体提案，其中《加大政策落实力度，促进个私经济快速发展》提案成为市政协主席会议督办提案，并在市政协会议上作《提升无锡诚信形象，营造良好发展环境》专题发言。2005年，提出《建议改革企业计税工资限额制度》《关于建设节约型社会的建议》等13件全国、市政协会议上的集体提案，并在市政协会议上作《加强民营企业家队伍建设》专题发言，开展民营企业品牌建设、企业文化建设、民营企业“走出去”、上规模民营企业情况调查、创建工商名城等调研，形成《无锡市创建工商名城研究报告》和《五年行动纲要》调研报告。

第四节　代表人士

一、人大代表和政协委员

1992年始，非公有制经济人士开始进入各级人大和政协，自行车修理个体工商户严大幼、便民饭店个体工商户苏美娥分别成为第一个担任市人大代表、市政协委员的非公有制经济人士，另有5人进入区人大或区政协。1993年，无锡林芝祥发玩具有限公司董事长许林生成为第一个担任省政协委员的非公有制经济人士。

1992～2005年无锡市各级工商联非公有制经济代表人士担任人大代表、政协委员统计表

表26-9　　单位：人

年份	人大代表			政协委员			合计
	省级	市级（省辖）	县区级	省级	市级（省辖）	县区级	
1992	—	1	3	—	1	2	7
1993	—	2	6	—	6	6	20
1994	—	2	6	—	6	6	20
1995	—	4	5	1	8	14	32
1996	—	4	7	1	11	16	39
1997	—	2	6	4	14	49	75
1998	—	2	10	4	14	59	89
1999	—	4	33	4	16	76	133
2000	—	5	39	4	16	82	146
2001	2	5	57	3	24	90	181
2002	2	5	75	3	25	100	210
2003	2	9	83	3	27	111	235
2004	2	9	83	3	33	112	242
2005	2	9	85	3	33	115	247

说明：1992～1994年的统计不包括无锡县、江阴市、宜兴市和郊区。

二、工商联常执委

1991年之后，随着非公有制经济发展，加入工商联的私营企业、个体工商户增多，工商联常执委中的非公有制代表人士所占比例逐届提高。至2005年，全市非公有制经济代表人士担任省级工商联副会长1人、常委3人、执委7人，担任市级工商联副会长4人、常委18人、执委41人，担任县、区级工商联会长1人、副会长28人、常委79人、执委197人。

三、先进代表

1997～2002年，工商联会员中有1人被评为全国劳动模范，8人被评为省、市劳动模范，被评为市（县）、区以上“三八红旗手”“新长征突击手”44人次，市（县）、区优秀厂长、经理739人次，5人获省委统战部、省工商联授予的中国特色社会主义贡献奖章；江苏省远东集团总裁蒋锡培当选为中共十六大代表。2003年，非公有制经济代表人士中有4人当选市劳动模范，两人评为市优秀企业家；市工商联会同市委统战部、团市委和市妇联，在会员企业中评出市十佳民营女企业家、十佳民营青年企业家，获市中国特色社会主义建设贡献奖章的21人。2004年，江苏省红豆实业股份有限公司董事长周海江被中共中央统战部、工商总局等5部门评为优秀中国特色社会主义事业建设者，10名非公有制经济代表人士分别获得优秀民营科技企业家奖，3人获得省委统战部、省工商联授予的社会主义建设贡献奖章，15人被评为省优秀民营企业家。2005年，有3人获全省关爱员工优秀民营企业家奖，3人获全省热爱企业优秀员工奖；有50人获得全市关爱员工优秀民营企业家奖，50人获得全市热爱企业优秀员工奖。

第五节　服务活动

一、海外联络服务

1993年，市工商联加入海内外华人友好商会。先后与泰国中华总商会、新加坡中华总商会、美国波士顿商会、美国亚洲商务协会、马来西亚柔佛州新山市中华工商总会签订友好合作协议书。1995年，市工商联首次组织非公有制经济人士走出国门，与国外工商界组织和人士开展商务交流。同时接待海外友人，至1997年末共接待188批次共717人到无锡参观访问。

1998～2002年，市工商联加强与海外工商社团的联系，与澳大利亚华人联合商会、香港中小型企业联合会、阿根廷阿中商会结成友好合作关系，与德国中小企业联合会建立合作伙伴关系，完成33个合作项目，共18次组团赴中国港澳台地区和美、德、澳等国家洽谈经贸、展销展览，成交200万美元，签订合资合作协议金额3970万美元。2000年，配合全国工商联举办第四届中尼民间合作论坛。

图26-7　2001年5月，美、德、法等国商会代表在无锡参加“市场经济与商会国际研讨会”（市工商联供稿）

2003年，市工商联组团赴马来西亚参加第七届世界华商大会，10次组团赴澳大利亚、英国、法国、俄罗斯、瑞典等国家考察经贸。2004年，5次组团赴南非、埃及、加拿大、欧洲等国家和地区洽谈考察经贸，安排会员与法中友协、巴西纺织、德国霍夫地区等代表团洽谈合作，举办无锡民营企业走进中国香港研讨会，与巴西中华工商总会建立友好商会。2005年，组织由20余家民营企业界代表组成的代表团，赴韩国参加第八届世界华商大会。

二、经济服务

1989～1993年，市工商联先后组织近百家会员企业参加在福州、上海、南京、开封等地举办的交易、展销、展示会，成交金额2000多万元。开展职业培训，共培训财会等专业人才7485人次。

1994～1997年，市工商联为非公有制企业会员办理出国（境）手续99人次，办理技术职务评定申报手续14人次；与市科委、市商业局共办兴业城市信用社，以此为依托，组织个体、私营企业会员筹集民营经济互助金，解决部分民营企业资金周转的燃眉之急；联合市劳动局、市物价局、市技术监督局，在会员中开展职业技术培训和质量、价格管理培训班；开展法律、会计、信息咨询、保险代理等专项服务。

1998～2002年，市工商联牵头组建市安泰投资担保公司，为会员担保贷款1.5亿元；编印信息、学习资料汇编等77期，办理出国（境）手续340人次，举办128期培训班，培训8800余人次；组织会员参加展览、展销会118次，开展“质量信得过”等活动。

2003～2005年，市工商联每年参与承办民营企业高新技术洽谈会，与市民营经济办公室共同组织银行企业间的授信活动，授信额676亿元，帮助解决会员企业发展融资难的问题。

图26-8　2002年5月，市工商联举办“无锡民营经济发展与民间投资报告会”（市工商联供稿）

三、招商引资

1990～1992年，市工商联多次邀请中国香港、台湾地区和海外客商到无锡经贸交流与考察，共促成合资项目9个，合同利用外资591万美元。

1993～1997年，市工商联利用联系面广的优势，组织会员赴美国、加拿大、日本、东南亚国家和中国港澳地区考察访问，参加阿联酋、泰国、新加坡等地举办的国际博览会，帮助会员牵线搭桥、开拓市场，引入4500万美元投资宜兴市热电厂和市开发区电厂。

2001年，市工商联举办民营企业国际合作恳谈会，推介14个对外招商项目，与外商签订投资意向和贸易合同，总额2049万美元。

2002～2005年，市工商联每年参与全市“招商月”活动，分别赴温州、台州、宁波、杭州等地开展招商引资，签约项目299个，合同投资总额314.96亿元。

四、为老会员服务

1987年，市工商联成立退休老会员联络大组，后根据老会员居住分布扩大到30个联络大组，就地组织老会员学习和活动。1990年，修缮荣德生旧居作为“老年之家”，方便老会员开展活动。成立互助金工作委员会，管好用好工商界互助金，对生活困难的老会员及遗孀给予补助。组织外出参观考察，使老会员老有所学、老有所养、老有所乐、老有所为。

第六节　光彩事业

1996年，市工商联成立市光彩事业促进会，从资金、技术、人才等方面支持贫困地区。锡山市工商联组织溪南鞋业有限公司投资300万元，到陕西蓝田办鞋厂，受到当地政府重视和欢迎。

1997年初，市工商联会员三德利工贸有限公司董事长祁汉仪提议在延安革命老区建立光彩学校，经市光彩事业促进会牵头考察选址，确定在延安杨家岭中学建造教学楼。7月16日，市委统战部、市工商联召开动员大会，40位工商联会员及市委统战部、市各民主党派、市工商联捐资21万元，并捐助书籍、扩音设备、打字机等教学办公用品，为300多名学生提供校服、书包和文具用品。祁汉仪捐赠75万元建材，并派出施工队赶赴延安施工。1幢两层6个教室600平方米的教学楼于8月末竣工。

1998年长江流域发生洪涝灾害，市工商联及非公有制经济人士向灾区捐款及捐物折款500多万元。同年，会员企业市三德利工贸有限公司发起捐资捐物近100万元在延安捐建杨家岭希望中学。2000～2003年，设立30万元“雪英光彩基金”、20万元“吴坚光彩教育基金”、100万元“吴坚光大品行优秀奖学金”、20万元“正光光彩基金”、100万元“大为光彩基金”等。

2001年，市林芝三阳集团有限公司、市先行工业设备安装有限公司等会员企业捐26万元资助陕西省延安市郭家坪希望小学、延川希望小学、云芳希望小学；江苏红豆集团捐助连云港希望小学、泗洪希望小学、河海大学常州分校等，共计投入400多万元；天瑞计算机信息技术咨询公司向江南大学捐献价值500万元的计算机财务软件。2002年推进无锡与徐州的对口帮扶，共签订28个合作项目，投资额7.8亿元。2003年，市连通科技有限公司出资30万元资助新疆贫困学生；在抗击“非典”中，会员共捐资捐物1028.7万元。2005年，为东南亚地震海啸抗灾捐款116.6万元。

无锡市志

【第三册】

第二十七卷
社会团体

概　述

1986年后，无锡市总工会、共青团无锡市委员会、无锡市妇女联合会、无锡市科学技术协会、无锡市哲学社会科学联合会、无锡市文学艺术界联合会、无锡市残疾人联合会、无锡市归国华侨联合会、无锡市红十字会、无锡市台湾同胞联谊会等10个社会团体根据中共的路线、方针、政策，团结各界群众，开展各种活动，在社会主义建设中发挥作用。同时加强组织建设，优化队伍结构，提高成员素质。

1986～1993年，全市党政机关、科教文卫单位和“三资”、私营、乡镇企业纷纷建立健全工会组织；探索和处理股份制企业中职代会和股东会、董事会、监事会之间的关系，发挥职代会的各项职权。1994～1998年，围绕维护职工权益，推行平等协商和签订集体合同制度，探索新时期职工民主管理的有效形式和途径。1999～2005年，各级工会一手抓调整劳动关系机制的建设，一手抓为职工群众办实事，推进企业民主管理、工资集体协商制度和非公企业职代会制度建设。2005年，全市独立基层工会6254个，覆盖企业29554家，会员114.58万人。

1986～1991年，共青团无锡市委（简称“团市委”）以颁发团员证为契机，以“合格团委、合格团支部”建设和“争先创优”为重点，促使基层团组织健全。1992～1996年，全市团的组织建设在发展中巩固，基层团支部和团委数增加182个，建团率98.25%。1997～2001年，全市各级团组织依靠党建带团建，加强团的自身建设。2002～2005年，加大新经济组织和新社会组织团建和社区团建力度，通过联合建团、行业建团、挂靠建团、园区建团、公寓建团等多种途径，创新团的组织设置。

1986年起，无锡市妇女联合会（简称“市妇联”）开展“五好文明家庭”创建活动。在农村开展“巾帼致富”活动。1989年后，开展维护妇女儿童合法权益活动。1991年始，在城市开展“巾帼建功、创业”活动。1997年后，帮助下岗失业妇女再就业。

无锡市科学技术协会（简称“市科协”）围绕学术交流、科学普及等方面开展活动。举行学术交流、专题讲座、讨论会、培训、专题报告等学术活动，开展国内外科技交流。科普宣传坚持普及和提高相结合的原则，至2005年末，全市共创建“科普示范街道”15个、科普示范乡镇37个。组织会员开展围绕企业技术改造、产品更新换代、双增双节攻关等活动。

无锡市哲学社会科学联合会（简称“市社科联”）所属学会、研究会、协会经过清理整顿，平稳发展。社科工作者围绕经济社会发展的理论和实际，开展学术研究、学术交流和社科普及等活动，促进哲学社会科学的繁荣发展。

无锡市文学艺术界联合会（简称“市文联”）团结广大文艺工作者，遵循“出人才、出作品、促进文艺繁荣”的宗旨开展文学艺术活动。所属协会、学会、研究会也根据各自特点开展各种学习活动和艺术研讨活动。全市文学艺术领域日趋繁荣，成果迭出。

1988年，市政府率先在全国颁布《无锡市残疾人保护条例》，奠定残疾人事业法制建设的基础。至2005年，全市共有残疾人289817人，占户籍人口总数的6.4%。全市社区康复网络基本形成。率先实施残疾人按比例分散就业，提高残疾人就业能力。特殊教育办学形式多样，残疾儿童入学率逐年提高。

无锡市归国华侨联合会（简称“市侨联”）履行“群众工作，参政议政，维护侨益，海外联谊”四大职能，围绕服务经济中心，以侨引资、以侨引智；推进基层组织建设，增强凝聚力。积极参政议政，畅通言论渠道，反映侨界呼声，维护侨益；竭诚为侨服务，建立扶贫长效机制；拓展海外联谊面，和世界上多个国家和地区的华侨华人社团建立联系。

无锡市红十字会开展卫生救护培训、备灾救助等工作，通过多种渠道，开展社会救助爱心工程，救助弱势群体。

无锡市台湾同胞联谊会（简称“市台联”）贯彻执行中共对台方针政策，发挥自身优势，加强对台宣传，做好岛内外台胞的联谊交友工作，服务于全市经济建设。

第一章 无锡市总工会

第一节 组织机构

一、会员代表大会

无锡市工会会员代表大会每5年召开一次。1988年12月6～8日、1993年12月27～29日、1998年12月27～28日、2003年11月24～27日分别召开第十二次、第十三次、第十四次、第十五次代表大会。每次大会选举产生市总工会主席、副主席和常委、委员、经费审查委员会等组成人员。1985年12月～1997年12月吉久林任市总工会主席，1998年1月～2001年4月杨源兴任市总工会主席，2001年4月后余炳源任市总工会主席。

二、机构

1986年，市总工会内设办公室、组织部、生产保护部、生活女工部、宣传教育部、财务部、民主管理部、法律顾问处。1995年8月因撤县设市，无锡县总工会更名锡山市总工会。1996年7月，成立市总工会新区办事处。2001年2月，因区划调整而撤销锡山市总工会，分别成立锡山区总工会和惠山区总工会，郊区总工会更名为滨湖区总工会，撤销市总工会马山区办事处。

至2005年末，市总工会内设办公室、政策研究室、国际部、组织部、宣传教育部、法律工作部、生活保障部、民主管理部、生产保护部、财务事业部、女工部、经审办。下辖江阴市、宜兴市总工会，崇安区、北塘区、南长区、锡山区、惠山区、滨湖区总工会和新区办事处；下设机械、冶金、轻工、电子仪表、石油化工、纺织、贸易、物资、粮食、外贸、供销合作、交通、市政公用、建设、园林、煤炭、供电、房产管理、邮政、电信、旅游、文化、教育、卫生、民政和市级机关等26个产业工会和部门工会；市直属基层工会有市商业银行、江南大学、市委党校、市干部学校、海鹰企业集团有限公司、澄西船舶修造厂、中船重工集团第702研究所、江苏北方湖光光电有限公司、商业职业技术学院、江苏华东电子工程有限公司、淡水渔业研究中心、中国航空第614研究所、市公安局、市安全局、中航集团七三八疗养院、中国企管培训中心、市烟草公司、江苏利港电力有限公司、中视股份有限公司、无锡私企工联、无锡职业技术学院、中国电子科技集团第58研究所、无锡联通公司、江苏移动通信有限责任公司无锡分公司、无锡火车站（代管会员关系）等25个；市政府授权经营企业工会有山禾集团（原医药局）、威孚集团、庆丰集团、小天鹅集团、化工集团、新中润集团、湖滨集团、华润微电子公司（原华晶集团）、广电局（集团）、国联集团、城市投资发展公司、商业大厦等12个。

三、基层组织

1.乡镇、村及其企业工会

1983年，市郊区自行车配件二厂在全市率先建立乡镇企业工会。1984年8月，无锡县堰桥乡进行组建工会试点。9月，郊区第一个乡工会——黄巷乡工会成立。至1991年末，全市1.22万家乡、村企业中，650家企业建立工会，111.58万职工中有11.06万职工加入工会。乡镇企业组建工会工作走在全国前列。无锡县35个乡镇至1993年全部建立乡镇工会，308家乡镇企业建立工会组织，会员5万多人。全国总工会于9月7～11日在无锡市召开全国乡镇企业工会工作会议，推广无锡的经验，市总工会、无锡县总工会、郊区总工会在会上介绍组建乡镇企业工会经验。1994年5月1日起试行《无锡市乡镇工会条例》。至年末，全市118个乡镇全部建立工会组织，发展会员近20万人。1996年，全市乡镇企业建会累计2331个，占应建数的94%，职工入会率82.6%，其中乡镇骨干企业累计建会1308个。乡镇105个亿元村组建工会。锡山市还组建25个村基层工会联合会。至1998年12月，锡山市80%以上的行政村成立工会，市、镇、村工会组织网络基本形成。1999年12月，市总工会颁发《关于开展创建"工会工作示范乡镇"活动的意见》。2000年，市总工会加强新建企业工会领导体制建设，确立条块结合、以块为主、属地管理的组织领导体制，工会工作重心由街道向社区延伸，由乡镇向村下移。在逐步建立乡镇工会的基础上，镇镇配备专职工会干部，全市配备乡镇专兼职工会干部221人。并部署用3年时间开展"工会工作示范乡镇"创建活动，提高乡镇工会工作总体水平。同时，村工会建设由点到面迅速发展，村工会组建率85%以上，并村村配备兼职工会主席；开发区、街道100%建工会，并配有专兼职工会干部。是年，市总工会制定颁发《关于加强社区工会建设的意见》，社区工会工作启动，并完成试点，建社区工会50个。2000年末，全市有乡镇企业工会3217个，会员379921人。至2003年，全市56个乡镇工会被评为无锡市示范乡镇工会，34个乡镇工会被省总工会评为百强示范乡镇工会。至2005年，全市建立乡镇企业工会13027个，建会率96.12%；建立村工会1178个，占应建村工会的100%。因而形成以乡镇工会为龙头，以村工会联合会和企业工会为两翼的农村工会组织体系。宜兴市宜城镇、和桥镇，锡山区羊尖镇、东港镇相继建立总工会，实现乡镇工会从基层组织到地方组织的转变。

图27-1　2004年9月22日，宜城镇建立苏南地区首个乡镇级总工会　（市总工会供稿）

2.外商投资企业工会

1988年12月，市第十届人大常委会第六次会议颁发《无锡市外商投资企业工会条例》。1989年6月，市总工会组建市外商投资企业工会主席协会。1991年末，全市已开业的外资企业超百家，其中中国江海木业有限公司等39家建立工会组织。1993年2月20日，市总工会印发全国总工会《关于加快外商投资企业工会组建步伐和加强工会工作的意见》的通知，要求在筹建外商企业的同时筹建工会，并要求外企工会在开业年内建立。至1993年末，全市629家外资企业中186家组建工会，占应建数的30%。1994年1月8日，市电子仪表局成立首个外资企业工会联合会。是年，市总工会把外商独资企业组建工会列入工作目标，成立市外资企业组建工会指导小组，协调、督促、指导和帮助外资企业依法建立工会组织。至年末，全市80%以上（1610家）已开业的外资企业建立工会，发展会员近20万人。1995年，各级工会层层分解任务，分片包管，责任到人，定期检查，定期分析，与工作考核和奖金挂钩。1997年，全市外资企业1630家，应建工会1028家，已建工会1012家，占98.4%。10月，市人大会常委会《关于修改〈无锡市外商投资企业工会条例〉的决定》公布。10月13日，市第三届外商投资企业工会主席协会召开，协会被全国总工会评为全国新经济组织工会工作先进单位。2003年，市总工会在外资企业等新建企业中开展争创"合格职工之家"活动。与此同时，外企工资集体协商谈判工作全面推开。是年，累计建立外资企业工会994个，会员13.19万人。至2005年末，累计建立外资企业工会1175个，会员15.96万人。

3.私营企业工会

1991年5月20日，全市首家私营企业工会——市林芝磁性写字板有限公司工会成立，至1993年末，全市建立私企工会3个。1995年初，市总工会把组建私企工会作为工作的突破口，至年末，全市累计建立私企工会83个，占全省私企工会总数的1/3，位居全省第一。1996年，全市雇工25人以上的私企全部建立工会，累计建会1311个，私企工会联合会也于1月16日建立。1997年，全市推广"雪浪模式"和"江阴模式"[①]。2001年，市私企工会联合会向各级协会、联合会发出《关于做好我市私营企业组建工会通知》。在全市统一规定私企25人以上建工会委员会；10～25人建分工会；10人以下建工会小组，小型企业因地制宜发展会员，纳入私企工联会管理，以增加建会和入会覆盖面。至11月末，全市私企建立工会组织17372个，吸收会员30余万人。全市私企建立女职工工会组织135个。2002年，无锡私企新建工会组织702个，新增会员6000人。2003年，市私企工联会推进新办私企组建工会组织，组建率达新办私企应建工会90%以上。私企工会在促进企业发展的同时，更好地维护职工群众的合法权益。正原大昌工会主席以员工代表的身份，进入公司领导层，代表员工参与公司的高层决策。总经理徐正原设专职工会主席，支持工会开展工作，重视建立和完善对员工的保障机制；采纳、听取职工的合理化建议；为职工建图书馆、活动室、小公园，为每间宿舍配备电脑等，使员工体会到工会就是职工之家。正原大昌的典型经验受到省总工会、全国总工会的关注和认可，被中华全国总工会授予"全国模范职工之家"称号。至2005年末，全市有729个私企基层工会组织，会员3.2万人。

四、建设职工之家

1984年开始，市总工会开展建设职工之家活动。1989年，制定《无锡市外商投资企业工会建设职工之家的验收标准》，1990年10月，提出建设职工之家的要求。至年末，全市11家中外合资企业工会建成合格的职工之家。

1991年，各级工会把建设职工之家列入工作目标，至年末，全市建有职工之家1913个，其中省级模范职工之家19个、市级模范职工之家48个、市级先进职工之家92个、县级先进职工之家261个。1992年，将职工之家活动向分工会、工会小组延伸。市总工会制定分工会、工会小组建设职工之家的"小家"的基本考核要求。基层工会中60%建成职工之家，50%分工会、40%工会小组建成"小家"，评出3个全国模范职工之家、20个省模范职工之家。

1993年6月，无锡市从党委、行政、厂工会及分工会和工会小组等不同角度总结创建"小家"的做法和经验，推动全市建"小家"活动的深入。同时兴办工会经济实体，以创建职工富裕之家。1995

① 锡山市雪浪镇在25人以上的企业中建立基层工会委员会，25人以下的企业中建立工会小组，并以团体会员身份加入镇、村私营企业工会联合会，将分散的，各个企业的建会工作统一起来。在镇一级，由镇工会主席兼任私企工会联合会主席，镇工商所所长兼任副主席，由镇工会主席抓全镇私企工会工作。江阴模式：江阴市发挥工商管理部门的作用，为建立私企工会，成立以市工商局副局长为首的5人领导小组，将建会任务列入各镇工商管理部门目标，在规定时间内全面推进。各镇私企工会联合会建立后，与镇私企协会联合办公，由镇工商所分管副所长兼任镇私企工会联合会主席，镇工会主席兼任副主席。

年4月27日，在1992～1994年度工会先进表彰大会上，市总工会表彰无锡威孚股份有限公司等50个企业工会为市模范职工之家、无锡轴承厂等94个单位工会为无锡市先进职工之家。是年，在已建立工会组织的外资企业中开展以“双爱双评”（企业爱职工，职工爱企业；评爱企业的优秀职工，评爱职工的优秀经理〈厂长〉）为中心内容的建设职工之家活动。1996年12月，市总工会和市外资企业协会联合授予华瑞制药有限公司工会委员会等128个外资企业工会“双爱双评”活动先进集体。1997年，以建立平等协商制度、签订集体合同、协调劳动关系、评议企业领导干部及关心职工生活为重点，建设“职工之家”活动与建设企业相结合，与多种经济成分的工会组织开展建家活动的实际相适应，对国有大中型企业、外资企业、乡镇企业和私企等不同类型企业提出不同的建家标准，使建家活动更切合实际。是年，华瑞制药有限公司等6家单位被评为省外资企业“双爱双评”活动先进单位；无锡奇美皮革有限公司总经理金国荣等12人被评为省外资企业“双爱双评”活动优秀经理（厂长）；无锡申达空调设备有限公司车间主任高建峰等22人被评为省外资企业“双爱双评”活动优秀职工。10月24日，市布勒机械制造有限公司被评为全国外资企业“双爱双评”活动先进企业，公司总经理克莱门·巴尔、工人俞振球被推荐为全国外资企业“双爱双评”先进个人。2001～2005年，围绕“组织健全、维权到位、工作规范、作用明显、职工信赖”目标，开展“新建企业合格职工之家”，每年评比200家单位；开展“学习型职工之家”等活动；在外资、私企的建家工作中继续开展“双爱双评”活动。全市17家单位被全国总工会授予“模范职工之家”称号，39家单位被省总工会授予“模范职工之家”称号，99家单位被评为无锡市模范职工之家。市总工会于2003年被全国总工会授予“全国新建企业工会组建工作先进集体”称号。

第二节　维护职工权益

一、民主对话与联席会议制度

1988年开始，各级工会把民主对话、联席会议作为提高企业透明度的重要渠道，密切经营者与生产者的关系，为职工排忧解难。1988年12月5日，市总工会13个代表团选派30名代表同市长王宏民，副市长洪锦炘、华焕林等对话，代表们就工业面临资金、原料短缺，控制市场物价，对经济和教育环境的治理，以权谋私不正之风，经营者与生产者分配悬殊，职工主人翁地位，工会干部职称评定和街道工会干部编制，住房分配民主监督，劳动模范退休待遇，为孤寡老人建造老年公寓，学校教育发展和经费，公交职工洗澡难等提出12个问题，分管副市长一一作出解答。1989年12月开始，江阴市总工会与市政府建立联席会议制度，协商解决涉及职工切身利益的问题。2000年3月29～30日，市劳动局、市经委、市总工会举行劳动关系协调联席会议，就做好国有、集体企业改制中实施破产或关闭、撤销的企业，拟定18项意见，包括在职职工安置费比值及支出渠道、企业吸纳下岗职工补偿金、在职职工和离退休职工基本医疗费、破产企业申办开展生产自救的合伙企业的补偿金、距法定退休年龄不足10年协议保留社会保险关系、一次性买断工龄补助金及其他相关的问题等。2005年，市总工会与市政府第一次联席会议，以推进工资集体协商为主题，构筑工会源头参与的新平台。

二、依法保障基本利益

1986年，市总工会贯彻国务院《关于改革劳动制度四个规定的通知》，并召开座谈会与学习班，对老工人的劳动合同期限、确有病的合同制工人医疗期限、农村合同制工人的粮食补贴、辞退职工的手续和程序等问题进行研讨并提出建议，供劳动部门制定政策规定时参考。1987年，市总工会参加市政府组织的关于搞活企业内部分配协调小组的领导工作。1988年，市总工会参加市推行经营承包责任制工作小组，对承包中正确处理经营者与职工收入的关系等问题提出意见和建议。

1991年后，有关职工就业、工资、医疗、住房、物价等切身利益的维权需求越来越大。各级工会把职工群众的呼声、意见和要求，及时向市委、市政府以及有关制定政策的部门反映，通过参与改革的政策、法律法规的制定，为职工利益确立政策法律依据。在经济体制改革领导小组、医改领导小组、房改领导小组等12个改革机构中，均有市总工会的领导参加；通过参与执法检查，纠正企业违法侵犯职工利益的行为。1999年5～6月，市总工会参与社会保险费征交情况监察检查，检查用人单位3379家，监督征交养老保险费1688.13万元和失业保险费430.43万元，对45家单位发出限期整改通知。通过平等协商，签订集体合同和指导职工签订劳动合同，保障职工利益的兑现。2000年4月13日，市总工会职工法律援助中心特聘18位律师为顾问，参与中心的法律咨询活动，为职工提供法律咨询和解决疑难问题100多件，其中包括民事、刑事和执行劳动法律、法规等涉及的工伤、保险和女职工特殊保护等问题。2001年，建立职工信访会商制度、聘请律师提供法律服务制度、信访工作目标管理制度等；全年受理来信来访来电1489件批、2690人次，结案率98%。2005年3月18日，市总工会成立由10位资深律师组成的无锡市职工法律援助律师团，年内受理法律援助案件15件，律师参与信访接待128批、164人次。

三、劳动工资保障

1986年2月，无锡市总工会参加全国总工会在北京召开的工资调研座谈会，提出《关于“七五”期间企业工资改革总体方案的建议》。12月，劳动人事部在无锡召开企业工资改革问题经验交流研讨会，无锡市总工会作专题汇报发言。1989年，市总工会作为省唯一代表出席全国总工会在沈阳召开的全国工会工资经验交流会，介绍工会参与劳动工资工作的做法。1990年初，市总工会颁发《基层工会工资工作委员会条例》。年末，全市建有工会群众工资工作委员会257个，占县属以上企业总数的75%。

1991年，全市开展以岗位技能工资制度为主要内容的企业基本工资制度改革试点，市总工会建立劳动工资工作委员会，参与有关劳动工资政策法规的制定和修改，为政府和业务主管部门提供社会分配、工资和用工制度方面的决策信息，并督促指导企业的内部分配等。同年，委员会对基层群众工资工作具体指导，调查分析职工对劳动工资改革的承受能力，并向有关方面反映工会的意见和建议。1995年3月，市总工会印发《民主管理十条标准》，提出企业工会代表参加或列席董事会、监事会和厂长（经理）办公会议，在讨论有关工资的会议时，应有工会代表参加并听取工会和职工群众的意见。1999年4月10日，市劳动局、市总工会、市经委、市外经委联合印发《无锡市企业工资集体协商试行办法》，并成立市工资集体协商工作协调小组。2000年，工资协商作为集体合同的重要补充和深化得到发展，在一般的国有、集体企业和大部分外资企业，对工资性收入都在集体合同中作量化和界定。至年末，全市23家企业通过平等协商，签订工资专项协议书。

2001年3～5月，市总工会会同市劳动和社会保障局、市经贸委联合举办全市工资集体协商培训班。至8月底，全市346家企业建立工资集体协商制度，并签订工资专项协议，比上年净增280家，其中外资企业29家、私企218家、国有集体参股企业82家、国有控股企业17家。9月24日，由市总工会牵头，市劳动和社会保障局与市经贸委参加的市劳动关系预警制领导小组成立。建立信息快报制度、联席会议制度，落实劳动争议处理三方协调制度，参与劳动争议仲裁。2002年，工资专项集体协议签订增长10多倍。至12月18日，全市工资集体协商签订专项协议2254份，比上年净增1890份，增长5.19倍，覆盖企业6910家，增加3725家；协议全部送劳动行政部门审查并向全体职工张榜公布。其中1847家单个企业签订工资专项协议，区域工资集体协议407份，覆盖企业5054家。2003年，市总工会联合市劳动和社会保障局、市经贸委开展“维权年”活动，专项集体协议较快增长，其中工资专项协议10217份，覆盖企业17300家，占全市企业数73.5%，是上年4.3倍。2004年，市总工会与市劳动和社会保障局、市建设局等部门联合检查3700家单位，查出侵犯民工权益事件1238件，责令支付工资及补偿赔偿金总额3692.5万元。清欠建设领域的农民工工资2835.83万元，基本完成已掌握的清欠任务。

2005年，完善外来务工人员权益维护制度。成立外来务工人员援助站，提供法律援助、免费求职登记、择业咨询和岗位培训等。援助站全年处理和纠正侵害外来务工人员合法权益的案件8件，涉及外来务工人员410人。协助政府部门帮助8700名外来务工人员追讨欠薪334.9万元。是年，工资集体协商列入市委、市政府“富民强市”、为民办实事的重中之重工作。市委提出“2005年全市三分之二企业建立工资集体协商制度”要求。市政府于5月24日召开全市工资集体协商工作推进会，颁发《关于进一步推进企业工资集体协商工作的意见》。至12月，全市签订工资集体协商协议10992份，覆盖22328家企业和91.13万名职工，有75.5%的企业建立工资集体协商制度。全国总工会在无锡召开全国工会部分省市工资集体协商工作座谈会，肯定无锡市工资集体协商工作。

四、平等协商签订集体合同

80年代，在推行承包经营责任制和企业转换经营机制初期，无锡市推行由厂长（经理）代表行政、工会主席代表职工签订“共保合同”，明确企业与职工之间的权利、义务和利益关系。至1991年末，550多家县属以上企业推行，占第二轮承包经营责任制企业的92%，另有200多家县属以下企业签订共保合同。1992年，市总工会会同有关部门在64家企业进行全员劳动合同制试点，全市7.5万名职工签订劳动合同，告别“固定工”制度；25家企业进行岗位技能工资制试点。1993年，累计109家企业13.6万名职工签订劳动合同，65家企业9万名职工实行岗位技能工资制度。1994年8月起，市总工会选择国有独资、股份制、公有制、公有民营、外资企业及私企等不同经营形式企业签订集体合同试点，12月，丽新纺织公司签订全市第一份国企集体合同。1997年，逐渐由共保合同向集体合同过渡，并推向外资企业和私企。1997年、1998年，市总工会先后被江苏省总工会、全国总工会评为省和全国推行集体合同工作先进单位。至1998年末，全市集体合同建制单位5677家，为全市企业总数83.36%，其中外资企业679家，为全市建会外资企业总数的99.12%；私企3291家，占全市私企的78.98%。探索和创造以私企工会联合会与各私企业主签订集体合同的无锡模式，签订行业性集体合同工作取得突破。1999～2000年，实施劳动关系三方（劳动局、经委和总工会）协商会议制度，协商解决国有企业转改制中职工分流安置、集体合同履行等工作中遇到的突出问题。2000年，全市实行集体合同一家企业一张表（即按省总工会颁发的企业表）的微机管理。在乡镇私企推广应用锡山市雪浪镇的区域性、行业性集体合同模式。2001年，全市8423家企业建立平等协商集体合同制度，其中外资企业占已建工会企业的73.8%，覆盖职工67209人；5129家私企单独签订集体合同，覆盖职工13.41万人。签订区域性集体合同1616份，覆盖企业6207家，覆盖职工81297人；201家乡镇企业签订集体合同，覆盖职工31356人。

2002年、2003年为“合同管理年”，工资集体协商签订协议大幅增长。2003年为维权年，全市共签订集体合同17647份，覆盖企业21707家，占全市应签企业的92.19%，追讨企业欠付

图27-2 2005年9月2日，东联制衣有限公司职工工资集体协商谈判 （市总工会供稿）

职工工资1912万元，追讨拆迁费、家属劳保医药费等6300多万元。是年，在宜兴市率先实施工资集体协议经集群职代会讨论通过，并建立工资协议履行情况向集群职代会报告制度。在全市评选模范、先进乡镇工会和省模范先进职工之家的过程中，凡集体合同到期未续签、下属子公司应签未签的单位，实行一票否决。7～8月，开展合同执法大检查。9月，召开全市推行集体合同和劳动合同制度工作暨先进表彰会。至12月，全市1200个村中的357个村签订区域工资集体协议，覆盖企业4180多家。2005年，推行工资集体协商制度列入市委、市政府工作，市总工会、市劳动和社会保障局、市经贸委联合部署、开展“要约”(要求约定)行动和督查，联合抓规范深化，形成党委统一领导、政府强势推进、政策有效扶持、人大和政协督办、工会具体操作、企业依法实施的运行机制。至12月，全市累计签订工资集体协议10992份，覆盖22328家企业、91.13万名职工，全市75.5%的企业建立工资集体协商制度。

五、互助互济

80年代，湖光仪器厂工会开展职工互助互济活动，每个职工一次性缴纳10元或每月缴纳0.5元作为互助互济基金，或有职工出于自愿相互帮助和经济资助。1993～1994年，各级工会组建职工互助补充保险组织991个，30.15万职工参加，互助金总额2394.3万元，总支出206.86万元，2.63万名职工领取互助金。职工互助补充保险由单一的职工生活困难互助向大病医疗互助、退休养老互助、劳模养老补充互助、死亡抚恤互助、自然灾害补充保险等多项互助补充金方向发展。1995年3月，市职工互助互济会成立(简称“互济会”)。互济会按照社团的要求经民政部门审查登记，取得社团法人资格。互济会会员由法人单位组织职工团体入会。行政、工会和职工共同交纳会费。是年，市区200多家单位，11.8万多人参加，会费470多万元。发放435名患有特殊病症的会员互济金44.6万元。1995年，市职工互济会推出“职工大病终身期互助保障”项目，但因银行多次降息而基金增值受到影响，会员发展工作于1997年停止。1999年，适时推出“5年期10种大病互助保障”项目，即参加会员只需一次交纳50元或100元，当发生尿毒症等10种大病时，可获得交纳会费的100倍的互助保障金。5年期参保会员人数38043人，占全部会员数的12.77%。2000年9月，市总工会提出《关于进一步完善和发展职工医疗互助互济工作的意见》。是年，全市参保会员26万多人，互济金1600多万元，对职工患有癌症、需作血透或腹透的严重尿毒症、肾移植、截瘫、腹水型肝硬化等10种大病，开展专门的互助互济活动，个人享受互济金最高额8000元。2001年，市总工会制定《关于组织实施单位医疗互助金的暂行意见》，扩大职工大病医疗互助互济的影响，并落实职能部门组织实施。是年，互济会新增会员15039人，累计会员173877人；新增会费收入104.82万元，累计793.99万元；为302名患大病职工发放互济金45.84万元，累计为1818名患大病职工发放互济金436.49万元，人均领取互济金2400元，最多的领取1.8万元。2002年，市职工互济会5年期项目新增会员2444人，新增会费20余万元；发放互济金292人(累计2110人)、90.44万元(累计520.79万元)。

2003年5月开始，分别对参保终身期、5年期大病医疗互助保障项目和参加3年期住院互助保障项目的29.78万名会员建立档案，实行微机管理。11月11日，市职工互助互济会举行第二届会员单位代表会议。大会一致同意对《无锡市职工互助互济会章程》、互助互济大病医疗互助保障(5种大病)、5年期10种大病实施办法的修改案。会议通过《无锡市职工互助互济会理事会议事规则》。至年末，互济会入会累计29.81万人次，累计资助5736人，享受金额763.46万元。

2005年，有117257人次参加互助项目，有4921名职工享受医疗补助，金额275.20万元。

六、女职工保护

1989年3月，市总工会制定《无锡市总工会女职工委员会条例》，成立市总工会女职工委员会，随后每5年一届，各区、局以及基层也相继成立女工委员会。是年，市政府批转《无锡市关于贯彻〈女职工劳动保护规定〉的意见》。市总工会把女工比例较高的市纺工局和市丝绸公司所属企业列为保护重点，纺织、丝绸企业一般执行女工怀孕期不做夜班、哺乳期休假、孕妇放11个月长假工资打八九折等规定，采取请（刚退休职工回厂做一部分夜班）、顶（用合同工顶岗）、调（车间内部调换）的办法解决执行规定后所带来的劳动力不足问题，自行挖潜消化。市政府按工资额的比例分别给予纺工系统200万元、丝绸系统40万元的补偿，1990年补偿费增加1倍。纺织、丝绸行业基本实行怀孕7个月以上和哺乳6个月以内不上夜班的规定。市总工会还重点调查女工较多的“三资”企业贯彻女职工劳动保护法规的情况，督促和推动“三资”企业落实对女工实行“四期”（月经期、怀孕期、产假期、哺乳期）保护的规定。在有毒气体岗位的怀孕女工，实行放长假制度，基本工资不低于80%。普遍增设女工卫生保健设施，全市建有女工冲洗室576个、女工浴室735个，形成女工每两年一次妇科病普查的制度，使妇科病及早得到防治。1991年，各级女工委员会为女工解决子女入托入学、洗澡难等问题办实事12895件。落实“男职工陪产假”和女工“例假”等特殊待遇。1993年8月19日，市总工会颁发《关于加强无锡市外商投资企业、乡镇企业组建工会女职工委员会的意见》。是年，市总工会女工部写出《对部分企业女职工劳动保护抽查情况报告》，授予市第一棉纺织厂等71家单位“无锡市女职工劳动保护合格单位”称号，同时颁发合格证书。1994年8月，市总工会女工部对纺工、丝绸、电仪、石化、轻工等11个行业的148家外资企业的女工劳动保护情况调查。12月，对部分单位、企业20岁以上女工进行糖尿病发病率普查、调查。贯彻执行全国《工会女职工委员会条例》，全市85%的企业工会女工委员会参与平等协商和签订集体合同；81%的企业女工委员会进入劳动争议调解委员会；5%的企业女工委员会主任进入监事会，有56名女性进入董事会。8月，在非公有制企业女工劳动保护监督检查中，检查14个行业88家企业（外资企业58家、乡镇企业24家、私企6家），针对反映突出的加班加点问题，女工孕、产、哺“三期”休假待遇落实不到位，不与职工签订规范的劳动合同等问题，督促有关单位和部门整改；针对部分困难企业长期不组织女工进行妇女病普查的状况，联系卫生部门，督促企业对女工妇女病免费普查。检查验收全市151家企业申报省女职工劳动保护合格单位的情况。1998年9月，为千名下岗女工免费普查妇女病。

2001年，全市有外资企业437家、乡镇企业770家、私企21家、村级企业258家，实现女工委员会与工会组织同步组建率92%以上。全市女职工委员会参与平等协商和签订集体合同率92%，并把有关女工劳动保护等特殊利益的内容纳入集体合同并形成制度。2003年，在社区工会联合会同步建立女工委员会；开展争创新建企业女职工工作示范单位活动。全市931家新建企业女工委员会参与争创活动。市总工会女工委对企业女工劳动保护执行情况、家政和母婴护理培训学员再就业情况、单亲特困女职工子女就学情况调查，并列入《无锡市职工队伍状况调查报告集》。市总女工委被授予“全国工会先进女职工集体”称号。至9月，全市签订女工保护专项协议747份，覆盖企业1267家，涉及女工36566人；2135家企业女工委参与平等协商和签订集体合同，其中，特殊保护写入集体合同文本的1512家。全市2933个女工委参与企业劳动争议调解委员会，2137个女工委参与企业法律监督委员会。

2004年，市总女工委在“三八”节前夕举行女职工健康互助计划启动暨女子体检中心揭牌仪式。至年末，全市45个行业、280家企事业单位、24777名女工参加健康互助计划，收缴互助金80多万元。2005年，女工权益保护专项协议签订工作从大中型企业向非公中小企业推进，至年末，全市签订企业、行业、区域等女工权益保护专项协议4293份，比上年增加2772份，覆盖企业7553家。

七、职工住房与调工调房

1986年，市政府建立调工调房联席会议制度。1987年，市政府发文提出解决市区职工因上下班路远而调动工作等问题，全市启动调工调房工作。是年，举行首次工人交流洽谈会。至1990年，全市调工调房39975多人（户），其中调工20895人、调房19080户，缓解职工上下班路远和乘车难的问题。市总工会倡议和协助政府制定《小型企业职工生活设施的最低标准》，先后有130多家小型企业基本解决职工生活设施“缺、挤、差”状况。为中小学和职工学校教师解决3.2万平方米住房，700多户船民定居陆上，为700多名劳动模范解决液化气。工会还通过私建公助方式帮助职工建房造屋，3800多名职工新建、翻建、扩建住房20多万平方米。90年代前期，市政府每年把调工调房纳入目标管理项目，并向市总工会下达目标任务。市总工会再把目标任务分解到各基层工会和有关部门。通过举办多种形式的调工调剂会、住房交换会，并与日常的调工调房工作相结合，为要求调工调房的职工解决困难。1991～1993年，市总工会协同有关部门为全市10992户职工调房，为11147名职工调工。1992年3月，市总工会专题调查区属小厂、小学教师、环卫工人等100户住房人均使用面积4平方米以下的特困户，并向政府提出建议。1994年，无锡市召开解困工作动员会，并对全市人均居住面积4平方米以下的困难户进行调查，被确认的2559户住房困难户在1995年基本解决。实施住房制度改革后，市总工会与房改先行单位建立联系制度，了解他们在模拟运转中的问题、情况，及时向市委、市政府作汇报，并参与制定《无锡市市区1997年度深化住房制度改革实施方案》等有关政策性文件，从源头上维护职工利益。随着推行全员劳动合同制，劳动用工制度改革和住房制度改革的发展，调工调房工作随之结束。

第三节　生产技术活动

一、合理化建议

1986～1990年，市总工会把开展合理化建议活动纳入各级工会工作目标管理内容，先后推行“合理化建议征集八法”“三图一表控制法”“四类评分计奖法”等先进经验。市油泵油嘴厂把提合理化建议作为“油泵之春文明节”的一个重要内容，市第四棉纺织厂开展“1990年工厂方针目标千人征答”活动。1990年6月，市合理化建议和技术改进委员会成立，制定《无锡市合理化建议和技术改进奖励实施办法》，经市政府批转实施。合理化建议活动范围从单纯生产向经营、技术、管理、思想政治工作等多个方面发展。当年，市总工会被评为省合理化建议工作先进集体。

1991～1995年，合理化建议活动逐步从过去一线工人为主扩展到企业决策者、管理干部和科技人员；建议内容从过去单一的生产技术为主逐步扩展到经济管理、技术进步、新品开发、商品流通、思想政治工作等领域，并且开始触及结构调整、经营决策、深化改革等深层次问题。1991年，共提出合理化建议237981条，实施建议37780条，81个合理化建议和技术改进项目受表彰，平均每项技术改进创造经济效益42.56万元。此后每年提出合理化建议10万～20万条，采纳数万条，创造经济效益数千万元至数亿元。1997年，市总工会表彰50条最佳合理化建议。各级女职工委员还发动妇女提出合理化建议。1998年，无锡市威孚集团公司林葆炎等16人获“江苏省合理化建议和技术改进活动最佳能手”称号；省永联集团公司提高苯茵灵产品含量、白度等10个项目获省合理化建议和技术改进最佳项目成果奖。是年，采纳合理化建议98559条，创造经济效益2.87亿元。市总工会从1998年度创经济效益10万元以上的项目中评选出50个，授予“无锡市最佳合理化建议成果奖”。

1999～2005年，合理化建议与企业生产经营的特点、重点、薄弱环节紧密结合，针对性建议增多，技术人员提出的建议比重增大，从提出至实施的程序更加规范。其中2000年有2100多家企业、37.2万名职工提出合理化建议26.43万条，采纳10.25万条，创造经济效益2.36亿元。市总工会再次对评选出的50个年创造经济效益10万元以上项目，授予“无锡市优秀合理化建议成果奖”。

二、劳动竞赛

90年代，劳动竞赛与技术练兵相结合。1990年4月，市总工会举办无锡市10万职工技术大赛暨第三届职工技术大赛，231名选手获“无锡市技术操作能手”称号，255名选手获应知应会及格技术等级证书。是年，全市1081个基层企业工会、39.8万名职工参加“五手（生产能手、质量能手、节约能手、技术能手和革新能手）爱国立功”竞赛。

1991～1995年，各级工会先后开展“创一流企业，当岗位能手”的立功竞赛，“学二棉、比先进、争贡献”活动，“八五奉献杯”立功竞赛，“真抓实干，扭亏为盈”厂际竞赛，以“优质、降耗、促销、增效”为主要内容的劳动竞赛以及“双增双节”立功竞赛。1994～1995年，举行第四届职工技术大赛，数十万职工参加20个工种的比赛。大批职工通过比赛晋升技术等级，可晋升一级、半级工资或获得奖金，部分获“无锡市技术操作能手”称号。1996年1月，市总工会授予小天鹅公司等78家单位为“‘八五’奉献杯先进集体”称号，薛祖兴等473人为“‘八五’奉献杯立功者”称号，同时由省总工会授予崇安区城市建设综合开发公司1995年度省立功奖状、朱志铭等12人省立功奖章。

1999年8月，市职工爱岗敬业争奉献社会主义劳动竞赛活动领导小组及办公室成立。各级工会成立相应的机构，形成职责明确、协调统一的竞赛格局。是年，有27万职工参加“爱岗敬业作奉献，提前跨进新世纪”劳动竞赛，竞赛提倡“短平快”，指标量化，共创经济效益2.67亿元。

2003年，市总工会联合交通等部门在重点工程和重大投资项目建设中开展新世纪建功立业劳动竞赛活动。在锡宜高速公路、沿江公路、盐通高速公路和宁杭（宜兴段）高速公路建设中，围绕优质、高效和保证安全的竞赛目标，开展“六比六赛”①为内容的劳动竞赛活动。竞赛把“非典”带来的影响降到低点，所有工程项目如期完成，并确保质量，涌现出一批先进典型，3万多名建设者无一工伤死亡事故。

2004～2005年，先后举办数控操作比赛、计算机软件应用技能大赛、美容美发技能大赛。组织10个行业、13个工种的职工参加全省技能比赛。全市550余名职工分别被授予省、市“技术能手”、无锡市“技术创新能手”称号，1500多名职工通过技能比赛获得高级职业资格证书。

三、班组竞赛

1987年开始，全市开展“班组升级”竞赛活动。1991年4月2日，召开全市1990年度班组工作先进表彰大会。1992年2月20日，市总工会发出关于组织开展班组长、工会小组长岗位知识培训的通知。各级工会响应国务院发出的“质量、品种、效益年”号召，动员和组织广大职工围绕“质量创优，产品创新，出口创汇，效益创佳”要求，开展争当质量能手、生产能手、节约能手、操作能手、革新能手及争当优秀班组长的立功竞赛活动，引导和组织百万职工开展以“献计、创优、降成本、增效益”为主题的“八五奉献杯”立功竞赛。4月16日，市总工会表彰100名生产能手、103名操作能手、94名革新能手、97名节约能手和100名优秀班组长，对表彰人员颁发荣誉证书并给予一次性物质奖励。1994年11月10日，中央电视台第一套节目播出全国总工会和国家经贸委联合举办的全国班组长岗位知识电视培训讲座，全市4730名班组长参加培训，列全省之首。1995年12月18日，省总工会，省计经委联合发出《关于表彰班组建设先进单位的决定》，市丽新纺织有限公司细纱乙班“小老虎”组等60个班组被授予“省先进班组”称号；无锡威孚股份有限公司偶件分厂油泵组等12个班组被授予“省标兵班组”称号；市经济委员会和市总工会生产部被授予“班组建设组织管理先进单位”称号；无锡钢厂等7家企业被授予“省班组建设先进单位”称号。1995年，市总工会和市经委联合发起在全市班组中开展创“四优”（提高质量，产品优良；降低成本，成绩优良；思想工作，效果优良；严格制度，管理优良）班组竞赛活动，通过创四优班组竞赛，年终评出200个先进班组，同时使合格班组达到80%、二级班组达到25%、一级班组达到15%。并提出每年要对班组工作进行考核。1996年，开展班组升级达标活动，涌现74个全国和省级先进班组。各市（县）、区、局抓紧班组长培训。翌年，开展班组长知识培训，推行“整理、整顿、清扫、清洁、行为美”管理，全市1.5万余人参加，推动班组经济核

① 比质量，赛科技创新；比团结，赛协作精神；比管理，赛文明施工；比安全效益，赛遵章守纪、降本增效无事故；比科学态度，赛科技发明；比速度，赛工程进度。

算。1999年，市总工会落实执行《班组工作条例》，强化班组长培训。国棉三厂召开班组工作思路发布会，要求每个班组制定全年工作思路，择优在全厂发布交流。市建筑二公司组织班组上市场，推广班组经济核算的经验，使公司搞活经济。两个班组工作创新的经验推广后产生较好的社会效应，得到省总工会的肯定。

四、技能训练和比赛

1992年3月3日，市总工会在市工人文化宫展览厅举办“巾帼建功，巧手奉献”成果展览会，并开展评比活动。全市38个市（县）、区、局（公司）直属基层单位工会选送1000余件展品参展，评出一等奖项目3个、二等奖项目20个、优秀展出奖项目34个。1993年，在建筑、机械、冶金行业职工中开展“拜师结对，岗位成才”活动。各企业工会结合企业生产经营中的难点和薄弱环节开展“拜师结对、育人传技”技术练兵活动。1994年，市总工会组织劳模先进事迹演讲、报告百余场，7万余名职工参加听讲。1995年，相继举办劳模优秀事迹展览会，推广劳模先进经验和先进技术操作法。开展“学理论、学技术、学科学”的“三学”活动，活动面达70%左右。开展“拜师结对”活动，全市结对1.6万对。1996年，全市师徒结对1.2万对。同年，市总工会女职工委员会组织全市机械、纺织等10个行业开展“女职工给‘九五’争奉献”岗位立功竞赛。竞赛设“赛产品质量、赛工艺技术、赛争效降耗、赛目标管理、赛经营能力、赛服务质量”等6个项目。70%的女职工委员会举办技术比武、技术练兵，18万女工参加岗位练兵；举办岗位培训、实用技能培训班200期，1万多人次受培训。市总工会表彰100多名“岗位女明星”。1998年，市总工会女职工委员会推选出生产、科技、育才、服务等岗位女明星150人。3月4日，市总工会举行纪念“三八”节暨无锡市第二届女职工“露一手、献技艺”现场表演。全市纺工、机械、轻工、电仪等16个行业的60位女选手现场献技、表演岗位技能和第二技能项目40多项。1999年6月，市总工会颁发《无锡市女职工“推优成才”工作意见》。全市涌现出市级以上“学习成才新女性”350人，“岗位女明星”842人。2000年3月，市总工会成立无锡市女职工周末学校，在市机械局设立第一个教育基地，每月举办女职工素质教育系列讲座，开设“女职工形象塑造”“世贸组织”“科技知识与创新”等具有时代特征和实际应用意义的课程。全年举办讲座8期，1500余名女工参加听讲；组织市级机关公务员电脑操作、卫生妇幼护理、贸易点心制作、园林绿化插花等4个专长技术比赛。同年7～12月，市总工会开展“万名职工学习应用计算机培训和竞赛”活动。2001年，深化“精一、会二、学三”活动，开展读书自学、岗位培训、技能练兵比武、拜师结对活动。2002年，市总工会及时总结推广澄西船厂、兴澄钢铁有限公司等单位的经验，同时确定澄西船厂、兴澄钢铁有限公司等8家单位为省、市经济技术创新工程示范联系点、示范岗，钱云皋等为创新能手。2003年，市总工会组织全市百万职工开展“新世纪职工技能大练兵和职业技能操作比赛”。

五、技术协作

1986～1990年，市职工技术协作委员会（简称“职工技协”）为乡镇企业服务，帮助部分乡镇企业扭亏为盈。先后组织7批60多人次赴广西河池、南宁两地区技术支边扶贫。围绕节能，推广应用新技术，先后举办展览会6次。其间，市各级技术协作组织还开展有偿服务，共签订有偿技术服务合同7828份，实现技术合同额2292.78万元。

随着产业结构调整以及企业转制等，职工技协组织萎缩，但仍创造性地开展职工技协活动。1990～2001年，全市职工技协为企业开展技术攻关2312项、创造经济效益1.87亿元，技术开发320项、创造经济效益8084万元，新技术推广184项、创经济效益7765万元。全市有两个项目获全国职工重大技术成果奖，6个项目获省职工技协优秀技术成果奖。市职工技协1993年起连续三届获市技术市场金桥奖，2000年获江苏省技术市场金桥奖。

1991～2001年，各级职工技协为下岗职工举办专业性和实用性强的技能培训、转岗培训。市职工技协连续开办的“重力热管”技术培训班，26家企业应用此项新成果。培训促进新技术推广，节能新技术在全市推广24项。2001年，全市314家职工技协组织中，国有企业176家、事业单位24家、外商独资企业5家、股份制企业51家、其他（乡镇）企业58家，技协会员15215人。

2002～2005年，全市职工技协围绕经济建设开展服务，合同成交额5.35亿元。2005年，无锡市有各级技协组织484个，会员19499人。

第四节　企业民主管理

一、职工代表大会制度

1986年，无锡市在实行厂长（经理）负责制以后，共保合同、民主对话（恳谈会）、民主咨询、厂长接待日、职工代表视察检查等逐步形成制度。11月，市总工会制定《全民所有制工业企业职工代表大会实施参照规范》。1987年，全市319家工业企业实行厂长（经理）负责制，同步制定职代会在企业中实施的细则或综合实施细则，使职代会制度逐步充实和完善。1988年，职代会工作重点逐步转到生产经营管理上。企业内部分配逐步做到民主化、公开化，民主评议干部成为考核、奖惩干部的依据。企业内部的三级民主管理网络逐步建立。1989年，全市1816家单位召开职代会，提出提案29499件，落实提案17082件。1990年起，企业转入第二轮承包，共保合同制度全面推开，签订共保合同的企业占90%，从而使职代会的各项职权落到实处。不少乡镇企业也推行共保合同。1991年，在企业实行第二轮承包中，县属以上企业普遍建立职代会报告制度。62%的单位开展职工代表对经营集团成员和聘任中层干部的民主评议工作，94%的单位承包方案经过职代会讨论通过，96%的企业内部分配方案经职代会审议通过。全民所有制企业的车间职代会、班组民主管理会建立面达80%。为了提高职工参政议政能力，市总工会从1991年初至1992年末，培训职工代表50359人。1992年1月4日，市总工会向市委提出《关于建议吸收工会参加市部分大中型企业综合改革试点指导小组的报告》。4月6日，市总工会转发《中华全国总工会基层工作部关于在深化企业改革转换企业经营机制中充分发挥民主管理作用的意见》。是年，市总工会建立试点企业工会主席例会制度，先后与66家综合改革试点企业建立联系，共同研讨改革中出现的新情况，制订出相应的对策。企业工会发动、组织职工群众全员、全过程、全方位参与改革。1993年，13家股份制试点企业坚持职代会制度，工会参与改制的准备工作。股东会与职代会联合召开的企业，注意理顺“两会”关系，合理规范各自的职权，使“两会”的职权都能基本落实。各企业工会推进劳动用工、人事和分配等三项制度改革，做到民主审议，全员参与。1994年，市总工会与市劳动局联合颁发《关于建立本市国有企业内部分配民主管理程序的意见》。在37家转换经营机制的试点企业中，依法坚持和完善职工代表大会制度，建立董事会与职代会联席会议制度，对于国有独资公司和两个以上的国有企业或其他两个以上国有投资主体设立的有限责任公司，按照《中华人民共和国公司法》（简称“公司法”）规定，实行职代会制度并调整其职权。是年，市总工会开始在无锡县进行乡镇企业职代会制度的试点，翌年形成较为完善的实施办法。1995年，全市国有企业和原国有企业中外合资后但仍由中方管理的企业100%坚持职工（员工）代表大会制度；80%以上的县属以上集体企业坚持职代会制度；股份制企业实行职代会和股东大会并存，职代会召开率100%；乡镇企业逐步建立职代会制度和其他行之有效的民主管理形式。国有和大集体企业呈现“企业事、发展事、职工事三事并一事，依法行事共谋大事”的民主管理形式。3月22日，市总工会印发《民主管理十条标准的通知》。全市37家转换经营机制的试点企业实施方案论证全部结束，其中3家进入实施阶段。1996年初，市委转发《关于在深化企业改革中全心全意依靠工人阶级的若干意见》。7月，市政府颁发《无锡市推行“五放活、三加强”试点工作意见》，据此，市总工会参与15家破产企业的论证、资产评估、职工安置的全过程，并及时指导15家企业召开职代会，审议破产方案，使破产企业和全体职工在稳定中有序地破产。9月中旬开始，各市（县）、区、局（公司）工会对全市1197家国有、集体企业的职代会开展自查、互查，占已建立职代会制度企业数的82%。对企业改组、改造、改制进行引导和监督；对股份制企业职工持股会，在市政府授权下，由市总工会审核审批。1997年，市总工会全过程参加市37家现代企业制度试点企业改制方案，对资产、工资基金积余、集体福利费、富余职工分流、股本设置、法人治理结构等重大问题进行审议、论证、检查、验收。市政府印发《现代企业制度试点企业改制方案范本》。8月，在对12家省级第一批试点企业的实施工作进行检查验收时，市总工会参与验收人员严格把关。同时在全市一批国有独资企业集团组建时，对强化民主管理工作进行指导。在企业股份合作制改革工作中，市总工会与有关部门联合颁发《无锡市股份合作制企业暂行办法》和《关于无锡市股份合作制企业暂行办法的实施意见》，明确股份合作制企业的权力机构是职工代表大会。1998年10月15日，在全市企业职工民主管理工作会议上，市总工会介绍参与对全市7家国家级企业集团、10家省重点企业集团、37家市现代企业制度试点企业、20家市综合配套改革试点企业、市区所有改制为股份合作制、有限责任公司的改制方案和配套改革方案论证。各市（县）、区、局工会也参与企业改制文件的制定，企业改制方案的论证及指导工作。至年末，全市18家市属企业破产、23家企业被兼并、4家拟定破产，市总工会全程参与兼并、破产企业的方案论证，职工安置等，指导企业召开职代会审议兼并、破产方案。

2001年，市总工会规范职代会工作时间、内容、组织、程序。2002年，全市建立职代会制度的企业4260家。建立集群职代会制度的园区、村，同步制定“集群职代会工作细则”（或实施办法），建立组织机制和工作机制。5月，市总工会会同宜兴市总工会率先在宜城镇巷头村试点，建立村级职代会制度。在21家非公小企业按职工数10%～15%的比例，由企业推荐，村党支部、工会进行代表资格审查，按原国企职代会条例规定的运作方式，召开第一届村级职代会。以此为模式，在总结经验后，又在宜兴环科园召开推行区域性职代会制度现场经验交流会（后经全国总工会、省总工会领导研究定名为“集群职代会”）。此后，江阴市、滨湖区、锡山区等总工会相继召开现场经验交流会，集群职代会在全市各市（县）、区普遍推行。2003年，全市推行非公企业职（员）工（代表）大会制度，对建制、建会、建家“三位一体”进行探索和实践。8月，省总工会组织市、县（市）以上工会主席在无锡召开推进非公企业职代会制度建设经验交流会。2005年，全市20713家非公企业建立职代会制度，占全市非公企业总数的73.2%；全市国有、集体及其控股企业，公益事业单位、学校和医院都实行政务公开；17933家非公企业建立劳动者权益公开制度。

二、报告制度和职工民主评议

1994年开始，无锡市市属工业企业职代会对经营者按照年薪工资、效益工资、奖励工资等项目进行考核，决定经营者的年收入，并建立企业经营集团的年收入向职代会报告制度（至1997年，市总工会每年对全市243家市、区属工业企业的经营者年收入审查核准）。1995年3月，市总工会把“企业定期对行政领导干部进行民主评议与奖惩使用（聘用）干部相结合”作为企业民主管理的标准之一。在国有和大集体企业，坚持厂长接待日、职工代表巡视活动、民主管理小组检查监督、民主评议行政领导等制度。5月28日，市总工会、市纪委、市委组织部、市委宣传部、市计委、市经委等6个部门联合签发《关于开展评选“依靠职工办企业优秀厂长（经理）”活动的通知》。9月27日，市总工会等6部门联合召开无锡市依靠职工办企业优秀厂长（经理）、民主管理先进单位、优秀职工代表表彰大会。同年末，企业业务招待费使用情况向职代会报告制度在全市逐步推开。1996年，全市1021家企业实行报告制度，至1998年6月增至1871家。1997年4月4日，市委组织部、市经委、市人事局、市总工会联合颁发《关于加强职工代表大会民主评议企业领导干部工作的意见》。至年末，全市1863家县属以上企业开展职代会民主评议，占企业总数的96%，6387名干部接受民主评议、测评。依据职代会民主评议结果，1149人被评为优秀，调整企业领导班子成员107人，其中87人被降职、免职或受处理、处分。1998年4月，市总工会与市经委、市劳动局等9个部门联合颁发《无锡市企业经营者超额报酬实行资本分配的暂行办法》。5月，市总工会印发《关于印发〈股份合作制企业领导人员管理暂行办法〉的通知》。6月，市总工会参与全市157家企业、9家企业集团经营者的年收入考核，实施工会民主监督的权利。是年，民主评议和考核市属46家现代企业制度试点单位、11家股份合作制企业和2家股份有限公司的董事会成员。至年末，全市1309家企业建立民主评议制度，其中国有企业建制面100%。1999年，全市建立职代会民主评议企业领导干部制度企业2206家，占应建制企业的96%。是年始，市总工会在全市企业开展3项评选活动，即3年一次评选依靠职工办企业的优秀厂长（经理）、民主管理工作先进单位和职工民主管理优秀工作者。2000年，市政府对市属284家国有及其控股企业经营者进行年收入考核时，采纳市总工会提出的企业职工人均年收入没有增加，经营者收入（包括按劳分配和按资分配之和）也不得增加的建议并进行落实。是年，市总工会参与《市属企业经营者考核分配指导意见》文件的制订。2002年，此项工作基本停止。

三、董事、监事制度

1992年开始，无锡市开展企业董事、监事制度试点工作，实行工会主席进监事会，或当监事会主席，或当监事会副主席。全市6家改制为股份有限公司企业的工会主席都进入监事会，其中4人担任监事会主席、1人担任副主席、1人当监事。1995年3月22日，市总工会印发《民主管理十条标准》，明确“企业工会代表参加或列席董事会、监事会和厂长（经理）办公会议”。是年，无锡威孚集团公司成为全市唯一的国家级现代企业制度试点企业，工会主席作为职工董事，经民主选举进入董事会，为其他改制企业起到示范作用。1996年，市委颁发《无锡市关于在深化企业改革中全心全意依靠工人阶级的若干意见》，明确规定改制为公司制的企业，应当有职工董事和职工监事，工会主席应为职工董事的候选人，并通过职代会选举进入董事会。职工董事、监事在任职期间和离任两年内，公司不得以其履行职务原因予以辞退。至年末，县属以上国有、集体企业改制为公司制的企业中，全部设立职工董事、职工监事，其中工会主席进入董事会占92.3%，工会副主席进入监事会达97%。1997年，市总工会先抓1995年前改制的企业，力争确保企业在董事会换届改选时，工会主席全部进入董事会。后抓组建企业集团、国有独资公司和实行股份制改制的区属企业职工董事、监事的指导工作，确保工会主席或职工持股管理委员会主任进入董事会和监事会。4月，市总工会会同市体改委颁发《无锡市企业职工持股会暂行办法》。至1997年6月，全市成立职工持股会126家，其中市区企业56家，股本总额1.89亿元。在拥有职工股的国有控股公司中，建立职工持股会，工会主席担任持股会管委会主任，工会主席以职工股东代表身份进入董事会，更符合法人治理结构的规定。至1998年末，全市成立职工持股会159个，其中市区68个，股金总额23.11亿元。在市区242家建立董事会的改制企业中，223名工会主席进入董事会，占92%。1999年，市体改委、市经委、市财政局、市总工会、市工商局等部门联合颁发《无锡市股份制企业内部职工持股暂行办法》。至9月，全市758家改制为公司制的企业中，619家企业的工会主席进入董事会，占82%，584家企业的工会主席或副主席进入监事会，占77%。其中市区建立董事会的改制企业，100%有职工代表进入董事会或监事会。2000年2月21日，市总工会会同市委组织部、市经委颁发《关于在国有独资和国有控股公司制企业中进一步坚持和完善职工董事、监事制度的实施意见》，市区转改制的37家企业100%执行。4～5月，市总工会调查63家改制国有大中型企业职工董事、监事情况。被调查企业中，1992～1996年改转制的企业，工会主席一般都进入监事会；1997年以后改转制的企业，98%的企业工会主席进入董事会。至7月，全市95家企业建立职工持股会，吸纳职工个人现金2.91亿元，经政府部门核准的企业历年积余工资使用额1787.7万元。是年起，市总工会对持股会实行年检制。2002年，健全和规范职工董事、职工监事制度。全市219家国有、集体及其控股企业全部建立职工董事、监事制度。其中158家企业的工会主席、6家企业的工会副主席进入董事会，27家企业的工会主席任监事会主席。全市按公司法改制设立为有限公司的1059家企业中，有职工董事的1016家，占95.9%，有职工监事的1059家，达100%。建立职工董事、监事向职代会报告工作情况制度的企业864家，占81.6%。审核批准26家企业建立职工持股会，累计职工持股金额8964.6万元，核销企业职工持股会资格4家。2003年，全市208家国有独资和国有控股企业全部建立职工董事、监事制度；按公司法改制设立为有限公司的983家企业中，有职工董事的534家，占54.32%，有职工监事的716家，占72.84%。

四、厂务公开

1999年3月，无锡市成立厂务公开工作指导小组，选择52家各行业试点企业为市级示范企业。6月，市委成立厂务公开协调小组。2000年，全市891家企业推行厂务公开制度。国有、国有控股和市（县）、区属集体企业全部实行厂务公开制度，82.6%的事业单位实行厂务、事务公开。2001年后，厂务公开向责任制等规范化方向发展。宜兴市实行非公企业涉及劳动者权益事项向劳动者公开制度。2003年，厂务公开建制企业14623家。2005年，全市国有、集体及控股企业，公益事业单位、学校和医院都实行厂（事）务公开。

第五节　先进、劳模评选和管理

1986年开始，市总工会组织劳模学习和外出观光休养逐渐成为制度。1987年，市总工会对省以上劳模重新登记建卡，建立个人档案。1993年1月10日，市总工会和人保无锡分公司联合制定《无锡市劳模、先进补充养老金保险试行办法》，并于3月20日联合印发《关于开办劳动模范、先进生产（工作）者补充养老金保险的通知》，要求各单位结合自身实际情况贯彻执行。至1999年末，全市2000多名劳模、先进生产（工作）者办理补充养老金保险。1993年始，市政府每年组织生产第一线劳模、先进生产（工作）者在无锡工人太湖疗养院体格检查，并改两年召开一次表彰大会为3年一次。12月29日，无锡市成立劳模评选管理委员会。1994年4月，对1991至1993年度647家市先进单位（集体）和549名市劳动模范表彰。7月1日，市第十一届人大常委会第三十八次常务会议审议通过《无锡市劳动模范评选和管理工作实施细则》。12月13日，成立市劳动模范协会。1995年，全面调查全国、省劳模，先进生产（工作）者状况。其中，45名离退休的全国劳模和先进生产（工作）者，月平均收入300元以上；机关事业单位退休的500元以上。省劳模中，90名离退休的月平均收入低于300元，538名收入300元以上，收入较低的大多数是五六十年代从企业退休的劳模。是年，全市1100名各级劳模办补充养老保险，占劳模、先进总数的1/4。1996年，全市劳模下岗安置率和最低生活保障率达两个100%。是年12月，对1994年至1996年度400家市先进单位（集体）和595名市劳动模范予以表彰。1997年，市总工会配合劳动局、社保局为428名老劳模落实5%退休增资待遇，补发增资款8万余元。为850名劳模先进办理补充养老保险，保险金额230万元。2000年4月，对200家市先进单位（集体）和299名市劳动模范予以表彰。

2001年，各级政府成立相应的劳模评选委员会或领导小组，被推荐的劳模候选人都经政府常务会和党委常委会通过。各单位自下而上召开职代会、村民委员会和居民委员会讨论通过，并在本单位张榜公布，经三级公示后上报领导部门审定。在当年评选出的111名省劳模中，102人获得过市级劳模以上称号，占91.9%；获得相应荣誉称号的5名，占4.5%；一线职工36名，占32.4%；农民28人，占25%。2002年，市总工会开展省部级以上劳模基本情况调查，至12月30日，全市有全国劳模81名、省部级劳模1529名。为80余名劳模先进办理补充养老保险。2003年，对2000年至2002年度296名市劳模予以表彰。在这次劳模评选中增加作出重大贡献的私营业主、“三资”企业外方人员和海外归来的创业者，实行拖欠职工工资、没有依法建立工会组织、企业发生工伤事故等几项一票否决制。是年，市总工会首次开展评选市五一劳动奖章（奖状）活动，授予抗击非典型性肺炎期间先进典型、重点工程劳动竞赛中突出贡献者，以及职工技能比赛中取得好成绩的28人市五一劳动奖章。至年末，各市（县）、区都相应成立劳模管理协会。

1995年起，经市劳模评选管委会审核批复，对被刑事处分或犯有严重错误受到党纪、政纪处分的劳模先进撤销其荣誉称号，收回荣誉证书。至2005年，共撤销10多人次。

第二章　共青团无锡市委员会

第一节　组织机构

一、共青团无锡市代表大会

共青团无锡市代表大会每5年召开一次。1983年5月3～7日、1987年5月4～6日、1992年5月4～6日、1997年5月4～6日和2002年5月28～29日分别召开第十二次、第十三次、第十四次、第十五次和第十六次代表大会，每次大会选举产生团市委书记、副书记等。1983年11月～1986年7月，孙洪任书记。此后由丁大卫、马建国、孙银龙和华伟、李秋峰（2005年12月任）任历届团市委书记。

二、机构

1986年，团市委设办公室、组织科、宣传科、基层科、学少科等部门。2005年，团市委设办公室（实业发展部）、组织部、新闻宣传部、基层工作部、社会工作部和学少部等6个部门，下属3个全民事业单位——无锡市团校、无锡市青年文化中心和无锡中国青年旅行社。

第二节　团组织建设与“双推”工作

一、组织建设

1986～1990年，各级团组织以颁发团员证为契机，加强基层团的组织建设、制度建设。“三种精神、七项观念”[①]在团干部中发扬光大。专职团干部岗位培训率（含覆盖率、合格率）85%。1989年，根据《中共中央关于加强和改善党对工会、共青团、妇联工作领导的通知》精神，团市委先后召开团的组织工作会议和农村村级团组织建设工作会议，对团组织进行整顿评比，分一、二、三类。1034个基层团组织在整顿中升级，三类团组织数量基本控制在12%以下。1990年，开展民主评议团员活动，提高团员素质。是年，基层业余团校有670多所。1991年，团市委继续坚持“抓组织、打基础”的工作方针，重点开展建设“合格团委、合格团支部”活动。团市委颁发《无锡市基层专职团干部管理暂行条例》，重点开展“争先创优”活动，在极个别存在一定松散瘫痪现象的团支部，开展整治工作，使

① 奉献精神、务实精神、创新精神，党的观念、群众观念、事业观念、危机观念、严格观念、团结观念、廉洁观念。

基层团组织的合格面提高约20%。

1998年，团市委制定并开始实施《无锡市加强农村基层团组织建设三年规划（1998～2000年）》。4月，举办加强农村基层团组织专题培训班。农村基层团组织以党的建设带动团的建设，走“产业兴团”之路，建立以乡镇团委为中心，行政村、乡镇企业、社区团组织为基础，联系其他青年组织的农村共青团组织和青年组织体系，活跃农村团工作，建立在农村基层党组织领导下参与农村两个文明建设的工作机制。1999年，团市委与市委组织部分别于9月、11月联合召开全市农村基层团建工作推进会和全市城区团建工作推进会，就新形势下农村和城区基层团建工作进行部署和动员。加强乡镇团委的主体地位，实行“四强三带一转变”①的工作方式，形成行政村、乡镇企业、社区团的组织三位一体的工作格局。在城区，开展创建“青年文明社区”活动，以社区建团为基础，建立城区青少年组织体系、服务体系。锡山团市委在全市乡镇开展统一换届和民主选举团干部的工作，乡镇团委的地位得到加强；城区各个街道筹建街道团工委，走社区建团之路。

2000年，全市团组织开展“五四红旗团委”创建活动，规范全市基层团组织的建设，提高基层团组织的战斗力和凝聚力。全市命名表彰38个市“五四红旗团委”和60个市“六有”团支部。江阴华西村等7个基层团委被命名为江苏省五四红旗团委，市路灯管理处等3个团支部被命名为江苏省“六有”团支部。9月，团市委在非公有制经济单位进行团建创新试点工作，通过行业建团、联合建团、挂靠建团等多种形式，扩大团建工作面。至年末，全市有11个团建创新试点企业。无锡贝斯特精密机械有限公司作为团建创新试点企业之一。2001年3月，团市委召开创建青年文明社区暨社区团建创新工作会议，表彰命名15个无锡市青年文明社区。城区团组织坚持党建带团建，对社区团建的组织体系、工作方式、运作机制等进行探索实践，取得成效。全市31个街道建立由驻社区单位共同组成的团工委，基本配齐配强街道团干部，部分社区居委会建立团支部。随着社区团建的展开，动员组织社区青年志愿服务力量参与社区建设，先后开展“为奉献者奉献”志愿服务、青年文明号服务卡助万家、社区青年文化艺术演出等活动。11月，结合讲文明、树新风活动，全市各社区团组织集中开展青年文明社区大家乐系列活动。人民路街道映山河小区、河埒街道太康社区、北大街街道获省级“青年文明社区”称号。

2002年3月3日，团市委召开全市社区青年志愿服务站建设暨社区志愿服务周现场会。全市各级城区、小城镇团组织开展以“一助一”社区帮困结对、青年志愿者假日服务广场、青年文明号服务卡助万家行动、社区“雏鹰行动”、青年文明社区大家乐等活动。南长区团委常年开展社区扶贫帮困大家庭活动，每年筹措资金，解决社区困难孩子的就学难题；北塘区团委组建“社区之光”艺术团，为社区居民演出健康向上的文艺节目；滨湖区团委开展“朝阳工程”，以社区问题青少年为工作对象，从机制上、内容上解决后进青少年的帮教问题。是年，北塘区北大街街道南尖社区、滨湖区河埒街道泰康社区获第三批全国“青年文明社区”称号，无锡新区长江路街道太湖花园社区、无锡市惠龙街道双河苑社区获省级“青年文明社区”称号。

2003年，团市委以创建青年文明社区为龙头，强化街道团工委协调功能，提高社居委建团率，社区建团率80%，其他未建团社居委大部分成立青少年活动站。探索团员社区报到制度。组成10个青年志愿者“三个文明”宣讲小分队，到社区、村镇开展宣讲。组织社区文化艺术节，太湖青年歌会、青少年书画摄影展、青年趣味体育运动会等活动，开展100场青年文明社区大家乐广场文艺演出和青年就业免费辅导讲座。团市委通过区域建团、随党建团、随工建团等方式，加强非公经济领域团建工作，创新非公经济团组织的工作内容、工作方式；建立青联、青商会等社团。2004年，加强社区建团和“两新”（新经济组织、新社会组织）建团。全市59个乡镇、1064个行政村健全团组织，23个街道成立街道团工委，城区186个社居委建团率100%、省级以上开发区、度假区建团率92%，符合建

① 强乡镇团委班子，带农村基层团建；强乡镇团委的服务功能，带农村青年成长成才；强乡镇青少年活动阵地，带农村青年服务体系；强乡镇团委的社会职能，转变农村团工作机制。

团条件的非公企业建团率85%。探索外来务工青年建团，承担起外来团员组织、管理和维权的责任。2005年，团市委开展“强基工程”和团建创新达标活动，加强基层团组织建设。依托联合建团、行业建团等多种途径，创新团的组织设置。宜兴市的村企联合建团、锡山区的行业商会联合建团、南长区和北塘区的社区建团、崇安区的“楼宇建团”、新区的非公企业建团等都起到很好的示范作用。年内，评比表彰127个无锡市市级五四红旗团委（团支部），命名164家市级创建单位；滨湖区河埒街道团工委等8个基层团委被团省委命名为省五四红旗团委（标兵），17个基层团委成为省级五四红旗团委创建单位。

1987～2005年无锡市各届共青团组织概况表

表27-1

单位：个、人

时　间	基层组织				
	届次	团委数	总支数	支部数	团员数
1987年5月	十三	453	768	11172	242966
1992年5月	十四	531	855	10839	226666
1997年5月	十五	577	832	10821	247975
2002年5月	十六	511	628	9014	224694
2005年12月	—	499	562	10086	284722

二、“双推”工作

1992年初，团市委与中共无锡市委组织部、宣传部联合发文开展“推荐优秀团员入党，推荐优秀青年上岗”活动。团代会明确提出把以“双推”活动为核心的人才工程、科技工程和基础工程一起作为以后5年团工作的三大任务。9月，团市委和中共无锡市委组织部又提出《关于在“双推”工作中进一步做好推荐优秀青年人才上岗工作的意见》。各级团组织采取挂职、换岗、交流、见习、下派、助理制等多种方式，让青年到经济建设主战场进行实践锻炼。团市委向全市推广丝绸公司团委的“立足于发掘，着力于培养，加强于沟通，收效于成才”的双推工作经验。无锡邮电局、市轻工局团委通过开设青年实验支局、青年车间的方式，促进青年人才的培养锻炼和健康成才。团中央第一书记宋德福在无锡考察期间，指出“推荐优秀青年人才上岗”是一项开创性工作，团中央要在全国推广。

1993年，“推优上岗”得到发展。团市委充分利用《无锡日报》等新闻媒介向社会各界报道“双推”情况。团市委颁发《发展无锡，推优荐才活动实施意见》，明确推荐对象和方向。无锡县提出“双推”的“约法四章”，并在东湖塘镇进行试点实践；江阴市开展“举荐万名，培训千名”的大型人才举荐活动，宜兴市从推荐科技副乡（镇）长上求突破；轻工业学院团委根据自身实际情况推荐优秀大学生入党。在“推优荐才”活动中，全市各级团组织共举荐青年人才近3万人，向团市委举荐1700多人，社会各界向团市委举荐200多人，其中进入市级人才库的青年人才300多名，进入团市委人才库的700多名。在全国第十三次团代会上，无锡市“双推”工作的基本要点被列入新团章。团中央、中共江苏省委办公厅分别转发无锡“双推”工作经验。《中国青年报》《光明日报》、中央人民广播电台等7家省级以上新闻媒介从不同角度对无锡市共青团组织开展的“双推”工作进行报道，在全国产生良好的影响。

1996年，团市委在推荐优秀团员入党的基础上，提出推荐优秀青年人才上岗。全市各级团组织在“发展无锡，推优荐才”“育跨世纪新人”等活动中，向党政部门推荐优秀青年人才，有近千名青年走上科级以上领导岗位，数万名青年走上生产、科研关键岗位。1998年，做好农村中的“推优上岗，推优入党”工作。此后，随着企业体制改革，团组织“双推”工作更趋向于覆盖面的扩大。

第三节　青少年思想道德教育

1986～1991年，团市委把提高青年的思想素质与引导青年投身社会实践结合起来，树立建功与育人并举的指导思想，带领广大青年投身改革、诚实劳动，提高劳动创造的质量；突出党的基本路线教育，开展“国情、改革、创业、奋进”“社会主义在无锡”“党在我心中”等主题思想教育活动。1987年、1990年举办的两届“奉献杯”竞赛强化以社会主义信念为核心的团员意识。“青年英雄钱劲松”等一批优秀青年典型的涌现，形成无锡市先进青年的光荣群体，对青年实践先进精神、树立远大理想和正确的人生观起到导向作用。

1992～1996年，团市委以培养“四有”新人为目标，深化建设有中国特色社会主义理论教育，坚定青少年的社会主义、共产主义信念。以“热爱无锡，建设无锡，繁荣无锡”为主题，开展邓小平建设中国特色社会主义理论教育、青少年读书活动、“我们的十八岁”成人仪式、“无锡青少年成长、成才、成就博览会”等主题教育活动。通过强化“推优入团”和“推优入党”，激发青少年政治上追求进步的强烈愿望。5年中，全市有29万余名儿童加入少先队，18万余名青少年加入共青团，1.1万余名团员加入中共。通过贯彻《爱国主义教育实施纲要》，组织广大青少年投身社会主义精神文明建设。开展青少年志愿者、纪念抗战胜利50周年、纪念红军长征胜利60周年、“万名青少年看无锡、看沪宁”、“争当城市美容师、争做文明青少年”、“迎省运，文明在青少年”以及纪念日升国旗、唱国歌等活动。通过开展团内外先进评比活动，推出永远追求卓越的青年企业家周建平、立足岗位勤奉献的青年售票员武惠珍、自学成才的“三学”（学科学、学技术、学文化）标兵张小玲、舍己救人的好少年高云燕、献身国防的科技精英权辉、智力扶贫的青年志愿者楷模赵新忠和赵忠惠等近3000名市级以上青少年先进典型，其中赵新忠、赵忠惠获“国际青少年消除贫困奖”。

1997～2001年，团市委以“学小平理论，做时代先锋”为主题，以庆祝香港和澳门回归、纪念改革开放20周年、纪念五四运动80周年、迎接新世纪、纪念建党80周年等重大活动为契机，把理论学习与开展爱国主义、集体主义、社会主义教育相结合，开展“强国之路二十年”国情教育、“党在我心中”主题教育、新世纪无锡青年形象大讨论、“重走革命路”千名青少年上井冈（山）、“盼祖国早日统一”万人签名、“永远跟党走”青年文化艺术节等活动。

2002～2005年，团市委以青年文明工程为抓手，开展青少年思想道德教育工作。2002年，团市委制定《无锡市青少年公民道德建设五年规划》。开展“我做合格小公民”儿歌童谣传唱、“身边的好公民”摄影大赛、乡村青年文化节、“珍惜青春、远离毒品”青少年禁毒宣传、青少年网络文明公约、“百城万店无假货”、“青年文明号信用第一”、“青年文明号优质服务促假日经济”等活动，帮助青少年养成与社会主义市场经济发展相适应的道德行为准则。同时，在五四青年节、建军75周年之际，开展入团宣誓、十八岁成人仪式和“为转业退伍复员军人志愿服务”等活动，与无锡广电《青春视线》栏目合作制作“优秀青年党员人物”专题，引导广大青年继承和发扬革命传统，在振兴中华的伟大实践中奋发成才、建功立业。2003年9月，团市委颁发《关于在全市团员青年中开展“无锡青年精神”大讨论活动的意见》，各级团组织通过论坛、征文、演讲比赛等丰富多彩的活动，弘扬“创业为本、争先为魂”的无锡青年精神，近800名团员青年参加40多场演讲比赛，激发青年“青春创业、建功无锡”的热情。2004年，团市委、市少工委联合颁发《关于加强和改进未成年人思想道德建设的实施意见》，加强未成年人思想道德建设的阵地、组织和队伍建设，先后实施“关注城市流动儿童百千万工程”，推出青少年社区文明道德实践活动、社区青少年文化节、青少年街舞比赛、青少年足球比赛等系列活动，帮助青少年提高思想道德素质。2005年9月，启动“增强团员意识主题教育活动”，以实现“增强意识、加强组织、活跃工作、服务发展”的目标。同时以“传承五四精神、奉献火红青春”“青春为党旗添光彩”等主题活动为载体，借助互联网等新型传播媒介，发挥团组织在引领青少年主流思想上的作用。

是年，无锡市制定《关于在全市开展以学习实践“三个代表”重要思想为主要内容的增强共青团员意识主题教育活动的意见》和《无锡市增强共青团员意识主题教育活动实施方案》，全市共有557个团委、570个团总支、9954个团支部的286322名团员参加团员意识教育活动。团市委重点组织开展“学理论知团情”知识竞赛、“新时代新风采”演讲比赛等10项特色活动；并开通免费声讯服务热线“16054”，制作专题网页。为贯彻落实全国第五次少代会精神，围绕红领巾“双百”工程的实施，各级团队组织开展纪念抗战胜利60周年、“第三届红领巾小事业博览会”、“第四届全市鼓号大赛”、“好娃娃杯”少儿书画童谣大赛和少先队“三十佳”评选等多项活动。“红领巾小书房”活动在全国未成年人思想道德建设案例评选中获一等奖。全市举办青年文化节活动185场次，大家乐活动370场次，“太湖青年歌会”活动获得全国社区青年文化节活动“项目奖”。组织中老年服务团为未成年人举行讲座和报告426场次，参加者11.78万多人，构建学校、家庭、社会三位一体的青少年思想道德教育网络。

第四节　服务经济社会建设

一、爱岗立功活动

1986～1991年，团市委引导全市团员青年立足本职岗位，促进经济建设。1987年和1990年开展第一届、第二届“奉献杯”大赛，青工操作比武活动掀起热潮。各级团组织带领青年在生产建设中开展以“青年突击队”“青年文明岗”以及“青年工程”“双增双节”等为主要形式的爱岗立功活动，“五小三优”[①]活动逐年深化和提高。1991年6月下旬至7月上旬，举办“首届无锡青年创造·发明·成就博览会”，荟萃“七五”期间成果，收到全市工交、财贸、科研、文化、卫生、教育等各条战线青年的创造发明成果1572项，经筛选展出547项，其中获国际奖14项、获国家级奖145项、获省级奖146项，有82项成果填补国内空白。同时还评选出无锡市“十佳”青年。城市各级团组织注意将团的活动纳入企事业单位经济责任运行机制中，通过签订“八五”责任状，推动青年劳动创造活动的发展。农村团组织在乡镇企业中引进城市团工作成功的经验，开展操作练兵、比武和青年突击队竞赛，带领农村青年参加实用技术培训，开展争当青年科技兴农带头人、实施“511”工程等活动。六七月特大洪涝灾害期间，成立青年突击队3000余支，出动团员青年抢险约30万人次。

1995年10月，举办无锡青少年“八五”建功成果展示会，各级共青团、青联和少先队组织制作的205块展板，按“成长、成才、成就”三大主题，反映“八五”期间共青团和青少年工作的丰硕成果，近5万人参观展示会。团市委组织杰出青少年代表25人组成报告团，分赴城乡举办7场青少年先进事迹报告会，4000余名青少年听取报告。1996年，通过推进青少年科技行动，带领青年在“科教兴市”的发展战略中有所作为。随着“八五”立功竞赛活动的深入，团市委开展“希望杯”青年科技竞赛和“五小”、“500高知带500青知”、“导师带徒”、科技兴农带头人、“启明星”科技行动、科技夏令营等活动，培养一大批优秀的青年科技工作者和学科带头人，产生500项市级以上的青少年科技成果，建设市青年科教实验农场。1999年，农村各级团组织围绕“服务农民增效增收，服务青年成长成才”的工作中心，以“三争三创”[②]为主要内容，举行“三争三创”的现场交流等一系列活动，涌现出江苏省第三届十大杰出青年农民胡渭民，省青年科教兴农带头人金华等一批现代化农村青年典型。宜兴团市委、江阴璜土镇被评为江苏省“三争三创”活动先进集体，锡山张泾共青种羊场被命名为省“三争三创”基地。在全市企业青工中开展“创新创效”活动，选择试点单位20家，于9月召开全市青工“创新创

① 小发明、小革新、小改革、小设计、小建议，优秀管理者、优秀管理小组、优秀管理论文。

② 当推广农业新科技带头人，创办项目示范基地；争当带领农民闯市场的带头人，创办营销服务实体；争当发展农业产业化经营的带头人，创办加工“龙头”企业。

效”活动推进大会。

2000年，组织农村青年推广科技、开拓市场、发展产业化经营，以创办项目示范基地、营销服务实体、加工“龙头”企业为载体，参与农业产业化经营。8月14日，团市委召开全市“三争三创”活动推进大会，表彰平培良等10名无锡市首届杰出青年农民和王青等11名“三争三创”活动带头人以及一批共青团“三争三创”活动先进集体和先进个人；命名确认无锡市青年科教农场、无锡市青年经济林等15个首批“三争三创”活动示范项目（基地、企业）。全市20个试点企业团组织，在创新创效活动中形成较为完善的组织、宣传、实施、奖励的运行机制。绸星集团公司生产技术科青年在有经验的高级工程师带领下，组建新品开发部门；庆丰集团、市压缩机厂等单位专门设立奖励基金。2001年3月，团市委、市农林局、市科技局联合召开无锡市“三争三创”活动推进会，给江阴市云亭镇佘城村大金兽畜业养殖场等13个市级“三争三创”活动示范项目（基地、企业）发放扶持资金。举办科技兴农服务月活动，先后在江阴、宜兴、滨湖等地“三争三创”基地开展以蔬菜种植、畜类养殖、禽类养殖、水产养殖为内容的现场指导、答疑和咨询服务。至年末，建成各级各类“三争三创”基地147个。平培良被评为省农村杰出青年科教兴农产业带头人，陆怡被评为江苏省十大杰出青年农民，宜兴团市委获省“三争三创”活动优秀组织奖。1997～2001年，涌现省级以上青年岗位能手52名、青年兴业领头人37名，2个项目获省级“创新创效”优秀项目奖。获得优秀青年科技成果520项，全国“挑战杯”竞赛优秀奖11项，并举办青年科技论坛25次。2002年10月19日，团市委联合无锡市高新科技创业服务中心、无锡市高新技术风险投资公司和无锡市科达创新投资公司等单位共同建立无锡市青年科技人才创业基地，与浦东、威海、湖州和省内各市青年企业家组织以及华东地区部分高校签署“无锡市青年科技人才创业基地合作协议书”“沿海开放地区团工作友好合作协议书”和“华东地区高校与无锡共青团友好协议书”。至年末，共服务海内外高科技青年人才10多人次。

2005年，团市委将促进青年创新创业作为服务全市经济建设大局的重中之重。通过实施“百千万工程”，开展“无锡市青年创业先进（标兵）”评选、“青春创业·建功无锡”优秀项目评选、“三为三新”示范基地和杰出青年农民评选、“创业杯”青工技术比武等活动，全市涌现出周建平、蒋锡培、周海江、丁晓兵等4名中国青年五四奖章获得者，刘礼华、柴新建等7名省青年五四奖章获得者、省十大杰出青年，施正荣、陈卫宏、赵颖等30名省青年创业风云人物。2003～2005年，选出300多家创业先进集体和2000多名青年创业先进人物，并从中择优成立报告团，巡回宣讲，制成创业宣教光盘，在青少年中开展创业教育，增强创业意识。2005年，指导创业青年136541人次。团市委还将外来青工工作列为重点内容，以服务无锡和外来青年原籍地两地的发展及外来青年本身的发展为目标，依托300多个培训基地（点），年均培训进城务工青年10万余人次，团市委被评为2005年度全国“千校百万”进城务工青年培训工作先进集体。

二、创建“青年文明号”活动

1994年，团市委在全市开展“青工技能月”、争当青年岗位能手、创建“青年文明号”等活动，使岗位建功、岗位成才活动逐步深化。筹建青年科技工作者协会，举办江苏省“火力神”青年电焊能手邀请赛，与总工会等单位共同组织实施全市20个工种岗位操作竞赛等活动。青年科技型厂长施建清等3人被团中央评为全国科技星火带头人，江苏三毛集团总经理周建平获全国“优秀青年企业家”称号，红豆集团总经理周海江被评为江苏省十大杰出青年乡镇企业家，武惠珍等8名青年职工被评为江苏省青年岗位能手，湖滨饭店等11个青年岗位被团省委命名为“江苏省青年文明号”。

1995年，团市委和市交通局命名表彰14个市级“青年文明号”（车、船）。1996年，开展“争当城市美容师，争做文明青少年”活动。推出“青年文明号”服务卡活动和十大“青年文明号”文明服务示范点活动。通过开展以学科学、学技术、学文化为内容的“三学”活动，利用各级党校、团校、青年科技文化培训学校、“希望电教馆”等阵地，培养青年干部和青年专门人才。1997年，开展争当城市美容师，争做文明青少年主题活动。通过“让世界清洁起来，讲卫生、讲秩序”万人签名、红豆纪念林种植、青少年交通协勤岗、“干干净净迎新年”环境整治、红领巾护绿行动等系列活动，组织城区青少年40万人次参与城市环境整治和城市秩序的维护。118名大中专学生到街道居委参加“热爱无锡、建设无锡、美化无锡”的暑期社会实践活动，担任健康教育宣传员、市容市貌监察员、居委会主任助理员；1200名大学生对全市800多家企事业单位和街道居委共计1.5万多人进行健康行为检查和健康知识考试。无锡市是全国外来务工青年培训计划10个试点城市之一，团市委会同10家主管部门推出“百点十万”外来务工青年培训计划，在全市设置100个示范培训点，和有关部门一起编写《无锡外来务工青年文明手册》，组织外来务工青年进行统一考试，有近10万名外来务工青年接受培训。团市委评比表彰第二届“建设第二故乡十佳百优”外来务工青年，举办“家在无锡”电视晚会。有4名青年被评为江苏省杰出（优秀）外来务工青年。

1998年2月24～26日，团中央、公安部等8部委在无锡市联合召开全国城市社区“千校百万（1000所学校，100万名学员）”外来务工青年培训工作现场推进会，向全国推出“无锡经验”。是年，实施第二期“百点十万”外来务工青年培训计划，新增100所外来务工青年培训学校，制作《家在无锡》外来务工青年建设第二故乡专题教育片。11月，团市委被团中央、公安部等8部委命名为全国外来务工青年培训工作先进集体，无锡钢丝绳厂胡文林等3人被授予全国优秀外来务工青年称号。1999年3月，团市委颁发《进一步规范市级青年文明号申报和创建工作的意见》，明确青年文明号“八个一”的创建规范①。开展创建市级“青年文明号一条街”活动。商贸、金融等行业在3月掀起青年文明号服务群众、奉献社会的高潮。旅游、商贸、交通、邮政、电信等行业的“青年文明号”集体在五一、国庆期间开展“青年文明号促假日经济”活动。全市涌现出国税清扬分局、农行璜土分行等4个国家级“青年文明号”及15个省级“青年文明号”。

2000年，在全市各“青年文明号”集体中普遍开展创新创效活动。各创建集体都把技术、管理、服务、营销等4个创新作为主要内容。威孚集团全国“青年文明号”生产线坚持开展质量控制攻关，实施管理创新；澄西船厂“青年文明号”船体车间工艺质量组完成“远望四号”船天线底座制造安装工艺的制定和全船基准线的勘划等。团市委获省创新创效活动优秀组织奖，市二建集团广电大厦工程建筑新技术应用项目获省企业青年优秀创新项目奖。2001年5月，团市委发出《创建省级、全国级“青年文明号”工作台账目录样本》。以“百城万店无假货示范街”揭牌仪式为契机，在窗口行业开展“青年文明号”优质服务。下半年，根据《2001年无锡市“创业杯”青工技术比武活动实施意见》，组织举办第四届全市“创业杯”青工技术比武活动，规范和强化“号手联动”（“青年文明号”、青年岗位能手）的创建工作机制。全年全市共涌现出2个国家级“青年文明号”、32个省级“青年文明号”和8名省级青年岗位能手。2002年，以争创“青年文明号”，争当青年岗位能手为有效载体，在全市各个窗口行业掀起“青年文明号”优质服务的新高潮。开展“献爱心、送温暖”活动，将“青年文明号”的优质服务、文明新风送到老百姓身边，送入千家万户。2003年，组织“青年文明号”创建集体开展“献爱心、送温暖”活动，有100多个集体参与，慰问物品总价值5万余元。编写《无锡“青年文明号”创建指南》，推出动态管理意见，实行年审注册和公示制度。年内共获得5个国家级、15个省级“青年文明号”。2005年，举办“青年文明号”文化节。至年末，全市共有23个国家级、193个省级“青年文明号”。

三、“希望（HOPE）杯”活动

1989～1991年，无锡团市委、科委、经委、科协等4单位联合开展“希望（HOPE）杯”青年科技竞赛评比活动。3年中评出“希望杯”奖290项，其中获省以上“五小”活动成果奖180项次。1992

① 各争创集体在申报和创建过程中必须做到：有一个申报公示、有一套创建制度、有一本创建台账、有一本影录资料、有一个文明角、有一张服务卡、有一个社区文明阵地、有一个固定责任人。

年7月，团市委颁发《关于加快实施"无锡市青少年科技行动"的意见》，组织全市青少年参加"希望杯"青年科技竞赛，全市有5万青工参加竞赛，完成"五小"项目15800多项，评出88项优秀成果、37个先进集体，在省青年科技成果博览会上获得5项金奖、9项银奖，各高校团组织发动学生参加全国大学生实用科技发明大奖赛，在"少先队劳动实践火炬行动"中，进行科技意识教育。至年末，全市各级团组织共成立青年科技组织180多个，团市委建立市青年科技服务总团。在1998年3月第十届"希望杯"活动中，LGW-100/7-X型无油螺杆压缩机及其变型产品(无锡压缩机有限公司胡成义)、高级丝光薄花呢(三毛集团公司张新龙)等多项成果获部、省、市级奖励。表彰一等奖2项、二等奖10项、三等奖33项、四等奖48项和10个先进集体。在1999年第十一届希望杯活动中，新水流XQB50-885FC/FG洗衣机(无锡小天鹅股份有限公司杨晓文)、技改挖潜降低聚氯乙烯树脂成本(无锡化工集团股份有限公司顾正明、唐桂东、王志风)等多项成果获部、省、市奖，全市共评出一等奖2项、二等奖13项、三等奖27项、四等奖29项和10个先进集体。在2000年第12届希望杯活动中，市二院夏加增申报的"G1期细胞周期相关蛋白在胃癌中的表达"被评为一等奖，无锡叶片厂张国新申报的"汽轮机1050毫米大型叶片的研制开发"等13个项目被评为二等奖，同时评出三等奖38项、四等奖46项。至2005年，继续开展评比竞赛活动。

四、青年志愿者活动

1994年6月10日，市青少年志愿者服务总队宣告成立，团市委书记马建国任总队长，总队下属的10个大队、60个服务队同时成立。在省第十三届运动会期间，志愿者开展多种形式的志愿服务活动，总计服务2万余人次。江阴市青年志愿者在创建国家卫生城市中，出动上万人次，经过两个月的艰苦奋战，筑成长21公里的环城绿化带。全市青少年志愿者队伍不断壮大，总人数逾10万人。1995年，青少年志愿者活动逐步建立和完善活动网络和工作规范。全市青少年志愿者先后组织开展春运服务、学雷锋青少年志愿者服务月、"一助一"助老、助教、义务植树以及智力支边助学等活动，开展城运会志愿服务活动。在"争当城市美容师，争做文明青少年"活动中，每月有近10万人次青年志愿者上街整治环境，维持秩序。市青少年志愿者服务总队获团省委颁发的城运会青年志愿者优秀组织奖。1996年，通过开展"青少年志愿服务日"和"青少年义务劳动日"活动，创建一条青少年文明示范路和30个青少年义务监督岗。全年团市委共组织青少年志愿者18万人次到18条主要路段进行环境卫生整治，1.5万人次到人民路、中山路上岗执法。3月5日，团市委组织青少年志愿者与老干部举行"一助一"签约仪式，长期坚持为老干部提供服务。此外，全市还多次组织青年志愿者扶贫、助弱、济困活动。1998年，团市委以"青年文明社区"创建活动为载体，推动青年志愿者行动向纵深发展。全市有青年志愿者专业服务队100支，利用自身的专业优势，开展一系列贴近居民生活的服务项目。学校系统的青年志愿者为社区内的中小学生补习功课、辅导作业；卫生系统的青年志愿者为居民举办健康知识、家庭护理等讲座；工厂企业的青年志愿者在社区整治环境、植绿护绿、维持秩序，并进行创建宣传，送书送戏，送教送医，定期开设服务广场或上门服务。全年进社区参加服务的青年志愿者超过1万人次，服务时间2万多小时。1999年，青年科技协会在市青少年志愿者服务总队的基础上成立市青年志愿者协会，当年发展会员5万余人。组建青年志愿者专业服务队88支，建立青年志愿者服务基地20个、青年文明社区10个，市传染病医院严学峰等5名青年志愿者赴陕西汉阴县支教助医。

2000年，全市志愿者组织结合重大节日庆典，开展科技、文化、卫生"三下乡"活动和"时代新青年无偿献血""新世纪从志愿者开始""交通协勤岗""一助一"等志愿服务活动，参与人数15万人次。第六届中国艺术节期间，青年志愿者为中外宾客提供接站送行、医疗保健、维持秩序、导游导购等多项服务，参与人数2.5万人次，市青年志愿者协会被省六艺节组委会授予"六艺节志愿服务立功集体"称号。无锡市青年志愿者协会等4家单位和吴燕萍等3人分别被江苏团省委授予"省青年志愿者行动先进集体"和"先进个人"称号，严学锋、蔡纯获"中国优秀青年志愿者服务奖章"。2001年

2月20日，团市委发出《关于开展“新世纪与雷锋同行”青年志愿者行动的通知》。3月初，启动开展青少年成人预备期社区志愿服务行动，开展暑期优秀大中专学生社会实践活动以及在中国无锡体育健身旅游节、中国舞蹈节、国际驾车节等重大活动中的志愿服务行动。全市参加志愿服务活动的人数超过5万人次，姚路斌、郁浩、李明钢获江苏省青年志愿者服务银奖。2002年初，开展青年志愿者“三下乡”活动，江南大学1200人次青年志愿者参与国庆节中山路文明交通协勤活动，志愿者在经贸节、电影节、旅游节期间，开展接送站、开幕式、影展、闭幕式、英语翻译等志愿服务工作，7天内共提供志愿服务3000多人次。完善太湖花园社区团支部、沁园一社区居委等一批社区青年志愿服务站；重新确定和命名无锡荣军医院等一批青年志愿服务基地。推广实施注册志愿者制度。全市青少年志愿者发展至15万人，其中注册志愿者1万人；青年志愿者专业服务队103支，青年志愿者服务基地89个，参与青年志愿者行动的人员超过10万人次。2004年3月5日，团市委在惠山区前洲镇市民广场举行无锡市“青春与文明同行——青年志愿者乡村行”启动仪式。青年志愿者先后3次为惠山区、锡山区、滨湖区农民送去广场文艺和志愿服务，共发动青年志愿者1200人次，服务群众5000余人。全年共招募青年志愿者万人，成立青年志愿者服务队百支，共有5万多名青年志愿者参与志愿服务，共计提供服务10多万次。团市委颁发《关于进一步规范并推进青年志愿者行动的通知》，招募注册志愿者，加强社区志愿服务站建设，推动青年志愿者行动向规范化、品牌化、长效化发展。2004～2005年，相继推出“青春与文明同行”青年志愿者乡村行、“党旗下，青年志愿者在行动”、“爱心助成长，牵手文明行”等志愿活动，并于2005年按照专业化、特色化的要求，打造“科技富民”“就业益民”“文化乐民”等10支“为民”青年志愿者服务团。是年，全市各级团组织推行注册志愿者制度，至年末，全市注册志愿者17万人。在全市首次命名10个品牌“为民”青年志愿者服务团，组织开展“志愿服务品牌唱响城市精神”“青春红丝带”等活动，传播志愿者精神。参与创建文明城市、“十运会”等大型活动，开展周日交通协勤、法律援助、便民帮困等志愿服务活动。年内，在全市“三下乡”集中活动中，提供15项服务内容，受惠群众2万人次。江阴市社区服务求助中心主任沈健获“中国青年志愿服务金奖”。

五、“保护母亲河”行动

2000年，团市委、市环保局联合开展“保护母亲河、清洁太湖水”主题活动，命名20个青少年环保监督岗和20支青年环保志愿者队伍。颁发《关于实施无锡市青少年绿色行动意见》，并开展绿化、环保咨询宣传，“春绿锡城”征文活动。制作“青少年绿色行动”签名宣传册，选择50个点，组织5万名团员青年参加签名活动。动员团员青年参与绿地认养和市民广场世纪林的认植活动。全市涌现出宜兴市青年经济林等19个全省合格青少年绿化“三百”工程和郊区雏鹰假日护绿总队等两个全省优秀青少年植绿护绿队；无锡团市委和宜兴团市委被评为省青少年植绿护绿行动先进单位。开展“保护母亲河行动绿色希望工程基金”募集活动，全年共募集资金4.9万元。2001年3月1日是全省青少年义务植树日，团市委组织参加义务植树活动。宜兴团市委组织营建“宜兴市青少年新世纪纪念林”，惠山团区委举行“18岁成人仪式暨种植成人纪念林”活动，江阴团市委开展“绿色家园”假日植绿实践活动。团市委开展“保护母亲河”网上有奖知识竞赛。2002年，开展青少年植绿护绿和兴建纪念林活动，江阴团市委以“绿色家园”假日植绿实践活动，营造珍爱绿色、竞相捐植的良好社会氛围；锡山团区委在3月的省青少年义务植树日、学雷锋日、全国义务植树节，开展“从小事做起，保护母亲河”绿色环保行动；3月12日，惠山区团员青年前往吴文化公园举行植绿护绿活动启动仪式，建设“惠山区共青林”；东华大学无锡校区为保护母亲河举行“百人签字捐款”活动。年内，全市各级团组织带领广大青少年植树3.6万多株，建立绿色生态基地15个。2004年2月，团市委获2003年度“全国保护母亲河先进集体”称号，其事迹材料被收录到中央党校汇编的《求真务实，开拓创新，“三个代表”重要思想实践行风采录（共青团卷）》。围绕“绿色无锡”3年行动计划要求，团市委于3月下旬发出主题活动意见，并举行全市青少年造林绿化工作启动仪式。全年青少年共植树14万株，护绿31万平方米；建立第二个市级“清洁家园行动”示范点，150个款色新颖的“共青团保洁箱”落户新区硕放镇；基层单位开展“环太湖环保行”活动，倡导经济发展与环境保护和谐共处。2005年，按照市委、市政府提出的“绿色无锡”3年行动计划要求，开展“绿色无锡·青春行动”活动。联合市园林局、市环保局、市文联等单位，举办“鸣腾杯·绿色无锡”全市青少年有奖征文和摄影大赛，增强全市青少年爱绿护绿和生态环保意识。是年，全市各级团组织共植树20余万株，护绿20余万平方米。

六、无锡“十大杰出青年”评选活动

无锡市自1993年开始评选市十大杰出青年。活动由团市委会同市委组织部、市委宣传部、无锡日报社、市广电局、无锡青年联合会等单位（后增加市人事局）联合举办，经各基层单位和社会各界的推荐和参与，通过活动组委会组织，经评委会评选产生，分别为无锡市企业、科技、文教、农业等各个条线上的先进典型。之后，每年评选一次。并组织开展全市团员青年向“十大杰出青年”学习活动。

1996年，团市委和有关部门开展无锡市第三届“十佳少年”、无锡市第二届“十佳青年岗位能手”“建设第二故乡十佳青年”“十佳青年企业家”评选活动，表彰200多名青少年。郊区外来青年濮菊芳被团中央授予全国“百名优秀外来务工青年”称号。1998年，红豆集团董事局第一副主席周海江被评为第五届江苏省十大杰出青年，顾伟、李作先、沈燕君等3人被评为江苏省十大杰出青年卫士，公交公司11路238车组被评为全国青年文明号，威孚集团总装生产线被评为全国青年文明号生产线。1999年，除评选出十大杰出青年外，另有15人获提名奖。评选活动中，32个区、局推荐47名候选人，其中，硕士以上学历占17%，大专、本科以上占76.6%，立足创业和推进科技创新型者占61.8%，显示出当代无锡青年良好的综合素质。2000年5月11日，与市电视台举办“青春之歌”第八届无锡市十大杰出青年电视颁奖晚会。

2003年，团市委通过开展第十一届无锡市十大杰出青年和无锡市十佳青年企业家的评选活动，为广大优秀青年脱颖而出搭建舞台。蒋锡培获第七届中国青年五四奖章，刘礼华获第三届江苏省青年五四奖章，柴新建被评为第九届江苏省十大杰出青年。有5名青联委员入围“江苏省333二期工程”第三批培养对象，有1名青联委员为无锡市民营青年企业家，有8名青联委员被推荐为市政协委员。2004年始，对十大杰出青年同时授予“无锡市新长征突击手标兵”称号；十大杰出青年提名奖获得者同时授予“无锡市新长征突击手”称号。至2005年，共评选13届。

图27-3 2002年，市委书记蒋定之为无锡市第十届十大杰出青年授奖（团市委供稿）

第五节　维护青少年合法权益

1989年1月，市政府公布实施《无锡市青少年保护暂行规定》。1998年4月18日，无锡市成立江苏省首家未成年人合法权益维护中心，向社会公布热线电话，为未成年人提供法律咨询和法律服务。协同公安部门对全市的音像和报刊经营场所进行检查，加大对游戏机室、桌球室、卡拉OK室和营业性舞厅（三室一厅）的监督力度，为未成年人的健康成长提供良好的社会环境。是年，未成年人合法权益维护中心为6名受伤害的未成年人无偿提供法律援助服务，为20多个未成年人及其家庭免费提供法律咨询。团市委、市司法局、市教委联合印制5万份未成年人保护法律、法规学习试卷，通过报纸和电视在全市进行宣传学习活动，联合开展“中保人寿杯”无锡市未成年人保护法律、法规知识电视竞赛。10月，成立市未成年人保护委员会。1999年4月起，未成年人合法权益维护中心在全省率先开展创建优秀“青少年维权岗”活动。是年，团市委推进未成年人保护工作，在市检察院、市中级法院、市司法局、市质量技术监督局等系统先后启动优秀“青少年维权岗”创建活动。锡山市人民检察院被评为全国优秀“青少年维权岗”，宜兴市人民法院等7家单位被评为江苏省优秀“青少年维权岗”。

2001年2月，团市委召开无锡市未成年人保护工作会议，表彰30位未成年人保护工作先进个人。深化创建优秀青少年维权岗活动，宜兴市人民检察院获全国“优秀青少年维权岗”称号，广瑞路派出所等8家单位被授予省“优秀青少年维权岗”称号。全年直接参与6起未成年人案件的处理。在参加全国“双峰杯”未成年人保护法律知识竞赛中，惠山区团委获优秀组织奖，朱双清等3人获优胜奖。同年，开展形式多样的实践教育活动，推动青少年素质拓展计划的实施。在全国第七届“挑战杯”大学生课外科技制作竞赛中，江南大学获优秀组织奖。开展中学生“创之旅”科技活动、中学生假日新视野、中学生成人意识教育等主题教育活动。无锡团市委获全国“走进社会大课堂”中学生实践教育活动优秀组织奖。

1997～2002年，全市共涌现全国优秀青少年维权岗4个、省级优秀青少年维权岗2个，提供法律援助300多人次。2002年，团市委开展未成年人保护知识宣传，增强市民维权意识。组织参加由全国人大法制工委、司法部、团中央等联合举办的预防未成年人犯罪法律知识竞赛。市关心下一代工作委员会的《江南少年》杂志及全市各电台、电视台等媒体先后开辟专栏，常年宣传有关法律法规。未成年人保护工委以创建优秀青少年维权岗为载体，做好未成年人保护和预防未成年人犯罪工作。年内，无锡市涌现出2个全国优秀青少年维权岗、2个省级优秀青少年维权岗。市未成年人合法权益维护中心免费提供法律援助服务20余起，宜兴法院在全省法院系统第一个开设“青少年司法保护热线电话”。2003年抗击“非典”期间，团市委会同有关部门组织实施对565家网吧等文化娱乐场所的临时关闭和复业，采取一日一报制和严格巡查措施，确保关闭期平稳过渡，复业时逐家验收。在青少年学生中组织实施系列主题创建活动，净化少儿成长环境。继续深化优秀青少年维权岗创建活动，开展“关于青少年违法犯罪状况及预防工作对策”调查问卷，探索预防青少年违法犯罪的有效途径。编印《无锡市红领巾自护手册》，全年向少儿免费发放3万份；通过组织自护知识竞赛、自护小品表演、自护训练营、自护明星小队评比等活动，提高少儿的自护意识。做好外来务工青年的维权服务，配合做好外来务工青年集中居住地的管理工作。2004年，新建10所以上社区青少年法律学校，开展“青少年网络文明行动”“社区青少年远离毒品行动”。配合市社会治安综合治理委员会、市教育局、市公安局等部门共同开展创建“平安校园”活动，强化学校内部管理，消除学校不安定因素和安全隐患。提高青少年法律援助中心的建设率，逐步探索社区青少年维权中心建设。全年市级青少年法律援助中心建设率90%，县级建设率75%，青少年法律援助覆盖率90%，青少年法律援助满意率75%，形成整体协作联动的市、县（区）、乡镇三级青少年法律援助网络。6月，市预防青少年违法犯罪领导小组办公室牵头召开全市首次青少年违法犯罪预防工作会议。江阴市、宜兴市，滨湖区、锡山区、惠山区、北塘区均成立预防青少年违法犯罪工作领导小组，全市建市级预防青少年违法犯罪预警测控点15个，区级测控点69个。8月，市未成年人保护工委办公室承办江苏省“心手相连·关爱未来——四进一助”未成年人主题系列活动启动仪式。继续深化“优秀青少年维权岗”“青少年安全放心网吧”创建活动。

2005年，市未成年人保护委员会等部门开展预防未成年人犯罪法、未成年人保护法、《江苏省实施〈未成年人保护法〉办法》执法检查。开展优秀青少年维权岗创建活动，联合法院、检察院等系统进行创建工作，同年新增市级优秀青少年维权岗12个。开展社区青少年“一助一”“多助一”结对帮困、帮教活动。做好预防艾滋病、远离毒品宣传教育活动，增强未成年人预防和自我保护意识。通过组织法制培训、开展野外生存自我保护大赛等活动，提高青少年的法制观念和自护能力。联合市司法局、市公安局、市教育局等部门建立市青少年法制教育基地。至年末，建成市（县）区级“预防青少年违法犯罪工作预警信息测控点”69个，社区青少年法律学校、法制教育基地177个。定期走访探望部分特困家庭未成年子女、残疾和问题青少年，送去20余万元学习生活用品。新增市级优秀“青少年维权岗”12个。

第六节　青年文化活动

1986～1991年，无锡市青年文化活动阵地得到较大发展。《无锡团讯》被评为全国优秀团刊，团市委和无锡日报社合办的“周末青年版”受到广大青年读者欢迎。基层团组织成立“青年俱乐部”“青年之家”“青年活动室”等活动阵地。1987年，市青年文化活动中心动工，全市团员青年开展义务劳动并集资150多万元，于1991年12月建成，为当时省内规模最大的青年文化中心。

1992～1996年，团市委组织开展“读好书、唱好歌、看好片”等青年文化活动。征集创作反映无锡青年精神风貌的《无锡青年之歌》。1996年，重视“青年文化园”建设。5月3日，团市委举办“拥抱青春”庆五四联欢晚会，中共无锡市委书记洪锦炘向全市青少年发出“肩负世纪使命，实现跨世纪目标”的动员。6月11日，团市委组织18对新人，在无锡电视台演播大厅举行“青春万岁”集体婚礼，市政府领导作证婚词。“六一”前夕，市少工委组织近千名少先队员在市中心举行“快乐的节日”无锡市少年儿童庆“六一”广场文艺活动。市少工委还组织“百灵鸟”文艺汇演、“金童杯”独唱比赛、窗口行业卡拉OK比赛、纪念抗战胜利50周年歌咏活动等。基层团、队组织开展演讲征文比赛、书法绘画比赛及业余文化活动。

1997～2001年，团市委实施新世纪读书计划，培养青少年终身学习意识，共建立青少年读书俱乐部239个，命名青少年书屋5万多个，青年文化中心等培训阵地开设系列培训班142期，培训青少年近万人。1999年初，团市委颁发《关于实施无锡市青少年新世纪读书计划的意见》，成立无锡市青少年新世纪读书俱乐部，发展首批会员300余人，并命名市图书馆和青旅书店为首批无锡市“新世纪读书基地”及“新世纪书屋”。无锡团讯《希望》推出“无锡市青少年新世纪读书榜”，每月1期，向会员提供新书信息；举办多次专场读书报告会和读书积极分子座谈会。12月25日，由市青年联合会、市青年企业家协会、市青年科技工作者协会联合主办，江苏新远东电缆有限公司协办的“’99新远东青年论坛”在新落成的市人民大会堂举行。5名活跃在经济、文化、科技、学术界的青年代表围绕“无锡与未来”主题，分别就无锡市的经济、文化、科技、教育、城建等方面作演讲，有19篇优秀论文作书面交流。

2002～2005年，团市委发挥无锡太湖青年艺术团等青少年文化社团作用，建设青少年文化兴趣社团（组），开设文化学习培训班，开展青少年读书活动，举办青少年书画摄影展和文化节活动；开展网络文化、短信文化等活动，引导网络文化健康发展。共举办青年文化节活动585场次，大家乐活动1170场次。2004年5月16日，为纪念无锡建团81周年、团市委成立55周年，在市人民大会堂隆重举行无锡青年"青春放歌"大型歌会。以"青春闪亮无锡，文化孕育英才"为主题的首届无锡市大学生文化艺术节于5月28日启幕，14所大中专院校近10万名青年学生参与。艺术节期间，举办"对话——知名作家校园行""校园原创动漫作品大赛""大学生公益广告设计大赛""校园原创文学大赛""大学生服饰风尚秀"等多项主题活动。2005年，联合举办首届"大学生艺术节""青年文明号艺术节"等活动，社区青年文化节、太湖青年歌会活动获全国社区青年文化节活动创新奖和优秀项目奖。

第七节　青年社团建设

1986～1991年，市青联组织委员和团体会员立足本职，开展一系列富有特色的活动，被全国青联和团中央、国家民委授予"先进集体"称号。在团市委的指导下，市学联健全组织，完善制度，工作逐步走向规范和有序，在学校思想教育工作中发挥积极作用。同时，以学生军校为基础，对学生骨干进行国防意识、组织纪律等教育。

1992～1996年，市青年社团组织较快发展。1993年初，团市委组建无锡青年企业家协会，1994年6月，成立市青少年志愿者服务总队，同时加强青联、学联等共青团外围组织及青年摄影家协会、青年医务工作者协会等外围社团的建设。至年末，全市5个区均成立区级青联组织。市青联会获国务院"民族团结进步模范单位"等3个国家级荣誉，并于1995年被团中央、全国青联命名为全国"东西互助，共同迈向富裕"活动先进集体。1995年初，市青联召开十届一次全委会议，选举产生新一届青联领导班子。各级青联组织及其团体会员，开展学习活动、希望工程活动，搞好民族团结工作，开展对外交流活动，先后选拔推荐4批、16位青联委员分赴美国、澳大利亚、德国、荷兰等国进行交流、考察和培训。市青联举办"市场经济运行工程研讨会"。1996年，市青年摄影家协会和市青年企业家协会召开年会。市青联开展青联委员赴无锡监狱的走访劝勉活动，组织无锡优秀青少年事迹报告团赴无锡监狱作事迹报告。发动委员参与希望工程活动，组织希望工程义演；组织"教师义务服务团"赴苏北义务服务，加强与甘南藏族自治州青联组织的联系，资助甘南地区失学儿童30人。市学联组织各学校学生开展"建设有中国特色社会主义理论"知识竞赛。为纪念长征胜利60周年，开展"万里长征第二棒"等爱国主义教育活动。组织学生参加"争当城市美容师，争做文明青少年"活动，为争创国家卫生城市作贡献。组织开展大学生骑自行车环太湖考察、"重走红军长征路"以及各种形式的勤工助学等社会实践活动。以"周末文化广场"、"校园文艺风景线"、"江大之春"文艺汇演、"长发杯"辩论赛、一二·九文艺汇演等活动为载体，丰富广大学生的业余文化生活，提高学生文化艺术修养。在江苏省第二届大学生文化艺术节上，无锡市选送的节目获3个一等奖。

1997～2001年，团组织加强青年组织体系建设。1997年成立市青年新闻工作者联谊会。市青联于1998年制定《无锡市青年联合会工作条例》和《无锡市青联基层组织工作条例》。1999年，锡山市、新区成立青联组织，全市3市（县）、6区青联组织全部建立。同年成立市青年科技工作者协会。市学联以跨世纪人才素质为主题，开展课外科技文化活动。

2002～2005年，团市委发挥青联、青商会（青企协）等青年社团作用，加强对学联工作的领导，探索青年中心的运行机制，扩大青年中心覆盖范围，在基层单位健全共青团工作联谊会或青年工作协调委员会。2002年，成立市青年科教兴农产业促进会。同年，市青年企业家协会更名为市青年商会。新设立的惠山区、锡山区、滨湖区先后成立青联组织。1月，组织青联委员到无锡监狱继续开展劝勉帮教活动；春节前夕，与无锡电视台合作拍摄3期"青年创业访谈"节目；在建军75周年前夕，与双拥办共同举行拥军活动。7月，市青年企业家协会赴南昌参加中心城市企业家组织区域协作网成立大会，与上海、杭州、南昌等12个中心城市的青年企业家组织建立合作关系。2003年，市青年商会先后举办财务总监、现代物流、市场营销培训班、总经理研修班，累计培训会员企业相关人员1000多人次。加强会员企业与政府间的沟通，筹建会员企业“绿色通道”。由团中央、全国青联主办，团市委、市青联承办的“澜沧江——湄公河青年友好之船”湄公河友好项目磋商会在无锡马山举行。2004年，通过建立共青团工作联谊会和青年工作协调委员会，加强市青联、市青年商会、市青年科技工作者协会、社区中国少先队无锡市工委等团的外围组织建设。市级青联、青年商会共有会员595人，青年商会会员企业268个，各市（县）、区、部分乡镇（街道）也建立青联、青年商会组织，扩大团组织的覆盖面。2004～2005年两度承办市“招商月”福建地区的联络协调工作，分别签约60个和64个项目，引资38.91亿元和69.49亿元。2005年，团市委利用青联、青商会的组织和资源优势，参与招商引资等活动，至年末，无锡市有青联、青年商会（青年企业家协会）、青年科技工作者协会、学联、青年志愿者协会、城乡青年中心、青年科教兴农产业促进会等社团。是年，团市委、市青联承办“东盟与中日韩（10+3）青年友好会见”活动。1990～2005年，召开市学联第八、九、十届会议；2000年、2005年，分别召开市青联第十一届、第十二届会议。

第八节　少年先锋队

1986～1991年，团市委、少先队无锡市工作委员会（简称“市少工委”）在少先队员中开展“学雷锋”“学赖宁”和“社会树新风”活动，弘扬服务社会的奉献精神，促进少年儿童的健康成长。1990年，率先在全国成立队长学校，编辑出版队长学校系列丛书等。

1992～1996年，全市29万余名儿童加入少先队，少先队组织在少先队“五自”教育、“手拉手”活动、少先队教育现代化等方面获全国级荣誉17项。1993年，开展全国首创的“我们的保护神”主题教育活动，举办“凯士杯”少年儿童“露一手”大赛，获“全国少先队劳动实践优秀组织工作单位”称号。1994年，在贯彻实施“中国少年跨世纪雏鹰行动”中，开展“我为省运添光彩，争当‘五自’小主人”系列活动、“百花园”艺术活动以及“手拉手”互助活动，举办“江南杯”电脑大赛以及“五自”知识学习竞赛、“五自”最佳活动设计评比等丰富多彩的教育活动，有4所学校被全国少工委授予“雏鹰大队”称号，有80所学校在全国“五自”活动设计评比中获奖，有82人次在全国迎亚运中日少儿摄影、书画、作文联展竞赛中获奖。全市少先队员为省运会及希望工程捐款近20万元，为贫困地区少年儿童捐赠图书10万册。1995年初，无锡市被共青团中央列为“推优入团”工作试点市。团市委在全市小学、初中低年级少先队组织内普遍建立少年团校，使用统一教材，实施共青团知识的有计划培训；又在部分有条件的中学初二年级建立团支部，为“推优入团”创造条件，全年“推优入团”人数1000余人。团市委还组织试点单位团队外出学习和参加全国全省培训。市教委团工委获江苏省“推优入团”组织奖，市河埒中学、第六中学和宜兴市丁蜀二中被评为江苏省“推优入团”工作先进单位。是年，开展“雏鹰奖章”活动。先后组织开展“文明小卫士”和“交通安全”系列活动、“手拉手”互助活动、“百花园”艺术活动、“启明星”科技活动等。暑假期间，市少工委组织“手拉手共同奔向二十一世纪”市少先队大队长夏令营，让营员们自行设计活动，自己动手解决困难；江阴市少工委挖掘丰富乡土史料编成一套“五自”小丛书；宜兴市组织“献给母亲的爱”爱心卡制作比赛；马山区开展少年儿童趣味国防教育等活动。市连元街中心小学、扬名中心小学、夹城里中心小学、盛岸中心小学，江阴祝塘中心小学，宜兴屺亭中心小学、桃溪小学，锡山市堰桥中心小学等8所学校的少先队被评为全国雏鹰大队。是年，市少工委颁发《实施少先队基础建设规范的意见》，围绕反法西斯战争和抗战胜利50周年，在少年儿童中开展教育活动。1996年，全国少工委在无锡召开少先队实践基地现场会，命名两个全国少先队实践基地，至此，全国十大少先队实践基地有4个在无锡。是年，市少工委开展“心中有祖国，心中有他人”“弘扬长征精神，树我火红队旗”“交通安全小辅导员夏令营”“’96无锡少先队军事、科技夏令营”和少先队鼓号大赛、少儿智力拼图大赛、雏鹰奖章达标等活动，组织2.5万名少先队员用2.5万条红领巾拼成一面面积3400平方米的少先队队旗。通过红领巾助残献爱心、“手拉手”情系贫困小伙伴、“手拉手”书包交友、“手拉手”书信交友等活动，为贫困地区小伙伴捐款30多万元，捐赠衣物折价60多万元。锡师附小等10所学校获“省‘手拉手’先进学校”称号，扬名中心小学被评为全国十佳联谊学校。白水荡中心小学唐燕珠、南长区小学吴婕妤、向阳中心小学张晓、河埒中心小学杨亚、峰影小学范亚玲、华士镇砂山小学曹彧、西漳镇寺头小学陈煌明、宜兴桃溪小学王晗欣、江南中学龚怡、硕放中心小学钱旸被评为无锡市第三届“十佳少年”。

1997年10月，召开少先队无锡市第三次代表大会，编写出版220多万字的《中国少年先锋队队室文库》，成立少先队教育现代化研究中心。1998年，开展“手拉手情系灾区小伙伴”等活动。全市少儿共捐款100多万元，捐献文具用品6万多件，发出慰问信1万多封。随着锡山市和郊区相继召开少代会，形成市（县）、区级三年一次的少代会制度。宜兴市成立社区总队。团市委举行“奔向21世纪”少先队现代化教育活动的观摩；举办“飞向21世纪”红领巾电视、广播节目的评选和少先队现代化队室的评比。12月，无锡市少工委、锡山市少工委分别承办省少先队教育现代化现场研讨会、全国少工委三届四次全委会暨少先队工作学会第八次年会。1999年，举行“光荣的星星火炬”庆祝少先队建队50周年纪念大会。2000年，启动“红领巾小事业”活动。堰桥中心小学等4家单位的“红领巾小事业”活动于翌年获全国最佳创新奖；南长区叙丰里小学红领巾结艺研究所开展的中国结活动，在第五届亚太地区儿童发展部长磋商会议期间进行成果展示。

2001年，红领巾小事业实践体验活动成为全市少先队工作的知名品牌。10月13日建队节，市少工委举办“新世纪我能行”红领巾小事业展示活动。在全国“创新杯”少先队活动竞赛中，无锡共获10个全国最佳创新奖、372个优秀创新奖，市少工委等6家单位获全国优秀组织奖。2002年，市少工委开展“了不起的民族精神”儿歌创作比赛，开展“学习名人，时刻准备”无锡市少先队纪念建队55周年庆祝活动，承办由团中央辅导员杂志社主办的“全国少先队与新课程改革”优秀案例研修班。市少工委于是年获联合国和全国少工委联合颁发的“支持儿童”工作优秀组织奖。2003年，市少工委开展形式多样的体验教育活动，通过开展“雏鹰登陆e世界”——无锡市少先队网上庆六一活动、“无锡，我为你骄傲”红领巾绘画比赛、回收手机废旧电池、“改变生活陋习，奉献青春智慧”暑期社会实践活动和小公民捕捉垃圾虫行动等青少年喜闻乐见的活动，增强少先队工作者的积极性、主动性，强化儿童的创新精神和动手能力。这年是无锡市少先队创业教育推进年，9月，由少先队员自己筹划组建的红领巾创业实践模拟公司——五爱泥巴娃实业股份有限公司成立，东湖塘中心小学温馨小超市、通德桥小学小天使银行等一批少先队创业体验实践活动兴起。全年市少工委承办两次全国性少先队工作会议；在全国及省少先队工作论文评比中，无锡获全国一、二等奖各1个，全省一、二、三等奖各2个。无锡市堰桥中心小学、江阴市山观中心小学成为

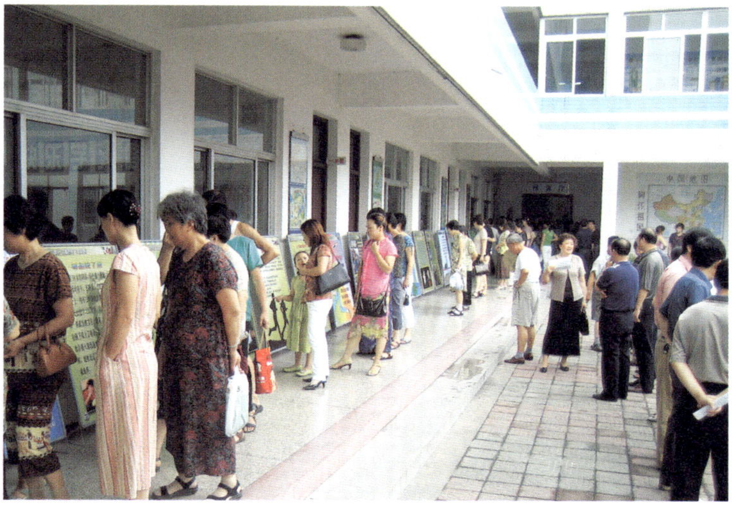

图27-4　2005年“预防青少年违法犯罪图片展”现场
（市委政法委供稿）

中国少先队工作学会科研实践基地。2004年，市预防青少年违法犯罪领导小组办公室牵头召开首次青少年违法犯罪预防工作会议。至年末，全市各市（县）、区均成立预防青少年违法犯罪工作领导小组。设有市级预防青少年违法犯罪预警测控点15个、区级测控点69个。2005年，全市建成市级“红领巾小事业”单位135家，举办“小事业”博览会3届。

第三章　无锡市妇女联合会

第一节　组织机构

一、无锡市妇女代表大会

1984年12月、1990年2月28日～3月3日、1996年1月3～6日、2002年9月16～17日分别召开第十次、第十一次、第十二次和第十三次市妇女代表大会，大会选举产生妇联主任、副主任（1993年起改称主席、副主席）和执委会委员、候补委员及常委等。1984年12月～1996年1月，李淑琴任主任、主席。1996年1月～1997年10月，戴庆伟任主席。此后，张明珠连任主席。2004年，公推竞岗1名妇联副主席。

二、无锡市妇女儿童工作委员会

1995年6月，经市政府批准，无锡市妇女儿童工作委员会成立，为市政府管理妇女儿童事业的常设机构，妇儿工委办公室设在市妇联，名誉主任缪根宝，主任王竹平。政府一名副秘书长兼任办公室主任，市妇联副主席担任办公室副主任。

三、机构

1986年，市妇联机关设有办公室、组织宣传科、儿童少年工作科、福利科、法律顾问室等。下辖无锡县、江阴县、宜兴县和崇安区、南长区、北塘区、郊区妇联及马山妇工委，下属乡镇、街道妇联组织156个，均配有妇女工作专职干部。

1987年，马山区设立后，建立马山区妇联。1995年，撤无锡县设锡山市后，无锡县妇联更名为锡山市妇联。1996年4月，市委市级机关党工委、市广电局、市卫生局等单位成立妇工委。2001年1月，撤销锡山市设立锡山区和惠山区后，原锡山市妇联调整分设为锡山区妇联和惠山区妇联。2001年，撤销马山区，并入无锡市郊区，郊区更名为滨湖区后，原郊区妇联更名为滨湖区妇联。至2005年，在非公有制经济组织中建立妇女组织2146个，占应建数的81.2%。

2005年，市妇联机关内设办公室、组织部、宣传部、发展部、儿童部、权益部。下辖2个县级市（江阴、宜兴）、7个区（锡山、惠山、滨湖、崇安、南长、北塘、新区），59个镇、24个街道办事处、7个市级机关直属妇委会（妇工委），市级机关、个私协、工商联、教育、文化、卫生、广电等妇联组织，全市共有专职妇联干部153人，村妇代会、居委妇代会、社区妇联主席1428人。

第二节　参加经济建设和劳动就业

一、农村“巾帼致富”

1989年起，市妇联在农村妇女中开展“学文化、学技术、比成绩、比贡献”的“双学双比”竞赛活动，成立市“双学双比”活动领导小组。竞赛活动围绕一家一户分散经营的状况，动员组织妇女学文化、学技术，进行科学种田，发展种植业、养殖业、加工业，开展农业生产女能手竞赛。至1990年，全市66万名农村妇女参加以粮油作物为重点的“六种四养”（种粮、油、菜、果、茶、食用菌，养猪、禽、鱼、蚕）竞赛活动，80%参加基础赛，71.73%参加达标赛；建立妇女丰产方201.7个，科技示范户2153户，重点专业村125个。全市妇女共征订施教课本1.16万册，举办各种实用技术培训1358期，参加培训75万人次；扶贫427户，有316户脱贫。嵇锡华获全国三八绿色奖章，杨南珍获“全国养鱼能手”称号。

1991年，各级妇联组织引导广大农村妇女既在以粮油为重点的“六种四养”竞赛中显示作为，又在乡镇企业、“三八绿色工程”中发挥妇女的作用。全市近56万农村妇女参加粮油“丰收杯”、副业“致富杯”、水利“大禹杯”竞赛和乡镇企业技术操作竞赛。市妇联发放《农村妇女文化技术课本》1.7万册。各市（县）、区普遍加强对农村妇女科技知识的培训和普及，共举办实用技术培训班1358期，发放科技资料59159册，14万名妇女接受科技知识普及教育，有612户农民脱贫，提前两年完成建万户科技示范户的目标。由于科学技术的推广和应用，妇女丰产方在大灾之年仍获丰收，水稻单产比大田高257.2斤，三麦高175.4斤，油菜高135.3斤。1992年，围绕农民增收奔小康，组织带动妇女在庭院发展种、养、加综合项目，开展争当“科技女状元”的竞赛。在“双学双比”活动中，市妇联引导妇女步入“科技兴农”的轨道，抓好科技知识的普及，把省编《农村实用技术培训材料》作为参加粮食竞赛妇女的必读课本，并组织种粮知识竞赛，开展多种形式的示范现场会。市竞赛领导小组先后在无锡县坊前乡永丰村、宜兴万石乡妇女丰产方上，组织有100多人参加的单插、机插及省工、省本、高效的人工抛秧示范现场会，参加郊区巨峰葡萄优质优果示范现场会以及无锡县东绛镇养殖甲鱼现场会等。是年，市妇联举行各级科技示范交流活动80场次，扶持贫困户1185户，脱贫率81.52%。市妇联在乡镇企业女职工中普遍开展技术练兵与操作竞赛，参赛妇女147173人，提出合理化建议5000条，被采纳实施1500条，创效益500多万元。

1993年，全市有59.21万名妇女参加“双学双比”竞赛活动。共举办各类科技培训班864期，培训妇女161366人次。竞赛领导小组先后以江阴市青阳镇兴业村养鸭示范户张根娣、马镇镇北庄村养牛蛙示范户章玉娣为典型，组织召开“科技兴副”多种经营现场会；在无锡县华庄镇友谊村召开“科技兴农”机械化插秧夏种现场会。为推广速成密植丰产桑园“一步成园”、当年栽桑当年养蚕见效的成功经验，无锡县组织“三八”银茧现场会；郊区为提高第三产业服务质量，召开商业服务操作比赛现场会；马山区组织发展家庭副业，举办多种经营女科技户示范现场会等。是年，全市共召开现场会169场次。农村以妇女为主的专业户由1989年的6818户增至19147户，并从中培养出由11041名妇女组成的女科技示范户队伍，掌握一门以上实用技术的妇女由1989年的16.08万人增至36.41万人。1994年，以“科技兴农”为主题，把重点放在新技术、新品种、新成果的开发应用上。市妇联与市多管局等有关部门在郊区南站乡召开现场会，重点推广罗氏虾、团头鲂单养高产等新技术，在无锡县安镇高额村举行妇女水稻丰产方种养及中期管理等新技术现场会。同时，把“三八绿色工程”的建设作为深化“双学双比”竞赛活动的新内容。利用家庭、妇女丰产方等阵地，号召广大妇女营建“三八绿色林”“三八绿色路”“三八绿色方”，开展家庭养花、阳台养花等活动，并与市绿化委员会、市多管局等有关部门对全市18个乡镇、街道的20个点作检查。宜兴新街乡妇联的“三八”迎霜茶园，在高温久旱的情况下获得利润6.8万元。是年，市妇联获全国“‘双学双比’先进集体”称号。

1995年，全市妇联组织举办文化技术培训班771期，培训妇女16.59万人，组织科普展览、放映科普录像1315场次，印发科技信息资料13.5万份，推广水稻9-92、小麦扬87-158、机械化抛秧等10多个新品种、新技术。创建一批以务农女能手为龙头，品种优、覆盖面广，集生产、培训、扶贫、服务为一体的“三八”致富龙头项目。龙头项目做到内容落实、负责人落实、参加农户落实，全市13个龙头项目形成规模经营的格局。采用一技传四邻、手拉手、一帮一和项目带动等形式，使扶贫工作做到组织、项目、措施三落实。全市有985户脱贫，脱贫率87.2%。会同市有关单位组成互查小组，互查17个乡镇的24个现场，市（区）、乡镇、村29家单位进行经验介绍，并将竞赛活动分为13个大类20多个单项指标进行考查。1996年，农村“双学双比”活动重点提高农村妇女的素质。至年末，全市龙头项目扩展至884个，参加农户5万余户，平均户收入超万元，具有代表性的宜兴张渚镇的千名妇女养猪、茗岭镇的板栗种植、大树村的花木基地、锡山市堰桥镇的养鸭专业村、江阴市夏港长江养鸡专业户、马山区和平村的柑橘种植、郊区南站乡的蔬菜生产等成为具有一定规模和较高科技含量的工贸农一体化、产供销一条龙的经济实体。全市建立并长期坚持1079块妇女“三八”粮油菜果丰产方，总面积8万亩。各市（县）、区都分别拥有一块面积10亩以上的“三八绿色林”和10公里长的“三八绿色带”。

1997年，市妇联组织开展“四学六赛”①，全市6.65万多人次的农村妇女参加竞赛。年初，各市（县）、区把农村妇女“绿色证书”培训纳入农村教育的重要内容，推广实施“百万农家女，十项新技术”、农村妇女“绿色证书”和技术职称的培训计划。各市（县）、区、乡（镇）共举办科技培训班592期，培训79190人，推广新技术10多项。锡山市以张泾镇南新扁豆村为致富龙头项目的示范点形成“一村一品”的局面；宜兴分水镇分水村妇代会举办银杏、葡萄、桃子栽培技术培训班及女个体户文明经商培训班；江阴市开办培训班200多期。全市建立乡镇以上妇女丰产方987个，面积73522亩。确立龙头项目858个。是年11月20～23日，全国妇联“双学双比”、科教兴农示范考察活动现场会在无锡召开。市妇联在会议期间展出“在希望的田野上——无锡市农村妇女‘双学双比’竞赛活动巡礼”18块展板及播放活动专题影视片，展示广大农村妇女在“三八”丰产方规模生产竞赛、“三八”龙头项目产业化经营及科技示范培训方面取得的成绩。代表们还参观考察宜兴市的省级“三八”示范龙头项目华盛杜鹃花实验场和江阴华西村。

1999年，市妇联组织开展“生产、科研、示范、创汇”四位一体的龙头基地和新型经济合作组织创建活动。10月19日，无锡市“农村妇女增收致富现场经验交流暨科技信息发布会”在江阴召开。与会人员参观江阴市奶牛场、养鸡能手黄惠芬的养鸡场、女青年周士芬的养鸽场、红光村的千亩蔬菜丰产方与江阴市妇联发动3800户家庭捐款47万余元营建的“家庭同心林”，市农业局、多管局等有关单位发布致富科技信息300余条。11月1日，市妇联组织参加全国妇联在北京举办“双学双比”10年成果展，向展览会提供大型提梁壶、澳门回归纪念壶等实物及80幅图片和110盆杜鹃花等大量展品。2000年8月25～28日，市妇联在江苏省首创农村女经纪人培训班，通过上课、参观、交流、考试，使60多位女能手在专业知识、市场信息、种养技能上获得全面提高。学员还参加8月30日的“2000年无锡农副产品信息发布暨产销恳谈会”。江阴养鸽能手周士芬学习结束后就在当地投资创办自己的经纪人实体。

2001年8月中旬，无锡市妇联组织农村科技致富女能手典型、农业部门专家小组赴宜兴、江阴等地贫困镇、村开展送科技、送信息、送经验的“三送”活动。有9名科技致富女能手介绍各自创业的成功经验，农业专家进行畜牧、水产、果树、蔬菜等方面的现场咨询，市妇联赠送科技书籍。2002年，在

① 学文化、学技术、学市场营销知识、学农民绿色证书农业函授大专专业知识；“三八”丰产方竞赛、龙头项目竞赛、扶贫脱贫项目竞赛、乡镇企业技能操作竞赛、“三八”绿色工程竞赛、市场营销知识竞赛。

城镇评选科技进步带头人。2003年10月28日，无锡市“双学双比”竞赛活动领导小组成员会议和现场工作会议在锡山区召开。现场会表彰2001～2003年度市农村妇女“双学双比”竞赛先进集体42个和先进个人148名，组织观看专题录像片《锡山妇女多豪情，双学双比竞风流》，锡山区“双学双比”活动领导小组和市农民女状元代表等作大会交流。会议提出要把增加农村妇女收入作为重要目标，把提高农村妇女素质作为重要工作。

2004年9月24～26日，全国农村妇女劳动力转移就业现场培训会在江苏召开。26日，国际劳工组织和全国31个省、市、自治区的与会代表专程到江阴参观阳光集团和海澜集团，并在江阴召开总结大会。在阳光集团观看专题片《阳光里的姐妹花》，在海澜集团参观服装生产车间和海澜企业文化阵地，观看由外来务工妇女表演的文艺节目。是年，市妇联针对结对村宜兴杨巷镇英驻村缺资源、缺人才、缺项目的状况，先后多次组织机关干部到贫困村调研，商讨脱贫方案，走访慰问困难户，资助7万元帮助改造基础建设，组织村领导班子成员和党员骨干到先进地区对口交流，帮助他们拓展视野、丰富发展思路。协调市水利局仔细查看河道及防洪闸等水利设施，制定3年防洪排涝修建方案，从根本上解决一直困扰该村农民生产和生活的水利问题。2005年，继续围绕“推进农业和农村经济结构调整，千方百计增加农民收入”开展活动。至年末，各级妇联在带领农村妇女致富的同时，实施“巾帼扶贫行动”，结对扶贫10408人，76%脱贫。

1989～2005年，全市建立“三八”龙头项目884个，36.4万名农村妇女接受新技术培训并掌握1～2门技术，涌现出19147个大规模、高效益的“种、养、加”专业户，形成286个重点专业村和11041个专业户组成的女科技示范队伍，324人取得绿色证书，1352人获得大专以上毕业证书。2003～2005年，市妇联联合市农机局向创办江阴九洲果业有限公司的费剑英等10多名农村创业女能手赠送生产急需的农机具，帮助她们减轻劳动强度、节省劳动时间、提高工作效率。

二、城市“巾帼建功、创业”

1991年，全国妇联联合12个国家部委，在全国城镇妇女中发起“巾帼建功、巧手奉献”活动。活动开展后，无锡市先在市地税局试点，并于1991年12月成立由28家成员单位组成的市“巾帼建功”活动领导小组，领导、部署活动。是年，全市女职工提出合理化建议22937条，创造经济价值近3000万元。30多个市（县）、区、局举行成果展览，有123项成果参加省总工会举办的成果展。女知识分子联谊会有122个竞赛项目，一批项目评选获奖。陆菊华、许如录、秦清明等在自然科学方面做出突出贡献，获得国务院嘉奖，享受特殊津贴每月100元。1992年“三八”节期间，市女职工委员会举办“巾帼建功”成果展览会，展出1400余件小改小革、发明创造、双增双节、科研攻关、开发新品、变废为宝、自制工艺品等作品，展会中许多项目获国优、省优、部优。100名女职工被授予“百名英豪”称号。市妇联和无锡电视台联合拍摄一台“科技兴市，巾帼建功”的节目，展示金融、商业、工矿等行业妇女的风采。《无锡妇女》报辟出专栏报道女企业家、女知识分子、女劳模等在经济建设中的成绩与贡献。市妇联开展“女职工与改革”大讨论和“巾帼杯”征文竞赛。

1994年，以第四次世界妇女大会于1995年在中国召开为契机，市女职工委员会围绕“巾帼迎‘九五’、巧手再奉献”主题，在女职工中开展“三献一结”，即“送温暖献爱心、露一手献技艺、金点子献计策”和“展风采结硕果”活动。在全市掀起女性“岗位成才，创造发明”的热潮，涌现出30项由妇女独立完成或以妇女为主完成的优秀科研成果，经挑选，有19项女性创造发明成果上报省。在“巾帼建功”竞赛活动中，市妇联获省“‘巾帼建功’先进集体”称号；有5名女企业家被评为1993年度无锡市优秀厂长（经理），其中有1名女厂长被评为市优秀企业家，实现女企业家进入市优秀企业家行列零的突破。1995年，全市女职工提出合理化建议4万条，献计献策和技术革新成果创效3000万元。组织女职工向特困职工、患病职工及社会捐物折款、捐款共35万元。举办3次女职工风采展示会，包括参加省服装设计工艺品制作成果展览会，展示成果800多项。在商业、交通、卫生、旅游、邮电等窗口行业开展优质服务竞赛，在集贸市场开展的“市场建功”活动。在岗位技能、服务质量、社会贡献等方面，开展行业之间、班组之间、个人之间的竞赛，促进服务质量提高。“市场建功”以“五学、五赛、五比”[①]为主要内容，各市场通过评比先进摊主、操作表演和技术比武等活动，职业道德、业务水平和经营管理能力都有较大的提高。市卫生局、市商业局、市交通局、市旅游局、无锡邮电局等有关部门都建立服务质量监督机构，明确专人负责；市工商局、市个体劳动者协会、市私营企业家协会加强组织领导，成立领导小组，建立基本情况调查簿、建功花名册、建功竞赛台。集贸市场建立妇女组织。

1996年，全市妇联组织响应参加省女职工“五大行动”（学习成才、岗位立功、二次创业、爱心奉献、文明新风家庭行动）。7月，邮电、电仪、丝绸、机械等行业以及江阴市分别召开交流会，就开展行动作介绍。在女职工集中的纺织等10个行业开展竞赛活动。共提合理化建议3.5万多条，技术革新519项；促营销催债款7000多人次，创效益8500万元；岗位练兵18万人次。捐助28万元，帮助特困家庭1600户。“巾帼建功”活动以“三赛一创”为重点，即窗口行业的优质服务竞赛、集贸市场的每月建功竞赛、机关干部的勤政廉政当好公仆竞赛和企业下岗女工再创新业。至年末，市区9个窗口行业共设“巾帼示范岗”780个，参赛妇女38717人；全市40%的个体私营经济从业妇女参加11个项目的岗位练兵、技术比赛活动，向孤老、希望工程捐款70余万元。全市各级妇女组织通过发展社区服务，为1492名妇女解决再就业问题。是年起，在企业开展创建“巾帼文明班组”活动。1997年，提合理化建议2.86万条，创效益8500万元；技术革新212项，创效益3501万元。岗位练兵8万多人。市女职工委员会表彰在“五大行动”中的100位岗位女明星、20户文明新风家庭、20名女职工之友、80名先进女职工和50个先进女职工集体。市妇联先后举办“三八”巾帼行动报告会、“闪光女性”报告会等，并在教育电视台设立专题节目进行系列宣传；宜兴市总工会女职工委员会组织巾帼排头兵巡回演讲；江阴市妇联召开巾帼系列行动事迹报告会，开展巾帼建功事迹演讲比赛活动。6月9日，市妇联举行巾帼建功现场交流会暨示范岗挂牌仪式。市商业局推选出一批先进集体和先进个人。崇安区妇联开展“身边人身边事”推荐活动，发放征集稿5000余份。郊区发动全区5万多名妇女参加竞赛活动。以税务、商检、银行为试点进行机关公仆赛，体现女干部在廉政勤政建设中的特殊作用和地位。无锡市和锡山市的个体妇委会在大中型集贸市场开展市场建功、“巾帼示范岗”活动，涌现出一批先进的女个体户、守法户、纳税户。市交通局设立“巾帼示范岗”165个，通过发挥示范岗的作用来提高交通女职工的整体素质，塑造窗口行业女性新形象。各级妇联组织坚持在女职工中开展技能操作比赛和专业技术培训，深化“精一招、会二招、学三招”活动，并延续至21世纪初，每年确立培训目标。1998年开始，每两年评比一次“巾帼示范岗”。1999年，把“巾帼创新业”活动拓展到下岗人员在内的所有城镇妇女。涌现出市级以上“学习成才新女性”350人，岗位女明星、女能手842人。市女职工委员会召开全市推优荐才、学习成才经验交流座谈会。各级女职工委员会向党政推荐女干部619人，其中女职工工作者331人。

2000年，全市女职工参加岗位立功活动50759人次，涌现岗位女明星499人；提合理化建议27829条，创效益1463.9万元；技术革新125项，创效益287.1万元。与特困女职工家庭结对帮助668户，助学2241人次，金额287.39万元。2001年“三八”节期间，开展第二届“献技艺、作贡献”技能比赛，组织女职工学习第二技能。在交通行业下岗女售票员中，进行驾驶技能培训。澄西船厂、华晶集团在女科技人员、女管理人员中开展技术创新、管理创新活动。电信、供电、贸易等行业在女职工中开展“优质服务竞赛”活动。涌现先进女职工集体123个、先进女职工1251人、全国先进女职工2人，省级岗位女明星15人。2002年，市总工会举办家政母婴护理培训班7期，培训352人，实现上岗率95%。推荐1名下岗女职工参加省总工会开展的创业方案评选活动，经获选后得到小额贷款资助。

① 学政治、学文化、学科学、学营销、学管理，赛守法经营、赛优质服务、赛管理水严、赛经营规模、赛对国家贡献，比思想进步、比素质提高、比科技促销、比水平高低、比贡献大小。

推荐净菜社的束静君为全省再就业典型，成为省"江苏人风采"巡回演讲报告团的成员。

2003年，以插花比赛带动技能比赛。教育女职工委员会举行女教师素质技能电视大赛，组织女教师进行普通话、英语、音乐、绘画、书法、计算机专业和非专业技能操作比赛，并通过教育电视台转播。纺工、机械、园林、卫生、教育、文化、供电、澄西船厂、市级机关等部门和单位启动女职工的技能竞赛。海鹰企业集团开展调试工、电装工等技术工种比赛。是年，出台《无锡市"巾帼示范岗"管理办法》，建立规范的"巾帼文明岗"评选表彰机制、调整淘汰机制、岗位负责人上岗培训机制及创建工作的基础台账制度。2005年，因时因地开展"十行百岗创一流"竞赛、"创业让女性更美丽""巾帼服务窗口示范服务"等"巾帼示范岗"竞赛活动，创建活动由窗口服务业向交通、卫生、旅游等行业和社区、村镇、机关事业单位拓展，数十万人次参加职业技能、科技创新培训和学历教育，涌现出一大批巾帼示范岗、巾帼科技人才、巾帼岗位能手女性先进群体和个人。

图27-5 2005年，表彰"巾帼示范岗" （市妇联供稿）

三、劳动就业

1997年3月，融技能培训、择业指导、职业介绍为一体的市妇联再就业服务中心成立，帮助下岗失业妇女实现再就业。2002年4月，撤销市妇联再就业服务中心，成立市妇联职业介绍所和市巾帼苑社区服务求助中心，为下岗失业妇女免费办理求职登记、提供岗位信息查询，举办招聘、求职面试洽谈会，为求职者提供职业技能培训、择业指导、咨询服务、职业介绍，为用人单位或用户家庭提供相匹配的有关人员等职能。在城区30个街道的60个社区设立市妇联职业介绍所社区信息点，下岗失业妇女不出社区就能登记求职、选择培训、预约面试。1997年3月至2005年末，先后开办市场营销、服装剪裁、计算机操作、超市服务、家政服务、美容美发、医院护工、毛衣编织与插花、社区管理和服务等96期职业技能培训班，培训学员8200余人，培训合格率96%，一次性推荐上岗率保持在70%左右。每年接受求职登记1300人左右，其中女性1200余人，上岗率73%。2002年11月，成立市妇联家庭服务社，作为非正规劳动组织为社会提供家政家教、家庭保洁、老人照护、小学生课后管理和暑期服务。在全市8所小学开办30多个小学生"放心班"，吸纳60多名下岗失业妇女成为"放心班"的辅导员，每年为3000余户家庭提供孩子放学后看管服务，为820余户家庭提供长期的家政、保洁服务，为300余户家庭提供老人照护。1997～2005年，市妇联举办九届暑期"小星星假日营"，吸纳2098名小学生参加假日营活动。2004～2005年，市妇联举办24场招聘会，组织933家用工单位进场招聘，提供岗位18458个，女性岗位约占54%，有9310名下岗失业人员报名应聘。

四、三八红旗手评选

1986年后，无锡市妇联在全市妇女中开展三八红旗竞赛活动。通过巾帼致富、巾帼建功创业活动，评选表彰三八红旗手。无锡市市级三八红旗手（集体）一般每两年评选表彰一次。2001年起，市级三八红旗手（集体）由市人事局和市妇联联合评比表彰。2003年起，每3年评选一次市三八红旗手标兵，三八红旗手标兵享受市劳模待遇。

1986～2005年，表彰市级三八红旗手1356名，三八红旗手标兵10名；另有14人获得“全国三八红旗手”称号，127人获得省“三八红旗手”称号。

1991～2005年，共有233个集体获市“三八红旗手”称号，8个集体获省“三八红旗手”称号，4家单位获“全国三八红旗手”称号。

第三节　维护妇女儿童合法权益

一、实施“三优”工程

1991年，国务院妇女儿童工作协调委员会将无锡市列入全国首批13个“三优”（优生、优育、优教）工程试点城市之一。6月，国务院妇女儿童工作协调委员会、全国妇联在无锡召开“三优”工作研讨会，100多位专家汇集无锡，研究探讨《“三优”工程试点工作指导纲要》。10月，中国儿童发展中心在无锡举办首期“三优”工作者培训班，全市“三优”工作进入为期5年的试点程序。其间，每年接受全国、省三优评估检查组对30个指标的评估检查。市委、市政府两次召开儿少工作协调会议，专题讨论“三优”工作，形成会议纪要，并建立由市妇联、市卫生局、市教委等部门组成的无锡市“三优”工作办公室。市妇联承担协调委员会和“三优”工作办公室的工作。突出“三优”的宣传咨询活动，利用“六一”有利时机，向全市普及宣传“三优”知识，全市共设1000多个宣传点，出“三优”知识专刊7966篇，宣传“三优”示范工程对培育一代新人产生的影响，宣传经济发展、生产水平提高后的人民群众对于孙后代生育、抚育、教育整体优化的迫切要求；宣传未来一代新人的素质决定着无锡未来的重大作用，使各级干部和广大群众重视、关心、支持“三优”工作。制定无锡市《“三优”工程五年规划》及《“三优”工程实施细则》，规划坚持儿少事业与社会经济发展相协调的原则，并纳入无锡市社会经济发展“八五”总体规划付诸实施。举办“三优”工作培训班，邀请全国儿童工作专家至无锡讲课，120名“三优”专业人员和领导干部接受系统的“三优”知识教育。

1992年，市妇联结合5月20日世界母乳喂养日开展第二次“三优”宣传周活动。活动中，各市（县）、区恢复儿少工作协调委员会，建立“三优”工作领导小组。《无锡市“三优”示范工程规划》经市委、市政府批转下发后，各市（县）、区都制定各自的“三优”规划和实施细则。是年，由市“三优”工作办公室牵头成立“三优”知识讲师团。市妇联举办无锡市“三优”知识电视竞赛，被评为全国家庭“三优”知识竞赛优秀组织奖单位。市妇联探讨研究家庭德育教育的方法、途径，拍摄家教小品《保姆》，各市（县）、区进行合格家长学校的验收，派员参加少年法庭陪审工作。为使托儿所规范化、系列化，市妇联与市财政局调整全市托儿所收费标准。同时，制定《无锡市托儿所全面质量评估标准》。

1993年，全国评估小组对无锡市“三优工程”进行中期评估工作，评估内容有28项指标，其中优生7项、优育10项、优教11项，涉及卫生、教育、妇联、民政、计生委等许多部门。全市各市（县）、区先后实施自评工作，然后由市“三优”领导小组组织专家、业务干部进行认可性评估。评估组检查医院、妇幼保健所（站）、防疫站、卫生室、幼儿园、工厂、少年宫等99家单位，召开12个座谈会，对120人进行问卷调查，对594名0～3岁、3～6岁、6～14岁儿童的家长进行测试。年末，无锡市完成全国“三优工程”专家评估小组为期10天的验收。全国评估小组对无锡市“三优工程”试点工作给予高度肯定。同时，市妇联组织卫生、教委等部门的有关专家，对全市13所申报的一类托儿所进行评估验收，并从验收合格之日起，实行分类收费标准，把托儿所工作引上规范化的轨道。市妇联还协调各方力量对全市自办托儿园所重点辅导，使市实验托儿所、郊区中心托儿所顺利通过省重点自办园所的验收，列入全省11所重点自办园所的行列。市妇联、市教委、市家研会联合表彰以中学、小学、幼儿园、托儿所为主要阵地的优秀家长学校12所、先进家长学校9所、合格家长学校27所；同时调整充实市家庭教育研究会成员，吸收一批家长学校骨干、新闻工作者、公安民警、法院法官等人士入会，优化结构。市卫生局对全市儿童进行体检，体检率95%，并为1364名儿童进行医疗服务。1994年，市妇联会同市教委、市卫生局等部门对制约全市“三优工程”的达标，影响“三优工程”试点工作整体水平的三项指标——孕产妇系统管理率、母乳喂养率、三年学前受教育率进行重点调查研究，写出《关于无锡市三至六周岁的幼儿接受三年学前教育的情况调查》《无锡市孕产妇系统管理工作情况调查》《无锡市母乳喂养工作现状及对策》等调查报告。“六一”儿童节期间，市妇联举办第四次“三优”宣传周活动。

1996年6月18日起，国家及省专家评估小组对无锡市历时5年的“三优工程”进行为期3天的最终评估验收。专家小组听取副市长王竹平所作的总结及自评汇报，查阅大量资料，抽查锡山市、崇安区、南长区、北塘区、郊区和锡师附小、连元街小学。按照5个方面38项指标检查，38项指标中有29项达到或超过全国标准，有5项已接近规定指标，有2项提高幅度大，另有2项正在探索中。专家评估小组认为无锡市全民“三优”意识得到强化，儿童生存、保护、发展的环境得到改善，基本形成一套行之有效的领导管理体制和儿少工作网络。“三优工程”试点被正式验收通过。是年，市妇联被国务院妇儿工委授予全国“三优工程”试点工作先进集体。

二、关心、保护与管理

1986～1990年，无锡市妇联和市委宣传部、市科委、市司法局、市卫生局等13个部门联合发起和组织以加强思想教育，普及科学文化、法律、妇女卫生、科学育儿知识为内容的“一教四普及”活动。市妇联编写“四自”（自尊、自信、自立、自强）、“四史”（党史、国史、近代史、妇女运动史）教材12讲，妇女卫生知识教材8讲，科学育儿广播教材191讲，订购法律常识教材13万册，农村妇女文化施教课本11.64万册，在全市城乡建立“妇女之家”活动阵地1124个，举办实用技术培训班1358期。聘请市委讲师团、中国人民大学、中国科技大学、农函大、北京人文函大等专家、学者授课，培训妇女骨干5000余人。各地成立以妇女为主体的文明新风促进会、妇女禁赌协会，在“三提倡三反对”（提倡勤俭节约，反对铺张浪费；提倡婚事新办，反对包办婚姻；提倡移风易俗，反对封建迷信）移风易俗中发挥积极作用。5年中，通过普及文化科技知识，18至40岁妇女中80%完成初中文化补习课，70%的农村妇女掌握1～2门实用技术。1988年，省妇联在无锡市召开“一教四普及”现场经验交流会。同年，市、县妇联均被评为省“一教四普及”先进集体。1989年，市妇联建成占地5200平方米的市实验托儿所，收托儿童200名，成为全省第一个托幼一体化的托幼机构，托幼所教师全部具有幼儿师范教育学历，担负为全市托儿所示范教学任务。1990年，市妇联举办家庭教育知识大奖赛，印发试卷3万份，组织竞赛59场次，使科学育儿知识进村入户。“一教四普及”活动推动厂矿企事业单位女职工卫生保健设施的改善。女职工集中的轻纺、电子行业和乡镇企业普遍建起“一所四室”（托儿所、哺乳室、女工更衣室、卫生冲洗室、孕妇休息室）。普及法律知识取得显著效果，提高妇女运用法律武器维护自身利益的能力。1991年后，活动融入其他活动中。

1992年1～4月，市妇联、市公安交警支队联合无锡日报社、无锡电视台、无锡人民广播电台举办无锡市“家家安”妇女儿童交通安全知识有奖系列竞赛。

1994年3月，全省儿少工作经验交流会在无锡召开。是年，市妇联发动社会各界一起关心孤、残、病儿童。5月7日，《无锡日报·周末青年》发出“爱心同盟”的倡仪，得到社会各界的热烈响应。5月31日，市儿童福利院举行“爱心同盟志愿者助养、助学、助医仪式”，当场获得捐款6540元。市精神文明办公室、市民政局会同报社、部队等共18家单位联合倡仪发起并建立无锡市助孤救孤基金会，至年末达24万元。“六一”儿童节期间，保险公司无锡分公司营业部党、团支部为126名孤儿投保，锡师附小、五爱小学、东林小学等单位的小朋友与孤残儿童联欢，送去童年的欢乐。市卫生局组织“六一”保健医疗体检活动，体检对象包括集居儿童、散居儿童和孤残儿童等。至年末，全市妇联系统举办、管理托幼园（所）1044所，收托儿童41004人。随着无锡社会经济的发展，居委会办托儿所的运作机制、管理、场地设施、教养方法等已不能适应幼教事业发展的需要，逐渐过渡为街道集中办托儿所。1995年，颁布《无锡市儿童少年事业发展“九五”规划》和《（1996～2000年）妇女发展规划》。

1998年是实施妇女与儿童两个“九五”规划的中期评估年，市妇联针对妇女儿童工作的新情况、新矛盾，采取措施，促使各级党政领导把“两个规划”纳入各分管地区、部门的经济社会发展总体规划，制定并实施“两个规划”监测评估方案，宜兴、江阴、锡山三市（县）完成国家级90年代中国儿童发展规划纲要（NPA）监测统计试点任务。无锡市实施“两个规划”的实践与经验在省妇女儿童工作委员会领导干部培训班、省妇女儿童工作会议和省妇女“九五”会议上作介绍。继续加强对全市104所托儿所的分类管理，在成立托儿所管理组的基础上，又成立各区中心教研组，制订教养计划和进度，提高保教和管理水平。全市有5个集体和3名个人分别被授予全国、省“春蕾计划”先进集体和先进个人称号。儿童节期间，市和市（县）、区两级领导走访151所托儿园所、中小学和福利院，发放慰问金25万元和价值15万元物品。

2001年，市实验托儿所改称市妇联托幼中心。9月，颁布《无锡市（2001～2005）妇女儿童发展规划》。10月，全国妇女儿童工作委员会、联合国儿童基金会在无锡举行“保护流动儿童权利”项目试点启动仪式，市妇联承担为期5年的试点工作。通过不断研究和实践，形成“无锡模式”[①]。在全国首次建立16周岁以下无锡市流动儿童信息管理信息系统。全市义务教育阶段91%的进城务工农民子女在公办学校就读。初步建立起流动儿童卫生保健三级管理服务网络，流动儿童义务教育、卫生保健、法律保护的社会环境不断改善。

2002～2005年，市妇联与市委宣传部、市司法局联合，连续举办两届“万家学法”读书活动；开展“我与妇女法”征文，10场广场法律宣传活动，百场法律知识讲座，千名法律志愿者为社区妇女服务，10万妇女参加“保护妇女权益知识问答”（简称“个十百千万”）系列活动。2002年1月，市妇联表彰“九五”期间实施妇女儿童“两个规划”取得突出成绩的20家先进单位和30名先进个人，命名崇安区、北塘区、惠山区和新区为实施“十五”妇女儿童发展规划示范区。7月，建立无锡市维护妇女儿童合法权益联席会议制度，在市政法委的领导下开展工作，市妇联作为联席会议的办事机构，负责日常具体工作。同时，市妇联与市卫生局联合开展流动儿童“千、百、十”健康援助活动（对1000名流动儿童免费健康检查，对100名流动儿童优惠医疗救助，对10名流动儿童免费医疗救助）。在1020名体检儿童中，165名儿童完全正常，占体检总数的16%；有异常情况或不甚健康的儿童855人，占体检总数的84%。在身体异常的儿童中，以龋齿居多，其次是不同程度的存在贫血、结膜炎、鼻炎、疝气、肺炎等。少数儿童还患有心律失常、性早熟等疾病。体检医院对患病儿童及时治疗。是年，为贯彻妇女权益保障法实施10周年，市妇联抽样调查58家企业的部分女职工，其中国有企业8家、集体企业20家、股份制企业6家、私营企业15家、合资企业7家、外资企业2家，另有86名下岗女工参加，发放调查表512份，100%回收。被调查人数占调查企业总人数的2%。调查中，对企业不签合同或不续签劳动合同、企业要求职工加班而不支付加班费、损害女职工的合法权益、男女不能同工同酬等问题进行分析梳理。

2003年，全市居委、街道办托儿所全部划归教育系统管理。2004年，市妇联编印《女职工劳动权益保护》《预防和制止家庭暴力指南》《女性心理健康知识》《预防拐卖与剥削》《如何打官司、怎样写诉状》等妇女法制宣传手册，发放5万余册。

2005年1月22日，市妇联举行市妇联党员志愿者与家政服务员“一帮一”签约仪式，启动市妇联党员志愿者“一帮一，五个一 、五个送”[②]活动。3月19日，省、市妇联在市商业大厦广场举行全省“我

① 通过确立项目目标、实施领域和实施方案，建立健全跨部门的工作机制，制定实施跨部门的行动计划，开展全方位和多层次的宣传培训，建立和完善流动人口的管理机制，拓展基层社区的流动人口管理和服务功能。

② 为结对的家政服务员组织一次辅导，送技能；介绍一个用户，送岗位；开展一次家访，送温暖；安排一次体检，送健康；捐赠一份保险，送平安。

进城、我务工、我成长”主题活动启动仪式，各市（县）、区的500多名进城务工妇女参加活动。现场举办法制文艺演出和千名进城务工妇女的签名活动，发放5000份妇女法制宣传手册和3000份免费妇科普查“爱心卡”。4月15日，市妇联、市卫生局联合举行女性防治艾滋病“123”教育培训活动（分批在全市培训1000名“巾帼红丝带”骨干，开展2万户家庭“读《莫愁》共抗艾滋”知识竞赛，辐射带动30万妇女及家庭接受艾滋病防治知识教育）启动仪式暨“巾帼红丝带”骨干培训班。通过形式多样的宣传教育活动，将艾滋病的传播途径、流行特点、防护知识和有关法律法规、政策措施告诉妇女和家庭，使艾滋病防治知识家喻户晓，家庭和社会同心协力、共抗艾滋病。6月11日，由市妇联、市卫生局联合举办的“健康与我同行——女性健康推广月”活动在南禅寺广场举行揭幕仪式。数百名妇女参与“关爱女性健康万人签名活动”，无锡协和中西医结合医院专家们举行大型义诊活动。“女性健康推广月”活动在社区为800名妇女进行免费健康体检。8月24日，市妇联、市地税局、市卫生局等单位联合举办“社会妈妈助春蕾”活动仪式，百名优秀贫困女学生得到社会妈妈的资助。全市妇联系统协调资助2500余名贫困学生。是年，形成无锡市妇女法律援助中心制度、维护妇女儿童合法权益联席会议制度、妇联干部特邀陪审员制度等3项制度和市、区（县）、街道（镇）、居委（社区）妇联系统内部的维权保障体系的4级网络，成立市妇女心理咨询指导中心、市家庭暴力伤情鉴定受理中心并加入无锡市110社会联动中心。是年12月，顺利通过全国妇女儿童工作委员会、联合国儿童基金会对“无锡保护流动儿童权利”的联合评估。

三、联合国、国际劳工组织项目试点

2001年，无锡市被国务院妇儿工委和联合国儿基会确定为“保护流动儿童权利”项目试点城市。2003年，该项目被推荐为联合国儿基会的7个项目示范之一。8月5～7日，联合国儿基会项目官员、评估专家抵无锡进行中期评估工作。对无锡市在项目开展之初就已完备的组织机制、在实施过程中所体现的踏实严谨的工作作风、所做的大量工作以及翔实的资料档案给予高度评价。此为项目的一期，至2005年仍在实施。同年，市妇联又相继用此模式，承接国际劳工组织的“预防以劳动剥削为目的的拐卖女童和青年妇女项目”（简称“防拐项目”）和新一轮“保护流动儿童权利”等项目，为流动妇女儿童提供安全流动指导服务，营造同服务、同管理、同教育、同维权的社会发展环境。7月28日，“防拐项目”无锡市项目指导委员会成立。指导委员会由市委政法委、市公安局、市劳动和社会保障局、市妇联等11家单位组成，各成员单位根据无锡流动人口管理状况，确定实施项目的总体目标：通过制定并实施统一而有效的行动措施，消除对流入无锡市人口中12～24岁的妇女和女童的劳动剥削，特别是消除拐卖女童和青年妇女现象。各级妇联借助社会力量开展送温暖献爱心活动，牵头和参与扶助贫困母亲和学生近5000人。

第四节　创建五好家庭

70年代末，无锡市即开展“五好家庭”创评活动。1986年，市妇联明确评选无锡市“五好家庭”条件为“热爱祖国，热爱社会主义，热爱集体，遵纪守法好；努力生产、工作、学习，完成任务好；计划生育，教育子女，勤俭持家好；移风易俗，文明礼貌，清洁卫生好；尊老爱幼，家庭民主和谐，邻里互助好”。1986～1990年，为扩大活动的影响力和覆盖面，以崇安区工运街道、郊区扬名乡、无锡县陶墅村为点，总结推广厂地、厂村共创“三户”（文明户、新风户、五好家庭户）等先进经验。1987年始，“五好家庭”创评活动列入市精神文明目标管理。1988年，市妇联和无锡日报社联合发动市民评选“五好家庭”标兵户，层层推荐宣传“五好家庭”典型，有24户家庭先进事迹见报，评出10户“五好家庭”标兵户。1989年全市有6户家庭被评为省“五好家庭”标兵户，又评出市“美好家庭”9

户。市妇联还和无锡电视台联合组织拍摄“婆媳情”表演赛，有24户“五好家庭”的婆媳上电视屏幕，她们的感人事迹传遍千家万户。为提高家庭成员素质，市妇联以“家家新、家家学、家家乐、家家美”为主题，开展丰富多彩的家庭文化系列活动。是年，市妇联获江苏省10年“五好家庭”活动优胜奖。1990年，全市有1557户家庭、125854人次参加家庭读书会、家庭演唱会、家庭运动会等70个项目的家庭文化活动。是年，活动列入市文明单位考核验收细则，成为“文明在无锡”主体工程的重要内容。

1991年后，无锡市“五好家庭”创评活动继续发展，党委书记挂帅，宣传部门牵头，妇联主管，各方配合的模式在实践中不断完善，齐抓共管取得显著的社会综合效应。各级妇联突出“家庭伦理道德”教育主题，引导群众对家庭角色内涵及其标准有更深的认识，达到完善自我、优化家庭的目的。市妇联组织“家庭伦理道德”讲师团，到基层巡回演讲，与工会、电视台联合举办的“婆媳情”电视表演赛播出后，在社会上引起强烈反响。各市(县)、区围绕“家庭伦理道德”教育主题，开展“家风家计家教家艺家睦”“我心目中的好爸爸好妈妈”评选等富有特色的活动。郊区南站乡前进村应用“十星级农户”评选，扬名乡新联村采取自评、互评、初评、征评、审评的形式，崇安区工运街道开展的“订家规、插红旗”组际对抗赛，宜兴丁蜀镇“一票否决”的形式，都将激励竞争机制引进创评活动。市妇联在清扬街道召开“五好家庭”创评活动现场经验交流会，检阅成果，推广经验，推动活动发展。

1994年起，全市妇联组织围绕5月15日的“国际家庭日”开展各具特色的主题活动。市妇联参与市精神文明“十佳好事”评选，所推荐的“陈爱娣含辛茹苦抚养四孤儿”被列入“十佳好事”之首；举办“太湖水杯”好家庭评选活动，评出10户好家庭，并在报纸上宣传；开展“健康快乐好伉俪”主题活动。

1996年，在“五好家庭”创建活动中深化开展“一二三”读书工程(每个家庭一顶书橱、订阅两份报刊、藏有300册以上图书)活动和家庭文化建设“富、美、安、乐”活动。1997年，开展创建文明新风家庭活动，共评出20户文明新风家庭、10户省文明新风家庭、1052户市级文明新风家庭。在城乡开展“美在家庭”“万家洁净”“万家互助”活动，在农村开展“三化四改”(居室、庭院净化和绿化、美化，改水、改厕、改灶、改圈)，在城市开展“五化”(居室美化、阳台绿化、楼道净化、家庭成员知识化、家庭生活科学化)的活动。是年，市妇联表彰市级“五好家庭”100户、“五好家庭”标兵10户和一批十佳特色家庭。

1998年，市妇联在“五好文明家庭”创建活动中开展“五个万家”系列活动。“万家洁净”活动密切配合创建国家级卫生城市，从动员和组织市民从自家清洁卫生做起，逐步延伸到新区环境整治。“万家读书”活动以《家——金色的港湾》为读本，向全市推荐发放近万册书，并开展征文活动。“万家优教”活动共组织20万名家长参与“科学育儿好爸爸”征文活动，2万户家庭参加“真珠王”杯优教知识竞赛，评选“十佳好爸爸”，编辑出版《做个好爸爸》文集。“万家学法”活动组织5万户家庭参加法律知识竞赛，发动6万多人收听省、市电台“女法官说法”“江南谈法”节目，市妇联获省“万家学法”活动唯一的特别组织奖。在“万家互助”活动中，妇联与武警战士共同开展扶助贫困母亲活动，共扶助贫困母亲60户；组织依兰洗衣粉公司扶助下岗女工再就业；组织书画界知名人士义卖，捐助下岗女工；各基层妇联也开展有地区特色的“万家互助”活动。10月，市妇联召开无锡市五好文明家庭创建工作经验交流座谈会，推广郊区的“十星”级文明家庭创建经验。是年，创建“五好文明家庭”活动获市精神文明建设目标管理优胜项目奖。1999年11月，“五好家庭”活动并入“五好文明家庭”活动，其条件修改为“热爱祖国，关心集体，遵纪守法好；爱岗敬业，热心公益，奉献社会好；计划生育，保护环境，勤俭持家好；夫妻和睦，尊老爱幼，教育子女好；邻里团结，移风易俗，健康生活好”。成立市“五好文明家庭”活动协调小组，区、街道相应成立地区协调小组，形成隔年表彰机制。活动与创建文明职工、文明企业、文明社区相结合。在社区开展家庭志愿者活动。全市评选表彰文明新风家庭1576户，与困难职工家庭结对419对，向困难职工家庭捐款323万元。

2000年后，全市妇联组织持续开展文明新风家庭帮困单亲女职工子女助学、与特困女职工家庭帮困结对活动。2002～2005年，开展以“学习型”家庭为主题的“五好文明家庭”创建活动，组织妇女学习《公民道德建设实施纲要》，发出“妇女倡导学习，家庭传播美德”的倡议，号召“妇女每天学习1小时，与孩子同进步、与社会共发展”。

2005年3月13日，市妇联联合市教育局在东河花园社区召开“争做合格家长，培养合格人才”家庭教育推进会。会上，聘请教育、法律、心理等方面的专家为无锡市家庭教育讲师团成员，表彰20名“为国教子、科学育儿”事迹突出的优秀家长，并为“社区家长学校”揭牌。会后，市家庭教育讲师团成员与社区家长展开互动式探讨答疑。当天，全市共有10个社区采用演讲、讲座、咨询、征文等方式举行家庭教育咨询联动活动。9月27日，市妇联联合崇安区妇联在广新小学举行“节约型家庭，从我做起，从现在做起”主题实践活动，近百名流动儿童及家长参加活动。主题活动仪式上，科普专家做家庭节约科普知识讲座，孩子与家长共同观看“科学发展节约资源”图片展。发动家长和孩子响应国家建设节约型社会的号召，履行公民的义务，建设节约型家庭及绿色家庭，养成健康环保生活习惯，从身边的小事做起，节约一张纸、一度电、一滴水、一块煤等。

第四章　无锡市科学技术协会

第一节　组织机构

一、无锡市科学技术协会代表会议

无锡市科学技术协会分别于1987年9月22～24日、1993年9月1～3日、1998年11月18～20日、2003年11月28～30日召开第五、六、七、八届代表会议，出席代表人数分别为603人、413人、492人、479人。会议通过工作报告，分别选举产生委员103人、133人、139人、153人，选举产生主席、副主席、常委。张栋男为第五届主席，白希贤为第六、七届主席，韩晓江为第八届主席。

二、机构

1986年，市科协内设办公室、学会工作部、科普工作部、科技咨询服务部、国际交流部，下属事业单位有市科协科技咨询服务中心、市科技干部进修中心、市科技影美开发公司、市科技资料服务社。2005年，市科协内设办公室、学会工作部、普及工作部、国际交流工作部，下属市科协科技咨询服务中心、市科技进修学院、市国际科技开发中心、市科普馆、市科技学会服务中心等事业单位。

三、所属学会、协会

1986年，市科协下属学会、协会48个，会员1.7万多人；有33家工厂设有厂科协，会员4200多人。至2005年末，市科协下属学会、协会65个，92家企业设有厂矿科协。此外，各市（县）、区都建立科协。

2005年无锡市科学技术协会所属学会、协会概况表

表27-2　　　　单位:人

学会名称	成立年份	办公地点	会员数
无锡市医学会	1946	无锡市后西溪19号	1758
无锡市纺织工程学会	1951	无锡市健康路114号	2693
无锡市机械工程学会	1951	无锡市复兴路151号	2300
无锡市土木建筑工程学会	1957	无锡市复兴路152号	2370
无锡市畜牧兽医学会	1959	无锡市塘南三支路8号	209
无锡市化学化工学会	1960	无锡市复兴路121号	837
无锡市中医药学会	1962	无锡市后西溪19号302	467
无锡市药学会	1962	无锡市迎溪桥19号201室	454
无锡市护理学会	1962	无锡市后西溪19号	1396
无锡市金属学会	1978	无锡市清扬路10号	721
无锡市电子学会	1978	无锡市人民西路92号	1414
无锡市食品与生物工程学会	1978	无锡市惠河路170号江大62信箱食品学院	446
无锡市数理学会	1979	无锡市学前街27号	154
无锡市科普创作协会	1980	无锡市学前街168号	216
无锡市珠算协会	1980	无锡市县前西街115	397
无锡市老科技工作者协会	1981	无锡市学前街168号	170
无锡市锅炉压力容器学会	1982	无锡市妙光苑20号	637
无锡市图书馆学会	1982	无锡市钟书路1号	281
无锡市青少年科技教育协会	1982	无锡市教育局学校教育处	211
无锡市花卉盆景协会	1982	无锡市惠河路42号	493
无锡市通信学会	1984	无锡市健康路3号	292
无锡市计算机学会	1984	无锡市蠡湖大道1800号信息学院208室	618
无锡市农学会	1984	无锡市曹张新村169号	495
无锡市水利学会	1984	无锡市永乐路南河浜12号	409
无锡市农机学会	1984	无锡市曹张新村169号	409
无锡市防痨协会	1984	无锡市湖滨路122号（五院）	183
无锡市水产学会	1984	无锡市曹张新村169号	96
无锡市地学会	1984	无锡市惠钱路210号	154
无锡市环境科学学会	1984	无锡市曹张新村58号	363
无锡市力学学会	1984	无锡市蠡湖大道1800号江大机械工程学院	224
无锡市心理学会	1984	无锡市钱荣路156号	347
无锡市工艺美术学会	1984	无锡市锡惠路26号	116
无锡市中西医结合学会	1985	无锡市市三院	166
无锡市电机工程学会	1985	无锡市梁溪路12号	740
无锡市自动化学会	1985	无锡市蠡湖大道1800号江大信控学院	532
无锡市标准化协会	1986	无锡市运河东路118号	638
无锡市计量测试学会	1986	无锡市运河东路118号	417
无锡市现场统计研究会	1986	无锡市荣巷徐巷教师新村34-201	390

续表

学会名称	成立年份	办公地点	会员数
无锡市蚕桑学会	1986	无锡市曹张新村169号	146
无锡市城市科学研究会	1986	无锡市西新街8号13楼	510
无锡市林学会	1987	无锡市曹张新村169号	135
无锡市园艺学会	1987	无锡市曹张新村169号	220
无锡市气象学会	1987	无锡市东亭迎宾大道南端	103
无锡市眼镜技术协会	1989	无锡市中山路447号光明眼镜店	96
无锡市针灸学会	1989	无锡市后西溪19号	70
无锡市预防医学会	1989	无锡市金城路499号	710
无锡市制冷学会	1989	无锡市五里新村22-24	210
无锡市厂矿科协研究会	1989	无锡市塘南一支路9号一汽锡柴科协内	38
无锡市汽车工程学会	1990	无锡市中南路8号教育局大楼303室	460
无锡市公路学会	1990	无锡市五爱路200号	158
无锡市测绘学会	1991	无锡市石皮巷2号	397
无锡市高速分析技术协会	1993	无锡市惠钱路127号	50
无锡市国土资源学会	1994	无锡市崇宁路77号	374
无锡市洁净技术协会	1995	无锡市溪南新村387号	138
无锡市电工技术学会	1995	无锡市复兴路151号	330
无锡市空气分离技术协会	1997	无锡市振新路121号	38
无锡市创造学会	1999	无锡市蠡湖大道1800号江大理学院	150
无锡市青年科技工作者协会	1999	无锡市学前街27号11楼016室	159
无锡市房产科学技术协会	2001	无锡市复兴路147号	75
无锡市科技咨询业协会	2001	无锡市学前街168号	150
无锡市营养保健协会	2003	无锡市金城路499号	500
无锡市药师学会	2004	无锡市后西溪19号	420
江南大学科协	—	无锡市蠡湖大道1800号江大蠡湖校区	—
无锡市职业技术学院科协	—	无锡大学城高浪西路1号	—
太湖学院科协	—	无锡市钱荣路68号	—

2005年无锡市设有厂矿科协企业名录

表27-3

企业名称	企业名称
无锡格林艾普化工股份有限公司	无锡市电瓶车厂
无锡市第一毛纺织染厂	一汽集团无锡柴油机厂
无锡协新毛纺织染有限公司	无锡水泵厂
江苏北方湖光光电有限公司	无锡压缩机股份有限公司
无锡超声电子设备有限公司	澄西船厂
无锡第二棉纺织厂（庆丰集团）	无锡叶片厂
无锡第三棉纺织厂	无锡锅炉厂
无锡硫酸厂	无锡万迪动力工程集团有限公司

续表

企业名称	企业名称
和平机械电子集团公司（无锡）	无锡通用机械有限公司
无锡太极实业股份有限公司	华城化工集团公司
中国第一汽车集团无锡汽车厂	无锡市惠山农药厂
无锡市石油化工总厂	无锡华毅管道有限公司
无锡造漆厂	无锡国泰彩印有限公司
无锡染料厂	无锡拓普减震器有限公司
庆丰集团维新漂染有限公司	无锡采煤机械厂
无锡力马化工机械有限公司	无锡小天鹅股份有限公司
无锡威孚集团有限公司	太湖耐火材料股份有限公司
无锡第一棉纺织厂（长新纺织）	无锡市第三钢铁厂
无锡第四棉纺织厂	无锡市赛福天钢绳有限责任公司
无锡天元实业公司	无锡市丝绸针织服装总厂
无锡阿尔梅感光化学公司	无锡市纺织机械专件厂
无锡市电子计算机厂	无锡市太极集团第二织布厂
无锡海星电机集团有限公司	无锡市太平针织有限公司
无锡市仪表五厂	无锡自来水总公司
无锡双河尖热电厂	无锡燃气总公司
无锡市明达电器有限公司	无锡市政总公司
无锡炼油厂	无锡无线电元件六厂
无锡市工业设备安装公司	无锡电缆厂
无锡太平洋集团有限公司	无锡市电力电容器厂
无锡开源机床集团有限公司	无锡市铸造厂
无锡市科技发展总公司机电分厂	无锡山禾集团有限公司
无锡华星机电制造有限公司	无锡山禾集团第一制药有限公司
无锡建筑材料仪器机械厂	无锡山禾集团国药有限公司
无锡无线电元件二厂	无锡市健康参药连锁有限公司
无锡包装印刷培训中心	无锡第二制药厂
中国华晶电子集团公司	无锡山禾药业股份有限公司
江苏宏源纺机股份有限公司	无锡市来德电子有限公司
无锡市第五毛纺厂	无锡大愚涂层新技术开发有限公司
江苏燎原机械厂	无锡市耐特机电一体化技术公司
江苏省无锡测绘仪器厂	无锡路通电子技术有限公司
外贸无锡印刷厂	无锡华升电气有限公司
无锡煤矿机械厂	无锡市万众科技有限公司
无锡焦化厂	无锡正大畜禽有限公司
无锡中策减震器有限公司	海鹰集团公司
无锡探矿机械总厂	无锡梅苑电子集团无线电厂
无锡钢厂	无锡新威机械集团公司

第二节　主要活动[①]

一、学术交流

1.国内交流

1986～1995年，市科协先后举行电力发展及城市建设学术交流、医学专题讲座、促进外向型经济发展讨论会、纺织行业重大技改项目讨论会、质量管理讲座和培训、太湖流域水资源的利用和保护专题报告、变频调速电机应用的学术研讨和技术推广、机电一体化学术报告、机械行业发展规划论证等学术活动。1996年8月，市科协与市社科联联合倡议发起联合环太湖苏州、无锡、常州、嘉兴、湖州等5个城市科协和社科联10家单位，共同举办“环太湖地区二十一世纪可持续发展战略学术研讨会”。10月，在无锡马山召开首届研讨会，两省五市100多位专家、学者及有关领导参加讨论会，会议收到交流论文80余篇。此后，研讨会每年在各城市轮流举办。1997～2005年，市科协先后组织举办无锡市农村现代化研讨会、推进农村现代化研讨会、无锡市机械工业发展战略研讨会、纺织丝绸行业产品结构调整研讨会、无锡市跨世纪城市建设研讨会、“创新与发展”大型学术活动、以信息化促进无锡经济社会发展学术研讨会和无锡大交通发展战略学术研讨会等综合性学术活动。先后邀请冯端、何祚庥、许居衍、杨福家、季国标、江元生、张子仪、姚穆、梅自强、刘大钧、干福熹、赵其国等院士至无锡，分别就21世纪科技展望、微电子技术发展及应用、纺织材料的发展、半导体材料与经济、世贸组织与中国的纺织工业、现代农业与生命科学、光电子技术与信息产业、微—纳米科学技术的发展与应用、农业可持续发展等问题作专题学术报告。

图27-6　2004年4月28日，市科协联合有关部门举办“现代农业与生命科学”院士报告会　（市科协供稿）

2.国际交流

1986～1993年，市科协先后接待美国、英国、德国、日本、丹麦、澳大利亚、瑞典、意大利、加拿大等国的学者500人到无锡参观访问交流，同时选派20多人出国进修。此后多次参加上级科协组织的对外交流活动。2000～2005年，市科协作为市外事部门批准的独立组团单位，先后组织40多个科技团赴国外进行科技交流。

3.论文评审

1988年开始，市科协定期组织优秀论文评审。1994年，开展全市首届自然科学优秀学术论文的征集和评审，评出特等优秀论文2篇、一等优秀论文35篇、二等优秀论文230篇。2000年，市科协制定《无锡市自然科学优秀学术论文评奖暂行办法》，明确自然科学优秀论文评审每两年进行一次，为市级奖，由政府专项列支费用，以市政府名义向获奖者颁发证书和奖金。1988～2005年，市科协共征集论文1万多篇，评出优秀论文4800多篇。

① 科学普及内容见本志第三十卷第一章第六节《科学普及》。

二、服务经济建设

1986年起，市科协制定有关科技咨询合同及财务管理的一系列办法，科技咨询服务合同数及合同额逐年增加。1987年，市科协与市计委联合组织、发动厂矿科技人员开展“讲理想，比贡献”竞赛活动，组织会员围绕企业技术改造、产品更新换代、双增双节开展攻关活动。此后每年列入竞赛攻关的项目都超过100项，为推进企业技术进步作出贡献。1994年，市科协开展“金桥工程”①活动，建立协调指导小组，制订实施方案，提出每年组织科协所属学会、厂矿科协及基层科协实施技术服务项目100项，年增加5000万元社会经济效益，并将工作目标列入市委、市政府对市科协年度工作考核内容。为保证“金桥工程”开展，建立100万元的金桥工程基金，制定使用规定及项目管理和奖励办法，推动工程有序开展。1997年，表彰在10年“讲理想、比贡献”活动中的30个先进集体和58位优秀科技工作者。1999年，市科协与市经委、市人事局共同制定对“讲理想、比贡献”活动组织管理和表彰奖励的办法。同年起，市科协组织开展“厂会协作”行动，动员组织全市学会发挥科技、人才、网络优势，与企业协作，为企业发展提供科技服务，促进科技成果的转化，平均每年有30多个学会参与其中。1999～2005年，市科协共表彰奖励“讲理想、比贡献”活动优秀项目83个、先进集体36个、先进个人36名。至2005年，累计完成科技咨询合同3000多个，金额3亿元。

第五章　无锡市哲学社会科学联合会

第一节　组织机构

一、无锡市哲学社会科学联合代表大会

1985年7月18日，召开市社科联第二次代表大会，选举产生第二届理事会，选举宗菊如为主席。

1993年2月、2001年12月26日，先后召开市社科联第三次、四次代表大会，分别选举理事会，并由理事会选举宗菊如、黄胜平为主席。2004年6月，召开市社科联四届五次理事会，选举陈尧明为主席。

二、机构

市社科联是无锡市委、市政府领导下的市级社会科学学术性群众团体。1986年，设办公室等。2005年，设办公室、学会部、社会科学普及部等3个职能部门。

第二节　学术团体

1986年初，市社科联所属学会、研究会、协会27个，会员1200余人。至1990年初，市属社科学术团体发展至58个。1990年下半年，根据国务院《社会团体登记管理条例》精神，清理整顿社科

① 在科学技术与经济发展之间架起一座相互沟通、相互连接、相互渗透、相互促进的“金桥”，为企业、行业和地区经济发展服务，为促进国民经济建设服务。

组织，47个社科学会被核准重新登记，会员1.1万余人。以后，社科学术组织进入平稳发展时期，到2005年末，全市社科学术团体81个，会员2.5万人。[①]

2005年无锡市主要社科学术团体概况表

表27-4　　　　单位：人

学会名称	成立年份	会员人数
无锡市教育学会	1979	3000
无锡市历史学会	1981	98
无锡市经济学会	1981	268
无锡市哲学学会	1981	224
无锡市统计学会	1982	419
无锡市金融学会	1982	500
无锡市商业经济学会	1983	150
无锡市妇女理论与家庭教育研究会	1983	79
无锡市轻工政研会	1984	285
无锡市电子仪表工业会计研究会	1984	167
无锡市房管局政研会	1984	200
无锡市市政公用事业局政研会	1984	66
无锡市建设文化研究会	1984	209
无锡供电公司政研会	1984	87
无锡市档案学会	1984	318
无锡市卫生经济学会	1984	85
无锡市粮食经济学会	1984	120
无锡市卫生系统政研会	1985	1324
无锡市劳动和社会保障学会	1985	788
无锡市建筑会计研究会	1985	483
无锡市美学学会	1985	117
无锡市税务学会	1985	2459
无锡市农村金融学会	1985	238
无锡市统战理论研究会	1986	223
无锡市人才学会	1986	205
无锡市新闻工作者协会	1986	870
无锡市交通局政研会	1986	61
无锡市钱币研究会	1986	574
无锡市语言学会	1986	160
无锡市企业报协会	1986	40
无锡市工商行政管理学会	1986	1400

① 市社科联及所属学术团体的学术活动参见第十三卷科技第二章《社会科学》。

续表

学会名称	成立年份	会员人数
无锡市逻辑学会	1986	370
无锡市社会学会	1987	120
无锡市法学会	1987	495
无锡市保险学会	1988	112
无锡市翻译协会	1988	446
无锡市徐霞客研究会	1988	67
无锡市农村经济学会	1988	280
无锡市城建开发会计研究会	1989	70
无锡市商业会计研究会	1989	200
无锡市高级经济师联谊会	1989	300
无锡市审计学会	1989	295
无锡市价格协会	1989	215
无锡市财政会计学会	1989	992
无锡市企业文化研究会	1989	181
无锡市新四军历史研究会	1991	500
无锡市工人运动学会	1991	130
无锡市检察官协会	1991	140
无锡市中共党史学会	1992	143
无锡市城市金融学会	1992	280
无锡市外国语学会	1992	300
无锡市人大工作研究会	1993	45
无锡市老新闻工作者协会	1993	263
无锡市高级政工师协会	1994	400
无锡市国际金融学会	1995	77
无锡市吴文化研究会	1995	136
无锡市陶行知研究会	1995	600
无锡市精神文明研究会	1996	200
无锡市老年学学会	1996	108
无锡市方志年鉴学会	1998	187
无锡市古运河研究会	1999	85
无锡市民营经济研究会	2001	83
无锡市政协工作理论研究会	2002	25
无锡市国际税收研究会	2004	933
无锡市周易文化研究会	2004	110
无锡市甲骨文学会	2005	74

第三节　阵地建设

一、《江南论坛》

1993年，市社科联复刊，并在全国公开发行综合性理论学术刊物《江南论坛》，由苏州、无锡、常州三市的市委宣传部和无锡市社科联联办，为三市理论宣传、理论研究及社会科学工作者发表、交流学术研究成果提供重要阵地。1994年，《江南论坛》出版7期，刊登280篇文章、60余万字。刊物两次文献率增加，版面美观。1995年，叶飞将军为《江南论坛》创刊55周年题词："办好《江南论坛》"。1996年11月，经省新闻出版局批准，《江南论坛》由双月刊改为月刊。刊物被省社科联评选为江苏省优秀期刊，被全国社科报刊发展工作会议定为优秀期刊。1997～2002年，《江南论坛》发展为湖州、嘉兴、苏州、无锡、常州、南通、镇江7市市委宣传部联办，由无锡市社科联承办的刊物。其间，先后组织举办21世纪环太湖可持续发展战略研讨会、苏南改革和发展趋势研讨会、苏南乡镇企业改革研讨会、新世纪江南城市形象大讨论、"三个代表"在江南、苏南民营经济发展研讨会、市场经济条件下党的建设理论研讨会等重要学术研讨和征文活动。1997年9月，在省新闻出版局开展的江苏期刊"评优分级"活动中，被评为江苏省优秀期刊和省一级期刊。12月，在全国经济类期刊评比中，获首届全国优秀经济期刊。1998年，江南论坛杂志社在南京举办《江南论坛》创刊59周年暨公开发行5周年纪念座谈会，表彰5年中在《江南论坛》上发表的218篇优秀论文。1999年，《江南论坛》第三次获评江苏省优秀期刊和江苏省一级期刊。2000年，江南论坛杂志社与周边城市联合发起"加强和改进新时期思想政治工作"征文活动，取得较好的社会反响。2001年，筹建成立江南论坛杂志社驻常州、镇江办事处，为拓展《江南论坛》在联办城市地区的广告、发行市场打下基础。是年11期开始，开辟《"长三角"发展论坛》栏目。2002年，精选复刊后有关文稿由红旗出版社出版《中国苏南发展问题》一书。2004年，开辟《加强党的执政能力建设》《全面贯彻落实科学发展观》等专栏，加强对"长三角"一体化的宣传和研究，收集整理并发布《"长三角"地区各城市主要经济指标》，体现服务"长三角"的发展方向。2005年，从"长三角"一体化发展的实际形势出发，对刊物进行重新定位，将原来的苏南和环太湖地区2省7市联办，拓展为包括上海在内的"长三角"16城市联办的格局，使《江南论坛》拓展成为"长三角"地区的理论刊物。

二、内部刊物

1982年和1983年，市社科联分别创办《无锡社联通讯》和《参考资料》。1986年，《无锡社联通讯》改版，由市社科联主办，市社科所、市委党校和无锡轻工业学院联（协）办，定名《无锡论坛》，为综合性理论刊物。至1991年，共出版33期，设栏目84个，刊登文章555篇，约260万字。其间，有关学会、研究会出版的社科学术刊物20多种、500多期，有《江南金融》《无锡财税》《无锡统计》《江南工商》《无锡粮食》《无锡史志》《无锡群众文化》《教育文选》等。1992年，市社科联及所属学会、研究会，主办理论刊物24种，全年出版120余期，刊登学术文章2500余篇、千万余字。1994年，社科联所属学会创办会刊增加至40余种，发行量逐年提高，其中5种刊物发行量突破1万册。2004年开始，为加强社科联与全市社科界的联系，不定期出版《社科通讯》。2005年开始，不定期出版《社科内参》。

第六章　无锡市文学艺术界联合会

第一节　组织机构

一、无锡市文学艺术联合委员会代表大会

1986年12月8～11日，市文联第五次代表大会召开，466名代表出席。选出委员87人，常委31人。蒋履嵩当选市文联主席。会议决定成立市文联艺术指导委员会，阿甲、杨增任名誉主任委员，徐静渔任主任委员。同年，市文联建立文学创作组，设事业编制3名。

1992年9月4～5日，市文联第六次代表大会召开，出席代表300多人。大会选出市文联第六届委员会委员83人，常委17人。蒋履嵩当选市文联主席。

1996年9月5日，市文联第七次代表大会召开。与会代表400余人。大会通过各团体会员推举的由74人组成的市文联第七届委员会名单。市文联七届一次全会选举蒋履嵩为市文联主席。

2000年11月26～28日，市文联第八次代表大会召开。会议代表581名。会议审议通过关于市文联七届委员会工作报告的决议和关于修改市文联章程的决议，通过由81名成员组成的市文联八届委员会名单。在市文联八届一次全会上，浦学坤当选市文联主席。

2003年2月20日，市文联召开八届四次全委会，会议根据主席团提议选举过耀华为市文联主席。2005年3月29日，市文联八届六次全体会议，以无记名投票方式选举雷群虎为市文联主席。

二、机构

1998年，市文联设3个职能部门（正科级建制）：办公室、组织联络部、文艺经济部。机关核定行政编制16名，行政附属编制2名。

2002～2005年，市文联设4个职能部门（正科级建制）：办公室、组织联络部、事业发展部、图编部。机关核定行政编制14名，行政附属编制2名。

三、下属协会

1986年初，全市有市文学工作者协会、市戏剧曲艺工作者协会、市音乐舞蹈工作者协会、市美术工作者协会、市书法印章工作者协会、市摄影工作者协会、市民间文学工作者协会、市电影电视工作者协会等8个下属协会，会员1100余人，其中全国协会及省级协会会员353人。市文联主办《太湖》和《银幕与舞台》两份刊物。1987年，《银幕与舞台》月刊更名为《沙龙》月刊，全体人员并入太湖编辑部。1989年1月29日，太湖编辑部更名太湖杂志社。7月，市文联所属市民间艺术民俗博物馆建立并于1990年9月28日开馆。1989年11月，市文联所属8个协会分别改名为市作家协会、市戏剧曲艺家协会、市音乐舞蹈家协会、市美术家协会、市书法篆刻家协会、市摄影家协会、市民间文艺家协会、市电影电视家协会，并修订各协会章程，会员按新的资格标准审核并重新登记。共核准登记会员1522人，其中全国会员81人、省级会员414人。1990年9月，市音乐舞蹈家协会分设为市音乐家协会和市舞蹈家协会。1992年8月，市戏剧曲艺家协会分设为市戏剧家协会和市曲艺家协会。至此，市文联下属会员协会增至10个。1994年末，市文联筹资兴建的“文艺之家”投入使用。“文艺之家”

高8层，总面积2650平方米。除市文联办公用房外，设多功能厅、影视录像放映室、阅览室、棋牌室、书画室、文化名人展示廊、会议室等。1996年5月，市文联书画院成立，为自收自支事业单位，后更名为无锡市国画院。11月，市文联创作组改为文学艺术创作研究室。1999年，《太湖》杂志被江苏省新闻出版局评为省优秀期刊。2005年9月，因事业单位体制改革，市文联所属摄影艺术图片社撤销。

第二节　主要活动

1986年5月，市文联与市文化局联合举办首届无锡市艺术节，文艺团体上演锡剧、滑稽、评弹、歌舞等节目13台、20场次，同时举办美术、书法、摄影展览。经过评选，一批节目、演员和美术书法摄影作品获奖。1987年12月15～16日，苏州、无锡、常州、镇江等四市文联工作研讨会在无锡举行，研讨文联改革和四市文联加强信息交流、学术探讨、经济开发等问题。1988年8月，市文联、市文化局和市经委联合举办无锡市第二届艺术节，文艺团体演出首届艺术节后新创作的锡剧、越剧、滑稽、歌舞等节目，并组织“东方之声”倪雪萍独唱音乐会、倪同芳锡剧演唱会、姐妹城市获奖歌星演唱会、无锡市歌舞团建团30周年回顾展演和电影周等活动，演出节目15台24场，同时举办美术、书法、篆刻联展，书法艺专学生习作展、摄影作品展等。1989年12月，举行市文联成立40周年纪念活动，同时举办市文联会员40年创作成果展览暨优秀书画作品展览和民族音乐晚会。1991年1月31日，市委宣传部及市文联表彰1990年获得省级或省级以上奖励的64名文艺工作者和两个剧组。是年，组织重点作家两批8人赴革命圣地延安、井冈山采风，并组织部分作家赴江阴市、宜兴市、无锡县农村和乡镇企业收集素材，赴上海宝钢等地参观访问；与沈阳、济南两市文联联合举办三市文联书画展，与四川宜宾市进行书画交流展；为纪念中国共产党建党70周年，与市委宣传部、市党史工委等6家单位联合举办“壮志热血七十秋”征文活动，并承办在无锡举办的江苏省小型油画展。市电影电视家协会发动会员创作12个电视小品文学剧本；市作家协会、太湖杂志社与广播电台等单位联合举办“七一颂”音乐诗歌朗诵会，市摄影家协会举办无锡市黑白艺术摄影展、苏南风情摄影艺术展。抗洪救灾期间，发起并与市委宣传部、市文化局、市广电局、无锡日报社共同举办无锡市抗灾自救义演。义演晚会于8月6日在无锡大戏院举行，王彬彬、梅兰珍等著名演员登台演出，无锡电视台、无锡人民广播电台实况转播。演出中，全市人民通过热线电话踊跃捐赠，共收到捐款人民币87.6万元、港币4万元、日元8万元以及粮票20万公斤。市文联还组织作家艺术家到抗灾自救第一线，运用文艺形式为抗洪救灾、重建家园作出贡献。市文联和市委宣传部、无锡日报社联合举办无锡市抗洪救灾摄影展览；市作家协会会员撰写长篇报告文学《大预言·无锡报告》《长城，用血肉和爱心筑成》《大水中的无锡人》等；市书法家协会、市美术家协会、市书画院的书画家为抗洪救灾捐画义卖。

1992年，为纪念毛泽东《在延安文艺座谈会上的讲话》发表50周年，市文联举行座谈会，老一辈文艺家和中青年创作骨干60余人参加；与市委宣传部、市文化局、市总工会联合举办纪念讲话发表50周年文艺晚会。太湖杂志社、市诗歌学会联合举办歌颂改革开放成就的主题诗歌朗诵会，市美术家协会举办画展，市摄影家协会举办市第五届摄影作品展，市影视协会举办“从《二泉映月》到《瞎子阿炳》”的主题研讨会，西神印社举办“双圈杯”全国书法篆刻大奖赛，市舞蹈家协会举办舞蹈专场演出。10月，举办倪瓒生平、艺术及其影响国际学术研讨会，并编辑出版《倪瓒画集》。11月11～15日，中国音乐家协会民族音乐委员会、中国民族器乐学会、市文化局、市文联主办，市群众艺术馆、市音乐家协会等协办中国首届民族器乐节。民族器乐节设深圳、无锡两个分区，深圳以少数民族器乐演奏为主，无锡以江南丝竹、苏南吹打为主，北京、上海、南京、杭州、扬州等地的音乐家、学者、领导50多人出席，市道教音乐演奏团、华光国乐会、歌舞团民乐队等8支民乐团体500多名演奏员参加演出。其间，举行两场专场演出以及道教音乐研讨会、古筝演奏艺术交流会和古琴制作研讨会等活动。

是年，无锡、苏州、扬州、南通等4市文联建立友好协作关系，4市商定每年交流互访。1993年，市委、市政府颁布关于设立无锡市文学艺术奖的决定，并制定评选细则。文学艺术奖以1990～1992年度为第一届，以后每两年举行一次。首届评选收到10个艺术门类申报表193份。经评选、审定，市歌舞团创作演出的歌舞《江南好》，市民间文学集成编委会搜集整理的《中国民间文学集成·无锡市民间文学集成》“故事卷”“歌谣卷”“谚语卷”和市越剧团创作演出的越剧《弥留》获特等奖；赵沛的长篇传记小说《山灵》，陆永基、高恩、黄汉林、倬镇宁的报告文学《大预言·无锡报告》，梁元的宣传画《你记得当年的入党宣誓吗》获一等奖；方圆的长篇童话《圣诞小人历险纪》，杨亚典的锡剧《南归记》舞美设计，夏坚勇的剧本《金粉残阳》，裘国骥的中国画《补天》，刘铁平的《刘铁平楹联书法集》，钟逸铭的电视连续剧本《瞎子阿炳》，尤俊华编导的舞蹈《网船恋》，王言平编导的舞蹈《芦荡情深》，金乐锦的摄影《风过荷塘》获二等奖，三等奖15件。是年，由中国文联、中国音协、省文联、省音协、市文联等12家单位联合发起、举办华彦钧（阿炳）音乐艺术国际学术研讨会，纪念华彦钧诞生100周年民族音乐会，华彦钧铜像揭幕仪式，江苏省少年二胡邀请赛，有关华彦钧题材的电影、电视系列剧和其他形式文艺作品回顾展，发行纪念华彦钧诞生100周年首日封，出版阿炳演奏的《阿炳全集》盒带等纪念华彦钧诞生100周年系列活动。1994年，市文联举办无锡改革开放文学、摄影巡礼活动，创作全方位反映无锡改革开放和两个文明建设成果的作品。10月，具有联合国B级组织资格的国际民间艺术组织代表团一行7人在无锡访问座谈交流，德国、奥地利、荷兰、英国、俄罗斯和库克群岛等代表团成员均系国家或地区民间艺术组织负责人。在无锡的3天中，代表们瞻仰华彦钧故居，凭吊华彦钧墓，参观吴文化公园和无锡惠山泥人研究所，了解江南风俗民情和传统文化，并与市文联和市民间文艺家协会负责人座谈交流。1995年，市文联接待中国文联梁光弟带队的10省市文联工作会议代表，与丹东市文联联合举办“无锡·丹东摄影作品联展”，与济宁市文联联合举办“无锡·济宁书法作品联展”，与上海市作协联合举办巴金生平图片展。3月，新加坡华人文化节期间，市文联组织市文学艺术交流团一行30人访问新加坡，演出富有江南水乡特色的歌舞节目，受到热烈欢迎。是年，市文联暨所属10个协会联合主办新人新作展示研讨系列活动。两个多月时间共举办中青年书法新作展、国画邀请展、摄影新作展、民间艺术新作展等4个展览，舞蹈新作表演会、青年歌手独唱音乐会、滑稽演员蔡九华表演会、锡剧新秀表演会等4场演出，同时还举行诗歌新作研讨会、电视连续剧《雨后荷花村》研讨会等10次研讨活动。

1996年，市文联组织评选无锡市第二届（1993～1995年）文学艺术奖，刘仲宝、王建伟获突出贡献奖，梅兰珍、王彬彬、尤惠秋、杨亚典、张其栋、赵沛、秦寿容、祝世匡、王汝霖、唐原道、吴荣康、陈葭生、仲许、吴觉迟等老艺术家获突出贡献荣誉奖。杜文园和陶伯华合著的文艺理论专著《艺术变相论》、市歌舞团创作演出的舞蹈诗《太湖鱼米乡》、储云创作的书法《篆书楹联》、夏坚勇著作并结集为《湮没的辉煌》的系列散文、顾祚维创作的摄影《京腔洋调》、江阴市委宣传部组织制作的电视连续剧《华西村的故事》、徐朝夫著作的散文集《梦中的船》、市锡剧院创作演出的锡剧《瞎子阿炳》、市广电局组织制作的电视连续剧《银杏树下》、金乐锦创作的摄影《沐浴阳光中》、顾青蛟创作的国画《江南桑帛情》等作品获优秀成果奖。是年，云南省文联、济宁市文联和连云港市文联先后与市文联联合举办“无锡·云南书画联展”“济宁·无锡书法联展”和“无锡·连云港书画联展”。1997年2月，市文联举办无锡市文学艺术创作成果展（1991～1995），成果展分文学、戏剧、美术、书法、音乐、舞蹈、摄影、民间文艺、电影电视和曲艺等10个部分。为欢庆香港回归，市文联在1月与市烟草专卖局、徐州市文联、徐州卷烟厂联合举办“锡梅迎港归书画大奖赛”。5月，市委宣传部、市文联、市文联书画院联合举办“迎香港回归”书画作品展。6月26日，市文联与市诗歌学会联合举办迎接香港回归诗歌朗诵演唱会。6月30日，市摄影家协会和市文化局、江南晚报社等单位在市美术馆联合举办“迎回归，无锡人看香港”摄影展览。7月4日，市文联、市音乐家协会在八佰伴广场联合举办“庆回归爱中华”广场音乐会。是年，市文联开展“弘扬华西、‘小天鹅’精神文艺系列创作活动”，创作出一批反映华西村、“小天鹅”公司精神风貌的作品。组织创作的连环画《阿福》第一、二册由江苏文艺出版社出版发行。为配合《阿福》问世，市委宣传部、市文联、市教委及全市各新闻单位共同发起“万名儿童写、画、讲阿福故事竞赛”活动，10多万名少年儿童参加，经市文联汇编选萃，评选出的142篇故事及15幅美术作品取名《阿福的故事》，于1998年5月由江苏文艺出版社出版发行。1998年3月起，市文联开展“德艺双馨”会员评比表彰活动。至年末，评选出刘仲宝、储云、刘铁平、梁元、顾青蛟、夏国贤、唐振华、许益民、顾祚维、夏坚勇、徐风清等“德艺双馨”文艺家。是年，市文联组织发动向国庆50周年献礼活动，并于国庆节前后推出《无锡作家作品选》上下卷、《无锡书法作品选》、《无锡美术五十年》、《无锡摄影作品集》等一批优秀作品。1999年9月25日～10月10日，“祖国万岁”大型美术书法摄影展览展出作品460幅。10月8～12日，首次举办由中国文联、市政府、中国民间文艺家协会、省文联共同主办，市文联和马山区政府、马山国家旅游度假区管委会承办的第四届中国民间艺术节，全国11个省、自治区代表23个民族的民间艺术团体参加。新华社、人民日报社、中央电视台、中央人民广播电台等新闻单位均作报道或整台节目转播。

2001年，为庆祝建党80周年，市文联举办系列纪念活动。6月2日，市文联和市美协、市书协、市摄协联合主办《太湖之光》美术书法摄影展开幕，展出作品166件。6月23日晚，市文联和剧协主办、李桂英文化艺术有限公司承办《太湖之声》文艺晚会。7月1日，市音协、市作协和市诗歌学会联合举办纪念建党80周年朗诵演唱会。10月，江苏省举办首届社区艺术节，市文联组织46件作品参展，15件作品获优秀作品奖，无锡市获得综艺展览组织奖。在艺术节文艺汇演中，无锡市3个节目获奖。此外，无锡市还获得艺术节优秀综合活动项目奖。2002年2月，江苏省举办首届农民艺术节，由市文联选送、布展的艺术节综艺展览无锡展区获最佳布展创意奖，16件展品获优秀作品奖，无锡市还荣获组织工作奖、活动项目奖第一名，获奖数量居全省各市前列。4月，省委宣传部、省文化厅、省文联在北京中华世纪坛举办江苏省首届文化艺术精品展，市文联选送泥人、紫砂、竹雕等近百件工艺精品，获优秀组织工作奖。是年，无锡市举办首届江南民乐节，市文联参与举办“红豆杯”青少年二胡邀请赛。2003年，无锡文艺界一手抓抗击“非典”，一手抓繁荣文艺。作家们赋诗撰文，分别在《江南晚报》《太湖》杂志和《无锡文艺界》等报刊发表“抗非”专辑；《无锡日报》刊出摄影家、书画家作品专辑；书画家3次向奋战在第一线的医务人员捐赠书法美术作品69件。5月31日，市委宣传部、市文联、市文化局、市广电局、市卫生局联合举办“抗非典、促发展”电视文艺晚会。为配合无锡市争创“双拥”模范城“四连冠”，市文联和市双拥办联合策划出版大型画册《太湖双拥潮——无锡市双拥摄影书画作品集》。“八一”建军节前夕，画册正式出版，入选作品200余幅。市委书记王荣为画册作序。在无锡首届太湖博览会期间，市文联组织“太湖美”美术、书法、摄影展，“四世同堂”锡剧《珍珠塔》专场演出，《江南茉莉》石莉娟个人演唱会等活动。12月4～8日，由中国曲艺家协会、省文联、市文联主办，省曲协和市曲协承办，广东省曲协协办的中国曲艺荟萃曲唱雅集（南方片）在无锡举行。全国8省1市12个曲种的40多个节目参赛，代表江苏省参赛的无锡演员石莉娟获一等奖，江雪峰、蔡瑜获三等奖。2004年，市文联承办第二届太湖博览会中的中国工艺美术精品会展、“爱我无锡”——书画篆刻展、“阿福吉祥”——相声小品专场等3项活动。中国工艺美术精品会展由中国工艺美术精品展、中国泥人艺术大展、中国紫砂精品暨顾景舟90诞辰纪念展、无锡青少年陶艺展等组成，同时开评江苏民间工艺最高奖——首届“大阿福”奖，全国9个省市、50多位大师的100多个品种、4000余件作品参展，3万多人参观展览；“爱我无锡”——书画篆刻展展出近百幅作品；“阿福吉祥”——相声小品专场晚会系市相声演员夏吉平的专场演出，刘兰芳、侯耀华、韩兰成、王汝刚等著名表演艺术家为晚会助演。

2005年，市文联以《我们可以称他为伟人——中国农民吴仁宝速记》《无锡楹联集成》《华西民谣》等3本书为代表作，全年组织发动会员创作出版图书逾800万字；组织大型舞台喜剧《阿福嫂到上海》、江苏省青年舞蹈演员比赛专场等演出；以拍摄《潮音花雨满人间——无锡佛教文化巡礼》《立信卫士——无锡市杰出会计事迹集锦》《群星璀璨——我市各行业先进典型纪实》等电视纪录片为重点，拓展影视创作空间；依托全市大型文化活动平台，举办首届“太湖风”中国当代书法作品邀请展

图27-7　2003年，锡剧《珍珠塔》四世同堂演出　　（柳新摄）

和在京展出的“程及画展”；推进“中国泥人之乡”的申报命名，加大无锡特色文化和民间艺术普查工作的力度，参与文化工程建设；结合城市建设和地域文化特点，围绕文化无锡、文化名城、“吴文化”建设开展调研。9月12日，由中国工艺美术协会、市政府、中国工艺美术集团公司主办，市委宣传部、宜兴市政府、市文联、无锡广电集团承办的第三届太湖博览会文化项目之一的中国紫砂艺术大展在无锡美术展馆开幕。展览以“文化、创新、发展”为主题，分六大板块：100名著名书画家和陶艺家合作作品，100件（套）有关领导与陶艺家合作作品，大师作品专版，北京大学、清华大学、中央美术学院教授设计制作的作品以及著名画家、雕塑家韩美林设计制作的作品，以2008奥运会为主题的创新紫砂陶艺作品，高级工艺美术师及紫砂新秀的精品。同时举行中国工艺美术百花奖——“太博方圆杯奖”的评选活动。为纪念中国人民抗日战争暨世界反法西斯战争胜利60周年，9月30日晚，市委宣传部、市文联等单位联合主办的“正义之声”大型演唱会在市人民大会堂举行。

1986～2005年，市文联每年组织会员外出采风、交流、写生、创作，以多种形式组织文艺工作者深入生活、体验生活；培养舞蹈、音乐、书法、美术等文艺人才，推荐、选拔文艺新人；多次表彰优秀文艺作品和贡献突出的文艺工作者；承办或参与全国、全省性重大文艺活动。开展文化对外交流，先后与美国民谣演唱团、加拿大多伦多奔腾舞汇、日本作家代表团、日本摄影代表团、泰国作家代表团、日本民间文艺家代表团、美国圣路易斯交响乐团、美中友协文化访华团、新加坡作家代表团、尼泊尔皇家学院访问无锡代表团、荷兰及英国民间音乐博士和中国港澳著名摄影家、中国台湾著名作家等多个国家和地区的文艺团体、作家、艺术家进行学术交流。部分无锡文艺工作者的作品被译成外文介绍给世界人民。美术、书法、摄影等作品（展览）也先后在美国、日本、新西兰、澳大利亚等国及中国港澳等地区展出。

第七章　无锡市残疾人联合会

第一节　组织机构

一、无锡市残疾人联合会代表大会

1988年11月，市残疾人联合会（简称“市残联”）召开第一次代表大会，出席代表100人，选举程庆曾为执行理事会理事长。1993年12月，召开第二次代表大会，出席代表130人，选举程庆曾为第二届执行理事会理事长。1998年11月，召开第三次代表大会，出席代表146人，选举周满意为第三届执行理事会理事长。2003年7月，召开第四次代表大会，出席代表190人，周满意继续当选为理事长。2005年1月，四届二次会议调整主席团委员、副主席，推举刘翔任执行理事会理事长。

二、机构

1. 市级机构

1988年11月，市残联成立，行政编制25名，计划单列，民政代管。1990年11月，市残疾人事业领导小组成立。1993年12月，市政府残疾人工作协调委员会建立。1998年1月，市残联机构改革“三定方案”颁发，确定行政编制21名，行政附属编制3名，内设机构为1室4处。2000年1月，市残联升格为正处级。是年，市残疾人福利基金会撤销（该会于1987年3月成立）。2002年7月，根据市委办公室颁发《关于印发〈无锡市残疾人联合会职能配置内设机构和人员编制规定〉的通知》规定，市残联为主管全市残疾人事业的群众团体，对外挂“无锡市人民政府残疾人工作协调委员会”牌子，内设办公室（挂“组织人事处”牌子）、维权和文体处、康复处、教育就业处、计划财务处等5个职能处室。

2.区级及基层机构

1990年，全市第一家区级残联北塘区残联成立。12月，首家街道残联北塘区盛岸街道残联成立，郊区、南长区残联相继成立。1991年，崇安区、无锡县、马山区及宜兴市、江阴市残联相继成立。1994年1～11月，南长区、崇安区、郊区、无锡县、宜兴市政府残疾人工作协调委员会先后成立。2000年末，全市市（县）、区残联全部升格为正科级，配备专职理事长；所有的乡镇、街道残联配备专职干部。2001年，在市政府批转《关于在全市推进社区残疾人工作的意见》后，南长区迎龙桥街道水车湾居委在4月召开社区残疾人第一次代表大会，选举产生水车湾社区首届残疾人协会，成为无锡市第一个社区残疾人协会。至年末，社区残疾人工作全面推开，城区256个社区居委会全部成立残疾人协会。2002年11月，新区召开残联第一次代表大会，宣告新区残联成立。年末，村委会全部成立残协。2005年，开展残疾人工作五星级社区创建活动，召开全市社区残疾人工作现场推进会，江阴市华士镇华士社区等64个社区（村）被命名为首批残疾人工作五星级社区。

三、事业单位

1989年12月26日，市聋儿听力语言康复中心在无锡市公园路12号成立，2005年10月更名为市特殊需要儿童早期干预中心。1990年10月，市残疾人俱乐部成立，股级建制，事业编制3名，2002年8月更名为无锡市残疾人活动中心。1992年11月，市残联劳动服务部成立并对外办公。1993年7月，残联事业单位企业化管理的市爱德公司建立，同时挂“市残疾人用品用具供应服务站”牌子，2004年撤销。1996年，建立市残疾人劳动就业服务中心。2001年7月，市残疾人劳动服务中心增挂“无锡市残联职业介绍所”牌子。2003年10月，市儿童听力语言训练中心被批准为差额拨款事业单位。2004年7月，市残疾人劳动服务中心更名为市残疾人就业管理中心。

四、协会

1988年，成立市聋哑人、盲人、肢体残疾人协会。2001年12月，成立市智力残疾人亲友会和精神残疾人亲友会。

第二节　残疾人康复

1989年2月，市政府批准成立三项康复（残疾人聋儿语训、小儿麻痹症矫治、白内障复明）工作领导小组及三项康复工作办公室。1989年，市政府颁发《无锡市残疾人三项康复工作实施方案》。

1990年开始，市委、市政府把残疾人康复工作列入国民经济和社会发展100项目标，每年列为市政府为民办实事项目之一。同年4月，《无锡市残疾评定暂行办法》颁发，并成立市残疾人评定委员会。1991年，残疾人三项康复工作被评为1990年无锡市国民经济和社会发展目标管理一等奖。“八五”期间，全市建立白内障复明手术定点医院11个、儿麻矫治手术定点医院7个、低视力定点医院1个；建立市聋儿听力语训康复中心，江阴市、锡山市成立聋儿语训康复班。至1995年10月，全市累计完成白内障复明手术8215例，为“八五”任务的145%，脱盲率95%，脱残率85%；儿麻矫治手术1702人次，为“八五”任务的139%，有效率90%，显效率80%；语训聋儿365人，为“八五”任务的148%，其中159名进入普小、普幼，三级康复率为43%；低视力配戴助视器459人，为“八五”任务229%；宜兴市被列为全国智力残疾预防和特需人群补碘工作试点城市，特需人群补碘82990人，补碘率达到应补碘人数的90%以上；弱智儿童康复训练97人，培训家长105人；建立社区康复站30个，社区康复工作在城乡逐步铺开。1998年，与市卫生局联合制定《无锡市开展“视觉第一中国行动”的实施意见》，确定13家医院为“视觉第一中国行动”白内障复明手术定点医院。1999年，宜兴市残联与爱德基金会联合开展社区康复扶贫工作。11月，通过由国际克利斯朵夫防盲协会、中国盲人协会等专家组成的评估团对宜兴市5年中社区康复项目的综合评估。“九五”期间，全市社会化康复服务体系基本形成，市区所有街道全部建立社区康复站，江阴市、宜兴市及锡山市80%的乡镇建立社区康复站，全市共有9654名残疾人得到不同程度的康复，其中，白内障复明术6784例、肢体残疾系统训练1870人、语训聋儿239人、低视力康复391人、智残儿童康复训练370人。市区精神病防治康复组织管理网络、技术指导网络、治疗康复系统基本形成，3149名重度精神病患者得到综合防治。“十五”期间，残疾人“人人享有康复服务”启动，全市近2万名残疾人得到不同程度的康复，精神病患者监护率97.7%。社区康复逐步走入家庭，“三助一给”（助行、助听、助明，给贫困精神病人免费服药）康复救助项目和残疾儿童抢救性康复项目全面启动。2002年开始，全市残疾人康复工作“布网络、抓延伸、建阵地、进社区”的工作思路逐步形成。2003年5月，成立市聋儿听觉言语康复评估领导小组。2004年9月，建立市残疾人康复工作办公室。是年，相继建立市残疾儿童康复中心、市视力残疾康复中心两个专业康复机构。2005年，推进残疾人康复融入社区卫生服务“六位一体”（预防、医疗、保健、健康教育、康复、计划生育技术指导），城区所有社区卫生服务中心建立残疾人社区康复服务站，配备社区康复医生和精神病医生。是年，无锡市在省内率先基本完成市级专业康复机构的布点工作。布点情况为：无锡市肢体残疾康复训练中心，依托无锡慈善医院长江康复分院合作建立；无锡市智残儿童康复中心，依托崇安辅读学校合作建立；无锡市江南假肢装配康复中心，与手外科医院合作兴办，性质为民办非企业；无锡市残疾儿童康复中心，依托市儿童医院合作建立；无锡市映山河脑瘫儿童康复中心，依托映山河儿童医院合作建立；无锡市视力残疾康复中心，依托市第四人民医院合作建立；无锡市怡和残疾人用品用具供应服务站，依托怡和医疗器械公司重组建立；无锡市特殊需要儿童早期干预中心，市残联下属全民事业单位，差额拨款。

第三节　劳动就业

1991年4月，《无锡市企业事业单位交纳残疾人就业基金暂行办法》颁发，1992年5月，无锡市被列为全国开展残疾人劳动就业服务和按比例分散就业8个试点城市之一。1993年，市外资管理委员会等部门联合发文，明确规定“三资”企业必须安置残疾人就业。1994年，市政府颁发补充规定，百人以下的企事业单位也应安置残疾人。“八五”期间，全市残疾人就业率和在业率90%以上。1065家市属、部省属企事业单位和350多家百人以下企事业单位接受安置残疾人0.5%比例的占80%，共安置残疾职工3000余人。全市兴办福利企业1018家，集中安置残疾人4.6万人。是年，全市福利企业生产总值84亿元，利税4.2亿元。1996年，无锡市实施由市残联与市财政局联合制定的《残疾人就业保障金管理办法》。1997年，残疾人劳动就业从推行分散按比例就业为主向促进安置残疾人就业和组织残疾人职业培训转变，制定《关于安置残疾人就业的若干意见》。1999年，《无锡市按比例安排残疾人就业办法》颁发，实施范围由原来的企事业单位扩大到机关和团体，实施比例由占在职人数的0.5%调整到1.5%。"九五"期间，以市残疾人劳动服务中心和各市（县）、区残疾人劳动服务所为骨干的残疾人就业服务网络基本形成，残疾人劳动力市场正式运行。全市985家福利企业集中安置3.86万残疾人；有3021名残疾人自主创业，比"八五"期末增加2000余人。"十五"期间，通过实施地税代征就业保障金，城镇有劳动能力残疾人就业率94%，农村有劳动能力残疾人从业率88%。2000年"助残日"前后，由市残联投资40多万元创办的首家盲人按摩院——市青石路盲人按摩院开业。2001年5月，举办首次残疾人招聘洽谈会。7月，无锡市获全国残疾人按比例就业工作先进单位。同月，市残联与市劳动局、市人事局、市民政局联合印发《关于加强对残疾人就业情况进行劳动监察的通知》。2002年，市残联与卫生、劳动和社会保障等部门颁发《无锡市盲人保健按摩行业管理办法》，盲人按摩业从城市向农村发展。至年末，全市共有初级以上保健按摩师83人，其中高级2人、中级15人，还有6人通过盲人医疗按摩技术职称的评审。2004年5月，市政府残工委召开无锡市"残疾人自主创业明星"表彰会，授予22名残疾人"自主创业明星"称号。2005年，举办15场残疾人专场招聘洽谈会，安置就业1236人。

第四节　教育与培训

1990年8月，无锡市特殊教育协调小组成立。10月，市政府办公室转发市教委、市残联等部门《关于发展无锡市特殊教育的意见》。"八五"期间，全市形成特殊学校、正常学校附设特教班和随班就读的特教新格局，至1995年，全市有聋哑学校4所、聋哑教育点6个、聋哑学前班3个，在校聋哑儿童499名，入学率95%；有弱智学校6所、普通学校附设弱智教育班99个、弱智儿童随班就读2915人，入学率95%；全市7～15周岁的学龄盲童100%随班就读。1993年，江阴市、无锡县被授予"全国特殊教育先进县（市）"称号，宜兴市受到通报表彰。"九五"期间，在市聋哑学校开设高中教育。5年中，全市有86名残疾学生进入高等院校深造，大中专残疾毕业生基本上落实就业。社会识字盲人双拼盲文培训率90%以上。1992年开始，市残联劳动服务部会同有关部门每年举办残疾人职业培训班，开展残疾人就业前培训。"九五"期间，市残联依托劳动部门和社会办学力量，先后开设盲人按摩、计算机应用、家电维修、缝纫、烹饪、种植业等专业，培训残疾人4950人。1998年，与市总工会联合颁发《关于对残疾人参加职业培训实行优惠的通知》，减轻残疾人参加职业培训的经济负担。1999年开始，市残联连续举办6期盲人保健按摩培训班，100多名盲人参加培训并获得保健按摩师资格证书。1999年、2000年先后举办全市残疾人展能活动之职业技能比赛、特殊技能表演和工艺美术作品展览，涌现朱庆庆、夏淑君等一批残疾人"能工巧匠"。2001年开始，市残联与市科协联合创办残疾人自学考试大专班。"十五"期间，全市视力、听力言语、智力残疾人儿童少年的入学率分别达到99%、100%、100%，巩固率99%以上；残疾人就业前和转岗、再就业培训人数6521人，培训率80%。2005年5月，残疾人职业技能培训基地在市泥人研究所成立。[①]

① 残疾人教育参见第三十一卷第九章《特殊教育》。

第五节　文体活动

1990年5月，市残疾人艺术团成立。是年始，连续举办残疾儿童夏令营。残疾人体育活动蓬勃发展，残疾人运动员在比赛中获得优异成绩。1995年，无锡市承办省第三届特殊奥林匹克运动会，无锡代表队取得11枚金牌、16枚银牌和3枚铜牌。1998年，举办无锡市首届残疾人运动会。1999年，组队参加江苏省第五届残疾人运动会取得优异成绩，团体总分从第四届的第七名跃居第四名。“十五”期间，无锡市先后涌现姚娟、盛玉红、谭燕华、龚彬、费勇等一批残奥会和聋奥会世界冠军。2004年7月，残疾人第一次组团参加市运会。2005年，承办江苏省第六届残疾人文艺汇演，无锡市代表团团体总分名列全省第一。其中，舞蹈《心与心不再遥远》被选送参加第六届全国残疾人文艺汇演，获舞蹈二等奖。①

第六节　残疾人服务设施

1986年，无锡商业大厦修建并启用全市首条残疾人专用通道。1996年后，市有关部门制定《关于实施〈方便残疾人使用的城市道路和建筑物设计规范〉的意见》《市区新建和改造的重要道路、市政环境建设实施无障碍计划》，市区人民路、中山路等主要道路和市图书馆、人民大会堂等重要建筑物普遍推行无障碍建设。2000年，总面积8060平方米的市残疾人康复职业培训中心大楼竣工，文娱体育活动场所对残疾人开放。2001年，市残联与市建委共同制定《市区无障碍设施新建和改造计划》，市残联开设盲人有声读物阅览室。2002年，无锡市建立城市无障碍设施建设审查会和联席会议制度，市智残儿童康复中心、市肢体残疾系统康复训练中心、怡和残疾人用品用具供应服务站成立，新建市儿童听力语言训练中心开张，成为全市聋儿特殊教育的实验示范基地。2004年，市残联与建设部门联合颁发《关于进一步加强无锡市城市道桥、环境建设工程无障碍建设的通知》，市残疾儿童康复中心和市视力残疾康复中心挂牌成立，市首家重度残疾人寄养康复中心在北塘区建立。5月，市区第一家工疗站在北塘区成立，其他各市（县）、区也相继建立工疗站。2001～2005年，全市新增盲道152公里、坡道4315个。2005年，滨湖区、崇安区、北塘区、南长区残疾人综合服务设施投入使用。

第七节　助残济困

1986年后，社会各界踊跃帮残助残，捐款捐物，市残疾人福利基金、市慈善基金、市福利彩票等事业发展较快。1991年开始，台北曹氏基金会多次向残疾人捐赠轮椅车。1992年6月，市民政局、市卫生局、市教委、市工商局、市税务局等15家单位联合制定暂行规定，对残疾人实行若干优惠措施。1994年，全市首家保护残疾人合法权益合议庭在南长区成立。1995年，市残联建立理事长接待日制度，做好残疾人的信访工作。在市区推开无劳动能力残疾人生活保养工作。1996年，市残联与市司法局联合依托各市（县）、区律师事务所，形成法律服务网络。1999年，市残疾人法律援助中心成立，各市（县）、区相继成立残疾人法律援助所，街道（镇）成立残疾人法律援助站，全市残疾人法律援助组织网络基本形成。2000年开始，市园林局对残疾人游览公园实行半价购票优惠；市公交公司为市区盲人办理免费乘车证。2001年，市委、市政府在开展“摩的”专项整治工作的同时，批转《关于做

① 残疾人体育参见第三十三卷第二章第二节《伤残人体育》。

好无单位残疾人营运车主接收安置工作的意见》，市残联配合有关部门采取积极措施，落实残疾人车主就业和生活保障，置换、赎买残疾车833辆。2002年，颁发《关于切实加强残疾人生活保障工作的意见》和《关于特困残疾人办理享受优惠政策有关手续及办法的通知》。全市符合条件的城乡贫困残疾人100%纳入低保范围。

图27-8　2005年社区志愿者关爱残疾人活动　　（刘萍摄）

2004年开始，无锡振太酒业有限公司每年向残疾人赠送《无锡日报》。在每年的“全国助残日”“国际残疾人日”等节日期间，全市都开展形式多样的扶残助残活动，社会各界捐款捐物，并走上街头为残疾人服务；开展“帮困助残结对”活动。是年，“无锡市残疾人全面小康指标体系设计与行动纲领”课题研究小组成立。课题组在9个市（县）、区11个样本点4万多人口中开展残疾人基本情况抽样调查，为设计无锡市残疾人全面小康指标体系和制定行动纲领掌握较为详细的第一手资料。4月1日起，市区残疾人低保标准在原保障标准基础上增加10%，即由每人每月260元提高至286元。新区率先从1月1日起为贫困残疾人提高15%低保标准。2005年，市政府批准由市残联等部门联合制定的《关于进一步加强残疾人帮扶工作的若干意见》，纳入低保的残疾人在执行当地低保标准的基础上提高20%保障标准；贫困残疾人列入医疗救助对象，免除参加新型农村合作医疗个人出资部分。

第八章　无锡市归国华侨联合会

第一节　组织机构

一、无锡市归侨侨眷代表大会

1986年12月15～16日，无锡市召开第三次归侨侨眷代表大会，选举产生由32名委员组成的第三届市侨联委员会和由12名常委组成的常委会，陈天生为主席。1992年7月2～3日，召开第四次代表大会，选举产生由32名委员组成的第四届市侨联委员会和由14名常委组成的常委会，陈天生为主席。1997年9月8～9日，召开第五次代表大会，选举产生由25名委员组成的第五届市侨联委员会和由11名常委组成的常委会，吴秩华为主席。2001年5月，吴秩华退休，选举朱政孝为主席。2002年7月2～3日，召开第六次代表大会，选举产生由29名委员组成的第六届市侨联委员会和由11名常委组成的常委会，朱政孝为主席。通过《无锡市归国华侨联合会工作细则》，向全市归侨、侨眷发出《与时俱进，发挥侨力，为我市富民强市率先基本实现现代化目标建功立业》的倡议书。2003年1月，朱政孝离任，选举冯雷为主席。

二、机构

1986～2005年，市侨联内设秘书科（处）等机构。

2001年5月29日和12月23日，先后成立市侨联青年工作委员会和老年工作委员会。2002年7月6日、7月30日和10月11日分别成立市侨联滨湖区、锡山区和惠山区分会。2004年4月2日，成立江南大学归侨侨眷联合会，方沛伦当选主席。2005年8月30日，留学人员亲属自发组成市侨联留学人员亲属联谊会（联谊性非营利社会团体），为市侨联的团体会员。推举产生由18名理事组成的第一届理事会，并推选会长。

三、事业单位

1984年7月，市侨联创办侨光语言学校，培养懂外语，会讲闽南话、广州话的外事、外贸、旅游人才。1987年，成立侨联公司、侨联咨询服务部。侨联公司除经营国内业务外，还帮助外贸部门组织出口业务；侨联咨询服务部提供国内外经济信息、技术咨询。1996年，市侨光语言学校被市教委推荐入选《中国社会力量办学大辞典》。1997年5月29日，市华侨画院成立。画院由有一定艺术造诣的书画家和爱国侨胞组成，旨在弘扬中华文化艺术，配合侨联开展海内外联络、联谊工作，以书画会友，广泛联系海内外侨胞和香港、澳门、台湾同胞，并通过港澳台同胞将书画艺术介绍给各国朋友。2002年，市侨光语言学校免予年检，2004年被评为社会办学优秀单位。

第二节　联络接待

1986年起，市侨联每逢圣诞、元旦、春节等重大节日均向海外同胞及朋友寄发贺卡、电子邮件，问候和祝福海外同胞及朋友。1986～1990年，市侨联先后接待泰国中华总商会代表团、荣氏家族省亲团、美国水仙花皇后访问团、中国香港无锡同乡会等代表团。1991年，接待香港太平绅士、香港江浙小学校长孙方中和以周文轩为团长的香港实业界赴江苏考察团、香港实业界唐翔千、旅港无锡同乡会理事长邹善德，以及美国纽约州政府官员冯国瑜等海外“三胞”270多人次。1992年，接待海外“三胞”2000多人次；发动归侨、侨眷、港澳同胞眷属，为创办“三资”企业牵线搭桥，牵线成功4个项目，引进资金2400万美元。1993年，组织专职干部4人赴中国香港地区、马来西亚访问。接待港澳同胞274人次。是年，牵线成功12个合资项目，引进资金3825.4万美元。1994年，接待马来西亚丰隆集团、中国香港汎年国际有限公司等客商480人次，牵线搭桥办成合资企业9个，引进资金396.5万美元，12个项目签订意向书，协议外资3193.5万美元，为有关单位牵线举办境外企业签订意向书8个。1995年，接待中国香港汎年国际有限公司董事长、国务院港事顾问陈金烈，中国香港金富发有限公司董事长洪村骞、杨国昌率领的加拿大不列颠哥伦比亚省工业界第二次访华团等海外“三胞”和外商464人，并邀请200多位海外客商到无锡参加招商引资活动，牵线搭桥办成合资（合作）企业15家，引进资金3650万美元。1996年，接待以泰国江浙会馆理事长陆恩达为团长的18人考察团及泰国爱迪生电器（集团）公司副董事长黄汉洽、总裁陈镇元，中国香港汎年国际有限公司董事长、国务院港事顾问陈金烈等华侨、华人51批、246人次。1997年，接待海外侨胞和港澳同胞160多人次，为外商到无锡投资经商和把无锡企业产品推向国际市场牵线搭桥。1998年，接待华侨、外籍华人和港澳同胞124人次；为一年一度的地方经贸洽谈会邀请客商68人，达成合作意向6个。1999年，接待中国澳门归侨总会副会长、澳门特别行政区推委会委员卢旭锋夫妇，美国《新世界时报》董事长兼首席执行官倪涛博士，以院长巴宋・苏利亚他那帕率领的泰国黎府皇家学院教育代表团一行，德国金龙书画烹饪专业旅游团等华侨、外籍华人、港澳台同胞23批、234人，为地方政府招商活动邀请客商50

人。2000年，接待美国中华团体工商联合会副会长洪深，泰国华侨赴江苏经济考察团，中国香港汎年国际有限公司董事长、国务院港事顾问陈金烈，泰国江浙会馆理事长陆恩达等华侨、外籍华人、中国港澳台同胞等44批、333人次，为地方政府招商引资活动邀请客商105人，引资到位1100万美元，合同利用外资5280万美元。2001年，首次自行组团赴泰国、新加坡、马来西亚和中国香港，拜访泰国中华总商会、泰国江浙会馆、新加坡泰兴隆集团、马来西亚彭氏宗亲会等12个华侨华人社团和企业，会见华侨华人和香港同胞190余人，向他们介绍无锡的经济发展和投资环境。与市侨办联合组团参加由澳门归侨总会主办的华侨华人聚濠江联谊大会。邀请马来西亚万丰有限公司经贸代表团以及日本客商、德国黑森州教育培训及经济考察代表团至无锡参加经贸洽谈活动。2002年，接待美国、西班牙、澳大利亚、马来西亚、日本、泰国等国家和中国港澳台地区的华侨华人35批、205人，协助引进项目6个，协议利用外资3330万美元，实际到位外资1770万美元。协助侨眷章燕青介绍美籍华人曹参博士在无锡兴办高科技软件公司，开发"永中OFFICE"办公软件。2003年，接待美国、西班牙、澳大利亚、意大利、日本、加拿大、荷兰、印度尼西亚、马来西亚、泰国等国家和中国港澳台地区的华侨华人45批、194人。2004年，接待中国侨联海外顾问团等10多个国家和中国港澳台地区的华侨、华人39批、178人次。通过牵线搭桥，加拿大温哥华安德鲁工商学院与无锡行知科技专修学院签订教学合作协议；香港经贸商会副会长、香港澳利华公司董事长许文前与锡山经济开发区签订1.51亿美元的投资合同，成立荣跃超纤皮革有限公司。邀请美国国际贸易专家特伦斯·斯图尔特到无锡作"国际贸易与反倾销问题"演讲。通过香港经贸商会和香港文传协会帮助，在香港《商务旅游》杂志第18期用3个整版，宣传无锡改革开放的新成就和良好的投资环境。2005年，接待美国、奥地利、巴西等10多个国家和中国港澳台地区的华侨、华人61批、246人。派员参加无锡市服务业代表团先遣团，赴新加坡、泰国和中国香港，为开展服务业合作交流活动作先遣联系、落实有关事宜，介绍境外侨商参与并协助承办合作交流活动。

第三节　参政议政

1993年起，市侨联成为市政协组成单位。市侨联向有关部门推荐侨界人大代表、政协委员，参政议政，反映侨情民意，为不断改善无锡市的投资环境、维护侨胞投资权益、依法护侨和落实侨务政策建言献策，为社会经济发展发挥侨界的作用。市区先后有58人被选为省、市级人大代表、政协委员。1995年，市侨办、侨联《关于在拆迁私有侨房中落实"留根"政策》的提案，市人大常委、市侨联委员沈维夫等提出的《关于进一步加强菜篮子工程建设》的议案等被市人大决议通过，付诸实施。1996年市"两会"期间，侨界人士共提议案、建议129件（条）。沈维夫、陈天生、俞明辉等在市人大十一届四次会议上提出的《关于进一步整治太湖水质》的议案，被市人大决议通过，市侨联与市致公党在市政协会议上提出的《解决少数归侨生活中存在的问题和困难》和《归侨职工不到退休年龄不应要其下岗或内退》的提案被评为优秀提案。1997年，市侨联与市致公党联合提交的《进一步落实〈归侨、侨眷权益保护法〉，解决少数归侨生活中存在的问题和困难》的提案被评为优秀提案。1998年，9名归侨、侨眷被选举为市人大代表，21名归侨、侨眷安排为市政协委员，吴秩华、蒋廉培当选省人大代表，邵力正当选省九届人大常委，冯星钰当选十二届市人大常委。1999年市"两会"期间，共提交议案提案30多件，其中市侨联在市政协十届二次会议提交《实施外向带动战略、引资与引智相结合，建议在无锡新区建立无锡留学人员创业园》的集体提案被评为优秀提案，引起市政府的高度重视，被列为市人才战略工程并予以实施，在新区筹建留学人员创业园。2000年，市侨联在政协十届三次全会上提交《科教兴市，人才第一——千方百计吸引留住人才》和《关心老归侨晚年生活，每年拨一笔专款作为部分生活困难老归侨补助金》的集体提案。2001年，在市十届四次政协会议上，市侨联提交的

《加强对外宣传，提高无锡知名度》《大力发展无锡旅游事业》等3个集体提案和两个个人提案得到政府和有关部门的重视，其中《加强对外宣传，提高无锡知名度》的提案被市政协评为优秀提案。2002年，市侨联《加大力度治理“白色污染”》在市十届政协二十五次常委会上被评选为优秀提案。2003年，老归侨、市政协委员沈维夫提交《回国满30年归侨回原侨居地探亲可报销探亲路费》的提案。2004年市“两会”期间，市侨联提出《〈关于引进海外留学人员来锡创业服务的若干规定〉及其实施细则要落实到位》《建议建立无锡市归国留学生工作联席会议制度》《建议对老归侨医疗费用实行适当照顾》等3个集体提案。冯雷、韩晓枫两位侨界省人大代表在省十届人大二次会议上提出《关于修改和完善工龄满三十年归侨职工退休金照顾规定的建议》。2005年，组织部分侨界省、市人大代表和政协委员以及市侨联参政议政与新华侨留学生工作小组赴大学城进行调研，通过提案、建议向有关部门建言献策。“两会”期间，市侨联提交的《建议我市相关电台、电视台转播中央国际广播电台和中央电视台第九套英文节目》的集体提案获通过，无锡电视台开始转播中央电视台第九套英文节目。

第四节　为侨服务

1993年，市侨联与无锡电视台等单位联合举行侨法有奖知识竞赛。1994年，协助各有关单位做好满30年工龄归侨退休职工享受100%工资和满25年工龄归侨退休女职工享受95%工资的工作。1998年9月，市侨联与市商业大厦合作在市中心开办“归侨游览购物休息处”，提供“一杯茶”免费服务。2002年9月在中国侨联维护侨益工作座谈会上，市侨联作题为“努力实践‘三个代表’，探索依法保护侨益的有效途径”的交流发言，介绍无锡市在维护侨益方面的工作经验。2003年，根据省财政厅《关于回国满三十年老归侨探亲路费报销问题的通知》，市侨联配合市侨办、市财政局，落实回国满30年的老归侨回原侨居地探亲报销国际路费的政策，并协助受理报销审核工作。2004年，市侨联聘请法律顾问，为广大归侨侨眷维护自身合法权益提供法律咨询，并代理海外华侨在国内的司法事宜。2005年，帮助中国侨联常委、香港汎年国际有限公司董事长陈金烈协调解决两个投资项目遗留问题，挽回经济损失128万美元，帮助港胞张志修挽回投资损失10万美元等。

1986～2005年，市侨联定期开展侨情调查，走访慰问归侨侨眷家庭，了解归侨侨眷所思、所需、所急。关心因病致贫、下岗失业等生活困难的归侨侨眷生活，开展“献爱心、送温暖”慰问活动，每年走访慰问侨属200户以上，发送困难补助金和慰问品价值6万元以上。凡归侨生病住院必定探望，去世前往吊唁、慰问家属。20年中，接待受理信访6000多件次，妥善处理所反映的落实私房政策、职称评定、子女升学、就业、邻里纠纷、出国探亲、定居、自费留学等问题。

第五节　侨界活动

1991年，无锡遭遇特大洪涝灾害，市侨联发动归侨、侨眷致信海外亲友，真实反映灾情，接受海外亲友和国际社会的援助，先后收到海外亲友和归侨、侨眷捐献款物价值计11.8万元、日元10万元、16万元、粮票2000公斤。1997年4月18日，市侨联举行无锡市侨界迎香港回归报告会。5月30日，市侨联与市总工会、市文化局、市政协联谊会在大运河休闲娱乐中心联合举办“爱我中华、迎香港回归、促祖国统一茶艺会”。6月15日，市侨联与市委宣传部、市教委、市邮电局和顾恺之书画研究会联合举办无锡市迎香港回归书画展。1998年1月9日，组织市侨联委员和全市侨联专职干部学习中共十五大报告。4月24日，组织40多名归侨侨眷和侨联干部赴南京参加省侨联主办的《我爱你，中国》大型报告会和参观侵华日军南京大屠杀遇难同胞纪念馆。1999年国庆期间，组织“百名归侨看无锡”

图27-9 2003年无锡市侨界学生夏令营 （市侨联供稿）

活动，参观无锡新貌和江阴长江大桥。12月18日，组织归侨侨眷代表参加无锡市的《澳门回归祖国》大型图片展开幕式。2001年10月1日晚，在锡惠公园天下第二泉举行无锡市侨界欢度国庆中秋赏月晚会。9月23日承办“江苏百名归侨看华西”考察活动。2002年，组织侨界妇女参加“相聚‘海澜’看发展”活动，参观“二十世纪华侨华人图片展”，配合无锡人民广播电台交通台举办回归5周年看香港夏令营、赴香港举办无锡书画家作品展。2003年，举办无锡市侨界学生夏令营，组织百余名归侨侨眷、侨资企业代表游运河赏月活动。组织学生参加由中国侨联、中国国际广播电台等单位共同举办的第四届世界华人小学生作文大赛，有17名学生获奖，市侨联获大赛组织奖。举行无锡市华侨书画院与常州市部分画家的联谊笔会；举行“百名归侨看无锡，‘两个率先’作贡献”活动。2004年4月25日，组织20多名侨界青年参加在常州举行的“青春飞扬”——无锡、常州、镇江3市侨界青年“五四”联谊活动。4月，选送近百篇小学生作文参加由中国侨联、《人民日报·海外版》、中国国际广播电台等多家单位举办的第五届世界华人小学生作文大赛，市侨联获优秀组织奖。9月20日，召开作为第二届“太博会”内容之一的纪念无锡市归侨回国50年暨市侨联成立25周年大会，举办图片回顾展、书画作品展，印刷纪念画册。9月29日，组织青工委委员参加由无锡交通广播电台举办的“庆中秋迎国庆”焰火晚会。2005年1月，组织“侨界人士献爱心，扶贫济困赈灾民”慈善捐款活动，共筹款1万多元交给市红十字会。2月，选送23篇作文参加第六届“世界华侨华人小学生作文大赛”，获2个一等奖、1个二等奖、3个三等奖。2月28日，举行无锡市社区侨界群众“文化交流年”活动启动式。4月30日，举行以“关爱长者，携手步入和谐社会”为主题的无锡、常州、镇江三市侨界青年“五四”联谊活动。8月，举办纪念抗日战争胜利60周年座谈会。

第九章 无锡市红十字会

第一节 组织机构

1986年，副市长庄申任市红十字会会长，市卫生局局长许国忠任常务副会长。1989年6月29日，市红十字会召开第二次会员代表大会，各界人士及会员代表136人参加，副市长张怀西任会长，市政协副主席庄申任名誉会长，市卫生局副局长赵能秀任常务副会长。12月，市红十字会核编5人，增挂“台湾事务服务部”牌子。至1990年，无锡市共有红十字会组织426个，会员85186人。

1994年10月28日，市红十字会召开第三次会员代表大会，各界人士及会员代表140人参加，副市长王竹平任会长，市卫生局副局长赵能秀任常务副会长，市红十字会杨平礼任专职副会长，市长于广洲、市委副书记陈璧显任名誉会长，市人大常委会副主任黄宁一任名誉副会长。2001年8月2日，成立新区管委会红十字会。是年，锡山市撤销，设惠山区和锡山区，锡山市红十字会随之分设惠山区和锡山区红十字会。2002年7月，市委办印发《无锡市红十字会机关职能配置和人员编制的规定》的通知，明确市红十字会为副处级建制单位，属市政府直接领导，核编6人，其中附属编制1人。2003年4月15日，市红十字会召开第四次会员代表大会，140余人参加，副市长麻建国任会长，市卫生局副局长方佩英任常务副会长，吴选声任专职副会长兼秘书长，市委书记王荣任名誉会长，市政协副主席王竹平任名誉副会长。是年，制定《无锡市红十字会人道救助实施方案》《无锡市红十字备灾救助基金使用管理办法》和《无锡市学校红十字会管理办法》3个文件，完善基础管理，提高工作整体水平。至2005年，全市市红十字会基层组织505个，团体会员单位131家，冠名红十字单位14家，会员38万人，其中红十字青少年会员35万人，志愿工作者3916人。

第二节　主要活动

一、卫生救护培训

1986年3月，市红十字会举办外伤救护4项技术（止血、包扎、骨折固定、搬运）学习班，33个基层红十字会100名会员参加学习。1987年2月，组织89名市交通系统汽车驾驶员、安监员学习救护知识技能，同年组织25名公安系统交巡警学习救护知识技能。1988年6月，市红十字会第一支地区救护队在盛岸街道成立，与83117部队共同组织山地救护、水上救护、消防救护等大型实地演习，近500人次参加，还为参加南方7省红十字工作研讨会代表作汇报演习。江南航运公司船舶修理厂的工人救护员成功抢救成活一位，因触电而心跳、呼吸停止的农民工。1986～1990年，开展外伤4项救护技术训练15229人次，心肺复苏训练13317人次，“三防”（防原子、防化学、防细菌）训练681人次，一般卫生知识训练127866人次。

1990～1994年，市红十字会每年举行一次“杜南—格尔流动杯”现场心肺复苏操作比赛。1995年4月，启动全市机动车驾驶员救护培训。1996年，副秘书长江徐英和市公安局彭锡生参加总会在重庆召开的全国卫生救护培训工作经验交流会，彭锡生代表市公安局在会上作首席发言。1998年，在红十字博爱系列工程活动中，开展卫生救护比赛和初级卫生救护培训，其中汽车驾驶员培训74期、2896人，摩托车驾驶员培训72期、2786人，其他行业培训13期、501人。至2005年末，市红十字会共进行卫生救护培训及驾驶员培训25万余人次、交警1500人次、厂矿企业职工（包括电工、安监人员）5万余人次，取得省级以上救护师资合格证56人。

二、备灾救助

1983年红十字会恢复建立后，全市各级红十字会通过多种渠道，开展社会救助爱心工程。90年代始，每年新春前夕开展“送温暖”活动，对特殊人群，特别是对因残疾和患尿毒症、癌症等致贫的家庭伸出援手，每年“送温暖”金额均在20万元以上。1991年7月，无锡市遭受洪涝灾害，市红十字会派员赴灾区了解灾情并拍摄照片，向省红十字会和总会及时汇报，同时印发《切实加强抗洪救灾工作的通知》，与市卫生局共同组织医疗防疫队到灾区防病治病。先后接受国际红十字会、中国红十字会、香港和台湾等地红十字会的捐款捐物（其中台湾、香港红十字会各捐献救护车1辆）。7月25日，以斯尔特为团长的国际红十字会红新月会代表团一行3人到无锡考察灾情。1995年8月25日，市备灾救助基金组委会成立。11月9日举行基金募捐仪式。

1998年，长江流域发生特大洪涝灾害，中国红十字会提出创建“红十字博爱系列工程”，市红十字会建立721.2平方米的红十字备灾救灾中心、卫生救护培训教室和红十字会门诊部，市有关部门拨出专款55万元，市红十字会自筹100多万元，于5月15日启用。备灾救灾中心接受、储存和转运15万件衣被和其他救灾物资，价值29万多元。抗洪救灾期间接受、分发捐款121.9万元，募集备灾救助基金30多万元。在市内分发救灾棉被1500条，价值8万元，两次分发救灾药品近20万元，慰问因病等原因致贫的职工30户，慰问金1万余元。各市（县）区、红十字会相继走访慰问灾、贫民和孤寡老人500人次。红十字会门诊部聘请专业医护工作者坐诊，在接受社区居民诊疗、开展免费咨询的同时，与中国人寿保险无锡分公司签订协议，承办保险人员体检业务。完成人寿保险体检674人次。向特困大学生开展“献爱心送温暖活动”，为135名学生送去过冬棉衣棉被。春节前，江阴、锡山、宜兴3市红十字会将900条救灾新棉被分发到最需救助的市民中。在12月24日省红十字会召开抗洪救灾先进集体和先进个人表彰大会上，市红十字会、江阴市红十字会被评为省先进集体，江阴市红十字会秘书长鲁梦芝被评为中国红十字会先进个人，王清浩等5人受到省红十字会表彰。陈仲宝、施瑞英、金志青、高田精一郎（日本）、杰尼·汉格（瑞士）等个人捐款超过人民币5000元，被授予“中国红十字会荣誉会员”称号。1999年，各级红十字会会员和志愿工作者参与抗洪救灾行动，市红十字会机关全体人员三上马山太湖大堤，多次送去救灾帐篷、被服、药品等，慰问受灾居民，了解灾情，给予支援。会长王竹平等带队向抗洪救灾第一线的军民送去慰问品和祛寒温身酒。市红十字会向各市（县）、区拨发救灾款10万元，物资和慰问品约50万元。9月24日，台湾发生大地震，市红十字会及时发出通知，广大群众纷纷捐款援助，将近10万元的款物及时转送受灾同胞（其中灵山祥符禅寺及众僧捐款5.3万元，市红十字会门诊部捐款3000元，市中医药学会门诊部捐款2000元）。接受捐赠药品，为癌症患者转赠药品干扰素1万多元。同时，为下岗职工、特困病人送去救助金6000元。春节“送温暖”活动中。接受分发省红十字会捐赠的棉被500条，走访慰问特困家庭250户，送慰问品（金）约10万元。红十字志愿工作者主动关心孤儿，为孤儿献爱心。

2000年，市红十字会在全社会开展备灾救助活动。在机动车驾驶员中传播人道主义精神，倡导少吸一支烟，奉献一份爱心，捐款救助危难人群。开展募集旧衣服活动，共募集新旧衣被15万件（19卡车），驻锡武警8720部队派出15辆军车把救灾衣被运至省红十字会备灾救灾中心转送灾区。市红十字会支援苏北受强暴风雨袭击的灾民，捐助4万元。春节前转发省红十字会赠送的新棉被396条，计款2万余元。春节期间开展济困送温暖活动，慰问市区50户因灾因病致贫的居民，送去慰问金和慰问品。接受社会捐款，紧急救助内蒙古雪灾受困群众，支援7万元。2002年，设立白血病骨髓移植救助专项金。市委办、市政府办转发开展“关爱生命，人道万人捐”活动的通知，通过电视、报纸和网络向市民宣传，号召群众响应捐款、捐髓、献血。众多捐款者不留姓名。2002～2004年，捐款分别为131.3万元、123.58万元和331.19万元。2003年“非典”流行时期，市红十字会做好“防非”捐赠物品的接受和分发工作。2月24日，新疆巴楚—伽师地区发生6.8级地震，市红十字会收到社会各界捐款9.01万元、衣被8430件，及时将有关款物寄往灾区。2005年，市红十字会门诊部积累资金70万元；“送温暖”救助金额85.96万元，1595人受益；新增红十字备灾救助基金900多万元，累计1650万元。是年，开展“援助海啸灾区人道万人捐”活动，市红十字会直接收到捐款1167.92万元，并通过总会救助印度洋海啸灾

图27-10　2005年援助印尼海啸灾区人道万人捐活动现场
（市委宣传部供稿）

区500万元；用于白血病骨髓移植救助专项金88万元，救助15位白血病骨髓移植者，救助金额25万元；设立艾滋病救助专项金200万元，救助艾滋病感染者。12月，开展“抵御艾滋，人道万人捐”活动，收到捐款262万元；市红十字会向中国预防性病艾滋病基金会捐赠100万元。是年始，每年增加对困难家庭50名准大学生的救助，每年救助15万元。

三、志愿捐献

1992年，无锡市开始遗体捐献报名登记。2002年，启动角膜捐献报名登记，并规范捐献登记工作的程序和要求，新增加市（县）、区登记站9个，在江南大学遗体接受站的基础上，新增无锡卫生学校接受站，确定市第二人民医院为角膜捐献接受站。9月始，市红十字会开展造血干细胞捐献者登记采样入库工作。2003年10月，锡山区周国栋成为全市捐献骨髓第一人，首位报名捐献角膜志愿者周明珠获2003年第二届“十佳”残疾人自强模范称号。全市捐髓第一人周国栋和为香港病人捐髓第一人王经分别获市2003年和2005年精神文明“‘十佳’新人新事奖”。2005年，全市加入中华骨髓库志愿者3862人，34人与白血病患者的白细胞分型初配相符，5人正式捐髓。接受遗体、角膜捐献登记志愿者301人。

四、社区服务

80年代，市红十字会在全市组建地区红十字会，开展红十字志愿服务活动。2003年，首批8个红十字志愿服务试点区挂牌成立，并配备总价值近万元的轮椅、血压计、急救箱。至2005年，全市77%的地区开展红十字志愿服务活动，服务站增加至80个，为创建全国红十字志愿服务示范市活动奠定基础。2005年，崇安区、北塘区、滨湖区、锡山区和江阴市获省级“社区红十字示范区（市）”称号。2月，中国红十字总会和民政部命名南长区、惠山区红十字会为全国社区红十字服务示范区。在此基础上，市红十字会将创建活动列入市（县）、区重点工作目标考核内容。

五、红十字青少年工作

1986年8月，市红十字会组织青少年参加全省红十字青少年夏令营活动，此后每年在青少年中都举办夏令营，每期50～150人，开展多种有益活动，帮助青少年开阔眼界，陶冶情操，丰富知识。是年，市第一中学等学校的青少年参加江苏省红十字青少年知识竞赛，取得中学组团体第一名和个人第三名、小学组团体第二名和个人第四名，奖牌数列全省第一。1989年，市一中红十字青少年唐燕蕾被选派参加由红十字会红新月会、红十字国际委员会、意大利红十字会和瑞士红十字会联合举办的国际红十字青少年超级夏令营。90年代后，红十字青少年工作纳入各级教育部门的常规工作，并纳入考核目标责任制。每年假期举办红十字青少年活动，学习红十字知识，参观爱国主义教育基地，开展科技活动，进行访贫问苦、敬老助残等丰富多彩的夏令营活动。1998年6月30日，市红十字会选派轻工大学生物工程学院博士研究生李寅参加国际红十字会在东北举办的国际红十字会聚会。2004年，建立学校红十字工作委员会，贯彻中国红十字总会、教育部《学校红十字会工作规则》，规范学校红十字会工作，发展会员，举办夏令营，开展国际人道法、卫生救护知识、防病保健知识的培训，开展帮困助残、敬老助残等活动。部分青少年参加国际红十字会、中国红十字会和省红十字会举办的青少年夏令营。至2005年，全市有98%中学、95%高校成立红十字会，70%中小学达到学校红十字工作管理规范标准，146所学校成为红十字工作管理规范达标学校。

六、交流与合作

市红十字会重视国内外的交流合作。1987年，美国红十字会工作研究院李政道、罗宾斯坦到无锡红十字会交流。1988年，以达州太龙为首的“参加南京大屠杀纪念馆为死难者慰问灵献曲”的日本代表团16人访问无锡。8月，市红十字会承办7省市红十字工作研讨会。1991年7月，香港、台湾红十字会相关人员抵无锡了解洪涝灾情。2000年1月，市红十字会承办总会在无锡马山召开的国际人道主义法传播评估暨表彰大会，这是红十字国际委员会、国际红十字联合会传播国际人道主义法在中国开展传播工作进行的评估表彰活动，江苏省红十字会传播工作受表彰获一等奖，无锡市红十字会传播工作得到肯定。会议期间，红十字国际委员会东亚地区代表办事处处长古浩德，国际红十字联合会东亚地区办事处主任希尔思，中国红十字会有关部门负责人等分别到市红十字会备灾救灾中心、志愿服务中心检查指导工作，对市红十字会的工作表示满意。市红十字会杨平礼、吴选声、江徐英、赵能秀等先后参加省红十字会组团前往法国、美国和中国台湾地区的考察。9月，国际红十字会驻东亚地区办事处主任古浩德、代表任浩，红新月会国际联合会驻东亚代表处代表金麦德、希恩、于丽参观无锡市红十字会备灾救助仓库。2004年9月5日，市红十字会副会长吴选声接待美国加州阿拉米达市社会服务人事关系委员会主席、红十字会主管弗兰兹一行。11月27～29日，日本红十字会总务局组织推进部部长五十岚清一行5人造访无锡市红十字会，副会长吴选声与日本红十字访华团就组织发展、资金募集、社区服务等工作进行交流，并互赠纪念品。

七、宣传活动

1986～2005年，市红十字会利用“5·8”世界红十字日、献血日等重大节日，组织各基层红十字会开展宣传活动，并联络各大媒体参与报道。其间编印《红十字宣传手册》1万份。2004年，举行无锡市红十字会成立80周年纪念暨表彰大会，由市红十字会和市人事局首次联合表彰2001～2003年度市红十字会系统先进集体15个、先进个人50名，同时表彰2003年度“人道万人捐”活动先进单位31家，印发《人道、博爱、奉献》纪念册2000份。2005年，印制5000册《捐髓有限，生命无价》一书，记载无锡市成功捐髓5人的感人事迹和体会。编印捐髓、捐遗体（角膜）知识问答宣传册5万余份，向中小学生家长发放捐献倡议书13万份。举办培训班，成立红十字新闻志愿工作者小组，每次重大活动都有新闻报道，使红十字会的工作得到社会各界和全市人民的参与、支持，多项工作在省内领先。

第十章　无锡市台湾同胞联谊会

第一节　代表大会

无锡市台湾同胞联谊会（简称“市台联”）先后于1988年6月8～10日、1993年7月15～17日、1997年11月4～7日、2002年6月18日召开第二、三、四、五次代表大会，代表数分别为44人、52人、53人、54人。会议主要任务是动员台胞为经济建设服务，为实现祖国统一做出新贡献等。产生理事会，并选举许吉荣为第二、三、四届会长，吴懿玲为第五届会长。

第二节　主要活动

1989年1月25日，成立无锡市台属联谊会，选举产生第一届理事会。1989年，“无锡乡亲书画联展”结束后，市台联将103幅无锡画家作品赠送给台北市无锡同乡会。这些作品在台湾展出，拍摄录像片回赠无锡市台属联谊会。1990年,无锡市外向型经济恳谈会召开前夕,各级台联发动全市台属向台湾亲友发出1000多封家信,为台湾各界人士到无锡投资、经商、建厂、办实业牵线搭桥,提供经济信息。2001年,与岛内台胞一起参加“北京奥运·炎黄之光——海峡两岸长跑”无锡段活动。组织台胞开展丰富多彩的联谊活动,进行爱国主义教育。先后组织青少年台胞夏令营活动、青年台胞参观南湖中共“一大”旧址、“三八”妇女节女台胞活动、老台胞游览活动、中秋及春节联欢活动。2002年,邀请3批海外岛内台商到无锡市考察投资环境,协助市(县)、区的有关人员赴台经贸考察。2004年,组织台胞参观无锡新貌;组织台胞和在大陆的台湾学生参加“三八”节乌镇之旅;经常与台商交流,走访老朋友,结识新朋友,了解台商在锡投资经营情况,到锡山区、惠山区和新区等台商密集区进行台商投资情况调研。2005年,走访在无锡投资的台商朋友,春节联欢会邀请台商朋友和定居在无锡的台胞一起欢度佳节,共叙友情,期盼祖国早日统一。

无锡市志

【第三册】

第二十八卷

政法

概 述

1986年后，全市各级政法机关把维护社会稳定作为全局性重点工作，打击敌对势力，惩治犯罪，保护人民，服务和保障大局，促进改革开放和发展，实行党政领导责任制和工作目标责任制，并列入市委、市政府两个文明建设目标管理。在全市公民中组织开展普法教育和法制宣传活动，突出对党政机关领导干部和青少年普法教育这个重点，突出学习基本法、专业法和与经济社会密切相关的法律法规。1988年4～5月，市委、市人大常委会分别作出关于全面推进依法治市的决定和决议，法治无锡建设逐步走上规范化轨道。1990年10月，实施行政诉讼法，从法律上确立"民告官"制度，促进行政机关依法行政。从1992年起，市委、市政府每年与各市（县）、区签订维护社会稳定工作责任书，把"确保一方平安"落实到各级党政组织。作为市场经济中介组织的律师、公证业有较快发展。

1995年，无锡市在省内率先成立法律援助中心，逐步展开法律援助工作。公安、国家安全机关密切配合，打击敌对势力和敌对分子破坏活动。做好矛盾纠纷疏导、化解工作。开展禁毒禁娼禁赌、打黑除恶、打击"两抢"（抢劫、抢夺）犯罪等一系列集中行动和专项斗争，保持对严重刑事犯罪的高压态势。8月，市公安、市检察院、市中级法院与市经委、监察、审计等部门密切合作，侦查北京兴隆实业总公司所属无锡新兴公司总经理邓某等人非法集资32.14亿元的特大非法集资、投机倒把案件，依法惩处68名经济罪犯。通过查办走私、诈骗等经济犯罪案件，为国家和集体挽回经济损失近10亿元。制定实施《无锡市检察举报条例》《预防职务犯罪条例》，成立经济犯罪预防中心。

1997年起，市政法机关先后在全市开展禁毒专项斗争、春季严打斗争、夏季严打整治行动、冬季侦破攻势以及公共复杂场所专项整治。一批重大现行恶性案件在较短时间内突破，依法严惩罪犯。对流动人口实行集中住宿、集中管理的办法。开展创建安全文明小区、安全文明村镇、安全文明单位工作。110社会化报警服务体系日趋完善，建成一批出租车出城查报站和治安卡口。乡镇（街道）、村（居委）治安联防队伍建设加强，自动报警装置推广运用，一个上下贯穿、左右呼应、反应灵敏的多层次防控网络初步形成。

1999年后，市政法各部门推进司法改革。公安部门在派出所、刑侦和交警、巡警等方面进行改革，并从机关选调一批年纪轻、文化程度高、工作能力强的干警充实一线，提高基层单位的作战能力。检察机关扩大和推广主侦、主办、主诉检察官办案责任制，并率先在全系统实行中层领导职位竞争上岗和一般干警双向选择，形成充满竞争活力的用人机制。全市两级法院继续推进庭审方式改革，试行执行工作新体制，工作水平和工作效率不断提高。司法行政系统推行律师、公证工作改革和乡镇司法所试点工作。

2000年后，全市政法机关继续坚持"打防结合，以防为主"的工作方针，落实各项措施。完善社会治安防控体系，构建打、防、控一体化"棋盘式"治安防控格局。完善110接处警机制和治安卡口网络建设。

2005年，无锡市被省委、省政府命名为全省首批社会治安安全市，8个市（县）、区被授予"社会治安安全市（县、区）"称号。

第一章　政法工作

第一节　机　构

1953年6月，无锡市委建立政法分党组。1954年8月改为政法工作委员会，以后又更名为政法工作部、政法党组、政法工作领导小组。1981年4月，改建为市委政法委员会（简称“市政法委”），设书记1人、副书记1～2人，委员若干人。

1991年，明确市政法委为市委领导管理全市政法工作的职能部门，无内设机构。市社会治安综合治理委员会（以下简称“市综治委”）办公室与市政法委机关合署办公。

1997年5月，市政法委设5个职能处室：办公室、研究室、执法督查处、综治处、政治部。1999年，根据国务院有关规定，市政法委增加对全市各级政法机关新开办企业审核审批的职能。2004年1月，增设流动人口管理处。2005年12月，增设依法治市工作处。

第二节　政策调研

1986年，市政法委就青少年教育（包括中学生违法犯罪情况，中小学生辍学情况）、“两劳”人员教育管理、恶性纠纷疏导、治安保卫责任制落实、贸易市场治安管理、居委会治保组织建设等问题调研，提出相应的工作措施，建立地区、学校、家庭“三结合”的教育网络，在中学和大专院校普遍增设法制教育课，开办工读学校（即蠡湖中学），市、区两级法院开设少年犯合议庭等。1988年，针对无业人员增多、违法犯罪严重等问题，市政法委统一组织协调全市宣传、政法和公安、劳动、工商等部门，到基层调查研究，提出加强管理的意见，指导督促工作措施的落实。

1990年，针对“两劳”人员安置帮教、假释与保外就医等人员的监改工作等10个专题进行调研。1995年，进行政法队伍现状的调研，提出《关于加强政法队伍建设的意见》，下半年开展为期半年的纪律作风整治。1997年，开展强化和完善执法监督专题调研活动，着重分析政法部门自身执法监督中存在的问题，提出强化和完善执法监督的对策和措施。1999年，针对超期羁押犯罪嫌疑人、被告人等问题专项调研并形成情况报告、提出纠正意见，对4件4名犯罪嫌疑人、被告人超期羁押的案件督办查纠。

2002年，市政法委出台《加强全市政法系统调查研究工作的意见》，建立领导干部调研工作责任制度、业务部门工作联系点制度、调研成果交流与上报制度、调研工作考核与奖励制度等4项制度。2005年，针对严重盗窃破坏电力设施和新村小区“霸王搬运”等问题，市政法委组织开展专题调研并提出整改意见，取得成果。

第三节　执法督查

1986～1987年，根据全市反盗窃、反赌博斗争的需要，市政法委印发《反盗窃斗争中处理投案自首问题的意见》《关于办理赌博案件的几点意见》。同时，集中对原国民党起义、投诚人员及其他历史老案中冤、假、错案涉案人员的复查、纠正，共妥善安排69人。1989年，对投机倒把“数额特别大”的两个起点额的规定专题研讨，提出修改意见。1991年，组织对判处“缓、管、免”和假释人员及就业监督改造情况专题调研，统一处理标准。1994年5月，协调政法各部门提出《关于刑事纠纷中几个具体问题的意见》。同年，印发《关于抓紧解决久押未决人犯和清理在押人犯的意见》，组织对在押人犯的专项清理。1998年7月～1999年11月，完成对全市政法机关所办131家企业的清理，保留企业23家。另接收军队、武警部队企业4家。

1992～2000年，协调处理宜兴市埝头乡人大代表、乡长被劫持案，江阴阳光集团所属振新毛纺织厂与深圳创业新世纪公司股份转让案，市公用房产总公司与市民族经济发展公司房产纠纷案，无锡迅达出租汽车公司集资案等80起重特大案件。2000年5～9月，市政法委组织开展对公、检、法机关的专项执法监督检查活动，聘请25名“公正执法监督员”，重点监督检查1999年度全市刑事案件中实施取保候审强制措施、决定不批准逮捕或不予逮捕、判处缓刑等的执法情况，公安机关执行取保候审、缓刑的执法情况。市和各市（县）、区政法委和公、检、法机关共检查案件6790起（次）。市政法委对其中的234起案件，通过查阅案卷、实地查访等方式抽查，发现存在问题及时纠正。2001年，组织政法各部门对办理社会黑恶势力违法犯罪案件分析，印发《关于办理社会黑恶势力犯罪案件中若干问题的意见》，指导政法机关办理黑恶势力犯罪案件。组织对全市监外执行的管制、缓刑、剥夺政治权利、暂予监外执行（含保外就医）、保释等5种罪犯监管工作的专项执法监督检查。检查的主要内容是对监外执行罪犯监管的法律手续是否完备、监管组织是否健全、监管措施是否到位、监管工作存在问题等。先后检查3522名罪犯的监外管理情况，其中管制92人、缓刑1671人、剥夺政治权利1235人、暂予监外执行（含保外就医）144人、假释380人。在此期间到期撤管的有1415人、重新犯罪61人，占列管总数的1.73%。检查情况显示，全市绝大部分地区监管工作比较到位，领导高度重视，监管手续规范，跟踪考察正常，监管措施落实，重新犯罪现象较少。但也发现法律文书、监管工作、暂予监外执行等8个方面存在的问题，发现后及时予以纠正、整改。

2003年，市政法委抓好重大疑难案件的协调和案件的执法监督工作。全年先后召开协调会议30余次，形成9份会议纪要，协调解决重大疑难案件35起，其中经济案件19起，涉案金额7亿多元，刑事案件16起，涉案33人。结合“平安无锡创建”活动，高度重视来信来访工作，对春节、“两会”期间整理出来的23个比较突出的不稳定隐患，逐一落实疏导控制措施，对51批、69人可能引发进京上访的重点人员进行思想稳定工作。对到单位上访人员，分析来访事由，既帮助协处涉及司法案件问题，同时也注重做好来访人员思想工作和法律宣传工作，使250名来访人员，80%以上对政法委机关工作感到满意。

2004～2005年，市政法委开展集中处理涉法涉诉信访工作，集中对历史遗留的123起重点案件逐案处理。结案62起，其中7起停诉息访、34起无理缠访案件启动终结程序。2005年，印发《关于进一步加强保外就医工作的通知》，对罪犯的保外就医作出规定。同时，着重就毒品犯罪案件的管辖问题重点协调，指导政法机关对毒品犯罪案件的处理。

第四节　政法队伍建设

90年代起，各级党委政法委员会的职能逐步到位，政法队伍不断壮大。各级政法委开展一系列教育整顿活动，加强队伍的管理和监督。1994年，市政法委、市委组织部、市人事局等8个部门联合颁发《无锡市政法系统辞退工作人员的暂行规定》，对政法干警辞退工作进行规范。1995年，市政法委提出《关于加强政法队伍建设的意见》，进行为期半年的纪律作风整顿工作，解决政法部门和政法干警执法粗暴等突出问题。

1996年2月,结合学习贯彻《中华人民共和国人民警察法》《中华人民共和国法官法》《中华人民共和国律师法》等法律法规,在全市政法部门开展“学济南交警”“法官、检察官形象年”专题教育活动,实行社会服务承诺。1997年,针对政法干警中存在的理想信念淡薄、工作主动性责任心不强、群众观念淡薄、党性观念不强、组织纪律松弛、执法思想不端正等问题,组织开展集中教育整顿活动。全市共召开各级民主生活会550多次,1240多名领导干部对照检查,查处违法违纪案件55起。1998年5月,市政法委开展“公正执法、文明执法”为主题的教育整顿活动,严格对照检查,坚持边整边改,狠抓制度建设,着重解决执法方面存在的突出问题。1999年5月,在全市政法系统开展“争创人民满意政法单位,争当人民满意政法干警”(“双争”)活动。推行警务公开、检务公开、审务公开,自觉接受人民群众的监督。全市先后召开动员会150多场次,受教育人数1万多人,复查和抽查案件3万多起,严肃查处31名违法违纪干警。

2000年10月,在全市开展“万人评议基层政法干警”活动,推动基层政法队伍建设。全市共13万人参加评议,有379个基层政法单位、3223名基层政法干警接受评议。2002年,按照“从严治警、政治建警”的要求,在深化“双争”活动的同时,加强对干警的业务培训,自上而下对干警进行加入国际世贸组织后法律知识培训。2003～2005年,开展“公正执法树形象”主题教育活动,通过严肃政纪法纪、完善规章制度、加强教育培训等措施,加强政法队伍建设,人民群众对政法干警满意率97%。2005年,开展“规范执法行为,促进公正执法”专项整改活动,结合开展保持共产党员先进性教育活动,突出执法为民的本质要求,坚持政治建警、素质强警、从严治警。以执法一线和热点岗位为重点,以整改执法中存在的突出问题为主线,以开展执法大检查等为主要措施,建立健全一批制度规范,涌现出一批公正执法、爱岗敬业、甘于奉献的先进典型。至年末,全市政法队伍在政法、业务、管理、监督和司法体制改革等方面都取得进展,政法队伍由20年前的1500多人发展至9700多人,其中具有大专以上文化学历的占干警总数的60%以上。

第二章　社会治安综合治理

第一节　机　构

1986年,市综合治理领导小组成员由13家增加至15家。1990年增加至18家。同年10月,各乡镇、街道设立综治领导小组办公室。全市2023个村(居委)建立综治工作小组。1991年,成立市社会治安综合治理委员会,同时有6个市(县)、区相继成立社会治安综治委。1993年,市区从党政机关、政法部门抽调干警到街道担任专抓综治的副职,有的兼综治办主任,南长、崇安、北塘3区基本配齐到位。1994年,市委组织部、市编委、市社会治安综治委、市人事局联合印发《关于加强基层社会治安综合治理领导力量和机构建设的通知》,要求农村乡镇有1名副书记兼任综治办主任专抓综合治理,并配备1名专职副主任,将乡镇综治办公室列入行政编制序列。1998年2月,明确各乡镇、街道综治办专职主任或副主任列入机关行政编制和公务员职位序列,全市148个乡镇、街道中有94%配备1名行政编制的综治办主任或副主任,大部分乡镇、街道配备1～2名工作人员,各级综治组织机构和办事机构日趋完善。至2005年,各乡镇、街道综治办配备正副主任各1人。

第二节　治理活动

1986年始，市人大常委会先后颁布《无锡市企业、事业单位治安保障条例》等3个地方性法规，市政府先后颁发《无锡市青少年保护暂行规定》等10个行政规章。1987年1月，全市召开社会治安综合治理经验交流会，传达贯彻全省经验交流会精神，部署全市综治工作，社会治安综治列入全市精神文明建设目标管理，推行多种形式的治安承包责任制。

1991年，市委、市政府提出《关于切实加强社会治安综合治理的意见》，市人大常委会作出《关于加强社会治安综合治理的决议》。社会治安综治工作逐步走上法制化轨道。在全市部署开展反盗窃专项斗争和重点人口管理专项治理，从各市（县）、区抽调350多名干部组成工作组到乡镇街道帮助工作。1992年，开展社会治安综治宣传活动。建立综治目标管理责任制，层层签订责任状，并严格考核奖惩。1993年，开展公共复杂场所的治安管理专项整治和外来人口、无业人员的清理整顿和教育管理工作。1994年，将社会治安综治纳入各级党政领导的任期目标责任制。1995年，集中开展反盗窃专项治理，打击撬盗保险箱犯罪专项行动和禁毒禁娼宣传教育活动。综治工作实行“条块结合、以块为主”属地管理。1999年，开展“基础工作年”活动，结合创建文明城市工作，定责任、强措施、固基础。

2000年，对危害社会稳定重大问题地方实施领导责任查究，建立矛盾纠纷排查调处工作责任制和稳定问题领导责任查究制。举办预防青少年违法犯罪展览，30余万人受到教育。加强矛盾排查调处力度，召开全市加强矛盾纠纷排查调处工作会议。市委、市政府办公室转发《无锡市社会治安综合治理委员会〈关于进一步加强矛盾纠纷排查调处工作的意见〉》。市综治委与市纪委、市委组织部、市监察局、市人事局联合颁发《关于对发生危害社会稳定重大问题地方实施领导责任查究的通知》。市综治委制定《矛盾纠纷排查调处工作制度》。市综治委定期会同公安、经委、信访等部门排查分析影响社会稳定的因素，加强协调督办，落实责任单位和责任人。市政法委组织调处人民内部矛盾纠纷专题调研活动。各级党政组织和政法部门相应建立排查工作制度，使矛盾纠纷排查调处工作做到抓经常，经常抓，并逐渐步入制度化轨道。全市政法机关调处易激化纠纷5400余起，协助党政组织疏导制止群体性事件271起，审结民事纠纷案件17841起，调处民间纠纷33700起，其中化解纠纷恶苗420起。

2001年，综治委组织党员干部参与当地的社会治安防范工作。2002年，无锡市被评为1997～2000年度全国社会治安综合治理优秀单位，受到中央综治委的嘉奖。2003年，加大对重点治安问题的整治，加强社会矛盾纠纷的信息预警和排查调处工作，发挥信访和公安等政法各部门的作用，建立健全各级社会矛盾纠纷的排查调处责任制，基本形成党政统一领导，各部门各司其职，上下联动，齐抓共管的工作机制，涉及社会稳定的矛盾纠纷预警率达到98%以上，绝大部分在初始阶段和萌芽状态得到处置和化解。全市共调处矛盾纠纷21761起，调解率和调解成功率分别达到99%和96%以上。其中，防止“民转刑”案件34起，防止“民转非”事件20起，制止群众性械斗35起，妥善处置群体性事件300多起，没有发生影响全局稳定的重大事件，有效确保全市重大活动、重要节假日和抗击“非典”等特殊时期的社会政治稳定。人民群众对社会治安作肯定性评价的达98%。

2004年，全市2个市（县）、7个区和83个镇、街道全面建立社会矛盾纠纷调处中心。行政村（社区）、村民小组及企业也普遍调整健全基层调解组织，“大调解”机制日趋完善，基层调解能力显著提高。无锡市连续两年被省委、省政府评为全省社会治安综合治理先进市。全市共调处矛盾纠纷28302起，调处成功率96.3%，劝阻、化解群体性上访314起、9079人次，越级上访得到控制，进京上访同比下降30%，年内没有发生在全省全国有重大影响的群体性事件。政法部门集中处理涉法涉诉信访，排查出重点案件123起，办结111起，办结率90.24%，居全省前列；其中息诉息访87件，占结案数的78.38%，纠错4件。年内，先后召开协调会议19次，形成8份会议纪要，较好地协调解决一些重大疑难案件。2005年，基层调解组织调处矛盾纠纷9992起，调处成功率96%，劝阻、化解群体性上访690批（次），涉及19467人次，防止矛盾纠纷激化558起。对全市4451名企业军转干部落实解困政策，制定转入社区管理的意见。及时控制和妥善处理重大突发事件，确保各项重点改革和建设项目的顺利实施。各部门排查出161个重点案件，办结155起，结案率96.27%，其中息诉息访115件，占结案数的74.2%。加大控制越级上访力度，推进信访终结程序。去省、进京上访量大幅下降，去省集体上访批次和人次同比分别下降73%和69%。先后组织对严重盗窃破坏电力设施、群众反映强烈的"霸王搬运"问题和中心商务区流浪乞讨现象开展专项整治。全市破获涉电案件335起，查获作案人员324人，查处违法收购点349家；整治查处"搬霸"团伙25个，依法处理148人。市政府制定《关于规范住宅小区（大厦）内人力搬运服务管理的意见》和《物业管理条例》；对流浪乞讨人员按救助条例分类清理，共救助处理107人，市中心商务区的社会秩序明显改善。

第三节　平安创建

1996年初，市委、市政府决定在全市开展创建安全文明小区活动，并列入全市社会主义精神文明建设的目标管理项目。城区416个居（家）委中有40家单位列入创建安全文明小区的试点。试点小区共立刑事案件16起，比上年下降53%。40个小区共增装防盗门8462扇，新建、扩建车棚6000多平方米，新建值班室35个，新增治保力量385人。试点小区居民自防自治意识普遍增强，邻里关系明显改善，矛盾纠纷很少发生，涌现许多自觉维护小区治安秩序的好人好事。1997年始，开展以"创三安"（安全文明小区、安全文明村、安全文明单位活动）为载体的安全文明创建工作。市政府把"创三安"工作列入全市精神文明建设目标管理，列为市政府为民办实事之一。是年，全市建成安全文明小区189个、安全文明村694个、安全文明单位831家。有20个小区、30个村、30家单位被评为市级"创三安"先进集体，18个地区、单位被评为省级"创三安"先进集体。1998年，省综治委在无锡市召开创安工作会议，市综治办被评为省创安先进集体。1999年，市创建文明办公室专门建立创安工作小组，拨出200万元专项经费支持安全文明小区建设和老新村改造。各市（县）、区围绕创安工作目标，层层落实责任制。在提高创安达标率的同时，巩固和提高创安质量，落实长效管理措施。至年末，全市创建安全文明小区557个、村2083个、单位4415家，创建达标率85%以上。崇安区江海街道风雷小区、江阴市周庄镇三房巷村、无锡轻工大学等37个小区、村镇、单位获省级安全文明称号。

2000年，按照完善工作措施、建立长效管理机制的目标，继续推进"创三安"活动。全市新建安全文明小区44个、村26个、单位126家。在南长区召开全市安全文明小区长效管理工作现场会，在郊区刘潭街道、江阴市祝塘镇分别召开市区和农村深化创安工作座谈会，推广先进经验。各地开展创建"无毒社区"活动，对吸毒人员普遍建立帮教小组。制定印发《长效管理百分考核办法》和《关于对安全文明小区长效管理进行日常考核的通知》。市综治委办公室会同市公安局坚持每周一次的暗访排查和每月一次的例会制度，强化平时的督查考核。对发现的问题视情况采取发整改通知书、通报批评、提出黄牌警告直至摘牌的处理。是年，安全文明小区的发案数下降12.2%。2001年，全年投入2100万元，把14个老新村改造创建为安全文明小区，有11个新建小区验收达标。通过创建，全市安全文明小区发案数较上年下降15.5%。2002年 3月，市委、市政府召开基层创建工作会议，检查梳理已达标的安全文明小区、村镇和单位，对8个管理严重滑坡、15个管理不善的小区予以摘牌和黄牌警告。市综治办公室与有关部门联合印发《关于进一步加强乡镇、街道综治办建设和专职人员享受特岗津贴的通知》。全市125个乡镇（街道）单设或挂牌设立综治办，配备195名专职工作人员，平均每个街道1.56人，绝大部分综治干部落实特岗津贴。8月，市、区两级财政投入800多万元，招聘1041名保安人员专门从事社区保安，推进小区长效管理。全市社区发案数比上年下降15%。

2003年始，开展“建设平安无锡、创建最安全地区”平安创建活动。市平安创建领导小组制定36个成员部门工作责任制。各级宣传、文化等部门配合开展“平安创建宣传月”活动。10月底，召开全市平安创建工作推进会，进行再动员再部署。市创建平安领导小组办公室组织政法部门组成工作小组对口指导。活动中，提出抓好队伍建设、技防建设、物防建设和机制建设四大工程，强化严打整治、治安防范、基层创安、重点人口管理、矛盾纠纷排查调处、法律服务和保障、政法队伍建设7项工作措施。重点实施基层治安防控体系建设，推进城市“技防社区”和农村“技防镇”建设。全市可防性案件发案率比上年下降1.6%。通过跨地区、跨警种整合力量装备进行重点设防，市区第一批186平方公里区域的刑事案件发案率平均下降7%左右。提升金融、财会、仓库等重点单位和部位技防能力，加强对旅馆业、旧货市场等特种行业的阵地控制。年末，全市有70个乡镇、街道通过市“社会治安安全乡镇、街道”考评。无锡市通过省综治工作检查验收，被省综治委评为社会治安综合治理先进市。2004年，深化平安创建活动，全市投入专项经费2亿多元。全市治安卡口的电子监控水平提升；金融营业网点的技防设施安装率100%。全年新增技防镇26个，新建智能化小区60个，全市83%以上的镇建成“技防镇”，41%的街道建成“技防街道”。围绕突出治安问题，开展群众反映强烈的街道路面“双抢”案件、流动人口管理、“黄赌毒”社会丑恶现象等专项整治。着眼于加强基层基础工作，开展创建“平安工地”“平安大厦”“平安校园”“平安小区”等活动。通过开展“平安工地”创建活动，全市550多个建筑工地治安和刑事案件较上年下降15%。通过多种形式和途径加强对青少年的思想道德和法制教育，整治维护校园和周边地区安全，建立预防青少年犯罪测控点，组织团员青年参与平安创建。全市在校生犯罪率降至万分之零点五以下。加强刑释解教人员安置帮教工作，全市安置率和帮教率分别达到88%和99.4%，重新犯罪率控制在1.2%。无锡市连续两年被省委、省政府评为全省社会治安综合治理先进市；80%以上的镇（街道）通过“社会治安安全镇（街道）”的达标考核。至2005年，基本形成打防控一体化的“大防控”格局。全市以“110”为龙头的快速反应联动机制更为完善，省际、市际卡口和治安查报站全部实行监控联网；80%以上的镇（街道）建成“技防镇（街道）”，江阴市、惠山区实施“技防镇”联网监控；结合老新村改造，全市共建成“技防小区”170多个、“技防村”50多个。无锡市实现首批建成社会治安安全市的目标，江阴市、宜兴市、崇安区、南长区、锡山区、惠山区、滨湖区、新区被省委、省政府命名为2005年度省社会治安安全市（县）、区，其中江阴市、惠山区连续3年获此荣誉。

第四节 群防群治

1985～1991年，市政法委重点进行群防群治的网络建设，乡镇街道的专职联防队和村（居）委的“四护”（护村、护楼、护院、护弄）人员组成的治安防范力量建设以及治保、调解组织建设。至1991年末，全市有治安联防队386支、2772人，“四护”队伍466支、2586人。

1991年后，群防群治组织和人员不断扩大。1992年，崇安区工运桥街道、无锡钢厂等先进单位受到省委、省政府表彰。1993年，在加强综治领导机构建设的同时，注重抓好基层的组织网络建设。3市（县）和郊区把建立健全村级联防组织作为一项重要任务，做到组织、人员、责任、报酬四落实。江阴市公路沿线、集镇周围、治安情况复杂、经济比较发达的234个村全部建立村级联防队。无锡市郊区在无锡城周围的41个村和312国道沿线的21个村共建立护村护楼队1059支，基层的防范力量得到增强。联防队员全年共抓获违法犯罪人员6017人。民兵组织在维护治安中发挥重要作用，有3万人次参加综治活动。加强户口协管员队伍建设。3市（县）和郊区等地，在外来人口比较集中的乡镇街道和村建立外来人口管理办公室248个，管理站（组）710个，配备专职户口协管员846人、兼职2670人。加强大型建筑工地治安联防队的建设。在外来人口比较集中的建筑工地建立治安联防队，有的在建筑工程队建立工地治安保卫小组。1994年，市综治委在无锡县八士镇、北塘区分别召开农村治安联防工作会议和城区治安防范工作会议。至年末，全市共有村级小联防队680余支、6600余人，抓获嫌疑违法犯罪人7093人，占全市抓获人犯总数31.2%。至1996年，全市联防队覆盖率90%以上，队员7300多人。物防设施和管理制度日趋完善。

1997年，政府出资组建公益保安队伍，厂企和村（社区）出资招聘专职保安队伍，建立社会治安防范志愿者队伍、党员和机关干部义务巡逻队伍等，设防从一间房、一栋楼发展到一个村（社区）、镇（街道）。逐步建成省际、市际、市（县）区和城（镇）出入口的治安卡口，有条件的城镇小区实现封闭管理。2000年，开始整合技防设施，出台技防建设标准，全市共建有专职联防队1540多支、10200多人，组织发动党员干部和居民群众开展义务治安值勤。同年，全市第一支由居民自行出资聘请的、在开放式的老居民区巡逻值勤的保安队在南长区谈渡桥地区组建。市和各市（县）、区共表彰见义勇为先进分子106人。2001年，以压降可防性案件为切入点，落实物防、技防措施。7月，召开全市群防群治工作会议，印发《关于动员在职党员干部积极参与社会治安防范工作的通知》，开展邻里守望互助、党员志愿者义务治安巡逻等活动。全市组建专职社区保安队193支、1227人、街头路面流动保安队27支、134人。每天在全市城乡执勤巡查的“红袖套”“红帽子”等群众义务治安防范力量达3万余人，治安联防人员8180人。全年通过群防群治组织抓获违法犯罪嫌疑人8500多人，协破刑事案件5300余起、治安案件9837起。2003年，加强和充实保安辅警和群防群治力量，组建1.7万多人的多层次保安辅警力量，社区治安志愿者队伍不断壮大，组织发动送奶员、送报员、保洁员、出租车驾驶员等行业从业人员参与治安防范。2004年，全市保安辅警2万多人，社区治安志愿者队伍7万多人，特殊行业从业人员治安志愿者队伍发展至13755人。全市通过防控网络直接和间接破案近万起，占破案总数的2/3，可防性案件明显下降。2005年，各地区突出加强群防群治基础工作，共投入防范经费275万元，新增社区保安480人，充实治安志愿者近2200人，增加基础防范设施5000多个，公众对社会治安的满意率96%以上。

图28-1　民警与社区群众一起进行治安巡逻　（夏天摄）

第三章　公　安

第一节　机构　队伍

1986年，市公安局下设机构、单位为办公室、政治处（下设组织科、宣传科、机关党委、团委）、管理科、第一科（政保科）、第二科（内保科）、第三科（治安科）、刑警大队、第六科（警卫科）、第七科（预审科）、第八科、出入境管理科、农村工作科、通信科、交通民警大队、无锡市人民警察学校。另有保安服务公司、渔庄饭店等企事业单位。所辖分局为崇安分局、南长分局、北塘分局、郊区分局、水上分局。武装警察部队无锡市支队和无锡市公安局消防支队实行武警和公安双重领导。

至2005年，市公安局内设机构为办公室、政治部（辖组织人事处并挂"警衔办公室"牌子、宣传处、教育处、机关党工委、老干部工作处）、警务督查室、指挥中心、行政管理处、审计处、户政管理处、信息通信处（挂"公安信息中心"牌子）、信息网络安全监察处、科技处、法制处、出入境管理处（挂"外事处"牌子）、技术防范管理办公室、纪检组（监察室）。现役机构警卫处、消防支队。直属行政机构治安警察支队、刑事警察支队、交通巡逻警察支队、经济犯罪侦查支队、干部学校、国内安全保卫支队、经济文化保卫支队、禁毒支队、监所管理支队、行动技术支队。业务管辖机构江阴市公安局、宜兴市公安局。

1993年4月20日，市公安部门首次授予人民警察警衔。首批被授予警衔的警官共有2249人，其中被授予警监警衔4人、警督警衔510人、警司警衔1228人、警员警衔507人。2005年，全市有授衔民警7770人，其中警监警衔2人、警督警衔3444人、警司警衔4295人、警员警衔29人。年末，市公安局设置33个处（室）、支队。

2005年，市公安局下属派出机构：

崇安分局辖：通江、学前街、崇安寺、广瑞路、上马墩、江海、广益派出所。

北塘分局辖：惠山、北大街、西新、五河、惠龙、黄巷、山北、刘潭派出所。

南长分局辖：南禅寺、清名桥、谈渡桥、迎龙桥、清扬路、通扬桥、扬名、金星、金匮派出所。

滨湖分局辖：河埒口、荣巷、溪南、蠡园、鼋头渚、青山湾、梅园、胡埭、蠡园开发区、梅梁、马山、灵山、东绛、雪浪、南泉、华庄、太湖水上、马山水上、蠡园风景区治安派出所。

锡山分局辖：东亭、柏庄、竹辉、查桥、安镇、羊尖、厚桥、荡口、甘露、东北塘、八士派、张泾、东湖塘、港下派出所。

惠山分局辖：长安、西漳、堰桥、前洲、玉祁、石塘湾、洛社、钱桥、藕塘、杨市、阳山、陆区、惠山开发区派出所。

新区分局辖：路东、旺庄、硕放、园区、长江路、南站、坊前、梅村、无锡机场、鸿声、后宅、国际科技园派出所。

公交分局辖：车站地区、梁溪派出所。

水上分局（水上警察支队）辖：太湖、黄埠墩、南门、北新桥派出所。

第二节　治安管理

一、排查调处矛盾

八九十年代间，无锡市因工资福利、征地拆迁、企业改制和环境污染、集资偿还等方面引发的社会矛盾逐渐增多，群体性上访、请愿等事件接连发生。公安机关承担预防和处置重大不稳定因素的相关工作。治安管理部门建立每周预警制度，将排查、了解的情况形成材料定期向市领导汇报，提供领导决策，对有可能出现的上访事件，及时做好预防处置，缓和、化解事态和矛盾。2000年，编发《每周不稳定因素》32期，超前掌握和有效化解不稳定因素130余起。2001年，市公安局成立稳定工作领导小组，在每周预警预报机制的基础上，建立每月预警情况分析制度，将矛盾预警调处列入基层公安机关年终目标考核，年内公安机关掌握重大矛盾苗头650余起，群体性事件预警预报率90%以上。2002年，建立重大矛盾每周预警分析会议，并逐步建立矛盾分级预警制度，按矛盾发展动态以星级向党委、政府和有关部门发出预警通报，当年共超前掌握重大矛盾苗头1190起，向党委、政府提供调处建议260余条，群体性事件信息预警率90%以上，重大矛盾预警预报率98%。2003年，超前掌握矛盾因素1746条，向党委、政府提供建议50条，群体性事件预警率98%。2004年，共梳理掌握矛盾因素2746起，群体性事件预警率达100%，向党委、政府提出矛盾调处工作建议103份，提请协调33次。2005年，共梳理掌握矛盾因素2695起，矛盾因素排查率99.3%，群体性事件预警率98.6%。

二、处置突发事件

1989年12月，市公安局组建警察机动大队，用于应付突发事件，平时加强市区武装巡逻。1996年，警察机动大队升格为防暴警察支队，承担防暴和处置突发事件任务，负责市区“110”报警车接警巡逻。1999年5月3日，宜兴市川埠经济开发区蒋笠村陈某持枪杀人，并击伤民警。无锡市防暴警察支队出动警力，于5月6日将持枪顽抗的陈某击毙。2000年5月，防暴支队并入治安警察支队，内设防暴大队，承担反恐处突、维稳预警、大型活动安全保卫等任务，市公安局在东埄设立训练基地，添置频率干扰仪、节点探测器、排爆罐等反恐排爆装备。2005年11月，组建公安特警大队，正科级建制，隶属于市公安局治安支队，与防暴大队两块牌子一套班子。2000～2005年，防暴大队参与处置突发事件173起，完成大型活动安全保卫任务425次。

三、经营场所行业治安管理

1987年，市公安局单独或会同有关部门先后制定旅馆业、刻章业、城乡个体商业经营废旧物资、舞场、音乐茶室、咖啡馆、录像放映和录像设备、桌球经营等管理规章。1994年，针对废旧物资收购站点管理混乱、收销赃物活动突出的情况，市公安局会同有关部门开展清理整顿。全市共查处有收销赃物违法犯罪活动的收购站（点）34家，从中查获收销赃物违法犯罪人员76名，查破案件83起，追缴赃款赃物价值31.4万元。无锡县公安局于7月对全县废旧金属收购行业清理整治，查获收销赃物违法犯罪人员26人，取缔无证收购站（点）27家。1995年，市公安局专项治理利用电子游戏机赌博的行为，依法检查558家电子游戏室，查明193家有赌博活动，依法没收电脑板1338块，限期整改56家，责令停业整顿80家，取缔无证经营21家，治安处罚36家。1999年，旅馆住宿人员信息系统投入使用，至2005年末共抓获网上在逃人员573人。2002年，国务院实行行政审批制度改革，同年12月2日起，实行新的相关场所行业开业行政审批制度，除保留对歌舞娱乐、洗浴按摩、电子游戏业的开业审批外，取消对其他公共场所的审批，改为登记备案管理制。同时废止立项制度，取消江苏省公共场所安全合格证，对保留审批的项目改为核发治安审核意见书。简化审批、备案程序，实行一级审批、一个公章对外制度，将审批工作时间由15天缩短为10天。2004年起，实施旅馆单位等级化管理制度。7月，取消对歌舞娱乐、洗浴按摩、电子游戏业的开业审批，仅保留旅馆业、典当业、刻章业等3个审批项目。2005年，市公安局对旅馆业、拍卖行、典当行、旧货市场、二手机市场、物流配载市场、机动车修理行业、刻章业、金银饰品加工点逐步推行信息化管理，建立完善登记备案制度和嫌疑报告制度。

四、整治社会丑恶现象

1986～1990年，公安机关查处卖淫嫖娼、制作贩卖传播淫秽物品、拐卖妇女儿童、私种吸食贩运毒品、聚众赌博、利用封建迷信骗钱害人的“六害”案件，依法打击犯罪分子。共查处“六害”案件4179起，查获涉案人21903人，其中逮捕164人、劳动教养543人、治安处罚10422人。对患有性病的卖淫嫖娼者由卫生部门实行强制治疗。1991年12月，市收容教育所建成并投入使用，可容纳收教250人，辅助设施较为完备，通过履行教育管理、生产劳动改造和性病治疗等3项职能对卖淫嫖娼人员进行教育、感化和挽救。1994年，共查处卖淫嫖娼案件729起，查获卖淫嫖娼者1322人；查获传播淫秽物品案件131起，收缴淫秽录像带846盘、淫秽书刊7000余册、其他淫秽物品1600余件；查获赌博2661场，涉及19074人，缴获赌资640万元。对公共复杂场所进行整顿，对异性按摩、“三陪”色情服务活动坚决取缔，依法处理内部治安管理混乱的公共娱乐场所778家。1995年4～5月，集中开展查禁取缔利用电子游戏机进行赌博的专项治理，依法检查558家电子游戏室，没收电脑板1338块。7～9月，开展为期3个月的以禁毒禁娼为主要内容，以整治公共娱乐服务场所治安秩序为重点的专项治理。市和各市（县）、区建立禁毒禁娼领导小组，市政府发布《关于禁毒的通告》和《关于严禁卖淫嫖娼和色情陪侍活动的通知》，开展禁毒禁娼的宣传教育。政法机关加强清理排查，先后查处吸毒贩毒案件180起590人，查获卖淫嫖娼案件1092起，抓获卖淫嫖娼人员26677人，分别比上年增加68.5%和76%，对1700多处违法经营场所进行整顿。1996年，开展“三禁一打”（禁毒、禁娼、禁赌，打击暴力犯罪活动）专项斗争。先后进行3次为期12天的集中清查打击行动。群众向公安机关检举揭发线索118条，近千名违法犯罪人员到公安机关登记、自首。从建章立制入手，严格规范行业管理，提高斗争的整体效果和长期效应。针对公共娱乐行业暴露的问题，落实法人代表的治安责任。配合卫生、医药、防疫等管理部门加强对麻醉、精神药品的管理，消除滋生毒品违法犯罪的土壤。1997～2000年，开展公共娱乐服务场所、美容美发业、书刊音像市场、电子游戏业、收旧业专项整治，集中查处一批“六害”违法犯罪活动，查处违法经营的场所行业单位，捣毁一批违法犯罪窝点。2001年7月，开展加强娱乐服务场所管理暨电子游戏经营场所专项整治，整治行业场所13811家，查破黄、赌、毒案件416起1078人。2004～2005年，公安机关先后组织开展“百日专项行动”“秋风行动”、全国禁赌专项行动等360余项专项整治行动，共整治站街招嫖、制假贩假、强讨恶要等治安乱点地区、部位230处，依法查处违法犯罪嫌疑人1.6万多人，摧毁聚众赌博犯罪团伙186个。会同有关行政执法部门开展打假联合行动80余次，整治重点市场和地区33个，查获假冒伪劣商品案件145起，缴获假冒伪劣商品价值2800万元。

五、基础防范

1988年8月28日，《无锡市企事业单位治安保障条例》施行。全市恢复、新建保安科、股89个，充实保卫干部279人，重点、要害单位逐步实现“人防、物防、技防”的综合性防范措施。至1990年，全市有6793家企业建立厂长负责的治安责任制。1999年，开展“基础工作年”活动，界定可防性案件的类型范围和概念，把压降可防性案件作为基层防范工作的立足点。开始推行弹性工作制，加强对案件多发时段、部位和区域的巡逻工作。2001年起，推进社区警务改革和保安联防体制改革，提高社会治安防范能力。派出所的工作重心逐步转移到防范和管理上来，把巡逻和入户调查作为主要的勤务方式。2003～2005年，对社区警务室实行星级评定[①]，城区建成社区警务室535个，其中三星级警务室202个。2004～2005年，开展以覆盖全社会治安信息员系统建设、人口信息质量、流动人口落脚点管控以及危险物品单位治安防范达标为主要内容的“四项攻坚”，以及流动人口落脚点、中小旅馆、违法犯罪高危人群等“三项会战”，并作为推进基层基础建设和推进平安创建活动的重要载体，完善社会治安防控体系建设。至2005年末，全市共有保安队员21698人，初步建立保安队员岗前培训、随岗培训、淘汰更新制度，并启动保安力量整合工作。

六、危险物品管理

1985年，根据《江苏省民用爆炸物品管理细则》和《江苏省烟花爆竹安全管理细则》，市公安局对生产、运输、销售、存储、使用爆炸物品企业单位开展清理整顿，对爆破员、管理员、安全员、押运员实行考核发证制度。1991年，公安部颁发《消防监督程序规定》，自10月1日起，公安消防监督机构按照《化学危险物品安全管理条例》等有关规定，对生产、存储、购买、运输、使用易燃易爆化学物品的单位履行审核、审批制度。同年7月25日～11月底，在全市开展爆炸物品管理整顿工作，制定《整顿验收评分细则》，各单位自查自改。同时对爆破员、安全员、保管员、押运员集中整顿。1994年，结合《易燃易爆化学物品消防安全监督管理办法》及《爆破作业人员安全技术考核标准》，市公安局对涉危涉爆人员培训考核，把好发证、签证关。是年，按照公安部《关于强化枪支弹药管理工作的通知》精神，组织开展收缴非法枪支弹药集中统一行动。1997年1月1日起，根据《无锡市禁止燃放烟花爆竹条例》，市区全面禁止燃放烟花爆竹。1999年7月28日，市人大常委会对《无锡市禁止燃放烟花爆竹条例》进行修改，从2000年起实行市区烟花爆竹有限制许可燃放，每年由市政府发布公告，在春节期间允许市民在特定时间、特定区域内燃放烟花爆竹。

2001年4月，全省民用爆炸物品安全监督职能由消防部门划归治安部门。通过“四项攻坚”（治安信息员、人口信息、流动人口、危险物品管理攻坚）、“三项会战”（出租屋、空关房、独居户和中小旅馆、违法犯罪高危人群管控会战）、“治危除患”等专项行动，全市危险物品单位治安防范达标率100%。公安机关列管率和安全责任状签订率都达100%。年内，市公安局组织开展治爆缉枪专项行动，共查处“12·25”江阴市山观金山建材厂炸药丢失案件等涉爆涉枪案件134起，处理犯罪嫌疑人178人，收缴非法枪支2892支、子弹10905发、废旧炮弹123枚、炸药551公斤、雷管11023枚，查处违法违章经营的涉爆单位60家，组织集中销毁行动两次。2002年，开展危险物品专项治理行动，共收缴非法枪支171支、废旧炮弹220枚、子弹6385发、管制刀具673把、炸药38.93公斤、雷管7355枚、导火索200米。9月，开展收缴“毒鼠强”等剧毒急性鼠药专项行动，共收缴剧毒急性鼠药3816包（瓶）、液体鼠药377瓶、氟乙酰胺4.1公斤、氰化钾（钠）6.75公斤，处罚违法违规经营单位13家，查处违法犯罪嫌疑人67人。2003年，共检查剧毒化学品单位2150余家（次）、涉爆单位2014家（次），发现整改安全隐患2461条，查获涉爆案件、涉剧毒化学品案件、毒鼠强案件67起，抓获违法犯罪嫌疑人74人，收缴剧毒化学品近4700公斤、禁用剧毒鼠药196.7公斤、炸药378.55公斤、雷管1271枚、导火索5万余米。全市涉爆单位共添置防盗门锁160多把，加固药库门窗90多扇，安装CK自动报警装置22只，检测和增设避雷针210只。2004年，组织开展危险物品治安防范百日竞赛和危险物品单位治安防范攻坚，检查危险物品单位3300家，发现整改安全隐患2200处，新增安装报警装置150家，18辆专业运输车安装全球定位系统，33家民爆器材仓库中评出一级库1家、二级库5家、三级库25家、四级库2家；查处涉危案件89起，处理违法犯罪人员158人，收缴非法枪支72支、子弹790发、剧毒化学品220.4公斤、废旧炮弹35发、炸药874.6公斤、雷管36711枚、导火索850米。2005年，新

① 警方对社区警务室进行星级评定，五星级警务室为最高等级。社区民警考核实行考核结果分等制。考核内容包括安全防范、人口管理、社区警务、服务群众等4个基础部分，总分值100分。

核对确定民爆、剧毒、放射、枪支等4类单位912家，检查危险物品单位3500余家，发现整改安全隐患1140处；查破涉危案件255起，查处相关人员255人，收缴非法枪支99支、子弹585发、管制刀具3917件、炸药5035公斤、雷管10268枚、剧毒化学品4230公斤。至2005年，共收缴非法烟花爆竹1832.15万余支。

七、水上治安管理

80年代末90年代初，无锡水域每日有苏、浙、皖、赣等10多个省市的过境船只4000艘左右，在辖区内停泊的船只3000余艘。针对外来船无序停泊，发案高、纠纷多、秩序乱的情况，市公安局先后在吴桥沿河、红星桥等船只停泊水域建立16个水上寄泊站、1个旧船舶交易市场，聘用水上寄泊站管理人员150余人。90年代以后，水上分局结合水域治安实际，严密治安管理措施，开展以优化河道环境为中心的水环境专项整治，对住家船、收旧行业船、电焊船等进行专项整治，改善河道环境卫生面貌和交通秩序，推动和促进水上治安秩序的稳定。经采取相应的管理措施，发案和纠纷明显减少，停泊秩序明显好转。2000年，市公安局组织集中整治行动65次，出动警力1062人次、巡逻艇160次，劝返离境住家船76艘，清理劝返外来“三无”人员和收旧、拾荒人员232人，收缴废旧物资15吨，查扣可疑摩托车、自行车21辆。梁溪河、纳新桥、梅泾浜、太湖犊山船闸等7个重点整治部位和水域的治安秩序普遍好转。新登记外来流动人口2178人，发放暂住证3061张。是年，接收管辖涉水相关场所143家，登记公共复杂场所和特种行业企业30家。2002年起，无锡市龙舟赛、滑水精英赛、太湖旅游节等涉水文化艺术和经贸旅游活动以及涉水警卫工作增多，水上分局每年组织开展对旅游船只、渡船以防火、防超载、防事故为主要内容的安全大检查，及时发现整改安全隐患，严防事故发生，确保活动顺利进行。

2002～2005年，市公安局逐步建立以110报警服务巡逻艇和治安卡口为“龙头”，以水上“五个一”工程（建一个水上民警值班室、配备一条110报警艇、设置一块报警标志牌、安装一部报警求助电话、健全一套工作规范）和警民联系为依托的水域治安防控网络。根据“棋盘式”防控体系的布局要求，重点抓住片区的设防、水面的设防和重点场所部位的设防，共确定17个治安防控责任区，确定犊山闸区、吴桥西路、树脂厂沿河、下甸桥、新运河国家二级口岸沿河等5个重点防控的场所地区。建成2个水上治安卡口、6个警务站，按照《江苏省水上民警值班室管理工作规范》的要求，方便船民报警求助，提高处置水域突发事件的快速反应能力。强化水上巡查堵控机制，严格卡口查验制度，开展全天候巡逻及重点水域、场所清理清查，建立健全专职联防保安队伍、协管员队伍和信息员队伍，提高辖区水域治安防控能力。开展创建“平安航道”活动，航道内治安、交通秩序明显好转，交通事故和纠纷明显减少。

水上分局针对水上抢劫、敲诈勒索等暴力犯罪减少，盗窃、诈骗等侵财犯罪增多的特点，每年组织开展打击盗窃、打击收销赃物犯罪等专项斗争。20年间，共破获刑事案件956起，打击处理违法犯罪人员1100人，挽回经济损失300余万元。辖区内水域社会稳定，未发生规模较大的群体性事件。

八、公交治安管理

1999年6月16日，市公安局成立公交公安分局，负责市区火车站、汽车站地区以及各公交站台和客运、运输车辆的治安管理和案件的侦破，以及出入市区主干道卡口的查报。通过夜间严查“黑车”、联合整治摊贩、打击欺诈经营、严打制假贩假以及“黄牛”等行动，确保重点地区、部位治安秩序、道路交通秩序、行业经营秩序良好，并逐步完善长效管理机制，树立无锡窗口形象。

2000年1月1日，公交公安分局车站地区派出所查获1名公安部督办杀人案犯，缴获“六四”式手枪1支、子弹7发。2月24日，锡沪路治安查报站快破1起恶性抢劫杀人案，查获两名案犯。7月28日，车站地区派出所查破1起特大毒品案，缴获海洛因3500克。各治安查报站通过严密过往车辆、人员查控、开展延伸管理巡防、加强“站所队”联动机制，切实维护查报站周边重点地区的治安秩序。

2002年2月3日，锡港路治安查报站查获1名监守自盗银行金库的特大犯罪嫌疑人，当场缴获赃款153万余元。4月，公交分局摧毁一批新疆籍职业犯罪团伙，集中遣返29名团伙成员。11月，无锡市客运出租行业“义务110”队伍成立。2003年7月，无锡市首支公交“反扒志愿者”队伍成立。2004年2月，公交分局会同市交通局开通“平安TAXI（的士）”专题直播节目。公交分局实施《无锡市公安局客运汽车驾驶员治安管理奖励办法》。对提供案件线索，协助公安机关破获案件，抓获或协助公安机关抓获犯罪嫌疑人员，在抢险救灾、协助公安机关处置突发性治安灾害事故，以及在营运中发现乘客遗忘物品后主动交公安机关归还失主的客运汽车驾驶员进行奖励，至2005年，共奖励288人次。公交分局共破获刑事案件2695起、治安案件2287起，抓获犯罪嫌疑人7164人；协助其他公安机关破案2531起，移送犯罪嫌疑人2342人，抓获网上在逃人员166人。各查报站共检查车辆16万余辆次，其中出租车12万余辆次。查破案件1560余起，抓获违法犯罪嫌疑人1730人。“反扒志愿者”队伍有1000人，由公交公司驾驶员组成，成立后共协助公安机关破获31起扒窃案件。“义务110”队伍有2681名队员，由出租车驾驶员组成，共协助公安机关破获案件449起。

九、治保组织、联防与保安服务

1.治保组织

1986年始，无锡市加强厂企保卫组织（保卫处、科、股）、治安保卫组织、消防队、护厂队、护校队、经济民警和联防队等公安外围组织建设。1988年，全市有厂企保卫组织432个、保卫干部1866人，治安保卫委员会6505个、33624人，治安保卫小组17466个、47510人，专职消防队107支、789人，义务消防队828支、1124组、18780人，护厂队321个、2506人，护校队3个、14人，经济民警182人驻守9家厂企单位。专职联防队199个、1816人。其中市区128支、1390人，分布在市内火车站、汽车站（包括汽车上）、轮船码头（包括轮船上）等“三关”地区的5支、173人，特种行业2支、24人，公共场所22支、294人，城郊结合部57支、176人，水上9支、63人，居民区33支、660人。

随着企事业单位改制等因素的影响，治保组织的构成发生较大变化，有的弱化消失，有的逐步加强。至2000年，厂企保卫组织基本撤销，治安保卫委员会缩减至4667个、20534人，治安保卫小组缩减至10805个、24597人，厂企专职消防队39支、506人，乡镇专职消防队54支、550人，义务消防队、护厂队、护校队取消。经济民警增至551人，驻守21家企事业单位和金融单位。专职联防队2234个、10997人，全部改建为保安联防队。

至2005年末，全市共有治安保卫委员会3202个、16929人，治安保卫小组7585个、23307人，厂企专职消防队16支、233人，乡镇专职消防队86支、928人，经济民警441人，驻守13家企事业单位和金融单位。

2.联防和保安服务

1985年1月，成立市安全服务公司，为全民企业，经营旅游、泊停车、汽车修配、机电产品加工、照相、雕刻等业务。7月26日，成立市保安服务公司。1988年11月，中外合资企业无锡华瑞制药公司成为聘请保安服务公司的第一家单位。12月，经市劳动局批准，市保安服务公司从农村招收88名队员，大多为苏北籍退伍战士。1990年，市安全服务公司和市保安服务公司合并为市保安服务公司，主要业务是为客户提供门卫、守护、巡逻值勤、押运贵重物品，为大型经贸、文体活动提供保安服务，为客户提供其他安全咨询服务。至1991年10月，有170名队员为22家机关厂企单位提供保安服务，同时承担在无锡举办的大型经贸交流会的保安工作。

1992年8月～1994年5月，分别成立无锡县、江阴市、宜兴市保安服务公司及无锡市保安服务公司郊区、南长、北塘、马山、水上、锡南经济开发区（后称新区）等分公司。

1998年1月，清理整顿保安服务业，保安公司归口公安机关治安部门管理。对单位自建保安组织清理整顿，符合组建条件的到属地市（县、区）公安局备案，由属地派出所监督、指导工作。规范保安着装。7月，设立保安培训中心，保安队员须经培训合格后，持保安人员资格证书上岗，并须每年审验合格。

2000年6月，开展保安服务业务清理整顿，共撤销（取缔）单位自建保安组织303个、1874人，其中241家改为单位内部安全保卫组织、62个纳入保安服务统一管理。11月，开展保安联系管理体制改革，将保安队伍统一纳入公安机关和保安公司管理，专业联防队统一改建为保安联防队。

2001年，市（县）、区建立保安联防大队，派出所专职联防队改为保安中队，专职联防队员过渡为保安联防队员。全省统一换发2000式保安服装。2002年10月，省公安厅印发《江苏省保安联防队伍建设管理规范（试行）》，加强对专职治安联防队、群众性专业治安巡逻防范队伍、物业管理企业护卫人员和厂企选派的治安联防队员的管理。

至2005年，市区保留市保安服务公司和新区、崇安区、锡惠保安大队，有4515名保安队员，为705家驻点单位提供保安服务。全市有保安联防组织1590个、12920人，其中：城市保安联防组织160个、3148人，农村保安联防组织1430个、9772人；由派出所管理的990个，由政府部门管理的208个，由综合治理部门管理的392个。全市公共场所共聘用保安2659人。

第三节　惩治犯罪

一、惩治一般刑事犯罪

1986年初夏，全市开展集中惩治流氓犯罪专项行动，抓获流氓犯罪分子115人。1987年春，针对盗窃案件上升趋势，集中开展反盗窃斗争，破获刑事案件303起，其中杀人案件6起、重大盗窃案件68起。1988～1990年，多次开展以反盗窃自行车为重点的专项斗争，先后缴获赃物自行车5000余辆。1989年秋季，开展集中惩治流窜犯罪的专项斗争，先后抓获流窜犯罪嫌疑人761人，破获案件455起，其中重大案件122起，摧毁流窜犯罪团伙62个、294人，缴获催泪手枪两支、电击手枪45支、匕首等凶器75件、雷管70支、炸药25公斤。1986～1990年，侦破刑事案件16197起。

1991年，市公安局组织专项斗争和专项整治，遏制盗窃自行车和工业材料案件增多的势头。1992年，开展“打现行、破大案、挖团伙、追逃犯、拔祸根”专项斗争，以反盗窃、打流窜、清理劝返外来无业人员为主要内容的集中行动和打击流氓滋事、捅刀子犯罪活动为重点的专项惩治。1993年，开展以惩治团伙犯罪、抢劫犯罪、带“黑社会”性质的流氓恶势力犯罪为重点的专项斗争和集中“严打”整治夏季治安的斗争。共破获刑事案件6468起，破案绝对数和破案率分别比1992年提高19.7%和6.5%，处理犯罪嫌疑人3739人。8月，市区和3市（县）公安机关组织公开缉捕102个负案在逃犯的行动，缉获张榜公布的“三逃”人员38人。

1994年，市公安部门对严重刑事犯罪活动继续保持高压态势，重大案件大幅度上升的势头得到有效遏制。全年刑事案件的发案数比上年下降2.1%，重大案件上升23.2%，升幅低于全省平均水平，较上年减少42.3个百分点。“省运会”“陶艺节”“’94太湖影视文化旅游节”等大型文体和经贸活动中均未发生治安问题，公共场所流氓滋扰斗殴捅刀子等治安问题明显减少。12月20日，市公安局公开缉捕33名在逃案犯，当天就有3名在逃人员到派出所投案自首。1995年上半年，全市集中开展以反盗车专项治理和打击撬盗保险箱犯罪专项行动为重点的春季“严打”攻势。在加大侦察破案和打击犯罪力度的同时，加强防范基础设施建设，采取新建停车棚、清退被占车库、实行车辆定点看管、督促更换劣质保险箱等项措施，使这两类案件的高发势头有所抑制，其中接报被盗自行车案件比上年下降30.3%，撬盗保险箱案件也有所下降。

1996年4～8月，开展严厉惩治严重刑事犯罪活动的斗争。以现行大案和挂牌、疑难案件为重点，加大攻坚克难破案打击力度，把强化侦察破案作为首要环节来抓。6月15日，市公安局公开通缉33名在逃犯，缉获一批负案累累的逃犯。通过严打斗争，破获刑事案件4718起，抓获刑事犯罪嫌疑人3845人，摧毁犯罪团伙398个。1997年，开展春季和夏季"严打"整治专项斗争以及冬季侦破攻势，始终把严重暴力性犯罪，杀人、抢劫、劫车等恶性犯罪和团伙犯罪、严重流窜犯罪作为打击重点，对重大恶性案件实行挂牌侦破。对横行乡里、危害一方的犯罪团伙尤其是恶势力犯罪团伙坚持露头就打，不使其形成气候。1998年，相继组织开展打击盗抢机动车专项斗争和以打击恶势力为重点的破案防范百日会战、反窃电专项斗争等。全市破获刑事案件1万余起，抓获刑事作案成员1万余人，摧毁犯罪团伙300多个，缴获赃款赃物上亿元。1999年，开展"反盗窃、严防范、保安全"专项整治、"三禁一打"（禁毒、禁娼、禁赌、打击暴力犯罪活动）、"追逃"等专项斗争和冬季侦破攻势。共破获刑事案件9982起，抓获刑事作案成员1.4万多人，摧毁犯罪团伙300多个，缴获赃款赃物3800多万元。2000年，集中优势力量，组织开展"打拐""百日破案竞赛""打黑除恶"等专项斗争。共破获刑事案件1.63万起，抓获刑事作案成员1.6万余人，摧毁犯罪团伙260余个，缴获赃款赃物4000余万元。

2001年，市公安局开展"严打"整治斗争，以"打黑除恶"为龙头，对"黑恶"势力犯罪、严重暴力犯罪以及盗抢机动车、抢夺、诈骗等多发性犯罪开展专项打击行动。成功侦破公安部督办的锡山区羊尖镇朱某恶势力犯罪团伙案和滨湖区徐建农恶势力团伙案等一批重特大案件。全年破获刑事案件14984起，摧毁犯罪团伙138个，惩处犯罪嫌疑人3.1万余人。2002年，在继续深化"打黑除恶"专项斗争的同时，先后开展严打整治"春雷行动"、路面防控专项行动和"夏季攻势"等专项行动。共破获刑事案件12326起，摧毁犯罪团伙93个，惩处犯罪嫌疑人3.5万多人。

图28-2　2002年7月，市公安局破获"6·23"田基浜特大杀人案，图为公开处理大会现场　（市公安局供稿）

2003年，破获刑事案件13265起，抓获刑事作案人员14528人，摧毁犯罪团伙142个、512人，抓获网上在逃人员1048人。2004～2005年，以命案侦破为重点，成功侦破一批危害严重、影响恶劣的命案，抓获一批负案在逃的命案逃犯；同时开展"打黑除恶"斗争，打击"两抢"（抢劫、抢夺）犯罪，先后组织开展冬季打防、"断腿"、"捕狼"（行动代号）、夏季攻势、"猎豹"、市区治安整治等专项行动。通过挂牌督办，强化攻坚突破，破获一批涉黑涉恶案件。

1986～2005年无锡市公安机关破获刑事案件统计表

表28-1　　　　单位：起

年份	总计		杀人	伤害	抢劫	投毒	放火	强奸	流氓	盗窃	诈骗	破坏生产	其他
1986	全部	1743	23	28	20	2	9	137	51	1433	28	1	11
	重大	320	22	5	8	0	3	75	0	187	19	0	1
1987	全部	1776	17	47	31	2	9	123	35	1484	17	4	7
	重大	380	16	9	19	0	5	60	0	259	9	2	1
1988	全部	3479	23	54	73	6	7	111	66	3058	46	4	31
	重大	895	23	12	26	2	4	82	0	718	22	2	4
1989	全部	4635	32	82	139	5	7	139	51	3990	92	9	89
	重大	1568	28	21	58	1	0	88	0	1285	61	5	21
1990	全部	4564	33	88	84	5	18	117	53	3963	126	5	72
	重大	1482	28	22	44	0	9	75	0	1193	89	4	18
1991	全部	6969	51	114	136	8	9	106	65	5811	175	9	485
	重大	1780	40	31	70	0	3	74	1	1387	129	4	41
1992	全部	5841	43	152	220	7	12	115	98	4543	164	1	486
	重大	1311	38	47	131	1	8	68	1	862	104	0	51
1993	全部	6991	39	162	361	2	14	107	104	5348	248	6	600
	重大	2432	36	56	227	0	3	74	10	1761	174	0	91
1994	全部	7261	68	197	414	6	11	134	143	5397	317	9	565
	重大	3137	57	56	291	1	3	93	2	2269	264	0	101
1995	全部	7482	50	204	301	5	15	129	123	5401	337	11	906
	重大	3256	49	63	238	0	8	94	7	2372	245	0	180
1996	全部	7551	59	246	309	5	9	173	355	4832	404	9	1150
	重大	3250	53	70	253	1	4	112	112	2095	295	0	255
1997	全部	8845	56	249	223	8	20	118	—	5557	466	0	2148
	重大	3682	50	76	181	1	10	82	—	2459	325	0	498
1998	全部	10088	57	282	308	12	29	113	—	6920	413	0	1954
	重大	3682	42	60	145	3	12	71	—	2880	145	0	324
1999	全部	9982	56	338	304	17	18	108	—	6294	353	0	2494
	重大	3296	34	55	158	7	6	61	—	2526	128	0	321
2000	全部	16250	62	444	336	5	18	147	—	10078	673	0	4487
	重大	5160	59	73	267	2	12	102	—	3837	349	0	459
2001	全部	14984	53	470	316	7	17	156	—	9451	636	0	3878
	重大	5049	45	58	253	3	10	85	—	3766	358	0	471
2002	全部	12326	61	472	280	7	22	128	—	7653	590	0	3113
	重大	3869	53	61	220	1	10	74	—	2809	258	0	383
2003	全部	13265	55	508	319	0	9	148	—	8482	712	0	3032
	重大	4095	28	63	104	0	7	76	—	3272	243	0	302
2004	全部	19299	79	569	412	—	12	112	—	11019	678	0	6418
2005	全部	19718	58	494	535	—	16	129	—	12909	730	0	4847

说明：1997年，取消流氓罪罪名。2004年，公安部调整案件统计口径，取消重大案件统计。

二、惩治经济犯罪

1995年12月，市公安局在全省公安机关率先组建经济案件侦察处。1998年12月，经侦处改为支队建制，更名为经济犯罪侦查支队，各市（县）局、分局也相继成立经侦大队。1996～2005年，共破获经济犯罪案件6000余起，依法打击处理犯罪嫌疑人3500余人，为国家、集体和个人挽回经济损失20亿余元。

1.惩治金融犯罪

90年代末，随着各种金融活动日益活跃，金融风险也越来越大。1996年后，无锡接连发生票据诈骗、金融凭证诈骗、非法吸取公众存款和集资诈骗等大要案，涉案金额动辄几百万、几千万，甚至上亿元，直接扰乱金融市场和社会稳定。市公安局经侦部门从1998年开始先后组织开展惩治金融票据诈骗、惩治制贩假币、惩治金融票证犯罪、惩治银行卡诈骗等专项斗争9次，相继破获“5·28”联行资金被骗案、刘某特大票据诈骗案、钱某特大非法吸收公众存款案、虞某特大贷款诈骗案等一批大要案件。与银行系统建立险情通报制度。2001年，市公安局经侦支队与人民银行无锡分行联合制定《无锡市金融业防范票据风险暂行办法》，为遏制和减少金融犯罪案件提供制度依据。2004年起，无锡金融犯罪案件呈逐年下降趋势。

2.惩治涉税违法犯罪

1998年，《中华人民共和国刑法》和《中华人民共和国刑事诉讼法》修改后，将危害税收征管秩序案件的侦办划归公安部门管辖。1998年8月，市公安局相继在国税、地税部门派驻公安办公室，负责涉税案件的侦办，加大对涉税违法犯罪的惩治力度。年内，市公安局会同税务部门组织开展惩治危害税收征管违法犯罪专项斗争。2003年3月开始，特别是“金税工程”实施后，一些犯罪嫌疑人赶在手工版增值税专用发票废除之前，大肆虚开增值税专用发票，涉税犯罪案件一度占到全部经济犯罪案件的60%。从1999年起，市公安局连续8年开展各有侧重点的惩治涉税违法犯罪专项斗争。2004年3月，为打击偷税犯罪，市公安局会同检察、法院、司法、国税、地税等部门联合制定《关于办理偷税案件若干问题的意见（试行）》，增强办理偷税案件的可操作性。2005年，破获公安部督办的中恒公司特大虚开增值税专用发票案、“8·12”特大涉税犯罪案件等一批大要案件。2003～2005年，先后破获涉税违法犯罪案件1500余起，为国家挽回税款流失6亿余元。涉税犯罪案件的高发态势得到遏制。

3.惩治违反公司法犯罪

90年代后期，因企业改制而产生的挪用资金、职务侵占、妨害企业管理秩序等案件时有发生，市公安部门开展惩治“穷庙富方丈”专项斗争。2000年，开展整顿规范公司出资行为专项斗争。2002年，开展惩治违反《中华人民共和国公司法》专项斗争。为保护企业合法权益不受侵害，2005年，开展以“保障企业经济运行安全、维护企业内部政治稳定、完善企业内部生产安全和确保企业治安秩序良好”为目标的“平安企业”创建活动，经侦部门共挂钩企业200余家，发布预警提示300余条，预防案件500余起，避免损失5000余万元。

4.惩治扰乱市场秩序犯罪

市公安局经侦部门组建初期，扰乱市场秩序案件是当时发案的主要类型。1996年，破获“蚂蚁诈骗”案件、金银公司串投标案等大要案。全年共破获扰乱市场秩序案件900余起，挽回经济损失5亿余元。同时，以全国整顿和规范市场经济秩序工作为契机，开展惩治非法传销、惩治“涉非”违法犯罪活动、惩治合同诈骗等多个专项斗争。1998年，与工商部门建立违法犯罪信息移送制度，查破假冒伪劣产品、侵犯知识产权案件。

2001～2002年，全市政法机关参与整顿和规范市场经济秩序的专项行动。2001年，重点围绕销售假冒伪劣商品、假冒注册商标、虚开增值税发票等违法犯罪行为，集中力量，严厉惩治，全年共侦破经济案件321起，其中金融诈骗案件31起、危害税收征管案件20起。抓获经济犯罪嫌疑人537人，挽回经济损失8381万元，立案查处贪污贿赂案件161起，追缴赃款与赃物（折合款）4668万余元，为国家和集体挽回直接经济损失9217万余元。批准逮捕破坏社会主义市场经济秩序犯罪嫌疑人191人，审结破坏市场经济秩序案件165起、257人，审结经济纠纷案件11409起。受理企业破产案件133起、审结83起，结案金额23.1亿元，执结案件22996起，执结标的额40.6亿元。办理经济公证17878件，代理经济纠纷案件3645起。2002年，政法机关组织开展惩治涉税、金融票证犯罪和整顿规范公司出资行为专项斗争，共破获经济犯罪案件209起，为国家企业挽回经济损失5000余万元。查处贪污贿赂案件137起、142人，查处国家工作人员渎职犯罪10人，批捕走私贩私、偷税骗税、金融诈骗、侵犯知识产权等犯罪嫌疑人132人，逮捕职务犯罪嫌疑人98人，为国家、企业挽回经济损失4704万元。开展执行会战，共执结金融案件811起，标的5.24亿元，为有关金融债权单位执行到位4.14亿元。

2003年防治“非典”期间，严厉惩治囤积居奇、哄抬物价和制售假冒伪劣“非典”防护用品等违法犯罪活动。2004年，侦破江阴市保健营养研究所涉嫌“五行茶”非法传销案，专案组帮助该企业查找涉入非法传销的原因、调整经营策略，使该企业以合法经营方式销售产品。

5.惩治侵犯知识产权犯罪

1995年之后，中国加入世界贸易组织后，市政法机关加大对侵犯知识产权犯罪活动的惩治力度和防范力度，使侵权犯罪得到遏制。2000～2005年，会同知识产权、工商、质监等职能部门组织开展惩治制售假冒伪劣产品、“山鹰1号”和“山鹰2号”等多个专项行动，对假冒商标、假冒专利、侵犯商业秘密等侵权违法活动进行查处，共破获侵犯知识产权案件200余起。同时，开展知识产权的刑事保护，加强与知名品牌企业的联系，维护企业的合法权益。惠山公安分局经侦大队邀请有关专业人士研究制作《商业秘密保护协议》蓝本，发放辖区的相关企业。市公安局经侦支队与相关行政执法单位建立日常工作协作制度，加强相互间的密切配合，形成保护知识产权的合力。

第四节 安全保卫

1986～1990年，全市公安机关加强厂企单位的安全保卫工作。1988年10月1日，市人大常委会颁布《无锡市企业事业单位治安保障条例》（以下简称“条例”），把治安保卫工作列入企业经营管理，列为物质文明和精神文明建设的考核内容。1990年，全市有6793家单位建立厂长负责下的治安责任制，保卫队伍巩固发展，自防能力增强。条例施行后，全市恢复、新建保卫科股89个，充实保卫干部279人，分别比条例实施前增加24.6%和17.1%。同时还新建一批经济民警队和护厂队；加强基层防范工作，推动安保措施的落实。重点、要害单位逐步实现“人防、物防、技防”的综合性防范措施。公安机关依法监督企事业单位及时整改，消除安全隐患。

1990年11月21～30日，全国钢材预拨订货会在无锡召开，共有8万余人参加，随带汽车5000余辆。市公安局动员各警种联合作战，强化破案、打击和防范、管理等措施，做好大会保卫工作。会前和会议期间，先后侦破刑事案件320起，抓获违法犯罪嫌疑人918人，其中扒窃犯201人；清理劝返外来无业人员4500余人，并查获混迹其中的违法犯罪嫌疑人80余人；在开展“防火、防盗、防破坏、防丑恶现象、防事故、保安全”的“五防一保”安全检查活动中，发现和整改不安全因素4000多条，其中重大隐患326条；在会场派驻200名公安干警和300名联防队员，加强保安措施，达到“不发生重大恶性案件和事件、不发生重大事故、不发生与会代表人身和财产受到侵犯”的目标，完成大会安保任务。

1991年，市公安局贯彻“服务在先，管在其中”的原则，落实各项防范管理。在厂矿单位开展

"四合格"（安全合格车间、财会室、仓库、办公室）、"五大管理"（农民工、自行车、工业原材料、现金、宿舍管理）等争创活动，建立健全安全防范制度。1992年，先后会同有关地区单位，及时疏导和制止因矛盾引发上访请愿等事件苗子100多起，确保改革措施的顺利出台。加强厂企单位尤其是"三资"企业和乡镇企业内部的治安保卫，通过对"三资"企业、大中型企业和乡镇企业加强防火防盗安全监督检查，先后发现整改不安全因素两万多条，减少和消除事故隐患。加强大型经贸和娱乐活动的保安。公安机关配合有关部门完成元宵大观灯、冰雕展、宜兴陶艺节、第四届全国菊展、全国汽车订货会、全国化工订货会等39个较大规模经贸文化活动的安全保卫。为做好"三资"企业的安全保卫，明确职责，实施分级分层次管理；加强对外商的安保，为"三资"企业的发展提供服务；依法管理，协助"三资"企业妥善处理矛盾纠纷。1993年，市公安局督促和指导企事业单位开展创安全活动，举办乡镇企业保卫干部岗位业务培训班17期，培训保卫干部715人，通过考核，全部获得岗位任职资格证书。

1994年4月1日～7月10日，全市开展"百日治安安全竞赛"活动。其间，共破获案件150起，查获犯罪嫌疑人295人，摧毁犯罪团伙9个46人，缴获赃款赃物价值32.3万元；10家重点单位改变治安落后状况；发现和整改防范管理上的隐患漏洞1908处，全市企业投资41.72万元用于防范设施建设，增添报警装置103台，加固门窗围墙1233处。1995年4～6月，完成第四届世界妇女大会在北京召开期间的安全保卫工作。1996年，加大金融安全保卫工作力度，会同市人民银行制定《关于切实加强我市金融单位安全保卫工作的暂行规定》，开展对运钞车、金库、营业网点的专项整治，及时撤并防范能力差、漏洞隐患多的29个网点。加强安全检查，及时发现、督促整改安全隐患，提高金融系统的整体安全系数。1997年，开展创建"安全文明小区""安全文明村镇"和"安全文明单位"活动，狠抓规划、建设和检查督促，确保硬件建设到位、组织力量到位、安全文明措施到位。

2005年，市公安局贯彻国务院《企业事业单位内部治安保卫条例》，部署开展单位内部平安创建活动，加强对单位内部安全防范工作的检查指导，健全完善安全防范措施，维护单位内部稳定。经重点监导的730家单位内部刑事案件发案数比2004年下降近10%。对金融机构安全防范设施开展检查验收，对其中验收合格的1085处营业场所（含129座金库）颁发金融机构安全防护设施合格证，占总数的90.4%。

第五节　户籍管理

一、户籍制度改革

1986～1994年，无锡市户籍制度基本不变。1995年，按照有固定合法住所、有稳定职业或稳定收入的原则，在江阴市南闸镇开展全国小城镇户籍管理制度改革试点。1998年4月，试点扩大到市区硕放镇、锡山市东亭镇、宜兴市宜城镇。同年，市区和江阴市试行"蓝印户口"（见人口卷注），至1999年10月暂停办理，共办理3507人。

1999年6月，开始试点实行新生婴儿随父或随母落户、夫妻投靠和父母投靠子女的"三投靠"户口迁移政策。同年，试点扩大到33个小城镇。2000年，结合第五次人口普查，进行户口整顿，全年共审核办理小城镇户口8701人。共登记实际居住人口1806046户、4876325人，核对和微机修改常住户口婚姻状况、服务处所、文化程度等5个可变项目2354157项，对未落常住户口人员中符合政策、手续齐全的11189人全部给予落户。推进小城镇户籍管理制度改革，对乡镇有合法固定的住所、稳定的职业或生活来源的人员及与其共同居住生活的直系亲属，均可根据本人意愿办理城镇常住户口。

已在小城镇办理的蓝印户口、地方城镇居民户口、自理口粮户口等，统一登记为城镇常住户口。对经批准在小城镇落户的人员，不再办理粮油供应关系手续；根据落户人员本人意愿，可保留其承包土地的经营权，并允许依法有偿转让。市公安局继续贯彻实施蓝印户口政策以解决一批户口在农村而实际居住在城市的半家户，以及在城市购买房屋居住人员的户口迁移问题，在受理审批蓝印户口时，适当降低收费标准。年内共办理蓝印户口157人。

2001年5月1日起，全市不再办理市镇居民粮食供应转移证明、人口迁入无锡市区许可证和农转非人口许可证。8月，市政府出台《关于改革和加强城市户籍管理工作为推进城市化与城市现代化服务十项措施》，推出引进优秀人才、购房等10项户口迁移政策。9月起，锡山区、惠山区与市区实行户口准迁制度。2002年4月，市政府出台基本养老保险实际缴费累计满10年、自购人均建筑面积20平方米以上住房的外来务工人员，准予本人、配偶及未成年子女到锡落户的政策。2003年5月1日起，取消农业户口、非农业户口、自理口粮户口，实行城乡统一的家庭户和集体户两种户口登记制度。2006年1月1日起，人口信息系统升级，市区人口信息数据实现完全共享，并推出户口迁移一所办理、户口审批一站受理的网上迁移户口工作制度。

二、路标门牌管理

1986年，市公安局配合第一代居民身份证颁发，对门牌规范整编。市区在长街、南站、复兴路和北塘等4个街道先行试点。同年，门牌整编在全市启动，并首次在农村地区安装门牌。年内，全市共安装搪瓷门牌19.2万余块，巷牌3615块，旁、后门牌4.3万余块。

1994～1995年，无锡市根据人口信息系统建设要求，对市区门牌整编，对新划入市区的胡埭、硕放等地区重新编制市区门牌，并编制市区《路名手册》。1996年起，按省级标准制作门牌。2001年，对新增路标门牌统一按国家标准制作铝质贴反光膜的国标路、门牌。对原非国标路、门牌逐步更换。2005年，在户政网页上推出《电子路名手册》，路名变更实时维护，方便查询。江阴市、宜兴市和锡山区、惠山区通过门牌整编，安装门牌104万余块。同年，配合第二代居民身份证换发，对市区45条道路和158个老居民住宅区进行门牌整编，统一更换国家标准的铝质贴反光膜门牌2.5万余块。至年末，全市累计制作安装国家标准化门牌15万余块。

三、人口信息管理

1986年起，市公安局配合第一代居民身份证制发，居民身份证制证底卡逐步替代原口卡，新的制证底卡有黑白照片，户口迁移变动更换变动卡。1991年，市区新卡达160余万张。

1993年12月起，市区启动派出所综合人口信息管理系统建设，并选择在崇安寺派出所试点。1995年，市区派出所综合人口信息管理系统基本建成。7月，原口卡报送查询工作停止运作，同时启动市级综合人口信息管理系统。人口信息管理从卡片式手工管理正式转入计算机信息管理。1998年4月，全市派出所综合人口信息管理系统实现市区联网，市内户口迁移实行网上操作。2004年10月起，配合换发第二代居民身份证，全市派出所综合人口信息管理系统升级改造，人口信息数据由分散式非实时化管理升级为集中式实时化管理。2005年1月1日，市区全面启用市级综合人口信息管理系统，人口信息变动实现实时化，户口迁移实现一所办理。至年末，市级人口信息数据库共存储常住人口信息450万余条，人像信息420万余条；暂住人口信息178万余条，人像信息120余万条。人口信息系统建成后，共提供查询服务10万余人次。

四、居民身份证管理

1987年，无锡市启动第一代居民身份证发证工作。2月，在市区学前街、长街等地试点。5月起，市区全面启动发证工作。7月，市公安局成立技术制证中心，负责全市的身份证制作。9月，市政府在市人民大会堂举行第一代居民身份证首发仪式,学前街2.4万居民首先领取身份证。同月起,无锡县、江阴市、宜兴县分批启动颁发居民身份证工作。至1988年10月底,集中发证工作基本结束,发证320万余张。至2005年4月,全市累计制发第一代居民身份证570万余张,制发临时身份证20万余张。

2005年7月,市政府成立集中换发二代证工作领导小组。市公安局设立领导小组办公室,具体负责全市集中换发二代证工作的组织实施。集中换发二代证由政府出资,各户籍派出所设立图像采集换证点,免费为换证居民拍摄换证照片。10月,在南长、新区、锡山、惠山等区和江阴市同时启动换证工作,至12月底,全市换发二代证95万余张。

第六节　出入境管理

一、境外人员入境出境管理

1987年5月14日起,境外人员年满16周岁,申请到中国定居或任职、就业、学习,在中国居留1年或1年以上的外国人(包括其随行家属),以及持F、L字签证等临时到中国,在中国停留期间要求改变身份,在中国定居、就业、留学,并经主管部门批准,需向公安机关申办居留证的外国人,需交验健康证明,主要检验包括鼠疫、霍乱、黄热病、性病、传染性麻风病、开放性肺结核、艾滋病、精神病等。

1992年7月20日起,市公安局对申请办理在大陆暂住手续的台湾居民,实行在其持有的大陆旅行证件上加注暂住手续的办法,不再单独制发暂住证。1994年11月起,对持学校公函的外国留学生家属办理签证延期,延期的期限和次数适当放宽。1995年10月1日起,至无锡工作、居留6个月以上的外国专家,须自入境之日起30日内,凭职业签证和外国专家证,到公安出入境管理部门办理外国人居留证或外国人临时居留证。1996年5月1日起,除由中国政府直接出资聘请的外籍专业技术和管理人员,或国家机关和事业单位出资聘请,具有本国或国际权威技术管理部门或行业协会确认的高级技术职称或特殊技能资格证书的外籍专业技术和管理人员,并持有外国专家局签发的外国专家证的外国人;持有外国人在中华人民共和国从事海上石油作业、不需登陆、有特殊技能的外籍劳务人员;经文化部批准持临时营业演出许可证进行营业性文艺演出的外国人,可免办就业许可和就业证。以及按照中国与外国政府间、国际组织协议、协定,执行中外合作交流项目受聘到中国工作的外国人;外国企业常住中国代表机构中的首席代表、代表可免办许可证书,入境后凭职业签证及有关证明直接办理就业证外,所有在无锡就业的外国人需持职业签证入境(有互免签证协议的,按协议办理),入境后取得外国人就业证,再到公安机关申请办理外国人居留证件后,方可在无锡就业。1999年1月26日起,对持中国驻韩使、领事馆签发的两年多次有效"Z"字签证赴华人员,视情办理有效期为两年(不超过签证有效期)的外国人居留证。

2000年10月1日起,无锡市开始依法受理中国台湾居民到无锡定居申请。2002年,在全市开辟77个安全文明小区提供给境外人员居住。2003年,为方便境外人员居住、生活,开放对境外人员居住地的限制,除法律上规定及维护国家安全需要境外人员不得居住的地方,其余住宅小区只要符合条件,安全有保障,都允许入住。2004年9月,开始受理外国人永久居留申请工作,至2005年末,共受理上报绿卡申请8人次,批准4人。

1986～2005年无锡市境外人员统计表

表28—2 单位：人

年份	常住人员	临时到锡人员	年份	常住人员	临时到锡人员
1986	88	107234	1996	1490	134819
1987	129	115790	1997	1277	160494
1988	124	159195	1998	1412	161839
1989	84	99342	1999	1014	225504
1990	98	147559	2000	1397	289615
1991	96	122325	2001	1719	332404
1992	404	141590	2002	2338	360806
1993	1000	140740	2003	2992	206276
1994	606	121277	2004	3973	338686
1995	1028	140130	2005	5814	371854

二、中国公民出入境管理

1986年后，市公安局逐步加强对出入境人员的管理。1988年8月26日起，对国外华侨要求将不满16周岁的未成年人送无锡寄养时，凭未成年人所持护照、居留申请手续办理临时户口。1989年4月16日起，公安出入境管理部门在颁发护照时签发出境登记卡。

1991年1月25日起，对公民自愿交销有效护照的，经验照无误后办理注销手续。1992年8月15日起，无锡启用1992年版护照，收费标准调整为每本100元。8月27日起，简化中高级科技人员因私出境手续，中、高级科技人员因私人事务申请出境，不需提交省、自治区、直辖市科技、人事主管部门出具的同意出境的证明。外国民间团体通过中国相应民间团体（包括行业协会）邀请离退休的中、高级科技人员出国进行洽谈、交流、开会、讲学以及担任专家、顾问等工作，只要提交国外邀请函电、国内民间团体和所在单位出具的证明，公安出入境管理部门便依法审发普通护照。1993年3月24日起，启用新版出境登记卡。

2000年6月1日起，无锡市启用1997年版护照，收费标准调整为每本200元。同时，启用与1997年版配套的新版出境登记卡。2002年，放宽市民短期往来港澳地区申请条件，扩大居民赴港澳探亲范围，取消申请次数限制；市民持有效往来港澳通行证再次申请赴港澳，免交工作单位或单位派出所意见；市民按需申请赴港澳地区从事处理产业、法律诉讼以及治疗疾病等非公务活动；准许在无锡市居住或工作的华侨直接在出入境管理部门申办赴港澳手续；市内企业或经营单位人员赴港澳从事商务活动，取消纳税或创汇数额的限制。是年2月1日起，取消公民出国申请提交境外邀请函和附发出境登记卡。4月1日起，外派劳务人员出国一律改持因私护照，推动无锡对外经济合作业务的开展。10月8日，无锡市作为全省3个试点城市之一，实行公民按需申领护照。

2003年，无锡市推出公民因私赴港、澳、台地区免交派出所证明、旅游免交旅游发票，明确个体工商户、港澳注册企业员工可以赴港澳开展商务等出入境便民利民措施。2004年7月1日起，开办居民个人赴港澳地区旅游业务。2005年6月1日起，推出对已持有效往来港澳通行证的本市常住居民，再次以同类事由申请短期赴港澳的，准许委托他人代办申请的便民措施。

1986～2005年无锡市中国公民因私出国(境)人数一览表

表28-3　　单位:人

年份	出国(境)人数	年份	出国(境)人数	年份	出国(境)人数
1986	118	1993	1618	2000	20585
1987	168	1994	1793	2001	25382
1988	413	1995	2683	2002	42262
1989	550	1996	3132	2003	54186
1990	1150	1997	4134	2004	69755
1991	1359	1998	11579	2005	66670
1992	1634	1999	19644	—	—

第七节　道路交通管理

一、非机动车管理

80年代中后期,人力自行车是市民出行的主要交通工具。至1989年,市区有自行车1204699辆。市公安局于每年3月发布自行车检验通告,由车辆管理所对登记在册、领取牌证、刻打钢印的自行车进行检验纳税。

1992年,市区自行车增至1440030辆。市公安局车辆管理所加强检验管理。1994年,沿用几十年的人力客运三轮车逐渐被出租汽车取代。是年6月,中北汽车出租公司的67辆客运三轮车全部淘汰。1999年,出现少量电动自行车。

2001年前,残疾人机动车未纳入严格管理范围,一些人利用残疾人机动车违规载客。2001年,市政府决定对市区的残疾人机动车进行置换并重新换发牌证,共审核赎买、置换残疾人机动车1211辆。2002年10月,对人力三轮车、板车进行检验和换发号牌、行驶证。共计换发人力三轮车3047辆、板车62辆,之后逐渐淘汰。2004年,市公安局制定公布《关于对市区电动自行车核发牌证的通告》,车辆管理所集中办理核发牌证。至2005年,全市共有电动自行车2317554辆。

二、机动车管理

1. 二轮摩托车、轻便摩托车管理

90年代末期,市民开始使用燃油助力车。1999年,无锡市对燃油助力车检验换发牌证,规定发动机缸径小于或等于36毫升的换发新式助力车号牌,纳入非机动车管理;大于36毫升、小于或等于50毫升和大于50毫升和踏板燃油助力车分别换发轻便摩托车和摩托车牌照,作为机动车管理。2003～2005年,对市区摩托车、燃油助力车专项整治,通过逐步扩大禁停禁行范围、实施区域限制通行措施、强制报废、鼓励提前淘汰、强化路面查禁等办法,逐步减少市区摩托车和燃油助力车的保有量和通行量。

2. 汽车管理

1986年,无锡市撤销市交通监理处。辖县的驾驶员考试、机动车办理牌证业务统归市公安局车辆管理所办理。1987年,沿用多年的“09”“39”字头号牌取消,启用“江苏04”号牌,并出现首辆黑牌照汽车(外籍人机动车号牌)。

80年代末、90年代初,无锡市区共有汽车13194辆。车辆年检时使用废气分析仪检测尾气,

1992年启用全自动汽车检测线。

1994年，“江苏04”号牌取消，启用“92”式“苏B”机动车号牌。2001年，启用全国统一的机动车登记证书。是年，私家车17051辆，呈快速增长趋势。2003年，车辆管理所按照国家《车辆生产企业及产品公告》审核机动车。2004年，使用计算机登记系统办理机动车登记，在江阴、宜兴车管所和东方汽车城设立汽车上牌点。

2005年，市区设立江苏广厦（苏锡路638号）、金城湾（苏锡路329号）两个二手车交易市场，车管所在江苏广厦交易市场设立办证点，办理机动车过户业务。至年末，市区共有汽车146802辆，其中私家车61305辆；客运单位26家，客运车辆3400多辆；货运单位113家，货运车辆17218辆；危险品运输单位32家，危险品车辆800多辆。市公安局开发应用报废车管理系统，对报废车回收拆解进行监管。

3. 驾驶员管理

1986年开始，市区以区、局为基本单位，郊区以乡为基本单位，将所有车辆单位编为56个交通安全管理联组，配合车辆管理所负责全市机动车驾驶员的安全教育及审验工作。同年，市公安局发布施行《无锡市道路交通管理暂行规定》，加强机动车驾驶员、机动车及道路的安全管理。1990年，发布《无锡市机动车安全管理暂行规定》。

80年代至90年代初期，驾驶员培训人数由每年上千人增加至2万人。1994年，市政府发布《无锡市出租汽车客运管理办法》，加强对出租汽车和驾驶人的管理。1995年，依据《江苏省道路交通管理条例》，加强机动车驾驶员的管理。1996年，市车辆管理所实施公安部《中华人民共和国机动车驾驶员考试办法》。

2000年起，私家汽车发展迅猛，汽车驾驶员培训由每年2万人增加至每年4万人左右，驾驶学校从80年代的两家发展至2005年的34家。

至2001年12月28日，无锡市成立由机动车驾驶员、车辆单位及道路交通安全工作相关单位组成的市驾驶员协会，协会下设崇安、南长、北塘、新区、惠山、锡山、滨湖、客运专业、出租专业、机关等10个办事处和市级机关、民政、政法等3个直属工作站，具有法人资格，接受市公安局的业务指导和市民政局的监督，配合公安交管部门建立和完善道路交通安全源头管理，拥有会员10万余人。

1986～2004年，每年印发《机动车检验和机动车驾驶员审验工作通知》。要求驾驶员每年安全学习8次以上，由交通安全管理联组和市驾协负责组织学习、考核，并办理驾驶员年审手续。2004年起，市公安局依据《中华人民共和国道路交通安全法》和《江苏省道路交通安全条例》加强对驾驶员的管理。5月1日起，取消原安全学习组织模式。2005年12月，市区有驾驶员542566人、江阴市237057人、宜兴市165059人，合计944682人。

三、路政管理

1986年，市政府颁布《无锡市市容环境管理实施细则》，规定占用、开挖路面，须经市政管理部门和公安交通管理部门批准，交纳占地（修复）费，取得许可证后方可使用或施工；新建的主干道5年内不准开挖，次干道3年内不准开挖。市公安局交警大队与市政设施管理处联合成立路政管理办公室，对占用、开挖道路和在道路上设置农贸市场、摆摊设点统一管理。

1997年，市政府发布《关于对运输车辆抛洒滴漏加强管理的通告》，规定运输土方、砂石、煤炭、垃圾、泥浆等易抛洒滴漏物品的车辆，须经公安车辆管理部门检验（半年1次）合格并签证。经检验合格的车辆，应向市市政公用事业局和市公安局申请领取承运许可证和车辆通行证后，方可按指定的日期、线路和时间通行。市公安交警部门与市政管理部门每年组织多次专项执法活动，查处抛洒滴漏、危及道路安全的行为。

2003年，市政府发布《无锡市城市管理相对集中行政处罚权试行办法》，市公安局设立城市管理治安办公室，交通（路政）管理中涉及道路的部分行政处罚权改由市城市管理行政执法局行使。

2005年，《江苏省道路交通安全条例》实施后，由市政部门负责勘察、核准占用或挖掘道路的具体内容并发给许可证；其中可能影响道路交通安全畅通的，转由公安局会同相关部门现场勘察、审核后办理许可证；城市管理行政执法部门对市政、公安部门审批和许可的项目监督检查，并对违法、违规行为纠正或者处罚。交通标志标线等安全设施的设置与管理，道路、停车场和道路两侧公共建筑设计审查等，分别作为规划、建设行政管理的后置审批环节，由市公安局负责。

四、交通秩序管理

1.道路交通勤务管理

1986～1990年，市区道路交通勤务管理实行分片管理、责任到人，在抓好各路口指挥、准确调节放行的同时，设立固定岗与流动岗，整顿线上妨碍交通行为，清理违章摊点、堆物，维持道路行车秩序和停车秩序，确保道路畅通。

1996年，市区46个固定指挥岗除保留三阳广场、火车站、西门桥、河埒口、胜利门等13个重点标准示范岗位外，其余实行点线结合、以线带点的勤务方式，实行白天12小时摩托车化巡逻，管控覆盖面由51%提高至90%以上。

2000年，结合城市“畅通工程”建设，以解放环路及以内道路为调控区域，采取单个或多个方向限制左转或只能右转的措施，增设14条单向道路试点。重点整治非机动车闯红灯、停车越线、行人斜穿马路等违章行为。2001年，撤除市区所有固定岗位，按道路等级划定警务责任区，推行大队包块、中队包片、警组包警务责任区的三级承包责任制，实行“高峰站点、平峰巡线、低峰下片”的勤务方式，对党政要害部门驻地、复杂公共场所等重点部位，增加徒步巡逻和自行车巡逻，推行弹性工作制，加强重点路段以及夜间路面的管控。2005年，城区道路分为一类巡段19个、二类巡段45个、三类巡段32个和固定岗点15个。

2.道路交通设施建设

80年代后期至90年代，全市主要道路两侧有关路段竖立指示、警告、禁令标志牌等国家统一的城市道路交通标志，对车辆、行人提出安全警告、指示方向。道路设置隔离带，机动车与非机动车各行其道，主要道路增划白漆中心线，在学校、医院、科研单位、主要机关驻地设置“禁止鸣号”标志。至1999年，市区划白漆中心线达41.5公里，设置隔离带9万余米、行人护栏1.3万余米、交通标志1700块、“禁止鸣号”禁令标志17个。

2000年，市政府投入360余万元对城区交通硬件设施进行改造，市区368.5公里的道路增设交通标志2368块、漆划标线359.2公里。在中山路沿线的县前街口、三阳广场、八佰伴路口设置长挑臂式带计时装置的高相位信号灯和大型分道指示标志牌。对胜利门、县前街口、三阳广场、学前东路口和朝阳广场等5个路口的机动车道重新分划，新辟摩托车专用道。全市农村道路通车里程10085公里，是境内国省干道通车里程的近20倍，农民出行机动化水平大幅提高，农村道路交通管理随之增强。

2001年，无锡市投资1000万元完善、更新交通标志、标线、护栏和交通信号灯。在312国道、苏锡路、323省道、钱胡路等外围路口、段增设调整交通标志200余处，并设计安装一批太阳能警告标志，同时撤除市区所有固定岗亭。

2002年起，市区陆续建成启用胜利门、圆通路、东林广场等3个大型专用地下停车场。同时，清退占用、挪用的配建停车场，支路里巷统一实行划线停放，城区新增专用停车泊位2300个、临时停车泊位3500个，达到百辆车拥有泊位42个。同年，利用智能交通信号系统在市区部分路段试行机动车或公交车专用道，漆划标线28公里。2003年，市区40余个路口以及太湖大道、锡沪路、312国道等路段设置中心隔离护栏，完善市区道路交通标志、标线，在无信号灯路口增设178块让行标志和18个中心圈。2004年，城市道路面积新增220万平方米，随路配套建设交通标志标线、监控设施、隔离设施和智能化管理设施，累计施划交通标线5.7万平方米、中心减速振荡线1.3万平方米，安装中心隔离护栏1.9万余米，增设交通标志2000余块、出租车临时泊位44个，在39个路口增设左转弯等候区，市区6米以上道路人行横道全部漆划行人安全岛。

2005年，无锡市建成区道路总长1760公里。市区建立停车诱导系统。在市区道路增设人行横道线400余处，漆划减速振荡线3.1万米，科学渠化路口39个，设置右转弯等候区41个，增设出租车泊位7603个，设置行人安全岛201处，校园周边增设交通标志500处，开工建设6个大型社会停车场。是年，政府投入资金4000余万元，改扩建农村道路140余公里，整改安全隐患82处，漆划标志、标线4万余平方米，增设信号灯30套、交通标志350余块。

3.道路交通指挥现代化建设

1985年8月起，市区交通岗位恢复自动指挥灯信号。至1987年2月，市区28座交通岗亭中，有自动指挥信号灯10座、手控指挥信号灯5座。

90年代后，加强科研开发，交通管理科技含量逐年增加。1990年，市公安局交警支队车管所在车辆年检时首次用废气分析仪检测尾气，筹建全自动汽车检测线。1991年，交警支队与公安部交通科研所联合建设道路交通自动监控中心。1992年，开始建设市区南片交通控制系统，包括电视监控系统、交通诱导系统、信号控制系统、流量检测系统、速度检测系统、超声波检测系统等子系统。在清扬路和健康路上设置3块情报板、3套速度检测器。在体育场桥路口、文化宫桥路口、清扬路金城路交叉口设置3套电视监控。在清扬路、健康路8个交叉口设置超声检测器、流量检查器。在文化宫桥路口开始设置方向指示信号灯，采用多相位信号控制。引进全自动汽车检测线，开办车辆安全技术检测业务。1995年，市区内对机动车驾驶员实施交通违章不当场处罚，研制机动车驾驶员违章磁卡记分系统，并实现磁卡发放工作站、违章处理站、违章信息中心等微机管理联网化。全年发放磁卡10.5万张，有21930位驾驶员因交通违章被记扣分。1998年，完善驾驶员无纸考试系统，建成拥有40个工作站的学科电脑考试系统。1999年，中山路人民路交叉口、中山路县前西街路交叉口、中山路学前街路交叉口使用发光二极管交通信号灯。2000年，新增“电子警察”8套，覆盖市区20多个主要路口。改进驾驶员、机动车信息管理系统建设，将“电子警察”纠正违章数据输入机动车年检系统。

2001年，城区近距离交叉路口信号灯联动控制进入应用试点，信号机、信号灯具的更新改造全面推开，并在省内城市首次成功研制安装一体化组合信号灯；增设一批主干道灯控路口的闯红灯电子警察，在46个交叉路口安装104套太阳能黄闪警示灯。2002年，公安交通指挥中心开始建设。启用无锡市车辆管理综合业务查询系统，在全省率先实现车辆管理信息全市联网。2003年，交通指挥中心基本建成并进入试运作，在指挥调度、智能交通信号控制、电视监控、电子警察、通信、交通诱导信息发布、治安卡口、地理信息、中心集成等方面都达到设计标准，管控范围扩展到二环以内各主要路口（段），增设电视监控点61个，增设灯控路口106个。2004年，投资近1亿元的交通指挥中心投入运行，市区178个灯控路口有106个路口安装“电子警察”，有72个路口信号灯实行中心智能化控制，实现15个信号控制“绿波带”。公安、广电部门在交通指挥中心设立交通电台直播室，通过广播和全市14块LED交通诱导显示屏及时发布实时交通信息，引导城市交通流。利用数码相机和交通指挥中心监控设施实施非现场执法。成功开发运用停车诱导、市区通行证信息管理系统和“电子警察”社会化查询等系统，市区9个停车场纳入停车诱导系统。在锡澄高速公路大队建立全省首个高速公路路面监控指挥调度系统。

2005年，市公安局交巡警支队自主研发集网上查询、无线通信、法律文书打印、卫星定位等功能于一体的警务通（PDA），首批200台装备一线民警。交巡民警利用“电子警察”、雷达测速仪、酒精测试仪、测重仪、数码相机、无线警务通等交通科技装备，加大对交通违法行为的查处力度，实施非现场执法40多万起。

4.城市道路“畅通工程”

2000年初，市委、市政府部署实施城市交通“畅通工程”，投入360余万元资金对城区交通硬件设施进行改造。2001年，经公安部、建设部专家组检查验收，达到A类二等管理水平。2004年，市委、市政府组织实施“城市道路骨架工程”和“对外交通1530工程”。公安交巡警部门根据实际需要，增补完善交通设施。2005年，制定《2005年无锡市深化“畅通工程”工作意见》，在全市54条主要道路推行“路长制”管理，由市领导及各部、委、办、局负责人任路长，负责责任路段的日常监督。经全国“畅通工程”专家组考评，无锡市达到A类一等模范城市管理水平。

5.“平安大道”建设

2002年，无锡市将312国道无锡段、104国道宜兴段和沪宁高速公路无锡段、锡澄高速公路列入“平安大道”创建路段，由分管市领导挂帅，市经贸委、公安、交通、工商、城管、建设、财政等部门和各市（县）、区政府共同参与“平安大道”创建和交通秩序整顿联席会议，层层落实工作责任，开展道路交通治安综合治理。至2005年，列入创建的道路交通死亡人数均有不同程度下降，治安环境有较大程度的改善。

五、道路治安管理

1986～1999年，无锡市交警部门以道路交通管理为重点。2000年，全面推开交巡警既管交通又管治安的一警多能警务模式。2002年，增设洛社、羊尖、新安、锡东和互通等5个治安卡口，建立以公安交通指挥中心为龙头、以交巡警全员巡防为主体、以接处警车与治安卡口为依托的治安巡防网络。实施“棋盘式”治安防控勤务运作模式，根据交通治安情况的复杂程度、最低巡逻频率和服务群众需求，把全市道路划分为25个一类巡段、45个二类巡段、32个三类巡段和相应的固定岗点。2004年，组建21支“便衣行动队”开展秘密巡逻防范。2005年，实现治安卡口24小时全天候全时空防范控制。

至2005年，市交警部门通过道路治安管理累计抓获违法犯罪嫌疑人9700余人，协查破获治安刑事案件1.2万余起，交巡警部门设防的路段刑事案件发案率明显下降。

六、文明交通安全活动

1986～1989年，市公安局开展《道路交通管理条例》的宣传教育。1989～1990年，在青少年、中小学生中开展交通法律法规知识和安全常识的宣传教育。1990年起，交巡警支队创办《无锡道路交通报》。1995年，率先在全省实施交通违章不当场处罚和磁卡记分办法。2000年，在市区实行交通违章罚款的罚缴分离。2001年，撤销交通安全管理联组，建立驾驶员安全协会。2002年，以“平安行车路——文明交通在无锡”为主题，开展由中学生“文明交通小主人”、驾驶员“平安行车路”、社区“交通安全连着你、我、他”等组成的系列宣传活动。成立志愿者文明交通活动总队，并在中山路首创交通道德实践基地。组织开展“百场交通安全宣传进社区”活动。

2003年，市综治办、市文明办、市公安局、市教育局、市安监局、市级机关党工委联合开展创建文明交通安全村、文明交通安全社区、文明交通安全学校、文明交通安全企业、文明交通安全机关活动。至2005年，全市组建交通义务协勤队伍152支，志愿者5000余人。

七、事故处理

1986～1991年，市交警部门依据国家、省相关文件精神处理交通事故。1992年起，依据国务院《道路交通事故处理办法》处理事故。1994年，市交警部门建立领导现场靠前指挥、责任集体会办、案件二级审批等制度，设立重大交通事故案件专门审核制度。2004年起，依据《交通事故处理程序规定》处理事故。对肇事驾驶员的处罚不再以事故性质和所负责任为处罚依据，而是以肇事驾驶员的违法行为作为处罚的唯一依据。2005年，对符合简易程序处理的交通事故，当事人共同请求调解的，交通警察当场调解，并在事故认定书上记录调解结果，由当事人签名，交付当事人，调解未达成协议及调解生效后当事人不履行的，当事人直接向人民法院提起民事诉讼。

1986～2005年无锡市区发生交通事故统计表

表28-4　　　　单位：起、人、元

年份	事故总数	死亡人数	受伤人数	直接经济损失
1986	237	58	91	274591
1987	289	63	111	3001457
1988	322	72	57	335759
1989	314	73	55	3012572
1990	398	82	76	3985433
1991	405	87	79	4778651
1992	433	98	72	4504238
1993	472	121	83	6341117
1994	401	108	51	4766420
1995	432	111	60	5206318
1996	415	117	77	4553100
1997	1920	173	322	12525334
1998	2006	161	331	12398289
1999	2828	275	1609	10680000
2000	5578	381	2757	24150212
2001	8912	390	4909	30623115
2002	7647	343	3666	32377937
2003	4283	333	1945	34436652
2004	3355	451	2304	23486885
2005	2875	433	2507	13014251

第八节　消防管理

一、组织机构

1.消防部队

1986年2月，武警无锡市消防大队改为武警无锡市消防支队，为正团级，亦称无锡市公安局消防支队，下设政治处、后勤处、战训科、防火科、秘书科，均为副团级。1989年10月，马山公安分局设立消防股。1992年2月，新区公安分局设立消防股。1992年12月，成立武警无锡县消防大队，又称无锡县公安消防大队。1994年1月，支队战训科改为司令部，防火科改为防火处，均为副团级，撤销原秘书科。司令部下设办公室、战训科、警务科；防火处下设监督管理科、建审科、群防科；后勤处下设生产办公室、卫生队、修理所。同年5月，无锡市区各公安分局消防股升格为消防科，同时设立水上公安分局消防股，在刘潭地区组建七中队。至1996年，江阴市、宜兴市消防大队相继成立。

1998年5月，无锡市消防支队成立特勤大队（副团级）。7月，江阴市消防大队在开发区组建滨江中队。10月，组建新区消防大队、新锡路消防中队。2000年，所有消防科全部改为消防大队。为便于认识，所有普通中队以所在街道、地方名称命名。2004年，惠山区公安消防大队及惠育路消防中队成立。2005年，筹建安镇消防中队和江阴特勤中队。

至2005年，全市共有11个市（县、区和专业）消防大队和1个特勤大队、15个消防中队，市消防支队编制数586人（其中干部160人、战士426人），

2.其他消防力量

政府合同制专职队 1983年，无锡县堰桥乡组建江苏省第一支乡镇专职消防队。之后，随着乡镇企业的崛起，乡镇专职消防队迅速发展，形成无锡消防工作的一个重要特色。1994年，无锡县港下镇建立“一队两制”型专职队（专职队干部由现役干部或公安民警担任，队员使用合同制职工），为政府专职队的雏形。2000年以后，江阴、宜兴两市按照“政府规划、镇办市助、合理统筹、公安管理”的模式，在周庄、璜塘、周铁等地组建14支地方合同制消防队，并配备一批先进的消防器材装备。2005年，新建江阴申港、新区梅村、锡山安镇、宜兴环科园等地方消防站，征召合同制消防人员。市政府批转《关于市消防支队征招地方合同制专职消防人员的实施意见》，决定3年内征招390名地方合同制消防员充实到灭火一线，当年征招130名合同制消防队员。至年末，全市建立地方专职消防队伍15支，队员302人，拥有执勤消防车45辆。

公安联防消防队 80年代，在农村依托派出所联防队，由当地政府、企业等出资配备消防器材，成立派出所消联防队。至2005年，全市建立72支公安联防消防队，队员378人，拥有执勤消防车47辆、消防三轮摩托车16辆、手抬机动消防泵90台。

企事业专职消防队 80年代，无锡市企事业单位即有专职消防队。至2005年末，全市有企事业单位消防队18支、270人，拥有执勤消防车27辆、消防艇2艘、手抬机动消防泵16台。

义务消防队 无锡历史上即有义务消防队。80年代在城市社区、农村乡镇普遍建立义务消防队。至2005年末，全市建立义务消防队612支，队员8557人，增强社区和农村地区的抗御火灾能力，涌现出惠山区玉祁镇黄泥坝洑宝林父子率领的消防队、石塘湾秦家庄“缪家军”义务消防队等先进典型。

二、监督执法

1.专项整治

1986～1990年，全市开展服装行业、木材行业、烟花爆竹、农村租用仓库、液化气贮存站、泡沫塑料行业等防火专项治理。并在“五一”、国庆、元旦、春节等重大节日，开展防火安全大检查。根据季节特点，开展季节性的防火安全活动。1991年起，针对存在的火灾隐患，适时开展消防安全专项治理活动。1996年，对乡镇小化工企业、爆炸危险物品、娱乐场所、高层建筑等开展治理整顿。1997年，开展微机房、大型集贸市场和广播电视台及发射塔消防安全专项治理，分别检查281个微机房和专营商店、18个规模较大的市场。2002年，开展公众聚集场所、加油站和网吧等消防安全专项治理。

2003年，市消防支队开展人员密集场所消防安全专项整治，全市整治对象5043个，查处违法行为73起，罚款57.3万元，责令停产停业26个，取缔非法营业场所1个。防治“非典”期间，市消防支队印发《关于严防过氧乙酸等消毒药液引发火灾、爆炸事故的紧急通知》，对全市生产过氧乙酸的9家企业、51个储存并使用过氧乙酸的医院、防疫站、疾病控制中心进行安全生产检查。

2004年，市消防支队根据国务院安全生产委员会关于开展人员密集场所及商业“三合一”场所[①]消防安全专项整治工作的通知精神，开展人员密集场所消防安全专项整治活动，发现“三合一”场所9964个，发现和督促整改火灾隐患1523条，共投入整改资金635.5余万元。查处违法行为56起，罚

① 指将商业经营与员工集体住宿混用且未采取必要防火分隔的民用建筑。

款44.23万元，责令停产停业25处，取缔非法场所5处。

2005年，市政府颁发《人员密集场所“生命畅通工程”消防安全活动方案》，组织开展火灾隐患大排查、大整改、保安全活动。开展“消防产品质量年”活动。市消防支队与质监和工商部门合作，开展消防产品专项检查22次，联合执法检查3次，共检查消防产品生产企业265家（次），流通领域企业342家（次），送检消防产品25批次，立案、查处违法案件21起，罚款30万余元，没收不合格消防产品1274件、防火堵料14吨，撤换消防产品2300余件。

2.重大火灾隐患整改

1986～1990年，无锡市推行“谁主管，谁负责”的防火责任制。市区千人以上单位和不满千人、但火灾危险性大的单位配备专职防火安全员，一般单位设兼职防火员。至1990年，企事业单位有专兼职防火安全员900多人。在市一、二级消防重点保卫单位，推行防火安全工作厂长、经理负责制，700余名厂长、经理担任防火责任人。市、县（市、区）以及32个主管局、直属单位、基层街道、乡镇和具有一定规模的单位都逐级建立防火委员会或防火领导小组。同时，加强易燃易爆、大型物资仓库，国家和省重点工程，高层建筑，“三资”企业的防火安全，年末或年初检查验收，验收合格发给由市防火安全委员会统一制作的合格证，不合格的督促整改。在市九届人大二次会议上，34家老企业的老大难火险隐患被列入决议案，共投资1.6亿元作搬迁或就地改造，消除隐患。1991年后，加大火灾隐患排查整改力度，每年开展火灾隐患的排查整治工作。加大重大火灾隐患的整改率，实行重大火灾隐患政府挂牌督办制度。1992年，督促整改1800多条重大火险隐患。1993年，发现并督促整改火险隐患7200余条。1996年，发出重大隐患整改通知书188份，查处违反消防管理行为134起，查处单位78家，查封取缔危险部位186个。1997年，发现火险隐患2万多处，印发整改通知书439份，责令停产停业整顿64处，查处违法案件355起，处罚单位278家。1998年，开展消防执法检查12次，检查单位14294个（次），发现火险隐患2万余处，印发整改通知书1215份，责令停产停业整顿55处，查处违法案件350起，处罚单位259家。1999年，开展重点单位和抽样性检查1485人次，检查单位15506家（次），印发监督、整改等通知书2873份，责令停产停业单位15家。2000年，开展对烟花爆竹生产经营企业、娱乐场所和民用爆炸品的专项治理。共印发监督、整改等通知书380份，处罚违章单位144家，督促整改火灾隐患2万余处。2001年，着重抓好全市4495个公众聚集场所和492个一、二级消防安全重点单位检查、治理工作。2004年，开展以人员密集场所、古建筑等为对象的专项整治活动。组织消防监督检查2.7万人次，检查单位2.3万家，发现安全隐患11900条，督促整改火灾隐患10600条。2005年，组织消防监督检查1.6万人次，检查单位1.4万余家。

2003年市政府挂牌督办14家重大火灾隐患单位，2005年市政府挂牌督办9家，全部整改完毕。

3.审批执法

1987年3月起，市消防支队贯彻《中华人民共和国消防条例实施细则》，建立和健全各级防火责任制和岗位监督制，使防火安全与企业经济效益、职工收入挂钩，促进防火水平的提高。同时，加强重点单位、重点部位的保卫。1990年，对全市994家重点消防单位验收，合格的888家，占89.34%。1992年，市消防支队制定消防监督程序和工作措施，调整消防重点单位；开展达标验收活动，有1105家单位达标合格；在建筑审核和危险品签证的管理中，主动服务，提前介入，强化监督。1993年，审批新建、扩建装修项目1235个，签发危险品证件127次，年审烟花爆竹单位248家。1996年，审核工程建设项目466个。1997年，逐步建立建筑设计消防审核制约机制，初步实行专业审核分工与总技术复审结合、消防设计审核与消防验收分权管理和重大项目集体会审制度，严格把好防火设计审核关。1998年，建筑设计防火审核逐步改为重点对设计单位的监督，推行设计单位自审机制；内部健全分专业审核，审核与验收分开，建立分级审核和重点工程会审制度，设立防火业务接待室，完善动态管理和现场监督检查等跟踪制度。共审核项目590个、面积231万平方米，装潢项目56个、面积12.7万平方米，60家设计单位获得自审资格证书。1999年，受理申报建筑工程261个、装修工程88个，审核建筑工程项目348个，建筑面积187.4万平方米、装修工程面积160.3万平方米，检查在建工程532个。2001年，明确公安派出所消防监督范围、处罚权限和责任，完善三级消防监督管理机制。进行消防行政审批制度改革，建筑工程消防监督等4个审批事项进入市政府审批办证中心。2002年，建立消防执法例会制度，定期分析消防执法中存在的问题，及时改进。清理、精简压缩消防行政审批事项，取消消防产品登记备案以及其他变相的控制措施，改进消防监督检查、建筑防火审核和易燃易爆化学物品监督管理等工作，规范依法保留审批事项的审批权限，严密审批程序，确保审批工作公开、透明、严格和公正。2003年，改革消防监督机制，按照公告、申报、核实、告知、公布等5个步骤，调整核实消防安全重点单位4161家，并施行抽样监督检查。2004年，审核2556个建筑和装修项目，印发工程审核意见书2447份，验收工程项目1221个。2005年，贯彻实施《江苏省农村消防管理办法》和《公安派出所消防监督管理工作规定》，把农村消防工作列入社会治安综合治理、平安乡镇达标、文明村（社区）建设的考评内容，派出所消防监督管理职能逐步强化。年内，审核3118个建筑和装修项目，印发工程审核意见书2502份。

三、消防宣传

1986年，市消防支队创办《太湖消防报》，面向全市发行，发行量33万份。1988年，北塘区在20所小学成立“红领巾防火宣传大队”。1990年，北塘区成立“少年消防警校”。1993年，市消防支队与深圳艺戈音像有限公司联合摄制消防电视片《特急警报119》，收集国内外重大火灾案例作警示，发行1000余盘。1997年，在市职业高中开设消防中专班。组织“中保财产保险杯”家庭消防知识大奖赛，排演大型消防滑稽戏《伴您平安》，在各区、各产业局和大型建筑工地连续上演约50场。1998年，在《江南晚报》设《太湖消防专版》，共发行250万份。2003年，开展主题为“为全面建设小康社会创造良好的消防安全环境”的消防宣传活动，举办首届大型市场综合消防运动会，在学校开展“三个一”消防宣传活动（在小学生中开展一次消防安全知识答题比赛，在中学生中举办一堂消防安全教育课，在大学生中举办一次消防安全疏散逃生演练）。2004年，实行消防站对外开放制度，全市15个消防站对外开放接待市民的参观。2005年，开展消防宣传“进社区、进学校、进企业、进农村”工作。围绕“消除火灾隐患，构建和谐社会”主题，通过设立宣传咨询点、发放宣传资料、文艺晚会、知识竞赛等形式，宣传消防知识。

四、专业训练

1986～1990年，市消防部门对一、二级消防重点保卫单位，困难水源地区、大型商场、高层建筑等制定灭火预案，进行实地灭火演习1085次。1991～1996年，市消防支队连续开展战斗员业务技能等级训练和达标考核活动，突出重点、按纲施训，开展“官教兵、兵教兵、兵教官”的练兵活动，把技能训练和战术训练、军体训练、理论学习等结合起来。1997年，举办两期特种车辆装备器材操作培训班，编写《常见有毒物质性质及防护》和《消防车辆装备简明操作手册》印发给各级指挥员学习。从2000年开始，消防支队每年开展岗位练兵活动。组织全市消防部队开展体能、技能、战术训练以及实地灭火演练，加强灭火预案的制定和完善，定期组织联合演练和跨区域演练，提升灭火救援和协同作战的能力。每年组织调度员、通信员进行熟悉道路、水源的“跑水源”训练。开展战术讲评，每次重大火灾扑灭后进行总结。

五、装备建设

1.灭火装备

1985年5月，各消防中队的水罐泵浦车、泡沫车各增配两具氧气呼吸器，轻便消防车配备一具氧气呼吸器，建立防毒面具充灌维修室，储备零配件，并培训专业人员。

1987年，市消防支队配备举高、照明和抢险等特种消防车辆。1988年7月，联合上海消防研究所、无锡市红旗造船厂研制成功18吨内河消防艇“龙溪号”，获1989年公安部科技进步二等奖。1996年，用110万元世界银行贷款购置53米进口云梯车1辆和大功率泡沫消防车1辆，云梯车为无锡市第一辆高层建筑火灾扑救举高车。

2000年，市消防支队投入90万元购置62套空气呼吸器及部分避火服、防化服等个人防护装备和特勤器材。2002年，投入500万元，购置干粉、二氧化碳消防车各1辆，曲臂举高车两辆、大功率水罐（泡沫）车8辆、16吨吊车1辆。

2005年，市消防支队投入2400余万元，添置更新40米登高平台车、A类泡沫车、抢险救援车、后援车等特种车辆及官兵个人防护器材，为两个特勤中队配齐9大类4602件特勤器材。11月，特勤大队装备通过省发改委、省公安厅、省财政厅的第二期全国特勤队伍建设验收。至12月，市消防支队共有水罐车、泡沫车等灭火消防车120辆，云梯车、登高平台车等举高平台车13辆，抢险救援车、防化洗消车等专勤车16辆。拥有有毒气体探测仪、军事毒剂侦检仪等侦检器材38套，堵漏器材70套，躯体固定气囊、肢体固定气囊等救生器材339套，电动剪切钳、液压剪切钳等破拆器材133套，防爆输转泵、粘稠液体抽吸泵等输转器材50套，强酸碱洗消器、强酸碱清洗剂等洗消器材28套，稳动式排烟机等照明和排烟器材69套。拥有消防隔热服、消防避火服等特殊防护装备1689套，消防员个人防护装备8750套。

2.科技设备

1988年3月，市消防支队与公安部上海消防科研所、重庆市公安局消防支队联合进行的“内河消防艇战术性能参数的研究”获1987年公安部消防局消防科技进步一等奖。

1991年，市消防支队与沈阳消防研究所合作，率先将计算机通信引入火警调度系统，将全市地理水源等信息通过微缩胶片的形式存储。1996年，市消防支队研制成功新型消防指挥车，研制革新水带挂钩、飞虎爪、阻水器等消防器材。1997年，市消防支队研制成功“JXS5040TXFPX5型排烟车”，排烟量达每小时1800平方米。完成高低压泵车器材厢和高压管的改造。

1998年，市消防支队与邮电部第一研究所合作开发通信调度指挥系统软件，并作为统一模式在全省推广。1999年，市消防支队计算机防火业务受理查询系统投入使用。消防通信指挥系统开通运行，该系统采用现代化通信和计算机技术，实现119报警快速反应，主叫号码和地理信息自动提取，地理信息自动显示，高空电子瞭望，GPS卫星定位，全过程数字录音以及中队数字、语音传输等功能。

2000年，市消防支队建成城市报警系统，完善通信指挥系统，实现无线通信三级组网。2002年，建成集化工装置、千吨级油罐、烟气训练室、地下训练设施、建筑消防设施和综合训练于一体的特勤大队模拟训练设施。完成各中队计算机接警终端系统建设，完善通信指挥系统软件资料，修改地理信息1200余条，建成消防信息中心，形成数字通信骨干网络。2004年，建设完成图像监控、电视电话会议、数字化灭火救援及电子台账应用系统。开展省级社会发展科技项目“城市火灾报警探测监控技术及应急处理系统研究与示范”的研究。该项目实现火灾探测报警、火灾受理、灭火救援力量调派、移动指挥通信、消防设施状态WEB查询等多种应用系统无缝集成，对重点单位消防安全日常管理和建筑消防设施运行状态进行网络化动态监管。

3.消防水源

1983年，无锡市消火栓保有量为667只。1998年，市区消火栓保有量1403只。至2005年12月，市区消火栓保有量3542只。

六、重大灭火和救援事件

1.灭火

1995年10月20日14时许，江阴市石油化工总公司滨江油库206号储存甲醇的储罐，因无证施工人员在气割管线上的阀门时引燃甲醇蒸汽致爆炸起火。大火严重威胁着储有苯乙烯、乙基苯、汽油、柴油、润滑油、甲醇、纯苯、液化气等危险品的储库以及相邻的辽河油田油库。江阴市公安消防大队接到报警，调动8辆消防车和江阴澄西船厂、棉纺厂、印染厂等厂企消防队奔赴火场，无锡市消防支队接报后派出9辆消防车增援，对206号储罐进行冷却，对邻近罐启用固定消防喷淋实施冷却。大火于当天21时15分被扑灭，共投入26辆消防车、3艘消防艇，出动警力265人。火灾致206号罐严重烧损，烧毁甲醇110吨，直接经济损失48.22万元。

1997年12月16日凌晨4时许，无锡市三星实业总公司鞋帽市场因遗留火种引燃周围可燃物引发火灾，迅速波及一期工程营业厅一层、二层，仓库一至三层。4时14分，市消防支队接到报警，先后派出6个中队、8个专职消防队的32辆消防车、1艘消防艇、263名指战员参加灭火。大火于8时10分扑灭，成功地保住毗邻的无锡市公证会计事务所300平方米建筑、16户居民的1200平方米建筑、鞋帽市场二期工程4500平方米建筑和内部储存的600余万元物资。火灾烧伤1人，烧毁建筑面积5442平方米、个体户摊位523个，直接经济损失596.9万元。

2004年5月23日15时20分左右，无锡市三阳百盛广场有限公司因相邻的摩天360大楼工地电焊作业产生的高温焊渣，引燃大厦3～6层中庭上方铺设的竹排、防护网等可燃物而发生火灾。15时23分，消防支队接到报警，先后派出7个中队、35辆消防车、205名消防官兵参加灭火。大火于17时扑灭。火灾造成直接经济损失45.5万元。

2004年7月22日23时20分许，位于无锡市南长区羊腰湾支路9号的无锡联合维康生物工程有限公司仓库，因存放的二氧化氯固体粉末高温分解蓄热引燃外包装编织袋而发生火灾。23时25分，市消防支队接到报警后，派出4个中队、13辆消防车、80余名官兵赶到现场扑救，明火于23时55分扑灭。共疏散周围住户400余户、1300余人。处置过程中除4名居民、4名士兵有一些不适反应外，未造成人员伤亡。

2005年7月26日9时40分，位于无锡市滨湖区胡埭镇孟村村的市胡埭精细化工厂反应釜发生爆炸。市消防支队接到报警后，先后派出7个中队、27辆消防车、160余名消防官兵赶赴现场处置。共疏散火场周围1000米范围内的住户160多户、村民500余人。从爆炸现场救出12人，其中9人死亡、3人受伤。大火于11时05分被扑灭。现场1只发生泄漏的10吨双环戊二烯储罐于26日14时30分被完全堵住泄漏。成功保护和转移1只15吨的盐酸储罐、3只液氯钢瓶（共装有液氯3吨）、正在生产的3吨遇水即会发生爆炸的熔盐和被埋压的30只氮气瓶以及2组氧气、乙炔气瓶。

2.救援

1991年6月下旬，无锡市遭受特大洪涝灾害袭击，市消防支队官兵先后出动警力1517人次，消防车152车次，营救被洪水围困的群众2753人次，参加抢险救援89次，抢修防洪险工险段52处，消除火灾、爆炸事故隐患1993处。消防二中队、支队分别荣立集体一等功和集体二等功。

1992年8月16日8时30分，无锡县洛社液化气站3号贮罐发生严重泄漏事故，造成312国道交通中断6个多小时，周围工厂村庄停产和停止使用明火。洛社液化气站建有100立方米和50立方米的金属卧式罐各两只，距312国道100多米，发生事故的3号贮罐贮气40吨左右。8时50分，无锡县消防中队接到报警，12名官兵赶到现场扑救。12时10分，从市区调去的液化气槽车在喷雾水枪的掩护下抽装3号罐内的液化气，至15时左右，贮罐内压力全部泄出，成功排除这场一触即发的爆炸燃烧事故，保住价值360多万元的液化气站和周围工厂、村庄的安全。

1996年11月24日7时许，沪宁高速公路无锡玉祁段发生恶性交通事故，44辆汽车追尾相撞，12名驾乘人员被困在驾驶室内。市消防支队于8时接到市公安局指令后，派出特勤队、四中队8辆消防车前往现场救援。经过两个多小时的奋力抢救，终于将被困人员全部救出，并防止爆炸起火事故的发生。

1986～2005年无锡市火灾情况统计表

表28-5　　单位：起、人、元

年份	火灾起数	受伤人数	死亡人数	直接经济损失
1986	422	33	14	927009
1987	349	56	18	768694
1988	284	17	17	1161850
1989	204	23	11	1126372
1990	399	34	15	2878413
1991	296	26	15	2143600
1992	279	39	19	13663811
1993	234	13	11	3549088
1994	247	32	24	5612967
1995	225	15	16	4097404
1996	231	34	19	3699378
1997	600	57	18	11433850
1998	564	55	10	6391616
1999	863	64	23	4900000
2000	979	50	28	3790854
2001	1123	52	38	3110564
2002	1340	53	28	4758592
2003	1191	26	29	4706127
2004	1491	27	27	7479153
2005	1822	11	29	6259300

第九节　监所管理

1995年12月，市公安局预审科更名为预审处。1997年1月1日，修改后的刑事诉讼法颁布实施，撤销预审处，建立监所管理处，预审工作职责划归刑警支队。2002年12月，监所管理处更名为监所管理支队。

一、看守所

1983年1月，市看守所迁至惠钱路石门下。1997年1月1日，刑事诉讼法修改实施后，撤销市公安局收容审查所，改为市第二看守所，原市看守所改为市第一看守所。2001年3月，因行政区划调整，原锡山市看守所改为市第三看守所。

90年代，看守所在严格管理的同时，突出文明管理、人性化管理，对在押人员实行一日行为规范制度，每个监室都有报纸供在押人员学习，看守所内设阅览室，购置图书、杂志，并设立法律知识、学习园地等专栏，努力创造有利于在押人员改造反省的环境。同时，严格按照有关食物量标准，保证在押人员吃足、吃热、吃得卫生。每个看守所设立医务室，配备专职医生，在押人员有病及时治疗，重急病及时送医院医治，符合保外就医条件的，及时办理保外就医。

2000年开始，为保障在押人员合法权益，确保监所严格公正执法，设立检察官信箱和所长接待日，聘请执法执纪监督员，自觉接受社会监督。2001～2005年，通过在押人员坦白检举，获取违法犯罪线索4万余条，破获刑事、治安案件1万余起，抓获违法犯罪嫌疑人3000余人。2001～2005年，3个看守所共收押犯罪嫌疑人6万余人。

二、收容教育所

1991年12月25日，无锡市在郊区南站乡叙丰村67号成立市收容教育所。开办法律大课教育400余课、课堂教育3000余堂，举办知识讲座、演讲比赛，放映爱国主义影片；邀请市妇联、法院、老干部艺术团、大学生及家属代表到所里面对面帮教；自编教材、自备教员开设扫盲班。1995年4月，市收容教育所搬迁至惠钱路石门下。1999年12月，由治安支队归口管理的收教所整建制划归监管支队管理。

2001～2005年，市收容教育所共组织扫盲教育1500余课时。市收容教育所设立医务室，添置近8万元的医疗器械，先后治愈性病1600余例，检查、治疗率100%。医生每天至少到号室、工场间巡诊两次，发现病情及时治疗，日常就诊量3万多人次，未发生医疗事故。至2005年，市收容教育所共收押3000多名卖淫妇女，对她们进行法律教育、心理矫治、性病检查治疗。按照收教学员的过错程度和悔改表现，以及有无性病和是否成年等不同情况，实行“严格管理、普通管理、宽松管理”的等级管理制度。

三、拘留所

1975年10月，市公安局在长埄路13号设立拘留所。1981年更名为市拘留所，1994年搬迁至惠钱路石门下。1999年12月，由治安支队归口管理整建制划归监管支队管理。

1986～2005年，市拘留所先后收押管理拘留人员8万多人，通过思想教育和伦理道德教育，重新违法率低于2%。投入35万元，改善拘舍条件。通过对被拘留人员开展法律、道德、人生观为主要内容的法制教育，强化习惯养成训练，把短暂的拘留期转变为法制教育学习期。

第十节　禁　毒

80年代，鸦片烟毒在无锡抬头。90年代初，海洛因流入，毒品贩卖吸食活动逐年增多。公安机关刑侦部门把毒品犯罪列为打击重点。1995年，市政府成立市禁毒工作领导小组。1997年5月，市公安局成立禁毒处。2002年，市禁毒工作领导小组更名为市禁毒委员会，各区成立区禁毒委员会，办公室设在各区公安局。2003年，市公安局禁毒处更名为禁毒支队，各市（县）局、分局成立禁毒大队。禁毒专业部门贯彻“‘禁吸、禁贩、禁种、禁制’四禁并举，预防为本，严格执法，综合治理”的方针，发动依靠群众，开展禁毒斗争。

一、禁吸

1989年9月，无锡市发现3例吸食海洛因人员。90年代后期，吸毒群体逐渐蔓延扩大。1997年，市禁毒处组织毒情普查，登记在册涉毒人员2221人。是年末，在无锡市新区长江北路外桥头67号成立市强制戒毒所。

2000年起，“摇头丸”、K粉、冰毒等苯丙胺类新型毒品在无锡出现。市公安机关结合吸毒人员普查、公共场所吸贩毒问题整治，不间断组织收戒吸毒人员行动，对查获的吸毒人员一律强制戒毒，复吸人员一律劳动教养。2003年，以“远离毒品、关爱未来”为主题，重点加强对青少年的禁毒预防宣传，确定30所中小学校作为“毒品预防教育示范学校”，以推动全市中小学校全面实施毒品预防主题教育。是年，全市998所中小学全部结合自身实际开展形式多样的“毒品预防教育”活动，受教育师生20余万人。以创建"无毒社区""五好家庭""社区青少年远离毒品""不让毒品进我家"等活动为载体,在社区、家庭构筑免受毒品侵害的各道防线。组建"禁毒志愿者"队伍,加强对高危人群特别是社会闲散青少年、经常涉足娱乐场所人员及流动人口的禁毒预防宣传教育,同时加强对公共娱乐服务场所法人和从业人员的禁毒预防教育工作。2004年,惠山区建立起由433个帮教小组、1355名帮教力量、1931名禁毒志愿者组成的"横向到边、纵向到底、责任到人"的帮教工作网络。针对不同的帮教对象,不搞一把抓,从有条件的"三类"人员入手开展帮教。对有帮教能力的家庭,实行以家庭为中心、以尿检为手段、以民警为骨干、以社区为依托的帮教方式,将尿检片直接发放到吸毒人员家属手中,由家庭成员为主帮教;对帮教能力有限的家庭,由社区干部或聘请老同志、老党员、老干部与吸毒人员结对子,家庭和社区民警配合开展帮教;对无帮教能力的家庭,探索按照市场化运作的形式,由村镇共同出资,在社会上招聘具备一定条件的专业人员,对吸毒人员实行社会化专业帮教,以转化率为主要标准,兑现报酬。同时,重点针对低龄人群开展多种形式的预防宣传工作,确保学校内无吸毒、学校毕业人员初涉社会不吸毒,使吸毒人员在辖区低龄人群中出现"断层",使吸毒违法活动在此后几年内后继无人。惠山区在全省首创"三类一网"帮教工作法和禁吸预防"断层工程",党政重视、群防群禁创建"无毒社区"的工作经验在全国交流推广,对降低复吸率和控制新吸毒人员滋生两个关键问题进行新的探索和实践。

2004年6月,市戒毒所迁建至惠山区钱桥镇钱姚路555号。占地近4万平方米,建筑面积1.25万平方米,内设床位450张,为一级大型强制戒毒所,年均收治2400余人次。主要承担执行强制戒毒、执行吸毒人员行政拘留、接收自愿戒毒、接待参观市禁毒教育馆的职能,同时挂市自愿戒毒中心牌子,是华东地区收治人数最多、设施较为完善的集戒毒(强制、自愿)、教育、宣传于一体的一流戒毒所。是年,被公安部评为一级强制戒毒所。

2005年,无锡市开展毒情普查,全市共查获吸毒人员1.66万人,累计自愿戒毒3700人次,强制戒毒7084人次,投送劳动教养3564人。在严厉打击的同时,把吸毒人员当作"病人",落实派出所、单位、街道、家庭"四位一体"帮教措施,实行药物治疗,心理康复,社会帮教三结合,对出所后的吸毒人员建档立卡,接茬帮教。年末,登记在册吸毒人员7623人(死亡156人),比1997年首次普查增加5402人。

1998～2005年无锡市戒毒所收治吸毒人员情况统计表

表28-6　　　　单位:人

年份	强制	自愿	拘留	总数
1998	707	473	—	1180
1999	977	223	—	1200
2000	1374	252	296	1922
2001	1477	444	528	2449
2002	1356	522	588	2466
2003	866	508	380	1754
2004	773	828	573	2174
2005	922	670	933	2525
合计	8452	3920	3298	15670

二、禁贩

1991年3月12日,无锡市破获改革开放后首起特大贩卖鸦片案,缴获鸦片2.1公斤,市值3.7万元。90年代中期，进行集中打击毒品贩运活动。

1996～2000年，破获贩毒案件2260起，市区主要以海洛因为主，一批四川、贵州、云南贩毒分子与市内贩毒人员相勾结，从重庆、广州贩运海洛因到无锡；江阴以盐酸二氢埃托啡为主，主要从安徽、河南等邻省医药部门流失而来。1998年3月，在市区波特曼迪斯科舞厅查破制贩“摇头水”团伙，首次发现新型毒品进入无锡。

2000年起，全市公安部门先后组织开展禁毒严打整治专项斗争、打击跨区域贩毒专项行动、打击苯丙胺类毒品犯罪专项行动、遏制毒源专项行动、扫毒行动和禁毒斗争。2001年4月，破获首起贩运“摇头丸”案，缴获3名苏州毒贩从广东贩到境内的摇头丸493粒。

2003年，市公安部门打击毒品犯罪活动实行战略重心调整，把“多破案、破大案、摧网络、挖毒窝、抓毒贩、多缴毒”作为主攻方向。2004年10月29日，侦破“1·21”特大贩毒团伙案，抓获跨越重庆、上海、无锡三地的贩毒嫌疑人13人，缴获毒品海洛因5公斤，市值达100万元。

2003～2005年，市公安部门共查破缴毒百克（粒）以上案件99起，缴获毒品7.83万克（粒），分别是前6年总和的3.1倍和3.4倍。每年6月26日国际禁毒日前后，市、市（县、区）召开禁毒公判大会，销毁一批毒品，公判一批贩毒分子。

三、禁种

80年代，私种罂粟在无锡流行，一般把罂粟当作药材使用。90年代，种植罂粟用于鱼、畜养殖防病的现象增多，1995年，私种罂粟案件数成倍增长。公安机关持续开展禁种铲毒行动，至1999年共铲除罂粟9万余株。2000年起出现严重反弹。2004年，各地对压降种毒反弹势头达成共识，依靠发动群众，采取打防结合措施，构建群防群禁体系，加强宜兴市等重点地区整治，通过分发宣传资料、印发公开信、张贴标语、签订承诺责任书，在群众中宣传“种毒有害，种毒违法，种毒必究”。每年在11月“禁种”和4月“铲毒”期间，印发通知，组织力量到田间地头、村民院落、丘陵山谷和鱼塘鸡场，拉网式踏查，对“偷着种”“躲着种”“混着种”的，发现一株铲除一株。2005年，实现“无复种、无片种”，江阴市、惠山区等郊县地区实现“零种植”。

至2005年，市公安部门查获的460余名种毒人员中，刑事拘留41人、取保候审32人、劳动教养12人、行政处罚302人。

四、禁制

进入21世纪，无锡经营、使用易制毒化学品单位增多，出现制毒苗头。公安禁毒部门对制毒犯罪活动“露头就打、一查到底”。2001年7月，发现锡山区港下镇美华化工有限公司非法采购、加工、销售100公斤苯基丙酮。2002年1月29日，宜兴市禁毒部门依法查处宜兴市阳光化工厂非法购买、使用易制毒化学品醋酸酐案件。2004年2月，破获台湾籍犯罪嫌疑人租用江阴厂房设备加工K粉（氯胺酮）特大案件，缴获氯胺酮粉剂6.5公斤、针剂104公斤。公安禁毒部门与经贸、工商、药监等部门分工协作，明确责任，落实各项管控措施，实行“公安协调、行业主管、企业自律”模式，建立双向、多向核查机制，规范网上办证，严格掌握控制易制毒化学品、麻黄素以及精神药品和麻醉品的产、供、销环节。2005年8月，在市桃花山特种垃圾处理场，对无锡健特药业有限公司自报销毁的223.3公斤过期盐酸麻黄碱进行集中焚烧销毁。

第十一节　计算机和网络安全监察

一、计算机安全监察

90年代初，随着计算机的逐渐普及，计算机病毒问题逐渐出现。1991年，市公安局通信科向全市计算机用户单位统一发放计算机病毒解毒软件，为308部队、市纺织机械厂、市税务局、市财政局等单位清除计算机病毒。1992年，市公安局设立计算机安全监察科（与通信科合署办公），负责全市计算机安全管理和病毒防治工作，同年派出技术人员为计算机用户单位安装防病毒卡100余块。1993年，全市机关、企事业单位有计算机5000余台。举办首期全市防治计算机病毒训练班，对50名企事业单位从事微机工作者就计算机病毒的类型、防治方法与技术等进行培训。年内，为58家单位消除病毒，为42家单位配发消毒盘片。

1995年5～7月，市公安局计算机安全监察科会同治安支队，联合开展以打击利用计算机制作、贩卖、传播淫秽物品违法犯罪活动为主要内容的专项斗争，先后进行3次清查行动，查扣黄色淫秽光碟90余张、涉案硬盘4个、计算机1台。至年末，全市（不含学校和家庭）有小型机以上计算机33台、微机8809台，其他POS机、终端机、ATM机5444台。

1997年，市公安局成立计算机安全监察处，开展防范、消除计算机病毒，计算机信息系统互联网用户登记备案，打击利用计算机违法犯罪活动等项工作。年内，配合刑侦部门破获无锡市第一起利用计算机违法犯罪案件。1998年，市公安局在"无锡信息港"和互联网"阿福台"上建立宣传计算机信息系统安全保护的有关法律法规主页专栏。同时，加强对政府和金融、证券等重点单位计算机信息系统的安全保护。多次开展B0黑客软件的清查和信息系统的安全检查，对存在问题单位及时提出整改措施。帮助指导金融机构建立完善计算机信息系统安全保护组织和工作制度，落实具体防范措施，先后举办20期计算机安全员培训班，培训计算机安全员近800人。至2000年，市公安局计算机技术人员共为用户消除病毒、安装VRV等防病毒卡等上门服务2000余次。至2001年，先后破获计算机违法犯罪和网上违法犯罪案件百余起，查处违法犯罪嫌疑人200余人。

2002年，市公安局撤销计算机安全监察处，设立市公安局信息网络安全监察处，负责全市计算机信息系统和互联网的安全保护管理工作。

二、网络安全监察

1996年起，加强对用户使用国际联网情况的监察和管理。当年，市公安局计算机安监科开展计算机信息系统联网备案登记，共登记备案125家用户。

1997年，加强对互联网的监控，为领导提供有价值的监控信息，封堵有害信息源。依法加强对互联网接入单位、信息服务单位的管理，对BBS、电子邮件、个人主页、网吧进行专项治理，删除一批不符合要求的个人主页，规范个人主页内容的有序和健康，净化网络环境。1998年5月，实行电子备案制度，使用《国际联网备案信息管理系统》，使接入单位、三市（县）公安局、市公安局、省公安厅电子备案联网，互联网接入单位和用户备案率保持在98%以上。2000年，全市有5家互联网接入单位，互联网单位用户10441个、个人用户23983个、网站860个、个人主页27038个、BBS5个、免费信箱68050个。

2002年起，针对互联网有害信息泛滥、管理秩序混乱等问题，无锡市公安、新闻、教育、工商、文化、安全等部门相继组织开展互联网有害信息、电子邮件、互联网网站和网络游戏等专项清理整治工作，删除网上有害信息3万余条，关闭网站2000余家，督促落实信息发布审核、上网日志留存等安全管理制度以及短信息过滤、电子邮件发送限制安全技术防范措施。2003年10月，开展互联网接入单位、信息服务单位及联网单位登记备案工作。针对网络违法犯罪突出等问题，市公安部门先后组织开展打击淫秽色情网站、网络赌博、网络诈骗等专项行动。

至2005年，破获薛某某传播网络淫秽色情牟利案、“新宝”网络赌球案等网络违法犯罪案件189起，查处违法犯罪嫌疑人151人。是年，无锡市共有上网用户40余万家、政府上网单位380家、上网企业2万多家、互联网接入单位8家、网站6000多家。

三、网吧安全管理

2000年，无锡市第一家网吧开办。此后网吧行业迅速发展。至2002年，全市共有网吧611家。市公安局计算机安监处于2000年起开展网吧安全保护，制定网吧安全管理工作规定，推行“谁经营，谁负责”的安全责任制，配备安全员，建立用户登记制度，采取有效的技术防范措施，要求所有网吧安装用于技术防范的管理软件或安全工具。2001年，共核发网吧和信息服务单位安全合格证549家。根据《互联网上网服务营业场所管理条例》规定，2002～2005年，文化、公安、工商等部门依法加大网吧管理力度。先后多次联合开展集中整治，严厉查处网吧未成年人上网、治安、消防以及信息安全存在的问题。依法取缔“黑网吧”220余家，查处380余家次，搬迁学校周边网吧130余家。2003年9月，无锡市在全省率先实行上网用户实名登记制度，规定凡年满18周岁的网民必须凭有效身份证件办理上网卡后，方可到网吧刷卡上网。网吧实名登记系统被评为2003年度无锡市信息化建设优秀项目。

第十二节　重大案例

一、“1·19”前洲特大杀人抢劫银行案

1997年1月19日16时30分许，犯罪嫌疑人持械闯入中国银行锡山市支行前洲办事处，杀死2人、杀伤1人后撬开金库，劫走现金77万余元。案发后，市公安机关立即组成专案指挥部，在现场勘查、走访的同时，采取紧急措施，架网布控和巡查堵控，并把案情向省公安厅汇报，发出紧急协查通报。21时许，南京市公安局公交分局柳营查报站截获一辆无锡牌照出租车，2名男青年乘客中1人裤腿上沾有大量血迹，身上藏有17万元巨款。经审查，两个嫌疑人均姓丛，为山东人，两人交代杀人抢劫银行的经过，并交代另外2名同伙。专案组立即出击，迅速抓获幕后策划者张某（男，40岁，中国银行锡山市支行干部）和丛某兄（男，30岁，现役军人），缴获全部赃款。

二、宜兴“99·01”特大系列杀人案

1999年1月10下午，宜兴市张渚镇叶塘路前笪村一桥涵洞内发现一具男尸，经现场勘查，死者冯某（男，40岁）于9日19时30分，在下班回家途中被杀死。现场附近草丛中又发现另一具男尸，死者白某（男，51岁）于10日5时40分许，途经该路段时被杀死。10日晚，宜兴市环科园龙背山一护山棚内的老妇陈某（80岁）被杀死。11日晚，洑东镇潜龙村一渔场旁房屋内发现洑东镇大岗村村民刁某（男，40岁）、祝某（女，30岁）及其儿子刁某（男，8岁）一家3口于10日晚被杀死。经勘查分析，认定4起案件为同类型同手法系列杀人案件。案发后，无锡、宜兴两地公安机关投入重兵侦破，并向邻近省、市公安机关通报案情。3月15日夜，犯罪嫌疑人贺某（男，32岁，四川内江市简阳县人）携带作案凶器窜至江西乐平县实施行凶抢劫时，被当地公安机关抓获。贺交代于1月初在江西乐平县杀死1人后，窜至宜兴市连作4案、杀死6人的犯罪事实。3月19日，贺某被押回宜兴市受审。

三、特大金融票据诈骗案

2001年2月27日，工商银行无锡分行向市公安局报案，2000年12月27日，锡山市侨联房产开发有限公司法人代表嵇某以一张300万元的银行承兑汇票向该行贴现296.08万元，2001年2月该行办理再贴现时，发现该汇票系伪造。案发后，该案被列为公安部督办案件，市公安局迅速成立专案小组。经侦查，该汇票系由锡山市正联服装厂法人代表徐某向上海市中宏资产管理公司法人代表刘某催讨借款时所得。3月7日，在上海市将犯罪嫌疑人刘某（女，50岁，上海市人）抓获归案。刘某以伪名张幼云的假身份证注册登记上海中宏资产管理公司，并于2000年12月与另一犯罪嫌疑人乔某（男，45岁，吉林市人）从广州用2万元购买一张300万元的假汇票。在徐某向其索要借款时，即谎称有一借来的汇票，要徐到无锡贴现。2001年6月7日，专案小组在北京市将乔某抓获，全案告破。追回赃款赃物价值250万余元。

四、特大恶势力贩毒犯罪集团

2001年8月15～30日，市公安局根据掌握的线索，连续奋战10余昼夜，一举摧毁以陈某为首的特大恶势力贩毒犯罪集团，抓获涉案成员23人，缴获毒品“摇头丸”60粒、“K粉”（氯胺酮）1包、管制刀具16把、军用防刺背心3件，追缴赃款10万余元。经查，陈某（男，28岁）自1999年刑满释放后，纠集滨湖区和锡山区20余名刑释解教和社会闲散人员组成组织严密、分工明确的犯罪集团，集团成员根据“贡献”大小，分别按日、周、月领取“工资”“奖金”。该集团于2001年4～7月，向上海市贩毒人员柏某（男，43岁）购得毒品“摇头丸”1800粒和“K”粉170克，在无锡市公共娱乐场所贩卖，牟取暴利10余万元；以暴力手段非法控制滨湖区间江口和北桥水产批发市场的罗氏沼虾等生意，抽取交易费，非法获利8万余元；在滨湖区胡埭等地非法开设赌场，收取“看场费”，并多次聚众斗殴；以暴力恐吓等手段非法向江海园歌舞厅等公共娱乐场所收取“保护费”1万余元。

五、“10·11”特大跨国绑架案

2001年10月11日，市公安局刑警支队接到居民程某报案，其妻蔡某（女，31岁）10月9日由上海飞往泰国曼谷后被人绑架，绑匪勒索3万美元。省、市公安部门迅速组成专案组，及时查明在江西省南昌市收取赎金的绑匪同伙王某（女，19岁，江西吉安市人）。鉴于人质在泰国，经报请公安部同意，由省厅刑侦局和市公安局组成赴泰国工作组，并对王某进行跟踪侦查。公安部通过国际刑警组织中国国家中心局向泰国国家中心局通报情况，请求协助，并通报中国驻泰国大使馆。10月23日，赴泰国工作组到达泰国曼谷，迅速与中国驻泰国大使馆取得联系。24日上午，与泰国警察总署征剿局举行会晤，双方达成联合开展侦破的共识，并完善侦控方案。10月27日下午，犯罪嫌疑人王某由香港飞到曼谷，中泰警方在跟踪侦查后，果断将王某和前去接头的犯罪嫌疑人潘某（男，24岁，化名潘泽鸿，福建建瓯人）抓获。经审查，潘某交待伙同另外3名犯罪嫌疑人实施绑架人质勒索钱财的犯罪事实及关押人质的地点。中泰警方迅速行动，顺利解救出人质，缴获赃款1.9万美元、8.07万元人民币。此案的成功侦破，是中泰两国警方联手打击跨国犯罪的成功范例，泰国各大新闻媒体报道，中央电视台、新华社等媒体报道。

六、“6·23”特大杀人抢劫纵火案

2002年6月23日晚，市崇安区田基浜发生一起特大入室杀人纵火案。犯罪嫌疑人闯入室内，将户主李某（男，73岁）及其妻子赵某（69岁）、二女儿李某（41岁）、小女儿李某（33岁）等4人杀死，然后搜劫钱财，纵火焚尸灭迹。案发后，公安部和省、市党委、政府领导分别作出重要批示，要求公安机关不惜一切代价尽快破案。7月8日上午，市公安局专案组民警在旧货收购站发现并获取现场被劫

手机，并据此顺线发现兜售赃物手机可疑人员“陈某”的有关线索。经侦查，认定李某（男，31岁，四川渠县人，曾因盗窃被两次判刑）系暂住在北塘区山北镇。7月24日中午，专案组民警在惠山区前洲镇某建筑工地将李某抓获归案。经审查，李交代伙同“狱友”张某于6月23日晚窜至崇安区田基浜实施入室杀人抢劫纵火作案的犯罪事实。专案组民警于7月27日在南京市将张某（男，35岁，河南济源人，曾因盗窃被判刑）抓获。经审查，两人交代实施杀人抢劫纵火犯罪的事实经过。8月29日上午，市中级人民法院召开公开宣判大会，“6・23”特大抢劫杀人案案犯张某、李某被执行死刑。

七、系列杀人抢劫案

2001年12月7日晚，位于惠山区钱桥镇舜柯村钱胡路边的素凤烟酒店店主殷某（男，57岁）被杀死在店中，现场被劫走现金、手机等大量财物。12月8日上午，市公安局接到报案后，当即成立专案组。经侦查，于2002年2月10日分别在崇安区广益镇和响水县将犯罪嫌疑人张氏兄弟（男，37岁、29岁，响水县人）和董某（男，33岁，张某妹夫）抓获。经审查，3人交代2001年12月7日晚，结伙窜至素凤烟酒店杀人抢劫的犯罪事实，并交代另外5起杀人抢劫作案的犯罪事实。早在1996年12月17日，张某伙同费某（男，响水县人）窜至盐城市滨海县坎南乡七里村百货烟酒批发部，将店主杨某杀死后劫走现金100余元；2000年2月14日，张氏兄弟窜至无锡市南长区北头巷43号，将叶某、屠某祖孙两人杀死，劫走财物1000余元；同年8月19日凌晨，张氏兄弟窜至郊区建筑路附近，将安徽当涂籍个体虾贩鲁某杀死，劫走现金800余元；8月20日晚，张氏兄弟窜至八士镇蓉坝路万安园艺场附近的村道，将三坝村村民吴某杀死；当晚，张氏兄弟又窜至东北塘镇西北塘村附近的村道，将全旺村陆凤巷村民于某杀死，劫走助力车1辆。同时还查明张某等人伙同其他犯罪嫌疑人在滨海、启东等地抢劫作案22起、抢夺作案8起、强奸作案5起的犯罪事实。

八、“2002・3・12”特大杀人抢劫案

2002年3月12日凌晨，崇安区东映山河20号发生一起特大入室杀人抢劫案，3名犯罪嫌疑人闯入室内，将户主顾某（男，31岁，苏州大学在读博士）及其妻韩某（28岁）、女儿顾某（14个月）杀死，将顾母杀成重伤，搜劫财物后逃离现场。此案发生后，被列为“2002无锡一号大案”，省公安厅下达挂牌督办案件通知书，市公安局迅即成立专案组进行侦查。经过1年多的艰苦侦查，2003年7月1日，市公安局专案组在福建省连江县警方的配合下发现与该案特征相符的犯罪嫌疑人，于7月2日相继抓获犯罪嫌疑人陈某（男，24岁）和黄某（男，19岁，均为连江县人），另一犯罪嫌疑人黄某在逃。经审查，陈某、黄某对入室杀人抢劫的犯罪事实供认不讳。9月16日，市中级人民法院召开公开宣判大会，陈某被执行死刑，黄某被判处无期徒刑。

九、特大贩毒集团案

2000～2003年初，市公安局禁毒部门破获一批以四川、重庆籍人员为主的贩毒案件，毒品大多由重庆籍毒枭练某（男，38岁，重庆市沙坪坝人）提供。2003年1月21日，市公安局禁毒部门在破获“1・21”特大贩毒案后，成立专案组对以练某为首的贩毒犯罪集团进行专案侦查。经过长达22个月辗转上海、重庆和无锡三地的艰苦侦查，2004年10月28日，在重庆、上海市公安局和重庆铁路公安处的配合下，上海、重庆和无锡三地同时展开收网行动，一举摧毁以练某、吴某、苏某等为首的特大贩毒集团，抓获重特大贩毒嫌疑人13人，缴获海洛因4.9公斤、毒资19.5万元、汽车1辆。其间，专案组还破获该贩毒犯罪集团成员实施的“3・15”“4・10”特大贩毒案。该专案共抓获犯罪集团成员19人，缴获海洛因8.87公斤、毒资53.96万元、汽车1辆。

十、"一本通"系列调包诈骗案

2004年10月25日，江阴市公安局接红蜻蜓鞋业专卖店店主朱某报案，两名自称是某铁路局主任和业务科长的男子，以购买500双皮鞋给职工发福利为诱饵，盗提其在中国银行"一本通"账户中的15万元现金。江阴市公安局经调查后确认为诈骗案件，遂立案侦查。11月18日，该局办案民警将贵州遵义籍犯罪嫌疑人黄某、冉某、罗某、董某、杨某抓获。经审查，5名犯罪嫌疑人于10月16～25日，先后假冒铁路工程处、中铁五局、路桥工程处等单位工作人员，以单位发福利要团购商品为幌子，选择3个个体商户为作案目标，先后骗取38万元。2005年1月27日，省公安厅将此案件作为督办案件。无锡、江阴两级公安经侦部门在犯罪嫌疑人抗拒交代余罪的情况下，经过半年多艰苦工作，查明该诈骗犯罪团伙流窜全国10多个省市作案33起、诈骗他人钱财325万元的犯罪事实。

第四章　检　察

第一节　机构　队伍

1986年，市检察院设有检察委员会，有委员6人，讨论疑难案件和修改规范性文件等，并作出有关决定。检察院内设刑事检察科、法纪检察科、经济检察科、监所检察科、控告申诉检察科，以及办公室、政策法律研究室、技术室、人事科。检察人员法律职务分为检察长（副检察长）、检察员、助理检察员、书记员和司法警察及刑事技术人员。1987年7月20日，设立经济案件办公室。8月20日，撤销芙蓉寺地区检察院，改由宜兴县检察院设置派出检察室。

1988年4月，设立经济罪案举报中心。同时调整部分内设机构名称：人事科更名政治处，刑事检察科更名刑事检察处，经济检察科更名经济检察处，法纪检察科更名法纪检察处，监所检察科更名监所检察处，控告申诉检察科更名控告申诉检察处。同年9月，随无锡市区划调整，增设马山区检察院。1989年10月，设立党组纪检组。1990年6月，设立民事（行政）检察处、监察室（与纪检组合署办公）。1991年6月，设立检察官培训中心。同年8月8日，由小娄巷21号迁至崇宁路1号新址办公。

1992年4月，技术室更名为技术处。1993年8月，设置市检察院驻看守所检察室。1995年5月，设立反贪污贿赂局（二级局机构），同时撤销经济检察处。8月，撤销刑事检察处，设立刑事检察一处、刑事检察二处和行政装备处。12月，设立无锡市开发区人民检察院。同年，《中华人民共和国检察官法》颁布实施，分四等十二级，初任检察官须经过检察官资格统一考试。省以下各级人民检察院的三级高级检察官、四级高级检察官、一级检察官、二级检察官由省级人民检察院检察长批准；市级及县级人民检察院的三级检察官、四级检察官、五级检察官，由市级人民检察院检察长批准。市级及县级人民检察院的三级检察官、四级检察官、五级检察官由市级人民检察院检察长批准任命。

1998年1月，市检察院机构改革方案被批准，确定设立办公室、政治部、纪检组、组织人事处、宣传教育处、警务处、审查批捕处、审查起诉处、反贪污贿赂局、渎职犯罪侦查局、监所检察处、民事（行政）检察处、控告申诉检察处、检察技术处、法律政策研究室、预防犯罪处、行政装备处、基层工作处等18个职能部门，同时设市开发区检察院和市检察官培训中心。核定编制167人，另核定行政附属编制15人。同月，设立市检察院赔偿委员会。4月，建立渎职犯罪侦查局，撤销法纪检察处。12月，设市检察院驻江苏省无锡市监狱检察室。是年，开始主诉检察官试点工作。1999年5月1日，市检察院办公地点迁至崇宁路9号。2000年，全市两级检察机关有女干警135人，占干警总数的17.4%，其中女主诉检察官占总数的30%。

2001年初，无锡市区划调整，撤销锡山市，设立锡山区和惠山区；合并无锡市郊区和马山区，设立滨湖区。市区检察院作相应设置和名称变更。是年，《检察官法修正案》规定，检察官需要高等院校法律专业本科毕业或高等院校非法律专业毕业具有法律专业知识，从事法律工作两年。2002年4月，据《江苏省无锡市人民检察院机构改革方案》，设立办公室、干部处、宣传处、侦查监督处、公诉处、反贪污贿赂局、渎职侵权检察处、监所检察处、民事（行政）检察处、控告申诉检察处、职务犯罪预防处、检察技术处、法律政策研究室、行政装备处等15个职能部门。保留政治部、监察处、机关党委、市检察官培训中心。设立司法警察支队和市开发区检察院。核定编制168人。

2004年1月，设立案件督导室，作为内设机构。4月6日，设市检察院职务犯罪侦查指挥中心。10月20日，在法律政策研究室增挂"无锡市人民检察院人民监督员办公室"牌子。同年，检察官改由省级人民检察院检察长批准任命，检察官的审批权限由省级人民检察院检察长批准。2005年12月31日，渎职侵权检察处更名为反渎职侵权局，副处（县）级建制。年末，市检察院有检察委员会委员13人。全市检察机关实有检察人员838人，比1986年增加383人。市检察院实有人员184人，其中：大学本科以上文化程度141人，占77%；大专36人，占19%；高中及以下7人，占4%；人员中，检察员83人、助理检察员37人、书记员15人、法警10人、无法律职务22人，其他工作人员17人。

第二节　刑事检察

1986年，市、县（区）两级检察机关批准逮捕刑事犯罪嫌疑人1330人，向法院提起公诉1591人。从1500份案卷中发现6起案件处理不当，予以纠正。1987年，盗窃犯罪占刑事发案数的80%以上；18起重大杀人、抢劫案件，由赌博引起的占44%。1988年，批准逮捕2115人，决定起诉1809人，同比分别上升68%和39%。配合公安、法院、司法等部门开展"反盗窃、打流窜"等4次专项斗争和专项治理。

1989～1993年，市、县（区）两级检察机关批准逮捕刑事犯罪嫌疑人12420人，提起公诉12657人。重点打击杀人、抢劫、强奸、重大盗窃等7类严重危害社会治安秩序和人民群众生命财产安全的犯罪。不间断地进行"打团伙""打抢劫"等集中行动。1991年，对贩卖毒品和强迫、引诱、容留妇女卖淫等20名犯罪嫌疑人依法惩处。1994～1995年，共审查批准逮捕犯罪嫌疑人6911人，审查决定起诉7326人。其中包括杀人碎尸案，杀死10人、杀伤1人抢劫案，持枪抢劫、杀人案等重大恶性案件。1994年，批准逮捕贩毒犯罪嫌疑人7人，1995年批准逮捕贩毒犯罪嫌疑人42人。还先后批准逮捕组织、强迫、引诱、容留妇女卖淫及制作、贩卖淫秽物品两类人犯27人和40人。1996年，参加集中"严打"斗争，重点打击涉枪、涉黑、毒品和团伙犯罪，批准逮捕3568人，提起公诉4026人。1997年，将维护社会稳定列为重大政治任务，适时介入公安机关侦查预审活动132次，使中国银行锡山市支行前洲办事处特大杀人抢劫案犯、宜兴市善卷镇茶场特大投毒案犯及时受到法律惩处。是年起，开展立案监督，对侦查机关应当立案侦查而未立案的，印发《不立案理由通知书》。1998～2000年，重点打击涉枪、涉黑、毒品和团伙犯罪。先后参与"扫黄打非""打黑（社会）除恶（势力）""追逃、禁毒、反盗、打假、打拐"等专项斗争和整治活动。共批准逮捕10302人，提起公诉12256人。

2001年4月，中央决定开展为期3年的"严打"整治斗争，重点打击黑恶势力犯罪、暴力犯罪和多发性犯罪。无锡市检察机关实行"定领导、定力量、定时间、定措施、保质量"的办案责任制。至2002年，共批准逮捕8506人，提起公诉10463人。参加整顿和规范市场经济秩序的整治行动。2003年，批准逮捕4225人，提起公诉5083人。依法惩处防治"非典"期间生产销售不符合标准医用器材的嫌犯。2004年，批准逮捕5239人，提起公诉6877人。参加“打击淫秽色情网站”“打击制售假冒伪劣商品、侵犯知识产权”等专项行动。是年，试行量刑建议制度，将审判监督关口前移。

2005年，批准逮捕5914人，其中涉毒嫌疑犯194人，金融诈骗、侵犯知识产权嫌疑犯112人。受理起诉7604人，起诉7110人。完善内部“严打”长效机制，开展“恢复性司法”（通过对犯罪嫌疑人不起诉或建议对其予以从轻、减轻或免除处罚的司法程序）试点，不批准逮捕548人，占8%。对侦查机关未提请逮捕、移送起诉，而应追究刑事责任的，作出追捕追诉的决定。

1986～2005年无锡市检察机关审查批捕情况统计表

表28-7　　单位：人

年份	受理报捕	批准逮捕	不捕	退回补查	积存
1986	—	1330	292	—	—
1987	1565	1256	167	95	—
1988	2444	2115	236	40	—
1989	3302	2910	288	—	—
1990	2570	2199	192	—	—
1991	2446	2110	155	—	—
1992	2436	2056	218	—	—
1993	3534	3145	302	66	—
1994	4226	3618	367	—	—
1995	3817	3293	304	—	—
1996	4147	3568	428	420	—
1997	3155	2786	350	19	—
1998	3881	3270	575	35	—
1999	3877	3322	520	36	—
2000	—	3710	422	—	—
2001	4785	4503	242	45	—
2002	4237	4003	196	30	—
2003	4497	4225	231	30	—
2004	5588	5263	322	22	—
2005	6475	5914	548	—	—

1986～2005年无锡市检察机关审查起诉工作情况统计表

表28-8　　单位：人

年度	受理起诉	起诉	免诉	不诉	退回	自侦案件起诉
1986	1708	1591	64	3	—	225
1987	1471	1302	41	5	—	117
1988	2019	1809	73	2	—	30
1989	3370	2963	123	2	—	153
1990	2797	2440	102	—	—	171

续表

年度	受理起诉	起诉	免诉	不诉	退回	自侦案件起诉
1991	2496	2125	79	2	—	140
1992	2565	2157	106	—	—	108
1993	3543	2972	105	2	—	152
1994	4084	3501	112	—	—	7
1995	4416	3825	112	—	—	42
1996	4457	4026	127	—	255	61
1997	3619	3009	292	3	354	221
1998	3881	3650	—	—	—	338
1999	4659	3964	—	3	452	292
2000	4818	4608	—	3	459	170
2001	5823	5118	—	2	407	175
2002	5582	5327	—	14	397	154
2003	5506	5215	—	22	501	130
2004	6877	6460	—	9	611	107
2005	7604	7110	—	30	990	137

第三节　反贪污贿赂

1986年起，市检察部门立案查处的经济罪案数量较以前大幅增加。发案最多的是贪污案件，其中挪用公款进行非法营利活动的情况突出，有的籍此经商非法牟利，有的放拆息高利盘剥；对干部腐蚀最大的是行贿受贿案件，犯罪嫌疑人利用手中掌握的紧俏物资权力，采取“平转议”（平价转议价）的手法，从中大量索取贿赂；诈骗案件导致企业损失严重，诈骗犯作案不择手段，不计后果，主要采取签订虚假合同等手法进行诈骗活动，致使一些企业受骗上当，甚至“倾家荡产”；危害最大的是共同犯罪案件，参与人员多、涉及面广，犯罪次数多，数额大，几种犯罪交织，赃款分散，难追难查。检察机关在办案中贯彻“一要坚决，二要慎重”的方针，既要挖出“蛀虫”，又保护“支柱”，促进企业发展。1987年，由于政策上的调整，部分案件不属检察查处范围，查案数减少。1988年，立案查处贪污、受贿、挪用公款、偷税抗税等经济犯罪案件125起，同比增长11.6%。案件特点是现行作案明显增多。有的利用价格“双轨制”，以“低进高出”等手法进行经济犯罪；有的以收取“回扣”、“手续费”的名义索贿、受贿；有的内外勾结，挪用公款搞营利活动；有的在生产、流通环节中搞“假、冒、骗”，中饱私囊。1989年，将反贪污贿赂列为打击经济犯罪的重点。8月15日，最高人民法院、最高人民检察院印发《关于贪污、受贿、投机倒把等犯罪分子必须在限期内自首坦白的通告》，全市有124名经济违法犯罪人员投案自首。有46名在押经济罪犯坦白余罪，有130多人检举揭发他人的违法犯罪线索300余条。在查处的经济案件中，贪污、贿赂案合占81.7%。

1990年，将直接受理、侦查经济犯罪案件的业务由“经济检察”更名为“贪污贿赂检察”。继续保持查办强劲势头。同时遵循“一要坚决，二要慎重，务必搞准”的原则，严把案件质量关。1991～1995年，全市检察机关贯彻“反腐败，促进廉政建设”的精神和“严格把关，狠抓办案”的方针，把反贪污贿赂列为打击经济犯罪的重点，实行领导办案责任制。突出打击“影响大、危害大、震动大的大案要案”，先后将党政领导机关、行政执法机关、司法机关、经济管理部门（简称“三机关一部门”）工作人员中的贪污贿赂犯罪，破坏税制改革、危害税收征管的涉税犯罪列为打击重点；将房地产开发、金融证券、引资合资等行业和领域列为查办的重点部位。立案数特别是大要案数比前5年显著增加。1992年，调查亏损企业411家，查出有经济犯罪线索的215家，获取犯罪线索97条，立案查处45起、50人，通过办案13家企业经营状况明显好转。1994年下半年起，全市检察机关抽调300余名干警参与查办无锡新兴公司特大投机倒把案，历经500多天，共立案侦查案犯68人。其中主犯邓某、罪犯姚某被依法处决。

1996～1997年，市检察机关查办贪污贿赂等案件数量持续高位，共立案侦查556起、594人。突出打击涉税犯罪、亏损企业中的“穷庙富方丈”犯罪、工程建设领域犯罪等专项斗争。对在企业转制、兼并、资产重组中，隐匿资产、个人侵吞的犯罪案件坚决查办。并在办案中注意顺藤摸瓜，一追到底，深挖窝案串案。

1998年1月1日，修改后的《中华人民共和国刑法》《中华人民共和国刑事诉讼法》实施，对案件管辖范围有较大调整，检察机关主要负责侦查国家工作人员贪污贿赂等职务犯罪案件，且立案标准提高，办案难度增加，立案数量减少。是年，立案侦查120起、124人，均为万元以上的案件。其时，贪污贿赂犯罪呈上升趋势，重特大案件增多，立案数额10万元以上的48起、55人，占立案总数的34.3%，金融、建筑领域经济犯罪仍然突出，合占立案总数的29.4%；串案窝案占相当比例，且向智能化发展，利用婚、丧、嫁、娶或乔迁、子女升学、祝寿礼金等形式掩盖行贿、受贿，利用电脑等高科技工具作案等。1999年，最高检察院强调“严格执法，文明办案”，全市两级检察院确立程序和实体并重的意识，将侦查重点由以往单一获取口供转为全面获取证据；严把立案关和证据关，发挥视听技术在办案中的作用，对询问、讯问、搜查等过程进行录像，提高证据的证明力。是年立案侦查140起、149人，同比上升16.67%，侦查终结案件全部移送起诉。

2000～2002年，市检察院年平均立案153起、157人。查获的大案要案比例上升，分别为73.3%、80.7%和71.5%，金额在百万元以上的21起、22人。其中县处级以上干部立案人数上升，突出的有无锡市计划委员会原主任顾某受贿案、无锡市轻工业局原局长杨某受贿案。在锡山市华源行星集团侦破10个人贪污、贿赂、挪用公款的案件，并及时发还部分赃款，稳定职工情绪。2002年，运用公开摄录像固定证据，防止犯罪嫌疑人翻供、翻证；运用心理测试仪；建立检察系统行贿人信息库和乡科级干部被举报信息备案库，实行网络管理。是年7月，开展查处严打整治斗争和整顿规范市场经济秩序工作中揭露出来的充当黑恶势力后台和“保护伞”的贪污贿赂等职务犯罪案件，查办建筑领域中涉及工程发包、招投标、质量监督检查、验收等方面的贪污贿赂案件，查办利用国有企业改制进行违法犯罪而导致国有资产流失的案件及“穷庙富方丈”案件，至年末，立案侦查29起。

2003年，市检察院成立以检察长为指挥长、分管副检察长为副指挥长的职务犯罪侦查指挥中心，对全市检察机关的侦查办案加强组织、侦查、指挥、协调、督导。查获大要案117起、118人，占立案总数的81.25%，其中涉嫌金额百万元以上的案件8起、9人，金额最大的贪污、受贿900余万元。2004年，市检察院职务犯罪侦查指挥中心加大提办、交办、参办、督办力度，查获的大要案比例达95%，高于江苏省平均水平。其中包括首次由省检察院交办市院直接立案侦查的无锡市商业职业技术学院原院长杭某（副厅级）受贿、贪污、挪用公款案等。

2005年，市检察院制定颁发《检察工作流程》等7个规范性文件，从程序上全面规范和保障执法办案工作。对讯问犯罪嫌疑人、询问重要证人等环节推行全程录音录像，确保证据的固定和完善。是年初，拥有技术先进的网络化、数字化综合信息系统的侦查指挥基地投入使用，投资2000余万元，建筑面积6300平方米。以此为依托，办案的力度、效率、质量均明显提高。是年，立案侦查133起、135人，其中大要案占立案总数的97.7%，列全省第一。经省检院考评，案件质量优秀率95.7%。

1986～2005年无锡市检察机关办理经济犯罪案件情况统计表

表28-9　　　　单位：起、起/人、万元

年份	受理	立案	起诉	免诉	追缴赃款赃物	挽回经济损失
1986	416	205/227	—	—	247.20	158.40
1987	270	112/124	84/93	21/23	110.00	77.30
1988	—	—	—	—	196.00	291.00
1989	277	230/269	—	81/94	492.18	492.18
1990	333	220/254	145/160	66/83	394.00	394.00
1991	300	186/193	103/109	44/44	430.00	470.00
1992	180	134/148	90/104	50/57	246.00	462.00
1993	491	173/207	—	—	721.06	1401.40
1994	563	229/253	206/	12/	614.40	1554.00
1995	702	290/325	/275	/41	10000.00	2100.00
1996	780	309/332	235/254	67/70	3375.00	6394.00
1997	681	247/262	—	—	3400.00	6600.00
1998	455	120/124	110/	—	1961.43	3906.50
1999	524	140/149	140/149	—	1600.00	6700.00
2000	510	160/166	—	—	9420.00	12210.00
2001	521	161/165	155/159	—	4668.00	9217.00
2002	515	137/142	139/144	—	2121.00	3624.00
2003	396	144/145	—	—	4312.00	5715.00
2004	397	123/124	118/119	不诉1	4530.66	51642.00
2005	345	133/135	—	—	2945.75	3835.00

第四节　渎职侵权检察

1986年起，市检察机关将法纪检察列入重要议程，重点查处玩忽职守和重大责任事故案件。是年，重点查处侵犯公民民主权利和人身权利的案件，立案侦查33起，同比增加1倍。

1987～1989年，重大责任事故法纪案件突出。大众剧院屋顶局部倒塌，造成重大伤亡。某汽车修理厂在修理轿车时，违章操作，留下严重隐患，致车辆在行驶时方向失控，翻入鱼池，车内5人全部死亡。1989年，因经济纠纷引发的非法拘禁案开始出现，当年立案查处这类案件3起、4人。对经济案件举报人打击报复、诬告陷害、作伪证的案件，优先排查、处理。同年，法纪检察实行侦诉分开办理。

1990年，最高检察院颁布侵权、渎职案件立案标准。市检察院重点打击影响大、情节恶劣、后果严重的渎职犯罪案件。是年，立案查处的15起法纪案件中，渎职案件有7起。1991年，立案侦查法纪案件21起、23人。因对工作不负责任，致使公共财产遭受重大损失的玩忽职守案件突出，占立案数的42.8%；目无法纪、肆意侵犯他人人身权利和民主权利的案件呈上升趋势，占立案数的33.3%；重大责任事故居高不下，全年接报这类案件126起，死亡121人，立案5起、5人。同时，公民因债权、债务纠纷引起的“人质型”非法拘禁案件开始显现。1992年，采取上下结合，市、区检察院联合办案模式，在立案侦查的20起、22人中，有唆使他人劫持、殴打并非法拘禁举报人的侵权犯罪案件；有一护士误

用“器械液”配制奶水，致使16名新生儿饮后食物中毒并造成1人死亡的渎职犯罪案件。1993年，立案侦查24起、25人，其中重大责任事故案件占75%。1994年，中央政法委印发《关于严禁以扣押人质方式解决经济纠纷的通知》，无锡市查办“人质型”非法拘禁案件4起、9人，并在此类案件中发现雇佣社会“黑势力”讨债、逼债，当款物到手后，雇佣方支付10%至20%佣金的情况。1995年、1996年，立案数持续大幅增加，分别为44起和59起。为维护司法公正和法制权威，查获司法人员徇私舞弊、刑讯逼供等涉案人员14人。1997年，检察机关案件管辖范围调整，限于国家机关工作人员利用职权实施的侵权渎职犯罪。当年立案侦查26起、31人。此后，法纪检察改称渎职犯罪侦查。1998年，无锡市检察机关法纪处（科）统一更名渎职犯罪侦查局。将造成100万元以上损失的玩忽职守案件，县处级以上干部的徇私舞弊案件，刑讯逼供、非法拘禁致人死亡的恶性案件，涉及人大代表、政协委员的案件作为打击的重点，集中力量查办。2000年，根据最高检察院和省检察院的要求，对证实危害结果已经发生并达到立案标准，但一时无法确定犯罪嫌疑人的，尝试以事立案。

2001～2002年，市检察机关重点查办黑恶势力背后的国家机关工作人员滥用职权、徇私枉法、贪赃枉法等犯罪案件；与制假售假、走私、偷骗税等经济犯罪相牵连的行政执法人员滥用职权、徇私舞弊犯罪案件，以及司法不公背后的司法人员贪赃枉法犯罪案件；特大安全事故中的玩忽职守犯罪案件。

2004～2005年，市检察机关开展严肃查办国家机关工作人员利用职权侵犯人权犯罪和集中查办破坏社会主义市场经济秩序渎职犯罪专项活动。建立“以省检察院为指导，以市检察院为主体，以基层检察院为基础”的侦查一体化机制，办案数量上升，质量提高。

1986～2005年无锡市检察机关办理法纪、渎职侵权等案件情况统计表

表28-10　　　　单位：起/人、起

年 份	立案数	受 理	年 份	立案数	受理
1986	34/34	128	1996	59/78	119
1987	21/27	110	1997	26/31	60
1988	16/	85	1998	4/5	74
1989	11/13	84	1999	3/4	43
1990	15/15	77	2000	7/7	34
1991	21/23	82	2001	8/8	35
1992	20/22	75	2002	10/10	33
1993	24/25	94	2003	5/5	46
1994	28/36	87	2004	12/12	68
1995	44/65	102	2005	13/13	71

第五节 民事行政检察

1991年4月，无锡市检察院建立民事行政检察处。各市（县）、区检察院相继建立民事行政检察科或配备专职、兼职人员。当年受理民事、行政申诉14起。1993年首次践行民事、行政案件抗诉。至1995年，市（县）、区检察院全部设立民事行政检察科。1996年，在全市聘任150余名律师、司法助理员为首批民事行政检察联络员。遵循“敢抗（诉）、会抗、抗准”的民事行政检察工作方针，将诉讼标的额大的；群众反响强烈，党委、政府、人大非常关注的；可能影响政治安定、经济发展、社会稳定的；地方保护和部门保护导致判决不公的；审判人员徇私枉法、贪赃枉法等5类案件作为查办重点。

1997年，对判决、裁定不公或确有错误的民事行政案件，提出抗诉和提请抗诉37起。根据无锡市实际情况，将股票纠纷案件列入重点查处范围。1998年，办案数量明显上升，提出和提请抗诉案件同比分别增加3倍和31.3%；法院再审后改判比例较大，且首次出现当年审理、当年改判的案例；市检察院对基层院业务指导力度加大，采取分片定人指导、疑难复杂案件个案指导、市检察院自办案件作表率等方式，提高办案整体水平。同年8月，市检察院首次派员出庭支持抗诉。

2000年，聘任的民事行政检察联络员增至178人。法院开庭再审的案件，检察机关出庭支持抗诉比例90%以上。办理抗诉案件的重点为：侵犯国家利益和社会公共利益的案件，因地方保护主义或审判人员贪污受贿、徇私舞弊、枉法裁判导致错误的案件。由于普遍加大对抗诉案件的证据佐证、法律适用、深度论证的技巧等相关质量因素的审查把关力度，抗诉案件的采纳率较以前大幅提升。2001年，复议案件增多，有27起。2002年，将新闻媒体和广大人民群众关注的热点案件，判决显失公正的案件补充作为抗诉重点案件。突出办案质量、办案效率、办案效果，规范监督程序，注重监督实效。受理数、立案数、提抗数均有所下降。统一使用民事行政检察动态管理系统。民事行政检察联络员扩大至196人。尝试市检察院与基层检察院联合办案的新模式。

2003年，立案数、提抗数大幅回升。采用“谁出庭、谁负责”的做法，对上年办理的民事行政案件进行复查。尝试以检察建议和执行和解的方法进行民事行政检察监督。2004年，尝试对领导、群众和媒体关注、法律关系复杂、共同诉讼的案件提前参与诉讼工作。市检察院制定《民事行政抗诉案件规范化管理实施意见》《无锡市人民检察院关于规范检察建议工作的通知》。2005年，从单一审查法院判决、裁定是否存在错误，延伸到审查民事行政审诉案件中是否存在违法犯罪行为。以申诉和解、执行和解、诉讼和解等化解双方当事人纠纷，民事行政检察申诉难、抗诉难、再审改判难的情况得到缓解。

第六节　监所检察

1986年起，全市各级检察机关对在押人犯和劳改犯进行法制宣传教育，并配合做好劳改犯的减刑、假释工作。是年，对省十三劳改支队在押的判处死缓和无期徒刑的169名罪犯进行调查，对其中确有悔改表现的提出减刑建议。对全市275名监外执行罪犯建立卡片、台账。1987年，最高人民检察院公布《看守所检察细则（试行）》《劳改检察细则（试行）》和《劳改检察工作方法（试行）》。年内通过检察提出纠正违法67起，并对看守所执行刑罚情况全面检查。1988年，监所部门建立审查批捕、起诉、复查和监管改造场所违法情况月报制度。对提请假释、减刑、保外就医的人犯逐个检察。至1991年，共纠正超期羁押、减刑和假释不当230起。对监管干部、值勤武警滥用械具、搞变相体罚和通风报信等违纪违法行为提出纠正意见。其间，对在押人犯的思想教育工作和监管改造场所的安全防范检查逐步制度化和规范化。全年办结起诉加刑案件19起、21人。

1992年，全市监外执行罪犯增至1507人。检察机关督促建立监管组织42个，纠正失控39人，纠正漏管5人，建议收监执行6人。配合看守所开展打击“牢头狱霸”活动，对清查出的6名罪犯作出处罚。1993年，全市7个看守所和劳改厂、场全部设置监所检察室。年内共提出纠正违法违规情况意见51条，查出安全隐患142起，提出检察建议116次。对被减刑、假释人员进行事后检察，1名不符合条件的罪犯被重新收监执行。1994～1999年，共检察减刑、假释、保外就医罪犯11126人，提出纠正248人。1995年，查办监管人员受贿案件3起3人。1997年，考察监外执行罪犯327人，纠正漏管、失控5人，建议收监11人。安全检查307次，消除隐患94起。1998年，查处无锡监狱1起徇私舞弊案。1999年，先后3次对超期羁押专项检察，查出的4起超期羁押全部得到纠正。

2000年，驻监、驻所检察室全部配齐电脑，使用全省统一的看守所多媒体信息管理系统软件。全市检察机关对1997～1999年未被羁押的1400余名犯罪嫌疑人、被告人被判处刑罚执行情况作全面检察。2001年，对3522名监外罪犯监管执行情况检查，发现漏管、脱管、失控80余人，重新犯罪61人。2002年，市检察院制定《关于加强办理监管改造场所职务犯罪案件的工作意见》和《关于复查申诉案件，检察控告线索处理的操作规定》。开展对"通风报信、传递信物"等违法情况专项检察和调研。印发《羁押即将届满告知书》12份，预防超期羁押45人次。2003年5月，市检察院制定颁发防治"非典"应急预案，年内组织监管场所安全检查366次，消除隐患14次。处理罪犯因病死亡、自杀等突发事件15起。

2004年起，市检察机关推行"办案期限预警、羁押期限届满提示、定期专项通报"制度。提出超期羁押预警194次、1536人次，向办案单位催办1240次。参加市中级人民法院对提交减刑、假释案件的听证会5次，对220名罪犯的减刑、假释进行监督。2005年，应对无锡市行政区划局部调整，对监外罪犯执行的相关资料全面整理和补充完善。成立查办监管改造场所职务犯罪侦查队，查办1起狱警受贿案。同年，市检察院在监管场所架设"检察官热线"，疏通控告、申诉渠道。

1993～2005年无锡市检察机关检察减刑、假释、保外就医情况统计表

表28-11　　单位：人

年份	检察犯人人数	提出纠正人数	年份	检察犯人人数	提出纠正人数
1993	1017	51	2000	2258	87
1994	694	51	2001	1857	89
1995	1861	47	2002	2366	57
1996	2851	34	2003	3092	39
1997	2267	13	2004	3837	146
1998	1844	38	2005	3525	120
1999	1909	35	—	—	—

第七节　控告申诉检察

1986年起，市检察院对1966年"文化大革命"前检察机关163起免诉案件中尚未纠正的115起全面复查，对原免诉书中认定事实失实或定罪依据不当的25起撤销原免诉决定。还复查不服法院判决的控告申诉案件。1986～1987年，全市检察机关受理首次信访4284件次，按分级负责、归口处理的原则，及时妥善处理，其中自行办理629件。对25起久诉不息的案件和有激化苗头的"告急"案件，由专人负责，从速办结。对"文化大革命"前检察机关作出免诉的115起案件复查，撤销免诉决定的25起，纠错率占21.7%。立案复查历史老案131起，平反纠正30起，占复查数的23%。至此，历史旧案的复查基本结束。1988年7月，无锡市两级检察机关成立经济罪案举报中心，控告、检举数量剧增。至1991年，共受理经济犯罪线索11322条。在立案侦查的828起经济犯罪案件中，根据举报线索立案的591起，占立案总数的71%。对2729件刑事申诉来信和来访妥善办理。

1992～1996年，市检察机关通过建立新闻发布制度、奖励举报人、便利群众举报等举措，举报数量呈持续上升趋势，共受理11027件。1996年的举报线索查结率81%。共受理刑事申诉信访240件次，按"件件有着落、事事有交代"的要求，及时办结并告之结果，做好善后工作。1997年起恢复检察长接待日制度，至1998年，检察长累计接待50次，接待来访群众428批、939人次。因控告申诉部门自办案件，举报线索多年积压问题明显缓解。全市检察机关筹措举报奖励基金200万元。市检察院受理并妥善处理群体访111起，告急访12起，上访老户18个。《无锡市检察举报条例》作为全国、全省首个地方性立法，于1998年10月1日实施。1999～2000年，制定《控告、申诉举报接待规则》等6项制度，开展“争创全国文明接待室”活动，至2000年12月，无锡市检察院和江阴、宜兴、锡山、郊区等检察院的控申举报接待室被授予全国检察机关“文明接待室”称号。市检察院推行“谁接待谁负责”的承办责任制。妥善处理群体访、告急访77起，承办刑事赔偿案件1起。

2001～2002年，市检察院印发《无锡市检察机关处置信访紧急事件预警方案》《无锡市检察机关控申举报工作首办责任制暂行规定》，制作《控制上访老户工作责任表》，维护社会稳定。对积压举报线索和上访老户专项清理，提出解决和落实措施。2001年，市检察院接待到访1107批、1586人，妥善处理集体访9起、128人和告急访1起、8人。2002年，市检察院控申部门按首办责任制要求，按期办结17起初查案件、28起上级交办案件、6起刑事申诉案件。开通举报电话自动受理系统、网上举报系统。2003年，刑事申诉案件明显上升，受理101起，还受理交办案件184起，办结178起。全面启用举报工作动态管理自动化软件。建立举报线索缓查档案，防止举报线索盲目消化和流失。

2004年，全市检察机关集中处理涉法上访问题事件。32起涉法上访案件办结31起，并全部息访、息诉。全年接待来访1218批、1746人次。妥善处理集体访45起、342人和告急访52起。立案复议刑事赔偿案1起。受理申诉82起，5起改变原决定。对2003年办理的18起、21人不起诉案件进行复查，维持原决定。

2005年，市检察机关对重大疑难信访和久诉不息上访，推行公开听证和集体答复制度。接待来访1308批、2067人，解决老上访户及疑难信访99件，化解社会矛盾192起。根据群众举报逐年下降的情况，采取巡回接待、预约接待、举报网络受理等措施，拓展、延伸受理方式和渠道。

图28－3 检察干警接待来访群众 （市检察院供稿）

1986～2005年无锡市检察机关办理信访案件情况统计表

表28－12 单位：件

年份	信访总数	其中		办结总数	年份	信访总数	其中			办结总数
		控告	申诉				举报	控告	申诉	
1986	2278	1303	975	2038	1996	4812	3382	1372	58	4429
1987	1906	919	987	1707	1997	5840	3472	2293	75	5650
1988	2764	1812	952	2387	1998	4401	2543	1743	115	4283
1989	7134	6326	808	6653	1999	3389	1881	1385	123	3140
1990	3227	2953	274	2504	2000	3385	2111	1092	182	3219
1991	2611	2451	160	1674	2001	3595	2307	1203	85	3465
1992	1838	1718	120	1328	2002	2924	1976	871	77	2792
1993	3170	3083	87	2272	2003	2208	1442	665	101	2099
1994	2585	2521	64	968	2004	2151	1346	723	82	2038
1995	3310	3249	61	1016	2005	2220	1320	817	83	2123

第八节 预防职务犯罪

无锡市检察机关在打击犯罪分子的同时，用发表公诉词、分析典型案例、提出检察建议等方式，预防和减少犯罪。1995年，宜兴市检察院率先成立犯罪预防中心，办班轮训基层厂长、经理，编印预防犯罪宣传资料，超前进行法制教育。次年，无锡市、市（县）、区检察机关全部成立经济犯罪预防中心。

1997年，市检察院遵循“打防并举、标本兼治”方针，开展“多层次、多侧面、全方位”的预防犯罪工作。建立和完善教育提醒制度，工程承建合同与廉政合同一起签订制度。促成19个投资千万元以上的工程建设双方签订廉政协议。开展“百点千员”活动，在全市设立100个精神文明共建和廉政共建联系点，聘任1000名预防犯罪联络员。1998年起，市和市（县）、区两级检察机关设立职务犯罪预防处（科），组建百名检察官参加的“廉政法制报告团”，作法制报告150余场次，签订廉政协议的重点工程项目30余个。1999年，从源头上、机制上探索减少和遏制职务犯罪的有效途径。结合办案，开展犯罪嫌疑人写一份悔过书、会同单位分析一次发案原因、发出一份检察建议、组织一次以案释法宣传、进行一次办案效果回访、建立一份预防犯罪档案等“六个一”活动。

2000年起，按“坚持标本兼治”“教育是基础、法制是保证、监督是关键”的要求，规范预防职务犯罪工作。探索、总结教育预防、行业预防、项目预防、网络预防等做法和经验。预防网络扩展至510个行政机关、国有企事业单位和580名联络员。市检察院制定《无锡市预防职务犯罪条例》，经市人大常委会通过、省人大常委会批准，于2001年8月1日起施行。市检察院与无锡监狱、宜兴监狱签订共建无锡市职务犯罪警示教育基地协议。市预防职务犯罪领导小组成立。市预防职务犯罪协会成立，吸纳100多个行政执法机关、经济管理部门、国有企事业单位为会员，形成社会化预防格局。11月，全国检察机关预防职务犯罪工作会议在无锡召开，市检察院作《积极探索、认真实践，努力推进预防职务犯罪法制化建设》的大会发言。

图28-4 2001年7月20日，市人大常委会召开《无锡市预防职务犯罪条例》新闻发布会 （李亚东摄）

2002年，市检察院与市监察局、市建设局制定《无锡市建筑市场廉政准入规定》，对利用行贿、欺诈等手段承揽工程的单位和个人，限制或不准其进入建筑市场。与金融、海关、卫生、交通、水利、国税、地税、药监等10个行业签订“开展预防职务犯罪工作协定”，明确各自职责。两级检察机关吸纳580家单位为预防职务犯罪协会成员，聘任联络员800余人。

2003年，市检察院制定《无锡市检察机关开展重大工程项目专项预防的暂行规定》，对32个总标的53亿多元的工程项目参与专项预防。2004年，在全国地市级检察院中率先开通公众预防网站，当年点击率5万余次。2005年，举办《预防职务犯罪教育展》，2.3万余人参观。

第九节　典型案例

一、王某特大受贿案

1989年8月8日，崇安区检察院接到举报信，举报某建筑工程公司承包人王某为承揽工程，向市商业局有关领导行贿等问题。崇安区检察院经过初步分析、调查，疑点集中到市商业局基建科科长王某身上。随即立案侦查，依法传讯王某，并对其住宅搜查，查获存折7万余元以及彩色电视机、电冰箱、红木家具、大量昂贵工艺品及其他高档消费品。在赃款赃物面前，王某不得不交代在担任市商业局基建科科长期间，利用职务便利，先后收受和索取贿赂35万余元的犯罪事实。1990年10月17日，江苏省高级人民法院作出终审判决，依法判处受贿犯王某无期徒刑，剥夺政治权利终身。

二、施某贪污、挪用公款、赌博被起诉

1992年8月6日，北塘区检察院接到举报，反映市生物化学制药厂设备科采购员施某有贪污嫌疑。经过检察机关立案侦查，发现在1991年8月～1992年7月，施某利用工作便利，以购货为名，先后向本厂财务科领用空白转账支票15张，填写付款金额18.9万元，分别汇入一些业务单位，除为本厂采购材料、设备价值28750元外，其余160250元从上述单位提取现金。其间，施某参与赌博20余次，输掉13万元。此外，施还采用虚报冒领、重复报账的手法，贪污12838元。案发后，尚有151326元不能退还。施某挪用公款赌博，给国家和集体造成重大损失，情节特别严重，被无锡市中级人民法院判处死刑。

三、胡某等人特大投机倒把案

胡某，江阴市人，江阴河塘邮电实业公司原经理兼江阴市鸿雁毛纺制衣厂厂长。张某，江阴市鸿雁毛纺制衣厂驻深圳办事处原副总经理。王某，江阴市税务局长泾税务所河塘税务组原组长。1994年2月，3人合谋虚开增值税专用发票，从中获取手续费。同年3～5月，胡、张等人采用上述方法，分别为深圳、普宁、珠海、揭阳、惠来等市、县所属的13家企业虚开江苏省增值税专用发票计68份，票面销售金额累计3.37亿元，税额计0.57亿元。胡某个人侵吞26.2万元，分给张某10.5万元，给王某价值3800元的金项链、金手链各1条，金戒指1枚及6万元。胡某在担任厂长期间，偷逃增值税12.87万元。市检察院于1994年8月提起公诉。市中级法院以投机倒把罪、贪污罪、行贿罪、偷税罪对胡某实行数罪并罚，判处胡某死刑，剥夺政治权利终身；以投机倒把罪判处张某无期徒刑，剥夺政治权利终身；以受贿罪判处王某死刑，剥夺政治权利终身。胡某和王某于同年10月被依法处决。

四、华某受贿、贪污、巨额财产来源不明案

华某，惠山区经济贸易局副局长、惠山区物资集团公司原总经理。1986～2002年6月，利用职务之便，在采购、销售煤炭，支付应付款，考核、核定下属公司人员奖金，收取转制企业场地租赁费，管理集团公司资金的过程中，为他人谋取利益，先后142次收受、索取下属企业和业务单位人员贿赂的现金计146.14万元、8200美元（折合人民币66174元）、8万港元（折合人民币82400元）、有价证券计3000元及价值10570元的地板，合计1623544元。华某还利用职务之便侵吞、骗取公共财物，其中单独贪污数额6000美元。与他人共同贪污数额25万元，个人实得5万元。另外，华某对其财产和支出共计1160169.8元不能说明来源。该案由惠山区检察院侦查终结，2002年12月25日，市检察院向市中级法院提起公诉，被告人华某犯受贿罪、贪污罪、巨额财产来源不明罪，被判处有期徒刑20

年，剥夺政治权利5年，并处没收财产20万元。

五、冯某挪用公款、贪污案

冯某，中国建设银行无锡市锡山支行公司业务部原中级客户经理。2001年6月～2003年10月，冯某利用先后担任建行锡山支行东亭办事处信贷员、建行锡山支行公司业务部中级客户经理，负责为客户办理银行承兑汇票质押业务的职务之便，采用擅自截留、提前骗领、私自托收等手法，先后11次挪用无锡世信电子配件有限公司和无锡中亿化纤有限公司质押银行承兑汇票计12张，票面金额合计30038903.69元。冯某将其中2张票面金额合计1265473.95元的银行承兑汇票擅自办理贴现后用于归还挪用的公款，将其余的10张银行承兑汇票擅自办理贴现或托收后进行炒股和赌博等活动。2003年10月23日，冯某携挪用公款赌博后剩余的10万港元（折合人民币106920元）潜逃。案件由市检察院于2004年6月18日侦查终结，同年8月12日向市中级法院提起公诉，被告人冯某犯挪用公款罪、贪污罪被判处无期徒刑，剥夺政治权利终身。

六、顾某重新收监执行案

1993年，宜兴市检察院驻省第五监狱检察室，在检察中发现该监狱一大队一中队的罪犯费某、顾某被减刑、假释后，反映意见较大。宜兴市监所检察科组织力量进行调查，查明该中队某些干部对费、顾两犯的减刑、假释办理中搞虚假材料，致使减刑、假释不当，必须依法提出纠正，但因罪犯已释放，纠正难度较大，经市检察院、宜兴市检察院沟通联系，市中级人民法院作出刑事裁定书，撤销原裁定，罪犯顾某被重新收监执行。

七、张某、陈某牢头狱霸案

1997年11月17日，宜兴市看守所发生1犯人被打致死的事故。该所西区308监室形成以流氓、强奸犯张某为首的牢头狱霸。在张犯的指使下，罪犯陈某、葛某等10人长时间殴打同监犯人李某，并致李死亡。市检察院监所处接报后，即会同公安部门前往调查，驻所检察室适时介入，查清事实、掌握确凿证据后，及时向法院起诉。服刑犯张某、陈某被判处死刑，葛某被判处无期徒刑。

八、郭某申诉案

2002年，南长区检察院控申科实行首办责任制后不久，接到申诉人郭某10年上访无果的申诉。郭某在1991年因与1起经济案件有牵连，被湖南省邵阳市西区人民检察院暂扣人民币14850元、金戒指两枚和保证金1500元。但此后没有处理结果。郭某到南长区检察院申诉后，院领导几经周折，并得到江苏省和湖南省检察院的重视和关心，同年10月，终由邵阳市西区检察院对郭某作出处理意见：其收受他人的14850元及两枚金戒指作为非法所得追缴；1500元保证金退还给本人。郭某拿到1500元汇单后，向检察官行礼致谢。

第五章　审　判

第一节　机构　队伍

1986年，市中级人民法院（简称“市中院”）内设办公室、人事科、信访科、刑事审判第一庭、刑事审判第二庭、民事审判庭、经济审判庭和执行庭。各区、县法院也设立相应的庭、室、组。郊区和江阴、无锡、宜兴3县在一些乡镇设立人民法庭。1987年，市中院设立行政审判庭。1988年，设立研究室，信访申诉庭更名为告诉申诉庭，人事科更名为政治处。1989年，马山区法院成立。1991年，在省内率先建立市法官培训中心。1992年，设立经济纠纷调解中心、法医技术室、司法行政处。1995年，设立国家赔偿委员会、司法警察大队。1997年，司法警察大队更名为司法警察支队。1998年，政治处更名为政治部，司法行政处更名为行政装备处，法医技术室更名为法医技术处，全国法院干部业余法律大学江苏分校无锡分部更名为教育培训处，政治部下设组织人事处、宣传教育处。1999年，撤销告诉申诉审判庭，设立立案庭、审判监督庭。是年，市中院内设刑事审判第一庭、刑事审判第二庭、民事审判庭、经济审判第一庭、经济审判第二庭、行政审判庭、立案庭、审判监督庭、执行庭、司法警察支队、法医技术处、政治部、监察室、办公室、研究室、行政装备处、教育培训处等机构17个。2000年，成立无锡高新技术产业开发区法院。2001年，由于行政区划调整，原锡山市、马山区、郊区3个基层法院撤销或更名，分别成立锡山区法院、惠山区法院、滨湖区法院。原郊区法院下属6个人民法庭和锡山市法院下属8个人民法庭调整撤并为12个，其中滨湖区法院5个、锡山区法院4个、惠山区法院3个。

2002年，市中院按照上级法院和市委批准的机构改革方案，部分内设机构更名和职能调整，撤销民事审判庭、经济审判第一庭和经济审判第二庭，设立民事审判第一庭、民事审判第二庭和民事审判第三庭，执行庭更名为执行局。明确宣传教育处为内设机构，在执行局下设综合协调处、执行裁决处、执行实施处等3个正科级职能处。是年，市中院内设刑事审判第一庭、刑事审判第二庭、民事审判第一庭、民事审判第二庭、民事审判第三庭、行政审判庭、立案庭、审判监督庭、执行局、司法警察支队、法医技术处、政治部、监察室、办公室、研究室、行政装备处、教育培训处、宣传教育处等机构18个。

至2005年末，全市有崇安区、南长区、北塘区、滨湖区、锡山区、惠山区、无锡高新技术产业开发区、江阴市、宜兴市等9个基层法院，下属扬名、黄巷、东绛、马山、东北塘、东湖塘、安镇、荡口、前洲、洛社、阳山、硕放、滨江、西石桥、青阳、华士、长泾、周庄、和桥、官林、周铁、丁蜀、张渚、徐舍等24个法庭。

第二节　刑事审判

1986年，全市法院贯彻“依法从重从快惩处”的方针，共受理一审刑事案件1676起，审结1556起。重点打击严重危害社会治安与人民生命、财产安全的刑事犯罪案件，提前介入突发恶性事件，依法快审快结。狠抓大要案，从严惩处严重经济犯罪活动，共审结贪污、受贿、行贿、投机倒把、偷税抗税等经济犯罪案件739起、663人。1987年，针对社会治安形势的突出问题，法院与公安、检察机关协同作战，以公开庭审、集中公判等形式开展反盗窃、查禁赌博、打击流氓滋扰等专项斗争。

1988年，全市法院共召开专项案件集中宣判大会53次，宣判案件163起、217人。加强刑事审判监督工作，重点抓“文化大革命”前判处的政治性案件、“文化大革命”中案件遗留问题及落实统战政策方面遗留的281起案件的复查，改判案件占48%，宣告无罪72人。依法纠正适用法律有明显错误的“严打”中判处的刑事申诉案件34起，占9.5%。还审核批准给予312名在服刑期间确有悔改和立功表现的罪犯的减刑和假释。8月，制定颁发《审理未成年人犯罪案件中公检法司工作职责的要求》。至1990年1月，除马山区法院外的7个基层法院相继建立少年法庭，以“寓教于审、惩罚与教育相结合”的特殊方式审理未成年人犯罪案件。10月，市中院刑事审判庭建立少年刑事审判合议庭。1990年9月，在市政法委的协调下，公、检、法、司联合制定《无锡市公、检、法、司各部门办理少年刑事案件的职责要求》，形成“羁押、管教、预审、起诉、辩护、审判”等各环节配套体系，争取社会各界对少年犯教育、挽救、监管、升学、就业等各方面的支持配合。1990年，少年法庭共审结少年刑事犯罪175起、222人，依法判处5年以下有期徒刑、拘役、有期徒刑缓刑、管制和免予刑事处分的162人，回访考察80名少年犯，无人申诉，未发现有新的犯罪。

1991～1996年，市中院部署新一轮“严打”斗争，对严重危害社会治安的犯罪分子继续坚持从重从快惩治的方针，加大对杀人、抢劫、重大盗窃、车匪路霸、贩毒、集团犯罪及重大流窜犯罪活动等的打击力度，共审结一审刑事犯罪案件15632起。严惩贪污、受贿、投机倒把、挪用公款、虚开增值税发票等经济犯罪，共审结此类案件1214起，判处人犯1105人。其间，市中院依法审结以邓某为首的新兴公司全国特大投机倒把案，为国家追回经济损失1.9亿元。

1997～1999年，全市法院共受理刑事一审案件8382起，审结8317起，判处罪犯10538人。在“6·26”国际禁毒日前夕，市中院与公安、检察机关协同开展毒品案件集中处理、宣判、新闻发布会、庭审直播等禁毒教育活动，共审结涉毒犯罪案件611起、783人，依法判处无锡地区当时最大的一宗贩卖海洛因案——蔡某贩卖、运输毒品案。严厉打击金融诈骗、虚开增值税发票等严重破坏市场经济秩序的犯罪活动，依法保障和维护经济安全发展。1997年，审结严大春特大金融票据诈骗案。1998～1999年，共审结刑事附带民事诉讼案件187起。通过大量细致艰苦的工作，妥善解决受害群众130人并引发集体上访的孙某集资诈骗案。

2000年，全市法院加强诉讼规范化，纠正“重实体，轻程序”的现象，实行二审信息反馈制度，制定缓刑适用的实施意见。2001年，开展经济犯罪案件赃款赃物再追缴、财产刑事再执行工作，对1998年初至2000年末判决并生效的经济犯罪案件，进行一次集中清理和追缴、执行。历经6个多月，共追缴、执行到位款物价值1622万余元，占应再追缴执行总金额的16.2%，名列全省第四。同年4月，根据中央关于开展为期3年的“严打”整治斗争的部署，稳、准、狠地打击严重影响社会稳定的刑事犯罪。2001～2002年，全市法院参与整顿规范市场经济秩序工作，召开全市法院打击破坏市场经济秩序犯罪情况通报会和6场专项宣判大会等，共审结生产销售伪劣产品、涉及假币犯罪、虚开增值税专用发票、合同诈骗等破坏市场经济秩序的犯罪案件369起，依法严惩横跨江浙皖3省、

图28-5　2005年，大要案审判现场　（市中级法院供稿）

受骗群众千余户的特大蚂蚁合同诈骗案等一系列重特大犯罪案件。至2003年，共受理刑事一审案件11727起，审结11665起，判处罪犯15566人。审理以凌某为首的15人违法犯罪团伙涉黑大案，震惊全市的田基浜小区"6·23"特大杀人抢劫纵火案、东映山河小区特大杀人抢劫案等。

2004～2005年，全市法院开展第一轮创建"平安无锡"活动。共受理刑事一审案件9122起，审结8970起，判处罪犯12934人。坚持惩治犯罪与保障人权并重，针对社会治安形势适时确定打击重点，依法审结火车站出租车爆炸案、"2·25"放火案、练某集团贩毒案、潘某等人绑架杀害人质案、何某贩卖私盐案、周某挪用公款案、刘某贪污受贿案等一批大要案。配合全市打击破坏电力设备及"搬霸"涉黑犯罪专项斗争，出台打击破坏电力设施和"搬霸"等违法犯罪的实施意见，共审结"搬霸"涉黑犯罪案件9起、20人。2005年，根据国家、省、市禁毒委员会"关于在全国开展为期3年的禁毒人民战争"的部署，市中院召开无锡市"禁毒人民战争"严打战役公开宣判会，对6起涉毒案件的10名犯罪分子进行宣判和执行。

1986～2005年无锡市刑事案件审判情况一览表

表28-13　　　　单位：起、%

年份	一审刑事案件			二审刑事案件			刑事申诉、申请再审案件		
	受理	审结	结案率	受理	审结	结案率	受理	审结	结案率
1986	1676	1556	92.84	93	84	90.33	924	694	75.11
1987	1367	1299	95.03	97	89	91.76	831	690	83.04
1988	1533	1491	97.26	84	80	95.24	689	551	79.97
1989	2342	2247	95.95	133	119	89.48	602	414	68.77
1990	2173	2095	96.41	119	114	95.79	609	461	75.70
1991	1877	1830	97.50	97	92	94.85	486	392	80.66
1992	1890	1852	97.99	74	73	98.65	377	298	79.05
1993	2249	2224	98.89	60	58	96.67	97	86	88.66
1994	2859	2830	98.99	82	81	98.78	93	56	60.22
1995	3191	3152	98.78	101	98	97.03	108	67	62.04
1996	3566	3543	99.36	103	96	93.21	232	218	93.97
1997	2469	2449	99.19	89	84	94.39	127	123	96.85
1998	2746	2722	99.13	121	120	99.18	24	22	91.67
1999	3167	3146	99.34	162	158	97.53	4	4	100.00
2000	3301	3281	99.39	191	187	97.91	9	7	77.78
2001	3850	3826	99.38	236	227	96.19	9	8	88.89
2002	3997	3978	99.53	245	241	98.37	3	2	66.67
2003	3880	3861	99.51	200	199	99.50	8	6	75.00
2004	4461	4396	98.55	189	187	98.95	7	3	42.86
2005	4661	4574	98.14	195	189	96.93	12	11	91.67

说明：受理数＝旧存+新收。以下数表同。

第三节　民事审判

1986～1990年，全市法院共受理民事一审案件27429起，审结21905起，结案率79.86%。其中离婚案件受理数由1986年的1600起增至1990年的2966起，上升85.37%，5年共受理离婚案件12251起，占民事案件受理总数的44.66%，居首位。审结11571起，占离婚案件受理总数的94.44%。与生产、经营、流通密切联系的财产权益纠纷日趋突出，其中债务案件上升幅度较大，由1986年的193起增至1990年的1394起，上升6倍多。5年内受理债务案件4411起，审结4035起，占民事案件受理总数的16.08%。占债务案件受理总数的91.48%。房屋纠纷和损害赔偿案件也有增加。5年内受理房屋纠纷案件共1715起，占民事案件受理总数的6.25%；审结1613起，占房屋纠纷案件受理总数的94.05%。受理损害赔偿案件共1467起，占民事案件受理总数的5.35%；审结1352起，占损害赔偿案件受理总数的92.16%。受理侵犯科技成果权、著作权、名誉权、肖像权等新类型案件。在民事案件大量增加的情况下，全市法院坚持着重调解的原则，促成当事人达成调解协议。其间，全市法院民事案件调解结案15062起，占民事案件审结总数的68.76%。其中离婚案件调解结案8011起，占民事案件调解结案总数的53.18%。坚持便于群众诉讼、便于法院办案的“两便”原则，巡回就地办案9142起，占民事案件审结总数的41.73%，处理简易纠纷725起。法院做好矛盾激化案件的疏导缓解和防范工作，5年内妥善处理有恶性苗头的案件876起。适用民法通则审结侵犯名誉权等案件38起。

1991～1996年，市两级法院受理民事案件62950起，其中一审民事案件60108起、二审民事案件2842起，审结55092起。1995年，市中院审理一起集资额达150万元、涉诉205人的集资款纠纷案，被集资方60多人专程从上海赶到无锡市政府、市人大常委会集体上访。中院采取有力措施，息讼解诉，使这起纠纷得到调解解决。

2001年，受理一审民事案件19359起，审结17816起。在审判中注重化解社会矛盾，排除纷争，能够调解结案的坚持调解解决，当年调解、撤诉结案占民事结案的55.6%。对因劳动争议、拆迁、拖欠工程款、环境污染等引发的群体性纠纷案件，坚持因势利导，多做疏导工作。对占民事案件35%的婚姻家庭纠纷案件，注意做好矛盾缓解工作，审判人员学习、运用修订后的《中华人民共和国婚姻法》，将探视权、过错赔偿等新规定纳入审判，妥善处理此类纠纷。2002年，注重发挥民事调解息讼止争、化解矛盾的功能，全年民事案件调解结案率29.9%。2004年，受理民商事一审案件33619起，审结30816起，审结标的总额71.12亿元。其中，审结婚姻家庭、继承纠纷案件5317起，审结买卖、借款、租赁、建设、承揽、运输、担保等合同纠纷及劳动争议案件20327起，审结人身权、所有权、股东权、票据证券、知识产权等侵权纠纷及企业破产案件5172起。

2005年，市两级法院受理民商事一审案件36039起，审结32638起，审结标的总额74.9亿元。审结婚姻家庭、继承、人身权、财产权等纠纷案件14953起。共调处交通事故损害赔偿纠纷案件3393起，涉及赔偿总额2.6亿元。审结医疗事故损害赔偿案件29起，市中院和崇安区法院邀请医疗部门和保险企业召开专题研讨会，提出将医患纠纷融入“社会大调解机制”的构想，并向全国人大常委会和卫生部报送建立医疗责任保险制、医疗损害社会救助金制、医疗纠纷仲裁制等6项机制的建议。妥善处理劳务合同纠纷、劳动争议案件1824起，解决工伤事故损害赔偿及雇员受害赔偿案件99起，调处农村承包合同纠纷案件81起。全市法院通过调解、和解撤诉等方式解决的民商事一审案件18442起，占民商事一审结案的51%。

1986～2005年无锡市普通民事案件审判情况一览表

表28-14 单位：起、%

年份	一审民事案件			二审民事案件			民事申诉、申请再审案件		
	受理	审结	结案率	受理	审结	结案率	受理	审结	结案率
1986	3119	2544	81.57	230	167	72.61	79	49	62.03
1987	4568	3708	81.18	284	228	80.29	69	53	76.82
1988	5720	4519	79.01	289	229	79.24	74	34	45.95
1989	6996	5439	77.75	377	275	72.95	105	60	57.15
1990	7026	5695	81.06	406	309	76.11	108	74	68.52
1991	7558	6195	81.97	485	321	66.19	89	56	62.93
1992	7957	6695	84.14	509	365	71.71	90	70	77.78
1993	8477	7121	84.01	430	362	84.19	60	58	96.67
1994	10182	9027	88.66	432	342	79.17	61	42	68.86
1995	11621	10378	89.31	433	384	88.69	62	41	66.13
1996	14313	12834	89.67	553	507	91.69	58	45	77.59
1997	16493	14794	89.70	622	540	86.82	106	78	73.59
1998	17118	15527	90.71	628	514	81.85	100	85	85.00
1999	20752	18570	89.49	807	660	81.79	37	29	78.38
2000	21107	19448	92.14	988	843	85.33	45	36	80.00
2001	19359	17816	92.03	1006	864	85.89	61	48	78.69
2002	11824	10911	92.28	541	491	90.76	186	175	94.09
2003	11216	10403	92.75	402	376	93.54	138	120	86.96
2004	11307	10354	91.58	460	442	96.09	161	146	90.69
2005	14136	12672	89.65	622	550	88.43	141	123	87.24

第四节　商事审判

1986～1990年，全市法院共受理经济纠纷一审案件17967起，审结12573起，结案率69.98%，解决争议标的37220.03万元。其中受理购销合同纠纷案件8042起，居经济纠纷案件第一位。加工承揽合同纠纷案件逐年上升，由1986年的76起，增至1990年的323起，上升3倍多。因信贷引起的借款合同纠纷案件增多，还相继出现科技协作合同纠纷、联营合同纠纷、农村承包合同纠纷案件等。南长区法院对辖区7个街道32家企业执行经济合同法的情况调查摸底后提出司法建议，并将发现的问题及时向区委、区政府作汇报。5年内调解结案9090起，巡回就地办案3052起。

1991～1996年，全市法院一审受理经济纠纷案件从4920起上升至16832起，增长2.4倍。市中院专门设立大中型企业法律咨询服务处。1992年6～12月，全市两级法院相继成立经济纠纷调解中心，本着简便快速、高效的原则，依法调解经济纠纷案件289起，解决争议标的3198.35万元。1994年，市中院受理63起期货交易纠纷，诉讼标的额1569.96万元。组成专门合议庭，由专人主审涉及同一公司案件。1995年，审理新兴公司特大投机倒把案件，被最高人民法院记集体一等功，被省高院记集体二等功。1996年，审结特困企业经济纠纷案件56起，标的1.04亿元。

2000年，全市法院受理一审经济纠纷案件12604起，审结11052起，是1996年后的一个低点。解决争议标的65.74亿元，同比上升20.5%。2001年，市中院集中处理一批以资产管理公司为原告的案件，根据合同法的新规定审理4起代位权纠纷案件，解决企业间“三角债”问题。开展知识产权审判工作，受理侵权商标权、侵犯专利权、侵犯商业秘密等知识产权案件45起，审结33起。审结全市首例涉外知识产权案件，判令两家中国企业停止侵犯美国企业特拉华兰科有限公司商标权、公开赔礼道歉并赔偿经济损失。2002年，受理经济纠纷案件又有大幅度上升。市中院成为江苏省拥有涉外民商事案件集中管辖权的3个中级人民法院之一，开发区法院成为全省唯一对辖区内涉外民商事一审案件有管辖权的基层法院。审结侵害台商独资企业“优比”商标权案、侵害“金钱豹”紫砂壶著作权案、全国首例共有商标权纠纷案、全市首例网络著作权侵权案等一批影响较大、类型较新的知识产权案件。

2003年，市中院成立金融案件合议庭，召开上市公司、金融机构发展环境司法保障座谈会，创新并加强为经济发展服务的方式和力度。在破产案件审理中形成具有无锡特色的工作模式，有关经验在全省推广。2004年，审结“傣妹”商号与商标权利冲突案、全省首例驰名商标认定案等一批新类型知识产权案件。依法审结无锡橡胶集团有限责任公司等一批规模较大的企业破产案件。

2005年，全市法院审结买卖、借款、租赁、承揽、运输、房地产、建设工程等合同纠纷以及票据、证券、股东权、知识产权等权属纠纷案件17685起；审理、执行城建拆迁纠纷案件395起，审结涉外、涉港澳台民商事案件33起。审结企业破产案件32起，涉及债务总额20亿元，推进资本结构的调整优化；审结知识产权纠纷和不正当竞争纠纷案件135起。

1986～2005年无锡市经济（商事）案件审判情况一览表

表28-15　　　　单位：起、%

年份	一审经济案件			二审经济案件			经济申诉、申请再审案件		
	受理	审结	结案率	受理	审结	结案率	受理	审结	结案率
1986	1784	1333	74.72	24	14	58.34	24	14	58.34
1987	2790	2057	73.73	55	36	65.46	55	36	65.46
1988	3747	2591	69.15	96	68	70.84	10	3	30.00
1989	4822	3354	69.56	137	97	70.81	16	6	37.50
1990	4824	3238	67.13	205	154	75.13	51	26	50.98
1991	4920	3677	74.74	249	192	77.11	61	35	57.38
1992	5266	4032	76.57	287	237	82.58	93	51	54.84
1993	7290	6338	86.95	350	324	92.58	89	68	76.41
1994	9910	8002	80.75	464	354	76.30	61	47	77.05
1995	12529	10717	85.54	748	652	87.17	105	56	53.34
1996	16832	14427	85.72	1001	870	86.92	143	104	72.73
1997	15899	13945	87.71	1142	1005	88.01	179	143	79.89
1998	14885	12836	86.24	1038	940	90.56	106	87	82.08
1999	14254	12321	86.44	1035	929	89.76	73	48	65.76
2000	12604	11052	87.69	1045	977	93.49	82	58	70.74
2001	12954	11409	88.08	1102	994	90.20	91	71	78.03
2002	19924	18103	90.86	1588	1435	90.37	272	240	88.24
2003	20988	19316	92.04	1633	1517	92.90	311	269	86.50
2004	22312	20462	91.71	1703	1609	94.48	289	207	71.63
2005	21903	19966	91.16	1840	1722	93.59	350	316	90.29

第五节　行政审判

1987年1月1日，《中华人民共和国治安管理处罚条例》施行，全市法院对行政诉讼案件的审判工作由此起步。年内，受理治安、渔政等行政案件9起，其中治安行政案件7起；审结8起，除3起由申诉人自动撤诉外，其余均维持原裁决机关作出的行政处罚裁决。

1988～1989年，全市法院（除马山区法院外）陆续建立行政审判庭。1989年4月，《中华人民共和国行政诉讼法》颁布，行政审判人员分期分批培训，试办行政诉讼案件。

1990年10月1日，行政诉讼法施行，全年受理治安、土地、城市规划、工商、渔政、房屋等行政一审案件21起，比上年增加50%，审结20起。通过以被诉具体行政行为为审查对象，贯彻被诉行政机关承担举证责任的原则，依法对被诉具体行政行为的合法性作出裁判。法院派出人员先后走访188家单位，向99个行政机关的7600多名干部讲授行政诉讼法，配合新闻单位举办行政诉讼法专题讲座。1991年，受理的行政案件类型从常见的治安、土地管理扩展到港务监督、水利、劳动教养、收容审查、拒付抚恤金、拒发离婚证、扣押财产等行政管理方面，对行政机关确有错误的具体行政行为，依法予以撤销。1993年，市中院成立交通巡回法庭和城市规划巡回法庭，配合有关行政管理部门做好相关工作。1995年1月13日，市中院依法成立赔偿委员会，贯彻实施国家赔偿法，起草审理案件的暂行办法，制定办案程序和联系制度，确保国家赔偿案件的依法审理。5月，市中院赔偿委员会受理全市第一起国家赔偿案件——王某某非刑事司法赔偿案，依法决定赔偿5192.2元，并在当地街道居委干部会议上公开宣布再审改判无罪的判决书，为其消除影响、恢复名誉。

2000年，无锡市农业税费非诉行政执行案件相对集中，执行中以思想教育为主，慎用强制措施，取得良好的社会效果。2001年，受理一审行政案件188起，审结167起，同比分别上升62.1%和57.5%。2005年，受理行政一审案件244起，审结225起，同比上升1.7%和2.7%。受理行政机关申请执行的行政非诉案件419起，执结412起，执行到位标的额941万元。

1987～2005年无锡市行政案件审判情况一览表

表28-16　　　　单位：起、%

年份	一审行政案件			二审行政案件		
	受理	审结	结案率	受理	审结	结案率
1987	9	8	88.89	0	0	0.00
1988	16	13	81.25	4	4	100.00
1989	17	13	76.47	2	2	100.00
1990	25	20	80.00	6	5	83.34
1991	34	32	94.12	7	7	100.00
1992	38	29	76.32	9	9	100.00
1993	32	32	100.00	23	20	86.96
1994	50	43	86.00	17	17	100.00
1995	105	100	95.24	8	5	62.50
1996	86	80	93.03	24	24	100.00

续表

年份	一审行政案件			二审行政案件		
	受理	审结	结案率	受理	审结	结案率
1997	122	116	95.09	42	33	78.58
1998	93	88	94.63	34	33	97.06
1999	100	93	93.00	34	32	94.12
2000	116	106	91.38	34	29	85.29
2001	188	167	88.83	49	38	77.56
2002	205	185	90.25	79	74	93.67
2003	217	201	92.63	71	62	87.33
2004	240	219	91.25	101	90	89.11
2005	244	225	92.22	90	88	97.78

第六节　案件执行

1986年，部分县、区法院设立执行组或在审判庭配备专职执行员，负责民事、行政仲裁、刑事、委托案件以及公证债权文书的执行工作。全年追回现金及物资总价376.6万元，上缴国库25.68万元，发还单位及个人350.9万元。1987年，江阴市、宜兴县、无锡县法院相继成立执行庭。各区法院建立执行组，专业化的执行队伍初步形成，专业执行机构承担全部执行案件的61%。全年受理刑事、民事、经济和其他执行案件1276起，执结1002起，受理和执结较上年均有较大增长。经过一段时间清理整顿，一些企业关、停、并、转，出现“执行难”问题。1988年，经济类纠纷案件占执行案件总数的比例明显上升，异地执行案件数量快速增加。针对执行难度加大的实际情况，加大诉讼保全力度，适当采取先行给付措施，同时在执行中采用以物抵债的方法，执结一批难案。1989～1990年，首次出现因政府为集体企业向银行贷款提供担保而成为被执行人的案件。同时，委托案件及外地执行案件的执行难度加大，地方保护主义问题显现。在执行过程中，出现法院执行人员被围攻、殴打的暴力抗法事件。

1991年，受理执行经济类案件2587起，首次超过执行案件总数的50%。市中院及部分县、区法院开展集中执行和执行会战活动，加大对拒不履行法定义务当事人的惩处力度。首次执结受托案件187起。1992年4月20日～6月20日，组织全市性的执行会战，共执结案件3064起，执结标的5155.44万元，占全年结案总数5321起的57.58%。首次将外地法院委托执行案件作为重要任务纳入工作计划。全年受理委托执行案件385起，执结225起。1993年，全市法院执结标的20447.4万元，首次突破亿元。1994年，加强对执行案件的领导，调整充实执行力量，组织区域性执行会战。执结市第五纺织机械厂39名职工诉无锡县厚桥工艺品厂集资纠纷案。1995年，为扭转“执行难”局面，加强对执行工作领导，加强和改善执行庭的交通、通讯装备。继续开展多次区域性的执行会战，对基层法院久执不结的案件，市中院开始采用协调、协助执行或直接提级执行的措施。年内，市中院到全国12个省、市近300家单位追回新兴公司债款260笔，总额1.9亿元。

1996年，全市法院执结标的10.95亿元，首次突破10亿元。市中院制定《无锡市人民法院执行工作细则》，详细规定执行原则、程序、措施、监督等。各法院执行工作逐步采取常规执行与突击执行、集中执行交替方法。受理涉及计划生育、国土管理、环境保护等非诉行政执行案件1303起，执结

1242起。1998年初，全市法院注重执行规范化建设，严禁有案不立、先执后立、不执不立现象，修订《无锡市人民法院执行工作细则》，统一执行工作涉及的51种文书。3月，召开全市法院改进执行方法研讨会，针对涉及执行工作的17个方面，作出189条规定。7～9月，市中院成立集中清理执行积案领导小组，开展集中清理执行积案活动，共执结案件4982起，标的6.21亿元。年内，市中法院被最高人民法院授予全国清理委托执行案件先进法院。1999年，全市法院开展“执行年”活动。8月，开展“执行宣传周”活动，在媒体上发布《敦促债务人履行生效法律文书的通告》，对重点对象召开债务人履行债务学习班，组织开展“执行会战”“百日会战”等活动，采用新闻监督、曝光等执行方法清理执行积案。11月，市委、市纪委先后转发《中共无锡市中级人民法院党组解决人民法院“执行难”问题的报告》，要求全市各级党委、政府高度重视和支持人民法院执行工作。全市法院成立执行工作领导小组。年内，执结无锡市生产资料公司诉南德经济集团6300万元借款案等一批大要案。

2000年，执行案件呈现数量增多、标的增大、矛盾易激化、被执行人履行能力下降、隐藏转移财产情况等特点，共清理执行积案235起，积案数明显下降。全年受理执行案件32208起，执结28250起，执结标的45.2亿元，同比分别上升2.3%、3.8%和35.2%，均为历年新高。2001年，市中院在全省法院率先实行执行案件管理机制改革，对执行案件实行流程管理，尝试执行实施权、裁决权、异议审查和财产处分权三项执行权的分离改革。人数较少的法院实现实施权与裁决权相互交叉行使，江阴、宜兴、锡山等基层法院和市中院组建专门的裁决机构，负责对执行中的异议事项作出裁决。同时，在执行中引入听证程序，提高息诉服判率和执行透明度。全市法院开展经济犯罪案件赃款赃物再追缴、财产刑再执行，对1998年初至2000年末判决并生效的经济犯罪案件进行集中清理和追缴执行。全市法院实现网络互通，执行庭和法庭不再负责执行案件立案工作。2002年，执行案件审执分离全部完成，除行政非诉案件外的所有执行案件全部归口到执行庭执行。执行庭改为执行局，加强执行工作统一管理、统一指挥的模式。5～7月，全市法院开展金融案件专项清理活动，执结涉金融案件811起，标的5.2亿元，执行到位4.2亿元。年内，执结无锡市计算机厂为债务人的14起系列案件，大标的、集团类执行案件开始增加。2003年，全市法院为沿江开发提供司法保障。在委托执行方面与沿江地区法院开展合作，江阴法院和靖江法院签订司法协作协议，建立联席会议制度。9月，全市法院推出执行案件债权凭证制度和立案登记制度，试行执行案件调查令制度。

2004年，全市法院开展集中清理中止案件、债权凭证案件以及2003年以前旧存案件的专项清理活动。在执行涉及特困企业的案件时，采取允许案外承租人逐步收购债务人财产用以偿还债权等“放水养鱼”的方式，妥善处理江阴第九毛纺织厂等一批申诉执行案件。配合城市建设，强制执行一批拆除违章建筑案件。同时，加强执行工作创新，惠山区法院推出申请人举证表、被执行人财产申报表、举报被执行人财产表和执行工作纪实表的“一案四表”新机制，使涉案各方责任固定化、分工确定化；北塘区法院推出案件执行情况告知书，提高执行的公开透明度；滨湖区法院首创执行联络员制度，建成遍及79个村由82名基层治保主任和司法助理员组成的执行联络员网络。根据2003年11月江苏省高级人民法院颁发的《执行案件异议、复议审查规则》，市中院加强对基层法院执行行为的规范管理，纠正生效执行裁定11起。

2005年，市中院执行局成立实施处、裁决处、综合协调处等3个内设机构，建立市中院对辖区内执行工作统一管理和协调的机制。全市法院开展规范执行行为专项整改活动。市中院邀请16家中央及地方媒体参加“直击规范执行”大型采访活动，选取典型案件全程跟踪采访报道，推行“阳光执行”。

1986～2005年无锡市执行案件审判情况一览表

表28-17　　　　单位：起、%、亿元

年份	受理	执结	结案率	执结标的	年份	受理	执结	结案率	执结标的
1986	573	444	77.49	—	1996	17825	16398	91.99	10.95
1987	1276	1002	78.53	—	1997	19746	17954	90.93	14.10
1988	2276	1441	63.32	—	1998	27270	21116	77.44	18.86
1989	3084	1888	61.22	—	1999	31493	27212	86.41	33.00
1990	3677	2168	58.97	—	2000	32208	28250	87.72	45.20
1991	4781	2763	57.79	—	2001	26875	22996	85.57	40.60
1992	6930	5321	76.79	0.80	2002	25271	22529	89.15	37.90
1993	7060	6031	85.43	2.04	2003	22879	21985	96.09	44.80
1994	8306	7463	89.85	3.53	2004	19365	18629	96.20	25.25
1995	11894	11189	94.08	7.28	2005	17778	16539	93.03	18.70

第七节　立案审监

1986年，全市法院立案、申诉工作由各审判业务庭负责处理。申诉工作重点是解放战争时期、“反右”与“文化大革命”时期等历史遗留老案。全年受理刑事申诉案件824起，结案694起。改判一批冤、假、错案，复查一批多次申诉的历史老案，对被错判人员落实政策。全年改判301起、310人，宣告无罪202人。郊区、崇安区、无锡县法院坚持院长接待日制度。市中院信访科加强对婚姻和简易民事纠纷的疏导工作，解答群众的法律问题。全市法院处理人民来信13105件，接待到访群众11800人次。

1987年，市中院信访科改为信访申诉庭，各县、区法院逐步筹建相应的信访申诉审判机构，信访申诉工作由行政工作向审判工作转变。市中院信访申诉庭每季度召开信访工作碰头会。崇安区法院在辖区9个街道设立信访接待站，就地解决纠纷。全市法院全年处理人民来信13883件次，接待群众到访13031人次。重点复查“文化大革命”前及期间判决的政治性案件，对复查的281起案件中的134起作出改判。同时，对312名罪犯给予减刑或假释。1988年，全市法院除北塘区法院外，均建立告诉申诉审判庭。刑事、民事、经济、行政案件的申诉立案、复查和信访接待均由告诉申诉庭处理。全市法院全年受理刑事申诉案件687起，审结549起；受理民事、经济类申诉案件68起，审结37起。

1989～1990年，全市法院制定并推行“诉讼须知”“当事人举证责任须知”“诉讼费标准”“接待人员守则”等告诉申诉的规章制度。市区法院普遍建立院长接待日和院长信箱制度，方便群众诉讼，接受群众监督。1991年，市中院制定颁发《审查起诉要点》《告诉申诉工作要求》等规定，强化起诉阶段的法律审查。对事实清楚、争议明确的纠纷，通过非诉讼调解解决，全市法院通过告诉申诉环节调解处理的案件278起。做好息诉服判工作，全年审结刑事、民事、经济、行政申诉案件484起。1992年，全市法院将正确适用督促程序作为民事诉讼法赋予人民法院新的审判职能。年内，各基层法院共发出支付令553起。全市法院将妥善解决矛盾激化案件作为检验审判工作质量的重要标准，列入岗位目标责任，共审结刑事、民事、经济和行政申诉案件481起。1993年，市中院将原由告诉申诉审判庭承担的减刑、假释案件归口刑事审判第二庭办理。全市法院处理人民来信10456起，接待群众来访9636人次，受理申诉案件428起，审结351起。

1994年，市中院实行院长接待日制度，共接待来访群众359人次。市中院开始向基层法院发出案件催办函。全市法院全年审结刑事、民事、经济申诉案件145起。经过几年的工作，基本清理历史遗留的刑事申诉类案件。1996年，加强立案审查成为告诉申诉工作重点。全市法院强化立案分开制度，审查地域管理和级别管辖，加强提审和移送管辖工作。全市法院处理人民来信21712件次，接待群众来访19179人次。1997年，开展“文明窗口”活动，杜绝“门难进、脸难看、事难办”的不良作风。抓好案件质量评查工作，运用自查、互查、抽查和评查等多种方式，提高案件办理质量。郊区法院在全省法院率先实现计算机立案管理。全市法院处理人民来信20321件次，接待群众来访18318人次，审结申诉案件345起。

1998年，业务庭立案工作归口告诉申诉庭办理。在申诉案件中试行听证制度。全年处理人民群众来信、来访36775件次，办理申诉复查和再审案件160起。1999年，市中院撤销告诉申诉庭，分设立案庭和审判监督庭，案件的告诉立案、信访接待由立案庭办理，申诉、申请再审和减刑假释工作由审判监督庭办理。立案庭全年立案3466起，处理人民群众来信、来访1807件次。审判监督庭全年办理申请再审、申诉案件341起，结案218起，办结减刑、假释案件1798起。

2000年，实行立审分立、审执分立和审监分立。立案庭在原负责立案、信访工作外，增加管辖案件审理、申诉复查立卷、证据材料转递工作。立案5519起，其中受理管辖、申诉等案件721起，办结685起，审结率95%。市中院新建立案大厅，实行立案“一条龙”服务。受理再审案件137起，审结102起；受理申诉案件217起，结案216起；再审案件49起，审结47起，其中维持原判24起、改判17起，调解或撤诉结案6起。办结减刑案件1488起、假释案件214起，撤销假释4起。2001年，开展司法救助工作，缓交诉讼费294起、金额104.6万元，减免诉讼费75起、金额41.3万元。市中院和部分基层法院成立书记官处，实施书记员集中管理，实行合议庭工作安排制度，实现书记员统一调配。建立计算机网络，市中院基本实现案件流程管理和审限跟踪管理，对案件实行全程跟踪监督，对即将超审限的案件公布警示，限期结案，建立法官信访轮值制度、信访案件初访交办制度等一整套申诉、信访接待办法。全市法院处理人民来信16839件次，接待群众来访28203人次。受理再审案件162起，审结128起，同比分别上升18.2%和25.5%。办理减刑案件1740起、假释案件86起。

2002年，全市法院对所有在办案件和信访申诉案件逐一排查摸底，重点对可能引发群体性纠纷的案件开展立案信访工作。对合法权益受到侵犯但经济确有困难的当事人依法提供司法救助，全年缓交诉讼费154万元、减免诉讼费52万元。处理人民来信8309件次，接待当事人和群众来访27934人次。受理再审案件155起，审结114起，其中法院决定再审或指令再审的86起、检察机关抗诉引起再审的28起。对原判确有错误或原判正确、生效后又出现新证据的26起案件进行纠正和变更，再审改判率22.8%，其中法院决定再审或指令再审的19起、检察机关抗诉引起再审的7起。通过加大审判监督力度，促进审判质量的提高。2003年，加强立案申诉工作的规范化建设。建立信访工作领导小组，将信访和责任制列入岗位目标考核，实行首问负责制，对重大疑难信访实行三级会办，建立重大信访情况两小时报告制度。全市法院处理人民来信8029件，接待群众来访30415人，其中院长接待1242人次。年内，省法院批转颁发《关于无锡市中级人民法院再审案件审理情况的复查报告》，市中院规范再审庭审程序，落实再审改判标准，坚持依法纠错。全市法院共受理再审案件147起，审结118起，分别下降5.2%和上升3.5%。市中院受理再审案件79起，审结61起，分别下降7.1%和上升3.4%，再审改判案件同比上升56%。市中院在减刑假释工作中严格把关，加强回访和帮教，共办结减刑假释案件3302起，同比上升47.5%。

2004年，市中院集中处理涉诉上访，逐一排查上访老户和有重大影响的涉诉上访案件，对长期上访老户采取邀请地方党政部门、人大、政协和相关单位参加听证、公开答复的方式，增强处理的公正性和透明度，以利息诉息访。年内，共接待群众来访33941人次，处理人民来信7851件次，一批长期缠访的老大难案件得到妥善处理，赴省进京上访的势头得到一定遏制。2005年，市中院完善信访处理机制与审判相结合工作，推行信访工作分级管理制、岗位目标责任制以及申诉、申请再审案件交叉复查制等工作机制。开展集中清理涉诉信访工作，全市法院共排查出涉诉信访案件102起，平息老上访户案件40余起，处理突发、重大涉诉集访案件17起。全年受理再审案件154起，审结132起，其中以调解、撤诉方式结案的43起，占再审结案的32.6%。

第八节　审判制度改革

1986年后，全市各级法院进行司法改革。1988年，江阴市、宜兴市、南长区法院率先试行岗位目标管理责任制，市中院在全市法院加以推广，通过对各部门、各岗位规定一定数量的办案和工作指标、质量要求和奖惩办法，提高法院工作的质量和效率。

1991年，市中院制定《关于试行改进审判方式和法律文书签发权限的规定》，理顺合议庭内部及合议庭与庭长、院长、审委会的关系。下半年，全市法院相继建立经济纠纷调解中心，对双方自愿、争议不大、便于执行的案件，由调解中心运用诉前和诉后调解的形式解决。1992年，南长区法院、郊区法院尝试直接开庭的民事案件审判方式改革，南长区法院被确定为江苏省法院系统最早的审判方式改革试点单位，70%的民事案件采用立案后直接开庭的审判方式，提高办案效率和质量。1994年初，确定在北塘区法院进行经济审判方式改革试点，形成《经济审判方式改革的实施意见》以及作为配套措施的《主审法官责任制实施办法》和《错案责任追究实施办法》，并在全市法院推广。1995年，成立审判方式改革领导小组，对全市法院审判方式改革进行组织协调，并确定北塘区法院、宜兴市法院为刑事审判方式改革试点单位。当年，全市法院办案超百起的有214人，其中超过300起的7人，最多的年结案403起。

1996年，市中院制定《一审民事案件庭审操作规程》，使审判方式改革更加规范化。直接开庭率民事一审达88%、二审案件30%，经济纠纷一审案件除符合庭前调解条件的外，90%的案件实行直接开庭。1999年，开展“审判质量年”活动。全市法院落实公开审判制度，实行庭前听证和证据交换等制度；全面实行合议庭负责制和独任审判员负责制，大量案件在合议庭和独任审判庭这一环节得以审结；提高当庭宣判率，全年全市法院的当庭结案率49.3%；推行裁判文书改革，开展优秀裁判文书评比、示范活动。同年，市中院还在北塘区法院进行书记员集中管理试点，实行排期开庭和案件流程管理。

2000年，实行审判长、独任审判员选任制。通过法律业务考试、民主推荐测评、组织考核、考察、审委会讨论通过等程序，在全市法院选任96名审判长，其中市中院选任16名审判长。对选任的审判长、独任审判员放权，2001年全市法院合议庭、独任庭定案率99.6%。2002年起，实行审判委员会委员选任制改革。2004年，制定《无锡市人民法庭规模化规范化建设纲要》，在审判委员会全委会下分设刑事和民事行政两个专业委员会，制定《审判委员会工作规则》，强化审判委员会决策、指导审判工作全局的职能，实现组织性质和组织结构的司法化，提高研究案件的专业水平和议事效率。

图28-6　2004年市中院组织法官宣誓　　（市中院供稿）

2005年，市中院设立人民法庭工作指导办公室和审判管理办公室。全市法院落实全国人大常委会《关于完善人民陪审员制度的决定》，市中院与市司法局联合出台《关于人民陪审员工作管理办法》，对240名人民陪审员进行任前培训和规范管理，人民陪审员参与审理案件2055起。

第九节　重大案例

一、邱某故意杀人案

被告人邱某历史上曾因奸淫幼女被强制劳动1年。1986年，强行与练某恋爱不成，遂起杀死练及其家人的恶念。3月8日上午，邱某携凶器在练某男友黄某家中将练、黄二人杀死。尔后又去练家致练某父亲、姐姐重伤，并将其姐刚满周岁的儿子杀死。邱某连续杀死3人、重伤2人的恶性案件在全市造成极大影响。无锡市中级人民法院于1986年3月17日公开审理此案，一审以故意杀人罪判处被告人邱某死刑，剥夺政治权利终身。

二、沈某重大责任事故、承某等玩忽职守案

1985年8月始，被告人沈某在被告人吴某担任厂长的安徽省无为县某菜牛加工厂收购新鲜牛肉，经加工后持该厂介绍信到外地推销。1986年1月3日，沈某将被“1605”剧毒农药污染的半成品牛肉，销往由被告人承某、盛某分别担任主任的无锡市一新面饭店和人民路中心饮食店，造成4起6人因食用该批牛肉而中毒，其中刘某等3人死亡。无锡市中级人民法院于1986年以重大责任事故罪判处沈某有期徒刑3年；以玩忽职守罪分别判处吴某有期徒刑2年，承某有期徒刑1年，盛某有期徒刑1年、缓刑2年。

三、邓某及新兴公司非法集资系列案

无锡新兴公司等单位在被告人邓某等人的操纵下，于1989年8月～1994年7月案发前，共非法集资32.15亿元，涉及江苏、广东、北京、上海等7省、市368家一级集资单位和31名个人。邓某在非法集资过程中共受贿26笔（20家单位和6名个人），计94万元人民币、10万港元、5400美元及其他高档物品，侵吞集资款28万余元；挪用公款12万元交由他人为其炒股牟利。无锡新兴公司非法集资案件的披露震惊全国。最高人民法院审判委员会听取案情汇报，省高级人民法院将此案列为全省第一案。市中院组织13个合议庭，1995年7～12月，先后审理邓某等涉及无锡新兴公司非法集资系列案中的20余起案件。1995年11月13日，市中院作出一审判决，以受贿罪、行贿罪、贪污罪、挪用公款罪、投机倒把罪等数罪并罚，依法判处邓某死刑，剥夺政治权利终身。经省高级法院二审审理，依法驳回被告人邓某上诉，维持原判裁定，并依法报请最高人民法院核准对邓某的死刑判决。此案共有123名党员、干部受到党纪政纪处分。

四、恒通公司侵权并赔偿损失案

原、被告均系新江南公司投资股东。被告恒通公司向新江南公司借取大量资金后，利用其控股优势地位以低值高估的房产向公司抵债。因恒通公司为控股公司，新江南公司无法起诉恒通公司，遂经非控股股东特别会议决定，委托原告作为非关联方股东代表行使起诉权。经审理，市中院认定恒通公司为牟取本公司利益而对被控股公司实施以低值高估的房产进行抵债，构成对新江南公司及其他非控股股东权利的侵害。于2000年9月26日依法判决恒通公司应赔偿由其侵权行为给新江南公司造成的损失2851.26万元。

五、无锡亨利威精密制造有限公司商标侵权、不正当竞争纠纷案

原告霍尼韦尔公司是一家大型跨国公司集团，于清宣统元年（1909年）将“HONEYWELL”作为商标进行商业使用。霍尼韦尔公司1981年在中国申请注册“霍尼韦尔”商标。被告无锡亨利威精密制造有限公司是亨利威国际科技股份有限公司投资的外商独资企业。2003年初，经江苏省无锡工商行政管理局核准，其中文名称由“亨利威（无锡）化油器有限公司”变更为“无锡亨利威精密制造有限公司”，同时其自行将英文名称变更为“WUXI HONEYWELL PRECISION MANUFACTURE CO.LTD”，在其车间外墙、员工工作服、企业宣传册中突出使用“HONEYWELL”字样。霍尼韦尔公司以亨利威公司构成商标侵权、不正当竞争为由向市中院提起诉讼，申请法院认定“HONEYWELL”商标为驰名商标而加以特别保护。市中院审理认定“HONEYWELL”为驰名商标，亨利威公司在车间外墙、员工工作服及宣传册上突出使用他人“HONEYWELL”驰名商标，构成对霍尼韦尔公司注册商标专用权的侵犯。2004年11月15日，依法判决亨利威公司停止在其企业英文名称中使用“HONEYWELL”字号，赔偿原告霍尼韦尔公司经济损失5000元。该案是江苏省首例通过司法认定驰名商标的案件。

六、上海宏盟房地产发展有限公司贷款纠纷案

中国农业银行无锡分行诉上海宏盟房地产发展有限公司贷款纠纷一案，经法院审理判决，该公司应归还本息计1.2亿元。被执行人上海宏盟房地产发展有限公司系项目公司，除上海市四川北路四街坊108号国有出让地块使用权外，无其他财产可供执行。经无锡市中级人民法院与上海市虹口区人民政府多次协商，在其支持配合下，于2005年2月22日委托上海拍卖行有限责任公司成功拍卖该地块，以11.4亿元创全国法院委托拍卖成交价之最，无锡市中级人民法院因此成功执结到位新中国成立以来执行个案最高标的额1.2亿元。

七、邓某报复砍伤法官案

被告人邓某认为法院对其离婚诉讼的财产分配不公，对承办案件的法官怀恨在心，遂携带菜刀至惠山区法院，欲找承办法官更改判决。该案合议庭审判长徐某向其解释判决理由，但邓某对解释不满，随即持菜刀对法官徐某头面部等处连续砍击。经法医鉴定，徐某身上有7处刀伤。此案发生后，在社会上引起强烈反响。无锡市中级人民法院经审理，于2005年7月22日以故意杀人罪判处邓某无期徒刑，剥夺政治权利终身。

第六章　司法行政

第一节　机构　队伍

1986年初，市司法局设有秘书科、人事科、法制宣传科、干部教育科、调解工作管理科、公证律师工作管理科等6个科室，法律顾问处、公证处两个直属单位。核定行政编制49人、事业编制37人。市辖各区、县均设司法局。全市71个乡镇建立司法办公室，占乡镇总数55%。

2001年，市司法局设有办公室、法制宣传处、律师工作管理处、公证工作管理处、基层工作处（挂

“市安置帮教工作领导小组办公室”牌子）、司法鉴定工作管理处、法律援助工作处（挂“市‘148’法律服务工作领导小组办公室”牌子）、劳动教养工作管理处、管理处（挂“审计处”牌子）、政治部（挂“机关党委”牌子）、法学教育处等11个职能处室，市司法局新区分局1个派出机构，市公证处、市第二公证处两个直属全民事业单位，市法律援助中心1个下属全民事业单位，依照国家公务员制度管理。行政编制81名、事业编制33名。2002年，法学教育处增挂“司法考试处”牌子。2003年，成立市劳动教养所，为市司法局的直属行政机构。2004年，政治部增挂“警务处”牌子。

2005年，市司法局设有办公室、政治部（机关党委）、监察室、管理处、法制宣传处、基层工作处、律师管理处、公证管理处、法律援助处、法学教育处（司法考试处）、司法鉴定处、劳教管理处等12个处室，新区司法分局1个派出机构，法律援助中心、劳动教养所两个直属单位，法学会、律师协会、公证员协会、基层法律工作者协会、人民调解员协会、司法行政系统思想政治工作研究会等6个归口管理单位。核定行政编制86人、事业编制32人，实有行政人员74人、事业人员20人。全市86个镇（街道）全部建有司法所，实有工作人员511人。

第二节　普法教育

图28-7　80年代检察干警送法进农家　　（市检察院供稿）

1986～1990年，全市开展“一五普法”教育，重点学习《中华人民共和国宪法》《中华人民共和国集会游行示威法》《中华人民共和国行政诉讼法》等法律法规。1986年，组织领导干部参加法律知识读书班、电视法律辅导讲座，组织3.4万名教师和4.4万名市区党政机关干部、市属企业干部进行普法统一考试，各市（县）、区也分别组织乡以上干部的法律知识学习和考试。1987年，先后组织4.8万人参加省农民法律知识竞赛，18.3万人参加全国农村法律知识竞赛。1989年，重点开展宪法宣传教育活动。5年内，全市共有290万人参加学法活动，282万人在普法考试中合格，其中农民普及率92.5%、城镇居民普及率90.2%、企业职工（含乡镇企业）普及率93.1%、一般干部普及率95.8%、领导干部普及率98.6%。1990年，开展宣传宪法、示威法和《无锡市实施〈中华人民共和国集会游行示威法〉办法》、行政诉讼法，轮训机关干部5.5万人，受教育人数55.2万人。

1991～1995年，为“二五普法”阶段，开展行政诉讼法、《中华人民共和国土地管理法》《中华人民共和国水污染防治法》《中华人民共和国标准化法》《江苏省计划生育条例》等法律法规的宣传。1991年，参加学法人数96万人，其中60万人完成年度要求普及的5个法的学习任务，占应普对象的23%。1992年，参加学法人数210万人，其中180万人完成要求普及的16个法的学习任务。1993年，全市有217万人学完规定的普法内容，占应学对象的86.8%。1991～1994年，共利用普法培训班轮训10.5万人次，编印发放普法宣传资料32.5万份。1994年末，开展自上而下的考核验收工作，提前1年完成“二五普法”目标任务。1995年，重点抓“二五普法”查漏补缺和领导干部学习邓小平论民主与法制建设的理论。

1996～2000年，为“三五普法”阶段，以“依法治国、依法治市”为核心内容，以领导干部、企业经营管理人员、执法人员、青少年、外来流动人口为重点对象，集中开展新修订的《中华人民共和国刑法》、宪法、《中华人民共和国会计法》，新颁布的《中华人民共和国预防未成年人违法犯罪法》等法律法规宣传。1996年，成立市法制艺术团。1997年，开展新刑法宣传，240万市民接受普法教育。1998年，开展公务员学法考试活动，1.5万名公务员参加并通过考试。1999年，向36万户家庭赠送《市民学法手册》，并以此为教材，开展市民学法知识竞赛活动。1996～1999年，共举办领导干部普法讲座约70期，听课人数约7500人次；举办普法培训班约1700期，参加培训人数约8.4万人次；编印发放普法资料约91万册。

2001～2005年，为"四五普法"阶段，以新修订的宪法、《中华人民共和国婚姻法》、《中华人民共和国行政许可法》、《中华人民共和国道路交通安全法》、世贸组织相关法律知识、"非典"和禽流感防治、规范市场经济秩序等方面的法律法规为重点，加强对领导干部、公职人员、青少年、企业经营管理人员以及新市民等重点普法对象的普法教育。全市共举办市管领导干部法制培训班85期，1400余人次参加培训，各市（县）、区举办四套班子领导干部法制讲座60余期，组织700多名县处级以上领导干部参加学法用法知识竞赛，2004年，市人大常委会出台《关于对提请任命人员进行任前法律知识考试办法》，8个市（县）、区人大常委会也都出台相应的考试办法。为1.8万名公务员配齐学法教材，举办公务员学法培训班500多期，建立在职公务员学法考试登记制度，考试不合格当年不能评为称职公务员。2005年，市司法局组织2.1万余名公职人员学法考试，参考率97%，合格率100%。全市中小学配齐法制副校长和法制辅导员，定期向学生开展普法讲课。成立企业经管人员法制学校，举办培训班50余期，培训4000余人。利用私营业主年度注册登记的时机举办法制培训班，共培训私营业主63万多人次。建立"新市民"法制学校1135所（处），举办法制培训班8200多期，发放"新市民"学法资料200余万份（册），"新市民"学法受教面80%以上。

第三节　人民调解

1986～1990年，市司法行政系统贯彻国务院颁发的《中华人民共和国人民调解委员会组织条例》，加强基层基础建设。至1990年末，全市共建立人民调解委员会（简称"调委会"）5233个，有调解人员51107人，70%以上的城乡调委会建立学习例会与纠纷的登记、统计、排查、调解等制度。各级司法行政机关把防止纠纷激化，实现"两无"（无民间纠纷转化为刑事案件，无民间纠纷引起非正常死亡）引入目标管理内容。5年中，共调处民间纠纷128305起，通过排查活动疏导有可能激化的纠纷4246起，其中防止自杀事件1341起、凶杀事件1096起。

1991～1995年，无锡市开展创建标准化人民调解委员会活动，充实调整调解人员1.3万人，举办培训班1582期，培训调解人员6.65万人次。至1995年，全市共有调解人员49657人，基层调解组织4478个，其中村级2091个、居委584个、厂企1803个，有4071个调委会达标，占全部调委会的90.91%。创建活动期间，开展9次民间纠纷专项治理，共调处民间纠纷14.6万起、疏导恶性纠纷2673起、防止民转刑案件1179起、防止自杀事件498起、防止上访244起。1995年，全市首个人民调解协会——南长区人民调解协会成立，成为当地各人民调解组织和人民调解员的活动之家。

1996年，人民调解工作实行"以块为主"的管理体制，市司法局重点加强厂矿企事业调解组织的建设，在全市高等院校组建调解组织。1997～1999年，加强企业、大型集贸市场、流动人口聚居区、城郊地区调解组织的建设，至1999年，全市200人以上的企业中有871家建立健全调委会，占应建数的99.6%；集贸市场建调解组织168个，占应建数的88.7%；流动人口聚居区建调解小组417个，占应建数的83%；与常州、苏州、湖州、广德等地的29个乡镇建立跨地域联调组织。2000年，重点探索在私营企业建立调解组织，至年末，全市共有6395家私营企业建立调解组织，79个乡镇（街道）建立重大疑难纠纷调处中心。1996～2000年，全市共调处民间纠纷17.1万起、防止民转刑案件1458起、防止非正常死亡692起。

2001年，无锡市按照组织、人员、制度、工作"四落实"的标准，对基层调委会整顿，全市调整充实调委会2085个，调整不称职的调解主任185人，充实调解人员103人。全市3221个调委会中有3092个达到标准化调委会条件，达标巩固率保持在96%以上。2003年，对667个调委会调整，充实748名调解人员，分级分批组织4348名调解人员开展业务培训，统一文书格式，规范调解行为。2004年，普遍建立乡镇（街道）社会矛盾纠纷调处中心，形成由党委和政府统一领导、调解中心具体管理、职能部门各司其职，全社会共同参与，对社会矛盾纠纷统一受理、集中梳理、分级办理、限期处理的"大调解"工作机制。9个市（县）、区和86个镇（街道）全部成立社会矛盾纠纷调处中心。两级调处中心成立两年，直接调处社会矛盾纠纷8004起，调解成功7677起，分流社会矛盾纠纷5457起，劝阻群体性上访1004批次、28546人次，防止社会矛盾纠纷激化973起。

2005年，市司法局推进诉讼调解与人民调解衔接机制，推广调解工作指导员制度，全年各镇（街道）调处中心与法院联合调处纠纷75起。

第四节　公证　律师管理

一、公证事务及管理

1.公证处

1986年初，全市有公证机构4个，公证员28人，联络员152人。1994年，新建市第二公证处。1996年，市公证员协会成立。至2005年，全市有公证机构7个，公证人员65人，其中公证员35人。

2.公证事务

随着经济社会发展，公证业务范围不断扩大。1986年起，开办蚕茧代购代销合同公证、催款邮寄现场监督公证、建房协议书公证、抵押贷款合同公证、补偿贸易公证等公证项目。1991年，开辟汽车抵押债务协议公证、抵押贷款公证等公证业务。1992年，开拓土地使用权出让招标合同、资产增值协议、商品房转让、中国产品在国外展销注册、药品输出、外商在中国申办合资企业授权委托书等新证源。1993年，开辟"三资"企业合同、章程、外销产品质检书、委托销售书、许可证等公证业务。1994年，开拓房地产公证业务。1995年，开办楼宇按揭、汽车承包、涉外融资、合资方代表人签名、典当业务、非法集资清退协议等新型公证项目。1999年，办理政府采购招投标公证。2002年以后，全市公证业务扩大，数量骤增，全市公证机构为国有土地出让、重大建设工程招投标、公民出国留学、企业对外投资等办理大量公证业务。

1986～2005年无锡市公证业务情况表

表28-18　　　　单位：件

年份	公证总数	其　中		
		国内经济公证	涉外港澳台公证	国内民事公证
1986～1990	37595	21262	6476	9857
1991	12621	7531	2632	2458
1992	15277	8777	3243	3257
1993	16150	8387	3176	4587

续表

年份	公证总数	其　中		
		国内经济公证	涉外港澳台公证	国内民事公证
1994	18187	9623	3352	5812
1995	22441	11226	5350	5865
1996	25966	10682	7080	8204
1997	25272	8810	7154	9308
1998	29048	10998	8703	9347
1999	36879	14455	10273	12151
2000	48945	20791	11817	16337
2001	57235	21405	16966	18864
2002	69528	32518	12763	24247
2003	67542	32474	10746	24322
2004	57949	27017	10507	20425
2005	55765	27077	11736	16952

3. 公证管理

1994年起，公证机构改革重点是发展公证机构、搞活内部分配、实行自收自支试点。1997年，开展文明公证处创建活动。1999年，对公证办事处和办事处人员重新进行登记审批，制定颁发《无锡市公证办事处管理规定》，统一制作铜牌、印章、公示牌，统一制作《公证服务收费标准》等公示牌上墙公示。同年，市公证处被司法部授予“文明公证处”称号。2002年，全市7个公证处全部改制为自收自支全民事业单位。2004年，制定《无锡市公证行业反不正当竞争若干约定》及《关于统一部分公证最低收费标准的规定》，对公证机构、公证员开展集中教育整顿活动，启动建立全市公证机构、公证员诚信档案。2005年，开展公证队伍教育规范树形象活动，开展政治思想、业务素质、职业道德等3项教育，开展消费类贷款公证合同专项检查。

二、律师事务及管理

1.律师事务所

1986年，无锡市有法律顾问处8家、70个法律顾问，其中，市法律顾问处有律师25人，3个县各有7人，4个区各有6人。1987年3月，8家法律顾问处全部改为律师事务所，均由国家出资设立。此后，又相继成立市对外经济、第二、金匮、崇宁、江阴市对外经济等5家国办律师事务所。

1989年7月，无锡市第一家合作制律师事务所——无锡市梁溪律师事务所开业，孙敏任主任。1992年后，国办律师事务所转制，合作制律师事务所从试点转向全面实施。至1996年，新组建的大多是合作制律师事务所，有明珠、金汇、诚信、英特、东林、新时代、光明、海德、二泉等律师事务所。1995年1月，无锡梁溪律师事务所转制为合伙律师事务所，为无锡地区首家合伙制。当年，又有东林、江阴市滨江、宜兴市阳羡等3家合伙制律师事务所成立 。2000年，全市11家国资律师事务所全部完成脱钩改制工作，5家转为合作所，6家转为合伙所。2002年，市律师协会成立女律师联谊会。年末，2522家单位聘请律师担任法律顾问。2003年，江阴法尔胜集团成立公司法律事务部，成为全省首批公司律师的试点单位。随着律师体制改革的深化，合伙制的组织形式为越来越多的律师所接受。至2005年，合伙制占律师机构总数的大半以上。是年12月，无锡市第一家个人律师事务所——周秋平律师事务所成立。

1986～2005年无锡市法律事务所和执业律师统计表

表28-19　　单位：家、人

年份	律师事务所	执业律师	年份	律师事务所	执业律师
1986	8	88	1996	40	409
1987	9	109	1997	47	353
1988	9	145	1998	51	410
1989	10	137	1999	52	391
1990	10	136	2000	54	376
1991	10	136	2001	53	404
1992	18	192	2002	51	459
1993	22	215	2003	52	489
1994	30	282	2004	59	562
1995	36	328	2005	63	607

2.律师事务

1986年起，各律师事务所面向经济发展和改革开放拓展业务，出任政府法律顾问，并为企事业单位提供法律服务，为企业完善规章制度，参与企业的重大经济决策，审查完善经济合同，代理企业参加纠纷的诉讼、调解、仲裁活动，普及经济法律知识，为企业培养法律人才。1989年，涉足行政诉讼代理业务。1990年，全市律师事务所担任政府法律顾问25家，业务延伸至城建、规划、粮食、物资、商业、金融、土管、房管、港管、路管等10多个政府职能部门。2001年，全市4个市（县）、区政府和27个镇政府成立法律顾问团。律师在企业担任刑事、民事、经济、行政等项诉讼事务以及非诉讼事务的代理，解答法律询问，代写法律文书。2002年，市律师协会、市公证员协会共同发起成立无锡市WTO法律事务咨询中心，下设货物贸易、知识产权、投资及金融保险、倾销与反倾销及争端解决等4个小组，为无锡经济和社会发展提供涉及WTO的公益法律服务。2005年，无锡律师事务所设立上海分所。在全市农村启动“法律进村入户”活动，强化农村基层法律服务工作。

1986～2005年无锡市律师业务情况表

表28-20　　单位：起、人次

年份	代理诉讼案件					代理非诉讼事务	担任法律顾问
	总量	刑事诉讼案件	民事诉讼案件	经济诉讼案件	行政诉讼案件		
1986～1990	13292	5288	3437	4541	26	—	718
1991	4246	1129	1304	1790	23	879	797
1992	3234	862	1238	1119	15	868	1166
1993	3686	992	1059	1622	13	1466	1553
1994	5115	1203	1427	2462	23	5191	2073
1995	6482	1118	1772	3498	94	1359	2315
1996	7819	1233	2119	4438	29	1642	2491
1997	8211	1262	2399	4487	63	2310	2269

续表

年份	代理诉讼案件					代理非诉讼事务	担任法律顾问
	总量	刑事诉讼案件	民事诉讼案件	经济诉讼案件	行政诉讼案件		
1998	7815	1076	2620	4075	44	1977	2320
1999	8303	1030	2922	4351	—	2136	2280
2000	9095	1224	3391	4480	—	2286	2385
2001	8809	1183	3881	3645	100	1060	2321
2002	9152	1233	3852	3965	102	1791	2522
2003	9130	1023	4185	3821	101	2101	2872
2004	9344	1281	3936	4043	84	2170	3059
2005	11161	1441	4992	4664	64	1678	2992

3. 律师管理

1986年，无锡市律师资格考试与授予、律师执业证颁发、律师事务所的审批、律师发展政策的制定等管理工作由市司法行政部门管理。1990～1991年，开展律师整顿工作，各律师事务所落实综合目标责任制。1992年，市政府颁布《关于深化律师工作改革的意见》。国办律师事务所的内部管理机制开始实现三个转化：引进律师人员的方式开始由司法局组织选配向面向社会公开招聘的方式转化，经费管理方式开始由统收统支、全额管理向自收自支、差额补助的方式转化，律师个人分配方式开始由工资加奖金向效益工资的方式转化。1993年，建立律师惩戒委员会。市政府批转市经贸委、市司法局《关于加强我市外向型经济法律服务工作的意见》，确定涉外律师业务的指导思想和工作要求。1994年，市政府颁布《关于深化律师工作改革的补充意见》。1996年，市律师协会成立，下设刑事法律事务、经济法律事务、涉外法律事务、民事与行政法律事务等4个专业委员会。律师协会成立后，律师管理成为在司法行政机关监督、指导下的行政管理与行业协会管理相结合的格局。司法行政机关的负责人员不再兼任律师行业协会职务。律师协会机关的办事机构实行秘书长负责制。1997年，市司法局提出改革与规范国资律师事务所的具体措施。同年开展文明律师事务所创建活动。1999年，开展“法律服务管理年”活动，各律师事务所都建立一案一档，推行公示制度，实行百分考核管理。开展评选“无锡市优秀律师”活动。2002年，司法部就司法行政机关对律师的管理职责作出规定，被归纳为“市场规则、市场准入、市场监管、市场环境”4项。2004年，开展法律服务行业集中教育整顿活动。2005年，开展律师事务所规范化建设年活动，为所有律师事务所和律师建立执业诚信档案，完善行政管理和行业管理相结合的管理模式，指导新一届律师协会强化建章立制工作。

第五节　法律服务和法律援助

一、法律服务所

1987年，无锡市普遍建立乡镇法律服务所，开展调解经济纠纷、协办公证和部分律师业务。市司法局会同市财政局、市物价局颁发《无锡市乡镇法律服务所经费管理和收费办法》，同年由市政府转发《关于加强我市乡镇法律服务的意见》。司法行政部门分级、分期、分批对法律服务所人员进行业务培训。1989年起，分期分批对乡镇法律服务所检查验收，对符合规定标准的发给合格证书，验收不合格的限期完善。至1990年，所有乡镇建立法律服务所，街道办事处建立法律服务所17家，全市共有法律服务所人员529人。1991年起，举办乡镇(街道)法律工作者短期培训班。1992年，全市开展争创优秀法律服务所、先进法律工作者活动，是年末，经省司法厅批准，全市有120家法律服务所成为合格所，占法律服务所总数的89%，95%的法律服务所实行“上岗有合同、报酬凭贡献”，65家法律服务所实行自收自支、自负盈亏。1993年，一些经济发达的乡镇形成一镇两所的新格局，并在法律服务需求大的村、厂设立法律服务所分支机构——法律顾问室。95%的街道法律服务所、40%的乡镇法律服务所开展跨地区法律服务。1994年，法律服务所转换内部机制，理顺管理体制，扩大自收自支范围。是年，与乡镇司法办公室实行“室所分设”的试点。1995年，法律服务所重点推行“四自”(自主经营、自负盈亏、自我约束、自我发展)运作和“室所分设”工作，并开展争先创优活动，有14家法律服务所实行“室所分设”，75家法律服务所实行自收自支。1997年，开展文明法律服务所创建活动。1999年，在法律服务所组织以查办案程序、财务管理、文书档案为主要内容的“三查”活动，完善各项制度，推行全员合同聘用制。1999年，江阴市璜土镇法律服务所、宜兴市红塔乡法律服务所被授予部级“文明法律服务所”称号。2002年，全市137家法律服务所，除6家撤销外，其余按照合伙制的模式完成改造。2004年起，开展基层法律服务所集中教育整顿活动，启动建立法律服务所、法律服务工作者诚信档案。2005年，全市共有基层法律服务所118家，基层法律服务工作者620人。

1986～2005年无锡市基层法律服务业务情况表

表28-21　　　　单位：起、件、人次

年 份	代理诉讼和非诉讼业务	协办公证	担任法律顾问
1986～1990	13701	17719	4038
1991	5545	8349	1826
1992	8022	9018	1711
1993	7731	10899	2272
1994	9920	10638	2270
1995	14388	10446	2376
1996	6687	10400	1999
1997	6758	7172	—
1998	12202	7307	—
1999	17049	6566	2587
2000	12503	5142	2580
2001	17947	5794	2422
2002	14938	10571	2389
2003	13058	4521	2016
2004	14310	—	2345
2005	14898	—	2111

二、法律援助

1995年，无锡市成立全省第一家法律援助中心，规定7种对象可申请法律援助。1995～1998年为起步阶段，全市共办理法律援助案件441起。1999年，各市(县)区法律援助机构全部建成，市

图28-8　2005年11月29日，市法律援助中心组织广场咨询活动　（市委办供稿）

区和江阴、宜兴全面开通“148”专用电话。法律援助机构向社会团体、群众团体延伸，建立工、青、妇、残、老等社会法律援助机构。至2001年，各镇（街道）全部建立法律援助工作站。法律援助办案业务量较以往有明显增长，1999～2002年，累计办案4051起。

2003年起，法律援助规范发展。市委、市政府每年将法律援助工作列入为民办实事项目，每年1月1日在《无锡日报》上向社会公布，法律援助工作得到前所未有的重视，2004年，市司法局被评为全国法律援助先进集体。至2005年，建立市、市（县）区、镇（街道）、村（社区）四级法律援助网络。江阴、宜兴、锡山、滨湖、新区等5家法律援助机构被省司法厅命名为省级规范化法律援助机构达标单位。全市有数百件法律援助案件被各级媒体报道。江阴市法律援助中心办理的“海员的身后事——吴龙清工伤损害赔偿纠纷案”被评为2005年省十大法律援助典型案例。

1999～2005年无锡市法律援助情况表

表28-22　　单位：起、次

年 份	办理法律援助案件总数	办理刑事法律援助案件	办理民事、行政法律援助案件	接待法律咨询和来信来访	“148”接待来电来访法律咨询
1999	1151	186	965	10461	5660
2000	795	203	592	11000	9496
2001	892	184	708	7113	10181
2002	1213	288	925	10175	10788
2003	1101	296	805	—	10172
2004	1292	396	896	—	22771
2005	1356	414	943	—	17393

第六节　司法鉴定

2002年，市司法局成立司法鉴定处。同年，成立市司法鉴定工作委员会。至2003年，建立司法鉴定机构基础档案，在全市开展面向社会服务的司法鉴定机构情况专项调查活动，对医疗事故鉴定、精神疾病鉴定、劳动能力鉴定、药物检验、工程造价评估、危房鉴定、房地产评估、环境质量监测、产品质量检测、涉案物品价格认证、会计（审计）、专利技术（技术成果）认定等鉴定检验机构的情况摸底调查，分类登记建档。全市有面向社会提供鉴定服务的鉴定机构65家，半数以上属于民营企业，有专业鉴定资格人员930余人。2003年起，做好新旧司法鉴定管理体制的过渡衔接工作，公安、检察机关的司法鉴定机构停止受理民事案件当事人提出的亲子鉴定、伤害程度鉴定、笔迹鉴定等相关业务。

司法局根据当事人要求，与相关部门联系协调，为当事人依法维权提供证据保障。同年，推进司法鉴定机构建设，筹建首批司法鉴定机构。

2004年，组织24名司法鉴定人参加全省司法鉴定人基本素质培训和考试，合格率100%。结合司法鉴定人执业证的发放，对司法鉴定人员开展职业道德、执业纪律教育。同年，与公安、检察、法院、税务等部门就涉税案件税务鉴定程序达成一致意见，解决偷税案件立案难、起诉难的问题。

至2005年末，全市共建立面向社会服务的司法鉴定机构4家，专业鉴定人员26人，其中有24人获得省司法厅颁发的司法鉴定执业证，持证上岗。

第七节　安置帮教和社区矫正

一、安置帮教

1997年，无锡市成立刑释解教人员安置帮教工作领导小组，办公室设在市司法局。1998年，乡镇（街道）全部建立安置帮教工作站。全市有帮教小组2395个，参与帮教工作人员7610人。是年，有1495名刑释解教人员回归，其中87%得到安置帮教。1999年，市、市（县）区、乡镇（街道）、村（居委）四级安置帮教工作网络巩固率100%。各级安置帮教组织通过走访、召开座谈会、法律咨询等形式，关心刑释解教人员的生活，开展延伸帮教活动，形成大墙内外帮教合力。2000年，制定《无锡市刑释解教人员安置帮教工作操作程序》，统一规范安置帮教工作登录、接茬管理的程序。2001年，对前3年的刑释解教人员基本情况摸底排查，查清底数，掌握安置和重新犯罪情况，规范安置帮教工作的文书档案，推广由公安民警、帮教干部、帮教对象及其亲属四方签订帮教协议的经验。2003年，全市逐步推行定期审定撤除帮教工作制度，为3614名刑释解教人员办理撤除帮教手续。至年末，全市成立1789个由管段民警、调解（治保）主任、村（居）民小组长及帮教对象亲属参加的帮教小组。2003～2005年，安置帮教志愿者队伍人数由1350人扩充至10089人，全市共开展帮教活动400余场，被帮教8800余人次，600余名帮教对象获得奖励、减刑或提前释放。通过筹建安置基地、增加衔接率、分类帮教、过渡性安置、重点帮扶等多项措施，将刑释解教人员的安置工作纳入乡镇（街道）社保所的考核范围。

1999～2005年无锡市安置帮教人员情况表

表28-23　　单位：人、%

年 份	回归人员总数	刑释人员	解教人员	帮教率	安置率	重新犯罪率
1999	1569	1049	520	95.00	85.50	5.18
2000	1800	1120	780	97.00	82.00	5.40
2001	1863	1129	734	98.00	85.70	5.20
2002	2056	1195	861	98.50	85.60	4以下
2003	2088	1175	913	98.10	86.50	2.10
2004	1908	1194	714	99.40	88.00	1.30
2005	1585	1052	533	99.50	89.70	1.20

二、社区矫正

2005年，无锡市启动社区矫正工作，所辖9个市（县）、区全部成立社区矫正工作领导小组及办公室。9个市（县）、区落实390万元社区矫正工作经费，并列入财政预算。各市（县）、区司法局和司法所明确社区矫正工作专职人员，并向社会公开招聘95名社区矫正工作者，选聘489名兼职社区矫正工作者，组织2388人加入社区矫正工作志愿者队伍。全市共建立社区矫正公益劳动基地541个。实施多项社区矫正创新举措，对在外经商、打工、求学的矫正对象实行请假制度等人性化管理，将家庭困难符合纳入社会低保的矫正对象作为社会临时救助对象。惠山区率先开展社区矫正辅导员试点工作，江阴市建立矫正对象公益劳动"服务令"制度。全市86个乡镇（街道）司法所全部完成矫正对象的移交工作，共接收矫正对象2328人，其中管制犯3人、缓刑犯1435人、假释犯152人、剥夺政治权利犯435人、暂予监外执行犯144人，其他对象159人。是年，接收的矫正对象未发生重新犯罪。

第八节　法学教育与劳动教养

一、法学教育

1986年，全国律师资格考试开考，每两年考1次，1993年起每年考1次。至2000年，律师资格考试举行12次，无锡市经考试获从业律师资格的395人。2002年起，律师资格考试被国家司法考试取代，至2005年，国家司法考试举行4次，无锡市有4515人次报名参加考试，525人通过考试。1986～2005年，市司法局通过华东政法学院无锡函授站、苏州大学无锡函授班、东南大学远程教育学院无锡教学班、无锡广播电视大学法律班、无锡市工业学校法律班、中华全国律师函授中心无锡函授站、江苏法律人才培训中心无锡培训部等渠道开展法学学历教育，培养1300余名大中专、本科、研究生法律人才，其中绝大部分充实到全市各级公检法司机关和法律服务机构。市司法局还联合市律师协会、市公证员协会，对司法行政干警及市律师、市公证员进行法律业务知识培训3145人次。

二、劳动教养

2001年10月，市行政司法部门确定在宜兴市丁蜀镇设立市劳动教养所。2004年，市劳教所完成筹建。建设总投资约3120万元，占地7.74万平方米，建筑面积21901平方米，可收容劳教人员1000人。经省劳教局检查验收，确认具备接收劳教人员条件。是年末，开始收容劳动人员，履行劳动教养职责。2005年5月19日，市劳教所揭牌，年内收容劳教人员500余人。为江苏省仅有的两家由地级市司法局直接管理的劳教所之一。

第九节　江苏省无锡监狱

江苏省无锡监狱于1983年划归江苏省司法厅管理，称江苏省第十三劳动改造管教支队。1994年《中华人民共和国监狱法》颁布后，更名为江苏省无锡监狱。

一、教育改造

80年代，按照"改造第一，生产第二"的劳动改造方针，无锡监狱对罪犯进行政治教育、文化教育和技术教育，与罪犯所在居委、派出所和原工作单位开展共建帮教。1986年，无锡监狱与无锡南长街道办事处和南长公安派出所签订帮教协议，明确配合教育改造、刑满就业安置与接茬教育。同年，经市劳动局批准，成立技术考核委员会。1990年，社会帮教工作有新的发展，与北塘地区联合举办帮教工作成果新闻发布会。服刑人员通过特殊学校教育，扫盲和普及初中文化教育，开展技术教育，先后开办中级机械技术培训班和电工、建筑等10余个普及性基础技术班。90年代初，《中华人民共和国监狱法》颁布后，加大推进教育改造工作的科学化、社会化进程。1993年，无锡监狱特殊学校获得省级“优秀特殊学校”称号。2001年开始，开展罪犯心理测试、心理咨询和心理健康教育，在监内开办书市、超市，举办电脑、英语培训班，与市革命陈列馆共建狱外爱国主义教育基地，与市检察院共建预防职务犯罪警示教育基地。2002年，监狱帮教单位发展至96家，帮教志愿者300多人。2004年，无锡监狱开通罪犯6条服刑指南热线，建立精神障碍罪犯资料库，及时有效化解罪犯心理危机。2005年，推进方案改造与个案矫治，加强文化技术教育，构建“社会办学、罪犯自学、监狱助学、规范发证”的新模式，为罪犯在监内参加劳动改造，回归社会就业谋生奠定基础。

二、监狱管理

1989年，无锡监狱推行监管工作规范化管理，组织推行和实施罪犯改造行为规范，组织规范化训练和监管秩序评比，规范和加强内部管理。1993年，根据罪犯犯罪性质，全面推进分类关押、分类管理、分类教育，提高管理教育的针对性和有效性。1994年开始，以人防、物防和技防“三防”为重点，加强“三道防线”建设，强化民警安全意识教育，层层签订监管安全责任状，制定《处理突发事件应急方案》和《联防方案》，加强和联防单位联系，组建由市公安局局长担任总指挥的联防委员会，增设围墙高压报警装置，完善通讯警戒设施，提高防范能力。

2000～2005年，无锡监狱加强以安全防控、排查、处突和责任等四大机制为重点、人防为主、“三防”并重的安全长效机制建设，完善监管安全防范体系。逐级签订监管安全责任状，实行安全风险连带责任制度，强化全员安全共保责任；建立由监狱监控中心统一接报警、指挥中心统一调度、接警信息高度集成的报警模式，提高警情反映、处置水平；开展经常性的处突演练，提高应急处突能力；发挥信息技术对监管安全的支撑作用，建成6个门户网站和18个管理、业务应用系统，计算机配置100%，信息技术在监狱安防、监狱管理及教育改造罪犯等方面的应用得到加强；修订286项监狱管理制度，汇编《监狱管理工作实用手册》；实施3轮基层基础建设，实行两级管理的扁平化管理模式，为值班民警配齐警务值勤装备“六件套”和防暴安检设备，为基层监区配全民警警务值班室、功能室，监狱安全防范的基础更加牢固。

三、规范化执法

1986年起，无锡监狱推行罪犯改造、生产“双百分”考核，实行日记分、周评议、月公布，得分情况作为行政奖励和处罚的依据；成立生活卫生科和罪犯伙食管理委员会，开展文明卫生检查评比，加强罪犯生活管理。1994年后，加快监狱法治化建设进程。1999年，推行狱务公开，邀请社会各界召开执法工作座谈会，公开作出严格执法承诺，对罪犯减刑、假释、保外就医、荣誉评比等重大执法活动实行评议、会审、听证制度，建立减刑假释公榜、公开、审核的操作规范。

2002年起，无锡监狱进行执法工作规范化建设，推行罪犯改造计分考核，形成量化管理、以分计奖、按分讲法的累进激励机制；深化执法监督，向社会公布举报电话。在每个监区设立监狱长、检察官和纪委等信箱，在监狱广域网设置政务公开专栏，在会见中心设置狱务公开电子触摸屏，定期开展罪犯家属进监评议和发函调查等活动，印制《狱务公开手册》发放到每个罪犯及其亲属手中，聘请执法监督员，主动接受市人大代表、政协委员等对监狱的执法执纪情况进行监督；加强罪犯权益保障，落实实物量标准，对生活经费按实列支，独立核算，专款专用，足额支付。建立以地方政府、卫生行政部门和疾病预防控制中心为主导的疾病预防控制工作网络，建立罪犯全员健康档案。先后完成总建筑面积127480

平方米的监房、会见中心、文化中心、应急指挥中心等12个主要建设工程，完成监内道路、环境绿化、文体广场等配套工程，监狱面貌发生根本性变化，监狱会见中心被省监狱管理局命名为文明执法窗口。

2005年，无锡监狱获"江苏省文明单位"称号，《法制日报》在头版连续报道无锡监狱的法治建设成果。

四、狱警队伍建设

80年代后期，无锡监狱开展深化改革开放、坚持四项基本原则的教育。2000年后，突出狱警队伍忠诚度、执行力和创新力建设。推行狱警"八小时以外"的管理监督，保证民警不渎职、不失足。开展"业务比武、岗位练兵、技能竞赛"活动，创建民警执法值勤"标准岗""示范岗"，加强狱警教育培训。至2005年，58%的狱警分别具有本科、双学历、研究生学历，131余名狱警分别获得心理咨询师、质量工程师、安全工程师、主任医师、网络工程师等执业资格证书。

第七章 仲 裁

第一节 机 构

1995年9月1日，《中华人民共和国仲裁法》实施。1996年12月，无锡市设立仲裁委员会办公室（简称"仲裁办"），为仲裁委的常设机构，全民事业单位。仲裁委由法律、经济贸易、行业协会等方面的专家和知名人士组成。从法律等专业领域聘请290名具有较高专业水平和良好道德素质的人士担任仲裁员，按不同专业设置统一的仲裁员名册。仲裁办内设机构为行政管理部、仲裁事务一部、仲裁事务二部。仲裁办实行秘书长负责制。至2005年末，在册仲裁员290人，其中退休法官13人、律师81人、公务员170人、教授学者8人、企业人员18人。具有大学及以上学历270人，其中26人具有研究生学历。

第二节 仲裁事项

仲裁办受理事项涉及经济、运输、房地产、建筑工程、涉外经济、技术、专利、商标、金融、证券、期货、保险、投资、质量等方面的合同纠纷和其他财产权益纠纷。1997～1999年，全市仲裁案件数量未突破百件。房屋买卖纠纷从2000年起开始增多，年均增长率41%，成为继工业品买卖纠纷之后的仲裁案件另一重要方面。其他如建筑工程、装饰工程等纠纷年均各有几十件。

2000年，仲裁办受理13名购房者就开发商逾期交房而追索违约金的案件，这些案件合同约定的违约金数额较高，有的接近房价。开发商如完全按照约定赔偿，将远远超过购房者因此遭受的损失，很难体现民法的公平原则。最高人民法院有关司法解释尚未出台，处理此类案件还没有明确的依据作为指导。这些购房者以集体申请方式提起仲裁，社会影响较大。仲裁办多次研讨，寻求解决方案。经过做工作，有近80%的购房者与开发商达成和解；对其余不愿和解的购房者，在裁决时慎重研究，依法合情合理的比照同期银行贷款利率来确定购房者的损失，依法降低违约金数额。

随着社会仲裁意识的普遍提高，仲裁案件受理量逐渐增加，2002年，无锡市仲裁案件超过500

起。其中多数为工业品买卖纠纷等传统纠纷领域，各年所占比重均达到或超过30%。另外，还受理一批资金拆借纠纷、信用卡纠纷等案件。

1997～2005年，仲裁办共受理仲裁案件2242起，案件类型涉及工业品买卖、承揽、房屋买卖、建筑工程施工、装饰等纠纷。编印《无锡仲裁》刊物43期2.6万余份，免费向各仲裁员、联络员及有关企事业单位发放，普及仲裁法律知识。仲裁办通过以案释法、仲裁讲座等形式宣传仲裁，授课10多期，向与会人员介绍仲裁法律知识。举办广场法律义务咨询活动，为群众提供服务百余人次，免费发放宣传资料2万余份。开办仲裁委网站，将仲裁知识、仲裁法规、仲裁信息等内容通过网络媒体向社会宣传仲裁法律知识。

1997～2005年无锡市主要仲裁案件案型分析表

表28-24　　单位：起

年份	工业品买卖合同纠纷	房屋买卖合同	承揽合同纠纷	建设工程施工合同纠纷	装饰工程施工合同纠纷	其他	小计
1997	26	—	1	2	1	13	43
1998	28	2	2	4	—	49	85
1999	30	5	6	3	4	28	76
2000	60	55	7	10	21	27	180
2001	75	36	5	8	20	56	200
2002	110	75	6	6	13	328	538
2003	103	115	21	16	23	30	308
2004	101	143	22	21	36	60	383
2005	109	223	31	14	17	35	429
合计	642	654	101	84	135	626	2242

无锡市志

【第三册】

第二十九卷

军　事

概　述

1983年4月，无锡市人武部改为军分区，直属江苏省军区。无锡县、江阴县人武部由苏州军分区，宜兴县人武部由镇江军分区划归无锡军分区建制领导。1986年，驻无锡各部队先后分批整党，进行党员登记，并在百万裁军中完成体制改革和精简整编。全市有316个军民共建点，共建内容从思想上交流、行动上互助发展到经济上协作、技术上培训，军队参与地方建设。

80年代中期起，由无锡县率先发起，在全市开展"向部队选送优秀兵员、协助部队培养优秀战士、开发使用优秀退伍军人"的"创三优"活动，将征兵、服役、安置有机地融为一体，得到军地一致赞同。1989年后，理顺民兵与人防、交通战备专业队等3支队伍的关系，做到一兵一职。全市民兵整组打破"连不跨厂、排不跨车间、班不跨生产组"的传统做法，对专业很强的特种技术兵，在全市范围内实行跨区抽编。民兵与人防、交通战备专业队统称基干民兵。

1995年以后，市、县两级成立国防动员委员会，国防动员建设纳入经济建设和社会发展规划。全市征兵工作推行"一把手"工程，各市（县）、区政府及公安、卫生、教育、交通部门分别与市政府及相关部门签订责任状，组织4套班子视察，军分区、人武部领导分片包干；深入宣传发动，适时调整完善优抚政策，营造全社会关心支持、适龄青年踊跃报名应征的良好氛围；以提高新兵质量为核心，执行各项政策规定。1997年，无锡市开始通信指挥自动化建设。市人防办建成地上地下结合、平战两用、设备设施比较配套的应急指挥中心。

1998年12月，无锡军分区兼任无锡警备司令部职能，依据《中国人民解放军警备条令》（简称"警备条令"）负责区域性管理工作，主要对军队人员和车辆在营区以外的活动实施纪律监督。

进入21世纪，全市民兵由应急、专业技术、步兵三大类，整合为兵员动员、防卫作战、信息作战、支前保障、维稳反恐五大类。无锡市获全国双拥模范城"四连冠"。江阴市、宜兴市连续7次被评为省级双拥模范城（区）。驻无锡各部队在军事训练、国防动员、科学研究、征兵和拥政爱民等各方面走在全省、南京军区乃至全国、全军的前列。

第一章　军事机关与驻军

第一节　军事机关

一、无锡军分区

1986年3月起，中共无锡市委书记兼任军分区党委第一书记，不再兼任第一政治委员。军分区机关精简整编设司令部、政治部、后勤部，下不设科。1997年7月恢复设科，司令部设作训科、军务动员科，政治部设组织干部科、宣传保卫科，后勤部设战勤科、供应科。1998年12月20日，无锡军分区兼任无锡警备司令部职能。2004年10月，军分区机关再次撤销科。至2005年末，无锡军分区设司令部、政治部、后勤部。

二、市（县）、区人武部

1986年6月，无锡军分区所属江阴县、无锡县、宜兴县和崇安区、南长区、北塘区、郊区7个人民武装部由军队划归地方建制（副处级），为同级党委的军事部，兼同级人民政府的兵役机关，实行地方和军队双重领导。1988～1995年，随地方行政区划调整变化，无锡市成立马山区人武部，江阴县、宜兴县、无锡县人武部改为江阴市、宜兴市、锡山市人武部。

1996年4月，无锡市8个市（县）、区人武部由地方收归军队建制，为正团级单位，职能性质不变，接受上级军事机关和同级地方党委、政府的双重领导，地方党委书记兼任人武部党委第一书记，人武部一名主官参加同级地方党委常委，一名主官参加同级政府常务办公会议。1998年7月，无锡市担任全省民兵工作调整改革试点期间，新区在全省率先成立人武办公室，为副团级编外单位，军地各抽两人合署办公。2001年，随地方行政区划调整，郊区人武部改称滨湖区人武部，撤销锡山市、马山区人武部，组建锡山区、惠山区人武部。

至2005年，全市设有江阴市、宜兴市和锡山区、惠山区、滨湖区、崇安区、南长区、北塘区8个人武部。

三、基层人武部

1985年开始，城区民兵实行“条块结合，以块为主”的领导体制，产业局、有关部委办局设人武部，负责条线民兵工作的领导管理；厂长经理任企业人武部第一部长。1992年2月，无锡军分区司令部、政治部和市经济体制改革委员会、市经济委员会、市财政局、市人事局、市劳动局7部委联合颁发《贯彻总参等七部委89号文件的实施意见》，再次明确规定企业人武部实行行政领导兼任第一部长制度。1993年，无锡军分区政治部和市人事局、编制委员会办公室联合发文，要求建立健全街道、产业局、有关部委办局和企事业单位的武装机构。街道设立人武部，负责辖区内区、局人武部直接管理以外的企事业单位民兵和兵役工作。同年9月，江阴市华士镇华西村建立全国首家村级人武部。2001年，无锡市撤销13个产业局人武部，落实属地管理。此后，随着行政区划的调整，基层人武部作相应调整。

第二节　驻军单位

一、炮兵某师

1952年在常州成立，师部以鲁中南军区机关为基础组成，隶属华东军区建制。1954年8月，赴福建同安、厦门地区参加炮击金门作战。1957年3月归建，师部驻无锡郊区。1982年11月，划归陆军第1军领导。1984年6月，赴云南边境老山地区参加自卫反击作战。1985年9月，收归军区直属领导。1991年2月，划归上海警备区领导。1992年11月，划归第1集团军建制。1996年10月～1998年10月兼任解放军无锡警备司令部。

二、南京军区某团

1960年5月在北京市玉泉路组建，称无线电技术勤务团，隶属于总参谋部领导，后迁至房山县。1963年5月移驻江西上饶市。1970年6月，改称总参谋部通信团。1976年5月移驻浙江江山县。1985年9月，改称总参谋部电子对抗某团。1992年10月，划归南京军区领导。1993年移驻无锡。

2003年12月，划归第1集团军领导。

三、预备役高炮某团

由步兵某团团部改编，1998年11月由南京进驻无锡。1999年9月14日成立预备役高炮团，隶属于南京预备役高炮师，所属分队分驻无锡各地。2005年，隶属于扬州预备役高炮师。

四、南京军区联勤某分部

1962年6月于浙江金华组建。1969年移驻江苏宜兴。1976年移驻无锡。1977年2月，隶属南京军区后勤部领导。1999年9月，隶属于南京军区联勤部领导。

五、空军航空兵某团

1953年3月在广西柳州市组建。1998年8月从苏州移驻无锡。2003年撤编。

六、空军某团

2004年2月在无锡筹建，同年12月25日正式组建。

七、总参某研究所

1983年从四川移驻无锡，隶属于总参谋部领导。

八、南京军区某训练大队

1976年在无锡组建。1987年移驻南京。

九、工程兵某研究所

1958年4月组建于北京，1962年移驻无锡。先后隶属于军委工程兵、总参谋部工程兵部。1998年4月，隶属于解放军总装备部。

十、南京军区某营

1969年在无锡组建，隶属于南京军区某通信总站。主要担负区域通信保障和国防通信光缆维护任务。

十一、第23试验训练基地

1975年3月，组建江阴基地筹建指挥部，归海军建制，受海军和国防科委双重领导。1978年10月，正式组建第23试验训练基地，先后隶属于国防科委、国防科工委、总装备部领导。

十二、解放军第101医院

解放军第101医院始建于解放战争时期，前身为苏南军区陆军医院。1951年末，以华东军区后勤部卫生部直属医疗队与第二陆军医院第二医疗队合并而成，驻无锡社桥头。1953年3月改称华东军区第五陆军医院，9月改为江苏军区第五陆军医院。1954年5月被命名为解放军第101

图29-1　解放军第101医院　（陈平摄）

医院，1983年10月升格为中心医院。1984年，医院神经外科被南京军区卫生部确定为军区脑外科重点专科，1992年，被命名为南京军区脑外科中心。1997年，南京军区神经外科中心挂牌成立；同年，医院骨科被确定为南京军区军事训练伤防治中心。2000年，医院普外科被确定为南京军区腹腔镜外科治疗中心。2003年5月下旬，该院选定21名医护人员奔赴北京小汤山，共救治64名"非典"患者。

至2005年，全院占地9600平方米，编制床位280张（含分院），规模床位400张，实际展开床位387张。有卫生技术干部263人，其中高级职称41人、中级职称74人，博士3人、硕士20人。主要担负驻无锡、苏州、南通、常熟等地区军人的医疗救治与预防工作，并承担第二军医大学、江南学院等7所军地院校的临床教学与实践任务。年平均就诊12万余人次，住院8000余人次。医院建成集医疗、教学、科研、预防等为一体的中心医院。

第二章　武　警

第一节　武警8720部队

一、部队建制

武警8720部队组建于民国33年（1944年）9月，前身是八路军豫西抗日游击支队。部队先后参加抗日战争、解放战争、川北剿匪、抗美援朝战争。1953年9月末，部队从朝鲜回国，驻安徽省滁县地区，隶属于陆军第60军。1976年4月，奉命移驻江苏省无锡市，代号为解放军83118部队。1996年10月，奉命转为武装警察部队建制，代号为武警8720部队。

二、部队建设

1988年，部队被总后勤部评为全军营房工作先进师。1990年，被总政治部评为全军学法用法先进单位。1993年6月，深化训练改革，完成总部赋予的全军乙种步兵师"单兵到师全面训练改革试点"任务。1994年，被总参谋部、总政治部和总后勤部评为全军农副业生产先进单位。自主研造出的"洋湖大曲"在中国首届食品博览会解放军馆的评比会上获得银质奖，并获"剑南春杯"评比二等奖。1996年10月部队转隶武警之后，职能任务由围绕常规训练、对付一般性犯罪向开展科技练兵、反恐怖、处理突发事件转变。注重方法上创新、内容上改革，按照熟悉法规、研究战法完善手

图29－2　2005年11月，8720部队接受总部考核，被表彰为"军事训练一级单位"
（8720部队供稿）

段，抓好训练落实。同时，制定《士官管理教育细则》，对士官警容举止、对外交往、恋爱婚姻和落实一日生活制度等作出具体规定。1997年，部队拨出专款，整治营区环境，改建公共设施，通过全军爱卫会联合工作组的验收，被首批评为甲级卫生单位。2001年，作为防卫作战试点单位，部队艰苦探索、大胆创造，先后解决缺理论、缺技术、缺技能三大问题，在较短的时间内实现理论到实践的转化，创造性地向各级首长作演示，得到高度评价，下属8722部队被武警总部树为基层建设标兵团，立集体二等功。2002年，召开政治教育改革现场会，群众性自我教育经验被武警总部转发，总结的“认清变革话责任、适应变革尽忠诚”“用最新发展成就激励官兵、用最新理论成果武装官兵”的经验做法被武警总部推广。2003年，部队接受总部训练考核，13个科目总评优秀，被评为军事训练二级单位，下属8721部队立集体三等功。2004年，武警总部拨款500万元，部队投资800万元兴建医院病房综合大楼，改善官兵医疗条件，服务全市人民。2005年11月，部队接受总部训练考核，被中国人民解放军总参谋部、总政治部、总后勤部、总装备部表彰为“军事训练一级单位”。

三、主要勤务

1991年6月，无锡地区遭遇百年不遇特大洪涝灾害，部队完成88次抢险救灾任务，出动官兵23783人次，动用车辆635台次，橡皮舟130艘，装运草包54950只，抢救物资2618吨，保住10个大型仓库、5个蔬菜基地、21个村庄和15个大型企业及一条主要公路干道。

1992年4月5日，惠山森林公园火灾，部队紧急出动2980余名官兵扑灭山火，保住20多公顷森林。武警8721部队在灭火中成绩显著，被无锡市政府评为护林灭火先进单位。

1998年7～9月，长江流域遭遇百年不遇的特大洪涝灾害，部队奉命于7月1日赴安徽省当涂县丹阳湖农场执行抗洪抢险任务。在长达3.9公里的大堤上，加固堤坝2600多平方米，挖运土石2500多立方米，查堵大堤渗水点358个，排除重大险情12处，确保湖区3个乡镇8万多亩粮田和16万人民群众生命财产安全，圆满完成抗洪抢险任务。8722部队2连立集体二等功1次。

1999年夏，无锡地区遭受特大洪水，太湖水位超过警戒线1.6米，汛情严重威胁驻地人民群众生命财产安全。部队官兵自6月末至8月上旬，历时40余天，出动兵力9430人次，车辆618台次，转战石塘湾、玉祁镇、太湖马山南大堤等13个重灾区，堵塞管涌、塌方280余处，排除渗漏点160多个，处置重大险情33处。8722部队出色完成保卫太湖南大堤的任务，马山区政府专门发函为其请功。武警总部为8722部队记三等功1次。

2001年11月17～22日，亚太经合组织会议在上海召开。根据武警总部关于在会议期间协同兄弟部队处置突发事件的精神，10月17日，部队出动兵力1014人、车辆80台，开赴上海，完成备勤任务，部队执行“处突”任务的能力得到检验和提升。

2002年，部队出动300名官兵参加江阴白屈港抗洪抢险。2003年7月，淮河流域遭遇特大洪水，奉总部命令，8722部队和8720部队直属工兵营1000名官兵千里行军至安徽省寿县地区执行抗洪抢险任务，昼夜奋战在寿县、霍邱两地16个乡镇。先后出动兵力1万多人次、车辆578台次、舟艇300余艘次，排除险情140处，装运土石10万余立方米，搭设救灾帐篷500余顶，解救转移群众2万余人。8722部队立集体三等功1次。

四、拥政爱民

80年代始，部队与驻地群众开展军民、警民共建精神文明单位活动。1987年后，部队派出干部战士协助驻地政府训练民兵、预备役部队，先后组训代训民兵6435人。1990年，无锡市首次开展无偿义务献血活动，部队940多名官兵报名参加，202名官兵共献血4万余毫升。

1991年6月，无锡地区遭受特大洪涝灾害，部队在完成抢险救灾任务后，又先后出动62批次、2243名官兵，帮助126家工厂恢复生产，修缮住房312间，清理垃圾230吨，排除民房积水1030立方米，修筑道路5000平方米，整理校园1000平方米。9月，被省政府、省军区评为拥政爱民先进单位。

1998年，部队率先在无锡市开展以贫困母亲为救助对象的扶贫帮困活动，基层连队与60位贫困母亲结对，坚持定期上门服务。1999年，全国双拥工作领导小组和民政部在全国开展"爱心献功臣行动"，部队与无锡市60位革命伤残军人、革命烈属和在乡老复员军人建立献爱心帮扶对子，签订帮扶公约，建立帮扶对象的档案资料和双方联系卡，成立"爱心献功臣青年志愿队"。国庆前夕，结合部队建立55周年纪念活动，举办"献爱心、迎国庆、纪念建师55周年"大会，向60位功臣赠送"皮旅荣誉军人"证书，并组织功臣体验军营一日生活，在驻地引起强烈反响。8721部队作为驻锡部队唯一代表被省政府表彰为爱心献功臣先进单位。

2000年"六一"前夕和教师节前，部队出资1.5万元对驻地7所中小学走访慰问。鼓励单位和个人捐助"希望工程"，全年共资助"希望之星"15名。2002年，参加"慈善一日捐"活动，干部和士官都捐出1天的工资。官兵为陕西灾区捐款6.9万余元，捐赠过冬衣被1720余件。年内，应驻地政府的请求，先后两次组织共710余名官兵无偿献血14.2万多毫升。2004年，为"无锡市慈善一日捐"捐款5万多元，慰问"结对"的贫苦母亲60户，植树3000余株，600名官兵无偿献血12万毫升。

2005年，部队为"无锡市慈善一日捐"捐款7万多元，慰问"结对"的贫苦母亲60户；义务植树1.8万余株，平整草坪近3600平方米；清理卫生死角238处，清运垃圾2630余吨；平整道路50余公里，清理河道、沟渠3300余米；650名官兵无偿献血13万毫升。

第二节　武警8690部队

一、部队建制

武警8690部队组建于民国26年（1937年）9月，前身是吕正操领导的人民游击军，后改编为八路军冀中军区独立第4支队。民国28年3月，与八路军120师358旅715团合编为120师独1旅，先后参加抗日战争、解放战争、青海剿匪和抗美援朝战争，是贺龙元帅领导的一支老部队。1958年9月底，部队奉命从朝鲜回国，驻河南省商丘市，隶属于武汉军区，代号为解放军8181部队。1975年6月，部队奉命移驻无锡市，代号为解放军83016部队。1996年10月，奉命转为武装警察部队建制，代号为武警8690部队。

二、部队建设

1988年，下属8694部队被评为全军普法先进单位。转隶武警后，适应任务转换，加强演练，坚持按纲施训、科学组训，巩固部队训练基础，提高执勤和处置突发事件能力。

90年代，部队贯彻中央军委关于"过紧日子"的精神，坚持勤俭建军、艰苦奋斗，完善副食品基地，帮助基层连队整治菜地、鱼塘、猪圈，建立塑料大棚，使所有基层单位肉菜自给率100%。1990年～1992年6月，部队工业生产收益172万元，农场产粮472万公斤，使基层官兵生活水平在物价变动中保持稳定。突出抓党支部建设，坚强"一线战斗堡垒"，提高解决自身问题的能力、抓部队全面建设的能力和带领部队遂行任务的能力。1997年，下属8691部队5连被武警总部评为基层建设标兵连。

1999～2002年，部队作为武警部队首批，连续3年赴广东海关，出色完成各项监管任务。2001年，部队党委被解放军总政治部表彰为"先进党委"。2003年，被解放军总参谋部评为军事训练一级单位。2004年，适应信息战争需要，推进办公、指挥自动化，在武警部队率先建成多功能警官训练中心和通信综合楼。2005年，部队投资8000万元，采取与苏州大学附属医院联合经营模式，在宜兴市环科园境内新建武警医院，服务宜兴市人民。围绕“创建生态型营区、营造人性化环境”目标，整治营房、绿化营区。是年，部队警官中本科以上学历占46%。

三、主要勤务

1986年10月，出动350人，同兄弟部队一起完成湖州至余杭全长79公里光缆施工任务，至1987年1月18日竣工。1991年7月，部分省市遭受洪水灾害。先后抽调2150人，分赴苏皖两省7市（县）抗洪救灾，抢救遇险群众近万人，抢运物资千余吨，保护价值500万元以上的重点目标11个、万亩以上大圩21个，挽回直接经济损失近3亿元。抢险结束后，官兵向江苏和安徽灾区捐款54270元和衣物若干。同年12月，响应党中央、国务院关于加强农田水利基本建设的号召，部队投入2059人赴丹阳湖完成冬季水利建设任务，1992年1月14日返回，共完成土方量16.53万立方米。同月，派部分兵力参加宜兴市邮芳河和浙江省湖州市旄儿港水利工程建设。

1993年2月，宜兴地区多次发生火灾，部队先后抽调547人开赴火场扑灭大火。1994年8月，宜兴遇到百年未遇的旱灾，部队先后3次出动1242人次参加抗旱救灾，疏通河道1300余米，完成土方1.2万多立方米，突击浇灌稻田11公顷，开渠4635米，挽回经济损失百万余元。

1995年3月15日～4月15日，部队奉命担负“95・2”工程（杭福贵成干线）杭州至浙赣边界段光缆施工任务，全长423公里，直埋光缆298.39公里。部队共3532人参加（其中干部443人），出动车辆140台，挖沟312.13公里，敷设光缆451.81公里，完成土方约32.46万立方米。同年12月，奉命赴安徽省当涂县丹阳湖农场参加水利会战，共出动官兵1830人，运输车99辆，工程车和机械34台。至1996年1月结束，总计完成纵长2950米堤坝，整修土方量16.35万立方米，日平均完成土方量4673多立方米，人均完成土方量103立方米。

1996年7月，浙江德清大运河出现洪涝灾害，部队奉命开赴执行抢险任务。完成任务后，部队被浙江省委、省政府授予“抗洪抢险，为民立功”锦旗。

1998年7月，安徽部分地区遭受百年不遇的洪涝灾害。部队奉命抽调547名官兵赴安徽省当涂县丹阳湖农场执行3.9公里大堤的抗洪抢险任务，共搬运石头1200吨，排除渗漏点、泡泉群等大小险情398处，抢救群众200余人。抗洪结束后，组织官兵向灾区捐款捐物合24万余元。

1999年5月～2002年3月，部队连续3年赴广东海关执行监管任务，共出动兵力2665人，分赴广东省33个市（县），任务涉及广州、拱北、黄浦、江门、湛江等5个直属总关，查获涉嫌走私、违规案件7000余起，总案值7亿余元，受到武警总部和海关总署好评。

1999年6月，苏、浙、皖部分地区遭遇洪灾。部队先后出动兵力17037人次，分赴浙江湖州、江苏宜兴、安徽丹阳湖等17个灾区抗洪抢险，累计加固堤坝29481米，筑堤1781米，搬运碎石8923吨，完成土方量2.53万立方米，抢救群众20人。

2001年11月17～22日，亚太经合组织会议在上海召开。根据武警总部关于在会议期间协同兄弟部队处置突发事件的会议精神和预先号令，部队共出动兵力1500余人进驻上海，完成备勤任务。

2003年7月，安徽部分地区发生洪涝灾害。部队奉命抽调1162名官兵开赴安徽省颍上县，执行抗洪抢险任务，共出动兵力1.9万余人次，动用车辆356台次、冲锋舟199艘次，装填沙包120余万袋，加固、新筑堤坝约21公里，排险90余处，转移群众2万余人，完成任务。8693部队2连立集体一等功1次。

四、拥政爱民

1989年4月，部队派出兵力协助宜兴进行通信程控线路管道沟开挖。经过官兵两个月的奋战，完成工程。1990年，先后出动2000多人，参加陶都路建设，完成土方10多万立方米。其中，工兵营60名官兵和两台推土机，帮助开山凿石半年时间。

1991年5月，高炮营选派部分优秀教练员帮助指导常州民兵高炮分队训练，航模班保障无锡军分区民兵训练25架次，飞行质量高。在高炮营的协助指导下，两个分区的民兵实弹射击均取得较好成绩。9月，出动1个团帮助川埠镇修建湖光西路，完成7000多立方米开挖施工任务。

1992年4月，参加宜城镇灭螺工程，先后出动1000多人次，完成2万多平方米的灭螺任务。11月，部队派出3000余名官兵，参加宜兴市环保科技园工程建设，完成1万多立方米任务。

1995年，出动6000人次，为驻地群众看病、理发、修车。坚持每年派出慰问小组，为“五保”户、困难户、残疾人和烈军属送温暖。军械修理所每年为驻地群众义务修理家具、机具。

图29-3　每年3月5日，武警8690部队医院开展便民义诊活动（市民政局供稿）

2000～2002年，先后参加善卷洞、张公洞、龙池山等旅游风景区改造工程，共出动兵力2500余人次、车辆50余台次、机械58台次，疏通沟渠4.5公里，植树2000多棵，整理场地5万多平方米。参加义务助民劳动3.1万多人次，出动车辆600多台次、清除河沟淤泥2.2万立方米、清理垃圾800多吨，清扫地面840多万平方米，清除杂草面积2万平方米，采摘蚕豆荚24吨。

至2005年，部队与宜兴市各单位结成共建对子80个，所属团级单位均被表彰为双拥工作先进单位、精神文明建设先进单位，医院外科卫生班被无锡市评为精神文明十佳标兵单位，共有20多家单位被驻地市以上人民政府评为军民共建先进单位。

第三节　武警无锡市支队

一、部队建制

武警无锡市支队共经历12次大的变迁。1949年5月，由苏北邮电部队、苏北军区公安大队，东台县和泰县警卫、武装各抽1个排与在苏州地区扩充的1个排合并成无锡市公安局保警大队。1950年6月20日，保警大队和苏南军区驻锡的特务1团3营改编为公安部队无锡市总队（团级）。1952年8月，缩编为解放军公安部队无锡市公安中队（营级）。1955年7月，改编为解放军公安军无锡市公安队（加强连）。1956年9月，改称为解放军公安部队无锡市公安队。1959年1月，改编为无锡市公安局武装民警队。1960年1月，武装民警队扩编为武装民警大队。1962年1月，改称为武警部队江苏省总队无锡市大队。同年9月，改称为武警部队江苏省总队无锡市队。1963年2月，改称为公安部队江苏省总队无锡市队。1965年4月，无锡市队扩编为无锡市大队。1966年9月，改编为解放军江苏省军区无锡市大队（代号苏字537部队）。1968年11月，与驻苏州的536部队对调换防。1976年11月，改称为解放军无锡市独立营（代号解放军83073部队）。1983年1月，改编为武警部队江苏省总队无锡市大队。同年6月，扩编为武警部队无锡市支队（简称“支队”），正团级。1984年2月，盐城军分区守备团7连改为无锡市支队丁山中队。1986年4月，江苏省总队句东护卫中队改为无锡市芙蓉中队。1992年6月，支队1、2、3、芙蓉、丁山中队和机动队依次改为支队直属1～6中队。

二、部队建设

1986年后，支队以提高执勤、“处突”能力为目标，开展战法训法研究。重点抓好干部骨干训练，采取岗位练兵、集中培训、业务考核、比武竞赛等形式，提高干部军事素质。组织专勤专训，统一规范四哨动作，开展哨兵反袭击训练，进行执勤情况处置演练，提高官兵执勤能力。普及擒敌、警械应用技术训练，强化战术应用射击训练，突出应急小分队训练和“处突”综合演练，提高部队处置突发事件能力。

1991年，支队进行以坚持党对武警部队绝对领导教育为重点的政治教育。1992年，贯彻落实《军队基层建设纲要》，年末所属11个中队有7个中队达标，其中宜兴市中队、直属大队五中队被评为达标先进中队，支队被武警总部评为落实纲要先进支队。1993年，支队分别于5月和10月举办干部、骨干训练教学法集训班，年内先后进行冬季军事训练竞赛、新兵军事业务训练竞赛和年终军事业务训练考核，射击、擒敌技术、队列、战术、夜训等主要科目考核成绩均达到良好以上，较好完成全年训练任务。1995年，开展“争创先进中队”和“争当优秀士兵”活动，营造良好的警营环境。直属大队1中队、6中队和宜兴市中队被总队评为先进中队，其中1中队被评为标兵中队，记集体三等功1次，1中队队长李华圣被总队评为标兵干部，记三等功1次；100名战士和志愿兵被评为优秀士兵（官），188名官兵立功受奖。1996年，运用多种激励机制，调动广大官兵的工作热情，增强争先创优意识和主动参与意识，取得显著成效。1997年6月，支队拍摄实战性、操作性强的首长机关处置突发事件教学录像片，被武警部队发行推广。1999年，以深化后勤改革为重点，发展农副业生产，基层90%的单位完成正规化建设的达标任务。同时，投资1000多万元用于新建教导队、家属楼和基层中队营房、营具设施，改善基层中队营区环境。

2000～2005年，支队投入近1000万元完善营房等设施，官兵物质文化生活得到改善。实施教育改革，活跃教育形式，利用互学、互帮、互教等载体，加强经常性思想工作。支队政治处连续3年被总队评为先进政治处，直属大队6中队被总队评为基层建设标兵中队，1中队、江阴市中队、锡山市中队被总队评为基层建设先进中队。2001年，支队直属大队1中队被总队评为基层建设标兵中队，并记集体三等功1次。2002年，无锡市中队和直属大队2中队、3中队及江阴市中队被总队评为基层建设先进中队。是年，在总队组织的军事技能考核中，支队总评成绩优秀，位于苏南片前列。2003年4月，武警江苏总队在支队开展为期两周的“全国人民奔小康，我为人民站好岗”教育活动试点，《解放军报》《人民武警报》对教育活动的经验做法进行报道。2005年，围绕“抓班子带队伍，抓硬件强软件，抓机关促部队”的工作思路，开展争创“好班子”活动。年终，江阴市中队、锡山区中队、宜兴市中队、直属1中队等4个支部均被评为“好班子”。9月，支队反恐分队参加无锡市城市防空和反恐维稳演习，展示较高的军事素质和精神风貌。同时，开展“三手”（执勤能手、技术能手、神枪手）活动，调动部队练兵积极性。

三、主要勤务

1986～1990年间，支队完成重要警卫任务56次，押解罪犯5814人，先后制止犯人逃跑8起、自杀10起，制止流氓闹事、聚众斗殴150多起，抓获不法分子63人，协助公安机关处理重大治安事件11起，参加特大围捕战斗1起。1987年8月24日，1中队及临时驻队的芙蓉中队官兵成功处置石油公司油库重大溢油事件，防止火灾发生，保护国家财产。1988年5月15日，2中队出动22名兵力成功处置无锡市北门汽车站火灾，抢救54辆大客车和油库，使国家财产避免重大损失。

1991年6～7月，无锡地区遭受罕见的特大暴雨和洪涝灾害，支队全体官兵投入抢险救灾战斗。共出动兵力1850人次、动用车辆154台次、装填草包麻袋1.3万只、抢运土石方2850立方米、加固加高圩堤2900米、堵决口18处、排除险情52次，使3100多户居民脱离危险，260公顷鱼池、100公顷稻田、30多个工厂的物资免遭损失。

1992年1月15日，中队哨兵制止市看守所1名人犯在预审室乘机逃出禁区准备从大门混逃事件。9月3日，4中队抓获芙蓉茶场非看押下逃跑的两名劳改犯。10月7日，5中队哨兵杨煌辉、领班员顾启明抓获丁山水泥厂借出工之机潜逃的劳改犯赵某。12月21日，江阴市中队哨兵葛天清擒获两名企图利用监内树木攀越逃跑的人犯。1993年，共担负押解勤务97次，押解罪犯1683人，行程8780公里；制止人犯逃跑2起、3人；担负警卫任务15次。1994年，押解罪犯1110人，制止人犯逃跑4起、4人，制止自杀3起、4人，参加城市武装巡逻2880人次，抓获罪犯9人，完成7次重要警卫任务。1995年3月15日，宜兴市中队成功处置少数藏民围攻新芳派出所事件。3月17日，江阴市中队成功处置江阴长江大桥南岸工地一起民工被劫持事件。7月10日上午，江阴市西郊商业社电石仓库发生特大爆炸，江阴市中队19名官兵在江阴市公安局领导的统一指挥下，参加抢险救援，奋战7个多小时，从废墟中救出两名生还者。

图29-4　2005年9月，武警无锡市支队参加市防空作战与反恐维稳实兵演习　（无锡军分区供稿）

1996年8月24日，5中队哨兵孙亮、领班员蔡斌制止丁山监狱1名犯人逃跑事件。1997年，全年共押解罪犯1905人，制止犯人逃跑6起、7人，参加"严打"斗争抓获犯罪嫌疑人66人，完成警卫任务6次。7月14日，江阴市中队领班员李瑞章、天桥哨兵吴志新制止两名人犯用玻璃碎片割脉、吞食玻璃碎片的自杀行为。1998年，共担负押解勤务68起，出动兵力231人次，行程15270公里，押解罪犯1563人，参与"严打"7次，出动兵力360人次；执行警卫勤务7次，出动兵力399人次。3月9日，处置丁山监狱越狱案，击毙在押犯黄某，副班长李作先因执勤警惕性高，临危不惧，处置果断，获武警部队"十大忠诚卫士"提名奖。1999年5月6日，支队出动35人，处置一起持枪杀人劫持人质的突发事件，罪犯陈某被当场击毙。

2004年11月13日，江阴市中队防暴小分队出警迅速，沉着勇敢，和参战的公安民警一起成功解救被劫持的39名小学生，受到驻地群众和总部首长的高度评价。

2005年9月，支队组建50人的应急分队参加市国防动员委员会组织的城市防空反恐维稳演习，出色完成任务。同年10月11～19日，第十届全国运动会召开期间，出动100多名官兵，完成无锡赛区的现场安全保卫任务。

四、拥政爱民

80年代，支队参加无锡市城市道路交通建设。1991年，开展学雷锋系列活动，把学雷锋与警民共建、拥政爱民活动紧密结合起来。有100多名官兵评为学雷锋先进个人、200多名官兵立功受奖。1992年，与2个区、15个乡镇（街道居委），51个工厂、商店、学校建立共建或双拥关系，派出46名官兵担任22所中、小学校外辅导员，开办少年警校5所，为青少年上国防教育、法制教育、传统教育课105次，军训两万余人，支队被省政府、省军区授予拥政爱民先进集体。1993年，被省委宣传部、省政府办公厅、省军区政治部、团省委授予"学雷锋先进集体"称号。

1997年，支队先后帮助地方军训2300余人次，组织官兵3次义务献血、5次上街为民服务、6次上街擦洗交通栏杆、4次开展"献爱心送温暖"活动，捐款捐物计值2.53万元。利用双休日冒雨参加青山湾公园头茅峰植树，帮助驻地林果场植树约4.6万棵，栽种草坪26万平方米。在参加创建国家级卫生城市活动中，投入上万个义务劳动日，疏浚河道2公里，突击治理兴源路、清扬路等街道17条，运送垃圾1.6万吨。全年有7个中队被评为市（县）学雷锋先进单位或拥政爱民先进集体，有3人被评为拥政爱民先进个人，支队被省军区、省交通厅评为军民共建先进单位。1998年，在夏季的抗洪救灾活动中，官兵向灾区捐款捐物价值5万元。组织官兵两次义务献血、3次上街为民服务、协助公安交警支队擦洗交通栏杆、为希望工程捐款捐物计值两万余元、参加地方公益劳动1880个劳动日，与市区、郊区64位贫困母亲结成扶贫对子。有7家单位被市（县）评为双拥共建先进单位。

2000～2005年，全支队共投入1000多个义务劳动日，出动兵力8000多人次，参与地方重点工程建设和创建卫生城市、文明社区活动；组织2000多名官兵义务献血；向灾区、"希望工程"和驻地孤寡老人、伤残户、生活困难户捐款捐物计值35万余元。

第三章　兵　役

第一节　征　兵

一、兵役制度

无锡市按照国家兵役制度开展征兵工作。1984～1998年，国家实行以义务兵役制为主体的义务兵与志愿兵相结合、民兵与预备役相结合的兵役制度，士兵包括义务兵和志愿兵。义务兵服役期限为陆军3年，海军、空军4年；服役期满，根据军队需要和本人自愿，经团以上单位批准，可以改为志愿兵。1999年始，根据1998年12月29日全国九届人大六次会议通过的《中华人民共和国兵役法》（简称"兵役法"）规定。义务兵服役期限为两年，服役期满同样可以改为志愿兵。兵役法规定，每年12月31日以前年满18周岁的男性公民，应当被征集服现役。当年未被征集的，在22周岁以前，仍可以被征集服现役。根据军队需要，可以征集女性公民服现役。

二、兵员征集

1986～2005年，除1989年为春季征兵外，均为冬季征兵。

依据国家和省征兵命令，征集男青年的条件为，年龄为18～20周岁，其中1992年前规定厂矿企事业单位的职工放宽至21周岁。1993～1997年，增加高中毕业文化程度的，放宽至21周岁。1998年，增加大专以上毕业的，放宽到22周岁。农业户口的具备初中毕业以上文化程度，非农业户口（含企事业单位的青年职工）的具备高中

图29-5　2002年，江南大学在校生踊跃报名参军　（王大成摄）

（含职业高中）毕业文化程度；所征非农业户口青年比例为23%。女青年年龄为18～19周岁的应届高中毕业生，年满17周岁本人自愿的也可征集。

全市每年8～9月底前，对年满18周岁的男性公民进行兵役登记，给初审合格的应征公民发放兵役证。9月下旬至10月底前，调整各级征兵领导小组与办公室，完成征兵任务部署，宣传发动，体检、政审人员的抽调与培训，体检站开设，基层确定送检对象，成立征接兵人员统管机构等准备工作。11月1日～12月9日，进行体检、政审、定兵，确定运输计划，完成新兵服装发放。12月10日至月末，完成新兵运送，组织新兵离境前的身体复查和欢送仪式。翌年1月上旬前，完成年度征兵工作总结。

三、优抚安置

无锡市始终把搞好士兵优抚安置作为向部队输送优质兵员的重要措施之一，优抚政策随着改革开放和经济社会发展不断调整完善。80年代中期起，针对乡镇企业飞速发展带来的富裕地区征兵难问题，市政府于1985年确定推行“先安置，后入伍”的办法，做到“征兵、优待、奖惩、安置”四位一体。义务兵退伍后按同年参加工作的青年相同级别复工复职。在职青工入伍后按同工龄青年当年收入（即工资、基本奖金和补贴）的总额，第一年补助200元，以后每年增加100元，第四年以上补助500元。凡在部队立三等、二等功的，每次分别发给奖金50元、100元，立二等功的退伍时还可提一级工资，在前线参战立功的加倍发给奖金；在部队受严重警告以下处分的当年补助金减半，受记过以上处分包括因犯错误提前退役的取消当年的补助金。1994年，市政府确定城镇义务兵优待金标准调整至第一年850元、第二年950元、第三年1050元、第四年1250元。对在部队评上优秀士兵的奖励50元，立三、二、一等功的分别奖励200～500元、500～800元、1000～1500元。

为鼓励文化程度高的适龄青年应征，1998年市征兵领导小组确定，高中以上文化程度的入伍士兵年优抚金比初中文化的高10%。

2000年，市政府、军分区联合发文，明确进藏兵的优抚金在原基础上提高3倍；农业户口的服役期满退伍后予以“农转非”并在招工时优先录用；非农业户口的服役期满退伍后优先安排工作。2002年，市政府办公室再次明确建立进藏兵激励机制，凡在部队立三、二、一等功和大军区以上授予荣誉称号的，优待金再分别提高15%、30%、50%和1倍以上；退伍后自谋职业的，补助金高于同年度其他的50%以上，立三等功以上的退伍士兵由各市（县）、区负责安排工作。

2002年，国家开始征集在校大学生入伍，市教委、市征兵办等8部门联合行文，就减免学费、退役后复学、户籍管理、优抚安置等做出明确规定。无锡籍入伍的大学生，服役期间由征集地高于当地待业青年入伍义务兵的优待规定给予优待，年优待金增发标准为：大学一、二年级生30%，专科三年级生40%，专科毕业和本科三年级以上生50%，本科毕业生60%。大学生服役期满退役后，要求安排工作的，给予适当优先；自谋职业的，适当高于当地城镇退伍士兵自谋职业的补助标准，其中大学一、二年级生高10%，专科三年级生15%，专科毕业和本科三年级以上生20%，本科毕业生25%，补助一次性发放，由当地财政解决。

随着企业改制的深入和户籍制度改革给优抚安置带来的新问题，2004年滨湖区率先实行士兵优抚政策城乡并轨，对退伍士兵统一实行货币安置，根据服役年限一次性发给补助金。2005年，市政府明确退伍士兵以货币安置、自谋职业为主，同时对符合就业安置条件的给予帮助的原则。无锡市负责接收安置的标准为：服役未满3年的3.3万元，3年以上每服满1年增加0.3万元；各市（县）、区根据实际情况自行确定。对在部队立二等功以上奖励、进藏兵、转业士官、烈士子女，政府可帮助就业。

第二节 预备役

一、预备役分类

无锡市按照国家规定实行预备役分类。根据1984年5月全国六届人大二次会议通过的兵役法规定，士兵预备役的年龄为18～35岁，分为第一类和第二类。士兵退出现役人员，28岁以下的为第一类，29～35岁的为第二类；民兵中，基干民兵为第一类，普通民兵为第二类。根据1998年12月全国九届人大六次会议通过的兵役法规定，士兵预备役的年龄为18～35岁，分为第一类和第二类。第一类包括经过登记服士兵预备役的35岁以下的退出现役士兵和地方与军事专业对口的技术人员，其他编入预备役部队和预编到现役部队的28岁以下的预备役士兵；第二类除服第一类外编入民兵组织的人员，其他经过登记服士兵预备役的35岁以下的男性公民、编入预备役部队和预编到现役部队的29～35岁的转入人员。

二、预备役登记

1991年始，全市各级兵役机关做好预备役登记工作，掌握预备役人员的人数、质量和分布情况，同时结合实际加强教育管理，为落实战时兵员储备、提高动员速度和动员质量打下坚实基础。

退伍军人预备役登记工作在每年部队老兵退伍期间进行，由各市（县）、区人武部会同民政部门共同开设退伍军人预备役登记站集中登记，逐个核对档案资料、填写登记卡片并发放登记证；未能集中登记的，由兵役机关指定专人负责，做到随到随登；对没有按时办理登记的，主动搞好补登。同时落实服预备役退伍军人年度核对制度，每年结合民兵整组，对其年龄、身体、文化、住地、职业、政治表现等情况进行一次详细核对，根据情况变化及时做好注销、补登、转递工作。

地方与军事专业对口技术人员，由兵役机关严格按照全国统一的《地方与军事专业对口技术人员专业名称和编码》，对符合条件的18～35岁的男性公民进行预备役登记，填写登记卡片，建立数据库，并每年核对一次，于8月底前完成。

三、预备役军官授衔

根据全国八届人大常委会第十三次会议通过的《中华人民共和国预备役军官法》和上级关于做好评授预备役军官军衔工作的指示，无锡军分区于1996年实施预备役军官评授衔工作。是年12月，无锡市由省军区授予或改授预备役军衔的人数为：预备役少尉6人、中尉65人、上尉517人；预备役少校314人，预备役专业技术少校165人；预备役中校420人，预备役专业技术中校106人。无锡军分区授予或改授预备役中尉65人、上尉517人。1998年，无锡市组建预备役高炮3团后，省军区、军分区于1999年8～9月，先后对该团预任军官进行任命并授予预备役军衔。

四、预备役专业技术兵储备区建设

为解决预备役专业技术兵平时储备和战时动员问题，无锡县依托安镇民兵大口径火炮训练基地，于1992年建立预备役地面炮兵专业技术兵储备区，储备现役部队所需地炮兵员。储备区包括相邻县、区，以地炮专业退伍军人为主要储备对象，以预编到现役部队、编入基干民兵组织、定期登记核对为主要储备形式，形成基地组训与驻军带训相结合的兵员复训体系，采取分类登记、定期走访、组织活动等管理方法，实现“储备兵员情况准、动员演练召得回、赋予任务起作用”的建设目标。2001年6月，总部在无锡召开全国预备役专业技术兵储备区调整座谈会，军分区在会上介绍《着眼快速动员，坚持征储一致，积极抓好预备役专业技术兵储备区建设》的经验做法。

为适应未来防空袭作战任务需要，2001年10月，省军区调整预备役专业技术兵储备区布局，无锡市改为高射炮兵和舰艇水兵储备区，安镇民兵大口径火炮训练基地改为防空兵训练基地。

第四章　民　兵

第一节　民兵建设

1986～1987年，全市民兵组织建设贯彻中央关于“减少数量，提高质量，抓好重点，打好基础”的指导思想，基干民兵数量由8.57万人压缩至7.25万人，占总人口的比例由2.18%降至1.84%；其中专业技术兵由2.35万人增至2.5万人，占基干民兵的比例由27.4%升至35.5%。1987～1988年，为适应经济建设发展需要，合理区分任务，注重兵员储备，采取技术兵与普通兵混编的方法，使全市基干民兵中经过训练人员和退伍军人达95.1%，专业技术人员达4.9%。同时加强快速反应分队建设，各县（市）、区组建1～2个快速反应连，每连100人左右；各乡镇、厂（矿）企业单位各组建1个20～30人的应急分队。全市基干民兵数量减至54516人，其中专业技术兵33373人，占基干民兵数的61.2%。1989年，理顺民兵与人防、交通战备专业队等3支队伍的关系，做到一兵一职，不搞交叉重叠。同年，军分区在郊区人武部召开整组资料建设现场会，要求各单位的资料做到规范、统一、齐全。江阴市各基层单位都建立一卡、二图、三册，即退伍军人和已训人员登记卡，民兵情况分布、民兵建制图，基干民兵、普通民兵、民兵干部花名册。1990年，推行“对口建、就地改、联片扩、跨区抽”的办法。着眼将城区建成专业技术兵储备基地，在59家企业对口组建专业技术兵种，较原来增加56家；对15家既建技术分队又建步兵分队的单位，就地改成只建单一的技术分队；在相邻的几家单位，利用一套技术装备，联片扩建同类专业技术分队；对专业很强的特种技术兵，在全市实行跨区抽编。民兵与人防、交通战备专业队统称基干民兵。是年，全市基干民兵61430人，其中专业技术兵4万人，占基干民兵总数的65.11%。

1991～1995年，全市基干民兵保持在6.2万人左右。民兵编组随着经济建设发展和现代高技术条件下局部战争需求而调整。1991年，基干民兵中的退伍军人和经训人员比例96.2%。1992～1993年，城区大中型企业和乡镇企业普遍实行民兵班、排与车间班组相一致的编组方法，做到“排不跨车间，班不出班组”，达成军事指挥与生产指挥关系的有机结合。具体采取“五优先，三不编”，即工作流动小易于抽调的优先，在本乡本土的优先，年纪轻、身体好的优先，复退军人、经过训练的优先，政治素质好、文化程度高的优先；年内连续3个月以上在外工作的不编，常年往返搞供销的不编，在特定岗位、平时不易离开的不编。同时在集中居住的长期农民合同工中选编基干民兵。宜兴市区分经济不太发达、较发达和中等地区等3种不同情况，采取不同编组方法，使民兵编组形式与经济发展相一致。江阴市西石桥镇在全市率先建立基干民兵储备连，平时由基层人武部掌握去向，作为兵员储备。1994年，根据各地区产业发展和人员流动趋向，民兵组织开始向新兴企业转移。城区企业民兵组织普遍采取“三多编”“三少编”的方法，即辅助车间和一般岗位多编、重点车间和关键岗位少编，普通职工多编、技术职工和专业性强的少编，生产二三线的多编、生产一线的少编，以保证民兵正常的活动。宜兴市在陶都工业开发区和环保科技工业园建立民兵组织。1995年，崇安、南长、北塘3区根据企业效益调整民兵编组，在13个街道、商业大厦及3个行业建立民兵组织；江阴市在125家“三资”

企业建立民兵组织，基干民兵1428人；马山区7家"三资"企业全部建立民兵组织，基干民兵105人。

1996年，民兵组织向"三资""三产"和新兴产业转移，更加注重民兵专业技术分队建设，加大高科技含量，提高专业对口率。大部分单位专业技术兵比例占基干民兵的80%以上。突出应急分队建设，宜兴市组建1个民兵应急团，人员保证100%在位。1997年，军分区在华晶集团、湖光光学仪器厂、海星集团、721厂、澄西船厂等单位进行组建民兵高技术分队试点，新建6支高技术分队计240人。

1998年，组织民兵工作调整改革试点，基干民兵数量由6.2万人减至3.95万人，试点从城市和农村实际出发，重点解决"有组织无兵"和"有兵无组织"问题。城区实行抓大收小，坚持"一个主体、两个拓展"，即以大中型企业为主体，向新兴企业和事业单位拓展，采取对口编、就地调、联片扩、街道收的办法。调整后，城区大中型企业基干民兵单位保留89家，人数占70%；向新兴企业和事业单位拓展55家，人数占20%；27个街道分别在属地小型分散企事业单位编组独立排或连，人数占10%。农村变"均衡式"为"骨干型"，即由村村平均建向大村及乡镇骨干型企业转移，形成村厂结合、以大带小的布局。专业技术兵由21种增至25种，人数比例由45.6%升至51.1%。

1999年，无锡市组建预备役高炮部队，民兵整组强调理顺基干民兵、人防、交通战备专业队和预备役部队等4支队伍的关系。2000年，更加注重向高新企业和街道拓展民兵组织。城区在8家经济效益好、党组织健全的企业建立民兵组织，同时撤销3家经济效益差、适龄青年少的企业民兵组织。农村基本完成由村村建向大村及乡镇骨干企业转移。全市共建高技术分队34支，计1604人，占对口专业技术兵总数的15%。江阴市组建江阴长江大桥民兵红缨-5导弹连，滨湖区在9家非公有制企业中建立民兵组织。

2001～2005年，全市基干民兵保持在3.95万人左右。2001年，民兵整组突出高炮团营部建设，组建锡山民兵红缨-5导弹连。扩大高技术分队组建面，在非公有制企业中建立民兵组织。理顺市13个产业局人武部撤销后基干民兵领导管理关系，锡山、惠山、滨湖、新区等区按行政区划变化调整民兵组织。崇安区在街道成立民兵营、连。2002～2003年，落实民兵属地管理，街道成立武装委员会，按照军事斗争准备任务需求和经济社会发展实际适时调整民兵编组。2002年，滨湖区、崇安区组建网络战分队。2003年4月，在江阴市和滨湖区、崇安区、南长区、北塘区的12家企事业单位组建3个民兵科技支前保障大队，并在滨湖区召开成立大会。2004年，按照"编为用、建为战"的原则，对民兵作战力量进行整合，由应急分队、专业技术分队、步兵分队三大类，整合为兵员动员、防卫作战、信息作战、支前保障、维稳反恐五大类。市组建信息作战营。2005年8月，成建制组织全市首批兵员动员对象、交通战备、科技装备等3支队伍26支民兵分队2600多人，接受省军区首长机关点验，到点率均100%。

第二节　民兵军事训练

1985年始，为确保训练质量，民兵军事训练由两年一个训练周期改为年度训练。1986年，根据中央关于"民兵教育训练要突出重点，改进方法，注重实效"的指示精神，全市民兵训练任务调整为4200人左右，较1985年压缩一半以上。具体任务按"重点地区多训，一般地区少训；富裕地区多训，贫困地区少训"原则分配。训练采取专业技术兵由各人武部统一训、普通兵由人武部划片设点训和大口径地炮、通信、空勤等专业请部队带训的方法，均为30个训练日，军政训练时间比例为9∶1。训练中实行先室内理论讲解后野外实际操作，先单项单手训练后综合协同训练，先分练后合练，先理论动作考核后实弹实爆考核的"四先四后"和统一训练计划、训练时间、训练内容、操作要领、考核标准的"五统一"训练法。为缓解工厂生产与训练任务的矛盾，军分区还推广崇安区凡新人进厂单位均实行"先训后编"的训练方法。1987年，突出民兵专业技术兵和民兵干部训练。4月，军分区组织民兵高炮（机）分队18个连（排）、88个班、756人，在马山地区实弹射击，命中拖靶58发、靶机5架，全区总评优秀，时为历年高炮（机）实弹射击成绩最好的一年。对民兵干部训练进行改革，将过去每年轮训营、连长，改为重点培训军事教员。8月，军分区召开驻无锡部队民兵代训协作会，并成立领导小组。

1988～1989年，为提高训练基地的使用效率和训练的质量，逐步推开基地化训练。除部分单位由驻军带训外，其余均采取以基地为中心的分片设点联训，统一计划，统一备课，统一考核。1988年始，民兵干部训练由各市（县）、区人武部单独组织，时间1个月，列入民兵训练统计。1989年，为保证民兵教学协作网的成员落实，将其由民兵干部为主调整为以人武、专武干部为主。军分区在江阴市进行应急分队训练试点，并组织各人武部现场观摩澄江镇民兵应急分队设卡、堵截、追捕逃犯演练。5月，省军区组织全省民兵通信兵考核，无锡市获团体总分第一名，并作为省代表队参加总参通信兵部组织的考核。

1990年始，无锡市军分区按照《民兵军事训练大纲》和《1995年前组训装协调发展规划》，以提高人武、专武干部的组织指挥能力和民兵的战术、技术水平为重点，在实施基地化训练的同时，进行民兵规范化训练。1990年6月，无锡县122榴弹炮女民兵班参加全省民兵和预备役部队军事汇报表演，取得首发命中、发发命中目标的好成绩，受到省政府、省军区通报表彰。7月，无锡县3个民兵122榴弹炮班、崇安区5个民兵82无后坐力炮家庭班和郊区民兵摩托化分队（全省民兵唯一的代表队）分别参加省军事汇报表演和省第十二届运动会开幕式表演，无锡县、崇安区参演分队被省政府、省军区通报表彰为汇报表演先进单位，郊区摩托化分队由军分区记集体三等功1次。同月，市农民运动员参加省军区和全军民兵军事3项比赛，分别获总分第二和个人第一。1991年，民兵干部突出指挥和教学法训练。无锡县人武部重点抓好师属以上炮兵专业技术兵训练。5月，军分区组织全市民兵高炮（机）分队计16个连（排）、87个班、977人，携带高炮（机）42门（挺），赴上海奉贤空军高炮靶场实弹射击，共命中拖靶27具、靶体弹数32发（其中郊区9发、崇安8发、南长和北塘区各7发、江阴市1发），全区总评成绩优秀。11月，省政府、省军区通报表彰无锡县、江阴市人武部为民兵规范化训练工作先进单位。12月，省军区通报表彰无锡无线电厂民兵通信连为民兵预备役通信工作先进单位。1992年，干部训练严格按照新的《民兵军事训练大纲》和训练成绩评定标准施训和考核，并开展学习郭兴福教学法，培养会讲、会做、会教、会做思想工作的“四会教练员”活动。是年，全区建立起以人武干部为主、专武干部为辅、少量有教学经验的民兵干部和转业退伍军人参加的较为稳定的教练员队伍，市（县）、区一般达到每个专业兵种有2～3名教员。

1993年，随着企业经营机制转换给民兵训练带来人员、经费难落实等诸多新问题，为加强训练组织领导和规范化管理，军分区成立军事训练领导小组，负责协调地方落实参训人员、训练经费、物资器材和训练指导；各人武部分别成立以部长、政委任主要领导的训练大队。针对教练员队伍年龄老化、企事业单位人武部长兼职较多的状况，在全市开展优秀“四会”教练员评选活动。1994年，宜兴市参加省军区107单管火箭炮集训取得优秀成绩，郊区参加省军区操舟机集训取得第一名，8人被省军区通报表彰为民兵预备役军事训练优秀“四会”教练员。1995年，以专业技术兵和民兵干部、骨干为重点，各专业按比例施训，强调参训人员不重复，训练内容不偏不漏。1996年，突出专业技术兵、民兵干部训练和城区高炮分队训练。5月，军分区在江阴市民兵训练基地召开全区民兵规范化训练现场观摩会，明确规范化训练标准。1997年，突出民兵应急分队训练。4月，军分区按省军区统一规定的理论、射击、盾牌警棍术、捕俘拳、3公里武装越野、综合演练等8项内容，组织全区应急分队普考，总评成绩良好。5月，宜兴市民兵应急连作为军分区代表队接受省军区组织的民兵应急分队考核，总评成绩良好，其中实弹射击列全省第三名、3公里武装越野列全省第四名。

1998年，省军区在赋予军分区组织民兵工作调整改革试点任务的同时，确定无锡市“九五”期间民兵年度训练任务为5000余人，较“八五”增加800余人，另有对口专业分队1万余人实行短期补差接口训练。军分区在试点中采取“三改六训法”。“三改”即改过去的单从民兵组织抽人训为抽训与校训相结合，改单一组训为多种形式并举，改单个基础训练为主为成建制应用训练为主。“六训法”即应急分队——分级集中训，其中摩步分队到基地训，对口专业分队在所在单位训，独立排由乡镇训；专业技术分队——分类集中训；对口专业分队——定向接口训；步兵分队——学校基地结合训；海空军专业和预编人员——部队挂钩训；地炮专业退伍军人——锡山训练中心复训，保证民兵训练人员、时间、内容和质量“四落实”。

1999年开始，开展科技大练兵，突出新“三打三防”（打隐形飞机、打巡航导弹、打武装直升机；防精确打击、防电子干扰、防侦察监视）训练。军分区制定颁发民兵科技大练兵实施方案，各人武部分别编写科技练兵教案、培养科技练兵教练员、确定科技练兵课目，并在全区开展科技练兵“四会”教练员比武竞赛。4月，在省军区科技练兵座谈会上，北塘区的利用微光夜视仪夜间射击课目和南长区的伪装课目，均获省军区科技练兵成果一等奖。2000年4月，崇安区民兵双37高炮连赴射阳高炮靶场参加省军区组织的高炮实弹射击考核竞赛，命中拖靶1具，并获战术第一名。2001年，民兵训练推行多媒体教学。军分区实施科技练兵“四会”教练员“一二三工程”（10名人武部干部、20名专武干部、30名民兵干部）。7月，在江阴市民兵训练基地召开“四会”教练员比武竞赛观摩会。2002年始，为提高小兵种训练质量，全区民兵侦察、通信、工兵、防化等4个小兵种实行跨区联训，分别由宜兴市、惠山区、江阴市、滨湖区负责承训。2003年9月，军分区在江阴市召开贯彻省军区“启东会议”精神，推进民兵信息网规范化建设观摩会。

2004年始，军分区按照民兵作战力量整合后的编组和省军区关于“成建制满员满负荷训练”的要求，突出民兵高炮团首长机关和防空分队训练，采取参加省军区集训、各人武部集中驻训、小兵种由军分区组织跨区联训和请部队帮训等多种方式落实民兵训练任务。城区两个民兵通信连参加省军区集中驻训。5月，滨湖区、南长区民兵双37高炮连和锡山区民兵红缨-5导弹连赴射阳高炮靶场参加全省民兵预备役高炮实弹射击考核，两个高炮连各命中拖靶两次，分别取得总评第二、第三名；锡山区导弹连开创省军区红缨-5导弹首发命中目标的先河；各连队还分别获得政治工作、战勤保障、野战炊事、装备保障、安全管理等单项先进，实现“满堂红”。8月，全市除滨湖区外的6个应急连，接受省军区民兵应急分队与导弹分队以反恐维稳为课题的比武性考核。2005年5～6月，锡山区、北塘区双37高炮连赴射阳高炮靶场参加全省民兵预备役高炮实弹射击考核，各命中拖靶两次。6月，军分区组织崇安区、新区两个14.5四联高机连实弹射击考核，合格率98.2%。

图29-6　2004年5月，锡山区民兵红缨-5导弹连参加全省民兵预备役高炮实弹射击考核　（无锡军分区供稿）

第三节　争当“三兵”活动

1986年，民兵参加各级联防组，维护社会稳定。1987年，组建民兵应急分队后，民兵参与联防都以应急分队为骨干。

1990年前后，无锡军分区组织开展民兵学雷锋、学“好八连”活动，通过建立共建对子、民兵青年业余综合学校、学雷锋小组、便民小组、助耕队等形式，组织民兵积极参加两个文明建设。1994年3月，无锡县从服务经济建设大局出发，根据民兵职能任务及地区经济社会发展要求，开展“争当经济建设主战场上的尖兵、精神文明建设的标兵、维护社会稳定的卫兵”（简称“三兵”）活动。经济建设当尖兵主要开展岗位劳动竞赛和科技攻关，建立“民兵红旗班组”“民兵红旗丰产方”，完成急难险重任务；精神文明建设当标兵主要开展“五带头、五不准”（带头学雷锋树新风、带头学习科学文化、带头文明用语、带头创建文明家庭、带头遵纪守法，不准参加赌博、不准观看黄色书刊录像、不准搞封建迷信活动、不准打架斗殴、不准参加黑社会组织）、“读好书、唱好歌、做好事”活动，建立民兵精神文明示范点；维护社会稳定当卫兵，普遍建立民兵治安责任区，开展“五护”（护林、护厂、护路、护店、护重点目标）活动，配合公安部门打击不法活动。在开展“三兵”活动中，全市共建立1100多个民兵红旗岗、200多块民兵丰产方、1200多个民兵文明示范点、2500多个民兵治安联防队。

1995年2月，中央军委副主席张震视察无锡军分区时，对“三兵”活动给予充分肯定。是年12月、1996年2月，省军区、南京军区政治部先后转发《锡山市组织民兵开展争当“三兵”活动的调查报告》。1996年9月，无锡市委、市政府、军分区召开无锡市民兵开展“三兵”活动经验交流与总结表彰大会。与会人员听取锡山市人武部经验介绍，参观锡山市、江阴市和崇安区、南长区各具特色的“三兵”活动现场；通报表彰12个先进单位、锡山市人武部政委周仁根等42名活动优秀组织者及41名先进个人。各级人武部门贯彻市委、市政府、军分区联合颁发的《关于深入开展“三兵”活动的意见》，结合精神文明“示范点”建设，以多种形式参与文明乡镇、文明街道、文明道路、优质服务窗口和卫生城、双拥模范城的创建活动。江阴市人武部开展“学炎黄精神，做龙的传人”活动，锡山市人武部开展“民兵共建沪宁高速公路”活动，崇安区人武部组织军警民开展共创中山路文明一条街活动，南长区人武部组织民兵开展万余民兵为百户贫困户做千件好事的“万千百”扶贫帮困活动，北塘区、郊区等人武部组织民兵开展“学雷锋、树新风为民活动”等。

1998年1月，省军区司令部、政治部通报表彰江阴市华士镇华西村民兵连、中国一汽集团无锡柴油机厂民兵营为民兵、预备役部队带头参加社会主义精神文明建设先进示范点。至年末，全市共建立民兵治安责任区184个，建立护村、护厂联防小组293个，出动民兵配合公安部门打击犯罪斗争6700余人次；宜兴市“陶艺节”、马山度假区“灵山胜景”庆典活动，分别动用民兵数百人次昼夜巡逻执勤。1999年，军分区修订《协助地方维护社会稳定应急方案》，明确民兵及应急分队的具体任务、组织指挥、行动原则、情况处置、有关保障等问题。

2000年1月，市委、市政府、军分区再次召开民兵“三兵”活动经验交流会，锡山市人武部被评为“三兵”活动优秀组织单位。2000～2005年，各单位结合形势任务，提出“三兵”主体活动内容，通过成建制地办实事，建立民兵示范岗、精神文明示范点和治安责任区等形式，实现经济效益、社会效益、军事效益一起上的目标。

第五章　人民防空

第一节　机　构

无锡市人民防空办公室（简称“市人防办”）是市政府主管人民防空工作的工作部门，也是市国防动员委员会的常设办事机构，正处（县）级建制。1986年，市人防办内设4个科，分别为秘书科、指挥通信科、工程管理科、财务物资科。1990年增设平战结合管理科。1997年，设立秘书处、指挥通信处、工程处、计划财务处、平战结合管理处，另设置纪检组（监察室）。

2001～2005年，市人防办设秘书处（挂“人事处”“机关党委”牌子）、指挥通信处、工程处、计划财务处、法规宣传处等5个职能处室，另按规定设置纪检组（监察室）。

第二节　组织指挥

一、防空袭预案

1986～1987年，市人防办编制市防空袭预案。各区和所属街道相应完成防空袭预案的编制。1995年，重新修订城市防空袭预案。1998年，市和市（县）、区、街道均编制及修订防空袭预案。防空袭预案主要有前言、方案、保障、计划、附图等5个部分组成。市防空袭预案完成电子版制作，实现计算机管理。2003～2004年，市人防办修订市本级防空袭预案基本案和人口疏散等20个保障计划，重新修订全市18个重要经济目标的防护方案。2005年，市人防办制定《无锡市人民防空应急行动方案》，修订完善市和市（县）、区防空袭预案基本案、人口疏散等20个保障计划。

二、人防指挥所

1996年，无锡市开始完善人防指挥所建设。1996～1997年，建成地上地下结合、平战两用、设备设施比较配套的市人防应急指挥中心。平时，作为市人防办办公和处理人防应急事务的基本场所；战时，作为预备指挥所。2000年11月～2002年8月，市政府投资1800万元，对市人防地下指挥所进行改造。改造后的指挥所设有指挥要素、通信保障、生活保障、辅助设备等区域，基本达到能指挥、能防护、能生活的要求。同时，崇安、北塘、南长、滨湖4区均建成基本人防指挥场所。2002年，江阴市完成人防战时指挥所建设。2003年，宜兴市完成人防战时指挥所土建工程建设。

三、指挥自动化

1997年，无锡市启动人防通信指挥自动化建设。以组织指挥自动化和应急指挥中心配套建设为重点，拟制《无锡市人防指挥自动化建设总体方案》，加强指挥自动化硬件建设，并组织开发以辅助决策为目标、防空防汛两用的综合数据库和部分专用数据库，共投资80多万元。1998年，投资130余万元，购置硬软件设备，完善人防指挥自动化系统，通过一线通和微波沟通市（县）、区的计算机通信，通过多媒体制作平台、地理信息系统平台，搜集整理敌情、地形等方面的数据8万多条，建立基础数据24万多条。制作全球、太平洋地区、台湾海峡、长江三角洲地区的数字化地图以及台湾海峡、城区的电子沙盘，开发道路自动查询、人口疏散仿真等演示和辅助决策软件。2000年，市人防办建成公开的人防网站。2004年6月27日，江苏省国防动员委员会（简称“国动委”）工作机构规范化建设试点现场观摩会在市人防地下指挥所召开。指挥所现场演示承担市国动委战时指挥所职能，与市国动委所属8个办公室、江阴市指挥所、滨湖区指挥所以及滨湖区蠡湖街道指挥所进行联通，通过市政府信息中心展现全市社会动态综合情况等。

四、群众防空组织

1984年，城区组建抢险抢修、医疗救护、通信、防化、交通运输、消防、治安等7支专业队伍。1997年4月1日，重新组建人防防化防疫专业队，下辖3个防化营、1个洗消连、1个防疫连、1个防化侦察排。防化防疫专业队由市石化局、市园林局、市卫生局和市环保局等部门组成。

至2005年末，市人防专业队共有专业队员2470人，其中抢险抢修500人、医疗救护170人、通信80人、防化防疫230人、交通运输480人、治安680人、消防330人。根据无锡军分区和省人防办的要求，每年都组织人防专业队伍的整组和训练。2000～2005年，共培训防化、防疫、医疗、救护、通信、抢险抢修、运输等专业队干部976人、专业队员12542人。

五、重要经济目标防护

1986～1998年，市人防办结合制定防空袭预案，制定重要目标防护方案。1999年6月8日，市人防办召开全市重点经济目标防护方案拟制会议。至12月底，完成供电、电信、道桥等市区30个重点目标防护方案的拟制。2000年末，市和市（县）、区的重要经济目标单位全部完成防护方案的拟制。防护方案主要由目标概况、空情分析、毁伤判断、防护措施、抢险抢修等部分组成。2001年末，完成市区重点防护目标的普查工作，完善防护方案。

2005年，市人防办、无锡军分区司令部组织有关部门和单位调查，初步查明无锡市符合《江苏省重要经济目标分类分级标准》的重要经济目标117个，筛选其中24个重要经济目标列为市级防护重点，其中一级目标10个、二级目标11个、三级目标3个，并报市政府、无锡军分区批准。

六、防空防灾演练

1987年7月6～8日，市人防办设立由17人组成的防空袭演习指挥部，参加省军区、省人防办组织的抗登陆防空袭演习。演习共完成20份战斗文书，绘制防空袭作战部署图。11月4～9日，组织市、区人防指挥所携带部分通信工具的防空袭研究性演习，市人防办、区（局）有关人员共108人参加。

1991年12月5日，市人防办在第四制药厂举行企业防化事故应急救援演习。1997年9月15～17日，参加首长机关带通信工具战役战术防空演习，演习分人防专业队扩编、人员疏散、组织防空袭保障、消除空袭后果等8个课题，拟制作业文书112份。重点针对高技术局部常规战争条件下敌空袭特点、全市最可能遭敌空袭的重要目标、防御现代空袭的有效措施以及平时加强人防建设等课题进行探讨。

2001年9月19～24日，市人防办在无锡军分区编成参加省军区组织的全省城市反空袭作战网上演习。2002年8月31日上午，市国动委首次在市人防指挥所举行网上指挥演练。市国动委领导运用互联网指挥市（县）、区8个国动委和国动委下属的8个办公室，先后完成平战转换、战时动员、支前行动和整体抗毁等课题的演练。市、市（县）、区机关200多个部委办局参加演习，全市参演的领导和有关人员700余人。市人防办在演习中，先后完成全民防空理论辅导，全市重要经济目标防护、人员疏散决心建议和消除空袭后果行动等课题。2004年12月1日，市人防办组织防化救援演习，市属防化、医疗救护、消防等200余名专业队员参加演习。同时，抢险抢修专业队自行组织电力抢修、供水抢修演习。

图29-7　2005年，无锡市城区人口疏散演练（无锡军分区供稿）

2005年9月9日上午，无锡军分区组织无锡市城市防空作战和反恐维稳演习。市人防办在演习中承担应急疏散隐蔽、消除空袭后果等两个课题的演练，同时担负演习指挥所保障、城区演习现场保障和协助军分区搞好指挥通信保障。11月23～25日，市人防办在市人防指挥所参加省军区和省人防办统一组织的“苏防-2005”演习。演习结合市人防实际，就实施平战体制转换，伪装防护等问题进行探索。

第三节　通信与警报

一、通信建设

1986年1月1日，无锡市开通至苏州市、常州市、南通市人防中继专线。1987年，完成400兆无线电话组网试验的定点和标图工作。1988年，开通400兆无线电台，开展文明值勤和优质服务活动。1989～1990年，配合做好苏南地区小微波无线接力通信。

1991～1992年，市人防办投资300多万元，引进美国摩托罗拉公司生产的TE-2000（8信道）移动通信设备并开通启用。通信网覆盖无锡市以及苏州市、常州市、南通市部分地区。同时加强指挥通信软、硬件建设，开通无线电移动通信网、SP1000数字程控交换机，铺设7.5公里通信电缆，钻通到市指挥所的通信电缆孔。1993年，投资100多万元，进行指挥通信网配套建设，分别修建两个平战两用机房；铺设5000米长的通信电缆；安装250门程控交换机，沟通有线、无线通信网络。1994年，投资100多万元，铺设避雷地网和音频、供电各1路电缆，架设铁塔，完善指挥与通信为一体的设备设施建设，实现有线通信程控化。

1995～1997年，市人防办设置消雷器，配置电缆机房的避雷设施，建成固定与移动、有线与无线相结合的人防通信网络和无线寻呼警报系统。铺设电缆线1.2公里，安装电话、计算机联网、有线电视的线路终端222个，安装高25米的通信铁塔，直接沟通应急指挥中心与人防通信基地的通信联络和市邮电局的通信联网。1998年，投资130万元，建成集图像、数据传输、语音通讯于一体的微波网络，沟通省、市、市（县）三级通信联网。

2002年，上级部门为市人防办配发猎豹越野车1辆，作为指挥通信专用车。市人防办投资100余万元，配置全省统一的机动指挥通信设备。与市政府、军分区和邮电网的联通光缆铺设完毕。投资600万元，配置的指通自动化设备基本到位。2003年，沟通与省人防办的光纤通信，安装保密机，完成6.2公里光纤的架设和埋地工作，完成局域网建设和公共网光纤接入互联网建设。2004年，完成市人防应急指挥通信车设备配置，组建市人防办移动通信虚拟网。

2005年，市人防办沟通指挥所至市政府信息中心、人防应急指挥中心、江阴市人防办、滨湖区人防办和无锡军分区的光纤通信，开通视频、数据和语音通信。滨湖区联通4个镇（街道）指挥所的光纤通信，实现视频传输。通过联通人防战时指挥所、人防应急指挥中心与市政府信息中心，实现与市（县）、区政府、公安、水利等部门的视频、数据交换。

二、警报建设

1986年1月23日，市人防办通信站警报收信台取消全时值守。

1994年，建立长城警报寻呼台和市人防无线警报寻呼专用网。专用网由市人防办及其下属人防通信站和全市警报设点单位组成，平时警报信号发放由人防无线警报传呼人工控制，战时警报信号发放通过有线、无线相结合的方法实施。全市警报社会化管理率92%。1996年，拟制《加强无锡市人防通信警报管理规定》和县级市通信警报网建设方案，2月6日下午2时在市区进行防空警报试鸣，19个警报点警报系统试鸣都处于良好状态。1997年5月20日，市政府出台《无锡市人民防空通信管理规定》，规范全市人防通信警报的建设、使用、维护和管理。市人防办完善警报建设，调整警报点布局，市区新增设12个警报点，于10月7日组织防空警报试鸣。1998年，新增警报器21台，提前1年达到南京战区规定的指标。1999年，市人防办与中国航天工业部第607研究所共同研制有线与无线相结合、自动控制与信息反馈配套的警报控制系统，使警报控制实现多手段、智能化。江阴、宜兴、锡山3市（县）完成7个警报点安装。

2000年起，无锡市每年4月23日试鸣防空袭警报。防空警报分为预先警报：鸣36秒、停24秒，反复3遍为一个周期，时间3分钟；空袭警报：鸣6秒，停6秒，反复15遍为一个周期，时间3分钟；解除警报：连续鸣3分钟。2004年起，市区开始通过广播电视媒体同步播放，移动公司、联通公司利用手机的"小区广播"和"短信息"功能向注册的手机用户播发警报试鸣信息，扩大警报信号的报知范围。

2005年4月23日，成立由30辆"爱心车"——帮助困难者的出租车组成的全省首个机动防空警报车队，并在太湖广场举行机动防空警报车队成立仪式。全市有电动和电声两种类型警报器，音响覆盖率100%，警报鸣放率98%。

第四节　人防工程

一、总体规划

1988年，无锡市编制人防建设和城市建设相结合的规划，规划期限为1988～2000年，主要内容为核毁伤分析预测、城市总体防护措施、人防工程布局、人防建设与城市建设相结合等。

2000年末，完成无锡市"十五"人防工程建设规划的编制。规划重点突出新区、开发区、住宅小区等经济高增长区、高技术产业密集区、人口高密度区的人防工程建设，逐步形成布局合理、功能齐全、平战兼容的人防工程体系；推进城市地下空间开发利用，促进城市的可持续发展，提高人防工程的战备效益、社会效益、经济效益和环境效益，增强城市战时防空抗毁和平时抵御自然灾害的综合能力。2001年8月10日，市计划委员会和市人防办联合印发《无锡市人民防空建设第十个五年计划和2010年发展纲要》。2003年12月15日，市委办印发《无锡市实施"两个率先"人民防空调控计划》。

2005年，市人防办开始编制《无锡市人民防空建设第十一个五年规划纲要》，启动《无锡市地下空间开发利用及人防建设专项规划》的编制工作。

二、工程建设

1986～1993年，市区共有8条地下过街道暨人防工程竣工并投入使用。先后有多处人防工程修建，人防工程得到维护管理和开发利用。1989～1992年，市人防办投资建设的多项人防工程竣工。1992～1996年，被列为国家人防重点工程、"八五"期间人防建设与城市建设相结合的一个大型工程竣工并投入使用。工程由A、B、E等3个区和两条地下过街道组成。工程内有调温除湿设备，安装消防自动报警装置和喷淋系统，平时为商场、自行车库，战时为人员掩蔽部和小型汽车库。工程采用出租20年使用权方式开发利用，总投资3770万元。该工程采用街坊式结构，店铺分隔灵活，装修新颖别致，设备设施先进，获"九五"国家人防优秀设计奖。国务委员、中央军委委员兼国防部长迟浩田为建成后的商场题名"无锡地下商城"，并亲笔题词："军民结合，平战结合，居安思危，繁荣商场。"1997年，某人防工程竣工，投资735万元。平时可作为社会停车场开发利用，战时作为人员掩蔽部。2002年，市政府结合地区改造，对人防工程改扩建。

三、维护管理

1986年上半年，市人防办对全市人防工程进行普查，并促进人防工程的维护管理。1993年4月9

日，市政府颁发施行《无锡市人防工程开发利用和维护管理暂行办法》。1994年，在全市开展人防工程维护管理检查。被抽查的25个人防工程90%处于良好使用状态。同时，省人防办授予10家单位为江苏省人防工程维护管理先进单位。

1995年11～12月，市人防办组织对市、区、街道，江阴市、宜兴市、锡山市普通地下室普查登记。摸清全市普通地下室的产权、位置、结构和使用情况，并在调查摸底的基础上进行分析评估。普通地下室均为钢筋混凝土结构，缺少防护设施，顶板比人防工程薄。平时，主要作为停车场、商场、办公房、活动室、仓库之用；战时，通过加固改造可作常规武器条件下人员掩蔽部。

1995～1996年，市人防办以人防工程维护管理为重点内容进行试点，通过试点确立人防工程的责任管理体制。1996～2000年，投入人防工程维护管理费478万元。至2000年，人防工程完好率92.8%。

2003年，市人防办在崇安寺街道进行人防工程属地化管理试点，及时召开人防工程维护管理现场会，推广试点单位的经验做法。4～8月，市人防办和市建设局联合组成建设工程人防设计检查组，对全市建设工程人防设计进行专项检查，重点检查2001年以后的人防工程设计的法规规章和《工程建设标准强制性条文（人防工程部分）》的执行情况。其中41个人防工程项目自查，对6个工程项目抽查。对存在问题督促设计单位整改。

2004年4月20日，由市人防办牵头组织进行的普通地下室应急加固改造措施研究科技项目成果，通过国家级科技鉴定，次年获军队科技进步三等奖。11月18日，市政府颁布《无锡市人民防空工程建设和使用管理规定》，规范人防工程建设和使用。2005年，市人防办对全市人防工程进行普查。

第五节 人防工程综合利用

1986年后，无锡市以“平战结合”的原则，对人防工程进行综合开发利用。1987年12月2日，多个人防工程被省人防办授予平战结合优秀工程。1988年7月，全市33个人防工程向市民开放，提供防暑休闲场所。1990年9月14日，以人防工程为依托成立的无锡市西门商场开业，为全市最大的地下商场。开业第一天，营业额15万元，其中自营部分5.6万元。

1992年4月，市人防办和市粮食局协商联合开发部分坑道工程，储粮3510吨，粮库采取全封闭、不通风的隔绝存放方式，在保管上采用低温、低氧、低药，粮温保持在16℃～17℃。使用1年，效果获得专家鉴定认可。利用坑道工程发展仓储业获得成功。是年盛夏，开放公用和单位人防工程，为市民群众提供避暑、纳凉场所。一些单位在人防工程内办起中暑病人诊治病房和集体宿舍，为学生开设“儿童乐园”。6月25日，人防工程杂志社和南京军区人防办在无锡召开全国人防平战结合座谈会，市人防办介绍平战结合的做法，与会代表实地参观部分人防工程。1993年2月，市人防勘察设计室更名为江苏省第二建筑设计研究院无锡设计所，设计资格由原来的丙级人防工程、丁级建筑工程提升为甲级人防工程、乙级建筑工程设计资格。1994年，对部分人防工程改造，按规定完善设备设施。1994年10月，北塘区人防办和个体劳动者协会筹资30万元，首次在人防工程内建成浴室。1995年1月，无锡地下商城开张营业。第一年，平战结合收入150万元。是年，修建人防工程的配套工程，建成双层自行车库，建筑面积3400平方米，可停放自行车3000辆。

1998年，无锡市西门商场将一期人防工程的经营项目调整为“卡丁车馆”，将二期人防工程改造为健身中心、歌舞厅，新增28个就业岗位。同年，加大人防工程开发利用力度，先后投入100余万元，对部分人防工程改造。在保证所有权不变的前提下，先后以人防工程面积置换860平方米的地面商业用房。人防通信站利用人防通信设备设施，面向社会提供通信服务，承揽通信工程和架设天线业务。人防设计所为拓宽设计业务，利用原有的技术力量，成立无锡市三利工程建设监理所。

2000年10月18日，市西门商场将经营的“卡丁车馆”调整为手机市场。2003年，筹措改制成本700万元，完成无锡地下商城、无锡市西门商场、无锡市人民防空工程经营公司等3家企业的关闭改制，分流国企职工149人。同时，完成江苏省第二建筑设计研究院无锡设计所、无锡市三利工程建设监理所等两个自收自支单位的改制。2004年，完成市人防建设开发处的改制任务。2005年5月13日，利用人防地下指挥所建成市信息备份中心。

第六节　宣传教育

1984年，市人防办会同市教育局在第十一、湖滨、社桥、清名桥、河埒等5所中学开展防核、防化、防细菌“三防”常识教育试点。1988年，“三防”教育在全市11所中学进行，此后不断扩大。1989年7月13～15日，120名学生参加市人防办和市教育局举办的“三防”教育夏令营。

1991年12月2日，“人防知识宣传周”在市供电局举办。1992年，市教委把人防知识教育纳入国防教育计划。5月17日，市人防办会同市教委举办人防知识智力竞赛。12月13日，在河埒中学举办中学生人防运动会。1993年，苏州、无锡、常州3市人防办联合组织团员青年开展“爱我人防，青春闪光系列活动”。7月28日，活动第二站“爱我人防”演讲赛在西门商场举行。1995年，由市人防办发起，会同全国13个重点设防大中城市人防办，在无锡召开首届全国部分人防重点城市信息年会，至2005年人防信息年会会员单位增加到17家。1996年后，市人防办每年组织开展宣传贯彻《中华人民共和国人民防空法》（简称“防空法”）、省《〈中华人民共和国人民防空法〉实施办法》系列活动，并分别列入市“三五”“四五”普法内容。

2000年起，市人防办在城乡190所初级中学全面开展人防知识教育，每年受教育学生5万人。是年4月20日，市政府颁布《无锡市人民防空规定》，规范全市防空工作。6月，市人防办与市委宣传部、无锡军分区政治部、市司法局、市法制局联合印发《关于开展〈无锡市人民防空规定〉学习宣传活动的通知》。6月17～23日，在全市开展宣传周活动。2002年3月19日，市委宣传部、无锡军分区政治部、市国防教育办公室、市人防办联合印发《关于在我市部分高等学校、大中型企业和社区开展人民防空知识教育试点的通知》，并在滨湖区、市供电公司组织开展人防知识教育现场会。试点教育累计受教育近3万人次，其中直接参加演练和学习的4000多人次。在重点组织实施的“走、消、藏”过程中，突出应知应会内容，并根据人防向民防转换的趋势，进行防灾减灾的教学探索。10月，市人防办与市教育局联合编写的《人民防空知识教育参考资料》出版。2003年上半年，在全市组织开展人防知识教育课件、音像作品、教具征集活动。防空法列入“每月一法”广场法制宣传活动的内容。是年，市委宣传部、市国防教育办公室、市司法局、市人防办和无锡日报社联合组织人防法律法规知识竞赛活动，全市3万多人参加。2004年9月，市教育局、市人防办联合举办全市中学生“人防杯”人防知识教育竞赛，涉及全市170多所初级中学，直接参与竞赛的学生超过3万人次。2005年9月5日，召开全市高等院校开展人防教育工作会议，高校人防教育全面推开。11月15日，召开全市中学人防知识教育现场会，会上推广洛社初级中学将人防教育纳入校本课程，与防火、防洪、抗震、医疗救护等防灾救生教育相结合的经验。

第六章　国防动员

无锡市自1995年12月成立国防动员委员会（简称“国动委”）后，各级领导把国防动员建设作为重要职责，纳入经济建设和社会发展规划，按照与经济、社会、国防建设同步的要求，发挥区位优势，军地密切配合协作，抓各项工作落实，实现国防动员建设与经济建设协调发展，走在全省乃至南京军区、全国的前列。2002年8月，高标准完成省国动委赋予的市国动委战时动员指挥演练试点任务。2003年3月，市国动委主任、代市长毛小平在省国动委全体（扩大）会议上介绍加强国防动员建设的经验做法。2004年6月，再次高标准完成省国动委赋予的市县国动委工作机构规范化建设试点任务。同年11月，国家国防动员干部培训班到无锡观摩市国防动员工作机构规范化建设成果。2005年，无锡市国动委被南京军区评为先进国动委。

第一节　机　构

1993年6月，市委、市政府根据《江苏省全民国防教育条例》，颁发《无锡市全民国防教育实施细则》。市和各市（县）、区分别成立全民国防教育委员会（简称“国教委”）。下设办公室，由市委宣传部、市教委、军分区政治部组成，军分区政治部领导兼办公室主任。

1995年12月，无锡市成立国动委，下设秘书组和人民武装动员、经济动员、人民防空、交通战备等4个办公室，分别设在军分区司令部、市经委、市人防办、市交通局。市国动委是在市委、市政府、军分区领导下，主管全市国防动员工作的议事协调机构，与市委人民武装委员会一个机构两块牌子。各市（县）、区参照市国动委成立本级国动委，崇安区、南长区、北塘区未设交通战备办公室。

2002年2月，市国动委下设8个办公室，保留人民武装动员、经济动员、人民防空、交通战备办公室；增设综合、政治动员、科技动员、信息动员办公室，分别设在市政府办公室和军分区司令部、军分区政治部、市科学技术局、市信息化办公室；撤销秘书组。江阴、宜兴市参照无锡市国动委各设8个办公室；锡山区、惠山区、滨湖区各设7个办公室，经济、信息合并称经济信息动员办公室；崇安区、南长区、北塘区各设6个办公室，除经济信息合并外，未设交通战备办公室。

2004年初，省国动委赋予无锡市国动委工作机构规范化建设试点任务。市国动委抓住机构建设存在的问题，制定《无锡市国防动员工作机构规范化建设若干规定（试行）》。明确市国动委8个办公室的成员单位为：综合办公室由军分区司令部，市委、市政府办公室，法制办公室组成；人民武装办公室由军分区司令部、市人事局、劳动社保局组成；政治动员办公室由军分区政治部，市委组织部、宣传部、统战部，市公安、教育、民政、广电、国家安全局组成；经济动员办公室由市发改委、经贸委，财政、统计、卫生、粮食、农林局，军分区后勤部组成；人民防空办公室由军分区司令部、市建设、规划、公用事业、供电局组成；交通战备办公室由市交通、公安局和军分区后勤部等组成；科技动员办公室由市科技局、军分区司令部组成；信息动员办公室由市信息化办公室、军分区司令部、市无线电管理局、无锡邮政局、电信局等组成。各市（县）、区国动委办公室及动员组设置依机构编制状况区别对待。新区国防动员领导小组下设综合、人民武装动员与人民防空、政治动员、经济与信息动员、交通战备、科技动员等6个办公室。各镇、街道国防动员领导小组在武装部设立办公室。

第二节　基础建设

1996年起，无锡市各级国动委按照要素全、数据准、资料新的要求，每年组织实施国防潜力调查、数据录入和分析评估，建立完善国防潜力数据库，为国防动员的组织实施提供详细可靠的基础依据。2000年，重点抓好科技动员，制定科技动员方案，并在郊区进行科技动员试点。7月，郊区人武部在省科技动员会议上介绍试点做法。8月，在郊区召开由市、县两级分管领导、科委主任和人武部部长、军事科长等参加的科技动员工作会议，推广郊区的做法，并作出部署要求。

2003年1月，市国动委召开办公室主任会议，贯彻省国防动员发展"十五"计划，制定实施无锡市"十五"计划。2004年，两级国动委充分利用国防动员潜力核查评估和理论研究、训练演练成果，拟制动员支前方案。

2005年，市国动委与惠山区人武部开发"国防动员信息管理与辅助决策系统"软件。按照每年解决1～2个重点、难点问题的思路，先后落实预备役团、人防指挥所、国动委指挥网、省防空兵训练中心、市民兵高炮库、市民兵装备修理所以及相关人武部办公楼、训练基地、装备仓库等重大项目的建设经费。共投入2000余万元，完成本级人防指挥所改造；投入400万元，建成设施先进的全省民兵防空兵训练中心；投入250万元，建成民兵高炮库，在全省率先实现高射武器集中保管；先后投入1300多万元用于预备役团、营、连部基本设施建设，并全部通过达标验收。

第三节　训练演练

2002年8月29～31日，市国动委组织战时动员指挥演练。市及8个市（县）、区国动委的主要领导及所有成员单位248个部门、492人参加演练。演练分理论辅导和演练实施两个阶段，采取网上异地同步的方式实施，设1个主会场、15个分会场。理论辅导由军分区、市人防办领导和南京陆军指挥学院教授授课；演练实施阶段两级国动委均进入各自战时指挥位置，重点演练平战转换、战时动员、支前保障和整体抗防4个课题。演练准备和实施期间，军分区等撰写近6万字的理论研究材料，两级国动委共完成2500多份作业文书，制作69个多媒体课件。通过演练，全面锻炼提高两级国动委组织指挥能力，初步摸索国动委战时行动的方法、程序，基本形成较为完整的战时行动预案，在全省率先建成市、县两级视频指挥网，促进国动委指挥机制和信息化建设。省军区对这次演习予以肯定。

2004年6月27日，市国动委在组织工作机构规范化建设试点期间，运用实兵演练的形式检验国动委动员训练的成果，由江阴市国动委在新长铁路渡口实地组织保障战役军团机动过境实兵演练。演练以研究解决战时克服高速公路、铁路、长江障碍的战法为目的，设置伪装防护、管制保障、对空抗击、抢救抢修等4个课题，采取国动委在人防地下指挥所指挥、参演分队在地面水面行动的形式实施。江阴市国动委及民兵、公安、消防力量共800余人参加演练。是年，各市（县）、区国动委先后完成本级战时动员指挥演练。

2005年9月9日，市国动委组织城市防空作战与反恐维稳实兵演习。市、县、镇三级国防动员机构及民兵预备役人员、人防交战专业队、公安武警和人民群众共3000多人参加演习。演习在市人防地下指挥所设1个主会场，在8个市（县）、区和14个乡镇街道设立分会场，在无锡市胜利门广场和锡山防空兵训练中心设立两个室外现场，分临战准备、防空作战与反恐维稳和消除空袭后果等3个阶段实施。演习体现"三化"（军地一体化、信息化、实战化）"三实"（实兵、实案、实地）"三全"（全力量、全要素、全过程）"三战"（舆论战、心理战、法律战）和"三练"（练组织指挥、练战术技术、练思想作风）的特点，创下无锡市军事演习史上“三个第一次”，即第一次组织如此规模的实兵演习，第一次由国动委统一指挥全市防卫作战力量行动的综合性演习，第一次运用市、县、镇三级国防动员网组织实施演习。

第四节 国防教育

1988年，市、县、区分别成立由宣传、人武、教育、新闻等部门为主组成的国防教育领导小组，组织协调辖区内国防教育活动的开展。“七五”期间，市委宣传部、军分区政治部在以民兵为主体开展国防教育的基础上，颁发《关于加强全市全民国防教育的意见》。全市普遍建立国防教育基地，将干部国防教育纳入党校教学计划，职工国防教育纳入企业职工思想政治工作总体规划，市（县）、区领导带头授课，宣传、人武、教委等部门积极配合。市新闻单位联合举办“稳军心、固长城”有奖征文活动，市征兵办公室与无锡电视台联合举办《爱我军队固我长城》电视演讲赛，每年“八一”建军节前后普遍开展国防宣传月（周）活动。全市共举办国防知识竞赛264场次，举办演讲会、演唱会352场次，召开国防经验交流会、座谈会、研讨会146场次，撰写国防教育论文、经验材料260多篇（份），宣传典型280多个。1989年11月，省委宣传部、省教委、省军区政治部授予宜兴市人武部全民国防教育先进单位。

1991年，无锡市举办由市级机关及市（县）、区有关部门80多名领导干部参加的国防教育骨干培训班。1993年起，市国教委每年组织各级党政领导干部、人民武装委员会成员和组织、宣传、财政、民政等部门的负责人，到军分区、驻无锡部队和市（县）、区人民武装部民兵训练基地学习军事知识，参加军事活动，体验军营生活，接受国防教育。同时开展形式多样的国防教育宣传周活动，在全市初步形成“富裕不忘拥军，居安更思卫国”的社会风尚。7月27日，市委副书记、市国教委主任陈璧显带领全市大中型企业厂长（经理）近百人，到83128部队过军营一日生活。1994年6月18日，市委书记洪锦炘带领市四套领导班子成员及部分部委办局主要领导60人，到83421部队参加“国防日”活动。10月，市举办“富昌杯”国防法规知识竞赛。

1995年，市国教委制定全民国防教育基地管理办法。7月20日，命名市革命陈列馆、市博物馆、市革命烈士陵园、驻军“学习好八连模范连”、驻军“抗洪救灾模范连”、市331人防工程、无锡太空城、无锡特技枪娱乐战城、无锡县农民革命运动纪念馆、无锡县东亭许巷惨案发生地、江阴市博物馆（含黄山炮台）、江阴市烈士陵园、宜兴市革命纪念园、马山革命烈士陵园等14家单位为首批全民国防教育基地。10月，市国教委举办为期3天的百名大中学校校长国防知识培训班，并参加部队“军事一日”活动。

1996年，无锡市落实《爱国主义教育实施纲要》和《无锡市全民国防教育实施细则》，将国防教育纳入党校、干校、政校、大中专院校、中小学的教学计划，教育对象突出领导干部、民兵和青少年等3个重点。是年，80%以上市（县）、区领导讲授过国防教育课。全市建有少年军校120余所，接受国防教育学生达百万人次。8月，市国教委和市教委举办百名中学生国防教育夏令营。10月，由市国教委、团市委、市教委、军分区政治部联合考核、表彰市社桥中学少年女子军校、中山高中学生军校、连元街小学少年军校等48所先进学生军（警）校。同时充分利用驻军优势，军地共抓国防教育，部队派官兵到共建单位授课和大中小学军训，地方分期分批组织“驻军官兵看无锡”等活动。

1997年，全民国防教育突出爱国主义主题，以《中华人民共和国国防法》（简称“国防法”）颁布、庆祝香港回归和建军70周年等为契机，开展国防教育宣传活动。3月，宜兴市人武部和崇安区、郊区、北塘区委宣传部等4家单位被省表彰为全民国防教育先进单位，郁景秋等9人被省表彰为国防教育先进个人。5月，举办市、县、镇三级党校校长国防教育研讨班，近百名党校校长和产业局党政办负责人参加研讨学习。为纪念建军70周年，全市百家新闻单位和国防教育部门联合举办“强我国防、兴我中华”国防知识竞赛，参赛者51686人。7月29日，由市委宣传部和市国教委等9家单位联合举办《共和国钢铁长城》展览，展出1月，参观者5万多人。9月，在市博物馆展出《中国革命之路—“八一”南昌起义、井冈山革命根据地创建70周年文物图片展》。

1998年5月，市国教委、市人防办、市国家安全局和军分区政治部等单位联合举办“八一恒通杯”国防知识竞赛，《无锡日报》整版刊登竞赛试题，发放试卷16万份，收回答卷13.2万份，其中党政干部参赛率超过60%。同月，全市开展以贯彻落实国防法为主题的国防教育系列宣传活动，市和各市（县）、区都设立国防教育咨询站，分发《中国国防报特刊》《国防教育法规文件汇编》等，并开展形式多样的宣传活动。10月6日，军分区、市教委等共同在市体育场举行无锡市第二届学生军（警）校检阅。11月，市举办国防教育骨干培训班，市（县）、区委党校，大中专院校专（兼）职教员，乡镇、街道党委和大中型企业的有关人员105人参加培训。

1999年，全民国防教育继续以爱国主义为主题，以活动为载体，在党校和中小学安排国防教育课程，在党政机关组织开展“军营一日”活动。6月5日，市委宣传部和军分区政治部联合邀请著名军事评论家张召忠教授到无锡作科索沃形势报告，市委书记洪锦炘主持讲座，市四套班子、各部委办局和直属单位领导干部500多人听取报告。7月27日，在新世纪广场举行军民联欢广场文艺晚会，为全市第十一个国防教育宣传周拉开序幕，参加晚会的市党政领导，驻无锡部队首长、官兵和工人、学生共1000多人。参加全国万校迎国庆国防教育活动，参加国防知识竞赛21854人，完成国防征文264篇，市国教办获组织奖，江南中学获先进学校奖，并获国防知识竞赛一等奖1名、二等奖1名、三等奖2名，国防征文获一等奖1名、三等奖1名，演讲比赛三等奖1名。为提高地方国防教育师资队伍授课能力，市举办百名国防教育教员骨干培训班。为增强私营业主和个体劳动者的国防观念，组织百名私营业主国防教育活动。

2000年，全民国防教育突出“走进军人、走进军营、走进军事领域”主题，党校和中小学国防教育课程重点安排国防法、兵役法的宣传教育，开展“国防教育周”活动，组织2000名党政干部和科技骨干过“军事日”。7月，市国教委在市区小学五年级学生中开展“爱心献亲人1万名小学生书信慰问解放军”活动，15004封慰问信寄往边海防部队。8月25日，市国教委和军分区共同组织有14个部、委、办、局的党政领导干部和大专院校、科研院所、高新企业中担任科技顾问的学者110人到部队过“军事日”。锡山市人武部与太湖明珠电视台合作开设《太湖军旅》栏目。

2001年2月，无锡市召开全民国防教育总结表彰会，表彰由江苏省授予“全民国防教育先进单位”称号的市郊区、威孚集团有限公司等单位，“全民国防教育先进个人”荣誉称号的王永华等9人；由市授予“全民国防教育先进单位”称号的江阴市澄江镇北大街小学等9家单位，“市全民国防教育先进个人”荣誉称号的蔡崇武等22人。是年，结合《中华人民共和国国防教育法》（简称“国防教育法”）颁布实施，开展全民国防教育。6月始，由市委、军分区组织报社、电台、电视台等新闻单位，开展以“寻访将军路，倾诉故乡情”为主题的无锡籍将军采访报道活动，采访副总参谋长钱树根等23名将军，中旬开始在《无锡日报》与无锡电视台、市广播电台进行系列宣传报道，并制作图片展板在市博物馆和市（县）、区及部队、学校巡回展出，编印出版《无锡籍将军风采》一书和光盘。7月，开展全市“国防教育宣传周”活动。其间，市国教办将国防教育法、兵役法、防空法、国防法及《江苏省全民国防教育条例》《无锡市全民国防教育实施细则》等有关国防教育法规汇编成册，印制1万册，发至机关团体、企事业单位和学校。组织2万人参加全国国防教育法宣传征文比赛。全市城乡近万名义务宣传员到基层宣传，组织知识竞赛和演讲活动近百场，参加人员10万多人次，发放宣传资料15万份，展出宣传标语近万条。9月15日，即国防教育法颁布后第一个“全民国防教育日”，在中山路设立多个宣传咨询站，布置图片展，散发宣传资料，宣传彩车在市区巡回宣传。

2002～2005年，每年都组织国防形势教育、国防教育法图片展、国防知识宣传咨询、国防教育征文、国防知识竞赛、国防教育日等活动，多种形式开展全民国防教育，并坚持党政领导干部过“军事日”制度。

无锡市志

【第三册】

第三十卷

科　学

概　述

1986～1988年，无锡市推进科技体制改革，加速科技资源积累，优化运行机制，提高综合科技实力。1989年，市委、市政府对10家科技进步先进企业、10家优秀科研单位和百名优秀科技工作者作出表彰，推动科技进步，作出《关于依靠科技教育振兴无锡经济的决定》，在全国较早提出“科教兴市”战略。科技工作列入政府考核，从科技进步对经济增长的贡献率、高新技产品产值、科研开发、成果推广、智力引进等方面确定年度量化指标。建立科技进步年度目标监测考核体系，定期向全社会公告全市各地区、各行业科技进步状况。1995年，无锡市跻身30个“全国科教兴市先进城市”之列，综合评比得分排列榜首。1996年，在国家科委组织的首次全国“科技实力”百强县（市）评比中，锡山市、江阴市、宜兴市以及无锡市郊区分别名列第一、第三、第六和第十三位。1998年，全市工业科技进步贡献率43.68%，农业科技进步贡献率52.01%，高技术产品产值占工业总产值的8.13%，高技术产品和新技术产品出口销售额分别占产品出口销售额的8.99%、15.18%。

1999年起，无锡市提出创新超越的科技工作思路。2000年，启动全国技术创新试点城市工作。2001年，无锡市被科技部批准为集成电路设计（IC）无锡产业化基地，批准建立沿江新材料产业带，无锡市生产力促进中心被批准为国家示范生产力促进中心。2002年3月，无锡软件园被批准为国家“火炬”计划软件产业基地，宜兴市被批准为国家“火炬”计划非金属材料产业基地，锡山新材料产业带被批准为国家“火炬”计划新材料产业基地，无锡市被认定为全国制造业信息化工程重点城市，宜兴科技观光园被列为省重点农业科技示范园。2003年，无锡市先后被科技部和国家知识产权局列为全省唯一的技术标准试点城市和国家专利试点城市，无锡工业设计园被批准为全国唯一的国家级工业设计园，宜兴被批准为国家非金属材料产业基地。2004年，无锡市依靠科技创新推进“两个率先”进程，全市科技进步对工业贡献率48.73%，列全省第二；对农业贡献率58.5%，列全省第一。

2005年，无锡市跻身国家“火炬”创新试验城市，无锡市制造业信息化工程重点城市通过国家验收。高新技术产业实现产值1312.6亿元，完成工业增加值420亿元，增加值占全市规模以上工业增加值比重33%，比“九五”期末提高12个百分点。电子信息、先进制造业、新材料和生物医药四大高新技术产业得到优先发展，增加值占全市高新技术产业增加值的99%。全市研究与开发费用（R&D）投入占地区生产总值比重1.54%。继1995年、1997年、1999年、2002年、2004年之后，无锡市第六次被授予“全国科技进步先进市”称号。江阴市、锡山区、滨湖区被授予“全国科技进步先进市（县、区）”称号。

1986～2005年，全市社科学术团体由27个增加至81个，会员由1200余人增加至3万余人。社科工作者围绕经济社会发展的理论和实际，开展学术研究、学术交流和社科普及等活动，先后对苏南模式、企业工效挂钩暨内部分配改革、发展外向型经济、中国特色社会主义在无锡的实践、市场经济在无锡的实践和探索、提高综合竞争力、民营经济发展等有关无锡经济发展及环太湖地区可持续发展战略，环太湖地区农业、农村、农民“三农”问题等涉及地区经济发展的问题进行探讨，总结乡镇企业开辟农村社会主义市场经济新局面的做法经验，推出一批高质量的学术成果。

第一章　科学技术

第一节　机构　队伍

一、科研机构及体制改革

1986年，根据市委、市政府1985年发布的《关于无锡市进一步推进科技体制改革的若干意见（试行）》，全市22个部、省、市属研究所面向经济建设，采取技术成果转让、接受横向课题等办法，逐步减少财政拨款，当年增加事业费收入2305万元。1987年，市政府出台政策鼓励科研机构采用多种形式进入经济领域。1988年，实行科研机构所长任期目标责任制和承包经营责任制试点。科研机构改革拨款制度，扩大自主权，调整结构，分流人才，创办科技型股份制企业和科工贸一体化企业。巩固建立研究所例会制，整合部、省属研究所的力量。开拓技术市场，实行成果有偿转让，推进科研与生产联合，加速科技成果转化。是年5月，市委、市政府召开全市科技工作会议，实施沿海经济发展战略，突出发展高新技术产品，研究制定搞活企业科技工作的激励政策，批转市科委等部门《关于进一步深化科技体制改革的若干补充意见（试行）》。其后，市委、市政府先后制定《无锡市进一步推进科技体制改革的若干意见》《关于进一步依靠科技进步促进经济发展的若干意见》等，加速发展高新技术，改善科技进步环境，加快高新技术产业开发区建设，加大科技投入，培育和发展技术市场，促进科技成果商品化。调动科技人员积极性，倡导“尊重知识，尊重人才”的良好风尚。市科委科技管理职责范围不断扩展，先后增设7个部门。各区相应建立科委。至1990年，全市124个乡镇全部配备科技助理员，近一半的乡镇建立乡镇科委或乡镇科技办公室。全市拥有部属科研机构15所、省属科研机构6所、市属科研机构26所，5年中开展研究课题4413项，占全市总数的62%。全市194家大中型企业中拥有非独立的技术开发机构114个。全市科技开发机构67个，其中：全民、国集合营16个，集体27个，私营（有限、合伙、独资）19个，个体5个。全市14个研究所实行所长负责制，37个研究所内部实行技术合同制，18个研究所实行课题承包责任制，27个研究所实行课题经费核算，5个研究所实行内部浮动工资制。科研机构开展科研与生产联合的探索，科研生产联合组织达114个，95%的科研机构同企业建立长期的经济协作关系，开发型科研机构逐步向科研、生产、经营一体化技术经济实体方向发展，初步建成差别化纤维中试、特种陶瓷中试、敏感元件中试、生物技术中试、微电热中试等高新技术科研基地并开始产生效益。

1991年，完善科研机构承包经营责任制，实行“四包一挂”（包技术水平、包经济效益、包事业发展、包精神文明建设，绩效与分配挂钩），促进科研机构主动面向市场和经济建设。1994年，无锡市共有科研机构48个，其中43个研究所全年总收入2.7亿元，创办经济实体103个，实现经营收入1.01亿元。全年新建技术贸易机构302个。1995～1997年，全市新增技术贸易机构分别为239个、170个和200个。1997年，全市主营、兼营科技咨询机构1000多个。1999年，有独立科研机构48个。是年9月20日，市科委对原有的近10家小型、单一、分散的直属企事业科技服务机构优化重组，组建成立市生产力促进中心。2000年，新增技术贸易机构242个。至年末，全市共有部（省）属科研院所56个，其中1/4分布在滨湖区。

2000年11月22日，市政府办公室转发《关于全省科研机构改革转制工作的实施意见》，明确市属应用型科研机构于2001年6月末前完成企业化转制工作，其他社会公益型科研机构于2001年下半年推开，年末前完成改革转制。12月，市科委会同市体改委、市财政局、市人事局、市国资局等制定《关于市属科研院所改革转制中有关政策的补充意见》，加快推进科研院所改革。至年末，702研究所、614研究所、地质石油中心实验室、纺织机械研究所、建材自控研究院等13个部属科研机构基本完成改革转制；江苏省纺织研究所、江苏省无线电研究所、江苏省陶瓷研究所、江苏省微生物研究所等4个省属应用型科研机构也基本完成转制任务。

2001年4月25日，市科委更名为市科学技术局（简称“市科技局”）。2002年，无锡市有独立科研机构42个。2003年，全市新增技术贸易机构256个。同年11月，市知识产权局成立，市科技局增挂“无锡市知识产权局”牌子，下设知识产权政策法规处、综合管理处，实现编制、人员、经费“三落实”。2005年，无锡市新增研究与开发机构105个。至年末，市科技局设办公室（挂“无锡市国防动员委员会科技动员办公室”牌子）、组织人事处（挂“机关党委”牌子）、发展计划与财务处、高新技术发展与产业化处、农村科技与社会发展处、科技事业与条件处、科技成果与技术市场处、国际科技合作处、科技信息处、知识产权综合管理处、知识产权政策法规处、纪检组（挂“监察室”牌子）等12个处室和市生产力促进中心（挂“无锡市对外科技交流中心”“无锡市制造业信息化推进中心”牌子）、市技术市场管理办公室（挂“无锡市科技产权交易中心”牌子）、市集成电路设计创业服务中心、市科学技术情报研究所（挂“无锡市科技信息中心”牌子）、市知识产权服务中心（挂“无锡市科技评估中心”牌子）等5家直属单位。

二、队伍

1986年起，无锡市启动科技工作运行机制改革，出台放活、放宽科技人员政策：有组织有计划地进行科技人员业余兼职和组织科技人员流动，允许部分科技人员以停薪留职和辞职方式走出科研机构、大专院校和政府机关，到乡镇和农村承包、承租，领办乡镇企业或举办多种所有制形式的技术贸易机构；实行专业技术职务聘任制；选拔推荐国家、省有突出贡献的中青年专家，评选无锡市百名优秀科技工作者，并对在促进经济建设和科技进步中贡献突出者给予晋升工资等重奖。1986～1990年，全市从外省市引进专业技术人员4573人，通过人才市场调节的专业技术人员913人，并完成首次专业技术职务聘任。1990年，全市事业费收入增加至6074万元，科学事业费完全自立的研究所有8个，部分自立的12个。

1986年7月，建立市职称改革工作领导小组及其办公室。1987年上半年，选择5家事业单位开展职称改革试点，下半年，职称改革工作扩展至全市所有全民事业单位，并选择部分集体事业单位试点，1988年，扩展至全部集体事业单位。1986～1988年，有技术人员分别为87872人、94634人和123206人，其中自然科学技术人员分别为50991人、56470人和62252人。1989年5月，事业单位首批职称资格评审工作结束，10月兑现技术职务工资。是年，144362名专业技术人员中，126332人获得专业技术职务任职资格，占专业技术人员总数的87.5%。其中正高级62人、副高级3847人，高级职务人员占总数的3.1%，中级、初级职务人员分别占总数的21.2%和75.7%。1990年上半年，开展职称改革补缺工作，解决既符合条件又有指标人员的技术职务问题，至年末首次专业技术职务聘任工作结束。全市154362名技术人员中，自然科学技术人员72196人，每万人口拥有自然科学科技人员173人，比1986年增长34.1%；每万名职工拥有自然科学科技人员904人，比1986年增长33.9%。

1992年4月23日，市委、市政府出台《关于加快改革开放和经济发展若干问题的规定》（30条），就重奖有突出贡献的科技人员、放宽人才引进等方面作出规定。嗣后，市科委会同市经委、市人事局、市财政局、市税务局联合制定《关于对有贡献的科技人员实行奖励的暂行办法》，规定新产品投产后3年内，以12个月纯收入3%～6%，直接奖励从事该项成果的有功人员。

1993年5月31日，市职称考试培训指导中心成立，负责全市企事业单位职称改革与职称考试、培训的组织、协调和管理，委托市科委代管。7月18日，市科技创业中心组建成立。至年末，全市402名有突出贡献的科技人员享受政府特殊津贴（其中226名科技人员1993年被国务院批准）、101人取得技术经纪人（机构）资格证书。1991～1995年，全市专业技术人员由159211人增至175314人，其中高级、中级职称技术人员分别由5580人、33193人增至7809人和45742人，1995年，全市初级职称技术人员107029人。1996年，全市有专业技术人员177295人，其中高级职称7285人、中级职称47179人。

1997年，各科研院所加快人才分流，年末职工总数6354人，比上年减少357人。其中专业技术人员4323人，比上年减少189人。共引进人员246人，其中应届高校毕业生143人。1997～2000年，全市专业技术人员由180014人增至224314人，其中高级职称由8395人增至9973人。2001年，高级职称人员突破万人，达11644人。2002～2005年，专业技术人员由262385人增至336274人，其中高级职称人数由13455人增至17953人。

1986～2005年无锡市专业技术人员统计表

表30-1　　　　单位：人

年份	总数	其中		年份	总数	其中	
		高级职称	中级职称			高级职称	中级职称
1986	87872	—	—	1996	177295	7285	47179
1987	94634	—	—	1997	180014	8395	47760
1988	123206	—	—	1998	194169	8572	49596
1989	144362	3909	26737	1999	207211	9877	55960
1990	154362	—	—	2000	224314	9973	59605
1991	159211	5580	33193	2001	245110	11644	63333
1992	168629	5543	33684	2002	262385	13455	71926
1993	165611	6354	35691	2003	285874	14822	82435
1994	169987	6403	38950	2004	309945	16921	91899
1995	175314	7809	45742	2005	336274	17953	96840

第二节　科技创新及管理

1986年起，无锡市加快新品开发步伐，突出发展高新技术产品。1989年6月，市委、市政府召开全市科技工作会议，作出《关于依靠科技、教育振兴无锡经济的决定》，表彰1988年度10家科技进步先进企业、10家优秀科研单位和1987～1988年度百名优秀科技工作者。

1990年，新产品产值率达14%。至年末，全市科研生产联合组织114个，有95%的科研机构同企业建立长期的经济协作关系，大部分开发型科研机构逐步向科研、生产、经营一体化技术经济实体方向发展，初步建成差别化纤维、功能陶瓷、敏感元件、微生物技术、微电热等5个省级科技开发中试基地。

1986～1990年无锡市科技发展计划及完成情况表

表30-2　　单位：项

项 目	总计	其 中				
		1986年	1987年	1988年	1989年	1990年
市科技发展计划	4052	570	670	693	1009	1110
市指令性计划	934	217	223	290	107	97
省指导性计划	1100	44	74	130	393	459
共完成小计	2021	247	470	383	420	501
新产品确认	1809	328	297	382	461	341

说明：1991年后，科技发展计划分列为“火炬”“星火”计划项目，故表内只统计到1990年。

1991年，全市工业企业以自动化技术为突破口，加快运用高新技术武装传统产业的步伐，在高新技术产品、技术装备、工艺流程控制、测试系统、设计系统及经营管理等方面实现科技进步。全年推出市级以上新产品883个，其中88个达国际水平、204个达国内先进水平。5月27日，国家科委批准建立苏锡常“火炬”带。6月10日，无锡成立开发区领导小组，组织制定实施方案，着手开展“无锡市高新技术产业及重点高新技术产品水平分析”和“无锡市高新技术产业化实施方案研究”。落实资金启动项目，组织首批“火炬”计划项目43个，其中19个分别列入国家和省“火炬”计划，贷款额2150万元，总投入9735万元，实现利税1.4亿元。1992年6月18日，市高技术开发总公司开业，引进模糊控制空调器、淀粉塑料地膜、激光缸体表面处理、短梗酶多糖等高新技术项目。10月，市政府批转市科委、市体改委起草的《关于技术市场管理的若干意见》，就技术贸易机构、技术合同、财税等方面制定完整的管理体系，同时还就发展高新技术、加快高新技术产业开发区建设，加大科技投入、增强科研单位活力，促进企业科技进步、培育和发展技术市场，促进科技成果商品化，加快科技队伍建设、调动科技人员积极性等方面制订26项配套政策。是年，转让成交项目1029项，成交额5840.4万元，成交额比1991年增长128%。首批认定的省级高新技术企业有中国华晶电子集团公司等14家。被认定的高新技术企业，属高新技术产业开发区内的企业，享受国务院规定的优惠政策；区外企业经税务机关核定后，按减15%的税率征收所得税。科研中试基地建设取得新突破，新型陶瓷材料科研开发中试基地、差别化纤维中试基地通过验收。

1993年2月12日，无锡市成立高新技术产品及企业认定委员会，同年4月，召开第一次会议，讨论并原则通过委员会章程和《无锡市高新技术产品及企业认定细则》，首期在5个领域中聘请46名专家作为认定委员会专家组成员。是年，下达科技发展计划项目994个，完成400个。市国家高新技术产业开发区批准进区项目122个，总投资33.7亿元。至年末，共有15家企业竣工投产，完成工业产值4亿元，创利税1000万元。江阴市溴化锂制冷机厂和江苏雷声电子设备厂被评为国家实施“火炬”计划先进高新技术企业，市纺织机械厂等5家企业被评为省“火炬”计划实施工作先进高新技术企业，市科委被评为省“火炬”计划先进管理单位。光缆用钢丝绳等8个项目被评为国家和省优秀“火炬”计划项目。海鹰B超等10项“火炬”计划项目通过验收并投产。无锡威孚股份有限公司等20家企业被认定为第二批高新技术企业。1994年初，无锡市高新技术产业协会成立。协会组织开展高新技术产业基本情况调查，研究技术政策、标准、立法等共性问题，协调高新技术企业之间的经济、技术交流合作，推动多学科渗透协作，组织经济技术考察交流、技术培训、讲座、咨询服务和技术转让等活动，开拓和活跃技术市场，推进高新技术成果转化。是年，无锡市实施跨世纪人才培训工程，促进科技成果推广应用。下达科技计划770个，其中历年结转233个，新上537个。经市体改委批准，市电子技术应用研究所进行全市第一家科技型企业试点，建立全市第一家科技股份合作公司——市通发电子电器股份合作公司。市华夏机电一体化研究所等6家单位被评为首届江苏省优秀民营科技型企业，市正大畜禽技术服务有限公司、市三维电子技术公司等10家单位被评为市优秀民营科技型企业。王中苏等7人首批被聘为省技术合同仲裁员。

1995年8月，市委、市政府出台《关于加速科技进步的若干政策措施》（30条）。科研院所探索建立有利于科技进步的新型科技体制，分流人才充实科研、生产和经营第一线。科研单位逐步从单一科研向科研生产经营型过渡，机械工业部无锡油泵油嘴研究所加入中国一汽集团成为其核心层成员单位。省原子医学研究所加快国家核医学重点实验室建设步伐，实验室通过国家计委验收，附属医院通过省卫生厅验收。科研院所全年利用外资3876.6万美元和港资120万港元。是年，无锡市围绕电子信息、机电一体化、生物工程、新材料等重点发展的高新技术领域实施“火炬”计划项目，106个高新技术产业化项目立卡建档、跟踪实施。市科委批准郊区扬名乡无公害蔬菜生产基地、大浮乡长广水产养殖场、蠡园乡早川葡萄示范培训园为市级农业高新技术示范园。市高新技术总公司建成1万平方米的高新技术成果孵化园。园区以高新技术工业为重点，融孵化、中试及科技服务于一体，当年有3家高新技术企业进驻。出现市华夏机电一体化研究所等10家年产值1000万元的民营科技企业。锡山市前洲镇、江阴市要塞镇等26个乡镇被评为江苏省科技工作先进乡（镇）。

1996年，市科委组织开展轻型车用柴油机等10项科技攻关，“8907”新药等首批技术含量高、市场前景好的11个产业化基金项目得到优先支持。是年起，全市每年2000万元高新技术产业发展基金列入市财政预算。4月26日，全市科研院所工作大会提出《无锡市“九五”期间调整科研系统结构、分流科技人才的实施方案》和《无锡市科技事业发展“九五”计划和2010年规划设想》，表彰中国船舶科学研究中心等14家优秀科研单位，对无锡电子技术应用研究所等6家连续3年获优秀科研单位的领导集团兑现奖励政策。5月9日，市政府发布《关于印发〈无锡市“九五”科教兴市战略科技工作实施方案〉的通知》和《无锡市1996年实施科教兴市战略科技工作重点目标任务书》，科技工作首次列入政府工作考核。市科委建立以科技投入、科技产出、经济发展、社会进步为一级指标，以科技人力投入、科技财力投入、科技进步贡献率、高新技术产业化、技术创新、科技经济外向度、经济增长、结构优化、效益提高、人口素质、卫生与环境治理为二级指标，再细化为33项三级指标等为主要内容的“九五”科教兴市年度目标考核体系和科技进步统计监测体系，监测市区、三市（县）科技进步状态。是年末，由市科委、市计委、市人事局组成的考核小组对全市科技工作目标任务完成情况进行检查，一批单位分别被评为科技工作优秀部门、科技工作先进部门和科技工作综合管理先进部门，无锡太湖锅炉成套设计研究所等10家单位被评为1994～1996年度无锡市民营科技进步企业，江阴市顾山镇等24个乡镇被认定为省科技工作先进乡镇。全市有7个科研院所成为或者加入行业的技术开发中心，科研院所创办经济实体100多家，实现收入39447万元，比上年增长16.4%。

1997年，无锡市建立实施“科教兴市”战略科技工作目标任务考核小组和表彰奖励制度。3月24日，在全市科研院所工作会议上，中国船舶科学研究中心等16家单位被授予1996年度市优秀科研单位称号。市政府组织力量对重点实施的“硫酸依替米星”新药等17个涉及电子信息、生物技术、机电一体化、节能环保等领域的高新技术项目跟踪服务，项目进入商品化、产业化阶段，实现年销售收入1.5亿元，利税2846万元。12月，市科委、市统计局首次建立科技活动统计年快报及半年报制度，改变原来科技统计滞后半年的状况。根据各单位快报，市科委、市统计局于年内发布无锡市1997年科技计划快报、1997年国家高新技术产业开发区快报、无锡市1997年科技活动情况快报等。市科委出台《关于加强我市农业科技示范园建设管理的意见》，对示范园的建设任务与方向，组织领导、技术依托与科技成果的来源，经费投入与管理等方面提出规范化要求，明确各级科委、各乡（镇）政府、主管部门的职责。

1998年初，市政府下达各市（县）、区、局全年科技工作目标任务书，年底对执行情况检查考核。市科技领导小组通过《江苏省沿江高新技术产业开发带无锡市“九五”实施方案》，市科委制定《大力促进科技成果转化，加速高新技术产业发展》的政策措施，并制定操作办法及实施细则。市科委和市信托投资公司建立市高新技术风险投资基金，大中型企业吸引外资，加强与国外大公司的合资合作，扩大金融机构贷款，推进重大科技项目的实施。1993年7月即被省科委批准建立的科技创业中心——无锡新区科学园于8月建成，是全省最大的科技创业中心，启动建设占地1.67万平方米、建筑面积3万平方米，具有科技企业孵化器研究中心、民营科技中心、留学生工作中心和信息综合服务中心的多功能科技园区。11月1～3日，无锡市组织1000余家企业参加由中国科学院在苏州国际经贸大厦举行的江苏省高新技术及其产业合作洽谈会，签订技术协议117份，其中正式协议18份。组织实施汽车驾驶状态测录仪、微型计算机及其外部设备等8个高新技术产业化项目，至年末，市科委从高新技术产业发展基金中划出的1000万元和市信托投资公司出资2000万元的首期资金全部到位，进入正常运作。其资金主要用于高新技术成果产业化过程中的风险投入，促进高新技术发展的风险投资机制形成，为江苏省内首次。无锡小天鹅股份有限公司与东南大学等单位合股组建的东南大学无锡应用科学与工程研究院、无锡轻工大学科学园等相继成立并创办经济实体。是年，留美博士刘敏文在无锡新区创办鼎晟科技有限公司，开海外学子在无锡创业先河。全年新增民营科技企业227家，民营科技企业总数449家，资产总额107亿元，从业人员4万余人，全年技工贸收入91亿元，创汇1.1亿美元。以无锡国家高新技术产业开发区为核心，以无锡新加坡工业园、宜兴环保科技工业园、江阴高科技工业园、蠡园高科技工业园为骨架的“一区多园”高科技产业格局基本形成。

1999年初，市政府召开全市科技工作领导小组第四次会议，专题讨论科技工作的状况与发展思路，提出坚持走内涵式、集约化发展道路，发展高新技术及其产业，推进科技体制改革，加快构建具有无锡特色的科技创新体系，明确1999年科教兴市主要任务，以市政府文件发布给各市（县）、区、局。无锡市科技现代化工程签约仪式举行。《无锡市关于大力促进科技成果转化，加快高新技术产业化的政策意见》《无锡市发展民营科技企业条例实施细则》《关于进一步加强国有企业科技人才队伍建设的意见》等文件相继出台，编制形成《无锡市高新技术产业发展“十五”计划和2010年远景目标》，修改出台《无锡市高新技术产业发展基金管理办法》。是年，无锡市被列为科技部批准的全国技术创新工程区域试点城市。为推进民营科技企业的发展，无锡市在郊区黄巷乡建立民营科技园，到年底，进园民营科技企业14家。

2000年，市委、市政府召开全市技术创新大会，制定技术创新政策意见，加速推进科教兴市战略，加快技术创新和体制创新步伐，对28个市（县）、区、部委办局下达《技术创新重点目标任务书》。组织编制《无锡市科技发展“十五”计划和2010年远景规划》，完善以企业投入为主体、政府投入为引导、全社会共同参与的多渠道、多元化技术创新投入机制。各级各部门和企事业单位通过加大科技投入、吸引外资、扩大金融贷款，组织高新技术企业上市，为科技工作创造良好环境。科技“一站式”综合服务基地启动，实行无假日工作制的全方位服务。举办科技展示交易活动，组织大规模计算机培训，开展全市分管科技工作的乡（镇）长培训，科技创新与服务得到强化。探索科技管理创新，组织重点软科学研究课题和科技攻关项目首次向社会公开招标，提高研究水平和社会参与程度。全年下达市科技发展计划项目86个。新上省级以上“星火”计划项目7个，项目贷款额1680万元，其中国家级“星火”计划项目3个。4月10～12日，全国技术创新发展战略及规划研究课题交流会在无锡召开，35个技术创新试点城市的80多位代表参加会议。4月25日，市委、市政府召开全市技术创新大会，向各市（县）、区及市计委、市经委、市科委等28个部门下达重点目标任务书，出台《关于加强技术创新推进高新技术产业化工作的实施意见》。全年组织实施国家中小企业创新基金项目31项，帮助中小企业获得国家技术创新基金以无偿资助或贷款贴息支持2320万元。

2001年，无锡市着手高新技术风险投融资体系建设，建立科发投资担保有限公司等担保公司，探索科技发展与投融资结合的新路子。3月，无锡软件园通过国家火炬计划产业基地专家评审。10月，由江南大学科技产业集团有限责任公司、无锡新区经济发展集团总公司、无锡创业投资有限责任公司联合投资组建的无锡大学科技园成立。同月25日，国家级集成电路设计产业化基地在无锡举行揭牌仪式，无锡成为继上海、西安之后第三个国家级基地。12月9日，举行新研发用房开工仪式，爱芯科、燕京、银泰科技、矽科、友达电子等集成电路（IC）公司入驻基地，江苏省专用集成电路设计工程中心建成运行。是年，无锡市高新技术产业增加值占工业增加值的比重达24%，高新技术产品出口额占出口总额的比重达33%。全市八大高新技术产品产业化基地实现销售收入152.22亿元，创利税17.33亿元，带动地方采购14.14亿元。基地研制开发的科技项目列入国家"十五"科技攻关计划2项、"863"计划1项、省科技攻关计划7项。基地建有国家级技术中心3个、省级工程技术研究中心4个、博士后工作站3个。江阴沿江新材料产业带被批准为国家级产业带，拥有省级以上高新技术企业27家，8种新材料产量居全国第一。法尔胜集团、兴澄集团承担的两个项目被科技部列为"十五"重大科技攻关项目，特种金属材料全年销售额超60亿元；光电子通信材料具有100万芯公里光纤生产能力，占全国市场份额的10%；有机高分子材料具有6万吨软塑包装材料生产能力，占全国市场份额的20%，列全国第一；精细化工材料具有43万吨磷化工生产能力，销售23.6亿元；纺织新材料具有超5000万米精纺呢绒生产能力，销售50亿元，其中功能性纺织新材料销售13亿元。产业带产出占江阴市新材料总量的70%以上。阳光集团采用新材料、新工艺开发产品7000多个，其中大豆蛋白纤维精纺面料为全国毛纺业唯一被列入国家"863"计划的项目，纳米技术新功能精纺呢绒开发被列入国家重点技术创新项目。无锡新区基本形成以电子信息、机电一体化、精密机械、生物工程及新医药为重点的五大发展领域和以液晶显示器等为主的十大高新技术产品生产基地，全年实现地区生产总值100亿元，同比增长42.4%。同年11月15日，由市科技局、市个私经济领导小组等联合举办的无锡私营企业高新技术恳谈会上，展出各类高新技术项目1800余项，内容涉及机械机电、电子仪表、化工、纺织、医药、建材、冶金、环保等10个行业，成交合同和意向331项，在科技难题攻关、技术项目对接、高新技术洽谈等方面取得成果。江苏三毛集团公司的高级易护理花呢、法尔胜集团公司的每年两万吨大桥缆索制品、江苏阳光股份有限公司的WN8高级呢绒（可溶性纤维）、江苏申龙高科股份有限公司的均向记忆性热缩型包装新材料、无锡市大新食品添加剂厂的生物技术生产异麦芽酮糖醇等5个项目被列为国家级重点"火炬"计划项目，全年验收"火炬"计划项目16个。全年有29个高新技术项目被列入国家科技型中小企业技术创新基金资助项目，获国家经费资助2365万元，其中无偿拨款935万元、贴息贷款1430万元。项目总投资42784万元，项目完成后累计实现销售收入176813万元，实现利税41569万元。全市有10个中小企业技术创新基金项目通过验收，其中5个通过基金管理中心审核，颁发验收合格证书。全年首次认定163家企业为市高新技术企业。

2002年，无锡市根据加入世贸组织和经济发展新形势，提出科技工作扶持重点由单一的国有经济转向多元化经济特别是民营科技企业；工作体系由条线为主转向条块结合、以块为主；从整体推进转向突出重点，力抓一批产业化基地、高新园区、工程中心和孵化器。为优化科技资源配置，公开、公平、公正和高效使用科技项目经费，市科技局、市财政局对嵌入式系统芯片、基于ASP（动态服务器页面）的网络化制造应用集成服务平台、功能性纺织产品、稀土应用技术及产品开发、奶牛排泄物无害化处理及加工利用等5个科技项目进行公开招标，共领取招标书65份，投标人送达投标书38份，中标的5个科技项目总投资2735万元，其中市级财政拨款550万元、投标人自筹2085万元、区级财政匹配100万元。市科技局向全社会公开征集科技项目源，征集范围包括全市所有企事业单位，项目重点领域为电子信息技术、先进制造技术、新材料技术和生物医药技术中的重大攻关和产业化项目，用信息化改造和提升传统产业的项目、具有国际国内先进水平并能替代进口产品的消化吸收项目、社会经济可持续发展重大项目、农业产品结构调整及产业化的重大开发项目等，共征集到1045个项目。无锡市在全省率先出台《无锡市民营科技企业管理创新计划实施方案》，全年共组织实施民营科技企业管理创新计划14项，下达科技经费24万元，项目涉及企业发展战略咨询、营销咨询、质量管理咨询、信息化管理咨询等方面，通过政府资金的引导，带动14家企业投入150多万元。5月，经科技部"火炬"计划中心批准，锡山区新材料产业基地建立，9月挂牌，江苏金羊等首批8家骨干企业和无锡恒亨白炭黑等28家成员企业进驻基地，其中省级以上高新技术企业18家、国家“火炬”计划重点技术企业3家，初步形成以金属材料、有机高分子材料、电子信息材料、无机非金属材料等四大类产品为主的产业群体。江阴沿江新材料产业带以新材料产业为特色，坚持技术创新，不断壮大企业规模，累计拥有37家省级以上高新技术企业。法尔胜集团的光传感器等5个项目列入国家“863”计划，海达公司的轨道交通用微孔橡胶减震垫等5个项目列入江苏省科技攻关计划，同时有16个项目列入国家、省“火炬”计划项目，8个项目列入科技部科技型中小企业技术创新基金项目。至年末，产业带中的光棒光纤等8个全国销量第一的高新技术产品群继续保持全国领先，产业带全年实现新材料产品销售160亿元，比上年增长30%以上。全市8个基地共建有博士后工作站和省级工程技术研究中心各4个、市级工程中心2个。各基地主体企业开发的科技项目列入国家“863”计划项目6个、省科技攻关项目2个、市科技攻关项目3个。全年实现销售收入216亿元。吉天通讯等一批民营科技企业紧扣创新主线，不断开发技术含量高、爆发力强、产业化前景好的新产品，在国内市场上赢得主动。民营科技企业全年研发经费投入占总收入的5.03%，高出其他企业4个百分点。全市16个市级工程中心有5家由民营科技企业创办，13个博士后工作站、技术中心中有4个在民营科技企业中建立。随着研发能力的增强，部分民营科技企业还承担国家“863”计划项目、“火炬”计划项目和大量省科技攻关项目。市科协组织16位专家、学者完成“高新技术产品群”软课题调研论证。是年，无锡市高新技术产业完成工业增加值158.67亿元，占全市规模以上企业工业增加值的26.19%；完成工业总产值645.59亿元，占全市规模以上企业工业总产值的26.22%；销售收入641.81亿元，占全市规模以上企业销售收入的26.64%；创造利税61.68亿元，占全市规模以上企业总利税的30.82%。高新技术产业中工业总产值超10亿元的企业9家；电子信息技术、先进制造技术、新材料技术、生物医药技术等四大技术呈现主导地位。全市共有29个高新技术项目被列入国家科技型中小企业技术创新基金资助项目，共获国家经费资助2100万元，其中无偿拨款495万元、贷款贴息1605万元。所有项目总投资56121万元，完成后累计实现销售收入21.02亿元，实现利税63126万元。至年末，29个项目中有23项中小企业技术创新基金项目通过地方监理单位组织的验收，其中16项通过基金管理中心审核，获验收合格证书。

2003年2月12日，全市科技工作会议向各市（县）、区和有关委、办、局、资产经营公司、直接授权企业集团主要负责人下达年度科技创新目标任务书。为更好地提高科技经费使用效率，市科技局和市财政局依据《无锡市科技项目招标投标实施办法（试行）》，由市纪委、市公证处监督，向全社会公开招标2005年度13项重大科技项目，招标项目总拨款820万元，带动社会总投入9524万元。市人大常委会、市政协、市科技局、市审计局、市财政局联合组成项目检查小组对重大科技项目组织跟踪检查，重点检查2002年后的9个重点科技项目，涉及电子信息技术、先进制造、公共社区服务、环境保护等领域的科技攻关、高新技术产业化以及公共服务平台建设等。至年末，全市建有工程技术研究中心25个。其中国家级1个、省级11个、市级13个；高校与科研院所建立的7个，企业建立的18个。9月28日，无锡新区科技文化会展中心运行。无锡市被科技部和国家知识产权局列为全省唯一的技术标准试点

图30-1 全国唯一的国家级工业设计园 （市科技局供稿）

城市和国家专利试点城市，无锡工业设计园被批准为全国唯一的国家级工业设计园。高新技术产业增加值占全市规模以上工业增加值28.31%；完成高新技术产业销售收入890亿元、利税88亿元，分别占全市规模以上企业比重的28.1%、36%。全年获得科技创新基金1125万元，占全省的43%，无锡成为国内同类城市中取得创新基金最多的城市。年内，无锡市有55个高新技术项目相继被列入国家、省、市重大科技计划，并获国家科技经费的支持。其中17个项目被列入国家"863"计划，6个项目被列入省高新技术研究计划，22个项目被列入省科技攻关计划，10个项目被列入市科技攻关计划。全市有23个高新技术项目被列为科技部科技型中小企业技术创新基金资助项目，获国家经费资助1575万元，其中无偿拨款275万元、贷款贴息1300万元；31个基金项目通过科技部基金管理中心验收，获得后续资金564万元，并获得验收合格证书。认定外商、港商、台商投资技术密集知识密集型企业11家。全市被认定的省级以上高新技术产品223个，占全省总数的21.44%。其中列入国家重点新产品计划项目49个，占全省总数的24%，获资金补助270万元。

2004年，无锡市分两批推出21个科技招标项目，投入科技拨款950万元，带动社会资金2.08亿元，招标项目数、政府拨款数分别较上年增长61.54%和14.46%，吸引社会资金较上年增长118.63%，中标企业中民营科技企业占80%。科技招标领域从工业向农业、社会事业和软科学方面拓展，全年下达研究项目16个。是年，全市高新技术产业工业总产值1274.6亿元，占全市规模以上工业总产值的27.86%；完成销售收入1233.1亿元，占规模以上企业销售收入的28%；创利税125.9亿元，占规模以上企业总量的38.7%；实现工业增加值330亿元，占全市规模以上企业工业增加值的30.3%。全市研究与开发费用占地区生产总值的比重首次超过1%，达1.38%，跃居全省第二位。有48个高新技术项目相继被列入国家、省、市重大科技计划，获得国家科技经费的支持。其中晶体硅太阳电池产业化关键技术攻关等6个项目被列入国家"863"计划、科技攻关计划；高速高精度数控无心磨床的开发及产业化等22个项目被列入省高新技术研究、科技攻关计划；20个项目列入市科技攻关计划。全市共获国家中小企业创新基金项目26项，认定外商、港商、台商投资技术密集知识密集型企业6家。至年末，全市累计建成科技孵化器15家，新进驻科技型企业200多家。崇安、南长、北塘、滨湖、锡山5区科技企业孵化器孵化面积达32850平方米，入孵企业204家，其中当年新增65家。在孵企业注册资金29567万元，全年技工贸总收入66618万元，利税4237.72万元，引进科技人员954人，其中博士生13人、硕士生46人、本科生566人、大专等学历329人，从业人员1810人。

2005年，市委十届八次全会通过《关于全面推进"创新工程"，加快转变经济增长方式根本性转变的决定》。市政府先后颁布和修改完善《无锡市科技计划招投标实施办法》《深化科技计划管理改革的若干意见》《无锡市重大科技专项计划项目和资金管理的实施办法》等文件。全年安排科技计划经费6697万元，与上年相比实现翻番，引导带动全社会资金投入17.59亿元。是年，首次在全国实行难题招标，推动无锡与全国高校、科研院所的产学研合作，引进重大科技成果落户无锡，提升全市高新技术产业份额。2月18日，市委、市政府召开全市科技创新大会，强调落实好党政一把手抓第一生产力、抓第一资源的责任制，抓好科技创新环境、科技创新体系、科技人才队伍建设和科技体制机制改革，并表彰2004年度无锡市"腾飞奖"、科技进步奖获奖者和10家高新技术企业、10个优秀研发机构、10个知识产权优秀单位，向各市(县)、区和有关部门下达年度科技创新、人才工作目标任务书；无锡市科技和人才工作领导小组成立，下设科技工作办公室、人才工作办公室和产学研工作办公室。12月18日，中国科学院青年创新研究与实践(无锡)基地举行签约揭牌仪式。是年，全市研究与开发费用投入占地区产总值比重为1.54%，提前一年实现小康目标。全市40个项目被列入国家"863"计划和省高技术研究及科技攻关、市科技攻关计划，获得各级科技经费的支持。其中2个项目被列入国家"863"计划、7个项目被列入省高技术研究计划、12个项目被列入省科技攻关计划、19个项目被列入市科技攻关计划。全市列入国家中小企业创新基金项目30个，占全省总数的20.3%，获科技经费2035万元。列入国家和省级农业科技、社会发展计划项目31个，全年到位经费4109.5万元。

新增各类研发机构105个；完成技术交易额38亿元。新增国家级高新技术企业19家，占全省总数的21.11%；列入省级以上科技计划项目超过300个；列入省“火炬”计划项目85个；新增省级高新技术企业108家，占全省总数的23.68%；新增省级“双密”型企业11家，占全省总数的31.43%。列入省级以上“星火”计划项目15个，新增投资4.87亿元，新增产值22.49亿元、利税2.57亿元、创汇2066万美元。获得国家创新基金项目30个、创新基金2035万元，占全省总数的21%。获得国家农业成果转化经费300万元。列入国家科技兴贸项目4个，列入省国际科技合作项目4个。全市实现高新技术产业产值1312.6亿元，高于全省增幅12.26个百分点，占全省比重达16.55%，首次超过南京，列全省第二；高新技术产业完成工业增加值420亿元，高新技术产业增加值占全市规模以上工业增加值比重达33%，比“九五”期末提高12个百分点。电子信息、先进制造、新材料和生物医药四大高新技术增加值占全市高新技术产业增加值的99%。全年新扩建科技孵化器5个，新增孵化面积4.5万平方米。至年末，全市有12项科技创新指标名列全省第一，无锡市成为国家“火炬”创新试验城市。全市累计建成市级以上科技企业孵化器17家，孵化面积25万平方米，在孵企业超千家，吸引7000多名科技人员进园区创新创业。科技企业孵化器中拥有国家级4家、省级3家。无锡国际科技合作园通过近一年的建设，建成孵化面积近1.4万平方米的省内第一个国际科技合作方面的专业孵化器，以高新技术项目的交流合作、科技招商、吸引国外学子到锡创业为主线开展对外交流合作，引进国际科技成果。25家公司进驻孵化器，吸引29名博士、71名硕士在园区创新创业。全市共有国家重点高新技术企业91家、省高新技术企业697家、省“双密”型企业40家。在由省科技厅首次举办的2005年度江苏省百强高新技术企业评选中，无锡市30家企业入选，占全省总数的30%，位居全省第一。年内，无锡国际科技合作园被评为无锡市民关注的创新成果。

1986～2005年无锡市科技发展概况表

表30-3

年份	独立科研机构（个）	科技成果获奖数（项）	专利申请数/批准数（件）	技术合同数（份）	技术合同金额（万元）
1986	61	138/—	—/49	—	—
1987	40	161/—	—/136	—	—
1988	42	195/—	—/191	—	—
1989	43	184/115	230/173	4170	4085
1990	44	195/117	—/164	—	—
1991	44	—	—/228	2461	4143
1992	48	208/111	303/178	538	5095
1993	47	183/75	259/144	4131	9841
1994	47	—	—/339	3378	16650
1995	47	192/78	—/358	2303	23876
1996	47	154/67	371/166	4030	31268
1997	48	134/65	389/214	9072	43043
1998	48	135/76	428/226	10552	54370
1999	48	—	—	9490	77710
2000	48	119/58	—/903	10202	93632
2001	37	167/102	1085/766	9946	101877

续表

年份	独立科研机构(个)	科技成果获奖数(项)	专利申请数/批准数(件)	技术合同数(份)	技术合同金额(万元)
2002	42	169/114	1696/937	11881	124422
2003	42	138/102	2160/1351	8505	139544
2004	39	116/80	3279/1371	8180	214077
2005	39	95/72	5621/2095	9377	240363

说明:科技成果获奖数栏为全市/市区。

1989～2005年无锡市科技经费概况表

表30-4　　单位:万元

年份	地方财政(预算内)支出			活动经费筹集与支出	
	科学事业费	三项经费	科技基建费	筹集	支出
1989	289/194	179/90	—	56522	54531
1990	316/205	229/95	—	111460	101673
1991	—	—	—	105235	78041
1992	328/196	785/105	—	77375	746000
1993	389/205	402/115	150/–	113196	113263
1994	—	—	—	129746	126463
1995	1972/758	—	—	—	—
1996	767/560	4458/2300	50/–	134427	128912
1997	798/580	4510/2350	—	158041	151978
1998	2508/3002	2659/2385	—	164103	157855
1999	—	—	—	194504	173550
2000	1052/2107	4379/1437	—	243429	230743
2001	1261/906	4392/1011	—	281704	261812
2002	1416/1008	8704/3770	13600/13600	399818	375962
2003	1568/1097	11965/10265	200/200	558446	546213
2004	1767/1176	18535/11351	729/729	737721	639396
2005	2205/1405	27734/18622	2505/2505	818995	778464

说明:地方财政(预算内)支出栏为全市/市区。

1991～2005年无锡市"火炬""星火"计划项目表

表30-5

年份	全市"火炬"计划					全市"星火"计划	
	项目数(个)	其中国家级(个)	省级(个)	项目新增投资(亿元)	验收项目数(个)	项目数(个)	获财政贴息(万元)
1991	19/10	—	—	0.97	—	14/6	—
1992	41/22	9	32	1.97	—	22/4	—

续表

年份	全市“火炬”计划					全市“星火”计划	
	项目数（个）	其中国家级（个）	省级（个）	项目新增投资（亿元）	验收项目数（个）	项目数（个）	获财政贴息（万元）
1993	37/9	—	—	—	—	23/1	—
1994	28/12	—	28	—	7	28/1	—
1995	32/9	—	—	—	6	18/1	—
1996	24/6	8	16	—	5	16	—
1997	23/10	—	—	—	14	19/1	—
1998	24/5	10	14	3.99	5	14	—
1999	27/14	14	13	—	18	13/1	—
2000	33/12	15	18	7.00	27	7	—
2001	92/48	42	50	14.40	16	13/4	—
2002	100/44	57	43	16.70	—	22/6	—
2003	129/56	77	52	25.70	53	25/12	—
2004	110/40	56	54	20.20	53	17/11	34/314
2005	85/36	60	25	19.80	58	15/3	39/411
合计	807/337	348	345	110.73	262	273/52	73/725

说明：按无锡市统计局资料，1986～1988年“火炬”计划项目数为科研项目数；1986～1990年，无锡市“火炬”计划项目21项，“星火”计划项目63项。“火炬”“星火”计划项目包括国家级、省级为全市/市区。

1992～2005年无锡市省级以上高新企业、产品数目表

表30-6

年份	新增国家级高新技术企业（家）	新增省级以上高新技术企业+“双密”型企业（家）	列入国家重点新产品计划项目/获补助（万元）	列入省高新技术产品（个）
1992	—	102	—	—
1993	2	5	71/	493
1994	—	22	—	125
1995	—	30	201/	211
1996	—	24+7	—	—
1997	—	21	64/	38
1998	—	39	44/	120
1999	—	—	—	—
2000	8	60	38/	216
2001	15	76	30/	314
2002	14	99	37/	297
2003	19	118	49/270	223
2004	14	99	38/250	226
2005	19	108+11	34/280	278

第三节　科技应用

1986年，中国船舶科学研究中心研制成功国内第一套QSZ-I型单人常压潜水装具。1988年初，四川阿坝藏族自治州映秀湾水库运用此设备进行2500平方米全覆盖普查，检查混凝土冲蚀及损坏情况，并据此绘出地形图。同年夏，北京珠窝水库运用此设备进行大坝裂缝的检测，分别对5个坝段扫描录像，根据所指定的准确位置，实施水下修补。同年，中国船舶科学研究中心研制成功国内第一艘三座冲翼艇。1990年，市水文分站南门水位站建立无线电水情雨情遥测通信系统，65%的水位观测采用日记式自记水位计，41%的雨量观测采用日记式自记雨量计，50%的测流断面采用手摇缆道，初步实现水位、雨量观测自记化，流量测验缆道化、水情收发自动化。为提高水文测验、资料整编、水文计算和预报的效率和精度，市水文分站利用电子计算机整理编辑水位、降水量、地下水、蒸发及部分流量资料，并将所有计算成果存入省水文总站VAX计算机，基本实现水文资料整编电算化。

1991年2月，由公安部交通管理研究所承担的"七五"国家重点科技攻关项目"城市交通控制系统"通过国家级鉴定验收。同年6月，由市经济信息中心研制开发的BV-1型自行车流量仪通过公安部部级成果鉴定。1992年9月11～12日，市科委和无锡工商行政管理局联合举办首届科技集市，在无锡大专院校、部省属研究所、市属研究所、民办科研机构及技术贸易机构134个共689项科技成果参加科技集市活动，2000多人参加洽谈，供需双方达成意向性合同18份，合同金额18.75万元；签订技术合同3份，成交额5.5万元。同年12月，新型陶瓷材料科研开发中试基地通过省科委组织的评审验收。基地由结构陶瓷、功能陶瓷、日用陈设陶瓷和陶瓷色素颜料等4条中试线组成，投入运行后，实现产值969.7万元、利税321.9万元，创外汇225万元。由省纺织研究所承担的差别化纤维纺织新产品科技开发（中试）基地自1991年建成纺纱、织造、纺丝等3条中试线后，1992年投入双抗涤腈（粘）帐纱、螺旋卷曲帐纱、抗静电涤棉卡其、仿毛啥咪呢、仿毛哔叽、JB-83型导电纤维、超细纤维等7个产品生产，产量612吨，销售收入1293.77万元，利税172.4万元。是年，无锡县电容器厂开发的"FK-1铝箔腐蚀微机优化控制系统"通过省电子工业厅组织的鉴定，该系统以微机控制管理腐蚀生产线生产，1条腐蚀生产线每年可为企业获得效益168万元。

1993年，在全市推广稻田抛秧、稻麦统一供种、万亩蔬菜高产栽培、蚕桑就地饲养和供种、植物生长素、牛蛙养殖等农副业先进技术和成果29项，科技扶厂22家，全年新增利税662万元。年内，GS系列干湿两用防腐涂料、PVC包装薄膜成型工艺及设备、ZX5系列可控硅弧焊整流器制造技术、毛革皮杂色植绒、SW型网孔波纹填料、GX载热华加热系统、煤矿安全监测系统、豆制品机械系列生产线、CTC系列印染废水处理技术、ZCYL系列射流真空除氧整套装置、纸浆模制品生产线、密封铅酸蓄电池等12项科技成果被列入国家成果推广项目。1994年3月，空气捻结机试制成功，被市纺织工程学会作为"金桥工程"推广项目之一，在各纺织厂推广试用，为无锡地区纺织行业发展外向型经济填补设备配套空白。是年，新型二相流泵、利用废旧模具生产优质电渣熔铸模块工艺技术、给排水用硬聚氢乙烯管材管件、电热膜复合电热膜技术、工业锅炉微机控制系统、液压气动缸桶用高精度冷拔管、FBT系列复合保温涂料、电渣熔铸曲轴等异形件一步整体成形技术等8项科技成果被列入国家成果推广项目。

1995年，宽间距式电除尘器、氧化碳自动保护系列用焊枪、离心式渣浆泵及其耐腐材料、分离器陶瓷耐磨砖、高中温热管技术、低能辐射防护服装系列产品等6项科技成果被列入国家成果推广项目。其中，低能辐射防护服装系列产品对低能水平辐射量X（γ，伽马）射线具有较好防护效果，具有轻便、柔软、耐用、便于精密操作、无二次污染等特点，可应用于核工业、电子工业、机械、冶金、化工、建筑、地质勘探等领域。

1996年，市科协继续在全市开展“金桥工程”活动，全年共完成市级立项推广项目112个，取得社会经济效益1.5亿元。年内，组织推广050 129 761正中间法兰总成、高性能高炉冷却壁、金属钝化剂、水冷导电挠性连接管、MG1050A高精度无芯磨床、沙星滴眼液、新型WRA-110-3胶卷、彩色胶卷片基、CF24超效浮选装置、竹木复合集装箱底板等10个重大科技成果项目。其中，列入国家重大科技成果推广计划的项目4个，下达贷款1000多万元。1997年，“金桥工程”活动全年完成立项105项，显示较高的科技含量和较好的社会经济效益。市农学会立项推广的“增肥补钾”技术项目，新增产值1200余万元。组织推广建筑光学玻璃，矿用防爆交流电机固定节能起动装置，电炉—连铸、热送—热轧高效节能短流程示范生产线，盒式汽车放音机芯，工厂化育鳖及鱼鳖混养，次高压循环流化床锅炉，铝电解电容器低压阳极箔腐蚀工艺研究，额定电压26／35千伏及以下新型合成树脂弹性体冷浇铸式电力电缆接头，电梯用预涨拉钢丝绳，垛码包装生产线等10项重大科技成果。

1998年，无锡市完成“金桥工程”立项100项，取得经济效益5000万元以上。组织实施汽车尾气净化消声器、硫酸依替米星、VCD2.0机芯及激光视盘机、固体放电管、空心户外干式串联电抗器等5项重点科技成果转化项目，全年实现销售收入5000万元，创利税1200万元。1999年，无锡市“金桥工程”立项103项。市测绘学会的“无锡市全球卫星定位系统（GPS）控制网”项目广泛应用于规划、国土、房产、水利、供电等部门，提高测绘精度和效率。推广CA6110/125和CA6113型柴油机、XQB40-868FC模糊控制全自动洗衣机、镍钛形状记忆合金颅骨成型板及颅骨成型板固定钉、高效低污染每小时35吨飞灰底回燃流化床锅炉、醒脑静注射液、SP型电脑控制二氧化碳过滤器、自动轴承套圈内圆磨床和外沟磨床、抑钒金属钝化剂、连铸用高耐蚀水口、观叶植物的引种与开发利用等10项重点科技成果转化项目，全年实现项目产值8.8亿元、利税1.71亿元。

2000年，市科协明确各级学会以“厂会协作”作为“金桥工程”实施的重要形式，促进“金桥工程”开展。全年“金桥工程”立项101项，完成75项，创造社会经济效益6000万元。中国华晶电子集团公司科协组织的“ZCC910型调谐变容二极管”开发项目，在全国有关单位应用，为企业增效600多万元。是年，推广江苏钢绳集团CIMS推广应用示范工程、高压气淬真空热处理工艺技术应用等10项重点科技成果转化项目，至年末，累计实现产值32亿元、利税7.5亿元。无锡威孚集团公司的“WF-CIMS一期工程”应用推广后，促进企业生产的现代化，实现油泵产品产值6.88亿元，创利税2.75亿元。是年12月9日，1996年启动建设的无锡科技信息网通过省级鉴定验收，信息网利用无锡地区邮电（FTTC）与广电（HFC）通信平台和通信资源，以ATM交换技术为主干网技术，具备同时快速传输图像、语音、数据功能，促进全市科技、经济信息资源的快速交流和高度综合。

2001年2月21日，全市农村通过应用省工节本、节氮高效栽培等新技术，减缓因粮食价格下滑对农民增收造成的负面影响。全市亩均氮肥施用量下降15%，仅此一项，全市水稻生长成本降低4000多万元。此外，水稻小苗化、生态农业等一批农业适用新技术的推广应用均走在全省前列。是年，以威孚集团公司为主体的燃油电子喷射基地致力于汽车柴油燃油喷射系统的研究，“江苏省纳米科技与应用开发中心”和“江苏省汽车柴油喷射联合电子工程研究中心”相继挂牌，当年实现销售收入30.1亿元。2002年9月9日，尚德太阳能电力有限公司投产，产品涵盖屋顶发电、便携电源、手机充电器、汽车等领域，年末形成10兆瓦的生产能力。“VD燃油喷射系统”等100个数字化机电项目进入小批量生产阶段，市级以上新产品的信息技术应用比重达36%。华晶集团等14个企业信息化示范项目启动，机械、轻工等加工类企业设计制造集成化，化工、纺织等流程类企业生产过程自动化取得绩效。江苏意源微电子技术有限公司研发的高性能高位DSP设计技术、32位嵌入式CPU设计技术等3个项目被列入国家“863”计划。市科协坚持科技强农富民方针，重点推广食用菌科学培植等10项科技示范项目，并从经费上给予支持。

2003年，无锡市重点实施国家“863”计划重大科技专项“太湖水污染控制与水体修复技术及工程示范”，投入经费4750万元。年初，编制完成4个子课题和总项目的经费预算。6月，第一批科研经费下达，完成3个课题的先期勘察和数据采集。其中，河网区面源控制成套技术课题在宜兴展开，建设面积20平方公里的典型河网区面源污染控制示范区，建立农村生活污水、生活垃圾处理、农田节氮控制磷前置库等示范工程；太湖水源地水质改善技术课题在梅梁小湾里取水口20平方公里水域实施，启动“锚桩与消浪工程”，在蠡湖运用环保疏浚与生态重建技术，先期进行的陆生植物浮床对提高水的透明度效果显著。4月，为应对“非典”疫情对企业造成的负面影响，紧急启动“抗非”科技专项计划，投入100万元帮助企业推进电子商务，15天内新建或改建150个企业网站，实现企业信息、产品信息交互式在线商务洽谈。7月，江阴兴澄特钢有限公司的“现代轨道交通用长寿命、高性能弹簧钢研究开发”项目经科技部批准被列入国家“863”计划项目。同年，无锡市以制造业信息化为先导，实施“1225”工程，即创建一批示范企业、两个示范行业、两个示范区、5个示范乡镇，以点带面提高全市制造业国际竞争力，重点扶持海澜集团申报国家级制造业信息化示范企业，改造提升机械、纺织两大传统优势产业，启动5个制造业信息化示范乡镇建设。2004年，无锡机械行业“基于ASP的网络化制造应用服务平台”、惠山区制造业信息化示范区域建设、新宏泰电器有限公司信息化工程等制造业信息化示范项目，得到科技部、省科技厅、市科技局的项目滚动支持，示范效应逐步显现。具有自主知识产权的永中办公软件经试用后，在全市各部门推广试用。全年全市共组织实施洗衣机工业设计应用示范等13项市级信息化项目，在工业攻关计划中设立永中办公（Office）行业管理软件系统、新产品快速制造技术攻关两个招标项目，共下拨经费280万元。惠山区制造业信息化示范等省级制造业信息化项目获资助经费45万元，海澜集团信息化项目获国家经费支持50万元。实施科技强农富民战略，建立市龙寺生态农业科技示范园等10个优秀农业科技示范基地，示范推广锡山区蔬菜生物农药使用等10项农业科技示范项目。

2005年，按照《无锡市制造业信息化示范工程（2002～2005）行动方案》，实施“1225”示范工程，对“十五”期间所立项目择优滚动支持、培育亮点，对信息化工程咨询监理进行引导示范，推行工业设计与制造业企业应用永中办公（Office）软件示范。面向中小企业信息化的第三方咨询监理引导示范、制造企业售后服务的协同管理集成应用示范等2个项目在江苏省制造业信息化招标项目中中标，制造企业集成技术整体解决方案应用示范等7个项目被列入市制造业信息化项目。12月23日，无锡作为制造业信息化工程的重点城市通过国家验收。江苏阳光集团、江苏海澜集团在改造传统毛纺技术的同时，应用精毛纺最新技术成果研发抗静电、抗皱、防缩等功能性织物，并在纳米技术应用、植物染料研制、多种生态型和功能性纤维应用等方面研发成功具有自主知识产权的技术。

第四节　科技服务

1986年，全市有科技情报服务机构80个，其中高校5个、研究机构19个、大中企业56个。有复印机60台、缩微阅读器和阅读复印机11台、用户电报机3台、传真机14台、计算机设备82台；编印图书资料45种、期刊64种，馆藏图书515402种，其中外文图书84535种；期刊28406种，其中外文期刊8776种；专利文献134054件，其中外文版14770件；拥有数据库9个，其中开通国外1个。全市还有专业科技情报网站45个，为相关企事业单位、行政机关提供项目咨询、情报调研、技术信息等服务。

1991年，无锡市实施“科技兴农”战略，加强农业基础设施建设，全年水利、农机投入7461多万元，新添一批中型拖拉机、联合收割机、插秧机及工厂化育秧设备，全市农村形成以乡镇为骨干，村为基础，组为补充，条块结合，村厂互补的社会化农业服务网络。1992年，市科协组织全市科技人员开展“科技扶厂（村）”活动。无锡县和郊区科协分别重点扶持17家乡镇企业和13家其他企业，宜兴市科协重点扶持1个村兴办1家工厂和1家公司。全年市（县）、区、乡科协通过开展帮扶活动使受帮扶单位共增利税750万元。是年11月24日，无锡市建立高新技术创业服务中心，为高新技术创业者创办的企业和高新技术产品提供综合性服务和融资服务，负责高新技术项目的组织实施、高新技术开发、咨询中介及培训，为进入高新技术产业开发区的企业提供咨询、代理服务和后勤服务，同时兼营高新技术产业开发区内自有设备和场地的出租，成为苏锡常火炬带无锡开发区和无锡高新技术产业中吸收、孵化、培育高新技术成果和产品的机构。

1993年2月12日，无锡市高新技术产品及企业认定委员会成立，为全市高新技术产品及企业认定提供服务。5月31日，市职称考试培训指导中心成立，负责全市企事业单位职称改革与职称考试培训的组织、协调和管理，是年组织专业技术职务资格考试7次，参加考试25668人。1994年5月，市科协举办现代化管理知识培训班，邀请市体改委、工商、税务、外经委、法院等部门的专职业务干部给学员辅导讲解股份合作制、工商法规、新税制，外资引进、使用及管理，科技经济活动中纠纷的预防和处理等。8月5日，江苏省第一家技术经纪人事务所——无锡市金桥技术经纪人事务所成立，首批聘用28名技术经纪人，至年末共聘用37人为兼职技术经纪人。是年，无锡市城市科学研究会组织高层建筑专家咨询组，对全市计划投建的无锡国际商城等20幢高层建筑在结构、基础、抗震、消防等方面为建设单位提供科技咨询论证服务，324人次参加论证，为建设单位节约资金、节约材料、加快施工进度、推进新材料应用提供技术支持。

1995年，无锡市首次组织推荐14家单位申请省级科技咨询信誉企业（机构）。经省科委审核批准，市科技信息咨询服务中心等11家单位被批准为首批江苏省科技咨询信誉企业（机构）。11月23日，市规划设计院咨询部等5家单位被评为江苏省第二批科技咨询信誉企业。

1996年6月14日，市科技金融联络工作组召开成立大会，商定由市科委和金融部门联合评审并推荐上报科技贷款计划项目，发挥银行自有资金作用，由市科委推荐科技项目，金融系统组织资金，重点支持技术含量高、市场前景大、企业信誉好的项目形成规模化生产，培育全市经济新的增长点。9月8日，无锡市举行城市多媒体信息咨询服务系统成果发布会，首批开通的6套系统受到欢迎。该系统设置房产物业、医疗保健大市场、消费之友、办事指南、交通指南、社会服务、技术金桥、使用指南等20大类的查询栏目，分设4级子栏目，信息储存量达10万条以上，包含50万字文字资料、1000幅图片动画信息。1997年，无锡市技术合同成交额4.3亿元，比上年增长37.8%。市科技交易中心作为常设技术市场，与上海技术交易所、天津北方技术市场实现技术信息网上联通，并进入互联网，建成信息流通体系，为全市科技服务提供支撑。1999年9月20日，市科委将原有近10个小型、单一、分散的直属企事业科技服务机构归并重组为无锡市生产力促进中心，旨在为企业和社会提供科技信息、技术咨询、技术培训、技术贸易、专利代理、国际科技合作、智力引进、科技成果评审、无形资产评估、企业诊断、企业形象策划、高新技术产品展销等技术创新“一站式”服务。市科协从科普教育、科技讲座、专业人才培训等方面支持驻锡部队进行科技大练兵。是年，市科委通过指导服务和资金扶持，推动锡山市华庄镇、郊区扬名镇和黄巷镇、市干校、市机械局以及崇安区工业公司先后与无锡市常设技术市场计算机联网，建立6个技术分市场，发展本地域网络会员单位34家。至年末，全市形成以常设技术市场为中心市场，辅以11个分市场的技术市场服务体系。常设技术市场每天向各分市场和会员单位发送科技成果和专利技术等信息，为供需双方提供服务。

2000年1月下旬，全市科技“一站式”综合服务基地正式运行，服务内容包括国家创新基金申请、无形资产评估、专利申请、智力引进、技术交易、网上电子阅览等24个项目，为全市企事业单位的技术创新提供全方位服务，全年先后举办信息技术高科技展示会、技术交易会、中国产品资源网发布会、网络经济与企业信息化展示洽谈会、中国无锡工业设计周等大型科技服务活动，完成专利代理、专利诉讼项目355个，开展项目和专利查询30项，实现技术合同成交额19.2亿元，新建技术贸易机构242个，制作专题、广告、资料等影视片96部，引进国外智力项目9项，组织11个团组出国培训考察。2月21～25日，市科委与市生产力促进中心共同举办科技领导干部培训班，全市产业主管部门和乡镇的领导干部共100多人参加为期4天的迎接知识经济挑战和科技管理方面的知识学习。培训期间，市生产力促进中心组织开展科技咨询服务活动。是年，市科协推荐45名专家、科技人员组成无锡市拥军工作科技顾问组，为驻无锡部队科技练兵、科技强军出谋划策，全年共发动科协系统学会和企业科协落实13个提高部队技能素质和6个需解决的技术难题项目，项目涉及计算机应用、网络软件开发维护、网络安全、指挥自动化、医疗卫生知识、有关装备器材改进、农副业生产和士官文化培训等。同年，市科委利用科技信息网络中心培训基地，由市生产力促进中心承担具体培训任务，专门设立培训部，开办公务员计算机网络知识培训班，全年累计培训各级机关公务员3900人。

2001年6月16日，无锡市农业科技“110”热线开通，向全社会公布农业科技“110”咨询服务电话，其中包括市三农学会、市水利学会、市农机学会、市畜牧兽医学会、市蚕桑学会、市林学会、市水产学会、市园艺学会、市气象学会等专线，凡全市种植、养殖专业户所提出的有关产业政策和行业导向、市场前景和优良品种、种养难点和关键技术等方面的问题，均可得到农业科技专家组的咨询服务。9月8日，由市科技局牵头，市生产力促进中心、市创业投资有限责任公司等10家单位及个人共同投资2500万元组建的科发投资担保有限公司成立，成为全市第一家专事为民营科技企业拓宽融资渠道的企业。11月30日，江苏省第一个科技咨询行业协会在无锡成立，首批会员共有团体会员53个、个人会员145人。是年，市生产力促进中心开展“服务上水平、创收上效益、管理上规范”，争创国家重点生产力促进中心和市级文明单位活动，完成计算机培训4169人次、科技项目查询137项、专利检索270项、无形资产评估现金项，签约并实施ISO 9000质量体系论证的企业7家，被科技部批准为国家示范生产力促进中心。2002年，市科技局以风险投资资金2000万元带动社会法人资本2300万元注册成立市科达创新投资有限公司，为10个项目投资1900万元，带动社会资金1.5亿元，投资领域涉及新能源、电子信息、生物工程、先进制造业等，被投资企业有海外留学人员回锡创办企业和高校、科研机构转化成果创办企业等，其中通用机械公司等14家企业通过担保得到银行资金支持后销售收入同比增长41%，利税同比增长88.9%。宜兴市成立注册资本3550万元的科技投资担保公司，为数十个企业投资和担保，经济和社会效益显著。是年，市科协围绕农业增效、农民增收和扶优、扶新、扶贫的主题，组织相关学会、协会、研究会和农业科技人员实施科技强农富民工程。市科协组建300人的农业科技服务团，构建农技普及推广服务网络体系；组建129个农业专业技术协会，培训农业经纪人400人、农村基层干部8.6万多人次；推广科技示范项目34个，取得经济效益6200余万元。南长、崇安、北塘等区分别创建科技创业服务中心，为企业提供生产场地、政策传递、法律咨询等服务，降低创业风险，提高成功率。至年末，3个区创业服务中心孵化总面积8000多平方米，进驻企业近50家。市生产力促进中心帮助企业申报省高新技术产品430个、国家重点新产品131个，承担建库项目850项，完成企业质量认证6个，科技创新项目190项，培训科技人员5500人次；组建制造业信息化推进中心，为企业产品设计提供支持。无锡市新区引进中介服务类企业6家，为企业提供信息咨询、技术培训等系列服务。各区生产力中心先后举办科技企业政策咨询会，方便企业，改善中小企业创新环境。

2003年，市科协深化科技强农富民工程，建立农技示范基地14个，组织推广绿色农业示范项目16个，联系指导12个农村专业技术协会开展技、产、供、销服务，组织开展实用技术培训4.8万人次，帮助农民掌握1～2项先进农副业实用技术，同时宣传农业经纪人典型。惠山区利用计算机网络建立网上农技“110”服务平台，并对农技专家的服务进行测评。江阴市长江河豚繁殖与养殖基地等10个现代农业科普示范基地以及江阴市清洁牌鸡蛋开发与生产等10个农业科技示范项目得到市级表彰。是年，全市利用市科技风险投资基金支持民营科技企业17家，占科技风险总投资的57%，支持领域涉及电子信息、先进制造、生物医药和新材料等，融资担保资金1.73亿元，占融资担保总额的82.3%。全市民营科技企业当年获得省级以上科技经费占全市获得省级以上科技经费的31%，市级科技经费安排支持民营科技企业占市级科技经费的73.9%。2004年，市生产力促进中心发挥科技中介龙头作用，运作风险投资项目35个，带动社会投资超20亿元；科技担保金额累计6亿元，被担保企业销售、利税分别较上年增长51%和43%；举办英语、计算机、科技管理类培训班139期，参训1万人次。市科技局出台《加快高新技术产业发展指导意见》《无锡市集成电路产品认定管理办法》等文件，为企业创新创业提供政策支持。

2005年，市科协、市农林系统继续组织开展科技强农富民工程，组织农技服务专家与172户农民签订科技帮扶协议，为农户解决生产技术问题463项次，发放农业实用技术书籍16种2800册、农业新技术资料23种1万份。评比表彰江阴市金天邦水产养殖场等9个优秀农业科技示范基地，江阴月城镇鱼苗繁殖等9项农业科技示范项目，江阴市农林协会等10个优秀农业专业技术协会。当年，国内首个面向工业设计企业和设计师，提供专业化、系统化服务的公共服务体系——江苏省工业设计创业服务平台在无锡国家工业设计园启动建设。该平台由计算机辅助设计系统、快速成型系统、工业设计展示交易及培训系统和工业设计信息系统组成，总投资2000万元。是年末，70余家设计企业入驻无锡国家工业设计园，初步形成以IC设计、软件设计、模具设计、工业计算机应用设计、精密零件设计为主要内容的工业设计产业群。

第五节　知识产权

一、专利

1985年4月，《中华人民共和国专利法》实施。1986年后，无锡市专利拥有量不断攀升，专利结构改善，全社会知识产权保护意识增强。至1990年末，全市专利公告项目710件，占全省公告总数的12.5%，次于南京和苏州，列全省第三位。专利公告项目中，市区512件、江阴市65件、无锡县66件、宜兴市67件；授予专利权的635件，占总数的89.4%，实施265件。专利项目中，属个人申请的非职务发明430件，占总数的60.6%，其中发明专利66件、实用新型347件、外观设计17件；职务发明280件，其中发明专利53件、实用新型200件、外观设计27件。在职务发明中，科研单位88件、乡镇企业85件、大中型企业69件项。无锡市专利事务所成立，拥有专职代理人4人、兼职代理13人，分布在大中企业、高等院校、科研单位和市（县）科委。1986～1990年，该事务所共受理350个项目，是全省市级专利代理机构中代理项目最多的单位。

1991年，全市批准专利228件。按地区分，市区154件、江阴市15件、宜兴市20件、无锡县39件；按类型分，发明专利27件、实用新型190件、外观设计11件。评选出专利实施项目奖7件，其中一等奖1件、二等奖1件、三等奖5件，另授予优秀项目奖12件。1992年，全市受理专利代理160件，申请专利权303件，调处专利纠纷4起。同年，经市专利奖评审委员会评审、市科委批准，授予专利实施项目奖7个，其中一等奖1个、二等奖1个、三等奖5个，另授予专利优秀奖项12个。无锡市合成纤维总厂的“一种烟用聚丙烯过滤丝束及其制备方法”获专利实施项目一等奖。

1993年5月17日～6月2日，市科委与无锡人民广播电台经济台联合举办为期半个月的专利法系列讲座。讲座期间收到听众来信150封，解答听众热线电话20多个。在同年6月举行的江苏省科技、专利博览会上，市科协组织全市科研机构、大专院校、工矿企业共94家单位的200多个项目参展，设摊位31个，项目数与摊位数均列省内11个参展市之首。有53个项目获奖，获奖总数列全省各市之冠。6月27日，市科委、市计委、市经委、市体改委、市工商局、市科协、市总工会和团市委等8家单位联合举办全市首届科技成果专利技术交易会，会期3天，参会科技成果和专利技术项目408个，其中科技成果（含新产品介绍）375个、专利技术22个、招标项目11个。是年，无锡市实施重点专利项目10个，创产值5616万元，创利税1434万元，项目被评为国家、省、市科技进步奖和专利实施奖。根据《无锡市专利奖试行办法》，经市专利奖评审委员会评审，全市评选出1992年度全市专利奖项目13个，其中一等奖3个、二等奖4个、三等奖6个。无锡县雪浪化工填料厂的网孔波纹填料及冲网机、江阴市雪豹精细化工厂的白皮鞋补色去污上光增白剂组合包装、宜兴市芳桥油脂化工厂的浆纱用助剂及制备方法等3个项目获一等奖。市科委专利处、市专利事务所、市油泵油嘴研究所、市大箕山工仪厂、宜兴市科委、宜兴陶瓷公司青瓷厂等6家单位被省专利局评为省专利工作先进集体；聂汉钦、李国华被评为省专利工作先进个人。1994年，无锡市实施重点专利项目10项，创产值8035万元，创利税1400万元，其中无锡永新特种合金有限公司的“球化剂”项目实施后，经济效益显著，年创产值1700万元，创利税340万元。无锡太极实业股份有限公司、市大箕山工仪厂、市江南建筑门窗总厂、江苏宇龙冶金电炉附件厂、无锡县东新石油化工设备厂、江阴市江南轻工机械厂、江阴钢绳集团、市滑导电器厂、市永新特种合金有限公司、宜兴市鹏鹞环保有限公司、宜兴陶瓷公司、市电梯装潢厂、江阴市溴化锂制冷厂等13家企业被评为中国专利江苏百强企业。年内，评选出1993年度全市专利奖项目18个，其中一等奖2个、二等奖7个、三等奖9个。市大箕山工仪厂汽化油灶、市永新特种合金有限公司的铸态高强度球墨铸铁用球化剂等2个项目获一等奖。1995年，无锡市实施重点专利项目10个，创产值6810万元，实现利税775.5万元。市锁厂实施三方位插芯门锁专利项目，实现年产值3300万元、利税200余万元。年内，评选出1994年度无锡市专利奖项目20个，其中一等奖2个、二等奖7个、三等奖11个，另评选表彰1994年度专利管理先进个人4人。市弗朗超高压系统设备公司的超高压水射流切割机、市磷肥厂的彩色高浓度复混肥及其工艺等2个项目获专利一等奖。江苏省评选表彰16名专利明星企业家，市永新特种合金有限公司朱煜明、市大箕山工仪厂俞置伦、无锡华祥专利开发公司张天晴、宜兴鹏鹞环保设备有限公司王洪春、宜兴宇龙冶金附件厂鲁宜平等5人榜上有名。1996年，无锡市实施重点专利项目10个，年产值9500万元，实现利税1400万元。评选表彰1996年度无锡市专利项目优秀奖23个，授予市化工研究设计院、宜兴市科学技术委员会为年度市专利工作先进集体，授予伍建栋、唐纫兰、包启荣、华法兴、刘茂金、张翠娣、史建群等7人为专利工作先进个人。

1986～1997年，全市共申请专利3912件，批准专利3017件，实施专利1270件。1998年6月，经省专利奖评审委员会评审，无锡小天鹅股份有限公司的“一种多维立体水流洗衣机”等10个专利项目被评为1997年度江苏省优秀专利项目。1999年，市科委开展“专利示范乡镇”活动，选择宜城镇等13个乡镇开展专利试点示范活动。蠡园、河埒、胡埭等乡镇延伸专利试点到村和乡镇企业，制定相关制度，完善考核办法。是年，无锡市申报的江阴市空调除尘设备厂的“蜂窝式除尘器”项目获第六届中国发明专利金奖；市小天鹅干衣机厂的“干衣机”等9个专利项目被省专利管理局评审为1999年度江苏省优秀专利项目。

2000年12月，无锡市的高科技专利新技术成果“汽车尾气真空反射净化消声器”获国际金奖，成为全市非职务发明成果获国际金奖的第一例。同月，宜兴市高塍玻璃钢化工设备厂开发的用于城市和工厂污水处理的“球冠形可张微孔曝气器”通过国家专利局在芬兰、法国、英国、意大利、德国、瑞典等6个国家申请专利。是年，无锡市专利申请量首次突破1000件。2001年，全市申请专利数1085件。2002年，全市申请专利1696件，增速居全省前列，其中发明221件、实用新型945件、外观设计530件；专利授权量937件。专利申请量和授权量与苏州、南京差距缩小。锡山区、惠山区开通知识产权咨询服务热线。小天鹅股份有限公司、红豆集团等企业成为专利申请大户。乡镇专利申请量占全市总量的60%以上，江阴市、锡山区、惠山区、滨湖区实现镇镇有专利，32个乡镇被授予“无锡市专利示范乡镇”称号。至年末，全市专利申请总量累计8856件，专利授权量6961件。3月，全市40件发明专利获得省级专利专项资金资助，总金额16万元。锡山区全年申请专利221件，增量和增幅居全市首位，被列为江苏省知识产权工作试点单位。是年，市科技局被评为江苏省知识产权工作先进集体。2003年，全市专利申请2160件，专利授权1351件，居全省第三位。无锡市先后被科技部、国家知识产权局列为全省唯一的国家技术标准试点城市和国家专利工作试点城市。是年2月，市科技局启动"知识产权万人培训计划"，计划到2005年在全市知识产权培训1万人次，培训对象为有关部门领导、企事业单位负责人、科技人员及乡镇领导、乡镇科技助理等。2004年，全市专利申请3279件，较上年增长51.81%，高出全省增长率21.23个百分点，位居全省第三。全市专利申请量超百件的企业、高校达7个，其中江南大学专利申请量达264件，居全省高校之首；专利申请量超百件的乡镇6个。通过面向全社会的公开招标，江阴兴澄特种钢铁有限公司的"兴澄特钢专利产业化"、无锡吉兴汽车内饰件有限公司的"高档轿车顶篷先进制造产业化"被列为专利试点示范项目。江阴兴澄特种钢铁有限公司通过实施专利成果转化的新产品达2.1万吨，获得经济效益1000多万元。无锡吉兴汽车内饰件有限公司专利产品销售收入超1亿元，利税超200万元。江苏红豆集团全年专利申请117件，成为国家第二批专利试点企业。

图30-2　一汽锡柴"奥威"CA6DM发动机　（一汽锡柴供稿）

2005年，全市专利申请5621件，比上年增长71.42%；专利授权2095件，比上年增长52.81%；其中发明专利的申请量、授权量分别达723件、153件，分别比上年增长64.69%、64.52%。专利申请量超百件的乡镇（开发区）、街道达12个；专利申请量超百件的企业、高校达9家（所），其中江南大学专利申请量突破600件，居全省高校之首、全国高校前五位。全市专利申请量取得历史性突破，在省内实现争先进位，由全省第三位跃升至第二位。永中office、一汽锡柴"奥威"发动机、江阴法尔胜光纤预制棒等一批拥有自主知识产权的科研项目达到国内国际领先水平，自主创新能力和国际竞争力大为提高，吸引海力士—意法半导体、博世高档汽车配件、夏普液晶等国际著名企业的投资资金、高端科技、先进成果、高级人才向无锡集聚。

二、知识产权保护

1995年5月，市政府建立知识产权办公会议制度，研究、协调、解决全市知识产权方面的重大问题。办公会议由分管科技的副市长主持，有关知识产权管理部门以及与知识产权有关的经济、贸易、科技、文化、宣传、司法、执法等部门参加，下设办公室具体负责查处侵犯知识产权行为，维护知识产权权利人合法权益；加强知识产权法律实施的监督、检查，建立日常监督和重点检查相结合的机制；加大知识产权工作的宣传和培训力度，把知识产权审查工作贯穿在对外经贸、合资合作活动的立项、谈判、论证、审批的全过程；将加强知识产权工作作为各项科技发展计划管理的重要环节和建立现代企业科研院所制度的重要内容，督促相关院所企业将知识产权保护纳入研究开发、生产经营和内部管理工作中。是年，市知识产权办公会议办公室组织市文化局、市广电局、无锡工商行政管理局、市公安局、无锡海关及新闻单位检查和打击知识产权侵权行为，特别是音像制品、刊物的侵权盗版行为，共组织40多次联合执法行动，收缴盗版音像制品8万多盘、非法出版书刊上万册，收缴和销毁侵权商标标识178万张（套）。1997年，无锡市通过建立企业专利工作网络，制订管理制度，开展交流活动等措施重点加强企业专利工作，全市基本形成知识产权保护网络。市知识产权办公室牵头组织联合执法检查组，不定期地开展重点检查，打击影响较大的侵犯知识产权行为。全年出动2000多人次，接到举报电话、信件260多次（件）；收缴盗版光盘、音像带3万多盒，其中VCD光盘22116张、CD光盘3509张、LD光盘181张;收缴非法出版书刊18737册、电子出版物2215张;取缔10多个出租出售盗版音像制品经营点;协助调处专利侵权纠纷3起,打击专利侵权行为,保护专利权人的合法权益;查处商标案件200多起,其中大案、要案近100起,罚没金额200多万元,捣毁制假窝点31个,没收非法商标标识300万张(套)。

2003年4月,市科技局知识产权处牵头成立知识产权行政执法联合行动组,对30余个大型商场等企业的相关监管人员进行培训,展开新一轮专利知识普及工作。4月26日世界知识产权日,无锡市组织系列宣传活动。通过实施专利试点企业和示范乡镇工程、制定和落实发明专利申请资助和奖励办法等措施,加大对专利保护力度。11月27日,市知识产权局成立,下设知识产权政策法规处和综合管理处,实现编制、人员、经费"三落实"。是年,市科技局设专利违法行为举报监督电话,组织有关人员对18家商业企业的1050件专利商品进行检查,核准有效专利商品894件,占总数的85.14%,查出无效专利商品72件,占总数的6.86%,并根据不同结果作出相应处理。加大专利纠纷调解力度,维护专利权人合法权益,全年处理专利纠纷案件7起,其中立案4起、结案2起,1起通过案前做工作予以解决。

2004年,市知识产权局建立200万元的知识产权专项资金,增幅100%。全市包括市(县)、区知识产权专项资金477.56万元,并争取到省知识产权专项经费69.5万元。举办全国专利代理人资格考试考前辅导培训班,有3人通过考试获得国家专利代理资格证书。无锡市的考试通过率15%,与上海持平,高出全国通过率5个百分点。按期完成全市第一轮的知识产权万人培训任务,全年共组织知识产权培训39场,培训6423人次。是年,无锡建立市知识产权联席会议制度,召开联席会议第一次例会。在全省率先成立市知识产权服务中心,协助政府向企业提供知识产权全方位服务。锡山区、惠山区、江阴市相继成立知识产权局。惠山区知识产权局在全市率先配备行政编制,各乡镇明确知识产权工作分管领导,区政府有关局明确知识产权工作联络员,全区50家重点企业确定知识产权工作人员,制定《无锡市惠山区专利专项资金管理暂行办法》《无锡市惠山区促进专利及知识产权工作的奖励办法》等政策法规,是年专利申请量在全市7个区中位居第一。惠山区洛社镇2002～2004年申报专利近400件,被评为无锡市专利规模最大乡镇。全镇有12家企业建立技术研究所或工程技术中心,其中江苏太湖锅炉股份有限公司成功地向国内100多家企业转让自主开发技术。市知识产权局引导企事业单位运用专利制度研发新技术、新产品,全市有52家企事业单位被列入省知识产权管理推进计划,1家企业被列入省知识产权战略推进计划。11个乡镇(园区)被列入专利试点示范乡镇(园区)试点。知识产权区域工作由试点进入示范,省科技厅、省知识产权局对锡山区、惠山区、宜兴市知识产权试点区域进行考核验收,并确定为省知识产权工作示范区。是年,无锡市成为全国知识产权工作试点城市,专利行政案件投诉受理量加大,市知识产权局共受理专利侵权纠纷投诉案9件,结案7件,其中两件成功调解。

2005年4月19日,市政府召开知识产权联席会议,讨论审议《2004年无锡知识产权保护状况》白皮书和《无锡市国家知识产权试点城市工作实施方案》。会后,市政府办公室印发《无锡市国家知识产权试点城市实施方案》等文件。4月25日,在第五个"世界知识产权日"前夕,市政府召开"无锡知识产权保护新闻发布会",首次发布《2004年无锡知识产权保护状况》白皮书。6月3日,无锡首次举办企业知识产权战略国际论坛,论坛主题为运用知识产权战略,提高企业核心竞争力。众多国家的政府官员和著名企业的高层代表共350余人与会,围绕国际贸易中的知识产权发展、企业知识产权战略、知识产权司法保护制度与实施的法制和政策环境等展开探讨。8月17日,"无锡市领导干部知识产权培训基地"挂牌,为全省首家。10月23日,江苏省第一个知识产权园在无锡挂牌,知识产权园以入驻留学归国人员创新创业、国际研发中心、自主知识产权科技成果转化为主体,引入高层次、高水平的知识产权综合服务机构为驻园企业做全方位的知识产权综合服务,通过政府支持、企业共建的方式,建设发展成为高科技专利技术创新创业企业的孵化培育基地,具有自主知识产权的高新技术成果转化基地,知识产权创业人才培训基地,以及系统化、网络化、规模化的技术标准与知识产权公共咨询服务平台。省知识产权园（无锡国际科技合作园）引入南京经纬专利商标代理有限公司，设立无锡办事处，为驻园企业提供知识产权全方位综合服务。至此，全市专利代理服务机构共7家。是年，又有30家企事业单位被列入省知识产权管理推进计划，1家企业被列入省知识产权战略推进计划。至年末，全市共有144家企事业单位被列入省知识产权管理推进计划，6家企业被列入省知识产权战略推进计划，被列入的企业数居全省前列。全市重点培育的150家省级知识产权战略（管理）推进计划企业全年专利申请量占全市企业专利申请总量的50%以上，部分企业还拥有国外专利，企业专利实施及其转化率80%以上。全市组织开展食品、医药流通领域专利行政执法专项检查与整治行动，计对25个商场、超市和药店的1296件专利商品进行检查，查出有效专利商品1157件，占检查总数的89.27%；无效专利商品44件，占检查总数的3.40%；另有95件为登记有误或没有检索到符合条件的记录，占检查总数的7.33%。对于已被查出存在问题的商品，书面通知商家、药店限期改正。建立形成“长三角”地区知识产权行政协作执法机制，实行跨地区专利行政执法与专利案件移送制度。市知识产权管理部门加强与公安等部门协作，先后就“铝塑复合装饰扣板”“卫生棺”以及外资企业霍尔塞特工程有限公司的专利侵权纠纷赴北塘区、滨湖区、新区、江阴市等企业现场听取情况介绍，调查核实相关证据，履行行政执法职能。全年受理专利侵权纠纷投诉案12件，结案7件。

第六节　科学普及

一、科普宣传

1986年，市科协围绕提高产品质量、提高职工科技素质、节能降耗和安全生产等方面，在城市组织厂矿科协单位通过举办科技知识竞赛、操作技能比赛、编写黑板报、放映科教影像等多种形式，开展科普宣传。在农村，以治愚、治贫、致富为目标，开展“1115”（帮助100个乡镇企业增益，办好100个农林专业技术研究会，培训1万人次农村实用技术人员和扶持500户贫困户脱贫）科技扶贫活动，提高农民文化素质，实施“双百双千”（科技扶持100位已脱贫致富、人均收入超千元的个人，科技扶持100家亏损微利企业、共增产值千万元），开展“讲精神文明，比科技致富，建科普文明”的“讲、比、建”活动。1987年，市科协举办12个科普集市，组织400多名专业技术人员向15万人次农民推广普及科技知识和致富技术。

1988年，市科协会同有关部门举办“安全生产科普录像放映月”活动，举办大型科普展览——中国人造地球卫星实物展览，全市党政机关干部、工矿企事业单位职工及大、中、小学校学生计11万余人参观展览。1989年10月16～21日，举办无锡市首届科普宣传周活动。其间，举办领导和专家、学者的科技服务156场次，出版画廊、黑板报72期，印发科普资料3万余份，放映科教影视621场次，举办科普集市，提供科技咨询等形式，直接接受科普教育群众42万人次。此后，每年举办科普宣传周活动，确定1个主题，运用展览、讲座、咨询、影像放映等多种形式宣传普及科技知识。

1995年，《无锡市干部现代科技知识普及教育实施办法》出台，市科协组织专家撰写《无锡市干部现代科技知识辅导材料》，分发至各单位，与市乡镇工业局、市科委联合发布《关于组织全市乡镇企业干部学习现代科学技术知识的实施意见》。市科协组织成立市高新技术知识讲学团，在市旅游局、市粮食局、市区大中型企业和市老年科技工作者协会、郊区各乡等开展系列演讲活动。讲学过程中，安排学员参观高新技术科研基地，全年共组织讲座57场次，参加听课4270人次。并在科研单位、大专院校和大型企业中建立科普教育基地，面向全社会开放。市科协与市委组织部联合实施农村党员基层干部实用技术培训规划。

1996年初起，市科协动员全市科技人员投身科技传播活动，中国工程院院士伦世仪等积极响应，

图 30-3　2000 年市科普馆“崇尚科学，反对迷信”图片展
（顾祚维摄）

逐渐形成志愿者队伍雏形，其中有教授（研究员）34人、副教授（高级工程师）30人、离退休科技工作者14人，以撰写科普读物，承担科普报告、讲座和科技培训，举办科普展览、集市，组织科技推广，讲解先进生产、实验设施等多种形式，向群众传输科技知识。5月23日，无锡市科技传播行动志愿者队伍成立，无锡轻工大学、中国船舶科学研究中心、中国水产科学研究院淡水渔业研究中心东方水族馆、无锡钢厂、无锡市排水管理处芦村污水处理厂等5家单位被批准为无锡市科普教育基地。

1996～2000年，市科协每年完成实用技术培训1000多期，培训4万～5万人次。2002年，市科协在全市组织农业科技服务团，分赴惠山区洛社镇、滨湖区河埒镇，送去12项先进技术及有关产销信息，发放农业实用技术书刊、资料2.5万份。惠山区科协购买农民必需的农业科技书籍下乡，指导农民科技致富。至2005年末，共举办17届科普宣传周活动，参加活动及受益735.2万人次。

1989～2005年无锡市科普宣传周活动概况表

表 30-7　　单位:万人次

年份	宣传周主题	主要活动内容	参与人数
1989	科技与人类	放映科技影像，举办科普讲座、科技报告会和学术交流活动，开设科普展板画廊，印发科普宣传资料，开展科普知识咨询服务	42
1990	科技与经济、科技与兴农	放映科技录像、科教电影，举办科普展览和科普集市，开展知识竞赛，举行科技报告讲座和座谈会，开展科普文艺宣传、咨询服务和送技术下乡活动	45
1991	科学技术是第一生产力	举办科技报告会、科普讲座和科普展览，科技交流座谈活动，举行科技知识竞赛、技术操作比赛、咨询服务和送技术下乡等活动，制作科普画廊，编发科普宣传资料，配合抗洪救灾普及推广生产实用技术	48
1992	依靠科技推动加快经济发展	普及宣传高新技术知识、先进实用技术知识和大众科学知识，举办科普讲座、科技报告会、科技表彰会和知识分子座谈会，开展科技咨询、科技培训和送科技下乡活动，举办“科技经济数据库展示”“科技成果和科普知识图板展览”	42
1993	推进科技进步，加快科教兴市	宣传科学技术进步法、科技工作者优秀事迹和科技成果，举办科普宣传活动，普及高新技术知识和“身边科学知识”，印发科普宣传资料，制作画廊、展板，组织开展高科技知识大奖赛活动	40
1994	科技与健康	组织“科学与健康”知识竞赛和电视决赛，组织大型“医疗卫生保健知识咨询会”，开展城市环境保护与综合治理研讨活动及环保难题研究攻关、优秀保健品展示、医疗新技术应用交流活动，举办“生命科学与健康”报告会、讲座和演讲活动	41.3
1995	环境与人类	编写印发“环境与人类”“环境与健康”“人与环境”科普宣传资料，举办科技报告会、科普讲座、科普展览、知识竞赛和科普知识咨询宣传活动，放映科普录像	43

续表

年份	宣传周主题	主要活动内容	参与人数
1996	公众理解科学	开展科技咨询、展览、竞赛和科技下乡活动，组织培训、攻关和合理化建议活动，印发科普读物，放映科普录像，组织科技传播志愿者走上街头、到城乡基层开展科技传播活动	47.4
1997	科学在我身边	举办科技报告会、科普讲座，开展知识竞赛测验、知识培训，举行科技研讨交流、座谈和技术攻关活动，送医、科技下乡，编写印发纺织、医药、环保等知识和“ISO 9000国际标准”“走向未来”“企业创新原理与技法”等科普资料	45
1998	提高国民科技素质，迎接21世纪	开展“知识经济”普及宣传，邀请中科院院士作“迎接知识经济新时代”报告，在全市开展“知识经济”“高新技术知识”及健康和环境保护系列科普报告活动，城乡中小学校开展“主题班会”“团队活动”，普及环境科学、卫生健康及防震知识	46
1999	依靠科技进步，迎接21世纪挑战	举行以科普馆试运行为重点的宣传活动，在科普馆内展示59位无锡籍和4名在锡两院院士照片和简历，展出广大科技工作者和中小学师生美术作品、青少年科技创造作品和大型基础科学知识古代科技成就；开放科普教育基地，举办街头大型科普咨询活动	42.5
2000	提高全民创新意识，促进21世纪跨越发展	举办“人类基因组研究成果”报告会、“现代科技发展回顾与展望”科普展览和青少年科技创新作品展览，组织科技知识竞赛，开展科技知识培训教育，科普宣传咨询服务，开放科普教育基地	44
2001	环境保护—安全与健康	举办环保技术研讨攻关、环保知识培训和环保科普报告会；开展知识竞赛和科普宣传咨询活动；放映科普录像，印发科普资料，开通“太湖科普资源网”	42
2002	科技创造未来	以信息科技知识的普及和信息科技成果的推广为主，举办“电子信息科技的发展与未来”展览，开展微电子技术、计算机技术、通信技术、机器人技术和信息技术应用科普展	43
2003	依靠科学战胜“非典”	组织专家和医务人员开展防治“非典”科普宣传咨询活动，发放科普资料，开展防治“非典”科普知识竞赛和科普挂图展示活动，在电台、电视台举办“科学生活防‘非典’”主题节目	40
2004	科技以人为本，全面建设小康	举办专利集市、街头科普咨询、科普志愿者行动，科普互动在线网络宣传、科普基地一日游等活动。举行“科技下乡千里行”活动、技贸洽谈会和科普文艺演出	41
2005	科技以人为本，保护生态环境，共建美好家园	创新科普宣传形式，举办由一汽锡柴独家冠名的“一汽锡柴杯”科普文艺晚会；开展街头科普咨询、科普志愿者服务、科普画廊展示、开放科普基地等活动	43

二、科普服务

1986年，无锡市开展“1115”科技扶贫活动，帮助148家乡镇企业增益603万元，成立农村专业技术研究会122个，培训农村实用技术人员11.5万人次，扶持1123个贫困户脱贫。是年，市科协制定有关科技咨询合同及财务管理的一系列办法。以后，完成的科技咨询服务合同数及合同额逐年增加。1987年，市科协与市计委联合组织发动厂矿科技人员开展“讲理想，比贡献”竞赛活动，组织会员围绕企业技术改造、产品更新换代、双增双节开展攻关活动。此后每年列入“讲比”攻关的项目都超过100项，为推进企业技术进步作出贡献。

1990年，市（县）、区、乡科协组织送技术下乡、蔬菜操作技术比赛等活动，组织举办乡镇企业技工培训班286个，受训13169人次。1991年，市科技部门配合抗击特大洪涝灾害和灾后恢复生产，组织专家和农业科技人员编印农副业和乡镇工业“抗灾、救灾、复产”技术资料，开展农田灾后管理和副食品灾后增产的技术咨询、服务和培训等多种形式的送技术下乡活动。1992年，各级科技部门和科协，在农村推广直播稻、抛秧、牛蛙养殖、禽畜病害防治等技术，在工厂开展“科技扶厂（村）”活动。

1994年，市科协会同有关部门组织开展农村党员干部科技培训、医疗保健知识咨询服务、城市环境保护与综合治理研讨和环保难题研究攻关、医疗新技术应用交流活动。是年，市科协开展“金桥工程”活动，建立协调指导小组，制订实施方案，提出每年组织科协所属学会、厂矿科协及基层科协实施技术服务项目100个，年增加5000万元社会经济效益，并将工作目标列入市委、市政府对市科协年度工作考核内容。为保证“金桥工程”开展，建立100万元的金桥工程基金，制订使用规定及项目管理和奖励办法，推动工程有序开展。

1996年，市委组织部、市科协等部门编制《全市农村党员、基层干部实用技术培训工作“九五”规划纲要》，推动全市农村党员、干部实用技术培训工作。1997年，市委组织部、市科协联合召开农村党员、干部科技文化素质培训工作会议，建立培训工作联席会议制度和培训考勤、考核、评比、奖惩管理制度。表彰在10年“讲比”活动中的30个先进集体和58名优秀科技工作者。1998年，市科协组织农作物栽培和禽、畜、渔、桑、副业及机械、环保等方面专家到经济薄弱乡镇科技扶贫，发放实用技术资料及科普资料。1999年，市科协培训推广稻田养蟹、特种水产、林果、蔬菜等适合无锡农村产业发展的农业先进技术，会同市多管局、农业局组织园艺、植保、土肥、兽禽、蚕桑、特种水产方面专家，为农村养殖户进行现场宣讲咨询。市科协与市经委、人事局共同制订对“讲比”活动组织管理和表彰奖励的办法。同年起，市科协组织开展“厂会协作”行动，动员组织全市学会发挥科技、人才、网络优势，与企业协作，为企业发展提供科技服务，促进科技成果的转化。平均每年有30多个学会开展这项活动。2003年，围绕“依靠科学、战胜‘非典’”，市科协在太湖科普资源网开设防治“非典”网页；组织医务专家进行现场咨询，为市民答疑解惑；举办“非典”防治科普挂图展和知识竞赛。2005年，市科协结合开展文化、科技、卫生“三下乡”活动，通过科普展览，赠送技术光盘和科普书籍、组织农业专家现场咨询等活动，帮助农民解决科技难题。

1999～2005年，市科协共表彰奖励“讲比”活动优秀项目83个、先进集体36个、先进个人36人。至2005年，累计完成科技咨询合同3000多份，金额3亿元。

三、青少年科普活动

1986～1987年，市科协组织举办科技夏令营，编印科技读物《科普新蕾》。1988年，市科协在已设的数学、物理、化学、天文、地理、生物、航模、无线电、微机、综合等10个学科活动项目的基础上，新增计算机、宇航、环保、新能源等新兴学科和应用技术课目，组织中小学生参观“中国人造地球卫星实物展览”，承办全国无线电工程制作竞赛暨夏令营。是年7月，市科协在市第一中学举行中美青少年计算机夏令营活动。1989年，举办21期青少年科普夏令营，1993人次参加。1990年10月，市科协与市教委联合举办有5.5万人次参加的首届中小学生科普大奖赛，并举办科普大奖赛的电视决赛。

1991年，市科协和市教委联合组织“争当科技园丁”竞赛活动，制定《青少年科技工作和活动评估标准》，举办“亿利达”发明创造、计算机、昆虫标本制作和小航模等青少年科技竞赛活动。1992年，举办环境保护、“亿利达”发明创造、计算机、“三小作品”、航模等青少年科技培训班。1993年，市科协会同市教委、体委等部门举办计算机、小航模、生物百物、“亿利达”发明创造和科技夏令营等6项较大规模的青少年科技教育活动；组织江苏省“太空卫星搭载番茄种子对比种植”科学实验活动，并举办现两期中美学生医学夏令营。1994年，市科协以“培养未来科学家”为主题，举办“科信杯”计算机竞赛、“三小”发明创造活动、“迎六一”小航模制作及省航模通讯赛等多项青少年科技培训、竞赛活动。1996年，开展计算机汉字录入、“迎六一”小航模制作、“银燕杯”航模等青少年科技教育和竞赛活动，市科协与金马广告公司联合举办的“巨虫公园”大型科普展览，观展中小学生5万多人次。1997年，组织科技传播志愿者到城乡学校举办科技传播活动，开展“五小”制作竞赛活动，丰富全市中小学生课堂科技教育的形式和内容。

1999年，市科协与市教委、市科委共同制定出台《关于加强中小学校科技教育工作的意见》，开展“生物和环境科学实践”“小发明、小制作、小论文”“珍惜生命之水”“迎六一”科技模型竞赛活动和“无锡市万名学生迎接新世纪计算机知识系列科普活动”，举办“多媒体科普教育作品大奖赛”，吸引城乡200多所学校的13.1万人次的学生参加。开展信息技术科普活动，先后举办以“时代潮、世纪风”为主题的无锡市电脑节和多媒体教育作品大奖赛。

2000年，举办第十一届青少年科技创新大赛、“亿利达”发明创造竞赛、“珍惜生命之水”等活动，全市城乡有500余所学校、7.8万名学生参加。门底缝自动伸缩挡缝装置、废旧干电池对环境的影响及回收、“小博士”关于地球环境的设想等6件作品获得一等奖，获二等奖作品18件。2001年，组织开展青少年学生科技创新大赛、计算机应用竞赛、科技模型制作竞赛、生物与环境科学实践竞赛、机器人竞赛等10项科技活动，500余所学校近12万名学生参加，共获得省级以上奖项681个，其中一等奖44个。2002年，市科协与市教育局联合召开全市青少年科技教育工作会议。2003年，全年举办青少年科技竞赛10余次，600余所学校13万名学生参加。2004年，首批命名的45所无锡市青少年科技教育工作实验学校揭牌，并举办无锡市青少年机器人大赛暨江苏省青少年大赛选拔赛、“亿利达”发明创造等多项青少年科技竞赛。2005年4月，由中国科协青少部、科普工作办公室联合举办的“大手拉小手，科普报告希望行”活动组到无锡巡讲，先后在无锡市第一中学、太湖高级中学、东林中学等校作6场科普报告。是年，市科普馆开展“假日新视野”、“机器人”培训、科技冬令营等活动，吸引6.4万多名青少年参加。

图30-4　2004年11月27日，无锡市青少年航模比赛
（市科协供稿）

四、科普阵地建设

1.科普馆

1997年，市科协、市科委提出《关于建设市科普馆的可行性报告》，市委、市政府批准立项，1998年完成土建，1999年10月建成并试运行。市科普馆总投资1200万元。馆址在学前街168号科技大厦4～5层，展区面积3000平方米。馆内常设无锡籍两院院士事迹展区，展示59位无锡籍和4位在锡的两院院士的照片和简历。并开设网上科普馆展示区。试运行当年组织全市科技工作者和中小学师生美术作品展、青少年科技创造作品展、大型基础科学展和古代科技成就展。2000年2月，无锡科普馆对外开放。同年组织“崇尚科学，反对迷信”“生命起源及演化”大型科普展，举办“现代科技发展的回顾与展望”图片展、“无锡市2000年工业设计周”青少年科技成果展、“保护人类健康，提高人口素质”科普展。此后每年举办科普展览。至2005年，先后举办“奇妙的机器人”“中小学生科技创新作品”“珍稀蝴蝶标本”“太平洋奇特海螺贝壳展”“纳米技术的发展与应用”“电子信息科技的发展与未来”“史前探密与宇宙遨游”“海洋珍奇动物”“探索人体奥秘”“航空百年回顾”“动物百

科”“飞天之梦”“诺贝尔百年回顾”等大型科普展览活动。

2.科普教育基地和画廊

1996年，第702研究所、市污水处理厂、无锡钢厂、东方水族馆、无锡轻工大学等5个无锡市科普教育基地单位挂牌。1998年，全市首个固定科普宣传园地——锡惠公园科普画廊向市民和游客开放。至2005年，全市共建立科普教育基地20个、科普画廊73个、电子画廊4个，重点宣传计划生育、防治禽流感、健康饮食、现代科技、科学健康用药等科普知识。

无锡市科普教育基地概况表

表30-8

名称	地址	备注	名称	地址	备注
芦村污水处理厂	清华路口	国家级	私立无锡光华学校电教中心	渔港镇	
江南大学	惠河路170号	省级	无锡钢厂	塘南路124号	省级
第702研究所	袁家湾	省级	舜帝斗山生态环保区	锡山区八士镇	
省微生物研究所	钱荣路7号		无锡惠山区前洲镇社区科普中心	前洲镇	省级
市少年宫天文台	惠河路1号	省级	无锡太湖花卉园有限公司	滨湖区梅荼一路	省级
市气象台	东亭华夏南路		江苏省锡山高级中学	惠山区洛社镇杨市园大街	省级
无锡科普馆	学前街168号4楼	省级	华士实验学校国际部	江阴市华士镇	省级
市无公害蔬菜基地	中南路南端		无锡市堰桥镇社区教育中心	惠山区堰桥镇长安社区长八路12号	
无锡焦化厂	城南路1号		无锡市惠山区图书馆	惠山区堰桥镇政和大道187号	
青少年科普影视基地（唐城）	漆塘		无锡市江溪中学	无锡市新区锡甘路48号	

五、科普组织建设与创建活动

1.科普组织建设

1986年起，无锡市加强基层科协组织建设，至2005年，共建立企业科协92个、农村乡镇科协21个、街道科协24个。学会、协会、研究会等科技科普团体65个。1996年，市科技传播志愿者队伍成立，由无锡轻工大学伦世仪院士等120名科技工作者组成，至2005年，志愿者队伍发展至198人。

2.科普创建活动

1996年后，街道、社区等基层单位科普活动活跃。2000年，市委办、市政府办转发市科协《关于加强无锡市社区科普工作的意见》，在全市开展科普文明街道创建活动，完善城区科普组织网络体系，组织科普志愿者到街道、社区指导和开展科普活动。并重点在三城区和郊区4个街道创建省科普文明街道，此后每年有街道被授予省科普文明街道。2001年，科普文明街道创建活动列入市文明创建内容，并在科普设施、科普活动开展、科普队伍建设等方面相应作出规定。有30个街道建立科协组织。围绕农村两个文明建设开展“科普示范乡（镇）”创建。2002年，江阴市向阳现代农业示范园、惠山区阳山水蜜桃农业科技示范园成为中国科协首批农村科普示范基地。在“科教进社区”活动中，将《点击科学》《电子信息科技知识》等资料、书籍分送到75个街道、乡镇。并开展学会与社区“同结科普对子、共建科普文明”活动。2003年，全市开展创建20个科普文明街道、40个科普文明街区、80个科普文明楼院、150个科普文明街区活动，开展科普、文体、法律、卫生“四进社区”活动。将2000多份防治“非典”等科普材料送到社区。按照《全国文明城市测评体系》标准，对7个区的街道和社区进行抽查测评。市科协在全市各个街道社区建设32个12米长的省级标准科普画廊。2004年，全市开展以“讲精神文明、比科学生活、创科普文明社区、建科普文明街道”为主要内容的创建活动，构建“党委领导、社区为主、教育为本、社会参与、资源共享、精心组织、协调发展”的区、街道、社区三级科普网络。开展公众科学素质调查，调查结果显示无锡市公众具备基本科学素养为2.8%。江阴、宜兴市创建成为全国科普示范市（县）。滨湖区“河埒科普一条街”咨询活动，成为科普进社区的特色载体。2005年，继续开展科教进社区和科技下乡活动。锡山、惠山、崇安、滨湖等4个区入选创建国家级科普示范市（县、区）。至年末，全市共创建科普示范街道15个、科普示范乡镇37个。

第七节　科技交流与合作

1986～1990年，无锡市开展国际科技合作和交流活动，与国外合作研究项目41个，派出专家参加国际会议150人次，赴外进修775人次，出国科技考察409人次，外国专家在无锡讲学、工作1667人次。市对外科技交流中心组织对外科技交流、实施引进国外科技人才和派出培训计划95项，拨款资助80万元、贷款资助160万元。

1991年10月15日，无锡轻工业学院、美国加利福尼亚大学戴维斯分校和江苏省食品工业协会联合在无锡举办首届国际食品科学技术交流会，180位国内外专家参加交流并介绍食品科技动态，展示食品工业新技术、新产品，商讨合作意向。1992年，市科协国际民间交流中心接待美国、英国、日本、韩国等国和中国港澳地区的科技到访团体9批35人，向日本派遣10名技术研究生，并组织中医、农业等科技人员赴外交流。1993年11月，省政府和国家科委在南京举办中国高新技术、新产品博览会，无锡市组织121家单位、151个项目参展，设摊位13个，成交8877.38万元，其中技术贸易1710.24万元、新产品销售7167.15万元；无锡展团获新技术、新产品金奖22项、银奖37项、优秀奖5项，大会优秀组织一等奖。1994年3月，美国全球技术和贸易公司代表考察无锡，双方就在无锡高新技术开发区建立21世纪高新技术水准的中美科技工业园进行洽谈，签订相互合作备忘录。6月，美国南贝尔公司代表团考察无锡，参观无锡国家高新技术产业开发区和马山国家旅游度假区，并在开发区演示贝尔公司的通信网络系统。1995年10月，北京无锡技术交易会在无锡举行，驻京39个科研院所的1750项科研成果参展，广东、辽宁、浙江、安徽等省2700多名代表赴会，无锡800多名企业代表参会。交易会洽谈项目1000多个，成交合同金额2025万元，达成合作意向14个。11月，美国佐治亚理工学院江家驷教授等到无锡考察，就关于建立无锡中美科技园发展有限公司的原则协议书主要条款与无锡市新区经济发展（集团）总公司商谈，并达成一致意见。是年，无锡参展江苏省高新技术产品博览会259个项目，摊位15个，难题招标116项，签订技术合同42份，成交金额4651.64万元。

1996年10月，由国家科委、日本九州共同举办的中日第六届产业技术协商会在无锡举行，参会人员参观无锡市高新技术产业开发园、新加坡工业园和蠡园经济开发区。同期，首届“环太湖二十一世纪可持续发展战略学术研讨会”在无锡召开，苏州、常州、湖州等江浙两省5市100余名专家学者参会，研讨太湖地区农业发展、水资源水环境、旅游、土地资源保护、乡镇企业发展、区域产业结构调整等课题，并达成共识。1997年10月，市科协和郊区科协、省高校科协研究会共同组织宁锡高校科技、人才交流洽谈活动。活动准备期间，市科协汇总40多个征求攻关项目送在宁高校投标，并将在宁高校组织发布的70多条科技成果信息汇编成册送全市170多家企业征询意见。至年末，11个项目达成合作意向，其中，市南方热处理公司与东南大学合作的“热力负荷戴波器灵敏遥测问题”，无锡市风雷仪表厂与南京理工大学合作的“热红外线观察仪关键技术”,无锡太湖耐热铸造厂与南京航空航天大学合作的“开发离心铸造涂料”,市华德电力钢材厂与东南大学合作的“直径1.7米、长12米钢管电杆镀锌技术”等项目进入实施阶段。

1998年11月,中国科学院——江苏省高新技术及其产业合作洽谈会在苏州举行,市科委征集新产品技术需求及难题招标104项,并制作《无锡市高新技术项目和人才需求》光盘参会。在洽谈会上正式签约18份,无锡新区管委会与中科院软件所共建无锡新区科技创业院软件基地,宜兴市科委与中科院南京分院共建生态示范基地,江阴法尔胜集团公司与沈阳自动化研究所共同实施GIMS二期工程等参加省重大科技项目合作签约仪式。1999年10月,市科委组织山禾集团、柴油机厂、晶石集团、无锡轻工大学等13家单位的21项科技成果参加深圳国际高新技术成果交易会。同月,举办无锡市高新技术产品展销暨技术交易会,全市208家企业、科研院所的117项高新技术产品,上海大学、东南大学、江苏理工大学等32所高校和科研院所的335项高新技术成果参会,参加交流洽谈2000多人次,签订技术合同39项,成交近1150万元,另有200多个项目达成合作意向。是年,市科委组织企事业单位参加无锡与北京技术合作交易活动、中国苏州科技成果交易会、中日第四届技术交易洽谈会等,技术合同成交2075.5万元。2000年10月,无锡市组织34家企业和变频王洗衣机、网络安全路由器、数码卫星电视接收机、环保节能柴油机、车用尾气净化系统等60多项高新技术成果与产品参加中国南京高新技术成果展示交易会。会上,市威孚集团有限公司等单位分别与浙江大学、天津轻工业学院等签订联合开发协议。

2001年9月,无锡市组团参加在苏州举办的第四届亚太经合组织(APEC)技术交易展示暨交易会。无锡展团携80多项高新技术发展成果参会,45%的产品具有自主知识产权,以实物展示为主,辅以产品介绍。科技部部长徐冠华高度评价法尔胜集团开发研制的光纤预制棒等光通信产品。法尔胜集团、小天鹅集团的2个科技合作项目在会上签约。2002年,无锡市首次赴美国、加拿大科技招商,签约项目15个,合同利用外资2.12亿美元,签订贸易订单7700万美元。2003年,无锡市建立国际科技合作项目库,入库项目90项。与上海科威国际技术转移中心、江苏省对外科技交流中心合作组织项目源,组织企业对接,促成6个合作项目,嘉能电动车公司与俄罗斯莫斯科动力学院签订共建机电一体化研发工程中心的协议并开始运作。同年11月,俄罗斯青年科学家代表团访问无锡,俄罗斯新西伯利亚技术团与新区科技创业园签订技术合作协议。

2004年,无锡市与清华大学签订全面合作协议。4月2日,无锡清华同方科技园华东生产基地在锡山经济开发区奠基。4月,由无锡智能自控工程有限公司和世界500强之一的美国爱默生公司签约合作开发工业过程控制项目。8月11日,无锡市科技、经贸洽谈团一行46人赴俄罗斯进行科技、经贸洽谈交流,在俄期间举行留俄人员恳谈会和科技经贸洽谈会,推出12个重点技术合作项目,无锡市对外科技交流中心等单位分别与俄罗斯克雷洛夫研究院、卡玛兹汽车厂、玛斯有限责任公司、莫斯科科技交流中心等单位签订一批科技合作协议。9月26～28日,中国无锡民营企业高新技术洽谈会举行,7300家企业、200多所高校院所、近万名人参会,成交科技项目407个,总金额50.13亿元。10月,伦世仪等7名在无锡院士与杨锦伟等9名无锡科技骨干结成对子,旨在通过科研开发、

图30-5　2004年4月2日,清华同方华东生产基地奠基
(锡山开发区管委会供稿)

成果转化、推广应用等方面的交流合作，提升无锡科技骨干的学术水平和科研能力。同月12日，市科技局和德国东方之桥经济技术协会举办无锡——德国经济技术合作洽谈会，35名德国客商与无锡市70多家科技型企业对接洽谈，一批项目达成合作意向。同月28～29日，以“信息化与现代制造业发展”为主题的江苏省第六届青年计算机科技论坛在无锡举行，400多人参会，许居衍院士应邀作题为“信息化进程中青年人的机遇”的报告，论坛期间另安排主题报告2场、专题报告3场。11月27日，无锡与东南大学签订加强“产学研”合作的协议书，就完善“产学研”合作领导体制、推进重点领域“产学研”合作、加快高层次人才培养、促进重大科技成果转化等问题达成共识。12月21日，东南大学IC学院无锡分院及东南大学国家ASIC中心无锡研发中心在无锡科技职业学院举行揭牌仪式。是年，无锡压缩机股份有限公司与韩国三星公司达成合作生产离心压缩机协议；以“科学与中国”为主题的院士专家巡讲团在无锡开设“名人名家科技讲坛”，南京农业大学刘大钧院士、上海光学精密研究所干福熹院士、长春光学精密机械研究所王立鼎院士先后作“农业现代化与农业科技”“现代工程技术发展态势与对策”等讲座，全市机关干部、科技工作者和高校师生1400多人听取报告。

2005年7月13日，沪锡合作交流会暨项目签约仪式在上海举行，市政府分别与复旦大学、上海交通大学、同济大学签署全面合作协议，58个签约项目总投资达76亿元，其中科技合作项目14个，涉及医药、新材料、科技开发等领域。7月29日，无锡市与北京大学软件与微电子学院签订合作协议，启动建设北京大学软件与微电子无锡“产学研”基地。9月20日，无锡清华同方科技创业园举行揭牌仪式。10月23～25日，“中国·无锡民营企业高新技术洽谈会暨乌克兰科技日”在无锡举行，250多所国内外院校的550多位科研专家到会。洽谈会设立开放式特装展示区，重点展示中国科学院、清华大学、北京大学、南京大学、东南大学、复旦大学、同济大学、上海交通大学等“七校一院”的最新科研成果，会议期间签约项目450个，总投资60.11亿元，其中40个重点科技项目集中签约。乌克兰教育和科学部组织72所乌克兰著名大学、科研单位向公众展示400多项科技成果和实物样品，与无锡及周边地区企业签订合作意向性协议152份，中乌材料科技合作园落户无锡国际科技合作园。11月1日，英特尔（中国）有限公司与无锡永中科技有限公司签订合作协议。同月3日，江苏科技论坛“都市农业与农业可持续发展”分论坛在无锡举办。是年，无锡市在北京、南京和上海分别举办“百个企业科技行”系列活动，先后与中国科学院、北京大学、清华大学、东南大学、南京大学、上海交通大学、复旦大学、同济大学（七校一院）签订全面合作协议，构建“7+1”“产学研”框架体系，构筑无锡吸纳、整合全国一流大学和顶尖科研院所最新科研成果并实现产业化的重要平台。北大软件微电子学院无锡“产学研”基地、清华同方无锡科技创业园、南大科技成果转化中心无锡分中心和共建宜兴环科园、东南大学在新区的超大规模集成电路设计工程无锡分中心、复旦大学无锡新区技术转移中心、上海交大国际技术转移中心江阴分中心、同济大学无锡工业设计园工作站、中科院氢燃料合作基地等成功落户无锡。至年末，无锡国际科技合作园初步建成集智能化、园林化、现代化于一体的科学园区，7个国家的24家企业入驻，聚集院士、博士、硕士及高级工程师100多人。

第八节　科技成果

1986年12月，市政府颁发《无锡市“腾飞奖”试行办法》，规定“凡对全市经济腾飞、推动全市科技进步和社会发展有重大贡献，符合受奖条件的集体和个人，均可被授予无锡市“腾飞奖”。1986～1990年，市政府先后授予59家单位57项“腾飞奖”，其中1986年7项、1987年7项、1988年6项、1989年15项、1990年22项。同期，全市被鉴定验收科技成果6774项，其中国家发明奖2项、国家科技进步奖76项、江苏省科技进步奖207项、无锡市科技进步奖661项，累计获国家、省、市奖励946项。

图 30-6　无锡市1988年度“腾飞奖”和科技进步奖奖励大会（顾祚维摄）

进入21世纪后，市政府加大对“腾飞奖”的奖励力度，鼓励更多的领域大力实施科技创新。2003年，“腾飞奖”评审工作实施重大改革，首次引入以院士为核心的专家型评审形式，使评出的奖项更具有权威性。

1991～2005年，无锡市获得国家级奖励的科技成果13项，其中国家科技进步二等奖6项、国家科技进步三等奖3项、国家发明二等奖1项、国家发明三等奖2项、国家发明专利奖1项；获得江苏省科技进步奖405项，其中一等奖6项、二等奖51项、三等奖242项、四等奖106项；市科技进步奖1341项，其中一等奖29项、二等奖168项、三等奖514项、四等奖630项。

1986～2005年，市政府先后颁发科技“腾飞奖”194项。

1991～2005年无锡市获国家级科技成果二等、三等奖项目表

表30-9

年份	奖次	成果名称	完成单位及人员	备注
1991	二等	千亩池塘商品鱼亩产1000公斤技术试验	无锡市郊区水产畜牧局、上海水产大学	国家科技进步奖
	三等	NC高强耐蚀铝合金轮辋	无锡气动技术研究所、无锡县前洲西塘车圈厂	
		乙烯装置裂解炉侧壁附墙燃烧器陶瓷喷头	宜兴市张泽耐火电瓷厂	国家发明奖
1999	三等	模糊控制在家电生产中的推广应用	无锡小天鹅股份有限公司	国家科技进步奖
2000	二等	甲氧异腈类药盒的研制及推广	江苏省原子医学研究所等	
	二等	皮瓣加足趾组合移植I期修复全手皮肤撕脱性损伤	无锡市手外科医院	
	二等	微生物好氧发酵法工业生产丙三醇（甘油）	无锡轻工大学	国家发明奖
	三等	新型旋光性农药（敌草强、双爱士）的研究	无锡市锡南农药厂	
2001	二等	半合成新抗生素依替米星（89-07、爱大霉素）	江苏省微生物研究所	国家科技进步奖
2003	二等	散粮储运关键技术和装备	国家粮食储备局无锡科学院	
2005	二等	稻米及其副产品高效增值深加工技术	江南大学	

1991～2003年无锡市获江苏省科技进步一等、二等奖项目表

表30-10

年份	等级	项目名称	完成单位及人员
1991	二等	Φ100毫米生产线工艺技术研究	中国华晶电子集团公司
1992	二等	纤维系列轧辊——纯棉无纺布轧辊	江阴市纤维辊厂
		树脂吸附——生物接触氧化法处理多菌灵及其中间体工业废料	江苏化工学院、江阴市农药厂

续表

年份	等级	项目名称	完成单位及人员
1992	二等	挤压粉磨新工艺的研究	江阴市水泥厂
		应用山莨菪碱为主药对麻醉品成瘾者戒毒治疗的临床和实验研究	无锡县人民医院
		家蚕夏秋品种75新×7532选育和推广	无锡市植保站等12家单位
1993	二等	抗蚜威	江阴农药厂等
1995	二等	CY型车用电子冷藏箱	江阴市电子冷藏箱厂
		丽浦书本型微型计算机	无锡丽浦电子有限公司
1996	二等	水稻高产群体质量指标及其调控技术	无锡市农业局
		直燃型溴化锂吸收式冷热水机组	江苏双良集团公司
		"电炉—全连铸—热送—热轧"高效节能短流程示范生产线	无锡锡兴钢铁股份有限公司
1997	一等	新型旋光性农药的研究	无锡市锡南农药厂
	二等	香烟包装用双向拉伸聚丙烯	江阴申达包装集团公司
		HDM-FCC用抑钒金属钝化剂	宜兴华达石油化工助剂厂
		真空精炼轴承钢(CCrl5)无扭控冷热轧盘条	江苏锡钢集团有限公司
		皮瓣加足趾组织组合移植Ⅰ期修复全手皮肤撕脱性损伤	无锡市手外科医院
1998	一等	电晕放电型可染性导电纤维的研究及其特种功能面料开发	江苏省纺织研究所、无锡市第三棉纺织厂
	二等	脱水用复合多孔陶瓷过滤板的研制	江苏省陶瓷研究所等
		HOM-FCC用sb/sn双金属复合钝化剂	宜兴市华达石油化工助剂厂
		极品呢绒的研制及开发	江苏阳光集团
		SME-800型双溢流高温高速染色机	锡山市华洋机械制造有限公司
		FXZ(120/68)-116D热水二段型溴化锂吸收式冷水机组	江苏双良特灵溴化锂制冷机有限公司
		高效低污染35t/h飞灰循环底饲回燃流化锅炉	无锡锅炉厂
		WF-CIMS应用一期工程	无锡威孚股份公司
		高性能高强度混凝土技术推广	无锡市建委等
		镍钛合金组织、性能的控制及应用产品开发	江阴法尔胜集团公司
		全封闭悬挂式酸洗连续生产线	无锡金羊金属制品有限公司
1999	一等	J55N80非调质热轧油管	无锡西姆莱斯钢管有限公司
	二等	欧洲鳗养殖技术的研究及推广应用	无锡淡水渔业研究中心
		对家蚕微粒子病发生原因流行规律及防治对策的研究	宜兴市蚕桑站
		SZK1000N电脑全自动塑料注射成型机	无锡格兰机械有限公司
		高模量低收缩聚酯工业丝和高模量低收缩聚酯浸胶帘子布	无锡市太极实业股份有限公司
		金卡用集成电路技术	无锡微电子科研中心

续表

年份	等级	项目名称	完成单位及人员
1999	二等	CS6023、CS6026八位、10/12位计算器电路芯片	中国华晶电子集团公司
		江苏省建筑安装工程施工技术操作规程研究	无锡市建工局
		40MnV非调质钢	江阴兴澄钢铁有限公司
		超高强度开放式输送带用钢丝绳	法尔胜集团公司
2001	一等	半合成新抗生素依替米星（89-07、爱大霉素）	江苏省微生物研究所
		耗散孤立波系统图案动力学时空混沌的研究	江南大学
	二等	XQB60-518ID变频洗衣机	无锡小天鹅股份有限公司
		CS9370DGPDTMF解码电路	无锡华晶矽科微电子有限公司
		“四位一体”生产高品质轴承钢	江阴兴澄钢铁有限公司
		特大功率高真空陶瓷管壳	江阴九华集团有限公司
		单味中药浓缩颗粒的制备与临床应用研究	江阴天江药业有限公司
2002	一等	集成电路标准加工技术与示范工程	信息产业部第58研究所
	二等	新一代数控高精度内圆磨床	无锡机床股份有限公司
		转8A改弹簧圆钢	江阴兴澄钢铁有限公司
		HY491型电脑粗纱机	江苏宏源纺机股份有限公司
		发泡陶瓷装饰砖的研制	江苏省陶瓷研究所
		羊毛+PVA可溶性维纶技术单经单纬高支织物的研究与开发——维力呢	凯诺科技股份有限公司
		船舶水动力性能综合优化设计集成软件系统的研究与开发	中船重工集团第702研究所
2003	二等	浅水草型湖泊规模化养殖技术研究	中国水产科学研究院淡水渔业研究中心
		以高产量、高转化率和高生产强度为目标的发酵过程优化技术	江南大学
		造纸生产过程集成优化控制系统	江南大学
		特种钢连铸坯热送热装工艺技术	江阴兴澄特种钢铁有限公司
		ZX-35H～698H直燃型溴化锂吸收式冷热水机组	江苏双良空调设备股份有限公司

1991～2005年无锡市科技进步一等、二等奖项目表

表30-11

年 份	等级	项目名称	完成单位及主要完成人
1991	二等	JS-1浆纱微机监测、工艺优化和控制系统	无锡市第二棉织厂等
		MCK-1，ZND-1内圆磨加工主动测量仪	无锡量具刃具厂
		黑磷化工艺研究及其产品开发	无锡市电镀总厂
		FUH工程塑料离心泵	宜兴市工程塑料设备厂
		ND5型内燃机车橡胶件	无锡市第四橡胶厂

续表

年份	等级	项目名称	完成单位及主要完成人
1991	二等	耐高温α-淀粉酶研制	无锡市酶制剂厂
		速溶茶的加工	无锡市茶叶研究所等
		枸橼酸铋钾及枸橼酸铋钾冲剂工艺改进	无锡市第二制药厂
		微机复合软包装成套设备	无锡市江南印刷机械厂
1992	一等	石油井下管外电热带	华能无锡电热器材厂
		应用山莨菪碱为主药对麻醉品成瘾者戒毒的临床和实验研究	无锡县人民医院
		万亩高标准菜田设施规范化建设	无锡市郊区蔬菜局
	二等	UG-65/5.5M型次高压抛煤机双链条炉排锅炉	无锡锅炉厂
		WXD42A型自动喷油嘴中孔座面磨床	无锡机床厂
		LGW-40/7-X型干螺杆压缩机及变型产品	无锡压缩机厂
		DZS型实时动态心电分析系统	无锡市电子技术应用研究所
		T-J型大容量低水压燃气热水器调节水阀	无锡县华庄纺织机械厂
		切割式聚酯线缆三角带、聚酯线汽车V带	无锡市橡胶厂
		无锡市地区乡镇工业职业危害现状与控制对策研究	无锡市卫生防疫站
		微机无线路灯监控系统	无锡市路灯管理处
		HCF型高磁性磁粉	无锡县东亭复印材料厂
1993	一等	抗蚜威	江阴农药厂等
		NW-35型内外压管式超滤器	无锡市超滤设备厂
	二等	HS90B数控绘图机	江苏省无锡测绘仪器厂
		M11100A型宽砂轮无芯磨床	无锡机床股份有限公司
		桑塔纳后轿模具	无锡模具厂
		SKY312型化纤倍捻机	无锡宏源纺织机械制造集团公司
		YXM-92金属钝化剂	宜兴市新湖化工厂
		DGZ-Ⅷ型多功能钻机在水利工程上的应用	宜兴市水利农机局等
		亚急性2-甲基-4-硝基苯胺中毒研究	无锡市卫生防疫站
1994	一等	水稻亩产“双超”的综合栽培技术	无锡市农业局
		MG1050A型高精度无芯磨床	无锡机床股份有限公司
	二等	彩色高浓度复混肥	无锡市磷肥厂
		DZ-3微机程控电动单轨小车	无锡华夏电气有限公司
		KHA矿用高架移动输电装置	无锡华夏电气有限公司
		航天科普娱乐系统工程——无锡太空城	无锡太空城管理处
		纱线漂染综合控制系统	无锡第一色织厂等
		NOB—I静电复印绝缘型磁性干式单组分正电性显影剂	无锡县东亭磁性粉厂

续表

年份	等级	项目名称	完成单位及主要完成人
1994	二等	高性能高炉冷却壁	无锡市太湖耐热铸造厂
		肺癌侵犯胸壁的外科治疗及其胸壁缺损修补材料的研究及临床应用	无锡市第四人民医院
		"太湖翠竹"茶研制	无锡县林业技术推广站等
1995	一等	"电炉—全连铸—热送—热轧"高效节能短流程示范生产线	无锡锡兴钢铁公司
	二等	梅花牌M–325型盒式汽车放音机机芯	无锡市无线电厂
		工厂化育鳖及鱼鳖混养	锡山市东埄镇多服务公司
		UG–75/5.3–M3型75t/h次高压循环	无锡锅炉厂
		直燃型溴化锂吸收式冷热水机组	江苏双良集团公司
		自动扶梯踢板、踏板大型压铸模具	无锡模具厂
		IGBT固体半导体感应炉	无锡市环湖电炉厂
		铝电解电容器低压阳极箔腐蚀工艺研究	和平机械电子集团公司
		额定电压26／35KV及以下新型合成树脂性体冷浇铸式电力电缆接头	无锡金源电力电信塑胶有限公司
		电梯用预张拉钢丝绳	无锡市钢丝绳厂
		彩色胶卷片基(三醋酸片基国产化)	无锡阿尔梅感光化学公司
		脑镜直视下可止血颅内血肿碎吸器的研制和临床应用	无锡市第一人民医院
1996	一等	3100ZLQ38型全调轴流泵	无锡市水泵厂
		华庄镇国家社会发展综合实验区	锡山市华庄镇人民政府
	二等	麦田无草害工程的研究与应用	锡山市植保植检站
		茶树良种——锡茶5号、锡茶u号选育	无锡市茶叶品种研究所
		电气化铁道用密集式串联电容器	无锡市电力电容器厂
		JYn25℃铜芯辐照交联聚烯烃绝缘电机绕组引接软电线	无锡爱邦高聚物有限公司
		JG–7.5/5.3–M5型75t/h次高压煤粉锅炉	无锡锅炉厂
		多用途集装箱门式起重机	无锡华东重型机械厂
		7104–1高性能汽车合成制动液	无锡市炼油厂
		桥梁伸缩装置专用热轧弯曲异型钢材"王""C""E"字钢及生产工艺	江苏三洲冶金公司
		肌苷高产新菌株枯草芽孢杆菌JSIM–1019–193及其发酵提取新工艺研究	江苏省微生物研究所
		无锡地区利用天然地基建造高层建筑的研究	无锡建筑设计研究院
		脾气虚证慢性胃病肠化生的临床与实验研究	无锡市第三人民医院
		静脉注射声振六氟化硫葡萄糖白蛋白微气泡左心及心肌声学造影实验研究	无锡市第一人民医院
1998	一等	CA6110/125型柴油机CA6113型柴油机	一汽无锡柴油机厂

续表

年份	等级	项目名称	完成单位及主要完成人
1998	二等	XQB40-868FC模糊控制全自动洗衣机	无锡小天鹅股份有限公司
		醒脑静注射液的研究	无锡健宏药业总公司
		3MZl46B自动轴承外沟磨床3MZ203自动轴承套圈内圆磨床	无锡机床股份有限公司
		高效低污染35t/h飞灰循环底饲回燃流化床锅炉	无锡锅炉厂
		SP型电脑控制二氧化碳过滤器	锡山市华庄饮料设备厂
		HDM—FCC用抑钒金属钝化剂	宜兴市华达石油化工助剂厂
		交替半身照射治疗白血病淋巴瘤临床研究	无锡市第一人民医院
		皮瓣加足趾组织组合移植I期修复全手皮肤撕脱性损伤	无锡市手外科医院
		观叶植物的引种与开发利用	无锡市园林管理局
		小麦用专用除草剂骠绿浓乳剂的研究开发与应用	宜兴市农业化学研究所
		镍钛形状记忆合金颅骨成型板及颅骨成型板固定钉	江苏钢绳集团公司
		连铸用高耐蚀水口	无锡市南方耐火材料厂
1999	一等	热水二段型溴化锂吸收式冷水机组	江苏双良特灵溴化锂制冷机有限公司
		大面积水稻亩产超600公斤可持续发展综合技术研究与应用	无锡市农业技术推广站
	二等	江苏钢绳集团CIMS推广应用示范工程	江苏钢绳集团公司
		WF-CIMS一期工程	无锡威孚股份有限公司
		LG系列调幅激光传输设备	无锡雷华—环球电子设备有限公司
		CKKT-252/33-12干式空心串联电抗器	无锡市电力电容器厂
		高压气淬真空热处理工艺技术应用	无锡威孚股份公司
		脱水用复合多孔陶瓷过滤板的研制	江苏省陶瓷研究所
		自动化经轴染色	无锡第一色织厂
		极品呢绒	江苏阳光集团
		MG375-W1采煤机	无锡采煤机械厂
		8万吨/年硫磺制酸和余热发电技术改造项目	无锡市硫酸厂
		提高新抗生素西索米星生产菌产量的遗传育种	江苏省微生物研究所
		高血压左心室肥厚的左心室形态、功能、结构及其逆转的实验与临床研究	江阴市人民医院
		调脂剂对血小板红细胞膜必需脂肪酸组成及致动脉粥样硬化等因素影响的研究	无锡市第一人民医院
		多级游离组织组合移植的实验和临床应用	无锡市第三人民医院
		中华绒螯蟹病害防治技术研究	无锡淡水渔业研究中心
2000	一等	太湖地区农业绿色技术与水环境保护的研究	无锡市农业局
		桥用或结构用缆索	江阴法尔胜缆索有限公司

续表

年份	等级	项目名称	完成单位及主要完成人
2000	一等	J55及N80钢板Φ73×51mm热轧油管	江阴兴澄钢铁有限公司
	二等	全自动燃油（气）蒸汽、热水锅炉	江苏双良锅炉有限公司
		GS125型摩托车前后减震器	无锡拓普减震器有限公司
		LKSG型风力发电滤波电抗器	无锡电力电容器厂
		金卡用集成电路技术	无锡微电子科研中心
		污水处理无线实时监控系统研究	无锡市环境科学研究所
		WGPT1600二板式电脑全自动塑料注射成型机	无锡格兰机械有限公司
		全棉针织T恤衫免烫整理	红豆集团红豆T恤衫厂
		高模量低收缩聚酯工业丝和高模量低收缩聚酯浸胶帘子布	无锡太极实业股份有限公司
		YF-97防腐剂	江苏汉光实业股份有限公司
		L-缬氨酸	江苏晶石集团
		端粒酶活性在乳房良恶性肿瘤中的表达以及与P16、C-erbB-2的相关性研究	无锡市第一人民医院
		异种脱钙骨基质粉诱导异位骨髓的实验研究	江阴市人民医院
		WQP8-4501型家用电动喷淋式全自动洗碗机	无锡小天鹅梅洛尼洗碗机有限公司
2001	一等	轿车柔性钢丝绳及其系列生产装备的开发与产业化	法尔胜集团公司
		XQB60-518ID变频洗衣机	无锡小天鹅股份有限公司
	二等	CA6110/125Z型柴油机、CA6110/125ZL型柴油机	一汽无锡柴油机厂
		PW型喷油泵	无锡威孚集团公司
		IW型喷油泵	无锡威孚集团公司
		税控加油机XHJU-B型电脑系统	无锡凯美锡科技公司
		孔网钢带塑料复合管	江苏法尔胜股份有限公司
		高支高密特阔大提花织物	无锡庆丰集团有限公司
		“四位一体”生产高品质轴承钢	江阴兴澄钢铁有限公司
		耐高热织物芯输送带	无锡宝通带业有限公司
		单味中药浓缩颗粒的制备与临床应用研究	江阴天江药业有限公司
		异种去细胞真皮支架的临床应用研究	无锡市第三人民医院
		B—神经生长因子的分离纯化和基因重组及其临床应用的研究	无锡市第二人民医院
		技术创新与医院现代化发展研究	无锡市第四人民医院
2002	一等	新一代数控高精度内圆磨床	无锡机床股份有限公司
		区域性地面气象数据采集系统及自动气象站标准	江苏省无线电科学研究所
		非离子型X线造影剂碘海醇及碘海醇注射液	江苏省原子医学研究所
	二等	75t/h高温分离循环流化床锅炉	无锡华光锅炉股份有限公司

续表

年 份	等级	项目名称	完成单位及主要完成人
2002	二等	WX-ZX008深沟球轴承磨加工自动线	无锡机床股份有限公司
		3800ZXQ50-2.8型斜式全调节轴流泵	无锡市锡泵制造有限公司
		LGD节能型机电一体化喷油螺杆压缩机	无锡压缩机股份有限公司
		WGPT-2700超大型电脑全自动塑料注射成型机	无锡格兰机械有限公司
		互联网监控智能系统	无锡市公安局等
		氢化丁腈橡胶汽车同步带	无锡市橡胶厂
		发泡剂助剂及低温复合发泡剂	江苏雅克化工有限公司
		精陶无铅抗菌制品	宜兴精陶股份有限公司
		索沃尔呢	中亚毛纺织印染有限公司
		蝇蛆蛋白质和甲壳素的深加工技术	江南大学
		《无锡水蜜桃》《无锡水蜜桃生产技术规程》标准的制订及推广应用	惠山区阳山镇人民政府
		HBV血清标志物特殊模式的研究	无锡市传染病医院
		胰肾联合移植	无锡市第一人民医院
		经济发达地区土地资源保护与工业协调发展模式研究与示范	江阴市科技园区领导小组办公室
2003	一等	特殊钢连铸坯热送热装工艺技术	江阴兴澄特种钢铁有限公司
		XR14.5-5/44-360（60/72）第一类溴化锂吸收式热泵机组	江苏双良空调设备股份有限公司
		洗衣机设计关键技术研究及其应用	无锡小天鹅股份公司
	二等	长江系中华绒螯蟹良种推广与产业化开发——大规格商品蟹的生态养殖技术研究	宜兴市水产指导站
		比利时杜鹃轻基质栽培及花期调控技术的研究	江阴市马鑫园艺有限公司
		复合变性的新型淀粉施胶剂CGS-3	江南大学
		改良椎旁阻滞法用于急慢性疼痛治疗系列研究	无锡市第一人民医院
		同种异体肺移植治疗终末期肺病	无锡市第五人民医院
		万吨级管道式连续化生产乙二醇醚	江苏天音化工股份有限公司
		连铸连轧工艺生产高压管坯钢	江阴兴澄特种钢铁有限公司
		PL型喷油泵的研制开发	无锡威孚集团有限公司
		116MW强制循环流化床热水锅炉	无锡华光锅炉股份有限公司
		SLAA水冷螺杆式冷水机组	双良空调设备股份有限公司
		税务稽查查账系统V1.0	江苏省无锡国家税务局
		造纸生产过程集成优化控制系统	江南大学
		环保型防水透湿织物涂层技术及产品	无锡市大愚涂层新技术开发有限公司
		全自动绞纱丝光机	无锡市杨市星火机械设备厂

续表

年份	等级	项目名称	完成单位及主要完成人
2003	二等	高密度光存储介质-4.7GB-DVD金属数码母盘及工艺技术	江苏新广联光盘有限公司
2004	一等	稻米及其副产品高效增值深加工技术	江南大学
		组合组织移植修复复杂性手外伤的系列研究	无锡市手外科医院
	二等	脑损伤后神经源性肺水肿的血流动力学发生机制及多巴酚丁胺的治疗作用	无锡市第三人民医院
		奥氮平治疗精神分裂症临床效应与基因多态性和血药浓度的系列研究	无锡市精神卫生中心
		桑蚕一代杂交种农村原蚕生产母蛾微粒子病检疫袋蛾方法及检测标准的研究	无锡市蚕桑指导站
		猪弓形虫病诊断新技术及防治措施研究	无锡市畜牧兽医站
		0.15mm厚光纤电缆屏蔽专用镀铬钢带和高精度超薄特宽冷轧钢带	无锡市永鑫精密钢带厂
		氯硝柳胺悬浮剂的研制及应用研究	江苏省血吸虫病防治研究所
		无锡市区域性物流中心布局规划研究	无锡市交通局
		LGFYD90/941型移动螺杆压缩机	无锡压缩机股份有限公司
		XRII55/46-5/13-200（57/72）第二类二段型溴化锂吸收式热泵机组	江苏双良空调设备股份有限公司
		现代轨道交通用减振微孔橡胶垫板	江阴海达橡塑制品有限公司
		HY68型精梳机	江苏宏源纺机股份有限公司
2005	一等	浅吃水小水线面双体船设计技术	中船重工集团第702研究所
		《多维记忆评估量表》编制和应用研究	无锡市精神卫生中心
		220t/h高温高压循环流化床锅炉	无锡华光锅炉股份有限公司
	二等	BPO形态学指数与BPO相关性的临床研究	无锡市南长人民医院
		重要传疟媒介—嗜人按蚊的生物学特性及其防治研究	江苏省寄生虫病防治研究所
		白血病多药耐药相关基因的研究	无锡市第一人民医院
		常规细胞遗传学和荧光原位杂交技术在垂体腺瘤遗传学研究中的应用	无锡市第二人民医院
		自异体表皮细胞悬液混合体内培养的实验和临床研究	无锡市第三人民医院
		PW2000型喷油泵的开发及产业化	威孚高科技股份有限公司
		高精度“滑阀类阀芯”的研制与产业化	无锡鹰贝机械有限公司
		额定电压1kv集束架空绝缘电缆	无锡江南电缆有限公司
		不锈钢内外塑料无胶复合压力管	宜兴市三金排水器材厂
		0.9"LCD背投光学引擎	无锡湖光星源光电技术有限责任公司
		基于网格技术的集成应用平台&数字税务管理信息系统	江苏省无锡市国家税务局
		食品专用粉配粉工艺与设备成套工程研究	无锡中禾实业公司
		太湖名特品种——翘嘴红鲌的扩繁与产业化开发	宜兴市水产指导站

续表

年 份	等级	项目名称	完成单位及主要完成人
2005	二等	易腐烂农畜产品延长保鲜期技术的研究	江南大学
		用微生物生产鸟苷的工业化研究	江苏省微生物研究所有限责任公司
		MND-1054显影剂专用高分子树脂	无锡佳腾磁性粉有限公司
		蓄光型多色夜光纤维的开发及产业化	无锡宏源化纤实验厂
		原液着色复合导电纤维开发	江苏省纺织研究所有限公司

说明：1997年未评奖。

1986～2005年无锡市"腾飞奖"项目表

表30-12

年份	项 目 名 称	完成单位及人员
1986	"三花"牌杂色纯棉涤棉高密防羽布	无锡市漂染厂
	"晶菱"牌柠檬酸（药用）	无锡市第二制药厂
	"太平洋"牌色织涤棉细纺	无锡第一色织厂
	录音机芯技术改造工程	无锡无线电厂
	黑曲糖化酶酶活的提高及其在工业上的应用	无锡市酶制剂厂
	断指再植成活（离体56小时）	无锡市河埒医院
	电站锅炉行业技经指标第一	无锡锅炉厂
1987	CD11型电解电容器	无锡市电容器厂
	"华晶"牌CD7611CP、CD7193CP电视机集成电路	无锡微电子联合公司
	"双桃"牌涤腈中长花呢	无锡市第四色织厂
	电站锅炉行业技经指标第一	无锡锅炉厂
	电度表行业技经指标第一	无锡市电镀表厂
	油泵行业技经指标第一	无锡油泵油嘴厂
	宜兴科学施肥	宜兴市政府
1988	太湖地区稻茬麦免少耕适用技术的研究及其在全省的开发和应用	无锡市郊区人民政府
	"双鱼""吉庆"牌精梳高密防羽绒布	无锡市第二棉纺织厂
	"四平莲"牌14.5/14.5（40×40）纱府绸	无锡市第二棉纺织厂
	"双兔"牌针织T恤衫	无锡市针织总厂
	"两江"牌胶带用镀锌钢丝绳	江阴钢绳厂
	主要技经指标全国同行业第一	无锡油泵油嘴厂
1989	毛竹林丰产结构理论和技术的研究	宜兴市林场
	国家质量管理奖	无锡市第二棉纺织厂
	全毛单面华达呢	无锡市协新毛纺织染厂
	45×45染色涤棉细纺	无锡印染厂
	31/12涤棉色织磨毛布（"太平洋"牌）	无锡第一色织厂

续表

年份	项目名称	完成单位及人员
1989	300HW–8型蜗壳式混流泵	无锡市水泵厂
	“钻石”牌塑料化纤地毯	无锡市铺地材料厂
	LGⅡ 12A–3／7–D型低噪声螺杆压缩机	无锡市压缩机厂
	均釉园林陶	宜兴均陶工艺厂
	主要技经指标全国同行业第一	无锡油泵油嘴厂
	主要技经指标全国同行业第一	无锡机床厂
	ZN261（2blp）涡轮增压器	无锡市动力机厂
	“五爱”牌棉纺牵伸胶辊、胶圈	无锡市第二橡胶厂
	无锡精致绣《丝绸之路》	无锡市工艺美术研究所
	“方圆”牌高级紫砂茶具	宜兴紫砂工艺厂
1990	全国乡镇百颗星全国最佳乡镇	无锡县前洲镇政府
	“江农”牌扑热息痛	江阴农药厂
	“小天鹅”XQB30–8型微电脑全自动洗衣机	无锡市洗衣机厂
	“双鸟”牌扑热息痛	无锡市第一制药厂
	“龙珠”牌MUMF1喷风碾米机	无锡县粮食机械厂
	“荷星”牌19.5／19.5267.5／267.5纯棉细布	无锡市第二织布厂
	“震球”牌男西服套装	无锡市震球呢绒服装厂
	“闪电”牌CL11型聚酯膜电容器	无锡县无线电二厂
	“银鱼”牌JT ／ CBtex涤棉精梳纱	无锡市第二棉纺织厂
	“梅花”牌M–309F盒式磁带录音机机芯	无锡无线电厂
	“美峰”牌O型橡胶密封圈	无锡市第四橡胶厂
	“海星”牌1FC±5系列船用无刷三相同步发电机	无锡市电机厂
	“绮山”牌FeM060A（B.C）钼铁	江阴铁合金厂
	轮胎用钢丝帘线	江阴钢绳厂
	OPP ／ LDPE复合袋（膜）	工贸合营无锡市彩印厂
	YC201–300–3型化纤瓷辊	宜兴非金属化工机械厂
	“华宜”牌软性集装袋	无锡市集装袋厂
	“方圆”牌紫砂花瓶	宜兴紫砂工艺厂
	1990年主要技经指标全国同行业第一	无锡机床厂
	1990年主要技经指标全国同行业第一	无锡第一色织厂
	1990年主要技经指标全国同行业第一	无锡油泵油嘴厂
	1990年利悦总额（5596万元）全市第一	无锡市合成纤维总厂
1991	千亩池塘商品鱼亩产1000公斤技术试验	无锡市河埒池塘养鱼研究所
	全国首创新药——硫酸小诺霹素（规模）经济效益显著	无锡市第一制药厂
	“七五”国家级企业技术进步奖	无锡钻探工具厂
	LT6.5MB陶瓷滤波器、XT6.5MB陶瓷陷波器（金质奖）	无锡市电讯元件厂

续表

年份	项 目 名 称	完成单位及人员
1991	“行星”牌S195柴油机	无锡县柴油机厂
	“锡宇”牌ZS4、Z1A型喷油嘴偶件	无锡油泵油嘴集团公司
	“巨龙”牌塑料周转箱	无锡市塑料一厂
	“裘达美”牌R1-n仿兽皮	无锡市人造毛皮厂
	国家一级企业	无锡市协新毛纺织染厂
	国家一级企业	江阴钢绳厂
	国家一级企业	无锡机床厂
	国家一级企业	无锡三利集团公司第二棉纺织厂
	1991年技经指标全国同行业第一	无锡采煤机械厂
	中国乡镇企业“七五”发展成就“全国第一县”	无锡县人民政府
	物资经营规模连续三年居全国县级物资行业第一名	无锡县物资局
	第23届国际化学奥林匹克竞赛银奖、1991年全国化学竞赛一等奖	无锡市第一中学倪浩
1992	爱妻型微电脑全自动洗衣机无故障连续运行5000次	无锡洗衣机厂
	创建全国卫生城市，名列“十佳”县级市第一	江阴市人民政府
	1991年全国县级供销社经营规模第一	江阴市供销合作总社
	全国印染行业利税第一	三利纺织印染集团公司漂染厂
	无锡市创利税第一大户	无锡钢厂
	依靠科技进步，经济效益显著	无锡市新纺合纤厂
	全国“威力神”杯少年举重分龄赛（乙组、60公斤级）挺举、总成绩、总得分三项第一	宜兴市荆溪中学
	歌舞《江南好》	无锡市歌舞团
	大型现代越剧《弥留》	无锡市越剧团
1993	1993年主要技经指标全国同行业第一	无锡威孚股份有限公司
	重视产品质量实现企业腾飞	无锡小天鹅股份有限公司
	依靠科技进步经济效益持续高速增长	江苏宏源纺机股份有限公司
	精神文明和物质文明双飞跃	江阴市华西村村民委员会
	急诊足趾移植再造手指200例获得成功	无锡市手外科医院
	1993年中国数学奥林匹克竞赛第一名	江苏省南菁高级中学
	精心育苗人才辈出	市业余射击航空模型运动学校
	全国高中数理学科竞赛成绩突出	江苏省南菁高级中学
	深化农村改革的重点应是发展社会化服务	无锡县农业局
1994	1994年无锡市首家利润超亿元企业	无锡小天鹅股份有限公司
	首届“中国机械”十大杰出企业	江阴市溴化锂制冷机厂
	第二十六届国际化学奥林匹克竞赛银奖	无锡市第一中学
	第十四届亚洲羽毛球锦标赛女子双打冠军	无锡市人民体育场

续表

年份	项目名称	完成单位及人员
1994	无锡县农业经营方式改革——首创村办农场	中共无锡县委农村工作部
	茶园优质高产栽培技术及规模效益	无锡市林特产指导站
	1993年全国供销社商场销售百强第一名	宜兴市苏南商厦
1996	1995年度主要经济效益指标全国同行业第一	无锡锅炉厂
	注重产品质量和品种开发促进经济效益调整增长	江苏阳光集团公司
	1995年度中国工业企业综合评价最优500家中名列洗衣机行业第一	无锡小天鹅股份有限公司
	奥利亚罗非鱼遗传特性和抗寒相关因子研究	淡水渔业研究中心
	连续三届获中国综合实力百强县（市）第一名	锡山市人民政府
	第十一届亚洲田径锦标赛女子100米金牌	宜兴市荆溪中学
	第八届亚洲射击锦标赛中心发火手枪金牌	无锡市射击场业余体校
	第八届亚洲射击锦标赛女子气步枪40发金牌	无锡市射击场业余学校
	经济效益连续三年全国同行业第一	江阴市鞋帽总公司
	吴桥改建工程质量国内一流获国家市政工程金杯奖	无锡市市政建设工程公司
1997	全省经济战线学习的榜样及“小天鹅”商标被认定为驰名商标	无锡小天鹅股份有限公司
	1996年主要技经指标全国同行业第一	无锡威孚股份有限公司
	全国科技实力百强县（市）第一名	锡山市科学技术委员会
	1996年主要技经指标在全国同行业中名列前茅	无锡协新毛纺织染有限公司
	开发新品创名牌增效益	一汽集团公司无锡柴油机厂
	依靠科技进步经济效益高速发展	江苏三毛集团公司
	1996年经济效益名列全国同行业首位	无锡金都厨房设备有限公司
	发挥集团优势规模经济成效显著	无锡中润（集团）有限公司
	锡剧《瞎子阿炳》获第十三届中国戏剧梅花奖	无锡市锡剧院
	大型舞蹈诗《太湖鱼米乡》	无锡市歌舞团
	第二十六届奥运会羽毛球女子双打冠军	顾俊
1998	企业获中国工业行业状元	江苏钢绳集团公司
	县级广播电视事业发展全国一流	宜兴市广播电视局
	路灯养护指标居全国大中城市之首、综合实力居全国路灯行业前列	无锡市路灯管理处
	“红豆”商标被认定为驰名商标	红豆集团公司
	广南立交桥获全国市政工程金杯奖	市交通局、市政建设工程总公司
	第十届世界杯跳水赛女子三米板双人花样跳水冠军	石磊
	第八届全运会自行车比赛1公里记计时赛第一名	刘亚东
	转轨建制再造优势资产经营成效显著	无锡威孚股份有限公司
	引进国际先进技术液晶生产规模第一	无锡夏普电子元器件有限公司
	出口创汇经济效益列全国同行前茅	希捷国际科技（无锡）有限公司

续表

年份	项 目 名 称	完成单位及人员
1998	依靠科技进步创规模效益	江苏江阴模塑集团总公司
	获“国际残疾人展能节”制陶业技能比赛金牌	宜兴市紫砂工艺五厂夏淑君
	全国邮政“一台清”大赛总分第一名	宜兴市邮电局黄艳
	沪宁高速公路无锡段工程创优质	市高速公路工程建设指挥部
1999	创建文明城市工作成绩显著	无锡市创建文明城市领导小组
	创建国家卫生城市成效显著	无锡市创建国家卫生城市领导小组办公室
	洗衣机销售总量全国同行第一，成效显著	无锡小天鹅股份有限公司
	主要经济效益指标全国同行业第一	无锡锅炉厂
	CA6110/125型、CA6113型柴油机获市科技进步一等奖，成效显著	一汽无锡柴油机厂
	大面积麦茬晚粳亩产600公斤综合增产技术获农业部丰收奖一等奖	无锡市农业局
	艰苦奋斗，建设社会主义新农村	江阴市周庄镇三房巷村
	市现代化农业示范成效显著	宜兴观光农业科技示范园区
	创建中国优秀旅游城市	无锡市创建“中国优秀旅游城市”领导小组办公室
	中山路、三阳广场改建及文明城市示范点创建工程	无锡市重点道桥工程建设指挥部办公室
	无锡市芦村污水处理厂工程	无锡市排水管理处
	荣获全国计划生育先进集体殊荣	锡山市计划生育委员会
	高效率集约化成片土地开发	市星洲工业园开发有限公司
	建成国内最大的磷酸盐生产和出口基地	江苏澄星磷化工集团
	资产重组改革转制成效显著	江苏新远东电缆有限公司
	获全国十大能工巧匠称号	徐安碧
	第四十七届世界射击锦标赛男子标准手枪项目冠军	孟刚
	第四十七届世界射击锦标赛女子小口径步枪3×20项目冠军	徐忆敏
2000	创建上市“江阴板块”名列县级市之首	江阴市经济体制改革办公室
	市场竞争能力年年增强	无锡市第一棉纺织厂
	民族舞剧《阿炳》荣获“文华奖”	无锡市歌舞团
	太湖花园小区一期工程	无锡市经济适用住房发展中心
	走“产学研”之路，依托科技创新，着力新品开发，全面提高企业经济效益	无锡威孚集团公司
	科技创业园快速发展	无锡市高新技术创业服务中心
	农业科技示范园建设成效显著	江阴市华士镇向阳村
	“WG560项目”获国家科技进步一等奖	国营第五五九厂
	资源综合开发成效显著	宜兴市茗岭镇人民政府

续表

年份	项目名称	完成单位及人员
2000	荣获“全国优秀青少年维权岗”称号	锡山市人民检察院
	全国十大农民女状元	稽锡华
2001	创新促发展，效益列前茅	一汽无锡柴油机厂
	产销年年增长，效益同行领先	锡山兴达泡塑材料厂
	集成电路开发成效显著	无锡华晶矽科微电子有限公司
	狠抓新品开发，效益显著提高	无锡压缩机股份有限公司
	华虹NEC（909）安装工程获建设部“鲁班奖”	中国电子系统工程第二建设公司
	“阳光”被认定为中国驰名商标	江苏阳光集团公司
	依靠技术、产品、品牌特色，建成全国最大软包装材料基地	申达集团公司
	主要技术经济指标位居全国同行第一	江阴兴澄钢铁有限公司
	机制创新，效益攀升	江苏华西集团公司
	《突出重围》《大明宫词》《北京女人》获第十八届中国“金鹰奖”长篇电视剧优秀奖	无锡中视影视基地股份有限公司
	依靠科技创名牌，“太湖翠竹”茶享声誉	锡山区林业技术推广站
	建成中国最大锆系列产品生产和出口基地	江苏新兴化工集团公司
	无锡市人民大会堂建设工程	市人民大会堂建设工程指挥部
2002	拥有自主知识产权的光纤预制棒产业化技术取得重大突破	江苏法尔胜股份有限公司
	强化科技招商，壮大科技产业	无锡国家高新技术产业开发区
	“红豆”品牌，驰名中外	江苏红豆集团
	半合成新抗生素“依替米星”获国家科技进步二等奖	江苏省微生物研究所
	管理出效益，经营结硕果——无锡四院“现代医院管理创新理论研究与实践”	无锡市第四人民医院
2003	实施创新战略，雄居全国行业榜首	一汽无锡柴油机厂
	大力实施科技创新工程构筑沿江国家新材料产业带	江阴市科技园区领导小组
	弘扬威孚精神争当行业楷模	无锡威孚高科技股份有限公司
	涂料用树脂产销量居全国同行第一	江苏三木集团公司
	阳山水蜜桃产业化经营示范成效显著	惠山区阳山镇农副业总公司
2004	西蠡湖综合整治工程成效显著	无锡市蠡湖地区规划建设领导小组办公室
	技术国际一流规模国内最大	无锡尚德太阳能电力有限公司
	率先实行村级集体经济股份合作制改革	无锡市委农村工作办公室
	科技创新争一流世界精品铸第一	江苏沪宁钢机股份有限公司
2005	首次开通空中通道——无锡民航机场	无锡市口岸管理办公室、无锡机场有限责任公司
	女子坐式排球队荣获雅典残奥会冠军	锡山区青少年业余体育学校
	同种异体肺移植手术成功率国内领先	无锡市第五人民医院
	稻米及其副产品高效增值深加工技术	江南大学
	世界一流的缆索成套技术及开发	江苏法尔胜新日制铁有限公司

第九节　科技园区

一、无锡软件园

图 30-7　无锡软件园　（陈平摄）

无锡软件园始建于1998年5月8日，位于无锡国家高新技术产业开发区长江路，由软件孵化中心、软件研发中心和软件产业基地组成。2001年6月，国家集成电路设计无锡产业化基地获得科技部授牌。时有中科软件、华润矽科、永中科技、万博信息、开拓企业等40多家企业进驻，拥有近1000人的软件开发人才队伍，软件年销售额达1.9亿元。无锡软件园主要以公安、电力、保险、医院、政府、工商企业等应用软件开发为主。无锡高新区实行"零点费"制度，免收各项地方行政规费，软件企业可实行担保注册，软件出口企业通过CMM认证后，认证费用由软件发展专项资金给予50%补贴。2002年3月，科技部批准无锡软件园组建国家"火炬"计划软件产业基地，园内企业以开发具有自主知识产权的软件产品为主。9月10日，国家"火炬"计划软件产业基地工作会议在无锡软件园召开。2003年12月，无锡新区信息产业科技园管理中心与无锡软件园合并成立无锡新区信息（软件）产业管理办公室。2004年8月，国家"火炬"计划软件产业基地无锡软件园获得科技部授牌。2005年6月，获得广电总局国家动画产业基地称号。2005年9月，无锡国家高新技术产业开发区管委会被评为国家"火炬"计划软件产业基地先进管理单位。同年，市政府、无锡高新区管委会与江苏省信息产业厅筹建江苏软件外包产业园。无锡软件园占地16.67万平方米，由软件中心、软件产业基地两部分组成，由无锡软件产业发展有限公司负责运营管理工作。建设有投资融资、公共技术、综合服务及教育培训等平台，建有中国电信国际数据中心IDC。无锡软件园是新区产业布局优化、产业转型升级的重要载体，是一个集软件人才高密度、入驻企业高层次和配套服务高品质的品牌型创新园区。

2005年，园区有注册企业485家，经认定的软件企业76家，获得CMMⅢ以上资质认证的企业8家，经国家认定集成电路设计企业22家，占江苏省50%左右，初步形成软件及信息服务外包、文化创意产业、IC等特色产业。软件及信息服务外包方面，形成NEC、清华紫光、华夏计算机、横新、日本TIC、NTT DATA公司等众多骨干企业为支柱，大批自主应用软件及对日外包企业迅速壮大，欧美外包不断发展态势；文化创意产业方面，形成集创作、制作、发行、播映、融资和相关衍生产品开发的动漫产业链，聚集感动芯、手机产业联盟、上海卡通、上海美影厂、香港阳光传媒集团、北京龙戴特等80余家软件动漫企业；IC产业方面，基于以海力士—意法半导体、东芝、英飞凌、美新、CETC58所、华润微电子等在内的太湖硅谷IC产业集群（占长三角IC产业近1/3、全国近1/5）。

二、江南大学科技园

1998年，无锡轻工大学（后合并为江南大学）在蠡园经济开发区建立无锡轻工大学科学园。

2001年，无锡市政府和江南大学决定发挥无锡国家高新区优越的综合优势，以在无锡省部级重点科研院所为依托，在新区正式启动建设江南大学科技园，将无锡国家高新区科技创业园等创新孵化载体（后称A区）由江南大学科技园管理委员会管理与运作。作为集孵化、投资和运营管理服务三位一体的综合性孵化基地，江南大学科技园旨在转化科技成果，孵化高新技术企业、培养创新创业人才，服务区域经济建设和支撑行业技术进步。同年10月，省科技厅、省教育厅批准江南大学科技园为江苏首家省级大学科技园。至2005年，规划建设形成A（位于新区）、B（位于太湖国家科技园）、C（位于山水城科教产业园）等3个高新技术创新创业孵化区。

三、无锡科技创业园

1993年10月，无锡高新技术创业服务中心成立，位于无锡国家高新技术产业开发区长江路34号地块，是集企业孵化、产业培育、功能园区建设为一体的中小科技型企业的孵化器，是无锡高新区从事科技事业发展的综合服务机构。1998年8月，在中心基础上成立无锡科技创业园（Si.Park），占地16745平方米、建筑面积43246平方米。1999年12月，被科技部授予“国家级高新技术创业服务中心”称号，为无锡地区第一个国家级高新技术创业服务中心和第一个国家级留学人员创业园。2001年2月，被市政府授予“腾飞奖”。历年均被科技部评为国家高新区先进孵化器服务机构。至2005年，引进企业累计近千家，在孵企业420家，集聚近万名科技人员在此共同创业，有包括尚德太阳能、美新半导体、中兴光电子、创明传动、祥生影像等在内的近百家高科技企业。

四、无锡太湖国际科技园

无锡太湖国际科技园（简称“太科园”）位于无锡市新区，是无锡市建设创新型城市的关键载体和标志工程，2005年开始规划建设。规划面积23.2平方公里，规划居住人口约10万人。太科园致力于建设以科技、研发、创意为主体功能，以高新技术产业为支撑，以生态休闲、商务服务为配套的科技园区和滨水型城区。2005年12月，由市建设发展投资公司和无锡新区国有资产管理委员会共同出资组建无锡太湖国际科技园投资开发有限公司（简称“太科园公司”），注册资本6亿元。太科园公司作为太科园功能区开发建设的主体和投融资平台，主要承担城市基础设施开发、工程项目建设、对太科园内项目的投资、企业管理、投资咨询服务、物业管理、自有房产出租等业务。

五、无锡清华同方科技园

2004年4月，无锡清华同方科技园在锡山经济开发区奠基，并成立园区有限公司。园区是由清华同方（股票号码600100）、锡山区政府、市科技局共同出资成立，注册资金3030.5万，其中清华同方占总股本的50.5%。占地66.67万平方米，重点建设计算机、人工环境、照明及IT等产业生产基地。2005年9月，举行园区建成揭牌仪式。至年末，园内设计年产300万台的计算机厂建成投产，成为清华同方在国内最大的计算机产品制造基地。

六、国家（无锡）液晶显示产业园

1994年，无锡市与日本夏普公司合资组建无锡夏普电子元器件有限公司，承建国家“八五”重点项目——大型STN-LCD液晶显示器件生产基地。无锡的液晶产业从此起步。2005年9月10日，国家（无锡）液晶显示产业园在无锡新区挂牌。园区有液晶产业10多家企业，总投资超过6亿美元，主要厂商分别来自日本、韩国和中国台湾地区。其中以无锡夏普公司为龙头，以电子材料、太阳电器等为骨干，液晶产业集群已见雏形，当年产值达200亿元。液晶产业园规划为A区、B区和C区。在建A区占地101563平方米，以夏普移动液晶制造为主体。

第二章　社会科学[①]

第一节　学术活动

1986～1990年，无锡市社科学术活动结合改革开放，特别是无锡农村和城市经济改革的实际，从理论和实践的结合上探讨促进改革发展的举措。其间，社科界召开学术会议1360余次，6.2万余人次参加，撰写学术论文及调查报告1.8万余篇，其中省级刊物发表1850篇，全国刊物发表680篇，出版著作50余部。1986年，无锡市社科理论界先后召开城市企业研讨会和农村经济发展理论研讨会，研究城市企业与农村经济的当时状况、运行机制、主要矛盾及其对策，研究生产资料市场、资金市场和价格等问题，相继以资金融通、信贷资金管理体制、改革利率政策等问题召开专题研讨会。1987年10月15～19日，市社科联联合省社科联、省经济学会、群众杂志社、省乡镇企业管理局在无锡召开“苏南模式”研讨会，与会80多位代表提交论文50多篇。研讨会对“苏南模式”的内涵、本质特性、运行机制等展开讨论，会后汇编的《苏南模式新探索》由上海人民出版社出版。是年，无锡社科界举行无锡农村经济发展战略讨论会，参与制定《无锡农村经济1988—1995年发展纲要》。1988年6月，市委宣传部、市委党校、市社科联、市哲学社会科学研究所（以下简称“市社科所”）联合召开社会主义初级阶段理论讨论会，全市高校、党校、宣传理论部门的理论工作者和部分领导干部40余人参加会议，对社会主义初级阶段经济的基本特征、政治实践的核心、意识形态、党的建设等问题进行讨论。11月21～22日，市委研究室、市委宣传部、市体改委、市经济研究中心、市财政局、市社科联、市社科所联合召开无锡市企业兼并和试行股份制研讨会。同年，分别举行发展外向型经济讨论会、无锡市企业工效挂钩暨内部分配改革研讨会、近代著名思想家、外交家薛福成诞辰150周年纪念会、近代著名科学家徐寿诞辰190周年纪念会。1989年，围绕治理整顿、深化改革的主题开展各项学术活动，先后举行经济形势报告会、经济形势分析会，组织开展“在治理整顿中企业改革与发展”专题征文和关于个体经济的调研活动，探索流通领域的改革与发展等。1990年，围绕贯彻中央《关于进一步治理整顿和深化改革的决定》，探讨促进城乡经济持续稳定增长的措施。7月3～4日，市委宣传部、市经济学会、市中青年经济社会发展研究会联合召开经济长期、持续、稳定、协调发展理论讨论会。

1991年，市社科联在分析无锡社会科学的机构、队伍、环境和条件的基础上，提出社会科学“八五”规划意见，确定全市哲学社会科学的指导思想、奋斗目标、研究重点和主要措施。是年，市委将“中国特色社会主义在无锡的实践”确定为全年理论研究工作的主题。2月，中共中央《党校论坛》发表《从无锡农村看中国特色社会主义的强大生命力》的论文。3月，《求是》杂志第6期发表题为《社会主义在无锡县》的文章。4月12日，《人民日报》发表长篇调研报告《科学社会主义在无锡农村的伟大实践》。3篇文章在全国引起较大反响。市社科联主办的《无锡论坛》开设《社会主义在无锡》专栏，发表一系列调查报告和论文。12月，市委宣传部组织社科理论界召开“社会主义在无锡的实践”专题研讨会，总结无锡地区10多年来的探索实践。是年，相继举办无锡市社会主义商品市场研讨会、纪念徐霞客逝世350周年学术会议、纪念著名科学家徐建寅殉职90周年学术讨论会等学术活动。1992年，围绕建立社会主义市场经济体制目标开展各学科学术研讨活动，全市召开学术研讨会90余次。5月，市社科联会同有关部门开展社会主义市场经济与高速发展的无锡农村经济研讨会，研究无

① 社会科学的组织机构、学术团体、阵地建设等见第二十七卷第五章《无锡市哲学社会科学联合会》。

锡农村经济所有制结构、分配制度、市场运行机制、乡镇文明和精神文明建设等。《求是》杂志第3期发表《无锡六个亿元村说明了什么》的长篇调查报告，总结乡镇企业开辟农村社会主义市场经济新局面的经验做法。11月16日，市社会学会、省社会学会等联合在无锡召开江苏省小康社会的实践与理论研讨会，就中国小康社会的基本特征、实现小康社会的途经和基本经验、实现小康的障碍及其理论分析等进行研讨。年内，还相继召开“市场经济与金融改革”“劳动、工资、保险三大制度综合配套改革”“在市场经济活动中建立和健全法律法规”等研讨会和无锡近代著名学者丁福保逝世40周年纪念会、纪念近代杰出数学家华蘅芳逝世90周年大会。

1993年4月，市社科联会同市有关部门开展“市场经济在无锡的实践和探索”研讨活动，共收到学术论文、调研报告60余篇。10月9日，市场经济在无锡的实践和探索研讨会举行，围绕无锡率先建立社会主义市场经济体制、乡镇企业的发展、“三产兴城”战略、市场体系的培育和建设、市场经济条件下党的建设等5个方面问题进行研讨交流。是年，举办纪念《无锡白话报》创始人裘廷梁逝世50周年学术交流会，组织纪念毛泽东诞辰100周年座谈会、报告会、学术研讨会和书画展，“发达国家经济发展的奥秘”学术报告会等。全年举办学术活动188次；提交学术论文、调查报告6350余篇，其中在国家、省两级刊物上发表1200余篇；出版专著、编著、教材等70余部。1994年10月22～24日，市委宣传部、市社科联、市文化局等联合举行纪念东林书院重修390周年暨全国东林学术研讨会，内容包括东林书院史、思想教育史、理论史，为境内研究东林书院首次全国性学术研讨会，北京、天津、江西、湖北、湖南等地和省内的专家、教授50余人出席研讨会。是年，市社科界还组织举行纪念薛福成逝世100周年学术研讨会、纪念徐寿逝世100周年学术研讨会等学术研究活动。1995年9月8日，市委党史工委、市社科联、市中共党史学会联合举行纪念抗日战争胜利50周年学术研讨会，70余位与会者，探讨抗战时期党的建设等问题。是年，全市社科界共开展包括纪念徐建寅诞生150周年学术研讨会在内的学术交流活动215次；提交学术论文、调查报告5020余篇，其中，在市级刊物上发表2324篇、在省级刊物上发表825篇、在国家级刊物上发表331篇；出版专著、编著、教材等97部。

1996年4月25～27日，由省委宣传部党员教育处与市社科联、江南论坛杂志社联合发起组织的全省社会主义市场经济条件下党的建设理论研讨会在无锡召开，全省11个省辖市的市委宣传部、组织部、纪委等部门领导，省直大型企业党委书记及省内专家、学者共100余人参加会议。会议提交学术论文158篇，交流80余篇，评出优秀论文37篇，其中一等奖4篇、二等奖11篇、三等奖22篇。《人民日报》《新华日报》《江苏宣传》等均对研讨会作报道。会后，黄文虎、宗菊如等主编的《新的伟大工程初探——新形势下党的建设理论与实践》由江苏人民出版社出版。11月11日，市政府发展研究中心、市高级经济师联谊会、市经济学会联合举办无锡市转变经济增长方式理论研讨会，就全市经济运行方式的总体评价、转变经济增长方式的难点、转变经济增长方式的一般形式、转变经济增长方式的关键、国有企业如何实现转变、转变增长方式的评价指标体系、转变中怎样发展规模经济、流通企业怎样实现转变等论题展开研讨。年内，市社科界深化邓小平建设有中国特色社会主义理论的学习和研究，加强“两个转变”“两个率先”等的研究，突出国有企业改革、市场体系完善、集约经营、思想文化道德建设、教育与人才、可持续发展等重点的研究，全年开展学术活动279次，在国家、省、市级刊物上发表研究成果3500余篇，出版专著、编著、教材等59部。1997年6月27日，无锡市社科界香港回归“一国两制”学术座谈会举行，60多名与会者高度评价邓小平“一国两制”构想的巨大贡献和深刻意义，探讨香港的历史、现状和未来，探索锡港经济文化交流与合作的前景。同一时段，市社会学会召开香港回归与锡港社会现实研讨会、市中共党史学会举办迎香港回归图片展览等。12月1～4日，市社科联、江南论坛杂志社与省委宣传部、群众杂志社，苏州、无锡、常州市委宣传部，苏南发展研究所联合举行“第六次苏南改革与发展趋势研讨会”，就苏南乡镇企业产权制度改革、苏南模式的改革与发展等展开研究。市社科联撰写的调研报告《苏南乡镇企业产权制度改革的有益探索》一文在《人民日报》全文刊登。

1998年11月3～5日，由无锡市社科联牵头，会同苏州、无锡、常州、嘉兴、湖州等5市的科协和社科联联合举办第三届环太湖地区21世纪可持续发展战略研讨会，江苏省科协、农林厅、环保局、水利厅和5市领导以及各市专家学者共100余人参加会议，提交学术论文、调查报告、咨询报告80余篇，就太湖污染的防治、农业现代化和发展乡镇企业等主题展开研讨。会议期间，中国水利部减灾办公室主任、中国水利水电科学研究院教授刘树坤作学术报告。12月15日，市委宣传部、市社科联等联合举行无锡市纪念中共十一届三中全会召开20周年理论研讨会，200余人与会，提交会议学术论文、调查报告80余篇。是年，市社科界全年开展包括纪念周恩来诞辰100周年研讨座谈会等在内的理论和学术研讨活动293次，在国家、省级报刊上发表的学术成果2164篇，出版专著、编著、译著、教材24部。1999年，市社科界围绕庆祝新中国成立50周年、无锡解放50周年和迎接澳门回归祖国，举办纪念会、报告会、座谈会、展览会、征文比赛等形式多样的学术活动。5月20～22日，由无锡市社科联牵头，会同苏州、常州市社科联，无锡市委宣传部、市工商局、江南论坛杂志社联合举办"苏南个私经济理论研讨会"。同月，由市社科联发起并与市委宣传部、无锡教育学院、江南论坛杂志社联合编纂的《中国太湖史》(上下两卷、120万字)，历时4年，由中华书局出版，向国内外公开发行。《中国太湖史》从政治、经济、文化等各个方面系统论述太湖两千年文明史。是年，市社科界全年开展各类学术研讨会251次，1.3万人参加，提交各类学术论文、调研报告5645篇，在报刊上发表研究成果1425篇，出版专著、编著、译著、教材56部。

2000年9月，市社科联牵头组织编纂的《无锡文化大观》，由新华出版社出版发行。《无锡文化大观》近百万字，包括历史人文、山水胜迹、文学艺术、科技教育、文化传播、工艺美术、群文体育、宗教民俗等八大篇章，以数千年历史为经，以无锡一城三市(县)地域空间为纬，记述"无锡文化"的形成、演变、发展、成就、地位及其特色，揭示无锡的人文精神风貌和不断开拓创新的文化性格，展示"无锡文化"的底蕴和神采。全书共有一级条目1000余条，配图200幅，其中有些图片为首次发表。全书融知识性、可读性、资料性于一体，是无锡市一部大容量、综合性的文化典籍。11月1～3日，无锡市社科联会同苏州、常州、嘉兴、湖州等四市社科联和科协，联合举办"第五届21世纪环太湖地区可持续发展战略研讨会"。江苏省社科联、江苏省科协和常州市委、市政府领导及各市专家、学者共100余人参加会议。提交会议论文、调查报告、咨询报告80余篇，以环太湖地区"三农"(农业、农村、农民)问题为主题展开研讨。由宗菊如、黄胜平、郑晓奇撰写的研讨会综述《关于环太湖地区可持续发展的几个问题》，先后被中国社科院《领导参阅》(1997年第26期)、《求是》杂志《内部文稿》(1997年第18期)、《人民日报》、《理论参考》(1997年第12期)等全文刊登。同月27～28日，江南论坛杂志社与省委宣传部、群众杂志社以及苏州、无锡、常州、镇江等市市委宣传部，联合举办苏南发展第八次理论研讨会，就苏南地区发展新经济和加强新经济组织党的建设工作等问题进行研讨。围绕全市改革发展大局，组织课题研究和学术活动。全年开展学术研讨会194次，在报刊发表研究成果2164篇，出版专著、编著、译著、教材43部。是年，市社科联采取多学科协同、市内外结合、上下合作等形式，开展理论研讨活动，承办无锡市首届社会科学工作会议、苏南地区第二届个私经济理论研讨会、第八次苏南发展理论研讨会等重大学术活动。

2001年4月20～22日，市社科联、江南论坛杂志社与中国社科院中国经济分析与预测中心联合在无锡举办"中国社会经济形势分析与预测暨江南发展论坛"，全国各地近百人出席论坛。中国社科院城市发展研究中心主任傅崇兰、社会学研究所副所长李培林、数量经济与技术经济研究所副所长齐建国、研究员刘满强和经济研究所研究员晓亮等分别就中国经济形势分析与预测、中国社会形势分析与预测、城市化战略和城乡一体化、民营经济的发展战略与管理创新、电子商务发展与对策等热点问题作学术报告。12月18～19日，江南论坛杂志社与省有关部门联合举办苏南发展第九次研讨会，就加入世界贸易组织(WTO)与地方政府的职能转换、开放战略下的体制创新、入世后中小企业的发展、苏南城市群的国际化进程等问题进行研讨。全省各地的理论宣传工作者，党校、社科界有关人士，部分经济主管部门及企业负责人近60人参加会议，会后出版《群众》杂志专刊《WTO与苏南发展》。是年，全市社科界组织举办包括“无锡市民营经济理论研讨会”、以“提高无锡综合竞争力”为主题的经济论坛等学术活动73次，在市级以上报刊发表2600多篇学术论文、研究报告。2002年2月，市社科联与市委宣传部联合召开纪念邓小平南方谈话10周年理论座谈会，从理论和实践的结合上认识从南方谈话到“七一”讲话的重要意义。6月，市社科联与市委宣传部联合召开学习江泽民“五三一”讲话精神座谈会，开展“三个代表”重要思想的学习和研究。中共十六大召开后，市社科联与市委宣传部联合召开社科界学习十六大精神座谈会，市委领导到会讲话。结合全市开展的“增强竞争力、增创新优势”宣传教育活动，组织社科界的专家学者和理论工作者举办3次专题理论研讨活动，《无锡日报》以整版和专栏的形式刊发有关研讨会的发言摘要。6～11月，由市委书记蒋定之牵头，市社科联组织市社科界和有关部门的理论和实际工作者30多人，开展无锡市经济和社会发展现实优势和增创新优势系列课题研究，历时半年，形成1个总报告和12个分报告，共25万字，为市委、市政府决策提供科学咨询和理论支持。新任市委书记王荣就其中的《打好太湖牌是无锡增创新优势的重大发展战略》咨询报告作出批示，转发各市委常委和各部门阅研，在无锡经济社会发展战略制定和完善过程中发挥理论指导作用。

2003年，市社科联继续加强对全市改革开放和现代化建设重大现实问题的研究，在调查研究基础上，确定65个重点研究课题，以《课题指南》的方式下达到各学会。3月29日，市社科联召开增创新优势、增强竞争力“双增”理论研讨会，就增强无锡城市竞争力等问题进行探讨，对无锡经济和社会发展方面的相对优势进行较全面的论证，对存在的弱势进行分析，提出“双增”工作思路和对策。6月，由市社科联发起、市委书记王荣作序、宗菊如等主编的《无锡民营经济年鉴》编辑出版，为全国地级市首创，之后，每年连续编纂出版。11月10日，市社科联利用《江南论坛》的综合性、区域性学术平台优势，举办首届“长三角”一体化发展论坛，长江三角洲地区16个城市的市委宣传部、市社科联的领导和专家学者近百人出席论坛。论坛以“研究‘长三角’、宣传‘长三角’、服务‘长三角’”为宗旨，以“‘长三角’城市合作与发展”为主题，先后进行论文交流、学术报告、分组研讨，就“长三角”地区对外开放、经济发展、体制创新、市场构建、产业布局、资源开发、环境保护、文明创建以及文化事业和文化产业发展等进行研讨，发表《“长三角”一体化发展论坛宣言》。是年，市社科界举办各类研讨活动378次，在国内公开刊物上发表论文及调研文章2600余篇。由社科联组织的“无锡市经济和社会发展现实优势和增创新优势系列课题研究”结项，出版30多万字的《无锡竞争优势研究》(新华出版社2003年6月第一版)，《打好太湖牌，增创新优势》一文在《求是》杂志上全文刊登，《经济学动态》《光明日报》《新华日报》先后发表评论。2004年，市社科联发布年度课题研究指南，明确30个重点课题，整合力量，组织攻关。5月，市逻辑学会会同省委党校、省逻辑学会组织举行全国民本思维学术研讨会，全国各地100多名专家、学者与会。6月，市社科联会同市委宣传部、市工商局、市中小企业局开展“无锡民营经济发展”征文活动，10月组织举行无锡市民营经济发展理论研讨会，提交论文43篇，形成一批对民营经济发展具有实用价值的研究成果。是年，全市社科界组织举办专题调研活动126次，召开研讨会、座谈会和年会100多次，撰写论文、调研报告和理论文章近3000篇。其中，《中国民营经济导论》《国有企业模拟民营企业运行》两书论述中国民营经济产生和发展中的若干重大理论问题和实践问题，为发展民营经济提供理论支持，为国有企业如何借鉴民营企业的运行机制作出实证性研究。通过编发《社科通讯》提供决策意见，其中郁有满撰写的《从历史与现实的比较中科学地认识无锡、苏州的发展》一文由市委书记王荣批示。

2005年，市社科联确定“长三角”产业升级与无锡发展定位研究、无锡全面建设小康社会与社会全面进步研究、转变经济增长方式与无锡新兴支柱产业发展研究等30个重点研究课题，整合社科力量，完成无锡城市品牌问题研究、吴仁宝和一汽锡柴先进事迹调查总结、工商文化研究、华西村社会主义新农村建设等课题研究，形成一批研究成果。10月，市社科联与江南大学联合举行钱穆学术思想研讨会，海内外50多名专家学者就一代国学大师的学术思想展开探讨。12月，“长三角”民营经济发展论坛在无锡举办，“长三角”地区的高校、党校、党委宣传部、社科联和民营企业主管部门90多人与会。论坛以“长三角”民营经济合作与发展为主题，结合区域经济发展的现实，从理论与实践、从基本观点到重大问题、从发展现状到未来态势等多个角度进行深入探讨。年内，相继组织“文化无锡”建设座谈会、提高无锡城市综合竞争力研讨会、和谐社会建设研讨会、吴仁宝先进事迹研讨会等学术研讨活动。全年组织学术和调研活动300余次，形成调查报告或研究文章2000多篇，通过《社科通讯》编发的对策性建议与意见70多篇，其中《近代无锡百年繁华的成因及启示》一文经市委主要领导批示，在全市教育工作会议上交流。

第二节 学术成果

一、市级成果

1987年起，市社科联每两年组织一届全市哲学社会科学优秀成果评奖活动，鼓励社科工作者围绕中心，服务大局，推进理论创新，以优秀的社会科学成果服务无锡经济社会发展。自2001年第六届社科评奖活动始，增设决策咨询成果的评奖项目，完善评奖办法，试行量化评分办法，提高奖金水平。至2005年，全市社科优秀成果评奖8次，评出一等奖60项、二等奖261项。

1987～2005年无锡市哲学社会科学优秀成果评奖概况表

表30-13

次第	评奖时间	时间范围	奖项	一等奖课题名称及作者
一	1987.10	1983.09～1987.09	一等奖5项、二等奖35项、三等奖103项	《认清农村经济现状 探讨深入改革路子》(朱根宝、王安岭)、《转折、适应、创新》(张锦堂)、《对企业思想政治工作民主化科学化的思索》(陆国钧、刘吉)、《论价值真理概念的非科学性》(辛望旦)、《宁波现存日本国太宰府博多津华侨刻石之研究》(顾文璧、林治明)
二	1990.07	1987.10～1990.06	一等奖4项、二等奖20项、三等奖120项	《近代汉语概要》(张永绵)、《味觉审美初探》(张振楣)、《发展社会化服务是农村第二步改革的中心任务》(许谷秀)、《论我国金融资产的积累效应》(史致金)
三	1994.05	1990.07～1993.12	一等奖6项、二等奖32项、三等奖150项	《科学社会主义在无锡农村的伟大实践》(宗菊如、黄胜平)、《老人，老人的价值》(林渭溪)、《建立企业职工医疗保险的利益约束系统刍议》(凌建民)、《试论社会主义市场经济的人才管理》(严乙苍、邱玮玉)、《江阴人民革命史》(江阴市党史委)
四	1997.05	1994.01～1996.12	一等奖9项、二等奖31项、三等奖145项	《无锡农村经济起飞之路》(宗菊如)、《发展是硬道理：一个贯穿全局的根本观点》(周解清)、《无锡市跨世纪发展战略研究总报告》(课题组)、《论社会主义精神文明的现实基础》(辛望旦、王金福)、《对苏南可持续发展问题的思考》(须俭)、《论人文科学的地位和功能》(袁振辉)、《无锡市国内生产总产值最终使用去向的研究报告》(吴涵志、李阳辉)、《迈向二十一世纪的锡山市》(课题组)、《中国共产党锡山市历史大事记》(锡山市党史办)

续表

次第	评奖时间	时间范围	奖项	一等奖课题名称及作者
五	1999.05	1997.01～1998.12	一等奖10项、二等奖61项、三等奖92项	《锡山市乡镇工业的兴起与发展》(王正俊)、《浅论城市空间形象及塑造》(任今龙、周必勇)、《谣言与流言:错位的心态》(张铁民)、《改制对无锡乡镇企业产权的影响》(张寿正、朱铭、许建军)、《中国文化修辞学探略》(陈炯)、《孙中山对于中国城市现代化的构思》(蒋伟新、汤可可)、《秦邦宪早年思想探析》(杨玉伦)、《二级分行建立信贷经营中的实践与探索》(课题组)、《把注重实绩的原则落到实处》(无锡市委组织部)、《无锡年鉴》(无锡市地方志编纂委员会办公室)
六	2001.05	1999.01～2000.12	一等奖8项、二等奖30项、三等奖89项、决策咨询奖5项	《无锡民国史话》(朱邦华)、《宜侯矢簋与班簋的相关考述》(袁志洪)、《薛中梁谈英语课堂教学》(薛中梁)、《对社会需要与科学发展关系的再思考》(辛望旦)、《项目化活动:企业思想政治工作的创新》(周解清)、《发展四大特色经济》(陆荣德)、《无锡小城镇建设的近期趋势和对策》(张寿正)、《无锡文化大观》(王慧芬、朱建平、黄胜平)
七	2003.05	2001.01～2002.12	一等奖9项、二等奖31项、三等奖80项、决策咨询奖12项	《王国维文献学研究》(姚淦铭)、《苏南乡镇企业发展道路》(徐立青)、《精英思维》(陶伯华)、《依法治税的宪法学分析》(季伟胜、刘凡)、《超越传统理性概念 构建当代理性形式》(袁振辉、辛望旦)、《犯罪客体与主观罪过的性质》(倪培兴)、《中国企业的成功与失败》(陆阳)、《中国牌坊》(金其桢)、《人世大关怀》(张铁民)
八	2005.06	2003.01～2004.12	一等奖9项、二等奖21项、三等奖67项、决策咨询奖10项	《古典诗论研究》(盛东涛)、《新课程说课、听课与评课》(周勇、赵宪宇)、《东林书院志》(整理委员会)、《关于城市化过程中农民失地问题的思考》(张寿正)、《乐农史料选编》(整理研究小组)、《超越与顺应:现代宗教社会学观照下的佛教》(邓子美)、《美学前沿》(陶伯华)、《翻译思维学》(龚光明)、《茶叶商品与文化》(胡付照)

二、省级成果

1987年，在江苏省第二次哲学社会科学优秀成果评选中，无锡市4项成果分获二、三等奖，其中《灵感学引论》(陶伯华、朱亚燕)获二等奖。1990年，江苏省第三次哲学社会科学优秀成果评选中，无锡市9项成果获三等奖。1994年，江苏省第四次哲学社会科学优秀成果评选中，无锡市7项成果分获一、二、三等奖，其中《苏南农村现代化道路探索》(朱根宝、王安岭)获一等奖、《苏南经济改革与发展》(郁谦)获二等奖、《在希望的田野上——来自苏南农村的研究报告》(黄胜平)获三等奖。1997年，江苏省第五次哲学社会科学优秀成果评选中，无锡市13项成果分获二、三等奖，其中《艺术变相论》(杜文园、陶伯华)、《中等城市财政》(张士怀)分获二等奖。1999年，江苏省第六次哲学社会科学优秀成果评选中，无锡市11项成果分获二、三等奖，其中《中国高新区导论》(吴林海)获二等奖。2001年，江苏省第七次哲学社会科学优秀成果评选中，无锡市10项成果分获二、三等奖和决策咨询奖，其中《中国科技园区创新能力论》(吴林海)获二等奖、《中国太湖史》(上、下)(宗菊如、周解清等)获三等奖。2003年，江苏省第八届哲学社会科学优秀成果评选中，无锡市11个项目获得三等奖。2005年，江苏省第八届哲学社会科学优秀成果评选中，全市4项成果分获二、三等奖，其中《徐霞客研究古今集成》(吕锡生)获得二等奖。

第三节 社科普及

1986～1992年，市社科联以社科学会为中坚力量，举办不同学科内容的培训班、辅导班2500多期，20余万人次参训；举行学术报告会270余次，听众5.6万余人次。其间，开办有关学科大专班和函授班10多期，培养大专毕业生2000余人；组织家庭教育研究会义务咨询1835次。法学学会接受法律咨询近百次，代理参与诉讼40起，挽回经济损失189万元。1992年，举办不同学科的培训班22期，1300余人次参训；举办学术报告会40次，听众3500余人次；开办大专辅导班、函授班12期，学员650余人，这种大专辅导、函授班直至1999年结束，学员数千人。

1993～2003年，全市社科普及活动以学术交流为主，围绕经济建设中心，坚持普及和提高相结合的原则，面向社会，面向大众，探索新形势下社科知识普及和科学教育的有效途径，多形式、多层次、多方法地开展社科知识普及和咨询服务活动。1993年，市社科联及所属学会、研究会举办辅导班、培训班150余期，学员1400多人；开办学科讲座、报告会40余次，听众3500余人次。1996年，市社科联及所属学会、研究会开展讲座85次，听众10余万人次；举办培训班38期，参加培训4800余人次。7月3～5日，市社科联首次举办全市社科类期刊讲习班，40家期刊的主编和编辑参加。1997年，市社科联将社科普及与咨询服务作为科研走向社会的一项重要任务，先后组织举办学术讲座104次，1万余人次参加；进行革命传统和爱国主义教育136场，近4万人次接受教育；举办培训班117班次，培训8000余人次。市陶行知研究会在7所学校建立陶行知思想实验基地。市农村金融学会坚持开展科研成果实验园地活动。市会计学会开办大专财会函授班，年内办班4个，学员374人，113人取得大专文凭。1998年，市新四军历史研究会以关心下一代为己任，累计作革命传统报告526场次，听众8.76万人次。市党史学会举办6个展览会，观众28万人次。市外国语学会在城中公园开辟日语角活动。1999年，市陶行知研究会举办10场次陶行知教育思想现代价值学术报告会，1.5万人次参加；市新四军历史研究会在大中小学举行革命传统教育报告会300余场次，听众7.8万人次；城市金融学会举办政治业务培训班30期，培训金融人员1405人；市语言学会举办普通话辅导班22期，辅导2985人；市档案学会举办档案专业知识培训班34期，培训档案人员1619人；市纺织工业会计研究会举办会计业务培训班6期，接待咨询600余人；市价格学会组织会员上街设摊，开展价格法科普咨询服务活动，受到群众好评。2000年，市新四军历史研究会举办报告会125场次，受教育者8万余人；市党史学会举办3个大型展览会，参观者14.5万人次。

2001年，把办好会刊作为活跃学术交流、普及社科知识的重要手段。年内，《教改与科研》《城市科学研究》《东方美学》《吴文化》《江南工商》《无锡税务》《无锡史志》等由各学会主办的内部刊物，在传播社会科学知识上发挥作用。不断扩大社科成果的社会覆盖面。市陶行知研究会以纪念陶行知诞辰110周年为契机，举办多种形式的纪念活动，出版发行《陶行知教育思想读本》；市新四军历史研究会利用自身优势，举行革命传统教育报告会，先后在机关、学校、工厂、社区作报告300余场次。市逻辑学会加强逻辑知识科普宣传，坚持办好《无锡日报·无锡警方》专版上的“刑案逻辑解析”专栏，通过生动形象的科普宣传形式，向广大群众普及逻辑知识。2002年4月，以纪念市社科联恢复成立20周年为契机，开展社科知识宣传和普及，编印《无锡市社科联成立20周年纪念画册》《无锡市社科联资料汇编》和《无锡市优秀社科成果获奖目录》，召开社科联成立20周年纪念大会。同时，各学会把搞好社科咨询作为扩大社科影响力的重要手段，全年共组织社科咨询活动27场次。市社科联组织各学会做好社科知识的普及和咨询工作，特别是通过学术报告会等形式，促进广大社科工作者的知识更新和学术水平提高。全市社科界全年组织学术报告50多场次，听众4300多人次。2003年9月3日，市社科联与市委宣传部联合召开社科理论界“城市精神”大讨论座谈会，与会者围绕无锡城市精神与“两个率先”、无锡城市精神与吴地传统、无锡城市精神与时代风范等3个层面各抒己见，对弘扬和创新无锡“城市精神”提出有益的建议。全年组织社科知识讲座、培训、咨询共计547次，参加人数约10万人次。

2004年10月23～30日，市委宣传部、市社科联在全市组织开展无锡市第二届学习创新节暨社会科学普及周活动，以“普及社会科学、崇尚学习创新、促进科学发展”为主题，采取上下联动、区域联动、市民与专家互动等形式，组织开幕式、社科书市、社会科学广场咨询、社会科学“面向基层，服务大众”系列讲座、专家讲座和上海、无锡两地专家共话文化发展、学习型创新型企业骨干培训以及研讨会和交流会等9个系列、32项活动。活动期间，全市近5万市民参与，发放社科宣传普及资料2.5万多份。成为宣传理论战线的一个全新尝试，开创社科普及工作走出书斋、面向大众的先例。2005年上半年，举办第二届社科普及周。活动主题紧扣争创“两个率先”的目标，确定以“普及社会科学，构建和谐无锡”为主题，先后组织开幕式、大型广场咨询活动、“面向基层，服务大众”系列讲座和研讨活动、“文化无锡”建设理论研讨会、送书下基层等6个系列20多项活动。科普周既面向基层，把活动深入到农村、学校、科普基地和企事业单位，又针对不同的重点和层次，开展高层次专题报告会、研讨会，活动内容丰富多彩，并第一次将自然科学和社会科学普及工作结合起来，使两者互为补充。

无锡市志

【第三册】

第三十一卷

教　育

概 述

1986年后，无锡市实施科教兴市战略，把教育摆上优先发展位置。启动以“分级办学、分级管理”为主要内容的基础教育管理体制改革，调动乡镇办学积极性。1987年，全市职业教育完成国家教委确定的“职业学校与普通高中招生数大体相当”的发展目标，中等职业学校招生数10908人，与普通高中招生比例1 ∶ 0.96，其中市区1 ∶ 0.52。是年，推动全市基本普及九年制义务教育、基本扫除青壮年文盲（简称“两基”）。全市职业教育开展教学大纲、专业师资和实验实习基地等“三项基本建设”。1988年，《无锡市教育综合改革实验方案》经国家教委批准实施，被列为市委、市政府目标管理项目的重要内容，市教育综合改革领导小组成立，全市范围内推进教育管理体制、办学体制、教育结构、学校内部管理、教育督导和教育教学等各个领域的改革。1989年，无锡市借鉴校企合作、以企业为主，理论学习和实践结合、以实践为主的“双元制”职业教育模式，在机械行业进行成体系的职业教育改革试点。

1991年后，《无锡市教育事业“八五”发展计划》启动实施。无锡农村基础教育管理体制逐步调整为县、乡、村三级办学，县、乡两级管理。1993年，无锡市分别通过省政府和国家教委组织的“两基”达标验收，实现高标准普及九年制义务教育、基本扫除青壮年文盲。是年，无锡市将中小学教育现代化工程拓展为教育现代化工程，以涵盖各级各类教育。1994年起，无锡市以办学条件现代化建设为突破口，带动教育观念、教育体系、教育发展水平、教育装备条件、师资队伍和教育管理等各个要素的现代化建设，并推进教育体制改革、布局结构调整等。全市逐步建立形成以政府拨款为主、社会多元投入为辅的教育投入机制。2000年，全市99个乡镇通过教育基本现代化达标验收，占乡镇总数的95.2%；151所教育系统直属学校跨入教育基本现代化行列，占规划学校数的96.2%。2001年后，无锡以深化教育现代化工程为载体，以实施素质教育为主题，加快推进全市教育科学发展。无锡的教育现代化工程突出“五个统筹”，即统筹教育与经济社会互动发展、各级各类教育协调发展、区域教育均衡发展、公办学校与民办学校共同发展和学生德智体美全面发展。

至2005年，全市从学前三年幼儿教育到高中阶段教育纵向衔接的15年教育基本普及；幼儿教育纳入国民教育体系，学前三年幼儿入园率98%，0～3岁婴幼儿及其家长接受早期教育指导的比例55%；小学、初中入学率均达100%，巩固率分别达100%和99.5%以上，盲、聋哑、弱智儿童入学率99%以上；高中阶段教育全面普及，毛入学率100%，初中毕业生升学率96.86%；14万名在锡进城务工就业农民工子女普遍受到良好的教育，其中近12万名义务教育阶段学生90%以上在公办学校就近入学；职业教育发展水平在全国领先，职业学校与普通高中招生比和职业学校毕业生一次就业率保持1 ∶ 1和96%以上；全市高等学校15所，其中独立设置的普通高校11所，在校生规模近10万人，毛入学率51.4%；全市人均预期受教育年限14.2年。是年9月，市委、市政府作出《关于加快教育强市建设六项重点工作的决定》，促进教育优化发展。

2005年无锡市教育事业概况表

表31-1　　　　单位：所、个、人

分　类	学校数	班级数	毕业生数	招生数	在校生数	毕业班学生数
一、普通高等学校	11	—	13256	26146	77980	18658
二、中等专业学校	19	—	11858	29332	79344	15051
中等技术学校	18	—	11858	28762	77592	15051
中等师范学校	1	—	—	570	1752	—
三、普通中学	194	6114	104556	93856	286777	98743
高中	75	2071	30405	34558	100603	32666
初中	119	4043	74151	59298	186174	66077
四、职业中学	16	—	5106	7100	19604	4971
五、小学	371	7698	58490	45690	317691	57607
六、特殊教育学校	10	115	92	107	1037	—
盲聋哑学校	5	39	36	50	388	—
七、幼儿园	506	3581	40751	41547	117771	41297
八、工读学校	1	7	120	110	150	—
九、成人高等学校	—	—	2450	2674	6116	1038
十、成人中等专业学校	10	—	1929	254	2412	1539
十一、成人中学	40	184	2781	—	6467	—
十二、成人技术培训学校	1036	9786	698093	—	616179	—
十三、技工学校	22	853	7296	14775	38424	10305

第一章　教育改革

第一节　管理体制改革

一、管理机构

1989年，市委、市政府撤销市教育局、市高等教育办公室、市幼儿教育办公室，成立市教育委员会（简称“市教委”），与市教育工委合署办公，负责全市教育工作的统筹协调和宏观管理，内设办公室，普通教育一处、二处，中等职业技术教育处，高等教育处，成人教育处，政治思想工作处，人事处，计划财务处和督导室等处室，行政编制85人（含市教育工委编制21人）。1993年，市教委督导室更名为市教育督导室。1994年，市教委设立监察处，与市教委纪律检查委员会合署办公。

1997年，市教委机构改革，设办公室、高等教育处、成人教育处、基础教育处、职业教育处、人事处、计划财务处、审计处以及体育、卫生和艺术教育处等9个处室，市教委监察室与市教育工委纪律检查委员会合署办公。无锡市教育督导室明确为市教委挂靠机构。1999年，市教育督导室更名为市政府教育督导室。3个部门合计编制80人。

2001年，市教委撤销，复名市教育局，下设办公室、政策法规处（教育综合改革办公室）、人事处、计划财务处、基础教育处、职业教育和社会教育处、高等教育处、体育卫生与艺术教育处、审计处、监察室等10个处室；市纪委派出机构市教育纪工委与市教育局监察室合署办公；市政府教育督导室设督导处。市委教育工委、市教育局、市政府教育督导室合署办公，均为正局级建制，合计行政编制63人、行政附属编制6人。

2005年，无锡教育实施“政事分开、管办分离”的管理新体制，成立无锡市学校管理中心（简称“市校管中心”），代表政府履行出资人职责，管理市属高中和职业院校；市政府教育督导室建制单列；市教育局作为市政府主管全市教育的行政部门，职能调整为对全市各级各类教育实施行政管理和业务指导，主要负责政策导向、规划布局、业务指导、监督管理、购买公共服务和营造发展环境，以及对接省教育厅等工作。市教育局设办公室、组织人事处、宣传群工处（市教育工会、市教育团工委、市教育妇工委与其合署办公）、政策法规处（挂教育综合改革办公室牌子）、规划财务处（挂审计处牌子）、学校教育处、社会教育处、国际合作与交流处等8个处室，行政编制32人、附属编制2人。另设市教育纪工委（监察室）。市校管中心设办公室、党群工作部（工会、团委、妇委会与其合署办公）、基础教育部、高等教育与职业教育部、综合教育部、人力资源部、资产财务部、纪委（与监察室合署办公）等8个职能部门，核定全民事业编制36人；市政府教育督导室设督政处和督学处，编制8人。

二、教育管理改革

1.义务教育

1986年，无锡市根据《中共中央关于教育体制改革的决定》精神，启动以“分级办学、分级管理”为主要内容的基础教育管理体制改革，调动乡镇办学积极性。是年，市政府召开基础教育管理体制改革经验交流会，江阴西郊乡“不造办公楼，先建新校园”，宜兴归径乡“自力更生，艰苦办学”，郊区南站乡“领导带头尊师重教”，无锡县洛社镇“一组一室四中心”（教育领导小组、教育领导小组办公室，中心幼儿园、中心小学、中心中学、成人教育中心），江阴要塞乡“校企挂钩，与经济社会结合”的先进经验，被誉为“五朵金花”在会上推广。1991年，全市基础教育管理体制由“县、乡两级办学，两级管理”调整为“县、乡、村三级办学，县、乡两级管理”，调动村级办学积极性，促进全市农村教育发展。是年，无锡县在全国率先通过“两基”（基本扫除青壮年文盲、基本普及九年制义务教育）达标验收。1993年，全市实现“两基”。

2002年8月，市政府发出《关于进一步完善农村义务教育管理体制的通知》，明

图31-1　1991年无锡县普及九年制义务教育达标验收纪念碑
（锡山区档案局供稿）

确实行“政府负责、分级办学、分级管理、以县为主”的教育管理体制，促进农村义务教育持续健康发展。2005年，原由市教育局直接管理的23所初中义务教育学校按属地划归各区管理，全市实现义务教育“以县为主”的管理体制改革目标。

2.幼儿教育

1986年1月，市政府作出“由妇联牵头、各条块分别推进”的幼儿教育管理体制的决定。3月，市人大九届四次会议通过《关于发展幼儿教育事业的议案》，并作出相应决议，推进无锡市幼教体制改革。市政府成立市幼儿教育工作领导小组，并在市教育局设立办公室。幼儿教育由单纯的福利事业纳入全市教育事业的范畴，将原由妇联牵头协调，调整为由教育部门主管，在城乡确立“政府统一领导、教育部门主管、各方配合，县、区分级管理，实施分类指导”的幼教管理新体制。1989年，市幼儿教育工作领导小组办公室撤销，幼教归口市教委普教一处管理。1997年起，幼教隶属市教育行政部门基础教育处或学校教育处具体管理。2003年，市政府召开全市幼教工作会议，推动0～6岁婴幼儿早期教育一体化进程，市政府办公室转发市教育局等11家单位联合制定的《关于进一步推进无锡市学前教育现代化的指导意见》，明确对0～6岁的婴幼儿早期教育实行“政府统筹、教育部门主管、有关部门分工合作”的管理体制。一批社会力量举办的亲子教育机构在各地逐步建立。

3.职业教育

1986年后，无锡市职业技术教育实行“政府统筹、多方办学、校企合作，分工管理”的管理体制，教育行政部门主管职业学校，劳动行政部门主管技工教育，行业部门主管行业所办的中等专业学校。进入21世纪，全市形成以示范性国家级重点职业中学和技工学校为龙头、初步集约办学的局面。一些行业和企业由于行业主管部门职能转变与企业转制，出现撤并职教机构的现象。2002年，市政府召开职业教育工作会议之后，优化职教资源，提升建设内涵，完善办学体制。

4.成人教育

1986年前，市职工教育管理委员会下设办公室，与市教育局工农教育科合署办公。1986年6月，市职工教育管理委员会更名为市成人教育管理委员会，并在市教育局设办公室，同时撤销市职工教育办公室和市教育局工农教育科，市教育局设成人教育科，成教管理由市经委归口到市教育局。是年始，成人教育由“指令性计划”培训模式，逐步转变为“指导性”培训模式。1989年8月，市教委下设成人教育处，负责对全市成人学历教育、企事业单位职工教育、农民教育和社会力量办学的管理，同时撤销市成人教育管理委员会及其办公室。1990年8月，成立市成人教育管理协调委员会，下设办公室，与市教委成教处“两块牌子、一套班子”。同期，各市(县)区、局，各企事业单位分别设有成人教育管理机构。1993年起，随着经济结构的变化和行业企业体制改革的深化，全市成教管理机构和人员随之调整变化。2001年，恢复市教育局建制，按照终身教育的理念，成教处撤销，由职业教育与社会教育处对职业教育与成人教育实行职前、职后一体化管理。2002年，市级机关和市(县)、区、公司和一些企事业单位均有负责干部教育、培训的机构及专职人员。2005年，在“管办分离”改革实施过程中，市教育局职业教育与社会教育处撤销，成立学校教育处和社会教育处，成人学历教育归口学校教育处管理，非学历教育和民办教育归口社会教育处管理。

第二节　办学体制改革

1987年，市政府转发市成人教育管理委员会办公室《关于社会力量举办成人教育的若干规定》。1991年，市教委等部门先后发布《无锡市社会力量办学收费标准和财务管理的规定》《关于评估社会力量办学的通知》等文件。1993年，市政府批复成立大桥民办实验中学，招生规模暂定两个班90人，暂借市一中校舍办学。1994年，市教委批准成立辅仁民办中学，招生规模暂定12个初中班，暂借市二中校舍办学。其后，无锡泰德国际学校、私立无锡光华学校、无锡南洋国际学校等民办学校相继开办。至1995年7月，全市社会力量办学机构发展至108家，在校学生5万人。

1997年，国务院颁布《社会力量办学条例》，提出“积极鼓励、大力支持、正确引导、加强管理”，促进发展社会力量办学的“十六字方针”，无锡市拓宽教育筹资渠道，满足人民群众多样化教育需求，深化办学体制改革。1998年起，无锡育才中学、无锡外国语学校、江南中学实验分校等一批公有民营学校相继建立。同年，为规范义务教育阶段办学体制改革，国务院办公厅转发教育部《关于义务教育阶段办学体制改革试验工作若干意见》，全市义务教育阶段办学体制改革的试验得到一定程度的控制和规范。同年，无锡市民办高等教育开始起步，省政府批准由中锐教育投资有限公司举办的民办无锡南洋学院暂按专科层次筹建全日制普通高校，当年招生202人。1999年，由新加坡国际投资股份有限公司和江阴联通集团共同出资的民办江阴培尔学院批准筹建，中科院院士、复旦大学原校长杨福家担任首任院长，当年招生627人。2000年，市人大常委会颁布《无锡市社会力量办学条例》，鼓励、支持和规范全市社会力量办学。是年，全市举办学历教育的民办学校（含公有民营学校）30余所，总资产6亿多元，在校学生两万余人。其中占地6.67公顷以上、学生规模在1000人以上的民办学校7所。

2001年6月，无锡南洋学院、江阴培尔学院正式建校，成为具有独立办学和发放文凭资格的全日制民办普通高校。2002年，《中华人民共和国民办教育促进法》颁布施行，“十六字方针”调整为“积极鼓励、大力支持、正确引导、依法管理”。经教育部批准，江南大学与社会力量联合创办江南大学太湖学院。是年，全市民办教育机构321家，其中学历教育机构89家、非学历教育机构232家。学历教育机构在校学生46137人、教职工2806人；民办小学、初中、高中学生数占小学、初中、高中学生总数的比例分别为2%、4%、7%。非学历教育机构中，高等教育机构5家，年教育培训33万人次。民办教育机构校舍面积68.8万平方米，其中新建校舍40多万平方米。至2005年末，无锡市初步形成政府、社会团体和公民个人共同参与办学的格局，基本实现办学主体多元化，全市民办教育机构397家，其中民办学校126所，社会力量累计投资17亿元，全市民办小学、初中和高中阶段在校学生数分别占相应学段学生总数的4%、6%和15%。

第三节　学校布局调整

1986年，市区教育发展不够平衡，布局结构不尽合理，市区学校分布不能适应因旧城改造、新村建设而引起的居民分布变化，农村一些村办或联办的初中设点分散，生源不足，规模太小，教师总体素质和初中教育质量亟待提高，局部地区初中学校设施简陋，办学条件较差。1987年实施九年制义务制教育后，无锡市开始尝试实行初、高中分离，启动初、高中布局调整试点工作，将市九中、社桥中学和市四中高中部合并，建立市区第一所独立设置的高中——市北高中。1991年起，根据教育整体改革方案调整布局，加快初高中分离步伐。市区撤销清名桥中学、西新中学等多所完中的高中部，市一中、市二中等完中陆续停止招收初中生而撤销初中部，市七中、八中两所完中初中部合并成立江南中学，高中部合并成立中山高中，逐步扩大高中办班规模。1993年起，无锡市加大普通高中布局调整力度，推行初、高中分设，强化普通高中建设，并改造薄弱学校。小学由1986年的1981所调整至1995年的1540所。1998～2000年，全市撤并薄弱幼儿园213所。加快中小学布局结构调整，至2000年末，全市有小学生391426人，学校数调减至986所，与1991年相比，学生数相当，小学数减少702所；初中学校由177所调整至138所，在校学生191965人；普通高中由1991年的105所调整至73所，在校生由1991年的34085人增至56618人。为加快薄弱学校改造，市教委制定《关于进一步加强薄弱初中建设的若干意见》等文件，确定市二中等一批基础较好的学校与一批薄弱学校结对帮扶，并于2000年完成对芦庄中学、旺庄中学、塔影中学等9所薄弱初中的改造工作。宜兴市加大投入，改造薄弱学校，到1997年，累计完成36所薄弱学校的改造工作。1998年起，全市启动省示范性实验幼儿园和相关薄弱幼儿园的结对子工程，有22所省实验幼儿园与24所相对薄弱幼儿园结对帮扶。至2000年，全市基本消除薄弱学校，市委、市政府关于“不将薄弱学校带进21世纪”的目标基本实现。

2004、2005年，撤并初中各8所，新增省级示范初中25所。

第四节 教育经费

1986年起，无锡市拓宽教育经费渠道，教育经费拨款逐年增长，市政府调整教育费附加计征比例。为弥补教育经费不足，教育部门发展校办企业，倡导社会集资和个人捐资。1995～2000年，全市用于改善办学条件的经费投入累计32.1亿元，其中校办产业支持教育经费8.15亿元。2002年6月，制定《无锡市中小学、职业学校、中等专业学校收费标准》，规范收费，开展教育收费专项整治，开展“教育收费规范学校”创建活动，教育管理部门会同市物价、监察等部门对部分学校以举办特色班、实验班为名收取赞助费等情况清查。2000～2005年，市财政教育拨款由8.64亿元增至26.58亿元，6年合计拨款98.81亿元，年均16.47亿元，占教育经费总收入的53.16%；教育税费（含教育费附加、人民教育基金、建房附加等）收入27.7亿元，年均4.62亿元；校办企业收入2.54亿元，年均4238.17万元；捐资助学收入7.49亿元，年均1.25亿元。2005年，全市教育事业总收入46.45亿元，其中，财政拨款26.58亿元（事业费25.66亿元、基建费0.92亿元）、教育附加收入6.02亿元、校办企业收入3986万元、捐资助学收入1.46亿元；全市教育事业费预算内支出25. 61亿元、预算外支出40.96亿元。生均占有预算内教育事业费初中生3474元、小学生3501元。

1997～2005年无锡市教育经费收入情况表

表31-2　　　　单位：万元、%

年份	合计	其中						
		财政拨款		教育税费	校办企业	学杂费	捐资助学	其他
		总数	占比					
1997	131112	58638.50	44.72	31586.50	5730.60	14326.60	10609.20	10220.60
1998	157602	69625.70	44.18	33127.00	5966.10	15619.60	6228.20	27035.40
1999	171805	78468.00	45.67	34880.00	5025.00	21011.00	6960.00	25461.00
2000	187445	86370.00	46.08	37175.00	4805.00	28261.00	8207.00	22627.00
2001	211571	97394.00	46.03	43130.00	4389.00	23384.00	7566.00	35708.00
2002	276564	140350.00	50.75	40258.00	4799.00	27085.00	16138.00	47934.00
2003	335559	171222.00	51.03	50959.00	4149.00	38326.00	15394.00	55509.00
2004	383024	226958.00	59.25	45256.00	3301.00	43408.00	12954.00	51147.00
2005	464503	265774.00	57.22	60232.00	3986.00	58920.00	14610.00	60981.00

2002年无锡市中小学、职业学校、中等专业学校收费标准表

表31-3　　　　单位：元

收费项目	收费范围			计算单位	收费标准	备 注
小学	杂费			每生每学期	70	
	借读费	省内外市县			190	不含杂费
		外省（市）			250	不含杂费
	代办费				150	按实结算，多退少补
初中	杂费				100	公寓式除外
	借读费	省内外市县			340	不含杂费
		外省（市）			390	不含杂费
	住宿费				100	公寓式除外
	代办费				240	按实结算，多退少补
普通高中	学费	一般高中			500	
		省重点高中			850	
	扩招费	一般高中		三年一次性	6000	不含学费
		省重点高中			6900	不含杂费
	住宿费			每生每学期	100	公寓式除外
	代办费				260	按实结算，多退少补
综合高中	学费	理科类			825	
		艺术类			975	
	代办费				260	按实结算，多退少补
职业高中	学费	一般职业高中	文科类		800	
			理科类		900	
			艺术类		1000	
		省重点职业高中	文科类		1000	
			理科类		1100	
			艺术类		1200	
	住宿费				120	公寓式除外
中等专业学校	学费	一般中专	文政法财经类		2100	
			理工农医类		2300	
			艺术类		2900	
		部省级重点职业高中	文政法财经类		2200	
			理工农医类		2400	
			艺术类		3100	
	扩招费				3000	
	“农转非”生培养费				3000	
	住宿费				400	公寓式除外
无锡师范	学费	普通专业	前三年		2400	
			后二年		3600	
		艺术专业	前三年		3100	
			后二年		4000	
	住宿费				400	公寓式除外

说明：无锡师范为五年一贯制。

1986～1999年无锡市教育经费支出情况表

表31-4

年份	教育事业费支出（万元）	其中人员经费比重（%）	普教事业费占财政支出比重（%）	剔除人员经费后生均占有事业费（元）		教育费附加（万元）
				普中	小学	
1986	7284	70.00	16.50	53	25	3394
1987	7805	72.00	16.50	54	18	4426
1988	9955	74.00	15.50	56	23	6812
1989	11211	72.00	19.20	66	20	7464
1990	12574	76.00	19.80	50	25	8903
1991	13472	75.00	19.00	54	31	10907
1993	26868	69.00	18.36	127	83	17461
1994	37423	85.00	21.78	86	44	19724
1995	39459	85.00	20.00	104	39	21509
1996	50765	82.00	21.00	192	40	28059
1997	57622	84.00	20.00	209	51	265273
1998	68545	89.00	20.00	1477	658	23349
1999	77868	88.40	19.90	1534	732	23277

说明：因统计口径变化，1992年数据缺。

2000～2005年无锡市教育经费支出情况表

表31-5

项目		2000年	2001年	2002年	2003年	2004年	2005年
预算内教育事业费支出（万元）		85870	97294	135778	168185	214108	256061
预算外教育事业费支出（万元）		166561	192814	250326	300351	346837	409570
预算内公用经费占教育事业费比重（%）		11.90	6.00	10.00	9.40	10.60	9.88
预算内教育事业费占财政支出比重（%）		16.30	31.90	31.00	26.20	24.50	24.69
生均占有预算内教育事业费（元）	普中	1558	1714	3902	5944	6833	3474
	小学	893	1078	2534	2289	3046	3501
生均占有预算内外教育事业费（元）①	高中	4117	4956	2931	8834	6602	—
	初中	2602	2877	1848	4060	4462	—
	小学	1588	1849	1655	3369	3978	—
教育费附加收入（万元）	小计	32910	38163	36370	50959	45256	60232
	城市	11285	11931	14437	21596	36146	47970
	农村	21625	26232	21933	29363	9110	12262②

说明：①2005年“生均占有预算内教育事业费”普中数据仅为当年初中数据。
②2005年农村教育费附加收入统计口径为“地方”。

第二章　学前教育

第一节　事业概况

1986年初，无锡市0～3岁婴幼儿早期教育尚未起步，学前三年幼儿教育普及程度不高，幼儿园布局结构不尽合理，局部地区出现入园难；幼儿教师总体数量不足，素质不高；幼儿园设施简陋等问题突出。全市有幼儿园993所，在园幼儿120533人，其中市区幼儿园240所，在园幼儿24777人。全市3～5周岁学前三年幼儿入园率68.1%，其中市区3～5周岁幼儿入园率83%，县区3～5周岁幼儿入园率65%。全市幼儿教师4002人，其中市区1253人。幼儿教师中具有幼儿师范学历的比例，市区19%，县区11%。是年，市政府成立市幼儿教育工作领导小组，统筹幼儿教育事业发展。逐年加大幼儿教育事业投入，市、区两级政府筹资千万元，在市区新建或扩建24所幼儿园，厂矿企业、街道办事处兴办一批幼儿园。江阴市将幼儿教育列入政府工作目标和考核领导干部政绩的主要内容之一，依靠全社会力量多渠道兴办幼儿园，3～5周岁幼儿入园率达80%。1989年8月，江阴市被国家教委授予"全国幼儿教育先进市（县）"的称号。1990年7月，江阴市被省教委列为实施国家教委颁发的《幼儿园管理条例》《幼儿园工作规程（试行）》的试点市（县）。无锡县、宜兴市发挥乡镇、村办幼儿教育，基本普及4～5周岁幼儿的学前两年教育。是年，全市有幼儿园1390所，专任教师5431人，在园幼儿97379人，3～5周岁幼儿入园率70.3%，但不满3周岁幼儿（幼儿园小班）的入园率还不到50%。

1991年起，无锡市抓住被国家和省确定为"三优"（优生、优育、优教）示范工程试点城市、开展幼儿园登记注册工作、实施基础教育现代化工程等契机，加快城乡普及学前三年幼儿教育的进程。是年，无锡市幼师培训中心成立，分期分批对幼儿园园长和教师进行业务培训。1992～1994年，全市用于发展幼儿教育的资金14718.2万元。其中市、区两级共投资3434.7万元，改扩建40所幼儿园，新村配套新建幼儿园13所。1994年，无锡市全面完成幼儿园登记注册。无锡市实验幼儿园、侨谊幼儿园等16所办园基础好的骨干幼儿园被列为市实施教育现代化工程示范单位。至1995年，全市共有幼儿园1334所，在园幼儿143861人，3～5周岁幼儿入园率87%。其中市区幼儿园264所，在园幼儿30788人，3～5周岁幼儿入园率95%，在省内率先实现基本普及学前三年教育的目标。其间，各地幼儿园的办园条件明显好转，无锡县雪浪镇投资近2000万元易地新建中心幼儿园。"八五"期间，无锡师范学校和3市（县）的幼儿师范专业招生数量迅速增加。1995年，全市幼儿教师6856人，教师学历达标率71%，师资总体水平提高。

1996年起，全市教育现代化工程开始由局部试点转入全面实施阶段，省、市教育行政部门将乡镇中心幼儿园和一半以上村办幼儿园达到省定现代化建设标准列为乡镇通过教育现代化达标验收的必备要求，以解决幼儿教育办学体制比较单一、幼儿园布局结构不尽合理，优质教育资源相对不足等问题和矛盾，并有计划地开展省级示范性实验幼儿园的创建活动。1997年3月，市教委在郊区中心幼儿园召开幼儿教育现代化工程建设现场会，放样引路，推动幼儿教育现代化进程。是年末，列为市教育现代化工程示范学校的16所幼儿园全部通过达标验收。1998年起，无锡市实施改造薄弱幼儿园计划，启动省示范性实验幼儿园与薄弱幼儿园"结对子工程"，全市22所省实验幼儿园和24所相对薄弱的幼儿园结对帮扶，薄弱幼儿园的办园水平得到提升。至"九五"期末，幼儿教育布局结构得到优化，幼儿园办园水平有所提升，全市新增无锡市侨谊幼儿园等18所省示范性实验幼儿园。2000年，城乡全面普及学前三年幼儿教育，共有幼儿园1121所，在园幼儿111337人，教职工总数6127人，其中专任教师4908人，学历达标率94.44%，近30%专任教师具有大专学历。各地大多数幼儿园的装备水平达到初步现代化的要求，出现一批投资几千万元、占地数公顷、高标准建设的幼儿园。

2001年起，无锡市在全面普及学前三年幼儿教育的基础上，构建0～6岁早期教育体系。是年，市政府召开基础教育工作会议，将幼儿教育事业发展列为教育现代化建设的一项重点任务。2003年，市政府办公室转发市教育局等11家单位联合制定的《关于进一步推进无锡市学前教育现代化的指导意见》。是年11月，市学前教育实验中心成立，国家哲学社会科学规划“十五”重点课题“0～3岁婴幼儿早期关心与发展的研究”无锡实验区挂牌。2004年8月，市教育局印发《无锡市0～6岁学前教育教学体系构建方案》，首次明确提出构建全市0～6岁学前教育体系的指导思想、构建目标、实施策略和保障措施。2005年教师节，市委、市政府首次提出要将0～3岁婴幼儿早期教育纳入终身教育体系。是年，城市0～3岁婴幼儿接受早期教育的比例55%。在全市普及学前三年幼儿教育的基础上，各地更加关注弱势群体子女和外籍人士子女的早期教育，关注教育的均衡发展、优质发展，关注教育的国际化进程，加大幼儿教育现代化建设的力度，实现互联网“园园通”，总体办园条件达到省内领先水平。无锡市实验幼儿园、无锡市侨谊幼儿园、江阴市实验幼儿园、滨湖区实验幼儿园等一批省示范性实验幼儿园坚持走“科研兴园”的路子，初步构建各具特色的幼儿教育新课程模式。其中，无锡市实验幼儿园被省内外教育同行誉为江苏幼儿教育现代化的一面旗帜。开展国际交流与合作。无锡市实验幼儿园与新加坡馨东幼儿园缔结为友好园。无锡国际学校和澳大利亚“ABC”早期教育集团在无锡新区合作举办爱尔星幼儿园，引进澳大利亚早期教育模式。无锡市实验幼儿园园长吴颃琛应邀赴香港参加第五届国际幼儿教育研讨会。为推动幼儿教育国际化进程，市政府确定一批幼儿园为接受外籍学生的定点学校，一些有条件的幼儿园启动“双语教育”试点。至年末，全市共有50名园长和骨干教师出国或出境考察，数十名外籍幼儿教师在无锡任教。

“十五”期间，全市新增省级示范性实验幼儿园56所，撤并或改造薄弱幼儿园615所，全市幼儿园调整到506所。至2005年末，全市学前三年幼儿入园率98%，初步建立0～6岁学前教育体系，外来务工人员和外籍人士所需的幼儿教育基本得到满足。全市幼儿教师中有特级教师2人、市名教师2人、市学科带头人16人、市教学能手36人、市教学新秀40人，具有大专学历的教师占幼儿教师总数的50%以上，全市幼儿教育的发展水平继续在全省保持领先地位。

2005年无锡市幼儿教育基本情况表

表31-6

地区	幼儿园数（所）	在园幼儿数（人）	占地面积（平方米）	生均面积（平方米）	建筑面积（平方米）	生均面积（平方米）	藏书总数（册）	生均藏书（册）
无锡市	506	117771	1487311	12.63	866647	7.33	957498	8.10
市　区	279	64516	762438	11.82	522359	7.59	551296	8.50
市直属	6	2076	22179	10.68	26820	12.92	7430	3.60
江阴市	169	32456	388683	11.98	225769	6.96	230905	7.10
宜兴市	58	20799	336190	16.16	148519	7.14	175297	8.40
锡山区	40	10918	148668	13.62	79798	7.31	85066	7.80
惠山区	67	11353	179897	15.85	99616	8.77	91038	8.00

续表

地区	幼儿园数（所）	在园幼儿数（人）	占地面积（平方米）	生均面积（平方米）	建筑面积（平方米）	生均面积（平方米）	藏书总数（册）	生均藏书（册）
滨湖区	67	13343	157779	11.82	92879	9.96	117240	8.80
崇安区	24	5033	37931	7.54	32279	6.41	76767	15.30
南长区	24	7123	57703	8.10	42761	6.00	53970	7.60
北塘区	21	7634	57558	7.54	48675	6.38	62961	8.20
新　区	30	7036	100723	14.32	99531	6.46	56824	8.10

2005年无锡市学前三年幼儿教育基本情况表

表31-7　　单位：所、人

区　域		幼儿园总数	教师数	在园幼儿数
全　市		506	4915	117771
其中	市　区	279	3282	64516
	江阴市	169	574	32456
	宜兴市	58	1059	20799

第二节　教育管理

一、规范化管理

1987年，无锡市以国家幼儿教育法律法规为依据，在全省率先制定《幼儿园质量全面评估指标体系》。1989年起，市和市（县）、区政府教育督导部门对全市幼儿园分期分批评估定类，分别确定为一类、二类、合格、不合格等4个等级，并根据幼儿园的发展和建设情况，形成升类评估常态机制。1995年，为加强对幼儿教育的常规管理，市教育行政部门制定《幼儿园常规管理基本要求》和《常规管理先进幼儿园评比办法》，建立每两年表彰奖励一批市常规管理先进幼儿园制度。2003年，市教育行政部门制定《无锡市执行法规模范幼儿园标准》，在全市开展创建执行法规模范幼儿园的活动，推动幼儿教育管理走上规范化、制度化的轨道。

二、课程设置

1986年后，无锡市各幼儿园根据国家教育主管部门出台的幼儿园工作规程和幼儿园教育指导纲要实施课程改革。1998年，无锡市实验幼儿园历时3年完成《生活、学习、做人课程整体改革》课题研究，通过省教委组织的专家组评审，形成具有创新性、综合性的幼儿教育新课程模式。无锡市侨谊幼儿园、江阴市实验幼儿园、滨湖区实验幼儿园等一批省级示范幼儿园在“科研兴园”的过程中初步构建各具特色的幼儿教育新课程模式，其课程改革经验在全市推广。至2005年，全市幼儿园通过“一日教育常规”和课程设置，在卫生保健以及健康、语言、社会、科学、艺术等5个方面体现素质教育的要求，促进幼儿在情感、态度、能力、知识、技能等方面的健康发展，提高全市幼儿教育的保教质量。

三、制定教养方案

2003年市学前教育实验中心成立后，发挥研究、指导、培训和示范功能，牵头组织早期教育网络成员和基地单位开展2～3岁托班幼儿认知、语言、音乐、情感、动作、社会性发展和托班教养环境、教养方式的实践研究，设立相关的27个课题。通过研究，初步形成2～3岁托班教养内容和方法体系，制定《0～3岁婴幼儿各年龄段教养方案》，使全市0～3岁婴幼儿早期教育与3～6岁幼儿教育有机衔接。

第三章　小学教育

第一节　事业概况

1986年，全市有小学1981所，专任教师1.62万人，学生40.64万人。由于历史的原因，小学总体布局不尽合理，规模较小，设备设施简陋，农村小学平均每校学生仅178名，极少数村办小学仅是二三十名学生的复式班，个别办学点4个年级学生不足10名。8月，市教育局制定《无锡市乡（镇）中心小学建设标准（试行）》，促进乡（镇）中心小学建设，带动村校建设。12月，江阴市周庄中心小学通过验收，成为全市第一所达标中心小学。1987年，市人大常委会审议通过市政府制定的《无锡实施〈义务教育法〉若干问题的暂行规定》，市教育局出台相关的检查评估程序、检查评估标准、验收细则等文件，规范义务教育达标建设和验收工作，选择江阴市长泾镇等5个乡镇为先行单位。5月，省教委在江阴市召开巩固、提高、普及初等教育现场会议。无锡市总结推广江阴市西郊乡、要塞乡和宜兴市归径乡，郊区南站乡，无锡县洛社镇等5地有关巩固、提高、普及基础教育的典型经验。1990年，在市区开展实施九年制义务教育达标验收工作，70%的学校通过检查验收，马山区成为市区第一个依法实施九年制义务教育的区。至年末，全市小学1749所，学生361793人，其中市区有小学170所，学生77850人。小学入学率、巩固率、普及率保持在99%以上。全市55个乡镇依法实施九年制义务教育。

1991年，无锡县成为全国第一个实施九年制义务教育的达标县，《人民日报》专文报道。1992年，无锡市在继续推进九年义务教育达标工作的同时，启动基础教育现代化工程。1993年5～6月，无锡市通过省政府和国家教委的验收，完成九年制义务教育达标工作，九年制义务教育人口覆盖率100%。1994年5月，市教委发出《关于组织实施教育现代化工程，办好100所示范学校的通知》，首期示范学校50所小学。市教委与各市（县）、区教育部门实行年度目标管理，无锡县县长与各镇镇长签订实施教育现代化工程的责任书，两年投入建设资金1亿多元。至1995年末，全市撤并村校，小学调整至1540所，在校学生365176人，小学生入学率、巩固率保持100%。一批乡镇集中财力建设占地面积大、校舍设计新颖合理、内部设施一流的中心小学。1996年4月，《无锡市教育事业“九五”计划和2010年发展目标》出台，锡山市雪浪中心小学、江阴市长泾中心小学等小学首先通过省教委验收，雪浪、长泾等镇被省教委命名为江苏省实施教育现代化工程示范乡镇，无锡师范学校附属小学（简称“锡师附小”）成为全市首批教育基本现代化达标学校。至2000年末，全市95%以上的小学达到省颁教育基本现代化建设标准，通过评估验收。各地结合创建省实验小学和改造薄弱学校，小学总数调减到986所，与1985年相比减少1037所；小学在校生391426人，与1985年基本持平。基本实现省提出的每1万左右人口布点1所小学和市委、市政府提出的“不将薄弱学校带入21世纪”的目标。

2001年12月，市政府召开基础教育工作会议，提出“十五”期间基础教育工作的目标、任务和措施。2002年，市教育局出台《无锡市辖区区域推进教育现代化的评估细则》，加大市辖区小学布局结构调整力度，促进教育资源的优化配置。2003～2004年，全市小学由488所调整到411所，在校学生由32.98万人减少至32.27万人。2005年，江阴市农村小学实施“六有”工程（有整洁的校园、有满足师生用餐的卫生食堂、有冷热饮用水、有水冲式厕所、有安全的宿舍、寄宿生每人有一张床），并通过省级验收。全省首个韩国人学校在新区开工建设。是年9月，市委、市政府召开全市教育工作会议，作出《关于加快推进教育强市建设六项重点工作的决定》，提出优化教育资源配置的目标任务。至年末，无锡市初步实现小学教育均衡发展目标，全市小学调整到371所，比2000年减少615所，在校学生317691人，城乡平均每所小学学生856人，小学办学条件、整体水平居全省、全国前列，新建的一批投资数千万元、甚至近亿元的现代化小学，其建筑面积、内部装备水平有些项目超过省颁标准；农村中心小学学生大多在千人以上，城区也出现多所有数千名学生的大规模小学；小学入学率、巩固率保持在100%；90%的外来人员子女在公办学校就读，符合政策规定的学生可以和具有本地户籍的学生享受同等待遇。

1986～2005年无锡市小学教育发展统计表

表31-8　　　　单位：所、个、人

年份	学校数	班级数	教职员工数		在校学生总数	毕业人数
			总数	专任教师数		
1986	1981	—	—	16153	406427	52728
1987	1941	10927	18386	16111	395732	64973
1988	1895	10936	19424	16936	394356	63898
1989	1857	10864	19705	17000	385422	65649
1990	1749	10478	19903	17229	361793	65603
1991	1688	10206	20045	17209	338228	64276
1992	1635	10022	19858	17085	328138	63387
1993	1630	10161	20411	17393	337253	61515
1994	1619	10251	21307	17510	348395	63291
1995	1540	10522	22018	17980	365176	59081
1996	1468	10883	22609	18966	395129	45131
1997	1343	11151	23031	19957	416462	41766
1998	1261	11105	20627	17516	419833	53094
1999	1113	10742	19818	17756	407327	67692
2000	986	10219	19826	18041	391426	72823
2001	821	9544	20030	17934	371083	76718
2002	680	8825	19474	17519	347831	75778
2003	488	8209	19201	17318	329776	67319
2004	411	7843	19004	17298	322657	60562
2005	371	7698	19180	17546	317691	58490

第二节　教育管理

一、规范化建设

1981年，无锡市即有锡师附小等创建成首批省实验小学。后开展创建市实验小学活动。1986年后，市教育局相继出台加强小学规范化管理的多个文件，落实德育为首、德智体美劳“五育并举”方针，加强小学常规管理，实施小学德育大纲、小学生行为规范、小学劳动教学大纲。江阴市西郊中心小学被确认为全市贯彻小学生日常行为规范的典型。1987年末和1988年初，市教育局分别在无锡县荡口中心小学和崇安区通汇桥中心小学召开农村、城市中心小学劳动教育现场会。90年代，在全市小学开展“常规管理先进学校”和“德育工作先进学校”的创建和评比活动，以市区锡师附小、连元街小学，江阴市实验小学，锡山市实验小学，宜兴市实验小学等5所全市最早的省实验小学为龙头，推动小学管理工作。1995年11月，省实验小学工作会议在无锡召开。锡师附小等一批小学成为全市首批教育基本现代化达标学校。至2000年末，全市有95%以上的小学达省颁教育基本现代化建设标准，并通过评估验收。市区小学和乡镇中心小学在10年中，每年都有6所左右的中心小学经省验收，跨入省实验小学的行列，优质教育资源扩大。至2005年末，全市累计建成省实验小学68所。是年，高标准的无锡国际学校建成投运，涉外定点学校得到规范。

2005年起，为促进小学教育优质均衡发展，提高小学教育整体发展水平，市区启动市实验小学创建工作，经评估验收，当年有19所小学跨入市实验小学行列。全市小学开展现代学校制度建设、学校文化建设和校本建设（校本培训、校本教研、校本科研）等探索与实践。

二、素质教育

80年代末，无锡的省实验小学率先转变办学理念，针对当时出现的“应试教育”弊端，开展教育整体改革，推进素质教育的研究和实践。锡师附小的“乐学教育”模式、无锡县实验小学的“农村小学整体优化”模式、江阴市实验小学的“审美教育”模式、连元街小学的“开放型学校教育”模式、宜兴市实验小学的“素质教育”模式等一批实验成果在全市产生很好反响。1991年，省教委在江阴市召开素质教育研讨会后，江阴市启动小学实施素质教育“个十百”工程，即构建包括1所省实验小学、10多所中心小学、百余所一般完全小学的教改实验体系。国家教委在南京召开的全国“愉快教育”研讨会移师无锡续会，锡师附小现场介绍“乐学教育”的经验。全市各小学按照“优化学科课程，强化活动课程，开发环境课程，培养学生个性特长，促进学生全面发展”的要求，进行推进素质教育的实验。1993年，市教委出台《关于贯彻落实〈国家教委关于减轻义务教育阶段学生过重课业负担，全面

图31-2　1998年，锡师附小学生课外活动

（顾祚维摄）

提高教育质量的指示〉的意见》，着力推进“减负”工作。1995年，省教委在无锡召开以推进素质教育为主题的江苏省实验小学工作会议，市教委在会上介绍经验。

1996年，各地重视小学教育内涵的现代化建设，小学素质教育的推进从学校层面进入到区域层面，实现实验区联动；学校管理从经验型办学转向“科研兴校”，以素质教育模式、创新教育、特色教育等为主要内容的课题研究更趋活跃。全市小学普遍开展课堂教学“三优化、一提高”（优化课堂教学目标、过程、评价，提高课堂教学质量和效益）活动。1997年，江阴市周庄中心小学、青阳中心小学低年级包班教学实验成果在全省教学工作会议上交流。是年秋季起，全市小学普遍实行学生等级考核制度和素质发展报告书制度，并通过专题教育、加强体育卫生工作，开展多种形式的科技、文艺、军训活动和专项比赛，促进学生的全面发展和个性特长培养。1999年，全国教育工作会议召开，中共中央、国务院作出《关于深化教育改革全面推进素质教育的决定》，江阴、锡山、宜兴等市（县）相继成为全国或省级素质教育实验区。是年，省教委批准《无锡市普通中小学区域性整体推进素质教育实验方案》，确认无锡市为地级市范围的省素质教育实验区。市教育行政部门出台减轻学生过重学业负担、实行学业成绩考核等级记分制、小学毕业生免试就近升入初中等一系列规章和改革举措，推动学生德、智、体、美全面发展。2000年，针对受“应试教育”的长期影响，虽经多次治理而小学生课业负担依然过重的状况，市教委发出《关于减轻中小学生过重负担的紧急通知》，提出减轻学生过重负担的“六项措施”，即严格规范学生学习用书、严格执行规定的课程计划、严格控制学生的作业量、严格控制考试次数、严格控制各种竞赛活动、严格执行素质教育的评价制度。“九五”期间，全市许多小学坚持以科研为先导，结合本校特点，发挥自身优势，走特色强校之路，无锡市东林小学以实践陶行知教育思想为抓手，开展“生活教育”课程化研究并形成校本特色，无锡市五爱小学等一批小学“小班化教学实验”也有良好的开端。21世纪初，市教育局组织实施学校德育现代化工程，突出小学阶段德育教育的针对性和有效性。

三、课程设置

至1986年，无锡的小学除个别试点学校外，均完成从五年制向六年制的过渡。课程设置根据国家和省的要求，按城市小学和农村小学两类分别安排。城市小学：一、二年级开设思想品德、语文（讲读、说话、写字）、数学、体育、唱歌游戏、音乐、美术等7门课程，每周各为23、24课时；三年级起减唱歌游戏，增自然常识；四年级以上增劳动，五、六年级增英语，五年级增地理常识，六年级增历史常识。农村小学：一、二年级开设思想品德、语文（讲读、说话、写字）、数学、体育、音乐、美术等6门课程，每周23课时；三年级起增作文；三、四、五年级增自然常识；三、四年级每周26课时；五年级增地理常识；六年级增农业常识、历史常识；五、六年级每周25课时。城市小学普遍开设英语课，农村小学则根据条件而定。此外，城市和农村小学都规定学生课外活动时间。

1993年，无锡城乡先后普及九年制义务教育后，小学教育的课程设置逐步按照国家和省教育行政部门制定的义务教育课程计划试行。1997年秋季学期起，小学教育开始执行《江苏省九年义务教育“六·三”学制全日制小学课程计划》。学科类课程设置为：一、二、三年级开设思想品德、语文、数学、自然、体育、音乐、美术、劳动等8门；四、五、六年级增开社会。此外，活动类课程安排晨会、班队活动、科技文体活动等内容；在各年级每周还安排1课时由学校自主决定的地方课程；一、二年级每周总课时分别为28、29课时，三至六年级每周总课时均为30课时。1999年秋季起，有条件的地区和小学开展“调整课时，提高课堂教学效率”的实验，在严格执行国家关于小学生每日在校活动时间规定的前提下，小学每节课从40分钟调整为35分钟，周课时总量改为33到35课时，每周新增课时原则上用于外语、活动课程、计算机教学、专题教育等。

2001年秋季起，锡山区、惠山区率先启动课程改革实验。2002年秋季起，无锡所有小学都进行课程改革，在起始年级、起始学科实施国家制定的义务教育课程标准。课程改革后，无锡小学的课程设置体现均衡性、综合性、选择性等特点，具体为：一、二年级开设品德与生活、语文、数学、体育、艺术等5门；三至六年级开设品德与社会、语文、数学、外语、体育、艺术、综合实践活动等7门。此外，小学每个年级都安排地方与学校课程；每周的总课时数：一、二年级26课时，三至六年级30课时。课程改革的初步实践，在一定程度上转变传统的教学方式，学生的学习方式有所改变，综合素质得到提高。锡山区、惠山区等地的课程改革经验在省内外推广，一批小学成为课程改革示范学校。但是，小学优质教育资源供给相对不足、素质教育评价机制改革难以根本突破等问题还客观存在。

第四章　初中教育

第一节　事业概况

1986年初，无锡市共有初中学校239所，在校学生153809人；其中，市区初中学校30所，在校学生29434人。全市初中专任教师8298人，平均每班教师2.52人；其中，市区初中专任教师2091人，平均每班教师3.24人。初中教师具有专科以上合格学历的4600人，占总数的55.44%；其中，市区初中教师具有合格学历的1564人，占74.8%。

1987年3月，市人大九届六次会议审议通过《无锡市实施〈义务教育法〉若干问题的暂行规定》，无锡市推进初中义务教育，按省教委制定的标准建设“合格初中”，实行“县（市）、乡（镇）、村三级办学，县（市）、乡（镇）两级管理”体制。1990年，全市初中学校195所，在校学生177816人，初中专任教师10635人，教师学历达标率70.68%。1991年，无锡县成为全国第一个实施九年制义务教育的达标县；全市92个乡镇通过九年制义务教育达标验收，实施面为74.8%；城区50多所教育行政部门直属初中实现达标，实施面99.1%。各地有条件的重点中学开始实行初、高中分离。1992年，全市除宜兴有9个乡镇部分项目未达标外，均依法实施九年制义务教育，人口覆盖率95.4%。是年，市政府转发市教委《关于巩固和发展九年制义务教育成果的意见》《无锡市普通中小学分类建设标准（试行）》，启动实施包括初中教育在内的基础教育现代化工程。1993年4月，全市所有乡镇依法实施九年制义务教育，5月和6月，无锡市先后通过省教委和国家教委对实施九年制义务教育达标的验收，全市初中阶段义务教育人口覆盖率100%。

图31-3　查桥中学接受省实施教育现代化工程示范初中验收现场　（市教育局供稿）

1994年，市教委发出《关于组织实施教育现代化工程，办好100所示范学校的通知》，启动示范初中创建工作。同时对薄弱初中加大投入，或通过调整布局而撤并。1996年11月，无锡市初中教育工作会议提出到20世纪末全市初中教育改革和发展的目标、任务和措施，出台《无锡市区初中实施素质教育基本要求考核办法（试行）》以及相应的评估指标体系，全市初中阶段的教育现代化工程由局部试点转入全面实施阶段。对初中教育投入措施有：财政拨款的“三增长”部分向初中教育倾斜；每年筹措一定数量的薄弱初中建设专项资金；每年对高中阶段教育自费生、扩招生的收费统筹20%，统筹经费主要用于初中教育；扶持校办企业的发展，提高企业的规模效益，增强学校的自我发展能力。重点治理分快慢班、随意增减课时、加重学生课业负担、学籍管理混乱等问题。是年12月，市教委印发《关于进一步加强薄弱初中建设的若干意见》，把全面加强薄弱初中的建设放到基础教育全局的突出地位；强化改变薄弱初中面貌的机制建设；扶持、提高干部队伍和教师队伍的素质；增加投入，提高效益，改善薄弱初中的办学条件；科学评估，提高薄弱初中建设的实效。同时，确定无锡市第二中学等一批基础好的学校与薄弱学校结对帮扶。1997年，市教育研究中心制定改进和加强初中13门学科教学的意见。是年，全市初中入学率逾99%。1998年12月，市教委出台《关于选派教师支援薄弱学校教育工作的意见》，决定市二中、市十一中、市塘南中学分别选派1～2名教师对口支援芦庄中学、塔影中学、旺庄中学，其余所需教师由市教委在直属学校中选派。是年，普及九年义务教育成果巩固扩大，初中入学率99.5%（市区100%），巩固率99.39%（市区99.4%），毕业率98.24%（市区97.5%）。

1999年，无锡市九中、江南中学、水秀中学，江阴市青阳第二中学、桐岐中学、华士中学、暨阳中学，宜兴市大浦中学、和桥第二中学等9所学校通过首批省实施教育现代化示范初中的评估验收。秋季学年起，有条件的初中开展“调整课时，提高课堂教学效率”的实验，每节课从45分钟改为40分钟，每周课时总量40课时。这项实验历经3年，直到开展新一轮课程改革时结束。2000年，完成对无锡市芦庄中学、旺庄中学、塔影中学等9所薄弱初中的改造。全市初中学校调整为138所，在校学生191965人，初中专任教师11975人，教师学历合格率90.68%，初中入学率99.5%、巩固率99.9%，初中毕业生升入高一级学校的比例94.9%（市区99.4%）。

2002年，全市初中基本通过教育现代化工程的验收，相对薄弱的初中改造任务基本完成，累计18所初中创建成为省示范初中。同期，全市优质初中教育资源供给不足的矛盾日显突出，部分公办初中缺乏办学活力，学校之间的发展差距有所扩大。2003年，全市新增省实施教育现代化工程示范初中18所。2004年，市政府出台《关于无锡市区进城务工就业流动人口子女接受义务教育的若干意见》，外来务工人员子女的初中入学问题得以妥善解决。

2005年，无锡市撤并初中8所，新增省级示范初中11所，累计总数61所。至年末，全市初中学校119所，在校学生186174人，初中入学率100%、巩固率99.5%；初中专任教师13047人，学历合格率95.84%，具有本科学历的教师占初中专任教师总数的54.56%。全市拥有特级初中教师1人，以及一批市名师、市学科带头人、市教学能手和市教学新秀；全市有海外及港澳台学生入学定点学校30所，外籍人士子女在无锡上初中要求基本得到满足。至2005年，无锡市初中教育实现从普及、巩固、提高到迈向教育现代化的转变。

第二节　教育管理

一、规范化建设

1986年起，市教育主管部门出台初中教育工作规范，采取树立典型、榜样引路、点面结合、分类推进的办法落实国家教委颁布的《中（小）学生日常行为规范》，整顿教学秩序，完善教学常规，加强初中学校的教育教学常规管理。1989年，市教委发出《关于严格执行普通中学教学计划的通知》。1990年，市教委召开改革开放以后首次中小学教学工作会议，完善教学常规，严格教学管理要求，制定和完善各学科教学工作规范，推进体育、艺术教育和劳动技术教育的改革。90年代，评选出一批常规管理先进初中学校。2005年，市政府出台《关于义务教育阶段学校划归各区管理的实施意见》，市教育局直属公办初中除市江南中学由市学校管理中心主办外，全部划归所在区管理，河埒中学、水秀中学、公益中学初中部、胡埭中学改由滨湖区主办；东林初中、胜利门中学、塔影中学、广勤中学、广丰中学改由崇安区主办；市第九中学、社桥中学、梨庄中学、山明中学、山北中学改由北塘区主办；清名桥中学、金星中学、西新中学、塘南中学、教育学院附中改由南长区主办；长江中学、旺庄中学、硕放中学改由新区主办。

二、素质教育及课程设置

1986年起，无锡市坚持将初中学校德育工作列为素质教育的首位，市教育行政部门先后发布《关于改革和加强我市中小学德育工作的意见》《无锡市中小学1995～1997年爱国主义教育实施计划》《学校德育现代化工程》等文件，建立和完善全方位、立体化的德育工作的管理网络和运行机制，促进德育工作的科学化、规范化、制度化。按照“优化学科课程，强化活动课程，开发环境课程，培养学生个性特长，促进学生全面发展”的要求进行改革实验，建设“规范加特色”学校，培养“合格加特长”学生。1995年，市教委提出《无锡市初中素质教育目标要求》。1996年，组织开展以优化课堂教学目标、过程及评价，提高初中教学的质量为重点内容的“三优化、一提高”活动。1999年，中共中央、国务院《关于深化教育改革，全面推进素质教育的决定》公布后，无锡市成为省级素质教育实验区，在全市整体推进区域性素质教育实验工作。“九五”期间，无锡初中教育发展不均衡的现象还客观存在，受升学考试制度的制约及社会因素等影响，初中实施素质教育的难度仍然较大。

2001年，锡山区、惠山区成为国家级基础教育课程改革实验区。2002年，无锡市被省教育厅列为基础教育课程改革实验区，初中课程改革在全市初一年级首先启动，当年秋季起实行新的课程方案。各级教育行政部门、教研部门和各初中学校统一筹划，成立课程改革实验领导小组、工作小组、专家指导小组、学科指导小组，围绕课程改革建立多级培训体系，加强干部、教师的岗前培训，组织多层次的教学观摩和研讨活动。全市各初中学校深化课堂教学改革，持续开展课堂教学“三优化、一提高”活动和课程改革示范点的工作。至2005年，一批初中建成全市课程改革示范点学校。

1999～2005年无锡市执行江苏省九年义务教育“六·三”学制课时安排表

表31-9

学段	小学						初中			课时合计		
周课时 年级 课程	一	二	三	四	五	六	一	二	三	小学课时合计	初中课时合计	九年课时合计
思想品德	1	1	1	1	1	1	—	—	—	204	—	404
思想政治	—	—	—	—	—	—	2	2	2	—	200	
语文	9	9	9	8	7	7	6	5	5	1666	534	2200
数学	4	5	5	5	5	5	5	5	5	986	500	1486
外语	—	—	—	—	3	3	5	5	5	204	500	704
社会	—	—	—	2	2	2	—	—	—	204	—	557
历史	—	—	—	—	—	—	2	2	2	—	200	
地理	—	—	—	—	—	—	3/2	2	—	—	153	
自然	1	1	1	1	2	2	—	—	—	272	—	751
物理	—	—	—	—	—	—	—	3	3	—	198	
化学	—	—	—	—	—	—	—	—	4	—	128	
生物	—	—	—	—	—	—	2/3	2	—	—	153	

续表

<table>
<tr><th colspan="3" rowspan="2">学段／年级／周课时／课程</th><th colspan="6">小学</th><th colspan="3">初中</th><th colspan="3">课时合计</th></tr>
<tr><th>一</th><th>二</th><th>三</th><th>四</th><th>五</th><th>六</th><th>一</th><th>二</th><th>三</th><th>小学课时合计</th><th>初中课时合计</th><th>九年课时合计</th></tr>
<tr><td colspan="3">体育</td><td>2</td><td>2</td><td>3</td><td>3</td><td>3</td><td>3</td><td>2</td><td>2</td><td>2</td><td>544</td><td>200</td><td>744</td></tr>
<tr><td colspan="3">音乐</td><td>2</td><td>2</td><td>2</td><td>2</td><td>2</td><td>2</td><td>1</td><td>1</td><td>1</td><td>408</td><td>100</td><td>508</td></tr>
<tr><td colspan="3">美术</td><td>2</td><td>2</td><td>2</td><td>2</td><td>2</td><td>2</td><td>1</td><td>1</td><td>1</td><td>408</td><td>100</td><td>508</td></tr>
<tr><td colspan="3">劳动</td><td>1</td><td>1</td><td>1</td><td>1</td><td>1</td><td>1</td><td>—</td><td>—</td><td>—</td><td>204</td><td>—</td><td>404</td></tr>
<tr><td colspan="3">周学科课时</td><td>22</td><td>23</td><td>24</td><td>25</td><td>28</td><td>28</td><td>31</td><td>32</td><td>32</td><td>5100</td><td>3166</td><td>8266</td></tr>
<tr><td rowspan="4">活动类课程</td><td colspan="2">晨会（夕会）</td><td colspan="12">每天10分钟</td></tr>
<tr><td colspan="2">班团队活动</td><td>1</td><td>1</td><td>1</td><td>1</td><td>1</td><td>1</td><td>1</td><td>1</td><td>1</td><td>204</td><td>100</td><td>304</td></tr>
<tr><td colspan="2">科技文体活动</td><td>5</td><td>5</td><td>5</td><td>4</td><td>3</td><td>3</td><td>4</td><td>4</td><td>4</td><td>850</td><td>400</td><td>1250</td></tr>
<tr><td colspan="2">周活动课时</td><td>6</td><td>6</td><td>6</td><td>5</td><td>4</td><td>4</td><td>5</td><td>5</td><td>5</td><td>1054</td><td>500</td><td>1554</td></tr>
<tr><td rowspan="5">地方安排课程</td><td rowspan="3">省安排</td><td>专题教育</td><td>—</td><td>—</td><td>1</td><td>1</td><td>1</td><td>1</td><td>1</td><td>1</td><td>—</td><td>136</td><td>68</td><td rowspan="3">744</td></tr>
<tr><td>计算机</td><td>—</td><td>—</td><td>—</td><td>1</td><td>1</td><td>—</td><td>1</td><td>1</td><td>—</td><td>68</td><td>68</td></tr>
<tr><td>自习</td><td>2</td><td>2</td><td>1</td><td>1</td><td>1</td><td>1</td><td>1</td><td>—</td><td>2</td><td>272</td><td>132</td></tr>
<tr><td colspan="2">市安排</td><td>3</td><td>3</td><td>3</td><td>2</td><td>—</td><td>1</td><td>1</td><td>1</td><td>1</td><td>408</td><td>66</td><td>474</td></tr>
<tr><td colspan="2">周地方课时</td><td>5</td><td>5</td><td>5</td><td>5</td><td>3</td><td>3</td><td>4</td><td>3</td><td>3</td><td>884</td><td>334</td><td>1218</td></tr>
</table>

三、招生及考核机制

1986年起，无锡市规范招生秩序，推进教育均衡发展，全市公办初中实行小学毕业生免试对口就近升入初中的招生办法。1994年起，市教育行政部门规定民办初中的招生不得举行任何形式的考试。90年代后期起，全市试行初中学生学业成绩等级制，市教育局对直属初中实行年度百分考核制，并将考核的实绩与对学校和校长的奖惩相结合。

第五章　高中教育

第一节　事业概况

80年代初，无锡市高中学制由二年制过渡为三年制，统一课程设置，贯彻“加强双基，培养能力，发展智力”的教学思想，在高中德育中加强“四项基本原则”教育、革命理想教育和共产主义道德品质教育。1985年，全市有高（完）中103所，高中阶段在校生3.6万人，其中市区22所，在校生9635人。

1987年，在市区北部设置独立高中——市北高中。各地相继进行学校内部管理体制改革试点，逐步推行校长全面负责、党组织保证监督、教职工民主参与管理的三位一体的管理体制。市教育局推广无锡市一中全面贯彻教育方针、坚持把德育放在学校工作首位、促进学生全面发展的经验。

1988年5月，无锡市被国家教委批准为全国15个教育综合改革试点城市之一，全市高中办学条件逐步改善，实验室、仪器室、仪器柜、仪器的平均占有量均居全省之首，受到省教委的表彰。1990年，省教委依据《江苏省重点中学基本合格标准》，对原省重点中学检查验收，确认江苏省南菁高级中学、无锡县天一中学、无锡市一中为江苏省重点中学，肯定市一中的德育工作、天一中学的教育教学管理、南菁高中的教学质量。是年末，全市有普通高（完）中105所，在校学生30432人。

1991年，市区撤销清名桥中学、西新中学等多所完中的高中部，市一中、市二中等完中陆续停止招收初中生而撤销初中部，逐步扩大高中办班规模。1992年，全市继续在部分普通高中试办“二一分段，高三分流”的综合高中班。其中，无锡县已由少数学校试点扩展到除重点高中外的所有完中。1993年，省教委印发《关于改革和加强普通高中教育的意见》和《江苏省普通高中合格标准》，各地教育行政部门对照标准对高中分期分批检查验收，促进高中办学水平提高。市二中、江阴市中学、无锡县梅村中学、宜兴市中学、无锡县中学先后通过省教委组织的省重点中学检查验收。同年，全省开始实行普通高中毕业生会考制度，全市高三学生首次参加省毕业会考，合格率86.58%，其中，物理、化学等6门学科的及格率、优秀率都超过省平均水平。1994年，市一中、市二中等18所普通高中启动创建教育基本现代化示范学校活动，各自制定实施方案。其时，教育经费缺口较大，基本建设资金投入不足，教师培养相对滞后，高中的总体布局还不尽合理，学校办学条件存在明显差距。1995年11月，市教委召开首次普通高中工作会议，提出优化普通高中布局结构、办学模式和教育管理，强化教师队伍建设，全面提高教育质量的新思路和新举措。至1995年末，市区高中校均招生规模由1990年的3.4班增加至6班以上，初步形成规模效应。全市普通高（完）中调整至99所，在校生43039人。高三学生参加省毕业会考的合格率86.58%，升入高校6560人，本科生录取数占考生总数的26.4%。

1996年，市教委制订《无锡市普通中学基本实现现代化评估方案（试行）》，由教育督导部门对全市高中逐一进行基本实现现代化的达标验收。各地以教育装备现代化为突破口，推进教育现代化工程，调整高中教育结构布局，改善办学条件，完善教学设施，加强教育信息化基础建设，全市基本普及高中阶段教育。江阴市青阳中学、宜兴市第一中学等15所高中先后通过省重点高中评估验收。2000年，为支持国家西部大开发，根据教育部的要求，无锡市在青山高中举办四年制新疆高中班。全市高中深化管理体制改革，推行以“校长负责制、教职工全员聘任制、工资总额包干制、考核奖惩制”为主要内容的“四制”配套改革。至年末，全市高中由1995年的99所减少至73所，在校生由1995年的43039人增加至56618人。无锡高中阶段教育得到全面普及，入学率超过94%。其中，市区超过98%，分别比1991年提高42和16个百分点，实现九年制义务教育普及后无锡教育发展史的新跨越。但优质高中教育资源的供给相对不足，人才培养模式的创新还不能完全适应时代的需求。是年，全市18389人参加高考，本科进线率51.1%，比全省本科平均进线率高出11个百分点，位居全省前茅，全社会万人本科进线率20.83，居全省第一。

图31-4 无锡市第一中学 （市教育局供稿）

2002年，无锡市被确定为省基础教育课程改革实验区，各高中落实“以学生为本”的办学理念，开设研究性学习课程，注重培养学生的创新精神和实践能力。2001～2003年，市北高级中学、第三高级中学等7所高中先后通过省重点高中评估验收。2004年，江苏省实行高中星级评估制度，无锡市29所省重点高中均通过省三、四星级高中转评。2005年,新建二星级高中13所,新增三星级高中4所。至此,全市75所普通高中,有三星级以上优质高中33所、在校生100603名,近80%高中生在省三星级以上优质高中就读。无锡市玉祁中学通过省三星级转星评估后,加快建设省四星级高中,实施初高中分离,征地6.87公顷、投入8000万元建造高中新校区;市一中征地4公顷、投入1.2亿元扩建校园;锡山高级中学、天一中学分别投资2亿多元,建设26.67公顷的新校区,高标准配备先进的教育设施;梅村高级中学、市北高中易地新建等一批超亿元的重点建设项目投入施工。全市高中校校建成校园网,宽带接入教育城域网,建立多媒体教室,其中,三星级以上高中普遍实现多媒体进入普通教室,建有电子阅览室,达到"校校通工程"第三层次水准。是年,全市高中毕业生参加省综合考试,一次合格率91%;高考本二进线率30.96%,万人本科进线率19.70/万,名列全省第一。继续开展课堂教学"三优化一提高"活动,教育教学质量在省内保持领先。这一时期,全市高中教育总体发展水平又上新台阶,教育国际交流也日趋活跃,市一中、锡山高中等一批重点高中与美国、英国、法国、日本等国的著名高中结为友好学校。普通高中教育在区域之间、学校之间还依然存在着一定差距,少数农村完中和一些民办高中在办学条件、师资实力、管理水平和教学质量上相对比较薄弱。

1986~2005年无锡市普通中学(含初中)发展概况表

表31-10　　单位:所、班、人

年份	学校数	班级数	教职工数	专任教师数	在校生数	毕业人数
1986	341	—	—	11002	180949	59489
1987	329	4093	16371	11233	186536	53348
1988	324	4217	17571	12010	191130	50230
1989	310	4388	18207	12448	198288	52150
1990	300	4540	19426	13219	208248	55737
1991	282	4684	20170	13678	217067	56806
1992	267	4740	20744	13880	220682	62114
1993	261	4710	21407	14474	217308	65454
1994	256	4769	21844	14756	219411	67451
1995	253	4763	22255	14994	218970	69101
1996	243	4584	22515	15078	209344	66465
1997	227	4317	22424	15019	194429	72495
1998	218	4337	20454	14867	194147	70380
1999	215	4753	20184	15609	216848	58742
2000	211	5281	21015	16468	248583	58892
2001	213	5772	22321	17621	278685	69413
2002	212	6210	23929	18707	301841	81262
2003	204	6422	24589	19892	309570	90737
2004	198	6297	24650	20320	300225	99966
2005	194	6114	24254	20440	286777	104556

第二节　教育管理

一、规范化建设

1992年，市教委印发《关于加强教育督导工作的意见》，启动对高中办学水平的综合督导评估，构建学校每学年自评、三至四年一轮综合督导、平时专项督导、随机检查相结合的督导机制。1995年，建立实施每两年一次评比高中常规管理先进学校的制度。1996年，启动高中基本实现现代化达标验收。1998年，各普通高中学校的内部管理体制改革得到深化，以“校长负责制、教职工全员聘任制、工资总额包干制、考核奖惩制”为主要内容的“四制”配套改革全面推开。2002～2004年，各高中以创建省重点中学、省星级高中为契机，以评促建，对照星级高中评估指标要求规范办学行为，优化学校管理。“十五”期间，市教育局对直属高中分三批试行校长任期制，任期3年。各高中实行校务公开制度，加强教育行风建设。

二、素质教育与课程设置

1986年，无锡市高中的课程设置按《1981年江苏省全日制六年制重点中学教学计划（试行草案）》，执行文理分科性选修的教学计划。1995年，普通高中教育质量继续在全省保持领先地位，在国内外的学科竞赛中频频获奖。市一中学生倪浩、唐海峰参加国际化学奥林匹克竞赛获得银奖，南菁高中学生陈丰获国际奥林匹克物理竞赛银奖。

1996年，无锡市高中按国家教委颁发与九年制义务教育课程计划相衔接的《全日制普通高级中学课程计划（试验）》，建立以学科类课程为主、活动类课程为辅的课程结构，并根据“优化必修课、规范选修课、加强限定选修课”的原则构建学科课程体系，以课堂教学为主阵地，推进课堂教学改革和学校课程建设，开展以“改革课堂教学，培养创新人才”为主题的“三优化一提高”活动，将培养学生的创新思维和创新能力贯穿于优化教学目标、教学过程和教学评价之中，促进课堂教学质量提高。1998年起，市教委每年对直属普通高中进行素质教育常规管理检查考核，督促学校严格执行教育法规政策，全面落实素质教育措施，不断提高素质教育的实施水平。贯彻落实市教研中心制定的《改进和加强高中13门学科教学的意见》。1999年春季学期起，各高中试行新课时制，改每节课45分钟为40分钟。锡山高中等省重点中学率先进行校本课程资源开发实验，开发可供学生选择的多样性课程。1999年10月，全国普通高中课程教学改革研讨会在锡山市召开，会议代表现场考察锡山高中的校本课程建设。2000年秋季开始，全市高中从一年级起实施教育部颁发的《全日制普通高级中学课程计划（试验修订稿）》，利用校内外资源优势，开发课程资源，普遍开设研究性学习课程，形成“课程超市”供学生选择，组织学生结合社会实践进行研究性学习。2002年秋季起，全市普通高中执行教育部颁发的《全日制普通高级中学课程计划》，统一执行45分钟课时制，以配合2003年高考将提前1个月的改革举措。同时，贯彻教育部印发的《全日制普通高级中学7科教学大纲》和《调整高中思想政治课有关教学内容的方案》。是年，无锡市被确定为省基础教育课程改革实验区，各高中学校较好落实“以学生为本”的办学理念，注重培养学生的创新精神和社会实践能力，开设研究性学习课程。市二中等一批高中的校本课程建设、天一中学的超常学生培养、江阴市中学的现代学校制度建设、太湖高中的艺术教育、青山高中的民族教育等形成特色。全市普高教育的教学质量年年在全省保持领先。2004年下半年起，全市着手新一轮高中课程改革的准备工作，各地组织教研人员、高中校长等赴先期进入高中课改实验的地区考察学习，邀请课程改革专家作专题报告，编写《高中课改通识培训》读本，组织教师参加培训。2005年，德育工作注重针对性、实效性。各高中注重内涵发展，推进素质教育；普遍建立心理咨询室，加强学生心理健康教育，开展公民道德教育、“志愿者行动”“假日新视野”等活动，组织高一、高二学生参加为期1周的军事训练和社会实践基地活动。是年秋，全市高中启动新一轮课程改革，其内容是：严格执行国家新课程计划，完成各项课改实验任务；基本形成与高中课改相适应的教学管理制度，增强教育行政部门和学校制度创新能力；推进课堂教学改革和教学方式转变，特别是学生学习方式的转变；建立以校为本的研训一体化教师专业发展制度，确立教师专业化发展的基本标准和发展机制；建立教育资源现代化、人本化配置新体系，拓展教育资源的开发途径，提高资源整合的力度，建立市级高中教育资源基地，形成一批资源配置特色学校；各高中建立以制订和实施学校三年发展规划为主线，以学校自我评价为基础，专业性评估为重点的发展性高中评估体系。

2001～2005年秋季无锡市执行江苏省普通高中课程安排表

表31-11

<table>
<tr><th colspan="3">学科</th><th>高一</th><th>高二</th><th>高三</th><th>必修、选修授课时数</th><th>总授课时数</th></tr>
<tr><td colspan="2">政治</td><td>必修</td><td>2</td><td>2</td><td>2</td><td>192</td><td>192</td></tr>
<tr><td colspan="2">语文</td><td>必修</td><td>4</td><td>4</td><td>4</td><td>384</td><td>384</td></tr>
<tr><td colspan="2">外语</td><td>必修</td><td>4</td><td>4</td><td>4</td><td>384</td><td>384</td></tr>
<tr><td colspan="2" rowspan="3">数学</td><td>必修</td><td>4</td><td>4</td><td>—</td><td>280</td><td rowspan="3">332～384</td></tr>
<tr><td>选修Ⅰ</td><td rowspan="2">—</td><td rowspan="2">—</td><td>2</td><td>52</td></tr>
<tr><td>选修Ⅱ</td><td>4</td><td>104</td></tr>
<tr><td colspan="2" rowspan="2">信息技术</td><td>必修</td><td>2</td><td>—</td><td>—</td><td>70</td><td rowspan="2">70～140</td></tr>
<tr><td>选修</td><td></td><td>2</td><td>—</td><td>70</td></tr>
<tr><td colspan="2" rowspan="2">物理</td><td>必修</td><td>3/2</td><td>2</td><td>—</td><td>158</td><td rowspan="2">158～306</td></tr>
<tr><td>选修</td><td></td><td>2</td><td>3</td><td>148</td></tr>
<tr><td colspan="2" rowspan="2">化学</td><td>必修</td><td>2</td><td>2</td><td>—</td><td>140</td><td rowspan="2">140～271</td></tr>
<tr><td>选修</td><td>—</td><td>2/1</td><td>3</td><td>131</td></tr>
<tr><td colspan="2" rowspan="2">生物</td><td>必修</td><td>—</td><td>3</td><td>—</td><td>105</td><td rowspan="2">105～183</td></tr>
<tr><td>选修</td><td>—</td><td>—</td><td>3</td><td>78</td></tr>
<tr><td colspan="2" rowspan="2">历史</td><td>必修</td><td>3</td><td>—</td><td>—</td><td>105</td><td rowspan="2">105～240</td></tr>
<tr><td>选修</td><td>—</td><td>2</td><td>3/2</td><td>135</td></tr>
<tr><td colspan="2" rowspan="2">地理</td><td>必修</td><td>3</td><td>—</td><td>—</td><td>105</td><td rowspan="2">105～209</td></tr>
<tr><td>选修</td><td>—</td><td>2/1</td><td>2</td><td>104</td></tr>
<tr><td colspan="2">体育和保健</td><td>必修</td><td>2</td><td>2</td><td>2</td><td>192</td><td>192</td></tr>
<tr><td colspan="2">艺术（音乐、美术）</td><td>必修</td><td>1</td><td>1</td><td>1</td><td>96</td><td>96</td></tr>
<tr><td rowspan="4">综合实践活动</td><td>研究性学习</td><td rowspan="4">必修</td><td>3</td><td>3</td><td>3</td><td>288</td><td>288</td></tr>
<tr><td>劳动技术</td><td colspan="5">每学年一周（可集中安排，可分散安排）</td></tr>
<tr><td>社区服务</td><td colspan="5">一般应利用校外时间安排</td></tr>
<tr><td>社会实践</td><td colspan="5">每学年一周（可集中安排，可分散安排）</td></tr>
<tr><td colspan="3">地方和学校选修课</td><td>1.5</td><td>1～4</td><td>8～11</td><td colspan="2">295.5～478.5</td></tr>
<tr><td colspan="3">周课时</td><td>34</td><td>34</td><td>34</td><td colspan="2">—</td></tr>
<tr><td colspan="3">教学周</td><td>35</td><td>35</td><td>26</td><td colspan="2">—</td></tr>
</table>

三、招生考试

无锡市中考历来采取初中毕业考试与升学考试“两考合一”的办法，由市联合命题，统一评分标准，统一印卷，统一考试时间，市区和市（县）分别负责组织报名、考试、阅卷和评分。考试科目为语文、数学、外语、物理、化学、政治（1994年未考）、体育（1993年始列入）。1997～2000年，锡山市进行招生考试制度改革试验，初中毕业考试与升学考试两考分离。初中毕业会考分考查和考试两类，分别安排在初二、初三阶段进行。升学考试科目为语文、数学、外语、物理、化学、体育6门。中招实行将热门高中招生指标全部分配到乡镇的办法。1999年，根据教育部1998年11月颁发《关于加强大中城市薄弱学校建设，办好义务教育阶段每一所学校的若干意见》中提出的“逐步推行普通高中招生指标分配与初中办学水平综合评价结果适当挂钩的办法”，推行热门高中招生指标分配的办法。市区将部分热门高中20%的招生指标，根据初中校的办学水平和毕业生数，定向分配到各初中，分配指标的录取分数线相应降低20分，以后又逐年扩大指标分配比例，稳定在50%左右。2000年始，无锡市中考调整命题要求，适当降低难度，适当考核学生综合运用各科知识的能力，政治学科首次采用开卷形式，英语学科增加口语等级考试。2005年起，贯彻省教育厅《关于初中毕业生升学考试与普通高中招生制度改革的若干意见》精神，适应初中课程改革需要，中考中招实行学业水平评价，包括学业考试和学业考查。学业考试科目为政治、语文、数学、外语、物理、化学、体育，考试命题充分体现新课程理念，有关学科设置选做题。学业考查项目为其他非考试科目以及理科实验操作、劳动技术等，考查结果以等级制方式呈现。同时进行综合素质评定，内容包括“品德与修养”“探究与实践”“交流与合作”“健体与审美”等四个维度，评定结果也以等级制方式呈现。全市高中招生综合考查学生全面素质，其中学业考查和综合素质评定结果为高中招生录取的资格条件，学业考试成绩为招生录取时取舍标准，并继续推行热点高中招生指标分配与初中适当挂钩的办法。

第六章　职业教育

第一节　事业概况

1987年9月，市计委、市经委、市教育局、市乡镇工业局制定《关于发展我市农村职业技术教育的意见》，明确发展目标、工作方针、领导体制、办学路子、经费渠道、师资队伍建设要求和教育改革的方向。至1989年末，全市有中等专业学校20所，班级74个，在校学生14031人，毕业生3702人；职业中学19所，办职业班的普通中学49所，办职业班的成人学校14所，共有207个班级，在校学生11685人，毕业生2400余人。1990年，全市有中专校20所，在校生13759人；技校24所，在校生7425人；职业高中（含设职高班的普通高中）89所，在校生16152人。是年末，生均占有校舍面积：职高10.39平方米、技校13.8平方米；生均占地面积：职高18.78平方米、技校19.46平方米。市区中专、中技、职中普遍建成学生实验、实习基地，基本满足学生实验、实习的需要；基本形成一支专兼结合，以专为主的师资队伍，启动实习指导教师队伍的建设；建成一批师资较强、设备先进、教育质量较高的骨干职业学校。市电子职中、轻工职中等7所职中被命名为省重点职业中学。由于条块分割、多元领导、多头管理，中等职业技术教育存在学制不够规范、专业设置重复、投资布局分散的现象。

1992年，市教委拟订《关于改革和发展我市职业技术教育的意见》，中等职业技术学校在改革招生和毕业生分配办法等方面进行探索。无锡市加快职业中学骨干学校和地方中专建设步伐，17所中专校有15所达到优秀标准。1994年，为了整合优质教育资源，推进强强联合，实现中等职业教育规模效应，市政府决定在市区和三市（县）分别新建1所规模较大、现代化程度较高、具有多功能示范性的重点职业中学。1995年8月，市政府撤销江苏省无锡电子职业中学和江苏省无锡机电职业高级中学建制，在两校的基础上重新组建江苏省无锡职业高级中学。同年，在该中学基础上成立无锡市职业教育中心（简称"市职教中心"），实行"一套班子两块牌子"的运作模式。12月28日，举行市职教中心新校区奠基仪式。新校区坐落在无锡新区春潮村，占地12.87公顷，总建筑面积3.4万平方米，总投资6000万元。1995年12月19日，中、德两国政府同意在无锡市建立中级技术管理人员培训中心（暂定名"中德无锡高级职业技术学校"），设立在市职教中心内。至1995年末，无锡职教的办学主体、办学形式呈现多元化，政府包办职业教育的局面有所改变。全市有中专校20所，在校生36384人；技校28所，在校生10180人；职中25所，在校生16436人。职校与普高招生数之比1.8∶1。8所职校成为示范性省级重点职业高级中学。江苏省江阴职业高级中学、锡山市工业学校、宜兴市丁蜀职业中学、无锡职业高级中学等4所学校通过省教委组织的首批国家级重点职业中学验收。

1996年4月10日，市教委在江苏省江阴职业高级中学召开全市职业教育"二次创业，再创辉煌"现场会，总结和回顾17年间全市职教发展历程，启动实施职教现代化工程。1997年，市教委制订《无锡市职业学校基本实现现代化评估细则（试行稿）》。1月9～10日，江苏省江阴职业高级中学通过市政府教育督导室评估验收，成为全市第一所基本实现现代化的职业高级中学。至是年末，市职教中心等7所学校通过教育基本现代化评估验收。7月，全市职教的标志性工程——市职教中心新校区竣工。同年，锡山市职业教育中心、江阴市技工学校、中德无锡高级职业技术学校相继成立。1998年起，在多年分散试办初级职业技术班的基础上，市区确定由山明、广丰、塘南等中学集中举办初级职业技术班，初三学生可通过1年的初级职业技术教育，免试升入职业高中继续学习。同年3月20日，市职教中心、塘南中学、广丰中学、马山中学、坊前学校等7所学校组建成立无锡市第一职教集团。锡山市、江阴市、宜兴市相继以地区职教中心或骨干职校为龙头成立职教集团。1999年，江苏省船舶工业学校与无锡航运技工学校合并成立江苏省无锡交通学校。2000年，在无锡市技工学校的基础上成立无锡市高级技工学校，成为无锡市唯一的一所国家级技校。同年3月，无锡在轻工职中内成立全市第一所综合高级中学。学校实行"两块牌子，一套班子"。年末，全市有中专校19所，在校生37379人；技校30所，在校生13002人；职中20所，在校生12183人。普通高中与中等职业学校的招生比例保持在1∶1。全市有省级重点职业中学17所、省合格职教中心8所、国家级重点职校10所、国家级中专校3所。中德无锡高级职业技术学校（MBF）成为江苏省职业技术教育师资培养基地。

"十五"期间，无锡市职业教育办学规模扩大，注重教育结构优化，中等职业教育与普通高中招生比例保持在1∶1左右。2002年12月6日，市政府召开全市职教工作会议，出台《无锡市政府关于积极推进职业教育改革与发展的意见》。2004年，市职教中心、无锡交通学校分别升格为无锡机电高等职业技术学校和无锡交通高等职业技术学校。各职校共开发和设置电子信息、数控技术、机电一体化、旅游商贸、

图31-5　无锡职业技术学院师生数控技术教学现场
（职业技术学院供稿）

现代农业、服装等12个大类80多个专业，基本覆盖全市所有行业、工种，其中16所职校的32个专业被评为省示范专业。4所职校被教育部确定为国家技能型紧缺人才培养基地，5所学校被确定为国家或省级职校实训基地。同年，总投资5亿元的无锡市公共实训基地启动建设。2005年9月，市委、市政府制定《关于加快建设无锡（藕塘）职教园区的实施意见》，决定在藕塘地区建设国内一流、具有国际水准的现代化职教园区。至2005年末，全市拥有中等职校57所，在校生13.73万人，比“十五”初期翻一番，毕业生就业率保持在96%以上，教师学历达标率80%以上。全市建成一批具有一流办学条件的现代化职校，校均规模由“九五”期末的630人提高至1830人。全市建成全国重点建设职教师资培训基地1个、国家级重点职校10所、国家级技校3所、省级重点职校17所。省以上重点职校招生总量达到招生总规模的80%左右。“十五”期末，无锡市启动制定新一轮职教发展改革规划，提出把无锡建成全国一流的区域性职教中心的发展目标。

1986～2005年无锡市中等专业学校发展概况表

表31-12　　　　单位：所、人

年份	学校数	教师数	在校学生数	毕业人数	年份	学校数	教师数	在校学生数	毕业人数
1986	19	1647	11148	1923	1996	20	1328	43735	10688
1987	20	1095	12805	2699	1997	20	1397	44234	12096
1988	20	1117	14002	3038	1998	21	1362	41245	14129
1989	20	1105	14031	3702	1999	20	1274	41784	9094
1990	20	1151	13759	4479	2000	19	1364	37397	12387
1991	20	1173	14530	4116	2001	18	1203	35388	12382
1992	20	1230	16255	4083	2002	14	1188	41111	9387
1993	20	1256	21995	4287	2003	15	1347	44959	8608
1994	20	1267	29196	4635	2004	14	1561	63774	8709
1995	20	1301	36384	5909	2005	19	2007	79344	11858

1986～2005年无锡市技工学校、职业中学发展概况表

表31-13　　　　单位：所、人

年份	技工学校				职业中学			
	学校数	教师数	在校学生数	毕业人数	学校数	教师数	在校学生数	毕业人数
1986	22	616	5939	1000	18	748	10426	2038
1987	22	704	6363	1325	18	804	11323	2953
1988	22	699	6486	1812	20	914	11644	3536
1989	24	750	6659	2222	19	817	11339	4404
1990	24	783	7425	2044	16	865	11300	3851
1991	24	763	8171	2226	14	927	12527	3638
1992	25	860	8825	2464	15	1044	15497	3498
1993	26	823	9285	2680	20	1180	16952	3518
1994	27	840	10506	2712	24	1313	17407	4956
1995	28	861	10180	3720	25	1579	16436	5803

续表

年份	技工学校				职业中学			
	学校数	教师数	在校学生数	毕业人数	学校数	教师数	在校学生数	毕业人数
1996	28	824	12102	2745	25	1769	15596	5283
1997	29	776	13204	3200	24	1919	16167	4992
1998	29	780	13874	3720	32	1946	16173	4932
1999	29	809	13557	4230	25	1810	14921	4342
2000	30	858	13002	4856	20	1805	12183	5685
2001	30	897	13535	4364	19	1639	11216	4875
2002	30	959	17297	3895	26	1851	13502	3347
2003	23	892	22595	4184	21	1618	14838	2782
2004	22	1019	31882	4736	20	1661	19143	3446
2005	22	1199	38424	7296	16	1530	19604	5106

第二节　师范教育

一、中等师范教育

1986年后，江苏省无锡师范学校（简称“锡师”）举办“三二分段”大专班。1991年，根据江苏省教育委员会颁发的《关于无锡师范、晓庄师范“三二分段”大专班招生的通知》要求，学校招收“三二分段”大专班1个、40人，招生对象为江苏全省三年制普师应届毕业生，学制2年，为全省培养具有大专文化水平和较强小学教育教学能力，并具有初步教育科学研究能力的小学教师。1991年，在校中师学生1741人，其中幼师学生233人。是年起，承担无锡地区小学、幼儿园教师培养工作的锡师、江苏省洛社师范学校进入标准化、现代化建设新阶段。各级政府加大对师范教育的投入，新建实验楼、教学楼、科学馆等配套设施，改善办学条件。

1993年，经省教委批准，锡师首次试办“五年一贯制”大专班，以后逐步减少中师班招生数。1994年，锡师与无锡市57所小学签订师范教育实习基地协议，并挂牌实施。是年末，锡师以优异成绩通过省中师办学条件标准化验收，并成为无锡市教育现代化工程示范学校。1995年2月，在加强师范院校教师队伍建设的基础上，在全市中小学、幼儿园选拔师德好、业务精、能力强的骨干教师担任师范院校兼职教师，促进提高师范教育的质量。2月25日，洛社师范学校向市教委和省教委师范教育处提交《关于申请试办中师大专班和专业侧重班的报告》，并从1995年起开设英语、电教、音乐和体育等4个专业侧重班，

图31-6　无锡师范学校内景　　（市教育局供稿）

以彰显学校办学特色。8月15日，市教委颁发《关于同意将锡山市洛社镇中心小学确定为洛社师范附属小学的批复》。9月10日，洛社师范举行附属小学揭牌仪式。是年，在校中师学生2578人，其中幼师学生138人。1996年，锡师停止招收中师班，并从1997年起，招收“五年一贯制”和“三二分段”大专班。1997年5月29日，市教委发文同意无锡市后西溪中心小学等17所小学作为洛社师范学校第二批教育实习学校。6月6日，洛社师范学校举行第二批实习基地挂牌仪式。1998年2月，洛社师范学校接受市政府教育督导室对学校标准化建设的检查，同年，通过省组织的中师办学条件标准化验收。2000年，在校中师学生2481人，其中幼师学生253人。

2002年9月28日，锡师与洛社师范学校合并办学，原“江苏省无锡师范学校”和“江苏省洛社师范学校”建制撤销，重新组建新的无锡师范学校。2005年，无锡师范学校更名为无锡高等师范学校，并增挂“江苏教育学院无锡分院”的牌子，实现中等师范学校的升格。

二、高等师范教育

90年代起，为改变无锡地区高等师范教育相对薄弱的状况，市委、市政府抓住国家发展高等教育的机遇，统筹教育发展全局，多次召开师资工作会议，将发展高等师范教育作为无锡实施教育现代化工程的重点项目。这一时期，无锡教育学院在承担中学教师职后培训任务的同时，稳步发展具有大专学历的初中新教师的培养规模，并与南京师范大学联合举办本科性质的高师班，招收应届高中毕业生入学，为无锡地区培养紧缺的中学师资。1991年，高师学生360人；1995年，高师学生640人；2000年，高师学生1112人。2001年，无锡教育学院并入江南大学。以此为基础，江南大学成立师范学院，后改为教育学院。2005年，江南大学作为国家“211”工程项目学校之一，高规格移地新建，教育学院的办学条件大幅提高。是年，除江南大学师范类在校生外，无锡高等师范学生1752人。

第三节　教育管理

一、办学模式

1988年起，为规范职业教育的教学管理和提高教学质量，无锡市在职业中学启动实施毕业证书与技能等级证书“双证”考核制度。“双证”考核中，市区职中毕业生三级工合格率达100%，四级工合格率41.5%。同年起，江苏省实行普通高校对口单独招生考试，优秀的职校毕业生可以进入高校继续深造。无锡市对口单独招生录取率逐年上升，至2005年，对口单招的升学比例达到毕业生的25%左右。1989年，引进联邦德国“双元制”①办学模式，探索建立适应经济和社会发展的职教体系。11月5日，国家教委确定无锡等6城市为“双元制”职教试点城市，无锡市在机械行业进行试点，确定无锡油泵油嘴厂技工学校为试点单位，招收机电专业“双元制”试点班，培养油泵油嘴行业关键岗位的技工和生产骨干。市政府在3年试点期间，每年减免无锡油泵油嘴厂利税100万元，支持项目实施。江苏省无锡机械制造学校从具有两年以上工龄的技校和职中毕业生中招生，实现职业教育与成人教育贯通。江南大学直接从职校毕业生中招收新生。1991年，逐步形成职业中学的教学、实习、生产经营、社会服务“四结合”办学模式。同年10月21日～11月5日，省教委对17所在锡普通中专校进行评估，评估分为合格评估、办学水平评估和选优评估等3种基本形式，采取听、看、查、议等方式全面了解学校办学情况。经评估，江苏省无锡机械制造学校、无锡无线电工业学校、江苏省无锡商业学

① “双元制”是源于德国的一种职业培训模式。“双元”是指职业培训要求参加培训的人员必须经过两个场所的培训，一元是指职业学校，其主要职能是传授与职业有关的专业知识；另一元是企业或公共事业单位等校外实训场所，其主要职能是让学生在企业里接受职业技能方面的专业培训。

校、江苏省税务学校、江苏省宜兴轻工业学校等5所学校被评为较佳级学校。职业高中在抓好文化课和专业理论课教学的同时，突出学生的技能训练。1992年，在国家教委职教司、高等教育出版社等5单位联合举办的全国职业中学（含职业中专）“浪潮杯”计算机竞赛中，无锡市工业学校获微机专业组全能一等奖、非专业组全能一等奖、非专业组录入技术第一名。1994年2月14～17日，国家教委和省政府在无锡联合召开苏南现代职业教育制度改革试验研讨会，探索建立适应国情的、与国际接轨的现代职教制度。1995年，全市技校毕业生四级工合格率79.1%。中德无锡高级职校成立后，在德国专家鲍尔歇的指导下，开展“双元制”教学。1996年，省教委在江阴召开全省职业教育教学工作会议。市劳动局对技校实行“十项目标”管理考核，向27所合格技校授牌。2000年9月1日起，全市17所省级以上重点中等职校探索“工学交替”现代教学管理制度，试行学分制和弹性学制，修满规定学分的学生可提前毕业，同时取消留级制度，改为“留科制”。

二、职教资源整合

1986上年，市机电职业高中首创的校务委员会管理模式在城乡职业中学逐步普及，密切校企合作成为无锡职业教育的一大特色。1998年3月，为整合职教资源，提高办学效益，探索集团化办学新模式，无锡职教中心、塘南中学等7所学校组成第一职教集团，加强集团内专业协作，实现资源共享。1999年10月，无锡市工业学校、商业职中等组建第二职教集团。2001年3月，市电子职工中专等19所学校和1家企业组成无锡市电子教育集团，首次有企业参与集团办学。2003年10月，以无锡商业职业技术学院为核心，联合全省各商业类职业院校，以诚信为纽带，以契约为保证，组建跨地区、多功能的江苏省商贸职业教育集团。 2005年5月，无锡立信职教中心联合省内外20多所职业学校、2家教育科研单位和20余家企业，发起组建江苏立信职教集团，成为资源共享、合作高效的“产学研”共同体。

三、专业现代化建设

1996年起，无锡市推进中等职教专业现代化建设，江苏省无锡机械制造学校、无锡无线电工业学校、江苏省无锡商业学校、市职教中心、市商业职中、市轻工职中、市旅游职校、江阴市职教中心、江阴市农业学校等分别被确定为全省机电一体化、商贸类、旅游类、现代农业等专业现代化试点学校，其中江苏省无锡机械制造学校、无锡无线电工业学校、江苏省无锡商业学校为全省相关专业试点单位的牵头学校。1999年，无锡市职业教育机构与中央教育科学研究所合作，制订《无锡市创新教育的初步实施方案》。2001年6月8日，无锡职业教育信息资源中心成立，职业教育网站开通，市职教中心的《中等职业教育语文》、江阴市职教中心的《可编程序控制器应用技术》成为教育部《现代远程中等职业教育与成人教育资源建设工程》首批立项项目。同月9日，无锡市首次开考和鉴定教师职称专业技能。2004年，无锡机电高等职业技术学校（数控技术应用）、无锡汽车工程学校（汽车运行与维修）、无锡卫生学校（护理专业）、江阴职教中心（计算机应用与软件技术）等4所学校被教育部认定为国家技术紧缺型人才培养培训基地。全市职教系统加快专业现代化建设，引进国外优质教育资源，实行合作办学。各学校与相关企业签订学生培养培训协议，建立稳定的校外实习基地，设立“冠名班”，开展订单式培养。各学校加大投入，改善专业教学的装备条件和实训条件，创设产业化的校内实训基地，推进产教结合。同年2月14～16日，教育部在无锡召开全国中等职教产教结合经验交流会，与会人员分别就数控技能型人才培养培训、服务“三农”（农业、农村、农民）现场考察无锡机电高等职业技术学校和江阴华姿职业学校。“十五”期间，全市职校教师参加省教育厅组织的“四新”（新知识、新技术、新工艺、新方法）培训，一批骨干教师被选送出国培训。中等职教课程设置以就业为导向，以适度和够用为原则，突出实践性教学环节，推动校本培训、校本研究和校本教材建设。

第七章　高等教育

第一节　事业概况

1985年末，无锡市有无锡轻工业学院、江南大学、无锡教育学院和省属无锡轻工业学院纺织分院和纺织干部管理学院等5所普通高校，在校学生4172人，教职工2040人。1986年起，全市高等教育历经20年发展，基本形成体制多元、规模较大、学科众多、质量较好的格局。

"七五"期间，无锡市创办东南大学无锡分校。各高校不断增设国家急需人才的学科专业。1986年，江南大学经批准，首次招收电子工程、机械工程本科生各35人，启动市属高校本科化进程；创办五年制外贸专科班，开五年制高等职业教育先河。无锡纺织管理干部学院与美国林肯大学联合举办硕士生班；无锡轻工业学院与美国新泽西州大学、内蒙古轻工研究所联合培养博士、硕士研究生，在1985级学生中选拔21人开办轻工外贸复合班。1990年，全市高校共有全日制在校生6309人，教师1363人，其中副教授280人、讲师612人。5年中，高校为国家和地方输送7581名毕业生。全市高校筹资1亿多元改善办学条件，加强实验室和实习基地建设。无锡轻工业学院向世界银行贷款400多万美元，建成计算机中心、分析测试中心、食品发酵实验楼、食品工艺实验楼、机电实验楼，建筑面积21258平方米，同时还引进一批先进的仪器设备。江南大学建成第一、第二实验楼，建筑面积74537平方米。无锡教育学院易地新建教学楼、办公楼、学生宿舍，建筑面积17590平方米，并向世界银行贷款50万美元，购置教学仪器。

图31-7　无锡轻工大学生物工程实验室

（市教育局供稿）

"八五"期间，无锡高校扩大发展规模，优化办学结构，提高综合效益，招生数平均每年递增近20个百分点。1993年，创办江南大学马山分部。6月，成立南京农业大学无锡渔业学院，首次招收水产养殖和管理工程本科学生30名，使学院的学历教育覆盖专科、本科和研究生层次。无锡轻工业学院与无锡轻工业学院纺织分院联合办学，新增轻工学科博士后流动站、粮食工程博士学位授予点和工业造型艺术硕士学位授予点。1994年，无锡轻工业学院启动建设国家"211"工程。1995年，经国家教委批准，无锡轻工业学院更名为无锡轻工大学，内设5院、6系、4部，中国轻工总会、江苏省政府、无锡市政府签订共建无锡轻工大学协议，支持其进入国家“211”工程。

“九五”期间，无锡高等教育在校学生数由8808人增加至22380人，比“八五”时期翻一番多。1996年，无锡轻工大学顺利通过中国轻工总会组织的“211”工程部门预审；国家教委、江苏省政府批准江南大学为本科院校并更名为江南学院。1997年，无锡轻工大学列为国家重点建设的“211”工程项目学校。1998年，江南学院马山分部更名为江南学院旅游经贸分院；由中锐教育投资有限公司投资的民办无锡南洋学院（筹）成立，暂按专科层次全日制普通高等学校筹建，当年录取新生202人。1999年，民办江阴培尔学院筹建。该学院由新加坡国际投资股份有限公司和江阴市校办企业——江阴联通集团共同出资建设，占地30公顷，经一、二期开发，共投资1.2亿元，建校舍6.1万平方米，聘请中国科学院院士、原复旦大学校长杨福家担任首任院长，当年招收大专新生627人，开设计算机科学与工程、电子信息工程、建筑学、应用外语、工商管理等5个专业。是年9月，在无锡机械制造学校的基础上，建立无锡职业技术学院，属专科层次的高等职业学院。2000年，无锡商业职业技术学院成立。无锡市注重政府和社会力量办学，实行公办、民办共同发展的方针，全市高等教育办学规模迅速扩大，办学条件明显改善，在校生总数占全省普通高校在校生总数的5.1%，高等教育毛入学率达31.93%，教职工总数3601人，其中专任教师1755人。

图31－8　90年代的江南大学　（郁兆功摄）

2001年，无锡轻工大学、江南学院、无锡教育学院合并组建新的江南大学，占地98.5公顷。是年，江南大学全日制在校生17800人、研究生700多人，教职工2800余人。1332名专任教师中有中国工程院院士、国务院学位委员会工学评议组成员和教育部科技学部成员4人，研究生导师170多人，具有正副教授职称人员550余人。同年，无锡南洋学院和江阴培尔学院去“筹”建校，成为具有独立办学资格、可颁发毕业文凭资格的全日制民办普通高校。无锡南洋学院扩地17.34公顷建设二期工程，投资8000万元，在建面积3.5万平方米。2002年，无锡市实施“科教兴市”“人才强市”战略，在太湖新城地区开发建设“大学城”。首批进驻、占地54公顷的无锡职业技术学院新校区一期工程开工。是年，无锡新增江苏信息职业技术学院和江阴职业技术学院两所高等职业学院，无锡电子科学技术职业学院和江南影视技术学院获批筹建。江南大学和社会力量合作创办的江南大学太湖学院获教育部批准成立，并于暑期招生。2003年，新增无锡科技职业学院和江南影视艺术职业学院；无锡市干部学校、江南学院旅游经贸分院、无锡市职工大学合并组建新的无锡市职工大学；东华大学无锡校区整体并入江南大学；江南大学在“大学城”的新校区一期工程开工建设。2004年，新增无锡工艺职业技术学院；江阴职业技术学院和培尔职业技术学院实行联合办学。6月，国务委员陈至立、教育部部长周济先后视察江南大学。2005年，市职工大学和市城建职工大学合并组建无锡城市职业技术学院。是年末，全市拥有的普通高校数居江苏省省辖市第三位，在校学生77980人，高等教育毛入学率51.4%。全市有高校15所，其中独立设置的普通高校13所。

1986～2005年无锡市高等院校发展概况表

表31-14　　　　单位：所、人

年份	学校数	教师数	学生数	毕业人数	年份	学校数	教师数	学生数	毕业人数
1986	5	901	5290	1064	1996	5	1079	8808	2635
1987	5	1070	5632	1358	1997	5	1257	10591	2188
1988	5	1059	6105	1716	1998	5	1324	12473	2462
1989	5	1034	6285	1702	1999	6	1537	16104	2570
1990	5	1363	6309	1741	2000	7	1755	25768	3549
1991	5	1018	6242	1920	2001	8	1912	34813	3875
1992	5	979	6501	1974	2002	10	2542	35477	4639
1993	5	974	7515	1708	2003	11	2887	48366	6431
1994	5	997	8066	2009	2004	12	3719	61279	10650
1995	5	1035	8319	2384	2005	13	4509	77980	13256

说明：上述不包括东南大学无锡分校、南农大渔业学院。

2005年无锡市高等学校一览表

表31-15　　　　单位：人

学校名称	在校学生数	招生数	毕业人数	专任教师数
江南大学	18933	4785	4304	1548
研究生班	2530	998	355	—
江大太湖学院	5941	2246	—	389
无锡职业技术学院	9197	3208	1686	444
无锡科技职业学院	5464	2369	—	227
无锡商业职业技术学院	11309	3310	2124	580
无锡南洋职业技术学院	3693	1623	674	174
江南影视艺术职业学院	1051	582	49	85
江苏信息职业技术学院	8101	2799	1543	414
无锡城市职业技术学院	4912	2023	966	—
无锡高等师范学校	779	—	322	246
无锡交通高等职业学校	634	—	95	—
江阴职业技术学院	5659	2454	979	284
培尔职业技术学院	543	—	397	—
无锡工艺职业技术学院	1764	747	117	118
总　计	77980	26146	13256	4509

说明：2005年，全市高等学校（不包括东南大学无锡分校、南农大渔业学院）专任教师4509人，其中正高级247人、副高级1178人。

第二节　教育管理

一、办学体制

1986年后，无锡市逐步创办依靠社会力量投资的民办高校并形成一定规模。江南大学太湖学院被评为全国民办教育百强学校和全国十佳民办高校。无锡市引进国内外优质高等教育资源，先后创办东南大学无锡分校和南京农业大学无锡渔业学院。1999年，无锡南洋职业技术学院与澳大利亚新英格兰大学联合办学，澳方在南洋学院内成立“中国教育中心”，采取“3+1”（在无锡学习3年、在澳大利亚学习1年）办学模式。2000年，无锡南洋职业技术学院和德国汉堡国际现代传媒与新媒体设计学院签订合作办学协议，实行“2+2”（在无锡学习两年，在德国学习两年）办学模式。2004年，无锡科技职业学院先后与日本金城大学、新西兰马努卡理工学院签订合作办学协议。2005年，无锡城市职业技术学院与印度国家信息技术学院开展合作办学。高校后勤逐步实现社会化管理，无锡商业职业技术学院牵头组建江苏教育超市有限公司，兴办一批连锁超市，既改善校园购物环境，又为在校贫困生勤工助学开辟新渠道，2000年被省委、省政府列为20件为民实事之一。高校用人、分配等内部管理体制改革不断深化，毕业生分配实行双向选择。

二、产学研结合

1992年，市政府制定《关于开放办学，促进科技发展，加强社会服务工作的若干规定和措施》。1995年，无锡轻工大学与无锡中亚化学有限公司、青岛啤酒有限公司共建“产学研”联合体，与南京跃进汽车集团公司联合组建跃进汽车工程学院无锡轻工大学分院。同年，在美国发明家年会和新产品展示会上，无锡轻工大学选送的5个新产品全部获奖，其中大米增香剂获国际金奖。1996年，无锡轻工大学在中国专利技术博览会上获金奖。1998年，无锡轻工大学在蠡园经济开发区首创“科学园”，发挥高校的人才和科研优势，直接为开放型经济服务。在国务院组织的治理太湖污染“零点行动”中，无锡轻工大学完成《无锡石化总厂化学废水处理》《金坛酒厂废水处理》两个环保新技术研究项目，通过省级验收。1999年，江南学院成立“产学研”相结合的科研基地——无锡市信息与控制工程技术中心。2001年，由江南大学科技产业集团、无锡新区经济发展集团公司和无锡市创业投资有限责任公司联合组建的“无锡大学科技园”在新区奠基，为省内建立的首个大学科技园，在高校科技成果产业化方面迈出突破性的一步。2003年，江南大学参与国家西部大开发和沿江经济建设。同年，“无锡大学科技园”二期工程启动建设。

三、素质教育

1986年起，全市各高校重视大学生思想政治工作，组织进行邓小平理论和“三个代表”重要思想学习，开办学生业余党校，在学生中成立学马列小组和党章学习小组，引导学生参加社会实践活动。1998年，无锡市广播电视大学开展教育现代化课题研究，被教育部电化教育办公室评为全国电教先进单位。2000年，无锡轻工大学被中宣部、教育部、团中央评为全国高校社会实践先进集体，组织开展学生社会实践活动的做法连续4年受到全国性表彰。在高教办学规模不断扩大的过程中，各高校根据专业特点和创新型人才的培养要求，改革教学内容、方法和管理方式，转变人才培养模式。江南大学着眼于培养复合型人才，探索和实施按大类招生、多方向培养的新路子，实行主辅修制，开设第二专业课程。同年秋季开始，市广播电视大学首次开设普通大专财会与计算机、金融与计算机双专科专业。

第八章　成人教育

第一节　事业概况

1981年起，无锡市根据中共中央、国务院《关于加强职工教育工作的决定》，组织开展大规模的“双补”（初中文化、初级技术补课）教育培训。1986年起，评审职称、干部职工任职等方面提出学历要求，兴起学历教育热。无锡市制定“先培训、后上岗”“持证上岗”“变招工为招生”等制度，逐步建立经济教育一体化机制，把发展成人教育任务纳入机关事业单位负责人和企业厂长的任期目标及企业升级考核的要素之一。各地对成人教育工作成效显著的单位及个人给予表彰奖励，并提倡企事业单位制定培训考核使用和奖惩相结合的具体规定。1987年，市政府制定颁发城乡实施“两基”（基本普及九年制义务教育、基本扫除青壮年文盲）的程序规范及验收标准。1989年7月，市委、市政府召开全市成人教育工作会议，颁发《关于改革和发展成人教育的意见》《关于开展岗位培训的工作的意见》。至2005年，全市形成相对完善的成人教育体系。

一、扫除青壮年文盲

1985年，无锡市经省教委验收获“基本扫除文盲”证书后，继续贯彻“有盲就扫，有盲必扫”的方针，加大力度开展扫除青壮年文盲工作。1993年，经国家教委和省政府验收，无锡市超额完成国务院下达的扫盲任务，非文盲率达95%以上，实现村村达标的要求。至1995年，全市共扫除文盲41.4万余人次，青壮年非文盲率达99.4%。至此，无锡扫盲的历史任务基本完成。

二、职工教育培训

1986～1990年，无锡市持续开展职工“双补”教育和岗位培训、转岗换岗培训，采取考工定级以及变招工为招生、先培训后上岗等措施，从上到下建立初、中、高等级培训考核体系，共计培训职工45万人次，其中中级工培训6.9万余人次、高级工培训4533人次；4万多名班组长基本轮训一遍；29.7万多人次参加不同层次的转岗换岗的培训。1986～2000年，全市参加教育培训的职工累计661.1万人次，年均培训率41.6%，居全省前列。“十五”期间，在继续深化企业教育综合改革的同时，着重进行学习世界贸易组织（WTO）的法律法规及运作规则、现代企业制度等系列教育培训，启动创建学习型企业新一轮试点工作。

三、干部教育培训

1986年起，干部教育培训工作按市委干部培训工作领导小组的统一部署，由市成人教育管理协调委员会负责统筹，分阶段制定实施培训规划。“九五”期间，制定实施“七百七千”重点培训项目，即百名中高层次党政领导干部和千名优秀中青年后备干部培训，百名现代企业家和千名现代企业领导干部培训，百名中高级科技专家和千名优秀中青年科技骨干培训，百名高级外向复合型干部和千名涉外企业中方高级管理人员培训，百名高学历、高学位干部和千名双学位、双学历干部培训，百名中高级金融财会干部和千名商贸、保险、旅游、房地产等第三产业紧缺干部培训，百名现代化农村干部和千名农、经、科、教、管优秀人才培训。与此同时，对50岁以下的党政工作人员、企事业单位管理人员进行外语、计算机应用能力培训，要求达到初级以上水平；对企业领导干部、大中型企业以上厂长、经理、党委书记、三总师（总工程师、总会计师、总经济师）普遍培训一遍；对科技干部实行职称考试培训，平均每年接受100学时培训；对50岁以下、文化学历在高中以下干部进行"三补"（补基、补缺、补新）教育培训。2003年起，加强专业技术人员继续教育，两轮公修课教育培训13万人次。1986～2002年，全市累计培训干部427万人次，年平均培训25.1万人次。2003年起，干部教育培训以市管领导干部和中青年后备干部为重点，开展新知识、新技能教育培训，"十五"期间，全市有945名干部参加在职硕士研究生学习，4人攻读在职博士生学位。

四、农村成人教育

1983年，江阴申港乡在全国率先建立乡成人教育中心。至1986年，无锡市124个乡镇全部建立成人教育中心校或成人文化技术学校，校舍总面积9.4万平方米，配备专职干部424人。各地实行"县（市）、乡镇二级管理，县、乡镇、村三级办学"的运行体制。1986～1990年，农村培训年平均19万人次。至2005年，经撤乡建镇、行政区划调整，全市共有63个乡镇、63所乡镇成人学校，其中独立建制成人学校44所；总计占地78.46公顷，建筑面积235453平方米；专职干部和教师331人，其中高级教师60人、兼职教师1608人。2005年，全市农村成人学校共培训76568人次，其中培训农村致富骨干14049人次、培训转岗换岗人员3835人次。

五、成人学历教育

1990年后，在完成"双补"教育的基础上，成人学历教育成为办学热点。成人高中、成人中专、职工大学、电视大学、电视中专生源持续爆满。至2000年，全市参加成人高等教育的人数累计24.83万人次，毕业43368人，在校生2.8万人；参加职工中专、职工高中教育的人数9.55万人次，毕业26797人。2005年，全市35067人参加成人学历教育，其中就读研究生103人、本科生7672人、大专生21380人、中专技校生5912人。"十五"期间，全市56.17万人次参加高等教育自学考试，毕业25131人，其中本科毕业3657人；平均每年有近两万人参加成人高考，平均录取率60%左右，其中本科占录取总数的1/3。

六、社会力量办学

1987年7月，教育部颁发《关于改革和发展社会力量办学的若干暂行规定》后，无锡市社会力量办学呈快速发展态势。至1993年9月，仅市区经批准备案的社会力量办学机构就有108个，常年在校人数5万多人。2000年7月26日，市人大常委会制定颁布《无锡市社会力量办学条例》。至2005年，市区共有社会力量办学实体167个，教职员工5174人，固定资产32750.07万元，教学设备7886.48万元；全年培训403571人次，其中学历教育35067人次、非学历教育368504人次。同年下半年，无锡市对市区社会力量办学机构评估验收，167个教育培训机构经验收合格，换发全国统一的民办教育办学许可证；33个非学历教育培训单位办理备案手续。江阴市、宜兴市、惠山区、锡山区、新区同步依法进行评估验收和民办教育办学许可证换发工作。

2005年无锡市成人教育基本情况表

表31-16　　单位：人

成人高等教育				成人中等教育			
学校名称	在校学生	招生数	毕业人数	学校类型	在校学生	招生数	毕业人数
江南大学	4825	2152	1924	成人中等技术学校	2412	254	1929
无锡职业技术学院	90	42	—	成人业余中学	6467	—	2781

续表

成人高等教育				成人中等教育			
学校名称	在校学生	招生数	毕业人数	学校类型	在校学生	招生数	毕业人数
无锡商业职业技术学院	222	72	—	成人技术培训学校	616179	—	698093
无锡城市职业技术学院	390	161	174	—	—	—	—
江阴职业技术学院	589	247	352				

说明：2005年，成人教育专任教师5156人。

第二节　教育管理

一、教育体系调整

1.成人高校

1988年4月2日，江苏工学院与无锡轻工业局职工大学联合创办江苏工学院无锡分部，设美术包装装潢、工业外贸、模具设计与制造、机械工程等专业。同年9月，首期招生159人，其中大专生128人、大专起点本科生31人。1989年，增办机械制造工艺及设备专业证书班，招生25名。1990年，美术包装装潢大专班招生12名。至1990末，该校共招生196名并先后毕业，在校生37名。

至1991年，全市有11所职工大学，4所电视大学及分校，17所成人中专，13所党校、干校、团校，50多所党干培训班、培训中心，83所职工学校，351所业余团校，123所乡镇成人教育中心校或成人文化技术学校，初步形成从扫盲到大学，初、中、高层次学历教育与各类教育培训配套，专业门类齐全的教育培训体系。1993年，无锡市为改变成人教育培训“小、散、弱”的办学局面，增强办学能力，提高教学质量，根据国家教委《关于成人高等学校治理整顿工作的意见》精神，对11所职工大学作“三独、一联、一撤”的调整：无锡纺织工业职工大学、市城建职工大学、江阴市职工大学等3校继续独立办学；市职工大学从江南大学中分出，与市电子仪表局职工大学、市轻工局职工大学、市化工局职工大学、市机械局职工大学、市机床厂职工大学合并，撤销原有建制，成立新的市职工大学；撤销华晶公司职工大学；江苏工学院无锡分部随市轻工局职工大学撤并。1994年11月，中国纺织总会管理干部学院并入中国纺织大学。1995年，无锡纺织工业职工大学并入无锡轻工大学。1996年，市职工大学并入无锡市广播电视大学；1999年又与市广播电视大学分离，划归市总工会领导。2000年，江阴市职工大学升格为江阴职业技术学院。2005年，市城建职工大学并入市职工大学，组建无锡城市职业技术学院，市职工大学、市城建职工大学建制同时撤销。

2.成人中专

2000年，市商业职工中专并入无锡商业职业技术学院。2001年，市电仪局职工中专、市供销职工中专、市粮食职工中专、市冶金职工中专、市建材职工中专合并成立市江南中专。是年起，市工商银行职工中专、市化工职工中专、市政治干部中专、宜兴卫生职工中专先后停止招生。2005年，市医药职工中专更名市医药中专，并与无锡卫生学校合并。江阴市卫生职工中专更名卫生中专、市职工业余中专更名新华中专后继续招生。

二、教学内容和方法

1990年起，成人教育培训重点为在加强继续教育和岗位培训的同时，重视对在职领导干部、中青年后备干部、科技干部的培训以及对新职工、转岗工人、下岗人员的培训。“十五”期间，突出加强市管领导干部、经济科技管理干部、专业技术人员、公务员和复合型人才培训。干部培训从一般政治理论、业务知识培训发展到高层次的政治理论、现代管理、高科技知识等培训以及硕士、博士学历进修；工人培训由初中级班组长培训为主发展到以中高级工培训为主，兼及技师、高级技师的培训；农民培训由传统种植、养殖业培训逐步转向专业户、新农艺、新品种和现代农民教育培训。培训内容从单一的政治、文化、科技、管理、业务学习转变为政治经济、现代科技、高级管理、金融法制、领导艺术等多学科多规格的复合型教育。教育培训方法由单一的面授教育转变为面授、函授、考察、调研、研讨相结合，从“一张讲台、一支笔”的传统教法发展到采用电化教育、多媒体教育和网络教育等现代化教育手段。1994年起，全市开展外语和计算机等级培训，至2005年末，全市有66026人次通过通用英语水平等级考试、359910人次通过计算机应用能力等级考试。教育培训方式从业余、半脱产、脱产培训逐步转向基本业余、自学。

三、教育实验及成果

1986年4月，教育部在无锡召开华东、中南11省、市农民教育工作会议。是年，江阴市被国家教委确定为全国农村教育联系点，江阴市申港镇、宜兴市湖汊镇被省教委确定为联系点。1987年9月23日，联合国教科文组织和国家教委在无锡召开全国乡镇企业职工培训研讨会，总结推广无锡市举办乡镇企业成人教育，以提高厂长（经理）和职工文化技术素质、企业管理水平、生产技术水平为内容的教育经验。1988年9月，江阴市、宜兴市被国家教委定为“燎原计划”①实验县。无锡市南站乡、河埒乡被省、市教委列为“燎原计划”示范乡镇。其后，江阴申港、青阳、利港，宜兴丁蜀、高塍、张渚等乡镇成人学校先后被确定为江苏省“农科教”结合示范基地。1989年，国家在继农村、城市教育综合改革后，又推出企业教育综合改革②，市国棉二厂先后被市列为企业教育综合改革试点，被国家教委、纺织工业部列为企业教育综合改革实验单位。1990年，市企业教育综合改革试点单位扩大至无锡油泵油嘴厂、纺织机械厂、电化厂、电子管厂、钢铁厂、商业大厦。宜兴丁蜀、宜城，江阴申港、青阳等地的11所乡镇成人学校被确定为省重点，另有12所乡镇成人校被确定为市示范成人学校。1991年，市示范成人学校扩展至32所。1992年，无锡县华庄镇成人教育中心校成为社会发展实验区成人教育培训示范点，被科技部生产力促进中心命名为国际ISO 9000质量认证无锡华庄培训中心。1994年11月，全国扫盲和农村成人教育工作会议暨乡（镇）成人学校现场经验交流会在无锡县召开，华庄镇成教中心提供现场，并被评为全国成人教育先进单位。1995年，该镇被教育部定为中日成人教育交流点。同年11月，经国家教委推荐，中央电视台记者在无锡专访成人教育，并在《神州风采》栏目中作专题报道。1997年，锡山市雪浪镇成教中心被评为省级合格成人学校。1999年3月，联合国教科文组织国际农村研究与培训中心高级理论研讨班到华庄镇成教中心参观。2000年，无锡市启动构建社区教育体系，在江阴市、崇安区、南长区进行社区教育实验试点。2001年7月，市政府转发《无锡市终身教育实验方案》。2005年，江阴市、崇安区、惠山区建成省级社区教育实验区，崇安区建成省级社区教育学院，江阴市承办全国社区教育工作者培训班，崇安区社区教育学院在培训班上作经验介绍。是年末，全市共有“农、科、教”结合实验基地123个。

① “燎原计划”的内容是加强农科教结合，使经济开发、科技开发、技术人才培养和劳动者素质的提高同步进行，形成经济与教育协调发展、相互促进的运行机制。

② 企业教育综合改革的内容包括教育体制、教育机制和教育模式等，以促进教育与生产发展的紧密结合，提高企业经济效益和科技应用水平。

第九章　特殊教育

第一节　事业概况

1985年末，无锡市有聋哑学校4所、弱智儿童辅读学校1所，在校学生383人，教职工约110人。其时，特殊教育滞后于其他教育，布局结构不尽合理，盲聋哑和弱智儿童入学率偏低，特教老师较缺乏，学校设施简陋，工读教育尚未起步。

1986年，宜兴县创办丁山培智学校。1988年，南长区培智学校成立。1989年9月，无锡市创办工读学校——市蠡湖中学，教育对象是有违法和轻微犯罪行为的初中生。学校根据“立足教育、挽救孩子、科学育人、造就人才”的办学方针，对学生进行思想、文化、劳动和职业技术教育，矫治学生不良的心理和行为习惯。80年代末，市聋哑学校继开办聋哑儿童学前教育班后，会同市康复中心举办学龄前2年或3年的语言康复训练，让4周岁的聋儿接受语言训练。同期，无锡市对盲童实行随班就读制度。1990年5月，国家教委和中国残疾人联合会在锡举行全国盲童随班就读现场会，总结推广无锡市盲童随班就读的经验。1991年，无锡市在义务教育达标建设和启动教育现代化工程的过程中，统筹规划，增加对特殊教育的投入，扩大特殊学校的办学规模，办学条件达到义务教育的建设标准，顺利通过教育督导部门的验收。1993年，江阴市和无锡县被评为全国特殊教育先进市（县），宜兴市受到国家教委和民政部表彰，被评为江苏省特殊教育先进市（县）。1994年1月，宜兴市聋哑学校成立。1995年9月，北塘区培智学校成立。同月，市聋哑学校开办全市第一个学制3年、以工艺美术为专业的聋哑教育职业高中班，招收具有初中毕业水平的聋哑学生数十名。年末，无锡市初步形成以特教学校为骨干，在普通学校附设特殊班和残疾儿童随班就读的残疾儿童少年教育局面，义务教育普及率在95%以上。蠡湖中学工读教育在校生100人左右。

1998年10月，市聋哑学校和江阴市聋哑学校被评为首批省级特殊教育现代化示范学校。11月，“无锡市弱智教学中心”揭牌仪式暨新校舍落成典礼在崇安区辅读学校举行。1999年10月，滨湖区培智学校成立。是年，锡山市特殊教育学校、宜兴市聋哑学校、崇安区辅读学校通过省级现代化示范学校评估，无锡市“省特殊教育现代化示范学校”增至5所。“九五”期间，各级政府加大特殊教育经费投入，帮助学校改善办学条件，新建多种设施，完善听力检测设备，更新电脑，为聋生学习、康复创造优越的条件。为支持特殊教育学校开展教育科研，帮助困难学生入学，市特殊教育协调小组多方筹资，设立约40万元特殊教育发展基金，用于为特殊教育办实事。2000年11月，参加中国21世纪聋哑教育改革与发展研讨会的教育部领导和200多名内地及香港、澳门地区特殊教育专

图31-9　1999年，崇安区辅读学校育残成才　（顾祚维摄）

家，到市聋哑学校、江阴市聋哑学校、锡山市特殊教育学校考察。是年末，无锡残疾儿童义务教育入学率98%，高中职业教育形成6班规模，工读教育在校生160人左右。

“十五”期间，无锡市特殊教育义务教育普及率99%，高中入学率超过50%，优秀高中毕业生能升入高等学校深造。特殊学校教育信息化建设步伐加快，完成“校校通”工程。崇安区辅读学校被市残联命名为无锡市智残儿童康复中心，学生吴益永在全国第三届特殊奥林匹克运动会上获50米短跑和立定跳远两个项目的冠军。江阴市聋哑学校学生章亚被中国残疾人艺术团选中，成为舞蹈《千手观音》演员之一。锡山特殊学校1997届毕业生费勇，2001年7月在意大利罗马举行的世界第十九届聋人奥运会上以6.94米成绩获男子跳远第一名，2005年1月在澳大利亚墨尔本举行的世界第二十届聋人奥运会上以7.28米的成绩再获男子跳远金牌。全市各地有计划实施特教教师队伍多元培训，特教专任教师100%学历达标，大专以上学历72.9%，80%以上的教师参加过特殊教育专业培训。至2005年末，全市特殊教育有省级学科带头人1人、市级学科带头人6人、市级教学能手6人、市级教学新秀6人，4人被评为全国特殊教育先进工作者。建成无锡市特殊教育网，并不断充实网站内容。无锡市构建与普通教育同步发展的特殊教育体系，各项发展指标均居全省、全国前列，初步形成从学前教育、义务教育到高级中等教育相衔接的，包括工读教育在内的特殊教育体系。

1986～2005年无锡市特殊教育发展概况表

表31-17　　单位：所、人

年份	学校数	教师数	在校学生数	毕业人数	年份	学校数	教师数	在校学生数	毕业人数
1986	4	66	498	18	1996	10	236	3295	260
1987	4	90	602	24	1997	10	212	3225	267
1988	3	88	509	24	1998	10	198	3392	322
1989	3	82	518	40	1999	11	207	2835	326
1990	7	146	834	29	2000	11	205	2518	329
1991	8	158	935	51	2001	11	203	2902	478
1992	8	199	2031	83	2002	10	208	2679	517
1993	9	257	3149	87	2003	10	206	2285	403
1994	9	203	2688	152	2004	10	217	1042	154
1995	10	219	3372	252	2005	10	212	1037	92

第二节　教育管理

一、管理体系及制度

1986～2005年，无锡成立特殊教育工作协调小组，市、市（县）、区配备齐全特教干部、教研员；成立随班就读工作领导小组，形成市、区、农村中心小学的三级管理网络。市教育行政部门制订《无锡市残疾儿童随班就读工作管理意见》和《无锡市残疾儿童随班就读工作评估方案》。南长区政府制订《关于依法保障流动人口子女、特困家庭子女及残疾儿童接受学前教育和义务教育的若干意见》，把特殊教育纳入普及义务教育轨道。特教经费以政府投入为主，落实残疾儿童“两免一补”（免学杂费、免课本费、发生活补贴）政策，按照有关规定足额划拨特教专项经费，全市基本实现义务教育阶段残疾学生免费入学。“十五”期间，全市共投入1500多万元用于优化特教的育人环境。崇安区辅读学校建立领导干部责任制、教师岗位聘任制、考核奖励制、中层干部竞争上岗制。市蠡湖中学实行工读教育“管理军事化、教学小班化、生活集体化”教学制度。

二、课程设置

1991年后，市聋哑学校为了让学生更好就业，先后设置烹饪、缝纫、理发、自行车维修、美容、雕刻、电工、实用美术以及办公自动化等专业。1995年，开办职业高中，使学前教育、九年制义务教育和高中职业教育形成一体化格局。为学前班和低年级听力障碍儿童配备教学用语言调频系统，使语言训练与日常教学活动紧密结合，基本实现让听障儿童听话、说话的目的。后又为康复班和一年级聋哑孩子配备现代化的无线调频语言训练系统，使聋哑孩子使用训练系统后能够学会听话、看话和说话。学校还根据聋生视觉补偿的特点，在高中各年级开设动漫专业课，在初中各年级开设选修课。北塘区培智学校自主开发校本课程“综合主题教育活动”。江阴市聋哑学校重视职业技能训练，在残联等部门的支持下，挖掘和利用社会职教资源，在新华美容城等多家企业建立固定的职前培训基地，并由劳动和社会保障、教育、残联等部门对考核合格者颁发从业资格证书，为学生毕业后就业提供保障。学校还以艺体职教为特色，构建开放式教育体系，在课程上设置律动、烹饪、美发、书法、种植等科目，让学生走出校门、走上社会，成为心智健全的合格劳动者。锡山市特教学校聋生初中毕业后的升学率由“十五”前的11%提高至“十五”期间的72%。

三、教研活动

1986～2005年，无锡市建立健全特教教科研体系，市、市（县）、区配备教科研专职或兼职人员，市教育学会成立特教专业委员会，每年举办教科研活动和学术交流活动。各校建立教科室，开展多层次、群众性的教研活动。锡山市特教学校承担完成省级课题“特殊教育学校开放性教育研究”，市聋哑学校承担完成省级课题“聋生生存教育的研究”，宜兴市特教学校承担完成省级课题“听障儿童良好个性品质培养的实验研究”等。江阴市澄江镇杏春培智学校从1987年开始，率先探讨、研究并实践“培智学校分类教学”，其经验在全省、全国推广。“十五”期间，江阴市聋哑学校承办省特教分类教学研讨会，锡山市特教学校曾先后承办江苏省盲、聋校职业技术教育研讨会和江苏省聋哑教育管理研讨会。

四、办学特色

2002年9月，南长区培智学校在实施九年制义务教育的同时，向两头即学前班和职业技能培训延伸，成立无锡市首家智障学生劳动技能培训中心，开设烹饪、缝纫、五金、园艺、保育等多门课程，并建立多个劳动实习基地，至2005年末，共招收4届33名智障学生，经培训帮助他们掌握一技之长。滨湖区培智学校注重心理疏导，帮助弱智学生克服心理障碍，全面关心学生成长。锡山市特教学校长期实施艺术教育，聋生表演的舞蹈、弱智学生的独唱多次获得省、全国文艺会演大奖。江阴市聋哑学校以艺体、职教为特色，构建开放式教育体系，加快推进学校教育现代化，探索网络环境下聋哑学生自主学习成长的教学模式，通过对学生“网上生存”能力的训练，使聋生掌握现代信息技术，网络交流无障碍，学会与社会沟通交往。崇安区辅读学校实施校园文化品牌建设。

第十章　教师队伍

第一节　队伍构成

1985年，无锡市教育系统教职工总数49760人，其中专任教师36493人。其时，无锡师资队伍建设与教育事业发展不相适应的矛盾较突出，教师学历达标率不高，结构不尽合理，管理机制不够完善，教师经济待遇偏低。1986年起，国家先后颁布《中华人民共和国义务教育法》《中华人民共和国教师法》等法律法规，教育优先发展的战略地位得到逐步落实，随着经济社会和教育事业的快速发展，全市教师队伍建设获得前所未有的机遇。

1986～1990年，无锡市启动并全面实施九年制义务教育，师资来源以师范院校毕业分配为主，5年间调配2261名中师毕业生和2845名高师毕业生优先满足实施九年制义务教育的师资数量需求。其间，根据省、市下达指标，“民转公” 3551人，民办教师比重由1985年的26.31%降至1990年的21.07%。至1990年，全市有幼儿教师5431人，学历达标率55.14%；小学教师17229人，学历达标率82.91%；初中教师10635人，学历达标率70.68%；高中（含职业高中）教师3449人，学历达标率48.7%；高校教师1363人。

1993年起，无锡教育学院、无锡师范学校、洛社师范学校的招生规模扩大，无锡师范学校另行扩大招收五年一贯制大专班学生。引进外地应届师范毕业生和在职教师到无锡工作，当年全市引进外地教师901人。同年8月，首次面向社会为市区中学招聘教师，通过面试、笔试、政审，第一批录取中学教师13名。同时试行教师跨校兼课制度。“八五” 期间，继续实行 “民转公” 政策，全市2765名中小学民办教师转为公办教师，中小学语文、英语、音乐、体育等学科教师紧缺的状况有所缓解，职业中学专业课教师队伍逐步充实。1996年，1984年前参加工作的1306名在职合格民办教师全部转为公办教师。

2001年起，为提高教师队伍素质，加强教职工编制管理，提高教师准入门槛，市教委组织开展清退代课教师和临时人员工作。同年，随着双语教学实验的推进和教育扩大对外开放交流，全市19所中小学校获得聘请外教的资格，80多名外籍教师应聘到无锡任教。2002年，全市聘请100多名外籍教师到中小学任教。至2003年，全市清退代课教师和临时人员1886名。聘用外教资格学校增加至29所，共聘用外籍教师116名。2003年起，无锡开展认定教师资格工作。

图31-10　2005年，外籍教师上课　（市教育局供稿）

至2005年，全市共有10391人取得相应的教师资格，其中取得幼儿教师资格1929人、小学教师资格3149人、初中教师资格1648人、普通高中教师资格2984人、中等职业学校教师资格541人、中等职业学校实习指导教师资格140人。通过开展“名师工程”等活动，教师业务素质明显提高，有周祥昌、傅耀良、吴乃曦等省名教师3人，李永灿等省特级教师118名，市名教师56名，市学科带头人503名，市教学能手705名，市教学新秀1087名。全市47所学校和培训机构获得聘用外教资格，有150多名外籍教师在无锡任教。年末，全市有幼儿教师4915人，学历达标率98.9%；小学教师17546人，学历达标率99.62%；初中教师13047人，学历达标率95.84%；高中(含职业高中)教师8923人，普高教师学历达标率92.13%、职校教师学历达标率83.32%。全市小学、初中教师具有高一层次学历的比例分别达到77.4%和54.56%。高校教师4509人。至此，教师队伍的数量、结构、质量、管理现代化程度明显提高。

第二节 教师教育

一、师德建设

1987年，市区在中小学教师中开展新时期合格教师形象设计活动。市教育工会组织开展创建优良教师集体活动，并在10家单位试点，1990年起在全市推开，每年年末组织验收。至1993年末，市教委直属学校有298个教师班组跨入优良教师集体行列。创建活动逐步向市(县)、区延伸，被市政府评为精神文明建设优胜项目，得到全国教育工会的肯定。“八五”期间，全市教育系统基于推进教育体制改革和实施教育现代化工程，组织教师学习邓小平理论和《中国教育改革和发展纲要》，确立现代教育理念，投身于教育现代化的实践。“九五”至“十五”期间，各地组织教师学习“三个代表”重要思想和科学发展观，学习教育法律法规和教师职业道德规范，先后组织开展“三观、三爱”(世界观、人生观、价值观，爱教、爱校、爱生)教育活动，“倡岗位文明、树集体新风、立校园精神”创建活动，“新世纪无锡教育形象”大讨论，“弘扬高尚师德，抵制有偿家教”万人签名和“爱心助学、回报社会”等专题活动，引导教师爱岗敬业，依法廉洁从教，自觉抵制有偿家教。其间，教育系统开展行风建设评议活动，把师表建设工程推向深入，市民群众对教育行风的满意率95%。

二、师资培训

“七五”期间，无锡市先后颁发《加强中小学教师队伍建设的意见》《师资培训进修条例》，召开3次师资工作会议，根据教师的不同层次，采取不同的培训内容和培训方式，鼓励教师参加自学考试、在职进修、成人高校“专升本”学习、研究生班进修等学历补偿性继续教育，推动教师提高业务素质。1998年，市师训工作领导小组成立。1999年，全市开展现代教育技术培训考核工作。受市教委委托，无锡教育学院举办首期中学高级教师研修班，探索培训高层次教师的途径。2000年，无锡抓住被确认为江苏省中小学教师继续教育实验区的契机，加强教师继续教育工作，2500多名教师参加14门课程的跨学科培训，6000多名教师参加新教材新教法培训、现代教育技术培训及新教师上岗培训，部分教师参加由外籍教师执教的英语听力培训。2001年，全市召开中小学教师校长继续教育工作会议，开展新教师岗位培训、现代信息技术培训、中学教师选修课程专题培训，高中教师新教材新大纲培训等，累计培训4万余人次。市教委委托无锡教育学院和市教育研究中心分别举办市学科带头人及直属学校市级教学新秀研修班。2002年，以课程改革为重点强化教师继续教育，537人参加新课程市级培训，415名骨干教师参加新课程省级培训，2400名实验教师参加学科培训。2003年起，全市以提高实施素质教育的能力为重点，继续开展新课程学科培训、信息技术培训和职业学校专业教师“新知识、新工艺、新技术、新方法”培训，每年都有5万多名教师接受继续教育，一批教育骨干还被选送参加国家级培训或出国培训。

三、教育骨干培训

2000年4月，市教育行政干部培训中心成立，挂“中共无锡市委教育工作委员会党校”牌子。至2005年，全市共举办党训、干训班近400期，培训党员、干部5万人次。其间，每年进行一次暑期党员轮训；坚持入党积极分子的三级培训，先后有2000多名党外积极分子接受党的基本知识培训；每年举办新党员培训班，共有近1000名预备党员接受预备期教育；每年组织开展校长、书记学习日活动；不定期举办中青年后备干部培训班、学历班、技能班等。

“八五”以前，教育骨干培训以学校中层干部为主要对象，以提高马列主义基本理论素养为主要教育内容，通过举办中央党校函授中专、大专、本科班和教育管理专业证书班，重点解决党员干部的学历补偿教育。“八五”期间，以中小学校长为主要对象，以学校管理为主要内容，重点解决校长持证上岗问题。至1994年末，全市有2020名校长持证上岗。“九五”期间，以素质教育为主要内容，实施“千、百、十”工程（培养千名合格校长、百名优秀校长、十名名校长），对中小学校长（书记）进行新一轮提高培训，2300多人参训。“十五”期间，以提高实施素质教育的能力为主要内容，举办骨干校长（书记）高级研修班，进行新理念、新课程、新技能培训。至2005年末，朱士雄、吴辰被评为省名校长，周建平等10人被评为市名校长，150人被评为市优秀校长。

四、青蓝工程

80年代，市教育系统发起青年教师练兵活动和拜师结对活动。1991年起，在全市教育系统实施“青蓝工程”。之后，逐步形成以师德、业务双达标为导向，以“青蓝合同”为依托，以岗前培训为起点，以主题活动为中介，以岗位练兵为载体，以业务达标为立足点的“青蓝工程”系统化运行模式。1994年，在市北高中和山北中学召开“青蓝工程”观摩交流会。1995年，在无锡商校召开大中专院校工会青年工作现场会。1997年，组织在锡大中专院校青年教师教学技能大赛。1998年，市委教育工委和市教育工会联合颁发《“青蓝工程”若干管理规定》。2001～2005年，市教育系统连续举办5届中小学教师教学技能大赛及“教坛新秀”优秀课电视直播活动，使一大批业务尖子脱颖而出。

第三节　教师管理

一、管理体制

1988年开始，无锡市选择部分学校开展“校长负责制、教职工全员聘任制、工资总额包干制、考核奖惩制”为主要内容的“四制配套改革”试点工作，并逐年扩大。1992年下半年，市教委、市计委、市体改委、市人事局、市财政局、市税务局出台《关于深化市教委直属学校内部工资分配制度改革的意见》。1994年9月，市教工委和市教委联合发布《无锡市教委直属学校教职工全员聘任制实施办法（试行）》，要求各校按照“公开岗位、平等竞争、择优聘任、合理流动”的原则，全面推行教职工全员聘任制。各校根据文件规定，普遍与受聘教职工签订聘任合同，对未聘人员妥善安置。为加强教师队伍建设，深化教育人事制度改革，实现事业单位人事管理由身份管理向岗位管理，传统的行政任用关系向平等协商的聘用关系的转变，2004年，市教育局对直属学校见习期满考核合格的教师和补充进入的新教师实行聘用合同制，由单位与受聘教师签订聘用合同，档案先放在市教育人才服务中心，受聘教师经教育教学能力考核合格后，档案再转用人单位。

二、职称评审

1986年，无锡市在全市中小学启动教师职务评审工作，26198名教师参加首批评审，25860名中小学、幼儿园教师获得专业技术职称，其中中学高级教师883人、中学一级教师4987人、小学高级教师5675人。1992年起，教师职务评审工作步入正常化轨道，每年进行教师专业技术职称的申报和评审。至2005年末，全市中小学专任教师中有中学高级教师2740人、一级教师7251人、小学高级教师8329人。

三、激励保障

1986年起，无锡市定期开展表彰先进教师的活动，其中包括全国级别的全国教育系统劳动模范、五一劳动奖章获得者、模范教师、优秀教师、优秀教育工作者、教育系统先进工作者、"三育人"先进个人、师德先进个人、曾宪梓奖获得者等，省级的省教育系统劳动模范、优秀教育工作者、优秀教师、五一劳动奖章获得者、"三育人"先进个人、"红杉树"园丁奖获得者、师德模范等，以及市级劳动模范、优秀教育工作者、优秀教师、师德高尚好园丁、又红又专优秀青年教师及标兵等。评比活动或3～4年一次，或两年交叉一次，形成评比先进奖励制度，通过榜样激励推动教师队伍建设。1993年《中华人民共和国教师法》颁发后，各地依法落实提高教师政治地位和生活待遇的各项措施。建立教师足额按月发放工资和按照国家及地方的有关政策逐步增加工资、奖金的机制，全市教师的年收入有较大幅度的增长；改革和完善基本养老保险、医疗保险、失业保险制度；加快教职工住房建设的步伐。"九五"期间，无锡市建设教师住房56.17万平方米。至2000年，全市教职工人均居住面积超过13平方米。

四、支教工作

1997年和1999年，根据省委组织部、省人事厅、省教委《关于选派人员支援苏北教育工作的意见》，无锡先后派出两批共22名优秀教育骨干赴灌云县支教。2001年2月起，市教育局先后分3批委派42名优秀教师到延安市对口支援义务教育，时间1年或1年半。同年，无锡市重点支持延安市洛川师范学校改制为延安市第一中学，委派干部受延安市教育局之聘出任校长。此后3年中，先后共选派19名干部或高中骨干教师到该校任职或任教。2005年，延安市第一中学创建成陕西省重点中学，支教校长潘祥根获"延安市教育功臣"和"荣誉市民"称号。同年8月，无锡市履行新的合作办学协议，再次派出6名骨干教师赴延安市第一中学支教。

五、轮岗交流

2000年3月，市教委推动教育的均衡发展，颁发《关于在我委直属学校开展教师轮岗交流工作的实施意见（试行）》，要求35周岁以下晋升中高级职称的青年教师必须轮岗交流。是年，40多名青年教师轮岗交流。2001年5月，市教工委、市教育局召开青年教师"三立（立志、立德、立业）工程"动员大会，颁发《无锡市青年教师"三立工程"实施意见》，30多名青年教师实行轮岗交流。

第十一章　教育科研

第一节　科研兴教

图31-11　2001年无锡市教育科研工作会议　（市教育局供稿）

80年代初，无锡市和县（区）教学研究机构相继恢复或重建，充实教研人员。1985年，市教育局成立教育科学研究所，具有一定规模的中小学建立教科室，不设机构的学校指定教学人员分管教研工作。1986年起，“科研兴教”逐步成为提升教育内涵的重要方略。1994年，锡师先后有5个课题分别列入国家和省级重点课题项目，学校承担的市级课题“五年一贯制师范素质教育理论与实践研究”中期研究成果获江苏省师范院校“树勋杯”科研一等奖。90年代中期以后，在市教育学会等学术团体的组织发动下，群众性教研活动兴起，全市形成较为完备的教研网络。1998年4月，市教育局设教育科学规划领导小组，对全市教研进行规划、决策，负责开展规划课题的申报、管理、指导和组织评审等工作。同年，全市教育科研工作会议召开，总结部署教研工作，公布全市首批9名教研带头人名单。2001年，召开全市教研工作会议，对“十五”期间教研工作作出部署。会后，市教育局公布第二批32名无锡市教研带头人名单。2002年5月，在第二届省“树勋杯”教师教育科研论文评比中，锡师教师姜淦萍的《中等师范学校加强科技教育研究》获一等奖，俞瑞康的《师范课堂教学模式群实践研究》获二等奖。同年7月，该校被省教育厅确定为基础教育新课程师资省级培训基地。2005年5月，该校承担的国家级课题“师范院校柔性德育的实践探索”通过结题鉴定。

1986～2005年，无锡市共承担6个部级课题、151个省级课题、580个市级课题的研究任务。《班集体建设理论和实践研究》《推广MM教育法，构建数学教学实验学》《中小学教学模式研究》《生活德育研究》《中小学人文精神培养研究》《0～3岁婴幼儿早期关心和发展的研究》等研究成果在省内外有较大影响。

第二节　机　构

一、无锡市教学研究室

1986年，无锡市教学研究室（简称“市教研室”）在编人员62人，下设办公室、中学文科组、中学理科组、小学教学组、总务组。市教研室系市教育局直属事业单位，负责对全市中小学、幼儿园、职业学校教学业务的管理、指导和研究。1990年增设职业教学组。1986～1987年，根据国家颁行的《全日制中小学教学大纲》，研讨落实各学科的单元和阶段教学目标。1988年，重点加强教研队伍建设，建立和健全教研工作常规，完善市、市（县）区、校三级教研网。1989年，根据国家颁布的《中小学德育大纲》，加强学科教学中的德育渗透工作。1991～1992年，制定并指导基层全面实施《教学管理常规》，启动青年教师“三年过三关（教学常规入门、课堂教学过关、教学能力达标）”考核工作和特级教师教学经验的推广工作。1993年，启动全市第一批教学能手评选工作。1994～1996年，以“改进课堂教学，提高教学效益”为主题，组织开展各学科的教研活动，启动全市第一批青年学科教学能手的评选工作。市教研室组织开展各种课题和专题研究，主要研究成果有“小学数学教学中差生的防止与转化”“小学语文教学中学法指导研究”“学科教学渗透德育的研究”等。1996年，市教研室在编人员调整为43人。是年，市教研室和市教育科学研究所合并。

二、无锡市教育科学研究所

1985年，无锡市教育科学研究所（简称“市教科所”）成立，初定编制6人，系市教育局直属事业单位。至1995年暑假止，市教科所实有人员14人，内设办公室、《无锡教育》编辑室、教育科学规划办公室、教育综合改革研究室。1996年，市教科所领题的“素质教育的理论与实践”“集体教育的理论与实践研究”通过省级结题鉴定。无锡市教育研究中心成立后，市教科所成为该中心的中层部门。

三、无锡市教育研究中心

1996年，市教研室和市教科所合并，组建成立无锡市教育研究中心（简称“市教研中心”）。市教研中心为市教育局直属事业单位，负责对全市教学工作、教育科研工作及德育有关业务工作的管理、指导和研究，在编人员54人，内设办公室、中学文科教研室、中学理科教研室、小特幼研究室、成职教研究室、教科所、《无锡教育》编辑部、总务室。市教研中心组织开展课堂教学“三优化、一提高”（优化教学目标、优化教学过程、优化教学评价，提高教学质量）教研活动。1997年，制定《无锡市中小学加强和改进各学科教学的意见》，开展全市第二批青年学科教学能手的评选工作，启动组织第一批无锡市学科带头人评选。颁发《无锡市教育科学规划管理规范要求》，加强对全市教研的规范化管理。1999年，德育室推进德育现代化工程，“构建现代化中小学德育工作体系”研究成果在全国德育会议上交流。与中央教科所合作，组织无锡市江南中学等15所学校开展创新教育实验研究，取得实验成果。2000年起，德育室先后启动“新世纪班集体建设的创新研究”和“新课程背景下班集体建设的创新研究”，创办《现代班集体研究》内部刊物。2000年，参与中央教育科学研究所“创新教育”课题研究。2001年，市教研中心通过省教研室的合格评估，并参与对市（县）、区合格教研室的评估。锡山区、惠山区成为全国基础教育课程改革实验区。2002年，无锡市成为江苏省基础教育课程改革实验区。市教研中心参与起草《基础教育课程改革实验方案》，编印课程改革实验资料，开展各学科教师的培训。2003年，结合课程改革，加强对各学科课改的指导，建立课改联络小组，到各市（县）、区调研课改情况。2004年，市教研中心领题的“新课程背景下课堂教学设计研究”列为省级重点课题。2005年，无锡市启动高中课程改革实验，市教研中心制订《无锡市高中新课程学科实施方案》；对小学的教学质量进行调研和监控，参与起草与新课程配套的《无锡市中考方案》《无锡市双语教学实施方案》《无锡市心理健康教育示范学校、合格学校标准》等。

第三节 教研团体

一、无锡市教育学会

无锡市教育学会建于1979年12月。80年代后期，市教育学会与市教研室联合举办“黎世法六课型单元教学法”系列讲座。90年代初，学会对市教委直属10所学校的内部管理体制改革试点实践情况进行调研，形成“纪要”，提出深化学校体制改革的4点建议。其后，围绕中小学教育与学生课业负担、深化素质教育、实施教育现代化工程等专题，到多所中小学调研，提出调研报告。90年代，市教育学会围绕实现素质教育和教育现代化，举办“学科教学中渗透德育”“美育与德育”“素质教育的意义和实施”“教育现代化的要领和内涵”“教育管理现代化”等学术报告会；先后邀请中国教育学会会长顾明远、国家教委小学教育司司长陈德珍、省教委副主任周德藩作素质教育学术报告；与市教委联合邀请省教育学院副院长彭坤明教授作“教育管理现代化”学术报告。为推进创新教育，市教育学会与陶行知研究会联合举办为期两天的创新教育论坛，邀请苏州市副市长、博导朱永新教授作主题报告，省教育学会会长周德藩作“实施素质教育与创新教育的关系”专题讲座。1999年，对14所民办中小学办学情况进行调研，就民办学校领导管理、办学模式、招生办法和教师队伍建设等方面的问题写出调研报告。2000年，对16所中小学进行创新教育现状调研。同年，组织12位在专业和学科方面造诣较深，在无锡基础教育界有学术威望的教师组成专家指导组，首批确定7所中、小学和幼儿园为素质教育实验基地。“九五”期间，学会立项课题46个，其中省级课题15个、市级课题31个。2003年，开展“课堂教学创新”专题调研。2004年，发展23所中小学为第二批素质教育实验基地，制定《关于加强素质教育实验基地建设的若干意见》和《常务理事联系素质教育实验基地制度》，规范和引导基地学校建设成课改的实验点、素质教育的示范点、教科研的先导点，发挥辐射示范作用。2005年，开展初中课改调研，总结前三年初中课改成功经验，探索解决学科层面新课改中的突出问题，所撰写的调研报告由市社科联印发给市有关领导参考。“十五”期间，立项课题210个，其中省级122个、市级88个。课题研究成为学会的一项经常性重点工作，形成前期探讨、方案论证、中期展示、结题鉴定、成果推广“五环式”管理模式。市教育学会每年开展一次优秀教学论文评选，1986～2000年参评论文9000余篇，2001～2005年参评论文3838篇。从2001年开始，每年增加一次教育科研的专项论文评选，参评对象为教育学会系统立项课题的研究人员，至2005年，参评专项论文732篇。1986～2005年，市教育学会曾两次被中国教育学会评为先进集体，多次被市政府或市民政局、市社科联评为先进社团。

二、无锡市陶行知研究会

1995年，无锡市陶行知研究会（简称“市陶研会”）成立，当年承担国家教委“陶行知师范教育思想及其实践课程”、省教科所“九五”重点规划课题“陶行知素质教育思想的研究与实践”、中国陶行知研究会“陶行知教育思想与无锡地区农村教育现代化”等课题的研究任务。1997年4月，市陶研会首批命名无锡市洛社中心小学等7所中小学校为陶行知研究实验基地学校。2000年起，市陶研会先后开展《爱满天下——陶行知文学传记》《陶行知教育思想读本》《生活教育丛书》等读书征文活动；先后汇编出版《陶行知教育思想读本》《新时代的脚步声——陶花绽放江南岸》《陶行知论课程》《陶行知论教师专业发展》《生活教育与课程改革》等论著，在全市发行8万余册；先后在无锡大中专院校、中小学、幼儿园举办陶行知生平事迹、陶行知人格精神和陶行知教育思想讲座20余次，并选送教师参加全国、省、市学陶培训活动，凝聚一批陶研骨干。与此同时，围绕本地教育中心工作，先后举办陶行知教育思想学术研讨会10余次，3000余人参加研讨活动。2001年起，市陶研会受理各级“陶研”课题和实验学校（基地）的申报。同年10月17日，市委统战部、市教育局、市民盟、市陶研会召开无锡市纪念陶行知先生诞辰110周年大型研讨座谈会。“十五”期间，市陶研会先后与民盟无锡市委、市教育工会、市教育团工委、市教育研究中心等对全市中小学的德育工作、中小学师德状况、中小学课改情况、中考中招改革、市区民工子弟学校办学状况、全市小学教育均衡发展情况等开展多项专题调研。所写调研报告在省、市有关教育杂志上刊登。市陶研会每年组织全市优秀“陶研”论文评选活动，组织教育工作者参加省陶行知研究会组织的纪念陶行知先生诞辰110周年论文评比、中国陶行知研究会组织的纪念生活教育杂志创刊75周年征文比赛、省教育科技工会和省陶行知研究会组织的“行知杯·我与新课改”征文竞赛和初中优质课竞赛。2004年10月18日，与市教育工会、市教育团工委联合举行“陶行知教我怎样当老师”演讲会。2005年，与教育团工委在全市大中小学、幼儿园启动“行知式青年教师集体”“行知式青年教师”创建评选活动。全市评选出“行知式青年教师集体”32个、“行知式青年教师”62名，受到市教育局、团市委通报表彰。至2005年，全市陶研课题已发展至47个，其中市级课题20个、省级课题12个、教育部重点管理的子课题12个、中陶会课题3个。全市2000多篇“陶研”论文在评选中获奖，100多篇优秀陶研论文刊登国家、省、市教育报刊。其中《试论陶行知的德育精神及其现代价值》《陶行知素质教育思想的研究与实践》《活教育、真教育、好教育》等多篇论文获市哲学社会科学优秀成果奖。市陶研会多次被评为全国先进陶研组织和市先进社团。全市拥有省陶研实验学校9所、市陶研实验基地学校17所。江阴市华士实验学校、市玉祁中学被批准为全省仅有的两所国家级陶研实验学校。

三、无锡市职业技术教育学会

1986年，无锡市教育学会成立下属职业技术教育专业委员会。1987年，承担省教科所下达的“经济发达地区农村职教发展模式研究”课题，在对苏南地区职业教育状况和发展态势调查研究和深入分析的基础上撰写研究报告，获课题研究成果二等奖。1994年3月3日，市职教专委会与市教育学会脱钩并升格，成立无锡市职业技术教育学会（简称“市职教学会”），成为具有独立法人资格的群众学术团体。学会下设城市职教专业委员会、农村职教专业委员会、中专教育专业委员会、技工教育专业委员会、德育工作委员会，组织开展学术研究活动，加强学术交流，组织专题讲座，为教育行政部门提供决策依据。1999年，开展“无锡职教办学体制案例研究”，该课题为全国教育科学“九五”规划国家重点研究课题“经济发达地区职业教育多元办学体制问题研究”的子课题，从研究无锡经济社会发展的宏观背景入手，在分析无锡职教多元办学体制状况的基础上，探索构建无锡地区的职业教育办学体制模式，为总课题的研究提供中外合资企业办学型、中外合资办学型、国外援助办学型、社会团体办学型、行业办学型、乡镇办学型、公有公办型等具有地方特色的案例。2002年，在教育部“面向21世纪职业教育课程改革和教材建设规划”研究与开发项目中，市职教学会参加省教育厅“区域中等职业教育教学管理模式的研究”的子课题研究，撰写《无锡市中等职业教育教学管理模式的研究》报告，提供宜兴市个案研究和无锡市、锡山区、江阴市等3个职教中心的个案研究。是年，市职教学会协助市教育督导室制定《无锡市中等职业学校综合督导评估细则》。学会下属的德育工委到基层学校调查，进行德育科研，开展跨地区德育工作的互学和研讨，举办德育师资培训，开展德育科学研究。

四、无锡市成人教育协会

无锡市成人教育协会（简称“市成教协会”）创建于1983年10月，同年成为省成教协会的团体会员。协会围绕各个时期成教的中心工作及工作中的热点、难点，开展教育研究，先后召开19次年会，收到参评论文902篇，评出优秀论文一等奖65篇、二等奖194篇、三等奖321篇，并在省成教协会组织的论文评审中取得较好成绩。在全国成教优秀教育成果评选中，先后有7篇论文获奖。市成教协会发挥专业委员会的作用，相继召开50多次专题研讨会。开展对外协作交流，传递国内外成教信息动态630多条，推广交流先进成果520多项，组织开展成教干部培训。市成教协会会刊《无锡成人教育》1987年春创刊，至2005年末，出刊102期。1995年，市成教协会被市政府评为先进社团；2003年，被省成教协会评为优秀社团；2004年，在全国成教协会年会上获“成人教育先进社团”称号。

第十二章　教育设施及技术

第一节　基础设施建设

1986年起，无锡市以实施九年制义务教育为重点，以省、市制定的学校建设标准为依据，增加对教育设施建设的投入，分期分批改善学校办学条件，以适应实施教育现代化工程的需要。至1990年末，全市128个乡镇相继建成中学实验中心，市区40所中学中的28所建成实验楼或综合楼，部分学校建成体操房、图书馆、阶梯教室等教育设施。全市167所中学有实验室926个，校均5.5个；有仪器室837个，校均5个；实验仪器总价值1197.3万元，校均7.17万元。全市177所中心小学、城镇小学有自然实验室466个，实验器材总价值347.44万元。市区40所普通中学都建成标准化的实验室，物理、化学、生物的实验仪器全部按省教委颁布的一类标准配备，学生分组实验达到两人1组。全市中学的实验室、仪器室、实验器材的平均占有量均名列全省之首。以计算机、电视机、录音机、投影仪为代表的电教设备进入全市中小学，市教育局培训计算机专业教师进入正常化，部分学校建立电化教室，全市共配备计算机352台。全市城区中学80%配有彩电、录放像机、投影仪、银幕，8所学校建成语言实验室，外语教师人手1台收录机。72%的农村中学和68%的中心小学以及城镇小学有彩电和录放像机。

1991～1995年，全市投入中小学教育装备经费19583.14万元，更新教学仪器，提高教育装备水平，重点完善高中实验仪器和加强图书配备，一大批学校建立高标准的微机室、语音室和专用教室。1993年，由香港苏浙同乡会和市二中校友、香港企业家唐宏源各捐资50万港元，市教委配套投资375万元，建成辅仁计算机中心和13所学校的计算机教室。1995年，市教委投入680万元，为31所市直属中小学建成计算机教室。是年末，市教委直属学校拥有计算机教室58个，计算机1600多台，管理用计算机拥有率达90%，校园闭路电视系统和多媒体投影设备进入校园，全市高中实验仪器配备达到国家教委1993年颁布的《中学理科实验仪器配备目录》的一类标准。与此同时，全市中小学基本实现生均图书册数达标。

图31-12　1997年天一中学电声室　（陈永年摄）

1996年，市教委发布《关于进一步加强教育技术装备，在中小学实施“4331”工程的意见》，提出巩固“老三室”，强化“小三室”，创建“新三室”，

"三机一幕"进教室，同时建好一个图书室、软件资料室和劳技室的装备要求，以此作为全市中小学教育装备现代化建设的标准。普及实验教学，对中学理化生实验室和小学自然实验室实行标准化建设和规范化管理。加快电教装备建设步伐，中心校以上学校均建有微机室（可两人用1机）和多媒体电化教室，部分学校配备语音室，构建校园闭路电视系统，充实音体美设施设备。大多数学校做到每年每生新增1册图书。至2000年末，全市35所中小学建成校园计算机网，323所学校开通电子信箱。

2001～2005年，无锡市投入教育信息化基础建设专项经费18155万元，构建校园计算机信息网络系统，电脑室的配置标准由原来的2人1机提高至1人1机。至2005年末，全市中心小学以上学校基本建成校园网，实现宽带接入城域网。全市中小学拥有电脑65000台，满足1人1机教学要求的网络电脑室858个，部分学校还为教师配备笔记本电脑，全市中小学师生数与电脑数之比达10∶1。多媒体投影仪和数字化背投逐步进入普通教室。崇安区率先为全区所有小学的所有班级配备"一网新三机"（多媒体投影仪或背投、电脑、展示平台）。全市绝大部分农村小学增添电脑、多媒体投影仪等电教设备。其间，基础教育新一轮课程改革推开，新课程标准对实验室、图书馆等功能室及音体美设施设备提出更高的要求，无锡各地以创建省标准化实验室、省等级图书馆为抓手，加大装备建设的力度。宜兴市投入500多万元为中心校小学和初中各配备1套理化生和科学实验室设施及仪器设备。江阴市中小学新配价值800多万元的实验仪器。市直属学校普遍配备理化生多媒体演示实验室。市一中在全省率先配备1套两人一组的数字化物理实验室设备。高清晰数码显微镜在市区部分重点中学演示实验室应用。一批学校的图书馆个性化设计，开放式借阅受到师生的欢迎。音体美专用室数量增加，城区学校普遍使用塑胶跑道。其间，大量外来务工人员子女涌入无锡，农村普通小学学生爆满，专用教室被挤占，大部分学校无科学实验室，有一半学校无配套的科学实验器材，学生用计算机数量无法满足教学要求，56%的学校生均图书不足20册，农村地区普通小学与中心小学教学装备条件的差距呈现扩大的趋势。

第二节　现代教育技术运用

1986年5月，无锡新建省内一流的电化教育馆，建筑面积2700平方米，拥有976座的电影院、50座的语音教室、电视演播室、幻灯片制作室等设施。6月，市电化教育馆拍摄第一部电视专题片《三浴锻炼》。11月，在塘南中学拍摄第一部室外课堂教学片《排球》，获省一等奖。其后，相继拍摄语文教学资料片《事事关心》《春蚕》《第二次考试》《徐霞客》等，均获省级奖项。是年起，无锡市中小学生计算机程序设计试点教学班开班并组织比赛活动，学生计算机普及教育起步，电化教育设施应用于课堂教学，市二中、锡师附小、江苏省南菁高级中学、无锡县实验小学、宜兴县中学、宜兴县实验小学等6所学校成为首批江苏省电化教育实验学校。

1993年，省广电厅批准市广电局和市教委联合开发、使用45频道，建设无锡电视二台（教育台），1994年3月，市委教工委、市教委决定由市电化教育馆制作教育节目，并在无锡电视台45频道播出。其间，全市中小学逐步设立电教办公室，配专（兼）职电教教师，班级设电教课代表。学校使用投影机、录音机、录像机开展教学实验，学科覆盖率和课堂教学使用普及率不断提高，教师自行制作投影片和幻灯片。省、市电化教育实验学校围绕"优化组合、恰当运用、提高课堂教学效率"的要求，开展电化教育课题研究，顾美云等一批电化教育积极分子受到表彰。全市中小学应用计算机辅助课堂教学和教育管理，其中包括运用计算机技术的"高考预考成绩输入分析管理系统""江苏省学生体质测定""财务会计年月报管理"等。1995年，市教育局主持开发的"W006教育事务管理系统"通过省科委的鉴定，参加全国计算机应用成果展。市电化教育馆拍摄的锡师附小专题片《快乐教育》3集、《古诗三首》课堂实录40课等被中国教育电视台收录，教学片《八只小猫》获全国、全省大奖。是年，市政府决定在原教育频道的基础上建立无锡教育电视台，实现教育节目向教育电视台的跨越。

1996年，无锡教育电视台建设项目列入全市社会主义精神文明建设目标管理。是年5月，市机构编制委员会批复同意建立无锡教育电视台。电视台筹建获旅日爱国华侨蔡贤章等的捐赠帮助。1997年1月28日，无锡教育电视台开播，成为江苏省内唯一的地市级教育电视台。电视台开辟《名师讲坛》《七彩童年》《今日校园》等栏目，运用现代教育技术进行好课电视直播等，探索电教活动电视化、教研活动社会化新路，受到中央电化教育馆领导的赞扬。是年，国家教委颁布《中小学校电化教育规程》，省教委制定向中小学生收取“电教代办费”政策，促进全市学校电化教育快速、规范发展，大批成套教学投影片、录像带进入学校，语文朗读、英语口语录音带进入家庭，为学生学习提供帮助。计算机技术广泛应用于课堂教学，引发教育技术、手段、方法的变革，多媒体教学软件在课堂教学中发挥引领作用。1998年起，全市开展中小学教师“现代教育技术”全员培训与考核，教师的现代教育理论和技术能力水平得到提高。是年，市电教馆被教育部电化教育办公室评为全国电化教育先进单位。

2001年，按照“统一平台、独立管理、风险转移、利益共享”的原则，市教育局和无锡电信局共建无锡教育城域网。2002年2月，无锡教育城域网中心建成，无锡教育门户网站（www.wxjy.com.cn）同时开通，全市500所中心小学以上学校宽带采用虚拟专网（VPN）接入无锡教育城域网。是年起，全市开展“信息技术与教育”的全员培训与考核，3万多教师参加计算机基础知识基本操作技能以及信息技术与课程整合学习。20多所学校开展学生机器人教育和实践活动，江阴市青阳中心小学、江阴市要塞中心小学学生参加国际机器人比赛并获奖。无锡教育电视台开通无锡数字电视教育频道，《无锡教育报道》《21视点》《流金岁月》《师缘》《名师精讲》《空中英语教室》《招生快讯》《七彩童年》《健康直播》《空中老年大学》等栏目、节目，受到广大师生、家长、观众的喜爱。同年，无锡教育电视台被中国教育电视协会表彰为全国地市级教育电视的一面旗帜。“十五”期末，无锡中小学校园网发展迅速，出现市一中、天一中学、梅村高级中学、市北高级中学、无锡国际学校、市旅游商贸学校等一批向数字化校园、数字化学习、网络化管理跨越的学校，建设水平和应用水平在国内和省内领先。无锡教育信息化工作的经验多次在全省、全国有关会议上交流。

第十三章　教育督导

第一节　机　构

无锡市教育督导机构于1984年恢复重建。1986～1989年，市教育局内设督学室，设正、副主任各1人。1989年，市教委成立后，市教委督导室设正、副主任督学各1人，另设专职督学4人。无锡是全国最早恢复教育督导机构的城市之一，也是最早明确督导机构负责人与教育行政部门负责人职级相同的城市。至1992年末，除马山区外，全市各市（县）、区相继成立教育督导机构，初步形成两级督导网络，共有专职督学34人、兼职督学16人、特约教育督导员26人。

市教育督导部门由教育行政部门内设机构逐步转为市政府派出机构。1993年2月16日，市教委督导室更名为市教育督导室。3月9日，无锡市召开新中国成立后的首次教育督导工作会议，市政府办公室转发《关于加强教育督导工作的意见》，明确“教育督导机构设在同级教育行政部门内，受政府委托，行使教育督导职责，受同级教育行政部门直接领导，同时受上级教育督导机构的指导”。1997

年，在市党政机构改革中，明确市教育督导室挂靠于市教委，设正、副主任督学各1人（正、副处级干部）。1999年12月，市教育督导室更名为市政府教育督导室。2001年，在市党政机关机构改革中，明确市政府教育督导室为市政府主管教育督导工作的派出机构，与市教育局合署办公，正局级建制。市政府教育督导室下设督导处，设正、副处长（正、副科级）各1人。2005年11月1日，由市人大常委会制定、经省人大常委会批准的《无锡市教育督导条例》施行。12月，市教育督导部门改为市政府单独设置机构，设督学处和督政处两个正科级处室。市政府教育督导室核编8人，设主任督学、副主任督学各1人，正处长（正科级）2人。

1986～2005年，市教育督导室先后两次被评为全国教育督导工作先进集体。

第二节　督　学

1986～1992年，市教育督导部门根据国家教委《普通中小学督导评估指导纲要（试行稿）》的精神，从无锡的实际出发，共制定督导评估方案16个，涵盖基础教育的各级各类学校。1987～1990年，根据评估方案，对8所学校进行试评估，并修改、完善学校的评估方案，推进督学工作规范化、制度化建设。1991年，市教育督导部门建立中小学督导评估制度，规定学校每年自评1次，督导部门原则上每3年对学校进行1次综合督导，出台自评与综合督导相关规定。是年，无锡县被省、市教委确定为贯彻国家教委《普通中小学督导评估指导纲要（试行稿）》的试点县，县教育督导室制定《无锡县中小学督导评估指标体系》，建立“以学校自评为主体，以督导查评为主导，以年终抽查为辅助”的中小学督导评估制度。至1992年，全市督导部门共对750所学校督导评估，崇安、南长、北塘3区完成小学的第一轮综合督导。

1993～1996年，实施学校督导评估。市、市（县）区两级督导部门对全市1700多所中小学进行第一轮综合督导评估，并建立“以学校自评为基础，以综合督导为主导，以专项督导为辅助，以经常性评估为手段”的学校督导评估制度，明确规定各中小学自评和综合督导评估的周期、督导机构督导中小学的职责分工、每年进行专项督导和经常性检查的具体安排。1995年，为保证督导评估的质量，市教育督导部门作出《关于综合督导评估学校程序的规定》和《关于学校自我评估程序的规定》。在综合督导、专项督导后，督导部门及时向本级政府、教育行政部门及上级督导机构报告评估结果，并提出规范性意见。1996～1997年，对全市110所示范性学校实施教育现代化工程进行达标验收。及时制订各级各类学校的评估方案，并指导学校制定具体的实施规划，分配好市教委划拨给直属学校的专项资金，加强对学校现代化建设的全程指导。至2001年末，全市教育部门直属学校98.1%通过教育现代化工程市级评估验收。通过评估，推动学校的改革和发展，一定程度上促使学校办学方向不断端正，素质教育得到强化，教育教学管理加强，教师队伍得到优化，办学条件逐步改善。

2002～2005年，学校督导突出素质教育要求，重视教育的全面发展，制订形成各级各类学校新的督导评估方案，围绕素质教育的实施设定指标体系，设置20%～30%的发展性指标；扩大学校的办学自主权，调动学校的积极性；在突出素质教育的同时，重视课堂教学的评估，突出对学生基本素质的检测，重视素质教育实际成果的展示；突出教育科研的先导性，重视教学方式和学习方式的转变；突出经常性的检查，重视“减负”督查机制的建立和督导结果的运用，重视各项验收、检查的整合。把素质教育常规管理年度考核的结果与对学校的表彰奖励以及对校长任期目标的考核挂钩，把省重点高中、省示范初中的评估验收与综合督导整合在一起，把校长任期目标考核与综合督导评估结合进行等。

第三节 督 政

1988年，无锡教育督导部门的督政工作起步，以推进九年制义务教育的实施为主要内容，参与对乡镇制定实施九年制义务教育规划的调查。1989～1993年，督政工作主要依据是市政府颁发的《关于无锡市乡镇实施九年制义务教育的程序》《无锡市城区实施九年制义务教育检查评估标准》以及《关于制止小学、初中学生流失的意见》。教育督导部门参与“两基”（基本普及九年制义务教育、基本扫除青壮年文盲）的实施工作，督促乡镇按时完成达标任务，组织严格的评估验收。至1993年4月，全市乡镇均通过“两基”验收，无锡市义务教育实施走在全省前列。

1994年后，督政工作重点转向教育现代化工程的评估验收。市教育督导室制订乡镇基本实现教育现代化的评估方案，协助教育行政部门制订具体的实施规划。督导部门通过督前指导、督中诊断、督后复查等途径，帮助乡镇政府和学校解决实施教育现代化工程中的困难和问题，确立“典型示范、分类指导、推动全面”工作思路，推广无锡县“政府负主责、乡镇主阵地、学校为主体、社会齐参与”的经验，使教育现代化工程评估验收成为乡镇和学校教育发展的推进机制。1995～1996年，市政府成立以副市长为组长的督导检查工作领导小组，对基础教育“五项内容”（“两基”规划实施情况、教师法落实情况、增加教育投入情况、加强德育工作情况、减轻学生过重课业负担情况）督导检查，简称“五查”。重点检查市（县）、区政府统筹落实教育工作的情况，推动全市基础教育改革发展，落实市（县）、区政府责任，加快教育现代化工程的进程。至2001年末，全市98.96%的乡镇通过教育基本现代化的省辖市级评估验收，58个乡镇被评为江苏省实施教育现代化工程先进（示范）乡镇。2002年，市政府发布《关于进一步完善农村义务教育管理体制的通知》，明确规定“农村义务教育实行‘政府负责，分级办学，分级管理，以县为主’的管理体制”。此后，督导室对各市（县）、区贯彻落实“以县为主”管理体制的实施情况持续开展督查，敦促各地按统一标准按时足额发放教职工工资，并统一教育发展规划、统一教师队伍管理。

2003年4月，市教育督导室和市教育局组织评估组对江阴、宜兴、滨湖、崇安、南长、北塘等6个市（县）、区省级课程改革实验区的工作进行评估。评估重点是课程改革过程中的政府行为，对实验区课程改革存在的组织领导、政策保障、管理制度等方面的问题开展研讨，向政府和教育部门提出整改意见和建议。2004年，由督导室牵头，会同市人大科教文卫工委、市政协文教卫体委员会、市教育局、市财政局、市审计局组成督查组，对全市6个市（县）、区进行中小学公用经费拨付、管理和使用的专项督查，明确各市（县）、区政府实行义务教育管理新体制后，在公用经费方面应该承担的责任，确定公用经费的标准、定额及分担比例，初步建立公用经费的保障机制。2005年9月，督导室重点围绕“以县为主”管理体制、教育经费投入的“三增长两提高”、教师队伍建设、基础教育发展情况和信息化建设等，对6个市（县）、区的“双高普九”（高水平、高质量普及九年义务教育）进行专项督导。建立市（县）、区政府教育工作督导评估和考核制度。市教育督导室与市委组织部、市教育局联合发布《关于建立县级人民政府教育工作督导评估制度和考核制度的贯彻意见》，制定评估和考核细则，从履行教育工作的领导责任、依法增加教育投入等8个方面对市（县）、区政府主要领导和分管领导进行考核，督导评估的结果作为考核领导干部政绩的重要内容和表彰奖励或责任追究的重要依据。

第十四章　市区学校选介

第一节　幼儿园

一、无锡市实验幼儿园

无锡市实验幼儿园创建于1952年，1981年成为江苏省最早的实验示范园之一，是全市第一所省级示范性实验幼儿园。1999年，迁至市中心学前东路10号重建，办园规模扩大。2000年，创办公有民营体制的实验幼儿园新区分园。2003年，与市学前教育实验中心联合开办“零点欢乐亲子园”，承办无锡国际学校幼儿部。市实验幼儿园以“为孩子成功的一生奠定良好的素质基础”为办园宗旨，以“爱幼、团结、求实、创新”为园风，以“严谨、善诱、笑纳全体”为育人风格，构建源于儿童生活、适应国际生活、面向未来生活的“生活、学习、做人”的课程体系，先后被评为全国巾帼文明岗、省文明单位、省教科研先进集体、省市“三八”红旗集体、省市绿色幼儿园、省青年文明号、省现代教育技术示范学校。2005年，全园占地7433平方米，有托班、小班、中班、大班共31个班级，在园幼儿940人；有教职员134人，96%的教师具有大专或大专以上学历，41%的教师具有本科学历；有省级有突出贡献的中青年专家1人、省特级教师1人、省优秀共产党员1人、省幼教系统先进工作者3人、市名教师2人、市学科带头人3人等一批骨干教师。

二、无锡市侨谊幼儿园

无锡市侨谊幼儿园位于清扬路3号，由旅日华侨蔡世金于1980年10月捐资创办，是省示范性实验幼儿园，规模为60个班，能承担全日制、寄宿制教育。侨谊幼儿园顺应婴幼儿生长发展规律、从满足婴幼儿身心健康需求出发设置课程，以育为主，重视婴幼儿生命教育、启蒙教育、生活教育、社会教育和艺术教育，以“人格立园、文化办园”为办园理念，以人格培养为主线，营造“以人格育人格”教育文化，创出“人格摇篮”的教育特色，园本课程“婴幼儿健康人格培养”得到省、市专家肯定。2005年，在园幼儿近2000名。全园教师全部具有大专或大专以上学历，其中30%具有本科学历。省、市骨干教师、学科带头人占教师总数的10%，获国际学前教育证书（蒙台梭利）的教师占教师总数的10%。教师中5%为外籍教师，2%为男教师。园长曹凤华为省特级教师、无锡市有突出贡献的中青年专家。侨谊幼儿园先后与全国500多所幼儿园建立业务往来关系，接待世界各地来访、考察的专家、外宾近两万人次。

第二节　小　学

一、江苏省无锡师范附属小学

学校位于学前街，由锡师创建者、首任校长顾倬于民国2年（1913年）筹建，当年9月4日开学。1981年，成为首批省实验小学之一。锡师附小坚持“全面发展与个性发展和谐统一”办学理念，以

“轻负担、高质量”为教学特色，以“尊重儿童，尊重个性，重视发展兴趣特长，活动丰富多彩，学得生动活泼愉快”为育人传统。1987年起，不懈探索“乐育教育”模式，成为国家教委向全国推广教育改革经验的7所“愉快教育”示范学校之一。1999年起，开展创新教育研究，探索“学生自主创新性学习”模式，抓住推进教育现代化和实施课程改革的机遇，以“担时代重任，铸名校风范”为目标，深化“乐育教育”研究，践行“捍卫童年、启迪童年、放飞童年”教育理念，在课程设置、队伍建设、教育研究、国际交流等方面创新实践，初步实现由传统学校向现代学校的跨越。锡师附小学环境优美，师资力量雄厚，办学特色鲜明，以一流的办学条件和办学水平享有盛誉。2000年，被教育部确定为全国现代教育技术实验学校。先后多次获得“省文明单位”“省模范学校”“省德育工作先进学校”等称号。至2005年，学校有49个班，在校学生2292人，教职工136人，其中专任教师109人。

二、无锡市连元街小学

学校位于连元街，前身为竢实学堂，由杨模于清光绪二十三年（1897年）筹款创办，次年二月开学。1981年，成为首批江苏省实验小学。1988～1999年，先后5次被评为省文明单位。1991年起，多次被评为省模范小学，连续14年被评为全国“心中有祖国，心中有他人”主题教育活动先进集体。1995年，以田径特色成为全国体育传统项目先进学校，并成为省电化教育实验学校。1997年起，先后与美国、澳大利亚、新加坡、韩国、日本等国家的知名小学结为友好学校。90年代，相继建造新教学大楼、综合楼、田径运动场等设施。1999年9月，省内第一家小学网站“连元网校”运行。学校致力于教育科研，“九五”课题“现代开放教学模式研究”获省优秀成果一等奖。2000年以后，曾8次接待友好学校的师生到校访问，并组织多批师生代表出国考察教育。学校在德育、信息技术、美育等领域取得省级以上多项荣誉称号，并成为外国及中国港澳台学生入学定点学校。2002年后，学校开展以“教师课堂教学行为有效性研究”为主课题的教育科研，加强校本课程建设，优化课程资源，多项研究成果屡次获奖，《小学生心理健康教育读本》《有效教学叙事研究——一所名校的100个课堂教学故事》由出版社出版发行。2003年10月起，在1990年改扩建基础上进行第二次改扩建，总投资1.2亿元。扩建后学校总面积16235平方米，建筑面积30199平方米。校区建设突出“以人为本”的设计理念，成为功能合理、环境优美、具有百年文化底蕴的现代化校园。2005年8月，在原后西溪小学设公有民办的连元街实验小学。至年末，有59个班，在校学生2726人，教职工197人，其中特级教师1人，市名教师2人，市学科带头人、教学能手18人，市教学新秀16人，全国优秀教师5人，省优秀教师5人。

三、无锡市五爱小学

学校位于人民西路与五爱路交会处，前身为民国35年（1946年）9月创办于山东沂蒙山区根据地的华中干部子弟学校。1950年3月改名为华东干部子弟学校。1952年夏，由南京迁至无锡，与无锡市干部子女学校、苏南干部子女班合并，由华东局领导取意于“爱祖国、爱人民、爱劳动、爱科学、爱护公共财物”为全体人民之公德而命名为“五爱小学”。1988年秋起，五爱小学以“和谐教育”为特色开展教育科研。1998年4月，通过江苏省实验小学评估验收，进入江苏省名小学行列。1999年秋，棉花巷小学并入五爱小学。2000年秋，学校附设的幼儿园迁至原棉花巷小学内单独成立市五爱实验幼儿园。同年，学校在全市率先开展“小班化教育”研究。学校坚持科研兴校，拓展素质教育，形成“五爱立校、和谐育人”的办学特色。“小班化”教育实验、“和谐德育”研究、艺术教育创新、陶艺教育开发在省内外独树一帜。2005年，全校占地14854平方米，建筑面积1.7万平方米，有47个教学班（其中40个为小班），在校学生1569人，教职员工120人。

四、无锡市育红小学

学校位于河埒口，前身为清光绪二十九年（1903年）创办的私立日新初等学堂。民国4年（1915年），由荣德生出资，更名为私立竞化第二女校，后几经更迭。1978年改为现名，为江苏省实验小学。2005年，有教学班40个，教职员116人，在校学生1736人。学校秉持“教育就是服务”理念，致力于“书香育红、质量育红、特色育红、创新育红、和谐育红”。坚持科研兴校，实施课程改革，把校本课程作为促进学生发展、加快学校特色建设的有效载体。挖掘校园课程资源，开辟音乐声乐系列训练，在一年级开设街舞课、书法课、围棋课、跆拳道课、创意制作课，培养和增长学生的求知兴趣。学校坚持艺术特色教育，所创办的小红花艺术学院培养出一批文艺骨干，合唱、舞蹈等兴趣小组，屡次获得无锡市百灵鸟歌舞比赛一等奖，合唱队代表江苏省参加全国合唱比赛，获得全国小学组一等奖。学校先后获“全国红旗大队”“全国科技先进单位”“省文明单位”“省优秀家长学校”“省现代教育技术实验学校”“省模范职工之家”等称号。

五、无锡市新区实验小学

学校位于梅村，前身为创建于民国2年（1913年）的无锡县立第四高等小学。1985年，学校在省内率先实施“校长全面负责、党支部保证监督、教代会参政议政”的管理模式，获省政府嘉奖。学校坚持“示范性、实验性、高品质、多元化”的办学追求，打造“为每一个儿童设计课程”办学品牌。1990年后，随着所属行政区域的不断调整，学校先后名为无锡县实验小学、锡山市实验小学、无锡市新区实验小学，被评为江苏省名校、江苏省科技特色学校、全国中小学现代教育技术实验学校、江苏省教育科研先进集体、江苏省模范学校。2002年9月，迁入梅育路新址，具有一流的现代化教育设施。2004年5月，学校征地2.67公顷，投资1500万元，创办民营性质的梅村实验分校。2005年，学校有50个教学班，在校学生2000余人。

第三节　中　学

一、无锡市第一中学

学校前身为无锡县立初等工业学堂，创建于清宣统元年（1909年），次年正月开学，曾先后改名无锡县初中、无锡县中学。新中国成立后更名无锡市立中学，1952年改名无锡市第一中学，1954年迁至锡山东麓。1993年，改办高级中学。此后跻身于江苏省首批模范中学、文明学校、国家级示范高中、四星级高中的行列。1995年，实施校园建设改造工程。2003年3月，由市一中、大桥民办实验中学、金桥双语实验小学组成无锡市一中教育集团。是年起，市政府投资再次扩建改造学校，新建钱伟长楼、南教学楼、标准田径场、篮球场、艺术楼和体育馆。学校建有先进的分科实验室、多媒体网络教室、数字化物理实验室、电子阅览室等，校图书馆为省级中学一级图书馆。聘请外籍教师进行英语口语教学，与许多国家的学校建立友好关系，每年有出访或到访交流。参加国际文化交流组织（AFS）、美国——斯堪的纳维亚中学生交流计划（ASSE）等对外交流项目，培养国际交流人才。市一中秉承“独立、协作、创造”的校训，以“成功、幸福”为办学理念，坚持“素质的全面化与个性化和谐发展”的育人目标，营造“读书、明理、求进”的校风、“崇德、敬业、立新”的教风和“博学、深思、笃行”的学风，推进素质教育，进行课程改革，形成“轻负担、高质量”等鲜明的教育特色。学生参加竞赛频频获奖，曾培养出两位世界中学生学科奥林匹克竞赛银牌获得者。2005年，学校占地10多万平方米，校舍面积54505平方米，班级52个，学生2000余人，教职员工2002人。市一中先后获得“全国教育系统先进集体”“全国德育先进学校”“全国贯彻《学校体育卫生工作条例》优秀学校”和“江苏省德育先进学校”等称号，被誉为江苏省中学界著名的“五朵金花”之一。先后有省特级教师14人，享受国务院津贴专家1人，省、市有突出贡献中青年专家4人，省、市名教师5人，省“333工程”培养对象7人，市学科带头人、教学能手、教学新秀50多人。

二、无锡市辅仁高级中学

学校前身为无锡私立辅仁中学，民国7年（1918年）秋由上海圣约翰大学无锡同学会杨四箴、唐纪云等集资创办，校名取义《论语》“以文会友，以友辅仁”，校训为“明道进德”。1952年更名无锡市第二中学。1982年被确定为省重点高中。1989年起，学校试行校长负责制，实行教职工全员聘任制、岗位责任制、奖惩考核制和工资总额承包制等一整套管理制度。1992年，校址从解放东路搬迁至沁园新村，占地4.3万多平方米。1994年起，停办初中部，改为高级中学。1998年，在无锡市率先通过国家级示范高中验收。1999年后，随着普通高中课程改革方案和各学科课程标准的出台，学校在校本课程的开发，实施以及研究性学习的开展等方面走在全省的前列，先后开发出《从辅仁走向世界的钱锺书》等10多本校本教材，开设校本课程100多门。2000年，学校创办公有民办性质的实验分校，当年被评为省德育先进学校。2003年，学校更名无锡市辅仁高级中学。2004年，学校被评为江苏省首批四星级高中。2003年、2005年两次被评为省文明单位。学校是无锡市数学、化学学科教学研究基地。具有劳技教育、电化教育和美育教育三项特色，曾被评为省劳技教育先进单位和省现代教育技术先进集体。2005年，学校获省校本课程开发方案一等奖，学生的研究性学习项目在国际奥林匹克竞赛中获得铜牌。年末，学校有36个班级，在校师生约2500人。教师中高级教师占59%，其中省特级教师4人、市名教师3人、学科带头人4人、教学能手23人、教学新秀8人。历届校友中有国学大师钱锺书、中宣部原部长王忍之、北京大学校长许智宏以及12位“两院”院士和一大批学者专家与各条战线上的优秀人物。

三、江苏省梅村高级中学

学校前身是国立无锡第四高等小学校（初中补习班），由谈学周、华澄波、钱伟长之父钱声一等于民国2年（1913年）春共同创办，华澄波任校长，国学大师钱穆等名师曾在此执教。民国28年后，相继与启新中学、吴风中学、中华中学、无锡县初级师范合并，名为无锡县梅村中学。1960年被确定为省重点中学。1986年，校园面积约6万平方米，24个班级，在校生约1200人。1993年，停办初中部，改为高级中学。2000年4月，被确认为国家级示范性普通高中，同年成为教育部人文社会科学重点研究基地和华东师范大学课程与教学研究所实验学校。2001年，学校创办公有民营性质的分校。2002年，创办全国第一家中学生“青年科学院”，聘请钱伟长、钱令希等6位知名教授、专家担任指导老师，先后有40多名学生被授予“小院士”称号。进入21世纪，学校加大投入，教室和学生宿舍全部安装空调，一线教师均配置笔记本电脑，校园实现网络化；图书馆藏书约15万多册、报纸30余种、期刊320多种。学校先后被评为市和省现代教育技术示范学校。2004年3月，被转评为省首批四星级高中。2005年，学校占地21.7万平方米，绿化率56.2%，硬件标准按五星级高中建设的新校区动工，并于秋季先期启用学生公寓楼。全校教学班49个，学生人数2000人，其中寄宿生占97%；教职工245人，其中有高级教师56名、一级教师50名，全国模范教师、全国优秀教师、江苏省中青年有突出贡献的专家、江苏省特级教师5名。梅村中学以“至贤”为校训，形成独特的办学传统和“勤奋、踏实、团结、进取”的优良校风。学校数次受省委、省政府表彰，多次获得“省德育先进学校”“省文明单位”等称号。

四、江苏省锡山高级中学

学校前身为匡仲谋于清光绪三十三年（1907年）春创办的匡村初等小学堂。民国16年（1927年）创办匡村初级中学，民国30年增设高中班。1952年12月更名无锡县中学，1968年秋更名杨市中学，1978年秋恢复无锡县中学校名。1995年8月，更名锡山市中学，1996年11月更名江苏省锡山高级中学。1998年7月，在无锡东亭创办分部。2005年8月，校本部迁至无锡市惠山新城政和大道1号。锡山高级中学百年积淀，形成“大气恢弘，谦恭厚重”文化内涵，着力打造“高品位、有特色、国际化”的示范性高中。90年代，学校在全国率先开展校本课程的探索开发和实践，被誉为大陆“校本课程的发源地”，受到国内教育界关注。学校的课程管理理念、管理举措与经验被教育部《学校课程管理指南》吸收，作为课程改革国家行政指导文件颁发。《校本课程开发：锡山高中案例研究》被誉为“校本课程开发的教科书”，专著《有效，无限的探寻》被教育部指定为学校开发研究性学习必读书目。2005年，学校由惠山新城校区、杨市校区和分部“两区一部”组成，总占地面积39万平方米，其中校本部新城校区占地27.67万平方米，建筑面积11.4万平方米；整体建设投资3.6亿元，教育设施国内一流。在校学生近5700人，教职员工500多人。学校为省15所示范中学之一，先后被评为省重点中学、省模范中学、省国家级示范高中（无锡地区首所、省首批9所国家级示范高中之一）和省首批四星级学校。还先后被教育部确定为香港华夏教育基金会资助项目学校，教育部基础教育重大课题资助项目“学校课程管理指南”研究项目学校。

五、江苏省天一中学

学校前身为位于西漳的无锡私立天一初级中学，创办于民国35年（1946年），后改为公立学校，更名无锡县天一初级中学、无锡县天一中学。1978年，被确定为省首批16所重点中学之一。1988年，无锡县西漳中学并入，学校规模超过50班，成为当时全省规模最大的中学。1990年，被确认为江苏省首批合格重点高中。1997年更名江苏省天一中学，1999年确认为国家级示范性高中。2003年，锡山区政府投资3亿元，建设占地30万平方米的东亭新校区。2004年3月，学校被评为省首批四星级普通高中。同年9月，新校区启用，遂形成“一校四部、一体两翼”的规模办学格局。学校设施一流，拥有江苏省中学一级图书馆、江苏省标准化实验室等。学校有省级以上专家、特级教师、优秀教育工作者28名，省级评优课一、二等奖获得者32名，全国、省专业学会理事20多人。学校以“诚”为训，以“生态公园、文化圣园、温馨家园、数字校园”为校园建设理念，形成“敬业奉献，崇尚科学，追求卓越”的“天一精神”。《中国教育报》、英国《天才教育》杂志曾刊文介绍学校的超常教育。在省级以上学科竞赛中，一等奖人数逐年提升。2005年，天一中学学生获得省物理竞赛理论第一名、省作文大赛第一名、省科技竞赛第一名等。毕业生中有150多人成为博士，成为各领域的精英人才。学校先后获得全国中小学德育工作先进学校、全国绿色学校、省模范学校、省德育先进学校、教育部重点课题实验学校、中国超常教育实践基地等40多项荣誉。

六、无锡市大桥实验中学

学校创办于1993年，是改革开放以后无锡市建立的第一家民办学校，实行董事会领导下的校长负责制。创办初期，学校租借市一中教室办学。进入21世纪以后，学校自筹资金在学前街无锡市中山高级中学原址建设新校，2002年竣工入驻，办学规模逐步扩大，并发展为六年制完全中学。学校坚持“管理高效益、师资高水平、教育高质量、学生高素质”的现代教育理念，打造“敬业、严谨、创新”的教风和“勤学、善思、践行”的学风，并形成“团结、求实、进取”的校风。学校开展教育国际交流与合作。学校创办者对成绩优秀的寒门学子实行免费教育，每年用于资助贫困学生的费用约300万元。至2005年，学校由刚开办时的两个初中班发展至45个教学班、2200多名在校生，历届毕业生已逾

8000人，有131位优秀初中毕业生享受新加坡政府全额奖学金到新加坡华侨中学和南洋女中留学。教职员工198人，其中特级教师5人、高级教师33人，形成一支老中青合理组合的梯队式高素质教师队伍。学校为省教育厅批准的面向全省招生的20所优质高中之一，是中国教育学会高中教育委员会的常务理事单位之一，并被教育部中国教师发展基金会评为全国民办教育先进单位。

七、无锡市第三高级中学

学校位于羊腰湾。民国9年（1920年），高阳变卖全部家产，创建私立无锡中学，由唐文治出任首任校长。1952年定名无锡市第三中学。2000年，原位于学前街的中山高中（之前为市八中）与三中合并组建第三高级中学。2005年末，学校共有教学班38个，学生近1800人。学校师资力量雄厚，教职工近180人，拥有省特级教师、教授级高级教师、高级教师65人，一级教师57人，省“333”工程培养对象3人以及市学科带头人11人，市教学能手、教学新秀15人。学校秉承“诚、弘、勤、毅”的校训，确立“培养有社会责任感的现代公民”的办学理念。学校先后成为省重点中学、省德育先进学校、省心理教育实验学校、省文明单位，并被定为南京理工大学、南京工程学院、苏州大学、南京师范大学、江苏大学等著名高校的生源基地。

八、无锡市青山高级中学

学校位于青山湾，前身为民办新联补习班，始建于1953年，1958年升格为民办初级中学，1972年命名为第三十四中学，1978年末改为公办中学，1982年更名为青山中学。80年代，学校首创“三美”（语言美、行为美、环境美）教育，开全国“五讲四美三热爱”活动先河。1999年被评为无锡市重点中学。2000年起，承办内地新疆高中班，2001年成为省重点高中，2004年转评为省首批三星级高中。2005年，学校开设44个班级，在校生2017人。学校以“刚毅健行”为校训，形成“竞争、协作、求实、创新”的校风，“严谨、扎实、善导”的教风和“勤学、探索、求真”的学风，铸就“刚健有为，自强不息”的青山精神。学校坚持“为学生的终生幸福奠基”育人理念，以教育部重点课题“幸福教育观下的高中教育行动研究”为抓手，打造独特的校园文化。作为全国首批内地新疆高中班承办学校之一，始终把思想政治教育放在新疆班各项工作首位，被国务院评为全国民族团结进步模范集体。学校先后获得“全国红十字模范校”“江苏省文明单位”“江苏省德育先进学校”“江苏省和谐校园”等称号，并跻身全国百所特色项目学校行列。

九、无锡市东林中学

学校毗邻东林书院。2000年7月，由市第十一中学和第十二中学合并组建而成，设有高中部（原十一中）和初中部（原十二中）两个校区，计有70余个教学班，4000余名师生员工，占地10926平方米，建筑面积12733平方米。高中部前身系侯鸿鉴创办的无锡县立女子师范学校，始建于民国元年（1912年），先后易名为县立女子中学、省立第二女子中学、市立女子中学、市第一女子中学、市第十一中学，在崇宁弄，1993年被列入江苏名中学之列，并先后被评为省重点高中、省教育现代化示范初中，是省三星级高中和省首批艺术特色学校。初中部前身为侯鸿鉴于清光绪三十一年（1905年）创办的无锡竞志女学，后更名市第二女子中学、市第十二中学，1987年被确定为市外语特色学校，成为全省唯一开设小语种的普通中学，在北禅寺巷。高中部校址为市级文物保护单位。学校教学设施完善，办学条件优越，所有教室配备电视机、录音机、投影机和升降式投影屏等。学校坚持“用智慧启迪智慧，以人格塑造人格”的办学理念，立“端正”为校训，以“严谨、和谐、奋进”为校风，“身正、学高、艺精”为教风，“博学、笃志、力行”为学风，在教育改革创新、推进素质教育等方面取得突出成绩。学校在艺术和外语教学方面形成鲜明的办学特色，并与英国间隙活动项目有限公司、日本协力集团等建立合作关系，定期互派教学人员交流。2005年7月，初、高中分离，高中部更名市东林高级中学，初中部更名市东林初级中学。2005年12月，东林初级中学划归崇安区管理；高中部有35个班，学生1881人，教职工134人，其中高级教师73人。

十、无锡市市北高级中学

学校位于北门外民主街。1987年7月，由市四中、九中和社桥中学等3所完中的高中部合并，组建成改革开放后市区第一所独立设置的高级中学，是市花园式学校和园林式单位。校园占地2.5万平方米，建筑面积1.5万平方米。1999年，通过市基本实现教育现代化评估。2000年，学校被评为省重点中学。学校秉承“为学生服务，对社会负责，让家长放心”的办学宗旨，确立“以人为本，完善人格，开发潜能，强健体魄”的教育理念，全面提高学生素质。学校建立校长挂帅、各部门负责人、各年级组长参与的德育领导小组，形成一支稳定的校外辅导员队伍和一批德育实践基地。学校坚持以教学为中心，以科技教育为特色，培养学生的创新意识和实践能力。学生的小创造、小发明科技作品曾获全国奖18项、省级奖18项、市级奖46项，获国家专利3件。学校先后获“江苏省模范学校”“江苏省文明单位”“江苏省贯彻落实学校体卫工作两个条例优秀学校”等称号，并被省教委、省科委等5家单位命名为省科技教育特色学校。2005年，有36个班级，学生1696人，教职工151人，其中专任教师112人，有高级教师39人。

十一、无锡市第六高级中学

学校位于湖滨路。始创于民国30年（1941年），前身为秦意诚创办的念椿小学，后改为念椿中小学，民国34年由陈梅芳投资重建私立扬名中学。1956年，学校由政府接办，更名无锡市第六中学。校舍建筑面积（不含学生宿舍）35512平方米，生均校舍面积17平方米。学校图书馆为省一级图书馆。2001年，初中部撤销，更名市第六高级中学。2004年，被评为省三星级高中。2005年，有40个班级，拥有30多名市级学科带头人、教学能手和教学新秀。学校秉承“精诚勤朴”的校训，培育“精勤求实、文明创新”的校风，“严谨热忱”的教风和“勤奋踏实、灵活主动”的学风，特别注重彰显德育特色和精细化教学特色。开展以“识恩、报恩、施恩”为主线的感恩教育系列活动，省、市多家媒体专题报道。获得“江苏省大中专学生志愿者暑期三下乡社会实践活动先进团队”荣誉称号。学校形成以“争先创优的进取精神、求真务实的科学精神、凝心聚力的团队精神”为核心内容的“六中精神”。先后获得“江苏省平安学校”“江苏省现代化教育示范学校”“江苏省第一批园林绿色学校”“江苏省环境教育试点学校”“无锡市五四红旗团委”“无锡市敬老先进学校”“无锡市冬锻先进学校”“无锡市德育先进学校”“无锡市第二批语言文字规范示范校”“无锡市实验教学标准化学校”等称号。

十二、江苏省太湖高级中学

学校位于观山路。民国26年（1937年）夏，沈瑞洲创办锡南中学。1949年，惠少栋创办滨湖中学。新中国成立后，均改为公办中学，滨湖中学改为华庄中学。90年代起，华庄中学探索艺术特色教育，后又启动小班化教育实践，并探索出国预备教育等办学模式。锡南中学在信息技术与课程整合等方面作出探索。1998年，两所中学都成为省重点中学，后两校又分别获得“国家级示范高中”称号。2003年，两校高中部合并，成立省太湖高中。2004年，学校成为省首批四星级高中。学校秉承“求美求实”的校训，以打造“文化品位深厚，教育质量一流，办学特色鲜明”的现代化特色名校为追求。除普高小班外，继办艺术小班、信息化小班等。“让每个学生都得到充分发展”是学校努力践行的办学理念。学校注重学生全面素质的提高和潜能的开发，共有200多人次在全国、省级数理化奥林匹克竞赛中获奖，有10多人获一等奖。学校还是无锡市车模、航模、乒乓球、篮球等项目的传统学校。学校每年为北大、清华、复旦、同济等名牌高校输送优质生源。学校拥有名师、学科带头人、教学能手70多人。2003～2005年，学校先后获得“全国绿色学校”“江苏省文明单位”“江苏省德育先进学校”“江苏省现代技术示范学校”和“江苏省首批艺术教育特色学校”等称号。学校是华东师范大学、东南大学、苏州大学、江南大学等近10所高等院校的教育实验基地，并与世界许多学校建立友好合作关系。

十三、无锡市江南中学

学校前身为创办于民国19年（1930年）的私立江南中学，1952年转为公办，更名为市第一初级中学，1957年改名市第七中学。1991年，市七中、八中两所完中的初中部合并成立江南中学。1995年，槐古初中并入江南中学。1999年，江南中学开办公有民营性质的实验分校。2004年，学校作为董事单位承担无锡国际学校初中部的办学任务。学校注重教育内涵提升，坚持“团结、勤奋、求实、创新”校风，全面提高教学质量，连续15年中考成绩名列全市前茅，市中学生田径运动会多次囊括团体第一。学校为首批省示范初中，并获得“江苏省德育先进学校”“江苏省优秀家长学校”“无锡市文明单位”“无锡市先进基层党组织”“全国红旗大队”等称号。2005年，学校有4个校区，实行公办及公有民营两种办学体制，在校生4500余人；教职员工290人，其中专任教师237人，30%左右有高级职称。学校实施“首席教师工程”“教学新秀工程”及“青蓝工程”，有特级教师1人、市学科带头人5人、市教学能手6人、市教学新秀5人。

十四、无锡市民办辅仁中学

学校创建于1994年。2005年，学校占地2.4万平方米，建有5700平方米的教学大楼，7200平方米的综合实验楼，教育设施完善，办学规模24个班级。学校以“明道进德，励志图强”为校风，形成孝道教育、诚信教育、拼搏教育等德育工作传统和特色。学校以“正直、严谨、挚爱、奉献”为教风。学校以原二中退休教师和引进优秀教师为基础，师徒结对，以老带新，鼓励青年教师加强学习，参加业务培训，并制定行之有效的规章制度，加强考核，激励教师专业化发展，形成一支师德好、业务强的教师队伍。学校以“勤学求索，务实创新”为学风，塑造学生为学与做人一致的人格，鼓励发扬学贯中西、融通文理的创新精神。学校开展“五自”教育，即政治上自辨，道德上自律，行为上自控，学习上自强，生活上自爱，形成“勤学求索，务实创新”的学风。学校秉承“传承道德文明，弘扬先进文化，培养创新能力”的办学宗旨，先后获得“无锡市德育先进学校”“无锡市文明单位”“江苏省实施教育现代化工程示范初中”等称号。

十五、无锡育才中学

学校创建于1998年，公有民营。2002年，成为江南大学的教育实习基地。2005年，学校有初中35个教学班、高中11个教学班，在校生2210人。学校秉承“弘毅笃学、自强不息”的校训，以“服务至上、质量为本、特色鲜明”为办学宗旨，坚持“质量立校、科研兴校、特色强校”的育人目标，营造“勤奋博识、求实创新”的校风、“育人育才、精益求精”的教风和“自信乐学、健全成长”的学风。学校在提升学生综合素质的同时，重视发展学生的个性特长和兴趣爱好。学校以研究性学习、课外兴趣小组等形式，拓展学生的思维，培养学生发现问题、分析问题和解决问题的能力。学生先后在全国和省、市竞赛中多次获奖。学校获得2001年“无锡市安全文明单位”、2002～2005年度“无锡市文明单位”称号，2003年被评为省实施教育现代化工程示范初中、无锡市教育收费规范学校，校党支部被评为2001～2003年度先进基层党组织，2003年、2004连续两年学校领导班子被上级党委评为“团结、廉洁、高效、开拓”好班子，2004～2005年被评为安全文明校园，曾3次被市教育局和市政府教育督导室评为办学成绩突出学校。

十、无锡外国语学校

学校位于通惠西路62号，是一所具有英语教学特色的公有民营学校。1998年，撤销原吴桥中学和锡山初中建制而创办该校，分中学部、小学部。2005年，学校中学部与市一中合作办学，招收成志预备班。年末，学校中学部有40多个班级，2000多名学生；小学部有29个班级，1000多名学生。学校秉承"一切为了学生的发展"的办学理念，坚持"以质量第一、服务第一、安全第一"为抓手，严格学校常规管理，建设"勤奋、求实、文明、创新"的校风，"博学、艺精、勤业、爱生"的教风，"自主、勤学、合作、探究"的学风。学校打造外语特色品牌。英语课实行小班教学，创设听、说、读、写良好氛围，给学生创造实践机会；选用多种外语教材，增加外语信息的输入，扩大学生词汇量；开展丰富多彩的课外活动，有英语角、英语课本剧、英语演讲、英语辩论赛、英语讲故事比赛，创造学习英语空间，激发学生兴趣，促进学生听、说、读、写能力不断提高。学校还开设日语选修课。学校常年聘请外籍教师，并组织师生远赴英国、美国、加拿大、日本等国修学交流，让学生直面世界，提高学生英语口语交际能力。

第四节　职业技术院校

一、无锡职业技术学院

学院是教育部批准独立设置、隶属于省教育厅的全日制普通高等专科学校，前身为始建于1959年10月的江苏省无锡机械制造学校，1994年成为全国首批举办五年制高等职教的10所学校之一。学院拥有中桥和太湖两个校区，占地57.33万平方米，有1.6万平方米的多类型数字化图书馆和设施先进的体育场馆。设有机械、机电技术、电子与信息、经济管理、汽车技术、外语等7个系。专业设置主要面向江苏和无锡的支柱产业，形成与制造业产业链相适应的31个专业，其中7个专业为国家级或省级重点专业。办有《机械职业教育》、《无锡职业技术学院学报》两份公开发行的全国性职业教育学术期刊，主办无锡职教教师论坛。学院以"严谨治学，崇尚实践"为校训。学生科技协会制作的飞行训练舱模拟器在全省工科院校第二届创新制作比赛中获一等奖；机器人兴趣小组研制的机器人，连续5年作为全国高职院校唯一代表队参加中央电视台全国大学生机器人大赛；学生毕业设计（论文）获全省大学生优秀毕业设计（论文）奖，在同类院校名列前茅。学院与无锡威孚股份有限公司、青岛海尔集团、美国肯纳金属集团等120多家国内外知名的工商企业、上市公司建立紧密型校企合作关系。毕业生就业率保持在99.3%以上，居省高职高专院校前列。2003年，学院被确认为全国数控、汽车技术紧缺人才培养基地，先后被确定为国家职业技能鉴定所、省机电类技师培训站、省CAD推广站、全国数控培训网络无锡分中心、苏锡常通地区海尔服务中心。"数控编程""汽车电器与电子控制技术""机制工艺与装备"等3门课程被评为国家精品课程。是年，学院成为社区学院国际发展协会（简称"CCID"，总部设在美国）的唯一中国成员。2003～2005年，学院连续3年获"江苏省毕业生就业工作先进集体"称号。2005年，与澳大利亚TAFE西南悉尼学院联合开办"国际商务（国际营销）"专业。学院聘请外籍专家、教师讲学授课，选派约100名骨干教师到美国、澳大利亚、日本等职教发达的国家和中国香港地区访问、进修和培训。至年末，出版教育部规划教材20多部，公开发表论文600多篇。全日制专科在校生1万余名，当年培训5000人次。学院拥有与现代企业技术同步的校内现代化实践教学基地——工业中心，内设实验室72个、实训场所6个、生产工厂2个、培训服务中心1个、经贸公司1个、研究所2个，可同时容纳1000多名学生实训，建有全国数控实训基地和江苏省汽车实训基地。

二、无锡机电高等职业技术学校

学校是市属国家级重点职业学校。1995年，由市电子职业中学、市机电职业中学合并组建市职业教育中心校。2004年，升格为无锡机电高等职业学校。位于无锡新区，占地12.87万平方米，建筑面积7万平方米，有教职工300多人，在校生5000多人。学校以五年制高职教育为主，开设机电、电子、信息3类专业，其中数控专业为国家级示范专业，计算机和电子专业为省级示范专业，拥有40台数控机床、50多台普通机床、900多台（套）电子仪器、1000多台计算机、40多个实验室和实训车间，教学设备资产总值2800万元；有市名教师1人、市级学科带头人4人、市级教学能手6人，30位教师曾赴德国、新加坡进修，81%的教师达到“双师型”标准。学校教师共同主编、参编高教出版社、电子工业出版社等出版的教材40多本。1997年起，学校实施中德合作项目，引入德国“双元制”模式，与60多家外资企业和高新技术企业保持密切合作关系，有5家企业在校设立11个冠名班。2000年起，学校先后被教育部确定为全国职教师资培训重点建设基地和全国技能型紧缺人才培养培训基地，成为全国和江苏省的职教窗口学校。2002年，学校获“全国职业教育先进单位”称号。2005年，校长孙俊台被评为中国职业教育杰出校长。

三、无锡高等师范学校

学校前身为创建于清宣统三年（1911年）的江苏省第三师范学校。1985年，在全国率先试办“三二分段”大专班，1993年试办五年一贯制大专。2005年4月，首期心理咨询师培训班开班。学校以“弘毅”为校训，以“至诚求是、博学自强”为校风、“敬教垂范、兼容通达”为教风、“明志进德、励学笃行”为学风。学校占地13.87万平方米，分城中、洛社两个校区。学校的中文、数学、信息技术、英语、艺术等专业教育在全省同类学校中处于领先地位，为无锡地区培养双语师资的唯一基地。学校有享受国务院特殊津贴专家1名、省特级教师3名、省“333”学术技术带头人培养对象2名、省市学科带头人8名、高级讲师67名。学校开展“弘毅杯”教育教学研究系列活动，建立无锡市锡师培训中心、网络管理中心，办有校刊《锡师教育》（后改名为《无锡高等师范学校学报》）。学校参加国家级、省市级课题研究20个，先后有3个课题获得省“树勋杯”教师教育科研评比一、二、三等奖；教师公开发表论文600多篇，出版著作（主编、参编）130种（册），在市级以上获奖的论文有200多篇。2002年8月，无锡洛社师范并入。是年，学校被评为省教育科研先进集体。2003年起，培养非师范专业（高职）五年制大专生。2005年5月，成为江苏教育学院无锡分院，更名为无锡高等师范学校，在校生超过5000人。

四、无锡技师学院

学院前身为创办于1955年的市技工学校，1966年后未再招生，1978年复办。1991年被评为省（部）级重点技校，1994年被评为国家级重点技校，1999年升格为无锡市高级技术（技工）学校，2001年更名无锡技师学院。2003年，学院被确定为国家级高技能人才培训基地。2005年，被共青团中央授予“全国青工技能鉴定示范单位”称号；被省劳动与社会保障厅授予“高技能人才培养示范基地”称号。学院还先后获全国职工教育先进单位、省级教学管理示范学校等荣誉。从市重点、省重点到国家级重点学校，学院实现战略性跨越，为社会培养出一批批专业技能型人才。2005年，学院分为羊腰湾和坊前两个校区，占地16.67万平方米，在校生近5000人。专业教师一体化达标率近100%。教职工200人，专任教师中具有高级职称的近40%，中级以上职称占全院教工的90%以上。为与无锡支柱产业相匹配，学院将专业设置的重点放在数控技术、精密机械制造、电气自动化、信息技术和机电一体化等专业上，培养层次涵盖中技、高技、高技+大专、技师+大专、技师+本科等5个层面。学院坚持学历教育为职业技能教育服务，突出技能培养的理念，重视实验实训设施的投入，根据专业设置和现代化教学的需要,投资数千万元建成数模电实验室、数控维修实习室、MPS实验室、可编程逻辑控制器实验室、数模电气维修实验室、数控技术中心等现代化教学设施。学院注重教研工作,自主开发研制智能机器人、MPS实验台等科研教学设备,获得省、部级以上科研成果奖3项,编写国家级教材8本。教师(技师)朱建明被评为省有突出贡献技师并享受省政府特殊津贴。学院参加省级以上技能竞赛名列前茅。青年教师曹彧在2005年全国技能操作大赛中荣获个人第三名。学院坚持学历教育与社会培训同步发展,在注重学历教育的同时,开拓社会培训市场。学院共为无锡市及周边地区完成培训两万余人次,其中再就业培训近5000余人次。

五、江苏信息职业技术学院

学院由原无锡无线电工业学校与锡山职教中心校于2002年8月合并而成,是经省政府批准、教育部备案的全日制普通高校,隶属于省教育厅。无锡无线电工业学校始建于1953年,1980年、2000年均被评为国家级重点中专校;锡山职教中心校是国家级重点职教中心校。学院实行股份制办学,是省政府确定的首家办学体制改革试点高校。2003年,学院被评为全国35所国家级示范性软件职业技术学院建设单位之一。学院设有梁清路、东亭春笋中路、钱藕路3个校区,占地84.67万平方米,建筑面积15万平方米,在校学生1万多人。学院设有电子信息工程系、机电工程系、计算机工程系、工商管理系、艺术设计系以及基础部、国际合作部,开设专业25个。其中计算机应用与软件技术专业为国家级技能紧缺人才培养培训基地。建成省级特色专业1个、国家技能鉴定站8个,软件技术实训基地建成省级实训基地。全院共建有校内实验实训室(区)97个、校外实训基地168个,教学仪器设备总值5000多万元,藏书40万册。全院500多名专兼职教师中,70%以上具有中高级职称,并拥有一批高素质、"双师型"骨干教师,教师编写的教材有3部被评为省精品教材。学院秉承"以服务为宗旨,以就业为导向"的办学方针,借鉴国际先进职教模式,推进以构建三大培养模式(校企合作,订单培养;工学结合,理实一体;证书嵌入,双证融通)、抓好三大教育改革(课程改革、教育教学方法改革、实施素质拓展工程)和三大基础建设(师资队伍建设、实训基地建设、教材建设)为主要内容的"333工程"。学院成为部分世界500强企业、国内大型企业的人才培养基地,毕业生就业率长年保持99%以上。学院先后承担省级教改项目3个,获省教学成果二等奖1项,其他省级教学成果奖7项。2005年,与德国国际经济与管理学院3个专业开展合作办学。

六、无锡商业职业技术学院

学院前身为江苏省无锡商业学校,始建于1965年。2000年10月,经省政府批准升格,成为一所为现代服务业培养高素质高级技能型专门人才的普通高校。学院占地近106.67万平方米,建筑面积近30万平方米,建有现代化实训室93个,馆藏纸质图书79万册。2005年,学院设有经济贸易学院、会计金融学院、旅游管理系等11个教学单位,在籍学生13000余人;教职工880人,其中专任教师529人,专任教师中有正高职称18人、副高职称163人,博士7人、硕士288人。学院采用集团化办学模式,实行教学、实习、创业"三位一体"的创业教育,完善校企合作体制机制。至2005年,学校共获国家级高等教育教学成果二等奖两项、省教学成果奖4项,建成国家级教学团队1个、省级优秀教学团队两个,拥有中央财政支持的职业教育实训基地1个、省级人才培养模式创新实验基地两个、省级高职实训基地两个、省级品牌专业建设点1个、省级特色专业5个、省级特色专业建设点3个,有两门课程被评为国家精品课程,11门课程被评为省级精品课程。学院完成普通高校"十一五"国家级规划教材11部,承担国家及部省级教科研课题21项。学院学生累计在省、市技能竞赛中获奖218人次。2003～2005年,学生的国家职业资格证书鉴定通过率达93%以上。学生就业率历年保持在99%以上,学院先后被评为江苏省职业教育先进集体、江苏省毕业生就业工作先进集体、江苏省文明单位、江苏省和谐校园等。学院还是中国高等职业技术教育研究会商科分会会长单位、教育部第三次全国高等职业教育“产学研”结合经验交流会承办单位、江苏商贸职教集团理事长单位、江苏教育超市有限公司组建单位。

七、无锡科技职业学院

学院创办于2003年，是经教育部备案、省政府批准，由市政府主办、市政府新区管理委员会承办的普通全日制高等职业学院。学院地处无锡新区新锡路8号，占地26.68万平方米，建筑面积22万平方米，总投资5亿元。学院设有配套一流的教学楼、科技楼、实验实训楼、图书馆、学生公寓、商业娱乐中心以及配套的校园网软件设施。学院设有软件与服务外包学院、国际商学院、中德机电学院等，共29个专业，主要培养电子信息行业生产、管理、服务第一线的应用性、技艺型人才。学院实施“产学研”结合的人才培养模式，与尚德太阳能公司、索尼公司、海力士公司等38家企业建立合作关系。2005年4月30日，学院被中国教育科学研究院、全国高职高专协作会授予“中国十大特色高职院校”称号。是年，在校生超过6000人。

八、无锡城市职业技术学院

学院是由市政府投资兴办的市属全日制公办高校，挂“无锡市干部学校”（国务院发展研究中心无锡培训基地）牌子，是无锡市经济管理人才培训的主基地。2004年7月15日，经省政府批准，市委、市政府决定将原市干部学校、江南学院旅游经贸分院、市职工大学、市轻工职大、市城建职工大学等5校合并，组建无锡城市职业技术学院，副厅级建制。11月10日，学院与印度国家信息技术学院签订教学合作协议。年内，面向全国培训干部9170人。2005年3月28日，学院在钱荣路新校区举行揭牌庆典仪式。学院面向全省开展全日制普通大专国民教育和成人学历教育，面向全国开展经济管理人才培训。学院占地24.55万平方米，建筑面积8万多平方米，全日制学历教育有钱荣路和马山两大主校区，在市区建有大型干部培训基地和成人学历教育基地。学院设置旅游管理系、经济贸易系、建筑工程系、机电信息工程系、外语系、艺术设计系等6个系和一个计算机（电教）中心，全日制在校生5000名，成人专、本科生近500人，每年为无锡和全国25个省、市、自治区培训经济管理人才近万名。

九、江南影视艺术职业学院

学院位于无锡钱藕路2号，在藕塘职教园区内。学院由广播电影电视部原副部长杨伟光和江苏省广电厅原厅长周顺生领衔组建，于2003年经省政府批准、教育部备案，是省内唯一一所影视艺术类民办普通大专学校。占地31万平方米，建筑面积10万平方米。学院副教授及以上职称占30%。学院坚持“品质+能力”的育人宗旨，面向影视业、航空旅游业、文化创意产业培养人才，设置影视表演、音乐表演、主持播音、新闻采编、摄影摄像、影视动画、空中乘务等30多个热门专业。2004年12月，学院举行首届江南影视教育艺术节。

十、江苏省无锡交通高等职业技术学校

学校前身为始建于1958年的江苏省无锡船舶工业学校，隶属于省交通厅。1990年8月，学校从新惠路迁入钱荣路98号。1999年11月，省无锡船舶工业学校与省无锡航运技校合并，成立江苏省无锡交通学校，被省政府命名为省重点中专学校，校总部在钱荣路，另有校区在锡澄路350号。校园面积8.5万平方米，建筑面积5.3万平方米。2003年11月，升格为江苏省无锡交通高等职业技术学校，是一所全日制专科层次的高等职业技术学校。2005年，在校学生9100多人，教职工400多人，学校有副教授16名、高级讲师30多名，专任教师中本科生比例达97%。学校开设有交通工程、船舶工程、电气工程、机械工程、信息工程等5个学科11个高职专业、24个中职专业。其中船舶工业技术确定为省级高职示范专业，船舶制造与修理、电气运行与控制确定为省级中专示范专业。

十一、无锡交通技师学院

学院前身是创办于1978年的市交通技工学校，同年建立市汽车驾驶训练队。1979年由充山迁入龙王山，1991年被评为省重点技工学校。1993年，被命名为交通部规范化技校。同年，在市港务职业学校设立分校。2001年，成立市交通职工中等职业学校，并收购大浮小学校区。2003年，被认定为国家级重点技校和高级技校。2004年，增挂“无锡交通技师学院”牌子。学校是一所培养汽车类、物流类、机电类、工程机械类和交通管理类中、高级技能人才的职业院校，隶属于无锡市学校管理中心管理，系全额拨款类事业单位。学校占地4.2万平方米。2005年，有教职工150人，其中高级职称60余人，在校生2154名。

十二、江苏省无锡立信职业教育中心校

学校前身无锡立信会计学校和市第二工业学校分别创建于1982年和1984年，并分别于1985年和1984年经市政府批准为中等专业学校。1995年3月，立信学校建立校董事会，开展校企合作。1996年12月，立信学校被省教委批准为省重点职业学校。1998年，立信学校与日本东京大学大经株式会社合作，开办中日合作无锡立信日语进修学院，聘请外籍文教专家授课。2000年6月，立信学校成为首批国家级重点中等职业学校。2002年3月，立信学校与市第二工业学校合并组建成江苏省无锡立信职业教育中心校，为全日制中专学校，隶属于滨湖区教育局。中心校分设东埄和钱荣路两个校区，占地15.2万平方米，建筑面积9万平方米，设有财经、加工制造、商贸、电子信息、文化艺术等5类近20个专业，其中会计、数控技术、计算机网络技术、商务日语等4个专业是江苏联合职业技术学院五年一贯制大专专业，会计、数控技术应用专业先后被评为江苏省示范专业。有数控实训中心、计算机网络技术实训中心、机电控制实训室、电工电子实训室、财会模拟实训室、多媒体语音实训室等校内实训工厂（场）、实训中心（室）30个。中心校成立后，先后被确定为省自学考试辅导站、市职业技能鉴定站、市全国计算机等级考试（NCRE）考点、市全国英语等级考试（PETS）考点。学校拥有学科带头人、教学能手、教学新秀以及高级讲师等骨干教师48人，“双师型”教师84人，硕士研究生15人。教师参与省教科研中心组活动和江苏联合职业技术学院专业教研活动，主编或参编由高等教育出版社、苏州大学出版社等出版的教材5部，公开发表论文300多篇。学校依托职教集团平台，与新加坡、德国等国的知名学校签署国际合作办学协议，先后选派50多名骨干教师赴澳大利亚、德国、新加坡、日本、加拿大等国访问、进修和培训。学校恪守潘序伦“信以立志、信以守身、信以处事、信以待人、勿忘立信、当必有成”的校训，“以信立校，立信育人”，每年举办“读书节”“艺术节”“技能月”“学生形象展示大赛”等活动。学生在省、市技能大赛、创新大赛中成绩优秀。学校毕业生就业率始终保持在98%以上，先后被授予“江苏省职业技术教育先进单位”“无锡市教育现代化工程示范学校”“无锡市文明单位”等称号。2005年5月，组建立信职教集团，红豆集团、THK帝业技凯（无锡）有限公司、无锡夏普电子元器件有限公司等50余家全国著名企业为集团董事单位，并由企业总经理、行业专家和高水平技术人员担任学校专业指导委员会成员，指导学校实施专业建设和课程改革。这些企业为学校提供实训基地、现代教学设施和就业机会，并每年出资50万元设立奖、助学金。年末，学校全日制在校生4000多人，当年培训1万余人次。

十三、无锡旅游商贸职业学校

学校前身市商业职业中学和市旅游职业学校分别成立于1981年和1984年。商业中学是无锡市第一所独立设置的职业高中，在全市首创以职业理想、职业道德、职业纪律为主要内容的“三职教育”。旅游职校是一所省级重点职业中学，于2000年筹建无锡旅游商贸专修学院，探索中、高等职业教育的有机衔接。1991～2003年，两校在校企合作、工学结合、技能教育、对口单招等各个方面，均

取得成绩。2003年6月，商业中学和旅游职校合并组建成无锡旅游商贸职业学校，设有旅游管理、烹饪艺术与营养、财务信息管理、商务英语、电子信息技术、计算机网络等专业，是一所专门为地方培养和培训旅游商贸类高素质技能型人才的重点职业学校。2005年12月，学校迁址至广石西路999号，占地22万平方米，总建筑面积13.8万平方米，可容纳150个全日制教学班。2005年，在校生4000余人，专任教师近300人，其中“双师型”教师占60%，并拥有市学科带头人、教学能手、教学新秀25人以及一批以行业专家为主的兼职教师队伍，建有中国烹饪大师、亚洲名厨、大酒店总经理张献民大师工作室、徐翼虎大师工作室。学校建有一流的实训中心，有实验实训室80个，并建有威尔康姆西饼屋、锡菜研发中心、“虚拟三维影像”等研发中心。学校融高中等职业教育、中外合作办学、社会培训、职业中介于一体，形成以旅游管理、国际商务、烹饪、酒店管理等为主体的专业教学品牌。学校旅游管理和国际商务成为省级课改实验点，旅游管理专业建成省示范专业。学校坚持“求学求职求成功，做人做事做强者”的教育理念，被中央教科所列为创新教育实验学校，并获“无锡市文明学校”“江苏省职业教育先进集体”“国家级重点职业学校”等称号。

十四、江苏省无锡轻工职业高中

学校是首批江苏省重点职业学校，同时增挂“无锡市综合高级中学”和“无锡汽车工程学校”的牌子，下设无锡市俱进驾驶培训有限公司。学校前身为市建设中学，始建于1966年，后改名为市第十八中学。1980年，学校高中部开始举办职业高中班。1983年，学校更名为市轻工职业中学，成为一所独立设置的职业中学，设置服装、家电等专业。1991年，学校被国家5部委授予“全国职业技术教育先进单位”称号。1993年，学校被评为省模范职业中学。1996～1999年，学校获市“常规管理先进学校”“德育工作先进学校”“文明单位”“花园式学校”等称号。2000年，学校招收综合高中班，提出“双学籍管理、多渠道成才”办学理念，对口单招本科录取率35%以上，专科录取率98%以上。2004年5月，学校成立股份制无锡汽车工程学校，并投资700多万元，建成省内领先的汽车实训中心和一类标准的驾驶训练基地，拥有汽车构造、汽车电控、汽车空调、钣金喷涂等多个一体化、智能化实验室。同年，学校汽车运用与维修专业被国家6部委确立为国家技能型紧缺人才培养培训基地，并被列为基地首批重点建设单位。学校及时对教师转岗培训，在专业的设置上逐渐向汽车类专业过渡，并有针对性地从高校和企业引进汽车维修人才，选派多名中青年骨干教师赴海外专业培训。学校推行校企合作共建实训基地，校企合作共同实施人才培养的职业教育办学模式。先后与国内外80多家知名企业合作。2005年，学校共有在编教职工125人，全日制在校生1600余人；学校占地8.73万平方米，建筑面积6万平方米，专门从事汽车维修、服装工艺、家电维修、计算机等专业技术人才的培养和综合高中教育。

十五、江苏省税务学校

学校创建于1960年，原名无锡财经学校，1985年经更名江苏省税务学校，1999年增挂“江苏省税务培训中心”牌子。学校位于荣巷公益路200号，占地8万平方米，建筑面积5万多平方米。2000年，学校停止普通教育招生，从以普通中专和高职教育为主的省（部）级重点中专，改为在全国税务系统干部教育培训学校。同年9月，“同济大学无锡校区”和“同济大学高等技术学院无锡分院”在学校挂牌成立，不久取消。

第五节　大　学

一、江南大学

民国37年（1948年）8月，荣德生及其子荣一心创办江南大学。1952年，全国院系调整，江南大学被撤销。1955年，无锡中学教师业余进修学校成立。1958年8月18日，原南京工学院食品工业系迁至无锡社桥，建立无锡食品工业学院，后改称无锡轻工业学院。1961年3月，中学教师业余进修学校改名为无锡教师进修学校。1962年，无锡纺织工学院、无锡工业专科学校部分师生并入无锡轻工业学院。1966年9月，无锡轻工业学院本部迁至青山湾校址。"文化大革命"期间，教师进修学校停办，1973年8月复办，1978年2月改名为无锡教师进修学院。1981年，无锡职业大学成立。1984年3月，无锡教师进修学院改名为无锡教育学院。同年8月27日，无锡职业大学改名为无锡大学。1985年7月，无锡大学更名为江南大学。1987年，无锡卫生局职工医科大学并入江南大学，改为医疗系。1992年，无锡轻工业学院建立博士后流动站，接受博士后研究生。1993年10月，无锡轻工业学院与省属无锡轻院纺织分院联合办学。1995年2月，无锡轻工业学院改名为无锡轻工大学。10月，无锡市纺织工业职工大学（无锡纺织工业学校、无锡纺织职工中专同属该校，时称"纺工大三校"）并入无锡轻工大学。1996年4月，江南大学升格为本科院校，改名为江南学院。1997年，无锡轻工大学列入国家"211工程"重点建设高校，被誉为"轻工高等教育明珠"。2001年2月，无锡轻工大学与江南学院、无锡教育学院合并，组建新的江南大学。占地98.5万平方米。

至2005年，学校学科涉及经济学、法学、教育学、文学、理学、工学、农学、管理学等8个门类，设有18个学院，共有62个本科专业，全日制在校本科学生1.94万余人，成人继续教育学生5600余人。江南大学设有国际教育学院和中外合作办学的莱姆顿学院；设有轻工技术与工程、食品科学与工程等两个博士后流动站、两个一级学科博士点、13个二级学科博士点、6个一级学科硕士点和52个二级学科硕士点，在校博士、硕士研究生3100余人；拥有6个国家和部省级重点学科，其中食品科学、发酵工程等两个国家重点学科在国内处于领先地位，在国际上具有较大影响。在2002～2004年全国一级学科评估中，食品科学与工程和轻工技术与工程分别列同类学科第二位、纺织科学与工程位居第四位。江南大学建有国家生命科学人才培养基地和国家大学生文化素质教育基地，先后获国家级优秀教学成果奖6项、省优秀教学成果奖14项，建成省品牌专业3个、特色专业两个，建有国家级精品课程、省级优秀课程及优秀课程群16门。江南大学有专任教师1548名，其中中国工程院院士3名（两名双聘院士）、长江学者特聘教授两名、讲座教授1名、国家杰出青年基金获得者1名、入选国家"百千万人才工程"第一层次专家两人、国家有突出贡献的中青年专家3人、教育部新世纪优秀人才支持计划人选16人、高级职称教师近700名。建有教育部创新团队两个。由440多名博士生导师、硕士生导师组成的学术带头群体，为科技创新、高层次人才培养奠定厚实的基础。江南大学以"笃学尚行，止于至善"为校训，以"彰显轻工特色，服务国计民生；创新培养模式，造就行业中坚"为办学特色。江南大学建有国家、省部级工程研究中心3个，部省级重点实验室7个，以及教育部科技创新工作站、工业微生物资源数据库整合及共享信息平台。"十五"期间，学校承担并完成包括国家"863""973"、国家自然科学基金、国家重大专项、国家"十五"攻关项目等在内的国家、部省市科研项目560多项，年科研经费总量超亿元。共获国家、省部级以上科技奖励78项，其中国家技术发明和科技进步二等奖3项、省级科技进步奖32项、教育部提名国家科学技术奖11项。出版学术专著615部，发表学术论文上万篇。2001～2005年，共申请专利1616件，授权专利540余件。2005年，专利申请与授权数据全国高校第四位，江苏高校第一位。江南大学与地方政府合资建立的国家级大学科技园，成为高科技研究项目的重要孵化基地。校图书馆藏书186万余册、电子图书128万余册。编辑出版包括全国中文核心期刊《食品与生物技术学报》在内的4种学术期刊及两种技术类期刊，向国内外公开发行。江南大学是教育部批准的首批接受外国留学生和中国港澳台学生的高校。有本科、硕士、博士等留学生390余人，并与20多个国家和地区的50余所大学或机构开展教学科研合作，每年举办多场国际及双边学术交流会，逐步成为轻纺、食品、艺术设计等领域的国际交流中心。

二、江南大学太湖学院

江南大学太湖学院是以江南大学为申办方，以江苏太湖锅炉股份有限公司、无锡威孚集团等5家企业为投资方，合作举办的本科层次的多学科、综合性全日制普通高校。2002年7月创办，并于当年招生上课。校园位于钱荣路68号，系置换江南大学梅园校区建成。校园占地13.3万多平方米，建筑面积40多万平方米，学院为无锡市首家按新机制、新模式运作的本科民办高校，也是江苏省首家独立学院。学院设机电系、经管系、文法系、艺术设计系、医学系、土木工程系和艺术系等7个系、41个专业及方向。学院以“厚德载物、自强不息”为校训，倡导“团结、奋进、求实、创新”校风、“诲人不倦、循循善诱”教风和“勤学苦练、学用合一”学风，依托江南大学的教育资源优势，确保办学水平和教育质量和江南大学保持一致。2005年，太湖学院致力培养应用型、复合型、创新型专门人才，走“产学研”一体化的办学之路，与无锡市科技协会所属的68个学会、协会及数千家企事业单位联手，实施“订单式”培养，并与澳大利亚、美国、新西兰、加拿大、韩国等国合作办学。是年3月，在教育部召开的全国独立学院视频大会上，太湖学院作办学经验介绍。6月，在全国独立学院协作会峰会上，被推举为副理事长单位。学院先后获2004～2005年度“无锡市文明单位”“无锡市文明校园”“综合治理先进单位”“科技工作者之家”等称号。至年末，有在校本科生5941人，加上“专转本”、成人教育学生，在校生近万人。学院学生多次在全国、省市竞赛中获奖，连续多年参加全国大学生英语竞赛，获一、二、三等奖；在“华东之星”“江苏之星”设计大赛上有7名学生获金、银、铜奖。

三、东南大学无锡分校

1988年4月24日，由南京工学院与华晶集团联合创办的南京工学院无锡分院成立联合筹备组，开启国内高校“产学研”结合的先河。6月，南京工学院更名为东南大学，南京工学院无锡分院更名东南大学无锡分校。8月，分校招收首届微电子电路与系统专业本科生30名、硕士研究生5名。1989年11月28日，召开分校成立大会。学校实践高等教育改革，为无锡筹建“中国硅谷”提供人才和科技支持，明确“三高一平台”（即高层次人才培养基地，高水平科学研究基地，高科技成果转化基地，东南大学为无锡市经济建设和社会发展的综合服务平台）的发展定位。1998年6月，分校承担的国家计委重点科研项目“85-702-10-68有机半导体开关（PSS）”，经过两年研制中试成功。经邮电部测试合格，投入批量生产。该项目主要应用于通信设备，有良好经济效益。另一项国家计委重点项目“85-702-10-39大屏幕LED显示双电源驱动专用集成电路”，经过3年的研制，于同年7月通过鉴定。2005年末，分校筹备迁入无锡新区。

四、东华大学无锡校区

无锡纺织管理干部学院是纺织工业部为培养后备干部新建的成人高等学校，位于钱荣路，1986年9月15日开学。是年，学院与美国林肯大学联合举办经济管理硕士研究生预备班（简称“八六林肯班”），学员30名，学制3年，前两年在学院由美籍教师和院外贸系教师任教，最后一年在美国林肯大学攻读硕士学位。其中10多人学成回国。 1987年，学校更名纺织工业部管理干部学院，设经济管理、经济贸易两个系，下分财务会计、管理工程、计划统计、公共关系4个专业，在校学生1300多人。1993年12月，学院并入中国纺织大学，改名中国纺织大学无锡分校。1999年8月，中国纺织大学更名东华大学，无锡分校随之更名东华大学无锡校区。无锡校区和东华大学校本部实行教学、科研、管理一体化，师资互通、资源共享。无锡校区拥有教学大楼、图书馆、计算中心、语音实验室、外语电台、专业实验室和3个现代化的多媒体教室等教学设施，并有400米6跑道的操场和较为完善的生活设施，校园环境优美。2000年8月，东华大学无锡校区招收计算机科学与技术、财务管理、市场营销等3个专业的本科生200人。以后逐年扩大规模。以经贸、管理类学科为主，兼有工科，设有工商管理系、财务金融系、计算机系、信息管理系（筹）和基础课部，有本专科生1500多人。2003年8月，无锡校区调整并入江南大学。

五、无锡市广播电视大学

无锡市广播电视大学创办于1961年，“文化大革命”期间停办，1978年复办，是一所依托全国广播电视大学系统办学优势，基于卫星电视网络、计算机网络和教学管理网络的市属高等院校。1986年，设立江阴县分校和宜兴县分校。1989年，招收普通专科生。1996年，招收高等专科注册视听生。1997年，建立无锡市燎原广播电视学校，面向农村开展中专教育。1999年秋，开展“中央广播电视大学人才培养模式改革和开放教育试点”项目的实践和研究，开展本科、专科学历教育。2003年6月，筹建无锡市现代远程教育中心，与全国17所高校联合举办网络学历教育，开展“教育硕士”“专科升本科”“高中毕业起点升本科”“高中毕业起点升专科”等学历教育。2004年8月，学校增挂“无锡市广播电视中等专业学校”牌子，实施中央电大“2+2”大中专教育接轨项目。市学校由单一的成人学历教育逐步发展为普通专科教育、高等职业教育、中专教育、开放教育、远程教育齐头并进的办学格局，形成市校、分校、教学点三级教学网络。

第六节　特殊学校

无锡市聋哑学校前身为民国29年（1940年）由钱天序、陈祖耕和许廷荣等人集资创办的惠喑学校，是一所面向听力和语言障碍学生的全日制私立学校。民国36年收为县办，改名无锡县立聋哑学校。新中国成立后，更名无锡市聋哑学校。1958年，迁至德溪路，施行八年制教育。1964年，时任中国科学院院长的郭沫若题写校名。1979年开始，采用新编聋哑学校课本。1991年起，实施九年制义务教育，并着眼于聋哑人更好就业，先后设置烹饪、缝纫、理发、自行车修理、美容、雕刻、电工、实用美术以及自动化办公等专业。1995年，开办高中职业教育，使学前教育、九年制义务教育和高中职业教育相衔接，形成一体化、小班化的办学格局，从言语能力训练、文化知识学习和职业技能培训等多个方面为聋哑学生提供优质的教育服务。1997年，市聋哑学校第一届高中毕业生参加高考，其后，历年的高考升学率均达90%以上。学校秉承“让残疾学生生存发展，为残疾学生终身服务”的办学宗旨，不断完善现代化教育设施，并重点引导教师注重聋教育新课程的研究，帮助学生提高综合素质，早日融入主流社会。2004年起，学校对义务教育阶段的学生减免学杂费和书簿费，市区听力障碍儿童和语言障碍儿童入学率为100%。学校先后获“全国中小学信息技术创新与实践活动示范学校”“江苏省特殊教育现代化示范学校”“江苏省巾帼示范岗”“无锡市文明单位”“无锡市帮困助学先进集体”等称号。

无锡市志

【第三册】

第三十二卷

卫　生

概 述

1986年，无锡市有卫生机构1121个，床位14578张；卫生工作人员20623人，其中卫生技术人员16062人。1988年末，全市121家乡镇卫生院实行县乡分级管理，形成以乡镇为主体的管理体制。1990年，实现县县都有中医院的目标。是年末，全市卫生系统固定资产21584万元，比1985年末增长1.42倍。1992年起，开展等级医院创建工作，先后有133家医院通过等级医院评审。1993年起，启动创建“爱婴医院”工作，设产科的133家医院先后全部创建成“爱婴医院”。1996年，开展医疗机构执法检查，查处无证、违法行医案件58起，取缔无证行医38起。1997年1月，无锡市被定为全国第二批职工医疗保险制度改革扩大试点城市。是年，医疗机构实行收费项目明码标价制度，医药收入实行分别管理、分开核算。1999年起，推行以“托管制、合作经营制、租售结合制、资产整体转让”等为主要形式的医疗机构运行机制和产权制度改革。深化人事分配制度改革，推行全员聘用制、人事代理制、岗位绩效工资制。规范医疗服务管理，医院实行医疗质量目标责任制，建立医疗质量评价和责任追究机制，健全质控组织网络和督查制度。启动实施以“创名院、建名科、出名医”为核心的“三名”战略，肝移植、胰肾联合移植、异基因骨髓移植、试管婴儿等高难技术相继取得重大突破。2000年1月起，推行具有地方特色的医改方案，成立统筹医疗费用结算中心，对医院实行医保经费的定额结算和管理。是年，对全市1110个医疗机构进行非营利性和营利性划分。

2001年10月起，无锡市确定并实施“十五”期间卫生系统基本建设、技术攻关、科研、综合发展4个方面40个重大重点项目，包括健康指标、疾病控制指标、医疗保障指标、卫生服务指标、资源配置和机构建设指标等评价指标45项。按照“防保项目以拨为主、医院项目以贴为主、科技项目以补为主”的思路，改革投入方式，集中力量投入资金，以重点项目的重大突破带动卫生事业的整体发展。是年12月，实施卫生监督与疾病预防控制体制改革，组建市卫生局卫生监督所、市疾病预防控制中心。2002年9月，成功进行华东地区首例异体肺移植手术。2003年，抗击“非典”疫情，实现全市零发生。无锡市区、江阴市建成国家卫生城市，全市建成国家卫生镇5个；省卫生镇31个、卫生村461个。2004年，在无锡“城市精神”大讨论中，凝练出“仁心济世、精诚卓越”无锡卫生精神。2005年6月，实行政事分开、管办分离改革，9月，市医院管理中心成立。同年，市卫生局被授予“全国文明单位”称号。

至2005年末，全市有卫生机构1815个，其中营利性医疗机构581个，开设床位20275张；具有规模的民营医院、中外合资合作医疗机构15个，床位逾700张；卫生工作人员27580人，其中卫生技术人员23188人，比1985年末增加49%，每千人拥有卫生技术人员5.12人（市区6.61人）。全市卫生系统资产总值61.7亿元，卫生服务体系健全率95.7%。全市参加医疗保险150.82万人，其中市区参保90.74万人，参保率96%；农民参加新型农村合作医疗217.1万人，参合率98.6%，人均筹资标准119.3元。全市建有11个疾病预防控制机构、9个卫生监督所、5家妇幼保健院（所、站）、2个急救中心（站）、3个血站；建有社区卫生服务中心16个、服务站647个，形成较为完善的公共卫生网络。全市法定报告传染病发病率218.84/10万，呈逐年下降趋势；疫情报告和儿童计划免疫管理系统覆盖城乡157个医疗卫生机构，网络直报率100%。全市建成省级医学重点学科3个、省级医学重点专科14个，市级医学重点专科22个。建成三级甲等医院6家，基本现代化医院4家；拥有享受政府特殊津贴专家41人，国家、省、市有突出贡献的中青年专家45人，省“333工程”培养对象41人，省“135工程”医学重点人才7人，省、市名中医51名。全市人口平均期望寿命76.54岁。

第一章　机构　队伍

第一节　行政管理机构

一、无锡市卫生局

1986年1月，市卫生局内设秘书、人事、医政、科教、卫生防疫、妇幼卫生、计划财务、保卫等8个科和药政管理处、公费医疗办公室，另有直属单位和代管单位31家。江阴、无锡、宜兴3县及市辖区政府设卫生局，由市卫生局实行业务领导。市政府派出机构马山办事处设文教卫生科。

1987年12月，市编委核定市卫生局编制74人，其中行政编制45人、事业编制29人（含药政管理处7人）。1988年9月，市卫生局秘书科更名办公室。1989年10月，增设中医管理科，与医政处合署办公。1989年11月配备分管中医副局长，1990年10月中医管理科独立设立。

1995年11月，市卫生局内设机构组织处、统战处、老干部工作处、宣传处、监察处、人事处、医政处、中医管理处、科教处、保卫处、计划财务处、妇幼卫生处、卫生防疫处、血防处。1997年1月，撤销局公费医疗办公室（原编制划归市社会保障事业局），增设社会医疗保健处。1998年2月，增设审计处，与计划财务处合署办公。6月，增设政策法规处，与办公室合署办公。

2001年7月，市政府制定市卫生局机关机构改革方案。9月，核定市卫生局行政编制61人（含老干部服务人员编制2人）、行政附属编制6人。正处级建制，核定领导职数7人、中层正职16人、中层副职7人。内设12个职能处室，另设纪律检查委员会（监察室）。职能处室为：办公室（挂“保卫处”牌子）、人事处、规划财务处（挂“审计处”牌子）、卫生法制与监督执法处、基层卫生与妇幼保健处、医政处（挂“中医处”牌子）、疾病预防控制处（挂“市人民政府血吸虫病、地方病防治领导小组办公室”牌子）、科技教育处、社会医疗保障与干部保健处、市爱国卫生运动委员会办公室、组织处（挂“统战处”“老干部工作处”牌子）、宣传处（工会、团委）。

2005年9月，市卫生系统实行“管办分离”改革，根据市政府办公室《无锡市卫生局职能配置内设机构和人员编制规定》，市卫生局划出25人编制至市医院管理中心。市卫生局为正处级建制，行政编制45人（含老干部服务人员2人），行政附属编制3人，核定领导职数5人、中层正职13人、中层副职7人，内设办公室（挂“国际合作处”“信息处”牌子）、组织人事处（工会、团委与其合署办公）、规划财务处（挂“审计处”牌子）、卫生法制与监督执法处、基层卫生与妇幼保健处、医政科教处（挂“中医管理处”牌子）、社会医疗保障与干部保健处、疾病预防控制处（挂“市人民政府血吸虫病、地方病防治领导小组办公室”牌子）、市爱国卫生运动委员会办公室（挂“爱国卫生与健康促进处”牌子）等9个职能处室，另设纪委（监察室）。设在市卫生局的还有市血吸虫病、地方病防治领导小组办公室、市干部保健委员会办公室。由市卫生局管理的下属单位有市疾病预防控制中心（市健康教育所）、市卫生局卫生监督所、市中心血站、市急救中心、市医学会、市统筹费用结算中心、市卫生局党校、市卫生人才技术服务中心。由市卫生局代管的省属单位有省太湖干部疗养院，省血吸虫、寄生虫病防治研究所，省原子医学研究所、省荣军医院。

二、无锡市医院管理中心

2005年9月29日，无锡市医院管理中心（以下简称“市医管中心”）建立，为市政府直属正处级行政管理类事业单位，依照国家公务员制度管理。由市政府授权，代表市政府履行市属医疗卫生单位国有资产出资人职责，负责管理所属国有资产，并接受市卫生局业务指导和行业管理。市医管中心编制25人（其中全民事业编制22人、后勤服务人员编制3人），内设机构6个，分别为公共事务部、党群工作部、医疗发展部、人力资源部、资产财务部、质量投诉部，另设纪委（监察室）。

市医管中心负责管理市第一人民医院、市儿童医院，市第二人民医院，市第三人民医院（市中西医结合医院），市第四人民医院（市肿瘤医院），市第五人民医院（市胸科医院），市中医医院，市妇幼保健院、市妇女儿童保健所，市传染病医院，市精神卫生中心、市同仁医院等由政府出资举办的医院（性质为社会公益类事业单位），以及市临床医学实验研究所、无锡卫生学校、市汇生科技实业总公司等单位。其中两家为省基本现代化医院、6家为三级甲等医院。

第二节　卫生机构

1986年，全市有卫生机构1121个，其中市区610个、江阴县116个、宜兴县285个、无锡县110个；开设床位14578张，其中市区8057张、江阴县2177张、宜兴县1928张、无锡县2416张。

是年2月，市麻风病防治所更名市皮肤病防治所，1993年5月增挂“无锡市性病防治中心”牌子。1987年4月，5个城区卫生防疫站划归各区卫生局管理。1990年1月，市血吸虫病防治站与市卫生防疫站合署办公，两块牌子、一套班子。同年9月，成立市健康教育所，定编15人，设在市卫生防疫站内，1991年6月独立建制。1991年2月，无锡市在全省第一个成立由市政府领导的市健康协调指导委员会，办公室设在市健康教育所内。1993年10月，市卫生防疫站增挂“无锡市职业病防治所”牌子。11月，市儿童保健所与市妇幼保健所合并为市妇女儿童保健所（简称“市妇儿保所”）。2000年，市妇儿保所、市计划生育科学技术指导中心与市妇幼保健院合并；市第一人民医院（简称“市一院”）儿科与市第二人民医院（简称“市二院”）儿科整合成立市儿童医院。11月，市、区卫生局成立卫生执法大队。2001年12月28日，撤销市卫生防疫站（市职业病防治所）、市血吸虫病防治站、市皮肤病防治所（性病防治中心）、市健康教育所、市结核病防治所等5家单位（7块牌子），组建成立市疾病预防控制中心（另挂“无锡市卫生检测中心”和“无锡市健康教育所”牌子）和市卫生局卫生监督所，均为副处级建制的全额拨款事业单位。

2002年4月，成立市慈善医院，挂靠于崇安区人民医院；6月，市第五人民医院（简称“市五院”）、市肺科医院、市传染病医院重组，撤销市肺科医院，其非传染性肺内科并入市五院（增挂“无锡市肺科诊疗中心”牌子），传染性的肺结核科并入市传染病医院（增挂“市结核病诊疗中心”牌子）。11月，市第七人民医院（简称“市七院”）与市民政局下属同仁医院合并，组建

图32-1　市疾病预防控制中心　（市卫生局供稿）

成全省最大的精神卫生中心（保留“无锡市同仁医院”牌子），其规模名列全国第三。是年，制订《关于调整市区医疗机构布局，组建无锡市医疗中心等机构的方案》，将市区医疗机构网络体系分三个层次，第一层次为中心医院，第二层次为省内领先的特色医院，第三层次为“六位一体”（预防、保健、医疗、康复、健康教育及计划生育技术指导）功能的社区卫生服务机构。

2003年，街道卫生所与社区卫生服务机构实行“站所合一”，市（县）、区卫生监督和疾病预防控制体系改革完成。崇安区、南长区、北塘区的妇儿保所与各区疾控中心相继合并，合署办公，由各区疾控中心领导，对外挂“区妇儿保所”和“区疾控中心”的牌子。江阴市人民医院兼并江阴市第二人民医院。2004年，南长区9个民营机构经招标转为社区卫生服务站。同年，市五院增挂“市胸科医院”“旅游急救定点医院”牌子，实行“三块牌子、一套班子”的管理体制。

2005年末，全市有卫生机构1815个（市区1219个、江阴市369个、宜兴市227个），比1985年末增长64%。其中，医疗机构1782个，包括医院59家（综合性医院34家、中医院4家、中西医结合医院2家、专科医院19家），卫生院98家，社区卫生服务中心16个，门诊部46个，诊所、卫生所、医务室、社区卫生服务站1550个，妇幼保健院（所、站）5个，专科疾病防治院（所、站）3个，疗养院5家；公共卫生机构25个，包括疾病预防控制机构11个（其中江阴市、宜兴市各设镇防保所1个），急救中心（站）2个，采供血机构3个，卫生监督所9个，医学研究和其他机构8个。卫生机构开设床位20275张（市区12939张、江阴市4107张、宜兴市3229张），比1985年增长44%，每千人占有床位数由1985年的3.59张增至4.48张（市区5.66张）。其中，医院（卫生院）病床17910张，每千人口占有床位数由1985年的2.77张增至4.18张（市区5.20张），在江苏省13个省辖市中列第一位。

第三节　队伍及团体

一、卫生队伍

1986年，全市有卫生工作人员20623人（市区11942人、江阴县2756人、宜兴县3167人、无锡县2758人），其中卫生技术人员16062人（市区8790人、江阴县2333人、宜兴县2627人、无锡县2312人）。市（县）、乡镇、村三级卫生网络完善，人员结构配套，形成包括中医（中西医结合）、西医、护理、公共卫生、卫生管理等主要成分的医疗卫生队伍，分布于全民、集体、企事业卫生单位及民营医疗单位，基本满足城乡人民防病治病、医疗保健和突发事件应急防治的需要。2005年末，全市有卫生工作人员27580人（市区18151人、江阴市5383人、宜兴市4046人），其中卫生技术人员23188人（市区15096人、江阴市4660人、宜兴市3432人），比1985年末增长49%，每千人拥有卫生技术人员数由1985年的3.96人增至5.12人（市区6.61人）；执业（助理）医师10168人（市区6384人、江阴市2099人、宜兴市1685人），比1985年末增长55%，每千人拥有医生数由1985年的1.68人增至2.25人（市区2.79人）；在职注册护士7845人（市区5084人、江阴市1726人、宜兴市1035人），比1985年末增长163%。每千人拥有护士数由1985年的0.7人增至1.73人（市区2.23人）；药剂人员1685人（市区997人、江阴市456人、宜兴市232人）；检验人员1088人（市区704人、江阴市220人、宜兴市164人）；其他技术人员2402人（市区1927人、江阴市159人、宜兴市316人）。在江苏省13个省辖市中，无锡市每千人拥有卫生专技人员数居全省第三位，每千人拥有医生、护士数居全省第二位。

二、卫生社团

1985年末，无锡市有医学学术团体7个。1987年起，陆续新建学术团体共22个。2005年，实行政会分开改革，市卫生统计学会、市青联医务工作者协会、市海外联谊会卫生分会不再保留，除市医

2005年无锡市医疗卫生机构、床位、人员情况表

表32-1

单位：个、张、人

卫生机构名称	机构数	实有床位	人员数										
			总数	其中卫生技术人员							其他技术人员	管理人员	工勤人员
				小计	执业医师	执业助理医师	注册护士	药剂人员	检验人员	其他			
合 计	1815	20275	27580	23188	9286	882	7845	1685	1088	2402	723	1592	2077
一、医院	59	12503	14628	12086	4506	137	5331	765	481	866	337	854	1351
综合医院	34	6737	9399	7827	2941	80	3479	464	309	554	158	582	832
中医医院	4	1387	1605	1368	572	12	552	123	50	59	17	93	127
中西医结合医院	2	772	956	784	283	1	367	46	30	57	68	24	80
专科医院	19	3607	2668	2107	710	44	933	132	92	196	94	155	312
二、疗养院	5	1357	536	224	63	3	99	9	20	30	22	102	188
三、社区卫生服务中心	16	1000	1283	1144	480	84	335	130	60	55	72	37	30
四、卫生院	98	5407	5535	4853	2044	361	1447	482	221	298	62	338	282
中心卫生院	9	955	1081	920	379	58	328	81	39	35	2	63	96
乡卫生院	89	4452	4454	3933	1665	303	1119	401	182	263	60	275	186
五、门诊部	46	—	675	560	239	41	126	48	41	65	3	66	46
综合门诊部	31	—	506	432	179	33	102	36	31	51	3	37	34
中医门诊部	2	—	27	19	7	1	4	4	2	1	—	6	2
中西医结合门诊部	4	—	56	46	26	—	10	5	5	—	—	6	4
专科门诊部	9	—	86	63	27	7	10	3	3	13	—	17	6
六、急救中心（站）	2	—	56	23	16	1	2	—	—	4	—	8	25
七、采供血机构	3	—	154	105	9	2	31	1	55	7	4	23	22
八、妇幼保健院（所、站）	5	8	119	100	70	4	12	4	6	4	2	13	4
九、专科疾病防治院（所、站）	3	—	73	63	32	5	10	4	5	7	1	4	5
十、疾病预防控制中心（防疫站）	11	—	557	463	269	13	25	5	97	54	18	44	32

续表

卫生机构名称	机构数	实有床位	人员数										
			总数	其中卫生技术人员							其他技术人员	管理人员	工勤人员
				小计	执业医师	执业助理医师	注册护士	药剂人员	检验人员	其他			
十一、卫生监督所	9	—	317	250	166	8	6	1	1	68	22	32	13
十二、医学科学研究机构	2	—	339	182	86	3	37	13	32	11	64	39	54
十三、医学在职培训机构	4	—	227	55	40	3	10	2	—	—	116	31	25
十四、其他卫生机构	2	—	3	2	1	—	—	1	—	—	—	1	—
十五、诊所、医务室、卫生所、社区卫生服务站	1550	—	3078	3078	1265	217	374	220	69	933	—	—	—
医疗机构按分类管理划分													
非营利性	1201	20135	24736	21018	8129	776	7576	1581	873	2083	486	1377	1855
医院	54	12363	14420	11960	4460	133	5302	749	472	844	324	827	1309
疗养院	5	1357	536	224	63	3	99	9	20	30	22	102	188
社区卫生服务中心(站)	389	1000	2246	2107	653	105	426	183	81	659	72	37	30
卫生院	98	5407	5535	4853	2044	361	1447	482	221	298	62	338	282
门诊部	32	—	530	434	192	29	96	37	34	46	3	56	37
诊所、卫生所、医务室、护理站	615	—	1277	1277	615	136	184	113	34	195	—	—	—
妇幼保健院(所、站)	5	8	119	100	70	4	12	4	6	4	2	13	4
专科疾病防治院(所、站)	3	—	73	63	32	5	10	4	5	7	1	4	5
营利性	581	140	1191	1090	570	76	158	81	30	175	13	37	51
医院	5	140	208	126	46	4	29	16	9	22	13	27	42
社区卫生服务中心(站)	4	—	12	12	2	—	2	1	—	7	—	—	—
门诊部	14	—	145	126	47	12	30	11	7	19	—	10	9
诊所、卫生所、医务室、护理站	558	—	826	826	475	60	97	53	14	127	—	—	—

学会外，16个协会、学会全部与市卫生行政部门实现人员、经费、场所“三脱钩”，转为自主设立、自我管理、自律运行、自我发展的社会团体。

2005年末，无锡市有市医学会、市中医药学会、市护理学会、市针灸学会、市医院管理学会、市卫生经济学会、市预防医学会、市企业医疗卫生管理协会、市优生优育协会、市防痨协会、市离退休医务工作者协会、市中西医结合学会、市卫生系统思想政治工作研究会、市老年科协卫生分会、市卫生行业协会、市药师协会、市医师协会等17个卫生社团，拥有团体会员561个、个人会员16675人。各学术团体按照自身章程开展活动，共举办知识培训526期，参加人数44797人次。组织与澳大利亚、日本、菲律宾等40多个国家相关机构和学者进行学术交流，举办中国医院发展战略高级论坛、2005中外护理发展论坛等大型国际会议。

第二章　管理与改革

第一节　医政管理

一、医疗机构设置管理

1986年，市卫生局组织开展村级卫生室整顿工作，符合验收合格条件的村卫生室颁给村卫生室整顿验收合格证。1989年，根据民营医疗机构增设情况加强管理，对医疗协作联合体开展检查并制定考核标准。1990年，对27家社会（民营）医疗机构整顿、检查，并要求全市社会医疗机构办理申报登记注册手续。1996年，成立市医疗机构评审委员会，开展医疗机构登记注册工作，对市区社会办医疗机构设置规划提出指导意见。实施《无锡市农村村卫生室复评标准及办法》《无锡市企事业单位职工医院设置评审标准》《无锡市企事业单位卫生所、保健站设置评审标准》《关于下发社会办医疗机构“药房合格证”的通知》等规范性文件。1997年，修订完善社会医疗机构管理办法，全市1444家医疗机构全部领取医疗机构执业许可证。同步对部队办社会医疗机构进行重新注册登记。2002年，根据《无锡市区域卫生发展规划》，制订《关于调整市区医疗机构分布、组建无锡市医疗中心等机构的方案》，市区医疗机构按两级（两级甲等、乙等）、三层次（市、县、乡镇）进行调整。2003年，出台《无锡市市区医疗卫生设施布局规划》，调整医疗机构布局。2005年，对促进社会办医、发展民办医疗机构提出加强管理的措施。

二、医疗机构分级分类管理

1985年末，无锡市郊区卫生局率先把所属11家乡镇卫生院划归乡政府直接管理，并由卫生行政部门实行业务主管。至1988年末，全市121所乡镇卫生院实行县、乡分级管理，以乡镇为主体的管理体制。1992年，市卫生局开展等级医院创建工作，江阴市人民医院率先建成二级甲等综合医院。1993年，市卫生局制定实施《无锡市区域医疗机构分级规划》，选择2家三级医院、3家二级医院、31家一级医院进行分级管理试点。至1995年，全市共有133家医院通过等级医院评审，其中市一院、市二院、市三院、市四院被评为三级乙等医院；无锡县人民医院、宜兴市人民医院、市五院被评为二级甲等医院；崇安、北塘、南长3家区人民医院被评为二级乙等医院；37家乡镇卫生院被评为一级甲等乡镇卫生院。1996年，全市又有53家乡镇卫生院被评为一级（甲、乙等）卫生院。2002年，市妇幼保健院、市精神卫生中心建成三级甲等专科医院,市中医院建成三级甲等中医院,市中西医结合医院(市三院)建成三级甲等中西医结合医院。2005年,市一院、市二院、江阴市人民医院、宜兴市人民医院被省卫生厅评为省级基本现代化医院;市一院、市二院建成三级甲等综合医院,全市三级甲等医院增至6家。

2000年,根据卫生部等部门《关于城镇医疗机构分类管理的实施意见》精神,市卫生局对全市1110个医疗机构进行非营利性和营利性医疗机构划分,其中非营利性医疗机构738个、营利性医疗机构372个,并着手清理出租承包科室。2002年,出台《关于对非营利性医疗机构中合资合作科室和项目进行剥离的工作意见》,开展对出租承包科室、项目的剥离工作。至2005年,全市医疗机构中,非营利性1201个、营利性581个。

三、医疗机构规范管理

1986年起,市卫生局先后就加强门急诊工作、医院急诊科(室)建设、医院手术室管理规范、医院供应室检查验收标准、医院血库验收标准、医院病案管理实施细则、护理病历检查评分标准等发布18个医政管理规范性文件,加强医院科学化、标准化管理,对市、县综合医院手术室、麻醉科及市区综合医院血库组织开展验收工作和市属10家医院20个病区的达标工作,全市8家医院的手术室、10家医院的麻醉科、7家医院的血库、17家医院的检验科达到规范化要求,10家市属医院的供应室通过市级验收。1993年,对二、三级医院护理文件书写作出规范性规定。1994年,通过组织开展创建等级医院、加强医疗质量管理、创优达标和评选十佳医院等活动,全市10个医疗机构被评为医疗质量目标管理创优达标优胜单位,10家医院被评为十佳医院,37个病区和24个手术室、供应室被评为市规范化病区和科室。就加强医疗机构执业管理提出规范意见,明确医疗机构的执业行为,清理整顿医疗市场,打击非法行医活动。开展以“质量、安全、健康”为主题的医疗质量安全年活动,市属医院及各市(县)、区医院均达标。2000年,对社会医疗机构颁布并实施管理条例。2001年,对医院科室(病区)规范化建设提出实施标准,并就提高医疗质量、控制医疗费用增长、切实减轻病人负担提出要求意见。全市医疗机构实施《医疗纠纷档案管理办法》《医务人员技术档案管理办法》,规范医务人员技术准入和责任追究。2002年,对器官移植、试管婴儿、性病、医疗气功、介入放射诊疗、医疗美容等特殊医疗技术严格执行准入制。2003年,强化医疗质量控制和手术分级管理,开展规范化科室评审工作、医疗服务万人评活动。部分市属医院实行医疗信息公示。加强医疗市场管理,校验医疗机构97个,暂缓校验7个。2005年,围绕“服务、质量、安全、控费”,开展“医院管理年”活动,建立医疗质量和责任追究机制,健全质量控制组织网络和督察制度,防范医疗安全事故和重大责任性医疗纠纷。

四、医疗安全管理

1987年6月,市卫生系统建立健全医疗安全管理、医疗事故处理的相关制度。1989年起,对全年无事故、无严重医疗差错的单位,从院长基金总额中提取5%～10%奖励全体职工;如发生责任事故,按事故等级和情节轻重,扣减奖励基金1%～3%;发生技术事故,按事故等级和情节轻重,扣减奖励基金0.5%～1.5%;隐瞒责任、技术事故的,扣减比例加倍,其扣减的奖励基金数额上交市卫生局作为局长基金。1990年,市卫生局发布《关于进一步加强医疗安全管理的通知》。1991年,建立健全医院各级医师手术权限评议和审核制度。1992年,制定《无锡市医院血库验收标准》,加强血液管理,对市区综合医院血库进行验收。1998年,全市围绕建立、完善急诊急救体系、确保手术安全、加强病种质量管理的目标,开展医疗质量目标管理创优达标活动。各医院开设生命救护绿色通道,解决“急诊不急”等问题;加强围手术期质量管理,重点完善二次手术的审批制度;单病种质量管理从20个病种扩大至38个病种。1999年,调整市医疗事故技术鉴定委员会成员。聘请医疗事故技术鉴定委员会听政评议委员会委员,制定《无锡市医疗事故技术鉴定听政评议工作制度》。2000年,颁布《无锡市献血管理办法》，制定用血审批制度。是年，市公安局、市卫生局联合发布《关于预防和处置医患纠纷的若干意见》，明确卫生行政部门以实事求是、公正合理的原则和依法维护医患双方合法权益的要求，严格按照《医疗纠纷的接待与处理程序》做好医患纠纷处置工作。公安机关动态掌握医疗单位内部治安情况，及时有效地预防和处置因医患纠纷引起的事件。2003年，实行医疗机构、医务人员和临床新技术准入制，组织清理非营利性医疗机构中的合资、合作科室。加强医疗机构内部监管，建立医疗质量、医疗安全、医疗费用和医疗服务等内部通报制度。2004年，提出尊重患者的知情选择权和隐私权，各医院成立医疗纠纷接待办公室，缓解医患矛盾，加强医患沟通，建立良性的医疗纠纷处理机制、合理的医疗责任追究机制和医疗质量评价体系。

2002年8月，无锡市医学会成立医疗事故技术鉴定办公室，负责全市范围内医疗事故技术鉴定工作。至2005年，市医学会共受理医疗事故技术鉴定164例，召开鉴定会118个，鉴定为医疗事故31例，事故率26.3%。

第二节　卫生应急

一、应急预案

1990年，市卫生局制订《紧急处理航空意外事件医疗急救方案》。1991年，制定《急性感染中毒综合症诊疗常规》。2000年，制定《医疗纠纷的接待与处理程序》。2001年，市卫生局转发省卫生厅《江苏省炭疽应急卫生处理预案》，要求医疗机构严格按预案执行。2003年，市卫生局制定《关于建立“非典”防治常态长效管理机制的意见》。2005年，市卫生局与市公安局联合制订《市公安民警因公负伤紧急救治工作预案》，畅通紧急救治绿色通道。

二、应急队伍与网络建设

1986年起，在逐步建立完善各医疗救援应急队伍的基础上，市卫生局每年组织2～3个医疗机构开展医疗救援应急演练，提高医护人员应急救援技能。市卫生局发出《关于切实加强门急诊工作的通知》，完善医疗急救网络，强化制度建设，建立健全首诊负责、完善急诊抢救设备管理等岗位责任制。1990年，建立由135人组成的全市医护救护队伍，规定硕放医院医疗急救队为航空意外事件现场抢救队，必要时另派市三院、市四院医疗队赴现场抢救。1990年5月17日零时，市红十字救护站电话“120”开通。1997年起，各医疗单位开设生命救护绿色通道，提高危重症抢救成功率。确定市二院、市四院、市五院、市六院、郊区大浮乡医院为旅游急救定点医院。1998年，市红十字救护站电话“120”纳入全市“110”应急服务联动系统。2002年，医疗急救启用GPS卫星定位通信系统。2003年，组织全市医疗机构开展防治“非典”大规模应急演练活动，市、市（县）、区卫生局成立防治“非典”专家组，配备公共事

图32-2　无锡市“120”调度中心　（市卫生局供稿）

件应急医疗队伍33个，应急救治专家133名。2004年，市某工厂发生氯气泄漏，市三院、市一院、锡山市人民医院全力投入抢救，近千人得到及时治疗，无一例死亡。2005年，无锡市建立突发公共卫生事件疾病预防控制专家组和暴发疫情、食物中毒、职业中毒、检验检测、健康教育等5个应急处置组，配备14名专家、140名队员。同年，市急救中心制定《院前急救应急预案》，建立院前急救领导小组，下设调度指挥组、医疗救护组、后勤保障组、宣传报道组、抗灾自救组和检查督导组，防控突发公共卫生事件。市急救中心拥有救护车24辆。根据卫生部《基本现代化急救中心的建设标准》和无锡市城市发展规划和人口分布情况，对市三院、市四院、市五院、锡山人民医院、无锡市新区医院、解放军第101医院（联动）等6个急救分站（点）实行统一管理，基本形成院前应急救治网络体系。

三、公共卫生事件处置

1991年夏，无锡市遭受百年未遇的特大洪涝灾害，城乡内涝倒灌、毒物泄露、垃圾漂浮，井水河水污染。全市20.3万户民宅进水，市内280多座公厕不能使用，农村6万多只露天粪坑受淹，30多家水厂停产或半停产，生态环境、水源遭受严重破坏，随时可能出现疫病流行。市卫生局成立抗灾防病领导小组，组织防疫队201支、2400人，医疗队90支、675人，为重灾区1.5万人提供医疗服务；发放宣传资料32万份；投入消杀药品138.7吨，完成20多万进水户的消毒。全市传染病总发病率比上年下降8.15%，实现大灾之后无大疫的工作目标。

2003年4月22日，市卫生局根据国内部分省市出现的“非典”疫情，发布《关于加强传染性非典型性肺炎诊疗工作的通知》《关于成立无锡市非典型性肺炎救治预备队的通知》《关于印发无锡市非典型性肺炎定点医院救治分工及启动顺序的通知》《关于增加无锡市卫生局非典型性肺炎防治专家组成员的通知》《关于下发无锡市体检定点单位诊室设置规范及工作流程的通知》等文件，发动全市医疗机构全面抗击“非典”，对做好“非典”诊治、监测，严格执行首诊、首问、首接“三首”负责制、“非典”报告制度、消毒制度，并对加强医务人员自身防护等提出明确要求，对“非典”临床诊断标准及推荐治疗方案、“非典”病人和疑似病人转运、有关工作流程、定点医院、专家组成员等作出明确规定。市五院被确定为定点医院，进入全面应急状态；仁德医院和市儿童医院指定为观察医院。各医疗机构迅速组织预备队成员培训，规定预备人员进入定点病区后，行政上接受定点医院领导，不得擅自离开无锡市或休假。各医疗单位成立“抗非”工作小组，建立领导、专人24小时值班和“防非”专车制度，“防非”救护和正常救护分离实施。市急救中心在市五院设立“防非”临时分站，加班加点100多天，出动专车360多辆次，转送发热和体检病人500余人，实现不漏接一个可疑病人，不感染一个医务人员的工作目标。全市相关医疗机构严把监控关、诊断关、救治关、消杀关和综合治理关，全市未发生一例“非典”病人和疑似病人。5月13日，市一院内科副主任、副主任医师蔡培泉作为江苏省支援内蒙古自治区“非典”防治专家组成员，奔赴疫情严重、医疗条件相对薄弱的内蒙古“抗非”第一线，与同事一起对“非典”病例最多的呼和浩特市、包头市进行“拉网式”巡诊，诊断病例和疑似病例100余人次，举办“非典”临床防治技术培训13次、

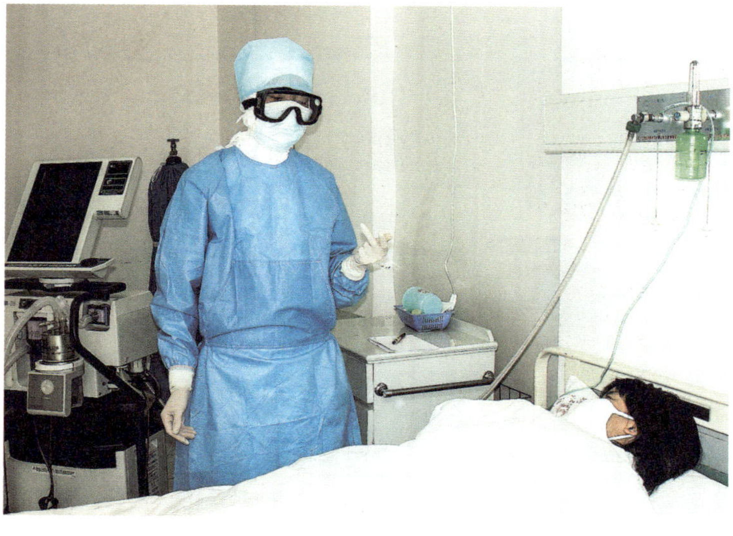

图32-3　医护人员诊治“非典”疑似患者　（华锡奇摄）

上千人次。他被内蒙古自治区授予“内蒙古荣誉市民”，获得江苏省五一劳动奖章和“省抗非先进个人”“省抗非十佳青年医生”等荣誉称号。5月27日，驻无锡解放军第101医院8名医生、13名护士组成医疗队，赴北京进驻小汤山医院，支援“抗非”工作，101医院心肾呼吸内科主任兼“防非”专家组组长陈景开任医疗队队长。医疗队与兄弟单位携手救治64名“非典”病人。101医院立集体三等功。

四、重大活动保障

1995年，市卫生局制定实施卫生监督保障和医疗保障方案。1997年起，市实行“110”社会联动服务，应对重大突发事故，完成紧急救援任务。市卫生管理部门加强卫生保障制度建设，先后出台《无锡市重大活动（重要会议）卫生保障工作预案（试行）》《驻点卫生监督员工作职责、要求和纪律》《卫生监督保障工作规范》《承担接待任务的宾馆、饭店基本卫生要求》《禁、慎用的食品类别（品种）名单》《食物中毒、食品（饮用水）污染突发事件现场处理预案》《公共场所突发危害健康事件（故）处理预案》等规范性文件；加强院前急救医疗救护、卫生监督、疾病预防控制等培训演练，提高卫生保障能力和监管水平。至2005年，先后完成全国第十届运动会无锡赛区、中国无锡太湖博览会、中国国际合唱节、世界杯乒乓球赛、中国国际梅文化交流节、省运会、省第六届艺术节、太湖国际经贸节、太湖旅游节、高校招生统考、市人大政协“两会”、2004年港澳青年考察团同心同根万里行等活动以及党和国家领导人、外国政要在无锡期间的重大活动卫生保障工作共800多次。

第三节　药政管理

1986年，市卫生局药政管理处负责全市药品质量监督、药械生产、医药管理，实行药品生产、经营及医院制剂许可证管理，监督医疗单位的用药管理。全市二级以上的医疗单位建立由分管院长、药剂科主任、有关职能科长、临床科主任组成的药事管理委员会，审查用药计划，监督检查合理使用药品情况，提供新药信息。医院药剂科负责临床药剂工作、药事组织管理、业务技术实施，根据单位的规模，下设门诊药房、中心药房、药库房、制剂室及临床药理实验室、临床药学组、药品检验室等；健全药房、药库管理、采购、保管、报损、质量、特殊药品、危险品库存等管理制度。各医院严格执行《无锡市医院制剂规范》，每年10月5日前定期向市卫生局药政处汇报工作及下一年的购药用药计划。2001年3月，无锡市根据国家药品监督管理局《医疗机构制剂质量管理规范（试行）》，整顿全市医疗机构制剂室，从60个减至40个，步入正规化生产。相关医院更新草药煎药设备，采用自动煎药袋灌封设备。2001年7月，药政管理职能由新组建的市药品监督管理局承担。至2005年，全市有24家医疗制剂单位，自制品种494个（其中市中医院生产18种中药制剂），均获得制剂生产许可证及省药品监督管理局颁发的批准文号。医疗单位均采用计算机对药品采购、进出库、领药、发药、结账等环节进行管理。在药品采购管理中，以国家主管部门审定合格的各级药品供应企业为主渠道，严禁从个人和未取得相应证照的单位购药。

第四节　经费与资产管理

一、卫生经费

无锡市的医疗卫生费来源主要是市财政拨付的卫生事业费和医疗业务收费，市财政拨款逐年增加。卫生事业经费支出含医院经费、防治防疫、妇幼保健、科研培训等费用。1986～2005年，市财政对全市医疗卫生拨款总额211.96亿元，其中2005年卫生事业费3.13亿元，占市财政支出1.8%。

二、资产管理

1986年后，无锡市加大卫生事业和卫生现代化建设的经费投入，用于卫生基建项目，大型、高端医疗设备的添置等。对固定资产进行分类、分级管理。2002年，市卫生局制定实施《关于加强医疗卫生单位基本建设管理的若干规定》，对购置10万元以上的医疗设备，组织市医疗设备评审委员会论证，按卫生部《大型医用设备购置与应用管理暂行办法》程序办理。2003年12月，针对医院库存物资品种多、数量大、用途广等特点，出台《关于调整医院库存物资分类的通知》，对医院原库存物资分类重新调整，促进医院成本的正确核算。2004年，实行医疗器械政府采购。2005年，全市医疗机构资产总计61.74亿元，比1985年末增长68.36倍，比1986年增加44.94亿元。其中，固定资产43.6亿元，比1986年增加42.6亿元；负债13.35亿元，比1986年增加13.2亿元；净资产48.4亿元，比1986年增加47.2亿元。

第五节　卫生改革

一、管理体制改革

1987年3月，市六院划归市政府马山办事处管理；市卫生局下辖职工医科大学并入江南大学医疗系。4月，崇安、南长、北塘、郊区、马山等5个区的卫生防疫站和崇安、南长、北塘、郊区等4个区的妇幼保健站划归所在区卫生局管理。1988年12月，全市121所乡（镇）卫生院实行县、乡分级管理，以乡（镇）为主的管理体制。1990年7月，由市卫生局代管的江苏省工人太湖疗养院划归市总工会管理。1996年12月，配合创建国家卫生城市工作，市爱国卫生办公室从市卫生局划出，改由市环境管理委员会领导（2000年5月30日划回市卫生局）。1997年1月，配合全市医疗保险业务启动，市卫生局公费医疗办公室划出，改由市社会保险事业局管理（2000年8月1日划回市卫生局，成立无锡市统筹医疗费用结算中心）。同年12月，无锡卫校由省卫生厅下放无锡市管理，行政上由市卫生局主管（2005年9月划归市医院管理中心管理），教学业务接受市教委管理。2001年7月，根据“医药分开”改革精神，市卫生局药政管理处和市药品检验所划入新成立的市药品监督管理局。2002年7月，依据《中华人民共和国红十字法》及章程，原由市卫生局管理的市红十字会作为社会团体，调整为由市政府管理。2002年11月，市民政局下属的同仁医院划归市卫生局管理。2005年1月，市卫生局承担的作业场所职业卫生监督职能调整至市安全生产监督管理局。3月，原由市卫生局代管的省电业职工疗养院划归无锡供电公司管理。5月，无锡医药中等专业学校并入无锡卫校。

二、卫生体制改革

1. 产权制度改革

1999年，无锡市郊区人民医院改组为股份合作制医院，成为无锡市第一家医疗机构产权制度改革试点医院。2000年，江阴市、宜兴市分别在南闸、善卷、分水等乡（镇）卫生院进行改制试点，并逐步推开。2003年，无锡市召开农村卫生工作会议，根据中共中央、国务院《关于进一步加强农村卫生工作的决定》精神，加大农村乡镇卫生院改革力度，主要形式有合作经营制、租售结合制、资产整体转让等。2005年末，除崇安、南长、北塘等3个城区外，全市98个乡镇卫生院中有60家改制（其中江阴市5家、宜兴市35家、锡山区10家、惠山区9家、滨湖区1家），占卫生院总数的61%。

合作经营制　该形式始于20世纪末，至2005年末，无锡市实行合作经营制模式的卫生院12家。

其中包括：江阴市南闸镇、长泾镇、文林镇、长寿镇、河塘镇，惠山区玉祁镇、长安镇、前洲镇、西漳镇、堰桥镇、陆区镇，锡山区张泾镇等镇卫生院。在实行合作经营制改革中，先由政府部门委托审计机构对卫生院清产核资，再由市（县）、区卫生行政部门制定资产转让方案，一般是将50%的资产以现金方式一次性转让给经营者，产权归经营者所有，产权出售回收资金上交政府部门，建立卫生事业发展基金，集中管理。遵循公开、公平、公正的原则，由卫生院职工投票产生经营者。由经营者与经营团体成员商定资产转让中各自的认购份额，经营团队成员可以是原单位经营集团成员或业务骨干。改制后，卫生院实行院长负责制，依法进行事业单位法人登记，实行企业化管理，税收及规费与非改制卫生院享受同等待遇。原有财政核拨的在职人员经费每年递减20%，5年内停止核拨。卫生院原承担预防保健及公共卫生任务的定额经费，仍由上级主管部门考核后按实绩划拨，其中惠山区由镇政府按镇人口每人每年5～8元的标准设立专项防保经费，每年考核后拨付。经营者及其经营团体根据股权比例获取利润分红。

租售结合制 该形式始于21世纪初，至2005年末，无锡市实行租售结合制模式的卫生院8家，均在锡山区，分别为后宅镇、港下镇、鸿声镇、羊尖镇、荡口镇、甘露镇、东北塘镇、查桥镇卫生院。在实行租售结合制改革中，先由政府部门委托审计机构对卫生院清产核资，再由市（县）、区卫生行政部门制定资产转让方案，实行动产（医疗设备、低值易耗品等流动资产）转让，不动产（房屋、土地等固定资产）租赁。租赁期一般为5年，根据卫生院仍为非营利性医疗机构的性质，前3年免交房屋、土地租金，第4年开始房屋按医疗业务用房（病房、药房）每年每平方米20～30元、土地每年每平方米6～7元的标准交纳。

资产整体转让 该形式始于21世纪初，至2005年，无锡市实行资产整体转让模式的卫生院36家，其中包括宜兴35家乡镇卫生院和滨湖区马山镇卫生院。在实行资产整体转让改革中，各地先委托资产评估机构评估卫生院资产，评估报告须经财政部门验证确认，再按照国家法律和有关规定，对评估后的净资产进行核销、剥离和产权界定。根据卫生院的实际情况，通过民主选评或公开竞标，确定受让者（必须是原卫生院正式职工），由市（县、区）卫生局作为集体资产的代表与受让者签订一次性现金形式资产转让合同，并按净资产和事业发展的实际情况设置总股本并配置股份，拟定股份制章程，报有关部门审核批准，办理相关注册登记手续，取得事业法人资格。卫生院转让资产在财政部门设立专门账户，专款专用，用于卫生事业发展。转制后卫生院核定为非营利性医疗机构，继续承担原有预防保健工作，仍执行卫生部、财政部颁发的《医院财务制度》《医院会计制度》，接受相关部门的审计、监督。

2. “管办分离”改革

2005年6月21日，市委、市政府印发《关于全面实施改革攻坚七项重点工作的决定》和《关于全面深化卫生事业改革的实施意见》，以政事分开、管办分离为重点，推进卫生管理体制改革。改革医院管理体制、运行机制、财政投入机制、卫生资源增长模式，实现政府由“以办为主”向“以管为主”的转变。9月29日，市医院管理中心挂牌，独立运作，正式实施“管办分离”管理体制改革，市一院等5家综合医院，市中医院等4家专科医院及市临床医学实验研究所、无锡卫校、市妇女儿童保健所、市汇生科技实业发展公司等单位，总资产25亿元、职工7219人划入市医院管理中心。

三、运行机制改革

1. 综合目标责任制

1984年7月，市卫生局在市一院进行医院管理改革试点，试行院长、科主任、职工代表大会负责制。1986年12月，医疗机构管理改革试点扩大到市四院和市卫生防疫站。1987年3月，市卫生局制定《无锡市医院院长工作条例》《无锡市医院党委（总支、支部）工作条例》《无锡市医院职工代表大会工作条例》等3个规范性配套文件。1988年5月，首批13家院（所、站）长任期目标责任制合同签字仪式在市中医院举行。6月，市政府批转市卫生局、市体改委、市财政局、市人事局、市物价局《关于加快和深化无锡市区卫生改革的意见》。8月，1个省属卫生单位、12个市属卫生单位（占市属卫生单位数的66%）与市卫生局签订第一批任期3年（1988年5月～1990年12月）的目标责任制合同，按照所有权与经营权适当分离的原则，下放经营权、管理权（干部聘免权、人事调离权、奖惩权、业务管理权、经费支配权、财产处理权），确定11个方面65项量化考核指标。市卫生局同时发布《院长任期目标责任制考核标准》《关于实行院（所、站）长任期目标责任制单位奖金发放的有关规定》《关于增设院（所、站）长基金的通知》等规范性文件。

1991年起，市卫生局探索院长任期目标责任制改革，规定医院党政正、副职领导和工会主席为责任集团成员，院长为责任集团的代表。出台相应的配套政策，加大奖惩力度。1999年，实行第四轮（1999～2001年）医院综合目标责任制改革，市属10家医疗单位和8家防保单位全部签订实施合同。其中，市妇儿保健所、市药品检验所因辖属变更调整，市二院、市三院、市四院和市中医院、市妇幼保健院因实施"医疗服务资产经营委托管理目标责任制"，先后中止合同。第四轮医院综合目标责任制改革继续实行差额拨款定额包干制，对防保单位实行全额预算管理办法。所有签约单位实行工资总额包干制，考核达标给予奖励，考核未达标扣除一定的工资额度。在第四轮综合目标责任制改革实施期间，10家医院固定资产增长212%，业务收入增长58%，5家综合医院病人平均住院天数从15.84天降到13.1天，缓解了医院长期存在的住院难、看病难、手术难等问题。

2. "托管制"改革

2001年6月，根据国务院办公厅转发体改委等8部门《关于城镇医药卫生体制改革的指导意见》精神，市卫生局会同市体改办、计委、人事、财政、物价、国税、地税等8部门制定《关于市属医院实行医疗服务资产经营委托管理目标责任制的意见（试行）》，经市政府批准实施，为全省卫生系统首创。首批实施"托管制"的试点单位为市二院、市三院、市四院、市中医院、市妇幼保健院。2002年6月，又有市一院、市五院、市七院、市传染病医院、市肺科医院签约实施，合同周期均为3年。"托管制"是在医院性质、职能、隶属关系和国家对非营利性医疗机构的各项优惠政策"四不变"的基础上，按照所有权与经营权适度分离的原则，实施医院管理机制、经营机制、人事用工机制、分配机制和投入机制改革。市卫生局制定《无锡市医院实行"托管制"考核细则》，修订《无锡市医院院长工作条例》《无锡市医院党委（总支、支部）工作条例》《无锡市医院职代会工作条例》等配套文件。2003年起，市（县）、区卫生行政部门参照实施"托管制"，与部分卫生院法人代表签订合同，期限为3～5年，托管期间卫生院资产所有权不变，所承担的基本医疗服务内容不变，原有财政核拨的在职人员经费每年递减20%，5年内停止核拨。至2005年，惠山区藕塘镇、石塘湾镇、杨市镇3家镇卫生院实行"托管制"。

3. 人事分配制度改革

全员聘用制 1988年，市卫生局探索实施人事分配制度改革，在市一院进行全员聘用制试点。1993年，市人事局在市中医院试点社会事业单位全员聘用制和工资总额包干改革。1995年，市卫生局颁发《关于医疗卫生事业单位实行全员聘用（任）制意见的通知》，提出以"因事设岗、按岗聘任、岗变薪变"为原则，实行人员分类管理，中层干部竞争上岗，专技人员评聘分开，工勤人员竞聘上岗，落实二级聘任责任机制，改变论资排辈、一聘终身的状况，鼓励中青年业务骨干脱颖而出。至1995年，市属医疗卫生单位全部实行全员聘用制。1998年，市卫生局出台《关于深化卫生系统人事制度改革的实施意见》及辞职、辞退，下岗待聘、解聘，人员引进和调入，低职高聘、高职低聘等规定，完善全员聘用制的管理规范。

专技职务评聘分开制 1987年，市卫生局在5家基层单位进行专业技术职务评审试点后，开展卫生系列专业技术职务聘任制。1988年末，首次职称改革工作基本结束，11359人通过评审，其中正高级46人（市区37人）、副高级496人（市区359人）、中级3356人（市区1376人）、初级7461人（市区1990人)。1991年开始,评聘工作进入正常化,每年评审一次。1995年,在卫生系统开展政工职称评审,纳入专业技术职务系列。2001年起,卫生系列专技人员职称评审晋升采取初、中级以考代评,高级考评结合的形式,不再受指标额度的限制。2000年,市卫生局出台《关于无锡市卫生专业技术职务岗位设置及结构比例的意见(试行)》,在市中医院进行专业技术人员评聘分开试点,破除专业技术职务"即评即聘"的单轨制和终身制。2001年,制定《无锡市卫生系统事业单位专业技术职务评聘分开实施办法》,各直属单位制定相关实施意见,逐步实行专业技术职务评聘分开制。至2005年6月,市卫生局直属16家单位平级聘任5198人、高职低聘78人、低职高聘43人、分流23人、内退16人,取得资格后首次未聘的348人。

人事代理制　1993年6月,市卫生局成立市卫生人才技术服务中心,为所隶属医疗卫生单位的人才引进调动、大中院校毕业生接收等工作提供服务。1999年8月起,对大中院校毕业的新职工实行人事代理制,其人事关系由市人才服务中心代理,要求新职工在人事代理期间(2～3年)严格履行合同,如有违反,可随时解除合同。代理期满,经考核合格,其人事关系、档案转至用人单位。考核不合格,则退至人才市场重新自主择业。从2004年7月起,人事代理制扩大到新进人员(高层次人才除外)并实行长期代理。至2005年,市卫生局累计办理人事代理1307人。

岗位绩效工资制　1988年5月起,市卫生系统实行院(所、站)长任期(综合)目标责任制的单位,工资总额包干,采用岗位绩效工资分配办法。2001年,市属医院推行"托管制"模式,各医院按经济分配总额,自行确定分配方案,以岗位工资、绩效工资为主,以风险机制为辅。绩效工资制注重实绩激励,结合工作量、工作效率、经济效益、资产增值等综合因素确定,上不封顶,下不保底,实行院、科两级分配,员工之间允许有1～3倍的差距;建立专项奖励制度和风险金制度;对业绩突出的技术骨干试行年薪制,对指定项目或重大攻关项目实行项目工资制;对外聘专家实行兼职工资制。市属防保单位继续实行站(所、中心)长综合目标责任制,把工资构成中职务工资、地方岗位补贴、职务岗位津贴等作为固定工资,其他分配部分与岗位绩效挂钩,向优秀人才和一线关键岗位倾斜。

4. 药品采购改革

2000年12月6日,根据国务院八部委联合发布的《关于城镇医药卫生体制改革指导意见》精神,无锡市成立药品招标采购领导小组、市区医疗机构联合药品集中招标采购委员会、市药品联合招标采购管理办公室,组建由医院领导、临床专家、药剂人员、纪检监察人员组成的评标委员库,委员库人员346名。其后,相继出台《无锡市区医疗机构联合集中招标采购管理委员会章程》《无锡市区医疗机构联合药品集中采购招标采购委员会药品招标办法》《关于市区医疗机构联合进行药品集中招标采购试点的通知》《关于贯彻〈江苏省医疗机构药品收支两条线管理实施办法〉的若干意见》等文件。注重招标采购工作的程序化和科学化管理,自行设计招标应用软件,完善招标程序。2004年12月,采购委员会对骨科四肢钢板螺钉、心导管导丝等高值医用耗材进行招标(评标)。其中:骨科四肢钢板螺钉中标的886个品种,比原最高进价下降32%左右,平均下降22%;心导管导丝中标的20个品种,比原最高进价下降13%左右。2005年,对市属卫生单位采购的56台10万元以上的医疗设备进行招标;32家单位的181项设备,经市医疗设备委员会评审,批准购置170项。2001～2005年,市区共有16家卫生医疗单位参加市政府药品采购集中招标。2004年之前,按招标价与批发价差价的60%让利于患者,2005年开始将这一差价全部让利给患者。

5.卫生市场开放

1986年起,无锡市通过多种途径发展卫生事业,探索创办城乡、院厂、军地等医疗联合体。至1990年末,先后有35家医院开办医疗联合体27对,床位550张,涉及截瘫、烧伤、肿瘤、骨科、神经外科、矽肺、肝科、泌尿等专科。市区各医院还累计开设家庭病床6000多张。医疗联合体作为阶段性医疗补偿,缓解看病难、住院难矛盾。随着卫生市场开放,医疗合作延伸到市外、省外和国外。1992～2004年,滨湖区江南眼科医院与俄罗斯伊尔库茨眼科医院合作开展眼科屈光手术;江阴中医院与上海中山医院开通多媒体计算机远程会诊系统，成立国际协作江阴脑科中心、国际妇产中心；市六院与上海舒愈康医药公司合作创办偏瘫治疗专科，与山东济宁老年血管病医院合作开设血液平衡治疗专科；无锡市新区管委会与凤凰集团共同投资成立无锡新区医院，为国有民营性质的综合性非营利性医院，弥补新区医疗卫生资源不足，并为外籍人员提供医疗服务；市三院、市手外科医院、北塘区医院、惠山区医院、滨湖区山北镇卫生院、滨湖区黄巷镇卫生院、市第三棉纺织厂职工医院、市化工集团股份有限公司卫生所等8家单位优势互补，资源共享，联合组建无锡市首家松散型医疗集团——第三人民医院医疗集团；2005年1月，引进山西省运城市民资，成立非营利性的市安国中西医结核病医院，以中西医结合治疗结核病为专长，承担和参与政府结核病防治工作，成为政府公共卫生资源的有益补充。2月，市卫生局出台《关于促进社会办医发展民办医疗机构的若干意见》，鼓励支持社会办医，社会办医疗机构享受与公立医疗机构相同的待遇，年末，确定卫生合资合作项目11项。

6.后勤保障改革

1992年起，市医疗卫生单位探索启动后勤保障改革，试行内部核算承包服务。至2005年，以减员增效、降低成本、提高后勤保障资源利用效率为目标，采用总额包干或部分包干等多种形式，卫生后勤保障逐步走向社会化。其中：职工托儿所全部托管给地区；废除医院洗涤房，成立汇生洗涤配供中心；医院的卫生保洁、污水处理、病区配餐、设备维保、工勤员管理、家舍维护、绿化种植、变电所等，部分或全部外包托管给有关公司。

四、卫生产业

1980年前后，无锡市卫生产业起步，无锡县部分乡卫生院开办小工厂和服务性行业，开辟财源支持医院发展。1984年，无锡县卫生局在业内提出“以工养医”。同年11月，新华社江苏分社记者在《瞭望》周刊发表《江南水乡医疗新花——以工助医、生机勃勃》一文予以报道。从此，“以工助医”作为专用术语写入政府文件，以工、以商助医得以迅速发展。1990年末，无锡县各医院共办厂开店94家，总产值2亿多元，累计创利923万元，上缴医院376万元，用于发展医疗事业和改善职工福利。1994年，无锡县卫生第三产业总产值1.18亿元，城区卫生第三产业总产值2860万元。

1985年，市卫生局成立汇生开发公司。1992年，市卫生局提出“以工助医、以副补主”，鼓励支持有条件的卫生单位兴办第三产业。同年6月，成立无锡市汇生科技实业总公司，经营钢材、建筑材料、煤炭、百货、办公用品等，后调整经营思路，经营药品、医疗器械、医用试剂、卫生材料、印刷品等，下设市汇生药品经营公司、汇生科技实业总公司物资供应分公司、汇生仪器试剂采购供应站、汇生印务有限责任公司等4家独立法人企业，另“托管”汇生被服洗涤服务公司、汇生医药商店等企业。1993年，市卫生局制定《无锡市卫生产业企业管理暂行办法》，从产业企业申办、经营管理、用人管理、财务管理及企业税后利润分配等方面作出规定。1995年后，随着国家经济体制改革的深入，各类经济实体调整、转制。至2005年，全市卫生单位举办的公司、药店及服务经营部共24家，累计创收1.73亿元。市汇生科技实业总公司累计投资300万元（含资本公积金95万元），累计销售收入（不含税）8.99亿元，实现利税6147.21万元，上缴主管部门及卫生事业发展基金964.54万元，净资产1877.19万元。市汇生科技实业总公司承担市政府下达的对口扶贫支援延安制药厂、三峡库区云阳县制药厂任务，是无锡市重大突发性疫情救治药品、器械定点储备单位，中国商业联合会、中国医药商业协会理事单位，全国卫生产业企业管理协会常务理事单位，2005年被授予无锡市重合同、守信用AAA级企业，连续三届被评为全国卫生产业企业先进集体。

第三章　医疗技术

第一节　中　医

一、机构

1990年10月18日，无锡县中医医院成立。年末，全市实现卫生部提出的“县县都有中医院”的目标。各综合性医院和95%以上的乡镇卫生院都建有中医科和中药房。1991年12月，江阴市中医史陈列馆开馆。1993年，成立市等级中医院评审委员会，负责评审二级中医院工作。1995年，以市中医医院为依托，成立市中医研究所。1996年，成立市振兴中医药工作领导小组。江阴市中医医院、宜兴市中医医院被评为二级甲等中医医院。2000年，江苏省中西医结合肝胆胰治疗中心在市三院挂牌。2002年，市中西医结合医院在市三院挂牌。2003年12月，市中医医院床位编制由1985年末的200张增至450张，人员编制由341人增至745人。同年，市中医医院被确认为三级甲等中医院。2005年，市中西医结合医院被确认为三级甲等中西医结合医院，市中医医院增挂“无锡市中医骨伤中心”牌子。2005年，全市有中医医院4家、中西医结合医院2家，床位2159张，卫生技术人员2217人，其中执业（助理）医师902人、注册护师（士）933人。二级以上综合医院、专科医院开设中医门诊18个，设立专科床位1677张。

二、科室建设

1986年，宜兴县中医医院建成新病房大楼。1990年，市中医医院新门诊大楼落成启用。1993年，全市乡镇卫生院开展创建“示范中医科”活动，重点建设4个示范中医科。1994年，建立无锡市中医重点专科（专病）发展基金，基金总额20万元，由无锡市、江阴市、无锡县、宜兴市、郊区等卫生行政部门共同筹集，用于中医重点专科（专病）建设。1995年，市中医医院骨伤科、肿瘤科、针灸科、皮肤科等4个科室被评为市中医重点专科，其中骨伤科、肿瘤科专科技术达到省内先进水平；南长医院儿童脑瘫病、郊区南站医院肾病、雪浪医院胃病、江阴市中医医院不孕症、江阴市山观卫生院疮疡病、江阴市月城卫生院肝病、宜兴市中医院腰腿痛病等7个专病被评为无锡市中医重点专病。8所乡镇卫生院的中医科被评为示范中医科。1996年，修订出台《无锡市中医重点专科（专病）建设标准和评审细则》。市中医医院肿瘤科被确定为江苏省6家中医重点专科建设单位之一。继续开展创建示范中医科活动，确定第二

图32-4　1990年5月，市中医医院新门诊大楼落成启用
（顾祚维摄）

批无锡市重点中医专科（专病）建设单位。2003年12月，市中医医院新病房大楼投入使用。2004年7月，市中医医院医院信息系统、实验室信息管理系统、影像管理系统相继投入使用，新门诊大厅经改造启用，江阴市中医院新病房大楼建成启用。2005年末，全市有省级中医重点临床专科3个、市级中医（中西医结合）重点专科7个。

1. 省中医重点临床专科

市中医医院肿瘤科 1986年，市中医医院肿瘤科赵景芳创导“赵氏微调平衡治癌法”，控制癌症进展和恶化，5年生存率38.2%，其中Ⅳ期胃癌的5年生存率39.12%。自行研制的扶正和胃合剂、开道散、肃肺合剂、消症止痛膏、消症胶囊、生津止渴合剂、“康复灵”等中药生物制剂，分别用于消化道、呼吸道、血液以及减轻化疗反应，疗效良好。市中医医院肿瘤科开设病床36张，配备2名主任医师、2名副主任医师、5名硕士研究生，相继完成市级以上科研课题数十项，居省内领先、国内先进水平，获得省、市级科技进步奖近10项。2002年，被评为首批省中医重点临床专科。

市中医医院骨伤科 市中医医院骨伤科由拥有百年声誉的“刘氏骨伤”传人刘秉夫率族人，带着祖传特色技术“刘氏三指按摩法”“刘氏消肿止痛膏”“刘氏和伤散”“刘氏小夹板”等加盟形成，为市内规模最大、就诊患者最多的特色专科，在脊柱病综合疗法、正骨技术、骨科微创技术等方面久负盛名。2002年，被评为首批省中医重点临床专科。2005年，成立无锡市中医骨伤中心，开放病房床位200张，科室配备医生46人，其中高级职称12人，拥有博士1人、硕士生导师1人、硕士15人，为南京中医药大学硕士生培养点。

江阴市中医院皮肤科 江阴市中医院皮肤科注重中西医结合，配备1名主任医师、4名副主任医师、5名主治医师，研制开发中药制剂46种，其中克银合剂、梅苓合剂、消风合剂、地菊合剂、安乐合剂、白斑酊、止痒洗剂、痤疮冲剂等广泛运用于临床，获3项国家专利。年门诊量逾9万人次。1994年，“中药克银合剂治疗寻常银屑病的研究”获市科技进步四等奖。2000年，“痤疮冲剂治疗寻常性痤疮的临床研究”获江阴市科技进步二等奖。2002年，江阴市中医院皮肤科被评为首批江苏省中医重点临床专科。

2. 无锡市中医（中西医结合）重点专科专病

1998年5月，无锡市传染病医院中西医结合肝科采用肝病治疗仪治疗慢性乙型肝炎新技术，自制复方垂盆草冲剂、茵栀黄冲剂、治肝灵冲剂等。“治肝灵冲剂治疗慢性乙型肝炎的研究”为市级科研项目，在降酶、退黄、抗纤维化和抑制病毒复制等方面取得良好效果。2003年，市中医医院肛肠科、心内科、针灸科，市三院（中西医结合）消化科，江阴市中医院胃肠病科、针灸针刀科、肿瘤科等7个科室被确定为市中医重点专科；江阴市月城卫生院肝病、江阴市中医院不孕症专病、江阴市利港镇卫生院胃肠病、无锡市第二人民医院胃病、宜兴市中医院腰腿痛病、无锡市南站卫生院肾病等6个专科被确定为市特色专科。市三院在原有中西医结合消化科的基础上，新设肾科、妇科、康复科3个中西医结合专科，开设骨伤病、骨髓炎、肾病、消化病、风湿病、皮肤病、腰腿痛、妇科病等8个中西医结合专病门诊。

三、中医技术与传承

1.中医技术

1984年，市中医医院黄氏第九代传人黄莘农将独家研创的“黄氏响声丸”配方献出，由市中药厂生产销售。1990年9月，“黄氏响声丸”获全国中医药文化博览会“神农杯”银杯奖。同年，市中医医院与南京中医学院计算机研究中心合作，成功研制“徐南甲诊治急慢性肾炎专家系统”，对临床复杂的急性肾炎病人辨证施治，达到国内同类软件先进水平。1993年，江阴市月城镇卫生院成立江阴市中医肝胆病外治中心，并与南京中医学院联合成立江阴市中医外治临床研究所，运用邹氏（邹逸天）祖传中草药外治黄病和膨胀的经验，辅以现代医疗手段施治。江阴市中医外治临床研究所研制的护肝拔毒袋获1993年江阴市科技成果二等奖，护肝拔毒膏被列为江阴市科协科研项目。1994年，市中医医院应用的半环式外固定加小夹板治疗长骨干骨折，达到国内先进水平，获市科技进步三等奖；宜兴市中医院应用的蝎毒膏贴穴法治疗小儿痿症，获市科技进步四等奖。1995年，江阴天江制药有限公司引进价值1000多万元的先进设备，本着“继承不泥古，发扬不离宗”的原则改革中药饮片，按照传统中药方剂的办法，以水提、浓缩、干燥等制备工艺，精制成单味新型中药饮片冲剂（中药配方颗粒），既保留原有药性，又方便冲服，后经国家中医药管理局推广，在各家医院使用，受到患者和医护人员欢迎。

1999年，市中医医院的赵氏微调平衡治癌法治疗晚期癌症的临床研究、环状混合痔新术式预防术后肛管狭窄的临床研究同获市科技进步三等奖。同年，市中医医院陆曙获南京医科大学心血管病专业博士学位，2000年进入中国中医研究院博士后流动站，师从中国科学院院士陈可冀教授，从事中西医结合防治心血管病的研究，其博士后课题“中药对钙超载心肌损伤的保护作用”在中医药防治冠心病、治疗心血管病方面极具价值。同年，“黄氏响声丸”列入《中华人民共和国药典》。市三院的脾气虚证慢性胃病肠化生的临床与实验研究获市科技进步三等奖。2005年10月8日，陆曙作为无锡市首位中西医结合博士后出站。同年，外用可塑小夹板和中药外敷治疗骨折治疗技术取得良好效果。全市中医医疗领域获江苏省科技进步奖2项、无锡市科技进步奖18项，省卫生厅医学新技术引进奖6项、市卫生局新技术引进奖2项。全市有9个中医药科研项目中标省中医药局中医药科研招标课题。

2.中医交流及教学

1987年，市中医医院主任医师杜晓山受世界卫生组织聘请，到巴布亚新几内亚服务并带教该国针灸人员。1990年，介绍杜晓山针灸疗法的录像片《弘扬针术》摄制完成，被确认为对针灸临床、教学、科研具有较高价值的纪录片，得到专家认可。1997年，市卫生局编纂出版《无锡中医导医指南》一书。1999年3月5 日，市卫生局委托南京中医药大学举办的中医研究生课程进修班开班，学员46名，学制2年。至2005年，市中医医院先后承办南京中医学院函授大学、光明骨伤科函授大学无锡分院的教育辅导工作，举办针灸、中药、骨伤、中医护理及全国喉科等培训班。先后举办纪念承淡安诞辰90周年、100周年暨国际针灸学术研讨会，纪念中医教育家曹颖甫逝世50周年学术研讨会，全国农村中医工作试点市（县）经验交流研讨会、国际中医药文化学术会议暨博览会，共有国内外650多位中医界专家学者到会。先后有3家医院成为医学院校的附属或教学医院，其中江阴市中医院成为加拿大温哥华国际中医学院教学医院、市中医院成为南京中医药大学附属医院、市三院（中西医结合医院）成为南京中医药大学教学医院。

四、中医评选活动

1990年，主任医师杜晓山被评为全国500名老中医药专家之一，1992年起享受政府特殊津贴。1992年，市卫生局设立“无锡市振兴中医杏林奖”，每两年举办1次，至2005年，共表彰“无锡市振兴中医杏林奖”先进集体36个次、先进个人85人次。1994年，开展名中医评选活动，每3～5年举办一次，至2003年，先后进行3次评选，评出省、市名中医51名。其中钱志远、司马晓钟、杜晓山、赵景芳、汪朋梅、张遂康、周达人、周慕丹、蓝华生、吴新欲、周国栋、王心支、邓君朴、袁士良、邹逸天、徐南甲、夏亦钧、邓荫南等18人被评为省名中医；马荣赓、朱世楷、黄德炎、蔡德猷等4人被评为省中西医结合名专家；周国栋、赵景芳、胡蓉、周奚钟、张遂康、周达人、邹逸天、周士英、邹兰谷、郁冠亚、吴新欲、蓝华生、王心支、邹文浩、包永敏、袁士良、姚之丹、胡明灿、冯祖南、邓君朴、王敏英、壮健、陆智义、方剑萍、张馥南、周景福、陈正平、余中方、高泉明等29人被评为市名中医。2003年，吴新欲被评为全国老中医药专家。2005年，邹逸天、汤乃康作为自学成才中医师，入选全国农村基层优秀中医人员。

第二节 西 医

一、学科、专科建设

1990年，无锡市确定首批重点专科10个，其中包括市一院心内科、血液科、泌尿外科，市二院心内科、神经外科、眼科，市三院烧伤科、中西医结合消化科，市四院心胸外科、肿瘤科等。1999年，贯彻《无锡市区域卫生发展规划》，实施创名院、建名科、出名医“三名”战略，建设、巩固、发展重点专科。重点专科门急诊量及住院人次超过所在单位诊疗总人次的5%，部分重点专科门急诊及住院人次占全市同类专科业务总量的10%～30%以上，区域外病人30%以上。组织开展重大技术项目攻关，成功施行异体肺移植术、异体造血干细胞移植术、胰岛细胞—肾联合移植术、胰—肾移植术、肝—肾联合移植术、肝脏移植术、断指（肢）再植术、第二代试管婴儿术等高技术手术。2001年起，江苏省卫生厅在全省组织实施“135工程”（即“江苏省医学重点学科建设和人才战略工程”，在5～6年内培养100名重点人才，建设30个重点学科和5个重点实验室），无锡市有3家卫生单位和7名卫生工作者被确定为首批“135工程”医学重点学科和医学重点人才。至2005年，全市建有省级医学重点学科3个、医学临床重点专科11个，市级医学临床重点专科15个。

1. 江苏省医学重点学科

江苏省血吸虫病防治研究所寄生虫病学 2001年建成运行，为省“135工程”医学重点学科，从进行传统流行病学研究和病原学诊断发展到分子水平、基因水平的高技术研究，并在寄生虫病诊断和媒介控制等方面取得突破性进展。学科采用分子生物学、免疫学、细胞生物学等先进技术，用于血吸虫病、疟疾等主要寄生虫病控制的基因工程疫苗、快速免疫诊断方法、传病媒介的生物控制技术、抗性基因的筛选、新型灭螺药物的研究等该学科前沿尖端技术，为防治对人类危害极大的血吸虫病和疟疾等重要寄生虫病提供先进的技术和手段。学科建有江苏省寄生虫分子生物学重点实验室，队伍中包括省医学重点人才2人、省“333二期学术技术带头人培养工程”培养对象3人、卫生部跨世纪地方病优秀人才培养对象2人、省有突出贡献中青年专家1人、市有突出贡献中青年专家2人、市“学术技术带头人培养工程”培养对象1人。至2005年，获得国家发明专利2项、省科技进步奖3项、市科技进步奖2项，承担省级以上科研项目58项，在国内外发表学术论文160余篇。

江苏省原子医学研究所核医学 2001年建立运行，为省“135工程”医学重点学科，是核技术与医学、药学、化学、生物学、物理学等学科相结合，利用核素和放射线研究诊断、治疗和探索疾病规律的一门新兴学科，又称同位素医学或原子医学，在基础医学和临床医学领域，尤其在肿瘤核医学、神经核医学、心血管核医学、内分泌核医学、核分子生物学等方面应用广泛，核素显像技术以无创伤性、功能性和代谢性显像，在现代医学领域具有独特地位。运用核医学早期诊断帕金森病是国内第一个正电子药物18F-FP-β-CIT获准进入临床的项目。2004年4月，建设成为卫生部核医学重点实验室。学科队伍中包括国家级有突出贡献中青年专家1人，省、市有突出贡献中青年专家各2人，省医学重点人才1人，省“333二期学术技术带头人培养工程”培养对象4人，省“六大人才高峰”1人，市“学术技术带头人培养工程”培养对象2人。至2005年，获得国家发明专利10项、省科技进步奖4项、省卫生厅新技术引进奖9项、市科技成果奖19项，获得国家新药证书3张、国家药品注册证8张，放射性药物GMP证书1张。共承担省级以上科研项目39项，发表省级以上论文237篇。

无锡市手外科医院手外科学 2001年，市手外科医院与南通医学院附属医院联合申报，成为“135工程”医学重点学科。手外科的临床工作重点是对复杂疑难的手创伤进行最大限度的功能恢复，在单个组织移植修复手创伤的基础上采用多块组织组合移植修复，经专家鉴定达到国际先进、国内领先水平。代偿性股前内侧游离皮瓣移植、示指近节桡背侧岛状皮瓣手术改良等技术先后获省、市奖励。学科拥有主任医师3人、副主任医师5人、主治医师15人。其中省医学重点人才1人、省“333二期学术技术带头人培养工程”培养对象1人、市有突出贡献中青年专家1人。至2005年，共为16407名患者进行断指（肢）再植术，成活率98%以上，先后获得中华医学三等奖2项，省科技进步奖1项，省卫生厅新技术引进奖一等奖1项，市科技进步奖1项，华瑞医学科技奖一等奖1项、二等奖1项、三等奖2项。

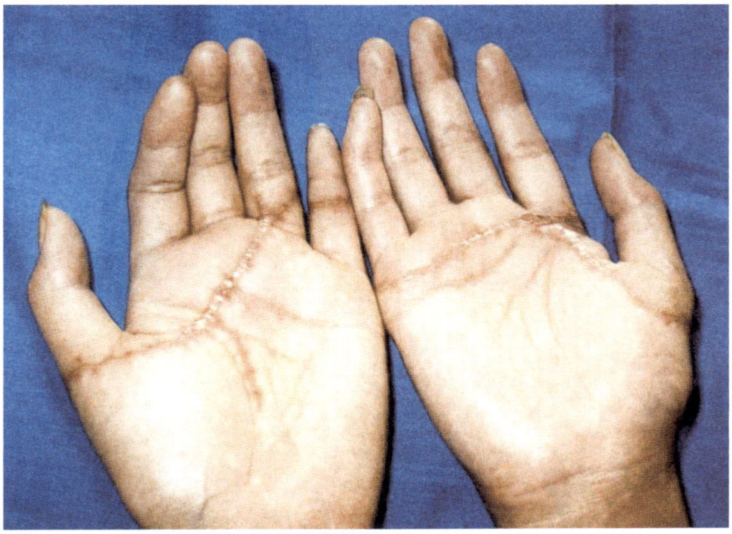

图32-5　2002年，钱某十指断指再植手术在市手外科医院获得成功　（市卫生局供稿）

2. 江苏省医学临床重点专科

市一院心血管内科　设置床位73张，其中普通床位67张、冠心病重症监护（CCU）病房床位6张，临床技术全面达到并超过卫生部三级甲等医院重点专科技术标准，主要收治冠心病、各种原因所致心力衰竭、心律失常、心包炎以及需要进行导管介入诊治的各种心血管疾病患者，月收治患者185人次左右。在市内率先开展冠心病重症监护（CCU）、动态心电图（HOLTER）、食道及心腔内电生理检查、亚极量负荷试验、起搏术、冠状动脉造影术、经皮冠状动脉腔内血管成形术（PTCA）、射频（RF）、经皮球囊二尖瓣成形术等。其中经皮球囊二尖瓣成形术填补省内空白。2002年起，开展急诊经皮冠状动脉腔内血管成形术（PTCA）、抗房颤起搏器的植入、三腔起搏治疗心衰、心肌干细胞移植等新技术新项目。2003年被批准为硕士授予点，并成为南京医科大学动脉粥样硬化研究中心无锡基地（博士、硕士培养点）和苏州大学生命科学院无锡第一人民医院生物技术研究中心（博士、硕士培养点）。参与大规模临床药物研究2项、“十五”重大科技攻关课题1项。拥有正高职称4人、副高职称2人、中级职称5人，其中博士学位1人、硕士学位5人、留学归国人员1人。每年接受进修医师10人，完成南京医科大学本科教学任务300学时。

市一院泌尿外科　设置床位48张，其中肾移植独立床位6张。自1979年1月施行无锡市第一例肾移植术，共完成肾移植术350例次，包括活体供肾移植和儿童肾移植术，其中原位肾移植术达国内先进水平，肾移植人1年存活率达95%，3年存活率达82%，5年存活率达75%。2000年，开展胰肾联合移植项目。2001年起，进行胰岛细胞移植实验和临床移植尝试。至2005年，完成胰肾联合移植术9例，6例健康存活，最长已达6年。该科为南京医科大学硕士学位授予点，拥有主任医师3人、副主任医师2人、主治医师5人；博士1人、硕士6人。年门诊量2.5万人次，年手术量1000台次，其中70%为微创术。

市一院内分泌科　设置床位54张，下设二级分科2个、治疗小组4个，分别为：代谢性疾病科（包括糖尿病组，肥胖症、骨质疏松组）、内分泌科（包括甲状腺组，肾上腺、垂体组）。拥有专科医师13人，其中高级职称医师5人、主治医师5人，硕士及以上人员5人、硕士生导师3人，教授、副教授3人。年门诊量4万人次，年收治患者1500人次，区域外病人覆盖率40%。承担南京医科大学七年制、五年制学生的理论教学和省内多所医学院校的临床及进修生的带教任务，为南京医科大学临床硕士生培养点。该科承担的主要研究方向：糖尿病急慢性并发症发病机制与药物干预对策的研究，视觉电生理对糖尿病患者白内障、视网膜病变诊断分期及治疗效果预测的系列研究，代谢综合症发病机制及行为方式干预的研究，甲状腺良、恶性肿瘤的超声造影鉴别研究。

市一院血液科 设置床位60张，其中100级无菌层流病房床位3张。以治疗急、慢性白血病、恶性淋巴瘤、再生障碍性贫血、特发性血小板减少性紫癜等血液病及开展自体、异体骨髓移植、交替半身照射及自体外周血造血干细胞移植为特色。1990年，在无锡市第一个开展自体骨髓移植治疗晚期恶性淋巴瘤获得成功。1995年，首创交替半身照射治疗白血病获得成功，在国内外处于领先水平。1998年，在市内率先开展自体外周血造血干细胞移植治疗白血病、淋巴瘤。2001年起，先后开展异体异基因造血干细胞移植术治疗急、慢性白血病，取得很好疗效，两例患者基本治愈，填补无锡市空白。拥有主任医师4人、副主任医师2人、主治医师5人。年门诊量7000多人次，住院病人800多人次。

市二院肝胆外科 设置床位60张，在微创技术、高难度肝胆胰脾手术、器官移植方面具有特色优势，成功开展胰肾联合移植手术、多例肝移植手术，国内首例声控智能腹腔镜胆囊手术，省内首例针式腹腔镜胆囊切除术，市内率先开展腹腔镜下肝叶切除术，腹腔镜下壶腹部肿瘤切除术，高难度肝癌、胆管癌以及复杂胆道疾病手术，完成市内首例复杂胰腺癌的区域性根治术、肝尾状叶肿瘤切除术、第Ⅷ段肝癌根治术、腹主动脉瘤切除人造血管转换术、胆道镜联合腹腔镜微创治疗胆道结石等高难度手术。开展的微创技术治疗重症胰腺炎及重症胰腺炎感染期扩大清创多根改良式双套管持续冲洗引流术，取得良好治疗效果，成为江苏省肝胆外科学领域的领先者。为南京医科大学重点学科，拥有博士2人、在读博士2人、硕士2人、正副主任医师6人，年门诊量8000多人次，住院病人2000多人次，手术病人1000多人次。

市二院神经外科 设置2个病区，有重症监护室、微创技术实验室、分子生物学实验室等，市神经外科研究所设于该科，拥有专科医师18人，其中市医学领军人才及后备人才各1人、主任医师2人、硕士研究生导师2人、博士5人、硕士10人，是南京医科大学硕士培养点。每年完成手术800余例，其中甲类手术达30%以上。颅脑疾病的抢救成功率处于省内领先水平。颅内肿瘤、脑血管病的微创治疗达到国内先进、省内领先水平，在国内较早开展神经内镜下颅底微创术，在省、市内率先开展神经内镜下经鼻垂体瘤微创术、脑血管病介入术、神经导航引导下微创术、锁孔微创血管减压术治疗三叉神经痛、面肌痉挛等，疗效显著。

市二院心血管内科 设置两个病区、97张床位，临床以心血管疾病的介入诊疗为特色，完成心血管介入术7000余例，在冠心病及心律失常的介入诊断和治疗等多方面均居国内先进水平。拥有医师21人，其中教授、主任医师4人，副教授、副主任医师6人，讲师、主治医师7人，博士3人、硕士6人。为硕士培养授予点，是市内唯一的国家级青年文明号。

市二院眼科 设置两个病区7个专业组70张床位，眼底病的荧光造影诊断和激光治疗处于省内领先水平，玻璃体视网膜手术和白内障超声乳化手术的效果和数量处于省内先进，在省内率先开展准分子激光领域个体化切削治疗近视眼手术。拥有医护人员43人，其中正高职称3人、副高职称8人、博士1人、硕士10人，省“333工程”重点人才1名，市级重点医学人才2名。年门诊量8万多人次，年病房手术量2300余台。

市四院肿瘤科 设置床位230张，引进全数字医用直线加速器、三维放射治疗计划系统、CT模拟定位系统、肿瘤射频热疗机等高精尖设备，用于肿瘤放疗、后装治疗、交替半身放疗、放疗加热疗、适形放疗、适形调强放疗等治疗。其组织细胞培养室是省内唯一申报并被卫生部等有关部门审查批准允许的制备生物细胞的净化室。肿瘤（资源）标本库是市卫生局2002～2003年度重大综合发展项目，市“十五”规划四大重点课题之一。脑瘤适形放疗、鼻咽癌后程加速适形放疗等技术均填补市内空白。拥有主任医师2人、副主任医师10人、硕士研究生导师3人、博士1人、硕士11人。至2005年，形成集放疗、化疗、介入、热疗、中西医结合、生物治疗于一体的综合治疗中心。

市四院麻醉科 设置百级至万级层流手术室15间，清创手术室1间，麻醉苏醒室床位4～5张。

年手术量7000～9000例，麻醉量6000～7000例（全身麻醉占50%左右）。拥有先进的专科设备和监测仪器，其中，西门子麻醉工作站、连续心排量监测仪、内窥镜系统等专科设备达到国内领先水平，能够满足复杂心脏手术、腔镜及微创手术、不同部位肿瘤病人手术等手术需要，而且为围手术期各个年龄段病人、重症病人的监护和处理提供保障。复杂性心脏手术、老年病人和婴幼儿（新生儿）、肿瘤病人和危重病人的手术麻醉技术居无锡市前列，在围手术期病人的重要脏器功能调控和呼吸治疗等方面具有丰富的临床经验及理论研究能力，在无痛内窥镜诊治等方面具有特色。危重病人抢救成功率98%以上，麻醉意外死亡率为0。拥有主任医师2人、主治医师8人、教授2人、硕士研究生8人。

市妇幼保健院妇科　为南京医科大学重点学科，全国巾帼文明示范科室。设置妇瘤科、妇科泌尿科、普妇科、中西医结合科、乳房科、妇科内分泌科、妇科内窥镜科等7个二级专科，主要开展肿瘤系列治疗、乳房整形美容术、腹腔镜手术、骨质疏松症诊治及妇科类疾病的诊治和研究，设置床位200张。年均门诊量增长5%～10%，年均住院量增长8%～15%。拥有妇科医师40人，其中主任医师8人、教授3人、副主任医师7人、副教授1人、讲师5人、主治医师8人、硕士研究生4人。

3. 无锡市医学临床重点专科

无锡市医学临床重点专科包括市一院肝胆外科、消化内科、影像科，市二院神经内科、皮肤科、检验科，市三院烧伤科、骨科；市四院胸心外科、耳鼻咽喉—头颈外科，市五院普胸外科，市妇幼保健院产科，市精神卫生中心临床心理科、精神科，江阴市人民医院神经外科等15个科室。2002年9月28日，在动物实验成功的基础上，市五院开展首例同种异体肺移植手术并获得成功。市肺移植中心主任、学科带头人、主任医师陈静瑜，2001年、2004年两次赴加拿大多伦多总医院进修肺移植技术，他领导的肺移植团队先后赴南京、大连、青岛、济南、滨州、徐州、常州、南通和新疆等地的三级医院指导开展肺移植工作。2004～2005年，市五院连续两届参与举办全国性的肺移植学术会议，组织肺移植病人参加全国移植病人运动会。陈静瑜肺移植手术团队的肺移植，填补该领域国内的多项空白，包括研制并应用Raffinose-LPD肺灌注保存液，使肺的保存时间长达7小时45分，突破国内肺保存仅有4～6小时的限制，填补国内该灌注液的空白；亚洲首例非体外循环下序贯式双肺移植；全国首例肺移植治疗慢性阻塞性肺气肿；全国首例单肺移植结合对侧肺减容治疗肺气肿；国内首次在一家医院，利用同一供体同时完成两例单肺移植手术；与外院合作成功完成国内第一例心脏室缺修补加单肺移植手术治疗艾森曼格综合症（Eisenmenger）。肺移植项目获市政府腾飞奖、省级医学新技术引进奖一等奖、市级科技进步奖二等奖。2005年9月，市卫生系统第一个国家级重点实验室临床研究基地，教育部、卫生部器官移植研究重点实验室无锡肺移植临床研究基地在市五院挂牌。至2005年，该团队完成肺移植40余例，数量为国内之最，移植技术达到国际一流、国内领先水平。

二、重点项目建设

2001年，无锡市医疗卫生启动实施重点项目发展战略，市二院的“眼库”、市三院的“皮库”、市四院的“肿瘤标本库”和市一院的“中心实验室”列入重点发展建设项目。至2005年末，“三库一室”的设施配备和规范化制度化建设在省内同行中处于领先水平。其中：市三院的“皮库”在全市及周边地区抢救危重烧伤病人中起到重要作用；市四院的“肿瘤标本库”库存标本量仅次于省肿瘤医院，医院临床、科研、教学综合能力大为增强；市二院的“眼库”建设促进眼科专业技术水平的提高，在其支撑下一批新技术新项目得到有效开展，一大批病人得到救治，重见光明；市一院“中心实验室”拥有总价值约250万元的免疫学、血液学、细胞及分子生物学等实验诊断设备，技术项目处于全市领先、全省先进水平，为临床疑难危重病的救治及医学科研创造有利的条件。市二院的实验室下设化学发光分析室、放射免疫分析室、临床基因扩增室、流式细胞分析室及细胞培养室。临床基因扩增实验室也是复旦大学人类基因研究协作实验室，并与中山医科大学达安基因诊断中心联合成立“卫生部科技中心无锡第二人民医院基因诊断联合实验室”。

三、医疗先进技术

1986年，无锡市医疗机构开展脑肿瘤切除术、部分胸外科手术、泌尿外科手术、非创伤性心肌电生理检查、利多卡因治疗真性眩晕症、内窥镜下胰胆管造影、显微眼科手术治疗白内障等。在儿童治疗中，运用头面罩吸氧技术。4月，市手外科医院收治断指离体56小时的4岁女孩，经3次手术再植成活，该成果获市首届科技进步“腾飞奖”。1987年，开展尿道切除前列腺术、纵隔肿瘤切除术、儿童持续正压通气（CPAP）技术、皮肤科激光治疗技术和逆行胰胆管造影等技术。市二院完成的“临床生化质量控制的研究”获省科技进步三等奖。市传染病医院完成的“乙型肝炎病毒核心抗原测定方法”获省科技进步四等奖。1988年，临床应用加温雾化氧吸入和婴儿开放式保暖系统、开展腭部鳞癌切除术，单独成立功能检查科，开展心电图、胃镜、B超检查，病理科开展细针穿刺活检。1989年，在省内率先开展经皮球囊二尖瓣成形术（PBMV），成功率100%。开展宫腔镜和羊膜镜检查。1990年，开展显微外科和整形外科手术，采用颈内静脉穿刺技术建立血管通路开展血液透析，开展双腔起搏器植入技术；市妇幼保健院开展胎儿监护仪和阴道镜检查，无锡市二院开展玻璃体切割术。同年，市内首例双卵四胞胎在市四院剖腹产平安生下4个男孩，体重最重的1900克，最轻的1450克。其中：前3个孩子为单卵三胞胎，血型B型；后1个孩子为单卵单胎，血型A型。

1992年，市一院开展全膀胱切除后胃代膀胱的临床应用，具有国内领先水平，获省科技进步四等奖；市三院完成的变态性鼻炎患者治疗前后血浆前列腺及环核苷酸的测定研究，获市科技进步四等奖；市四院设计的模压式胸腔闭式引流装置，适合国情，有较好的推广价值，获市科技进步三等奖。1993年，市四院研制的仿生人工胸壁（缺损修补术）置换获得成功。1994年，采用射频消融治疗快速型心律失常和经皮冠状动脉腔内成形术，成功率95%。市一院开展的颅内血肿排塞术、市三院的开展微粒皮更植治疗大面积烧伤的临床应用、市四院开展的淋巴介入治疗癌肿研究、市妇幼保健院的新生儿重症窒息后心电图改变与临床颅后及远期智能障碍的研究，分别获市科技进步三等奖。1995年，国内首例采用交替半身照射根治性治疗白血病（于1998年获无锡市科技进步二等奖）、省内首例后腹腔镜肾切除在市一院获得成功。

1998年，首例冠状动脉搭桥术在市四院获得成功。市手外科医院开展“皮瓣加足趾组织组合移植Ⅰ期修复全手皮肤撕脱性损伤”的研究和“以上肢浅表皮神经伴行血管为蒂的岛状皮瓣的解剖研究和临床应用”取得成功，获省科技进步二等奖。1999年，参与完成国内首例“骶神经根电刺激器植入重建SCI患者排尿功能”，该项目被入选“1999年全国十大医药科技新闻”。市一院成功施行省内首例亲属供肾移植术和市内首例永久性房室全能型心脏起搏器（DDD）植入术。同年，还开展十二指肠乳头切开取石等项目。2000年4月，苏南地区首例足月试管婴儿在市四院诞生。同年，首例胰腺肾联合移植术和肝移植术分别在市一院、市三院获得成功。开展三腔起搏器及抗房颤起搏器的应用、小剂量r-tPA早期溶栓治疗急性心肌梗死和市四院开展市内首例微创冠状动脉搭桥手术。市儿童医院成立后，先后开展经肛门先天性巨结肠根治术（Soave术）、先天性漏斗胸的胸骨抬举术、尿道下裂的尿道成形术（Snodgrass术）、先天性胆总管囊肿根治术等手术均达到国内或省内先进水平。

2001年，与美国医疗网络——北京医网合作建立的绝经期女性激素补充指导中心，对绝经期女性进行激素治疗及指导。开展的急性心肌梗死急诊经皮冠状动脉腔内血管形成术（PTCA）技术、“溶栓再灌注与多巴酚丁胺负荷实验中超声背向散射临床应用研究”获市科技进步三等奖。市妇幼保健院经省卫生厅批准开展丈夫精液人工授精技术，配备最先进的体外受精联合胚胎移植技术（IVF）实验室，采用人工授精、配子输卵管内移植（礼物婴儿）、体外授精——胚胎移植及冷冻胚胎移植（第一、第二代试管婴儿）等高科技手段治疗不孕症。2002年，开展第一例心不停跳下冠状动脉搭桥术取得成功。成立市早产儿救治中心及病理新生儿转运体系，极低体重抢救成功率为80%，达到省内先进水平。建立市乳房疾病诊治中心，开展红外线扫描、彩色B超、钼钯摄片、乳管造影、涂片及穿刺细胞学检查等先进诊疗项目。运用中西医结合辨证施治、理疗、外科手术、放疗、化疗等综合方法治疗各种乳房良性疾病和乳房癌患者。乳房整形手术在市属医院开展。开展异种去细胞真皮支架与自体皮片复合移植，胃镜下支架置入治疗食管良性狭窄技术，脊髓损伤后膀胱功能重建的基础与临床研究，孪生趾腹皮瓣修复指掌侧软组织缺损的临床应用等技术。是年9月28日，首例异体肺移植术在市五院获得成功，该院副院长陈静瑜为患者马年青成功完成肺移植手术，患者健康生存5年。该项手术达到国内技术先进水平。

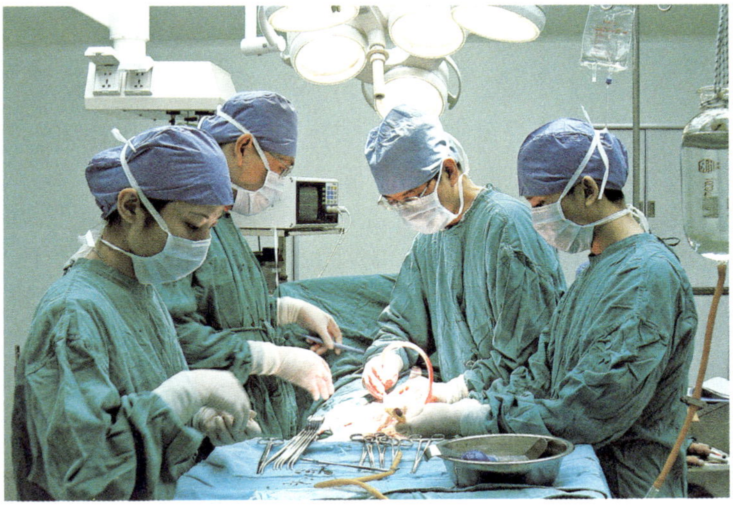

图32-6　2004年，市一院为尿毒症患者唐某成功进行华东地区首例胰岛细胞肾联合移植手术　（市卫生局供稿）

2004年，“组合组织移植修复复杂性手创伤的系列研究”技术取得成果，成功开展高血压脑出血微创治疗，立体定向导航下电脑射频治疗顽固性三叉神经痛，配合显微镜做脑深部小肿瘤或病灶切除，脑组织病理活检，脑深部囊性肿瘤、脑深部脓肿穿刺治疗，帕金森病等功能性疾病的定向射频治疗等。骨科的人工关节置换技术基本实现与国际接轨的系列化管理。同年，开展的电子线阵式超声胃镜检查和治疗技术在各种胆道、胰腺疾病和黏膜下肿瘤的诊断方面有明显优势，超声胃镜引导下胰腺细针穿刺抽取组织进行病理诊断明确胰腺病变性质等多项技术省内领先；自体骨髓干细胞治疗心肌梗塞在市二院获得成功。市首例独立完成的急诊肝移植、胰岛细胞肾联合移植在市一院取得成功；开展冠脉球囊扩张术及支架安置术、周围血管介入治疗肾动脉狭窄、腹主动脉瘤等技术和CT仿真内窥镜技术。2005年，市一院微创外科引进并应用先进的腔镜技术，成功利用乳晕旁0.5厘米的小切口，为多名患者切除甲状腺肿瘤。同年，开展自体骨髓干细胞移植治疗急性心肌梗死，心肌超声造影等新技术达国际先进水平，该技术中“以超声介导白蛋白微泡破裂进行定向基因转导的研究”达到国际领先水平。

第三节　护　理

一、护理队伍

1986年，全市有护师（士）3204人，1990年增至4620人。2000年起，市各医院逐步使用合同制护士，引入护理管理岗位竞争机制，逐步实行科护士长、护士长竞聘上岗，一批高素质年轻护士走上护理管理岗位。医院护理人员历来以女性为主，2003年，开始招聘男护士，2005年市属医院有男护士7人。是年末，全市有注册护士9754人，其中医疗机构在职注册护士7845人，占卫生技术人员总数的34%，平均每千人拥有护士数由1985年的0.7人增至1.73人。护理人员中本科以上学历占5%、大专学历占31%、中专学历占61%，市属医院护理人员的学历从以往的以中专为主提高到大专、本科占53%。高、中、初专业技术、职称比例合理设置。市级医院注册的2698名护士中，具有高级护理职称23人、主管护师596人、护师1056人、护士1023人。

二、护理管理

1. 护理体制

1986年，各市（县）、区卫生行政部门基本设立护理专职或兼职管理人员，三级医院实行院长垂直领导下的护理部主任、科护士长、护士长三级护理管理体制。各医院建立护理专业委员会及专业指导组。1995年起，二级以上医院相继建立分管院长领导下的三级垂直管理体系，形成独立的业务指挥系统。

2. 护理规范

1990年，县级以上医院实行《护士长工作手册》制度。1992年起，相继开展医院病区、手术室、供应室的规范化管理，对设置、设施、设备、人员、工作制度、工作质量等作出明确规定。1994年1月，市卫生局编印10种护理部管理、6种病区管理记录本，统一规范护理文书记录。每年对新上岗护士长培训。护理服务呈现向社区拓展、向家庭延伸的趋势，家庭护理、临终关怀、老年护理、日间病房等需求日渐凸现。1997年，二级以上医院逐步开展整体护理，护理服务突出人性化。2002年起，二级以上医院开展临床专科护理。是年，市卫生局制订《关于进一步加强社会医疗机构护理人员继续教育的通知》等文件，规范管理社区护理工作。至2005年，市卫生局先后出台并推行护理质量考核评价制度、护理人员考核制度、进修实习人员带教制度、护士值班制度、消毒隔离制度、卫生宣教制度、饮食管理制度、护理人员继续教育制度、护理安全管理制度、护理风险应急预案、护理不良事件报告处置制度、病区差错事故登记上报制度、护理差错防范措施、“三查七对”[①]制度、护理差错分析制度、物品器械药品管理制度、护工管理制度及《专科护理实施方案》《整体护理实施方案》《心理护理实施方案》等。

3. 准入制度

1995年6月，全市实施护士执业注册准入制度，首次实行护士执业考试制度，开展护士执业注册工作，实现护理人员持证上岗，依法执业。全市共有5778名护理人员领取护士执业证书，5145名护理人员进行专业注册。1998～2005年，实施护士长竞争上岗、护士聘用（任）制度和合同制护士招聘等制度。

4. 护理模式

整体护理 80年代开始，各医院在病区推广责任制护理，从被动执行医嘱逐步向从病人的身心整体出发，实施有计划的全面护理，包括病人的治疗、饮食、基础护理、心理卫生等。1997年，为适应由生物医学模式向生理、心理、社会医学模式转化，突出“以病人为中心”的服务理念，运用护理程序开展护理工作，市卫生局在全市二、三级医院中开展“以病人为中心的整体护理”试点工作，实行心理辅导、病人健康知识教育和护理行为结果评价的新型护理模式。在市四院选择4个病区开展整体护理试点工作的基础上，是年12月，12家医院的24个病区推行整体护理，病区住院病人满意度由80%提高至95%以上。1999年4月，市卫生局制定《无锡市医院系统化整体护理模式病区建设标准》，各医院按照此标准实施。经验收，市卫生局确认71个系统化整体护理病区。2001年，39个病区被确认为第二批系统化整体护理病区。同年，市卫生局颁发《关于规范医院整体护理文件书写、质量控制的通知》，加强护理文件书写质量管理。全面推行外科病房、手术室、重症监护室（ICU）“三位一体”全程护理，确保患者在手术前、手术中、手术后得到连续性的个体化护理。2005年，市四院制订《心理护理实施方案》，加强护患沟通和化解医患矛盾。

专科护理 2002年，市卫生局颁发《关于临床推行专科护理的工作意见》，在推行整体护理模式基础上，针对疾病特点，应用专科护理常规和专科护理技术，实施不同的护理措施，体现全方位的个

① 三查是操作前查、操作时查、操作后查，七对是查对床号、查对姓名、查对药名、查对剂量、查对时间、查对浓度、查对方法。

性化专科护理服务。要求专科护理病区的护理人员大专学历持有率达到45%，专科进修率35%，专科护理病区护理工作满意度达99%。全市48个病区申报专科护理病区，经评审，市一院心内科等11个病区被确认为专科护理创建科室。2003年，全市新增专科护理病区8个。2005年末，市属9家医院有省级重点专科护理病区16个、市级重点专科护理病区30个，开设专科护理门诊9个。

第四章　医疗服务

第一节　设施　设备

一、基本建设

1990年始，各市（县）、区新建人民医院大楼相继投入使用。1990年末，全市卫生系统固定资产总值2.16亿元，与1985年末相比，增长1.42倍。1995年12月，无锡市第一家宾馆式医院——江苏省江原医院建成。1986～2005年，各市属医疗单位筹资新建、改建、扩建病房等，完成基建项目59项，34.62万平方米，投入资金9.25亿元（其中政府拨款8.23亿元、自筹资金1.02亿元）。在无锡4家省属医疗单位完成基建项目19项，4.86万平方米，投入资金5876.8万元。各市（县）、区医疗单位共完成基建项目108项，46.74万平方米，投入资金6.79亿元。至2005年，共完成基建项目186项，总面积86.22万平方米（其中新增100万元以上基建项目77项，计468671.09平方米），共投资16.63亿元。2005年末，全市卫生系统固定资产总值61.74亿元，与1990年相比，增长27.6倍。

二、医疗设备

1985年前，无锡市医疗单位一般由药剂科或总务科管理医疗设备。随着先进医疗器械、设备的不断更新和增加，医疗单位先后成立医疗器械科负责单位医疗设备的购置、保管、领用、保养、维修和报损（废）。1990年起，各医疗单位购进大型医疗设备用于临床应用和科研开发。其中：市一院拥有总价值1.55亿元的医疗设备，包括全数字化平板血管减影机、德国西门子核磁共振仪、美国GE多层螺旋CT等；市二院拥有16层螺旋CT、MR、DR（直接数字化摄影）、PACS、大型DSA（心血管造影系统）、钬激光、全数字化彩色多普勒超声诊断仪、流式细胞仪、数字型直线加速器、神经手术导航系统、食道心超仪、数字胃肠机、高压氧舱等先进医疗设备仪器。至2005年，市（县）以上医疗卫生单位购置30万元以上的医疗设备638件（其中100万元以上医疗设备174件），总价值10.09亿元。其中：市属医疗单位新增30万元以上医疗设备412件，总价值4.33亿元（其中100万元以上医疗设备92件，总价值2.76亿元）；省属单位拥有30万元以上医疗设备44件，总价值2821.6万元（其中100万元以上医疗设备5件，价值700.2万元）；各市（县）、区医疗卫生单位拥有30万元以上医疗设备182件，总价值5.47亿元（其中100万元以上医疗设备77件，价值3.13亿元）。

第二节　医疗费用

一、医疗收费

无锡市医疗机构主要收费项目有挂号费、诊疗费、治疗费、检验费、手术费、床位费、药品及其他费用等。1996年，门诊平均每人次医疗费63.54元，住院平均每人次医疗费4107元。2001年，推行药品价格和医疗服务价格公示制及费用清单制，对70岁以上老人免收挂号费和门诊诊疗费。2002年，推行住院费用一日清单制。2003年8月18日起，在全省率先通过新闻媒体实施医疗服务信息公示制，当天公示最为常见的成人肺炎、急性阑尾炎和剖腹产等3个病种平均住院费用，同时公布市一院、市二院、市三院、市四院、市五院、市中医院和市妇幼保健院等7家市属医院一季度部分单病种平均住院费用，同一住院病种在不同医院的最高、最低收费一目了然。2005年，无锡市医院门诊平均每人次医疗费131.14元，住院平均每人次医疗费4690.48元。是年末，医院有收费项目4500种。

二、市属医院收支与结余

1986～2005年，市属医院总收入124.73亿元，其中财政拨款5.43亿元；2005年收入18.64亿元，比1986年增加18.25亿元。同期，实现业务总收入118.69亿元，其中2005年收入17.79亿元，比1986年增加17.46亿元（门诊收入6.11亿元，比1986年增加5.93亿元；住院收入11.26亿元，比1986年增加11.13亿元；其他收入0.42亿元，比1986年增加0.4亿元）；医疗收入9.58亿元，比1986年增加9.43亿元，占业务收入的54%；药品收入8.21亿元，比1986年增加8.03亿元，占业务收入的46%。

医院业务支出主要有：人员工资、业务费、药品、卫生材料、公务费、设备购置费、修缮费及其他费用。1986～2005年，市属医院业务总支出119.14亿元。2005年支出18.25亿元，比1986年增加17.89亿元。其中人员支出5.12亿元，比1986年增加5.08亿元；公用支出11.89亿元，比1986年增加11.6亿元；对个人和家庭的补助支出1.11亿元，比1986年增加1.09亿元。

2005年末，市属医院收支结余0.39亿元，比1986年增加0.36亿元。

1986～2005年无锡市市属医疗机构收支概况表

表32-2　　　　单位：万元

年份	收入总额	其中财政补助	支出总额	年份	收入总额	其中		支出总额
						财政补助	上级补助	
1986	3946.81	675.74	3638.55	1996	56986.00	1652.00	—	54960.00
1987	5149.80	457.44	4322.70	1997	61916.00	2053.00	—	58921.00
1988	8196.10	705.70	7307.82	1998	69300.00	2818.00	—	67293.00
1989	10245.13	882.13	9134.78	1999	74692.39	3548.40	777.00	71650.50
1990	11409.50	633.10	10032.20	2000	85004.53	4690.00	1341.31	80432.71
1991	14052.73	759.10	13018.05	2001	99664.89	4154.71	910.35	95048.27
1992	17751.50	848.80	16562.60	2002	119175.06	4119.90	1086.60	112388.46
1993	31507.00	1140.00	28625.00	2003	144098.44	6268.64	1728.37	137778.91
1994	36226.00	1351.00	34550.00	2004	165917.29	7443.58	248.83	158953.19
1995	45641.00	1613.00	44259.00	2005	186435.40	8447.39	100.00	182542.45

第三节　诊疗与特色服务

一、诊疗服务

1986～2005年，全市医疗机构共诊疗28171.51万人次，出院病人757.63万人次。1997～2005年，全市医疗机构完成住院手术93.05万人次。1986年，全市医院共诊疗1268.39万人次（门诊1208.50万人次、急诊46.99万人次），住院32.98万人次，出院32.93万人次，其中治愈16.40万人、好转9.84万人、死亡1799人；治愈率62.5%，好转率33.1%，死亡率0.9%；病床周转次数39.97次/年，病床使用率82.83%，病床工作日302.60日，出院病人住院11.10日。2005年，全市共诊疗1391.16万人次，其中门诊1234.14万人次、急诊136.10万人次，住院49.21万人次，出院49.13万人次，其中治愈20.04万人、好转22.48万人、死亡1039人；治愈率45.62%，好转率51.18%；死亡率0.24%；病床周转次数29.84次/年，病床使用率87.09%，病床工作日317.89日，出院病人住院10.42日。

二、医疗便民服务

1987年8月，市离退休医务工作者协会成立，下设专家门诊部，发挥基层卫生单位离退休医务人员的作用，缓解群众寻医看病难题。1992年11月，市卫生局设立市公费医疗方便门诊部，以便民、快捷为宗旨，开展医疗咨询、专家门诊和健康体检等服务，同时为老迈、残疾、瘫痪和行动不便的病人提供电话预约出诊服务。全市各家医院相继开设专家门诊。1993年，市区医疗单位产科开展母婴同室服务的占67%，16家乡镇卫生院实现母婴同室不同床。

2000年7月，市中医医院首先推行“病人选择医生”服务。是年末，该项目服务在全市14家二级以上医院的153个门诊科室、91个病区推行。经问卷调查，病人对所选医生满意率达到95%。

2003年，在二级以上医院推行集审批、预约、咨询为一体的门诊一站式服务和24小时为病人提供后勤保障的“168”服务。这两项由市一院和市四院创立的新服务举措，在全省各大医院得到推广。2004年，无锡市实行大型医疗设备检查报告单通用制。至2005年，各医院设有导医台，开设无假日门诊、无午休门诊、便民箱、咨询服务热线、投诉监督电话等服务项目。

三、医疗慈善服务

2002年1月10日，市慈善会以“共享阳光雨露”募捐活动为载体，向社会募集慈善医疗救助资金2100万元，启动设立市慈善医院。市、区10余家医院参与竞争，崇安区人民医院获得市慈善医院承办权。同年4月，全省首家慈善医院在市崇安区人民医院成立，实行“一套班子、两块牌子、两项任务”运行模式。市卫生局指定市一院为慈善医院的技术指导医院，成立市慈善医疗专家志愿者队伍。市慈善医院投入80万元开辟慈善门诊区，添置慈善病床，建立慈善病人“生命急救绿色通道”及慈善病人结算系统，设立映山河分院等3个慈善就诊点。落实各项优惠政策，由最初的“二免二减半”（免收门诊挂号费、注射费，住院床位费、手术费减半）调整为“二免六减半”（免收就诊挂号费、诊疗费，住院手术费、床位费、治疗费、空调暖气费、血液透析费、CT检查费减半），大型仪器设备检查费优惠30%。向全市低保特困病人发放“爱心特困卡”；成立肾友俱乐部，发放“金宝血透病友俱乐部会员卡”，提供长期优惠服务。对患有特殊重病和居住地远的病人，提供送医送药上门服务。至年末，市慈善医院接受慈善医疗救助7725人次，其中门诊7686人次、住院39人次，抢救危重慈善病人42人次，支付慈善医疗资金77万元，市民对慈善医院的满意度达95.06%。2004年起，市慈善医院每年对外来务工人员发放价值300元的医疗救助卡500张，对外来务工的女职工开展免费妇科病检查。同年4月1日，市慈善医院首次向弱势群体推出部分单病种手术实行最高限额的服务。市慈善医院成立两周年期间，功能设施完备的3500平方米新门诊楼和扩建的急诊中心先后启用。

至2005年，全市慈善救助网点扩展至惠山区、锡山区两家医院和崇安区5个街道社区卫生服务中心。救助对象从市区没有参加医疗保险和补充医疗保险的患病城镇居民、享受最低生活保障对象，扩展至城市弱势群体、残疾人、外来务工人员。2002～2005年，累计减免费用250万元；常年救助企业困难职工家庭428户，减免及救助资金50多万元；累计对弱势人群实施医疗慈善救助143.72万人次，其中门诊141.38万人次、住院2.34万人次。市慈善医院被评为省、市文明单位和市十佳医院、市十佳助残先进集体、市民满意医院。

第四节　医疗救助

2003年，锡山区查桥镇建立并实施弱势群体门诊医疗扶助制度，扶助对象为参加区农村大病保险的低保人员及特困户。查桥镇以村为单位建立扶助基金专户，镇和村各按农业人口人均5元的标准同比拨款，扶助对象凭弱势群体门诊医疗卡到镇卫生院和社区卫生服务站就诊，年末凭卡和医疗票据兑现门诊扶助金。扶助标准为每户门诊总额在1000元以内的按40%补助，1000～2000元的按35%补助，2000元以上的按30%补助，1万元封顶。扶助基金单独建账、专户储存、专款专用、节余滚存，基金使用情况在村务公开栏内公布，接受群众监督。

2004年，市民政局、市卫生局、市财政局根据省民政厅、省卫生厅、省财政厅《关于印发〈江苏省农村医疗救助实施办法〉的通知》精神，以“新农合”制度为依托，开展农村特困人群医疗救助工作，出台《无锡市农村医疗救助管理办法》，明确由民政部门负责确定全市的医疗救助对象，卫生部门负责为救助对象提供医疗服务，财政部门负责救助基金的筹集和监管，合作医疗管理办公室负责医疗救助工作的具体实施。各市（县）、区设立农村医疗救助基金，基金来源为各级财政预算安排的专项救助经费、各级民政部门每年从留成的社会福利彩票公益金中安排不低于10%的资金、医疗救助基金的利息收入、社会团体和个人的捐助及按规定可用于农村医疗救助的其他资金。医疗救助对象为农村“五保”户、农村最低生活保障对象、因患大病造成生活特别困难又无自救能力的其他农村特困人群。2004～2005年，全市资助农村困难人群10.90万人次，免费实施医疗救助7961人，救助金额1391.66万元。对艾滋病患者落实“四免一关怀”政策，即对艾滋病患者提供自愿免费血液初筛检测，对农民和城镇经济困难人群中的艾滋病患者实行免费抗病毒治疗，对艾滋病患者遗孤实行免费就学，对孕妇实施免费艾滋病咨询、筛查和抗病毒药物治疗，将生活困难的艾滋病患者及其家庭纳入政府关怀救助范围。

第五节　医疗援助

一、援外医疗队

1986～2005年，无锡市派员参加省卫生厅组织的援外医疗队，先后有5批28名医生赴巴布亚新几内亚、桑给巴尔、马耳他和圭亚那等国治病防病，传授医疗技术。其中，2004年6月4日，无锡市受省卫生厅委托从9家公立医院抽调15名医疗骨干，独立组建的第六期援圭亚那医疗队，执行为期两年的援外医疗任务。作为中国在南美地区唯一的医疗队，医疗队员在炎热潮湿、疟疾横行、艾滋病感染率逾20%及物资短缺的恶劣环境中，履行救死扶伤使命，为当地诊治病人3.2万余人次，开展手术4000余例，在当地医学史上创造10余项“第一次”。医疗队深入孤僻小岛，主动应对洪水灾害开展医疗应急救援服务。启动“光明工程”，治疗圭亚那国众多的眼疾患者，赢得圭亚那政府的高度评价和圭亚那人民的广泛赞誉。

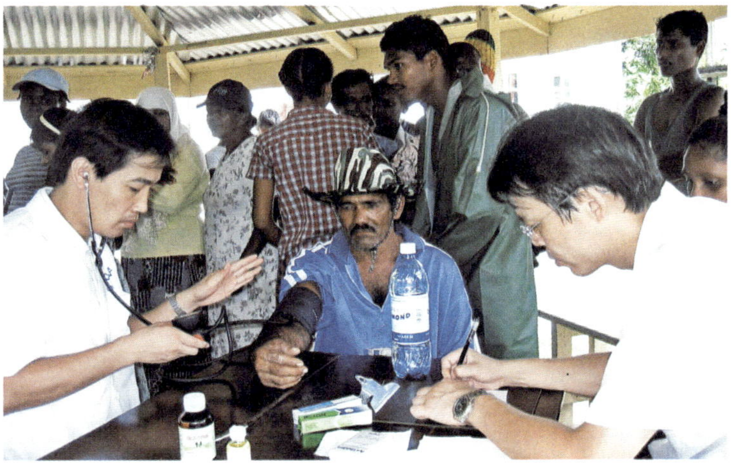

图32-7　2004年，无锡市医疗队赴圭亚那为当地受灾群众治疗（市卫生局供稿）

二、援疆援陕

1998年，无锡市选派3名专家型医疗骨干赴新疆担任地区医院副院长。同年，市卫生局组织开展捐资助医活动，捐助50万元为延安市建造卫生培训中心，赠送救护车1辆。此后，市卫生局与延安市卫生局、延安市南泥湾镇卫生院结为对口支援友好单位。同年，市卫生局启动实施“1998～2000年度青年志愿者扶贫接力计划”苏陕项目，通过公开招募志愿者和人员定期轮换的方式，连续3年在全系统动员和组织青年到陕西省贫困地区，先后有3批共7名医生到陕西省安康市等地开展为期1年的志愿扶贫服务。市肺科医院护师任勇在延安市安塞县人民医院服务期间，先后资助当地4名失学儿童和3名待业青年，共捐助款物计1.8万余元。1998年3月，为帮助延安市卫生系统提高医疗水平，市卫生局接收延安市医务人员到无锡进修，首批14人在无锡进修10个月，被分别安排至各市属医院，指定带教老师，制定培训计划，免费培训和住宿，按月对学员进行生活补助，补助标准每人每天4元（1999年起调整为每人每天10元）。此后，延安市卫生局每年派出近20名人员到锡，进修时间分别为3个月至1年不等。2001年9月，无锡市10名具有副高级职称的医务人员参加“情系延安——无锡灵山青年志愿医疗服务队”活动。2002年，市卫生局向延安市急救中心资助扶贫经费40万元。至2005年，市卫生局每年组织一批援疆医疗队，共派出9批29人6支医疗队，赴延安市和新疆霍城、伊犁等地开展卫生支农项目。

三、支医下乡（进社区）

1990年9月，市卫生局组织16人组成医疗队，赴宜兴市太华、张渚灾区巡回医疗，共诊治病人700多人次。1991年起，先后组织“计划生育指导队”“妇产科支农队”，赴江阴市河塘、长泾地区开展支农医疗工作。市妇幼保健院定期到宜兴、江阴、锡山、惠山等地乡村卫生院，义诊105次，传授技术64项，带教人才87人次。1997年起，开展文化科技卫生“三下乡”活动，建立城乡卫生对口支援关系。当年，组织医疗队39支、1328名医务人员下乡，诊治病人1.9万人次，培训农村医务人员754人。至1999年末，建立卫生支农点50多个。市级医院与社区卫生服务中心实行对口支援，从临床医疗、预防保健、免费培训、社会服务等方面，帮助受援单位提高医疗服务水平，还无偿调剂部分医疗设备。市四院对口支援惠山、荣巷、蠡园、河埒等4个社区卫生服务中心；市中医医院对口支援广益、广瑞、迎龙桥、南禅寺等社区卫生服务中心，并与惠山区人民医院、滨湖区中医院、胡埭卫生院、新锡量刃具有限公司联手开展医疗技术服务项目。

四、挂钩扶持

1.南北挂钩

2004年，市卫生局与徐州市卫生局结对，实施扶贫帮困南北挂钩工作。其中，无锡市崇安区疾病预防控制中心与徐州市九里区卫生防疫站、江阴市疾病预防控制中心与睢宁县卫生防疫站挂钩合作，接收徐州市卫生系统3名干部到江阴市人民医院、中医医院和宜兴市人民医院挂职锻炼。同年，两地卫生局组织互访和对口交流，结成友好单位，无锡市向徐州市卫生事业捐资20万元。2005年，市卫生局制订《关于接受徐州市卫生局挂职人员实施意见》，开展以防保工作为重点的双向交流和结对帮扶工作，增加宜兴市卫生监督所与新沂卫生监督所、江阴市卫生监督所与铜山县卫生监督所为结对单位。除业务帮扶外，市卫生局在经济、物质等方面给予支援，赠送数码相机、录音笔等卫生监督取证工具和办公用品，价值5万元。

2.扶持经济薄弱村

2004年起，根据市委、市政府办公室《关于市有关部门和单位结对挂钩扶持经济薄弱村的意见》精神，市卫生局与宜兴市芳庄镇万新村挂钩结对，开展为期3年的脱贫帮扶工作。市卫生局成立百村奔小康工程工作领导小组，选择确定驻村干部，并与镇、村议定帮扶项目，明确3年内通过发动卫生工作者献爱心、市属9家医院和市疾控中心出资帮扶等方式设立帮困扶贫基金，帮助修建村级公路，指导并补助200户村民改厕，改扩建村卫生室，帮助建设医疗文化服务站大楼，帮助困难村民参加新型农村合作医疗保险，对贫困户实施救助，定期组织知名专家进村义诊、指导创建省级卫生村，扶持发展村级经济实体等。在同年4月29日市卫生局举行的“百村奔小康扶贫帮困活动仪式”上，捐助扶贫款50万元，其中修建村级公路款35万元、村民改厕款10万元；局机关全体职工捐款6300余元慰问该村贫困户。2005年，市卫生局累计向万新村捐助扶贫款53.05万元，其中慰问贫困户3.05万元。

第六节　保健服务

1986年前，医疗保健和健康体检服务主要以医院、疗养院为主，涉及专业性保健、体检服务，如职业健康体检、妇女儿童保健和婚前检查等，一般由对口医疗单位负责。1990年后，各级医疗单位不断增加体检仪器设备和人员配置，体检项目由单一的检查向全面健康管理转变，服务对象也由特定人员向全社会人群覆盖。至2005年末，全市建成具有一定规模的医院体检中心12家，配有专职医务工作人员114人，其中具有中级以上专业技术职称84人。全市医疗单位开展健康检查855.34万人次。检查发现原发性肝癌、肺癌、肾癌、胃癌、乳腺癌等多种早期恶性肿瘤病例和众多的早期糖尿病、高血压等慢性疾病病例，体检满意度均在95%以上。无锡市另有市第一棉纺织厂职工医院、市第二棉纺织厂（庆丰集团）职工医院、市第三棉（丽新）纺织厂职工医院、市商业职工医院、市港务职工医院、无锡威孚集团有限公司职工医院、海鹰企业集团有限责任公司职工医院、中国第一汽车集团公司无锡柴油机厂职工医院、江苏锡钢集团有限公司职工医院、无锡华润微电子公司华晶医院、澄西船舶修造厂职工医院、市社会福利院、市煤矿（瑞济）医院、江苏省无锡监狱医院、江苏省宜兴监狱医院、江南大学医院等16家职工医院和165家企事业医疗卫生机构，785名医务人员，承担企事业职工的基本医疗、预防保健、职业病防治、传染病管理、妇幼保健、计划生育等医疗卫生服务。

一、专业体检单位

1.无锡市中心体检站

成立于1987年6月，原设在省荣军医院内。1996年1月，核定事业编制3名，经济独立核算，改设在市中医医院内，面积110平方米，依托大型医疗设备，承担中专、中技、高校招生体检，征兵体检，部分就业体检以及市民健康体检等。每年完成中专、中技、高校招生体检3万～5万人、市区药品生产经营企业职工体检2000人次。2005年，转为非营利性社会医疗机构，有工作人员和技术人员12人，负责征兵体检终检6011人，合格2155人，合格率35.85%。

2.无锡市疾病预防控制中心门诊部

80年代末，市卫生防疫站（市疾病预防控制中心）门诊部依据有关法律法规开展从业人员健康体检及发放健康证明工作。2003年，申报并经省卫生厅核准，取得职业健康监护资质，对作业场所接触粉尘、化学物、放射性、物理因素、生物等职业病危害因素和从事电工、压力容器、高处作业以及机动车驾驶等劳动者，进行上岗前、在岗期间和离岗时的体检，筛查职业禁忌、疑似职业病，保护劳动者身体健康。2005年末，市疾病预防控制中心设有中心门诊部、新区门诊部，开展从业人员体检。

二、医院健康检查服务

70～90年代，市各家医院陆续开展疾病普查和健康体检业务，因受场地、设备和配备人员所限，业务量不大。1990年后，健康体检的市场需求扩大，医疗单位不断增强体检硬件设备和人员配置，设置布局合理、环境舒适、人性化的独立区域，实现体检人员与就治病人分离的一条龙服务模式，检查结果、检查报告实现计算机管理，形成规范的健康档案。各医院相继成立诊断中心，体检项目逐步增加，影像检查从X线摄片、黑白超声、心电图发展为高分辨率多排螺旋X-CT、彩色多普勒超声、动态心电图、血压监测分析的应用；添置人体成分分析仪、肺功能测定仪、心血管功能检测仪、颅内血流多普勒超声检测仪等新型设备；实验室检查从血尿粪常规、生化、放射免疫几十个项目发展为具有电化学发光、时间分辨荧光免疫等先进检测手段、涵盖临床多个门类近200个项目。体检工作形成严格的质量管理体系和以人为本的个性化服务、防治结合的延伸健康服务理念。根据需求，设置多种个性化体检套餐。检查结果不仅书面给出相应的药物治疗、饮食起居、运动锻炼等方面量身打造的保健方案，还对受检者提供医疗咨询服务，指导其养成良好的生活方式和行为习惯，增强自我保健意识。2000～2005年，全市59家市（县）以上医院完成231万人次的健康体检。

各医院诊断中心发挥自身医疗优势拓展体检业务。宜兴市中医院体检科根据医院中医外科乳腺疾病科专长，关注妇女普检。省江原医院体检中心进行甲状腺疾病筛查和注重胰岛素、餐后血糖糖化血红蛋白以及糖尿病并发症的检测；依托研究所和医院内分泌专科的资源优势，率先在江苏省内引入13C-呼气检测幽门螺杆菌；率先在国内应用时间分辨荧光免疫分析法检测胃蛋白酶原。各体检单位延伸体检服务链，每年举办健康讲座上百场，免费发放科普资料，并通过电视、报纸、网络等多种途径宣传健康知识。

三、疗养保健服务

1985年末，无锡市有17家疗养院（所）。疗养院地处太湖之滨，利用良好环境和医疗设备，按自身职能安排服务对象。其中，江苏省太湖干部疗养院以收疗省内党政机关干部和科技人员为主，中国航天科技集团公司七三八疗养院主要接待航天所属单位有毒有害工种人员指令性疗养康复任务，江苏省工人太湖疗养院收疗省内劳动模范、先进工作者，其他疗养院主要接待行业职工和干部疗养。在深化改革过程中，部分产业疗养院相继转行、撤销、收缩。至2005年，全市列入统计的有江苏省太湖干部疗养院、江苏省电业职工疗养院、江苏省无锡工人太湖疗养院、黑龙江农垦太湖疗养院、中国航天科技集团公司七三八疗养院，共设床位1357张，在编卫生技术人员224人，其中医师66人、护士99人。各疗养院努力提升硬件设施、医疗内涵、服务质量，在完成指令性对象服务的同时，开放接待企、事业单位职工和社会人群体检疗养，聘请离退休医疗专家开展医疗咨询。

四、干部保健

1.离休干部医疗保健

1986～1990年，为做好离休干部医疗保健工作，先后在市一院、市二院、南长医院、北塘医院开设老干部病区，共设病床104张。无锡县拨款202万元，建造老干部病房楼，设病床61张。乡镇卫生院共集资1200万元，设老干部病床400张。至1990年末，全市离休干部医疗保健服务对象5117人，其中享受县处级以上待遇的3154人，设老干部病床661张，县以上医院老干部病区设立活动室，建立巡回医疗、住院情况通报、专家查房、定期体验、保健知识讲座和医疗咨询等制度。2005年末，全市离休干部医疗保健服务对象3247人，其中享受县处级以上待遇的1292人。

2.市管干部医疗保健

2004年，无锡市成立干部保健委员会，办公室设在市卫生局内。2005年3月，出台体检和保健疗养休假的管理暂行办法，明确干部保健对象、各部门管理范围与工作任务。市委组织部、市老干部局将市级机关正处级以上现职、离退休干部确定为市管保健对象，市保健办公室负责管理，市财政局设立专项经费。至2005年，全市确定市管保健对象627名。确定市一院、市二院、市中医医院为干部体检医院，省太湖干部疗养院、无锡工人太湖疗养院、省连云港海滨疗养院为干部疗养院，华东干部疗养院、厦门干部疗养院、青岛干部疗养院为干部备选疗养院。

第五章　疾病预防控制

第一节　机构　队伍

1986年起，无锡市传染病管理和疾病防治由市卫生防疫站承担。2001年，撤销市卫生防疫站，组建市疾病预防控制中心（简称“市疾控中心”）。2003年，先后完成市（县）、区级卫生监督与疾病预防控制体制改革，各市（县）、区疾控中心的职业技术服务资格认证相继通过验证，现代化疫情报告和儿童计划免疫管理系统覆盖城乡157个医疗卫生机构，网络直报率达100%。2004年，市疾控中心综合楼立项，包括疾控中心、急救中心、地下人防医院，总建筑面积3.24万平方米，其中地上2.24万平方米、地下1万平方米。江阴市公共卫生大楼、宜兴市疾控中心综合业务楼、惠山区防保中心相继建成。全市疾病预防控制中心共有建筑面积57170.48平方米；1万元以上的检测设备142件，价值1571.23万元；工作车辆38辆，总价633.65万元。

至2005年，全市疾病预防控制建设共投入2.03亿元，建有1个市级和8个市（县）、区级疾病预防控制中心，江阴市、宜兴市各设镇级防保所1个，在城乡社区卫生服务中心设有预防保健科（所），配备工作人员557人，其中公共卫生专业人员463人，占83%；中、高级职称占67.7%。承担辖区内的传染病管理、健康教育、疾病防治、慢病干预、免疫规划实施、消毒杀虫除“四害”等公共卫生工作。

第二节　疫情报告

1996年4月，无锡市制定实施《疫情报告管理办法》，根据卫生部规定提交法定传染病疫情报告（国家规定37种，其中甲类2种、乙类25种、丙类10种），规范全市医疗机构门诊日志、疫情报告，报告率保持在95%以上。2004年1月，市卫生局根据卫生部《突发公共卫生事件与传染病疫情监测信息报告管理办法》，对传染病疫情与突发公共卫生事件实行网络直报，及时组织对各市（县）区卫生行政部门、疾病预防控制机构、卫生监督机构专业人员和市区所有网络直报单位直报员进行专题培训，确保全市157家医疗单位网络直报工作如期实施。先后组织20余次“非典”网络直报测试，合格率97.9%。传染病网络直报使疫情报告审核时间从原来的7天缩短为两天。2005年末，无锡市共报告甲、乙类传染病16种13794例，总发病率218.84/10万。在16种报告发生传染病中，发病数居前10位的病种依次为淋病、肺结核、痢疾、病毒性肝炎、梅毒、麻疹、伤寒与副伤寒、疟疾、猩红热、流行性出血热。其中死亡报告4种，死亡44例，总死亡率0.70/10万，死亡病种依次为肺结核、狂犬病、乙脑、艾滋病。

第三节 传染病防治

一、霍乱防治

无锡历史上曾是霍乱的高发地区。1986～1989年，每年均有霍乱疫情，菌型以埃尔托稻叶型为主。1990～1993年，无霍乱病例。1994年后，出现霍乱发病高峰，发病率1.52/10万，菌型以埃尔托小川型为主。1995年起，加强霍乱防控，制定霍乱控制预案，强调依法防治，实施以疑似病人、接触者消菌治疗为主的防治措施，做好疑似病人，以及来自疫区、饮食行业、流动人口腹泻病人等四类重点人群的霍乱弧菌检索，检索率≥15%。实现不发生高中强度的流行、不发生续发二代病例、不发生死亡病例"三不目标"。1997年12月，市卫生局发布《关于进一步加强市区医院腹泻病门诊规范化建设的通知》，规范医疗机构门诊日志书写，加强腹泻病门诊。1999年，发生首起O139型霍乱疫情。以后分别于2000年、2004年、2005年在农村局部地区各发生1起因聚餐引起的O139型霍乱暴发疫情。2004年，印发《无锡市二级以上医疗机构腹泻病门诊规范》和《乡镇卫生院腹泻病门诊规范》，规范全市医疗机构霍乱防治工作。霍乱发病率由1986年的2.87/10万下降到2005年的0.21 /10万。

二、脊髓灰质炎防治

1976年，无锡市基本消灭脊髓灰质炎。1990年起，对适龄儿童实施脊髓灰质炎疫苗强化免疫。每年12月5～6日和次年的1月5～6日为强化免疫日，连续11年对包括流动人口在内的4岁以下儿童开展16次、32轮脊灰疫苗强化免疫活动，服苗率在95%以上，有效阻断脊髓灰质炎野病毒毒株的传播。1993年5月，建立急性弛缓性麻痹（AFP）病例监测系统，实行零病例报告和电话快报制度。建立由18家县级以上综合性医院、中医院、传染病医院组成，覆盖全市的主动监测系统。各级卫生防疫站（疾控中心）每旬进行1次AFP病例主动监测。15岁以下儿童AFP报告率均在1/10万以上，AFP病例双份粪便采集率、合格率均在80%以上，各项监测指标均达合格要求。送检的AFP病例粪便标本均未检出脊灰野病毒。2001年7月，无锡市通过省级消灭脊髓灰质炎的论证。

三、麻疹防治

1985年，无锡市麻疹发病率基本得到控制。1995年9月，为控制校园麻疹疫情，市教委、市卫生局发文对初中一年级和大中专学校新生实行麻疹疫苗扩种，成功控制校园麻疹暴发疫情。开展麻疹疫苗回滴监测、免疫成功率调查工作，为制定实施防病工作提供科学依据。2000年，调查370名儿童，麻疹抗体阳性率99.7%。发病率由1986年的15.49/10万下降到2005年的10.01 /10万。

四、结核病防治

新中国成立后，结核病防治工作采取"防、查、治、管、网"综合治理措施，结核病流行基本得到控制。1985年末，无锡市团体肺结核病患病率260/10万，病死率9.11/10万。1990年，完成江苏省开展的全国第三次结核病流行病学抽样调查，实查17万人次，新发现病人327人，患病率192/10万①。

① 结核病流行病学抽样调查患病率与表32-5中的就诊发病率有差率。下同。

1997年起，肺结核病按乙类传染病要求进行疫情报告。至2000年，无锡市每年新发现涂阳肺结核病人350～450例。同年，完成全国第四次结核病流行病学抽样调查，实查2287人，患病率331/10万，菌阳患病率177/10万，肺结核病患病率呈现回升趋势。2001年12月，无锡市整合卫生资源，原市结核病防治所并入新成立的市疾控中心，专设结核病防治科，负责全市的结核病防控。2002年，设立市传染病医院和江阴市、宜兴市、锡山区、惠山区、滨湖区等5家疾控中心为结核病定点诊疗机构。2001～2003年，市级财政每年拨出5万元为结核病防治专项经费。2003年，无锡市发现涂阳肺结核病人576例。同年，确立全市结核病防治工作"政府承诺，经费投入，发现并督导治疗传染性肺结核患者，建立完善的药品供应和监督评价系统"的工作策略。2004年，完善结核病防治网络，短程督导化疗（DOTS）覆盖率100%，各级疾控中心和社区卫生服务中心、乡镇卫生院、村卫生室均配备经专项培训的结核病督导医生，基层结防队伍的诊治技术、督导管理能力和水平基本达到DOTS要求。全市肺结核网络直报率和转诊率均达到100%。社区卫生服务中心、乡镇卫生院均开展非定诊医疗机构网络直报肺结核病人的追踪工作，转诊和追踪总体到位率81.2%，达到省内领先水平。是年，涂阳肺结核病人发现1534例，传染性肺结核病人发现率显著提高。2005年，市级财政将每年结核病防治专项经费增至60万元。各市（县）、区各自配套专项经费，用于开展社会宣传、业务培训、病人免费诊疗补助、发现病例奖励（每例50元）和补助部分督导管理（每例100元）等工作。对发现的菌阳肺结核病人均提供免费抗结核药品和免费痰检、免费一次胸片等减免措施进行治疗，对流动人口患者给予免费治疗和交通费补助，向部分经济困难的流动人口发放每月100元的营养费补助。同年5月起，在江阴、宜兴、锡山、惠山、滨湖等地建立改良的DOTS试点，对菌阳肺结核病人实施每7天发药、取药、访视病人1次的督导管理模式；在工作基础比较好的地区，实施病人每次服药均在医务人员的直接面视下的督导管理模式。开展对流动人口和羁押场所人员肺结核病筛查工作，是年，共筛查流动人口约3000人，发现菌阳病人6例；筛查无锡监狱犯人3500余人，发现菌阳病人30例，并将该36例病人全部纳入督导管理。是年，落实督导治疗管理菌阳肺结核病人1860例，其中新发涂阳1572例，治愈1455例，总治愈率92.6%，达到国家规定的85%的要求。全市肺结核病登记发病率59.56/10万，病死率0.93%，居传染病病种死亡的第一位。

1986～2005年无锡市肺结核病人发现情况统计表

表32-3　　单位：人

年份	发现菌阳数		新发治愈数	菌阴发现数
	总数	新发涂阳数		
1986	—	380	315	1097
1987	722	559	511	1689
1988	571	448	372	1664
1989	492	356	324	1973
1990	561	444	392	1900
1991	525	397	244	1823
1992	598	496	404	1573
1993	460	369	304	1303
1994	350	307	276	1108
1995	313	264	236	869
1996	324	289	267	1050

续表

年份	发现菌阳数		新发治愈数	菌阴发现数
	总数	新发涂阳数		
1997	308	279	250	1042
1998	341	294	265	985
1999	338	268	236	1045
2000	311	264	243	954
2001	303	262	248	1153
2002	464	402	375	1086
2003	576	490	442	861
2004	1534	1347	1225	1043
2005	1860	1572	1455	1084
合计	10951	9487	8384	25302

五、病毒性肝炎防治

1986年后，无锡市病毒性肝炎发病率居高不下，至1990年，无锡市病毒性肝炎发病率213.45/10万（其中甲肝102.34/10万）。1993年起，开展肝炎“压春峰”（春季和秋季为肝炎的高发季节）活动，落实以接种甲肝疫苗为主导的综合性防治措施，每年对饮服行业从业人员、中小学生等高危人群接种甲肝疫苗100万人次。1994年，新设肝炎治疗点8个，提高隔离治疗率（全市达65%，比上年上升15%），重视抓好院内感染的预防工作，加强对医院消毒质量的监测和控制，严格消毒制度和一次性医疗卫生用品的索证制度，减少医源性传播；采取对中小学生和高发地区人群甲肝疫苗应急接种的主导性措施，全市完成20万人次的甲肝免疫任务，使已感人群建立免疫屏障，肝炎发病率比上年下降32.19%。1998年，市创建办、市卫生局联合部署行业、机关企事业单位、外来流动人口接种甲肝、乙肝疫苗。用乙肝免疫球蛋白联合乙肝疫苗对乙肝表面抗原（HbsAg）阳性孕妇及新生儿进行阻断母婴传播，取得明显效果。1999年，规范小学一年级和初中一年级甲肝疫苗接种。2000年，病毒性肝炎发病率比1993年下降67.72%，其中甲肝发病率下降90.88%。2005年末，全市病毒性肝炎发病率33.87/10万，较1990年发病率下降82.13%。

六、狂犬病防治

1987年6月，市政府召开全市预防狂犬病工作会议，明确由公安、兽医和卫生部门分工协作，降低犬密度，预防狂犬病，规定市区严禁养犬，未经登记挂牌的犬一律视为野犬，实施捕杀。1990年12月31日，市政府颁发《无锡市家犬管理暂行办法》。其后，市、市（县）和部分区卫生防疫站、乡镇卫生院相继开设狂犬病疫苗接种门诊，对犬、猫等动物咬伤者进行伤口清洗、疫苗接种，狂犬病得到有效控制。1995年起，使用浓缩地鼠肾狂犬病疫苗逐步替代淡狂犬病疫苗，抗体阳性率达85%。1999年7月起，使用精制狂犬疫苗，并对完成全程接种病例进行抗体测定，对暂时未免疫成功者进行2针次加强接种，确保免疫接种效果。2005年，市疾控中心犬伤门诊部全程接种狂犬病疫苗6800人次。1986～2005年，无锡市除1998年、2001年无狂犬病例报告外，其余每年均有病例发生，其中1986年发病率0.13/10万。1987年发病最多，计14例，发病率0.35/10万。2005年发病率0.11/10万。

1986～2005年无锡市前10位传染病发病率统计表

表32-4　　单位：1/10万

年份	项目	1	2	3	4	5	6	7	8	9	10	合计
1986	病种	痢疾	病毒性肝炎	伤寒	麻疹	流行性出血热	疟疾	流脑	百日咳	霍乱	猩红热	659.84
	发病率	384.79	138.68	92.83	15.49	9.26	7.12	3.43	3.28	2.87	1.37	
1987	病种	痢疾	病毒性肝炎	伤寒	流行性出血热	疟疾	百日咳	麻疹	猩红热	流脑	霍乱	689.77
	发病率	321.13	216.22	131.35	7.79	3.94	3.44	1.76	1.38	1.23	0.85	
1988	病种	病毒性肝炎	痢疾	伤寒	流行性出血热	疟疾	百日咳	猩红热	霍乱	流脑	乙脑	682.07
	发病率	235.42	222.64	209.86	5.72	2.42	1.61	1.14	0.99	0.87	0.54	
1989	病种	病毒性肝炎	痢疾	伤寒	流行性出血热	疟疾	猩红热	流脑	百日咳	狂犬病	麻疹	459.34
	发病率	220.11	151.88	74.41	6.86	2.73	1.15	0.68	0.68	0.27	0.2	
1990	病种	痢疾	病毒性肝炎	伤寒	猩红热	疟疾	流行性出血热	流脑	麻疹	百日咳	狂犬病	565.95
	发病率	324.69	213.45	19.77	2.17	1.85	1.74	0.87	0.65	0.43	0.11	
1991	病种	痢疾	病毒性肝炎	淋病	伤寒	猩红热	疟疾	流行性出血热	百日咳	麻疹	流脑	551.31
	发病率	273.74	169.3	82.99	23.05	2.14	1.5	1.29	0.64	0.43	0.11	
1992	病种	痢疾	病毒性肝炎	淋病	伤寒	麻疹	猩红热	疟疾	流行性出血热	百日咳	狂犬病	523.03
	发病率	211.93	173.35	104.27	25.93	4.68	1.38	0.64	0.43	0.21	0.11	
1993	病种	痢疾	病毒性肝炎	淋病	伤寒	麻疹	流行性出血热	流脑	百日咳	猩红热	—	533.13
	发病率	221.19	167.39	121.62	19.16	2.21	0.74	0.42	0.21	0.11	—	
1994	病种	痢疾	淋病	病毒性肝炎	伤寒	麻疹	霍乱	疟疾	流行性出血热	猩红热	梅毒	500.43
	发病率	227.77	144.05	112.42	11.69	1.15	0.84	0.73	0.63	0.52	0.31	
1995	病种	痢疾	淋病	病毒性肝炎	伤寒	麻疹	流行性出血热	疟疾	霍乱	流脑	梅毒、百日咳	374.95
	发病率	153.58	112.51	96.49	6.98	1.77	1.57	0.69	0.59	0.29	0.2	

续表

年份	项目	1	2	3	4	5	6	7	8	9	10	合计
1996	病种	淋病	病毒性肝炎	痢疾	伤寒	梅毒	流行性出血热	麻疹	疟疾	猩红热	流脑	370.25
	发病率	137.37	92.62	119.77	8.8	8.34	0.93	0.93	0.65	0.46	0.37	
1997	病种	淋病	痢疾	病毒性肝炎	肺结核	梅毒	伤寒	麻疹	流行性出血热	疟疾	流脑	480.20
	发病率	190.65	123.22	98.54	37.98	16.79	8.44	1.56	1.38	0.83	0.46	
1998	病种	淋病	痢疾	病毒性肝炎	肺结核	梅毒	伤寒	麻疹	流行性出血热	疟疾	猩红热、百日咳	448.11
	发病率	190.74	88.37	82.36	50.33	26.57	7.1	1.09	0.73	0.27	0.18	
1999	病种	淋病	病毒性肝炎	痢疾	肺结核	梅毒	伤寒	流行性出血热	疟疾	麻疹、猩红热、百日咳		489.60
	发病率	244.98	86.8	70.21	44.44	35.6	5.23	0.9	0.9	0.18		
2000	病种	淋病	痢疾	病毒性肝炎	肺结核	梅毒	伤寒	麻疹	猩红热	疟疾	流行性出血热	427.82
	发病率	193.88	74.51	61.24	51.45	38.54	3.03	2.14	0.89	0.80	0.71	
2001	病种	淋病	肺结核	病毒性肝炎	痢疾	梅毒	伤寒	麻疹	流行性出血热	疟疾	—	238.05
	发病率	71.12	49.49	48.11	42.52	17.53	5.02	1.33	1.10	0.87	—	
2002	病种	淋病	病毒性肝炎	肺结核	痢疾	梅毒	伤寒	麻疹	流行性出血热	疟疾	—	210.67
	发病率	61.23	47.6	44.71	34.11	15.83	2.78	2.52	0.94	0.48	—	
2003	病种	淋病	病毒性肝炎	肺结核	痢疾	梅毒	伤寒	麻疹	疟疾	流行性出血热	—	225.68
	发病率	85.3	46.41	42.93	33.61	13.52	1.41	0.68	0.64	0.57	—	
2004	病种	淋病	肺结核	病毒性肝炎	痢疾	梅毒	麻疹	伤寒	疟疾	流行性出血热	猩红热	276.88
	发病率	93.96	60.65	53.73	43.24	15.28	5.79	2.02	0.68	0.42	0.41	
2005	病种	淋病	肺结核	痢疾	病毒性肝炎	梅毒	麻疹	伤寒	疟疾	猩红热	流行性出血热	218.84
	发病率	61.38	59.56	35.76	33.87	15.18	10.01	1.78	0.43	0.22	0.14	

七、性病与艾滋病防治

1.性病防治

1990年起,无锡市重新有性病疫情记载,淋病、梅毒发病率73.77/10万,以后逐年上升。1999年,市政府颁布《无锡市性病防治管理办法》,市卫生局会同公安机关对市妇女收容教育所收教人员进行性病强制检测和治疗,预防和控制性病发生、传播与流行。2000年,淋病、梅毒发病率232.42/10万,居甲乙类传染病首位。2003年,开展市区性病诊疗机构专项整治,整顿、规范性病诊疗市场。至2005年,淋病发病率61.38/10万,梅毒发病率15.18/10万。

2.艾滋病防治

1989年起,无锡市开展艾滋病检测工作,1996年发现首例艾滋病病毒感染者,同年发现首例艾滋病病人,2001年起进入快速增长期。艾滋病感染者及病人,以外来流动人口为主,非无锡籍人员占75.46%。艾滋病感染者以青壮年为主,年龄集中在20～40岁,占81.60%。男女比例为5.04 ∶ 1。艾滋病的三种主要传播方式均有发现,经性途径传播占48.47%,经静脉注射吸毒传播占33.74%,经血源传播占11.04%,母婴途径传播占0.61%,不详占6.14%。艾滋病的传播呈现由高危人群向一般人群蔓延趋势。1998年起,无锡市启动艾滋病检测网络建设,批准设立28个筛查实验室、1个筛查中心实验室。每年对各筛查实验室进行检测质量考核,规范检测行为。1999年3月23日～4月10日,由市卫生局主办、市皮肤病防治所承办无锡市预防艾滋病性病展览(属省内首次)。2004年,市政府制定《关于切实加强艾滋病防治工作的实施意见》,落实艾滋病防治措施,包括经费落实、疫情监测、宣传教育、对高危行为的干预力度,对艾滋病患者的救治与关怀等。2005年,市财政安排艾滋病防治工作专项经费100万元,各市(县)、区到位专项防治经费184万元,确保防治工作正常开展。市疾控中心开展吸毒人员美沙酮药物维持治疗门诊等艾滋病干预工作。同年12月,市委、市政府组织开展“抵御艾滋病,人道万人捐”募捐活动,建立艾滋病救助基金,共募集资金近400万元,帮助治疗生活困难的艾滋病病毒感染者和病人。至是年末,全市有性病、艾滋病国家级监测点2个,省级监测点3个,分别对性病求诊者、吸毒人群、孕产妇等人群进行HIV感染情况监测和性病耐药株的监测,并将性病求诊者、吸毒人群列入常年监测范围;在公安、司法监管场所,对被监管人员进行艾滋病抗体常规检测工作;分别在无锡市、江阴市、宜兴市、锡山区、惠山区、滨湖区等疾控中心及江阴市人民医院开设7个自愿咨询检测门诊,免费检测。

八、麻风病防治

1995年,无锡市麻风病防治经省考核通过达标验收,并得到省卫生厅的批准确认,在省内率先实现基本消灭麻风病的目标。全市麻风患病率已从最高年份的32.82/10万,下降至1994年的0.515/10万(卫生部指标为低于1/10万以下),比部颁指标下降98.43%;发病率从最高年份的2.11/10万,下降至1994年0.031/10万(卫生部指标为近5年平均低于0.5/10万),下降98.53%。

江阴历史上属麻风病中流行区,流行范围遍及28个镇196个村(居委)。至1995年末,累计发现麻风病登记病人386例,除现症、死亡、外迁84例外,治(自)愈297例,治愈率98.34%。按照卫生部《基本消灭麻风病标准》,江苏省卫生厅考核组于1996年1月10～13日,对该市考核验收。考核表明,该市麻风病患病率已连续3年低于1.0/10万,到1994年末患病率为0.53/10万;近5年平均发病率0.01/10万,下降到0.09/10万标准以下,联合化疗覆盖率、规则治疗率均为100%;市、镇、村三级防治网络健全,防治工作质量良好。防治资料齐全、完整、正确,完成对现症病人、监测病人和治愈存活病人的鉴定、随访和复查,在1993年、1995年两次线索调查18万人次中,未发现病人,各项指标均达到卫生部规定的基本消灭麻风病标准。省卫生厅确认江阴市为基本消灭麻风病单位。

第四节　血吸虫　寄生虫病防治

一、血吸虫病防治

1.灭螺及防治

无锡曾经是血吸虫病流行区。80年代中期，血吸虫病防治工作（简称“血防”）的重点是灭螺，难点是宜兴县山区灭螺。1985年，全市尚有血吸虫病人204人。1986年，江阴县、无锡县、宜兴县、郊区和马山区为血吸虫病流行区，共有102个流行乡、1065个流行村。是年末，郊区达到消灭血吸虫病标准。1990年，市、县委明确1名副书记分管血防工作。1990年起，每年3～4月，开展“血防宣传月”活动，每年7月确定1周为“血防宣传周”，运用传媒开展宣传活动。1991年5月，在纪念“一定要消灭血吸虫病”号召提出35周年之际，市政府血防领导小组组织编写剧本，由专业剧团出演8场大型血防专题文艺表演。配合血防宣传，开展咨询服务和义务免费查病。是年，江阴市、马山区达到消灭血吸虫病标准。1991～1992年，宜兴连续发现大面积螺区，宜兴市政府制定两步走的灭螺规划。第一步解决内陆水网地区钉螺，市政府协调水利、血防等部门和受益乡村共同出资出力，总投资521万元，先后在13个乡镇实施明渠改暗渠灭螺，工程总长27.71公里，改建有螺泵站7个，达到灭螺、改善灌溉条件、修路、绿化、增加复垦面积等功效；第二步攻克山丘地区钉螺。1993年，无锡县达到消灭血吸虫病标准。1995～1996年，市政府将血防作为主要任务列为为民办18件实事之一，列为政府一级管理目标及社会发展和精神文明建设总体规划。各市（县）、乡、村层层签订目标责任书，按目标任务，逐级考核。1996年起，宜兴市查螺、灭螺重点转向山丘地区，平均每年投入查螺用工10万个，灭螺面积（含巩固灭螺）250万平方米，灭螺重点工程2～3个，投入经费100万元。2000年，为了阻遏长江上游钉螺向无锡市扩散的势头，无锡市血吸虫病防治站和江阴市防疫站在江阴长江边的石庄镇设立血防监测综合试点区。在春季查螺时，在江阴市石庄镇青联自然村长江大堤内侧芦苇地查到6万平方米有螺面积。根据边查边灭，当年钉螺当年灭光的原则，进行反复药灭，秋季复查时未查到钉螺。

图32-8　江苏省血吸虫病防治研究所　（市卫生局供稿）

2004年，国家6部委制定的血防中长期规划将宜兴市列为全国限期达标的36个市（县）之一。市血防办制定宜兴市“清螺行动”方案，2005年下半年启动“清螺行动”灭螺会战，用工7.63万个，资金近千万元，消灭有螺面积23.32万平方米，完成药物灭螺覆灭面积1365.34万平方米，涉及宜兴市湖㳇、丁蜀、鲸塘、西渚、新街、张渚等6个乡镇、23个行政村、55个有螺条块。

1986～2005年，无锡市监测查病近80万人次，未发现本地感染病原阳性病人。其间，1993年江阴市发现急感病人4人，均系外省过境船民。2002年发现急感病人2人，为本地人在外地感染，回无锡治疗。2005年末，全市有需治疗的晚期血吸虫病人23人。驻无锡的省血吸虫寄生虫病防治研究所为治疗血吸虫病的专业机构。

2.血防经费

无锡市血防经费实行政府分级负担、投入逐年增加政策。1990～1999年，各级政府分别按辖区每人每年不少于0.1元和0.2元的数额列入财政预算；2000～2004年，宜兴市和所属流行乡镇按人均0.3元，其余市（县）、区和所属流行乡镇按人均0.2元安排血防经费。2005年，宜兴市按人均1元，无锡市区按照人均0.8元，其余市（县）、区和所属流行乡镇按人均0.5元安排血防经费。

1986～2005年无锡市查（灭）螺情况统计表

表32-5　　单位：万平方米

年份	查螺面积	有螺面积	灭螺面积
1986～1990	—	248.91	1182.80
1991～1995	—	123.45	1423.99
1996～2000	19213	111.34	1572.00
2001～2005	21554	207.39	1536.20

说明：灭螺面积包括期内有螺环境灭螺和巩固性灭螺。

二、寄生虫病防治

1986年以后，无锡市区疟疾发病率控制在万分之一以下，通过调整防治对策与措施，加强疫情监测，开展大规模人群血涂片检查，及时发现并根治传染源，全市疟疾年发病率逐年下降。1987年10月13日，无锡市城区（含郊区）在全省率先达到基本消灭疟疾的标准。1996年初，无锡市、市（县）、区相继成立消灭丝虫病达标考核领导小组。9月，对辖市（县）、区预先考评。10月，江苏省对无锡市全面考核。考核结果，按部颁标准，各地病原学检测，覆盖流行区总人口3.13%～5.21%和流行乡镇、街道人口的80.14%，无微丝蚴血症者，无人体幼丝虫感染，资料齐全，整理规范，各项指标均达到卫生部颁布的消灭丝虫病标准，无锡市通过省级消灭丝虫病达标考核。江阴市、宜兴市、无锡市分别于1999年、2000年、2005年达到卫生部基本消灭疟疾标准。根据江苏省“九五”期间寄生虫病防治规划要求，将肠道蠕虫病防治作为重要内容，驱虫治疗覆盖率逐年增加，达全市人口的22.1%，成为省内覆盖率最高地区。

第五节　慢性病控制

1986年，无锡市在全省率先建立城区慢性病发病报告监测系统，在市区医疗机构中实行恶性肿瘤、高血压、脑卒中、冠心病发病报告制度，积累监测资料。1998年3月，无锡市在城郊结合部的河埒乡、扬名乡、黄巷乡，采用随机分层整群抽样方法对20132人开展慢性病的流行病学调查。2002年，增加对糖尿病发病的监测，制定《慢性病发病报告工作规范》，完善和规范监测工作。2003年8～11月，在全市两个市（县）和7个城区采用多阶段分层随机整群抽样方法，对20250人开展高血压、冠心病、脑卒中、糖尿病、恶性肿瘤等慢性非传染性疾病的流行病学调查。调查表明，无锡市存在较为严重的慢性病危险，主要表现为不参加体育锻炼、肥胖、膳食高盐、吸烟、饮酒等。

2003年，在全市一级以上医疗机构对内科、妇科就诊的35岁以上人群启动首诊血压测量工作。2004年，确立以控制高血压病为突破口的社区防治方案，选择以锡山区东北塘镇曩坝村社区、惠山区堰桥镇刘巷村社区、滨湖区河埒街道青山社区、崇安区崇安寺街道新街巷社区为慢性病防治市级试点，由社区卫生服务机构医护人员对高血压病人实施规范的分级随访治疗管理，血压控制率由管理前的30%上升至2005年末的50%。每年利用“高血压日”“糖尿病日”“肿瘤防治宣传周”“世界无烟日”等卫生活动，制定宣传方案，组织全市专业人员到街道社区、农村乡镇、工厂学校，采用多种形式向市民宣传健康知识。

第六节 职业病防治

1986年，市政府颁布《无锡市建筑设计预防性卫生监督办法》和《无锡市国有企业有毒有害作业卫生监督办法》，对相关企业进行检查。加强乡镇工业企业职业卫生管理，同年和1990年，先后两次组织开展乡镇企业职业危害断面调查，厂矿调查覆盖率达95%以上。通过调查，建立职业卫生服务网络，开展监督管理，控制职业病危害。1987年，组织开展生产性农药中毒发病率专题调查，加强对农药中毒的防治，大幅度减少生产性农药中毒人数。1989年，完成尘肺流行病学调查，建卡841张，准确核实全市的尘肺病例数，并根据采石工人接尘工龄和尘肺患病流动调查资料，作出矽肺发病预测。1989～1990年，对申请领取生产许可证的71家电镀、43家铸造、38家热处理单位进行劳动卫生审查、监测、验收。至1992年，共审查102个、鉴定验收104个新建工程项目。1992年，市科委科研立项项目“无锡地区乡镇工业职业危害现状及控制对策研究”获江苏省科技进步三等奖。

1997年起，市政府制定《关于加强我市急性职业中毒防治工作的意见》，组织开展作业场所监测和预防性健康检查，对市区存在有毒有害的工矿企业监督检查，共对150家次厂家、两万余名工人进行检查和健康监护。对全市电子仪表行业系统职业卫生情况调查，结果显示20家企业存在铅、苯、铬、噪声、粉尘等常见的职业有害因素，其中以接触噪声人员最多。被监测的271个尘、毒、噪声作业点，平均合格率91%。运用多种方法进行法律宣传和业务培训，无锡电视台到有毒有害企业现场，拍摄制作《无锡市电镀行业危害现状》《无锡市铅作业场所危害现状》《装修居室花岗岩放射性水平》等多档专题节目。贯彻实施《放射性同位素与射线装置放射防护条例》，强化放射防护卫生许可证的换发，每年监督检查覆盖率达100%。每年会同市公安局开展1～2次放射源专项联合执法，加大放射卫生管理执法力度。1999年，参与江苏省医疗照射调查，了解掌握全市从事放射工作单位的基本情况，实现放射工作单位管理档案化和信息化。根据市民每年接受放射性治疗的频率和剂量水平，估算出医疗照射所致全民电离辐射剂量负担，为加强医疗照射的卫生防护管理提供基础资料。

2002年5月1日《中华人民共和国职业病防治法》施行后，市卫生局联合市总工会、市安监局对全市5万多家生产企业进行职业病危害状况摸底调查，确认存在有毒有害企业5353家，存在职业危害的行业包括化工、放射、采矿、冶炼、铸造、蓄电池、电镀、热处理、电子、建材、皮革、包箱、制鞋、家具、纺工等。接触职业病危害职工54280人，引起职业危害主要因素有粉尘、噪声、苯、甲苯和放射性物质等50多种。卫生部门加大职业卫生监督执法力度，建立职业病危害项目申报制度，对新建、改建、扩建项目和技术改造、技术引进项目进行职业病危害预评价报告审核，共审核新建、改建、扩建项目100余个。2003年，市卫生局等8部门联合组织对有毒有害化学品的生产、销售、使用单位专项整治，对违反职业病防治法的83家单位责令限期整改，对46家单位予以警告，对3家单位实施行政处罚10余万元。同年，成立无锡市职业病诊断鉴定委员会，组织开展职业病诊断医师、职业卫生技术服务和职业健康检查机构资质审定。至2005年，全市有29名职业病诊断医师，其中12名入选省级鉴定委员会专家库；诊断机构有无锡市、江阴市、宜兴市疾控中心和无锡市广益医院；职业卫生技术服务和职业健康检查机构分别为无锡市、江阴市、宜兴市、锡山区、惠山区的疾控中心。开展全市职业病危害项目申报、高温作业热辐射、农药中毒防治、医用X线放射防护、放射源安全管理等多项检查，对可能产生职业病危害的建设项目、技术改造和引进项目进行职业病危害预评价监督检查，全市累计检查有关单位1.5余万户次，查处违法案件220余起，实施行政处罚100余万元。对接触职业病危害因素的7.5万人次职工进行职业健康检查。全市未发生重大急性职业中毒和放射照射事件。

第七节　精神病防治

1985年末，无锡市有精神病院3所。1988年8月，市民政局所辖市精神病医院增挂“精神康复医院”牌子，实行两块牌子、一套班子的管理体制。市精神病医院收治病人80%为社会病人，20%是民政对象。1989年床位利用率93.8%。1990年，无锡市区建立精神病工疗站14个，接收病人87人，建立精神病人监护组641个，监护病人872人。1992年，市精神病医院改名同仁医院，成立为部分或全部失去生活自理能力的危重病人提供特殊护理的病区。1993年6月，市卫生局所辖市精神病防治院更名为市第七人民医院，同时增挂“无锡市精神卫生中心”牌子。

至2000年，无锡市精神病患者7.31万余人。市第七人民医院（市精神卫生中心）开展精神病社会防治工作，在各区成立精神病防治康复领导小组，通过调查摸底、建档立卡工作，基本掌握精神病患者的分布、发病等有关情况。对发现的患者，采取针对性措施，做到定期随访，动态观察，并通过药疗、心疗、工疗、娱疗等多种综合康复措施，增强患者生活能力和社会参与能力，创造条件使其回归社会。同时，市第七人民医院还组建无锡市精神疾病早期预防与干预中心，开展健康教育、医学心理咨询等活动，加强对精神病的防治和监护工作，提高市民防病意识。是年末，全市精神病人监护率90%，显著好转率60%，社会参与率50%，肇事率在0.5%以下，达到精神病防治工作目标。

2001年起，市卫生行政部门根据卫生部、省卫生厅《关于加强精神病医院管理的通知》精神，加强精神病医院规章制度管理。2002年，对前3年精神病防治康复工作进行调研，对病人建档管理。是年，同仁医院与市第七医院合并建立市精神卫生中心。特困精神病人、司法系统精神病人以及“三无”（无生活能力、无依无靠、无生活来源）精神病人的收治仍由市公安局、市民政局指导。2004年，无锡市列入“十五”期间全国精神病防治康复试点城市之一，根据《2003～2010年无锡市精神病防治康复实施方案》的要求，启动无锡市精神残疾康复中心筹建工作，建成精神病防治康复三级管理网络，调整市精神疾病司法鉴定技术组成人员。同年，市精神病预防控制中心成立，隶属无锡市精神卫生中心，核定人员编制18人，负责对全市600万人口的心理卫生及精神疾病预防、控制和业务管理，宣传普及精神卫生知识，探索和研究干预心理卫生问题（包括个人、群体心理危机）发生的方法，承担无锡市精神疾病的发病调查、精神病防治医生的培训、三级网络建设等。

至2005年，全市有精神病防治机构151所（包括社区卫生服务中心、工疗站、农疗站及市精神卫生中心的分支机构），其中医院4所。全市有500名贫困精神病人得到免费服药，30名贫困精神病人得到医疗救助。全市27558名精神病人建档立卡。精神病人检出率6.27%，监护病人26784人，显好病人19684人，监护率97%。

第八节　碘缺乏危害防治

宜兴为省内重缺碘地区。50年代起，无锡市就组织开展防治碘缺乏病工作。1986年后，无锡成为碘盐纯销区，盐业部门全面建设碘盐供销网络，形成从盐业公司到特许经销商再到零售商店的“三级共保”食盐专营经营体系。建立和加强碘缺乏病监测机制和碘盐监测信息系统建设，形成功能完善的工作网络。1994年起，市盐务管理局联合市卫生防疫站（市疾控中心）、市关心下一代工作委员会等部门，开展社会动员和健康教育，形成碘缺乏病防治、监测、管理和健康教育的工作机制。每年5月5日（2000年起改为5月15日）“碘缺乏病防治日”定期开展宣传活动，每年确定一个主题，突出重点，动员教育市民群众防治碘缺乏病。1995年6月，根据《中国2000年消除碘缺乏病规划纲要》和省有关文件精神，市政府办公室转发《无锡市2000年消除碘缺乏病综合防治规划》，要求从1995年起，全市供应加碘盐。市卫生局颁发《无锡市关于特需人群补用碘油丸工作的实施意见》。从年末开始，全市碘盐监测工作走上规范化的轨道。市疾控中心对盐业公司销售的碘盐和居民户食用碘盐定量抽检，批发碘盐合格率始终保持100%，居民碘盐覆盖率达到99.6%，儿童甲状腺肿大率呈逐年递减趋势，防治碘缺乏病工作取得显著成效。至2000年，经省消除碘缺乏病考评组考核表明，无锡市现场小样本调查学生甲状腺肿大率、尿碘水平、各环节碘盐合格率及覆盖率均达到国家《消除碘缺乏病标准》。居民碘盐食用率普遍提高，碘营养水平明显改善，碘缺乏危害得到有效控制。2004年9月，《全国重点地方病防治规划（2004—2010）》出台后，无锡市强化措施，加强碘缺乏病防治。至2005年，共开展12届“碘缺乏病防治日”活动。

第九节　疾病死因分析

一、死亡报告制度

1979年，市卫生局、市公安局联合发文提出建立死亡报告制度，1980年，正式开展死亡报告工作。1990年，调整死亡报告工作程序，死亡信息来源除派出所提供每月死亡名单外，还包括各社区居委掌握的死亡人员情况、医疗机构报告的死亡信息和殡仪馆登记的死亡名单，并由社区卫生服务机构综合上述死亡信息，剔除重复，上门调查核对填写死亡医学证明书，报区疾控中心进行死因分类，再上报市疾控中心审核、汇总和统计分析。2002年，市卫生局、市公安局、市民政局联合印发《关于加强死亡报告工作的通知》，市疾控中心制定《无锡市死亡报告工作规范》，完善死亡登记报告系统。

二、疾病死因分析

1989年前，无锡市依据《中国死因分类》标准进行死因分析。1989～2001年，死因分析标准调整为《国际疾病分类ICD-9》。2002年后，调整为《国际疾病分类ICD-10》，同时引进卫生部推荐的“死亡医学登记系统”软件，按要求进行网络直报。

1.上升死因分析

1986～2005年，无锡市疾病死亡率中，恶性肿瘤死亡率从1986年的139.39/10万上升至2005年的182.69/10万，上升31.06%；脑血管病上升12.88%，损伤和中毒上升5.18%，始终处于死因的第二位和第五位，居高不下；心血管病从1991年的41.39/10万上升至2005年的59.10/10万，上升42.79%；糖尿病等内分泌疾病发病在1996～2005年中增长幅度较大，由其导致的疾病死亡增幅最大，2005年比1986年上升238.75%，从死因的第十一位上升至第七位；神经精神疾病由1986年的14.91/10万上升至2005年的22.67/10万，上升52.05%。

2.下降死因分析

1986～2005年，无锡市传染病、寄生虫病和新生儿病、先天畸形导致的死亡率呈较大幅度下降，分别下降48.82%和62.23%；消化系统、呼吸系统和泌尿系统疾病的死亡率有不同程度的下降。

1986～2005年无锡市主要年份疾病死因及死亡率统计表

表32-6　　　　单位：死亡率/10万、构成比%

死因类别	1986年			1991年			1996年			2001年			2005年		
	死亡率	构成比	位次	死亡率	构成比	位次	死亡率	构成比	位次	死亡率	构成比	位次	死亡率	构成比	位次
恶性肿瘤	139.39	23.31	1	148.83	28.45	1	164.40	28.59	1	172.74	30.25	1	182.69	31.79	1
脑血管病	104.84	19.80	2	110.01	21.03	2	119.43	20.77	2	119.61	20.94	2	117.72	20.48	2
心血管病	86.06	16.25	3	41.39	7.86	5	50.43	8.77	4	56.13	9.83	4	59.10	10.28	4
呼吸系统病	45.32	8.56	4	72.48	13.85	3	76.46	13.29	3	65.52	11.47	3	61.11	10.63	3
损伤与中毒	37.92	7.16	5	49.00	9.37	4	43.51	7.57	5	42.37	7.42	5	43.10	7.50	5
消化系统病	28.06	5.30	6	22.95	4.39	6	26.22	4.56	7	21.39	3.75	7	13.35	2.32	8
传染病、寄生虫病	19.95	3.77	7	13.19	2.52	9	6.55	1.14	10	8.17	1.43	10	10.21	1.78	9
神经系统、精神病	14.91	2.82	8	15.98	3.05	8	32.95	5.73	6	27.25	4.77	6	22.67	3.94	6
新生儿病、先天畸形	9.16	1.73	9	20.25	3.87	7	17.66	3.07	8	9.54	1.67	9	3.46	0.60	11
泌尿系统病	8.34	1.57	10	7.40	1.41	10	6.37	1.11	11	7.36	1.29	11	6.35	1.10	10
内分泌代谢病	6.22	1.17	11	5.58	1.07	11	9.47	1.65	9	21.25	3.72	8	21.07	3.67	7
其他疾病	19.49	3.68	—	9.44	1.8	—	14.38	2.50	—	13.74	2.41	—	27.35	4.76	—
死因不明	9.98	1.88	—	6.97	1.33	—	7.28	1.27	—	5.99	1.05	—	6.51	1.13	—
合　计	529.62	100.00	—	523.47	100.00	—	575.11	100.00	—	571.06	100.00	—	574.69	100.00	—

第六章　妇幼保健

1990年，无锡市实行孕产妇、儿童系统管理。1994年《中华人民共和国母婴保健法》颁布后，妇幼保健工作确立“保障母婴健康、提高出生人口素质”目标，坚持依法管理，加强基础建设，提升保健质量，基本实现保健程序化、服务规范化、管理法制化和信息网络化。2002年，市妇幼保健院被评为江苏省三级甲等妇幼保健院。2003年和2005年，宜兴市妇幼保健所、锡山区妇幼保健所先后被评为江苏省二级甲等妇幼保健所。至2005年，全市119家妇幼保健和医疗机构拥有2016名助产技术、婚前医学检查、结扎终止妊娠等母婴保健专项技术人员。其中，10家妇幼保健机构拥有专业人员685人，卫技人员占97%，具有中级以上职称的占65%。是年末，全市孕产妇保健覆盖率98.15%，孕产妇保健保偿覆盖率80.58%，儿童保健保偿覆盖率80.67%。孕产妇死亡率从1985年的38.2/10万下降至9.13/10万；围产儿死亡率从1985年的14.01‰下降至7.36‰；出生缺陷发生率从1989年的10.35‰下降至9.06‰；新生儿疾病筛查率85.75%，其中城市和农村分别为94.36%和76.19%；5岁以下儿童死亡率和婴儿死亡率分别为5.8‰和4.36‰；7岁以下儿童保健覆盖率（包括流动人口）达97.55%；托幼机构卫生保健合格率、儿童健康建档率、幼儿园工作人员体检率、儿童入托入园体检率均达100%。

第一节　妇女保健

一、女工保健与妇女病普查

1. 女工保健

1987年，无锡市以市国棉二厂为典型，分别在各行业系统中确定1～2家试点企业，重点进行妇女保健知识系列辅导和女工“五期保健”（经期、婚期、孕期、产后和哺乳期、更年期）知识宣传。1988年，全市企业保健站建立女职工保健档案，即女工卫生室、新婚夫妇、孕产妇系统管理、高危孕妇管理及妇女病普查5本台账。1991年，出台《无锡市工厂女职工保健要求》，在全市企业统一实行孕产妇系统管理、高危孕妇管理、妇女知识宣传、更年期妇女、哺乳期妇女、月经异常妇女、妇女病查治等7本台账。1994年，制定出台《无锡市工厂女职工保健工作规范化管理条例》，在实施过程中，部分企业因经济效益不佳因素，一定程度上影响女职工保健工作的正常开展。1998年6月，市政府转发市卫生局制定的《无锡市女职工保健工作规定》，规范全市女职工保健工作，重申女工应享有的“五期”保健条件和福利待遇。

2. 妇女病普查

1986年起，全市由两年一次改为每年组织以防癌为重点的妇女病普查、普治。1999年，市卫生局针对妇女病普查队伍紊乱、普治工作不规范的状况，对妇女病普查普治工作实行服务许可证制度，规定医疗保健机构在得到市、市（县）卫生行政部门签发的妇女病普查普治服务许可证，查治人员经培训考核合格，其他条件符合规定标准后，方可开展相关工作，并实行分级管理，由市、市（县）、区保健机构负责管辖范围内的业务指导、人员培训、表册统计及质量检测。2000～2004年，全市妇女病平均普查率61%，患病率29%。2005年，对全市636家企事业单位女职工妇女病普查情况抽样调查，其中364家单位配合调查、272家单位不予配合。在接受调查的364家单位中，61家单位未进行1～2年一次的妇女病普查，占总数的16.8%。至年末，市区共有31家医疗保健单位获得许可证，全年全市妇女病普查率84.98%，患病率29.14%。

二、婚前保健

1987年4月，市卫生局与市民政局联合发布《关于无锡市婚姻保健工作的规定》，在全市开展婚前保健工作，并明确由市妇幼保健院负责婚前体格检查；市妇幼保健所负责婚前教育；市民政局负责办理结婚登记手续，规定新婚夫妇获得“婚前学习证”“体检合格证”后方可办理结婚登记手续。婚前教育围绕心理、性卫生和优生优育、孕期保健等知识开展集中培训，教育覆盖面98%。1998年，依法实行婚前医学检查机构执业准入制度，以提高检查质量和检查率。1999年，市区7家婚检单位对14809名男女进行婚检，查出疾病1929人，占13%，较1997年、1998年分别高出5.3和2.1个百分点。1999年，无锡市在全国率先开展新婚夫妇染色体筛查工作，确诊染色体异常90例，染色体异常率5.4‰。同年，市卫生局制定《婚前保健管理规范》，明确9项工作质量指标，统一登记11种台账与统计表，明确婚前疑难病症转诊程序，规范婚检服务，婚检质量得到提升。2000年12月，市卫生局会同市民政局、市计生委联合制定《关于进一步加强婚前医学检查工作的意见》，规范婚前保健服务。明确28家乡镇中心卫生院为农村地区婚检点，改变农村婚检无许可证、婚检质量不高、婚检率低的状况。2002年，全市婚前医学检查率和疾病检出率分别由1997年的69%和4.2%上升至93%和13.6%，查出肝炎、肺结核、性病等指定传染病491人，生殖系统疾病4630例，严重遗传病6人，对查出疾病的对象进行治疗、指导和随访。全市婚检单位全部进行染色体筛查，为指导优生优育提供科学依据，普查率52%，查出染色体异常率7‰。

2003年10月1日新修订的《中华人民共和国婚姻登记条例》实施后，婚前医检证明不再作为婚姻登记必备条件，取消强制婚检制度，婚检率由2002年的93%下滑到2004年的3%（市区5%），出生缺陷呈上升趋势。2004年，全市出生缺陷发生率较2003年上升2‰，突破10‰。是年10月，锡山区推出由政府出资为结婚对象提供基本项目婚检的“幸福工程”，为方便群众，民政部门与卫生部门配合，将婚姻登记处设在合法开展婚检的妇幼保健机构内，引导结婚对象在婚姻登记时先接受婚前保健教育和医检。“幸福工程”实施6个月后，婚检率从实施前的接近零上升至70%。2005年，惠山区和北塘区相继推行免费婚检。是年，全市婚检率上升至10.44%。

三、围产期保健

1984年，市卫生局会同市围产期保健协作组印发《无锡市围产期保健的具体管理办法》。1988年，无锡市建立围产保健网，开展高危孕妇专案管理、高危评分、宫高百分位的描记、胎动计数等。1992年，以实施“中美预防神经管畸形合作项目”为契机，在婚前教育中开展围产建册的同时，进行口服“斯利安”和预防神经管畸形的宣传募集服药，并开展出生缺陷监测。1995年，制订《无锡市高危妊娠分级管理办法试行草案》，建立填报高危评分表制度。1998年，成立市母婴保健医学技术鉴定委员会，实行母婴保健技术服务职业许可证和人员上岗合格证制度，完成婚前医检、助产技术、结扎和终止妊娠等母婴保健技术服务执业许可证的评审，全市138家医疗保健单位获得母婴保健技术服务执业许可证，1226名母婴保健人员获得母婴保健技术合格证书。2001年，加强乡镇卫生院产前、产时、产后的全程医疗服务质量管理。在换发证中，全市133个助产技术医疗机构中有126家单位和1437名助产技术人员通过评审，取得助产技术执业和从业资格。

2002年3月，启动实施生育健康电子监测系统，制定《无锡市生育健康电子建册系统实施方案》，在全市实行婚前医检、产前检查、住院分娩、儿童保健全程监测和信息共享，全市妇幼卫生信息可从网上直报与下载。同年，在市（县）、区产科医院开展新生儿疾病筛查，筛查率84%。2003年，市卫生局颁发《关于规范剖宫产手术管理的通知》，严格审批剖宫产手术机构和手术医务人员资格，有效控制剖宫率。颁发《关于加强围产儿尸体解剖工作的意见》，明确围产儿尸体解剖对象，提高产科质量。修订围产期保健系统管理方案，调整围产保健建册办法和孕产妇保健管理程序。

2004年，根据《江苏省妇幼卫生事业发展纲要（2001～2010年）》目标，制定并组织实施《无锡市妇幼卫生“三降一提”[①]项目方案》。至2005年，孕产妇死亡率从项目实施前的17.63/10万下降到9.13/10万；5岁以下儿童死亡率从9.69‰下降至5.8‰；出生缺陷率从9.37‰下降至9.06‰；婴儿死亡率从6.67‰下降至4.36‰，达到预期目标。

第二节　儿童保健

一、儿童保健管理

1983年，无锡市建立市儿童保健协作组。1988年起，市区30个街道分片划给市区医院进行婴幼儿系统管理，管理率90.5%。其中体弱儿管理率99.9%。全市7周岁以下早产儿、体弱儿及儿童主要疾病均有专案管理。1991年，市预防医学会及其妇女儿童保健学组相继成立，承担全市儿童保健工作的业务技术、疾病防治及科研活动的指导职能。

1996年1月，无锡市建立5岁以下儿童死亡病例评审制度，及时分析儿童死亡原因，提出降低死亡率的预防性措施。1998年1月1日起，全市儿童保健系统管理实行计算机管理，统一建立《儿童保健册》。市卫生局制定《无锡市托儿所、幼儿园卫生保健合格评分标准》，对托儿所、幼儿园行政设施、保健室设备、营养与膳食、健康检查、防病措施、卫生消毒、安全保护、良好习惯、体格锻炼、家长联系宣传及登记统计等11个方面作出具体要求，编印发布《托幼机构卫生保健管理工作法规文件汇编》1500份。全市妇幼保健所（站）对保健人员进行分级分类培训。根据评分标准对全市80家托儿所、幼儿园进行验收，评定一类幼儿园58家、一类托儿所11家。

2001年1月，市卫生局印发《关于调整市区儿童保健管理分工》，确定儿童基本保健监测由区级医疗保健单位和社区卫生服务机构承担，凡承担儿童保健系统管理的单位必须做好定期保健服务，凡承担Ⅱ类、Ⅲ类体弱儿管理的市级医疗保健单位应设立保健专科门诊，责任到人，做好体弱儿的确诊和保健康复。根据《江苏省散居儿童保健管理手册》，制定《无锡市社区儿童保健工作规范》。是年10月，对首批申报社区儿童保健门诊规范化达标单位评审，城区达标单位8家、基本达标单位7家；农村达标单位30家、基本达标单位11家。2002年12月，市卫生局实施《无锡市体弱儿分级分类管理办法（试行）》，加强体弱儿的筛查与转送，在全省率先将情绪、行为障碍和视力、语言障碍等10种疾病纳入体弱儿专项管理范围，逐步实现儿童保健从单纯的生物医学模式向生物—心理—社会医学模式转变。

二、儿童保健门诊

1985年底，全市医疗单位共开设儿童保健门诊141个，各配备1～2名专职或兼职儿童保健医生，对儿童定期开展健康检查，对查出的疾病和有缺陷的儿童，及时治疗、矫治。开展预防接种、营养示教、服装示教，传授喂养孩子、培养儿童卫生习惯及预防和护理小儿常见病、传染病的知识和方法。随着保健门诊条件的不断改善，门诊人数逐年增加，儿童保健门诊由综合发展为多项专科，至1995年，除增设的专科门诊有儿童智力测试、小儿五官、口腔保健、小儿推拿、体弱儿门诊等，还开展电脑智力测试、微机监测儿童生长发育、氟离子透入防龋及超声波治疗近视、新生儿沐浴等服务项目。

1987～2000年，无锡市在全市示范、重点托幼机构中，开展儿童弱视、龋齿防治，先后完成10万

① 降低孕产妇死亡率、降低5岁以下儿童死亡率、降低出生缺陷发生率，提高妇女儿童健康水平。

余名儿童的体检，追访新婚妇女30844人，查出出生缺陷儿1402人，其中81%为小缺陷（色素痣、副耳、血管瘤、多指趾）；完成卫生部“九五”科技攻关项目“0～6岁儿童脑瘫流行病学调查”，共调查153047名儿童，查出脑瘫患儿238人，患病率1.56‰；完成“0～5岁城乡儿童铅接触水平与健康关系的调查”，结果表明，无锡市城乡儿童铅中毒流行率27.54%，有超1/4的儿童达到铅中毒水平。调查结果均引起相关部门的重视。每年“六一”儿童节，全市各医疗卫生单位和工厂保健所（站），按照分工对全市托、幼机构和地区散居儿童（7岁以下）进行一次体格检查，了解儿童的健康状况。

2005年末，全市建儿童医院1所，开设儿童保健门诊59所。

三、儿童计划免疫

1986年，市政府成立市计划免疫工作协调小组，负责开展全市儿童计划免疫工作和规范化预防接种门诊建设。各基层接种点基本达到人员合格、设施达标、管理规范、工作有序的要求。单苗合格接种率及“五苗”（卡介苗、脊髓灰质炎活疫苗、百白破混合制剂、麻疹疫苗、乙肝疫苗）覆盖率逐年提高，计划免疫相关传染病得到有效控制。1989年、1991年、1996年连续三次通过世界卫生组织、联合国儿童基金会和卫生部组织的接种率85%的评审。1989年，新生儿乙肝疫苗纳入计划免疫程序管理。1992年，在省内率先对大中专院校、初中一年级新生开展麻疹疫苗扩大免疫。1998年，在省内率先将季节性接种乙脑、流脑疫苗纳入计划免疫常年门诊接种，并将“麻疹、风疹、腮腺炎”三联疫苗纳入儿童计划免疫程序管理。

在开展脊髓灰质炎相关病例（AFP）监测中，定期进行AFP病例报告的漏报调查，每年对以流动儿童为主的0～4周岁儿童开展二轮次查漏补种的强化免疫活动，服苗率在95%以上。2001年，如期通过省级消灭脊髓灰质炎的证实。

2002年9月，建成全市免疫信息网络数据库，开通语音自助查询系统和“无锡免疫规划之窗”网站（www.wxepi.com），实现全市社区卫生服务中心、区疾控中心、市疾控中心三级预防接种信息化。全市130多个接种点，20多万名0～7周岁儿童免疫接种资料纳入数据库管理，入网率90%以上。实现儿童信息“一级录入、多级享用”，流动儿童“一地建卡、异地接种”。无锡市儿童计划免疫计算机管理“金卡”工程，为省内第一个成功实现儿童接种信息由基层接种点到市疾控中心的网络系统。

2003年，在全市大面积开展在校学生麻风腮疫苗的免疫接种，共接种学生7.6万人，接种率85%以上，形成阻断疾病的免疫屏障。加强6万名0～6岁流动儿童的计划免疫管理，建立流动儿童年报制度，严格实行凭预防接种证入托、入学制度。定期开展调查摸底，及时查漏补种，补种4.4万余人次，流动儿童接种率稳步提高。同年7月1日，开展新生儿免费接种乙肝疫苗，首针接种率超过95%。

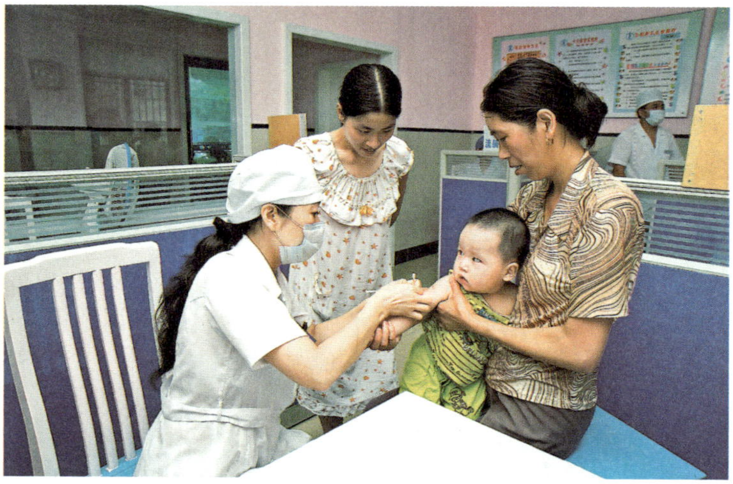

图32-9　市儿童医院医护人员为儿童预防接种（市卫生局供稿）

2005年6月1日起，无锡市根据《疫苗流通和预防接种管理条例》要求，执行免费接种政策，各市（县）、区共安排专项经费961万元，用于一类疫苗的接种补助。对免疫规划内0～7岁儿童的卡介苗、口服脊灰糖丸、百白破三联疫苗、麻疹疫苗、乙肝疫苗、乙脑疫苗、流脑疫苗接种，以及应急接种、群体性预防接种实行免费，包括取消儿童计划免疫保健保偿制度，取消每次接种费等。至年末，全市计划免疫"五苗"接种率稳定在95%以上。

四、爱婴医院

1993年，无锡市启动创建爱婴医院工作。至1995年，共有54家医院通过省级评估，全市凡设有产科床位10张以上的乡卫生院、县以上医院全部创建爱婴医院。

1996年，市委、市政府把"创建爱婴医院、争创爱婴市"列入年度国民经济、社会发展和社会精神文明建设工作目标，出台《无锡市创建爱婴市实施方案》《无锡市医院母婴同室床位收费标准》。各市（县）、区政府和卫生部门将创建工作列入议事日程。各医院加强产科执业医师技术准入，加强产前、产时、产后的全程医疗质量管理，实行整体化护理，开展全程陪护分娩。开展新生儿疾病筛查，实现出生医学证明计算机管理。注重在孕妇学校、环境宣传和产后指导三个环节抓好母乳喂养宣教，抵制母乳代用品商家销售行为和广告宣传，将母乳喂养工作纳入院、科两级行政查房和医疗质量考核内容。是年，全市共投入1389万元，增添新生儿复苏台、新生儿沐浴设备、产床等238台（套）。全市设产科的133家医院全部创建成为爱婴医院，其中县及县以上医院23家、中心卫生院10家、乡卫生院100家。年末，无锡市成功创建成为省首批5个爱婴市之一，江阴市、锡山市、宜兴市和郊区在省内首批22个爱婴市（县）、区中榜上有名。2000年，市妇幼保健院19层爱婴大楼建成。2005年末，全市建有119家爱婴医院。

五、中美合作项目

1992年，无锡市、无锡县和江阴市相继被确认为"中美预防神经管畸形合作项目"①新增单位。1993年9月1日，无锡市副市长王竹平、江阴市副市长徐海峰和无锡县副县长潘中岳，在北京与北京医科大学签订为期3年的科研项目协议书。其后3年中，先后开展0～6岁儿童脑瘫流行病学调查、儿童铅负荷状况调查、妇女增补叶酸对儿童生长发育和健康影响的随访研究、育龄妇女生殖系统常见病发病情况调查等6个科研合作项目，撰写完成多篇相关论著，其中"无锡市城乡儿童铅中毒分析"等3个科研项目获无锡市2000年科技进步三等奖。

1998年10月21日，无锡市、江阴市和锡山市市政府在北京与北京医科大学签订为期7年的"中美预防出生缺陷和残疾合作项目"科研合作协议。

第七章　卫生监督②

第一节　环境卫生监督

一、预防性卫生监督

1985年，市政府颁布《无锡市建筑设计预防性卫生监督办法》《无锡市工业企业有毒有害作业卫

① "中美预防神经管畸形合作研究项目"是新中国成立后规模最大的中美双边卫生科技合作项目之一，为国家"八五"期间重点科技攻关项目。项目经中美两国卫生部批准，双方分别由北京医科大学和美国疾病预防控制中心为项目合作研究的牵头单位。

② 有关食品卫生监督内容见本志第二十卷第八章第二节《食品卫生监督》。

生监督办法》，推进预防性卫生监督法制化、规范化建设，监督范围由工业企业扩大至民用建筑、事业单位建筑以及医院、学校等。1997年起，对建设项目选址、施工现场加大卫生监督力度，规范监督文书资料。至2001年，共审批项目4235个，市卫生监督部门参与项目的可行性论证、初步设计审查、施工设计审批、竣工验收等，对重点项目开展卫生学评价。

二、水质卫生监测

1.太湖水域监测

1980～1992年间，市卫生部门与省环境卫生监测站共同承担北纬31°19′、东经120°16′太湖椒山测点的水质监测，每年枯、丰水期各监测1次，检测理化、污染物指标共35项。

2.饮用水卫生监测

80年代起，市卫生部门对全市19个自备水厂水质、88口深井水水质以及运河无锡段20个监测点进行连续采样监测，监测项目有理化指标、毒物指标、微生物指标等25项。对市、区饮用浅井水的消毒情况实行不定期抽检。1992年，无锡市饮用水监测被列入全国城市生活饮用水监测系统，制定《无锡市饮用水二次供水卫生管理办法》，规范水箱清洗队伍，建立商场、宾馆等公共场所的地下水池、高位水箱基础档案，对二次供水水质开展每年两次定期监测。1993年起，对市区水厂水源水常年监测，按照生活饮用水卫生标准，对水厂水源水、出厂水以及11个末梢水采样监测，每季1次全分析监测。水源水每年监测12次，其中4次做水质全分析。水源水检测27项指标，每次监测5个水源水，全年共监测60个样品。1994年以后，针对太湖藻类污染问题，开展多次卫生学调查，会同自来水公司商讨应对措施。1995年夏季，因太湖藻类污染严重，致使中桥水厂、梅园水厂水源水氨氮、亚硝酸盐氮大幅度超标，水厂分别于当年6月、8月停产1.5天。针对水源水有机污染日趋严重的状况，1996年增加氯仿、四氯化碳监测项目。以后，又逐年增加铬、硒、银、“六六六”、DDT等监测指标。1997年起，净水饮用逐步兴起。1998年起，根据《瓶装饮用纯净水卫生标准》，加强对桶装纯净水生产环境及水质的监测，对全市45家桶装水生产企业进行不定期的抽样监测，合格率为89%。2000年10月，七一水厂停产，改建为锡北污水处理厂。2001年，七三八水厂关闭。是年起，市卫生部门每年监测3个水源水，全年共采集监测36个样品。

2005年，按照《江苏省城镇生活饮用水监测方案》，市卫生部门每月对无锡市集中式供水定期监测。全年共采集梅园水厂、充山水厂、中桥水厂、贡湖水厂的水源水、出厂水、末梢水共200件。其中：出厂水45件，合格20件，合格率44.4%；末梢水121件，合格81件，合格率66.9%。主要不合格指标为浑浊度、耗氧量、游离余氯。纯净水监测，样品54件，合格43件，合格率79.6%。不合格指标主要为细菌总数、大肠菌群、霉菌、电导率、耗氧量等。同年，水厂水源水监测指标35项。

三、公共场所卫生监督

1987年，无锡市根据《公共场所卫生管理条例》及实施细则明确的11项标准，加强公共场所卫生管理。1989年，全市首批发放10张公共场所卫生许可证，并对公共场所的空气质量、床上用品、公共用具的清洗消毒情况监测。1990年起，每年对核发公共场所卫生许可证的单位空气质量进行监测，共计监测54034家次，合格率93%。对全市的商场（超市）、游泳场（馆）、旅店、歌舞厅、美发美容店、洗浴场所等公共场所的卫生制度管理、卫生状况、公共用具消毒情况、池水水质卫生、公共场所禁烟情况、商场（超市）集中空调通风系统、场所内空气卫生及其从业人员持卫生许可证和健康合格证等开展专项检查，依法查处相关问题。2003年起，市卫生部门开展室内空气检测服务工作，先后对176个居室、办公室进行室内环境监测，合格率67.8%。在抗击“非典”期间，对全市公共场所进行“拉网式”、全覆盖专项执法检查，共检查公共场所1.4万余户次、公共交通工具1.1万余辆次。

2005年，开展公共场所中央空调卫生质量监测，采集33个公共场所的63件冷却、冷媒水，军团菌检出率31.2%。对5个大型商场、超市空调系统送风口检测，共检测571项次，真菌总数合格率100%，细菌总数和可吸入颗粒合格率20%。至是年末，全市公共场所卫生监督覆盖率97.34%，公共场所单位卫生许可证持证率98.40%，卫生监督合格率91.12%，从业人员培训合格率99.23%，从业人员体检率91.99%、合格率99.63%、健康合格证持证率98.4%。全市未发生重大公共场所突发危害健康事件。

四、化妆品、涉水产品卫生监测

1986年起，无锡市按照《化妆品卫生监督条例》《化妆品生产企业卫生规范》要求，加强对化妆品生产企业的选址、平面布局、工艺流程等卫生管理，并逐渐扩展到对生产环境的细菌总数、照度、紫外线强度等卫生指标及产品的卫生监测，开展市场化妆品的监督抽查。1998年，无锡市根据《生活饮用水输配水设备及防护材料的安全性评价标准》开展涉水产品、净水剂、防护材料、水处理设备等卫生监督监测，监测样品175件。1996～2005年，对263家次化妆品生产企业进行监测，共监测1504件，合格率96%。

第二节　医疗行业监督

1988年，无锡市根据《江苏省个体开业医务人员管理办法》规范医疗市场，对全市个体开业医生清理整顿，重新核发行医许可证，不符合条件的不予登记，取缔非法行医。1992年起，开展药品领域“打假”工作，查处一批大案要案。1995年，市卫生局颁发《关于进一步加强医疗广告管理的通知》《关于加强义诊活动管理的通知》，规范管理。对医疗美容院（所）专项清理整顿，重新登记注册。1996年，全市开展医疗机构执法检查，查处无证、违法行医案件58起，取缔无证行医38起，发出整改通知32份，罚没款6.33万元。

2001年12月，市卫生局卫生监督所成立监督三科，负责查处医疗机构、卫生技术人员执业及医疗违法行为案件。其后，市（县）、区卫生监督所相继成立医疗服务监督专门科室。卫生监督部门贯彻国务院《医疗机构管理条例》《中华人民共和国执业医师法》《中华人民共和国母婴保健法》《中华人民共和国献血法》《乡村医生从业管理条例》，卫生部《中华人民共和国护士管理办法》以及《无锡市社会医疗机构管理条例》等法规，规范医疗服务秩序和执业行为，建立医疗服务长效监管机制。无锡市成立打击非法行医专项行动领导小组，组织开展医疗执业行为、医疗广告、医疗美容、医疗气功、坐堂行医、义诊、医疗废物管理、科室出租承包以及医托、“号贩子”等专项检查。2002～2005年，会同公安、工商等部门开展打击非法行医专项联合执法行动，共开展医疗服务专项检查39次，监督检查医疗机构1.6万余家次，立案查处违法案件330余件，行政处罚罚款130余万元，取缔无证行医等504个，查处违规医疗广告数千条，没收药品、器械45万余元，责令100余个医疗机构限期整改。

第三节　传染病防治监督

1986年起，市卫生行政部门贯彻《中华人民共和国传染病防治法》《突发公共卫生事件应急条例》《医疗废物管理条例》《性病防治管理办法》《消毒管理办法》《江苏省艾滋病防治条例》《江苏省血吸虫病防治管理条例》等法规，采取日常监督检查与集中专项整治相结合，通过开展传染病集中归口治疗、性病诊疗机构执业行为、呼吸道发热门诊、腹泻病门诊、医院内感染管理、消毒隔离、采供血机构执业行为、医疗用血安全、一次性医疗用品卫生、二次供水卫生、传染病疫情监测信息报告、医疗废物管理、菌毒种和实验室生物安全及防控传染性非典型肺炎、高致病性人禽流感执法检查等卫生监督专项检查，加大对传染病防治工作的监督执法力度，防止传染病的发生、传播和流行。2003年抗击“非典”期间，全市各级卫生部门成立卫生督查专门队伍，全面督查重点行业、重点场所、重点岗位、重点人群的防控措施落实情况，共检查生产经营场所3.3万余户次、医疗机构发热门诊200余个次，抽检消毒产品116件，取缔不符合卫生要求的单位1300余家，责令停业整顿的单位1000余家，取缔游医药贩和非法行医100余人次，收缴药品、医疗器械价值10余万元。对无锡中汇饭店、天骄宾馆、紫金饭店、三阳百盛、大洋百货、锡澄大厦等实施卫生行政控制，实现不发生“非典”和高致病性人禽流感的防控目标。

第八章　爱国卫生运动

1980年，无锡市恢复建立市爱国卫生运动委员会（简称“爱卫会”），下设办公室（简称“市爱卫办”）。1986年起，坚持“政府组织、地方负责、部门协调、群众动手、科学治理、社会监督”的工作方针，组织开展爱国卫生运动，并把创建文明卫生城市和文明集镇活动融入社会主义精神文明建设范畴。90年代，以创建卫生城市为龙头，加快基础设施建设，开展环境整治，强化市容管理，开展健康教育；农村以创建卫生镇、村为龙头，开展环境整治与健康教育，开展农村改水改厕工作。2003～2004年，实施新一轮农村改水，用两年时间完成省政府下达的3年内全市农村自来水受益率达95%的目标任务。农村无害化卫生户厕普及率达86.4%。至2005年，全市建成国家卫生城市2个、国家卫生镇5个、江苏省卫生镇31个、无锡市卫生镇18个、江苏省卫生村461个。

第一节　卫生创建

1986年起，无锡市开展创建国家卫生城市活动。1989年4月，市政府批转市爱卫办、市城管办《关于进一步落实“门前三包”责任制的意见》，推进市容卫生规范化管理。同年，层层发动，引导市民参与全国第一个爱国卫生月活动，改善城乡卫生面貌。1990年，依照《国家卫生城市检查考核标准》，制订《无锡市创建国家卫生城市实施方案》。3月28日，市委、市政府召开创建国家卫生城市，爱国卫生月活动动员大会，号召全市人民在两年时间内将无锡创建为国家卫生城市。4月，成立市创建国家卫生城市领导小组，实行条包块管，层层签订并落实“门前三包、门内达标”责任制。市政府颁布《关于严禁随地吐痰、乱扔乱倒废弃物的规定》。6月，省爱卫会在无锡市郊区召开创建经验现场交流会。无锡市区投入400多万元，修缮、添置公共厕所、垃圾箱等公共卫生设施。南长区针对河道多、河水污染严重的状况，拨出专款，组织力量清除淤泥，修建驳岸和沿河护栏。江阴市投资320多万元，建设卫生基础设施。是年末，江阴市被评为全国十佳卫生城市；宜兴市汽车站被评为全国卫生长途汽车站，成为全国两万多个汽车站中的“七佳”之一；无锡市和宜兴市被评为江苏省卫生城市。

1991年，无锡市遭遇百年未遇的洪涝灾害，卫生城市创建工作以健康教育为先导，开展救灾防病宣传，实现灾后无大疫目标；巩固省级卫生城市创建成果，城市重点抓创建活动深化，农村重点抓初级卫生保健。1992年，《无锡日报》设立《健康天地》专栏，加大创建工作宣传力度。是年，无锡市被全国爱卫会命名为全国卫生城市，名列地级市全国卫生城市第十五位；江阴市继续保持“全国十佳卫生城市”称号，在289个县级市中名列第一；宜兴市被列为江苏省“五佳卫生城市”。1994年，江阴市被全国爱卫会命名为国家卫生城市。市政府投资5000万元建立无锡桃花山垃圾填埋场，占地26.68公顷；投资1亿多元，建立芦村污水处理厂。是年起，市爱卫会工作重点转向农村，每年将农村改水改厕列入社会事业目标和政府为民办实事项目，逐年下达改水改厕工作任务，坚持计划、经费、材料、施工队伍“四落实”。1995年，出台《无锡市公共场所禁止吸烟暂行规定》，无锡市成为国内第三个在公共场所禁止吸烟的城市。同年，无锡农村开展创建卫生镇（村）活动，江阴市璜土镇前栗山村成为全市第一个江苏省卫生村。

1996年底，市委、市政府提出“一年达标、两年建成国家卫生城市”的目标。1999年9月，无锡市被全国爱卫会命名为国家卫生城市，市长吴新雄获国家卫生城市市长奖。是年，江阴市璜土镇投入3000多万元资金，对集镇进行大规模改造，形成人新、街新、路新、灯新、景新的“五新面貌”，被全国爱卫会命名为无锡市首个国家卫生镇。2000年，市爱卫办制定《无锡市各行各业卫生标准》，统一爱国卫生工作台账，建立卫生长效管理机制，实行卫生工作常规化、制度化管理。

2001年，无锡市在建成国家卫生城市后的第一个复查年中，围绕巩固和发展创建成果主题开展专项整治活动。2002年，建立国家卫生城市信息管理系统，对照国家卫生城市标准，对1988～1999年命名的671家市爱国卫生先进单位进行复查，重新认定528家单位为市爱国卫生先进单位，取消已撤并关停的143家单位先进称号，新命名57家市爱国卫生先进单位，无锡市顺利通过国家卫生城市复查。2003年，无锡市顺利通过创建环保模范城市、国家园林城市及城市管理创优工作的考核与调研。2004年4月，市爱卫办、市卫生局、市城管局联合组织专项活动，在城区开展“擦亮城市行动”，在农村开展“清洁家园行动”。同年，无锡市相关部门启动建设健康城市调研，年底向市政府提交《关于建设健康城市的调研报告》。2005年末，无锡市有省爱国卫生先进单位94家、市爱国卫生先进单位811家、市无吸烟单位229家。

第二节　农村改水改厕

一、改水

1985年末，全市农村饮用自来水人口占农村总人数的21.6%，70%左右的农村人口饮用水仍以井水为主，少数仍用河水，部分县属镇自来水水质污染，水厂水源保护和管理亟待加强。1986年，全国第一次农村改水工作会议之后，无锡市有计划、分步骤地展开农村改水工作。至1990年末，共投资7000万元，建成镇（村）自来水厂195座，新增农村自来水受益人口101.47万人。农村171.47万人饮用自来水，占农村总人口的54.15%，三县一郊均超额完成省下达的“七五”计划改水任务。

1991年，农村改水工作列入市政府为民办实事项目。1992年起，为解决改水费用，市财政每年按100万～150万元低息贷款，采取“改拨为贷”办法，实行优惠贷款，缓解基层改水资金紧缺矛盾，使有限的国家拨款发挥更大的效益。无锡县获“1992年度农村改水先进市（县）”称号，江阴市西郊镇获“农村改水先进集体”称号。至1993年，无锡市提前两年完成省爱卫会下达的“八五”改水指标。1995年，无锡市将农村改水列入“加快奔小康步伐”的内容，与实施初级卫生保健工作统一部署，统一验收。锡山市华庄镇自来水厂获1995年度“全国百佳水厂”称号，江阴市青阳镇自来水厂、锡山市前洲镇自来水厂被评为1995年度江苏省农村双十佳自来水厂。是年末，新增农村自来水受益人口126.45万人，累计受益人口227.92万人，占农村总人口的64%。

1996年起，无锡农村以创建卫生镇（村）为重点，推动改水工作，各级政府统筹规划，筹措资金，新建水厂实施管网延伸工程。至2000年末，全市新增自来水受益人口37.75万人，农村自来水受益人口累计265.68万人，农村自来水普及率由1995年末的64.0%提高至74.6% 。全市共投入资金38338万元，建有乡（镇）、村自来水厂246座。农村有41个镇自来水覆盖率85%，有26个乡（镇）实现村村通自来水。

2001年起，各级政府把农村改水列为“民心工程”项目。2003年，省政府将农村改水列入“农村五件实事”，实施新一轮改水“攻坚战”。无锡市相继出台《无锡市农村改水工作实施方案》《无锡市农村改水验收标准和验收办法》，通过多方筹措资金、加强工程质量管理，紧抓时间进度，实现农村改水3年任务两年完成的目标。无锡市的改水工程高起点规划，高标准建设，扩大管网覆盖，推进区域供水，将市辖区农村全部纳入市自来水总公司范围，实现太湖区域性供水；江阴市以优质长江水为水源，实现城乡联网供水；宜兴市形成四大供水圈，实现区域供水全覆盖。在实施区域性供水中撤并农村镇、村水厂。至2005年，全市农村改水共投入资金206952万元（其中市财政38627.4万元，镇、村116421.8万元，个人44887.4万元，其他7015.4万元）。因城市自来水管道向农村延伸，农村居民大量拆迁，村庄减少，镇、村自来水厂缩减，当年有镇、村自来水厂23座，新增农村自来水受益人口106.73万人，累计受益人口344.93万人，占农村总人口的97.9%。

1986～2005年无锡市农村改水工作情况表

表32-7　　　　单位：万元、万人、座

年份	改水资金总额	其中				新增受益人数	累计受益人数	镇村水厂
		财政投入	镇村投入	个人投入	其他			
1986～1990	7000.00	123.00	4800.00	2000.00	77.00	101.47	171.47	195
1991～1995	9400.00	129.00	6451.00	2820.00	—	126.45	227.92	308
1996～2000	38338.00	1924.30	17888.80	11587.40	6937.50	37.75	265.68	246
2001～2005	152214.00	36451.10	87282.00	28480.00	0.90	106.73	344.93	23
总　计	206952.00	38627.40	116421.80	44887.40	7015.40	372.40	344.93	23

二、改厕

1989年后，无锡市采取从试点着手、技术培训、分类指导、突破难关、逐步推开的办法，加快农村改厕粪管工作步伐。1990年，无锡县被列为全国10个农村改厕试点县之一，所辖堰桥乡胡家渡村建造家用小三格化粪池做法，作为农村改厕的新形式在全国推广。是年，无锡市建立由卫生、农林、城建等部门组成的改厕粪管工作技术指导组，推广集中式三格式化粪池、家用小三格化粪池、农村公厕、沼气池等4种形式，推进无锡县水网地区改厕试点。至1991年，全市共取缔（搬迁）露天粪缸3万多只，新建乡村公厕410座，改建120座；完成乡镇卫生院污水处理70家，新建农民卫生户厕2.3万座，农村卫生面貌得到改善。

1992年起，无锡市逐年加大农村改厕任务指标。到1995年末，农村累计新增卫生户厕8.25万座，占农村总户数的2.4%。1996年起，以创建卫生镇（村）为龙头，带动改厕工作稳步推进，至2000年末，农村卫生户厕达到总户数的44.7%。

2001年起，无锡市把取缔露天粪坑和农村改厕作为农村卫生和生态环境综合整治的突破点，市政府颁发《关于加强农村改水改厕工作的意见》，把落实农村卫生5件实事列入政府工作目标，并出台有利于改厕工作的规范性和倾斜性政策，采取“三个一点”（财政、村集体、个人各承担一点）方式筹措资金，设立改厕专款专用账户，制定低收入户减免政策。至2005年末，全市共投入改厕资金88683.1万元，其中，财政出资2787.15万元、镇（村）出资35169.19万元、个人出资50333.12万元、其他资金393.64万元。累计建造无害化卫生户厕93.74万座，占农村总户数的86.4%，实现市政府下达的3年农村改厕目标任务，农村改厕工作进度成效居全省第二位。

1991～2005年无锡市农村改厕工作情况表

表32-8 单位：万元、万座

年份	改厕资金总额	其中				新增户厕	累计户厕
		财政投入	镇村投入	个人投入	其他		
1991～1995	3218.66	705.95	494.29	1624.82	393.60	8.25	8.25
1996～2000	27808.70	1140.60	4097.00	22571.10	—	31.40	38.75
2001～2005	57655.70	940.60	30577.90	26137.20	—	46.40	93.74
总 计	88683.10	2787.15	35169.19	50333.12	393.64	86.05	93.74

第三节 除“四害”

1986年后，无锡市将卫生除害工作列入创建目标，逐年增加经费，根据季节性特点，发动群众，开展以环境整治为主、药物消杀为辅的除“四害”①活动，控制孳生地，降低“四害”密度。

1988年，无锡市根据全国灭鼠工作会议精神，制订创建灭鼠先进城市计划。其后，每年开展1～2次全市突击灭鼠活动，推广使用化学药品灭鼠；在市区推广使用球形芽孢杆菌生物制剂，控制蚊子孳生地，每年夏秋季节有重点地开展灭蟑螂活动。市区鼠密度逐年下降，控制在国家标准以内。1990年，无锡市被省爱卫会命名为灭鼠先进城市。

90年代，除“四害”列为创建卫生城市活动的硬指标，全国、省爱卫会出台一整套考核细则。蟑螂被列入“四害”之一。无锡市开展创建灭蟑螂先进城市活动。1992年，无锡市被省爱卫会命名为灭蟑螂先进城市。

1994年，市政府把“灭蝇达标”作为创建国家卫生城市的必备条件和为民办18件实事之一，与区、局、部门共23家单位签订“灭蝇达标”责任书。1996年，无锡市被省爱卫会命名为灭蝇工作先进城市。1998年，市创建领导小组和市爱卫会联合制定《除“四害”工作现场检查要点》，推进除“四害”工作规范化开展。2003～2004年，无锡市通过省爱卫会组织的灭鼠先进城市和灭蟑灭蝇先进城市复查。其间，市爱卫会每年统一时间投放药物除“四害”，并在城乡设置“四害”密度监测点93个，其中鼠密度监测点10个、蟑螂密度监测点26个、苍蝇密度监测点45个、蚊密度监测点12个。监测情况表明，无锡城区“四害”密度控制在国家标准范围之内。2005年12月19日，市政府颁布《无锡市除“四害”工作管理办法》，为除“四害”工作提供法规支撑。

① 1958年2月12日，中共中央、国务院发出《关于除四害讲卫生的指示》，提出要在10年或更短一些的时间内，完成消灭苍蝇、蚊子、老鼠、麻雀的任务。之后，“麻雀”作为益鸟，被“臭虫”代替。再之后，由于社会生活的变化，“臭虫”又被“蟑螂”取代。

第四节　健康教育

一、学校健康教育

1986年，全市中小学生龋患率在40%～65%，无锡市在省内首家引进氟离子透析和防龋凝胶防治学生龋齿，向学生推广使用保健牙刷和含氟牙膏，将学生龋患率控制在10%以下。1987年，无锡市学校健康教育列入九年制义务教育范畴，各中、小学开设健康教育课，至1992年，城乡中小学健康教育课开课率100%。1995年，中小学生健康知识知晓率95%，健康行为形成率94.8%。各级学校开展健康指导、健康监测、健康服务工作和学生健康体检和体质调查研究，预防控制常见病、传染病，加强学生学习环境监测和对校医、保健老师的业务指导，建立学生体质健康数据库。2004年，市教育系统开展"勤奋、卫生、健康、快乐"健康教育主题活动，各学校每月"有一个宣传主题，一份宣传内容，一句宣传口号"，保证每周0.5学时的健康教育课程安排，定期对保健老师和校医进行业务培训，对学生开展心理健康咨询和健康行为指导。

至2005年，城市中、小学健康教育开课率稳定在100%，农村达90%以上。共有292所中、小学校，31万多名学生参加"拒吸第一支烟，做不吸烟的新一代"签名活动，承诺从小养成不吸烟的健康生活方式；12所学校被评为无锡市健康教育示范学校，20所学校被评为健康教育先进学校；学生体质调研资料表明全市学生沙眼发病率1%，寄生虫病感染率2%以下，贫血患病率从1984年的42%下降至14%。

二、城镇健康教育

1990年起，无锡市开展创建卫生城市活动，注重提高城镇居民健康教育水平。1991年下半年，南长区在健康路开展创建健康教育一条街活动；医院、学校健康教育列入市创建文明单位的评比标准。1992年，市卫生局制定《街道卫生所规范化建设标准》，健康教育列入考核指标，在4个街道建立健康教育社区示范点和健康教育室25个、健康教育专栏（橱窗）40多处。

1996～2000年，市卫生局、市爱卫会、市健康教育所联合制定《无锡市医院健康教育工作规范》《无锡市社区健康教育工作规范》，发出《关于加强工业企业健康教育工作的通知》。全市统一健康教育规范化台账，实行档案化管理。1996年起，配合"健康教育月"和"世界卫生日"，连续开展健康教育"百、千、万"活动[①]和健康行为干预活动。1997年，南长区清扬街道被世界卫生组织上海健康教育与健康促进合作中心确定为"健康促进无锡实验基地"。

2001年起，无锡市以"关注卫生知识，建立健康行为"为主题开展"无锡市民健康促进行动"，在市民中倡导"低盐少糖、有益健康"的健康理念，引导广大群众养成科学文明、健康的生活方式。2003年，面对突如其来的"非典"疫情，全市普及防治知识，编印《卫生与健康》专刊、预防手册、自我保护手册等防治知识材料62万多份；制作宣传版到广场、社区宣传和开展医疗咨询；无锡电视台直播《直面"非典"》节目，开办每周三次的《健康关照》栏目，共播出60多期，收视率为其他类节目的两倍。

1995～2005年，无锡市先后举办万人健康知识竞赛、市职工健康知识电视竞赛、全市控烟知识竞赛、家庭文明健康知识竞赛、市级机关干部健康知识竞赛等活动。2005年，无锡电视台举办《反对吸烟》对话节目，市中医院开设戒烟门诊。是年抽样调查结果表明，市民健康知识知晓率和健康行为形成率分别达到82.3%和80.4%（学生分别达到83.4%和82.%），超过国家卫生城市验收标准。是年

① 百名医务人员下地区、单位进行健康讲座，千块健康教育黑板报展，万名市民接受健康知识、行为考核。

末，无锡市有专、兼职的健康教育人员1732人。

三、农村健康教育

80年代，无锡农村逐渐开展健康教育。1991年3月，江苏省首届健康教育学术交流会在无锡县召开。1994年后，根据全国爱卫会、卫生部、广电部《开展九亿农民健康教育行动》通知精神，各地农村通过创建卫生镇（村）、农村初级卫生保健、改水改厕等工作，结合进行健康教育。1997年，郊区扬名乡被确定为农村健康教育示范乡。1998年，扬名乡成立全市首家农村健康教育学校。1999年，全市开展健康教育先进村、镇达标创优活动。2000年，在郊区扬名镇召开无锡市"全国九亿农民健康教育行动"现场会。是年末，各乡镇均设立健康教育试点村，以健康教育"四个一工程"（一份健康教育资料、一件健身器材、一份家庭式健康档案、一只小药箱），推进农村健康教育工作。2003～2004年，各地农村开展"亿万农民健康促进示范镇和普及村"的评比活动，农村健康教育工作实行规范化管理。至2005年，建成亿万农民健康促进行动示范镇10个、普及村23个，江阴市被命名为首批10个全国亿万农民健康促进行动示范县（市）之一。

四、特色健康教育

1991年起，全市建立四级健康教育网络，市区以街道为单位建立健康教育社区和健康教育室；100人以上的工厂、企事业单位都聘任健康教育指导员，每年定期对健康教育相关人员进行业务培训。同年，全市健康教育黑板报"百块展"在城中公园举办；无锡电视台摄制的"广而告之"作品《防止病从口入4条》，获全国第二届"白鹤杯"卫生影视片优秀奖。1993年，江阴市健教所会同市初级卫生保健办公室编印10万张健康教育处方，供全市医院使用。其后，市卫生局中医科编印《中医养生保健处方》，免费发给就诊群众（至2000年，医院健康教育处方达49种）。1996年起，无锡市连续10年组织开展健康教育黑板报"千块展"。2000年，有关部门举办《保护人类健康、提高人口素质》大型科普展览，展出展板130块、照片500多幅。无锡日报社于2002年创办《江南保健报》。2002年，在社区高血压人群中建立100个血压测量点，组织推广参加"跃动之星"全国益寿保健操比赛，提高高血压人群的锻炼意识。2003年，创办《无锡日报·无锡卫生》专刊，开辟健康知识专报、专栏。无锡城区利用广场电子屏幕放映卫生科普片，市卫生局与电台、报社联合开设心理咨询、疑难病解答、就医指南、电视门诊，开通"小天鹅健康咨询热线电话"。2004年，组建成立健康教育讲师团。

第九章 基层卫生

第一节 农村初级卫生保健

1987年初，市政府将初级卫生保健列入经济社会发展总体规划，确定江阴县为初级卫生保健试点示范县。农村初级卫生保健工作内容包括健全多层次的农村卫生服务体系，落实卫生防病和妇幼保健措施，降低农村居民传染性疾病、地方病发病率和孕产妇、婴儿死亡率，农村居民的饮用水、厕所达到国家规定的卫生要求，普及健康教育和食品卫生合格等，共13项指标。至1990年，各级政府共投入1700万元，加强农村医疗卫生三级网络建设。1991年起，全市农村有计划地全面开展农村卫生

图32-10　江阴市长泾中心卫生院　　　　　（市卫生局供稿）

基础设施、设备配置、人员培训“三项建设”。至1995年，改造91所县级卫生防疫站、妇保所和乡镇卫生院，共计21万平方米，基本消除危房。全市农村初步建成卫生服务网，共有乡村医生3760人，其中经培训1366人，均达到相当中专水平；农村行政村卫生室覆盖率97%；实行“合医合药合作医疗”的行政村占65%；以村为单位多种形式的集资医疗覆盖率98%；自来水受益率占农村总人口64%；累计改厕8.25万座，占农村总户数2.4%；儿童“四苗”接种率90%以上，乙肝疫苗接种率95%以上；婴儿死亡率11.57‰；孕产妇死亡率2.74/10万；法定报告传染病发病率287/10万，比1994年下降45%；市区和江阴市、锡山市、宜兴市均通过省麻风病防治达标考核；江阴市、锡山市、郊区、马山区达到消灭血吸虫病标准，宜兴市基本达标；1/4的农民参加住院医疗保险；强化食品卫生专项治理，食物中毒发生率比1994年下降72.7%；人均期望寿命73.48岁。经考核，各市（县）、区总得分均在90分以上，达到初级卫生保健合格县（市）标准，全部通过卫生部评审，提前5年完成初级卫生保健1990～2000年阶段性目标。

1996年，制定《无锡市初级卫生保健合格乡镇标准》。1997年起，开展江苏省初级卫生保健先进县（市）和合格乡（镇）创建活动。至1998年，各级政府共投入12437万元，健全农村医疗卫生三级网络。1998年末，全市合格村卫生室80%，其中甲级卫生室和示范村卫生室达50%；所有乡镇卫生院实现房屋、设备、人员“三配套”，成为集医疗、预防、保健、康复和社会卫生于一体，功能较完善的综合性医疗卫生机构，部分建成结构合理、设备配套、环境优美的园林化卫生院；乡镇卫生院人员结构逐步趋向合理，技术能力不断提高，服务功能和管理水平相应提高；村卫生室作为三级医疗预防保健网络的网底，通过创建合格村卫生室、甲级村卫生室活动，加强建设和管理，发挥其在防治农村常见病、多发病、传染病和妇女儿童保健等方面的作用，原先房屋简陋、消毒不规范、常规设备不齐全、管理制度不落实的状况得以改变，预防保健任务在农村基层得以较好落实。

2000年末，各市（县）均被省政府表彰为江苏省初级卫生保健先进市（县）。2001年末，所有乡镇均通过省卫生厅农村初级卫生保健合格乡（镇）评审。2003年，根据《江苏省农村初级卫生保健实施方案（2001～2010年）》，制定《无锡市农村初级卫生保健实施规划（2001～2010年）》，明确至2010年，全市农村初级卫生保健工作以市（县）、区为单位全面达到江苏省农村卫生基本现代化市（县）标准。

至2005年，无锡市基本形成县级医院、乡镇卫生院及村卫生室3个层次相互贯通的农村卫生服务网络，有乡镇卫生院98家、床位5407张、卫技人员4853人；有村卫生室1027个（其中村办965个、联合办19个、乡卫生院设点43个）、乡村医生2687人。

第二节　社区卫生

1998年5月，市卫生局制定《无锡市开展社区卫生服务的实施意见》。6月30日，全市第一家社区卫生服务站——南长区通扬街道社区卫生服务站成立。6月起，市政府把建立社区卫生服务体系纳入发展社会公共福利事业和为民办实事工程。1999年，在崇安区上马墩街道、北塘区西新街道等地开展扩大试点工作。2000年11月2日，市政府召开全市社区卫生服务工作会议，并下拨给每个社区卫生服务站1万元建设和启动资金，为社区全科医生和护士培训提供部分资金。是年末，城区30个街道全部成立社区卫生服务站，居省内领先水平。

2004年5月24日，根据卫生部、民政部和国家中医药管理局联合印发的《创建全国社区卫生服务示范区活动实施方案》，市政府召开全市社区卫生服务工作会议，市卫生、民政、财政等9个部门联合发布《关于加快发展社区卫生服务的意见》《创建全国及省社区卫生服务示范区（市）活动实施方案》和《关于调整社区卫生服务机构设置规划的指导意见》等文件，明确创建目标和推进措施。是年，崇安区、南长区获首批“江苏省社区卫生服务示范区”称号（全省共13个），崇安区另获“全国社区卫生服务示范区”称号。

2005年，社区卫生服务工作列入市委、市政府15件为民办实事项目，市财政当年安排专项资金1200万元，用于城区24个街道社区卫生服务中心基础设施建设。各市（县）、区财政按覆盖居民人口数年人均9元的标准实行定额补助，用于社区卫生服务基础建设和预防保健等公共卫生服务。市财政按全市城市人口年人均1～3元的标准建立社区卫生服务专项资金，用于城市社区卫生服务宣传、全科医生和护士规范化培训，工作考核以奖代补。整合卫生、计划生育、残联等优势资源，完善预防、医疗、保健、康复、健康教育、计划生育技术指导“六位一体”综合服务功能，重新划分医疗康复、预防保健的职能分工和责任地段，加强疾病预防控制机构和妇幼保健机构对社区的业务指导和技术帮扶，将适合在社区开展的基层妇幼保健、计划免疫、慢性病管理、健康教育、老年保健等业务划给社区，充实和完善社区综合卫生服务功能。社区卫生服务中心实行24小时应诊制，医疗服务之外的其他任务服务时间占80%以上，公共卫生和基本医疗的双重网络功能逐渐得到发挥。将符合条件的社区卫生服务机构纳入医保定点机构，其住院、门急诊、家庭病床及老年康复中符合基本医疗保险的服务项目统一纳入城镇职工基本医疗保险基金支付范围。参保人员在社区卫生服务机构就诊时，门诊个人账户用完后取消起始费直接进入补充医疗基金支付；住院报销比例比二、三级医院优惠20%；12种慢性病患者门诊配药仅限定在社区卫生服务机构，并享受免收起始费、提高补助比例和记账结算等优惠政策；鼓励符合家庭病床收治条件的病人建立家庭病床，收治范围放宽至敬老院、养老院等，并实行医保定额管理制度；实施优免服务，构建平价医疗服务体系，限定社区卫生服务机构医疗服务收费标准比一级医疗机构收费标准低20%。特困、低保对象享受门诊、住院“二免四减半”政策（免挂号费、门诊诊疗费，手术费、空调费、住院床位费、住院诊疗费减半）；70岁以上老人、残疾人、军人就诊，免挂号费、诊疗费，每年可在社区卫生服务中心享受免费体检一次。统筹民政、残联、总工会、妇联、红十字会等部门的医疗救助资源，将社区卫生服务机构统一纳入慈善医疗救助定点范围，扩大慈善医疗救助服务范围。市卫生局先后组织全市社区卫生服务中心主任开展管理培训，对社区医生和护士进行上岗前培训，对社区责任医生、中医适宜技术、急救常识等进行专题培训。至年末，累计举办培训班26期，培训3875人次。城区社区卫生服务机构，有工作人员1203人，其中医生499人、护士319人、防保人员137人、其他人员248人，获得江苏省全科医生和社区护士资格人数占总人数的52%以上。全市社区卫生服务普及率达94%，共建成社区卫生服务中心138个①，其中，市区62个（含城区社区卫生服务中心24个）、江阴32个、宜兴44个；建成社区卫生服务站647个，其中市区293个（含城区社区卫生服务站76个）、江阴170个、宜兴184个。社区卫生服务机构人员数10007人，其中卫技人员数8601人，市区5027人、江阴2910人、宜兴2070人。全市社区卫生服务诊疗总人次173.3万人，人均门诊费用95元；出诊17782人次；开展健康教育758场，接受健康咨询10万多人次，发放健康教育资料13.57万份；累计建立居民健康档案196124份，其中60岁以上居民建档管理率66%。

① 社区卫生服务中心138个，与“2005年无锡市机构、床位、人员情况表”中的数据不一致，系统计口径不同。

第十章　卫生科研与教育

第一节　卫生科研

一、科研立项及获奖

1986～2005年，无锡市3家医学科学研究专业机构、9家临床医学研究机构（包括医院内设的科研中心、科研所）、5家医学教育机构及医疗卫生单位针对重大疾病和常见病、多发病的预防治疗，开展各专业领域科学研究。全市科研项目立项960项，其中国家级26项、部级42项、省级181项、厅级191项、市级207项、局级298项、国际合作15项；获得科学技术进步奖350项，其中：获国家级科技奖两项，分别为市四院“淋巴造影注射器”获第一届北京国际博览会铜奖、江苏省原子医学研究所“甲氧异腈类药盒的研制及推广应用”获国家科技进步二等奖；省（部）级科技进步奖60项，市（厅）级科技进步奖282项；获市“腾飞奖”6项。获国家发明专利15件。江苏省原子医学研究所成果转让项目5个，转让金额1188万元。

二、科研奖及科研基金

1.医学新技术引进奖

1996年，无锡市设立医学新技术引进奖，促进全市各医疗卫生单位开展新技术开发和引进。至2005年，全市卫生系统获得省、市新技术引进奖544项，其中，省卫生厅新技术引进一等奖30项、二等奖148项，市卫生局新技术引进一等奖69项、二等奖297项。

2.卫生科技奖

1998年，市卫生局、市医学会与阿斯利康公司设立“卫生科技奖”。2001年6月19日，市卫生局、市医学会和华瑞制药有限公司联合设立“华瑞科学科技奖”。两奖项每两年评选一次，分别由阿斯利康公司和华瑞制药有限公司提供奖励基金，主要用于临床科技成果和医学新技术项目的奖励，全市卫生系统各医疗卫生单位从事医、药、护、技、管理、预防等方面的卫生技术人员均可申报。

3.卫生科技发展基金

2000年，市卫生局建立卫生科技发展基金，用于科研项目的研制和新技术的引进和开发，每年度评选无锡卫生优秀科技工作者和科技管理工作者，予以表彰和奖励。市政府不定期召开卫生科技大会，颁发科技成果奖，奖励新技术奖获得者。

三、人才培养

1999～2000年，市卫生局制定《跨世纪人才工程规划》《重点专科建设规划》，将实施“三名”发展战略工作纳入综合目标责任制，列为领导干部政绩考核的重点内容。2000～2004年，全市确定拔尖卫生人才培养对象26名、学科带头人66名、后备重点学科带头人36名、医疗技术骨干200名，作为市卫生局人才工程培养对象。并确定“五年一周期”培养方案，对人才实行动态管理、分级管理和目标管理。聘请22名国内知名高级医学专家为技术顾问重点带教，分期安排出国进修，扶持、培育无锡市名医。2000年起，设立人才科技教育基金，每年100万元，用于重点医学卫生人才的培养，2003

年起增至200万元。至2005年，培养和引进研究生927人。5年间，引进高层次人才194人，其中具有高级职称77人、硕士以上学历123人。年末，市卫生系统建成省级医学重点学科3个、省级医学临床重点专科14个、市级医学临床重点专科22个；共建成三级甲等医院6家、省基本现代化医院4家，成为全省三级甲等医院和基本现代化医院数量最多的地级市。市卫生局先后被授予“无锡市人才工程建设优秀单位”“无锡市科技工作先进单位”和“无锡市技术创新工作先进部门”等称号。无锡市拥有省、市名中医（中西医结合）51人和优秀人才共149人。

1.享受政府特殊津贴人员

1988～2005年，无锡市医疗卫生系统享受政府特殊津贴41人：谢震球、徐汇义、李鹤强、邵力正、夏国道、朱剑秋、毛玉文、周维善、张镏、周调媛、马荣赓、吕季方、辛定一、杜晓山、赵景芳、曹立森、王学广、祝建中、陆明华、寿奎水、张满达、杨希震、何荣霞、匡琴芳、俞惠英、潘尚仁、王博成、徐鑫川、罗世能、肖荣炜、杨存性、景维新、吴中兴、蓝明扬、王崇功、朱荫昌、钱燕喃、孙庆琪、华祖卿、章镜平、徐嘉谟。

2.有突出贡献中青年专家

1988～2005年，无锡市医疗卫生系统市级以上有突出贡献中青年专家45人。其中，国家级2人：张满达、罗世能；省级24人：谢震球、章镜平、夏国道、徐汇义、毛玉文、李肖蓉、陆明华、朱剑秋、芮永军、辛定一、祝建中、周晓农、颜维安、谢平、华祖卿、孙庆琪、高琪、蓝明扬、杨希震、潘尚仁、罗世能、曹国宪、方平、金坚；市级19人：郑义通、孙建初、陈静瑜、李建平、鲁晓杰、尤建良、陆曙、薛文群、缪林川、华东、吴春英、谢敏浩、高琪、梁幼生、任伟、谈永飞、史力军、冯东侠、杨惠光。

3.省“333学术技术带头人培养工程”培养对象

1997～2005年，无锡市医疗卫生系统省“333工程”培养对象41人：徐卓群、李肖蓉、李建平、沈云峰、谢平、蔡兵、余准、羊镇宇、蔺玉昌、杨承健、鲁晓杰、肖大江、祝建中、吕国忠、曹子昂、华东、李莉华、张兆平、陆曙、尤建良、蔡建平、陈静瑜、金驿衡、冯东侠、袁国桢、龚少愚、罗世能、金坚、曹国宪、方平、吴春英、梁幼生、周晓农、高琪、余传信、芮永军、孙振中、许亚军、谈永飞、杨慧云、周苏君。

4.省“135工程”医学重点人才

2001～2005年，无锡市医疗卫生系统省“135工程”医学重点人才7人：谢平、冯东侠、芮永军、武志峰、吴春英、梁幼生、余传信。

5.市“学术技术带头人培养工程”培养对象

2003～2005年，无锡市医疗卫生系统市“学术技术带头人培养工程”对象16人：程力、李明秋、张熔熔、黄德芳、黄利华、谢敏浩、黄飚、戴建荣、谈永飞、杨慧云、周苏君、崔国兴、陈如华、赵彦平、吴立伟、许文辉。

第二节 卫生教育

一、医学基础教育

1986年起，以加强中等医学人才培养教育为重点，市卫生局和无锡卫生学校联合办学，江阴、宜兴卫生职工中专技术学校（分别为原江阴、宜兴卫生进修学校）和无锡县卫生进修学校协同办学，在市卫生局和无锡卫校的统一管理下，扩大招生办班。江阴县卫生职工中专以口腔医士专业为主；宜兴县卫生职工中专以在职中医士专业为主，两校共培养医生、护士、中医士、口腔医士672人；无锡县卫生进修学校培养护士、医士401人。无锡市根据卫技人才需求，扩招培养紧缺专业人才1459人，补充农村医疗卫生队伍，缓解当时卫技人员紧缺的矛盾，共投入教育培训费452.7万元。1987年，市卫生局职工医科大学并入江南大学设立为医疗系，开设三年制大专层次医疗、麻醉、放射等专科，连年招生，培养专业人才212人。开展对外协作办学，与苏州卫校、常州卫校等签订委托培养协议，与重庆第三军医大学、镇江医学院等建立协作关系。是年，委托培养医学、检验、放射、财会等大专以上学生76名。以后几年，均有委培生充实无锡医疗队伍。

1994年7月，无锡卫校与南京医科大学等校联办临床医学、预防医学和护理学3个专业成人大专班，在校学生1198名。1999年，无锡卫校成为南京医科大学成人教育分院，2000年成为南京中医药大学继续教育学院无锡分院，中国药科大学办班点。无锡卫校毕业生在2000年、2001年全国护士执业资格考试中，分别获得全国第一、第七名和全省第一的好成绩。2002年起，无锡卫校开设护理英语特色班，向全市医疗单位涉外病区和国外输送优秀护理人才。2004年，无锡卫校被确定为国家级重点中等职业学校。2005年末，全市有无锡卫校、江阴市卫生中等专业学校、宜兴市卫生职工中等专业学校、惠山卫生进修学校、江南大学医疗系等卫生教育机构5个。无锡卫校编制220人，在职职工153人。其中，专职教师102人，外籍教师2人。

二、岗前培训

1987年起，市卫生局在全国率先建立岗前职业教育制度，每年对新上岗的院校毕业生进行上岗前培训。培训分两个阶段，第一阶段由市卫生局集中培训3～5天，第二阶段由各单位自行培训1年，使其在医德医风、职业素养及业务能力等方面得到全面发展。这一做法得到卫生部肯定，向全国推广。1989年，由市卫生局编写的《医务人员岗前职业教育基础教材》出版，向全国发行。至2005年，市卫生局所属单位5724人接受岗前培训。

三、继续教育

1986年起，市卫生局举办卫技人员知识更新班，涉及多种学科，至1998年共举办135期，培训11468人次。1989年起，举办乡镇医生、工矿医生培训班，至1992年共29期，培训1540人次。1990年，先后出台《无锡市卫生局继续教育项目申报认可办法》《无锡市卫生局继续医学教育学分授予试行办法》《无锡市卫生系统市级继续医学教育项目管理办法》，恢复和建立16个基层职工政校，对70%的职工分批脱产培训。是年，全国医学自考工作启动，无锡市有450人报考，以后每年均有200～300人参加医学自学考试。1998年，各级卫生局成立继续教育委员会，通过局、单位二级培训，继续教育工作全面达标，普及率100%。同年起，市手外科医院成为国家级手外科、显微外科继续教育项目基地，并与上海华山医院联合举办手外科、显微外科国家级继续教育医学培训班，每年1期，每期学员约100人，学员来自全国各地，至2005年共培训802人，其中培训高级专业人才351人；接受26个省、市、自治区146个市(县)的451名专业医师、护理人员进修和研究生实习。2004年，无锡市完成乡村医生职业注册培训。至2005年末，市卫生系统参加在职提高学历教育学习2299人次，其中参加博士研究生学习22人、硕士研究生学习428人。

四、技术骨干培养

1990年起，市卫生局采用临床导师制培养学科带头人，首批结对签约24对，以老带新，提高中青年医生的知识水平、实际能力和知名度。1995年，在卫生单位学科队伍建设中推广临床导师制，全市医院共确定临床导师带徒77对(其中局级18对)。经过每轮3年的结对带教和培训，中青年医生在临床科室中逐渐独当一面，有半数以上成为重点学科带头人及专业学科组组长。同年起，着眼于培养外语交流人才，连续3年举办技术骨干英语脱产培训班，结业60多人。1996年，选送18名主治医师赴上海医科大学脱产学习1年半。1999年，与南京医科大学联合举办三年制在职研究生班。至2005年，全市卫生系统共派到国内外进修学习的卫技人员2514人次，其中56人赴国外深造。

五、临床住院医师规范化培训

1993年，按卫生部要求，在全市二级以上医院分批开展临床住院医师规范化培训，第一批试点单位为市一院、市二院、市三院、市四院、市五院、市妇幼保健院。1994年，增加市中医医院、市肺科医院、市传染病医院等3家专科医院为第二批单位。第三批为市（县）、区级医院，包括崇安医院、北塘医院、南长医院等3家区级医院和江阴市人民医院、宜兴市人民医院、无锡县人民医院等3家市（县）级医院。1997年，修订实施《无锡市临床住院医师规范化培训实践考核办法》，该办法得到省卫生厅认可，并在全省推行，于1998年获得无锡市科技进步三等奖。

六、创建附属（教学）医院

至2005年，无锡市各医院加强临床教学基地的建设，创建医学院校的附属医院和教学医院，10家市级医院成为南京医科大学、苏州大学、南通大学等医学院校附属医院，5家二级医院成为医学院校的教学医院。

七、管理干部培养

1994年，市卫生局与无锡市行政干部学院联合举办卫生系统一城三市（县）中青年干部培训班，第一期学员34人。之后，基本每年举办1期。至2005年，共办班10期，360人（其中女性128人）参加，其中83人提拔到各级领导岗位，占总数23%。“九五”至“十五”期间，实施“跨世纪人才工程”，用10年时间培养100名专业技术人才、30名党政后备干部、100名卫生管理干部。每年利用1982年成立的市卫生局党训班、干训班（1999年，党训班更名为市卫生局党校）学习阵地，举办管理干部培训班，提高干部的综合素质。发挥两校在卫生两个文明建设中的作用。市卫生局党校获得江苏省红旗党校、无锡市先进基层党校示范点等荣誉。

八、医德医风教育

1987年10月，市卫生局与省卫生厅、无锡电视台联合摄制《天职》《严谨》《奉献》《追求》4集医德教育系列片，在卫生部举行出版发行首映式，中央国家机关党委、有关部委和驻京、地方及部队卫生系统有关单位200多人参加。卫生部部长陈敏章在会上高度赞扬无锡为全国的医德教育作出榜样和贡献。其后，摄制电视片《一代医风》和《无锡市卫生春天旋律》，受到社会各界好评。在全国卫生系统思想政治教育及医德医风教育电视片展评会上，《天职》被评为二等奖，《严谨》《追求》和市三院拍摄的《标尺》获优秀片奖。1990～2005年，市卫生系统编著《无锡医疗指南》《医学伦理学导论》《无锡中医导医指南》《医苑文明》《医苑风采》《医苑文化》《党旗辉映医苑红》《赤城》《卫生沧桑五十年》等丛书。2003年1月23日，编办《无锡日报·无锡卫生》专刊，至2005年，累计发刊48期，发表文章2000余篇。2004年，市卫生局经基层推荐和综合评审，凝练出“仁心济世、精诚卓越”为表达语的“无锡卫生精神”。

第十一章　卫生单位简介

第一节　医院[①]

一、无锡市第一人民医院、无锡市儿童医院

医院前身为创立于民国16年(1927年)6月的无锡县劳工医院,民国35年6月为无锡县公医院,1949年7月改为无锡市人民医院,1954年9月改为无锡市第一人民医院。位于市人民路111号。至2005年,为三级甲等综合性医院,列入江苏省内首批基本现代化医院。建筑面积6.8万多平方米,总资产5.56亿元,其中固定资产总值3.97亿元、医疗设备总值1.55亿元。在1259名职工中,有高级职称137人,中级职称337人;硕士生导师23人,博士后1人,博士8人、硕士68人;江苏省"135工程"[②]重点培养对象1人,江苏省"333跨世纪学术带头人培养工程"[③]培养对象6人,市拔尖人才3人;享有国务院特殊津贴的专家6人。床位1092张,设有临床科室31个、医技科室13个、病区22个,专家、专科、专病门诊66个;共有心血管内科、泌尿外科、血液科、内分泌科等4个省级重点专科,肝胆外科、消化内科、影像科3个市级重点专科和泌尿外科等8个硕士学位授予点。有国内一流的13间层流手术室和省内一流的信息化系统。年门诊急诊量近100万人次,年出院病人3万人次。该院是南京医科大学附属医院、卫生部紧急救援中心网络医院,设有江苏省腹腔镜手术培训中心、南京医科大学动脉粥样硬化研究中心无锡基地、苏州大学生命科学学院无锡一院生物技术研究中心等多个科研学术机构。市临床医学实验研究所、放射免疫检测中心、临床病理质量控制中心、影像质量控制中心、医学情报中心设在该院。该院是全市唯一通过国家药物临床试验机构认定的医疗单位。先后成功开展胰岛细胞—肾联合移植、异基因骨髓移植、肝移植、智能型起搏器AT500的植入、双耳人工耳蜗植入等多项新技术新项目。

2000年6月,市一院儿科、二院儿科整建制合并,成立市儿童医院,与市一院实行"两块牌子、一套班子"管理。占地4500平方米,建筑面积8600平方米,开放床位210张。市儿童医院是中华医学会呼吸分会确认的"健康呼吸中心"、南京医科大学儿童肾脏病研究中心无锡基地、无锡市涉外送养儿童体检中心以及市残疾儿童康复中心。医院开设儿童哮喘、癫痫、肾脏、脑瘫康复、心理体检、听力障碍诊治和弱视斜视康复等诊治中心。市儿童医院输液室等科室先后获"全国巾帼文明岗"等称号。至2005年末,有儿科医生86人,其中高级职称23人、中级职称28人;硕士生导师1人,硕士8人。儿童医院完成急诊门诊40.4万人次、出院11430人次、手术1105例,成为一所临床科室齐全,集医疗、急救、预防保健、康复、教学、科研为一体的市级儿童专科医院。

市第一人民医院、市儿童医院在省内率先推出一站式服务中心及服务承诺制、价格公示制、费用查询制等服务举措,先后获得"全国卫生系统先进集体""全国百姓放心医院""江苏省文明单位标兵""江苏省文明医院""江苏省卫生系统行风先进集体"等荣誉。2003年,成为省内首家获得"江苏

① 解放军第101医院见本志第二十九卷军事第一章第一节《军事机关》。
② 该项工程2000年启动,内容为:在全省医疗卫生机构中选拔100名医学重点人才、30个重点学科和5个重点实验室。
③ 即至2000年,重点培养出30名能进入世界科技前沿并在国际上具有较高知名度的杰出专家(第一层次);培养出300名国内学术、技术界具有重大影响的高级专家(第二层次);培养出3000名省内各学科、各行业成就突出,具有一定声望的学术、技术带头人(第三层次)。

省服务质量奖”的医疗单位。

二、无锡市第二人民医院

医院前身为创立于清光绪三十四年（1908年）三月的无锡私立普仁医院，1951年10月改名苏南公立无锡医院，1953年改名市公立普仁医院，1954年9月改名无锡市第二人民医院。医院位于中山路46号。该院是省首批基本现代化医院，南京医科大学附属医院和省多所医学院校的教学医院和硕士点。1998年，被确定为亚洲国际紧急救援中心定点医院，被省红十字会定为无锡市红十字医院。1999年，被认定为卫生部国际紧急救援中心网络医院，为境外人士提供医疗紧急救援服务，并承担中央、省、市级领导医疗保健任务。至2005年，为集医疗、教学、科研、预防、保健为一体的三级甲等综合性医院。医院占地2.26万平方米，建筑面积5.9万平方米，固定资产总值3.34亿多元，医疗设备总值1.3亿多元，实际开放床位1010张，设有33个临床和医技科室、23个病区、85个专科专病门诊、39个专门实验室。拥有眼科、心血管内科、肝胆外科、神经外科等4个省级重点临床专科，神经内科、皮肤科、检验科等3个市级医学临床重点专科。年门、急诊89万人次，出院2.4万人次，日门诊急诊量2500～3000人次。在1071名职工中，有高级职称119人、中级职称314人，硕士生导师23人，博士后1人，博士17人、硕士74人，享有国务院特殊津贴的专家4人，省“135工程”重点培养对象1人，省“333跨世纪学术带头人培养工程”培养对象5人，市卫生局“三名”[①]工程拔尖人才6人。该院先后被评为首批全国百姓放心示范医院、全国医院文化建设先进单位、全国学习型组织建设先进单位、江苏省文明单位，基层单位获得“全国青年文明号”称号。

三、无锡市第三人民医院（市中西医结合医院）

医院前身为创立于民国34年（1945年）10月的私立益寿疗养院，1949年5月改名私立无锡益寿医院，1952年6月转为苏南公立益寿医院，1956年5月改名市第三人民医院。医院位于市通惠东路320号，占地4.2万平方米，建筑面积近5万平方米，资产总值2.5亿元。开放床位800张，年门急诊量70万人次，住院2.5万人次。有烧伤科、中西医结合消化科、骨科等3个市级重点专科，设有临床专科33个、医技科室12个、病区19个，医院编制人数1012名。1994年，医院被确认为全国首批爱婴医院。2002年，增挂“无锡市中西医结合医院”牌子，并成为省内首家三级甲等中西医结合医院。同时作为南通大学第三附属医院、南京中医药大学、南京医科大学、江苏大学、扬州大学教学医院硕士培养点。设有市中西医结合研究所，附设省中西医结合学会肝胆胰病研究中心和市中西医结合学会。该院被世界银行确认为苏南环境保护有害物质医疗急救应急中心，国际救援中心AEA定点医院。2005年末，930名职工中有高级职称96人、中级职称355人、初级职称332人，正、副教授77人，硕士、博士52人；国家名中医1人、省中西医结合专家1人，省“333工程”培养对象2人、市拔尖人才5人，享有国务院特殊津贴专家3人。有医疗设备2512台（套），高档医疗设备价值近亿元。先后开展中西医结合治疗重症胰腺炎、脾气虚证研究、肝移植、肝肾联合移植、颈椎高位手术、心脏介入治疗、神经干细胞脑内移植等一批领先项目。

四、无锡市第四人民医院（市肿瘤医院）

医院于1972年筹建，位于惠河路200号，1976年9月建成并开诊，创建之初职工仅100余名、病区1个、病床40张。1986年，该院开放床位440张，设16个临床科室，6个医技科室和病区10个。是年，增挂“无锡市肿瘤医院”牌子。1994年，为省首批三级乙等医院。为苏州大学附属第四医院，南京医科大学、江南大学教学医院；苏州大学、山东大学、徐州医学院硕士点，苏州大学生命科学学院临床肿瘤和分子生物研究所。市肿瘤防治研究所、市胸心外科治疗中心和无锡市麻醉科质量控制中心

① 指名医、名科、名院。

设在该院，为卫生部等确认的爱婴医院。至2005年，医院占地3.6万平方米，建筑面积7.2万平方米，绿化面积1.2万平方米，固定资产3.19亿元，净资产2.86亿元，是一所集医疗、教学、科研、预防、保健等为一体，以肿瘤综合诊断、治疗为主体，有肿瘤科、麻醉科两个省级重点临床专科，胸心外科、耳鼻咽喉及头颈外科两个市级医学临床重点专科，并有妇产科、中西医结合肿瘤科、核医学科等重点特色专科和辛定一等一批名专家。编制床位610张，开放床位1015张，下设41个临床科室、6个医技科室和23个病区，1000余名职工中有高级职称93人、中级职称249人、初级职称489人。设备总额1.5亿余元，有进口百万元以上大型医疗设备20余台(套)，万元以上设备400余台(套)。该院年门、急诊量58万余人次，出院病人1.8万余人次。

五、无锡市第五人民医院(市胸科医院)

医院前身为创立于民国34年的无锡私立仁济医院，1952年转为无锡市第一联合医院，1957年改为市第五人民医院，1970年撤销，组建市煤矿医院。1979年7月，在原郊区人民医院基础上建立新的市第五人民医院。医院位于湖滨路122号。1993年，该院与省红十字会联办江苏省红十字太湖医疗保健中心。1994年被授予爱婴医院。2002年6月，临床普胸外科建成市级重点临床专科，其异体肺移植治疗终末期肺病的技术达到国内先进水平。是年，该院与无锡市肺科医院合并重组，成为二级甲等医院。2004年，该院增挂“无锡市胸科医院”牌子，并确定为市旅游急救定点医院，为全国地市级城市中首家旅游急救医院。至2005年，开设床位555张，设有30多个临床医技科室，是南京医科大学和江南大学附属医院，并与同济医科大学联合成立无锡肺移植临床研究基地。2005年末，全院652名职工中有卫技人员525人，其中高级职称人员65人、中级职称人员161人。总资产1.9亿元，占地2.8万平方米，建筑面积3.7万平方米，有医疗设备2298台，其中10万元以上设备205台。是年，该院“同种异体肺移植手术成功率国内领先”获市政府腾飞奖。至年末，独立成功开展肺移植手术40余例，为国内开展肺移植手术最多、成功率最高的医院。

六、无锡市中医医院

医院前身为创办于1954年10月的市第一联合中医医院，1956年3月改名市中医医院，同年4月改名市第四人民医院，1962年11月复名市中医医院。医院位于后西溪33号。至2005年，占地2万平方米，是一家集医疗、教学、科研、预防、保健于一体的专科医院，开放床位620张，设临床一级专科15个、二级专科17个、中医特色专病门诊43个。有职工539人，其中卫技人员458人。有高级职称61人、中级职称122人，硕士生导师3人；拥有江苏省中医临床重点专科骨伤科、肿瘤科，市级中医临床重点专科心内科、肛肠科、针灸科。该院的“杜氏金针”“刘氏骨伤”“丁氏痔科”“黄氏喉科”“一指禅推拿”“赵氏微调平衡法治疗肿瘤理论”等专科和技术享有盛誉。该院是南京中医药大学附属医院，设有市中医研究所、市中医骨伤中心、市中医学会、市针灸学会和金杏国际保健中心。2002年，建成三级甲等专科医院。

七、无锡市妇幼保健院、无锡市妇女儿童保健所

无锡市妇幼保健院前身为筹建于1949年底的市妇婴保健院，1950年2月建成，改名为市妇幼保健院，位于槐树巷48号。1998年，市计划生育科学技术指导中心在该院挂牌成立。2002年，被评定为三级甲等专科医院。该院在市内首推早产儿、病理新生儿转运救护，实施出院电话回访制和住院病人检查陪伴制。至2005年，全院638职工中，有高级职称30人、中级职称149人，硕士生导师18人，硕士20人。开放床位500张，开设妇科、产科、新生儿科、计划生育指导中心临床科室和专病专科门诊，其中，妇科为省级重点临床专科，产科为市级重点临床专科，率先在省内开展生育健康电子监测。医院为南京医科大学附属医院、扬州医学院教学医院、苏南地区遗传医学诊断中心、全国爱

婴医院和世界卫生组织临床研究及培训基地，先后获“全国卫生系统先进集体”“全国五一劳动奖状”“全国三八红旗先进单位”，省、市级“文明单位”等称号。

市妇女儿童保健所建立于1993年11月，由1956年4月成立的市儿童保健所和1964年成立的市妇幼保健所合并组建，位于百岁坊巷4-1号。1982～1988年，分别成立围产期保健、儿童保健、计划生育技术指导等3个协作组，健全围产、儿童系统等2个管理网。对妇女、儿童进行系统管理，推行妇女“五期”保护制度，办好托幼所（园）。在健康宣传教育方面，举办专题知识讲座，面向全国自编印宣传资料和保健系列画3种、4万套，参加全国儿童保健宣传物品展览会展览。1987年开展婚前教育，1988年底新建1654平方米的保健业务大楼，1993年开设孕妇学校。1995年，开办保健咨询热线服务，普及妇幼卫生保健和科学育儿知识。2000年7月，市妇幼保健院和市妇女儿童保健所合并，实行“两块牌子、一套班子”的行政管理体制。至2005年，全所60名职工中，高级职称11人、中级职称26人。下设6科5室，为一城三市（县）妇幼保健业务指导中心和人员培训中心，其主要职能是：了解掌握辖区内妇女儿童健康状况及影响群体健康的主要因素，协助卫生行政部门制定妇幼卫生工作规划，并组织实施；开展围产保健、妇女保健、儿童保健、优生优育及计划生育服务及开展与妇幼卫生保健有关的科研活动等。

八、无锡市精神卫生中心、无锡市同仁医院

无锡市精神卫生中心由市第七人民医院和市同仁医院合并组建。

1983年2月，市卫生局建立市精神病防治院。1987年编制床位300张，人员332名。1993年6月，更名市第七人民医院，同时增挂“无锡市精神卫生中心”牌子。1996年5月，与南京脑科医院建立协作关系，增挂“南京脑科医院无锡协作医院”牌子。同年6月与江南学院建立教学关系，1997年7月增冠名“无锡市红十字老年康复医院”。

市同仁医院原为市民政局精神病院，1992年8月，更名为无锡市同仁医院，仍隶属市民政局，人员编制260名。1995年，与省人民医院合作，成立省康复医学培训中心无锡基地；与上海精神卫生中心建立技术合作关系，成为上海精神卫生中心无锡协作医院。1996年，获二级专科医院执业资格。

2002年11月，市第七人民医院、市同仁医院组建成立市精神卫生中心，隶属市卫生局。院址钱荣路156号。同年，建成三级甲等专科医院。2004年，该中心成立省精神卫生心理研究院，承担全市精神疾病诊疗、心理卫生指导、社会防治康复、“三无”精神病人收容治疗、社会困难精神病人救助、司法精神病对象收容监护，以及司法、残疾、劳动能力鉴定等职能。至2005年，占地33468平方米，总建筑面积5.37万平方米。全院383名职工中有高级职称19人、中级职称98人，博士2人、硕士5人；享有国务院特殊津贴的专家1人，江苏省“333跨世纪学术带头人培养工程”培养对象1人。编制床位700张，实际开放床位1000张，设立1个住院本部、4个市区门诊部及5个综合性医院门诊点，开设14个临床病区、5个临床一级科室（临床精神科、临床心理科、预防保健科、精神医学鉴定科、康复科）；6个医技科室（药剂科、检验科、放射科、营养科、特殊检查科、特殊治疗科）；江苏省精卫心理研究院下设临床精神病学、临床心理学、应激与神经症、精神生物及药理、精神疾病防治与康复、司法精神病学等6个研究室和1个认知实验室。该中心是一所集精神疾病临床、教学、科研、防治、康复于一体的专科医院，有进口大型设备16台（套）。采用无抽搐电痉挛疗法、森田疗法、穴位调控刺激疗法、认知疗法、行为疗法、生物反馈治疗、短程动力治疗等先进技术。该中心为中国残联精神康复常务理事单位、中国高等学校医学心理学教学基地、劳动和社会保障部确定的全国心理咨询师执业资质培训基地、省临床心理学继续教育基地、省临床药理科研基地、南京医科大学附属无锡精神卫生中心、南京医科大学附属口腔医学院无锡口腔协作诊疗中心、皖南医学院临床学院，先后被评为全国残疾人康复工作先进集体、全国首批未成年人自我保护教育基地、省文明单位等。

九、无锡市传染病医院

医院创办于1951年6月，是省内最早的市级传染病专科医院，历经4次搬迁：1957年由长庆路80号迁至通惠东路320号（原店员工人医院旧址），占地1.52万平方米；1970年4月，与市肺结核病防治院合并，建立市传染病防治院，迁至市工艺路4号；1979年4月，与市肺结核防治院分离，迁回长庆路80号旧址。2002年，市肺科医院结核科并入，为二级甲等医院，是年增设艾滋病检测项目；2003年8月，迁至市兴源中路88号原市肺科医院旧址，建筑面积1.89万平方米。至2005年，是无锡地区唯一治疗肝炎、结核及乙脑等传染病的市级专科医院，编制床位380张，设有临床肝科、结核科、传染科、中西医结合科、性病科等5个专科，394名职工中有专技人员334人，其中高级职称30人、中级职称124人、初级职称180人。该院年门诊急诊10万人次，住院5000多人次。有国内外先进的诊疗设备，检测诊断水平在同行业中处于领先地位。共有医疗设备总额2635万元，其中百万元以上设备5台（套）、10万元以上设备24台（套）。擅长肝炎、结核、出血热、流脑、乙脑、性病等30多种法定传染病的诊断、治疗。该院与省中医药学会合作开设中西医结合肝科，与南京中医药大学第一临床实验室共建研究生培养基地，开设性疾病防治专科，是南京医科大学、苏州大学等高等院校教学医院。是年，该院引入民营资本，成立无锡市安国中西医结核病医院。该院21项科研项目获得立项，其中部级1项、省级2项、市级7项、局级11项；获省新技术引进二等奖1项，市新技术引进一等奖1项、二等奖7项；获各级科技进步奖10项；享受政府特殊津贴人员1人，省市名中医1人。

十、无锡手外科医院

医院始创于1989年，位于梁溪路999号，是卫生部手功能重建实验室高级人才培训基地，省手外科学临床医学中心，是一所集医疗、急救、教学、科研、保健为一体的二级甲等专科医院。至2005年，医院拥有床位300余张，年门急诊3万余人次、住院2万余人次。有职工200余人，其中高中级卫技人员95人，硕士以上研究生16人，省333高层次人才培养工程中青年领军人才1人，省“333高层次人才培养工程”中青年科学技术带头人2人，省“135工程”医学重点人才1人，省有突出贡献中青年专家1人，市学术技术带头人培养对象6人，市卫生系统拔尖人才1人。

医院先后开展200多项科研项目，并获国家科技进步奖、中华医学奖和省、市级科技进步奖（成果奖）15项次，省、市级医学新技术引进奖、新技术新项目奖15项次，华瑞医学成果奖和新技术奖5项，两次获无锡市最高科技奖“腾飞奖”，2002年和2005年两次获中华医学科技奖三等奖，2004年获省卫生厅医学新技术引进奖一等奖、市科技进步奖一等奖、市卫生局医学新技术引进奖一等奖。发表论文607篇，其中SCI收录1篇，发表于中华级和国家级医学杂志162篇，省、市级135篇，国际学术会议25篇、全国学术会议272篇。

医院设有骨科、手外科、显微外科、康复科、整形科等特色专科。在断指（肢）再植、手指再造、臂丛神经损伤修复及神经卡压、大面积复杂创伤修复、先天性畸形、重建四肢功能、脊柱、骨伤、肩颈痛、腰腿痛等方面的治疗上有突出创新，技术达国内领先、国际先进水平。医院先后获“省文明单位”“市十佳医院”“市先进集体”等称号。

十一、江苏省荣军医院

医院创建于1953年3月，隶属于省民政厅，位于惠河路196号，占地5.72万平方米，建筑面积1.71万平方米。2003年，该院残疾军人病区护理岗获省级“巾帼示范岗”称号。2004年，该院被评为全省民政系统先进行风建设基层单位。2004～2005年，该院连续两年被省民政厅表彰为全省民政工作先进集体。至2005年，有编制床位数140张，集科研、预防、治疗、康复、体检于一体。下设内科、外科、神经精神专科、口腔科、肿瘤科、五官科、泌尿科、妇科、小针刀专科、骨科、消化内科、呼吸内科等科室。198名职工(在编105人)中有高级专技人员10人、中级专技人员50人、初级专技人员18名。

第二节　公共卫生机构

一、无锡市疾病预防控制中心

2001年12月28日,经市机构编制委员会批准,撤并原市卫生防疫站(市职业病防治所)、市血吸虫病防治站、市皮肤病防治所(市性病防治中心)、市健康教育所、市结核病防治所等5家卫生防病机构,组建成立市疾病预防控制中心,保留"市健康教育所"牌子,为副处级全额拨款单位,直属于市卫生局。市疾控中心设址市槐树巷4号,设有办公室、技术质量部、保障部等3个职能部门和疾病控制部、公共卫生部、职业卫生部、健康教育部、门诊部、检验部等6个业务部门,以及科技服务部和新区分中心共11个部门,核定编制179名。2005年末,职工中有正高职称9人、副高职称25人、中级职称72人。市疾控中心承担全市疾病预防控制及科研、卫生监测检验、健康教育和卫生保健等卫生技术服务工作,中心卫生检测实验室于2002年底在江苏省地级市中率先通过中国实验室国家认可委员会认可,出具的检测报告可得到美国、日本、英国、德国、法国等50多个国家和地区的承认。2005年,共计434个项目通过中国实验室国家认可委员会现场监督和扩项评审,涉及食品卫生、化妆品、生活饮用水及涉水产品、公共场所、劳动卫生与放射卫生、消毒杀虫、健康体检与门诊检测等7个领域。同年,获市食品卫生安全检测中心和市疾病预防控制中心法医毒物鉴定所资质。

二、无锡市卫生局卫生监督所

无锡市卫生局卫生监督所建立于2001年12月,是市卫生局行使卫生监督职责的专门机构,为副县处级全额拨款单位。所址槐古桥40号,核定编制89人,其中新区卫生监督分所人员编制4人。下设办公室、稽查管理科、监督一科、监督二科、监督三科、市场检查科、监测科、审核发证科、新区卫生监督分所等。2005年末,82名职工中有正高职称2人、副高职称9人、中级职称27人、初级职称30人。该所主要职责为:承办食品生产经营、公共场所卫生条件及卫生行政部门交办的其他卫生行政许可事项;对食品生产经营、公共场所卫生、职业健康监护、建设项目职业病危害评价、化妆品、消毒产品、生活饮用水、涉及饮用水卫生安全产品及其他健康相关产品的卫生及其生产经营活动等进行卫生监督检查;对医疗机构及其医务人员的执业行为监督检查;对医疗机构的传染病疫情报告、疫情控制措施、消毒隔离制度执行情况和医疗废物处置情况监督检查;对疾病预防控制机构的传染病疫情报告、预防控制措施和菌(毒)种管理情况监督检查;对突发公共卫生事件和重大案件进行查处;承担重大活动的食品卫生监督保障;负责对派出机构的管理、对县级卫生监督工作的监督检查、卫生监督信息的收集、核实和上报;受理对违法行为的投诉、举报;开展卫生法律法规宣传教育;承担市卫生局指定或交办的其他卫生监督事项。

三、无锡市红十字中心血站

无锡市红十字中心血站前身为无锡市第一人民医院血库,1981年4月独立设置为无锡市血站,1984年5月更名市红十字中心血站(简称"市血站"),直属市卫生局,站址新民路109号。市血站承担向全市70余家医疗单位提供临床用血,保障安全用血,以及对江阴、宜兴血站进行业务技术指导。80年代中后期,市血站开展血浆分离技术,扩大采血源,解决血浆供应问题。全市一些医院开展治疗性单采血液成分和治疗性血液成分置换术[①]应用于临床。1987～2005年，成分输血率由56%提高至95%以上。市血站接受市民无偿献血，同时在闹市街头停放5辆流动采血车，提供全年无休献血服务。1995年，无锡市获全国无偿献血先进城市铜牌奖。1999年，颁布《无锡市献血管理办法》，并于2000年1月1日实施。1995～2005年，全市累计30多万人参加无偿献血，无偿献血累计1000毫升以上者3000余人，无偿献血占临床医疗用血总量由1998年的26.8%上升至2005年的99.8%，保障无锡地区的医疗安全用血。市血站先后获得市文明单位、市卫生系统十佳防保单位等荣誉称号。至2005年末，有职工83人，其中高级职称7人、中级职称29人、初级职称33人。

四、无锡市急救中心

无锡市急救中心前身为创建于1952年的无锡市第二人民医院救护队，1976年独立建制为市红十字救护站，直属于市卫生局。位于中山路50号。1990年5月17日零点，市红十字救护站电话“120”开通。创建时配备救护车5辆，装备药箱、氧气袋、担架等，现场急救服务主要为运输型服务。1997年起，每年专款更新2至3辆救护车，无空调国产救护车逐步更换为技术性能较好的进口改装救护车。1998年，“120”急救系统纳入全市“110”应急服务联动系统，在市三院、市四院、市五院设救护分站。2002年，更名无锡市急救中心，成为承担无锡市院前急救的公共卫生机构。是年，建设启用GPS卫星定位通信系统。2003年防治“非典”期间，新增7辆救护车，其中进口“雪佛莱”监护型救护车1辆，普通监护型救护车6辆。其后，逐年加大救护车医疗装备的投入，车厢设施统一改装，配备较齐全的急救药品和重症监护（ICU）设备，包括心电监护除颤仪、呼吸机、血氧仪、血糖仪、担架车、铲式担架、氧气瓶、药品材料柜、车载吸引器、心电图机等。2004年，增加锡山、新区、解放军101医院（联动）急救分站。2004年10月，占地666.67平方米、建筑面积1300平方米的急救中心项目启动。2005年末，该中心总资产1845万元，编制80人。设办公室、科教培训科、急救科、调度科、车管科、后勤科、财务科。55名在编员工中有高级职称5人、中级职称4人、初级职称12人；另有聘用合同制卫技人员和工人46人。共有救护车24辆，其中进口监护型救护车1辆、普通监护型救护车23辆。各分站配备急救车3辆，实行院站合作，扩大急救范围，提高反应能力。医生、驾驶员实行统一管理，采取定职、定岗、定员，定期轮换的急救新模式；病人实行分片划区，统一调度，就近转送原则。急救功能由原来的运输型向急救型转变，城区的急救反应出车时间从原来平均16分钟缩短为平均10分钟。

第三节　疗养院

一、江苏省太湖干部疗养院

疗养院创建于1951年7月，曾名中共苏南区委员会高级干部疗养院、江苏省干部疗养院、无锡干部疗养院、江苏省无锡鼋头渚疗养院，隶属省卫生厅，1989年8月改名为江苏省太湖干部疗养院，是江苏省干部保健基地，江苏省人民医院集团成员单位，无锡市城镇职工基本医疗定点单位。该疗养院位于鼋头渚公园内，占地5万平方米，建筑面积约1.5万平方米，总资产4863.7万元，其中固定资产3103.61万元，医疗设备1310.78万元。1989年，在无锡地区率先开展健康体检。在健康管理中，开展一对一健康咨询，建立健康档案，检后跟踪服务。1994年起，采用西方现代康复技术和中国传统康复手段相结合的方法进行中风偏瘫治疗，创立便捷、人性化、零距离、满意加惊喜的“金钥匙”服务模式，探索专病专科疗养模式，实施疗养分级管理，形成入院评估、中期干预、后期评价和院后随访等疗

① 为应用血液成分分离技术，分离出血液中的某些成分并去除，以达到治病的一种新方法。

养服务流程；康复中心相继推出“医疗步行治疗冠心病”“降压舒心操治疗高血压”“音乐疗法治疗神经衰弱”“离子导入疗法治疗骨质增生”“隔姜灸治疗老慢支”等一系列慢性病特色疗法。2000年后，相继购置飞利浦40层52排螺旋CT、日立7600全自动生化仪、发光免疫分析仪、IU-22/IE-33彩超仪等一大批先进的诊疗设备及一流的健康管理信息化服务平台（影像归档和通信系统〈PACS〉、实验室信息系统〈LIS〉）。2004年，自筹资金建成125张床位的四星级干部保健大楼。疗养院有182名职工（其中107人为编制内人员），有专业技术人员75人，其中高级职称10人、中级职称27人。设有健康管理中心、疗养中心和康复中心等3个特色专科，床位302张。在理疗、体疗、针灸推拿、食疗、心理疗法以及医疗步行治疗冠心病方面有丰富的经验，对老年病、慢性病、心脑血管病等康复治疗已形成特色。其主要任务是接待省级机关干部疗养和安排部分无锡市市级机关干部的疗养。业务量每年约4万人次。

二、江苏省无锡工人太湖疗养院

疗养院坐落在无锡太湖鼋头渚风景区内中犊山岛，占地12.77万平方米，建筑面积2.3万平方米，总资产3766万元。该院始建于1952年11月，主要服务对象是省内劳动模范、先进生产（工作）者和患慢性病的职工。90年代初期，开展疾病普查和健康体检业务。1990年7月1日，由省总工会下放给市总工会领导管理。2002年起，由市总工会、市园林局、国联发展集团有限公司3家参股组建成立市太工疗养院有限公司，主要从事疗养、体检、慢性病治疗和会务等。先后3次投入资金对体检中心扩建改造，建筑面积扩至3000平方米，分设贵宾区、女宾区、超声检查区、功能检查区、常规检查区，设立独立体检区域和全程专人导检服务。体验中心有多种进口检测设备，开展临床200多个实验室检查项目。运用北京中科恒业专业体检管理软件，整合规范体检流程，体检全程实现信息化管理和跟踪服务。每年举办健康讲座百余次，定期参加社会义诊，举办糖尿病病友联谊会，免费发放科普资料，多途径宣传健康知识。该院为上海市宝山区定点疗休养基地，负责宝山区组织部、人保局等单位体检工作。2005年，体检量近两万人次。年末，有床位400张（客房230张），职工180人，其中医技人员92人。设有内科、外科、理疗科、康复科、体验中心等。体检中心配备工作人员84名，其中高级专业技术职称人员2人、中级专业技术职称人员35人。

三、江苏省电业职工疗养院

疗养院建立于1985年10月，坐落在太湖之畔杨湾，占地7.24万平方米，建筑面积1.58平方米，总资产4079万元。该疗养院编制150名，实有在编人员96名，编制床位270张，设有内科、外科、口腔科、中医科、医学检验科、康复医学科、职业病科、医学影像科、药剂科等科室。其中体检楼建筑面积2500平方米，有19个诊疗室，医务人员23人，其中高级职称2人、中级职称16人、初级职称5人。80年代后期，该疗养院主要接待全国各地的电力职工休养。90年代，逐步开展尘肺疗养业务，被中国电力企业联合会指定为全国电力系统Ⅰ期尘肺病患者的疗养点。1995年后，每年完成约100人次的尘肺疗养，以中西医结合治疗法，辅以体疗、理疗等物理疗法，结合太湖负离子疗法，有效改善矽肺病患者的肺功能，减轻症状，调节免疫状态，防止病情升级，达到良好的治疗和休养效果。进入21世纪，疗养院主要承担尘肺病疗养、江苏电力系统的干部职工健康保健和一线职工短期疗休养接待，每年疗休养约2000人次，健康体检约1.7万人次。

四、中国航天科技集团公司无锡七三八疗养院

疗养院地处梅梁湖畔，始建于1973年8月，1978年9月开院，隶属于第七机械工业部，占地8.61万平方米，建筑面积2.09万平方米，总资产2505万元，其中固定资产1797万元。1979～1986年，主要接待由中国航天工业部卫生处安排的全国航天部门有毒有害工种人员的指令性疗养康复。1986

年起，面向系统内各单位和逐步面向全社会开展职工疗养体检、会议会务等业务。2001年1月，中国航天科技集团公司将疗养院整建制划归中国航天科技集团公司第八研究院（上海航天局）。主要从事疗养、体检、会务、休闲等，面向市场自主开展经营服务。有行政套房、大床房、标准间等95间，床位240张。2003年，疗养院投资237万元改造体检中心。改造后的体检中心占地1600平方米，床位150张；设有内科、外科、口腔科、耳鼻咽喉科、医学检验科、医学影像科、中医科、健康体检、妇科和眼科等11个诊疗科，有进口大型医疗设备。形成集疗养、体检、会务为一体的综合性疗养院，接待能力由1986年的3000多人次上升至2005年的上万人次。2005年末，疗养院131名在职职工中有专业技术人员29人、管理人员19人；高级职称2人、中级职称14人、初级职称18人；设备总数415台。

五、黑龙江农垦太湖疗养院

疗养院坐落在宜兴市兰山风景区，1987年由农业部、黑龙江省农场总局合资建设，为集疗养、医疗保健、会议、老年公寓为一体的综合性康复疗养院，主要接待黑龙江垦区内外干部职工休养和体检。疗养院占地13.33万平方米，建筑面积2.5万平方米，设有132间标准客房，固定资产5800万元。2005年末，130名职工（在职人员97人）中有专业技术人员48人，其中高级职称8人、中级职称25人。疗养院医疗保健中心医疗楼建筑面积1500平方米，设有诊疗室15间；配备医务人员30名，其中高级职称6人、中级职称19人；拥有先进的日立全自动生化仪、进口彩色B超、大肠水疗仪、电子阴道镜、数码胃肠机、热扫描成像系统等设备，提供常规体检、医疗咨询、康复治疗等服务，开展慢性心血管疾病、消化系统和呼吸系统疾病诊治，接待能力从1987年的6000人次上升至2005年的4.1万人次。

第四节　其他单位

一、无锡卫生学校

学校前身为始创于民国8年（1919年）的教会普仁护士学校，附设在美国人李克乐创办的无锡普仁医院内。新中国成立后由苏南行署接管，更名无锡护士学校。1957年9月，无锡护士学校和无锡助产学校合并，建立江苏省无锡卫生学校（简称“无锡卫校”），校址在沙巷16号。1958年6月，创办无锡医专，与无锡卫校“两块牌子，一套班子”。校址先后在原市委大院内、周山浜野花园、学前街36号等地。无锡医专1962年6月停办。1969年，无锡卫校因“文化大革命”停办。1972年10月恢复办学。1978年8月，与南京医学院联办三年制临床医学和预防医学两个大专班，设置护理、助产士、预防医学、社区医学、临床医学和乡村医士等7个专业。1994年7月，与南京医科大学等校联办临床医学、预防医学和护理学等3个专业的成人大专班，在校学生1198人。1997年，无锡卫校的管理体制由省卫生厅主管下放到无锡市政府领导，行政上由市卫生局主管，教学业务接受市教委管理。1999年，迁至无锡新区长江北路小桥下60号。2005年5月，无锡医药中专并入无锡卫校。是年9月，无锡卫校划由市医管中心管理。

无锡卫校分为东西两个校区，占地10.3万平方米，建筑面积近6.8万平方米（其中绿化面积3万平方米），固定资产约1亿元，在校全日制高职、中职和技工学生6000多人。教职工编制220人，在职教职工155名中，专任教师105人、外籍教师2人。专任教师中，高级职称47人、中级职称58人，硕士8人。学校毕业生在2000年、2001年全国护士执业资格考试中，分别获得全省第一和全国第七、第一名的好成绩。2005年，在全国护理教学成果展示赛中，取得中职组团体第一名及囊括个人前三名的好成绩。学生毕业合格率100%，就业率及升学率90%。学校开设全日制高职护理、涉外护理、助产、药学（制剂）、生物制药、药物分析技术和全日制中专护理、涉外护理、助产、药学（药剂、营销、生物制药、药物分析技术）、电子信息技术以及全日制技工生物制药、制药与经营、电子信息技术等专业。拥有提供教学和专业技能训练所需的实验室、实训中心、护理模拟病房、现代化的多媒体教室和制作室、电子阅览室等。为国家级重点中专校，又是国家紧缺型人才培养培训基地。

无锡卫校先后获得“江苏省文明单位”“江苏省职业教育先进单位”“江苏省百个优秀志愿服务集体”“无锡市校园安全先进单位”“无锡市关心下一代先进集体”“无锡市德育先进学校”等称号，被中国教育联合会授予“中国最具特色职业学校”称号，被中国教育研究会评为全国十佳办学单位。

二、江苏省血吸虫寄生虫病防治研究所

研究所建立于1950年7月，是国内最早成立的血吸虫病、寄生虫病防治研究的专业机构之一，承担全省血吸虫病、寄生虫病防治、科研和培训任务，隶属省卫生厅。所址梅园杨巷117号，占地2.96万平方米，建筑面积1.32万平方米，固定资产3087.17万元，总资产6860.62万元。设有血吸虫病室、疟疾室、丝螨虫病室、科技部、门诊部、《中国血吸虫病防治》杂志编辑部和培训服务中心等部门。108名职工中，有高级职称17人、中级职称47人、初级职称27人；博士7人、硕士13人。1988～1992年，先后两次获得世界卫生组织热带病研究与培训特别规划署（WHO/TDR）的资助项目。2002年，研究所被省卫生厅批准为省“135工程”寄生虫学重点学科建设单位。受商务部委托，该所从2002年起承办4期援外热带病（疟疾）技术培训班和1期官员研修班，其中英语班4期、法语班1期。来自乌干达、塞内加尔、中非、泰国、越南等42个发展中国家的125名学员参加培训。至2005年，全所有省级突出中青年专家5人、市级突出中青年专家1人、享受政府特殊津贴9人、省“135工程”重点医学人才2人、省“333工程”培养对象6人、市专技培养对象1人、卫生部专家咨询委员会成员7人。该所申请立项研究课题150余项，课题来源于多个国家的科学研究机构合作研究项目。在国内外期刊发表论文830余篇，其中34篇被《科学引文索引（SCI）》收录。该所先后被评为全国血防工作先进集体、全国省级地方病专业所文明单位、江苏省卫生系统先进集体等。

三、江苏省原子医学研究所

研究所建立于1959年2月，是国内唯一的核医学研究基地、卫生部核医学重点实验室和省“135工程”核医学重点学科建设单位，隶属省卫生厅。1986年，该所扩建搬迁至钱荣路20号，占地2.62万平方米，并在大娄巷23号旧址开办附属医院。1996年，附属医院搬迁至钱荣路18号，更名江苏省江原医院，大娄巷23号保留为江原医院城中部。江原医院开设床位200张。研究所设质量控制科、研究部、临床部（江苏省江原医院）、信息部（《中华核医学杂志》编辑部）和江原技贸总公司等科室。246名职工中有专技人员208人，其中高级职称33人、中级职称83人；国家、省级有突出贡献的中青年专家8人，享受政府特殊津贴专家9人，省“333工程”学科带头人5人。1998年，该所成为省放射性药物科技开发（中试）基地，2003年获全国第一张放射性药品良好生产规范（GMP）证书。至2005年，该所先后承担或参与国家“十五”科技攻关、“863”计划、国家和省自然科学基金及省“六大人才高峰”（A类）资助等科研项目，获包括国家科技进步二等奖在内的国家和省、市科技成果奖39项，国家新药证书14张（其中一类新药证书8张），正式生产批件16张。江原医院为卫生部核医学重点实验室的临床研究基地，专业从事核医学、甲状腺疾病、糖尿病、乳腺疾病等诊治和健康体检；获国家食品药品监督管理局一类和四类放射性药品使用许可证；共生产数十种体内放射性药物及10多种体外诊断试剂盒，获国家发明专利9件；获“全国卫生先进集体”“省卫生厅党风廉政建设先进集体”“省园林化单位”“市文明单位”等称号。

四、无锡市统筹医疗费用结算中心

无锡市统筹医疗费用结算中心（简称“市结算中心”）建于2000年8月，属市卫生局下辖全额财政拨款单位，具体业务由市卫生局社会医疗保健处负责管理，其主要职能为配合市医改办制定医保政策、法规，负责市区基本医疗住院统筹资金的结算，市区离休干部、老红军医疗费用、儿童统筹医疗费用和女职工生育统筹医疗费用的征收、结算，以及公务员医疗费补助的报销工作。为确保统筹基金的平稳运行，规范医疗行为，对市区92家定点医疗机构（其中三级医疗机构8家、二级医疗机构21家、一级医疗机构39家，社区医疗服务机构24家）实行制度化管理；对60余家定点医疗机构住院账单和住院病历的审核；对定点医院病人在院医疗费用实时监控、督察，并按规模大小进行分类监控，重点检查市级以上医院；对门诊1325种特殊病种的管理和住院放疗、内置材料等超定额费用的审核和统筹支付工作；对市区离休人员统筹医疗基金的管理、费用征缴的基础工作、异地就医登记和办理医疗证件（优医证、离休干部医疗证、遗属医疗证、离休人员家属代配药证）等工作。市结算中心会同市社保中心每年与各定点医疗机构签订“无锡市城镇职工基本医疗保险定点医疗机构服务协议”，围绕“服务零投诉，工作零差错，安全零事故”目标加强管理，各项医疗保险运行平稳，医保基金收支平衡，略有盈余。市结算中心核定编制25人，2005年末有职工24人，其中高级职称1人、中级职称8人。

五、无锡市医学会

学会位于后西溪19号，始建于民国35年（1946年）10月，为群众性的学术团体。2005年，隶属于市卫生局，同时接受市科协领导。核定编制13人，其中高级职称2人、中级职称5人。市医学会承担全市继续医学教育、学术交流、医疗咨询、医疗事故技术鉴定、医疗咨询、科普宣传、科技开发等工作，是无锡市医学继续教育和学术活动的中心，拥有建筑面积1054平方米的学会大楼，配有现代化教育设备。在全市医务界设立“华瑞医学科技奖”“阿斯特拉继续医学教育基金”“中青年医师优秀论文奖”等。是年，被市委、市政府授予“文明单位”称号，获“全省科普工作先进集体”“市科技拥军先进集体”“市五星级学会”等荣誉和省“金桥工程”优秀项目三等奖，编辑出版的《无锡医学杂志》获全国地方医学期刊一等奖。

无锡市志

【第三册】

第三十三卷

体　育

概　述

1986年起，无锡市委、市政府每年将体育工作列入为民办实事项目，在制定经济发展规划的同时编制体育发展规划，体育行政主管部门会同教育、财政等部门建立体育工作联席会议制度。坚持普及与提高相结合的方针，以学校体育为重点，加强分类指导，提高全社会参与意识，组织开展形式多样的群众体育活动。

1990年前后，无锡市结合北京亚运会召开，以争创全国体育先进市（县）为契机，掀起“争先创优”热潮，所属江阴市、无锡县、宜兴市先后被国家体委命名为全国体育先进县，一批农村乡镇进入全国和全省体育先进乡镇行列。其间，无锡市按市场化模式参与承办重大体育竞赛，80年代承办国际比赛3次、全国比赛10次。90年代承办5次国际体育旅游门球邀请赛和两次国际钓鱼邀请赛、10次全国性比赛，并于1994年首次承办省运会（江苏省第十三届运动会），初步形成竞赛特色和品牌。无锡籍国际级运动健将顾俊在世界女子羽毛球双打（与葛菲合作）比赛排名第一，多次获世界重大比赛冠军。

1995年，无锡市及所属市（县）、区先后成立全民健身工作指导委员会，制定发展群众体育、实施全民健身工作计划，参加健身活动人数达数10万人次。

2000年后，乒乓球、篮球、龙舟、斯诺克台球等项目成为无锡体育的特色与品牌。市体育局加强健身活动组织的建设和完善，发挥各级政府的主导作用，各行业部门的组织协调作用，体育社会团体的纽带作用，社区、乡镇、学校、企业的阵地作用，推进“社会体育社会兴办，全民健身全民参与”，285家单位和427人获国家和省表彰。同时开展“特色团队”活动，先后建成舞龙、舞狮、风筝、游泳、长跑、健身秧歌、健美、扇舞等具有较大影响的特色团队共上百个，为群众健身活动增色添彩，在国内外比赛中频创佳绩。

2002年，无锡市制定《关于进一步加强体育工作，推进体育强市建设的决定》，明确“群众体育活跃、竞技体育领先、体育产业发达、体育设施先进”的总体目标。

2005年，无锡市推行“政事分开”“管办分离”机制，市体育局承担宏观指导、社会管理和公共服务三大职能，成立体育场馆和训练管理中心，向市场化、社会化管理方向转变管理模式。至年末，完成46个乡镇、38个街道、694个行政村、631个社区健身设施的建设，并向较大的自然村延伸覆盖，体育设施基本全市覆盖。全市有社会体育指导员8081人，总量、覆盖水平等指标位于全省前列。

1986～2005年，市体育局立足本地和适度引进相结合，加强运动队管理，实施训练、科研、医疗、教学、后勤服务一体化训练，提高竞技运动水平。蔡振华、惠钧、朱幼南、蒋建栋等世界冠军，1996年亚特兰大奥运会羽毛球女双金牌获得者顾俊，以及陈慕华、石磊、李岱春、刘亚东、马良等一批优秀运动员脱颖而出。进入21世纪后，涌现出丁俊晖、卞兰、林向前、吕博、袁静、孙荣莉等一批体育新秀。20年间，无锡先后为国家输送优秀体育人才171人，列全省第一。至2005年，全市达到二级以上运动员的有142人，达到二级以上裁判员的有269人，体委系统内的运动员1657人，专职教练员94人。

第一章　体育组织　设施

第一节　行政事业机构

1986年，无锡市体育运动委员会（简称“市体委”）下辖事业单位6家，1987年增加至9家，新增市第二人民体育场筹建办公室、市优秀运动队，在市梁溪中学（市少年体校）基础上建立市体育运动学校。市体委人员编制265人，其中市体委机关行政编制25人。

1995年，梁溪中学增设附属小学班；市业余射击航模运动学校更名市射击场业余体校，设射击、航模、自行车、武术班；新建健康路业余体校，设田径、羽毛球、网球、中国象棋、围棋、国际象棋、击剑班；新建金匮路业余体校，设足球、摔跤、柔道、拳击、网球、田径班；新建市水上运动业余体校，与市优秀运动队实行“两块牌子、一套班子”管理，设赛艇、皮划艇班。是年，市体委内设机构调整为办公室、人事处、竞训处、群体处，增设市体育总会办公室（事业单位）。1996年，市体育总会、市体育场经费实行差额拨款；撤销国际体育旅游公司，保留无锡国际体育交流中心，与体育服务公司实行“两块牌子、一套班子”。1997年，市体委成立机关党委，市湖滨游泳场、市体委招待所、市体育科研所由副科级建制升格为相当于正科级建制；市体委内设办公室、计财处、竞训处、群体处、人事处、产业管理处、纪检组（挂“监察室”和“机关党委”牌子）。1998年，建立市体育市场稽查队和市体育彩票管理中心，为市体委下属全民事业单位。

2001年，市体委更名为市体育局，为市政府主管体育的工作部门，正处级建制；市体育局设立市体育竞赛管理中心和市健身气功管理办公室，为下属全民事业单位。2002年，撤销健康路业余体校，原人员编制分别划入市体育运动学校和金匮路业余体校；市射击场业余体校成建制并入市体育运动学校（含梁溪中学、市业余体校），市体育运动学校实行“四块牌子、一套班子”管理体制。2003年，建立市体育局资产管理中心和市棒球运动训练基地，撤销市国际体育交流中心，市射击场业余体校恢复原建制，市体育运动学校（梁溪中学、市业余体校）实行“三块牌子、一套班子”管理体制。2004年，撤销市体育局招待所。

2005年，体育事业改革，实行政事分开，管办分离。组建市体育场馆和训练管理中心（简称“市体管中心”），市体育局下属市体育运动学校（市梁溪中学、市业余体校）、市射击场业余体校、市金匮路业余体校、市水上运动业余体校（市优秀运动队、市湖滨游泳场）、市棒球训练基地、市体育科学研究所（市国民体质监测中心）、市体育中心、市人民体育场（市体育公园）、市体育彩票管理中心等9家事业单位的资产和人员整建制划入市体管中心。市体育局内设办公室、竞技体育处、群体处、体育经济处、政策法规处、纪检组（监察室），下辖市体育市场稽查队、市体育竞赛管理中心（市社会体育管理中心）、市健身气功管理办公室等单位。

第二节　体育团体

一、无锡市老年人体育协会

1984年4月，无锡市老年人体育协会（简称“市老年体协”）成立，先后由庄申、张怀西、王竹平、赵龙、麻建国等分管体育的副市长任主席。市老年体协坚持面向社会、为老年人健康服务的方针，举办多种适合老年人参加的健身项目，先后建立市老年篮球队、长跑队、乒乓球队、门球队等团队，经常举办老年人篮球、乒乓球、门球、游泳、射击、钓鱼、棋类、长跑等比赛活动。在公园、小区广场、新村绿地等建立晨练辅导点1300多个，有辅导员1600多人，带领常年坚持活动的老年人15万多人。1985年起，无锡轻工业学院、市轻工局、市石化局、南长区、崇安区、无锡县、宜兴市、江阴市相继建立老年体协。1985年8～10月，举办首届市老年运动会，设游泳、乒乓球、射击、象棋、围棋、钓鱼等6项比赛。此后，每两年举办一届全市老年运动会，至1999年共举办8届。2000年起，老年运动会被纳入市运动会，设老年部比赛，每4年一届。2001年起，每年由市体育局、市老龄办、市委老干部局、市退管会、市老年体协联合举办“万名老年人健身系列活动”。

市老年体协多次组织、承办省内外的友谊比赛，先后组织省老年门球、乒乓球、游泳等比赛，华东六省一市老年门球比赛，全国部分城市门球比赛，并连续举办9届国际门球邀请赛，日本、新加坡等国和中国香港、澳门、台湾地区的50多支门球队参加，日本岛根县六道町门球队曾8次参加比赛。1995年，市老年门球队应日本六道町的邀请出访日本，成为无锡市第一个走出国门的老年体育团队。市老年体协每年组织老年门球、乒乓球、象棋、围棋、太极拳、健身操、长跑、登山、自行车等项目参加省老年协会主办的省级比赛和其他城市、环太湖体育圈5城市举办的邀请赛，先后获全国群众体育、老年体育先进单位奖3次、省级先进奖4次、市级群体奖7次、市老龄工作先进单位奖5次、市退管工作先进奖3次、市先进社团奖3次。

二、无锡市健身气功协会

1989年5月，无锡市气功科学研究会成立。1989～1999年，在全市组织开展气功培训和指导气功爱好者科学锻炼，先后对23种功法习练活动进行规范管理，建立23个辅导站，设立习练活动点256个，参加活动近4万人。1999年12月，市气功科学研究会更名无锡市健身气功协会。

2000年，市民政局清理整顿气功组织，撤销县以下气功社团，经审核并报省民政厅同意，批准无锡市健身气功协会重新登记，成为全省唯一保留的市级健身气功协会，协会直接管理18个活动辅导站、62个活动点，活动点坚持健身气功锻炼近5000人。2001年上半年，体育总局实施健身气功注册站点试点，全市首批申报3个注册站点得到总局的批准。2002年7月，无锡市被体育总局列为全国开展新功法创编试验城市，承担“健身气功・五禽戏”和“健身气功・六字诀”两种新功法的试验，组织130多人参加为期3个月的试验习练，为创编新功法提供第一手数据资料，被体育总局授予编创健身气功新功法科研课题贡献奖。2003年，协会协助市体育局先后在新区旺庄街道文化中心和市区举办“五禽戏”“六字诀”辅导员培训班，组织开展新功法展示活动。至2005年，全市共建立注册站点10个，先后举办4种健身气功培训班18期，培训600多人次。全市健身气功注册站点活动人数1800余人，举办展示活动9次，5人获得省级以上健身气功辅导员资格。

三、无锡市田径协会

1992年7月，无锡市田径协会成立，1999年12月换届，下设裁判、训练、竞赛和科研等4个委员会，共有委员78人。协会注重在学校体育和业余训练中传授田径运动知识和技能，提高业余训练水平。所培养和输送的崔丹凤、董屹威、毕国洪、张峰、徐佳、顾娟萍、沈丽娜、张俊、林向前、沈燕等一批优秀体育人才，先后在亚运会、世界大学生运动会、全运会、城运会和省运会上多次获得金牌、银牌。协会组织举办裁判员培训班，先后培养田径二级裁判员300多人，近百人获得国家一级裁判员称号，其中5人获得国家级裁判员称号，参与全国田径大奖赛、亚洲田径公开赛等重大赛事的裁判。协会支持学校的体育场地设施建设，帮助学校规划田径场、塑胶场地建设和场地质量的鉴定，在学校体育场馆设施标准化建设中发挥参谋和助手作用。

四、无锡市游泳协会

1982年，无锡市游泳协会成立。1996年7月，协会配合市体委举办第一届游泳救生员培训班，30多名游泳池（馆）工作人员参加培训。1998年4月，协会泰丰游泳俱乐部成立，并在当年分别参加在广东举行的横渡琼州海峡和在福建古田翠屏湖举行的第一届全国成人公开水域游泳比赛，周叔云以10小时4分31秒横渡琼州海峡，全程24.6公里，成为江苏横渡琼州海峡第一人，并在第一届全国成人公开水域游泳比赛上获得金牌1枚。1999年8月，无锡市首次举办“人寿保险杯”救生员公开赛，全市22家单位100余名救生员参加。2004年7月24日，泰丰游泳俱乐部童伟以8小时35分38秒从苏州市镇湖镇游至无锡市马山纽头，全程21.8公里，成为横渡太湖第一人。市政府给予童伟记二等功奖励，团市委授予“五四”特别贡献奖和无锡市“新长征突击手标兵”荣誉称号。至2005年，泰丰游泳俱乐部连续8届参加全国成人公开水域游泳比赛，获得16枚金牌、6枚银牌、2枚铜牌。陈满增于2005年7月被增补为中国游泳协会公开水域委员会第一届委员。协会先后开办15期游泳救生员和游泳教练员培训班，培训游泳救生员、教练员近600人次。定期举办游泳裁判员培训班，培训裁判员160人。协会拥有国家三级以上游泳裁判员180余人，其中国家级裁判员1人、国家一级裁判员9人、国家二级裁判员13人；拥有国家级游泳教练员3人、高级游泳教员4人，国家级救生员5人、国家级救生裁判员2人。2005年，无锡市游泳协会理事88人，团体会员单位两家。

五、无锡市篮球协会

1982年1月，无锡市篮球协会成立。1986年后，协会依靠社会力量先后举办“维维高级咖啡杯”中澳女篮争霸赛、“万科杯”中美四强篮球赛和全国女篮锦标赛。2001年，协会组织承办无锡市首届“无锡日报杯”广场3人篮球赛，共有48支队伍200多名运动员参赛。2002年1月，组织举办“无锡日报和氏钻石杯”3人篮球赛，45支队伍分别参加青年组和成年组的比赛。3人篮球赛由此成为推动群众性篮球活动的一项传统赛事，逐步在全市普及。2003年，协会与苏州市篮球协会共同倡议举办“环太湖”三市职工篮球比赛。协会注重篮球裁判员培养工作，连续5年组织全市二级裁判员的培训。至2005年，全市有注册国家级裁判员3人、国家一级裁判员25人。

六、无锡市足球协会

1982年1月，无锡市足球协会成立。1986年后，协会注重在青少年学生中开展足球运动，培养和选拔后备人才，指导开展业余训练，组织发动职工参与足球运动。协会每年组织举办职工足球比赛，参赛球队多达六七十支。1995年12月，协会为庆祝“世界足球日”举办“万人同踢足球”全民健身活动，10180人参加，创无锡市首项吉尼斯纪录。1998年，协会制定颁布《无锡市足球运动员注册规定》，对足球比赛进行规范管理，保证竞赛公平有序进行。2002年，协会获“江苏省群众体育先进单位”称号。至2005年，连续举办15届职工足球比赛。全市有23支球队、325人在协会注册。

七、无锡市乒乓球协会

1981年12月，无锡市乒乓球协会成立。1986年开始，协会组织指导学校、工矿企事业单位开展乒乓球活动。90年代起，在全民健身活动周（月）中，协会举办乒乓球擂台赛和家庭、教师乒乓球比赛以及全市科级以上领导干部和企业家乒乓球比赛活动，先后接待日本、瑞典、朝鲜、法国、捷克、德国和意大利等国家的乒乓球界国际友人和乒乓球代表团，开展乒乓球比赛和交流活动。协会为国家输送狄蔷华、蔡振华、惠钧、龚宝华、丁玲玲、华一中、龚跃春、顾敏燕、张晶、张钰、陈懿等一批优秀运动员，培养出龚宝华、陆月中、沈晶源、孙建英等一批国家高级乒乓球教练员。每年多次开展裁判员业务学习和培训，两名国际级裁判员参加2003年世界杯男子精英乒乓球（在江阴）比赛、2004年“松下杯”全国乒乓球（在无锡）大奖赛和全国乒乓球锦标赛等重大赛事的裁判工作。至2005年，协会先后进行3次换届，有会员80多人。会员中，陆月中于2001年被评为第九届全运会全国群众体育先进个人、4人于2003年被评为无锡市先进体育社团和全省乒乓球协会先进个人（无锡市乒协被评为突出贡献奖）、张觉明于2005年被评为第十届全运会全国群众体育先进个人。无锡市乒协主办、承办、协办乒乓球竞赛活动60余次，先后承办江苏省企业家乒乓球赛、全省各市乒协领导干部乒乓球赛，组织举办市职工乒乓球比赛和中小学生乒乓球比赛。其中全市科级以上领导干部和企业家乒乓球比赛连续举办10届，成为传统赛事。全市有乒乓球等级裁判员100余名，其中国际级裁判员谢永明、凌超超，国家级裁判员朱巧凤、丁国良、朱革平和国家一级裁判员35人。

八、无锡市体育早锻炼协会

1975年2月，无锡市体育早锻炼协会成立，组织指导开展群众性早锻炼活动，以陈式、杨式、吴式等太极拳、太极剑以及木兰拳、木兰剑、木兰扇等武术传统项目为主要内容，并建立健身秧歌、腰鼓等活动团队。协会在街道、公园和广场建立辅导教育点50多个，有55名教练员、2000多学员参加健身锻炼。协会组织教练员参加社会体育指导员培训，有三级以上社会体育指导员48人，其中国家一级3人、二级35人。张素贞、惠杰先后获“全国和省优秀社会体育指导员”称号。协会除每年举办市级武术比赛外，2000年起，组织会员参加全市全民健身节活动，开展千人太极拳表演和环太湖体育圈交流，选派教练员和会员参加省级以上比赛，其中，惠杰在2003年10月上海市陈式太极拳协会成立20周年大会比赛中获一等奖，在2004年7月“吴韵汉风杯”江苏省太极拳（剑）比赛中获男子中年组42式太极拳第一名，在2005年5月华东武术精英争霸赛中获中青年组男子组太极器械第一名，在同年7月“神州杯”无锡市首届全国武术邀请赛中获中年男子组太极拳一等奖、太极器械一等奖。协会先后在2002年、2004年被评为市体育系统先进体育社团。至2005年，有会员1200人，团体会员7个。

九、无锡市信鸽协会

无锡市信鸽协会于1962年元旦成立。协会多次组织信鸽赛事，1988年7月，在省信鸽协会首次举办的信鸽超国际最远距离竞赛中，无锡赛区有233羽千公里运动鸽参加，会员汤建中的雨点黄眼雌鸽历时37天，从空距近2700公里外的新疆哈密率先归巢，获无锡市冠军，开创无锡信鸽竞赛新纪录。同年11月，在常州举行省优胜赛鸽品评活动中，无锡有9羽优胜鸽参赛，会员周胜祖的雌鸽和殷荀度的雄鸽获银质奖。2000年，在第二届国家赛700公里级信鸽比赛中，会员肖家水、杨荣兴的3羽信鸽分获前三名。2001年，在第三届国家赛700公里级信鸽比赛中，会员陶俊杰的1羽雄鸽获省、市冠军。2002年，在第四届国家赛700公里级信鸽比赛中，会员顾家康的1羽雌鸽获省、市亚军，会员冶骏的1羽雌鸽获省、市季军。2004年，在第五届国家赛700公里级信鸽比赛中，会员何国平的1羽雄鸽获省、市冠军。2005年，在参加江苏省500公里级通讯赛中，会员徐伟的1羽雌鸽获冠军。至年末，协会有会员515人，团体会员两个。

十、无锡市钓鱼协会

1980年12月，无锡市钓鱼协会成立。协会每年组织市级钓鱼比赛，组织参加全省和全国的钓鱼比赛。1987年，举办首届市“三八”妇女节钓鱼比赛，以后每年举办。1993～1996年，在江苏省钓协举办的全省钓鱼比赛中，无锡队连年获团体冠军。1997年，会员缪海泉、朱家明、袁富章、许丽丽被省钓协评定为省特级垂钓能手。2000～2003年，朱家明、孙荣泉先后获“国家三级垂钓大师”称号。至2005年，协会连续举办18届“三八”妇女节钓鱼比赛，参赛女运动员1300多人次；举办市级钓鱼比赛48届次，参赛运动员7200多人次。协会先后换届10次，共有理事15人，团体会员26个，会员1860人。全市共有市级以上裁判员12人，其中国家级和省级裁判员各1人。

十一、无锡市门球协会

1989年2月，无锡市门球协会成立。先后举办“老园丁”“老夫妻”“鸳鸯杯”“会员杯”等各具特色的门球比赛。老干部、退休教师门球赛以及门球等级赛成为传统赛事，参加比赛的基层门球队逐年增多，门球等级赛参赛队200余支、3000多人次。协会交流活动频繁，先后组织会员参加10届环太湖门球邀请赛，“牡丹杯”“黄河杯”“八喜杯”门球邀请赛，组织举办9届国际门球邀请赛，承办6次省级比赛，2001年承办全国门球锦标赛。1995年、1997年和2002年，协会先后应邀组队赴日本和中国香港、澳门地区访问比赛。协会先后3次被评为市级先进社团，分别于1992年、1996年、2005年被体育总局评为全国群众体育先进集体。至2005年，协会有团体会员66个，基层门球队300余支、4500余人。全市众多村镇和社区建有门球队，惠山区洛社镇、锡山区东港镇分别建有19支、23支门球队，其中东港镇港南村就建有3支门球队。

十二、无锡市棋类协会

1982年无锡市棋类协会（1957年成立）恢复活动后，组织指导学校和企事业单位开展中国象棋、围棋和国际象棋等棋类活动。在每年举办两次定段升段赛的同时，每年主办、协办和承办棋类活动40多次，包括快乐棋类、休闲棋类、创新棋类等多种活动，参赛人数5000多人次。1990年，无锡籍七段围棋国手徐荣新等在无锡创办无锡市积薪围棋发展中心，成为全国首家民办围棋实体，在少儿中培养围棋后备人才及扩大学棋群体。1991年4月，无锡首家私人举办的日月棋牌馆成立。2000年，东北塘中心小学被批准为全国国际象棋训练基地。李岱春2001年获第十四届“晚报杯”、全国业余围棋锦标赛冠军，第二十三届世界业余围棋锦标赛冠军、第三届亚洲业余围棋锦标赛冠军并获业余围棋八段称号，2002年获第十五届“晚报杯”全国业余围棋锦标赛冠军。梅琳获2003年全国少年象棋锦标赛少年女子乙组冠军。在2002年省十五届运动会职工部围棋比赛中，无锡围棋队获团体第三名；在青少年部棋类比赛中获3枚金牌、3枚银牌和5枚铜牌。

2003年，东北塘中心小学举办全国幼儿国际象棋冠军赛、全国第11届“李成智杯”少儿国际象棋冠军赛、全国青年国际象棋冠军赛、全国少年儿童国际象棋25分钟快棋赛等赛事。是年9月，被誉为“世界女子无冕之王”的匈牙利棋手朱迪特·波尔加到基地考察并举行“车轮战”表演赛。10月，协会举办首届“无锡威孚房开杯”中国围棋棋王争霸赛，国内一流高手陈祖德、聂卫平、马晓春、俞斌、常昊、王煜辉、周鹤洋、古力等五代棋王汇集无锡，聂卫平获“棋王”称号。2004年11月，协会举办第二届“无锡威孚房开杯”中国围棋棋王争霸赛，陈祖德、聂卫平、俞斌、常昊、周鹤洋、邵炜刚、古力、孔杰8位高手参赛争夺棋王，孔杰获“棋王”称号。比赛吸引无锡和苏州、常州、靖江等地5000多围棋爱好者观战和听棋。是年，东北塘中心小学棋手余泱漪获2004年世界青少年国际象棋冠军赛男子10岁组冠军。

2003～2005年，协会连续3年选派江南晚报围棋队参加全国第十六、十七、十八届“晚报杯”业余围棋锦标赛。2005年5月，东北塘中心小学承办并组队参加“火炬地产杯”全国国际象棋联赛无锡站“天诚房产杯”专场比赛。至2005年，协会先后涌现中国象棋大师戴荣光、女子中国象棋大师黄芳、围棋专业七段徐荣新、围棋专业四段陈锡明、国际象棋大师张俊迪以及国际象棋选手孙锡冲、王华、季诞等一批专业高手。先后成立梁溪围棋俱乐部、新星围棋俱乐部、国艺围棋培训中心、育新棋社、李岱春围棋俱乐部等10多家民办非企业棋社和棋类俱乐部。梁溪围棋俱乐部拥有1个中心、8个棋馆，活动面积1800多平方米，有40名专职围棋教练和5名象棋教练，先后在全市近百所小学和幼儿园开设围棋课，学员万余人。至2005年，协会经3次换届，有会员109人，团体会员8个。

十三、无锡市健美（操）协会

1989年，无锡市健美（操）协会成立。协会组织指导开展健美（操）活动，举办教练员和裁判员培训，对全市20多家健美（操）会馆经营者进行上岗培训，推动健美（操）运动发展。1991年10月，协会举办“崇工杯”无锡市首届健美比赛，48名运动员参赛。1994年10月，举办“燕蓝杯”无锡市职工健美比赛，38名运动员参赛。2000年，协会与无锡电视台合作拍摄播出健美操教育片两部。2005年，协会承办江苏省健美比赛。至年末，协会有会员36人，团体会员两个。

十四、无锡市桥牌协会

1992年9月，无锡市桥牌协会成立。协会组织开展桥牌活动，举办桥牌等级赛，推动全市桥牌运动的普及和提高。每年举办甲、乙等级赛，先后在市全民健身活动周（月）举行市桥牌双人系列赛、“教育杯”桥牌比赛等，组队参加省级以上桥牌比赛。2003年，协会代表队参加江苏省甲级桥牌比赛获第二名。协会有国家二级裁判员7名，2003年和2004年先后担任全国性比赛裁判。2004年，协会组队参加环太湖城市桥牌赛和省级桥牌赛，均获得冠军。同年4月，会员孙晓荣创办无锡第一家桥牌俱乐部——张骞桥牌俱乐部，成为协会会员和全市桥牌爱好者交流切磋牌艺的活动会所。2005年，协会有会员100人、团体会员10个。同年10月，协会承办在无锡举行的国际名人暨国际女子桥牌精英赛。

十五、无锡市汽车摩托车运动协会

1984年起，在市体育场设立社会摩托车驾驶员培训班，共培训合格摩托车驾驶员8000余名。1986年，市摩托车运动协会成立。先后组织摩托车运动爱好者开展业余训练，举办摩托车越野赛、场地障碍赛、拉力赛等赛事，组队参加1988年上海第一届“幸福杯”摩托车越野赛、1996年“红军长征路”南昌—北京摩托车拉力赛、1996年北京全国业余选手冠军赛、2000年杭州“豪情杯”华东地区摩托车场地障碍赛。2001年，协会更名无锡市汽车摩托车运动协会，有团体会员16个，个人会员57人。同年举办“太保杯”摩托车拉力赛，2002年10月，在“环太湖体育圈”暨江苏省全民健身周、无锡市第四届全民健身节开幕式上组织举办“富通杯”环太湖摩托车拉力赛。至年末，协会共举办摩托车维修技工培训班（经市劳动局批准，自1992年起开办）23期，培训合格学员700余人。

十六、无锡市体育舞蹈运动协会

1996年8月，无锡市体育舞蹈运动协会成立。协会组织开展成人和少儿体育舞蹈培训，举行体育舞蹈比赛和表演活动，推动体育舞蹈运动开展。1998年7月，协会举办“天然杯”全国城市体育舞蹈公开赛暨无锡市首届体育舞蹈锦标赛，上海、南京、杭州、天津等12个城市的120多对选手分别参加摩登舞、拉丁舞、舞厅舞等3个系列21个组别比赛，参赛者年龄最大的69岁，最小的6岁。2001年9月，协会组织承办全国体育舞蹈精英赛。2002年9月，举办“天然之夜”体育舞蹈晚会，邀请波兰“达科特”体育舞蹈团访锡演出，观众3000多人。同年10月，市体育舞蹈队在省第十五届运动会社体部体育舞蹈比赛中以7枚金牌、6枚银牌、2枚铜牌的成绩获团体总分第三名，被授予优秀组织奖，被市体育局评为优秀运动队。是年，协会被市体育总会评为2001～2002年度体育先进社团。2001年后，先后组队参加全国体育舞蹈锦标赛、全国城市体育舞蹈锦标赛、全国体育舞蹈精英赛和全国青少年体育舞蹈锦标赛，共获6枚金牌、12枚银牌、11枚铜牌。在江苏省体育舞蹈锦标赛和江、浙、沪体育舞蹈公开赛中，无锡市体育舞蹈队共获得54枚金牌、54枚银牌、37枚铜牌，曾3次获精神文明奖、体育道德风尚奖和优秀组织奖。2003年1月，无锡市摩登舞青年选手高晟、郁箐参加全国体育舞蹈冬令营，在国家青年队选拔赛上脱颖而出，入选国家青年队。无锡市先后有11名选手被输送到秦皇岛、武汉、深圳等全国重点体育舞蹈学校深造，其中拉丁舞选手樊潮在2003年第三届全国城市体育舞蹈锦标赛和2004年第四届全国青少年体育舞蹈锦标赛上分别获业余少年A组和业余金牌组两项冠军。2005年，樊潮入选国家队。协会先后举办成人和少儿拉丁舞、摩登舞、街舞、现代舞及交谊舞培训班100多批次，培训学员2000多人次。经中国体育舞蹈联合会技术等级培训考核，有近200人次学员获得该会金、银、铜牌等级及相应等级比赛的参赛资格。协会有会员128人，国家一级裁判员4人，12人获得省级教师资格。

十七、无锡市陆海空模型运动协会

1999年12月，无锡市陆海空模型运动协会成立。协会先后3次举办辅导员培训班，100多名航模辅导教师参加，并推荐江阴市要塞中学教师参加全国航模培训班；举办1期裁判员培训班，93人获国家三级裁判员资格。2003年，邹炯宇在第31届世界自由飞航模锦标赛上夺得国际级自由飞航空模型赛（FIC）团体第3名，被国家体育总局授予“国际级运动健将”称号。2004年，协会会同市教育局、市科协、市体育局开展无锡市航天航空模型重点单位评选活动，34所中小学被评为无锡市航天航空模型活动重点单位，其中江阴市要塞中学、利港中学和新桥中心小学被评为全国航天航空模型活动重点单位，协会被市体育总会评为先进协会。同年10月，协会换届，有团体会员183个。协会以中小学校学生为重点开展活动，普及航天、航空和航海科普知识，开展基层中小学生陆海空模型比赛，有130多所学校、1万多名学生参加活动。至2005年，协会连续组织无锡市“银燕杯”航空模型比赛20多届，协会航模队先后6次参加全国青少年航天航空模型比赛，共获得金牌14枚、银牌18枚，邹炯宇3次获得全国冠军。协会先后4次被体育总局授予基层组织奖。

十八、无锡市青少年体育俱乐部

2000年，市体委成立市青少年体育俱乐部工作领导小组，对创建青少年体育俱乐部的宗旨、目的、任务要求和资金支持作出明确规定，首批选择连元街小学和梁溪中学（无锡市体育运动学校）作为国家级青少年体育俱乐部的试点单位。至2002年，两所俱乐部共有团体会员单位59家、会员2.1万多人，活动项目有篮球、足球、乒乓球、羽毛球、田径、游泳、武术、棋类、航模等10多个。俱乐部组织开展的活动和竞赛3000多次，参加活动总人数超过25万人次。参照国家创建青少年体育俱乐部的方法，市体委批准北塘

图33-1　无锡青少年围棋俱乐部　（市体育局供稿）

区北大街街道和南长区清扬路街道，以及市第三高级中学和中桥新村小学为无锡市级青少年体育俱乐部。2000～2005年，无锡市先后创建国家级青少年体育俱乐部6批共12个。其中，2000年（第一批）组建崇安区连元青少年俱乐部、梁溪中学青少年俱乐部，2001年（第二批）组建锡山区青少年俱乐部、金匮路青少年俱乐部、体育运动学校网球俱乐部、五爱青少年俱乐部，2002年（第三批）组建射击射箭青少年俱乐部，2003年（第四批）组建江阴市青少年俱乐部，2004年（第五批）组建锡山体育场青少年俱乐部、宜兴市体育中心青少年俱乐部，2005年（第六批）组建博威青少年体育俱乐部、江阴华士高级中学青少年俱乐部。全市体育俱乐部以会员制形式开展体育健身和培训活动，举办赛事，并利用寒、暑假和双休日向社会开放辖区内体育设施，为广大体育运动爱好者提供锻炼场所。是年，锡山区青少年体育俱乐部被评为全国优秀青少年体育俱乐部。

第三节　体育设施

1986～1990年，无锡市增建小型场馆，完善体育设施配套。市区1985年建成综合训练房后，先后建造室内游泳池、举重房、射击馆等。江阴市建成1座标准游泳池，宜兴市兴建风雨跑道，无锡县建成县田径场、县业余体校教育楼、运动员宿舍和招待所。

1991年，新建的市体育场司令台交付使用，市体育运动学校教育楼、市体育场东看台和简易网球馆动工并于1992年完成。无锡县体育馆、宜兴市体育中心游泳池先后建成并交付使用。至1992年，全市拥有体育馆4座、射击馆1个、室内游泳馆4个、标准游泳池8个、综合训练房31个、400米田径场12片。同年，为承办江苏省第十三届运动会，市政府启动新建无锡市体育中心，分两期实施，包括体育场、体育馆、游泳跳水馆、网球馆、射击射箭馆、综合训练馆、市体育运动学校和中央健身公园等。1993年3月，市体育中心一期工程新体育场开工，1994年7月建成，并于10月承办省第十三届运动会。2003年3月，市体育中心二期工程奠基。同年6月，拥有4000张座位的江阴市体育馆竣工，并成功举办全国蹦床锦标赛和法尔胜第24届世界杯男子乒乓球赛。10月，宜兴市投资9000万元、占地23.34万平方米、拥有2万张座位的体育场主体工程竣工。惠山区规划建设区体育中心，其中包括体育馆和游泳馆，占地5.34万平方米，计划投资7000万元。2004年3月，市体育中心游泳跳水馆奠基。同年8月，市体育中心体育馆竣工，9月开馆。2005年8月，市体育中心网球馆、市体育运动学校教育楼、综合训练房等相继落成。12月，市体育中心游泳跳水馆交付使用。

2005年，无锡市有体育场馆2406个，其中体育系统48个、教育系统1509个、其他系统849个；全市体育场馆占地6735874平方米、建筑面积580665平方米、场地面积4234224平方米；体育场馆设固定看台5个、观众席位93701个，场馆从业人员2103人。体育场馆中，体育场5片、体育馆21座、小运动场274片、足球场9片、篮球场1121片、排球场124片、门球场129片、田径场3片、射击场2片、卡丁车场1片、赛马场2片、网球场36片、棒垒球场1片、轮滑场1片、高尔夫球场2片；露天游泳池19个、游泳馆11个、室内游泳池15个、室内跳水池2个；田径房馆1个、篮球房馆41个、排球房馆7个、体操房馆4个、羽毛房馆12个、乒乓球房馆74个、武术房馆2个、摔跤柔道馆3个、举重房馆2个；健身房馆89个、棋牌房馆199个、保龄球房馆19个、台球房馆59个；室内网球场1个、室内射击场2个、室内轮滑场地2个、攀岩馆1个、壁球馆1个、综合房馆12个；其他训练房、场馆97个。

一、无锡市体育中心体育场

体育场位于太湖西大道1500号，东临青祁路、南倚太湖西大道，由市建筑设计院设计，市建筑总公司建设，1993年3月5日开工，年底完成主体工程，总投资7400万元。1994年10月举办江苏省第十三届运动会。体育场呈马鞍型外形，主体建筑结构为钢筋混凝土，建筑面积20588.5平方米，看台

图33-2　2005年的体育中心体育场　（丁焕新摄）

拥有3万个座席，看台东西两侧为钢结构遮雨棚，面积各3000平方米，平面形状为异形，立面形状为弧形。西侧遮雨棚下设主席台贵宾区，可容纳贵宾110人左右，并与贵宾休息室、新闻发布室连接。看台南侧有91平方米并采用二极管发光的全彩动态电子显示屏，可与现场摄像机接驳，显示场内活动场景，计时计分；体育场内场总面积24280平方米。中央有宽68米、长105米符合国际标准的足球场，足球场下设排水系统，雨天无积水，可承办高级别足球赛事，另有400米、8道标准塑胶跑道，足球场草坪、塑胶跑道于2005年再次投资改造，并成功承办全国第十届运动会男足小组赛的比赛，被评为优秀赛区；体育场西大厅两侧设有两个综合休息室（87平方米）、35平方米的更衣室、14平方米的淋浴房、16平方米的卫生间、两个约60平方米的运动员休息室、两个带卫生设施的裁判员休息室和竞赛工作室，以及记者室、医务室等。西区四楼设有安保指挥室、广播室、大屏幕控制室。西大厅二楼设有80平方米的贵宾休息室以及60座新闻发布室（135平方米）。音响、投影机等设施齐全。体育场能满足大型文艺活动和国际足球、田径等各项赛事及大型活动的要求。

二、无锡市体育中心体育馆

体育馆位于太湖西大道，呈东西走向，由法国何斐德建筑设计公司和天津建筑设计院联合设计，建筑总面积5.76万平方米，总投资3.76亿元，由主馆和副馆组成，两馆相对独立，又相互联通，是集体育比赛、健身休闲、文艺表演和大型会展于一体的大型现代场馆。主馆为体育馆，能容纳观众7155人，可进行篮球、排球、乒乓球、羽毛球、手球、体操、武术、柔道、摔跤、拳击、击剑、蹦床等重大赛事，并兼有举办大型文艺演出和会展等功能。体育馆采用当时国内体育馆所罕见的128米跨度钢行架承载结构，屋面由瑞士进口的轻质铝镁锰板铺设，玻璃幕墙增强整体通透效果。全馆冷热源空调系统、通风照明系统、给排水系统、窗门动力系统、电梯系统、音频扩声系统、数字会议系统、智能化通信系统、自动控制管理系统、消防报警系统及闭路电视监控系统配套齐全。看台座位全部引进澳大利亚产品，与悉尼奥运会场馆座席同一规格，在国内率先安装真皮座椅，每个座席都设计成朝向内场中心点。下设送风口，时刻保持馆内空气清新；在新闻记者入口处设残疾人无障碍通道，在主席台及贵宾席的第一排设置残疾人专位。辅助用房为全民健身活动中心和会展馆，既是无锡最大的国家级全民健身中心，又是大型会展中心，拥有800个国际标准展位，使用面积近1.1万平方米。2004年8月30日，新体育馆建成投入使用，先后承办“松下杯”中国乒乓球大奖赛、“同一首歌”——走进无锡暨太湖博览会开幕式和闭幕式、国际工业设计周

图33-3　无锡体育馆　（盛海明摄）

颁奖晚会、全国乒乓球锦标赛等19场大型赛事活动和展览。2005年，承办第十届全国运动会乒乓球比赛、中澳女子篮球对抗赛、中美篮球四强赛、国际网球挑战赛、“步步高杯”全国男子排球联赛八一无锡远东队——江苏一品梅队决赛等国内外顶级体育比赛。

三、无锡市体育中心游泳跳水馆

游泳跳水馆坐落于体育中心西侧，占地1.5万平方米，建筑面积3.66万平方米，总投资2亿元，是当时锡常地区规格档次最高的大型综合性现代化游泳健身场馆。游泳跳水馆整体外观呈波浪形，玻璃幕墙。南侧有按国际比赛标准建造的跳水池、游泳池各1个；西侧拥有观众席2380座，能承接游泳、跳水、花样游泳及水球等项目的重大赛事。北侧是一个21×51米的训练池，中间安装有独创的不锈钢浮桥，从而形成两个标准的25米短池，浮桥移到两端就是一个标准的50米泳池，作为正式比赛的热身场地使用；东北侧建有集冲浪、按摩、健身、滑道、水中城堡于一体的嬉水乐园，面积1800平方米。游泳跳水馆比赛计时系统全套采用瑞士OMEGA设备，泳池采用意大利游泳池专用防滑瓷砖，跳板为美国进口的世界游泳锦标赛专用器材，80平方米的彩色显示屏可实时显示视频图像，并具有现场直播功能。跳水馆设有完善的水处理装置，使用世界上最先进的德国臭氧消毒设备的溢流式循环水处理系统，通过毛发过滤器过滤、石英砂过滤、臭氧消毒、活性炭吸附等过程，使池水达到国家卫生标准；配有智能化水质监测设备，并实现与水处理设施联动。水处理系统配有加热装置，水温常年保持在26～28度；大功率燃气式空调系统使游泳馆室温保持在28～30度；实行火警监控、管理、报警及与消防设备联动，具有手工操作响应及时、日志记载、录像检索回放及远程联网功能，并实现火灾报警系统的远程集中控制。

四、无锡市体育中心网球馆

网球馆坐落于体育中心东北角，由法国何斐德建筑设计公司和市建筑设计院联合设计，总投资约7000万元，占地约1.25万平方米，建筑面积1.44万平方米，有近7000平方米的商务配套用房，其中包括4片室内球场、7片室外球场及1片标准比赛场地，为当时华东地区规模和配套设施一流的现代化网球竞技中心。网球馆主体建筑分3层，玻璃幕墙。馆内拥有良好的通风设备，两台大功率冷热泵机组能够为馆内提供四季如春的温度。网球馆一层有4片标准场地，周围墙体由良好的吸音材料装饰，地面离屋顶净高19米，提供开阔通风的良好活动空间。设会员更衣淋浴室，裁判员工作室、休息室，运动员休息室、更衣室、淋浴室等。二层设有观看平台、室内外休闲景观茶吧、贵宾淋浴室、非会员淋浴室。三层设有贵宾包厢、会员活动区及200多平方米的新闻发布中心。接入中国电信100兆字节高速稳定的宽带网。网球馆室外有一片可容纳1600多名观众观看比赛的中央比赛场地，能举行重大赛事，同时可满足电视转播功能。室外7片网球场平时对外开放，满足网球爱好者的需求。

五、无锡市体育中心综合训练馆

综合训练馆位于体育中心西北角，集教学、训练、健身于一体，2003年12月开工建造，2004年8月交付使用，占地7820平方米，场馆分三层，每层长115米，宽68米。建筑面积1.92万平方米，总投资5000多万元。综合训练馆外形如展翅飞翔的海鸥。一楼有篮球、武术、散打、羽毛球、击剑、举重、拳击等训练场馆以及综合体能素质训练房。击剑房有9个剑道，举重房可供60名运动员同时训练，拳击房有标准的拳击台，综合体能素质训练房可供50人同时锻炼。二楼设摔跤房、柔道房、跆拳道训练房以及1358平方米的乒乓球训练房。三楼有室内田径场和体操、蹦技与艺术体操训练场，其中室内田径场5250平方米，有200米跑道、100米直跑道；中间有投掷区、撑杆跳区、跳远区等训练场地，可全天候开展田径项目训练。综合训练馆东侧是占地2.1万平方米的标准室外田径场，设置6道400米塑胶跑道，100米塑胶直道6道，跳高、跳远塑胶助跑道两道，铺设天然草坪的标准足球场1个。综合训练馆既对外开放，又是市体育运动学校训练场所。学校教学楼及配套建筑建筑面积1.2万平方米，学校教学设施齐全。

七、江苏省无锡棒球运动训练基地

基地坐落在无锡市新区高浪路、行创路口，占地约60855平方米，建筑面积8000平方米，总投资3500万元。2002年11月奠基，2003年8月投入使用，并成功承办全国棒球冠军赛，是2005年全国十运会棒球比赛的主赛场和江苏省棒球队的训练基地。基地拥有两片标准比赛场地，配有自动喷淋系统，保持场地的湿润。其中一片建有3000个座位的看台，配有夜间灯光照明设施。两片场地均严格按照中国棒球协会2003年版“棒球竞赛规则”的标准建设施工，配有大屏幕电子记分牌。配建2200平方米亚洲最大面积的带顶室内击打场。运动员公寓楼面积2580平方米，100张床位，均为双人标准客房，提供24小时热水，有空调、有线电视、宽带网络、直拨电话，还配有餐厅、会议室等。在主赛场看台下，配有休息室、会议室、新闻发布室、信息通信室、办公室、音响室、淋浴间等。

第二章　群众体育

第一节　学校体育

一、施行《国家体育锻炼标准》及《学生体质健康标准》

1986年2月，市体委与市教育局召开全市学校体育工作会议。会议报道，全市所有学校施行国家体委1975年5月的公布《国家体育锻炼标准》，460973名适龄学生中有423247人达到及格以上标准，达标率91.82%，比1985年增长3.12%，其中优秀率13.79%，超额完成市政府提出的体育目标管理任务。1989年，全市2255所学校施行《国家体育锻炼标准》，443273名学生达到及格以上标准，占适龄学生的96.17%，其中优秀率28.7%。市体委、市教委和宜兴市丁蜀中学等6所学校（单位），秦浩明等14人分别被评为1988～1989学年度江苏省施行《国家体育锻炼标准》先进单位和先进个人。同年7月，在全国施行《国家体育锻炼标准》经验交流会上，广勤路中心小学、无锡柴油机厂技校和市体委刘国栋、白水荡中心小学王挺生受到表彰并分别被评为全国“达标”先进单位和先进个人。1990年，全市2194所大学、中专、技校及中小学有437619名学生达到体育锻炼及格以上标准，达标率96.7%，其中优秀率29.5%。

1991年，全市学校在继续保持100%施行新颁《国家体育锻炼标准》的同时注重提高质量。至1996年，全市468130名适龄学生中，达标学生451026人，达标率96.35%，优秀率17.31%，始终保持在全省前列。是年，扬名中心小学等4所学校和周金宝等9人被评为全省推行《国家体育锻炼标准》先进单位和先进工作者，受到省体委、省教委、省劳动厅的表彰奖励。锡山市坊前中心小学和吕祥兴等4人被国家体委、国家教委评为推行《国家体育锻炼标准》先进单位和先进工作者。1999年，全市施行《国家体育锻炼标准》的学校保持在100%，达标率97.2%，优秀率18.5%，经省体委、省教委检查复测，在全省处于领先水平。

2000～2002年，无锡市实施《全民健身计划纲要》第二期工程，组织开展“亿万青少年儿童健身活动”，学生体育锻炼达标率保持在97%以上，优秀率19.74%。2003年，全市学校试行《学生体质健康标准》，调整测试项目和标准。2004～2005年，全市学校推行《学生体质健康标准》。

二、体育传统项目学校

无锡市重视推进体育传统项目（田径、篮球、足球、乒乓、游泳）学校建设，至1986年，形成省、市、县（区）三级业余训练网络。1990年，全市有省、市、县（区）三级体育传统项目中学87所、小学26所，其中省级体育传统项目学校11所、市级体育传统项目学校42所、市（县）区级体育传统项目学校60所；共培养等级运动员（少年级至二级）1658人；向业余体校、优秀运动队和体育院校输送体育后备人才2216人；在参加省传统校比赛中共获得团体冠军11个、亚军9个。后西溪中心小学自1985年第一次代表江苏省参加全国“长江杯”传统学校田径比赛后，连续5次获得“长江杯”传统校田径比赛小学女子组团体冠军，并在1986年、1988年、1990年3次被评为全国体育传统学校先进单位。1991年，全市体育传统学校共培养等级运动员352人，向业余体校输送优秀运动员401人。1992年，全市重新申报的13所省级体育传统项目学校经省分期、分批验收，全部合格。43所中、小学校按全国统一标准申报、验收，被批准命名为市级体育传统项目学校。全市体育传统学校三级比例1：3：6，中小学比例1：3.7。全市体育传统项目学校训练的运动员2.7万多人，共培养等级运动员375人，向业余体校输送436人。在全省小学生田径比赛中，连元街小学男队、后西溪小学女队获田径小学组亚军。1993年，全市恢复小学生田径、游泳、篮球、排球、乒乓球等体育竞赛综合评比，继续推动全市体育传统项目学校建设，全市体育传统学校训练人数3万多人，共培养等级运动员180人，向业余体校输送445人。

1996年，无锡市整顿省、市、县（区）三级体育传统项目，140所三级体育传统项目学校按照1：3：6的要求调整。其中12所省级体育传统项目学校重新申报验收，经评估达到省级标准，锡师附小被命名为江苏省优秀级体育传统项目（游泳）学校。连元街小学被国家体委、国家教委授予“1995年度全国先进体育传统项目（田径）学校”称号。1997年，全市140所体育传统项目学校业余训练队伍2000多支、2.5万多人，共培养等级运动员383人，向业余体校输送265人。1998年，市体委重新制定《无锡市体育传统项目学校检查验收标准及办法》。1999年，全省体育传统项目学校重新申报，全市有10所学校被命名为省级体育传统项目学校。

2000年7月，市体委组织调查各县、区体育传统项目学校，全市共有体育传统项目学校121所，其中省级10所（2所中学、8所小学）、市级43所（13所中学、30所小学）、市（县）区级68所（25所中学、43所小学），共有6133名运动员、272支校运动队、453名业余教练员。2002年，市体育局、市教育局按照建设体育强市的要求，发布《关于进一步加强体教结合，加快培养体育后备人才的意见》，对抓好体育传统项目学校建设，夯实业余训练基础，建立体育传统项目学校竞赛制度，以及对学校的考核、命名、评估和奖励制度等提出具体要求。2004年，市体育局和市教育局联合出台《无锡市体教结合实施方案》《无锡市市级体育传统项目学校考核评估和奖励办法》。同年7月19日，召开全市体育传统项目学校命名大会，命名60所体育传统学校。12月，省体育局、省教育厅下发《关于命名2005～2008年度省级体育传统项目学校的通知》，连元街小学（田径）、扬名中心小学（田径）、白水荡中心小学（乒乓球）、积

图33-4　1999年，白水荡中心小学乒乓球队训练场景（顾祚维摄）

余街中心小学（游泳）、厚桥中心小学（棒垒球）、河埒中心小学（足球）、堰桥中心小学（射击）、江阴市第一中学（足球）、江阴市第二中学（足球）等9所中、小学被命名为2005～2008年度省级体育传统项目学校。连元街小学被评（授予）省体育传统项目学校一等奖，扬名中心小学被评（授予）二等奖。根据省体育局和教育厅规定，从2005年起，每4年对省级体育传统项目学校评审一次。是年，全市有省级体育传统项目学校9所、市级60所、县区36所。

第二节　职工体育

80年代初，无锡市职工体育建立“一条路”体育协会，推进工厂企业开展群众性体育活动的做法，受到全国总工会肯定。1983年起，陆续建立新惠路、梁溪路等9个“一条路”体育协会。1986年，全市新建中山路、人民路、塘南路、建业路等4个“一条路”体育协会。在此基础上，市体委配合市总工会成立市路际文体协会联谊会，100多家单位近30万名职工经常参加路际文体协会组织的体育活动，在职工中开展路际冬季锻炼长跑活动。同年，首次举办“联谊杯”路际象棋大奖赛、市职工“万浪杯”游泳比赛和第四届“攀登杯”职工登山比赛。市体委、市总工会等6家单位联合发起组织以13个路际文体协会为单位的，有570多名运动员参加的“三吉杯”畅游太湖活动。1987年，无锡市举行第六届职工运动会，是无锡实行市管县体制后的第一次全市职工体育运动会，43个代表队、2000多名运动员分别参加篮球、足球、乒乓球、游泳、田径等5项比赛和门球、健美操等两项表演。全市职工体育先进集体和个人表彰大会同时召开。1988年，市总工会和各产业工会组织开展具有行业特色的小型多样的体育活动和厂际、局际比赛活动。是年，全市基层单位建立业余运动队3450个，运动员3.5万余人，开展赛事250余次。江阴市有54家机关、企业单位建有3个以上业余运动队。同年，无锡市举办首届退休职工运动会，各区和直属单位退管会共25个代表团、1600多名运动员参加乒乓球、羽毛球、门球、棋类、健身操、田径等比赛，南长区、北塘区、交通、电子、崇安区、教育等代表团分获团体前六名。1989年，市体委会同市总工会下发《无锡市职工群众体育先进单位标准》，组织开展申报验收工作。国庆40周年期间，市区14个路际文体协会组织开展“职工体育活动周”活动，100多家单位、20多万名职工参加。市级机关开展《机关干部体育锻炼标准》达标活动，举行“达标赛”，促进机关干部参加体育锻炼。在南昌举行的华东九城市职工健美比赛中，潘鸿林获男子70公斤级冠军，李英娟、江木获混双第一名，无锡职工队获团体亚军。1990年，市总工会、市体委在全市职工中开展迎亚运“三操（广播操、工间操、健美操）三球（垒球、足球、乒乓球）”比赛活动，组织近50万名职工参加，无锡市被全国总工会、国家体委评为“全国职工百日锻炼迎亚运”先进城市。

1992年，市总工会、崇安区联合举办纪念毛主席“发展体育运动、增强人民体质”题词40周年职工体育活动周活动，全市40多万名职工参加300多项比赛，参加人数占全市职工总数的50%以上。同年，无锡机床厂等5家单位被命名为江苏省职工体育先进达标单位。1993年，全市开展争创无锡市职工体育先进单位活动，经市总工会和市体委共同审核，26家单位被评为市职工体育先进单位。在全国第七届运动会上，市第三橡胶厂、市无线电五厂被国家体委授予“全国群众体育先进单位”称号。1993年，在江苏省第十三届运动会群众体育先进表彰会上，崇安区城市建设综合开发公司、无锡电机厂工会、无锡县三前轧钢联营厂、市公安局、无锡军分区、市劳动局职业技能开发科等7家单位被省体委授予“江苏省群众体育先进集体”称号。1995年，市政府召开贯彻实施《全民健身计划纲要》动员大会暨无锡市职工全民健身活动大型启动仪式，3000余名职工运动员进行第七套广播体操表演。仪式上，市领导和全市劳模先进代表、优秀企业家及38家单位的3000多名职工代表举行长跑活动，市机械局、市交通局等36家单位分获最佳组织奖和优秀组织奖，全国总工会发贺电祝贺。

1996年，全市厂矿企业贯彻实施《全民健身计划纲要》，按照第一期工作目标，除坚持做广播操、开展多样性群体活动外，定期举办职工运动会。在无锡市第七届运动会成人部职工组比赛中，设田径、篮球、足球、乒乓球、棋类、游泳等6个项目，参赛职工2000多人次。江阴市获职工组金牌、总分第一；无锡庆丰纺织有限公司等5家单位被授予“无锡市群众体育先进集体”称号。1997年，举办“迎香港回归”全民健身宣传周活动，全市各基层单位职工参加全民健身游园会和广场文体表演等大型活动，市级机关举办第四届运动会。市化工集团股份有限公司被评为江苏省全民健身宣传周先进单位，江苏太湖锅炉集团公司被评为全国群众体育先进集体。1998年8月，市精神文明建设指导委员会办公室、市总工会、市体委等部门决定在中山路实施“职业道德建设工程”“满意工程”“三化工程”的同时，实施“健身工程”，在中山路商业街开展创建中山路体育风景线活动。体育风景线包括沿街企事业单位坚持每天开展工前广播操、利用各大商场门前广场设置固定的晨练活动点，每年在中山路一条街举办3～4次带有行业特色的趣味性体育比赛和表演。10月6日，中山路体育风景线启动仪式在无锡商业大厦广场举行。是年，市体委、市教委、市总工会共同举办无锡市首次“十佳”体育先进企业评选活动，江苏锡马集团有限公司、市世贤置业有限公司、无锡威孚集团有限公司、无锡第一棉纺织厂、江苏银卡集团公司、江苏锡兴集团公司、江苏新苑集团有限公司、江阴市供电局、宜兴市机械总厂、无锡电子计算机厂被评选为无锡市“十佳”体育先进企业。1999年，开展职工体育活动作为提高职工队伍整体素质、促进人的全面发展的重要举措，列入企业文化发展战略，职工体育健身突出以小型为主、基层为主、业余为主、协会为主的活动方式。2000年，市总工会先后组织“奔向21世纪”元旦健身长跑、第五届全民健身宣传周以及“迎奥运”火炬接力长跑等活动。

2001年，各级工会组织开展“支持北京申办奥运百万职工健身活动”，市总工会在八佰伴广场举办无锡市职工“支持北京申办奥运”广场文体表演。根据体育总局提出的开展“五个亿万”人群健身活动要求，市体育局会同市总工会、市妇联、市级机关党工委、市科协等分别组织开展万名职工、万名妇女、万名干部、万名科技人员、万名青年、万名老年人、万名农民等“七个万名”人群健身活动。各级工会相继组织开展100多项活动，30多万名职工参加。2002年，市总工会、市体育局组队参加江苏省第十五届运动会职工部比赛，获职工部金牌总分第八名。市总工会被省总工会授予“省运动会先进集体”称号，获无锡市政府嘉奖。2003年，市总工会贯彻市委、市政府《关于进一步加强体育工作，推进体育强市建设的决定》，把职工体育与建设“四有”职工队伍，扩大职工体育人口，抓好《全民健身计划纲要》第二期工程建设作为奋斗目标，用丰富多彩的活动覆盖和吸引广大职工，增强职工体质，为建设体育强市作出贡献。2004年，全市区、局共45个部门单位组成167个运动队，共3000多名运动员，参加无锡市第九届运动会职工部田径、乒乓球、游泳等10个项目的比赛，是历届职工部比赛人数最多、质量最好（无运动员资格问题）的一次。市卫生局、无锡供电公司、无锡威孚集团有限公司、无锡化工集团有限责任公司、无锡协新集团有限公司、一汽集团公司无锡柴油机分公司、澄西船舶修造厂、市交通局工会、惠山区总工会、市房产管理局产权监理所等10家单位被评为无锡市群众体育先进集体。2005年，无锡市以江苏省承办全国第十届运动会为契机，组织发动职工开展“每天运动半小时”系列体育活动，参加全国第十届运动会“我们万众一心”中国石化杯无锡市火炬传递活动。市国税局被评为全国群众体育先进集体。

第三节　农民体育

1986年，无锡各地围绕争创全国体育先进县和省级体育先进乡镇目标，从落实组织、开展活动、建设场地着手，加强农村体育工作。江阴县30个乡镇全部建立体育工作领导小组，其中14个乡镇配备专职体育干部，全县建立体育俱乐部278个，每个乡镇都有5支以上乡镇级运动队，体育活动形成制度。江阴县利港乡把每年举办10次体育比赛列入乡政府年度工作计划。宜兴县、无锡县和郊区的大多数乡镇建立单项体育协会。宜兴县徐舍乡、新芳乡除组织小型多样的锦标赛、家庭对抗赛等体育赛事外，形成每3年举办一届乡农民运动会传统。郊区南站乡开展农民“长跑之家”评比活动。是年，江阴县新建游泳池1座、灯光球场26片、简易篮球场81片、溜冰场6片。无锡县新建田径场1片，郊区拨款20万元新建田径场1片。郊区南站乡景渎村农民殷建荣出资5万多元，在本村建成1500平方米的水泥篮球场，并出资举办迎春篮球邀请赛。全市争创体育先进县和先进乡镇工作初见成效，江阴县华士乡、无锡县长安乡、宜兴县新芳乡、郊区南站乡被评为江苏省体育先进乡，江阴县被评为省体育先进县。无锡县甘露乡、长安乡，江阴县长泾乡、利港乡、璜塘乡，宜兴县高塍乡、杨巷乡，郊区河埒乡、蠡园乡被评为无锡市体育先进乡。1987年，省、市体委在江阴市青阳镇进行建设社会主义新农村体育工作试点，制定“七五”期间体育工作实施计划，举办首届青阳镇农民运动会。江阴市长寿乡首创乡“体育节”。宜兴县开展县级体育先进乡评比达标活动。在全省“丰收杯”农民篮球比赛中，无锡县雪浪乡女子篮球队获第三名；在全省和全国亿元乡“致富杯”农民篮球比赛中，江阴市峭岐镇获全省冠军、全国亚军，无锡县洛社镇获全省第二名、全国第四名。1988年，无锡市和无锡县分别举办首届农民运动会，宜兴市和郊区分别举行第四届市（县）区农民运动会。无锡市首届农民运动会历时35天，江阴市、宜兴市、无锡县、郊区、马山区的53支男女运动队，共356名运动员参加乒乓球、篮球、围棋、象棋、田径等5个大项、31个单项的比赛，无锡县、宜兴市、江阴市分列团体总分前三名。在江苏省首届农民运动会上，无锡市代表团在田径、乒乓球和棋类比赛中获得20枚奖牌，其中金牌3枚、银牌3枚、铜牌1枚，第4～6名13个。无锡男、女乒乓球队代表省参加全国农民运动会。在运动会举行期间召开的全国农村体育先进表彰大会上，江阴市被国家体委命名为全国体育先进市（县），郊区太湖机械厂荣浩琪、雪浪乡运输公司周耀忠等8人被评为全国农村体育工作积极分子。无锡县雪浪乡，江阴市长泾乡、璜塘乡，宜兴市鲸塘乡和郊区河埒乡被评为省体育先进乡镇；江阴市青阳镇、月城乡、申港镇、峭岐乡、文林乡，宜兴市周铁镇、南新乡、徐舍乡、鲸塘乡、归径乡，无锡县雪浪乡、堰桥乡被评为无锡市体育先进乡镇。1990年，无锡县被国家体委命名为全国体育先进县。1992年，宜兴市通过国家体委检查验收，进入全国体育先进县行列。至此，无锡市实现三市（县）全国体育先进县“满堂红”。是年，全市117个乡镇都成立乡（镇）农民体协和社会体育指导站，建立乡（镇）一级单项体育协会240多个。无锡县33个乡镇共建篮球场374片（其中灯光水泥篮球场276片）、游泳池9个、门球场35片、乒乓球活动室378个。1994年，无锡县先后被省和国家体委命名为田径之乡，无锡县洛社镇、雪浪镇被评为全国亿万农民健身活动先进乡镇。第二届江苏省农民运动会上，无锡代表队在男、女乒乓球，民兵军事三项，拔河，舞龙等项目中名列前茅并代表省参加全国比赛。1996年，无锡市38个乡（镇）先后被省体委命名为江苏省体育先进乡（镇），21个乡（镇）进入市级体育先进乡镇行列。锡山市洛社镇、雪浪镇和江阴市月城镇被省体委命名为江苏省体育示范乡镇，江阴市月城镇进入全国体育先进乡镇行列。是年，锡山市玉祁镇舞龙队在第三届全省农民运动会上获自选动作和总分两个第一名、规定动作第二名、动作编排优秀奖。

1997年，锡山市洛社镇、江阴市月城镇获“江苏省十大体育名镇”称号。在第八届全运会群众体育先进代表大会上，锡山市、宜兴市丁蜀镇、江阴市澄江镇、锡山市洛社镇被评为全国群众体育先进集体。1998年，11个乡镇被评为无锡市“亿万农民健身活动”先进乡镇，锡山市甘露镇、郊区胡埭镇等8个乡镇被评为无锡市体育先进乡镇；江阴市璜土镇被评为全国亿万农民健身活动先进乡镇，江阴市顾山镇、宜兴市张渚镇、锡山市甘露镇、郊区胡埭镇被评为江苏省“亿万农民健身活动”先进乡镇，锡山市再次被评为全国田径之乡。1999年，无锡市召开农村体育工作会议，发布《无锡市加强农村体育工作的意见》。全市101个乡镇达到省级以上体育先进乡镇标准，占全市乡镇总数的84%。江阴市在全省市（县）中率先实现镇镇成为省体育先进乡镇的目标，江阴市和锡山市被省体委授予江苏省十佳体育先进市（县）。同年5月，锡山市玉祁镇舞龙队应邀参加在加拿大举行的“多伦多醒狮汇艺节”，获舞龙表演金奖。2000年，宜兴市官林镇被评为全国亿万农民健身活动先进乡镇，江阴市璜塘镇、锡山市玉祁镇、郊区蠡园镇、新区硕放镇被评为省“亿万农民健身活动”先进乡镇。2001年，全省农民健身工作座谈会和苏南地区全民健身工作协调会相继在无锡举行，市体育局会同市农民体协在全市开展万名农民体育健身系列活动。2002年，惠山区堰桥镇、锡山区安镇镇、滨湖区河埒镇、新区旺庄镇、江阴市山观镇被评为省“亿万农民健身活动”先进乡镇。在江苏省第四届农民运动会12个项目比赛中，无锡代表队获7枚金牌、6枚银牌、8枚铜牌。是年，无锡农村乡镇推广试行全民健身服务体系工程，至2003年，全市40%以上的乡镇达到全民健身服务体系工程基本要求，新区旺庄镇、硕放镇进入苏南片先进乡镇行列。2004年，全市70%以上乡镇达到全民健身服务体系工程标准要求。在江苏省第五届农民运动会上，无锡市代表队参加9个大项的比赛，获得6枚金牌、10枚银牌、3枚铜牌，获优秀组织奖一等奖。

第四节　社区体育

70年代中期，无锡市各街道发动居民群众和街道企业职工开展小型多样的球类、太极拳、健身操、拔河、登山等体育比赛，举办街道运动会。1985年，市体委对崇安、南长、北塘等3个区所属5个街道参加体育锻炼人数进行比例抽样调查，1.8万多人中有59.4%职工居民因地制宜参加体育锻炼。80年代末，全市27个街道建立体育领导小组，部分居委会成立体育锻炼小组。1993年，按照省体委发布的《江苏省体育先进街道标准及评选办法》，开展争创省、市体育先进街道活动，崇安区江海街道，南长区迎龙桥街道、清扬路街道、长街街道，北塘区北大街街道、西新街道、吴桥街道，郊区青山湾街道、溪南街道、芦庄街道成为第一批江苏省城市体育先进街道。其中崇安区江海街道、北塘区北大街街道和郊区溪南街道被评为全国城市体育先进街道。1995年，崇安区人民路街道、上马墩街道、广瑞路街道，北塘区惠龙街道，郊区中桥街道被命名为省体育先进街道。1996年，无锡市举办家庭体育运动会和首届社区早锻炼成果会演，24个街道、1000多名运动员参加操、拳、剑、舞、功等项目表演，通扬街道、谈渡桥街道、惠龙街道、清扬路街道、迎龙桥街道获一等奖。至年末，全市有晨练点200多个，每个晨练点配有1～2名社会体育指导员，每天坚持早锻炼的人数超过8万人。

1997年，各区以“迎香港回归”为主题开展全民健身宣传周活动，崇安区、北塘区、南长区、郊区举办丰富多彩的体育活动，芦庄、吴桥、长街、江海等10多个街道先后举行社区运动会。南长区、北塘区分别被省体委授予“全民健身活动优秀组织奖”。是年起，全国和省相继开展城市体育先进社区评选活动。无锡市在巩固发展原有全国、省级城市体育先进街道的基础上，以争创全国、省级体育先进社区为契机，推动社区体育工作开展，16个街道先后被评为省体育先进社区，占全市街道总数的80%，其中6个街道被评为全国城市体育先进社区。

图33-5　太湖花园居民健身晨练　（何瑛摄）

2002年，市政府制定《无锡市城

乡全民健身服务体系“八个一工程”实施方案》，将城乡全民健身服务体系建设纳入国民经济和社会发展总体规划，列为精神文明建设考核内容和为民办实事目标。市体育局制订《无锡市全民健身服务体系“八个一工程”建设试点方案》，确定北塘区为市级实验区，北塘区北大街街道、南长区清扬路街道为社区市级试验点。2003年1月，市政府在北塘区召开无锡市全民健身服务体系“八个一工程”试点工作现场会，总结交流试点工作成果，北塘区、清扬路街道、旺庄镇等在会上作交流发言，北塘区成为无锡市“八个一工程”实施示范区。至2005年，全市95%以上的街道（社区）达到全民健身服务体系工程的建设目标。

第五节　老年人体育

1984年4月无锡市老年人体育协会成立后，各县、区先后建立老年人体育组织，逐步形成城乡基层老年体育组织网络，建立基层晨练、晚练活动点1300个，有辅导员1600多人，开展太极拳、太极剑、太极功夫扇、健身球、红绸舞、健身秧歌、健身气功、门球、乒乓球、羽毛球、中国象棋、围棋、桥牌、腰鼓、长跑、登山、健步走、钓鱼、自行车、旅游，以及舞龙、舞狮、莲湘等20多个活动项目。1985年8月，无锡市举办首届老年人运动会，有游泳、田径、射击、乒乓球、钓鱼、中国象棋和围棋等7个项目的比赛。其后，市老年人运动会每两年举办一届，至1999年，连续举办8届。除乒乓球、棋类、桥牌、钓鱼等项目外，陆续增加门球、太极拳、太极剑和趣味性体育比赛项目。市（县）、区，市各局、直属单位及驻军干休所共40多家单位、140多支代表队、800多名运动员参赛，其中年龄最大的80岁。

1992年，市第二棉纺织厂离休干部、市长跑队队员、63岁的弓峰用200天时间，从海南省“天涯海角”跑步到黑龙江省漠河，纵贯9省2市107个县（市），行程6227公里。1994年6月16日，弓峰由山东黄海之滨的“天尽头”起步，长跑5969公里，自东向西横穿鲁、冀、晋、陕、甘、青、新7省（区），92个市、县，于1995年8月10日到达新疆博州阿拉山口终点，完成纵横神州行程。

2000年起，老年人运动会纳入无锡市运动会，设立市运动会老年部，每4年一届。是年6月，市体委出台《关于加强老年人体育工作的意见》。2001年起，市体育局、市老龄委、市委老干部局、市退管会、市老年体协每年联合举办“万名老年人健身系列活动”。该项活动上下联办，分层次举行；市（县）、区和乡镇街道每年举办一次健身展示活动。是年，市老年体协被评为全国群众体育先进集体，江阴市裴熙衡被中国老龄委、中国老年体协、全国妇联评为全国第五届健康老人。

2002年，市老年体协、锡山区老年体协被评为省先进集体，王新豪等5人被评为省先进个人，钱革萍等等10人被评为“乐天老人”。2003年，市老年体协被评为全国老年体育先进单位，王新豪被评为全国老年体育先进个人，锡山区后宅退教协会被评为全省“乐天杯”“十佳健身走”先进单位。2004年，无锡市第九届运动会老年部设门球、乒乓球、太极拳、功夫扇、象棋、围棋、钓鱼、射击和大众体育等比赛项目，历时5个月，参加人数2003人。至2005年，全市老年体育人口33万多人，占全市老年人总数的45%。

第六节　伤残人体育

1987年，在江苏省第二届伤残人运动会上，无锡市代表队获17枚金牌、17枚银牌、21枚铜牌，并打破12次省纪录。是年，在全国第二届伤残人运动会上，无锡市代表队的5名运动员获2枚金牌、2枚银牌、1枚铜牌，其中，李钧以12秒9的成绩打破小儿麻痹A4级100米跑14秒5的全国纪录。1988

年5月，崇安区辅读学校学生陆军在第八届国际特殊奥林匹克运动会上，以立定跳远1.77米的成绩获少年组冠军。同年11月，在江苏省特殊奥林匹克运动会上，陆军又以2.06米的成绩获少年组立定跳远冠军。1989年，在由全国少工委等单位主办的百名中国好少年评选中，陆军被评为“中国好少年”。同年4月，在全国伤残人乒乓球邀请赛上，无锡孟伟忠获男子（TT）6级单打第六名，付其媛获女子（TT）5级第四名。

1995年6月，江苏省第三届特殊奥林匹克运动会在无锡举行，全省有9个省辖市151名运动员分别参加田径、乒乓球两个大项目的4个组别比赛，无锡代表队获11枚金牌。1996年11月，锡山市东亭中学学生朱海干参加第一届亚太地区特殊奥林匹克运动会，获得男子跳远金牌、500米短跑和垒球银牌。

1998年5月，无锡市举办首届伤残人运动会。市（县）、区代表队的200多名伤残运动员参加。运动会设田径、游泳、举重、射击等7个项目。锡山市以37枚金牌、484分夺得市（县）组团体总分第一名，江阴市获第二名；郊区以34枚金牌、428分夺得市区组团体第一名，南长区、北塘区分获第二、第三名；锡山市获组织奖，宜兴市、崇安区、新区获参与奖；有7人8次打破17项省伤残人运动纪录。1999年，在江苏省第五届伤残人运动会上，无锡市30名运动员参赛，获金牌20枚、银牌12枚、铜牌9枚，团体总分从上届第七名升至第四名，1人、3次超过3项世界纪录，2人、2次打破2项全国纪录。锡山市肢残运动员、年仅16岁的姚娟成绩超3项世界纪录。姚娟被市体委授予“自强模范”称号。2000年，姚娟在澳大利亚悉尼举行的第11届残疾人奥运会标枪比赛中，以37.56米获冠军，并打破残奥会F46级标枪世界纪录，实现无锡市运动员在残奥会上金牌零的突破。姚娟获共青团中央、中华全国青年联合会颁发的中国青年五四杰出贡献奖，被全国妇联授予“全国三八红旗手”称号。市政府为姚娟召开庆功会，奖励10万元。锡山市政府奖励她1套价值16万元的住房，锡山市团委授予她“新长征突击手”称号。

图33-6　在悉尼残奥会上获标枪冠军的姚娟

（锡山区档案局供稿）

2002年，在济南举行的全国残疾人田径、举重、柔道锦标赛暨世界锦标赛选拔赛上，姚娟在女子F44级标枪比赛中以41.64米的成绩夺冠，成绩超过2000年悉尼残奥会上由她本人创造的37.56米的世界纪录。在铅球比赛中，姚娟又以10.04米的成绩夺冠。在第三届世界残疾人田径锦标赛和第八届远东运动会上，姚娟先后夺得女子F44级标枪金牌和女子F44级标枪、铅球的两枚金牌。2004年，无锡残疾运动员龚彬、谭燕华和盛玉红入选中国女子坐式排球队，在参加雅典残奥会女子坐式排球决赛中，战胜坐式排球运动项目发源地、老牌劲旅荷兰队，为中国代表团夺得两枚金牌。

第七节　全民健身活动

1996年起，无锡市贯彻1995年6月国务院颁布的《全民健身计划纲要》。每年举办全民健身节和全民健身宣传周活动，从市区到各市（县）、区、街道、乡镇分别举办不同规模、内容丰富的全民健身节（周）启动式、健身项目展示、体育比赛及体质监测、健身知识咨询等活动。各市（县）区、街道、乡镇定期举办运动会，把健身项目列为重要内容，城乡各健身工程（点）、公园、小区、河边、路旁随时可见市民健身锻炼的身影，太极拳、木兰拳扇、健身秧歌、街舞等成为城乡群众喜闻乐见的体育健身项目。2000年，市政府把全民健身宣传周活动列入市级精神文明管理目标，市民参与面扩大到30余万人次。2001年9月，由中央电视台和无锡市政府共同承办的“2001年中国无锡体育健身旅游节”（2001年中国无锡体育健身旅游展示大会）在无锡举行，活动主要项目包括第二届世界毽球锦标赛，中国无锡国际龙舟邀请赛，中美滑水明星对抗赛，中国健身先生、小姐大赛，全国体育舞蹈精英赛，全国门球锦标赛，全国花样轮滑精英赛及飞机水上定位跳伞、动力伞表演等，15个国家和地区的2000多名运动员参加。

2002年6月，江苏省全民健身节启动式暨“环太湖体育圈”全民健身活动展示及无锡市第四届全民健身节开幕式在无锡举行，苏州、无锡、常州三市的健身队伍在仪式上表演。活动期间，分别开展千人足球射门比赛、千人投篮比赛、“添字杯”健身操（舞）大奖赛、“希望杯”乒乓球业余等级赛、“英派斯杯”首届健身路径趣味赛；市总工会等各市级机关部门分别开展万名机关干部、万名妇女、万名青少年、万名科技干部等“7个万名人群”系列体育竞赛活动，江阴市等9个市（县）、区组织开展各具特色的健身展示活动。全市参加健身周活动60万人次。

2003年上半年，非典型性肺炎（以下简称“非典”）在全国蔓延，无锡市开展以“健体强身，抗击‘非典’”为主题的全民健身宣传周（月）活动，动员人民以科学的方法参与健身活动，增强体质，提高对“非典”病毒的抵御能力，活动持续一个月。全市从机关到学校、从社区到村落，掀起全民健身活动热潮。无锡人民广播电台音乐频道进行“科学锻炼，有益健康”的现场实况报道，无锡电视台制作专题片。市体育局会同江南晚报社共同举办“我的健身方法、我的健身一招”征文活动，共有60多位读者通过书稿和电子邮件参加征文活动。市体育局体育科研所和市疾控中心联合组织健身咨询和预防“非典”宣传活动，向市民分发宣传材料1万多份。此次全民健身宣传周（月）活动有70余万人次参与。

2004年，市全民健身工作指导委员会制定《“每天运动半小时”健身计划》。6月10日，市第六届全民健身节暨第九届全民健身周活动启动，活动以“人人健身，每天运动半小时”为主题，面向全民开展国民体质测试、《普通人群锻炼标准》测试和市民健步行活动。活动期间，结合“体育三下乡”“体育进社区”，从市到市（县）、区、街道、乡镇分别举办不同规模和层次的全民健身周（节）活动启动式或全民健身运动会，其中滨湖区举办有6万多名市民参加的运动会。全市59个国民体质测试中心（站点）同时为市民提供服务，数万名群众参加体质测试，其中有上千人首次参加《普通人群锻炼标准》的测试。

2005年6月25日，无锡市举行第七届全民健身节暨第十届全民健身周活动启动式，活动以纪念《中华人民共和国体育法》和《全民健身计划纲要》颁布10周年，响应联合国“国际体育运动年”号召，展示无锡10年来群众体育取得的成就，迎接第十届全国运动会，“每天运动半小时，健康幸福进万家”为主题。活动期间，各市（县）、区先后举行全民健身周启动仪式。滨湖区以举办“千面王杯”首届家庭趣味运动会作为全区全民健身周活动的主要内容，各街道、乡镇的120多个家庭分别参加同心齐步走、家庭跳绳、擀面接力赛等7个项目的比赛，体现“展示健康家庭、构建和谐社会”的健身活动宗旨；南长区在活动周启动式上，向全区发出“每天运动半小时”倡议书，倡导“三动”（一周动3次，一次动30分，一人带动全家）活动。全市各级组织、各体育运动协会和各基层单位共开展体育健身比赛、展示活动130多项，参加人次上百万人，规模和参加人数均超过往届。是年，全市实施《无锡市〈全市健身计划纲要〉第二期工程（2001～2010年）规划》的第一阶段（2001～2005）目标基本实现。全市经常参加体育活动的人数占总人口的46%，学生体质健康标准合格率保持在85%以上；“我运动、我健康——每天健身半小时”全民健身系列活动成为无锡开展群众性体育活动的品牌，并与“蠡湖新城体育带”一起被省体育局评为“江苏省十大城市景观”，成为“环太湖体育圈”建设中的亮点。全市90%以上的城市社区和农村乡镇都建有全民健身工程（点），市体育中心（体育馆）被体育总局命名为国家级全民健身活动中心。

第八节 户外运动

90年代，无锡一些户外运动爱好者相约为伴，自发组织户外活动。户外运动主要包括登山、攀岩、徒步、漂流、滑翔、探险、穿越、野营等活动。进入21世纪，其自由、新鲜且有挑战的休闲方式以及贴近自然所带来的乐趣受到一些年轻人的喜爱。

无锡的户外运动者更注重安全性和团队性，大多倾向于在俱乐部组织下活动。2000年，无锡成立第一家户外运动俱乐部——无锡自游人俱乐部。其后成立的远景俱乐部有自己的攀岩队，每周都固定时间训练，在保利广场地下一楼开设俱乐部攀岩训练基地，不定期地到外地学习训练，参加比赛，为了准备户外登山，11名队员每天爬惠山，一天三四个来回。2001年1月徒步穿越浙江百山祖（浙江第三高峰），2002年2月徒步穿越攀登安徽、湖北的大别山主峰。2003年7月，自游人俱乐部户外队穿越白云源十字峡谷。4月，远景户外队攀登浙江清凉峰。2004年5月，风行户外队徒步楠溪江源头。2005年2月，开拓者队攀登秦岭主峰陕西太白山。同月，远景户外队攀登河北最高峰小五台（零下30摄氏度）。5月1日，风行户外队一行8 人向云南境内海拔5396米的哈巴雪山主峰发起冲刺，童伟、周晖、曹东亮、丁亦中等人陆续登顶成功，这是无锡人首次登上如此高峰。

至2005年，锡城规模较大、历史较长的户外运动俱乐部有远景户外俱乐部、开拓者俱乐部、风行户外俱乐部等四五家，30多人能登上5000米高峰。

第九节 推行《社会体育指导员技术等级制度》

1993年12月国家体委颁布《社会体育指导员技术等级制度》后，无锡市制定实施培训计划。1996年，市体委建立二级社会体育指导员培训中心，各市（县）、区相继建立三级社会体育指导员培训站，确定主管人员和工作人员，建立评审委员会和指导员档案，向市（县）、区体育行政部门下达每年需完成的培训指标。1997年3月26日，举办首届二级社会体育指导员培训班，27个街道和各行业体协的40多名学员参加培训。至2000年，全市共有1565名社会体育指导员，其中国家级7名、一级21名、二级189名、三级1348名。2001年3月，无锡市召开首届社会体育指导员先进表彰大会，王冬青等46人被评为1998～2000年度优秀指导员。是年，李俊伟等10人被省体育局授予“江苏省优秀社会体育指导员”称号。2003年，市体育局与江南大学体育系合作建立市社会体育指导员培训中心。至2005年，全市建成一支组织指导群众科学锻炼、进行科学健身宣传的骨干队伍，有社会体育指导员3632人，居全省前列，其中国家级17人、一级129人。

第十节　国民体质监测

1997年，市体委成立市成年人体质监测中心，江阴市、锡山市、北塘区、郊区、部分街道和乡镇相应建立成年人体质监测站。全市先后培训近千名体测人员，逐步开展对辖区内成年人的体质测定。当年完成3750名成年人体测试点工作。其后，成年人体测站（点）逐步增加。体测列为全民健身宣传活动周（月）一项重要内容，每年义务测试1万人列入目标考核。2000年，根据国家体委等10部委联合发布的《关于开展2000年国民体质监测工作的通知》和省体委部署，成立由市体委、市教委、市卫生局等10家单位分管领导组成的市国民体质监测工作领导小组，制订《无锡市国民体质监测工作实施方案》，由市体委群体处和市体育科研所具体组织实施，先后举办测试人员业务培训班，添置必要的器材，市财政局拨发专项资金，历时1个多月，分别在江阴市、锡山市、南长区、北塘区等市（县）、区设立29个监测点，为幼儿、成年人和老年人等3类人群的3500名对象进行测试；市教委负责对儿童、青少年3000名对象测试，获得有效样本5124份。通过对有效样本数据的统计分析，市体委和市教委分别向社会公布监测报告。2005年，根据体育总局等10部委《关于开展2005年国民体质监测工作的通知》精神，无锡市被列为全国重点监测城市之一。市体育局会同市教育局、市卫生局、市科技局等10家单位联合在全市进行国民体质监测，监测对象年龄从3～69周岁，按幼儿（3～6周岁）、儿童青少年（7～19周岁）、成年人（20～59周岁）和老年人（60～69周岁）4个年龄段划分，各年龄段分为城镇和农村两类人群，其中城镇成年人又分为体力劳动者和非体力劳动者两类。监测采用整群随机抽样方法，最终获得3226份有效样本，其中幼儿658份、成年人2228份、老年人340份。监测指标涵盖身体形态、机能和素质等3个方面。数据表明，全市幼儿、成年人和老年人的各项身体素质指标均优于全省平均水平，比2000年有比较明显的提高，说明随着人们生活水平的提高和群众健身意识的逐渐增强，身体素质呈逐步上升的趋势。是年完成国民体测工作后，市体育局会同市财政局等10个部门联合发布《关于进一步完善国民体质监测网络的意见》，明确以后每年由市体育科研所负责在全市进行市级国民体质监测，向政府提供市民体质健康数据，并向社会公布。

2005年江苏省部分城市国民体质状况位次表

表33-1　　单位:分、%

城市	综合评分与位次		达标率与位次		优秀率与位次	
	2005年	与2000年差值	2005年	与2000年差值	2005年	与2000年差值
无锡	140.31（1）	3.06（2）	97.40（1）	1.92（2）	27.84（2）	6.31（2）
南京	98.11（9）	-2.57（12）	88.93（11）	-5.97（13）	21.16（7）	1.07（8）
徐州	102.39（3）	-0.94（10）	93.95（5）	-2.21（11）	27.84（2）	-1.59（12）
常州	101.65（4）	0.25（8）	95.95（3）	1.25（5）	23.59（4）	4.11（6）
苏州	99.64（6）	2.38（3）	93.74（6）	1.86（3）	17.26（10）	0.28（10）
南通	94.57（12）	0.38（7）	86.42（13）	-0.69（8）	13.64（12）	0.34（9）
连云港	103.98（2）	-1.36（11）	96.12（2）	-0.87（10）	29.52（1）	-0.79（11）
淮安	100.07（5）	1.85（4）	94.48（4）	0.55（6）	23.72（5）	4.82（5）

2005年江苏省与无锡市幼儿体质监测指标对比表

表33-2

监测指标		3岁		4岁		5岁		6岁		合计	
		江苏	无锡	江苏	无锡	江苏	无锡	江苏	无锡	江苏	无锡
幼儿男子	身高(厘米)	101.90	101.20	107.70	107.40	114.90	114.70	119.70	120.20	110.90	110.80
	坐高(厘米)	58.30	58.60	61.00	61.30	64.30	64.40	66.70	67.20	62.50	62.80
	坐高/身高	0.572	0.579	0.567	0.57	0.56	0.560	0.557	0.559	0.564	0.568
幼儿男子	体重(千克)	17.00	16.60	18.60	17.90	21.20	21.00	23.20	23.30	19.90	19.60
	胸围(厘米)	52.00	53.90	53.50	54.70	55.70	57.50	57.30	59.30	54.50	56.30
	皮褶和(毫米)	25.90	29.10	26.90	27.50	27.70	30.30	28.70	31.70	27.20	29.60
	BMI	16.30	16.10	16.00	15.50	16.00	15.80	16.10	16.00	16.10	15.90
	安静脉搏(次/分)	95.30	93.70	95.40	91.00	94.60	89.10	93.30	85.70	94.70	89.90
	立定跳远(厘米)	59.10	65.20	77.70	80.70	95.70	99.50	108.80	116.10	84.90	90.10
	网球掷远(米)	3.90	3.70	5.10	4.80	6.90	7.00	8.90	8.90	6.20	6.10
	体前屈(厘米)	9.90	11.20	9.60	8.70	9.10	9.20	9.10	8.60	9.40	9.40
	折返跑(秒)	9.70	8.90	8.20	7.70	7.40	6.80	6.80	6.30	8.00	7.50
	走平衡木(秒)	17.40	20.60	11.70	10.80	7.50	6.20	5.20	4.00	10.50	10.40
	双脚连续跳(秒)	10.60	11.60	8.20	7.90	6.70	6.30	5.90	5.50	7.90	7.80
幼儿女子	身高(厘米)	100.40	101.10	106.40	107.10	113.50	112.90	117.90	118.20	109.40	109.80
	坐高(厘米)	57.20	58.40	60.30	61.00	63.50	63.60	65.50	66.10	61.50	62.30
	坐高/身高	0.570	0.577	0.567	0.569	0.559	0.564	0.556	0.559	0.563	0.568
	体重(千克)	16.10	15.90	17.80	18.20	20.20	19.90	21.70	21.80	18.90	18.90
	胸围(厘米)	50.70	52.40	51.90	54.10	53.70	55.60	54.70	56.90	52.70	54.70
	皮褶和(毫米)	28.00	30.90	29.30	33.30	29.70	34.90	30.50	36.00	29.30	33.80
	BMI	15.90	15.50	15.70	15.80	15.60	15.50	15.60	15.60	15.70	15.60
	安静脉搏(次/分)	95.30	93.50	95.00	91.70	94.30	90.40	93.70	88.50	94.60	91.00
	立定跳远(厘米)	55.40	63.50	71.90	78.40	86.20	90.90	98.20	100.90	77.60	83.30
	网球掷远(米)	3.20	2.90	4.00	4.00	5.20	5.00	5.90	5.80	4.60	4.40
	体前屈(厘米)	11.10	12.40	11.60	11.50	11.70	12.60	11.40	12.50	11.40	12.20
	折返跑(秒)	9.80	9.20	8.50	7.90	7.50	7.20	7.10	6.60	8.30	7.70
	走平衡木(秒)	17.80	18.30	11.80	11.10	7.70	5.90	5.90	5.90	10.80	10.10
	双脚连续跳(秒)	11.40	11.10	8.40	7.70	6.90	6.60	6.00	5.80	8.20	7.80

说明:坐高/身高值必须保留小数点之后第三位。

2005年江苏省与无锡市国民体质监测指标对比表（男）

表33-3

年龄段	20～24岁		25～29岁		30～34岁		35～39岁		40～44岁		45～49岁		50～54岁		55～59岁		60～64岁		65～69岁	
监测指标	江苏	无锡	江苏	无锡	江苏	无锡	江苏	无锡	江苏	无锡	江苏	无锡	江苏	无锡	江苏	无锡	江苏	无锡	江苏	无锡
身高（厘米）	172.20	172.50	171.40	171.30	170.60	171.20	170.40	170.00	170.00	169.50	168.90	168.40	168.70	168.40	168.20	168.70	166.70	166.90	165.90	165.90
体重（千克）	67.20	68.70	69.00	66.40	70.20	69.20	70.80	68.40	71.60	69.60	70.50	68.80	69.90	68.60	70.00	69.80	68.40	67.00	67.00	66.50
胸围（厘米）	88.10	90.10	89.70	89.20	90.80	91.40	91.50	91.10	92.50	92.00	92.60	92.90	92.30	92.40	92.40	93.70	91.50	91.40	90.70	91.30
腰围（厘米）	78.40	80.40	81.00	80.10	82.90	83.10	84.10	83.50	85.40	85.70	85.20	85.70	85.40	85.20	85.90	87.40	85.40	86.90	84.80	85.60
臀围（厘米）	92.20	92.90	93.40	92.10	93.70	93.70	94.10	93.10	94.70	93.70	94.20	93.30	94.30	93.30	94.00	94.40	94.00	94.50	92.90	94.10
皮褶和（毫米）	49.40	56.90	55.00	53.10	56.70	55.40	57.20	54.90	58.70	56.10	58.20	55.00	55.70	53.20	57.10	55.20	56.40	52.80	54.00	54.50
体脂比	18.40	20.80	19.70	19.30	20.10	19.70	19.90	19.70	20.30	20.00	20.20	19.60	19.60	19.20	20.20	20.00	20.40	19.60	19.80	20.40
BMI	22.70	23.00	23.50	22.60	24.10	23.60	24.30	23.70	24.70	24.20	24.70	24.20	24.50	24.20	24.70	24.60	24.60	24.00	24.30	24.10
腰臀比×100	84.90	86.20	86.70	86.70	88.40	88.50	89.20	89.50	90.10	91.30	90.40	91.60	90.50	91.10	91.30	92.60	90.80	90.70	91.20	90.70
安静脉搏（次/分）	77.30	77.50	77.60	77.80	77.40	79.40	77.40	79.20	77.40	78.70	77.10	79.50	77.30	78.90	77.40	80.10	76.50	78.20	76.80	79.80
收缩压（毫米汞柱）	119.70	121.00	120.90	120.90	121.40	121.80	122.40	123.00	124.30	123.50	125.70	125.30	128.60	128.00	131.40	133.50	133.10	134.80	136.30	135.60
舒张压（毫米汞柱）	75.70	78.30	76.90	78.20	78.70	79.40	80.10	81.90	80.90	81.40	81.70	82.00	82.50	83.50	82.70	83.80	82.20	81.90	81.10	80.70
肺活量（毫升）	3915	4027	3881	3937	3796	4076	3668	3882	3508	3757	3367	3458	3181	3241	3015	3095	2701	2732	2483	2603
肺体比	58.90	59.90	56.90	60.10	54.80	59.60	52.50	57.60	49.70	54.90	48.50	50.90	46.00	47.70	43.60	44.70	40.00	41.50	37.60	39.80
台阶指数	53.30	54.10	53.80	52.80	55.60	53.20	56.60	53.90	55.80	56.70	57.30	56.30	57.00	57.70	55.60	57.30	—	—	—	—
体前屈（厘米）	9.60	8.80	9.00	7.90	8.40	8.90	7.20	7.40	5.20	5.20	4.50	5.00	3.60	4.40	2.70	3.30	1.22	0.00	-0.10	-2.40
握力（千克）	49.10	48.60	49.70	50.20	50.20	50.60	50.00	49.80	49.50	50.30	47.70	47.40	46.10	48.30	44.50	46.00	40.40	41.90	38.10	39.90
闭眼单脚（秒）	45.80	52.70	45.50	60.70	39.60	46.00	32.20	42.40	26.80	32.90	22.50	26.10	20.10	20.60	18.00	18.50	11.10	10.50	9.30	14.60
反应时（秒）	0.42	0.40	0.43	0.41	0.44	0.42	0.45	0.42	0.47	0.44	0.49	0.47	0.52	0.47	0.54	0.51	0.60	0.50	0.64	0.52
背力（千克）	134.00	145.40	138.90	147.70	141.60	152.70	140.10	150.20	—	—	—	—	—	—	—	—	—	—	—	—
纵跳（厘米）	40.00	41.10	38.70	41.00	36.50	39.50	34.60	37.80	—	—	—	—	—	—	—	—	—	—	—	—
俯卧撑（次）	27.00	26.90	24.70	26.20	22.20	24.70	19.30	20.80	—	—	—	—	—	—	—	—	—	—	—	—

2005年江苏省与无锡市国民体质监测指标对比表(女)

表33-4

年龄段	20~24岁		25~29岁		30~34岁		35~39岁		40~44岁		45~49岁		50~54岁		55~59岁		60~64岁		65~69岁	
监测指标	江苏	无锡	江苏	无锡	江苏	无锡	江苏	无锡	江苏	无锡	江苏	无锡	江苏	无锡	江苏	无锡	江苏	无锡	江苏	无锡
身高(厘米)	159.90	159.30	159.60	159.70	159.20	158.50	158.90	159.80	158.80	158.70	158.10	157.80	157.60	157.80	156.90	155.70	155.30	155.80	154.50	153.90
体重(千克)	53.70	52.60	54.70	53.60	56.30	54.60	57.70	57.40	59.60	58.00	60.60	58.40	61.00	60.30	61.40	60.70	60.70	59.90	59.60	57.90
胸围(厘米)	82.00	81.60	82.70	82.20	83.60	82.90	84.90	84.90	86.90	85.50	88.60	87.20	89.30	88.40	90.40	90.20	89.70	88.10	89.30	86.50
腰围(厘米)	69.30	72.10	71.10	73.90	72.50	75.10	74.00	77.30	76.60	78.40	79.40	80.70	80.80	83.80	83.00	86.30	83.90	86.50	84.59	86.30
臀围(厘米)	89.10	89.50	89.60	90.20	90.60	90.80	91.80	92.80	93.20	93.10	93.90	92.90	94.60	94.20	95.60	94.90	95.30	93.80	95.20	92.90
皮褶和(毫米)	57.30	64.70	59.00	66.30	61.90	69.60	66.50	75.00	70.80	75.00	73.50	78.60	74.70	82.40	76.30	84.40	78.20	81.30	73.30	77.10
体脂比	25.10	27.00	25.80	27.60	26.80	28.80	28.30	30.60	29.50	30.20	30.20	31.40	30.40	32.80	30.90	33.60	31.70	32.60	29.80	31.30
BMI	21.00	20.70	21.50	21.00	22.20	21.70	22.80	22.50	23.60	23.00	24.30	23.40	24.60	24.20	24.90	25.00	25.10	24.70	25.00	24.40
腰臀比×100	77.90	80.50	79.30	81.90	80.00	82.70	80.60	83.20	82.20	84.10	84.60	86.80	85.30	88.80	86.80	90.80	87.90	92.10	88.90	92.80
安静脉搏(次/分)	78.00	79.10	78.30	78.50	77.90	79.00	77.70	77.90	76.90	78.10	76.60	77.70	76.90	78.60	77.00	79.20	76.40	76.30	76.80	77.20
收缩压(毫米汞柱)	109.00	108.40	109.40	111.80	110.20	111.10	111.80	112.30	116.50	112.60	120.20	117.70	124.10	123.50	126.80	126.80	131.70	130.70	134.70	135.80
舒张压(毫米汞柱)	70.30	70.90	71.00	72.60	72.30	73.50	73.00	73.70	75.70	74.50	77.40	76.80	78.70	78.70	79.70	80.90	79.50	77.00	78.90	78.70
肺活量(毫升)	2491	2684	2542	2748	2503	2679	2476	2663	2345	2477	2218	2372	2089	2172	1958	2078	1762	1936	1648	1660
肺体比	46.80	51.40	46.90	51.80	44.90	49.30	43.50	46.90	39.90	43.20	37.10	41.20	34.80	36.60	32.40	34.90	29.50	33.00	28.20	29.50
台阶指数	50.50	55.60	52.70	56.00	56.90	56.70	57.10	57.80	57.70	60.40	56.10	61.70	59.10	61.20	58.60	60.40	—	—	—	—
体前屈(厘米)	11.40	11.80	11.10	11.90	10.30	10.10	9.70	9.30	9.30	10.40	8.30	8.90	7.90	8.70	8.00	8.80	7.20	5.70	6.00	6.10
握力(千克)	28.50	28.40	29.50	30.00	30.20	31.20	30.20	30.80	29.70	30.80	29.30	30.50	28.30	30.00	27.20	28.50	25.30	26.50	24.02	24.40
闭眼单脚(秒)	46.10	64.60	43.00	55.40	36.50	43.90	29.30	32.30	24.80	25.20	19.20	19.20	15.40	18.10	13.30	13.80	9.40	11.90	7.80	7.60
反应时(秒)	0.45	0.44	0.46	0.43	0.47	0.44	0.49	0.45	0.52	0.46	0.54	0.48	0.57	0.49	0.59	0.54	0.66	0.53	0.71	0.55
背力(千克)	71.10	77.30	76.00	82.60	79.30	85.30	79.90	85.00	—	—	—	—	—	—	—	—	—	—	—	—
纵跳(厘米)	25.20	27.20	25.10	26.70	23.70	25.70	22.00	24.40	—	—	—	—	—	—	—	—	—	—	—	—
俯卧撑(次)	23.60	26.00	21.80	24.80	19.70	23.50	16.30	17.20	—	—	—	—	—	—	—	—	—	—	—	—

第三章　体育竞赛

第一节　无锡市体育运动会

新中国成立后至1981年,无锡市先后举办6届运动会,其后中断14年。

1996年5月1日～10月31日,无锡市举办"邮电杯"第七届运动会。运动会设中小学部中学组、小学组,大中专部高校组、中专组、技校组,成人部职工组、老年组等3部7组,进行13个项目、39项次的比赛,参赛运动员、教练员、裁判员、工作人员共1.1万余人,规模、参赛人数为历届之最。10月26日,在无锡市体育中心举行开幕式,市委常委、副市长吴新雄致开幕词。开幕式上,举行由4600人参与的大型文体表演,分别是小学生鼓号队表演、职工千人广播操、中小学生手铃操、木兰扇、木兰拳表演和农民舞龙表演,观众2.6万多人。各项比赛分期分批进行,前后6个月,至10月30日结束,各组别共决出383枚金牌,各代表团决出团体总分和金牌总数名次。10月27日,召开无锡市第七届运动会群众体育先进代表表彰会,表彰无锡庆丰纺织有限公司等96个先进集体和魏玉良等46名先进个人。10月31日晚,在市体育馆举行闭幕颁奖仪式,市领导为获得金牌和团体总分前6名的单位以及获体育道德风尚奖的24个代表团(队)颁奖。江阴市和崇安区分获中小学部中学组、小学组金牌、总分第一名,市技校获大中专部技校组金牌、总分第一名,无锡师范学校获中专组金牌第一名,市工业学校获中专组总分第一名,江南学院获大中专部高校组金牌、总分第一名,江阴市获成人部职工组金牌、总分第一名,崇安区和郊区分获成人部老年组金牌、总分第一名。

2000年3月31日～10月22日,无锡市举办第八届运动会。设3部7组,共80支代表队、6848名运动员参加18个项目、53项次的比赛。崇安区等6家单位获小学组贡献奖,南长区等6家单位获小学组输送奖,锡山市等33支代表队获体育道德风尚奖,市总工会宣教部等11支代表队获成人部优秀组织奖。运动会期间,召开全市群众体育先进代表会,江苏锡兴集团公司等120家单位和高运淡等80名个人分别被授予"无锡市群众体育先进集体"和"体育先进工作者"称号。10月18日,举行无锡市第八届运动会开幕式,市领导和3万名群众参加开幕式,开幕式上举行《走向辉煌》大型文体表演。10月22日,在市体育馆举行第八届运动会闭幕式,推出《拥抱明天》文艺演出。

2004年4～10月,无锡市举办第九届运动会,800多支队伍、1.2万多名运动员参加中小学部、高校中专部、职工部、残疾人部和老年人部等5个部16个项目、57项次的比赛,决出金牌662.5枚。10月26日,在市体育中心举行开幕式,各市(县)、区学校和各行各业的人们组成36个方队接受检阅,开幕式上举行的大型文体表演共分4个部分,序曲"美好生活",上篇"风华英姿",中篇"激情飞越",下篇"太湖秋韵",近1万人参加表演。雅典残奥会冠军盛玉红、谭燕华、龚彬以及第一个成功横渡太湖的无锡人童伟出席开幕式。运动会期间召开群众体育工作先进表彰会,127家先进单位、90名先进个人受到表彰。

第二节　参加比赛

一、参加全省体育比赛

1995年5月12～18日，组队参加在淮阴市举行的江苏省青少年举重比赛。无锡市女子举重队获金牌5枚、银牌12枚、铜牌8枚，以总分240分获团体总分第三名。15名参赛运动员均分别进入前六名，袁仁凤获青年组59公斤级金牌2枚、银牌1枚。无锡市男子举重队获金牌18枚、银牌5枚、铜牌9枚，以总分300分获团体总分第一名，金牌数列参赛各队之首。8月12～14日，无锡市青少年田径队30名运动员参加在徐州举行的江苏省青少年田径比赛，获金牌10枚，居金牌榜第二位。倪晓莉1人独得100米、200米两枚金牌。10月2～3日，无锡队参加在宿迁市举行江苏省第十一届钓鱼比赛，囊括全部冠军，实现团体"三连冠"殊荣。参赛的4名运动员中，一级垂钓能手袁富章、特级垂钓能手朱家明分别以67分、66.5分获个人总分第一、第二名，缪海泉获个人第四名，第一次参加省级钓鱼比赛的女队员朱蕴秋获女子组个人冠军。

2001年5月7日，江苏省青少年自行车比赛在连云港东海县赛车场结束，无锡市灵山烟草自行车队夺得金牌6枚、银牌2枚、铜牌2枚，金牌数居各队之首；团体总分96分，列第二位。队员童春丽在女子甲组200米行进比赛中获金牌，张蕾一人独得女子乙组200米行进和2000米追逐赛两枚金牌，许晖获女子甲组15公里记分赛第一，队员陈大鹏、牛通、黎仕成在奥林匹克竞速赛中获第一，并与魏志强一起获男子甲组团体赛冠军。5月13日，江苏省第六届残疾人运动会在南京市五台山体育中心举行。无锡队48人参加田径、游泳、举重等7个项目的角逐，获金牌16枚、银牌8枚、铜牌10枚，总分269分。运动员姚娟、费勇各获3枚金牌。在5月16日举行的女子F44级标枪决赛中，姚娟以39.99米的成绩打破由她保持的该项目原世界纪录。8月，江苏省青少年儿童武术（套路）比赛在南京举行。无锡队获得5枚金牌，居金牌榜第二位。沈光美获得女子少年乙组长拳和枪剑小全能2枚金牌，钱寅祺获得男子少年乙组太极拳冠军，许少达获女子少年乙组南拳比赛冠军，陈沁莹获女子儿童组刀术金牌，无锡队另获男女集体基本功银牌2枚、铜牌4枚。

2002年7月31日，江苏省青少年航空模型比赛在宿迁市结束，无锡队获7个单项冠军、3个团体冠军和5枚银牌、3枚铜牌。江阴新桥中心小学陈绘艺获小学组电动模型飞机第一名，王春获弹射模型飞机冠军，陶锋获"东风1号"火箭模型冠军，江阴新桥中心小学还获得"小力士"火箭模型、"东风1号"火箭模型和弹射模型飞机等3个团体冠军。无锡市稻香小学俞白兮获小学组"小力士"火箭项目第一名，宜兴新庄中学朱颖获"东风1号"火箭模型冠军（并列），锡山高级中学于凯获中学组电动模型飞机第一名，江阴市利港中学张耀华获火箭模型项目冠军。

2003年2月22～27日，江苏省射击锦标赛在徐州举行，无锡国际饭店射击队36名运动员代表无锡市参赛，获13枚金牌，名列金牌榜第二。队员凌子佳、陈梦姣、唐孟岚合作获少年女子步枪3×10和30发卧射两个团体冠军，凌子佳还获得气步枪40发的个人冠军；龚佳佳、钱进、张煜磊以1736环的成绩获青年男子气步枪60发的团体冠军，他们3人还分别获得气步枪60发个人、小口径步枪3×20、小口径步枪卧射等3个项目的个人金牌；沈玉洁、李晓莹、厉艳以1095环的成绩夺得青年女子气手枪40发的团体第一，薛伟名列青年男子气手枪60发个人第一；沈凯、刘昌、高俊杰合作获得少年男子气步枪40发的团体第一。比赛新增少年男女气手枪比赛的8枚金牌，无锡队获得其中的3枚：周豪获男子手枪30发慢射的金牌，袁静、颜荣和孙婷获女子手枪30发的团体冠军，袁静还获这个项目的个人金牌。4月20～21日，江苏省风筝比赛在南京白马公园举行，全省12支代表队参赛，无锡市派出以通汇桥中心小学为主的联合队参赛。比赛设龙类、软翅类（大型）、硬翅类（大型）、板子类(大型)、立体类(中型)和软体类等6个项目,无锡市风筝队获软体类风筝第一名、板子类(大型)第二名、软翅类(大型)第二名、中龙第三名、硬翅类(大型)第四名。经总分计算,无锡市代表队名列团体亚军。7月4～10日,江苏省青少年举重比赛在苏州举行,无锡代表队获6枚金牌,团体总分列全省第三。代表无锡市参赛的金匮路业余体校举重队共派出26名男选手和8名女选手参战,韩烨获少年女子甲组69公斤级冠军,章云翔获少年男子乙组69公斤级冠军;男子组李承南获56公斤级冠军,庄俊毅获77公斤级冠军,臧伟获85公斤级冠军,杨军获94公斤以上级冠军。7月10～16日,江苏省青少年击剑锦标赛在南通市举行,11支代表队的300多名运动员参赛。无锡击剑队派出36名运动员参赛,获6枚金牌和1枚银牌,列金牌榜第一。周兴东获男子花剑乙组个人金牌,并和马云、乔王乐、陈斌合作获花剑团体冠军。在男子甲组花剑团体赛中,由陆俊、周国栋、高文斌和周新科组成的无锡队获冠军,陆俊另获个人赛金牌,周新科在男子佩剑甲组比赛中获1枚银牌。在女子比赛中,朱重倚获花剑乙组个人赛金牌,姜丹名列佩剑甲组第一。8月20日,江苏省青少年航空模型比赛在宿迁市举行,全省30多支代表队300多名运动员参加,无锡市派出4名运动员参加高中组比赛,且全部进入前六名。市一中周寅获自由飞航模个人冠军,育才中学吴中元、荡口中学胡叶子分获第二、第三名。荡口中学华霖获火箭带降模型个人冠军和火箭伞降模型第五名。9月22日,江苏省健美锦标赛暨健身小姐大赛在扬州举行,全省166名运动员参加。无锡新区长江俱乐部教练王新连带领13名队员参赛。队员刘全获男子70公斤级冠军,邓文华获男子青年组75公斤以上级冠军,林延伟获男子90公斤级亚军,林书芳获得男子60公斤级第四名,张应明获男子70公斤级第三名,徐庆伟获男子75公斤级第五名,沈娟获女子58公斤级第三名,邓文华/王学军获混合双人第六名。9月30日,江苏省首届台球精英赛落幕,代表无锡台球协会参赛的天天台球俱乐部队员李春获冠军。

二、参加全国体育比赛

1991年,无锡市作为特邀城市,首次组队参加全国第二届城市运动会的射击、击剑、乒乓球比赛,共获得奖牌19枚,其中金牌3枚、银牌2枚、铜牌1枚,在50个特邀城市中名列第四,并被评为10个体育道德风尚奖先进集体之一。7月,全国第八届"长江杯"田径比赛在云南省昆明市举行,沿江9个省市参加角逐,无锡市后西溪中心小学女子田径队获小学女子组冠军,第五次取得该项目冠军,被国家教委、国家体委授予"全国先进体育传统学校"称号。12月,1991年度全国田径、游泳、乒乓球"雏鹰起飞"群众体育活动成绩评定工作结束,无锡市获得"乒乓球先进城市"称号,并获得国家体委、国家教委授予的"1990～1991年学年度开展乒乓球'雏鹰起飞'群众体育活动优胜奖"。后西溪中心小学徐韵、华蕾、李锦、胡琼芳和夹城里中心小学徐贞获全国田径"雏鹰起飞"女子100米单项名次。1995年11月5日,"三笑杯"全国演武大会在扬州市体育馆结束,北塘区武术协会教练员金荣富表演的"游龙通臂拳""武当九宫逍遥剑"在240多名选手中脱颖而出,获第一名。

1997年2月2日,无锡市射击队12名运动员参加在杭州举行的华东六城市射击对抗赛,在26个项目的比赛中获15项第一名,获团体总分冠军。市射击场体校18岁运动员张烨以587环的成绩平男子步枪60发项目全国青年纪录。7月30日,全国少年儿童游泳分区赛在安徽黄山结束,浙江、江苏、福建、江西、安徽、上海等8个省、市的运动员参加,无锡市体校运动员获1个第二名、7个第三名、3个第四名。其中,杨丽莎获女子50米自由泳亚军,周晓兰获女子甲组50米蛙泳、4×50米混合泳接力第三,王晶获50米自由泳、100米自由泳、4×100米自由泳接力、4×100米混合泳接力铜牌。8月,在国家体委举办的全国"台商杯"中国象棋比赛中,江阴市月城镇黄芳获女子12岁组亚军。10月,在上海市举行的第八届全运会上,江苏队获金牌数第五、团体总分第六名,29名无锡籍运动员代表江苏省参加比赛。在江苏队夺得的23枚金牌中:羽毛球选手顾俊与队友葛菲合作夺得女子双打金牌;自行车运动员刘亚东以1分6秒396的成绩获男子1公里场地计时赛冠军,并打破亚洲纪录;朱美芳为江苏女子重剑主力,在团体赛中获得冠军;马良参加男子花剑团体争夺战,获得冠军。此外,顾俊参加的女子羽毛球团体赛，获银牌；马振新参加男子重剑团体赛，获银牌；短跑选手崔丹凤、朱益红在女子4×100米接力赛中获第三名；朱美芳获女子重剑个人赛第四名；陈莉莉在女子小口径标准步枪60发决赛中名列第七名；跳水运动员石磊获女子3米板第八名；崔丹凤获女子100米第八名。在无锡市输送的一批运动员中，程柯代表重庆队获男子小口径自选步枪3×40第八名，所得分数一半记入江苏队总分；解放军队徐忆敏在女子小口径标准步枪60发卧射比赛中以597环的总成绩超过596环的世界纪录，获银牌。

2001年5月，江苏省象棋集训队队员、江阴月城镇黄芳在全国象棋升级赛中，以超过90%的胜率从一级棋士晋升为中国象棋大师，成为无锡市继戴荣光之后的第二位中国象棋大师。11月，在第九届全国运动会上，无锡籍运动员获得3枚金牌、3枚银牌、3枚铜牌。顾莹（原名顾娟萍）以6.57米成绩获女子跳远金牌；自行车运动员钱云娟获女子50公里团体计时赛金牌并获20公里个人计时赛第四名；蹦床运动员吕俊与队友一起获男子团体金牌，自己获个人第五名；程柯获男子10米气步枪60发亚军；羽毛球运动员顾俊与队友获女子双打第二名、女子团体第三名；倪晓莉获女子4×100米接力银牌和4×400米第三名；吴艳获女子25米运动手枪60发第三名；朱益红获4×400米接力第三名。

2002年8月20日，全国青少年航天航空模型比赛总决赛在青岛结束，全国百余所中小学的600多名运动员参加总决赛。无锡市孙洁俊获中学组“小力士”升降模型火箭冠军，钱志光获“强五”火箭助推滑翔机第一名。8月27日，全国中学生运动会女足比赛在南京举行，以江阴市第二中学女子足球队为主组建的江苏女足队获亚军。11月7日，全国少年“小甲A”足球赛无锡赛区比赛在市体育中心举行，后祁街小学、广益中心小学、芦庄小学和蠡园中心小学分别代表北塘区、崇安区、南长区和滨湖区参加比赛。蠡园中心小学获冠军，捧走“牵手杯”，取得代表无锡市参加江苏省“小甲A”比赛的资格。11月25日，“利君沙杯”全国台球锦标赛在西安开赛，全国24个省、市的俱乐部参赛，市台球协会天天台球俱乐部队先后战胜青岛队、河南队和西安大学生队，在淘汰赛中又以5∶2战胜甘肃队，首次进入全国八强，最终获得并列第五名。是年，在中国女子篮球甲A联赛中，无锡籍运动员卞兰被评为联赛最佳新人。2003年3月，卞兰入选国家女子篮球队集训队。

2004年2月4日，全国少年儿童垒球赛在四川省攀枝花市结束，锡山体校棒垒球队代表无锡队参加儿童组比赛，以全胜战绩获冠军。3月1日，新组建的无锡梦之队参加全国台球团体锦标赛，丁俊晖在梦之队1∶4落后的情形下，最终以5∶1击败上海年年有余队，获大赛冠军。是年，全国青少年风筝冬令营在上海市奉贤县举办，全国30余支队伍参赛，无锡通汇桥中心小学代表队获3枚金牌、1枚铜牌，队员倪雪儿、窦佳和尤梦炜经过扎、糊、放等多个环节争夺，取得团体总分第一名。在个人比赛中，倪雪儿获自制风筝第一名，窦佳获自备风筝第三名。

三、参加亚洲、国际体育比赛

1988年5月，崇安区辅读学校学生陆军参加在比利时布鲁塞尔举行的第八届国际特殊奥林匹克运动会，以立定跳远1.77米的成绩获少年组冠军。1989年5月，在天津市举行第六届世界海模锦标赛，中国、中国香港、奥地利、保加利亚、美国、匈牙利、德国、法国、荷兰、瑞典、原苏联共172名选手参赛，无锡市北塘区小学生高杰在动力艇F1-E1Kg级比赛中，以17秒7的成绩获季军。此前，高杰曾多次代表无锡市、江苏省参加全省、全国航海模型比赛，先后获7枚金牌。

1993年4月15日，通扬街道风筝队代表无锡市参加在河南开封举行的全国第三届风筝赛暨开封第二届国际风筝会，获团体总分第三名。1994年10月3日，无锡籍射击女选手陈慕华参加在雅加达举行的第八届亚洲射击锦标赛女子气步枪个人赛，以498.3环的优异成绩为中国队夺得第一枚金牌。陈慕华、许艳华、刘世彬组成的中国女队以1180环的总成绩获女子气步枪团体冠军，打破该项目1172环的亚洲纪录。1995年10月9～13日，“中国杭州·西湖第二届水上国际风筝节”举行，美、日、韩、英等国和北京、杭州、徐州等28支强队的141名高手参赛，江南晚报社风筝队教练邱锡昌和无锡天龙风筝队钱炳昌组成的风筝队获硬翅类、板子类特等奖，立体类、自由类二等奖，软纸类三等奖，并获团体总分第一名。1997年，无锡籍羽毛球女运动员顾俊与队友葛菲合作，在1月19日举行的日本羽毛球公开赛、3月15日举行的全英羽毛球公开赛、7月13日举行的马来西亚羽毛球公开赛、7月27日举行的新加坡国际羽毛球锦标赛、8月24日举行的印度尼西亚世界杯羽毛球、12月14日举行的印度尼西亚羽毛球大奖赛等大赛中，均获女子双打冠军。同年5月，在英国举行的第五届“苏迪曼杯”赛和第十届世界羽毛球锦标赛中，顾俊与队友一起还获得混合团体、女子双打两项冠军。同年9月14日，在墨西哥城结束的第十届世界杯跳水赛上，中国选手张晶和17岁的石磊（无锡籍）在女子跳板双人花样跳水决赛中，以304.05分的总成绩夺得冠军；石磊与队友还获得混合团体、女子团体第一名，并以326.76分的成绩获得3米跳板铜牌。

2001年6月10～14日，第二十三届世界业余围棋锦标赛在日本举行，世界56个国家和地区的56名业余围棋高手参加比赛。中国棋手江阴市红星集团的李岱春七段以八战八胜的成绩获得冠军，成为该项目夺冠的第十四位中国棋手和无锡市首位获得棋类世界冠军的选手。6月16日，第二届世界女子乒乓球俱乐部锦标赛决赛在浙江萧山举行，拥有国手李菊、杨影和张莹莹的中国江苏无锡山禾俱乐部队以3：2击败中国河北六通俱乐部队，继上届获亚军后首次捧得该项赛事冠军杯。7月23～31日，第十九届世界聋人奥运会在意大利罗马举行，81个国家和地区的4500多名聋人参加比赛，惠山区洛社镇残疾人费勇以6.94米的成绩获男子跳远金牌。2002年3月4日，国际剑联男女花剑世界杯赛在上海结束。在男子组比赛中，代表中国队出征的无锡籍运动员包晓庆获男子花剑比赛个人季军。4月15～17日，在济南举行的全国残疾人田径、举重、柔道锦标赛暨世界锦标赛选拔赛上，无锡运动员姚娟在女子F44级标枪比赛中，以41.64米的优异成绩夺冠。成绩超过悉尼残奥会由她创造的37.56米世界纪录；在铅球比赛中，她又以10.04米的成绩再次夺冠。其后，在法国里尔举行的第三届世界残疾人田径锦标赛和在韩国釜山举行的第八届远东运动会上，姚娟先后获女子F44级标枪1枚金牌和女子F44级标枪、铅球两枚金牌。8月31日，世界青年台球（斯诺克）锦标赛在里加结束。15岁的无锡籍选手丁俊晖在决赛中以11：9的成绩战胜威尔士选手约翰·戴维，成为第一个获得该项世界顶级台球赛事冠军的中国选手。在此前举行的2002年亚洲台球锦标赛中，丁俊晖在决赛中以8：2的成绩战胜对手，获冠军，并以一杆143分的成绩获得单杆得分最高奖，成为中国第一次在该项亚洲顶级台球赛事中夺冠选手，丁俊晖同时也成为亚洲最年轻的台球冠军。

2003年1月，在第三届香港“精英杯”飞镖公开赛上，无锡运动员汤军获得1枚银牌、1枚铜牌。3月，首届香港国际武术比赛举行，共有19个国家和地区的1470名选手参加，由江阴市民间武术选手11人组成的代表团获得6枚金牌、1枚铜牌，76岁的周生洪获精英组八卦龙行剑、柳叶锦丝掌两枚金牌；中年选手李文昌和蒋耀铭分别获得竞赛组四合一太极拳金牌、九子莲花枪金牌、形意拳铜牌和陈式太极拳金牌、陈式太极剑金牌。7月16～29日，世界21岁以下青年台球锦标赛在新西兰陶波举行，19个国家和地区的64名选手参赛。丁俊晖获第三名。7月25日～8月3日，第三十一届世界自由飞航模锦标赛（FIC）在匈牙利布达佩斯举行，39个国家的300余名运动员参赛，中国队由9名运动员组成，获1枚银牌、1枚铜牌，无锡选手邹炯宇和队友合作，获得FIC的团体铜牌。

2004年9月28日，在雅典残奥运会决赛中，以无锡籍运动员龚彬、谭燕华、盛玉红为主力的中国女子坐式排球队战胜荷兰队，为中国代表团夺得1枚金牌。

第三节　承办赛事

一、承办全省体育比赛

1991年7月18～23日，无锡市承办江苏省青少年“锡峰杯”射击比赛，省辖市11支运动队、212名运动员参赛。比赛设青年组13个项目、少年组6个项目。无锡锡峰队青年组男子小口径自选手枪慢射破省青年个人纪录，常州队、徐州队也取得破省纪录的成绩。1993年7月15～17日，由无锡市承办的江苏省青少年航空模型比赛在浙江省长兴市举行。南京、镇江、无锡、苏州、南通、徐州6个队的54名运动员参赛。比赛设9个项目，无锡市队获4块金牌，并获体育道德风尚奖。比赛被评为1993年度江苏省最佳赛区。8月15～18日，江苏省中小学生气枪射击比赛在无锡市射击馆举行，徐州、扬州、常州、淮阴、盐城、南京、无锡等市的12支中、小学生运动队参赛。无锡市粮食职工子弟小学、西新中学、协民小学队参加比赛。8月26～29日，省青少年儿童游泳比赛在无锡市游泳馆举行，11支省辖市队及省五台山体育中心、江苏省队的227名运动员参赛。比赛设4个年龄组，13人破23项省青少年儿童纪录。1995年6月14～15日，由省民政厅、省体委、省教委、省残联主办的省第三届特殊奥林匹克运动会在市体育场举行，年龄在8周岁以上、智商在60以下的弱智人运动员参赛，9个省辖市151名运动员分为青年、成年、少年、儿童4个组别，分别参加田径、乒乓球两大项目的比赛。无锡队在比赛中获13枚金牌。1997年4月5～7日，江苏省“彩登杯”青少年射击个人冠军赛在无锡市射击场举行。10个省辖市的119名运动员参加18枚金牌的争夺。参赛者均系1996年省青少年射击比赛各项目个人前六名获得者，无锡派出29名运动员参加，是参赛运动员最多的代表队，共获13枚金牌、7项第二、8项第三，程柯在青年男子自选小口径步枪3×20项目中，以576环打破省青少年个人纪录。8月4～6日，江苏省“卡迪拉杯”青少年射击比赛在无锡市射击场举行，省内9支市队共184名运动员参赛。比赛分青年男女、少年男女组，共18个项目36枚金牌。以“江南晚报队”命名的无锡市射击队由27名选手组成，以15枚金牌、362分总分的成绩获团体冠军，并改写4项省纪录。8月21日，省少年皮艇比赛在无锡市西五里湖举行，5个省辖市代表队的64名运动员争夺10枚金牌，无锡代表队获6枚金牌、2枚银牌、2枚铜牌，以总分97分获团体冠军，薛飞、顾丽春获女子200米、500米双人皮艇冠军，苏维军、沈建新获男子500米、1000米双人皮艇第一，高平获男子200米单人皮艇冠军，并与刘强合作夺得200米双人皮艇第一名。

2002年10月3～5日，由江苏棋院主办的“新蕾杯”第三届江苏省国际象棋公开赛在市锡山区东北塘中心小学举行，12个市的37支代表队近500名选手参加7个年龄组的比赛，年龄最小的棋手仅4岁。2003年8月2～4日，省青少年射箭比赛在无锡市体育场举行，5支代表队、70多名运动员参赛。比赛分少年男、女甲乙组团体和个人全能、青年组男女奥林匹克淘汰赛等10个项目，无锡队获5枚金牌，祁娜以1272环的成绩获少年女子乙组单轮全能金牌，周琛杰以1269环的成绩名列少年男子甲组个人全能第一；周琛杰和杨晨辰、杨靖合作以3510环的成绩获男子甲组团体金牌，祁娜、卢娜、李燕华和陈逸以3588环的成绩名列少年女子乙组团体第一。在青年女子组奥林匹克淘汰赛上，无锡队苏秦获第一名。8月8～11日，省青少年田径比赛在无锡市体育中心举行，无锡代表团获10枚金牌，团体总分名列第六，其中少年乙组总分名列全省第一，少年乙组有两人打破男子100米栏和三级跳远两项省纪录。

二、承办江苏省第十三届运动会

1992年5月27日，江苏省第十三届运动会无锡筹备委员会成立。筹委会由市政府办公室、市计委等50个部门、地区和单位的58名负责人组成，下设办公室、竞赛部、宣传部、工程指挥部、接待部、大型活动部、计财部、筹资部、市容卫生部、安全保卫部。筹委会1993年6月2日、11月15日两次召开全体成员会议，研究、部署筹备工作。其间，省政府补贴十三届省运会500万元基建经费和600万元承办经费，市财政局及各有关部门筹款5250万元支持筹备工作。为弥补市财政投入的不足，市政府动员全市各行各业，多渠道、多形式筹措资金。12月18日，市政府转发筹委会《关于承办江苏省第十三届运动会筹集资金的实施意见》，并与市经委、市体委、市财政局、市工商局、市社会事业处、市财办、筹委会宣传部等部门签订筹资责任状，圆满完成预定的2000万元筹资任务。是年，无锡市采取多种形式组织开展宣传工作，各市（县）、区及街道、学校、厂矿企业普遍举办运动会、报告会和群众体育活动，编印《无锡市承办江苏省第十三届运动会宣传提纲》2.5万份，印制宣传画5万份，制作彩旗10万面；全市组织5次大型宣传活动，安排两次市长电视讲话；各新闻单位在运动会召开前后，共发稿2000多篇，出版《省运快报》6期；专题报道十三届省运会筹备和比赛情况，全市形成“为省运作贡献，为无锡添光彩”“当好东道主、热情迎嘉宾”的浓厚气氛。

1994年4月1日，无锡筹备委员会转为省第十三届运动会组织委员会，5月7日在无锡召开第一次组委会工作会议，研究部署运动会开幕式及各项比赛的组织工作。5月15日，无锡市举行迎接十三届省运会体育游园会。其间，放飞千羽信鸽，无锡市缫丝三厂舞狮队、市老年体协迪斯科舞和健美操队、驻锡武警支队等相继表演，并举行门球赛、网球表演赛、中国象棋擂台赛等多项赛事。5月16日，由男队主教练蔡振华，女队主教练张燮林、教练惠钧带领的国家乒乓球队一行11人在无锡为省运会举行筹资义赛。男队队员王涛、吕林、王皓、刘国梁，女队队员邓亚萍、乔红、刘伟以及无锡籍队员龚跃春参加义赛。刘国梁获男子单打冠军，刘伟获女子单打冠军。义赛结束后，无锡小天鹅公司和太极集团公司分别向国家乒乓球队和义赛男女单打冠军颁发“小天鹅”纪念杯和“太极”优胜杯。9月4日，省第十三届群众体育先进集体、先进个人表彰大会在无锡举行，连元街小学、长安桥小学、旺庄小学、宜兴市高塍镇中心小学、市业余航模学校、崇安区城市建设综合开发公司、市电机厂工会、无锡县三前轧钢联营厂、洛社镇政府、东北塘镇政府、雪浪镇政府、宜兴市鲸塘乡政府、南长区通扬桥街道办事处、无锡市老年人体协、江阴市信鸽协会、无锡机械制造学校、市劳动局职业技能开发科、无锡县农民体育协会、市公安局、无锡军分区等20个先进集体和张珍凤、俞国忠、唐治平、王昕、何旭旦、顾振祥、王良、朱瑶华等8名先进工作者分别获省群众体育工作先进集体、先进工作者称号。同日，省运会开幕式在无锡市体育中心体育场举行，11个省辖市代表团，参加省运会职工部、高校部比赛的25支代表队的运动员、教练员以及裁判员举行入场式。开幕式结束后，无锡4000多名中小学生、农民、驻军战士和专业演员演出展示无锡和江苏人民奋发进取的大型文体表演节目《太湖水·无锡情》。9月9日，在无锡市人民大会堂举行运动会闭幕式。省、市领导以及支持省运会的无锡8家企业代表分别向获得“贡献奖”、“输送奖”，田径、游泳、击剑等8个重点项目团体总分奖，破省成人纪录以上奖的团体和个人，向获得高校部“校长杯”、职工部“优秀组织奖”的单位颁奖。

十三届省运会比赛从1994年7月7日开始，到9月9日结束，共举行12个项目的比赛，分布在10个场馆。参加人数3971人，裁判及工作人员1455人，计5426人。青少年部的田径、举重、篮球、击剑，职工部的乒乓球，高校部的排球在无锡市集中比赛，2238人参赛，裁判及工作人员779人，计3017人。青少年部25个项目有10人、26次超15项世界纪录，有8人、43次破23项全国少年纪录，有10人、14次破11项成人纪录。26人达到运动健将标准，其中7人达到国际健将标准。此届运动会规模、参赛人数、参赛水平超过以往历届省运会。

三、承办全国赛事

1987年3月27日～4月2日，全国青少年羽毛球比赛在无锡市体育馆举行。全国19个省、市、自治区的19支球队、344名运动员参加比赛。1988年11月11～20日，全国少年乒乓球运动员调赛在无锡市举行，36家单位的男运动员204人、女运动员137人、教练员85人参加调赛。调赛选出108名男女少年优秀选手，留在无锡参加国家体委组织的中国青少年乒乓球运动员第17期冬训。无锡市被国家体委确定为国家青少年乒乓球运动员冬训基地。至1990年，连续举办3期训练班，为国家乒坛挖掘和培养优秀后备人才作出贡献，受到国家体委多次表彰。

1989年10月19～30日，全国击剑锦标赛在市体育馆举行，19个省、市、自治区的19支队、644名运动员参加比赛。比赛设男、女花剑、重剑、佩剑个人赛和团体赛。

1990年10月21～30日，全国乒乓球锦标赛在无锡市举行，28个省、市、自治区和解放军的78支男女队、388名运动员、80名教练员和85名裁判员参加比赛。设男子团体、女子团体、男子单打、男子双打、女子单打、女子双打、混合双打等7个项目。11月10～19日，在无锡市体育馆和宜兴市举行“前洲杯”全国女子篮球联赛。参加比赛的是获得第一阶段5个赛区（沈阳、武汉、济南、天津汉沽、广东番禺）第四、五名的乙级组的10个队。

1991年5月11～26日，全国中国象棋（团体）锦标赛在无锡市举行。各省、市、自治区和行业体协等43家单位、66支男女队、254名运动员参赛，其中有象棋大师42名、特级大师8名。10月16～22日，全国羽毛球女子团体锦标赛在无锡市举行，20个省、市、自治区的20支队伍、119名运动员、31名教练员和47名裁判员参赛。10月19～27日，由中国体育报社、中央电视台、江苏省雷声电子设备厂主办，无锡市体委、市体育总会承办的第六届“海鹰杯”全国大企业足球比赛在无锡市举行。全国9支足球队、194名运动员参赛。

1993年4月1～7日，第七届全国运动会女子篮球预赛在无锡县体育馆举行。7支球队、84名运动员参赛。1994年3月28日，由无锡县政府、市体委、洛社镇政府联合主办，江苏南方机电集团公司和江西景德镇马拉松协会承办的“南方杯”第五届全国马拉松邀请赛在洛社镇举行。全国22支代表队、137名运动员参赛。比赛设马拉松组、中年男女10公里、老年男女10公里等5个组别。无锡马山队李素珍、林秩欢和无锡南方队邓茉茉、无锡太湖队钱寿芬分别获中年女子组第二名、第三名、第四名、第六名。无锡南方队龚伯虎获中年男子组10公里第三名；无锡马山队裴志明以2小时46分54秒获马拉松全程比赛亚军，无锡马山长跑队获团体总分第一名，无锡南方队获团体总分第六名。由国家体委批准在农村乡镇举办全国马拉松赛，在国内尚属首次。

1995年，市体委、市体育中心和市足球协会多次举办（承办）足球赛事。其中，7月15日举办“萨克斯杯”国际足球邀请赛（日本大阪队—江苏八汇队）；7月28日举办“春兰杯”苏港足球友谊赛（江苏迈特队—香港发景队）；11月18日举办中国女足南北明星对抗赛；11月28日举办中国八一队与韩国大宇队国际足球赛。1997年4月19日，全国足球乙级联赛（东区）在市体育中心启幕，8月9日结束。6月27日～7月6日，“卡迪拉杯”全国女子足球联赛第二阶段比赛在无锡市、江阴市举行，全国11支球队进行6轮比赛。比赛首次举办“雪豹日化杯”女足最佳阵容评选，足球门将出身的江苏雪豹日化公司总经理童渝给予联赛大力支持。8月13～15日，全国少年儿童体操比赛（第二赛区）在无锡市举行，15支代表队、161名少年儿童运动员，分别参加男女甲组（11～12岁）和乙组（8～10岁），女子跳马、高低杠、平衡木、自由体操、蹦床5项，男子自由体操、鞍马、吊环、跳马、双杠、单杠和蹦床7项比赛，争夺团体、个人全能和单项前8名。

2001年1月29日～2月4日，中国·锡山“雪浪杯”第27届“新星杯”少年儿童乒乓球锦标赛在锡山市雪浪镇锡南中学体育馆和雪浪中学体育馆举行，全国14个省、市71支男女少儿乒乓球队、800多名运动员参加比赛。比赛设甲组（10岁以上）、乙组（10岁以下）团体赛和男女单打等项目，锡山雪浪一队获男子组第七名。比赛由中国“新星杯”组委会主办，雪浪镇政府承办，开乡镇承办全国少儿乒乓球赛先河。4月23～26日，第九届全国运动会男子举重预赛暨2001年“雪豹牙膏杯”全国男子举重锦标赛在无锡市举行。比赛由体育总局竞技体育管理中心、中国举重协会和无锡市政府主办，省体育竞赛管理中心、市体委承办，市人民体育场、华健广告公司协办，江苏雪豹日化公司赞助。全国34支代表队、245名运动员分别参加56、62、69、77、85、94、105以上公斤级等级别的挺举、抓举和总成绩的比赛。5月6～7日，全国业余网球晋级赛无锡赛区比赛在无锡市举行，比赛由中国网球协会主办，无锡市体育场和市体育公园网球俱乐部承办。江苏省仅有南京、无锡两个全国业余网球晋级点，比赛还邀请周边城市的一些网球爱好者参加，无锡赛区有无锡的王一飞等6人晋升为国家二级网球运动员。5月9日，“摩托罗拉杯”中国羽毛球天王挑战赛（第三站）在无锡市举行，共举行3场比赛。比赛由市体委下属单位国际体育交流中心与体育总局竞技体育管理中心签约承办，中央电视台第五套节目和无锡电视台文体频道现场作两小时的实况转播。6月18日，经体育总局网球运动管理中心批准，无锡市体育公园网球俱乐部被授予全国业余网球晋级赛C级晋级点。在体育公园网球俱乐部举行揭牌仪式。6月24日，由中华全国体育总会联络部和中国台北田径协会共同举办的北京奥运·炎黄之光——海峡两岸长跑（无锡站）在无锡市人民大会堂广场举行起跑仪式。50多名台湾知名人士在近千名无锡运动员陪同下从大会堂广场出发，长跑线路为清扬路—解放路—健康路—体育公园，全程3000多米。7月20～23日，由市体育局和鼋头渚风景区承办的“太湖鼋头渚杯”第九届全国运动会沙滩排球预赛暨全国沙滩排球巡回赛（无锡站）在鼋头渚湖边和三山岛举行。20个省、市的46支队伍、200多名男女沙排运动员参赛，吸引数万名旅游者观看。体育赛事与旅游结合的尝试，受到体育总局排球管理中心的肯定。11月25～26日，无锡市举办首届全国业余网球晋级赛（C级）无锡赛区晋级赛，无锡的刘毅、卫铭获得业余网球二级运动员资格。12月29日，由中国足球协会主办的“雪豹牙膏杯”2001年全国女子足球超霸赛在无锡市体育中心举行，无锡成为连续3年承办该项赛事的城市。同日，2001年“健力宝杯”全国女足超级联赛最佳奖项评选在锡揭晓，评出最佳射手、最佳运动员、最佳赛区、最佳阵容等8个奖项，并在市体育馆举行最佳奖项的颁奖仪式。

2002年4月20日，“泛宇杯”全国钓鱼精英大赛总决赛在无锡锦园国际垂钓乐园举行。全国各地经过分区选拔的268名垂钓高手参加两天7场激烈角逐，赛程持续1年零7个月。5月22～23日，由体育总局田径管理中心主办，省市体育局承办的全国田径大奖赛在无锡市体育中心举行。大奖赛是无锡市承办的最大规模的田径赛事，云集香港在内的40个省、市、自治区、行业体协代表团的近600名选手参赛。无锡籍运动员徐佳和倪晓莉分别获得女子100米栏金牌和400米比赛银牌。5月26～29日，全国藤球锦标赛在无锡市体育馆举行，8支代表队参赛。比赛采用单循环赛制。7月3～6日，由体育总局、中国残疾人联合会、中国残疾人体育协会主办，无锡市政府承办的全国坐式排球优胜队联赛暨世锦赛选拔赛在锡山区体育馆举行，7个省（市）13支男女代表队、104名运动员参加。鉴于无锡市为赛事承办城市，无锡市坐式排球队代表江苏省参加比赛。7月28日～8月2日，第五届全国“华源实业育苗杯”围棋赛在无锡南洋国际学校举行，14个省（市）75支代表队、405名小棋手参赛，是历届全国“育苗杯”比赛中规模最大的一届。无锡市青少年棋院的8岁小棋手张曌以8胜3负的成绩获丁组第三名，同时晋升为二段选手。无锡南洋国际学校获优秀组织奖。12月2日，由中国足协和市政府共同主办的“国联证券杯”中国女足超霸赛在无锡市体育中心举行。无锡市于1999年创办首届女足“超霸赛”，连续4年承办此赛事，中国足协决定将这项女足传统赛事长期放在无锡。同日，2002年全国女足超级联赛各项最佳评选揭晓，共评出最佳运动员、最佳射手、最佳教练员、最佳守门员、最佳新人、最佳裁判、最佳赛区等7个奖项。

2003年2月3～12日，由中国国际象棋协会、中国科技发展基金会、李成智国家象棋基金管理委员会主办，中国国际象棋高水平后备人才培训基地（无锡）承办，江苏棋院协办的第十一届“李成智杯”全国少年儿童国际象棋冠军赛暨青年冠军赛在无锡举行。30个省、自治区、直辖市110支代表队、1100多名运动员分别参加9个年龄段18个组别的比赛，江苏选手获4枚金牌。设在锡山区东北塘中心小学的中国国际象棋高水平后备人才培训基地派出近40人参赛，获12岁组团体第二名、10岁组团体第四名；王珏获女子青年B组第四名；13岁的张骏迪越级参加男子青年B组比赛，获第六名。8月25日～9月4日，全国棒球冠军赛在无锡新落成的棒球运动训练基地举行，7支棒球队参加比赛。比赛由体育总局小球运动管理中心主办，省体育局和市体育局承办。开赛首日，无锡首支“省队市办”运动队——江苏棒球队以12 ∶ 6胜天津体院队。

2004年，全国女子排球大奖赛首次采用分站集合制的竞赛形式在南京、镇江、江阴等7个赛区巡回举行。6月10～13日，八一、江苏、辽宁等8支球队在江阴体育馆进行第二阶段第三站积分赛，累计吸引观众两万余人次。省体育局授予江阴市“承办全国比赛最佳赛区”荣誉称号。7月21日，全国象棋甲级联赛第十轮比赛在江阴市举行，成为江阴市承办的全国象棋最高水平赛事。9月17～28日，“江阴杯”全国羽毛球锦标赛在江阴体育馆举行，17个省、市、地区25支代表队的524名裁判员、教练员和运动员参赛，其中包括5名雅典奥运会冠军和10余名奥运会选手。10月2～10日，由体育总局乒羽管理中心、市政府主办，市体育局承办的“威孚房开杯”全国乒乓球锦标赛在无锡举行。10月8日，全国青少年3人篮球赛在无锡市体育公园开赛，无锡市共有65支队伍参加比赛。比赛由中国篮球协会和中国百胜餐饮集团旗下的“肯德基”共同举办，30个省、市、自治区的172个赛区共计9000余支队伍、8万余人参赛，是中国规模最大的群众性篮球赛事。10月12～15日，全国艺术体操锦标赛在江阴市体育馆举行。全国13支代表队、180名运动员参加比赛，产生团体总分、个人全能、个人单项（圈、球、棒、带）、集体全能和集体单项（5人带、3人圈、2人球）共10个冠军。12月26日，“双拥杯” WCBA中国女篮明星赛在无锡市新体育馆举行，隋菲菲、叶莉、陈楠、宋晓芸和无锡籍运动员卞兰等24位国内女篮明星分成南、北队举行对抗赛。

四、承办洲际、国际体育比赛

1986年5月17～19日，由市家用电器公司出资举办的“家电杯”国际女排邀请赛在无锡市体育馆举行，世界女排劲旅古巴队和上海队、江苏队共60名运动员参赛。6月6～15日，第四届亚洲女排锦标赛在无锡、上海、苏州举行。中国、日本、韩国、印度尼西亚、马来西亚、泰国、新西兰、新加坡、澳大利亚、斯里兰卡等国和香港、澳门等地区参加比赛，为中国第一次举办的亚洲女排锦标赛。6月15～17日，由市电扇公司出资赞助的“菊花杯”国际男排邀请赛在无锡市体育馆举行，民主德国国家男子排球队、波兰国家男子排球队、中国国家集训队的红队和黄队参加比赛，参赛运动员80名。

1990年6月15～18日，无锡市首次主办的“丝密斯杯”国际体育旅游门球邀请赛在无锡市门球场举行，国内10个省、市的29支代表队和3支日本代表队，共320名运动员参赛。比赛由中外合资永新日用化学品有限公司出资赞助。1991年4月28～30日，中国无锡第二届国际体育旅游“丝密斯杯”门球邀请赛在无锡市门球场举行。包括中国香港、中国台湾和日本在内的34支队、244名运动员参加比赛。比赛由中外合资永新日用化学品有限公司出资赞助。10月8～16日，由无锡太湖国际钓鱼邀请赛组委会主办，马山区政府、市体委承办的无锡太湖国际钓鱼邀请赛在无锡市马山举行，36支代表队，700名中外运动员、裁判员参赛。邀请赛期间举行全国渔具展销会、家具展销会、马山区外向型经济恳谈会。同年起，设立中国太湖国际钓鱼节。

1992年4月28～30日，第三届“丝密斯杯”国际门球赛在无锡市门球场举行，包括中国香港、中国台湾和日本在内的34支队、340名运动员参赛。1993年4月28～30日，市健乐食品饮料厂等单位出资赞助的中国无锡第四届“健乐杯”国际门球邀请赛在无锡市门球场举行。日本及国内外友好门球协会的23支队、150名运动员参赛，市华晶公司队获冠军，无锡轻工业学院队、无锡市南长队名列第二、三名。

1994年3月17～19日，中国无锡第五届国际门球邀请赛在无锡市门球场举行，日本及国内的24支门球队、近200名运动员比赛，江阴市虹桥门球队获冠军，市商业局队和惠山街道门球队分列第二、第三名。1995年10月8～10日，由无锡太湖国家旅游度假区和马山区政府举办的第五届无锡太湖国际钓鱼节（赛）在无锡举行。国（境）内外68支代表队、277人次参加比赛。钓鱼节设鱼塘手竿钓、抛竿钓、太湖抛竿钓、单品种钓等4大类、8个小项。钓鱼节期间还举办经贸洽谈会、工业产品订货会、展销会和马山首届赛花会等多项活动。1996年10月19～20日，中国无锡第六届“汉光杯”国际门球邀请赛在无锡市体育场门球场举行，国内外28支门球队参加比赛。经过两天、85场比赛，市教委队获得冠军杯“汉光杯”，无锡轻工大学队和市轻工业局队分获亚军、季军，分别获得“江南国旅杯”和“长寿杯”。

2001年9月8～9日，无锡市首次举办的龙舟国际比赛——“山禾杯”无锡国际龙舟邀请赛暨无锡市第二届龙舟赛在无锡市蠡湖举行，吸引12支境外龙舟队参赛，无锡市15支龙舟队参加比赛，比赛设600米、1000米两个直道竞速项目。曾代表中国参加过澳大利亚龙舟赛的无锡新区龙舟队在国际组比赛中列第四名。2002年7月25日，亚洲少年棒球锦标赛在无锡结束。比赛由亚洲棒球联合会主办，体育总局小球运动管理中心和市政府共同承办，市体育局协办，日本、巴基斯坦等国和中国香港、中国台北地区的少年棒球队约150名运动员等参赛。代表中国队参赛的无锡市少年棒球队以3胜1负的成绩名列第二。12月3日，“玉柴机器杯”中韩国际男子排球对抗赛在无锡市体育馆举行。

2003年10月9～12日，“法尔胜杯”第二十四届世界杯男子乒乓球赛在江阴市体育馆举行，16名选手参赛，选手包括国际乒联排名前6名选手、世界锦标赛冠军、世界杯冠军、洲际锦标赛冠军等世界顶级选手。10月28～29日，“众联杯”亚太地区体育舞蹈锦标赛暨公开赛在无锡市体育馆举行。中国、澳大利亚、俄罗斯、新西兰、马来西亚、菲律宾等国和中国台北、香港、澳门等地区的选手参赛。

2004年5月6日，“玉柴机器杯”U-19女子足球亚洲青年赛在无锡、苏州两地开赛，16个国家和地区的代表队参赛，无锡赛区承办B组和D组两个小组的比赛以及一场半决赛。6月20日，中国国际龙狮邀请赛在无锡体育馆举行，新加坡、马来西亚、中国香港等10支代表队近100名运动员参赛。邀请赛分比赛和表演两部分，舞狮项目设自选套路、南狮、北狮共3个小项。9月9～12日，由中国乒乓球协会和市政府主办，市体育局、市旅游局等单位共同承办的“松下杯”中国乒乓球大奖赛在无锡新体育馆举行。比赛设男、女单打和双打等4个项目，15个国家和地区的运动员参赛。10月31日，第九届世界健美操锦标赛形象天使全球选拔赛（无锡赛区）暨安利纽崔莱2004无锡市“健身小姐、健身先生”大奖赛决赛在无锡市保利广场举行。比赛由国际体操联合会、第九届世界健美锦标赛筹委会和市委宣传部、市体育局、市文明办、团市委、市总工会、市妇联、市广电局等单位联合举办。

第四节　体育比赛成绩

一、无锡籍运动员获世界比赛成绩

1987年2月，在新德里举行的第三十九届世界乒乓球锦标赛上，惠钧与队友获乒乓球混合双打金牌。

1990年7月，在法国举行的世界航空模型锦标赛上，朱幼南与队友获航空模型F2B2团体冠军。1995年5月，在法国举行的第九届世界羽毛球锦标赛上，顾俊与队友获羽毛球女子团体冠军。1996年7月，在第二十六届奥运会上，顾俊与队友获羽毛球女子双打冠军，孟刚获男子25米自选手枪速射第五名。12月，在印度尼西亚举行的第十六届世界杯羽毛球赛上，顾俊与队友获羽毛球女子双打金牌。1997年5月，在英国举行的第五届苏迪曼杯赛上，顾俊与队友获羽毛球混合团体冠军。同月，在英国举行的第十届世界锦标赛上，顾俊与队友获羽毛球女子双打金牌。8月，在印度尼西亚举行的世界杯羽毛球比赛上，顾俊与队友获羽毛球女子双打金牌。9月，在墨西哥举行的第十一届世界杯跳水比赛上，石磊与队友获跳水女子双人3米板冠军。

1998年5月，在中国香港举行的第十七届尤伯杯羽毛球比赛上，顾俊与队友获羽毛球女子团体金牌。7月，在西班牙巴塞罗那举行的第四十七届射击锦标赛上，孟刚与队友获射击标准手枪团体冠军，徐忆敏与队友获女子小口径步枪3×20团体赛冠军，并破该项目世界纪录。1999年5月，在丹麦哥本哈根举行的第六届苏迪曼杯赛上，顾俊获羽毛球女子单打金牌。2000年5月，在马来西亚举行的第十八届尤伯杯羽毛球比赛上，顾俊与队友获羽毛球女子团体冠军。9月，在第二十七届奥运会上，顾俊与队友获羽毛球女子双打金牌。2002年3月，在中国上海举行的男女花剑冠军杯赛上，包晓庆获花剑个人季军。8月，在世界青年台球（斯诺克）锦标赛上，丁俊晖获冠军。

二、无锡籍运动员获亚运会前三名成绩

1986年9月，在第十届亚运会上，惠均与队友获乒乓球双打第一名和混合双打、团体第二名，并获个人单打第二名。

1990年9月，在第十一届亚运会上，孟刚与队友获男子自选手枪60发团体第二名，个人自选手枪60发第三名。1994年10月，在第十二届亚运会上，顾俊与队友获女子羽毛球团体第三名、女子双打第三名；孟刚与队友获男子25米自选手枪60发团体第一名、标准手枪团体第一名，并获25米自选手枪60发个人第二名、标准手枪个人第三名；陈慕华与队友获女子气步枪40发团体第二名。1998年12月，在第十三届亚运会上，顾俊获女子羽毛球团体第一名，与队友获双打第一名；孟刚与队友获男子25米手枪速射团体第一名，徐忆敏与队友获射击卧射团体第一名。

2002年9月，在第十四届亚运会上，倪晓莉与队友获女子4×100米接力第一名、女子4×400米接力第三名，并获100米第三名，徐忆敏与队友获射击卧射团体第一名，沈云暴与队友获得男子4×100接力第三名。

三、无锡籍运动员获全运会比赛成绩

1987年11月，在第六届全运会上，庞进与队友获男子重剑团体第一名。

1990年8月，在第七届全运会上，顾俊与队友获女子羽毛球团体第一名，朱美芳与队友获得女子重剑团体第一名。1997年10月，在第八届全运会上，无锡籍运动员获4金1.5银3铜，其中：顾俊与队友葛菲获羽毛球女子双打金牌，刘亚东以1分6秒396的成绩获自行车男子1公里场地计时赛冠军，朱美芳、马良与队友分获女子重剑团体和男子花剑团体冠军。

2001年11月，在第九届全运会上，无锡籍运动员获3金3银3铜，其中：顾莹（原名顾娟萍）以6.57米成绩获女子跳远金牌，钱云娟获自行车女子50公里团体计时赛金牌、20公里个人计时赛第四名，吕俊与队友获蹦床男子团体金牌和个人第五名。2005年10月，在第十届全运会上，无锡籍运动员获6金3银9铜，其中：倪晓丽与队友获女子4×100接力赛第一名，张庆东获马拉松第一名，吕博获体操个人全能第一名，彭思思与队友获艺术体操团体第一名，钱云娟与队友获自行车公路团体第一名，李高波获20公里竞走第一名。

四、无锡运动员在历届省运会夺冠记录

1986～2005年，江苏省先后举办5届省运动会。其中，第十一届省运会1986年在徐州市举办，第十二届省运会1990年在南京市举办，第十三届省运会1994年在无锡市举办，第十四届省运会1998年在南京市举办，第十五届省运会2002年在苏州市举办。

1986年无锡市运动员在江苏省第十一届运动会夺冠名单和成绩表

表33-5

类目	姓名	组别	项目	成绩
田径	朱银昌	男子青年	200米	22"7
			400米	52"
	夏　东		110米栏	15"5
	无锡队		4×100米接力	43"9
	华云申		跳远	7.16米
			三级跳远	14.37米
	钱小波	女子少年	铁饼	42.26米
乒乓球	龚跃春	女子儿童	单打	—
	王海军	男子少年甲组	单打	—
	无锡队	女子少年甲组	团体赛	—
游泳	吴　威	男子少年甲组	100米蝶泳	1'06"1
			200米蝶泳	2'48"6
	无锡队		4×100米自由泳接力	4'08"2
			4×100米混合泳接力	4'34"
	许海珍	女子少年甲组	200米自由泳	2'30"8
	蒋小芳	优秀运动员部	200米蹼泳	1'56"3
击剑	陆海荣	男子少年组	佩剑	—
象棋	无锡队	团体	中国象棋	总分11.5分
射击	无锡队	男子青年组	手枪	团体冠军
		女子青年组	步枪	团体冠军
	孟　刚	男子青年组	手枪慢射	540环
			气手枪	382环
			手枪速射	587环
	王　艳	女子青年组	气步枪	373环
	华建昇	优秀运动员部自选步枪	气步枪	572环
			3×40（立）	368环
	陆　雄		3×40总成绩	1139环
			60发卧射	589环
	孙江清	优秀运动员部标准速	移动靶	580环
航空模型	张红军	国际级	牵引模型飞机F1A	—
	邹炯宇	—	自由飞模型飞机F1C	—
			F2A	—
	朱幼南		F2B	—
帆板	陈秀英	女子	帆板长距离	—
			帆板三角绕标	—

1990年无锡市运动员在江苏省第十二届运动会夺冠名单和成绩表

表33-6

类目	姓名	组别	项目	成绩
田径	陈欣同	男子A组	铁饼	46.40米
	陈　亮	男子中专组	100米	10"9
	蒋国新		标枪	70.08米
	毕国洪	男子B组	200米	22"5
			400米	51"0
	曹　玮		800米	2'00"3
	无锡队		4×400米	3'27"8
	无锡队	女子中专组	团体总分	106分
	赵娴林		200米	25"0
			400米	55"2
	无锡队		4×100米接力	48"6
			4×400米接力	3'55"8
	董屹威		跳远	6.02米
游泳	张　棵	男子10岁组	仰全	278.60分
	任　照		自全	276.90分
	孙丛鸣	女子11岁组	蝶混	71.50分
	张　琪	女子12岁组	蛙混	79.70分
	杨晓娟	女子13岁组	蛙混	79.70分
	陈旭峰	女子10岁组	自全	302.60分
	孙丛鸣	女子11岁组	蝶全	287.40分
	张　琪	女子12岁组	蛙全	331.70分
	杨晓娟	女子13岁组	蛙全	313.40分
	环　芸	女子15～17岁组	100米蝶泳	1'09"49
	蒋晓莱	男子少年甲组	中距离蹼泳	—
	石　磊	女子儿童乙组	跳板	—
击剑	马振新	男子青年组	重剑	—
	无锡队	男子少年组	花剑团体	—
	朱美芳	女子青年组	重剑个人	—
	徐　蓝	女子少年组	重剑个人	—
	无锡队	—	团体	总分292分
射击	王晓云、董伟、陆巍	男子青年组	60发卧射（团体）	1723环
			3×20（团体）	1638环
	朱靖宇		手枪速射（个人）	862环
	唐晓东、朱靖宇、徐鸣洲		手枪速射（团体）	1740环
	程强		运动步枪30发卧射（个人）	292环
	尹根林		气手枪60发（个人）	672环
	程强		运动步枪3×20（个人）	276环

续表

类目	姓名	组别	项目	成绩
射击	王艳	女子青年组	标准步枪60发卧射（个人）	684环
	陈慕华、王艳、鞠丽娜		标准步枪60发卧射（团体）	1670环
	陈慕华		气步枪40发（个人）	483环
	陈慕华、王艳、鞠丽娜		气步枪40发（团体）	1126环
	程莉萍		手枪慢加速射（个人）	673环
	程莉萍、惠莉敏、支丽玲		手枪慢加速射（团体）	1709环
	陈立		运动步枪3×10（个人）	279环
	陈立、陈焱华、陈莉莉		运动步枪3×10（团体）	820环
象棋	沈镇镇	男子儿童组	国际象棋	—
航空模型	刘晓	—	P1B2级橡筋模型飞机	360+138
	倪大东	—	P1C2级活塞式发动机模型飞机	360+150+81.4
举重	无锡队	男子	团体	—
	孙亚春	男子甲组	60公斤级抓举	—
			60公斤级挺举	—
			60公斤级总成绩	—
	黄　琥		82.5公斤级挺举	—
	高　峰		100公斤级抓举	—
	董云芝	男子乙组	44公斤级	—
	杨亚强		82.5公斤级	—
	王宇杰		82.5公斤以上级	—

1994年无锡市运动员在江苏省第十三届运动会夺冠名单和成绩表

表33—7

类目	姓名	组别	项目	成绩
田径	丁　辉	男子青年	100米	10"7
	毕国洪		400米	49"
	杨　明		800米	1'56"7
	无锡队		4×400米接力	3'20"1
	张　锋	男子少年	200米	22"4
	无锡队		4×100米接力	43"9
		女子青年	跳高	1.82米
		女子少年	4×100米接力	47"2
技巧	薛　萍	女下甲组	技巧比赛	55.29分
	邱明南	男下乙组	技巧比赛	55.24分
游泳男子	季　刚	14～15岁组	200米蛙泳	2'35"52
	冯新宇		仰泳全能	324.2分
	王少栋		蝶泳全能	324.4分

续表

类目	姓名	组别	项目	成绩
游泳女子	许 洁	13岁以下组	蛙泳全能	338.6分
击剑	无锡队	—	团体	148分
击剑	李哲峯	少年甲组	男子花剑	—
击剑	龚 峯	少年甲组	男子佩剑	—
击剑	沈 斌	少年乙组	男子花剑	—
击剑	无锡队	少年乙组	男子花剑团体	—
击剑	陆 艳	少年乙组	女子重剑	—
击剑	无锡队	少年乙组	女子重剑团体	—
击剑	吕 青	儿童组	男子花剑	—
击剑	无锡队	儿童组	男子花剑团体	—
击剑	无锡队	儿童组	女子花剑团体	—
象棋	沈镇镇	男子少年甲组	国际象棋	—
射击	无锡队	—	团体	270分
射击	无锡队	青年组	男子60发卧射	1736环
射击	无锡队	青年组	男子气步枪	1721环
射击	无锡队	青年组	男子气手枪	1688环
射击	无锡队	青年组	3×20	1676环
射击	无锡队	青年组	女子气步枪	1127环
射击	无锡队	男子少年组	3×10	804环
射击	无锡队	女子少年组	30发卧射	859环
射击	董 伟	青年组	男子60发卧射	681环
射击	刘海峯	青年组	男子手枪慢射	639环
射击	陆柯青	青年组	女子手枪	668环
射击	程 柯	少年组	男子3×10	282环
举重	毛 俊	男子青年组	83公斤级	总312.5公斤
举重	董云芝	男少年甲组	64公斤级	总282.5公斤
举重	林 惠	男少年甲组	83公斤级	总285公斤
举重	潘益峯	男少年乙组	70公斤级	总257.5公斤
举重	陈 玲	女子青年组	76公斤级	230公斤
举重	袁仁凤	女少年甲组	50公斤级	167.5公斤
武术	化国良	男子少年甲组	全能	—
武术	陈 蓓	女子少年甲组	全能	—
武术	纪美丽	女子儿童组	全能	—
武术	纪美丽	女子儿童组	少年规定拳	—
体操	莫 智	儿童甲组	全能	110.70分
体操	莫 智	儿童甲组	双杠	9.425分
体操	无锡队	儿童甲组	团体总分	113分

续表

类目	姓名	组别	项目	成绩
自行车	无锡队	男子组	4公里团体赛	5'41"19
	刘亚东		1公里计时赛	1'21"50
			4公里追逐赛	5'58"94
	无锡队	女子组	3公里团体赛	4'37"62
	谈华芬		1公里计时赛	1'33"24
	钱云娟		5公里追逐赛	8'10"59
皮划艇	管建光、张涛	男子组	500米双人皮艇	—
	李庆华		1000米单人划艇	—
	管建光、张涛		1000米双人皮艇	—

1998年无锡市运动员在江苏省第十四届运动会夺冠名单和成绩表

表33-8

类目	姓名	组别	项目	成绩
网球	邹理杰	儿童男子甲组	网球单打	—
跳板	蔡铭森	男子乙组	跳板	222.55分
柔道	任浩峰	男子甲组	柔道54公斤级	—
	吴　静	女子乙组	柔道48公斤级	—
田径	谢　燕	青年女子组	100米	11"74
			200米	23"83
	徐　佳		100米栏	13"47
	无锡队		4×100米接力	47"26
	顾娟萍		跳远	6.63米
			三级跳远	13.17米
	姜　维	青年男子组	100米	10"97
	张　俊		跳高	2.05米
	薛　莲	女子少年组	400米	55"06
游泳	王　晶	男子13～14岁组	100米仰泳	1'05"67
			200米仰泳	2'18"95
乒乓球	周　静	女子乙组	单打	—
	无锡队	—	团体	—
击剑	无锡队	男子少年甲组（团体）	花剑	111分
	顾毅峰	男子少年甲组（个人）	花剑	—
	周雪峰	男子少年乙组（个人）	花剑	—
射击	无锡队	—	团体	总分329分
		青年女子组	小口径运动手枪30＋30	1723环
		青年男子组	50米自选步枪3×20	1715环

续表

类目	姓名	组别	项目	成绩
射击	无锡队	青年女子组	小口径运动步枪60发卧射	1757环
		青年男子组	气步枪60发	1737环
		青年女子组	气手枪40发	1115环
		青年男子组	小口径自选手枪速射60发	1739环
		青年女子组	小口径运动步枪3×20	1699环
		女子男子组	气手枪60发	1671环
		青年男子组	自选手枪慢射60发	1580环
	顾晓英	少年女子组	步枪30发	292环
	吴 艳	青年女子组	小口径运动手枪30＋30	679.2环
	程 柯	青年男子组	50米自选步枪3×20	669.2环
	孙荣莉	青年女子组	气手枪40发	472.8环
	王 丽		小口径步枪3×20	670.3环
举重	陆锡峰	男子少年组	46公斤级	175公斤
	曹正军		64公斤级	267.5公斤
	陈 荣		70公斤级	270公斤
	刘 达	男子青年组	64公斤级	277.5公斤
	陈海鸿		76公斤级	290公斤
	潘益峰		83公斤级	305公斤
	史俊峰		91公斤级	310公斤
武术	刘蕴靖	儿童女子组	规定拳	8.67分
			全能	17.39分
体操	朱菲菲	女子少儿甲组	平衡木	9.325分
	朱天戈	男子少儿乙组	双杠	9.50分
	强斐斐	女子少儿乙组	自由体操	9.35分
自行车	吴海刚	少年男子甲组	行进间500米赛	34"73
皮划艇	无锡队	—	团体总分	93分
	高 平	男子组	200MK1单人皮艇	42"5
	沈建新、苏惟军		200MK2双人皮艇	40"8
	高平、刘强		500MK2双人皮艇	1'51"0
	沈建新、苏惟军		1000MK2双人皮艇	4'09"3
	薛飞、顾丽春	女子组	200MK2双人皮艇	49"1
摔跤	张 辉	少年甲组	古典46公斤级	—
	孔心想		自由46公斤级	—
	徐智超		自由82公斤级	—
	何佳煊	少年乙组	古典56公斤级	—

2002年无锡市运动员在江苏省第十五届运动会夺冠名单和成绩表

表33-9

类目	姓名	组别	项目	成绩
网球	朱文斌	少年男子乙组	网球单打	—
羽毛球	无锡队	少年女子乙组	羽毛球团体	—
	郜　艺	少年乙组	羽毛球女子单打	—
	谭雯、郜艺		羽毛球女子双打	—
沙滩排球	无锡队	女子甲组	沙滩排球	—
射箭	无锡队	少年男子甲组	射箭双轮全能团体	7309环
跳板	李淼淼	儿童女子丙组	跳板	252.65分
足球	无锡队	女子乙组	足球	—
跆拳道	陆伟伟	男子乙组	跆拳道70公斤级	—
田径	邹　锡	青年女子组	400米栏	1'00"04
	王　玲	少年女乙组	3000米	9'15"91
	林向前	少年男乙组	1500米	3'47"03
	林向前		3000米	8'04"60
游泳	男子15～17岁组	400米混合泳接力	4′18″67	—
击剑	李佳苗、秦平、承浩、奚晓春	男子少年甲组	花剑	—
	秦平、周新科、蒋科律、奚晓春		佩剑	—
	马云、陆俊、高文斌、管寅峰	男子少年乙组	花剑	—
	乔王乐、肖康、周新东、刁东	男子儿童组	花剑	—
	蒋科律	男子少年甲组	佩剑	—
射击	无锡队	—	团体总分	313分
	沈玉洁、孙荣莉、李晓莹	青年女子	气手枪40发团体	1134环
	丁峰、吴兆龙、潘晶	青年男子	手枪速射	1719环
	张煜磊、龚佳伟、钱进	少年男子	运动步枪 30卧射团体	861环
	丁萍、顾晓音、万翔燕	青年女子	气步枪 40发团体	1177环
	钱进、张煜磊、龚佳伟	少年男子	运动步枪 3×10团体	836环
	顾晓音、万翔燕、丁萍	青年女子	标准步枪 3×20团体	1708环
	吴潇、刘琦、薛伟	青年男子	气手枪60发团体	1706环
	刘琦、薛伟、吴潇		手枪慢射团体	1610环
	孙荣莉	青年女子	气手枪	475.4环
	吴兆龙	青年男子	手枪速射	681.8环
	龚佳伟	少年男子	3×10	282环

续表

类目	姓名	组别	项目	成绩
射击	吴　潇	青年男子	气手枪	674.3环
			手枪慢射	643.3环
	严　飞		飞蝶双向	131中
举重	李承南	少年男子组	52公斤级	225.0公斤
	臧　伟		77公斤级	295.0公斤
	张志成		85公斤级	297.5公斤
武术	沈光美	少年女子乙组	规定拳	—
			长拳	—
			枪剑全能	—
	朱月光	儿童男子组	刀术	—
	陈沁莹	儿童女子组	刀术	—
体操	朱　臻	男子少儿甲组	自由体操	9.5分
			双杠	9.55分
	朱芸莹	女子少儿甲组	高低杠	9.5分
			平衡木	9.5分
	王天好	男子少儿	自由体操	9.5分
	周佳忆	儿童丙组	徒手操+绳操+球操+柔软组合	36.9分
自行车	无锡队	少年男子甲组	4公里团体追逐赛	4'59"075
摔跤	还新宇	少年甲组	自由式85公斤级	—
	陈　晨	女子乙组	古典式78公斤级	—

五、无锡运动员在省级以上比赛中破全国以上纪录

1987年，在江苏省第二届伤残人运动会上，李钧以12秒9的成绩打破小儿麻痹A4级100米跑14秒5的全国纪录。

1993年10月3日，无锡籍射击女选手陈慕华在雅加达举行的第八届亚洲射击锦标赛女子气步枪个人赛中，以498.3环的成绩为中国队夺得第一枚金牌。陈慕华、许艳华、刘世彬组成的中国女队以1180环的总成绩夺得女子气步枪团体冠军，打破该项目1172环亚洲纪录。

1994年，在江苏省第十三届运动会举重比赛中，陈玲以挺举130公斤超女子举重76公斤级世界纪录；董云芝以抓举125公斤、128.5公斤，挺举145公斤、155公斤，总成绩272.5公斤、282.5公斤，1人6次破3项64公斤级男子组全国少年纪录；林惠以抓举123公斤，挺举115.5公斤、157.5公斤，总成绩282.5公斤、285公斤，1人5次破3项83公斤级全国少年纪录；王强以挺举170.5公斤、177.5公斤，总成绩290公斤、300公斤、307.5公斤，1人5次破2项99公斤级全国少年纪录。

1997年10月，在上海市举行的第八届全国运动会上，无锡籍自行车运动员刘亚东以1分6秒396的成绩获男子1公里场地计时赛冠军，并打破亚洲纪录；解放军队无锡籍选手徐忆敏在女子小口径标准步枪60发卧射比赛中以597环的总成绩超过596环的世界纪录。

1999年，江苏省第五届伤残人运动会上，无锡市运动员1人、3次超3项世界纪录，2人、2次打破

2项全国纪录。其中，锡山市肢残运动员姚娟在女子截肢F42级铁饼、跳远、铅球比赛中分别以26.49米、3.09米和8.53米的成绩超3项世界纪录。锡山市聋哑运动员费晓明以23秒26的成绩刷新男子聋人200米全国纪录，江阴市肢残运动员胡敏慧以5.09米打破男子截肢F42级跳远4.63米的全国纪录。

2000年，姚娟在悉尼举行的第十一届残疾人奥运会标枪比赛中，以37.56米打破残奥会F46级标枪世界纪录。是年，在济南举行的全国残疾人田径、举重、柔道锦标赛暨世界锦标赛选拔赛上，姚娟在女子F44级标枪比赛中，以41.64米的成绩超过2000年悉尼残奥会上由她本人创造的37.56米的世界纪录。

在江苏省2002年第十五届省运动会上，女子移动靶20＋20团体赛中，以1083环的成绩平世界青少年纪录。

第四章　体育人才　科研

第一节　优秀运动员　教练员

一、蔡振华

1961年9月3日生，无锡市人。7岁开始打球，是无锡市少年乒乓球冠军。1978～1985年，蔡振华作为国家乒乓球队运动员多次获奖。在26年运动生涯中，蔡振华10次获国家体委颁发的“国家体育荣誉”奖章。1983年3月14日，瑞典邮政局发行第三十七届世界乒乓球锦标赛两枚纪念邮票，其中一枚为蔡振华比赛场面，他成为第一个在国外邮票画面上出现的中国运动员。1985年，蔡振华前往意大利，担任主教练。被意大利乒乓球界称为乒乓教父。1989年，受国家队邀请，回北京任教练，带领国家乒乓球队多次获得世界杯、奥运会、职业巡回赛等冠军。1997年，获评国家机关十大杰出青年。2001年，被国家体育总局授予“优秀共产党员”称号和“优秀党务工作者”称号。2002年末，任国家体育总局乒羽中心副主任。2005年8月，被任命为国家体育总局局长助理。

二、顾俊

女，1975年1月3日生，无锡市人。8岁进崇宁路小学读书，1984年，进市业余体校羽毛球队。一年后，被省体校羽毛球队招为队员。3年后，14岁时成为省羽毛球队队员，专攻女子双打。1991年11月，第一次被选调进国家少年队，在首届世界青少年羽毛球锦标赛，她与韩晶娜合作，夺得第一个国际比赛的冠军奖杯。1993年入选国家队。从1995年起，顾俊与葛菲合作在羽坛大赛中屡创佳绩，先后夺得奥运会、世锦赛、世界杯、全英公开赛、亚运会等比赛的冠军，在国际羽联女双项目中，多次排名第一。她先后被评为1998年世界“十佳”运动员，并获江苏省劳动模范、无锡市“三八”红旗手、新长征突击手、“十佳”青年等荣誉称号。1999年，她被体育总局评为“新中国体育运动五十杰”之一。

三、王国新

1959年8月23日生，无锡市人。1979～1986年任运动员期间，共获15次全国及亚洲冠军，6次打破全国纪录。1983年，第五届全运会获举重82.5公斤级抓举、挺举总成绩冠军。1986年退役。1988年任江苏举重队教练，1991年任国家举重队教练。2001年，任江苏男子举重队总教练。2002年，任国家男子举重队副总教练。执教期间发表论文数篇，并多次获奖，其中《优秀运动员崔文华科学训练研究——科技攻关总结》获国家体育总局体育科学技术进步奖。所带运动员获得奥运会冠军、世界锦标赛冠军、亚锦赛冠军、亚运会冠军、全运会冠军、全国冠军，多次打破世界纪录、全国纪录。

四、惠钧

1963年生，无锡市人。1976年由无锡市业余体校进江苏省少年体校当乒乓球运动员，1978年入选省乒乓球队，右手横拍全攻型选手，是第九届亚运会男子团体冠军和第十届亚运会男子团体亚军中国队的成员之一。1987年，与队友获第三十九届世乒赛混双冠军，被国家体委授予体育运动荣誉奖章，被评为全国十名最佳乒乓球运动员之一，受到省政府通令嘉奖。1988年，获“国际级运动健将”称号，被评为江苏省劳动模范。曾任中国国家男子乒乓队教练。1998年，被公派去香港队执教，3年后，其妻李惠芬也去香港执教，帮助香港乒乓球队进入世界乒坛劲旅行列。

五、谈燕华

女，1987年生，宜兴新街镇人。幼时因车祸左下肢残疾。2002年，入选无锡市坐式排球队。同年，被选调进入省女子坐式排球队，担当主攻手。2003年9月，参加第六届全国残疾人运动会女子坐式排球比赛，与队友一起获冠军。10月，调入国家女子坐式排球队，担当主攻手。2003年，参加在日本举行的亚太地区女子坐式排球锦标赛暨残疾人奥运会预选赛，与队友一起获冠军，并获2004年雅典残奥会参赛资格。2004年，参加第十二届雅典残奥会女子坐式排球比赛，摘取残奥会中国代表团唯一一枚集体项目金牌，填补残奥会中国集体项目奖牌的空白。先后获“第十二届残奥会中国体育代表团优秀运动员”“江苏省劳动模范”“江苏省新长征突击手标兵”“江苏省三八红旗手标兵”等称号，被授予中国青年五四杰出贡献奖章。

六、卞兰

女，1986年生，宜兴西渚镇人。国际级运动健将。1995年，由篮球传统项目学校西渚小学输送进入无锡市体校。1998年进入省女子篮球队，2000年入选国家青年女子篮球队，2001年入选国家女子篮球集训队。2002年，参加中国女子篮球甲级联赛，获最佳新人奖。同年，获亚洲青年女篮锦标赛冠军。2004年，入选国家女子篮球队，获亚洲女子篮球锦标赛冠军，并参加第二十八届雅典奥运会女篮比赛，成为新中国成立后宜兴参加奥运会第一人。2005年，与队友一起获第二十一届亚洲女子篮球锦标赛冠军、第四届东亚运动会金牌，获“江苏省三八红旗手”称号。

七、丁俊晖

1987年生，宜兴高塍镇人。2002年，获亚洲台球锦标赛冠军、第十四届釜山亚运会斯诺克单打冠军、世界台球锦标赛第三名，并获中国台球特别贡献奖。2003年，转为职业选手，获中国台球排名赛（郑州站）冠军。2004年，获全国台球团体锦标赛冠军、中国台球排名赛（兰州站）冠军、亚洲职业台球公开赛冠军，进入温布利大师赛16强。2005年4月，在北京举行的世界职业斯诺克巡回赛中国公开赛上获冠军。12月，在英国约克举行的英国台球锦标赛上夺得冠军，成为英国台球锦标赛历史上第一个夺得冠军的非英国和爱尔兰选手。获中国劳伦斯十佳冠军奖最佳非奥运项目运动员奖，被无锡市政府聘为无锡市首位城市形象代言人。

八、崔丹凤

女，1977年生，宜兴屺亭镇人。国家级运动健将。1988年考入荆溪中学，1991年达国家二级运动员标准。1992年，在省田径比赛中获200米、400米金牌，输送至省体育运动学校。1994年，在省十三届运动会上与队友获4×100金牌，并获跳远银牌，入选省体工队田径队。1995年6月，与队友获全国田径锦标赛4×400米金牌，并获100米银牌。9月，在第十一届亚洲田径锦标赛中，与队友获4×100米、4×400米两枚金牌，并获100米金牌和400米铜牌。其中100米以11秒28的成绩打破亚洲田径锦标赛纪录，被称为“亚洲女飞人”。1997～2000年，先后在全国第八届运动会、全国田径大奖赛、全国田径冠军赛暨大奖赛上获4×100米、100米、200米冠军。2000年，入选第二十七届悉尼奥运会中国田径集训队。

九、姚娟

女，1983年7月13日生，安徽省六安市木厂镇人，幼时因小儿麻痹症导致肢体残疾，就读于锡山区体校。1998年5月，代表锡山市参加无锡市首届残疾人运动会，获得女子站立F10（11）级标枪、铅球、铁饼三个项目的冠军。1999年9月，代表无锡市参加江苏省第五届残疾人运动会，一举打破女子截肢F42级跳远、铅球、铁饼三个项目世界纪录，获得2块金牌和1块银牌，她以一人夺得32分的成绩为省第五届残疾人运动会超纪录和得分之最，被市政府残疾人工作协调委员会命名为自强模范。2000年5月，她又代表江苏省参加在上海举行的第五届全国残疾人运动会，在女子F44级标枪、铁饼、铅球比赛中，分别取得一金一银一铜的成绩。全国第五届残运会后，她即入选中国残奥代表团，参加当年在澳大利亚举行的第十一届残奥会。10月27日，在女子F46级标枪中以37.56米的成绩夺得冠军，打破该项目的世界纪录，并获得女子铅球第四名。获团中央、中华全国青年联合会颁发的中国青年五四杰出贡献奖章和全国妇女联合会授予的“全国三八红旗手”称号。

第二节　体育科研

1987年，市体委组织召开市首届体育发展战略研讨会。其中，市体委的《无锡市体育场地现状调查》（虞博文撰写）、《发展具有地方特色的竞技体育》（谢安夷撰写）等4篇论文被市文化战略研讨会采用，《箭形力》（吴冬宝撰写）一文被国家体育科学学术报告会录用。

1992年，无锡市举行第一届体育论文报告会，以后每年召开一届。是年，市体委建立市体育科研室，1993年更名市体育科学研究所（简称“研究所”），开展科学选材、训练监控、营养恢复、骨龄审查、理论咨询、信息服务、国民体质监测等方面的科研。是年6月，研究所创刊《体育文摘》（1996年改为《竞训与科研》）。1994年12月，第三届体育论文报告会召开，共收到论文42篇，经评审，评出一等奖4篇、二等奖13篇、三等奖20篇、鼓励奖3篇。1995年，研究所举办为期两个月的骨龄检查培训班，向基层训练单位教练员、工作人员普及骨龄知识。12月，举办第四届体育论文报告会，收到论文40余篇，评出二等奖13篇、三等奖20篇，研究内容涉及训练手段、心理训练、速度和力量训练、疲劳消除、体育教学、运动员选才等。1998年10月，市体委召开竞技体育发展战略研讨会。11月，由市体委和市教委组成的论文评审组对全市各训练单位和学校提交的92篇体育论文进行评审，评出一等奖4篇、二等奖17篇、三等奖64篇，其中12篇论文被省级刊物录用。1999年，研究所为全市少儿运动员进行800多人次的骨龄审查，准确率达95%以上；对各体校近百名新生进行形体、机能和生理指标测试；对田径、游泳等5个项目272名运动员进行指标测定。配合群体部门开展成人体质测试。是年，研究所对各体校教练员撰写的70篇体育论文进行评审，评出一等奖2篇、二等奖4篇、三等奖40篇。

2000年，研究所参与全市国民体质监测，2001年完成测试报告，获省有关部门好评。2001年，研究所对田径、游泳、举重、自行车等项目运动员做血色素测定700人次、尿蛋白测定100人次；对重点项目、重点运动员制定监控计划，派员跟随赴云南高原训练的市田径队监测3个月，完成运动员血红蛋白、血乳酸、尿蛋白的数据分析；与无锡泰龙科力系统工程有限公司合作，开发第一代运动员档案数据库，输入档案302份，包括运动员选材的形体、机能、生化指标等测试数据及运动员家庭、本人学习简况、运动成绩等资料；与市天惠仪器有限公司开发新一代桶装液体运动饮料；对全市少儿运动员和体育苗子进行骨龄审核1000多人次。

2002年起，研究所面向全民健身和体育运动实践，组织开展全市组织的“我运动、我健康——每天健身半小时”全民健身系列活动，根据不同人群开出科学健身的运动处方，引导市民树立科学的健康生活理念。至2005年，研究所多次被省体育局评为优秀单位。

第五章　体育产业

第一节　场馆经营

80年代开始，无锡体育事业逐步由体委一家办转变为各行各业一起办，由单靠国家财政拨款转变为以国家财政拨款为主、社会多方筹资为辅。市体委提出“以体为主，多种经营”“由事业型转变为经营型”的体育社会化发展思路，体委系统各单位利用各自的条件和优势逐步开展体育经营创收活动。成立体育服务公司，设立体育用品经营部，创办广告公司，出租房屋、场地，开办歌舞厅、旱冰场，开办校办厂等，虽规模不大，但在增加经济收入、弥补体育经费不足、安排职工子女就业等方面取得一定成效。80年代中期起，体育系统各单位尝试利用市场机制，培育体育竞赛表演市场，采用冠名、挂杯、发布产品广告等多种形式，先后举办多场赛事。

1992年，市体委制定《关于加强改革开放，大力发展体育产业，搞好经营创收工作的意见》，体育产业成为体育事业的重要组成部分，并从“以体为主，多种经营”的创收模式向“本体推进、全面发展”的方向发展，体育经济逐步引入产业化理念。利用体育场地地处市中心的地域优势，在周边临街地块建造经营用房，以租赁方式创收。是年起，市体委通过贷款、集资、引进资金、合作合资等多种形式，先后建造奥林娱乐中心、波仕酒楼，并在体委系统首次引进台资，利用闲置的灯光球场改建成高雄大格保龄球馆。1998年，《无锡市体育经营活动管理暂行办法》颁布实施，市体委、市工商局等8个部门联合制定《无锡市体育经营活动实施意见》，并成立市体育市场稽查队，加强对体育经营活动的管理。1999年，市体委加强对体育产业及市场管理，在体育系统实行创收目标责任制，年终进行考核评比和奖励。市体育局选派17名市体育系统人员参加省首次体育经纪人资格培训。同年，市体委制定卡丁车与乒乓球两个单项体育经营场所管理规定，并会同市财政、地税、文化部门制定《关于贯彻省财政厅等部门调整娱乐业营业税税率，解决娱乐场所监督检查所需经费的意见》，经市政府办公室转发后在全市实行。2000年，市体委颁布《无锡市健身健美经营场所管理暂行规定》，体育健身娱乐市场较快发展，全市社会兴办体育经营场所新增36个，累计313个。

2001年，各级体育部门注重产业结构调整，利用体育资源优势，挖掘体育场馆潜力。体育竞赛表演市场活跃，市体育局与有关部门共同承办2001年中国无锡体育健身旅游展示大会，全市共组织国家级以上体育赛事20余项次。无锡市体育馆场馆改造后，全年举办（承办）67场次文体竞赛表演活动，创收99万元，创历史最好水平。全年新增社会办体育场所18个。开展全市健身场馆专业人员和健美健身教练业务培训，会同有关部门加强对游泳场馆的检查监督，实行救生员持证上岗制度。2002年，全市体育产业创收2174万元，体育彩票销售额2.54亿元。体育竞赛表演市场活跃，全市体育场馆举办和承办体育赛事和活动200多场，其中通过体育经纪公司承办的国际、国内体育表演达

80多场次。占地133.4公顷的马山高尔夫球场、1.4万平方米的长江俱乐部综合性体育健身馆、800多平方米的金色年华健身健美馆等体育经营场所相继建成。市体委以市场化运作方式组织开展体育竞赛活动，拓宽体育竞赛和训练的筹资渠道。2003年，无锡市体育产业增加值8.3亿元，占全市地区生产总值的0.44%。

至2005年，无锡市体育产业发展初具规模，体育健身娱乐、体育竞赛表演、体育训练培训、体育彩票等各业发展，体育经济成为全市国民经济新的增长点，为体育事业发展增添活力。全市培训合格体育经纪人145人，长江俱乐部、星空健身俱乐部、梁溪围棋俱乐部、久久隆跆拳道会馆等体育类民办非企业发展至100多家。

第二节　体育彩票

1988年，无锡市开始销售体育彩票，是江苏省最早销售体彩的城市之一，截至2005年末，累计销售体彩16亿元，筹集公益金1.4亿元，位居江苏省体彩销售先进行列，多次受省体委（体育局）表彰。

一、即开型体育彩票

1988年，无锡市首次发行第十一届亚运会即开型中国体育彩票。1988～1991年，先后在市区和江阴市、宜兴市、无锡县等市（县）、乡镇以现金返奖方式分散销售，彩票面值分别为1元、2元、5元。

1992年，逐步推行集中规模销售方式，先后在市体育场等地大规模销售。彩票面值2元，采用实物返奖。1996年以后，采用市场模式运作，聘请代理商销售即开型体育彩票，销售量快速增长，位居全省前列。1998年，经市编委批准，成立市体育彩票管理中心。是年始，市体彩管理中心自行组织即开型体彩销售，每年上下半年各发行1次。当年由于即开型彩票发行额度控制，实现彩票销售1780万元。1999年销售1580万元。2000年即开型体彩采用现金返奖方式，销售有所回落。2002年，销售方式改革后又有回升，全年实现销售1628万元。同年，发行分散型彩票，种类有“大丰收”“捉虫虫”“同花顺”“全家福”等即开型体彩和世界杯足球套票。2004年5月，因西安“宝马事件”发生，国家停止即开型体彩的规模销售。

二、电脑型体育彩票

1998年，江苏省推出电脑型中国体育彩票，无锡作为全省首批6个试点城市之一，于6月启动销售“七位数”体彩，在市区及江阴市、宜兴市、锡山市等市（县）共设43个销售站点，当年实现销售2478万元，1999年实现销售9000万元。2000年扩大到150个站点，实现销售2.74亿元。2001年扩大到190个站点，由单一玩法增加“29选7”。10月开始发行足球彩票，开奖次数由1周开奖两次增加至1周开奖6次，全年共销售体彩2.38亿元。2002年，电脑型体彩增加“22选5”，每周开奖增加至12次。无锡市全年销售体彩2.54亿元。同年，与省体彩中心合作，率先在全省推出7个新模式的体彩专卖店，通过整体包装，统一形象、统一标识。8月，全省体彩专卖店现场推广会在江阴市举行。2003年，增加“4＋1”玩法，平均每天有3种玩法开奖，全年共销售体彩2.17亿元。全市首个彩讯足球吧开业。2004年，受西安“宝马事件”影响，体彩销售受到明显影响。在即开型体彩规模销售暂停的形势下，无锡市体彩销售部门加大宣传力度，提高服务水平，全年体彩销售1.83亿元。

至2005年，全市共有460个体彩销售站点，其中市区259个、江阴市75个、宜兴市65个、锡山区33个、惠山区28个。全市所有乡镇都设有电脑型体彩销售站点，形成城乡一体的销售网络。增加排列3、排列5玩法，每周开奖26次，全年体彩销售2.49亿元，居全省先进行列。1998～2005年，无锡销售电脑型体彩15.3亿元，筹集体育公益金1.37亿元。

第六章　体育交流

第一节　到　访

1986年，先后有24个国家和地区的体育团队共734人到无锡市进行体育比赛、交流和旅游，其中包括日本大阪市女子排球队，日本电气公司男子排球队，美国旋风女子足球队，日本相模原市羽毛球队，日本明石市太极拳团，古巴女子排球队，波兰男子排球队，意大利、瑞典、法国国家乒乓球队以及日本、美国、联邦德国自行车旅游团等。1987年，有28个国家和地区的体育团队共92批、1089人次访问无锡。其中，第四届亚洲女子排球锦标赛和第七届亚洲排球联合会理事会在无锡举行，参加比赛的有泰国、新西兰、新加坡、澳大利亚、印度尼西亚、马来西亚、斯里兰卡、日本、韩国、科威特、中国等国家和中国香港、澳门地区。亚排联主席松平康隆、秘书长鹈月辰郎出席第七届亚排联理事会并观看比赛。1988年，到无锡访问、比赛、训练和开展体育旅游的国际体育团队共55批、1067人次。其中瑞典、日本、意大利等国的乒乓球队在无锡训练。1989年2月，澳大利亚维多利亚羽毛球队在市体育馆与省少年羽毛球队进行友谊比赛。5月，应中国国际体育旅游公司邀请，台湾游渡海峡好手王瀚率团18人参观访问无锡。9月，巴基斯坦男子篮球队与江苏男篮在江阴市申港镇进行友谊比赛。10月，日本茨城县岩井市教育体育考察团一行18人在团长石冢和一率领下考察无锡市第七中学。1990年1月，日本明石市篮球协会第一次友好访华团访问无锡，分别在无锡县雪浪镇、宜兴市体育馆、市体育馆进行友谊比赛。5月，以日本横滨市游泳协会副会长椎野武男为团长的横滨市游泳访华团一行30人访问无锡。6月，日本大阪东洋纺女子排球队一行29人在无锡参加为期3天的“凤凰杯”国际女排邀请赛。日本相模原市门球队等参加中国无锡第一届“丝密斯杯”国际门球邀请赛，并连续7年参加这一赛事。

90年代，访问无锡和进行友谊比赛的境外体育友好团队有20多个国家和地区的180多批、共计4000余人。其中包括日本明石市男子篮球队、门球队，日本大阪东洋纺女子排球队，日本横滨市游泳队，日本函馆市手球队，俄罗斯伊尔库兹克射击队，美国“体育使者”明星篮球队，韩国大宇足球队，香港网球队，日本京都乒乓球队，日本宇治市太极拳代表团，日本相模原市和六道町门球队，台湾彰化县门球队，香港长青门球队，日本福岗县门球队等。

2001年8月，以岗琦助一为团长的日本少年学生体育代表团一行39人访问无锡，与江南中学、梁溪中学进行交流活动。9月，“山禾杯”无锡国际龙舟邀请赛在蠡湖举行，包括中国香港、澳门、台北和美国、澳大利亚、马来西亚在内的12支龙舟队参加比赛，队员平均年龄达40岁的美国“优派”龙舟队获国际组第三名，无锡新区、中国台北、澳大利亚黄金海岸龙舟队列第四至第六名。其后，体育国际交流呈现多元化和市场化趋势，体育旅游逐渐淡出，体育竞赛趋于规范。2003年，亚太地区体育舞蹈锦标赛、“法尔胜杯”第二十四届世界杯男子乒乓球赛先后在无锡举行，体育竞赛逐渐成为国际和境内外体育交流的重要形式。

2004年6月20日，中国国际龙狮邀请赛在无锡体育馆举行，新加坡、马来西亚等国和中国香港等地10支代表队近100名运动员参赛。

第二节　出　访

1987年，市体委主任虞博文率中国大学生队参加在保加利亚索非亚举行的世界大学生乒乓球锦标赛。1988年7月，无锡县中学生女子排球队参加在荷兰恩斯郝德市举行的世界中学生排球锦标赛，获亚军。9月，以市体委副主任潘多为团长的市少年乒乓球代表团一行8人赴日本京都访问，郭文亮、丁玲玲获男、女单打冠军，无锡队获团体冠军。10月，市少年足球代表团一行20人在团长宗菊如率领下，出访日本木县氏家町，在日进行5场友谊比赛，取得3胜1平1负的成绩，代表团还参观当地体育设施，参加氏家町第四十九届体育节活动，并与6所中小学交流。1989年7月，以市体委副主任顾加兴为团长的市少年体育交流团一行10人，出访日本相模原市，这是无锡与相模原市建立友好城市以后，无锡市第一次组织少年体育交流团赴日。

1992年4～7月，乒乓球教练陆月中应日本京都乒乓球协会邀请，赴日讲学。12月，市体委主任王建新应邀参加在香港举行的“第十四届花湾艺术节暨体育双周”活动。1995年4月，以市老年人体育协会常务副会长戈华明为团长的市老年门球队交流团应日本六道町町长川岛光雅邀请出访日本。同年，应澳大利亚手枪射击协会邀请，以王志明为团长的市射击队一行10人，参加澳大利亚手枪射击锦标赛。1999年6月，锡山市玉祁镇礼舍村舞龙队一行15人代表中国参加加拿大一年一度的“多伦多醒狮汇艺节”，并获得唯一金奖。

2000年4月，以省体委办公室主任王志明为团长、无锡新区硕放镇副镇长陆琴英为领队的无锡市新区硕放龙舟队代表团一行33人出访澳大利亚，代表中国参加在悉尼举行的第二届悉尼龙舟节和澳大利亚—中国龙舟挑战赛。澳大利亚、马来西亚、菲律宾等国家和地区的34支龙舟队参加比赛，无锡新区龙舟队获250米第四名、500米第五名和1000米第六名，在有6支代表队参加的中澳龙舟对抗赛中获亚军。2002年7月，在日本相生市举行的亚洲龙舟联合会第六次代表大会上，通过无锡市承办第六届亚洲龙舟锦标赛的申请。由市政府办公室副主任唐喜泉为团长的无锡代表团赴日本相生市观摩第五届亚洲龙舟锦标赛并参加会旗交接仪式。

无锡市志

【第三册】

第三十四卷

文　化

概　述

1986年后，无锡市公共文化管理和服务体系逐步完善，锡剧团、越剧团、滑稽剧团、歌舞团、评弹团等专业剧团施行管理体制改革，先后实行承包责任制、团长负责制、目标责任制、全员聘任制等管理体制改革。在省内率先开展群众文化先进创建活动，先后设立"无锡市文学艺术奖""太湖文学奖""程及美术奖"等，产生一批在全国具有一定影响的文艺作品。先后成立吴学研究所、吴文化研究会、吴越文化研究会、江南文化研究会等民间学术机构和团体，开展吴文化研究活动。举办青年演员大奖赛、新剧（节）目调演等专题性演出活动，推出一批优秀剧目，民族舞剧《阿炳》获文化部"文华大奖"、中国艺术节大奖、"五个一工程奖"，民族舞剧《红河谷》入选国家舞台艺术精品工程"十大精品剧目"，锡剧表演艺术家王彬彬、梅兰珍主演的《珍珠塔》获中国首届"金唱片奖"，锡剧音乐剧《青蛇》入围江苏省舞台艺术精品工程剧目，小王彬彬、陈云霞、潘华、黄静慧等一批中青年演员获中国戏剧"梅花奖"、上海戏剧"白玉兰奖"等。1988年，无锡市以建设"小康文化"为目标，在江苏省内率先开展群众文化先进创建活动，21支团队被命名为无锡市特色文化团队，宜兴市和南长区被文化部命名为全国文化先进市（县）、区。试行剧目生产投入机制改革，在重点剧目的生产上，由政府无偿拨款排戏，改变为"拨改投""拨改股""拨改融"等投资方式。

1991年10月，无锡县被文化部、人事部评为全国文化工作先进地区。1993年5月，江阴市被文化部命名为全国文化先进市（县），1995年4月被文化部、人事部命名为全国文化模范市，是省内唯一获此荣誉的县级市。1996年，市委宣传部、市农业局、市文化局等8个部门联合出台《关于组织实施文化下乡活动的意见》，全市开展文化下乡活动。1999年，市委宣传部、市文联、市作家协会召开市首届青年文学创作会议，以黑陶为代表的一批青年作家深入生活，创作发表一批作品，组诗《绿昼》被《诗刊》杂志授予年度优秀作品奖。多次举办书法、美术、摄影等艺术展览，先后获全国美术展银奖、全国摄影展金奖、全国书法兰亭奖。文化市场有序发展。电影放映市场经历由热转冷、再逐渐回升的曲折变化。新华书店、邮政部门发挥图书报刊市场主渠道作用。全市城乡建起1000余家民营书店和书报摊亭。文化娱乐市场经清理整顿，日趋规范。

2000年，无锡所辖3市（县）、5区建成江苏省群众文化先进市（县）、区，全市145个乡镇、街道中有143个建成省群众文化先进乡镇（街道）。锡山市、江阴市、宜兴市、南长区被评为全国文化先进市（县）、区。新区太湖花园二社区、北塘区南尖社区被命名为全国群众文化先进社区。全市各地举办广场文艺活动、节庆纪念活动和主题性群众文化活动，多次获全国群众文艺创作最高奖"群星奖"、江苏省群众文化"五星工程"奖、全国少儿文化最高奖"蒲公英奖"。2003年，全市11支团队、15个家庭、6名个人分别获评无锡市特色文化团队、特色文化家庭、特色文化标兵。无锡市文化产业经过逐年发展初具影响，其产值63.63亿元，在第三产业中约占6%。2005年12月20日，市委、市政府颁发《关于全面深化文化事业改革的实施意见》，在全市文化系统实行"管办分离，政事分开"。

第一章　文化事业

第一节　管理机构与体制改革

一、管理机构

1986年，市文化局设艺术、群众文化、秘书人事、计划财务等科室，另设剧目工作室、戏剧研究所，下属基层单位有市锡剧团、市越剧团、市滑稽剧团、市评弹团、市歌舞团、市图书馆、市博物馆、市群众艺术馆、市美术馆、市戏剧学校、市书画院、市业余书法艺术专科学校、市演出管理处、市电影公司、市新华书店、市文物商店、市电影机械厂、市文苑公司等18家。1988年3月，市文化局增设出版事业管理科，负责书报刊物、音像制品市场的管理。同年11月，成立市文化市场管理委员会，其办公室设在市文化局；成立市文化市场管理处，出版事业管理科更名为新闻出版处，与文化市场管理处合署，负责全市新闻出版、印刷行业、书报刊和音像制品市场及歌舞厅、书场、电子游艺等文化娱乐业的管理工作。随后，南长区、崇安区、北塘区、郊区和无锡县相继成立文化市场管理所（站）或文化市场管委会及其办公室。

1990年3月，市电影发行放映公司与市演出管理处合并，成立市影剧公司，管理电影业、演艺业及其所属影剧院。1992年，市文物商店改名为市文物公司。1994年11月，成立市文化市场稽查队，各市（县）、区相继建立稽查队伍，各街道、乡镇聘任兼职稽查员。1997年9月，增设市新闻出版局、市版权局，与市文化局实行“三块牌子、一套班子”管理。

2003年末，市文化局设艺术处、社会文化处、文物处、文化市场管理处（含新闻出版处、版权管理处、外事处）、计划产业处、政工处（含人事、组织、工会、团委、妇委）、纪委（监察室）、办公室等处室，下属市锡剧院、市歌舞团、市滑稽剧团、市评弹团、市越剧团、市图书馆、市文化馆（市群众艺术馆）、市博物馆、市碑刻陈列馆、市文化艺术学校、市艺术创作研究所、市书画院、市对外文化交流中心、市印刷物资公司、市文物公司、市文物管委会办公室、东林书院文管处、薛福成故居文管处、市名人故居文管处、市文化市场管委会（文化市场管理办公室）、市影剧公司、市书法艺术进修学院、市文艺大楼管理处、东方音像公司、市人民大会堂、市新华书店、市对外图书交流中心等27家基层单位。市文化局及其基层单位共有干部职工1067人，其中专业人员373人（高级职称66人、中级职称100人、初级职称207人）。

2004年，江阴市文化局、宜兴市文化局增挂“新闻出版局”“版权局”牌子，各区文化管理部门增挂“新闻出版管理办公室（所）”牌子。市印刷物资公司、东方音像公司实施改制，退出文化系统。市对外文化交流中心、市新华书店实施自收自支事业单位企业化转制。市书法艺术进修学院因生源不足而撤销。

2005年12月20日，成立市文化艺术管理中心（简称“市文管中心”），为市政府直属行政管理类事业单位，相当于正处（县）级建制，依照国家公务员制度管理，核定全民事业编制21名，内设机构5个，分别为行政事务部、党群工作部（工会、团委与其合署办公）、资产财务部、文化活动部、事业发展部，另按规定设置纪委（监察室）。市文管中心由市委、市政府授权，代表市政府履行国有资产出资人职责，负责管理所属单位国有资产营运使用情况，管理所属单位的人、财、物和业务。市文化局（新闻出版局、版权局）承担全市文化行业的管理职能，内设办公室（政策法规处）、规划财务处、文化艺术处、文物处、纪委组（监察室）、文化市场管理处、新闻出版（版权）处；下辖文化综合行政执法支队、文物管理委员会办公室、文化艺术研究保护所。撤销市文化市场管委会办公室。原市文化局所属市图书馆、市博物馆、市文化馆（市美术馆）、市考古研究所、市泥人博物馆、市名人故居文管处、市碑刻陈列馆（无锡教育史陈列馆）、东林书院文管处、市薛福成故居文管处、市文渊坊文管处、市人民大会堂、无锡大剧院、市文化艺术学校（市实验艺术团、市书画艺术杂志社）、市书画院、市歌舞团、市锡剧院、市锡剧团、市滑稽剧团（市法制艺术团）、市越剧团、市评弹团、市对外文化交流中心（市演出管理处）、市文物公司、市影剧公司、市新华书店、市大世界影城及市文化局派团干部整建制划归市文管中心管理，其人、财、物同步划转。

二、体制改革

80年代初，无锡市在专业剧团施行文艺体制改革，先后实行承包责任制、团长负责制、团长目标责任制、全员聘任制等管理体制改革。

1994年，市文化局对专业剧团实施“保二放三”改革方案。“保二”即对市锡剧院、市歌舞团实行“面向市场、自主经营、重点扶持”，“放三”即对市滑稽剧团、市越剧团、市评弹团实行“完全进入市场、自主经营、自主管理、自负盈亏”。同时，对市新华书店、市影剧公司、市图书馆等事业单位深化人事制度改革，实施层层聘用、内部待岗、工效挂钩等制度，市新华书店被评为市综合改革试点先进单位。市影剧公司在电影发行、放映体制领域进行改革，在国内率先与电影制片厂签订买断地区放映版权的协议，推行制片厂与电影院直接供片发行新体制；实行效益排片放映制，推出独家首映、招标独家放映等市场化机制。

1998年，无锡市试行剧目生产投入机制改革，重点剧目生产由政府无偿拨款排戏，改变为“拨改投”“拨改股”“拨改融”等投资方式。1998年，市歌舞团创作民族舞剧《阿炳》，市文化局投入的40万元资金于翌年10月在其票房收益中收回。2000年，市锡剧院与市广播电视集团、无锡日报社、东上海影视公司共同入股组建“无锡珍珠塔艺术有限责任公司”，排演新版锡剧《珍珠塔》，当年即按投资额的10%分红。2004年，多元融资排演民族舞剧《红河谷》，其中引进外资100万元、市文化局投资100万元、市歌舞团向银行贷款100万元。

2004年和2005年，市文化局连续举办两届“繁荣文化，共襄发展”文化合作项目推介活动，面向社会公布54个文化合作项目，涉及艺术生产、节庆活动、文物保护、文化发展、艺术赛事、文娱设施建设等，以冠名、挂杯、联办、赞助、投资等多种形式寻找合作伙伴，经洽谈签约，累计引进协议资金2300多万元。

2005年12月20日，市委、市政府颁布《关于全面深化文化事业改革的实施意见》，在全市文化系统实行“管办分离，政事分开”。市文化局从“以办为主”转变为“以管为主”，行使全社会文化行业管理职能，着重于政策导向、规划布局、行业指导与监督管理、购买公共文化服务与产品等。组建文化行政综合执法支队，承担文化市场、出版物、音像制品、版权、文物保护等方面的综合执法职能，实行行政许可与行政执法的分离。组建市文管中心，为政府“办文化”的责任主体和所属国有资产管理的责任主体，承担市属文化单位的管理职责，统一管理所属文化机构的资产、人员和业务等，考核服务质量和绩效。

第二节 公共文化设施[①]

一、无锡市人民大会堂

无锡市人民大会堂始建于1950年，原址复兴路134号，具有举行会议、放映电影、剧团演出的设施和功能。时设正、副经理各1人，办公室主任、会计各1人，下设机务组、场务组、票务组、冷暖气组、后勤组。1996年6月2日，大会堂发生地基塌陷。1998年4月，移址太湖广场北侧永和路2号重建，总建筑面积28362平方米，总投资2亿元，1999年9月30日建成投入使用。新建大会堂建有1461张座位的大会堂、428张座位的中会堂，具有4种语言同声翻译功能的国际会议厅、108张座位的主席团会议厅，以及风格各异的议事厅12个、市政府接待厅2个等。内设冷暖中央空调系统、消防报警系统、电子监控系统、供变电系统，有180多平方米大型升降舞台和45平方米的升降乐池，有40道电动吊杆、英国兰克调光台、32路进口声艺调音台及JBL音箱、原装进口杜比SR.D数码放映还音系统等。中会堂正门广场前设有500多平方米的旱式音乐喷泉，大、中会堂主体建筑周围设有泛光灯。周围绿地开阔，绿化率48%。地下1层设有可停放100辆汽车的停车库，夹层设有可停放1000余辆自行车的自行车库。

二、无锡市工人文化宫

无锡市工人文化宫于1954年2月建成开放，坐落在南门外新民路，设有影剧院、小剧场、文化厅、红旗厅、露天球场、图书馆、展览室等，建筑面积2.6万平方米。80年代初，文化宫作为全市首批事业单位改革试点，尝试从原来的纯公益性服务逐步向部分有偿服务过渡。1983年，新建2600平方米的科技教育楼，将车库改建成卡拉OK厅，阶梯式教室改建成录像厅，友谊厅改造成交谊舞厅，增设高架脚踏车、碰碰车和儿童跑车等活动项目。溜冰场、图书阅览室、展览室和影剧院保留。90年代，交谊舞厅整体改造成友谊夜总会，内设桌球室、卡拉OK厅、KTV包厢和舞厅，茶室改扩建为健身馆，先后引入器乐、戏曲和舞蹈培训，职工再就业培训，职工“四技”服务活动，足疗、酒店等商业服务设施。先后成立桥牌、灯谜、信鸽、雀鸟、健美、京剧票友、民间艺术、书画、集邮等10多个职工业余兴趣协会。自1982年起，每年举办一届“文化宫之春”文艺系列活动。

三、太湖工人文化宫

太湖工人文化宫建成于1986年，由赵朴初题写宫名，位于河埒口梁溪路26号，占地8062平方米，建筑面积5560平方米。内设舞厅、“樱之歌”歌厅、桑拿浴室、电子游戏室、酒楼、职工艺术学校等。1990年初，在锡城首开卡拉OK歌厅。成立工人谜联社，开展灯谜活动。2000年后，文化宫划属市工人文化宫管理。

四、无锡市青少年活动中心

无锡市青少年活动中心原称无锡青年文化中心，1987年批准筹建，1991年12月31日落成，1992年7月18日对社会开放。占地2万平方米，一期工程主体大楼建筑面积7500平方米，二期工程主体大楼建筑面积2278平方米。内设市青少年网络培训基地、希望电教馆、36座语音室、780座小剧场、大小兴趣活动室、器乐室、大小排练厅、跆拳道馆、卡拉OK歌厅、舞厅等活动场所。常年开设书法、绘画、素描、电子琴、手风琴、小提琴、钢琴、古筝、二胡、摄影、拉丁舞、中国舞蹈、七彩童谣、影视

① 无锡市老年综合服务中心参见本志第四十一卷第四章第六节。

表演、小节目主持人、围棋、中国象棋、跆拳道、少儿乒乓、写作与阅读、创新思维、英语实验、英语音标、珠心算实验等少儿素质训练班，并面向成年人开设成人芭蕾、跆拳道、健美操、美发美容、艺术插花、计算机（初、中级）、电脑美术、网络管理、电脑维修、英语口语（初、中级）、日语（初级）、"玫琳凯"下岗失业青年美容技能免费培训等培训班。先后开展"心中有祖国，心中有他人"主题教育活动、第二届"无锡市十佳小公民事迹展评"活动、"印象剑桥杯"世纪少年英伦游学大行动系列活动、江苏省中国美术家协会会员中国画作品展览、世界蝴蝶珍品科普展览、"长城卡"杯雏鹰之旅暑假夏令营活动、"温情太湖水、童心传真情"六一联欢晚会、"无锡市十佳才艺之星评比"、圣诞节联欢会、元宵节灯谜会、"夏之夜音乐茶座"等活动。先后被评为"心中有祖国，心中有他人"主题教育优秀组织奖和全国先进集体，江苏省青少年科技教育先进集体，无锡市创建文明城市、国家卫生城市先进单位，无锡市花园式单位、无锡市庭院绿化达标先进单位、无锡市安全文明单位、无锡市青年文明号单位、无锡市巾帼示范争创岗等。2003年9月，市政府决定将中心拆除，在太湖广场原址重建3万平方米的无锡市青少年活动中心。2005年1月起，中心暂租赁昇平巷2号作为临时办公用房和青少年校外教育活动场地。在2005世界华人少年儿童书画大赛活动中，中心获二等集体奖、一等园丁奖及"2005中华少儿书画教育家百杰"称号。

五、江苏省无锡未成年人社会实践基地

基地原称市学生综合社会实践基地，由市教育局、宜兴市教育局以股份制形式投资1200万元，在宜兴市善卷风景区附近的善卷中学基础上建成，占地3.5万平方米左右。2000年11月运行，一次可接纳750名学生。基地充分利用特有的人文和环境教育资源，自主开发活动课程，坚持以素质教育为核心，以加强未成年人思想道德建设为主线，以"实践育人"为抓手，依托真山真水的大自然，组织学生开展丰富多彩的实践活动，旨在培养青少年学生的实践能力和创新精神，造就品德高尚、身体健康、意志顽强、心理素质良好、具有团队协作精神的一代新人。基地具有洞、茶、竹、陶、果、农自然风光特色，集国防教育、法制教育、消防教育、爱国主义教育于一体，可以承办社会调查、文化游历、红色旅游、团体军训、夏令营等多项综合活动。至2005年，江苏省内和香港、澳门、上海、广东、浙江等共20多个地区的5万多名学生到此参加考察体验活动，其中包括"同心同根万里行"港澳青少年制服团体内地考察团450名师生、江苏省优秀中学生"走进绿色，走进科学"夏令营1000多名学生。是年，基地被中央文明办、教育部、科技部、团中央、全国妇联、中国科协命名为全国青少年校外活动示范基地，被省文明委确定为全省唯一的省级未成年人社会实践基地并获得资金扶持。更名为江苏省无锡未成年人社会实践基地，投资3000万元实施二期工程建设。

六、无锡市老干部活动中心

80年代初，市政府调拨公园弄1号原崇安寺小学校址筹建市老干部活动室。1983年5月18日，市老干部活动室成立，为市委老干部局下属科级全民事业单位，编制3人，开设老干部活动茶室、老干部棋牌室、图书室、阅文室、录像厅、小卖部、理发室、舞厅等；发挥老干部自娱自乐的功能，成立老干部艺术团、老干部棋类协会、老干部书画协会、老干部桥牌协会、老干部门球协会、老干部读书学习小组、老干部集邮协会，开展文艺、服务活动。1992年，在原中山商场三楼改建老干部舞厅。1993年11月，建成4000多平方米的市老干部活动室活动主楼，增添老干部休息室、健身房、桌球室等。1995年6月21日，市老干部活动室更名为市老干部活动中心。6月27日，在改造原活动场所的基础上，建造中山宾馆。10月30日，活动中心晋升为副县处级建制。2000年4月11日，内设办公室和活动科。2004年，中山宾馆实行改制，停止经营，分流人员。同年4月27日，建立市老干部管理服务中心，与活动中心实行"一个机构、两块牌子"管理，并增设管理服务部，原活动科更名为活动指导部。2005年3月，为弥补活动中心经费不足，中山宾馆继续经营。同年6月15日，市老年大学成立，与活动中

心(市老干部管理服务中心)实行“一个机构、三块牌子”管理体制,增设教育培训部,挂“无锡市老年大学网络教育中心”牌子。

七、文化馆

1986年,无锡市建有市群众艺术馆和崇安区、南长区、北塘区、郊区、马山区、江阴县、宜兴县、无锡县等8个区县文化馆,工作人员85人(其中市、区、无锡县共77人)。两级文化馆为群众文化活动场所,具有组织实施和业务指导功能。1986年后,区级文化馆大都馆无定址,经常动迁,一度有所萎缩,公益性功能弱化,偏重于开展录像放映和营业性歌舞等经营活动。1991年,市、区两级文化馆录像放映4082场,观众90.7万人次。2000年后,文化馆逐步退出文化市场经营活动。2005年,市、区两级文化馆共7个,工作人员91人,举办展览36个,组织文化活动224次。

1. 无锡市文化馆

无锡市文化馆原名无锡市群众艺术馆,设址城中公园内,2000年12月迁至西水墩文化公园内,占地1万平方米,建筑面积4666平方米,内有市文物保护单位西水仙庙(明清建筑)。2003年4月7日,更名市文化馆,保留“无锡市美术馆”牌子,内设文艺辅导部、美术摄影部、培训部等。2001年3月成立市艺术培训中心。2004年6月,市文化馆被文化部评定为一级文化馆。2005年1月,市文化馆培训教室交付使用,开设二胡、古筝、钢琴、书法、摄影、素描、图画、少儿舞蹈等课程。1986～2005年,市文化馆(市群众艺术馆)举办艺术培训约380班次,约有1.4万人次参加;举办展览250余次,平均每月有1次展览;组织开展群众文化活动460余次,平均每年23次。其中定期举办的全市性群众文化活动有“新故事会讲”“群众文艺会演”“激情周末”广场文艺等;元旦、春节、国庆节、太湖艺术节等节庆期间,组织开展多项群众文艺活动;多次参与组织大型歌会和爱国主义主题群众性活动;参与组织两年一届的“江南杯”美术作品大赛。市文化馆专业人员创作成果丰硕,钱铁民的歌曲创作、许益民的摄影、江燕的舞蹈创作、席剑明的连环画、唐满生的油画、郭亦栋的国画、方筱卿的水彩画、鲍金荣的国画均多次获奖。市文化馆共获全国“群星奖”6个、江苏省“五星工程奖”10个。

2. 崇安区文化馆

崇安区文化馆1997年改扩建,建筑面积2000平方米,设有展览厅、排练厅、培训厅、阅览室和地下游艺区。2001年后,崇安寺地段改造,文化馆被拆除,借用新生路9号作为过渡馆舍开展活动。

3. 南长区文化馆

南长区文化馆馆址几经变更,1989年10月迁至沁园新村内,占地2000平方米,建筑面积1750平方米。后迁至南长街,将原市第三百货商店改造为文化馆舍,更名为南长社区文化活动中心。2001年,再度搬迁至南河浜121号。南长区文化馆为江苏省一级文化馆,设馆长室、办公室、文艺股,有电子游戏室、歌舞厅、男子健身房、女子健身房、网吧等文化娱乐设施。

4. 北塘区文化馆

北塘区文化馆原址在吴桥北堍“府殿”庶务厅,1958年迁至吴桥东路1号北塘区工人俱乐部内。1998年5月,建新馆于北塘大街188号,建筑面积1320平方米,设有综合娱乐厅、报刊阅览室、展览室等10多个专用文化活动室。

5. 锡山区文化馆

锡山区文化馆前身为无锡县文化馆,原址在广瑞路野花园。无锡县撤县建锡山市后,随政府机关一起搬迁至东亭镇,更名为锡山市文化馆,其文化业务和活动用房设在东方欢乐城内。东方欢乐城在东亭经济开发区,建于1995年,投资1.3亿元,占地6.67万平方米,建筑面积1万平方米,为多功能文化娱乐和商务会议中心,曾一度划归锡山市文化馆管理。2001年1月,锡山市撤市设锡山区、惠山区后,锡山市文化馆更名锡山区文化馆。

6. 惠山区文化馆

惠山区文化馆是锡山市撤市设锡山区、惠山区后兴建的，位于堰桥街道政和大道，占地2623平方米，建筑面积2000平方米，内设青少年阅览室、报告厅、舞蹈房、多功能室、培训室、琴房、陈列室、展览室等文化活动室。

7. 滨湖区文化馆

滨湖区文化馆原名郊区文化馆，馆址几经搬迁，1999年5月迁入梁清路新世纪影视城西侧。新世纪影视城建筑面积1.35万平方米，为滨湖社区多功能文化娱乐中心。滨湖区文化馆内设综合排练厅、创作室、美术辅导室、展览厅、阅览室、音乐排练厅、舞蹈练功房等。

8.天华文化中心、江阴市文化馆

天华文化中心位于江阴市澄江中路南侧，2003年1月奠基，2005年10月1日对外开放，以民族音乐家刘天华的名字命名，总投资6亿元，占地18.3万平方米，总建筑面积6.4万平方米，是江阴历史上投资最多、规模最大、档次最高的文化工程。该中心由文化馆、博物馆、图书馆、展览馆、美术馆和中心大剧院（即江阴大剧院）"五馆一中心"组成。美术馆建筑面积1.31万平方米，设固定展厅两个、公共展厅1个。"五馆一中心"大门前建有天华音乐广场，面积14万平方米。"五馆"对外免费开放。

江阴市文化馆位于原虹桥路1号，建筑面积1437平方米。1988年，承办全市首届文化艺术节。1990年，举办市十佳歌星、舞星评选活动。是年起，中心创作组骨干分头下基层辅导，每年举行多种艺术门类的创作培训或改稿会10余次。是年，江阴市文化馆被文化部命名为全国先进文化馆。1993年，被命名为全国标准文化馆。同年，自筹资金1400万元，拆除旧馆并在原址建造新馆，定名"百乐城"。1994年5月，新馆落成对外开放，建筑面积4965.53平方米，楼高5层。1991～1997年，先后承办"在希望的田野上"全市农村文艺创作会演，开展市首届礼仪小姐、礼仪先生评选活动，成立文化馆艺校，在节假日对少儿进行舞蹈、美术、书法、写作等培训，举办"金三角杯"和"三毛杯"卡拉OK大奖赛，邀请"全国故事大王"吴文昶、黄宣林等到"百乐城"书场讲故事，承办"庆'七一'迎香港回归"小品曲艺文艺晚会等群众文化活动。2004年，被文化部命名为国家一级文化馆。2005年10月1日，天华文化中心"五馆"之一的文化馆对外开放，总面积1.35万平方米。一、二、三楼为群众文化活动场所和社会教育培训中心，包括一个小型艺术剧场，四楼为办公区。新建的展览馆由文化馆负责管理。展览馆建筑面积7000平方米，一楼为公共展厅和艺术展厅，二楼为市改革开放成就展厅，三楼为市城市规划展示馆。原"百乐城"仍作为群众文化活动场所。江阴市文化馆主业为承办文艺会演、组织大型比赛、开展辅导培训。1998～2005年，先后举办、承办全市精短故事大奖赛、"天福杯"少儿卡拉OK大奖赛、少儿故事演讲比赛、"天福杯"青年卡拉OK大奖赛、华东地区少儿拉丁舞公开赛、乡镇文化站文艺骨干和社区文化干部培训班、江阴·靖江青年歌手大奖赛、"拥抱文明"文艺会演等。

9.宜兴市文化馆

宜兴市文化馆位于宜兴城区中心公园路1号。1951年由县人民教育馆改名县人民文化馆。1988年改名市文化馆。主要担负群众文化创作、调研、辅导、培训和文化活动的策划、组织及演出等职能，并协调、承办社会庆典活动。2004年，被文化部授予"一级文化馆"称号。2001～2005年，先后举办"新风颂"文艺调演、"荆溪之夏"广场文艺演出、K歌星期六、社区文化艺术节、宜兴市合唱节以及陶艺节、秋交会、各界人士迎春茶话会、军政座谈会、老干部迎春慰问会、外商圣诞联谊会等活动。涌现群星奖小品《一个馄饨引发的故事》、表演唱《挖笋欢歌》、民间舞蹈《男欢女嬉》、三人舞《竹海人家》、少儿盾牌舞《童练》、歌曲《青年志愿者》等一大批优秀作品。馆内拥有演出设备价值约80多万元。文化艺术培训是群众文化培训学校并入文化馆后的一大主要职能，有舞蹈、器乐、美术、英语、影视表演艺术等培训班常年开班，在籍学生达数百人，艺术考级成果突出。

八、文化站

1986年，无锡市各街道、乡镇均建有文化站，共150个，并有文、教、科、卫、体五位一体的乡镇文化中心95个，村俱乐部、居委会文化室1989个。80年代中期，无锡市城乡文化站建设步伐加快。各乡镇改扩建乡镇文化站。乡镇文化站成为农村文化活动阵地，主要开展群众文化活动、管理文化市场、做好民间文艺协会和文化遗产保护工作，并配合中心任务，用寓教于乐的方式宣传党的方针政策和群众中的先进典型。1989年起，各镇文化站（中心）都建立镇级书画协会、棋牌协会、摄影协会、创作协会等，每年开展2～5次活动。1996年起，每年都举办4场以上规模较大的文艺活动。1997年，无锡市区（不含江阴、宜兴）有文化站72个，村、居委文化室（俱乐部）576个。90年代中后期，在建设小康文化的载体、创优达标、考核定级等项工作促进下，92%以上的城乡文化站达到“建筑面积不得低于500平方米”标准。2003年，编制《无锡市区文化设施布局规划》，对所有市级、区级、一二级社区和乡镇、居住小区等5级文化设施，作出对应配套的长远建设规划。2005年，无锡市实施街道、乡镇撤并，城乡文化站减至44个，从业人员由1997年的站平均9.4人降至5.8人；建筑面积由1997年的站平均1112.75平方米增至1507.7平方米。

1997年无锡市城乡文化站基本情况表

表34-1

区域	文化站数（个）	从业人数（人）	建筑面积（平方米）	举办展览（个）	组织文化活动（次）	举办培训班（班次/人次）
崇安区	8	9	6450	16	60	32/1250
南长区	6	25	4500	25	138	58/1185
北塘区	5	15	6976	32	48	16/490
郊　区	17	56	20800	34	5	—
马山区	1	9	1600	2	5	1/40
新　区	2	10	990	2	8	1/38
锡山市	33	555	38802	101	201	128/3873
合　计	72	679	80118	212	465	236/6876

2005年无锡市城乡文化站基本情况表

表34—2

区　域	文化站数（个）	从业人数（人）	建筑面积（平方米）	举办展览（个）	组织文化活动（次）	举办培训班（班次/人次）
崇安区	6	6	6450	20	73	19/760
南长区	6	20	2520	24	60	19/1041
北塘区	4	16	5150	15	81	16/707
锡山区	7	53	29935	24	129	25/777
惠山区	6	68	2100	13	52	66/1800
新　区	6	24	7700	16	57	31/3105
滨湖区	9	67	12484	32	121	16/1428
合　计	44	254	66339	144	573	192/9618

九、农民文化公园、文化宫、乡镇文化中心

80年代中期起，部分乡镇兴建农民文化公园。2001年，乡镇文化站更名为乡镇文化（服务）中心，成为镇政府下属全民事业机构。至2005年，市区有前洲镇锦绣园、玉祁镇文昌阁公园、堰桥镇吴文化公园、石塘湾镇葑溪园、张泾镇顾宪成纪念园、洛社镇镇中公园、杨市镇杨墅园、华庄镇农民文化公园、安镇镇锦安公园等。农民文化公园具有江南园林特色，与乡镇文化站的多功能设施相结合，成为集休闲、旅游、开展文化活动为一体的新农村文化观光景区。部分乡镇按“农村大世界”的形式，建成多功能农民文化宫，其中包括东亭镇东方欢乐城、钱桥镇农民文化宫、洛社镇江南娱乐城、河埒镇文化中心、胡埭镇文化中心、梅村镇文化中心、南站乡农民文化宫等。

十、少年宫

1.无锡市少年宫

无锡市少年宫前身为成立于1956年的无锡市少年之家。1982年，移址锡山大桥堍新建，是当时全国第一个以华侨捐助为启动资金的青少年校外教育基地。市少年宫占地1.9万多平方米，建筑面积8000多平方米。隶属市教育局，有教职员工40人。1986后，市少年宫坚持“面向学校、面向少年儿童、面向少先队”的办宫宗旨，围绕素质教育，开展兴趣小组活动和课外教育活动。兴趣培训小组以艺术教育、科技教育、体育教育为主要内容，设有30多个项目，常年保持3800余名组员。组建市少儿艺术团、红领巾科普团等学生团队，多次在全国、省、市比赛中获奖，一大批学员或考入专业艺术院校和专业团体，或成为科技工作者后备力量。课外教育活动有小学生“百灵鸟”文艺会演、“小三模”科技比赛、中小学生书画摄影比赛、“心中有祖国、心中有他人”教育活动、红领巾读书读报活动、“假日新视野”才艺展示、英特尔小博士系列活动、“爱心小天使”志愿团活动、专题夏令营、冬令营等，每年吸引30多万人次少年儿童参加活动。市少年宫为无锡市文明单位、联合国教科文组织俱乐部成员单位、全国校外教育先进集体、全国先进青少年宫，连续19年被评为“双有”活动先进集体。

图34-1　无锡市少年宫　（市园管中心供稿）

2.江阴市少年宫

江阴市少年宫位于江阴市健康路123号，1985年动工建设，1987年6月1日建成开放，隶属于共青团江阴市委员会，是江阴唯一的综合性少年儿童校外教育活动阵地。江阴市少年宫建筑面积近5000平方米，其中主体楼建筑面积2033平方米，内设游艺、音乐、舞蹈、棋牌、美术、书法、图书阅览等活动室。2000年起，每年有数万人次在江阴市少年宫参加公益活动、特色课程和特长培训。

3.宜兴市青少年活动中心

宜兴市青少年活动中心位于宜兴市体育中心体育馆，创办于1994年5月，总投资1500万元，建筑面积7500平方米，是宜兴市为青少年创设的一个课外学艺的基地，下辖宜兴市小荧花艺术团、宜兴市艺术幼儿园。2000年，小荧花艺术团成为中国舞考级站。2002年，中心成为无锡市爱国主义教育基地。2005年，宜兴市青少年活动中心有教职员工95人，开设美术、书法、中国舞、计算机、象围

棋、快乐大作文、清华少儿科学家、钢琴、古筝、小提琴、声乐等50多个课外学习类别，年受训学员2万多人次。

4.锡山区青少年活动中心

锡山区青少年活动中心位于锡沪路东亭西段20号，成立于2005年2月，是集教育培训与文化娱乐为一体的青少年社会教育文化活动机构。开设艺体、科技、信息技术、社会实践等课程。

5.惠山区青少年活动中心

惠山区青少年活动中心在江苏省锡山高级中学堰桥校区内，成立于2003年12月，由区教育局、区文体局联合建立，与区文体局所属区图书馆实行“两块牌子、一套班子”管理运行体制。惠山区青少年活动中心建筑面积4750平方米（含图书馆），配有电脑60台、钢琴4台、机器人实验室1个以及培训活动室10多个，建有少儿馆、影视馆、科技馆、电教中心、青少年绿色上网中心等，开设器乐、舞蹈、书画、体育、语言思维等类别多个兴趣班。

6.滨湖区少年宫

滨湖区少年宫前身是郊区少儿培训中心，位于溪北新村53号（郊区教育局内），创办于1999年12月。核定编制5人。2000年2月，迁至梁溪路53号育红小学内。同年，郊区教育局出资50余万元，装修育红小学艺术楼，宫校合一，创建郊区首个青少年校外教育活动培训基地。2001年，一度名为区少儿培训中心。同年6月定名为区少年宫。

7.崇安区少年宫

崇安区少年宫的前身是崇安区少年之家，创办于1980年12月，位于崇安寺寺后门1号。1982年迁后西溪38号。1983年，改为少年宫。占地2510.5平方米，建筑面积1626.27 平方米，设备和固定资产104.35万元，下设区队部、培训处、总务处，在职教师11人，兼职教师80人。建有少年宫网站，设艺术殿堂、科普之窗、艺术之星等栏目。2005年，共开设培训班636个，学员18617人。

8.南长区少年宫

南长区少年宫成立于1985年1月。1988年6月1日，位于文隆新村155号的新宫落成启用。占地2467平方米，建筑面积1854平方米，建有办公楼、活动楼和小剧场。2001年5月，南长区教育局划拨20万元重新修建少年宫器乐培训场所，占地550平方米，建筑面积550平方米，成为南长区少年宫的分部。2005年前后，南长区少年宫通过教育局内部划拨和整合，设址三处，总部设在文隆新村155号和150号，分部分设在扬名路12号南长街小学新址内和南长街200号南长街小学原址。

9.北塘区少年宫

北塘区少年宫前身为少年儿童自然科学实验站，位于吴桥中心小学内。1957年迁至积余街小学内。1958年秋，改名北塘区少年儿童俱乐部，设址积余街16号。1960年元旦，改建为北塘区少年之家。“文化大革命”中，遭破坏而停止活动。1980年，在原址成立北塘区青少年文化站。1981年，恢复为北塘区少年之家。1984年，升格为北塘区少年宫，并迁至全昌路57号。2003年迁至惠工桥中心小学，2005年迁至吴桥实验小学。开设文学、舞蹈、声乐、美术、书法、武术、跆拳道、围棋、器乐等多个少儿专业培训班。

十一、影剧院

1986年，无锡市共有剧场、电影院（含对外放映单位）112家，其中市区（含郊区）19家、江阴县28家、无锡县23家、宜兴县42家。市区19家影剧院分别为：无锡大戏院、延安影剧院、红星剧场、吟春电影院、解放电影院、群众影剧院、和平电影院、人民大会堂、文化宫、西新工人俱乐部、崇安会场、无锡军分区礼堂、郊区人民大会堂、南站农民文化宫、市体育馆、南长区文化馆、商业俱乐部、黄巷乡会场、广益乡会场，共有座位22157个。此外，全市各乡镇原先用于开会和演出兼用的大会堂，相继改建成影剧院。

1987年，新建的江南电影院和重建的大众剧院先后开业。1990年末，市区有影剧场24家。90年代初，市影剧公司对所属影剧院进行座椅软席化、音响立体化、室内空调化、光源氙灯化、放映自动化的“五化”功能改造，将上千座位的放映厅改造为数个放映小厅，一家影剧院可以同时上映不同的影片；各影剧院同时兼营歌舞厅、卡拉OK厅、电子游艺室、桌球室、快餐、茶室、酒吧等，成为集影视、娱乐、休闲、餐饮于一体的多功能文化娱乐场所。1991年和1992年，改建后的吟春豪华电影厅和奥斯卡影视娱乐中心先后开业。无锡各影剧院“全面开花，滚动发展”的设施和功能改造方式，被国内电影界称为“无锡方式”。

1994年，大众剧院、和平电影院、无锡大戏院首批加盟院线放映。1995年，洛社影剧院在全国乡镇级影剧院中率先加入“黄金院线”。此后，随着电视普及，到影剧院看电影的观众锐减，城乡影剧院数量锐减。乡镇因多次撤并或改建街道，影剧院数量大幅减少。有的影剧院拆除后未再建。没有条件进入院线放映体制的影剧院特别是乡镇影剧院营运困难。

2005年末，无锡市登记在册的影剧院有63家。其中，大世界影城、无锡市人民大会堂、和平电影院、大众剧院、洛社影剧院、锡山大戏院（东方欢乐城）、蓓蕾影视中心、江阴世纪红星电影院、江阴市长江影剧院、宜兴市人民电影院等10家影院加入院线放映。无锡市区原红星、解放、群众、江南、无锡大戏院和奥斯卡影视娱乐中心等影剧院在城市建设改造中相继被拆除，延安影剧院歇业。

1.和平电影院

和平电影院位于无锡市书院弄34号，前身为民国37年（1948年）建成的皇后大戏院，是当时无锡规模较大的专业电影院，也是无锡第一家软座电影院，1953年更名和平电影院。占地1888.2平方米，建筑面积3678.7平方米，设有793个座位。1984年，和平电影院自筹资金全面改造，率先成为无锡首家甲级电影院。1987年，在无锡独家引进英国道尔贝四声道立体音响系统。1992年，引进70毫米巨幕和英国杜比公司六声通环音处理器。2002年，率先改造为数字立体声（SR.D）数字电影院。2004年11月，由自收自支的事业单位转制为国有企业。

2.大众剧院

大众剧院前身为建于民国20年（1931年）的无锡大戏院，1951年更名大众电影院，位于无锡市人民中路90号，1979年歇业。1987年9月经重建后开业，占地6415.7平方米，建筑面积6191.9平方米，设有1324个座位。1994年，在电影《画魂》独家放映招投标中一举中标，单片放映收入160余万元，创无锡市月单片放映收入之最。2004年11月，由自收自支的事业单位转制为国有企业。

3.延安影剧院

延安影剧院位于无锡市通惠东路203号。占地1800平方米，建筑面积2969.3平方米，设有800个座位，1978年元旦开业。2003年6月，因城市道路扩建被拆除院舍面积419.24平方米。2004年11月，延安影剧院歇业，在职与离退休职工全部转入群众影剧院，按转制政策分流安置。

4.群众影剧院

群众影剧院位于无锡市通扬路76号，占地5516.2平方米，建筑面积3414.4平方米，设有1085个座位。1980年2月12日开业。1993年11月，与香港双益贸易有限公司合作建办无锡爱杰迪斯科娱乐城有限公司，为市文化局首家合资企业，原舞台改建成豪华电影小厅，有205个座位。2004年12月22日，群众影剧院关闭，撤销事业编制，职工按转制政策分流。

5.大世界影城

大世界影城位于无锡市中山路388号吟春大厦3楼，前身为吟春书场。1969年改为春雷电影院，1982年11月改建为吟春电影院。1997年，市影剧公司和公司职工持股会各出资50%组建成立吟春影视有限公司，影院更名吟春豪华电影厅。2001年，原吟春电影院地块拆除，新建吟春大厦。2002年，市对外文化交流中心与吟春大厦出资组建大世界影城有限责任公司，吟春豪华电影厅更名为大世界影城，营业面积6000平方米，按电影超市模式设有1个大厅、6个小厅，共994个座位，由传统的单厅放映改为多厅放映，开无锡影院之先河。大世界影城是上海联和电影院线的成员单位，江苏省首批“五星级电影院”之一。

6.无锡大戏院

无锡大戏院前身为1969年建成的工农兵影剧院，位于五爱广场，是新中国成立后无锡第一家按影剧两用要求建造的影剧院，1985年更名无锡大戏院，占地3265.8平方米，建筑面积2755.7平方米，原有座位1249个，其中楼座392个。1995年，大戏院改造，依楼座斜坡将观众厅一隔为二，上层为豪华电影厅，有530个座位，下层为肯德基连锁餐厅。2004年4月，因市政建设需要，大戏院关闭并被拆除，职工按转制政策分流安置。

图34-2　2003年的无锡大戏院　　（市文广新局供稿）

7.奥斯卡影视娱乐中心

奥斯卡影视娱乐中心位于无锡市人民西路27号，毗邻无锡大戏院，由市影剧公司筹资利用办公大楼和片库改造而成，1992年7月开业，为自收自支事业单位（非独立法人机构）。中心共4层、1500多平方米，内设立体声豪华电影厅、激光录像厅、迪斯科舞厅、歌舞厅、卡拉OK厅、KTV包房、钢琴酒吧、茶室、酒家及鲜花、饰品、音像制品商场等综合文化娱乐服务设施，是无锡第一家综合性文化娱乐场所。2004年4月，因市政建设需要关闭并被拆除，职工按转制政策分流安置。

8.江南电影院

江南电影院位于无锡市苏锡路65号，由市电影发行放映公司筹资建造，占地7026.1平方米，建筑面积4344.8平方米，设有1054个座位，1987年4月12日开业，是中桥地段的主要文化娱乐场所。2003年7月，因城市建设需要撤销建制并被拆除，职工按转制政策分流安置。

9.红星剧场

红星剧场位于无锡市长庆路口，前身为抗战胜利后建成的大上海电影院。1951年2月，更名为红星电影院。“文化大革命”期间停业，1981年元旦修复开业，更名为红星剧场。1995年9月关闭停业，职工分流到市影剧公司各影剧院。

10.解放电影院

解放电影院位于无锡市吴桥北堍“府殿”里，由苏南军区政治部建造，1950年5月15日落成开幕。“文化大革命”期间停业，1977年春节重新开业。1997年3月，因城市建设需要撤销建制并被拆除，29名职工并入和平电影院。

江阴市主要影剧院有：江阴大剧院，位于江阴澄江中路南侧天华文化中心，2005年5月8日对外开放，建筑面积1.6万平方米，观众厅面积1200平方米，分两层，座位1210个；江阴世纪红星电影院，位于江阴人民中路，2002年10月在原址翻建，建筑面积1.2万平方米，有607座的电影放映厅；长江影剧院，位于江阴城区青果路，1976年在原地翻建，建筑面积2650平方米，座位1450个，2005年2月，在编人员划归江阴大剧院，硬件设施由江阴市锡剧团管理使用；远望影剧院，位于城区虹桥北路，1990年由驻澄部队建成并管理，建筑面积3000余平方米，座位1500余个。

宜兴市影剧公司辖有6个直属影剧院：宜兴人民剧院，1991年在原地重建，为多功能省级明星剧场；丁山影视娱乐中心，1994年建成。另有宜兴人民电影院、丁山影剧院、和桥影剧院、张渚影剧院。

十二、书场

无锡素有“江南第一书码头”之称。80年代中期，市政府拨款28万元新建、改造三凤楼、北大街、周山浜、和平、小桃园等书场。1986年，无锡市城区和郊区有三凤楼、泰山、和平、湖滨、北塘、北大街、西新、荣巷、纪巷、蓉湖、梨庄、湖山、刘潭、丁村、南站、扬新、河埒、梅园、振新、合众等20家书场。其中评弹书场15家、锡剧清唱剧场5家，共设座位6443个。1989年以后，由于许多新的娱乐形式的出现，书场听众日益减少。许多书场不堪为继，歇业改行。2001年，无锡市区书场减至15家，其中公营4家、公有民营3家、私营8家。至2005年，仅存4家，且场地仄小，设施简陋。

十三、音乐厅

1988年2月，江阴影剧公司在原县人民大会堂改建音乐厅，位于江阴城区司马街23弄，建筑面积2300平方米，座位1000个。1998年5月，自筹资金翻建，建筑面积增至5000平方米。同年，由江阴模塑集团有限公司组建音乐厅有限责任公司。

2003年10月，无锡广电集团利用1000平方米演播大厅经技术改造而成的无锡音乐厅启用。音乐厅设600余个豪华座位，拥有全国仅有两台的美国鲍特温九尺音乐会专用平台钢琴，各项音响指标均达到国内一流水准。中国国家交响乐团、上海交响乐团、上海爱乐交响乐团、上海歌剧院交响乐团等专业团体在此举办音乐会或室内音乐会。2004年7月～2005年6月，无锡广电集团与专业团体合作举办音乐季，每月演出1场交响音乐会或民族音乐会，连演12场。

十四、美术馆

1982年，无锡市美术馆成立，与市群众艺术馆合署办公。1984年，新馆在城中公园内落成，建筑面积1360平方米。先后举办美术班、素描班等。2003年2月，由市广电大厦裙房改建无锡美术展馆，面积1500平方米，展线长约250米。2004年4月，无锡美术展馆成为中国美术家协会无锡展览中心。2005年12月，展览中心更名中国美术家协会无锡美术展馆。至2005年，展馆先后与中国艺术研究院美术研究所、中国美协、安徽省美协、江苏省美协合作，组织举办“走进无锡——全国中国画名家作品邀请展”“2004年全国中国画作品展”“中国美术家协会第18次新人新作展”“徽墨重彩——安徽省工笔画作品展”“江苏省中国美术家协会会员作品展”“华东地区省会城市画院作品展”等国家级、省级美术展。展馆先后邀请当代名家举办“中国著名花鸟画家何水法作品展”“直面生活——刘大为工作室首届高研班作品巡回展”“著名水彩画大师程及画展”“中国工艺美术大师阮文辉微雕、书画作品展”“中国著名人物画家盖茂森作品展”等20次个人或群体的展览活动。此外还出版书刊，先后编印《无锡美术展馆藏品选集》等。向全国书画名家征稿，定期编印《经典艺术》杂志。

第三节　文艺团体　单位

一、无锡市锡剧院

无锡市锡剧院原系1951年1月1日定名的无锡市文联首先实验锡剧团。1953年更名无锡市实验锡剧团。1955年5月1日改名无锡市锡剧团，1958年改称市锡剧院，1963年复称市锡剧团。1990年8月，团址从中山路旗杆下9号迁至清扬路23号。1994年12月称市锡剧院，下设锡剧团、小梅花青年锡剧团。2005年4月，市锡剧博物馆批准筹建，馆址在无锡市长大弄。

1986年以后，市锡剧院（团）创作演出剧目15部，其中包括《二泉映月》《情系高原》等7台现代戏和《青蛇》《江南雨》等8台古装戏;移植演出剧目18部,其中包括现代戏《孔繁森》和《狸猫换太子》《皇后改嫁》等17台传统戏;创作6出、移植22出折子戏。《珍珠塔》《龙泉情》《双玉婵》《骊宫秘史》等4部被摄制为戏剧电视片。出版发行《孟丽君》《红花曲》《二泉映月》《江南雨》《青蛇》《玉蜻蜓》《庵堂认母》《双推磨》等20种VCD、DVD,《拔兰花》《摘石榴》《当家人》《中国戏曲艺术家唱腔选·王彬彬〈彬彬腔演唱会〉》《中国戏曲艺术家唱腔选·梅兰珍〈梅派演唱会〉》等28种录音带。1989年,王彬彬、梅兰珍主演的《珍珠塔》获新中国首届"金唱片"奖。2001年9月初,中央电视台戏曲频道邀请小王彬彬、袁梦娅、顾国英、谢志英、潘佩琼等中青年演员赴京摄录锡剧专题片6集、180分钟。2003年,中央电视台《锦绣梨园》栏目到无锡拍摄锡剧专题片,专访王彬彬、梅兰珍、汪韵芝等老一辈表演艺术家和小王彬彬等中青年演员。《鬼断家私》《骗婚记》《杏花吟》《瞎子阿炳》(1999年更名为《二泉映月》)《梅开何家湾》《醉御史》、新版《珍珠塔》先后参加江苏省第二、三、四、五、六届锡剧节,共获奖132项。

2005年,市锡剧院有演职人员105人,其中有高级职称25人、中级职称31人。王彬彬、梅兰珍于1996年享受国务院特殊津贴;小王彬彬于1995年获上海戏剧"白玉兰"奖,1996年获中国戏剧梅花奖,2002年享受国务院特殊津贴;陈云霞于2002年获中国戏剧梅花奖;潘华于1999年入选"江苏省333工程"培养对象,2000年获上海戏剧"白玉兰"奖;黄静慧于2005年入选上海东方戏剧之星;李桂英于1994年获全国戏曲电视剧"天安奖"优秀演员奖、全国戏曲电视剧创办10周年最佳演员奖。

1986～2005年,市锡剧院(团)累计演出4644场次,年均演出232场。其中1987年演出场次最多,为506场;1993年最少,为136场。

二、无锡市越剧团

无锡市越剧团成立于1956年。1990年5月,从长大弄9号迁至清扬路23号文艺大楼。有演职员50多人。

1986年后,以市戏剧学校越剧班81级、82级毕业生和两次从浙江引进的青年演员等28人为主体,组成新生代演员班子,先后编创排演《越剧流派轻歌舞》,创作上演《玉姑峰》《汉宫怨》《弥留》等10多部剧目。1988年10月,中央电视台举办全国越剧青年演员电视大奖赛,市越剧团5名参赛演员全都获奖:郑国凤获最佳演员奖,王蓓、应虹获优秀演员奖,袁剑琳、应雪玲获银屏奖。

1986～1994年,市越剧团累计演出1258场次,年均演出139场次。1994年10月,市越剧团保留建制,演职人员分流到其他文化单位,剧团停演。

三、无锡市滑稽剧团

无锡市滑稽剧团成立于1956年。1990年8月迁至清扬路23号文艺大楼,1996年12月30日增挂"无锡市法制艺术团"牌子。1986～1994年,剧团累计演出5076场次,年均演出253场。1994年7月,拍摄滑稽戏表演艺术家丁玲玲电视专题片《洒向人间都是笑》,时年82岁的丁玲玲表演代表作《好事体》《团团转》《毛脚媳妇》《我肯嫁给他》等剧目片断。1996年和1997年为演出高峰年,分别为405场次和402场次。

1986～2005年,创作演出《自作聪明》《真是害煞人》《是谁惹的祸》《祝枝山选女婿》《阳光少年》等90多部剧目,以现代题材居多。其中,《望夫成龙》《OK酒吧》于1986年获得江苏省首届戏剧节优秀演出奖,《自作聪明》《少年热线》于1996年获得江苏省第二届滑稽戏节优秀剧目奖。创作演出小品、独脚戏80多个。演出区域遍及江苏、浙江、上海、安徽、江西、湖北、广东、福建等地。2005年末,市滑稽剧团有演职人员35人,其中高级职称演员6人、中级职称演员16人。有杨天飞、丁玲玲、顾笑声、钱吟梅、高仲欣等一批著名演员,蔡九华、汤国民、陈敏、华滨、李宝发等一批青年演员。

四、无锡市歌舞团

无锡市歌舞团成立于1958年。1990年8月，从黄石弄4号迁至清扬路23号文艺大楼。1997年2月18日，挂牌成立“阿炳乐团”。

1986年后，创作演出系列舞蹈《金龙银湖》、双人舞《苏三起解》、三人舞《我的兄弟姐妹》等。1992年后，致力于创作大型剧节目。“美在江南，春满江南”为主题的大型歌舞《江南好》、舞蹈诗《太湖鱼米乡》、民族舞剧《阿炳》、民族舞剧《红河谷》、大型原创舞剧《澳门新娘》等多次获奖。市歌舞团多次应邀参加中央电视台、上海电视台、江苏电视台、浙江电视台等举办的春节、元宵、国庆文艺晚会；先后出访日本、新加坡、德国、瑞士、俄罗斯、法国、荷兰、以色列、摩洛哥、突尼斯、韩国等国和中国香港、澳门地区，开展文化交流和演出。

剧团演员徐笑萍于1986年获全国青年首届民歌通俗歌曲大奖赛“孔雀杯”演唱奖。倪雪萍1988年在北京、上海先后举办独唱音乐会，同年获全国青年歌手电视大奖赛专业民族组银屏奖。陈明华于1994年演唱《永恒的琴声》获全国广播新歌大赛银奖，演唱《拔根芦柴花》获中国MTV大赛铜奖，1996年7月获全国声乐大赛民族组优秀演唱奖，1998年获第三届江苏省声乐比赛专业民族青年组演唱一等奖。石莉娟于2003年12月演唱弹词开篇《太湖春晓》，获中国曲艺家协会、省文联主办的“中国曲艺荟萃·曲唱雅集（南方片）”一等奖。

1986～2005年，市歌舞团累计演出6120场次，年均演出306场次。1999年为演出高峰年，演出499场次。2005年末，市歌舞团有演职人员86人，其中42人拥有中、高级职称。

五、无锡市评弹团

无锡市评弹团前身为1960年10月成立的无锡市曲艺团，1979年更名为市评弹团。在1986年的市首届艺术节上，市评弹团演出的《北汉春秋》获创作二等奖，吴迪君、赵丽芳获优秀表演奖。1986～1990年，先后创作演出《上海三大亨》《智斩安德海》《大宋兵马图》等曲目。1994年10月，在江苏省首届曲艺节上获优秀演员奖、创作奖和节目奖。1995年10月，赵丽芳演唱的弹词开篇《北京的胡同·苏州的桥》在第二届中国曲艺节上获牡丹奖。1986～2005年，累计演出17576场次，年均演出878场次，其中1991年演出3734场次。有演职员20多人。

六、无锡山禾合唱团

无锡山禾合唱团成立于2000年9月，是无锡山禾药业集团独家资助的业余合唱团体，下设中青年合唱团和老年合唱团，为市歌舞团领导的业余合唱团体。合唱团秉承“团结、奉献、创新、争先”的团队精神，合唱水准不断提高。2002年，在第六届中国合唱节和由中宣部、文化部、中国文联等共同举办的“纪念毛泽东同志《在延安文艺座谈会上的讲话》发表60周年群众歌咏大会”上，两度获演唱金奖。被省委宣传部、省文化厅授予“江苏省优秀团队”称号。2003年，分别在无锡、南京、上海举办《太湖美》合唱音乐会。2004年，合唱团在第七届中国合唱节上获得混声合唱、男声合唱两个金奖和女声合唱银奖，为此届合唱节获奖最多的团队。至2005年，先后参加全国性合唱大赛9次，获7个金奖、3个银奖，举办10场专场音乐会，参加大型庆典活动演出30余场。有团员近80人。

七、江阴市锡剧团、评弹团

1960年开设江阴县锡剧班，1961年改为江阴县少年锡剧团，1965年更名江阴县锡剧团，1987年改为江阴市锡剧团。多次参加省锡剧节，并得奖。有演职员50多人。

1956年，县文联评弹组成立，有15人。1958年成立江阴县实验评弹团，1978年为县评弹团，1988年为江阴市评弹团。2004年，与江阴市锡剧团合并，实行“两块牌子、一套班子”体制。评话《三国》在2000年、2003年中国苏州评弹节中获银奖。

八、宜兴市锡剧团、评弹团

1954年成立宜兴县锡剧团，1988年改为宜兴市锡剧团。宜兴县曲艺团改为宜兴市评弹团。2003～2004年，宜兴市锡剧团先后被评为省文化系统先进集体、全国百家优秀文艺团体。2005年12月，宜兴市评弹团并入市锡剧团，实行“两块牌子、一套班子”体制。年末，宜兴市锡剧团有演职人员57人，其中正高级职称1人、副高级职称3人、中级职称9人。1988～2005年，宜兴市锡剧团先后到省内外30多个城市及乡村的1090个演出点巡回演出3650场次，观众约200万人次。

第四节　文化产业

一、文化产业形态

无锡市经过八九十年代文化建设的逐步投入，至2003年，形成初具影响的文化产业。较为突出的有影视、旅游文化产业，以影视基地、灵山景区为主；文化娱乐产业，以影剧院、图书馆、大众娱乐、艺术团体及体育中心为主，通过举办重大文化节庆活动，培育和拓展文化消费市场；企业文化产业，企业文化以江苏海澜集团、江阴华西集团、阳光集团等为代表，文企结合以山禾合唱团、一汽锡柴艺术团为代表；传媒出版产业，有广电集团、报业集团以及无锡书城、南禅书城等；景观文化旅游产业，以东林书院、薛福成故居、钱锺书故居等为主；以艺术生产为龙头的演艺业。是年，无锡市文化产业产值63.63亿元，在第三产业中约占6%。

无锡市文化产业包括文化产品的制造、销售和文化服务等三大领域。2005年，以新闻出版、广播影视、文化艺术为主的传统意义上的文化产业增加值约占全部文化产业增加值的52%；以动漫、软件、休闲娱乐和广告会展四大新兴行业为主的文化产业增加值约占全部文化产业的24%；以文化用品、设备及相关文化产品生产和销售为主的文化产业增加值约占全部文化产业24%。传统文化产业是无锡市文化产业发展中的主体力量。文化产业增加值以高于地区生产总值增长的速度，呈现出总体持续增长的良好态势。进入21世纪，无锡市逐渐建立文化创意产业基地（园区），涉及动漫网游、创意设计、影视创作、文化旅游等多个领域。

图34-3　2005年9月，无锡国家动画产业基地挂牌　（市史志办供稿）

1.数字动漫产业

2005年6月，由国家广电总局批准成立无锡国家动画产业基地（无锡所有动漫基地统一称为无锡国家动画产业基地）。有动漫产业企业3家，产值0.15亿元。当年即有作品被国家广电总局列为优秀国产动画片。

2.创意设计产业

无锡（国家）工业设计园创建于2003年5月，位于滨湖区太湖西大道1890号（太湖明珠发展大厦），占地2.5平方公里。是在江苏省无锡蠡园经济开发区10多年发展的基础上，完成由传统工业园区向设计科研型园区的转变，是国内首家以工业设计为主题的高新技术专业化园区，是国内第一个为工业设计企业和设计师提供专业化、系统化服务的公共创业服务平台。无锡（国家）工业园致力于打造成设计服务外包及其产业化基地，形成具有优势的设计服务外包产业集群。

3.现代传媒产业

无锡市出版发行及印刷复制类企业数量所占比重较大，传统文化产业继续保持着较为稳定的持续增长势头，广电、报业集团为龙头骨干。无锡数字移动电视于2005年在省内率先推出，“太湖明珠网”是全国六大最具潜力电视台网站之一。

江苏新广联科技股份有限公司是经国家新闻出版总署批准的大型只读类光盘生产基地，由省出版总社、中信投资控股有限公司、江苏电子音像出版社和无锡江南磁带有限公司共同投资组建的国家级高新技术企业，专业从事CD类光盘和DVD类光盘的复制生产以及相应的母盘制作，经营业绩优良，行业地位突出。年生产能力达3亿多片，生产规模和经济效益均居国内前列。

4.文化会展业

1985～2001年的无锡太湖艺术节、2000～2002年的无锡太湖国际经贸节、2003年始的太湖博览会等文化会展，立足无锡秀美的自然风光和人文历史资源，依托太湖深厚的文化底蕴和独特的风景名胜，把众多的专业展、专业性会议和文化旅游活动组合成一个综合性的博览会，融文化活动于展览项目之中，在宣传无锡的同时助推产业的发展。

二、企业简介

1.江苏金一文化发展有限公司

公司成立于2003年，是中国文化投资收藏类黄金制品的领先企业。主营工艺品的创意设计和策划销售。

2.无锡宏柏数码动画有限公司

公司成立于2003年，位于无锡市新区创新创意产业园区，旗下拥有福州宏柏数码动画有限公司和无锡鸿海软件技术培训有限公司，是一家综合性文化传播产业机构。业务范围涵盖影视制作、电视发行、动画相关产品设计、卡通品牌授权、版权购买和分销等。公司自2003年开始相继制作推出《飞刀传奇》《梁祝笑传》等原创作品，凭借成熟的制作能力打造全新的动画品牌。

3.无锡雪豹十月数码动画制作有限公司

公司成立于2004年7月，是一家三维动画制作企业。公司主创人员有10余年的从业经验，擅长设计、开发具有鲜明个性、符合市场需求的动画形象及产品。

4.江苏新广联科技股份有限公司

公司成立于1999年8月，是新闻出版总署批准的大型只读类光盘企业、科技部认定的“国家级高新技术企业”以及商务部、文化部、新闻出版总署等6部委认定的“国家文化出口重点企业”，专业从事只读光盘复制、只读OTP①存储卡复制、手持式电子学习终端开发、GaN② 系列高亮度LED③外延片及芯片制造的股份制企业。公司拥有国内规模最大、技术最为先进的光盘复制设备和盘面印刷设备，拥有全球唯一只读OTP存储卡加密复制设备，拥有全球技术最为先进的LED外延片生长与芯片制造设备，拥有具有国际先进水平的母盘/母卡制作设备和专业检测系统。

5. 无锡市科技创业服务中心

公司位于兴源北路401号，2002年10月经市政府批准成立。中心以无锡市北创科技创业园有限公司为运作主体。园区重点发展引进数码影视、动漫原创、动漫创作加工、创意设计、网络游戏产品、衍生产品以及动漫核心技术研发等企业。

① OTP全称One-time Password，也称动态口令，是根据专门的算法每隔60秒生成一个与时间相关的、不可预测的随机数字组合。

② GaN即氮化镓，属第三代半导体材料。

③ LED，发光二极管的简称。

第二章　文学艺术

第一节　文　学

1986年后，无锡市文学工作者协会（简称“市文协”）每年举办研讨、培训、采风、参观、交流、座谈等活动，设立“太湖文学奖”，每年评选一次（1999年后改为两年一次）。是年7月，市文协举办“开拓文学新视野讲习班”，为时12天，邀请作家、评论家陆文夫、胡石言、张弦、陈辽、包忠文等到无锡讲课，本地作者60余人和各地大学教师71人参加讲习班学习。9月，省作家协会、省民间文学协会、市文联、江阴县文化局、江阴县文联联合举办胡山源从事文学活动70周年纪念会。1987年5月，市文协邀请中国人民大学副教授王金陵、中国社科院文学所研究员王春元到无锡作学术报告。6月，举办无锡市部分作家作品研讨会，邀请省作协海笑、刘坪、杨旭等出席。是年，市文协与无锡日报社、市商业大厦联合举办“大厦诗歌奖”评选活动，100多位作者的197首诗歌参评。市文协组织作者采访明星企业，撰写报告文学，结集为《金三角明星的奥秘》，由工人出版社出版。

1988年5月，江阴作家方国荣的短篇儿童小说《彩色的梦》获中国作协首次评选的全国儿童文学优秀作品奖。该小说发表于《儿童文学》1984年第5期，反映农村儿童在改革开放年代进入城市后的所见所闻及其心态与幻想。1989年4月，中国作协在无锡市召开散文杂文研讨会暨颁奖会。无锡作家薛尔康所著《留恋果》获首次颁发的全国散文奖。

1990年12月，市文协更名为无锡市作家协会（简称“市作协”）。1991年5月27～29日，由中国社会科学院、北京大学、南京大学、华东师范大学和江阴市政府等单位联合举办的刘半农先生诞辰100周年纪念大会暨国际学术讨论会在江阴市召开，国内外专家学者，无锡市、江阴市有关单位领导以及刘半农亲属代表共100余人与会。会上交流论文30多篇，对刘半农在文学、语音学、音律学、民俗学和摄影学等方面的成就进行探讨和研究。是年，无锡作家方园的长篇童话《圣诞小人历险记》被评为第二届“冰心儿童图书奖”获奖图书。同年5月，市委宣传部、市文联、无锡日报社、无锡电台、无锡电视台和市委党史工委联合举办“壮志热血七十秋”征文活动，纪念中国共产党成立70周年，共收到小说、诗歌、散文、歌曲、报告文学、特写、戏剧、电影、电视剧本、小品、传记等作品200余件。是年，市文联组织重点作家两批、8人，分赴革命圣地延安、井冈山采风及赴上海宝钢等地参观访问，并组织部分作家到江阴市、宜兴市、无锡县农村和乡镇企业收集素材。

1993年，在《小说月报》杂志举办的全国优秀小说百花奖评选活动中，无锡作家汤祥龙创作的微型小说《夫妻获奖》获第五届优秀小说百花奖。1994年，市文联举办“1994无锡改革开放文学、摄影巡礼”活动，市作协组织20多位作家创作10余万字文学作品，选出报告文学13篇、长诗1首、散文诗1组，刊载于《太湖》杂志“无锡改革开放大巡礼”文学特辑。

1996年9月，江阴作家夏坚勇创作的文化散文集《湮没的辉煌》由上海东方出版中心出版，先后印刷10万余册。1998年2月11日，由中国作家协会主办的1995～1996年度鲁迅文学奖单项优秀作品奖评选揭晓，《湮没的辉煌》获优秀散文杂文奖。是年，在省作协首届紫金山文学奖评选中，无锡作家阿福创作的《一个懂古埃及语的女研究生》获短篇小说奖，《湮没的辉煌》获散文奖，陆永基获文学编辑奖。

1999年，市作协理事会开展“青年创作年”活动，对全市青年文学作者进行普查，成立诗歌、散文、小说、报告文学、文学评论、大专院校文学社团等联络组，组织青年作者交流、座谈、研讨和深入生活、外出采风。12月27～29日，市委宣传部、市文联、市作协联合召开无锡市首届青年文学创作会议。是年，市作协选编《无锡作家作品选》，纪念新中国成立50周年。全书分上、下两卷，由江苏文艺出版社出版，选入市作协会员创作的散文53篇和中短篇小说32篇。

2002年，在江苏省2000～2001年度散文佳作评选中，无锡市共有12人获奖。陆永基创作的《大呆诔》、曹建平创作的《时间的形式》获一等奖，庞培创作的《凤凰游记》等3篇获二等奖，另有7篇获佳作奖。2003年1月，无锡诗人黑陶（曹建平）的组诗《绿昼》被中国作家协会《诗刊》杂志社授予2002年度优秀作品奖，为无锡诗歌界首次获得的最高奖。同年8月，在省作协召开的优秀文学作品嘉奖大会上，黑陶获嘉奖。同年，夏坚勇创作的大散文《旷世风华——大运河传》、赵沛创作的传记文学《刘半农传》、陆永基编剧的电视连续剧《相思成云烟》获江苏省第五届精神文明建设“五个一工程”奖。

2005年，唐灏创作的纪实文学《远东国际大审判》获首届中国优秀法律图书奖。在省第二届紫金山文学奖评选中，夏坚勇的大散文《旷世风华——大运河传》、黑陶的组诗《绿昼》、徐风的长篇小说《沉浮之路》获奖。

1988～2005年无锡市文学作品获奖表

表34-3

年份	姓名	获奖作品	获得奖项
1988	方国荣	《彩色的梦》	全国儿童文学优秀作品奖
1989	薛尔康	《留恋果》	全国散文奖
1991	方　园	《圣诞小人历险记》	第二届“冰心儿童图书奖”获奖图书
1993	汤祥龙	《夫妻获奖》	第五届优秀小说百花奖
1998	夏坚勇	《湮没的辉煌》	鲁迅文学奖·优秀散文杂文奖 江苏省首届紫金山文学奖散文奖
	阿　福	《一个懂古埃及语的女研究生》	江苏省首届紫金山文学奖短篇小说奖
2002	陆永基	《大呆诔》	2000～2001年度江苏省散文佳作一等奖
	曹建平	《时间的形式》	
2003	黑陶（曹建平）	《绿昼》	《诗刊》2002年度优秀作品奖
	夏坚勇	《旷世风华——大运河传》	江苏省第五届精神文明建设“五个一工程”奖
	赵　沛	《刘半农传》	
	陆永基编剧	《相思成云烟》	
2005	唐　灏	《远东国际大审判》	首届中国优秀法律图书奖
	夏坚勇	《旷世风华——大运河传》	江苏省第二届紫金山文学奖
	黑陶（曹建平）	《绿昼》	
	徐　风	《沉浮之路》	

第二节　音乐舞蹈

1987年2月，无锡市音乐舞蹈协会编辑出版《无锡地区民间歌曲集》，搜集整理无锡地区民间歌曲500余首，其中104首入选《中国民间歌曲集成江苏卷》。1989年，市歌舞团创作演出系列舞蹈《金龙银湖》，其中5个节目参加第二届中国艺术节（华东片）演出。

1991年12月，在省第二届音乐舞蹈节上，无锡市获专业系列一等奖4项、二等奖10项、三等奖9项，获奖数居全省榜首，其中，双人舞《网船恋》获编导、表演双一等奖，《迎春锣鼓》获器乐一等奖，武丽获演唱一等奖。1992年，市歌舞团致力于创作大型剧节目，提升剧团整体表演艺术能力和水平。11月，创排以“美在江南，春满江南”为主题的大型歌舞《江南好》，由“太湖春色”“吴地风情”“劳动欢歌”等3个篇章串联起具有江南特色的歌舞节目，同年12月底，应文化部艺术司邀请晋京演出，新华社连发两篇电讯稿报道。该剧目分别获文化部第三届“文华新节目奖”“文华编导奖”，江苏省第三届文学艺术奖，江苏省“五个一工程”荣誉奖，无锡市首届文学艺术奖特别奖，无锡市腾飞奖。

1993年5月13日，市歌舞团在大众剧院向到无锡参观考察的国防大学72位将军演出大型歌舞《江南好》。同年，由中国文联、中国音协、江苏省文联、省音协、无锡市文联等12家单位联合发起举办纪念华彦钧100周年诞辰系列活动，活动内容包括：华彦钧音乐艺术国际学术研讨会，纪念华彦钧100周年诞辰民族音乐会，华彦钧铜像揭幕仪式，江苏省少年二胡邀请赛，有关华彦钧题材的电影、电视系列剧和其他形式文艺作品回顾展，纪念华彦钧100周年诞辰首日封发行，华彦钧（阿炳）演奏的《阿炳全集》盒带出版等。

1995年3月上旬，市歌舞团赴新加坡参加“华族文化节”，演出大型歌舞《江南好》。同年7月，市歌舞团以改革开放后太湖之滨的繁荣景象为表现题材，创排舞蹈诗《太湖鱼米乡》。11月，应文化部艺术局邀请，在北京保利大厦国际剧院演出，中央电视台进行实况录像并两次转播，至1996年5月共演出百场。舞蹈诗《太湖鱼米乡》先后获文化部第七届“文华新剧目奖”“文华编导奖”，省“五个一工程”奖、省第三届音乐舞蹈节优秀剧目奖，无锡市第二届文学艺术奖、市“腾飞奖”，1996年11月初再次晋京演出。1997年，文化部试行全国演出剧（节）目推荐制度，在湖南省长沙市召开的全国演出工作洽谈会上，公布首批100个优秀剧（节）目，无锡市选送的舞蹈诗《太湖鱼米乡》列在其中。

1998年，市文联、市音协组织创作大型音乐诗歌舞蹈《太湖随想》，并将其列为无锡市“五个一工程”重点项目。《太湖随想》由山影、书魂、泥香、纺韵、灯海、旅情、弦思、春涨8个乐章组成，是无锡市第一部主要由本市词、曲作者创作的大型音诗舞作品（后于1999年11月完成CD片制作）。同年11月18日，市歌舞团以民间音乐家华彦钧的人生经历与二胡曲《二泉映月》的诞生为素材，创作排演大型舞剧《阿炳》，1999年2月4日在大众剧院首演，同年参加江苏省国庆50周年优秀剧（节）目展演和首届中国上海国际艺术节，并作为国庆50周年献礼剧目之一，应文化部的邀请晋京演出，《人民日报》等作专题报道。12月，大型舞剧《阿炳》参加省文化厅举办的音舞节，获剧目大奖。2000年，经修改加工后，新版《阿炳》全年演出50余场，先后获文化部第九届“文华奖”及4个单项奖、第六届中国艺术节大奖、中宣部第八届“五个一工程”奖、无锡市“腾飞奖”，《阿炳》剧组两次被省政府记集体一等功，市歌舞团获文化部、人事部联合表彰的“全国文化先进集体”称号。是年，创作歌曲《家》《中国山水》《牧童哪里去了》《雪里梅花》等。

图34-4　1999年，舞蹈诗《太湖鱼米乡》演出场景（顾祚维摄）

2001年，大型舞剧《阿炳》参加澳门回归两周年庆祝演出活动。同年9月29日，市歌舞团与澳门特别行政区政府文化局演艺学院联合排演的舞剧《澳门新娘》，在市人民大会堂向全国舞蹈同行作展示演出。《澳门新娘》被称为澳门有史以来第一部原创舞剧，是一部反映中西文化交融的作品，讲述一对异国情侣历经磨难终成眷属的故事，反映澳门独特的历史文化，展现澳门的风土人情。10月2日，《澳门新娘》研讨座谈会召开，中国舞蹈家协会名誉主席、第五届全国舞蹈比赛评委会顾问贾作光，中国艺术研究院舞蹈研究所所长冯双白，北京舞蹈学院教授潘志涛等对无锡澳门两地合作创演《澳门新娘》予以高度评价，对该剧在音乐、编导、舞美以及表演等方面取得的成功予以肯定。2002年，市歌舞团团长刘仲宝带领编创人员到无锡一汽柴油机厂体验生活，创作出歌舞剧《党旗上有咱一把锤》。2003年9月22日晚，青年歌手石莉娟在市人民大会堂举行《江南茉莉》个人演唱会。

2004年2月，大型舞剧《阿炳》被文化部列为2003～2004年度国家舞台艺术精品工程初选剧目。同年9月，舞剧《澳门新娘》参加在杭州举行的第七届中国艺术节，获特别奖，同年获江苏省“五个一工程”奖。7月，市歌舞团创作排演民族舞剧《红河谷》，10月25日在市人民大会堂首演，12月中旬入选国家舞台艺术精品工程30台初选优秀剧目。至2005年，共演出176场，观众24.6万余人次，票房收入800多万元。同年11月15日，《红河谷》被文化部公布为2004～2005年度国家舞台艺术精品工程十大精品剧目之一。

1986～2005年无锡市音乐舞蹈获奖情况表

表34-4

年份	比赛	获奖者及获奖节目	获奖等级
1986	全国民歌和通俗歌曲比赛	徐笑萍	优秀演出奖
	全国舞蹈会演	市歌舞团舞蹈《车水乐》	演出奖
1987	江苏省首届音乐舞蹈节	市歌舞团舞蹈《胡笳声声》	二等奖
		《金蝶飞舞》	二等奖
		《双推磨》	三等奖
		《二泉映月》	三等奖
		刘仲宝	表演一等奖
		贾秀金	表演二等奖
		市歌舞团歌曲《谁不爱江南》	创作三等奖
		《太湖渔歌》	创作三等奖
		管乐钢琴曲《流水》	创作三等奖
		许慎卿	美声二等奖
		武丽、朱亚芬	美声演唱奖
		吴伟圻	民族二等奖
		徐笑萍	民族三等奖
		武小丽、黄佑海	对唱三等奖
1991	江苏省第二届音乐舞蹈节	尤俊华《网船恋》	舞蹈创作一等奖
		刘仲宝	舞蹈表演一等奖
		武丽	声乐独唱一等奖
		李允《迎春锣鼓》	器乐创作一等奖
1994	江苏省首届青年舞蹈演员独、双、三人舞比赛	无锡市歌舞团《苏三起解》	一等奖、新节目奖
		《小小渔娃》	二等奖、新节目奖
		《水与花》	二等奖、新节目奖
		《跌雪》	二等奖、新节目奖
		《纳凉》	二等奖、新节目奖

续表

年份	比赛	获奖者及获奖节目	获奖等级
1994	江苏省首届青年舞蹈演员独、双、三人舞比赛	《浪花女》	三等奖、新节目奖
		刘仲宝、季蓓、朱培清、王锡珍、曹娟英、王言平、贾秀金	指导老师奖
		宋戟、王醒	演员表演奖
	全国广播新歌大赛	陈明华演唱的《永恒的琴声》	银奖
	中国音乐电视（MTV）大赛	陈明华演唱的《拔根芦柴花》	铜奖
	省第三届音乐舞蹈节	市歌舞团《太湖鱼米乡》	优秀剧目大奖
		王言平《苏三起解》	编导一等奖
		房美虹《苏三起解》	表演一等奖
		葛逊、王小平《妈妈最大我最小》	声乐作品一等奖
		陈明华	声乐演唱一等奖
		王小平《双推磨随想曲》	作曲一等奖
		黄杨	演奏一等奖
	省第三届音乐舞蹈节	陈倩《小小渔娃》	舞蹈表演二等奖
		吴国子、范荣《踏上这一片土地》	声乐作品二等奖
		胡成林、武丽	声乐演唱二等奖
		锡山市文化馆舞蹈《莲花乐》	节目一等奖
		市少年宫舞蹈《捉螃蟹》	节目一等奖
		弹拨乐合奏《龙船》	节目一等奖
		张姝丽辅导的舞蹈《捉螃蟹》	辅导一等奖
		钱铁民辅导的弹拨乐合奏《龙船》	辅导一等奖
1996	第二届中华戏曲新歌大赛	张正《蝶恋花·答李淑一》	一等奖
	全国声乐大赛	陈明华	优秀演唱奖
1998	第二届省独、双、三人舞蹈比赛	《水上人家》编导杨民麟	金奖
		演员钱丽娜、邓炎	银奖
		《苏小娥》作曲王小平	银奖
		《共绣江南》《苏小娥》编导王言平	铜奖
		《失落》演员葛丹绮、钱丽娜、邓炎	铜奖
		《月光》演员陆丽倩、王兴华	铜奖
		任国兴、顾卫建、孙冰、匡小鹏	优秀指导教师奖
	第三届江苏省声乐比赛	陈明华	专业民族青年组一等奖
		武丽	专业美声中年组二等奖
		周新毅	业余通俗青年组二等奖
		丁建慧	业余民族青年组三等奖
2002	文化部文华奖	市歌舞团《阿炳》	文华大奖
	第六届中国艺术节	市歌舞团《阿炳》	六艺节大奖
	第二届中国舞蹈荷花奖	市歌舞团《阿炳》	银奖
	中国舞美学会学会奖	张知二《阿炳》舞美设计	学会奖

续表

年份	比赛	获奖者及获奖节目	获奖等级
2002	中国第五届合唱节	无锡爱乐女子合唱团	铜奖
		无锡爱乐女子合唱团《葡萄园之歌》	优秀参赛奖
2003	“桃李杯”全国青少年舞蹈大赛	市文化艺校《动感萨巴依》	表演二等奖
		演员马佳宏	少年男子组三等奖
2004	第六届全国舞蹈比赛	市文化艺校《动感萨巴依》	表演三等奖
	第七届中国合唱节	无锡山禾合唱团混声合唱	金奖
		男声合唱	金奖
		女声合唱	银奖
	江苏省第五届“五个一工程”奖	市歌舞团《澳门新娘》	“五个一工程”奖
	第七届中国艺术节	市歌舞团《澳门新娘》	特别奖
	第十一届全国青年歌手大奖赛	市文化馆	团体第一名
		曹琳	美声业余组优秀奖
2005	江苏省首届青年舞蹈演员比赛	无锡文化艺术学校	中专组团体总分第一名
		市歌舞团《我的兄弟姐妹》	一等奖
		《二泉》《彷徨》	二等奖
		《竹云》	三等奖
		马佳宏	大赛特设的“萌芽”奖
		任倩	专业组表演一等奖
		王俊杰	中专组表演二等奖
		朱律	中专组表演三等奖

第三节 戏剧曲艺

一、锡剧

1.《二泉映月》

1993年，为纪念华彦钧（瞎子阿炳）100周年诞辰，市锡剧团创作演出锡剧《瞎子阿炳》。9月，在山西太原参加全国地方戏曲交流演出（北方片）。1994年，作为锡剧优秀新剧目赴上海展演。后从剧情、表演、唱腔、舞美、灯光等各方面修改加工，1995年12月，受文化部之邀晋京演出，1996年获江苏省“五个一工程”奖，1997年获无锡市“腾飞奖”，2000年改剧名为《二泉映月》参加第二届上海国际艺术节、第六届中国艺术节。

2.《珍珠塔》

2000年，市锡剧院与无锡广电集团、无锡日报社、东上海影视公司合资组建无锡珍珠塔艺术有限责任公司，打造新版《珍珠塔》，尝试市场化运作。当年演出40场，观众超6万人次，票房收入264万元，创无锡剧目票房收入之最。实际

图34–5 1995年，《瞎子阿炳》晋京演出（顾祚维摄）

图34-6　2004年，新版《珍珠塔》赴新加坡演出
（市文广新局供稿）

赢利85万元，其中50万元按股分成，35万元用于公司新项目的开发和投资。2003年9月太湖艺术节期间，推出重新创作排练的"四世同堂"版《珍珠塔》。由锡剧老艺术家王彬彬、汪韵芝领衔，20岁到80岁四代优秀锡剧演员同台演出。是年，该剧获江苏省"五个一工程"入选作品演出千场奖。2004年2月，锡剧《珍珠塔》赴新加坡商业演出，锡剧第一次走出国门。

3. 锡剧专题片

2001年9月，市锡剧院演员小王彬彬、袁梦娅、顾国英、谢志英、潘佩琼等赴京，在中央电视台现场录制6集锡剧专题片，每集30分钟，在中央电视台戏曲频道播出。这是中央电视台首次为锡剧拍摄专题片，集中展示锡剧剧种的艺术特色。

4.《青蛇》

2002年7月，市锡剧院、市歌舞团、无锡珍珠塔艺术有限责任公司联合创作排练、无锡小梅花锡剧团演出的大型锡剧音乐剧《青蛇》在市人民大会堂公演。《青蛇》根据香港作家李碧华的同名小说改编，融入舞蹈、魔术、杂技、特技等诸多艺术元素，采用声电光影技术增强舞台视觉效果，引入歌舞、武打、特技表演等多种元素，改变传统锡剧的文戏模式。演出后，市锡剧院广泛听取意见，先后8次召开修改加工专题研讨会，进行3次大的修改。2003年11月，《青蛇》在市人民大会堂参加第四届省戏剧节演出，获优秀演出奖，并被选调参加2003年省舞台艺术优秀作品展演。是年，共演出125场，观众15万人次，演出收入330万元。2005年，《青蛇》入选为江苏省10台舞台艺术精品工程初选剧目。

5.《名段欣赏》

2003年6月，中央电视台《锦绣梨园》栏目摄制组专程到无锡，拍摄《名段欣赏》锡剧专题片。专题片汇集王彬彬、梅兰珍、汪韵芝等老一辈锡剧艺术家和小王彬彬等著名锡剧演员的艺术专访，实地拍摄惠山古镇、荡口古镇风貌和太湖风光，把锡剧与无锡人文景观结合到一起，展示锡剧艺术的特色和魅力，在中央电视台播出后受到好评。

6.《江南雨》

2005年，市锡剧院创作排练锡剧《江南雨》。《江南雨》以近现代中国社会变迁为背景，讲述旧婚姻制度下女性对自由生活的追求，由著名剧作家刘云程、周保民、刘红焰联合创作，著名锡剧演员小王彬彬、黄静慧伴唱，青年演员蔡瑜、姜雪峰、花红、冯佼等演出。6月13日在无锡市公演，后入选省第七届锡剧艺术节。是年，累计演出110余场，票房收入362万元。

二、越剧

1.《越剧流派轻歌舞》

1987年，市越剧团编创排演《越剧流派轻歌舞》。该剧目融合《红楼梦·进府》《梁祝·十八相送》《碧玉簪·团圆》《祥林嫂·诉天》等17出传统折子戏，时尚文化元素与越剧流派唱腔相结合，是年，在上海连续演出3个月，《文汇报》《解放日报》《新民晚报》等作专题报道。其后，在无锡演出1个月。

2.《宰相嫁妾》《情断龙脉》

1988年，市越剧团编演《宰相嫁妾》，在省新剧目观摩演出中获剧本、演出、演员多项奖励，并由上海电视台摄成录像片，在多家电视台播映。

1989年，创作演出古装戏《情断龙脉》，在无锡市第三届太湖艺术节上获编剧、导演、演员、音乐等10项奖。

3.《弥留》

1991年4月，市越剧团以市第一棉纺织厂党委书记顾鼎元的先进事迹为题材，编创排演大型现代越剧《弥留》，编剧萧孟铨多次到顾鼎元生前工作的纺织厂收集材料、体验生活，仅用28天就创作出剧本。《弥留》剧组连续40多天每天排练10多个小时。同年10月，《弥留》在无锡公演。12月，应省文化厅和省纺工厅邀请，《弥留》剧组赴南京汇报演出，省委宣传部专门召开座谈会。至年末，《弥留》演出70多场，观众9万余人次。1992年6月，赴北京演出，同年获江苏省"五个一工程"奖。1993年，获无锡市"腾飞奖"、市文学艺术特别奖。后赴上海，南京、天津、武汉等城市演出，至1993年末，共演出370余场。摄制4集越剧电视片《弥留》，于1995年获第十届全国优秀多本戏曲电视剧三等奖。

三、滑稽戏及曲艺

1.《自作聪明》

1994年，市滑稽剧团以肃贪倡廉为主题，创作排演滑稽戏《自作聪明》。1995年1月，《自作聪明》剧组赴南京参加省第二届法制文艺调演，获7个奖项。同年3月，由中宣部、司法部、文化部安排，晋京参加全国法制文艺调演，为参加"两会"的全国人大代表、政协委员汇报演出两场，进中南海演出两场，应北京市纪委邀请在京公演15场。至2005年末，在全国各地共演出308场。市滑稽剧团获江苏省"法制新闻文艺工作先进集体"称号。

2.《真是害煞人》

1998年，市滑稽剧团以禁毒为主题，创作排演滑稽戏《真是害煞人》。2000年，《真是害煞人》获国家计生委、文化部等部门联合颁发的第八届中国人口文化奖。

3.《是谁惹的祸》

2003年9月8日，由市艺术研究所创作，市滑稽剧团和市教育局共同策划排演的反映青少年教育题材的轻喜剧《是谁惹的祸》在市蓓蕾影剧院首演。剧组成员在创作过程中深入学校和学生家庭，掌握第一手创作素材，力求贴近实际、贴近生活、贴近青少年。2004年4月下旬，《是谁惹的祸》参加上海第五届儿童剧展演，获优秀演出奖，陈敏被评为最受欢迎演员。

4.《祝枝山选女婿》

2004年9月28日，市滑稽剧团创排的大型古装滑稽戏《祝枝山选女婿》公演。该剧创作排演历时两年，表演风格结合南北两大曲艺特色，是市滑稽剧团建团以后投入资金最多、参演人数最多、演出票价最高、上座率最好的原创剧目。首演后的3个月，先后在全国数十个大中城市和乡镇演出80场，演出收入200余万元。2005年末，签约于翌年赴新加坡演出。

5.《阿福嫂到上海》

2005年，市曲艺家协会以市场运作的方式，参与创作大型舞台喜剧《阿福嫂到上海》。该剧由著名笑星王汝刚、沪剧表演艺术家陈瑜主演，舞美设计为话剧《家》和《雷雨》的设计班底，剧中阿兴和阿福嫂的原型人物担任顾问。年内，先后在无锡、上海和省内城市上演100余场。

6.《阳光少年》

2005年，市滑稽剧团与北京艺海东方文化交流公司共同创演大型滑稽戏《阳光少年》，反映新时期青少年新风貌，揭示有关青少年教育的社会问题。同年10月，在无锡市首场公演，后晋京演出近40场。

7.《洒向人间都是笑》

1994年7月，无锡著名滑稽戏表演艺术家丁玲玲电视专题片《洒向人间都是笑》拍摄完成，时年82岁的丁玲玲展演其代表作《好事体》《团团转》《毛脚媳妇》《我肯嫁给他》等剧目片断。

四、专题研讨

1996年1月，无锡市首次召开现代戏题材研讨会，就现代戏题材的创作选择、开拓挖掘、地方特色等展开研讨，对全市创作演出的10余台现代戏回顾总结，部分编剧与剧团负责人就剧本的创作排演意向交换意见。

1986～2005年无锡市戏剧曲艺获奖情况表

表34-5

年份	比赛名称	获奖者	奖项
1993	江苏省第四届锡剧节	市锡剧团《瞎子阿炳》	优秀演出奖、编剧奖、导演奖、优秀音乐设计奖、优秀灯光设计奖、优秀服装设计奖、优秀伴奏奖
		《梅开何家湾》	演出奖、优秀音乐设计奖、舞美设计奖、优秀灯光设计奖
		王建伟（小王彬彬）、袁梦娅、黄静慧、潘佩琼	优秀表演奖
		过之红、谢志英、潘华、华秀英	表演奖
		王彬彬	荣誉奖
		江阴市锡剧团《天涯情仇》	优秀演出奖、编剧奖、优秀导演奖、优秀音乐设计奖、优秀舞美设计奖、优秀服装设计奖、优秀伴奏奖
		郑晓阳、缪进荣、周林华	优秀表演奖
		费宏逵、程雪梅、缪玉华	表演奖
		无锡县锡剧团《至德泰伯》	优秀演出奖、编剧奖、导演奖、音乐设计奖、优秀舞美设计奖、灯光设计奖、服装设计奖、伴奏奖、伴唱奖
		《血泪缘》	演出奖
		钱伟	优秀表演奖
		陈惠娟、高中伟、乔学良、殷玉婷、张祖良	表演奖
		宜兴市代表队《找对象》《烛光》	小戏演出奖
		无锡县代表队《寒夜会》	小戏演出奖
		江阴市代表队《茶壶阿六》《小辣椒相亲》	小戏演出奖
	全国地方戏曲交流演出（北方片）	市锡剧团《瞎子阿炳》	剧目奖
		王建伟	优秀表演奖
		袁梦娅、潘华	表演奖
		张弘、梅天放、赵仿拂	编剧奖
		戈弘、吴忠良、李冬骏	音乐设计奖
		杨亚典、蒋正心、杨源	舞美设计奖
		蒋正心、杨源等	绘景奖

续表

年份	比赛名称	获奖者	奖项
1994	江苏省首届曲艺节	赵丽芳、姚江	优秀演员奖
		赵丽芳《智斩安德海·左帅弹劾》	创作奖
	全国曲艺小品大奖赛	胡国熙编剧，张斌龙、陈复观导演，徐秀芬、张斌龙、谢浩杰表演，小品《说句心里话》	三等奖
1995	第十届全国优秀多本戏曲电视剧	萧孟铨编剧、市越剧团演出《弥留》	三等奖
1996	第十三届中国戏剧梅花奖	王建伟（小王彬彬）	中国戏剧梅花奖
	江苏省第二届滑稽戏节	市滑稽剧团《少年热线》	优秀剧目奖
		《自作聪明》	剧目奖
		王茂龙	优秀编剧奖
		夏鹰、高仲兴	优秀导演奖
		蒋正心、沙长夫	优秀舞美奖
		朱维生、姚正华	优秀灯光设计奖
		乔菊花	优秀服装设计奖
		陈敏	化妆设计奖
		朱宏伟	道具设计奖
		蔡九华、王玲、李宝发、陈敏、张秋英、孙音初	优秀表演奖
		钱吟梅	特别荣誉奖
1997	江苏省第二届戏剧节	市锡剧院《瞎子阿炳》	荣誉奖
		宜兴市锡剧团《爱河滔滔》	优秀剧目奖、编剧奖、优秀导演奖、优秀作曲奖、伴奏奖、优秀舞美设计奖、优秀灯光设计奖、服装设计奖
		唐振华、孙小香、杨丽芳	优秀表演奖
		储梅珏	表演奖
		江阴市锡剧团《双碑记》	优秀演出奖、编剧奖、优秀导演奖、作曲奖、舞美设计奖、优秀灯光设计奖、服装设计奖
		缪玉华、周林华	优秀表演奖
		徐惠、程雪梅、张玲娣	表演奖
		市滑稽剧团《少年热线》	新剧目奖、编剧奖、舞美设计奖、灯光设计奖、服装设计奖
		蔡九华	优秀表演奖
		孙音初、王玲、张秋英	表演奖
		钱吟梅	荣誉表演奖
	“红杉树杯”江苏省戏曲大赛	锡山市锡剧团钱伟	专业组一等奖
		市锡剧院黄静慧	专业组二等奖
		市锡剧院过之红	专业组三等奖
		石莉娟	业余组一等奖
		市戏剧家协会	优秀组织奖

续表

年份	比赛名称	获奖者	奖项
2000	第八届中国人口文化奖	市滑稽剧团《真是害煞人》	三等奖
	江苏省反腐倡廉文艺调演	市滑稽剧团上海说唱《风》	三等奖
2001	全国第十一届群星奖	江阴市《阿二骂钱》《半句话》	群星奖
	第六届华东地区小品大赛	黄启元创作,曾扬、曹海涛、崔海滨演出《半句话》	一等奖
2002	曹禺戏剧奖	庄铁生《审女儿》	小品小戏银奖、编剧奖、优秀演员奖
		高玉红《狗蛋村长》	小品小戏铜奖
		吕伟《扶贫对象》	入围奖
	首届江苏省戏剧文学奖	邓耀清、於松生《星光灿烂》	江苏省戏剧文学奖
2003	第四届江苏省戏剧节	市锡剧院《青蛇》	优秀演出奖
	中国曲艺荟萃曲唱雅集(南方片)大赛	石莉娟	一等奖
		江雪峰、蔡瑜	三等奖
	首届中国博兴国际小戏艺术节	朱抗美创作,王琴、顾国良、曹俊娣演出评弹音乐剧《妙手回春》	剧目金奖
		王建平创作,韦伯生、姜明、潘群超演出小锡剧《斩驸马》	剧目金奖
		钱英	导演奖
		王琴、韦伯生	优秀表演奖
2004	上海第五届儿童剧展演	市滑稽剧团《是谁惹的祸》	优秀演出奖
		刘敏	“最受欢迎”演员
	全国第十三届群星奖	江阴市文化馆《鸡笼风波》	群星奖

第四节　美术　书法　摄影

无锡市建有美术专业队伍,且有群众基础,每年创作的作品远较其他艺术门类为多,每年举办书画摄影展览达数十次。市美术家协会、市书法家协会、市摄影家协会(分别简称“市美协”“市书协”“市摄协”)经常组织会员外出采风、写生、拍摄,并操办展览、比赛、评奖等。市书画院、市国画院经常组织开展艺术交流活动。无锡艺术家先后获得全国美展银奖、全国书法兰亭奖、全国影展金奖等奖项。摄影家许益民、书法家夏国贤分别获中国文联和中国摄协、中国书协颁发的“德艺双馨”艺术家称号。无锡市先后成立钱松喦艺术研究会、秦古柳艺术研究会、方召麟艺术研究会、程及艺术研究会等艺术研究团体。

1986年7月,日本相模原市书道代表团访问无锡,与无锡书法家举办书法联展。同年10月,西神印社成立。同月,市政府拨款2.5万元修缮南市桥巷58号钱松喦故居,辟为“钱松喦藏画室”,1987年6月5日举行揭幕仪式,对外开放。已故著名国画家钱松喦系宜兴杨巷乡人,长期在无锡生活和工作。藏画室分客厅、画室和陈列室等3个部分,客厅及画室基本恢复故居原貌,卧室作为陈列钱松喦生平事迹和绘画艺术资料的展室。钱松喦家属捐赠的画作收藏于市博物馆。

1988年4月,“澳门、无锡、苏州、中山四地摄影作品联展”在市美术馆举行,香港著名摄影家陈复礼、中国摄协副主席袁毅平、澳门摄影学会会长李公剑等出席开幕式。联展展出摄影作品240幅。11月30日～12月3日,联展在澳门继续展出,并开展摄影创作和艺术交流活动。10月26日,徐悲鸿纪念馆开馆。徐悲鸿为宜兴屺亭桥人，纪念馆坐落在宜兴亦园，内设6个展览室，分别展出徐悲鸿生平事迹，徐悲鸿的国画、油画、素描，以及其学生的临摹作品和著名书画家祝贺纪念馆建成的书画作品。

1991年2月20～25日，无锡画家华士清作品展在日本最具影响的画廊之一的东京西武画廊展出。5～6月，华士清的《江南四季图》先后在日本东京、福冈、静冈等地巡回展出，10月18日参加法国巴黎的“秋季沙龙”画展。同年，画家裘国骥的中国画《蠡湖》被朝鲜选用为祝贺中国邮政开办100周年发行的小型张图稿。出生于无锡的美国国家艺术院终身院士程及捐赠两万美元创设程及美术奖励基金，用于奖励无锡地区的优秀美术作品。基金会由市书画院负责管理和操作，每两年举办一次竞赛活动。1992年10月，市文联等举办倪瓒生平、艺术及其影响国际学术研讨会，编辑出版《倪瓒画集》。美国、日本、加拿大等国及中国香港地区的专家学者出席研讨会。1993年，举行首届“程及美术奖”评选活动。

1995年7月，宜兴市委、市政府举行徐悲鸿100周年诞辰系列纪念活动，在其故乡屺亭乡举行徐悲鸿故居复建开放仪式和纪念大会，省、市有关领导和宜兴市文化艺术界、教育界的代表以及徐悲鸿亲属、生前友好等共200多人出席。北京徐悲鸿纪念馆、南京博物院与宜兴市联合举办“徐悲鸿书画原作展”，展出国画和素描作品共48幅。宜兴市同时举办“悲鸿杯”青少年学生书画大赛。上海、南京、黑龙江、安徽、四川、香港、台湾等地和法国、新加坡等国先后举行徐悲鸿100周年诞辰纪念活动。同年，在周怀民藏画馆举办著名画家周怀民从艺70周年回顾展，展出其作品100余幅。

1999年4月22日，市摄协在三阳广场主办《爱我无锡》大型摄影展览，共展出作品100余幅，展示无锡优美的风光名胜和悠久的历史文化，以及两个文明建设所取得的辉煌成就，反映人民生活和民俗风情。9月25日～10月10日，市委宣传部、市文联、市文化局、市老干部局共同主办“祖国万岁”国庆50周年大型美术书法摄影展览，展出作品460幅，其中摄影作品100余幅、书法作品150幅、美术作品约200幅。

2000年7月，无锡市书画院专业书法家穆棣应江苏省书法家协会邀请，在省书法培训基地淮阴、江浦、常熟等地分别对省内部分书法骨干进行学术辅导，并进行“古代法书名帖鉴定”专题讲座；受南京市文化局和书画院邀请，到南京书画院作“古代法书名帖鉴定”专题讲座。10月5日，市书画院举办建院20周年书画展。12月，由民进江苏省委、省美协、无锡市文联联合主办的梁溪·周氏三代人周文彬、周安生、周震书画展开幕式在江苏美术馆举行。是年，由第六届中国艺术节组委会主办国际中国画大展邀请展，华士清的《蠡湖烟绿》、王福元的《晴雪》、梁元的《寒水冬山图》等国画作品和刘铁平、穆棣的书法作品分别入选其中。梁元创作的《寂静冬林》和方国新的《赵家坡回望》等美术作品入选由中国美术家协会举办的全国中国画作品展。裘国骥的国画《包孕吴越》入选由文化部人才中心和中国诗书画研究院举办的当代中国画等级人才成果展。刘铁平的书法作品入选百年辉煌中国艺术大展和百年辉煌中国名家书画。9月，无锡市博物馆从馆藏书画作品中，撷取各流派代表人物的佳作，举办稀世之珍——中国历代书画精品展。

2001年4月5日，由市文联和台湾中华如意学会联合主办、西神印社和无锡八佰伴商贸中心承办的海峡两岸如意印章展在无锡市八佰伴商贸中心开幕，海峡两岸百余件作品和西神印社的数十方作品参展。4月8日，由市文化局、市书画院和台北中华万石文化交流协会共同举办的纪念无锡籍著名画家陶寿伯102岁诞辰无锡—台北书画作品交流展在市群众艺术馆开幕，展出市书画院画家和陶寿伯入室弟子赵善灿等台湾书画家的作品各60幅。开幕式上，台北中华万石文化交流团将陶寿伯的两幅花鸟精品画作捐赠给市博物馆。6月9日，由中国书协刻字研究会主办、市文联承办的全国第一届现代刻字艺术名家作品邀请展在市博物馆开展，展出作品50件。10月，太湖风——无锡国画院建院5周年作品展在北京中国美术馆展出。无锡国画院先后有100余幅作品入选全国、全省书画展，获奖数十项，并先后在上海、南京、厦门等地举办书画展。

2002年，市摄协常务理事黄丰在第20届全国摄影艺术展览上获金奖，为无锡摄影家在全国影展中首获金奖，另有4名作者的6幅作品获优秀奖。同年在上海国际影展中，无锡摄影家多幅作品入选，两幅获铜奖。在纪念《在延安文艺座谈会上的讲话》发表60周年江苏省摄影展览中，市摄协获优秀组织奖，许益民等3人获首届“金瞬奖”，无锡的入选作品数、获奖数位列全省各市前茅。同年9月12日，市双拥办、市文联共同举办的“赞颂新成就，迎接十六大”——无锡市双拥书画展在市博物馆开幕。从100多位军地书画家和书画爱好者选送的300多幅作品中精选出100余幅书画参展，其中10幅作品参加全国双拥书画展览。同年11月9日，市文联、团市委、市教育局、市关工委、江南晚报社等单位联合举办的“喜庆党的十六大”无锡儿童画优秀作品展暨32届国际儿童绘画展在无锡市八佰伴举行开幕式。从全市30多家单位选送的1000余幅作品中遴选出250余幅参展，同时展出第32届国际儿童绘画展的近200幅优秀作品。开幕式当天，近百位儿童进行现场笔会，观众逾万人。在为期4天的展出中，观众3万人次。画展期间进行评奖活动。展览结束后，主办单位编印出版《无锡儿童画优秀作品集》。

2003年3月，市文化馆选送的摄影作品在全国青少年摄影大赛中获4枚银牌、5枚铜牌，获奖总分列全国所有参赛城市之首。同年“八一”建军节前夕，《太湖双拥潮——无锡市双拥摄影书画作品集》出版。画册刊登200余幅美术、书法、摄影作品。9月，市文化馆摄影培训班学员在2002～2003年度第六届“理光杯——‘我是中国小记者’”摄影邀请赛上获金奖3项、银奖5项和铜奖20项，获奖成绩再次列全国各参赛城市之首。11月，在第十二届全国“群星奖”评比中，市文化馆获组织奖，许益民的摄影作品《金秋牧归》获优秀奖。同年10月25日～11月5日，应台湾中华书画艺术研究会的邀请，市书画院美术代表团赴台湾开展美术交流和学术研讨活动，在台中文化中心展出30幅反映太湖地域及无锡地区民俗民风的书画作品，并进行环岛山水写生。

图34-7　2004年，中、日近百名书画家联袂创作“盛世丹青”百米长卷　（顾祚维摄）

2004年5月30日，无锡籍画家方召麟捐赠书画仪式和书画作品展分别在无锡湖滨饭店和市博物馆举行。9月27日，市博物馆馆藏方召麟书画作品展在常州市博物馆展出。同年8月27日，列入江苏文化周活动的无锡绘画展在摩洛哥四大古城之一的梅克内斯举行。绘画展展出无锡书画家王洋、梁元、杨雨青、顾青蛟、许惠南等反映太湖风情、水乡雅趣、吴地茶韵的作品。中国驻摩洛哥大使馆临时代办梁玎玎、摩洛哥大区总督穆罕默德·阿拉维、文化大臣穆罕默德·阿沙里等出席画展。9月5日，全国人大常委会副委员长李铁映邀请市书画院书画家刘铁平、王福元、方国新等在无锡太湖饭店举行艺术笔会，共同探讨书画艺术，并为无锡市新建的书画院题词“艺在别中”。10月，无锡市成立程及艺术研究会，市政协主席韩军任会长。11月6日，中国人民对外友好协会、中国文化艺术发展促进会、无锡市政府、日中友好会馆主办的中日书法绘画交流大展在市体育中心展馆开幕，近百名中国和日本的书画名家进行“盛世丹青”百米长卷现场创作。活动期间，中日书画家在无锡举行“山水名城无锡”主题笔会。

2005年5月27日，市委宣传部、市文联、市文化局、无锡广电集团联合主办的“太湖诗韵”——刘铁平书法篆刻展在无锡美术馆开幕，展出150幅书法作品和170方篆刻作品。6月22日，省文联、省书协、市文化局、市文联和市书画院联合举办的穆棣书法作品暨学术成果展在江苏美术馆展出。8月9日，市政府、中国美协主办的程及画展在北京中国美术馆一号展厅开幕。全国政协副主席张怀西、中国奥委会名誉主席何振梁、中国美协党组书记刘大为、中国美术馆馆长冯远，无锡市领导周解清、王立人、麻建国等出席开幕式。8月20日，柬埔寨国王西哈莫尼专程前往参观。《人民日报》、新华社等30多家媒体发表画展消息或有关评论。程及于画展开幕前两天病逝于上海。9月，无锡市太湖博览会期间，中国书协、无锡市委宣传部、市文联主办，市国画院承办的太湖风·中国当代书法邀请展在无锡美术展馆举行，全国各地104位当代书法家的207件作品参展，展览结束后出版参展作品集。9月11日，第四届“影像中国”全国摄影艺术大奖赛获奖作品展览开幕式在市图书馆举行，展出作品264幅（组），此为国家级摄影展首次落户无锡。9月22～25日，应日中友好协会之邀，“中国‘太湖风’三人书法展”在日本东京日中友好会馆美术馆展出。展出王志安、孙璘、陈大中3位无锡籍书法家的40件作品。日本自民党干事长武部勤，日本书法篆刻界泰斗小林斗盦，谨慎书道会理事长成濑映山，全日本书道联盟事务局局长、书作院理事长星弘道，日中友好协会副会长清水正夫，中国驻日大使馆参事官黄星原，中国美术馆研究部主任陈履生，旅日书法家邹涛，日本著名书法家等出席观展。该展览受到日本观众的高度赞赏。12月24日，“整理·妄想”油画雕塑艺术展在无锡市北仓门生活艺术中心开幕，展出无锡市64位作者的150件油画、雕塑作品。

1989～2005年无锡市绘画作品获奖情况表

表34-6

年份	展览或比赛	获奖者	获奖作品	获奖等次
1989	第七届全国美术作品展览	杨春华	版画《春华》	银牌奖
		华士清	国画《春雨江南图》	铜牌奖
		梁元	宣传画《抢救千年古运河》	铜牌奖
1991	全国第二届宣传画作品展览	梁元	《您记得当年的入党宣誓吗》	铜牌奖
	“中国的四季”美术展览	金家翔	《秋韵》	优秀作品奖
		许荣亮、郁建辉	《雪》	优秀作品奖
1993	全国漫画大奖赛	王全大	《牵着走》	二等奖
1998	全军银幕上的共产党员形象展	陈琪	《兵写兵、兵演兵，兵是永恒的主题》	一等奖
		王洋	宣传画《霓虹灯下的哨兵》	三等奖
	全国第八届“群星奖”	郭亦栋	《河谷晓曙》	优秀奖
	中亨杯全国书画大展	郭亦栋	《河谷晓曙》	银奖
	全国书画“金彩奖”	郭亦栋	《故园清辉》	优秀奖
	省文化厅首届美术节	周阿成、张丽英	雕塑《晨》	金奖
		梁元	国画《暮林积雪图》	铜奖
		王洋	油画《金秋时节》	铜奖
		陈嘉全	油画《畅想》	铜奖
		王建荣	油画	铜奖
		许惠南	国画《老钟楼》	铜奖

续表

年份	展览或比赛	获奖者	获奖作品	获奖等次
1998	江苏省首届山水画展	华士清	《江南梅雨天》	银奖
		梁元	《寒林积雪图》	银奖
		许惠南	《翠微人家》	铜奖
		陈长来	《清韵图》	铜奖
	周恩来诞辰100周年邀请展	张崇政	《淮上风光》	优秀奖
1999	第九届全国美术作品展览	徐诚一	雕塑《希望》	银奖
	江苏省国庆50周年美展	梁元	《疏林积雪图》	优秀奖
		方国新	水彩画《五月的河》	优秀奖
		王洋	油画《金秋时节》	优秀奖
	江苏省反腐倡廉书画摄影展	梁元	宣传画《伟业成功之道》	一等奖
	江苏省迎接新世纪油画大展	张崇政	《太湖深处》	学术贡献奖
		冉海泉	《绿色的呼唤》	银奖
		徐剑鹏	《大江飞架》	银奖
		王洋	《硝烟散尽》	铜奖
		陶建荣	《人们》	铜奖
	全国诗书画大展	郭亦栋	国画《圣峡清辉》	成就奖
2001	第五届全国年画展	顾青蛟、陈德华	《江南风情》	铜奖
	新江苏画派七彩世纪中国画大展	梁元	《沂蒙情》	银奖
	江苏省庆祝建党80周年美术展	梁元	中国画《蒙山之情》	优秀奖
		张崇政	油画《太湖深处》	优秀奖
	江苏省油画展	张崇政	《微风》	优秀作品奖
		唐满生	《星期天早晨》	优秀作品奖
		王俭	《静物》《红眼》	优秀作品奖
	首届中国油画展	陶建荣	《天堑通途》	金奖
	第四届当代中国山水画展	储云	《漓江印象》	名家系列创新奖（金奖）
		张嘉林	《秋染小山村》	荣誉奖
		顾晓东	《侗乡清秋》	荣誉奖
2003	七彩世纪·江苏中国画大展	梁元	《静观图》	优秀奖
		许惠南	《大岳梦魂》	优秀奖
		方国新	《秦岭雪》	优秀奖
	全国中国画提名展	梁元	《静山积雪图》	提名奖
2005	江苏省雕塑作品展	周阿成	《本是同根生》	二等奖
		张丽英	《T型台》	二等奖
		陈刚	《城市少女》	三等奖
		谢恒强	《手持魔方的少女和她的情人》	三等奖
		徐诚一	《阿福》	学术贡献奖
	第三届全国画院优秀作品展	梁元	国画《云游家园图》	最佳艺术作品奖

续表

年份	展览或比赛	获奖者	获奖作品	获奖等次
2005	第六届江苏省体育美术作品展	许惠南、陈钢	雕塑《滑向奥运之星》	优秀奖
		顾青蛟	国画《少林十三武僧》	优秀奖
	第六届中国体育美术作品展览	许惠南、陈钢	雕塑《滑向奥运之星》	铜奖

1986～2002年无锡市书法作品获奖情况表

表34-7

年份	展览或比赛	获奖者	获奖作品	获奖等次
1986	全国第二届中青年书法篆刻家作品展览	穆　棣	小楷《离骚》	作品奖
1991	国际文化交流赛克勒杯中国书法竞赛	刘江鸿	—	中老年组三等奖
		汪精学	—	青年组三等奖
1993	文化部“中华文化精粹博览会”	沈海清	蝇头隶书	一等奖
1996	20世纪中韩书法家作品精品展	刘铁平	篆书中堂	二等奖
1998	省文化厅首届美术节	穆　棣	《孙过庭书谱》(节录)	银奖
1998	江苏省周恩来诞辰100周年全国邀请展	刘铁平	竹简书周恩来诗	优秀奖
1999	江苏省反腐倡廉书画摄影展	穆　棣	《江总书记报告摘录》	一等奖
2002	首届中国书法“兰亭奖”	查理达	楷书唐诗	兰亭奖·创作奖
		穆　棣	《韭花帖系列考》	兰亭奖·理论奖

1986～2004年无锡市摄影作品获奖情况表

表34-8

年份	影展或比赛	获奖者	获奖作品	获奖等次
1986	第一届上海国际摄影艺术展览	张山明	《起舞》	三等奖
1988	第二届上海国际摄影艺术展览	钱世党	—	铜牌奖
1990	第三届上海国际摄影艺术展览	丁红谱	《阳光》	二等奖、柯达专业摄影大奖
1991	第五届尼康奖摄影比赛	金乐锦	《水乡》	最佳奖
	江苏省第十三届摄影艺术展览	姚　勇	《为了国家的财产》	一等奖
1992	全国第三届环境摄影展	许益民	《锦绣田园》	优秀奖
	全国媲美摄影大奖赛	许益民	《黑头发飘起来》	一等奖
	全国首届群艺馆、文化馆干部摄影比赛	许益民	《牧场晨曲》	一等奖
1993	美国《大众摄影》国际佳作摄影赛	张山明	《园》	一等奖
		张山明	《潮》	三等奖
	英国第三十届艾塞克斯国际沙龙摄影赛	张山明	《潮》	二等奖
	法国佤加利恩国际沙龙影展	张山明	《敬意》	铜牌奖
2002	第二十届全国摄影艺术展览	黄　丰	《水乡烟雨》	金奖
	纪念《在延安文艺座谈会上的讲话》发表60周年江苏省摄影展览	许益民等3人	—	金瞬奖
2003	第十二届全国群星奖	许益民	《金秋牧归》	优秀奖
2004	第十三届全国群星奖	许益民	《非洲野生动物》(组照)	群星奖

第五节　电影　电视

1988年4月，市电影电视评论学会成立，围绕重点影片的放映，组织开展群众性影评活动，在《无锡日报》影视娱乐版发表影评。1995年，在第十届全国优秀多本戏曲电视剧评奖中，由市艺术创作研究所萧孟铨编剧、市越剧团演出的4集电视剧《弥留》获三等奖。1998年，锡山市锡剧团创作的《兄弟姐妹》被拍摄成16集电视连续剧；江阴市创作的《丑汉与他的俊媳妇》由长春电影制片厂拍摄成电影，并入围第四届国际电影节。同年4月，在上海东方电视台、新民晚报社等联合举办的电视剧本"金狮奖"征文中，无锡作家陆永基创作的20集电视连续剧剧本《阿慧》获第二名。1999年，无锡中视影视基地与中央电视台影视部合作投资拍摄《突出重围》《静静的叶尔羌河》《庄稼院里有好梦》《西部太阳》《都市情感》等电视连续剧，与中央电视台新闻评论部合作拍摄30集系列片《百年名人》和《百姓百年》，投资并协助中央电视台体育中心拍摄大型体育竞技栏目《城市之间》，投资并协助中央电视台文艺部拍摄大型综艺节目《神州大舞台》。

2000年，创作电视剧《刘天华》、电视片《农民潘根大》、广播剧《炸毁月球》等。6月，市影视策划评估工作委员会成立，以开发影视文化产品、推出优秀影视作品为宗旨，组成人员为市文联相关负责人、作家、影视制作者、编辑等。是年，共有36个中外影视剧组进驻无锡中视影视基地拍摄，其中包括港台地区的《少林七嵌》《陆小凤》，中央电视台首部投拍的武侠剧《笑傲江湖》《大宅门》，阿联酋的《最后的骑士》、日本的《北条时宗》(又名《忽必烈》)等。中央电视台《东方时空》《生活》等栏目在无锡中视影视基地录制节目。2001年4月21日，省文联影视制作中心无锡办事处成立。4月22日，市文联举行影视文艺人才培养理论研讨会。2002年10月，第十一届中国金鸡百花电影节在无锡市举行。电影节期间举行中国电影家协会工作会议。10月18～20日，在锡能园度假村举行第十一届中国金鸡百花电影节"中国电影论坛"学术研讨会，无锡作者徐杰等人的6篇论文入选，参加研讨。2003年，涌现出中共十六大献礼影片《周恩来万隆之行》、电视连续剧《红楼丫鬟》等一批作品。2004年，电影《百年毓琇》获华表奖提名奖。2005年，市文联和省时代东华影视文化有限公司合作完成电视纪录片《潮音花雨满人间——无锡佛教文化巡礼》的剧本创作和摄制，制作完成法制宣教片《立信卫士——无锡市杰出会计事迹集锦》，组织创作《群星璀璨——无锡各行业先进典型纪实》剧本。同年，无锡作者唐颢作为第一编剧与人合作编剧的电影《东京审判》投入拍摄。

第六节　专业文艺演出　比赛

一、艺术家专场演出

1986年7月29日，由无锡人民广播电台发起，无锡电视台、上海人民广播电台、上海电视台、中国唱片厂上海分厂等联合主办锡剧艺术界首次流派演唱会——锡剧"彬彬腔"演唱会在靖江县工人剧场揭幕，7月30～31日，在无锡县堰桥剧场演出，8月1～3日在市人民大会堂演出，8月3日举行闭幕演出，6天共演出8场。"彬彬腔"创始人王彬彬携儿子王建伟"小王彬彬"及学生，演唱《珍珠塔》《拔兰花》《信陵公子》《梁山伯与祝英台》《太湖儿女》《红岩村》等剧目中的"彬彬腔"代表性选场或选段，著名锡剧演员王兰英、沈佩华、梅兰珍、汪韵芝，越剧演员赵志刚，曲艺演员黄永生，吉他歌手庄鲁迅等参加演出，无锡、上海、江苏3家电台和无锡、上海两家电视台联合现场直播。

1987年8月8日，锡剧"梅派"演唱会在无锡县玉祁影剧院揭幕，8月16日闭幕，先后在常熟颜港影剧院、常州市红星剧院、无锡市人民大会堂等处演出8场。“梅派”创始人梅兰珍领衔主演《西厢记》《梁山伯与祝英台》《情探》《拔兰花》《摘石榴》《红花曲》《江姐》《鉴湖女侠》《人民路上的早晨》等剧目选场或选段，著名锡剧演员沈佩华、王兰英、王彬彬、季梅芳、汪韵芝和梅兰珍的学生以及姐妹剧种的著名演员张继青、戚雅仙、杨飞飞、杨乃珍等参加演出。常州、无锡两市广播电台和无锡、上海两市电视台现场实况转播。

1993年9月8日，以“水乡舞韵”为主题的刘仲宝舞蹈艺术展演在市大众剧院举行，演出刘仲宝的代表作《捉蟹》《二泉映月》《鸬鹚号子》等，为省内第一次举办男舞蹈演员专场演出。

1995年7月9日，“钱吟梅舞台表演艺术生活40周年”专场演出在市大众剧院举行，滑稽演员钱吟梅表演小品《十字街头》、滑稽戏《弄巧成拙》片段、戏曲歌曲联唱等，上海著名演员姚慕双、周柏春、戚雅仙、杨飞飞、赵春芳、筱声咪、孙明、童双春、李青等参加演出。无锡人民广播电台现场直播，无锡电视台实况录播。7月10日，举行“钱吟梅舞台表演艺术生活40周年”座谈会，省文化厅、省戏剧家协会和市政府、市政协的领导以及上海、苏州、无锡等地文艺界人士参加。

2001年6月10日，武丽独唱音乐会在市政协礼堂举行。武丽为市歌舞团独唱演员，曾在省音乐舞蹈节和声乐大赛中获得金奖和银奖。2003年9月22日晚，青年歌手石莉娟在市人民大会堂举行《江南茉莉》个人演唱会。

2004年9月25日，黄静慧锡剧演唱会在市人民大会堂举行。黄静慧是市锡剧院一级演员，师承梅派，工青衣花旦，多次获得国家、省、市级奖项。1991年，黄静慧师从著名声乐教育家王品素进行声乐训练，并开始从事歌曲演唱。2005年10月15日，在“东方戏剧之星”推星展演活动中，在上海逸夫大舞台举办“东方戏剧之星——黄静慧锡剧舞台艺术风采”专场演出。

二、艺术节专场演出

1993年6月18～24日，江苏省第四届锡剧节在无锡市举行，由省文化厅、市政府、省戏剧家协会联合主办，市文化局承办。省锡剧团和苏州市、常州市、无锡市、张家港市、常熟市、江阴市、无锡县等7个城市的锡剧团在无锡大众剧院、无锡大戏院、市人民大会堂、无锡延安影剧院，先后上演《风流泥腿子》《血色杜鹃》《瞎子阿炳》《梅开何家湾》《巧云》《多情的芦荡》《天涯情仇》《至德泰伯》《血泪缘》《南归记》《今日出梅》等11台新创作的剧目，其中有3台以苏南乡镇企业为题材的新戏。梅花奖得主、锡剧演员倪同芳主演《南归记》，根据其个人意愿未参加评奖。王彬彬、小王彬彬在《瞎子阿炳》中同台演出。6月23日，锡剧音乐理论研讨会在市梁溪饭店举行，是锡剧发展史上首次锡剧音乐研讨活动。6月24日举行闭幕式晚会，专场演出“梅兰珍舞台生涯60年”艺术系列活动之一《戏曲什锦唱》，锡剧表演艺术家梅兰珍反串演唱京剧、昆剧、评剧、豫剧、沪剧、评弹、京韵大鼓等。锡剧节评出优秀演出奖、优秀导演奖等8类奖项109个。其间，徐州、盐城、蚌埠、大丰、靖江、淮阴、嘉定、泗县等地派出观摩团，《中国文化报》《新华日报》《新民晚报》《扬子晚报》等媒体连续报道。

1996年10月17～19日，江苏省第二届滑稽戏节在无锡市举行，由省文化厅、市政府主办、市文化局承办。常州、苏州、无锡等3个市的滑稽剧团在大众剧院、郊区新世纪影城分别上演《龙子龙孙》《让世界更精彩》《牵挂你的人是我》《少年热线》《自作聪明》等5台剧目，评出优秀剧目奖、优秀编剧奖等64个奖项。10月19日，无锡市第六届太湖艺术节暨江苏省第二届滑稽戏节闭幕式在大众剧院举行，推出相声、独脚戏、小品专场，苏州、无锡、常州3市滑稽剧团和上海滑稽界名角姚慕双、杨华生、童双春、李青、王辉荃、王汝刚、李九松、吕少明、马克等同台演出。滑稽戏节期间，举行滑稽戏研讨会，江浙沪地区7个滑稽剧团负责人和主要编创、演员就滑稽戏的艺术特征、发展状况和未来走向展开探讨。

2000年9月28日，在第六届中国艺术节无锡分会场开幕式上，上海民族乐团演出“江南吟”——杨荫浏、华彦钧、刘天华作品音乐会。其后至10月21日，无锡分会场先后上演市歌舞团民族舞剧

《阿炳》、武汉歌舞团民族舞剧《山水谣》、云南省歌舞团傣族舞剧《泼水节》、南宁市艺术剧院壮族舞剧《妈勒访天边》、大连京剧团京剧《西门豹》、青岛市话剧院永利实验话剧团话剧《工人世家》等参评剧目；特邀上演重庆市川剧院川剧《金子》，安庆市黄梅戏二团、三团黄梅戏《徽州女人》等参评剧目；祝贺展演市锡剧院现代锡剧《二泉映月》、镇江市艺术剧院音乐剧《快乐推销员》、扬州市扬剧团现代扬剧《布嫂》、宜兴市锡剧团现代锡剧《星光灿烂》、锡山市锡剧团锡剧《南郭后传》等剧目；特邀演出德国青年交响乐团交响音乐会、德国科隆男声合唱团合唱音乐会、日中艺术家交流促进协会演奏团中日民族音乐会、刚果（布）国家歌舞团和几内亚国家歌舞团非洲音乐舞蹈、台湾吴佩倩舞极舞蹈团爵士舞剧《白蛇传》等节目。9月30日，在市人民大会堂演出《祝福中国》歌舞专场，庆祝新中国成立51周年。

三、专题性演出

1991年8月6日，市宣传文化部门在无锡大戏院举办无锡市文艺界抗灾自救义演晚会。著名锡剧表演艺术家王彬彬、梅兰珍及市锡剧团、市歌舞团、市越剧团、市滑稽剧团、市评弹团演员参演，无锡电视台、无锡人民广播电台现场实况转播，市民通过热线电话踊跃捐赠，共收到捐款87.6万元人民币、4万港元、30.8万日元和粮票20万公斤。

1994年6月21～24日，由上海市文化局、上海市戏剧协会、市文化局联合主办的无锡锡剧优秀新剧目展演在上海中国大戏院举行。市锡剧团、江阴市锡剧团、无锡县锡剧团先后演出《瞎子阿炳》《天涯情仇》《血泪缘》。《解放日报》《文汇报》《新民晚报》和东方电视台、上海人民广播电台作专题报道。

1996年12月，市文化局举办'96无锡新剧（节）目调演活动。市直属专业剧团和宜兴市、江阴市、锡山市演出新创作的锡剧《爱河滔滔》《莲花湖》《陈培德招亲》《歧路》《醉御史》和滑稽戏《献上一份爱心》，市歌舞团演出音乐舞蹈新作品专场。

1998年7月15～16日，市政府和上海电视台联合主办的锡剧优秀青年演员电视汇演在市工人文化宫举行，省锡剧团和无锡、苏州、常州、江阴、锡山、宜兴、武进等地锡剧团的青年演员报名参演，演出近30个折子戏和演唱选段，上海电视台《戏曲大舞台》、无锡电视台作全场实况转播。

2000年12月，无锡市举行'2000新剧（节）目调演。无锡一城三市（县）专业剧团演出锡剧现代戏《星光灿烂》《大桥情》《情系高原》，锡剧古装戏《秦香莲》《南郭后传》，滑稽戏《是我是我还是我》6台戏剧和由江阴市评弹团、无锡市歌舞团演出的评弹、歌舞两个专场。

2001年9月29日，舞剧《澳门新娘》在市人民大会堂演出。该剧由无锡市歌舞团、澳门特别行政区政府文化局演艺学院合作排演，被称为澳门有史以来第一部原创舞剧。

2002年1月28日，市锡剧院在市人民大会堂举行庆祝建院50周年（编者注：应为51周年）大型文艺晚会《吴风梅韵》，演出《珍珠塔》《红花曲》《当家人》《二泉映月》等优秀保留剧目选段，上海、合肥戏剧界的著名演员赵志刚、马莉莉、单仰萍、钱惠丽、黄新德、李文等参加助演。省锡剧界元老王彬彬、王兰英、姚澄、沈佩华、汪韵芝、吴雅童、何枫、谢枫与后起之秀倪同芳、潘佩琼等聚谈锡剧50年发展历程。

2003年12月，由中国曲艺家协会、省文联、市文联主办的中国曲艺荟萃曲唱雅集（南方片）在无锡市举行。12月5日晚，在市人民大会堂举行中国曲艺荟萃曲唱雅集开幕式暨中国相声名家名段展演，中国曲艺家协会主席刘兰芳担任嘉宾主持。侯耀文、李金斗、石富宽等著名相声演员参加演出。

2004年4月25日，纪念京剧大师梅兰芳、周信芳110周年诞辰无锡·海内外京剧票友演唱会在市政协礼堂举行，江苏、上海等省市和香港、台湾地区的30个票社、300多名票友参加演唱会。

四、文艺团体演出

1986年5月25～30日无锡市首届艺术节期间，新疆石河子市歌舞团参加祝贺演出，南京艺术学院和市歌舞团合作演出贝多芬交响乐《命运》。10月，英国伦敦加布里埃里铜管乐团在无锡大戏院举行铜管乐五重奏音乐会，英国大艺术家乐团首席小号手马克·贝内特、英国BBC广播交响乐团第一小号手威廉·豪格顿等参加演出。11月，印度民族乐器演奏（展览）小组一行11人在无锡大戏院演出，印度音乐大师巴那琴代和伊姆拉特·汗，音乐理论家高特姆博士等参加演奏。同月，美国世界民族舞蹈团到无锡演出。

1987年4月，比利时男中音歌唱家吕多维克·德·桑和青年女钢琴家多米尼克·柯尼尔在无锡大戏院举行独唱独奏音乐会。10月，美国民谣演唱团到无锡演出，演唱美国早期流行歌曲《苏珊娜》《什锦菜》等，并祭扫阿炳墓。加拿大国家踢踏舞蹈团到无锡演出。1988年7月，美国马萨诸塞州青年管乐团一行92人到无锡市旅游，在无锡期间公开演出1场。同月，加拿大多伦多奔腾舞汇26人在市人民大会堂演出两场。

1990年10月，澳中人民友好代表团歌舞团到无锡交流演出。1991年7月15～18日，美国夏威夷大学戏剧舞蹈系和音乐系学生组成的英语京剧《玉堂春》剧组一行59人到无锡访问演出，在市大众剧院演出两场，观众近2000人次。用英语演唱京剧，这在无锡市是首次。1992年9～10月，“贵州少数民族节日文化演展”在市博物馆举行。演展包括展览、歌舞和绝技表演等3个部分，展出服饰、蜡染、银饰、酒具等展品400余件，生动反映贵州省苗、侗、布依等少数民族的生活习俗；30名少数民族民间艺人表演16个精彩的少数民族歌舞节目；表演“爬刀梯”“擦铧口”等绝技。1993年，67个国内文艺团体到无锡演出254场，8个国外文艺团体到无锡演出24场。1994年，美国洛克福特舞蹈团、印度歌舞团、俄罗斯时装表演队、俄罗斯国标舞蹈团、俄罗斯国际舍宾舞蹈团、俄罗斯铁道文工团到无锡演出。

1995年，国内外465团次表演团体在无锡演出3782场次。1996年，中央芭蕾舞团、法国青年芭蕾舞团等12个国内外有影响的文艺团体到无锡演出。1998年10月1～4日无锡市第七届太湖艺术节期间，朝鲜国立艺术团、上海交响乐团、上海歌舞团等艺术表演团体到无锡演出。1999年10月8～12日，第四届中国民间艺术节在无锡马山举办，11个省、自治区的23个民族民间艺术团体参加演出，其中包括甘肃太平鼓队的《欢庆锣鼓》，陕西黄土地歌舞团的舞蹈《东方红》《米脂婆姨绥德汉》，新疆伊犁地区艺术团的舞蹈《新疆姑娘》《红花》，贵州凯里市民族歌舞团的《反排木鼓舞》、女声独唱《苗岭谣》、手指哨独奏《山行》，内蒙古鄂尔多斯交通艺术团的歌舞《鄂尔多斯婚礼》，四川省民间艺术团的女声独唱《太阳和月亮是一个妈妈的女儿》、川剧《变脸》、舞蹈《快乐的诺苏》，广西贺州民族艺术团的舞蹈《踏春》《花伞舞》，云南白族阿鹏艺术团的舞蹈《白家欢歌》，吉林延吉朝鲜族艺术团的《长鼓舞》等。是年，国内外331团次艺术表演团体在无锡演出3350场次，观众2058132人次。其中无锡市区116团次，演出1138场，观众656920人次。

2000年，上海芭蕾舞团《中外芭蕾集锦》、上海越剧院《舞台姐妹》、中央电影交响乐团《电影交响音乐会》、俄罗斯国家芭蕾舞团《天鹅湖》等到无锡演出。是年，国内外100个文艺表演团体在无锡演出961场次，观众47万人次，平均上座率87.8%。2001年10月6日，为祝贺第五届全国舞蹈比赛举行，广州芭蕾舞团在市人民大会堂演出芭蕾舞剧《梅兰芳》。是年，上海芭蕾舞团《胡桃夹子》、上海越剧院新版《红楼梦》、俄罗斯国家交响乐团音乐会等到无锡演出。2002年4月20日，黄豆豆个人舞蹈作品专场晚会在无锡举行，表演其成名作《醉鼓》《秦颂》《黄土地》等。4月23～24日，上海芭蕾舞团在无锡演出舞剧《白毛女》。4月30日，上海雅林腾龙魔术团在无锡表演大型魔术节目。5月9～10日，朝鲜国家交响乐团在无锡演出交响音乐会。是年，朝鲜国家交响乐团、德国管乐团、上海越剧院等文艺团体在无锡演出39台、61场次。2003年，墨西哥歌舞团、中央广播民族乐团、上海歌舞团等文艺团体在无锡演出36台、51场次。

五、国内外交流演出

1988年6月，市歌舞团歌唱演员倪雪萍独唱音乐会在北京音乐厅举行。

1992年8月18～25日，市歌舞团应邀赴德国斯图加特市，参加巴登符腾堡州建州40周年市民庆祝活动。在德期间共演出3场，节目包括舞蹈《男欢女嬉》《雀之灵》《车水乐》《捉蟹》《担鲜藕》《春江花月夜》《鸬鹚号子》《江南好》，独奏《姑苏行》《杨柳青》《万水千山总是情》《摇篮曲》《二泉映月》《赛马》，民乐小合奏《喜洋洋》《洛列茉》《紫竹调》《春天来了》，独唱《茉莉花》《北风吹》《在希望的田野上》《乘着歌声的翅膀》《我爱你》等。

1999年5月1～8日，应韩国现代舞促进会的邀请，江苏少儿艺术团赴韩国参加'99汉城国际青少年舞蹈节，无锡选派的少儿演员演出三人舞《捉螃蟹》《担鲜藕》、群舞《欢天喜地》等节目。6月27日，应俄罗斯滨海边区文化厅、文化基金会邀请，由江苏省对外友好协会组派，市歌舞团一行30余人赴俄罗斯远东地区，进行为期9天的友好交流演出，先后在乌苏里斯克、海参崴、阿尔杰姆等3个市演出5场，观众3500余人。演出节目包括二胡与舞蹈《二泉映月》，独唱《太湖美》《花满江南》，舞蹈《鸬鹚号子》《车水乐》《茉莉花》等。访演期间，应邀参加海参崴建市139周年的纪念活动。

2001年7月，以市歌舞团为主组成的中国文化代表团出访以色列、突尼斯、摩洛哥等3国，参加第十六届国际民间舞蹈节。当地时间7月2日晚，受以色列文化部特邀，在以色列总统府作专场演出。演出结束后，以色列总统接见演员，盛赞中国艺术家的精彩表演。2002年10月19日，市政府主办的“太湖美”合唱音乐会在南京艺术学院音乐厅举行，演唱《蓝色多瑙河》《二泉映月》《太湖美》等19首中外名曲，由著名指挥家、中国合唱协会理事长聂中明指挥。

2003年2月15～22日，应奥地利维也纳市政府、奥中文化交流协会和德中科学文化交流协会的邀请，江阴市天华艺术学校民族乐团出访奥地利、法国和德国。2月18日晚，在被誉为世界最高音乐圣殿的维也纳金色大厅举办《天华之声》中国民族交响音乐会，演奏刘天华的《良宵》《光明行》和《水乡美》《丝竹新韵》等优秀民乐作品。维也纳市政府常务副市长里德尔、中国驻奥地利大使卢永华、中国常驻维也纳联合国特命全权大使张炎和100多个国家驻奥使节出席音乐会。江阴市天华艺术学校民族乐团为全国第一个登上金色大厅的少年乐团、第一个在金色大厅演出的地方级民族乐团、第一个亮相金色大厅的民办学校乐团。

图34-8　2003年，天华艺术学校民族乐团在维也纳金色大厅演出
（市文广新局供稿）

2005年10月4日晚，无锡山禾合唱团在北京音乐厅举行首场演出，全国政协副主席、民进中央常务副主席张怀西致电祝贺，全国政协副主席李蒙等观看演出。10月5日下午，无锡山禾合唱团在北京国家图书馆音乐厅举行第二场演出。合唱团晋京演出的节目中有一半为无伴奏合唱。

六、文艺比赛

1.市级比赛

1990年7月24日～8月6日，无锡市举办第二届青年演员大奖赛，全市专业文艺团体和市戏剧学校推选56人参加比赛。参赛节目39个，包括锡剧、越剧、独脚戏、评弹、独唱、独舞、双人舞等。大奖赛评出一等奖6名、二等奖13名、三等奖17名。

1994年8月22～24日，举行无锡市中青年演员大奖赛，全市6个专业剧团和市戏剧学校共83

人、78个剧（节）目报名参赛，60人、47个剧（节）目在大众剧院进行戏曲、音乐舞蹈和新苗3个专场决赛，评出最佳演员10名、优秀演员10名、新苗奖10名等。10月3日，在市人民大会堂举行颁奖仪式和部分获奖节目汇报演出。

2002年8月底，无锡市中青年演员大赛决赛在大众剧院举行。此前经过半年多的筹备、选拔，从36个节目、68名演员中选出22个节目、29人进入决赛。决赛分两场进行，首次引入文化素质测试项目，评出一、二、三等奖等奖项31个。

2.举办全省、全国比赛

1994年10月30日～11月2日，省文化厅主办的江苏省首届青年舞蹈演员比赛在无锡市大众剧院举行，南京、无锡、常州、苏州、镇江、南通、徐州、淮安等8个城市的歌舞团选送90多名25岁以下的演员参赛。比赛分独舞、双人舞、三人舞，设新节目奖、表演奖、指导老师奖，评出107个奖项。

2001年9月30日～10月10日，由文化部主办，省文化厅、市政府承办的第五届全国舞蹈比赛在无锡市举行。参赛舞种包括中国民间舞、中国古典舞、中国现代舞和新舞蹈，项目分为单人舞、双人舞、三人舞和群舞，其中群舞是新增项目。比赛设预赛、复赛、决赛3个阶段，其中复赛、决赛在无锡市举行。经预赛选拔，全国27个省、自治区、直辖市，11个军区及总政直属院团（校）、9个中直及有关部委团（校）共100多个歌舞专业文艺单位选送的140个舞蹈节目、近1200名演员参加复赛、决赛。比赛设创作奖、表演奖、组织奖、作曲奖、服装设计奖等奖项。9月30日晚，在市人民大会堂举行开幕式和第一场复赛。至10月5日，分别在市大众剧院、市人民大会堂举行10场复赛。10月6日，进入决赛的81个作品分5场进行决赛。10月9日，宣布194项获奖名单。10月10日，在市人民大会堂举行闭幕式暨颁奖晚会，上海东方电视台作现场录播。9月29日晚和10月6日晚，澳门特别行政区文化局、市歌舞团联合编创的大型舞剧《澳门新娘》，广州芭蕾舞团创作的大型芭蕾舞剧《梅兰芳》，作为舞蹈比赛的祝贺交流演出剧目先后在市人民大会堂献演。10月9～10日，面向21世纪——中国舞蹈艺术创作理论研讨会在无锡锦仑大酒店举行，近30篇入选论文作者和40余位参赛团队的编导到会，著名舞蹈家贾作光、陈爱莲、崔善玉、资华筠等出席。参赛的部分舞蹈作品10月5日晚在无锡市八佰伴广场展演，10月11日晚在江阴远洋测量基地作慰问演出。

2003年12月6～7日，全国曲艺演唱大奖赛决赛在无锡市锡能园宾馆举行，8省1市12个曲种的40多个节目参赛。12月8日晚，大奖赛闭幕式暨颁奖仪式在市政协礼堂举行，代表江苏省参赛的无锡演员石莉娟获大赛一等奖，江雪峰、蔡瑜获三等奖。

2005年7月11～13日，由省舞蹈家协会、市文联主办，市舞蹈家协会承办的江苏省首届青年舞蹈演员比赛在市大众剧院举行，全省专业艺术表演团体，大、中专院校表演队和前线文工团、武警蓝盾文工团等23支代表队的100多名舞蹈演员、90多个舞蹈作品参赛。

第七节 文艺创作研究与教育单位

一、无锡市书画院

无锡市书画院是从事绘画、书法创作与研究的专业机构，院址在县前西街79号。其专业人员由“院内专职”与“院外聘请”两部分组成，2000年后以院内专职人员为主。2005年有13名专职人员，其中9人拥有高级职称。出版《无锡市书画院作品选》等画册和个人书画专集。

1986年后，市书画院每年举办迎春书画展。1988年5月，在北京中国美术馆举办无锡景书画展，展出20位书画家的123幅国画、版画、油画、书法等作品。1989年，在第七届全国美术作品展中，无锡书画家获银奖1件、铜奖2件。此后至2004年第十届全国美术作品展，每届均有作品入选展出。

一批优秀作品先后入选第三届、第六届全国书法篆刻展和全国性的山水画、人物画、版画、宣传画、连环画、体育画、油画等专题性大展。1997年11月，在南京江苏美术馆举办"太湖情怀"书画展，展出百余幅作品。其后，在杭州、福州、石河子、镇江、湖州、吉林等地举办书画交流展、书画联展和个人展；赴新西兰哈密尔顿、日本相模原市和明石市、美国查特努加市、北非摩洛哥和突尼斯，以及中国香港、台湾地区办展；先后6次与日本明石市、神户市、相模原市和中国台湾来访的书法家交流书艺。刘铁平、穆棣分别赴日本、台湾交流书法学术。

无锡书画家为一批公共建筑和重要机构创作陈列作品。1989年，刘达江、龚东明、张崇政、华士清、杨雨青、裘国骥、梁元、王福元、许惠南等为无锡火车站候车大厅创作7幅大型壁画；刘达江为市博物馆接待厅创作9米长卷国画《太湖春色》；华士清、刘达江、裘国骥为硕放机场候机厅创作144平方米巨幅国画《鹿顶迎晖图》。1996年3月，裘国骥创作的国画《太湖·蠡湖》被制作为邮票小型张，在中国和朝鲜发行。1997年，华士清、梁元、刘达江、吴荣康、钱钟钰、龚东明、杨雨青、裘国骥、王福元、许惠南创作的40幅作品被陈设在北京京西宾馆；华士清、王福元、许惠南的作品被陈设在香港公署大楼内。2004年，梁元的3件作品被省委办公厅、省文化厅、南京奥林匹克体育中心选为陈设作品；穆棣书法作品《惠山诗》被陈设在北京人民大会堂江苏厅荣毅仁办公室。

1986～2005年，先后有近百幅作品被中国美术馆、江苏省美术馆、浙江美术馆、美国查特努加市亨特艺术博物馆以及日本明石市、瑞典等国内外博物、美术机构收藏。

二、无锡市国画院

无锡市国画院创办于1996年5月，原名无锡市文联书画院，1997年改名，为无锡市文联下属自收自支事业单位。院址南门姚光苑1号，编制8人，专业人员与外聘书画家28人。举办的"太湖风"书画系列展览成为的品牌。市国画院多次组织画师赴外采风创作，多次举办与外地兄弟画院的交流展览，赴澳大利亚、新加坡、日本、泰国、马来西亚、韩国等地展览与交流，并举办太湖风三人书法展、中日六人书法展、孙璘有冈陵崖书法展、日中翰墨同风书法交流展、中日二十人刻字艺术交流展、日中刻字艺术交流展等国际文化交流活动。市国画院编辑出版《太湖风当代书画家作品》丛书，以及《太湖风当代书画作品集》等。

三、无锡市文化艺术研究保护所

1992年10月，市文化局剧目工作室与锡剧研究所合并，成立市艺术创作研究所，主要从事剧目创作和文艺研究。1999年7月，市艺术创作研究所编纂的《江苏戏曲志·无锡卷》由江苏文艺出版社出版。2005年，市艺术创作研究所更名无锡市文化艺术研究保护所，设址清扬路23号文艺大楼。至年末，有11名剧作家和专业研究人员，其中5人拥有高级职称。鄂允文创作的广播剧《文峰塔下》《梦回江南》《江海明珠》分别由上海人民广播电台、中央人民广播电台、江苏金陵之声广播电台录制播出，电视剧《腐草》《保赤天良》分别由北京电视制作中心、海南电视台摄制。陈其昌创作的电视连续剧《闪露的霞光》由长春电影制片厂摄制，长篇小说《苦路》《狼烟冷泪》分别由南京出版社、时代文艺出版社出版，报告文学《艰难的脚步》由人民文学出版社出版。王志超发表论文《京剧美学纲要之二·京剧美文学》《戏曲舞台上的意识活动》。萧孟铨创作的剧本《易风惊魂》由上海越剧院演出；《宰相嫁妾》《情断龙脉》《铁面柔情》《凤鸦错》《弥留》由市越剧团演出，其中《弥留》获江苏省纪念中国共产党诞生70周年征文一等奖，《醉御史》由市锡剧院演出，《龙脉案》获"榕城杯"全国优秀戏曲剧本大奖赛优秀剧本奖，并由福建闽侯县闽剧团搬上舞台，《大宅门》由台湾荣兴客家剧团演出。王茂龙创作的剧本《冒官记》《骗婚记》《生命之光》《吴书记和村民们》《情系高原》由市锡剧院演出，《爱你不回家》《少年热线》《难咽的苦酒》《真是害煞人》《阴错阳差》《是谁惹的祸》《阳光少年》由市滑稽剧团演出，《家务清官》由合肥市庐剧团、马鞍山市黄梅剧团演出，电视连续剧《痴情无怨》

《陕北来的娃》分别由天津电视台、中央电视台摄制,《阳光少年》获上海优秀儿童剧展演优秀剧目奖,《陕北来的娃》获内蒙古自治区“五个一工程”奖,多部电视短剧、电视小品在上海电视台《红茶坊》和东方电视台《百姓戏台》《三人麻辣汤》栏目播出。杨建勋创作歌曲44首,其中女声独唱《百灵鸟唱了》(作曲)获山西省创作一等奖,女声二重唱《矿山圆舞曲》(作曲)被中国音乐家协会创作委员会评为优秀歌曲创作奖,女声独唱《无锡毫茶一枝花》《啊无锡,充满温情和水》(作曲)获“中国潮金曲”征歌二、三等奖,女声独唱《华西、小康、希望》获首届全国乡镇企业歌曲征集三等奖。吴翼民创作出版长篇小说《枕河人家》、中篇小说《帘底纤纤月》、长篇小说《吴门柳》等。周大功创作的剧本《岳家小将》入选2004年中国京剧节。钱惠荣、言治平创作的剧本《描金凤》由市锡剧院演出。祁云、言治平创作的剧本《贞娘恨》由南通市越剧团、福建省闽剧团演出,并摄制为电视片,由中央电视台播出。张铁民出版作品《翰墨春秋》《毛泽东风采·笔墨狂澜》《释家故事》《道家故事》《人世大关怀——〈孟子〉今读》《谣言和流言:错位的心态》等9部,发表论文《蔡邕和他的两个女儿》《米芾的文化符号:颠》等60余篇,获无锡市哲学社会科学优秀成果一等奖2次、二等奖1次等;《中国隶书大典》列为《中国书法大典》系列光盘之一,由江苏出版总社于1999年10月出版,获新闻出版总署2000年“国家电子出版物”提名奖,并在法国巴黎获第八届莫必斯多媒体国际大赛教育鼓励奖。他还担任国家“八五”(计划时期)重点图书《中国书法文化大观》常务编委,并撰写其中8个章节共20万字。

四、无锡文化艺术学校

无锡文化艺术学校前身为1959年创办的市锡剧学校,1984年改名无锡市戏剧学校,校址在后西溪29号,为全日制中等专业学校。1986年7月,市政府拨款在横山东麓钱荣路12号建造的新校舍投入使用,占地7333平方米,建筑面积4300多平方米,建有教室、练功房、琴房、图书室等,教职人员53人,在校生105名。同年9月,招收锡剧专业学生81名,分锡剧表演男班、女班和锡剧音乐伴奏班,学制4年。1989年招收6年制舞蹈专业28人,1990年招收锡剧专业32人。1993年起,每年按省文化厅招生计划,招收群众文化专业学生,包括音乐、舞蹈、滑稽等专业。1994年,市戏剧学校更名为无锡文化艺术学校。1996年,学校开展舞蹈业余培训,建立社会培训部,是江苏省较早开展艺术社会培训的机构。1997年,开设话剧与影视表演专业,该专业师生先后参加《江塘集中营》《神医喜来乐》《红楼丫头》《大唐歌飞》《公安局长》《大唐双龙传》《井冈山》《永远的雪梅》等百余部(集)影视剧的拍摄。1998～1999年,招收两届书画美术专业生。1999年,初步形成舞蹈、音乐、话剧与影视表演等3个专业体系。同年,学校和市书法艺术教育中心、《书画艺术》杂志社实行“多块牌子,一套班子”管理。2002年起,学校在全省艺术中专率先开设6年制民族器乐演奏专业、3年制流行音乐演唱专业、国标舞专业。2003年,与省戏剧学校合办五年制舞蹈、影视专业高职(大专)班。2004年11月,市书法艺术教育中心改制,原书法艺术教育和杂志编辑工作由无锡文化艺术学校承担。至2005年,学生总数近700人;专任教师65人,其中,高级职称11人、中级职称12人,中、高级职称教师占专任教师的35.4%。无锡市各文艺团体的主要领导、演员、演奏员90%以上是该校历年

图34-9 舞蹈《动感萨巴依》 (市文管中心供稿)

的毕业生，无锡市数十位国家一级演员绝大部分毕业于该校。学校还为北京舞蹈学院等高等艺术院校输送数百名优秀毕业生。学校就业升学率保持在90%以上，在省内同类学校中处于领先。

学校成立的市实验艺术团，组织各专业学生参加演出实践，先后参加中央电视台“心连心”“同一首歌”等大型文艺演出和无锡市歌舞团《阿炳》《澳门新娘》《红河谷》等舞剧的演出。创演的舞蹈《动感萨巴依》2003年获第七届“桃李杯”全国青少年舞蹈大赛群舞表演二等奖，2004年获第六届全国舞蹈大赛表演二等奖。学生马佳宏表演的《火光·阳光》获第七届“桃李杯”全国青少年舞蹈大赛民间舞少年甲组优秀表演奖。教师邓焱在2004年6月的全省艺术中专青年教师技能展演中获舞蹈表演一等奖。2005年7月，学校在江苏省首届青年舞蹈演员大赛上获中专组团体总分第一名，学生马佳宏获大赛特设的“萌芽奖”。

2005年，学校新建音乐楼、教师单身公寓、球场等，占地扩增为8559平方米，教学用房面积6556平方米。教职人员55人，其中11人拥有高级职称、12人有中级职称。在校生533名。舞蹈专业被省教育厅评定为中等职业教育重点示范专业。

五、无锡书法艺术专科学校

1986年1月，无锡书法艺术专科学校获批建立，与市书法艺术教育中心实行“一套班子，两块牌子”管理。1986年4月，学校与江苏电视台合作摄播书法教育讲座系列片，一集30分钟，共25集。同步由江苏古籍出版社出版《中国书法电视讲座》。1987年1月，创刊《书法艺术报》，8开4版，公开发行。4月，校址由锡惠公园大同殿迁至扬北新村12号。同年，书法电视教育系列讲座在中央电视台播出。其时，函授学员3万余名，遍及全国各地，远至日本、东南亚、欧美等地。学校自编书法教材30种，陆续由江苏古籍出版社出版。1988年，与南京艺术学院合办书法大专班，面向全国招生。1990年1月，《书法艺术报》改为《书法艺术》杂志双月刊，1997年更名为《书画艺术》杂志。1998年后，与无锡文化艺术学校联合开展艺术教育，开设书画专业3年制中专班，先后招生61名。1999年，与无锡文化艺术学校实行两校一体化管理。2004年11月，无锡书法艺术专科学校、无锡市书法艺术教育中心同时被撤销建制。

第三章　群众文化

第一节　群众文化理论研究

1986年2月，无锡市群众文化学会成立，不定期召开群众文化理论研讨会。1987年开始，与苏州、常州、南通等3个市的群众文化学会联合举办“苏锡常通群众文化信息交流暨理论研讨会”，一年一届，4市轮流主办。1992年起，特邀参加每年一届的全国计划单列市文化信息交流暨群文理论研讨会。1995年11月4日，第十届全国部分城市、计划单列市文化信息交流暨群文理论研讨会在南京召开，7～9日移会无锡，会议交流24篇论文、13个城市的影像资料，展示各市独具特色的群众文化活动成果，全国各地60余位代表参观锡山市东方欢乐城、洛社文化站和江阴图书馆、文化馆、璜塘文化站。

1992年3月，全国企业文化研究会在无锡市召开全国乡镇企业文化研究会成立会，到会代表200多人参观华西村。1994年5月，中国社科院等单位在华西村召开企业与企业文化建设研讨会。1996年10月，中国社科院等单位联合在江阴召开东亚地区企业文化研讨会，日本、韩国、泰国、新加坡、马来西亚等国和全国各地包括香港和台湾地区、无锡企业界的代表计100多人出席，会期3天，提交论文80多篇，并安排法尔胜集团、阳光集团等企业文化建设参观活动。

1993年3月9～13日，省政协教科文委员会专家、教授组成的视察组一行18人，在省文化厅厅长王鸿的带领下，到无锡县视察小康文化建设，参观玉祁、前洲、堰桥、钱桥、洛社、杨市、东北塘、甘露、华庄等乡镇，开展交流座谈，探讨经济发达地区小康文化建设的内涵和基本特点。同年4月7～9日，省委研究室、省文化厅、无锡县政府联合举办的苏锡常经济发达地区小康文化研讨会在无锡县召开，文化部副部长高占祥、《求是》杂志副总编马蓥伯、中央政策研究室文化组组长郑欣淼及北京、南京、上海、苏州、无锡、常州等地的有关方面领导、专家和宣传、文化、新闻界人士70多人参加研讨会，并参观考察杨市、钱桥、堰桥、洛社等乡镇的小康文化建设成果。

1994年5月6～10日，文化部在无锡召开全国文化先进县经验交流会。文化部、各省（市、自治区）、有关地区领导和文化部门领导共207人出席会议。江阴市政府和无锡县钱桥镇政府代表作交流发言。会议代表参观考察无锡县、江阴市、张家港市、常熟市、常州市的城乡群众文化设施及其文化先进县创建成果。1995年10月7～10日，“第三届全国文化模范（先进）地区联谊会暨论文研讨会”在江阴举行。文化部、江苏省、无锡市领导和全国16个省市31个地区的99名代表出席。

1997年11月8～11日，全国首届农村图书馆建设理论研讨会在江阴召开，参加代表50余人，收到论文344篇。江阴市文化局局长曹金千作题为《江阴市农村图书馆建设的探索与实践》的发言。江阴市月城镇图书馆馆长韩掌娣的论文获一等奖。

第二节　群众文化活动

一、文化周、锡剧节等基层文化活动

1986年2月16～18日，无锡县业余锡剧清唱比赛在东亭乡会堂举行，18个乡镇、4家厂矿企业的32名选手参赛。2月，无锡县洛社镇举办具有乡镇特色的“洛社之春艺术节”，1800多人参加演出，6万人观看，为全省乡镇之首例。5月25～30日，举办首届无锡市艺术节，群众文艺团体与专业剧团共同上演锡剧、滑稽、评弹、歌舞等节目。7月，江阴中学生缪华在全国少儿音乐智力竞赛电视决赛中，获第一届“敦煌奖”二等奖。1987年6月，崇安区举办“美在街巷里弄中邻里联唱赛”“百灵鸟演唱会”、职工会演等，参加人数5万多人。7月下旬，南长区举办群众文化艺术周，演出文化节目29台，举办群众性文艺竞赛33场，有6000多人参加各种演出和竞赛，10万人参加艺术周的各类活动。1988年，南长区组建南长社区文化联谊协会。1990年10月3日，无锡县首届家庭文化节在洛社镇开幕，先后在洛社、南泉、安镇、胡埭、甘露、张泾等乡镇开展活动，共有3223户参赛参展。从全县20多万个家庭中评出“家庭文化10颗星”。同月，宜兴市举行首届“新风颂”文艺调演。12月10日，江阴市青阳镇个体劳动者许一青著《文学创作心理学》（36.5万字）由学林出版社出版，后被汕头大学、湖北大学等大学中文系列为教材。是年，全市有1.5万户家庭、12.5万人次参加文化活动。1986～1990年，相继举办无锡县音乐舞蹈比赛、群众文化活动周和崇安社区文化活动周、北塘十月歌会以及快乐家庭文化活动周、乡邻文化之家等活动。5年中，各区先后成立社区文化“联谊会”或“文体会”，各街道成立“联谊分会”，形成社区文化活动网络，踊跃开展校园文化、社区文化、企业文化活动。

1991年4月22日，宜兴市委、宜兴市政府召开全市群众文化工作会议，印发《关于发展群众文化事业，加强乡镇群众文化工作的意见》。6～8月，江阴市举办“在希望的田野上”农村文艺会演。1994年春节前，市文化局、市广电局联合举办首届“春兰杯”锡剧卡拉OK电视演唱大赛。4月，在江阴举办无锡地区“三毛杯”业余歌手大奖赛，22日，无锡电视台现场直播决赛，庆祝无锡地区解放45

周年。9月23～29日，北塘区委、社区文化协会和市粮食局联合举办无锡米市艺术节，列入无锡市第五届太湖艺术节。同年，南长区开展“心依清名桥，情系古运河”系列文化活动，5月举办南长社区第七届文化活动开幕式，设立无锡市南长文艺奖励基金会。10月1～5日，在第五届太湖艺术节期间，各市（县）、区、街道、乡镇开展群众文化活动，其中包括南长区群众文艺精品会演、崇安区体育文艺专场演出、北塘区米市艺术节、“郊区之歌”大型会演等。参与艺术节演出、工作的人员近6000人，有166万人次参加（观看）活动，其中市区41.14万人次。

1995年3月14～25日，无锡县文化局、无锡县文联举办无锡县首届锡剧节，从基层选调52个优秀剧（节）目，在城乡演出14场，3000多人参演，观众两万余人次，《新华日报》作报道。同时举办锡剧知识竞赛，掀起宣传锡剧、教唱锡剧、谈论锡剧、扶持锡剧的热潮。12月11～24日，锡山市文化局举办社区文艺会演，33个镇近千人参演，共演出10场。1996年9月12～26日，锡山市委、市政府举办锡山市企业文化节，共开展“交通杯”企业之声歌咏大赛、“禾丰杯”企业精神演讲比赛、企业文化理论研讨会、企业成果展览等10项系列活动，400家企业10万多干部职工参与。9月30日，在太湖艺术节期间，市工人文化宫展开企业文化展示，有敬业爱岗演讲比赛、企业职工文艺会演、企业职业道德建设成果展览、企业文化与职业道德理论建设研讨会等内容，首次将企业文化纳入艺术节。5月23日，江阴市首届读书节在江阴文庙开幕，25日闭幕。此后，在每年的5月、6月，均组织举办江阴市读书节活动。

锡山市第二届锡剧节于1998年9月28日～10月6日举行，33个镇的30多场业余戏剧节目同时展演。10月28日，由王杰、戚敬荣谱曲、张正演唱的锡剧《蝶恋花·答李淑一》，代表锡山市参加江苏省企业集体艺术团文艺比赛获金奖，次年4月参加首届全国中华戏曲新歌大赛获得业余组作曲、演唱两个金奖。同年，崇安区举办“美在崇安”第一届社区文化艺术周活动，组织“崇安在我心中”演讲比赛、“美在崇安”群众文艺会演、“崇安美”书画摄影展览、“崇安之声”琵琶古筝艺训班等4项活动。此后，崇安区文体局每年举办一届主题社区文化艺术周。同年，南长区组织开展社区文化艺术节和社区全民健身宣传周活动。

2000年4月15日，由中央电视台、无锡市政府举办，无锡中视股份公司与无锡电视台、西安电视台、广州电视台等14个地方电视台联合承办的“中华鼓王大会”在无锡中视影视基地开幕。10月16日，江阴华西村特色艺术团在北京全国政协礼堂演出，后在中央党校、全国妇联等处演出5场。是年，艺术团晋京赴宁，下工厂进田头，为中央和各省市领导、中外客人以及各界人士演出165场。2001年，因锡山市撤销，原定第三届锡剧节停办。是年8月23日，江阴市群众文艺会演在百乐城举行，有20个镇和开发区参加比赛，演出小品曲艺节目18个、歌舞器乐节目7个。8月29日，无锡市举办首届社区文化艺术节。9月，宜兴市举办全市小戏小品会演，创作小戏小品68个，演出30场。

图34-10　无锡市第三届社区文化艺术节　（市文广新局供稿）

2004年，举办首届广电文化宣传周“拥抱长江”专题文艺晚会，第三届社区文化艺术节、第四届市花节等众多活动。市文化馆举办“山水乐艺术节”大型文艺演出、海内外京剧票友演唱会、无锡市少儿美术书法展、“老照片新照片”摄影大赛等活动。市书画院举办“同饮太湖水”——无锡·湖州书画交流展、朱一雄教授作品展等活动。江阴市第八届读书节、宜兴市第八届"新风颂"文艺汇演和第五届"荆溪之夏"广场演出、南长区第四届社区文化艺术节、崇安区第七届社区文化艺术节、北塘区首届民间艺术节、锡山区"阿炳杯"群众文艺创作汇演、滨湖区首届特色文化家庭艺术节、惠山区阳山桃花节、新区泰伯经贸文化节等大型基层文化活动。2004～2005年，市文化局牵头成立"激情周末"广场演出组委会，组织群众参加广场演出。

二、主题性群众文艺活动

1986年1月5日，江阴各界群众在江阴长江影剧院集会，纪念明代杰出的地理学家、旅行家、游记文学家徐霞客400周年诞辰，在江阴西门广场举行徐霞客塑像落成揭幕典礼，在马镇乡举行"晴山堂"和徐霞客墓园修缮扩建竣工剪彩仪式，举办"徐霞客走过的地方"摄影展览。11月18日，中国科协、中国国际文化交流中心、中国地质学会、中国国土经济研究会和江苏省社科联在无锡市举办徐霞客400周年诞辰纪念会，140多名与会的中外学者、专家到江阴参观徐霞客故居。

1992年，无锡市举办纪念毛泽东《在延安文艺座谈会上的讲话》发表50周年系列活动，其中包括老中青文艺家座谈会、歌颂改革开放主题诗歌朗诵会、文艺晚会、舞蹈专场演出、画展、摄影展、"从《二泉映月》到《瞎子阿炳》影视作品研讨会"、"双圈杯"全国书法篆刻大奖赛等。

1994年9月4日，以"欢乐、祥和、奋进"为主旋律的江苏省第十三届运动会开幕式在新落成的无锡体育中心举行。开幕式第一部分为入场式前奏表演，包括航模、跳伞、彩车和少年鼓乐表演；第二部分为入场仪式；第三部分为《太湖水・无锡情》大型文体表演，第一场"福福呈祥"由市郊区承办，第二场"太湖情怀"由市教委承办，第三场"龙腾狮跃"由江阴市、无锡县、宜兴市联合承办。共有4000多名中小学生、农民、驻无锡部队战士、特色群众文艺团队和专业演员参加表演，显示无锡一城三市（县）群众文化活动多年来所积累的活力和实力。9月9日，市技工学校、市少年宫、市第十一中学等单位演出队和专业文艺团体参加闭幕式演出。

1996年5月31日，市文化局组织10支特色群众文艺团队参加无锡太湖旅游节开幕式演出，6月1日在商业大厦广场演出。市群众艺术馆参与举办旅游摄影创作比赛，祝贺鼋头渚公园"太湖仙岛"建成开放。6月29日，市委组织部、市委宣传部和市文化局以歌颂党、歌颂社会主义、讴歌改革开放为主题，在大众剧院组织演出"拥抱太阳"大型文艺表演，纪念中国共产党成立75周年，近400人参加演出。上海京剧院著名演员尚长荣、孙花满和前线歌舞团无锡籍歌手朱虹应邀参加演出。演出节目包括大合唱、舞蹈、联唱、独唱、二胡齐奏、弹词开篇、锡剧联唱、相声、京剧演唱等。无锡机床集团公司、宜兴丁山小学等单位参加演出。

1997年，以香港回归为主题，市宣传文化部门组织开展"庆七一，迎回归"系列文艺活动。活动自1月启动，历时半年，全市1400多家单位30多万人参加。活动内容包括："无锡人看香港"摄影展，百名儿童百米长卷广场书画表演，"爱我中华，知我香港"红领巾读书征文演讲朗诵比赛，"百年梦圆"文化职工演唱会，1997中国心大型文艺晚会，1997欢庆之夜演出晚会，"回归之夜"广场文艺演出，无锡、徐州"锡梅迎港归书画大奖赛"，"迎香港回归"书画作品展，"迎香港回归"诗歌朗诵演唱会等。6月29日晚，在市体育馆举行百团万人歌咏总决赛和无锡市各界人民"庆七一，迎回归"大型歌会，观众席上的11支合唱方队选自百团万人歌咏活动，分别为驻无锡武警8723部队、驻锡83428部队、市机械工业局、市纺织工业局、郊区扬名乡南站乡、市第二人民医院、市妇幼保健医院、崇安区白水荡中心小学、市无线电厂、市供销中专、市建工技校、市税务局。中心舞台19个节目组合为《拥抱太阳》《百年梦圆》《祖国辉煌》3个篇章，由江南学院、市工人文化宫、市邮电之声艺术团、市技工学校、无锡师范学校、轻工大学、市歌舞团、市锡剧院、市文化艺校、市少年宫等单位共4000多人出演，商业大厦铜管乐队伴奏。是年下半年，召开纪念建军70周年庆祝大会，有关部门举办"共和国的钢铁长城"大型图片实物展览。举办"辉煌的五年"成果展、"欢庆的日子"大型电视文艺晚会。

1999年为无锡市“文化活动年”。3月18日，市文化局召开全市社会文化工作会议，部署围绕“三庆两迎”主题（庆祝无锡解放50周年、庆祝新中国成立50周年、庆祝澳门回归祖国、迎接第六届中国艺术节在江苏举办、迎接新世纪到来）组织开展群众文化活动。年内，先后举行“八佰伴杯”广场文艺展评、广场舞蹈和民间鼓乐比赛，“老少同乐”广场绘画比赛，“世纪回眸看无锡”历史照片展，“听钟声，话今昔”革命传统教育，首届学生电影展映，新故事创作会讲，征文演讲，书画美术展览，“祖国万岁”大型国庆文艺晚会，“国庆彩车”巡展，党性党风文艺会演，“文明新风赞”专题会演等。其中，“祖国颂”百团万人歌咏活动由3000家单位组成3800多个演唱团队，进行500多场演出和比赛，39.5万人次参加。9月27日，在大众剧院举行总决赛，24支优秀合唱队演唱45首革命歌曲，评出最佳演出奖5个、优秀演出奖7个、演出奖11个和特别荣誉奖1个、组织奖5个。12月20日下午，在市体育馆举行庆祝澳门回归祖国“同唱一首歌”大型文艺演出，节目由市少年宫、市文化馆、市工人文化宫、无锡师范学校等单位和专业文艺团体创作演出。

2002年，无锡市以庆祝中共十六大召开为主题，组织开展群众文化系列活动。11月6日，在市文化馆举办“新无锡，新印象”大型书画摄影展。11月8日晚，在八佰伴广场演出合唱、独唱、舞蹈、器乐演奏、独脚戏和魔术等节目。11月16日，在新八佰伴广场举行“心中的赞歌”大型广场歌会，13支群众合唱团队、近千人参加。12月13～16日举办“喜庆十六大”全市群众文艺会演，58个表演团队演出71个节目。2005年9月24日，第三届中国无锡太湖博览会闭幕，无锡市举行“活力无锡”狂欢巡游活动，80支中外特色群众文艺团队、20辆亮丽彩车、4500多名演职人员参加表演，30多万市民在4.2公里的主要路段观看彩车巡游和表演。

三、群众文艺创作与会演

1986年后，群众文艺创作和会演日益繁荣。1996年1月，省文化厅发出《关于实施“五星工程”计划繁荣群文创作的通知》，即每年评选音乐、舞蹈、美术（书法、摄影）、戏剧（曲艺、小品）、文学等5个门类的群文创作精品，从中推荐参加全国“群星奖”的评比。同月，市委、市政府召开群众文化工作会议，明确每两年举行一次群众文艺创作节目会演和展评活动，作为无锡市群众性舞台类文艺节目的市级比赛活动。该活动成为繁荣全市群众文艺创作、培育群众文艺创作队伍、提高群众文艺质量的重要载体。1998年3月30日、31日，无锡市召开群众文艺创作工作和公共图书馆工作联席会议，讨论《无锡市1998～2000年群众文艺创作规划》《无锡市群众文艺奖励办法》，决定设立群众文艺创作专项资金。

1. 创作及获奖

1986年5月，首届无锡市艺术节期间，群众业余文艺团队创作的14个节目获奖。1991年12月26日，在南京举办的省第二届音乐舞蹈节上，无锡市选送的作品在群众文艺系列比赛中获一等奖7个、二等奖9个、三等奖7个、优秀辅导奖2个。1992年6月，组织开展锡剧小戏创作征文活动。1993年春节前后，入选的30个剧本搬上舞台，在基层巡回演出，听取意见，加工修改。1993年6月10日，在无锡县泾声大戏院举行选调演出。在选调演出的18个小戏中，选出由江阴市选送的《小辣椒相亲》《茶壶阿六》、无锡县选送的《寒夜会》、宜兴市选送的《找对象》《烛光》等组成“业余锡剧小戏专场”，列入在无锡市举办的省第四届锡剧节，6月19日在无锡市延安影剧院演出。1993年，在省首届儿童艺术节上，无锡市代表队魏劬征的独唱《两颗小星星》、新开河小学的舞蹈《捉螃蟹》获一等奖，束娴的独唱《五洲人民齐欢笑》、朱杰的独唱《童年的小摇车》、市少年宫的二胡演奏《草原新牧民》获二等奖，殷宁的绘画、梁佳杰的朗诵获三等奖。同年，徐凤清创作的故事《小校长怒砸校门》，宋嘉义、钱铁民创作的歌曲《我们的朋友》在全国第三届“群星奖”评比中获得江苏省仅有的两个银奖。1994年11月，在全国曲艺小品大奖赛中，由胡国熙编剧，张斌龙、陈复观导演，徐秀芬、张斌龙、谢浩杰表演的小品《说句心里话》获三等奖。同年，中国音协、文化部群文司和全国总工会联合举办的首届

"太平杯"全国乡镇企业歌曲征评活动中，宋嘉义、杨建勋以华西村为题材创作的歌曲《华西·小康·希望》获三等奖。同年12月20日，无锡市民歌民舞民乐创作演出比赛在东亭镇东方欢乐城举行，在19首民歌、8个民舞、9首民乐中选出7个作品，参加1995年初举办的省民歌民舞民乐大赛，无锡市代表队获优秀组织奖，弹拨乐重奏《龙船》获一等奖，舞蹈《莲花乐》和男声表演唱《砻咀里珍珠喷满场》获二等奖，舞蹈《渔》、男声独唱《铜峰叠翠》和女声独唱《良宵》获三等奖，张丽灵和邹义昌获优秀组织者奖。

1995年"六一"儿童节前夕，由市文化局主办的无锡市少儿艺术表演十佳选拔赛在江南大学文浩馆举行颁奖仪式和部分获奖选手汇报演出。少儿艺术表演十佳选拔赛历时近两个月，近万名少年儿童参加书法、舞蹈、器乐、声乐、美术等5个门类的初赛、半决赛和决赛，共评出各艺术门类的"十佳"和"十优"，南长街小学、五爱小学、育红小学分别获得团体赛第一、二、三名。同年6月初，省文化厅举办的江苏省少儿书画大赛揭晓，崇安寺小学6岁学生何臻获一等奖，并应邀到南京市现场创作书画，赠给在北京召开的第四次世界妇女大会。6月18日，在省文化厅等部门举办的省首届农民画大赛展上，无锡选送的13幅作品全部入选展出，其中孟勇、周建军创作的版画《秋硕》《摘红果》获铜奖。10月下旬，在文化部、中国社会音乐研究会在京举办的全国表演唱大赛上，由钱铁民、曹耀棠创作，锡山市文化馆组织演出的男声表演唱《砻咀里珍珠喷满场》获一等奖。11月27日～12月3日，在省第三届音乐舞蹈节群众文艺组、少儿文艺组比赛中，无锡市获27个奖项，其中市少年宫的舞蹈《捉螃蟹》和弹拨乐重奏《龙船》、锡山市文化馆的舞蹈《莲花乐》获一等奖。

1996年5月16日，锡山市洛社镇里果赴京领取全国鲁迅版画奖。该奖是中国版画家协会为五六十年代优秀版画家颁发的中国版画最高奖，里果于60年代创作的成名作《草原新姐妹》列入优秀版画家作品回顾展。同年，在首届全国中华戏曲新歌大赛中，由锡山市王杰、戚敬荣创作，张正演唱的锡歌《蝶恋花》获创作、演出双一等奖。12月，在省宣传文化部门于苏州举办江苏省群众文化先进市（县）区文艺会演中，无锡市选送的节目获一等奖、三等奖各两个，其中江阴市的小品《紧要电话》、女声独唱《天华的琴声》获一等奖，是36个市（县）、区中唯一获得双一等奖的地区，江阴市文化局获得优胜奖。

1997年4月，省首届"五星工程奖"揭晓，在200多个参评作品中评出"五星工程奖"10个、提名奖15个。江阴市陈桂娣创作的故事《桑琼泪》，南长区徐贞和、玄坚的报告文学《廉政风暴》获"五星工程奖"。同年5月，省群艺馆举办的以香港回归为主题的《百年梦圆》征歌大赛揭晓，无锡市选送的《紫荆花开红南天》（朱抗美词、钱铁民曲）、《合欢树》（胡绳词曲）获金奖，《香港，妈妈要拥抱你》（王杰词曲）、《隔海的风，隔海的雾》（李志洲词、吴冶国曲）、《回归》（汪凯平曲）、《香港谣》（阎肃词、王超曲）获铜奖。8月13日，在省第二届少儿艺术节上，无锡市选送的节目和作品（包括声乐、舞蹈、新故事曲艺会讲、小戏迷大会串、书画创作展览暨现场命题比赛、红领巾读书演讲朗诵比赛等）全部获奖，位列文艺类全省第二，总分成绩居第五。其中宜兴市丁山小学的群舞《喊山》获创作、演出双一等奖，市少年宫刘玲的《月亮的门》获声乐一等奖，滕静怡获现场美术命题表演一等奖。同月，在省第二届戏剧小品曲艺大赛中，无锡市选送4个节目分获一、二、三等奖，其中江阴市溪源创作的小品《意见箱》获一等奖，并在同年举办的全国第七届"群星奖"评比中获银奖。是年，市委宣传部、市文联、市教委和新闻单位配合无锡创作的《中国卡通之星——〈阿福〉》连环画的出版发行，组织开展"万名儿童写、画、讲阿福故事竞赛"活动，全市10万多少年儿童参与竞赛活动，收到征文900余篇、征画近千幅，《江南晚报》辟专栏刊登20余篇（幅）。翌年5月，选取其中142篇故事计18万字和15幅美术作品，汇辑成《阿福的故事》，由江苏文艺出版社出版发行，是第一本由无锡少年儿童创作的本土题材读物。

1998年4月1日，在省文化厅、省音协和江苏电视台举办的第三届江苏省声乐比赛业余组比赛中，无锡市选送的周新毅获通俗青年组二等奖、丁建慧获民族青年组三等奖。同年7月，在'98江苏省群众美术活动周中，无锡市选送60件参展作品中21件获奖，其中包括摄影、书法、国画、油画、连环画等。10月下旬至12月底，省文化厅举办全省群众文艺新作巡回评奖活动，在320个节目中评出一等奖14个、二等奖43个、三等奖65个，无锡市选送的童声独唱《牧童哪里去了》、男声独唱《仰望五星红旗》、少儿舞蹈《香飘茶山》、小锡剧《阿二骂钱》获一等奖，女声独唱《千万里山河好风景》、少儿舞蹈《团团又圆圆》、小锡剧《小辣椒相亲》、小品《半句话》获二等奖，另有7个节目获三等奖。

1999年6月29日，在解放军总政治部"八一"剧场举行的"爱我中华"全国表演唱汇演中，锡山市洛社镇文化站参赛的女声表演唱《大运河之夜》获创作、表演双一等奖。同年11月初，在省第三届业余戏剧曲艺大赛上，无锡市选送的小品《半句话》、江阴市选送的小锡剧《阿二骂钱》获一等奖，江阴市选送的小锡剧《小辣椒相亲》、宜兴市选送的评弹《并蒂花开》获二等奖。11月26日，在省文化厅举办的江苏省广场舞蹈民间鼓乐大赛上，无锡市南长区谈渡女子锣鼓队《朵朵莲花九九开》获一等奖，宜兴市荆溪小学《盾牌舞》、满堂红女子锣鼓队《十番锣鼓·元宵》获二等奖，江阴市《龙腾狮吼》获三等奖。同年，顾青蛟创作的国画《吴地茶韵》获全国第八届"群星奖"银奖。

2000年5月19日，无锡市选送的小锡剧《阿二骂钱》在北京长安大戏院参加文化部举办的全国部分省市农村题材小戏调演，5月20日、21日赴北京印钞厂和北京郊区门头沟为工人、农民巡回演出。文化部特邀10多位专家召开《阿二骂钱》专题座谈会。同年11月，第五届中国合唱节在广东中山市举办，无锡市爱乐女子合唱团作为江苏省唯一的参赛团队，获得铜奖。12月19日，在第四届省音乐舞蹈节上，市文化局获优秀组织奖，市少年宫选送的童声独唱《牧童哪里去了》、舞蹈《团团又圆圆》，宜兴市选送的舞蹈《香飘茶山》均获少儿文艺节目创作、表演双金奖；宜兴市选送的舞蹈《竹海人家》获群众文艺节目创作、表演双金奖，锡山市选送的表演唱《抛秧》获群众文艺节目创作、表演双银奖，江阴市选送的女声独唱《丰收的中国》获群众文艺节目创作、表演双铜奖。同年，《竹海人家》获全国第十届"群星奖"银奖；宜兴少儿舞蹈《喊山》获文化部全国首届"蒲公英奖"表演辅导奖。

2001年4月，中国文联、中国剧协在扬州举办"曹禺戏剧奖·小戏小品奖"决赛，江阴市黄启元创作、远望艺术团演出的小品《老板与乞丐》获二等奖。同年5月中旬，在南京举行的第六届华东地区小品大赛中，由黄启元创作、远望艺术团演出的小品《半句话》获一等奖。6月，江苏省第四届"五星工程奖"揭晓，南长区文化馆解幸东的论文获奖。8月7日，在南京举行的全国第二届"蒲公英奖"决赛中，市少年宫刘琳的女声独唱《山路弯弯》获音乐类金奖，无锡师范学校吴旻的摄影作品《严父慈母》、西新中学邵霆的摄影作品《今日我当家》获摄影类金奖，江阴市袁晨的行书条幅获书画类金奖。同月，宜兴16名聋哑儿童表演的少儿狮灯舞《心的呼唤》在获得江苏省残疾人文艺会演一等奖之后，赴山东济南参加全国残联举办的文艺会演，获二等奖，是江苏省选送的17个节目中唯一一个二等奖，并于8月12日在山东卫视《星光50》栏目作直播演出。12月4～8日，在首届江苏中国民间艺术节民歌民舞民乐大赛上，无锡市选送的女声小合唱《竹乡谣》、女声独唱《乡村歌谣》、舞蹈《渔家夜歌》获金奖，民歌四人组合《渔乡小曲》获银奖，女声独唱《如花似月的江南》获铜奖。12月11～21日，在全国第十一届"群星奖"评选中，江阴市创作的小锡剧《阿二骂钱》和小品《半句话》同获金奖。是年，无锡市群众文艺创作在"蒲公英奖""群星奖"评比中双双打破历年无"金"的记录。

2002年8月28～30日，市文化局邀请省文化馆馆长金恩渠、编导王爱国和省音协秘书长朱新华到无锡参加市群众文艺作品改稿会，对近年创作的32个小品、20首声乐、10余个舞蹈作品进行点评。9月5～7日，由全国妇联、文化部和中央电视台联合主办的第二届中国家庭文化艺术节·江苏家庭文化艺术展，在南京文化艺术中心举行。艺术展设家庭才艺展和家庭摄影书画展，200余组（件）展品选自全省各地近千件（组）推荐作品，无锡市入展作品总数居全省第一，获金奖2个、银奖2个、铜奖4个和优秀奖6个。同年，江阴市选送16个小品参加中国文联、中国戏剧家协会举办的"曹禺戏剧奖·小品小戏奖"评比，庄铁生创作的《审女儿》获银奖、编剧奖、优秀演员奖，高玉红创作的《狗蛋村长》获铜奖。

2003年3月，在中国摄影家协会、教育部等部门联合举办的全国青少年摄影大赛中，无锡市群艺馆选送的作品获银奖4个、铜奖5个，获奖总分居全国城市之首。同年9月，在2002～2003年度“第六届理光杯——我是中国小记者”摄影邀请赛中，市文化馆选送的作品获金奖3个、银奖5个、铜奖20个，获奖数居全国各城市之首。同月，在“庆祝国庆54周年江苏省美术书法摄影大赛”中，无锡获金奖2个、银奖8个、铜奖5个。9月11日，在中国戏剧家协会主办的首届中国博兴国际小戏艺术节上，宜兴市朱抗美创作，王琴、顾国良、曹俊娣表演的评弹音乐剧《妙手回春》和王建平创作，朱伯生、姜明、潘群超表演的小锡剧《斩驸马》双双获得最高奖——剧目金奖，并获编剧奖、导演奖、音乐奖和优秀表演奖等12个单项奖。同年，在江苏省第五届“五星工程奖”评比中，无锡选送的19个节目中有7个进入决赛，小品《一只发夹》获一等奖。

2004年5月19日，市文化馆曹琳获2004年中央电视台第十一届全国青年歌手大奖赛团体第一名和美声业余组优秀奖。12月上旬，在海南省海口市举行的第七届中国合唱节上，无锡山禾合唱团获混声合唱、男声合唱两个金奖和女声合唱银奖，为获奖最多的团队。同年，无锡市选送的《一张邮票》《双向选择》《金香扶夫》等6个节目入选省第二届小品小戏大赛，获表演奖和作品奖。在省第六届“五星工程奖”评比中，无锡市选送的摄影、美术、书法作品获金奖9个，居全省之首。

2005年8月中旬，在省第四届少儿艺术节上，无锡市选送的小品《赖学》、独唱《采云朵》、二重唱《摇摇儿歌唱不老》、鼓舞《未来之光》获一等奖，课本剧《木梳三卖》等5个作品获二等奖，《我和妈妈》获美术现场比赛金奖。

2. 新故事会讲

新故事会讲为无锡群众文艺创作传统特色项目，设创作奖、讲演奖。1992年12月1日，无锡市举行1992年度新故事会讲，各市（县）、区选拔创作的近百个新故事参加会讲，经评比，颁发创作奖、讲演奖各15个。《故事会》《山海经》《垦春泥》等杂志社派编辑与会组稿。获创作一等奖的《小校长怒砸校门》（江阴市徐凤清）同年获省一等奖。

1993年11月27日，全市20个作品参加新故事会讲，徐凤清的《风流驼子》、张树森的《钱皮匠告状》获创作、演讲双一等奖。1994年，20多个作品参加全市会讲。1996年12月，参加新故事会讲的19个作品选自近年创作的近70个新故事，江阴市选送的《半句话》《女供销员之死》获创作、演讲双一等奖。1999年，无锡新故事会讲历时3个多月，7月23日，从百余个新作遴选出40个作品入围，再选其中20个故事进行会讲，徐凤清的《获金奖的中国女孩》、陈少华的《钥匙》、周梦江的《狮王之墓》、张树森的《剪彩》获创作一等奖；顾敏燕、王琴等5人获演讲一等奖。

2002年起，新故事会讲纳入无锡市群众文艺会演，是年12月13日，14个故事经选拔进入会讲，《抓阄抓到了红桃A》《罐头的秘密》《表扬信》等作品获奖。

3. 群众文艺会演

1977年后，市文化部门恢复举办全市群众文艺会演，会演名称曾用“创作交流汇报”“职工文艺创作调演”“街道文艺会演”等，1985年定名为无锡市群众文艺会演，每两年举办一次。1986年5月下旬首届无锡市艺术节期间，群众会演作为艺术节主要内容之一举行决赛，有14个节目获奖。

1990年起，宜兴市以“新风遍宜兴，文明在陶都”为主题，每两年举办一届“新风颂”文艺调演。每届调演参与的演职员有近1000人。调演节目由群众自编自演，涌现出《瓜娃乐》《喊山》《香飘茶山》《竹海人家》《春的使者》等优秀节目。调演后选择优秀节目公演，并到基层巡回演出。前5届调演在两年一度的陶艺节前举办，选调优秀节目参加陶艺节演出。

1996年起，每两年举行一届群众文艺创作节目会演和展评活动。是年10月20～21日，第一届无锡市群众文艺会演在无锡柴油机厂会堂举行，为第六届太湖艺术节的组成部分。参加会演的近40个节目选自全市200多个创作作品，分戏曲小品、音乐舞蹈2个专场进行展评，分设创作奖、表演奖和组织奖等奖项。宜兴市选送的舞蹈《喊山》、小品《欢迎的电话铃声》，崇安区选送的男女二重唱《百年梦圆》获创作、表演双一等奖。

1998年10月23～24日，第二届无锡市群众文艺会演在市工人文化宫大舞台剧场举行，为第七届太湖艺术节的组成部分，设戏曲小品、音乐舞蹈、少儿文艺等3个专场，45个自编自演的节目参演。江阴市的小戏《阿二骂钱》《小辣椒相亲》，宜兴市的舞蹈《香飘茶山》，锡山市的小品《小站风景》获创作、表演双一等奖；郊区的舞蹈《春满江南》《禾苗情》和南长区的童声独唱《童年》获创作一等奖；宜兴市的女声独唱《太平盛世好年代》、新区的舞蹈《俏妹子》获表演一等奖。会演的部分获奖节目参加江苏省群众文艺新作巡回评奖和纪念改革开放20周年文艺创作节目汇演选调活动。

2000年10月7～9日，第三届无锡市群众文艺会演暨优秀群文节目展演在郊区新世纪影城剧场举行，为第六届中国艺术节无锡分会场暨第八届太湖艺术节的组成，设"菊苑金秋"——戏剧小品曲艺专场、"雏凤新声"——少儿文艺专场、"梁溪风情"——音乐舞蹈专场和"太湖情韵"——无锡市群众文艺优秀剧目展演等4个专场，前3场均为新创作节目，包括少儿节目17个、音乐舞蹈节目28个。

2002年12月14～17日，第四届无锡市群众文艺会演在滨湖区荣巷剧场举行，设声乐器乐、少儿音舞及成人舞蹈、小品曲艺、小戏等4个专场，全市58个团队71个节目参演，其中包括在省民歌民舞民乐大赛中获得金奖的女声小合唱《竹乡谣》、女声独唱《乡村歌谣》、舞蹈《渔家夜歌》和获得银奖的女子四人组合《渔乡小曲》等节目。12月29日，举行会演优秀节目汇报演出。

2004年11月下旬，第五届无锡市群众文艺会演在江南大学逸夫馆举行，设新故事会讲、声乐器乐、曲艺小品、小戏、少儿音舞等6个专场，从500个创作作品中选拔出70个作品参演。

四、歌会

1990年初，市委宣传部、市文化局、市总工会、市教委和团市委联合发起和组织"红五月歌会"，全市300余家基层单位近10万人次参加选拔，6月7～8日，工矿企业、机关、学校、街道、乡镇、驻无锡部队、业余文艺团体的50多支合唱队、6000多名歌手在大众剧院进行两场歌会比赛，传唱革命歌曲及新创作的区歌、厂歌、校歌、乡歌等，现场评出"金马奖"21个、"飞马奖"26个。

1993年12月25日晚，在市体育馆举行无锡市纪念毛泽东诞辰100周年大型歌会。歌会由《红太阳颂》《星星之火》《曙光在前》《山花烂漫》《锦绣前程》等5个部分、26个歌舞节目组成，包括合唱、重唱、联唱、独唱、军乐队列表演、歌伴舞、舞台上下同唱等形式，30多家单位、2500余人参加演出，无锡机床厂铜管乐队为歌队伴奏。现场观众4000多人加入大合唱，无锡电视台实况转播。

1995年9月3日晚，"和平之声"大型歌会在市人民大会堂举行，纪念中国人民抗日战争和世界反法西斯战争胜利50周年。歌会选取36首优秀歌曲组成25个节目，由市化工集团大合唱《五月的鲜花》拉开序幕后，相继展开《救亡篇》《抗战篇》《凯歌篇》《和平篇》等4个篇章，2000多位群众和专业演员同台演出，其中市老干部百人合唱队尤为引人注目。歌会在全场起立同声高唱国歌《义勇军进行曲》中落幕，无锡电视台作现场转播。歌会举行前，各区、局和基层单位举办群众歌会，10万余人参与。1997年6月，举办"庆七一，迎回归"大型歌会。

2002年5月，举行"红五月"群众歌咏活动。6月24～27日，5场歌咏比赛在无锡市区主会场和江阴、宜兴两个分会场展开。6月30日，举行《辉煌的历程》大型演唱会。2003年9月6日，"英雄赞歌"大型歌会在市革命烈士陵园内举行，纪念烈士陵园建园50周年。2005年9月30日晚，无锡市举行"正义之声"大型演唱会，纪念中国人民抗日战争暨世界反法西斯战争胜利60周年。演唱会以群众合唱为主，专业演员演出独唱、对唱、重唱和联唱等节目。

五、广场文艺活动

1995年8月10日晚，市文化局在无锡交电大厦前首次主办无锡市广场文艺活动，展演者以近年在省市声乐器乐比赛中获奖的专业和业余演员为主，5000多名市民群众观看。其后，南长、崇安、北塘、郊区等区分别在梦之岛购物中心、华联商厦、惠山小学、展览馆等处举办广场文艺展演。崇安区文化局、区妇联在华联商厦举办广场文艺展演，祝贺第四次世界妇女大会在北京召开，辖区8个街道的家庭代表展示手工制作和书画作品，300多人表演舞蹈、声乐器乐和木兰拳，并举行免费卡拉OK。

1996年正月初二到元宵节，无锡市春节广场文艺活动设商业大厦中心广场和梦之岛购物中心分广场，举办7场演出，1000多名专业、业余文艺工作者和3万多市民参与。小王彬彬、袁梦娅夫妇的锡剧演唱，总参干休所师级老干部的秧歌表演深受市民欢迎。7月1日前后，各文艺团体举行纪念中国共产党成立75周年系列广场文艺活动。其中：6月30日，市歌舞团在商业大厦广场举行“迎七一”广场音乐会；崇安区文化局在城中公园举办“我为党来唱支歌”卡拉OK广场文艺活动，广瑞街道广丰一村居民和广勤路中心小学的学生表演扇舞、欢乐少年等节目；郊区文化局在展览馆广场举行文艺演出；7月1日，南长区文化局在商业大厦举行以环境整治为题材的综艺演出。7月下旬，市专业剧团与群众文艺骨干队伍合作，以“无锡是我家，卫生靠大家”为主题创作一批节目，在八佰伴广场演出6场。9月28日～10月3日第六届太湖艺术节期间，南长区、崇安区、北塘区和郊区文化部门先后举办广场文艺活动。其中包括市第一百货商店广场的“军民同庆”文艺活动，永安超市广场的戏曲演唱等。八佰伴广场的金秋鼓会连演3场，陕西安塞腰鼓队、山西太原威风锣鼓队、甘肃兰州太平鼓队等在无锡献演。是年，市区共举办广场文艺活动42场，约20万人次观看。

1997年初，市区文化部门组织专业剧团、群众文艺骨干队伍在八佰伴、长发商场、市第一百货商店、新世纪影城、马山胜境广场等处举办闹新春广场文艺活动。6月30日，在八佰伴、商业大厦、穆桂英美食城、市第一百货商店、新世纪影城等处同时推出5场“香港回归之夜”主题广场文艺活动。7月4日，市文联、市音乐家协会在八佰伴广场联合举办“庆回归、爱中华”广场音乐会，近5000名观众冒雨观看。8月1日晚，“红星闪闪”广场文艺活动在八佰伴广场举行。9月12日，中共十五大开幕至国庆期间，无锡城区以“献给十五大，献给共和国”为主题，举办18场广场文艺演出。是年，市区共举办广场文艺活动65场次。

1998年春节到正月十五，市区举行12场广场文艺活动，其中包括八佰伴的“迎新春广场文艺”“新春乐元宵广场文艺”和城中公园“1998迎春戏曲广场”，吸引5万多人次市民群众观看。8月20日晚，市歌舞团在八佰伴广场举行赈灾义演。8月21日晚，市文化局、广电局、贸易局、民政局等4家单位的团组织在商业大厦广场联合举办赈灾义演。国庆期间，举办第七届太湖艺术节广场文艺系列活动17场，分别由无锡化工集团股份有限公司、江南学院、市第十一中学、市少年宫、崇安区文化馆、北塘区文化馆、郊区文化馆、马山区文化馆、南长区文化馆等单位承办。其中，市文化市场管理处在八佰伴广场组织举办青年歌手与时装模特表演，市群艺馆在胜利门广场举行“一百杯”铜管乐队表演赛。10月31日，文化部老艺术家合唱团演唱晚会在八佰伴广场举行。11月1～7日，市宣传文化部门会同市电信局、供电局、无锡日报社、中保人寿锡山市支公司等单位举办以纪念改革开放20周年“乡情”锡剧优秀剧目大型广场文艺演出周活动，无锡市锡剧院在八佰伴广场连日演出优秀传统剧目《珍珠塔》《玉蜻蜓》《金玉奴》《杨乃武与小白菜》，现代戏《希望的田野》和两台锡剧小戏专场，在广场文艺活动中首次演出全本剧目。11月11日晚，德国北莱茵—威斯特法伦州管乐团在八佰伴广场举行广场音乐会，曲目有《中国民歌组曲》《费加罗的婚礼》《大提琴和管乐协奏》《一往无前进行曲》等，是无锡首次举办的海外文艺团体广场演出。12月12日晚，市宣传文化部门在修缮一新的三阳广场举办“走进新时代”——纪念十一届三中全会召开20周年广场文艺晚会。

1999年，在“三庆两迎”系列活动中，市文化局组织开展“百场万人”广场文艺活动。4月15～17日，市宣传文化部门联合狮王太湖水啤酒有限公司、中国农业银行无锡分行在商业大厦广场举办’99乡音锡剧优秀剧目大型广场文艺演出，市锡剧院先后演出《珍珠塔》《狸猫换太子》《杨乃武与小白菜》《玉蜻蜓》《醉魂千古》《孟丽君》等剧目。4月18日～5月7日，市文明办和市文化局联合主办的“庆祝无锡解放50周年·弘扬文明新风‘八佰伴杯’广场文艺展评”活动在八佰伴广场举行，131家单位、5000多名群众演员连演14场，共演出200多个节目，约10万多人次观看，活动评出最佳演出奖6个，分别为江阴市、北塘区、市贸易局、南长区、市教委、宜兴市等代表队；南长区少年宫、市少年宫、连元街小学、崇安区少年宫获“老少同乐”广场书画比赛最佳作品奖；市委老干部局获特别荣誉奖。5月，市文明办和市文化局联合举办“文明之光”广场文艺进社区巡演活动，市歌舞团、市锡剧院、市滑稽剧团等以“争创省文明城市”为主题组织节目，连演8场。5月29日，市宣传文化部门联合市民政局在八佰伴广场举行慈善募捐文艺晚会。9月2日晚，俄罗斯高尔基艺术剧院演出队在八佰伴广场表演《红梅花儿开》《莫斯科郊外的晚上》等歌舞节目。9月10日～10月7日，市老龄委、市妇联、市教委等部门在八佰伴广场、商业大厦广场、南禅寺广场联合举办30多场广场文艺和咨询服务活动。其中市文化局举办广场舞蹈和民间鼓乐比赛，全市选送8支鼓乐队和6支广场舞蹈队参赛，表演人员近千名，评出《龙腾狮吼》（江阴市教师进修学校、辅延学校，驻澄部队）、《娇龙飞舞》（锡山市玉祁镇）、《十番锣鼓·元宵锣鼓》（宜兴市满堂红锣鼓队）、《雄师过江》（南长区谈渡女子锣鼓队、侨谊幼儿园、驻锡武警部队）等4个金奖，另有5支团队获银奖、5支团队获铜奖。10月7日，日本膝冈市大鼓队在八佰伴广场、商业大厦广场演出。

2000年9月下旬，无锡市举办“十月放歌”系列广场文艺活动，作为第六届中国艺术节无锡分会场暨第八届太湖艺术节的组成部分，共演出26场，演出单位包括市化工集团艺术团、市工人文化宫艺术团、江苏水利银河艺术团、市老干部艺术团、市退管会百乐艺术团、京剧票友联谊会、清名古运河民乐队等群众文艺团体和应邀参加艺术节活动的吉林市歌舞团、延安市歌舞团和伊犁地区艺术团，刚果（布）国家歌舞团、几内亚国家歌舞团等。是年，市区共组织举行广场文艺活动126场，参与演出人员4万人次，观众约50万人次。是年起，宜兴每年7～9月举办“荆溪之夏”广场文艺展演，集中展示农村文化、社区文化、校园文化、企业文化成果，成为宜兴市群众文化活动的品牌项目。2001年4月27日晚，乌干达国家歌舞团在八佰伴广场演出。6月29日晚，在八佰伴广场举行“首届无锡合唱节广场合唱之夜”演出活动。10月1～12日，第五届全国舞蹈比赛在无锡举办期间，在八佰伴广场、商业大厦广场等处举行11场次广场文艺演出，包括“我是小小舞蹈家”少儿舞蹈展演、“吴地舞韵”群众文艺展示、“第五届全国舞蹈比赛参赛节目广场展演”、“舞之韵”摄影邀请大赛作品展等。其中“舞之韵”摄影大赛共收到近千幅作品，在八佰伴广场展出时接受现场参观者的评选，共收到选票1500余张。2002年5月11日晚，“第六届中国合唱节参赛合唱团广场合唱之夜”展演在八佰伴广场举行。乌鲁木齐铁路分局爱乐合唱团、大连冰峪友谊之声合唱团、山东莱钢职工合唱团、九江市职工爱乐合唱团、海口合唱团、河南大河合唱团等6支合唱团队演出。11月8日，市委宣传部、市文联、市文明办在八佰伴广场举办喜庆中共十六大胜利召开广场文艺晚会。

图34-11　2005年激情周末广场文艺演出　（许益民摄）

2003年春节期间，市文化部门在中山路主要广场组织“新春广场文艺”天天演活动。“非典”疫情过后，全市各文化部门在两个月内组织14场“周末放歌”广场文艺演出。在10月中旬举办的“首届中国无锡太湖国际民乐展”期间，冒雨举行“广场民乐之夜”音乐会。2004年5月1日，市文化馆承办的无锡市“激情周末”广场文艺演出暨“五一”百姓旅游黄金周启动仪式在太湖广场举行。自此，广场文艺演出被冠名为“激情周末”。其后5个月中，30多支群众文艺团队在市区主要广场演出39场次。11月12日，“激情周末”广场文艺颁奖晚会在太湖广场北广场举行，表彰优秀组织奖9个、组织奖13个、优秀表演奖49个、新节目奖15个。是年，市区广场文艺演出150多场。2005年4月29日，市宣传文化部门主办的“激情周末”广场文艺演出开幕式在太湖广场举行，至11月15日共演出60余场次，评出优秀组织奖10个、组织奖14个，优秀表演奖87个、新节目奖25个。其中9月的“激情周末”广场文艺列入第三届中国无锡太湖博览会文化艺术活动，在乡镇、社区、军营、学校和城区主要广场，先后举办“欢乐农家”“社区之花”“菊苑香秋”等10场主题演出。

第三节　创建活动

一、群众文化先进创建

1986年12月15～22日，文化部、农牧渔业部联合在无锡市召开全国农村文化站、文化中心工作会议。1988年，无锡市在省内率先开展以建设街道、乡镇文化阵地为主要内容的群众文化先进创建活动。1989年，21个街道和乡镇被命名为市群众文化先进街道（乡镇）。至1990年，全市先后3次对城乡文化站进行评比，公布3批红旗文化站名单。1991年10月，无锡县被文化部、劳动部、人事部授予“全国文化工作先进地区”的称号。

90年代，群众文化创建活动与省文化厅开展的创建工作并轨进行。1994年5月6～10日，文化部在无锡市召开全国文化先进县经验交流会，江阴市和无锡县钱桥镇在会上作交流发言，与会代表参观考察无锡县、江阴市城乡群众文化设施及群众文化创建成果。至2000年，无锡3市（县）5区均被省政府命名为江苏省群众文化先进市（县）、区，全市145个街道和乡镇有143个被省文化厅命名为省群众文化先进街道（乡镇）。2003年，经创建工作复查，由锡山市撤市而设置的锡山区、惠山区被确认为省群众文化先进区。同年，无锡城乡改造和新建一批多功能的文化活动中心，建成7个文化信息资源共享工程基层点，江阴市被命名为首批省群众文化先进示范县（市）。2005年，全市区级以上图书馆、博物馆、文化馆均成为江苏省信息资源共享工程基层网点。全市建成基层文化示范点51个、农村集镇文化中心64个、文化户1697户。

二、文化馆站创建

1.队伍建设

1989年9月，江南大学中文系开办群众文化专业班，70名城乡文化馆（站）的业务人员经严格考试被录取。1991年7月，67名学员考核成绩合格后结业，成为无锡市首批具有专业证书的群众文化工作者。此后，市文化艺术学校、市文化艺术职业培训学校相继开办群众文化专业班，800多名群众文化工作者获得专业职业教育，其中136名城乡文化站工作人员通过考试考核录用转为国家干部。2005年末，市（县）、区9个文化馆在编工作人员133名，其中16人拥有高级职称、29人中级职称；85个街道、乡镇文化站在编工作人员408名，拥有高级职称2人、中级职称43人。

2.馆站创建

1986年后，无锡市以群众文化为主体，构建市、区（县）、街道（乡镇）、居（村）委等4级公共文化服务体系。1990年，全市街道、乡镇均建立文化站，在农村建设具有教育、科学、文化、卫生、体育“五位一体”功能的文化中心，逐步推行基层文化示范点、文化开放户建设。1990年12月10日，江阴市文化馆被文化部评为全国先进文化馆，无锡县洛社镇文化站被评为全国先进文化站，无锡县雪浪镇

图34-12　长安街道文化站　（市文广新局供稿）

文化站长顾信良被评为全国先进文化站长。1993年，无锡县、江阴市、宜兴市和南长区的文化馆被文化部评为标准文化馆，崇安区上马墩等13个街道文化站被文化部评为标准文化站。同年，省文化厅下发《江苏省文化馆、文化站达标定级标准》，按设施建设、业务工作实绩、管理水平和服务质量考评，分别评定特级、一级、二级、三级等4个等级，每两年考评1次。当年，无锡县钱桥镇等12个城乡文化站获评省特级文化站，另有23个城乡文化站被评为省一级文化站，31个城乡文化站被评为省二级文化站，31个城乡文化站被评为省三级文化站。1996年9月，省文化厅公布全省文化馆、站第二次考核定级名单，江阴市文化馆获评特级文化馆，锡山市安镇、南长区谈渡街道等12个城乡文化站被评为一级文化站，江阴市桐岐镇等15个城乡文化站被评为二级文化站，锡山市阳山镇等6个乡镇文化站被评为三级文化站。1998年9月，省文化厅公布第三次考核定级名单，锡山市文化馆被评为特级文化馆，南长区文化馆和郊区文化馆被评为一级文化馆，崇安区文化馆和北塘区文化馆被评为二级文化馆；郊区蠡园乡等7个乡镇文化站被评为特级文化站，崇安区江海街道等6个城乡文化站被评为一级文化站，宜兴市新芳镇等14个城乡文化站被评为二级文化站，宜兴市归径乡等16个城乡文化站被评为三级文化站。至此，全省的文化馆、站的考核定级工作基本完成，此后未再进行。2000年，洛社镇文化站长强银娣被文化部、人事部表彰为全国文化工作先进个人。2001年，文化部首次在全国开展群众艺术馆、文化馆评估工作，并于2004年公布定级名单。无锡市文化馆、江阴市文化馆、宜兴市文化馆、锡山区文化馆、北塘区文化馆被评为国家一级馆；滨湖区文化馆、崇安区文化馆被评为国家二级馆。

3．“蒲公英计划”

1997年6月1日，无锡市召开农村儿童文化园建设试点工作座谈会，贯彻落实文化部、国家教委等8部门联合印发的“蒲公英计划”（即国家妇女儿童工作协调委员会编制的《九十年代中国儿童发展规划纲要》），启动无锡市农村儿童文化园建设。市文化局、教委、广电局、农业局、妇联、关工委、妇儿工委联合制定《无锡市“蒲公英计划”实施方案——无锡市少年儿童文化艺术事业发展“九五”规划》，在江阴市、锡山市、宜兴市和无锡市郊区开展试点工作。农村儿童文化园由乡镇政府举办、乡镇文化站领导和管理，为公益性、社会性的儿童文化事业单位，是乡镇的少年宫，建筑面积在1500平方米以上，设少儿图书室、展览室、美术室、音乐室、微机室等8个项目，并有8个以上的兴趣小组或团队等，全年开放时间200天以上。到2002年，江阴市长泾镇、宜兴市归径乡建成2个国家级农村儿童文化园，惠山区洛社镇等5个乡镇建成省级农村儿童文化园。

第四节　节庆活动

一、艺术节

1.无锡市艺术节

1986年5月25～30日，首届无锡市艺术节举行，全市专业剧团、群众文艺团体演出锡剧、滑稽戏、评弹、歌舞等13台剧节目，计20场次，评比颁发专业演员奖、剧目奖等奖项，14个业余文艺节目获奖。同时举办美术、书法、摄影展，15幅美术、8幅书法、13幅摄影作品获奖。

1988年8月21～28日，第二届无锡市艺术节举行，专业剧团和业余群众文艺团体演出近两年新创作的锡剧、越剧、滑稽戏、歌舞等节目，推出东方之声音乐会、倪雪萍独唱音乐会、倪同芳锡剧演唱会、姐妹城市获奖歌星演唱会和电影周等活动，共演出15台、24场次。举办美术、书法、篆刻联展，书法艺专学生习作展，摄影作品展等。

1989年起，无锡市艺术节与太湖之春艺术节合并举办，名为无锡太湖艺术节。

2. 太湖艺术节（详见专记）

3. 校园文化艺术节

80年代后期，无锡市校园文化活动开展活跃。1991年10月，市文化局、市教委、市广电局和团市委联合举办无锡市首届校园文化艺术节。艺术节期间，全市2000余所学校组织文艺演出542场，展出美术作品2180幅、书法2340幅、科技小制作2160件、摄影740帧，并组织开展180多次演讲和黑板报、书市、邮展等活动。90%以上的师生参与活动。全市各社区围绕校园文化开展形式多样的文化活动，其中南长区同步举办南长校园文化艺术节，28所中小学和11所幼儿园的两万多名师生参与16项活动。是无锡有史以来规模最大的校园文化活动。

4.江阴、宜兴艺术节

1988年5月，宜兴举办首届中国宜兴陶瓷艺术节。艺术节以民间文艺表演为主。此后每两年一届，至1998年共举办6届。此后，陶艺节停办。

1988年10月，江阴市举办首届艺术节，有音乐、歌舞、戏剧、曲艺等13场文艺演出和美术、书法、摄影等6个展览，观众10万人次。1991年10月13～18日，为纪念明代杰出的地学家、旅行家、游记文学家徐霞客逝世350周年，江阴市政府举办中国江阴徐霞客文化旅游节，全国各地5000多名宾客参加。之后，徐霞客文化旅游节每两年办一届，每届设置文化艺术、文化展览（销）活动不少于10项，至2005年共举办8届。

5.七夕红豆相思节

1997年，无锡红豆集团准备用5个“5年计划”来推广“七夕红豆相思节”，把传统的民俗节日七夕（农历七月初七）和红豆融为一体，弘扬民族文化，以取代西方情人节，在社会上引起反响。南京和辽宁等地一些企业和商家也在红豆相思节当天举办各种庆祝活动。无锡千里马电动车厂举办唱响红豆相思节活动。2001年6月28日，由贺敬之、柯岩、高洪波等著名诗人，赵本夫、黄蓓佳等知名作家共30余人参加的红豆相思节笔会，拉开首届红豆相思节序幕。7月中旬，无锡邮政局特发行印有中国56个民族婚姻风情的纪念封两万张。8月初，中国人民大学艺术研究所所长朱维民教授把历时数月创作的油画《鹊桥仙》赠送给红豆集团。经过一系列的倡导活动后，8月25日七夕当天下午，无锡锡惠公园门口张灯结彩，人潮涌动，以歌舞、猜谜、茶会等形式欢度七夕节。红豆集团与中央电视台联合举办“七夕红豆夜”主题晚会。小品演员郭达与歌唱演员宋祖英、卢秀梅、蔡国庆等参加演出。

2002年8月15日，举办第二届红豆相思节，市政府、省台办、省文联共同主办“七夕相会无锡”

活动。组委会邀请7对台湾情侣与无锡9对情侣一起参加。当天上午，在顾山千年红豆树下，凤凰卫视主持人吴小莉阐述她对亲情、友情、爱情、同胞之情的独到见解。台湾诗人余光中下午来到无锡“天下第二泉”，他称赞红豆集团此举是“以红豆抵抗玫瑰”，写下一首《红豆曲》诗以表祝贺。是日，由红豆集团与中华诗词学会等共同举办的历时4个月“20大奖寻当代王维”古诗词大赛获奖者揭晓。在美国、日本、法国、加拿大等十几个国家及海峡两岸暨香港3.1万人10.8万余篇来稿中，北京诗人刘征以一首哀婉动人的《红豆曲》夺得桂冠，获得20万元奖金。贺敬之挥毫写下“七月初七日，红豆相思节”；画家、作家冯骥才对红豆集团弘扬民族文化，拯救传统节日所作的贡献给予高度评价。七夕夜，从文化宫到跨塘桥3公里长的古运河两岸张灯结彩，游人如织。古运河水面上举行放河灯活动，市民把1700余盏古色古香的荷花灯、宫灯、宝塔灯、鲤鱼灯等放入河中。16对情侣坐在“古运河”号游船上放河灯，祈愿幸福相会。水面上还有大型龙船灯、鹊桥相会灯等。在当晚举行的七夕晚会上，台湾地区的7对情侣得到红豆集团董事局主席周耀庭赠送的象征吉祥、美好、相思和爱恋的红豆。歌唱演员蔡依林、陈少华、斯琴格日勒、俞静、庾澄庆、阎维文等参加晚会演出。第二天，16对情侣又相聚顾山红豆树下，相约一生相携、相守。中央电视台、中国台湾东森电视台、江苏卫视台、中国香港凤凰卫视台、无锡电视台等多家媒体，用现场直播或录播的形式向海内外播放近4个小时的相思节系列活动。

2003年8月4日，举办第三届红豆相思节，《红豆寄情》广场文艺晚会在无锡市港下镇红豆集团工业城举行，观众2.3万多人。红豆西服形象大使张信哲与那英、孙楠、屠洪刚等和“红豆情歌大赛”的获奖歌手献演节目。适逢红豆集团20周年庆典，红豆集团还和江苏、北京、黑龙江、山东、安徽、湖北、福建、江西、陕西、新疆等10家省级电视台联合举办相关内容的节目。

2004年8月16日，举办第四届红豆相思节。晚会上，举行由红豆集团与共青团中央及国内十多家媒体联合举办“七夕红豆相思节——感动中国的爱情故事征文大赛”颁奖仪式，参赛作品《昆仑山离长江源头有多远》《伟人之爱》以动人的故事情节及优美、洗练的文笔获一等奖，来自北京的王宗仁和南京的戴珩各获5万元奖金。此次征文大赛共收到两岸三地稿件1万余篇，经过初评、中评后有56篇佳作进入终评，大赛由中国记协主席邵华泽担任评委会名誉主任，中国文联常务副主席、作家冯骥才担任评委会主任。

2005年8月8日，举办第五届红豆相思节，在无锡新体育馆举行晚会，众多明星参加演出。

二、合唱节

2000年9月10～15日，文化部、中国老龄协会、中央电视台在无锡中视影视基地举办第二届中国老年合唱节，全国27个省（市、自治区）的84支合唱团队参赛。合唱节期间开展“我最喜爱的指挥”“我最喜爱的歌曲”“我最喜爱的合唱队”等由电视观众参与的评选活动，并有10万人参与游园联欢会。中央电视台《夕阳红》栏目播出专题特别节目。

2001年，市委宣传部、市文化局等部门联合主办首届无锡合唱节，以“唱响共产党好、社会主义好、改革开放好”为主题，庆祝中国共产党成立80周年，为承办第六届中国合唱节作准备。4月中旬～6月中旬，举办“红五月”群众歌咏活动，全市300多支合唱团队、两万多人次参加，从中选拔推荐75支团队近5000人参加正式比赛。6月24～27日，5场正式比赛在市区主会场和江阴、宜兴两个分会场展开。6月29日，在八佰伴广场举行“首届无锡合唱节广场之夜”演出。6月30日，在市人民大会堂举行“辉煌的历程”大型演唱会，纪念中国共产党成立80周年，300多名专业、业余歌手参加演出。7月1日，在市人民大会堂举行首届无锡合唱节闭幕式暨颁奖晚会，市级机关合唱团、北塘区教育局女子合唱团等9支获奖合唱团队登台献唱，首届无锡合唱节组委会公布金奖、银奖、铜奖、优秀演出奖，特别荣誉奖和优秀组织奖名单。

2002年5月，第六届中国合唱节暨第九届太湖艺术节在无锡举行。10日晚，第六届中国合唱节开幕式在市人民大会堂举行，上海歌剧院演出交响合唱音乐会。合唱节期间，共有25个省（市、自治区）的54支合唱团2700余人进行7场比赛。5月11日，参赛合唱团在八佰伴广场举行“广场合唱之夜”展示演出。5月12日，各合唱团代表在鼋头渚公园聂耳纪念馆举行缅怀仪式。5月13日和14日，在无锡师范学校举办两场合唱节专题讲座。5月15日，举行第六届中国合唱节闭幕晚会，揭晓10个金奖、14个银奖、18个铜奖和优秀表演奖等奖项，其中伴奏奖为增设。市文化局获最佳组织奖，无锡市参赛的山禾合唱团、江阴天华合唱团获金奖，北塘铃兰女子合唱团、宜兴教师进修学校合唱队分别获银奖、铜奖。6月29日，在八佰伴广场举行首届无锡合唱节“广场之夜”演出。

2004年7月26日～8月1日，第七届中国国际合唱节在无锡市举行，为无锡市首次举办的国际性群众艺术节。波兰、以色列、巴哈马、日本、新加坡、印度尼西亚、马来西亚、拉脱维亚等8支外国合唱团队和包括中国香港、澳门在内的20多个省、市、地区的58支国内合唱团队，共3300余人参加演出。合唱节共举行8场比赛、7场专场音乐会和6场“广场合唱之声”展示演出，1.5万人次登台，近8万人次观众观看。合唱节期间，举办两场专题讲座。

三、民乐节（会、赛、展）

1992年11月11～15日，由中国音协民族音乐委员会、中国民族管弦乐学会、无锡市文化局、市文联主办中国首届民族器乐节（无锡分区）。民乐节以江南丝竹、苏南吹打为主，先后举行专场演出（2场）、古筝演奏艺术交流会和古琴制作研讨会，并在无锡县梅村泰伯庙举行道教音乐研讨会。北京、上海、南京、杭州、扬州等地的音乐家、演奏家50多人参加，12支演奏团队中无锡有8支民乐队500多名演奏员，其中有演员平均年龄超过65岁的道教音乐演奏团、成立近半个世纪的华光国乐会，以及少儿民乐队、农民民乐队、盲人民乐队等。民乐节另一个分区设在广东省深圳市，以少数民族器乐演奏为主，无锡派出14人组成的丝竹、锣鼓乐队在深圳民俗文化村连演15天，当地媒体称“无锡江南丝竹扬威深圳”。

2000年4月15日，由中央电视台、无锡市政府举办，无锡中视股份有限公司与无锡电视台、西安电视台、广州电视台等14个地方电视台联合承办的“中华鼓王大会”在无锡中视影视基地开幕。大会期间，13个省市的鼓队分别展示开封盘鼓、安塞腰鼓、广西铜鼓、兰州太平鼓等具有地域风情和民族特色的鼓乐，中央电视台现场录播，辑为《中华鼓王》电视片。

2002年8月14日，首届江南民乐节“红豆杯”青少年业余二胡邀请赛在无锡市举办。江苏、浙江、安徽和上海等地12个城市的100多名选手参赛，共评出一等奖2名、二等奖4名、三等奖6名和优胜奖14名。中国著名二胡演奏家闵惠芬、朱昌耀、邓建栋、周维、芮小珠、陈盘寿及台湾著名民乐指挥陈中申担任评委。8月16日晚，在市人民大会堂举行海峡两岸著名二胡演奏家表演暨青少年二胡邀请赛颁奖晚会。

2003年，举办江南民乐节暨七夕相会无锡——海峡两岸电视联谊联播活动。10月10～20日，以“奏世界民乐金曲，展太湖明珠风采”为主题的首届中国无锡·太湖国际民乐展在无锡市举行，为首届中国无锡太湖博览会的组成部分。7个国家的13个民乐团体推出10台演出。民乐展举行民乐高层论坛、中国民族乐器展销会，并在太湖广场举行“广场民乐之夜”演奏会。5万多名中外宾客参加民乐展活动，6万人次访问无锡文化网站“民乐展”专栏。

2005年5月10～18日，第二届中国无锡·太湖国际民乐展在无锡市举行，7个国家的民乐团体、专家和厂商近1000人参加，推出10场演出、二胡名家专题讲座、中外二胡名家名曲专场音乐会、“民乐之夜”广场文艺演出以及中国民族乐器展销会等活动，5万余名中外来宾和市民参与。

四、新春文娱活动

1993年起，每年元旦春节期间，市文化部门组织开展新春文化娱乐活动。是年节日期间，各专业剧团下乡镇、厂矿演出，剧目包括市歌舞团的歌舞《江南好》、市锡剧团的锡剧《描金凤》、江阴市锡剧团的锡剧《天涯情仇》、无锡县锡剧团的锡剧《桃花梦》等。市影剧公司和音像发行部门调集发行一批优秀影视片，供城乡影剧院、录像室放映。市新华书店送书下乡，提供新婚知识、计划生育等方面的科普书籍。各文化馆开展社区新春联欢和民间文艺表演活动，市工人文化宫举行第十二届“文化宫之春”文艺系列活动。市工艺美术公司在城中公园市美术馆展出400件工艺美术作品，其中包括紫砂大师顾景舟、泥人大师柳家奎和王木东等人的作品。无锡县组织开展全县农村文艺调演、优秀新故事巡回演讲、“家家学、家家乐、家家美”家庭文化活动。江阴市组织开展纪念“双拥模范城”命名一周年拥军优属、拥政爱民系列文娱活动，举办“金穗杯”家庭卡拉OK大奖赛。宜兴市与上海电视台在张公洞联合举办元宵文艺晚会，举办大型西游记艺术灯展、新春联征集及书法比赛。

1994年年初一至元宵节，无锡惠山春节民俗文化庙会在锡惠公园举行，有10多个活动项目，包括300多人组成的民间文艺大游行、民间工艺表演、元宵焰火晚会等。市文化局、市广电局联合举办首届“春兰杯”锡剧卡拉OK电视演唱大赛的预复赛，2月27日在无锡电视二台现场直播决赛，进入决赛的14位选手选自近200名参赛者，其中6名专业组选手、8名业余组选手。市锡剧团、市越剧团组队参加锡惠公园举办的民俗文化庙会，演出《双推磨》《摘石榴》等剧目。市戏校在钱桥影剧院上演神话剧《宝莲灯》，在元宵节前后连演3天。市美术馆推出“迎春美术摄影作品展”、斯洛文尼亚现代艺术展。市博物馆举办馆藏扬州八怪画派精品展。市书画院举办新春书画展。南长区举办社区厂长经理交谊舞比赛；在南禅寺举办艺术灯展，500盏宫灯组成22个场景。崇安区文化馆与市癌症康复俱乐部联办新春联欢会。市工人文化宫举办建宫40周年系列庆典活动，内容包括民间文艺演出、获奖节目汇报演出，宫史成果展、藏品展、美术展等。有20余部中外新影片在城乡影院上映。

1995年1月31日，市博物馆推出新版无锡历史文物陈列、近年新藏新裱书画精品展，北塘区举办“春满北塘”社区文化系列活动，无锡县举办首届锡剧节。宜兴市在元宵节举办民间锣鼓比赛，市体育馆举办大型新春灯会。春节期间，还举行无锡市新故事会讲比赛和少年儿童读书演讲比赛。1996年，无锡市举行“优秀剧（节）目迎春展演”“1996春节广场文艺”和文化下乡活动。“迎春展演”由1995年晋京演出剧目锡剧《瞎子阿炳》、滑稽戏《自作聪明》，1995年江苏省第三届音舞节优秀剧目奖《太湖鱼米乡》舞蹈诗，1995年新人新作展示研讨系列选萃等3部分组成，1月20～27日在市人民大会堂、大众剧院演出10场。在商业大厦、梦之岛购物中心举行春节广场文艺演出，自年初二至元宵节，演出7场，1000多名专业、业余演员参加表演。

图34-13　1994年惠山春节民俗文化庙会之马灯舞
（顾祚维摄）

1997年春节期间，市区文化部门组织专业剧团和群众文艺团队在八佰伴、长发商场、新世纪影城、中百一店、马山胜境广场等处举行广场文化活动。市书画院推出一年一届的迎春书画贺岁展。市博物馆同时推出迎香港回归新春书画展、国际礼品展、历史文物陈列展。东林书院办举办无锡九老百幅书画展，梦之岛购物中心和中百一店推出迎春书画展。1998年正月初一到十五，市区举行广场文艺演出12场，其中包括八佰伴广场的迎新春广场文艺和新春乐元宵大型广场文艺，市群艺馆、市京剧协会、南长区文化馆在城中公园举办的1998迎春戏曲广场活动，5万多市民群众观看。市博物馆推出秦古柳先生及其弟子画展。南长区在清扬公园首次举办迎春游园会，北塘区举办万家欢乐文艺演唱会、万人迎春长跑、万家文明迎新春创建活动，崇安区举办文明家庭卡拉OK大赛和第九届扑克比赛，郊区举办"为青春喝彩"——与外地民工心连心文艺演出、广场猜谜等活动，锡山市在堰桥举办1998新春游园会。

1999年新春期间，无锡3市（县）6区分别组织群众文艺演出、展览、展映、游园、书市、比赛、送春联、汇演、联欢、猜谜、慰问等近40项活动。农历年初一至年初三，市歌舞团、市滑稽剧团、市锡剧院参加3场广场文艺演出。南长区文体局在城中公园组织民乐戏曲演出，在八佰伴广场举办第二届文明家庭演唱赛，在商业大厦举行广场有奖猜谜活动。郊区组织18个慰问团，前往驻无锡部队驻地，演出18台共260多个文艺节目。举办迎新春系列展览，其中包括市博物馆的著名花鸟画家张继馨作品展，市群艺馆的新春艺术摄影展、少儿迎春书画展，市书画院的春节书画精品展，东林书院的奇石盆景展，崇安区文化馆的西神印社迎春作品展等。农历年初一、初二，举办无锡市首届新春广场书市，市新华书店、市对外图书交流中心和梁溪三联、汉源等30多家书店提供4万余种图书、期刊、音像制品、电子出版物在商业大厦广场展售。

2000年新春期间，文化艺术活动由广场文艺展演、书画图片展览、文娱活动展示等3个板块组成，共35项内容，其中广场文艺展演9场。第二届新春广场书市3天，虽遇阴雨大风天气，但售书金额仍达10万余元。市工人文化宫推出"双信双文明"职业道德成果展、"新风满锡城"职工书画摄影比赛、奔向新世纪历史图书展、"文明新风"职工集邮展。在清扬公园、锡惠公园、城中公园举办游园活动。2001年春节期间，市文明办、市文化局、市园林局在八佰伴广场举办首届春节花市，一束束鲜花由邮政礼仪快递送到"无锡市十佳文明新事"的代表手上，12位选手在广场舞台上进行插花表演。农历年初一，在商业大厦广场举办第三届新春广场书市，展销万余种图书，并举行剪纸表演和春联书赠活动。年初四至年初七，在八佰伴广场举行2001年新春广场文艺演出活动，分别由市歌舞团、市滑稽剧团、市锡剧院、市京剧票友协会演出。

2002年，第四届新春广场书市在南禅寺广场举办，由原来的3天延长至6天（农历小年夜至初四），近30家书店应市，吸引市民10万人次，售出图书2200余册。市图书馆在书市举办无锡籍名家展。农历年初一至年初四，先后在八佰伴广场举行新春音乐会、滑稽戏专场、锡剧专场、群众文艺专场等4场文艺演出。同期举行无锡市群艺馆美术摄影获奖作品展、"锡邑之光·无锡五千年文明史"、馆藏历代中国花鸟画精品展、无锡市书画院访日写生展等展览。2003年元旦，第九届无锡市艺术摄影展在市群艺馆展出。1月19日，市广播电视集团、市山禾合唱团举行"太湖美"迎春合唱音乐会。1月28日，迎新春无锡市油画家作品邀请展在市博物馆展出。1月30日，市文化局文化产业巡礼展在市图书馆展出；在南禅寺举办新春书市花市，开展"帮困助弱五人行"义卖春联活动；在八佰伴、商业大厦等处开展"新春广场文艺天天演"活动。2月9日，由市音协、无锡人民广播电台音乐台等联合举办的新春广播音乐会在江南大学逸夫馆举行，中国音乐学院、中央音乐学院、上海音乐学院、南京师范大学音乐学院等高等艺术院校的无锡籍在校生参加表演。

2004年1月9日，市文化馆举办迎新春水墨画联展，展出6名中青年画家的50余幅新作。1月25日，在商业大厦广场举行"新春大家唱"活动。是年12月4日至2005年2月3日，"苏源置业杯"迎新春精品锡剧周末展演在大众剧院举行。展演活动由市宣传文化部门会同市总工会、供电公司、新闻媒体主办，苏源置业有限公司、市锡剧院承办，每周周六晚上、周日上午演出。展演剧目包括新版《珍珠塔》《窦娥冤》《金玉奴》《青丝泪》《玉蜻蜓》《狸猫换太子》《包公打龙袍》等。2005年新春期间，先后举行"银色月光下"蔡琴演唱会、上海爱乐乐团"太平洋保险"新年音乐会、中国残疾人艺术团演出专场、瑞典斯德哥尔摩交响音乐会等10多场演出；市书画院、市博物馆推出第六届程及美术奖作品展、近代书画精品展、北非行——摄影美术特展、迎新春十人摄影联展；在薛福成故居举行“新春大家乐”戏曲演唱会；在东林书院举办“欢乐春节文化游”活动，包括院藏明清碑拓展、家谱展、老照片展和少儿诵读、古筝、船模表演等。2月23日元宵节，薛福成故居举办元宵灯会；市文化馆举办2005年元宵戏曲演唱会暨社区特色团队展演，近百名戏曲票友和数十支社区文艺表演团队参加演出。

五、送文化下乡

1996年，市委宣传部、市农业局、市文化局等8个部门联合制定《关于组织实施文化下乡活动的意见》，全市开展文化下乡活动。是年元宵节前后，市区组织600余人次的演出团队赴各市（县）、区，演出文艺节目6场，观众6000多人次；播映农村题材最新电视片近50部，赠送科普录像带10盘、电影拷贝1部；图书出摊17次，供应书籍千余种3.4万册，赠送科普等读物6500册、反迷信挂图10本，赠订报刊305份，现场书赠春联200幅，赠送民间艺术品30余幅。2月10日，市文化局在江阴市周庄镇三房巷村组织专场文艺演出。1997年春节前，市文化部门在洛社、马山等地开展文化下乡活动，近80高龄的锡剧表演艺术家王彬彬与青年演员王静慧合作演出《双推磨》。市文化局被评为江苏省“三下乡”（文化、科技、卫生）活动先进集体。是年12月，市文化局成立文化下乡工作领导小组，下发《关于在文化下乡活动中向宜兴市部分经济薄弱乡镇捐赠图书的通知》。1998年，市文化系统干部职工捐赠图书1.63万册，统一制作书架20只，在专业剧团中抽调50多名演员组成演出小分队，市影剧公司组织一批优秀影片，赴宜兴市乡镇开展送书、送戏、送电影活动。

1999年1月20日，“三下乡”新年集中活动在宜兴市新街镇举行，无锡、宜兴市级机关干部职工捐赠13万余册图书，帮助宜兴市44个乡镇文化站全都建成万册图书馆。连同在新区硕放镇和1月24日在江阴璜土镇，书法家们为3个乡镇的农民书写1500多幅春联和20件书法作品，民间工艺美术师当场送赠剪纸、刻纸、撕纸作品1000余件，专业剧团举办专场演出。

2000年1月22日和26日，26个市级部门和单位组成7个“三下乡”分团，在锡山市张泾镇举行文艺演出、电影放映、写春联等活动。2001年，专业和业余文艺工作者在“三下乡”活动中，编创群众喜闻乐见的文艺作品，到工厂、农村慰问演出。2002年元旦，无锡首届农民艺术节暨“三下乡”活动在滨湖区荣巷启动，活动持续到2月下旬，从中选送作品参加省首届农民艺术节。艺术节上，无锡市获组织工作奖和活动项目奖第一名，16件展品获优秀作品奖、综艺展览无锡展区获最佳布展创意奖。2005年1月16日，市文化局组织的文艺节目参加市“三下乡”活动。

第五节　特色文化

一、特色文化之乡

1986年后，一批民间文化艺术之乡先后获文化部、省文化厅和市文化局命名。1994年，市文化局命名江阴市月城镇为小戏之乡。1995年，江阴市月城镇获评江苏小戏之乡。1997年，市文化局命名江阴市璜土镇为书画之乡、锡山市玉祁镇为锡剧之乡。1998年，江阴市、锡山市玉祁镇、宜兴市丁蜀镇分别获评江苏民间故事之乡、江苏龙舞之乡、江苏陶艺之乡。同年，市文化局命名锡山市雪浪镇为书画之乡、宜兴市太华镇为锣鼓之乡、宜兴市鲸塘镇为青狮之乡。2000年，文化部命名的第二批中国民间文化艺术之乡中，宜兴市丁蜀镇为中国陶艺之乡、江阴市为中国民间故事之乡、江阴市月城镇为中国小戏之乡。2002年，江阴市、锡山区羊尖镇、滨湖区雪浪镇分别获评江苏民乐之乡、江苏锡剧之乡、江苏书画之乡。2003年，省文化厅命名无锡市甘露镇为民俗文化之乡，宜兴市为书画之乡。同年，市文化局命名江阴市华士镇为文学之乡、江阴市澄江镇为儿童文学之乡、宜兴市张渚镇为书法之乡、滨湖区蠡园镇为歌舞之乡。2005年，中国民间文艺家协会授予无锡市“中国泥人之乡”称号。

1.国家级特色文化之乡

中国泥人之乡——无锡市。无锡惠山泥人为中国著名的民间泥塑之一。惠山泥人以独特的艺术造型、丰富的题材、鲜明的色彩和浓郁的江南乡土气息享誉海内外，名艺人辈出，精品传世[①]。

中国民间故事之乡——江阴市。江阴人喜爱编故事、讲故事、听故事。1972年后，每年举办故事会讲，先后出版故事专集《红蝙蝠之谜》《五珠九龙冠》《红菱》《水乡烟雨情》《黑鹰洞追踪》《神秘的勒索者》《酸酸草》《好梦难圆》《连心锁》《无人控诉》《江阴十大故事家》等22种。故事《小校长怒砸校门》获1994年文化部第三届“群星奖”银奖，故事《背着老娘游黄山》获中国民间文化协会第八届“山花奖”。一批江阴市的故事作品被二度创作改编为电视剧、舞台剧和曲艺作品。

中国小戏之乡——月城镇。1991年，月城小戏在上海“大世界”连演两个月60余场，观众3万余人次，《新民晚报》跟踪报道演出盛况。1995年8月，省戏剧家协会在月城举办省第五期知名演员暑期读书班，全省获梅花奖、文华奖、白玉兰奖、紫金奖的30余名知名演员参加。至2005年末，月城镇的小戏获全省大奖，在无锡市、江阴市、苏州地区的评选活动中获得一等奖20多个、二等奖7个、三等奖5个，以及优秀演出奖、演员奖若干。小戏《训草人》《阿二接妻》《重逢》等被上海电视台、江苏电视台拍摄成电视片向全国播放。月城镇4.3万人中，有1/3居民能哼唱锡剧，拥有一大批编剧、导演、演员、乐手，先后向省、市、县专业团体输送30多名文艺人才。

中国陶艺之乡——丁蜀镇。丁蜀镇盛产陶瓷，素有陶都之称。丁蜀镇境内蕴藏丰富的陶土、石灰石等矿产资源。宜兴陶瓷有“五朵金花”之誉，紫砂典雅古朴，青瓷如冰如玉，均陶绚丽端庄，精陶美观耐用，彩陶釉色斑斓。又分日用陶、建筑陶、园林陶、电子陶、化工陶等12个门类，产品畅销86个国家、地区，“国之瑰宝”紫砂陶更是名扬天下，多次获国际博览会金奖。2004年7月，省文化厅、省财政厅将宜兴紫砂陶制作技艺列入省首批民族民间文化保护工程项目。

2.省级特色文化之乡

江苏民乐之乡——江阴市。江阴自古盛行“江南丝竹”。1995年起，先后与中国音协联合举办5届“天华杯”全国青少年二胡和琵琶比赛。郑觐文、周少梅、刘天华等民乐大师的故居先后修复、对外开放。1998年，江阴天华民族乐团首次赴京参加“社会力量办学之春”大型综艺晚会，所表演的《金蛇狂舞》获最高奖；1999年，江阴市代表队获江浙沪“江南丝竹”邀请赛金奖。2001年，器乐演奏《山童》获省第三届少儿艺术节活动表演一等奖。同年，江阴选手参加第一届少儿民族乐队北京邀请赛，获星光奖、月光奖、阳光奖。江阴市每年参加民乐考级人数3000人，受训近5000人，有9个民乐考级点，民乐培训机构10余家，民乐团队近50支。天华民族乐团自1991年成立始，先后出访新加坡、法国、德国、奥地利、日本和中国香港、澳门、台湾地区。2003年2月18日，在维也纳金色大厅献演“天华之声”中国民族交响音乐会，成为第一个走进金色大厅演出的中国县级市民乐团，中央电视台和《人民日报》《中国文化报》《新华日报》等媒体作专题报道。

江苏书画之乡——宜兴市。宜兴书画艺术历史悠久，名人辈出。古老绵长的陶文化，风光旖旎的山川，孕育出精美的书画艺术。宜兴成立省油画学会宜兴分会、省国画院宜兴分院、宜兴徐悲鸿艺术研究会、宜兴老干部书画学会等书画艺术团体，20个镇建有书画协会或书画兴趣小组。宜兴徐悲鸿纪念馆、宜兴美术馆、尹瘦石艺术馆等书画艺术展览场馆成为收藏、交流的平台。丁蜀职业高级中学开设书画专业，多次在宜兴市青少年活动中心与南师大美术系联合办学，学生多次在全国以及省、市少儿书画大赛中获奖。宜兴阳羡国画院、天一艺术馆、八面来风堂、东来书画苑、陶都集藏苑、吴门画廊、汉康画廊、沁园画廊等一批集展示、拍卖、销售和收藏的书画商家，推动宜兴书画的市场化发展。

① 参见第三十五卷第三章第五节《惠山泥人》目。

江苏书画之乡——雪浪镇。1987年，无锡雪浪镇成立乡镇书画协会，在书画基础较好的村建立书画联谊室，成为无锡市文联书画活动基地，常年举办书画培训班，一批书画新秀脱颖而出，百余幅作品在市级以上书画赛中获奖，其中国家级58幅、省级6幅。浦耕霖、郭培飞、肖文明的书法作品分别在日本、加拿大、朝鲜展出。

江苏锡剧之乡——羊尖镇。无锡羊尖镇是锡剧的发源地之一。羊尖镇中小学开设多个锡剧学艺班，传承锡剧传统，培育锡剧后人。羊尖镇拥有众多锡剧爱好者和多支锡剧业余演出团队，具有浓厚的锡剧传承氛围。

江苏民俗文化之乡——甘露镇。无锡甘露镇是典型的江南水乡，有“八湖福地”“金甘露”之称。隋大司徒陈果仁，常州人，在甘露筑有“小庄”。南唐保大年间（约997年前后），甘露人感念其忠、孝、文、武、信、义、谋、辩“八德”，建造忠佑庙供奉，由此形成农历五月十八庙会，延续千年。庙会上举行舞龙灯、舞狮、摇荡湖船、踩高跷、打莲湘、挑花担、掼担、扭秧歌、腰鼓、江南丝竹、戏文抬阁、云车（俗称肩轮车）、跑旱船、旗伞、锣鼓、道子（古代帝王出巡礼制）等民俗文化活动，表演队伍达数十支，有数千人参演，加上苏昆剧、锡剧、沪剧、评弹等地方戏曲演出团队聚集献演，形成江南地区特有的民俗文化。

江苏龙舞之乡——玉祁镇。玉祁人善舞龙，玉祁龙以礼社龙灯队传承最久，历经数十代而不衰。80年代，玉祁舞龙队获无锡市舞龙大赛三连冠。90年代初，代表无锡参加江苏省首届农民舞龙大赛获一等奖。1994年5月，代表江苏省参加在福州举办的首届全国“佐海杯”舞龙邀请赛获第四名和表演风格奖。9月，在第十三届省运会开幕式上，以“九龙腾飞”表演获优秀表演奖。1995年，获第一届全国舞龙比赛第四名和创编奖。1996年5月，获省第三届农民运动会舞龙比赛冠军。10月，在第三届全国农民运动会上，获自选套路、制定套路、团体总分第五名。1999年6月，参加加拿大多伦多市举办的第三届醒狮汇艺节，获加拿大政府颁发的最高荣誉奖——金龙奖。9月，在无锡市庆祝国庆50周年广场舞蹈、民间鼓乐比赛中获金奖。10月，参加江苏省喜迎新世纪舞龙比赛获金奖。12月，参加“国安杯”中华舞龙大奖赛获银奖，并参加在天安门广场庆祝澳门回归大型活动。2000年5月，获省第四届农民运动会舞龙比赛自选套路优秀编排奖。

3.市级特色文化之乡

歌舞之乡——蠡湖街道。农耕时代，无锡蠡湖乡民在婚丧嫁娶、迎神赛会之时，都要举行歌舞活动，尤其在春节、灯节等传统节日里，民间艺人组织表演民间歌舞活动，流传至今的有《采茶舞》《跳春牛》《绣花舞》和秧歌、花鼓灯等。1998年，“蠡湖之光歌舞队”成立，下设秧歌队、腰鼓队、扇舞队、现代舞队、国标舞队，分为少儿、中青年和老年等组别，并有50人以上的合唱队10支。蠡湖歌舞队参加省、市、区级活动，共计获奖100多个。三人舞《渔姑》、舞蹈《劳动秧歌》《青祈谣舞鼓》《猫》《乐在新城》《鼓铃声声》《蠡湖春晓》等先后获全国优秀奖和江苏省银奖，市群众文艺汇演创作奖，市民歌、民舞、民乐选拔演出一等奖，第六届中国艺术节二等奖和市少儿歌舞一等奖；男女声二重唱《十五大精神放光辉》《计划生育任务歌》《公民道德纲要歌》等获得市、区奖。

儿童文学之乡——澄江镇。70年代末，澄江镇涌现一批青年儿童文学创作者，形成赵沛、程玮、方国荣、丁阿虎、杨福康等老、中、青相结合的儿童文学作家群。上海少儿出版社、江苏少儿出版社出版的《大雁南飞的时候》和《我跟水生爷爷捕鲥鱼》，以澄江镇作者的作品为主。程玮的《我和足球》、方国荣的处女作《失去旋律的琴声》同获全国第二次少儿读物评选二等奖，占江苏仅有3个二等奖中的两个。方国荣的《失去旋律的琴声》获《儿童时代》小说征文一等奖、《彩色的梦》获中国作家协会首届全国优秀儿童文学奖。杨福康的长篇童话《大拇指奇遇记》获陈伯吹儿童文学奖。丁阿虎出版专集《夏令营的早晨》《蓝鲸号偷盗案》《祭蛇》等，小说《祭蛇》《今夜月儿明》被多种报刊转载，并转译国外。澄江镇儿童文学创作载体广泛而多样，由小说、童话扩展到科幻小说、益智小说、科幻画册、儿童诗歌、儿童散文、儿童曲艺、儿童剧等。1996年起，由澄江镇作者出版的儿童文学作品有《童年小树林》《少年月光曲》《夏日的池塘》《红蜜桃》《城市上空的星星》等共8部，计150多万字。《童年小树林》获无锡市首届“五个一工程”奖。

文学之乡——华士镇。华士镇人文荟萃，世存历代诗文集上百卷。1989年，华士镇筹建“龙砂文艺沙龙”，由上海市作协主席徐中玉（华士人）题名。1990年10月，成立华士镇文学协会。全镇经常参加活动的文学爱好者有300多人，有5个校园文学团体，分别为华士高中龙砂文学社、华士实验中学景云文学社、陆桥中学绿茵文学社、华士实验小学凝秀文学社和曙光小学新芽文学社。华士镇文学协会经常举办培训、交流、笔会和征文活动，编印征文集13部。每年在市级以上报刊发表文学作品200篇左右。1992年，故事《小校长怒砸校门》获文化部群星奖银奖。1996年，小品《蚊子》获全国“百优”小品创作三等奖。1998年，通俗文学《含泪的逮捕令》获《故事林》全国征文二等奖、当月最佳故事奖。2000年，小品《交白卷》获全国曹禺文学三等奖。

书画之乡——璜土镇。王庆祥师承国画大师徐悲鸿和著名花鸟画家张书旂，雅号“王牡丹”，代表作《满园春色》和《燕语春光无限好》由国家博物馆收藏。中国书法家协会会员朱文郁研习书画，教书育人，培养一代又一代的书画爱好者。璜土镇书画协会于1988年成立后在各地举办璜土书画交流会，每年举办书画笔会，会员200多人次获省、市书画奖项。陈一心获“江南倒笔书法第一绝”称号，在山东书画大赛中获金奖，并赴韩国交流；倪中立在庆祝2008北京奥运会全国书画联展中获二等奖，在第一届上海国际老年书画大赛中获铜奖；周利宗书法作品在天津市青年比赛中获金奖，在省青年书画比赛中获新人新作奖；於峥嵘在无锡少儿书画现场比赛中获一等奖。

书法之乡——张渚镇。张渚人对书法艺术情有独钟。桃溪书画印章学社成立时，省委原书记江渭清亲笔题词“振兴桃溪”，中国书法家协会副主席、省书法家协会主席尉天池题写匾额“桃溪书画印章学社”。青年书法家张六弢获全国中青年篆刻展最高奖和全国第二届电视书法大赛一等奖，汪建春书法作品多次在日本、东南亚等国家和地区展出，参加全国书法大赛13次获金奖。2003年，桃溪书画印章学社更名宜兴市桃溪书画印章学会，在张渚青少年活动中心设有作品室和展览室。

锣鼓之乡——太华镇。太华山区盛行十番锣鼓。十番锣鼓起源于唐代，俗称“十番”“十样锦”，是流行于江苏、浙江、福建的民间音乐。以敲击乐为主，十番锣鼓队员头扎英雄巾，身穿紧身衣，脚蹬薄地靴，英姿焕发。演奏声势磅礴，节奏明快清亮，极具英雄气概。明中后期，江南一带创演“新十番”，增加弦、竹等弹奏、吹奏乐器。太华镇北川里、大泽里、周家里、横岭里、三儒里等“里五村”，每逢农历十月十五举行社日活动，均演奏十番锣鼓，祈求太平丰收。50年代，开庆功会以十番锣鼓闹场，青年参军以十番锣鼓相送。1984年起，太华镇每年组织十番锣鼓比赛，各行政村及规模较大的自然村均建有十番锣鼓队。1995年，襄阳村十番锣鼓队参加宜兴市民间锣鼓大赛获银奖。

青狮舞之乡——鲸塘镇。狮舞在民间流传很广，宜兴“鲸塘青狮”更为出名。1994年2月，在宜兴市首届民间青狮会调中鲸塘青狮队一举夺魁，获一等奖和组织奖。同年10月，鲸塘青狮队随宜兴市民间艺术团出访日本，在兵库县浜畈町参加麒麟狮子舞国际交流大会，在浜坂小学露天操场万余观众的16次“全场大拍手”中，鲸塘“高台青狮舞”被日本媒体誉为“梦的竞演”。在省第十三届运动会开幕式上，鲸塘青狮队以主队身份引导全场狮舞表演。

二、特色文化团队

1.省特色文化团队

2003年，南长区谈渡女子锣鼓队被省文化厅命名为特色文化团队。2004年，宜兴满堂红锣鼓队、无锡市山禾合唱团获评省特色文化团队。

2.市特色文化团队

1986年起，无锡市逐渐建立一批特色文化团队。

1998年，市文化局命名21支团队为无锡市特色文化团队，分别为江阴市月城镇卧龙演出团、江阴市申港镇荷花段龙舞队、锡山市长城机器总厂铜管乐队、锡山市玉祁镇群音乐团、锡山市洛社镇高跷队、锡山市甘露镇舞狮队、宜兴市青少年活动中心小荧花艺术团、宜兴市荆溪小学陶都少儿民乐团、宜兴市大塍乡临泽村金龙队、宜兴市鲸塘乡烟山村龙灯队、宜兴市新街乡民南村太平龙灯队、南长区谈渡街道女子锣鼓队、南长区清名桥街道古运河民乐戏曲队、南长区长街街道妙光艺术团、南长区文化馆铜管乐团、崇安区文化馆魔术表演队、北塘区西新街道东方舞狮队、北塘区惠龙街道巾帼秧歌腰鼓队、北塘区北大街街道莲蓉戏曲演唱队、郊区河埒乡太湖锣鼓队、郊区山北乡古筝队。

2003年，市文化局命名11支团队为无锡市特色文化团队，分别为无锡山禾合唱团、宜兴市满堂红锣鼓队、宜兴市张渚镇京剧票友联谊会、宜兴市徐舍镇东方俱乐部、锡山区厚桥中心文学版画特色教育基地、锡山区荡口镇民乐队、滨湖区溪南街道太湖锣鼓队、崇安区江海街道锡剧团、南长区迎龙街道迎龙合唱队、北塘区铃兰女子合唱团、北塘区山北舞龙队。

至2005年，无锡市共有87支特色文化团队，其中，市命名的有32支。

2005年无锡市87个特色文化团队一览表

表34-9

名称	成立时间	相关介绍与获奖情况	命名情况
无锡市山禾合唱团	2000年9月	为中国合唱协会和国际合唱联盟团体会员。曾与南京艺术学院爱乐合唱团、上海爱乐合唱团、香港城市合唱团、加拿大晟韵合唱团等国内外合唱团体合作交流。先后在南京、上海、北京、香港、澳门等地举办10余场合唱音乐会。获第六、七、八届中国合唱节比赛金奖	2003年被命名为市特色文化团队，2004年被命名为省特色文化团队
无锡市老干部艺术团	1986年4月	初建时，成员大都是八路军、新四军、志愿军老兵和支边老人。下设京剧兴趣组、演出小分队。在全省老干部艺术汇演中获得一、二等奖	—
无锡市柏乐艺术团	1988年	2002年10月，舞蹈《桃红柳绿》获省老年文艺调演金奖；5次参加由中国老年报主办的中华不老城比赛，获舞蹈、秧歌比赛类大奖；《吴地古韵》获江苏省第20个敬老日老年文艺汇演舞蹈类一等奖。舞蹈《茉莉情怀》在市群众文艺演出中获表演、创作双银奖，获上海国际艺术节“金杨杯”“长三角”地区社区舞蹈邀请赛二等奖，获省文化厅“五星工程奖”现场决赛银奖	—
锡山区青春女子舞蹈队	90年代	舞蹈《莲花乐》获全国群星奖银奖，舞蹈《抛秧》获省音乐舞蹈节银奖，秧歌舞《茉莉花》获无锡市激情周末广场文艺暨无锡秧歌舞大赛金奖，广场舞蹈《渔篮花鼓》获无锡市激情周末广场文艺暨无锡市广场舞蹈、鼓乐大赛银奖	—
锡山区安镇秧歌腰鼓队	2001年	自编《花环健身秧歌》获得省健身秧歌规定套路（第一套）和自编套路比赛青年组二等奖	
锡山区鹅湖镇民乐队	2004年	原为荡口镇民乐队，因甘露镇、荡口镇合并设立鹅湖镇，两地民乐队合并组建，下设民乐演奏队和文艺表演队，演奏以传统的江南丝竹为主，自编曲目有《鹅湖欢歌》《欢乐的水乡》等	2003年被命名为市特色文化团队

续表

名称	成立时间	相关介绍与获奖情况	命名情况
锡山区鹅湖镇甘露舞狮队	90年代	起源于甘露庙会传统舞狮表演，先后参加南禅寺民俗文化节、太湖艺术节等及江阴太空测量船基地“欢迎测量船胜利归来”大会表演	1998年被命名为市特色文化团队
惠山区玉祁街道道群音乐团	1990年	由乡镇企业家中的音乐爱好者组成，1990年在无锡县、无锡市社区文化创作节目调演中获演奏一等奖	1998年被命名为市特色文化团队
惠山区玉祁镇红花锡剧团	2003年末	为股份制文艺团队。2004年，自编自演预防未成年人犯罪的现代戏《命运》，两个月内连演58场，被省关工委领导点名调到全省关工委经验交流会上演出。2005年，编演纪念抗战胜利60周年的现代戏《抉择》，在全区中小学巡演。短剧《美出来的官司》《给204室说法》《我该告谁》在中央电视台农村频道播出	—
惠山区前洲镇青城锡剧团	2005年春	演员大都为专业剧团的退休演员，演出以传统幕表戏为主，常年在苏、锡、常等地农村演出，全年演出250场	—
惠山区阳山马灯队	2004年重建	阳山马灯始于清末。重建后参与阳山国际桃花节、惠山庙会等民俗表演	—
惠山区阳山大头娃娃队	2004年重建	参加太湖博览会金秋巡游活动和阳山国际桃花节民俗表演	—
惠山区钱桥挑花担舞蹈队	1998年	—	—
惠山区杨市功夫扇队	2001年8月	2003年10月，代表惠山区参加市“万人老年健身系列活动”，获团体《太极功夫扇》一套金牌。2004年9月，代表惠山区参加市第九届运动会，获老年部团体《太极功夫扇》二套铜牌	—
惠山区洛社凤羽龙舞队	50年代	凤羽龙舞有百年历史，代代相传。洛社凤羽龙用鸡毛制作，舞龙时，1人舞夜明珠，1人舞龙头，11人舞龙身，5人吹打唢呐锣鼓，表演各种舞蹈套路。赴南京、北京，三上中央电视台，先后参加“国安杯”全国舞龙大赛、天安门广场迎澳门回归庆典、长城舞龙表演等，多次获得金奖、银奖	—
滨湖区河埒街道青山腰鼓队	1996年	编创秧歌《欢天喜地》，舞蹈《红色娘子军》《大众广播操》《中华医学健舞》等	—
滨湖区河埒街道太湖锣鼓队	1997年	区划调整后，由河埒乡太湖锣鼓队和溪南街道太湖锣鼓队合并成立，排演舞蹈《大中国》、扇舞《太湖美》等及舞龙、舞狮、秧歌、荡旱船、走高跷、大头娃等传统项目。舞蹈《大中国》获省首届中老年文艺汇演最佳表演奖，舞蹈《太湖美》获市全民健身展示一等奖，秧歌《好汉歌》获八佰伴广场演出一等奖	1998年被命名为市特色文化团队
滨湖区河埒街道新浪艺术团	2005年初	—	—

续表

名称	成立时间	相关介绍与获奖情况	命名情况
滨湖区荣巷街道勤新马叉队	2003年	—	—
崇安区长庆路戏曲队	1998年10月	—	—
崇安区江海街道民乐队	2000年	民乐《欢庆颂》获无锡市激情周末广场文艺演出金奖	2004年被评为区特色文化团队
崇安区江海街道锡剧队	1999年1月	演出全本传统剧目，创演锡剧表演唱《文明礼仪新风扬》《崇安新人赞》《二十年光彩路》《邻里情》《文明驾车好》等。锡剧《拔兰花》选段获江浙沪锡剧票友大赛银奖，锡剧表演唱《崇安新人赞》获区社区文化艺术节金奖、区会演一等奖，《二十年光彩路》获市群众文艺会演一等奖，《文明礼仪新风扬》获区社区教育汇演一等奖	2003年被命名为市特色文化团队
崇安区崇安寺街道红枫时装表演队	2000年	无锡电视台《今晚60分》栏目专题报道	—
崇安区广瑞路街道瑞音合唱团	2002年3月	在崇安区第六届、第七届社区文化艺术节上获最佳演出奖、崇安区特别奖，在2004年无锡市电台“太湖人家”歌唱比赛中获优秀演出奖	2004年被评为区特色团队
崇安区广瑞路街道书画团队	2001年6月	每年举办五六次书画展。队员年届70岁、80岁、90岁时，举办个人书画展，队友创作书画庆贺，2005年，获区才艺展示一等奖和特别奖	—
崇安区广益街道腰鼓队	80年代	2003年起每个社区都建有腰鼓队，参加2004年区第六届运动会开幕式、2005年市太博会“活力无锡”狂欢巡游	—
崇安区通江街道长庆路戏曲队	1998年10月	表演《红楼梦》《十八相送》《双推磨》等传统折子戏，编创节目宣传身边的好人好事	—
崇安区通江街道金秋艺术团	1999年	以舞蹈和时装表演为主，兼有戏曲、健美操等。先后创作30多个特色舞蹈节目，参加市太湖博览会开幕式、区文化艺术节等文艺表演。舞蹈《渔家女》获市群众文艺汇演创作三等奖	—
北塘区千红舞蹈队	2005年3月	—	—
北塘区江南锣鼓队	2005年5月	—	—
北塘区巾帼秧歌腰鼓队	1995年	1999年在市妇联举办的巾帼特色团队展示比赛中获巾帼风采奖，2001年在市万名老人健身活动中获得精神风貌奖、表演奖	1998年被命名为市特色文化团队
军威舞龙队	2001年	由武警8724部队战士组成	—
北塘区铃兰女子合唱团	1999年	2001年获无锡市首届合唱节金奖，2002年获全国第六届合唱节银奖，2003年获无锡市合唱比赛最佳演出奖，2004年获第七届中国国际合唱节优秀表演奖	2003年被命名为市特色文化团队
北塘区北大街街道莲蓉戏曲演唱队	90年代	—	1998年被命名为市特色文化团队

续表

名称	成立时间	相关介绍与获奖情况	命名情况
北塘区山北街道红星舞龙队	1989年	—	2003年被命名为市特色文化团队
北塘区黄巷街道刘潭社区江南锣鼓队	2005年5月	—	—
南长区文化馆铜管乐队	1997年5月	无锡市唯一一支具有一定规模，能为大型庆典活动进行礼仪服务的业余管乐队	1998年被命名为市特色文化团队
南长区迎龙桥街道谈渡女子威风锣鼓队	1992年1月	1999年，获“庆祝澳门回归”全省鼓乐大赛金奖和“中华鼓王”称号。2000年，参加中国“六艺节”开幕式表演，在全国“中华鼓王”鼓乐大赛中获全国“十佳中华鼓王”称号。2001年选调参加无锡—日本友好城市鼓乐赛，2003年《百万雄师过大江》鼓乐获江苏省“五星工程奖”铜奖	1998年被命名为市特色文化团队，2003年被命名为省特色文化团队，2004年被评为省十佳特色团队
南长区清名桥街道古运河民乐戏曲队	1997年	—	1998年被命名为市特色文化团队
南长区金星舞龙舞狮队	2000年	—	—
南长区南禅寺街道妙光艺术团	1996年	—	1998年被命名为市特色文化团队
南长区清名舞蹈队	1994年	—	—
南长区南禅寺街道南长秧歌队	1998年	—	—
南长区迎龙合唱队	1998年	—	2003年被命名为市特色文化团队
南长区清名桥街道古运河民乐戏曲队	1997年	—	1998年被命名为市特色文化团队
南长区金星街道金星龙狮锣鼓队	2000年	—	—
南长区扬名街道梁中荡湖船表演队	2003年	荡湖船又称跑旱船，是江南地区流传已久的民间舞蹈	—
南长区清名舞蹈队	1994年	下设舞蹈队、木兰扇表演队、太极拳太极剑表演队和中老年时装表演队	—
新区江溪街道太湖花园第二社区老年童心笛艺队、花儿二胡队、童颜空竹队	2003年/2005年/2002年	花儿二胡队由来自新疆、内蒙古、四川、湖北、广东等地的社区新市民组成；空竹队队员表演形式有6人组合、9人组合、15人组合、20人组合等，先后编创20多种表演特技。2004年4月，空竹队代表无锡市参加在淮安市举行的江苏省全民健身新优项目展示活动，获最高荣誉奖创新奖	—
新区江溪街道太湖花园第一社区英姿竹竿舞队	2005年5月	—	—

续表

名称	成立时间	相关介绍与获奖情况	命名情况
新区鸿山街道吴之韵舞蹈队	2000年8月	—	—
新区硕放街道南星曲艺队	2005年	—	—
江阴市老年大学秧歌队	2005年6月	2005年，参加太湖博览会大型巡游活动并获奖	—
江阴市华士镇华西村华西艺术团	2000年1月	由村党委书记吴仁宝担任团长，自编自导自演，节目大都以华西事迹为蓝本，包括《华西百桥图》《天下稀奇看华西》《人人爱唱“六爱”歌》《诚信华西，村泰民乐》《保护环境，共创生态》《永恒的旗帜》等，表演形式包括京剧、越剧、锡剧、沪剧、黄梅戏、评弹及曲艺、歌舞、杂技、小品等	—
江阴市周少梅国乐社	2005年	由顾山周少梅国乐社和北涸雅韵国乐社两镇国乐社合并成立	
江阴市利港镇仁和舞龙队	50年代	利港镇仁和村芦涟灯会舞龙民俗流行百年，代代传承。1999年，《新双龙舞》获纪念渡江战役胜利暨江阴解放50周年文艺演出优秀组织奖	—
江阴市月城镇卧龙艺术团	1992年改名	由月城业余锡剧团与秦望山水泥厂艺术团合并而成，下辖小白兔艺术团、嫦娥音舞队、桂花秧歌队、月城国乐社、月城锡剧团。1978年，表演唱《巧不巧》获苏州地区群众文艺汇演一等奖。1979年，相声《服服帖帖》获苏州地区群众文艺汇演一等奖。1983年，小戏《阿二接妻》获江苏省群众文艺汇演创作一等奖、表演二等奖。1993年，锡剧《珍珠塔》选段《赠塔》获江苏省首届中小学生戏曲调演一等奖。1994年，二胡叙事曲《暨阳血战》获江阴市群众文艺汇演二等奖。1996年，小品《1+1=？》获中国剧协百优小品大赛银奖	—
江阴市申港段龙舞队	1950年	段龙又称彩龙、脱节龙灯，起源于江阴申港镇朱家湾村，常在喜庆节日和庙会上表演。相传有一种身长七寸的彩蛇，摔成七段后会自行蠕动相连，恢复原状，被人们视为起死回生的吉祥之物，乡民由此创作为七节民间舞蹈段龙。1987年5月，《人民画报》将段龙舞照刊登在封面上	1998年被命名为市特色文化团队
江阴市申港布龙舞队	1989年	布龙又称打龙、彩龙。布龙舞流行于江阴市申港民间，西北片的崇文乡一带最为盛行，各自然村都有布龙舞队，尤以吴家店黄龙、周家店白龙、小沙上青龙最负盛名。1991年，获江阴市小学生文艺会演特等奖	—

续表

名称	成立时间	相关介绍与获奖情况	命名情况
海澜业余艺术团	1988年	由民乐队、民歌队、管乐队组成。2002年，在首届江苏民间艺术节大赛中，舞蹈《渔家夜歌》获金奖，民歌小合唱《渔乡小曲》获得银奖。2004年，杨蓉获"美在太湖"形象使者大赛季军，孙巧获江阴市首届业余电视节目主持人大赛优秀奖。2005年4月，与江苏省演艺集团携手打造大型原创音舞诗画《海澜畅想》	—
天华民乐团	1991年11月	团长史影长期从事群众文化工作。团员都是江阴市天华艺校的学生，有100余人。1997年，该剧团与闵惠芬等民乐大师合作演出的"天华故乡民乐风"大型音乐会，成为'1997中国江阴徐霞客文化旅游节的亮点。1999年，参加中央电视台"大江飞虹"大型文艺演出，与著名二胡演奏家宋飞、陈军同奏《光明行》。2001年出访新加坡，成为江阴第一支走出国门的文艺团体。2003年，赴奥地利，在维也纳金色大厅献演"天华之声"中国民族交响音乐会。此后又9次晋京演出，并出访中国香港、澳门、台湾地区和日本、法国、德国等国家。至2005年末，累计演出300多场，观众25万人次	—
长青艺术团	1991年10月	由专业剧团退休人员和业余文艺爱好者40余人组成，发起人裴寿衡任团长。演出不卖门票也不收包场费，所需经费靠自办老龄企业所缴管理费和市老龄委不定期拨给的少量补助费解决。演出的自编节目有京剧清唱《喜迎香港回归》《怀念周总理》，越剧《江阴新貌》《扶贫发家》，锡剧《三考好媳妇》《面条风波》，评弹《江总书记到江阴》《老年宫中夕阳红》，相声《说老》等，还演出优秀传统戏和现代戏。1999年参加江苏省首届中老年文艺会演获优秀奖。1991～2005年，累计演出近100场，其中下乡演出十数场	—
月城锡剧团	2002年	团长刘仁舫组织当地十几家企业的20名文艺骨干组成民间锡剧团。活动经费主要由企业赞助，逐年添置乐器和道具。该剧团以演出传统锡剧为主，献演短小精悍的文艺节目，每年进村或到企业演出200余场，应邀赴周边县市农村演出，观众近10万人次。至2005年末，累计演出1000余场，观众50万人次。其演员被群众誉为小戏之乡的文艺轻骑兵	—
宜兴市新庄街道临泽龙灯队	1988年9月	原称大塍乡临泽村金龙队，多次参加宜兴市陶艺节的演出活动。1987年，在第二届太湖之春艺术节活动中获奖。1994年，在无锡市庆祝国庆45周年活动中获演出奖。1999年9月获无锡市舞龙赛第二名	1998年被命名为市特色文艺团队

续表

名称	成立时间	相关介绍与获奖情况	命名情况
宜兴市官林镇盾牌舞队	2003年5月	盾牌舞起源于明朝初年。因湖匪经常上岸侵扰，座庄圩村民组建盾牌队，自卫抗暴，后周边的夹沟村、桂芳村、蜀风村等仿效组建盾牌队。经演变，盾牌舞成为集武术、舞蹈、鼓乐为一体的民俗表演形式	2003年被命名为宜兴市特色文化团队
宜兴市官林镇滆湖军鼓队	2003年初	—	—
宜兴市官林镇滆湖大刀舞队	2000年初	滆湖村庄家渎有座关帝庙，民间传习关羽刀法。抗日战争时期，大刀队员参加抗日游击队。滆湖大刀舞世代相传，有12门刀法	—
宜兴市新街街道彭庄猴棍队	1977年	猴棍为宜兴乡民为维护地方治安而操练的既有表演形式又有武术内容的传统节目，流传于新街彭庄、红塔场上、钮家西村一带。新街彭庄猴棍始于民国15年（1926年），每年农历三月廿八参加东岳殿庙会表演。1992年5月5日，在“中国·宜兴第二届陶瓷艺术节”开幕式上，猴辊第五代传人仇高宽率彭庄表演队参演。2000年，新街实验小学猴棍队成立，由79岁高龄的仇高宽传授技艺。在宜兴市小学生文艺会演中获演出奖，在无锡市“百灵鸟”文艺会演中获三等奖和银奖	—
宜兴市徐舍镇烟山龙灯队	1994年	烟山龙灯世代相袭。1995年，获宜兴市民族锣鼓大赛金锣奖。1996年，获宜兴市“华地杯”舞龙大赛“金龙奖”	1998年被命名为市特色文化团队
宜兴市徐舍镇东方俱乐部	1999年初	宜兴市唯一一支集锣鼓、舞龙、舞狮为一体的特色文化团队	2002年被命名为宜兴市特色文化团队，2003年被命名为无锡市特色文化团队
宜兴市徐舍镇吉祥龙灯锣鼓队	1999年	将原平地金龙盘柱改进为用木棍向上盘龙，龙舞腾飞添加龙船。2003年，获宜兴市首届社区文艺大赛演出金奖。2005年，获宜兴市第二届社区舞龙比赛金奖，无锡市太博会“活力无锡、欢乐巡游”优秀表演奖	2002年被命名为宜兴市特色文化团队
宜兴市屺亭街道悲鸿马灯队	1992年	为缅怀徐悲鸿、传承马灯民间舞蹈而组建，1993年5月获廖静文题名。演出时队形变换，十番锣鼓伴奏	2002年被命名为宜兴市特色文化团队
宜兴市满堂红锣鼓队	1998年	参加无锡太湖博览会、江苏盐城国际房地产博览会开幕式、铁道部“宁杭高速客运专线建设大会”典礼等重大节庆活动表演。表演曲目有《迎宾曲》《十番锣鼓》《苏南元宵锣鼓》《宜兴丝弦锣鼓》等。两度获得无锡鼓乐比赛金奖。2000年，在中央电视台举办的中华全国鼓王大会上被授予“中华鼓王”称号	2003年被命名为市特色文化团队，2004年被命名为省特色文化团队

续表

名称	成立时间	相关介绍与获奖情况	命名情况
宜兴市张渚镇男欢女嬉队	2004年	《男欢女嬉》为宜兴古老的民间舞蹈，已有600余年历史，分有上盘、中盘、下盘等3种舞风。扮演者一男一女，戴面具系脚铃，表演节目有《采桑》《买胭脂》《送茶》等10个。2005年参加“活力无锡”狂欢巡游表演获最佳表演奖	—
宜兴市屺亭街道悲鸿书画协会	2000年底	在廖静文支持下成立，由徐悲鸿之子徐庆平书写协会名	—
宜兴市杨巷镇英驻村琅干武术马灯队	2002年11月重建	明嘉靖年间，湖南迁居村里的毛姓家外甥曹某考取进士，特地从湖南老家请来马灯武术表演和十番锣鼓庆贺，随后被当地的毛姓、曹姓族人传承	—
宜兴市和桥花船队	2005年	花船又称荡湖船，演绎船娘、艄公舟行水上的韵味。2005年，舞蹈《河蚌戏花船》获宜兴市第二届社区文化艺术节创作、表演金奖	—
宜兴市宜城街道秋韵舞蹈队	1998年10月	1999年，舞蹈《亲亲茉莉花》获宜兴市“夕阳红火”文艺大赛一等奖。2000年，《清宫韵·民初风》获社区文艺汇演创作、演出双金奖	—
宜兴市新街风筝队	1999年	—	—
宜兴市周铁风筝队	1993年3月	宜兴周铁放风筝俗称“放鹞子”、系鹞笛、点鹞灯	—
宜兴市徐舍镇东方俱乐部	1999年初	前身为宜丰乡周家村锣鼓队。2004年，获宜兴市六运会优秀演出奖。2005年，5月《龙腾狮跃》获宜兴市社区文艺大赛金奖。9月获太博会最佳表演奖	2002年被命名为宜兴市特色文艺团队，2003年被命名为市特色文化团队，2005年12月，被评为宜兴市特色文化标兵团队
宜兴市小荧花艺术团	1997年6月	以集中训练的方法，开展少儿艺术教育。2005年3月，参加亚洲魅力新秀大赛中国区选拔赛，28位选手获全国少年模特、少年声乐、儿童舞蹈、小品优秀奖，7位选手获全国十佳，1位选手获全国金奖	1998年被命名为市特色文化团队
宜兴市荆溪少儿民乐团	1996年	2000年10月11日，参加六艺节无锡分会场演出获组委会嘉奖。2001年8月和2003年8月，在全国“中州杯”少儿器乐大赛中，两度获最高奖“阳光奖”	1998年被命名为市特色文化团队
宜兴市鲸塘文艺演出队	1975年	1985年，为宜兴全市唯一的一支有编、导、演、音配套实力的农村业余文艺演出队。演出特色主要是锡剧小戏和民间文化，被称为宜兴“小戏专业户”，所表演的《车水号子——易木牌》和《大刀舞》被列入宜兴市非物质文化遗产名录。连续八届获得宜兴市“新风颂”文艺汇演（每两年一届）演出奖，连续6届获宜兴市社区文艺汇演金奖	2001年被命名为宜兴市特色文化团队，2004年被命名为宜兴市特色文化标兵团队

第六节　特色文化家庭（个人）

2003年，市文化局命名15个特色文化家庭、6个特色文化标兵。其中，特色文化家庭为南长区芦庄街道张巍伟家庭（摄影）、南长区长街街道孙祖琪家庭（乐器演奏）、新区长江路街道吴琦华家庭（集邮）、新区长江路街道杨强家庭（乐器演奏）、滨湖区河埒街道蔡佐蕾家庭（声乐）、滨湖区青山街道刁锦富家庭（音乐）、滨湖区雪浪镇张炳炎家庭（古玩收藏）、滨湖区雪浪镇李荣升家庭（证章收藏）、滨湖区蠡园镇蒋柏忠家庭（书画）、惠山区钱桥镇王树均家庭（器乐演奏）、江阴市澄江镇黄宝珉家庭（摄影）、宜兴市和桥镇杨慧娴家庭（戏曲）、宜兴市丁蜀镇成正平家庭（陶瓷收藏）、宜兴市周展东家庭（音乐）、宜兴市杨东亮家庭（图书收藏）。特色文化标兵为崇安区工运街道朱庆庆（编结）、南长区清扬街道孙平芝（剪纸）、北塘区吴桥街道胡立德（撕纸）、滨湖区太湖镇浦耕霖（书画）、江阴市澄江镇瞿百顺（集邮）、宜兴新庄镇储敖生（请柬收藏）。同年，宜兴市裴国强获评省特色文化（戏曲）标兵。2004年，宜兴市新庄镇储敖生获评省特色文化（请柬收藏）标兵。此外，尚有唐建琴、吴国忠、陈惠萍、丁国锋、陆瑞兴等特色家庭（个人）。

一、省特色文化标兵

1.戏曲艺人——裴国强

裴国强自幼左手残疾，但酷爱戏曲，擅长京剧程派，先后被推选为宜兴张渚戏曲协会会长、宜兴市戏曲协会副会长。他个人出资装修张渚戏曲协会活动室，购置演出服装、道具、布景、乐器。张渚戏曲协会下设京剧、越剧、锡剧等3个演员组合，演出全本戏剧和折子戏，每年送戏下乡为群众义演，并在桃溪小学建成省京剧培育基地，开展京剧普及活动。裴国强热心慈善事业，资助孤儿、贫困学生和敬老院等，被誉为“大善人”。无锡电视台先后制作电视专题片《大善人裴国强》《裴国强和他的票友们》，通过中国黄河电视台发往美国斯科拉电视网络（SCOLA）向全世界播放。2003年，裴国强被省文化厅命名为特色文化标兵。同年，他所在的张渚镇京剧票友联谊会被市文化局命名为特色文化团队。

2.证书藏家——储敖生

储敖生喜爱收藏，其纸质藏品中的请柬、婚书、土地证等最具特色，还撰写发表《请柬艺术浅记》《华夏婚书婚俗》《华夏土地证集粹》等一批研究文章。1993年11月，宜兴新庄文化站建立储敖生请柬收藏馆，尹瘦石题写馆名。储敖生的藏品先后在宜兴、苏州、南京、上海、杭州、广州、西安和海南等地展出。1995年12月，在广东惠州举办的“’95华夏民间收藏品展示会”上，储敖生被评为华夏优秀收藏家。2002年4月25日，储敖生走进江苏卫视演播厅《天天90分》栏目，开讲“婚书的故事”。2003年10月1日，宜兴龙背山森林公园建华夏民俗文化史料陈列馆，储敖生多年收藏的珍贵史料入馆展出。2003年、2004年，储敖生先后被市文化局、省文化厅命名为特色文化标兵，入选无锡市家庭（个人）档案十佳。

二、市级特色文化家庭

1.特色文化家庭音乐人家——周展东家庭

周展东、杨满夫妇与儿子周乐一家三口，都从事音乐艺术教育工作。周展东任教于宜兴市教师进修学校，长期担任宜兴市荆溪小学少儿民乐辅导老师，被中国民族管弦乐学会授予有突出贡献的优秀教师，入编人民出版社《中国音乐家词典》，他所辅导的宜兴市教师进修学校合唱团先后获2002年第六届中国合唱节铜奖、2004年第七届中国国际合唱节优秀演出奖。杨满任教于宜兴中学，辅导的学生在历年全国业余钢琴考级中获得优异成绩，有23名艺术特长生被北大、清华等著名高校录取，被省音协授予“优秀指导教师”称号。

2.特色文化家庭笛艺之家——杨强家庭

杨强是无锡市滑稽剧团专业演奏员，师承上海笛子大师俞逊发。杨强之女杨岚自幼随父学习笛子。2000年，参加纪念浦东开发10周年在上海大剧院的演出。2002年，在中国青少年艺术大赛第一届民族器乐独奏比赛中获文化部颁发的优秀表演奖。同年，由无锡第一女子中学选送作为教育部委派的友好文化使者赴意大利作为期一年的国际文化交流，被米兰《太阳报》称为“一位来自东方的音乐魔女”。2004年，在教育部举办的首届中小学生艺术展演中获二等奖，并在北京人民大会堂演出，被评价为“中国中学生中一流的神笛”。同年，被台湾琴园国乐团特聘为青年演奏家。2005年，杨强成立江南笛文化研究院，开展笛文化普及工作，先后建立6个培训基地，学员数万人次。他协助无锡市江溪街道太湖花园第二社区组建“老年童心笛艺队”。

3.特色文化家庭摄影人家——张魏伟家庭

张魏伟为中国书法家协会会员、中国摄影家协会会员、西神印社理事，其妻何瑛是市摄影家协会会员。其子张雨驰2000年开始师从全国德艺双馨摄影家许益民学习摄影，先后获得国际、全国、省、市摄影大赛金、银、铜牌等奖项100多个，作品在《中国摄影报》《人民摄影报》《中国摄影家》《摄影之友》《时事杂志初中版》《中国少年报》《中国少年文摘》《无锡日报》等报刊发表。2004年3月，《张雨驰摄影作品展》在中国摄影家协会网展出。同年10月，《学体操的孩子》系列摄影作品应邀在中国·丽水国际摄影文化节上展出。2005年5月，张雨驰《童眼看世界》摄影作品应邀赴英国展出。

4.特色文化家庭摄影之家——黄宝珉家庭

黄宝珉自50年代起自学摄影，作品先后在全国和省、市级报刊、展览中发表和展出。黄宝珉的3个儿子在父亲的熏陶下与摄影、美术结缘。大儿子黄丰是中国影协会员，被誉为“江南水乡摄影家”，《大众摄影》《摄影画报》《摄影艺术》《中国摄影家》《中国摄影》多次刊登“黄丰摄影专页”。1986年，《农民办旅游》获“全国农村摄影展览”一等奖，《妈妈回来了》入编《中国新文艺大系——摄影集》。2002年，《水乡烟雨》获第20届全国摄影艺术展览金牌奖。2004年，《水墨江南》获第21届全国摄影艺术展览优秀奖和第六届江苏省“五星工程奖”金奖。2005年，《水乡入画图》获中国第十一届国际摄影艺术展览优秀奖。

5.特色文化家庭集邮之家——吴琦华家庭

吴琦华1965年上中学时就开始集邮，1986年开始专门收集、研究中国欠资邮票和世界各国的自行车专题邮票。1996年，吴琦华《中国欠资邮票》邮集参加省第四届集邮展览获镀金奖。2001年《中国欠资》著作参加全国集邮展览获镀银奖，填补中国欠资邮史研究的空白，受到特别表彰。《自行车运动》邮票参加2002年全国体育展览，获镀金奖。吴琦华妻子刘荣冠支持丈夫的集邮爱好，每次到社区、学校、文化宫举办展览时，都由她跑前跑后张罗。为支持丈夫撰写《中国欠资》，她包揽家务3年，直至出版发行。两个女儿在父亲的指导下都有自己的邮集专题。大女儿吴萍的《我爱江苏》邮集参加1986市首届青少年专题集邮展览获一等奖，参加1987年全国邮联集邮展览获铜奖。二女儿吴海燕的《人民英雄纪念碑》邮集参加1986年市首届青少年专题集邮展览获二等奖。吴琦华家庭共收藏中外邮票3万多枚，首日封两万多枚，其中包括组集6部。还收藏形式各异的打火机200多只、扑克200多副、烟标烟盒6000多枚、火花6000多枚、门票5000多枚、地图100多幅，另有筷子套、筷子架5000多种。

6.特色文化家庭陶瓷藏家——成正平

成正平专事以动物、人物塑像为主的美陶、青陶特色收藏，藏品1500余品种，其中美陶1200余种、青瓷200余种。藏品中的名人名作包括全国著名雕塑家周国桢的猴、猞猁、水獭，周轻昊的鹿、马、熊等，郑可的鸡，韩美林的鸡、猴、虎等，冯可的大绵羊、伏地牛，时宜的鸳鸯，王家斌的羊头（壁挂），王则坚的刘邦、屈原、钟馗、曹雪芹等人物造型，张德蒂的西班牙女郎等，另有宜兴工艺师的一批力作。

7.特色文化家庭盲人音乐家——刁锦富

刁锦富善于调音，是为数不多的能被称为音乐家的盲人，曾两次到中南海怀仁堂演奏。他从小就开始学音乐，小时候在上海跟英国人学钢琴。50年代时考取上海音乐学院，大学毕业时，视网膜遭遇意外脱落，渐渐失去光感。他所教的学生无数，曾在苏州大学等执教钢琴，不少学生赴国外发展。在他近千名学生中，有两个是盲孩。

8.特色文化家庭红色收藏之家——李荣升家庭

1966年，时为现役军人的李荣升开始收集毛泽东像章，70年代初退伍时，拎回家3个大箱子，全是毛泽东像章，共有5000多枚。李荣升回到无锡工作后，利用经常出差的机会走遍东北三省和北京、天津、上海、广州、郑州、西安、兰州、南京、韶山、延安、井冈山等地的收藏市场，他的“红色收藏”装满三屋，共有徽章5万多枚，其中，早期章300余枚、套章200多套，还有用丝织、金、银、铜、铁、铝、陶、瓷、玉、竹等材料制作的形象藏品2500多件。全国评出的“十佳套章”和“十佳单枚章”，李荣升就收藏有10件同品质的像章。2004年，李荣升入选《毛泽东像章收藏二十年人物集》。

9.特色文化家庭古玩之家——张炳炎家庭

张炳炎家庭古玩收藏始自1957年，第一件收藏品是宋代韩瓶。此后潜心收藏不辍，藏品达几万件，以中国钱币、中国古陶瓷和原始石器为主。收藏的历代钱币有贝币、刀币、戈币、环形币、鱼形币、桥形币及金银币、纪念币，仅圆形方孔钱就有近2000个品种、5000多枚；历代陶瓷器有S形堆纹原始青瓷、战国双耳盘口壶、汉代各式印纹陶罐、宋代印青碗、元代白瓷盖罐、明代寿字碗、清代各朝瓷器，以及大量“文化大革命”时期的瓷器，其中一组“样板戏”酒瓶非常罕见；原始石器有石犁、石镰、石刀、石斧、石锤、箭头、网坠纺轮等近百种。还收藏有烟标近万件、酒瓶2000余只，各时期酒具、灯具、餐具也形成收藏系列。中央电视台《走遍中国》栏目曾作专题报道。

10.特色文化家庭藏书示范户——杨东亮家庭

宜兴市退休干部杨东亮喜爱藏书，家庭藏书5万册，以政治、经济，文史和地方文献为最丰。他读书用书，将心得化为文字，多次发表论文，其中包括《祝英台是宜兴善卷人新考》《祝英台第二次新考》《探讨苏南模式和三农问题》《宜兴紫砂壶》等。1997年，杨东亮家庭入选“无锡市十佳家庭藏书示范户”。

三、市级特色文化标兵

1.特色文化标兵农民书画家——浦耕霖

浦耕霖自幼爱好书画艺术，以书帖为师，没钱买纸墨，就用清水当墨水，方砖当宣纸，反复临习，乐此不疲。浦耕霖将梁柱歪斜的老宅作画室，取名“斜庐”，在两张方凳上搁起纤维板作画案，新华社记者前去采访时，看到他在这样的环境中创作后唏嘘不已。浦耕霖为中国国画家协会会员、省书法家协会会员、无锡市云林书画院院长，其书画作品及传略入编《中国书法家选集》《中国美术家选集》《中国历代书画名家辞海》《世界现代美术家大辞典》《中国当代艺术界名人录》等，出版有《浦耕霖书画集》。2002年，浦耕霖应邀随市文化艺术代表团出访日本，参加中日名家书法展，中央电视台国际频道《走遍中国》栏目、《人民日报·海外版》等曾作专题报道。

2.特色文化标兵剪纸艺人——孙平芝

孙平芝从小喜欢剪纸艺术，1971年开始创作大幅作品，其剪纸技艺功底深厚，不打底稿，凭空构图，直接以剪代笔，作品《虾趣》《香暖招春》《夏荷双侣》《春满人间》《病员亲人》《秋菊肥蟹》《书法》《荷馨虾跃》《西游记》等先后在国家和省、市展示活动中获得大奖。

3.特色文化标兵撕纸艺人——胡立德

胡立德从事美术教育42年，1988年退休后，全身心投入撕纸画创作，运用撕、扣、拉、折、拼、贴等技艺，撕出人物、花鸟、山水、文字等作品，粗犷夸张、趣味盎然，既有传统民间艺术底蕴，又融入现代风格和意味。胡立德还擅长电笔画，用多种自制的电笔，通过烙、刻、拼、拓等技法，在化学纸上进行粗绘、细描、浅刻、深刻，呈现汉砖瓦当、山水、风景等图案，画面凸现色彩斑斓的特殊艺术效果，酷似油画，又像浮雕式版画，富有立体感，雅俗共赏。1987年，胡立德带领学生创作《童心千万颗，爱军一片情》书画长卷，庆祝建军60周年时展于北京军事博物馆。1990年，胡立德创作《庆献亚运》《古运河人民迎亚运》两件11米撕纸签名长卷。1991年，胡立德进行“新西游记取经”艺术活动，自费沿着长江航道、丝绸之路、黄河古道旅行，先后经重庆、成都、西宁、张掖到达敦煌莫高窟，途中举办10次画展，历时3个半月。1992年，胡立德参加为期50天的广州“中华百绝博览会”。1996年1月，联合国教科文组织中国民间文艺家协会授予胡立德“中国民间工艺美术家”称号。为迎接香港、澳门回归，胡立德历时两年，自费行程近10万里，在苏、浙、闽、鲁、豫、冀、晋、陕、京、津、沪等省、市的50多个城市，开展撕纸表演和签名活动，创作完成以庆贺香港、澳门回归为主题的110平尺《万众一心迎回归》撕纸长卷，获“大世界吉尼斯之最”证书。2000年和2002年，他先后赴新加坡、法国作撕纸表演。他先后在省内外举办30多次展览，其作品在《人民日报·海外版》《中国文化报》《中国旅游报》等报刊发表，中央电视台和北京、上海、南京等电视台等均作专题报道。

4.特色文化标兵称号集邮名人——瞿百顺

瞿百顺从小学时开始集邮，1983年江阴县集邮协会成立时担任第一届理事会理事。1997年5月，他的邮集《中国邮资邮简及信封》在省第五届邮展上获金奖，并入选当年10月在重庆举办的中华全国集邮展览。展前，专家指出，该邮集中尚缺1枚因政治原因印刷后又取消发行的“大炼钢铁28号邮资封”。该邮资封存世极少，仅有7枚。他在北京以9万多元的价格买下这枚珍品，此事在集邮界传为美谈。在此届全国邮展上，他获金奖加特别奖。1999年，纪念新中国成立50周年之际，中国首次举办的世界邮展在北京开展，他的邮集被评为大镀金奖。2000年12月，他的邮集参加在印度加尔各答举行的亚洲国际邮展，再获得大镀金奖。2002年，他被评为全国集邮先进个人。2005年，入编全国集邮联主编、人民邮电出版社出版的《中国集邮人物风采录》。

四、其他

1.文档之家——吴国忠家庭

吴国忠家庭自60年代起收藏积累家庭资料，每个成员都建有反映成长历程的档案，其中包括撰写的文章、出版的书籍、获得的荣誉、报刊的报道，以及照片资料等，共形成家庭档案350卷。吴国忠家庭档案先后公开展出69次，被新闻媒体报道77次。2002年，吴国忠获“江苏省优秀藏书人”称号，2004年设立开放“国忠家庭图书室”，入选无锡市文明科普家庭、无锡市家庭（个人）档案十佳。是年，为纪念邓小平百年诞辰，吴国忠收集各种报刊发表的纪念文章、图片1800余篇（幅），经剪贴粘合组成“纪念邓小平160米长卷”，录载邓小平一生的丰功伟绩。

2.江阴特色文化家庭麦秆画之家——陈惠萍家庭

陈惠萍自幼爱好书画，1987年末在著名工艺大师江可林、章意指点下开始创作麦秆剪贴画，通过对麦秆的熏、蒸、烫、漂等几十道工序的处理，在保持麦秆自然光泽和纹理的基础上，大胆吸收国画、书法、篆刻、版画、剪纸、烙画、贴画等艺术表现手法，制作出线条挺秀、纹理天然、形象质朴的麦秆画作品。2003年9月，“陈惠萍麦秆画展”在江阴文庙举办。陈惠萍家庭的代表作品《梅兰竹菊》《报晓》先后获省首届农民艺术节综艺展优秀作品奖、市工艺美术精品展金奖，《锦猫》《虎》《硕果》等作品由加拿大蒙特利尔市政府、日本以及中国台湾、省档案馆、市民俗博物馆等收藏。2003年9月，陈惠萍被江阴市文化部门命名为特色文化家庭。

3.吴歌传人——唐建琴

唐建琴是吴歌第三代传人，四五岁时就跟父母和村上的山歌手学唱吴歌，被誉为金嗓子。1983年，唐建琴拜吴歌王钱阿福为师学唱吴歌。1985年，她随师傅钱阿福参加两省一市山歌小调滩簧吴歌学术研讨会，登台演唱山歌。1986年，无锡县为歌王阿福举行70诞辰庆祝会暨无锡县优秀民歌手表彰大会，唐建琴与华祖荣、唐泉根、钱阿福同被评为优秀民歌手。1989年江苏电视台播出她演唱的《歌王阿福》民歌获省文联优秀奖。1990年在江苏省青年业余民歌大赛中获三等奖；其事迹被国家和省市各级媒体报道，被誉为“无锡的刘三姐”。1995年，她在两省一市吴歌大奖赛上获女子组第二名。她是全国吴歌协会理事，中国民间文艺家协会会员，江苏省民间文艺家协会理事，无锡市民间文艺家协会副会长。

4.农民剧作家——丁国锋

1981年，丁国锋在宜兴县鲸塘文化站站长董洪泉的指导下创作完成第一个锡剧小戏《劝娘》，在全县汇演中获得二等奖。此后，他创作一大批小戏、曲艺、表演唱作品，每年都有作品被搬上舞台，成为颇具声誉的农民剧作家，共创作小戏、小品、曲艺等剧本80余个，在《小戏小品创作园地》《剧作家》《剧影月报》《戏文》等专业刊物发表作品十余件，先后获中国戏剧奖1次、省级奖8次、市级奖数十次。其作品取材于普通百姓生活，具有浓厚乡土气息，深受百姓喜爱，有“小戏专业户”之称。2004年，丁国锋被省文化厅、农林厅、省文联等部门命名为江苏省农民文化之星。

5.蓝印花布传人——陆瑞兴

陆瑞兴潜心传承蓝印花布艺术，创办无锡市民间蓝印花布博物馆。他行程两万多公里采风，足迹遍及16个省区，拍摄上万张珍贵图片资料，对中国民间蓝印花艺术进行调查研究，对已经完全消逝的古夹缬研究具有独到的见解，编撰《无锡蓝印花布》和《夹缬图谱》，在国家级刊物《民间艺术》上发表论文《蓝印花布——正在消失的活化石》，其撰写的《无锡蓝印花布研究》获省民间艺术家协会2005年民间艺术论坛金奖。他创办的“中国蓝印花布”网站，是国内唯一的民间蓝印花布学术研究交流网站。

第四章　文化市场

1986年，文化管理部门首次核发文化经营许可证，开办营业性歌舞厅。1988年，无锡首家中外合资美丽都大酒店舞厅开业。1990年初，太湖工人文化宫、百灵音乐厅等开办卡拉OK歌厅。继而，桌球房、电子游戏室相继开办，歌舞娱乐场所数量逐渐增加，至1991年，无锡市区有歌舞娱乐场所62家、桌球房30余家、电子游戏室60余家。

1992年，市政府批转市文化、工商、公安等部门《关于舞厅歌厅放开经营加强管理的意见》，支持国营、集体、个体、中外合资等多种经济成分，跨行业、跨地区参与文化市场的投资经营，在审批、定价、营业时间、经营项目等方面放开政策，歌舞厅、卡拉OK厅得以迅速发展，遍布城乡。1992～1993年，平均每4.8天就有一家新的舞厅或歌厅开业，层次结构趋向中高档。至1993年末，市区有舞厅、歌厅214家，桌球房75家、电子游戏室256家，其中“三资”企业22家。其间，夜明珠娱乐总会首先使用新颖的电脑灯和名牌音响设备，金都舞厅首开无锡舞厅用弹簧地板之先河，运河饭店新光夜总会首设10间KTV包厢，首家迪斯科舞厅在奥斯卡影视娱乐中心开设，江阴市华西村、三房巷村和无锡县前洲镇、阳山镇等地也有档次较高的歌舞厅、游戏厅等娱乐场所。无锡娱乐市场从交谊舞热、迪斯科热到卡拉OK热，从台球热到保龄球热，从电子游艺热到网络游戏热，文化娱乐基本形成歌舞娱乐类、游艺游戏类、网络娱乐、文化休闲健身等多个序列。1999年，无锡出现网吧营业场所，并快速发展，上网成为新的文化消费时尚。大型演唱会接连举办，民族优秀艺术走红舞台。演出场所由专业剧场扩展覆盖体育场馆、旅游景点、宾馆饭店及歌舞娱乐场所。音像市场的批发、零售、出租、放映经营活动活跃，音像店、录像厅星罗棋布，遍及城乡。电影市场也连年红火，大片巨片接连放映。文化市场出现前所未有的繁荣景象。与此同时，国家颁布一系列文化市场管理法规，文化市场管理开始走上从行政管理为主到依法管理为主的转型之路。

2000～2005年，全市各地按照“一手抓繁荣，一手抓管理”的方针，整顿和规范文化市场经营秩序，开展专项整治行动，打击文化市场违法经营行为，促进文化市场健康繁荣有序发展。

第一节 电影放映市场

1986年，无锡市设有市演出管理处与市电影放映公司，实施电影放映市场管理。全市有剧场、电影院112家。1989年，市电影放映公司在新中国成立后电影放映首次评奖活动中，获评全国电影发行放映先进集体。1990年2月，市演出管理处与市电影放映公司合并成立市影剧公司，设址人民西路27号。是年末，市区有影剧场24家。

1991年，全市影剧院配合党员党性主题教育和中国共产党成立70周年纪念活动，发行放映《焦裕禄》《周恩来》《开天辟地》《大决战》《毛泽东和他的儿子》等一批主旋律影片。其中《毛泽东和他的儿子》在大众剧院举行首映式，主演古月与观众见面；放映《焦裕禄》3058场次，观众229万多人次。1992年，在全国电影行业出现大滑坡趋势的情况下，无锡市全年放映电影16.7万场次、观众6096万人次，放映收入比1988年增长35%，发行收入比1988年增长30.6%，在省内居前列。

1993年4月，国家实行电影放映体制改革，国产故事片由中国电影公司统一收购发行，改为由各制片单位直接向省级发行单位发行；电影票价由各地方政府具体掌握。5月18日，市影剧公司会同南京、南通、苏州3市电影公司，赴京与16家电影制片厂洽谈影片直供方式。5月19日，各方签署影片发行权许可使用总合同。其后，在苏州举办“’93苏州电影市场夏季看片会”，形成全国第一个电影发行交易市场。同年9月，无锡大戏院以28万元独家买断首映《霸王别姬》20天，获得成功。是年，市区电影放映4.98万场次，观众1180万人次。此后逐年下降。1994年，大众剧院、和平电影院、无锡大戏院首批加盟院线放映。同年3月21日，大众剧院通过竞拍，以票房收入100万元的价位获得《画魂》独家放映权，实现放映收入168万元，观众21万人次。1995年，洛社影剧院在全国乡镇级影剧院中率先加入黄金院线。在《真实的谎言》《泰坦尼克号》等海外大片提高票房收入的同时，市影剧公司推出公益电影、露天电影等活动，解放电影院成为首家以放映复映片为主的公益电影院，每场票价2元，深受低收入群众特别是外来务工人员的欢迎。

1996年5～11月，群众影剧院到农村、学校、工厂、工地和敬老院，放映露天电影近200场次，观众20万人次。无锡大戏院、和平电影院、大众剧院不定期推出公益电影专场，为残疾人、孤寡老人放映免费专场。1996年6月28日～7月5日，无锡市举办纪念中国共产党成立75周年电影周活动，放映《孔繁森》《七七事变》《叶剑英》《金沙水拍》《敌后武工队》等影片。是年，市影剧公司被市政府列入事业单位改制6家试点单位之一。1997年，市区电影放映3.92万场次，观众255万人次。

1998年，在纪念周恩来百年诞辰活动中，无锡市举行《周恩来——伟大的朋友》首映式，主演王铁成到无锡。其后，《大转折》主演罗琦、傅学诚，《红樱桃》导演叶大鹰、女主角郭柯宇，《红天鹅》导演古榕、女主角徐松子，《太阳火》主演张瑜，《甲方乙方》导演冯小刚和主演葛优、刘蓓、徐帆，《太后吉祥》主演陈强、陈佩斯父子等，先后到无锡参加影片首映式，与观众见面。是年12月，除群众影剧院仍为独立法人单位外，市区各大影剧院并入影剧公司，为公司分支机构。

2002年10月18～22日，第十一届金鸡百花电影节在无锡市举办，放映45部、177场中外参展影片，观众8万余人次。电影节期间举办影片交易会、国产影片展、金鸡国际影展、港台影片展、日本电影日、韩国电影日、法国电影日和15场影片影人见面会等活动。2003年，无锡大世界影城推出“江南晚报·无锡银楼经典院线”活动，每周六上午免费放映一部中外经典影片。同年暑期，举办无锡市中小学生“少儿优秀影片”征文竞赛，放映近10部国产少儿影片，评出10篇优秀征文。12月25～26日，免费放映大型文献片《走近毛泽东》，纪念毛泽东110周年诞辰。2004年12月，市影剧公司由事业单位转制为全民企业单位，下属影剧院除和平、大众外，其余单位均实施关闭撤销，公司迁入人民中路90号。2005年，无锡市人民大会堂、大世界影城推出外来务工人员子女公益电影专场。

江阴、宜兴影剧公司分别对所辖城乡影剧院、电影放映队实施管理。1992年，江阴市影剧公司被评为全国农村科教电影汇映先进集体。2001年成立的江阴流动电影放映队，于2004年被评为全国电影放映队，至2005年共计放映露天电影2000多场，观众150多万人次。1989年，宜兴市影剧公司被广播电影电视部授予“全国发行放映先进集团”称号。宜兴电影放映、发行收入1982～1991年连续10年居全省第一，广播电影电视部电影局、中国电影公司、省文化厅于1991年分别发贺电祝贺。1992年，宜兴市影剧公司被评为全国农村科教电影汇映先进集体。2005年，宜兴市影剧公司再度被广播电影电视总局评为全国农村电影工作先进集体。1988～2005年，市影剧公司累计放映电影52.4万多场，观众1.54亿人次，年均放映2.9万多场，观众856.6万人次。

2005年末，无锡市登记在册影剧院63家，农村电影放映队近30个。全年放映电影2.57万场次，其中城镇2.18万场次；观众100.82万人次，其中城镇51.12万人次。

第二节　文化娱乐市场

一、歌舞娱乐市场

1986年初，无锡市相关部门允许开设营业性歌舞厅，13家单位领取文化经营许可证，开办营业性歌舞厅。1988年，无锡首家中外合资美丽都大酒店舞厅开业。1990年初，无锡太湖工人文化宫、百灵音乐厅等娱乐场所开设卡拉OK歌厅。90年代初，无锡市放开经营舞厅歌厅，歌舞厅、卡拉OK厅在城乡各地开业。1992年，无锡市新开舞厅32家、歌厅36家。1993年末，市区歌舞厅214家。歌舞厅、卡拉OK厅的营运设备和环境逐渐向中高档、豪华方向发展。1996年，省文化厅提出限制高消费娱乐场所发展，向发展公益文化倾斜。90年代后期，歌舞厅开始冷落，KTV兴起。2005年，全市共有歌舞厅410家。

二、休闲运动市场

1.旱冰

五六十年代，市工人文化宫灯光篮球场兼营旱冰娱乐。1996年初，无锡双虹滚轴溜冰有限公司和米奇滚轴运动场相继利用废弃的工厂车间和仓库改建成室内旱冰场，地面铺硬木地板，配以声光音响和软席座位。1997年，全市纳入文化市场管理的旱冰场62家，其中有水泥地面的室外旱冰场和由游泳池改建的旱冰场。2003年，全市旱冰场缩减为9家。2005年，全市正常营业的旱冰场5家：市通惠迪士高滚轴溜冰场、市双虹滚轴溜冰有限公司、河埒文化宫溜冰场、滨湖区明星旱冰娱乐总汇、北塘区大大滚轴溜冰场。

2.台球

也称桌球，经营形态分为两种：一种是环境优雅的室内台球厅，一种是零散经营的室外球桌。1998年，全市纳入文化市场管理的台球厅有134家（不包括零散的室外台球经营）。2005年，全市有台球厅59家。

3.保龄球

1995年10月，由郊区南站乡文化站与港商合作投资的无锡明星保龄球娱乐有限公司开业，共两层，上层14道球道，下层12道球道，是无锡第一家保龄球馆。1996年，中外合资深港保龄球俱乐部成立，营业面积1000多平方米，36道球道，是无锡市规模最大的保龄球馆。1997年，全市有保龄球馆8家，分别为明星、深港、利多、大格、曼哈顿、大满贯、皇亭、永安等，计164道球道。2001年后，保龄球运动日渐衰退。2003年，保龄球馆减至5家。2005年，明星保龄球馆歇业。至此，市区所有专业保龄球馆全部停业。

4.音像市场

70年代中期，随着盒式录音带进入商品流通领域，盒式录像带和之后出现的CD、VCD、DVD光盘等音像制品市场迅速兴起，租赁业和录像放映业伴生发展。1985年，隶属市文化局的东方音像公司成立，为无锡市首家音像制品发行经营单位。1988年2月，市广电局成立音像制品发行站，向全市城乡录像放映点和设有闭路电视的单位发行录像片，向全市500多个销售网点提供音像制品，并兼营出租。1993年，市区有音像发行站6个、录像放映点68个、录像出租点27个、音像制品销售网点126个。1996年初，对从事音像制品批发、零售、出租、放映的经营单位清理换证。6月17日，全市音像管理工作会议召开，提出规范经营主体，音像出租点须具备不少于400个品种的正版录像带；禁止个体或变相个体经营录像放映活动；各影视厅禁止放映激光视盘故事片，停止红梅小商品交易市场内的音像制品经营活动。1997年5月1日起，音像市场经营单位一律使用文化部统一印制的许可证，录像放映点执行录像片专供制度，禁止供家庭放映的音像片进入放映场所；出租点须备齐600个正版音像品种。是年末，全市有音像制品批发、零售单位21家，录像放映点123家，录像出租点369家。2001年10月，省有关部门发布限期关闭音像制品集中经营场所的明令公告，无锡市劝业场、深港电器广场、南禅寺文化商场等3家音像制品集中经营场所列入关闭名单。至11月30日，无锡市共有226家经营户被限时关闭，仅有65户持有文化经营许可证的准许继续经营。2002年2月，音像制品经营消费市场由文化行政部门主管，广电管理部门不再参与音像市场管理。2004年，根据保护音像制品知识产权规定，全市录像放映点全部停止营业。2005年，全市有音像制品批发单位11家，录像出租（含零售）点1074家。

5.电子游戏市场

80年代末，电子游戏业进入无锡文化娱乐市场，很快遍布小街小巷和新村社区。1993年，市区有电子游艺室256家、电子游戏机909台，大部分处于小型、分散的经营状态。1998年，市文化、公安、工商等管理部门制定《关于加强全市电子游戏机行业规范管理的实施意见》，要求“关小并大”，调整经营规模，以经营面积70平方米以上、机器台数35台以上为开业标准。至1998年末，全市电子游戏业经营单位由563家减至329家，其中市区85家。2005年，全市共有电子游戏、游艺经营场所295家，其中市区183家、江阴市50家、宜兴市62家。

6.网吧

90年代末，无锡市出现网吧。2001年，全市有网吧617家，其中市区391家、江阴87家、宜兴139家。2002年，管理部门联合开展“净网一号”“净网二号”互联网有害信息整治行动，取缔无证经营网吧122家、限令整改193家、查处违规经营80家，并对网吧重新审核登记。2005年末，全市共有网吧550家。

7.美术品市场

1986年后，无锡市美术品市场发展缓慢，鲜见大型专业市场。1995年，全市申领美术品经营许可证的30家经营场所主要分为3类，分别为商业大厦、八佰伴商贸中心等大型商场设立的工艺美术品部，湖滨饭店、太湖饭店等宾馆和涉外饭店设立的工艺美术品小卖部，市文物公司开设的专业商店和画廊。2003年末，全市申领美术品经营许可证的画店、画廊、美术公司等美术品经营场所45家。

第三节　文化市场管理

一、管理体制

1985年，市广电局设立音像管理科。1987年4月，市文化、公安、工商等部门联合成立市舞厅、音乐茶座、咖啡馆管理小组。1988年3月，市文化局设出版事业管理科，负责书报刊、音像制品市场的管理。11月，无锡市文化市场管理委员会成立，办公室设在市文化局，并设立市文化市场管理处。市文化局出版事业管理科更名为新闻出版处，与文化市场管理处合署办公，具体负责全市新闻出版、印刷行业、书报刊和音像制品市场及歌舞厅、书场、电子游艺等文化娱乐业的管理工作。1989年1月，南长区成立文化市场管理所。4月，崇安区成立文化市场管理委员会及下设文化市场管理站。1990年3月，北塘区成立文化市场管理所。郊区和无锡县于1991年前成立文化市场管理所（站）或文化市场管委会和办公室。

1995年11月，市文化市场稽查队建立（在市文化市场管理处增挂牌子），后各市（县）、区相继建立稽查队伍，在各街道、乡镇聘任兼职稽查员。1996年，制定并实施《关于无锡市文化娱乐市场实施分级管理的意见》，明确市、区两级市场管理部门的职责权限，无锡市文化市场管理由此形成横向协同归口、纵向三级合作的网络体制。

2001年9月，市文化市场管理处更名为市文化市场管理办公室（市文化市场稽查队），与市文化局（市新闻出版局、市版权局）文化市场管理处（新闻出版处、版权处、外事处）合署。2005年12月31日，撤销市文化市场管理办公室，市文化局（市新闻出版局、市版权局）内设文化市场管理处、新闻出版处（版权处），建立市文化综合行政执法支队。

二、稽查管理

1986年以后，市文化市场管理部门加强文化娱乐行业稽查管理，并针对不同行业确定不同的查处。针对歌舞厅、卡拉OK、KTV，重点查处吸烟、黑灯舞、色情陪侍；针对电子游戏机、网吧，重点查处赌博、接纳未成年人、通宵经营等问题；针对书报刊市场、音像市场、电子出版物市场，重点查处盗版、无证经营等问题，并采取措施截流堵源，遏制非法出版物进入无锡。在学校等重点地段实施重点管理，规定学校周边地区200米之内不得设立网吧、电子游戏室。对书店、书报亭进行经常性的突击检查。

1988年起，市文化市场管理部门先后组织开展“争先创优”竞赛，创“五好歌舞厅”“文明舞厅”“文明录像厅”“信得过书报亭”活动，组织文化市场管理法规知识竞赛、文化市场管理广场咨询、知识产权广场宣传咨询、音像制品管理法规和真伪识别知识广场宣传咨询等活动，促进文化市场经营活动健康向上。1989年，第一次全国“扫黄打非”工作会议召开后，无锡市召开贯彻落实会议3000余场，教育面160余万人次，收缴非法书刊和音像制品8万余件。此后，无锡市采取日常检查、突击检查、专项检查、统一集中检查、异地交叉检查等方法，持续开展“扫黄打非”工作，每年开展冬春季“扫黄打非”集中行动。

1994年8月上旬，全市200多名歌舞厅经理参加上岗培训班，市领导带头授课，市文化、公安、物价、工商、卫生等部门负责人讲解政策法规，专家学者讲授营销、礼仪、乐理、音控等知识，经考核合格，给受训人员颁发上岗证。同年，市文化部门会同公安、工商、广电等部门，先后4次召开全市文化市场管理工作会议；市人大代表、政协委员分别对文化市场进行专题调查和督察。1996年，文化市场管理部门接到群众举报电话110次、人民来信41件，据此在公路、铁路运输口子查获14批非法音像制品。在“’98全国文化市场法制年”活动中，市区培训文化市场从业人员1409人次，编印发放1.4

万余份“无锡市文化市场法制年”宣传专刊和知识竞赛卷。

2000年，市文化市场管理部门在全市开展歌舞娱乐场所的治理整顿，配合公安机关打击色情陪侍、卖淫嫖娼、吸食毒品等社会丑恶现象，协助查处大案要案，完成对歌舞娱乐场所的重新审核登记。2000～2001年，开展电子游戏经营场所的专项治理。全市有60余家无证电子游戏经营场所被依法取缔，50多家不合格场所被依法取销经营资格。通过治理，电子游戏经营秩序有所好转，全市电子游戏经营场所停止审批发展，距中小学校200米范围内的电子游戏场所基本迁出。同时，保持严打高压的态势，加大查处力度，遏制非法电子游戏经营活动的蔓延。

2001年7月，市文化市场管理部门组织开展严厉打击软件盗版行为专项执法检查，将1000份《禁止销售盗版软件通告》散发张贴到劝业场电器市场、深港电器市场等135家经营场所。11月30日，为遏制走私盗版音像制品泛滥的势头，对劝业场、深港电器市场、南禅寺文化商场等3家音像制品集中经营场所，遵循“无情关闭，有情操作”的原则，历经45天工作，共226家音像制品经营户全部清理出场，没有发生一起上访，没有出现一个钉子户，实现坚决而稳妥的关闭，得到全国“扫黄打非”领导小组“全国打击光盘走私工作立功集体”表扬，为全国唯一表彰的地级市。是年末起，无锡市每年开展大规模收缴非法音像制品的集中行动。2002年，将原市广电局承担的音像制品管理职能移交市文化局，结束全市音像市场多头管理的局面。

2003年，市文化市场管理部门对音像经营单位重新核发经营许可证，对不符合规定的经营单位依法取消经营资格，音像经营单位由原800余家压缩到421家。实施对网吧的重新审核登记和专项整治工作，逐家审核把关，566家网吧获得网络文化经营许可证。开展网吧业主法规轮训，依法查处网吧违法违规经营案件350余起，取缔“黑网吧”200余家。2004年起，市文化部门每年会同公安、工商部门组织开展全市网吧专项整治行动，不断加大网吧市场检查覆盖率和巡查频率，加大违法违规经营行为处罚力度，吊销两家网吧的网络文化经营许可证；依法组织安装“净网先锋”管理软件，建立二级监控平台，建立各级老人网吧义务监督员队伍，加强技术监管和社会监管。实行属地管理责任制，完善网吧业主法规培训、公开举报电话、公示、禁止接纳未成年人警示牌、社会联动等制度。2005年，无锡市组成200余人的督查员队伍，对文化市场监督。督查员由市、区两级人大、政协、法院、检察院、妇联、总工会、共青团等部门的相关人员组成。

1991～2005年无锡市区“扫黄打非”汇总表

表34-10　　　　单位：人次、万册、万盘、块、万张、个、户、件、户

年份	执法出勤人数	收缴非法制品				取缔无证经营	处罚违章经营	涉案立案处理	吊销经营许可证
		书刊	音像制品	赌博线路板	电子制品				
1991	2680	0.46	—	—	—	21	—	1	—
1992	380	1.00	0.34	—	—	129	—	—	—
1993	550	4.20	0.82	—	—	123	—	—	—
1994	2374	1.72	7.31	—	—	—	—	18	—
1995	700	0.24	2.48	73	—	29	64	—	—
1996	518	0.81	2.66	116	0.06	15	—	5	18
1997	585	1.26	4.25	35	0.18	9	40	5	9
1998	2299	18.50	22.55	130	2.40	50	—	150	—
1999	1260	7.21	11.80	—	4.80	—	—	—	—
2000	1200	3.40	4.00	714	4.28	10	48	2	214

续表

年份	执法出勤人数	收缴非法制品				取缔无证经营	处罚违章经营	涉案立案处理	吊销经营许可证
		书刊	音像制品	赌博线路板	电子制品				
2001	23000	14.00	144.00	—	3.00	900	—	—	—
2002	30496	13.00	152.00	285	—	522	273	155	—
2003	32100	9.11	72.00	—	—	589	—	52	—
2004	21500	13.13	233.00	—	—	544	140	—	—
2005	31000	3.90	96.00	968	—	227	—	—	—

说明：表内数据为不完全统计。

第五章　吴文化研究

第一节　机构及活动

20年代，学者王国维、商承祚、柳诒徵等根据出土文物及文献资料对吴国历史开展研究。民国25年（1936年）2月23日，由吴稚晖、叶誉虎、卫聚贤发起组织吴越史地研究会的倡议，制定章程。8月30日，在上海成立吴越史地研究会，会长蔡元培，副会长吴稚晖、钮永建，总干事卫聚贤。研究会主旨是从东南吴越民族、地理、史实、金文以及考古发掘等方面，探讨吴越地区的历史文化。从当时发表的论著看，重点是太伯奔吴等吴国历史，兼及越国历史，上溯至史前的良渚文化等。50年代，南京博物院专家曾绍熽、尹焕章等经过对大量出土文物的研究，将太湖区域的古文化正式定名为"湖熟文化"，在考古基础上开展吴文化研究，其研究范围为先吴、吴国文化。80年代始，全国出现区域性文化研究热潮。江苏省吴文化研究会成立。无锡市先后成立吴学研究所、市吴文化研究会、吴越文化研究会、江南文化研究会等民间学术机构，开展学术研究活动。

一、吴学研究所

1991年7月，由吴文化公园创设的吴学研究所成立，是国内以吴地区域性大文化为研究对象的民间社会科学研究机构。90年代初，成立由陆定一为总顾问，季羡林、任继愈、李学勤、李文海等参与的学术委员会，205名高校和研究机构的研究人员组成兼职研究员队伍。吴学研究所先后与省社科院历史所、上海华东师范大学史学所、上海社科院文学所、上海同济大学建筑学院、上海交通大学船舶系、苏州大学历史系国际吴文化研究中心等签订联合办所协议。吴学研究所先后举办30次研讨会。

二、无锡市吴文化研究会

1995年10月，无锡市吴文化研究会成立，是无锡市从事吴文化研究的主要机构之一，有会员上百名。1996年2月，吴文化研究会以"如何研究吴文化"为题举行研讨会，对吴文化的研究作方向性的讨论。1996年11月创办《吴文化》杂志，先是季刊，后为双月刊。2000年9月，研究会成立梅村镇办事处，将梅村镇作为基地之一，开展吴文化宣传研究活动。2001年11月，研究会联合无锡日报社等10家单位举办“争创历史文化名城，建设文化先进城市”研讨会。2004年1月，研究会召开开发和利用吴文化资源研讨会。2004年6月，研究会专家学者代表赴南通，与南通市文化局、南通市文联共同举办吴文化与江海文化座谈会，共同研讨吴文化与江海文化的关系。2004年7月，吴文化研究会钱镠研究分会成立。2005年10月，开办“吴风今韵网”。

第二节　研究活动

自80年代始，无锡市的吴文化研究工作者对30年代“吴越文化”和50年代“考古吴文化”的吴文化概念进行开拓性研究。特别是吴学研究所广义地提出吴文化的概念为“吴地区域性大文化”，被史学家李学勤教授肯定为“拓宽了吴文化研究的领域”。90年代后，吴文化研究以“学术走向民间，研究面对现实”为研究方针，着重挖掘传统文化的内涵，把吴文化人文精神转化成服务现代化的资源，提高人文素质的动力，为无锡城市精神的塑造和形成输入传统文化的精髓。

吴学研究所成立后，围绕“吴地区域性大文化”进行研讨，使这一概念逐步得到学术界的认可。建所以后，围绕吴地大文化发展问题，举办30次研讨会。其中在国内外有重大影响的活动有：1991年9月，与中国先秦史学会联合举办中国无锡吴文化国际学术研讨会暨中国先秦史学会第五届年会。1994年11月，与中国农史学会联合举办中国农史学会第七次年会暨吴地农史文化讨论会。1999年11月，与中国地方志协会、江苏省地方志学会联办全国读志用志理论学术研讨会。2000年10月，列入第六届中国艺术节锡山市活动项目的千禧吴文化理论研讨会，在吴文化公园举行。各地专家学者50余人出席研讨会，会议共收到论文56篇。专家学者就吴学和吴地区域文化史研究、勾吴史、吴文化与先周文化、吴地物质、人文、民俗文化以及对吴文化公园申报世界文化遗产等方面作了发言，并就加强规划、完善陈列、注意特色、保护遗产等方面献计献策，对吴文化公园建设的发展和加强吴学研究提出建议。2003年11月，与日本中国传统技术研究会共同举办首届中国传统技术国际研讨会。2004年，受日本全国教育学会、日本中国传统技术研究会的邀请，赴日本举行第二届中国传统技术国际研讨会。

其间，吴学研究所还先后参与江苏省首届吴文化研讨会、长江经济文化发展研讨会、吴越佛教文化与社会等国内的大型学术研讨会。持续开展的学术研究和交流活动，使吴文化研究逐步趋向深入，并拓展领域，使吴地区域性大文化的学术概念得以定位、发展、深化。

1997年9月、1998年9月、1999年9月，吴学研究所所长高燮初分别出席在英国牛津大学、美国新奥尔良市、葡萄牙里斯本举行的第二十四、二十五、二十六届国际人文学科会议，向大会提交《中国的吴文化与世界文化》《无锡——太湖明珠》等论文。并向与会代表赠送吴文化艺术丛书——《吴地民间建筑艺术》《吴地民间偶像艺术》，同时向美国总统克林顿、国会图书馆以及哈佛大学燕京图书馆等高等学府赠送，得到克林顿亲笔感谢函。2000年9月，高燮初、高加维受中国驻丹麦王国大使馆和法国国际博物馆理事会的邀请赴丹麦、法国进行文化交流。拜访法国国际博物馆协会理事会巴黎总部。2001年7月，高燮初受国际博物馆协会邀请赴西班牙巴塞罗那参加国际博物馆协会第十九次代表大会，是2300名代表中80名受资助代表之一，费用由大会支付。会议期间，吴园的碟片在大会播放，得到北京中国博物馆协会的表扬。2004年10月，高燮初赴韩国首尔参加国际博物馆协会第二十次代表大会。

无锡市吴文化研究会着眼于优秀文化的发扬光大，扣住吴文化和现实文化的联系，推动吴文化的传播和普及，每年组织有影响的研讨交流活动。2004年1月，研究会在梅村召开开发和利用吴文化资源研讨会，促进梅村镇对吴文化资源的开发利用。在组织专家学者对吴文化进行研究的同时，先后在无锡市梅村镇、鸿山镇、玉祁镇等地建立研究活动基地，拓展吴文化研究活动的面。2004年

7月，研究会成立无锡市吴文化研究会钱镠分会，吸收会员50余名。至2005年，《吴文化》共出28期，内容既包括吴文化的考古、历史、哲学、人物，也刊有吴地的民间传说和吴地风情等。

第三节　研究成果

80年代，吴学研究所率先提出吴文化即“吴地区域性大文化”的概念，拓宽吴文化研究的视野和范围。研究所所长高燮初撰写200万字专著阐明学术概念，在吴地人文思想和人文精神的统率下，提出服务社会的系列观点。

1994年，研究吴歌的朱海容编著出版《古吴春秋》一书，从“吴”的由来、年代、地域等，提出吴文化的概念是自商代末年至春秋晚期吴地人民所创造的物质财富和精神财富，是在先吴文化基础上的中原文化相结合，并吸收越、楚等文化诸因素，熔铸成吸蓄兼容、绚丽多姿、多层次多式样而有浓厚水乡特色的古吴文化。

随着对吴文化研究的深入，既有对先吴文化和吴地考古发掘的研究，又有对吴地水文化、稻作文化的研究，还有对吴语、吴歌、吴曲、吴舞、吴门画派、吴地风俗的研究，涉及面广，内容丰富。至2005年，全市吴文化研究形成一批有影响的成果和专著。由吴学研究所编纂、高燮初主编的《吴文化理论丛书》《吴文化知识丛书》《吴文化艺术丛书》先后出版，《不了斋系列》结集出版，研究所刊物《吴文化博览》出版175期，1500余万字。吴学研究所把出版的研究成果向图书馆、博物馆、市史志办、大中小学校、档案局、领导机构、学术会议及学者专家等免费赠送达14万册。市吴文化研究会出版《吴文化》刊载关于吴文化的专论100余篇。市史志办公室《无锡史志》杂志刊出吴文化专辑。吴文化研究成果还包括张永初主编的《句吴史集》，吕锡生主编的《古吴源流胜迹》，江凌云主编的《吴文化名人谱（无锡编）》，吴伟勋主编的《中华吴氏大统宗谱》，宗菊如主编的《吴文化简史》等。

1986～2005年吴文化研究著作目录

表34-11

书名	编者	出版社	出版年份
吴文化研究论文集	江苏省吴文化研究会编	中山大学出版社	1988
江南十大民间叙事诗	姜彬主编	上海文艺出版社	1989
古代长江下游的经济开发	江苏六朝史研究会、江苏省社会科学院历史研究所编	三秦出版社	1989
江南风俗	刘克宗、孙仪主编	江苏人民出版社	1991
吴越民间信仰习俗	姜彬主编	上海文艺出版社	1992
近代江南农村	段本洛、单强	江苏人民出版社	1994
吴语概说	颜逸明	华东师范大学出版社	1994
历史的回声——吴地古代妇女研究	杨晓东著	北京燕山出版社	1994
吴文化资源研究与开发一辑	高燮初主编	江苏人民出版社	1994

续表

书名	编者	出版社	出版年份
吴文化知识丛书（第一辑）： 吴地经济开发（分册） 吴地水利（分册） 吴地思想家（分册） 吴地音乐戏曲（分册） 吴地书法巨擘（分册） 吴地稻作文化（分册） 吴地古建筑（分册） 吴地才女（分册） 吴地庙会（分册）	高燮初主编	南京大学出版社	1994
古吴春秋：无锡民俗文化（论文集共3册）	朱海容	新疆青年出版社	1995
吴国王室玉器	姚德勤、龚金元	上海人民美术出版社	1996
江南才子与民族精神	曹济平、吴惠风、韩龙瑶著	南京大学出版社	1996
吴文化史丛（上、下册）	王友三主编	江苏人民出版社	1996
稻作文化与江南民俗	姜彬主编	上海文艺出版社	1996
吴文化知识丛书（第二辑）： 吴地实业家（分册） 吴地教育家（分册） 吴地文史家（分册） 东林书院与东林党（分册） 吴地服饰文化（分册） 吴地饮食文化（分册） 吴地娱乐文化（分册） 吴地佛教文化（分册） 吴地古战场（分册）	高燮初主编	中央编译出版社	1996
吴文化资源研究与开发三辑	高燮初主编	同济大学出版社	1997
吴文化知识丛书（第三辑）： 吴地民风演变（分册） 吴地状元（分册） 吴地方言小说（分册） 吴地歌谣（分册） 吴地园林文化（分册） 吴地刺绣文化（分册） 吴地交通文化（分册） 吴地经济学家（分册） 吴地山水传说（分册）	高燮初主编	南京大学出版社	1997
吴越文化——中国的灵秀与江南水乡	梁白泉主编	商务印书馆（香港）有限公司	1997
吴地民间建筑艺术	高燮初主编	江苏美术出版社	1998

续表

书名	编者	出版社	出版年份
句吴史集	无锡吴文化研究促进会编 张永初主编	江苏古籍出版社	1998
吴文化资源研究与开发	高燮初主编	陕西旅游出版社	1999
吴文化知识丛书（第四辑）： 吴地古代聚落（分册） 吴地节日风俗（分册） 吴地俚言熟语（分册） 吴地名城（分册） 吴地民族（分册） 吴地（分册） 吴地人生礼俗（分册） 吴地名医（分册） 吴地农具（分册）	高燮初主编	河海大学出版社	1999
勾吴史新考	谢忱著	中国文联出版社	2000
东方文明之韵——吴文化国际学术研讨会论文集	徐湖平主编	岭南美术出版社	2000
吴地碑刻文化	金其桢编著	陕西旅游出版社	2001
六朝文化	许辉、邱敏、胡阿祥主编	江苏古籍出版社	2001
吴国史	戈春源、叶文宪著	人民出版社	2001
泰伯遗迹志	张永初著	教育科研出版社	2002
古吴源流胜迹	吕锡生主编	社会科学文献出版社	2002
吴文化名人谱（无锡编）	高国强、蔡贵方主编	黑龙江人民出版社	2003
吴歌遗产集粹	高福民、金煦主编	上海文艺出版社	2003
吴歌精华	汪榕培、金煦、王宏、杜争鸣编译	苏州大学出版社	2003
大吴文化研究文集	高燮初编著	中国社会科学出版社	2003
吴地藏书家	郁有满编著	内部发行	2004
吴地丝绸	王敏毅编著	内部发行	2004
吴地方志与修志名人	钱建中编著	内部发行	2004
长江下游的徐舒与吴越	毛颖、张敏	湖北教育出版社	2005
吴文化简史	宗菊如、戈春源编著	黑龙江人民出版社	2005

1986～2005年无锡吴文化研究文章目录

表34—12

时间	标题	报刊名	期号	作者
1990	良渚文化的手工业	无锡文博	1990.01（3）	吴汝祚
1990	无锡先民的饮食风貌	无锡文博	1990.01（3）	冯丽蓉
1990	梁鸿居锡考辨	无锡文博	1990.02（6）	顾德融

续表

时间	标题	报刊名	期号	作者
1991	矢簋铭文的一处新释——兼辨“吴国发祥宁镇地区”说	无锡文博	1991.01（3）	袁志洪
1994	吴王阖闾第八子墓葬考	无锡文博	1994.02	陈 晶 陈丽华
1994	江阴高城墩出土良渚文化玉器	无锡文博	1994.02	陈丽华
1994	江阴周庄吴文化寻踪	无锡文博	1994.02	季瑞安
1996	长江三角洲环境变迁与吴文化发展	吴文化	1996.01（11）	童 凯
1996	吴文化与无锡历史初探	吴文化	1996.01（11）	穆鼎源
1996	吴氏源流	吴文化	1996.01（11）	尤 伟
1996	小论古吴文化的地域及其属性	吴文化	1996.01（11）	邹国良
1996	吴之为吴	吴文化	1996.01（11）	朱邦华
1996	泰伯德行及其业绩	吴文化	1996.1（11）	吴伟勋
1996	吴地文化娱乐杂谈	吴文化	1996.01（11）	周福昌
1996	泰伯庙	无锡文博	1996.01	吕兴元
1997	浅说泰伯庙文物建筑的保护和利用	无锡文博	1997.03（9）	吕兴元
1997	从泰伯庙的修缮谈处理文物保护与城镇建设的矛盾	无锡文博	1997.03（9）	王建中
1998	泰伯庙的“四有”工作	无锡文博	1998.04（12）	王建中
1998	太伯化育之乡——纪念江阴建置2200周年	无锡文博	1998.02（8）	程以正
1999	泰伯墓将再现盛唐风貌	无锡文博	1998.04（12）	吴伟勋
1999	宜侯矢簋与班簋的相关考述——附论“太伯奔吴”	无锡文博	1999.01（3）	袁志洪
2000	无锡邗沟考	无锡文博	2000.01（3）	夏刚草
2000	钱镠开拓吴越及无锡钱王祠	无锡文博	2000.04（12）	钱志仁
2001	钱武肃王——吴越繁荣的奠基人	无锡文博·无锡钱武肃王祠研究专辑	2001（3）	
2002	谒泰伯庙记	无锡文博	2002.01（3）	中国《史记》研究会
2002	吴文化与中国古钱外圆内方形制的形成	无锡文博	2002.01（3）	苏志宏 汤可可
2002	“泰伯奔吴”是何年	无锡文博	2002.01（3）	李心言
2002	勾吴考	吴文化	2002.09（8）	陈国柱
2002	泰伯生年考之我见，兼说勾吴历代君主在位年	吴文化	2002.09（8）	吴寿锜
2002	泰伯墓区观瞻	吴文化	2002.09（8）	钱国初
2002	吴地船业的发展	吴文化	2002.09（8）	邵福祥
2002	充分挖掘吴文化的德育内涵，积极发挥吴文化的德育功能	无锡文博	2002.10（12）	高国强
2002	太伯·季札“让王”论	无锡文博	2002.10（12）	吕锡生
2002	江南最早的灌溉航运水利工程——泰伯渎	无锡文博	2002.10（12）	郭煜良
2002	彭祖墩的传说	无锡文博	2002.10（12）	邹 鹏
2003	研究和总结吴地人民的创业经验	吴文化	2003.13（9）	凌 云

续表

时间	标题	报刊名	期号	作者
2003	试论就吴地经济发展历史，看吴文化研究的现实意义	吴文化	2003.13（9）	许继琮
2003	仲雍墓	吴文化	2003.13（9）	陈君义
2003	勾吴古事二则	吴文化	2003.13（9）	陈景新
2003	《史记》故事译评二则：吴太伯与季札、腹心之患	吴文化	2003.13（9）	江　文
2003	试论吴文化的研究	吴文化	2003.12（6）	钱志仁
2003	至德西来话泰伯	吴文化	2003.12（6）	陈国柱
2003	白丹山南麓上山巷遗址出土商周陶片的启示	吴文化	2003.12（6）	吴林法
2003	范蠡弃政从商	吴文化	2003.12（6）	陈景新
2003	与伍子胥传说有关的遗迹	吴文化	2003.12（6）	沈虹太
2003	吴文化渊源的瑰宝《孙子兵法》峥嵘世界	吴文化	2003.11（3）	林祖铭
2003	论梁祝故事的主线暨宜兴与梁祝故事的关系	吴文化	2003.11（3）	叙　禄
2003	吴文化是江南人民的宝贵精神财富	吴文化	2003.11（3）	钱志仁
2003	话说阖闾城	吴文化	2003.11（3）	杭志达
2003	鸿山十八景的故事	吴文化	2003.11（3）	邹　鹏
2003	莫将传说当遗迹——评《泰伯遗迹志》	吴文化	2003.11（3）	冯普仁
2003	试论“吴文化”旅游品牌的建设	江南论坛	2003.12（12）	邹丽敏
2003	历史传递中的无锡城市精神	江南论坛	2003.12（12）	郁有满
2003	宜兴吴国土墩墓发掘取得重要收获	无锡文博	2003.02（6）	徐建清
2003	苏州春秋大型城址的调查与发掘	无锡文博	2003.02（6）	张照根
2004	对无锡经学发展的历史考察——兼论无锡的历史文化根基	无锡文博	2004.04（12）	金其桢

第四节　吴文化公园

吴文化公园位于无锡堰桥西高山，由堰桥地方人士高燮初发起创建于1984年，是国内第一家社会集资创办的文化主题公园。公园占地46.7万平方米，仿古建筑面积2.81万平方米，建有18个展馆（区）和16处胜景。18个展馆（区）为：稻丰圩、堰里农舍、百龄堂、蚕桑巷、吴地船桥史馆、锡山交通馆、无锡院士馆、爱国碑廊、锡山教育馆、吴地开发史厅、吴地名人厅、教师山、吴地佛教文化馆、吴地民间信仰文化馆、吴地三百六十行展馆、江南风情苑、福寿山庄、财神阁等；16处胜景为孕吴朝晖、古井藏剑、红烛照天、九桥十美、犀挑日月、仙石瑞雪、五龙呈祥、红霞晚钟、承露双桃、缘合三生、降福灵泉、发财路头、玉蟹生珠、霞客遗踪、灵鹊情深、莲泉生慧等。园内有铭载乡土文化和书法艺术的碑刻360块、国内名家墨宝的楹联匾额156件，无锡泥塑、吴地佛塑名家作品1403件，民俗文物796件。

1996年9月，吴文化公园被命名为全国中小学爱国主义教育基地，被中国农业博物馆定为吴文化分馆，成为吴文化的展示窗口以及文化旅游、教育旅游目的地。1997年1月，吴文化公园建立吴地方志馆，收藏志书、图书16808册，其中包括《四库全书存目丛书》1部1200册。

无锡市志

【第三册】

第三十五卷

文博

概 述

1986年后，无锡市文博事业取得较快发展。是年，市博物馆新馆在河埒口建成开放。其后，无锡碑刻陈列馆、无锡民间艺术民俗博物馆、顾宪成纪念馆、惠山泥人博物馆等相继建成开放。钱松喦、周道振、陶心华、周怀民、钱敏、周培源、黄养辉、程及、方召麟、陶白、尹瘦石等无锡籍书画家、鉴藏家，先后向市博物馆捐献古代书画和个人作品等藏品，市博物馆遂成国内收藏书画珍品较为丰富的场馆之一。

1992年12月，市委、市政府召开历史文化工作会议，决定将惠山地区、古运河沿岸、城中公园与崇安寺地段、学前街、崇宁路西段、马山地区等列为市区的历史文化重点保护地段，重点修复东林书院、秦邦宪故居、薛福成故居、阿炳故居、西水仙庙、南水仙庙等文物保护单位，筹建民族工商业博物馆、江南丝竹博物馆、泥人博物馆等专题博物馆，并首次提出创建历史文化名城的目标。1993年，市文管办着手制定《无锡市区文物保护规划》，确定以“两片”（锡惠地区、城中公园与崇安寺地段）、“两线”（古运河市区段、崇宁路西段）、“三点”（东林书院、薛福成故居、秦邦宪故居）为市区文物保护重点。1996年后，无锡市以吴文化发祥地、近现代民族工商业发祥地、乡镇企业发祥地为核心内容，开展国家级历史文化名城申报工作。1997年4月，《无锡市文物保护管理办法》颁布实施。

2000年，无锡市将工业遗产列为全市文物普查重点，发出《关于开展工业遗产普查和保护工作的通知》，茂新面粉厂、无锡县商会旧址等第一批工业遗产被列为文物保护单位。2001年，《无锡市“十五”期间社会经济发展规划》再次明确创建历史文化名城目标。同年，江阴市被命名为省历史文化名城，《江阴市文物保护管理办法》《宜兴市文物保护管理办法》相继出台。考古发掘工作取得重大进展，江阴高城墩新石器时代良渚文化遗址被评选为1999年度全国十大考古新发现之一，宜兴骆驼墩遗址被评为2002年全国六项重大考古新发现之一，无锡鸿山墓群被评为2004年度全国十大考古新发现之一。惠山泥人、宜兴紫砂、锡剧、吴歌等非物质文化遗产的保护和传承，日益受到重视。长篇叙事吴歌《沈七哥》《华抱山》等发表出版。市博物馆征集当代惠山泥人名家作品、当代陶艺家紫砂作品。2004年12月，市委宣传部、市文联、市文化局联合发出《关于开展无锡市特色文化和民间艺术资源普查的通知》，成立普查领导小组，抢救整理50余项非物质文化遗产项目。是年，《无锡历史文化保护规划》《无锡市历史街区保护办法》颁布，编制完成《无锡市城镇组团文物保护规划》。

2005年6月起，市博物馆、钱锺书故居、秦邦宪故居、顾毓琇故居、文渊坊等历史人文单位向社会公众免费开放。至年末，全市有全国重点文物保护单位15处（1988年时仅有寄畅园1处）、江苏省文物保护单位58处，市区有无锡市文物保护单位136处。无锡市着手编制清名桥沿河历史街区、荣巷历史街区、惠山历史街区、小娄巷历史街区、荡口古镇、严家桥古村等一批体现江南古城风貌的标志性历史遗迹的保护修复规划。30处名人故居被列为文物保护单位，24处名人故居被列为文物遗迹控制保护单位。全市有博物馆、陈列馆、纪念馆20座，其中综合性2座、历史类10座、艺术类5座、自然科技类2座，另有民办博物馆1座。

第一章　文博机构

第一节　管理机构

1980年3月，市文物管理委员会成立，与市博物馆合署办公。1983年12月，市文物管理委员会办公室（简称“市文管办”）成立，与市文化局社会文化科合署办公。1987年6月，市文管办与市文化局社会文化科分开，与市文化局文物处合署办公。江阴市、宜兴市设立文物管理委员会及办公室。

1983年12月，无锡市设东林书院文物保护管理所。在一批文物保护单位修复开放后，相应设立市名人故居文物管理处、薛福成故居文物管理处、文渊坊文物管理处、泰伯庙文物管理处，江阴文庙保护管理所、徐霞客故居文物保护管理所、国民党要塞司令部旧址文物保护管理所，宜兴太平天国[①]王府文物保护管理所、周王庙文物保护管理所、文昌阁文物保护管理所。

2005年末，全市文博事业管理部门和单位15家，管理工作人员近百人。

第二节　博物馆　陈列馆　纪念馆

一、无锡市博物馆

市博物馆成立于1958年8月。1986年3月，由锡惠公园大同殿搬迁至河埒口惠河路71号新馆。新馆建筑总面积3286平方米，其中陈列、展览面积1166平方米，此后又建成开放周怀民藏画馆、周培源王蒂澂藏画馆等两个书画展厅。是年，市博物馆有文物藏品约1.19万件（含未正式入藏品）。1987年，从扬州购得元代无锡籍画家倪瓒《苔痕树影图》，为馆藏中唯一的倪瓒画作，填补无锡收藏倪瓒画的空白。2000年2月，开设中国书画馆，安装现代展厅设备，定期轮换展出馆藏书画。至2005年，市博物馆有馆藏文物17551件，其中一级品57件、二级品234件、三级品12088件；馆舍建筑面积增至4701平方米，展览面积增至1564平方米，共举办展览310余次。是年9月，在太湖广场南端启动建设市博物馆新馆，与无锡革命陈列馆、无锡市科技馆三馆合一，更名为无锡博物院。

二、无锡民间艺术博物馆

无锡民间艺术民俗博物馆位于学前街3号顾毓琇故居内，1990年由市文联发起筹办，1992年初开馆，主要展出无锡民间婚丧嫁娶的用具、衣物、工艺品以及文房用品、书画等。1999年8月，迁至惠山泥人厂内，改称无锡市民间艺术博物馆。馆藏1200件民间艺术品。

三、无锡泥人博物馆

无锡泥人博物馆设在无锡惠山东麓的清代建筑王武愍公祠堂内。1999年1月开馆。2002年11月，第二期展馆对外开放。泥人博物馆展厅面积1800平方米，设历史珍品厅、当代作品厅、惠山泥人演示厅、民间工艺演示厅。所藏千余件（套）惠山泥人作品中，有清代乾隆年间的大阿福、晚清时期

① 据太平天国文书档案，“国”字原为“国”，现采用通用的“国”字。

的手捏戏文珍品，以及近现代名家的代表作，通过多种展示形式，呈现惠山泥人艺术的变迁和发展。泥人博物馆还收藏一批国内其他地区及国外的民间彩塑艺术品。

四、无锡民间蓝印花布博物馆

无锡民间蓝印花布博物馆位于钱荣路57号。2004年11月，利用原梅园茶果场的一座旧建筑修复而成，是无锡首家民办的非物质文化专题博物馆，馆主陆瑞兴，藏有2000余件出自全国各地、各民族，不同时期、不同风格的民间蓝印花布实物，陈列中国传统印染艺术展、无锡地区民间土布织造艺术、名人专题展、民间藏室展等展览。

五、江阴市博物馆

江阴市博物馆在江阴市黄山森林公园内，1988年8月建成开馆，建筑面积2046平方米，文物藏品8300余件（套）。馆藏原始先民使用的鹿角镐、鹿角匕首等出土文物具有江阴地域特色，所藏北宋经卷、足部附人俑的供桌供椅、戗金漆奁、明代剪纸艺术折扇等较为罕见，另藏有文徵明、黄道周、倪元璐、郑板桥、边寿民等明清书画家作品。江阴市博物馆常年开设江阴古代文物陈列、江阴革命史陈列、江阴历代名人展等展览。1989年11月12日，省委宣传部原副部长陶白将所藏文物153件捐献给家乡，在馆内设“陶白捐献文物陈列室”。2005年10月1日，位于江阴市澄江中路天华文化广场西侧的江阴博物馆新馆舍建成对外开放，建筑面积1.15万平方米。馆内设江阴古代史、自然标本、古代石刻、古代碑刻、陶瓷、陶白书画、金银玉石、青铜器藏品、佛教文物、刘氏三杰业绩、明清服饰、花兴才奇石等12个展馆。

六、中国宜兴陶瓷博物馆

中国宜兴陶瓷博物馆由建国初期设立的陶瓷陈列室发展而成，坐落在宜兴市丁蜀镇，1991年开馆，占地3万平方米，展厅面积3000多平方米。馆区依山而筑，展馆为一幢具有民族风格的两层现代建筑，中央为四角攒尖蓝色琉璃瓦顶，气势雄壮，集陈列、研究、旅游、购物和陶艺学术交流于一体，常年陈列8000余件陶瓷器，分设古陶、名人名作、紫砂、精陶、美陶、均陶、青瓷、工业卫生陶及世界陶瓷、国内陶瓷等16个展厅。其中古陶馆内陈列宜兴出土的汉代印纹硬陶、西晋青瓷、宋代紫砂、明清堆花等陶瓷文物展品，展品中清代紫砂黑衣回纹瓶尤为珍贵。馆内设有紫砂研究所、古陶瓷研究室和10多个陶艺工作室。

七、无锡碑刻陈列馆

1986年4月，市教育、文化管理部门利用市级文物保护单位学前街睦亲坊巷3号无锡县学古建筑筹建无锡教育史陈列馆。1990年11月，增挂“无锡碑刻陈列馆”牌子。1992年1月30日，无锡碑刻陈列馆建成开放，由启功题写馆名。碑刻陈列馆占地850平方米，建筑面积520余平方米，内设无锡历代碑刻陈列、无锡地方碑帖拓本陈列。碑刻陈列馆多次举办碑拓技艺展示和碑帖鉴藏咨询活动，编制完成《馆藏碑刻碑帖目录》。

图35-1 碑刻陈列馆明伦堂 （市文管中心供稿）

八、江阴高城墩遗址陈列馆

江阴高城墩遗址位于璜土镇高城墩自然村北。1999年11月～2000年6月，南京博物院和无锡博物馆、江阴博物馆组成联合考古队，对遗址进行抢救性发掘，发掘面积1157平方米，发现良渚文化时期的大、中型墓葬14座，出土文物232组。2000年5月，高城墩遗址的考古发掘被评为1999年中国十大考古新发现之一。2002年9月28日，遗址陈列馆建成开放，占地6000余平方米，展厅面积500余平方米，复原7座墓葬原貌，内建墓坑展示馆、牌坊等。遗址陈列馆为园林式建筑，配以仿古栅栏式围墙、甬道，是江苏省第一座墓葬遗址陈列馆。

九、江阴中医史陈列馆

江阴中医史陈列馆位于江阴市人民中路，设在近代著名中医曹颖甫的故居（为江阴市文物保护单位）内，卫生部原部长崔月犁题写馆名，1991年12月开馆。馆内陈列分为“远古至宋元开发时期”“明清鼎盛时期”“民国时期”“新中国振兴发展时期”等4个部分，展品包括中医专著、医案、医疗器具、制药工具、膏丹膏丸模具和中药店老字号招牌、匾额等200余件（套），其中江阴名医夏颧墓出土的手术刀、探针、剪刀、洗淋壶、熏罐、药刷等10余件中医外科器具为十分罕见的明代医疗器械；馆内还展出江阴地区出产的中草药标本和江阴历代名医介绍。历代名医包括明代太医是巨渊、邢济川，名医缪坤、夏颧，清代华士地区的“龙砂八家”，首创“伏温学说”的柳宝诒等。

十、顾宪成纪念馆

顾宪成纪念馆设在锡山区张泾镇文化中心内，1992年5月16日奠基兴建，1993年5月18日竣工开馆。占地6667平方米，建筑面积3154平方米，内有一组具有江南庭园风格的建筑群，包括仿建的明代顾宪成故居“端居堂”，移建的文物保护单位顾宪成讲学处“同人堂”、清代顾皋故居“状元厅”以及花园等。馆前立有一尊雕塑家钱绍武创作的顾宪成全身石像。

十一、孙冶方纪念馆

孙冶方纪念馆设在惠山区玉祁镇文昌公园内，建筑面积114平方米，原国家主席杨尚昆题写馆名，1998年建成开馆。馆内设孙冶方生平事迹陈列，分为“青春光华”“旅苏深造”“刀笔耕耘”“携笔投戎”“呕心沥血”“冤狱七年”“志在千里”“病中献策”“永励永纪”等9个部分，展示中共无锡支部第一任书记、著名经济学家孙冶方的革命生涯。展品有孙冶方著作、手稿、书信、证书、证件、照片以及生前使用的书柜、办公桌椅等生活用品，包括“文化大革命”期间孙冶方在秦城监狱阅读的书籍、撰写的文稿、亲手打补丁的衬衫、绣有姓名的棉围腰等。

十二、徐霞客纪念馆

徐霞客纪念馆设在江阴市马镇南暘岐村徐霞客故居内，1987年11月竣工，1988年开放。纪念馆陈列展览布置在第二、三进建筑内。第二进为徐霞客生平事迹陈列，正厅板壁列“徐氏世系表”“徐霞客年表”，东厢房陈列“徐霞客旅游路线图”和图照资料、熔岩标本等，西厢房陈列《徐氏宗谱》、各种版本的《徐霞客游记》和海内外的学术研究论文集。第三进为复原的“崇礼堂”，展出海内外著名书画家、学者为纪念徐霞客所作的书画作品，以及徐霞客涉足地的风光风俗摄影作品。

十三、刘氏兄弟纪念馆

刘氏兄弟纪念馆位于江阴市西横街49号，原为刘半农、刘天华、刘北茂三兄弟的故居，是具有江南乡土民居特色的清末建筑，为省文保单位，1990年5月建成开馆，中国人民对外文化交流协会会长、刘半农内侄朱穆之题写馆名，著名作家冰心撰写序文。纪念馆第一展室陈列新文化运动主将刘半农的文学作品，留学法国获得的国际康士坦丁语言学专奖，有关摄影、书法、考古等专业的著述，生前使用的打字机、照相机和其发明的刘氏声调推断尺，以及论文手稿等遗物。第二展室陈列音乐家刘天华的遗物和手迹，包括他生前使用的二胡、古琴、小提琴、唢呐等乐器，创办国乐改进社的资料，第一部五线谱中英文京剧曲谱《梅兰芳戏曲谱》等。第三展室陈列刘北茂使用的二胡、古琴和他的作品手稿等遗物，以及刘氏兄弟逝世后蔡元培、张恨水等著名人士的纪念文章和学术团体发表的文章、出版的纪念文集等图书。馆内复原刘氏兄弟生前卧室、厨房等生活起居环境，天井内两丛天竺为刘氏兄弟当年手植。1992年5月，刘氏兄弟纪念馆与中国革命博物馆在京联合举办为期半个月的"江阴刘氏三杰——刘半农、刘天华、刘北茂纪念展"。

十四、缪荃孙纪念馆

缪荃孙纪念馆位于江阴市申港镇，设在缪荃孙图书馆三楼，1997年11月开馆，展示晚清文献学家缪荃孙的生平业迹及其学术成果。陈列内容分9个部分：苦读史书、立志成才；助编《书目答问》，初露锋芒；进士及第，供职京师；淡泊功名，编修史志；执掌书院，创办学堂；创建江南、京师两大图书馆；搜书刻书，嘉惠后学；毕生研治，版本目录；一代宗师，万世敬仰。其中包括《艺风堂藏书记》《艺风堂金石文字目》《艺风堂文集》等著作、金石拓本及照片资料等展品。楼前广场立缪荃孙塑像。

十五、宜兴徐悲鸿纪念馆

宜兴徐悲鸿纪念馆设在宜兴市公园路1号"亦园"内，1988年10月26日开馆。著名画家吴作人题写馆名。园内立有一尊徐悲鸿全身塑像，馆舍在塑像右侧，为一幢红瓦粉墙的三层楼建筑，建筑面积近1200平方米，藏品500余件。一楼展示徐悲鸿生平事迹，门厅安放徐悲鸿半身汉白玉胸像；二楼陈列徐悲鸿一生各个时期的代表作，分国画、油画和素描、书法等3个展室，其中包括国画《漓江春雨》《愚公移山》《奔马》，水彩画《牧牛图》《醒狮图》，油画《田横五百士》，素描《印度文豪泰戈尔像》等；三楼设两个展室，展出徐悲鸿的学生和当代名家吴作人、李可染、尹瘦石、黄胄、沙孟海、费新我等的书画精品，诗人艾青、作家周而复的题词，以及徐悲鸿夫人廖静文、女儿徐静斐、儿子徐庆平的书画作品。

十六、尹瘦石艺术馆

尹瘦石艺术馆原坐落在宜兴周铁镇，1994年4月18日开馆，1999年4月4日迁入宜兴美术馆。艺术馆设有3个展室，陈列尹瘦石先生捐赠的书画、文物等作品200余件（幅），其中包括尹瘦石自1941年起各个时期创作的代表作，林则徐、朱彝尊、康有为、章太炎、黄宾虹、徐悲鸿、何香凝、黄炎培、柳亚子等60多位名家的手迹，以及若干历代文物。

第二章　历史文化保护

第一节　文物保护管理

1988年2月21日，市文管办会同市公安、工商部门开展打击非法倒卖文物行动，数月间共收缴倒卖文物4490余件。其中1件二级文物品送京参加全国打击文物违法犯罪活动成果展览。1989年8

月22日，市政府办公室召开市区国有单位文物藏品登记工作会议，部署文物安全工作。同年12月22日，在国家文物局、公安部联合召开的全国文物安全保卫工作电话表彰会上，市公安局许生根、宜兴文管办谈鹤鸣获“全国文物安全保卫工作先进工作者”称号。1990年9月6日，市公安部门在无锡火车站查获一起夹带文物字画走私香港案。1991年，组织开展以“安全保卫，维修保护，建档保管”为要求的文物安全工作。年内，市区16家文物保护单位完成文物藏品登记建档工作。

1991年下半年，宜兴龙背山地区发生群体盗墓事件，玉璧、玉蝉、铜剑、铜镜等珍贵文物被不法分子坐地收购，许多文物遭毁损。1992年1月，宜兴市委、市政府组织公安、工商、文物、商业等部门开展执法行动，打击盗掘汉墓群和文物倒卖走私犯罪活动，加强贯彻文物保护法、打击盗墓犯罪活动的宣传报道。至3月，共收缴被盗出土文物319件，其中二级品1件、三级品8件，立案审查违法人员40余人，依法逮捕犯罪人员3人、通缉两人。同年1月2日，宜兴太平天国王府陈列室失窃案告破，追回被盗的民国年间仿明成化釉里红瓷瓶。同年，在“江苏省馆藏文物安全年”活动中，无锡市召开全市馆藏文物安全动员大会，11家文物文博单位签订“安全责任书”，组织成立专业性经济民警小队和群众性业余文物保护员队伍。5月22日，市文管办与市公安、工商部门联合对市区10家古玩工艺品经营商店执法检查，查出5家有违法经营行为，当场扣留38件非法买卖的文物。11月16～22日，全市开展文物保护宣传周活动，纪念文物保护法颁布10周年。其间，市委宣传部、市文化局、市广电局和市法制局联合召开文物保护工作座谈会，市博物馆、江阴市博物馆、宜兴太平天国王府陈列馆等主要文博单位向公众免费开放一二天，市文管办与市博物馆、市文物商店联合上街举办文物保护宣传咨询活动，散发文物保护法单行本，江阴市、无锡县、宜兴市采用广播、幻灯、黑板报、街头宣传站等多种形式进行文物法制和文物知识的宣传。

1995年9月26日，无锡市召开文物博物馆安全工作会议，公布8月中旬和9月中旬两次全市文物单位安全大检查的情况，肯定全市已基本形成人防、技防、物防和犬防的防范体系，指出存在专业保安力量薄弱、用电器材老化、防盗防火设备维护技术人员缺乏、设备更新资金不足等问题，要求各单位尽快整改。1996年初，捕获潜入市博物馆的盗贼。同年3月20日，宜兴市文管办主任谈国华获国家文物局、公安部表彰的“全国文物安全先进工作者”称号。11月13日，市公安局将收缴的3枚被盗卖恐龙蛋化石移交给市博物馆。

1997年4月12日，《无锡市文物保护管理办法》颁布实施。11月17～23日，在文物保护法颁布15周年之际，结合实施《无锡市文物保护管理办法》，市文管办举办以“尊重历史，保护文物”为主题的文物保护宣传周活动，市文管办负责人在电台、电视台发表讲话，《无锡日报》刊出《文物保护》专版，无锡电视台播出《荣德生先生与文物保护》专题片，市文管办在健康路设置文物宣传专栏，在南禅寺妙光塔前设立宣传站，开展文物保护和鉴定等咨询服务活动。

2000年4月13日，《无锡市文物监管品市场管理规定》颁布实施。2002年11月10日，市文管办与崇安区工商部门在崇宁路文渊坊文物保护小区执法检查，取缔在省文物保护单位秦邦宪故居破墙开业的苏州羊肉汤饮食店。同月，在崇安寺环境整治改造工程中，刚刚公布为省文物保护单位的阿炳故居被涂写上“拆”字，部分屋面被拆毁。11月20日，市文管办会同崇安区政府责令事故责任者恢复故居屋面原状，23日被拆屋面得到复原。2004年12月7日，市文保单位大浮秦大坟被盗掘，鼋头渚派出所获讯后当即电话告知市博物馆，并与当地乡政府一起派人守护现场。文博专业人员赶往现场，发现被盗掘的是明代秦瀚夫妇墓，石椁被炸开，棺内随葬品已不存，留有秦瀚墓志盖、秦瀚妻殷氏墓志铭一盒；其子秦梁墓封土被刨揭，露出砖室券墓顶。市文管办尊重秦氏家族后裔的意愿，不予清理，按原样封土保护。

第二节　考古发掘和清理

1986年8月，市博物馆、江阴市博物馆联合在江阴发掘明代承氏家族墓。10月18日，宜兴市宜城镇西大街基建出土唐代开元铁钱。11月，在无锡南站乡兴竹村发掘宋墓两座，出土漆器、石砚、银勺、铁牛、瓷器等陪葬品。12月9日，江阴黄山小石湾古炮台西北角出土清代铁炮1门，炮身铸有“道光二十三年十一月”等铭文。1997年7月17日和10月23日，又在古炮台西南角出土两门清代铁炮，炮身铸文完整，均为清道光二十三年（1843年）制造。1987年5月22日，宜兴体育场南河沿发现东汉许馘墓，墓穴甬道长7米，墓穴石门刻朱雀纹，高1.2米，宽1.16米，墓砖上有几何形花纹和“大吉五铢”“五铢”等铭文。1988年9月21日，在市区复兴路与石皮路交叉处的城建档案馆基建工地出土春秋战国青铜剑1柄、青铜削刀两把，以及陶罐等，还发现汉唐时期无锡县子城护城河的石驳岸。1989年4月，在无锡市人民路、健康路交会处拓宽时发现古井10余口，井内出土汉代至西晋时的陶瓷器数十件，一方三国孙吴末帝孙皓“宝鼎四年”铭文砖。8月14日，无锡县安镇发现明代安国之孙安希皋墓，出土墓志及金银器，墓葬年代为嘉靖二十九年（1550年）。8月20日，宜兴张渚镇伏龙寺遗址出土有铭文的南宋银锭10枚，每枚重235克。10月30日，无锡县东亭乡北街巷发现西汉古井和良渚文化遗址。

1990年12月，江阴黄田港大桥建造工地出土火炮6门。其中，铁铸火炮5门，3门在炮身上铸皇冠图纹和“B.P”英文字，两门铸有“JUST”英文字；铜铸火炮1门，炮身长1.43米，铸有“心字第拾柒号。食药贰拾肆两，食子陆拾两。咸丰十一年十一月吉日，湖北武昌府知府李定口、候补同知董绍昌督同分缺先川县丞刘炳南监造。炉头王宗鸿铸”铭文。火炮出土地原是清军水师码头。1991年11月27日，宜兴丁蜀镇清理1座西晋墓，出土“太康元年”纪年砖。12月，江阴夏港镇王村新开夏港河工地发现1座宋墓，墓中木椁内置朱漆木棺1具，出土定窑白瓷器和安徽繁昌窑影青瓷器34件，漆器中有描银漆碗、剔犀漆盒和戗金长方形漆盒等名贵物品和金银器、铜镜、木梳、佛珠、铜钱等，据出土的“崇宁通宝”“崇宁重宝”等钱币推算，墓葬年代为北宋末年。是年，在南禅寺基建工地发现多口古井，清理出土明代紫砂壶、陶罐、正德青花茶盏、汲水陶瓶（韩瓶）等。1992年2月25日～3月4日，为配合沪宁高速公路建设，南京博物院、市博物馆与无锡县文管办组成联合考古调查队，在高速公路沿线的10个乡镇进行考古调查，发现古墓葬及墓碑、墓志、陶瓷残片等。其中，在无锡县后宅镇发现明代家族墓群，9月21日发掘时表明墓群已被盗掘一空。3月10～12日，无锡市在梅村泰伯庙首次召开考古工作会议。3月底，无锡县胡埭乡华藏湾莲花山南坡明代侯先春夫妇墓发掘清理工作结束。该墓于2月26日发现，出土完整古尸两具，男尸身长1.70米，全身干枯；女尸身长1.48米，手臂尚有柔性。一墓双穴，每穴均为二椁一棺结构，外层石椁均用整块花岗岩石板砌筑，里层木椁内置楠木棺，两穴之间以石壁相隔，有一直径约20厘米的“招手孔”相通，呈现江南明代典型的墓葬形制。随葬物品有铭旌、乌纱帽、云纹绸官服、玉饰品、铜镜及锡制明器等。出土墓志表明，墓主侯先春（1545—1611），字元甫，号少芝，万历八年（1580年）进士，历任太常博士、吏科给事中、兵部都给事中、广西按察使知事，迁南京吏部文选清吏司主事，卒后赠太仆寺少卿，妻张氏卒于万历四十五年（1617年）。5月8日，该墓出土古尸和文物在市博物馆举办无锡明代古尸暨葬俗风情展。

1993年4月中旬，无锡县硕放镇望虞河工地出土纳玛象门齿、鹿类臼齿等古生物化石。同年4月，发掘清理江阴长泾镇泾北村唐墓两座。1号墓为并列双室券顶砖室墓，已被盗，出土长沙铜官窑黄釉褐彩贴花浮雕人物纹双系瓷执壶、灰陶盘口长颈瓶、陶甑、开元通宝铜钱和放置在壁龛里的陶俑等，两方墓志砖铭载该墓为孙晖与妻汤氏合葬墓，先后入葬于唐大中四年（850年）和咸通四年（863年）；2号墓形制结构与1号墓基本相同，属晚唐墓葬，也曾被盗，出土白瓷瓶、陶罐、铜镜、十二生肖陶俑、木俑及开元通宝、乾元重宝钱币等，未见墓志。1994年2月3日，锡山南麓基建工地发现1座西汉墓葬，出土釉陶器、铁鍪等。3月，宜兴市宜城镇溪隐村南龙背山汉墓内出土1套铜权，共8枚，权呈扁平环形，似算珠状，最小的一枚重1.35克，依次增重，最大的为120.98克，与四川成都天回山出土新莽铜环权重量值相近。6月中旬，解放东路槐古农贸市场工地出土“中市桥”桥名石，长241.5厘米、宽22.5厘米、高42.5厘米，桥名左右刻有“明嘉靖年里人改建”“大清道光五年八月袁门沈氏重修”等文字。7月，清理无锡县东亭镇观桥村明代华珏夫妇墓，该墓为竖穴石构浇浆，并列两室中各置木棺1具，男尸尚未腐烂，木棺完整，女尸骨无存，木棺已朽，出土佛珠、木笏、木带銙等，有墓志。墓主华珏（1444—1504），字汝和，号诚斋，官至南京吏部稽勋郎中，妻吴氏卒于弘治十二年（1499年）。8月15日，市第四毛纺厂保卫科李长根向市文管办报告，该厂基建清理场地时，在土石堆中发现“文武官员军民等人至此下马”刻石柱，系学前街孔庙大门东侧所立“下马碑”原物，是“文化大革命”中拆毁孔庙、学宫时被当作石料而运走的，恰好与保留在原址的另一柱“下马碑”配对。在土堆石料中还发现原属孔庙石牌楼构件梁、柱等残石，一并运回无锡碑刻陈列馆保护。9月，上海华东师范大学遥感技术与应用研究所对江阴高城墩遗址进行遥感探测考古。11月，江阴滨江开发区发现1座汉墓，系长方形竖穴土坑木椁墓，木椁用大木板拼接合榫而成，保存完整，椁室内置黑漆木棺两具，棺内存有服饰、梳妆用品及钱币等，在木棺外侧与椁室两端之间设东西两个边箱，边箱内置陶器、铜器、带鞘铁剑、穿孔绿珠等随葬品。其中1件铜带钩，略呈耜形，钩体铸青龙、白虎、玄武，钩首作朱雀头形，造型极为罕见，据出土的五铢钱铭文字体特征，属西汉宣帝至平帝时所铸。是年，在南禅寺附近出土俗名“塔桥”的桥志石刻《挹薰桥记》1方，高143厘米、宽67厘米，楷书15行，署款为“文林郎知金匮县事金城李炳少撰文，乾隆三十三年岁次戊子孟秋日”，详细记述乡绅市民捐资重建木梁桥为石拱桥的经过。

1995年9月30日，在宜兴市中学新教育楼建造工地出土一批北宋崇宁四年（1105年）的窖藏文物，疑为佛塔地宫宝藏，有莲花银座金佛1尊、银佛4尊、铜佛13尊、鎏金铁佛1尊、木佛11尊、佛经18卷（本）、银龙5条、铜镜两面和银杯、银盒、银片、水晶饰物、玻璃器皿等，共计99件，钱币33公斤。文物埋藏于距地表两米以下，有巨石压盖，石上楷书“虞庠许近募，众缘舍此石”。石下有一方形石函，高70厘米，边长79厘米。石函内置1只银皮镶包木箱。文物存于木箱中，钱币置于木箱四周。钱币中最早的是唐代“开元通宝”，最晚的是北宋“崇宁元宝”，共有30多个品种，币文书体楷、行、篆、隶、草俱全。1996年1月，配合基建工程，在郊区大浮村脊梁山南麓发掘清理明代寄畅园主秦燿夫妇墓。该墓有高大的封土和石筑墓园围墙，系竖穴砖石砌筑浇浆墓，墓圹呈长方形，双穴并列，内置木椁棺，左棺盖内覆有铭旌，上书“都察院右副都御史舜峰秦公”，即秦燿，棺内存残骨和1把木柄毛刷，右棺出土银簪、金耳挖等物，两棺头部棺帮内各嵌1面铜镜，左男棺为素面弦纹镜，右女棺为四兽纹镜，未见墓志。5月，市博物馆发掘惠山明代邵宝、秦楚南两处家族墓地。同年5月，发掘清理江阴周庄鸡笼山北麓明代曹恬夫妇墓，该墓为竖穴土坑浇浆结构，两棺并置，均髹黑漆；男棺设北斗七星底板，头部叠置一对白瓷碗，并有5枚核桃；女棺死者头戴布巾，身着褐色锦缎对襟宽袖袍，内穿丝袍，下束百褶麻布裙，裙内还穿绛色丝裙和麻布单裤，胸腹部置一香袋，内装52枚檀香木，头部左侧叠置1对白瓷碗，还有1把木梳、两枚核桃；出土青石墓志1盒，盖铭篆书“明处士前山曹公暨原配孺人李氏墓志铭”，志载该墓合葬于明隆庆六年（1572年）；出土的用金丝线绣成云龙纹图案的衣裙，色泽鲜艳。10月，在江阴顾山北坡发掘清理明代周闳夫妇墓。该墓系竖穴石构浇浆墓，男左女右，两墓圹相距1.13米；左圹内东、西、南三面壁上各砌长方形弧顶壁龛，放置1套木制家具模型明器，计有床、橱、桌、椅、衣架、毛巾架、坐便架等，为江南明初家具式样提供可贵的研究实物。内置锡制明器1套，包括碗、碟、盘、鼎、桶、灯台等。另有随葬的长方形漆奁，奁盒3层，内盛放梳、篦、篦刷、带鞘刀、铜镊、银耳挖、毛刷、铜镜等，反映墓主生前的起居习惯和爱好。右圹已被盗，仅出土1枚银锭。出土墓志一盒，志盖篆书“故周宗大墓铭”，志文称，周闳字宗大，明洪熙元年（1425年）与妻邓氏合葬于顾山祖茔。

1997年5月30日，在市区崇宁路发现宋代古井，出土执壶、韩瓶等。7月23日，无锡湖光光电仪器厂向文博部门报告，该厂材料库边墙旁发现1副石磨，可能是惠元面粉厂或茂新面粉二厂的遗留物，经鉴定确实与原存梅园的茂新面粉一厂法国进口石磨形制规格相同，直径约122厘米，完整无损，入藏市博物馆。1998年，郊区蠡园乡蠡园村在建房时出土1块明代嘉靖五年（1526年）刻立的《无锡县里社碑》，系无锡知县管嘉桢为申明《乡约》，抄刻应天府（南京）钦差都察院右都御史陈某所撰"里社"规定，现存无锡碑刻馆。

1999年4月3日，在南京博物院举行江阴花山遗址新闻发布会，同时举办江阴花山遗址出土文物暨馆藏精品展。花山遗址位于江阴云亭镇花山东麓，1998年在锡澄高速公路建设时出土，一批陶鼎、陶罐和石器被碾碎，当年12月开始抢救性清理发掘，出土一批具有马桥文化（约3500年前）特征的文物。出土的陶器印纹，既有江南流行的叶脉纹和梯格纹，也有仿中原青铜器纹饰的云雷纹、云雷纹组合梯格纹，还出土一小块冶炼青铜块，说明中原商文化已进入江南而进入青铜时代；出土的1件长条形黑皮陶船形器，似仿自独木舟；还出土一批原始青瓷器。1999年4月23日，无锡市考古工作座谈会在江阴召开，南京博物院研究员邹厚本应邀作关于无锡地区考古问题的学术报告，提出无锡考古工作应以新石器时代良渚文化和商周时代吴文化遗址为两大主攻目标。4月下旬，对江阴周庄龙爪墩遗址进行抢救性发掘清理，出土陶器、石器、玉器等近50件，具有崧泽文化特征（约5000年前），其中1件精美的玉璜可系挂于胸前作为佩饰。是年，无锡鸿山镇七房桥村发掘清理出5座明代墓葬，出土铜镜8面、金银首饰100多件，据墓志所载，为钱氏家族墓地。1999年11月～2000年1月，对江阴高城墩遗址进行考古发掘。遗址位于江阴西北隅的石庄高城墩村北侧，是一处良渚文化时期（约4500年前）的大型高台墓葬群，原有面积近万平方米，时残存2000多平方米，相对高度10米。70年代中期取土时曾发现玉琮、玉璧等玉器。发掘中发现祭坛遗址和13座墓葬。墓葬呈"人"字形向东北、西北方向排列，布局严谨，建筑方法严格，大多有棺椁葬具，其中13号墓是至发掘当年为止所发现的葬具结构保存较好的规模最大的良渚文化墓葬。出土236件（组）玉器、石器、陶器，以玉琮、玉璧、玉钺、玉锥形器等礼玉器最为精丽神奇。2000年4月5～7日，江阴高城墩、佘城遗址全国考古研讨会在江阴召开。会议认为高城墩遗址佐证良渚文化多中心的存在。是年5月30日，江阴高城墩新石器时代遗址入选1999年度全国十大考古新发现，江阴市政府获国家文物局文物保护突出贡献奖。8～12月，对江阴要塞镇祁头山新石器时代遗址抢救发掘。遗址位于江阴市区东南约两公里，在新长铁路建设工程中发现。发掘发现马家浜文化时期（约6500年前）先民房址，呈长方形，有平地挖坑的火塘灶址以及留存的草木灰烬、陶釜残片。在原面积约20万平方米的遗址中心有红烧土地面，似是大型公共场所，遗址东北部、西北部为分布密集的墓葬区，总数135座，出土陶器、玉石器近300件，其中类型多样的平底釜和红衣彩陶代表着太湖西部马家浜文化的新的文化类型。2000年11月～2002年5月，两次发掘彭祖墩遗址。遗址位于锡山市鸿声镇西北2.5公里管家桥，在1992年6月考古调查中发现，面积约15万平方米，馒头形台地中心部位高出地面3～5米。发现近似方形房址1座，屋内有矮墙分隔遗迹，中部有大片红烧土灶址；清理窖穴28个、墓葬10座，出土釜、豆、罐、钵等陶器和石锛、石纺轮等石器，还出土玉玦，有马家浜文化、马桥文化两种类型。

2001年11月～2002年7月，对骆驼墩遗址进行考古发掘。遗址位于宜兴新街镇唐南村，发现于70年代，总面积约25万平方米。列入国家文物局"太湖西部史前文化研究"重点课题项目。在1309平方米发掘面积中，发现马家浜文化墓葬52座、瓮棺39座、灰坑5座、房址3座、大型贝壳类堆积遗址1处，祭祀遗址4处；房址位于山坡上，呈不规则的长圆形或方形，有的房址门口用螺蛳壳铺筑为宽敞平整的场地；瓮棺用陶釜作为葬具，埋葬夭折的婴儿，与中原仰韶文化葬俗相似，在长江下游属首次发现。还发现崧泽文化、良渚文化墓葬多座。出土陶器、石器、骨器、玉器等约400余件，动物骨骸2000余件，炭化米2000余粒，据碳14测定，最早的年代在7000年前。骆驼墩遗址的考古发掘，填补太湖西部史前文化的空白，使环太湖史前文化不再存在空缺，被中国社科院考古研究所评为2002年度全国6项重大考古发现之一。

2000年2～5月、2001年10月、2002年7月，先后对佘城遗址进行3次考古发掘。遗址位于江阴花山东南，与花山遗址同属马桥文化类型，一起构成规模较大的古城聚落遗址。面积约30万平方米，略呈圆角长方形，堆土而筑成的城墙保存良好，高七八米，南北最长处近800米，东西最宽处近500米，城外有护城河围绕，城址内出土大量遗物，有釜、鼎、豆、盘、罐等陶器、原始瓷器和半月形石刀，还有青铜锛和青铜镞，发现面积400余平方米的大型干栏式建筑基址。由此认定花山遗址是该城址郊外的村落遗址。学界认为，佘城遗址属泰伯奔吴后的早期吴文化遗址，也有学者认为，应是泰伯奔吴之前的古吴越文化遗址。2002年2月28日，在江阴青阳镇里泾坝清理宋墓1座，出土大型浮雕石椁。6月，在无锡新区硕放镇邹家湾发现明代邹氏家族墓3座，清理出土金丝发罩、金银发簪、铜镜、梳妆盒等56件文物，尤以成套檀香木雕花卉纹带銙最为优美精细。据出土墓志铭载，墓主分别是怀远将军、镇江卫指挥同知邹琴思及其长子邹应奎、次子邹应参。7月9日，在无锡东亭镇仓下村朱井巷、莫石路施工地发现明代墓葬两座，其中1座已彻底被毁，仅存1件破损的褐釉陶罐，另一座夫妇合葬墓清理出土铁制品、褐釉陶罐、明代洪武年间制青花瓷碗等物品。

2002年和2003年，分别对西溪遗址试掘和第一阶段正式发掘。遗址位于宜兴芳庄镇西溪村，在1984年文物普查中发现，总面积近5万平方米。发掘表明该遗址属马家浜文化，所见房址多略呈圆形，推断为干栏式建筑，与骆驼墩遗址同样具有太湖西部史前文化的考古特征。2003年3月28日，无锡硕放镇里河村发现1座明墓，为石椁浇浆墓，棺木外髹朱砂漆，墓主女性，出土器物除少量的金银首饰外，以一套完整的丝绸服饰最为夺目，共计25件（套），数量之多、品种之丰富、保存之完好，在江南地区属罕见。6月5日，经杭州中国丝绸博物馆专家鉴定，属明代中晚期丝绸织造品。6月7日，中央电视台作报道。2004年1月15日，惠山区前洲镇发现唐代土圹墓，清理出土水壶、钱币等15件物品。3月，江阴青阳镇泗洲大圣宝塔地宫出土舍利子等佛教文物。10月，江阴长泾镇发现明代夏炯墓，清理出土纸币、服饰等随葬品。

鸿山墓群发现于1992年春沪宁高速公路无锡段考古调查中。2000年，因修筑公路在老虎墩取土时挖出大量的青瓷、硬陶碎片。2001年，对老虎墩墓葬清理，出土玉璧、玉瑗、青瓷乐器、硬陶器等300余件。2003年春，正式考古发掘老虎墩北面的邹家墩，出土玉龙、玉龟等随葬品，老坟墩发掘时因“非典”流行而中止。发掘工作至2005年6月结束，先后发掘清理老虎墩、老坟墩、曹家坟、邹家墩、杜家坟、万家坟、邱承墩等7座墓葬，出土文物2300余件，考古者认为属春秋末期至战国初期越国贵族随葬器物。该7座墓葬，以地处最西端的特大型土墩邱承墩为轴心，其他6座墓葬成对地由东北至东南方向，呈扇形分布。邱承墩规模宏大，外形呈长方形覆斗状，墓葬为竖穴深坑，平面呈“中”字形，通长57米，分为墓道、墓室、后室，墓室内用木板隔成主室和南、北侧室，墓道南壁有长圆形壁龛，墓道中间和后室的后面有排水沟；随葬器物丰富，虽早年被盗，仍出土青瓷器、陶器、玉器、石器、琉璃器、象牙器等1098件，约占全部出土文物的一半。其中整套仿青铜礼乐器制作的青瓷器，标志着

图35-2 鸿山遗址出土的琉璃釉盘蛇玲珑陶球形器（市文管中心供稿）

墓主生前的身份非同寻常；青瓷温酒器、冰酒器及其酒杯的成套出土，反映江南吴越的饮酒风俗和气候特征；精美的龙、凤形玉器，令人叹为观止；琉璃釉盘蛇玲珑球形器，属国内首次发现，独特的器形神秘莫测。该墓是仅次于浙江绍兴发现的印山越王陵墓的第二大墓，发掘者认为墓主应是越国大夫级的贵族。该墓叠压着良渚文化、崧泽文化和马家浜文化的文化层堆积，意味着鸿山墓群遗址的历史文化，上自7000年前，下至2500年前，是无锡历史上最重大的考古发现。鸿山墓群被评为2004年全国十大考古新发现之一，受到考古文物界和文化历史学界的高度关注，社会反响很大，墓葬国属是越国还是吴国尚存争议。2004年初，无锡鸿山开发区在新区鸿山镇东北部施工建设国际家具城，发现墓葬，随即进行抢救性考古发掘。其百余座大小不等的土墩墓葬分布在24平方公里范围内。

2005年11月，在宜兴丁蜀镇考古发掘蜀山古窑址，共发现6座龙窑遗址，出土明清至近现代陶、瓷片万余件。其中紫砂款识丰富多样，首次发现年号款，还发现明代崇祯年间的瓷片。12月，在无锡华庄镇龙渚村王浜斗建筑工地发现明墓1座，清理出土两面铜镜，其一墓三椁的葬法形制比较少见。

第三节　文物征集与捐献

一、征集

1.接受移交

市博物馆自1986年起接受有关部门移交、拨交的文物，以及从社会、民间征集的文物达数千件。1986年，金坛县公安局将无锡扬名乡出土的32件金器，从民间追回后移交市文物管理部门，由市博物馆收藏。是年，无锡汽车西站派出所移交清康熙四十五年（1706年）的江苏布政使宜思恭签押木斛，为国内现存最早的纪年木斛。1988年，无锡市“文革”抄家物资二清小组移交给市博物馆1135件无人认领、无法清退的古代书画，1989年又移交瓷器等杂物558件。1991年，市博物馆接受有关部门移交具有文物价值的千余件历代货币、铜器、玉器、陶瓷器等。1993年、1998年，市外办、对外友协两次向市博物馆拨交国外友好城市赠送给无锡市的礼品539件。

图35-3　江苏布政使宜思恭签押木斛　　（无锡博物院供稿）

2.社会征集

1989年起，市博物馆开始征集民族工商业文物，先后征集到“菜馆公所”界石、旧风车和米斛、明清无锡县鱼鳞图册等文物。1990年3月，从百年老店时和绸布庄征集到老账册等文物。1997年4月，征集到61张清代咸丰年间的银票，即清代纸币“类户部官票”，其中两张“伍两”手写银票，是国内首次获见。1999年，启动对乡镇企业实物资料的征集。2001年7月起，先后对国棉一厂（原申新三厂）、市缫丝一厂（原鼎昌丝厂）、市第二缫丝厂、第四缫丝厂（原嘉泰丝厂）等清理登记，征集民国时期民族工商业文物。

2002年，市博物馆征集到文物资料198件。2003年6月征集到汉代陶器20件（套）。8月，征集百余件当代惠山泥人工艺师的作品。全年征集文物569件。2004年6月，市博物馆在惠山泥人博物馆清点、登记藏品，接收1800余件（套）泥人、刺绣作品。2005年，市博物馆征集到文物583件（套），其中包括为筹建中的无锡中国民族工商业博物馆征集的文物资料及老机器设备。

二、捐献

1986年，市博物馆接受社会各界人士捐献的文物中，有无锡籍著名画家钱松嵒捐赠自己创作的作品106件、自用印章22枚；张楚源家属遵张楚源遗嘱，捐献清末至新中国的邮票1000余枚。1987年，陶心华捐献36件古书画，这是他继1981年捐献百余件古书画之后的第二次捐献，其中清代石涛《人马图》是难得一见的石涛走兽人物画。是年，文徵明研究专家周道振捐献旧碑帖296册、明清至民国书画12件，又于1990年捐献藏书2000余册。

图35-4　清石涛《人马图》，一级文物
（无锡博物院供稿）

1988年5月1日，为收藏和展出周怀民捐献的63件（74幅）古书画、44件自作绘画而建造的周怀民藏画馆在市博物馆内建成开放，建筑面积599平方米，内设3个展厅和1个接待室，由彭冲题写馆名。是年6月4日，周培源到市博物馆视察，表达要将家藏的145件古书画捐献给家乡的意愿。11月27日，周培源到复旦大学讲演，将随车携带的古书画送抵无锡。1989年11月1日，中国科协、九三学社、无锡市政府在北京故宫漱芳斋联合举办周培源王蒂澂夫妇捐献古代书画仪式暨展览开幕式，展出元、明、清三代书画，经专家鉴定，一级品43件、二级品34件。1990年10月11日，周培源王蒂澂藏画馆在市博物馆揭幕，同时举办周培源王蒂澂夫妇捐献古书画展览。1991年4月，中国友谊出版公司出版《周培源王蒂澂夫妇收藏古代书画选》。同年10月中旬，该批藏品在南京博物院展出。

1989年4月7日，陈荔英将丈夫崔龙珍藏多年的国学家、无锡国学专修馆创办人唐文治的《万言疏稿》手迹捐给市博物馆。同年，无锡国学专修馆无锡校友会将唐文治生前藏书1800余册古籍转赠给市博物馆。1999年7月12日，唐孝宣捐献祖父唐文治所藏800多册古籍珍本，其中79种、468册移藏市图书馆。

1990年2月27日，市商业局捐献给市博物馆《华东局关于江南新区农村工作的指示（草案）》《关于江南工作的三个重要指示（草案）》等5件革命文物，弥补馆藏解放战争时期文物资料的不足。1993年，钱敏、徐念初夫妇向市博物馆捐献古书画123件，大都为明清名家作品，并于1995年12月25日举行捐献仪式和展览。1995年，晚清科学家徐寿后裔徐志勤，捐献徐寿生前使用的量筒和自制的热动风车模型。1998年5月12日，宜兴当代紫砂陶艺家作品捐赠仪式在市博物馆举行，鲍志强、吴光荣、吴鸣等25位陶艺家捐献27件自己制作的圣桃壶、如意壶等紫砂茗壶和达摩面壁紫砂像等。11月28日，88岁的黄养辉在市博物馆举办书画展，1999年他将珍藏的有徐悲鸿题跋的文徵明书法对联和本人的书画作品两件，捐献给市博物馆。1999年6月上旬，松青岩红——钱松喦、方召麟师生书画精品展在香港会议展览中心展出时，85岁的方召麟从自己的12件展品中选出10件，捐赠给市博物馆。

2000年9月29日～10月28日，列入第六届中国艺术节无锡分会场活动项目的阳羡古韵——当代紫砂工艺暨名家作品入藏展在市博物馆举办，展出蒋蓉、徐汉棠、徐秀棠、谭泉海、汪寅仙等著名紫砂艺术家的作品107件，展出结束后均捐藏入馆。2001年5月，无锡籍台湾画家陈逸向无锡市捐献101件自己创作的书画。2002年12月28日，黄养辉书画遗作捐献仪式暨精品展在市博物馆举行，其子黄贤安遵父嘱捐献88件黄养辉作品。

2004年5月30日，香港方召麟捐献书画仪式暨书画作品展分别在湖滨饭店、市博物馆举行，方召麟委托其子女陈方安生、方顺生、方津生捐献60件书画作品给市政府。

同年12月，旅美无锡籍著名画家程及将自己创作的84幅绘画作品捐献给无锡市，同时捐赠50万美元资助建造程及美术馆。

第四节　文物普查与文保单位

一、文物普查

1990年10月，市文化局向省文化厅文物处汇总上报全市文物普查统计数据，计有1942处。其中近现代重要史迹及革命纪念建筑物71处、古建筑及历史纪念建筑物434处、石刻734处、古墓葬85处、古遗迹302处、其他316处。

2000年11月2日，市文管办在市区展开传统历史街巷及地面文物的补查，历时3个月，考察百余条街巷里弄，约500处建筑物。认定尚具传统风貌的历史街区有10处：惠山街及上、下河塘，荣巷老街，清名桥南下塘至伯渎港，小娄巷，日晖巷及东、西大街，定胜桥沿河及鸭子滩，黄泥垿，前、后竹场巷，前、后太平巷，接官亭弄与前、后蔡家弄；有文物保护价值的近现代建筑60余处，包括中山路88号华绎之旧宅、北禅寺巷16号侯氏沧一堂、东大街118号张效臣旧宅、后竹场巷50号钱业公会旧址等。2001年2月初，完成《无锡市区传统街巷及地面文物补查报告》。

二、全国重点文物保护单位

1988年1月13日，国务院公布第三批全国重点文物保护单位，寄畅园名列其内，成为全市第一个国家级重点文物保护单位。

2001年6月25日，国务院公布第五批全国重点文物保护单位，无锡市区薛福成故居建筑群、江阴市徐霞客故居及晴山堂石刻、宜兴市国山碑列入其中。

2005年末，全市列入第六批全国重点文物保护单位审批名单的共计10处，分别为无锡市区鸿山墓群、东林书院、天下第二泉庭园及石刻、昭嗣堂、惠山镇祠堂、荣氏梅园、阿炳故居、泰伯庙和墓，宜兴市宜兴窑址、骆驼墩遗址，京杭大运河同时列入。

2005年无锡市全国重点文物保护单位一览表

表35-1

序号	名称	年代	地址
1	寄畅园	明	无锡市惠山横街
2	薛福成故居建筑群	清	无锡市学前街152号
3	鸿山墓群	春秋战国	无锡市鸿山镇
4	泰伯庙和墓	周～明	无锡市鸿山镇、梅村镇
5	惠山镇祠堂	明、清	无锡市惠山直街、横街及锡惠公园内
6	东林书院	明、清	无锡市解放东路867号
7	昭嗣堂	明	无锡市硕放镇
8	天下第二泉庭园及石刻	唐～清	无锡市锡惠公园
9	阿炳故居	清	无锡市图书馆路30号
10	荣氏梅园	民国元年～19年	无锡市梁溪西路
11	京杭大运河（无锡段）	隋	无锡市洛社镇至新安镇
12	徐霞客故居及晴山堂石刻	明	江阴市马镇
13	国山碑	三国（吴）	宜兴市张渚镇
14	宜兴窑址	晋～清	宜兴市丁蜀镇、新街镇等乡镇
15	骆驼墩遗址	7000～6000年前	宜兴市新街镇

三、江苏省文物保护单位

1982年，江苏省第三批文物保护单位经调整后公布，无锡市有4处，分别为东林书院、惠山寺石经幢、惠山寺金莲桥、寄畅园，撤销第一、二批保护单位7处。另有江阴县、无锡县、宜兴县省级文物保护单位计11处。

1995年4月，江苏省第四批文物保护单位经调整后公布，无锡市有10处，分别为无锡市区薛福成故居（含薛汇东住宅）、张中丞庙、天下第二泉庭院及石刻、点易台铭四面碑，江阴市兴国寺塔、江阴文庙，宜兴市徐大宗祠楠木厅、文昌阁，锡山市倪瓒墓、昭嗣堂。

2002年10月，江苏省第五批文物保护单位经调整后公布无锡市有32处，分别为无锡市区彭祖墩遗址、秦观墓、惠山古镇祠堂群、无锡县城隍庙旧址、荡口华氏建筑群、清名桥及沿河建筑、荣巷近代建筑群、小娄巷、陆定一故居、阿炳故居、无锡县商会旧址、荣氏梅园、无锡县图书馆旧址、秦邦宪故居、横云山庄及七十二峰山馆、钱锺书故居、蠡园及渔庄、茂新面粉厂、姚桐斌故居，江阴市祁头山遗址、佘城遗址、适园、刘氏兄弟故居、江阴蚕种场，宜兴市西溪遗址、小窑墩遗址、真武殿窑群、筱王村窟群、前墅窑址、东坡书院等30处；加上1995年的10处中扩充保护单位二泉书院（由点易台铭四面碑扩充定名）；再加上1982年第三批省文物保护单位中的惠山寺金莲桥扩充定名为惠山寺庙园林，共计32处。

2005年末，无锡市19处文物保护单位列入江苏省第六批文物保护单位审批名单，分别为无锡市区大浮秦氏墓群、秦金墓、扬名大桥、安阳书院旧址、三里桥天主堂、祝大椿故居、植福庵戏楼及殿堂建筑、三公祠碑刻及步弓石、锡金公园旧址、孙冶方故居、永泰丝厂旧址、中国蚕丝公司无锡北仓门仓库、振新纱厂旧址、荣德生旧居、鼋头渚近代园林、薛暮桥故居、无锡县学古建筑暨古碑刻，宜兴市宜兴古桥群、张公洞碑刻。因第五批省级文物保护单位中的惠山古镇祠堂群、阿炳故居、荣氏梅园升格为全国文物保护单位，故全市共计有58处省级文物保护单位。

2005年江苏省文物保护单位一览表

表35-2

序号	名称	年代	地址
1	惠山寺石经幢	唐、宋	无锡市锡惠公园内
2	阖闾城遗址	春秋	无锡市胡埭镇
3	薛汇东住宅	清宣统三年	无锡市前西溪1号
4	张中丞庙	明～清	无锡市惠山直街120号
5	倪瓒墓	明	无锡市东北塘芙蓉山南麓
6	彭祖墩遗址	7000～6000年前	无锡市鸿山镇
7	秦观墓	南宋	无锡市惠山二茅峰南麓
8	无锡县城隍庙旧址	明～清	无锡市后西溪32号
9	荡口华氏建筑群	明～清	无锡市荡口镇
10	清名桥及沿河建筑	清～民国	无锡市南门外
11	荣巷近代建筑群	清～民国	无锡市梁溪路荣巷
12	小娄巷	明～清	无锡市崇安区小娄巷
13	陆定一故居	清	无锡市县前街10号
14	无锡县商会旧址	民国4年	无锡市火车站前商贸区
15	无锡县图书馆旧址	民国2年	无锡市崇安寺
16	秦邦宪故居	清	无锡市崇宁路112号
17	钱锺书故居	民国12～15年	无锡市新街巷30、32号
18	蠡园及渔庄	民国16～1952年	无锡市湖滨路蠡湖北岸
19	茂新面粉厂	民国35年	无锡市振新路415号
20	姚桐斌故居	民国36年	无锡市东湖塘镇黄土塘老街
21	惠山寺庙园林	南朝～清	无锡市锡惠公园内
22	二泉书院	明～清	无锡市惠山听松坊53号
23	大浮秦氏墓群	宋～明	无锡市大浮镇
24	秦金墓	明	无锡市胡埭镇
25	安阳书院旧址	明～清	无锡市阳山镇
26	三里桥天主堂	清光绪十七年	无锡市三里桥民主街86号
27	祝大椿故居	清	无锡市伯渎港117-127号
28	植福庵戏楼及殿堂建筑	清	无锡市荡口镇
29	三公祠碑刻及步弓石	明	无锡市荡口镇
30	锡金公园旧址	清光绪三十一年～民国22年	无锡市公园路、中山路
31	孙冶方故居	清	无锡市玉祁镇礼舍老街
32	薛暮桥故居	清	无锡市玉祁镇礼舍老街
33	永泰丝厂旧址	民国15年	无锡市南长街364号
34	北仓门蚕丝仓库	民国27年	无锡市北仓门37路
35	振新纱厂旧址	清末～民国	无锡市健康路116号
36	荣德生旧居	民国	无锡市健康里16号

续表

序号	名称	年代	地址
37	鼋头渚近代园林	民国	无锡市太湖边充山之麓
38	无锡县学旧址	清	无锡市学前街睦亲坊巷3号
39	扬名大桥	明～清	无锡市东绛镇
40	心经碑	清	江阴市中山公园内
41	黄山炮台旧址	明～民国	江阴市黄山
42	江阴文庙	宋～清	江阴市人民中路
43	兴国寺塔	宋	江阴市中山南路
44	国民党江阴要塞司令部旧址	民国	江阴市高巷口2号
45	刘氏兄弟故居	清	江阴市西横街49号
46	适园	清	江阴市南街198号
47	江阴蚕种场	1928年	江阴市长泾镇东街7号
48	佘城遗址	商、周	江阴市云亭镇
49	祁头山遗址	7000～6000年前	江阴市区祁山村
50	张公洞碑刻	唐～元	宜兴市湖汶镇
51	宜兴古桥群	明～民国	宜兴市鲸塘、张泽等乡镇
52	宜兴太平天国王府及壁画	清	宜兴市通真观路
53	新四军标语	民国35年	宜兴市张渚镇祝陵村
54	周王庙及碑刻	唐～清	宜兴市东庙巷
55	文昌阁	明～清	宜兴市西氿任昉公园内
56	徐大宗祠楠木厅	明	宜兴市溪隐村
57	东坡书院	清	宜兴市丁蜀镇蜀山南麓
58	西溪遗址	7000～6000年前	宜兴市芳庄镇溪东村

四、无锡市文物保护单位

1983年11月，无锡市政府对50年代的文物保护单位调整后公布有30处，分别为近代历史遗迹及革命纪念建筑物3处、古建筑及历史纪念建筑物18处、石刻及其他8处、古墓葬1处。1986年7月23日，在1984年全市文物大普查的基础上，市政府批准公布无锡市第二批文物保护单位25处，包括近代历史遗迹及革命纪念建筑物9处、古建筑及历史纪念建筑物10处、石刻1处，古墓葬5处。同时公布无锡市文物遗迹控制保护单位42处。

1994年1月24日，市政府批准公布无锡市第三批文物保护单位20处，包括近现代重要史迹及代表性建筑17处、古建筑3处。

2003年6月，市政府批准公布无锡市第四批文物保护单位82处，授权市文管办公布调整后重新确定的无锡市文物遗迹控制保护单位86处。

无锡县（锡山市）于1983年12月、1988年6月、2001年1月公布3批县（市）级文物保护单位，撤市（县）设区后均归为无锡市文物保护单位。经历次调整后，至2005年，无锡市有文物保护单位136处、文物遗迹控制保护单位86处；江阴市有文物保护单位59处；宜兴市有文物保护单位51处、文物遗迹控制保护单位51处。

2005年无锡市文物保护单位一览表

表35-3

序号	名称	年代	地址
1	黄埠墩	战国～清	无锡市北门外吴桥东运河中流
2	南禅寺妙光塔	宋～明	无锡市南门朝阳广场东
3	保安寺无梁殿	明	无锡市塘南路锡甘路口
4	龙光塔	明～民国	无锡市锡惠公园内锡山顶
5	愚公谷旧址	明	无锡市锡惠公园内
6	高子止水	明	无锡市水曲巷 江南中学内
7	华孝子祠	明～清	无锡市锡惠公园内
8	至德祠	清	无锡市锡惠公园内
9	忍草庵	元～清	无锡市锡惠公园内
10	听松石床	唐～宋	无锡市锡惠公园内
11	秦氏章庆堂“景福楼”	清	无锡市崇宁路48-50号
12	三橲老屋许叔微故居旧址	南宋	无锡市马山小墅湾
13	卧云石	明	无锡市锡惠公园内
14	竹素园湖石	明	无锡市惠山下河塘14号
15	金匮县衙碑刻	清	无锡市崇宁路文渊坊
16	竹炉山房石刻	清	无锡市锡惠公园内
17	无锡市革命烈士墓	1953年	无锡市惠钱路惠山北麓
18	马山革命烈士纪念碑	1976年	无锡市马山古竹
19	邵宝墓	明	无锡市山北街道桃花坞东麓
20	荣宗敬荣德生故居	民国	无锡市荣巷西端
21	留耕草堂	清末民初	无锡市惠山上河塘20号
22	茹经堂	民国24年	无锡市宝界桥南堍琴山
23	华彦钧墓	1950年、1983年	无锡市锡惠公园内
24	荣德生墓	1953年	无锡市钱荣路孔山南麓
25	顾可久祠	明～清	无锡市惠山下河塘14号
26	西水仙庙	明～清	无锡市西水墩（市文化馆内）
27	南水仙庙	清	无锡市南长街598号
28	秦氏对照厅	明末清初	无锡市崇宁路文渊坊
29	秦淮海祠	清	无锡市崇宁路102-106号
30	洞虚宫玉皇殿及古井	清	无锡市崇安寺
31	湖山歌碑	明	无锡市鼋头渚公园憩亭
32	尤袤墓	南宋	无锡市钱荣路孔山
33	孙继皋墓	明	无锡市大浮镇白旄山
34	高攀龙墓	明、1985年	无锡市河埒街道青山公园内
35	天井泉	春秋	无锡市胡埭镇闾江村

续表

序号	名称	年代	地址
36	顾宪成墓	明	无锡市查桥镇关泾村
37	赵翼墓	清	无锡市马山桃坞鸰鸪山
38	徐寿墓	清、1999年	无锡市梅园公墓
39	圣公会十字堂	民国5年	无锡市中山路98号
40	鼎昌丝厂旧址	民国18年	无锡市南门外永乐路东
41	开原寺	民国22年	无锡市梅园内
42	缪公馆	民国21年	无锡市新生路7号
43	宝界桥	民国23年	无锡市大浮镇宝界村东北
44	无锡师范钟楼及述之科学馆	民国22年	无锡市学前街27号
45	荣宗敬墓	民国32年	无锡市胡埭镇华藏山南麓
46	高阳墓	民国32年、1984年	无锡市青龙山公墓
47	王恩绶祠	清同治十三年	无锡市惠山下河塘8号
48	陆宣公祠	清	无锡市惠山直街43号
49	徐建寅故居	清	无锡市山北街道会西村杨巷25号
50	洪口墩遗址	7000～6000年前	无锡市雪浪镇葛埭村
51	吴王避暑宫遗址	春秋	无锡市马山万丰村内闾湾
52	牛塘龙窑遗址	东汉	无锡市马山牛塘村西南
53	云居道院遗址	晋	无锡市马山西村
54	净慧寺旧址	南宋	无锡市新安镇
55	祥符寺旧迹	唐～清	无锡市马山秦履峰南麓
56	大窑路窑群遗址	明～民国	无锡市南门外伯渎港口、运河东岸
57	首藩方岳坊及锡山驿遗址	明	无锡市南长桥堍新民路口
58	荣氏迁锡始祖墓	明、1934年	无锡市河埒街道莲花山南麓
59	顾光旭墓	清	无锡市鼋头渚南犊山北麓
60	陆墟桥	南宋～清	无锡市陆区镇普照村
61	碧山吟社旧址	明～民国	无锡市锡惠公园内
62	南草庵	明～清	无锡市华庄镇震湖村
63	黄土塘老街及吴氏旧宅	明～清	无锡市东湖塘镇
64	横山草堂旧址	清	无锡市雪浪镇葛埭村
65	侯桐少宰第	清	无锡市人民中路36–42号
66	陆定一祖居	清	无锡市西漳镇陈家桥
67	金匮县城隍庙旧址	清	无锡市崇宁路6号
68	兴隆桥	清	无锡市棉花巷外环河上
69	定胜桥	清	无锡市南门外贺弄西定胜河上
70	耕读桥	清	无锡市南门外石子街菰渎港上
71	迎龙桥	清	无锡市棚下街南端外环河上

续表

序号	名称	年代	地址
72	玉祁新桥	清	无锡市玉祁镇新桥村
73	镇塘庵旧址	明	无锡市南长街474号
74	钓渚渡桥	清	无锡市厚桥镇谢埭荡村
75	寨门严子陵先生祠	清	无锡市张泾镇寨门小学内
76	万寿庵	清	无锡市东湖塘镇东升村
77	孔湾陵墓神道石兽	宋	无锡市胡埭镇孔湾山南麓
78	巡塘桥	清	无锡市华庄镇巡塘村
79	华察墓前神道石马	明	无锡市甘露镇彩桥村
80	安国墓前神道石马	明	无锡市安镇胶山北麓
81	水墩庵生态保护碑	清	无锡市八士镇斗山南麓
82	惠山石门摩崖石刻	清	无锡市惠山三茅峰北麓
83	尤文简公祠	清	无锡市锡惠公园内
84	金匮县张中丞庙戏台	清末民初	无锡市坊前镇春暖村
85	梁塘桥	清	无锡市扬名街道梁中村
86	锡金钱丝两业公所旧址	清光绪二十七年	无锡市前竹场巷
87	徐氏义庄旧址	清光绪十年	无锡市查桥镇春风村
88	钱武肃王祠	清～民国	无锡市锡惠公园内
89	匡村中学旧址	清	无锡市杨市镇锡山高级中学内
90	顾毓琇故居	清	无锡市学前街3号
91	许氏旧宅	清末民初	无锡市新民路13号
92	陈墅石桥群	清末民初	无锡市港下镇陈墅村
93	鸿模小学旧址	清末民初	无锡市鹅湖镇荡口
94	万善桥和梓良桥及沿岸	清末民初	无锡市羊尖镇严家桥村
95	蔡鸿生旧宅	民国	无锡市鹅湖镇荡口
96	张闻天旧居	民国	无锡市汤巷45号
97	大成桥	清～民国	无锡市安镇镇大成桥村
98	聂耳亭	民国16～23年	无锡市鼋头渚公园内
99	泰伯图书馆旧址	民国10年	无锡市后宅镇
100	广福寺	民国13～18年	无锡市鼋头渚公园内
101	荣氏锦园	民国18年	无锡市小箕山
102	纸业公会旧址	民国11年	无锡市北门江尖96号
103	公益中学旧址	民国8年	无锡市荣巷
104	沈瑞洲故居	民国	无锡市雪浪镇方桥村
105	冯氏旧宅	民国	无锡市大箕山村前湾151号
106	海宁救熄会旧址	民国	无锡市南下塘236号
107	张氏嘉乐堂	民国19年	无锡市南门外鸭子滩1号

续表

序号	名称	年代	地址
108	胡氏务本堂	民国13年	无锡市南门外定胜桥沿河1号
109	周氏馀庆堂	民国	无锡市南长街
110	钱氏慎修堂	民国9年	无锡市南长街208号
111	陈氏旧宅	民国	无锡市县前西街德兴巷32号
112	坎宫救熄会旧址	清末民初	无锡市南长街镇塘弄3号
113	王禹卿旧宅	民国	无锡市中山路63号梁溪饭店内
114	钱松嵒旧宅	民国26年	无锡市南市桥巷58号
115	云邁园	民国15年	无锡市复兴路长大弄5号
116	董欣宾故居	清末民初	无锡市张泾镇黄泥沟6号
117	薛福成墓及坟堂屋	清	无锡市大浮镇北村峄嶂山东麓
118	袁仁仪墓	民国	无锡市羊尖镇南丰村
119	清水洞石窟	不详	无锡市阳山镇安阳山西麓
120	王右军洗砚池旧址	南朝～清	无锡市洛社镇洛社中学内
121	蒋重珍故里状元井	南宋	无锡市胡埭镇蔡村
122	太湖七桅罛船	近代	无锡市鼋头渚三山岛畔
123	杨家墓园及祠堂	民国	无锡市管社山东麓
124	梁鸿墓	东汉、民国	无锡市鸿山镇鸿山南麓
125	鸿隐堂	明～清	无锡市鸿山镇鸿山东麓
126	端居堂	明	无锡市张泾镇
127	同人堂	明～清	无锡市张泾镇顾宪成纪念馆内
128	周忱祠	清	无锡市玉祁镇横港印桥村
129	宛山石塔	明	无锡市羊尖镇宛山
130	玉皇殿和文昌阁	清	无锡市玉祁镇文昌公园内
131	无锡农民革命军总司令部旧址	民国	无锡市安镇东街“三善堂”内
132	新四军六师师部旧址	民国	无锡市张泾镇前进村
133	崇庆庵	清、1985年	无锡市堰桥镇西胶山北麓
134	大觉禅师供养塔	1986年	无锡市阳山镇阳山北坡
135	华学士坊	明	无锡市东亭镇东街
136	故文台	商末（？）	无锡市旺庄镇香一村

2003年无锡市文物控制保护单位公布名录

表35-4

名称	年代	地址
日晖巷传统街区	清末民国	无锡市日晖巷20～47号
关帝庙大殿	清	无锡市后西溪48号
谈氏宗祠	清	无锡市小娄巷48号

续表

名称	年代	地址
福寿堂	清	无锡市小娄巷50–6号
佚园及秦毓鎏旧宅	清	无锡市福田巷17–8号
张效程旧宅	民国	无锡市东大街118号
清泉井	民国	无锡市东大街117号
薛祖康旧宅	民国	无锡市留芳声巷27号
查氏承俭堂	民国	无锡市南市桥巷80号
秦氏旧宅	清初	无锡市人民路人民弄1–3号
横浜里传统街区	清末民国	无锡市南尖横浜里
倪云林祠	清	无锡市惠山直街33–39号
范文正公祠	清	无锡市惠山直街49号
薛氏三义祠	清	无锡市惠山直街91号
王松滋祠	清	无锡市惠山直街104号
司马温公祠	清	无锡市惠山直街114号
荣氏忠孝节烈祠	清	无锡市惠山直街129、130号
五里香塍路牌	清	无锡市惠山直街东口
山货公所旧址	清末民国	无锡市惠山直街西北口
耍货公所旧址	清末	无锡市惠山直街50号左右段
薛中丞祠	清末	无锡市惠山上河塘37、38号
孙宗伯祠	清	无锡市惠山上河塘60号
盐业公所旧址	清末民国	无锡市惠山上河塘
惠山关帝庙	清	无锡市惠山下河塘12号
张文恪公祠	清	无锡市惠山下河塘13号
杨藕舫祠	民国	无锡市惠山下河塘15号
周濂溪祠	清	无锡市惠山下河塘19号
王仲山祠	明清	无锡市惠山听松坊7号
李阁学祠	清	无锡市惠山浜112号
陈文范公祠	清	无锡市惠山浜114号
唐襄文公祠	清末	无锡市惠山浜14–19号
许氏旧宅	民国	无锡市永安街2号
惠元面粉厂旧址	民国	无锡市吴桥西堍古运河边
徽州会馆（徽国文公祠）	民国	无锡市惠山浜
中国银行无锡分行旧址	民国	无锡市前竹场巷
周氏春晖堂	民国	无锡市南长街398号
章氏旧宅	民国	无锡市南长街560号
刘鸿铎祖宅	清	无锡市南长街238号
王朝仙旧宅	民国	无锡市南长街244号

续表

名称	年代	地址
黄浩庆旧宅	民国	无锡市南长街593号
南六救熄会旧址	民国	无锡市南下塘45号
金钩桥桥名石刻	清	无锡市金钩桥桥堍
王氏嘉蔚堂	民国	无锡市木栖厅41号
荣光世进士第	清	无锡市荣巷西浜212号
荣瑞馨花厅	清	无锡市荣巷西浜83号
荣福龄故居	清	无锡市荣巷西浜196号
荣瑞馨故居	清	无锡市荣巷东浜66号
荣月泉故居	清、民国	无锡市荣巷东浜13-15号
荣梅春旧宅	民国	无锡市荣巷小学东侧
荣巷五间头	民国	无锡市荣巷东浜37-41号
荣子青旧宅	民国	无锡市荣巷中荣87号
荣和甫旧宅	民国	无锡市荣巷西浜42号
荣氏兄弟旧宅	清	无锡市荣巷西浜181号
荣叔良旧宅	民国	无锡市荣巷中荣29号
荣巷轮船码头旧址	民国	无锡市荣巷西浜
婉芬堂	民国	无锡市横山南麓梅园内
成性寺	民国	无锡市大浮镇 北村
溪南救熄会旧址	民国	无锡市河埒镇溪南村
虾笼山石室土墩	春秋	无锡市胡埭镇虾笼山脊
长泰寺旧迹	清	无锡市南泉镇
开化文社旧址	民国	无锡市南泉镇
庵基墩遗址	新石器时代	无锡市雪浪镇葛埭桥
赤马嘴遗址	新石器时代	无锡市雪浪镇前章村
周仲卿旧宅	民国	无锡市雪浪镇闸北桥
周末生旧宅	民国	无锡市雪浪镇方桥村
周新镇老街	清末民国	无锡市东绛镇
张厚德旧宅	民国	无锡市东绛镇周新东路49号
俞文彬旧宅	清末	无锡市东绛镇俞甲里74号
张桥	清	无锡市华庄镇震湖村
唐氏贞节坊	清	无锡市河埒镇张巷
蒋氏旧宅	民国	无锡市河埒镇梁溪路38号内
胡将军墓	唐	无锡市马山镇耿湾
万顷堂	民国	无锡市管社山南麓
方泉井	近代	无锡市南泉镇老街
阿炳祖居	清	无锡市东亭镇大三房村100号

续表

名称	年代	地址
薛南溟墓	民国	无锡市八士镇斗山之北
唐氏花厅	清	无锡市羊尖镇天台寺西街
华氏襄义庄	清	无锡市荡口镇生产街32号
北仓河沿岸及老街	清、民国	无锡市荡口镇
学海中学旧址	民国	无锡市荡口镇
荡口华氏始迁祖祠	明	无锡市荡口镇道人巷58号
黄家村贞节坊	清	无锡市羊尖镇严家桥
嵩山寺大殿	清	无锡市厚桥镇嵩山南麓
吴氏添裕堂	清	无锡市东湖塘镇
长安三桥	明、清	无锡市长安镇
支浩明墓	清	无锡市钱桥镇舜柯山北麓

第五节　修复与利用

1986年起，无锡市各级政府逐年加大文物保护修复力度，逐渐形成由单靠政府投资到社会多元投资，由文物部门单一保护到多部门协调保护，由修复保护到利用保护的格局。1987年5月25日，鼋头渚公园内七十二峰山馆修复，命名为王昆仑故居，全国政协主席邓颖超题写故居匾牌，并派代表参加揭幕仪式，全国政协副主席屈武、吕正操、费孝通出席。1989年5月5日，竖立王心如先生纪念碑。同年6月5日，钱松喦故居“芑庐”修复，遵其遗嘱将故居辟为钱松喦藏画馆。

1990年5月，市锡惠公园内的惠山寺石经幢修复，将湮没在地下的三级复露出地表，使唐幢、宋幢复原为十九级。9月12日，张闻天旧居修复开放，成为爱国主义教育基地。11月9日，无锡农民革命军总司令部旧址安镇“三善堂”修复。1991年9月27日，在锡金公园旧址（城中公园）多寿楼前举行“无锡第一个党组织所在地”标志牌揭牌仪式。11月20日，清名桥碑亭通过验收。同年，修复惠山寺金莲桥，对日益侵蚀风化的桥石浮雕作技术保护。1992年起，市文管部门协调相关部门，加强国家级、省级文物保护单位“四有”管理，实现有标志牌、说明牌，有保护范围、建设控制地带，有保护管理机构或保护责任人，有科学记录档案。1998年后，市级文物保护单位逐一竖立标志牌和说明牌。

1993年，东林书院二期修复工程启动，按明清时期的书院原状，修复泮池、石桥、晚翠山房、来复斋、西长廊和门厅。中轴线以书院大门、石牌坊、泮池、东林精舍、丽泽堂、依庸堂、燕居庙、三公祠等讲学建筑为主，两侧长廊壁间嵌置24通明清以来的书院碑刻，形成碑廊。东轴线以道南祠、报功祠等祭祀建筑及曲廊方亭为主。道南祠前院置放的上马石，系1987年4月28日由孙继皋后裔孙世元捐献的故居“少宰第”门前之物。复现的200米弓河及其东岸修复的明代弓河黄石驳岸，成为与东面的解放东路相分隔的界限，构成开放式园林景观。西轴线以晚翠山房、来复斋、寻乐处、心鉴斋、小辩斋等斋院为主。其中晚翠山房原是学前街14号薛福辰（薛福成之兄）三子薛凤喈故居内的花厅，建于清光绪年间，1994年拆除薛凤喈故居时移建至东林书院。1994年10月26日，举行二期修复工程竣工典礼。1995年9月，东林小学将占用的报功祠、道南祠归还东林书院。1996年，进行三期修复工程，修复报功祠和道南祠。1998年复建西园。2000年11月9日，市委副书记王家骏主持召开东林书院、薛福成故居全面修复保护专题会议。之后，根据会议要求，东林小学迁出东林书院，书院东面的民居拆迁后不再建造楼宇，作为东林广场建设用地，与人民东路拓宽工程相配套，成为东门地段的绿色景观。2001年，市文化局聘请李正、顾文璧、石泉森、冯普仁、吴惠良、华士清、徐武、夏刚草、朱文杰、张铁民、于军为东林书院保护修缮工作专家组成员，展开修复东林书院的四期工程。2003年1月28日，举行修复开放仪式。东林书院经修复，占地1.5万平方米，其中修复面积8000平方米，中、东、西三轴线上的主体建筑基本恢复书院鼎盛期的风貌。

1993年10月11日，荣宗敬墓修复工程竣工，举行文物保护标志牌揭牌仪式，荣毅仁、汪道涵等敬献花篮，资助修复工程的荣氏亲属荣鸿庆、荣卓如等出席。在拓建的墓园里建立花岗岩墓坊，由上海市副市长、上海市文管会主任张承宗题写“荣宗敬先生墓道”和“功在华夏”“泽被桑梓”横额。无锡市文管会立《重修荣宗敬先生之墓记》碑。

1995年，薛福成故居修复工程启动。1996年修复花厅庭院。1998年11月起，实施中轴线修复工程。1999年4月，对所存建筑全面测绘。7月22日～8月2日，对庭院和东备弄探掘，发现原荷花池驳岸、假山、花街地面、天井地坪、石级踏道及半亭、走廊、内围墙等建筑遗存。2003年元旦，举行薛福成故居修复开放仪式。

1995年，文渊坊文物保护小区工程启动。工程包括原地修复秦氏承志堂、秦氏长春堂、秦淮海祠、秦邦宪故居，移建原址在崇宁路市中级人民法院内的秦氏章庆堂、景福楼（包括旧方书屋、牡丹书屋）和原址在新生路216号市公安局内的秦氏对照厅。1999年，崇安区政府把占用的市级文物保护单位“锡金军政分府”拆毁，嵌置其中的16通清代碑刻移到文渊坊内保护。2005年5月8日，崇宁路文渊坊文物保护小区工程竣工，修复、移建的文物保护单位向公众开放。

1996年，市中医医院扩建，准备拆除尚未列为文保单位的钱锺书旧居，此消息引起巨大的社会反响。7月31日，《光明日报》刊发署名柳斋的文章《无锡钱锺书旧居：保留还是拆移》，详细陈述钱锺书旧居的历史价值和文化价值。1998年3月20日，市政府决定原地整体保护钱锺书旧居，包括民国12年（1923年）建造的“绳武堂”和民国15年续建的“梅花书屋”等。2001年8月修缮工程启动，并征集陈列资料。2002年9月30日钱锺书旧居修复开放，10月初批准公布为省级文保单位。

2005年12月27日，市文化局、新区管委会与中国建筑设计研究院建筑历史研究所签订《鸿山遗址保护规划》编制协议，鸿山墓群遗址保护按国家大遗址保护工程要求启动。至年末，无锡市修复的文物保护单位还有保安寺无梁殿、泰伯庙、泰伯墓、昭嗣堂、许叔微故居旧址、薛汇东住宅、寄畅园、尤袤墓、秦观墓、倪瓒墓、宛山石塔、鸿隐堂等；修复并对公众开放的有：姚桐斌故居、陆定一西漳祖居、华蘅芳故居、西水仙庙等；移建修复的有：徐寿墓、嵇氏楠木厅、周氏馀庆堂；修复并得到合理利用的有：无锡县商会旧址、纸业公会旧址、缪公馆、无锡县图书馆旧址、北仓门蚕丝仓库等。

1986～2005年，市区130多处文保单位得到修缮修复，完好率70%，投入资金6亿元左右。向社会开放的文保单位近百处。江阴市修复刘氏兄弟故居、徐霞客故居、国民党江阴要塞司令部旧址、黄山炮台旧址、适园等。宜兴市修复张泽桥、文昌阁、东坡书院、徐悲鸿故居、宜兴太平天国王府及壁画、吴仕楠木厅等。

第六节　历史文化名城建设

1982年，国务院开始评审公布国家历史文化名城，先后于1982年、1984年、1999年公布3批共99个国家历史文化名城，无锡市都榜上无名。90年代，随着无锡经济发展和城市建设步伐的加快，建设和保护的矛盾凸显，一批历史文化遗存遭到拆毁。2000年，《中国文化报》对全国十大文物破坏事件作曝光，无锡涉及3起。是年12月，中共无锡市委九届十三次全会作出《关于加强文物保护，争创国家历史文化名城的决议》。

2001年4月7日，市委、市政府召开“加强文物保护工作，提高城市文化品位，争创历史文化名城”专题会议。会议明确提出创建省级和国家级历史文化名城的目标。各部门根据分工，领受任务，主要领导亲自过问，建立工作班子，责任到人。至现场踏勘，对古运河沿岸、古村古镇、工业遗产、历史街区等全面普查；组织知名专家等330余人次举行保护规划论证会32次，修改完善规划；搜集、拍摄资料1900余份，撰写20余万字，形成一批保护资料。完成《无锡市国家历史文化名城申报材料》《无锡历史文化名城图录》《无锡文物古迹通览》《无锡历史文化名城保护规划》《全国重点文物保护单位保护规划》《无锡工业遗产保护规划》《无锡历史街区保护规划》《无锡古运河保护规划》《无锡历史文化名城》（DVD）以及《无锡城市简介》《无锡经济社会发展情况简介》《无锡市历史文化名城保护办法》等保护规划和宣传资料。无锡申报省历史文化名城时，全市仅有1处全国重点文物保护单位、9处省级文物保护单位。是年，全市开展新中国成立以后规模最大、历时最长、范围最广的文物普查活动，让众多历史街区和地面文物列入文物保护名单，以近现代工商业史迹、名人宅第、近现代优秀建筑和历史街区占多数，其中有荣巷近代建筑群、惠山古镇祠堂群等。在文物普查、考证和价值评估的基础上，无锡市先后编制上报全国、省、市级文物保护单位申报材料，各级文保单位成批增加。至2005年，全市批准公布文保单位342处，其中全国重点文物保护单位和省级文物保护单位总数从全省第九位升至省辖市第三位，仅次于南京和苏州，成为居全省前列的文物大市。鸿山越国贵族墓、钱锺书故居、阿炳故居、北仓门蚕茧仓库等一大批有价值的历史遗迹得以保留或重生。

2001～2005年，全市文物保护单位及时划定保护范围和建设控制地带，竖立标志牌、说明牌，建档工作也有序进行，为文物的依法保护和科学管理打下良好的基础。文物修缮工作也得到加强。根据“保护为主、抢救第一、合理利用、加强管理”的文物保护工作总方针和“不改变文物原状”的文物修缮原则，市政府投巨资先后修缮薛福成故居建筑群、二泉书院旧址、钱锺书故居、泰伯墓等一大批文保单位。全市用于保护和修复文物保护单位的资金4亿多元。同时，文物部门还充分利用社会力量修缮中国银行旧址、锡金钱丝两业会所、无锡县商会旧址等文保单位。其间，无锡为名城保护共投入7.8亿元。

2004年3月，省政府委托省建设厅、文化厅组织专家对无锡市申报省级历史文化名城进行专家论证。专家认为：无锡素有“勾吴古都”“春申封邑”“江南名城”之称，又是吴文化发源地、中国民族工商业发祥地、乡镇企业发轫地，城市所经历的变化有目共睹。2005年12月31日，无锡市被省政府批准授予“省级历史文化名城”称号。

第七节　历史街区和古镇古村

无锡是历史悠久的江南名城，独具江南水乡风貌的历史街区、古镇古村曾经遍布城乡各地。在城乡经济发展和建设中，不少历史街区、古镇古村消失。1995年12月8日，省政府公布第一批江苏省历史文化名城、名镇和历史文化保护区名单，无锡市“惠山及古运河”列历史文化保护区名单之首。2002年，对农村乡镇普查后编制《无锡城镇组团文物保护规划》，将荡口镇、严家桥村等列为重点保护镇村。市区划定的历史街区由原来规划的1处增至5处，保护面积由19万平方米增至60万平方米，列省第二位。一时未能以保护级别公布的“历史文化街区”，则以“建筑群”的名义列入文保单位。清名桥及沿河建筑、荣巷近代建筑群、小娄巷列为省级文物保护单位，日晖巷传统街区、横浜里传统街区、周新镇老街列为市级控制保护单位。

2004年1月，颁布《无锡市历史街区保护办法》，是国内第一个保护历史街区的地方性法规。清名桥沿河历史街区、荣巷历史街区、惠山历史街区、小娄巷历史街区、荡口古镇等5个保护性修复工程列入《无锡市“十一五”文化发展规划纲要》，为全市文化重点工程。

一、清名桥沿河历史街区

清名桥沿河历史街区位于无锡古城南门外，以古运河为南北轴线，北起跨塘桥，南至南水仙庙、大窑路，长1.5公里，是明清以来窑业、米市、丝茧码头、手工业作坊、商铺、民族工业企业最为集中的历史街区之一，谚称“上塘十里尽开店，下塘十里尽烧窑”。其间有大小河流7条、桥梁码头20多座、老街旧弄30余条，民居隔河相望，尽现江南水乡风貌，被誉为“水弄堂”，是京杭大运河中文化生态构成最丰富的精华地段。1995年，市政府开始编制《无锡市古运河清名桥沿河历史文化街区保护规划》。2002年10月，以“清名桥及沿河建筑”为名，公布为省级文保单位，实施历史街区保护。在18公顷的保护面积中，古运河属全国重点文物保护单位“京杭大运河”的重要组成部分，祝大椿故居、永泰丝厂旧址为省级文保单位，南水仙庙、大窑路窑群遗址、定胜桥、迎龙桥、镇塘庵旧址、坎宫救熄会旧址、海宁救熄会旧址、张氏嘉乐堂、胡氏务本堂、周氏馀庆堂、钱氏慎修堂为市级文保单位，另有文物遗迹控制保护单位7处。

二、荣巷历史街区

荣巷历史街区位于无锡老城区西约5公里，源自明清之际荣氏家族聚居的自然村落。近代，以荣宗敬、荣德生为代表的荣氏民族工商实业家群体崛起，荣巷演变为街镇，建起一大批具有时代烙印和乡土特色的建筑群，除民居、商铺外，还有祠堂、学校、图书馆、医院、救熄会等具有社区功能的公共建筑。在近400米长的老街上，有数百个特色建筑单体，类型丰富，用材讲究，做工精细。2002年10月，以“荣巷近代建筑群”名义公布为省级文保单位，实施历史街区保护。在8万平方米保护区面积内，荣宗敬荣德生故居（含大公图书馆）、公益中学旧址为市级文保单位，荣光世进士第、荣瑞馨花厅、荣福龄故居、荣瑞馨故居、荣月泉故居、荣梅春旧居、荣巷五间头、荣子青旧宅、荣和甫旧居、荣宗敬荣德生兄弟旧宅、荣叔良旧宅、荣巷轮船码头旧址等12处，为文物遗迹控制保护单位。

三、惠山历史街区

惠山地区，唐宋时期即是人文胜地，也是无锡文保单位最密集的精华地段，有露天历史博物馆之称。其历史文化遗迹，一部分分布在锡惠公园内，一部分分布在惠山直街、横街、惠山浜两岸上下河塘、听松坊。锡惠公园内有国家级文保单位寄畅园、天下第二泉庭院及石刻，省级文保单位惠山寺石经幢、秦观墓、惠山寺庙园林、二泉书院，市级文保单位龙光塔、愚公谷旧址、华孝子祠、至德祠、忍草庵、听松石床、卧云石、竹炉山房石刻、华彦钧墓、碧山吟社旧址、惠山石门摩崖石刻、尤文简公祠、钱武肃王祠。惠山直街、上下河塘、听松坊等地段分布着国家级文保单位惠山古镇祠堂群，有祠堂118处，以及竹素园湖石、留耕草堂等市级文保单位和五里香塍路牌、山货公所旧址、耍货公所旧址、盐业公所旧址、关帝庙等文物遗迹控制保护单位。在15.42万平方米核心保护街区内，河街、古桥、祠堂、庙宇、道观、会所、会馆、义庄、书院、园林、民居、商铺、惠山泥人作坊、古树名泉，构成深厚丰富的历史文化生态。有以惠山浜、龙头河水街，惠山横、直街和上、下河塘旱街为基本格局的特色传统水旱街坊；有以惠山寺玉皇殿为主体的佛教、道教文化；有以寄畅园为首的古典园林文化；有以二泉为核心的泉茶文化；有以惠泉黄酒为代表的酒文化；有以惠山泥人为杰出代表的传统民间工艺文化等历史文化内涵。惠山街区保护前期研究有200多位文化工作者对古街展开详尽的历史文化研究。惠山街区保护规划由云南建筑设计院教授顾奇伟（丽江古城总规划师）主持编制，规划保护范围40.92万平方米。

四、小娄巷历史街区

小娄巷位于无锡老城区中心地段，长约500米，东西走向。宋代以后，秦氏、谈氏、孙氏、王氏等名门望族聚居，曾出过1名状元、13名进士、15名举人、约80名秀才，立牌坊9座。2002年10月，以“小娄巷”之名公布为省级文保单位，实施历史街区保护。在1.2万平方米保护面积中，遗存明清以来具有江南传统风格的民居建筑群，其中金匮县城隍庙旧址为市级文保单位，谈氏宗祠、福寿堂、佚园及秦毓鎏旧宅为文物遗迹控制保护单位。佚园内有孙中山的题刻。谈氏宗祠是谈氏总祠，有20多个分祠散布在国内，复旦大学遗传学家谈家桢曾到此寻祖。巷北中心位置有一条长约百米的老备弄，贯穿南北，是无锡遗存最长的传统备弄。尚存万备堂、孙继皋少宰第部分遗址和宋代以后的石构件、刻石等。

五、荡口古镇

荡口在无锡东乡，与苏州相邻。明代初年，华氏一族迁居荡口后，发展为名闻江南的水陆商埠，与相邻的甘露镇齐名，人称“金甘露，银荡口”。华氏为文化世家，名人辈出。明代书画鉴藏家华夏，世称“江东巨眼”，所藏晋唐宋元书画名迹，现均藏于海内外著名博物馆，所刻《真赏斋法帖》被称为明代第一帖，所筑“真赏斋”由好友文徵明绘成名画两幅传世。明代华燧“汇通馆”以首创铜活字印刷名扬四海。明代南京翰林院掌院学士华察、清代音乐家华秋苹，近代数学家华蘅芳、华世芳兄弟，刺绣名手华图珊、民族工商家华绎之、当代漫画家华君武等，均为荡口人。荡口华氏建筑群，以北仓河两岸500米内的明清建筑群最为密集，水乡古镇风貌依旧，省级文保单位有华蘅芳故居、华氏老义庄、三公祠，市级文保单位鸿模小学旧址、蔡鸿生旧宅，文物遗迹控制保护单位有华氏襄义庄、北仓河沿岸及老街、学海中学旧址、荡口华氏移迁祖祠等。2002年10月，以“荡口华氏建筑群”之名入选省级文保单位，实施古镇保护。2003年，公布为江苏省历史文化名镇，保护区面积7.31万平方米。

图35-5 荡口古镇 （钱元正摄）

六、严家桥古村

严家桥古村位于无锡羊尖镇，地处无锡、江阴、常熟三县交界处，村落形成于元末明初，明末清初成为市镇，号称“小无锡”。清咸丰年间，无锡布商唐氏举家迁居于此，建宅园、筑桥梁、修码头，开办布庄、典当、茧行、木行，置田产，设仓厅，成为近现代无锡民族工商资本集团唐氏家族的发祥地。创办庆丰纺织厂的唐保谦和创办丽新染织厂的唐骧庭等唐氏后人，不忘严家桥故土，曾表示：“凡严家桥镇上的公益事业，不论大小，我唐姓负担一半。”香港特区财政司司长唐英年曾到此寻根访祖。严家桥古村遗存老街和沿河民居建筑群，仍保留着浓郁的水乡风貌。唐氏建造的万善桥、梓良桥和仓厅驳岸码头为市级文保单位。南北、东西两条老街之间，存有江南传统建筑转盘楼、排门商铺和民国年间建造的中西合璧风貌的石库门宅院。2004年，羊尖镇成立严家桥古镇保护开发办公室，先后请东南大学建筑设计院、宿州市城市规划设计院制订严家桥古镇保护开发的总体方案，筹措资金，分三期实施严家桥古村保护修复工程。

七、其他历史街区

东湖塘镇黄土塘老街及吴氏旧宅入选市级文保单位，实施乡镇历史街区保护，其间有省级文保单位、“两弹一星”功臣姚桐斌故居。2003年，崇安区的日晖巷传统街区、北塘区的横浜里传统街区、滨湖区的周新镇老街，公布为市文物遗迹控制保护单位。

第八节　工业遗产①

无锡是中国近代民族工商业的发源地之一。1949年末，无锡城区315万平方米建筑面积中有工商业用房110万平方米。工业遗产作为近代无锡最显著的历史文化特征之一，长期没有得到重视和关注。1987年，市文物主管部门提出《关于征集无锡民族工商业文物资料的报告》。1988年，市博物馆开展征集工作，先后征集到“菜馆公所”界石、旧风车、旧米斛等。并重点调查纺织、缫丝、粮食、面粉、商店等具有历史传统的行业和企业。1990年8月，原申新第三纺织厂将英国20年代制造的清花机、并条机、粗纺机等3台老纺机捐献给市博物馆。

1994年1月24日，市政府在公布无锡市第三批文物保护单位时，将鼎昌丝厂旧址、茂新第一面粉厂麦仓、制粉车间和办公楼列入名单之中。市博物馆于1990年3月、1995年5月，先后征集到百年老店时和绸布庄的旧账本，计248册。1995年11月，经国家文物局近代文物鉴定组鉴定，原申新厂的并条机和粗纺机为一级文物。1997年7月，原茂新面粉二厂（即惠元面粉厂）一副法国制造的炼石石磨在湖光光电仪器厂材料库墙旁被发现，完整无损，直径48英寸，与入藏中国历史博物馆、南京博物院的原茂新面粉一厂的两副法国石磨，形制规格相同，当即征集入馆。同年，原永泰丝厂一批民国时期的账册征集入馆。2000年，开展全市文物补查，将工业遗产列为重点，文物主管部门重点查老仓库、老厂房和同业公所等不可移动遗产，博物馆重点查设备器物等可移动实物，市档案局重点查纸质档案文献。《关于征集中国民族工商业文物资料的意见通知》《关于开展工业遗产普查和保护工作的通知》同时颁发。2001年初，在蠡园乡溪南村“溪安救熄会”旧址，征集到3台水龙，为清末民初民间募捐置购的救火器械。同年，征集到田单地契、老企业办公桌椅等近代工商业文物数十件。其中最有历史文物价值的是荣德生于民国37年（1948年）手书的行楷对联：“论古不外才识学，博物能通天地人”。2003年6月，公布无锡市第四批文物保护单位，6处工业遗产列入其中，山货公所旧址（惠山直街）、要货公所旧址（惠山直街）、盐业公所旧址（惠山上河塘）、惠元面粉厂旧址（吴桥西堍）、中国银行无锡分行旧址（前竹场巷）等列为文物遗迹控制保护单位；部分工业遗产将以工业遗产名录名义公布为保护单位，其中包括庆丰纱厂旧址、天元麻纺厂旧址、王元吉锅厂旧址、北桥仓库旧址、开源机器厂旧址、第二粮食仓库旧址、申新三厂旧址、丽新纺织印染厂旧址、协新毛纺织染厂旧址、储业公所旧址等。至2005年末，市博物馆所藏民族工商业文物555件。

一、北仓门蚕丝仓库

北仓门蚕丝仓库位于北仓门37号，建于民国27年（1938年），由1幢两层办公楼和两幢三层蚕茧仓库组成，建筑面积近6000平方米，均为坡顶砖木结构，清水外墙，墙砖上刻印的窑名甚多且清晰可见。仓库A楼面宽30米、进深20米，B楼宽35米、进深20米，每层高近5米，建筑设计具有避光避风、恒温恒湿、防鼠防虫的特征，保存完好。2004年，经海外归来的郑氏兄妹投资修缮后，设为“北仓门生活艺术中心”，是无锡工业遗产保护利用的成功范例。

二、振新纱厂旧址

振新纱厂位于无锡古城西南，环城古运河南岸，建于清光绪三十二年（1906年），由荣宗敬、荣德生、荣瑞馨等投资。民国26年（1937年）末，被日军焚毁部分厂房设备，并占用该厂，抗战胜利后复建。现存1949年前建造的老厂房，在健康路116号第四棉纺有限公司内，其中纺部A楼和织部车间，

① 无锡市商会旧址、永泰丝厂旧址、大窑路群遗址、茂新面粉厂见本志第四卷第一章第三节《历史文化旅游点》。

共4200平方米，系钢砼结构；砖木结构仓库3400平方米；打包间和锅炉房（大烟囱系早期建筑）等，共950平方米。

三、鼎昌丝厂旧址

鼎昌丝厂由著名实业家周舜卿之子周肇甫于民国17年（1928年）投资兴办，位于无锡南门外金钩桥堍。现存老车间3幢，均为清水砖墙铁皮屋顶的两层楼房，相连成“王”字形空间布局；还有3层茧库1幢、锅炉间和配电间，清水砖墙壁。1994年，鼎昌丝厂旧址公布为市级文物保护单位。

四、纸业公会旧址

纸业公会旧址位于北门江尖，门楣上方砖细额刻残留“壬戌二月”，系民国11年（1922年）所建。建筑呈中西合璧风格，3间3进，均为两层楼房，第二、三进为四合院式转盘楼，是江尖地区改造开发中唯一留存下来的老建筑。2003年，公布为市级文物保护单位。

第九节　名人故居

无锡人杰地灵，名人辈出。至2005年末，无锡市共有30处名人故居列为文物保护单位，24处名人故居列为文物遗迹控制保护单位。

一、薛福成故居

薛福成故居又名“钦使第”，位于市健康路西侧的学前街、前西溪之间，清光绪二十年（1894年）上半年建成，规模宏大，庭院众多，前后建筑物有六进，面阔9～11间不等。1949年后，薛福成故居被机关、学校、工厂、居民所占用，至2001年全面修复时搬迁学校3所、街办工厂两家、居民近百户。2002年12月，薛福成故居主体建筑群修复，2003年元旦对外开放，并成立薛福成故居文物管理处。1983年11月，薛福成故居被公布为市级文物保护单位。1995年4月被公布为江苏省文物保护单位，2001年6月被国务院公布为国家重点文物保护单位。2005年12月，被国家旅游局评定为AAAA级旅游景区。

二、阿炳故居

阿炳故居位于市中心图书馆路24～30号、42～50号，共平房9间，原为洞虚宫道院之雷尊殿。民间音乐家阿炳晚年居住在图书馆路30号。1994年，阿炳故居被公布为市级文物保护单位，2002年为江苏省文物保护单位，2005年为全国文物保护单位。

图35-6　修缮中的阿炳故居　（市文广新局供稿）

三、昭嗣堂

昭嗣堂位于硕放镇里新村，又称香楠厅，系明嘉靖七年（1528年）进士、汀州知府曹察在故里所建宅第中的大厅，清乾隆十三年（1748年）改作家祠。昭嗣堂面阔5间，进深11架，硬山顶，均用粗壮楠木建成，连椽上所置望板也用楠木；堂内金柱上首的雀替、月梁两端及脊檩等，均施彩画贴金。堂前院墙下置青石须弥座，墙上端有精雕砖刻。1995年10月，昭嗣堂被公布为省级文物保护单位。

四、华蘅芳故居

华蘅芳故居位于无锡荡口镇，为“荡口华氏建筑群”之一。故居为3进四合院式晚清建筑。正厅“行素轩”面阔5间，庑廊高大轩敞；两边各3间厢房与前厅相接；第三进为四合院。1996年，锡山市政府和荡口镇政府拨款修复华蘅芳故居。1998年10月开放，陈列华蘅芳、华世芳兄弟生平事迹。2002年，“荡口华氏建筑群”被公布为省级文物保护单位。

五、薛汇东住宅

薛汇东住宅位于市区前西溪、健康路交叉口。民国元年（1912年）建造，原系实业家薛南溟创办太湖水泥厂的筹备处办公楼，后用于其子薛汇东迎娶袁世凯女儿袁仲桢的结婚新居。由门楼、正楼、偏楼3幢楼房组成，具有欧洲巴洛克建筑风格，占地1547平方米。50年代拓宽健康路时，拆去门楼东端一间，5开间变成4开间。1995年，被公布为省级文物保护单位。

六、秦邦宪故居

秦邦宪故居位于市区崇宁路112号，文渊坊庭院的西侧，坐北朝南，分东西二轴线，均面阔3间7进，南北长59.4米，原为秦氏族人秦琢如住宅，为晚清江南民居建筑。秦邦宪少年时，其一家曾租住在此处多年。新中国成立后由房管部门租给居民居住。1986年7月，被公布为市文物保护单位。2002年10月，被公布为省文物保护单位。2003～2004年，无锡市将原租住居民迁出并修复保护，免费对公众开放。

七、陆定一故居

陆定一故居位于市区县前街10号。此宅院由其祖父于清光绪末年购得，是陆定一青少年时期的居住地。故居占地约1400平方米，坐北朝南，分东、西两路，中间以备弄相隔。西路为主体建筑，共5进，前两进均为硬山顶面阔四间的平房，后两进为高两层面阔4间的转盘楼，第五进平房5间，其后有小花园，在前两进的庭院间有两座砖雕墙门，题额为“怀德维新”“兰芬桂馥”。东路亦为5进，除3间矮楼外，其余多为平房，属家祠及辅助建筑。高墙深院，结构完整。2002年，被公布为省级文物保护单位。

八、姚桐斌故居

“两弹一星”功勋姚桐斌的故居位于东湖塘镇黄土塘老街。建于民国36年（1947年），前后两进，第一进为3开间木结构平房，第二进为3开间两层木结构楼房。2002年，被公布为省级文物保护单位。

九、王昆仑故居

王昆仑故居位于鼋头渚公园内，原名“七十二峰山馆”，系王昆仑父亲王心如于民国16年（1927年）所建太湖别墅中的一幢建筑。故居在老城区姚宝巷，为1幢独门独院的小洋楼，也系其父所建。王昆仑去世时，该房为居民占住，一时难以让出、恢复原状。市政府遂将王昆仑青少年时期常居住、读书并进行革命活动的“七十二峰山馆”辟为王昆仑故居。该建筑南临太湖，面阔6间，仿歇山式，三面环廊，占地100余平方米。“七十二峰山馆”横匾为国民党元老胡汉民题写，故居门额由邓颖超题书。门厅正中的紫红色丝绒天幕前有一尊青铜色的王昆仑半身塑像。室内陈列“王昆仑生平事迹展览，供游人参观瞻仰。2002年，以“横云山庄及七十二峰山馆”为名，被公布为省级文物保护单位。

十、钱锺书故居

钱锺书故居又称“绳武堂”，位于市区新街巷30号、32号，始建于民国12年（1923年），占地1600平方米。2001年，市政府对钱锺书故居进行修复。2002年5月，完成新街巷30号修复工程。9月，钱锺书纪念馆暨钱锺书铜像揭幕仪式在钱锺书故居举行，钱锺书故居正式向公众开放。10月，被公布为省级文物保护单位。2004年5月对未成年人免费开放，2005年6月1日对社会免费开放。

十一、祝大椿故居

祝大椿故居位于南门外伯渎港117～127号，2005年被列入省级文保单位审批名单。故居建于清末，民国元年（1912年）改为大椿小学堂，曾获北洋政府所颁“敬教劝学”匾额。所存建筑有主轴线三进，第一进存为民居，第二、三进在无锡压缩机厂内，均面阔3间，硬山顶平房。其中第二进做工精细，梁架雕如意云纹，前有船篷廊轩，后为双步廊。东轴线上为转盘楼，三开间两层；西轴线上为面阔6间的平房。2003年6月，被公布为市级文物保护单位。

十二、许叔微故居旧址

许叔微故居位于无锡马山东南的小墅湾，又称“梅梁小隐”“三檉老屋”。许叔微故居原规模较大，民国26年（1937年）前尚有房屋30间，抗日战争和“文化大革命”期间遭严重破坏。现存厅屋3间，为明末清初建筑；悬匾额3块，中间为南宋韩世忠书“名医进士”匾，左悬陆定一书“梅梁小隐”，右悬清监察御史周钺书“河汾耆德”。两株檉树为许叔微手植，1株柞木，均为千百年的古木；一眼古井名曰“鸭脚潭”。1983年，被公布为市级文物保护单位。

十三、顾宪成故居

顾宪成故居“端居堂”位于张泾镇元吉弄内，系顾宪成之父所建，顾宪成（1550—1612年）兄弟4人均出生于此。顾宪成故居现存端居堂面阔5间，梁架间饰有飞仙雕刻，堂前有两厢房，门前立1对青石狮。堂后原为花园，有回廊、亭台水榭和假山花木。清嘉庆年间，顾氏后裔顾皋中状元，在花园内增建状元厅。1983年，无锡县公布其为文物保护单位。

十四、侯桐少宰第

侯桐少宰第位于市区人民中路36～42号。因侯桐任吏部侍郎，别称少宰，故其宅第人称少宰第，属江南官宦宅院建筑，建于清道光初年，有门厅、轿厅、正厅、转盘楼等5进，均面阔5间。正厅规模宏大，构造精细。3座砖雕门楼，精雕细刻，保存完好。两进转盘楼，用料做工考究。东有备弄贯通，备弄东侧尚存侯氏家祠建筑若干间。2003年，被公布为市级文物保护单位。

十五、徐建寅故居

徐建寅故居位于市区山北街道杨巷25号。徐建寅故居建于清光绪年间，现存两层楼房1幢，硬山顶，面阔3间，进深8架。1994年，被公布为市级文物保护单位。

十六、荣德生旧居

荣德生旧居位于市区健康里16号。民国6年（1917年），荣德生长婿李国伟结婚后为其住宅。李国伟长年在汉口掌管申新四厂，晚年荣德生即居住于此，直至1952年7月病逝。该旧居为一幢近似方形的西洋楼房，底楼四开间，设罗马式立柱外廊，楼上3开间，东边1间为露天阳台。1994年1月，被公布为市级文物保护单位。

十七、荣氏兄弟故居

荣氏兄弟故居位于无锡荣巷老街西首，建于民国8年（1919年），续建于民国22年。荣宗敬、荣德生兄弟的本宅，原在荣巷西浜头，已不存。兄弟俩新建的宅第，占地3000多平方米，有门厅3间、"承德堂"3间、"戒欺室"1间、"修身为本堂"3间、书房1间、花厅3间、"承馀堂"3间及转盘楼、西花园等。门厅前有八字照墙1座，上刻"鸿禧"两字。八字照墙、"修身为本堂"已拆除，西花园内新建营房。1986年，以"荣德生故居"之名公布为市级文物保护单位。

十八、荣氏锦园

荣氏锦园位于五里湖与太湖交汇处小箕山。民国18年（1929年），荣宗敬出资，由其弟荣德生托人购荡田约17公顷，建别墅楼、楠木厅、嘉莲阁、望湖亭、花厅、长廊、荷花池、锦堤、锦带桥、礼让桥、船码头等，构成与太湖风光相匹配的景观式宅园建筑群。"锦园"之名取自荣宗敬之名"宗锦"（"宗敬"为其字）。别墅楼占地1000平方米，踞地最高，仿西班牙建筑风格，外墙用特制的城砖，琉璃瓦房顶，与传统建筑楠木厅"荷轩"相邻，中西合辉，相得益彰。2003年，被公布为市级文物保护单位。

十九、杨味云故居

杨味云故居"云邁园"位于市区复兴路长大弄。杨味云于民国15年（1926年）建该宅园，并撰《云邁园记》嵌于停琴榭。该园中西合璧，有内外两部分组成。西部内园以坐北朝南的裘学楼三楹为主体，与楼西晚翠阁、楼东杏雨楼连成一组，均为两层，呈西洋风格；楼前有泉池、石桥、假山、拄笏亭、停琴榭等，具有江南庭院风格。园外东部有门厅、轿厅、保滋堂、云逗楼、延秋轩、沧粟斋等，是一组以传统风格为主的厅堂建筑群。正厅保滋堂南向3间，硬山顶，前廊后轩，左右有长廊，厅堂做工用料精细，高大轩敞。云逗楼在正厅之东，自成院落，是两层带一阁的洋楼。2003年，被公布为市级文物保护单位。

二十、沈瑞洲故居

沈瑞洲故居位于雪浪镇方桥村，由沈瑞洲父沈和生（1868—1944）建于民国8年（1919年）前后，30年代初由沈瑞洲翻建。故居面阔5间，4进，门楼与照壁已废。正厅梁枋布彩绘；后厅为两层楼房，楼栏板用镂花铸铁件；马头风火墙高耸，置漏空花窗于围墙上端。2003年，被公布为市级文物保护单位。

二十一、王禹卿旧宅

王禹卿旧宅位于市区中山路63号今梁溪饭店内。该宅中西合璧，建于30年代，原规模较大，60年代末拆除照壁、门厅、大厅等中式建筑物，现存花园和楼房3幢。中楼3层4间，东楼高两层3间，西楼3层1间，有天桥与中楼相连，均为清水砖外墙，钢筋混凝土梁柱，洋瓦四坡屋顶，是一组典型的民国花园洋房建筑群。2003年，被公布为市级文物保护单位。

二十二、缪公馆

缪公馆位于市区新生路7号，系民国名人缪斌的宅第，建于民国21年（1932年），为中西合璧的园林式建筑。其庭院按江南园林风格营造，楼房则是英式洋屋，红砖清水墙，罗马式立柱，5开间两层楼，呈曲尺形平面布局。1994年，被公布为市级文物保护单位。

二十三、张闻天旧居

张闻天旧居位于市区汤巷45号。张闻天，1975年8月25日从肇庆迁居于此，1976年7月1日在此病逝。该旧居原系私人宅第，建于30年代，为1幢仿西班牙式两层楼房，红砖外墙，占地500平方米。薄一波题写“张闻天旧居”匾额，楼前立汉白玉张闻天半身塑像，陈列张闻天生平事迹和生前起居原貌。1990年9月12日，举行张闻天旧居开放仪式。2003年，被公布为市级文物保护单位。

二十四、陆定一祖居

陆定一祖居位于西漳镇陈家桥，是陆定一出生地。该宅原占地约500平方米，后仅存门屋平房2间和两层楼房3间，砖木结构，经修复开放。2003年，被公布为市级文物保护单位。

二十五、钱松喦旧居

钱松喦旧居“芑庐”位于市区南市桥巷58号。国画家钱松喦于民国26年（1937年）建该宅园，自题“芑庐”，面阔3间，进深9架，硬山顶平屋，砖木结构。前院及围墙依旧，后院及灶间已改建。遵其生前遗愿捐赠后由市政府修复辟为藏画馆。2003年，被公布为市级文物保护单位。

二十六、顾毓琇故居

顾毓琇故居位于市区学前街3号，原称“燕誉堂”，建于清嘉庆十二年（1807年）。1988年5月，顾毓琇回国探亲时，将“燕誉堂”改名“诵芬堂”，以纪念母亲王诵芬。“诵芬堂”匾额由国家副主席王震题写。2002年12月13日，顾氏子女将“诵芬堂”捐赠给无锡市政府。2003年6月，顾毓琇故居被公布为市文物保护单位。2004年10月13日，中共中央办公厅批准将故居建为顾毓琇纪念馆。12月13日，江泽民题书馆名“顾毓琇纪念馆”。2005年11月30日，顾毓琇故居修复保护工程竣工，占地968平方米。

二十七、秦古柳故居

秦古柳故居“旧方书屋”是秦氏“章庆堂”的一部分，原址在崇宁路48～50号。1983年11月，包括“旧方书屋”在内的秦氏“章庆堂”古建筑群公布为市文物保护单位。1996年，市中级人民法院扩建时，将“章庆堂”古建筑群中的走马楼“景福楼”易地迁建至“文渊坊”文物保护区。1997年，市公安局扩建办公楼，将秦氏对照厅移建至崇宁路112号“文渊坊”庭院东北角，秦古柳故居占地由原331平方米缩至135平方米。“景福楼”移建工程于2002年完成。移建后的“旧方书屋”为3间平屋，坐北朝南，壁间嵌有清嘉庆、道光年间女道士韵香所画兰竹刻石。在西院置立钱绍武创作的秦古柳半身铜像，在南院置立谈小沙创作的秦古柳全身浮雕像。

二十八、董欣宾故居

国画家董欣宾故居位于张泾镇黄泥沟，系董欣宾之父建于清末，为平房6间，属江南乡村普通民居。2003年，被公布为市级文物保护单位。

二十九、孙冶方故居与纪念馆

孙冶方故居位于玉祁镇礼舍村老街。故居面阔3间，三进两庭院，其中第二进为两层楼房，属江南普通民宅。孙冶方纪念馆，位于玉祁镇文昌公园东北，使用面积146.5平方米，1998年10月开放。原国家主席杨尚昆题写馆名。馆内有孙冶方夫人洪克平捐献的孙冶方生前大部分遗物。

三十、薛暮桥故居

薛暮桥故居位于玉祁镇礼舍村西街。故居原有3间3进砖木结构平房,现存第一进2间和第二进3间。

附:无锡老城区名人故居被拆备忘录

国学大师、无锡国学专修馆创办人唐文治故居“行素堂”,民国初年建于前西溪,80年代被拆。

秦氏“宝彝堂”位于新生路216号,市文物保护单位,建于明末清初。1986年,市公安局建新大楼时被拆,仅存的“对照厅”移建至文渊坊文保小区。

清代治水功臣嵇曾筠、嵇璜父子故居位于中市桥巷17号。1988年,市房屋开发公司在中山路南段的改造建设中,将嵇氏父子故居“楠木厅”前后数进建筑和花园拆毁,正厅“楠木厅”严重受损,迁移到梅园开源寺内。

清代名臣薛福辰故居位于前西溪15号。1988年被拆。

薛福辰之子薛凤喈故居位于学前街14号。薛凤喈官至浙江金华署理知府,其宅建于清光绪年间。1992年,实施中山路南段改造工程时薛凤喈故居被拆,所属花篮厅“晚翠山房”移建至东林书院。

许国凤故居位于中市桥巷,为民国建筑。许国凤出生于秦氏章庆堂,是国学大师钱基博的启蒙老师,其妻秦清徽系秦邦宪姑母。1988年,在中山路南段改造建设中,许国凤故居被拆。

江南名士廉泉、吴芝瑛夫妇故居位于无锡市中市桥上塘街,为晚清建筑,1988年在中山路南段改造建设中被拆。

秦氏“世恩堂”位于南市桥上塘街167号,系清乾隆年间建造。1990年2月,秦氏后裔、天津市政协委员秦养之等致信无锡市领导,吁请保护,但仍被市新型建材房屋建设公司拆除。

侯氏“馀庆堂”位于崇宁路49号、51～53号(含镇巷10号之一),建于清光绪十六年(1890年)。1993年城市改建商用楼宇时被拆,所属转盘楼移建至堰桥吴文化公园内。

教育家杨荫杭杨荫榆兄妹、金融家杨荫溥、音乐家杨荫浏、文学家杨绛的祖居“诒清堂”位于留芳声巷41号,系明末清初建筑,1993年建东河花园时被拆。

明代孙继皋“少宰第”位于崇宁路16号。1994年建市中级人民法院新大楼时被拆。

清代名臣、礼学家秦蕙田“宫保尚书第”(嘉会堂)位于崇宁路63号(含镇巷14号)。1994年建造无锡市花鸟商城时被拆。

秦氏“宝仁堂”位于崇宁路126号,其东院为明代万历二年(1574年)秦梁自署堂名“文献之家”的故址。1994年建造三凤酒家时被拆。

章氏“章庆堂”位于崇宁路48～50号,市文物保护单位,建于清雍正四年(1726)。1996年市中级人民法院建办公楼时被拆,所属建筑“景福楼”、秦古柳故居“旧方书屋”被迁建至文渊坊文保小区。

秦氏“承志堂”位于崇宁路92、94号,系寄畅园秦氏后裔秦瑞熙、秦兆雷父子故居,始建于清乾隆二十一年(1756年)。1994年前后被拆。

清末外交家、驻意大利大臣许珏祖居“既翕堂”位于崇宁路7号(含东河头巷27号),系其先祖许松洁建于清乾隆二十二年(1757年),太平天国时一度为潮王府。1996年市检察院建造新大楼时被拆。

王昆仑故居位于西河头姚宝巷17号,为晚清建筑。90年代末,在建县前西路时被拆。

国民党元老吴稚晖旧居位于江尖。90年代末,建江尖公园时被拆。吴稚晖6岁丧母,由居住在江尖的外祖母家抚育成人,因而自称无锡人。

教育家侯鸿鉴故居“沧一堂”位于北禅寺巷16号,民国初年建造,中西式清水红砖楼房。2001

年东林中学扩建校园时被拆。

民族工商实业家华绎之故居“爱日堂”位于中山路88号(原无锡人民广播电台占用)。2002年建造商楼时被拆。

杨宗濂、杨宗瀚兄弟祖居“鸿博第”位于旗杆下(中山路北段),原系其五世祖杨度汪以博学鸿词入翰林而得名,清咸丰十年(1860年)四月毁于太平军之手。同治年间,杨宗濂奉母侯氏之命,复建旗杆下老宅,后由杨宗濂之子杨翰西等人居住,由此被误认为汉奸之宅,不予重视。80年代,拓宽中山路时拆除部分建筑。2003年,又被误指为民国中期建筑(即敌伪时期)而被全部拆除。

杨宗濂、杨宗瀚兄弟旧居“保滋堂”位于大成巷,建于清同治年间,为杨母侯氏(侯桐之女)所建。2004年,建大成巷步行街时被拆,仅存百年白皮松1棵。

赵菊泉故居“张謇读书处”位于大成巷20号。宅内留有张謇书写的对联“几百年成家无非积善,第一等好事还是读书”。2004年,建大成巷步行街时被拆。

实业家吴日永故居“乔寿庐”位于大成巷9号,建于民国4年(1915年),为花园式洋房,由吴日永就读的上海圣约翰大学建筑学博士沃克教授设计。2004年,建大成巷步行街时被拆。

实业家龚瑞翔故居位于中山路原无锡日报社旧址,为花园式洋房,建于民国年间。2005年,建地下停车场及绿化带时被拆。

薛明剑故居“明瑞堂”位于城内庐城桥7号(今复兴巷),也是闻名遐迩的无锡杂志社所在地。80年代建电信大厦、市机械局大楼时被拆,复兴巷亦不存。

第十节　收藏流通

一、政府收藏

政府收藏文物以市、县两级博物馆和文管会为主,尤以市博物馆收藏居多。藏品来源包括考古发掘和接收、征集社会流散文物,其中社会流散文物的收藏主要通过拨交、捐赠、让售以及征集等方式获得。1988年,各级政府文博机构共收藏文物24319件,其中市博物馆7168件(不包括未正式入藏的)、江阴市博物馆5780件、无锡县文管会3052件、宜兴市文管会8129件、市文管会和东林书院文保所110件。

1989年8月,市博物馆入藏文物1万余件,其中包括西周原始瓷尊、唐木俑、元玉雕饰品、至元通行宝钞、明代《鱼鳞图册》、崇祯款白瓷碗、清同治惠山彩塑“蟠桃会”等珍品。书画藏品数量丰富,元、明珍品较多。同年9月,国家文物鉴定委员会委员、中国钱币学会秘书长戴志强,国家文物鉴定委员会委员、古玉器鉴定专家杨伯达分别到市博物馆鉴定部分藏品。两位专家对30件古钱币、20余件

图35-7　明丁云鹏煮茶图,一级文物
(无锡博物院供稿)

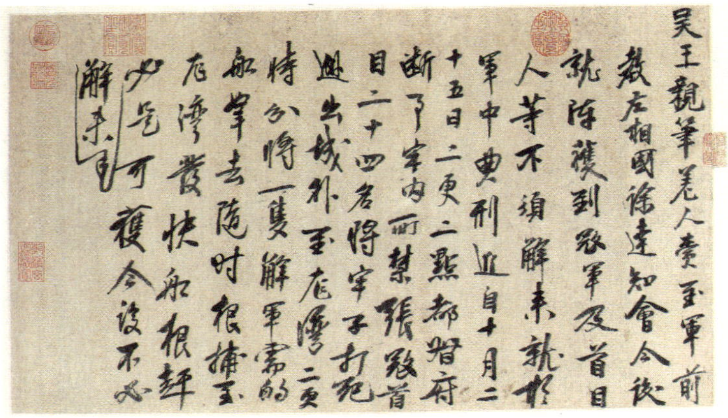

图35-8　明朱元璋《行书卷》，一级文物　　（无锡博物院供稿）

古玉器定级和甄别，认为市博物馆所藏至元通行宝钞、“春水”玉饰、石笔山等元代珍贵文物具有较高的历史艺术价值。10月5日，著名书画鉴赏家徐邦达在市博物馆鉴定周培源夫妇所捐古代书画作品，确定相当数量为一、二级文物精品。12月9日，市文物鉴定小组成立，负责陶瓷、青铜、玉石、字画、古籍、古建筑以及革命文物等的鉴定工作。同年起，市博物馆加大无锡地区近代民族工商业的实物资料征集力度，所征集物品中，无锡第一棉纺织厂（原申新第三纺织厂）捐赠的二道并条机、二道粗纱机被确定为一级文物藏品。1991年6月，市公安局向市博物馆移交历代货币逾千件，历代铜器、玉器、陶器、瓷器、书画等文物逾百件。至1993年，市博物馆藏品基本形成以地方历史文物和古代书画为主的特色。

1993年11月中旬，省文化厅文物处组织文物鉴定组在无锡一城三市（县）评审一、二级文物，244件文物藏品被列为国家一、二级文物藏品。1994年5月27日，市博物馆藏唐代人物纹圆雕玉佩、元代莲荷童子纹金杯等7件藏品通过国家文物局专家审核，确认为国家一级文物。1995年11月14日，苏州、无锡、常州地区馆藏近代文物一级藏品评审工作在市博物馆进行，无锡共有9件文物列为一级藏品。1996年，市博物馆邀请江苏省书画鉴定专家组对近千件书画文物整理鉴定。

至2005年末，市博物馆藏品17551件、标本2000余件。文物藏品中，一级品57件、二级品234件、三级品12088件。

2002～2005年无锡市博物馆登账藏品数量统计表

表35-5

类别	单位	2002年	2003年	2004年	2005年
书画	张	2950	3099	3210	3223
碑帖	本/张	440	440	440	440
古籍	册	63	63	63	63
纸币	张	2718	2832	2966	2966
邮票	张	1102	1102	1102	1102
织绣	件	3	3	3	3
用具武器	件	284	291	291	291
石刻造像	座	14	19	19	19
陶器	件	249	267	267	268
紫砂	只	145	176	176	197
砖瓦琉璃	块	41	41	41	41
泥塑	座	4	52	53	119
瓷器	件	1313	1361	1361	1361
铜器	件	484	510	511	511

续表

类别	单位	2002年	2003年	2004年	2005年
铁铝锡器	件	58	63	63	63
金器	件	145	146	146	146
银器	件	107	115	115	115
珠宝玉石	块	255	258	258	258
竹木器	件	121	140	140	140
漆器	件	56	56	56	56
砚台	只	34	35	35	35
印章	个	76	76	76	76
牙角蚌骨	个	22	22	22	22
先秦货币	枚	119	119	119	119
历代制钱	枚	1575	1575	1575	1575
铜元	枚	140	140	140	140
银元	枚	361	361	361	361
称量货币	枚	32	32	32	32
花钱	枚	26	26	26	26
外国货币	枚	154	154	154	154
纪念币	枚	31	31	31	31
铝、镍币	枚	60	60	60	60
化石	块	22	23	23	24
革命文物	件	1014	1017	1017	1019
民族工商业文物	件	539	541	541	555
其他近现代文物	件	677	699	699	705
现代文物	件	690	693	693	693
国际礼品	件	509	530	530	539
纸质工艺品	件	0	3	3	3

二、民间收藏

1997年2月28日，市收藏家协会成立，会长陈瑞农，副会长王华、姚志源、陈建强等9人，秘书长蔡卫东，副秘书长6人，常务理事22人。协会下设陶瓷、像章、旅游门券、书画等4个专业委员会，会员218人。2002年，增设烟标、青少年火花收藏专业委员会。2003年，增设玉器、蓝印花布专业委员会。2004年、2005年分别发展新会员31人、16人。协会定期举办文物鉴赏和交流活动，每年举办2～3次市民收藏品义务鉴定咨询活动，引导普通收藏者正确开展收藏活动。2005年，市博物馆与协会共同组织成立市民间蓝印花布博物馆和“得一堂”民间艺术品博物馆，填补无锡市民间博物馆的空白。无锡另有由市民以玩票方式自行开办、未进行正规注册的私人博物馆、家庭陈列馆、家庭档案馆等200余家。江阴市澄江街道居民林良于2003年开办宝壶斋茶具博物馆，其中一只容量1.25吨的合欢壶，1998年创“吉尼斯”世界纪录，被誉为“中华第一壶”。江阴市祝塘镇居民、原文林小学校长周森树年轻时即喜欢收藏，退休后创办家庭博物馆，藏品有12类近1万种。无锡民间收藏家具有各自特色，收藏品种主要为陶瓷、书画、红色收藏、旅游门券、玉器、印石、文献、蓝印花布等。

1.陶瓷

陆凤梧，江苏省古陶瓷研究会理事，市收藏家协会常务理事、陶瓷专业委员会顾问，无锡南禅寺文化商城“藏品楼”艺术品商店总经理。1990年开始收藏，收藏重点以古陶瓷为主，藏品有千余件，珍品有青花瓷罐、东晋龙柄鸡首壶、南北朝越窑青瓷鸡首壶等。

陈宇，收藏多个历史时期著名瓷窑的代表器物，创建“得一堂”民间艺术品博物馆。“得一堂”位于南禅寺商城内，2005年9月成立，是无锡首家以中国古陶瓷为收藏主体的私人博物馆兼商铺。展馆面积250平方米，主要陈列各个历史时期著名瓷窑的代表器物，从宋代的名窑瓷器到清代官窑御瓷，从最早的青花瓷延续到“文化大革命”时期的专用瓷，从普通的盆碗盖瓶到罕见的水注、透雕，观展如同浏览中国瓷器发展史。另陈列部分木质雕刻及家具，以徽派艺术品为主。

2.书画

书法家、收藏家、鉴定师张跃藏品丰富，藏品以海上画派为主，有吴湖帆、陆俨少、贺天健和梁溪名家钱瘦铁、钱松嵒、秦古柳的作品。1999年末，张跃在市博物馆举办“跨世纪个人收藏展”暨“张跃收藏梁溪书画家作品展”。

书画收藏家蔡云龙藏品丰富，收藏处所称“千幅楼”，其中包括周怀民的山水、赵云壑的花卉等精品。

3.红色收藏

陆小明原专攻彩瓷雕塑收藏，藏有民国至80年代的人物故事系列，包括民国故事、历史故事、样板戏、伟人等题材的木雕、泥塑、彩瓷、贵金属及其他材质的有关藏品计1.5万余件，并集有80年代的针线板系列、筷笼筷筒系列、酒文化系列等实物5000余件。1998年，开始收集红色文献及藏品，收集到红色文献资料上千件（篇），实物摆件500余件，毛主席像章等3万余枚。收藏的东阳木雕《毛主席去安源》为黄杨木所制，高190厘米，宽146厘米，造型生动逼真，栩栩如生，出自一位资深的老雕刻艺术家之手，是一件难得的“文化大革命”遗物。一樽1.2米高、约1米宽、重500公斤的金山石毛主席座像，手工雕刻，为全国仅有。

4.旅游门券

无锡市旅游门券收藏者众多。陶刚以寺佛庙为题材，吴文雄以古塔为题材，商鉴以太湖山水吴越文化为题材，曹忠新以世界遗产为题材，徐建伟以全国爱国主义教育示范基地为题材，在门券收藏界颇有影响。无锡门券收藏组织多次举办门券收藏交流会。1990年11月，江苏省首届门券展在锡惠公园内举办，共展出全省10多个市县、50多位券友的80个专题、3100余枚门券藏品。1992年2月，市职工旅游门券集藏研究会举办无锡首届门券交流节。1993年，市收藏家协会旅游门券专业委员会举办首次全国门券收藏邀请展。

5.玉器

无锡市民间玉器收藏人数多，品种丰富，有藏品1万余件。其中良渚文化及之前玉器1000余件，汉以前玉器2000余件，汉代至元代玉器约2000件，明、清及以后玉器6000余件，精品颇多，如良渚玉琮、清代白玉丹凤朝阳珮、清代白玉马等。在2005年中央电视台首届赛宝大会上，“明代白玉杯”获银奖。

6.印石

柳仲康从90年代初开始从事收藏活动，90年代末转为印石收藏，藏有寿山、青田、鸡血石等精品印石2300余方，无锡电视台、《江南晚报》曾专题报道。

7.文献

80年代初，无锡部分人士开始收集本土文献资料，珍贵藏品有清同治年间的《惠山记》、民国时期的《无锡旅沪同乡会专刊》、唐文治的文稿等。张小平1992年开始地方文献、文物收藏，收藏品种有：无锡百年老广告、老商标、老徽章、老报纸和无锡百年“米码头”文化、无锡名人文献手札、无锡老照片、华夏（名片）艺术文化、中华门票艺术、红色文化、非物质文化遗产无锡酱排骨（肉骨头）实物史料、无锡百年旅游资料、无锡百年教育实物史料、抗战实物史料等。其中包括无锡的近现代工商文物，有刘少奇视察无锡机床厂的原版照片、1951年无锡工商界捐赠飞机的奖状等。

8.蓝印花布

陆瑞兴收藏2000余件全国各地、各民族，不同时期、不同风格的民间蓝印花布实物精品，并创办无锡民间蓝印花布博物馆。

9.火花

无锡是中国民间火花收藏的发祥地，早在新中国成立前夕，张筱就创办民间组织“火花学会”，并编印出版《火花》月刊。无锡的火柴工业远逊于苏州、镇江等地，直到40年代，始有几家小厂创办。在张筱的藏品中，就有当时无锡火柴厂以及明大、京南、中华、华大等无锡小型火柴厂家出品的火花，难得一见。2005年，由市收藏家协会、火花专业委员会、无锡火花收藏学会主办“太湖杯”首届亚洲火花收藏博览会，汇集全国各地以及新加坡、泰国等地火花收藏者众多藏品，无锡火花藏家张筱的藏品在这次博览会上受到关注。

三、收藏销售

无锡市文物商店于1961年7月建成开业。1985年由中山路迁至河埒口新店。1986年底，市文物商店库存文物古玩工艺品3.9万余件（套）。1989年1月，市文物商店在海南省海口市金融大厦开设销售专柜。1990年8月，获批开展文物内销业务，改变以往只对外宾销售的单一经营方式。1992年12月26日，更名为市文物公司，地址在惠河路71号，建筑面积3076平方米，以文物古玩工艺品收购销售为主要业务，并承担向市博物馆提供珍贵文物入藏的职责。下设文苑轩、荟萃画廊两个销售门市部。

1994年，市文物公司与港资合办瑞华珠宝首饰有限公司，是为文化系统引进外资零的突破。1995年，出资购买市图书馆除钟楼外的所有房产，于1996年开办古玩艺术品商场，举办古玩拍卖会。其后，每年均组织举办并参与各地的文物拍卖会、展销会，常年开展义务文物鉴定和咨询活动，定期举办古玩书画周末拍卖会。1997年11月28～30日，市文物公司会同省文物总店在无锡举办第二届华东地区文物商店大型古玩书画展销会和交流竞买会。1998年，市文物公司在无锡大饭店、新锦江大酒店开设文物古玩工艺品经销点。2000年10月上旬，在第六届中国艺术节无锡分会场和第八届太湖艺术节期间，市文物公司推出无锡古玩书画展销和无锡市第三届秋季古玩书画拍卖会。2003年1月18日，市文物公司在无锡新锦江大酒店举行无锡第十八届古玩书画周末拍卖会。1986～2005年，市文物公司销售总额为9619.6余万元，其中前8年年均销售246.3万余元，后12年年均销售额637.4万余元。外销逐年递减、内销逐年递增，2000年后几乎都是内销。

市文物商店（公司）历年在全国各地收购文物53.3万余件（套），尤以1986～1993年的8年间为最丰，收购量达52万余件（套）。1989年12月30日，收购到包括宋代磁州窑刻花梅瓶在内的一批珍贵文物。1986～1990年，向市博物馆提供文物藏品1660件（套），其中包括白玉松梅活环大瓶、白玉松鹤三嵌如意、青花釉里红帽筒等。2005年末，市文物公司从业人员50人，其中高级职称1人、中级职称11人。库存文物古玩工艺品6.8万余件（套），包括唐代越窑青瓷执壶、宋代龙泉窑梅子青代表作青瓷三足炉、明代象牙镀金老翁像、清“康熙辛亥中和堂制”款青花釉里红花卉大碗、现代绘画大师徐悲鸿50岁时创作的《柳马图》等镇店之宝。

第三章　非物质文化遗产

第一节　民间文学

一、梁祝传说

梁山伯与祝英台的爱情悲剧是中国古代四大民间传说之一，流传甚广，家喻户晓。宜兴是该传说的发源地之一。

南朝永明元年(483年)《善卷寺记》载，该寺由"齐武帝赎英台旧产建"。此为关于祝英台的最早记载。初唐梁载言《十道四蕃志》载："善权(卷)山南，上有石刻祝英台读书处""义妇祝英台与梁山伯同冢"。晚唐咸通八年(867年)，曾在善卷寺读书的大司空李蠙奏准"自出俸钱赎回寺产"，恢复原名"碧鲜庵"。宜兴今存善卷后洞"碧鲜庵"刻石，传为李蠙所书。

梁祝传说的故事全貌，初见于晚唐张读《宣室志·义妇冢》，说故事发生在东晋，但没有化蝶的情节。南宋《咸淳毗陵志》云："祝陵在善卷山，岩前有巨石，刻云祝英台读书处，号碧鲜庵。昔有诗云'蝴蝶满园飞不见，碧鲜空有读书坛'。俗传英台本女子，幼与梁山伯共学，后化为蝶。"衍生于宋代的"化蝶"传说，明代写入话本。冯梦龙《古今小说》第二十八卷《李秀卿义结黄贞女》，写道："又有一女子，叫做祝英台，常州义(宜)兴人氏……"以殉情化蝶为结尾。

梁祝传说除话本外，还表现于宋词、戏曲等多种文艺领域。宋词有《祝英台》词牌，元杂剧有《祝英台》剧目，明清有《同窗记》《还魂记》等许多以梁祝传说为题材的戏曲，传演甚盛。1958年出版《梁祝故事说唱集》，收录明清两代刊印、传抄的14篇作品，包括传奇、民歌、鼓词、木鱼书、南音、弹词等，编者路工在《写在前面》一文中，概述梁祝故事的起源和衍变，分析故事情节和人物，列举部分未入集的作品目录。新中国成立后，越剧《梁山伯与祝英台》、小提琴协奏曲《梁祝》，均风靡大江南北。在对外文化交流中，国务院总理周恩来将"梁祝传说"推介为"东方的《罗密欧与朱丽叶》"。

宜兴作为"梁祝传说"的故里，于民国10年(1921年)修复祝英台琴剑冢、英台阁、祝英台读书处。1992年，宜兴市政府重建英台阁、英台草桥、碧鲜园等。2003年，在千年未更名的张渚镇祝陵村，修复"晋义妇祝英台之冢"，华夏梁祝文化陈列馆在善卷洞风景区建成开馆，制定《梁祝文化遗产保护和管理办法》《宜兴市梁祝文化遗产保护规划》，编辑出版《宜兴梁祝文化——史料与传说》《宜兴梁祝研究论文集》。

二、吴歌

吴歌，即吴语方言地区的民歌，盛传于江南太湖流域。无锡地处太湖之滨，既是吴文化的发源地，又是吴歌的发源、流传地。

吴歌属口语吟唱的徒歌，无乐器伴奏，口耳相传。先秦《楚辞·招魂》："吴歈(歌)蔡讴，奏大吕些。"揭示了吴歌的存在。六朝史籍载有吴歌之盛。《南史·循吏传》说宋文帝时"凡百户之乡，有市之邑，歌谣舞蹈，触处成群"；齐武帝时"都邑之盛，士女昌逸，歌声舞节，袨服华妆"。《宋书·乐志》云："吴歌杂曲，并出江东。晋、宋以来，稍有增广。"宋代杰出女诗人朱淑贞描述无锡梅村(里)的吴歌："源自龙山千里碧，花开梅里万家红"；"最喜夜来兰鼓寂，吴歌遥唱月明中。"元代文学家、书画家赵孟頫有《夜泊伯渎》一首："秋荡梁溪伯渎川，尽人游处独悠然。平墟境里寻吴事，梅里河边载酒船。桥畔柳摇灯影乱，河心波漾月光悬。晓来莫遣催归棹，爱听渔歌处处传。"

汉代设乐府，采集民间歌谣，始有吴歌文本。宋代郭茂倩编《乐府诗集》，约收500首南朝乐府民歌，其中主要为"吴声歌""西曲歌"两类。"吴声歌"清新婉转，本色自然，擅用谐音双关隐语，以社会中下层女性口吻的情歌为多。《华山畿》："君既为侬死，独活为谁施！欢若见怜时，棺木为侬开。"可与同时流传的"生不同衾，死则同穴"的梁祝传说相媲美。明末冯梦龙钟情于民俗文学，编印《挂枝儿》《山歌》两部民歌集，收吴歌800多首，刊印之后，风行一时，被时人《万历野获编》作者沈德符称之"举世传诵，沁人心腑"。其中有一首吴歌，与无锡窑业有关："送情人，直送到无锡路，叫一声，烧窑人，我的哥，一般窑，怎烧出两样货？砖儿这等厚，瓦儿这等薄。厚的就是别人也，薄的就是我。"

民国7年（1918年）初，刘半农、沈尹默在北京大学发起征集歌谣运动，并出版《歌谣丛书》，其中有顾颉刚的《吴歌甲集》。刘半农在序中说吴歌的意趣在"语言、风土、艺术三项"，"这三件事，干脆说来，就是民族的灵魂"。民国25年，《歌谣》周刊发表顾颉刚《吴歌小史》一文。数位学者整理的《吴歌乙集》至《吴歌己集》5册的出版，延续至80年代。"五四"时期著名的四大副刊之一《晨报副刊》，于民国10年起选载吴歌。其时，搜集编印无锡地区吴歌的有杨荫浏等《歌谣》31首，林敬之、钱小柏的《无锡歌谣集》收600余首，李白英《江南民间情歌集》收城乡民间情歌46首。

1958年4月，无锡市委发出《关于大力搜集民歌的通知》。1959年，出版《无锡民歌选》，《无锡景》入选《中国民间歌曲选》。60年代初，采集民歌民谣近200首，编成《无锡民间歌曲采风录》。1981年，江苏《民间文学》发表传唱人钱阿福的长篇叙事吴歌《沈七哥》，1986年由德国波恩大学教授瑶贝克译成德文，又与《小青青》《薛六郎》一起收入《江南十大长篇叙事诗》，由上海文艺出版社于1988年出版。华祖荣等传唱、朱海容整理的长篇吴歌《华抱山》，长达2万余行、100余万字。

1985年5月25～26日，中外民歌手交流演唱会在无锡县举行，日本、西德、比利时等国7名民歌手与无锡县7名民歌手参加，"吴歌王"钱阿福演唱长篇吴歌《沈七哥》片段。同年10月11～14日，江浙沪第三次吴歌学术研讨会在无锡县举行，北京、广西、湖南、安徽和江浙沪地区共70多名专家学者、民间文艺工作者参加。

吴歌内容丰富，具有地域文化特征，句式活泼，乡音缠绵，对江南戏曲、音乐有深刻影响，具有独特的语言文化研究价值。至2005年，无锡有吴歌传人钱阿福、华祖荣、朱海容、唐建琴、张浩生等。

第二节　民间音乐

一、无锡道教音乐

无锡道教，源自东晋天师道，元代以后称正一道，其音乐深受江南丝竹、吴歌、昆曲、苏南小调等民间音乐的影响，具有鲜明的世俗性和地域性艺术风格。无锡道教音乐分声乐、器乐两大类。声乐称"腔口"，用无锡方言"经韵唱诵"《赞礼玄元》《赞三宝》等。器乐有梵音、锣鼓乐两种。梵音，又称十番鼓、苏南十番鼓曲，由鼓板、丝竹等乐器演奏，在上百首曲牌名中有相当一部分与唐宋词牌、元曲牌相同。锣鼓，又称苏南吹打、十番锣鼓，用云锣、拍板、板鼓、双磬、大锣、喜锣、七钹、大钹等十五六种打击乐器组成粗锣鼓或细锣鼓，再加施唢呐、曲笛、笙、二胡、梆胡、三弦、琵琶等丝竹乐器，组成粗、细丝竹锣鼓和笛吹锣鼓、笙吹锣鼓等。无锡道教音乐丰沛而富于变化。

吹、拉、弹、打、唱、书是道士的基本技能。早期的道教音乐仅用钟、鼓、磬、铃、钹和木鱼，在赞、偈、步虚声中，敲打出不同的音响色彩，以规正节奏，使诵念起落一致。明代以后，加施笛、笙、箫、二胡、三弦、琵琶等丝竹乐器。清嘉庆、道光年间产生南万和堂、北万和堂及由朱、陈、唐、蒋、陆五姓道士结成的“五个档”等无锡道教音乐班社。近现代则有“八兄弟”“十勿拆”称著无锡道界。他们不仅精通道乐，还擅长昆曲，与无锡昆曲社团“天韵社”交往密切。民国11年（1922年）11月，美国波士顿交响乐团小提琴家亨利·爱希海姆夫妇到无锡访天韵社，天韵社举办音乐会，“十勿拆”应邀参加演奏《十番锣鼓》，爱希海姆听后惊叹不已，在上海的英文报上撰文盛赞。民国35年8月25～26日，天韵社邀请“十勿拆”在城中公园“兰簃”举行道教音乐演奏，曲目达14首之多。同年10月，“十勿拆”应上海昆曲阳春社邀请赴沪演出，由大中华电台连续10天播出演奏实况，并灌制《山坡羊》《梅梢月》等6张唱片，领衔司鼓朱勤甫被誉为“南鼓王”。

无锡籍音乐家杨荫浏自幼酷爱民族音乐，7岁随三清殿道士颖泉学习箫、笛、笙、二胡等民族乐器，12岁加入昆曲社（后改名天韵社）。二三十年代，杨荫浏搜集整理无锡道教音乐谱本，请朱勤甫到家中每天口授两小时，持续近3个月，完成《大套锣鼓谱》10余套（阚献之收集，朱勤甫正音，杨荫浏编订）的整理工作，并通过现场听写、观摩演奏、分析推论，编成《锣鼓谱》1册、《梵音谱》3册、“梵音大套”七八套和“梵音散曲”百余阕。50年代和60年代初，杨荫浏3次到无锡搜集道教音乐，录得《满庭芳》《醉仙戏》《雁儿落》《十八拍》等大型套曲磁带20盘。其中，朱勤甫的14套吹打锣鼓曲于1957年出版，称《苏南吹打曲》和《苏南十番锣鼓》。

华彦钧（瞎子阿炳）是中国近现代杰出的民族音乐家，终生为道士，自幼随父苦习道教音乐，人称“小天师”。他创作的《二泉映月》等6首二胡、琵琶独奏曲，是在无锡道教音乐根基上生发的民族音乐的经典之作，经杨荫浏、曹安和等抢救整理出版，声震世界。

90年代初，无锡文化部门组织10多位道乐高手进行道教音乐采集活动，并由钱铁民、马珍媛编撰《无锡道教科仪音乐研究》，1999年8月在台湾出版。

二、江南丝竹

江南丝竹，流行于以太湖流域为核心的江南地区，以丝弦乐器和竹管乐器为主，乐器主要有二胡、琵琶、三弦、月琴、扬琴、笛、箫、笙等。乐队编制灵活，少则三四人，多则可达数十人。传统曲目丰富，以《中花六板》《慢六板》《中六》《慢三六》《云庆》《行街》《四合如意》《欢乐歌》等“江南丝竹八大曲”为代表。乐曲轻松明快，悠扬动听，具有江南水乡韵味，演奏风格细腻精致，合奏性强，又能各显神通，使旋律和表现手法灵活多彩，具有“小、细、轻、雅”的特色，堪称中国的轻音乐。江阴是江南丝竹流传的重要地区之一。

丝竹乐器，自古有之。《春秋左氏传》载，吴国公子季札出使中原时，对中原诸国的音乐有深刻的鉴赏和评价。传季札居住江阴，并葬于申浦（江阴申港镇）。季札的故事对江阴丝竹音乐的发展具有潜在的历史影响。

江南丝竹与江南民俗活动、道教信仰、民间戏曲的关系密切，千百年来丝竹之音在江阴城乡不绝如缕，民间有“丝竹班”乐队。近代以后，江阴籍江南丝竹音乐大师辈出。古琴演奏家郑觐文（1872—1935）于民国9年（1920年）在上海创立“大同乐会”，是第一支具有民族交响乐团规模的江南丝竹乐团，由他定名并首演的民族管弦乐《春江花月夜》，享誉华夏。周少梅（1885—1938）于民国19年在家乡顾山组织成立香山丝竹社，潜心整理江南丝竹传统乐曲，创“周少梅三把头（位）”二胡演奏法，成为著名的民乐演奏家和教育家。杰出的民族音乐家刘天华（1895—1932）于民国10年和民国15年两次在江阴组织举办暑期国乐研究会，民国16年在北京创办国乐改进社，他创作的《光明行》《良宵》等10首二胡曲、3首琵琶曲是江南丝竹音乐发展史上的经典，经他改编的传统乐曲《变体新水令》成为江南丝竹名曲。2005年末，江阴有近50支江南丝竹民乐队。

三、宜兴丝弦

宜兴丝弦，即流行于宜兴地区独具地域特色的江南丝竹。早期的宜兴丝弦由民间艺人在民俗活动中相聚而演出，在演出中互相熟知、切磋磨合，渐渐地相对固定下来，成为各乡村举办神会、灯会、庙会等民俗活动中固定的丝弦乐队，又在长期的演出实践和传承中，产生传统曲目，至今留存工尺谱乐曲10首：《头不只》《花园》《长二不只》《大看灯》《新昭君》《老昭君》《满江红》《倒板》《马头》《盘歌调》。

宜兴丝弦使用的乐器有拉弦乐器、弹拨乐器、吹管乐器、打击乐器等4类丝弦、竹管乐器组成，与江南丝竹差别不大。但乐队编制规模较大，常在30～60人之间。演奏风格在优美动听、细腻精致的江南丝竹共性特色之中，以淳朴有力的节奏独具江南古宜兴山区风韵。宜兴丝弦早期流传于宜兴东乡大浦、西乡红塔和徐舍一带，曾经村村都有丝弦队。

储师竹、蒋风之是在宜兴丝弦音乐环境中成长起来的中国著名民族音乐教育家、二胡演奏家，都曾致力于江南丝竹，包括宜兴丝弦在内的传统曲目的发掘整理和改编创作。储师竹于民国25年（1936年）编有《国乐》一书，作为师范学院音乐讲义，内收106首乐曲。蒋风之演奏的《熏风曲》，人称《花花六板》，是江南丝竹传统曲目《老六板》加花变奏曲。

第三节 民间舞蹈

一、凤羽龙

凤羽龙，俗称“鸡毛龙”，是无锡洛社地区流传的民间龙舞，以独特的龙形构造和装饰，在海内外众多的华夏龙舞中别具一格。

洛社原名“六弄”，被南下的乾隆误听为“六龙”而旨称“六蛇”。邑人巧用谐音，改名为“洛社”。传说虽无据可查，但“六龙闹古镇”已成为当地的民俗风情。凤羽龙，是六条舞龙之一。

凤羽龙，诞生于洛社镇花渡村（今名花苑村）的自然村落大树庵。清光绪二十八年（1902年）由村民王甫根发起，扎成一条龙，舞将起来，祈求太平，消除村里不时发生的火灾。保存至今的一条凤羽龙，扎制于民国24年（1935年），长23米，有16节，龙头重10余公斤，称为“老龙”，“文化大革命”期间由村民拆卸后分藏在房屋夹墙里，“文化大革命”后重见天日。80年代初，扎制两条新的凤羽龙，长18米，有10节。

扎制凤羽龙，先用新毛竹劈成竹丝，扎成竹圈；然后用白纱绳、老白布等材料缠制为龙身骨架雏形；最后选用洗净晾干的公鸡羽毛，8根一扎，18扎一排，用红绿丝线横竖交错缝在布上，配饰红绿绒球、花朵和彩色裙边。一条艳丽的凤羽龙，万羽公鸡毛，由妇女千针万线精心缝制而成。

图35-9 凤羽龙 （宜兴市文化局供稿）

凤羽龙舞灵动多变，能表演30余套规定套路和25套自编套路。表演在锣鼓唢呐声中展开，10余名青壮年舞龙者以矫健敏捷、顾盼默契的身姿，一气呵成，龙人合一，变幻莫测，热力四射，勃发出昂扬的生命力和创造力。舞龙风俗盛行于传统节令，凤羽龙更有“龙凤呈祥”的独特意象，在民间有视鸡为凤的文化象征观念。新中国成立后，凤羽龙舞出洛社，多次参加无锡的节庆活动，声誉远播。1992年2月18日，凤羽龙舞表演参加中央电视台在无锡影视基地唐城举办的“元宵大观灯”现场直播。1999年12月，赴北京参加“国安杯”舞龙大赛获银奖，在天安门广场参加“龙腾珠回”迎澳门回归舞龙大表演。2004年5月，参加江苏省第五届农民运动会开幕式。

二、男欢女嬉

男欢女嬉是流行于宜兴乡间渔村的民间舞蹈，以憨厚诙谐的表演风格在江南民间舞蹈中独树一帜。

男欢女嬉，源于元末明初，起因传说不一，传说是谓“祭奠强鬼”。男欢女嬉表演时，演员头戴娃娃面具，长袍大褂，脚系马铃，装扮成一男一女在庙会上手舞足蹈，服饰道具色彩斑斓，宛如戏服。男女角右手均执纸折扇，女角左手执彩帕，似“强鬼”又复活于人间，表达人们祈求降福、驱避灾疫的愿望。伴奏乐器仅用大锣一面，以三击四拍的节奏跟随表演，或快或慢，或轻或重。

图35-10　男欢女嬉　　（宜兴市文化局供稿）

男欢女嬉有《荡湖船》《采桑》《买胭脂》《打店》《送茶》《点灯》《男晒女晒》等10个传统节目，舞姿大同小异，均有序幕性的“前置舞”——钥匙头（又称扯四门）。这是男欢女嬉的精华所在，非常优美，各传统节目中所有的舞姿动作均由此衍变而出。马步和下蹲舞步较多，由此形成“上盘”“中盘”“下盘”三种表演流派，以下蹲程度为区别，意味舞蹈动作难度的大小。表演时往往有三五对饰演者轮替上场，竞相献艺。有民谚称之：“一流一颠出渔仓，二人相见情意长，三生有幸姻缘好，四合如意精神爽，五福来朝万年禄，六脉调和身健康，七星高照不禁忌，八仙过海无风浪，九锡宫里福禄寿，十全其美好风光。”

50年代，中央民族歌舞团在宜兴采风，将男欢女嬉改编后参加世界青年联欢节，获金质奖章。

三、荡湖船

荡湖船是流行于太湖水乡地区的传统民间舞蹈。太湖水乡普遍种植菱、莲等水生植物，采菱、采莲是大多由妇女划荡水木桶、小舟所干的农活，荡湖船即源于此。

荡湖船道具用竹片扎制成底部漏空的船形，或围饰彩绸，配上顶棚，称“顶棚船”；或插上竹竿，置放荷叶装饰，称“荷花船”；或将船头船尾制成龙头龙尾状，称“龙船”。身穿江南水乡妇女服装的一位女演员，站在船形道具内，双手握住船帮，模仿水舟荡漾，翩翩起舞。与之相配的一位男演员，扮成渔翁，手执木桨，随船于前后左右自由穿梭。

荡湖船经常在民俗节庆活动中表演，是许多民间舞蹈游行队伍中最引人入胜的。其中“五将闹花舟”是荡湖船的“大戏”，船旁有“虾兵”“蟹将”“蚌壳精”“鲤鱼精”“龟丞相”等演员嬉闹欢舞，或再增添“撑篙郎”“渔姑”“渔婆”“小丑”串场打趣，使场面更热闹欢快，具有浓郁的江南水乡生活气息。

四、马灯舞

马灯舞是流行地区较广的传统民间舞蹈。无锡马山乡间的马灯舞，俗称“调马灯”“龙马灯”。清光绪年间《马迹志》载：农历正月初三儿童扎布为龙马灯，夜燃烛，赴各湾为戏，凡十余日止。

马灯舞由数十至百余人表演，道具花色繁多。有竹、纸扎成的马头、马身、马尾、盾牌和红色三角令旗、门枪、各种花灯。舞灯者扮演为骑兵、步卒、仙女、渔婆、樵夫、耕农、牧童、书生、商人等。起舞前有“迎马仪式”，然后由领队执红灯指挥，在10面锣鼓声中起舞走阵。各色扮演者轮流穿插表演，或组合表演。其中骑兵、盾牌兵、督旗合成的表演由“一出马”“二出马”至“出犟马”等内容；盾牌兵要表演“引马”“照灯”“盾下藏身”“斩马腿”等舞蹈动作；骑兵（鞑婆）右手舞动马头，左手执彩帕拟作兵器，表演“转身避刀”“撩腿跨越”“踮跳十字步”等动作。“出犟马”是马灯舞的压轴戏，表演3人协同驯服烈马的惊险过程。

马山地区曾有3支各具风格的马灯队：雁门马灯队，含蓄抒情；古竹马灯队，滑稽风趣；耿湾马灯队，武功高超。

五、茶花担舞

茶花担舞源于苏南庙会仪仗队伍中表演的挑茶担、花担民间舞蹈，经江阴澄西区文化站站长秦良初改编，流行于江阴利港镇。

茶花担舞以江南姑娘送茶到田间为情节，边歌边舞，充满生活气息。1957年3月，赴京参加全国民间音乐舞蹈会演，后由南京军区前线歌舞团、上海歌舞团、江苏省歌舞团移植演出。

茶花担舞演员两人为1对，多则可增至8人，各挑一副茶花担，通过小碎步、晃身、肩担等舞蹈动作，表演田间小道穿行、过桥、采桃等。在江南丝竹乐器的伴奏下，演唱《三月红娘》《江南山歌》等情歌曲调。道具茶花担，一头是花篮，一头是茶壶，演员打扮为双把头发髻，并有团扇、手帕作舞蹈道具，婀娜多姿，富有江南水乡情调。

六、渔篮虾鼓舞

渔篮虾鼓舞是流行于江阴东部、南部地区的民间舞蹈，常在庙会等民俗活动中表演。

表演者3人，两人扮成渔妹姑娘，1人扮成丑角。道具渔篮、虾鼓由竹篾扎制，围饰彩纸、流苏，造型源于捕鱼竹篮、捕虾竹篓（腰鼓形）。舞蹈动作模拟渔民捕鱼捉虾的水上肢体动作，“欲动先出胯，迈步微微颤”，好似一叶小舟随波逐流。打鱼姑娘身姿摇曳在船边轻轻甩舞双手，提篮拖篓，边舞边唱苏南民间小调，唱词可以即兴发挥，也有编写好的唱词，与舞蹈动作不必相合。丑角在表演中执扇打趣。渔篮虾鼓舞以轻松活泼、优美抒情表现江南鱼米之乡的渔家情趣和生活气息。

七、九狮舞

九狮舞流行于江阴沿江地区，大都在节庆喜日和庙会上表演，因其最后的造型为“太平”二字，故又称“太平狮子”。

狮舞有9只狮子，缘由的说法不一，有八卦九方位、九州、太乙真人的九头狮座，等等。九是最大的阳数，恐怕也是其内涵之一。狮子道具用竹篾扎制，外饰彩布色丝成狮身，再配以篾扎狮头，长1.25米，下端装有两个木柄，由舞狮人执柄舞动。表演者10人，1人持绣球领舞，9人各持1头狮子，在锣鼓节奏声中穿阵走形，表演滚狮、行狮、戏球、游狮、对狮、爬狮等动作，并以30个图形组合构成舞蹈段落,最后一个图形组合是“太平”,九只狮子代表9个笔画。

八、段龙舞

段龙舞流行于江阴城乡,以独特的女性龙舞和独特的龙形构造,在华夏龙舞文化中别具一格。

段龙舞萌生于民间。七寸彩蛇在树上、梁上爬行,如若跌落地上碎成七段,仍能迅猛扭动,段段相接,合成一体,活泼泼地游走。由此,段龙舞寄寓着逢凶化吉、死后复生的象征意蕴,是江阴地区喜庆节日和庙会上表演的民间舞蹈。

段龙舞除舞龙珠者由男性担任外,自龙头至龙尾11节,或13、15节,均由女性组成。龙头、龙身、龙尾用竹篾扎制骨架,用绸料布裱糊彩绘,每节均断开,且各节都拖曳长达二三米的绸布带,舞动时长绸飘飘,轻盈优美,似断若连,在锣鼓声中交换队形和舞姿,以女性特有的灵活碎小的舞步,极尽柔韧洒脱的风韵。

第四节　传统戏剧和曲艺

一、锡剧

锡剧是流行于长江三角洲的主要戏剧剧种之一,发源于无锡县东北乡羊尖严家桥一带农村,初名滩簧,又名常锡戏文,1954年定名为锡剧,与越剧、黄梅戏并称为华东地区三大剧种。其历史前志已有记载。

无锡锡剧表演艺术家王彬彬的“彬彬腔”和梅兰珍的“梅派花腔”,是锡剧界公认的两大流派唱腔,他们所主演的《珍珠塔》于1959年6月赴京演出,1962年由香港华文影片公司拍摄成彩色电影舞台艺术片,1989年获全国首届金唱片奖。无锡锡剧有《珍珠塔》《拔兰花》《双推磨》《摘石榴》等优秀传统剧目,以及《红花曲》《当家人》《二泉映月》《青蛇传》《爱河滔滔》《阿二接妻》等优秀创作剧目。

二、宣卷

宣卷是流行广泛的一种民间说唱,源于明代,又称宣讲宝卷,具有民间宗教信仰活动色彩,晚清盛行于江南。清光绪年间,无锡崇安寺设有宣卷艺人聚会地“财神堂”,相当于宣卷从业人员的结社组织。

宣卷活动有仪规,宣讲的宝卷大都为抄本,内容是劝人为善的佛教故事、道教故事和善男信女修行因缘,甚至包括忠孝节义、仁义礼智信的儒家故事。用方言口语,又说又唱又诵,有时插入本土民间故事和风土人情。宣唱曲调与无锡流行的吴歌、民间小调、滩簧等声腔相似。伴奏用木鱼、磬、铃、板等打击乐器。1人主唱,数人相和。宣卷场所可以在庙观、宗祠、街头、茶馆、饭店,也可以在庙会、集市、节场等群众娱乐场所。宣卷艺人各有师承,同一故事的说唱表演各有风格,字正腔圆,颇有魅力。听众以妇女为多,认为听宣卷是敬神礼佛的积善行为。

无锡地区的宣卷,后来发展为“说因果”说唱艺术(无锡评曲),前志已有记载。市图书馆藏有88种传世宝卷手抄本,江阴发现《蓝衫宝卷》《下芙蓉宝卷》《赵炎借寿宝卷》《陶百万宝卷》等10多种手抄本。

第五节 民间手艺

一、惠山泥人

惠山泥人为著名的民间泥塑之一，主要产于无锡惠山古镇。其历史前志有所记载。

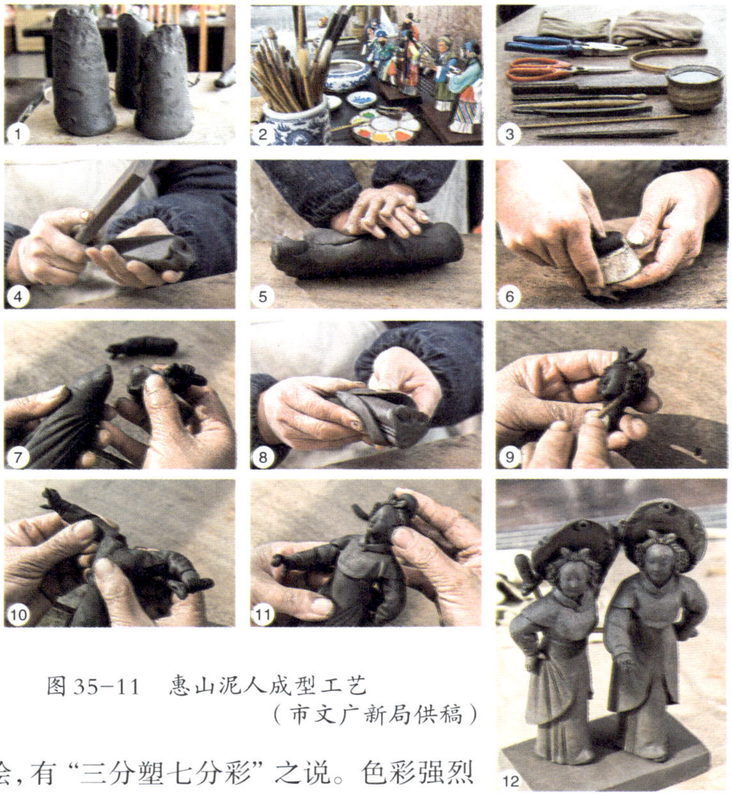

图35-11 惠山泥人成型工艺
（市文广新局供稿）

惠山泥人有粗货、细货两大类。粗货，又称“耍货”，类似于儿童玩具，用模具压制，以喜庆吉祥为题材，造型简洁，大胆夸张，圆浑拙朴，代表作品有《大阿福》《寿星》《蚕猫》《和合》《泥春牛》等。细货，完全靠手捏，又称手捏泥人，以戏曲题材为主，故又称手捏戏文，用惠山脚下水稻田三尺深处的黑泥制作，是名副其实的惠山泥人。创作工艺复杂，有搓、揉、挑、捏、印、拍、剪、色、压、贴、镶、划、扳、插、推、揩、糊、装等“手捏十八法”，能将戏曲人物和情节最生动传神的瞬间动态凝固定格，主题鲜明突出，使人一看就知道该戏曲的全貌。代表作品有《蟠桃大会》《凤仪亭》《霸王别姬》《盗仙草》《貂蝉拜月》等。惠山泥人讲究彩绘，有“三分塑七分彩”之说。色彩强烈显眼，富丽明快。惠山泥人以独特的艺术造型、丰富的题材、鲜明的民族民间色彩和浓郁的江南乡土风俗气息，称誉海内外。名艺人辈出，传世精品已成为文物入藏博物馆。

二、无锡刺绣

无锡刺绣简称“锡绣”。其历史前志有所记载。

1959年，市工艺美术研究所锡绣研究组系统整理锡绣传统针法有百余种。1981年，在副所长张炜农和老艺人华慧贞的带领指导下，由赵红育、陆金仙、金家翔、张磊等组成创新研究小组，成功创制“双面精微绣”这一刺绣艺术新品种，锡绣进入第二个鼎盛期。1982年，由金家翔设计绣稿、赵红育创作绣制成功的第一幅双面精微绣《百寿图》获江苏省工艺美术百花奖优秀作品奖。1983年，由顾青蛟设计绣稿，张铭主绣，陆金仙、赵红育协助绣制的双面精微绣《饮中八仙》获中国工艺美术品“百花奖”优秀创作设计二等奖，江苏省四新产品一等奖，并编入《苏绣精萃》一书。1984年，由赵红育创作绣制的双面精微绣《金明池争标图》获全国旅游产品内销工艺品大会表扬。1986年，由顾青蛟设计绣稿、赵红育创作绣制的双面精微绣《百寿图》获第二十届全国旅游产品内销工艺品展销会优秀旅游纪念品奖一等奖，并编入《苏绣精萃》一书。1987年，由顾青蛟设计绣稿，赵红育主绣，吴鸣文、张铭协助绣制的双面精微绣《丝绸之路》入选全国第七届工艺美术展览，被国务院批准为中国工艺美术珍品，并收藏于中国工艺美术珍品馆，编入《中国工艺美术馆馆藏珍品》一书，

图35-12　双面精微绣《饮中八仙》　　（市文广新局供稿）

并于1989年获市“腾飞奖”。1988年，由金家翔设计绣稿、李军创作绣制的双面精微绣《阿房宫》获第二十二届全国旅游产品、内销工艺品优秀旅游产品奖。1989年，由金家翔设计绣稿、赵红育创作绣制的《锡绣香袋》入选江苏省首届民间美术博览会并获优秀作品奖。1990年，由金家翔设计绣稿、赵红育创作绣制的双面异色、异图、声光精微绣《百鸟朝凤》获中国工艺美术品百花奖优秀新产品二等奖，1991年获省第七届轻工业优秀产品奖、市优秀产品设计一等奖。1990年，由顾青蛟设计绣稿、曾友华创作绣制的双面精微绣《太真倦春图》获中国旅游购物节天马银奖。1993年，由金家翔设计绣稿、赵红育主持负责创作指导、采用精微绣技艺与发绣技艺相结合的发绣长卷《古运河梁溪风情图》获中国大世界吉尼斯之最，同年获省第八届轻工业优秀新产品奖优秀工业设计金奖，并于2004年获省首届工艺美术金奖“大阿福奖”，收藏于市博物院。2002年，由顾青蛟设计绣稿、张铭创作绣制的《青丽江南景》获全国首届旅游纪念品银奖。

三、无锡竹刻

无锡竹刻艺术由实用竹制品脱胎而来，以文人雅士、书画艺术家为主要受众，凡若镇纸、臂搁、扇骨、挂屏、台屏、笔筒、香筒、抱对等皆可用竹刻，以清淡雅致、天然本色渲染文化氛围，寄寓超逸高迈的传统文化情操。

明代张希黄留青浅刻山水笔筒，是传世最早的无锡名家竹刻。民国3年（1914年），无锡竹刻在巴拿马万国博览会获二等奖、带板竹刻获三等奖。民国9年，雕刻艺人薛佛影创作传世名作《竹筒象牙镌刻画》。

无锡竹刻艺坊“双契轩”名扬江、浙、沪。创办人张瑞芝早年学艺于沪上，师从周之礼，随后在上海开办“慨吾庐”印社，为名门宅园雕刻碑石书帖、板对匾额，颇具声誉，与吴昌硕、张大千等书画名家过从甚密，授艺于内弟支慈庵和长女张契之。“一·二八”事变后，举家回到故乡无锡，在复兴路开办“双契轩”艺坊，由国民党元老吴稚晖题写篆书坊额。不久，支慈庵返居上海，以竹刻为业。《中国美术全集·竹刻总论》：“19世纪中叶，竹刻艺术实乃每况愈下，直至20世纪初金西崖、支慈庵出，竹刻始又有新的发展。”

张契之与父、舅齐名，业界称之为“两把半刀”，王世襄《竹刻艺术》称她为“近代少有的女竹刻家”。她10岁随父学艺，14岁已能独立创作，青年时期加入中国女子书画会，竹刻作品参加上海女子书画展和南京的书画展。她曾随父拜访张大千、经亨颐、吴湖帆、江寒汀等名家，请他们在竹上挥毫留下书画墨宝，然后再雕刻，技艺渐入佳境。

清末民初，书画界钟情金石碑版。张瑞芝、张契之父女以金石文字、泉币瓦当、铜镜鼎彝为题材，刻制扇骨、臂搁等,将金石的残缺锈蚀之状表现得惟妙惟肖,苍劲古朴,深受藏家喜爱。1950年后,张契之潜心研究明清以来嘉定、金陵两大竹刻流派,将留青浅刻与浮雕、透雕、圆雕等竹刻技艺融会一手,创作《梅竹》扇骨、《雨后春笋》挂屏、《太湖鱼米乡》插屏等精品。1972年,张契之的《梅兰竹菊》书镇和胡瑞康的《青蛙》圆雕竹刻等作品,被选送到美国、加拿大、马来西亚、澳大利亚等国家和中国香港地区展出。

图35-13 张契之留青竹刻插屏《太湖鱼米乡》
(市文广新局供稿)

无锡竹刻以刀代笔,似在绢帛宣纸上挥毫,纵横自如,是竹上的书法、绘画和雕塑,融书画、诗文、印章为一体,风雅绝俗,充溢着中国传统艺术所追求的书卷气和金石味,诗意盎然。

四、无锡纸马

无锡纸马是源于民间信仰的一种版画或加手绘的艺术。

纸马产生于唐代,盛行于民间,或称“甲马”。清赵翼《陔馀丛考》载:“昔时画神像于纸,皆有以乘骑之用,故曰纸马也。”又《天香楼偶得》云:“俗于纸上画神佛像,涂以红黄彩色,而祭赛之,毕即焚化,谓之甲马。”无锡纸马在清乾隆年间已是京城商店里的名品。纸马是民间信仰消费品,无锡纸马店在民国35年(1946年)有42家,大都是家庭作坊。

根据民间祈愿“神仙保佑”的信仰,纸马上的神像包括佛、道中的菩萨、神仙和三百六十行的行业开山祖师,灶神、财神、土地公公、玉皇大帝、寿星、王母、关公、钟馗、姜太公、阎罗王、观音、和合二仙、火神、龙王、城隍爷、南北斗、地藏菩萨、如来佛、三清真人、张天师等最为常见。纸马由此分为喜庆、祭祀、消灾、超度、祈福、祈财等功用。

图35-14 无锡纸马《五路大神》
(市文广新局供稿)

纸马为木版印刷。先在桃木板或银杏木板上刻成神仙图像版,然后用纸平铺在敷色的木版上,用棕刷平刷后揭开,其中一种是单色刷印的粗货,无锡人称之为“印勿清的亡人马”;另一种是用彩纸以五块套色木版印成的细货,需再加点染勾描,彩笔手绘,形成色彩鲜艳的精良之作,显现出浓郁的民俗趣味。无锡籍画家张光宇在创作动画片《大闹天宫》时,玉皇大帝和天宫众仙的形象设计即汲取无锡纸马上的神像特征。

2005年，无锡有陶元茂纸马店后人陶揆均，是无锡纸马的唯一传人，复原的45种无锡纸马形象，得到民俗专家的肯定，作品收藏在市档案馆中。

五、宜兴手工刻纸

宜兴手工刻纸起源尚难查考。据说，宜兴有风俗，在中秋之前的水稻秀穗之时，农民要迎着月光在田间举彩灯，奏乐绕行，祈求丰收，称之为“出青稻灯”。青稻灯用刻纸装饰。此后，刻纸逐渐成为美化生活的一种工艺美术品。清末民初有刻纸艺坊，其中吴顺生、莫春宝、芮金富三代传承的手工刻纸，最有代表性。

民国21年（1932年），14岁的芮金富师从“晨光社”莫春宝，其作品有浓郁的传统特色，善于表现人物性格，塑造生动的人物形象，题材丰富，表现力强。芮金富的女儿芮柏芝、孙子芮惠敏通过家传继承刻纸技艺，已成为宜兴手工刻纸省非物质文化遗产的传承人。

宜兴手工刻纸以蜡盘为操作台，色纸复在蜡盘上，执刀刻纸，工具、材料均极简单。执刀之法如书法中的五指执笔法，心正笔（刀）正，运刀似运笔。构图汲取传统书画中的“密不透针，疏可走马”空间构成法，巧妙运用阴刻、阳刻两种镂空刻法，寓简于繁，寓繁于简，极尽变化。

六、真丝绢花

真丝绢花，即用丝绢做成的仿真花卉。清光绪十八年（1892年），无锡崇安寺附近有“王二记鲜花店”，因鲜花供不应求，店主制作丝绢花，以假乱真。五六十年代，上海工艺品进出口公司出口的绢花，大都由无锡制作生产。

真丝绢花以丝绢为材料，按鲜花的色彩和花形进行手工仿制，主要制作工具有剪刀、浆板、烘箱。真丝绢花具有色彩鲜艳、造型逼真、不变色变形等特点。可用于插瓶、盆景、表演道具、室内外环境装饰等。

七、无锡碑刻

无锡碑刻历史悠久。传孔子为吴公子季札题书“呜呼有吴延陵君子之墓”，世称“十字碑”，刻立于江阴。三国时期孙吴时所立《国山碑》，至今仍在宜兴国山顶上，为中郎将苏建所书。唐宋后，无锡碑刻遗存更多，有《天下第二泉》《真赏斋帖》《壮陶阁帖》等。锡惠公园、蠡园、鼋头渚公园、梅园碑廊、城中公园和无锡碑刻陈列馆、文渊坊文物保护管理处，是无锡碑刻集聚量最多的名胜区和文物保护单位。

碑刻技艺包括刻碑、拓碑、装帧等不同的工艺程序和要求。刻碑由阅墨稿、选石料、上墨蜡、过朱印、奏刀镌刻等工序，工具材料有刻刀、锤、毡、纸、墨、蜡、朱砂或银红等。拓碑由洗碑、上纸、扑拓、揭取等工序。将钟鼎彝器拓出其全貌，展示在平面上，称全形拓，其工艺手法更复杂而难以描述。

碑刻技艺世代相传，近代无锡碑刻艺人竞相开办店铺，承接业务。苏州的征赏斋、集宝斋、汉贞阁、金石山房、保学斋、萃贞阁、尊汉阁等，均为无锡碑刻艺人创办。张瑞芝先在上海开办“慨吾庐”，后回家乡无锡开设“双契轩”，与内弟支慈庵、女儿张契之一起以竹木雕刻、金石篆刻和碑石镌刻为业，其碑石镌刻名闻江浙沪，后以竹刻著称。黄怀觉是现代无锡的碑石镌刻家和全形拓高手，被艺苑学界著名人士郑逸梅、刘海粟、王伯敏等赞誉为“一代治石大师”“刻碑圣手”。黄怀觉长子黄稚圭自幼受父亲金石碑刻艺术的熏陶，习字走刀，描摹装裱，学习碑刻基本技艺，潜心研究诸家特长，终成业内翘楚，集刻、拓印、装、制于一身，累计刻石数千余方，遍布无锡、苏州、常熟、上海、南通、杭州、开封及山东各地，甚至远至德国，其拓本流传海内外。程及称黄稚圭的碑刻“刻得淋漓尽致，体现了原作精神”；启功说黄稚圭“刻得传神逼真”“因所刻碑石不具刻者之名，只有书家之名，而世代刻石的名家鲜为人知，此乃真谓无名英雄也。”

八、青砖雕刻

青砖雕刻是流行于江南砖木结构建筑物上的民间工艺构件，历史悠久，凡现存的古建筑上几乎都有青砖雕刻，是江南乡土建筑风格的特征之一，由专门的工匠承担制作。

雕刻的材料为特制的青砖，“敲之有声，断之无孔”。制作工具有各种刻刀、凿刀、刨刀等。制作程序包括修砖、放样、打坯、出细、打磨、修补等。雕刻内容有吉祥图案、花草、动物、文字、人物、历史故事、神话传说等。制作工艺有浅刻、浮雕、深雕、圆雕、透雕等。青砖雕刻大都施用于屋脊、屋檐、门楣、墙门、墙壁、垛头、神龛、栏杆、花台等需要装饰美化的建筑面上，加之青砖所具有的质朴细腻质感，显现江南的人文风韵。

九、糖塑

糖塑俗称吹糖，是产麦地区广泛存在的一种民间工艺食品，起源难以查考。无锡的糖塑，大都传自苏北的糖塑手艺人。

糖塑以麦芽糖为原料，加热后调入红、蓝、黑、黄色素，使用剪刀、小梳等工具，经过吹、拉、捏、压、剪等方法，制成各式各样的人物、鸟兽、器物等形象，色彩鲜明，形象生动，可观可食，具有乡土风味，且能即席表演制作，深受儿童喜欢。无锡糖塑手艺人常在春、秋、冬三季走街串巷挑担卖艺，或在庙会及游览场所摆摊。糖塑制品可食期在7天之内。

十、面塑

面塑又称面人、面花、花馍，是自古流行于黄河流域的一种赏心悦目的民俗食品，晚清时传入江阴地区，逐渐具有江南风味。江阴刘氏面塑除了用精面粉，还选用糯米粉、菱粉等江南所产原料制作，再加伴香油、蜂蜜、盐、生粉等。如是收藏的面塑，则需加防腐剂。手塑时使用小剪刀、小木梳、小竹刀等工具，运用捏、搓、揉、揿和点、切、刻、划等方法，塑成多种人物形象、吉祥花草动物。造型比北方的面塑细致简洁，线条流畅，色彩亦不像北方面塑那样强烈，常用粉红、中黄、浅绿等间色，恰如江南的淡雅清婉。

面塑作为一种民俗食品，与拜年、贺喜、祝寿、探亲、祭祀、建房、婴儿满月等民俗礼仪密不可分，是民俗文化与饮食文化交融的产物。

十一、木雕

木雕指圆木作木雕，圆木作，指圆形木制日用器具，是江南嫁女必备的嫁妆，品种多达数十件。制作精良的圆木作，不仅要选好木料，还要雕刻吉祥图案，再饰施油漆、金粉。其中有种特小型“拗勺”，仅为实用的1/4大小，在木盖、把手处雕刻百兽、吉祥图案，再施饰朱漆金粉，色彩艳丽，寓意吉祥，使实用圆木作成为木雕工艺美术品，同时具有民俗婚嫁礼仪的象征意味。圆木作作为实用器具逐渐淡出人们日常生活后，以特小型圆木作雕刻工艺品的形式，保留江南农耕文明的民俗记忆。此外，木雕还多用于家具、床台（桌）、凳子上。

十二、麦秆画

麦秆画，又称麦秸画，是用麦秆制作的绘画作品，据说始于明代，常见于产麦地区。旅居法国的江可林是江阴籍麦秆画家，代表作《南京长江大桥》于70年代闻名。

制作麦秆画，要选好麦秆，再漂洗、染色、剖开、刮平，成为制作材料。然后按照设计图稿，将麦秆剪刻后粘贴在底板上，熨平成画。麦秆画创作题材既有中国传统绘画的花鸟、山水、人物，又有书法和西式风景画；创作方法有平贴、浮雕剪贴、立体剪贴等，色彩表现分为自然原色和套色。麦秆画以麦秆特有的天然纹理和光泽，加之精致细腻的制作技艺，使寻常之物不寻常。

十三、珠绣

珠绣为传统手工艺，主要应用于服装、鞋、箱包等女性穿着、日用品上。中国古代早有珠绣，用珍珠穿绣为女性的装饰用品。现代珠绣所用材料更加丰富，绣珠光亮度不一，色彩纷呈、形状各异，珠绣设计具有多样性选择和变化。珠绣产品包括衣物、包袋、首饰盒、鞋等外装饰品，也有各种小动物等。无锡从事珠绣的人数不多，一般为中老年妇女。

第六节　传统手工技艺

一、宜兴紫砂陶制作技艺

紫砂陶产于宜兴市丁蜀镇，源于宋元，盛于明清，是千年陶都制作技艺的集大成者。宜兴盛产好茶，所产阳羡茶品质优良，其中“紫笋”茶在唐代就已列为贡品。明代饮茶流行冲泡，紫砂茗壶由此盛行，并诞生制壶名匠供春。紫砂陶与茶文化的融合，极具天地人和谐相生的东方哲理。

紫砂泥独藏于丁蜀镇黄龙山陶土矿层中。采后经分选、摊晒、粉碎、过筛、水拌、沉淀、踩捶捣练等加工流程，方成备用原料。其工艺之法，历来有“取用配合，各有心法，秘不相授”之说。

紫砂茗壶成型工艺复杂，要求极高，又在其发展演变中形成不同的造型流派，各具技艺特征，自制工具少则几十种，多则达百余种。紫砂陶有光器、花器、筋纹器三大造型类别。其中同属光器类的圆形茗壶以拍打法为主，方形茗壶以镶接法为主。还需经过装接、修光等工艺流程。

紫砂茗壶装饰手法繁复，有陶刻、镶嵌、泥绘、浮雕、镂雕、绞泥、描金、铺砂、模印、贴饰等一系列装饰技艺。其中陶刻最有代表性，有阳刻、阴刻、着色刻之别，融诗文、金石、书画、篆刻等艺术为一体，使紫砂陶特别是紫砂茗壶成为集实用与鉴赏为一身的器物。自清代中叶陈曼生参与壶艺制作后，郑板桥、吴昌硕、任伯年以及现当代著名书画家刘海粟、吴作人、林散之、谢稚柳、亚明、韩美林等都曾在紫砂茗壶上或参与书画陶刻，或设计定制，提升陶刻艺术的人文意

图35－15　紫砂成型工艺　　（宜兴市文化局供稿）

蕴和审美价值。

焙烧为紫砂茗壶加工的最后一道工艺，即坯体晾干、装入匣钵、入窑焙烧。出窑后的紫砂陶茗壶，由特殊的黏土团粒结构，衍变为双重气孔结构，透气而不渗水，充分发挥和保留茶的色、香、味。宜兴制壶名家辈出，传世之壶千金难得。

二、无锡酱排骨烹制技艺

无锡酱排骨俗称“无锡肉骨头”，是无锡知名土特产。清同治年间（1862～1874年），即有陆稿、陆荐兄弟开设陆稿荐肉庄，烧制肉骨头。光绪元年（1875年），南长街莫兴盛菜馆率先把煮汤的肉骨头单独红烧烹制，美称“酱排骨”，价廉物美，许多饭菜馆竞相仿效。民国元年（1912年），肉骨头烹制技艺形成北门派和南门派两大派系。民国16年，王云清在三凤桥开办慎余肉庄，将南北两派技艺集于一店，不断改进完善烹制工具、方法和技艺，声名鹊起。民国23年，无锡有29家烹制肉骨头的肉庄。

无锡有谚：“好肉出在骨头上。”酱排骨以猪肋排、草排为主料，加多种天然香料，在锅内置笼圈用旺（武）火、微（文）火焖煮，骨酥肉烂，肥而不腻，色泽酱红，芳香扑鼻，甜咸适中，遂成无锡饮食文化的代表。1988年，“三凤桥”酱排骨获首届中国食品博览会银奖。1994年，“和合牌”真正老陆稿荐酱排骨获首届中国优质与名牌产品博览会金牌。

三、蟛蜞螯烹制技艺

蟛蜞螯为江阴传统美食，清光绪《江阴县志》有载。传说乾隆下江南时，品尝到蟛蜞螯后赞不绝口。由此，江南文人墨客视其为盛夏的佐酒好菜。

江阴水乡盛产野生蟛蜞，其螯又大又肥，占全身体重1/3。将蟛蜞螯洗净，剪去螯根，再去一角，待烹制。旺火烧热炒锅内之食用油，依次放入葱、姜、黄酒、酱油、椒盐、八角、茴香、花椒、汤水，煮沸后把蟛蜞螯投入翻炒片刻，再加白糖、味精、香油，起锅装盆后撒些许白胡椒粉。烹制要诀：“十三铲刀加胡椒，五香粉中浸又泡。”成品鲜嫩可口，脱壳滑爽，玲珑精巧，形似“鹦哥嘴”，色、香、味、形俱全。

四、太湖船菜

太湖船菜由太湖水乡渔民日常菜肴演变发展而来，经文人墨客品尝而声名鹊起，元代大画家倪云林将其写进《云林堂饮食制度》。

太湖鼋头渚在近代开发为旅游风景区后，出现画舫游船，船上供应湖鲜菜肴。模仿渔民船家用竹篓存养太湖鱼虾，挂在船梢水中。有名的画舫则请来城里的名厨掌勺，并于民国18年（1929年）成立船菜公司，从而形成船菜菜系。蒋介石夫妇、马歇尔夫妇、李宗仁、荣德生等著名人士都曾在“萍香号”画舫上品尝过太湖船菜。

太湖船菜，以“太湖三白”（白鱼、白虾、银鱼）等湖鲜、河鲜为主，精工细作，现取现烹，原汁原味，清淡柔软，鲜嫩可口。如白汤鲫鱼、清炒虾仁、酒煮白虾、糟煎白鱼、清炒蟹粉、呛虾、梁溪脆鳝、响油鳝糊、银鱼炒蛋等，集中体现了江南水乡的饮食风味。

五、太湖船点

太湖船点是与太湖船菜相协调而制作的饮食点心。

太湖鱼米之乡，盛产优质大米和糯米。太湖船点大都用米粉加工而成，手工制作，各式造型，小巧玲珑。馅心则取太湖鱼、虾、蟹和地产赤豆、绿豆、芝麻、莲子、玫瑰及果仁、干果为原料。口味有甜有咸，集色、形、味于一体。有“吉祥如意”“万象更新”“天女散花”“鱼塘秋色”“龙凤呈祥”等船点系列。

六、王兴记小吃

王兴记小吃创始于民国2年（1913年），以三鲜大肉馄饨、小笼肉包子闻名江南。

王兴记小吃选用优质面粉，有韧劲，皮虽薄而不烂；馄饨馅心，选料讲究，各种荤素搭配合理，形成系列，供不同口味爱好的顾客选择；汤料讲究清而鲜，配上鸡蛋皮丝、香干丝、紫菜、青蒜末，色、香、味、形俱全，鲜美之极。小笼包子，以造型小巧，色泽亮白，馅心饱满，卤汁充沛，滋味浓醇而称著，是沪宁线上馈赠亲友的江南名点。

七、刀鱼馄饨

刀鱼馄饨是江阴的传统美食，由江阴渔民始创。刀鱼是江阴的长江三鲜之一，以清明节前捕得的最为鲜嫩。将刀鱼肉剁成鱼茸，与猪肉糜、春韭花相伴，加进蛋清和调料，做成馅料。面粉皮子用手擀。刀鱼头、骨和猪骨、鸡肋，一起煨成高汤。馄饨煮熟盛入汤碗，点洒鸡蛋皮丝、香菜叶、香油，集鱼鲜、肉鲜、春韭清香于一口，滑嫩细软，鲜香无比，具有独特的江南风味。

八、中山饼

中山饼原是普通的江阴烧饼。民国2年（1913年）秋，孙中山视察江阴黄山炮台后到城隍庙西厅桐梓堂演讲，演讲前以江阴地方人士呈上的馒头、江阴烧饼充饥，对江阴人的节俭风尚和江阴烧饼倍加赞赏。由此，江阴人将本地制作的烧饼改称为中山饼。

中山饼的主辅料很多，有面粉、酵母、猪板油、芝麻、白萝卜、蒜叶、食碱、香葱、熟猪油、盐、饴糖等。制作过程复杂，需将上述多种味料在不同的工艺流程中一一添加揉入，再将成型的面饼贴入桶炉内壁烘烤。中山饼全靠手工制作。出炉后，色泽金黄，葱香扑鼻，外酥内鲜，口感极佳，是具有江南草根风味的原生态点心。

九、马蹄酥

马蹄酥是形似马蹄印的一种糕点，据传由江阴人创制于清末，江南诸城均有流布。马蹄酥原料构成复杂，以面粉为主，还有可口粉、酵母、豆沙、黑芝麻、白糖、红糖、饴糖、苏打、菜油等。手工制作工序包括拌、揉、搓、揿、包、盖、撒、擀、压、涂、烘、焖等多道。马蹄酥口感酥软香甜，老少皆宜。

十、清水油面筋

清水油面筋是著名的无锡特产。始创于清乾隆年间（1736～1795年），咸丰年间（1850～1861年）在北门笆斗弄开办第一家面筋店，挂牌宣称：清水油面筋，无锡名产。

生麸是清水油面筋的原料，由面粉加工淀粉（纺织浆布用）后的副产品。无锡面粉业与纺织业发达，生麸原料充裕，民国26年（1937年），全城油面筋店坊商贩达200余家，年产6.5万公斤，畅销江、浙、沪。1988年获中国博览会银奖，此后，销往日本、澳大利亚、加拿大等国家和中国香港、台湾地区，供应全国20多个省城、500多家大型超市。

清水油面筋是无锡的天时、地利所造就的独特的"生态食品"。其色泽金黄，皮薄松脆，内呈蜂房状，可与不少蔬菜搭配炒、煮，深受素食者的喜爱；又可与鲜猪肉搭配，以肉酿面筋最为称善，口感营养俱佳。

十一、和桥豆腐干

和桥豆腐干是宜兴传统的土特产食品，原产地和桥镇，始于清同治年间（1862～1874年）。1950年，和桥制作5万公斤豆腐干，送往朝鲜慰问中国人民志愿军。和桥豆腐干用黄豆浸泡打磨制成豆腐干，再加糖、盐、酱油、茴香、桂皮、丁香等调料烧煮。须取天然水生植物蒲草编织为蒲包，包入豆腐干坯烧煮，蒲草的清香融入其间，还须经水氽和两次烧煮，再浸渍，不同的调料在烧煮过程中逐步添加。和桥豆腐干色泽深亮，坚而又韧，咸而不涩，甜咸适中，香而不腻，具有江南风味。

十二、宜兴陶堆贴花技艺

宜兴陶堆花又称贴花，是宜兴传承已久的手工技艺，源起唐末，成熟于明初，清代蜚声海内外，名家辈出。宜兴陶堆花即在陶器坯胎表面，用有别于坯体的泥料，经过搓、揿、贴、撕、抹、迭等工艺指法，制作出山水、花木、祥禽瑞兽、人物等造型，烧制出窑后，异彩纷呈，精美绝伦，在陶艺世界中自成一脉。宜兴陶堆贴花除传统“平贴法”外，又借鉴木刻、砖刻、石刻和古代青铜器纹饰造型等工艺表现手法，创制“半浮雕”“立体浮雕”等堆贴法，使装饰技艺发展成陶制审美艺术品。产品有各式各样的缸、坛、盆、瓶、台、凳等日用器物和堆花雕塑、堆花壁画、陈设陶艺等工艺品。

十三、锡式铁具

锡式铁具是无锡的传统铁具制作工艺。民国4年（1915年），无锡裕康刀剪作坊锻打制作的剪刀在巴拿马博览会上获二等奖。至民国26年，无锡城区有打铁铺200家左右，有“乡作炉”“匠作炉”之分，前者打制农具、船具，后者打制竹木泥瓦匠等使用的五金工具，是无锡主要的手工业，也是近现代民族工商业的重要门类。新中国成立后，无锡五金工具远销东南亚和西欧。

锡式铁具门类齐全，按铁具的效用选取铁料，运用不同的工艺制作。在加热、锻打、锻接、淬火、回火、渗碳等一系列反复操作的过程中，经长期经验积累，把握火候，获得恰如其分的金相结构和硬度强度韧性度。锡式铁具以不爆口、不裂纹，经久耐用而称著。

十四、蓝印花布印染技艺

无锡手工纺织业历来兴旺，染坊业也有相当规模。清同治七年（1868年），陆义茂染坊在无锡南门外开办。清光绪十年（1884年），无锡成立染业公所，1949年有88家染坊。新中国成立后，逐渐减少。

用自然植物蓝草，沤制发酵为蓝靛染料制作蓝印花布，传自古代。印染方法有蜡缬、绞缬、夹缬等3种。夹缬之法，早期用镂刻花纹的木版夹住织物染色，后用桐油纸镂刻花纹覆盖在织物上，再刮上一层用黄豆石灰粉制成的防染糊，使图案漏印在织物上，晾干后入靛缸反复浸染，出染后刮去防染糊即成。无锡蓝印花布采用油纸雕版，刮浆印染。蓝印花布色彩纯真朴实，图案以花草、吉祥图案、瑞兽祥禽、戏文故事、民间传说为主。常用作台布、头巾、包袋、肚兜、饭单、被面、挂帐、包袱等日用品，延伸开发为壁挂、凉伞、凉帽等工艺日用品，集手工纺织、手工刻纸、手工染印于一体，具有鲜明的江南乡土气息。

十五、铜器制作技艺

用铜材制作的器具有日常生活、中医药、餐饮业用具等。无锡谚语“穷穷穷，屋里还有三担铜”，道出江南农耕文明时期的铜文化特征。

无锡的铜器制作有生铜冶铸手艺、熟铜锻制手艺之分，统称铜作业。熟铜锻制手艺又有黄铜、紫铜之别，分别称为“圆铜作”“红铜作”。1949年4月，无锡城区铜作业匠人有139人。铜作匠人将废旧铜制品熔化成铜块，反复敲打为铜皮或器具雏形，然后用接、焊、装等方法制成形状不一的器具，有脸盆、酒壶、酒杯、茶水壶、水盂、暖锅、手炉、药锅、梅花糕烤盘和面浆壶、豆腐脑铜缸、酿酒用烧锅和铫子等。缫丝厂里用的索绪盆等铜质配件，也由铜作匠人手工锻制。

十六、竹篾工艺

江南盛产毛竹。竹篾工艺是江南农村的传统手工艺，晚清进入城市，由农村家庭副业变为作坊生产，有圆竹类和扁竹类之分。圆竹类指竹床、竹台、竹凳、竹椅、竹橱、竹梯等竹制家具。扁竹类制品需用竹篾编织，品种繁多，涉及生活用品、渔业用具、农桑用具、粮油业用具、饮食业用具等，小至竹针，大至数米长宽的船上茅篷。

竹篾工艺第一道工序为选竹劈篾。劈篾好手能把一根长毛竹劈出三层竹篾，柔韧如簧。然后按照器具形状和用途要求，把一条条竹篾编织成形，好手能编出不同的花式构造，且能使篾头紧锁在编缝中，深藏不露而不扎手。竹篾工艺品种繁多，如菜篮就有圆形、四角形、六角形、菱形、元宝形等造型。常见的竹篾手工制品还有筛匾、蒸笼、簸箕、鱼虾笼、竹箩、竹篓、竹帘、灯笼、篾席、凉棚、栈条、油箍油篓、酱帽、斗笠等。

十七、玉祁双套酒酿制技艺

玉祁双套酒酿制技艺在江南传统黄酒酿制中独具一格。玉祁双套酒始酿于清嘉庆年间（1796～1819），首创复式酿酒法，即用陈年黄酒代替酿水，不加生水，不加酒药，以酒酿酒，故称“双套”。玉祁双套酒选用太湖地区优质糯米为原料，所采用的“大酵法”工艺流程是黄酒酿造业中仅存的传统酿造法，需经30余道工序，然后入坛露天存放发酵60天，再经压榨沥酒后入库房储存3年以上方可上市供应。玉祁双套酒，色泽如天然琥珀，醇香沁人心脾，饴厚不腻，入口和顺，富含营养，是江南酒中的佼佼者。

十八、米酒酿制技艺

先秦以后，江南农家自制酿造米酒相当普遍，大都自酿自饮。每年秋收之后，取新大米、新糯米为原料，浸泡淋干后蒸熟，然后适时下酒药和水，封盖发酵。再适时打耙兑水加曲，封盖再发酵。最后适时用纱布沥酒，淀清后便成“老白酒”。在古籍中将这种冬酿春熟的米酒，称为“春酒”。米酒为低度酒，清冽如甘泉，绵软可口，是农家暖身祛寒的保健饮料。

十九、华士酱油酿造技艺

华士酱油出自于江阴华士镇。江阴华士酱油又称冰油，素负盛名。清咸丰、同治年间有“元隆”“鼎元”两家酱油作坊，民国21年（1932年）增至14家，形成酱油产业，驰名沪宁线。其酿造时间一般选择在清明节前后，有益于发酵。用料精选薄皮糯性黄豆，煮透焖烂。然后拌以面粉，发酵成“酱黄”，再加盐水装入陶缸日晒夜露，在自然气温变化中充分发酵。经两次压榨，由“原油”成为冰油。成品色泽深红，油质浓酽，其味鲜美。

第七节　传统医药

一、致和堂膏滋药制作方法

冬令服用膏滋药是江南民间的传统习俗，一般需由中医师依据各人体症的阴阳虚实，配伍[1]个性化的药方熬煮。熬煮方法和工序，因药方不同而多有变化。一般顺序是浸泡、煎煮、浓缩、收膏、存放。配伍中如有先煎、另煎、后下药材，则须在适当的工艺流程中分别添加。熬煮用传统紫铜锅，浸

① 配伍是指有目的地按病情需要和药性特点，有选择地将两味以上药物配合同用。

泡和存放用陶坛罐。煎煮火候也需按配伍特点掌握。

清光绪十六年（1890年），江南名医柳宝诒在江阴周庄镇开办“柳致和堂”药房，光绪二十年在江阴城东开设“柳致和堂”分店，即2005年的“致和堂药店”。柳宝诒首创“伏温学说”，亲自下店检查药物质量、监制丸散膏丹，形成一套独特的膏滋药制作方法，并将各方中药的炮制、配伍、治病之理逐方详释，汇编成《柳致和堂丸散膏丹释义》一书，于光绪二十四年以木刻版印行。柳致和堂炮制的加皮酒、玫瑰酒于民国5年（1916年）获巴拿马万国博览会银奖，在中医药界有“北有同仁堂，南有胡余庆堂，中有致和堂”之说。

二、诸氏中医外科

诸竹生（1904—1976），无锡县东亭乡杨亭人。自幼随祖父、父亲学习中医外科，16岁时全家定居无锡南门。每月逢三、六、九，诸竹生在安东园茶馆应诊。主治痈疽、疔疮、骨髓炎、骨结核、淋巴结核等。治疗方法以消肿、通络、定痛为主，将外治与内服中药相结合。初循经取穴用小膏药敷在病灶四周穴位，待局部痛灶局限固定后，继用大膏药外敷，疗效明显，名闻锡地。新中国成立后，诸竹生仍在南门旧宅开业行医，后参加联合诊所。1958年转入南长区联合医院（后改为南长区人民医院），负责中医外科工作。60年代，全国中西医结合研究小组成员专程来无锡向他学习中医外科1个多月。无锡嵩山采矿厂工人唐惠忠患股骨胫疾病，上海医院诊治后建议作半骨盆截除。患者拒绝手术，经诸竹生治疗两个月左右后摄片复查，溶骨处已有新生骨质。病人后痊愈并恢复工作。此病例曾在全国中草药展览会展出，并在《全国中草药汇编》上予以介绍。诸竹生传人为子诸炳德、孙诸柏言等。

三、江阴中医疡科

中医疡科在江阴素负盛名，主治内痈、流注、疔疮等脓肿，采用外敷膏药、穿刺吸脓等方法，具有创伤小、恢复快、毒副作用低、费用少的优点。常用敷药有白钰散、生肌散、九一丸等，活血祛淤的膏药有丁桂散、阳春散等，消除红肿热痛的有金黄散、冰砂散等，共有15种不同的对症治疗所用的药方配伍。明代永乐年间，江阴一代名医夏颧就以疡科著称，其墓出土10余件一套的疡科器械，包括手术刀、探针、剪刀、洗淋壶、熏罐、药刷等。清代钱时用、钱鼎铉、钱洼祖孙三代，均擅长疡科，有“危险外症，治无不愈”之誉。近现代，杜云谷、吴卓耀、李一之一脉传承的疡科，“未成指日可散，已成开刀不痛”，惠泽江阴城乡。

四、直接灸

直接灸是传统中医针灸的灸法之一，《内经》中有详尽的论述，即用艾炷直接放在穴位皮表上施灸的一种方法，古代又称“明灸”“着肉灸”，因对穴位、皮肤刺激程度不同，而有无瘢痕灸与瘢痕灸之分。艾炷含有药效，薰灼时对经络穴位产生传导扩散等感觉，起到防治失眠、胃病、尿频、腰肌劳损、癫病等疾病的作用。著名针灸学家、中国科学院院士承淡安（1899—1957）是江阴医业世家之子，先后创办《针灸杂志》、中国针灸学讲习所，著述200余万字，门生数以千计，影响广及国内各省和港澳、东南亚等地区，被尊为中国针灸澄江（江阴）学派创始人。

第八节 民 俗

一、泰伯庙会

泰伯庙会，江南新春第一个庙会，于农历正月初九（传为泰伯生日）举行。

商朝末年,陕西岐山周国周太王长子泰伯与胞弟仲雍,让位奔吴,定居梅里,自号"句吴",被尊为吴氏始祖。东汉永兴二年(154年),梅里建泰伯庙,又称至德祠、让王庙,"岁时致祭奉祀,历代不废"。此后,逐渐演变为海内外吴氏宗亲寻根祭祖、农贸集市、探亲访友、文化娱乐的民间集会风俗,其盛时可达数十万之众。庙会内容有祭祀仪式、民间文艺表演、民间手工艺展示、小商品和土特产集市、经贸活动等,是江南地区诸庙会中对海外影响辐射力最大的民俗活动之一。

二、惠山庙会

惠山庙会,以农历三月二十八日东岳庙会最盛,据传是日为东岳大帝黄飞虎神诞,无锡东西南北城区8座庙内的老爷,都要去惠山进香,俗称"大老爷出会"。据旧志记载,惠山庙会起源于明代,盛于清末民初,其时近现代民族工商业家群体在无锡崛起,参与民间文化活动,使得惠山庙会达到鼎盛。各行业公会和各城区工商业者分别组织8支"老爷"巡游队伍,争奇斗胜,依次向惠山东岳庙行进,沿途大街小巷、隔河两岸,热闹非凡。每支巡游队伍,代表分布在各城区的庙神"老爷",道具色彩缤纷,丝竹锣鼓响彻云霄,各式表演有文有武,是江南民间民俗文化的盛大展示。1994年恢复举办。

图35-16　惠山庙会之《蚌仙戏渔翁》　（刘萍摄）

三、甘露烈帝庙会

甘露烈帝庙会是苏州、无锡、常熟交界处甘露镇的民俗节庆文化活动,影响其毗邻地区,已有千年之久。甘露烈帝庙建于南唐保大年间(943～957年),又称忠佑庙,祀奉隋司徒陈果仁,农历五月十八日是其忌日,民间举办庙会,祈求晋陵(常州)籍名将庇佑一方乡土太平。庙会有祭祀仪式和挑花担、荡湖船、跑旱船、高跷、龙灯、舞狮、抬阁、莲湘、云车、桨船比赛等丰富多彩的民间文体表演。1993年恢复举办。2004年,甘露被省文化厅命名为民俗文化之乡。

四、太湖渔俗

太湖渔俗是指太湖渔民的传统习俗,分布地为太湖流域。太湖渔民以打鱼为生,以船为家,"一面朝天,三面朝水",自古以来就形成不同于农耕生活的风俗习惯,约定俗成,世代相传。渔俗包括捕捞生产习俗、渔家生活习俗、礼仪交往习俗、信仰祭祀习俗、文化娱乐习俗等,包含自然地理、水文鱼汛等知识,是江南水乡自成体系的民俗文化。

五、观蝶节

观蝶节,又称蝴蝶节、双蝶节,流行于宜兴地区,源于宜兴的梁祝民间传说。宜兴是梁祝民间传说的起源地之一,每年阳春三月,宜兴张渚镇善卷洞的花草丛中成千上万只彩蝶飞舞,其中硕大的蝴蝶被人们视为祝英台和梁山泊的化身。唐代以后,每年农历三月二十八日,周边村民自发前来观蝶,恰与传统的踏青习俗合为一体,由此衍生为观蝶节。观蝶节有类似庙会的活动形式,以手执蝴蝶旗的旗手与护旗手为领队,依次有"蝶仙""神队""三十六行""武术""城隍""十殿""许愿"等行进队伍，一路鼓乐喧天，前往碧鲜庵。2002年后，宜兴市恢复举办观蝶节，成为梁祝文化民俗展示活动的重要组成部分。

六、宜兴乌饭

宜兴乌饭是宜兴地区独特的食俗，据传与"目连救母"故事相关。"目连救母"故事源于西晋三藏竺法护所译《佛说盂兰盆经》，由此演绎而成唐代敦煌变文作品《大目乾连冥间救母变文》《目连救母变文》《目连缘起》等3种写本，情节结构相似，叙述佛弟子目连历经艰险救母出地狱的故事，在唐代流传甚广，被以后的说唱文学鼓词、宝卷、戏曲所汲取而流传于民间。主要内容为目连母亲在世时不敬神明，被打入十八层地狱饿鬼道受苦受难。又传目连母亲毕生吃素，临死时开荤被打入十八层地狱饿鬼道。目连为佛家弟子，有"神道第一"之称，事母至孝。母亲下地狱受苦，目连费尽周折，去地狱看望母亲。每次准备的饭菜，都被饿鬼道狱卒抢吃一空。目连为让母亲吃上饱饭，百思不得其法，常在山间徘徊，不经意间随手摘下身边矮树叶子，放入口中咀嚼，发现树叶汁乌黑、香润可口。目连心想，如果用这种树叶汁浸米做饭，将乌米饭送给母亲吃，就不会被地府狱卒抢吃。于是目连采摘树叶（该树为南烛树，又名南天烛、青精树），用叶汁浸米，煮成乌米饭给母亲送去。饿鬼道狱卒从没吃过乌黑的米饭，既不敢吃，也不想吃。目连的母亲终于吃饱了饭，最终脱离了饿鬼道。明代李时珍《本草纲目》载："摘取南烛树叶捣碎，浸水取汁，蒸煮粳米或糯米，成乌色之饭，久服能轻身明目，黑发驻颜，益气力而延年不衰。"南烛树，主要生长在宜兴南部丘陵地带，其叶俗称"乌饭草头"。为褒扬目连的孝心，宜兴民间每逢农历四月初八，家家都要吃乌饭。此日还要演《乌饭献》的戏。宜兴人一般在农历四月初八前一二天到山上采摘乌饭草头（即南烛树叶），将采摘的鲜叶在石臼（或木质捣具）内捣碎，然后用纱布包好，盛在容器里，加上水，再将糯米（有的还加部分粳米）浸在乌水中，一般浸一夜，第二天早上将米捞起，直接煮成饭，也可放在蒸笼里蒸成饭。延至当今，乌饭仍为民间重要特色时令食品，除少数人仍上山采摘外，市场有乌饭草供应，一般现制现吃。90年代后期起，食品研究开发企业专门制作保鲜乌饭，或将浸湿的乌米晾干，上市供应。

第九节　非物质文化遗产保护

1987年10月6～20日，为做好编纂《中国民间文学·民间故事·歌谣·谚语录（无锡卷）》（简称"无锡卷"）的前期工作，市文联下属的民间文艺家协会（简称"市民协"）组成民间文化考察团一行8人，历时15天，行程500多公里，了解太湖流域民间文化的现状、民间文学作品的流传分布区域、农村经济体制改革后现代文化对传统文化的冲击以及民间文化的生存变化。在考察中，发现一些鲜为人知的民歌手和故事手，搜集到有关民间文化的石印书籍和民间手抄本数十本，以及木版本《太湖志略》。1990年5月，经过市民间文学工作者的协同努力，"无锡卷"定稿。《无锡民间故事精选》《无锡民间歌谣谚语精选》由南京大学出版社出版发行。苏东驰、许平生、朱海容、丁鸣鹤、黄溪源、周梦江、秦寿容等7位民间文艺工作者，在搜集、整理、创作民间文艺作品，尤其在"无锡卷"编纂过程中付出心血，1993年被文化部全国艺术科学规划领导小组、中国民间文艺家协会、中国民间文学集成办公室评为先进个人，受到表彰。

1988年3月2日，市民协为著名民歌手"山歌大王"钱阿福举办八旬寿诞和70艺龄庆祝会，同时为无锡县优秀歌手钱阿南、唐建琴、华祖荣、唐泉根等人颁发证书。是年10月，市民协与江南运河航运史办公室联合组成古运河文化考察队，对古运河无锡段的形成、沿革、社会风情、民风民俗进行综合性实地考察。考察队一行8人，探访古运河沿岸文化遗址遗迹，访问民间歌手艺人，考察研究古运河形成的历史，了解乡镇民俗文化的兴衰变迁，研究流行于古运河两岸的孟姜女故事和西施、范蠡传说的分布情况，调查吴歌、山歌、田歌、船歌的流传及分布区域，考察古吴语区域人文景观，收集相关乡土资料。

1994年12月，省民协、市民协、无锡县文联联合举办锡山市民间文艺家朱海容作品研讨会。上海、南京、新疆、扬州、苏州、南通等地的民间文艺专家、学者、教授和《采风》月刊、新疆新闻出版局编辑等近30人参加研讨会。朱海容从事民间文学、民俗学的搜集整理和研究40多年，先后在省级以上报刊发表由他整理、吴歌手传唱的长篇叙事吴歌《沈七哥》《小五姑娘》《小青青》《薛六郎》《陈瓦爿》《金不换》《三姓长歌》7部（其中3部与人合作），计2.1万余行。其中长篇叙事吴歌《沈七哥》打破中国汉族民间没有长篇叙事诗的定论。朱海容还创作出版《无锡大阿福》《天兵东征演义》《巧断奇案》《古吴春秋》《无锡民俗文化》等专著，并发表谚语500多条，儿歌、诗歌300多首。

1996年，经过市文联、市民协受理申报，徐秀棠、胡立德、乔锦洪等18名无锡地区民间艺人获联合国教科文组织和中国民间文艺家协会授予的"民间工艺美术家"称号。

2000年，由朱海容搜集、挖掘、整理而出版的长篇叙事诗《华抱山》被收入中国社科院文学研究所主编的《中华民间文学史》一书。编者为《华抱山》单独辟出一个专节，放在首位，并作详细介绍。《中华民间文学史》指出，1.5万余行的《华抱山》为中国民间长篇叙事诗留下光辉的一页，作为反压迫、反侵略的汉族长篇英雄叙事诗中的杰出代表，是一部不可多得的长篇吴歌佳作，具有深刻丰富的思想文化内涵，且兼具形式之美，填补汉族无长篇叙事诗的空白。2001年7月12日，市文联、南京大学中韩文化交流研究中心、锡山区文体局联合举办的英雄史诗《华抱山》暨古典戏曲国际研讨会在无锡举行，韩国、日本和中国海峡两岸的专家、学者百余人参加。研讨会期间进行无锡民间戏曲精品展演和书画交流活动。

2004年12月，无锡市组织开展特色文化和民间艺术资源普查。市委宣传部、市文联、市文化局联合印发《关于开展无锡市特色文化和民间艺术资源普查的通知》，成立市领导牵头的领导小组和以中国工艺美术大师、省民协副主席徐秀棠为顾问、沈大授为组长的专家组，各市（县）区相应建立工作班子。经过近两年的普查，基本摸清无锡地区的传统、特色、民俗的文化资源，共排查整理全市以民间工艺美术为主的非物质文化遗产11大类50余个项目，共有陶瓷、雕塑、食品、版刻、剪刻、织绣、印染、金木漆器、珠宝衣饰、娱乐用具、其它等类。对惠山泥人、宜兴紫砂等全国著名的品种重点调查，对无锡纸马、绢花等即将湮没消失的品种进行初步资料抢救，对玻璃画、珠绣等新兴品种进行挖掘。排查整理全市主要的特色文化，共计22项，涉及吴文化、工商文化、运河文化、茶文化、陶文化、旅游文化、民间艺术和戏曲文化以及影视文化等。利用普查成果，在"中国·无锡太湖博览会"和"中国无锡·吴文化节"等重大节庆活动期间，分别举办中国工艺美术精品会展、中国泥人艺术大展、中国紫砂艺术大展、吴地风韵·无锡民间工艺美术展、惠山庙会暨非物质文化遗产展等大型展览。编撰出版《无锡文化丛书——无锡民间工艺美术》《江苏特色文化丛书——无锡特色文化卷》《吴风锡韵——无锡民间工艺美术》等书籍。

无锡市志

（第四册）

无锡市地方志编纂委员会 编

WUXI

SHIZHI 1986~2005

方志出版社

图书在版编目（CIP）数据

无锡市志. 1986～2005 / 无锡市地方志编纂委员会编. -- 北京：方志出版社, 2015.7

ISBN 978-7-5144-1637-4

Ⅰ. ①无… Ⅱ. ①无… Ⅲ. ①无锡市 - 地方志 - 1986～2005 Ⅳ. ①K295.33

中国版本图书馆CIP数据核字（2015）第152773号

无锡市志（1986～2005）

编　　者：无锡市地方志编纂委员会
责任编辑：王笃银　陈　菁　梅中英
出 版 人：冀祥德
出 版 者：方志出版社
　　地　址　北京市朝阳区潘家园东里9号（国家方志馆4层）
　　邮　编　100021
　　网　址　http://www.fzph.org
发　　行：方志出版社发行中心
　　电　话（010）67110500
经　　销：各地新华书店
印　　刷：南京凯德印刷有限公司
开　　本：889×1194　1/16
印　　张：186.75
字　　数：5060千字
版　　次：2015年7月第1版　2015年7月第1次印刷
印　　数：0001～4000册

ISBN 978-7-5144-1637-4　　定价：1280.00元

总 目

目　录

（第四册）

第三十六卷　新闻传媒

第三十七卷　史志　档案

第三十八卷　图书　著述

第三十九卷　社会　生活

第四十卷　社会保障

第四十一卷 民政与社会事务管理

第四十二卷 精神文明创建

第四十三卷 姓氏 望族 家谱

第四十四卷　人　物

第四十五卷　市（县）区概况

专　记

杂　记

前志勘误　补遗

附　录

索　引

无锡市志

【第四册】

第三十六卷
新闻传媒

概　述

1986年4月，市广播电视局（简称“市广电局”）分别建立无锡人民广播电台、无锡电视台领导小组，形成“局台分立”“三块牌子、一套班子”的管理体制。是年末，市广电局职工288人。至1990年，无锡市经新闻出版署批准发行的报纸有7种，其中市级报纸4种、市（县）级报纸3种。经省新闻出版局批准，在市或企业等内部发行的报纸36种，一些企业创办企业文化报。

1992年，无锡有线电视台建立。无锡市广电系统形成一局、三台（广播电台、电视台、有线电视台）、一报（《无锡广播电视报》）、三中心（广播电视技术中心、广播电视经营发展中心、广播电视服务中心）的管理运行机制。1993年，广播电台分为经济、新闻、文艺、交通系列台，建立电视二台。1995年初，无锡城区拥有10万有线电视用户，有线传输节目16套。其后，实现有线电视市县大联网，无锡一城三市（县）2076个行政村实现光纤有线广播电视“村村通”，进行有线电视多功能开发和数字电视试播。

1997年3月8日，《江南晚报》在互联网上推出电子版，成为江苏省第一家上网的媒体。1999年6月，无锡日报社主办的“无锡新传媒”网站开通。之后，《无锡日报》及其系列报刊的新闻资源陆续上网。1999年，市广电系统实施管理体制和运行机制整体改革，组建成立全国首个广播电视集团——无锡广播电视集团（简称“无锡广电集团”）。是年，无锡广电集团被市委、市政府列为首批市场化综合配套改革试点单位。

2001年1月，太湖明珠网建立。5月，无锡广电集团成建制接收原锡山市广电局和郊区广电局，组建广播生活台、城郊台，电视城郊频道。

2003年7月，广电总局批准无锡市为全国数字电视试点城市。同年11月28日，无锡日报报业集团成立，下辖《无锡日报》《华东信息日报》《江南晚报》《华东旅游报》《江南保健报》《江阴日报》《宜兴日报》，以及《城市党报研究》杂志和“无锡新传媒”网站共七报一刊一网站。2004年3月，无锡广电集团被国家广电总局批准为集团化改革试点单位，实施新一轮改革，将广电划分为公益性事业和经营性产业两大部分，并对事业和产业实行分类管理、分别运行。5月，无锡广电集团整合资源，调整结构，形成新闻、经济、交通、音乐、江南之声、健康等6个广播专业频率，新闻综合和都市资讯等两个电视主频道，娱乐、健康、经济和影视，恢复图文信息频道等4个电视专业频道。

2005年2月，太湖明珠网建立独立运行机构。同年8月，市委宣传部与新华网合作建成开通新华网无锡频道。12月，无锡广电集团建设有线数字电视示范小区，开展数字电视整体转换试点。是年，无锡日报报业集团报纸发行总量超过35万份，营业收入总额3亿元；无锡广电集团资产总额12.2亿元。

第一章　新闻出版

第一节　机　构

1988年3月18日，市文化局设立出版事业管理科，1989年11月13日更名新闻出版处。1990年3月27日更名无锡市新闻出版处。1995年5月18日无锡市版权处成立。1997年9月8日，市文化局增挂“无锡市新闻出版局”和“无锡市版权局”牌子。

2004年，宜兴市新闻出版（版权）局、江阴市新闻出版（版权）局挂牌，崇安、北塘、南长、滨湖、锡山、惠山等6区的文化市场管理办公室（所）全部增挂“新闻出版管理办公室（所）”牌子。

第二节　报　纸

一、《无锡日报》

1.沿革

1985年1月1日，《无锡日报》在省内同级报纸中率先改出对开大报。1987年1月，成立集体企业性质的《无锡日报》发行部，在全省地市报中率先实行自办发行。1991年，电脑激光照排中心投入使用。1993年5月8日，在《无锡日报·周末青年》创刊10周年时，第一、四版彩色印刷，成为该报专刊中的第一张彩报。1998年末，在省内同级报纸中率先建成现代化的多报联网电脑采编网络系统，报业发展跨上“告别纸与笔”的新台阶。2000年，报社被新闻出版总署评为首届全国地方报社管理先进单位，并被推举为中国报协城市党报分会会长单位。是年末，报社广告收入继跻身全国媒体百强之后，从全国报纸系统40位升至24位，在省内同级报纸中位列第一。2003年3月，新印务中心成立。是年，广告业务创收在全国地市级党报中率先突破亿元。2001年与2004年，先后引进日本滨田彩色印机。2005年，无锡日报社从中山路移驻学前东路1号，内设总编室、总编办、夜班出版部、要闻综合部、经

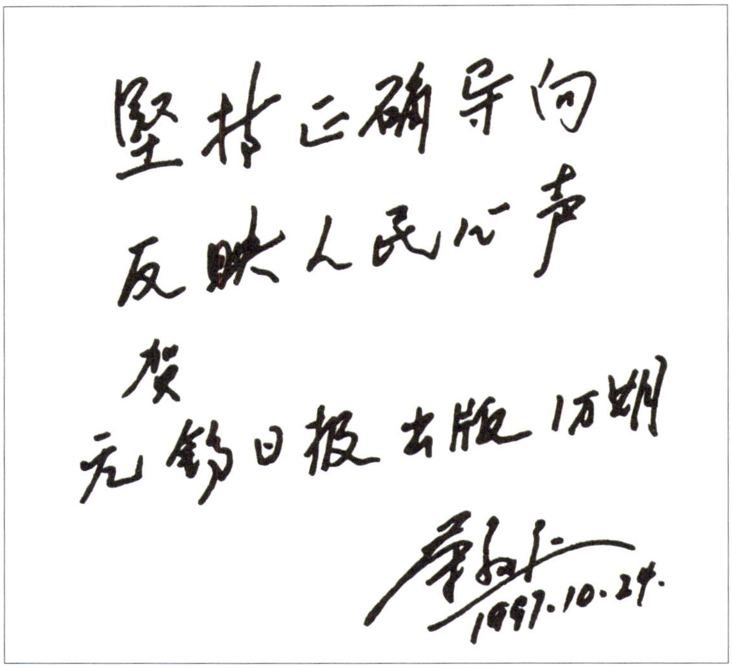

图36-1　1997年10月24日，国家副主席荣毅仁祝贺《无锡日报》出版1万期题词　　（市委宣传部供稿）

济生活部、城乡统筹部、新闻评论部、社会热线部、文娱体育部、副刊部、摄影部、网络新闻部、广告部。是年，报纸发行量9万多份。

2.办报方针

1985年元旦，《无锡日报》改出对开4版时提出"《无锡日报》是党、政府和人民的喉舌，要围绕四化建设，并服务于这个中心，及时、准确、生动地宣传党的路线、方针、政策"，并提出"加强党性，突出中心；城乡一体，地方特色；增重加深，抓好评论；短多快新，消息总汇；面向群众，丰富多彩"的办报方针。

1994年，《无锡日报》改进版面，确立总体办报要求："突出中心，体现主旋律；拓宽报道面，扩大信息量；贴近读者，增强服务性；增强时政，新闻发布及时；形式创新，内容丰富多彩；改进版式，做到图文并重"。

1996年，《无锡日报》实施新闻改革和版面调整，明确思路：坚持正确舆论导向，正确全面地体现中央精神和市委、市政府中心工作；拓宽报道面，增加信息量，增强时政性，使《无锡日报》成为无锡地区信息总汇；各项报道贴近群众，贴近实际，贴近生活，多宣传基层群众中先进事迹和先进思想，多反映群众呼声和要求，使党报更贴近基层实践，反映社会生活主旋律；改进宣传报道艺术，改进文风，增强报道的可读性和感染力，鼓励反映经济社会发展、趋向和规律的深度报道，增强报道的指导性。

1997年，《无锡日报》编委提出"把《无锡日报》建成全市新闻界旗帜和现代报业集团"的总目标，坚持"宣传出精品，经营创效益，管理上规范，队伍创一流"的工作思路。

2003年，《无锡日报》改版方案提出：在中共十六大精神指引下，贯彻实践"三个代表"重要思想，坚持"大报品位、大众口味"办报理念，围绕市委、市政府的中心工作，唱响主旋律，打好主动仗，充分发挥综合性主流媒体的优势和功能，坚持与时俱进、开拓创新，把《无锡日报》办成舆论导向正确、荟萃热点新闻、贴近市民、贴近生活、领导信赖、群众喜闻乐见、具有时代竞争力的市委机关报。

2004年，《无锡日报》办报方针为：学习贯彻中共十六大和十六届三中全会精神，以邓小平理论和"三个代表"重要思想为指导，坚持贴近实际、贴近生活、贴近群众的原则，坚持社会效益为主与提高经济效益相结合的原则，围绕无锡市争创"两个率先"先导区示范区的总目标及各项中心工作，为全市改革开放和现代化建设提供精神动力、舆论支持和思想保证。

2005年，《无锡日报》在新一轮改版中提出，坚持"坚持正确导向、优化办报质量、整合新闻资源、拓展发展空间"办报理念，强化品牌意识、整合意识、互动意识、责任主体意识，在丰富信息内容和增强视觉吸引力上下功夫，以增强报纸的新闻性、权威性、思想性和可读性，更好地为全市争创全省"两个率先"先导区和示范区、建设和谐宜人新无锡当好舆论先行。

3.版面设置

1986～1998年，《无锡日报》为对开4版。1983年至90年代中期，先后增出《周末青年》《乡镇企业》《投资贸易》《教育周刊》《老年生活》等对开4版专版。1999年，《无锡日报》每日出版对开8版（其中周三为10版，周五为12版）彩报。

2001年，改版后的《无锡日报》日均12版，分为三大板块：A版为要闻，B版为热点新闻，C版为专刊专版。第一版《要闻》、第二版《地方新闻》和第六版《社会广角》从不同角度报道读者关注的社会热点；《锡澄宜郊新闻》版为县郊大地的"一周信息集萃"；时事新闻版扩展为《国内新闻》和《国际新闻》两个版；B版首版《体育新闻》及《文娱新闻》版；C版《都市服务》8个版，《无锡警方》4个版，《消费时尚》新增《电脑世界》，《无锡房市》4个版。2002年改版后，《无锡日报》1～4版为A板块，分别设要闻、地方新闻、国内新闻、国际新闻；5～8版为B板块，分别设《大千世界》《社会广角》和体育新闻，《大千世界》含国内外"新闻分析""热点追踪""新闻聚焦"等内容和都市生活类新闻，《社会广角》为本地区社会新闻；9～12版为C板块，设《无锡警方》等专刊专版，并且新辟《晚间休闲》版，每周4期，每期8版。

2003年无锡日报报业集团成立后，《无锡日报》在总体格局分为A、B、C3个板块。A1版为要闻版，A2版为地方新闻版，A3版为国际新闻，A4版为国内新闻。B版有“读者视线”“法治天地”“纪检与监察”“网络时空”和“太湖”副刊。新设“瞭望长三角”，主要刊登“长三角”地区15个城市的新闻；“文化大观”报道文化新闻。C版为“晚间休闲”板块，凸现“休闲”主题。此后，在大框架基本不变的情况下，每年对版面作适度增减调整。

2004年，A版板块和版面设置不变。B版以经济生活为主，增加财经报道，反映都市的发展变化。每月增设3个“焦点”版，追踪国内外发生的突发事件和读者关注的焦点新闻；增设“环球科普”版，普及科学知识，介绍气象、地理、科技、生活等方面的新知识、新发现；“读者视线”由每周1期增为2期，加强舆论监督，反映群众需求，增强报纸互动性和服务性。体育版由每周4个增为8个，及时报道国内外体育新闻，增强体育评论。

2005年，加强A版、改进B版，适度整合专版，形成A、B版各8个版。在A版系列原有“国内新闻”“国际新闻”的基础上，每周增设4个国内国际新闻版，增加事件性报道、世界经济报道、分析性报道和国际评论；每周新增两个时评观点版，刊登市内外作者撰写的时评文章及转载、转摘其他媒体有价值的评论、观点等；每周新增两个经济视点版，刊登市内外经济新闻和为读者提供投资理财服务信息为主，显现无锡工商城市、经济中心城市的特质。在A版系列设立两个体育新闻版，全方位反映体坛动态。B版系列增强民生新闻、社会新闻、文娱新闻和深度报道。地方新闻和社会新闻版更多地关注民生，反映人民群众的需求和呼声，体现为民服务主旨。新设专稿特稿版，每周4个版，刊登本地、周边和权威媒体精彩的特稿专稿，通过对事件、问题的解剖、分析、追踪，增强新闻的深度和思想内涵。B版每周新设立4个文娱新闻版面，刊登本地和国内外健康的文化娱乐新闻，扩展受众文娱视野。适度整合专、副刊板块，将“教育周刊”和“教育之声”合并，精简为综合性的4个版。在原有“太湖”文学副刊版基础上，增设“视界”“阅读”“赏碟”3个文化副刊版，构成“太湖”副刊系列，分别充实到周一、周六、周日的B版中。将“晚间休闲”版梳理整合为“人物”“居家”“情感”“养生”“霓裳”“游走”“绝活”“主张”“酷炫”等休闲系列版面。专版部分每周新设“经济·无锡房市”“经济·无锡车市”各4个版，刊登百姓关注的房市、车市资讯。

4.新闻报道

1986年，《无锡日报》围绕无锡地区经济工作中的重点和难点作比较集中的报道，对大中型企业和乡镇企业的改革发展进行连续报道，配发系列评论。

1988年，重点宣传中共十三大以后的一系列重要方针政策，对改革开放10年来的经济建设成就进行专题报道。2月17日发表述评《实现战略转换，发展外向型经济》，2月25日发表述评《无锡要抓住机遇引进外资》，7月15日发表述评《无锡企业要接受挑战再领风骚》，突出党报对经济社会发展的舆论引导作用。1989年，以经济治理整顿为基点，从1月18日起，连续发表贯彻市委七届十次全会精神的一系列专题报道，重点报道克服困难、继续前进的企业，其中包括《锡棉四厂出口新品，阔幅人造棉布上马》《洗衣机厂依靠职工振兴企业，小天鹅展翅飞出低谷》等。

1990年1月23日，报道《改革开放使骨干企业实力增强，无锡涌现一批大户人家》。其后报道《华晶集团振奋精神发展外向经济》《江阴乡镇企业酝酿新的战略转移，大力发展外向型经济》《我市外向型经济取得突破性进展，全市外贸、外经等任务提前完成》等。1991年，无锡地区遭受百年不遇的特大洪涝灾害。无锡日报社领导和文字、摄影记者到抗洪一线，图文并茂报道抗洪救灾的生动场景。6月16日～7月17日，共刊发抗洪救灾报道447篇，配发图片速写78幅。

1992年，邓小平视察南方谈话发表后，《无锡日报》相继刊发《我市多层次多渠道多元化外经新格局》《大中型企业在利用外资上唱主角》等报道，报道《百货站探索工商一体化道路》《锡棉三厂放开经营面貌一新》等一大批国企典型和在改革开放中作出优异成绩的典型人物，为促进无锡的经济发展提供舆论支持。1993年，突出宣传《邓小平文选》第三卷的出版发行和中共十四届三中全会的决定。对人民群众关心的奥运申办以及锡剧节、无锡民间音乐家阿炳100周年诞辰纪念活动等重点报道，通过评论、通讯、图片等多种体裁，宣传讴歌民族精神，进行正面舆论导向。根据市委关于“抓住机遇，深化改革，集中力量把经济搞上去”部署，组织开展农村股份合作制、国企转换经营机制等专题报道。

1994年，推出《亿元村厂风采》《“米袋子”与“菜篮子”工程》等有深度的系列报道，组织“搞活国企系列报道”和“名牌工程建设”两次集中报道，推出《现代企业之路》栏目，对全市16家集团军申报企业逐个采访报道，先后刊出《伏虎出山成猛虎》《做不完的大王梦》《构筑现代企业大厦》等16篇重点稿件。1995年，采编发表《红杏一枝满眼亮》《国际论证全凭实力，无形资产确有魅力——无锡成为省内国际论证国企最多的城市》《国际资本进入无锡凸现“九五”新特征》等文章；刊出《巨龙腾飞热土沸扬》《大路奉献歌》《无锡大交通在建规模超20亿元》等报道。组织开展崇安法院好法官王德莉典型报道，先后被省内外10多家新闻媒体转载。

1996年，围绕市委提出的“九五”规划和2010年远景目标、率先基本实现现代化宏伟目标进行突出报道。配合全省企业工作会议在无锡召开，分别推出小天鹅、威孚、太平洋、宏源、机床厂和一汽锡柴等6个国企典型，配发言论和综述，反映无锡着力搞好国有经济改革发展的工作思路和基本情况。中共十四届六中全会召开后，组织推出一批精神文明建设先进典型和先进个人的专题报道。市委做出总结推广华西村和“小天鹅”两个典型的决定后，1996年12月15日，《无锡日报》刊登《学华西小天鹅，开拓进取争一流，奋力开创我市两个文明建设的新局面》报道，并全文刊登市委调查组对两个典型的调查报告，刊登《小天鹅腾飞蓝天轨迹探寻》4篇系列报道，并以《我以我德荐未来》为题，报道小天鹅公司不懈追求的精神风貌。1997年7月1日，《无锡日报》在无锡地区首次出版记载重大历史事件的绫绢报。同年，加强国企改革和发展非公有制经济发展的宣传报道。11月8日，刊登《一厂一策搞改制　求实调整添活力——市轻工企业所有制形式多样化》，提出改制必须从企业的实际出发，决不能“一刀切”的观点。在对1997年的经济工作回眸报道时，发表记者述评《脱胎换新制——城乡企业改制热潮的冷思考》，对企业体制改革进行舆论引导。

1998年，报道中共中央总书记江泽民在无锡考察，用通版刊发彩色组照，刊发《以江总书记视察乡企为动力，江阴发起加快经济发展新竞赛》等重点报道。1999年，围绕庆祝无锡解放和新中国成立50周年、澳门回归、迎接新千年和创建全国文明城市、国家卫生城市等一系列大事，突出中心报道。2001年，对喜迎新世纪第一春、贯彻“十五”规划、纪念建党80周年等重大题材集中重点报道。推出《无锡经济世纪之交回眸与展望》《无锡经济双轮推动战略年回顾》《跳出无锡，紧赶世纪航班》等组合报道和系列报道。

2002年，把宣传实践“三个代表”重要思想和报道中共十六大作为头等大事。一版专门开辟《实践“三个代表”，与时俱进发展》等专栏，二版开设《贯彻“三个代表”，从身边事做起》专栏，精心组织180余篇通讯、系列报道和消息。深度开发新闻资源，刊出的消息《1%的纱锭，1/3的利润》获得省新闻最高奖——江苏新闻奖。2003年，围绕争创全省“两个率先”先导区示范区中心工作，开设《全面小康大家谈》《争创两个率先先导区示范区》等专栏，推出“寻找无锡经济新动力”“两个率先深层次思考”系列报道。2004年，加大新闻改革和新闻创新力度，系列报道《无锡粮食丰收后的思考》获江苏新闻奖。

2005年，按照“传承创新，整合发展”理念，不断提升作为地方主流媒体引领主旋律的能力，围绕“创新大讨论”、弘扬“四争四创”风尚、践行“尚德务实、和谐奋进”无锡城市精神、“全面小康创伟业”、“十一五”规划等重大主题和第三届太湖博览会、第十届全运会等重大活动进行报道，对吴仁宝、丁晓兵、赵大松等先进典型多轮次集中报道。消息《知识产权“大户”背后的贫富悬殊》获江苏新闻奖。

5.专刊、副刊

《太湖》 为《无锡日报》综合性文艺副刊。1986～1997年，《太湖》副刊每周刊出3～4期，分为文学、生活、影视、休闲等类别。2005年起，《太湖》副刊分为文学、阅读、赏碟、视界等专版。

《晚间休闲》 1983年，创办《周末青年》专版，1998年更名《新周末》。2001年，结合改版，创设《晚间休闲》周刊，为娱乐休闲类的综合性专刊，每周对开4～8版。

《教育之声》 2000年1月，创办《教育周刊》，对开4版。2002年1月起，分设"中学版""小学版"，对开8版。2005年，整合为4个版，沿用原广告专刊名《教育之声》周刊。

《老年生活》 2000年7月，《无锡日报》创办《老年生活》周刊。

二、《江南晚报》

1.沿革

1992年5月，无锡日报社向新闻出版署提交创办晚报的申请和可行性报告。10月8日，新闻出版署批复同意创办《江南晚报》。1992年10月28日，《江南晚报》试刊第1期与读者见面。12月5日，无锡市确定江南晚报社为副处级建制，暂定人员编制60名，内设总编办、要闻部、社会新闻部、文体部、通联部、理论部、美术摄影部、经理部、广告部、行政科、财务科等。1993年1月1日，《江南晚报》创刊号与读者见面。

1996年3月，报社迁至勤学路51号。同年5月建成电脑房，年末实现采编到印前各工序全过程电脑化。1997年3月8日，《江南晚报》在互联网上建立站点，推出电子版，成为江苏省第一家上网的媒体。1998年10月，迁入位于学前东路1号的无锡日报社新闻大楼。1999年起，尝试责任编辑和部分部主任竞聘上岗。1999年10月，市机构编制委员会核定报社人员编制110人，其中领导4人、行政管理人员8人、专技人员80人、工人18人；内设机构调整为要闻部、社会新闻部、文体部、副刊部、通联部、摄影部、出版部、发行部、广告部、文秘科、行政科、财务科。

2000年11月28日，《江南晚报》成为无锡日报报业集团旗下的系列报之一。至2005年，内设机构有要闻部、社会新闻部、文体部、副刊部、通联部、摄影部、经济专版部、采访一部、采访二部、采访三部、民生热线部、出版部、发行部、办公室。3月，与无锡移动通信公司合作，开通手机报纸。是年，在无锡日报报业集团内率先实行人才租赁用人机制，招聘租赁制记者。

2.办报方针

1993年1月1日，《江南晚报》创刊，在全省地市级城市中首开先河。创办之初，以办一张百姓茶余饭后的休闲性报纸为宗旨，提出"飞入寻常百姓家"的口号，强调贴近性和服务性。2000年，对定位相应调整，提出关注大多数人精神需要，合拍社会生活的变化节奏，主旋律和多元化相结合，提供全方位的服务和鲜活的新闻，通俗而不媚俗，精彩而不平庸，向善而不煽情。主旋律和多元化成为两大新追求。针对一系列重大主题，加强宣传报道策划，选择独特视角解读。从1998年长江抗洪到2003年抗击"非典"疫情、2004年包头空难，现场都能看到晚报记者的身影。

3.版面设置

《江南晚报》创刊时为4开4版，除新闻外，副刊成为吸引读者、留住读者的重要阵地。1994年增为4开8版，1995年改为对开4版。1998年增至对开8版。

2001年11月1日，面对报业竞争，增为对开12版，采取"改彩印、改早出、扩版"的应对策略，"晚报早出"，早晨发行。2002年改为对开16版。

2003年，专刊成为改版的重点。改版后，"都市服务"系列专刊突出"新闻纵深、实用服务、人文关怀"三大功能，有近1/3的版面定位于新闻性专题报道；每天设定一个主题服务内容，增设"心海护航""理财有道""家教广角"等服务性、知识性专版；在信息服务、实用服务基础上，增加精神文化服务类内容，开设"城市故事""心情关系""珍藏无锡"等版面，力求全面关注和引导都市人的精神追求、文化观念和情感诉求。在以后的多次改版中，专刊内容逐渐固定为教育、汽车、休闲、房产、品尚五大板块。

2004年8月3日，从对开大报改为4开小报，版面大幅增加，平均每天44版，每周的版面容量增加1.5倍，重点增加新闻版数量和信息容量。新闻版分成无锡新闻、国际国内、文娱体育、副刊等4个板块，每个板块又根据内容定位细分。采用时尚化包装手段，实行板块化运作，分为A、B叠，A叠为新闻、副刊类版面，B叠为经济类专版。新设置以大照片、大标题为主要内容的封面版。改型改版后发行量增长50%，广告收入快速增长。至年末，晚报发行量大幅度上升，其中零售量比改版前增长两倍多。

2005年4月，实施版面优化调整，整合新闻资源，将新闻类版面分为A1叠和A2叠。A1叠设置今日聚焦、时评、国内新闻、国际新闻、体育新闻、财经新闻等版面。A2叠为无锡新闻，将无锡新闻单列为一叠，主要版面有要闻、综合、社会、法治、热线、副刊以及文娱新闻等，增加可读性强、重大独家的新闻，彰显地方特色和都市报风格。通过放大字号、改进版式、推迟付印时间等措施，使读者阅读更方便、版面更清晰、新闻更鲜活。

4.专版专刊

《江南晚报》创刊后，开设以“二泉月”命名的系列副刊版面，内容涉及文学、读书、心情、美文、市井、收藏、网络、吴越文化、连载小说等。“二泉月”副刊以其悠久的历史、丰富的内容、独到的品位，得到读者的认可和重视，并在江南地区媒体中日益凸显其影响，成为晚报的一个文化品牌。

1994年，晚报兼并原市轻工局纺织品站的《服饰导报》，合办《江南服饰》专版。1995年，与市政府财办筹办的《无锡财贸报》合并，举办《江南商贸》专版；与郊区广播电台《江南之友节目报》合并，举办《江南之声》专版。1996年，与市司法局的《江南法制报》合并，举办《江南法制》专版；与上海申银万国证券公司合办《东方投资》专版。1997年，与市公安局合办《无锡警方》专版；兼并市消防大队的《消防报》，合办《太湖消防》；与市交警支队合办《道路交通》。1998年，与中央电视台无锡影视基地合办《江南影视》专版。2002年创办《教育周刊》。

5.市场拓展

《江南晚报》创刊第一年发行量3万份，当年实现广告创收300多万元。筹建之初的晚报没有自己的发行部门，所有发行征订工作均由《无锡日报》代办。1993年10月，晚报组建发行部门，但由于人手不足，所有发行征订工作仍由邮政部门代理。1995年，晚报组建20多人的零售队伍和50人左右的自办投递队。1996年，晚报发行量增加1.8万份。1998年，将发行触角深入到江阴、宜兴以及广大农村地区，1999年发行量比上年增加1.8万份。1998年始，广告经营开始快速发展，在原有传统广告客户的基础上拓展市场，广告经营收入以每年20%以上的速度递增，2003年增至5000多万元。

2004年，晚报由原来的对开大报改为4开小报，对读者的吸引力提升，发行量大幅增长，2005年发行量突破10万份大关。从此，发行量以每年1万多份的数量递增。是年，广告经营收入约7000万元。

三、《华东信息日报》

1.沿革

1986年4月1日，《无锡信息报》更名为《华东信息报》，全国人大常委会委员长彭真题写报名。发行范围曾覆盖华东六省一市，报纸订户遍及全国30个省、市、自治区近2000个县、市。此后，随着办报方针的改变，发行范围逐步缩小。1988年1月，华东信息报社从无锡日报社分出，为隶属于市政府独立全民事业单位，由市经委代管，副处级建制。1989年12月，内设办公室、编辑出版部、采通部、广告部、咨询服务部、资料室。1992年8月，迁移至中山路新址，面积1700多平方米。

1994年4月，《华东信息报》更名《华东信息日报》，建立中共华东信息日报社委员会。10月，报社为市政府直属事业单位，市委宣传部主管，正处级建制。1998年，实行全员聘用制和岗位工资制。2001年1月，实现封面彩印。2003年11月28日并入无锡日报报业集团。2005年，内设部门调整为党政办公室、总编办公室、综合新闻部、经济生活部、广告部、发行部、印刷厂。发行量约5万份左右。

2.版面设置

1986年4月，《华东信息报》由4开4版周一刊增为周二刊。1988年改为周三刊。1991年，运用电脑排版系统，改出周四刊。1992年，扩版为对开4版周三刊大报。1993年，报社印刷厂在无锡新区建成，配备较为先进的彩色印刷机和激光照排机，实现排版、制版计算机运作，增至周四刊，同时通过卫星传版技术，承接上海、南京等地8家报纸的分印业务。1998年增至周七刊。同年6月，改版改型，由原来的对开大报变为4开小报，周六刊，16～24版。2000年扩版至28版。

2002年，《华东信息日报》前16版为新闻版，由导读、要闻、国内新闻、国际新闻、文体新闻构成。之后设立本地新闻版，体现“本土到家、服务到位”办报特征，在3、4版，5、6版安排“市民服务”，以服务性新闻为主，设《消费维权》《民声传呼》《职场引路》等栏目。《记者直击》《编辑聚焦》《世间趣闻》等版面增加可读性。14～16版为“证券早读”，发挥投资理财方面的传统优势。后8版为“新市场”服务版，每期分别由记者特写稿与经济生活系列专版构成。

2004年，1版延续新闻导读的风格，头条、图片选择服从读者需求，突出市民关注度与市场关联度，增加精短本地新闻。无锡新闻板块整体提前至2、3、4、5版，打造“无锡市民报”品牌。把“市民服务”作为改版亮点，加大信息量、实用性、互动感与市场味，通过“热线”“民生”“消费”“创富”等系列专版，强化报纸市民化和服务性的特征。《连载畅读》扩充整版，每日3篇连续推出，吸引读者。

2005年8月，将每周二至周五的“无锡新闻”板块移至后8版，单列成一叠，增加投资理财、百姓经济、雅玩集藏等理财、收藏、经济生活服务信息，通过重新整合，使房市、车市、美食、健康、旅游、招聘等服务信息更加集中，版面层次清晰，便于读者阅读。

3.新闻报道

《无锡信息报》改名《华东信息报》后，以“华东经济窗口、工商企业良友、经营决策参谋、市场竞争助手”为办报宗旨，注重报道华东地区特别是长江三角洲地区经济信息与市场动态，分析重大经济问题，捕捉最新经济动态，突出报纸对经济发展的决策参谋和舆论引导作用。

90年代，《华东信息日报》关注改革中出现的新情况、新经验、新问题，报道经济运行形势和改革重大举措。90年代中后期，报业市场竞争格局发生变化，经济信息类报刊面临着严峻挑战。《华东信息日报》适应市场，探索新路，坚持在实用性、可读性、服务性上下功夫，发展成为以“经济导刊”为主导，以“亚洲证券”“艺术市场”“周末特刊”“文摘周刊”“无锡市场”等系列专版为特色的区域经济类报纸。

进入21世纪，《华东信息日报》尝试转型。2000年6月，在新一轮改版时，确定“贴近市场，服务市民”的办报宗旨，坚持“市民视点，经济视角，区域视野”的办报特色，新闻板块注重时效性，生活板块突出亲和性，经济板块力求实用性，把原有的单一经济类报纸定位，转变成以贴近市场、服务市民为主的综合性经济生活类报纸。2002年，进一步明确办报定位：立足无锡，辐射周边，“创晨报特色，为市民服务”，以新闻为主导，与本地其他报纸错位竞争，坚持把新闻做“特”，把服务做“实”。2003年，按照“在传承中创新，于转型中求变”的办报理念，新闻报道突出市民口味，实用信息突出服务功能，增设“新闻热线”，扩大加深与社会各界的联系，倾听市民心声；增加“市民服务”版面量，强化市民新闻报特色，突出亲民基调。

2005年，开设“百姓经济”版，集中报道与市民相关的经济新闻和实用信息，加大信息量、增强市场味，通过《消费曝光台》《维权110》等品牌栏目提升报纸的公信力和影响力。

4.专刊、副刊

1991年，《华东信息报》创办第一个综合性新闻周刊《星期刊》，后易名为《周末刊》《周末特刊》

《东方周末》，其一版突出大特写的特色，关注社会现实，报道领域宽广，发表一批社会、经济热点的独家报道。1993年，创办《商情刊》，突出市场信息，直接服务企业，并以“网络成员之家”为平台，为工商企业牵线搭桥，交流信息，推广产品。

1994年，股票和艺术品收藏成为新兴投资热点，《华东信息日报》推出《亚洲证券》周刊，刊登股市行情分析和投资策略。1995年1月，《亚洲证券》由对开两版增至4版。1995年8月，以“贴近社会、服务百姓、品味生活”为宗旨，创办都市生活类周刊《无锡市场》。1996年8月，创办《艺术市场》，为国内首家专门报道艺术品市场的大型专刊。1998年，《无锡市场》改出对开8版。1999年，《亚洲证券》扩版至16版后，每期零售从7万份逐渐攀升至20万份。

2000年，《无锡市场》周刊改型改版为4开32版彩色小报，封面采用大标题、大照片的时尚包装，实行杂志化的版块设计，涵盖新闻、经济、生活、娱乐等内容，辅以房产、汽车、招聘、旅游、健康、消费等服务性版面，突出可读性、实用性、服务性。

四、《华东旅游报》

1.沿革

1988年3月，《江南旅游报》创刊，由省旅游局、市委宣传部、市旅游局共同筹办，为省内部发行刊物。1991年，改名为《江苏旅游报》，获国内统一刊号，面向国内外公开发行。1995年更名为《华东旅游报》。1998年12月，《华东旅游报》成为无锡地区第一批开通使用现代化电脑采编网络的报纸之一。1999年6月，新闻内容资源通过“无锡新传媒”网站上网。2003年11月18日，报社并入无锡日报报业集团。2005年，内设总编室、总编办公室、编辑部、新闻部、专题策划部、广告部、财务科。

2.版面设置

1988年，《江南旅游报》为4开4版，设旅游信息、服务、风光、副刊等版面，服务旅游业界和游客。1991年初，改为4开4版周二刊，增设旅游经济、文摘等版面。1994年改为对开4版。1995年改为对开大报，周二刊，开设新闻、综合、博览、副刊、经济、画刊等版面。后改为周三刊。

2005年，由对开大报改4开24版，周二刊，分为A、B两个版块。A版为“旅游业界”，周二期为16版，周四期为8版，开设《热点新闻》《我行我素》《冒险乐园》《动静相宜》《热点回

江南旅游报
JIANG NAN LU YOU BAO
致读者
无锡市旅协今年将办六件实事
国内旅游要立法
——访国家旅游局国内旅游司司长李铁英
南京重现秦淮风光
梁祝故事千古传
寻宗觅源在宜兴
上海旅游市场要摆脱“甲肝”阴影
扬州举行旅游学术讨论
苏州市成立商业旅游公司
旅游信息
古迹新探
岁朝迎春赏时花
狮子林花棚团簇游客激增

图36-2　1988年3月10日，《江南旅游报》创刊

（市委宣传部供稿）

放》《深度报道》《旅途幽默》《民俗民风》《质监投诉》《图游天下》等栏目；B版为“休闲生活”，周二期8版，周四期16版，开设《封面故事》《特别策划》《特别关注》《七嘴八舌》《淑女聊吧》《情感之旅》等栏目。与上海文新集团旗下的《上海星期三》报合作，引进购物天堂、健康美容、明星趣闻、居家参谋、美食长廊等时尚版面，提升可读性。

3.报道活动

1991年5月，《江苏旅游报》秉持“面向旅游者，服务旅游界”办报理念，与无锡日报社、无锡电视台联合组成“重走霞客路”采访摄制组，自徐霞客故乡江阴马镇启程，历经江苏、浙江、江西、湖南、广西、贵州、云南7省(区)，行程万余公里，发稿近40篇。

1994年，在世界旅游日之际，联合《扬子晚报》《江南晚报》等10多家媒体组织开展“世界旅游日江苏摩托车环省纪行”活动。1995年，组织举办华东旅游笔会，邀请高晓声、叶兆言、舒婷等知名作家及《解放日报》《新民晚报》等媒体记者参与，宣传报道华东旅游行业。

1996年10月4日，《华东旅游报》摄影周刊、无锡日报社、无锡电视台、江南之声电台和红豆集团赤兔马摩托车公司联合组成“纪念长征胜利，弘扬延安精神——无锡新闻单位赴延安采访团”，驱车赴延安地区采访。

1998年，和中国康辉旅行社联合举办“首届华东旅游风情展”，组织“长三角”地区千名老人游三峡活动，首开中国老年旅游先河，并据此采写多篇新闻稿件。

2003年，与山东省泰安市旅游局联合出版《泰山假日·四季号》，与苏州市园林局联合出版“迎世遗大会”专版，与市旅游局联合出版“无锡十八景评选”专版，与福建省厦门市旅游局联合出版“厦门国际旅游节”专版等。2005年，报社先后与无锡的阳山桃花节、滨湖山水旅游节、生态旅游节等举办单位联合，推出节庆专版。

五、《江阴日报》

1989年1月1日，《江阴报》复刊，报名由新华通讯社社长朱穆之题写。复刊时确立党报性质、晚报风格，为全市人民提供健康活泼、积极向上的精神食粮的办报宗旨。报纸为周六刊，分AB版，有要闻、综合、副刊、文体、城事现场、时评、人文、服务等版面，开设《今日关注》《暨阳调查》《天南地北江阴人》《市民论坛》《摄影故事》《家园话题》《早读暨阳》《感动江阴的人和事》《人文视线》《民生热线》等栏目，每周出版“名家”特刊、“房产”周刊。报纸发行量3.28万份。1991年10月印刷厂落成，实现报纸自办自印，并在江苏省县级市报纸中首家使用激光照排技术。

1993年12月1日，《江阴报》更名为《江阴日报》。1995年2～6月，在周末版刊出11篇特别报道，寻找一个9年不留真名、以“炎黄”名义向祝塘镇敬老院和镇政府捐款的好心人，使“炎黄精神”成为江阴精神文明建设品牌，引来全国多家新闻媒体争相报道。是年，采编人员新闻稿获全国县市报好新闻评比一等奖3篇，获奖数量和等级名列全国500多家县市报社前茅，蔡意同和王建新采写的《华西村为陕甘宁晋培训100多名乡村干部》获中国新闻奖二等奖，在全国县市报中开先河。是年，成为全国首家自收自支的县级报社。1999年9月28日江阴长江大桥竣工通车，以对开12版彩色专刊报道中共中央总书记江泽民为大桥通车剪彩的盛况及这项历经5年建成的江苏省重点工程。

2002年，江阴日报社成为全省首家广告收入超千万元的县级报社。2003年12月，加盟无锡日报报业集团，成为一张综合性区域报，服务性、知识性进一步增强，更加关注民生。

六、《宜兴日报》

《宜兴报》于1980年3月10日复刊。8开2版，1版是国内农业经济重大新闻，间或也刊登国内外大事；2版主要是经验介绍、人物故事、小通讯、时事宣传和专栏。1994年1月1日更名为《宜兴日报》。1998年1月1日起，在全国县级报中率先办起彩色报纸。至2002年，先后创办“缤纷校园”“农村天地”“社会广角”等专刊专版，设《阳羡旧事》《宜兴人物》《天南地北宜兴人》等栏目。2001年1月起，创办“收藏理财”“生活周刊”等专版。2003年1月起，分设A、B、C三类版面，常年设置“陶都风情”“卫生健康”“法制周刊”“新周末”等专刊，先后开设《率先路上看典型》《科学发展论坛》等栏目。2004年11月28日，报社加盟无锡日报报业集团。2005年1月起，分设A、B、C、D四类版面，新增“真情故事”“休闲时空”“连载”“经济视点”“警方周刊”等专刊，先后开设《弘扬三创精神 促进宜兴腾飞》《先进性教育“一把手”访谈》等重点栏目。是年，《宜兴日报》发行量近3万份，形成拥有独立门户网站“宜兴网”、快讯商品广告《氿风》、数字报、手机报、宜兴日报书画院和报业广告传媒公司、宜兴日报文化培训中心等一体多翼的全新报业经营格局。

七、《江南保健报》

1.沿革

2001年，锡山市撤市建区，原锡山市委机关报《锡山日报》划归无锡日报社管理，利用原《锡山日报》刊号，经新闻出版署批准，筹办《江南保健报》。2002年1月1日，《江南保健报》创刊，设置采编部、办公室、财务部、广告部。2003年11月，并入无锡日报报业集团。2005年，内设机构为采编部、综合办公室、社会生活部、广告部。

2.版面设置

2002年初，《江南保健报》分8版、12版、16版交错出刊。4月，实施第一次改版，实行版面微调。年末，基本形成新闻板块和生活板块共16版的版面设置格局。其中1版为新闻版，刊登医疗保健领域的重大新闻、社会热点；2版为今日视点版，后改为健康新闻版，刊登健康类社会热点问题深度透视、新闻事件追踪报道等文章；3版为生活医学版；4版为中老年保健版；5版为两性世界版和家庭医生版，交替刊出；6、7版为导医热线版，刊载新医新药知识和信息；8版为心灵驿站版，介绍心理健康知识；9版为美丽之门版，介绍健美和保健养颜知识；10版为健康饮食版，介绍饮食保健知识；11版为绿色家园版，介绍健康环保家居知识；12版为副刊版“休闲沙龙”；13～15版为健康出行版；16版交替刊出“生命故事”“健康乐园”“法医笔记”。

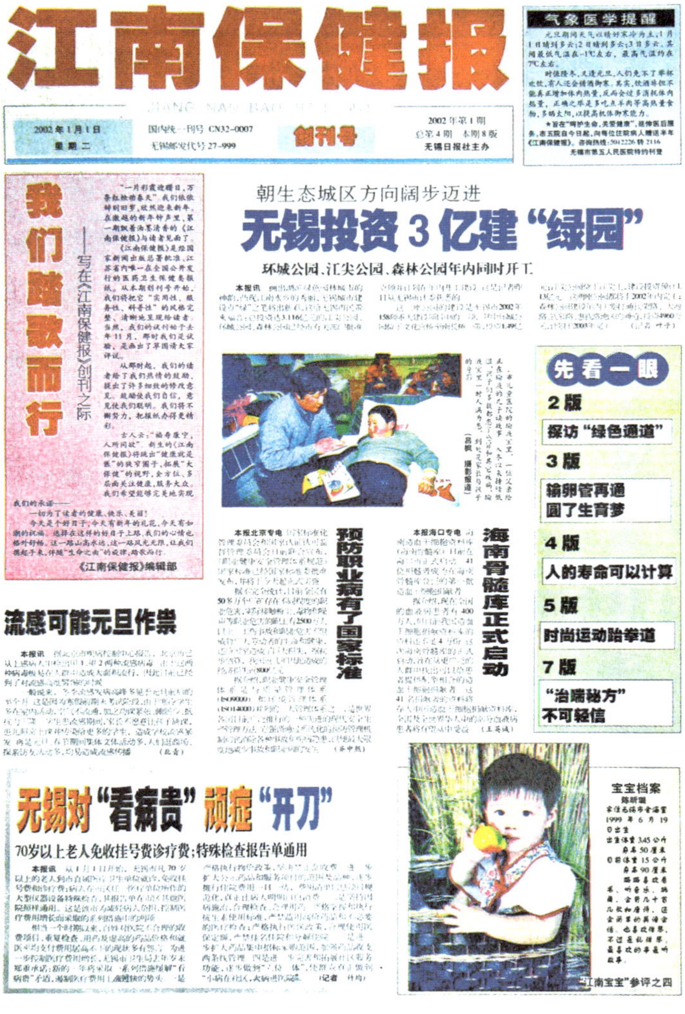
江南保健报

2002年1月1日 星期二
国内统一刊号 CN32-0007
无锡邮发代号 27-999
创刊号
2002年第1期
总第4期 本期8版
无锡日报社主办

气象医学提醒

元旦期间天气以晴好寒冷为主，1月1日晴到多云；2日晴到多云；3日多云。其间最低气温在-1℃左右，最高气温约在7℃左右。

时值隆冬，又逢元旦，人们免不了举杯欢饮，有人还会借酒御寒。其实，饮酒非但不能真正增加体内热量，反而会过多消耗体内热量，正确之举是多吃点羊肉等高热量食物，多晒太阳，以提高机体御寒能力。

★旨在“呵护生命，关爱健康”，延伸医后服务，市五院自今日起，向每位住院病人赠送半年《江南保健报》。咨询热线：5042226转2116

无锡市第五人民医院特约刊登

我们踏歌而行

——写在《江南保健报》创刊之际

“一片彩霞迎曙日，万条红柳舞春天”我们依依辞别旧岁，欣然迎来新年。在激越的新年钟声里，第一期飘着油墨清香的《江南保健报》与读者见面了。

《江南保健报》是经国家新闻出版总署批准、江苏省内唯一在全国公开发行的医药卫生保健类报纸。从本期创刊号开始，我们将把它“实用性、服务性、科普性”的风格完整、清晰地呈现给读者。当然，我们的试刊始于去年11月，那时我们是试验，是画出了草图请大家评说。

从那时起，我们的读者给了我们热情的鼓励，提出了许多细致的修改意见。鼓励使我们自信，意见使我们聪明。我们将不断努力，把报纸办得更精彩。

古人云：“福寿康宁，人所同欲”。新生的《江南保健报》将跳出“健康就是医”的狭窄圈子，拓展“大保健”的视野，全方位、多层面关注健康，服务大众。我们希望能够完美地实现我们的承诺——

一切为了读者的健康、快乐、美丽！

今天是个好日子，今天有新年的礼花，今天有如潮的祝福。选择在这样的好日子上路，我们的心情也格外舒畅。这一路山高水远，这一路风光无限，让我们携起手来，伴随“生命之曲”的旋律，踏歌而行。

《江南保健报》编辑部

朝生态城区方向阔步迈进

无锡投资3亿建“绿园”

环城公园、江尖公园、森林公园年内同时开工

先看一眼

2版 探访“绿色通道”

3版 输卵管再通 圆了生育梦

4版 人的寿命可以计算

5版 时尚运动跆拳道

7版 “治喘秘方”不可轻信

流感可能元旦作祟

预防职业病有了国家标准

海南骨髓库正式启动

无锡对“看病贵”顽症“开刀”

70岁以上老人免收挂号费诊疗费；特殊检查报告单通用

宝宝档案

陈昕媛

家住无锡市金海里

1999年6月19日出生

出生体重3.45公斤 身长50厘米

目前体重15公斤 身长90厘米

“江南宝宝”参评之四

图36-3 2002年1月1日，《江南保健报》创刊

（市委宣传部供稿）

2003年，调整改版：4版更名为“银发一族”；5版交替刊出“两性世界”“中医大观”“企业家健

康”和“长三角黄页”；14版交替刊出“健康社区”“健康乐园”“生命故事”“法医笔记”；副刊版“休闲沙龙”更名为“菜根谭”。2004年新设环球保健版、绿色通道版。环球保健版刊载放眼世界看健康的内容，绿色通道版介绍上海的名医名院。2005年，改为4开16版，周二刊，周二、周五出版，版面划分为信息、知识、服务和生活4个板块。1～8版为信息知识板块，新设成长阶梯版和健康特稿版；9～16版为生活服务板块，新设健康药店版、健康女性版、时尚养颜版。

3.新闻报道

2002年，《江南保健报》推出《明天的午餐在哪里——对中小学生午餐状况的调查》系列报道以及《聚焦“黑心油”》《聚焦“黑桶”》《“清洁车”离无锡市民有多远》等报道。7月16日～8月16日，与江苏交通广播网合作，推出“健康出行——交广风行网”专刊。

2003年，策划推出“城市建设中的人性化疏漏”组稿、有关平价药房的系列报道、有毒蔬菜的连续报道、有关“朝九晚五”作息时间和“禁摩”的社会反响等报道，推出抗“非典”特刊。2004年，组织采编《滥用抗生素患者也有责》《七夕已过鹊桥无　百万“牛郎”心里苦》《老人慎搭保健品推销“直通车”》《锡城药老大降低药价叫板平价药房》等报道。2005年，在世界无烟日与阿斯利康制药有限公司联合举办“远离烟草，倡导健康”控烟宣传活动。全国发生猪链球菌感染时期，开展“平安夏天，放心食品”宣传活动，在南禅寺广场等地展开食品鉴别、选购、烹煮知识讲座。

4.专刊、副刊

2002年，《江南保健报》开设“休闲沙龙”副刊版，设有“生活万花筒”“垂钓攻略”“君子好球”等专栏。2003年，副刊版改名“菜根谭”，以保健为基点拓宽内容。同年初起，先后与苏州工业园区友好广告有限公司、苏州蓝宝石广告公司合作出版“江南保健报苏州健康黄页”专刊。

2005年，增加副刊类版面的比重，除“菜根谭”外，增设健康休闲、健康乐园、健康出行等副刊类版面。是年，与省卫生监督所合作，创办“江苏卫监”专版，与无锡电视台健康频道、无锡电台健康频率合作开辟“健康话题”专栏节目，组成无锡地区的“健康三媒体”。

八、《无锡广播电视》

1.沿革

《无锡广播电视报》前身是1954年创刊的《一周广播节目》，8开4版，免费赠阅。1980年5月，无锡电台编辑出版《广播与电视》报，4开2版，1985年扩为4开4版，1986年1月更名《无锡广播电视报》。同年6月，刊用全国政协副主席陆定一书写的报名。10月，被推荐为全国广电报工作联谊会常务理事单位。1987年6月26日，建立无锡广电报社，由市委宣传部主管，市广电局主办，机构独立，编制8人。8月31日获全国统一刊号。11月，与市人民印刷厂联营建厂，在全市率先使用胶印轮转机印刷，是年，平均每期发行40.2万份。1989年9月，在全市最早采用激光照排新技术，是年每期发行48万份以上。1990年第一期突破50万份，1992年为60万份，最多时达63万份。1994年11月，在蠡园开发区投资建办无锡广播电视报印刷厂，安装双纸胶印轮转机和北大方正电子排版系统。1998年1月，在全国报刊整顿调整中，《无锡广播电视报》更名为《江苏声屏·无锡广播电视》(简称《无锡广电》)，国内统一刊号不变。1999年6月，市广电局组建无锡广播电视集团(简称“无锡广电集团”)，无锡广电报社成为无锡广电集团下设的8个中心之一——无锡广电报编辑出版中心，经营财务由无锡广电集团统收统支。2001年下半年，无锡广电报印刷厂整体转制为民营企业。《无锡广电》长期由无锡邮政局代办发行。2003年，无锡广电报社实行在市广电局(集团)领导下承包经营、利润上交的模式。2005年末，无锡广电报社在册职工30人。

2.版面设置

1998年1月，《无锡广电》由4开16版扩为24版，2000年1月扩至32版，部分版面彩色印刷。2002年1月通过改版凸现周报特色。同年6月，《无锡广电》送评的消息《把直播室搬到农家去》获中国广播电视新闻奖报刊奖一等奖。

2003年1月,《无锡广电》定位于本埠平面媒体中第一张都市周报,调整改版为两叠,A版16版为广播电视,B版16版为《新周刊》,版面内容为“本期策划”“健康驿站”“非常感受”“百姓关注”“人物点击”“法行天下”“人在旅途”“经济圆桌”“名利场上”“影视干线”“娱乐天空”“维权万家”“超宽视线”等。同年6月27日,B版改名为《无锡新周刊》,增加8个版为《无锡新周刊·资讯》专刊,内容包括休闲、链接、服务、信息等。2005年1月,《无锡广电》探索转型为都市周报,共设48版。A版16版为新闻性专题,版面内容为“新闻关注”“新周头条”“坊间”“调查”“缤纷”“体育”“文化”“视野”等;B版16版为《娱乐·视听》,其中娱乐新闻6个版,电视节目预告5个版,剧情和栏目介绍5个版;C版12版为《城市·资讯》,刊登休闲、时尚类文章;D版4版为《第一房产》。

3.广告经营

1985年起,《无锡广电报》经营广告创收。1987年广告收入35万元,至1993年,广告收入500多万元,此后每年增加200万元左右。1997年广告创收1769万元,2000年1491万元。2001年,广告由无锡广电集团通过社会招标,交由正视传媒有限公司总代理,经营半年后,与正视传媒有限公司解除总代理关系,由无锡广电集团经营,年创收932万元。2002年,广告创收1107万元。2003年初,广告创收由无锡广电集团交由上海方正延中传媒公司总代理,4月即收回广告经营权,无锡广电报社自主经营,当年创收1209万元。2004年广告创收1605万元,2005年1607万元。

第三节　期　刊

1986年,无锡市有公开出版发行的期刊10种,分别为《太湖》《银幕与舞台》《无锡轻工业学院学报》《中华核医学杂志》《现代铸铁》《现代车用动力》《科学养鱼》《石油实验地质》《江苏陶瓷》《机械职业教育》。1987年,《沙龙》杂志(原名《银幕与舞台》)停刊。1988年,无锡书法艺术专科学校、省文化厅文化艺术研究所联合主办《书法艺术》报,向全国公开出版发行,1990年改为《书法艺术》杂志,1998年12月更名为《书画艺术》。

1999年,无锡教育学院创办《无锡教育学院学报》。2001年,无锡轻工大学、江南学院、无锡教育学院合并成立江南大学,《无锡轻工业学院学报》更名为《食品与生物技术学报》,《无锡教育学院学报》停刊。

2005年末,无锡市有公开出版发行的期刊22种,其中社会科学类5种、自然科学类17种;月刊3种、双月刊14种、季刊5种;邮局征订12种、自办发行10种;除《太湖》杂志为国内发行外,其他均为国内外发行。

2005年无锡市主办的公开发行期刊一览表

表36-1

期刊名	刊期	创刊年份	地址	主办单位	主管单位
太湖	双月	1973	妙光苑1号5楼	市文联	市委宣传部
中华核医学杂志	双月	1981	大娄巷23号	中华医学会	中国科协
江南论坛	月刊	1993	人民中路185号六楼	市社科联	市委宣传部
城市党报研究	双月	2001	学前东路1号	中国报业协会党报分会	无锡日报报业集团
现代铸铁	双月	1981	塘南一支路9号	中国一汽无锡柴油机厂中国机械工程学会	中国一汽无锡柴油机厂

续表

期刊名	刊期	创刊年份	地址	主办单位	主管单位
电子与封装	月刊	2003	惠河路5号	中国电子科技集团第五十八研究所	信息产业部
粮食与食品工业	双月	2003	惠河路186号	国家粮食储备局无锡科学研究设计院中国粮油学会	国家粮食局
江南大学学报（自然科学版）	双月	1998	蠡湖大道1800号江南大学蠡湖校区32号	江南大学	教育部
中国微循环	双月	1993	市第三人民医院内	省微循环学临床应用实验培训中心等	市科技局
冷饮与速冻食品工业	季刊	1995	蠡湖大道1800号江南大学蠡湖校区32号	江南大学等	教育部
书画艺术	双月	1988	钱荣路12号	《书画艺术》杂志社	市文化艺术管理中心
现代车用动力	季刊	1975	钱荣路15号	市油泵油嘴研究所	市油泵油嘴研究所
江南大学学报（人文社会科学版）	双月	2000	蠡湖大道1800号江南大学蠡湖校区32号	江南大学	教育部
中国血吸虫病防治杂志	双月	1989	梅园杨巷117号	省血吸虫病防治研究所	卫生部
科学养鱼	月刊	1985	山水东路9号	中国水产学会等	中国科协
船舶力学	双月	1997	袁家湾1号	中国船舶科学研究中心等	中国船舶重工集团公司
无锡职业技术学院学报	季刊	2002	大学城高浪西路1号	无锡职业技术学院	省教育厅
石油实验地质	双月	1963	惠钱路210号	中国石化石油勘探开发研究院等	中国石油化工集团公司
无锡商业职业技术学院学报	季刊	2001	荣巷郑巷90号	无锡商业职业技术学院	省教育厅
江苏陶瓷	双月	1963	宜兴市丁蜀镇丁山北路196号	省陶瓷研究所有限公司	省科学技术厅
机械职业教育	季刊	1980	中南路8号	无锡职业技术学院	省教育厅
食品与生物技术学报	双月	1982	蠡湖大道1800号江南大学蠡湖校区32号	江南大学	教育部

第四节　内部出版物

无锡市部分工矿企业、行业主管部门、社会团体、科教单位等编有连续性内部资料出版物，或属企业报性质，或属信息交流载体。80年代中期，部分连续性内部资料出版物流向社会，出现吸纳广告和摊派收费征订等问题。经1987年和1989年8月两次清理、整顿、压缩，无锡市取得江苏省连续性内部资料出版物准印证的报刊有75种，其中社科类27种、自然科学类16种、企业类32种。内部资料性出版物刊期不一，最短的周刊，最长的半年刊，大多为月刊、双月刊，也有旬刊、半月刊、季刊等；出刊形式不一，企业类一般采用报型，其他均采用刊型；印数不一，最少的每期500份，最多的每期3万份。2005年末，无锡市正常出刊的连续性内部资料出版物48种，其中18种由企业主办、10种由行业主管部门主办、11种由科教单位主办、9种由党政系统主办。

2005年无锡市连续性内部资料性出版物一览表

表36-2

名称	刊期	开本	主办单位	主管单位
江苏锡钢	月	4开4版	江苏锡钢集团有限公司	市冶金资产经营有限公司
宏源集团	半月	对开4版	江苏宏源纺机股份有限公司	无锡纺织产业集团有限公司
锡缆风采	月	4开4版	无锡电缆厂有限公司	市机械资产经营有限公司
无锡旅情	双月	16开	市旅游局	市政府
无锡电大研究	半年	16开	市广播电视大学	市学校管理中心
卫生与健康	月	16开	市疾病预防控制中心	市卫生局
一汽锡柴	旬	4开4版	一汽解放汽车有限公司无锡柴油机厂	市机械资产经营有限公司
宜兴紫砂	季	16开	宜兴市陶瓷（紫砂）文化研究会	省陶瓷行业协会
无锡电力	季	16开	市电力行业协会	市电力行业协会
焦化工人	月	4开4版	无锡焦化有限公司	市冶金资产经营有限公司
初中教学研究	月	16开	江南中学	省教育协会初中教育专业委员会
无锡教育	月	大16开	市教育研究中心	市教育局
锡压采风	月	8开4版	无锡压缩机股份有限公司	中共无锡压缩机股份有限公司委员会
无锡机械	半月	4开4版	市机械资产经营有限公司组织人事部	市机械资产经营有限公司
海鹰	半月	4开4版	海鹰企业集团有限责任公司工作部	海鹰企业集团有限责任公司党委
无锡港	月	4开4版	市港务有限责任公司党政办公室	市港务有限责任公司党委
江苏陶艺	季	16开	省陶瓷行业协会陶艺专业委员会	省陶瓷行业协会
华润微电子	周	4开4版	中共无锡华润微电子有限公司委员会	中共无锡华润微电子有限公司委员会
锡树工人	半月	4开4版	市石油化工总厂	中共无锡市石油化工总厂委员会
水星	月	4开4版	无锡华光锅炉股份有限公司党办	中共无锡华光锅炉股份有限公司委员会
康复园地	半年	16开	市癌症康复俱乐部	市卫生局
现代班集体研究	双月	大16开	市教育研究中心	市教育局
代表与人民	双月	大16开	市人大常委会研究室	市人大常委会
无锡宣传	月	大16开	市委宣传部	市委宣传部
江南工商	季	大16开	市工商行政管理学会	无锡工商行政管理局
无锡政研	双月	16开	市思想政治工作研究会	市委宣传部
无锡企业	月	大16开	市经济贸易委员会	市经济贸易委员会
无锡工人	双月	16开	市总工会	市总工会

续表

名称	刊期	开本	主办单位	主管单位
无锡财会	双月	16开	市财政局	市财政局
无锡通讯	月	大16开	市委办公室	市委办公室
无锡城市科学研究	季	16开	市城市科学研究会	市建设局
无锡经济	月	16开	市政府办公室、市政府研究室	市政府
陶都通讯	月	4开4版	宜兴市陶瓷行业协会	省陶瓷行业协会
和平	双月	4开4版	和平机械电子集团公司（无锡）	中共和平机械电子集团公司（无锡）委员会
威孚潮	旬	4开4版	无锡威孚集团有限公司	市国有资产监督管理委员会
苏南发展	每年8期	16开	无锡苏南发展研究所	市委宣传部
无锡税务	月	16开	市税务学会	市国家税务局
无锡政协	双月	16开	市政协办公室	市政协
社会活动家	季	16开	市新闻工作者协会	市委宣传部
纪检与监察	月	16开	市纪检委	市纪检委
万迪动力	双月	4开4版	万迪动力工程集团有限公司	无锡威孚集团有限公司
太湖论丛	季	大16开	市委党校	市委党校
千里马	月	16开	江苏赤兔马有限公司	红豆集团有限公司
红豆	半月	对开4版	红豆集团有限公司企划部	红豆集团有限公司
海澜人	月	2开4版	海澜集团有限公司	海澜集团有限公司
无锡史志	双月	16开	市史志办公室	市史志办公室
无锡科协	月	16开	市科协	市科协
太湖视听	双月	大16开	市广电局（集团）	市广电局（集团） 无锡广播电视学会

第五节　新传媒网

1997年3月8日，《江南晚报》在互联网上建立站点，推出电子版，成为江苏省第一家上网的媒体。1998年《华东旅游报》上网。1999年初，无锡日报社成立网络新闻部，6月22日在互联网上发布无锡日报社网站——无锡新传媒（http://www.wxrb.com）。其后，无锡日报报业集团新闻资源陆续上网。无锡新传媒重点推出“无锡经济”“无锡城建”“无锡旅游”“无锡名人”“吴文化”等10多个栏目，面向海内外全方位介绍无锡经济社会各个领域的发展情况，及时报道无锡及周边地区的新闻，向访问者提供大量由网站自采自编的信息。2000年后，无锡新传媒在对网站内容逐年调整的基础上，突出新闻专题制作，开办一批特色专题频道，成为网上向世界介绍无锡的重要窗口。无锡新传媒探索“报网互动”和“引领舆论”，利用典型宣传以及国内外重大事件，广泛收集老百姓对一些热点问题的评论帖子并有选择地刊发在纸质媒体上；推出传媒博客和网络聊天直播室功能，选择网民和广大市民关注的话题进行互动；提供视频搜索功能，可链接观看由国内各家电视台播出的关于无锡和国内国际重大事件的视频新闻报道。

2005年7月16日，市委宣传部与新华网签约，合作建立新华网无锡频道，由无锡新传媒负责新闻编辑和传送等日常工作，每天及时发布无锡新闻，成为无锡地区最具影响力的新闻性综合网站之一。

第六节　报刊管理

1986年起，无锡市开展报刊清理整顿工作，相继制定一批关于新闻出版管理的制度和规定，包括《出版物送样制度》《报刊审读制度》《新闻阅评制度》《出版物鉴定程序》等。

1999年上半年，在全市开展以“取缔非法、查处违规、压缩总量、优化结构、加强调控、严格管理”为内容的印刷业清理整顿工作。实施分级管理方法，市新闻出版局负责管理市属印刷企业，不定期抽查市（县）、区印刷企业；市（县）、区负责对辖区内印刷企业的管理，接受市局的指导和监督；对52家书报刊定点印刷企业加强教育培训工作；结合年检工作，组织定点印刷企业的法人代表、经营负责人、书报刊经营人员进行法律法规学习和上岗培训。

2000年，组织开展气功类出版物调查和清理整顿，印发《无锡市关于气功类出版物清理整顿的实施办法》，成立工作领导小组和审查小组，对500余家印刷企业展开调查摸底和教育宣传。对一家光盘复录线企业实施驻厂监督员和定期抽查相结合的管理制度。

2001年10月～2002年10月，市新闻出版局会同公安、工商、质监等部门组织开展全市整顿和规范印刷市场秩序工作，全市压缩不合格印刷企业470家，占原有印刷企业总数的16.3%；取缔非法印刷厂点16个，收缴非法印刷品5.7万册，查处违规企业79家，罚没款61.5万元；2000余家印刷企业增加注册资本，总额达12亿元；更新机器设备近千台（套），总价值达2亿元；建立和落实印刷企业法定代表人和经营负责人法规培训考核制度，签订诚信经营承诺书；落实《印刷品承印管理制度》，引导印刷企业开展技术交流和职业培训，提高印刷从业人员整体素质。无锡市被评为全省整顿和规范印刷市场秩序工作先进集体。

2005年，无锡市开展“扫黄打非”、非法报刊专项整治、印刷业专项整治、集中整治赌博游戏专项行动等活动，全市共出动执法人员3.1万余人次，收缴非法音像制品和电子出版物96万余张，收缴非法书刊3.9万余册，取缔非法电子游戏经营场所214个，收缴赌博机968台，捣毁地下印刷窝点13个。

第七节　驻无锡记者站

50年代，《新华日报》、江苏人民广播电台设有无锡记者站，分别驻市委大院与无锡人民广播电台内。《江苏工人报》无锡记者站设在市总工会内。

改革开放初期，《江苏经济报》创办，在无锡设记者站，后驻太湖花园一期165号。1980年《机械周报》创刊，后改名《中国机械报》等，2003年改为《中国工业报》，无锡记者站驻复兴路151号。1985年1月，《江苏法制报》创刊，设无锡记者站，驻崇宁路58号市司法局内。

1986年1月1日《扬子晚报》创刊，在无锡建立记者站。当天，《扬子晚报》在无锡发行1000余份。1992年7月1日该报自办发行，选择无锡、苏州、常州试点，并在无锡设立除了总部以外的第一个代印点，供应无锡、苏州、常州三市报纸。自办发行后，《扬子晚报》在无锡发行量突破3万份。1999年，该报开始创办无锡地方专版，由驻锡记者站采访、编稿，驻留芳声巷东河花园内。当年《扬子晚报》在无锡发行量突破10万份。2003年，《扬子晚报》地方版更名为《扬子经济时报无锡新闻》，当年发行量18万份。

1990年《江苏电力报》设无锡记者站，驻梁溪路12号。1994年创刊的《中国高新技术产业导报》(周刊)在无锡堰桥金惠西路118号设江苏记者站。1996年6月，中国国际广播电台无锡记者站成立。

至2005年，各记者站人数1～5人不等，分别进行采编、播发任务。又有江苏现代快报传播有限公司无锡分公司，驻中山路71号锡金大厦6楼，设采编部、广告部、发行部等。新华社江苏分社、人民日报江苏分社以及各大报纸驻江苏记者站都有分工记者在无锡采访、编稿。

第二章　广播电视

第一节　机　构

1986年1月，无锡市广电局改变局台人员合编状况，实行局机关和台编制分立。4月，出台机构体制改革方案，无锡人民广播电台、无锡电视台分别建立台级领导小组，市广电局与无锡人民广播电台、无锡电视台实行“三块牌子、一套班子”管理体制。11月，与中央电视台共同筹建中央电视台无锡外景基地。1987年6月，市广电局建立无锡市广播电视报社、无锡市广播电视缆车服务公司，为正科级事业单位；建立无锡市音像制品发行站，为副科级事业单位。

1988年9月，无锡人民广播电台、无锡电视台领导小组撤销，分别设主持工作的副台长。1990年5月，央视无锡外景基地建制提升为副处级，1993年11月提升为正处级，1994年7月更名中央电视台无锡太湖影视城，归属中央电视台领导。

1991年9月30日，无锡广播电视中心启用，地址无锡市湖滨路4号。市广电局机关、无锡人民广播电台、无锡电视台、无锡广播电视报社由中山路原址迁入。1992年3月24日，无锡有线电视台启动筹建，为市广电局下属正科级事业单位。8月，市广电局试行一局、三台(无锡人民广播电台、无锡电视台、无锡有线电视台)、一报(无锡广播电视报)、三中心(广播电视技术中心、广播电视经营发展中心、广播电视服务中心)管理运行机制，编制、工资实行分块管理。9月28日无锡经济广播电台试播。12月无锡有线电视台试播。1993年2月28日，无锡经济广播电台开播。5月，市广电局实行“局台合一”管理运行体制。10月18日，无锡人民广播电台新闻台、文艺台、交通台开播。11月11日，无锡电视台二台试播。1994年12月，无锡市广播电视新闻研究所建立。1996年1月，无锡电视台一台、二台分别更名无锡电视台13频道、45频道，设频道总监。6月20日，市广电局明确为市政府工作部门，内设机构调整为：党委办公室(挂组织人事处牌子)、行政办公室、总编室、技术事业处、计划财务处、音像管理处、保卫处、监察处。6月29日，中国国际广播电台无锡记者站成立。1998年3月，实行有线电视台、网分设，建立无

图36-4　1991年，无锡广播电视中心启用　(市委宣传部供稿)

锡广播电视网络中心，为局属全民事业单位。5月，无锡广电服务中心增挂“无锡广播电视物业管理公司”牌子。

1999年6月9日，全国首个广播电视集团——无锡广播电视集团成立，性质为国有独资事业单位集团。集团与市广电局实行“两块牌子、一套班子”管理体制。集团下设无锡广播中心、无锡电视新闻中心、无锡电视社教中心、无锡电视文体中心、无锡电视编排中心、无锡广电技术中心、无锡广电报编辑出版中心、无锡广电财务中心。2000年1月1日，无锡太湖明珠网建立，并成立广电网络有限公司。

2001年4月，无锡市实施市级党政机关机构改革，市广电局由市政府工作部门改为市政府管理的事业单位。2001年5月8日，整合原锡山市和原郊区广电资源组建的无锡广播生活台、城郊台和无锡电视城郊频道开播。7月，建立无锡广播电视城郊管理处，负责对46个乡镇广播电视站的管理并开展相关业务。

2004年4月，无锡广电局（集团）按照产业化发展要求对广电公益性事业和经营性产业实施分类管理、分别运行，组建成立15个管理职能部门与发展实体单位，形成“一个集团、两大体系，统分结合、协调发展”管理运行架构：由党政办公室、组织人事处（人力资源部）、总编办公室（新闻中心）、社会管理处、监察室（审计室）组成管理层面；由研究发展中心、财务中心（计划财务处）、技术中心（科技处）、服务中心组成社会保障层面；由演艺中心、电视中心、广播中心、广电报出版编辑中心、网络中心、广告中心组成实业发展层面。8月，组建无锡广电产业投资发展公司。

2005年1月，无锡广电局（集团）建立无锡数字电视有限公司。2月，建立无锡太湖明珠网站独立运行机构。4月，建立无锡广通数字移动电视有限公司。是年末，无锡广电局（集团）职工1811人，其中大专以上526人、研究生以上11人；新闻采编人员321人，其中中级职称136人、高级职称（含副高级）25人；技术人员209人，其中中级职称66人、高级职称（含副高级）27人。无锡广电局（集团）资产总额12.2亿元。

第二节 广 播

一、事业概况

1986年4月，无锡人民广播电台成立领导小组，在市广电局统一领导下行使对广播的日常管理职能。1988年9月，电台领导小组撤销，设主持工作的副台长。电台办有无线广播（中波1161千赫[①]）、市区有线广播和调频立体声广播（99.6兆赫）等3套节目。按时间计，无线12小时30分，有线15小时30分，调频立体声1小时（星期日为3小时，后扩充为每天1.5个小时），日播出时间共29小时，其中自办节目40个，时长约14小时。广播节目除保留《无锡新闻》《周末生活》《广播书场》《梁溪之春》《大众科学》等部分老牌节目外，创设《法制园地》《青年之声》《音乐爱好者》等节目。

1991年9月30日，无锡广播电视中心启用，电台从中山路88号迁至广电中心B区，在此播出调整后的成套广播节目。1992年9月，无锡经济广播电台在调频99.6兆赫试播全套节目。1993年2月28日，经济广播电台开播，节目设置和播报形式突破传统的形式，采用大时段板块结构、主持人直播、调频24小时全天候播音，满足听众多样化的需求。专设两部热线电话，与听众加强交流联系。5月，实行局、台合一体制。10月18日，无锡人民广播电台新闻台、文艺台、交通台同时开播，已经开播的经济广播电台更名为经济台，形成无锡人民广播电台4个系列台的格局，节目总播出时长75小时。人民台下设总编办公室、新闻台、经济台、文艺台、交通台、技术部、发射部、无锡广播广告公司。

① 赫是赫兹的简称，法定计量单位中的频率单位。

图36-5　2005年5月，无锡广通数字移动电视有限公司揭牌
（无锡广电集团供稿）

1994年3月，创办《无锡经济信息报》（内部发行）。1995年1月，占地近2万平方米的新中波发射台启用运行。发射功率3000瓦，有效覆盖率半径65公里，中波广播的功能、覆盖、音质全面提高。1996年5月，无锡电台创办的有线电视家庭生活频道在无锡有线电视网络8频道试播。1998年，中波发射台被评为1997年度全国广播电视技术维护评选竞赛先进台。1999年6月，无锡广电集团成立，电台改组成集团体制下的无锡广播中心，保留无锡人民广播电台呼号，广播中心及各台在工作职能、人员配置、管理体制等方面作相应调整。2000年，新闻、经济、文艺、交通4个系列台应用数字音频编播系统，改变节目制作运行方式。

2001年，无锡市实施区划调整后，原锡山电台和郊区电台成建制划归无锡广电集团，原郊区电台改建为生活台，原锡山电台改建为城郊台（2002年1月改为健康台）。2003年1月，无锡广播文艺台改为音乐台。4月，生活台恢复"江南之声"呼号。2004年4月，无锡广电集团实施新一轮体制机制改革，广播由系列台向专业化频率转型，各频率实行总监负责制，无锡广播系统形成6个专业频率：新闻频率（AM1161千赫、FM89.4兆赫）、经济频率（AM1251千赫、FM104兆赫）、音乐频率（AM900千赫、FM91.4兆赫，原为文艺台）、交通频率（AM1008千赫、FM106.9兆赫）、江南之声频率（AM603千赫、FM92.6兆赫，即原生活台）、健康频率（AM1521千赫、FM98.7兆赫，2005年改称健康生活频率），全天节目播出总量约128小时。12月，新闻频率与中国联通、太湖明珠网站合作推出手机广播。2005年，无锡广播系统拥有正式员工185人，其中，具有高级专业技术职称的12人、中级49人、初级54人。

二、节目制播

1986年，无锡电台有直播《无锡新闻》《简明新闻》，每天早晚各播出1次，时长15～20分钟；有传统的优秀节目《梁溪之春》《周末生活》《广播书场》《每日锡剧》《无锡景》《大众科学》；有创办的《世界拾零》《茶余饭后》《艺林漫步》《三言二语》《街头巷尾》《沪宁线上》《市场内外》等节目，每天播出一档，时长5分钟；又有《音乐爱好者》《青年之声》《广播之友》节目，自办节目有36个。其时，节目大多采用由记者编辑采编、播音员录播，并经过录音合成的传统制播形式。9月，创办第一档采编合一的主持人节目《法制园地》。1989年1月，开办时长1小时的大板块社教节目《星期一小时》，每周播出一档。又有社会情感类节目《晚上好》。

1991年9月，开办整点新闻节目，每天播出12次；开办90分钟直播综艺节目《假日旋律》等。先后与中央、上海、江苏等国家及省级电台联合举办锡剧彬彬腔演唱会、"鼓曲新声"评弹演唱会、《音乐爱好者》百期大型音乐会、锡剧梅（兰珍）派演唱会、锡剧倪同芳演唱会、"奋进中的无锡"特别节目等大型直播活动或组织专场演出。是年夏天，无锡遭遇百年未遇的洪涝灾害，电台每天开办整点新闻，增加新闻播出次数，及时报道抗洪救灾消息，发挥广播在特殊时期其他媒体无法替代的作用。

1992年9月，无锡经济广播电台试播全套节目，主要有《梁溪晨曲》《120专列》《太湖人家》《同一片蓝天》《星空恕语》等，在江苏省率先实行调频24小时全天候播音。同时，常年专设两部热线电话，以加强与听众的交流和联系。这种模式以后成为无锡广播节目播出的主要形态。

图36-6 1992年9月28日，无锡经济广播电台试播
（市委宣传部供稿）

1993年3月，由无锡人民广播电台、无锡经济广播电台组织的千人抽样调查结果表明，72.8%的人认为广播是人们获得信息最快和信息量较多的传播媒介。是年10月，无锡人民广播电台由单一传媒转变为系列台格局后，调整和完善4个系列台的节目。新闻台实现新闻节目整点化、系列化，形成1161新闻系列节目的品牌优势，设置的板块有《早上好》《天天告诉你》（含自办《1161早新闻》和中央台新闻报摘）《广播书场》《1161监督岗》《人间指南》《今夜星光灿烂》《英语一周要闻》等节目。文艺台设置的板块有《清晨旋律》《文艺精品屋》《音乐俱乐部》《共度好时光》《快乐岛》和《七彩假日》等。交通台设置的板块有《晨光快车》《与你同行》《午间航班》《休闲车厢》《都市节拍》和《温馨港湾》等，即时播报道路交通信息，为市民出行提供即时服务信息。经济台创办《104新闻》《104传呼》《张幔导购》《星空絮语》。4个台节目播出时长75小时。

1995年12月，经济台组织开展“中国极地三女杰·无锡之旅”大型主题报道活动，世界上第一位登上珠穆朗玛峰的女登山运动员潘多、中国第一位踏上南极大陆的女科学家李华梅、第一位把五星红旗插上北极点的女探险家李乐诗在无锡相聚，推出“中国极地三女杰·地球三极”大型摄影展、“中国极地三女杰”视听报告会和专场报告会等系列活动。1996年5月，经济台与无锡电视台联手组织“太湖——珠峰环保大行动”，4名广电记者与潘多同行，赴西藏开展“清洁珠峰”报道活动，同时派出记者沿太湖对综合治理太湖作采访报道。1998年8月，经济台节目主持人王天林随北冰洋夏季考察队赴北极采访，制作广播专题《北极日记》等。

1999年5月，4个系列台分别推出调整后的节目。新闻台在《新广空中杂志》板块中推出《人间故事》等子栏目，并与市人大、政协联办一档节目，《话说无锡》彰显地方特色，社会评论类节目《城市写真》、假日新闻杂志《郑越时间》等具有较高知名度；经济台每天播报的经济信息由4档增加至5档，强化舆论监督性节目《104传呼》；文艺台开设《走进文艺台》和《银线互联网》节目，《七彩金典排行榜》等流行音乐节目深受年轻听众喜欢，连续多年举办年度金曲评选及颁奖活动，成为中国流行音乐界具有影响力的年度排行榜品牌；交通台拓展《半点路况》节目，强化板块节目《与你同行》。

2000年，无锡人民广播电台各台创新节目形态、调整节目定位。新闻台加大整点新闻的密度，展现广播新闻“即时、快捷”优势，主打新闻栏目《1161早新闻》在节目形态、内容和表现方式上不断创新；经济台重点报道重大经济新闻，为百姓投资理财提供更加专业化的服务，主打节目为《104早新闻》《投资宝典》《林轩不懂股》等；文艺台改为音乐频率后，创办类型化的专业音乐节目，通过播放大时段的华语流行音乐，锁定年轻听众，频率主打节目为《七彩金曲怀旧风》及其衍生的《音乐磁场》《城市.com》等；交通台抓住城市交通高速发展和私家汽车剧增的机遇，针对目标人群打造《1069直播无锡》《大李小李有道理》《欢乐直通车》等服务节目，举办参与性公益活动，加大频率品牌的推广和营销力度。是年1月，王天林又赴南极采访，推出10集大型系列报道《南极纪行》。2月，新闻台与市纪委纠风办在《1161监督岗》中联合开设《行风热线》，这是省内广播开办的第一档同类节目。同年，经济台采制宣传无锡籍优秀援藏干部任国庆的《高原清风》《遥远的足印》《不朽的丰碑》等报道和广播剧《圣旅》。

2001年9月，经济台推出异地互动直播系列节目《三江行——先进生产力的对话》，走出电台办广播，通过长江流域与珠江、闽江流域的先进典型对话交流，形象地展示“三个代表”重要思想的理论内涵和实践成果。2002年，交通台与市文明办共同组建无锡市志愿者爱心车队，因其无私奉献、服务社会的义举，获得“省优秀志愿者服务集体”称号，入选省第六届精神文明建设新人新事。

2003年，音乐台以关注音乐、引领流行为主旨开设节目。生活台强化都市生活中的服务功能，开设《无锡屋檐下》《生活现在时》等栏目。健康台开设健康服务类节目。7月，经济台和上海第一财经、浙江经济台、南京经济台等多家电台共同发起组建“长三角”经济广播网协作体，推出中国“长三角”经济广播网联播节目。9月，新闻台记者孙琪随“远望”2号科学测量船远涉重洋采访。10月，在南太平洋通过卫星通信设备与本台连线，主持50分钟跨洋直播节目，欢庆“神舟”五号载人飞船成功运行。此次随船采访活动长达87天，创下无锡广播史新纪录。

2004年7月31日，音乐频率与香港电台并机直播“同心同根万里行”演唱会，成为无锡电台首次与香港电台进行的两地直播活动。9月，新闻频率现场直播“飘越太湖，挑战极限”热气球飘飞活动，记者全程追随热气球飘飞过程，通过空中、水面、陆地的记者连线，立体式报道第二届无锡太湖博览会。同月，交通频率与市公安交巡警去除共同打造的交通指挥中心直播室启用，交通频率与市交巡警支队信息全面联动，提供即时道路交通信息服务。11月，新闻频率经过中国质量认证中心的严格评审，通过ISO 9001：2000国际质量管理体系认证现场审核，成为国内地市级城市中第一个通过这项权威认证的广播媒体。2005年2月，江南之声频率和健康频率分别策划组织“百户贫困家庭援助行动”“百姓新春圆梦计划”等社会公益活动。

三、获奖节目

1989年10月，无锡人民广播电台录制的王彬彬、梅兰珍版锡剧《珍珠塔》获首届中国“金唱片”奖。1993年、1994年和1995年，经济台制播的节目《奇妙的航行》《彗木相撞——历史性一天》和《今夜望北斗》获得中国广播奖社教节目一等奖，实现国家级广播政府大奖“三连冠”。

1997年，新闻台选送的新闻专题《情系吕梁山——从“二赵”义举到团中央“扶贫接力计划”活动》获得中国新闻奖三等奖，为无锡广播系统首次获得中国新闻奖。1998年，无锡人民广播电台选送的《吴歌与阿福》获全国外宣节目“彩虹奖”一等奖。1998～1999年，无锡人民广播电台选送的歌曲《月亮升起》《家》《中国山水》、广播剧《炸毁月球》获省“五个一工程”奖。

2000年，经济台制播的社教节目《不朽的丰碑》获中国广播奖一等奖。同年，新闻台《新广空中杂志》栏目被评为省广播电视十大优秀栏目。2001年，经济台制播的新闻节目《伟大的理论植根于伟大的实践》获中国广播奖一等奖。同年，反映优秀援藏干部任国庆先进事迹的广播剧《圣旅》，获全国精神文明建设“五个一工程”奖。2003年，无锡人民广播电台选送的《鼓乐笙歌尽乡韵——无锡道教仪式音乐介绍》获全国外宣节目“彩虹奖”一等奖。

2005年，新闻台《小区风景》栏目被评为江苏省广播电视十大优秀栏目。至是年，无锡广播300件（次）作品在省以上政府评奖中获奖，其中，国家级政府奖44件、省级政府一等奖65件。无锡人民广播电台投资制播的《刘天华》《远东国际军事法庭上的中国法官》《歌唱祖国的故事》《动物王国大战》《雨儿胡同的花事》《我们仨》《远山》《吴仁宝和他的乡亲们》等多部广播剧，分别获国家级奖、省级政府奖、专家评选奖。

四、对外宣传

90年代前，无锡人民广播电台与中央和周边省、市级媒体合作，通过联合直播、向上级台发稿等途径，扩大无锡本地新闻传播范围。

1995年5月，与中国国际广播电台华语台签约，合作开办《太湖明珠·无锡》节目，6月3日播出，覆盖东南亚、南太平洋和中国港澳台等地区，每周或每两周播出1档，至2005年播出近500期。1996年2月，《太湖明珠·无锡》节目邀请无锡市主要领导通过中国国际广播电台华语广播向海外听众致辞祝贺新年，推介无锡，此后成为无锡对外宣传传统节目。同年6月29日，中国国际广播电台无锡记者站成立。1999年4月，在中国国际广播电台英语台开办《中国·无锡》英语对外宣传节目，每周1档，至2005年播出380期。2004年3月，与中国国际广播电台日语部合作开办《来自中国无锡的报道》日语节目，每两周1档，至2005年播出60期。

图36-7　2005年9月，《直播中国——走进无锡》在无锡广电直播室向全国直播
（无锡广电集团供稿）

2005年7月13日，广播新闻频率为纪念北京成功申办奥运，联合北京、广东、福建等国内11家电台和纽约、墨尔本、温哥华等3家境外电台成功直播长达2个小时的《听，北京的声音》大型节目。9月10日，新闻频率与中央人民广播电台联合制作90分钟大型特别节目《直播中国——走进无锡》，在中央台一套中国之声和无锡台同步直播。节目以第三届太湖博览会开幕式及太湖经贸节为切入口，通过记者连线、嘉宾访谈等形式展示无锡的历史文化、建设成就和发展前景，全国各地2000多名听众通过发送手机短信参与互动。

五、有线广播

70年代，有线广播是无锡城乡资讯传播的主要媒介，城区入户喇叭最多的1976年为9万个，1985年底下降至3.85万个。1988年，市政府把城市有线广播纳入城市建设总体规划，逐年增加专项资金财政补贴，是年末保持4万多个。1989年8月，市有线广播管理站更名为市有线广播电视管理站。1990年起，市政府每年财政补贴20万元，并规定新建居民小区每平方米收取1.5元配套费用于发展城市有线广播。1992年年末，城区有线广播喇叭发展至6.5万个，有线广播馈线150余公里，用户线1200余公里，街道里弄和工商企业、学校均安装有线广播。1993年，4个系列台建立后，市区有线广播固定时间转播新闻、文艺、交通和中央台的节目。1996年后，收音机、电视机迅速普及，市民获取资讯的来源和文化娱乐渠道增多，加之旧居民区大规模拆迁改造，有线广播喇叭逐年减少。同年3月，市广视安防工程中心成立，与市有线广电管理站实行“两块牌子、一套班子”管理。市广视安防工程中心经营有线广播、有线电视、计算机网络、小区智能化、安全防范等系统工程的设计、安装业务，以此解决有线广电管理站的日常经费。1998年，无锡广电部门为用户安装固定频率的无线广播喇叭替代有线广播喇叭，使用经省广电主管部门批准的86.5兆赫调频频率通过无线传输节目，至1999年全市装有固定频率的无线广播喇叭1万多个。2002年，市政府取消财政补助和有线广播建设配套费收费项目。2003年5月，因用户日益减少，有线广播关闭。2004年3月，市有线广电管理站及其下属三产企业改制为市广电网络传媒有限公司。

六、技术装备

1.总体技术

1986年之前，广播节目播出使用自行设计制作的抽屉式控制桌，以及与相关厂家共同设计制造的有线广播扩大机，录音、放音机以国产LY-635为主，进口设备很少。1987年，配置广播录音车，录音采用两台日本OTARA MX-5050开盘录音机和1台日本TOA8路调音台。

1991年9月，电台迁入广播电视中心后，设置简易信号传输室、语言录音室和节目复制室，建立200平方米文艺录音棚，配备16路YAMAHA调音台和瑞士产STUDER A-807开盘录音机，相继购置4台瑞士REVOX PR-99开盘录音机。从播出机房到发射台的信号传输由铅包电话电缆改为多路立体声光端机进行光纤传输。1992年9月，经济台试播，技术保障实施全天候24小时直播工作方式运行。1993年，新闻台、文艺台、交通台同时开播，与先前开播的经济台形成系列台格局，在技术保障方面建立5套共7间直播室，配备进口直播调音台，建立4套语言录音室、两套节目复制室，引进一批高端的进口设备。1994年新购广播转播车1辆。1995年，添置PRSIMA多轨数字音频工作站，配备于文艺录音棚录音制作系统，在全国城市台中较早实现节目制作数字化。1996年7月，利用流动广播宣传车直播在无锡召开的省国有企业工作会议参观活动。当年起，建立多个商场直播室。

1998年起，规划建设数字化音频节目编辑、制作和播出网，在文艺台首先应用网络化音频工作站参与广播业务。2000年，升级改造数字音频编播系统，扩大系统规模，改进系统架构，提高存储容量，在新闻、经济、交通、文艺等4个台全面应用。2002年，系统化整装改造广播播出技术设备，选用瑞士Studer On-Air2000M2数字直播调音台用于节目播出，提高安全优质播出水平。2003年，新增PROTOOLS24轨录制工作站、专业录音话筒和话筒处理器等设备。同年10月，采用新的设计理念和新的结构材料完成多功能音乐厅活动式音乐罩项目（其技术于2005年获得国家专利）。10月16日，直播新闻台记者从远航太平洋的“远望”2号科学测量船上发回欢庆“神舟”五号载人飞船发射成功的现场报道。2004年7月31日，无锡电台与香港电台同步互动直播“同根同心万里行”文艺晚会。2005年起，规划和实施计算机广播广告管理系统建设。

2.中波广播发射设备

1986年，地处无锡市南郊扬名乡的无锡中波发射台承担江苏电台（1413千赫）的同步广播、无锡电台（1161千赫）两套广播频率和7套干扰频率（分别是1008千赫、900千赫、1521千赫、603千赫、1251千赫、1178千赫、750千赫）的发射任务，其中江苏电台使用7.5千瓦电子管发射机，其余8个频率使用1千瓦电子管发射机，音频处理采用电子管限放器和进口的音频处理器。1992年，利用干扰频率1251千赫开办经济台，添置新型发射机，淘汰原有自装的电子管发射机。1994年9月，耗资近2000万元、占地近2万平方米的新中波发射台在无锡市北郊黄巷乡瓦屑坝村落成。1995年1月，新中波发射台投入运行，发射机主机为全固态机，5台音频处理器为美国原装进口。1995年，与江南大学合作开发中波发射台计算机实时监控系统，用STD总线结构，实现自动化控制。

3.调频广播发射设备

1982年，在中波发射台筹建调频立体声广播，1983年试播上海电台节目，1984年3月27日起，每周自办节目3次，每次半小时。1990年，购买两台1千瓦电子管发射机，用于调频广播99.6兆赫转播调频立体声节目。1991年，调频立体声广播迁至无锡广电中心A区电视播出机房播出，发射机迁至惠山二茅峰电视调频发射部调频机房，发射自办调频广播节目1套，调频96.6兆赫转播江苏电台节目。1992年，利用调频99.6兆赫频率创办无锡经济电台。1993年，开播91.4兆赫文艺台，调频99.6兆赫改频为104兆赫。原经济台主备机改频播出文艺台节目。1996年，江苏电台和市广电局共同投资70万元购买进口的HARRIS—10千瓦全固态调频发射机，改频为95.3兆赫，播出江苏电台节目。2001年，原锡山市广电局和郊区广电局并入无锡广电集团，将原锡山电台106.9兆赫组建为交通台，郊区电台江南之声92.6兆赫组建为生活台，均迁至惠山发射台发射。新增新闻台，频率为89.4兆赫；新增健康台，频率98.7兆赫；城市有线广播改为无线发射，频率86.5兆赫。2002～2004年，所有调频广播发射机陆续更换为全固态发射机，原电子管机淘汰，增加大型UPS不间断供电系统和新型自动调压器，更换调频发射天线和增加调频备用天线系统。

七、广告经营

1979年4月，电台恢复广播广告业务。1984年，成立经营广告的专业部门——经济信息部。80年代末，广告年创收额接近100万元。90年代，组建广播广告公司，创办《无锡经济信息报》，实行系列台台长负责制，稳步提升广告经营额，1997年广告创收超过1000万元，1998年超过1250万元。1999年6月，无锡广电集团成立后，由新组建的无锡广电广告公司负责经营广告业务，由无锡广播中心及所属各台负责广告节目的编排播出。

2002年，广告业务由各台负责，全年创收1553万元。2003年，广播广告完成2455万元。通过新一轮改革，6个台形成专业频率。无锡广电集团实施广播广告战略性结构调整，通过广告经营政策的调节杠杆作用，鼓励各频率加大品牌广告的营销力度，部分频率实施品牌广告分行业内部代理的尝试，品牌广告总量大幅度攀升。加大对广告运作流程的管理，实施有效监管，规范操作。2004年，无锡广播6个频率全年广告创收4374万元，新闻和交通频率广告创收首次实现单频率超1000万元。2005年，无锡广播广告创收5515万元。

第三节　电　视

一、事业概况

1986年4月，无锡电视台建立台级领导小组，办公地由中山路88号迁至通惠西路82号。5月，自办的无锡新闻节目由每周1次增至每周两次。1987年7月，自办节目每周增加至3次（星期一、三、五播出），每次3.5小时（含电视剧播出）。《无锡新闻》每档时长15分钟左右，设有《观察与思考》《长焦镜头》《街头掠影》等小栏目和《苏锡常新闻集锦》《体坛掠影》《下周荧屏》《梁溪夜谭》等栏目。1988年9月，电视台领导小组撤销，设主持工作的副台长。1989年1月，每周增加1次《一周新闻集锦》节目，新辟专栏《文化博览》。1990年12月24日，在周四增加1次自办节目。

1991年9月30日，无锡电视台从通惠西路82号迁入湖滨路4号无锡广播电视中心，自办节目改为每天播出，周一至周五为无锡市新闻报道，周六为无锡县新闻，星期日为一周新闻集锦。自办节目另有《新闻广场》《音乐宫》《周末电影》和时长5分钟的节目《文化博览》《太湖拾珠》《观众之友》《体坛掠影》《每周一歌》《经济万花筒》等。同年10月22日，无锡电视台和无锡人民广播电台联合举办“金秋之夜”文艺晚会，主会场设在无锡广电中心400平方米的演播大厅，广电中心音乐喷泉广场和惠山二茅峰电视发射台二楼平台为分会场，首次进行现场直播。1992年3月24日，筹建无锡有线电视台。同年9月28日，无锡电视台每天增加1档《新闻报道》节目，播报本地新闻。12月15日，有线电视台试播10套节目，除转播无锡台、中央台（两套）、江苏台、上海台（两套）、云南台及贵州台（两台节目隔天交替转播）和中央教育台8套外，播出自办节目两套，8频道为综合节目频道，每天传送16个小时的新闻、专题、影视和文艺节目；10频道为教育服务节目，每天滚动播出无锡的交通、气象、金融、旅游、商品等实用信息，同时制作中、小学生辅导和专业技术教育专题节目，并精选中央、江苏、上海、无锡和有线等5家电视台的新闻节目编辑成30分钟的当天新闻专题在每晚10时播出。

1993年初，无锡电视台创办《新闻演播室》栏目，采用主持人访谈形式，邀请嘉宾对社会热点问题进行评点。3月8日，推出竞技类娱乐节目《快活林》。首轮《太湖水·快活林》共10集，每集10分钟，播后一度成为收视热点。11月11日，无锡电视台二台经过近半年筹建在45频道试播，自办节目有《45新闻》《快活林》《太湖拾珠》《45体育航班》《45经济快报》《45点播台》《潇洒5分钟》《金曲龙虎榜》《文艺编辑室》等。每晚7时、8时、10时播放电视剧，每逢45分时播出新闻，插播广告每次不超过两分钟。至此，无锡电视台播出时间增加至12小时，其中自制节目增加至1小时15分钟。电视二台《45新闻》播出1个多月后，被邻近的张家港市电视台转播。12月15日，无锡有线电视台开播。1994年1月29日，电视一台推出《荧屏直销》节目。5月1日电视二台正式开播。一台推出改版节目，《无锡新闻》改版为《锡视新闻》，从每周播出6档增至7档，专题性节目均由主持人主持，节目长度和编排趋于规范，注重整体包装。无锡电视台（含一台13频道、二台45频道）启用新台标，新台标的基本图案采用无锡市花——梅花，中为无锡电视台的英文缩写WTV，构成动态曲线，如飞翔的海鸥。6月12日，《锡视新闻》每周日播出的《一周要闻》栏目采用哑语同时传译，在江苏省电视界属首次。

1995年1月23日，有线台《有线新闻》由每周4次增至6次。5月1日，无锡电视台开办白天时段节目，每天整合重播一台、二台的新闻节目和文艺、生活服务类专题和专栏节目，同时安排播出4部（集）电视剧或电影。6月1日，有线电视台在第二套节目开播《即时股市行情》。1996年1月，无锡电视台一台、二台改称无锡电视台13频道、45频道。无锡有线电视台经济频道试播，每天播出16小时节目，白天直播股市行情，晚间除播出电视剧外，播出自制节目《财经快讯》《生活广场》《有线商情》《娱乐超市》等。5月12日，无锡人民广播电台创办无锡有线电视家庭生活频道，在有线8频道试播（9月1日正式播出）。5月26日，45频道创办的直播节目《电视门诊》开播。6月17日，有线台信息频道试播，节目传递交通、旅游、人才、影视、房产等方面的信息，播出时间9时至24时，栏目定时循环流动播出。

1997年3月1日，有线台综合频道改版，推出《电视书场》《无锡警方》《生活演播室》《天籁风》《风格印象》《有线纪录片》《假日旅游》等9个自办栏目。7月1日，13频道推出《无锡新闻联播》节目，江阴、宜兴、锡山和郊区通过光缆将当地新闻传输给无锡电视台，及时报道整个无锡地区的重要新闻。1998年1月18日，有线台影视频道开播，每晚7时在图文信息频道播出，设有《连续剧场》《国际影院》等栏目，依次播出3集连续剧、1部海外影视单本剧和两集连续剧，时长约5小时左右。6月15日，13频道、45频道节目改版，强化新闻类节目，加大经济报道力度，丰富电视文艺内容。原有栏目一半以上被撤销，保留的栏目均作结构性调整，新增一批贴近观众的特色栏目，注重栏目包装和节目主持人形象设计。8月14日，有线台综合频道推出融商品竞卖与趣味游艺于一体的互动式栏目《幸运周末》。

1999年5月10日，13频道、45频道以及有线台的综合、经济、影视和无锡人民广播电台家庭生活共6个频道，在新组建的无锡广电集团各电视中心主持下，经过整合分别确定频道特色，推出新版节目。由电视新闻中心管理的13频道为时政新闻频道，主办《无锡新闻联播》《锡视报道》《国际专题电讯》《今日观察》和《今日观察周末版》等节目。由电视社教中心管理的有线综合频道为社教专题频道，有线经济、影视和家庭生活频道分别保持经济、影视剧和家庭生活服务的特色，分别推出《都市生活》《经济论谈》《生财有道》《生活现在时》等栏目。由电视文体中心管理的45频道定为文体频道，推出综合文艺大板块栏目《世纪风》、经典音乐栏目《金色大厅》、体育专栏《体育互联网》和互动式娱乐节目《开心大夺魁》。节目改版后，电视剧播出量较前增加15%左右。

2000年，无锡电视台进行资源整合和节目改版，1月1日推出新版节目。新闻频道主打《无锡新闻联播》和《锡视报道》，动态新闻、新闻评论、新闻专题、国际新闻栏目合理安排；文体频道主打《娱乐大道》《欢乐无限》栏目，同时推出《中国娱乐报道》和体育大赛等节目；由社教专题频道整合更名的都市频道推出一批关注社会生活、聚焦百姓话题的栏目；经济频道的栏目侧重于提供经济信息；由家庭生活频道整合更名的女友频道在无锡地区首开上午直播自办节目《太太当家》，晚间推出《女性关注》《女友聊吧》等栏目；影视频道播出电视连续剧和中外优秀影视节目。4月28日，无锡电视新闻中心与市政协创办的《政协话题》开播，每月1档，长度30分钟。6月26日，无锡电视新闻中心主办的《无锡英语新闻》节目开播，每周5次，每次（档）长度10分钟。7月14日，无锡电视新闻中心与市人大常委会研究室联合创办的《人大之声》栏目开播，每月1档，每档30分钟。

2001年1月1日，新闻频道更名为新闻综合频道，文体频道更名为文体娱乐频道，都市频道更名为都市法制频道，并推出《与法同行》节目和新版节目《新都市》。5月8日，由原锡山市太湖明珠电视台和郊区有线电视台（筹）整合组建的城郊频道开播，主打自办节目为每周6次、每档12分钟的《明珠新闻》，每周3次每档15分钟的《明珠农苑》，每周1次的《明珠茶楼》和《太湖军旅》，以及点歌栏目《明珠有约》。2002年1月1日，无锡电视调整部分频道定位，加强节目特色改版。新闻综合频道的新闻评论《今日观察》由每周4档增加至5档。文体娱乐频道推出《无锡娱乐现场》作为主打栏目。都市法制频道重点打造《新都市》栏目品牌。经济频道加强栏目的经济特色。女友频道改为健康生活频道，着重打造《天天健康》和《电视门诊》两个主要栏目，同时推出《新时尚报道》《数字生活》《汽车俱乐部》等时尚生活类节目。1月11日，在原城郊频道基础上组建的市民资讯频道开播，自办专栏有《无锡消息》《资讯在线》《市民T型台》《梁溪时空》《市场快递》《今夜有约》等。

2003年3月，无锡电视台自办栏目《人大之声·政协话题》被评为第三届江苏省广播电视名专栏。6月2日，新闻综合频道整合新闻资源，创办新闻栏目《新闻全方位》，节目长度40分钟，反映无锡大事要事，以事件报道为特色，以新闻点评为亮点。6月23日，都市法制频道推出关注社会民生的新闻栏目《今晚30分》。6月30日，经济频道和文体娱乐频道改版。经济频道推出全天17小时节目，新办栏目有经济资讯类杂志栏目《经济大家》，引领消费时尚的《逛街》，与无锡广播经济台、太湖明珠网站联办的《网络无限》等。文体娱乐频道自办节目有《天天娱乐》《运动新天地》《电视书场》《江南人家·全民歌会》等。7月1日，市民资讯频道改版，首开本土电视早新闻栏目《无锡晨报》，主要内容是《昨夜今晨新闻》《广播报刊摘要》《今日市场行情》《气象交通资讯》和精彩影视预告等。同时推出以主持人命名的新闻访谈栏目《刘慧访谈》。12月1日，无锡电视台首次采用电视测量仪调查观众收看电视的情况即电视收视率，投资50多万元，与央视—索福瑞公司合作，在样本户电视机上安装电脑测量仪，抽样调查节目收视状况。2004年4月初，无锡广电集团启动新一轮组织机构和内部资源整合，对无锡电视的管理架构、运作机制、频道定位、节目改版进行调整，撤销电视新闻中心、电视文体中心、电视社教中心，组建电视中心，将新闻综合频道和由都市法制、市民资讯频道整合而成的都市资讯频道确定为主频道，设置娱乐、健康、经济、影视等4个专业频道，恢复图文信息频道。把电视媒体产业属性较强的业务从事业体制中剥离出去，组建集团直属的演艺中心，增设大型活动部、专题部和影视制作部。5月31日，无锡电视台推出新版节目，新闻综合频道充实、加强《新闻全方位》栏目，以30万元年薪特聘郭威担任首席新闻主播，创办时长60分钟的民生新闻栏目《第一看点》；都市资讯频道推出时长60分钟的民生新闻栏目《今晚60分》，与江南之声频率、太湖明珠网合作广电同步直播互动栏目《民生热线》；文体娱乐频道中的体育节目向健康频道转移，整合成新的健康频道和娱乐频道。此次调整被称为"5·31"改版，确立全新的电视资源配置和架构，提升无锡电视的收视状况、整体形象和媒体影响力。

2005年1月，新闻综合频道经中国质量认证中心评审，一次性通过ISO 9001:2000国际质量管理体系认证现场审核，成为省内首个获此论证的城市台。健康频道更名为体育健康频道。9月26日，无锡广电集团以创新节目、提高资源利用率、核心竞争力、节目收视率和市场份额为目标，对电视资源配置和频道定位实施战略性改版。新闻综合频道推出105分钟的大型新闻杂志《新闻全方位》，其中有时政新闻《无锡新闻》和社区新闻《第一看点》，有提供资讯的《秀说天下事》，进行深度报道的《看点评点》，为百姓排忧解难的《看点服务车》和讲述新闻故事的《看点故事会》。都市资讯频道每天推出1小时关注民生、服务百姓的《今晚60分》，无锡方言栏目《阿福聊斋》改版扩容，设《阿福说新闻》《阿福讲道理》《阿福提个醒》《阿福扯老空》等4个小栏目。体育健康频道又改为健康频道，主打《生活大气象》；娱乐频道主办《江南人家》《娱乐星气象》；经济频道主办《今日财经》《逛街》等栏目。

二、精品制作

1988年4月，无锡电视台采制的《制止公款吃喝风的蔓延》获1987年度全国优秀电视新闻评比电视评论唯一的特等奖，同年获中国新闻学会主办的“全国好新闻奖”一等奖。这是无锡电视首次获得的新闻类全国性大奖。1989年2月下旬，无锡电视台在市十届人大二次会议召开之际，举办“市民电视议政——假如我是市长”的社会活动。3月8日，市长王宏民到电视台录制现场，倾听市民对市政府工作的意见，鼓励市民参政议政，促进政府工作，同时希望广播电视发挥积极的桥梁作用。8月2日，无锡电视台筹拍的电视系列片《太湖散记》在苏州开机。摄制组到太湖沿岸的苏州、嘉兴、湖州和无锡等地，采用即景见闻的纪实风格反映太湖的博大、秀美、多情、多趣，全方位展示太湖和太湖文化。11月20日，无锡电视台采制的专题片《钱穆旧事——留在故乡的足迹》播出。该片记录全国政协副主席、著名科学家钱伟长寻觅叔父国学大师钱穆在故乡无锡的足迹，追忆钱穆早年为教育事业所做的业绩。

1991年5月8日，无锡电视台系列片《重走霞客路》在明代地理学家、旅游家徐霞客故里江阴马镇开拍。全国政协副主席伍修权为系列片题写片名，全国政协副主席陆定一对采访活动表示支持和鼓励。摄制组历时40多天，行程约1万公里，摄制系列片9集，于同年11月11日起在无锡电视台13频道播出。7月，无锡发生百年未遇的洪涝灾害，电视台记者通宵值班，冒雨采访各行各业抗洪救灾的事迹，从7月3日起临时增辟新闻节目，让市民每天从荧屏上了解抗洪情况，并及时向江苏、上海电视台提供无锡抗洪消息。8月6日，现场直播无锡市文艺界抗灾自救义演晚会。8月10日，电视台与江苏电视台及10个城市电视台联合举办“爱我江苏”赈灾义演电视晚会。1992年1月11日，与中央电视台、央视无锡外景基地联合摄制《元宵大观灯》大型文艺晚会，并于2月18日分别在中央电视台和无锡电视台播出。1993年2月27日，现场直播由市委宣传部和市广电局主办的无锡市首届“无锡小姐”评选决赛。

1998年8月，无锡有线电视台采制的新闻专题《“麦德龙”冲击波》获第八届中国新闻奖一等奖。12月31日，13频道、45频道同时直播10个小时的“零点行动”特别报道，无锡有线电视台与湖州有线电视台联手举办“零点行动——太湖南北治污纪实”直播特别节目，对环保总局确定1999年元旦零点太湖流域治理重点污染源实现达标的工作情况现场报道。1999年8月30日，无锡电视社教中心为庆祝新中国成立50周年摄制的30集系列短片《无锡之最》在有线综合频道推出，内容涉及政治、经济、文化、体育、城市建设等各个领域，其中许多不仅是无锡之最，也是全省乃至全国之最。9月22～23日，无锡广电局(集团)和无锡电视台新闻中心联合举办“空中看无锡”大型航拍活动，展示无锡城乡50年特别是改革开放以后发生的变化。

图36-8　新闻专题《“麦德龙”冲击波》（无锡广电集团供稿）

2000年2月2日，与新疆伊犁电视台联合录制的特别节目《太湖·伊犁河情缘》在无锡电视文体频道播出。4月22日，新闻频道播出反映无锡援藏干部任国庆感人事迹的专题片《不了的心愿》。8月27日，由无锡电视新闻中心和央视联合摄制的专题片《援藏干部任国庆》在央视作为《焦点访谈》特别节目播出。接着，央视《新闻联播》连续数天推出与无锡电视台联合采制的任国庆先进事迹报道。2001年4月10日，由无锡电视新闻中心和央视新影制作中心联合摄制的纪录片《援藏干部任国庆》在央视第一套节目播出。

2002年8月15日，与江苏卫视、台湾东森电视台同步直播江南民乐节暨“七夕相会无锡”海峡两岸联谊活动，香港凤凰卫视参与报道，央视国际频道及时报道活动盛况。10月14日，无锡电视台举办“太湖秋韵空中看无锡”大型航拍活动，通过航拍录像制作专题片反映无锡改革开放后的城乡巨变。2003年3月，自办节目《人大之声・政协话题》被评为第三届省广播电视名栏目。5月，在抗击“非典”疫情期间，各频道协调配合，及时传递信息，每天播报新闻50多条，加强正面舆论引导；专业频道打破常规开办特别节目，组织专家讲解预防“非典”知识；制作发布公益广告30多条，每天播出近2000秒；举办相关主题晚会6台，营造全市众志成城抗击“非典”的强烈氛围。9月6日，文体娱乐频道原创的音乐电视《太湖美》首播，为新确定的无锡市歌做宣传。9月8日～11月20日，电视台记者张则鸣、黄步东随“远望”3号测量船，远涉太平洋、印度洋和大西洋，全程采访“远望”3号船工作人员测控“神舟”五号飞船返回的全过程。10月16日晚，新闻综合频道、文体娱乐频道分别现场直播《远望神舟——庆祝中国“神舟”五号载人飞船发射成功特别节目》和驻地在江阴的中国卫星海上测控部举行的“神舟飞天”文艺晚会，播报两位记者通过卫星连线发回的录像资料。12月26日起，7集电视纪录片《远望神舟》在都市法制频道播出。

2004年2月7～8日，新闻综合频道直播政协市十一届第二次会议和市第十三届人民代表大会第二次会议开幕式。这是无锡电视对“两会”的首次直播。7月10日，都市资讯频道主办的《太湖到可可西里・生态保护西部行》采访活动启动，3名电视记者从青藏线进藏、川藏线返程，西行采访历时约1个月，用纪实手法全程纪录环保志愿者刘穷再赴可可西里的情况。《今晚60分钟》连续报道这次活动及沿途见闻。9月9～12日，健康频道受央视委托，承担“2004中国乒乓球大奖赛”同步直播任务。2005年5月13日，新闻综合频道组成摄制组开拍大型人物专题片《吴仁宝》。12月30日，该片在新闻综合频道播出。7月25日，新闻综合频道《新闻全方位》被评为第四届江苏广播电视名栏目。

三、对港澳台及海外宣传

1995年4月3日，美洲东方卫视播出由无锡电视台制作的《中国无锡》第1期节目。《中国无锡》在美洲东方卫视每四周播出1次，设有《无锡概貌》《梁溪风情》《无锡旅情》《艺苑天地》等子栏目。

1998年9月，无锡电视台制作的《太湖仙岛情》《中国心》《太湖明珠・无锡》《梅园香雪》《水上漂来的城市》《二泉映月》《太湖诗音画》《撕纸立德》等8部专题片共88分钟在美国公共电视网陆续展播。此次展播由国务院新闻办公室组织全国40个电视台共同举办，无锡电视台被选中的专题片数量名列第二，仅居湖南电视台之后。11月12日，无锡电视台拍摄的专题片《江南风情录》《立德撕纸画》《活着》组成英语版“无锡特辑”，通过央视第四套节目向海外播出。

2002年6月13日，无锡电视台与台湾东森电视台缔结姐妹台，签字仪式在无锡广电大厦举行，双方约定合作举办“七夕”海峡两岸联谊联播活动。8月9日，台湾东森电视台在台湾推出为期1周的“无锡红豆节”专栏。专栏由无锡电视台协助拍摄，主要介绍无锡民俗风情，为“七夕相会无锡”海峡两岸联谊联播活动预热。8月15日，市政府、省台办、省文联等联合主办，无锡电视台、江苏电视台和台湾东森电视台同步直播4.5小时的“七夕相

图36-9　2004年5月，市广电集团联合20家媒体进行“相约太湖，聚焦无锡”大型采访活动　（无锡广电集团供稿）

会无锡”联谊联播活动，市委宣传部会同有关部门组织青少年业余二胡邀请赛、七夕夜河灯、七夕夜大型联欢晚会和“民乐之夜”专场演出等，对拓展两岸文化交流起到积极作用。2003年11月，无锡电视台与台湾东森电视台签署2004年友好合作备忘录，商定合作举办《走近两岸》等节目和相关活动，《走近两岸无锡特辑》4集180分钟在台湾展播。

2004年2月，无锡电视台分别与韩国友好电视台、日本CCTV大富电视台签订2004年友好合作备忘录。5月18日，无锡广电集团和市旅游局、中国广播电视学会纪录片研究会联合组织“相约太湖，聚焦无锡”大型采访活动。香港凤凰卫视、台湾东森卫视、澳门莲花卫视和中央、北京、上海、江苏、广东等20家卫视的记者，在无锡开展为期5天的采访，将无锡的旅游风光、历史名胜、文化遗产、风土人情介绍给海内外的观众。7月，无锡电视台依托国务院新闻办公室下属的对境外宣传主要窗口——黄河电视台及江苏国际频道“长江卫视”两大平台宣传无锡。2004年7月～2005年4月，无锡电视台向江苏国际频道“长江卫视”和黄河电视台供片共39部在境外播出。

四、技术装备

1986年9月23日，无锡电视台在原有2、7、12共3个频道的基础上试播13频道。同年11月，电视新发射台工程在惠山二茅峰动工兴建。为便利建筑材料和电视发射设备搬运上山，年前投资51万元在二茅峰南坡建设缆车工程。1987年2月，无锡电视台投资37.2万元在青山公园新建的地面卫星接收站投入使用，试转央视第2套节目，白天在7频道转播，晚间在13频道转播。1988年12月30日，新建电视发射台竣工，总投资272万元，占地近0.67公顷，建筑面积3250平方米，由发射塔、机房和办公楼等3部分组成，主楼7层，发射铁塔高131.5米，加上惠山和建筑物高度总高度为海拔433.5米。试播新开辟的29频道和35频道节目，至此无锡电视台发射转播2、7、13、29、35共5个频道节目。新建电视发射塔扩大无锡电视台节目的覆盖面。

1994年之前，无锡电视台和无锡有线电视台节目制作和播出采用的设备均为模拟复合记录方式，技术指标较低，节目多版复制后信号质量衰减比较严重。1994～1998年，陆续引进近200台（套）的BetacamSP摄、录、编设备，电视节目制作和播出技术进入模拟分量时代，在大幅度提高信号质量的同时，实现与中央电视台、各省级电视台之间节目交换技术的统一。1995年末，无锡电视台与复旦大学合作研制电视调频发射台微机实时控制系统工程，提高发射机安全优质播出的可靠性，降低值机人员的劳动强度，项目获省科技进步一等奖。1998年，无锡电视台广告部引进NC97非线性编辑工作站，用于广告的包装和串编。购置装备1辆4讯道模拟复合转播车，后将此车改造成标准的4讯道模拟分量转播车，具备基本的电视转播能力。是年，无锡广电中心120平方米、80平方米等栏目演播室由模拟复合系统改造成模拟分量系统。

图36-10　1998年建成的无锡电视发射塔
（无锡广电集团供稿）

1999年，无锡广电局（集团）技术中心成立电视播出部，对电视播出磁带的制作规范、播出磁带审核和制播交接秩序进行整顿，基本实现电视制播工作流程的规范化。是年，进行电视节目覆盖调查，无锡电视节目覆盖江浙两省的15个市（县），东到常熟，西至溧阳，南抵湖州，北达泰州，总面积1.8万平方公里，相当于3个无锡城乡的面积。上海嘉定、宝山（宝钢）等地的有线电视台转播无锡电视台的整套节目。无锡台自办和转播的节目拥有有效观众近千万人，其中城市观众近400万人。

2000年，投资750万元，为新闻、都市和娱乐等3个频道各建造1套全新的数字演播室，并在广电中心装备首套虚拟演播室。是年，21站点的非线性制作网建成使用，1000平方米大型演播厅建成启用。

2002年，无锡广电中心广电信号传输系统（一期工程）建成，电视播出部、演播室、发射台、有线电视前端机房等主要技术机房之间的信号传输全部采用数字光纤和数字微波传输方式，通道数和传输可靠性提高；投资235万元，完成经济频道演播室的数字化改造；投资870余万元，整体换装新闻综合频道全数字的DVCPRO50M格式摄、录、编设备，电视节目制作、播出技术质量首次真正达到广播级水平。2003年，无锡广电局（集团）投资100万元，装备SGI图形工作站和Flint软件。同年下半年，改造1000平方米演播厅，安装活动的室内声学反射罩；投资340万元购置40台先进的电脑灯，使演播厅具备举行演唱会的条件。是年，6站点的新闻非编网建成使用。

2004年，6站点的广告串编网建成使用。在集中建设非编网络的同时，装备大量DV非编和笔记本非编。非线性编辑取代传统的线性编辑，成为电视节目的主要制作手段；投资70余万元装备2套苹果G5图形工作站和Final CutPro软件；建立电视中心企划部，承担所有自办节目和大型活动的效果包装工作，显著提高广电影视特效包装的专业化水平；投资2000余万元购置8讯道大型数字电视转播车和4讯道小型数字电视转播车各1辆。至2005年，无锡广电局（集团）共有40平方米至120平方米的栏目演播室7个，虚拟演播室1个，满足电视7个频道的日常节目制作和直播的需求。

五、行政管理

1.事业管理

1983年3月，无锡实行市管县新体制，市广电局对江阴、无锡、宜兴3个县广播电视行使宣传、技术等事业管理职能。同年12月，宜兴电视台建立。1984年3月，省广播电视厅发文，同意宜兴县建立调频转播台。1985年，市广电局根据省厅发文精神，对宜兴县广播站改台工作进行考核。7月，省广电厅发文同意将宜兴县广播站改为宜兴县人民广播电台。

1987年7月，省广电厅发文同意将江阴县广播站改为江阴县人民广播电台。1988年2月，江阴市广电局提出建立江阴电视台的申请，经市广电局同意后报送省广电厅。同年5月，省广电厅发文批准建立江阴电视台。1989年2月，广电部发文同意无锡郊区广播站改为无锡郊区人民广播电台。1990年2月，省广电厅发文批准江阴建立调频广播电台。1991年8月，广电部发文批准建立锡山人民广播电台。1993年3月，广电部发文批准建立锡山市太湖明珠电视台。1995年2月，广电部发文批准建立宜兴有线广播电视台。同年8月，市广电局制定《关于遵守职业道德、杜绝“有偿新闻”的规定》，并请社会各界监督执行。9月，市广电局整合油印刊物《广播与电视》，编辑出版学术性内部期刊《太湖视听》，为全市广电工作者提供交流研讨宣传业务的园地。11月，印发《关于加强新闻宣传责任制的规定》。12月，印发《审稿、审片制度》，规范新闻宣传管理的有关制度。

1997年，市广电局对辖区内播出机构重新审核登记并报广电部批准。重新登记批准广电播出机构共6个，分别是无锡市人民广播电台、无锡市电视台、无锡市有线电视台、江阴市广播电视台、锡山市广播电视台、宜兴市广播电视台。是年5月，市广电局出台《关于加强职业道德建设，禁止有偿新闻的补充规定》。8月28日，市广电学会成立，第一批会员200多人，均为无锡一城三市（县）广播电视界中级职称以上的业务骨干。

2000年12月，区划调整后，原锡山市、郊区所属的广电管理机构和播出机构由市广电局成建制接收。2001年9月，原锡山市、郊区所属的46个乡镇广播电视站归市广电局领导和管理。

2003年，市广电局组织市（县）开展争创有线电视示范县创建活动。6月，江阴市通过省有线电视示范县验收。12月，宜兴市通过省有线电视示范县验收。是年7月10日，市广电局出台《关于加强广播电视对外宣传工作的意见规定》。2004年5月，出台《关于我市广播电视切实加强未成年人思想道德建设工作的意见》。6月，健全广电节目质量抽查制度，健全监听监视队伍，组成由人大代表、政协委员、离退休干部、广电系统老新闻工作者和基层听（观）众等参与的监听监视员队伍，对广电节目评议。2005年12月，市广电局实施《关于加强广电媒体节目宣传管理的意见》。

2.音像制品管理

1986年，市广电局在省广电部门中率先成立音像管理科，配备专门力量加强对音像市场的管理，对音像制品的翻录销售和录像放映实行许可证制度。1989年，调整音像制品行政管理体制，由市广电局音像管理科负责全市音像制品的管理，由市文化局负责文化系统内部音像制品经营活动的管理。2001年，省、市改革行政审批制度，音像制品的行政管理划归市文化局文化市场办公室统一管理。9月，广电局音像管理处调整管理职能，更名为社会管理处。

3.闭路电视管理

1986年起，无锡市旅游饭店开始安装闭路电视，1988年居民小区开始安装公用天线、闭路电视，并在闭路电视系统中放映录像节目。1988年10月，广电局对闭路电视施工单位、闭路电视使用单位和所放映的节目进行统一管理，对施工队伍进行资质审查，验收工程，同时实行许可证制度。1990年，对有线电视的传送、播放电视节目系统的设立、工程审批、验收等提出规范的程序与要求。同年，市广电局会同市公安局、市国家安全局对卫星地面接收设施的安装单位和使用单位进行管理，并依据管理办法实行许可证制度。

1993年10月，市广电局对卫星电视广播地面接收设施的生产、进口、销售、安装和使用实行许可证制度并实行管理。2001年，废止有线电视施工单位的许可证制度。2005年末，全市有102家涉外宾馆饭店等单位批准使用卫星电视接收设施接收传送境外电视节目。

无锡市志

【第四册】

第三十七卷

史志　档案

概 述

1980年9月，无锡市恢复和建立地方志、党史、档案工作部门。80年代，组织开展中共无锡党史和地方志编纂工作。各市（县）、区、乡镇（街道），市各部门，各企事业单位相继编纂各类史志。无锡市、宜兴市相继建立革命陈列馆，锡山市成立吴地方志馆（现属无锡市惠山区）。各市（县）、区及各部门、单位相继建立档案馆（室），建立形成档案工作网络和专兼职档案管理队伍。各级档案管理机构依照国家档案法规，加快档案设施建设，加强档案管理，服务经济社会发展。

1988年，无锡革命陈列馆成立，后通过党、团员交纳特别党、团费，以及社会各界募款等形式筹资，易地建设新馆，至1993年12月26日竣工开馆。1991年，开始编纂《无锡年鉴》，第一本为“五年鉴”，此后每年一本。

至2005年，无锡市党史和地方志部门履行“存史、资政、育人”基本职能，相继编撰出版《无锡人民革命史（1919～1949年）》《无锡市志》等一批地方党史和地方志书以及地方性书籍、刊物，并着手编撰《中共无锡地方史（1949～1978年）》，着手进行编纂《无锡市志（1986～2005年）》的启动准备工作。举办史志宣传活动，与新闻媒体合作摄制史志电视专题片，在重大纪念活动中联合地方媒体开办史志专栏，加强史志文化传播，注重革命遗址保护。除原有的江阴市（县）、宜兴市（县）和滨湖区史志办公室外，锡山区、新区在档案局（馆）中设立史志工作部门，崇安、北塘、南长等区亦成立修志机构。无锡市史志办公室（市委党史工办、市史志办）多次被评为全国、省党史系统先进集体，省地方志系统先进集体。无锡市档案工作机构加强馆库建设，推进依法管理。档案管理的面逐步从党政机关拓展至农村、企业和社区。规范档案升级管理，落实档案收集、整理、保管、保护各项措施，开展档案编研和陈列工作。

第一章 史 志

第一节 机 构

1980年9月24日，无锡市地方志编纂委员会成立，隶属于市委，下设无锡市地方志办公室（简称“市志办”）。1981年1月，市志办正式建立，内设秘书组（科）、革命斗争史组、市志组、县志组。县志组编纂新中国建立前《无锡县志》。鉴于新中国成立前无锡市、县未分设，在征编新中国成立前党史资料与地方志资料时，从无锡县借调部分人员参加革命斗争史组、县志组工作。

1981年6月，市委建立市党史资料征集小组。是年末，市党史资料征集小组设立办事机构——市委党史办公室（简称“市党史办”），与市志办合署办公。市志办内设机构调整为秘书科、市志科、县志科。

1984年7月，市志办撤销县志科，增设资料科。同年9月，市党史资料征集小组改称市委党史资料征集研究委员会。下设市党史办为工作机构，内设资料征集工作科、城区工作科、农村工作科。10月，市党史办与市志办分开。同时，原由市、县合编志书，改为市、县分开编修，市志办设秘书科、市志科、资料科。

1985年2月，市党史办内设机构调整为秘书科、编写科、资料科。同年7月，市志办撤销市志科、资料科，成立第一编辑室、第二编辑室。1987年7月，党史资料征集委员会及党史办撤销，建立市委党史工作委员会（简称“市委党史工委”）。市志办改由市政府领导，人员编制22名。

1990年1月，市委党史工委资料科并入秘书科；撤销编写科，成立编研一科、编研二科。1995年11月，内设机构改称为秘书处、编研一处、编研二处。1996年9月，市委党史工委改设为市委党史工作办公室（简称“市委党史工办”），内设机构不变。是年，市委党史工委（市委党史工办）被评为1996年度全国党史系统先进集体。1997年5月，内设机构调整为秘书处、宣传教育处、编研一处、编研二处，人员编制19人。

2001年4月，在市级机关机构改革中，市委党史工办和市志办合并，组建成立无锡市史志办公室（简称“市史志办”），为市委、市政府直属工作部门，下设秘书处、宣传教育处、党史编研处、方志编研处、年鉴编研处，人员编制33人。

第二节　中共地方史编研

一、史料征集汇编

市党史部门成立之初，以征集史料为主，组织力量到图书馆、档案馆查找摘抄无锡地方党史资料，并通过召开亲历者、知情者座谈会和上门走访当事人等方式，抢救地方党史“活资料”。先后征集到包括文献资料、报刊资料、座谈采访记录、回忆录等在内的党史资料约5万余份，经甄别、考证、编研，会同市档案局编印发行《无锡革命史料选辑》15辑，每辑设置“文献资料”“专题资料”“回忆录”“烈士传”“革命遗址介绍”等栏目。其中，第二辑为江阴要塞起义专辑，第三辑为宜兴、无锡、江阴农民暴动专辑，第四辑为纪念抗日战争胜利40周年专辑，第十三辑为纪念无锡解放40周年专辑，第十五辑为基本完成社会主义改造时期专辑。1989年，无锡县委党史办公室、组织部，县档案局合编的《中国共产党江苏省无锡县组织史资料（1923.2—1987.12）》印行。1991年，市委组织部、市委党史工委、市档案局合编出版《中国共产党江苏省无锡市组织史资料（1923—1987）》。同年，中共无锡市工商局党组编印的《中共无锡市工商局党史资料汇编》印行。1993年，市委统战部、市委党史工委合编的《必经之路——无锡资本主义工商业的社会主义改造资料集》出版。1996～1997年，市委组织部编纂的《中国共产党江苏省无锡市组织史资料（1987.10—1994.12）》和马山区、郊区、南长区、北塘区、崇安区等各区和市电子仪表局、市卫生局、工商局的中共组织史资料先后编印发行。2002年，市委党史工办、市档案局合编的《中国无锡市历次代表大会文献资料集（1949—2001）》（上、下册）印行。2005年，市史志办集中力量进行为时1年多的“抗战时期无锡人民伤亡和财产损失”专题调查，形成40万字的详实调查资料。

二、编撰地方党史

市党史部门成立后，在征集史料的基础上，从80年代中期开始，按照历史分期，无锡市、无锡县党史部门共同开展民主革命时期“一批专题资料、一本大事记、一套组织史资料、一本英烈传、一本地方党史”为重点的党史“五个一工程”编研工作。1989年，市委党史工委、无锡县委党史办合编的《无锡革命斗争大事记（1919—1949）》由上海人民出版社出版。 1992年，市委党史工委、无锡县委党史办合编的《无锡人民革命史》编成，经修订后于1999年无锡解放50周年之际由中共党史出版社出版发行。在此期间，市委党史工委与新四军六师十八旅历史组合编的《平原水乡任驰骋》，与解放军西南服务团江苏团史研究会苏南分会合编的《中国人民解放军苏南片西南服务团团史》以及《迎接黎明》《中共无锡市崇安区党史大事记》《无锡市税务局党史大事记》等一批党史书籍相继出版。

90年代中期起，市党史部门实行“三个转变”工作方针，工作重点由民主革命时期向社会主义时期转变，工作内容由征编为主向征编、研究、宣传、利用并举转变，工作方法由部门办史为主向开门办史转变。1996年，锡山市委党史办编印出版《中国共产党锡山市历史大事记（1949.9～1995.12）》。1999年，市政协学习文史委编纂印行《无锡政协五十年》，市卫生局编印出版《中国共产党无锡市卫生局大事记》。2000年，市委统战部编著出版《无锡市统一战线工作史（1949—2000）》，郊区史志办编印出版《中国共产党无锡市郊区历史大事记（1949—1998）》。2005年，市史志办编成《中国共产党无锡历史大事记（1949—2005）》初稿。

三、编纂纪念文集及英烈（先进人物）传记

1990年，无锡县委党史办、县民政局合编的《丰碑——无锡县革命烈士传》印行。同年，市委党史工委编印的《包厚昌回忆录》《张闻天在无锡》《革命风范录》相继出版。1991年，市委宣传部、市委党史工委合编的《不灭的地火——无锡英烈传略》（上、下册）出版。1995年，《革命风范录》获江苏省1991～1994年度党史成果奖。1996年，市委党史工委编印出版《秦邦宪的青少年时代》。1997年，陈钟英所著《锡北人民的儿子陈凤威烈士传》出版。1999～2001年，无锡市、锡山市、江阴市、宜兴市市委宣传部与各市党史部门合编的《江苏人民革命斗争群英谱》无锡市分卷、锡山市分卷、江阴市分卷、宜兴市分卷先后出版。2002年，市民政局、市史志办联合编辑出版革命烈士资料集《太湖丰碑》。2004年，省委党史工办和市史志办合编的《包厚昌文集》，市总工会和市史志办合编的《无锡劳模风采》出版印行。2001～2004年，市史志办和市新四军历史研究会合编的《包厚昌纪念文集》《张卓如纪念文集》《陈枕白纪念文集》《陆富全纪念文集》《季恺纪念文集》先后出版。2005年，市史志办与中共中央党史研究室合编的《刘英纪念集》，与市总工会、团市委、市妇联合编的《璀璨群星》，与市新四军历史研究会合编的《锡流——无锡抗日青年流亡服务团纪念文集》相继出版印行，市史志办编纂的《昨日硝烟——无锡地区抗美援朝老战士话当年》出版。同年，革命烈士资料集《太湖丰碑》获江苏省2000～2004年度党史成果三等奖。

图37-1　《锡流》封面　　（市史志办供稿）

四、党史宣传教育

1.党史纪念活动

1986～2005年，市史志部门在全国性重要党史人物或重大党史事件纪念日组织开展相应活动的同时，会同有关部门举行地方重要党史人物或重大党史事件纪念活动，活动形式包括举行纪

念座谈会、召开专题研讨会、图片展览、知识竞赛、征文活动、发表纪念文章等。1987年举行秦起烈士牺牲60周年、无锡地区农民暴动60周年纪念活动，1989年举行无锡解放40周年纪念活动，1990年举行张闻天90周年诞辰纪念活动，1997年举行秦邦宪90周年诞辰纪念活动，1999年举行庆祝无锡解放50周年纪念活动，2000年举行张闻天100周年诞辰纪念活动，2002年举行王昆仑、周培源100周年诞辰纪念活动。其间，两次承办全国性的纪念研讨活动。1993年9月25～29日，由中国共产党史学会和中华人民共和国国史学会联合举办的纪念毛泽东100周年诞辰学术讨论会在无锡市运河饭店召开，中共中央党史领导小组副组长邓立群，全国政协副主席、中共中央党史研究室主任胡绳，中共中央党史研究室副主任沙健孙，《求是》杂志总编辑有林，解放军军事科学院副院长姜思毅，江苏省委副书记孙家正，无锡市领导及全国各地专家、学者130余人出席。2000年9月12～14日，由中共中央党史研究室、上海市委、江苏省委和中共党史学会联合主办的纪念张闻天100周年诞辰暨张闻天生平和思想研讨会在无锡市湖滨饭店举行，中共中央党史研究室副主任陈威、石仲泉，中共中央党校副校长李君如，中共党史学会会长龚育之，当代中国研究所副所长程中原，省委副书记顾浩，上海市委常委、组织部部长罗世谦，张闻天夫人刘英，无锡市领导及全国各地专家学者120余人参加。

图37-2　1999年4月22日，举行纪念无锡解放50周年原地下党老同志座谈会，50余名老同志出席　　（市史志办供稿）

2.编撰党史普及读物

为配合全市开展革命传统教育，市委党史工委1990年编印故事集《革命风范录》，1992年编印一套三册革命传统教育小丛书《历史足迹》《碧血江南》《风范故事》。1994年，无锡县委党史办公室、县老干部局编印《峥嵘岁月——无锡革命斗争故事集》。1995年纪念抗战胜利50周年之际，市委组织部、市委老干部局、市委党史工委联合编印抗战老战士回忆录《烽火岁月》，市委党史工委编印一套两册小丛书《日军罪行录》《抗日烽火录》，2005年修订后再版时又增加一册《抗战英烈录》。2003年，为配合全市“知我无锡、爱我无锡、宣传无锡”教育活动，市史志办编印出版《无锡的共和国之最》画册。2005年，《无锡的共和国之最》获江苏省2000～2004年度党史成果二等奖。

3.联合媒体开设专栏

1986～2005年，市史志部门会同媒体开办宣传专栏或专版。市委党史工委与无锡日报社联合举办“过去的岁月”“抗日史话”“长征中的无锡人”等专栏，与无锡人民广播电台合办“无锡党史人物讲座”，与市委组织部《无锡党建》刊物合办“党史钩沉”专栏。

4.摄制党史宣传教育片

1995～1996年，市委党史工委、市委组织部党员教育中心、无锡革命陈列馆联合摄制以无锡党史人物为主要题材的系列专题片《前人之路》共11集。1999年，为纪念无锡解放50周年，市委党史工办与无锡电视台联合摄制电视专题片《回眸无锡解放的日子》3集、专题资料片《五十年前的今天》7集。2001年，市委组织部、市委党史工办、市广电局联合摄制反映无锡党组织成立以来斗争历程的7集专题片《光辉的足迹》。2004年，市史志办、市新四军历史研究会与无锡电视台联合摄制特别报道《重赴当年进军路，喜看无锡新风貌》。2005年，市史志办、市新四军历史研究会与无锡电视台联合摄制专题资料片《激流千里——无锡抗日青年流亡服务团追记》。

五、革命遗址及纪念设施保护利用

1988年，市总工会、市委党史工委在城中花园多寿楼前建成秦起烈士纪念铜像，陈云题写“无锡工人运动先驱秦起烈士”碑铭。同年，市委党史工委在城中公园玉皇殿建成无锡革命陈列馆，陈云题写馆名。1989年，市委党史工委分别会同市文管会、南长区委和郊区党工委在原培南小学、公益小学建立解放战争时期中共无锡工作委员会机关旧址标志碑。1990年，修复张闻天旧居（1995年由薄一波补题匾额）。1991年，在中国社会主义青年团无锡第一个支部诞生地、中国共产党无锡第一个支部诞生地等9处革命遗址建标立碑；无锡县委党史办分别在无锡县秋收暴动时的农民革命军总司令部、江南抗日义勇军和江南抗日救国军司令部等12处革命遗址建标立碑。江阴市、宜兴市也先后开展革命遗址建标立碑工作。2002年，市史志办对市区革命遗址遗迹和纪念设施的保护利用状况调查摸底，分析情况，提出保护利用的建议，形成《革命纪念设施调查建议》专题报告。报告确定，其时市区革命遗址遗迹和纪念设施共43处，其中城区15处、锡山区17处、惠山区6处、滨湖区4处、新区1处。2005年，《革命纪念设施调查建议》获江苏省2000～2004年度党史成果三等奖。是年，全市革命遗址和纪念设施118处，其中市区71处、江阴市28处、宜兴市19处。

图37-3　秦起烈士铜像　　（市园管中心供稿）

六、资政研究

80年代，无锡市党史部门运用掌握的历史资料，协助组织部门为一批老干部、老同志平反冤假错案、落实政策。90年代初，市委党史工委加紧征编地方党史中的“无锡资本主义工商业的社会主义改造”专题，汇编一批针对性、现实性强的专题资料，为城乡改革开放提供借鉴。1992年1月，为整合社会力量加强党史研究工作，市中共党史学会成立，会员以各级党史工作者和党校、高校教研人员为主。1995年，中共中央党史研究室张闻天传记组、市委党史工委合编的《张闻天建议开放市场的报告——专题资料集》出版。1997年，市委农工部、市委党史工办联合编辑出版《新时期农村的变革》。同年，《张闻天建议开放市场的报告——专题资料集》《新时期农村的变革》获江苏省现代史优秀研究成果一等奖，《新时期农村的变革》另获1994～1997年度江苏省党史成果一等奖。1999年，锡山市委党史办编纂印行专题资料集《锡山市社会主义道路50年（1949—1999）》。2004年，市史志办开展贯彻落实科学发展观的资政研究，取得一批成果，郁有满所写的《从历史与现实的比较中科学地认识无锡、苏州的发展》一文获江苏省党史系统调研成果一等奖。至2005年，市中共党史学会先后召开年会暨学术研讨会12次，征集论文197篇，编印《无锡市中共党史学会论文选》两册。

1986～2005年无锡市党史编研成果一览表

表37-1

书名	编著者	出版社	出版时间
无锡革命史料选辑（1～15辑）	市委党史工委、市档案局	内部发行	1984～1994年
抗日烈士选	市委宣传部、市委党史工委编	内部发行	1985年
锡北烽火	沈仲兴著	上海知识出版社	1987年
中共无锡市马山区组织史资料（一）	马山区委组织部、区档案馆	内部发行	1988年
中共无锡市郊区组织史资料	郊区区委组织部、区档案馆	内部发行	1988年
中共无锡市南长区组织史资料	南长区委组织部、区档案馆	内部发行	1988年
走向胜利——纪念无锡解放四十周年专辑	无锡县委党史办、无锡县志办	内部发行	1989年
无锡革命斗争大事记（1919～1949）	市委党史工委	上海人民出版社	1989年
中国共产党江苏省无锡县史资料（1923.2—1987.12）	无锡县委组织部、县委党史办、县档案局	内部发行	1989年
丰碑——无锡县革命烈士传	无锡县委党史办、县民政局	内部发行	1990年
包厚昌回忆录	包厚昌	内部发行	1990年
革命风范录	市委党史工委	中共党史出版社	1990年
张闻天在无锡	市委党史工委	中共党史出版社	1990年
中共无锡市北塘区组织史资料	北塘区委组织部、区党史办、区档案馆	内部发行	1990年
中共无锡市崇安区组织史资料	崇安区委组织部、区“三史”办公室、区档案局（馆）	内部发行	1990年
中国共产党江苏省无锡市组织史资料（1923—1987）	市委组织部、市委党史工委、市档案馆	中共党史出版社	1991年
不灭的地火——无锡英烈传略（两册）	市委宣传部、市委党史工委	中国卓越出版公司	1991年
平原水乡任驰骋	新四军六师十八旅历史组、市委党史工委	江苏人民出版社	1991年
中共无锡市工商局党史资料汇编	市工商局党组	内部发行	1991年
中共无锡市崇安区党史大事记	崇安区委党史办	内部发行	1991年
无锡市税务局党史大事记（1949.4—1990.12）	市税务局编史办	内部发行	1992年
无锡人民革命史（1919—1949年）	市委党史工委、无锡县委党史办	中共党史出版社	1992年版、1999年印
陆定一文集	《陆定一文集》编辑组编	人民出版社	1992年
迎接黎明	市委党史工委	内部发行	1992年
无锡革命传统教育丛书：历史足迹、碧血江南、风范故事	市委党史工委	内部发行	1992年
中国人民解放军苏南区西南服务团团史	中国人民解放军西南服务团江苏团史研究会苏南分会	内部发行	1992年

续表

书名	编著者	出版社	出版时间
必经之路——无锡资本主义工商业社会主义改造资料集	市委统战部、市委党史工委	香港欧亚经济出版社	1993年
辉煌的十五年——无锡县改革开放成果总览	黄士良、顾伟伦主编	作家出版社	1994年
无锡市电子仪表局党政组织史资料（1960—1993）	市电子仪表局党委	内部发行	1994年
峥嵘岁月——无锡革命斗争故事集	无锡县委党史办、县教育局	内部发行	1994年
烽火岁月	市委组织部、市委老干部局、市委党史工委	内部发行	1995年
博古传	李志英著	当代中国出版社	1996年
秦邦宪的青少年时代	市委党史工委	江苏人民出版社	1996年
中国共产党锡山市历史大事记（1949.4—1995.12）	锡山市委党史办	江苏人民出版社	1996年
中共无锡市马山区组织史资料（二）	马山区委组织部、区档案馆	内部发行	1996年
东亭曙光	锡山市东亭镇党委、镇政府	内部发行	1996年
新时期无锡农村的变革	市委党史工委、市委农村工作部	中共党史出版	1997年
中国共产党江苏省无锡市组织史资料（1987.10—1994.12）	市委组织部	南京师范大学出版社	1997年
博古文选·年谱	吴葆朴、李志英、朱昱鹏编著	当代中国出版社	1997年
锡北人民的儿子陈凤威烈士传	陈钟英著	百家出版社	1997年
我看改革开放20年	锡山市委党史办	内部发行	1998年
无锡市中共党史学会论文选（1992—1996）	市委党史工委、市中共党史学会	内部发行	1998年
无锡政协五十年	市政协学习文史委	内部发行	1999年
中国共产党无锡市卫生局大事记	市卫生局	内部发行	1999年
中国共产党无锡市卫生局组织史	市卫生局	内部发行	1999年
《江苏人民革命斗争群英谱》无锡分卷	市委宣传部、市委党史工办、无锡分卷编辑委员会	江苏人民出版社	1999年
《江苏人民革命斗争群英谱》锡山分卷	无锡县委宣传部、锡山市委党史办、锡山分卷编辑委员会	江苏人民出版社	1999年
锡山市社会主义道路50年（1949—1999）	锡山市委党史办	内部发行	1999年
陆定一传	陈清泉、宋广渭著	中共党史出版社	1999年
中国共产党无锡市郊区历史大事记（1949—1998）	无锡市郊区史志办	江苏人民出版社	2000年
无锡市统一战线工作史（1949—2000）	市委统战部	内部发行	2001年
包厚昌纪念文集	市新四军历史研究会、市委党史工办	江苏人民出版社	2001年

续表

书名	编著者	出版社	出版时间
张卓如纪念文集	市新四军历史研究会、市史志办	社会科学文献出版社	2002年
中共无锡市历次代表大会文献资料集（1949—2001）上、下册	市史志办、市档案局	内部发行	2002年
无锡市中共党史学会论文选（1997—2001）	市史志办、市中共党史学会	内部发行	2002年
太湖丰碑	市民政局、市史志办	南方出版社	2003年
无锡的共和国之最（画册）	市史志办	古吴轩出版社	2003年
陈枕白纪念文集	市新四军历史研究会、市史志办	中国文学出版社	2003年
陆富全纪念文集	市新四军历史研究会、市史志办	高等教育出版社	2003年
季恺纪念文集	市新四军历史研究会、市史志办、如皋市党史工办	时代文艺出版社	2004年
包厚昌文集	省委党史工办、市史志办	国家行政学院出版社	2004年
无锡劳模风采	市总工会、市史志办	内部发行	2004年
往事散记	程兰芬著	内部发行	2005年
博古，39岁的辉煌与悲壮	黎辛、朱鸿召主编	学林出版社	2005年
锡流——无锡抗日青年流亡服务团纪念文集	市新四军历史研究会、市史志办	当代中国出版社	2005年
刘英纪念集	中共中央党史研究室、市史志办	中共党史出版社	2005年
昨日硝烟——无锡地区抗美援朝老战士话当年	市史志办	中国书籍出版社	2005年
璀璨群星	市总工会、团市委、市妇联、市史志办	内部发行	2005年
日军罪行录、抗日烽火录、抗战英烈录（丛书，据1995年版本修订）	市史志办、江阴市史志办、宜兴市史志办	内部发行	2005年
锡南抗日烽火	滨湖区《锡南烽火》编委会	内部发行	2005年

第三节　地方志编纂

80年代起，市地方志办公室组织人员赴大连、北京、南京等地搜集资料，在无锡市图书馆、市档案馆摘抄大量资料。由于当时党史、地方志在一起，提出“出门不分家，回来再分家”的工作方法，接收1958年、1959年修志时搜集的大量的新中国成立各业10年史资料，查找摘录“文化大革命”时期抄家后清理的资料。通过查阅档案文献和报刊，征集到2亿多字的资料，并复印多种旧方志和其他文献资料，为《无锡市志》编纂打下基础。各部门、单位在启动修志工作后，也经历搜集、编印资料阶段。80年代中后期，逐步开展《无锡市志》和其他志书的编修，以及地情读物编撰工作。1997年8月，《无锡市志》获全国地方志成果奖地市志二等奖。2003年，市史志办编印出版《无锡地名》《无锡名联》获江苏省第四次地方志系统优秀成果一等奖。

一、《无锡市志》

图 37-4　八九十年代编纂出版的部分志书　　（高兵摄）

《无锡市志》是无锡市第一部社会主义新方志，由无锡市地方志编纂委员会编纂。1981年，搭建班子，确定编写市、县“三志一史”，即《无锡市志》（上限1949年4月，下限1980年）、《无锡县志》（上限1881年，下限1949年4月）、《无锡县志》（上限1949年4月，下限1980年）和《中共无锡地方组织斗争史》，并采取三级修志的办法，确定67个部、委、办、区、局编写专业志、区志和简志，574个基层单位编写基层史志。1982年，制订市、县志纲目。1984年10月，党史与地方办分开，原市、县合编3部志改为市、县分开编修；改层层修志为集中力量编修《无锡市志》。市志办重新制订纲目，设17编、94卷，并冠以总述、大事记，下限延伸至1985年；1989年，市志进入总纂。对原有纲目撤编设卷，改为7个分册、59卷；将上限1881年改为上限不限。市政府聘任主编、副主编，市志编委会聘任各分册主编、编辑。1990年起，总纂人员对各卷志稿审核、修改，攻克修志中的难点。1991年，市志总纂列入市精神文明建设目标管理项目。年末，完成市志送审稿。12月6日，市志编委会召开全体会议，讨论通过关于《无锡市志》稿评审意见。会后，采取自审、专审、联审、通审、终审等形式开展对志稿的评审活动。1992年3月起，在各编委和顾问组成员自审的基础上，由编委分工按分册邀请有关领导和行家联审和专审，先后召开评审会13次，参加评审人员共164人，其中时任和原任市级领导21人次。7月28～30日，省地方志编委会对市志送审稿进行评审，认为这是一部基础较好、较为成功的送审稿，同时提出修改意见和建议。1993年10月，《无锡市志》修改稿经省地方志编委会验收，正式批复交付出版。1995年1月正式出版。自1981年启动至1995年，前后编修历经14年。全市共收集地方资料2亿多字（不含3县），其中市志办搜集资料608卷、8000余万字。全国政协副主席陆定一题写“无锡地方志”，陈翰笙、薛暮桥、董一博等也分别题词。国家副主席荣毅仁题写书名。

《无锡市志》分4册出版，共500万字，图、照249张。《无锡市志》为通志，上限不限，下限至1985年。全志以类设卷，计59卷。卷首有序、凡例、总述、大事记，卷末有编纂始末。卷下设章、节，计323章、1124节。门类次序先地理、经济、政治，后教科文卫体、社会、人物、专记及附录等。按结构门类，分7册分工总纂。根据无锡市情特点设置框架结构，采用小篇一级平列式结构，扩大经济部类，按行业设卷。突出著名风景旅游城市的地方特点，“名胜古迹”“旅游”单独立卷；“纺织工业”单独立卷，放在工业门类之首，突出无锡纺织工业历史悠久且为工业支柱的特性。“丝绸工业”从纺织工业中划出，单列一卷，突出无锡丝绸（缫丝）工业的地位。无锡是全国乡镇工业的发源地，发展快、规模大，“乡镇工业”单独设卷。无锡是全国四大米市之首，将“粮食商业”与“粮食工业”合为一卷，完整地反映无锡粮食业的发展。“环境保护”“外事侨务”“档案方志”均单立成卷。

《无锡市志》卷首设“总述”，以历史时期划分，纵论历史规律，宏观记述全貌，勾勒无锡发展脉络。各卷之首设“概述”，记述行业、事业历史沿革及特点。经济部类各卷卷首设“经济综述”，工业类、商业类之首分别设“工业经济综述”“商业经济综述”。大部分章之下设无题小序。全志统合古今，详今略古，增加现代科学内容，地理中设地质、地貌、土壤、气候、水文、动植物等，方言中设语音的标注、语音区划分等。大量运用图表,增加可视性。

二、县志、区志

80年代起,在编修《无锡市志》的同时,无锡市所辖各县、区和各部门单位开展修志工作。至90年代,第一轮修志工作基本完成。2004年开始,组织编修《锡山市志(1986～2000年)》。

无锡市新编县、区志一览表

表37-2

名称	编纂单位	主编(笔)、副主编	出版社	出版年份
宜兴县志	宜兴市地方志编纂委员会	韩霞辉、谢敖萍	上海社会科学出版社	1994
江阴市志	江阴市地方志编纂委员会	程以正、吴金虎、严伯英	上海三联出版社	1994
无锡县志	无锡县地方志编纂委员会	谈汗人、袁家麟、李广平	上海社会科学出版社	1994
南长区志	《南长区志》编纂委员会	过继德、张月安、邵秋涛	上海人民出版社	1991
崇安区志	崇安区地方志办公室	朱寿泉、钱国桢	内部印刷	1991
北塘区志	北塘区地方志办公室	卜鸿甫、冯超群、李政方	内部印刷	1991
无锡市郊区志	无锡市郊区地方志编纂委员会	窦厚培	内部印刷	—

三、专业志

自80年代始,无锡市各部门相继编纂专业志,至2005年共出版或编印35部。无锡县(锡山市)、江阴市、宜兴市陆续出版或编印一批专业志。企事业单位及各相关单位也相继编纂各类志书。无锡市马山另编有《祥符禅寺志》。

1984～2005年无锡市部分专业志一览表

表37-3

志书名称	编纂单位	出版社	出版年份
无锡港务志	市港务管理处编写办公室	内部发行	1984
无锡税务志(1881～1986)	市税务志编纂委员会	内部发行	1986
无锡市房地产志	市房地产管理局编史组	内部发行	1987
无锡纺织工业志	市纺织工业局	内部发行	1987
无锡市冶金工业志	市冶金工业局	内部发行	1987
无锡电力工业志	无锡供电局	上海三联书店	1988
无锡市标准计量志	市标准计量局	内部发行	1988
无锡轻工业学院志(1958～1985)	《无锡市轻工业学院志》编纂委员会	内部发行	1988
无锡市财政志	市财政局	内部发行	1989
无锡市民政志	市民政局	内部发行	1989
江苏省无锡市土壤志	市农业局省土壤普查办公室	内部发行	1989
无锡市供销合作社社志	市供销合作社编史办公室	内部发行	1990

续表

志书名称	编纂单位	出版社	出版年份
无锡市交通志	市交通局交通志编纂委员会	上海人民出版社	1990
无锡粮食志	市粮食局	吉林科学出版社	1990
无锡市丝绸工业志	钱耀兴主编	上海人民出版社	1990
无锡消防志	市公安局消防支队	内部发行	1991
无锡建材工业志	市建材局	内部发行	1991
无锡市金融志	市金融志编纂委员会	复旦大学出版社	1992
无锡邮电志	市邮电局	上海三联书店	1992
无锡市公安志	市公安局	群众出版社	1993
无锡市卫生志	《无锡市卫生志》编纂委员会	内部发行	1993
无锡市教育志	刘谦冲（主编）、方玉书（主笔）	上海三联书店	1994
无锡旅游志	市旅游局	上海三联出版社	1994
无锡市化学工业志	市化学工业局	江苏古籍出版社	1994
无锡税务志（1986～1994）	市税务志编纂委员会	内部发行	1994
无锡市工会志	市工人运动史编纂委员会	江苏科学技术出版社	1995
无锡市物价志	《无锡市物价志》编纂委员会	江苏人民出版社	1996
无锡市土地志	市土地志编纂委员会	江苏人民出版社	1998
无锡曲艺志	市文化局、无锡曲艺志编辑委员会	内部发行	2002
无锡自来水公司志	市自来水公司	内部发行	2002
无锡市服装行业志	市服装行业协会	内部发行	2003
无锡市轻工大学志（1986～2000）	《无锡市轻工大学志》编纂委员会	内部发行	2004
江南学院志（1997.7～2000.12）	《江南学院志》编纂委员会	内部发行	2004
无锡市工会志（1990～2003）	《无锡市工会志》编纂委员会	方志出版社	2005
无锡市水利志	市水利局	中国水利水电出版社	2005

四、乡镇史志

1986年后，在编修市、县志的同时，无锡市各乡镇先后启动志书编撰工作，至2005年，相继出版34部。

1986～2005年无锡市编修的乡镇志一览表

表37-4

市（县）、区	乡镇志名称	出版社、发行	出版年份
江阴市（10部）	北涸志	内部发行	1988
	长泾镇志	上海三联书店	1991
	青阳镇志	苏州大学出版社	1991
	澄江志	内部发行	1992

续表

市（县）、区	乡镇志名称	出版社、发行	出版年份
江阴市（10部）	南闸镇志	内部发行	1994
	西石桥镇志	苏州大学出版社	1994
	璜土镇志	苏州大学出版社	1993
	利港镇志	苏州大学出版社	1997
	云亭镇志	苏州大学出版社	1998
	周庄镇志	苏州大学出版社	1999
宜兴市（12部）	和桥镇志	内部发行	1990
	范道乡志	内部发行	1990
	宜城镇志	上海人民出版社	1991
	张渚镇志	内部发行	1991
	丁蜀镇志	中国书籍出版社	1992
	官林镇志	新华出版社	1998
	屺亭镇志	内部发行	1999
	善卷镇志	江苏人民出版社	1999
	湖汊镇志	中央文献出版社	1999
	太华镇志	江苏人民出版社	2001
	杨巷镇志	方志出版社	2003
	高塍镇志	方志出版社	2005
锡山区（1部）	东亭镇志	江苏人民出版社	2003
惠山区（4部）	洛社镇志	江苏科技出版社	1990
	杨市乡志	内部发行	1989
	陆区乡志	内部发行	1990
	前洲镇志	江苏人民出版社	2002
滨湖区（4部）	河埒乡史	内部发行	1984
	南泉乡志	内部发行	1987
	胡埭乡志	江苏科技出版社	1990
	马山志	内部发行	1992
新区（1部）	梅村镇志	江苏科技出版社	1990
南长区（1部）	扬名镇志	方志出版社	2004
北塘区（1部）	山北乡史（上、下册）	内部发行	1988

五、村志村史

在80年代启动的第一轮新方志编修中，一些村开始编撰写村史村志。1993年，《郊区名村志汇编》内部印刷发行。2003年，马山镇《群丰村志》内部印刷发行。2004年，《无锡村志》（王立人主编）由中国社会出版社出版。2005年，马山镇《嶂青村志》（杭建伟主编）由中国文联出版社出版，《无锡堰桥镇村前村史》内部印刷发行。

六、旧志整理

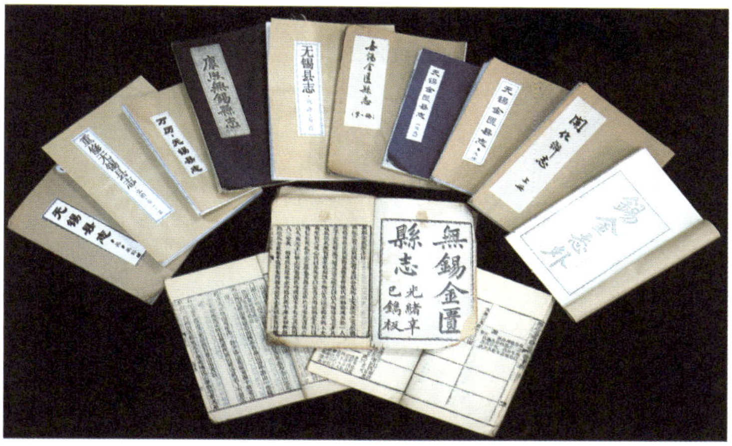

图 37–5　市史志办馆藏旧志　　（市史志办供稿）

2000年，《无锡掌故大观》（浦学坤、赵永良主编）出版发行，其中包括元《无锡志》、明《江阴县志》、民国侯鸿鉴编撰的《锡金乡土历史地理合订》及无锡、江阴竹枝词等。2004年，马山桃坞村张玉正标校、刊印清光绪《马迹山志》。2004～2005年，市史志办与无锡市太湖文史编纂中心合作，整理出版元《无锡县志》、清《梅里志·泰伯梅里志》、清《东林书院志》、清《东林列传》。

七、地方志理论研究与援藏修志

80年代无锡市史志机构成立后，重视并组织开展方志编修理论研究活动，在全国、省级地方志刊物上发表学术成果。2002年，《史志鉴探说》（王敏毅著）内部发行。2004年，《无锡市方志年鉴学会论文选（1999～2003）》内部出版。2005年，《郁有满方志年鉴文集》由中央文献出版社出版。其间，市、市（县）地方志编修人员在省级以上地方刊物发表论文几十篇，有一些论文收入省地方志办公室编辑的论文集内。郁有满、王敏毅被列入《中国当代方志学者词典》。

1997年6～11月，无锡市地方志办公室干部郁有满应中国地方志指导小组之命，赴西藏自治区地方志办公室负责指导业务工作，开展业务培训和指导制定志书纲目。他是全国地方志系统第一名援藏干部，被列入当年中国地方志大事记之一，《西藏日报》于是年11月以“修志使者”为题，报道其先进事迹。

第四节　年鉴编辑

无锡市于1991年编辑出版社会主义时代的第一部《无锡年鉴》，记载内容时间跨度为1986～1990年，此后每年出版一部，至2005年共出版14部。第一部《无锡年鉴》分设25个类目，后逐渐调整，增至近40个类目，包括特载、概况、各行各业部类、市（县）区概况、人物、统计资料、大事记、附录等，插有彩页和黑白图照，每部100万字左右。

90年代起，江阴市、宜兴市、锡山市相继编纂出版地方综合年鉴。南长区曾编纂过年鉴，为内部印刷资料，后中断。无锡市统计、城建、交通、卫生等部门和江南大学等历年编纂专业与部门年鉴，市工商联等单位编纂《无锡民营经济年鉴》。

1997年，《无锡年鉴（1997）》，获全省地方志奖年鉴一等奖。1999年，在第二届全国地方年鉴评奖上，《无锡年鉴（1998）》获城市年鉴一等奖，并获装帧设计、条目编写特等奖和框架设计一等奖，《江阴年鉴》《锡山年鉴》《宜兴年鉴》获县区年鉴一等奖。同年，《无锡年鉴》被评为无锡市第五次哲学社会科学优秀成果一等奖。2001年，在全省第三次地方志系统优秀成果表彰会上，《无锡年鉴（2000）》等获特等奖4个、一等奖6个、二等奖5个、三等奖4个。2002年起，《无锡年鉴》从下半年出版提前至6月出版，同时推出电子版，随书发行。2005年，锡山区编纂《锡山区概况》，滨湖区编纂《滨湖区概况》，均为内部印刷资料。同年，在中国地方志指导小组办公室、中国地方志协会组织的首届中国地方志年鉴评奖活动中，《无锡年鉴（2004）》获地市级年鉴特等奖，《江阴年鉴（2004）》《宜兴年鉴（2004）》获县、区级年鉴特等奖。在中国出版工作者协会年鉴研究会举办的第三届全国地方年鉴评奖活动中，《无锡年鉴（2004）》获城市级年鉴综合奖一等奖，并获框架设计、条目编写、装帧设计一等奖。《江阴年鉴（2004）》获地州县区级年鉴综合奖一等奖，并获框架设计、条目编写一等奖，装帧设计二等奖。《宜兴年鉴（2004）》获地州县区级年鉴综合奖一等奖，并获框架设计一等奖，条目编写、装帧设计二等奖。《无锡民营经济年鉴（2004）》获地方专业年鉴综合奖二等奖，并获框架设计一等奖、条目编写二等奖、装帧设计二等奖。《无锡年鉴（2005）》获江苏省第四次地方志系统优秀成果一等奖。

第五节　无锡地方史编研

1962年，无锡市政协文史资料研究组与无锡地方志编辑委员会曾合编印行《文史资料选辑》1～3辑，后中断。80年代，市志办、市政协文史委等专门机构相继成立或恢复建立，市历史学会、市经济史学会、市文博学会等民间学术组织相继成立后，分别组织地方史编纂和史料汇编工作。1980年9月起，市政协文史资料委员会组织力量续编印行《无锡文史资料选辑》。市志办成立后着手编印《无锡地方志资料》，至1984年计13期，此后编印《无锡地方资料汇编》（1～8辑）。1988～1991年，市志办与市政协文史委、市文管会合作编印《无锡历代名人》5辑，共收录“名人传”148篇。市新四军历史研究会编印相关史料著作。市教育局教研室、市历史学会、市教育学院历史科等编写《无锡乡土历史》，作为中学乡土教材，1988年后改称《无锡历史》，每年刊发，2000年正式出版。

2001年，上海大学与江南大学组成《乐农史料》整理研究小组，合编出版有关荣氏家族、企业的史料。2002年，市历史学会刊印《无锡市历史学会论文集（1981—2002）》，收入论文38篇，并附历史学会会员编纂的48部历史学著作目录。《江南论坛》刊物设立“江南文史”专栏，2003年出版《江南文史钩沉》，辑录专栏历年发表的文史文章。市博物馆、市文物公司编办《无锡文博》刊物，刊载大量无锡文史资料。市史志办历年编印《无锡市情手册》和多种地方史资料书刊。

2005年，市工商联、市档案馆、市比较研究咨询事务所合编《近代无锡商会资料选编》。至年末，《无锡文博》共刊印69期。市政协文史资料委员会编印的《无锡文史资料选辑》印行52辑。其中：《锡金军政分府史料汇编》刊载于第17辑，《海鸿乡音》刊载于第25辑，《抗日战争史料》刊载于第31辑，《无锡城市建设》刊载于第32辑，《海外无锡人》刊载于第33辑，《江南大学史料》刊载于第35辑，《寄畅园的故事》刊载于第36辑，《人民教育家俞庆棠》刊载于第37辑，《无锡风物百景漫笔》刊载于第38辑，《数学双星——华蘅芳、华世芳研究》刊载于第40辑，《漫话无锡》刊载于第41辑，《无锡政协五十年》刊载于第42辑，《春暖花开——无锡九十年代以来私营经济发展史料》刊载于第43辑，《科学之光——无锡籍两院院士风采录》刊载于第45、46、48辑，《近百年无锡人物选录》刊载于第47辑，《无锡画家》刊载于第50辑，《无锡宗教》刊载于第51辑。

1986～2005年无锡市区地方史编研成果及地情读物一览表

表37-5

名称	编著	出版社、发行	出版年份
无锡近百年经济概览	市地方志编委会办公室编	内部发行	1986
无锡县地名录	县地名委员会编	内部发行	1986
无锡名胜楹联集	沈虹太编	内部发行	1986

续表

名称	编著	出版社、发行	出版年份
无锡县中医资料汇编	县卫生局等合编	内部发行	1986
太湖渔业史	省太湖渔业生产管理委员会编	内部发行	1986
近代无锡蚕丝业资料选辑	高景岳、严学熙编著	江苏人民出版社、江苏古籍出版社	1987
太平军在无锡	章振华主编	内部发行	1987
太湖水利技术史	郑肇经主编	北京农业出版社	1987
无锡史话	王赓唐、冯炬主编	江苏古籍出版社	1988
无锡近代经济发展史论	茅家琦、李祖法主编	企业管理出版社	1988
东林党史话	朱文杰著	华东师范大学出版社	1989
东林书院与东林党	朱文杰编著	华东师范大学出版社	1989
无锡名人辞典第一辑	赵永良主编	南京大学出版社	1989
无锡县概览	谈汗人主编	江苏科学技术出版社	1990
玉祁史鉴	无锡县玉祁镇人民政府编	上海人民出版社	1990
玉祁天地	无锡县玉祁镇人民政府编	上海人民出版社	1990
无锡名人辞典第二编	赵永良主编	学林出版社	1991
无锡传统风俗	章振华、王佩兴编著	内部发行	1991
无锡胜迹	顾文璧主编	上海人民出版社	1992
吴文化公园画册	张金海、张永初主编	江苏文艺出版社	1993
无锡近代经济史	王赓唐、汤可可等著	学苑出版社	1993
无锡名人辞典第三编	赵永良、张海保主编	上海科技文献出版社	1994
无锡历代爱国名人	黄焕初主编	红旗出版社	1995
梁溪荣氏家族史	荣敬本、荣勉仁编著	中央编译出版社	1995
梁溪荣氏人物传	荣勉仁、荣翠琴、荣耀祥主编	中国华侨出版社	1996
话说无锡	尤伟著	江南晚报社	1996
无锡名人辞典第四编	赵永良主编	南海出版公司	1996
无锡县社队工业年谱	董欣宾、郑奇	海南国际新闻出版中心出版	1996
江南开发论文集	赵永良主编	南海出版公司	1997
古运河畔南长街	浦学坤主编	中国华侨出版社	1997
吴地民间偶像艺术	高燮初主编	江苏美术出版社	1997
不了斋碑文集萃	高燮初著	上海画报出版社	1997
吴地三百六十行泥塑画册	高燮初主编	上海画报出版社	1997
锡山市乡镇工业的兴起与发展	王正俊著	中国社会科学出版社	1997
无锡指南	汪源清主编	南京大学出版社	1997版，2000再版
江南大学五十年	江南大学、省政协文史资料委员会、市政协文史资料委员会编	省政协文史资料编辑部	1997

续表

名称	编著	出版社、发行	出版年份
东林党学术研讨会薛福成学术研讨会论文资料集	省政协文史资料委员会、市文物管理委员会办公室、市东林书院文物管理处编	江苏文史资料编辑部	1998
中国太湖史（上、下辑）	市委宣传部、市社科联、无锡教育学院、江南论坛杂志社	中华书局	1999
无锡名胜	吴佳佳主编	香港大世界出版公司	1999
南长春秋	浦学坤主编	内部发行	1999
荣氏家族与经营文化	王赓唐、汤可可、钱江、蒋伟新合著	世界图书出版公司	1999
倪云林隐迹记	沈映东著	台湾天工书局	1999
无锡掌故大观	浦学坤、赵永良主编	香港天马图书有限公司	2000
无锡民国史话（江苏省政协文史资料129辑）	朱邦华著	江苏省文史资料编辑部	2000
新编无锡指南	邓富生、周群主编	西安地图出版社	2000
春暖花开——无锡九十年代私营经济发展史料	宗菊如、苏红平主编	文心出版社	2000
太湖望族（一）	刘向东、宗菊如主编	江苏文史资料编辑部	2000
志坛耕耘录	谈汗人著	中国文联出版社	2000
太湖名胜楹联鉴赏	孙士良编著	陕西旅游出版社	2001
乐此居稿存	谈汗人著	华艺出版社	2001
三史斋论史	吕锡生著	香港文学报社出版公司	2001
无锡野史	张永初等编著	中国社会出版社	2001
无锡掌故	郁有满、吴佳佳、顾洪兴编撰	陕西旅游出版社	2001
徐寿徐建寅传论	王赓唐、王锡南主编	作家出版社	2001
乐农自订行年纪事	荣德生著	上海古籍出版社	2001
倪云林传	赵沛著	中国文联出版社	2001
无锡历代文化名人	朱家桢、孙长根主编	中国社会出版社	2001
无锡名人档案	市档案局、市政协学习文史委员会编	内部发行	2002
荣氏梅园史存	沙无垢、陈文源、葛红主编	古吴轩出版社	2002
荣德生文集	上海大学、江南大学《乐农史料》整理研究小组选编	上海古籍出版社	2002
遂初堂丛谈	尤伟著	台湾天工书局	2002
薛福成	徐武主编	内部发行	2002
园林走笔	沙无垢编著	古吴轩出版社	2002
无锡惠山泥人	沙无垢、赵建高编著	古吴轩出版社	2002
蠡园	沙无垢、杨海荣编著	古吴轩出版社	2002
太湖鼋头渚	沙无垢、沙云编著	古吴轩出版社	2002

续表

名称	编著	出版社、发行	出版年份
百年家族：钱穆、钱承沛、钱伟长	印永清著	河北教育出版社、广东教育出版社	2003
无锡地名	郁有满编著	西安地图出版社	2003
无锡名联	吴佳佳、杨玉伦主编	古吴轩出版社	2003
南长古韵	许卫国主编	教育科学出版社	2003
荣氏家族无锡创业史料	宗菊如、陈林荣主编	世界华人出版社	2003
荣德生与兴学育才	上海大学、江南大学《乐农史料》整理研究小组选编	上海古籍出版社	2003
慎终追远——无锡杨氏（杨菊仙系）创业纪实	杨世奎编撰	澳门天成文化艺术出版社	2003
无锡惠山祠堂群	夏泉生、罗根兄著	时代文艺出版社	2003
无锡望族名人传记	赵永良、蔡增基主编	黑龙江人民出版社	2003
无锡通史	宗菊如、周解清主编	江苏人民出版社	2003
江南文史钩沉	黄胜平、郑晓奇主编	甘肃人民出版社	2003
无锡近代企业和企业家研究	严克勤、汤可可等著	黑龙江人民出版社	2003
华鸿山传	尤伟著	黑龙江人民出版社	2003
东林书院重修400周年学术研讨会论文集	朱建平主编	时代文艺出版社	2004
荣德生与企业经营管理	上海大学、江南大学《乐农史料》整理研究小组选编	上海古籍出版社	2004
荣德生与社会公益事业	上海大学、江南大学《乐农史料》整理研究小组选编	上海古籍出版社	2004
无锡十大神庙	孙炳卿编著	中国社会出版社	2004
无锡演义	陈国柱著	三秦出版社	2004
无锡历史上的今天	郁有满主编	西安地图出版社	2004
无锡时期的钱基博与钱锺书	刘桂秋著	上海社会科学出版社	2004
寻根问祖——无锡惠山祠堂人物谱	张永初主编	中国文联出版社	2004
秦森源遗集	秦森源著、王珂辑注	香港天马出版有限公司	2004
江南风俗图志	赵永良、蔡增基主编	南海出版公司	2004
赵朴初与灵山大佛	阴岭山、吴翼民编著	时代文艺出版社	2004
惠山泥韵——无锡惠山泥人十八景	沈大授著	时代文艺出版社	2004
顾恺之研究文集	王梅青主编	《无锡史志》特辑	2004
无锡旧影	市政协学习文史委员会、市建设局编	古吴轩出版社	2005
无锡商会百年历史纪念（画册）	市总商会编	内部发行	2005
拂尘露珠话辉煌——无锡历史名镇严家桥	中共羊尖镇委员会、羊尖镇政府编著	黑龙江人民出版社	2005

续表

名称	编著	出版社、发行	出版年份
无锡名胜	吴佳佳主编	陕西旅游出版社	2005
百年无锡名人谱	赵永良、蔡增基主编	新华出版社	2005
无锡状元	王金中、倪渝宝、王金昌主编	黑龙江人民出版社	2005
东亭人物传	锡山区东亭镇政府编著	黑龙江人民出版社	2005
中国太湖纪胜	吕锡生主编	中国广播电视出版社	2005
荣德生诞辰130周年国际学术研讨会论文集	上海大学、江南大学《乐农史料》整理研究小组选编	上海古籍出版社	2005
荣德生诞辰130周年纪念册	陈文源、葛红主编	内部发行	2005
薛明剑文集	陈文源主编	当代中国出版社	2005
无锡清官录	张锦贤主编	人民日报社出版社	2005
无锡名人故居考录	夏刚草编著	黑龙江人民出版社	2005

第六节　史志文化设施及刊物

一、无锡革命陈列馆

1988年，无锡市建立无锡革命陈列馆，陈云题写馆名，由市委党史工委主办，设址公园路16号，展厅面积225平方米，展出历史照片、文字资料、实物等762件。该馆为江苏省党史系统首家专业性革命纪念馆。1991年，在纪念中国共产党建党70周年之际，市委决定在太湖广场易地重建革命陈列馆，全市党、团员主动交纳特别党、团费，社会各界踊跃捐款，共筹集经费1427万元，用于陈列馆的建设。1993年12月26日，新的无锡革命陈列馆建成开放。该馆是太湖广场南侧的标志性文化建筑，与市图书馆、市青年宫毗连，与市人民大会堂相近。

无锡革命陈列馆占地1.5万平方米，建筑面积8500平方米，其中主体建筑6000平方米。主大楼南北侧各有1个广场，北广场1200平方米，可举行大型活动；南广场1400平方米，可停放车辆。馆内设序厅和5个展厅，布展面积1800多平方米。

“无锡革命史陈列”为陈列馆基本陈列，有两个展厅，展出面积860多平方米，展线400余米，通过300多件实物，近400幅历史照片，近50件场景、模型和雕像，采用声、光、电等先进技术，系统反映无锡地区从1840年鸦片战争至1949年无锡解放的革命历史。除基本陈列外，3个临时展厅举办专题展览。截至2005年12月，制作举办专题展览130多个，观众达330万人次。举办的主题展览包括“一代伟人毛泽东”“中央领导人在无锡”“人民公仆孔繁森”“血肉长城捍中华——纪念抗战胜利50周年图片展”“侵华日军南京大屠杀罪行史料巡回展”“香港的历史与发展”“共和国的钢铁长城——纪念建军70周年图片展”“一代伟人周恩来”“澳门回归祖国”“为了明天——预防未成年人犯罪图片展”“优秀援藏干部任国庆”“伟大的历程——纪念建党80周年大型图片展”“无锡的共和国之最”“人民公仆郑培民先进事迹图片展”“为了孩子——少年违法犯罪警示录”“无锡市爱国主义教育基地十年成果展”“一代伟人——纪念邓小平同志诞辰100周年图片展”“精神丰碑——井冈山精神、长征精神、延安精神、西柏坡精神图片展”“璀璨群星——无锡市先进模范人物事迹展”“荣德生和他的事业——纪念荣德生诞辰130周年史料图片展”“民族的胜利——纪念中国人民抗日战争胜利60周年大型主题展”“营造法治天空，构建和谐社会——无锡市‘四五’普法成果展”等。陈列馆还相继推出“张闻天生平事迹陈列”和“学华西、学小天鹅活动图片展览展”“市民文明新风”等流动展览，到机关、学校、企事业单位和车站、公园、大型广场等公共场所展出，先后制作流动展览28个、38套，送展单位1117家，观众180万人次。陈列馆办有不定期内部刊物《江南风采》《无锡革命陈列馆通讯》。

无锡革命陈列馆是省、市首批命名的爱国主义教育基地、全民国防教育基地、学校德育基地、青少年学生素质教育基地。连续8年被评为全省党史工作系统先进集体，2002年4月被市委命名为无锡市爱国主义教育基地示范点。2004年9月初，省委党史工作办在陈列馆召开全省党史系统纪念场馆工作现场经验交流会。

二、宜兴革命陈列馆

宜兴革命陈列馆位于宜城镇龙潭西路，在宜兴革命纪念园内。陈列馆占地5万平方米，主楼建筑面积2700平方米，展厅面积1500平方米，设有星火厅、成就厅、潘汉年生平事迹厅、多功能厅等4个展厅。陈列馆南侧，建有宜兴秋收暴动纪念碑。陈列馆前方，建有潘汉年铜像。宜兴革命陈列馆是省全民国防教育基地、无锡市和宜兴市爱国主义教育基地。馆名由原全国政协副主席、中央党史研究室主任胡绳题写。

三、锡北革命历史纪念馆

锡北革命历史纪念馆坐落在锡山区八士镇斗山南麓，与斗山西坡的锡北革命烈士陵园相毗邻，占地4600余平方米，馆名由全国人大常委会原副委员长叶飞题写，1998年9月29日建成开放。纪念馆为5开间两进仿古建筑。第一进预展室陈列革命前辈题词；天井东侧建有“警世亭”，亭柱刻楹联“沙家浜巧斗沪宁敌伪闻名全国，警世亭欢呼振兴中华再立新功”。第二进陈列室展出锡北地区革命史，分为“大革命时期和土地革命时期”“抗日战争时期”“解放战争时期”“今日锡北”等4个部分。

四、吴地方志馆

1997年1月31日，吴地方志馆在无锡市吴文化公园落成。吴文化公园又称吴文化博览苑，位于惠山区堰桥镇西高山，占地46.7万平方米。吴地方志馆由吴文化博览苑与省地方志办公室、锡山市地方志办公室联合举办，建于吴文化博览苑万卷楼，是公、民合办的新型志馆，开创民间藏志、用志新形式，其馆藏志书主要由社会捐赠与方志馆购买。1999年11月15～19日，全国读志用志理论研讨会在吴地方志馆举行。

五、《无锡史志》刊物

1986年，《无锡史志》创刊，至1992年共出版19期，后停刊。1999年3月，市方志年鉴学会成立后复刊，为市方志年鉴学会、市志办联办刊物。2001年，市党史、地方志部门合并后，《无锡史志》成为市史志办、市中共党史学会、市方志年鉴学会联办刊物。至2005年末，编办65期，刊载文章近1500篇，约450万字。《无锡史志》设立“党史春秋”“人物剪影”“梁溪史话”“名胜古迹”“史海钩沉”“采访纪

图37-6　《无锡史志》刊物　　（市史志办供稿）

实”“地方特产”“史实考辨”“艺苑撷英”“工作研究”“他山之石”等栏目。《无锡史志》为季刊，进入21世纪后，与相关部门等合作编办特色专辑，其中包括《锦绣锡惠》《秦氏人物》《泰伯之光》《荣巷古镇》《荡口古镇》《寺庙文化》《江南状元》《特色珍藏》《羊尖古今》《吴文化与谱牒文化》《顾恺之》《水利》《宜兴陶艺大师》《李金镛》《无锡公花园》《孙继皋》等16个专辑。另编印发行《顾恺之研究文集》特刊。

第二章　档　案

第一节　机　构

一、市级机构

1986年8月，市档案局被列入市政府编制系列。1989年，市政府调整市档案局、市档案馆内设机构，市档案局不内设科室，撤销原设的保管利用科、业务指导科；市档案馆设立秘书科、保管科、编研科、保护技术科，均为副科级编制。1997年5月，市档案局与市档案馆合署办公，实行“一个机构，两块牌子”管理体制，由市委、市政府双重领导，为市委直属正处级事业单位，并增加“依法对违反《中华人民共和国档案法》主管人员或其他直接责任人员以及企业事业组织或个人的行为进行查处”“定期公布开放档案目录”两项职能。市档案局（馆）内设办公室、业务督导处、法制教育处、保管利用部（挂“征集部”牌子）、技术部、编研部等6个职能部门。

2001年，在机构改革中，保留市档案局，为市委、市政府共同管理的直属事业机构，对外挂“无锡市档案馆”牌子，正处级建制。内设办公室、业务指导处、法规宣教处、保管利用处（挂“技术处”牌子）、编研处（挂“征集处”牌子）等5个处室。2005年末，市档案局（馆）有工作人员30人，其中附属编制3人。

二、市（县）、区级机构

1986年，江阴县、宜兴县、无锡县和崇安区、北塘区设有档案局。1987年成立郊区档案局，1988年成立南长区档案局。1987年、1988年和1995年，江阴县、宜兴县、无锡县相继撤县建立江阴市、宜兴市、锡山市后，其档案局同步改名。1996年，无锡国家高新技术开发区档案馆成立，系管委会下属全民事业单位，副科级建制。随着无锡新区建设规模扩大和全市行政区划调整，档案馆同时承担档案行政管理职能。1997年建立马山区档案局。2001年，锡山市撤市分设锡山区、惠山区，锡山市档案局撤销，分别成立锡山区、惠山区档案局；郊区档案局更名为滨湖区档案局，原马山区档案局并入滨湖区档案局。各档案局同时挂档案馆牌子。至2005年，各市（县）、区级档案机构共有工作人员97人。

三、其他机构

1988年，市基本建设档案馆改称市城市建设档案馆。1999年，市建设委员会内设档案管理处，与市城市建设档案馆合署，实行“一套班子、两块牌子”管理体制。2005年末，无锡市城市建设档案馆实有人员15人。

第二节 档案管理

一、依法管档

1.法规制定

2004年5月26日，市第十三届人大常委会第九次会议制定《无锡市档案管理条例》，2004年6月17日经省第十届人大常委会第十次会议批准，自2004年8月1日起施行。这是无锡市第一部档案管理的地方性法规。

2005年12月19日，市政府第四十六次常务会议审议通过《无锡市档案管理条例》的配套规章《无锡市档案资料征集办法》。2005年12月26日，市长毛小平签署政府令予以发布。

2.行政执法

1989年后，市档案局联合相关单位和部门，每年就某一专项的档案工作进行执法检查。是年下半年，根据国家、省和市有关加强停缓建工程项目档案资料管理的要求，组织力量对全市停缓建工程进行档案管理状况检查，会同市计委、市城建档案部门联合抽查市区和三市（县）、区部分所属停缓建工程项目的档案资料综合情况，及时纠正问题。

1993年，与市人大教科文卫工委、市法制局、建委组成联合检查组，对被列入市政府1990～1992年度目标管理中的51个重点工程项目进行检查，重点抽查利港电厂等20个项目。宜兴市档案局会同有关部门组成联合检查组，由分管市长带队对市（县）属88个目标管理的工程项目档案管理情况进行检查，重点检查23个项目。1998年，会同市人大教科文卫工委、市法制局，对重点工程和科研项目档案管理情况开展执法检查，检查重点工程项目15个、科研项目4个。

2001年，会同市发展计划委、经贸委、市建设局联合发布《关于对1999～2000年市级以上重点工程项目档案管理情况进行检查的通知》，并配合省档案局联合市人大常委会教科文卫工委、市政府法制办对部分重点工程项目档案管理情况执法检查。2004年11月，市档案局、市人大教科文卫工委、市法制办公室、市重大项目建设领导小组办公室组成联合档案执法组，对2004年度市重大项目五里湖水环境综合治理工程、解放环路整治工程、无锡环太湖公路工程、市天然气利用工程、市体育中心二期工程等项目的档案管理情况检查。2005年12月，市档案局、市人大教科文卫工委、市国有资产监督管理委员会、市法制办公室对纺工资产经营公司、轻工资产经营公司、物资资产经营公司、贸易资产经营公司、机械资产经营公司及下属部分企业的档案管理状况检查与调研。

二、党政机关档案管理

1986年起，全市各级机关、团体的档案部门实施国家档案局《机关档案工作业务建设规范》，推进档案综合管理。1990年末，市和市（县）、区两级机关档案综合管理率85%。1992年，市和市（县）、区两级机关实施《无锡市机关档案室定级升级试行办法》，经考评，市劳动局档案室、郊区旺庄乡档案室被评为首批市二级机关档案室。

1998年，市档案局制定《市级机关文书立卷业务评估办法》，对市级机关1997年度文书立卷情况进行业务评估和通报。同年，对19个机关档案室进行等级重新认定，对纪检、公安、土管、金融、电力等行业的档案工作提供重点咨询指导。

2000年，市档案局建立市级机关档案信息库，对机构改革前全市各机关档案室的案卷情况进行登记。2002年，市委、市政府联合转发市档案局《关于本市行政区划调整中撤并机构档案资料处置的意见》和《关于在全市党政机构改革中加强档案管理的意见》。江阴市、宜兴市和滨湖区档案局制定和印发关于加强工业园区档案管理意见和办法，启动工业园区建档工作。2003年，档案管理部门启动立卷改革工作。2月，市档案局印发《关于行业标准〈归档文件整理规则〉的实施细则》。是年，市级机关应用新规则归档率80%。启动档案工作年度评估，出台《无锡市档案工作评估试行办法》和标准。在抗击"非典"疫情过程中，市档案局制定印发《关于加强"非典"防治档案资料管理工作的通知》，指导有关部门做好防治"非典"档案资料的收集。在首届太湖博览会期间，市档案局印发《关于做好"2003年首届太湖博览会"文件材料归档工作的意见》，并派员加入太湖博览会筹备组。

2004年8月1日，《无锡市档案管理条例》实施，市档案局印发《进馆单位档案工作评估办法》《归档文件整理规则》，普遍推广使用符合省级标准的档案管理软件。同年，各级档案部门制定出台文件，规范区划调整、乡镇合并过程中档案归属及收集工作。2005年，市档案局根据《无锡市档案工作年度评估试行办法》，对全市300多家进馆单位的档案工作进行业务评估，其中130家单位档案工作达到省级标准。

三、农业农村档案管理

1992年起，无锡市开展村级建档工作。同年，宜兴市、无锡市郊区共20个自然村完成建档工作，其中部分自然村通过"合格档案室"的验收。1993年，郊区在全市率先将村级建档工作列入政府目标管理，至1994年末，108个村全部完成建档并通过郊区档案局组织的业务考评，成为江苏省率先实现村村建档目标的第一个县级区。

1995年6月，市政府召开全市农村档案工作会议，总结和推广郊区在全省率先村村建档的成果和经验，部署全市农村档案工作以行政村建档为重点的3年发展目标。是年末，全市200个行政村通过建档达标验收。1996年，全市三市（县）一郊新增建档行政村348个。郊区在完成胡埭镇15个村建档基础上，再次实现全区新一轮村村建档的任务。是年末，全市530个行政村完成建档工作，占应建数的25%。1997年，全市新增建档村641个，全市累计1168个村委建档并通过合格验收，占全市行政村总数的56%。

1998年12月16日，市档案局与市委农工部联合召开全市农业和农村档案工作会议。是年，全市新增建档行政村318个，江阴市实现村村建档。1999年，各级档案工作部门加强对农村改革的服务，重点督导土地第二轮承包、乡镇企业转制过程中的档案管理工作。

2000年，在全市镇、村行政区划调整中，各级档案工作部门跟踪督导档案的保管和移交，保证镇、村一级档案在区划变动中的安全性和完整性。各级档案部门对农业科技档案，农村产业结构调整档案，乡属、村属企业改制档案加强监管。2001年，宜兴市档案局制定出台《关于切实做好农村税费改革档案工作的意见》。对税费改革档案的收集范围、立卷要求、管理办法进行规范。2002年，江阴市市委办、政府办转发档案局《关于加强乡镇工业园区档案管理工作的意见》的通知，对园区档案工作机构及职责、文件材料的形成、归档及档案的管理和利用等提出明确的要求。江阴市委办印发《关于行政村调整优化中加强档案管理工作的意见》，就行政村调整优化中档案管理工作的基本原则、工作要求及有关纪律提出明确要求。滨湖区档案局（馆）结合农业结构调整、费改税等实际情况，加强档案立卷质量管理。新区制定出台《乡镇工业园区档案管理规定》，规范园区档案的管理和移交。2003年，市档案局转发宜兴市档案局《关于加强镇工业园区档案管理工作的意见》，启动实施工业园区建档工作。

2004年，市档案局印发《农村股份制合作社档案管理意见》，对农村股份制合作社档案工作的组织管理，档案的归档、分类、整理等提出规范要求。同年，北塘区档案局被国家档案局指定为全国农业农村档案工作联系点，北塘区五河村、滨湖区蠡湖街道、新区高田村入选江苏省农业和农村档案工作示范单位。2005年，无锡市根据村社档案工作实际，把有领导分管、有规章制度、有档案装具、有专兼职档案员、能够提供利用"四有一能"作为村社合格建档的基本标准，建立区、镇、村三级机制，因地制宜，积极指导，跟踪服务，加强考核，规范村社的档案管理。

四、企业档案管理

无锡企业档案中保存着民国时期工厂的一些珍贵资料。八九十年代，无锡市组织开展企业档案工作升级评比活动。2000年，各级档案部门落实“宏观管理、重点指导”的业务督导方针，帮助企业完善适合自身经营发展的档案工作规范，管好用好档案，对一些经营管理变动较大的改制企业及破产企业，制定相应规定和意见，妥善处理企业档案的流向。

2002年，市档案馆接收部分改制企业的档案。2003年，锡山区档案局将私营企业建档工作纳入年度考核内容，实行区、镇两级齐抓共管，推进非公有制企业档案工作规范化进程。

2004年，市档案局针对企业资产与产权变动过程中档案资料散失的情况，印发《关于做好国有企业资产与产权变动档案管理工作的通知》，将市属国有破产企业档案资料分批接收进市档案馆。2005年，各级档案部门采取“自主管理、分类指导”的方针，帮助企业建立合格档案室。省档案局重点扶持的100家非公有制示范企业中，无锡入选31家。各级档案行政管理部门对88家列入市、区重点工程的项目发放联系卡，组织重大项目档案管理培训，进行全过程跟踪督查，确保工程档案材料的齐全完整。同年，锡山区有16家私营企业通过建档合格验收。

五、社区、家庭档案管理

2003年，各级档案部门加强对社区档案工作监督指导力度。市档案局会同市社区建设领导小组办公室联合制定《无锡市社区档案管理意见》，对社区档案管理体系、管理制度、业务建设、开发利用及文件材料归档范围做出明确规定，召开无锡市社区档案建设现场交流会，在新区长江路街道下属4个社区进行建档试点。

2004年，市档案局组织举办“档案走进社区，走进家庭，贴近百姓”主题展示活动，在此基础上开展“无锡市家庭（私人）档案十佳”评选活动。朱琰、弓峰、吴国忠、贺星允、张魏伟、郑焕明、苏大伟、顾国英、储敖生、钱耀庆被评为首批“无锡市家庭（私人）档案十佳”。市档案局摄制的“家庭（私人）档案十佳”专题片在无锡电视台播出。2005年，市档案局确定滨湖区西园里等24个社区为档案管理示范社区，在西园里社区举行现场交流会。

六、档案业务培训

80年代起，无锡市开展档案岗位培训、档案管理升级达标培训、档案业务学习培训等活动。1988年，举办培训班42期，培训2273人；为企业档案管理升级开办专题培训班11期，培训389人。1990年，举办档案专业知识和机关、企事业单位档案管理升级达标培训班37期，培训1580人。其中档案专业知识培训班10期641人、企业升级专题培训班24期685人。

1991年，无锡市举办档案专业课培训8期，培训860人；举办档案著录、计算机管理和档案分类法专题培训班各1期，培训111人。市档案局与市园林职业中专校联合在该校文秘班开设5门档案专业基础课程，江阴市职业中学文秘班开设3门档案专业课程。1993年，举办专业培训班35期，培训1840人，其中有“三资”企业档案管理、会计档案、微机管理等岗位培训班。1994年，举办培训班38期，培训1556人。1995年，档案管理部门为迎接1996国际第13届档案大会的召开，坚持岗位轮训与专题培训相结合的方式组织开展档案教育培训，全年举办岗位培训班18期，培训854人；专题班24期，培训645人。市档案局与苏州大学联合举办档案自学考试辅导班，学员45人；江阴市、锡山市档案局与地方教育培训机构挂钩举办教学班，在校就读426人，当年毕业151人。

1996年，无锡市举办档案业务培训班66期，培训2400人次。其中：岗位培训班两期、55人次，机关、企业、事业、乡村和应知应会等专题培训64期、2345人次。1998年，举办培训班31期、1436

人。2000年，全市参加培训班接受档案法规教育1700多人。市档案局举办4场大型讲座，聘请国家档案局、上海档案局的专家到无锡授课。

2001年，举办外资企业、国有骨干企业、专业条线、乡镇街道等不同对象和不同专题的档案业务培训班19期，学员1491人，其中78人领取省级上岗证书。2002年，各级档案部门根据区域调整、机构改革人员变化等情况，加强档案人员教育培训，举办培训班29期，培训1632人次。其中：档案专业继续教育培训班1期、260人，档案人员上岗培训班4期、346人，应知应会培训班24期、1026人。2003年，以贯彻实施《归档文件整理规则》和《文书档案文件级目录数据库结构与交换格式》为契机，举办档案业务培训班30多期，培训1800多人次。2004年，举办档案业务培训班18期，培训950人。其中档案岗位培训240人、继续教育培训310人、应知应会培训400人。同年，无锡市档案人员在市级刊物和交流会上发表档案学术论文和业务文章81篇；经考核评审，3名档案馆员晋升为档案副研究馆员，15名档案员晋升为档案馆员。2005年，举办档案业务培训班20期，培训人员2015人。

第三节　收集与整理

一、收集

1980年，市档案馆中断14年后，恢复档案接收工作。1991年，市档案局为丰富馆藏，颁发《无锡市档案馆收集档案范围实施细则》，编印接收档案单位名册，发出《关于组织向市档案馆移交档案材料的通知》。是年，接收56家单位1982年以前的永久、长期档案计10471卷。这批档案资料包括极具存史价值的文献资料和地方史志资料，以及反映无锡解放初期私营工商业情况，“文化大革命”中无锡群众组织活动情况的原始材料，反映无锡政治、经济发展、市政建设的照片材料。

1997年，市档案局发出通知，要求各进馆单位移交1983～1990年的永久、长期档案及有关资料。1997～1998年共接收98家单位的369439卷档案。此后，市档案馆根据档案利用重点、热点的调查预测结果，进行有目的的档案接收工作，不断调整馆藏结构，增加各种专业、专门档案的数量。2000年，接收知青返城遗留问题处理工作档案、农业普查档案、民主党派知名人士档案共计800余卷。2001年，接收涉外婚姻档案、收养档案200余卷。同年，因机构改革，市档案局发出通知，要求撤并机构向市档案馆移交在撤并前形成的除人事档案以外的档案和资料。至2002年，共接收23个市级撤并单位的1991～2001年的文书档案及部分单位的会计档案共3万余卷，另有印章、奖状、奖杯、奖旗、奖牌等实物档案若干。2002年，开始着手接收一部分破产、转制企业档案，约3000卷。2003年，市档案局针对一批重点老企业场所迁移、改制等情况，结合筹建无锡民族工商业博物馆，向市政府提交《关于保护一批企业档案筹建“无锡民族工商业档案馆”的请示》。同年，开始有计划地接收破产、转制企业档案，共计9000余卷。2004年，市档案局组织有关人员对企业在改制、重组、破产、兼并过程中档案资料的处置工作进行专项调查，明确专人协调各资产经营公司工作，并发出《关于做好国有企业资产与产权变动档案整理工作的通知》，向市政府呈报《无锡市属国有破产企业档案处置的请示》。自此开始大量接收破产、转制企业档案。同年，接收清房档案、涉外婚姻档案、勘测档案、市工商局企业注（吊）销档案共计1万余卷。

2005年，市档案局根据《无锡市档案管理条例》，重新调整档案接收单位名册，档案资料收集范围在本级党政机关的基础上，增加具有公共服务职能的事业单位、有代表性的企业和医院、学校，并明确国家档案资源接收进馆的技术规范和时序要求。同年，继续大量接收破产、转制企业档案。2002～2005年，共接收破产、转制企业档案6.7万余卷。至是年，市档案馆馆藏档案共计182个全宗、252678卷，另有录音、录像档案604盘，照片档案9614张。1986～2005年，各市（县）、区档案馆依法按期接收所属范围内的档案，至2005年，县、区级档案馆馆藏档案共计814个全宗、555698卷，以件为保管单位档案27854件，另有录音、录像档案411盘，照片档案27237张。

二、整理

1986年起，市档案馆根据《无锡市档案馆档案管理规范实施细则》及《无锡市档案馆档案分类方案》对馆藏档案进行规范、系统管理，每年对接收进馆的档案分类整理编目，区分全宗、年代、保管期限排列上架，对零散文件及时分类、整理、立卷、编目、上架。1991年，市档案馆被省档案局批准为省三级馆，后于1999年重新认定为省三级馆，2002年晋升为省二级馆。市档案馆在创建省二级档案馆过程中，加强科学化、规范化管理，定期对馆藏档案全面检查、整理、补缺、编目、排列、编号。

1996年5月～1999年8月，市档案馆对馆藏民国历史档案系统整理，共整理新卷29301卷，制成案卷目录28本。至2005年，档案整理基本符合《江苏省各级国家档案馆档案管理规范》要求，全宗设置合理，全宗名称标准；全宗群设立合理，归类准确；档案装封基本符合要求；按规范编制档号；每个保管单位都编制卷内文件目录，案卷题名基本符合要求。市档案馆建立新中国成立前两个全宗群，分别是民国历史档案全宗群和革命历史档案全宗群；新中国成立后6个全宗群，分别是党委系统全宗群，政府系统全宗群，区委、区政府全宗群，群团全宗群，企事业单位全宗群和人大、政协全宗群。

第四节　保管与鉴定

一、保管

1978年建筑市档案馆库房时，建筑设计、施工符合规范要求，落实保温、防光、密封措施，厚壁、内走廊、屋顶有隔热层，底层有地下室，起到架空防潮的作用。2005年，共有档案库房9间，400平方米。档案库房配有立式空调、除湿机及灭火器等设施；放置灭虫药物，定期更换；配有温湿度测试设备，其中有3台自动记录仪，实行温湿度记录，每季度进行分析，绘制曲线表，平时能根据温湿度情况及时采取调控措施，库房温湿度基本符合国家有关规定；馆藏档案按不同门类、不同保管期限、不同载体基本分开存放，建立健全库房管理制度，编制档案的存放总索引和库房分层索引，各库房设有存放示意图。坚持每两年对馆藏档案的保管情况进行一次全面检查，建立检查记录制度，发现问题认真整改，处理结果记录在检查记录单上。对库检中发现破损、霉变、虫蛀严重的档案及时修裱，对字迹褪变严重的档案进行抢救复制（手工抄写）。

二、鉴定

1984年，市档案馆对27个市级机关在“文化大革命”初期集中上交的109071份暂存文件、资料清理鉴定。1990年，组织鉴定复查并销毁处理67481份材料，共1520公斤。1991年，制定《无锡市档案馆档案鉴定工作制度》，建立鉴定工作小组，根据馆藏情况有计划开展档案鉴定工作。是年，对“文化大革命”期间群众组织形成的零散档案进行鉴定，整理121卷，同时清理党员、行政介绍信1420卷和一批印章，建立174枚印鉴档案。同年，对进馆单位1978～1982年短期案卷的鉴定工作进行指导，据49家进馆单位统计，经鉴定后有1754卷短期档案上升为长期档案被接收进馆。

1997年5月起，对馆藏的1949～1982年71个全宗、12642卷短期案卷进行鉴定。2001年4月，鉴定工作完成，共鉴定案卷12642卷，其中8082卷整卷定为永久、长期档案，3898卷整卷销毁，拆卷187卷，改作资料19卷，暂存456卷。

1986～2005年，无锡市下辖各市（县）、区档案馆根据各自的馆藏情况，开展档案鉴定工作。

第五节　编研与利用

一、开放利用

1.开放

1991年,市档案局颁发《无锡市档案开放实施细则》。1月起,分批向社会开放自形成之日起满30年的档案资料。此后,修订《无锡市档案开放实施细则》,正常开展档案开放工作。市档案局在网站和《无锡档案》刊物上发布开放档案的信息,公布开放档案文件级目录。市档案馆制订计划,开展档案划控,先后对民国档案和每年到期档案进行划控,各市(县)、区级档案馆根据档案开放要求开展馆藏档案的划控。2004年起,市档案馆根据档案法规要求和实际利用需要,进行未满30年档案的划控。至2005年,共完成15282卷档案的划控。对于划定为开放的档案,均在案卷封面上注有明显标记,同时编制可供利用者自行检索的开放档案案卷目录和文件级目录,并制作开放档案检索工具介绍及使用说明书。至2005年末,无锡市级档案馆开放档案21380卷,其中新中国建立前6个全宗、8823卷档案,新中国建立后99个全宗、12557卷档案;各市(县)、区级档案馆共开放123023卷档案,其中:新中国建立前32个全宗、3892卷档案,新中国建立后484个全宗、119131卷档案。

2.利用

1986年后,各级档案馆简化档案利用手续,提供多种形式的档案利用服务。档案利用形式除常规的接待查阅外,还提供电话查询、函件查询、传真查询、档案外借、网站查询等形式。

1986～1996年,档案利用工作的重点是为机关工作和经济建设服务,利用主体多为党政机关、科研院所和企业的工作人员,其利用目的主要是工作查考、编史修志、学术研究,这期间社会公众因私利用档案所占比例很低。此阶段由于目录数据库建设刚处于起步阶段,档案利用主要以手工检索为主。

1997年起,各级档案馆加强档案利用的宣传报道,通过新闻媒体向社会公众提供档案利用信息,个人利用档案的比例逐年上升,档案利用逐步从重点为机关工作和经济建设服务延伸到为社会各界服务。市民为解决社保、工资、结(离)婚落户、分割财产、购房买车、调动工作、房产纠纷、拆迁补偿等问题,对于工龄档案、婚姻档案、房产档案、公证档案、土地档案的利用较为集中,在此期间,档案利用主体呈多元化趋势,来自社会各阶层,且遍及海内外,利用人次每年均有一定幅度提高。馆藏档案文件级目录数据库的建立完善,计算机检索逐渐代替手工检索。

2002年7月1日,市档案局(馆)适应加入世贸组织后政府职能转变、政务公开的需要,建立市文件资料服务中心,10月8日挂牌对外开放。市文件资料服务中心汇集50多个党政机关、社会团体和事业单位近年制发未移交进档案馆的2000余份政策性、法规性、公益性文件资料,免费向市民开放查阅。同年,锡山区档案局(馆)建立现行文件查阅中心,方便市民查阅有关机关“红头文件”。2003年,滨湖区档案局(馆)成立现行文件资料服务中心。2004年,崇安区档案局(馆)设立现行文件中心。为使现行文件查阅与电子政务相匹配,2004年,市档案局筹备建立电子文件中心,经与市信息办积极沟通协调,在电子政务专网上预留电子文件中心的接口,并将文件公布范围设置为网上发送电子文件的必选。2005年12月,市电子文件中心经验收进入试运行阶段。建成后的电子文件中心通过政务网、互联网、触摸屏查询系统等3种途径提供政务信息服务。至2005年,全市80%的档案局(馆)建立现行文件(资料)中心。

1986～2005年,无锡市各级国家档案馆共接待查档利用167342人次,调阅案卷672802卷。

二、编研

1.编撰《无锡市大事记》

1986年7月起，市档案馆编撰《无锡市大事记》，每月1期，至2005年12月共编印234期，合计117万字。1996年，编写发行《无锡市大事记汇编（1981～1995）》。2001年起《无锡市大事记》通过互联网公布。江阴、宜兴、北塘、崇安、南长等市（县）、区档案馆承担所在市（县）、区大事记或年鉴的编写任务。2003年起，市档案馆编撰出版《征程——无锡市大事记》，至2005年，共发行3册，计60万字。

2.编辑档案史料

1990年起，市档案馆与市委党史工委、市委组织部合作编写《中国共产党江苏省无锡市组织史资料》，计3册。1998年，新区档案馆与新区党工委宣传部合编的《中国高新区导论》出版发行。2000年，市档案馆与市委组织部、市委宣传部等合编的《无锡科技英才》出版发行，锡山区档案馆编辑出版《吴文化公园爱国碑文集》《个体私营经济政策汇编》。2001年，锡山区档案馆编写《锡山将军录》，作为爱国主义教材印发各基层单位。2002年，市档案馆与市政协文史委编写出版《无锡名人档案》，收录无锡古代和近现代历史上的265位名人，近20万字；锡山区档案馆编辑《锡山概览》，内部发行；新区档案馆参与编写《跨越——无锡新区开发建设10年回眸》。2003年，市档案馆与无锡名人辞典编委会等联合编辑出版《无锡望族与名人传记》，80万字。2005年，市档案馆与市图书馆、江南大学《无锡名人辞典》编委会合作编写出版《百年无锡名人谱》，与市工商联、无锡比较研究咨询事务所合作编辑《近代无锡商会资料选编》。

3.汇编文件资料

1986～2005年，市档案馆先后编写《无锡市历届历次党代会概况》《无锡市历届历次工代会概况》《无锡市历届历次妇代会概况》《无锡市历届历次团代会概况》《中国资本主义工商业的社会主义改造资料丛书》《无锡解放初期布告汇编》《日军侵略无锡罪行述略》《无锡优秀企业家、优秀厂长（经理）表彰决定文件汇编》《无锡市精神文明十佳新事》《市政府关于表彰先进集体和先进个人（劳模）的决定汇编》《无锡市档案馆全宗介绍》《无锡市档案馆指南》《中共无锡历史上的第一》《党和国家领导人来锡大事记》《无锡情况报摘》《劳资、人事、外事、公安工作文件汇编》《档案工作利用事例》《无锡市防治“非典”工作文件汇编》《无锡市城镇职工医疗保险及养老金管理文件汇编》等40余种，近600万字。江阴、宜兴、滨湖、崇安、南长、北塘、新区等市（县）、区档案馆相继开展文件汇编、参考资料新编、续编工作。

4.档案专栏

2003年，市档案馆与《江南晚报》合作，开设“珍藏无锡——历史档案系列”专栏，设有《文书书信》《家谱族谱》《个人家庭档案》《革命文档》《徽章》《票证》《证件》《证书》等8个子专栏，每个子专栏为一个整版，在《江南晚报》上连续刊出两个月。

5.《无锡档案》杂志

2001年10月18日，在多年编印《无锡档案通讯》的基础上，市档案局、市档案馆、市档案学会联合编办《无锡档案》杂志。《无锡档案》为季刊，至2005年12月，共发行21期。

三、阵地建设

1998年，锡山市档案馆被命名为市（县）级青少年爱国主义教育基地。1999年，宜兴市档案馆被命名为市（县）级青少年爱国主义教育基地。2001年，滨湖区档案馆被命名为区级青少年爱国主义教育基地。2002年，市档案馆被命名为市级爱国主义教育基地。2005年，惠山区档案馆被命名为区级青少年爱国主义教育基地。至2005年，全市60%的档案馆成为同级“青少年爱国主义教育基地”。

四、展览陈列

1986年，宜兴县档案局与党史办合作展出《宜兴革命斗争史》。

1991年，市档案局（馆）举办"'七五'期间无锡档案事业发展概貌展"。1994年，无锡县档案馆举办"无锡县档案事业发展新貌展"。1995年，市档案馆为纪念抗战胜利50周年，陈列日军侵华在锡罪行史料。江阴市档案局创办全国首家市（县）级荣誉馆，推出1000平方米展厅，分列"亲切关怀、情系热土"等7个部分，展出江阴市荣誉品。宜兴市档案局（馆）为迎接国际第十三届档案大会召开，举办《知我宜兴，爱我宜兴》历史资料陈列。宜兴市档案局与电视台合作拍摄反映档案利用的纪念专题片《淘金》，并获省级优秀奖。郊区档案馆在馆庆10周年之际，举办"无锡郊区档案事业十年发展成果展"。

1998年，宜兴市档案局主办"宜兴档案工作十年成就"大型展览。江阴市档案馆面向基层举办荣誉档案巡回展览，观展人数达15430人次。锡山市档案馆举办"面向二十一世纪的档案事业"展览。

2002年，市档案局（馆）与市委宣传部联合举办"彰显文化古蕴，建设文化大市"主题大型展览。宜兴市档案馆会同宜兴市政协文史委、市科技局，在宜兴市重点工程——龙背山森林公园建设中，承担文峰塔、科教名人馆、古代名人馆、艺术名人馆的规划设计及布展工作；在纪念周培源100周年诞辰活动中，制作"周培源光辉的一生"展览；同年，拍摄专题片《两院院士风采录》。锡山区档案馆与区委宣传部联合举办"实践'三个代表'，迎接党的十六大"图片展。市档案馆利用档案资源，与无锡电视台市民资讯频道合作推出《档案无锡》《家庭档案》《沿着法制轨道推进档案管理》等专题片。锡山区档案局以"三服务"下乡活动为契机，与区委宣传部联合举办"建党82周年党的知识图片展"。

2004年，市档案局组织举办"档案走进社区、走进家庭、贴近百姓"主题展示活动，制作版面进行巡回展出和专题报道。2005年，江阴市档案馆举办"江阴市档案史料陈列展"，展出精品120件。宜兴市推出"陶都记忆""今日宜兴""宜兴发展历程""潘汉年百年诞辰展览"等系列展示活动。锡山区以抗日战争胜利60周年为契机，与区委宣传部联合举办"隆重纪念抗日战争胜利60周年图片展"。惠山区档案馆展览陈列室向社会开放，首期展览"活力惠山、和谐惠山"，展示惠山区建区后经济建设和社会发展成果。新区档案馆举办"新区特色档案史料陈列展"。

第六节　档案馆选介

一、无锡市档案馆

无锡市档案馆设址解放南路631号。馆舍建于1978年6月。1986年起，按计划接收市级进馆单位档案。2002年，设立现行文件中心，向市民群众提供公益性、政策性文件。当年，市档案馆晋升为省二级档案馆。1986～2005年，平均每年接待查档利用2000多人次。2005年，无锡市电子文件中心开发完成并进入试运行；建立市电子文件目录中心，初步汇集本馆及各市（县）、区档案局馆以及各市级进馆单位的电子文件目录200多万条。市档案馆建筑面积1700平方米，包括档案库房、查档接待室、检索工具室、资料室、中心机房及办公用房等。库房档案密集架排架400米，档案库房内配备除湿机10台、柜式空调10台、温湿度记录仪器10个。馆内工作人员30人，23人有专业技术职称，其中高级职称8人、中级职称13人、初级职称2人。是年，市档案馆在太湖广场南筹建新馆。

二、无锡城市建设档案馆

无锡市城市建设档案馆成立于1980年，原为市基本建设档案馆，1988年改为城市建设档案馆。

1989年，建成新馆，馆址石皮路18号，占地800平方米，建筑面积2600平方米。1999年，市城市建设档案管理处建立，与市城建档案馆实行“两块牌子、一套班子”行政管理体制。市城建档案管理处受市建设委员会（市建设局）委托，对各市（县）城建档案馆（室）和列入城建档案接收范围的单位进行业务指导、管理和检查监督。市城建档案馆是国家一级城建档案馆，拥有恒温、恒湿全自动监控的档案保存专业库房和档案消毒、保护、管理的现代化设施，馆藏档案及图书资料10万余卷（册），分为综合、城市勘察、城市规划、城市建设管理、市政工程、公用设施、交通运输工程、工业建筑、民用建筑、名胜古迹、园林绿化、环境保护、城市建设科学研究、县镇乡村建设、人防军事工程、水利防灾、工程设计、地下管线、声像档案等18个大类、103个属类。馆藏最早档案为民国27年（1938年）无锡申新三厂全厂地形图，最早的图书为民国5年由江苏省立无锡师范学校外籍教师HORATIO B. HAWKINS编写、商务印书馆出版的《英文中国地理》，是当时中学校及师范学校课本。1992年，市城建档案馆编辑出版《无锡市城市建设年鉴（1986～1990）》，此后每年出版1本。2005年，市城建档案馆在太湖广场南筹建新馆。是年末，该馆实有人员15人。

三、江南大学档案馆

江南大学档案馆设址蠡湖大道江南大学新校区图书馆大楼内，占5层楼面，馆舍面积5300平方米。其中1楼为校史馆，760平方米展厅；11楼为办公区、工作室、查档室、电子多功能阅览室等；12楼和13楼为1430立方米智能密集架和环境温湿度自动控制系统的库房；14楼为是配备一系列现代化数字处理设备的计算机房和数字化加工室的信息技术室。

江南大学档案馆由原无锡轻工大学档案馆、江南学院档案室、无锡教育学院档案室合并而成，实有工作人员15人，均有专业技术职称。江南大学档案馆是中国高等教育学会档案工作分会的会员单位、省高校档案研究会理事单位、高校协作组组长单位，内设业务指导室、保管利用室、信息技术室、编研室和办公室。江南大学建有档案管理工作委员会，各院、部、处由1名领导分管档案工作，并配备相应的兼职档案员，已形成档案网络化管理。

馆藏分为江南大学、无锡轻工大学、无锡轻工业学院纺织分院、江南学院、无锡教育学院、东华大学无锡校区等6个档案全宗。至2005年，馆藏档案数量61936卷，排架长度1003米，照片12983张，档案年增量4000多卷。管理全校党群、行政、教学、财会、科研、基建、设备、产品与科技开发、出版物、外事、名人全宗、人物、教师业务、声像等门类和载体的档案。最早的档案为民国36年（1947年）爱国实业家荣德生创办私立江南大学的珍贵史料。1958年以后的馆藏档案，以轻工为特色。名人档案有“啤酒大王”朱宝镛、檀耀辉，油脂学科专家刘复光，食品专家黄本立、沈学源、向瑞春等。

档案馆编制多种检索工具方便查找和利用，设有案卷目录150册，专题文件索引12种、26册。继1958～1985年《无锡轻工业学院志》出版后，从1986年起编纂学校年鉴，并由合编过渡到一年一鉴；编制《学校基本情况资料汇编》《组织沿革》《获奖科研项目简介》《出国人员情况汇编》《博士研究生论文摘要》《名人荟萃——名人全宗介绍》《无锡轻工大学志（1986～2000）》《江南学院志》《无锡轻工大学馆藏档案全宗介绍》《江南学院全宗介绍》《无锡教育学院全宗介绍》等。

档案馆建有内部局域网，校内各单位均在网上归档，并通过网络进行档案的检索、利用、统计等工作。档案馆获得荣氏基金100万元，用于数字化档案资源信息共享服务平台建设。

档案馆多次获得轻工业部、省教委、无锡市的表彰和奖励。1996年5月，经国家档案局批准晋升为档案管理国家一级。2003年，江南大学档案馆被省档案局授予档案利用效益优秀单位和中国轻工总会授予的“支持年鉴工作贡献突出单位”称号。2001～2005年，档案馆每年被市人事局、档案局授予“档案工作先进集体”称号，多项科研成果获奖。

第七节　馆藏珍贵档案

经历年积累与专家认定，无锡各档案馆藏有一批珍贵档案。《锡金军政分府档案》有13万字，内有部分由时任锡军军政分府秘书钱基博所记誊录。早年流入广西地区，保存于柳州图书馆，2004年12月移交无锡市收藏。

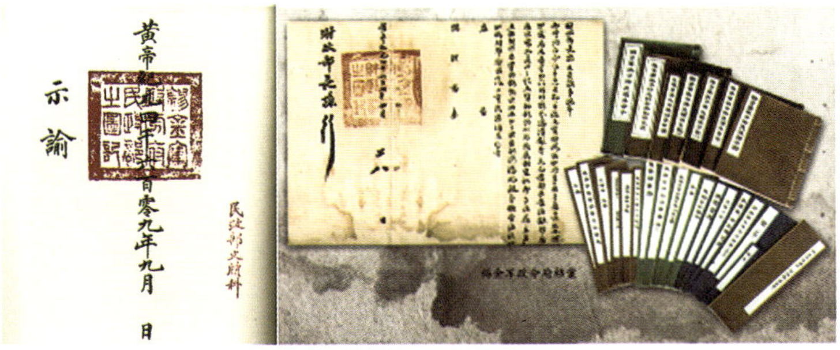

图37-7　锡金军政分府档案　　（市档案局供稿）

2005年无锡市馆藏珍贵档案一览表

表37-6

档案名称	形成年份	档案式样	馆藏单位
毛泽东会见吴启瑞教员	1950～1960	照片3张、书信3封	市档案馆
陈云视察无锡经济工作	1958	照片4张	市档案馆
无锡同业公会档案	1934～1953	文书784卷	市档案馆
无锡历史徽章	1913～1958	实物197枚	市档案馆
王元（源）吉冶坊档案	1847～1938	文书422件	市档案馆
无锡荣氏宗谱	1810～1935	谱牒4部76卷	市档案馆
孙元良日记	1931～1936	手稿8册	江阴市档案馆
梧塍徐氏宗谱	1946	谱牒52本60卷	江阴市档案馆
唐门岳氏宗谱	1897	谱牒24卷	宜兴市档案馆
徐悲鸿父亲徐达章荆溪十景图	1907	书画1册10幅	宜兴市档案馆
宜兴县地籍原图	1935	平绘地图2417张	宜兴市档案馆
无锡县航空测量地籍原图	1935	航测蓝图1225张	锡山区档案馆
京沪铁路无锡段地产图	1934	测绘蓝图45张	锡山区档案馆
荣氏家族土地房产证存根	1951	证书1册	滨湖区档案馆
世泰盛布店房地契	清代、民国	契单证书7册	崇安区档案馆
锡金军政分府档案	1911～1912	文书7册又18件	崇安区档案馆
无锡商团大事记	1928	手稿两册	市公安局档案室
华彦钧（阿炳）户籍底册	1947～1950	证书、照片4件	市公安局档案室

无锡市志

【第四册】

第三十八卷

图书 著述

概　述

无锡市图书馆所藏善本书按经、史、子、集、丛部分藏，国内孤本约有35种。80年代起，无锡市多次开展藏书家庭评选活动。90年代前期，各行业和基层单位图书馆大都齐全，企业改制后受到影响，较为健全的有卫生、工会、教育系统图书馆。2000年，市图书馆新馆建成，同年举办优秀服务成果展。2005年，市图书馆开放面积两万多平方米，馆藏总量126.78万册（套、件）左右，其中包括图书113.2万册、报刊资料12.8万套、电子出版物0.78万套；馆藏地方文献3832种10375册。拥有13个各具特色的数据库，其中8个为自建数据库。1986～2005年，市图书馆累计接待读者631.6万人次，流通图书994.7万册次。接待读者人数最高年份为2005年，71万人次；流通图书量最高年份为1993年，90.2万册次。至2005年，除新区外，各市（县）、区都有图书馆。无锡市、江阴市、宜兴市图书馆为国家一级图书馆，北塘区图书馆为国家二级图书馆，其余均为国家三级图书馆。各乡镇图书馆大都有万册以上藏书，被撤并乡镇的图书馆大都以社区图书馆的形式保留。无锡市城乡图书馆逐步形成馆网。全市各级图书馆开展形式多样的读者服务活动和读书活动。

无锡新华书店致力于文化产业的市场化拓展和完善，在全市拥有10多家图书发行综合门店，除图书零售外还开展团体客户配送、教材发行、图书批发和图书物流等业务，基本形成辐射全市、服务市民的图书营销网络，以及主副一体、多元互补的经营模式。个体民营书店从无到有、从小到大，但一些文化书店难以赢利而不得不关闭。

无锡市人文气息浓厚，著述蔚为大观。有赵朴初、余光中、启功等人为无锡所作的诗词、碑记。

第一章　图　书

第一节　图书馆

一、无锡市图书馆

无锡市图书馆前身为无锡县立图书馆，民国元年（1912年）筹建，民国4年建成开馆，1949年无锡解放后更名为无锡市图书馆。1986年，市图书馆钟楼被确定为市级文物保护单位。同年起，对老馆舍改造挖潜，更新设备，大规模调整藏书布局，共搬运50多万册图书资料，馆舍建筑总面积5223平方米，实际使用面积3556.35平方米，其中书库总面积2279.83平方米，阅览室总面积515.88平方米。设外借部、阅览部、古籍部、参考咨询部、采编部、辅导部等6个部8个服务窗口。1987年，辟地下室7个房间为外借部和少儿馆辅助书库，耗资5万元改黄楼（因外墙为黄色而名）为古籍书库，并购置使用JX-3图书监测系统进行开架管理。1988年，财政部门下拨专项经费20万元，全面加固图书馆钟楼。1990年，成立艺术分馆，收藏艺术类图书，提供专门服务，成为图书馆特色馆藏的重要组成部分。

图38-1　位于崇安寺的无锡县立图书馆　（孙怡摄）

1991年7月，投入5万元配置XT-286微机和SUN-386服务器，用于图书的采访数据存贮和书目编制，初步实现现代信息技术的应用。1992年，完成图书著录自动化，著录工作由手工操作转向计算机编制。1994年，市图书馆被评为全国首批一级图书馆。1995年8月新馆建设立项。1996年，因建设新馆，老馆址部分土地实行资产置换，暂闭部分馆室，仅开放图书借阅室、报刊阅览室和少儿借阅室。

1997年，初步设计编制出便于操作的计算机程序，加快采购工作的自动化进程。建立11个流动站和4个借阅分部。1999年，市政府拨款10万元维修图书馆钟楼，包括修复大自鸣钟、维修部分楼体、防止白蚁等3个项目。3月1日，修复工程启动，大自鸣钟以电子机芯代替机械机芯，全电脑控制，音乐打点，整点报时，3月31日完成调试。10月，根据“部分集中、总体平均”的原则对新馆安装信息、语音点700个。10月30日，市图书馆首次受赠仪式暨捐赠系列活动信息发布会在新馆工地举行，共接受总参56所等11家单位捐赠的汽车、电脑、文献以及钱款等，总价值130万元，均用于新馆建设。新馆投资由市计委、财政局、教委、科委、文化局、文物公司、图书馆自筹等组成，共计6600万元。

2000年1月，市图书馆选用汇文文献信息服务系统作为开展各项业务的服务平台。同年3月，以包库的方式购买万方数据库。其后又以包库、光盘镜像和流量计费等形式购买多种数据库为读者开展信息服务。6月，市图书馆新馆竣工，10月1日对外开放。新馆坐落在太湖广场南侧，建筑面积26851平方米，主楼13层，裙房7层，呈弧形环绕式，成为无锡市精神文明建设的标志性建筑。内设办公室、流通部、辅导部、社教部、古籍部、采编部、信息技术部、少儿部、物业部。2002年，市图书馆原址钟楼被确定为省级文物保护单位，成为市中心重要的人文景观。同年，对新馆4～5层进行续装修，调整馆舍布局。7月，1～7层向市民开放。2003年，引进“清华同方”“重庆维普”“超星”等7大数据库，4月25日举行信息咨询服务平台开通演示会。2005年，提供阅览座位1600多个，年订阅报刊1640余种，年度经费1000多万元，购书费约150万元，购书量约5万册，年度外借近70万人次，外借总册次80万册。设立图书借阅室、报刊阅览室、文史阅览室、电子阅览室、参考文献检索室、少儿借阅室、休闲书屋、采编部、技术部、辅导部等22个服务窗口；内设馆长室、党政办公室和信息服务中心、资源管理中心、文献研究中心、社会工作中心、少儿服务中心、

图38-2　位于太湖广场南侧的无锡市图书馆　（陈平摄）

读者服务中心、物业管理中心。工作人员91名，其中高级职称7人、中级职称21人。是年，市图书馆再次被文化部评为国家一级图书馆。1990年、1993年、2005年，市图书馆先后3次被省文化厅评选为省文明图书馆。

1.市少年儿童图书馆

1982年，在市图书馆青少年阅览室基础上建立无锡市少年儿童图书馆，编制6人，与市图书馆实行“一套班子、两块牌子”管理体制。1983年1月1日，市少儿图书馆对外开放，成为江苏省首先挂牌的少儿图书馆，藏书0.7万册、连环画1.1万册、报刊120种，开设阅览、外借服务，设阅览座席72个，工作人员5人，专人负责采编、辅导工作。开馆初始，无锡市少儿图书馆发挥课外教育、信息导航、文化服务等功能，设立“红领巾读书读报奖章活动·新书介绍”书架，开辟“学习园地”专栏，向少儿宣传、推荐优秀读物并进行学习辅导；在重点学校和边远学校设立图书流动站，为病残、弱智等特殊小读者送书上门。1988年，市少儿图书馆加入华东区少儿图书馆协会，参加“新形势下少图工作的新模式”的学术研讨活动，完成对市区小学图书室的验收工作。1991年，成为华东地区少儿图协理事馆、省少儿馆工作专业委员会副主任委员馆。1995年，敞开办证，延长借期，增加每次可借册数，扩大少儿读者队伍。1999年，参加省公共图书馆1994～1998年度优秀服务成果评选，“少儿新故事会讲暨十佳小故事员评选”获二等奖、“图书剧、课本剧、小品剧”大赛和“我爱家乡我爱党”读书征文演讲活动获三等奖。1991～1999年末，接待读者5万余人次，流通图书近6万册次。

2000年，市图书馆新馆建成开放，在一楼设立市少儿图书馆少儿借阅室和活动室，实行开架服务，以中小学生“假日新视野”活动为切入点，举办少儿主题读书、征文、夏令营、视听专场等活动。2004年，新增少儿活动室，调整布局，根据儿童阅读需求建立少儿绿色网络世界，精选6大类、49个精品少儿网站，依托2000多种少儿视听光盘资料，向7～14岁少儿免费开放。2000～2005年，市少年儿童图书馆共接待读者63万余人次，流通图书143万余册次。少儿图书借阅室专用面积1000平方米，馆藏图书10万册左右，阅览座位200多张，使用彩色桌椅，设有卡通标示。连续举办25届“红领巾读书读报奖章活动”，多次获得江苏省红领巾读书活动优秀组织奖，并在全国、华东地区、省、市比赛中获得好成绩。

2.分馆及流动站

1988年，市图书馆在市彩印厂等14家单位开设图书流动站，提供图书1400册，市少年儿童图书馆在连元街小学开辟阅览园地，提供300余册图书轮换流通。1990年5月，向刘潭乡文化站提供图书2071册，并设立图书流动站。1994年，采取人、财、物全面承包的形式，创办北塘分馆，在江苏省首创有偿租赁馆舍、有偿借阅书刊的方式。文化部图书馆司副司长周小璞到馆视察，对北塘分馆的做法表示赞许。1996年，市图书馆成立图书流动站管理部，先后在吴桥街道、市园林局等处设立5个图书流动站。1997年8月，在86434部队设立分馆。2000年，市图书馆新馆开放后，重视延伸服务，服务触角向社区、学校、部队、监狱等逐步延伸。2001年，新增太湖花园分馆，外围服务网点增加至6个。2003年，流动服务网点14个。2005年，新建分馆两个，流动服务站20个。

二、市（县）、区公共图书馆

1993年10月16日，无锡市召开全市公共图书馆馆长会议，传达文化部《关于在全国县以上公共图书馆实行评估定级工作的通知》中关于“经济发达地区的中等城市区区建有图书馆”的要求。1998年3月30～31日，市群众文艺创作和公共图书馆工作联席会议召开，贯彻中宣部、文化部等9部委联合发出的《关于在全国组织实施“知识工程”的通知》精神，明确提出公共图书馆工作要做到“五纳入五保证”，即：纳入各地区经济和社会发展规划，保证图书馆事业建设规划具有一定法规效力；经费纳入各级财政预算，保证财政投入不断增加；设施建设纳入城镇建设总体规划，保证项目落实；管理纳入体制改革方案，保证在改革中求发展；工作纳入各级领导责任制，保证图书馆事业发展目标的实施。同年9月，市委宣传部、市文化局等8部门联合发布《无锡市“知识工程”实施方案》，成立无锡市“知识工程”领导小组。1999年，无锡市率先在省内直辖市中实现区区都建有独立的区级图书馆。至2005年，江阴、宜兴图书馆评为国家一级图书馆。

1.江阴市图书馆

江阴市图书馆前身为民国25年（1936年）7月成立于民众教育馆内的图书部。1952年后，与江阴文化馆合署，馆舍时分时合。1987年，在江阴虹桥北路（现澄江中路128号）建设新馆。1988年，新馆开放，并单独列编。馆舍占地3750平方米，建筑面积3500平方米，内设书库、外借厅、报刊阅览厅、图书阅览厅、少儿阅览厅、视听室、地方文献资料室、演讲厅、教室等，阅览座位300个，藏书容量60万册。1989年，向全国各地的江阴籍人士发出江阴人著作成果征集函4000余份，收到461人寄来的著作和成果1934件。1990年春节期间，举办“江阴人著作成果展”，并常设“江阴人著作”专柜。1993年末，推进图书馆自动化建设，全馆联网，设6个工作站、14台微机，是江苏省内第一个县市级公共图书馆微机管理系统，获省文化厅1994年度科学技术进步三等奖。1994年10月27日，江苏省公共图书馆自动化现场会在江阴市图书馆召开。是年，该馆被文化部评为全国文明图书馆。1995年11月5日，文化部图书馆司司长杜克视察江阴市图书馆，对订有1008种刊物、111种报纸的阅览厅评价道：“这是国内县级图书馆中期刊最多的一个阅览室。”1996年，馆长顾金荣作为无锡地区公共图书馆业界的代表，赴京参加第六十二届国际图联大会。1994年、1998年、2005年，江阴市图书馆先后三次被文化部评定为国家一级图书馆。多次被评为省文明图书馆。2005年10月1日，建在天华文化中心的4层新图书馆大楼对外开放，建筑面积1.43万平方米，有1200个读者座位。是年，馆藏图书28.47万册，为1987年时的3.5倍。其中古籍4680册，是1987年的14.5倍；总流通22.21万人次、外借书刊文献23.3万册次，分别是1986年的23.63倍、4.57倍；拥有计算机300台，其中40台安置在电子阅览室，可满足读者全天候上网查询检索。34名工作人员中，中、高级职称6人。

2.宜兴市图书馆

宜兴市图书馆前身为民国15年（1926年）8月25日成立的宜兴县县立民众图书馆。1956年8月1日，更名为宜兴县图书馆，是新中国成立后省内第一批建立的10个县图书馆之一。1957年3月，馆址由亦园迁至东珠巷厚余堂。1989年起，开展宜兴籍学者著作征集活动，先后征集到各种著作2000多册，举办两届“宜兴籍学者著作展览”，并在120多篇“宜兴籍学者谈学习成长”的来稿中，遴选40余篇辑为《成长——宜兴籍学者求知发奋集锦》，江苏文艺出版社出版，发行7万余册，被宜兴市教委列为乡土教材。1992年，因旧城改造，原馆舍被拆，易地重建。1995年8月28日，新馆在东山西路55号落成开放，建筑面积4915平方米，设书库、借阅厅、目录厅、阅览厅、报告厅、少儿图书馆和宜兴籍学者著作特藏室等，实施微机管理。在老城区设立综合性借阅室，包括图书、期刊借阅，少儿图书借阅和报纸阅览。2002年，宜兴市政府投资100万元，在宜城镇公园路建成市图书馆城中分馆。1994年、1998年、2005年，宜兴市图书馆先后3次被文化部评为国家一级图书馆，两次被评为全国文明图书馆。2005年，藏书22.16万册，是1987年的1.23倍，其中古籍1.2万册；总流通15.06万人次，比1987年减少4万余人次；书刊文献外借10.03万册次，比1987年减少13.31万册次。拥有计算机20台，其中16台安置在电子阅览室；阅览室座席270个。18名工作人员中，9人具有中、高级职称。

3.锡山区图书馆

锡山区图书馆前身为建于1952年的无锡县文化馆图书室，1975年10月更名为无锡县图书馆，馆址在广瑞路野花园。1995年，更名为锡山市图书馆。1998年，在东亭中路51号建成新馆，建筑面积1500平方米，内设书库、借阅室、书刊阅览室、电子阅览室、少儿阅览室等，阅览座席298个。是年，被文化部评定为国家三级图书馆。2000年12月，锡山市撤市设锡山区、惠山区，锡山市图书馆更名锡山区图书馆。2005年，锡山区图书馆被文化部评定为国家二级图书馆，藏书9.79万册，其中古籍185册；总流通21万人次、18.75万册次，分别是1987年的11.7倍、9.22倍。

4.惠山区图书馆

2001年，惠山区图书馆建成，设址广瑞路野花园80号，藏书4万余册。2005年，新馆在惠山区政和大道187号落成开放，建筑面积2000平方米，设书库、书刊阅览室、电子阅览室等。阅览座席160个；计算机79台，其中60台安置在电子阅览室；藏书5.44万册，总流通0.6万人次，外借0.8万册次。2005年，被文化部评定为国家三级图书馆，同时被评为省文明图书馆。

5.崇安区图书馆

1999年，崇安区图书馆建成，设址德兴巷32号，建筑面积1000平方米，阅览座席80个，计算机30台，藏书3.3万册。2005年，被文化部评定为国家三级图书馆。

6.南长区图书馆

1985年，南长区图书馆建成，设址清扬路五星村杨湾39号，建筑面积900平方米，阅览座席30个，计算机10台，藏书4.2万册。1994年、1998年、2005年被文化部评定为国家三级图书馆。

7.北塘区图书馆

1993年8月，北塘区图书馆建成，设址北塘大街188号，建筑面积296平方米，阅览座席100个，计算机22台，藏书3.4万册。1998年被文化部评定为国家三级图书馆，2005年升为二级图书馆。

8.滨湖区图书馆

滨湖区图书馆前身为1989年建成的郊区图书馆，设址溪北新村166号，建筑面积1200平方米，阅览座席50个，计算机1台，藏书6.9万册。1997年，马山区图书馆建成。1998年，郊区图书馆被文化部评定为国家二级图书馆。2001年，因马山区并入滨湖区，撤销区级图书馆。2005年，滨湖区图书馆降为三级图书馆。

三、条线系统图书馆（室）

1.卫生系统基层图书馆（室）

无锡最早建立的卫生系统基层图书馆（室）是清光绪三十四年（1908年）创办的普仁医院图书资料室。新中国成立后，无锡市、区两级医院都设图书馆（室），藏书以医学专业书刊为主。2000年起，市级综合医院图书馆（室）逐步建立电子阅览室，订购万方、维普、同方等医学数据库，并凭借苏州大学医学院、南京医科大学、南通医学院等医科大学附属医院的条件，使用大学图书馆中外文电子数据库。由于网络建设不断完善，上网查阅医学文献日益便捷，专科医院和区级医院图书馆（室）日渐式微，部分医院图书馆（室）不再正常开放，也不设专人管理。2005年，市一院、市二院、市三院、市四院的藏书总量为6.2万余册（含期刊），是1986年的1.8倍。其中，市二院图书馆（室）藏量3万余册，有外文原版书6300余册、外文专业期刊55种；市一院订阅中文专业期刊近300种；市四院图书馆（室）收藏50年代以来的专业刊物，在各医院图书馆（室）中专业期刊累积量最丰，包括始于1950年的《中华内科杂志》、始于1953年的《中华妇产科杂志》和《中华放射学杂志》等。

2.工会系统基层图书馆（室）

新中国成立初期，为适应广大职工群众扫盲识字、开展业余教育和提高文化水平的需要，各产业工会在企业俱乐部纷纷建立图书室，崇安区、北塘区等区辖工人俱乐部开设图书阅览室，形成覆盖面最广的基层图书馆（室）网络体制。1957年，全市有100多个基层工会图书馆（室），藏书17万册，其中申新、丽新、庆丰纺织厂和无锡机床厂、生化搪瓷厂、航运公司等单位最具规模，并在车间、宿舍开辟图书流通站“红角”，方便借阅，开展图书宣传和读书活动，向广大职工介绍推荐《红色堡垒》《必要的一课》《包身工》等读物。1973年3月，无锡市纺工局南片工会图书馆协作网成立，是全市第一个基层图书馆协作网。1977年春，工会系统图书馆组成参观团赴武汉、长沙、株洲考察学习办馆建网的先进经验。此后，纺织、机械、冶金、电子、化工、轻工等6个产业局工会图书馆先后建立21个协作网，有243个基层图书馆（室）入网，占全市工交企业图书馆（室）的91%，开展互学互访、书评讲座、故事演讲会、读书报告会等活动。是年末,全市工会系统基层图书馆(室)藏书40余万册。1980年7月,市图书馆拟制《无锡市工会图书馆(室)工作条例(征求意见稿)》。1982年11月,市工人文化宫组织成立市工会图书馆工作者协会。由此,全市工会系统图书馆(室)的业务辅导由市总工会、市工人文化宫接管。1990年末,全市基层工会图书馆(室)1595个,约占全市基层图书馆(室)的84%;藏书达287万册,约占全市基层图书馆(室)总藏书量的52%。1996年6月6日,市纺工局基层工会图书馆(室)网络中心在宏源纺机公司举行成立10周年庆祝会,展示10年成果,总结交流经验。该网络中心是全市最早成立的区局级行业图书馆(室)网络组织,为工会系统图书馆起到示范作用,是年有40多家成员单位,藏书近30万册。

2000年以后,无锡市国有企业改制,各产业局改制为资产经营公司,工会系统图书馆日渐衰落。2003年,建立运行近半个世纪的市工人文化宫图书馆闭馆。该馆一度藏书5万余册,早期凭工会会员证领取借书证,后面向全市市民开放,其服务影响面仅次于无锡市图书馆。市新华书店团体供应书架,原来最多的客户是基层工会图书馆(室),至2005年只有华润燃气有限公司、华光锅炉有限公司(原无锡锅炉厂)、北方湖光光电有限公司(原湖光仪器厂)、明达电器有限公司(原无锡市机床电器厂)等数家企业尚经常去采购新书。

3.教育系统图书馆(室)

无锡市的学校均建有图书馆(室),高等院校和重点中学图书馆设专职部门和专职人员管理,小学图书室一般由兼职人员管理。1992年3月7日,无锡市高校图书情报工作委员会成立,其后多次举行学术研讨会。市图书馆学会下设小学、中学、中专职校、高校等图书馆学组,并成立协作组,参加城际或区域图书馆协会活动。

江苏省无锡师范学校图书馆 江苏省无锡师范学校图书馆始建于清宣统三年(1911年)9月,民国22年(1933年)10月建仿哥特式钟楼图书馆舍,高两层,600平方米,校长沈佩弦撰立碑文,嵌入壁间(1994年被列为无锡市文物保护单位)。1952年,建新馆700平方米,红墙红瓦。1996年改扩建,馆舍面积增至2000平方米。其馆藏图书资料在周霖等图书馆工作者的悉心保护下,"文化大革命"期间受损较小,《汉语大词典》编纂时在该馆设立编写组,完成部分词条的编写任务。2005年末,馆藏纸质文献资料约24万册(件),设有音像资料、科普读物、报纸合订本、期刊合订本等各阅览室。

无锡轻工大学图书馆 无锡轻工大学图书馆始建于1958年,馆舍面积7600余平方米,阅览座位889个,藏书近90万册,其中外文原版图书近10万册、中文报刊1500种、外文期刊1400种。藏书以食品、生物工程、粮油、化工等工科书刊为主,兼及工业设计、自动化、机械、纺织、经贸管理、政法等学科文献。设有学生综合阅览室、教师阅览室、中文科技期刊阅览室、外文参考书阅览室、视听阅览、缩微阅览室等10个阅览室和中文科技书库、中文社科书库、外文书库等3个书库,实行全开架服务。1981年,建成计算机文献集成管理系统和相关数据库。1984年起,适度对社会开放。1988年,利用世界银行贷款,建立以大食品类为主的外文原版图书阅览室。1995年,成立无锡轻工大学情报科学技术研究所,与东南大学、清华大学等单位联合建立国家教委科技查新中心南京工作站无锡办事处和学术文献期刊光盘检索咨询站,对校内外用户开展科技成果的鉴定、评奖及科技项目立项的查新和期刊文献的检索服务。1996年,加入全省高校图书馆发放通用借书证行列。1997年,与无锡市各高校共建图书联合采编中心,实现图书资源共建共享。无锡轻工大学是江苏省教育科研网首批入网的院校之一。2001年,无锡轻工大学、江南学院、无锡教育学院合并为江南大学,新的江南大学图书馆列为无锡大学城建设重点项目。

江南大学公益图书馆 江南大学公益图书馆由荣毅仁代表荣氏家族捐资建造,并亲自审阅设计图纸,1986年6月视察建造工地,1987年10月题写"公益图书馆"馆名。1988年9月,公益图书馆落成开馆,建筑面积6776平方米,主楼4层,设主书库、基藏书库和学生阅览室(4个)、科技期刊室、社科期刊室、文献检索室、教师阅览室、文溪阁、视听室、映像报告厅等,采用多用户微机管理系统,馆藏图书近50万册，年订阅中外文报刊2000余种。文溪阁藏有台湾商务印书馆出版的《文渊阁四库全书》。获赠的图书有：荣毅仁赠送的1949年前出版《新华日报》《群众》周刊全套影印合订本，经济学家薛暮桥赠送的经济学著作，美国亚洲基金会赠送的外文原版图书1万余册，美籍教师罗伯特·贝克赠送的外文原版书3450册，美籍华人方永施赠送的全套《台湾文献丛刊》595册，台北市无锡同乡会赠送的全套《无锡文献丛刊》，上海程韫真赠送的《四部丛刊·初编》全套441册等。新的江南大学组建后，其图书馆仍以“公益图书馆”为名。

四、乡镇(街道)、村(居)委图书馆、室

1.乡镇(街道)图书馆

无锡市各乡镇(街道)图书馆一般建在乡镇(街道)文化站内，少数单独建立，具有相对独立的公共服务功能和工作要求。1983年3月，无锡市实施市管县后，市文化局着手开展乡镇图书馆建设。1987年始，在江阴、宜兴、无锡三县和郊区进行“红旗图书馆”评比。1989年2月，制定实施《无锡市乡镇图书馆级别标准》，推进“万册馆”建设。同年11月，上海、江苏地区乡镇图书馆经验交流暨学术研讨会在无锡召开。1992年，举办全市乡镇图书馆工作人员业务知识技能竞赛。

1993年3月，无锡县35个乡镇在省内率先实现乡乡镇镇都建有“万册馆”目标，藏书总量达53万册。至1994年，先后公布4个批次的乡镇图书馆评估定级名单。其间，先后在宜兴、江阴、锡山召开4次无锡市乡镇图书馆工作研讨会。1995年，江阴市28个乡镇图书馆实现“万册馆”建设目标。同年6月，修订《无锡市乡镇图书馆级别标准》。11月，省第二届乡镇图书馆经验交流暨理论研讨会在锡山市召开，无锡市15篇论文获奖并入选《江苏省乡镇图书馆建设论文集》。1996年，举办市公共图书馆读者服务工作知识竞赛。

1997年5月29～30日，无锡市乡镇、街道图书馆工作经验交流会在江阴市召开。会议回顾总结“八五”期间全市乡镇、街道图书馆工作，提出“九五”期间全市公共图书馆发展目标。同年11月8～11日，全国首届农村图书馆建设研讨会在江阴市召开，收到全国各地推荐的论文344篇，评出10篇一等奖、38篇二等奖、91篇三等奖；无锡有23篇入选，市图书馆王志俊《建设具有中国特色的乡镇图书馆的实践与探索》、江阴市月城镇图书馆韩掌娣《办好独立建制的乡镇图书馆的实践与体会》获一等奖，无锡市另获二等奖两篇、三等奖11篇。与会代表参观考察江阴市“一、二、三”家庭读书工程成果展、申港镇缪荃孙图书馆、长泾镇廉珉轩图书馆、璜塘镇图书馆、要塞镇南村图书馆等，受到会议主办单位文化部图书馆司、中国图书馆学会等与会领导、专家学者和各地代表近百人的好评。缪荃孙图书馆、缪荃孙纪念馆开办于同月8日，馆舍面积2700平方米，在各乡镇图书馆中面积最大。江阴璜土镇的金武祥图书馆，创办于1988年，是以近代学者名字命名的乡镇图书馆。

1998年4月，出台《无锡市乡镇图书馆级别标准实施办法》。同年11月16～21日，无锡市乡镇图书馆工作人员上岗培训班在锡山市洛社镇图书馆举办。是年，郊区17个乡镇、街道图书馆建成“万册馆”，南长区和北塘区的11个街道图书馆建成“万册馆”。

图38-3　锡山区安镇图书馆　(市委宣传部供稿)

是年12月，无锡市级机关和宜兴市机关开展“万人捐书下乡，共建知识工程”活动，1999年1月20日组织开展的“文化三下乡”活动中向宜兴市31个乡镇图书馆捐书13万册，宜兴市44个乡镇图书馆全部建成“万册馆”。1999年，全市乡镇、街道图书馆中建成“万册馆”135个。

2003年，实施文化信息资源共享工程，市图书馆协助各市（县）、区、乡镇图书馆及文化馆建立“文化共享工程”基层点，并承担技术指导、设备安装和网络维护等工作。至2005年，完成6个全国文化信息资源共享工程基层点的建设，完成3家基层图书馆（室）小型图书管理系统的安装，推动基层图书馆的自动化建设。同年，出台《无锡市乡镇、街道图书馆评估定级整改意见》，再次公布3个批次的乡镇、街道图书馆评估定级名单，惠山区洛社镇图书馆、江阴月城镇图书馆等22个基层图书馆被评为一级馆，宜兴芳桥镇图书馆等23个馆被评为二级馆，北塘区黄巷街道图书馆等18个馆被评为三级馆。是年末，全市85个乡镇、街道文化站所属图书馆藏书总量555.88万册，是1987年34.47万册的15倍。在乡镇、街道行政区辖撤并时，被撤并乡镇、街道的图书馆大都以社区图书馆的形式保留，并仍参加评估定级。

2.村（居）委图书室

1991年，无锡县各村委建有图书室，有的设在当地的企业内。洛社镇新开河村图书室设在特种风机厂内，订阅报纸200余份、杂志450余种，藏书万余册，包括全套《中国大百科全书》。1997年，市宣传文化部门命名表彰百村（居）委先进图书室，推动基层公共图书阵地建设。1998年，南长区开展“万·千·百”藏书读书工程，即街道文化站藏书达到1万册、居委图书室有千册图书、居民家庭有百册图书，是年，60%以上的居委图书室达标，并举办“十佳居委图书室”“十佳家庭藏书示范户”活动。同年，郊区217个村（居）委建有图书室，培训图书室工作人员500余人次，并开展送书进村民小组活动。建于1996年的滨湖区河埒村图书室，1999年时藏书4500册，当年村委拨出5万元为15个村民小组（自然村落）配置报架、书橱、阅报栏，将村图书室部分藏书分送到各村民小组阅览室，免费开放，定期交换。进入21世纪后，大规模的城镇建设改造，村（居）委设置调整变动较大，其图书室建设处于调整阶段。

图38-4　锡山区安镇谈村图书室　（市委办供稿）

五、家庭图书馆

早在1975年，无锡县石塘湾梅泾大队退休教师陈洪范夫妇就自筹经费购置图书1100余册，建成全县第一家家庭图书馆“联立友谊图书馆”，后藏书增至6000余册，发放借书证404张。

1996年8月，江阴要塞镇先锋村村民、60岁老人沈永兴一家开办“永兴书馆”，腾出50平方米房屋，将自己珍藏的上万余册书籍免费借阅给群众，发放200多张借书证。后逐渐有所扩展。2000年，江阴青阳镇塘头桥村退休教师薛生龙夫妇创办家庭图书馆，利用自家40多平方米的房屋，有藏书近两万册，每逢暑假和六一儿童节，开办少儿读书活动。

第二节　读书服务

一、接待读者

1986年，市图书馆外借部扩大开架外借范围；集中文艺类及数理化类图书共两万余册，专门设置开架借书室，采用8种颜色书标分别表示不同地区、时代的文学作品和数理化类图书；实行3个外借室借书证通用制度，停止使用原科技借书证，换发通用借书证；社科外借图书从每次1册增至两册，借期从两周延长至3周。是年，接待读者30万余人次，流通图书80万余册次。

2000年新馆建成，实行一体化超市式全开架服务，推出6种借阅证，满足不同借阅需求，其中家庭借阅证属全国首创；允许读者代借代还；实行全天候开放、办证。到机关、企业现场办理借书证。8月19日，新馆试开放，第一天即接待市民9300余人次。

2003年，市图书馆再次调整延长开放时间。一年分为两个不同开放时段，5～10月实行夏令延时开放，开放时间为9时至21时；11月到次年4月，除报刊阅览室、电子阅览室、会员自习室继续实行12小时开放外，其他馆室开放时间为9时至17时30分。

2005年4月，市图书馆以彩版图文形式，每月编印1期《读者简报》向读者发放。7月1日起，调整、简化借阅证种类，降低办证工本费，取消原有的家庭借阅证，简化为个人"一卡通"，累计发放有效借阅证41800张。根据市政府《加强对老年人优待服务的实施意见》精神，面向老年读者优惠办证或免费阅览。继续开展网上预约借书、书报刊代复印、定题跟踪服务、新书推荐等特色服务。

市图书馆新馆开放至2005年末，累计接待读者366万人次左右，流通图书459万册次左右。

二、服务及成果

1986年，市委宣传部顾忠德从市图书馆借阅《中国钱币常识》等书籍，完成13万字的电视连续剧剧本《沉璧》，由安徽电影制片厂拍摄。市通用机械厂宗永平在市图书馆参考咨询室查阅大量英、日文专利文献，融合京、沪等地资料，编制的《日本板框压滤机》和《国外压滤机专刊》专题汇编在全国分离机械行业第四届大会上获科技情报成果二等奖。市滑导电器厂科技人员在设计"挤出模具""真空定径"装置过程中，得到市图书馆的资料信息服务，攻克技术难题，其产品在全国"火炬"高新技术及产品展示会上获金奖。美国耶鲁大学教授邓尔麟在市图书馆查阅无锡地方文献，研究无锡籍国学大师钱穆，撰写完成专著《钱穆与七房桥世界》，出版后获美国新英格兰历史学会奖。

1991年，市人民玻璃厂费璞得到市图书馆参考部情报服务，获两项发明专利。1996～1997年，市图书馆为《四库全书存目丛书》编委会提供古籍珍本11部。2000年10月1日新馆开馆时，推出"无锡市公共图书馆优秀服务成果展"。参加公务员、研究生、律师资格等考试的读者到市图书馆自习，查阅文献资料。市图书馆还为各地、各单位编写地方史志提供大量资料。2003～2005年，市图书馆检索课题199项，提供信息服务62项。

三、教育培训

80年代起，市图书馆通过举办培训班、业务辅导、学术交流研讨活动，提升图书馆工作者的学术水平和业务素质。培训研讨内容包括图书馆基础知识，计算机知识及操作技能、机读目录格式、文献信息检索等。其中，联合南京金陵职业大学、武汉大学、华东师范大学、中央广播电视大学等院校，举办图书馆学情报学专业函授班，共6个班，培养143名本科和专科生；配合市教委、市总工会、市科技情报所等在湖滨中学、电子职中、职工中专开设图书情报专业中专班，共7个班，培养学生266人；与市科技情报研究所联合举办科技图书情报资料员培训班，与南京图书馆联合举办“苏南地区图书馆文献著录标准化师资培训班”，与南京师范大学联合举办“图书情报专业证书培训班”等；与市图书馆学会联合举办工会、教育、乡镇等基层图书馆（室）工作人员的业务培训班49期，学员2118人。英语沙龙每月举行2～3次活动，2005年7月后改为“周日英语沙龙”；读者沙龙每月活动1次，内容涉及地方名人、乡梓文化、艺术鉴赏、新书推介等。1986年11月6日～12月9日，与无锡广播电台联合举办《经济信息讲座》。1989年，与无锡电视台联办6期《荧屏阅览室》，以及《公关基础》《无锡史话》《电工技术》《美国专利文献检索》《情报调研与决策》讲座。2004年4月29日，与南长区法院合作举办青少年法制教育系列讲座，后融合展览、读者活动等，成为市图书馆“青少年法制教育系列活动”品牌。同年10月10日，建立读者服务活动平台，聘邀卫生、教育、司法等相关领域的专家学者，通过网络为未成年人提供心理健康教育和咨询服务。2005年10月9日，列入无锡市“七彩阳光计划”的市未成年人心理健康活动中心在市图书馆揭牌成立，开通未成年人心理健康咨询平台，并与校园网链接，开办“未成年人心理保健”沙龙，举办系列讲座，成立蠡湖中学心理辅导站。同年，与市计算机学会联合举办“家庭数码计算机”讲座。

四、专题展览

1988年4月，市有关部门举办清末外交家薛福成150周年诞辰纪念活动，市图书馆配合举办“薛福成生平著述”书展，展出馆藏64种、150余册薛氏著作。同年，配合郊区山北乡政府主办的近代科学家徐寿170周年诞辰纪念活动，举办“徐寿生平译著书展”，陈列馆藏10种、74册徐氏译著之作。1986～2005年，为读者举办展览、讲座等活动共568次，平均每年举办28余次。1990年5月18日，读者服务部举办“图书馆设备用品展示会”，次年举办第二届“图书馆设备用品展示会”。为基层图书馆（室）改进设备用品提供服务。1991年，艺术分馆举办“原版艺术画册展览”。2000年，举办“梁溪美术书法摄影展”“丹麦作曲家卡尔·尼尔森展览”“无锡籍将军风采展”“俄罗斯人体艺术摄影展”“无锡人著作展览”。2002年5月举办“世界硬币知识展”。2003年，举办“珍爱生命·远离毒品图片展”“抗击‘非典’图片展”“交通安全教育图片展”“未成年人保护法宣传图片展”、老干部摄影作品展、“神奇之旅：走进三极图片展”。2004年9月30日，举办“恢宏的知识殿堂，人民的终身学校”建馆90周年展览。同年举办“日本现代建筑图片展”。2005年，举办纪念中国人民抗日战争暨世界反法西斯战争胜利60周年图片展、“‘读书乐’全国摄影比赛优秀作品·长三角地区（无锡）巡回展”“第四届《影像中国》全国摄影艺术大奖赛获奖作品展”。

五、学会活动

1980年，省图书馆学会无锡分会成立。1982年7月16日，组建成立市图书馆学会。1998年，学会会员张洪顺撰写的文章《中国图书馆事业发展的艰难性、缘由及其对策》在《中国图书馆学报》发表，并被中央电视台邀请为“城市图书馆”发展专题节目的嘉宾。同年，市图书馆学会举办“市场经济与图书馆”“图书馆与精神文明建设”等主题学术研讨会，并先后邀请华裔加拿大纽芬兰纪念大学图书馆专家熊丽影（女）到馆作“加拿大图书馆工作概况”报告，澳籍华人教授李超凡到馆介绍澳大利亚图书馆先进的管理服务模式，华东师范大学图书馆情报学系主任、教授陈誉到馆作“英国图书馆服务与情报服务的现状及发展趋势”的学术报告。市图书馆学会每年组织开展学术征文活动、召开学术研讨会、开展基层辅导。2002年，市图书馆学会成立20周年之际，与市历史研究会联合举行无锡名人家传——名门望族研讨会。市图书馆学会被省图书馆学会和市科技协会评选为先进集体，连续9次被市科技协会授予“四星级学会”称号。1986～2005年，市图书馆学会有200多篇论文在省级以上专业刊物或学术研讨会上发表、交流，其中获奖论文近百篇。

六、红领巾读书读报奖章活动

1982年起，无锡市组织参加由国家教委、团中央、文化部、新闻出版总署联合倡议举办的全国红领巾读书读报奖章活动（简称"红读"），市文化、教育等部门主办，市少儿图书馆、市少年宫承办，每年一届，每届确立鲜明主题，并围绕主题设计开展读、写、讲、演、答、做、编等活动方式，内容涉及政治、文学、艺术、历史、地理、自然、科技等众多领域，寓思想性、教育性、知识性、趣味性于一体，切合少年儿童的身心特点。市少儿图书馆于1990年获华东地区"我最喜爱的一本书"读书征文活动优秀组织奖，1992年被国家教委、文化部、团中央和新闻出版总署授予"红读"先进单位，唐秋霞获"优秀辅导员"称号。1993～2005年，先后举办"爱我中华，爱我无锡"读书知识竞赛，"我与书"读书演讲比赛，"颂祖国，赞家乡"图书剧、课本剧、小品剧表演大赛，"我心中的21世纪"少儿读书征文演讲比赛，"爱我中华，知我香港"演讲朗诵比赛，"读书、求知、成才"《红领巾读书报》编报大赛，"祖国颂、社会主义颂、改革开放颂"读书征文演讲，"倡导文明新风、共建美好家园"读书征文暨"读书乐"少儿现场书画大赛，"党在我心中"读书演讲比赛，"小燕子杯·无锡，我的第二故乡"读书征文演讲等主题"红读"活动。其间，穿插举办"向海迪姐姐学习"朗诵会，十佳小故事员评选、少儿新故事会讲、"爱我中华"少儿诗歌大赛，"学雷锋"故事比赛，"百灵鸟·欢度六一智力竞赛"，"猜谜语，填成语"有奖比赛，"二十年后的我"现场作文竞赛，"公民道德建设"电脑宣传作品创作比赛，"寻找大自然奥秘"观察竞答和科学小实验现场解说等活动项目。每届"红读"活动，短则两三个月，长则半年，在市（县）、区选拔推荐的基础上，举行全市性评奖活动。1986～2005年，全市1300多名少年儿童在"红读"活动中分别获得全国、华东地区、江苏省、无锡市的奖项。1993～2005年，市少儿图书馆年年获得江苏省"红读"活动优秀组织奖。

七、系列读书活动

1991年，无锡市举行纪念中国共产党成立70周年"党在我心中"系列读书活动，历时半年，全市153个乡镇、街道文化站和图书馆（室）参与选出40种推荐书目，并举行"理想在这里闪光"征文演讲比赛。6月24日，演讲总决赛在市图书馆举行，24人参赛，分获一、二、三等奖。2001年，举行纪念中国共产党成立80周年"党在我心中"主题读书征文活动。同年，开展公共图书馆党员优质服务月活动。

藏书量位居全市乡镇（街道）图书馆第一的洛社镇图书馆常年举办系列读书活动。1995年，洛社镇图书馆举办纪念抗日战争胜利50周年"五个一"系列活动，活动内容包括读一本描写抗日战争的书、写一篇纪念征文、办一次读者园地、办一期图片展、看一部抗日战争的录像片。

1997年起，江阴市举办读书节活动，每年一届。全省第一家电脑管理的乡镇图书馆——江阴市璜塘镇图书馆先后开展"读书一得"活动18次、"金凤杯"征文活动3届、"读、访、写"系列教育活动5次、读书讲演活动3次，共收到征文1.5万篇、900余万字，镇党委书记吴玉兴获江阴市读书节征文活动一等奖。江阴市长泾镇廉珉轩图书馆是镇爱国主义教育基地，在读书节活动中建立遍布学校、企业、街道的读书辅导小组百余个，每年选编1册《读书心得》，《文汇报》《羊城晚报·港澳海外版》《新华日报》及江苏电视台等作专题报道。

八、服务宣传周活动

1989年起，全市图书馆系统参与全国图书馆服务宣传周活动，活动于每年5月的第四周举行。1993年，南长区图书馆在街头设咨询服务点，散发《告读者书》，解答有关图书的知识问题，并到6个街道文化站及部分居委文化室指导图书采编、保管、借阅和清查违禁书籍的工作。

1995年，宣传周活动的主题为"抓住机遇，做好工作，为1996年北京国际图联大会的召开做贡献”,市图书馆制作宣传版面和黑板报,并在驻无锡某部开展图书借阅流动服务活动。南长区图书馆上街设立流动借书摊,江阴市月城镇图书馆在街头开展办证借阅一条龙服务。1996年,市图书馆在城中公园开展宣传周活动,发放借书证,解答读者咨询,展出市图书馆新馆建筑效果图和“国际图联”宣传画,举办无锡市公共图书馆读者服务工作知识竞赛。

1997年,根据中宣部、文化部、国家教委、国家科委、广电部、新闻出版总署、全国总工会、团中央、全国妇联等中央9部委《关于在全国组织实施“知识工程”的通知》精神,展开服务宣传周活动,举办图片展览;推荐百部爱国主义教育图书;与《江南晚报》联合举办“书海畅游”读书知识竞赛,收到无锡、苏州、常州等地的读者答卷数百份,市商业大厦孟跃进、市二院许筱红获一等奖,市公益中学荣耀祥等5人获二等奖;与中国农业银行无锡郊区支行、郊区文体局联合举办“郊区农行杯·我爱家乡我爱党”读书征文演讲活动。

1999年,服务宣传周主题为“贯彻落实江泽民总书记视察国家图书馆的讲话精神,大兴勤奋学习之风”,6月3～4日,市图书馆和崇安、南长、北塘、郊区等4个区图书馆在商业大厦广场联合举行广场咨询活动;江阴市举办第三届读书节;宜兴市图书馆在市中心摆摊设点,现场办理借书证、阅览证,展示科技剪报资料,展出宜兴籍学者著作征集情况;郊区、马山区开放新设的少儿阅览室;锡山市甘露镇图书馆利用当地传统的“甘露庙会”上街布置25块宣传版面,印发3000多份宣传材料;宜兴市南新镇图书馆在菜市场摆摊投点,展借剪报资料和科技书刊。

2000年,服务宣传周主题为“传播科学知识,宣传科学思想,倡导科学方法,弘扬科学精神”。市图书馆联合各区图书馆组织开展“新世纪图书馆科普教育”系列活动,展示无锡公共图书馆建设成果,推荐百种科普书目,进行读者问卷调查;市文化局团委在商业大厦广场举行“新世纪读书工程”签名仪式活动;江阴举办第四届读书节,江阴市图书馆与上海、南京图书馆联办科技书展,展出千余种科技图书资料,举办首届集报展,开展“读书致富先进户”评选活动;宜兴市图书馆在宜城劝业广场开展服务宣传活动,评选“宜兴农村十佳读书用书示范户”;锡山市钱桥镇图书馆开展“崇尚科学文明,反对愚昧迷信”少儿漫画征稿活动。

第三节 无锡市图书馆馆藏

一、馆藏总量及检索

1986年,市图书馆设置专职采购岗位,提高采集质量,并恢复中断3年的图书总目登记。随《中国图书馆图书分类法》二版、三版推广,实现文献著录标准化。全年采编图书13585种、42352册。1987年,对馆藏古籍18118种、21.8万册普查、消毒治虫。清理地下室图书期刊、连环画143964册,整理上架2万余册,并支援调拨给江阴市图书馆12067册图书。清点核对馆藏古籍善本书,统计数纠正为1139种、21630册。是年,馆藏总量792749册。1988年,购书12442种、34061册。1989年,组稿出版《江苏图书馆学报·无锡市图书馆专辑》和《中学图书馆工作》《企业科技图书馆工作指南》《污泥处理工程学》《无锡地方文献选目》等专著。1991年,《四库全书》《四部丛刊》及无锡人著作等共计2604册图书上架流通。1993年,资料收集范围扩大到音像领域,视听资料馆藏数量增加。编辑出版《人梯颂》一书,反映无锡地区公共图书馆先进人物事迹和集体。1994年,编印《无锡市图书馆馆藏建国前报纸目录》。是年,馆藏超百万册,达1023242册。1996年,购买《四库全书存目丛书》。1998年,馆藏1100617册。2000年,新馆建成开放,时馆藏116.2万册,其中古籍30多万册(含善本2万余册)。

2004年1月10日,市图书馆与上海图书馆举行馆际互借活动,3000余册交流图书入藏艺术文库。购买“中国人民大学复印资料”“全国报刊索引”等电子资源。6月4日，赴上海图书馆出席“长三角”城市图书馆讲座工作座谈会暨讲座资源共建共享签约仪式，成为讲座资源共享的“长三角”19个城市图书馆之一。是年，依托中国期刊网等9大互联网资源和大型数据库及国际国内检索刊物10万余册、行业参考工具书万余册。

至2005年，市图书馆为便于读者检索利用，依托馆藏文献资源深度开发，满足读者信息代检代查、技术跟踪、定题检索等各种服务要求，先后编纂《无锡市图书馆善本书目》《馆藏地方文献目录》（共三编）《馆藏地方志目录》《馆藏建国前报纸索引》《江苏省解放前报纸杂志联合目录（无锡部分）》《外文期刊累积刊名目录》《全市外文期刊联合目录》《全市中文刊物联合目录》《无锡家谱联合目录》《馆藏家谱目录》《世界吴氏宗谱总目》《无锡名人室名别名索引》《地方文献知见目录》等。其中《无锡市图书馆善本书目》《馆藏地方文献目录》在1990年中国图书馆学会成立10周年开展的二次文献成果评定活动中，被评为“二次文献成果奖”。购买“清华同方”数据库、“重庆维普”中文科技期刊数据库、人大复印资料、全国报刊索引等电子资源。开发《家庭装潢装饰指南数据库》《健康生活信息数据库》等3个特色数据库。是年，新增《生活信息剪报》和《无锡地区法规条例数据库》《“长三角”动态专题信息摘编题录索引数据库》《馆藏地方志书目数据库》《“三钱”数据库》《秦氏文献汇编数据库》等5个数据库。整合馆藏资源，地方文献《锡山先哲丛刊》由凤凰出版社影印重版800套。至2005年末，全馆拥有13个数据库，其中《徐霞客研究古今集成》《馆藏标准题录》《家庭装潢装饰指南》《健康生活信息》《无锡地区法规条例》《长三角动态专题信息摘编》《馆藏地方志书目》《钱穆、钱基博、钱锺书》等8个为自建数据库。全馆拥有243台计算机，其中88台在电子阅览室。是年末，馆藏总量1267838册（件），其中地方文献3832种、10375册；图书藏量113.2万册，是1986年79.3万册的1.43倍，其中古籍30.56万册（含1139种善本、2.16万册），有641种珍本选入《全国善本书总目》；历年报刊杂志12.8万册（套）；视听音像等电子出版物0.78万件（套）。

二、捐赠及交流

市图书馆设立捐赠图书专窗，为捐赠图书者提供服务。1990年3月12日，丹麦王国大使馆寄赠图书72册、丹麦简介12册、资料两份。4月12日，全国政协委员、北京图书馆研究馆员冀淑英，中国文物鉴定委员会委员、北京图书馆古籍部研究馆员丁瑜，首都图书馆馆长、研究馆员冯秉文，甘肃省图书馆馆长、研究馆员潘寅生等4人到市图书馆审阅古籍版本。同年，美国教授邓尔麟赠送《钱穆与七房桥》一书；美国读者赠送《无锡县1870～1937年蚕桑生产策略与组织》一书。1994年12月28日，无锡籍著名经济学家薛暮桥捐赠自己的藏书356种、709册。1998年3月19日，解放军总参56所赠送外文图书、期刊万余册。1999年7月12日，唐孝宣向市文化局捐赠其祖父、著名教育学、经学家、无锡国学专修馆创始人唐文治藏书3大箱800余册，其中79种468册移藏市图书馆；9月16日，唐孝宣再次捐赠唐文治著作及手抄本82册，由市图书馆赴沪接收。9月24日，《世界经济调研》原副主编、无锡籍经济学家秦柳方委托无锡驻京办事处转赠《世界经济调研》杂志（1979～1997年），共计1109册。2005年12月19日，瑞士驻沪总领事洪含雅一行参观考察市图书馆，赠送《时光追忆——19世纪一个瑞士商人眼中的江南旧影》5本。

三、特色珍藏

市图书馆珍藏大批特色图书，设“荣氏文库”“友好文库”“无锡人著作专库”“艺术文库”四大特色珍藏。

1.荣氏文库

荣氏文库源自1955年荣氏家族遵照荣德生遗命捐赠其私人珍藏5万余册及原大公图书馆的5万余册藏书，以丰富的乡贤著述和地方文献为主要特色，其中善本885种、18889册，占馆藏善本总量的

图38-5　无锡图书馆荣氏文库　　　　（市图书馆供稿）

92%，成为镇馆之宝。1996年，《四库全书存目丛书》编委会入编11部市图书馆珍藏的古籍善本，其中10部出自荣氏文库，海内孤本有明万历刻本《见罗先生书》、嘉靖刻本《战国人才言行录》、天启刻本《真儒一脉》、崇祯刻本《寻乐编》等。

2.友好文库

友好文库源自与日本缔结友好城市。1981年8月，无锡市与日本明石市缔结为友好城市，1982年6月4日，明石市立图书馆赠送的第一批图书抵馆。1985年10月6日，无锡市与日本相模原市缔结为友好城市，开始互赠图书。1986年5月，相模原市赠送的第一批图书1397册运抵。1987年，将日本明石市、相模原市所赠2817册日文图书，分编整理出497种、1162册，筹建相模原文库。1989年3月，美国加利福尼亚州南帕沙迪纳市立图书馆寄赠英文图书3017册。1991年2月14日，相模原文库向社会开放，藏有日本相模原市、日本本庄市和日本明石市立图书馆交流、赠送的日文原版图书万余册，成为市图书馆的特色馆藏之一。2000年10月新馆建成开放时改称“友好文库”。2004年10月8日，日本松户市赠送一批图书。市图书馆累计获赠日文原版图书万余册。

3.无锡人著作专库

无锡人著作专库始自1990年9月举办的“历代无锡人著作展览”，其时向全国各地2000多名无锡籍专家学者征集，获赠937册，展出后反响热烈，遂设专库，并继续广泛征集，于2000年10月1日新馆开放时推出扩充后重新布展的“无锡人著作展览”，上自东晋顾恺之，下至1973年出生的北大毕业生，汇展近300人的著作。至2005年，无锡人著作专库藏书2600余册。

4.艺术文库

艺术文库创设于1990年，专藏原版艺术画册，其中一部分为日本友好城市赠送的大型画册。1991年，举办“原版艺术画册大型书展”，受到媒体好评。

四、善本书要目

无锡市图书馆历来注重丰富馆藏，后荣德生私人藏书及所建大公图书馆馆藏并入，加之多方捐赠，所藏善本书，分经、史、子、集、丛部等。

无锡市图书馆馆藏善本书目一览表

表38-1

书名	《中国古籍善本书目》等著录	备注
周易孔义3卷（经部·易类）	孤本	
周易会通14卷（经部·易类）	孤本	《四库全书存目丛书》影印底本
周易说略8卷（经部·易类）	磁版印书，罕见，著录国内仅存3部	另由国家图书馆、四川省图书馆收藏

续表

书名	《中国古籍善本书目》等著录	备注
四书补注兼考19卷（经部·四书类·四书总义）	未见著录	仅香港中文大学图书馆藏有1部
历年二十一传残本12卷（史部·编年类·通代）	国内仅存两部	另由中国社科院文学研究所收藏，市图书馆藏本最全，《四库全书存目丛书》影印底本。
圣朝泰交录9卷（史部·杂史类）	孤本	
真定奏疏1卷附1卷（史部·诏令奏议类·奏议）	孤本	《四库全书存目丛书》影印底本
姑苏名贤小纪2卷（史部·传记类·总传）	原刻本国内仅存两部	另由故宫博物院收藏，《四库全书存目丛书》影印底本
先德集1卷（史部·传记类·别传）	孤本	
海珠小志5卷（史部·地理类·专志·寺观）	国内唯一明刻本	《四库全书存目丛书》影印底本
仲子三墓志7卷（史部·地理类·专志·陵墓）	孤本	
苏松历代财赋考1卷各宪请减浮粮疏稿1卷居官备览1卷（史部·政书类·邦计·钱谷）		国家图书馆藏本（《北京图书馆古籍珍本丛刊》影印底本）、华东师范大学图书馆藏本（《四库全书存目丛书》影印底本）皆不全，市图书馆所藏为足本
近思录补14卷（子部·儒家类）	孤本	
鸣冤录4卷附录1卷（子部·儒家类）	孤本	
见罗先生书20卷（子部·儒家类）	孤本	《四库全书存目丛书》影印底本
真儒一脉不分卷（子部·儒家类）	孤本	《四库全书存目丛书》影印底本
一万社草□□卷（存8卷）（子部·医家类·方论·诸方）	孤本	
古源山人日录10卷（子部·杂家类·杂学杂说）	国内仅存之原刻本	
瞻桥小志4卷（史部·地理类·方志）	《中国地方志联合目录》著录孤本	
比璞山房罪言14卷（子部·杂家类·杂学杂说）	孤本	
新锲官板批评注释虞精集8卷（子部·杂家类·杂学杂说）	国内仅存两部	由四川省图书馆收藏，《四库全书存目丛书》影印底本
寻乐编不分卷（子部·杂家类·杂学杂说）	孤本	《四库全书存目丛书》影印底本
读书随记1卷续记1卷剩语1卷（子部·杂家类·杂学杂说）	未著录	《四库全书总目》入存目，未见他馆收藏
镜世编4卷（子部·杂家类·杂纂）	孤本	
性命真诠10卷续1卷（子部·道家类）	孤本	
大涤山人诗集13卷（集部·别集类·明）	国内仅存两部	国家图书馆收藏的为残本
吴虎臣诗集2卷（集部·别集类·明）	孤本	
林茂之文草1卷赋草1卷（集部·别集类·明）	孤本	
学箕初稿2卷（集部·别集类·清）	著录	《四库全书存目丛书》影印底本
王元士文集不分卷（集部·别集类·清）	《贩书偶记续编》著录	未见他馆收藏

续表

书名	《中国古籍善本书目》等著录	备注
隅蜣草12卷（集部·别集类·清）	《贩书偶记续编》著录	未见他馆收藏
五峰集13卷集字诗5卷	未著录，罕见	另仅见中国社科院文学研究所藏有乾隆九年刻《五峰集》1卷
鼎雕增补单篇评释昭明文选8卷（集部·总集类·通代）	孤本	
古文采华旁训4卷（集部·总集类·通代）	国内仅存两部	皆藏于市图书馆
国朝名公经济宏词选12卷（集部·总集类·断代）	孤本	

第四节　藏书家庭[1]

八九十年代，无锡市南长区在“万、千、百藏书读书工程”活动中，开展“十佳家庭藏书示范户”评选活动。江阴市在开展“一二三”（一顶书柜、二份报刊、三百册图书）家庭读书工程活动中，命名李中林、唐震球等10个家庭为江阴市藏书之家，命名王克强、李兴等45个家庭为江阴市优秀藏书之家。1991年，无锡县在评定“十佳文化家庭”。1996年春节，江阴市藏书之家新春联谊会召开，江阴市藏书之家协会成立。1997年，江阴市首届读书节期间，江阴市藏书之家协会举办“江阴市藏书之家精品图书展览”。

一、沈克民家庭

沈克民家庭藏书编目为经、史、子、集、类书、杂书、乡贤、医药等8类8673种、14512册、119678卷。沈克民家庭被评为无锡县“藏书之家”，获市委宣传部颁发的“家庭文化十颗星藏书之家”证书。

二、谈汗人家庭

谈汗人家庭藏书丰富，有约1亿字的剪贴资料，剪贴成书本式资料书1400本，其书斋称为“乐此居”，先后向社区图书室捐赠书籍200余本。

三、部峰家庭

部峰家庭藏书包括文史、哲学、自然科学等，所收藏的10余种民国时期报刊为特色。多次参加惠山区组织的捐书活动，向民工子弟学校、惠山区图书馆、东林中学等单位赠书。部峰家庭成员积极参加藏书活动，经常一起外出访书觅书，每年投入买书资金在千元以上。

四、李大新家庭

李大新家庭藏书7000余册，订购报刊10种以上。

五、李中林家庭

李中林家庭藏书1.8万余册，订购报刊25种以上。李中林自60年代初开始藏书，主要以历代笔记、丛书、全集、文集为主，兼收藏当代部分全套期刊。

六、顾铁林家庭

① 吴国忠、杨东亮家庭见第三十四卷第三章第四节。

顾铁林为省收藏家协会（书报刊）副秘书长，家庭藏书3.7万册，藏书阁名为“菁存阁”。顾铁林自60年代起写藏书日记，约600万字，其妻丁晨霞为美术教师，收藏画史资料。

七、沈伯庆家庭

沈伯庆是无锡供电公司收费员工，曾下放到苏北大丰，因同学父母也是下放户而家有藏书被吸引，从此与书籍结下不解之缘。其妻、女儿也是古籍迷。一次，藏家向沈伯庆介绍一套秦蕙田“味经窝”手抄本16卷，开价万元，后以8000元成交，家里只有6000元存款，其妻到娘家凑钱还是不够，女儿把积攒的压岁钱拿出来，使沈伯庆得到这套孤本。当年，他又花近万元，购得清刻印的朱墨套印《通鉴辑览》。家庭藏书有古籍手抄本、刻例子本5000余册，并藏有古砚、墨。

第五节　图书发行

一、新华书店

1.无锡市新华书店

1986年，市新华书店、邮政部门分别为市图书和报刊发行销售的主渠道，逐渐出现集体性质和个体性质的书店、报刊亭、书报摊，各大商场和超市开始销售书刊。1987年上半年，集（个）体书刊经营点共426个。同年11月，经整顿清理，有396个获得重新核发的江苏省图书报刊发行许可证，其中无锡市区80个、江阴市113个、宜兴市114个、无锡县89个。

90年代初期，随着文化出版事业的发展，图书品种的不断增多及音像制品和有声读物的产生，给图书发行事业带来生机。城市流动人员的增加和人们对精神文化的需求，门市读者拥挤状况日甚。1990年5月23日，由无锡新华书店自筹资金建设的图书发行大厦在人民路落成开业，高9层，建筑总面积5228平方米，其中营业面积1200平方米，并取代中山路333号门市部成为全市最大的新华书店发行网点。1991年，无锡对外图书交流中心成立，在图书发行大厦三楼设营业门市部。

1991年后的几年中，新华书店的网点布局相应调整，分别在中山南路、中南路和梁青路增设3个综合性图书零售网点，同时由于城市规划和旧城改造，县前西街批发部、南长街门店、中山路333号门店、古旧书店、北大街门店、车站门店及人民中路教育书店、少儿图片门店等8家书店相继拆迁。90年代末期，经新华书店自筹资金得以恢复重建的网点有北大街门店、南长街门店及妙光苑图书批发部。

1996年，市新华书店新增中桥、南长两家书店，人民路门市部营业面积扩至2000平方米，7个网店门市部实施改造，增添书架500个，丰富图书供应品种。市新华书店与无锡商业大厦、市第一百货商店等30多家商场、超市联手开设图书销售专架专柜，方便市民购书，扩大销售渠道。1998年4月20日，市图书批销中心在梁清路22号开业，成为无锡地区最大的超市式图书批销中心。2000年，为配合无

图38-6　无锡市新华书店　（孙怡摄）

锡市“文明之春”——传统春节公益文化活动和“学习创新节”活动，开展新春文化书市及大型书展。

2002年12月，位于人民中路185号的无锡图书中心开业，市新华书店人民路门市部移址至此。中心总面积达8000多平方米，经营发行全国500余家出版社的图书、音像制品和电子出版物，图书品种16万余种，成为当时省内规模最大、设施最完善的城市发行网点之一，是省内大型综合性图书零售门店之一。2003年10月，江苏新华发行集团连锁经营签字仪式在无锡图书中心举行，无锡市新华书店成为江苏新华发行集团全省首家实现连锁经营的市级店。2003年起，在两年一次的“太湖艺术节”上，举办书市、书展。2004年8月，无锡新华书店完成“事转企”工作，实现从文化事业单位向文化企业的转变。

2005年，通过同城整合，原锡山新华书店并入无锡市新华书店，除财务工作相对独立以外，两店的组织关系、经营决策、人事任免、人员调度和运营机制全部纳入无锡市新华书店统一管理。无锡图书中心成为全省首批四星级门店，除图书零售外还开展团体客户配送、教材发行、图书批发和图书物流等业务，基本形成辐射全市、服务市民的图书营销网络，以及主副一体、多元互补的经营模式。同时在卖场内配置凤凰数码、凤凰文具和凤凰生活馆等文化产品销售区，提供电脑及耗材，数码产品、学生学习机，文具美术用品，茶具礼品、生活小家电、箱包等多元化的销售和服务。初步形成集购书购物休闲于一体的新型文化消费终端雏形。无锡新华书店有限责任公司在全市下设无锡图书中心、教材中心、高校图书发行部以及13个图书中小型零售网点、1个图书批发网点，合作开办4家校园书店。年销售总量超过2亿元，主要经济指标在全省同行业中保持前列。全市有图书报刊批发经营单位6家，图书报刊零售经营网点1253个。其中市新华书店及其门市部共53家，年营业额1.48亿元；民营书店和书报摊亭1065个。至是年，市新华书店共举办10届太湖书市，并结合重大节庆文化活动，组织大型专题图书展销，供应的图书品种从两万余种逐届递增至14万种；参加的出版社由80多家逐届递增至600多家。

2.江阴市新华书店

前身为新华书店江阴支店，1987年4月更名为江阴市新华书店，位于市区人民中路，有3000多平方米营业面积。1988年12月，书店以教材为发行重点。开设音像专柜，开展创品牌书店活动，相继在域内各镇建立门市部。1989年6月起，设立江阴人著作专柜。1991年，加强农村图书发行，农村一般图书（不含课本）销售额达246.2万元，占全市一般图书发行量的36%。1992年，江阴市被中宣部和国家新闻出版署授予“全国百县农村图书发行红旗单位”称号（全国共授予10个红旗单位）。1993年在西郊文富村建580平方米图书储运仓库。1995年，开始发行激光视盘等销量增长较快的声像读物，农村图书发行网点增至146个，平均每5500个农民就有1个购书点。2000年，市内中、小学教辅材料均由新华书店发行。1996～1998年，相继建花园、天鹤、君巫路等3个分店。1999年4月，加入省新华书店集团有限公司。2001年起，开展农村“无店铺”售书活动，每个职工平均每年向农民售书总额两万元以上。2003年11月，与省新华集团签订连锁协议。是年被评为省书店系统三星级门店。2004年12月，随省新华集团转为股份制企业。2005年，晋升为四星级门店，被评为江苏省十大书城之一，营业收入近1亿元。

3.宜兴市新华书店

1988年，宜兴市新华书店从事书刊发行，兼营音像、电子出版物，年销售额563.7万元。1992年突破1000万元。1997年10月，书店核定编制158人。成立读者俱乐部，常年为读者提供优价图书，吸纳会员3.23万余人。1997～1998年，书店先后被评为全省新华书店“创名店”示范店和第二批全国新华书店精神文明示范单位，分别受到省新华集团和国家新闻出版署表彰。1999年，书店划归省新华集团。1994～2004年，书店先后邀请叶辛、苏童、叶兆言、六小龄童、蔡明、宋世雄等10余名作家、作者到宜兴签名售书。2003年起，每年共同举办“快乐假期，轻松阅读”读书有奖征文活动两次。2004年10月，书店成为省新华集团宜兴子公司，下辖丁蜀、宜城等门市部11个，有职工95人。

2002～2005年，书店连续4年跻身无锡市贸易50强企业。2005年，书店门市网点总面积6300多平方米，库房3000多平方米。展销图书4万多种、音像软件5000多种、文化办公用品3000多种，全年图书销售额5810.36万元，比1988年增长9.31倍。1988～2005年，宜兴市新华书店组织图书展销54次，流动设摊、送书下乡800余次。

二、民营书店

80年代，无锡、江阴、宜兴均设有民营书店，后逐渐增多。90年代初，外省新华书店到无锡，与民营资本合作开办几家大型民营书店，时间不长。1997年，无锡私人经营的人文书店增多。当年"百草园书屋"在惠河路开业，仅20平方米，1999年迁解放东路707号，傍南禅寺，门店扩大至100平方米，并先后开办伊酷童儿童阅读体验馆和三凤桥地方文化书店，为儿童文学和地方文化开放展示平台。书店秉持"传播文化，以书会友"的理念，是中华全国工商联合会图书商会首届会员、历届江苏省双优诚信书店、无锡市文艺联合会活动基地，是《无锡日报》《江南晚报》连续10年图书推荐单位。"上书房"开设在西门，经营面积3800平方米，拥有图书10万余种、音像制品两万多种，后移至崇宁路文渊坊，面积缩小到仅150平方米，图书约1.5万种，在江阴开设分店。汉源书店开设于学前街，2000年后移至解放东路，面积减少，其后迁至上海。此外尚有开设于荣巷江南学院附近的先锋书店，以及无锡三联、开明、学人书店等。民营书店的图书全部从正规进货渠道，对持有会员卡的打折，由于没有像新华书店那样的发行网络，加上门店租金等开销和物价上涨，无法赢利。书店经营者原本想为购书者提供一个阅读与交流、休闲并存的场合的愿望难以实现，有的只能关门歇业。至2005年，市区较大的民营书店仅剩"百草园""上书房"等。位于南禅寺的南禅书城和位于塘南路的招商城书城是个体书商集中地。江阴、宜兴民营书店都各有二三百家，规模普遍很小。江阴有两家规模较大的民营书店：翰博苑图书文化超市有限公司，营业面积900平方米；上书房分店，营业面积1100平方米，上架及存书24万余册。宜兴城有天博、学海书店。

第二章　著述目录

第一节　无锡地方文献要目

无锡市单位和个人历年编写出版各种地方文献。2002年，无锡市城市创建工作领导小组编辑《无锡市城市创建专辑》第一辑，至2005年共编辑4辑。无锡市委研究室从2002年起编辑重点课题研究专辑。无锡秦氏十修宗谱编委会影印清代秦国璋、秦毓钧编《锡山秦氏献钞》4册。

1986～2005年无锡地方文献部分要目表

表38-2

书　名	编著	出版社	年份
上海经济区工业概貌·无锡卷	朱姝、林方健主编	学林出版社	1986
无锡市场大观	吴建国、沈仲兴主编	中国展望出版社	1986

续表

书 名	编著	出版社	年份
无锡企业集团	无锡市经济委员会、市体制改革委员会、市企业管理协会编	内部发行	1986
无锡市文物保护单位简介	无锡市文物管理委员会编	内部发行	1986
锡剧彬彬腔演唱会特刊	钱惠荣、臧天明编辑	内部发行	1986
无锡水蜜桃的栽培	陆忆祖编著	江苏科学技术出版社	1986
无锡旅游服务指南	无锡日报社副刊部编	江苏人民出版社	1987
无锡农业名特优产品集锦	无锡市农业委员会农业区划办公室编	内部发行	1987
无锡文化发展战略研讨活动资料选集	无锡市委宣传部编	内部发行	1987
中国民间文学集成・无锡县民间故事选	朱海容主编	内部发行	1987
江南感旧录	孙云年著	江苏古籍出版社	1987
无锡诗词	章左声选注	上海古籍出版社	1987
高景岳先生纪念文集	倪鼎夫编	内部发行	1987
中国民间文学集成・无锡市郊区资料本	丁鸣鹤主编	内部发行	1988
开放型区域经济中心——无锡	顾松年、钟永一等主编	上海社会科学院出版	1988
无锡民间传说	—	江苏少年儿童出版社	1988
无锡科技信息指南	无锡市科学技术委员会编	江苏科学技术出版社	1988
明星——从太湖之畔升起	辛宪锡、杜文园、李绪恪主编	天津人民出版社	1988
四个时代的我	陈翰笙著	中国文史出版社	1988
鸿声乡民间文学集成	朱家伦主编	内部发行	1988
寄畅园	蒋文安编	江苏人民出版社	1988
太湖弄潮儿	无锡市委宣传部、江南丛书编委会编	中国卓越出版公司	1989
历代无锡人著作展览	无锡市图书馆编	内部发行	1989
庆祝杨建侯教授八十寿辰从艺六十周年文集	朱葵、丁战、左庄伟、罗剑钊编	内部发行	1989
艰难的历程	宗菊如、郭宝滕、黄胜平主编	人民文学出版社	1989
钱锺书研究第一辑	钱锺书研究编辑委员会编	文化艺术出版社	1989
中国惠山泥人	无锡泥人研究所编	北京工艺美术出版社	1990
无锡词典	谢菊娣、胡迅雷主编	复旦大学出版社	1990
无锡钱币藏珍选	刘守主编	内部精印	1990
无锡市书画院	无锡市书画院编	上海人民美术出版社	1990
古运河畔新文苑——无锡市南长社区文化的实践与探索	王慧芬主编	上海人民出版社	1990
来自经济发达县的报告——无锡县艰苦奋斗业绩录	虞国胜主编	上海人民出版社	1990
无锡县乡镇概况	谈汗人主编	南京大学出版社	1990

续表

书　名	编著	出版社	年份
钱锺书论学文选	钟锺书著，舒展选编	广州花城出版社	1990
钱锺书	（美）胡志德著，张晨等译	中国广播电视出版社	1990
钱锺书人生妙语	高雪编	甘肃人民出版社	1991
抗洪之歌	中共无锡市委宣传部编	南京出版社	1991
中国民间文学集成·无锡民间歌谣谚语精选3卷	苏东驰总编	南京大学出版社	1991
江苏省无锡市第一中学建校八十周年纪念册（1911—1991）	无锡市一中校庆筹备会编辑	内部发行	1991
王彬彬沉浮录	袁子著	北京文化艺术出版社	1991
无锡市社会科学学术团体概览	华祖春主编	内部发行	1992
无锡特级教师经验集	孙惠卿主编	江苏人民出版社	1994
奔向现代化的历程：无锡（1949—1994）	无锡统计局编	内部发行	1994
迈向21世纪的无锡	喻国荣、汤可可主编	中国言实出版社	1996
无锡经济和社会发展白皮书（1995～1996）	无锡市计划委员会编	中国计划出版社	1996
无锡市经济和社会发展调研（1995～1996）	贡培兴主编	中国计划出版社	1996
无锡目标管理的实践与探索	贡培兴主编	中国计划出版社	1996
无锡再创辉煌——无锡市“九五”发展计划和2010年远景目标	贡培兴主编	中国计划出版社	1996
无锡农村经济起飞之路	宗菊如主编	中国计划出版社	1996
万里长跑迎回归：从无锡到港澳	弓峰著	解放军出版社	1996
华夏第一县共同富裕之路探索	张桂岳、毛海圻编	中共中央党校出版社	1998
阿福的故事（无锡市少年儿童写、画阿福竞赛竞赛作品集）	蒋履嵩主编	江苏文艺出版社	1998
无锡乡镇企业的第二次创业	宗菊如、张寿正编	江苏人民出版社	1998
灵山谱	萧叔言、蒋慧钟编	九洲图书出版社	1998
锡宜澄地区学习普通话正音手册	李娟编	上海科学普及出版社	1998
不了情话录	高燮初著	上海学林出版社	1998
迈向社会主义市场经济：无锡市经济体制改革回顾与展望	无锡市经济体制改革委员会编	南方出版社	1999
游无锡	无锡市旅游局编	大世界出版公司（香港）	1999
无锡道教礼仪音乐研究	钱铁民、马珍媛编著	台湾新文丰出版公司	1999
半个世纪的辉煌（无锡）	周解清、倪惠国主编	上海科学技术文献出版社	1999
太湖春潮——无锡市经济体制改革的实践与探索	唐尊训编著	《无锡企业》编辑部	1999

续表

书　名	编著	出版社	年份
江苏省梅村高级中学建校60周年纪念册（1939—1999）	—	内部发行	1999
视听求实录	虞国胜著	江苏人民出版社	1999
中国农民富裕化道路——锡山市农村现代化研究	冯治著	人民出版社	1999
无锡文化大观	无锡文化大观编委会	新华出版社	2000
无锡之旅	汪晓霞主编	古吴轩出版社	2000
无锡市中学乡土教材（试用版）无锡历史（第一册）	许伟、徐志钧主编	中国少年儿童出版社	2000
无锡市中学乡土教材（试用版）无锡地理	无锡市教委教研中心编	中国少年儿童出版社	2000
无锡工商企业大全	马伟主编	中国统计出版社	2000
无锡现代化进程的探索	洪锦炘著	人民出版社	2000
实践与思考	周解清著	河海大学出版社	2000
科技之光	张永初主编	世界图书出版公司	2000
探索与创新——无锡市企业改革和发展的新实践	唐尊训主编	陕西旅游出版社	2000
周小农医案	周小农著	上海科学技术出版社	2001
知半斋文集	王赓唐著	学林出版社	2001
中国·无锡经济地理图册	无锡市经济信息中心编	西安地图出版社	2002
古镇今日（荡口）	周信编著	中国文学出版社	2002
太湖之滨故乡情	钱舜娟著	长春时代文艺出版社	2002
无锡竞争优势研究	黄胜平主编	新华出版社	2003
中国民族工业首户——荣氏家族无锡创业史料	宗菊如、陈林荣主编	世界华人出版社	2003
江苏对联集成无锡卷	丁鸣鹤、吉维明、汤祥龙编	时代出版社	2004
经贸明珠——无锡经贸企业改革与发展	刘晓华主编	中国社会出版社	2004
无锡走新型工业化道路的探索	黄胜平、汤可可著	红旗出版社	2005
足迹的回声——改革、创新、发展	唐尊训著	香港天马出版公司	2005
阛闾寻梦	许振华著	时代文艺出版社	2005
惠山诗词	吴惠良编	古吴轩出版社	2005

说明：史志类地方文献参见本志第三十七卷《史志档案》。

第二节　无锡籍人士著作译作要目

1986～2005年，无锡籍人士著作众多。择无锡市区籍人士有关学术性、资料性著作、译作目录记载。

1986～2005年无锡籍人士著作、译作要目

表38-3

书　名	作者	出版社	出版年份
大洋东岸——美国社会文化初探	陈尧光	辽宁人民出版社	1986
幼儿心理学	丁祖荫	人民教育出版社	1986
上海滩三女杰	沙陆墟	湖南文艺出版社	1986
中国人口思想史稿	吴申元	中国社会科学出版社	1986
郁达夫的小说创作	辛宪锡	北京出版社	1986
用磁带交换数据的技术	许健民	气象出版社	1986
地下水动力学原理	薛禹群	地质出版社	1986
杨荫浏音乐论文选集	杨荫浏	上海文艺出版社	1986
高聚物的粘弹性	于同隐	上海科学技术出版社	1986
中国珠算史稿	华印椿	中国财政经济出版社	1987
生理心理学	匡培梓	科学出版社	1987
现代酿酒工业综述	秦含章	中国食品出版社	1987
西方管理思想史	孙耀君	山西经济出版社	1987
社会主义社会阶段划分的理论和实践	薛汉伟	安徽人民出版社	1987
中国象棋史丛考	朱南铣	中华书局	1987
唐音佛教辨思录	陈允吉	上海古籍出版社	1988
家庭消费经济学	顾纪瑞	中国财政经济出版社	1988
夕阳刍稿：历史考古述论汇编	顾铁符	紫禁城出版社	1988
审美活动论纲	蒋培坤	中国人民大学出版社	1988
窗外红玫瑰	逯　斐	花城出版社	1988
论语浅解	钱　逊	北京古籍出版社	1988
结晶化学	钱逸泰	中国科学技术大学出版社	1988
西域历史地理	苏北海	新疆大学出版社	1988
世界经济危机	汪鸿鼎	经济科学出版社	1988
王昆仑文集	王昆仑	团结出版社	1988
生态农业：农业的未来	叶谦吉	重庆出版社	1988
中外质量管理史话	邹依仁	上海社会科学院出版社	1988
现存元明清南北曲全折（齣）乐谱目录	曹安和	人民音乐出版社	1989
关于系统的对话——现象、启示与探讨	陈　禹	中国人民大学出版社	1989
篆刻简解	高石农	江苏古籍出版社	1989
文艺美学	胡经之	北京大学出版社	1989
工业性环境污染的防治	钱　易	中国科学技术出版社	1989
石油化工企业生产优化管理	陈丙珍	清华大学出版社	1990
张闻天论稿	程中原	河海大学出版社	1990
中国绘画六法生态论、对偶范畴论	董欣宾	江苏美术出版社	1990

续表

书 名	作者	出版社	出版年份
苏南模式研究	顾松年	南京出版社	1990
古乐书佚文辑注	吉联抗	人民音乐出版社	1990
陆灏新闻作品选	陆　灏	文汇出版社	1990
稻田养鱼的理论与实践	倪达书	农业出版社	1990
中国铜币分类	吴　榕	无锡市钱币研究会编印	1990
晋唐书法考——德国学者谈中国书法	〔德〕雷德侯著,张观教译	人民美术出版社	1990
古典诗文论丛	张永鑫	江苏教育出版社	1990
美梦居随笔	方永施	建中书报社	1991
黄养辉艺术文集	黄养辉	南京大学出版社	1991
节目主持人概论	陆锡初	中国广播电视出版社	1991
《周礼》主体思想与成书年代研究	彭　林	中国社会科学出版社	1991
开明书店纪事	王知伊	书海出版社	1991
教育发展战略学	薛焕玉	辽宁教育出版社	1991
朱士嘉方志文集	朱士嘉	燕山出版社	1991
编辑规律探论	高　斯	江苏教育出版社	1992
顾慰连论文选集	顾慰连	辽宁科学技术出版社	1992
临床骨科康复学	过邦辅	重庆出版社	1992
热流体学	过增元	清华大学出版社	1992
学画山水过程自述	贺天健	人民美术出版社	1992
硅谷夜谈:华中一高技术科普作品选集	华中一	复旦大学出版社	1992
史记春秋十二诸侯史事辑证	刘操南	天津古籍出版社	1992
陆定一文集	陆定一	人民出版社	1992
电极过程原理和应用	陆兆锷	高等教育出版社	1992
李约瑟与中国	王国忠	上海科学普及出版社	1992
内部控制论	徐政旦	辽宁人民出版社	1992
法国文学的主要思潮	徐仲年	上海书店	1992
西方交响音乐发展纲要	许勇三	人民音乐出版社	1992
薛暮桥学术论著自选集	薛暮桥	北京师范学院出版社	1992
双松含韵:双松翠鬟馆诗词稿	杨通谊	自印本	1992
俞介君剧作选	俞介君	江苏文艺出版社	1992
俞庆棠教育论著选	俞庆棠	人民教育出版社	1992
厄尔尼诺和南方涛动动力学	巢纪平	气象出版社	1993
废水生物处理数学模式(第二版)	顾夏声	清华大学出版社	1993
发展经济学	刘崧生	农业出版社	1993
金融结构与发展	浦寿海译	中国社会科学出版社	1993

续表

书 名	作者	出版社	出版年份
王补宣论文集	王补宣	清华大学出版社	1993
王益出版发行文集	王 益	中国书籍出版社	1993
老圃遗文辑	杨荫杭	长江文艺出版社	1993
游击江南	叶寒青	长征出版社	1993
左传句法研究	管燮初	安徽教育出版社	1994
染料化学	侯毓汾	化学工业出版社	1994
诊断病理学	刘彤华	人民卫生出版社	1994
钱锺韩教授文集	钱锺韩	东南大学出版社	1994
秦柳方选集	秦柳方	经济管理出版社	1994
东北亚民族史论研究	孙进己	中州古籍出版社	1994
应用数理统计方法	陶 澍	中国环境科学出版社	1994
严钦尚地学论文选	严钦尚	上海科学技术文献出版社	1994
杨必译文集	杨必译	译林出版社	1994
董贝父子	祝庆英译	上海译文出版社	1994
顾毓珍教授科学论文集	顾毓珍	华东理工大学出版社	1995
世纪之交的晚清社会	李文海	中国人民大学出版社	1995
韭花帖系列考	穆 棣	学林出版社	1995
音乐欣赏指导	钱亦平	上海教育出版社	1995
孙毓棠学术论文集	孙毓棠	中华书局	1995
陶晶孙选集	陶晶孙	人民文学出版社	1995
非线性光学频率变换及激光调谐技术	姚建铨	科学出版社	1995
活中国的姿态	尤炳圻译	敦煌文艺出版社	1995
邹石溪语文教育论集	邹石溪	江苏教育出版社	1995
我的出版观	胡 真	湖南出版社	1996
敦煌吐鲁番论集	金荣华	新文丰出版公司	1996
钱宝钧教授学术论文选集	钱宝钧	中国纺织大学出版社	1996
中国现代学术经典·钱基博卷	钱基博	河北教育出版社	1996
农苑历程散记	裘维蕃	北京农业大学出版社	1996
当代戏剧论稿	荣广润	中国美术出版社	1996
一世达赖喇嘛传	沈卫荣	唐山书局	1996
志在振兴中华——唐振绪文存	唐振绪	中国铁道出版社	1996
太原晋国赵卿墓	陶正刚	文物出版社	1996
瓣杏医谈	巫君玉	北京科学技术出版社	1996
安缦室诗词	张寿平	正因出版社	1996
鲁迅著译版本研究编目	周国伟	上海文艺出版社	1996
烹调与健康	周华章	国际文化出版公司	1996

续表

书 名	作者	出版社	出版年份
求索真文明:晚清学术史论	朱维铮	上海古籍出版社	1996
诸福棠实用儿科学	诸福棠	人民卫生出版社	1996
中医病理学的哲学思考	匡调元	上海科学普及出版社	1997
李炳炎选集	李炳炎	山西经济出版社	1997
林华论化工及能源	林 华	化学工业出版社	1997
我和愉快教育	倪谷音	上海教育出版社	1997
钱仁康音乐文选	钱仁康	上海音乐出版社	1997
国际金融专题剖析	钱荣堃	中国金融出版社	1997
走出江南	钱行健	上海书画出版社	1997
经济增长与波动	石景云	商务印书馆	1997
中国企业组织制度的改革	王国刚	经济管理出版社	1997
王选文集	王 选	北京大学出版社	1997
中西文化回眸	许思园	华东师范大学出版社	1997
数字摄影测量学	张祖勋	武汉大学出版社	1997
李商隐爱情诗解	钟来茵	学林出版社	1997
八十纪行	卜 明	人民出版社	1998
俑	冯普仁	贵州人民出版社	1998
石头记脂本研究	冯其庸	人民文学出版社	1998
当代学者自选文库:金开诚卷	金开诚	安徽教育出版社	1998
刘览庭诗文集	刘览庭	远方出版社	1998
钱俊瑞文集	钱俊瑞	中国社会科学出版社	1998
钱宾四先生全集	钱 穆	联经出版事业公司	1998
孙冶方全集	孙冶方	山西经济出版社	1998
我从战场归来	唐师曾	世界知识出版社	1998
杨芙清文集	杨芙清	北京大学出版社	1998
谱写科学人生——张煦院士随笔	张 煦	上海交通大学出版社	1998
滇川西部古特提斯造山带	钟大赉	科学出版社	1998
文徵明年谱	周道振	百家出版社	1998
中国植物生理学史	周肇基	广东高等教育出版社	1998
陈瘦竹戏剧论集	陈瘦竹	江苏教育出版社	1999
走向21世纪的中国石化工业——侯芙生院士报告论文集	侯芙生	中国石化出版社	1999
中国书法史:两汉卷	华人德	江苏教育出版社	1999
书籍装帧	潘小庆	江苏美术出版社	1999
瓦釜集	钱文忠	文汇出版社	1999
中国农业资源与农村经济	孙 颔	江苏科学技术出版社	1999

续表

书 名	作者	出版社	出版年份
王寅生文选	王寅生	中国财政经济出版社	1999
天象论·宇宙论	吴寿彭译	商务印书馆	1999
中国近代船舶工业史	辛元欧	上海古籍出版社	1999
徐崇温自选集	徐崇温	重庆出版社	1999
运动稳定性量化理论——非自治非线性多刚体系统的稳定性分析	薛禹胜	江苏科学技术出版社	1999
导戏·看戏·演戏	杨世彭	时报文化出版企业有限公司	1999
周振鹤自选集	周振鹤	广西师范大学出版社	1999
中国水工结构重要强震数据及分析	陈厚群	地震出版社	2000
西滢文录	陈　源	辽宁教育出版社	2000
顾毓琇全集	顾毓琇	辽宁教育出版社	2000
山东省农业有害生物地理分布	华尧楠	山东大学出版社	2000
江绍基胃肠病学	江绍基	上海科学技术出版社	2001
钱临照文集	钱临照	安徽教育出版社	2001
秦氏千年史	秦家骢	远流出版事业股份有限公司	2001
知半斋文集	王赓唐	学苑出版社	2001
动画技法	严定宪	中国电影出版社	2001
张仲礼文集	张仲礼	上海人民出版社	2001
陈翰笙集	陈翰笙	中国社会科学出版社	2002
邓星伯临证医集	邓星伯	上海科学技术文献出版社	2002
钱锺书集	钱锺书	生活·读书·新知三联书店	2002
荣德生文集	荣德生	上海古籍出版社	2002
比较经济学	荣敬本	甘肃人民出版社	2002
许倬云自选集	许倬云	上海教育出版社	2002
张涤生整复外科学	张涤生	上海科学技术出版社	2002
工程抗震的新发展	周锡元	清华大学出版社	2002
植物数量性状遗传体系	盖钧镒	科学出版社	2003
华君武集	华君武	河北教育出版社	2003
李慎之文集	李慎之	自印本	2003
合唱与合唱指挥	聂中明	中央广播电视大学出版社	2003
现代照相机的原理与使用	钱元凯	浙江摄影出版社	2003
汉书集释	施之勉	三民书局股份有限公司	2003
脑功能原理	唐孝威	浙江大学出版社	2003
劫智	徐步洵	台湾秀威资讯科技股份有限公司	2003
薛葆鼎集	薛葆鼎	中国社会科学出版社	2003
薛禹谷文集	薛禹谷	中国科学院微生物研究所编印	2003

续表

书 名	作者	出版社	出版年份
两汉魏晋南北朝正史西域传研究	余太山	中华书局	2003
《太平广记》版本考述	张国风	中华书局	2003
蛋白质生物功能的探索	邹承鲁	河北教育出版社	2003
中国百年百名中医临床家丛书·邹云翔	邹云翔	中国中医药出版社	2003
诗国寻美:俄罗斯诗歌艺术研究	顾蕴璞	北京大学出版社	2004
匡培根从医五十五年论文汇编	匡培根	中国人民解放军总医院编印	2004
无锡时期的钱基博与钱锺书	刘桂秋	上海社会科学院出版社	2004
技术进步与就业及其他论文	浦 山	外文出版社	2004
内藤湖南研究	钱婉约	中华书局	2004
钱伟长文选	钱伟长	上海大学出版社	2004
漫说科教	秦伯益	新世界出版社	2004
中国百年百名中医临床家丛书	石筱山 石仰山	中国中医药出版社	2004
汪艺香先生医案	汪培荪	上海科学技术出版社	2004
这是个好事情:不列颠百科全书中文版历程	徐慰曾	中国大百科全书出版社	2004
杨绛文集	杨 绛	人民文学出版社	2004
自豪的回忆	章央芬	华夏出版社	2004
顾太清词新释辑评	卢兴基	中国书店	2005
陆学艺文集	陆学艺	上海辞书出版社	2005
钱中文文集	钱中文	上海辞书出版社	2005
秦家懿自选集	秦家懿	山东教育出版社	2005
任式楠文集	任式楠	上海辞书出版社	2005
神州游记(1925—1937)	芮 麟	上海古籍出版社	2005
唐文治文选	唐文治	上海交通大学出版社	2005
薛明剑文集	薛明剑	当代中国出版社	2005

第三章　诗文选辑

第一节　诗　词

风入松·江苏无锡风景美

马万琪

江苏无锡景抡元，清雅映梅园。荣家傲雪三千树，
香飘远，高洁长存，创业才逾端木，胸襟范蠡难论。
兴资办学育英贤，桃李百年繁。江南豪杰俱备发，
振中华，万马齐奔。毕业常怀家国，丹心典范儿孙。

1986年

蠡园即景

徐静渔

名园揽胜入仙乡，飞宇高甍斗艳妆。
青石万方凝巧窟，朱栏一抹托长廊。
烟波湖里画船瘦，岚气山头野日黄。
谁说瀛洲仙境好，蠡园深处更风光。

1986年

锡惠公园菊展观后

冒亦诚

锡惠枫丹秋瑟瑟，名园菊会不胜春。
娇容艳色万千别，一族多支微细分。
虎跃鹊鸣欣岁稔，蛟腾凤起兆升平。
艺师汗水凝成锦，妆得人间倍有神。

1986年

采桑子·锡惠公园杜鹃花展

庄申

多情杜宇空啼血，徒负春光，酷爱春光，烂漫鹃花吐秀芳。
天生丽质青山醉，不待盆装，却喜盆装，一片精心溢色香。

1986年

祝薛暮桥老友八十大寿敬写寿松图并题诗

倪小迂

青松风雨立长空，催教岁月速大同。

一载有如过百岁，寿缘应是八千翁。

1986年

梁溪秋望

周可宝

骑鹤排云上碧霄，梁溪美景画难描。
暮云掩拥陶朱阁，朝雾轻笼宝界桥。
城市园林多胜概，湖光山色更艳娇。
旅游胜地今逾昔，灿烂前程展望遥。

1986年

梅里诗友雪浪山春社雅集

胡其清

踏青来到蠡湖东，将近清明淡荡风。
诗友诗情歌叠叠，春郊春景暖融融。

1986年

读海若兄仿云林山水画

史克方

淡霭轻烟自有情，两峰夹岸水天清。
高桐修竹任君意，更写孤亭照晚晴。

1986年

茹经堂纪念馆开幕式作画贺题

王汝霖

经堂高耸入云明，却忆当年立雪情。
宝界桥头瞻望处，如闻琅琅读书声。

1986年

题从兄王昆仑故居

王汝霖

风尘仆仆度平生，终老未忘报国情。
七二峰头留旧宅，巍然长对夕阳明。

1986年

瞻仰泰伯庙

薛宝润

三让君王誓远行，耕田凿井作黎民。
春风化雨千秋业，开发江南第一人。

1986年

古运河梁溪风情图跋诗[①]

沙陆墟

冀鲁苏浙贯穿过，南北交通大运河。
始自夫差迄元祖，春秋换岁两千多。
梁溪一段神灵地，更有人文汇绮罗。
民俗似曾相熟悉，欲留彩笔付依摩。
五月端阳初五辰，龙舟竞渡黄婆墩。
锣鼓喧天旗帜展，万众欢呼奋大军。
风调雨顺祈多福，祛病消灾最可珍。
两代帝王曾驻跸，名臣贤士叹烟云。
三里桥西粮食集，神州米市推无锡。
财通四海达三江，举国米粮谁匹敌。
江尖渚上水周围，缸甏罐甓如山积。
陶器浮屠放佛光，塔尖烧起九思香。
对岸行庄相栉比，百业繁华在北塘。
游山船浜游客杂，船菜花魁震八方。
脆鳝俚歌毛巾热，石榴裙下醉无常。
阿炳胡琴闻者乐，皇亭小吃万人尝。
四乡香会惠泉山，桃月之望去复还。
大德桥前香诰拜，飞车抬阁九连环。
三月廿八朝东岳，城郊八庙各通关。
传家古董无其数，百宝箱中不等闲。
凸肚袒胸刽子手，悬炉刺臂血斑斑。
绝招频出争标首，仪仗如龙非一般。
惠水顺水水流东，西水仙墩在水中。
棚下街头声鼎沸，元宵灯会月明宫。
门前结彩长蛇阵，曲曲弯弯似彩虹。
水上莲灯波底映，粼粼烁烁巧玲珑。
龙腾狮舞光摇曳，胜似蜃楼异曲工。
官吏清廉民受益，千秋万代志丰功。
百姓乘船船不歇，合家举酒祝刘公。
妙光宝塔七层高，八角琉璃入九霄。
花轿迎娶新娘子，唢呐笙箫滥和调。
宝塔巍巍河渺渺，大公过去跨塘桥。
清明气魄桥中冠，石拱漪波诗意饶。
万历年间明建筑，居民恃胜逞天骄。
商区茂盛南门外，此地风光分外娇。
庙会节场南水仙，抗倭知县世间传。
筑城斩子严军纪，其德其勤义凛然。
铭记王公三月七，烧香点烛意拳拳。
摊子漫街农事物，犁锄锹铲斧锯全。

① 《古运河梁溪风情图》由无锡市工艺美术研究所金家翔绘制，工艺美术研究所发绣课题组共同制作成发绣长卷。

炊具杂物都销售，戏法滩簧广结缘。
伯渎凿开水利收，让王泰伯费绸缪。
河流汩汩通常熟，灌溉农田有主谋。
古老明窑今胜昔，烟灰散落黑云稠。
桥名宝界谁捐助，荣氏宗铨付巨帑。
实地亲访兼考古，绘成十米不糊涂。
密不通风疏走马，丹青章法有功夫。
江南发绣尤特色，千古流传长卷图。
过眼烟云何足惜，艺术须弥刻史书。
1992年岁次壬申春日题诗并书

调寄《忆江南》

赵朴初

龙头渚，景色胜天堂。七十二峰争供奉，小灵山里建禅场。大佛法中王。
1994年4月10日

七绝

赵朴初

无锡市人民政府为保存古迹弘扬文化，落实宗教政策，将重建祥符寺并造大佛像于小灵山，敬赋此章为颂。

太湖三万六千顷，八功德水绕灵山。
如来百福庄严相，无量光明照世间。
1994年7月30日

灵山佛高

费孝通

灵山佛高八十八，我今虚度已双八。
圣俗两界岂可通，中印文化水乳融。
1994年

咏马山

荣高棠

太湖之滨踞马山，山清水秀气清鲜。
人生若能长居处，何必求佛拜神仙。
90年代

小灵山

赵朴初

其一

宋人侈说惠山泉，
陆羽《茶经》到处传。
妙处寻常交臂失，

苏黄不识小灵山。

其二

昔游天竺访灵鹫，
叹息空荒忆法华。
不意鹫峰飞到此，
天花烂漫散吾家。

1997年11月14日

灵山大佛

赵朴初

像在祥符寺后山峰上，高八十八米。

湖光万顷净琉璃，返照灵山正遍知。
身与云霁施法雨，目垂海众示深慈。
从兹圣迹留无锡，随顺群情遇盛时。
喜见朋来师子国，和平世界共心期。

1997年11月14日

喜晴·调寄浣溪沙

赵朴初

空对明窗几日阴，
茫茫一片云山深，
灵山今始显山灵。

万顷晴波光滟滟，
一天秋色意泠泠，
浑疑身在画中行。

1997年11月17日

锦园

赵朴初

秋去冬来青末了，佳卉新蔬俱可饱。
未来日日忆江南，今来更觉江南好。

1997年11月17日

马山区政府赠灵山大佛缩像

赵朴初

奘师到此马留迹，马迹之名非浪传。
千四百年证真实，如来今现小灵山。
或现大身现小身，或说三乘说政策。
随顺众生无穷尽，灵山法会遍施设。

1997年11月24日

到无锡农村途中

赵朴初

一路风光尽可夸，
此方富庶又何加？
新楼栋栋农村屋，
胜过京华干部家。
1997年11月24日

留别诸友

赵朴初

不负名城十日留，
太湖人作太湖游。①
可能敬践年年约，
报答灵山未肯休。
1997年11月25日

祝贺碧山吟社重建十周年

阴景曙

先贤神韵启蒙娃，十岁艺坛成一家。
词继苏辛呈异彩，诗承李杜放奇葩。
宏扬国粹名称著，促进文明功可夸。
更喜新苗茁壮长，含芳吐艳笔生花。
1999年

红豆曲　并序

刘征

2001年访无锡，因得赏无锡红豆树。树传为梁昭明太子萧统手植，已1000多年。原为两树，后两干合抱，并为一树，上枝仍分为二。近处旧有文选楼，已圮无遗迹。时值岁寒，木叶尽脱，根柯盘结如虬龙。廊上悬有红豆树图片及前贤诗文，益我见闻。听老者讲昭明太子浪漫传说，哀艳动人，遂有写《红豆曲》之萌动，孕育多日，终于呼之欲出。2002年春节多暇，命笔成章。传说为我起兴，赋事任臆所之，真实不虚者只一情字。

南国红豆生处处，最数无锡红豆树。道是萧郎手自栽，红泪千年咽风雨。
萧郎帝子人中龙，金蝉翠緌当华风。济贫苏困不自足，文选楼头夜烛红。
恰是清明新雨后，信马郊游问花柳。暂辞倦眼万飞鸦，难得清心一壶酒。
当垆女儿傍前溪，杏红衫子绿杨枝。相逢却似曾相识，未曾相识已相思。
素手捧杯奉公子，明眸含笑凝春水。不须丝竹伴清歌，天下流莺欲羞死。
碧桃花下誓终生，阿侬小语许花听："因爱红豆名红豆，不慕繁华只重情。"
归来杜门耽笔砚，寝馈沉酣书万卷。碧玉未及破瓜时，待嫁移年应未晚。
文选终成第一书，牙签锦轴聚琼琚。风声龙管迎红豆，春风一里紫云车。
白头阿母吞声泣："岂料一病终不起！欲寻红豆向何方？前溪一片埋愁地。
朝占鹊噪暮灯昏，枫叶桃花秋复春。伶仃寸草寒家女，卑微无路扣金门。

① 赵朴初为安徽省太湖县人，故"太湖人作太湖游"。

嘘气如丝泪成血，枕上声声尤唤君。叮嘱一物遗公子，锦帕包裹是儿心。”
帕上鸳鸯女亲绣，鸳鸯帕裹双红豆。如闻红豆唤萧郎，红豆与郎永相守。
悔因功业负佳人，狠我来迟卿已走。从今见豆如见卿，豆似明珠捧在手。
一双红豆种楼前，春怜风雨夜怜寒。泪挽柔枝唯脉脉，月移树影望珊珊。
香丝未尽春蚕死。红豆树长年复年。双树合抱成一树，双枝交叶绿含烟。
黄鸟来歌白蝶舞，芝兰相伴幽篁护。彤管轻吹玫瑰风，情天漫洒金盘露。
梦里繁星坠地来，枝头红豆结无数。祝福天下有情人，欲启朱唇作低语。
岁寒来访雪压枝，回郭图展令心怡。豆似丹霞花似雪，前修诗笔罗珠玑。
树前闲话得小憩，秀眉老父道传奇。和泪翻成红豆曲，聊补摩吉相思诗。
相争扰扰多愁怨，采撷休忘摩吉劝。安得播爱遍人间，婆娑红豆植伊甸。

2002年3月

红豆二首

余光中

一

戴在腮边
就是叮咛的耳环
佩在胸口
就是体贴的项链
让邮票，传说的青鸟
一路飞送衔来你掌中
挑情的颜色艳红如火
什么都不用说，什么
都代我，羞涩的我，说了
我要说的，唐人早说过
我怕说的，它的更赤裸
不能寄你一整个春天
但请收下我长久的寂寞
凝结成的这一滴心血

2001年七夕——为第一届红豆情人节而作

二

多少话儿无法诉说
你把它装在红豆中交给太平
随即默默远行
你并非志在四方
动荡的时局使你不得不云游躲避

从此你孤寂了太平的梦
太平明媚的眼睛蒙上了一层秋水
在风里在雨里
太平捧着你的红豆

恨你为什么只给她一根相思的线

在凉如秋水的月光里
在落花飘零的孤独声里
在清泉漂流的呜咽声里
你在一方清石上睡了
你梦见了太平的泪眼及凄婉甜美的笑

笑声中你醒了
望着月亮泪水洒落空山
你的晶莹的思念
浸润着那颗红豆
在红豆的悠想中
你得到了太平

你的纯美浓烈的红豆情思
伴随清澈的山泉
流淌到后人的心田
幸运的后人
从中享受着永远的精神太平

2002年8月15日

第二节 题 记

鹿顶迎晖建设记

沙陆墟

太湖佳绝处，莫过于鼋头渚，而鼋头渚之胜，则在鹿顶山。未登其巅，安知三万六千顷之浩淼？谁窥七十二峰之隐约？以其陡高九十六米有余，遂为诸峰之冠。县志列其名曰鹿顶，传闻有仙鹿寄迹其间。

天下宾客，慕太湖胜景，不远万里，络绎于途，旅游之盛，甲于东南，咸欲一登鹿顶，遥望翠岫之列屏，俯瞰林壑之幽美，临水喜鹭鸥之逐白帆，居山得兰桂之扑青衿，岂仅忘机而已哉？盖有益于身心也。揽胜云集，意在斯乎？草莽且如此，何况点缀造景耶。

甲子之春，市人代九届二次会议，决定建设鹿顶迎晖景点，以副太湖风景区之总体规划。市政府委园林局董其事，越年而成，耗资达二百余万，初具规模。

山路平坦，汽车盘旋，萦回九曲，始登其巅。有高台，视野广袤。其旁芳草萋萋，塑造群鹿，逼真天趣，悠然于其中，故额其亭曰呦呦。有高阁，出没云霞，群彦莅止，其乐怡怡，故名舒天。登画楼环碧，可飞觞而醉月，可设盘而对弈。有亭翼然者，稚构准望也。观水潋滟者，方亭金沤也。

会当晴晨，白云轻纱，烟含曙彩，俄顷，赤暾喷薄，金光射天，水抱山环，气象万千，鹿顶迎晖，岂不壮哉。

若夫登阁凭栏，临风远瞩，锡邑三大特点，靡不历历在目。遥望东天，雄州雾列，大厦栉比，华夏十五经济中心在焉。郊县鱼池棋布，波光粼粼，良田星罗，沃野阡陌，鱼米之乡，岂虚传哉？而具区胜状，雄秀相济，湖光山色，风景如画，此则旅游之胜地也。

嗟夫！泰伯之开业，春申所经营，三千年文明，今日更昌盛。乃天时地利，政通人和也。

1986年元旦

宝界双桥记

无锡荣德生先生，奋起于二十世纪之初，无多承藉，与兄宗敬先生合力振兴实业，造福桑梓。推而益广，事业遍于南北。首创无锡茂新面粉厂，次曰申新纱厂。茂新再扩曰福新，又各有增益，为厂至于二十有余，综以茂福申新公司之号。其所经营，实以民生衣食为本。设厂既多，而居民之就业者，乃不可胜数。原夫德生先生之用心，盖遵先德熙泰先生之遗训，所谓“立身治家，常须推其有余”，且谓“交通为地方之命脉，教育尤为事业之母”。故力辟开原路、通惠路，以次遂有百桥公司之设。教育则有江南大学、公益中小学、竞化女学等。社会文化教育，则于大公图书馆致力最钜。其造就人材，历数世而不替。

德翁有七子，毅仁先生居第四，以爱国赤诚为众所推戴。今登副揆，襄主国政。哲嗣智健先生，幼承祖训，长助父业，中岁自展新猷于境外，斐然与南陬巨绅并轨齐驱，海内外咸称祖国多贤，而德生先生累世之厚泽祥徽，于斯而著。昔值德翁六十华诞，毅仁先生昆仲谋所以为寿者，德翁不许。自命造桥，以利行旅，是为宝界桥。桥六十孔，以应寿纪。今逢德生先生一百二十诞辰，智健先生鉴于梓里繁盛，数倍往昔，交通拥塞，新途亟待增辟，乃秉父志，继建新桥，用以仰资仙福，命功记其事。窃念立身扬名，为孝之大者。父子显扬，实为稀有之盛事，而德翁热心公益事业之功，与夫兴教育人之泽，于此可征，且更垂于无既焉。谨就所闻，述为斯记。

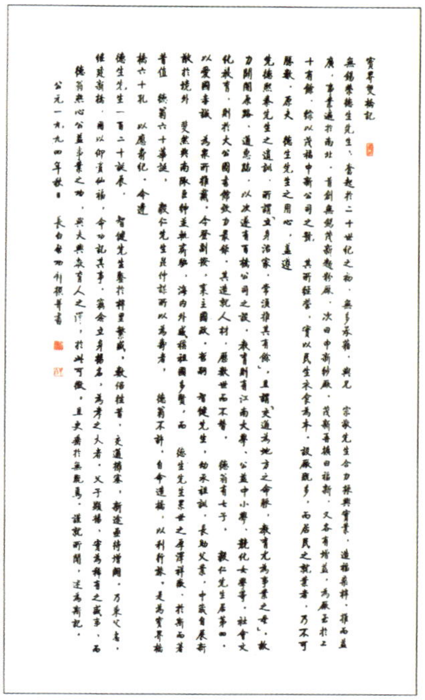

图38-7　宝界双桥碑记

（陈文源供稿）

公元一九九四年秋日　长白启功拜撰并书

复立胡雨人铜像记

邹明诚

胡雨人先生，志士仁人也，急公好义。生逢季世，海内鼎沸，民生凋敝。先生曰：当务之急，首在启迪民智，兴修水利。遂斥资在故里创办胡氏蒙学堂，设女校，造福桑梓。一石之波，全国从风。先生者，固提倡新式教学之启蒙大师也。历任北京女子师范学院、无锡工商中学、江阴南菁中学等校长，作育英才，桃李遍天下。尤究心江淮及锡邑水利，无论寒暑风雨，恒雇舟遍历各乡水系，亲自测量水文，此田野作业之科学方法也。著有《江淮水利调查笔记》《太湖水利》手稿，多所进议。先生秉心刚正，处理谨严，不稍懈怠，终以积劳成疾，卒于民国17年（1928年）。民国24年，地方人士崇德报功，为铸铜像于其故里之村前公园，由吴敬恒和孟心史写状勒石。无何，十年浩劫，海水群飞，像遭摧毁，碑埋泥淖。迨夫妖气扫净，和风拂照，经济腾飞，里人念前贤之业绩，不可泯没，经数度讨论，决定复立铜像。于是集资金，铸铜像，觅旧碑，施枘凿，整旧如新。立像地点，佥以为吴文化公园之无锡县教育馆内最为合适，因该园为锡邑著名文化景区，参观者众多，于弘扬光大爱民爱乡爱国之“雨人精神”收效较大也。既得胡氏后人同意，乃于1994年10月30日在吴文化公园举行复立胡雨人石像典礼，来宾众多，如胡氏所建立之上海大同大学校友会、大同中学以及地方各级政府皆有领导参加，

甚盛事也。夫硕德俊彦,为世所宗,若雨人先生者,可以不朽矣。赞曰:

巍像雄峙山岗,照耀故土芬芳。
碑石铭文千行,重教育才兴邦。
俯视广厦万幢,家乡热土兴旺。
喜看后代昌盛,携手共建繁荣。

先生非特一乡之祥瑞,实乃邦国之栋梁。

1994年

吴地方志馆记

高燮初

古之良吏贤宰治邑,必先亲地志,一帙在箧,烂熟地情、民情,始得理政之纲。修志编乘,华夏之传统,寰宇之一绝也,古文明之灿烂也。浩劫过后,中央贤明,起步于断层之上,倡导修史编志,赓续文统。吴地吴文化之区,江、浙、沪之地,集贤才编撰志书,斐然成篇,铜椠墨香,新地情之典,蔚为大观。吴苑万卷楼翳,得省地方志办汪公文超之激赏,锡山市方志办之乐助,与吴学研究所联手创办吴地方志馆,以收藏吴地之古今地志,推动社会学志用志。任公继愈为之书额奖掖,事为民间举办公家助之,此乃国中新事。举步维艰,完善不易,祈识者助之,办者勉之,以完戏传统,并资新政。

1997年

蠡湖公园记

太湖灵秀在水,蠡湖丽韵成诗。

世纪之初,无锡市委、市政府科学决策,打太湖牌,建山水城,蠡湖风光带暨蠡湖公园应运而生,释水之灵秀,放湖之神韵。

蠡湖公园建设,由无锡市蠡湖地区规划建设领导小组统筹指挥,其办公室具体组织实施:登峰水产养殖场、蠡园村等单位支持生态环境建设,腾地搬迁,让地三百余亩;泛亚易道公司与无锡园林设计所联袂设计;无锡园林古建公司与景苑绿化公司合作施工。二〇〇四年三月破土动工。国庆前夕建成开放。

公园建设,以人为本,以水为魂,以植物造园为主。“春之媚”“夏之秀”“秋之韵”“冬之凝”四景区巧布四周。林茂竹修,四季花木皆备。杜鹃、山茶点亮春水活泼明丽;石榴、金荷画出夏水漫溢热情;秋桂、红枫吟唱秋水丰腴滋润;花柏、香樟叙述冬水澹泊宁静。林际木栈桥、石桥相间,溪、池、湖交汇,水、林、景辉映。四季转换时空,林木变奏韵律,人与自然谐合,时令意趣浓烈。

园中之园——施苑,绿荫拥抱,曲溪环绕。流韵、天运、悦红、清辉四亭犄角相望,顾盼生姿。小坐亭中,抚溪水,沐荷风,招远山,呼沙鸥,听湖涛,游目骋怀,神思缥缈。苑池碧水宛如明镜,境界天开。池中莲,亭亭净植,香远益清,犹如西施踏波而至。环水而筑的水镜廓,长逾百米,风格中西合璧,造型别致通透。廓内饰诗画,艺采纷呈。园中放射开轴道,视野开阔,蠡湖大桥凌波欲飞赫然入目:“WX”提拉拱桥造型优美,气势宏伟;晨观大桥,披彩霞万里;夜赏长虹,接银河星灯;远眺蓝天,似有银龙入湖。桥、园互为景观,相得益彰,共谐于湖光山色。

漫步园内,置身景中,欣赏远近景色,放飞愉悦心情,流连忘返之醉意油然而生。

盛世建园,乐民至德,园成之际,铭文以志。

无锡市蠡湖地区规划建设领导小组办公室
公元二〇〇四年十月

无锡市志

【第四册】

第三十九卷

社会　生活

概　述

1986～2005年，无锡市推进全面小康社会建设，不断提高低收入家庭生活水平、扩大中等收入居民比例，富民强市等政策措施得到贯彻落实，居民收入水平快速提升，生活质量稳步提高，衣食住行条件全面改善。

2005年，无锡市在江苏省率先基本实现全面小康社会目标。全市城镇居民人均可支配收入16005元，比1986年增长13.71倍，年均增长15.6%；人均消费支出10774元，比1986年增长10.06倍，年均增长13.5%。农民人均纯收入8004元，比1986年增长8.92倍，年均增长12.8%；人均生活消费支出5830 元，比1986年增长6.43倍，年均增长11.1%。居民家庭消费观念个性时尚与成熟理性共存，消费结构逐渐由发展型向享受型转变，衡量居民生活水平的恩格尔系数①逐年降低，城镇居民恩格尔系数由1986年的50.6%下降至2005年的36.9%，农村居民恩格尔系数由1986年的44.7%下降至2005年的37.7%。成年人口大多处于夫妻家庭结构中，丧偶、离婚、独居人口所占的比例很小，离婚比例呈上升趋势。家庭规模逐渐缩小，2人、3人户成为主流，家庭人口结构趋向小型化。与此同时，随着时代进步和外界影响，民间风俗和方言等在保持吴地传统的同时，也有所变化和发展。

无锡居民信仰佛教、道教、伊斯兰教、天主教、基督教等，并参加各自信仰的宗教活动。市委、市政府认真贯彻落实宗教政策，依法加强宗教事务管理。1986年初，全市有佛教协会、伊斯兰教协会、天主教爱国会、基督教三自爱国会、基督教协会等5个爱国宗教团体，宗教职业人员34人，经登记的宗教活动场所9处，信教群众2.4万多人，其中市区4414人。至2005年末，全市有宗教教职人员609人，经登记的宗教活动场所206处，信教群众约36万人，有的宗教教职人员还当选为市、县（区）人大代表和政协委员。

第一章　居民生活

第一节　城镇居民生活

一、收入

1986年，无锡城镇居民人均工薪收入933元，占人均可支配收入比重85.75%。1990年，城镇居民人均工薪收入1233元，比1986年增长32.15%，占可支配收入比重67.27%。是年，城镇居民人均可支配收入1833元，比1986年增长68.47%，年均增长13.7%。1995年，城镇居民人均可支配收入5763元，比1990年增长2.14倍，年均增长25.5%。其中人均工薪收入3619元，比1990年增长1.9倍，占可支配收入比重62.8%，工薪收入比重逐年下降，经营性收入和财产性收入日趋增加，收入渠道

① 恩格尔系数：食品支出总额占个人消费支出总额的比重。

呈现多元化格局。

1996～2000年，随着下岗职工基本生活保障、失业保障和城镇居民最低生活保障水平的提高和适当增加行政、事业单位职工工资等政策措施的落实，城镇居民生活水平继续提高。2000年，城镇居民人均可支配收入8603元，比1995年增长49.3%，年均增长8.34%。其中：人均工资性收入5442元，比1995年增长50.4%，占可支配收入比重63.26%。城镇居民转移性收入比重逐年加大，离退休人员人均收入增长幅度高于人均可支配收入的增长。

2001～2005年，市政府实施“富民强市”政策，推进“富民工程”，城镇居民收入稳步提高。2005年，城镇居民人均可支配收入16005元，比2000年增长86%，年均增长13.2%。其中：人均工资性收入9476元，比2000年增长74.1%，占可支配收入比重59.2%；经营性净收入719元，占总收入的4.5%；财产性收入181元，占总收入的1.1%；转移性收入5629元，占总收入的35.2%。其中离退休人员人均收入4348元。

二、消费

1.饮食

2005年，无锡城镇居民人均食品消费3977元，恩格尔系数由1986年的50.6%降至是年的36.9%，下降13.7个百分点。主食消费所占的比重由1986年的10.9%下降至是年的6.1%，减少4.8个百分点，各类副食品消费大幅增加。随着生活节奏的加快，食品消费结构有较大的变化，人们更注重营养搭配，无污染和方便快捷的食品被消费者广泛接受，外出餐饮消费支出呈上升趋势，特别是节假日、亲朋好友间的聚会大多选择到饭店用餐。是年，人均在外饮食消费由1986的8元增至906元，占当年食品消费的22.8%。

2.服装

1986～2005年，无锡城镇居民穿着观念逐步由数量和质量型消费发展至品牌和文化型消费，不再单纯关注服饰商品的价格高低，而是更加注重品牌、时尚和个性，更加讲究着装整体搭配效果，风格适应出席场合，一季多衣、内衣外穿等现象普遍，高档化、时尚化、品牌化、个性化、多元化成为服装消费的潮流。职业装、休闲装、运动装成为很多家庭的常备服装。2005年，人均衣着消费864元（其中服装消费644元），比1986年的156元增长4.5倍，年均增长9.4%；在服装消费中，女装消费333元，占服装消费的一半以上。鞋类消费在衣着消费中也占有较高比重，2005年，居民人均鞋类消费167元。

3.居住

1986年，无锡城镇居民人均住房建筑面积9.9平方米。其后，城镇居民对住房的舒适性要求逐年增强，住宅类型变化很大。

2005年，无锡城镇居民人均住房建筑面积30.3平方米（含居民偶尔居住房3.1平方米）。根据对市区300户城镇家庭抽样调查，城市居民家庭户均、人均住房建筑面积分别为75.6平方米、27.1平方米，人均使用面积20.26平方米；平均每户家庭房屋固定资产23.15万元，比2002年的9.6万元上升141%。全市有12.7%的家庭拥有多套住房，其中两套及两套以上住房用来出租的占39%。在城镇居民住房中，一居室、二居室、三居室住房分别占8%、61%和24.33%，四居室

图39-1　21世纪初无锡居民住房　　（市委宣传部供稿）

住房占3.33%;其中住房建筑年限10年以内的占30%,10～20年的占30.7%,20～30年的占36.3%,30年以上的仅占3%;厕所、浴室等设施齐全的占86%,有厕所无浴室的占8.67%,无卫生设备的占5.33%;使用管道煤气的占63.67%、液化石油气的占36.33%,煤炭成为辅助性临时燃料;城镇99.67%的家庭独用自来水,23%的家庭饮用纯净水或矿泉水。住房成套率96.66%。住宅产权基本为私有,其中房改房占67.67%、商品房占23.33%、租赁公房占7.33%、原有私房占1.67%;家庭普遍用花岗岩(或陶瓷)地砖、实木地板、落地窗帘、工艺灯具装饰居室,平均每户装修费用约3.37万元。

4.交通

1986年后,无锡市城市改造步伐不断加快,城市规模不断扩大,道路宽阔平坦,居民出行除公交车、出租车和自行车、摩托车之外,电动助力车和私家汽车增长迅猛。2003年市区禁摩、限摩后,电动助力车成为摩托车的替代品而快速增多,中高收入阶层的汽车消费大幅增加。2005年,无锡每百户城市居民家庭拥有电动助力车40.3辆、私家汽车6.7辆。与1986年相比,城镇居民人均交通支出由25元增至1083元,增长42.3倍。

5.通信

1986年,全市极少数家庭拥有住宅电话。2005年,每百户城镇居民家庭拥有住宅电话128.33部、移动电话143.7部,一个人拥有两部移动电话的现象较多。至2005年末,网上炒股、购物、娱乐等越来越快走进居民家庭,人均全年通信消费510元。

6.教育文化娱乐

1986年,无锡城镇居民人均教育文化娱乐方面的支出71元,占消费性支出的比重7.3%。2005年,人均消费1515元,增长20.3倍,占消费性支出的比重提高至14.1%;其中教育消费714元、文化娱乐用品消费484元、文化娱乐服务消费317元。

7.医疗保健

1986年,无锡城镇居民人均医疗保健消费4元。2005年人均消费938元,增长233.5倍。

8.耐用消费品

1986年后,随着城镇居民收入的增加、住房条件的改善,居民家庭耐用消费品的档次和拥有量有很大提高。洗衣机、电冰箱、彩色电视机等耐用消费品拥有量趋于饱和;空调、照相机、家用电脑、汽车等耐用消费品从无到有,普及度不断提升。尤其是电脑,2005年,拥有电脑的家庭占61.7%,其中66%的家庭使用互联网。

1986～2005年无锡市主要年份城镇居民人均生活消费结构对比表

表39-1　　单位:元、%

指标		1986年		1990年		1995年		2000年		2005年	
		总量	比重	总量	比重	总量	比重	总量	比重	总量	比重
生活消费支出		974	100.00	1454	100.00	4784	100.00	6975	100.00	10774	100.00
其中	食品	493	50.62	870	59.83	2508	52.43	2920	41.86	3977	36.91
	衣着	156	16.02	188	12.93	524	10.95	527	7.55	864	8.02
	居住	36	3.70	71	4.88	252	5.27	518	7.43	812	7.54
	家庭设备、用品及服务	144	14.78	134	9.22	518	10.83	693	9.94	660	6.13
	医疗保健	4	0.41	9	0.62	101	2.11	597	8.56	938	8.71
	交通和通信	25	2.56	24	1.65	304	6.35	431	6.18	1593	14.78
	文教娱乐用品及服务	71	7.29	97	6.67	379	7.92	956	13.71	1515	14.06
	其他商品和服务	45	4.62	61	4.20	198	4.14	333	4.77	415	3.85

1986～2005年无锡市主要年份每百户城镇居民家庭耐用消费品拥有量对比表

表39-2

品名	单位	1986年	1990年	1995年	2000年	2005年
电冰箱	台	13	60	88.50	95.00	100.30
彩色电视机	台	15	55	99.50	147.00	176.70
洗衣机	台	62	79	96.00	96.00	96.30
影碟机	台	—	—	—	36.50	56.70
家用电脑	台	—	—	—	19.00	61.70
微波炉	台	—	—	—	64.50	96.00
空调机	台	—	—	34.50	87.50	159.70
热水器	台	—	—	29.00	68.50	88.00
住宅电话	部	—	—	40.50	93.50	128.30
移动电话	部	—	—	—	31.50	143.70
照相机	架	13	16	39.50	51.00	59.00
钢琴	架	—	—	1.50	1.50	2.00
家用汽车	辆	—	—	—	—	6.70

三、居民家庭生活

2005年，无锡城镇居民户均就业人口负担人口数由2001年的2.08人减至1.47人，家庭总收入由2001年的9512.35元增至17512.18元，年末手存现金由1776.19元增至26603.85元。家庭总收入中，工薪收入中工资及补贴收入10781.22元、其他劳动收入96.78元，经营净收入718.89元，财产性收入181.21元，养老金或离退休金4348.35元，赡养收入184.03元，赠送收入532.24元，亲友搭伙收入11.54元，记账补贴收入105.03元，其他收入552.89元。是年，城镇居民家庭总支出14658.98元。其中，消费支出10773.65元、赡养支出1045.77元、赠送支出326.58元、其他支出2512.98元；家庭社会保障支出1294.46元，其中个人缴纳养老基金550.73元、个人缴纳住房公积金520.97元、个人缴纳医疗基金165元、个人缴纳失业基金57.76元；家庭储蓄借贷支出3660.15元，其中存入储蓄款2586.22元、归还借款1.27元、借出款193.16元、购买有价证券77.95元、其他801.55元。城镇居民家庭总支出占总收入的83.71%。

无锡市北塘区小梨花庄居民贺星允家庭收支情况记载：1989年，贺星允家庭全年收入4560.44元，支出1927.98元，支出占收入的42.28%；1999年全年收入37800.85元，支出17497.01元，支出占收入的46.29%；2005年全年收入约5万元，支出约2.5万元，支出占收入的50%。1989～2005年，贺星允家庭年收入由4560.44元提高至5万元左右，增长10倍左右。

2001～2005年无锡市城镇居民家庭基本情况表

表39-3

项目	单位	2001年	2002年	2003年	2004年	2005年
家庭户均人口	人	2.89	2.90	2.84	2.84	2.83
户均就业人数	人	1.39	1.40	1.31	1.36	1.36

续表

项目	单位	2001年	2002年	2003年	2004年	2005年
就业人口负担人数	人	2.08	1.48	1.62	1.54	1.47
人均居住使用面积	平方米	9.25	9.22	18.66	19.41	20.26
家庭总收入	元	9512.35	10839.67	12683.01	14886.40	17512.18
储蓄借贷收入	元	2323.26	1967.51	2265.42	3806.81	2585.87
家庭总支出	元	9027.53	9965.83	11211.86	14447.71	14658.98
社会保障支出	元	—	752.73	885.05	1067.64	1296.14
储蓄借贷支出	元	2747.38	1918.25	2592.80	3090.41	3660.15
年末手存现金	元	1776.19	16002.82	15653.31	31172.16	26603.85

2005年无锡市城镇居民家庭收入调查表

表39-4

指标	单位	全市调查户平均水平	按收入水平分组				
			最低收入户	低收入户	中等收入户	高收入户	最高收入户
调查户数	户	300.00	30.00	29.00	181.00	30.00	30.00
平均每户家庭人口	人	2.83	2.88	3.11	2.85	2.64	2.59
平均每户就业人口	人	1.36	0.99	1.52	1.35	1.33	1.65
平均每一就业人口负担人数(不含离、退休人口数)	人	1.47	2.29	1.63	1.41	1.37	1.26
平均每户就业面	%	48.06	34.38	48.87	47.31	50.38	63.71
平均每人建筑面积	平方米	27.10	21.16	21.58	25.50	37.95	39.34
平均每人使用面积	平方米	20.26	15.92	16.15	19.07	28.33	29.31
平均每人全年现金收入	元	20098.08	6846.93	9630.06	18267.25	32181.37	46791.84
1.家庭总收入	元	17512.21	6272.58	8942.44	15359.53	28896.80	42609.34
可支配收入	元	16005.19	5708.04	7974.40	14030.61	26474.37	39182.49
2.借贷收入	元	2585.87	574.35	687.62	2907.72	3284.57	4182.50
提取储蓄存款	元	2035.80	343.98	684.30	2044.70	3257.95	4182.50
在家庭总收入中							
1.工薪收入	元	10878.00	3232.22	6091.09	9123.28	20154.09	27110.76
工资及补贴收入	元	10781.22	3121.94	6059.06	9092.67	20145.24	26427.81
其他劳动收入	元	96.78	110.29	32.03	30.61	8.85	682.94
2.经营者净收入	元	718.89	113.72	265.16	471.96	450.38	3817.71
3.财产收入	元	181.21	6.13	–	133.19	287.27	795.21
4.转移性收入	元	5734.08	2920.50	2586.20	5631.10	8005.06	10885.66
离退休金	元	4348.35	2376.68	2163.80	4625.96	6863.37	4689.66

2005年无锡市城镇居民家庭支出调查表

表39-5

单位:户、元

指 标	全市调查户平均水平	按收入水平分组				
		最低收入户	低收入户	中等收入户	高收入户	最高收入户
调查户数	300	30	29	181	30	30
消费性支出合计	10773.65	5158.12	6480.03	9664.51	17191.86	22810.79
食品	3977.25	2743.04	3097.88	3935.30	4834.75	5774.05
粮食	243.04	242.78	235.63	255.74	214.78	196.65
油脂类	72.20	86.69	76.26	71.90	62.74	62.96
肉禽及制品类	694.56	633.97	697.01	710.62	716.54	630.40
蛋类	77.63	69.53	69.47	78.19	77.15	92.89
水产品	366.00	293.97	284.48	383.85	371.25	416.65
衣着	864.30	367.25	435.85	756.65	1802.37	1674.61
服装	644.46	273.78	316.45	560.06	1390.22	1239.11
衣着材料	9.74	2.78	4.63	8.52	21.33	19.70
家庭设备用品及服务	659.54	253.21	264.11	488.62	1228.18	2122.47
耐用消费品	319.43	109.36	117.02	218.82	456.39	1312.94
室内装饰品	18.44	—	0.60	3.65	93.33	81.58
床上用品	47.01	22.83	17.28	40.14	49.79	150.82
家庭日用杂品	205.40	111.30	111.16	178.60	378.80	420.68
医疗保健	938.16	185.28	218.07	887.82	1579.15	2291.69
医药费	446.85	102.02	104.66	465.47	600.20	947.52
补药品	232.45	45.24	53.94	202.15	543.06	532.99
交通和通信	1593.16	367.05	435.35	1177.49	3433.63	5179.32
交通	1082.55	133.10	149.51	673.21	2658.18	4327.50
通信	510.62	233.95	285.84	504.29	775.45	851.82
娱乐教育、文化服务	1515.36	544.10	1269.07	1382.32	2156.70	3095.69
文娱用耐用消费品	484.36	73.25	171.42	428.87	767.74	1382.58
教育	714.14	373.23	974.79	705.51	770.66	788.97
文化娱乐	316.86	107.62	122.85	247.94	618.30	924.14
居住	811.96	534.17	617.38	698.66	1205.62	1695.70
住房	220.81	74.98	147.45	165.17	428.31	625.17
水、电、燃料及其他	551.74	454.68	460.66	507.71	710.04	895.75
杂项商品和服务	413.91	154.01	142.33	337.64	951.45	977.27
个人消费	239.12	111.82	87.15	200.85	547.75	497.22

附:无锡市贺星允家庭若干年份收支情况及部分账目

贺星允,无锡市北塘区小梨花庄居民,20世纪50年代上海财经大学会计专业毕业,被评为"首批无锡市家庭(私人)档案十佳"。其家庭坚持记录历年收支情况,有账册20本。记录中,最小的一笔是1975年4月25日买葱1分钱,最大一笔是2000年赞助儿子买房4.5万元。

1978～2005年若干年份无锡市贺星允家庭收支情况对比表

表39-6

时 间	支出内容	全年收入、支出
1978年、1979年	红糖0.64元/斤	缺
	米0.14元/斤（用粮票购买）	
	水0.18元/吨	
	盐0.15元/斤	
	煤球0.023元/斤	
	菜油0.84元/斤（用油票购买）	
	布（论斤卖）0.30元/斤	
	草席0.5元/条	
	大前门香烟0.36元/包	
	和平电影院电影票0.35元/张	
	年历0.13元/本	
	中山装32.76元/件	
	女式尼龙套衫13.27元/件	
1989年前后	白糖1.25元/斤	1989年全年收入4560.44元，支出1927.98元
	米0.157元/斤	
	煤0.0264元/斤	
	油0.72元/斤（用油票购买）	
	涤卡单夹克8元/件	
	1987年收录机94.5元/台	
	不锈钢液化气灶62.8元/个	
	万宝路香烟8元/包	
	牛皮女鞋10.31元/双	
	单位购买国库券1000元	
	丝素膏20元/瓶	
2000年	油4.12元/斤	1999年全年收入37800.85元，支出17497.01元
	盐0.9元/袋	
	糖2.1元/斤	
	米1.2元/斤	
	布1.2元/尺	
2005年	油5.9元/斤	2005年全年收入约5万元，支出约2.5万元
	盐1.4元/袋	
	糖2.5元/斤	
	米1.7元/斤	

1989～2003年若干年份无锡市贺星允家庭部分账目摘录

表39-7

单位:元

1989年11、12月部分支出	1993年6月部分支出	1998年8月部分支出	2003年9月部分支出
送某亲戚白份20.01	送某人丧礼白份50.01	贺理发5.00	排骨18.00
贺零用20.00	百叶0.60	瓜子6.00	鱼圆10.00
星期天购肉做馄饨8.00	青椒0.3	油15斤81.70	细菜1.00
黄果树香烟3包9.00	磁带2盒13.00	送被单1条20.00	豆腐干1.00
早点0.15	交半年房租15.2平方米91.20	送被面1条25.00	电费438.60
公共汽车0.20	购馄饨5盒10.00	送被面2条50.00	阿虎看病20.80
香烟13.00	面0.32	肉27.00	送胡家姐夫70岁蛋糕50.00
购毛线89.00	啤酒20.00	排骨7.00	杂志9.10
油2斤1.58	购国库券1000.00	蟹30.00	虾20.00
炒米粉0.80	点心5.00	蟹40.00(第二顿吃)	肉8.70
面2.60	肉10.00	蔬菜2.00	大饼0.80
理发3.00	虾10.00	豆芽0.70	毛豆1.00
请客面2碗3.00	冬瓜1.00	毛豆3.00	百叶1.00
油馓子1.38	虾7.00	茭白1.00	鸡蛋5.00
荠菜0.70	给猫吃的鱼3.00	月饼60.00	排骨5.00
购羽绒背心4件80.00	西瓜5.00	购毛线74.00	萝卜2.00
茶叶18.00	香烟5.00	搬场送礼250.00	糖藕4.00
大衣加工费15.00	真丝双绉88.12	送羊毛衫58.00	白菜2.30
—	给老伴南祥10.00	肉松20.00	虾25.00
—	饼10只3.50	馒头18.00	黄鳝29.00
—	肉22.00	—	百叶、豆腐2.00
—	冬瓜1.00	—	豆苗2.00
—	虾7.00	—	大饼1.00
—	鱼6.00	—	杂志14.00
—	真丝双绉84.70(第二次买)	—	贺理发7.00

第二节　农村居民生活

一、收入

1986～1990年,全市农民人均年纯收入分别为807元、925元、1255元、1415元和1496元。5年人均总收入5898元,人均年纯收入1179.6元。1991～1995年,农民人均年纯收入分别为1507元、1904元、2419元、3127元和3976元。5年人均总收入12933元,人均年纯收入2586.6元,比上5年翻一番多。

1994～1996年,市政府先后出台一系列农村改革政策,给农村经济发展注入新活力。随着农业机械化程度的提高,为农村剩余劳动力的转移提供契机,大量的剩余劳动力向二、三产业转移。乡镇企业出现新的转机，得到迅猛发展。农村经济全面发展，带动农民收入快速增长。1996年，全市农民人均纯收入4510元，较1993年增长86.44%，年均增长23.1%。

1997～2000年，由于农产品价格调整空间逐步缩小和乡镇企业效益下滑，农民收入增长徘徊不前，4年的增长率分别为7.5%、3.5%、2.2%和2.54%，是改革开放以后增长速度最低的4年。农民不论家庭经营收入还是工资性收入都受到很大影响。2000年，全市农民人均纯收入5256元，比1996年增长16.54%，年均增长仅为3.9%。

图39-2　斗山村陆家水渠村　（刘芳辉摄）

2001年以后，无锡市加快农村产业结构调整，深化农村各项改革，完善农村保障制度，加大城乡统筹力度，落实各项支农、惠农政策，推进富民工程，加强就业富民、创业富民、种养富民、完善保障体系等农民增收长效机制建设，促进农民收入持续、快速、稳定增长。2001～2005年，全市农民人均纯收入分别为5524元、5860元、6329元、7115元和8004元。5年人均总收入32832元，人均年纯收入6566.4元，比上5年增长32.61%，是1986～1990年人均年纯收入的5.57倍。

1986～2005年，无锡农民人均年纯收入从807元增至8004元，增长8.92倍。2005年与1995相比，人均年纯收入6000元以下的所占比例大幅下降，6000元以上的占比大幅上升。其中，人均纯收入6001～7000元的由1995年的4.65%增至2005年的13%，7000元以上的由10%增至52.75%。2005年，农民人均年纯收入2000元以下所占比例宜兴市高于市区，市区与江阴市持平；1万元以上所占比例市区高于江阴市，江阴市高于宜兴市。是年，江阴市农民人均年纯收入8539元，居全省第一。

1995～2005年无锡市农民人均纯收入分组比例表

表39-8　单位：%

年份	2000元以下	2001～3000元	3001～4000元	4001～5000元	5001～6000元	6001～7000元	7000元以上
1995	8.33	19.67	26.67	12.34	18.34	4.65	10.00
1996	5.33	15.67	19.67	24.00	13.33	6.33	15.67
1997	6.00	14.67	20.67	16.33	15.00	10.00	17.33
1998	5.00	18.00	16.33	16.67	12.00	11.67	20.33
1999	6.67	15.00	16.33	17.67	14.00	9.00	21.33
2000	6.33	12.00	14.67	20.33	13.00	10.33	23.33
2001	7.56	12.44	13.41	15.12	14.39	7.80	29.27
2002	6.50	10.50	15.25	14.50	11.50	9.75	32.00
2003	5.50	7.00	13.00	13.50	14.50	11.50	35.00
2004	5.50	6.50	11.00	10.25	11.00	11.75	44.00
2005	1.25	4.75	6.50	7.25	14.50	13.00	52.75

2005年无锡市农民人均纯收入地区分组比重表

表39-9　　单位：元、%

收入分组	各地纯收入组占比				收入分组	各地纯收入组占比			
	全市	市区	江阴	宜兴		全市	市区	江阴	宜兴
2000以下	1.25	1.00	1.00	2.00	6001～7000	13.00	11.50	17.00	12.00
2001～3000	4.75	5.00	4.00	5.00	7001～8000	8.25	10.00	6.00	7.00
3001～4000	6.50	5.00	6.00	10.00	8001～9000	10.25	10.00	10.00	11.00
4001～5000	7.25	6.50	6.00	10.00	9001～10000	8.00	8.00	7.00	9.00
5001～6000	14.50	14.00	15.00	15.00	10000以上	26.25	29.00	28.00	19.00

二、收入结构

1986～2005年，随着全市经济结构的不断转变和产业结构的不断调整，农民收入结构不断优化，由主要是工资性收入和农业收入构成，逐步转变为以工资性收入为主要来源、家庭经营收入为重要来源、财产性收入和转移性收入为重要组成部分的结构，农民收入的增长逐步走向多元化的增长方式。

1.工资性收入

80年代，无锡乡镇企业的蓬勃发展和90年代以后外资企业的迅速增加，以及21世纪初民营企业的快速崛起，为农村剩余劳动力提供大量的就业机会。越来越多的农民开始涌向二、三产业，农民工资性收入占总收入比重逐年提高，成为农民收入的主要来源和农民增收最直接、最重要的推动力。1986年，全市农村居民人均工资性收入371.8元，占农民纯收入的46.1%。2005年，工资性收入5946元，占农民纯收入的74.3%，比1986年增加28.2个百分点。

2.经营性收入

1986年，无锡农村居民收入中家庭经营收入379.9元，占农民纯收入的47.1%，而且主要为传统农业收入，二、三产业家庭经营收入所占比重很小。随着农民工资性收入的不断增长，家庭经营收入的比重逐年下降。2005年，农民家庭经营收入2496元，占纯收入的31.18%，比1986年下降15.92个百分点。但家庭经营收入仍是收入的第二大来源。其间，家庭经营收入由依靠传统农业向依靠现代农业转变，走精品农业、规模农业的发展道路，通过经营模式的改变促进家庭经营收入的增长，并由单靠农业经营向一、二、三产业共同经营转变，农民家庭经营收入由1986年的一产收入占84.3%，二、三产业收入占15.7%，转变为2005年的一产收入占49.7%，二、三产收入占50.3%。

3.财产性收入

1986年前，无锡农村居民几乎没有财产性收入。1986年后，农民家庭逐年殷实，财产增值能力不断增强。2005年，全市农民人均财产性收入230元，占农民人均纯收入的2.9%。农民财产性收入主要有房屋租金收入、土地征用补偿性收入和投资收入等。

4.转移性收入

1986年后，无锡各地农村逐步建立社会养老保险、医疗保险、失业保险、被征地农民基本生活保障、最低生活保障为主的“五道社会保障线”制度，为农民转移性收入开辟保障渠道。2005年，全市农民人均转移性收入457元。

1995～2005年无锡市农民家庭人均年收入构成情况表

表39-10

单位：元

年份	总收入	其 中				纯收入
		工资性收入	经营性收入	财产性收入	转移性收入	
1995	4720	2547	1974	98	101	3976
1996	5260	3141	1842	130	147	4510
1997	5462	3350	1751	151	210	4849
1998	5519	3568	1507	165	279	5018
1999	5612	3498	1574	193	347	5126
2000	5977	3788	1682	151	356	5256
2001	6426	4048	1923	101	354	5524
2002	6792	4334	2034	96	328	5860
2003	7223	4687	2013	206	317	6329
2004	7967	5241	2161	173	392	7115
2005	9129	5946	2496	230	457	8004

说明：经营性收入主要来自农林牧渔业收入。

2000～2005年无锡市农民家庭人口情况及收入、住房状况调查表

表39-11

项 目		单位	2000年	2001年	2002年	2003年	2004年	2005年
调查户数		户	300	410	400	400	400	400
调查人口	常住人口	人	1057	1483	1441	1428	1419	1371
	每户常住人口	人	3.5	3.6	3.6	3.6	3.5	3.4
	每户半整劳力	个	2.6	2.5	2.4	2.4	2.4	2.4
	每劳力负担人口	人	1.4	1.4	1.5	1.5	1.5	1.4
收入	总收入	元	5977	6426	6792	7223	7967	9129
	纯收入	元	5256	5524	5860	6329	7115	8004
	现金收入	元	5496	5934	6448	6998	7616	8577
住房状况	户均使用房价值	元	34155	56992	56296	59029	65467	90577
	人均住房面积	平方米	49.9	50.6	51.4	52.2	53.7	55.5
	人均新建房面积	平方米	0.5	1.0	1.0	0.4	0.7	1.2
	新建房单价	元/每平方米	237	216	208	229	330	1115

三、消费

1986～2005年，无锡市农民的生存环境和生活质量不断改善，农民生活消费支出由784.6元提高至5830元，增长6.43倍，年均增长11.1%。消费结构逐渐由生存型向享受发展型转变。衡量居民生活水平的恩格尔系数逐年降低，2005年为37.7%，较1986年降低7个百分点。按照联合国粮农组织的评判标准，全市农民的恩格尔系数已进入富裕区间。

1.消费水平

1986年，人均生活消费现金支出620.5元，现金消费比重63.5%。2005年，人均生活消费现金支出5452元，现金消费比重93.5%。随着现金消费支出占生活消费支出比重的提高，农村自给自足的传统消费习惯逐渐改变。

2005年，全市农村居民人均生活消费支出5830元，比1986年增长6.43倍，与居民生活息息相关的吃、穿、住、用等方面消费额均有较大幅度的增长。其中食品、衣着和居住人均支出分别为2198元、418元和885元，分别比1986年增长5.3倍、6.3倍和2.8倍；文化教育娱乐及服务、医疗保健、交通通信支出分别为875元、410元、586元，分别比1986年增长30倍、25倍、37.8倍；家庭设备用品及服务支出302元，其他商品和服务支出156元，分别比1986年增长3.3倍和10.6倍。

2005年，全市农村居民服务性消费支出2001元，比1986年的23.4元增加1977.6元，增长84.5倍；服务性消费占生活消费的比重也由1986年的不到3%提高至34.3%，提高31个百分点多。以在外饮食、交通、通信、教育、旅游和医疗保健为代表的服务性消费迅速上升，随着服务性消费迅速增长，农村居民消费观念发生很大转变。

2.消费结构

1986年后，无锡市农村居民生活消费结构逐渐由生存型向享受型转变，生活消费空间不再局限于传统意义上的吃、穿、住、用等基本消费，生活方式逐步城市化，消费结构出现由量变到质变的跨越。用于食品、衣着、住房的消费比重渐渐下降，交通、通信、文教娱乐及服务、医疗保健等享受型消费支出逐年增加，消费需求结构渐趋合理。2005年，全市农村居民生活消费中用于吃、穿和居住等方面的支出占生活消费总支出的60.1%，与1986年相比，下降26.44%。

饮食　1986～2005年，全市农村居民的粮食等植物性食物消费量逐年下降，动物性食物消费量逐年增加，食物消费结构由主食型向副食型转变。2005年，农民家庭人均粮食消费156.0公斤，比1986年减少134.6公斤，下降46.3%；肉类、水产等主要副食类消费量分别是1986年的2.1倍和2.0倍。

居住　1986年，无锡农村居民人均生活用房25.8平方米。随后，农村居民住房钢筋混凝土和砖木结构的面积不断增加，配套设施不断完善，住房装潢日益考究。2005年，全市农村居民人均生活用房55.5平方米，大多农户使用水冲式厕所，1/3以上家庭使用液化气，富裕居民家庭装修标准已赶上甚至超过城市居民。

通信　1986年，农村家庭很少有固定电话，几乎没有移动电话。至2005年末，全市每百户农村居民拥有固定电话99部、移动电话162部。

耐用消费品　1986年后，吸排油烟机、冷暖空调、热水器、移动电话、摩托车、汽车、家用电脑等大批现代耐用消费品先后进入农家，部分耐用消费品普及率迅速提高，给农村居民家庭带来浓厚的现代化生活气息。至2005年末，全市平均每百户农民家庭拥有彩电152台、洗衣机99台、摩托车109辆、电冰箱81台、冷暖空调机109台、移动电话162部、吸排油烟机54台、热水器65台、家用汽车4辆、家用电脑19台。

1986～2005年无锡市主要年份农民人均生活消费结构对比表

表39-12　　单位：元

指标		1986年	1990年	1995年	2000年	2005年
生活消费支出		784.60	1182.60	2990.60	3880.70	5830.00
其中	食品	350.40	590.50	1349.80	1616.20	2198.00
	衣着	57.70	87.70	249.50	262.40	418.00
	居住	233.20	271.60	460.80	635.30	885.00

续表

指 标		1986年	1990年	1995年	2000年	2005年
其中	家庭设备用品及服务	70.90	126.40	371.00	273.00	302.00
	医疗保健	15.70	15.30	103.10	202.00	410.00
	交通和通信	15.10	29.60	141.50	361.00	586.00
	文教娱乐用品及服务	28.20	60.40	246.50	368.60	875.00
	其他商品和服务	13.40	0.60	68.30	162.20	156.00

1986～2005年无锡市主要年份每百户农民家庭耐用消费品拥有量对比表

表39-13

名称	单位	1986年	1990年	1995年	2000年	2005年
洗衣机	台	15.60	56.90	85	90	99
电冰箱	台	0.90	10.90	38	53	81
空调机	台	—	—	—	40	109
吸排油烟机	台	—	—	—	24	54
微波炉	台	—	—	—	14	55
热水器	台	—	—	—	39	65
摩托车	辆	2.50	9.40	26	77	109
住宅电话	部	—	—	—	80	99
移动电话	部	—	—	—	30	162
彩色电视机	台	5.90	22.80	58	108	152
照相机	架	0.30	5.60	11	13	14
家用电脑	台	—	—	—	2	19
家用汽车	辆	—	—	—	1	4

1986～2005年无锡市人民生活概况表

表39-14　　单位：元、%

年份	城镇居民人均可支配收入	农民人均纯收入	居民人均存款额	商品零售物价指数	居民消费价格指数
1986	1088	807	435	105.90	105.80
1987	1289	925	624	112.70	112.00
1988	1454	1255	613	127.10	126.10
1989	1625	1415	929	115.80	116.10
1990	1833	1496	1337	103.80	104.50
1991	2007	1507	1737	109.20	109.40
1992	2391	1904	2093	107.60	109.10
1993	3325	2419	2437	119.30	120.30
1994	5054	3127	3287	121.40	124.90
1995	5763	3976	4708	112.50	115.70

续表

年份	城镇居民人均可支配收入	农民人均纯收入	居民人均存款额	商品零售物价指数	居民消费价格指数
1996	6500	4510	6792	107.80	111.80
1997	6935	4849	8790	99.90	103.10
1998	7178	5018	10816	99.00	100.90
1999	7920	5126	12264	96.40	99.90
2000	8603	5256	12763	100.00	98.60
2001	9454	5524	14785	99.00	100.20
2002	9988	5860	18529	99.30	99.20
2003	11647	6329	22546	100.90	101.00
2004	13588	7115	25943	103.40	104.00
2005	16005	8004	31140	101.60	102.00

第二章　婚姻家庭

第一节　婚姻状况

1986～2005年，无锡社会稳定，人民生活改善，丧偶、离婚、独居人口所占比例很小。但随着市场经济的发展及人们对婚姻家庭观念的转变，离婚比例呈逐年上升趋势。2005年，全市抽样调查15岁及以上人口117838人。其中：未婚17653人，占14.98%；有配偶92858人，占78.8%；丧偶5830人，占4.95%；离婚1497人，占1.27%。未婚人口中，男性9899人、女性7754人，性别比为127.7。各年龄组未婚人口性别比例：15～19岁98.6，20～24岁131.0，25～29岁243.2，30～40岁400.0。其中以25～29岁组与30～40岁的男女差异最大。在丧偶人口中，女性4428人，占76%。丧偶人口分年龄组的性别比为30～39岁18.2（女性的配偶死亡100人，男性的配偶死亡18.2人，下同），40～49岁36.7，50岁及以上31.8。

2000年、2005年无锡市居民婚姻状况表

表39－15　　　　单位：人、%

婚姻状况	2000年第五次人口普查	占比	2005年人口抽样调查	占比
未婚	61150	14.93	17653	14.98
初婚有配偶	312691	76.35	90149	76.50
再婚有配偶	9081	2.22	2709	2.30
离婚	4188	1.02	1497	1.27
丧偶	22422	5.48	5830	4.95
合计	409532	100.00	117838	100.00

第二节　家庭结构

1986～2005年，无锡市人口增长较快，家庭规模缩小。家庭人口结构由一对夫妻和已婚子女共同生活，向一对夫妻和未婚子女一同生活家庭转化，即家庭人口规模趋向小型化。1990年，全市总户数134.26万户，户均3.11人。2000年，全市总户数150.06万户，户均2.9人。2005年全市人口抽样调查45464户，其中家庭户43772户，家庭户均2.94人。

2005年人口抽样调查，全市各类家庭占家庭总户数的百分比为：1人户11.6%，2人户28.8%，3人户32.9%，4人户12.3%，5人户11.2%，6人户2.4%，7人户及以上0.8%。其中2人户、3人户最多，传统的5人以上大户大为减少。

1986～2005年无锡市户籍户均人口数统计表

表39-16　　单位：万人、万户、人

年份	总人口	总户数	户均人数	年份	总人口	总户数	户均人数
1986	395.46	115.67	3.42	1996	430.82	145.10	2.97
1987	400.86	119.35	3.36	1997	432.29	147.70	2.93
1988	406.80	126.42	3.22	1998	432.21	147.71	2.93
1989	412.42	131.01	3.15	1999	433.40	148.55	2.92
1990	417.71	134.26	3.11	2000	434.61	150.06	2.90
1991	421.22	136.15	3.09	2001	435.90	150.95	2.89
1992	423.90	139.04	3.05	2002	438.58	152.94	2.87
1993	426.53	139.68	3.05	2003	442.54	151.00	2.93
1994	428.32	140.51	3.05	2004	447.19	150.67	2.97
1995	429.19	142.91	3.00	2005	452.84	151.21	2.99

第三章　宗　教

第一节　佛　教

1979年10月，广福寺、开原寺首期修复后对外开放，市佛教协会恢复工作。1986年10月，在开原寺召开无锡市第四届佛教代表会议，选举隆贤为会长，陈文银（无相）、颜冬宝、顾巨开为副会长，陈文银兼秘书长，常务理事13人，在勤学路46号办公。12月，筹建无锡县佛教协会。1990年，江阴市成立佛教协会。1991年初，无锡市佛教居士林成立，陈文银任林长。1993年，宜兴市佛教协会成立。2001年，市区行政区划调整后，锡山、惠山、滨湖等3个区先后组建区佛教协会。2001年12月，无锡市佛教协会第六届代表会议在马山祥符禅寺召开，选举隆贤为名誉会长，无相（陈文银）任会长。至

2005年，全市有佛教职业人员约200人，信徒20余万人。是年，无锡市和西安、舟山、三亚一起被确定为“世界佛教论坛”四大会址。

一、活动

1.节日活动

佛教节日较多，有农历正月初一弥勒佛诞日，二月初八释迦牟尼佛出家日等。逢诸佛菩萨诞日和农历每月初一、十五日，佛教信众到寺院举行祝圣仪式和焚香礼拜，人数聚集较多，尤其是四月初八佛诞节（也称浴佛节）、七月十五盂兰盆会、十二月初八“腊八节”参加活动的佛教徒更多。

2.法会活动

法会又称法事、佛事、斋会、法要。念佛七是修净土宗的佛教四众弟子举行的一种修持形式，以7天或49天为期。无锡净土宗信众很多，因此念佛七成为群众性活动，直至“文化大革命”才停止。1980年后，无锡恢复中断数十年的讲经法会活动。广福寺、开原寺等相继恢复念佛七。寺院或居士林请学有专长、有修有证的法师大德讲解经典或解说义理，称为“讲经法会”，也称“讲经”，是信教群众接受佛学道理的一种形式。其中讲经次数最多、持续时间最长的，当属开原寺。陆法会是中国佛教经忏法事中最隆重的活动，一般60多名僧人参加，依照《水陆仪规》念诵7天圆满。解放后，基本无寺院做“水陆道场”。90年代，随着中共宗教政策进一步落实，祥符禅寺、南禅寺等一些寺院开始举行“水陆法会”。

1991～2005年，无锡开原寺、祥符禅寺、南禅寺先后举行4名方丈的升座仪式。善男信女发心信仰佛教，必须举行入教仪式。这种仪式，一般在举办法会期间或佛菩萨圣诞日进行居多，少则几十人，多则数百人集体举行，也有个别举行的，但为数不多。

3.公益慈善

无锡佛教界素有关怀现实人生，热心公益慈善的优良传统。1995年，市佛教协会向市社会福利院捐款1万元。1997年，市佛教界向市慈善基金会捐款1万元。1998年夏，全市佛教界募集善款70余万元用于赈灾。1999年无锡抗洪抢险期间，祥符禅寺捐赠抢险物资并向马山区抗洪抢险指挥部捐款10万元。此外向市慈善会、希望工程及马山再就业基金等共捐款350多万元。2003年春，募捐15万元支持抗击“非典”活动；全年用于助学、助残、赈灾等各项公益慈善款380多万元。2004年，捐助公益慈善款332万余元。2005年，为印度洋海啸赈灾募集救灾善款52.89万元，全年公益慈善款776万余元。至2005年末，无锡佛教界累计捐助善款约2600万元。祥符禅寺在10年间先后在新疆、青海、西藏援建希望小学4所，捐助公益善款约1700万元。2005年11月，祥符禅寺获民政部颁发的中华慈善奖，成为受表彰的116家单位和个人中唯一的宗教界单位。

二、寺院

1979年10月市佛教协会恢复活动后，筹集资金修复“文化大革命”期间被破坏的寺院，广福寺和开原寺首批对外开放。1992年，全市有佛教活动点9处，1995年增至37处，1998年又新增30处，2002年达125处，2005年达143处（其中市区65处）。

1.祥符禅寺

省重点寺庙，位于滨湖区马山镇。相传唐玄奘法师取经归来造访故人杭公，临寺登山所见犹若西天灵鹫峰，因以名小灵山，并嘱弟子窥基住持开演唯识宗旨。宋大中祥符年间（1008～1016年）诏改祥符禅院，宣和四年（1122年）徽宗赐今额。50年代初禅寺凋敝荒废。1992年，省、市政府批准重建，1994年10月20日，举行大雄宝殿和灵山大佛奠基典礼。1995年10月，祥符禅寺举行大雄宝殿落成、茗山法师方丈升座、佛像开光典礼。1997年11月15日，灵山大佛建成开光，吸引10万中外贵宾和佛教徒观光、朝拜。2003年，新增“九龙灌浴太子像”等景点，并于9月26日举行盛大的太子像开光法会。2005年,成功申报为“世界佛教论坛”举办地。

2.开原寺

省重点寺庙,位于无锡西郊梅园内,介于浒山和横山之间。原址在梅园前小桥头旁,清咸丰年间被毁。民国19年(1930年),量如和尚募化易地重建,由荣德生赞助庙基20亩并建造讲堂。民国22年寺庙建成,寺名取其所在地乡名,名开原寺。1983年恢复开放,美国纽约诸山长老合送“慧海弘深”匾额一块,为马来西亚伯圆法师所书。1986年1月1日,开原寺第一期工程修建结束,对外免费开放1天。1989年9月11日,美国纽约光明寺住持、纽约佛学研究会会长寿冶法师募赠的一尊玉佛运抵开原寺,玉佛长3.64米、重6吨,为大型缅甸玉质卧佛。11月,香港无锡同乡会会长李仲英夫妇、副理事长邹善德夫妇各捐资40万元在开原寺建造建筑面积824平方米的玉佛楼,另捐资14万元修建位于玉佛楼东侧的放生池。次年末,玉佛楼、放生池基本竣工。1991年10月16日(农历九月初九),开原寺举行佛像开光、方丈升座、玉佛楼落成典礼。典礼活动分典礼仪式和宗教活动两部分。香港无锡同乡会李仲英、邹善德为玉佛楼揭幕,副市长华焕林、市政协副主席雷焕文、省宗教事务局副局长何泽君、省佛教协会副会长雪烦法师和李仲英、邹善德为玉佛楼落成剪彩;宗教活动由佛教界知名人士寿冶、真禅、果一、月西、茗山、明学、隆贤等主持。典礼活动是无锡地区解放以后第一次佛教界的盛会,参加的海内外各界人士达2300余人。日本友人捐助建造的钟楼,取名“平丰”,寓意祈祷世界和平,人民生活富裕;青铜梵钟,音质纯和洪亮,每撞两下,余音可延续百秒,钟声传数里之外。每逢年节岁尾,到此听钟度岁、礼佛祈福的国际友人络绎不绝。寺内珍藏有荣智健赠送的清乾隆版《大藏经》1部,美国寿冶法师手书精装的《华严经三品》两部。玉佛楼东侧放生池畔“楠木厅”(念佛堂)系清代名臣嵇璜故居移建而来。

图39-3　2003年9月26日,灵山太子像开光法会
(市史志办供稿)

图39-4　开原寺　(市市政园林局供稿)

3.广福寺

省重点寺庙,位于鼋头渚充山之上。原址在鼋头渚犊山村,名广福庵。民国13年(1924年)由量如和尚募化、地方人士杨翰西捐赠10亩山地作寺址建造。抗战后逐渐衰微,香火几绝。1980年春,全面整修寺庙殿堂,雕塑佛像,先后翻建华严精舍、三圣阁等。从北京法源寺请来清代初年的十八罗汉、韦驮、伽蓝等。一尊汉白玉释迦佛供于退庐,赵朴初居士手书“大圆满觉”匾额悬挂于大殿前

上方。寺内保存有国学大师唐文治书《蔡缄三传略》碑刻，80余件（幅）文物书画陈列在钵缘堂。自此，广福寺与鼋头渚景区融为一体，信徒游客络绎不绝。

4.南禅寺

位于城南朝阳广场。始建于南朝梁武帝太清年间（547～548年），初名护国寺。唐咸亨年间（670～674年）改名灵山寺，后毁。北宋天圣年间（1023～1031年）重修，赐名福圣禅院，俗称南禅寺。寺院内妙光塔始建于北宋雍熙年间（984～987年），屡有损毁，明正统十四年（1449年）重建，民国15年（1926年），著名实业家荣宗敬、荣德生和唐申伯捐资修缮。1992年8月，市政府批准南禅寺修复后开放。此后天王殿、大雄宝殿、藏经楼、东西配殿等建筑得到修复和重建，占地8500平方米。2003年10月8日，举行佛像开光暨能开法师方丈升座活动。至2005年，南禅寺已初具规模。

图39-5　广福寺　（市市政园林局供稿）

图39-6　南禅寺　（吴朱娟摄）

5.惠山寺

位于锡惠公园内，前身是南朝刘宋司徒右长史湛挺的别墅，名历山草堂。刘宋景平元年（423年）改为寺庙，取名华山精舍。梁大同三年（537年）改建为法云禅院，唐会昌年间毁。唐大中元年（847年）重建，始称惠山寺。以后，又曾更名为普利院、旌忠荐福禅院。清咸丰年间毁于战火。李鸿章割寺建祠，以祭祀湘淮阵亡将士，将惠山大殿改成昭忠祠。辛亥革命后，昭忠祠又改名忠烈祠。新中国成立后，一度曾为博物馆所用。由于历史原因，惠山寺的佛教活动偏于一隅，仅限于“不二法门”内。1958年，“不二法门”作为全市被保留的7处场所之一，继续开展宗教活动。“文化大革命”中遭受严重破坏。寺内唐、宋石经幢，金莲桥，香花桥等属江苏省级文保单位。2002年7月，启动修复工程，2004年全面开放。重建后的惠山寺占地1万余平方米，建筑面积2500余平方米。寺枕山而筑，渐进渐高。主体建筑金刚殿、天王殿、大雄宝殿依中轴线作纵深布局，向北转至“不二法门”，形成明朗的视通空间。自内而外，殿宇重叠，院落错落，山林与古刹浑然一体，成为无锡著名景观。

图39-7　重建后的惠山寺　（市园管中心供稿）

6.青山寺

位于惠山头茅峰南面山上，前有璨山（产山），右为嶂山，素有“群山抱一寺，一寺镇群山”之称。寺院始建于明代，“文化大革命”期间佛像等全部被毁，仅剩20余间破屋。80年代落实宗教政策，青山寺30平方米的香火堂恢复。1996年，青山寺扩建为尼庵，寺内有大殿、天王殿、观音殿、地藏殿，建筑面积3000多平方米。

图39-8　青山寺　（市市政园林局供稿）

7.佛教居士林活动点

佛教居士林坐落于市中心勤学路46号，前身系民国8年（1919年）成立的无锡佛学研究会。民国14年，陶颂铭捐出学佛路（勤学路46号）作为永久会址，附设无锡县莲社联合会，并与丁福保等学会同人捐资建楼房10间（3幢），将研究会改名为无锡县佛学会。民国24年2月，杨筱荔等人发起成立无锡县佛学会佛教净业社。佛学会、净业社在佛学研究、公益慈善、兴教办学、施诊给药等方面做了大量有益的工作。1958年，全市实行寺庙教堂合并，佛学会作为居士团体保留，照常举行宗教活动，直至1966年，一切宗教活动停止。1991年，经市民政局批准，原佛学会、佛教净业社合并，改称无锡佛教居士林（非法人社团），继续开展社团活动。1995年10月，经市民族宗教事务局登记为佛教活动场所。2001年4月，注销社团登记，作为宗教活动场所开展宗教活动。2005年有念佛堂、图书室、佛经流通处等，每周开展佛学讲座和修持活动。

2005年无锡市市区佛教活动点一览表

表39-17

地区	场所名称	地址	地区	场所名称	地址
市　属	开原寺	梅园公园内	滨湖区	太平庵	河埒镇大丁村423号
	广福寺	鼋头渚公园内		青山寺	青山公园内
	祥符禅寺	马山镇群丰村灵山路		华藏寺	杨湾
	成性寺	大浮峄嶂山		伽蓝寺	东大桥村
	南禅寺	南门向阳路32号		裕庆禅院	华庄镇震湖村
	惠山寺	锡惠公园内		长泰寺	南泉南山村
	活动点	勤学路46号		显云寺	雪浪庙桥村
南长区	永兴寺	中桥中南路徐来桥	锡山区	鸿山寺	鸿山镇铁山村
崇安区	永宁寺	广益街道丁村262号		徐府庄	后宅大新村
新　区	静慧寺	华庄镇静慧村		七云禅寺	查桥吼山
	南山寺	坊前镇五香村		胶山寺	安镇镇胶峰村
	朝阳寺	坊前镇春暖村		福寿寺	安镇镇胶西村
	袁村庙	坊前镇春明村		天坛寺	羊尖镇市村
	泰伯庙	梅村镇河东湾		云庆寺	羊尖镇宛山村
	太平庵	梅村镇茅塘桥		嵩山寺	厚桥镇嵩山村
	唐庄	硕放镇唐庄桥47号		植福庵	荡口镇联合村

续表

地区	场所名称	地址	地区	场所名称	地址
锡山区	圆通禅寺	荡口镇鹅湖东路	惠山区	凤皋寺	玉祁镇文昌公园内
	甘露寺	鹅湖镇月溪路1号		太平庵	玉祁镇五牧村金岗巷
	双刹贤寺	东北塘镇芙蓉山		广福庵	玉祁镇蓉湖村祠堂村7号
	斗山禅寺	八士斗山村		千手殿	洛社镇小陶巷
	正法禅寺	锡北镇陈家桥		双庙	洛社镇南双庙老街
	胶西禅院	锡北镇旗杆下村		赤湖庙	洛社镇万新村陈巷
	石村庙	锡北镇石村村		雨宝禅院	石塘湾张皋村西村头28号
	福慧禅寺	东湖塘东青河村		慈云禅寺	钱桥镇南西漳村
	慈云禅寺	东湖塘杨树下		梵寿寺	阳山镇唐家坝村
	同福寺	东湖塘东升村		朝阳禅寺	阳山镇大路头村上沿92号
	金龙禅寺	东港镇张缪舍村		清水洞	阳山镇丁庄村35号
	香山禅寺	东港镇市镇		永宁庵	阳山镇尹城村12号
惠山区	塘头寺	堰桥西漳镇塘头村		青龙庵	阳山镇住基村
	诵经堂	堰桥镇吴文化公园内		常寿寺	钱桥镇庙塘桥村
	莲蓉庵	前洲镇北七房村毛巷		青墩庙	石塘湾杨西园村
	长庆庵	前洲镇蒋巷村周村		茅庵	阳山镇保健村
	广惠禅寺	前洲镇西塘村		—	—

第二节　道　教

1997年1月27日，无锡市道教协会筹备委员会召开会议，38名代表选举师敏绪为筹备委员会主任，会议通过《无锡市道教协会筹备委员会章程（试行）》《无锡市道教界爱国爱教公约》，研究加强道教法事活动管理等，中断31年的无锡道教组织得以恢复，协会在西水仙庙办公。

1998年8月28日，市道教协会筹委会给无锡地区首批78名正一派散居道士颁发中国道教协会统一制作的道士证。1999年1月，36名中青年道友通过审核，获发道士证。12月24日，市道教协会暨第一次代表会议在银苑宾馆召开，选举李纯明为市道教协会会长，讨论通过《无锡市道教协会章程》《无锡市道教界爱国爱教公约》《无锡市道教协会关于散居道士管理暂行办法》。

2001年，市道教协会因西水仙庙拆迁改造暂迁市城中公园（原群众艺术馆）办公。2002年3月14日，市政府批准将修复后的南水仙庙定名为水仙道院，对外开放，并作为市道教协会办公所在地。2003年4月18日，市道教协会第一分会（锡山区）成立，6月18日第二分会（惠山区）成立，7月26日第三分会（滨湖区）成立。当年经省道教协会考核，发放道士证285份。2004年，经市道教协会考核，发放道士证145份。至2005年末，全市共有道教协会会员468人。市道教协会成立以后，着手抢救和恢复无锡道教音乐，在培养新手、交流道教音乐、整理传统曲目等方面做了大量工作。2005年11月，市道协在梁溪饭店汇演道教音乐，启动无锡道教音乐申报非物质文化遗产工作。

一、活动

1.法事活动

明清以后，无锡道教的法事活动大都与民风、民俗有关，一类为信众做斋醮，追思超度，镇宅驱邪；一类为道教节日、民俗节日、各大庙会，举行祈福道场，祈祷国泰民安。80年代后，道教活动逐步恢复，市道教协会制定《道教法事活动基本仪规》，对镇宅、谢土（奠土）、皇经斗、按回、五七、断七（终七）、百日等法事，从人数、内容等方面进行规范。法事活动中斋醮类仪式被道教界称为"斋事"，民间俗称为"道场"。无锡道士把斋事活动看得十分神圣，演释中斋事精严，整个道场一招一式、一字一句、一音一击都很严格。无锡的道士大多为家传，一般都已连续四五代。道士自幼学道，在父辈口授心传下，教习音韵，单声朗念，击钹吹笛，掐指习步，练就一整套斋事表演技能。江南有民间谚语称："出一个秀才容易，出一个佳（能干）道士难"。斋醮参与人数以事主经济实力从5人起多至11人；举办天数从1天起（单数）至7天。斋醮仪式中演奏曲目、科仪，每家法事期内不能重复，时间长短、人数多少都有约定。斋醮科仪各种乐器都有严格定位。

图39-9　道教法事活动　（市文广新局供稿）

2.节日活动

岁时节令及地方民众集会、庙会，道教界都会邀请各宫观道乐高手，参加演奏"梵音""锣鼓"。无锡道教协会成立、水仙道院对外开放成为市区道教活动场所后，道教信众恢复节日活动。2003年防治"非典"期间，市道教协会组织举办以水仙道院为主的"驱瘟逐疫"大法会，首展恢复组织8个市（县）、区道教协会、市属宫观参加的道教音乐汇演。

3.慈善事业

慈善事业是道教倡导的修道养身的重要事项。1998年，无锡发生洪灾，市道协筹委会在资金异常困难的情况下挤出1000元支援灾区重建。此后，市道协参加"一日捐"和对口扶贫活动。2005年，三山道院对外开放后，市道协经济来源改善，当年即对江阴仁和村和民勤县生态村各捐款2万元，并上缴"一日捐"8000元。

二、宫观

1.水仙道院

水仙道院位于无锡市南长街598号，是无锡市区"文化大革命"后仅存的两所道院之一，又称南辰道院。此地早先有麻尹两将军庙（又名"双忠祠"）。南宋德祐元年（1275年），文天祥部将麻士龙、尹玉两将军在常锡交界处抵抗元军，壮烈殉国于五牧南彭郎村，无锡民众在南上塘捐地4分建庙祀奉。清康熙二十二年（1683年），高攀龙从孙高菖生等捐田5亩多，在双忠祠南侧建松滋王侯庙，祠庙合一，祀奉明嘉靖年间在无锡筑城御寇的县令王其勤。因与西水仙庙对应，而称南水仙庙。40年代，庙内建有培南小学，是中共无锡工委所在地。新中国成立后，庙产逐步成为第二米厂厂房和居民住房。2001年5月，市政府出资500多万元，分两次搬迁整修恢复。2002年3月14日，市政府命名为水仙道院，并批准为道教活动场所和市道协驻地。

道院大殿祀奉道教最高尊神三清（玉清元始天尊、上清灵定天尊、太清道德天尊），两侧供奉筑城保民的南水仙王其勤和原西水仙庙供奉筑城保民的西水仙刘五纬两位县令。殿悬三匾，中题"上善若水"，两厢"筑城御寇""治水保民"，将道教传统文化与无锡历史有机结合。另有玉皇殿、长生殿、雷尊殿、太乙殿、元辰殿。

2.白云观

白云观中的白云洞是无锡市区“文化大革命”后尚存的另一所道院，位于惠山三茅峰石门旁，深不到5尺，广止2尺。洞内供奉吕纯阳石像，保存着“吕纯阳仙居”和成瑞的“白云深处”石刻。“文化大革命”中石像被砸坏，头部遗失，后追回修复仍供原处。1994年3月，募集民间资金，在白云洞和紫薇宫原址新建白云观，1996年9月竣工。建有山门、大殿、财神堂、白云洞、文昌阁等建筑。大殿5间，正中为2.8米高的斗姆神像，两边共有60尊神像，合一甲子之数。观内有保存完好的八仙绣像8幅，为无锡仅存。

3.三山道院

位于太湖三山仙岛之顶，2004年建成开放。道院以灵霄宫、西华殿、文昌阁为主形成3组活动场所。灵霄宫高42米，朱红琉璃顶，七层九重檐。宫内玉帝神像高18米，周围3个楼层有浮雕和壁画。西华殿双层飞檐，朱红琉璃瓦，龙十字脊，钛金顶刹装饰。殿内高2米西王母金身坐像，众仙拥围。文昌阁碧瓦红墙，飞檐斗拱，占地1320平方米，殿内供奉文昌帝君。有文昌、慈航、财神、关帝、妈祖5个神殿。

第三节　伊斯兰教

1982年7月23日，无锡伊斯兰教恢复宗教活动。12月20日，成立无锡市伊斯兰教协会，通过协会章程。1986年，无锡有伊斯兰教徒800多人。12月6日，召开第二届市伊斯兰教协会代表会议，选举马钟琪任会长。协会利用清真寺的房产资源，开办清真综合商店和清真寺招待所，既解决协会自养经费，又解决当时清真生牛肉无处供应和新疆在锡经商人员无处住宿的困难。市伊斯兰教协会协助有关部门调处新疆在锡经商人员的各类纠纷。

2001年后，青海、甘肃、新疆等西北省（区）的少数民族穆斯林在无锡经商的人员日渐增多，因经济、文化、习俗的差异而与顾客和执法管理部门的纠纷矛盾相应增加。因此，协会工作重点从解决穆斯林的礼拜、饮食、土葬，转移到维护社会稳定方面。组织其中的骨干组成无锡经商穆斯林联络小组，协助市民族宗教局、公安局、工商局、城管局等部门解决冲突和纠纷80余起。请市有关部门为经商穆斯林讲课，解决一些具体问题。利用伊斯兰教聚礼日（主麻日）开展解经工作，通过“卧尔兹”[①]宣教加强对穆斯林的教育。

2005年10月，协会编印《伊斯兰教简明常识》《无锡伊斯兰教概况》小册子，分发给在无锡伊斯兰信众。至年末，全市共有伊斯兰教穆斯林5000人，其中有无锡户籍的1700多人。

一、活动

1.宗教活动

在无锡伊斯兰教的活动主要是主麻日（每周五）的聚礼及开斋节（又称“肉孜节”）、古尔邦节（又称“宰牲节”）的会礼。1986年，参加主麻聚礼的起初以本地穆斯林为主，一般仅10多人。至1999年清真寺移建前，聚礼人数约40人，主要是新疆在无锡经商的维吾尔族穆斯林。2000年，清真寺易地重建后，随着外地穆斯林大量到无锡经商务工，参加主麻聚礼的穆斯林人员逐年增多，至2005年末达200余人。并有10多名在江南大学留学、在联合国亚太淡水鱼养殖中心学习，以及在无锡经商的埃及、巴基斯坦、尼日利亚、约旦等10多个国家的穆斯林人员参加聚礼。

每逢开斋节（伊历10月1日）、古尔邦节（伊历12月10日），穆斯林都到清真寺欢度节日，参加

① 卧尔兹，伊斯兰教宣教的一种方式。阿拉伯语音译，意为劝导、训诫、教诲、讲道、说教。

会礼。开斋节穆斯林休假1天。1999年清真寺移建前，每年开斋节、古尔邦节，一般有300～400名穆斯林到寺，其中约50%穆斯林参加会礼，主要是在无锡及周边地区经商务工的外地穆斯林。2000年清真寺移建后，到寺欢度节日的穆斯林逐年增多。2003年，开斋节在寺穆斯林近千人，参加会礼的800人；古尔邦节在寺400人，参加会礼的350人。2004年，参加开斋节的有1200人，参加会礼近千人；参加古尔邦节有500多人，参加会礼480人。2005年，参加开斋节人员达1700多人，参加会礼1500多人；参加古尔邦节的800多人，参加会礼的750多人。参加会礼的穆斯林呈现增长快、流动性、集聚性、民族性、涉外性的基本特性。

2.对外交往

1986年后，随着经济社会的发展，无锡伊斯兰教协会与国内各地的穆斯林及伊协组织的交往日益增多。先后接待全国政协民族宗教委员会副主任黄璜带领的考察组，全国政协常委、中国伊协原副会长、经学院院长宛耀宾，海军少将马国超（著名回民支队马本斋之子），中国伊协副会长、上海市伊协会长马人斌大阿訇，中国伊协副会长、青海省政协副主席韩生贵大阿訇，以及其他省市的伊协代表团。2001年3月，接待埃及驻沪总领事安泽鼎到访。2003年9月26日，接待以中国台湾回教协会常务理事、台中清真寺董事长张明峻为团长的中国台湾地区伊斯兰两岸交流团一行10人。此为台湾穆斯林上层人士第一次组团到大陆访问。

二、清真寺

无锡清真寺原位于长庆路，建于民国10年（1921年），占地597平方米，建筑面积393平方米，建筑物为砖木结构中式风格。因年久失修，加之周围环境条件较差，1996年，市政府决定将清真寺移建至解放南路（黄石桥处）。1998年12月28日，举行移建清真寺奠基仪式。2000年3月，新清真寺竣工，4月18日举行落成典礼。

图39-10　无锡清真寺　（孙怡摄）

新清真寺坐北朝南，占地1376平方米，建筑面积2182平方米，高5层（主体建筑高18.2米，局部高31.8米），总造价740万元。整体具有阿拉伯建筑风格，穹窿顶，乳白色外墙，造型别致、美观、纯洁、质朴。内有协会会议室、礼拜大殿、讲经堂、水房、女大殿、女水房等。礼拜大殿长20米，宽13米，可容纳200多人做礼拜。讲经堂可供30～40人诵经、看书、休息。

第四节　天主教

1980年1月，无锡市天主教爱国会恢复活动，教友钱达人偕市宗教处干部吴国义接回神父马士光和修女蒋丽华，到三里桥天主教堂。占用大圣堂和神父楼的单位陆续搬出，市政府拨款10万元修复天主教堂。12月24日圣诞夜举行开堂，之后，无锡天主教堂经常有宗教活动。西漳、玉祁、荡口和江阴璜塘、陆桥、周庄等一批堂点相继修建或易地重建，陆续开堂恢复宗教活动。1986年，全市有天主教神职人员5人，天主教信徒2.5万人。90年代以后，信教人士日益增多，每年的圣诞节等重要节日，进堂的教友常达10万人次左右。每周日到教堂参与弥撒的外籍人士也日趋增多。2005年起，无锡天主教堂开设专场英文弥撒。

爱国会和下属的爱国小组，为教友调解矛盾，排忧解难。一旦发现地下活动、异端邪说和迷信活动，及时向有关部门反映情况，把问题解决在萌芽状态。在各方共同努力下，地下活动在无锡地区失去市场，异端邪说、迷信活动得到有效遏制。在新区硕放镇墙裕村、郊区广益裕旺村等教友聚居村，解放后未发现刑事犯罪活动，黄、赌、毒现象绝迹，连续多年被评为省、市级文明村。其他教友聚居村，黄、赌、毒现象也基本绝迹。至2005年，全市有天主教神职人员7人，信徒5.2万人。

一、组织

1953年，无锡市天主教爱国会成立，为天主教神长教友组成的群众团体，它的最高权力机构是无锡市天主教教友代表大会。1980年恢复活动，至1984年，江阴、宜兴、无锡等3个县相继恢复或成立天主教爱国会组织，各教友聚居村成立爱国小组。

另一个组织是南京教区无锡总铎区，总铎区下设本堂。市天主教会是无锡总铎区所在地，下辖无锡市（三里桥）天主堂、江阴南门天主堂、江阴青阳天主堂、宜兴天主堂等4个本堂区，每个本堂区下设若干活动点。各堂区成立教友服务队，协助神父、修女做好工作，保证重大节日宗教活动顺利进行。

2005年无锡市天主教教堂地址表

表39-18

本堂区	下属堂点	本堂区	下属堂点
无锡天主堂	安镇镇厚桥多默堂	青阳天主堂	峭岐楼下天主堂
	鹅湖镇方济各堂		陆桥天主堂
	堰桥镇西漳玫瑰堂		霞客镇璜塘天主堂
	玉祁镇德肋撒堂	宜兴天主堂	社渎天主堂
江阴天主堂	长山蒋家村天主堂		新庄天主堂
	周庄天主堂	—	

二、活动

1.重大节日活动

天主教的节日俗称瞻礼，重大宗教节日有耶稣圣诞、耶稣复活、圣神降临、圣母升天，称为四大瞻礼，其中以耶稣圣诞（圣诞节）、耶稣复活（复活节）最为隆重。无锡天主教会的追思已亡瞻礼以及圣母月（5月）也十分隆重。

圣诞节在每年12月24～25日举行，无锡天主教堂考虑到教友的安全，将24日圣诞夜子时（半夜）大礼弥撒，提前到日落后晚6时左右即开始，9时左右结束。

无锡天主教渔民教徒原先"上无片瓦，下无立锥之地"，死后无葬身之地。清康熙年间在惠山西面的一个小山丘龙山梢建立天主教公墓，作为渔民教友的墓葬之地，因此无锡渔民教友的祖坟多在龙山梢。每年复活节前一日，渔民教友都要到龙山梢去扫墓。2000年以后，每年扫墓人数在1.5万人以上，神父到墓地做"公追思"。每年5月，教徒要加倍恭敬耶稣基督之母——圣母玛利亚。5月1日是圣母月的第一天，省内外有大批教友到青阳圣母堂朝圣。月中，无锡教友也会组织到上海松江佘山、浦东唐镇或南通狼山圣母堂朝圣。每年的11月2日，是天主教悼念去世亲友的日子。除了为死去的亲友做追思弥撒外，无锡天主教友集体出资为全体已去世的教友公做一台大礼追思弥撒（追思已亡瞻礼）。

2.对外交流

1986年后，无锡天主教会接待港澳台和国外大批朝圣者、外宾、旅游者，用大量事实向他们宣传中共的宗教信仰自由政策在中国大陆的贯彻落实。2001年复活节，法国电视二台（社会党和法共）采访组在无锡天主教堂和青阳天主教堂采访欢度复活节盛况，回国播放。至2005年，先后有美籍华人徐卓英神父、加籍朱梅芬修女、比籍外语专家包加克修女、中国台湾徐春才神父、中国香港徐锦尧神父以及德国巴伐利亚州43名基督信徒到无锡天主教堂参与宗教活动、讲学、访谈、休假；有多批总数以百计的波兰在无锡旅游的主教、神父教友到堂举行宗教活动。

3.慈善事业

1986～2005年，市天主教会每年向市慈善基金会捐款，并为各地灾民和贫困地区捐款、捐物，为患重病的教友募捐，累计捐款超过10万元。帮助两位贫困失学儿童入学，并长期资助他们。2003年以后，市天主教堂与5户少数民族贫困户结对，每户每年资助1500元。1998年开办的西漳若瑟安老院接收教内外孤寡老人，至2005年，先后收纳75名老人进院，其中24名老人在院内安息。

三、教堂

天主教传入无锡后，先后在永定桥沿河天主弄、三里桥民主街和黄巷乡高长岸村建造天主教堂，其中天主弄天主教堂和高长岸村天主教堂“文化大革命”期间被拆除。1978年以后，市政府落实宗教政策，对被拆除的高长岸村天主教堂作价补偿，对三里桥民主街天主教堂拨款修缮，恢复旧观。1991年，在堂区内建成南京教区修女院，以及堂区修女、女教友宿舍。1994年1月24日，天主教大教堂及神父楼被批准为市级文物保护单位。2000年，租用无锡天主教堂女堂区的解放桥小学将校园归还天主教堂。2004年下半年，无锡天主教堂恢复钟楼和新建综合楼工程开工，建筑面积2000平方米、钟楼高62米。2005年8月完工。

与此同时，西漳、玉祁、荡口以及江阴璜塘、陆桥、周庄等一批堂点进行修建或易地重建。2004年，无锡堂区的神长教友依靠自己的力量，在董致平总铎和顾家昌本堂神父的主持下，投入200多万元，从筑路、建桥开始，建成钟楼高30多米，可容纳近千名教友过宗教生活的安镇天主教堂。教堂建成后，成为谢埭荡村渔民及周围1000多名教友活动的场所。

第五节　基督教

一、组织

1979年7月，市基督教三自爱国会收复教产，恢复工作。1986年，无锡基督教有教牧人员14人，其中牧师4人、传道6人、长老4人，信徒3920余人。经登记的聚会点9个（城区1个、无锡县8个），教堂两处。各堂点订立管理制度和爱国公约，成立堂务管理委员会或管理小组，加强管理。

1986年7月，市基督教三自爱国会第五次代表会议在市基督教堂召开。会议改选第五届三自爱国会成员，蒋恩光任主席。同年成立基督教协会，唐子良任会长，制定《无锡市基督教协会章程》。市基督教堂与市基督教三自爱国会、市基督教协会实行一套工作班子，重要事务由办公会议、常委会商讨决定，堂务由教牧人员会议商讨决定。此前，无锡县于1984年8月成立县基督教三自爱国分会，

1987年成立第二届三自爱国分会。2001年,锡山区、惠山区分别成立区三自爱国分会。

2005年,市区基督教有信徒13221人,其中:崇安区、南长区、北塘区、滨湖区和新区9203人,锡山区2715人,惠山区1303人;牧师9人,长老9人,传道10人。信徒中青年人所占比例从1985年的18%上升至29.48%,大学以上学历占4.32%,女性比例由1985年的80%下降至65%。1986～2005年,全市基督教三自爱国会接待境外基督教团体41批、1045人次。

二、活动

1.日常宗教活动

基督教的主要宗教活动有主日崇拜、安息日崇拜、祷告会、查经班、青年聚会、唱诗班练唱。平时周日及每周二、四、六晚上主日信徒聚会,周六及周一、三、五晚上安息日聚会,温州基督徒团契周一、三、五、六晚上聚会。200人左右参与。每季度第一个礼拜举行圣餐掰饼,圣诞节举行重大庆祝和崇拜活动。每季度举行圣餐礼,促使受洗信徒灵命增长。每年的圣诞节和复活节举行两次施洗,在此之前,受洗者需经报名、申请、参加两个月慕道班学习,考核通过者接受洗礼。1990年以后,每年夏天为适龄儿童举办夏令营,每期30～40多人。1986～2005年,各堂点共施洗125次,总计11300人受洗。

2.节日活动

基督教的主要节日是复活节和圣诞节。为尊重礼拜聚会日子的不同,安息日和主日都有崇拜聚会,其中安息日在星期六,主日在星期天举行礼拜。针对浸礼和点水礼不同形式的传统习惯,城区教会特在堂内开挖浸礼池,以满足受浸信徒的要求。此外,城区教会每年在堂内举行集体敬老、尊老、祝寿感恩礼拜。

3.义工培训

市两会选拔有纯正信仰、作风正派、声誉良好的信徒,作为教会的义工,进行培训。1987年,举办为期半个月的义工培训,学习宗教政策和法律知识、基督教基本信仰、圣经基础知识以及爱国守法教育。此后,市堂守安息日的信徒每年有1期义工培训班,其他堂点亦分别举办定期或不定期的义工培训班。至2005年末,无锡城区基督教有义工540人。

4.社会公益事业

在国内发生地震、水灾等灾情时,无锡基督教信徒积极捐赠财物,教会如数送交市慈善会转送灾区。1991年春夏之交,江苏省遭受百年未遇的特大洪涝灾害,一市三县教会捐助款物21815元,信徒投入抗洪达4000人次。至2005年末,城区信徒共为灾区、革命老区捐款43.9万多元,捐款救助22名失学儿童重返校园以及多名患白血病的女孩。

三、教堂及聚会点

1985年,无锡市区经登记的基督教活动场所包括无锡市基督教堂和荣巷聚会点,无锡县洛社基督教堂和大墙门、港下、张泾、羊尖、陆区、钱桥、前洲、胡埭等8个聚会点。每个堂点设有管理小组,制定规章制度、信徒守则等。1993年,无锡县在陆区柳渎江村、胡埭红墙村、安镇高额村、藕塘井田里、荡口、后宅镇方桥、梅村增加7个聚会点。1997年期满收回惠工桥浸会堂,并申请登记堂点(1999年恢复聚会)。翌年,市教会购买荣巷47号房产权设荣巷聚会点。至2005年末,无锡城区设中山路、惠山区洛社两个基督教堂和荣巷、惠工桥、胡埭、梅村、坊前、鸿声大方桥、硕放、陆区、藕塘、长安、张泾、安镇、荡口、羊尖、港下等15个聚会点。

1.无锡市基督教堂

位于无锡市中山路130号。清光绪二十七年(1901年),美国基督教圣公会传教士在无锡创立锡金圣公会,设堂宣教。先在南门槐树巷租赁1所住房,作为临时会址。清光绪三十四年,在二下塘

图39-11　无锡市基督教堂　（陈平摄）

（中山路130号）购置桑田1.34万平方米，建造圣公会圣安得烈小礼拜堂及住宅，后烧毁。民国4年（1915年）在原址奠基重建，次年建成1座红砖红瓦红地坪哥特式大教堂，定名无锡圣公会圣十字堂，占地967平方米。民国30年，钟亭毁于日本人之手，千金巨钟保留。1950年，举行圣公会创会50周年庆祝大会，并由信徒捐资重建钟亭，取名追远亭。1958年，无锡基督教5个宗派7个教堂和钱桥聚会处合并为1个联合教会，定名无锡市基督教堂，并定为无锡三自爱国会会址。"文化大革命"时被无锡市工业学校占用，十字架、追远亭被毁，千金巨钟被红卫兵毁掉。1980年圣诞节复堂，1984年收回教产。1990年4月起，有主日晚礼拜。1997年12月31日，院内工业学校迁出。1998年末，主日开始有早中晚三场礼拜，每主日礼拜信徒4000多人，每年受洗信徒200多人。至2005年，有牧师8人、长老3人、传道2人。教堂于1954年、1981年和2003年分别大修，为市级文物保护单位。

2.洛社基督教堂

位于惠山区洛社镇。民国21年（1932年），美国浸信会传教士在洛社设立浸会堂。民国38年，杨雨生出资建造教堂，占地667平方米。同年邀请扬州圣经学校毕业生汤以洪负责教堂工作，信徒百余人。"文化大革命"期间被迫停止活动。1980年复堂。1983年5月，在教堂成立无锡县第一届堂务委员会，成为无锡县基督教堂。次年成为无锡县基督教三自爱国会的办公会址。1996年，洛社教堂易地重建，面积约2000平方米，有主堂7间，附房两层6间。至2005年，有长老1人，信徒约500人。

第四章　风　俗

第一节　传统节俗

一、除夕

农历十二月的最后一夜，新年的前夜称除夕，俗称大年夜、年三十。无锡人过年从除夕开始。

旧时，除夕前家家户户洒扫掸尘，扔掉破旧物品和垃圾，干干净净迎接新年。每家蒸年糕，祈求来年生活水平提高，还要在门上贴新春联除旧迎新。随着居住环境的不断改善，洒扫掸尘趋于淡化，年糕也不再每家蒸。

传统习俗中，无锡人在除夕（或年初五）凌晨有请路头（接路头、请财神）的习俗，希望来年财源滚滚。民间请路头仪式有隆重、有简单。最简单的仅一鱼、一肉，加上两个切成两半的煮熟鸭蛋（称"元宝"，讨吉利口彩）和两份蔬菜，请来的"路头纸马"印刷简单而较小。仪式较隆重的，一般家里设

"财神堂",堂里有白面"文财神",少数还有金面"武财神"。此外,每家必请正宗招财进宝的路头马子(纸马),规模大的要请5个路头马子。供桌上点香烛,供品除酒盅、筷子外,还有一方带乳头的肋条肉、一条鲤鱼、年糕、元宝等,给财神上的供饭要有芋头、荸荠,象征"年年有余""发财掘大荸荠",化给财神的化器为大锡箔折成的"大元宝"。因财神大家欢喜,所以逢年过节、婚丧喜庆、搬家开店等都有请财神的仪式。吃年夜饭前先要祭祖,祭祖时桌上鱼肉蔬果酒,焚香燃烛烧纸钱,小辈磕头跪拜祈福。之后全家围坐一起吃"团圆饭"。晚上,在灶上的神龛内换上新的灶神像,两旁张贴"上天奏好事,下界保平安"的红对联,然后上供品,俗称"接灶",把十二月二十四日上天奏事的灶神接回来。有的人家还喜欢挂钟馗像、贴门神,以避鬼祟、护佑平安。乡间农家在屋前空地上用石灰画粮囤,祈求五谷丰登。关门入睡前,要放3个"关门爆竹"。上述民俗现大多被简化或者消失,年夜饭之前的祭祖仪式大多淡化或停止,祖先画像也不再高悬厅堂,许多家庭选择到酒店宾馆吃年夜饭,过一个轻松愉快的年。年夜饭必须有剩余饭菜,意即"年年有余"。

除夕守岁的习惯仍然被继承下来,但是不再家家户户做圆子、切糕丝,燃烛守岁,内容改为放鞭炮、燃烟花。80年代中期电视机普及后,中央电视台每年举办春节联欢晚会。从此,百姓的除夕守岁又增添看春晚内容,成为大多数家庭不可或缺的文化生活,也成为新的春节民俗。

二、春节

正月初一是农历年的岁首,为春节。无锡人在春节的清晨要放(开门)爆竹和鞭炮,旧俗一般为爆竹三响。随着居民收入水平提高,有些家庭爆竹、鞭炮越放越多,甚至燃放烟花。早起见人要互相说祝福的话,讨吉利。长辈要在晚辈拜年之后给晚辈发红包,俗称压岁钱。早餐通常吃年糕、圆子、面等,取高升、团圆、长寿、长春等吉祥之意,中饭吃除夕夜的剩余饭菜。为祈求全年平安吉祥,正月初一家家不扫地,不倒垃圾,不向邻里乞火、汲水,不发怒、不与他人争吵、不讲不吉利的话,吃饭不用菜汤浇饭(以避"泡汤")。是日,茶馆里为客人泡茶加1粒青橄榄,俗称橄榄茶,又称元宝茶,寓意发财得福。

民间春节实际从初一延续到十五。除了初一不出门,其他日子亲友、同事之间互相走访团拜(俗称"拜年")。其间,进行家庭聚会;老年人逢60、70、80、90虚岁(俗称"做九不做十"),由小辈庆贺长辈长寿而举办"寿酒",也有婚庆选在春节期间举行。随着电视机的普及和频道的扩展,节日的文化生活更为丰富。1995年实施每周五天工作制后,春节假期达7天。不少人不再满足过传统的春节,而利用长假外出旅游,春节的活动内容更为丰富、形式也更为多样。

三、元宵节

正月十五称元宵节,又名上元节。无锡民间元宵节早晨通常吃荠菜熯糕或汤圆(又名元宵),中午吃春卷,晚上则阖家聚在一起吃团圆饭。夜幕降临,民间挂上龙灯、凤灯、鱼灯、兔灯、荷花灯、走马灯以及各种神话灯、历代人物灯,花灯名目繁多,应有尽有。还有用灯扎成灯树、灯楼、鳌山、牌坊等装点城市,营造节日氛围。伴随灯节的活动还有踩高跷、扭秧歌、打太平鼓、玩花船、耍龙舞、耍狮子舞等,花灯上写有灯谜,是吸引人气的重要内容。

图39-12　1997年八佰伴广场元宵灯谜活动　(顾祚维摄)

明清时期，元宵节崇安寺到处悬灯结彩。晚饭后，市民提着各种彩灯，敲锣打鼓聚集崇安寺闹元宵，大家赛花灯、放爆竹。花灯比精巧和数量，爆竹比放得高与响。有的还跳大头娃娃舞，还有翻筋斗、三角倒立、跳百索、踩高跷等，加上街头曲艺表演，热闹非凡。改革开放后，市政府修复南禅寺，年年举办灯会，白天调狮舞龙，夜晚灯火通明，摊贩聚集，游人如织，成为城中元宵节的热闹场所。周边乡镇农村，人们习惯晚饭后点亮各种彩灯，庆祝灯节。青壮年们组成龙灯队，敲锣打鼓，巡游各村，称为“耍龙灯”。龙灯内点燃蜡烛，长龙在夜空中翻滚，民间有“正月半，龙灯看”的灯节民谣。节日期间，锡山龙光塔上的翘角、窗口挂上彩灯，增添节日气氛，晚上亮灯后，有人攀登锡山、惠山，观赏城市美丽夜景。

四、百花生日

农历二月十二日传说是百花生日。是日，民间剪三角红纸小旗插在花盆里，将红纸贴在田里的花木树枝上称“赏红”，祝草木花荣叶茂。民间还有在百花生日吃玉兰饼的习俗。

五、上巳节

农历三月初三为上巳日。是日，人们把荠菜花、桐花铺在坐、卧处和衣服里，以此驱邪避害，不受虫扰。女子头戴荠菜花，认为可以睡觉香甜、不头痛。上巳日也是人们登山踏青和乡镇举办庙会节场的日子。其中，南乡嶂嶂山庙会节场上，雪浪乡民间素有快船比赛风俗。上午，各村青年摇着快船，满载村民，赶至嶂嶂山看庙会，游节场。午后，快船集中到葛埭桥附近的长广溪参加划船比赛，看过迎神赛会和游节场的男女老少聚集于此，观看快船比赛。此时，岸上人声鼎沸，助阵锣鼓喧天；河中船如飞箭，激流勇进，甚为壮观。

六、清明节

每年4月4日或5日为清明节。民间习惯在清明时节种植蔬菜、扦插果树。蚕农们则在清明夜开始把蚕种裹在棉衣里孵化。城市居民纷纷爬上惠山踏青，或登上城墙绕城而走，民间俗称“登高踏青”。无锡东门东林庵一带，则为士女聚集处，故有“东林庵里看桃花”的说法。是日，也是东乡胶山和北乡斗山的节场，村民举办迎神赛会和贸易集市，故斗山别名“清明山”。四乡民众都赶去上山踏青，赶节场，看赛会，迎接春天。清明时节，也有许多大人孩子，三五成群在野外放风筝，别有情趣。

清明时节的另一个重要风俗是祭扫祖坟，俗称“上坟”。扫墓时，后人要拔除坟上的杂草，并挑些新土壅坟茔。拔草壅土的祭扫习俗伴随墓地的集中和水泥、石质墓穴的建设，以及树葬、水葬等新式丧葬的推行，正在慢慢消失。按无锡民间习俗，清明祭扫时间也有讲究，新坟必须在清明前，旧坟则比较随意，但不能迟过立夏。晚辈中的新媳妇过门后的首个清明节一定要祭扫祖坟，俗称“上花坟”。扫墓时，一般自带酒菜果品置于墓前，焚香祭奠。后来，逐渐简化为以干果糕点、水果替代，鲜花祭扫蔚然成风。

七、立夏、夏至

立夏、夏至原属于农历节气，无锡民间有立夏尝三鲜习俗。三鲜分“地三鲜”“树三鲜”和“水三鲜”。地三鲜为蚕豆、苋菜、黄瓜（一说是苋菜、元麦、蚕豆，也有说是苋菜、蚕豆、蒜苗）；树三鲜为樱桃、枇杷、杏子（一说是梅子、杏子、樱桃，或梅子、樱桃、香椿芽）；水三鲜为海蛳、河豚、鲥鱼（一说是鲥鱼、鲳鱼、黄鱼，也有说是鲥鱼、银鱼、子鲚鱼）。民间一般以品尝地三鲜最为普遍。立夏的习俗是吃“立夏蛋”。俗话说：“立夏吃了蛋，热天不疰夏。”相传从立夏起，天气晴暖并渐渐炎热起来，许多人特别是小孩子会有身体疲劳四肢无力的感觉，食欲减退逐渐消瘦，称为“疰夏”。女娲娘娘告诉百姓，每年立夏之日，小孩子的胸前挂上煮熟的鸡鸭鹅蛋，可避免疰夏。因此，立夏节吃蛋的习俗一直延续到现在。除吃蛋之外，煮好的蛋，挑出整只未破的，用彩线编织成蛋套，挂在孩子胸前，或挂在蚊帐上。小孩子还要拄立夏蛋（就是碰蛋），那是大家最快乐的事，拄蛋以蛋壳坚而不碎为赢。此外，无锡有的地方还有立夏吃霉豆腐的习俗，据说吃了霉豆腐就不会倒霉，但是这一习俗已经渐渐被年轻人淡忘。

无锡人夏至习惯早晨吃麦粥，中午吃馄饨，取"混沌和合"吉祥之意。有民间谚语说："夏至馄饨冬至团，四季安康人团圆。"老人习惯在吃过馄饨以后为孩童称体重，希望孩童体重增加、茁壮成长。夏至习俗除吃馄饨外，在城市已不多见，但在乡镇尚有保留。

八、端午节

农历五月初五为中国传统的端午节。端午节还有"端五节""端阳节""午日""地腊""蒲节""重午节"和"天中节"等别称。无锡人过端午，与其他地区大同小异。习俗也是吃粽子、咸鸭蛋等。无锡人喜爱的粽子种类主要有豆沙（瓣）粽、白米粽、肉粽等。端午中饭在民间也比较重视，其时新鹅上市，肉质鲜美，因此宰杀活鹅过端午是民间常见的生活景象。旧时还要喝雄黄酒，将雄黄酒洒在地上或蘸涂身体，更有老者蘸着雄黄酒在孩童的额上涂写"王"字，以驱毒祛病、祈求平安。许多人家在门上挂艾叶、菖蒲等，称为艾旗、艾剑，用以驱害避邪，也有燃艾叶熏蒸室内驱虫灭菌。

九、七夕

农历七月初七俗称"七夕"，是传说中牛郎织女相会的日子。七夕民俗以乞巧、乞爱、乞美、乞子为主题。

旧时，每年七夕晚上，无锡少女们纷纷结彩线，对着月光穿七孔针，穿得越快，就意味着乞到的巧多，就会变得心灵手巧。白天许多家庭置茶几于庭院中，几上用一只碗盛有井水和河水混合而成的"鸳鸯水"，女子们依次把绣花针平放到碗中水面，根据阳光下的投影判断乞巧的情况。另外，女子们会采集各种时令鲜花，放在盛水的铜盆里，露置院中，"接牛女泪"，次日清晨取来洗脸搽面，以求美丽。捣凤仙花花瓣与明矾混合，染无名指和小指指甲，称"红指甲"。民间还流行一首《乞巧歌》："乞手巧，乞容貌，乞心通，乞颜容，乞我爹娘千百岁，乞我姊妹千万年。"随着社会进步，女性投身社会，与针线距离渐远，"乞巧"风俗已渐渐被冷落淡忘，但牛郎织女的传说仍然深入人心。

七夕的一些民间习俗虽然逐渐淡化，但是其民族文化传统与内涵价值逐渐得到关注和重视。2002年，无锡文化人士和红豆集团联合推出"红豆情人节"，连续数年，影响不断扩大。

十、中秋节

农历八月十五日是传统的中秋节。因此时是一年秋季的中期，故称"中秋"。无锡人俗称中秋节叫"八月半"。此时秋高气爽，夜晚满月大而圆，人们借月思人，寄托对故乡和亲人思念之情。所以，中秋又称"团圆节"。

无锡人中秋节早晨吃红烧糖芋头，晚上赏月、吃月饼。20世纪末，每逢中秋，在天下第二泉、蠡湖之滨、太湖畔或有民间组织的中秋赏月活动，或有政府举办的中秋晚会，很受市民喜爱。

十一、重阳节

农历九月初九为重阳节。古时以奇数为阳，九月初九两个"阳"重叠，故称"重阳"，亦称"重九"。九九重阳，因为与"久久"同音，九在单数中又是最大，有长久长寿的含意。秋季也是一年收获的黄金季节，重阳佳节，寓意十分深远。无锡人在重阳节流行吃重阳糕，重阳糕有祝高之意。无锡人讲究吃"九品糕"（用荸荠、栗子、莲心等9种果品制成的糕），意取甜蜜、和顺、高寿。当代社会，因生活节奏加快，已经很少有人家亲手制作重阳糕，"穆桂英"等商家看准重阳节商机，重阳糕生意十分红火。重阳节正是秋高气爽的时节，适宜登高望远外出活动，很多市民有登高望远、祈求免灾的习惯。市政府确定重阳节为“敬老节”后，每年重阳节都有许多单位组织职工和退离休老人到锡惠公园等地爬山登高。公园也举办花展配合登高活动，吸引各地游客。

十二、冬至

无锡民间一向重视冬至节，有“冬至大如年”的说法。冬至的前一天称“冬至夜”，晚上全家老少团聚在一起吃“冬至夜饭”。如果家里有人外出未归，也要留个座位，摆上碗筷，象征性地盛些饭菜，以示齐全、团圆。吃夜饭前，要摆放饭菜先祭拜祖宗。祭毕，要把菜回锅烧一烧再吃，否则传说会记忆力衰退。冬至饭里要放黄豆，美其名曰“元宝饭”。饭碗里要预先放两只熟荸荠，吃饭时把荸荠夹出来，叫“钳元宝”。旧时，有钱人家吃冬至夜饭丰盛隆重，民间有“有钱人家吃一夜，无钱人家冻一夜”的说法。大多人家吃冬至夜饭后便是聚在一起做糯米团子，团子有肉馅、萝卜丝馅、豆沙馅等。

第二节　行业习俗

一、农俗

1.烧田财

烧田财是无锡旧时乡间习俗之一。农历年的年初一不可以扫地、倒垃圾，以免扫了财气。从年初二开始寄存的垃圾则要堆放在屋角，俗称“聚财”，直至正月半的傍晚，才将积存的垃圾挑至田头焚烧，化为灰肥。这一过程俗称“烧田财”“灼田亩”，意思是祈求一年的丰收。随着农村的快速城市化和农业人口的减少，烧田财的习俗已经很少见。

2.怀蚕种

怀蚕种是江南一带的蚕桑文化习俗，无锡地区也一样。清明时节，蚕宝宝开始孵化，但气温尚低，故养蚕姑娘将蚕种纸揣于怀中，用自己的体温助推蚕种孵化，其中也有将蚕宝宝视为己出之意。有些蚕农还早在农历三月三就怀揣蚕种登山，待幼蚕孵出，蚕农们在“收蚁”时，还要点香烛供蚕神像，祈求当年蚕茧丰收。如今怀蚕种习俗已被空调、暖箱取代。

二、渔俗

太湖水产丰富，湖边许多居民以打鱼为生。渔民长期的打鱼生活形成一些特殊的语言和行为。主要有吃鱼时不能把鱼翻身，不准在船首小便；妇女不能当船主，不能跨过船首和网架；未满月的新娘称“火脚”，不能走到别的船上去，否则不吉利；未满月的新娘又称“花粉娘子”，认为外出遇病人，将来自己病了不会好；生育后未满月的渔妇称“红门”，不能随意到别人的船上去，也不能用手推船，认为推船会印上5个红指印，鱼见了会逃走等行为忌讳；忌讳骂“浮尸”等与“水”有关系的不吉利的词汇，以及与“翻”“住”等同音或谐音的字词。许多水上习俗虽然带有明显的封建迷信和轻视女性的色彩，但在文化程度较低的渔民中仍有所保留。

三、商俗

旧时商店开张，选择黄道吉日，拜财神，祈求发财。规模较大、实力较雄厚的商店，开张时放鞭炮，挂招牌，宴请宾客，打折扣优惠促销，吸引客户，招揽生意。近现代商店开业仪式也融入颇多时代风尚，较具规模的商家除放鞭炮等外，更有嘉宾剪彩、揭幕、祝词等新的仪式内容，鲜花花篮营造出更多喜庆色彩。更有商家以慈善活动作为开业纪念，表现出新的时代价值取向。

随着现代社会工商业的蓬勃发展，大批外资企业落户无锡，新企业的奠基开工仪式活动一般为邀请领导、商界名人剪彩、培土，邀请媒体制造宣传效应，为日后企业发展奠定基础。

第三节　生活习俗

一、服饰

80年代后，随着改革开放和生活水平的不断提高，无锡市民服饰变化很大。解放初至“文化大革命”期间盛行的蓝、灰色列宁装及春秋两用衫、中山装、青年装以及藻绿色军便装几乎销声匿迹。面料质量提高，服装式样渐趋多样化、个性化，讲究流行色彩和款式的新颖。春秋季男女爱穿西装、茄克衫，冬天盛行滑雪衫、皮夹克、全毛大衣，青年人还流行穿牛仔系列服装。面料有棉、毛、丝、化纤织品。进入21世纪后，伴随着绿色生活理念的深入人心，人们对面料也开始追求生态、绿色、健康与舒适，除棉麻毛等传统面料外，牛奶纤维、大豆纤维等制成的新型面料受到人们的追捧。服装样式开始兴起复古潮，唐装（改良后的中式服装）成为很多人的热爱。

二、饮食

无锡民间主食为大米，兼食面粉。早餐习惯吃粥或泡饭，中午吃米饭，晚上视家庭条件和个人习惯，自由选择。面食多数用以调剂口味，主要品种有面条、馄饨、面衣饼和其他小吃，家庭尤其喜爱简便易做的面疙瘩、瘪子团、面川条。佐餐菜肴荤素搭配，除时令蔬菜外，荤菜主要为鸡、鸭、鱼、肉、虾等。

无锡菜肴的口味偏甜，一般红烧的菜肴都会放入较多的糖，尤其是红烧肉、红烧排骨、红烧酿面筋，讲究浓油赤酱，酱香浓郁，咸中带甜，口味独特。一般百姓家里吃鸡则喜欢清炖、煮汤，吃鱼则喜欢清蒸、煮鱼汤。

无锡百姓大多喜爱饮茶，城里居民喜欢绿茶，江阴、宜兴则比较喜爱红茶。1986年以后，年轻人开始喝咖啡。民间饮酒风气比较普遍，但与北方相比，无锡人喝啤酒、黄酒、红酒者比较多，喝白酒等烈性酒不多，无锡人酒风比较温和，酒桌上一般不强逼客人饮酒。乡间很多人家喜欢在深秋用糯米自酿甜酒（老白酒），用于节日和平时的自饮和待客。

进入21世纪，无锡人的饮食日趋多样化，越来越重视绿色与健康，口味也在不断变化，浓油赤酱、嗜甜的口味有所改变，麻辣口味的川菜开始受到欢迎。

三、居住

旧时，无锡城乡、贫富之间居住条件差异很大。富人住楼房、洋房、独院，贫民住草房、砖瓦平房。城内大户往往聚族而居，因而形成一些特殊地名，如荣巷、顾巷、张巷、许巷等等。

无锡的房屋建筑大门朝南而开。屋舍格局大都一进门为起坐间，又称客堂间，或厅堂间。起坐间冲门一般置八仙台或长条几，两旁设靠背椅。起坐间背后多为灶间，灶间后有小天井，也有小天井在起坐间和灶间之间。天井后大多为卧房。按照旧俗，居住不宜太大太亮，因而天井较小，卧房窗户不大，或用花窗，或用纸糊。民国以后玻璃窗逐渐进入民居建筑。乡间大都聚族而居，一个村内常有一两个大姓。普通家庭往往是三代同居，甚至有四代、五代同堂。每家都有家长主持家政，对财产的继承和分配（“分家当”）有严格的家族规定。民国时期开始流行自由恋爱，家庭结构和居住形式也开始变化，小家庭开始增多，族群开始分化、重组。

1986年后，随着人们家庭观念的变化和生活质量的提高，数代同堂的现象逐渐减少，更多的是三口之家甚至两口之家。市民居住条件得到极大改善，城镇居民人均住房建筑面积从解放初的3.02平方米增至2005年的30.3平方米。不仅居所越来越宽敞，对房屋的采光通风、内外环境都十分重视，装修风气盛行。

四、出行

无锡解放后，公共汽车、自行车是老百姓陆上交通的主要工具。改革开放以后，摩托车拥有量增长迅速。2003年在市区禁摩、限摩以后，电动助力车成为摩托车的替代品大量出现，中高收入阶层的汽车消费亦大幅增加。2005年，无锡城市居民每百户家庭拥有电动车40.3辆、私家汽车6.7辆。公交车、自行车、电动助力车、私家车、出租车成为日常出行的主要交通工具。随着私家车拥有量的不断增加，节假日的“自驾游”也成为市民的新俗。

五、乔迁

乔迁俗称搬家、搬场。旧时无锡人乔迁，比较喜欢选择下毛毛雨或间断雨的日子，称之“有余”，讨口彩。搬家物品在运达新居门口时要燃放鞭炮。最先搬入新居的物件是竹竿、甘蔗和烧旺的炉子，寓意“节节高”“节节甜”和“兴旺”之意。乔迁新居后，新主人要向邻居和亲戚赠送糕点、点心，表示同喜，反映民间祈求邻里和睦的良好愿望。有的还要摆“搬家宴”，宴请帮忙出力的亲友。亲友则赠送字画、盆景、摆件等装饰品祝贺乔迁之喜。进入21世纪，随着人们生活条件的改善，搬入新居越来越多，在部分保留旧俗的情况下，一些市民比较青睐于借乔迁新居之机宴请亲朋好友，欢庆聚会。

第四节 人生礼仪

一、婚嫁

80年代，社会舆论仍将25岁以上的未婚青年称为“大龄青年”或“晚婚青年”。进入21世纪，此类观念也已经淡化，甚至被废弃，代之以“单身贵族”，婚姻不再是所有人必须遵循的唯一人生法则。

旧时婚嫁习俗程序繁琐，首先男方要请媒妁至女方家求“庚帖”，如双方生辰八字相合，再由媒妁出面向女方正式求婚，叫“求允帖”。如女方允诺，就出“允帖”表示同意，而后正式“定亲”。无锡解放后，旧俗渐被革除，婚嫁仪式也大大简化。通常男女经自由恋爱或媒人（或熟人）介绍，从相识、相知到相爱，最后双方到民政部门办理结婚登记，确认两人的夫妻合法关系，定亲旧俗已被法律手续所取代。

图39-13 2005年在梅园举行的“郁金香婚典”集体婚礼（刘其新摄）

旧时结婚仪式主要是拜天地、闹洞房，新郎新娘拜见父母，宴请宾客。无锡婚嫁民俗中除洞房必须高燃花烛，合欢宴每样食物须有剩余，取“有吃有余”之意。婚后次日，新娘要早起拜见公婆和族内尊长。午后，新郎新娘至女方家拜见岳父母及女方尊长，俗称“回门”。第三天，女方的父亲及叔伯兄弟等都要至男家，由男方设宴招待，俗称“会亲”。至此，婚嫁礼仪方告全部结束。新中国成立后，婚嫁礼仪有所简化，也不再一律采取妻从夫居的方式，大多双方走出家门，另择居所。婚礼的仪式，除集体婚礼外，年轻人大多仍遵循着传统的行礼、宴请的婚典模式。但也有很多年轻人不满足于婚礼的雷同单一，而开始追求多样化、个性化的婚礼。或者追求“复古”，比如坐花轿、拜喜堂、穿红袍、挑盖头、饮交杯酒等，以增添婚礼的情趣；或者追求创新、刺激，包船游湖婚礼、月下婚礼、植树婚礼等。

二、生育

无锡旧俗，孩子出生后，婆家要差人到产妇的娘家报生。第二天，要给新生婴儿服用大黄、黄连、黄芪煎煮的“三黄汤”，用以泻淤积、祛内热、清胎毒。孩子出生第三天叫“三朝”。外婆家要把婴儿衣服、鞋帽、饰品，连同鱼、肉、馒头、面条等食品送到女儿家祝贺，叫“做三朝”。婆家则要办面筵，宴请邻里、亲友，称“三朝面”。

从新生儿出生至满月，产妇在家休养“坐月子”。其间，亲友择时向产妇送鸡、鱼、肉、蛋和胡桃、芝麻、雪片糕等营养食品，给孩子送衣服、鞋帽等，此礼节称作“送庚”。送庚时间不能超过满月。满月时，家里要为孩子“做满月”，办面筵，第一次为孩子剃头，亲戚朋友赏给孩子压岁钱。孩子满100天或周岁时，有的也办面筵宴请亲友，称为“做百日”“做周岁”，此类风俗仍流行于无锡城乡。旧俗中，孩子生下后还要为其找寄爷寄娘，称为“寄名”。寄爷寄娘除了要与婴儿家庭关系亲密外，还要求生肖相合、多子女，目的是祈求孩子一生平安多福。此旧俗在民间仍有所保留，但是在城市已经不多见。

三、寿庆

无锡人庆寿一般不在生日，而选择在一年之首的春节期间举行。父母虚龄满60岁时，子女要为父母庆寿，以后每10年庆寿1次。60寿时，称花甲初庆。70、80寿庆分别称七旬、八旬大庆，也称七秩、八秩荣庆。如父母或祖父母同龄，称双寿。亲友前来祝寿，贺礼一般不送寿金，而是送寿幛、寿联或寿酒、糕点、干果、水果等。考究的则送寿盒，寿盒中盛馒头、糕点、寿面、寿烛、寿桃等，称为“寿盘”。寿盘数一般要成双，以求吉祥。后来，随着生活变化更多流行送生日蛋糕。

旧时庆寿十分讲究寿堂摆设。寿堂陈设一般是中悬寿星图或松鹤图，中堂两旁挂寿联，联句有的是撰自书，有的向裱画店（或书画店）定购。大多选用现成的祝颂词语。寿堂前设一供桌，桌上燃寿烛。两侧悬挂绸幛。中间的绸幛上贴用金纸剪成的“寿”字或“寿比南山”等成语。寿庆时摆寿筵，有一道点心是用米粉或面粉做成的寿桃。寿宴一般主食不吃米饭而是吃“长寿面”，寓意长寿。

1986年以后，社会生活变化很大，但庆寿的习俗不改，只是寿堂一般改在酒店宾馆，拜寿者的礼物也不再是糕点寿桃、寿幛寿酒之类，而是换成保健品、服装鞋帽、血压计、收音机、按摩器之类适宜于老年人的补品、用品。

四、丧葬

老人弥留之际，子女要守候在老人身旁。老人将死未死时，子女为其洗浴或揩身，穿衣，着鞋袜，戴帽。老人去世后，在家中设灵台，子女向亲朋好友发讣告或哀启，亲友即前往行礼吊唁。葬礼一般选在三朝或五朝，灵位由长孙捧持，在殡仪馆举行亡者的告别仪式。葬礼毕回家时在门外点燃芝麻萁、豆萁、朴树萁，取“节节高”“朴朴长”之意。送殡回来的人都要跨火而过，称“跨火”。进门后吃糖圆子，取甜甜蜜蜜的意思。最后，宾客一起吃丧筵。21世纪后，树葬、海葬等绿色葬仪也逐渐为人们接受。

五、祭祀

旧时父母去世后，子女在一定时节要准备供品设祭行礼。一般时间在“七朝”内“做七”，主要有“五七”，做完“五七”，整个葬仪方告结束。此外，还要在死者的周年忌日行“忌祭”，在死者葬日行

"葬祭"，在春节、清明、中元（农历七月十五日）、冬至等节日行"节祭"等。

此类祭祀的一般程序为：就位、奉馔（摆祭品）、上香、酌酒、拜跪。这些民俗于60年代废衰，但民间"做七"风气仍然流行。

第五章　方　言

第一节　方言变异

无锡方言（指无锡市区，不含江阴、宜兴）属吴方言，处于常州小片和苏沪嘉小片的过渡地带。随着时代的发展、普通话的推广以及受周边方言的影响，无锡方言在语音上出现一些变异。

一、声母

1.[ts]—[tʂ]

无锡方言声母的变异，最值得关注的是舌尖音现在还有没有前后之分，即[t]（资）组和[tʂ]（知）组现在有没有合二为一。从20年代赵元任发表《现代吴语的研究》以后，涉及无锡方言声母的有关材料，[ts]、[tʂ]两组都是分的。80年代，无锡市区划分为35个乡镇，无锡方言也依此分为35个点，加上城区共36个。36个点中，不分[ts]组和[tʂ]组的只有胡埭、陆区、阳山、杨市等4个点；其余32个点都是分的。不过，在[ts]、[tʂ]两组并存的32个点中，[t]组与韵母的组合能力有大有小。与常熟比邻的羊尖、港下两个点，[tʂ]组可以和10个以上的韵母组合成字；靠近苏州的鸿声、硕放、后宅、荡口、甘露、厚桥和安镇、东湖塘等8个点，[tʂ]组只能拼一个韵母；其余22个点可以相拼的韵母数从3个到9个不等（平均拼6.4个韵母）。[t]组只能拼一个韵母的属于鸿声小区的6个方言点，在发舌尖后音时，舌位偏前，向[ts]组摆动，但这还是[tʂ]的音位变体，不是已经流变成[ts]。

2.[dz]

关于[dz]，在赵元任《现代吴语的研究》（1928）中明确记有这个声母，但在《江苏省和上海市方言概况》（1960）中没有。在无锡36个方言点中，有13个点能出现这个音。所管的字，各点多少不等，大约最多不超过50个常用字。这里说"大约"，是因这群字的声母是[dz]还是[z]，它们的边缘不是很清楚，不仅不同的发音人对某字所发的音可能有所不同，即使同一个人不同时间发的音也会前后两样。目前只有极少数的字，为了对比，可以用"比字法"区分为是[dz]还是[z]。例如：

dz	z
状子（诉状纸）	—床子（泛指车床、刨床等）
存单	—层单（无锡方言词，即褥单）
铡刀	—石刀

综上所述，无锡方言中声母[d]即将衰亡。

3.[dʐ]

关于[dʐ]，赵元任《现代吴语的研究》及其以后的《无锡方音宽式音标草案》（1936）都没有这个声母。有研究者于2005年指出："赵元任发音人有[dz]而没有[dʐ]，而今天调查到的既有[ts]、[tʂ]两组声母又有浊塞擦音的无锡人，大多是[dz]和[dʐ]并存的。"而且，不仅是并存，[dʐ]比[dz]存在的基础要广泛而牢固些。

[d]与[dz]的基本情况颇为类似。两者分布的方言点都在无锡方言的西片，两者跟各自的浊摩擦音[z]或[ʐ]之间的边缘都不甚清楚，都有自由变读的可能。但是，它们也有不能忽视的差异。以城区为例，虽然两者能够相拼的韵母都是9个，可是所管的字数，[dʐ]比[dz]多了25.6%；更重要的是，[dʐ]所管的字，跟[ʐ]全部能够分别出现在同一个韵母中，而[dz]与[z]只有在4个韵母中能够同时出现。因此，[dʐ]和[ʐ]构成对立的机会要比[dz]和[z]的多得多。下表每韵各举一例。

韵母	dʐ	ʐ
ʮ	滁州	汝州
a	□头无锡方言词，意谓还可以将就使用的成色，常用于否定式	蛇头
ɐ	朝～代	绍～兴
ø	传～话	鳝～糊
e	纣～王	寿王
ã	常常	尝尝
ən	阵风	顺风
aʔ	勺～子	芍～药
əʔ	植物	什物

说明：无法写出本字的，以□代替。

综上所述，虽然[dʐ]和[dz]都在向各自相应的[ʐ]和[z]靠拢、转化而渐趋衰亡，但是，完成这个的速度，[dʐ]比[dz]要来得迟滞。

4. 浊声母清化

无锡方言声母的变异中还有浊声母清化的现象。

无锡音系共34个声母，清声母18个，浊声母16个；浊声母再可分为全浊11个，次浊5个。所谓浊声母清化，是指有些字本来在无锡方言中应读浊声母的，后却变读为清声母。这些字大都属于口头说话时不大用得到，书面上出现的频次也较低的类型。大致可分为两种。一种是在一切场合都已经变读，可以称之为“全般清化”。“憾”，原本应该读[ɦø^{6}]，不论用作单音词（引以为～、抱～终天）还是组合为双音词（～然、遗～），一般都被变读为[hø^{1}]。另一种的“清化”还有限制。“溃”，原本应该读[gue̩]，在“～疡”等组合中仍旧这样读，可是在“崩～”“～散”等组合中却变为清声母的[k‘ueʔ]了。这种有限制的，称之谓“限读清化”。两者没有绝对的界限，一般限读清化向全般清化演变。

无锡方言（乃至整个吴语）声母的清浊与声调的阴阳是紧密联系在一起的。所以，浊声母清化的字，原来的声调也一定会改变，原来浊纽的舒声韵字一般都改为相应的清声母的阴平。

浊声母清化，与普通话的推广关系密切。但是，“清化”并不是从国家“推广普通话”后才出现的，而是自古已然，且不仅只是无锡方言有，“三十六字母”中的浊纽字，已清化的并不是没有。以无锡音读语言研究所《方言调查字表》列出的全浊字母字（次浊另说），清化的已超过60个。例字见下（方括号中国际音标是无锡方音，圆括号中是该字的“字母”及原属声调）。

辟[p‘iəʔ^{7}]（并、阳入）　　茬[ts‘a^{1}]（床、阳平）
复[foʔ^{7}]（奉、阳入）　　豉豆～[tʂʮ^{1}]（禅、阳去）
诞[tɛ^{1}]（定、阳上）　　菌[tɕ^{1}]（群、阳上）
载满～[tse^{5}]（从、阳去）　　酣[hø^{1}]（匣、阳平）
松又[soŋ^{1}]（邪、阳平）　　焉[iɪ^{1}]（喻三、阳平）
辙[tʂ‘əʔ^{7}]（澄、阳入）　　诱[iəɯ^{1}]（喻四、阳上）

以上字例中的个别字，个别人受某种影响会读出浊声母来。例如，“复”，在“反清～明”中会念

[voʔ8]（伏），在“唧唧～唧唧”中会念[ve6]（浮），不过，这很罕见。

关于次浊声母的清化，《无锡市志》（1995年版）方言卷·同音字表中已列举40多个常用字。再进行考察，发现又可增添10多个字：

[m]眯、渺、藐、蛮副词，～好、蒙欺骗～人

[n]喏表示给予对方时的叹词

[l]铝、掳快速收拾，～干净、赁租～

[ȵ]妞、佞、您

[ŋ]我～国和俄国达成协议

二、韵母

无锡方言韵母的变异，主要体现在[ɛ]—[e]、[ø]—[uø]、[aʔ]—[ɑʔ]这3组韵母的分合上面，还有[ou]、[iou]的存去问题。

1.[ɛ]（减白）—[e]（改）[ɛ]

来自《广韵》的“咸”和“山”等韵，按历史，这些韵带有鼻音韵尾[m]或[n]，通称“阳声韵”。这些韵的字的普通话中还带有鼻音韵尾（n）（[m]已并入[n]）；[e]来自《广韵》的“咍”“灰”等韵，都属“阴声韵”：两者的读音本来相去甚远。但是，吴方言区苏锡常一带，这部分“阳声韵”的鼻音韵尾都失落了，其中一部分在无锡流变成[ɛ]。[ɛ]和[e]的发音部位邻近，音感很接近，于是就有随演化流变而合并的可能性。

[ɛ]和[e]在无锡方言中仍然分开的有19个方言点：城区（包括马山）、胡埭小区除杨市、阳山外的4个点、八士小区9个点、雪浪小区除新安外的5个点。另外17个方言点已经合流。

合流的方式基本一致。14个点中，[ɛ]与[e]都向对方靠拢，结合成介乎两者之间的[ᴇ]；只是羊尖小区的3个点有些不同，[e]的一部分（来自“咍”韵）流入[ɛ]，采→产，另一部分（来自“灰”韵）并入[ei]韵，推→偷。

东区的10个点再加上新安合流的原因，是分别受接壤的苏州、常熟的影响。但是，西区的6个点与东区相距最远，难以鸿声等的地缘原因来解释。还有洛社点韵母[iɪ]与[i]是不分的，电线→地线、仙方→西方：这个现象其周围极少发现。

2.[ø]（甘）—[uø]（官）

[ø]来自《广韵》“覃”和“桓”等韵，本与[ɛ]所自的韵属同一个大类——韵摄；它也是“阳声韵”。

但是，[ɛ]和[e]不论是分是合，与自己的合口呼（[uɛ]/[ue]）始终是分开的。[ø]却与自己的合口呼（[uø]）有分合问题。这是因为[ø]和[u]都是圆唇元音，容易发生“急生为一”（训诂学名词，指念快了两个音合为一个）的缘故。

[ø]和[uø]在无锡方言里已经不分的有雪浪、八士和鸿声共22个方言点；其余14个方言点仍然分得开。这里的分合是就一般而言，具体情况要复杂些，存在分中有合的情况。胡埭小区虽然是分的，但有些人发[uø]时，圆唇从小到大的动程看不大出，其中[u]已经很不明显。洛社的发音与胡埭仿佛；这里发音人之间不很统一，但是，说[ø]和[uø]有区别的人多。也存在合中有分的情况，雪浪小区是合的，但有的村落仍是分的，雪浪西南的董家弄就是。韵母分合之中的参差不齐，这正是变异过程中的常见现象。

[ø]和[uø]只在声母[k]组和零声母中会产生分合问题，其他声母只与[ø]相拼，不与[uø]相拼。[uø]管的常用字只有30多个。

3.[aʔ]（插）—[ɑʔ]（拆）

据研究，在中古乃至《诗经》时代，[aʔ]和[ɑʔ]两者韵尾本有不同，粤语、客家话等是如此；还有，日语的音读，还整齐地反映出汉语入声字的不同韵尾。但是，无锡方言中它们的韵尾已完全相同，只有

部分片点以主要元音的舌位前后来区分出两者。

有17个方言点连主要元音也一样，即[ɑʔ]已全部并入[aʔ]。他们是城区，胡埭小区全部6个点，洛社小区全部4个点，雪浪小区雪浪、华庄、东绛3个点，八士小区张泾1个点，羊尖小区港下、东湖塘2个点。其余19个方言点是分的，但区分的程度不同。

合计[aʔ]和[ɑʔ]两者开、齐、合、撮四呼常用字总数共有180多个。其中合口呼、撮口呼加起来不到20个字，不易分析其间有无对立，故存而不论。开口呼132个，合口呼35个，它们在不同方言点的区分程度高低不齐。以鸿声、八士、羊尖为代表点，列简表如下：

方言点	韵母		说明
	aʔ–ɑʔ	iaʔ–iɑʔ	
鸿声	八≠百 拔≠白	甲≠脚 侠≠药	鸿声小区全部7个方言点区分得最清楚
八士	八≠百 拔≠白	甲≠脚(？) 侠≠药(？)	八士iaʔ—iɑʔ的区分常存疑似；随地点有所改变。
羊尖	八≠百 拔=白	甲=脚 侠=药	羊尖混得最多；羊东基本分不清，羊西一般能分清开口呼。

综上所述，[aʔ]–[ɑʔ]的合流趋向已比较明显。

4.[ou]（拿白）、[iou]（嘉又）的存去

在无锡方言中，[ou][iou]与[a][ia]构成文白异读关系，可是，按历史两者先是古今关系。先秦时代这些字只有[ou]；到了汉代，[ou]演变出[a]。渐渐[a]成了主流，[ou]渐趋衰亡，残存下来的（无锡城区有28字），说它是[a]的白话音。

[iou]残存的字更少，《无锡市志》（1995年版）方言卷录下8个字，除“靴”外，余下7个字都有三四种读法，原因是两套时期不同的文白异读同时保留在一个字上面。例表：

字＼读法	①	②	③	④
嘉	ku~庆子（瓜果名）	tɕiou	ka	tɕia
家	ku	tɕiou	ka	tɕia
加	ku	tɕiou	ka	tɕia
下	ɦu	jiou		jia
夏	ɦu	jiou		jia
厦	ɦu长大~（无锡地名）	jiou		jia
雅		iou~致	a~片	ia

说明：①的韵母[u]跟“姑、胡、乌”等韵母[u]的来源不同。

四种读法的关系：①与②是保存下来的早期音的文白异读，①是白话音，②是文言音；③与④是汉代以后语音的文白异读，③是白话音，④是文言音；①与④也可算作时代间隔的文白异读。

口中有②读法的，大抵是受过某种老旧文化影响（譬如上过私塾）的极少数人，所以这韵母存在的基础已崩塌。因此，[iou]在无锡话中的消失是可以预见的。

[ou]比[iou]，在使用的人员和在使用的范围等方面要广泛得多；特别是28个常用字中的几个强势字/词，如“佗[dou⁴]”：人称代词，他；“哪[lou⁴]”：疑问代词，～个（问人）、～里（问处所）等。但是，

[ou]作为一个韵母，本身的独立性，由岌岌可危到丧失殆尽。它几乎混入韵母[əɯ]而自己消失。《无锡县志》（1994年）所载，无锡36个方言点中除城区（马山）外35个点都没有这个韵母。

三、声调

无锡方言声调的变异，主要体现在调类的定位与消长上。

20年代，赵元任《现代吴语的研究》定无锡方言的声调为8类：平、上、去、入，各分阴阳；每个调类各有自己的调值。至50年代，全国开展方言普查，发现城区无锡话的单字调的调值只有7个，原来的阳平和阳去的调值完全一样，两个调类似乎已经合流。但是通过连读变调的考察，阳平和阳去仍旧能够而且应该区分为两个不同的调类。

音韵学上有"阳上作去"的先例，那是仄声内部两类的融合；无锡方言中提出来的是关涉到平仄之间的纠葛。当时，由于问题的陌生与独特，引起关注并反复核对，意见不完全统一。不统一者有二：一是阳平、阳去的单字调是否完全相等；二是如果确实相等，调类该如何划分。

认为不相等的他们所列出的两个调值的数据，虽然互有出入，但是两个调值一般相差很小。从赵元任民国17年的13^{b}—$2^{b}13^{b}$到《江苏省志·方言志》1998年的13—213，大都相仿。《江苏省志·方言卷》在列举无锡方言的调类、调值之后接着说："有的老年人和多数中年、青年阳平和阳去已合为一个调类。"。

认为相等的结论是在很多调查材料的基础上得出的。首先，调查面比较广，对无锡36个方言点都摸过一遍；每个点的发音人都不止一位。其次，防止发音合作人得到任何暗示。又次，严格在单字框架内发音，防止因语境（context）影响而改变原本的调值。连读变调中的首字调值会动，即使在语句中不连读的字/词，调值也会走动。例如：

1.路平了，人病了（工程突击留下未了之事）

2.爷娘埋了，房屋卖了（投身革命去了）

3.风停了，心定了

4.时间长了，呒不剩了（东西用完了）

5.东西全了，价格贱了（买得吃亏了）

6.电池完了，要换了

7.月亮斜了（天要亮了），昙花谢了

上例加点的都是阳去，在这类句子中，都可以发似213的调值。可是，严格的单念的调值只能是13。

若把阳平、阳去的字混合在一起，再以严格的单念来区分，里面至少有两部分字是很难分辨清楚是阳平还是阳去：一是不能单音成词或不易组成语词的，一是声母是浊摩擦音的。无锡方言5个浊摩擦音[v][z][ʐ][j][ɦ]共管520多字，占阳平、阳去字的总和31.7%。

在无锡36个方言点中，没有发现单字调呈现8类的；即没有发现阳平、阳去的调值不同。相反，胡埭点的沙滩，单字调只有6类，这里的阴上和阴去的单字调值也是相同的。如捣=到、反=贩、懂=冻、改=盖等，单字调值都是323，但他们也可以按连读变调分开来。可以用"改衣"的"改"和"盖衣"的"盖"的不相等的调值为代表，划分成阴上、阴去两个调类。

综上所述，无锡阳平、阳去的单字调可以归并。

阳平、阳去单字调的合并，导致对无锡方言调类划分、定位的几种不同意见。

第一种，根据7种单字调定无锡话的声调为7类。对于阳平、阳去单字调合流的那部分，有人定为阳平，有人定为阳去。

阳平字比阳去字多1/4，应以"阳平"为宜。

只有7个调类的方言点无锡是有的，那只是东片的鸿声、羊尖等10个点。这里单字调的阳平、阳去是相同的，连读变调的阳平、阳去也是相同的，此外的方言点有原则的区别。

第二种，先把调类按单字调划分为7类，再按连读变调把合流的分为两部分。

第三种，按连读变调把单字调合流的分为两部分，成为阳平、阳去；这样，定无锡话调类为平、上、去、入，各分阴阳的8类。这种划分可以涵盖无锡西片的26个方言点（还可加上马山）。

声调的变异，取决于汉语语音发展的内部规律。假如声调的简化真是汉语发展的大趋势，那么，在无锡方言调类简化的进程中，连读变调的区别特征的泛化将是重要的内容之一。所谓“泛化”，就是由连读变调所构成的阳平与阳去的调位对立，渐渐由于越来越多的例外——调位变体而混淆，最终导致阳平、阳去两个调类合二为一。

第二节　方言通用本字考核表

字表共收可以作为记录无锡方言本字的426个。这些字是通用的，即在形、音、义诸方面在《现代汉语词典》（中国社会科学院语言研究所词典编辑室编，简称《词典》）上都找得到出处。

字表按笔画多少的次第排列；同笔画的按起笔的一、丨、丿、丶、フ次第排列；同起笔的再按下一笔。字目右上角的数码表示该字在“字表”中的编次。

字形以《词典》的正体为标准，异体、繁体、“又作”“也作”等一般不列；每字的笔画数目、每字的起笔落笔均以《词典》为依据。

每字分别用拼音方案（外加圆括号）和国际音标（外加方括号）注上普通话和无锡方言的声母、韵母、声调。关于无锡音所用的国际音标，在《无锡市志·方言卷》（1995年版）中有较详细的介绍。

汉语中纯粹的单义字/词是较少的。字表只从《词典》中提取与方言有系联的义项加以比较、阐释，得出在无锡话中的用途用法。所举例子，在注释后用冒号“：”领起；以无锡人口中常说的为首选；其中的谚语、熟语、俚语，俗话、老话等是最典型的无锡话。另需说明时，以星号“*”来领起。

正文

二画

刁（diāo）[tɐ¹]

狡猾：阴～，～钻戳掐，半痴三～（无锡熟语，意谓装疯卖傻）。

*戳掐，旧小说中多写成“捉狭”或“促恰”、促掐（《何典》）之类。

三画

勺（sháo）[da⁸]

舀东西的用具：铜～铲刀，广～（最大的铜～）——敲广～，寻人的举措。旧时有孩子等走失，便边走边敲广～以引人注意、相助。

丸（wán）[ɦuø²]文 [jyø²]白

球形的小东西：鱼～、肉～。

*～与圆：《词典》只有鱼～、肉～，无锡却大多写成鱼圆、肉圆；《词典》注“圆子”为方言词，同“丸子”（鱼～、肉～等总称），无锡却特指为无馅的米粉小汤圆。

子口（zǐ·kou）[tsɿ3? k‘ei³]

瓶、罐、箱、匣等器物上跟盖儿相密合的部分。

四画

木（mù）[moʔ8]

木讷，无锡话引申为感觉迟钝，反应缓慢：～知～觉，做点小事也～头～脑。

水脚（shuǐ jiǎo）[ʂʯ3 tɕiaʔ7]

无锡话称舟船运费为～～；别地有叫“运脚”的。

什件（shí jiàn）[zi6 di6]

鸡鸭等内脏做菜肴时的总称：炒～～。

＊“什”的无锡音是[zəʔ8]，所以～～无锡常写作“仕件”；《词典》的写法跟无锡音不符。

仓忙（cāng máng）[ts'ɒ̃1 mɒ̃2]

仓促，匆忙：他考试太～～，不该答错的也错了。

＊～～叠韵，为无锡话常用词，常带有粗心大意、冒冒失失的情味。

风（fēng）[foŋ1]

中医指称某些疾病：鹅掌～、羊角～（癫痫）、鹤膝～、鸡脚～。

＊～不作“疯”。

勾（gōu）[kei1]

调和使黏：～欠。

斗子（dǒu · zi）[tei3 tsəʔ7]

船。（～～本系黑社会用语，无锡不指盛煤等容器。）

爿（pán）[bɛ2]

天然生成或劈成的片：柴～。

比（bǐ）[bi6]

有层次：书架上的书要～一～二放好。

＊～此义无锡读浊声母[b]；普通话旧读（bì），今《词典》已不采用。

巴（bā）[pu1]

紧靠着：前勿～村，后勿～巷。

五画

扑（pū）[p'oʔ7]

伏：一日到夜～勒麻将台上，啥事体也勿做。

夯（hāng）[hã1]

（名词）砸实地基用的工具：打～；（动词）用～砸实地基：～实。

轧（gá）[gaʔ8]

拥挤：旧时年初二，崇安寺里人～人；～闹猛。

轧（gá）[gaʔ8]

结交：～朋友（特指搞对象）、～乡绅（结交高身价的）、～大淘（结交能量大的群体）。

轧（gá）[gaʔ8]

查对：～账、～苗头。

卡（qiǎ）[k'a3]

阻挡：轮盘～煞，脚踏车踏勿动了。

叼（diāo）[tiɐ1]

用嘴夹住，吴方言中无锡等地区引申为说话咬不准音（主要是声母）：叼嘴虱舌头。

央（yāng）[iã¹]

恳求：～人（无锡一般在起屋造房，农田生产要劳力帮助的当口）；麦田要抢（收），～两个人吧。

闪（shǎn）[ʂø³]

迅速避开：～过一旁，躲～不及撞了一下。引申为动作过猛，使一部分筋肉受伤而疼痛：胸口很痛，～着气了；～了腰。

写意（xiè yì）[sia³ i⁵]

舒适：房子很大，住得很～～。

＊普通话有“惬（qiè）意”，与～～相近；但“惬”无锡读入声。

皮桶子（pí tǒng · zi）[bi2 toŋ3 tsəʔ⁷]

做皮衣用的成件的毛皮。

＊“桶”无锡读浊声母，不合，故常写成“皮统子”，《词典》却不收。

六画

老（lǎo）[lɐ⁴]

前缀，有些用法有无锡特色：～小（孩提）、～乌（乌鸦）、～官（丈夫，官乃官人之省）。

场（cháng）（chǎng）[dʐã²]

比较大的平坦的空地：～化、～面（表面的排场）。

＊～，普通话有阳平、上声两读，读上声是后起的，使用频率却后来居上；“广韵”等和无锡方言都只读阳平。

扛（gāng）[kõ¹]

两人合力用肩抬重物：～棺材，小鬼[tɕy³]～勒麦田里（喻指博彩时成人输给孩子群）。

＊～，词义与（项羽）“力能～鼎”中的不同。

扦（qiān）[ts'iɪ¹]

削皮：～脚、～苹果。

匡（kuāng）[k'uõ¹]

粗略估算：这笔费用～一～，不会少于十万。

匡（kuāng）[tɕ'iõ¹]

姓：～村（无锡地名）

＊～，[tɕ'iõ¹]的读音接近古音，《词典》不收，今渐趋消亡；新派都一律读[k'uõ¹]

曳（yè）[jiəʔ⁸]

拉（使之平整）：～被头；称钩打钉两～直（锡谚，意谓双方互不找补）。

肉（ròu）[ȵioʔ⁸]

特指人的～体：灵与～、～头（软弱无能，易受欺诈之辈）。

囡（nān）[nø¹]

小孩子：～～（对小孩子的昵称，男孩女孩均可）。

仵（wǔ）[ŋ̍⁴]

～作（旧时官府中检验命案死尸的人。）

合（gě）[kəʔ⁷]

把两块布乃至两个部分缀接成一个整体：那两段零头可以～成一条被单。

＊～的这个义项，《词典》收在“合（hé）”的词目中。

氽（tǔn）[t'ən³]

漂浮：～汤山芋（谑指茅坑里的“屎连头”）；特指为油炸之类：油～果肉（花生米）。

＊～，《词典》从“人”。

汆（cuān）[ts'ø¹]

把食物放到沸水里稍微一煮：～汤鲫鱼。

＊～，《词典》从“入”。

饧（xíng）[ziən⁴]

粥饭等时间放长了而变软糖化：天气热，早上的泡饭～糟糟了。

闯（chuǎng）[ts'ɒ̃⁵]

惹起：～祸坏。

＊～《广韵》初两切，应是上声，而无锡及其邻近方言区多半读去声。

壮（zhuàng）[tsɒ̃⁵]

（粗而）大，无锡话中引申有“肥”义：过去吴桥西路上接二连三有很多家生猪行，其招牌都是某某～猪行；另外，～肉、人很～等都是“肥”义。

汏（dà）[da⁶]

洗：～衣裳、～头、淘米～菜。

兴（xīng）[ɕiən¹]

起来：夙～夜寐；旧时无锡吊孝行叩拜礼时，赞礼者（司仪）在旁会念叨：拜[pe⁵]（无锡官话腔）、拜、拜，～！（～不能作“行”）。

厾（dū）[toʔ⁷]

用指头棒棍等一端轻点轻击：他把香烟在指甲上～～实窒；点点～～（背后指摘人家多种短处）。

＊～，《辞海》注：“吴方言词。同‘丢’。”按，此义项无锡话中也用：缩～。

凼（dàng）[dɒ̃⁴]

小水坑：水～，田横头（即田的边头）开个～做灰仓（沤肥用）。

收（shōu）[ɕiəɯ¹]

结束：～梢（结尾），——～梢山芋顶好吃。

约莫（yuē · mo）[iaʔ⁷ moʔ⁸]

大概估计：～～走了十里路，才到山脚下。

＊～～，多写作“约摸”；无锡口话多说“大～～酌”。

驰（chí）[zʅ⁴]

快跑猛冲：～进～出，勿问三七二十一，～上去就是一拳头。

七画

弄（nòng）[loŋ⁶]

耍：～白相（开玩笑）。

＊～，在《广韵》中只有一个反切——卢贡切，折合古今，声母应该是[l]；但现今普通话中[n]更为习用。

抡（lǔn）[lə⁶]

田地中的土垄：～头。相差十七八个麦～头（无锡俗话，意谓差距很大）。

坍（tān）[t'ɛ¹]

倒塌：墙～屋倒、～台（喻指丢脸出丑）。

芫荽（yán · sui）[yø² ʂʮ¹]

通称“香菜”。

花（huā）[hu¹]

虚伪的、迷惑人的：～手心（骗人手法）。

抟（tuán）[dø²]

把东西揉弄成球形：把草稿纸～成纸团；天冷极了，他上半身～得像“弯背老公公”（喻指大虾）。

抠（kōu）[kʻei¹]

用手指或细长的东西从里面往外挖：～心挖肚肠（也可喻指做一件事或一项工程从中间开手）。

扽（dèn）[tən⁵]

两头同时或一个固定而另一头用力猛一拉：把晾在竹竿上的床单先～一～直。

折（zhē）[tʂəʔ⁷]

倒腾：把三碗剩菜～勒（在）一道、并并～～（无锡熟语，意谓把零散财物聚合起来）。

扳（bān）[pɛ¹]

使位置固定的东西改变指向：～头（扳手）、～倒大树有柴烧（锡谚，意谓行动目标大，得益就可能多）。

杜（dù）[dəɯ⁶]

没有根据的，不是正宗的：～做货（土制的东西）、～造（无根据的编造）、～园货（自家菜园里种出来的）。

杌（wù）[ŋəʔ⁸]

比较低矮的方凳：～子。

抈（yuè）[yəʔ⁷]

折断：拿桑梗～断。

＊～，本属“疑”母，今无锡声母已清化。

把（bǎ）[pu³]

从后面托起小孩两腿，让他大小便：～尿[ʂɥ¹]、～屎；

由动词引申相关的量词：一～尿、一～屎拖带大了老小。

呆（dāi）[ŋe²]文　[ge²]白

（头脑）迟钝；～白头～脑、～文木木里。

呒（m）　[m̩²]

没有：有柴有米，蹲勒窠里；～柴～米，勃啰一飞，飞到高高山上去吃白米。（无锡童谣）

＊～不，等于～，是～和“不”的重复相加，强调否定，不是双重否定强调肯定（不同于普通话“无不”）：三餐茶饭～不吃（锡剧唱词）。

呃（è）[əʔ⁷]

呃逆：打冷～。

困（kùn）[kʻuən⁵]

睡：明朝要起早起，大家早点～吧。

＊早起，“早起头”之省，清晨。

呛（qiāng）（qiàng）[s iã⁵]

因气体、水、食物等进入气管而引起的咳嗽等反应：～鼻头、～水、吃～。

＊～，无锡只有去声一种读法。

吼（hǒu）[hei³]

本指大声叫喊，引申为喘息：跑得气～八～（熟语），气也透勿转快了；急～～。

＊无锡话（吴方言）常以～指哮喘病。（土话称哈[həɯ¹]驼病）

吮（shǔn）[zən⁴]

把口中食物紧贴撮起的嘴唇拉出来：～棒冰；舍不得把红烧肉一下子嚼碎，先～～味道。

囫囵（hú lún）[ɦuəʔ^{8} lən^{2}]

整个的不加分解：～～吞下去一只团子、～～吞枣。

囥（kàng）[k‘ɒ̃^{5}]

藏：钞票～～好，当心露白。

作（zuò）[tsoʔ^{7}]

起：～兴（xīng）——容许，可能：开口骂人勿～～、阿～～瞎猫拖着死老虫（老鼠）呐？

＊作兴，两个动词性语素的并列结构。

作（zuò）[tsoʔ^{7}]

发作（无锡特指酿酒中发酵）：瓮头里的葡萄汁在～了、～骨头（孩子不明事理，无端取闹）。

坌（bèn）[bən^{6}]

翻（土）：～田、～山芋。

豸（zhì）[dzɿ^{6}]

没有脚的虫：虫～。

角落（jiǎo luò）[koʔ^{7} loʔ^{8}]

两个面（例如两堵墙）相接处的凹角：排排坐，吃果果，门～～里斋摩摩（神仙或佛菩萨）（无锡童谣）。

卵（luǎn）[lø^{4}]

阴茎：～子（睾丸），～搭（和）～泡皮（阴囊）（无锡俚语，意谓一场㕸结果）。

＊～，本应读[ləɯ^{4}]，[lø^{4}]是受（luǎn）影响的结果。

亨（hēng）[hən^{1}]文 [hã^{1}]白

通顺：大～白；元旦书红，万事～文通（旧文人讨吉利语）。

庇（bì）[p‘i^{1}]文

（主房四周的）厢房：～屋、灶～间、顺山～（屋面高的一头架在山墙上的～屋）。

＊～，音[p‘i^{1}]文同《集韵》频脂切。

＊＊～，自《说文》解为“掩也”始，许多字书上都只有动词用法的书证；而无锡话中的～（屋）肯定是名词。日语的“厢”（日文汉字只能从“广”不从“厂”）“庇”的训读同是ひさし，庇当然是名词，这跟无锡话乃至吴语的庇有点瓜葛。

忤（wǔ）[ŋ̍^{4}]

不顺从：～逆不孝。

灼（zhuó）[tsaʔ^{7}]

火烫——烹饪的一种方法：白～虾。

识相（shí xiàng）[ʂəʔ^{7} sia^{5}]

会见风使舵：勿～～，要吃辣花酱（喻指吃苦头）。（无锡俗话）

约（jīn）[tɕiən^{1}]

联结衣襟的带子：绅～（代指旧时地方上的士绅）。

纰（pī）[p‘i^{5}]

～漏（因疏忽而引起的错误）：出～漏。

八画

坯（pī）[p‘eʔ]

半成品；多用于跟某种性状行为有关的人：砖～、腐乳～，粗～、杀～，讨饭～。

顶（dǐng）[tiən^{3}]

抵：～收(租赁房屋预付的一笔款项，以作今后租金的保证)。

苫(shán)[ʂø5]

(用席，布等)遮盖：快落雨了，把野场(打谷场)上的小麦～好；～用(经办公共事情时，私自侵用公账钱物)。

苔(tái)[de2]

苔藓植物：青泥～。

拢(lǒng)[loŋ4]

总合：～共(一般表示后面接续的数额不是太大；常跟“不过，只有，才”等合起来用)——这门课～共只开5个星期。

拣(jiǎn)[kɛ3]

挑选：把蚕豆中蛀的烂的～出来；～落剩(无锡熟语，指好的被～光后剩下的落底货)。

拈(niān)[ȵiɪ2]

用两三个指头夹取：～轻怕重、～线摸索(无锡成语，意谓随便拿取不是自己的小东西)。

拃(zhǎ)[tsʻou3]

张开大拇指和其他四指中一指来量长度：呒不尺就用手～一～。

＊～，《辞海》作“扠”。

拎(līn)[liən1]

用手提鋬，引申为抓住要点：～马桶、～勿清(弄勿明白)。

㭎(gāng)[kɒ̃1]

槲栎：～炭(～树烧成的炭，多呈条状，较耐烧，与它相对的无锡叫“枯炭”)。

板(bǎn)[pɛ3]

不活络，引申为确定不移：面孔皮肤～住了，～定、～要。

拨(bō)[pəʔ7]

介词，表被动：虐待老人会～众人骂。

拚(pàn)[pʻø1]

舍弃不顾，无锡话侧重于“不吝啬”：用钞票真～得、～死吃河豚(锡谚)。

＊《词典》把～命与拼命互为“另见”，指出～命原系方言说法。

＊＊～，《广韵》普官切，是阴平；无锡单念、连读也都是阴平。

拗(ǎo)[ɐ3]

使弯曲，使折断：一～两断、“人直容易～”(锡谚)；四勿～六(算账时的潜规则)，略同于四舍五入。

拗(ào)[ɐ5]

固执不从：～憋(音“闭”)气、～里枇杷，(无锡熟语，喻指脾气、行事不合群的人)。

＊～，《广韵》时代只读上声；去声义项由“宁折勿弯”引申过来。普通话中这个义项多半读(niù)

忒(tuī)(tēi又)[tʻəʔ7]

太(程度副词)：覅～好啊！(意谓好得很，硬译是：已经很好了，勿要过份好了。)

晛(xiàn)[ɕiɪ5]

太阳出现：锡谚，落雨只怕～昼(意谓正午雨止，露一露太阳，则下午将会下个不停)。

咂(zā)[tsaʔ7]

舌尖抵住上颚发出吸气音：～嘴。

沓(dá)[dəʔ8]

量词：一～钞票。

＊～，《广韵》徒合切，无锡读浊声母与之相合。

咒（zhòu）[tɕiəɯ⁵]

咒语，引申为誓言：赌～（即发誓）；罚～、赌神罚～（无锡熟语）。

侉（kuǎ）[kʻua³]

说话口音不正：～子（无锡特指口音跟本地不同的“上边人”——即说北方话的人），蔑称。

侧（cè）[tsəʔ⁷]

不正：～转困（侧卧）。

＊～，《广韵》阻力切，无锡声母相合。

籴（dí）[diəʔ⁸]

买进（粮食）：～米买柴。

肷（qiǎn）[kʻɛ⁵]

狐狸胸腹部和腋下的毛皮：狐～袍子，贵似金子。

夜（yè）[jia⁶]

指天黑：～头、～里（与白天相对）、～快（即将天黑）。

＊无锡只说“～快”或“将～快”，不说“快将～”或“将快～”。

疙瘩（gē · da）[kəʔ⁷ taʔ⁷]

别扭，难说话：他非常～～。

闹（nào）[nɐ⁶]

不安静：～热（无锡说法，普通话说热～）。

炖（dùn）[tən⁵]

把东西放在碗里，再把碗座在水里加热：～酒、～鸡蛋（羹）、～阿胶。

＊～，无锡话中没有“久煮使（肉）烂”的义项，不说～蹄髈、～排骨之类。

炝（qiàng）[tsʻiã⁵]

烹饪方法——或者把鲜活的虾蟹之类放入酒、酱油等调料；或者把菜肴略作烧煮，再加调料拌制：～虾、～蟹、～毛豆、～猪肝。

泛（fàn）[fɛ⁵]

液体上溢：～酸（胃酸过多而上涌）、～淘淘。

沿（yán）[jiɪ²]

缝纫方法——顺着衣物边缘再镶缝上一条边：～条、～口。

＊～与绲（滚）的差别：～的边是平的，后者是圆棱的。

泡（pāo）[pʻɐ¹]

物体鼓起而松软：～货（体积大而重量轻的货物，例如海绵等）。

泡（pào）[pʻɐ⁵]

像～～一样的东西：卵～（阴囊）、～子（特指电灯～）。

宕（dàng）[dõ⁶]

拖延：～账，这笔款子先～一～。

陌（mò）[maʔ⁸]

本泛指道路，由道路上不相识的人引申出“生疏，不熟悉”：～生、面熟～生（无锡熟语，意谓好像认识但又不熟悉）。

隑（gài）[ge⁶]

斜靠；引申为依仗：背皮（后背）在椅子上～着实、～牌头（依仗别人的面子或势力）。

＊～也可写作“戤”。

绊（bàn）[pε⁵]

行进时没注意阻碍物而倾跌：～跟斗、踢脚～倒（无锡熟语，意谓不断碰着阻碍物）。

九画

垛（duò）[dəɯ⁴]

整齐地堆叠：把交上来的作业本～好。

垩（è）[u⁵]

施（肥）：～壅（引申为对子女溺爱）。

挜（yà）[u¹]

硬把东西送给或卖给对方：你覅勿要，～也要～拨你的。

挑（tiāo）[t'iɐ¹]

用筷子把碗里的粉丝、面条之类食物捞起：～头（大约100克的碗面）。

栈（zhàn）[dzε⁴]

养牲畜的栅栏，引申为堆货、住人之所：堆～、～房（旅馆、客店）——开～房，特指在旅馆里搞不正当的男女关系。

栅栏（zhà·lan）[saʔ⁷ laʔ⁸]

木条、铁条做成类似篱笆的东西，用以控制交通以便检查、收税之类。

＊“栏”的无锡读音是受“栅”韵母的同化。

＊＊“栅”，旧时还可指以斗蟋蟀来赌博的场所。

挦（xián）[zir²]

扯拉：～鸡毛、剥剥皮～～毛（无锡熟语，意谓多方、一再克扣）。

挺（tǐng）[t'iən³]

硬而直：笔～，～括、绷[pã¹]硬笔～（无锡熟语，常代指人死）。

歪（wāi）[hua¹]

不正；～头（头常偏在一侧）。

砌（qì）[ts'i³]

用和好的灰泥把砖石等一层层垒起：～墙头（无锡可以谑指叉麻将）。

背（bēi）[pe⁵]

用脊背驮（向前），无锡话除“～娘舅”等之外，多用引申出来的“拉动”义：搬场，～两个人来帮帮忙；病危险极了，幸亏拨（被）三帖药～转来（即从死亡线上拉回来）了；～纤，无锡也多说“拉纤”。

＊～，无锡只有阴去一读。

＊＊旧时《推背图》的“背”也是“拉”义。

眍（kōu）[k'ei¹]

眼珠子深陷在眼眶里边：欧音～眼。

哇啦（wā lā）[ɦua² la²]

形容说话音高刺耳或吵闹喧哗声：公共场所，说话别～～～～。

＊～～，一般都是叠用。

显（xiǎn）[ɕir⁵]

露出（一般是优越之处），无锡话常用于带有赞赏情味的场合：这爿饭店烧的菜很～。

＊～的旧反切有“晓见切”“呼遍切”，两者都是去声，无锡声调相合。

哑（yǎ）[u³]

（说话）发不出声音：～子（～巴）、～巴巴（小儿用语）。

咧（·lie）[liəʔ⁸]

无锡方言中的助词：作用相似普通话助词“了”。

虹（jiàng）[kõ⁵]

桥名；～桥原在学前街东端的河上（那河原址今中山路靠西的半面）。

骂（mà）[ma⁶]文　[mu⁶]白

用恶语侵侮人：～白山门（漫～）。

哈（hā）[həɯ¹]

弯曲：～驼背皮、～腰曲背。

咷（táo）[dɐ²]

哭：号～大哭。

＊～，亦可作“啕”。

哐（kuāng）[k'uõ¹]

象声词：～当。

哪（nǎ）[na⁴]文[lou⁴]白

疑问代词：～白个[kʔ⁷]（谁）

＊无锡音系中韵母[a]与[ou]常构成文白对应，例如，拿、打、查、车、沙、茶等。

牮（jiàn）[tsir⁵]

（动词）房屋倾斜，用长木头支起弄正：～屋。

胛（jiǎ）[ka³]

肩～——无锡话可喻指保证：摆肩～（担保）、有肩～（有信用可保证）。

饵（ěr）[n̥i⁶]

糕饼：团～饼食（无锡熟语）。

饶（ráo）[n̥iɐ²]

另外加给：换糖佬佬三～头（无锡俗话）。

弯（wān）[uɛ⁵]

弯子，无锡引申为因要与人碰头而中途去某处转一下：你俚先到单位等我，我要到老张家去～一～。

＊～，无锡有平、去两读，用以分别形容词和动词。动词义是“弯曲”演化而来。（见《说文·段注》）。

恰（qià）[k'aʔ⁷]

正好：～头（时间副词，刚才）、够～够（勉强够格）。

炸（zhá）[zaʔ⁸]

把食物在沸水或滚油里按要求制作：～油炸[zaʔ⁸]桧（油条）、把菠菜～一～。

烀（hū）[hu¹]

把食物搁置在蒸气上加热或蒸熟：一口气～勿到馒头熟（锡谚，意谓办事情不能指望一蹴而就）。

烁（shuò）[ʂaʔ⁷]

光亮的样子：肚皮里吃着个萤[iɯ²]火虫——～亮～亮的（义同于“雪亮亮”）。（锡谚）

浇头（jiāo·tou）[tɕiɐ¹ dei²]

加在盛好的面条（也可以是米饭）上面的菜蔬：鱼肉双～面、什锦盖～饭。

屏（bǐng）[piən⁵]

有意识地抑止：～气；侦察员身上烧着了，可是他～住不动，以免被敌人察觉。

＊～是多音字，不同义项有不同读法。(参见“段注”)。

绗(hɑ́ng)[ɦɒ̃^{2}]

缝纫方法，用针线固定面子和夹里以及所絮的棉花等：～棉袄。

十画

盐(yɑ́n)[jiɪ^{6}]

(动词)对鱼肉果蔬加上食盐腌制：～菜、～咸蛋。

＊～，这种动词用法普通话中未见。

埒(liè)[laʔ^{8}]

堤防：河～口(无锡地名)。

莳(shì)[zʅ^{6}]

移植(秧苗)：旧时谚云，夏至不搭(为)别人～秧，冬至不搭(为)别人敲更(意谓那天日/夜最长，而工钱照常，故不为也)。

莴苣(wō·ju)[u^{1} dʑy^{6}]

一种蔬菜，生菜是它的变种。

捂(wǔ)[u^{5}]

封闭：菜屑～勒牙缝里；～拖拖(里)(无锡熟语，磨磨蹭蹭)。

捎(shāo)[siɐ^{1}]

擦过：～马桶，～耳朵管(喻指老在耳边絮叨)，～地皮，滚角落(无锡熟语，代指耍无赖)。

＊～，古代没有～带义。

捋(luō)[ləʔ^{8}]

握住条状物向头上滑动：三个勿相信，～光串头绳(无锡俚语，意谓上当吃亏后不服，继续再来，结果会赔得精光)、一千铜钱两头～(无锡俗话，意谓多方花费，钱财很快用完)。

挼(ruó)[nəɯ^{2}]

揉搓(肢体)：跟斗跌出块来了(跌肿)，垫块青布～一～(垫青布是传统做法，不一定科学)。

栲栳(kǎo lǎo)[k‘əʔ^{7} lɐ^{4}]

柳条编成的装粮食的容器，也叫笆斗(无锡有条笆斗弄)。

＊～～的“栲”，无锡有变读。这是语音的“特殊变化”。

桠杈(yā chà)[u^{1} ts‘ou^{1}]

树枝分出的地方，家庭中常用以把晾衣裳的竹竿抬上高处，口语称～～头。

＊～～也写作“丫杈”。

桁(héng)[ɦã^{2}]

檩：～条。

挨(āi)[a^{1}]

顺着次序：～一～二，～着勿如轮着(无锡熟语)。

＊～，《唐韵》《集韵》均作上声；“段注”：今俗音平声。按，段说是也。

挨(āi)[a^{1}]

强与人物，(自身)强进：～卖勿值钱；～瓤大蒜头(无锡俗话，喻指硬挤进去)。

＊杨雄《方言》：“强进曰～”。可见此义由来已久。

捘(zùn)[tsən^{3}]

用手指挤压：～脓、～喉[ɦu^{2}]咙。

＊～,《词典》注去声;无锡、苏州、常熟等地区均为上声,古反切则平、上、去三个声调都有。

厝 (cuò) [ts'oʔ^{7}]

把棺材/骨灰盒寄放待葬:暂～。

砧 (zhēn) [tʂən^{1}]

捶或切东西时垫在底下的器具:～墩(板)(也叫墩头)。

趸 (dǔn) [tən^{3}]

整批:～当[tɒ̃^{5}]、零～批发(商业用语)。

＊～,有人作“顿”,不妥。

哽 (gěng) [kã^{5}]白

食物堵塞喉咙,不能下咽:喉咙头～着只团子。

趵 (bào) [pɐ^{5}]

跳跃:饭烧得忒硬,饭米糁落到地上还会～三～。

蚬 (xiǎn) [ɕiɪ^{3}]

小蛤:央人吃饭,蛳螺河～勿好算荤菜。

帩 (qiào) [ts'iɐ^{5}]

(用小块的纺织品)束扎;引申为“拧”(紧):～头(古人束扎头发的绸布);～紧螺丝。

赅 (gāi) [keʔ]

完备,引申为富足:～铜钱、～家当。

牸 (zì) [zɿ^{6}]

雌性的牲畜(一般用于牛):～牛。

笊 (zhào) [tʂa^{5}]

用金属丝、竹篾等制成的能漏水的用具:～篱(口语说～篱头)。

钳 (qián) [dʑiɪ^{2}]

限制,约束,无锡话引申为钉住对方言行而设法制约:～牢他,别放过。

＊～,记录方言时多写异体字“拑”。

铁搭 (tiě dā) [t'iəʔ^{7} taʔ^{7}]

农具:锄头～～。

＊搭,可作“铬”,“铬”是又体。“搭”无锡也可说成[t'aʔ](音“塔”),是声母受“铁”的同化使然。

脃 (cuì) [t'ʔ^{7}]

物品失去韧性,极易碎裂的性状:这段布～了。不能做衣裳了。

＊《词典》以～为“脆”的异体字,但～在旧注中另有入声读法,音“猝”,跟“脆”乃一声之转,无锡音本此;～在词义上比“脆”另有所重。

馁 (něi) [ne^{4}]

失掉勇气,心虚胆怯:～愫愫[hoʔ^{7}]。

疽 (jū) [tsi^{1}]

不易愈合的毒疮,无锡方言组合出常用词～糟,意谓头绪纷繁,处理棘手。

＊～(糟),清人笔记中有作“齑”的。

疰夏 (zhù xià) [tʂʮ^{5} ɦu^{6}]

本指夏季长期发烧之病,无锡多指“苦夏”。

＊“疰”还可组合成“～船”,但无锡不说“～车”。

烘 (hōng) [hoŋ^{1}]

用火或蒸气使之变热,变熟或干燥:～山芋、～尿布。

烩（huì）[hue^5]

几种食物混在一起加水煮的一种烹饪方法：三～咸粥（菜粥）四～面（无锡俗语，意谓～的次数越多“粥”或“面”越入味）。

烊（yáng）[jiã^2]

溶化、熔化：～雪、～锡。

凌（líng）[liən^2]

冰：～澤[doʔ^8]（音毒）。

粉（fěn）[fən^3]

（动词）粉刷：墙头（壁）刚～过。

＊～，普通话中没有单独作动词的用法；～墙，偏正结构，指白色的墙壁（张生跳～墙）。而无锡方言中却可作动宾结构，动词～还可以重叠着用：把墙头～～白。

浥（yì）[iəʔ^7]

沾湿，无锡特指米粉、面粉等受潮后板结成粉粒的状态：粉～了。

十一画

靪（dīng）[tiən^5]

在鞋底上打掌子：～鞋子。

萎（wěi）[ueʔ]

衰落，减弱：价钱～（低）下来了；毛病～（轻）点了；这事～（慢）点做好了，心慌吃勿得热粥（意谓欲速则不达）。萎咻咻[ɕiəɯ^1]（或说拖[tʻa^1]悠悠），二石九；急吼吼，三担（石）亏一斗（锡谚，意谓劳动时“勿急勿歇”，比较科学）。

＊～，《词典》注：“口语中多读w ē i”。按无锡这字单念、连读也都是阴平。

掭（tiàn）[tʻɪ^5]

顺着拨弄：磨得墨浓，～得笔饱；把油盏头里灯草～长一点。

捺（nà）[naʔ^8]

忍耐，引申为拖延：～搁；这问题先～一～，条件成熟点再说。

排（pǎi）[ba^2]

依次敲打：这两天骨头轻了，要～他一顿了。

掉（diào）[diɐ^6]

摆动，摇动：～包（暗中以假、劣换真、优），～枪花（耍花招），～头寸（筹措钱款）。

＊《词典》以～为正体，以“调”为“也作”。

掳（lǔ）[ləɯ^4]

抢掠：～台面（把赌台上所有赌资全部扫掠一空）。

掴（guāi）[kuaʔ^7]

击打（耳刮子 之类）：～他两记耳光、～他一顿。

＊～，不宜作“刮”或“括”。

＊＊～，按《广韵》等反切读（guó），《词典》以此为又音。

捻（niǎn）[ȵɪ^4]

用手指搓：把几根线～合成一根细绳。

掐（qiā）[kʻaʔ^7]

用指甲按：诸葛亮～指算阴阳。

掂（diān）[tɪʔ]

用手托着东西上下升降来估量轻重：要说话先～～分量再开口。

掊（pǒu）[pʻe^{3}]

用力击打使碎裂：把田里大块干泥（无锡农民称之“板干”）～碎；大门也拨强盗～开。

梢（shāo）[sɐ^{1}]

条状物较细的一头：～头——特指赌博的资金；～头长即赌本足。

掷（zhì）[dzaʔ^{8}]

扔，投；（用骰子）～状元红（古时一种博彩游戏），～老羊（一种赌博方式）。

掸（dǎn）[tɛ^{3}]

用掸子抽或扫去灰尘：～檐尘，（腊月）十七十八，越～越发。（锡谚）

掮（qián）[dʑiɪ^{2}]

用肩扛：～客（中介人）；大门拨别人～落了（本指赊不还债的后果，谑指小孩门牙掉落）。

掇（duō）[təʔ^{7}]

用双手从下向上端：～张骨牌凳（矩形的方凳）。

掼（guàn）[guɛ^{6}]

抛掷，摺：～跟斗、～纱帽、～稻。

＊～，丁声树认为与《广韵》意义不同，《词典》所列义项都明确说是方言的。

啬（sè）[səʔ^{7}]

吝啬：～疙抖抖（无锡熟语，吝啬貌）。

厣（yǎn）[iɪ^{3}]

螺类介壳口圆片状的盖：～钱（因状似小钱，无锡称是；人体伤口结的圆形硬盖（痂）也相仿，也称～钱）。

硌（gè）[goʔ^{8}]

触着硬物，觉得很不舒服或受到损伤：这双鞋～脚；病牙被饭里石子～着一～，痛煞快。

眯（mī）[mi^{1}]

小睡：吃过饭～一歇。

＊～，有考作“㾵”者。

野（yě）[jia^{4}]

不受约束，无锡话引申为很、极（程度副词）：～大（描写黄鼠狼等小动物的个儿特别大），～大碗（海碗），～歪歪里或～～歪歪（不着边际，相差甚远）。

＊（～）歪歪，有写作“辖辖”或“䶵䶵”的，而这些均系入声，不合无锡方音。

眵（chī）[tsʻɿ^{1}?]

眼睑分泌出的黄色稠浓液体：眼～[di^{2} gu^{6}]（读如浊声母的“叽咕”，形容肮脏的东西很多。苍蝇[dʑi^{2} gu^{6}]，灰尘[dʑi^{2} gu^{6}]等。[dʑi^{2} gu^{6}]恐系“儿化”的变音）。

睆（chòng）[tsʻoŋ^{5}]

困极小睡：打个瞌～。

啄（zhuó）[zoʔ^{8}]文[toʔ^{8}]白

鸟类用嘴取食物，引申为人用筷子刺取鱼肉菜肴：～木鸟[diɐ^{3}]。

＊～，无锡白话音合古音。

眼（làng）[lɒ̃^{6}]

晾：～衣裳，～衣裳竹头（可以谑指瘦长个儿的人）。

啮（niè）[ȵiəʔ^{8}]

牙齿咬得入（东西）：咬勿～；老到掐勿～（锡谚，常喻指年纪尚小，可是说话，处事却老气横秋的人)。

啃(kěn)[k'ən³]

一点一点地往下咬:～骨头,～老骨头(无锡俗话,意谓不工作,生活依赖爷娘);～西瓜皮说大话(无锡俗话,意谓并无实力,却要充大户)。

趿(tā)[t'aʔ⁷]

把鞋后帮踩在脚后跟下:鞋皮拖～跟,鸦片吃上瘾(旧时无锡讽刺败子嘴脸的童谣)。

累(lěi)[le⁵]

连及,沾染:衣裳上～着污糟了。

＊～,连及的对象、事情,普通话中常属重大的(～及千万无辜),无锡话中常是轻微的。

啰唣(lué zào)[ləɯ² zɐ⁶]

吵闹寻事:场上一阵～～。

唾(tuò)[t'əɯ⁶]

口水:馋～。

啜(chuò)[t'əʔ⁷]

抽噎的样子:～～哭。公公吃着一粒谷,打到婆婆～～哭(无锡童谣,反映旧社会妇女受欺凌情况)。

崭(zhǎn)[tsɛ³]

优异、好:这歌唱得真～。

＊崭,可能是由沪语"引进"。

粜(tiào)[t'iɐ⁵]

卖出(粮食):～米。

＊～米的总是农夫,卖出的数量不会是大宗的,所谓"五月～新谷"。(唐·聂夷中)

圈(juàn)[dʑyø⁶]

养猪羊等牲畜的建筑:猪～、～养(相对于散养)。

笤(tiáo)[diɐ²]

～帚,除去尘土垃圾等的用具。

＊注意分辨～帚与"苕帚"。

盛(shèng)[dʑ̃ã⁶]

姓:～岸里(无锡地名)。

＊～,声母[z]、[z]自由变读。

猡(luó)[lou²]

《辞海》:"吴方言称猪为猪～。"按,无锡口语多说猪～～,呼猪常～～～～连续出声。

傢(chèn)[ts'ən⁵]

布施:～钱(僧道等做法事后施主给予的酬金)。

领(lǐng)[liən⁴]

颈:～鬃毛(一般指马颈上的长毛)。

铦(xiān)[siɪ¹]

锋利,引申特指博彩时手气很好:今天麻将很～,想和牌就来了。

＊～相对钝(牌风不利),故考～作赌博好运的本字似乎是适宜的。

铳(chòng)[ts'oŋ⁵]

一种旧式的火器:放～(旧时红白喜庆时有以放～代放爆竹的);出～(喻指打牌时出的牌是别人的和(hú)张)。

饧（tāng）[t‘ã¹]
小铜锣：～锣；～～船（过去运河中载客货的班船，它将到集镇码头就敲～报知，故名）。
腡（luó）[ləɯ⁴]
手指纹：一～巧，二～富……（过去对十个指头有几只～的说法。说法有多种，常互相牴牾，当然不可信）。
脗（wěn）[miən⁴]
合，合缝：上下嘴唇～紧，水潽鸡蛋～拢（蛋白凝结了）。
＊～，《词典》只取一读，而传统有武粉切、湣尽切两读，后者保留在无锡方言中，用法也有自己的习惯。
烹（pēng）[p‘ã¹]白
在将起锅的菜肴中加作料（主要是黄酒）：红烧鱼里再～点酒。
庹（tuǒ）[t‘oʔ⁷]
两臂左右平伸时两手之间的距离：呒不尺，用手～一～。
旋凿（xuán záo）[zir⁶ zoʔ⁸]
螺丝刀。
望（wàng）[mõ⁶]白
～板（平铺在椽子上的木板），～砖（平铺在椽子上的较薄的砖）。
＊～，或考作“宲”，僻。
焐（wù）[u⁵]
用热的东西接触凉的东西使变暖：借（得）来的老婆～勿热脚（无锡俗话）。
焖（mèn）[mən⁶]
盖紧盖头，用文火加热，把食物烧成：油～笋、酒～肉、开洋～蛋。
焗（jú）[dʑioʔ⁸]文 [koʔ⁷]白
一种烹饪方法：盐～白鸡（今或有说成文言音的，似不妥）。
＊～，《康熙字典》未见，时下头发染色行话称～文油，
渍（zì）[tsɿ⁵]
积在物体上而不易除去的油泥迹斑：油～、茶～。
淘（táo）[dɐ²]
水选（留菁去杂），引申为寻觅选取高价值的东西：～金，～沙巷（无锡地名），～旧货。
宿（xiù）[sei⁵]
天上某些星星的集合体叫作～：星～（民间传说与人的命运相关），交星～（一般指交乖运）。
宿（sù）[soʔ⁷]
时间久长：～臭（非常臭）、～货（陈旧的货色）；～孒（搁置、丢弃在一旁的陈旧的东西：～孒货、老～孒——特指老人紧紧捏在己手的钱财）。
屙（ē）[əɯ¹]
排泄（大便）：～屎（正常大便），～肚皮（腹泻）。
＊无锡话不说“～尿”。
绱（shàng）[zã⁴]
把鞋帮、鞋底缝在一起：～鞋（同“上鞋”）子。
绲（gǔn）[kuən³]
缝纫方法——沿着衣服等边缘缝上布条、带子等：在领口～上一条边。
＊～，也可写作“滚”。
绺（liǔ）[lei⁶]

从别人身上偷窃财物：剪～贼（扒手）。

绷（bēng）[pã 1]

勉强支撑：二胡伴奏，我还可以～～；收入少，维持日常开支已经紧～～。

＊～，这个义项常需叠用。

绾（wǎn）[uɛ3]

盘绕打成结：把头发～起来。

十二画

惹（rě）[ʐa4]

招引（不好的事情）：～气（生气）、～老小。

搭（dā）[taʔ7]

（稍许）加上：鱼先～～盐，让肉头紧一紧。

揸（zhā）[tsou1]

用手指撮东西：～点瓜子剥剥、～纸牌（一种赌博方式）。

揽（lǎn）[lɛ4]

拉到自己这方面或自己身上来：～生意（招徕买卖）、～是非（惹是生非）。

揿（qìn）[tɕ'iən5]

按：～钉（图钉）、～手印。

搀（chān）[ts'ɛ1]

把一种东西混合到另一种东西里去：粳米～得忒多，这米粉一点也勿糯。

揞（ǎn）[ø3]

用手覆盖：～没眼睛；～紧瓶口，覅让汽水冲出来；这件事先～一～（引申用法，即压一压）。

＊～，无锡话的用法比普通话广泛。

搁（gē）[koʔ7]

放置；方言引申为搭、架：两张长凳～块板做床；～煞货（出不了手的物甚至指人）。

搂头（lōu tóu）[lei2 dei2]

照着脑袋：拳头像雨点，～头～脑打将下去。

揎（xuān）[ɕyø1]

打：妈妈见儿子不听话，要～他耳光。

揢（ké）[k'a5]

卡（qiā）住：抽屉～住了。

＊卡（kǎ）没有“揢”的意思，多用于音译词：～通、～车、～路里……

觌（dí）[diəʔ8]

面对面相见：～面碰头。

奡（ào）[ŋɐ6]

骄傲，轻侮：～起头（这里是～的本义）

＊奡，《说文》：从百（古首字）；段注，傲者昂头，故从首。

翘（qiào）[tɕ'iɐ5]

一头向上仰起：～辫子（谑指死），～尾巴（以为自己了不得，盛气对人）。

雱（pāng）[p'ã 1]

古义为雪盛貌，无锡土话特指为秋冬寒潮时的冰雹。

紫糖（zǐ táng）[tsɿ3 dõ 2]

黑而红的颜色（多形容脸色）～～脸。

蛳（sī）[sɿ^{1}]

～螺[ləɯ^{2}]

＊无锡话以～螺为正；谚云“清明～螺，顶只肥鹅”。——螺，鹅协韵。《词典》以螺～为正，以～螺为又称，这跟无锡话序列相反。

蛘（yáng）[jiã ^{2}]

米象一类的昆虫：米桶里出～子了。

㖫（zhōu）[toʔ^{7}]

象无锡呼鸡声（呼时连续出声）。

＊～的无锡音合上古音系（参王力拟音）。

掰（bāi）[paʔ^{7}]

用手把原来合整的东西分开：一～两爿，～开胴宫（肛门）种大麦（戏谑小儿语）。

筢（pá）[bu^{2}]

搂柴草的器具，还可喻指龅牙：搔～。

筅（xiǎn）[siɪ^{3}]

炊帚：～帚。

牌（pái）[ba^{2}]

牌子：隑（戤）～头（倚仗别人的面子或势力），摊～（喻指亮出底线，并决一雌雄）。

僭（jiàn）[tsiɪ^{5}]

超越本分：～便宜、～凶。

猢狲（hú sūn）[uəʔ^{8} sən^{1}]

无锡对猴子的口头称说：老～～（詈指老年男性）。

舒（shū）[ʂʮ^{1}]

从容：～齐（圆满而完备）——无锡常用语。

锃（zèng）[dzã^{2}]

物体擦磨后闪光耀眼：～亮、～～亮。

腈（jīng）[ziən^{6}]

有机化合物的一类：～纶

＊～，偏旁是“月”。

蛮（mán）[mɛ^{2}]

（副词）很：歌唱得～好。

＊副词～在语流中常成阴平。

＊＊～，有人写作“满”，但满音[mø]，不合无锡语音。

敨（tǒu）[tʻei^{3}]

振动东西使之打开：把拧干的衣裳～开哏出去。

愒（hè）[hoʔ^{7}]

弄虚作假，藉以蒙人：他摆的成绩，虚～的多。

粞（xī）[si^{1}]

（米、麦）碎粒：锡谚，只顾淘箩里的米，勿顾淘箩外头的～（意谓只图局部，忽略全局）。

焯（chāo）[tʂʻ aʔ^{7}]

把菜蔬放在滚开的水里烫一烫：菠菜炒之前最好先～一～。

滑汰（huá tà）[ɦuaʔ^{8} tʻ^{7}]

滑溜：打～～。

湔 (jiān) [tsiɪ¹]

(只对衣物被污染的地方) 重点洗一下：衣裳上的一个油渍要～一～。

皴 (cūn) [tʂ‘ən¹]

皮肤因受冻裂开：手～了。

＊～，大多聚集在手背上，～的裂口比 (音拆) 短而浅。

骘 (zhì) [tsiəʔ⁷]

安排：阴～ (民间传说冥司依一个人善恶而定其祸福)。伤阴～ (熟语，意谓损害阴德而致灾祸)。

三缺一，勿来伤阴～ (无锡俚语，用以动员参与四人牌局；或指摘对方不肯参与)。

缉 (jī) [ts‘iəʔ⁷]

搜捕：～拿；～理 (无锡话常用词，意谓仔细而多方面寻求稀罕之物或秘方之类)。

＊～，《广韵》七入切，无锡音声母相合。

十三画

趔趄 (liè · qie) [liəʔ⁸ ts‘iə⁷]

身体歪斜不稳：脚下一绊，打了个～～。

塌 (tā) [t‘aʔ⁷]

不浮躁：塌实。

＊《词典》以～实为正体，“踏实” 为又体；无锡两字声母有清浊之分，一般多说踏[daʔ⁸]实。

毂 (gǔ) [ku³]

车轮中心可以插轴的部件：花～筒。

赖 (lài) [a⁶]

不承担自己的责任：～学 (逃学) (无锡童谣，～学坯，观音堂里挑石灰)；～极皮 (口语词，耍～)。

搒 (bàng) [pã¹]

辅助摇橹推进舟船：扭～；牛牵马～ (无锡成语，喻指事情做得不大像样)。

搓 (cuō) [ts‘əɯ¹]

用手反复摩擦：～衣裳；走出浴室，～～面孔，预防伤风。

搛 (jiān) [tɕiɪ¹]

用筷子夹：～菜用公筷好。

楦 (xuàn) [ɕyø⁵]

(名词) 制鞋帽所用的木制模型：～头，帽子～头 (谑指头颅)；

(动词) 用～头填紧或撑大鞋帽的中空部分。

榔槺 (láng · · kang) [lɒ̃² gɒ̃²]

东西笨重，携带不便：这包裹～里～～，上车很麻烦。

＊槺的声母本是[k‘]受前字的影响音变成[g]。

搡 (sǎng) [sɒ̃³]

猛推：板着脸，把一碗饭～到老人面前；昂昂～～ (发脾气，耍态度的模样)。

覅 (fiào) [fiɐ̃⁵]

不要：～动气。

＊按，普通话声母[f]，本是不拼齐齿呼的，但～是合音字，它的音是特例。

碓 (duì) [te⁵]

舂米用具：～米粉，特别韧 (音银)。

碜（chěn）[ts'ən^{3}]

口中嚼着或皮肤磨擦着沙子之类的感觉：落黄沙（扬尘）天，身上～极了。

尴尬（gān gá）[kɛ^{1} ka^{5}]

（神色，态度）不自然：～里勿～～（无锡俗话，～～的加强式）。

＊～～，《海上花列传》（清末谴责小说，里面对话全用苏州方言）写成"间架"。

歇（xiē）[ɕiəʔ^{7}]

表示时间的量词：一～（长短视语境而定）、一～～（很短）、一大～（较长）。

跷（qiāo）[tɕ'iɐ^{1}]

跛，瘸：～脚走路，一磕一踤。

路（lù）[ləɯ^{6}]

途径；～道（特指能凭个人达到目的的途径）。

跤（jiāo）[kɐ^{1}]白

跟斗：勿当心跌了一～（可喻指受到挫折）。

跟斗（gēn · dou）[kən^{1} tei^{3}]

摔倒：跌～～。

＊《词典》以～～为方言词，注以"跟头"。但是无锡不说跟头：斗与头声母有清浊之分，语音不合。顺便指出：过去用到～～的文献中，第二个字大多是"斗"，例如，唐《教坊记》，明《西游记》，鲁迅《社戏》等。

嗲（diǎ）[tia^{3}]

形容撒娇的声音或姿态：～里～气。

＊～，另有"优异，好"的义项，但这是沪语；正宗的无锡话里没有这种用法。

嗵（tōng）[t'oŋ^{1}]

象声词：心～～直跳。

骱（jiè）[ga^{6}]

骨节与骨节衔接之处：～子、脱～、上～（接脱～）；捏牢～子勠用刀（无锡俗话，意谓抓住要害容易使对方就范）。

骰（tóu）[dei^{2}]

赌具：～子、掷～子（赌博方式之一）。

筲（shāo）[sɐ^{1}]

家用器具：～箕（淘米洗菜等用的竹器）。

锩（juǎn）[tɕyø^{3}]

刀剑的刃卷曲：刀～口了。

＊《吕览 · 别类》"剑～且折，焉得为利剑"。毕沅校正："字书无此（锩）字，当与'卷'同"。

腻（nì）[ȵi^{6}]

汤汁黏稠：粥～头，着～（勾芡）。

瘃（zhú）[tsoʔ^{7}]

冻疮（无锡俗称"冻死血"）：冻～。

煏（bì）[piəʔ^{7}]

用火烘干：炒米粉有点还潮，放勒（在）镬里～一～。

煨（wēi）[ue^{1}]

把生的食物放入带火的炭灰焐熟：脚炉里～蚕豆，灶膛里～山芋。

煸（biān）[piɪ^{1}]

用热油炒生的菜：生～草头。

＊～，《康熙字典》未收；过去无锡方言中也不说～，只说炒；可能受上海话的影响，晚近才有所推用。

煺（tuì）[tʻe^{1}]

已宰杀的猪、鸡等用滚水烫后去掉毛：～毛，～清（由赌博引起双方的人欠欠人，通过赌博全部清账）。

溻（tā）[tʻaʔ^{7}]

湿透：潮～～。

滗（bì）[piəʔ^{7}]

挡住渣滓或泡着的东西，把液体倒出：罐头里的中药已煎好，把药汁～～干净。

溏（táng）[dɒ̃^{2}]

半流动的：～薄，～黄鸡蛋。

鲎（hòu）[hei^{3}]

虹：勿好用手指头点～（锡地传讹，说指了～的手指头要烂的）。

缠（chán）[dzø^{4}]

应付；无锡口语中可以引申为争斗：这些人真难～；覅怕，搭佗（他）～到底。

十四画

蔫（niān）[iɪ^{1}]

（花木果蔬因失去水分而）萎缩，无锡话着重用于物品放久而失去颜色光泽：缎子被面～了。

＊无锡话中水果虽然干得皱巴巴的却不能说水果～了。

摽（biāo）[piɐ^{5}]

抛给，发给：～叫化子，～乡邻。

＊～，《广韵》符少切，折合今音是去声，无锡声调同。

酿（niàng）[ȵiã^{6}]

（名词）馅儿：肉～、洗沙～。

（动词）把馅儿嵌塞入食品：～生麸，～油豆腐，肉～鲫鱼（无锡风味菜）。

蜷（quán）[dʑyø^{2}]

弯曲肢体：列车轧得实实窒窒，只得～拢手脚，躺在座位底下。

嘘（shī）[ʂʮ^{1}]

叹词，表示制止，驱逐等：嗬～（赶鸡声）；～，覅哇啦哇啦！

罱（lǎn）[nɛ^{4}]

用～捞：～河泥。

＊～，无锡话里只用作动词。

搿（gé）[gəʔ^{8}]

用手臂抱住：～牢颈根难脱身。

箬（ruò）[ȵiaʔ^{8}]

箬竹的叶子：蓑衣～帽。

箍（gū）[ku^{1}]

（名词）紧紧套在器物外面的圈：竹～、铁～、针～（顶针）。

（动词）用～紧紧套在器物外面：～桶，起屋（造房子）张着（雇着）个～桶匠（锡谚，言用非其人）。

箔（bó）[boʔ^{8}]

小竹枝、芦柴棒等编成的帘子；茧子晒勒（在）～上。

魁（kuí）[kʻue^{1}]

为首的，居第一位的；摆～（标榜自己，含贬义）。

＊～，无锡音读阴平，合中古反切。

孵（fū）[bəɯ^{6}]白

用母禽体温使卵内胚胎成雏：～小鸡，～坊。

＊～，无锡白话音的声母合上古音系。

瘩（dá）[taʔ^{7}]

生在背部的痈：～背。

＊据说，痈在背部的部位，自己的手搭得到，故名～背。

端（duān）[tø^{1}]

平举着拿：～饭上菜。

糁（sǎn）[sø^{3}]

米饭粒：米～头（半截饭粒）。

熘（liū）[lei^{1}]

烹调方法：～虾仁、醋～黄鱼。

滴（dī）[tiəʔ^{7}]

液体一点一滴地向下落：～眼药水。

漾（yàng）[jiã^{1}]

液体太满而向外流：宝宝～奶了。

褙（bèi）[pe^{5}]

把布或纸一层一层地粘在一起，黏在板上：～硬衬（袼～）。

缩（suō）[soʔ^{7}]

东西由收～而体积变小，无锡话引申为小气，吝啬：～货（小气鬼），～哈头（小老婆，蔑称）。

十五画

敖（áo）[ŋɐ^{2}]

把东西放在容器里干烙以提取有效成分：～猪油、～熟桐油。

＊～，《说文》干煎也，段注：凡有汁而干谓之煎。因此，～是无汁的。无锡话说煎药、煎粥（烧粥时最后加把火使粥黏稠），正宗无锡话不说～药、～粥，这些是合乎两字本义的。

撩（liāo）[liɐ^{2}]

掀起垂下的部分：～起长衫，登上宝塔顶层。

撬（qiào）[dʑiɐ^{4}]

用棍棒或刀锥等的一头插入缝中或孔口用力扳或压另一头：～开牙齿（可代指迫使受审者开口招供）；～窃。

鋬（pàn）[pʻɛ^{5}]

器物上用手提的部分：～头，夜壶～当翡翠（无锡俗话，意谓不识真假）。

撴（dūn）[ən^{1}]

揪住：～卵子（武打中的一个招式，他～你卵子，你就砸他脚背）。

撺掇（cuān・duo）[tʂʻø^{1} təʔ^{7}]

怂恿：～～老爷煨砂锅（锡谚）。

＊掇，无锡常变读为[tɐ^{5}]（音到）

墼（jī）[tɕi^{1}]，[tɕʻi^{1}]又

用炭末做成的块状燃料，多呈圆柱形：炭～（放在闷笼里炖滋补品）。

＊～，《词典》只收炭～一个义项；而《新华字典》《辞海》等还另有一个义项——“未烧的砖坯，无锡叫作土～[tɕyəʔ^{1}]（音决）；这却是～的本义（见《说文》）。”

碾（niǎn）[ȵiɪ^{4}]

滚动碾子使物体破碎：～船（国药店中～碎药材的～子，船形，一般铜制）。

髲（bì）[bi^{6}]

衬在妇女发髻中的假发：～子。

＊古时，～的来源：“剔（同‘剃’）贱者刑者之发。”（礼仪注）

鳌鲦（cān tiáo）[tsʻø^{1} di^{2}]

一种常群游在河沿头的小鱼：～～钓白鱼（锡谚，喻以小诓大）。

瞌（kē）[kʻə^{7}]

因困倦而想小睡：打～睡。

暾（tūn）[tʻən^{1}]

温～（也作温吞），（液体）不冷不热：温～水（可喻指迟迟不下决心，行动迟疑的人）。

踮（diǎn）[tiɪ^{1}]

抬起脚后跟，用脚尖站着：～起脚跟，伸长头颈，眼睛看看清。

噢（ō）[ɐ^{5}]

叹词，表示应允：答则（得）～～应，忘则干干净（无锡俗话，意谓虽连连应允，但一点点也没有兑现），～诺（无锡话特有的应答语词）。

噀（xùn）[ziən^{6}]

含水喷出：～水（僧道做法事以此袚除不祥，驱赶妖孽）。

鲠（gěng）[kã^{3}]白

鱼刺或肉骨头卡在喉咙头：骨～在喉（喻心里有话没说出来，非常难受）。

齑（jī）[tsi^{1}]

碎末：～头，瓜～头（把多种蔬菜切成碎末，烹调，做面浇头或粥菜）。

糍（cí）[zɿ^{2}]

擂成粉糊状的糯米饭：～团。

熯（hàn）[hø^{5}]

用极少的油煎：荠菜～糕。

潽（pū）[pʻəɯ^{1}]

液体沸腾溢出：镬盖罅开一点，当心粥～出来。

褥（rù）[ȵioʔ^{8}]

垫被：被头～子。

褫（chǐ）[tʂʅ^{3}]

脱去（衣带），无锡引申为把食物的外壳或骨头在口中剥离而吐弃：蚕豆老了，～落壳吃吧；这块鱼先～出鱼刺再嚼碎它。

谵（zhān）[tsʻø^{1}]

病态——症状为意识模糊，短时间内精神错乱；无锡话中强调其处世办事不知变通，好钻牛角尖的表现：念书念到～落了，事情这样瞎处理真吃～了。

犟（jiàng）[dʑiã^{4}]

固执，不服劝导，～头～脑。

骟 (dūn) [tən¹]

去掉雄性家畜家禽的生殖器：～猪、～鸡。

十六画

蕻 (hóng) [ɦoŋ²]

变种的芥菜:雪里～（～今多写作“红”）。

鞔 (mán) [mø²]

把皮革固定在鼓框之类的周围，做成面张：胡琴筒上～的是蟒皮，音色较醇厚。

蕹 (wèng) [oŋ⁵]

空心菜：～菜。

薅 (hāo) [hɐ¹]

用手拔：～草。

＊～，这是个方言中的口语词，可是它的本字在《诗·七月》中就有了（“以～荼蓼”），这又是个地道的文言词语。

踣 (bāi) [pa⁵]

瘸着行走而身体一屈一伸：走路一磕一～。

＊～，《康熙字典》未见；《现代汉语词典》1996年修订本增入。

踱 (duō) [doʔ⁸]

慢步行走：～方步，～来～去想心事。

噱 (xué) [ɕyəʔ⁷]

笑：～头、发～。

＊～，无锡还有“诱使”的意思：～他上当。

篰 (bù) [bəɯ⁶]

竹篾编的装水果的篓头：一～大浮[ɦu²]杨梅。

覅 (fēn) [fən¹]

未曾：医生还覅来过。

＊～，根据普通话“曾”（ceng）应该读（fēng），这里是根据吴方言音系；～在语流中只读本调，不读变调。

壅 (yōng) [ioŋ¹]

把土或肥料培在植物根部：～根（崇奉佛法的以此喻指吃素念佛、行善获好报的举措）。

激 (jī) [tɕiəʔ⁷]

冰冷的水刺激接触的肌体或食品：冷到～骨头，这热茶先放在冷水里～一～。

缲 (qiāo) [ts‘iɐ¹]

缝纫方法：～边（可以喻指隐去缺失之处而使事情容易办成）。

十七画

薹 (tái) [de²]

有几种蔬菜生长到一定阶段时在中央部分长出的细长的茎：菜～。

＊～，无锡只指油菜（口语称“青菜”）～；其他的如：蒜～叫蒜苗，韭菜～叫韭菜花，苋菜～叫苋菜梗梗等，这些跟北方的叫法不同。

擤 (xǐng) [hən³]

按住鼻孔用力出气，使鼻涕排出：只会～鼻涕（锡谚，谐指没有“狠”劲可发的无用之辈）。

齷齪（wò chuò）[oʔ7 tsoʔ7]

不干净。

嬲（niǎo）[ȵiɐ6]

纠缠；～夹夹；孩子～住妈妈，要买那十分昂贵的“白相故事”（玩具）。

蹋（tà）[tʻaʔ7]

践踏（tá），引申为用脚底在地面上来回滑动：把写在地面上的字迹～落。

罅（xià）[hu5]

（名词）缝：房门上有一条～缝。

（动词）开，房门～开一条～缝。

＊～，音 [hu5] 是无锡话保存的上古音；唐陆德明《易象传音义》：“古人读～为呼”。

簌（sù）[soʔ7]

象声词：锡谚，眼泪～落落，两头掉勿落（扔不下）。

篾（miè）[miəʔ8]

竹子劈成的薄片：～青、～黄、～席。

＊～，无锡只指竹头劈成的，不指苇子、高粱秆上劈下的皮。

簖（duàn）[tø5]

拦河插在水里的竹栅栏：蟹～；晚上点了灯，蟹会爬上～来。

＊～，陆游诗中作“椴”。（见《冬晴闲步东村由故塘还舍》）

簋（guǐ）[kue5]

古代盛食物的器具：五～菜（指请人吃饭菜蔬只备五碗，规格不算高，颇似现在“四菜一汤”）。

＊～，《词典》谓圆口，两耳；而日本人小柳司气太考为外圆内方形。

鍥（jiē）[tɕiə7]

割稻的刀，刃有细齿：稻～。

燏（yù）[jyəʔ8]

火光（跳动）的样子：微风拂过，烛光～了两～。

豁拳（huá quán）[huaʔ7 dʑyø2]

哄饮时两人互猜双方伸出的手指数，也叫猜拳。

＊《词典》以“划（拳）”为正体，搳/～为又体；然而“划”为浊纽[ɦ]，不合无锡音，这里从众以“豁”为字目。

邋遢（lā · ta）[laʔ8 tʻa7]

不整洁，～里～～。

纼（yǐn）[iən3]

在衣服破裂处从反面绗上补苴的布料：在豁口处～块颜色相配的布上去。

十八画

礓磜（jiāng cā）[tɕiã1 tsʻa7]

石台阶（指房屋开间多，门面阔的石台阶）。

蹙頔（cù cù）[tsʻoʔ7 tsʻiəʔ7]

紧皱（眉头）：眉头～～，心事重重。

＊～～两字次序也可倒过来，意思一样。

镬（huò）[ɦoʔ8]

锅:人情急如债,顶只～子沿街卖(锡谚)。

鳑鲏(páng pí)[bɒ̃² bi²]

形似小鲫鱼,围游在淘米洗菜的码头附近的小鱼:看埠涂(码头)的～～(喻指只会坐守现成,不懂向外发展的人)。

戳铲(chuō chǎn)[tsʻo⁷ tsʻɛ³]

指摘,攻讦:背后～～人,这不好。

＊～～是无锡方言口语词,由两个动词性语素并列合成。

十九画

嚭(pǐ)[pʻ i³]

人名:伯～(吴王夫差的佞臣),坏伯～(无锡熟语,詈指坏家伙)。

攀(pān)[pʻɛ¹]

设法接触:～谈;两个人才相识,～谈起来很相投。

礤(cā)[tsʻ ʔ⁷]

把萝卜、土豆等擦成丝的炊事用具:～子。

蹲(dūn)[tən¹]

像坐的样子,臀部不着地;引申为待着或闲居:～坑(～在茅坑上大便);身体勿好,就～勒家里吧。

蹿(cuān)[tsø¹]

向上纵跳:上～下跳,～上了(熟语,喻指地位提高了)。

髈(pǎng)[pʻ ɒ̃ ⁵]

腿:大～(大腿)、小～(小腿)、卷～(老年妇女套在小～上御寒的套袜,一般由毛线织成)。

爆(bào)[pɐ⁵]

不经意地突然地出现:百草～青、～冷门。

爊(āo)[ɐ¹]

烹饪方法,放在文火上煨熟:～菱、～豆腐。

＊《新华字典》以～为"熬"的异体字。

瓒(zàn)[dzɛ⁶]

水溅:不小心踩进水凼,～了一身泥水。

＊～的切语上字,旧有清浊两种,无锡音取浊声母。

谶(chèn)[tsʻən⁵]

能示凶吉的预言:讨～语(无锡熟语,意谓说好话图个吉利)。

歠(chuò)[tʻəʔ⁷]

吸,喝:把泼在台子上的菜汤～落。

二十画

巉(chán)[dzɛ⁴]

陡峭:梯～容易倒,人直容易拗(锡谚)。

璺(wèn)[vən⁶]

陶瓷等器具上的裂痕:俗话说,打破沙锅～到底。(～常谐作"问",也可直接写作"问"。)

躄(bì)[bi⁴]

腿瘸,无锡特指走路、站立时重心落在脚掌的外侧:他走路脚～,鞋子十双有九双穿走了样;

"～～倒,跌跌倒"(无锡熟语,形容十分疲劳时站立不稳)。

二十一画

髓(suǐ)[si^3]

骨腔中柔软的物质:骨～,牙～。

鐾(bèi)[bi^6]

在平面上来回摩擦:～刀布(可比况脏衣服),～洋煝头(擦火柴)。

二十二画

瓤(ráng)[$n\tilde{o}^2$]

瓜果皮里包着种子的肉或瓣;西瓜勿晓得～里事(锡谚,意谓内心世界不易察知)。

二十四画

齆(wèng)[$o\eta^5$]

鼻孔堵塞而发音不清:～鼻头。

襻(pàn)[$p^{‘}\varepsilon^5$]

用布做的扣住纽头的套,纽～。

二十五画

戆(gàng)[$g\tilde{o}^4$]

傻、愣:～头～脑。

无锡市志

【第四册】

第四十卷
社会保障

概 述

1986～2005年，市委、市政府稳步推进社会保障制度改革，保障市民就业、医疗、养老等基本民生和抚恤英烈家属，照顾孤、残等特殊困难群体，促使社会和谐稳定发展。

其间，无锡市开展多种形式的“再就业”工程，通过技能培训、政策优惠扶持、资金保障等措施，千方百计解决下岗、失业人员的就业和生活问题。加强劳动监察和仲裁，保护职工合法权益；实施职工基本医保制度改革并逐年完善，将合作医疗纳入农村初级卫生保健，努力解决群众看病难、看病贵问题；改原来养老金由企业自行负担为社会统筹，根本解决养老资金的来源，养老金随社会经济发展而逐年提高；落实各项抚恤优待政策，多次调高保健金、护理费、抚恤补助金、义务兵家属优待金标准，基本确立优抚对象利益保障机制；对无劳动能力、无经济来源、无亲人依靠的“三无”人员，生活困难的残疾人、孤残儿童、精减退职老职工等生活困难群体进行社会救济。对农村贫困户进行政策扶持；建立居民最低生活保障制度，低保标准由1995年的人均每月120元提高至2005年的每月260元；成立无锡市慈善会，募集慈善资金，设立慈善物资捐赠中心和慈善超市，向市区特困家庭发放慈善生活救助卡和慈善医疗救助卡，向特困学生发放助学金；提倡城乡开办颐养院、敬老院，建立民政福利基金会，以福利工厂盈利补贴敬老院经费，等等。通过多种途径推进社会保障事业稳步发展。

2005年，无锡市实现再就业1.92万人，2100多名下岗失业人员成功创业。城镇失业保险覆盖率96%以上。登记失业3.92万人，登记失业率3.27%，为江苏省最低。参加社会基本养老保险128万人，参保企业36840家；参加农村养老保险64.14万人，领取养老保险金39.79万人。参加医保150.82万人，其中市区90.74万人，覆盖面96%以上，困难企业职工和退休人员全部纳入基本医保的范围；参加合作医疗农民217.1万人，参合率98.60%，以镇、村为单位实现全覆盖。参加工伤保险85.22万人。参加生育保险82.12万人。全市低保对象70856人，其中城镇低保对象27272人，全年支付低保金7944.84万元。发放慈善医疗救助卡16499张，拨付注卡资金1490.58万元，收治慈善病人10.18万人次。全市社会福利机构135个（其中民办18个），总床位12013张，每百名老人拥有床位1.5张。福利企业604家，利税总额18.93亿元；全市90%以上有劳动能力的残疾人得到安置。

第一章 社会保障体制改革

第一节 养老保险制度改革

一、城镇职工养老保险制度改革

新中国成立后，政府对国营企业职工实行退休养老保险制度，并规定由职工所在企业承担离退休职工养老保险费用。随着时间的推移，一些传统行业的老企业离退休职工人数越来越多，经济负担越来越重。全市纺织、丝绸和粮食等传统老行业离退休职工养老保险费用相当于在职职工工资总额的40%以上，粮食行业高达48.5%；而新兴的电子行业由于新办企业多，退离休职工少，养老保险费用仅占在职职工工资总额的5.8%。

1985年4月，市政府制定《无锡市企业退休职工劳动保险统筹办法》，试行全民所有制企业和国营集体联营企业参加退休职工劳动保险统筹。并规定在无锡的中央、省属企业和外省市经济独立核算的全民所有制企业，原则上都应参加地方统筹，中外合资企业的中方职工的劳动保险按照国务院颁发的《中外合资经营企业劳动管理规定》办理。养老保险统筹基金收取标准按企业在职职工工资总额的18%计算缴纳。是年，全市14个行业，487家国营工交、商贸企业，除7家部省属企业外，全部参加社会统筹，涉及在职职工21.4万人、离退休职工5.32万人。7月，市政府制定《无锡市集体企业退休职工劳动保险统筹暂行办法》，规定凡经济独立核算的集体所有制企业和以集体所有制为主体的联营企业均应参加退休职工劳动保险统筹，统筹基金按在职职工工资总额的18%计算缴纳。参加统筹试点的企业，凡支付离退休职工应该享受的各项待遇和国家规定的各项补贴的实际费用，均可向统筹机构申请支付。至年末，全市339家集体企业参加社会统筹。实行社会统筹后，改变了养老金由企业自行负担的“企业保险”格局。1986年，在国务院召开的全国城市经济体制改革工作会议期间，国务院副总理田纪云在无锡、常州、苏州三市的代表座谈中，肯定无锡市劳动保险统筹试点改革的成功经验。1月8日，国家体改委和劳动人事部联合发出《转发无锡市实行退离休职工养老保险统筹制度改革的通知》，向各省、自治区、直辖市、计划单列市推广无锡市的改革经验。7月，市劳动局设无锡市社会统筹保险事业管理处，办理退休职工养老保险费的发放和养老金的收缴、监督和日常管理事务，对社会养老保险统筹实行统一管理。参加劳动保险的单位必须按规定如期缴纳养老保险基金，并由市社会统筹保险事业管理处委托工商银行无锡支行开列专户收取，纳入市预算外资金管理。此后，企业无论是否发生经营困难、停工停产、破产或遭受严重自然灾害，离退休职工的基本生活不再因企业的变化而受影响，都能从社会保险管理机构按时足额领取离退休金。

1991年6月，国务院发布《关于企业职工养老保险制度改革的决定》，无锡市据此将固定职工退休费统筹与合同制工人养老保险并轨为统一的企业职工社会养老保险。翌年1月1日，无锡市在全市企业职工中实施《职工养老保险手册》。规定凡参加无锡市社会养老保险的全民、集体所有制企业的职工，外商投资企业的中方职工，在无锡的中央（部属）企业职工以及私营企业的从业人员，城镇的个体劳动者都要参加社会养老保险，由市社会保险事业局核发《职工养老保险手册》。该手册记载企业和职工个人按规定缴纳的基本养老保险费、企业补充养老保险费、个人储蓄养老保险费。职工退休后，按企业和职工个人缴纳的基本养老保险费和交费年限计发养老金，改变企业之间、职工之间养老保险费多交少交一个样的不正常状况。1993年1月1日起，无锡市职工基本养老保险实行社会统筹与个人账户相结合，由国家、企业、个人三方共同负担的办法，全市国有企业职工按本人工资的2%缴纳个人基本养老保险金。是年，市劳动部门对全市职工实行《养老保险手册》记载制度，市政府颁发《无锡市国家机关、社会团体、事业单位工作人员养老保险费统筹暂行办法》，全市机关事业单位开始参加社会养老保险。1993年，市社保经办机构就企业补充养老保险的缴纳、管理和支付等工作，制订较为详细的操作办法，在银行建立企业补充养老基金专项账户和职工个人账户。全市13家企业、656名职工率先参加补充养老保险，缴纳补充养老保险费74.06万元，年实现保值增值15.05万元。

1994年1月1日起，市区企业根据《江苏省改革企业职工基本养老保险金计发办法的试行意见》精神，实施新的基本养老金计发办法，即职工的基本养老金由社会性养老金和缴费性养老金组成。社会性养老金以全省和无锡市上一年职工社会平均工资的一定比例计发；缴费性养老金根据职工本人工资指数，按月平均缴费工资为基数，缴费每满1年，按1%计发。新计发办法自试行之日起3年内，离退休职工养老金待遇低于原办法计发水平的予以补足；高于原办法计发水平的增幅不得超过20%。当年市区新增离退休人员6800人，其中按新办法计发的1360人，占总人数20%，月人均养老金比原办法增加15元。新的养老金计发办法从根本上改变根据本人退休时标准工资按比例计发的老办法，将职工个人养老金与企业和职工的缴费金额和缴费年限直接挂钩，完善养老保险制度。9月1日，市政府颁发《无锡市私营企业职工、个体劳动者养老社会保险暂行办法》。是年，无锡市把档案挂靠在劳动人事代理机构的流动人员纳入市养老保险参保范围。至此，全市共有2798家企事业单位参加统筹，56万职工参加养老保险，其中离退休职工13万人。

1996年1月1日，实施《无锡市城镇企业职工养老保险办法》，扩大职工社会养老保险的覆盖面，规定当年无锡企业职工按照本人月工资的4%缴费，以后每两年上升1个百分点直至8%。市劳动部门从加强社会保障号码，养老保险缴费记录、台账、标准，个人账户等基础管理工作着手，率先在全省开通无锡市社会保险管理信息网络系统，为企业和劳动者提供周到方便的咨（查）询服务。翌年，根据国务院《关于建立统一的企业职工基本养老保险制度的决定》，无锡市对原有的企业职工养老保险制度作修改和完善。全市社保经办机构开发社会保险计算机征缴、支付和档案管理系统，为30多万名企业职工建立养老金个人账户，编制退休人员养老金核算程序和正常调查系统，为养老保险业务和现代化管理创造有利条件。市区企业基本养老保险费缴费比例为职工工资总额的22.5%，其中私营企业和个体工商户缴费比例为17.5%。1997年末，全市4928家单位参加社会养老保险，参保职工54.75万人，其中私营企业及个体工商户24家（户）、职工738人。由于部分企业经营不佳，参保意识淡薄，社会养老保险漏缴、少缴、欠缴现象严重，全年社会养老保险基金收支相抵，出现4亿多元的巨额赤字。由于全国各地养老保险实施办法不同，给国内养老保险的统一管理和职工流动带来一定困难。1998年，市政府颁发《关于修改〈无锡市城镇企业职工养老保险办法〉的通知》，对全市养老保险实行“四个统一”，即统一企业缴纳基本养老保险费比例，统一基本养老保险个人账户记账比例，统一养老保险待遇，统一养老保险基金征缴管理办法。为扭转企业职工养老保险基金收不抵支的状况，市政府加大对企业社会养老保险基金的管理力度。4月起，企业职工个人养老保险缴费比例由4%提高至5%。5月27日，无锡市建立社会保险监督委员会，对社会保险法规、政策执行情况和基金管理工作实施严格监督。市劳动局会同市社会保险、财政、审计、税务等部门成立专项检查办公室，对企业职工养老保险缴费情况开展专项大检查，着重检查企业漏报、瞒报应缴工资基数，故意拖欠养老保险费和虚报多支养老金等问题。7月1日起，对全市招用农村劳务工的企业，一律按劳务费总额的10%加收企业养老保险费。

1999年1月1日起，企业招用农村劳务工全部实行劳动合同制，劳动报酬纳入工资总额管理，企业和个人必须按规定缴纳社会养老保险费。市劳动局规定企业被批准暂缓缴纳养老保险费期间，企业必须代扣职工个人应缴的基本养老保险费，并如数按期足额上缴。4～6月，开展社会保险扩面征缴攻坚战，实行征收目标责任制，明确凡能发放工资的企业都要按时足额缴纳社会保险费。欠费企业的法人代表一律不得评先评优，不得出国考察和购买小汽车。对个别欠费大户依法严肃处置，公开曝光。对极少数确实无能力缴纳的特困企业，按照暂缓缴费申报程序进行报批，并办理实物资产抵押。全市职工基本养老保险的覆盖面由最初国有企业和城镇集体企业职工，扩大至外商投资企业、城镇私营企业和其他城镇企业职工。新参保单位1321家，其中私营企业912家；新参保职工13761人，其中私企职工5538人。7月1日起，暂停办理因病提前退休和特种工种提前退休；已在社区服务中取得劳动报酬的失业职工，允许将个人档案挂靠在市职业介绍服务中心，继续参加社会养老保险，按规定缴纳社会保险费，享受社会养老保险待遇；企业和职工包括城镇个体工商户及从业人员缴纳的基本养老保险费由各级税务部门代征，存入无锡市基本养老保险基金收入专用账户，并按季转入同级财政部门在银行开设的基本养老保险基金财政专户。至年末，参加社会基本养老保险的企业5098家，参保职工54.41万人，离退休人员21.6万人；其中市区参保职工32万人，离退休人员15.4万人，全市养老保险覆盖面99%。无锡市养老保险基金收入12.94亿元，收缴率96%；其中市区97%、江阴市94%、宜兴市93%。收回历年欠缴的社会养老保险费1.03亿元，清理回收挤占挪用养老保险基金3797万元。1996～2000年，无锡市共动用社保基金垫支养老金6000人次，合计金额300万元；市政府共调拨1.85亿元资金用于充实社会养老保险基金，确保养老金按时定额发放。1999年7月，社会保险费实行三险合并统一由社会保险事业局征收。

2000年1月，无锡市完善养老保险信息系统管理制度，社保费实行按月计算机盘片申报。对全市22.78万离退休人员养老金数据库和1万余职工遗属数据库核查清理，全年共纠正虚报冒领救济费人员1000多人。与此同时，明确国有企业、集体企业和外资企业以及私营企业、城镇个体工商户、城镇自由职业者、企业中形成事实劳动关系的职工，全部纳入社会养老保险范围。对非公有制经济组织和从业人员制定适度优惠的缴费和养老待遇政策。对已经参保的职工全程跟踪服务，无论是企业整体改制还是企业间职工流动，劳动部门都及时为他们接续社会养老保险关系。市劳动局会同市经委、税务局、统计局等相关部门，强化社会保险基金征缴，审核企业职工人数、工资总额基数，防止企业瞒报、漏报工资总额，确保参保单位及时、足额依法缴纳养老保险费。对生产经营正常、能够正常发放工资的欠费企业，逐户追缴欠费；对有能力缴费而拒不补缴的单位，依法向法院申请强制执行。8月1日起，社保费委托地税局征收。10月，企业养老保险费由差额缴拨改为全额缴拨，分批推进企业退休人员养老金委托商业银行或邮政部门社会化发放工作。至年末，社会化发放养老金19.2万人，社会化发放率85%；其中市区15.9万人，社会化发放率100%。全市参加社会养老保险95.38万人，其中市区60.14万人；参保单位保费人员申报率上升至99%，社保险收缴率提高至96.54%，征缴总额15.2亿元。

2001年，市劳动和社会保障部门继续开展社会养老保险扩面工作，开设个人缴费绿色通道，使从事自由职业、灵活就业人员可以不通过劳动人事代理，直接按18%的费率缴纳社会养老保险费。同时，在有条件的乡镇企业中开展扩面试点。2001年4月，撤销锡山市设立锡山区和惠山区，原锡山市7个镇社保划入市区统一管理。根据公务员法等有关规定，是年，机关事业单位退出社会养老保险缴费序列。为做好破产、关闭、撤并、改制企业分流人员的社会养老保险关系接续工作，市劳动和社会保障局按照不同类型人员分别实行不同政策。对原国有企业固定职工在企业再就业服务中心协议期满时距法定退休年龄5年以内的，实行离岗退养。原企业的固定男职工在“中心”协议期满时，距法定退休年龄5年以上、12年以内，固定女职工距法定退休年龄5年以上、10年以内的，全部实行协议保留社会保险关系。上述两类人员由行业主管部门负责，一次性向社保经办机构缴纳养老保险费，并由市社保机构单独建库（档案库）立账。因工致残5～6级人员，由行业主管部门管理并按月缴纳社会养老保险费。对自谋职业人员给予保留社会养老保险关系，并鼓励其继续缴纳社会养老保险费。对于已经离开企业再就业服务中心，并与原企业终止或解除劳动合同的下岗人员，企业以前年度所欠缴的社会养老保险费，由企业按不低于人均欠款数额一次性予以补缴等4种办法。同时规定，破产、关闭、撤并、改制企业应缴纳的职工社会养老保险费从企业财产或净资产依法处置所得及土地使用权转让所得中优先提取，不足部分由行业主管部门在国有存量资产变现和国有资本退出收入中予以解决；仍然不足的，由地方财政给予弥补。至4月末，无锡市共办理破产、关闭、撤并、改制企业离岗退养、协议保留社保关系人员4023人，收到一次性缴纳的社会养老保险费2748万元，收回企业历年欠费1326万元。至

图40-1　灵活就业人员踊跃办理基本养老与医疗保险

（江阴市政府供稿）

11月底，共查实漏报社会养老费基金7039万元，补征养老金1800万元，追缴历年欠费5087万元。至年末，无锡市形成由养老、医疗、失业、工伤、生育保险"五险合一"的较为完整的社保框架。社保费分别由市区和江阴市、宜兴市、锡山区、惠山区等5个统筹区统筹。是年，全市参加城镇企业职工基本养老保险64.3万人，其中市区37.56万人；享受养老保险待遇的离退休人员23.96万人，其中市区16.7万人；全市全年社保基金收入17.24亿元，其中市区12.04亿元（含财政拨款1.19亿元）。市政府将1.5亿元的资金额度列入预算，用于充实社会养老保险基金。全市基金收缴率94.3%。当年基金支出16.95亿元，月均支出1.41亿元。其间，私营企业、个体工商户参保率较低，市区社保登记的1163家私营企业973家企业参保，平均每家私营企业参保人数仅9人。全市个体工商户参保人数仅92人。随着国有企业的结构调整和改革深入、下岗与失业并轨，中止缴费的人数急剧增加。至年末，市区累计有5.88万人中止缴费，而市区离退休人员由1998年的15.3万人增加至17.63万人，社会养老保险费收不抵支。

2002年1月起，无锡市实施《关于切实加强市区企业养老保险扩面征缴工作的意见》，相关部门制定有关扩面征缴的8个配套性文件，使社保突破城乡界限、身份界限、所有制界限，向全体劳动者覆盖。规定2002年1月起，企业职工不论户籍所在地或户口性质，都应参加社会基本养老保险。用人单位招用劳动者1个月以上的，都必须依法与其签订劳动合同，并按规定缴纳社保费。规范劳动用工管理，取消企业常年使用的"劳务工"不缴纳社保费的做法。新区的外资企业和机械、纺织等行业1万多名"劳务工"全部转为劳动合同工。文件还规定在无锡市参加社会养老保险实际缴费满10年的外来务工人员，允许其配偶及未成年子女落户无锡。当年，全市有近5000名外来人员参加社保。以"低门槛"和"医保带养老"的办法吸引两万多名个体工商户、自由职业人员参加社保。对82家破产、关闭、撤并、改制企业和129家非公转制企业，按规定为分流出来的富余职工办理经济补偿和社保关系接续，做到"应保尽保"。市政府规定在2002年12月31日前，允许个人补缴社会养老保险费，市区补缴养老保险费1亿多元。市区39个街道全部建立社保协管点，聘请93名社保协管员，承担社保扩面宣传、政策咨询、调查摸底和社会化管理等基础工作。4月起，加大工业企业社保扩面的力度，参加社保人数迅速增加。至年末，市区养老保险新增9万余人，市级统筹区为7.36万人（新增参保人员5.75万人，接续社保关系1.61万人），全市养老保险基金缺口逐月缩小。9月，原郊区养老保险统筹划入市区统一管理。是年，全市参加城镇企业职工基本养老保险的从业人员74.84万人，比年初增加10.54万人。享受城镇企业职工养老保险待遇的离退休人员25.46万人，其中市区参加城镇企业职工基本养老保险的从业人员45.5万人，享受养老保险待遇的离退休人员17.63万人。全市城镇企业职工社会养老保险基金收入23.21亿元，基金征缴率96%；其中市本级社会养老保险基金收入15.37亿元，增长26%。市政府共增加基金支出2.3亿元，两次为退休人员提高养老金待遇。

2003年，无锡市实行扩面工作属地管理办法，按照财税体制将扩面单位全部分解到各区。完善城镇保险和农村保险的接轨通道，7000多名失地农民纳入社会保障体系。全年养老保险扩面15.72万人，其中市区由农保转城保1600多人；96.48万从业人员参加职工基本养老保险，30.6万离退休人员享受基本养老保险待遇，企业离退休人员养老金社会化发放率100%。4月2日，滨湖区溪南街道劳动保障所成立，企业离退休人员率先转入社区管理。9月起，全市社会养老保险基金实现当年收支基本平衡。社会养老保险基金收入26.91亿元，支出23.29亿元，当期结余7.37亿元，其中市区收入16.72亿元，支出16.46亿元，当年结余2658万元，市区养老保险基金征缴率96.42%。2004年3月，市政府印发《无锡市征用土地补偿和被征地农民基本生活保障暂行办法》，规定按"一经征地即予补偿"的原则扩大社会保障对象，统一被征地农民基本生活保障。2005年，无锡市启动"金保工程"三年计划，在全省率先将离退休人员的计算机网络管理连接到街道，实现信息管理联网，进而实现对企业退休人员进行社会化管理服务（社区管理）。至2005年末，全市参加社会基本养老保险企业36840家，参保128万人，参加基本养老保险的缴费职工107.35万人，参加社会基本养老保险的离退休人员34.68万人，全年社会基本养老保险基金收入45.56亿元，支出34.25亿元，累计结余24.84亿元。

1986～2005年无锡市企业职工基本养老保险概况表

表40-1

单位：家、人、万元

年份	参加养老保险企业数		参加基本养老保险职工人数		参加基本养老保险缴费人数	参加基本养老保险当年办理离退休人数	参加基本养老保险离退休人数	基本养老保险缴费工资总额		基本养老保险基金		
	固定职工退休费用社会统筹	劳动合同制职工退休养老基金社会统筹	固定职工退休费用社会统筹	劳动合同制职工退休养老基金社会统筹				固定职工退休费用社会统筹	劳动合同制职工退休养老基金社会统筹	总收入	总支出	累计结余
1986	—	131	—	28787	—	—	—	—	—	—	—	—
1987	261	1233	53238	48620	—	—	6154	5744	—	—	—	—
1988	1002	1411	427898	63820	—	—	113383	13416	2247	2195	1521	—
1989	1505	2357	419569	88756	—	—	121568	87738	17287	22661	17672	—
1990	1665	2423	443925	105173	—	—	130439	115755	13062	23851	20468	—
1991	1913	2242	407954	144936	—	—	147343	112790	20135	28190	21512	—
1992	—	4037	—	582574	—	—	152857	—	165212	36271	30541	—
1993	—	4754	—	611405	—	—	165399	—	216671	51627	43365	—
1994	—	4890	—	614446	—	—	171870	—	310859	70337	62913	—
1995	—	5354	—	557930	—	—	185110	—	374446	93883	78907	40417
1996	—	4514	—	533784	—	—	182367	—	388351	100907	96897	44427
1997	—	4928	—	547466	—	—	197465	—	396981	111155	114827	40755
1998	—	4966	—	540824	—	21096	214722	—	407482	113746	127452	27049
1999	—	5098	—	544077	512143	10270	216026	—	441613	129441	132170	24320
2000	—	6941	—	552319	519777	15266	227770	—	498904	152048	155718	20650
2001	—	11142	—	643009	562685	14677	239627	—	565826	172441	169502	23589
2002	—	18874	—	748374	635597	15695	254633	—	736282	232126	218251	37464
2003	—	25784	—	964813	822005	17801	305908	—	872602	269140	232930	73674
2004	—	36602	—	1088103	919897	17208	327054	—	1138848	348051	286349	135376
2005	—	36840	—	1279956	1073492	17387	346773	—	1353196	455603	342530	248449

1996～2005年无锡市机关事业单位养老保险概况表

表40-2

单位：人、万元

年份	参加机关事业单位养老保险人数	参加机关事业单位养老保险离退休人数	参加机关事业单位养老保险退休人数	机关事业单位养老保险基金		
				总收入	总支出	累计结余
1996	157419	39683	—	33319	32979	0
1997	157622	40203	—	39242	39365	3073
1998	166481	43650	—	51533	49985	5644
1999	167971	47594	—	53900	54708	4602
2000	164068	51690	—	75562	71694	8545
2001	130148	46998	—	69354	72134	6225
2002	87773	31805	—	50114	50918	5421
2003	74595	29460	28370	48540	47928	6033
2004	70104	28147	27149	52527	50883	7677
2005	63486	25550	24724	52321	47637	12361

二、农村养老保险制度改革

1987年，市政府制定《无锡市农村合作养老保险试行办法》，将城镇企业职工退休养老保险费实施社会统筹的经验推向农村。1992年，民政部组织开展农村社会养老保险试点，6月8日，市政府批准市民政局《关于开展农村社会养老保险工作的意见》，并确定在江阴市山观镇、无锡县港下镇试点，取得经验后全面推开。至2003年末，全市所有乡镇都建立农保经办机构，28.45万人参加农村养老保险，农村社保基金积累8.9亿元，领取养老保险金近两万人，年发放养老金5988万元。

2004年，市政府制定《无锡市征用土地补偿和被征地农民基本生活保障的暂行办法》，规定从2004年6月1日起，对全市分3类地区执行相应的征地补偿和社会生活保险标准。崇安区、南长区、北塘区、滨湖区为一类地区；江阴市、锡山区、惠山区、新区为二类地区；宜兴市为三类地区。被征地人员按征地时间分3个年龄段计发征地补偿。第一年龄段为16周岁以下及16周岁以上的在校学生，给予一类地区每人8000元、二类地区每人6000元、三类地区每人5000元的一次性生活补助费。第二年龄段为男16周岁以上至50周岁、女16周岁以上至40周岁的农民，实行保障性安置，全部纳入城镇企业职工社保范围，并对应分别折算养老保险年限，建立个人账户。2002年1月前的养老保险折算成缴费年限，并视同医保缴费年限。征地前未参保的，本人可申请就业安置。用人单位需要为其缴纳的社保费，按当地上年职工平均工资基数，合法就业补偿费7年（保障安置和就业安置不重复享受）。第三年龄段

图40-2　2005年，宜兴老年农民喜拿基本养老保险存折
（仇洪生摄）

为男50周岁以上、女40周岁以上，征地前未参保的，本人可选择由政府给予保障安置或就业安置。对征地前已经参加养老保险的，可实行保障安置或就业安置。征地前已经退休的，原退休待遇不高，政府另外给予一次性补偿费，其中一类地区8000元、二类地区6000元、三类地区5000元。

2005年4月，无锡市制定农村养老保障全覆盖方案，市政府印发《无锡市农民基本养老保险暂行办法》，在农村地区推行新农保，江阴市、宜兴市、锡山区、惠山区、滨湖区、新区根据市政府的精神，出台相应的实施意见。把乡镇范围的各类企业职工纳入“城保”，对被征用土地的失地农民全面落实“地保”，为从事养殖业的纯农民和老年农民建立新型“农保”，基本形成以“城保”“地保”“新农保”为基本框架的城乡统筹发展的社会养老保险体系，覆盖80%的农村人口。10月1日起，以纯农民为参保主体的新型农民基本养老保险制度在江阴市、宜兴市、锡山区、惠山区实施。全市43.77万从事农林牧渔业的纯农民和老年农民参加“新农保”（其中38.67万老年农民按月领取社会养老金），市（县、区）、乡镇两级财政投入新农保资金5428万元，其中江阴市2670万元、宜兴市1029万元、锡山区740万元、惠山区523万元、滨湖区316万元、新区150万元。至年末，全市16周岁以上原农村户籍人员148万人，其中参加“城保”的50.2万人；土地换保障新政策实施后，纳入“地保”的新征地农民1.9万人；人均土地不到0.1亩、历次被征地农民44.5万人中，按月领取养老金的有31万多人，“城保”“地保”和“新农保”覆盖率分别达到71.7%、91%和72.2%。是年，全市参加农村养老保险64.14万人，领取养老保险39.79万人，全市农村养老保险基金总收入1.96亿元，总支出2.4亿元。2002～2005年，全市农村养老保险基金收支相抵，累计结余9.04亿元。

2002～2005年无锡市农村养老保险概况表

表40-3　　单位：人、万元

年份	参加农村养老保险人数	年末领取养老金人数	农村养老保险基金收支		
			总收入	总支出	累计结余
2002	277440	13651	24776	5221	75574
2003	284543	19993	17206	5988	89126
2004	281683	25034	15443	9908	94818
2005	641370	397930	19557	23997	90378

第二节　医疗保险制度改革

一、城镇职工医疗保险制度改革

80年代初，全市城镇职工基本医疗制度有公费医疗、统筹医疗和劳动保险医疗等形式，采用定点医院、就近就医的原则。1985年7月始，无锡市试行公费医疗制度改革，对市区享受公费医疗的行政事业单位干部职工（不含离休干部）试行“定点医疗、定额管理、门诊经费单位包干”的办法。1988年6月起，市政府制定并实施《无锡市公费医疗、劳保医疗人员自费药品范围暂行规定》《无锡市公费医疗经费开支范围暂行规定》和《无锡市机关事业单位医疗保险暂行办法》以及《公费医疗管理奖罚条例》等，对药品报销作出明确规定，并建立健全各级公费医疗管理机构。7月1日起，宜兴市试行“定点医院现金看病、单位包干、个人挂钩”的管理办法。10月1日起，每个参保单位可选择就近1所医院诊疗，实行医疗经费的享受与医疗单位经济利益挂钩。江阴市和无锡县均从1989年7月1日起，分别实行“单位包干、医院代管、现金看病、个人少量负担”和“分级管理、定额到单位、挂钩到个人”

的办法，从而基本控制公费医疗经费急剧上升的势头。1992年，无锡市加强对医疗机构管理，将医疗经费按享受医保的人数和定额标准包给医院，节支留用，超支分担，激励医院主动控制医药成本和费用开支；同时制定基本药品目录和公费医疗用药报销目录，以控制药品支出。12月20日，市劳动局印发《关于企业内部试行医疗保险制度改革和离退休职工个人负担少量医疗费等有关问题的处理意见》，明确医疗费用由企业、国家、个人共同负担，医疗机构，医药生产、经营单位，患者的行为受到各方约束和规范。1994年，无锡市在对自1990年以后发生的医疗费情况进行详细分析后，实施《无锡市公费医疗制度改革暂行办法》，规定无论是门诊还是住院治疗首先是用个人账户资金，个人账户资金用完后，在个人上年工资总额5%的限额内由个人支付，自付段过后，再由统筹基金支付，形成三段（个人账户支付段、自付段、统筹基金支付段）相连的"通道式"管理模式。

1996年，无锡市继镇江市、九江市之后成为全国第一批职工医疗保障制度改革扩大试点城市，实行以社会统筹医疗基金与个人账户相结合的"三段直通式"保险模式，实行社会统筹和个人账户相结合，职工医疗保险费由用人单位和职工个人共同缴纳。11月，市政府印发《无锡市职工医疗保险制度改革实施方案》，同时制定《无锡市职工医疗社会保险管理暂行办法》《无锡市职工医疗保险定点医疗机构质量管理考核暂行办法》等一系列相配套的文件，规定医保基金由用人单位和职工个人共同缴纳。用人单位统一按在职职工当年工资总额的10.8%缴纳，职工先按个人上年工资总额的1%缴纳，以后逐年提高。是年，全市社会医保机构为每个参保人员建立个人医疗账户，按职工年龄段以工资总额为基数确定不同比例计入，职工35岁以下按4%计入，36～45岁按5%计入，46岁以上按6%计入。退休人员个人不缴纳医疗保险费，按个人养老金总额的一定比例建立个人账户。用人单位为职工缴纳的医保费划入个人账户以外的部分，建立社会统筹医疗基金。职工看病发生的医疗费用，先由个人账户支付；个人账户用完后，由职工自付，按年度计算，以个人上年工资总额5%为限；超过部分由社会统筹医疗基金支付，但个人仍要负担一定比例（超过个人上年工资总额5%以上，不足5000元的部分，个人负担16%；5000～10000元部分，个人负担8%；超过10000元以上部分，个人负担4%）。退休人员个人负担部分为在职职工的50%。市社保部门计算机中心与34个市、区、乡三级以上医疗机构、9家厂矿企业医疗机构进行微机联网，为列入全市第一批医改试点范围的11万名职工制作并发放社保卡，方便参加医保的职工就诊结算。1997年末，市区参加医保单位2253家，参保职工38.8万人，占应参保职工总数的64.7%。由于参保人数少，基金征缴率低，造成社会医保统筹基金入不敷出。当年全市应收缴医保基金24678万元，实际收缴19114万元，征缴率77.5%。全市医疗费用总支出22817万元，参保职工人均支出607.82元，其中在职职工人均支出333.78元、退休职工支出1335.73元、离休干部人均支出8950元。

针对医保门诊漏洞多、医疗费管理难以控制的状况，1998年3月起，无锡市区27.19万人（占参保企业职工总数的92%）实行门诊医疗费由单位统筹包干、住院医疗费由社会统筹的分级管理办法。门诊经费实行包干后，逐步向社会统筹管大病、企业和个人账户管小病的形式过渡。1998年5月起，市区企业医保费改由市国税局统一征缴，机关事业单位医保费仍由市社保局征缴。全年应征收医保费25388万元，实收22981万元，收缴率90.5%；实际支付医保基金22862万元。当年全市医保基金收支相抵结余119万元，但历年累计欠缴医保费仍高达3406万元。

1999年，市职工医保制度改革领导小组印发《关于建立职工补充医疗保险的通知》，规定职工补充医保由参保人员个人缴纳，机关事业单位在职职工每人每月10元，企业单位在职职工每人每月5元，退休人员按所在单位在职职工缴费标准减半，由单位代扣代缴。补充医保主要用于解决超过基本医保最高支付限额以上的费用。年末，全市参加医保人员41.59万人，参保率69.3%，医保统筹基金收支相抵轧差近3亿元，主要包括拖欠医疗机构的3800万元和透支个人账户的26181万元。

2000年1月，市政府按照国务院《关于建立城镇职工基本医疗保险制度的决定》和《江苏省关于城镇职工基本医疗保险制度改革的实施意见》，对原试点模式全面调整，印发《关于调整完善无锡市职工基本医疗保险有关规定的通知》，调整职工医保缴费率，单位按在职职工上月工资总额的8%缴纳，职工个人按上月工资的2%缴纳，退休人员不缴费，重新构建职工个人账户，明确个人账户和统筹基金支付范围，形成“个人账户看门诊，社会统筹管住院”的板块式模式。相继印发《无锡市职工补充医疗保险暂行办法》《职工补充医疗保险和单位互助金实施细则》，对参保人员发生的基本医保最高支付限额以上的医疗费用和门诊慢性病医疗费用以及个人支付医疗费用困难的，给予一定的补助。同年，市委、市政府批转市委组织部、老干部局、市财政局、市卫生局、市劳动局关于《无锡市区离休人员、老红军统筹医疗管理暂行办法》和《关于二等乙级以上革命伤残军人医疗及费用管理的通知》，明确离休人员和二等乙级以上革命伤残军人不参加职工医保，其医疗待遇不变，实行单独统筹。为解决困难企业职工医保问题，市职工医改领导小组印发《无锡市职工大病（住院）医疗统筹暂行办法》，允许部分困难企业及国企改革中自谋职业人员参加大病统筹基本医保，由单位或自谋职业人员分别按在职职工上月缴费工资总额或上年社会平均工资的5.6%缴纳统筹医疗费用，使19609名离岗退养和“协保”人员、4000多名自谋职业人员接续医保关系。至年末，无锡市成功解决全市1.54万名破产、关闭、撤并企业退休人员的医疗保障问题，逐步解决困难企业职工的参保问题。市劳动局、市医药管理局转发《江苏省贯彻〈城镇职工基本医疗保险定点零售药店管理暂行办法〉实施细则》，实行定点零售药店制度。是年起，市政府调整、完善职工医保管理体系和基金管理模式，明确由市卫生局下设市统筹医疗费用结算中心，由中心负责住院医疗的结算和管理，实行“总额包干、结余留存、超支不补”，医保基金做到当期收支平衡。

2001年，无锡市扩大医保覆盖面和解决弱势群体的医疗问题，年内分4批实施医保扩面，新增参保单位2618家、职工17万人；新增补充医保36.68万人（其中参加大病统筹7.45万人），全市56.72万人参加补充医保。同时将尚未纳入医保的14家破产企业、约6800余名退休人员全部纳入职工基本医保。至年末，全市城镇职工参加基本医保75.47万人，参保率81.6%，其中市区参保60.49万人，参保率95.1%。市区参保人员中，在职40.93万人、退休19.56万人，超额完成省劳动和社会保障厅下达给无锡市的“参保人数确保70万，力争74万”的扩面任务。全年医保费实际收缴50093万元，征缴率94.63%，实际支付医保费39665万元。全年清欠医保费2130万元。是年，全市831家困难企业近8万名职工参加大病（住院）医疗统筹。2002年，按照国务院《关于建立城镇职工基本医疗保险制度的决定》，市政府印发《无锡市城镇职工基本医疗保险暂行规定》等19个文件，构建比较完整的职工医保政策体系。明确凡参保人员达到国家规定的退休年龄，其缴纳基本医保费的最低缴费年限男满30年、女满25年，退休后即可享受基本医保待遇。调整补充医保缴费标准，职工补充医保基金由用人单位按在职职工上月工资总额的1.2%缴纳，参加职工大病（住院）医疗统筹的，则从单位缴纳的5.6%统筹费用中划入0.6%。扩大补充医保慢性病门诊补助范围，门诊慢性病补助范围由6种增至12种。提高补充医保支付限额，补充医保住院最高支付限额由10万元提高至16万元。实行大病住院医疗统筹与基本医保并轨，7.5万名参加大病医疗统筹的困难企业人员全部转为社会基本医保。同年，将医保覆盖范围扩展到个体工商户和自由职业者，解决这些人员长期无法参保的问题。《无锡市市区医疗保险基金结算

图40-3　2000年8月，无锡市统筹医疗费用结算中心投入运行（市人社局供稿）

会议纪要》确定市劳动和社会保障局与市卫生局统筹医疗基金包干方案，规定按上年度统筹基金包干总额为基础，并按当年医保基金实际征缴增长比例同步增长。7月20日起，执行《江苏省基本医疗保险药品目录》。市劳动和社会保障部门对247个定点医疗机构、18家定点零售药店开展综合大检查，取消11个名存实亡的定点医疗机构，对检查合格的定点医疗机构重新签订医疗服务协议并统一挂牌。

2003年1月1日起，实施《无锡市国家公务员医疗补助暂行办法》，对无锡市国家机关原享受公费医疗待遇的工作人员及退休人员实行医疗补助。按单位在职人员工资总额的5%筹集资金。医疗补助标准为门诊医疗费用在个人账户用完后，在职和退休人员分别补助70%～85%，年最高限额分别为3000～4000元；住院（含恶性肿瘤化疗、血透等特殊性病种）医疗费用在基本医保最高支付限额以上部分在职和退休人员分别补助90%～95%；个人自付部分在职和退休人员分别补助80%～90%。制定自谋职业退役士兵参加医保的办法，把军队无军籍退休人员纳入医保范围。建立在职职工和退休人员住院互助医疗保障制度，对企业、事业单位在职职工和退休人员住院和门诊特殊病种治疗中个人自付部分，给予50%的互助。为了用好社会医保基金，市社保中心通过建立医疗服务协议签约制度、检查考核制度以及违规退出机制，逐步规范定点医疗机构和定点零售药店的服务行为。翌年，市区300多个定点医疗机构和定点零售药店全部纳入协议规范管理。全市共查处挂名住院117人次，扣除违规费用215万元，使全市定点医院统筹包干超支比上年下降86%。对34家违规划卡零售药店，全部按协议规定扣除违规费用，并处10倍违规费罚款，其中有7家违规比较严重的个体单位被停止执行医疗服务协议。是年，职工基本医保用药范围内的乙类药品的个人自付比例降低10%；基本医保支付范围内有关体内置换人工器官、材料的个人自付比例统一调低至40%；一次住院治疗需要长期（1年以上）或永久放置在体内的人工器官和材料的费用，在4万元以内的部分，列入社会基本医保支付范围；实施癌症放疗、体内置换人工器官和体内置放材料治疗的，住院医疗费超过规定标准的部分，由统筹基金按70%比例结算。全年全市用于患者超定额医疗补助费用563万元。与此同时，开始实行医疗个人账户补助，在保证医保基金良性运行的基础上，对个人账户用完后的自付部分给予补助，总计1374万元，实际受益人数超过10万人。完善公务员医疗补助办法，建立公务员医疗补助个人账户，按规定应该补助的门诊医疗费，在次年4月一次性记入公务员个人账户。将市区6家平价药店纳入定点范围，规定参保人员在定点医疗机构就诊，药品可凭处方外配，提供更廉价方便的医药服务。年内查出瞒报医疗缴费基数2394万元。

2005年，将原郊区实行农村合作医疗的8万余名农民纳入市区城镇职工基本医保覆盖范围，实现从农村合作医疗向城镇医保的转变。10月29日零时起，市区医保定点医疗机构和零售药店医保结算信息管理系统全面升级。升级后，参保人员在年内第一次住院按规定标准自付起始统筹费后，第二次住院则按规定标准的75%自付，第三次住院按规定标准的50%自付，第四次（含）以上住院均统一按规定的25%自付。这些递减的自付部分将在出院时直接结算，不再需要个人先垫付现金后再到医保经办机构报销。个人住院时应自付的住院统筹基金起付费，定点医疗机构可根据患者本人意愿，选择从个人医疗账户支付（含公务员医疗账户），或用现金支付。实行公务员医疗补助的人员，门诊和住院按规定应补助的医疗费用（包括2005年10月28日前按规定应计入公务员医疗账户的部分），由定点医疗机构结算费用时直接补助，不再由个人垫付现金后再到医保经办机构报销。至年末，基本构建成包括城镇所有从业人员，所有机关、事业单位、企业、社会团体、民办非企业单位的职工和退休人员以及其他城镇就业人员，以基本医保为主体，补充医保、公务员医疗补助、住院医疗互助保障等为辅助的多层次医疗保障体系。全市城镇参加医保150.82万人，其中市区90.74万人，在职人员63.44万人、退休人员27.3万人，覆盖面96%以上。困难企业职工和退休人员全部纳入社会基本医保的范围，社会基本医保新增扩面23.45万人，基本医保基金收入15.91亿元，支出12.87亿元；其中市区收入11.65亿元，支出10.65亿元，收支相抵结余1亿元。

二、新型农村合作医疗制度

无锡市新型农村合作医疗制度(简称"新农合")起源于60年代的合作医疗,通过农村集体和农民个人集资,为农民提供低廉的医疗保健服务,是一种农村医疗互助互济制度,基本覆盖大部分农村。80年代后,随着农村经济体制改革的不断深化,农村的经济结构发生巨大变化,农村合作医疗事业因失去社、队集体核算制度等统一的经济和社会基础而迅速滑坡。直至1991年国家将其纳入农村初级卫生保健后,合作医疗才得以复苏。

2001年,江阴市率先全面恢复农村住院医保制度(即以大病统筹为主的新农合制度),制定《江阴市农村住院医疗保险管理办法》,明确农村住院医保属社会统筹医保。江阴市政府组成工作领导小组,下设办公室(设在卫生局内)负责日常事务和监督管理。征缴工作由各镇政府负总责,地税、工商、教育等部门分别代征企业职工、个体工商户和学生的保费,委托中国太平洋人寿保险股份有限公司江阴支公司进行业务管理。明确除已参加城镇职工基本医保及城镇职工大病住院医保的城镇居民外,凡户口在江阴市的所有人口均能参加。当年江阴市参合79.3万人,占当地农民总数的86.9%。翌年,锡山区、滨湖区、新区参照江阴模式相继启动。至年末,全市参合138.68万人,占全市农民总数的53.4%。

2003年1月,市政府印发《关于建立新型农村合作医疗制度的实施意见》。翌年,印发《无锡市新型农村合作医疗基金管理办法》,各市(县)、区分别成立新农合管理委员会,委员会下设办公室,作为常设机构附设在同级卫生行政部门内,各乡镇也设立相应的新农合管理机构。新农合基金筹集按市(县)、区为单位,按年度统筹实施,基金由市(县)、乡镇两级财政按筹资标准预算安排资金以及市财政安排补助资金,参合农民个人自愿缴纳资金,村集体经济、工商企业资助资金等三部分组成。实施农村医疗救助,对农村最低生活保障户、低收入户、五保户人员参合所需个人缴费予以全额补助。新农合对参合农民实行医疗补偿,以大病统筹为主,部分地区兼顾门诊补偿,重点解决农民患大病的抗风险能力。2004年、2005年,新农合基金人均筹资分别为60.59元和74元,其中财政补助人均29.47元和46元;参合农民人均住院报销费用分别为823.87元和1020.7元;实际结报得益率分别为19.72%、22.1%。2001～2005年,共筹集资金42452万元,其中财政补助18339万元。2005年,市委、市政府将推行新农合列为农村基本现代化建设8项重点工作之一。至年末,全市参合农民217.1万人,参合率98.68%,以镇、村为单位实现全覆盖,当年筹资16184.1万元。累计住院医疗费用60765.1万元,累计报销医疗费39027.2万元,累计报销131596人次,人均住院医疗费用4617元,人均报销医疗费用1120.7元,实际补偿率22.1%,参保农民受益面6.1%。

2005年无锡市新型农村合作医疗筹资、住院结报概况表

表40-4

项目		全市	其中					
			江阴市	宜兴市	锡山区	惠山区	滨湖区	新区
应参保人数(万人)		220.00	92.80	57.70	23.60	22.20	13.10	10.60
实际参保人数(万人)		217.10	93.00	56.10	23.20	21.80	12.50	10.50
参保率(%)		98.60	100.00	98.30	98.30	98.10	97.70	99.20
资金来源	筹集资金总额(万元)	16184.10	6925.80	2524.90	2415.00	2450.50	1071.80	796.10
	其中:财政资金	10063.90	4855.80	1683.30	1303.00	1235.30	625.70	360.80
	集体资金	947.60	—	—	360.00	450.00	19.60	118.00
	个人缴纳	5172.60	2070.00	841.60	752.00	765.20	426.50	317.30

续表

项目	全市	其中					
		江阴市	宜兴市	锡山区	惠山区	滨湖区	新区
累计住院医疗费用（万元）	60765.10	22007.10	14839.40	7599.90	8134.10	4705.70	3478.90
累计报销医疗费总额（万元）	39027.20	15751.90	9448.20	4453.80	4469.80	2642.20	2261.30
可报销的医疗费用占实际医疗费用比例（%）	64.20	71.60	63.70	58.60	55.00	56.20	65.00
累计实际报销医疗费（万元）	13431.40	5616.60	2837.90	1552.60	1740.00	962.50	721.80
可报销医疗费用与实际报销费用结报比例（%）	34.40	35.70	30.00	34.90	38.90	36.40	31.90
累计报销人次	131596.00	63421.00	25756.00	13325.00	14374.00	8568.00	6152.00
人均住院医疗费用（元）	4617.00	3470.00	5761.50	5703.50	5658.90	5492.20	5654.90
人均报销费用（元）	1120.70	885.60	1101.80	1165.20	1210.50	1123.30	1173.30
实际补偿率（%）	22.10	25.50	19.10	20.40	21.40	20.50	20.70
参合农民受益面（%）	6.10	6.80	4.60	5.70	6.60	6.80	5.90

三、儿童统筹医疗制度改革

无锡市儿童统筹医疗始于1957年，享受对象为市行政事业单位职工子女，年龄在18周岁以内（除大学、中专院校在校学生）。1986年初，全市儿童统筹医疗17588人。儿童统筹医疗采取定点就医，单位按标准缴纳儿童统筹医疗费，费用按政策调整。2000年8月，由市社保局转至市统筹医疗费用结算中心管理。年末，中心对费用结算和管理办法作修订，将费用调整为每个儿童每月65元，其中单位每月承担60元，独生子女家长承担3元，两个以上子女每人每月承担5元，同时每人每月提取5元风险金。统筹医疗费用中90%包干给医院管理，结余50%奖励给医院，50%作为风险金使用，超支费用医院承担50%、风险金支付50%。2005年，全市儿童统筹医疗2.6万多人。至年末，建成儿童统筹医疗信息网络，并与社保、医院联网，取消每季领取医疗贴花的办法。

四、离休人员统筹医疗制度改革

1991年，无锡市实行老干部医病优先挂号、优先门诊、优先治疗、优先配药的“四优先”制度，医院专设老干部病房，每年进行健康体检。1999年，针对离休干部人均医疗费用较普通参保人员高出很多的现象，市社保局向各单位补收1997～1999年离休人员超支的医疗费用。2000年，市社保局制定《无锡市离休人员、老红军统筹医疗管理办法》等文件。8月，离休人员统筹医疗费用由市社保局转至市统筹医疗费用结算中心，同时规定离休人员统筹医疗费用按人均每年1.5万元的标准征收。2005年，事业单位人均征缴标准提高至每年两万元，充实离休干部的医疗统筹基金。

五、二等乙级以上革命伤残军人医疗管理

2000年4月，建立二等乙级以上革命伤残军人医疗统筹，参保单位有关人员医疗费用由社保经办机构实行单独列账管理，当年按每人每年5000元的标准向单位征收，其医疗待遇不变。

2003年，规定二等乙级以上革命伤残军人统筹医疗，在市区和市（县）行政区域范围内实行社会统筹，由当地社保经办机构负责管理。2003～2005年，市区统筹医疗费用征缴基数确定为每人每年8000元。

第三节 失业保险制度改革

1986年9月，市劳动局在市劳动服务公司组建职工待业保险科，各区劳动部门配备待业保险专管员。同时，在全民、县（区）以上集体所有制企业的全部职工和机关、事业单位的劳动合同制工人及合营企业、部分“三资”企业的职工中进行待业保险制度改革试点；企业按全部职工人数，机关、社会团体和事业单位按劳动合同制工人总数缴纳职工待业保险基金，缴纳标准为职工工资的1%。破产企业职工、濒临破产企业在法定整顿期间被精简的职工、终止或解除劳动合同的工人，均可按规定享受待业救济金。1987年末，市区参加待业保险的单位1389个。1989年，待业保险基金收缴标准由每月每人0.68元调整为0.75元；1990年调整为全民单位每人1元、集体单位每人0.95元。

1990年3月14日，南长区率先建立区、街道、居委三级待业人员管理网络。至6月末，全市形成上下连线、左右成片的市、区、街道、居委四级待业人员管理网络，组建由38名区（街道）专管员、392名居委兼职管理员组成的基本队伍，建立待业基金财会制度、预决算制度及相应的账、卡、表、册等，做到组织健全、制度健全、手续健全；在基金管理上基本做到专户储存、专项管理、专款专用，及时发放失业保险救济基金。年末，市区参加待业保险统筹的单位1540个，职工38.67万人。基金的筹集标准按职工标准工资的1%，累计筹集职工待业保险金1539万元，平均筹集率98%。1986～1990年，全市共有待业职工969人，累计发放待业救济金及医疗补助费13.94万元。

1992年1月1日起，实施《无锡市职工待业保险暂行办法》。全民企业、城镇集体企业和实行企业化管理的事业单位职工、外商投资企业的中方职工、乡镇企业中经劳动部门办理录用调动手续的城镇户口的职工、行政事业单位的劳动合同制工人等，都可以在待业期间获得社会待业保险。全年发放待业救济金210万元。翌年，无锡市颁发《无锡市职工待业保险实施细则》，将待业保险范围扩大到街道（乡镇）企业中经劳动部门办理录用、转调手续的城镇户口的职工。同时调整原有的失业保险制度，明确待业职工的待业救济金，以及在领取待业救济金期间的医疗补助费、死亡丧葬费、供养直系亲属抚恤费、救济费的额度统一按国家有关规定执行。凡待业职工自愿组织起来就业的，单位可持工商营业执照副本、从业人员名册、享受待业救济对象个人的申请和待业救济金领取证，经所在区劳动就业管理处批准后，可一次性领取待业救济金，最高不得超过1000元。由于社会经济结构、产业结构的战略性调整和劳动用工制度的不断深化，失业人员日趋增多。至1993年末，全市失业人员7000余人，其中市区6518人。失业人员中3100人领取失业救济金，其中市区2805人。年末，无锡市化工机械厂和电容器厂率先试行“公有民营”租赁经营过程中，有20%的富余职工下岗。市劳动部门利用社会失业保险基金为两家企业的226名下岗职工支付为期1年的生活补助费。成为全市首次为“公有民营”企业下岗职工发放社会失业保险金。至年末，全市大集体以上企业待业保险基金的筹集率95%以上，其中市区参加社会待业保险的单位1535个，职工31.45万人。全市9168名失业人员得到待业救济，其中市区3000多人获得救济金110万元，人数和金额分别是上年的3.53倍和5.47倍。翌年，全市失业救济的范围扩大到街道、居委和村办企业职工，全年为9115名失业人员发放救济金530万元。

1997年10月，市劳动局印发《关于加强征集企业职工失业保险基金工作的通知》，规定自1998年开始，按照财政预算安排1/3、企业负担1/3、社会筹集1/3（主要从失业保险基金中调剂）的“三三制”原则，筹集社会失业保险金。凡是有支付能力的企业和社会保险经办机构，必须保证资金到位；对困难企业自筹不足和社会筹集不足的部分，经劳动部门和财政部门审核后，由市财政部门给予托底保障，确保国有企业下岗职工基本生活费按时足额发放。对于在企业再就业服务中心协议期满，但仍未实现再就业的下岗职工，在终止或解除劳动合同后，全部转为享受社会失业保险；24个月后，仍未实现就业或再就业的，均移交给民政部门，由民政部门按规定提供最低生活保障。社会失业保险基金的缴费比例由工资总额的1%提高至3%，由企业单方负担改为由企业和职工个人共同负担（其中企业缴纳2%、个人缴纳1%）。同时建立无锡市再就业基金，每年由市社会失业保险基金和市财政共同出资，用于企业下岗职工基本生活保障和促进再就业。1999年1月，国务院颁布《失业保险条例》后，市劳动和社会保障局会同有关部门相继制定社保参保登记管理、缴费申报管理、征缴监督检查、基金财务管理、失业保险申领发放和失业保险统计等制度，并制定事业单位参加失业保险、调整基金支出结构等配套政策，颁发相关地方性法规，完善社会失业保险制度。

2000年，市政府实行阶段性的国企下岗职工基本生活保障制度，使国企下岗职工逐步从生活保障向失业保障过渡。至2001年，无锡市每年筹措1亿元，用于建立下岗职工基本生活保障线。2001年7月起，无锡市破产、关闭、撤销的国企职工（包括城镇劳动合同制工人）不再进入“再就业服务中心”，原则上通过有偿解除劳动关系、鼓励职工自谋职业的办法，直接进入社会失业保障渠道，实现下岗职工基本生活保障与失业保障“双轨并行”。企业新的减员，由企业依法与其解除劳动关系，按规定给予经济补偿；对一时找不到工作的，享受无锡市劳动失业保险待遇。国企中实行劳动合同制以后参加工作的职工，一律不再安排下岗，而是直接按照劳动法的规定和市场机制的要求，实行失业登记，给予失业保障。2002年，所有企业的下岗职工全部从企业中分离，进入社会失业保障体系。企业新的减员不再经再就业中心过渡，直接采取终止或有偿解除劳动合同的方式。被终止、解除劳动合同的职工和协议期满陆续出中心的下岗职工，符合条件的全部进入社会失业保障，统一实行社会化管理。12月起，市区失业保险金实现社会化发放。

2003年，市劳动和社会保障局印发《无锡市扶持下岗失业人员再就业优惠政策指南》，在失业保险的基础上建立比较完善的就业服务体系，将失业保险基金的保障对象扩大至扶持职业介绍、转业训练、在职培训以及帮助安置富余人员等多个领域，由单一的对失业人员进行救济管理转变为促进就业和提高劳动力素质。

2004年1月起，除宜兴外，无锡市所有地区的失业保险金发放标准均随企业最低工资标准和居民最低生活保障标准的调整而提高。2005年，无锡市社会失业保险金发放标准每月最高为620元，最低为260元；失业保险金人均标准由1999年的每月194元提高至2005年的388元，其中市区提高至457元。

1995～2005年无锡市失业（待业）保险情况一览表

表40-5　　　　单位：人、万元

年份	参保人数	总收入	年末领取失业保险金人数	支出		
				支付失业保险	职业培训补贴	职业介绍补贴
1995	597563	2536.05	2630	649.27	457.56	—
1996	564271	3780.10	2936	1777.70	729.50	—
1997	518762	4202.34	4644	1931.30	567.00	—
1998	524829	7934.42	8029	1577.30	631.65	100.21
1999	673700	12969.32	12291	2366.10	442.31	504.21
2000	660100	18353.61	25376	4674.70	268.27	651.81
2001	660100	23436.65	35528	8264.10	488.23	757.78
2002	643251	23823.63	31607	10331.00	693.27	1283.00
2003	747164	30832.80	24006	8664.90	810.71	2413.40
2004	832071	41690.80	22011	9372.50	1213.50	3275.00
2005	907863	43954.05	19682	10650.00	1462.00	3044.40

第四节 工伤保险制度改革

1995年,无锡市印发《关于转发调整国有企业伤亡职工有关待遇的通知》,规定1995年1月1日以后发生的符合伤残等级标准的职工,发放一次性伤残补助费。1996年,制定《无锡市企业职工工伤保险待遇申报程序》,规范工伤认定、评残鉴定和待遇支付。市劳动局印发《关于为外来劳务工办理工伤保险的通知》,要求企业必须为外来劳务工统一办理工伤保险。保险费原则上由用工单位支付,也可由用人单位和外来劳务工合理分担。市劳动鉴定委员会制定《关于完善职工因工、因病丧失劳动能力鉴定的若干意见》,规范医疗技术鉴定及评审办法,维护职工的合法权益。市劳动局印发《关于转发患职业病职工工资福利待遇问题的通知》,规定确诊为患职业病的在职职工,在治疗、疗养期间和调离有毒有害作业岗位后,其奖金按本企业同类人员在岗职工的平均奖金水平执行。

1997年,市劳动局印发《关于1994年底前城镇企业工伤与职业病退休人员有关待遇的处理意见》,规定1994年末前发生工伤或职业病,且已办理退休手续的人员,必须报市劳动局鉴定委员会鉴定其工伤与职业病致残程度,评定伤残等级。伤残抚恤金和护理费的调整,由劳动行政部门批准后,在养老保险基金中列支。是年,市劳动部门修订完善病残鉴定规则、程序和医疗技术鉴定管理办法,对2500多名病残职工进行劳动能力鉴定。1998年,市劳动局印发《关于企业特等、一等革命伤残军人离、退休后发给护理费问题的通知》,规定从1998年1月1日起,在企业离休、退休的特等、一等革命伤残军人享受护理费,因战、因公特等革命伤残军人为当地上年社会平均工资的50%,一等革命伤残军人为当地上年社会平均工资的30%。印发《关于建国前参加革命工作的老工人享受护理费问题的处理意见》,规定新中国成立前参加革命工作的老工人,凡1945年9月2日前参加革命工作的和解放战争时期参加革命工作、年满70周岁,可按每月120元的标准享受护理费。因病长期瘫痪,生活完全不能自理的,经市劳动鉴定委员会鉴定并评定为护理依赖者,每月260元;大部分护理依赖者,每月210元;部分护理依赖者,每月160元。

1999年,市劳动局规范劳动能力鉴定工作。申请人向所在单位提出申请,所在单位不予办理有关手续的,申请人可向单位所在地有关劳动能力鉴定委员会办公室要求作劳动能力鉴定,由所在地鉴定委员会办公室书面通知申请人所在单位限期办理有关手续,如实填报鉴定审批表。被鉴定人所在单位或被鉴定人凭伤病情技术鉴定介绍信及鉴定审批表到指定医院作医疗检查。是年,市劳动局、财政局作出规定,因病或非因工致残完全丧失劳动能力退休(职)人员,在未到达正常退休年龄期间,养老金(或生活费)由原企业和社会保险经办机构共同负担。提前6年以内(不含6年)办理退休(职)的,由原企业负担70%,社会保险经办机构负担30%;提前6～10年(含10年)的,由原企业负担80%,社会保险经办机构负担20%;提前10年以上的,全部由原企业负担。到达正常退休年龄的次月起,养老金(生活费)改为全部由社保经办机构支付。

2001年11月,市政府颁发《关于实施〈江苏省城镇企业职工工伤保险规定〉的意见》和《关于市区实施企业职工工伤保险中有关问题的处理意见》,规定市区工伤保险自2002年1月1日起实施。该处理意见对原锡山市企业参保问题作了说明:划归滨湖区的原锡山市已参加当地工伤保险的企业及职工,同期纳入市区城镇企业职工工伤保险的实施范围;锡山区和惠山区城镇企业及职工的工伤保险暂按原锡山市规定执行,逐步过渡到按市区统一政策执行。同时对有关工伤保险待遇作出规定:伤残津贴、生活护理费、一次性伤残补助金等按市上一年度职工月平均工资为基数计发,个人工资收入低于平均工资(11988元)的,以平均工资为基数;高于平均工资300%的,以全市上一年职工平均工资300%为基数。市区2001年7月1日～2002年6月30日工伤1～4级的伤残抚恤金最低金额标准分别为899.1元、849.2元、799.2元和749.3元;职工因工死亡享受一次性工亡补助金的标准确定为工亡职工个人工资的48个月至60个月，其中因参加抢险、救灾、救人等维护国家、社会和公众利益活动而死亡的，享受60个月；1～4级享受伤残抚恤金期间死亡的，一次性工亡补助金为个人工资的24个月。

2002年1月1日起，无锡市根据"以支定收、收支平衡"的原则，实行工伤保险社会统筹。参保范围涵盖城镇各类企业，实行统一缴费费率，用人单位按在职职工上月工资总额的0.6%缴纳工伤保险。2月，市社保基金管理中心设立工伤和生育保险科，负责无锡市工伤和生育保险基金管理、待遇的核定支付等工作。7月1日，对企业职工工伤保险的有关待遇进行调整，在企业离休、退休的因公特等、一等，因病一等革命伤残军人，其护理费标准分别调整为每月557元、446元、355元。二类、三类劳动能力残疾人员社保缴费工资基数和退出劳动岗位后的生活费标准分别为368元和276元。是年，市劳动和社会保障局会同市安全生产监督管理局印发《关于确定各区下属企业工伤管理权限的通知》，理顺市和各区的劳保行政管理部门在工伤保险方面的管理权限，规定凡未参加市工伤保险统筹的街道企业、乡镇企业和个体工商户中的职工或雇工发生轻重伤事故的，由各区予以工伤认定，办理有关手续。是年，无锡市按省政府规定，同一工伤事故兼有民事赔偿（包括交通事故赔偿）的，按照先民事赔偿、后工伤保险支付待遇的顺序处理。民事赔偿已给付医疗费、丧葬费、残疾用具费、误工工资（相当于工伤津贴）的，工伤保险不重复支付相应待遇，民事赔偿支付的上述待遇标准低于工伤保险的，由工伤保险补足差额，规定中的其他待遇照发。2002年9月，对无锡太湖耐火材料厂尘肺职业病人员进行梳理，在办理有关手续并补缴费用后，将该厂尘肺职业病人员纳入工伤保险管理，确保其合法权益。市劳动和社会保障局增补市广益医院为工伤定点医疗机构，对尘肺职业病人员工伤医疗费实行"总额包干、超支不补、节余留存"的办法结算和管理。每人每年包干总额为尘肺Ⅰ期人员3500元、Ⅱ期7500元、Ⅲ期1.9万元。

2003年7月1日，市调整工伤保险待遇，定期伤残抚恤金，伤残等级1～4级的人员，在原月计发基数的基础上分别增加165元、156元、147元和138元；5～6级企业办理因工致残内退手续的，在原月计发金额的基础上均增加129元；定期护理费，护理依赖等级评为完全、大部分和部分护理依赖的人员，在原月计发金额的基础上分别增加92元、74元和55元；供养直系亲属定期抚恤金，配偶和其他亲属，在原月计发金额的基础上分别增加74元和55元。2004年1月1日起，施行国务院颁发的《工伤保险条例》。2月，市劳动和社会保障局印发《关于煤炭行业尘肺职业病人员工伤医疗费由煤矿医院实行总额包干的复函》，对原宜兴白泥场、园田、川埠、砺山、小张墅等煤矿的500余名尘肺职业病人员工伤医疗费实行"总额包干、超支不补、节余留存"的办法进行结算和管理。每人每年包干总额为尘肺Ⅰ期人员3500元、Ⅱ期7500元、Ⅲ期1.9万元。4月8日，市劳动和社会保障局出台《关于实施〈工伤保险条例〉中有关问题的处理意见》，规定市区工伤保险在实施范围、统筹层次、工伤保险费率、基金支付范围、未参保责任、工伤保险储备金及工伤保险待遇等要求。全市工伤保险费的征缴按照《社会保险费征缴暂行条例》规定执行。为防止工伤职工因缴费基数过低而降低其工伤待遇，规定工伤职工缴费基数低于统筹地区上年度职工平均工资60%的，按照平均工资的60%计算；高于平均工资300%的，按照平均工资的300%计算。调整特等、一等革命伤残人员护理费标准，因战、因公特等每人每月调整为745元，因战、因公一等调整为596元，因病一等调整为447元。10月27日，市劳动和社会保障局将工伤和生育保险管理职能从医保处划出，成立工伤和生育保险处，办理全市工伤受理、调查和鉴定工伤劳动能力等。

2005年7月1日起，无锡市调整工伤保险待遇补偿计发标准，并调整伤残津贴、护理费、供养亲属抚恤金计发标准。12月，市政府颁发关于贯彻国务院《工伤保险条例》和《江苏省实施〈工伤保险条例〉办法》的意见，建立工伤保险待遇正常调整机制。是年，扩大工伤保险覆盖范围，包括有雇工的个体工商户在内，全部纳入工伤保险范围，初步形成以"差别费率、广泛覆盖、雇主缴费"为主要特征的工伤保险制度体系。至年末，全市参加工伤保险85.22万人，扩面14.8万人。享受伤残待遇3054

人，享受职业病待遇1308人。

1996～2005年无锡市工伤保险情况统计表

表40-6　　单位：人、万元

年份	参保人数	享受伤残待遇人数	享受职业病待遇人数	因公死亡人数	供养亲属人数	工伤保险基金	
						收入	工伤保险待遇支出
1996	0	—	—	—	—	433	60
1997	128688	57	—	7	—	372	101
1998	133802	86	—	14	—	631	153
1999	124747	160	3	12	17	733	161
2000	126101	171	2	16	49	839	223
2001	58095	—	—	—	—	524	208
2002	412598	390	126	24	77	2821	710
2003	494111	671	303	31	113	3901	1465
2004	703773	1485	1039	61	132	6041	2623
2005	852160	3054	1308	127	341	6869	4046

第五节　生育保险制度改革

1996年，无锡市实行女职工生育保险与计划生育挂钩的办法，企业按职工工资总额的一定比例缴纳生育保险费，女职工因计划生育流产、节育和生育休假期间，社保机构按国家规定支付保险费用，保障基本生活和医疗。1997年，市财政局、卫生局、社保局联合制定《关于无锡市行政事业单位女职工生育统筹医疗费用有关问题的通知》，费用缴纳标准为每人3000元，由个人选择定点医院，结算办法按医院等级（前3年人均费用）与医院定额结算。享受待遇分围产期和生育期两个阶段，医疗费用由生育统筹支付90%，个人自理10%。

2001年，市政府颁发《关于实施〈江苏省城镇企业职工生育保险规定〉的意见》，规定自2002年1月1日起，国企、城镇集体企业、外资企业、城镇私企和其他企业以及与之形成劳动关系的劳动者都要参加企业职工生育保险，根据“以支定收、收支基本平衡”的原则，建立生育保险基金，用人单位按职工工资总额0.9%缴纳生育保险费。明确生育保险基金支付范围和标准，女职工生育可按规定享受生育津贴、生育医疗费、一次性营养补助费等待遇。7月1日，将企业职工生育保险待遇中的一次性营养补助费标准调整为134元。8月，明确企业中特殊人员生育保险待遇问题：破产、关撤和改制企业离岗退养、协保、续保人员不属城镇企业职工生育保险参保范围，不享受生育保险待遇，其计划生育手术费由基本医保统筹基金支付；参加生育保险企业的女职工，符合计划生育规定生育和实施计划生育手术时，其生育医疗费、一次性生育营养费和计划生育手术费由生育保险基金支付；原参加生育保险的失业女职工，在领取失业救济金期间，因实行计划生育手术所发生的医疗费用由生育保险基金支付。翌年7月1日，一次性营养补助费标准提高至170元。2004年7月1日，调整为174元，生育津贴计发基数的上、下限分别调整为4330元和866元。2005年7月1日，一次性营养补助费标准调整为213元，生育津贴计发基数的上、下限分别调整为5324元和1065元。

无锡市生育医疗费实行“定额包干、节余留存、超支不补”的办法与企业结算。2002～2004年，生育医疗费定额标准为2300元；流产医疗费为怀孕不满3个月的150元、3个月以上不满7个月的

1000元、7个月以上的1500元。2005年,生育医疗费定额标准调整为3000元;流产医疗费调整为怀孕不满3个月的300元、3个月以上不满7个月的1500元、7个月以上的2000元;计划生育手术费按实支付,但不得超过最高支付限额。至年末,全市参加生育保险82.12万人,扩面12.49万人,享受生育保险待遇17017人次;生育保险基金收入8892万元,支出5936万元,累计结余11017万元。其中市区生育保险基金收入5971万元,支出3820万元,累计结余8420万元。

1996～2005年无锡市生育保险情况统计表

表40-7　　单位:人、万元

年份	参保人数	收入		领取人次	支出	
		全市	其中市区		全市	其中市区
1996	—	376	—	—	303	—
1997	128688	370	—	982	348	—
1998	133802	631	—	1530	461	—
1999	124747	715	—	1416	442	—
2000	126101	829	—	1658	556	—
2001	58095	524	31	4512	502	19
2002	412598	3855	3238	7914	1615	1141
2003	494111	4920	3981	10027	2634	1981
2004	696307	6609	4677	13346	3900	2523
2005	821153	8892	5971	17017	5936	3820

第六节　城镇住房制度改革

1988年,市住房制度改革领导小组成立,下设办公室(简称"房改办")。1988～1990年,市房改办对全市16896户居民家庭、269家企事业单位、544家集体企业单位等房改基本情况进行调查,取得678万个数据,分门别类研究测算,选择房改方案。1992年1月,市政府颁发《无锡市住房制度改革实施方案》。3月12日,市政府召开住房制度改革实施方案动员大会。6月,公积金和住房补贴两项改革实施起步。7月,全面实施提租、住房补贴、新配住房交定金、公积金制度、三级住房基金制度等5项改革措施。1993年10月,市政府成立住房基金管理委员会,下设住房基金管理中心,与市房改办合署办公。1995年9月28日,市政府召开深化住房制度改革动员大会,并于11月1日起全面实施住房制度改革,推行出售公有住房,加快安居房建设。1998年末,市区停止住房实物分配,实施住房分配货币化,结束住房实物分配制度。2000年,实施廉租住房制度,解决城镇最低收入家庭的住房困难。

一、公有住房改革

1992年7月,全面实施公有住房提租、新配住房交定金制度。住房租金标准由每平方米0.126元提高至0.322元;凡新分住房由住户向产权单位交存每平方米20～50元的定金。考虑到部分居民的实际承受能力,减免321名离休干部、10名老红军、30户社会救济户、39户非在职优抚对象、80户低收入职工的租金,年减免额6.3万元。

1994年,实施优惠出售公有住房政策,两个月内共发放优惠售房产权证794张,回笼售房资金

535万元。1995年9月，市政府印发《无锡市市区公有住房提租和发给住房补贴实施细则》《无锡市市区出售公有住房实施细则》《无锡市市区出售公有住房分期付款暂行办法》《无锡市市区出售公有住房收入管理暂行办法》《无锡市市区公有住房出售维修管理暂行办法》等房改配套文件。市区有城镇常住户口的公有住房承租人和符合分房条件的职工，每户可享受1次优惠，购买1处公有住房。优惠出售公有住房以标准价为基价。新住房的标准价按建筑造价及征地拆迁补偿费计算的单体单方造价，旧住房按重置价成新折扣计算的单体单方造价。出售公有住房每平方米砖混一等甲成本价定为702元，砖混一等乙成本价667元，砖混二等甲成本价632元，按房价计算公式对折旧、朝向、层次、地段等因素合理调节。1995年，现住房折扣5%，自1996年起，每年减少1个百分点，至2000年全部取消；1995年工龄折扣率1.2%，工龄折扣率每年由房改办公布。1995年一次付款折扣率19%。职工购买公有住房暂免征房产税、土地使用税和一次性契税，免收交易管理费。对公有住房租金在原基础上增加2.8倍，平均月租金提高为每平方米0.9元。同时继续发放租金补贴，按在职职工月平均工资1.5%、离退休职工月平均离退休费2.5%计发。1998年末，《无锡市市区进一步深化住房制度改革实施方案》出台，市区停止住房实物分配，实施住房分配货币化。

1999年1月1日起，公有住房砖混一等平均月租金标准调整为每平方米1.75元，对政府规定暂不出售的公房适当控制租金上调幅度。出售公有住房每平方米砖混一等甲成本价调整为830元、砖混一等乙790元、砖混二等甲新住房745元。住房折扣率调整为2%，一次性付款折扣率调整为8%。全年市区出售公有住房5033户、30.59万平方米。8月，市政府颁发《无锡市市区职工已购公有住房和经济适用住房上市出售试行办法》，允许已售公房上市流通。至年末，有2005户家庭登记出售，成交1202户，成交面积7.21万平方米、金额7811万元；交易后新购商品房617户，户均增加住房面积40平方米。2000年，扩大售房范围和售房对象，对设施虽不齐全但厨房为一户独用的不成套公房向有购房意愿的住户出售。每平方米砖混二等乙成本价730元，砖木结构625元。取消住房折扣及一次性付款折扣。2001年，厨房合用的不成套公房经合用各方协商同意后可以出售。

2002年，对干部、职工已购公有住房超过清房面积控制标准上限部分，按其房改购房时的清房市场价补交购房款。全年共处理违规购房干部、职工132人，补收房款79.25万元。2005年，全市房改房上市2.6万套，总面积161.77万平方米，成交金额16.16亿元；处理违规购房干部、职工3151人，归集纠错款3550万元。

二、公积金制度

1992年6月，无锡市正式建立住房公积金制度。公积金缴存额为职工上年度月均工资收入的5%，由职工个人和所在单位分别逐月缴纳。根据市实施方案，由建行无锡分行负责公积金归集业务，城区当年累计归集住房公积金3500万元。1994年，市区公积金缴交率99.5%，全年发放个人购建房贷款245.1万元、单位购建房贷款882.65万元、解困解危贷款6977.65万元。1995年，市政府印发《无锡市市区全面推行和完善住房公积金制度实施细则》，加大住房公积金归集力度。1996年起，职工个人和所在单位按职工上年度月均工资收入的5%分别逐月缴存的公积金归职工所有，并享有规定利息；亏损企业或缴纳公积金确有困难的单位，可根据其承受能力在3%～4%幅度内确定。政策调整后，全市住房公积金月缴额2700万元，比调整前增加30%。同时，建立政策性和商业性并存的住房信贷体系，将资金投向房改方面，向国家安居房倾斜。全年发放安居房、解困房贷款1640户、6200万元，政策性放贷占放贷总额的90%以上。1998年，收存住房公积金3.17亿元，汇缴率96.8%。

2001年，市职工公积金缴存比例由5%提高至8%，职工购买商品房时住房政策性贷款额度由每平方米700元提高至1200元。全年向2015户购房职工发放公积金贷款1.32亿元；全年收存住房公积金4.68亿元，支取1.97亿元，住房公积金总额达15.72亿元。2002年1月，建立全市职工住房公积金汇集核算系统，建立公积金明细台账；加大住房公积金放贷力度，放贷额最高可达到房价的70%。

10月，无锡市住房公积金管理委员会成立，下设住房公积金管理中心。是年，全市住房公积金余额31.52亿元，贷款余额5.52亿元，占公积金总存量的17.51%。

2003年初，市住房公积金管理中心接受市住房基金结算中心及江阴市、宜兴市、锡山区、惠山区住房基金管理中心公积金资产移交。市住房公积金管理中心在全国首创商业性贷款转换住房公积金贷款、职工用住房公积金委托偿还住房公积金贷款等业务。市政府颁发《关于调整无锡市市区2003年度房改有关政策的意见》，将机关、事业单位住房公积金单位和职工个人缴存比例分别调整为10%，企业可根据承受能力和条件在8%～12%幅度内确定。至年末，个人公积金贷款余额9.27亿元。2004年，市房改办出台《无锡市住房公积金贷款补充规定》《关于对住房公积金贷款中“高档住房”如何界定的通知》，将“高档住房”暂行界定为物价部门核价或评估价格每平方米8000元以上的住房。2005年，全市归集住房公积金12.44亿元，个人公积金贷款余额27.87亿元，职工支取公积金6.34亿元，结存公积金余额37.07亿元，汇缴率97.58%。

2003～2005年无锡市住房公积金归集、使用情况表

表40-8

项目		单位	2003年	2004年	2005年
归集	公积金收存额	亿元	11.82	17.01	20.56
	比上年增长	%	23.77	43.91	20.87
	年末公积金余额	亿元	38.78	48.66	58.98
	比上年增长	%	23.00	25.48	21.21
贷款	放贷户数	万户	0.93	1.18	1.24
	比上年增长	%	215.09	26.88	5.08
	放贷量	亿元	13.42	20.89	24.07
	比上年增长	%	367.60	55.66	15.22
	放贷余额	亿元	16.42	31.11	44.44
	比上年增长	%	97.46	89.46	42.85
	个贷比例	%	42.33	63.93	75.35
提取廉租住房补充资金		万元	393.21	2046.83	3707.59

三、住房补贴制度

1992年7月，无锡市实施住房补贴制度，随工资发放住房租金补贴，由所在单位按职工月工资或离退休费的2.5%一次核定。

1998年12月1日，市政府颁发《无锡市市区进一步深化住房制度改革实施方案》《无锡市市区职工住房货币分配暂行办法》，停止住房实物分配，逐步实行住房分配货币化。对1998年11月30日之前参加工作的无房和住房面积未达到规定面积标准的职工，购房时可实行一次性购房补贴，购房补贴额为每平方米建筑面积的基本补贴额和工龄补贴额之和与补贴面积之积（其中每平方米基本补贴额400元、工龄补贴额7.2元）；对1998年12月1日以后参加工作的职工，实行逐月发放住房补贴，月补贴额按上年度月平均工资的13%确定（不含公积金，不再另发租金补贴）。全市100多家单位先行制定货币补贴方案，经审核后予以实施。先期400多人享受住房货币化补贴，金额1500万元。

1999年，市租金补贴在职职工提高至2.4%，离退休人员提高至3.7%。2003年，较大幅度提高职工的租金补贴和住房补贴，对有条件单位在职职工租金补贴可提至4.9%，离退休职工租金补贴可提至6.2%；调整老职工一次性货币补贴标准：每平方米基本补贴额调整为530元，年工龄补贴额调整为7.7元；新职工逐月发放住房补贴比例，机关、事业单位调整为15%，企业在13%～18%幅度内确定。

2004年，市委老干部局印发《无锡市企业离休干部住房货币补贴实施办法》。2005年，全市532家单位实行住房分配货币化补贴，累计发放住房补贴8.6亿元，4.07万户家庭通过住房补贴资助改善居住环境；归集新职工住房补贴3400万元，职工支取2100万元，结存余额1.16亿元。至2005年末，全市共1014名离休干部享受住房货币化补贴，补贴资金2900万元。

四、安居房、廉租房制度

1995年，无锡市被国务院房改办列入国家安居工程建设试点单位，市政府成立市安居工程领导小组。1996年起，利用公积金贷款和国家专项贷款，先后建设叙康里一期和二期解困房近20万平方米，设计20多种房型，户均面积65平方米，解决3228户（人均居住面积4平方米以下）的住房困难。政府对26项收费减免，对4项收费实行减半收取。

图40-4　1997年，肖某某夫妇喜迁叙康里小区　（顾祚维摄）

2000年，市房管局出台《无锡市廉租住房管理实施细则》，成立市廉租住房管理中心，对具有市区城镇常住户口、家庭人均收入连续3年在政府规定最低生活保障线以下的无房和人均使用面积6平方米（含6平方米）以下的家庭提供廉租房，并根据财政资金安排和申请户数逐户审查、配租。全年安置廉租房24户。

2002年，为全面掌握全市最低收入家庭住房情况，建立最低收入保障对象住房动态跟踪制度。2003年初，市房管局首次对城区范围内享受城镇最低收入生活保障家庭的家庭结构、收入状况、居住水平、租金减免等情况开展大规模调查，共调查4340户、10757人。结合后来全国统一的低保家庭住房调查，制定《无锡市城镇廉租房住房管理实施办法》。年内，通过租金减免享受廉租房的有810户，实行租金补贴5户。

2004年，成立市廉租住房管理办公室，受理廉租住房申请，完善廉租住房的审查、公示、审批程序，建立廉租家庭档案库，引入退出机制，实施动态管理。廉租住房申请条件放宽为家庭收入符合城市最低生活保障标准1年、人均住房使用面积8平方米以下的家庭。全年新批廉租住房107户，其中租金补贴92户、实物配租15户。

2005年，无锡市加快经济适用房建设，开发建设广石路、广益佳苑二期等60万平方米经济适用房；建立具有保障性质的房屋租赁市场，以成本租金优先供给福利院成年孤残人、低收入住房困难职工、享受最低生活保障的被拆迁家庭和引进的外地人才。是年，在全市开展最低收入家庭住房情况调查。在此基础上，扩大廉租住房政策的覆盖面，将廉租住房申请条件放宽为家庭收入符合城镇最低生活保障标准半年以上，或持有市总工会特困职工优惠证，人均住房使用面积10平方米以下家庭。调查住房租赁市场，提高廉租住房租金补贴，1人户由150元增至200元，2人户由200元增至320元，3人户由250元增至420元，4人及以上户由300元增至500元。全市累计享受租金补贴的家庭293户，发放租金补贴128万元，租金减免712户，实物配租62户，其中为社会福利院成年孤残儿解决廉租住房5套，最低收入家庭的住房困难得到缓解。

第二章　社会救济

第一节　救灾救济

1986～2001年10月，全市救灾救济由市民政局社会事业处管理。2001年11月开始，市民政局增设救灾救济处，负责全市救灾救济管理。

一、救灾

1986～1991年，无锡地区遭受较大的自然灾害48次，累计受灾面积79.61万公顷，受灾人口93.1万人次。其间，接受部、省救灾款1817.55万元，国内外捐赠962.05万元，地方政府拨出救灾款10734.9万元，群众捐集救灾款154.9万元，筹集粮票63.2万公斤。1990～1994年，累计发放救济款2553万元，救济灾民73万人次，修复倒塌房屋31423间。1991年，无锡地区遭受特大洪水灾害，市政府投入建房资金873万元，全市15万间民房全部修复，98%的受灾户在入冬前住进新居，2%的倒房户易地建房。为1464户特困户建房2674间，为1457户困难户修房3482间。对生活困难灾民发放生活费301万元、救灾棉衣666件、棉被1000余条、毛毯7000多条、其他御寒物资折价100万元，发放救济粮100万公斤。1992年，全市成灾面积89.2万亩，粮食、经济作物减产面积分别为2.64万亩、11.35万亩，倒塌、损坏民房446间、4038间，造成直接经济损失1.44亿元，其中群众经济损失6354.54万元，灾后国家救济69421人次。1993年，全市遭灾14次，国家下拨救灾款250万元、省民政厅下拨160万元、乡镇政府安排救灾经费90多万元。得到国家救灾救济39万人次，为594户特困户修建房屋、12户五保户修建房屋22间，倒房修建率98%。1994年，全市成灾人口78.6万人，国家救济4.37万人次。

1995年，全市受灾面积99.71万亩，17795人次得到国家救济。1996年6月后，无锡地区自然灾害频繁，龙卷风、大暴雨、长江潮汐、地壳下陷等灾害严重，全市71个乡镇倒塌民房777间、辅房280间，损坏5517间，受灾农田166万亩，成灾27.66万亩，直接经济损失超1亿元。市（县）投入救灾救济资金92.2万元、乡镇投入180万元，发放慰问补助金812万元。倒房新建325户、466间，修缮受损房屋3738户、4965间。1997年成灾的18.6万人口中，国家救济5.19万人。全年拨付救灾款1400.5万元，其中市（县）财政拨款175万元、乡镇拨付552万元、社会捐款534万元、财政“217”专项拨款105万元。春节前各级政府领导走访慰问五保户、特困户、重灾户等补助费用1000万元。

1998年，市政府批转市民政局《关于进一步做好救灾工作的意见》，明确全市性救灾捐赠工作由市民政局全面负责，统筹安排，有关部门密切配合；社会性救灾募捐由市慈善会负责，并在市和市（县）区两级建立救灾信息管理电脑联网系统。3月19日，无锡地区普降暴雪，并遭强寒流袭击，全市成灾农田149.5万亩、人口248万人，倒塌民房117间，压死2人、伤44人（其中重伤3人），经济损失5700万元。灾后，各级政府和民政部门领导到灾区查看灾情、慰问灾民，6.76万人次受到国家救济。1999年6～7月，无锡地区遭受洪水侵害，南门水位最高4.74米，超过警戒水位1.15米，全市受灾人口94.5万人。宜兴茗岭乡岭下村发生山体滑坡，造成4人死亡。全市各级政府下拨救灾款777万元，及时解决灾民的吃饭问题。对20406户特困户、五保户、重灾户发放一次性补助1110万元。2000年，全市接受国家救灾救济12.51万人次，各级政府下拨救灾救济款777万元。春节期间，各级政府对2.04万户特困户、五保户、重灾户发放补助金。2001年，全市受灾面积29.78万亩、成灾面积23.18万亩，粮食减产面积700亩，经济作物减产面积1060亩，死2人、伤8人，倒塌民房495间，成灾人口3.88万人，缺粮1200人，国家救助2832人次。全市各级政府下拨救助款1183.84万元，对26987户特困户、五保户、重灾户一次性补助1400.54万元，231户危房改造投入资金80.9万元。2002年，全市受灾面积3270亩，成灾1230亩，成灾人口72700人，因灾死亡1人、伤2人，倒塌房屋133间、损坏921间，全年政府投入救灾资金200万元，救灾物资折价148万元，救济人口16049人。

2003年7月，受强对流天气影响，暴风雨袭击全市，3612间民房受损、74间民房倒塌，因灾死亡5人、伤26人。各级政府通过普查，确定将1088户农村危旧房列入两年改造计划，当年实际改造873户，投入改造资金1385.42万元，户均1.59万元。2004年6月，市政府制定《无锡市自然灾害救助应急预案》，明确救灾工作原则、灾情上报方式、灾民紧急安置救助行动措施，建立救灾物资仓库和管理制度，储备机动救助橡皮舟两艘、救生衣192件和单帐篷159顶等物资。委托无锡商业大厦集团代储方便面12万包、饼干3000公斤、矿泉水10万瓶。委托市粮食局代储粮食111万公斤。储备物资总额值162万元。2005年，全市受灾59.68万人、成灾4.28万人，直接经济损失2.59亿元，其中农业损失1.77亿元，全市投入救灾资金579.3万元。

二、救济

1.城市救济

1986年，市区城镇定期救济困难户730户、1378人，定期救济标准为每人每月20元；精减退职老职工享受原标准工资40%，救济1656人；困难老职工定期救济2350人；对国民党县团级以下宽大释放人员救济175人。1987年，定期救济标准调整为每人每月25元。对精减退职老职工享受原标准工资40%的，发给救济费后不足35元的补足35元，另发物价补贴（5元、8元）。物价补贴享受1/2的，改为全额补贴。1988年，定期救助标准调整为每人每月30元。1991年，上述标准调整为36元，对精减老职工每月增发6元，起义投诚人员增加至41元。1992年，为缓解五六十年代部分退职老职工生活水平偏低的状况，每人每月增发15元生活补助费。时城镇社会救济总人数2099人，精减老职工享受原标准工资40%的1898人，精减老职工定期救济的2539人，国民党宽大释放人员80人，国民党起义人员45人，年定期救济金总额161.7万元。此后，城市救济列入城市最低生活保障。

2.慈善医疗救助

2002年1月，在崇安医院筹建无锡市慈善医院。4月，建立慈善医疗救助制度，对市区城镇低保对象中没有参加医保的病人实施医疗救助。2003年，市慈善医疗救助领导小组印发《关于〈慈善医疗救助卡〉管理办法》《无锡市慈善医疗重症、特殊病种病人救助条件》，对患有12种大病对象和3种特殊病种（尿毒症血透、恶性肿瘤放化疗、器官移植服抗排斥药）对象实施慈善医疗救助，救助金额由每人每年1000元提高至4000元，2005年提高至6000元，农村人均纯收入低于2000元的提高至5000元。对市区城镇低保对象中没有参加基本医保的7周岁（含）以下学龄前儿童和65周岁以上老年人，全部办理慈善医疗救助卡。全市享受医疗救助对象4009人，发生注卡资金188.49万元。至2005年末，市区有慈善医疗救助对象5456人，其中享受400元救助卡的3091人、1500元救助卡的2215人、6000元救助卡的150人。发生注卡资金545.89万元。2002～2005年，累计救助门诊病人101407人，注卡资金1344.88万元，发生医疗费用848.17万元，注卡资金平均利用率63%。

3.农村扶贫

1986年，全市农村贫困户12653户，人数占农业人口的1.46‰。市政府每年作为目标管理下达扶贫指标。无锡县在堰桥、港下、硕放、后宅、新安、东绛、华庄，宜兴县在丁蜀、和桥等乡镇进行扶贫改革探索，把扶贫工作列为社会保障的重要内容，采取成立扶贫服务网络，制定扶贫帮困计划，研究扶贫项目，筹集扶贫资金，提供扶贫信息、技术、供销服务和党员干部帮困结对等方式，扶持贫困户脱贫。1987年起，通过成立农村扶贫福利基金会、扶贫经济联合体等方式筹集扶贫基金，为贫困户脱贫制定优惠政策，从医疗、子女入学、水电、贷款、办理保险等方面扶持。各级党委、政府明确扶贫目标，落实扶贫项目资金和责任人以及春节慰问等方式扶持困难群体。1987年末，全市有70个乡镇脱贫。至2004年，全市扶贫基金会130个，筹集扶贫基金830万元。有4103名副科级以上干部同贫困户扶贫帮困结对。政府下达扶贫目标36960户，累计扶贫50289户、脱贫37523户，累计投入扶贫资金3673.1万元。

1996年，农村社会救济工作进行重大改革，建立农村最低生活保障线制度。2000～2005年，共完成农村危旧房改造1405户，投入危旧房改造资金2548万元。

2005年，全市农村年人均收入低于2000元的低收入户17660户、36516人，发放低保金3198.8万元，年人均补差876元。农村低保金实行市（县、区）、乡镇两级财政支出。10月中旬，市民政局统一印发无锡市农村低收入户优待证。

1986～2004年无锡市农村扶贫情况统计表

表40-9　　　　单位：户、%、万元

年份	扶贫指标数	实际扶贫数	已脱贫户数	脱贫率	年末在扶户数	投入扶贫资金
1986	8000	8354	6143	73.53	143	474.20
1987	5000	7174	5413	75.45	—	263.00
1988	3000	5246	4006	76.36	1178	282.43
1989	2500	2691	1750	65.03	1597	260.00
1990	2000	2352	1705	72.49	2182	205.50
1991	2000	2140	1464	68.41	2182	175.00
1992	2000	2353	1671	71.02	1107	168.50
1993	1800	2062	1665	80.75	720	225.80
1994	2000	2302	1586	68.90	469	291.50
1995	2000	2254	1785	79.19	746	241.00
1996	1500	2599	1754	67.49	497	180.00
1997	1000	2365	1884	79.66	307	243.50
1998	1000	1701	1337	78.60	79	98.80
1999	600	1136	938	82.57	147	45.50
2000	600	1294	1057	81.68	189	146.37
2001	600	1043	870	83.41	—	289.10
2002	600	1903	1481	77.82	—	38.90
2004	760	1320	1014	76.82	—	44.00
小计	36960	50289	37523	—	—	3673.10

4.农村救济

1986～1990年，全市发放农村救济款649万元，救济困难户4757户、14520人，办理特困定补2342户，扶持农村常年困难户22415户，有15690户脱贫，脱贫率由“六五”期间的35%提高至70%。1990年末，全市农村贫困户占农户总数比例由1986年的1.46‰降至1‰左右。1993年，市政府对救济对象普查换证，全市有困难户3785户，新办特困户396户。其中，无劳动力的1027户、有病的766户、智力缺陷人员168户、伤残困难户294户、灾害性困难户1530户，享受社会救济12950人次。1991～2000年，全市农村救济109287人次，发放救济金6563.38万元。2001～2005年，全市共发放农村临时救济金1.47亿元，各级民政部门用于慰问补助特困家庭的经费1.3亿元。

5.住房解困救济

2003年，全市农村1088户列入危旧房两年改造计划。当年，实际改造危旧房873户，完成两年改造计划的80.3%，投入改造资金1385.42万元，户均1.59万元。2004年，计划完成215户危旧房改造，实际完成335户，投入改造资金1197.69万元。列入市、市（县）、区民政部门住房困难改造任务的困难户317户，每户补贴2000元，发放补贴费149.4万元。2005年7月，市房管局、民政局等部门印发《关于调整廉租住房政策的通知》，城镇廉租住房标准由每人不小于8平方米提高至不小于10平方米。享受廉租住房政策的家庭2324户，占市区低保户的31%。

第二节　最低生活保障

1995年4月起，市政府对市区居民实施最低生活保障制度，居民低保标准为每人每月120元（职工最低工资线为每人每月210元，失业人员最低收入为每月160元）。12月底，将人均月收入低于市区生活保障线的职工遗属补助对象、社会特困老人、失业人员特困户、优抚对象困难人员、病残知青列入民政部门低保范围，并从当月起领取低保金。时列入最低生活保障1299户，占市区总户数的3.17‰。社会救济4870人，其中孤老520人、孤儿311人、残疾人637人、社会困难户1041人、“宽释”人员79人、特赦人员1人、起义人员106人、无固定收入5人、精神病患者152人、精减老职工定期救济2018人，年发放定期救济金663.2万元。1996年，市区居民低保线保障金调整为140元。1997年10月调整为155元。市民政局接收11家破产企业262名五六十年代精减退职老职工，将他们列入低保范围。翌年3月，市政府颁发《关于对市区最低生活保障对象实行若干优惠政策的规定》，在就业、房租、用水、煤气、就医、子女入学等方面给予享受照顾和减免的优惠。1999年5月，开展低保工作专项检查，使保障金到位率、应保对象保障率、保障资金兑付率达100%，并将保障金调至180元（江阴市200元，单身户和孤老230元；锡山市180元；宜兴市168元；新区120元）。2000年10月1日起，将在职职工、下岗工人、失业人员全部纳入低保范围，对不够低保条件的贫困户和享受低保后仍有特殊困难的贫困户，继续给予临时救济。同时，发动社会力量开展扶贫帮困活动。是年末，全市纳入低保线的城镇居民25758人，全年支出保障金1856.81万元。2002～2003年，市区低保对象分别为17369人、20988人，全年分别支出保障金2025.36万元、2843.29万元。2003年起，实行低保金银行信用卡发放制度，并对城市居民中持残疾证的低保对象增发10%的低保金。2004年1月，最低保障金提至260元，无锡城区低保对象10787户、23212人，全年支付保障金3658.87万元。2005年，市政府制定分类施保的规定，对符合低保条件的困难企业职工、军转干部、已故原工商业者无工作的配偶、残疾人、孤老、70周岁以上老人和少数民族人员等，低保金标准提高20%；对抗战时期、解放战争时期和新中国成立后3个阶段的老复员军人，低保金标准分别提高49%、43%和45%。至年末，全市有低保对象70856人，其中城镇低保对象27272人，全年支付低保金7944.84万元。

第三节 慈善事业

一、无锡市慈善会

1995年12月，市委宣传部、市总工会、民政局联合发起筹备无锡市慈善会。翌年3月，成立市慈善会筹备委员会，6月，市民政局批准成立无锡市慈善会。1997年1月，市慈善会筹委会在市政府小礼堂召开会员大会，通过《无锡市慈善会章程》和《无锡市慈善会基金管理办法》，选举市慈善会一届一次理事会和常务理事会，吴经起为理事会理事长，宣告市慈善会成立。《无锡市慈善会章程》规定，慈善会常设工作机构为秘书处，有专职工作人员3人。

2000年4月，无锡市设立慈善物资接收救助中心（与市慈善会合署办公）。2002年11月，更名为无锡市慈善物资捐赠中心，为市民政局下属全民事业单位，相当于正科级建制，核定人员编制9人，负责全市慈善物资的募集、发放和变现等工作，承担市慈善会秘书处的日常工作，负责各项慈善公益活动的组织实施，所需人员经费由市财政全额拨款。

2003年12月5日，市慈善会、慈善物资捐赠中心联合开办无锡市慈善超市。市慈善会负责资金的接收、购买困难群众必需而一时又无法募集到的物资。市慈善物资捐赠中心负责募集接收慈善物资和仓库的管理。市慈善超市负责按"慈善物资调拨单"到仓库领取，凭券发放慈善物资。慈善超市实行面向全市城镇低保户和社会困难户、市级以上先进模范人物、烈属、伤残军人、老复员军人等重点优抚对象，面向遭遇天灾人祸、突发性事件造成生活困难的家庭。

2005年初，市慈善会帮助市区24个街道建立慈善超市，资助每个街道慈善超市1万元，作为慈善超市的开办费。至年末，发放慈善救助卡1639张，支付慈善救助资金191.32万元。

二、慈善募捐

1996年初，市慈善会在筹备期间，募集创始基金188.02万元。1998年夏季，长江、嫩江、松花江流域相继发生特大洪水。各级民政部门、慈善机构开展抗洪赈灾活动，接收捐款2307万元，赈灾物资价值1941万元，先后发送九江、武汉、荆州、大庆、哈尔滨、长春、福建和内蒙古等灾区。1999年5～6月，市慈善会首次开展"共享阳光的温馨"一日捐（简称"慈善一日捐"）活动，倡议城区各机关企事业单位和个人捐出1天的收入，支持慈善事业，共接收捐款700万元。10月，根据省民政厅要求，无锡市募集衣被113万件，对口支援陕西延安和榆林地区。

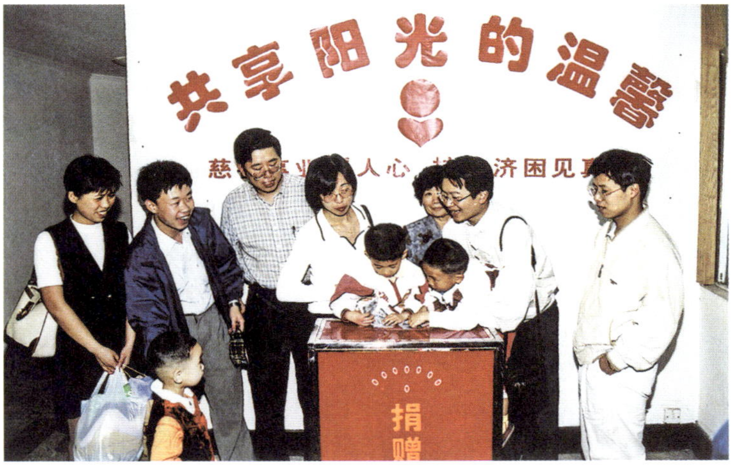

图40-5 1999年，在"共享阳光的温馨"活动中，四家庭结伴捐款 （顾祚维摄）

2000年11月，市委宣传部、市文明委、民政局等7家单位发起"走进新时代、共享阳光的温馨"一日捐活动，收到善款720.72万元。翌年7月，由市慈善会牵线，香港陈瑞球、陈永棋捐资500万元，设立奖学、助学金，定向资助无锡市第一中学，奖励优秀学生，帮助困难学生。2002年1月，在市崇安医院设立无锡市慈善医院，在市区开展专项慈善募捐活动，募得善款2106万元，作为慈善医院专项基金。2003年，募集寒衣被3.37万件。2004年，募集寒衣被2.78万件。是年，市慈善会被民政部授予全国先进社团。

2005年，市慈善会向社会各界募集寒衣被2.16万件。开展“慈善一日捐”和“抵御艾滋病人道万人捐”活动，当年募集慈善资金8202万元，参加“慈善一日捐”活动单位506家、18.99万人次。至12月，市慈善会共募集慈善资金8784.1万元，利息收入1677.94万元。其中1998年抗洪赈灾定向募集款物2685.17万元，2003年4～5月抗“非典”定向募集款物11.32万元，为东南亚海啸定向募集1.58万元。累计共募集和定向募集慈善资金13160.11万元，累计支出慈善资金6254.52万元、结余6905.59万元。募集慈善物资83064件，物资折价约170.48万元。

1997～2005年无锡市慈善会募集款物统计表

表40-10

年份	日常捐（万元）	定向捐（万元）	一日捐			募集物资	
			单位（家）	个人（人）	金额（万元）	数量（件）	折价（万元）
1997	202.93	14.01	—	—	—	—	0.73
1998	93.71	12.34	—	—	—	23260	—
1999	546.20	—	155	185672	607.20	—	0.31
2000	61.10	—	173	223656	720.72	—	0.43
2001	30.67	500.00	—	—	—	—	0.10
2002	399.37	—	277	298075	2106.00	—	0.23
2003	206.71	218.48	259	153111	1070.58	33660	82.91
2004	34.43	210.00	278	266150	1132.23	27802	69.29
2005	31.39	283.72	265	253248	1165.56	21602	18.28

说明：1998年定向募捐不包括抗洪赈灾款物；2001年定向设立陈氏奖学金500万元；2002年设立慈善医疗专项基金2106万元。

三、慈善救助

1997年5月，市慈善会向市区200户特困家庭发放慈善生活救助卡，每户每月救济100元。6月，在市同仁医院开设精神病患者慈善病区，设置床位15张，收治精神病患者77人次，每人每月补助885元，市慈善会承付485元，区、街道、家庭等3方承担400元。7月，开展慈善结对助学活动，为30名困难家庭学生结对助学，给200名家庭困难的在读学生每人一次性资助150元。1990年5月，给73户特困家庭每月救助100元，对45户精神病患者给予医疗补助，给76户残疾人每人每月救助100元，资助6个区、11个街道敬老院等，共发放慈善金132.85万元。

2002年1月，无锡市成立慈善医院，至年末，办理慈善医疗救助卡2266张，其中1000元的837张，400元的1429张，收治慈善病人7725人次，发生医疗费用91.94万元。10月，资助市社会福利中心工程建设费800万元。12月，向市区89名生活困难、家中无彩电的市级以上劳模、优秀共产党员、企业贫困军队转业干部及烈属，特等、一等革命伤残军人每人赠送1台25寸彩电；向市区部分福利机构赠送寒衣2070件、棉被407条。翌年8月，向188名特困学生发放助学金41.67万元。12月，重新修订《无锡市慈善医疗救助卡管理办法》，对低保对象中没有参保的7周岁以下、65周岁以上人员实行每年400元医疗救助；对12种慢性病重症患者每人每年救助标准由原来的1000元提高至1500

元，“三种”特殊病患者（血透、恶性肿瘤术后两年化疗、器官移植服抗排斥药）救助由1000元提高至4000元。是年末，全市发放慈善救助卡4009张，其中400元的2571张、1500元的1343张、4000元的95张。发生注卡资金343.9万元，慈善救助病人18424人次，住院病人94人次，支出医疗费用231.5万元。

2004年7月，向市区747名重点优抚对象每人赠送1台电扇、两件衣服。8月，市区22家单位和164名个人资助275名家庭困难学生，支付助学金61.3万元。是年末，市发放慈善医疗卡4728张，发生注卡资金456万元，支付医疗费用280.7万元，医疗救助37801人次。发放救助粮74吨、食用油15吨、衣被3300件（条）。春节期间，向市区7464户低保户、困难户发放大米75吨、食用油14.3吨、衣服3255件、被子122条。

2005年1月，对农村低收入户“三种”重症病人列入慈善医疗救助范围，给予每人每年5000元医疗救助，对市区“三种”大病救助标准由5000元提高至6000元。春节，向市区7799户低保户、困难户发放大米78吨、食用油17.94吨、衣服4274件、棉被190条。4月开始，对持生活救助卡的100户低保困难群众，每月发放100元面值券，根据家庭需要到慈善超市领取所需物品。凭券发放大米13.06吨、食用油3.84吨、家用电器27件、衣服16件、被子85条、日用品2897件。至2005年末，全市发放慈善医疗救助卡16499张，拨付注卡资金1490.58万元，实际支付医疗费用970.7万元，收治慈善病人101777人次。

1997～2005年无锡市慈善会慈善救助统计表

表40-11　　　　单位:户、万元、人、家

年份	慈善生活卡		慈善病区		慈善助学		资助敬老院		重病救助		困难补助		定向支出	
	户数	金额	人数	金额	人数	金额	单位	金额	人数	金额	人数	金额	单位	金额
1997	194	17.57	39	6.65	230	9.78	4	35.04	—	0.83	—	0.05	—	—
1998	197	23.58	42	5.00	9	2.95	2	20.00	—	—	36	1.84	—	11.64
1999	197	23.61	37	5.00	46	13.43	11	78.00	—	—	89	5.38	—	0.80
2000	166	19.91	44	6.21	117	28.15	5	35.00	—	—	59	3.56	—	—
2001	173	20.81	38	5.00	215	33.64	10	20.70	30	4.65	69	4.15	2	40.00
2002	203	24.42	57	6.50	159	33.59	1	800.00	7	1.05	28	2.77	2	35.00
2003	192	23.19	53	8.52	190	42.21	1	0.50	14	1.96	8	0.43	2	218.48
2004	171	20.64	48	8.80	283	61.96	2	30.00	24	6.45	7	0.48	1	20.00
2005	146	17.60	59	10.11	337	79.92	8	43.00	42	9.25	11	0.57	4	283.72

说明：2001年定向陈氏奖助学金25万元，定向资助新疆雪灾15万元；2002年定向陈氏奖助学金25万元，定向资助社会福利院10万元；2003年定向陈氏奖助学金50万元，定向慈善医疗专项基金168.48万元；2004年定向陈氏奖助学金20万元；2005年定向陈氏奖助学金50万元，定向慈善医疗专项基金160万元，定向支援徐州23.72万元、南站夕阳红敬老院50万元。

四、赈灾捐助

1991年7月，无锡在遭受百年洪涝灾害立足自救的基础上，定向募捐909.26万元和一批物资支援苏北重灾区。1994年9月，市政府按中共中央、国务院安排，对口支援广西壮族自治区柳州地区，募集衣被120万件。1996年，全市开展“扶贫济困送温暖”活动，为陕西省汉中市和安康地区募集88万件衣被，计2.1万余包，分装25节车皮送往贫困地区，超额完成省政府60万件的分配指标任务。

1998年1月，市委、市政府募集衣被35748件，价值32万元，运送河北省张家口市张北、尚义地震灾区。8月，长江、嫩江和松花江流域发生特大洪涝灾害。市慈善会通过报纸、电视、广播、传呼机等媒体向全市公告赈灾募捐热线电话，捐款捐物的接收地点、银行账号，共收到37家单位、19.6万名个人捐款1400.5万元，捐赠赈灾物资折款1285.22万元。全部发送九江、武汉、大庆、哈尔滨、内蒙古、四川等地，支援灾区人民重建家园，恢复生产。其中，8月13日，市政府代表团赴江西省九江市、湖北省武汉市慰问，赠送慰问金40万元、方便面33万包。9月4日，市长吴新雄率政府代表团赴湖北省荆州市慰问，赠送慰问金100万元和价值101.36万元物资。9月14日，赠送黑龙江省哈尔滨市、大庆市慰问金200万元和价值500.98万元的物资。

1999年3月，河北省张家口地区发生地震，市慈善会向社会募集一批物资，从慈善资金中拨出50万元，购买羊毛衫等物资共计5万件，直接发送灾区。10～11月，市政府募集衣被113万件，支援陕西省延安、榆林地区，其中支援延安71万件、榆林地区42万件。2001年3月，新疆北疆、东疆地区遭受特大雪灾，根据中华慈善总会的部署，在无锡市区开展赈灾募捐，募得善款15万元，捐助新疆灾区。8月26日，市政府召开扶贫济困送温暖，支援陕西省捐赠动员大会，全市接收捐赠衣被85.02万件。翌年9月，募集衣被76万件，入冬前送往陕西省安康市。2003年4月，定向募得款物11.32万元，全部上缴市预防“非典”办公室。6月，淮河流域江苏段发生1954年以后最大洪涝灾害，无锡市募捐善款139.62万元，市慈善会拨款60.38万元，对口支援徐州市200万元，其中丰县、睢宁县各100万元。同月，无锡与徐州两市政府签订《无锡市与徐州市2003年度挂钩合作协议》，无锡市支援徐州市抗洪救灾款230万元，市民政局对口支援徐州市民政局35万元。2004年，无锡市帮助徐州市扩建6所敬老院，新建530平方米孤残儿童康复楼，为完善徐州市社区服务中心提供资助。2005年12月，支援徐州灾区赈灾款23.72万元、寒衣被59185件，资助徐州市民政局发展社会福利事业80万元。

第三章　社会福利

第一节　社会福利事业

一、社会福利机构

1986年，全市有乡镇敬老院73所，五保户6475户，占全市总农户的6.5‰。入院老人1526人。分散供养老人4949人，占应供养数的76.43%。五保供养标准每人每年400元，最高900元。是年，全市民政工作会议提出每个乡镇建1所敬老院、办1家福利工厂、筹建1个民政福利基金会的目标。1987年，全市124个乡镇建成敬老院113所，在建13所。1989年，郊区、无锡县五保老人入院率分别达到88%、72%，五保户的供养水平达到年人均535元。1990年，市区31个街道办有10所敬老院，收养孤老185人。全市有孤老包护组595个，包护老人885人，以敬老院为中心的五保服务网络初步形成。

为补充敬老院供养经费，1987年起，全市敬老院开展工副业生产。当年开办工副业实体120家，销售额4165万元，利润483万元。其中无锡县35所敬老院开办21家企业，年产值超600万元，利税50万元。市政府提倡筹集敬老院供养经费“乡镇统筹、分级负担”，要求五保户生活水平与当地一般群众基本持平。1990～1994年，各级政府投资1155万元，改建和易地新建68所敬老院，建起一批生活环境和服务设施较好的敬老院。时有乡镇敬老院119所，村办敬老院24所，集中供养率60%。集中供养水平年人均1312元，散居者855元。1999年5月，市政府颁发《关于加强市区养老机构管理的通知》，市民政局制定《无锡市区养老机构管理实施办法》，制定分级护理制度和敬老院准入制度，规范办院条件和管理制度，并对城乡养老机构登记发证。

2000年，市政府投资1.2亿元，新建占地6.67万平方米的无锡市社会福利中心。中心建筑面积40042平方米，设计床位800张，绿化率46%，2002年末竣工，2003年9月投入使用。2002～2003年，实施社区老年福利"星光计划"，首批项目16个，总投资1191万元；第二批项目21个，总投资2109万元。计划实施后，新建、改建养老住房面积4.4万平方米，新增床位352张。时全市有各类社会福利机构146个，床位总数10499张（其中养老床位10049张），每百名老人拥有床位1.38张（市区1.6张）。2005年7月，市政府批转市民政局等19个部门联合制定的《关于加快我市社会福利事业发展的意见》，提出以居家供养为基础、社区服务为依托、社会福利机构休养为补充的社会福利事业社会化的发展方向。对养老机构和社会养老从业人员开展职业资格培训。对申办福利养老机构的立项、征地、税收、各项规费减免等，出台优惠和扶持政策。对由社会力量举办的养老福利机构，给予每张床位最高2000元的一次性资助。至2005年末，全市有社会福利机构135个（其中民办18个），总床位12013张，每百名老人拥有床位1.5张。全市有五保老人4298人，集中供养3573人，供养标准每人每年3488元；分散供养725人，供养标准每人每年2118元。

2005年无锡市社会福利机构情况统计表

表40-12　　单位：个、张

区域	公办		民办		床位总数	每百名老人拥有床位数
	数量	床位	数量	床位		
市社会福利中心	1	900	—	—	900（含儿童床位300张）	—
崇安区	5	357	1	100	457	1.28
北塘区	8	410	4	259	669	1.43
南长区	3	252	10	745	997	1.66
滨湖区	13	779	2	292	1071	1.35
新　区	8	947	—	—	947	2.11
锡山区	11	830	—	—	830	1.18
惠山区	11	850	1	100	950	1.39
江阴市	28	2407	—	—	2407（含儿童床位150张）	1.15
宜兴市	29	2785	—	—	2785（含儿童床位50张）	1.42
合　计	117	10517	18	1496	12013（含儿童床位500张）	1.50

二、残疾孤儿矫治

1986年起，市儿童福利院开展孤残儿童手术矫治工作，成立市残疾儿童康复领导小组和残疾儿童社区康复中心，制定"残疾儿童手术康复明天计划"等实施意见。1990年起，开设弱智儿童教育班、聋儿语训班、弱智幼教班，对残疾儿童开展学龄前儿童特殊教育700多人次。1992年，民政部确定无锡市儿童福利院为联合国儿童基金会第三周期合作项目执行单位和“祖母计划”实施单位。1993年12月、1995年3月，美丽都大酒店总经理巴拉和杰·布朗先后被聘任为市儿童福利院名誉院长。1995年6月，乌鲁木齐嘉隆物业发展公司总经理鲍柏清向市儿童福利院捐赠40万元，建造“柏清乐园”，作为孤残儿童的室外活动场所。

1996年5月，建立市入学孤残儿童教育奖励基金，无锡锅炉厂等29家单位捐赠22.7万元。11月，希捷国际科技（无锡）有限公司捐赠15万元，建造孤残儿童特殊教育中心。

2004年11月，市民政局、市公安局印发《关于进一步规范社会福利机构捡拾弃婴（儿）交接、收养登记和出证工作的通知》，确保弃婴（儿）及时、正常交接，规范收养登记出证和户籍申报工作。至2005年，希捷公司累计支持福利院10个项目，捐赠79.3万元。至年末，市儿童福利院共收养弃婴（儿）2106人，国内收养儿童182人，境外收养儿童382人。

三、流浪乞讨人员救助

1989年3月以后，无锡收容盲流人员渐增，当年的收容数超过前3年总和。1991年夏季洪涝灾害发生后，外地涌入无锡市区的灾民和盲流人员激增，民政部门联合公安、城管做好收容、劝返工作，全年收容、遣送7343人，为1986～1990年的总和。1996年，市政府颁发《无锡市城镇流浪人员教育遣送暂行办法》，市编制委员会批准增设市教育遣送所，集教育、收容、遣送于一体。2003年7月，市收容遣送站更名为市救助管理站，并迁址广益乡勤丰村。市政府拨款57万元，对被救助人员食宿、生活用房进行装修，改建食堂、浴室、卫生所和宿舍，为受助人员提供较为舒适的环境。市民政、公安、卫生、城管等部门联合印发《关于加强城市生活无着的流浪乞讨人员救助管理的通告》，对流浪乞讨人员告知其向市救助管理站求助；对流浪乞讨人员未满16周岁的未成年人、老年人、残疾人和行动不便的人员，依法实施保护性救助；对精神病患者和智障人员，经市精神卫生中心鉴定后，由市精神卫生中心救治；对智障人员由救助管理站救助。在市区人民路、中山路设置乞讨禁区，依法处置强讨恶要等流浪乞讨行为。开通全国乞讨人员救助管理信息系统。至2005年末，共收容76058人次、遣送12883人次、救助5762人次。

第二节　社会福利生产

1986年，全市有社会福利企业343家，在职职工32234人，年产值3.57亿元。1992年起，福利企业职工纳入全市职工养老保险和医疗统筹保险范围。在各级政府和税收优惠政策的扶持下，1996年，福利企业发展至1042家，就业职工94626人，其中残疾职工42086人。年产值121.1亿元。是年，启动福利企业产权制度改革。

1997年起，对福利企业整顿，共清理69家假福利企业，福利企业数量减为973家，职工减为85057人，但年产值增加3.6亿元。至1999年末，有154家福利企业完成产权改制，占福利企业总数的16.54%，其中股份制企业75家、有限责任公司79家。2002年10月，市民政局制定《关于市属福利企业改革的实施意见》，明确改制的范围、具体形式及人员分流安置的政策。2003年10月，经市改革领导小组批准，无锡市华申实业公司等8家企业整体转制为股份制企业。改制后，企业中残疾职工的安置和收入仍继续享受改制前的有关政策和规定。

至2005年末，全市有福利企业604家，在职职工53730人（其中“四残”人员23393人），年销售收入488.76亿元，人均利税3.79万元。

1986～2005年无锡市社会福利生产主要经济指标统计表

表40-13 单位：家、人、万元

年份	企业数	职工数	其中"四残"人员	产值	利税	外贸出口	固定资产原值
1986	343	32234	14031	35657	2809	—	10055
1987	507	42652	18456	77000	4749	4064	19698
1988	627	53750	23950	103000	5100	9773	26587
1989	680	63998	28382	193000	5970	10000	724.90（市属）
1990	758	72064	32129	218000	21000	16000	226000
1991	771	77434	34514	270000	29000	27000	3010（市属）
1992	855	79218	35401	560000	42000	41000	220092
1993	918	93612	41603	653000	51200	32716	360000
1994	1018	96543	43458	840200	42400	84633	468300
1995	1037	96467	43419	1081000	48500	72914	611917
1996	1042	94626	42086	1211000	47000	89705	516000
1997	973	85057	38649	1247000	56000	—	766804
1998	985	85057	38358	1196000	58500	—	2973（市属）
1999	931	77243	35237	1560000	62000	—	2051（市属）
2000	897	69797	30814	2129348	63000	—	734585
2001	794	67200	30389	2129345	63000	—	766866
2002	761	64078	28426	2709865	64000	—	915064
2003	767	64078	25231	3513271	96000	—	1005342
2004	669	55450	24289	4013711	125000	—	976721
2005	604	53730	23393	4140405	189300	—	709265

第三节 福利彩票

一、彩票发行

1988年6月，无锡市成立社会福利有奖募捐委员会，由市委宣传部、市民政局、财政局、税务局、公安局、工商局、人民银行无锡支行、交通局等13个部门组成委员会成员单位，负责本地区社会福利有奖募捐的规划和实施，组织开展社会福利有奖募捐活动，筹集和分配社会福利基金并进行监管。1989年起，彩票发行由人民银行无锡支行实施监管。1989年5月，成立市社会福利有奖募捐委员会办公室，作为市社会福利有奖募捐委员会的办事机构，属自收自支事业单位，隶属市民政局领导。为适应电脑型福利彩票的发行和市场化发展的需要，2000年1月，成立市福利彩票发行中心，与市社会福利有奖募捐委员会办公室合署办公，并于当年开始由市财政部门实施监管。

宜兴市、江阴市、无锡县分别在1987年12月、1989年5月、1992年9月成立社会福利有奖募捐委员会办公室。

1988～2005年，组织发行传统型彩票、即开型彩票、即开传统结合型彩票、电脑型彩票、中福在线即开型彩票、网点即开型彩票等类型的彩票。其中，传统型彩票发行总量固定，预定的发行量销售完毕后集中开奖。彩票面值有0.5元、1元、2元、5元。市区主要在闹市区摆摊设点销售面值1元的彩票，市（县）、区、乡镇则利用庙会、集会等场所设点销售。1998年，市区发行赈灾即开型彩票，一天半时间销售3000万元，创历史之最。由于即开型彩票"奖大、人多"，容易带来安全隐患，财政部于2004年5月15日起暂停即开型彩票大奖组的销售方式。2000～2001年，发行"中华风采"即开传统结合型彩票。2000年4月24日，开始销售电脑彩票。随着市场需求的变化，"35选7""36选7""30选7"和"7位数"等方式被"双色球""3D""东方大乐透""15选5"等方式取代。电脑型彩票每注2元，是福利彩票销售的主打产品；网点即开型彩票以电脑型彩票为基础，加入即开型彩票形式，以条形码区别彩票。无锡市于2005年5月1日在南禅寺、宜兴市于5月25日在通贞观路开设中福在线即开型福利彩票，彩民购买专用投注卡后，在投注终端即可完成投注、开奖和兑奖、查询等一系列活动。彩票首推"四花选五""幸运扑克""西游夺彩"等种类，实行全国统一奖池计奖，奖金返还比例为销售总额的50%。2005年8月，中国福彩发行管理中心将此种彩票命名为"刮刮乐"。2005年9月，开始销售"刮刮乐"，首批推出"即开3D""棒球小子"和"百变扑克"3个品种，奖金返还率均为65%。

二、公益金使用

随着公益金筹集量的不断增多，公益金的使用范围由社会福利事业、社会救助事业扩展至社会保障事业，为政府有关部门及时救助困难群体提供一定的资金支持。1996年7月，为规范公益金的使用和管理，民政部门成立社会福利资金资助项目评审委员会，每年召开公益金项目评审会，负责审查申报的资助项目是否符合社会福利资金的使用范围、申报项目的必要性和可行性及其社会效益和经济效益。1988～2005年，无锡市共发行福利彩票83346万元，筹集公益金13619.05万元，资助城乡社会福利设施建设6691万元、优抚安置专项补助175万元、社区服务设施建设213万元、殡葬设施工程建设1010万元、流浪乞讨人员救助设施建设1059万元、贫困户危房改造130万元、福利机构孤残儿童医疗项目68万元、儿童特殊教育项目20万元、社区"居家养老"项目55万元，救灾捐赠170万元，上缴赈灾款614万元。

1988～2005年无锡市社会福利彩票发行情况统计表

表40-14　　单位：万元

年份	市区	江阴市	宜兴市	无锡县/锡山市	合计
1988	100	—	80	100	280
1989	155	100	30	—	285
1990	255	50	64	50	419
1991	351	50	160	80	641
1992	225	100	120	102	547
1993	641	820	800	104	2365
1994	150	520	400	490	1560
1995	460	60	1300	200	2020
1996	240	400	740	—	1380
1997	1000	—	—	—	1000
1998	3700	—	2000	15	5715
1999	5600	3000	3450	2000	14050
2000	4962	1106	882	521	7471

续表

年份	市区	江阴市	宜兴市	无锡县/锡山市	合计
2001	3372	1216	931	691	6210
2002	2549	3341	2580	418	8888
2003	5246	2758	2593	226	10823
2004	3835	984	1700	929	7448
2005	6308	1935	3228	773	12244
合计	39149	16440	21058	6699	83346

1988～2005年无锡市社会福利彩票公益金筹集情况统计表

表40-15　　单位：万元

年份	市区	江阴市	宜兴市	无锡县/锡山市	合 计
1988	41.63	—	28.00	35.00	104.63
1989	44.44	30.00	9.00	—	83.44
1990	57.99	11.30	16.80	15.00	101.09
1991	78.43	32.37	33.60	14.83	159.23
1992	35.58	22.90	25.20	21.49	105.17
1993	115.14	164.92	168.00	16.30	464.36
1994	31.60	82.53	84.00	74.76	272.89
1995	96.60	18.87	273.00	37.38	425.85
1996	46.77	70.61	155.40	—	272.78
1997	221.38	—	—	—	221.38
1998	662.07	—	420.00	3.15	1085.22
1999	1103.50	630.00	722.20	420.00	2875.70
2000	917.70	190.17	151.53	89.64	1349.04
2001	614.00	163.00	127.00	93.00	997.00
2002	217.00	596.50	425.55	35.53	1274.58
2003	810.50	485.35	422.05	22.59	1740.49
2004	504.38	78.72	136.00	142.80	861.90
2005	749.50	154.80	258.20	61.80	1224.30
合计	6348.21	2732.04	3455.53	1083.27	13619.05

1989～2005年无锡市社会福利彩票公益金使用情况表

表40-16　　单位：万元

年份	市区	江阴市	宜兴市	无锡县/锡山市	合计
1989	42.65	—	—	—	42.65
1990	44.14	—	16.80	—	60.94
1991	62.99	—	33.60	2.25	98.84

续表

年份	市区	江阴市	宜兴市	无锡县/锡山市	合计
1992	72.80	35.38	25.20	33.82	167.20
1993	38.34	142.30	168.00	7.96	356.60
1994	90.44	62.10	84.00	68.94	305.48
1995	33.14	32.51	273.00	45.46	384.11
1996	103.87	78.61	155.40	17.10	354.98
1997	153.09	6.10	—	3.78	162.97
1998	630.35	1.00	420.00	2.66	1054.01
1999	122.20	59.00	722.20	464.00	1367.40
2000	1120.11	500.00	43.65	—	1663.76
2001	507.00	78.00	—	50.00	635.00
2002	21.00	300.00	41.50	—	362.50
2003	264.10	598.50	186.00	—	1048.60
2004	928.86	—	186.00	24.31	1139.17
2005	188.80	20.00	1.00	20.00	229.80
合计	4423.88	1913.50	2356.35	740.28	9434.01

第四章 优抚安置

第一节 抚恤优待

一、革命伤残军人抚恤

1986～1993年，无锡市多次调整提高抚恤优待金和补助标准。1994年8月，提高特等、一等革命伤残军人护理费标准：特等因战、因公伤残人员每人每月200元，一等因战、因公伤残人员每人每月160元，一等因病致残人员每人每月120元。1995年7月1日起，特等因战、因公残疾者护理费调整为每人每月270元，一等因公、因战残疾者每人每月200元，一等因病致残人员每人每月160元。翌年1月1日起，调整提高革命伤残军人抚恤金和各项补贴：特等因战革命伤残人员的抚恤金和各项补贴为上年度当地职工平均工资的80%，其他革命伤残人员的抚恤金按上年度当地职工平均工资的一定比例计算。至此，初步建立革命伤残人员抚恤金自然增长的机制。7月18日，根据上半年国有单位职工平均工资水平，再次提高特等、一等革命伤残人员的护理费标准：特等因战、因公伤残人员每人每月310元，一等因战、因公伤残人员每人每月250元，一等因病致残者190元。1997年8月14日，特等因战、因公伤残人员护理费调整为每人每月350元，一等因战、因公伤残人员调整为每人每月280元，一等因病致残人员为每人每月210元。1999年7月16日，调整革命伤残人员护理费标准为：特等因战、因公人员每人每月400元，一等因战、因公人员每人每月320元，一等因病致残人员每人每月240元。2002年6月，调整提高定期抚恤补助金、伤残抚恤金、伤残保健金和护理费标准，抚恤补助金城镇平均提高12个百分点，农村提高5个百分点，伤残保健金提高15个百分点。

2003年9月1日，市政府颁发《解决重点优抚对象医疗困难问题的实施意见》，要求做好重点优抚对象的医疗服务，对重点优抚对象，除继续享受医疗减免优惠政策外，分类按比例承担基本医疗费用。2004年10月1日起，将原已参加工作并享受保健金的残疾军人调整为享受抚恤金，按国家统一标准执行：因战、因公一级和二级残疾的为当地职工平均工资的50%，三级和四级残疾的为40%，因病一级至四级为30%。是年末，开始伤残军人新旧残疾等级套改和换发新残疾证工作，共涉及2096人。套改后，在乡残疾军人抚恤金比上年度增加19%。

2005年1月，国家机关工作人员、人民警察因战因公负伤致残，其伤残性质的认定和伤残等级评定标准、伤残抚恤金标准、补办评残手续和伤残抚恤关系转移等，参照国务院颁发的《军人抚恤优待条例》及总政治部《伤残抚恤管理暂行办法》的有关规定办理；批准为烈士的条件，参照国务院颁发的《革命烈士褒扬条例》执行；因公牺牲和病故的确认，参照《军人抚恤优待条例》的有关规定办理；因公死亡的一次性抚恤金标准，参照《军人抚恤优待条例》执行。同时调整部分优抚对象抚恤补助标准，根据不同的残疾性质，按当地上年度职工平均工资（2004年为21295元）的一定比例，调整市区原在乡残疾军人的抚恤金（含各项补贴）标准。鉴于残疾军人残疾等级由四等六级十五档，调整为一至十级二十六档，在乡残疾军人抚恤金的自然增长机制作相应调整。调整一级至四级残疾人员护理费标准为：因战、因公一级和二级残疾的由每月745元调整到887元，三级和四级残疾的由每月596元调整到710元，因病一级至四级残疾的由447元调整到532元。8月12日，为纪念抗日战争胜利60周年，向为抗日战争时期入伍的在乡残疾军人、伤残民工、老复员军人（含红军老战士），军队移交地方管理的干休所内抗日老战士、属民政部门管理的五六十年代精简下放的老职工中的抗战老同志，颁发由中共中央总书记、国家主席胡锦涛亲笔题名的“中国人民抗日战争胜利60周年纪念章”和一次性慰问金1000元。向在抗日战争时期牺牲的烈士遗属发放一次性慰问金1000元。

2000～2005年无锡市区残疾军人抚恤金（原保健金）标准表

表40-17　　　　单位：元/年

等级	性质	2000年		2001年		2002年		2003年		2004年		2005年	
		抚恤金	在职保健金	抚恤金	在职保健金	抚恤金	在职保健金	抚恤金	在职保健金	抚恤金	在职保健金	抚恤金	在职保健金
一级	因战	10606	1380	11988	1700	13367	2000	15354	2300	17873	2640	21295	11200
	因公	10076	1350	11389	1670	12699	1970	14586	2270	16979	2610	20443	10800
	因病	—	—	—	—	—	—	—	—	—	—	19804	—
三级	因战	9015	1180	10190	1400	11362	1640	13051	1890	15192	2170	18101	8960
	因公	8485	1110	9590	1330	10694	1570	12283	1805	14298	2085	17036	8400
	因病	7955	1070	8991	1290	10025	1530	11516	1760	13405	2040	15971	7800
五级	因战	5833	730	6593	815	7352	905	8445	1040	9830	1160	11712	5600
	因公	5303	645	5994	730	6684	820	7677	945	8937	1065	10648	5040
	因病	4773	615	5395	700	6015	790	6909	910	8043	1030	9583	4560
六级	因战	4242	540	4795	6200	5347	700	6142	805	7149	905	8518	4480
	因公	3712	520	4196	6000	4678	680	5374	785	6256	885	7879	4200
	因病	3394	475	3836	555	4277	635	4914	730	5719	830	6814	3600

续表

等级	性质	2000年		2001年		2002年		2003年		2004年		2005年	
		抚恤金	在职保健金	抚恤金	在职保健金	抚恤金	在职保健金	抚恤金	在职保健金	抚恤金	在职保健金	抚恤金	在职保健金
七级	因战	2864	445	3237	505	3609	565	4146	650	4826	720	6389	3360
	因公	2758	415	3117	475	3475	535	3992	615	4647	685	5537	3000
八级	因战	2545	350	2887	405	3208	455	3685	525	4290	585	5111	2240
	因公	2545	350	2887	375	3208	452	3685	490	4290	550	5111	1920

说明：1.残疾抚恤金基数按上年度无锡市区职工平均工资计算，并含各项补贴。2.2005年无锡按新《军人抚恤优待条例》规定，并执行自然增长机制计算。3.原在职保健金按国家抚恤标准发放。4.二级、四级、九级、十级无。

2000～2005年无锡市区"三属"抚恤金（含各项补贴）标准表

表40-18 单位：元/年、%

类别项目	烈属、因公牺牲军人家属		病故军人家属	
性质	城镇	农村	城镇	农村
比　例	55	50	50	45
2000年	5833	5303	5303	4773
2001年	6593	5994	5994	5395
2002年	7352	6684	6684	6015
2003年	8445	7677	7677	6909
2004年	9830	8937	8937	8043
2005年	11712	10648	10648	9583

说明："三属"抚恤金基数按市区上年度职工平均工资计算。

二、在乡复员军人及"三属"优待

1987年，在乡复员军人补助金额由每月20元增至25元。1995年7月1日起，对1954年10月31日前入伍，立过功的在乡老复员军人按其立功等级发给荣誉金，立一等功以上者每月30元、二等功者每月20元、三等功者每月10元。12月，给在乡革命伤残人员一次性补助，补助标准为特等、一等每人800元，二等每人600元，三等每人400元。1995年12月，无锡市将月人均收入低于城区生活保障线的职工遗属补助对象、社会特困老人、失业人员特困户、优抚对象困难人员、病残知青列入民政部门最低生活保障范围，享受民政部门发放的低保金。1997年3月，调整部分优抚对象抚恤补助和各项补贴标准，对"三属"（烈属、因公牺牲军人家属、病故军人家属）、在乡复员军人（含带病回乡退伍军人）、在职伤残军人抚恤补助标准及保健金标准，建立按上年度当地职工平均工资和农民纯收入的一定比例确定的自然增长机制。1999年7月，对"三属"、在乡复员军人（含带病回乡退伍军人）的抚恤补助金分别提高5%～10%。2005年1月1日起，在自然增长机制的基础上，对解放战争和新中国成立后入伍的在乡复员军人每人每年增发250元，对抗战时期入伍的在乡老复员军人每人每年增发750元。至2005年，全市享受抚恤金的"三属"535人，享受补助金的在乡复员军人2287人，带病回乡退伍军人472人。

2000～2005年无锡市区在乡复员军人定期定量补助金标准表

表40－19 单位：元/年、%

类别		抗战时期入伍		解放战争时期入伍		新中国成立后入伍	
性质		城镇	农村	城镇	农村	城镇	农村
比例		50	55	40	50	35	45
2000年	定补金	5303	2819	4242	2563	3712	2306
2001年	定补金	5994	2891	4795	2628	4196	2365
2002年	定补金	6684	3038	5347	2762	4678	2486
2003年	定补金	7677	3223	6142	2930	5374	2637
2004年	比　例	55	65	45	60	40	55
	补助金	9830	4114	8043	3798	7149	3481
2005年	比　例	60	85	50	75	45	70
	补助金	12777	6146	10648	5423	9583	5061

说明：城镇按上年度市区职工平均工资一定比例计算，农村按上年度农民平均纯收入一定比例计算。

三、义务兵家属优待

1986年，无锡农村义务兵家属优待按一个整劳动力年收入的50%～70%或当地人均年收入的标准给予优待，人均480元。1987年10月，市政府颁发《无锡市义务兵家属优待实施细则》，人均优待金增至730元。翌年，城镇义务兵家属优待金增加100元，户均超过900元。1994年10月，无锡市义务兵家属优待金在原入伍第一年650元、第二年750元、第三年850元、第四年950元、第五年1050元标准的基础上，各增加200元，翌年再次各增加200元。1996年，义务兵家属优待金分别调整为1100元、1200元、1300元、1400元、1500元。1998年10月，开展市区城镇义务兵家属优待金统筹，将统筹收款方式由无承付托收改为同城特约收款，并将统筹范围扩大到市区所有机关、事业单位、社会团体。2001年9月25日起，市区城镇义务兵家属优待金由社会统筹改为财政统支。2003年末，调整提高城镇义务兵家属优待金，入伍第一年由1100元提高至2300元，第二年由1200元提高至2600元。

第二节　退役士兵、军队离退休干部安置

1986～1996年，义务兵退伍实行计划安置。市民政部门根据退伍兵报到情况，编制安置计划，报市劳动部门审批后，按系统分配安置任务，包干落实。入伍前有工作单位的，回原单位复工复职；原单位已经撤销或不存在的，由劳动部门重新安置。从郊区农村入伍的退伍兵，按照“从哪里来到哪里去”的原则，由郊区人民政府安置。

1997～2000年，义务兵退伍安置工作逐步改革，实行计划安置和双向选择相结合的方式进行。退伍士兵可以根据自己的专业特长和技术能力，选择安置单位。对符合安置政策又无法落实工作单位的，由民政部门和劳动部门安置，主要去向为厂矿企业和非公有制企业。2001年冬季起，退伍兵安置试行货币安置和自谋职业相结合的方式。对自谋职业的退伍兵，发放2万元安置费。军队复员干部，政府不再安排工作。

2003年起，无锡市开始接收军队无军籍退休、退职职工安置。这些人员移交地方后，按照属地安置的原则，纳入无锡市事业单位养老保险统筹、职工基本医保和职工补充医保。

2004年1月，军队离退休干部安置去向的条件放宽，住房保障机制执行军队统一的住房制度，比照同职级退休公务员参加医保和医补，服务用车实行货币保障，逐步建立国家保障与社会化服务相结合的模式。7月，市政府印发《认真做好2003年冬季退伍兵接收安置工作的意见和扶持城镇退役士兵自谋职业优惠政策实施意见》，推进退役士兵安置改革，推动退役士兵自谋职业和货币安置工作。2005年1月，市政府明确退役士兵安置坚持以货币安置、自谋职业为主和城乡统筹的安置政策。货币安置的标准为：服役未满3年的每人3.3万元；服役3年以上（含3年）的，从其服役年限的第三年起，在3.3万元的基础上，每服役满一年，增加0.3万元。入伍前有工作单位的，回原单位复工复职。原单位已合并的，由合并的单位负责接收。入伍前为全日制在读高校生，可申请复学和复学助学金。不愿复学的，由户口所在地安置部门负责接收安置。3月，移交地方安置的军队离退休干部调整工勤费、护理费标准。享受工勤费全费的，由每人每月400元调整为800元；半费的，由每人每月200元调整为400元；1/4的，由每人每月100元调整为200元。护理费标准按公勤费全费标准执行，即每人每月800元。住房月租金标准从每平方米0.6元调整为1.2元。建立按职级享受房租补贴的标准。2003～2005年，安置城镇退役士兵3700人，其中自谋职业的3162人，发放安置费10466万元。

1986～2005年，全市共接收安置退伍兵40166人、军休干部738人、军队无军籍退休退职职工445人，先后建成清扬、惠龙、溪南、惠峰、钱巷、震泽、锡山区、惠山区、江阴市、宜兴市等10所军队离休、退休干部休养所。

1986～2005年无锡市接收安置退伍军人情况统计表

表40-20　　单位：人

年份	市区	无锡县/锡山市	江阴市	宜兴市
1986	214	582	655	1180
1987	237	713	828	810
1988	239	722	868	1115
1989	267	720	553	840
1990	—	—	—	—
1991	399	566	473	498
1992	323	487	520	428
1993	287	545	538	441
1994	331	470	511	613
1995	278	552	522	447
1996	229	456	397	373
1997	236	467	405	378
1998	303	490	581	552
1999	253	472	552	505
2000	334	620	661	651
2001	1031	—	623	533
2002	1035	—	690	592
2003	1110	—	647	582
2004	1090	—	662	602
2005	1058	—	610	614
合计	9254	7862	11296	11754

无锡市志

【第四册】

第四十一卷

民政与社会事务管理

概　述

1986～2005年，全市民政和社会事务管理部门以改革为动力，以创新求发展，认真履行工作职责，组织开展民间组织管理和社区建设，社会事务管理能力和社区建设水平不断提高，婚姻登记管理、殡葬管理、退休职工管理、老龄事业、关心下一代工作不断加强，双拥共建取得显著成绩。

1986年，全市农村完成第一届村民委员会换届，全面建立基层群众自治组织。从1989年第二届村委会换届选举开始，村干部由行政任免制改为选举制。1990年4月，市政府部署社会团体清理登记工作。至1991年8月，共核准登记社团707个（其中市属329个），撤并177个，暂缓登记20个，自行解散7个，依法取缔8个。1991年10月起，市区70周岁以上老年人实行社会优待服务，在车站码头优先购票、进站、上下车船，免费进市区各公园游园，看病可享受挂号、就诊、划价、收款、发药、住院优先。后市政府将优待服务扩大至60周岁以上老年人，并对老年人乘坐公共汽车实行优惠。1995年2月，市委、市政府决定从全市直属企事业单位选派100名优秀人员充实城区居委会领导班子，担任党支部书记、主任、副主任职务。1998年10月，第五届村委会换届进行直接选举试点，全市147个村参加试点，村民参选率98%以上。1999年5月，在城区开展社区综合改革，城区街道、居委职能以社区建设、管理、服务为主，逐步建立社区自治组织体系。2000年末，全市首家社居委——迎龙桥街道水车湾社区居委会成立。2001年下半年起，按照有利于自治、有利于管理、有利于资源共享的原则，对居委会的规模进行较大幅度的调整。原有的492个居委会，调整组建为246个社居委，撤并率50%。2003年10月1日起，取消婚前医学检查和离婚出具单位介绍信的规定。11月，按照属地管理的原则，全市实施企业退休人员社会化管理服务。2004年1月，无锡市连续第四次获“全国双拥模范城”称号。是年，市政府把惠山地区墓葬整治列为新三年城市保护建设的重要目标。2005年，关工委组织向社区、大专院校和民营企业延伸。至年末，基本形成市、市（县）区、镇（街道）、行政村（社区）四级关工委组织网络和以“五老”（老干部、老战士、老教师、老专家、老模范）为主体的工作队伍。

第一章　民政事务

第一节　机　构

1986年初，市民政局机关设秘书科、政工科、社会事业科、优抚科、民政科、生产科（民政工业公司）、地名委员会办公室、军队离退休干部退伍军人安置办公室、盲人聋哑人协会等9个机构。1988年6月，设立市社会福利有奖募捐委员会。1989年5月，成立市社会福利有奖募捐委员会办公室。6月，增设社会团体登记管理科、市地名委员会办公室。1992年10月，建立市农村养老保险基金管理办公室。12月更名市农村养老保险事业管理处。1995年12月内设各科全部改称处。2001年8月，成立市老龄工作委员会，在市民政局下设办公室，为老龄工委常设办事机构。11月，市级机关机构改革，市民政局内设办公室、民间组织管理处（挂“市民间组织管理办公室”牌子）、优抚安置处（挂“市军队离休退休干部、退伍军人安置办公室”牌子）、救灾救济处、基层政权和社区建设处、区划地名处（挂“市地名委员会办公室”牌子）、社会福利和社会事业处、福利企业管理处、计划财务处、老龄工作处等10个职能处室。农村社会养老保险职能移交市劳动和社会保障局，原市经济委员会承担的组织协调抗灾救灾职能、原老龄工作机构及其管理职能划归市民政局；原省民政厅承担的婚姻介绍机构的审批职能下划给市民政局。新增社会福利机构审批、民办非企业单位登记管理、指导社区服务推动社区建设、对低于最低生活保障标准的城镇居民实行全员低保工作等职能。划出国内收养登记、福利企业技术改造项目审核、申报等职能下放市（县）、区民政部门或相关单位。

2005年7月，拥军优属、拥政爱民职能划出，移交给市拥军优属拥政爱民办公室，在市民政局设“双拥”工作处，对外挂“市双拥工作领导小组办公室”牌子。

第二节　民间组织管理

1989年10月，市民政局对社会团体调查摸底。当时，全市有社会团体2157个，其中市级501个、县（区）级339个、乡镇（街道）级1317个。参加社团人数约25万人，占全市总人口的6%（市区14.5万人，占市区总人数的16.9%）。有17个社团属新中国成立初期登记延续发展。社团出版刊物90多种。经有关部门审批管理的社团有35个，有51个社团自行批准成立。1990年4月，市政府印发《关于做好社会团体清理登记工作的通知》。5月，市政府召开社团清理整顿工作动员会议。会后，进行以“三清三全”[①]为主要内容的清理和自查。至8月底，12个部、委、办、局的505个社团参加清理整顿和复查登记。11月5日，市民政局向首批核准登记的40个社团颁发社团法人登记证或社团登记证。1991年5月，市区乡镇、街道所属社团清理登记，由社团对照《社会团体登记管理条例》（简称“条例”）自查，提出登记申请，经业务主管部门和民政部门审查后确定“撤、并、留”方案，然后办理登记手续。至8月底，全市社团清理登记工作结束，共核准登记社团707个（其中市属329个），撤并177个，暂缓登记20个，无锡市太湖衡器协会等7个社团自行解散。在清理登记中，依法取缔亚太地区企业同盟、男朋友诗社、我们诗社、江苏紫砂研究会、草蜢阵线联盟大陆歌迷会、中国旅游航海家协会、无锡经忏同盟等擅自成立的非法组织，制止世界书画家协会无锡分会等境外团体的筹建活动。

1990年后，逐步建立和完善民间组织（含社团、民办非企业单位）登记管理制度，先后制定关于民间组织法人登记、印章管理、银行立户、票据管理、财务管理、变更登记、年检、重大活动报告制度等规章制度。1990～1995年，全市社团召开学术会议6850次，撰写论文、调研报告、咨询报告等2.5万篇，出版专著、编写教材97部，国家、省、市报刊采用文章2100多篇；完成技术攻关、产品开发、革新改造项目6400余项；提出并实施科技建议21911条，创经济效益1.87亿元；举办培训班895个，培训38万人次，联办成人高校两所，培养大、中专毕业生817名；引进启动资金2000万美元，促成64家企业举办“三资”企业，引进外资1.2亿美元。

1998年10月，在全市展开清理整顿未经人民银行批准、未经民政部门登记（简称“两未”）基金会工作，43个“两未”基金会由批准设立的单位予以撤销。2000年初，根据中央处理对社会有害的气功组织的精神，专项整治气功类社团，解散和注销元极学研究会、人体科学学会，撤销违法成立的太湖气功学校，取缔中国龙功。对江阴、宜兴、锡山等市（县）所属5个气功社团依法办理注销手续，所属84个分支机构全部予以解散。11月，市政府召开民办非企业单位登记管理工作会议，并印发《关于开展民办非企业单位登记复查工作的意见》，明确民办非企业登记管理工作的基本原则、业务主管

① 1989年春夏之交政治风波中的问题要查清、经费账目要结清、税费要缴清，班子机构要健全、申请手续要补全、登记材料要齐全。

部门和挂靠单位的职责。2001年12月，民办非企业单位登记复查结束。全市核准登记的民办非企业单位305个，其中法人组织285个、合伙3个、个体17个。主要分布在民办医院、民办学校、民办体育文化机构，有从业人员6400余人。2002年1月，社团登记管理处更名为民间组织管理处，并与2000年4月成立的民间组织服务中心合署办公。2003年8月，省人大常委会批准《无锡市促进行业协会发展条例》。

2005年，市委、市政府出台《关于行业协会和学会改革发展的实施意见》，行业协会、学会实施“政会脱钩”，鼓励新兴行业组织的发展，全市行业协会达130个。随着农业产业结构调整，农村、农业和农业服务专业协会应运而生，至年末，全市成立农村专业经济协会164个，涉及肉类、禽蛋类、水产类、林木类、蔬菜类、奶牛类等10多个专业类别，带动农村产业化经营户6万多户，带动种植面积2.27万公顷，实现销售收入13亿元。

2005年无锡市社会团体统计表

表41-1　　　　单位：个

地区		总数	社团性质					社团名称			
			学术性	专业性	行业性	联合性	其他	学会	协会	研究会	其他
合　计		1198	285	490	243	146	34	170	762	102	164
其中	市　级	395	141	94	88	70	2	84	207	56	48
	江阴市	246	54	131	34	16	11	23	185	11	27
	宜兴市	177	41	79	35	7	15	27	114	14	22
	崇安区	21	3	9	—	7	2	3	10	3	5
	南长区	19	5	11	1	—	2	—	14	3	2
	北塘区	15	1	6	—	8	—	1	8	3	3
	锡山区	117	14	57	32	14	—	14	89	2	12
	惠山区	130	15	81	26	8	—	13	88	7	22
	滨湖区	61	10	8	27	16	—	4	34	3	20
	新　区	17	1	14	—	—	2	1	13	—	3

2005年无锡市民办非企业单位统计表

表41-2　　　　单位：个

地区		行业类别									小计
		教育	卫生	文化	科技	体育	劳动	民政	中介	其他	
合　计		256	63	27	8	28	20	162	6	45	615
其中	市　级	121	42	15	1	18	16	1	1	11	226
	江阴市	36	13	2	1	2	2	39	—	—	95
	宜兴市	52	—	3	1	3	2	33	—	26	120
	崇安区	5	—	1	—	1	—	6	—	—	13
	南长区	4	6	—	—	1	—	7	1	—	19
	北塘区	5	—	—	—	1	—	15	—	1	22
	锡山区	15	—	—	3	1	—	—	1	—	20
	惠山区	9	1	4	1	—	—	—	3	4	22
	滨湖区	5	1	2	1	—	—	61	—	3	73
	新　区	4	—	—	—	1	—	—	—	—	5

第三节　婚姻登记

一、国内婚姻登记

1.结婚登记

1986年，卫生部和民政部联合印发《关于开展婚前健康检查的通知》，要求各地根据实际情况，逐步实行婚前健康检查制度。市民政局和市卫生局决定从1987年4月7日起，在结婚登记前要接受婚姻保健、优生优育知识教育和健康检查。1995年，针对部分青年婚姻登记观念薄弱，非法同居现象较多的状况，开展查处违法婚姻专项治理。经过调查、宣传，全市6100多对夫妇补办婚姻登记手续，市区结婚登记率99%，市（县）92%以上。婚姻登记合格率100%。

2000年12月，市卫生局、民政局和计生委依据《中华人民共和国婚姻法》《婚姻登记管理条例》《中华人民共和国母婴保健法》和《江苏省计划生育条例》等法律法规，联合制定《关于进一步加强婚前医学检查工作的意见》，要求依法规范婚前保健服务，严格执行婚前医学检查制度，婚前医学检查夫妇必须到卫生部门许可的单位进行，不断提高婚检质量；计生部门在核发生育证时，应当查验结婚证和婚前保健证。2003年7月，市民政局、卫生局规定婚前医学检查机构及技术人员，必须依法服务，从事婚前医学检查的机构必须经市级卫生行政部门许可，技术人员必须持证上岗，提高婚检质量，填写统一印制的婚前医学健康检查表和婚前医学检查证明信，并记录台账；婚姻登记机关凭持有婚检机构出具的婚检合格证明及其他法定证件，给予结婚登记并颁发结婚登记证；对出具未经许可开展婚检机构婚检证明信的，不予办理结婚登记。9月，市民政局组织全市婚姻登记员学习国务院新颁布的《婚姻登记条例》和民政部《婚姻登记工作暂行规定》。2003年10月1日起，取消婚前体检和单位开介绍信的规定。

1986年至2003年9月30日，全市申请登记结婚652858对。2003年10月1日至2005年12月31日，申请登记结婚91478对。

2.离婚登记

1994年2月1日起，无锡市施行《婚姻登记管理条例》，规定离婚当事人必须持所在单位、村委会或者居委会出具的介绍信才予办理手续。2003年10月1日起实施新的《婚姻登记条例》，取消上述规定。

1986年至2003年9月30日，全市离婚登记34578对。2003年10月1日至2005年12月31日，依法离婚登记14970对。

1986～2005年无锡市婚姻登记情况统计表

表41-3　　　　单位：对

年份	总数		其中					
			市区		江阴市		宜兴市	
	结婚	离婚	结婚	离婚	结婚	离婚	结婚	离婚
1986	54426	546	28378	354	11176	101	14872	91
1987	51796	624	29782	314	13151	203	8863	107
1988	42707	719	22228	390	11206	223	9273	106
1989	41897	836	19554	442	10937	276	11406	118

续表

年份	总数		其　中					
			市区		江阴市		宜兴市	
	结婚	离婚	结婚	离婚	结婚	离婚	结婚	离婚
1990	20083	858	8715	512	5792	215	5576	131
1991	38425	1088	17763	676	10218	270	10444	142
1992	36974	1234	17204	732	9970	286	9800	216
1993	34560	1500	16313	730	8837	364	9510	206
1994	35198	1757	17302	1055	9618	421	8278	281
1995	36980	2001	17513	1240	9243	479	10224	282
1996	37696	2722	17488	1876	10387	541	9821	306
1997	34430	2625	16651	1502	7996	639	9783	484
1998	35006	2845	16485	1591	9617	662	8904	592
1999	34214	2801	16906	1546	8857	646	8451	609
2000	34524	3059	16448	1678	10740	711	7336	670
2001	33401	3344	15897	1786	10168	796	7336	762
2001	34775	3716	15951	1978	11613	983	7211	755
2003	36317	4603	17647	2605	11704	1125	6966	873
2003	39168	6269	20002	3613	11628	1437	7538	1219
2005	34152	6449	16170	3967	10494	1153	7488	1329

说明：市区数按2005年地域范围统计。

二、涉外和涉港澳台婚姻登记

1986年，全市涉外婚姻登记主要涉及两个国家。2000年12月，市民政局根据省民政厅《关于进一步做好涉外，涉港、澳、台、华侨及出国人员婚姻登记管理的通知》精神，从2001年1月1日起，江阴、宜兴、锡山市民政局不再办理涉外婚姻登记，由无锡市民政局涉外婚姻登记处办理。2003年12月，省民政厅印发《关于调整办理涉外婚姻登记相关问题的通知》，从2004年1月1日起，涉外婚姻登记由省民政厅统一办理。

1986年～2003年，全市办理涉外和涉港、澳、台婚姻登记1306对。其中，无锡公民与港澳同胞、台湾居民结婚登记545对，与外国人结婚登记383对，与华侨结婚登记128对，与外籍华人结婚登记94对，与出国人员（包括留学生）结婚登记156对。至2003年，全市涉外婚姻扩展至59个国家和地区。

1986～2003年无锡市涉外和涉港澳台居民婚姻登记情况统计表

表41-4　　单位：对

年份	结婚								离婚		
	中国香港	中国澳门	中国台湾	外国	华侨	外籍华人	出国人员	合计	出国人员	外籍华人	合计
1986	1	—	—	2	—	1	8	12	—	—	—

续表

年份	结婚								离婚		
	中国香港	中国澳门	中国台湾	外国	华侨	外籍华人	出国人员	合计	出国人员	外籍华人	合计
1987	2	—	—	3	1	1	14	21	—	—	—
1988	3	—	—	3	1	1	10	18	—	—	—
1989	1	—	—	5	2	1	15	24	—	—	—
1990	6	—	1	9	6	3	23	48	—	—	—
1991	13	1	3	8	6	3	9	43	—	—	—
1992	14	5	11	14	9	4	6	63	—	—	—
1993	32	—	14	20	3	2	5	76	—	—	—
1994	29	1	19	15	3	7	2	76	—	—	—
1995	28	1	26	24	15	5	2	101	—	—	—
1996	22	5	26	24	20	5	5	107	—	—	—
1997	15	5	10	29	12	4	5	80	—	—	—
1998	12	5	21	24	8	11	7	88	—	—	—
1999	15	5	17	30	8	5	7	87	—	—	—
2000	12	5	21	26	13	4	6	87	—	—	—
2001	14	5	38	38	8	9	8	120	—	—	—
2002	13	5	32	50	3	13	12	128	—	—	—
2003	10	5	16	59	10	15	12	127	1	1	2
合计	242	48	255	383	128	94	156	1306	1	1	2

第四节　收养领养

1990年4月3日，省民政厅批准加拿大籍法朗沙瓦·霍尔夫妇领养无锡女婴，成为无锡首次经办外国人收养中国儿童的事务。1992年11月，市民政局发出通知，明确全市收养登记分两级管理，市民政局社会事业处负责市区（含郊区）港澳同胞、台湾居民、华侨的收养登记，各市（县）民政局负责对所属内地公民的收养登记。2000年1月1日开始，无锡市城区公民收养登记下划给各区民政局和新区社会事业局，但港、澳、台地区的中国公民在内地收养子女的，仍由市民政局办理。

2004年11月，市民政局会同市公安局联合印发《关于进一步规范社会福利机构捡拾弃婴（儿）交接、收养登记和出证工作的通知》。公安部门接到捡拾弃婴（儿）的报案后，应按规定做好接处警工作和移交民政局社会福利机构的手续，填写捡拾弃婴（儿）证明并提供接处警登记表，经福利机构验收后，由福利机构收养。福利机构凭相关证明填写落户通知单到福利机构驻地派出所申报落户手续。福利机构由专人负责捡拾弃婴（儿）集体户口的管理。

1986～2005年，市区捡拾弃婴（儿）2190人，根据《中华人民共和国收养法》，送养残疾儿童564人，其中国内公民领养182人，涉外领养382人。公民助养286人次，家庭寄养98人次。

1986～2005年无锡市儿童福利院收养弃婴、孤残儿童情况统计表

表41-5　　单位：人

年份	年内入院					年末在院			年内送养		
	合计	其中				合计	其中		合计	其中	
		男	女	健康	残疾		健康	残疾		涉外	国内
1986	49	20	29	6	43	81	8	73	–	–	–
1987	62	29	33	7	55	82	7	75	–	–	–
1988	73	31	42	7	66	91	9	82	15	–	15
1989	84	20	64	21	63	115	12	103	28	–	28
1990	112	30	82	15	97	107	10	97	41	6	35
1991	106	24	82	29	77	86	6	80	27	16	11
1992	99	15	84	31	68	93	7	86	34	19	15
1993	102	14	88	25	77	100	12	88	48	39	9
1994	153	48	105	34	119	117	16	101	35	29	6
1995	143	47	96	45	98	88	12	76	63	59	4
1996	152	63	89	32	120	88	8	80	39	34	5
1997	151	45	106	—	151	88	8	80	30	25	5
1998	124	45	79	—	124	68	4	64	53	44	9
1999	117	54	63	10	107	277	7	270	24	17	7
2000	108	48	60	6	102	288	11	277	30	20	10
2001	101	43	58	7	94	231	8	223	20	15	5
2002	103	52	51	9	94	230	10	220	34	28	6
2003	102	53	49	7	95	267	17	250	11	10	1
2004	119	56	63	5	114	260	12	248	20	13	7
2005	130	72	58	4	126	308	29	279	12	8	4
小计	2190	809	1381	300	1890	3065	213	2852	564	382	182

第五节　殡葬管理

1986年3月，市政府颁布《无锡市殡葬管理实施细则》。1990年3月，市民政局、公安局、工商局、民族宗教事务管理局联合制定《关于贯彻〈关于制止丧葬中的封建迷信活动的通知〉的意见》。禁止乐队参加丧事活动，非营业性的文化团体不准在市区和城郊沿途演奏哀乐。1995年3月，市政府发布《关于加强殡葬管理，制止乱埋乱葬的通告》，禁止骨灰乱埋乱葬，禁止集体、私人经营公墓、出售墓穴，凡未经批准的墓地、墓场，必须限期迁移或平毁。通告发布后，乱葬乱埋现象有所遏制，但半公开或隐蔽的现象依然存在。1997年4月5日，市首次举办骨灰撒长江活动，107名市民将47具亲人的骨灰撒入长江。

1998年3月，市政府修订《无锡市殡葬管理办法》，并以政府令公布。该办法规定，提倡骨灰深埋、播散、存放等不占土地或少占土地的方式安葬；建立公墓和农村公益性墓地应当利用荒瘠土地，

图41-1　2005年无锡市首次骨灰海葬活动　（市民政局供稿）

并达到绿化标准;禁止在村地、风景区及城市规划区内建立公墓和农村公益性墓地;任何单位和个人不得为生者建立"寿坟",并对违法违规行为制定相应的罚则。

2000年4月,市民政局会同市文明办举办骨灰"江葬"活动,67具逝者的骨灰播撒长江。翌年3月12日,在青城公墓举办首次骨灰树葬活动,120多位市民参加。5月10日,召开全市治理乱埋乱葬工作会议。会后,滨湖区成立清理整治工作领导小组,重点对辖区内惠山一带的墓地调查,分析原因,提出相应的整治措施。滨湖区印发《关于加强殡葬管理、制止私埋乱葬的紧急通知》。8月,市政府颁布《无锡市殡仪服务行业管理规定》,对殡仪服务行业专项整治,取缔3处地下迷信品制作工场,为60多家殡仪用品厂、店办理从业批准手续。2003年7月,市政府颁布《关于取缔非法殡仪运尸车辆的通告》,民政、公安、交通、卫生、工商等部门开展联合专项整治,遏制非法运尸车辆的活动。

2004年7月,市十三届人大常委会第十次会议通过《关于保护惠山、青龙山的决定》。市政府成立惠山、青龙山保护建设领导小组,把惠山地区墓葬整治列为新三年城市保护建设的重要目标。同月,根据《中华人民共和国行政许可法》的规定,除建火葬场、经营性公墓、殡仪服务站、引进外资等项目需要前置审批外,取消殡仪服务经营户的民政前置审批事项。2005年4月4日,联合南通市民政局组织实施无锡市首次骨灰海葬活动,16个家庭的40名逝者亲属参加,18具逝者骨灰撒入大海。

自1984年省民政厅批准无锡市郊区政府建立青龙山公墓以后,至2005年,全市建有14座公墓和1座灵塔,占地总面积510.7公顷。无锡市殡仪馆建有骨灰存放位5000个。

2005年无锡市公墓建设情况表

表41-6　　单位:亩

序号	公墓名称	批准年份	批准面积	主管部门
1	无锡市青龙山公墓	1982	1500.00	滨湖区
2	江阴市花山公墓	1988	100.00	江阴市
3	无锡市华侨公墓	1990	500.00	滨湖区
4	无锡市舜柯山公墓	1990	900.00	惠山区
5	江阴市花山登仙墓区	1990	7.57	江阴市
6	江阴市凤皇山墓区	1990	30.00	江阴市
7	无锡梅园公墓陈漕湾墓区	1992	400.00	滨湖区
8	宜兴市金鸡山公墓	1993	500.00	宜兴市
9	宜兴市南山公墓	1993	300.00	宜兴市
10	无锡梅园公墓湖景墓区	1993	1000.00	滨湖区
11	无锡梅园公墓梅园墓区	1993	1000.00	滨湖区

续表

序号	公墓名称	批准年份	批准面积	主管部门
12	无锡市青城公墓	1993	273.00	市民政局
13	无锡市乌鹤山公墓	1994	500.00	滨湖区
14	无锡市灵山塔陵	1995	150.00	滨湖区
15	宜兴市龙墅公墓	1997	500.00	宜兴市

第二章　社区建设

第一节　基层群众自治组织建设

一、社区居民委员会

1994年以前，城区居委会干部以老年人和兼职人员为主。是年，全市1493名居委会主任平均年龄58岁，初中文化程度占73.3%，党员占66.8%。居委会干部年龄偏大、学历偏低、兼职普遍的问题比较突出。1995年2月，市委、市政府决定从全市直属企事业单位选派100名优秀人员充实城区居委会领导班子，担任党支部书记、主任、副主任职务，使居委会干部的年龄、文化结构有新的变化。1998年6月起，全市进行新一轮居委会换届选举工作。新当选的950名居委干部，初中文化占23%，高中文化占55%，大专以上学历占22%。

2001年7月，无锡市进行社居委换届选举，全市440个社区居委会（含13个家委）按照公开、平等、竞争、择优的原则，一次性选举成功率100%，一大批大学生和区、街道选调干部充实到社区，当选的1394名成员中，平均年龄降至50岁以下，大专以上学历占20%，党员占50%左右。下半年起，按照有利于自治、有利于管理、有利于资源共享的原则，对居委会的规模进行较大幅度的调整，以建立新的社区自治组织体系。原有的492个居委会，调整组建为246个社居委，撤并率50%。调整中，普遍建立社区党支部或党总支委员会，建立起党领导下的现代新型社区居委会。

2004年6月，全市进行新一届社区居委会换届选举，年末基本完成，有41个社居委采取直接选举的方式，占全市社居委数的10.5%。新一届社居委成员2642人，平均年龄43.7岁，30岁以下的占10%；大专以上学历占27.7%，比上届提高两个百分点；党员1360名，占51%；离退休人员比上届下降12个百分点，下岗内退人员比上届下降13个百分点。翌年，全市统一制定新时期社居委工作3年任期目标、社区成员代表大会、社区议事监督、民主评议社区干部、社区干部廉政述职、社居委工作、居务财务公开、居民自治章程等8项制度，规范社居委自治建设。

二、村民委员会

1986年，全市农村完成第一届村委会换届，全面建立基层群众自治组织。1989年，全市农村开始第二届村委会换届选举，2019个村有1998个村在年末完成换届选举，占98.96%。此后，村干部由行政任免制改为选举制，并着手在村一级建立村民代表会议制度，村民民主自治建设初步萌发。10月，在贯彻《中华人民共和国村民委员会组织法》及试点的基础上，市民政局总结《加强村民小组建设，充分发挥村委会自治作用》的经验，在全省民政工作会议上介绍，并在全市农村宣传推广。1992年10月，全市开始第三届村委会换届选举。结合民政部总结的“依法建制，以法治村，民主管理”的经验，1994年末，无锡提出村委会建设必须做到“五个一”（一个村民联系箱、一个村务公开栏、一个村民代表会议室、一份村民花名册、一个上墙公布的村规民约），“五个有”（有印章、有牌子、有办公用房、有规章制度、有工作目标），建立健全“十种制度”（村委会任期目标责任制、村委会工作制度、村民代表会议制度、村务财务公开制度、村干部勤政廉政制度、学习和民主评议党员干部制度、村民组长和村民代表职责、村委干部年度和离任审计及档案管理制度、民事调解委员会职责、村委会组织网络图）等标准。时全市有375个村达到村民自治示范的标准。

1996年2月，全市第四届村委会换届选举结束，村民参选率97.83%，换届成功率99.81%。一大批懂经济、善管理、有威信的农村骨干被选进村委会领导班子。经省委研究室和省民政厅验收，锡山市526个村委会有466个达标。是年末，锡山市被省民政厅命名为江苏省村民自治模范市。1997年12月，省民政厅对江阴市村民自治示范工作进行验收，524个村有417个村达标，江阴市被命名为江苏省村民自治模范市。1998年10月起，举行第五届村委会换届，全市147个村进行直接选举试点。江阴市周庄镇孟巷村的选举受到联合国观摩官员的赞赏和信服。全市村民参选率98%以上，比上届选举提高0.57个百分点。新一届村委会成员8934人，初中文化占57%，高中以上文化占39.1%，平均年龄39岁，党员比例比上一届提高4.83%，村委会主任中党员占90%，40周岁以下的占40.1%。11月4日，第九届全国人大五次会议通过修订后的《中华人民共和国村民委员会组织法》，规定村委会的10项任务。中共中央办公厅、国务院办公厅随即颁发《关于在农村普遍实行村务公开和民主管理制度的通知》。无锡市成立农村基层组织建设领导小组，市（县）、区、乡镇、村成立村务公开领导小组，做到“村务公开内容具体化、公开形式标准化、公开程序规范化、公开时间统一化”，全市95%以上的村实行村民会议、村民代表会议和村务公开制度，建立公开栏、制定村民自治章程和村规民约。年末，95%的村达到“村民自治模范村”的标准。

2001年10月，全市1325个村进行第六届村委会换届选举，至2002年6月末完成，一次选举成功的村1301个，一次成功率98.2%。新一届村委会成员5998人，比上届减少2121人，平均年龄40.3岁，女性占26.74%。上届村委会成员中有1443人落选。登记选民2177562人，参加投票的选民2136769人，参选率98.13%。共提名候选人73687人，确定正式候选人8505人，当选5998人，体现依法选举、民主选举、好中选优。2004年9月，全面进行第七届村委会换届选举。至2005年6月，全市完成第七届村委会选举，一次选举成功率99.14%。有99个村（江阴市85个、宜兴市和滨湖区各7个）成功进行无候选人一次性直接投票选举。选民登记率98.4%，参选率98.2%。新一届村委会成员4844人，平均年龄40.2岁，女性1181人，党员3743人，具有高中、大专以上文化的主任占67.4%，比上届提高5%，书记、主任“一肩挑”的占10.41%，主任连任率74.83%。上届村委会成员中有957人落选，落选率19.76%，比第五届落选率增9.76%。

在村民自治建设中，全市涌现全国模范村委会2个，“百颗星”、最佳乡镇2个；省级村民自治模范市2个，模范村委会15个；市级村民自治模范村4504个（次）。

图41-2　滨湖区湖景村第六届村委会换届选举

（市委宣传部供稿）

第二节　社区管理

1986年后，全市持续开展模范居委会和标兵居委会创建工作。1990年，贯彻实施《中华人民共和国城市居民委员会组织法》和争创模范居委会活动相结合，将模范居委会“十好”标准修改为44项具体内容。至1991年末，全市评出模范居委会885个(次)，标兵居委会40个(次)，模范居委干部120人(次)。市政府对从事居委会工作25年以上的居委会干部颁发荣誉证书，对152名纯居民居委会干部退养后，每年拨出两万元生活补贴费。

1999年5月，市委办公室和市政府办公室联合印发《关于城区街道、居委会转变职能试点工作的实施意见》，提出城区街道、居委工作以社区建设为主要职能，进一步强化社区管理，搞好社区服务，建设繁荣安定、文明整洁的社会主义新社区。确定崇安区学前街道、江海街道，南长区清名桥街道，北塘区西新街道及上述街道所属的65个居委会，先期进行转变职能综合试点。2000年末，全市首个社居委——迎龙桥街道水车湾社区居委会成立。2001年3月，市委、市政府印发《关于全面推进我市社区建设工作的意见》，明确街道、社居委以社区建设、社区管理、社区服务为主要职能。社区综合改革工作在城区全面展开。社居委工作经费和人员待遇提高。社居委规模一般在2000户左右，按每100户8000元的标准拨付工作经费，市、区两级财政各承担50%。社居委普遍建立社区服务中心，每个社居委基本实现一部电话、一台彩电、一套办公桌、一组文件柜、一部照相机、一套健身器材、一台影碟机、一个宣传公示栏、一间图书阅览室、一个社区服务站。

2005年，进行街道社居委硬件达标建设。6月，全市27个家属委员会完成改社居委的工作，并统一制定新时期社居委三年任期目标、社区成员代表大会制度，社区议事监督委员会工作制度，民主评议社区干部工作制度，社区干部廉政、述职制度，社区居委会工作制度，居务、财务公开制度等工作制度。12月，社居委全部配备社区信息软件，推进社区信息化发展。至年末，累计评出模范居委会1573个(次)、标兵居委会77个(次)、居委干部先进个人379人(次)，全国、省、市示范社区17个。

第三节　社区服务

1986年，全市的社区服务工作逐步形成以区为规划指导，以街道和居委会为主体，以小型分散的福利设施为依托，专职人员和志愿者结合，以孤老残幼和烈军属为主要服务对象并为全民服务的社区服务体系。全市初步形成老年人、儿童保育、残疾人、烈军属优抚、青少年教育、家务劳动社会化、社会治安、卫生防疫、文化娱乐、“红白”事务服务等10个服务系列，缓解群众生活中的实际困难，使居民生活增加方便感。时市区居委会有托儿所、幼儿园213个，招收1.36万名托婴、幼儿。组建孤老包护组612个，护理孤老1511人。建立青少年、老年活动室368个，红十字医疗站231个，兴办商业服务网点和便民食堂1438个，为辖区内学生和老人的购物、就餐提供方便。市区居委会有工副业生产项目1241个，年产值8666万元，创利润1326万元。居委会经济的发展，帮助群众解决实际问题。市区各居委会集资402.9万元，改建大街小巷水泥路1783条、52.54万平方米，铺设自来水管道24.36万米，建设花坛3992只。至1990年，社区服务初步形成社会化，并开始向县、乡镇发展。崇安区、南长区、北塘区、郊区的30个街道办事处都建立社区服务统管机构，并相继建立318个居委会的社区服务统管机构。街道、居委会兴办敬老院12家，福利厂58家，精神病工疗站18个。基本做到每个居委会有1个托儿所、1个活动室；每个街道有1个老年、青少年活动中心和军人服务中心；有街道志愿者协会30个，会员5100人。

图 41-3　蠡湖街道震泽社区提供居家养老服务

（市民政局供稿）

1993年，市区居委会创办的经济实体2813个，年产值4.98亿元，实现利润3978.9万元，上缴利税3030万元。97.5%的居委会年创利万元以上，39.4%的居委会年创利10万元以上。全市居委会用于事务性开支658万元，安置就业人员2.58万人，创建街道社区服务中心16个、居委社区服务中心191个。街道志愿者协会14个，会员2618人，志愿者分会211个，移风易俗理事会210个。北塘区南尖居委会自筹资金100多万元，建造综合性的南苑社区服务中心。1997年，全市街道社区服务中心21个、服务中心面积1.75万平方米，居委社区服务中心372个，服务项目4293项。街道志愿者协会25个，居委志愿者分会310个。北塘区和崇安区上马墩街道分别被命名为江苏省社区服务示范区和江苏省社区服务示范街道。1998年全市有社区服务设施7000多个，服务人员2.5万人，初步形成便民利民的服务网络。2000年，市区有30个街道社区服务中心、27个街道市民求助中心、412个居委会服务站；有服务设施9513个、社区志愿者28046人，社区服务创利润1500万元，各级用于社区服务资金650万元。90%以上的街道有“五个一”（老年、托幼、助残、卫生保健、青少年活动）设施，90%以上的居委建有微型社区服务中心。2001年，全市有老年服务设施389个、残疾人服务设施147个、便民利民设施4651个。

2004年5月，市委、市政府印发《关于进一步明确街道职能和加强社区建设的若干意见》，对街道和社区工作重新定位，居委会与所办企业脱钩，不再从事以创收为目的的生产经营活动，可在法律、法规允许的范围内，开办以便民、利民为宗旨的社区服务项目。至年末，市区社居委办公服务用房面积平均328.7平方米（其中300平方米以上的176个），建成社区服务中心（站）384个、社区卫生服务中心（站、室）237个、社区图书室（阅览室）373个、社区民间组织439个，有社区志愿者210545人。

第四节　平安社区创建

1997年始，无锡市按照“谁主管、谁负责”和“属地管理”原则，开展“创三安”①活动。市委办公室、市政府办公室转发市综治委、公安局、环管委等部门联合制定的《关于开展安全文明小区建设的意见》，各地、各部门成立创建组织，在调查摸底的基础上，确定规划目标，制定实施方案，深入宣传发动，投入人力物力，强化小区基础防范设施建设。当年全市新建防护围墙2.3万平方米，扩建、新建车棚1.7万平方米，设小区治安值班室140个，新装防盗门8000多扇。全市建成安全文明小区189个、安全文明村694个、安全文明单位831家，占应建总数的30%以上，其中有20个小区、30个村被评为市级“创三安”先进集体，郊区芦庄小区、江阴市华西村等18家单位被评为省级“创三安”先进集体。至1999年，全市创建达标率85%以上，完成省、市工作目标任务，有37个小区获省“安全文明小区”称号。

2000年，市政府先后召开3次现场推进会，推广典型经验。推广家用GPS、CK报警装置等高科技

① 创建安全文明小区、安全文明村、安全文明单位。

防范设施，加强群防群治队伍建设。全市共安装固定目标卫星报警器5600多个，建有专职联防队伍1540多支、10200余人。翌年投入2100万元，将14个老小区改造创建为安全文明小区，11个新建小区验收达标。2002年，结合下岗职工“4050”（女性40岁以上，男性50岁以上）再就业工程，招聘专职社区保安800多人。组织开展群防群治活动，治安联防力量增加至1.2万余人，群众义务防范力量达4万余人，各级财政投入800多万元。翌年，加强和充实保安辅警和群防群治力量，组成1.7万多人的多层次保安辅警力量。组织发动送奶员、保洁员、送报员等特殊行业从业人员参与治安防范，社区治安志愿者队伍不断壮大，社区群众对社会治安满意率98%以上。

2004年，无锡市结合开展“平安无锡”创建活动，安全文明小区创建转为平安小区创建，由市房管局负责牵头组织实施，市综治办、公安局等有关部门为成员单位，市创建活动办公室设在市房管局物管处，市房管局等单位联合印发《关于开展平安物业小区（大厦）创建活动的意见》和考核细则。至年末，保安辅警力量增至两万多人，社区治安志愿者队伍7万多人，特殊行业从业人员治安志愿者队伍增加至13755人。2005年，结合老小区改造，开展技防小区建设。全市建成技防小区170多个，新增社区保安480人，充实治安志愿者2200人，增强基础防范设施5000多个。

第三章　退休职工管理

第一节　机　构

1982年5月2日，无锡市成立退休职工管理委员会（简称“市退管会”）。随后，各区、局、直属单位相继成立退管组织。1986年4月，市退管会和市老龄问题委员会合署办公，对外仍保留两个委员会牌子。市退管会下设办公室。至1990年，市区32个区局、22个直属单位、1046个基层单位相继建立退管会组织，覆盖率98%。1986年、1990年，市退管会分别召开第一、第二届退休职工代表大会，并通过《无锡市退休职工管理委员会章程（试行）》。1992年9月，市退管会从解放东路748号迁移至清扬路1号（市工人文化宫内）办公。

2002年12月，市编制委员会办公室发文对市退管会办公室隶属关系进行调整，明确市退管会办公室既是市劳动和社会保障局归口管理的全民事业单位，又是市退管会的常设办事机构，相当于正科级建制，依照国家公务员制度进行管理。2003年11月，实施企业退休人员社会化管理服务，建立市、区、街道（乡镇）、社区四级机构。市和区建立退休人员社会化管理服务中心，街道（乡镇）建立退休人员社会化管理服务所，社区建立劳动保障工作站，下设退休人员自管组织。至2005年，市区建有7个退管服务机构、33个街道（镇）退休人员社会化管理服务所、210多个社区劳动保障工作站，共计1050余名人员直接从事退管工作。17万余名企业退休人员（包括由社保基金支付定期救济费、抚恤金的职工遗属）的社保和退休管理事务性工作全部从企业剥离，人事档案和日常管理由企业全部移交到社区，构建起由社区承担社保和退休管理事务的工作机制和管理体制。

第二节　文体活动

市退管会倡导健康向上的生活方式，开展形式多样的文体娱乐活动。1988年，组织成立退休职工柏乐艺术团，配合各阶段的宣传主题，组织节目到老年公寓等基层单位演出。1992年，开展尊老敬老系列活动，举办市退管会成立10周年成果展览会和金秋钓鱼活动。1998年4月，各级退管会参与组织“千位老人游三峡”活动和“百名老人潇洒东南亚”活动，既观赏祖国的大好河山，又陶冶退休职工的情操。

1999年，市退管会举办庆祝国际老年人年活动，还专门组织“千位退休职工豪华列车北京游”，市长吴新雄到车站为老人送行。4月，市退管会在锡惠公园举办5万名退休职工参与的大型游园会。2000年，举办无锡市首届老年人文化体育艺术节，举行乒乓球、象棋、围棋、交谊舞、门球、太极拳、木兰扇舞、书画、摄影等活动。翌年6月，与市委老干部局、市老龄委联合开展读一本书、演一台戏、组织一次参观、举办一次征文、开好一个座谈会、办一个展览会的“六个一”系列活动。同时举办“党的光辉照我心”文艺演唱会，22家单位组织37个节目参加演出。市退管会还与无锡日报社等12家单位联合举办“唱支山歌给党听”征文活动。

2001～2005年，市退管会、老干部局等相关单位每年组织老年文体活动，多次开展书画、摄影、乒乓球、门球、象棋、围棋、射击、钓鱼等比赛，结合节日开展系列征文活动，组织老人赴外地旅游。其中，2004年9月21日举办的无锡市第九届体育运动会（老年部）暨首届社区退休人员钓鱼比赛，市（县）、区52支代表队、200余名退休人员参加；与此同时，举办首届社区退休人员文艺会演；随后举办首届社区退休人员体育健身展示大会，市区31支代表队、500余名退休人员参加。2005年4月，在市人民大会堂举办庆五一暨无锡市社区退休人员文艺汇报演出。9月，选拔120名退休人员组成手绢舞和时装方队参加第三届太博会狂欢巡游活动。11月，市退管会柏乐艺术团参加全国第九届中华不老城活动，参演的东北秧歌和舞蹈均获金奖，市退管会获优秀组织奖。

第三节　送温暖工作

1988年，市退管会对退休职工生活进行调查，经市政府同意，解决低工资退休职工的补助问题。1989年，市工人文化宫新建市退休职工活动中心，面积1000平方米。次年，退休职工小桃园公寓竣工，面积2750平方米，有134张床位，配有卫生设备和活动设施，为孤寡和特殊困难家庭的离退休职工安度晚年、短期寄托提供条件。1990年，退休职工最低工资收入（含补贴）为120.5元。当年各级退管会共走访83937人次，补助困难退休职工24064人次，总金额82.54万元。市区493家单位利用发工资日为退休职工提供理发、洗澡、看病、药费报销、接待咨询等服务。1991～2005年，各级退管组织共走访173万余人次，慰问经费1.88亿元。在全面调查的基础上，对特困退休职工建档立卡，实行动态管理。市退管会“送温暖工程”连续4年获市委精神文明目标考核优胜奖。

1993年开始，市退管会向部分特困户每月定量免费供应粮油，保证其基本生活。2000年，在全市发放4000张特困退休职工医疗优待证，就医时免收挂号费、诊疗费并享受检查化验药品等优惠，减轻其医疗费负担。2001年，医疗优待证发放人员扩大至退休劳模、企业退休厂长、书记及生活困难的高龄老人，数额增加至1万张。2003～2005年，医疗优待证发放增至1.3万张。

第四节　互助保障

1988年，市退管会建立尊老养老储金会，由子女或自己存储，作为社会养老保障的补充。当年128026名职工和退休职工参储。至1998年，共发展会员20余万人，参储单位增至981家，储金和互助金共计2000万元，先后为6.6万多名提早退储的储户和死亡储户退还本金和发放互助金。

2002年11月，经市政府同意，市劳动和社会保障局与市退管会等部门联合印发《无锡市退休人员住院医疗互助暂行办法》，在退休人员中开展住院医疗互助保障。2003～2005年，参保53.3万人次，理赔95975人次，理赔金额2038.35万元，人均理赔金额212元。

2004年6月，市退管会印发《关于实施〈无锡市企业退休人员帮困互助暂行办法〉的通知》。是年7月至2005年末，对1.2万余名困难企业退休人员实施帮困互助，共发放帮困互助金162万余元。2005年春节，市退管会从帮困基金中支出86.32万元，对2000余名困难退休人员和6000余名80岁以上的高龄退休人员走访慰问。

第五节　退管经济

无锡市的退管经济始创于80年代中期，并一直居全省领先地位。1986～1990年，全市办有65个经济实体。1991～1995年，退管经济迅速发展。1995年，有774个经济实体，生产经营总额7.5亿元，实现利税4002万元，办实体的单位年人均得益超200元。5月10日，市委、市政府召开退管经济会议，并印发《关于扶持我市老年经济实体协调会纪要》，从政策上给予退管经济优惠。1996年起，退管经济实行调整转制改制，总数呈下降趋势，但仍实现生产经营总额、利税、用于老年事业费用"三提高"。1997年，在退管经济生产经营总量、利税、人均得益、基础大户等4个方面得到提高，100万元以上营销额大户增至184个。1999年，退管经济由安置型向效益型、由量的扩展向质的提高、由依附型向规模型、由单一型向多元化复合型转变。2001年，生产经营总额10.45亿元，上缴税金3575万元，支出退休职工费用2437万元，税后利润1717万元。在全市396家退管企业中，经营额超过百万元的177家，生产经营额9.8亿元，占全市退管经济总量的93%，达千万元的21家。2003年经营额10.8亿元，为历年最高。2004年，退管经济实体减至56家。2005年，退管经济经营收入4.5亿元。

第四章　老龄工作

第一节　机　构

1985年3月，无锡市建立老龄问题委员会，是由有关部门和群众团体、科研机构组成的社会团体。5月，市老龄委办公室成立，负责全市老龄问题的调查研究、综合规划、组织协调、督促检查。翌年4月，市老龄委和市退管会合署办公，对外仍保留两个委员会的牌子。至11月，无锡县、江阴县、宜兴县和崇安区、南长区、北塘区、郊区相继建立老龄委及其办公室。1990年，全市形成市、市（县、区）、乡镇（街道）、村（居委）四级老龄工作网络。同时建立30多个乡镇老年协会、1500多个村老年协会，还成立老年体育协会、老年书画协会、老年摄影协会、退休教师协会、退休医务工作者协会、退休科技工作者协会等老年群众组织。1999年8月，市老龄委办公室隶属于市政府办公室，依照国家公务员制度管理。

2001年8月，市老龄工作委员会成立，由市委组织部、宣传部、市级机关党工委、老干部局，市民政局、劳动和社会保障局等22家成员单位组成，为主管全市老龄工作的议事协调机构。原市老龄委的职能由市老龄工委承担。市老龄工委在市民政局下设办公室。至2002年7月，辖市（县）、区相继建立老龄工委及其办公室。至2005年末，全市有市级和市（县）区老龄委及其办公室10个，镇、街道老龄委及其办公室86个，村、社居委老龄工作领导小组1465个。镇、街道老年人协会44个，村、社居委老年人协会1464个。老龄工作专、兼职干部167人。

1986年3月，市老年服务中心成立，负责为老年人提供服务和开展技术咨询。1987年6月，市老年活动室成立。1994年12月，市老年活动中心成立。1996年12月，市老年学学会成立，专门从事老年学研究，开展调研、信息交流、服务咨询、学术研讨等。2005年3月，市老年服务中心、市老年活动室并入市老年活动中心，并更名无锡市老年综合服务中心，为自收自支的全民事业单位。

1982～2005年无锡市部分年份老年人口情况表

表41-7　　单位：万人、%

年份	全市户籍老年人口数	占户籍总人数比例	年份	全市户籍老年人口数	占户籍总人数比例
1982	37.48	9.89	1999	63.90	14.74
1990	48.25	11.55	2000	67.19	15.46
1994	52.35	12.22	2002	69.83	15.92
1995	53.52	12.47	2003	72.70	16.43
1996	56.70	13.16	2004	75.38	16.86
1997	57.45	13.29	2005	79.44	17.54
1998	60.70	14.04	—	—	—

说明：1982年和1990年老年人口数为第三次和第四次人口普查数。1994～1998年老年人口数为各级老龄组织的统计数。1999～2000年、2002～2005年老年人口数由市公安局户政处信息科提供。2005年末，无锡市有60周岁以上户籍老年人794442人，占全市总人数的17.54%，其中：70周岁以上的老年人381555人，占老年人数的48.03%；80周岁以上的120470人，占老年人数的15.16%；百岁以上寿星299人。

第二节　老年人优待服务

1987年，无锡市为70岁以上高龄退休职工免费发放公园进园卡2.4万余张，65～69岁退休职工，凭单位介绍信优惠购买进园卡（每年一次性交款3元）。同时，对70岁以上高龄退休职工发放医疗优待证2.9万余张，给予挂号、就医、打针、取药等优先。1991年8月，市政府办公室转发市老龄委《无锡市为市区高龄老人开展尊老服务的意见》。决定从10月16日起，对市区70周岁以上老年人颁发高龄优待证，实行社会优待服务。主要优待项目有：在火车站、汽车站、客轮码头，优先购票、进站、上下车船；市区各公园实行免费游园；市文化局所属影剧院白天实行半价优惠，市博物馆、市美术馆免费参观；看病可享受挂号、就诊、划价、收款、发药、住院优先。1993年，为百岁以上（含100岁）老人每人每月发放长寿保健补贴费50元。1995年，百岁以上老人长寿保健补贴增加至每人每月100元（江阴市从1997年开始增加至每人每月100元，2001年增加至每人每月150元）。1998年，江阴市、宜兴市开始对当地70周岁以上老人实行社会优待服务。

1999年3月，市政府印发《关于做好老年人优待服务工作的通知》，将优待服务老年人年龄扩大至60周岁以上，并为60～69周岁老年人颁发老年人优待证。凭证可享受免费游览锡惠公园、蠡园、青山公园、靖海公园、清扬公园；可免费进入博物馆、纪念馆等公共文化场所，凡需收门票的半价优惠；免费进入收费公共厕所；敬老日（农历九月初九）前后3天，免费进入市区影剧院，进入三国城、水浒城半价优惠（70周岁以上老年人免费进入）等优待政策。同年9月，对老年人乘坐公共汽车实行优惠。对60～65周岁的老年人购买公共汽车月票，票价优惠1/3，对年满66周岁以上的老年人购买月票半价优惠。2000年11月起，市区70周岁以上老年人在市属医院就诊时免收挂号费。2002年1月起免收门诊诊疗费。

2005年9月，市政府印发《关于进一步做好老年人优待服务工作的意见》，实现无锡市区和江阴、宜兴市对老年人优待服务政策的统一，在实行原有优待规定的同时，新增优待服务项目，主要有：60～69周岁老年人进入锡惠公园、蠡园、吟苑、青山公园、靖海公园（不含园中园）免购门票；进入太湖鼋头渚风景区、梅园横山风景区（不含园中园）半价优惠；进入收取门票的文化宫（馆）、俱乐部、图书馆、博物馆、美术馆、纪念馆、展览馆以及体育健身等公共文化场所半价优惠；乘坐市区公交车可办理每月25元的IC老龄卡。70周岁以上老年人除享受60～69周岁老年人的各项优待服务外，还可享受进入太湖鼋头渚风景区、梅园横山风景区（不含园中园）、唐城、三国城、水浒城免购门票；进入收取门票的文化宫（馆）、俱乐部、图书馆、博物馆、美术馆、纪念馆、展览馆免购门票；进入灵山景区实行20元优惠价。

第三节　老年教育

一、老年大学（学校）

1986年3月，市老龄委创办市老年大学。5月，市老年大学开学，设4个班、学员117人。2004年4月，市老年大学由市老龄委办公室划归市委老干部局管理，继续按照市老龄工作总体要求办学，面向全社会、为全市老年人服务的功能不变，对全市老年教育的示范、指导功能不变。2005年，市老年大学设120多个班、4375名学员，设立文史（中国文学、诗词、英语、历史、地理等），艺术（书法、绘画、歌咏、舞蹈等），实用技术（服装、烹饪、会计、摄影、电脑、工艺、农技等），体育（拳、操、剑、气功等），知识（保健、法律、科普等）等五大系科、60多门课程。10月，在清名二村31号（原市十中校址），开工新建市老年大学和市老干部活动中心，预算总投资1.04亿元，占地1.67万平方米，建筑设计面积约2.5万平方米。至2005年末，全市有老年大学9所，分别是市老年大学、崇安区老年大学、南长区老年大学、北塘区老年大学、滨湖区老年大学、锡惠老年大学和市梁溪培训学校。老年学校及分校795所，入学老人52979人，基本形成市、市（县、区）、乡镇（街道）、社区（村）四级老年教育网络。

二、电视教学

2000年，市老龄委和无锡教育电视台联合开办"无锡市空中老年大学"，构建"电视远程教育+社区就近辅导"的老年教育新模式，2005年，在社区建立辅导站96个。是年，市委组织部、老干部局、市老龄委办公室、无锡教育电视台开办"老干部荧屏党校"，当年播出9个专题，受众近60万人次。

第四节　老年人权益保障

1988年，《江苏省保护老年人合法权益条例》（简称"条例"）颁布实施后，全市印发单行本20万册，学习材料7000本，用于张贴的单张条例1.2万张。市委宣传部、市老龄委等19家单位发出宣传和贯彻的通知。市人大常委会组织部分人大代表视察条例实施情况。1990年和1991年，市老龄委、民政局、司法局、人事局、劳动局、老干部局等8个部门,连续两年组成检查组赴各市(县)、区检查条例的宣传贯彻情况。1991～1994年,司法部门和老年组织调处涉老纠纷9892件。各地采取对老年人生活状况检查、签订赡养协议和公开处理侵犯老年人合法权益典型案例等措施实施条例。1996年10月、2000年1月,《中华人民共和国老年人权益保障法》(简称"老年法")和《江苏省实施〈老年法〉办法》分别颁布实施。1997～2005年,市人大常委会组织7次老年法执法情况检查。司法部门将老年法的宣传教育纳入"四五""五五"普法规划,并将《江苏省实施〈老年法〉办法》列入年度普法宣传计划。2000年7月,市老年人法律援助中心成立,受市法律援助中心指导和监督,组织实施为保障老年人合法权益的法律咨询、援助工作。至2003年,各市(县)、区均成立老年人法律援助中心,形成老年人维权工作网络。至2005年末,城乡低保对象中的孤老、70岁以上的老年人在执行当地居民低保标准的基础上分别提高20%;"三无"①老人供养标准每人每月338元,"五保"②老人供养标准人均每年4513元;养老机构135个,床位11513张,每百名老人拥有床位1.47张;老年活动中心(室)1695个,总面积25万平方米;社区居家养老服务中心32个;有17万企业退休人员纳入社区管理。

第五节　老年经济

1986年11月,市老年基金会成立。基金会是社会福利团体,负责对筹集的老年福利事业基金进行管理和使用。至1990年,基金会共筹集资金204万元。先后创办宝光实业公司、宝光城市信用社等5家企业。1990年,上述企业先后停办。基金会用滚动增值资金,资助兴办老年福利事业。是年,投资300万元,创办老年休养院。

1991年8月,市政府办公室转发市老龄委《关于兴办老年福利企业的若干规定》,对老年福利企业的性质、经营范围、注册资金、分配原则和开办老年福利企业审批程序、老年福利企业中老年人从业人数作相应规定。市老龄委建立老年经济实体服务部。是年,有老年经济实体55个。1992年,老年经济实体发展迅速,至年末达874个,是上年的15倍。全年产值1.16亿元,商业企业销售总额5241万元,实现利润798万元,上缴税金310万元,为老年事业提供经费603万元。1993～1995年,相继出台《关于兴办老年经济实体的若干政策规定》《无锡市老年经济实体管理暂行办法》《关于对"三老"企业资格条件认定的若干意见》等政策,对老年经济实体给予所得税、粮食风险基金、物价调节基金、财政平衡基金按规定返还等优惠扶持政策,老年经济实体快速发展。老年实体经济个数、产销总额分别为2040个、6.5亿元,2600个、13.7亿元,3049个、15亿元,累计为老年事业投入经费9233.47万元。1996年,对老年实体经济进行巩固性调整,实体数量有所减少,质量有所提高。至年底,有老年经济实体2182个,产销总额28.14亿元、利润1.33亿元,上缴税金8233.6万元,为老年事业提供经费8641.76万元。2000年,根据国家相关政策的规定,逐步取消对老年经济实体的优惠扶持政策,实体逐步减少。至2005年,老年经济实体全部进行企业转制或与老年组织脱钩,不再以老年经济实体的形式存在。

第六节　无锡市老年综合服务中心

1987年6月,市老年活动室成立。1994年12月,市老年活动中心成立。2005年3月,市老年服务中心、老年活动室并入市老年活动中心,并更名市老年综合服务中心。市老年综合服务中心为老

① 无劳动能力、无生活来源、无赡养人和扶养人的,或者其赡养人和扶养人确无赡养能力或者扶养能力。
② 保吃、保穿、保住、保医、保葬。

年人提供休闲活动场所，中心内设书场、茶室、乒乓球室、健身房、棋牌室、阅览室、书画室、歌舞厅等，也为全市老人办理市老年人优待证和法律咨询、援助等事务。中心茶室为高龄老人免费供茶，为书画老人免费提供书画活动场所，为一般老人优价提供听书、跳舞等门票，所有活动厅、室均为老人低价提供服务。每年老年（重阳）节前后，中心专门组织商业、医疗等单位提供食品和医疗咨询。市政府每年财政补贴中心，不断改善活动场所条件，并随着活动项目的增加和参加活动的老人逐年增加，财政补贴年有增加。

图41–4　无锡市老年活动中心　（李怀大摄）

第五章　关心下一代工作

第一节　机　构

1992年6月27日，市关心下一代工作委员会（简称“市关工委”）成立，任贵发、覃正柱任顾问，王连道任主任。市关工委是在市委领导下，以离退休老同志为主体，吸收市有关职能部门负责人参加，从事青少年教育的群众性工作组织。2003年12月2日，缪根宝任主任。至2004年，全市有各级关工委组织2617个，有5.3万余名老干部、老战士、老教师、老专家、老模范等“五老”和志愿者参加。2005年，关工委组织向社区、大专院校和民营企业延伸。至年末，全市有各级关工委组织2951个，共有“五老”和志愿者6.8万余人，其中民营企业主1100余人，基本形成市、市（县、区）、镇（街道）、村（社区）四级关工委组织网络和以“五老”为主体的工作队伍。

第二节　活　动

一、组建报告团

1993年11月17日，由市委老干部局组建的市老干部革命传统教育报告团归属市关工委管理。1997年8月19日，与市委政法委、市教委、司法局联合组建市青少年法制教育报告团。2004年3月30日，组建市青少年民主法制教育报告团和市青少年科技教育报告团。至2005年，各级关工委共组建爱国主义教育报告团254个，报告员2177人；法制教育报告团179个，报告员1271人。

二、开展主题教育

1992～2005年，市关工委发挥报告团和“五老”的作用，围绕中共的中心工作和重大纪念活动，采取宣讲座谈、征文比赛、知识竞赛、文艺汇演、夏令营、道德实践等多种形式，组织开展纪念毛泽东诞辰100周年、喜迎香港回归、纪念抗日战争胜利60周年和健康上网教育等主题教育活动。2001年，市委办公室转发市关工委《关于纪念中国共产党成立80周年宣传教育活动的通知》，开展纪念建党80周年主题宣传教育活动。编印《没有共产党就没有新中国》宣讲提纲200份发至基层，并培训100余名宣讲报告员骨干；召开有关部门领导、老干部、老党员、老教师代表参加的建党80周年座谈会。全市关工委系统共作纪念建党80周年宣讲报告4579场，青少年听众116万人次。市关工委还开展《中华人民共和国未成年人保护法》和《中华人民共和国预防未成年人犯罪法》等宣传教育活动。

三、搭建宣传平台

1993年9～12月，市关工委与市委老干部局联合创办《江南少年》（双月刊，内部资料）。2001年，《江南少年》创刊8周年，发行量超过7.5万份。市委书记蒋定之题词“少年之友”、代市长王荣题词“八年创业、八年艰辛”。2001年中国共产党成立80周年期间，《江南少年》举办征文活动，刊登老同志回忆文章和青少年歌颂党的体会文章。2004年3月～2005年12月，市关工委、市委老干部局与上海市新四军暨华中抗日根据地历史研究会联合刊出《大江南北青少年德育专辑》半年刊（公开发行）。2004年4月，市关工委在省内率先创建关心下一代工作网站，网址www.jswxggw.com.cn。

四、为青少年办实事

1994～1999年，全市各级关工委组织革命传统报告员、失足青少年帮教员等帮助青少年健康成长。1994年，市关工委紧扣爱国主义教育主旋律，加强青少年德育教育，老干部革命传统教育报告团作报告160场，受教育者7万人次。有4000余名帮教员到监狱、少管所、工读学校等，帮教后进、失足青少年。1999年，老干部革命传统教育报告团副团长吴成、汤聿文和优秀校外辅导员卜仲谟共为101所学校作报告293场，87208名学生接受教育。吴成还先后10次赴无锡监狱向服刑青年演讲。2000年，各级关工委扶贫助学7917人，向希望工程捐款161.48万元。

2001～2005年，各级关工委配合有关部门，资助贫困学生6.1万余人次，捐款2545万余元；帮扶孤残青少年5100余人次；帮助下岗青年再就业2.3万余人；通过培训转移农村富余青年劳动力1.1万余人次。配合政法部门，动员3394名“五老”组建1029个帮教小组，与1926名失足青少年结对帮教。通过帮教，已刑释解教1350人，占70.1%。锡山区厚桥镇嵩山村关工委主任许若宗，全心全意为青少年办实事，在他的努力下，全村大批老干部、老党员、老教师参加关心下一代工作，先后建立16个关心下一代工作小组、4个校外辅导站、4个帮教小组。他带领大家筹集资金建设老少同乐活动室，帮助贫困学生上学，帮教失足青少年悔过自新，加强对刑释青年思想教育并帮助联系工作，产生较好的社会影响。南

图41-5　2004年，“十佳”离休干部卜仲谟为无锡市青少年作第1250次革命传统报告　（市委老干部局供稿）

京军区空军无锡干休所离休干部、所关工委副主任何贯群，1994～2002年先后结对资助青海、安徽金寨和苏北等地21名贫困学生，2002年12月他病故时，21名学生中5名完成学业、2名走上工作岗位；他累计捐款4万多元，赠送书籍近200册、学习材料1600多份，通信730余封。他被确诊患肝癌后，仍然以顽强的毅力继续做好结对资助学生的教育工作，直到生命最后一息。

2004年7月起，市关工委配合文化等部门，组织1283名“五老”担任义务监督员，对全市543个网吧和317个电子游戏机室监督检查，有效遏制未成年人进入网吧和非法定节假日进入电子游戏机室的现象。2005年4～6月，各级关工委组织“五老”开展外来务工人员子女接受义务教育情况专题调查，摸清基本情况，向市委、市政府提出有针对性的意见和建议。对尚未入学的145人，各级关工委通过做工作，除56人因弱智、残疾等原因不能入学外，其余89人全部于当年9月1日入学。配合教育等部门，办好外来务工人员子弟学校，让外来务工人员子女享受与本地学生同等教育；配合妇联等团体，办好家长学校。

五、教育基地、活动阵地建设

1995年12月，市关工委命名无锡革命陈列馆、市少年宫等15家单位为青少年教育基地。2004年，对市、市（县）区少年宫的状况、作用及存在问题进行调查研究，撰写出专题调查报告，报送市领导和有关部门。至2005年，各级关工委参与命名的青少年教育基地有447个，配合有关部门，通过整合资源、老少共建等形式，建立青少年活动阵地2299个，总面积99.6万平方米。

第六章　双拥共建

第一节　拥军优属

1986年，全市市级军民共建点由上年的210个发展至316个。共建内容从思想上交流、行动上互助，发展至经济上协作、技术上培训。军人家属服务组由上年的1382个增加至1942个；全市有军人服务中心729个、军人服务站311个、军人服务组908个。地方政府为军人解决住房447间，为军人家属调动安排工作393人次。翌年1月，无锡市开展向部队选送优秀兵员、协助部队培养优秀战士、开发使用优秀退伍军人的兵役工作“创三优”活动。10月8日，市政府颁发《无锡市义务兵家属享受优待金实施细则》，人均优待金由606元增至730元。11月4日，市民政局副局长程雪明随省慰问团赴云南老山前线慰问驻无锡83421部队，赠送相册3万册。1987～1990年，全市20多所大、中专学校帮助驻无锡部队538名干部战士学习大中专课程，153家企事业单位、38所中学先后派出500多名教师、辅导员、农艺师等帮助指战员学习高中课程以及烹饪、园艺、养殖、摄影、修理等专业技术，帮助部队开展生产经营，改善指战员的物质文化生活。建立健全群众性拥军优属服务网络，帮助解决军属住房困难和军人子女入学入托问题。其间，全市军民共建车站、码头17个，商店16家，医院13家，公园10个，影剧院6个。1988年3月，市区一等伤残革命军人全部用上石油液化气。1989年“八一”前后，北塘区组织180余人、11个服务项目到部队开展拥军服务活动。郊区投入100多万元，送给部队钢架、塑料大棚及化肥、农药、菜种、猪苗、鱼苗等，为官兵传授种植养殖技术，支持驻军“菜篮子”工程建设，解决部队“吃菜难”。1990年10月，无锡市投资建成华东地区第一个民兵大口径火炮训练基地。

90年代开始，市委、市政府和全市军民把双拥工作作为一项重要的政治任务。1991年12月，江阴市获首届“全国双拥模范城”称号。1993年12月，无锡市首次获得“全国双拥模范城”称号。1995年，南长区清扬街道清扬新村208号楼与83117部队3营结为共建对子，开展“军民共育新人”活动，誉为“拥军楼院”。1996～2001年，市委、市政府先后组织开展“走访边疆战士万里行”“百村千人进军营、慰问抗洪子弟兵”和“爱心献功臣行动”等活动。1997年12月，无锡市再次获得“全国双拥模范城”称号。1998年10月，无锡市举办第二届学生军(警)校军训成果展览，参观的机关干部、学生和部队官兵达1000人次。2000年，组织开展“万名小学生书信慰问解放军”和“爱我中华、固我长城”万人签名主题活动。2月12日，无锡锅炉厂与海军“无锡舰”签订共建协议，设立5万元科技练兵奖励基金，支持“无锡舰”开展科技兴训、科技练兵活动。3月1日，武警8721部队50名官兵参加江南学院成人教育学院举办的第二期“科技拥军”电脑培训班，首期38人培训毕业，并全部通过省级考试。7月26日，无锡市和郊区两级政府投资80万元，为驻无锡武警8722部队建成1公顷“科技拥军菜篮子工程示范园”。12月，无锡市第三次获“全国双拥模范城”称号。

2001年，加大科技拥军力度，全年参与这项活动的专家学者1000余人，为部队举办30多期电脑培训班，培训官兵5000余人次。8月7～9日，中国军事博物馆举办首届全国双拥工作成果展，无锡展位以“太湖涌动双拥潮”为主题，共分“铸造心中长城”“谱写拥军新曲”“情暖光荣人家”“汗洒第二故乡”等4个部分，运用大量的图片、文字、录像等资料，反映无锡市双拥共建成果。8月21日，通过江南大学的技术支持，全国第一个区域性、专业化民兵网站在锡山区开通。2002年，市科技局、市科协组织500名专家学者，投入资金200多万元，开展科技拥军活动。1月1日起，无锡市对部队已批准随军、有本市常住户口、超过6个月仍未就业的随军家属，按当年城市居民低保待遇标准，全额发放低保金。此后，以“十进军营”为主题，每年组织专家、教授和社会各界群众2万～3万人次走进军营，开展科技服务、法律服务、健康咨询、社区服务、军嫂职介、企业慰问、文艺慰问、青年联谊、书画创作、新闻采访等拥军服务活动。2004年1月，无锡市连续第四次获“全国双拥模范城”称号。江阴市、宜兴市连续7次被评为省级双拥模范城(区)。

图41-6　2004年，滨湖区举办退伍军人专场招聘会
(市委办供稿)

2004～2005年，以“战士的好妈妈、母亲的好榜样”“坚守雪域高原，竞显无锡军人风采”等为主题，在全市开展宣传“兵妈妈”和无锡籍进藏官兵的活动。2005年1月10日，首批18名2002年度从江南大学应征入伍的退役士兵，每人收到1.2万元政府助学金。3月10日，驻无锡解放军、武警部队200名官兵与学校的学生和社区“五好家庭”、市民代表一起，参加市政府组织的“百万市民看无锡”主题活动，分5路观看锡城新景，感受城市巨大变化。10月，无锡市社桥中学少年女子军校赴京参加全国少年军校总校检阅和比武，获“三连冠”。学校被命名全国少年军校示范校。

第二节　拥政爱民

一、参加地方建设

自1985年无锡市举办第一届太湖艺术节起，至第三届太湖艺术节，驻无锡部队先后派出1800名官兵支援艺术节。1987～1990年，驻无锡部队积极参与和支援地方经济社会建设，共投入42.8万个劳动日，出动汽车、机械两万多辆次，武警、消防人员6400人次，参与重点工程建设，保卫重要目标，维护社会治安和人民生命财产安全。参加植树造林、创建文明卫生城市等活动，植树近6万株，铺植草坪23万多平方米，派出1000多名干部战士担任学校校外辅导员。1989～1991年，驻无锡63983部队为市红旗造船厂进行技术创新，开发民用新产品23个，创利60万元。1992～1999年，该部队利用工程爆破、桥梁架设技术，先后支持江阴长江大桥施工等多项重点工程建设。2000年7月，总参56所派出工程技术人员，为市政府"民心热线"研制开发管理系统软件。

2001年后，驻无锡解放军101医院先后派出5支医疗队对口支援西藏地区，为藏族同胞送医送药，施行手术650例，治病两万人次，赠送药品300万元。2002年，驻无锡部队全年共出动官兵3万人次、车辆机械8000余台次，完成6.5万多个义务劳动日，为地方群众做好事2000余件。其中驻无锡73031部队、武警8720部队出动官兵1万人次、车辆6000台次，投入2.8万个义务劳动日，参加太湖广场、火车站广场建设。2003年，63983部队完成宁杭高速公路（宜兴洑东段）隧道施工、第一百货公司大厦爆破和江尖公园浮桥架设等任务。是年，73031部队、武警8720部队和武警8690部队出动2300名官兵参加无锡吴文化公园、灵山胜境文化园和宜兴竹海公园建设。

2003～2005年，驻无锡部队出动官兵1.3万人次、车辆800台次，担负第一、第二、第三届中国（无锡）太湖博览会执勤保障任务。2004年，无锡市启动蠡湖生态工程建设，驻无锡73031部队、73676部队和武警8720部队，出动官兵5000人次、车辆540台次，平整道路8000米、清运垃圾800余吨、植树4400株。9月，总参56所研制的神威集群计算机系统在市气象局投入使用，使无锡成为国内首家实时、实点、定量、精细预报气象的地（市）级城市。是年，驻无锡空军部队为支持无锡机场建设置换土地2万平方米，开通国内航线9条。2005年，63983部队承担无锡城北污水处理厂等6家企事业单位的污水净化处理设计任务。

二、为民服务

1986～1987年，驻无锡部队派出官兵3000人次，在锡惠公园、惠山等地参加义务植树活动。1988～2003年，武警8690部队医院女兵班坚持15年如一日，为驻地川埠镇敬老院孤老开展送温暖献爱心活动，受到全国妇联通报表彰。

图41-7　2003年，驻无锡部队"爱心献功臣"轮椅捐赠现场
（市民政局供稿）

1990年12月12日，驻无锡部队参加"公民义务献血周"活动，献血6.5万毫升。1990～1999年，驻无锡部队官兵参加义务献血886人次，献血17.32万毫升。1999年4月27日，武

警8720部队60个基层连队与驻地60位贫困母亲，60位老功臣、老伤残复员军人、老烈属结对帮困，成立“爱心志愿者服务队”“爱心义诊小分队”，建立爱心责任卡，人人参与“爱心献功臣行动”。是年起，驻无锡73037部队、武警8721部队等在驻地主要街道开展清洁隔离护栏、扶老携幼和维持交通秩序等活动，中山路被评为无锡市首条全国文明示范街。《中华人民共和国献血法》颁布实施后，2000～2005年驻无锡部队官兵义务献血60.59万毫升。2000～2001年，驻无锡南空干休所离休老干部许映泉动员全家三代人拿出10万元积蓄，长途跋涉6省市，筹款30余万元，援助苏北革命老区如皋县建设希望小学。2002年1月，驻无锡部队开展“蓝天下的至爱”慈善募捐活动，捐款51万元。2003年，驻无锡部队联合发起资助25名“希望之星”和200名贫困学生活动，向社区残疾人捐赠轮椅300辆。2005年，驻军101医院为驻地群众建起300张“家庭病床”。

1986～2005年，驻无锡部队累计向社会各界捐款（物）超过2300万元。

三、抢险救灾

1991年夏，太湖流域连降暴雨，无锡遭遇特大洪涝灾害。驻无锡部队出动官兵8000人次、车辆机械1200台次，投入抗洪抢险。1998年7月，驻无锡部队2500名官兵参加安徽芜湖长江段和丹阳湖抗洪抢险，空军部队出动飞机22架次，运送救灾物资到抗洪第一线。1999年6月，太湖流域普降暴雨，太湖水位超过历史最高水位。驻无锡部队先后出动76批次、8929人次和车辆370台次，分别在48个险要地段排除管涌、渗漏、塌方等重大险情 529处，装填土石2.5万立方米，搬运土包30万只，筑固堤坝 3.2万米，清理障碍2.6万平方米，抢救物资500余吨，安全转移群众1000余人。2000年2月，驻宜兴武警8690部队出动官兵4000人次，扑灭龙背山山林大火。2002年6月，驻无锡武警8720部队出动300名官兵，赴白屈港抗洪抢险。2003年5月抗击“非典”时期，驻无锡部队组织大批医护人员走上街头，到厂区村镇发放药品。6月，淮河流域遭受百年特大洪灾，武警8690部队、8720部队奔赴安徽颍上、寿县、霍邱等地抗洪抢险。共出动2000多名官兵、车辆3100余台次、冲锋舟780余艘次，疏散、转移群众4.6万余人，抢运物资965吨，直接挽回经济损失2364余万元，并为灾区群众运送生活用品54吨，义务巡诊1300余人次。9月26日，安徽省霍邱航运公司1艘黄沙船在江阴遇险，总装63680部队立即赶赴出事地点搜救，4名船员全部获救。

无锡市志

【第四册】

第四十二卷

精神文明创建

概　述

1986后，市委贯彻落实中共中央关于加强社会主义精神文明建设、加强公民道德建设的部署和要求，围绕全市中心工作，开展以创建全国文明城市为龙头的各类群众性精神文明创建活动，狠抓公民道德建设和未成年人思想道德建设，市民文明素质和城乡文明程度得到不断提升。

1986年6月，市委、市政府召开创优美环境、创优良秩序、创优质服务（简称“创三优”）动员大会，动员全市开展共建文明城市活动。11月，开展文明行业、文明单位、文明社区、文明村镇、文明机关等基础性创建活动，形成全方位、全覆盖的精神文明创建体系。1987年开始，市委对社会主义精神文明建设实行目标管理。1988年3月，市委召开首次青少年教育工作会议，着重研究如何改进和加强青少年教育，动员全社会关心青少年的健康成长。是年，全市基层单位的创建活动由点及面，延伸到行业系统，各参创行业单位积极参与文明城市创建，开展共建和志愿服务活动，涌现出一批全国、全省标兵单位、文明单位、先进单位和省、市优质服务品牌。全市城乡环境卫生日益改善，公共设施不断完善，文化生活更加丰富，居民素质明显提高，村容村貌、村风民风显著改善。文明机关创建不断深化，有力地推动机关作风转变和行政效能建设。

1990年，市委、市政府成立精神文明建设目标管理办公室，加强对社会主义精神文明建设目标管理。1994年起，由公众评选产生年度精神文明十佳“新人新事”，为广大市民树立身边的道德典范。1996年11月，市委九届四次全会对精神文明建设作出部署。全市先后实施三年道德教育轮训计划和市民道德法制教育五年规划，开展道德实践活动，推动科教、文体、卫生、法律、道德规范“五进社区”，形成“市民文明交通工程”“帮困助弱万人行”“拥抱孤儿过新年”和“志愿者爱心车队”“市民道德巡访团”等一批具有社会效应的精神文明创建品牌。1999年，无锡市获首批“全国创建文明城市工作先进城市”和“国家卫生城市”称号。

进入21世纪，全市围绕《全国文明城市测评体系》，以交通秩序、市容环境、社会治安、道德建设等为重点，集中整治与长效管理有机结合，文明城市创建不断向纵深推进。2000年6月，成立市志愿者总会，推行注册志愿者制度，初步形成劳务奉献、智力服务、应急承诺三大类型，市、区、街道三级网络的新型志愿者活动体系。2002年，市委以争创全国文明城市为目标，建立健全凝聚群众的动员机制、齐抓共管的协调机制、科学规范的管理机制、各方参与的监督机制、深入基层的调研机制，进一步把群众性精神文明创建工作引向深入。2004年4月，市委召开创建全国文明城市千人动员大会，印发《关于创建全国文明城市的实施意见》和创建工作目标任务书，全面展开各项争创工作。2005年，无锡市第三次获“全国创建文明城市工作先进城市”称号。12月30日，市委、市政府召开精神文明建设重大成果表彰命名大会，授予施正荣“无锡创新先锋”、顾建明“无锡英雄市民”、丁俊晖“无锡青年标兵”称号。

第一章　创建活动

第一节　机　构

1988年4月，市委建立市社会主义精神文明建设协调小组，下设办公室，办公室设在市委宣传部。

1991年5月，市委撤销市社会主义精神文明建设协调小组，建立市精神文明建设活动委员会（简称"市文明委"）。市文明委研究制定全市精神文明建设规划，协调和组织开展全市性的精神文明建设活动，加强经常性的检查督促。1993年8月，市文明委调整和增补部分成员，成员达33人。1995年，成立市精神文明创建活动研究会，加强理论研究和调研活动。1997年，市精神文明建设活动委员会更名为市精神文明建设指导委员会，并调整组成人员。

1999年1月，市委成立市创建文明城市领导小组，领导小组下设办公室、创建办、综治办、文明办等4个机构，承担文明城市创建工作的组织部署、指导协调和检查督促。2003年，市创建文明城市领导小组更名为市创建全国文明城市领导小组，领导小组办公室设在市委宣传部。

第二节　文明城市创建

1986年后，无锡市以"创三优""文明在无锡""讲卫生、讲秩序，不随地吐痰、不乱抛垃圾、不闯红灯、不乱牵乱挂、不乱停乱放"（简称"两讲五不"）等群众性精神文明建设活动为载体，通过加强社会公德、职业道德教育（简称"两德"教育）和环境卫生综合整治，创建国家卫生城市、全国文明城市，提升城市文明程度和市民道德素质。1986年6月，市委、市政府召开"创三优"动员大会，动员开展共建文明城市活动。此后，市政府先后发布《关于禁止随地吐痰和乱丢杂物的通告》《无锡市禁止赌博的规定》等。1988年起，开展以"做文明市民、创文明单位、建文明城市"为主题的"文明在无锡"系列活动；开展以学习、遵守"市民守则"为内容的社会公德教育和争当"文明市民""禁止赌博、反对封建迷信"主题教育；开展"无锡市民精神"讨论、精神文明建设"十佳新事"评选、"学先进、树新风"等活动；开展军民共建、厂地共建和"送温暖、献爱心、扶贫济困"活动；在学校开展"手拉手、献爱心"、青年志愿者行动等活动；在区街开展争创文明街道、文明小区活动和创建"五好家庭""文明户"活动；在农村开展"三提倡、三反对"教育，倡导移风易俗和文明、健康、科学的生活方式，引导广大市民"做文明人、办文明事、建文明城"。各行各业开展争创文明单位、文明职工活动。财贸、卫生、交通、邮电等服务窗口行业和企业，相继开展争创"十大新风"单位、创"双信"（信得过单位和个人）、创建"双信"一条街、"百城万店无假货"活动；党政机关、执法部门和窗口行业积极参与"创三优"竞赛活动，开展优质服务竞赛，实施"服务语言美化工程"，推行《文明服务用语100句》和《服务禁语100句》。

1990年7月，市委、市政府召开创建卫生城市动员大会。全市人民参与爱国卫生运动，开展城市环境卫生整治，落实"门前三包、门内达标"，加强城市环境综合治理。1994年6月，市政府印发《无锡市文明市民手册》。1995年，开展以"两讲五不"为主要内容的宣传教育活动，查处违法建设，拆除违章建筑物，清除垃圾和乱张贴，整修花坛，修整路面，取缔无证摊担，拆除违章广告牌，查处无证照车。市区16条主干道门前“三包”率98%。1996年起，以中山路、人民中路为突破口，在城乡开展以治理“脏、乱、差”为主要内容的环境卫生整治。市区出动10万余人次，集中整治22条主干道和8个主要广场，清除垃圾万余吨，拆除违章建筑（亭棚）2735处；整顿农贸市场74个、批发市场15个，取缔马路市场10多个、无证经营和店外设摊6600多起；整治河道99条，清淤76.3万立方米，打捞河道漂浮物1万多吨；122个机关（部门）落实环境卫生包干责任制。通过整治，全市整体环境卫生水平有较大提高。

1997年3月，城区中山路被中宣部命名为全国创建文明城市示范点，通过实施“满意工程”“亮化、美化、绿化工程”和开展“百城万店无假货示范街”活动，中山路初步建成现代文明商业示范街。1999年初，全市召开创建文明城市工作会议，提出争创全国文明城市的目标，开展“创文明城市，当文明市民”宣传教育活动，印发《市民文明公约》《市民公德常识》《市民学法手册》130多万册，建立企业员工学校、市民文明学校500多所。开展“文明交通、造福万家”交通秩序整治活动。对乞讨、算命、赌博等不文明现象专项清理整治，并开展社会规范用字和推广普通话宣传教育。9月，无锡市被中央精神文明建设指导委员会授予首批“全国创建文明城市工作先进城市”称号，被全国爱国卫生运动委员会命名为国家卫生城市。同年，省委、省政府命名无锡市及江阴市、宜兴市、锡山市为首批江苏省文明城市。

2000年，围绕中央文明办颁布的《全国文明城市测评体系（试行）》，以交通秩序、市容环境、社会治安、道德建设等为重点，条块联动、全民参与，“硬环境”与“软实力”同步提升，集中整治与长效管理有机结合，把文明城市创建向纵深推进。同时，建立工作例会制度、检查督查制度、重要工作会商会办制度、联络员制度、信息通报制度、奖惩制度等，并建立健全市民巡访监督、新闻舆论监督、网上公示监督、人大和政协监督、民意调查监督等机制。在党政机关推行“首问负责制”，在与人民群众生活密切相关的10个系统开展滚动式行风评议，开展优质服务竞赛，促进机关思想作风建设和服务行业的作风建设。私营企业开展“讲道德、守信誉、争奉献”为主题的诚信教育和企业文化建设。

2002年，“无锡文明网”开通。启动实施以“文明行车、文明乘车、文明行走”为主要内容的“市民文明交通工程”，命名首批8条公交文明示范线路。开展“帮困结对献爱心”、援助“希望工程”“关爱生命，人道万人捐”“慈善一日捐”“拥抱孤儿过新年”、走访慰问功臣劳模和特困家庭等“帮困助弱万人行”系列活动。举行新春书市、花市和志愿者春节服务活动，“文明与春运同行”活动，以及市民学英语活动。全年近15万人次志愿者参加金鸡百花电影节、中国合唱节、“市民文明交通工程”等志愿服务活动。实施“爱我无锡、美化家园”工程，继续抓好环境卫生专项整治，深入推进“绿化、美化、亮化”工程，拆除违法建筑近40万平方米。是年，无锡市第二次获“全国创建文明城市工作先进城市”称号。2003年，组织开展“告别陋习、走向文明”系列活动。向全市各社区、村镇发出《革除陈规陋习，倡导文明新风》倡议，数万名市民群众参加“清洁无锡”活动。开展文明交通安全“五进”（进工厂、进机关、进学校、进社区、进乡村）工程。无锡“市民文明交通工程”活动方案入选《全国精神文明创建活动创新案例汇编》，省文明办、公安厅、交通厅、建设厅在无锡召开全省文明交通工程现场会，推广无锡的经验和做法。全市“五进社区”活动丰富多彩，共举办知识咨询、讲座、展览、培训竞赛、演讲、文艺巡演、影视放映、科技活动等320余场，直接参与活动的群众20多万人次。组织开展“十年百佳看文明”系列活动，大力宣传新人新事先进典型，弘扬文明新风。是年，中央文明办将无锡列为13个全国文明城市测评中试城市之一。无锡市及时制定测评中试实施办法，向66个责任地区和职能部门下发基本指标测评项目分解表；设定考察点250多个，发放调查问卷2200份，组织召开座谈会80多次，针对存在问题和薄弱环节研究落实解决措施。

2004年，市委召开创建全国文明城市千人动员大会，制定《关于创建全国文明城市的实施意见》和创建工作目标任务书，7个区和22个创建领导小组成员单位健全创建工作机构和人员配备，所有

图42-1　2005年，“五进社区”暨600场电影进社区首场仪式
（市委宣传部供稿）

街道建立文明委，形成上下贯通、全面覆盖的文明创建工作组织网络，明确市创建领导小组办公室和各成员单位的工作职责，建立工作例会、检查考核、信息交流等制度，对交通秩序管理、市容环境整治、社会治安综合治理、公民道德建设等重点工作作出具体部署。7～9月，围绕社区、农贸市场、河道等6个方面开展全方位的市容环境卫生整治，改善市容市貌。组织有关行业到社区，开展“优质服务社区行”活动。10月开始，以创建“平安无锡”为目标，落实基层治安防范措施等举措，努力创造安全、稳定、和谐的社会环境秩序。开展创建文明城区活动，举办第三届社区文化艺术节，开展社区特色文化团队广场文艺展演和“600场电影进社区（村镇）”活动。

2005年，根据中央文明办《全国文明城市测评体系》，全面修订创建目标任务书，开展自查测评、整改达标、申报迎检等项工作。印发2万份《创建全国文明城市基本知识问答》、2.5万份《致市民的公开信》、1.5万份宣传招贴画以及54万份宣传书签和明信片，在市中心广场、主干道、大型建筑物及公交站台上设立数百块大型公益宣传牌。10月26日，在全国精神文明建设工作表彰大会上，无锡市第三次获“全国创建文明城市工作先进城市”称号。是年，市文明委制定《关于加强全市精神文明创建活动规范管理的意见》和文明社区、文明行业、文明村镇、文明单位、文明城区、文明机关等6个创建管理办法，加强规范管理，提升基础创建水平。12月30日，在创建全国文明城市工作中做出突出贡献的一批先进集体和先进个人受到市委、市政府表彰。

第三节　群众性基础创建

一、文明单位创建

1986年开始，无锡市围绕提高城市文明程度和公民道德素质的总体目标和要求，对开展文明单位和文明行业创建活动作出规划部署，并组织实施。1990年8月，市委、市政府印发《无锡市文明单位建设管理办法》，对创建的指导思想、方法、条件、表彰命名、奖励原则、日常管理和考核细则等做出明确规定。创建文明单位办公室修订文明单位考核细则，提出创建活动的具体规定。各基层单位把精神文明建设与经济建设、科学文化建设、民主法制建设、厂容厂貌和环境建设等有机结合，取得成效。至年末，全市有省级文明单位54家，市级文明单位349家，县（市）区、局级文明单位2500多家。1991年5月，市文明委开展评选“十大新风”单位活动，并复查1986～1987年度省级文明单位36个，新创1988～1990年度省级文明单位20家，举办全市文明单位建设成果发布会。1992年，市文明委建立文明单位联络员制度，制定《关于市级文明单位评选标准的补充说明》和《关于加强文明单位档案工作的意见》，明确文明单位评选不搞终身制，创建活动逐步向组织领导规范化、规划目标具体化、考核标准科学化、日常管理制度化方向发展。1995年，坚持文明单位动态管理，确保创建质量，在评选1993～1994年度省级文明单位时，严格把关，淘汰不合格单位15家，新增合格单位22家，全市省级文明单位达75家。1999年，小天鹅股份有限公司被评为全国精神文明建设工作先进单位。

2001年，无锡商业大厦、红豆集团等8家单位获“江苏省文明单位标兵”称号。2003年，加强对各领域创建工作的指导和协调，推动非公经济组织开展创建工作，拓展创建新领域，12家单位被评为2001～2002年度省级文明单位标兵。

2005年，市文明委制定《关于加强全市精神文明创建活动规范管理的意见》。修订充实创建管理办法，对创建活动的标准、管理、申报评选、命名表彰等进行明确规范，实行全程管理，建立健全参创备案、动态管理、档案管理、中期考评等制度。无锡出入境检验检疫局、市卫生局被中央文明办授予“全国文明单位”称号，北塘区北大街街道办事处、无锡供电公司等5家单位获“全国精神文明建设工作先进单位”称号，江苏省南菁中学等12家单位被评为省文明单位标兵。

二、文明行业创建

全市文明行业创建活动始于90年代初，当时各行业结合自身特点和工作服务领域，围绕群众关注的热点和难点问题，加强道德建设，实践服务承诺，推进行风评议，参与“创三优”活动，开展为民、便民、利民活动。1997年，市委、市政府命名无锡110及邮电、供电、粮食等4个行业为文明行业。5月，省委宣传部、省文明办在无锡召开全省创建文明行业工作会议，推广无锡抓好行业创建的经验。

1998年，文明行业参评行业增加，50个行业加入创建行列，建成80个省、市级创建示范点，其中两个为全国示范点。1999年，部分与人民群众生活息息相关的行业参与文明行业创建，在各行业中推行行业敬语，杜绝服务忌语，修改完善岗位服务规范。市商检局、湖滨饭店被评为全国创建文明行业先进单位。国税、工商、供电等9个行业被评为省先进行业。2000年，重新命名83个市级文明行业示范点，19个行业被命名为全省第三批文明行业示范点。2001年，全市36个行业开展“树文明新风、展行业风采”优质服务百日竞赛，80%的参创行业参与，与15个街道和30个社区结对共建。无锡中山路、江阴人民中路分别被命名为全国、全省“百城万店无假货”示范街。

2002年1月，市文明办、市交通局等部门在各春运窗口单位开展“文明与春运同行”活动。是年，市文明办、纠风办与无锡人民广播电台新闻台联合开办《1161监督岗》行风热线专栏，30多个行业和单位的主要负责人先后走进直播室，接听和处理市民咨询投诉500多件次。2003年，在各行业以“依法行政看诚信、公正执法看诚信、规范服务看诚信”为重点开展“诚信建设看窗口”活动，通过“学技能、学英语”双学活动、推广首问负责制等，解决群众反映强烈的突出问题。重新调整并命名100个创建文明行业工作示范点和10个最佳示范点，组织100个机关和行业单位与社区结对共建，全市有64个参与创建的部门与社区结对，为社区建设提供人力、智力、财力支持。

2004年，市文明委召开全市深化文明行业创建暨推进文明交通道德实践工作会议，制定《进一步深化文明行业创建工作的意见》，发动各行业积极参与文明交通工程志愿服务，建立道德实践基地，开展“迎太博盛会、展行业风采”优质服务竞赛活动，汇编《无锡市创建文明行业工作示范点文明服务规范100例》，38个省、市级文明行业、文明单位与中小学共建结对。2005年，以诚信建设为主题，各参创行业开展“讲文明、讲诚信、迎十运、迎太博、优质服务竞赛”“百城万店无假货”示范街示范店创建、导游员讲解员宣讲员电视大奖赛、“行风热线”电台直播等活动，组织开展“行业文明之窗”专题网页（站）制作评比和省市优质服务品牌评选宣传活动。市文明办召开全市文明行业创建成果发布会。8月，评出首批优质服务品牌，无锡志愿者爱心车队获江苏省首届十大优质服务品牌。12月，无锡工商行政管理等34个行业被授予“江苏省文明行业”称号，市政公用事业等20个行业被授予“江苏省创建文明行业工作先进行业”称号。

三、文明社区创建

90年代开始，无锡市以文明示范小区创建为先导，以“五好家庭”“文明户”创建为基础，深化创建文明社区活动。1995年，市委、市政府表彰命名20个市级文明住宅小区。1996年，沁园新村、锡惠里小区、芦庄新村被评为全国文明示范小区，6个小区被评为省级示范小区，城区20个小区被评为市级示范小区。1997年，各市（县）、区以治理脏、乱、差为突破口，以基础设施配套、社区服务完善、环境优美整洁、社会秩序良好为目标，开展创建文明小区活动。全市92.6%的街道和87.8%的居委建立社区服务中心，组建社区服务组织407个。经考核验收，市委、市政府命名江阴市澄江镇虹桥一村、宜兴市宜城镇茶东小区、崇安区江海新村、北塘区南尖小区、南长区沁园新村等12个小区为首批文明小区。翌年，市文明办组织社区志愿者、青年志愿者和大中专院校学生进居民住宅小区开展便民利民、咨询服务、扶贫济困、敬老助残、普法宣传等活动，促进活动的不断深化。崇安区江海新村小区等8个居民住宅小区被评为江苏省文明小区。1999年，通过加强社区队伍和社区服务阵地建设，创建文明特色楼院和“五好文明家庭”活动，全市新增省级文明小区8个、市级文明小区12个。2000年10月，以市民学校、居委活动室、社区志愿者队伍建设和管理为重点，并在人民路街道等5个街道开展试点的基础上，全面启动全市文明社区创建工作。

图42-2　东河花园社区“道德规范”宣讲会（市委宣传部供稿）

2001年，文明社区、文明小区创建活动以提高城市文明程度、提高市民素质、提高居民生活质量为目标。东河花园社区、水车湾社区等6个社区被省文明办、省民政厅命名为江苏省首批文明社区示范点。是年，举办以“新世纪、新社区、新形象”为主题的首届社区文化艺术节。市卫生局、技术监督局等单位与太湖花园社区等创建示范点开展结对共建，支援社区设施建设，赠送电脑，安装公益宣传栏。市公用事业、供电、卫生等服务行业和窗口单位的专业人员组成行业新风服务队，到社区开展巡回服务和咨询等便民活动。2002年，市文明办会同有关部门组织开展“科技、文体、卫生、法律、道德规范”进社区和“百场电影进社区”巡回展映活动，“五好家庭”“文明楼院”创建活动不断深化，在全市招募社区治安志愿者。翌年，市文明委通过专业部门考评、居民群众测评和社会公开评议，评比表彰首批市级文明社区和创建文明社区工作先进社区35个。在南尖社区、东河花园社区开展创建创新型、学习型社区试点，推广社区工作委员会制度，组织建设、劳动、卫生等部门进社区送服务、送岗位、送健康。开展创建安全文明社区、绿色环保社区活动。全市100个机关、行业单位与社区结对共建。2004年，在文明社区创建中，探索建立“新市民亲情理事会”，完善社区志愿者服务网络体系，扩大“五进社区”活动覆盖面。“电影进社区”由上年的300场增至500场，2005年达600场。2005年，市文明委制定文明社区管理办法。开展“学习型、创新型社区”“绿色社区”“星级文明社区”等创建活动，推广“新市民亲情理事会”“温馨家园邻居节”等创建新载体。启动建设社区青少年绿色上网活动中心。崇安区崇安寺街道东河花园社区等10个社区被评为省文明社区。全市有省级文明社区10个、市级文明社区75个。

四、文明村镇创建

80年代中期至90年代中期，农村精神文明创建活动中没有把文明村镇创建活动单独列出，而是将其列入文明单位创建的序列。1997年，市文明委在锡山市洛社镇召开全市创建文明村镇工作会议，部署推进文明村镇创建工作。1999年，全市开展“文明户”“新风户”“星级文明户”创评活动，洛社镇、扬名镇、江阴市华西村被评为全国创建文明村镇工作先进单位，25个镇、村被评为省文明镇、村。

2000年，在市区城郊结合部开展争创“文明卫生红旗村”活动，当年有76个村被评为文明卫生红旗村。在开展乡镇争创“三个一”（建设一条文明街、一个文明农贸市场、一个文明文化场所）试点活动中，开展文明家庭、新风户、星级文明户活动，启动建设家庭学习中心户和村民学校，促进农村精神文明建设进村入户。同时开展文化、科技、卫生“三下乡”活动，城乡结对共建，卫生村镇、平安村镇、文明村镇创建等活动。翌年11月，宜兴市官林镇被中央文明办、建设部命名为全国小城镇建设示范镇。2002年12月，新区旺庄镇被中央文明委命名为全国创建文明村镇工作先进单位，滨湖区“学习中心户”活动获江苏省精神文明建设新人新事奖。

2005年，全市推进农村基本现代化建设8项重点工作，组织实施现代农民教育培训工程，开展“创新大讨论”，推进“学习型组织”建设。在10月召开的全国精神文明建设工作表彰大会上，江阴市华士镇华西村、宜兴市官林镇获“全国文明村镇”称号。惠山区洛社镇、锡山区东港镇、滨湖区华庄镇、新区旺庄镇获“全国创建文明村镇工作先进村镇”称号。华西村、澄江镇等38个村、25个镇被授予“江苏省文明村（镇）”称号。

五、文明城区创建

2004年8月，市文明委在全市部署开展文明城区创建活动，要求以群众满意为根本标准，以《全国文明城市测评体系》为重要依据，以文明社区、文明行业、文明单位、文明村镇等各项创建工作为基础，围绕建设廉洁高效的政务环境、公正公平的法制环境、规范守信的市场环境、健康向上的人文环境、安居乐业的生活环境和可持续发展的生态环境的总体目标，开展文明城区创建工作。2005年，文明城区创建活动在各城区开展。

六、文明机关创建

1997年初，由市级机关党工委牵头组织实施，开始在市级机关中开展文明机关创建活动。是年，重点解决影响机关形象的10个共性问题。1998～1999年，全市机关开展“四五三一”①活动，规范机关工作秩序。1999年3月，市创建文明机关领导小组成立，向48个市级机关部门下达创建目标任务书，当年评出文明机关25个，创文明机关工作先进单位10家。2000年，在市级机关的18家单位率先推行“首问负责制”，在与人民群众生活密切相关的10个系统开展滚动式行风评议，推行和落实政务公开和“承诺制”。2000～2001年，全市机关推行政务公开制、服务承诺制、首问负责制和无锡新区一站式服务的“三制一式”活动。

2001年，开展基层评议机关活动，有针对性地解决机关在服务质量、办事效率、廉洁自律等方面存在的突出问题。各机关以创建“学习型、创新型、服务型、廉洁型”机关为目标，以优质服务、优良作风、优美环境为基本标准，开展文明机关创建活动。2002～2003年，全市机关开展“为基层服务、让基层满意”主题活动，创建工作在服务上求实效，在务实中求深化。2004～2005年，以创建“学习型、创新型、廉洁型、服务型”机关，为率先全面建设小康社会、率先基本实现现代化服务为主题，开展文明机关创建活动。至2005年末，共评出市级文明机关47个。

① 四个牌：机构分布有指南牌、办公桌上有公示牌、部门科室有职责牌、外出工作有留言牌；五个一：说好每一句话、接好每一个电话、办好每一件事、接待好每一位工作对象、干好每一天工作；抓好三个重点窗口：机关大院门卫、总机话务班、小车驾驶班；做好一套广播操。

1997～2004年无锡市文明行业、社区、村镇情况表

表42-1　　　　　　　　　　　　　　　　　　　　　　　　　　　　单位：个

级别	类别	1997年	1998年	1999年	2000年	2001年	2002年	2003年	2004年
市级	行业	4	—	10	—	20	—	28	—
	社区	—	—	—	—	—	—	15	38
	村	17		34		42		31	
	镇	32		88		116		115	
省级	行业	—	—	10	—	13	—	15	—
	社区	—	—	—	—	—	6	10	—
	村	17		21		25		25	
	镇	17		29		36		38	

说明：2003～2004年，全国文明村、镇各1个。

1986～2005年无锡市文明单位情况表

表42-2　　　　　　　　　　　　　　　　　　　　　　　　　　　　单位：家

市级文明单位	1986～1987年	1988～1989年	1990～1991年	1992～1993年	1994～1995年	1996～1997年	1998～1999年	2000～2001年	2002～2003年	2004～2005年
	48	347	393	439	503	553	605	736	843	853
省级文明单位	1986～1987年	1988～1990年	1991～1992年	1993～1994年	1995～1996年	1997～1998年	1999～2000年	2001～2002年	2003～2004年	—
	36	52	63	70	113	113	135	164	166	

说明：2003～2004年获全国文明单位1家。

第四节　共建文明

1986年以后，全市共建文明活动从初期的军民双拥共建、军地共建，拓展至军警民共建、城乡共建和行业（单位）与街道、社区（村镇）、学校结对共建等，共建的内涵和形式不断充实创新，成为精神文明建设的一项重要内容。1987～1990年，驻无锡部队弘扬拥政爱民光荣传统，参与和支援地方经济社会建设，地方各级政府和群众开展拥军优属，关心子弟兵，支持部队建设。

1991年，围绕创建全国“双拥模范城”目标，开展军民共建精神文明活动和军地双向服务，共建活动趋向制度化、经常化、规范化。1995年，无锡军分区、武警无锡市消防支队被授予“拥政爱民先进单位”称号。江阴市、锡山市、宜兴市被省政府、省军区授予“双拥模范城（县）”称号，市中策有限公司、江苏锡钢集团公司、市海鹰企业集团有限责任公司被授予“拥军优属先进集体”称号。1998年，崇安区和驻无锡83428部队、武警8722部队签约共建全国文明城市创建工作示范点——中山路商业街。至1999年，无锡市和所辖市（县）、区全部被评为国家或省级双拥模范城。

2000年，全市创建双拥模范镇、街道62个，树立23家地方单位、22名科技人员、23个支（分）队、28名官兵为科技拥军、科技练兵先进典型。2001年，市委宣传部、无锡军分区政治部、市文明办、市双拥办联合在驻无锡部队开展以“铸威武文明之师形象，为第二故乡增光添彩”为主题的“新世纪驻军形象”大讨论，汇集提炼出新世纪驻军与驻地经济社会发展相适应的军营形象、军车形象、军官形象等方面的具体标准和要求。8月，市卫生局、质量技术监督局、无锡出入境检验检疫局、房管局和

人寿保险无锡分公司、市卫生学校、市图书馆、市新华书店等8家单位与新区长江路街道太湖花园社区共建结对，为社区建设宣传广告栏，援建全市首个社区流动图书馆，赠送电脑、乒乓球桌等活动器材和资金。80%的文明参创行业与15个街道和30个社居委结对共建。公用事业、供电、商贸、卫生、房产、金融等服务行业和窗口单位的专业人员组成行业新风服务队，到社区开展巡回服务和咨询活动，受到社区居民欢迎。

2002年，由市委宣传部、市文明办、市综治办等11个部门联合发起的科教、文体、法律、卫生和道德规范“五进社区”活动在全市展开。2003年9月，全市100个机关和行业（单位）与社区结对共建，向社区赠送万册图书。至年末，64个参与文明行业创建的部门与社区结对共建，为社区建设和村镇建设提供人力、智力、财力支持。翌年，38个省、市级文明行业、文明单位标兵通过向学校赠书和签约结对共建的形式，主动融入未成年人思想道德教育，丰富充实共建活动内涵。2005年，围绕争创全国文明城市工作，100个行业、机关与100个社区开展新一轮共建活动，形成全社会精神文明同创共建体系。

第二章　公民道德建设

第一节　道德教育与实践

1986年11月，市委制定《关于学习贯彻中共中央关于社会主义精神文明建设指导方针的决议》。随后，制定《1987—1990年无锡市社会主义精神文明建设规划》，对精神文明建设实行目标管理，明确把“两德”教育列入重点抓好的8件事之一。

1987年起，“两德”教育在全市展开，制定和颁发《无锡职工职业道德规范》和《无锡市民社会公德守则》（简称“市民守则”）。市民守则提出“要文明礼貌，不言行粗野；要敬老爱幼，不欺侮残弱；要讲究卫生，不乱吐乱抛；要爱护公物，不损坏设施；要美化环境，不损害花木；要勤劳俭朴，不铺张浪费；要移风易俗，不赌博迷信；要遵守秩序，不违法违纪”的要求。是年，市委批转市总工会提出的在全市职工中加强职业道德建设的意见，并明确由市总工会牵头抓好全市职业道德教育工作。

1988年下半年起，开展以加强社会公德、职业道德建设为重点的“文明在无锡”“市民精神大讨论”等系列活动，开展“提倡科学文明，反对封建迷信；提倡艰苦创业，反对奢侈浪费；提倡遵纪守法，反对违法乱纪”的“三提倡、三反对”教育，促进社会风气和行业风气的进一步好转。在商业、服务行业，开展“双信”（物价、计量信得过，优质服务信得过）活动、“假如我是顾客”大讨论以及“文明在无锡、信誉在单位、满意在群众”为主题的职业道德教育活动。至1988年，全市各行各业均制定职业道德规范。

1991年，开展以无锡市民守则为内容的社会公德教育和“争当文明市民”讨论活动，各行业开展争创“十大新风”单位活动，企业中开展职业理想、职业道德、职业技能、职业纪律的“四职”教育。1992年，通过开辟社会公德专题讲座，利用街道、乡镇创办的市民学校进行教育。在市区主要路段、各区中心地段加强环境舆论宣传，形成倡导社会公德的浓厚氛围。开展创建“双信”一条街活动，中山路、人民西路、南长街、梁溪路河埒段的“双信”活动连成一片，打破行业界线。是年，全市职业道德合格职工的评比面99%，达标率95.2%。

1993年，重视和加强个体户、私营企业人员的职业道德教育，学校加强师德教育，开展创建优良教师集体活动。全市开展"做一个文明市民"和"禁止赌博，反对封建迷信"的宣传教育，评选出精神文明建设"十佳好事"和"十大杰出青年"，50多万职工参加"建企业精神，树主人翁形象，创信得过单位和个人"和"创三优"活动。1994年，加强"四德"教育，评选表彰1993年度社会主义精神文明"十佳"新事。自此，"十佳新人新事"评选成为全市公民道德建设的一大品牌。市文明办编印10万册《无锡市民文明手册》，下发到基层，供广大市民、职工学习。结合国庆45周年和无锡解放45周年纪念活动，开展爱国主义教育系列活动，学校进行《中华人民共和国国旗法》教育。

1995年，结合环境整治，加强社会公德教育，使市民深化"无锡是我家，卫生靠大家"的认识，逐步养成讲文明、讲卫生的良好习惯。拍摄制作无锡市"三德"教育电视片，向基层发行500盘。11月，在全国总工会和全国职工职业道德建设领导小组组织的"95全国职业道德建设'双十佳'及先进单位、先进个人"评选中，无锡太极实业股份有限公司获全国职业道德建设"十佳"，崇安区城市建设综合开发公司获"全国职业道德建设先进单位"称号，江苏太湖锅炉集团公司陆道君获"全国职业道德建设先进个人"称号。

1996年，在全市职工中开展职业道德和"双信"教育活动，34个行业制定职业道德规范。12月下旬，全国总工会在无锡召开全国职工职业道德建设现场会，总结推广无锡开展职业道德建设的经验。1997年，编印下发《无锡市市民公德常识》《无锡市市民文明公约》10万册，举行"告别陋习、倡导文明"万人签名活动。结合香港回归，开展一系列爱国主义教育活动，全年涌现出3个全国职业道德建设先进标兵。

1998年，举办社会公德培训班2100多期，通过职业道德宣传周和职业道德演讲会，组织"美在万家"系列活动，组织32万人次青少年学生参加"看家乡巨变，为无锡添彩"社会实践活动。

1999年初，全市创建文明城市工作会议明确，以市民群众为重点抓好社会公德、职业道德和家庭美德教育。市区街道、居委建立市民文明学校308所，建立企业员工学校195所，对85%的市民家庭和20万名职工进行"三德"教育。开展"创文明城市当文明市民"宣传教育，树立小天鹅公司、华西村等多个典型，开展倡导科学、反对封建迷信，反对"法轮功"邪教组织的宣传教育活动，举办"梁溪新风"集体婚礼。12月，无锡市被命名为全国职业道德建设先进城市，市委副书记韩军被授予"全国职业道德建设优秀工作者"称号。

2000年起，市公民思想道德建设充实内涵、创新载体，不断加强深化。2000年，开展道德法制教育，市文明委召开全市道德法制教育工作会议，制定《无锡市2000—2004年道德法制教育工作意见》，编发《市民道德法制教育读本》10万册，重点抓好市民学校、基层党校和企业员工学校的道德法制教育，全面启动对个私企业从业人员、下岗待业人员和外来务工青年的道德法制教育。初步建立起市、区、街道三级师资队伍，常年承担教育培训任务。年内，全市市民学校发展至450所，开展近千场教学活动。市文明办、市教委和市教育电视台联合创办"空中市民学校"。开展"社会妈妈与孤儿共度新年""市民林认植""慰问困难青年和走访贫困母亲""交通协勤""招募六艺节志愿者""无偿献血""创建美好家园、倡导文明新风""送温暖、献爱心"等道德实践和社会公益活动，还开展"公交车上话让座"大讨论，在社会上引起强烈共鸣。是年，无锡商业大厦获"全国职业道德建设先进单位"称号。

2001年，突出"讲文明，树新风"主题，引导市民自觉参与公民道德教育和实践。市文明委制定无锡市道德法制教育实施意见，表彰15所先进市民学校和一批优秀教员、先进学员，道德法制教育深入到农村村民学校和家庭学习中心户。实施新世纪职业道德建设工程，市总工会编发《职工职业道德通俗读本》，重点抓好执法行业和窗口单位的职业道德教育。开展创建文明景区、文明景点和争当文明导购员、文明导游员活动。私营企业开展"讲道德、守信誉、争奉献"为主题的诚信教育和企业文化建设。11月，中共中央颁布《公民道德建设实施纲要》，12月10日，市委印发《关于贯彻落实〈公民道德建设实施纲要〉的意见》，对全市学习、宣传、贯彻纲要精神提出明确要求。2002年，编印

《公民道德建设20字规范解读》，发放《公民道德知识读本》和学习材料10多万份，开展公民道德建设知识竞赛400多场，制作公民道德规范宣传栏（牌）2700多块，市民参与文明道德格言征集和公民道德建设征文活动，共收到格言6000多条和征文1700多篇。举办"公民道德实践周"，全市各行各业开展以诚信教育为载体的职业道德建设，倡导信用意识，企业参与面85%，20多万人次受教育。评出诚信企业150家。在非公企业中开展守信用、讲信誉、重信义的"三信"活动，评出"三信"企业100家。

2003年，在抗击"非典"期间，以普及科学知识、养成讲文明健康生活方式、遵守公民道德规范为重点，开展公民道德教育。持续推进"市民文明交通工程"，全市320多所社区文明市民学校、200多所企事业单位员工学校和1900多个家庭学习中心户全面开展"文明交通"普及宣传教育。实施文明交通安全"五进"工程，全市有113个社区、193个行政村、77所学校、333家企业、44个机关开展创建文明交通安全单位活动，并组织发动行业单位、社区参与公交站台、路段路口的交通秩序维护，面向社会公开招募文明交通志愿者1200多人，对各级党政机关、执法部门和驻无锡部队的车辆违章实行抄告制度。在市民学校、员工学校、村民学校和家庭学习中心户，对干部群众和"新市民"进行中共十六大精神、道德法制和科普宣传教育。

2004年上半年，结合新道路交通安全法的实施，以"文明行车、文明停车、文明乘车、文明行走"为主题深化文明交通工程，组织开展"文明交通宣传月""文明交通道德实践月"活动，印发宣传材料80万份。通过举办文明交通知识竞赛、组织2.35万人次参与交通协勤、建立110个文明交通道德实践基地等形式，促进市民增强文明交通意识，改善城市交通秩序。

图42-3　2004年，市民道德巡访团在街头巡访文明交通
（市委宣传部供稿）

2005年，结合争创全国文明城市活动，开展"十百千万"道德实践活动：在全市建立10支志愿者宣传队，招募100名志愿者巡访员，设立1000个道德实践岗（点），印制1万份创建全国文明城市宣传资料。结合"迎十运"，开展"争做文明无锡人，当好十运东道主"公民道德教育活动。年内，开展"爱心无国界——海啸赈灾人道万人捐大行动"、爱心助残大行动等富有道德教育内涵的公益活动。

第二节　未成年人思想道德建设

1987年，市委实施全市社会主义精神文明建设目标管理，市委常委会专门研究加强和改善青少年教育，青少年教育被列为重点抓好的8件事之一。1988年3月31日，全市首次青少年教育工作会议召开。会议提出加强领导，齐抓共管，形成全社会关心青少年健康成长的局面；从小抓起，分层次地对青少年进行综合的、系统的、长期一贯的思想教育；探索适应青少年特点的教育形式和途径，寓教育于丰富多彩、健康有益的活动之中；一手抓打击，一手抓预防，积极有效地减少青少年违法犯罪；坚持教育者先受教育的原则，建设一支素质良好的青少年教育工作者队伍等5项抓好青少年教育的基本思路和任务。是年，先后在南长区长街街道和宜兴市召开青少年教育工作现场经验交流会和农村青少年教育工作会议，部署加强家庭、学校、社会三结合的基层青少年教育网络和农村青少年教育工作。6月，在全国中小学德育工作会议上，无锡市第一中学、江阴市澄江镇北大街小学获“全国德育先进集体”称号，市一中顾蕴玉、无锡市梨庄中学钱德仁、市商业中学赵宇雯、市教育局中教科江坤才、宜兴市城北小学蒋春蕙获“全国德育先进工作者”称号。8月，在南长区长街街道召开的全市青少年教育工作现场会上，总结推广南长区单位、地区、家庭“三位一体”，共同抓好青少年教育的经验，研究发挥街道党委在“三结合”青少年教育网络中的牵头作用。是年，无锡成立青少年教育研究会，建起400多所家长学校。1990年，青少年社区教育列为全市精神文明建设目标管理项目，市委办公室、市政府办公室转发市教委等8家单位联合制定的《关于发展我市青少年社区教育的意见》，南长、北塘、崇安等区相继成立区一级的社区教育委员会。6月，在全市思想政治工作会议上，青少年教育工作成绩显著的34个先进集体和100个先进个人受到表彰。

1991～1993年，全市普遍建立社区教委和关工委，2.6万多名离退休老干部参加关心下一代工作，到学校、社区为青少年学生作传统报告1500多场次。学校共青团、少先队组织开展丰富多彩的活动，各校少先队相继建立“丁晓兵中队”“张闻天中队”等英雄、模范中队，树立学习的榜样。1993年，由市关工委主办的青少年读物《江南少年》创刊，2004年并入上海《大江南北青少年德育专辑》杂志。1994年，在全市中小学生中开展看百部优秀影视片和影评征文活动，收到征文1.3万余篇。各学校结合学习宣传《中华人民共和国国旗法》进行爱国主义教育，坚持举行升国旗仪式。

1996年，在全市开展的送温暖、献爱心、扶贫济困活动中，各学校纷纷开展“手拉手、献爱心”活动和青年志愿者活动，招聘青少年志愿者1000余人。1997年，全市新建德育基地和假日活动站1000多个，丰富青少年学生节假日的课外生活。各学校以香港回归为契机，开展“爱祖国、爱香港、爱家乡”读书活动。翌年，各级学校组织开展“国旗在我心中”宣传教育活动，以“看家乡巨变，为无锡添彩”为主题，组织青少年学生32万人次参加读书征文竞赛、社会实践和观看爱国主义影视片等活动，并组织38万人次青少年接受法制教育、30多万人次中小学生参加科技发明竞赛活动，5人次获全国一等奖。1999年，以新中国成立50周年和迎接澳门回归为主题，在全市青少年学生中开展“颂50年辉煌，做新世纪主人”主题教育，青少年学生积极参与“创文明城市做文明市民”活动。

2000年，完善学校、家庭、社会齐抓共管的社区教育网络，实施青少年拓展计划，以多种形式培养、提高青少年积极向上的人生态度和健康的心理素质。5月，市教育局在全市启动开展学生“假日新视野”活动，整合利用学校和社会教育资源，组织中小学生利用节假日开展科技、环保、人文、国防教育等校外实践活动。市未成年人保护委员会对关心未成年人健康成长、维护未成年人合法权益的先进集体和先进个人进行表彰。翌年，学校开展“与新世纪同行，当新世纪主人”系列教育活动。制定《无锡市青少年学生素质教育基地建设管理办法》，命名无锡革命陈列馆等103家单位为市青少年素质教育基地，建立200个学生志愿者服务点，约13万人次的中小学生参与志愿服务，为社会提供无偿援助6万余小时。全市120所中小学相继建立心理健康教育咨询室，1.5万多名学生参加教育、训练活动。“假日新视野”建点115个，30余万名学生参加活动。市博物馆、江阴市华西村、市污水处理中心3家单位被命名为江苏省爱国主义教育基地。2002年，加强对青少年的道德法制教育。聘请17名老干部常年担任校外法制教育辅导员。在全市开展“五个一百”①活动。无锡教育网站开通，开辟20多个栏目，年累计访问量180万人次。2003年，在全市开展的“告别陋习，走向文明”主题活动中，发动少年儿童与家长签订“文明在我家”共勉协议，组织青少年学生参与力所能及的洁净环境活动和抗击“非典”科普宣传活动。

2004年9月，市委、市政府召开加强和改进未成年人思想道德建设工作会议，制定《无锡市加强

① 建立100个绿色网页，创建100所德育先进学校，评选100名师德高尚好园丁和100名品德高尚好学生，建成100个学生志愿者服务点。

和改进未成年人思想道德建设行动纲要》，以构筑学校、家庭、社会“三位一体”为重点，实施“学校育人”“家庭育人”“社区育人”“实践育人”“阵地育人”“环境育人”“队伍育人”等7项工程。市文明委向有关部门、单位下达重点抓好的22个年度目标管理项目。各中小学健全完善德育议事制度、升降国旗制度、家访联系制度、团队工作制度，配备法制副校长，并依托全市200多个社会实践和素质教育基地，开展校外教育实践活动。市学生综合社会实践基地（宜兴）、市少年宫、市科普馆、江阴市青少年科技中心被授予“江苏省青少年校外活动示范基地”称号，市学生综合社会实践基地入选全国示范基地。全市还评选命名7个无锡市青少年校外活动示范基地。暑期，举办500场优秀爱国主义电影进社区（村镇）活动，丰富未成年人的精神文化生活。市旅游局、市教育局等12个部门整合市内爱国主义教育、革命传统教育、德育教育、科普教育、国防教育等基地资源，开辟4条青少年教育参观旅游专线，组织开展未成年人思想道德教育主题游学活动。组织省、市级文明行业、文明单位标兵与40所中小学校共建结对。市各新闻媒体加强对未成年人思想道德建设的宣传，开设专栏、专题，制作、刊播公益广告。加大“扫黄打非”力度，加强网吧治理，开展“未成年人网络文明行”活动。开展未成年人思想道德建设好思路、好举措、好活动、好典型、好新闻评选和公益广告创意征集活动等，在全社会营造有利于未成年人健康成长的舆论环境。10月，市文明办增设未成年人思想道德建设处，增加行政编制3名。市财政设立未成年人思想道德建设专项经费，每年200万元。各级党委、政府初步建立起党委统一领导、党政群齐抓共管、文明委组织协调、有关部门各负其责、全社会参与和支持的未成年人思想道德建设领导体制和工作机制。

图42-4　2005年未成年人心理健康咨询活动　（市委办供稿）

2005年，无锡市实施未成年人思想道德建设项目化管理的创新做法和成效受到中央和省文明办的充分肯定。无锡未成年人社会实践基地被列为全国青少年校外活动示范基地，纳入全省未成年人思想道德建设系统工程，并投入资金重点建设。3月，深化“青少年网络文明行”活动，邀请“网络文明爱心大使”陶宏开到无锡举办帮助青少年戒除网瘾系列公益活动，引起强烈反响。7月，无锡未成年人社会实践基地成功承办全省优秀中学生“走进绿色，走近科学”夏令营。坚持“趋利避害、疏堵并举、因势利导、建设优先”方针，发挥社区育人功能，在大力整治社会网吧的同时，全面启动“社区青少年绿色上网活动中心”建设工程，引导青少年健康上网，安全上网，受到青少年和家长的欢迎以及社会各界的好评。至年末，全市建成32个“社区青少年绿色上网活动中心”，节假日对青少年免费开放。各地区、各部门构建“三位一体”教育网络，开展丰富多彩的暑期活动，加强青少年心理健康教育，实施未成年人心理健康“七彩阳光”计划，成立市青少年心理健康活动中心，实现市青少年心理健康网络咨询平台与全市校园网的互联互通。全市43个爱国主义教育基地全部对未成年人免费开放，编印《无锡市未成年人爱国主义教育旅游参观指南》（图册）。各职能部门对校园内外环境、治安秩序、网吧和电子游戏场所等进行集中专项整治，创建“平安校园”。“未来新市民”和特殊青少年群体的德育教育和家庭教育得到切实关注。

第三节　新人新事

1994年起，由市文明委等10家单位联合发起，每年在全市开展精神文明“十佳”新人新事评选活动，评选见义勇为、助人为乐、孝亲敬老、拾金不昧、献血捐髓以及关心下一代健康成长等方面的新人新事。1997～2005年，先后有无锡志愿者“爱心车队”、“爱心老人”姜达敖、“寻亲大姐”吕顺芳等11件新人新事获江苏省精神文明建设新人新事奖，8件新人新事获提名奖。

一、无锡市获江苏省精神文明建设新人新事

1.江苏省第一届精神文明建设新人新事(1996～1997年)

杨华祝，男，59岁，九三学社会员，中国水产科学院无锡淡水渔业中心副研究员。杨华祝和夫人方映雪在从事科学研究的同时，看到部分下岗女工因缺少专业技能，再就业途径少，生活贫困，决定用知识和技能扶助下岗女工，为政府分忧。他们举办下岗女工培训班，使一批批女工走上自立、自强的道路。为争取1个扶贫项目，他们耗时逾月走访近千名下岗女工，撰写3万字调查报告《下岗女工的困惑和出路》，拟定《无锡市下岗女工再就业项目》申请，通过努力促成爱德基金会实施为期两年并提供35万元资助下岗女工培训和就业的项目。他们筹建无锡市妇女再就业培训服务中心，先后举办3期培训班，毕业的学员80%重新走上工作岗位。杨华祝夫妇还奔波在江苏、山东、河南、安徽等省10多个县市农村的贫困地区，使200多名女渔民脱贫，走上富裕之路，赢得群众的赞誉。

2.江苏省第二届精神文明建设新人新事(1997～1998年)

柴瑛，女，52岁，无锡市轻工技校教师。面对儿子患病瘫痪，她没有被多舛命运所击倒，而是倾尽母爱，帮助儿子树立自强不息的信心。经过艰苦努力，儿子在自学英语、创办英语角方面取得显著成绩，被评为无锡市新长征突击手。

3.江苏省第三届精神文明建设新人新事(1998～1999年)

稽锡华，女，45岁，宜兴市张泽镇茅棚村农民。她把自己探索出来的养花经验及种苗无偿提供给村民，先后扶持18户农户种花致富，使茅棚村由贫困村一跃成全国有名的杜鹃村。1999年10月，她被授予“全国十大农民女状元”称号。

4.江苏省第四届精神文明建设新人新事(1999～2000年)

江阴社区服务求助中心，为“情系千万家，服务你我他”的先进集体。中心以6299999全天候求助电话、一个多功能服务广场和一支面广量大的志愿者队伍为依托，为市民提供水电气抢修、家电维修、钟点保姆、家庭保健、搬家服务、职业介绍、出租转让、法律咨询、旧货调剂、房产信息等帮助，服务周到，深得市民好评。

5.江苏省第五届精神文明建设新人新事(2000～2001年)

新人新事奖：热心社区公益事业的“老外”——布莱恩·凯思雷。

布莱恩·凯思雷，男，49岁，英国人，中外合资无锡霍尔塞特工程有限公司总经理。他在英国时就是一名社区服务的积极分子，到中国后，他在无锡经营的公司里发起成立社区工作委员会，并以企业名称冠名成立志愿者服务队，开展义务劳动。他所在的公司还捐款认养600平方米绿地、栽种80多棵树木，公司员工每月自愿募捐1000元，资助福利院。2001年重阳节，他给福利院的67位老人每人送上一份礼物。

提名奖：无锡市843名志愿者签约承诺应急无偿献血；12岁小女孩华锴琳智擒双贼；私营业主陆文昌捐款300万元为集镇建公园。

6.江苏省第六届精神文明建设新人新事（2001～2002年）

新人新事奖：奉献社会的道德实践新型团队——无锡“爱心车队”；让学习成为一种生活方式的新形式——无锡“学习活动中心户”。

2001年2月，由无锡市一批热心公益事业的司机发起，近百名出租车驾驶员和私家车车主组成志愿者“爱心车队”。当年，他们义举连连：拾金不昧价值65万余元，为公安部门提供各类线索80余条，先后开展“拥抱孤儿过新年”“爱心车队进军营”“我为劳模献爱心”“尊老扶老逛锡城”等一系列活动；第十一届金鸡、百花电影节期间，每天派出10辆“爱心车”，共义务出车400多辆次，提供免费接送服务800多人次。

无锡市滨湖区9.3万多户家庭以每30户左右为单元，建立1个学习活动中心户，每年由所在村、居委投入不少于1000元资金，并配备1名宣教员。每月至少组织1次学习，并经常开展居民道德评议、揭批“法轮功”、普及政策法规和科学常识等活动，使思想政治工作入户到人。中共十六大开幕第二天，全区3911个学习活动中心户普遍组织1次学习。

入围奖：江阴市郑金良无偿放流40万尾河豚苗入长江。

7.江苏省第七届精神文明建设新人新事（2002～2003年）

新人新事奖：提高市民素质，弘扬文明新风——志愿者道德巡访团。

由10名普通市民组成的市志愿者道德巡访团成员不辞辛苦，凭着对创建文明城市的炽热情怀，以敏锐的眼光，用手中的照相机捕捉在行风政风、环境卫生、市民素质等方面存在的问题。在两年左右的时间里，巡访团向有关部门提交图片、资料2300多件，促进一大批疑难问题的整改和解决。巡访团被群众亲切称为代表社情民意的“布衣钦差”和文明城市创建的“啄木鸟”。

入围奖：江阴市民献血营救民警大行动；八旬老人杨根娣建“帮困基金会”。

8.江苏省第八届精神文明建设新人新事（2003～2004年）

新人新事奖：建设先进文化的新载体——无锡市滨湖区创建文化特色家庭；把爱心撒向弱势群体的“爱心老人”——姜达敖夫妇。

滨湖区以建设和谐社会为目标，以群众业余文体协会为纽带，以书法、绘画、收藏、花卉、根雕、剪纸、编织等20多类民间艺术为内容，创建1000多户文化特色家庭，有上千件作品在全国性报刊发表，一批作品和特色文化节目多次参加国内外展示、评比和演出，并获得11个国际金奖、35个国家级奖项和71个省级奖项。中央电视台等媒体专题报道。

宜兴华都集团董事长姜达敖携妻子王腊华，自1991年起，用自己的工资和积蓄，先后向下岗工人、贫困学生、敬老院老人等弱势群体捐资70余万元，受助对象800多人次。他还出资筹建专项爱心基金，救济贫困职工，被当地群众誉为“第一爱心老人”。

提名奖：无锡市广瑞路街道新市民亲情理事会。

9.江苏省第九届精神文明建设新人新事（2004～2005年）

新人新事奖：为百名孤儿找到亲人的“寻亲大姐”吕顺芳。

吕顺芳，女，55岁，宜兴市官林镇南庄村村民。2000～2005年，她花费5万多元，创办“寻亲驿站”，接待全国各地10多个寻亲团的1000多名寻亲者，帮助他们寻亲。她收集、整理寻亲者的姓名、相貌、血型、特征等信息，掌握10多个省、市600多个寻亲者的文字、照片、录像等资料，并与全国10多家报社、电视台和网站联系。5年间，帮助100多名孤儿找到亲人。

提名奖：身残志坚、奉献社会的自强模范丁晓兵。

二、无锡市精神文明建设“十佳”新人新事

1.1993年度无锡市精神文明建设“十佳”新人新事

军民勇擒杀人犯；神兵天降捣赌窝；英雄集体灭大火：无锡消防三中队赴宁增援扑灭南京炼油厂

火灾;陈爱娣夫妇含辛茹苦收养四孤儿;李冬宝夫妇十几年如一日照顾单身老职工;七旬老汉陆杏生勇救落水残疾女;青工杨援洪义救外地人;洗尿布的男子汉:无锡社会福利院洗尿布工黄梦飞;白衣战士一片情:第101医院内一科与无锡市郊区黄巷乡敬老院结对共建;顾阿南:创业者的奉献。

2.1994年度无锡市精神文明建设“十佳”新人新事

顾建忠、汪富成洒血斗凶犯;华西村禁赌出新招;陶都警民奋力抢救安徽落水乘客;邮电职工献爱心;高云燕抢救落水儿童英勇献身;一曲扶正祛邪的正气歌:江阴市石庄镇警民合力追捕劫持人质歹徒;朱建洪致富不忘扶贫;邹育起:身残老人夕阳红;驻宜兴83016部队医院外科卫生班:八年如一日,胜似亲闺女;王竞成老夫妇倾囊助教。

3.1995年度无锡市精神文明建设“十佳”新人新事

中山路、人民路环境卫生整治取得明显成效;市老年干部传统报告团成员生命不息、爱心不泯;宜城镇3民工见义勇为,陶都人争献爱心;北塘区巡警大队爱心常驻“扶幼岗”;锡山市华庄镇农民吴志明勇斗歹徒光荣献身;把青春献给殡葬事业的姑娘张杏英;郊区泰康居委老党员坚持15年为民服务;江阴市个体运输户卫乐平捐巨款助学办实事;部队菜地立丰碑感谢郊区拥军情;市人民检察院前刑检处副处长石争平一身正气铸剑魂。

4.1996年度无锡市精神文明建设“十佳”新人新事

周云泉身患绝症心系农机;关工委老同志言传身教,青少年健康成长;战士李乐新见义勇为不留名,部队查明原委补记功;刘广秀主任热心为整治,“刘家军”乐意保清洁;王忠明一心为公,救山火光荣献身;王景君爱心献街巷,夕阳一片红;无锡“党吴黄”吴阿进夫妇捐资献爱心;扬名中心小学结对手拉手,爱心献老区;戚荣根老汉拥军献真情,授技术种菜不图利。

5.1997年度无锡市精神文明建设“十佳”新人新事

惠龙街道成立下岗失业人员之家;有呼必应的掏粪工杨桂兴;勇擒火魔的消防卫士朱炜;好军嫂李素琴情铸“长城”;董伦轮椅上走出自强路;活跃在太湖之滨的“雷锋班”;富裕不忘艰苦奋斗的好厂长刘茂金;老兵奚世良义务宣传写新传;弱女子沈燕君拼死保护国家财产;郭同春百万捐赠为社会。

6.1998年度无锡市精神文明建设“十佳”新人新事

基层干部陈凤英克己奉公扬美名;英雄少年王振华奋勇救人谱新曲;郊区创评十星户文明进万家;好“的姐”夏国琴拾得巨款还失主;异地真情大联播,同心谱写抗洪曲;退休女工叶素珍助学献真情真爱不言悔;英勇护国财合力擒歹徒;的士好司机夏武龙冒死救交警;中山路清扫班十姐妹,苦脏我一个洁净中山路;胡稼耘自费植树绿化,扮美居民小区。

7.1999年度无锡市精神文明建设“十佳”新人新事

爱岗敬业王丽敏唱响生命奉献歌;郊区建设中心户学习进农家;徐政洪献肾救哥手足情深;江阴市“社区服务求助中心”开通求助热线,化解万户忧愁;好人丁正然舍己救民工;舒俊勇救同行人,烈火见真情;献血英雄杨建源荣获全国金杯奖;“拥军大姐”秦素华情真意切办实事;许嘉明建希望小学献爱心一片;华琪美创业不畏艰难,情牵下岗职工。

8.2000年度无锡市精神文明建设“十佳”新人新事

“民心热线”得民心;南尖小区党员争当“守护神”;无锡霍尔塞特热心社会公益;魏少丽携夫共走阳光旅程;赵大松满腔热情解忧难;沈湘君义务按摩8000名病人;无锡汽车站职工自发设立“旅客救助基金”;唐泽锋捡得巨款不心动;吴元锋英勇擒窃贼;马星心系居民护平安。

9.2001年度无锡市精神文明建设“十佳”新人新事

舍己救人的外来民工董远发;致富不忘回报社会的私营业主陆文昌;自强不息的聋人奥运会冠军费勇;帮16名孤儿团圆的“寻亲大姐”吕顺芳;智擒双贼的英雄少年华锴琳;代烈士当“儿”尽孝16年的老兵蒋岳;平凡岗位屡立功的军中“徐虎”张洪燕;甘洒热血的城管卫士黄学清;8年义务为

7000名病人提供医疗咨询的退休医生何彬；奋不顾身斗顽凶的人民卫士丁嘉隆。

10.2002年度无锡市精神文明建设“十佳”新人新事

无锡志愿者“爱心车队”唱响奉献之歌；英雄民警刘伟热血谱写正气歌；“社区工作委员会”实现文明共建互动双赢；郑金良无偿放流40万尾河豚苗入长江；周孟大石城孤身斗盗贼；朱婉琴10年义务送信4万封；张爱芬9年如一日义务管理阿炳故居；伏敏播洒爱心助幼弱；苏大伟自办献血图片展扬新风；杨根娣“帮困基金会”造福乡邻。

11.2003年度无锡市精神文明建设“十佳”新人新事

志愿者道德巡访团城市文明创建的“啄木鸟”；无锡非血缘捐髓第一人周国东沪上献爱心；孙震龙机智巧周旋，金库大盗3小时落网；姜达敖夫妇爱心惠及800人；13个孤儿1个爹；热血化作爱心深情，南通民警江阴获救；芦庄“代言”引来无数爱心志愿者；邹浩生18年志愿当里弄“讲师”；朱敏芳自建颐养院敬老；第101医院21人赴京抗“非”荣立集体一等功。

12.2004年度无锡市精神文明建设“十佳”新人新事

“新市民亲情理事会”为新市民提供人性化服务；“三星级”青少年爱心服务站情系社区青少年；“爱心妈妈志愿团”爱心播洒贫困学子；陶满妹为贫困大学生奔走募集手术费；“江西来信”见证无锡城市文明；“朝阳行动”搭建雏鹰竞翔平台；黄裕诚青少年道德建设树标兵；张根祥两年清除两万余张“城市牛皮癣”；洋“义工”唐磊热心第二故乡公益事业；裴国强热心出资组织文化义演送戏下乡。

13.2005年度无锡市精神文明“十佳”新人新事

自强不息的锡城“张海迪”周明珠；舍生忘死英勇献身的好保安郭顺兵；爱心让百年渡口获新生；海啸赈灾人道万人捐大行动；内地向香港同胞捐髓第一人王经；南长区万名“和谐小使者”在行动；退休干部吴国忠创办家庭图书室；带领农民致富的当代“愚公”陈庆元；下岗职工文化创业谱新篇（玉祁“红花”锡剧团）；练就一双“火眼金睛”的人民卫士朱振武。

三、志愿者活动

2000年6月，市志愿者总会（简称“市总会”）成立，下设12个分会。市总会确定“服务社会、弘扬新风、帮助他人、完善自我”的志愿者精神，着眼“有序引导、网络构筑、规范管理、载体拓展、品牌打造”的活动方式，逐步探索建立起“文明委统一领导、文明办牵头协调、总会自主运行、部门齐抓共管、社会共同参与”的志愿服务工作体系。市总会号召市民加入志愿服务行列。2001年，市总会逐步健全并推行注册志愿者制度，初步建立起以市总会为纽带，以劳务奉献类、智力服务类和应急承诺类（三大类型）和市、区、街道网络（三大网络）为特色的新型志愿服务者队伍体系。市图书馆、市福利院等10家单位为首批志愿者服务基地，成立一批以“应急无偿献血志愿者分会”“道德法制教育志愿者总团”为代表的志愿者服务队伍，开展“讲文明、树新风”和“新世纪从做志愿者开始”为主题的系列志愿活动。全年4.6万人次参与无偿献血，献血量占比达76%；组织广场电影放映队、科普知识宣传队和行业新风服务队到30个社区巡回活动，举办“崇尚科学、反对迷信、抵制邪教”图片展览；节假日期间，3000多名学生志愿者在市区37个主要公交站台、8条公交线路、136辆公交车上开展“站台有序乘车、车上礼貌让座、司乘规范服务”的文明乘车宣传活动。2002年，市总会组建注册志愿者文明交通活动总队，组织1.6万名志愿者利用双休日、法定节假日参与文明交通宣传服务和道路交通引导及旅游咨询等活动。同时开展文明行业道德实践活动“基地化”的创新行动，先后有13个行业和单位志愿承担全市10个路口和广场为期3年全部节假日义务宣传和协调活动。

2003年1月，市志愿者“爱心车队”总队成立。2月27日，在全国纪念学习雷锋活动40周年大会上，无锡市志愿者总会被中宣部、中央文明办、解放军总政治部、团中央联合命名为全国学习雷锋、志愿服务先进集体。3月，无锡举办首届以“弘扬雷锋精神，参与志愿服务，建设精神文明，推进全面小康”为主题的“无锡市志愿者活动月”，其间成立的无锡志愿者“爱心车队”总队，积极参与公民道德建设，受到社会欢迎和好评，中央电视台《焦点访谈》栏目、东方电视台、新华社和省内外20家新闻单位宣传报道无锡爱心车队事迹。志愿者活动月期间，围绕城市重点工程建设、环境保护、植绿护绿、社会治安等方面开展公益性志愿服务活动；到居民社区和农村基层，发挥自身智力优势，开展内容丰富、形式多样的法律援助、医疗咨询、就业指导、义务家教等活动；与孤寡老人、残疾人、生活困难的离退休人员和下岗职工、特困学生、国家优抚对象等结对服务。是年，无锡志愿者积极参与防治“非典”宣传教育活动，得到国务院“非典”防治工作督查组的肯定和中央电视台《新闻联播》报道，“市民文明交通工程”活动方案入选《全国精神文明创建活动创新案例汇编》，省文明办、公安厅、交通厅、建设厅在无锡召开全省文明交通工程现场会议，推广无锡的经验和做法。是年，全市参与服务志愿者20.3万人次。

2004年3月5日，无锡市启动以“弘扬志愿精神，创建文明城市”为主题的第二届“志愿者活动月”，命名第二批“无锡市志愿者服务基地”，举行“无锡市志愿者爱心林”营建活动。市委宣传部、市文明办、市级机关党工委、无锡军分区政治部、市双拥办、团市委等11个部门联合发文，部署志愿服务活动，在全社会弘扬“奉献、友爱、互助、进步”的时代新风和“奉献爱心、弘扬新风、帮助他人、完善自我”的无锡志愿者精神。组织实施“注册志愿者活动工程”，开通“无锡市志愿者活动电子信息系统”，举办网上“志愿者论坛”。12月30日，无锡启动党员活动，市委书记、市长等率先加入注册志愿者行列。

2005年3月5日，以“参与志愿服务，共建和谐社会”为主题的第三届“志愿者活动月”启动，启动时向大型活动志愿服务团、未成年人心理健康志愿服务队、“蠡湖文明之友”“梁溪书友”等10支志愿者特色服务团队授旗，表彰“爱心车队总队”等50个志愿者活动先进集体和100名优秀志愿者。当天，全市各行各业、机关社区和志愿者分队的上万名志愿者在广场、车站、公园、图书馆和主要街道、社区里弄等100多个服务点开展多种形式的服务活动，20多所学校的6000多名学生团员志愿者走上街头，参加“团员每月志愿服务一小时”活动。活动月期间，全市开展“百队百点”志愿服务活动、“志愿林”植树和绿地古树名木认养认护、无锡环保日主题系列宣传活动、“爱心助残大行动”等道德实践活动。在第三届“太博会”“十运会”期间，5300多名志愿者积极参与场馆引导、外语翻译、秩序维护、“爱心车”免费接送等服务，受到中外嘉宾和运动员的好评，市志愿者总会被授予“十运会”志愿服务工作杰出贡献奖。是年，“春运与文明同行，春运与党员志愿活动同行”“文明交通党员实践基地”等党员志愿者创建活动成为全市创建活动的新亮点。2005年，推选产生新一届市志愿者总会组织机构，推进志愿者注册登记。至年末，全市注册志愿者220429人。

图42-5　2005年第三届“志愿者活动月”启动仪式

（市委宣传部供稿）

无锡市志

【第四册】

第四十三卷

姓氏　望族　家谱

概　述

2005年末，无锡市区共有姓氏993个，其中单姓970个、复姓23个，人口分别为2347311人、1147人。

无锡望族自泰伯奔吴始起。吴姓从泰伯至夫差，世泽600余年。吴亡后，泰伯后人流散各地，但在无锡仍然是大族。泰伯之后从中衍生吴氏宗亲的12个姓。吴亡，越尽有其地，勾践之后裔成为顾姓，也是无锡大姓。延至三国，江东一地有顾、陆、朱、张四大姓。至东晋时，南渡的王、谢诸姓，成为当时的士族。唐宋以后，由各种原因迁入锡地族姓渐成名门望族。宋代有李、尤、张等姓，元代有强、倪等姓，明代有秦、顾、邹、安、华、孙、谈、高等姓，清代有嵇、杨、徐、薛等姓，民国有荣、唐、周、沈、蔡、陆、钱等姓。其中，顾、邹、华、秦、孙姓不但在明代是大族，在清代也仍为赫赫名门，不坠家声，其中不少延至民国时期。在明代至清前期，这些世族大家的荣枯与科举的成败有关。晚清太平天国运动时，不少望族后人死于太平军之手，故家大宅多被焚毁。随着洋务运动的兴起，科第世家式微，不少年青才俊凭自己的才能、知识、军功进入政界、商界，成为新的锡地名族。清末至民国，许多名门之后投身政界，在国共两党中不乏其人，不少人成为高级领导人。新兴的实业家大都成为新的望族，而以科技、教育、文化成名的世家也不在少数。

自宋代始，无锡就有编修家谱的传统，代代相传。清代晚期、民国时期尤盛。新中国成立后一度中断。80年代后，民间又自发恢复编纂家谱。无锡图书馆和民间都收藏大量旧家谱与新编家谱。无锡市区柏某自80年代起收藏家谱，达130个姓氏、8000多册。

第一章　姓　氏

第一节　姓氏统计

一、单姓

市区单姓人口以王、张、陈最多，其中王姓134343人、张姓127645人、陈姓107157人，合计369145人。

除王、张、陈3姓外，5万人以上、未满10万人的姓氏有周、朱、吴、徐、李、杨、陆、顾、刘等9个，共624810人；1万人以上、未满5万人的姓氏有钱、沈、华、孙、许、黄、蒋、胡、唐、赵、高、丁、邹、曹、冯、马、蔡、薛、袁、谢、邵、姚、俞、倪、潘、尤、金、秦、浦、戴、过、何、夏、吕、殷、陶、章、范、郑、宋、邓等41个，共841101人。

5000人以上、未满1万人的姓氏有严、任、杜、虞、毛、董、龚、肖、韩、叶、郭、季、林、方、苏、缪、惠、费、施、包、万、汤、魏、邱、程、郁、汪、余、鲍、葛、奚、盛、姜、诸等34个，共241780人。

1000人以上，未满5000人的姓氏有石、强、史、于、谈、孟、江、庄、罗、贾、彭、管、梁、卢、荣、杭、单、崔、凌、侯、时、祝、安、卞、席、尹、田、莫、滕、成、臧、韦、平、孔、钟、颜、辛、乔、曾、洪、翁、梅、项、戈、糜、贺、樊、鲁、童、查、傅、边、濮、祁、支、谭、瞿、纪、仇、柳、骆、吉、邢、岳、耿、廉、匡、宗、戚、阙、武、堵、闵、宣、芮、左、邬、熊、翟、计、卫、常、白、毕、储、仲、钮、庞、冷等89个，共201462人。

500人以上、未满1000人的姓氏有伍、是、郝、窦、焦、阮、裴、沙、巫、路、屠、胥、居、段、钦、贡、游、卜、符、褚、须、阚、花、乐、温、廖、付、雷、封、厉、苗、解、房、印、嵇、司、申、束、欧、景、向、柏、承、靳、易、狄、喻、都、商、康等50个，共35592人。

100人以上，未满500人的姓氏有佘、鞠、谷、舒、宿、芦、言、盖、桑、聂、荀、茅、相、尚、穆、闻、屈、詹、龙、齐、文、闫、牛、党、黎、桂、娄、柯、柴、还、应、於、侍、甘、晏、刁、涂、锡、裘、霍、戎、巢、楚、富、蒯、全、府、郜、车、阎、宁、皮、荆、郦、茹、代、兰、宦、郎、关、栾、鱼、伏、茆、曲、赖、羊、恽、卓、智、仓、牟、贝、萧、练、艾、洑、饶、笪、蒲、宫、姬、崇、坎、覃、丛、雍、楼、郜、冒、冉、步、隆、衡、裔、展、丰、祖、寿、咸、鹿等101个，共25256人。

50人以上、未满100人的姓氏有古、寇、帅、勇、迟、树、铁、池、佟、眭、经、征、连、仝、明、昌、巩、燕、薄、蓝、岑、水、贲、皋、冀、藏、凡、阳、满、占、竺、简、甄、南、仰、隋、蔺、麻、朴、殳、师、海、阴、米、那、腾、别、怀等48个，共3452人。

10人以上，未满50人的姓氏有敖、开、弓、郑、归、权、沐、接、凤、环、生、晁、渠、伊、鄢、井、况、谌、干、励、官、禹、苑、檀、宛、接、扈、从、忻、辜、闾、初、苟、国、火、门、敬、沃、百、达、斯、蒙、索、班、靖、卿、山、云、湛、蹇、鄂、羌、宓、栗、原、端、扶、晋、圣、酆、法、和、皇、矫、劳、漆、苍、东、密、修、邸、昝、揭、潭、习、鲜、淡、上、校、冶、佴、涂、把、但、来、元、巴、荷、年、汝、信、由、户、六、丘、神、乌、操、豆、慕、农、危、位、湘、基、籍、宜、纵、连、衣、战、掌、公、赫、化、历、银、亓、谯、郇、禅、訾、巨、麦、蓬、尉、乙、郗、营、琚、睢、阿、弗、辅、勾、哈、后、力、徒、尧、招、植、邝、杲、保、刚、慎、蔚、问、幸、壮、踪、庚、綦等154个，共3536人。

6人以上10人以下的姓氏有畅、光、呼、桓、绳、粟、宇、种、逄、肽、昂、卑、顿、祭、里、利、么、纽、青、帖、欣、夷、仉、莳、逯、睢、偰、暴、春、禤、粱、谬、偶、沛、普、庆、台、新、轩、扬、要、益、镇、呙、禚、拜、宾、采、税、亚、曳、玉、宰、佐、奂、骈、隽等57个，共423人。

5人同一姓的姓氏有宝、渚、独、多、荚、亢、洛、梦、母、区、同、吾、西、喜、续、鸦、闸、真、主、郅、庹、羿、雒等23个，共115人。

4人同一姓的姓氏有闭、布、尘、慈、底、奉、浩、滑、汲、剧、库、旷、朗、丽、漏、卯、努、热、萨、僧、闪、锁、藤、未、依、竹、倬、冼、邴、苌、薛、缑、戢等33个，共132人。

3人同一姓的姓氏有伋、冰、晨、道、雕、逢、荐、建、将、立、伦、磨、木、睦、尼、盘、朋、岂、求、壬、仁、容、撒、胜、释、疏、双、岁、所、塔、提、天、毋、香、星、刑、行、戌、雪、延、英、营、盈、迁、雨、职、衷、倖、嬴、弋、郤、浣等52个，共156人。

2人同一姓的姓氏有邦、博、伯、才、朝、辰、冲、次、德、迪、斗、甫、庚、广、黑、红、忽、槐、菊、姥、理、良、禄、律、庙、妙、默、牧、娜、浓、帕、千、洒、赛、伞、拾、首、庭、巍、瓮、无、溪、贤、县、线、绪、玄、寻、焉、业、移、义、拥、员、院、越、资、乜、芈、仄、仵、伽、负、郄、蒿、渚、似、禳、颉、翦、鞫、黄等72个，共144人；

仅有1人的姓氏为佚、俞、潐、甦、傲、碧、扁、波、补、簿、产、唱、超、乘、诚、丑、揣、川、传、船、淳、催、旦、弟、迭、钉、定、冬、懂、度、朵、堕、尔、藩、芳、飞、分、烽、佛、冈、歌、格、各、姑、雇、冠、贵、果、镬、憨、含、汉、禾、恒、虎、辉、慧、及、加、坚、降、角、教、结、介、紧、静、净、咎、考、垦、梨、礼、疗、辽、吝、菱、零、令、陇、买、貌、枚、美、秘、墨、能、藕、排、澎、期、柒、奇、启、契、荘、谦、侨、俏、芹、倾、清、秋、泉、人、蓉、闰、莎、杉、陕、善、赏、韶、绍、伸、蔵、士、戍、思、四、肃、泰、特、题、通、图、屯、旺、威、唯、伟、熙、希、夕、袭、系、先、响、晓、小、秀、雅、哑、艳、彦、洋、耶、野、艺、庸、犹、有、渔、予、羽、遇、鸳、远、月、运、扎、窄、政、治、紫、尊、毓、厍、刺、攸、俎、隗、郯、芸、尚、荏、苓、菀、蔻、蕲、奕、逄、吒、邢、鉏、阕、汶、泮、宥、甯、弭、婵、玮、瑜、璩、轩、莘、昊、虢、塍、锺、瘳、霰、銮等204个。

二、复姓

无锡市区有复姓姓氏23个，其中司马606人，欧阳266人，诸葛72人，端木、皇甫各51人，上官40人，濮阳12人，司徒10人，王孙、申屠、闻人各5人，宇文4人，令狐、尉迟、颛孙各3人，东方、额尔、夏侯各2人，公西、呼延、胡毋、南宫、轩辕各1人。

第二节　迁锡姓氏[①]

马氏，将东汉伏波将军马援尊为一世祖。元末，马援第三十四世孙马圣金从上元迁至无锡虹桥，为马氏虹桥分支一世祖；马亮从溧阳迁至无锡东大石桥，为大石桥分支一世祖；马泰瞻从无锡东里迁至九里泾，为九里泾分支一世祖；马真一由溧阳迁至无锡延祥乡后塘里，为延祥分支一世祖；马通甫由溧阳迁至无锡东石皮巷，后裔又迁至曹湟泾，通甫便被奉为曹湟泾分支一世祖；马志兴由溧阳迁至江阴青阳镇，为青阳分支一世祖。马氏在惠山设宗祠。

毛氏，始迁祖毛振鹏，清康熙中期由金陵迁至无锡开原乡荣巷。

石氏，始祖石邦彦。始迁祖石琏，明代由江阴北渚迁至无锡井亭。

孙氏，始迁祖孙安，明景泰年间由无锡怀仁乡迁至万安乡孟里。

叶氏，始祖叶参，世居乌程（今浙江湖州），任宋朝兵部郎中。叶参的儿子叶清臣，生有二子，长子叶均迁至苏州，次子叶坦迁至常州广化门下塘。叶坦的后人叶育迁至宜兴、叶达迁至无锡梁溪。明代，叶育弟叶通的后人，先后从常州新塘迁至无锡青城乡圻里。

司马氏，始迁祖司马宗召，南宋时由山西夏县迁徙至无锡东庄。

过氏，南宋初年，任象贤因护驾有功而被赐姓“过”，并赐宅于和州太溪村。其子过孟玉与逍遥郡主婚配，赐宅于无锡黄藻里，为过氏的无锡始迁祖。

许氏，始迁祖许文之，清康熙四十八年（1709年）由安徽歙县东门迁居无锡。

华氏，宋室南渡时，从汴梁（今河南开封）迁居至无锡梅里乡隆亭（今无锡东亭）。华氏历经七世后分为15支，散居于苏州、松江、杭州、绍兴、京口、明州等地，无锡荡口鹅湖支属于通四支。

吕氏，始祖吕扩，宋代人。南宋文缨为吕舍支（今无锡玉祁礼舍）的始迁祖。元泰定年间，五世祖吕师颜（号清芬）由杭州迁至无锡奚山（今胶山）之侧。至清光绪年间，在无锡及江阴共有吕舍、新渎桥、大市桥、黄泥埄、丁塔、庄前、范巷上、后村里、杨树桥、南闸、吕家村、花山、月盛桥、祝塘、璜塘、北涸等26个分支。

朱氏，元朝初年，朱经从苏州迁至无锡新安陆庄桥南。元末，朱枋从徽州避战乱迁至无锡梅里，并将所居之地称为宋村。明代，朱富由常州迁至无锡石塘湾朱巷里。明初，朱熹八世孙朱泰武从福建地区迁至武进，又分别迁至无锡的朱家岸和双河，成为这两派的始迁祖。

伍氏，始迁祖伍启宗，明清之际由江西迁至无锡龙塘岸。

邬氏，始迁祖邬省怀，明代由镇江丹徒迁至无锡蓉浜。弟邬仕贤，又迁至江阴香山安机。

杜氏，始迁祖杜镐，北宋由金陵迁至无锡。另有一支始迁祖杜充，于明朝嘉靖、隆庆年间从常州迁至无锡城南。

邱氏，始迁祖邱本淳，明清之际从江阴迁居至无锡南门大窑路。

何氏，始迁祖何宗武，明初由兰溪金仁山迁无锡南门开化乡。另一始迁祖何兴四，明代由武进迁

① 前志已有姓氏来源记载，本志补充之。部分资料摘自《上海图书馆藏家谱目录提要》。

无锡金城湾。

张氏，张氏是无锡大姓，出处也多。北宋理学家张载在无锡后嗣有多支：营桥巷支始迁祖张福是张载的四世孙，宋室南渡后由大梁迁居无锡；营桥支始迁祖张景是张载的九世孙，元朝末年由安徽歙县迁居无锡；蓉湖尖支始迁祖为张载的十四世孙张魁元，明朝天顺年间由苏州府长洲县东吴乡迁居无锡蓉湖尖；南张支始迁祖为张载的十六世孙张应纶，明末时迁居无锡万安乡限湖里南张；蔡桥支始迁祖是张载的十六世孙张念芝，明万历、崇祯年间由苏州阊门外方基迁居甘露蔡桥；三里桥支始迁祖为张载的十七世孙张似山，明末由安徽歙县迁居无锡北门外。另有张氏宗族并不是张载的后人。应楠派一世祖张家庆，明万历年间，其十一世孙张概由苏州迁居无锡兴宁乡漳泾，后又由漳泾移居河亭，为河亭支始迁祖。万一派，一世祖张万一世居常熟，据称是唐代草圣张旭的后人，约南宋时，其子思廉由常熟迁居无锡北塘，为竹场巷支始迁祖。万十派，也是张旭之后，南宋时张万十由临安移居常熟，后裔分别迁居至无锡安镇和江阴顾山、长泾等地。忠献公派的始祖张嘉贞为唐朝中期人，南宋末年，其后人张师尹迁居至无锡城南，后分为扬名乡、新安乡、金邑、富安等支。德贤公派的始祖张德贤世居山西灵丘县，其子张文益于明洪武年间迁居无锡。还有一支奉清逸居士为始迁祖，清逸居士在宋室南渡时从广陵东迁至吴地，后人张渊又由吴西迁至无锡，清乾隆年间居住于万安乡云升。还有将唐相张九龄之兄张九皋奉为远祖的支派。九皋的第十八世孙张淮，原居住在江阴流璜，明朝初年由于匿藏亡元宗室，逃遁到无锡华利湾，后入赘于龙亭沟郑氏，成为龙亭沟始迁祖。另有支派系出北宋人张知白，其后人张冶从溧阳东张村迁至宜兴潼渚，张冶的后人张懋一又在元明之交由潼渚迁至无锡洛社张巷，为张巷支始迁祖。另有奉张孟为一世祖的支派，其十一世孙张采在元代任无锡知州，卒于任上，其子张龙居住于无锡城西的游来坞，成为该支派的始迁祖。

沈氏，始迁祖是沈构之子沈复，北宋中叶由苏州迁至梁溪。其十二世孙沈塾，明永乐年间又迁至天授乡城塘，成为城塘支的始迁祖。南宋初年，沈容从无锡城迁至洛社，为洛社支一世祖。其后裔分为前沈、藕塘桥、城中、五牧、花溪、瓦屑坝、大留村，江阴马镇、社埝等支。另有始迁祖沈昌，宋末为避元兵由梁溪管社迁至玉祁，其六世孙沈富，明代由玉祁迁居蓉湖兰港，兰港的沈氏后裔又逐渐分为大墅、香墩、吕舍、横林、祝塘等支。另外还有一始迁祖沈熊，明代时由吴江迁居无锡北乡陡门里。

邹氏，始祖邹宝，唐末年人，居于钱塘。其七世孙邹朴入赘于无锡华庄，成为无锡始迁祖。至第十四世孙邹师尹，分为西南庄支。

陆氏，迁锡始祖陆棠，为宋代人陆佃之子，由山阴迁至无锡徐陶。其八世孙陆荣，从徐陶迁至青圻。

陈氏，始迁祖陈乔，南唐时官至门下侍郎兼枢密使。后曹彬（北宋初年大将）攻下江南，陈乔自缢而死，其子孙于是迁居无锡。另有支派奉东汉太丘长陈寔为一世祖，其三十八世孙陈朴于北宋建炎年间南渡至无锡朱舍桥，成为迁锡始祖，其子孙散居于高长岸、朱舍桥、陈巷、刘潭桥等地。还有一支始迁祖为陈颂绍，南宋时迁至无锡庙巷，其族分为六房。元朝至正年间，陈高从永康迁至无锡宅仁乡，后代子孙继续分迁至椒村、彭丁桥等地。

金氏，始祖金履祥，谥文安，人称仁山先生，是宋元之际儒学宗师。其六世孙金士仁、金士信，从苏州洞庭龟山迁居至梁溪北潢。

郁氏，先祖为春秋鲁国宰相贡公，其封地名为郁，便以地名为姓。明代，为避倭寇之乱，常熟沙溪（今属太仓）郁氏从十九世至二十六世先后迁至无锡河埒口东大池、江阴，再迁至南门外下甸桥，后逐渐形成22个支派。

单氏，先祖单志，世居四川眉山，育有二子：单瑞、单玮。单瑞迁居宜兴湖汊镇，其子单锷为著名的水利专家，撰有《吴中水利书》。单玮也生有二子，长子单钟于北宋熙宁年间迁至无锡，是无锡始迁之祖。单钟五世孙单牧溪，生有4子，名本祉、本祐、本祚、本祥，由此另外衍出寿、福、禄、征4个支派。

周氏，始迁祖周应高（或名应辰），南宋初年由道州迁至无锡张塘里。自第五世起繁衍为之纪、之纬、之才、之仁、之典、之廷、之翰、之纲、之正等9支，分别为砖桥、墙圈、五牧、宅基、南宅、白土、周泾、塔上、老宅基、曹塘、北里的支祖。东胶山陆墅支以南宋丞相周必大之子周纶为始祖，他的孙子嘉言、嘉谟、允、安、亢分别为陆墅及江阴萧岐、孔庄、营桥的支宗，其从孙周坦则是江阴顾山支宗。奚山支以周敦颐下传的第六世为始祖，南宋时由道州迁居无锡张塘里。另有周瀛于北宋宣和年间带着儿子周达权从闽南迁至镇江，宋室南渡后，先迁至无锡洛社，后又迁至乙虞桥南。周敦颐的四世孙周湛与周望于靖康之乱期间南渡，周望迁居于锡山穆阳书院，传至第十五世有石幢、旧渎等支派；周湛迁居于金陵，至十三世周思文又于元末避乱迁至无锡，后裔有邓盘、柘塘等支派。

胡氏，始祖胡瑗，其孙守权生于如皋。宋绍圣三年（1096年），到江南游览，在无锡、常州讲学期间，见无锡土地肥沃、民俗淳厚，便迁居于兴宁乡新塘里，成为始迁祖。传至十五世，后代散居于五牧、双庙、芙蓉圩、塘头、堰桥村前、胡家渡、杨巷、高田、安桥南等地。之后又有迁至其他地区的。

柳氏，始迁祖柳康中，北宋末无锡知县，之后为避靖康之乱，在无锡县东延祥乡安家。

俞氏，始迁祖俞福一，北宋末年由汴梁南迁至无锡。

袁氏，始祖袁清，北宋太平兴国年间由河南汝宁迁至无锡，此后子孙又分散迁徙至常熟、宜兴、武进、江阴、姑苏、金坛等地。

倪氏，一世祖师倪道，官至宣抚使，宋建炎年间由汴州随驾南渡，居于杭州。始迁祖其子倪子云任吴县监丞，辞官后居于无锡梅里祇陀，为无锡倪氏始迁祖。元代大画家倪瓒为他的七世孙。后裔散居于江阴、宜兴及无锡村镇。

徐氏，宋初学者徐铉原籍会稽，迁居至无锡东胶山横塘里，被奉为始迁祖。后代散居于无锡、江阴及苏州、常熟、常州、宜兴等地。无锡有袁郎桥支、射渎支，以及扬名乡水墩青祁支及其后世各房。另有徐氏始迁祖徐世芬，明末由昆山迁居锡山。

殷氏，始祖殷秩，字秉常，南宋初年迁居至镇江大巷。其五世殷恒，携孙殷安石迁至无锡七尺场，为始迁祖。明弘治年间，分成八支：殷朝栋为浜头支祖；殷道源曾孙殷华甫迁至荡口，为鹅湖支祖；殷道泰孙子殷应禄为小母浜支祖；殷应鳌为江阴华墅支祖；殷应福为糜巷桥支祖；殷应凤为邢凤桥支祖；殷道生的儿子殷再阳则是开渎支祖；糜巷桥后裔殷达甫为开殷巷支祖。另一支派的始迁祖为殷序，元代由江阴申港迁至无锡城北富安乡西房村。

高氏，始迁祖高愈宗，明末清初由江阴迁至无锡西门。

唐氏，奉唐朝初年莒国公唐俭为始祖。其十五世唐以道靖康年间南渡，迁居绍兴。后裔迁至无锡，逐渐分为隈湖、西张、大刘村、陡门等支派，都奉唐以道为支派始迁祖。

浦氏，始祖蒲冲，山西太谷县人，宋初领兵平定吴越，之后镇守无锡，居住在城南新安乡曹泽里。其十三世孙蒲椿，于元大德年间迁至曹墓塘。蒲椿有4个儿子，后裔分为4支，散居于无锡、江阴、嘉善、苏州、常熟等地。另有支派以北宋浦晋为第一世，十一世孙浦振于元明之交由无锡县马桥迁至石室山前涧。蒲振又育有3子，浦文是东街分祖，浦武是西街分祖，浦贤为中行分祖。

陶氏，奉明翰林学士陶安为鼻祖，陶安的孙子陶元为始迁祖，陶元于明成化年间由安徽当涂迁至江阴苏墅镇；陶安十一世孙陶尚容于明末由江阴迁至无锡绣衣坊南首，为迁锡始祖。另一支派以晋大司马长陶沙桓为鼻祖，历经20世至陶植，因经商从常熟迁至无锡城南长广溪东部，所居地命名为陶巷，成为该支派的迁锡始祖。

黄氏，先世居于福建邵武。宋宣和年间太学博士黄明善，靖康之难避乱南下，居于洞庭西山黄家坞。其后人黄若金迁至无锡南门开化乡，为黄氏开化乡堑桥支派；另一后人黄震迁居于无锡让乡，为黄氏金匮下塘坝头支派。元末，江西人黄文宁，本姓廖，任江阴州学教授，遇兵乱无法归乡，隐居于江阴茂墅，改姓为黄，成为该派始迁祖。其五世孙黄萱过继给舅舅无锡斗山陆氏。文宁后裔因此分为茂墅的北宗与斗山的南宗。

曹氏，锡山曹氏为北宋初开国功臣曹彬的后代。南宋曹友闻十一世孙曹遁的儿子曹坤于明洪武初年从苏州洞庭迁居锡山溪河之南石塘桥曹巷，锡山曹氏便尊曹遁为始祖。南宋曹云轩官至晋陵郡尹，为芙蓉圩支开源始祖，蓉湖圩支分南门外、开原乡、南窑、秀授乡及江阴各支。盛巷曹氏为无锡医师名家，其祖籍为浙江，后迁至无锡泰伯乡，居住于曹家湾，靠近望亭，为望亭支派。至九世孙曹汝敬，再从望亭迁回无锡城，居住于盛巷，曹汝敬为无锡盛巷曹氏的始迁祖。

盛氏，为北宋大臣盛度之后。元末其后裔盛景森带着侄子盛绶由常熟迁至无锡，景森居县城，绶居隁湖。明洪武二年（1369年）重编户籍，叔侄二人正式入籍，分别为无锡县城、隁湖的始迁祖。明代，盛氏家族出了著名的清官盛颙。

董氏，尊西汉大儒董仲舒为始祖。其五十二世孙董综于南宋时迁居常州。五十七世孙董镬，明初由常州迁至无锡开化乡，为无锡始迁祖。

嵇氏，一世祖嵇本，世居常熟东塘墅的芙蓉庄。其子廷用于明清之际迁至无锡，为始迁祖。清吏部尚书、水利专家嵇曾筠就出自此族。

程氏，始迁祖程午，清康熙年间由安徽休宁三斗村迁居无锡东亭镇。

傅氏，始祖傅霖。明初，十九世孙傅秉义由浙江迁居无锡洛社西北赤湖里梅巷，为始迁祖。后裔散居于张明桥及前洲。

强氏，一世祖北宋大臣强至，原籍杭州。其次子强俊明迁至无锡梁溪，后族人才辈出，登科者甚多，同时任牧守之职的强氏子弟多达5人，因此有“五牧”之称。强氏有戴庄、新闸、五埭泾、余巷、黄泥坝、马嘶桥、横港、丫河、杨郎桥、白旗岸、扬州、碧家坝、塔桥、焦垫、江阴正兴沙、岸里、荆溪湖洋渚、无锡清宁桥、望亭、张舍、兴道等支。其中，十一世孙强镒，明中叶由五牧迁至西村岸里，为岸里始迁祖。

杨氏，其一世祖杨时也称道南始祖，世居福建将乐县。其三世孙杨航，南宋初年任常州通判，后居于无锡垂庆里，卒后葬于双板桥，后裔散居于无锡各处。杨氏另有一世祖杨於陵，唐穆宗时官至户部尚书。其十六世孙杨睿，南宋初年从吉水迁居钱塘，在无锡鸿山筑别墅，为在锡建宅的始祖。杨睿的曾孙杨宗善、杨宗达居住鸿山，分别为庆二、庆三两支。庆二支传数代后而绝。杨於陵二十五世孙杨子震，出自鸿山杨氏庆三支新二派，明初从无锡怀仁乡迁至寺头。安阳杨氏始迁祖为杨拯，元末在无锡安阳山下安家，传五世后分为各个支派，后世多居于无锡、武进、阳湖等地。江陂杨氏的一世祖为杨兴一，迁锡始祖杨航的后代，居于无锡南门伯渎的庐桥，七世孙杨霖于明初由庐桥迁至江陂桥。传至十一世孙杨津于明末由姑苏迁至葑门，又迁至无锡梅巷，为梅巷杨氏。薛典杨氏，杨时的十四世孙杨珍（一说是珍的第四子彦），于明初由无锡双板桥迁徙至锡典（今无锡新区薛典），为锡典支族的始迁祖。

裘氏，始祖裘玉，世居杭州武林。清雍正乾隆年间，裘肇元由杭州迁居无锡，为始迁祖。

虞氏，南宋末年，著名儒学家虞荐发由晋陵（今江苏常州）城南迁至无锡西溪，为始迁祖。

廉氏，始祖布鲁海牙（一名布鲁凯雅），中山人，元朝为官，任廉访使，其子根据父亲官职改姓廉。八世孙廉允中开始入苏州籍，十二世孙廉序为迁锡始祖。二十世后，子孙有的迁至无锡乡里，有的迁至江阴，分支不断派生繁衍。

赵氏，一支始迁祖为赵克光，元明之际由河南汴梁迁至无锡县城东北部。梅巷赵氏始迁祖为赵孟荣，元至顺年间带着儿子从润州（今江苏镇江）大港迁至无锡梅巷。

蒋氏，元祐初年，北宋时宰臣蒋之奇的儿子蒋皆由宜兴迁至无锡开化乡许舍，为始迁祖，其子孙散居在无锡拼利、胡埭、梅里、漆塘、河埒口等处。南宋状元蒋重珍即出于此族。另一支始迁祖为蒋国泰，明万历时由宜兴斩蛟桥迁居至无锡城西璨山（产山）。

荣氏，始迁祖荣清，明洪武末年由湖广迁居南京，正统初年（1436年）从南京迁居无锡西乡梁溪河北岸，聚族而居形成荣巷。

郑氏，始祖郑居中，世居河南开封，宋政和年间官拜少保、太宰。靖康之乱时，族人南迁，后裔散居在江浙闽楚四省。无锡是其族人聚居地之一，有庙前、徐城、堠山、玉祁、蓉溪等支族世系。庙前支始迁祖郑懋，为其九世孙，原籍安徽庐州府合肥县，元末任无锡知州，因而在城中安家。徐城支始迁祖郑元五，也是其九世孙，于元末由江右迁居无锡西乡徐城。堠山支始迁祖郑思明，为其十一世孙，明建文帝时由武进迁居无锡堠山。玉祁支始迁祖郑柏源，为其十一世孙，明成化年间由常州迁居无锡玉祁。蓉溪支始迁祖郑兴裔，为其三世族孙，南渡后居于锡山，在南宋四朝为官。

邓氏，始迁祖邓尔瞻，南宋初年随行护驾南迁，皇帝赐宅于无锡兴道，子孙便在此地安家。

滕氏，始迁祖滕甫，宋朝末年由浙江东阳迁居苏州，后人滕武功入赘到无锡县延祥乡赵庄。

刘氏，五牧刘氏始祖刘韐，北宋末年大将，有两个儿子：子羽、子挥。刘子羽为北宋末、南宋初名将、学者，居福建崇安五夫，其六世孙刘理于祥兴年间由淞江迁至无锡县五牧镇。刘理有5个玄孙：宗孟，居镇东，为上塘派祖；宗敬，居镇西，后迁至无锡城，为光禄公派祖；宗晟，居下塘；宗政，迁西村，四世之后转迁至无征；宗凯，刘巷支祖。刘子挥的十一世孙刘宁由荆溪迁至宜兴黄塘，十二世孙刘敏诚迁至刘潭桥；十六世孙刘恕于明永乐二十一年（1423年）由苏州阊门入赘无锡贝沙桥俞氏，为贝沙桥刘氏始迁祖。

谈氏，始迁祖谈信，原籍汴梁，宋建炎年间因躲避战乱，带着两个弟弟南迁。谈信自己迁居无锡县，两个弟弟分别迁居至松江府上海县和湖州府德清县。明代谈一凤、清代的谈恺父子及谈荔孙都出自谈信一族。

薛氏，五牧薛氏的一世祖薛抗，宋室南渡时由中原南迁至常州，居住于滆湖西黄土岸的余巷，为迁锡始祖。礼社薛氏，始迁祖薛琚，明洪武年间由江阴入赘到无锡白沙云桥王家，此后便居于无锡礼社。

钱氏，始祖钱镠，六世孙钱进于宋大中祥符年间由嘉兴入赘无锡沙头王氏，因此迁居无锡，为锡山钱氏始迁祖。钱进曾孙钱梓入赘新安乡湖头过氏，为新安湖头钱氏的发端。钱进十世孙钱恒的第三子钱发入赘于垂庆乡砖桥周氏，并育有3子。堠山钱氏，始迁祖钱迪为钱镠十一世孙，南宋理宗时居于无锡梅里乡堠山（吼山），著名学者钱基博、钱锺书即出于此族。

戴氏，戴氏家族一支出自安徽休宁隆阜，尊戴安为一世祖，从宋朝至清朝陆续迁至无锡。无锡梁塘桥始迁祖戴原德，为戴安十一世孙，北宋时迁至无锡；谢堰始迁祖为戴安的十八世孙戴延生；胡桥始迁祖戴大扬，清康熙年间由安徽太平县迁至无锡；许舍始迁祖戴成佐，因经商由隆阜迁锡；低田湾始迁祖戴毛，为戴安的二十世孙；雪石桥始迁祖为戴宗元。戴氏另有一支始迁锡祖为戴继宗，其曾孙戴原仁由无锡县迁至金匮怀仁乡，后来怀仁乡被称为戴典。戴原仁的九世孙戴士龙由戴典迁至河东庄，十世孙戴文静又迁至胥庄，后来胥庄被称为戴巷。从戴文静下传五世，以姓名字号分派，分出垣（字明远）、庆（泰生）、煜（苍州）、绍（南郊）、炯（南桥）、辉（南坡）、燏（西畴）等7派。金匮境内各个支派各个世系，都是无锡宗支的新增支派。

韩氏，始祖为南宋名将韩世忠，延安人。元明之际，其十三世孙韩仲迁至无锡锡山，为始迁祖。

魏氏，南宋初年，宿迁人魏胜战死沙场，他的儿子魏昌将其葬在惠山泉亭，自己在虹桥筑房居住，为父亲守墓，魏氏家谱将魏昌尊为虹桥始迁祖。魏昌下传五代至魏思达，入赘无锡玉祁黄巷，为黄巷魏氏支祖。

谢氏，始祖谢异，原籍河南开封府，南宋建炎初年任武进县尉，解甲归田后，居住在常州西北安善乡谢庄，其后人散居在武进、无锡两县城乡。明嘉靖间，十四世孙谢良义由谢庄迁至无锡北东山头，谢良银从罗墅湾迁至无锡泰伯乡高田里。隆庆四年（1570年），谢异的十三世孙谢元双由罗墅湾迁到泰伯乡囊下。

边氏，始迁祖边密，南宋孝宗时由河南迁至无锡城南希夷道院前。后裔边源于宋末迁至布政乡刘塘，家谱中将其奉为一世祖。边源有3子，长子仲黼迁至谢巷，后居住在兴道前洲；次子仲黻迁至奚村(后改名上舍);三子仲文则仍然居住在刘塘。

阙氏,始祖阙津,元末时居住在苏州娄关外五众泾。其六世孙阙泓入赘无锡顾氏,成为梅里支始迁祖;另一六世孙阙国宝迁居至无锡奚庄,为奚庄支始迁祖。

严氏,莲溪严氏为东汉严子陵的后人。一世祖严威,世居苏州吴郡(今江苏苏州)衙门前,明嘉靖年间,第五世孙严绍迁至无锡张明桥。严绍次子严伦又迁至无锡莲蓉村。

顾氏,无锡钱桥支为东吴宰相顾雍的后代。宋代,顾雍后裔顾得琛到无锡,看中钱桥这片土地,便定居于此。南宋景炎元年(1276年),顾元九从杭州迁至无锡怀仁乡崇节里,后崇节里被称为顾墅,顾元九则为顾墅支始迁祖。顾元九有一子二孙,次孙迁往别处,分衍出宛山支、经历支。长孙下传3代,分为5支,道西派衍出西华、三洋、蒋港、太保支;尚二派衍出南新、安兜、宝华岭支;尚四远迁至贵州;秀四启宛川、练塘等支;秀五迁到廊下,并分支迁往芙蓉塘、桥塘里、汤村、盛塘、洋尖、杨树园、泾南、西壕桥、阁裏等地。另一支始祖为南朝顾野王,世居苏州铜坑,传至十六世后衍生出8宗,仅从铜坑迁往无锡、江阴、丹阳、武进等地的,就有33个支派。而迁至无锡的支族又分为9支:道通行千三支迁到蠡河,行仲十支迁至丹直,宋代将作监(古代官署名,掌管宫室建筑)主簿暨澄一支则迁往下堡埭川,行惟二支迁到南河,行胜四支迁至东门亭子桥,行寿五支迁至怀仁乡双板桥,行得七支迁往宛山,行亨三支迁至后墅,行百七支在宋朝时迁往上舍。至明末,顾夔(字舜臣)的儿子顾学从上舍迁往泾里,他的4个儿子性成、自成、宪成、允成又分成4房。还有始迁祖顾润之,明初由苏州洞庭山迁至无锡胶山。

龚氏,南宋高祖时,江西清江县(今樟树市)永泰里人龚云翔随驾出行南渡时,途经武进雪堰桥,游览湖光山色,爱上当地的山水,便上书辞官,举家迁移,成为江南龚氏始祖。七世孙龚经迁居大池头(东大池)、龚华甫迁居无锡南塘,传至十七世又分迁至新安。此外,九世顺宗公派的后裔也迁到新安;十一世孙龚辉在无锡僧院设馆授徒,死后葬于洋溪口南岸,十四世孙龚起龙便在此建房守墓。当时是明代,而后子孙繁衍,逐渐形成钱桥龚巷。

第二章　望族世家

第一节　世居望族

一、吴氏家族

吴姓于吴国亡后缺乏记载。至东汉永兴二年(154年)四月,汉恒帝命吴郡守糜豹监修泰伯墓道茔城。同年十月,泰伯四十一世孙吴如胜向皇帝献上泰伯世系。恒帝命其子吴允承为奉祀侯,回归故乡,永主庙祀。晋太宁元年(323年),封泰伯四十九世孙吴皋孟为昭衍公,赐田百顷。唐贞观十三年(639年),赐泰伯六十四世孙吴世伟苗田千顷,并将公主嫁给他。以后历代皇帝对泰伯墓都有赏赐,承担祭祀之吴氏后人未见记载。《新唐书·文艺传》记有山阴人吴翥,有名于唐大中年间(847～859年),后江浙各地吴氏皆奉吴翥为世祖。清乾隆年间修吴氏宗谱,以本地太一、太二、太三等3派为主干。1951年《吴氏全国大统宗谱》上述3派都追溯到六十八世吴翥为世祖。后来无锡吴氏有名者有:明嘉靖二十三年(1544年)进士第三名探花吴情;国民党元老,生于武进雪堰桥,长于无锡江尖外婆家的吴稚晖;大画家吴观岱;华新面粉厂经理、无锡商会负责人之一的吴邦周等。

二、李氏家族

北宋李夔从福建邵武迁居无锡胶山，其孙李纲为政和二年（1112年）进士，是抗金名将。李氏自唐至清有进士8人。至近代，其三十二世孙李金镛经商起家，同治三年（1864年）捐资同知，投效李鸿章，在赈灾、外交、教育、守卫边境、开办漠河金矿，以功升二品衔，以身殉职。后又有实业家李国伟、社会活动家李惕平、刺绣工艺美术家李佩黻、历史学家李文海、中国社科院副院长李慎之等。

三、尤氏家族

南宋天禧年间，尤叔保由福建泉祠迁居无锡。尤氏后人散居苏州、镇江、常州三府属县。五世孙尤袤居无锡许舍。尤袤官至礼部尚书，编有《遂初堂书目》，为中国最早的版本书目。工诗，被称为南宋四大诗人之一。尤袤子尤棐、尤栅历任兵部侍郎及太常博士。孙尤焴历任工部、礼部尚书、端明殿大学士，封毗陵侯。元代有书法家尤栋。

四、张氏家族

张氏在锡有多支。南宋时张俊墓葬在无锡布政乡塘湾山，即华藏。张氏孙子张鉴在无锡有许多良田美池、庄园别业，其后裔在锡繁衍。元代有工书法的张端、张体二人；保全锡城免被屠城的张翼，惠山有他的祠堂。明洪武中礼部主事张筹，后官至礼部尚书，对明初礼制的建立起很大作用；成化中画家张泰；嘉靖中碧山吟社成员张选，官户部给事中；宫廷画家张广；万历东林讲学的张纳陛，明末清初在东林讲学的张夏。

五、强氏家族

强氏源自关中，先由天水迁余杭、丹阳。后又从余杭迁无锡、溧阳。北宋庆历间进士强至为韩琦幕僚。5个儿子强渊明、强浚明、强伟明、强陡明、强献明均为北宋熙宁年间的郡守，时称五牧。在洛社世代传流，有10多个自然村均有强氏后人，已汇为大族。五牧强氏后人中有元代的强以德，“富甲一郡”；明代嘉靖间有知州强仕，与会碧山吟社。从清至民国，强氏自强不息，“天水家声远，仁山世泽长”，这副出于强氏族人之手的对联，代表强氏家族的面貌。

六、倪氏家族

倪氏源出曹姓，为郳国（今山东滕县）之后。郳被楚灭，其后人即以倪为姓。北宋时倪师道随高宗南渡，居临安。南宋嘉定初倪子云迁居无锡梅里祇陀村，从此世居无锡。传至第六世，有倪昭奎任无锡州道箓，在无锡城东建玄元万寿宫，规模宏大。其异母弟即元代大画家倪云林。其孙倪敬，在明代任朝奉郎，于惠山建倪云林祠。其家世传承，有20世纪的无锡画家倪小迂。

七、顾氏家族

顾氏自汉代为吴地大姓。东晋顾恺之是无锡人。明吴宽《匏翁家藏集》卷66《华守方妻顾孺人墓志铭》称：“赵宋六世，有号百七，为时郎官，将仕其秩。始爱锡山，卜居云吉。”这是顾氏一支迁锡的记载。顾宪成在顾允成去世后写的纪念文字中写到元末以前谱牒遗失。明初由吴迁锡共两支，一支即张泾桥支。先祖顾夔迁居泾里，即张泾桥，夔生学，号南野，即是顾性成、顾自成、顾宪成、顾允成的父亲。另一支迁锡城即百岁坊支。百岁坊支有明代正德年间顾可久，为抗疏名臣，海瑞的老师。有清代乾隆年间顾光旭，官至四川臬司，回乡主讲东林书院，编《梁溪诗钞》。张泾支的顾氏，顾宪成、顾允成倡导讲学东林，形成明末著名的东林党人。其后人有反对阉党阮大铖的顾杲，清代三大词人之一的顾贞观，嘉庆时中状元的顾皋。无锡城中还有顾炎武一系的虹桥湾支，其先祖顾鹤在明天启末从昆山华亭乡迁无锡蓉湖庄丁埄里，传七世于清嘉庆十二年（1807年）举族迁居城中虹桥湾，一直绵延至今。在清代虹桥顾氏富甲一邑。近代广为人称道的顾毓琇一家，一门五博士，为人称誉。顾氏在无锡，虽分支不同，然而多有名人。

八、秦氏家族

秦氏世代簪缨，声望卓著。北宋末年秦观之子秦湛任官常州通判，遂移家武进。秦湛迁秦观墓于惠山二茅峰下。南宋末年，秦湛十世孙秦惟桢入赘无锡胡埭，成为迁锡之祖。秦惟桢之孙秦彦和于元末从胡埭迁居城中六箭河北玄文里，其后裔被称为河上秦。明成化二十二年（1486年），秦惟桢七世孙秦金迁居锡城西水关，其后裔被称为西关秦。无锡秦氏皆是这两支的族裔。河上秦氏秦彦和曾孙秦夔、秦孚于天顺间同时中举，秦夔与秦金连捷成进士，迭任大官。以后子孙繁衍，河上秦氏栋厦相连，跨六箭河而皆秦氏宅第。清初秦氏又延伸至大小娄巷、中市桥巷、东河头、虹桥、县下塘等，成为聚族而居的大家族。秦氏诗书传家，在文化方面多有建树。秦金为明嘉靖初著名大臣，历仕三朝，官至两京五部尚书，始建凤谷行窝，即后来的寄畅园。乾隆元年（1736年），秦道然之子秦蕙田中一甲第三名，即探花，成为乾隆时代有名的文臣，入值上书房，任内阁学士、礼部右侍郎，他所著的《五礼通考》代表清代经学的重要成就。明成化时秦旭在惠山建碧山吟社，后来秦瀚再结诗社。清初秦松龄、严绳孙另地再结诗社。秦氏向被称为文献之家。秦夔纂明弘治《无锡县志》、秦梁纂明万历《无锡县志》、秦金撰《通惠河志》、秦瀚辑《碧山吟社志》、秦松龄参与修《明史》，又与严绳孙合纂清康熙《无锡县志》、秦蕙田修《江南通志》。至清后期，秦瀛纂清嘉庆《无锡金匮县志》、秦文楷参加纂修道光《无锡金匮续志》、秦缃业纂光绪《无锡金匮县志》。除县志外，秦彬网罗放失，于道光时编《锡山秦氏诗钞》。近代秦国璋编《寄畅园志》，秦毓钧编撰《寄畅园考》《锡山秦氏文钞》《锡山秦氏献钞》。秦氏族人多有文集传世，著述之富，甲于邑中。秦蓉庄所刻《寄畅园帖》更是艺林佳作。现代则有秦家聪的《宗族之恋》《秦氏千年史》。近代以来，秦氏家族在政治、文化领域也涌现不少杰出人物。秦毓鎏为无锡辛亥革命首位功臣，任锡金军政分府总理，民国元年任大总统孙中山秘书。秦邦宪在30年代任中共中央总负责，为中共早期领导人。将军秦伯益为中国工程院院士。秦氏家族历史在无锡地方史上占有重要地位，家族中留下的地面文物也最多；寄畅园为国家级文物保护单位，秦龙图墓、秦邦宪故居为省级文物保护单位，秦淮海祠、碧山吟社、佚园为市级文物保护单位。

九、谈氏家族

北宋灭亡，谈氏先祖谈信时为官翰林院，随高宗南渡。谈信乃迁锡世祖。高宗赐“溯派汴梁”匾，此匾挂于小娄巷谈氏宗祠900余年。小娄巷为谈氏世居地。谈氏人才辈出：谈泰，任监察御史；谈复，名医；谈纲，官至莱州知府；谈恺，嘉靖五年（1526年）进士，历官户部员外郎、山东按察司副使、四川按察司副使，官至都察院右都御史。致仕后，刻《太平广记》500卷。其所居万备堂为当时城中第一胜处，中有太湖巨石五老峰，为花石纲遗物。谈修，家有延恩楼藏书万卷，所撰《惠山古今考》《无锡县学笔记》为无锡重要的地方史料。谈氏后人在明末清初兵荒马乱之际，迁居无锡县鸿山北上乡，即厚桥。近代有名的有银行家谈荔孙、教育家谈学周。小娄巷存有谈氏宗祠，内有古碑多方。

十、华氏家族

无锡华氏，源远流长。惠山有华孝子祠，祀华宝，以孝闻名，见于《南齐书》。华宝以弟之次子为后，世居无锡。至十七世华荣，中进士后任官都尉，遂举家迁汴。传三世时值北宋末年，靖康之变后，华荣之玄孙华原泉随高宗南渡，定居无锡梅里乡隆亭，即东亭。自此之后，华氏子孙散居无锡各处。最有名的有华贞固一支，于明洪武年间迁居荡口，子孙繁衍，多富贵之士。族人有华幼武，为倪云林好友，诗人，有《黄杨集》。明代中期有收藏家华夏，其真赏斋中收藏有大批书法名画，珍本古籍，鼎彝金石。著名的《真赏斋帖》，其镌刻之精为明代刻帖第一，后毁于“文化大革命”。同时代还有大富豪华麟祥，通过经营农牧业，达到“膏腴连延，布泉流溢，几埒素封”。华燧、华煜有会通馆，华坚、华镜有兰雪堂，加上华珵，他们都是明代铜活字印刷书籍的代表人物。明嘉靖二十五年（1546年），华察考中进士，入翰林院任修撰，参与修实录、宝训，又奉命出使朝鲜。致仕后支持翁大立、孙慎、王其勤在锡丈量土地，还筑城抗倭。华察在东亭修建壮丽的住宅园林，荡口存有华察所建的三公祠。明末有东林党人华允诚。清代有《金匮县志》编纂者华希闵。清末有琵琶演奏家华秋苹，有《琵琶谱》一书流传于世；教育家华鸿模创办鸿模小学；有数学家华蘅芳、华世芳兄弟，今荡口有其故居。刺绣艺术家华璂，是锡绣的传播者，与人合著有《刺绣法》一书。民国时期有实业家华绎之，民间音乐家华彦钧。现代有漫画家华君武、复旦大学校长华中一等。华氏在全国各高校及科研所工作的相当多，也有在海外实业成功的人士。

十一、邹氏家族

邹氏先世本山东邹县。唐开元年间邹师道为杭州刺史，遂迁居钱塘。邹氏又于五代迁常州。据清《泰伯梅里志》记载，元代邹瑾从华庄迁泰伯乡徐塘，瑾有5子，生18个孙子，每个孙子的名字都取马旁之字，时称徐塘十八马。至明嘉靖年间，邹驎曾孙邹望一度富甲吴中，第宅壮丽，没多久荒废殆尽，仅存遗址。后宅邹氏明兵部司务邹明良，自徐塘辟宅于此，故有后宅之名。邹氏诗书传家，人才辈出。明正德六年（1511年）邹守益会试第一。邹龙光、邹同光、邹迪光三兄弟于万历年间相继考中进士。当时顾宪成赞美道：“余幼时闻邹氏三光之说，一时艳为盛事。”其中邹迪光在惠山建造愚公谷园林。清顺治九年（1652年），邹忠倚考中状元。邹忠倚长子邹显吉，能诗善画，一门风雅。邹忠倚孙子邹升垣又考中进士。另有孙邹士随、邹一桂同为雍正五年（1727年）进士。邹一桂工于绘事，受到乾隆皇帝器重，在宫里绘了许多花卉作品，著有《小山画谱》。后邹升恒孙子邹奕孝考中探花，官至工部侍郎，入四库全书馆任编校。邹奕孝深通音律，奉乾隆之命纂成《诗经乐谱》30卷。还有乾隆年间邹炳泰，位居一品，历任四库馆纂修、文渊阁校理、内阁学士兼礼部侍郎、会试正总裁，加太子太保。清道光时邹鸣鹤任广西巡抚、兵部侍郎，咸丰三年（1853年）守卫南京殉职。近代邹氏有中科院院士邹承鲁、美术家邹雅、名医邹云翔、科学家邹仲琳、教育家邹文海等。

十二、安氏家族

元末，苏州悬珠里人黄孟信之子黄茂人入赘于安镇胶山安明善家，遂为安姓，安氏世居胶山。传五世至明成化年间安国，安国善经商，成为无锡明代三豪富之一，拥有土地13.6万亩。安国精鉴赏，富收藏。在居处桂坡馆用铜活字印刷大量书籍，在中国印刷史上占有重要地位。他捐资修复常州城墙，资助平倭军费，恢复李纲祠，用以工代赈的办法帮助乡亲度过荒年，建造规模宏大的园林安氏西林别墅。安国长子安如山在嘉靖八年（1529年）中进士后，出仕河南裕州知州，奉命丈量土地，一扫多年积弊。事后撰有《方城均田志》，记录宝贵的史料。安国之孙安希范，为东林八君子之一。安国曾孙安绍芳，不但是画家，精心修葺西林，得32园景。安氏后虽家道中落，但望族之家声并未坠落。

十三、孙氏家族

孙氏迁锡世祖为孙士安，明初由丹阳迁无锡万安乡，后徙双河。五传至孙继皋，为明万历初状元。官至吏部侍郎、翰林院侍读学士。孙继皋《先儒林行状》云：“吾孙世居邑双河，望梁溪城五里而遥。家本农也，系牒无传焉。”孙继皋中状元后，即在谈氏万备堂故址营建府第少宰第，从此孙氏于无锡城中六箭河之北聚族而居。明末至清300余年中，迭有高官显宦，在少宰第东西两侧营建新宅，有滋畹堂、葆仁堂、济宁堂、泰云堂、云荫堂、景苏堂、经雅堂，加上少宰第的鼎元堂，每堂皆为深宅大院，六造进深，向南大门，临街傍河，出入方便，每宅备弄，直达小娄巷，皆有后门。宅中厅堂花园俱全。大宅之旁还建有义庄,大宅之中并设家祠,族中设有公账,祭祀、修墓、上坟、年节等项费用皆由义庄田产所出支付。孙氏各堂后人不乏显贵者。清孙永清考得秀才后即入广东布政使胡文伯幕,后在北京取得举人资格,参加会试后,由乾隆钦点任内阁中书,军机处行走。后历任贵州布政使、广西巡抚等。孙永清的儿子孙尔准为孙继皋七世孙,考中进士后,授编修,参与编纂《全唐文》,后官至闽浙总督,剿灭台湾匪乱,与其父一样是封疆大吏。他还是著名的书法家,死后入祀北京名宦祠。孙氏后人在近代有历史学家孙毓棠、世界语学者孙国璋、画家孙葆羲等。石塘湾孙氏在无锡甚有名,与许多世家大族都有姻亲关系,孙鹤卿为近代无锡著名实业家。孙氏建筑在90年代拆除。

十四、王氏家族

无锡王氏源出三沙,迁居无锡的为西沙支。皆为北宋末年王皋之后。明末王氏西沙支之一迁居城中石皮巷。清康熙四十五年(1706年),石皮巷王氏后人王云锦考中状元。在近代有建造鼋头渚万浪桥、万方楼、七十二峰山馆的王心如,其子王昆仑为民革中央主席、红学家。无锡王氏还有另一支小娄巷嘉乐堂王氏,先祖世居无锡莲蓉湖及江阴王氏庄。元末战乱,谱逸无存。明初始迁祖为裘姓名昇,由浙江嵊县迁锡,由王友直收为儿子,改姓王,至王永积为十一世,王永积官至兵部职方员外郎,明亡后隐居无锡中桥,撰有《锡山景物略》《心远堂遗集》。小娄巷嘉乐堂王氏向为无锡著姓,自清朝、尤其近代以来,名人辈出。王蕴章,南社诗人,鸳鸯蝴蝶派小说家,《小说月报》编辑。王赓,在美国西点军校学习的第一位中国人,作为中国武官参加一战后巴黎和会谈判,曾任国民政府税警总团团长,中将军衔。王赓的弟弟王序,药物学家,曾任药物研究所所长、中国科学院学部委员、国务院学位委员会药学组副组长、《化学通报》主编。王氏嘉乐堂在东门城头弄内有王迅、王选兄弟的故居。王迅是半导体物理学专家,1999年当选为中科院院士。王选是汉字激光照排系统的创始人和技术负责人,研制成功世界首套中文彩色照排系统,被誉为"汉字印刷术的第二次发明"。1991年当选为中国科学院院士,1994年又当选为中国工程院院士,2001年获国家最高科学技术奖。

十五、嵇氏家族

无锡嵇氏远祖为魏晋时期的嵇康。北宋嵇颖,进士,任官兵部员外郎,为南渡始迁祖。嵇颖后十七世嵇本,居常熟东塘墅芙蓉庄,其第三子嵇廷用爱无锡山水之美,清初迁居无锡,为嵇氏无锡始迁祖。廷用第三子嵇永仁为秀才,文词出众。康熙七年(1668年),嵇永仁入浙江巡抚范承谟幕府,后范为福建总督,嵇永仁也随之入闽。耿精忠叛乱,嵇永仁殉国。永仁为诗人,又为戏剧家,撰有传奇《扬州梦》《双报应》及杂剧《续离骚》。永仁妻杨氏守节抚孤,乾隆二年(1737年)赐"人伦坊表"额,在学前街建造石牌坊,石坊体量巨大,雕刻精美,为全国罕见。永仁之子嵇曾筠,翰林院庶吉士、编修,又充日讲起居注官,后任南河总督,督修浙江海塘,多年治理黄河,卓有成效,著有《河防奏议》一书。嵇璜,曾筠第三子,翰林院庶吉士,编修,历任南河副河总,工部尚书、礼部尚书、东河道总督、经筵讲官、《四库全书》正总裁、会试正考官,历年治理黄河,经验丰富,治功卓著,晚入阁为大学士。嵇璜善书法,其故居所存楠木厅,移建梅园开原寺。嵇璜有《治河年谱》传世。嵇曾筠父子多年治理黄河,功绩卓著,其治河著作亦为宝贵经验。嵇承谦,嵇璜长子,进士,官翰林院侍读,入值南书房,后任山西、陕西主考官。嵇氏"一朝三阁老",子孙多任甘、黔、滇、桂边疆三四品之守土官。嵇氏子孙后散处四方,山东、河南、浙江、江西、云南、湖南皆有传派。清咸丰十年(1860年),太平军攻陷无锡,嵇氏族人被杀者甚众。嵇氏在现代虽无高官显宦,但诗书传家,后人之中多科学家、工程师、教师、教育家、书画家、工程技术人员,踏踏实实,保持着望族的优良传统。

十六、高氏家庭

高氏最早世居堰桥,东汉高彪、高岱为著名隐士。明代有著名东林党领袖高攀龙。近代有创办无锡私立中学的高阳，实业家高映川，烈士高文华。现代有惠山泥人大师高标，篆刻家高石农，有解放军少将高方等。

第二节 近代新兴望族

无锡近代或因任官，或因兴办实业，或因科技文化世家而形成新兴望族，这些望族有的也世居无锡，只是到近代更为显赫。

一、薛氏家族

薛氏在无锡近代较著名的有两支，一支起于天上市（西漳）寺头镇，一支起于玉祁礼社。寺头薛氏源自江阴。清末寺头薛湘发妻顾氏为无锡城中著姓，西溪即是聚居之地。清道光二十年（1840年）薛湘考中进士，与李鸿章同榜。薛湘任官后举家迁入城中，居于城内西溪。其长子薛福辰除有政治才能外还长于医道，为慈禧治好顽疾，任顺天府尹时，被光绪称赞为“卿非仅能医朕病，实医国之才也。”官至都察院左副都御史。三子薛福成为清末著名的外交家、思想家、古文家，出使英、法、意、比四国钦差大臣。薛氏钦使第为国家级文物保护单位。薛福成之子薛南溟，辛亥革命时任锡金军政分府司法部长，后任无锡商会会长。其孙薛寿萱经营永泰丝厂，成绩卓著，被称为“丝茧大王”。薛家成为无锡近代六大资本集团之一，后代有多人从事外交或科研教育事业。玉祁礼社薛氏有薛明剑，是实业家、出版家、社会活动家，所出《无锡指南》为民国时期最为风行的无锡经济旅游指导书。还有著名经济学家、老一辈无产阶级革命家孙冶方（原名薛萼果），当代中国杰出经济学家薛暮桥，中国科学院院士薛禹群，中国工程院院士薛禹胜等。

二、杨氏家族

杨氏远祖为汉代杨於陵。北宋杨时在锡创办东林书院，其后人定居无锡，历代皆有仕宦之人，汇为大族。又有南宋嘉定年间杨燧，由钱塘迁无锡鸿山，为迁锡之始祖。明末杨英由北乡寺头迁居城内。迁城九世后至杨延俊，历任山东冠县、乐安、章丘、思县等县知县。后以同知任肥城知县，病卒于任。其子杨宗濂、杨宗瀚兄弟二人，历任淮军将领，后在无锡创办业勤纱厂，是无锡第一个民族工业创建者。杨氏家族中的杨味云，为清代商部高级官员，北洋政府财政部次长，是经济学家、古文家、实业家，所筑城中住宅园林云薖园为市级文物保护单位。杨宗濂之子杨翰西接办业勤纱厂，创办无锡电话公司，举办广新垦植公司、润丰榨油公司，主持无锡商会，控制商团武装，开辟鼋头渚为现代公园。杨家成为无锡近代六大资本集团之一。无锡沦陷期间，杨翰西沦为汉奸。杨氏还有画家杨令茀，音乐家杨荫浏，法学家杨荫杭，杨荫杭之女、钱锺书之妻、翻译家、作家杨绛，杨荫杭之妹、教育家杨荫榆，中科院院士杨芙清等。

三、徐氏家族

徐氏源出嬴姓，奉徐偃王为远祖。徐氏后人散处江淮间，支裔繁多，仅无锡一地即有数十支之多，皆奉南唐徐铉为始祖。据《锡山徐氏宗谱》本源实录，明代以后锡地徐氏所居地有城中金匮山徐府庄、北新桥强家渡徐巷、青城乡石头桥、北门外暮塘桥及嶂嶂山、雪浪庵、华大房庄（华庄）、荡口、甘露、堠山、河庄桥、前洲等。徐氏后人散处特广，族人众多，因未纂总谱，已很难说明。清光绪三十一年（1905年）惠山直街修建徐孺子祠，奉徐稚为始祖。《锡山徐氏宗谱》以徐寿为修谱第一代。与旧谱相续，徐寿为第十九世。徐寿是中国近代科技先驱，中国第一艘轮船、第一台蒸汽机、第一批近代枪炮等皆出于其手，他是近代中国杰出的科学家。徐寿译述大量西方科技及化学著作，参与创办格致书院，出版《格致汇编》。徐寿次子徐建寅，化学家、兵工专家，多年随父在江南制造局工作，自学成才，翻译大量的科技著作，亲手创办和帮办8家兵工厂。光绪二十六年被委总办汉阳钢药厂，在试验中被炸殉职。徐氏后人徐家保，多年任职书院、上海制造局、湖北枪炮局等，后任四川建昌兵备道道员。徐尚武，北洋时期陆军中将，他是中国近代研制火药炸药取得重大成就的科学家。著有《徐氏火药学》。徐寿一系子孙众多，衍及海外，皆有建树。

四、钱氏家族

钱氏望族之称远迈汉唐。无锡钱氏皆出于五代时吴越国国王钱镠之后，钱镠十一世孙钱迪于南宋理宗时迁无锡梅里乡堠山。清光绪年间，钱维桢迁居无锡东亭，钱维桢的儿子钱福炯于民国12年(1923年)再迁城中。自后钱氏诗书传家，名人辈出。有国学大师钱基博，无锡商会会长钱孙卿，大学者、文学家钱锺书，中科院院士钱锺韩等。钱氏可称一门才盛，济济数十，皆积学饱读之士。钱镠六世孙钱进于北宋祥符年间由浙江秀州迁于无锡南泉沙头，落籍无锡，称湖头支。其后裔中一支辗转迁至鸿声东啸傲泾，于此建七宅大院，因名七房桥。七房桥钱氏近代人才辈出，为望族之杰出者。有著名大学者、国学大师钱穆，中国科学院学部委员、经济学家钱俊瑞，中科院院士钱伟长、钱临照、钱令希，中国工程院院士、环境与资源保护专家钱易。除此之外钱氏后人卓有成就者不在少数。

五、荣氏家族

荣氏由荣清在明正统初年从南京迁居无锡西乡梁溪河北岸，聚族而居形成荣巷。荣氏族人多年农耕传家，至清代后期荣氏家族中出第一位进士荣光世，从此以后仕宦不断。荣熙泰任广东三水河口厘金局账房，略有积蓄。他的两个儿子荣宗敬和荣德生兄弟，由开办钱庄进而经营面粉、纺织业，形成中国最大的民族资本企业集团，所设工厂遍及全国，成为近代无锡六大资本集团之首。现代荣氏资本在海外也雄踞一方。荣德生的儿子荣毅仁，曾任国家副主席，为民族工商业人士所仅见。荣氏族人大多有经营实业之天赋，其家族有荣福龄家族、荣瑞馨家族，荣鄂生家族、电讯界先驱荣月泉家族、荣安国家族、颜料巨商荣梅莘家族等等。其家族聚居荣巷，各有私人住宅，皆为近代建筑精品。

六、唐氏家族

唐氏世居无锡严家桥。唐氏祖籍武进，明末唐宇鏕迁居无锡东门为迁锡之始。清嘉庆年间唐懋勋善于经商，有唐时长布庄，名噪大江南北。后太平军攻陷无锡，唐氏避战乱至偏远乡下严家桥，开设唐春源布庄，重振家业。唐氏后人从事现代纺织业，皆有成就，其著名的有唐保谦、唐骧庭、唐星海、唐君远、唐翔千、唐英年等。唐保谦与蔡缄三、唐骧庭与程敬堂分别为无锡六大资本集团中的两大集团。唐氏英才辈出，蜚声海内外，以研究科学、经营实业著称，后人称该唐氏为“五世其昌”。

七、陆氏家族

陆氏世居无锡西漳。清道光年间陆蓉第迁居城中西河头。其子陆澄宙曾任清法部主事，民国时期曾任总检察厅总检察官，在司法界有较大影响。其孙子陆定一早年参加革命，历任中共中央宣传部部长、国务院副总理、中央书记处书记、文化部部长、全国政协副主席。陆定一的弟弟陆亘一抗战全面爆发后，奔赴延安，参加革命工作，1960年任通信兵部雷达局副局长。其余亲属也有不少参加革命，在家的也事业有成。

八、蒋氏家族

蒋氏于北宋迁至无锡，卜居许舍，后定居胡埭，无锡第一位状元蒋重珍出于此。再转徙河埒、惠山、陡门等地，繁衍众多。无锡西郊河埒口的蒋氏在近代也有影响。蒋大镛曾任顺天府尹，蒋遇春是开原乡正董。蒋仲怀是教育家，曾任无锡县首任教育局局长。蒋哲卿是同盟会无锡支部副支部长，当选为第一届国会参议员，锡报社社长，经营过振新纱厂、耀明电灯公司等实业，抗战胜利后曾任无锡县临时参议会议长。蒋家在慈善事业、举办学堂等公益事业方面曾做出过很多贡献，在民国时期地方政坛上也颇为注目。

第三章　家　谱

第一节　旧家谱

无锡留存的旧家谱大多为清代以后的。其中，20年代与40年代后期编纂的尤多。无锡的旧家谱在上海、北京等地各大图书馆都有收藏。《上海图书馆藏家谱目录提要》中有无锡的家谱250多种，在全国属于最多的地区之一。无锡图书馆在90年代将馆藏家谱整理后上架，对外开放借阅。至2005年，馆内有无锡及江阴等地的家谱315种。

2005年无锡市图书馆馆藏无锡旧家谱目录表

表43-1

目录	纂修人	纂修时间	版本
无锡南塘丁氏五修真谱	丁　墉	光绪二十年（1894年）	木活字本
述德录1卷	丁　培	光绪年间	刻本
无锡南塘丁氏六修真谱家乘10卷世系图10卷首1卷附1卷	丁锡镛	民国13年（1924年）	木活字本
丁氏宗谱20卷	丁良鼎	民国18年	儒林堂木活字本
无锡丁氏宗谱20卷附1卷	丁福联	民国18年	双桂堂木活字本
无锡南塘丁氏七修真谱8卷	丁　锦	1954年	铅印本
常州卜氏宗谱20卷首1卷	卜　允	民国18年	惇本堂木活字本
严埭下旺于氏宗谱12卷	于明一	光绪三十二年	固本堂木活字本
卫氏续修宗谱10卷首1卷	卫元相	光绪七年	友顺堂木活字本
锡山马氏统谱12卷首1卷	马辛阶	光绪二十八年	忠孝堂木活字本
尤氏宗谱28卷	尤文浚 尤尔梅 尤　桐	光绪十七年	遂初堂木活字本
尤氏宗谱77卷（1、17、30～39原未刊）	尤　桐	民国25年	遂初堂铅印本
尤氏宗祠志1卷	尤　桐	民国25年	遂初堂铅印本
尤氏古迹考1卷	尤　桐	民国25年	遂初堂铅印本
无锡尤图里尤氏名墓考	尤　桐	—	民国铅印本
澄江东外蟠龙山方氏宗谱22卷	方骥龄	民国37年	忠贞堂铅印本

续表

目录	纂修人	纂修时间	版本
毛氏家谱不分卷	毛浩祥	民国22年	铅印本
王氏三沙统谱不分卷	王荫庭	咸丰五年（1855年）	三槐堂木刻本
王氏三沙统谱3卷首1卷	王　钟	光绪二年	三槐堂木活字本
金匮王氏谱世系传记不分卷天游集10卷红棠阁文钞6卷诗钞7卷	王传锡	光绪十三年	木活字本
梁溪蓉湖王氏传家集6卷	王锡堂 王封圻	光绪十七年	梁溪文苑阁木活字本
王氏三沙统谱不分卷	王慰祖	宣统三年（1911年）	三槐堂木活字本
锡山王氏宗谱2卷	窦　镇	宣统三年	敬修堂木活字本
琅琊王氏无锡支谱不分卷	王宗渭	民国10年	木活字本
震泽王氏家乘2卷	王念祖	民国14年	山逸堂木活字本
王氏家乘2卷	王同楼	民国14年	山逸堂木活字本
王氏家谱人物传	—	—	钞本
邓氏宗谱24卷	邓隆福	光绪三十年	报本堂木活字本
邓氏宗谱28卷	戴宗逵	1949年	报本堂木活字本
锡山冯氏宗谱18卷	冯惠芳	光绪四年	大树堂木活字本
锡山冯氏宗谱24卷	冯向荣 冯九龄	民国3年	大树堂木活字本
文林包氏宗谱35卷补1卷	包和川 包宗仪	光绪三十一年	秀幹堂木活字本
圻里叶氏宗谱12卷	叶子贤	民国36年	点易堂木活字本
锡山成氏宗谱11卷首1卷	成兆荣	光绪二年	蝉联堂木活字本
梁溪任氏宗谱20卷	任鸿声	民国10年	乐安堂木活字本
任氏宗谱72卷首1卷	任佑之	1950年	思敬堂铅印本
五牧刘氏宗谱20卷	刘有文	同治十三年（1874年）	永思堂木活字本
五牧刘氏宗谱22卷	刘赞南	光绪三十二年	永思堂木活字本
五牧刘氏宗谱22卷	刘佛度	民国37年	永思堂木活字本
华氏传芳续集	华　察	隆庆六年（1572年）	刻本
华氏传芳集8卷	华允谊	明末	刻本
华氏宗谱24卷	华希闵 华孳亨	乾隆七年（1742年）	刻本
华氏重订溯源编3卷	华方苞 华　杰	乾隆五十一年	刻本
华氏传芳集13卷	华孳亨	乾隆年间	刻本
报本纪略1卷	华嘉植	咸丰八年	刻本
华氏山桂公支宗谱12卷首3卷末1卷	华文柏	同治十一年	诒谷堂刻本
鹅湖华氏通四兴二支宗谱30卷首1卷	华继先	光绪二十五年	听彝堂义庄木活字本

续表

目录	纂修人	纂修时间	版本
华氏通四怡隐公支宗谱15卷末1卷	华鸿模	光绪二十五年	存裕堂木活字本
华氏新义庄事略3卷	华翼纶	光绪二十七年	存裕堂木活字本
锡山华氏通九支宗谱28卷首1卷附谱1卷传芳集10卷首1卷	华立均	光绪三十年	惇叙堂木活字本
勾吴华氏本书54卷首1卷末1卷	华　渚 华鸿模	光绪三十一年	木活字本
华氏宗谱通八奇二合辑	华文汇	光绪三十二年	延绿阁木活字本
华氏祠墓图考略1卷	华鸿模	宣统三年	存裕堂木活字本
华氏金粟传芳集2卷	华锡琦	民国5年	九思堂铅印本
华氏世泽图1卷	华士鋐	民国7年	影印本
华氏通四堠阳晴云公支宗谱13卷首3卷末1卷	华　堂	民国14年	存裕堂木活字本
华氏先贤图像1卷	华保贞	民国14年	存裕堂木活字本
华氏祠墓图考略1卷	华云阶	民国14年	存裕堂木活字本
锡山华氏通九支宗谱28卷首1卷附1卷	华宗敬	民国20年	惇叙堂木活字本
重刊华氏祠墓始末记2卷	华学瀚	民国25年	木活字本
华氏履历考4卷（即通四怡隐公支听竹派支谱）	华汝高	民国年间	钞本
江阴向氏支谱6卷首1卷末1卷	向　典 向矩诲	民国20年	大耐堂木活字本
孙氏家乘4卷	孙元顗	道光十年（1830年）	刻本
孟里孙氏家谱35卷首1卷末1卷	孙鼎烈	光绪二十八年	木活字本
孟里孙氏支谱不分卷	孙赞尧	光绪二十九年	木活字本
厚舆孙公支谱记条辨不分卷	孙鼎烈	光绪三十年	木活字本
孙氏家乘	—	清代	木活字本
光前裕后1卷	孙譔鸿	清末	稿本
锡山孙氏统谱	孙泰启	民国16年	伦叙堂木活字本
澄江孙氏宗谱20卷首1卷末1卷	—	民国32年	馀庆堂木活字本
蓉湖孙氏宗谱16卷	孙锡富	民国37年	孝荫堂木活字本
孙氏馀庆录	—	民国时期	孝荫堂木活字本
胶山安氏黄氏家乘16卷	安　吉	嘉庆六年（1801年）	刻本
胶山安氏家乘2卷（赡族录）	安　吉	咸丰元年	刻本
安氏旧家谱（传）1卷	—	—	钞本
庄氏宗谱10卷	庄敬甫	宣统二年	愿贤堂木活字本
朱氏宗谱24卷首1卷补刻4卷	朱恩沐	光绪二十四年	注书堂木活字本
朱氏宗谱22卷	朱春泉	光绪二十七年	存远堂木活字本
古吴朱氏宗谱80卷	朱述祖	民国4年	叙伦堂木活字本

续表

目录	纂修人	纂修时间	版本
澄江朱氏宗谱38卷首1卷末1卷	朱筱英	民国8年	崇本堂木活字本
紫阳朱氏宗谱25卷首1卷	朱继祖	民国13年	听彝堂木活字本
朱氏宗谱24卷	朱福明 周　骏	民国27年	存远堂木活字本
江阴夏浦朱氏家谱	—	民国时期	传经堂木活字本
毗陵朱氏宗谱	—	民国时期	疑祉堂木活字本
锡山许氏宗谱11卷首1卷	许文松 许文柏	同治十三年	木活字本
迁锡许氏宗谱8卷首1卷	许同莘	民国8年	石印本
许氏谱述3卷	许同莘	民国9年	石印本
锡山许氏宗谱6卷首1卷	许锡畴	民国16年	孝源堂、敦彝堂铅印本
锡山过氏宗谱42卷首1卷	过耀祖 过人远	同治十年	宝纶堂木活字本
锡山过氏宗谱50卷首8卷	过锡晋	1951年	宝纶堂铅印本
锡山过氏宗谱八士桥老三房四派支谱3卷	过锡晋	1951年	宝纶堂铅印本
锡山过氏宗谱芙蓉山二派支谱3卷	过锡晋	1951年	宝纶堂铅印本
锡山过氏宗谱芙蓉山三派支谱2卷	过锡晋	1951年	宝纶堂铅印本
锡山过氏宗谱后西庄派支谱1卷	过锡晋	1951年	宝纶堂铅印本
江阴太宁邢氏支谱24卷首1卷	邢源逵	道光二十七年	木活字本
锡山严氏宗谱	—	—	木活字本
严氏义庄章程1卷	严毓芬	民国3年	刻本
何墅何氏续修家乘32卷	何其焯	民国16年	赐策堂木活字本
何氏家乘6卷	何仲罔	民国20年	承绪堂木活字本
吴氏世谱6卷首3卷末1卷	吴剱青	光绪十二年	至德堂木活字本
开沙吴氏三修宗谱4卷首1卷末1卷附2卷	吴国桢	光绪二十一年	怡德堂木活字本
江阴吴氏宗谱5卷首1卷	吴鸿甲	光绪二十二年	九如堂木活字本
吴氏统谱6卷首2卷末3卷	吴佐璜	民国5年	至德堂木活字本
延陵夏浦吴氏宗谱28卷首1卷	吴希敬	民国18年	观止堂木活字本
延陵吴氏宗谱24卷	吴聘璐	民国37年	让德堂铅印本
吴氏宗谱西三房大娄巷派	—	民国时期	至德堂木活字本
吴氏族谱	—	民国时期	三知堂木活字本
吴氏大统宗谱7卷首2卷	吴邦周 吴文轩	1951年	至德堂铅印本
张氏宗谱28卷	张　烈	同治十二年	寿康堂木活字本
锡山张氏宗谱16卷	张彦昭	宣统元年	三知堂木活字本
张氏家谱	—	清代	活字本
锡山张氏统谱74卷	张轶欧	民国12年	寿康堂木活字本

续表

目录	纂修人	纂修时间	版本
张氏宗谱8卷	张轶欧	民国12年	寿康堂木活字本
张氏宗谱6卷	张璨根	民国31年	慎德堂木活字本
张氏家乘附录1卷	张轶欧	民国时期	木活字本
张氏宗谱20卷	张翰生	1949年	萃雅堂木活字本
梁溪张氏宗谱20卷	张兰福	1949年	萃雅堂木活字本
锡山李氏世谱24卷	李惕平 李康复	1949年	雍穆堂铅印本
锡山杜氏续修宗谱12卷	杜 沄	民国19年	尚古堂铅印本
高嵩桥杜氏宗谱	—	民国时期	浣花堂木活字本
鸿山杨氏宗谱8卷首1卷末1卷	杨梦松	光绪二年	木活字本
杨氏寺头支谱6卷附修新五派支谱1卷	杨 隽	光绪五年	木活字本
杨氏家谱	杨应坦 杨念祖	光绪十三年	赐书堂木活字本
锡山杨氏宗谱32卷首1卷	杨星燦	光绪十三年	道南祠木活字本
江陂杨氏宗谱12卷首1卷末1卷	杨熊飞 杨夙根	光绪十七年	孝思堂木活字本
南山桥杨氏重修宗谱12卷首1卷	杨祖煜	光绪十八年	垂裕堂木活字本
杨氏宗谱	杨 钧	光绪三十一年	四知堂木活字本
杨氏宗谱12卷	杨伯厚	光绪三十二年	崇本堂木活字本
鸿山杨氏宗谱12卷首1卷	杨 楫	民国6年	木活字本
南山桥杨氏族谱12卷首1卷	杨云孙 杨庆孙	民国8年	垂裕堂木活字本
锡山杨氏宗谱43卷首1卷	杨邦藩 杨承涑	民国17年	道南祠木活字本
杨氏宗谱8卷附录1卷	杨丕启	民国35年	四知堂木活字本
江南汪氏合谱26卷首1卷	汪新甲	民国7年	六州堂木活字本
暨阳沈氏世谱	—	清末	尚德堂木活字本
钱塘沈氏家乘10卷	沈绍勋 沈祖绵	民国8年	木活字本
梁溪沈氏宗谱	—	—	世馀堂木活字本
苏氏重修族谱12卷	苏齐盛	民国4年	聚星堂木活字本
澄江邱氏宗谱	—	道光、咸丰间	乐善草堂木活字本
澄江邱氏宗谱26卷首1卷末1卷	奚希吕	光绪八年	乐善草堂木活字本
南窑邱氏支谱不分卷	邱履德	民国18年	乐善草堂木活字本
澄江邱氏宗谱27卷首1卷末1卷	邱 洵	民国19年	乐善草堂木活字本
邵氏宗谱3卷首1卷	邵文焘	同治十二年	君子堂木活字本
邵氏大统宗谱3卷首1卷	邵文焘	光绪二十四年	超然堂木活字本

续表

目录	纂修人	纂修时间	版本
邵氏宗谱6卷首1卷	邵爕培	民国23年	君子堂木活字本
锡山邹氏支谱6卷	邹鼎亨	光绪三年	钞本
锡山邹氏西南庄支谱10卷首1卷	邹建烈 邹鼎亨	光绪十三年	木活字本
邹氏家乘36卷	邹仁溥	光绪二十九年	中和堂木活字本
邹氏西南庄支谱	—	—	钞本
陆氏世谱12卷	陆筠德 陆钟奇	宣统二年	秀野堂木活字本
陆氏世谱	陆　炜 陆鸣玉	清代	世德堂木刻本
陆氏世谱	—	清代	仰贤堂木刻本
陆氏世谱正编90卷首编3卷后编5卷	陆绍云 陆凤诏	民国11年	仰贤堂铅印本
观前陆氏世谱3卷	陆凤周	民国11年	木活字本
陆氏世谱126卷首1卷	陆佐运	民国37年	仰贤堂铅印本
陈氏宗谱24卷	陈锦文	同治十三年	德星堂木活字本
黄桥陈氏宗谱8卷	陈嘉会	同治十三年	永绥堂木活字本
陈氏宗谱23卷	陈云标	光绪二十一年	木活字本
陈氏宗谱	陈肇基	光绪三十三年	德星堂木活字本
黄桥陈氏宗谱10卷	陈嘉会	光绪三十四年	永绥堂木活字本
陈氏家谱1卷	陈作霖	民国30年	铅印本
锡山陈氏宗谱12卷	陈旭皓 陈兰轩	民国36年	序伦堂木活字本
陈氏支谱	—	—	嘉善堂稿本
单氏宗谱10卷	单宗朴	民国37年	孝友堂铅印本
锡山周氏宗谱不分卷	周　昆	同治十三年	木活字本
锡山周氏宗谱12卷首1卷	周景濂	光绪二十八年	惇叙堂木活字本
锡山周氏宗谱16卷	周汇诰 周日耀	光绪二十八年	忠孝堂木活字本
锡山周氏周泾支宗谱8卷	周　翰	光绪二十九年	敦厚堂木活字本
锡山周氏白土支宗谱4卷	周　翰	光绪三十一年	木活字本
临濠周氏宗谱10卷首1卷	周虎臣 周锡甫	光绪三十二年	木活字本
锡山周氏世谱16卷	周士谟	宣统元年	木活字本
锡山周氏大统宗谱74卷	周　翰 周士青	民国8年	光霁祠木活字本
周氏宗谱16卷	周裕庭 周玉麟	民国32年	光霁堂木活字本

续表

目录	纂修人	纂修时间	版本
锡山槽坊周氏宗谱24卷	周永祥	民国36年	至德堂木活字本
毗陵居氏宗谱18卷	—	清代	树德堂木活字本
范氏宗谱36卷	范中肃	民国5年	公祠木活字本
范氏家乘	范　铸 范廷铨	民国5年	北塘支裔铅印配木活字本
锡山郁氏宗谱20卷	郁秉坚	民国36年	鸿绪堂木活字本
澄江郁氏宗谱24卷	郁殿安	民国37年	念祖堂铅印本
郑氏大统宗谱24卷首1卷	郑炳泉	民国30年	书带草堂木活字本
锡山东里侯氏七修宗谱16卷	侯　晟	光绪六年	木活字本
锡山东里侯氏八修宗谱20卷首1卷	侯学愈	民国8年	木活字本
锡山俞氏宗谱28卷	俞德济	光绪二十七年	木活字本
百丈俞氏宗谱26卷	俞鉴堂	民国17年	以彝训堂木活字本
锡山西河里俞氏支谱不分卷	俞鼎勋	民国24年	铅印本
锡山施氏统谱10卷	施环宿	光绪五年	麟庆堂木活字本
锡山祝氏宗谱16卷首1卷	祝亮寅	光绪二年	永思堂木活字本
江阴祝氏宗谱8卷首1卷末1卷	祝康民	光绪三年	木活字本
胡氏宗谱不分卷	胡元镇	民国7年	肇庆堂木活字本
澄江香山胡氏宗谱50卷首1卷	胡庆祖	民国35年	荣寿堂木活字本
荣氏宗谱8卷	荣汝宁	嘉庆十五年	三乐堂木活字本
荣氏宗谱16卷	荣汝楫	同治十一年	三乐堂木活字本
荣氏宗谱22卷附1卷	荣汝棻	宣统二年	三乐堂木活字本
荣氏续修宗谱账略1卷	—	宣统二年	三乐堂木活字本
荣氏宗谱30卷	荣福龄	民国24年	三乐堂木活字本
费氏续修宗谱20卷	费永修	光绪二十六年	源远堂木活字本
石桥赵氏宗谱70卷首1卷	赵汝明	光绪二十九年	诚有堂木活字本
锡山赵氏宗谱14卷	赵寅恭	宣统元年	木活字本
暨阳章卿赵氏宗谱10卷	赵桂馨	民国37年	浚仪堂木活字本
夫椒钮氏家乘初编19卷2编16卷	钮焕荣	民国20年	学山堂木活字本
梁溪倪氏宗谱诵芬录14卷首1卷世表26卷	倪　城	民国4年	清閟阁木活字本
锡山徽歙凌氏家乘不分卷	—	—	钞本
毗陵迁锡唐氏家乘11卷附1卷	唐锡晋	光绪三十三年	木刻本
毗陵唐氏家谱不分卷	唐顺德	民国5年	木活字本
安乐唐氏续修宗谱20卷	唐鸣凤	民国33年	思本堂木活字本
毗陵唐氏家谱不分卷	唐宗海 唐　肯	民国37年	铅印本
毗陵唐氏西分家谱9卷首1卷末1卷	唐绪祥	民国37年	铅印本

续表

目录	纂修人	纂修时间	版本
唐氏家乘志传撷华7卷附翰林香1卷	唐鼎元	民国37年	铅印本
习礼夏氏宗谱50卷首1卷	夏子麟 夏鼎鼐	民国13年	木活字本
梁溪徐氏宗谱	徐处仁	同治十三年	启承堂木活字本
徐氏宗谱8卷	徐元照	光绪三十一年	敦伦堂木活字本
殷氏宗谱7卷首3卷	殷尔江	光绪六年	履和堂木活字本
殷氏宗谱16卷	殷献臣	民国23年	介寿堂木活字本
前洞浦氏宗谱24卷世系图4卷诵芬录9卷	浦大纶	民国20年	追远堂木活字本
锡山秦氏宗谱12卷首1卷	秦　瀛	嘉庆二十四年	刻本
锡山秦氏宗谱12卷首1卷	秦兰枝	同治十二年	木活字本
锡山陡门秦氏宗谱14卷首1卷	秦世鑅	光绪二年	归厚堂木活字本
无锡陡门秦氏辛酉宗谱补遗5卷附1卷	秦世铨	民国15年	铅印本
锡山秦氏宗谱12卷首3卷末1卷	秦毓钧	民国18年	木活字本
莫氏宗谱24卷	莫春芳 莫鸿盛	光绪二十八年	敦仁堂木活字本
锡山袁氏宗谱28卷	袁艺庭	光绪二年	维则堂木活字本
锡山袁氏宗谱32卷附1卷	袁铺臣	民国13年	维则堂木活字本
开原乡贾氏支谱2卷	贾茂青	民国22年	掌纶堂铅印本
吴越钱氏传芳集1卷	钱　泳	嘉庆十五年	刻本
堠山钱氏宗谱6卷世谱22卷首6卷	钱日煦	同治十三年	锦树堂木活字本
吴越钱氏清芬志10种首1卷末1卷	钱日煦	光绪四年	梁溪龢乐堂木活字本
钱氏宗谱16卷	钱渭川 钱士缙	光绪六年	锦树堂木活字本
钱氏文林公支宗谱 上编8卷下编11卷首1卷末1卷	—	光绪七年	锦树堂刻本
吴越钱氏传芳集1卷	钱　泳	光绪七年	刻本
堠山钱氏宗谱10卷世谱30卷	钱熙元	光绪三十三年	锦树堂木活字本
锡山钱王祠神牌谱	钱一璜	民国17年	铅印本
堠山钱氏丹桂堂家谱4卷	钱基博	民国37年	丹桂堂铅印本
钱氏宗谱12卷	—	民国时期	锦树堂木活字本
堠山钱氏宗谱	—	民国时期	锦树堂铅印本
钱氏家谱不分卷	钱翼振	1949年	上海百宋铸字印刷局铅印本
钱氏宗谱3卷	—	1951年	锦树堂铅印本
吴越钱氏宗谱	—	—	钞本
陶氏宗谱4卷首1卷	陶屏东	道光二十九年	自怡斋刻本

续表

目录	纂修人	纂修时间	版本
无锡陶氏家谱4卷首1卷末1卷	陶文海 陶廷枋	光绪二十六年	北塘霞秀堂木活字本
陶氏宗谱12卷首1卷	陶汝楫	宣统三年	木活字本
暨阳陶氏宗谱14卷首1卷	陶家树	民国11年	五柳堂木活字本
陶氏宗谱12卷首1卷	陶世凤	民国20年	木活字本
陶氏续修宗谱3卷世表22卷首1卷	陶涵如	民国32年	五柳堂木活字本
陶氏青旸支裔家谱不分卷	—	1963年	钞本
无锡顾氏苏州迁居无锡略记1卷	顾　培	道光年间	稿本
顾氏义庄事略2卷	顾觐光	道光年间	顾氏义庄刻本
顾氏宗谱19卷首1卷	顾景璐	光绪二十三年	木活字本
顾氏山地总略1卷	顾焕庭	清代	稿本
昭遗堂世德录1卷	顾玉书	民国2年	木活字本
顾氏宗谱15卷首1卷	顾玉书	民国8年	木活字本
顾氏分编泾里支支谱9卷	顾宝珏	民国22年	惇叙堂木活字本
顾氏分编麒麟合支谱8卷	顾宝珏	民国22年	惇叙堂木活字本
高氏大统宗谱55卷首2卷	高　莹	民国15年	思仁堂铅印本
高氏西门支谱2卷	高昌祚	民国15年	义庄木活字本
锡山高氏宗谱10卷首1卷	高映川 高文海	民国24年	诵芬堂铅印本
蓉湖曹氏宗谱12卷	曹凤彩	民国5年	三桂堂木活字本
曹氏宗谱26卷首1卷	曹志震	民国37年	四正堂铅印本
无锡盛巷曹氏家谱3卷	曹同文	民国37年	乐善堂铅印本
盖氏族谱12卷	盖羲林	民国18年	追远堂铅印本
盖氏谱稿	盖庭梁	1953年	稿本
盖氏宗谱不分卷	—	—	钞本
龙溪盛氏宗谱30卷首1卷末1卷	盛文颐	民国32年	敦睦堂木活字本
毗陵章氏宗谱	章金生	民国37年	木活字本
全城章氏宗谱	—	—	敦睦堂木活字本
梁溪黄氏宗谱40卷	黄鸿舫 黄镇南	民国19年	居正堂木活字本
黄氏南塘支世谱7卷	黄元杰	民国23年	木活字本
黄氏宗谱5卷	黄豹光	民国33年	明德堂铅印本
青旸黄氏宗谱22卷首1卷	黄震宏	民国36年	立本堂木活字本
嵇氏宗谱8卷首1卷	嵇有庆	同治十年	刻本
嵇氏宗谱8卷首1卷	嵇尔霖	光绪三十三年	木活字本
强氏宗谱	强豹臣	清代	五云堂木活字本

续表

目录	纂修人	纂修时间	版本
锡山南北庄强氏宗谱	—	清末	仁山堂木活字本
强氏宗谱28卷	强梅春	民国26年	五云堂木活字本
惠氏宗谱34卷	惠善旌	光绪二十五年	百岁堂木活字本
惠氏宗谱42卷	惠仰泉 惠士阶	民国36年	无锡艺海美术印书馆百岁堂铅印本
无锡温氏家乘4卷	温企殷	民国18年	平原郡木活字本
柏源程氏谱稿2卷	—	民国25年	世忠祠稿本
无锡东亭程氏宗谱不分卷	程文勋	民国35年	德润堂铅印本
董氏家乘10卷	董春亭 董元吉	同治九年	苍梧草堂木活字本
董氏家乘10卷	董瑞邦	光绪二十一年	苍梧草堂木活字本
江陂童氏家谱	童云轩	光绪二十一年	钞本
蒋氏宗谱20卷	蒋三益	同治十三年	一梅堂木活字本
锡山蒋氏宗谱24卷首1卷	蒋汝佶	光绪四年	一梅堂木活字本
澄江南闸蒋氏宗谱10卷首1卷	蒋国宝	光绪十四年	三径堂木活字本
毗陵墅村蒋氏再修宗谱10卷	蒋金川	光绪二十四年	追远堂木活字本
锡山蒋氏宗谱26卷首1卷	蒋士桐	宣统二年	一梅堂木活字本
澄江南闸蒋氏宗谱14卷首1卷末1卷	蒋汉云	民国11年	三径堂木活字本
锡山蒋氏宗谱30卷首1卷	蒋士松	民国12年	一梅堂木活字本
毗陵墅村蒋氏三修宗谱12卷	蒋荣须	民国13年	追远堂木活字本
璨山蒋氏支谱1卷	严　端	民国35年	三径堂铅印本
锡山谢氏宗谱28卷	谢凤彦	光绪十六年	宝树堂木活字本
锡山谢氏宗谱	—	清代	宝树堂木活字本
谢氏宗谱26卷	谢伟康	民国36年	宝树堂铅印本
澄江青旸谢氏宗谱20卷	谢富金 谢　凌	民国36年	宝树堂木活字本
峒岐谢氏宗谱28卷	谢邦杰 谢鼎镕	民国37年	毓芝堂木活字本
锡山韩氏宗谱16卷	韩锦芳	光绪四年	敦伦堂木活字本
无锡鲁氏支谱不分卷	—	1950年	三义堂铅印本
虞氏宗谱24卷首8卷	虞孝谐	光绪三十二年	鹿野堂木活字本
廉氏宗谱	廉圣培	嘉庆十四年	孔戒堂木活字本
廉氏重修宗谱8卷	廉　翰	道光四年	孔戒堂木活字本
廉氏重修宗谱12卷	廉厚基	咸丰七年	孔戒堂木活字本
廉氏宗谱12卷首1卷附录1卷	廉寰清	光绪二十年	孔戒堂木活字配钞本
楼氏家乘1卷	王同楼	民国14年	昼锦堂木活字本
锡山窦氏宗谱8卷首1卷末1卷	窦士镛	光绪二十九年	五枝堂木活字本

续表

目录	纂修人	纂修时间	版本
锡山窦氏宗谱增刊1卷	窦梁汾	民国37年	铅印本
锡山窦氏宗谱中市桥支谱1卷	窦梁汾	民国时期	稿本
路氏宗谱	路　璜	民国时期	传恭堂木活字本
管氏宗谱12卷首1卷	管宝华	光绪三十年	敦厚堂木活字本
管氏宗谱	管书生	民国7年	仁德堂木活字本
管氏宗谱16卷	管念周	民国30年	敦厚堂木活字本
蔡氏礼派支谱不分卷	蔡耀斋	光绪五年	西村草舍木活字本
续修蔡氏礼派支谱不分卷	蔡文彬	民国11年	敦本堂本活字本
无锡蔡氏续修义派支谱	—	选影民国11年谱	—
蔡氏蓉湖支谱10卷首1卷	蔡　樾 蔡文鑫	民国20年	念修堂铅印本
潘氏家谱1卷(《湖山叠影楼诗钞》附)	潘　江	民国6年	木活字本
锡山潘氏宗谱14卷	潘毓怡	1949年	积善堂铅印本
礼社薛氏宗谱34卷首1卷	薛国华	民国16年	伦叙堂木活字本
戴氏大统宗谱	—	民国时期	二礼堂木活字本

第二节　新编家谱

80年代始，无锡地区开始编修新谱。较早的有1987年12月付印的顾毓琇支所编《锡山顾氏支谱》，1992年1月付印的王昆仑支所编《无锡王氏宗谱》，顾毓琇还分别为顾谱、王谱作序。这两本宗谱都是由海内外族人共同发起、互相支持而编修的。

新编宗谱沿用旧谱中的世系、世表、源流、宗派、别传、艺文、著作、修谱名录等类。对旧谱中的诰敕、墓志、祠堂记等有选择地录用。义田、义庄在新中国成立后已不存在，不再记录。新中国成立后提倡火化、公墓葬，不再有墓图。对旧谱中的墓葬从略，原有的像赞有的也删去。新谱中增设回忆录、传记、简介，与旧时传记等有所区别。旧谱偏重仕途，不列其他，新谱将学历、履历、创业、著述、专长等列入，供后代参考。旧谱重男轻女，男详女略。新谱男女并重，出现女儿至宗——外姓入谱的现象。旧谱中属领养、寄养等非血缘关系者，均不入谱。新谱凡法律规定承认者，不予排除，以寓变通之意。旧谱编写规约服从于编写义旨，时有旧的法统思想。新谱除录用旧谱原文外，采用新的规约，过去生卒称谓，60岁称寿，20～60岁以下称享，20岁以下称年，幼年夭折称殇。新编家谱除夭殇外，一律称年。沿用过去修谱用名为主的方法，以名排列，字、号写在生平中。

新编宗谱具有新编家史的特征。顾谱明言："重家史"，"凡对国家民族和本族有贡献者，事迹录入谱册"，以宗谱形式与家史相结合，并具有宗族通讯录的特征。由于改革开放后社会人口流动频繁，亲族散居现象较普遍，编修宗谱难度增加。除吴氏大统谱外，已编成的家谱大多是历史短、范围小的支谱。新编宗谱通合古今，所涉及人口、民族、政治、经济、文化、社会等许多方面的资料，其翔实程度和广泛性为官书所不及，可补充近现代乃至当代的各方面资料。宗谱中记述祖先所建园林、学校、堂屋等，对于保存和恢复园林名胜和古迹提供资料。王谱中的王昆仑、顾谱中顾毓琇等一些资料为他书所不见。新谱中的题记、碑记、传记、回忆录等都具有一定史料价值。新谱对宗族渊源所作考证也极有价值，可补史之缺，纠史之误。顾谱所记顾氏祖先在昆山千墩乡与顾炎武是同村、同族、同辈人，长顾炎武16岁，因明天启年间魏忠贤逮捕苏州周顺昌，民众击缇骑，为避乱而隐居无锡，这对于人口迁徙提供历史佐证材料。

2005年无锡市图书馆馆藏新编家谱目录表

表43-2

谱 名	修地
无锡北西漳尤氏“五房门中”家族史探源	无锡
戈氏宗谱	无锡
王氏宗谱西沙梁塘桥邹家弄支	无锡
太原王氏三槐堂三沙西沙支万思桥王祥巷分支谱	无锡
江南三沙王氏西沙支江溪桥支谱	无锡
王氏世宝（三槐堂西沙泾头浜合贝沙桥油车浜支，附赤湖塘分西村支）	无锡
梁溪石幢叶氏宗谱卷二十二续修老二房戴祁叶巷支世表	无锡
孙氏宗谱开化乡南方泉窑灶孙巷分支	无锡
石塘湾孟里孙氏春江公支系简谱	无锡
古吴朱氏无锡开化明五房敦伦堂雪浪族谱	无锡
还童小集（毕氏）	无锡
无锡许氏宗谱端楷桥支	无锡
江苏无锡许氏宗谱许舍里上宋巷	无锡
锡山许氏宗谱方湖分居六角田头支世	无锡
中华吴氏大统宗谱卷首序	无锡
中华吴氏大统宗谱卷二源流	无锡
中华吴氏大统宗谱卷六文物	无锡
吴氏大统宗谱成二公系双板桥分壤里等十六支合谱	无锡
吴氏大统宗谱塔头等八支合谱	无锡
吴氏大统宗谱间江等二十支合谱	无锡
吴氏大统宗谱栅头等二十支合谱	无锡
吴氏大统宗谱新丰等十八支合谱	无锡
吴氏大统宗谱新塘里等六支合谱	无锡
吴氏大统宗谱太一公派新塘分八士地区等八支合谱	无锡
吴氏大统宗谱塘门海二、海四公六支合谱	无锡
吴氏大统宗谱间江之二小潘巷、邓巷、西漳、石塘湾等九支合谱	无锡
宋氏藜照堂宗谱	宜兴
张氏家谱南张支	无锡

续表

谱 名	修地
无锡李氏集支逸季公派东陡门支谱	无锡
锡山李氏世谱谈村申支	无锡
锡山·青旸承裕堂李氏世谱	无锡 江阴
鸿山杨氏宗谱寺头分城支文叔公嫡长系春池公系谱传	无锡
苏氏族谱苏家渚支	无锡
新编苏氏大族谱	—
无锡邹氏竹桥支国荣公六代家谱	无锡
无锡庄桥支陆氏世谱	无锡
无锡蒋洞桥陆巷分支陆氏世谱	无锡
陆氏世谱尧歌支	无锡
陆氏世谱无锡华利支	无锡
陆氏世谱藕塘南陆巷支	无锡
陆氏新世谱北柳巷支	无锡
陆氏新世谱北柳巷支续集	无锡
陆氏世谱无锡钱桥镇金岸支	无锡
陈氏家谱颍川郡玉竹堂陈港井口	无锡
任墩陈氏宗谱	江阴
锡山周氏统谱老宅基支陆庄桥周甲里世表	无锡
锡山周氏宗谱光霁祠南宅支张塘桥世表	无锡
锡山周氏宗谱砖场分支	无锡
锡山周氏大统宗谱周泾支周家湾世表	无锡
锡山贵四公派北塘西河里支俞氏支谱	无锡
胡氏宗谱村前版	无锡
梁溪荣氏世系散编首编上册	无锡
荣氏宗谱·梁溪卷	无锡
毘陵唐氏无锡东门石皮巷支家谱	无锡
毘陵唐氏家谱无锡东门支景溪公分支	无锡
无锡石皮巷支唐氏家族简编	无锡
徐氏宗谱第七支铉公派（锡邑富安乡布庄徐巷上支小宗）	无锡
锡山徐氏宗谱（附徐寿父子年谱）	无锡
锡山秦氏宗谱第一编	无锡
锡山秦氏宗谱第二编	无锡

续表

谱 名	修地
锡山秦氏宗谱谱系图	无锡
锡山秦氏宗谱·淮海公三十二世孙秦文锦世系纪事	无锡
无锡钱氏宗谱堠山支世系图	无锡
无锡钱氏宗谱湖头支世系图	无锡
钱氏湖头宗谱洛社钱巷支	无锡
钱氏堠山支宗谱（城西支永义派、鼎三支昌五派、鼎八支全三派）	无锡
吼山钱氏宗谱（查桥镇）	无锡
无锡市北塘区山北街道会西社区萧江氏家谱	无锡
黄氏无锡南塘支系第十一世汇卿公后裔续谱	无锡
黄氏无锡城塘里黄公桥支谱	无锡
锡山强氏义门传芳录	无锡
大椒鲁氏宗谱	无锡
无锡梁溪永思堂鲍氏宗谱	无锡
无锡梁溪永思堂鲍氏宗谱（修订本）	无锡

无锡市志

【第四册】

第四十四卷

人物

概　述

无锡是一座历史悠久、钟灵毓秀、物华天宝、人文荟萃的历史文化名城。在3200多年的城市历史中，涌现出众多的名人，为无锡这座城市留下厚重的历史文化积淀。特别是近现代以来，在时代变革的浪潮中，无锡领风气之先，工商崛起、经济发达、文教昌明，涌现出一大批抱负宏大、志存高远的名人志士，他们在政治、经济、科技、教育、艺术、文化、军事、社会等各个领域取得辉煌成就，为无锡树德创业、创新发展积累了宝贵的精神财富，增添了不竭的精神动力，也为无锡人树立了学习的榜样和楷模。

人物传收录在无锡历史上或在全国有重大影响与贡献的无锡籍人士，新中国成立前曾在无锡地区从事过革命斗争或新中国成立后担任正市级领导职务以及对无锡社会经济发展做出突出贡献，具有重大成就和影响的外地籍在锡人士，共265人（不含江阴、宜兴籍），按出生年月排序。人物简介100人，其中收录烈士12人、已故红军6人、已故劳模11人、当代将军32人、院士39人。无锡籍两院院士殊多，有81人，其中中国科学院院士（学部委员）46人、中国工程院院士36人，王选既是中国科学院院士，又是中国工程院院士。新中国成立后，在人民解放军中成长起来的无锡籍将军有75人。人物表收录全国劳动模范、先进工作者，全国产业劳动模范，全国五一劳动奖章获得者，省劳动模范。

第一章　人物传

列传人物先后次序如下：

金鸿声	施之勉	冯晓钟	钱　穆	华印椿	刘宝善	陈翰笙	邹云翔	孙九录	陈枕白
诸祖耿	诸福棠	江应麟	江一麟	徐　风	李　干	侯碧漪	薛　正	刘　苇	唐君远
倪小迂	张玉寿	许岱云	孙辅世	邹景衡	荣独山	陶寿伯	孙君立	韦焕章	顾谷同
顾毓琇	顾毓瑔	顾慰连	强锡麟	吴澡渌	周福林	施锡恩	章渊若	谈家骏	薛暮桥
黄怀觉	章剑慧	曹安和	朱士嘉	王兼士	王士倬	薛佛影	施之铨	沈　武	诸祖荫
虞哲光	张卓如	陆定一	陈志方	陆贯一	钱临照	厉无咎	荣鸿元	陶葆楷	孙翔风
朱宝镛	李小妹	钱宝钧	王汝霖	杨昌业	周怀民	张文伯	倪达书	钱锺夏	杨通谊
荣漱仁	顾　风	荣尔仁	寿冶禅师	邹依仁	朱仁康	钱阿福	顾铁符	唐晔如	唐淞源
许楚珍	杭　苇	季楚书	糜文焕	韦永义	顾高地	华　斌	王　枫	刘明远	温启祥
林致平	陈瘦竹	赵振业	徐南甲	敖恩洪	王同熙	唐原道	杨建侯	孙浩然	陈汀声
钱锺书	过基同	许静霞	胡鸿均	薛永辉	唐振绪	钱锺韩	吴荣康	包厚昌	庄静波
沈耀明	华国英	魏含英	黄养辉	宿士平	王汝琪	程　及	裘维蕃	钱小柏	许志义
徐静渔	吴　琛	胡志良	蔡世金	张锡君	孙保垣	林　华	赵尔康	侯毓汾	刘世杰
倪庭鹤	王地子	江东平	陈　落	苏进解	张光世	沙陆墟	周婉如	盛慕杰	管燮初
扬　汉	朱如言	朱龙湛	华金祥	马光璇	李　广	杨同德	过晋源	唐鑫源	荣梅莘
徐　采	许汝良	严文祥	张嘉夔	胡引昌	孙章录	江　坚	周一萍	范震远	赵建平

王新民	须浩风	荣毅仁	吉联抗	薛葆鼎	高石农	卜　明	顾　循	冯　岗	许志诚
严钦尚	檀耀辉	方枕流	逯　斐	戴倜然	王知伊	邱宝瑞	沙　诺	钱荣堃	刘操南
蒋文桂	姚家礽	严慰冰	杨馥如	胡汉泉	强士奎	程桂芬	朱　帆	杨树声	吴子安
史克方	杨　增	钟月樵	孟东波	江绍基	高庠玉	朱全林	华国祥	谢志成	臧晨光
戴念慈	吕　梁	姚　璋	周月泉	王季鹤	陶念唐	陆　灏	刘崧生	江　革	葛志成
吴舟萍	肖荣炜	杨景迈	郁　谦	庄　申	韩本初	俞介君	王瑞菁	季梅芳	叶寒青
严　烈	刘复光	顾懋祥	高巨真	张伟振	李慎之	张鉴国	程志新	浦　山	任贵发
匡　衍	沈克民	窦祖烈	冯天音	陈伯鸿	杨存性	侯莉君	杨天飞	陈文章	秦达明
何尚英	巫君玉	马凤山	唐涌祥	柳家奎	蒋慧惠	聂中明	高　方	李祖法	尤惠秋
华静娟	陈钟祥	任国庆	苏国荣	秦家懿	李鹤强	徐鑫川	顾鼎元	辛定一	夏德全
董欣宾	尤进华	李云军	于文虎	钱天白					

金鸿声(1890—1986)

金鸿声,清光绪十六年(1890年)生于无锡胡埭西溪杨家村。少时在胡埭镇槽坊当学徒。宣统三年(1911年),受同盟会会员吴浩(无锡人)的影响,在苏州入伍,编入新军三十三标二营,并以沪军先锋营名义参加攻打南京天堡城之役。民国元年(1912年)南京光复,先锋营改编为七师十三旅二十六团,负责总统府警卫,吴浩任团长,他任二营副班长,并被选为孙中山的警卫、总统府传令兵。孙中山辞去临时大总统时,总统府特地为警卫们举行欢送会,孙中山送给每人一块白竹布手帕,手帕上印有时任总统府秘书长胡汉民书写的黑色魏体大字"汉族存亡,在此一举",旁边印有孙中山手书"大总统孙文赠";另外特赠米色卡其新军装和两块银元,并勉励警卫官兵"要为真理而奋斗"。不久,部队被改编为南京卫戍团,开赴徐州。金在攻打山东韩庄的战斗中负伤,被救下火线,在徐州养伤。黄兴离开南京后,卫戍团返回南京防守,吴浩任卫戍司令,他升任副官。袁世凯称帝,南京卫戍部队被迫解散,金愤然解甲归田,在胡埭等地木行任职员。新中国成立后,任新渎区法庭文书,后任合作社会计,是无锡县第五、六届政协委员,1982年1月被省政府聘为江苏省文史研究馆馆员。1981年10月和1986年11月,先后应邀赴北京参加辛亥革命70周年纪念大会和孙中山诞辰120周年纪念大会,受到党和国家领导人的接见。1986年12月8日,金鸿声病逝,享年96岁。

施之勉(1891—1990)

施之勉,字敦临,清光绪十七年(1891年)二月初一生于无锡玉祁施家宕。幼时入私塾读书。清宣统年间考入常州府中学堂,民国3年(1914年)毕业。执教于无锡县东北塘荣阳小学。第二年考入南京高等师范学校(后名东南大学)历史系,毕业后留校任教,旋又任开封河南省立第一中学教员1年。民国9～14年,任福建厦门集美学校师范部历史教员兼教务主任。后回无锡养病,之后在省立扬州中学任教1年。民国17年,任省立无锡师范学校历史教员。民国24年,校订出版第一、三册《无锡乡土教材》。抗战爆发后入四川,任合川国立二中教员。民国29年起,在重庆界石中央政治大学蒙藏分院任教。其间,撰《中华国民解》《殷亳考辨》《秦官多同六国考》和《太史公行年考》等论文20余篇,汇成《古史摭实》。抗战后期,任国立边疆学校副教授、教授兼研究部主任,著《汉史考》。抗战胜利后,任无锡县立中学校长。民国37年,和夫人沈韵秋、幼子肇锡同到台湾,历任嘉义女中、台南二中教员,台湾工学院国文教授,成功大学中文系主任。1972年退休。之后,仍奋勉著述,有《史汉疑辨》《史记会注考证补》《后汉书集解补》《汉书补注辨证》和《史记冢墓记》等。1990年,施之勉在台湾逝世,享年99岁。

冯晓钟（1895—1992）

冯晓钟，又名琴斋，清光绪二十一年（1895年）四月二十日生于无锡石塘湾张皋庄冯湾里耕读之家。7岁入家乡私塾，后就读于无锡县立乙种师范学校，民国2年（1913年）毕业。民国10年，在上海纱布交易所任计算员。民国15年，考入上海法学院政治系，受教于褚辅仁、沈钧儒、史良等教授。民国16年，与同学、同乡张文伯、孙晓楼等16人，集会于上海法学院，模仿往日的锡社，发起建立锡钟社，意图从改良文化、教育入手，促进政治改良。仅两年，社员发展至80余人，成为无锡知识界一个重要的团体。民国18年，获法学学士学位。旋回锡，从事律师业务。当年末，与孙辰初创建锡澄长途汽车公司，任董事长。并创办锡钟高级商业职业中学，曾兼任校长，编辑《锡钟》周报。九一八事变后，他以教育界名义邀请沈钧儒到无锡作爱国主义演讲。民国21年，当选无锡律师公会理事长。民国22～24年，留学法国巴黎大学攻读政治研究生学位，毕业后回锡。民国25年7月，邀请章伯钧到无锡作抗日救国报告。抗战全面爆发后，他避难汉口，经沈钧儒介绍，到安徽章乃器处工作，任省财政厅第一科科长、安徽茶叶管理处（驻屯溪）代处长、中国茶叶公司安徽办事处专员兼业务科长、安徽驿运管理处皖南办事处副主任。因同情新四军照发军饷而受到"黄牌警告"。其间，还兼任迁皖的上海法学院经济学教授、系主任，又兼该院训导主任和附属中学教导主任。抗战胜利后，任善后救济总署浙闽分署总务主任。民国35年，兼任无锡县银行常务董事。其时，以他和庄正等为首的锡钟社积极参与改良地方政治，成为知识界要求民主的一个地方政治派别。在无锡县参议会143个议席竞选中，锡钟社得40席。民盟中央沈钧儒派柳亚子两度到锡与冯晓钟等联络，借游太湖以沟通情况，柳赠诗与冯。民国37年9月，与李耀春、吴雨苍赴上海，经史良、林亨元介绍秘密参加中国民主同盟。此后，不顾国民党当局的威胁，拒绝去台湾，并利用自己在法律界、工商界和锡钟社的影响，会同其他爱国民主人士组织无锡县人民公私社团联合会，团结和联络工商界人士，为迎接无锡解放做了很多工作。

无锡解放后，他历任无锡市公共交通公司经理，新经济周报社社长，市工商联筹委会主任委员，市民盟第一至第六届主任委员、第七至第八届名誉主任委员，省民盟第一至第五届常委，市各界人民代表会议协商委员会第一至第二届副主席，市政协第一至第七届副主席，市政协联谊会副理事长，苏南区各界人民代表会议协商委员会委员，省、市人民代表，市人民委员会委员、市人大常委会委员。1952年主动申请锡澄长途汽车公司公私合营，鼓励和推动工商界人士接受社会主义改造。1984年89岁时，赴加拿大探亲，开展海外联谊工作，并婉言谢辞亲友让他定居海外的要求，如期返回无锡。1988年93岁时，仍参加市政协组织的"热爱社会主义宣讲团"，以近百年新旧社会的亲身经历对比进行教育。他是无锡市民盟和工商联组织的创始人之一，长期与中共合作，为无锡地区民盟组织的发展和参政议政作出贡献。1992年3月，冯晓钟逝世，享年97岁。

钱　穆（1895—1990）

钱穆，原名恩鑅，字宾四，民国元年（1912年）改名穆，笔名公沙、梁隐、与忘、孤云，别署未学斋主，晚号素书老人，斋号素书堂、素书楼。清光绪二十一年（1895年）六月初九生于无锡鸿声七房桥村。7岁入私塾读书。光绪三十年，进荡口果育学校读小学。三十三年，与兄同进常州府中学堂，颇为史地课老师吕思勉青睐，同学有瞿秋白（时名霜）、刘半农（时名寿彭）、刘天华等。清宣统三年（1911年），转学南京私立钟英中学。辛亥革命爆发，学校停课，他回无锡。民国元年，钱穆任教于无锡县秦家水渠的三兼小学。翌年，任教于荡口鸿模小学。民国3年，在梅村无锡县立第四高等小学教书，仍兼鸿模课务。民国7年，上海商务印书馆出版其首部专著《论语文解》。

翌年秋起，任泰伯市第一初等小学校长，兼泰伯图书馆馆长。民国11年，在无锡县立第一高等小学（今连元街小学）任教。此年中秋节后，由施之勉之荐应聘厦门集美学校高中部师范部国文教员，对古史地名变迁研究产生兴趣。民国12年秋，由钱基博荐请，回无锡任省立第三师范学校国文教员。先后编纂《文字学大义》《论语要略》《孟子要略》等讲义，讲授《国学概论》。民国16年，改任省立苏州中学国文教员。翌年，《国学概论》成为全国各中学教材。其间，出版《墨子》《王守仁》等著述。民国19年秋，经顾颉刚推荐任燕京大学国文系讲师。同年冬，发表《刘向歆父子年谱》，对康有为《新学伪经考》提出批评，对顾颉刚等人的疑古学风也提出意见，全文刊于《燕京学报》，为他的成名之作。民国20年夏，任北京大学历史系副教授，旋升为教授，同时在清华大学兼课，讲授《秦汉史》《中国政治史》等课程。会同傅斯年等学者编写《中国通史》。民国22年，积以往数年对孟子、老子考辨的成果，写成中国近代学术史上的名作《先秦诸子系年》，被称为是对清代版本考据的一次总结。又针对梁启超等人对清代学术的见解，撰成第二部学术巨著《中国近三百年学术史》。他性喜山川，屡次出游，写过10余篇地理考察的文章。日军侵占东北三省后，与姚从吾、顾颉刚、钱玄同等百余名教授上书国民政府，敦促早定抗日大计。

民国26年抗战全面爆发后，钱穆与汤用彤、贺麟自天津经香港、广州至长沙临时大学，并在昆明西南联合大学文学院讲授《中国通史》，撰《国史大纲》。民国28年，返苏州侍奉母亲。在苏州期间，撰著《史记地名考》。民国29年4月，被国民政府教育部聘为史地教育委员会委员。返回大后方，在成都任华西大学中国文化研究所所长。民国30年6月，与罗忠恕等发起成立东西文化学会。主持成都齐鲁国学研究所，并在成都齐鲁大学兼课，主编《齐鲁学报》，出版《国史大纲》一书。民国32年，曾短期至内迁乐山的武汉大学、遵义的浙江大学讲学。秋，国学研究所停办，在华西大学文学院任教。抗战胜利后，民国35年秋，执教于昆明云南大学。民国36年10月，回无锡应聘任江南大学文学院院长。在锡期间，撰著《湖上闲思录》《庄子纂笺》。民国38年春，南下广州应聘任教于私立华侨大学。同年秋，随校迁香港。1949年10月，创办亚洲文商专科夜校，1950年改为新亚书院，自任院长。1954年，新亚书院与美国雅礼协会合办，得到洛克菲勒基金会等组织的资助。同年，蒋介石在台湾提倡王阳明之学，他将旧作增写成《阳明学述要》出版。1955年，新亚书院新亚研究所成立，任所长。获香港大学颁授的名誉法学博士学位。1960年1月，赴美国耶鲁大学东方研究系讲学半年，获耶鲁大学颁赠的荣誉文学博士学位。1963年，新亚书院并入香港中文大学。1964年7月，获准辞职，1965年6月正式交卸，择居香港青山湾，着手撰写《朱子新学案》，以遂当年以“尊朱”为一生学术归宿的心愿。随后赴吉隆坡马来亚大学讲学。1967年10月迁居台湾，1968年迁入素书楼。7月，获选台湾“中央研究院”人文组院士。1969年，任台湾中国文化学院（后改文化大学）史学研究所教授、首任博士班班主任，台北“故宫博物院”特聘研究员等职，完成《朱子新学案》一书。1974年南游，撰写《八十忆双亲》。1980年，与三子、幼女会于香港。1981年，与长女钱易、长侄钱伟长晤聚香港。1983年4月，香港中文大学新亚书院再次举行“钱宾四先生学术文化讲座”，北京大学教授朱光潜前往，他闻讯后专程前往与之会晤。1984年，获台湾颁发的文化奖。晚年，虽患眼疾，但仍笔耕不止，著有《晚学盲言》《中国现代学术论衡》《中西文化比较观》等专著。1986年3月，应台北《联合月刊》编辑之请，发表《丙寅新春看时局》一文，认为“全中国和平统一是个大前途、大希望、大理想、大原则”。《人民日报》予以摘载。1987年，当选为台湾中国文化大学名誉教授。在寓所对学生讲授时说“不要忘了自己是中国人”“一定要做一个中国人，而且要为中国争一口气”。1990年6月1日，迁出素书楼，寓居台北杭州南路。端午节，写完《中国文化对人类未来可有的贡献》一文。

钱穆是中国近代著名的国学大师和史学家，毕生维护中国民族文化。中国学术界尊其为“一代宗师”，更有学者谓其为中国最后一位士大夫、国学宗师。他以文化治史，著述极富，一生撰写1700多万字的史学和文化学著作，有七八十种，学兼四部，尚有经部《两汉经学今古文评议》，史部《中国历代政治之得失》《中国历史精神》《中国思想史》《国史新论》《中国传统政治》《中国社会演变》

等，子部《孔子传》《论语新解》《庄老通辨》等，杂著《人生十论》《文化与教育》《世界局势与中国文化》《历史与文化论丛》《古史地理论丛》《 师友杂忆》等。

1990年8月30日，钱穆逝于寓所，享年95岁。1992年，遵其遗愿，骨灰归葬太湖西山俞家渡石皮山。

华印椿（1896—1990）

华印椿，清光绪二十二年（1896年）正月十五生于无锡东门外石埭桥华四房。幼时父母早丧，由祖父抚养长大。先在本村小学读书，后考入南京江南陆军小学。民国元年（1912年）起，先后任天上市一小、寺头镇二小、开原乡一小、北下乡六小算术、珠算教员。民国8年秋，考入上海留法勤工俭学预备科，后转入职业教员养成所学习。民国9年，任无锡公益工商中学珠算教员。民国11年，任上海中华职业学校珠算教员，教过华罗庚。民国14年，他编写的《珠算速记法》一书出版。民国17年，任江苏省农工厅视察员。抗战爆发后，应考试院高等文官考试及格，分配至国民政府实业部工作。民国31年，任经济部统计处第三科科长。1年后辞职，任西北毛纺织厂筹备处秘书。

1952年冬，他退职定居南京，专门攻研珠算。1953～1956年，出版《财经珠算》《大众速成珠算》《百分比简捷算法》《珠算教程》《大众珠算》等珠算专著。他的珠算研究求实用，针对当时计算利息的繁琐，创造“三七法”；针对当时繁杂的公英制换算，推出换算捷算法；针对当时金融兑换中换算常遇的多位小数乘除法，介绍推广省乘省除法，再以扩充应用，又简化会计、统计求百分比的计算等。1956年秋，进入江苏省各界人士政治学校学习，第二年结业。1963年11月，在北京和一些国内知名珠算专家共同发起召开“珠算及辅助工具座谈会”，后与华罗庚、熊庆来、严敦杰等两次联名上书教育部，对珠算教学、教材、师资培训等提出多项有益建议。1975年，日本有学者撰文说“中国算盘来源于罗马”。对此，他翻阅大量史籍，专程两趟自费赴北京大学查找孤本。1978年，完成《论中国算盘的独创性》论文，以无可辩驳的证据证实算盘起源于中国古代的筹算。1986年12月，他加入中国国民党革命委员会，先后任民革江苏省委委员、民革中央团结委员会委员，第四届省政协委员，省文史馆馆员，省珠算协会名誉会长，中国珠算协会筹委会主任和中国珠算协会顾问。1970年起，历时15年潜心写成《中国珠算史》一书。1990年1月17日，华印椿在南京病逝，享年94岁。

刘宝善（1896—1988）

刘宝善，清光绪二十二年（1896年）生于无锡玉祁新村。光绪三十四年，就读于开化乡立学校。毕业后任家乡小学教员1年。民国9年（1920年），考入南京国立高等师范学校生物系。毕业后在省立第三师范学校任教。民国13年起，先后在北京清华学校、清华大学任教，并受在清华任教的美国摩纳尔大学生物系教授克腊生的指导，在生物实验技术和标本的采集方法上获得较高的造诣。民国27年，在重庆参与筹建歌乐山国立药专，同时广泛涉猎和研究中医药经典著作，为学生讲授药用植物学。在他发现川常山和常山绿叶的药用价值以后，广泛采集并人工栽种，以对它的形态解剖及生态进行系统研究。后兼任从南京迁重庆的国立中央大学分校主任。民国34年8月，以访问教授身份由教育部派往英国诺丁汉大学，与药学系主任、国际著名生药学家屈礼士共同研究“气孔指数”、脉间区等，为植物分类学和生药鉴定创立新方法，发表多篇有价值的生药学论文。民国36年归国，应浙江大学校长竺可桢邀请，任理学院药学系生药学教授。两年间，先后编著《药用生物学》《医药植物学》《药用植物的栽培和应用》等著作，还发表多篇学术论文。

1951年，他被聘为浙江大学理学院药学系主任。翌年，高等学校院系调整，奉调至解放军军事医学科学院药物学系，任生药室主任。在对中药整理过程中，研制出治疗疟疾的“七宝饮”。1955年，在华东局血防局主持用中药治疗血吸虫病，并对中药驱避剂中某些中药的化学成分及数十种中药抗癌作用进行定量研究。1960年，刘到放射医学研究所担负攻克放射病的难关，对多种中药反复筛选、鉴定，后提出有效的防治方案。研究的止血、抗癌麻醉药物都得到临床验证。他的“棉油节育理论”引发世界各国棉酚避孕的广泛研究，取得实际应用效果。

“文化大革命”中，他遭迫害，被下放回无锡。1983年离休后，完成40万字的《祖国医药与西药汇合刍议》，翻译约200万字的《经济植物词典》。1988年4月5日，刘宝善在北京病逝，享年92岁。

陈翰笙(1897—2004)

陈翰笙，原名枢，清光绪二十三年(1897年)正月初四生于无锡东门城头弄。先后就读于无锡东林小学、长沙明德中学。民国4年(1915年)，自费赴美国求学。在波莫纳大学先后攻读园艺、地质和历史学。后进入芝加哥大学，成为美国宪法史教授安德鲁·C·麦克洛林的助教。民国10年，获芝加哥大学研究院硕士学位。是年，与同乡顾淑型结婚，并改名翰笙。民国11年春，得奖学金在哈佛大学研究院学习东欧史。次年秋进柏林大学史地研究所，随奥托·赫契教授研究东欧史。民国13年，获史地研究所博士学位。4月，回国任北京大学历史系教授。参加胡适、王世杰等创办的《现代评论》，先后发表文章55篇。翌年，上海发生“五卅”惨案，他参加北京学生声援运动，上街游行，并由李大钊和于树德介绍加入国民党。是年，与人合办艺文中学，是五四运动后最早进行教学改革、实行道尔顿体制的学校。民国15年，亲身经历“三一八”惨案，并撰写《三月十八日惨案目击记》，发表在3月27日出版的《现代评论》上。经李大钊介绍，结识苏联驻华大使加拉罕，开始研读《资本论》，秘密加入共产国际，为共产国际在柏林出版的《国际新闻通讯》撰写英文通讯稿。民国16年初，任武汉国民政府外交部顾问，协助政府办理收回武汉、九江英租界。李大钊被杀害后，他转移到苏联，任共产国际农民运动研究所研究员。翌年5月回国，在商务印书馆编译所，负责审定《中国大百科全书》书稿。民国18年，受蔡元培邀请任中央研究院社会科学研究所副所长，兼任铁道部顾问，以其兼职月薪充作图书资料费，着手开展社会调查。赴上海调查日资纱厂的工人生活，揭露包身工制度的黑暗。是年夏，组织钱俊瑞等一批青年用科学方法开展无锡农村经济调查，然后再扩展到河北和广东等地，6年内调查足迹遍及大半个中国。通过调查所得大量资料及研究成果，证实中国农村社会的半殖民地半封建性质，论证进行土地革命的必要性。民国21年，参与宋庆龄、蔡元培等人组织的中国民权保障同盟活动，多方营救被捕的革命人士和爱国人士。翌年，被迫辞去中央研究院社会科学研究所的职务，参与发起成立中国农村经济研究会，任理事会主席，创办《中国农村》月刊，刊登大量调查报告和论文，并由此培养出一批著名的经济学家。民国22年8月，出席在加拿大召开的太平洋国际学会会议，发表《中国当前的土地问题》论文。是年冬，前往日本，在日本最大的亚洲研究图书馆东洋文库继续研究中国农村经济，同时协助第三国际左尔格开展秘密工作。民国24年4月回到上海，后再度秘密去莫斯科，任东方劳动大学特约研究员。同年，将组织关系由共产国际转入中国共产党。民国25年，前往美国纽约，任太平洋关系学会国际部研究员、《太平洋事务》季刊编辑，并为中共创办的《华侨日报》工作，曾到加拿大各主要城市讲演，向国际社会披露西安事变真相。抗战全面爆发后，他连续在报纸上发表文章，进行抗日宣传。民国28年末抵达香港，协助宋庆龄等人开展“工业合作运动”，任中国工业合作运动国际委员会执行秘书，并参与“保卫中国大同盟”的工作，募集到大量经费，支援内地抗战。皖南事变发生后，他第一个向国外作报道，揭露国民党顽固派消极抗日、积极反共的真面目。民国30年12月，香港沦陷后转赴广西，在桂林办工业合作研究所，营救被国民党反动派秘密逮捕的廖承志，与张锡昌、千家驹、狄超白、秦柳方等共同写成《战时的中国经济》一书。民国33年春，为躲避国民党缉捕而前往印度，任德里大学历史系评卷员和英国新闻部远东局译员，撰文宣传中国人民抗日战争的英勇事迹，并利用假期进行印度农村经济调查，所得资料及研究成果后编成《印度和巴基斯坦经济区域》一书。

民国35年4月，他根据周恩来的指示前往美国，先后在华盛顿州立大学、约翰·霍普金斯大学、宾夕法尼亚大学任教，并在纽约亚洲研究所从事研究工作。并任中共在美工作领导小组顾问，利用公开身份，与各方进步人士交往，开展国际宣传和统战工作。他在旧金山、芝加哥、纽约等城市发表公开演说，揭露蒋介石政权的黑暗统治和发动内战的阴谋，对美国当局的对华政策产生一定影响。

1950年1月，回国任外交部顾问。1955年，当选为中国科学院哲学社会科学部学部委员。1958年，任外交部国际关系研究所副所长。1962年，任中国科学院哲学社会科学部世界史研究室主任。"文化大革命"中，他受到冲击。1978年后，历任中国社会科学院顾问和世界历史研究所名誉所长，北京大学、外交学院兼职教授，中亚文化研究会常务理事长，世界经济学会顾问，《中国大百科全书》总编委副主任暨外国历史编委会主任，中国国际文化书院院长、顾问等职。1985年，他88岁时回到无锡，为家乡的经济建设献计献策。

陈翰笙是"中国农村经济学的鼻祖"与"现代经济学的泰斗"，是第一、二、三届全国人大代表，第二、五届全国政协委员。一生著有中、英文论著各200余部，由他主编的《华工出国史资料汇编》（10辑）和《解放前的中国农村》（3册）都是重要文献。主要著作还有《中国农村经济研究之发轫》《封建社会的农村生产关系》《现代中国的土地问题》《中国的地主与农民》《美国垄断资本》《工业资本与中国农民》和《解放前后无锡、保定农村经济》《四个时代的我》《陈翰笙文集》等。2004年3月13日，陈翰笙在北京逝世，享年107岁。

邹云翔（1898—1988）

邹云翔，清光绪二十四年（1898年）一月十四日生于无锡东埄梁南村邹家弄。民国3年（1914年）9月考入江苏省立第三师范学校，民国5年7月毕业后执教于周新镇小学。他爱好广泛，平日教学之余阅读大量经学、史学、古典诗词和医书，曾在无锡国专旁听与参加作文考试。先后在上海的《时事新报·学灯》《申报》《新闻日报·学海》及无锡《锡报》上发表20余万字的文史研究稿，并发表宣传三民主义的文章。民国13年，他向段祺瑞政府上《安国十策》万言书。民国17年，拜名医费伯雄的高足刘莲荪为师。民国19年，无锡暑疫流行，遵刘师之命回乡行医，为家乡农民义务看病，跑遍5个村庄67户农家，经他医治者皆痊愈。其间，国民政府中央卫生委员会提出《废置旧医以扫除医事卫生障碍案》及《规定限制中医生及中药材之办法案》等议案，他撰文予以批驳，并赴南京请愿。民国20年，在国专校友张锡君的商请下，任中央国医馆无锡支馆秘书。民国24年上半年，受张锡君委托，赴上海《光华医学杂志》任副总编辑。后应上海中医协会理事长、杂志社社长丁仲英之聘，续任副总编辑，实主其事，编余在上海市中区天妃宫桥施诊局兼任中医。抗战全面爆发后，上海各界组织中医救伤医院，邹任内科主任。后在南京国医救护医院任内科主任。初冬，随院内迁武汉、宜昌、万县、重庆。途中，向中医喉科专家张嘉炳学习喉科医术。至重庆后又拜著名中医学家补一为师，在重庆校场口开诊所，还被聘任为国民政府司法部医官，重庆毛纺织厂、重庆火柴公司、冠生园食品厂等单位的特约医师，并为中苏友好协会会医。其间，曾治愈王昆仑夫人曹孟君和中苏文化协会戈宝权的肾脏病。民国31年，中苏文化协会常务理事王昆仑聘请他担任义务会医。抗战胜利后，邹全家定居南京。

南京解放后，邹云翔全家迁回无锡开设诊所，曾短期在上海某中药店坐堂行医。1953年，王昆仑写信给市有关部门打听他的下落，引起无锡中医界的注意。1954年5月，江苏省筹建中医院，他应邀参加创办工作。夏秋间，承淡安负责筹办江苏省中医进修学校（后为江苏中医学校、南京中医学院、南京中医药大学），邹参加教学方案的研究，后又承担中医诊断学教学。省中医院成立后，先后任副院长、院长。他是国家科委中医组成员、卫生部医学科学委员会委员；曾当选为第二、三、四届全国人大代表，全国中医学会副理事长。他虽然工作繁忙，仍坚持医学理论研究和定期门诊。1954年，主持成立中医肾病小组，开展对中医药治疗肾病的研究。1955年，出版国内第一部肾病中医专著《中医肾病疗法》。他根据自己多年治疗经验，创制治疗肾病的中成药“保肾丸”，对慢性肾病、肾功能不全有显著疗效。1956～1984年，多次赴北京为叶剑英、粟裕、谭震林等党和国家领导人治病。1964年，农村“四清”运动期间，参加句容县农村巡回医疗，治愈农民不少常见病、多发病。

1982年，国务院学位评定委员会首批确定邹云翔为中医内科博士研究生导师。是年，他的学生与人合作研制成功《邹云翔教授肾系疾病诊疗及教学经验应用软件》，开设邹云翔肾病电脑门诊。1984年11月，该软件在西安举行的全国微机应用展览上获一等奖，翌年在日本筑波举办的国际科技博览会上展出。1987年，在美国华盛顿召开的世界医药信息学术会议上宣读软件治疗的论文，引起国际医学界的重视。著有《邹云翔医案选》《中医肾病疗法》《中医验方交流集》《中医验方交流集续编》等书。1988年2月3日，邹云翔在南京病逝，享年90岁。

孙九录（1898—1988）

孙九录，字鉴秋，清光绪二十四年（1898年）九月初九生于无锡石塘湾。民国3年（1914年），考入北京大学法学院政治系，曾参加五四运动。民国8～10年，任北京《晨报》、上海《申报》《时事新报》外勤记者，特约通讯记者。民国9年冬，北京《晨报》招3名懂俄语的记者赴苏联考察，经他向《晨报》主笔、其三叔孙光圻推荐，中学同学瞿秋白得以访俄。民国11年，创办世界通讯社。民国13年，加入改组后的国民党，在北京执行部担任宣传联络工作。因反对贿选总统曹锟，受到曹锟政府通缉。北伐战争开始后，任《时事新报》北伐随军记者、国民革命军第三集团军总司令部参议。民国16年，因与李大钊关系密切而被捕，保释出狱后脱离国民党。民国19年，加入上海律师公会，从事律师业务。民国22年，参加第十九路军抗日反蒋的福建事变。民国24年，与唐易庵一起翻译出版泽村康所著《苏俄合作制度》。民国27年，持宋庆龄所拟恢复孙中山总理三大政策、实行国共合作、一致抗日提案副本，赴广西征求粤桂方面国民党中委附议。后因宋庆龄已将提案送国民党中央，孙遂将副本保存到解放后，交上海市文史馆收藏。抗战期间，在重庆担任国民政府战地党政委员会设计委员。民国31年7月，任国民政府第四届立法委员，承担财经立法工作。抗战胜利后，以“炮轰宋子文下台”事件而离职。曾以原立法委员身份在锡作为国民党圈定的立法委员候选人，但未当选。在上海从事律师业务。民国37年，任中国纺织建设公司常务董事。民国38年，加入新法学研究会上海分会。1950～1954年，任江南丝绸公司顾问。1955年起，任上海市人民政府参事。1988年11月24日，孙九录在上海逝世，享年90岁。

陈枕白（1899—1993）

陈枕白，曾用名陈志明、陈节，清光绪二十五年（1899年）二月初八生于无锡梅村。7岁丧父，幼时仅读5年私塾。16岁时经族亲浦文汀保荐到无锡北门外裕泰米行当学徒。民国8年（1919年）五四运动爆发后，曾组织“救国十人团”支持学生运动，抵制日货等。民国10年，弃商求学，考入苏州东吴大学附中专攻英文。翌年4月，赴上海大学任校长办公室书记员，参加社会主义青年团。是年末，携女友傅一星回无锡，以教师职业为掩护开展革命工作。民国12年春，任鸿声小学教员。其间，他和傅一星创建“青年学社”，吸收思想进步的小学教师参加，并印发简报，发展社员和社会主义青年团团员。民国13年7月，与傅一星结婚，婚后同在荡口鸿模高小工作，随后又创办甘露用宾小学。民国14年，陈枕白夫妇转为中共党员，后陈任甘露党支部书记。参与组建无锡县小教联合会，在荡口组织农民协会和妇女协会，迎接北伐军抵锡。民国16年9月，创办中山中学，建立党、团支部。11月，参加无锡农民秋收暴动。随后，夫妇俩转移到武进等地继续开展革命活动。民国18年和21年，先后两次被捕，关押在苏州监狱。在敌人的酷刑下，坚贞不屈。出狱后，在常州、无锡等地任小学教员、校长，以教书为掩护，继续从事党的地下工作。民国27年，任梅村小学校长，并以此为据点，联络大革命时期的老党员和爱国知识分子，积极投身抗日斗争。中共无锡县委、江南特委领导人到梅村后，梅村小学成为联络站。是年12月，任无锡各界抗日联合会主席兼党团书记，开展统一战线工作。新四军江南抗日义勇军、新"江抗"先后到锡，他组织筹划欢迎大会，发动群众，开展接待、慰劳与支援活动，安置投奔抗日的上海青年和本地青年，参加新四军，组织战地服务团，流动演出抗日歌曲、话剧。梅村地区的抗日活动如火如荼，成为锡东抗日斗争的重要基地。民国28年2月，他与陈东刍、张正觉等人，在梅村创办私立吴风中学。民国29年10月，任抗日民主政府张泾桥办事处主任。民国30年1月，任中共锡北县委委员。2～8月，任锡北行署主任。旋任无锡反"清乡"办事处主任等职。民国31年5月，任锡东办事处主任。后受党组织委派赴上海工作。解放战争时期，先后任苏中江海公学、苏中公学分校、华中公学副校长，华中大学秘书长。

无锡解放后，任市教育局局长，后调任省人民监察委员会秘书长，1956年，任省文物管理委员会副主任委员（主持工作）。"文化大革命"中受冲击。离休后移居上海。1993年12月14日，陈枕白在上海病逝，享年94岁。

诸祖耿（1899—1989）

诸祖耿，原名锡光，字介父，清光绪二十五年（1899年）三月生于无锡东亭。早年就读于东林小学，民国3年（1914年）考入省立第三师范学校。民国6～13年，先后任荡口华氏私立鸿模高等小学教师、教导主任，无锡县立女子师范学校教师。民国13年加入锡社。民国15年，与钱穆、蒋锡昌、施之勉等组织"丙寅读书会"。民国18年，任南通中学教师。民国19年任江苏省立苏州中学教师。民国21年任苏州私立振华女子中学教师。民国23～25年，在章太炎国学讲习会任编辑，编印《制言》半月刊。民国27年起，任私立太炎文学院教授兼正风文学院教授。民国29年任云南大学文学院教授。民国34～35年，任南京临时大学补习班教授、云南大学文学院教授。

新中国成立后，任江南大学教授兼副教务长。1950年后，任省立社会教育学院、苏南文化教育学院教授。1951年，调至省立镇江中学工作。1955年起，调江苏教师进修学院、江苏教育学院任教。1958年，任《江海学刊》编委。1960年被授予"全国文教系统先进工作者"称号。1970年任南京师范学院教授，曾开设中国古典文学、中国文学史、中国诗史、先秦学术概论、古代汉语等课程，其文学功底深厚、基础扎实，授课生动有趣，十分吸引人。他是九三学社成员，省第三、第五届人大代表，省政协委员。出版有专著《太炎先生讲演录》《战国策逸文考》《左传集注》《尚书章氏学》《先秦学术概论》《韩柳文衡》《刘长卿诗编年校注》《虚字通考》《无锡方言考》《水明楼诗稿》《雪瓮文存》等，发表论文《论诗经里的"言"字》《文子考》《李长吉研究》《翁覃溪之诗学》《关于马王堆汉墓帛书类似战国策部分的名称问题》等百余篇。《战国策集注汇考》获全国1980～1990年古籍整理优秀成果奖、1988年江苏省第二次哲学社会科学优秀成果荣誉奖。1989年8月，诸祖耿逝世，享年90岁。

诸福棠(1899—1994)

诸福棠,清光绪二十五年(1899年)十月二十六日生于无锡东亭杨亭村。8岁时在父亲创办的蓉阳小学读书。清宣统二年(1910年),考入上海南洋公学高小班,毕业后升南洋中学。民国6年(1917年)毕业,次年进入南京金陵大学医学预科二年级学习。民国8年,考入北京协和医学院。民国16年毕业,获美国纽约州立大学医学博士学位和"文海"优秀金钥匙奖,留校专攻儿科。民国20年,留学美国波士顿医院从事科学研究。在美期间,首创用胎盘球蛋白预防麻疹,被誉为"全世界儿童的福音"。他遍访美国医学名家,旋赴英、德、法、奥、丹麦等国拜访权威学者,参观著名大学、研究院、儿科医院,参加在英国伦敦召开的第二届国际儿科大会。民国22年,回国任协和医学院教授兼儿科主任。在国际上首先研究成功从胎盘浸出液中提取球蛋白,应用于麻疹被动免疫。民国25年,与上海儿童医院院长富文寿发起建立中国儿科学会,翌年4月成立,诸任会长。抗战时期,北京协和医学院及其附属医院被日军占领后改为日本军医院,他毅然离开,与同事吴瑞萍、邓金洗创办北平私立儿童医院,并任院长和北平大学医学院客座教授。民国35年起,任北京医学院教授、儿科主任。

新中国成立后,任北京医学院教授。1952年,他把与吴瑞萍、邓金洗一起创办的私立儿童医院无偿献给国家。1955年6月,北京儿童医院扩建落成,他任院长。同年,当选为中国科学院首批生物学部委员(院士)。1年后加入中国共产党。1958年,北京第二医学院成立,他协助创办儿科系并创办中国医学科学院儿科研究所,任所长。1972年任北京市儿童医院革命委员会主任。1979年任北京市儿童医院院长。1981年任北京市儿童医院名誉院长。他为中国的儿科医学事业培养数以千计的医师和教学、科研人员,是第一至第六届全国人大代表、北京人民保卫儿童委员会副主席。

诸福棠于60年代研制成功用于麻疹自动免疫的减毒活疫苗,大大降低麻疹发病率和死亡率。著有《实用儿科学》,撰有《胎盘浸出液在预防和减轻麻疹的应用》《麻疹减毒活疫苗的效用》等文,并负责编写《医学百科全书》的儿科部分,多年担任《中华儿科杂志》总编辑。1987年,获全国儿童少年先进工作者奖状、奖品和"热爱儿童"荣誉奖章。1988年,主编的第四版《实用儿科学》获全国优秀科技图书一等奖。1990年获中国福利会妇幼事业"樟树奖"。1994年1月23日,诸福棠在北京病逝,享年95岁。

江应麟(1900—1988)　江一麟(1911—2005)

江应麟,清光绪二十六年(1900年)一月二十二日生于无锡城内百岁坊巷。民国6年(1917年)7月毕业于江阴南菁中学。民国10年7月,以第一名的成绩毕业于上海交通大学土木工程科,并留校当教员。民国11年1月至16年任无锡实业中学校务主任、数学教员,是学校创办人之一。民国16年7月,将原学校的建筑工程部改建为无锡实业建筑工程公司,自任主任建筑工程师。民国18年,又改建为无锡实业建筑工程事务所,他任主任,其弟江祥麟及许楚珍等10人为工程员。其间,曾设计工运桥、长广桥、光复桥、西门桥、吉祥桥;负责建造锡宜公路、锡澄公路无锡段桥梁;设计并建造实业中学校舍、省立教育学院图书馆、南门外明德小学校舍、洛社大中华制种场和庆丰纱厂、丽新棉纺织印染厂、协新毛纺织厂大部分建筑,各厂的水塔,雪堰桥护塘水利工程,鼋头渚澄澜堂、茹经堂,书院弄、东大街自流井等,所设计建造的桥梁、公路、学校、住宅等遍布城乡。民国26年抗战全面爆发后,移迁上海租界。抗战胜利后,建筑事务所在上海再度开张,江应麟和江一麟负责设计,在江南建筑界享有盛名。

新中国成立后,江应麟任华东建设工程公司顾问、主任工程师。1952年,任华东建筑工程局技术处长。1954年，支援西北建设，任西北建筑工程总局技术处副处长、副总工程师，1958～1963年，任上海市第三建筑工程公司总工程师。1963年因病退职。曾撰写《记天下第二泉》一书。1988年，江应麟病逝，享年88岁。

江一麟，江应麟之弟，清宣统三年（1911年）生。教授级高级建筑师。民国23年（1934年），毕业于国立杭州艺术专科学校绘画系及建筑图案专业。三四十年代，在上海和苏南地区设计过一批有影响的纱厂、医院、银楼、商店和具有民族风格的别墅和住宅，有无锡庆丰纱厂汽轮机电气大楼、常州武进医院等。新中国成立后，参与江苏省建筑设计行业的创建工作，组织和指导工业与民用建筑的设计。先后组织设计无锡市政府大楼、无锡市人民银行大楼、江阴县人民大会堂、无锡工人太湖疗养院、南京饭店新楼及南京一批新建、扩建的中专学校的校舍。国庆10周年前，参与著名的北京十大建筑的设计，所作中国革命博物馆设计方案被采纳使用。曾作为设计组长，领导和参与徐州淮海战役革命烈士纪念塔、纪念馆的设计工作。主持设计省委办公厅大楼及镇江、宜兴水泥厂等一批“五小”工程。70年代后期，主持和指导设计的南京五台山体育馆，获1981年国家优秀设计奖和国家优质工程银质奖。还指导和参加南京鼓楼的电信大楼、下关的渡江胜利纪念碑等工程的建筑设计。曾受外贸部委托，组织编写百万字的《援助阿尔及利亚资料汇编》一书，并担任大型工具书《建筑设计资料集》第三册编委。

他从事建筑设计50年，长期担任省建筑设计院副院长兼总工程师，曾任中国建筑学会第二至四届理事、中国建筑学会南京分会副理事长、省土木建筑学会秘书长等职，是省第一届人大代表、第二至五届政协委员，享受国务院特殊津贴。2005年，江一麟逝世，享年94岁。

徐 风（1900—1988）

徐风，原名乐山，字仁斋。清光绪二十六年（1900年）生于武进，后定居无锡洛社。民国7年（1918年）就读于省立第三师范学校，与同班同学钱松嵒结为好友，共同研究艺事。后考入国立中央大学艺术系，为该系首届毕业生。在校期间，得徐悲鸿大师及著名画家胡汀鹭、吕凤子、汪采白、张书旂、潘玉良等亲授，并与同窗吴作人、吕斯百等互相切磋，学业大成。长期从事美术教育工作，先后在湖南、贵州、江苏等地任教。民国32年在贵阳执教时，举办个人画展，徐悲鸿为其作品题写“元气淋漓”，当地报刊称其“笔意及手法均达炉火纯青之境”。

新中国成立后，执教江苏省洛社师范学校。从教同时，坚持国画创作。1978年以后，不顾年老体弱，坚持创作山水画百余幅。《松壑飞瀑》《探枫晚归》等作品，先后被送省、市、县展览会展出，或在文艺刊物上发表。1984年10月，无锡“二泉画苑”精选其作品近30幅赴省美术馆展出。1988年，徐风逝世，享年88岁。2000年6～12月，其子女先后在无锡、上海、南京等地举办“徐风诞辰一百周年美术作品展览”。

李 干（1900—1999）

李干，字芑均，清光绪二十六年（1900年）生于无锡。民国元年（1912年）毕业于东林小学，随家迁北平，就读于北平高师附中及清华学校。民国11年、12年，先后获美国密苏里大学新闻学学士、文学学士学位，民国13年、16年，先后获哈佛大学经济学硕士、博士学位。回国后投身财经界，初任国民政府财政部国定税则委员会委员，兼任交通大学和中央大学商学院教授，英文《中国评论报》特约编辑。民国29年，随宋子文赴美洽商借款及其他援助。民国30年，任驻美国大使馆商务参事。民国34年奉颁胜利勋章。同年，为筹商中美和平通商条约返国。民国35

年,任最高经济委员会副秘书长,嗣调任输入管委会输入限额分配处处长,及行政院输出入临时管理委员会副主任委员。国民36年,以外交部顾问名义再度赴美,任驻美技术代表团团员,后任代表团团长,办理美国经援物资的洽商联络事宜。1949年赴台后,长期从事金融业。1954年,任国际复兴开发银行台湾执行董事,1961年,任"中央银行"副总裁、常务理事等职。为台湾财经金融系统骨干人物,对台湾金融业现代化颇多献议。1975年退休,任台湾"中央研究院"评议员。为台湾无锡同乡会名誉理事。1999年1月,李干在台北逝世,享年99岁。

侯碧漪(1900—2003)

侯碧漪,女,号双湖女史,清光绪二十六年(1900年)生于无锡城内驳岸上,清吏部左侍郎侯桐的曾孙女。她师从"江南老画师"吴观岱,诗文书画因之大进。其同学有顾坤伯、秦古柳、诸健秋等。后又得张大千、王师子指授,入为大风堂弟子。画艺益精,卓然成家。其书法亦精,取经褚遂良、黄庭坚兼隶,间作小楷,有冲穆秀逸之美,为有识之士所赞赏。无论山水、花鸟、人物,无一不能,无一不精。有作品《旧樵石田碧山吟社图》《临李唐晋文公复国图》等。民国总理许世英见之赞叹,称"三百年来闺阁中未见此种手笔"。

民国时期,她曾任无锡竞志女学首席画师。民国15年(1926年),经杨味云、王傅璧介绍,在上海与孟河中医世家费子彬结缘。当时上海《申报》刊登《费侯婚礼志》,并由许世英作证婚人。她在上海举办个人画展,所得资金投资创建上海费氏药厂,并担任总经理。1949年其丈夫南下香港。1950年,侯成为上海市新国画研究会首批会员。1955年,成为上海美术家协会首批会员。1956年,筹建上海中国画院,侯与庞左玉、李秋君、张红薇、陆小曼、陈小翠、周炼霞、吴青霞和陈佩秋等9人成为画院的第一批女画师。同时发起成立上海中国画学会,被公认为中国画学会中的佼佼者。

1961年,她移居香港与夫婿团聚,时有新作,崇拜她的学生颇多,有香港著名影星李香君等。还举办个人书画展,1968年出版《侯碧漪书画集》。1985年,独自从香港回无锡探亲。但昔日同窗师友顾坤伯、秦古柳、诸健秋等都已离她而去。1997年,香港回归祖国,已是97岁高龄的她,积极参加"迎香港回归创美好未来"沪港书画联展,并将所收藏的部分书画作品及书画册等捐赠上海博物馆。2003年8月6日,侯碧漪在香港逝世,享年103岁。2004年5月,"朝花夕拾——海上女画家作品回顾展"在上海中国画院开幕,展出先后曾在画院任职的8名已故女画师张红薇、李秋君、陆小曼、陈小翠、周炼霞、庞左玉、江圣华和侯碧漪的45幅作品。

薛　正(1901—1995)

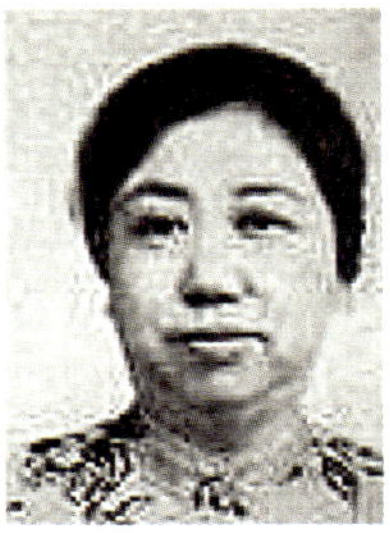

薛正,女,清光绪二十七年(1901年)三月生于无锡玉祁礼社。当时正处于晚清封建时代,推崇女子无才便是德,渴望读书的她女扮男装上学,立下毕生献身女子教育的决心。少年时代,就读于上海启明中学和苏州景海中学。民国7年(1918年),就读于上海圣玛利亚女中,任中学年刊《凤藻》的中英文编辑、主编,发表不少诗文。五四运动中,她第一次从学校走向社会,上街演说、呼吁,从中受到爱国思想的熏陶。入高中时选读教育专科。民国13年,就读于燕京大学教育系,毕业后任美国基督教卫理公会创办的上海中西女中教导主任,后任校长。女中以传授西方文化为宗旨,教师绝大多数是美国人,采用英文版课本。她从加强中文教学入手,提高学生的中文水平;聘请中国教师讲授中国历史、中国地理;组织学生演出中国现代剧《一片爱国心》。为在教育上争取更多自主权,聘请7名中国教师组成校政委员会,一定程度上抵制美国顾问的控制。太平洋战争爆发,美国教会决定解散中西女中,她坚持办学,成立中国人自己组织的校董会。民国29年,赴美国哥伦比亚大学攻读教育学,获硕士学位。民国32年夏,侵华日军"征用"中西女中校舍,她不顾个人安危,先后6次亲赴日本驻沪陆军司令部交涉,未果,仍被强行迁校。民国37年,再次赴美攻读博士学位。

1950年，她回国继续任中西女中校长。两年后，中西女中与圣玛利亚女中合并为上海市第三女子中学，任副校长，1960年任校长。1961～1966年，任上海市长宁区副区长。“文化大革命”中遭受迫害。1972年，年逾古稀的她重返教育岗位。1979年，赴美国、中国香港等地访问，向海外校友和朋友介绍新中国的教育状况和发展趋势，扩大中国教育在海外的影响。出国时用中西女中在美国的存款买回一部分书籍，并将书籍和余款4万美元全部上交。80年代，任长宁区人大常委会副主任。1984年10月，上海市人民政府授予她市三女中终身“名誉校长”称号。1985年，加入中国共产党。1992年，志愿参加全国“希望工程爱心行动”，资助10名贫困地区学生。她还联络世界各地40多位校友共筹资金，资助江西省贫困地区42名初中毕业女生读完高中，被称为“薛正希望工程”。

薛正是中国民主促进会会员，曾任民进上海市委委员、民进中央委员和中央参议委员会委员，上海市第一至第五届，第七、第八届人大代表。撰有《外语教学改革及其发展趋势》《论中国教育现代化》《关于成人女子教育》等论文。1995年5月21日，薛正在上海病逝，享年94岁。

刘　苇（1901—1997）

刘苇，原名尤韵泉，女，清光绪二十七年（1901年）三月生于无锡西漳尤家旦。民国8年（1919年），毕业于无锡荣氏女校图画专修科。同年，考入上海美专学习西洋画。民国11年毕业后，被荣氏女校聘为图画教师。婚后到浙江，任教于宁波中学，兼鄞县女子师范等5所学校课程及鄞东小学校长。民国17年，在宁波举办个人画展，继在上海西园举办蔡元培题字的“青年画家尤韵泉女士画展”，出版《尤韵泉画册》。为逃避不忠丈夫的迫害，一度在上海以卖画为生。上海“一·二八”抗战时，她为十九路军护理伤兵。上海沦陷后，辗转逃亡至武汉、长沙、贵州、重庆。随后加入中国共产党，改名刘苇，并与倪贻德结婚，一起在白区从事进步文化工作。先后任教于国立三中、重庆中学、清华中学和社会教育学院艺术系美术专科。曾深入矿山、农村作画，回重庆举办“刘苇矿山农村速写展览”。

1949年杭州解放后，夫妇俩被任命为接管杭州国立西湖艺专的正、副军代表。新中国成立初期，她为设在上海的华东美术家协会会员。西湖艺专后改为浙江美术学院，任国画系副主任、教授。“文化大革命”中，倪贻德遭迫害致死，刘苇挺过灾难。1973年，任该院图书馆馆长。她擅长油画、石版画，晚年专事中国画创作。1981年离休。1985年，在浙江美术学院陈列馆和江苏省美术馆举办个人画展。代表作有石版画《战友过草地》、中国画《桃》等。她是中国美术家协会会员，曾任杭州市妇联副主席、杭州市人民政府委员。出版有《尤韵泉画册》《尤韵泉花鸟画册》等。1997年12月，刘苇逝世，享年96岁。

唐君远（1901—1992）

唐君远，学名唐增源，清光绪二十七年（1901年）六月初六生于无锡城内石皮巷，为实业家唐骧庭之子，曾就读于上海南洋公学、苏州东吴大学。民国9年（1920年），奉父命中途辍学，参加丽新纺织印染厂筹建工作。民国11年，工厂开工后，先后任考工员、考工主任。民国14年，任丽新纺织印染厂厂长。民国22年，无锡丽新纺织印染厂已成为中国第一家商办纺织印染全能企业，工厂生产的印花布压倒当时在国内竞销的日本货，被《朝日新闻》称为日本棉布在“中国的劲敌”。民国23年，唐骧庭、程敬堂、唐君远、荣尔仁、唐纪云、唐熊源商议集资20万元，后又增资30万元，创办协新毛纺织染股份有限公司，公推唐君远任总经理，于民国24年末开工生产，是中国第一家自纺、自织、自染、自整理的精、粗毛纺织的全能工厂。工厂不生产与日本货相同的市场大路货，而是仿制英国的啥咪呢、马裤呢、花呢等中高档产品，价格低于英国货，在市场上颇受欢迎，产品曾由上海棋盘街呢绒商联合组织联益公司包销。至民国25年末,协新共生产呢绒24万码,获利20多万元。经董事会同意,工厂扩大规模,至民国26年抗战全面爆发时,协新资本增至80万元。民国27年春,唐君远因拒绝日本占领军提出与协新、丽新两厂"合作经营"的要求,被日军关押半月。但他表示"宁为玉碎,不为瓦全",致使厂中机器遭日军毁坏,700多台电动机被抢走。获释后立即赴上海在公共租界内创办新厂。先在上海思南路租地建协新毛纺织厂,又在江宁路租地,开设昌兴纺织印染厂。后又在长寿路创办棉纺厂,成立昌兴纺织印染股份有限公司,由他负责经营。又分别在西康路、江宁路开办信昌毛纺织厂,继续生产与无锡厂同类的产品。直至太平洋战争爆发,日军占领公共租界才被迫停止生产。民国35年,他引进瑞士巴塞尔嘉基颜料厂专利产品"灭蠹"不蛀粉剂,在锡、沪两地生产不蛀花呢,畅销国内各地大商店和外销南洋、印度。

新中国成立后,唐君远任上海毛纺织工业同业公会主任委员,参与上海工商界为恢复生产、发展经济所开展的各项爱国运动,组织认购人民胜利折实公债39万份,并为抗美援朝捐献飞机4架。1954～1955年,无锡和上海的唐氏企业先后实行公私合营,他分别任丽新公司董事长,协新厂经理兼丽新厂经理和上海毛麻纺织工业公司经理。1959年起,主动放弃全部定息。"文化大革命"中受迫害。"文化大革命"结束后,他与工商界同仁一起倡议筹资建立上海市工商界爱国建设公司。1979年,参加上海工商界代表团赴港访问,鼓励其长子唐翔千投资内地建设,在深圳办成特区第一批补偿贸易,在上海办成第一个沪港合资企业上海联合毛纺织有限公司,并成为全国"十佳"企业;在新疆投资创办合资企业天山毛纺织品有限公司,引起港澳工商界的积极反响。

唐君远历任全国政协第三至六届委员,上海市政协第五至七届副主席,上海市工商联第二、三届常委,第四至七届副主委,第八届名誉副主委。曾任全国工商联常委、江苏省工商联副主委,还担任上海投资信托公司副董事长、上海爱建股份有限公司监事长和沪港经济发展协会名誉会长。1992年10月16日,唐君远在上海病逝,享年91岁。

倪小迂(1901—1992)

倪小迂,原名清和,字伯康,号龙髯、庐香山人,以半痴、锄月子、倪逸、小雨、云林后裔、祗陀村人、梅里老人等别号为书画题签或发表诗文。清光绪二十七年(1901年)六月初七生于东亭长大厦,为元末高士、著名画家倪云林二十一世孙。幼年丧父,其母陈氏善刺绣,受其影响,自幼酷爱书画。7岁入私塾,4年后因家贫而辍学,遂发愤自学。16岁起,在无锡学艺女校,仓下、东亭等小学任教。民国9年(1920年),入上海美术国画院,刻苦钻研画艺,兼及雕塑。民国11年,到嘉定企云小学任美术教员。后在南翔公学、国立同济大学附中任教。民国19年,回乡与美专同学李寓合作经营石膏模型厂。民国22年,赴徐州民众教育馆工作,翌年任省立徐州女子师范学校工艺美术教员,兼任省立教育学院工艺专修科讲师。抗战期间,辗转于桂林等地,潜心于模型雕塑艺术,所创作的维纳斯、孙中山、高尔基等肖像神态逼真,引起著名地质学家李四光的重视,特聘他到中央地质研究所雕塑模型,并兼做中央畜牧实验所雕塑工作。民国32年,随中央畜牧实验所迁四川荣昌。抗战胜利后,随中央畜牧实验所迁至上海、南京,兼任省立教育学院副教授,为劳作师资专修科学生授课。

新中国成立后,调北京华北农业科学研究所(1957年改为中国农业科学院),任模型室主任。其间,先后为国家历史博物馆、自然科学博物馆等制作大批模型。1958年,倪小迂奉调到科普协会工作,后因耳聋而改任顾问。1966年退休回无锡定居。"文化大革命"后,致力于雕塑和书画创作,其作品曾多次送往国外展出。山水画承家学,有云林遗意,亦善书法。曾任市政协第六届委员,为中国书画家协会会员、中国老年书画研究会会员、省书法家协会和诗词协会会员,著有诗集《苦趣集》。1992年8月2日,倪小迂在无锡病逝,享年91岁。在倪小迂逝世1周年时,由红学家冯其庸作序的《倪小迁书画集》出版。

张玉寿（1901—1987）

张玉寿，清光绪二十七年（1901年）七月生于江苏沙洲县（今张家港市）。民国16年（1927年）毕业于山东齐鲁大学医科，后在江阴、苏州和浙江嘉兴等地福音医院任职。民国23年到无锡普仁医院工作，历任外科主任、副院长、院长等职。抗日战争时期，因普仁医院被日本人强行接管，他毅然离院在上海挂牌行医。民国37年，赴美国哥伦比亚大学医院进修外科病理，民国38年2月，未等专业进修结束即提前回国。

无锡解放后，他再次出任普仁医院（后改市第二人民医院）院长，并先后任市各界人民代表会议代表、市抗美援朝分会副主任委员、市人大代表、市政协委员、中华医学会无锡市分会副会长等。1956年，参加九三学社，任无锡分社副主任。1980年1月～1983年3月，任市政协第六届副主席。1987年2月25日，张玉寿在北京病逝，享年86岁。

许岱云（1901—1991）

许岱云，字宗岳，清光绪二十七年（1901年）八月二十一日生于无锡东埄许巷，系名塾师许孟养之子。幼承家学，16岁即设馆授徒。民国9年（1920年）冬，就学于南京国学专修馆。次年，任无锡开化乡雪浪仙河头国民小学教员。民国12年夏，调任南桥国民小学教员。同年冬，考入无锡国学专修馆，民国17年毕业。应天津南开大学校长张伯苓之聘，任教国文课程。民国18年春，任武进女子师范教员、无锡开化乡陶巷国民小学校长。民国19年夏，与友钱殷之及国专同学倪铁如和邓季超等在无锡城内锦树里邓氏祖宅创办江南中学。抗战期间，与弟岱青在周新镇开办宏文补习中学和宏文小学。抗战胜利后，江南中学复校。1958年秋退职家居。“文化大革命”中，所藏书籍及文稿均被毁，仅留有《三畏堂劫后仅存稿》行世。唐文治师曾撰赠五十寿序，称其为“及门中最贤能而极知己者”。1991年10月14日，许岱云逝世，享年90岁。

孙辅世（1901—2004）

孙辅世，号棑忱，清光绪二十七年（1901年）九月生于无锡石塘湾。民国元年（1912年），随父移居北京，后就读于北京高师附属中学。民国12年，毕业于北洋大学（今天津大学）土木系。民国12～14年，任上海西门子洋行、上海扬子建业公司工程师。民国16年，获美国康奈尔大学研究生院水利工程硕士学位。同年回国。曾任太湖水利委员会常务委员兼秘书长，扬子江水利委员会总工程师、代理委员长，长江水利工程总局局长。民国20年4月，中国水利工程学会成立，孙为创始人之一，至民国30年，历任中国水利工程学会第一至第七届董事会董事。民国31年，任第八届董事会副会长。

新中国成立后，历任华东财经委员会专员，水利部、水利电力部技术委员会委员、顾问、高级工程师，中国水利学会常务理事、副秘书长、名誉理事。70年代初在水电部当顾问期间，参与水利水电工程项目审查、技术咨询、可能最大暴雨研究等工作，成绩显著，对长江流域治理规划、太湖治理、洞庭湖防洪及长江航道整治等作出贡献。在几十年的水利生涯中，在许多方面有较深的造诣和独到的见解，在中国水利工程学会的会刊《水利》和其他刊物上发表《太湖流域民国二十年之洪水》《河道防洪工程》《美国灌溉垦殖事业发达史》《水稻需水量试验报告》《密西西比河截弯取直之研究》《太湖水利问题》《长江水利问题》《防洪工程的技术经济问题》等多篇论文。1986年退休之后，仍然关注国家水利事业和国家重点水利工程建设。2001年被水利部授予功勋奖。2004年12月6日,孙辅世逝世,享年103岁。

邹景衡(1901—1992)

邹景衡,字匡才,族名荣增。清光绪二十七年(1901年)十一月初十生于无锡后宅西街。少年就读于养正学堂(今后宅中心小学)、竢实小学(今连元街小学),后进江阴南菁中学。民国9年(1920年),考入天津棉业专科学校,毕业后留校。民国11年冬,到中央农业试验场昆虫股任职。民国13年,东渡日本,考入东京高等蚕丝学校制丝科。民国17年毕业,嗣后学工场管理。学成回国,应无锡永泰丝厂之邀佐理厂事。民国24年,无锡各丝厂联合组成公司,他任总技师。在永泰丝厂期间,改造日本御法川式多绪缫丝机及提高女工素质成效卓著。时在美国纽约的永泰公司年销售生丝2500包(每包100公斤),占上海出口总量的一半,并参与创立"万里长城"生丝品牌,继续生产名牌产品"金双鹿"。民国25年,在后宅河北街、东街创办后宅蚕种制造场、泰昶蚕行。日军侵华期间,日方成立华中蚕丝公司,欲邀他出任中方总经理,他托辞蛰居不出。抗战胜利前夕,说服日本同行保留华中蚕丝公司的全部文献资料。嗣后参加江浙皖蚕丝业复兴委员会,办理接收工作。民国35年,任中国蚕丝公司技术处处长,掌管所属各厂制丝技术。民国38年5月1日,赴台湾苗栗定居,与国学大师钱穆为至交。此后,曾在台北工业专科学校任教职。1955年,与人合作将明代宋应星所著《天工开物·乃服篇》译成英文(1980年出版)。1976年,翻译日本铃木三郎《缫丝学》,1977年出版。后潜心研究中国古代蚕业史,研究成果汇成《蚕桑丝织杂考》(上、下册,24万余字)。1992年1月26日,邹景衡在台北病逝,享年91岁。国民党中央副主席郝柏村为他撰写"硕德贻徽"挽匾。

荣独山(1901—1988)

荣独山,清光绪二十七年(1901年)十二月十八日生于无锡荣巷。幼年在公益小学读书。民国4年(1915年)考入上海华童公学,3年后转入圣约翰大学中学部。翌年改入复旦大学附属中学。民国9年9月,考取北京协和医学院预科。民国18年毕业,获医学博士学位,留校任教,兼任放射科医师。他利用放射线能透过人体观察内脏动态的特点,研究呼吸系统的病理生理,新发现侧支呼吸功能。民国20年,就此课题发表论文,为各国医学家所瞩目。民国22年,赴美国华盛顿大学医学院深造。回国后任南京中央医院放射科主任。抗战全面爆发后,参加中国红十字会总会救护总队工作,先后任队长、医务股主任、代理总队长等职,培养大批具有战地伤外科专业知识的医技人员。抗战胜利后,任上海国防医学院放射科主任,开始转向恶性肿瘤的诊治研究。民国35年,赴美国密苏里州立癌病学院研究放射治疗。民国36年冬回国,继续任国防医学院放射科主任、教授,兼同济医学院教授。民国38年初,国防医学院迁往台湾,要求他同去,荣拒绝并离职。

上海解放后,任上海医学院放射学教研室主任和附属中山医院放射科主任。1950年,和谢志光、汪绍训一起创立中华医学会放射学会,同时筹备创办《中华放射学杂志》(1953年9月10日出版)。1952年,协助上海精密医疗器械厂制成国内第一台国产200毫安X光机。抗美援朝时,任上海医务工作者抗美援朝委员会常务委员赴东北慰问。1953年,撰写国内第一本放射学专业书籍《普通X线诊断学》。1955年,在中山医院建立同位素实验室,推广同位素临床应用。同时对严重危害工人健康的矿工职业病矽肺进行研究,并到淮南煤矿、江西盘古山钨矿矿井实地调查。1958年,参与并指导国家第一个矽肺X线诊断标准的制定,并开展纵膈肿瘤、先天性心脏病X线平片诊断、周围性肺癌X线诊断、胃良性恶性溃疡鉴别诊断以及早期胃癌诊断等方面研究。

1956年，赴瑞典参加第五届国际放射生物学会议，回国后编写全国统编教材《X线诊断学》（1961年出版）。主编大型X线专业参考工具书《X线诊断学》。以后又主编《医学百科全书·X线诊断学》（1976年出版，分上、中、下三册），获全国科学大会的奖励。1982年，主编《临床放射学杂志》和《X线诊断学进展》。他培养数以千计的放射科专业人才，许多人成为各地放射专业的带头人。曾指导上海医科大学教研室开展颅脑神经疾病的X线诊断，积累病例，总结经验，与陈又新教授一起在《中华放射学杂志》第一期上发表《脑血管造影术及七十病例之分析》。随后又进行内脏癌瘤的研究。80年代，被聘为无锡市卫生局医学顾问后，组织各科专家到无锡各医院检查指导，赠送无锡市中华医学会一批医学书籍，捐赠两万多元给荣巷医院购置大型X光机。1983年，将落实政策时发还他和夫人林飞卿（细菌学教授）在“文化大革命”期间被扣发的工资6万元全部捐赠给上海医科大学，学校设立“荣林氏奖学基金”。还将多年珍藏的中外文书籍赠给上海医科大学附属医院，并捐赠1万元作为基金建立荣独山图书馆。

荣独山是卫生部医学科学委员会委员、中华医学会放射学会副主任委员、上海分会放射学会主任委员、美国放射学会高级名誉会员，上海医科大学放射学教研室名誉主任、专家委员会委员，是中国临床放射学的奠基人之一。曾任全国政协委员，上海市政协第一至第三届委员、第四至第六届常委，九三学社上海分社卫生工作委员会副主任委员。1988年8月5日，荣独山病逝，享年87岁。病危之际立下“愿将遗体奉献给医学院，作为对医学事业最后的贡献”的遗嘱。

陶寿伯（1902—1997）

陶寿伯，字知奋，号万石、瘦芝、半厂、寒梅圣手，本姓王，从外祖父姓陶。清光绪二十八年（1902年）正月初九生于无锡杨墅园匡村。8岁就读于匡村小学。15岁入苏州汉贞阁碑帖店当学徒，师从唐伯谦、唐仲芳等学碑刻，业余自学刻印。早年业余从江苏耆宿沈恩孚研习孔孟之学，又投篆刻家赵叔孺门下专攻金石，后加入师兄钱瘦铁创办的上海画会。民国13年（1924年）在上海外白渡桥附近一家运输公司当总务。翌年，其刻印作品首次参展杭州西湖博览会。民国16年开始写梅，临摹汪巢林册页及百梅图画谱，并读王元章的梅花。在赵师的指导下习红梅、绿梅、白梅、荷花，也习赵师之马、金鱼等动物，当时已有墨梅专家雅号。为画好梅，除习前人真迹外，经常到梅园研究观察梅的生态。民国19年，应匡仲谋之邀任《上海报》襄理。同年与弟王开霖在上海创办冷香阁印社。翌年又组织绿滕艺社，研究金石、书画。民国20年，他将自己创作和征集到的百余幅作品义卖得款、并由同乡募助的1400余元捐赠给家乡的匡村小学，使贫苦子弟得以免费入学。民国32年秋，在沪举办个人画展，80件展品中梅画有30件。民国34年，回锡在公花园举行画展，所作《墨梅图》笔力雄厚，深受观众赞赏。民国35年，从张大千为师。1950年赴香港，后居台北，从事金石书画。先后在菲律宾、泰国、新加坡、柬埔寨、马来西亚、日本等国家和中国香港、台湾地区举办画展，所画梅花凌风欲起，气韵超逸，神态自然，被誉为“梅王”“寒梅圣手”。其篆刻作品章法谨严，刀法苍劲，气韵流畅，有“海内巨手”“台湾印王”之称。1983年，台北博物馆为他出版画集。80岁生日时，蒋经国向他颁赠寿屏。1991年4月，在故乡无锡江南大学、上海朵云轩画廊先后举办90寿辰画展，为无锡和上海美术界及美术爱好者所瞩目。

他一生勤奋好学，国画、书法、篆刻均造诣高深，其书结体婉转大方、印篆法多变，尤以画梅饮誉海内外，生前创作梅画两万余幅，山水花鸟画和篆刻作品各有万余件。1997年3月10日，陶寿伯在台北病逝，享年95岁。

孙君立(1902—1992)

孙君立，曾用名豫寿，清光绪二十八年(1902年)七月初二生于无锡安镇。民国9年(1920年)，毕业于苏州省立第二工业专门学校，考入上海商务印书馆编译所任编辑，先后译、著《高等化学》《应用化学》和《有机化学》等10余种书籍。民国16年，参加上海工人纠察队，险遭拘捕。后同周建人等组织妇女问题研究会，在《中国日报》主编副刊，又发起创办《新女性》杂志。民国25年，自费赴德国德累斯顿工科大学攻读研究生，并在夸虹人造丝机器厂实习，继而赴明兴格城纺织研究院攻读研究生。民国28年，在德国亚琛工科大学获博士学位，成为中国第一位化学纤维博士学位的获得者。后受聘于德国柏林威廉皇家学院、瑞士巴塞尔山道士化学厂任研究员。民国29年回国，投身于化学纤维工业建设。先应上海美亚丝绸厂之聘，任筹备主任，负责设计人造丝厂。民国35年，在中国纺织建设公司任职，设计化纤工厂，后任中国纺织建设公司处长、专员等职。

1949年9～10月，他参加以胡厥文为团长的东北参观团，赴东北考察化纤工业。1950年后，先后任上海安乐人造丝厂筹备处主任、副厂长。1954年，任纺织工业部毛麻丝局处长，参与国家发展化纤事业的策划与实施。1958年，国务院决定化纤工业归口化工部管理，他随调化工部化工研究院，任纤维室主任。1960年5月，化纤工业复归纺工部管理，转任纺工部纺织科学研究院化学纤维研究室副主任、总工程师。其间，主要从事粘胶纤维和合成纤维原料的研究和开发，是中国粘胶纤维生产创始者之一。1965年，任纺工部化纤局总工程师。1979年，以77岁高龄任上海华东纺织工学院(中国纺织大学)顾问、高级工程师，并任科研处情报室《国外技术》主编、《中国大百科全书·纺织卷》编委会委员、国内第一部大型《纺织词典》副主编和《中国近代纺织史》编委会顾问等职。参与编写《英汉纺织工业词汇》。1985年4月参加九三学社。1986年退休后，还继续发挥余热。著有《人造纤维免皱法》《铜氨纤维针织物光斑消除法》等书。1992年，孙君立逝世，享年90岁。

韦焕章(1902—1990)

韦焕章，清光绪二十八年(1902年)七月十五日生于无锡玉祁方巷。出生两月即成孤儿，由其祖父、叔父抚养。幼年就读于玉祁小学，后就学于私立无锡中学，民国14年(1925年)毕业后考入上海圣约翰大学，后转入沪江大学。民国19年，毕业后任省立教育学院助教，主授英文。民国24年，又报考沪江大学化工系。毕业时已是抗日战争时期，任广西大学化学化工系讲师，兼教育处长。民国31年，到重庆筹办长寿纸厂未果，继而加入开源公司，赴乐山筹建正中纸厂。建成后，公司派他筹建宜宾中国造纸厂，参与选址、原料考察、设计、安装、生产等。民国32年，出任乐山正中纸厂副经理。民国35年，任宜宾纸厂工程师兼总务处长。

新中国成立后，宜宾纸厂更名国营西南造纸公司宜宾六〇二造纸厂，他担任西南造纸公司工程师、宜宾纸厂总工程师等职。主持机械磨木浆系统的生产工艺改造，采用“高温低浓、多用白水”新工艺，不仅产量倍增，质量亦大幅上升。接着，又研究“多用黑液、少用好碱”“细木浆蒸煮”“回收流失纤维制作纤维板建材”等多个技术课题，均获成功。1956年，主持试验和制造喷射式黑液燃烧炉，取代造价高、结构复杂、质量波动的转炉，既降低成本，又减轻环境污染。轻工部为此在宜宾召开全国造纸工业现场会，充分肯定他的技术成果。1958年，主持的“空气湿度对成品质量的影响”研究成果，被轻工部作为制定国家造纸质量标准的参考依据。1958～1961年，应邀出任灌县特种纸厂总工程师兼筹建处副主任，又研制出电容器纸生产技术，填补国家造纸技术空白。1985年，主持研究的“机浆筛渣高浓复磨技术”获四川省科技进步三等奖。主要论文有《烘缸部使用封闭气罩的初步总结》《多烘缸造纸机合纤干网袋通风综述》《新闻纸的制造》等10余篇，发表译文30余篇。曾任四川省人大代表、省政协委员，宜宾市第七届政协副主席，轻工业部技术委员会委员，中国造纸学会理事，四川省造纸学会副理事长等职。1985年，获四川省政府授予的“从事科技工作50年以上荣誉证书”，同年获中国造纸学会授予的名誉理事称号。临终前，把自己收藏多年的造纸书籍全部捐赠给宜宾纸厂。1990年2月21日，韦焕章逝世，享年88岁。

顾谷同（1902—1990）

顾谷同，字询佥，清光绪二十八年（1902年）九月初一生于无锡张泾桥。6岁就读于泾皋小学。9岁时应《申报》馆征文获奖银洋10元。14岁赴上海南洋公学中学部求学，成绩多次名列第一。民国8年（1919年），升入南洋公学电机系，除学会英文外，还自学德文和法文。民国13年，毕业后由交通大学教务长顾惟精介绍到无锡耀明电气公司任技术部主任。在负责远距离高压输电工程的技术工作时，提出在高压输电线路顶部装置避雷器，并加装长距离保护地线，避免雷击造成故障。民国18年初，任浙江省长途电话工程处线路股主任。民国19年7月，赴美国芝加哥自动电话公司实习深造。翌年6月学成回国，进入上海电话公司任话务工程师。不久回无锡任振新纱厂发电厂主任，负责管理发电机组和纱厂机修车间。民国24年1月，任国民政府交通部九省长途电话工程处工务课长，会同各省建设长途电话线，规划各处站台，定购各长途台机器。他与电报局沈福海选择武汉、九江、安庆附近3处最狭端敷放电缆成功。民国25年8月，任武汉大学工学院电机系教授。12月，应国民政府资源委员会电工器材厂筹备处邀请，赴湖南湘潭筹建湘江电厂，因抗战爆发被迫停止。民国28年初，任桂林电工器材厂工程师，次年4月赴昆明协助筹建电工器材厂第三分厂，先后任计划组长、副厂长，技术室主任。民国35年4月，国民政府资源委员会委派赴美国考察电工器材制造技术。翌年回国，任南京电工器材厂技术处处长。

上海解放后，受军管会委托负责电工器材总管理处和上海各分厂的移交接管工作，后调华东工业部电器工业处任技术股长。1953年1月～1957年6月，先后担任上海华通开关厂工程师和总工程师。1956年，任中国电机工程学会上海分会副理事长。1957年7月，调北京任电机部技术司总设计师，他会同有关专家，先后对电度表、大容量直流快速空气断路器等新产品进行技术鉴定，并推进电压表、电流表、微电机、自整角机、中频电源等产品的试制工作。1958年1月，任第一机械工业部技术司副总设计师。1966年，调电器科学研究院情报室工作。1973年1月，被聘任为一机部情报所高级工程师，任《电机工程手册》基础部分的主编，该书获国家科技大会奖和1982年全国优秀科技图书一等奖。1980年后，兼任中国电工技术学会、一机部情报所和《电工技术学报》《电工技术杂志》顾问。先后当选上海市第二届人大代表、上海市长宁区政协委员，第三、五届全国人大代表，第六届全国政协委员。1990年12月10日，顾谷同在北京病逝，享年88岁。

顾毓琇（1902—2002）　顾毓瑔（1905—1998）　顾慰连（1931—1990）

顾毓琇，字诵芬，号古樵，又名一樵，别号樵翁，清光绪二十八年（1902年）十二月二十四日生于无锡城内虹桥下。幼时就读于无锡县立第一高等小学（今连元街小学）。民国4年（1915年），进入清华学校学习。在校期间积极参加五四运动，上街游行示威，声讨北洋军阀政府。读书期间特别爱好文学创作。民国9年，翻译30篇英文短篇小说，第二年又翻译7篇短篇小说和2部剧本。民国10年末，与闻一多、梁实秋、朱湘等成立清华文学社，是文学社戏剧组主席和小说组成员。其间，用“顾一樵”笔名创作1部剧本和21篇短篇小说，民国11年，四幕现代话剧本《孤鸿》在《小说月报》上发表。民国12年，出版中篇小说《芝兰与茉莉》，编导《张约翰》在北平公演，梁实秋担任剧中角色。同年，赴美国留学，在麻省理工学院攻读电机工程专业，获博士学位，是电机系第一位获博士学位的中国学者。他以“非线性控制系统”研究饮誉国际应用力学界。在校期间,发表“四次方程通解法”,在基础数学领域取得突破性成果,后电子计算机所用程序即根据此法。他应用“运算微积分”理论和转换定理分析电机瞬变现象,国际电机理论界将此研究成果称为“顾氏变数”。继而他提出用新的图解法代替微分分析仪分析电机,被国际电机界称为“顾氏图解法”及“顾氏定则”,从而奠定他在国际电机界的地位。他与美国科学家维纳等人开创现代自动化理论体系,被公认为该领域的国际先驱。留美期间,创作话剧《国殇》《荆轲》《苏武》《项羽》等一批剧本。编导的话剧《琵琶记》,由闻一多、梁实秋、冰心等加盟在美国波士顿公演。

民国18年回国后,顾毓琇历任浙江大学电机系教授兼主任,中央大学工学院院长,清华大学电机工程系教授兼主任、首任工学院院长。“一·二八”淞沪抗战,带领学生到南京下关火车站送十九路军参加淞沪抗战。民国26年春,与北京教育界的蒋梦麟、胡适和梅贻琦等12名知名人士发表声明,要求政府“用全国的力量维持国家领土及行政的完整”。民国27年后,历任国民政府教育部政务次长、国立音乐学院首任院长、国立中央大学校长、国立政治大学校长。其间,创作《岳飞》《古城烽火》《白娘娘》等多个剧本。在文艺创作中,弘扬中华民族文化,创作的剧本大多讴歌历史上的爱国英豪,有的还是自编、自导、自演,被誉为“中国现代话剧的发轫人”。还兼任国立交响乐团团长。民国29年,学术界以他的三四八频率为中国的黄钟标准音。他对古典音乐有很深的修养,读破许多中国古代乐谱中的疑难,还曾将姜白石的自度曲谱翻成五线谱,在国际上公演。还是把贝多芬的第九交响乐翻译成中文的第一人。日军投降后,被邀请参加在南京举行的受降典礼。民国34年,在担任上海市教育局局长兼上海交通大学教授时,曾任江泽民的微积分课老师。

1950年,赴美进修并定居,但他一直未入美国籍。1972年3月,获电机及电子工程师协会颁赠的兰姆金质奖章,以表彰他在交流电机和系统瞬变分析方面的杰出贡献。同年末,中国电机工程师学会授予他金质奖章。1973年,国际理论及应用力学会议在莫斯科召开,非美籍不能办签证,无奈加入美国籍。同年,应国务院总理周恩来邀请,回到阔别24年的祖国,并受到周恩来的接见。他在文艺领域的影响也遍及海内外,1975年,获巴西人文学院金质奖。1976年,第三届世界诗人大会授予他“国际桂冠诗人”称号。他还是佛学家,经半个多世纪研究,出版《禅宗师承记》和《日本禅宗师承记》等专著。1979年,以英文巨著《禅史》震撼国际佛学界。

1973～1996年,他先后8次应邀回国出席国庆、大学校庆、讲学等活动,为祖国的建设献计献策,并与夫人王婉靖女士5次回到故乡无锡探亲。1991年,北京中央音乐学院举行他的作品音乐会。中共中央总书记、国家主席江泽民在1997年访问美国和2000年出席联合国会议期间,曾两次探望顾毓琇。2000年11月20日,顾毓琇将国际电工和电子学会表彰颁发给他的“巨比利奖”和“千禧奖”的奖牌交给到访的清华大学校长,并将4000美元捐赠给清华大学做学生奖学金。2001年,人民大会堂再次举办顾毓琇作品音乐会,中共中央总书记、国家主席江泽民,国务院总理朱镕基等出席。同年,“锡山樵翁百龄堂”在吴文化公园落成,展出他的照片、著作、题词、贺信等300多件。自20年代始,先后出版小说、戏剧、诗词、宗教、音乐著作80余部。1961年台湾出版有《顾一樵全集》12册,2000年国内出版《顾毓琇全集》16册。2002年9月9日,顾毓琇在美国病逝,享年100岁。

顾毓瑔,字一泉,号玉泉,系顾毓琇之弟。清光绪三十一年(1905年)二月十五日生。民国18年(1929年),在美国康奈尔大学研究院获工程硕士学位。民国20年获工程博士学位。回国后,先后任南京中央大学工学院机械系教授、中央工业试验所所长、全国经济委员会秘书长、国民政府实业部次长等职。民国37年,任中国纺织建设公司总经理、科技界国大代表。他首次采用粉末冶金材料制造织布机的含油轴承。上海解放前夕,他接受中共地下组织的爱国护厂教育,保全中纺公司的设备、物资和资料,保存400万美元的外汇,使上海解放后第3天纺织系统就恢复正常生产,为克服解放初期的暂时困难,恢复国民经济建设做出贡献,受到中共中央的嘉奖。

上海解放后，留任上海纺织建设公司总经理，后任中国纺织机械制造公司总经理，兼任华东纺织管理局顾问。1952年，曾受到不公正的处理。1957年9月，任纺织工业部顾问。他充分发挥长期从事纺织机械技术工作的优势，主持设计47种锦纶长丝制造机械设备，并领导和组织电子管钻空机的设计和制造，获得科技成果奖。1961年加入民革。“文化大革命”中，他受打击和迫害，被关押5年。1976年，任上海市纺织机械器材工业公司总工程师。1979年，任上海市纺织机械研究所顾问。中共十一届三中全会后，他不断写信给国外的亲友，并与台湾国民党上层人士保持经常联系，向他们宣传中共的政策和大陆的大好形势，宣传“一国两制”的基本方针，主动争取在海外的亲友回国讲学和参加工作。他动员其二哥顾毓琇回国访问和讲学。还多次联系美国友人和华侨，帮助国内的科技人员出国深造和引进先进技术，收集、整理国外纺机行业的技术资料，并促进对外贸易。1981～1982年，他作为美国宾夕法尼亚大学华顿管理学院访问学者，师从诺贝尔经济学奖获得者克莱因教授。1983年8月，任上海市纺织工业局技术顾问。1984年，受民革中央表彰。1989年，被评为高级工程师，获“上海市民主党派工作积极分子”称号。1990年，享受政府特殊津贴。1991年7月退休，1993年8月改为离休。晚年仍以高龄参加重要社会活动。1995年，撰写《纪念抗日战争胜利50周年》一文，回忆中央工业试验研究所（1934～1948年）在抗战时期的事迹。他撰写的《为耕牛请命——第六届全国政协大会的发言》，被北京科技电影厂拍摄成科教片。《参观视察上海污水处理后的建议》《展望香港的经济》等意见，受到有关部门的重视和好评。他还编写有《中纺公司起义迎上海解放》《中国代表拒签巴黎和约的经过》《30年来中国之机械工业》《建国十年来上海纺织技术》《美国的纺织工业》等资料。

顾毓瑔历任民革上海市委第六、七、八届常委，民革中央第五、六届委员，民革中央第七届监察委员会常委、第八届监察委员会副主席、第九届委员会顾问，上海市政协第五、六届委员，全国政协第六、七届委员。还担任中国国际人才交流协会理事、中国和平统一促进会理事、上海市海外联谊会常务理事、宋庆龄基金会理事、上海市欧美同学会副会长、康奈尔大学校友会会长等社会职务。1998年，顾毓瑔病逝，享年93岁。

顾慰连，顾毓琇长子，民国20年（1931年）1月17日生于浙江省杭州市。民国34年，在上海南洋模范中学读书时积极参加爱国进步学生运动，于民国37年参加中国共产党。在他的影响下，二弟顾慰庆及大妹顾慰文也先后参加中国共产党。1949年高中毕业后，按党组织的指示考入光华大学求学并做党的工作。后转入复旦大学农学院学习。1952年全国高校院系调整，随农学院迁至沈阳农学院学习。1953年毕业后，留校任教。同年9月，在北京农业大学（后为中国农业大学）研究生班深造。1956年学成后，到沈阳农学院（后为沈阳农业大学）任教，先后任讲师、副教授、教授、博士生导师，农学系主任、教务长，校长兼党委副书记，国家重点实验室主任。1973年，受到国务院总理周恩来接见。曾任国务院学位委员会农学科评议组成员、农业部科学技术委员会委员、中国农学会副理事长、辽宁省科协副主席、辽宁省委及辽宁省政府科技咨询组成员、沈阳市政府科学技术顾问、辽宁省侨联副主席。他在教学研究中，对作物栽培学、玉米栽培育种和良种繁育、玉米生理等方面造诣突出，主持并参加编写全国统编教材《作物栽培学》《作物生理学》《作物生理学导论》，撰写《玉米》《玉米矿质营养学与杂种优势》等专著，还合译著作7部，发表论文40余篇。他所负责的作物生理实验室成为国家教委重点开放实验室，以他为学术带头人的作物栽培学与耕作学专业成为国家教委重点学科，先后培养出10名硕士和6名博士。

1990年9月29日，顾慰连因积劳成疾不幸逝世，享年59岁。中共中央总书记江泽民为此致函顾毓琇，并赠诗慰问：“惊闻慰连遭早折，百曲不挠意志坚。人生自古难无憾，率领儿孙永向前。”顾毓琇含悲赋诗二首答谢，其中一首为：“从来生死由天定，农学阐扬励志坚。菊酒奠儿挥老泪，白山黑水梦魂间。”1991年,顾毓琇出资在沈阳农业大学设置“顾慰连纪念奖学金”。

强锡麟(1903—1996)

强锡麟,字粹君,清光绪二十九年(1903年)四月生于无锡。早年就读于无锡私立迪侯中学。民国11～13年(1922～1924年),在无锡丽新纺织厂工作。民国14年,工厂调派他驻上海营业所担任推销员。民国17年,辞职在沪经营棉布批发。民国18年起,先后开设华丰染织厂(后为上海第十七漂染厂)、光明染厂、华丰一厂(后为上海化纤五厂)。民国21年,任华丰纺织印染公司总经理,以创制印丹士林布、爱国蓝布而闻名。抗日战争期间,因工厂被迫关闭,在大夏大学经济系攻读工商管理,获法学士学位。其间,作为上海私立夏光学校校董,设立强氏奖学金资助贫寒学生。民国34年9月,创办力生铁工厂。翌年5月,工厂改名力生自动织机制造厂(后为上海采矿机械厂)。曾任上海机器业公会理事、上海染织业公会常务理事。民国38年4月,中共地下党组织私营厂商代表成立沪西各厂商护厂联防会,他积极参加,真心拥护共产党,欢迎解放军。6月,经胡厥文介绍加入中国民主建国会。

新中国成立后,他在党和政府的教育及胡厥文的影响下,把上海解放前夕调往香港的棉纱等物资运回上海。1950年遭“二六轰炸”后,上海工业困难,他立即集中国内外订货的所有资金扩大纺织厂再生产,推动全市纺织工业发展。抗美援朝中,带头捐献22.6亿元(旧币,1万元折合新币1元,当时15亿元可买1架战斗机),以后又认购公债75亿元。1954年,带头申请公私合营,他的工厂成为上海市较早公私合营的企业,并当选为上海市人大代表。翌年,他在市人代会上率先宣布放弃定息用作社会福利。1965年病重时写下“死亡预嘱”,除留给夫人5万元外,其余财产全部交给人民。夫人去世后,将这5万元上交国家。他将斥资建造的宜川三村部分住宅送给老工人居住,自己仍住20多平方米(含卧室及会客室)的老房子。“文化大革命”结束后,将发还的被抄财产40多万元为职工建造89套计6000多平方米新工房。80年代初,又将发还的15万元认购市爱国建设公司公债,至1984年连同本息共20万元全部上交国家。1985年,得知放弃的定息仍留存在各企业,即办理上缴国库手续。至此,夫妇俩共上缴国家161万余元创办社会福利事业。他是上海市工商联第一至第五届常委,曾任中华全国工商业联合会第五届执行委员会常委。1989年,撰写《普及管理学》,总结一生办厂经验。是年,以86岁高龄加入中国共产党。1992年,任上海市老年基金会顾问。1996年8月3日,强锡麟在上海病逝,享年93岁。

吴渠渌(1903—1987)

吴渠渌,清光绪二十九年(1903年)十一月生于无锡东湖塘,8岁丧父,由舅父抚养长大。民国12年(1923年)毕业于省立第三师范学校,民国14年,毕业于省立数理化专科师范,任江阴县立中学教务主任,并教数理化生物诸课。民国23年,任无锡师范学校教师,并在私立竞志女中兼课。无锡沦陷后,在上海租界参与筹建无锡师范沪校,因公费无着,仅以学生的学费维持教师清苦生活。民国28年,在大中中学兼课。民国31年,在富中染织厂教印染化学课程并参加壬午应用化学研究所工作。民国33年,任位育中学数理化教师,在物价飞涨、工作繁重的条件下,课余还编写《师范算术》《科学国防新知识》《近代物质文明》,由上海永祥印书馆出版。抗战胜利后,民国34年10月无锡师范回锡复校,吴渠渌回校复职。

无锡解放后,他被选为无锡师范校务委员会副主任委员。1951年调苏南工农速成中学工作,参加编写《中学数学参考资料》,出席教育部召开的速成中学教育会议,主编全国通用的《速成中学数学教学大纲》,还兼任江苏师范学院的几何课程,编辑出版《平面几何》《立体几何》《高中代数》《三角》

等教学参考书。1955年回锡师任教，翌年，获无锡市社会主义建设先进工作者奖章。1957年江苏师范专科学校成立，任数学科主任，后师专迁徐州，改为徐州师范学院（今江苏师范大学），任数学系副主任。1959年，调无锡师专任教。1962年，调无锡教师进修学院，讲授几何研究、积分、数学逻辑、几何变换等课程。数学家华罗庚到锡讲学，他协助华在协新毛纺织厂推广统筹方法，使数学理论直接为生产服务。多次被评为市先进工作者、优秀教师，毕生从事教育工作，著有多种数学教科书，为发展教育事业做出贡献。1973年退休。

吴澡渌求学时期，曾参加五四运动。1957年2月，参加中国民主促进会，并参与市民主促进会成立筹备工作，历任省民进第二届常委，市民进第一届副主任委员，第三、四届主任委员，市第一届人大代表，市第八、九届人大常委，省政协第四届委员，市政协第一、三、四、五届委员，1980年1月～1983年3月，任市政协第六届副主席。1987年4月，吴澡渌逝世，享年84岁。

周福林（1903—1987）

周福林，清光绪二十九年（1903年）生于江阴顾山周东庄。20岁时拜上海被誉为“小热昏”艺人“一代宗师”的陈长生之子陈国安为师，艺名筱福林。艺成返锡，成为“小热昏”传入无锡的第一代人。在无锡周山浜开设“翠云斋”梨膏糖店铺，平时在崇安寺三圣阁、周山浜、交际路等地定点定时演唱卖糖，有时还自置船只，往返于常熟、苏州、常州等地演唱卖糖。无锡沦陷期间，因无糖可卖而改为卖唱。

周福林文化水平不高，但能自编自唱，尤擅编唱时事新闻，曾编唱《十九路军蔡廷锴》《盛杏孙（盛宣怀）卖铁路》和根据无锡实事编唱的《一条黄瓜三扁担》《陈金坤（游击队）打死杨高伯（伪县长）》等。还能演唱长篇故事《阎瑞生与黄莲英》《黄慧如与陆根荣》，历史故事《林则徐灭鸦片》等。他的“新闻调”也很出名，尤工“快板”连唱10多分钟，直至博得听众的喝彩声收场。新中国成立后，在市文联的组织下，积极参加各项活动，说唱爱国卫生、“除四害”、抗美援朝捐献飞机大炮等重大事件，爱好文艺的青年纷纷学唱。“文化大革命”期间辍艺。他是参加市首届文代会的唯一一名街头曲艺艺人代表。1987年，周福林病逝，享年84岁。他的女儿周仁娣从小随父卖唱，周仁娣的儿子尤红泉、女儿尤春仙及孙子尤璐也在无锡传承“小热昏”演唱。

施锡恩（1904—1990）

施锡恩，清光绪三十年（1904年）一月初九生于江苏吴县，幼年落籍无锡。早年就读于无锡明德小学（今南长街小学）、苏州东吴大学附中。民国9年（1920年），进入东吴大学。民国18年，毕业于北京协和医学院，获医学博士学位。民国18～22年，任协和医院外科住院医师、外科总住院医师。民国22～24年，赴美国斯坦福大学医学院留学。回国后，任协和医院泌尿外科医生、讲师。民国25年，成为国际泌尿科学会会员。民国26年，晋升为副教授。翌年，担任代理主任，协助谢元甫办好泌尿科。民国28年，再次赴美国芝加哥大学医学院深造。同年被选为美国自然科学荣誉学会会员。民国31年，协和医院停办后，他转到天津行医。此后，历任河北医学院、天津医学院泌尿科教授，天津人民医院、天津市纺织医院、天津第一中心医院的泌尿科主任。抗美援朝时，组织天津市志愿医疗队第三大队，任大队长。

施锡恩毕生从事泌尿外科的医疗和研究，成绩卓著，是中国泌尿外科学创始人之一。50年代编著《泌尿外科学纲要》《泌尿外科学常规》《泌尿外科学进展》《热带病学》《中国医学百科全书》《外科学》（泌尿科部分）等专著。60年代与学生吴阶平共同编著中国第一部泌尿外科学著作《泌尿外科学》。共发表论文50多篇，其中10篇刊登在国外的专科杂志上，其《重复肾和输尿管》《肾细胞癌的转移》《下腔静脉后输尿管》《皮样囊肿向膀胱穿孔》等论文，科学价值很高，国际外科杂志给予很高评价，对泌尿外科发展做出贡献。他研制的“二氧化锡新膀胱造影剂”，1978年获全国科学大会科技成果奖。

他是天津市第九、十届人大常委，第十一届人大代表，九三学社第六、七届中央委员，第八届中央参议委员会委员。1990年9月11日，施锡恩逝世，享年86岁。

章渊若（1904—1996）

章渊若，原名浩奎，字星拱，号力生，清光绪三十年（1904年）五月初九生于无锡杨墅园。先后毕业于无锡匡村小学、中学，上海复旦大学。后留学法国巴黎大学，获法学博士学位，曾考察英、比、德、瑞士等国的政治。回国后先后任中央大学、东吴大学、上海法政学院教授，国立劳动大学社会科学院院长，南京市政府、上海市政府秘书，广东省设计委员会主任。他的文章得到国学大师章士钊的欣赏，称赞他“文气浩然”。在政府任职期间，又被称为“政略家”，有“小戴季陶”的绰号。20年代末30年代初，与罗隆基展开三轮关于中国制宪中人权与民权概念的论战。抗战期间，任国防最高委员会参事、南洋华侨协会秘书长、国民党中央党部秘书、中央宣传部秘书长等职，为国民大会代表。其间，受牧师计志文之邀聘，赴印度尼西亚玛琅的圣道神学院任教授，后又赴美国哥敦大学神学院读书。抗战胜利后，获抗战胜利勋章。民国36年（1947年），受荣德生、荣一心委托，筹办江南大学，为首任校长。民国37年8月，任国民政府侨务委员会副委员长，后升任委员长。

新中国成立后，由新加坡赴美国定居，从事教育工作，至80岁时退休。后赴加拿大讲学，被誉为“迁、谦、潜、专”的学者。著有《人文主义批判》《现代法制概论》《现代立法原理》《现代宪政论》《章力生政法论文集》《中国民族之改造与自救》《自力主义》《民族复兴之基本原理》《建国庸言》《宪政之道》《宪政之原理与实践》《章渊若政法论文集》等书，并在《东方杂志》等期刊上发表论文百余万字。皈依基督教后，写成中英文专著四五十种，其中有《总体辩道学》4卷，并有《系统神学》8卷。1996年，章渊若病逝，享年92岁。

谈家骏（1904—1990）

谈家骏，清光绪三十年（1904年）八月生于无锡堰桥。18岁时在上海锡昌机器厂当学徒，第二年转至无锡冯顺昌机器厂，民国13年（1924年），升领班技师。民国18年，与陶志良、王炳生等人集资创办无锡合众铁工厂，制造内燃机、缫丝机械。民国22年，仿德国“道驰”牌柴油机，试制成功四冲程柴油机，俗称“冷进车”，质量比“大头”柴油机迈进一大步。无锡沦陷前，转移至内地，先于湖南衡阳协助吴士薰创办立达机器厂，致力于造纸机械和汽车配件的生产。民国33年，在重庆筹建循规机械厂，生产汽车用活塞环，为抗日提供军需服务。抗战胜利后返回无锡，重振合众铁工厂，终因战争祸害，企业连年亏损，资不抵债。

新中国成立后，建立无锡机器行业第一联营处，出任主任委员，主持仿联邦德国36型柴油机的研制，攻克许多技术、材料、工艺等方面的难题。1955年，任无锡动力机厂副厂长。1956年，任市第二工业局副局长。先后主持油泵油嘴、滚动轴承等新产品的开发研究，为试制成功英国风冷式柴油机，支援国家经济建设做出突出贡献。1990年12月，谈家骏逝世，享年86岁。

薛暮桥（1904—2005）

薛暮桥，原名薛与龄，曾用名薛雨林，清光绪三十年（1904年）十月二十五日生于无锡玉祁镇礼社。7岁进培本女塾，民国7年（1918年）夏毕业于无锡县立第二高等小学（今东林小学），后考入省立第三师范学校。读初二时，父亲因被逼债而自尽，半年后辍学投考沪杭甬铁路局练习生。民国15年，任杭州笕桥站站长。民国16年3月，加入中国共产党，投身工人运动。“四一二”事变后被捕，在狱3年半中刻苦攻读经济学，学习世界语等方面知识。出狱后于30年代初，追随陈翰笙从事农村经济调查，并就家乡礼社情况撰写第一篇经济调查报告《江南农村衰落的一个缩影》。民国22年，加入中国农村经济研究会，主编《中国农村》月刊，在刊物上刊登大量调查报告及论文，论证变革土地制度的必要性。民国27年，和夫人罗琼到皖南新四军军部，任教导总队训练处副处长，抗大华中五分校训练部部长、总分校代理政治部主任。其间，编写《中国革命的基本问题》和《政治经济学》。《政治经济学》被刘少奇指定为干部读物和学校教科书。民国31年，他就农村经济研究会工作及农村改良主义问题写信向刘少奇请教，刘少奇予以回信答复。民国32年，任山东战时工作委员会委员兼中共山东分局政策研究室主任、山东省工商局局长。在主持山东根据地经济工作时，提出停止使用法币，兑换抗币，从而保证抗币币值和物价的稳定。民国34年，任山东省政府秘书长兼实业厅厅长等职。民国36年10月至1949年10月，任华北财经办事处副主任兼秘书长、中央财经部秘书长。在山东与华北工作期间，他独创“物资储备”的货币理论，并用于实践。

新中国成立后，历任中共中央和政务院财经委员会秘书长兼私营企业局局长、国家工商行政管理局局长、国家计委副主任、国家统计局局长。他较早研究价值规律作用。1953年，发表《价值法则在中国经济中的作用》一文，提出计划管理的范围不能无限扩大，必须正确运用价值规律，并在适当范围让价值规律自发调节，纠正计划管理工作中的主观主义。他直接参与国家第一、第二个五年计划和若干重要文件的起草和执行工作，数次参与经济调整工作。1955年，当选为中国科学院哲学社会科学部学部委员。1958年，任国家经委副主任。1962年，任全国物价委员会主任、中共中央财经领导小组成员。“文化大革命”期间，曾两次下放到湖北襄樊“五七”干校“劳动改造”，在“牛棚”中撰写著作。1976年起，任国家计委顾问兼经济研究所所长，到各地调查研究。70年代末，撰写出著名的《中国社会主义经济问题研究》，探讨中国社会主义经济建设的历史经验，强调调整国民经济和进行经济体制改革的必要性，并针对社会主义经济建设的重大问题，提出自己的见解。该书当时发行1000万册，成为国家经济体制改革的启蒙材料，并被译成多国文字。1980年起，任国务院经济研究中心总干事、国务院价格研究中心总干事、国家体制改革委员会顾问、国务院发展研究中心名誉主任。他是经济体制市场取向改革的坚定倡导者和积极推动者，就突破传统计划体制框架向中央提出重要的政策建议，系统地提出推进经济体制改革的具体措施，为改革开放做出突出贡献。1980年，他为国务院体制改革办公室主持起草《关于经济体制改革的初步意见》，发出中国经济体制市场取向改革的先声。是年12月，他在中央党校作《再论经济结构和经济管理体制的改革》的报告，提出要在社会主义公有制为主体的基础上，建设多种经济成分并存的社会主义经济，这在当时是思想观念上的一个重大突破。

薛暮桥是第一至第三届全国人大代表、第六届全国人大常委、第五届全国政协委员。主要著作还有《中国农村经济常识》《论新民主主义经济》《社会主义经济理论问题》《我国国民经济的调整和改革》《按照客观经济规律管理经济》《我国物价和货币问题研究》等。1994年，国务院发展研究中心、国家计划委员会联合举行祝贺薛暮桥从事经济工作和经济理论研究50周年座谈会。1998年，中国价格学会设立“薛暮桥价格研究奖”，当年12月6日，首届研究奖在北京颁奖。2000年5月，由中国社会科学院经济研究所等单位举办的“影响新中国经济建设的10本经济学著作”学术研讨会在南京举行，他的《中国社会主义经济问题研究》入选。2004年1月25日，国务院总理温家宝专程到北京医院看望他。2005年3月，获中国经济学贡献奖。获奖后，他及其家人把奖金捐给山东省沂水县，帮助当地筹建希望小学。2005年7月22日，薛暮桥在北京逝世，享年101岁。有《薛暮桥回忆录》行世。

黄怀觉（1904—1988）

黄怀觉，原名银根，清光绪三十年（1904年）十二月初九生于无锡硕放乡建丰村。3岁丧父，生活靠母亲支撑，他读了三四年私塾，13岁即到苏州真赏斋碑帖店随黄吉圆学艺。对刻碑、拓碑、裱帖、摹拓钟鼎彝器全形经及治印、修复古籍书本皆专心研习。出师后，历游大江南北，耕耘于金石碑帖园地，结交文人书画家，技艺日益精湛。苏锡地方衙署的告示碑、安徽合肥李经迈的望云堂匾额、杭州顾养吾家的佛像均出自他手。其裱工亦为行家赏识，陈眉公所藏金石拓本、刘体智（晦之）所藏陈奕禧书册、吴湖帆所藏名碑董美人墓志和张玄墓志合刻本都由他装裱。民国12年（1923年），黄怀觉应张謇之邀，与王桂轩同赴南通刻家诫碑及倚锦楼石屏铭。民国14年，为著名藏书家铁琴铜剑楼主人瞿良士刻铁琴铜剑楼匾额及瞿书写的《学艺所碑记》，以及顾冠玉书写的《重修昭明读书台记》等。瞿良士去世后，其墓志铭也是他所刻。民国18～27年，在常熟经营保学斋碑帖店。民国24年，刻张謇所书的《捐赠荡田记》等，观音岩历代名画家所绘的32尊观音像也全由他镌刻。到上海之后，吴湖帆又请他刻潘夫人行状和潘夫人遗作《千秋岁词》。不久，吴湖帆又将唐代张继名作《枫桥夜泊》一诗请当时的国史馆馆长张继重录诗文，由他刻后置于姑苏寒山寺中，一时传为佳话。黄还应上海刘体智之聘，为其家藏彝器摹拓全形，凡数十件装订成集。后又刻菲律宾《信原大成（乘）殿记》。

1954年，他在上海为陈毅刻所书革命烈士碑及吕凤子所绘鲁迅像、孙中山像、列宁像、瞿秋白像，珂璜所书毛泽东诗词、郭沫若诗、朱德诗等，都刻出新的水平。1956年，应聘在上海市历史文献图书馆担任装裱和拓碑工作，经他装裱和整修的名人手札、著名典籍的刻本和珍贵碑帖有数十种之多。1970年，在上海朵云轩专为镌刻毛泽东诗词手稿。1979年，在上海图书馆退休后，即应西安市碑林之约，赴西安精拓历代名碑刻。尔后又受聘杭州督刻岳飞手书、诸葛亮前后《出师表》，相继刻成唐阎立本画《杨枝观音》，唐贯休绘《十六尊者》，当代唐云画《墨竹》，程十发画《屈子行吟图》，灵隐的五百罗汉，普陀山历代观音宝像等。为上海玉佛寺刻董其昌书《四十二章经》《释迦如来成道记》，又刻《松江佘山烈士墓碑》《黄道婆碑记》，为无锡刻《神仙千梦碑》等。所刻碑帖，刚柔虚寒气韵，无不精妙，富有创新。刘海粟曾有"眼下无人能望其项背"的赞语。其代表作有《张骞荷锄图》《狼山大圣像》《枫桥夜泊诗》《刘海粟铁骨梅花图》《程十发屈子行吟图》等。1988年3月5日，黄怀觉病逝，享年84岁。

章剑慧（1905—1999）

章剑慧，名桓，号尚周，清光绪三十一年（1905年）正月初五生于无锡城区小河上。民国12年（1923年），毕业于无锡公益工商中学，后由表兄李国伟推荐进入汉口荣氏申新纺织四厂当实习生。民国15年，参加美国万国函授学校纺织科自学，取得结业证书。民国19年起，历任申新四厂副厂长、工程师、厂长兼总工程师。抗战全面爆发后，任申新四厂、福新五厂内迁指挥，在渝建成庆新纺织厂，任厂长。后任申四重庆分厂副经理。民国28年初，又与李国伟一起前往宝鸡，把汉口搬迁至此的机器建厂复工，并创办宝鸡铁工厂、宝鸡宏文造纸公司，又接办从无锡经汉口迁至重庆的原无锡公益铁工厂，以制造纺织、面粉机器设备，还在重庆创设建成面粉公司。民国31年，与李国伟一起在陕北勘探煤源，开办宝兴煤矿公司，至民国33年因运输困难而停产。短短几年，申四、福五扩展到10多家工厂，经营范围从棉纺、面粉发展至机器制造、造纸、煤矿、陶瓷、毛纺等行业。为统一管理，李国伟设立申四、福五、建成、公益、宝兴（后改宏文）五公司总管理处，章任副处长。其间，还与人合办中国工业联合保险公司，参与组织迁川工厂联合会并任理事。曾参加重庆赴西北工业考察团，为新疆草拟发展纱、粉两项工业发展计划，在当地报纸上发表。抗战胜利后，章剑慧任经济部接收委员，赴沪主持接管13家日本纱厂。民国35年7月，奉命以资方代表参加加拿大国际劳工会议，又赴瑞士参加国际纺织会议。会后前往英国、法国参观。其间，他先后协助李国伟在上海开办建成面粉厂、海新贸易公司、中国工业保险公司；在重庆购买军政部纺织厂，改设为渝新纺织厂；与友人合办长江轮船公司；协助友人在上海创办毛纺厂，在江阴创办纱厂等。上海解放前夕，章剑慧出面担保、营救在沪被捕的原《中国工业》杂志主编、无锡籍经济学家、中共地下党员张锡昌。武汉、重庆解放前，他主持下的两地纱厂员工共同努力，实行护厂，维持生产，迎接解放。

新中国成立后，任西南财经委员会委员、重庆市政协委员、重庆市工商联委员、重庆市纺织业联合会主席等职。1950年，作为西南区代表，出席在北京召开的全国税务会议、全国纺织会议。1951年3月，他到香港，应友人邀请先后在香港为万氏创建东方纱厂，为陈氏协创南丰纱厂。1957～1959年，协助陈廷骅办纱厂，纱锭由5000锭扩充至5万锭，是当时香港最大的纱厂。1960年，为吕氏创建南大纱厂、毛纺厂、针织厂。1966年，协助姻亲在香港创办面粉厂。1971年起，转向东南亚发展。在新加坡，应南大集团吕超民邀请，接受日本帝人公司代管的新加坡纺织厂。在印尼，协助友人创办橡胶厂、灯芯绒厂、手套厂、纱厂、布厂及牛仔布厂等。1982年，回香港定居，担任南大纺织厂副董事长兼顾问，将该厂的先进纺纱设备介绍给武汉。他多次回大陆参观访问，为内地提供咨询服务。1999年5月，章剑慧在香港逝世，享年94岁。

曹安和（1905—2004）

曹安和，女，清光绪三十一年（1905年）六月初五生于无锡。民国8年（1919年）考入无锡女子师范学校，曾随表兄杨荫浏学唱昆曲，并自学琵琶。民国13年，毕业后被萧友梅破格录取于北京师范大学，师从刘天华、杨仲子学习琵琶，兼修钢琴及音乐理论。民国18年，毕业于国立北平大学女子文理学院音乐系，后留校任教，同时兼国立北平大学艺术学院讲师，后任国立音乐院教授。曹安和长期从事中国传统音乐研究和琵琶、昆曲的演唱、演奏与教学，是三四十年代乐坛上仅见的女琵琶演奏家和教育家。无论是在演奏技法还是理论上，她都潜心研究，把毕生的精力献给中国的民族音乐事业，尤其在挽救民族音乐遗产上做出很大贡献，是中国民族音乐学界一位不可多得的人才。

新中国成立后，曾任中央音乐学院教授、研究室主任、中国艺术研究院音乐研究所顾问、研究员。作为一代音乐大师杨荫浏先生的学生和助手，她协助杨荫浏整理大量的音乐作品，使许多散落在民间的乐曲得以保存。1950年，与杨荫浏一起回无锡，他们在无锡城一座僻静的庙宇中，用老式录音机录制无锡民间艺人瞎子阿炳（华彦钧）创作、演奏的包括《二泉映月》在内的6首乐曲，由她整理成曲谱，1952年由万叶书店出版，书名为《瞎子阿炳曲集》，还合作整理《夕阳箫鼓》。此后她长期与杨荫浏合作，合编《昆曲鼓板节奏谱》《文板十二曲》、苏南大套器乐曲《吹打》《单弦牌子选》《弦索十三套》《定县子位村管弦曲集》《苏南十番鼓曲》，合作整理南北昆曲演唱谱《关汉卿戏曲谱》《西厢记四种乐谱选曲》。1981年，两人又合作完成《中国古代音乐史稿》。此外她还与简其华合作译谱《弦索十三套》，与杨荫浏、文彦共同整理《单弦牌子曲选集》，与李廷松合编琵琶谱《浔阳夜月》等。1992年起享受政府特殊津贴。曹安和主要成果还有：编辑琵琶曲《十面埋伏》《霸王卸甲》《民族乐曲独奏曲选》，编著《现存元明清南北曲全折（出）乐谱目录》《时薰室琵琶指径》以及《琵琶柱位定法》《关于琵琶的问答》《民族音乐家刘天华》《我国古代乐谱简介》《杨荫浏与音律》《杨荫浏与音乐史》等。

曹安和终身未嫁，于2004年12月4日逝世，享年99岁。

朱士嘉（1905—1989）

朱士嘉，字蓉江，清光绪三十一年（1905年）八月初七生于无锡东北塘樊七桥朱巷。15岁时父亲去世，家庭经济陷入困境，无力继续升学，后在亲戚资助下进江阴励实中学读书。民国13年（1924年），考入燕京大学历史系，在校参加禹贡学会，开始在顾颉刚主编的《禹贡》半月刊上发表有关中国地方志研究和边疆史地研究的文章。大学毕业后，考取硕士研究生。民国21年，获硕士学位，留校任图书馆中文编目部主任，兼任辅仁大学历史系讲师。其时又参加地理学会，常在《地学》上发表文章。在攻读硕士研究生时，广泛涉猎各地地方志书，积累资料，着手编辑《中国地方志综录》，并于民国24年出版，成为实用价值极高的工具书，引起国内史地学界的重视和美国国会图书馆的注意。该馆东方部主任于民国28年邀请他赴美。在美国国会图书馆工作的3年内，遍览馆内东方部特藏之一的中国地方志。在参观美国国家档案馆举办的展览会时，发现该馆藏有大量有关华工的档案。3年内，利用业余时间，复制1000多页有关中美关系的档案胶卷。这是研究近代中美关系史的第一手资料，十分珍贵，后来全部携带回国，捐献给中国历史博物馆。民国31年，编写《美国国会图书馆中国地方志目录》，收录2900多部地方志书，被称为《中国地方志综录》的姐妹篇。是年9月，进入哥伦比亚大学研究院攻读博士学位。民国35年7～12月，进美国档案馆学习档案管理法。翌年受美国西雅图华盛顿大学远东系之聘，任副教授。搜集、整理中美关系档案资料胶卷300多卷。在他主编的中国留学生刊物《新潮》上，大量报道美国档案馆所藏中国与美国档案的情况。参加美国远东学会、美国地方志学会和美国档案工作者协会。民国37年，《美国国家档案馆所藏中文档案》在远东学会年会上宣读，并发表在《美国远东季刊》上。

1950年春，在著名记者安娜·路易斯·斯特朗的鼓励和周鲠生、陈翰笙等人的召唤下，辞去华盛顿大学的优厚待遇、职位，回到祖国。9月，在武汉大学历史系任教，兼任图书馆馆长。3年后，调至中国科学院历史研究所第三所工作。1958～1960年，修订《中国地方志综录》，校补张国淦遗稿《中国方志考》，自费赴南北各地调查，获得很多资料，在此基础上革新体例，充实内容，编写《中国地方志联合目录》，收录地方志书8000多部。中国科学院北京天文台天文史料整理组利用他在各地图书馆找到的大量天文资料，编写成《中国天象记录总表》和《中国天文史料汇编》两书。他还是较早研究美国对华关系史的学者，编有《美国迫害华工史料》《十九世纪美国侵华档案史料选辑》。1979年，他被任命为湖北省文史馆副馆长。同年被推荐为湖北省政协委员。1983年9月9日，中国地方志小组更名为中国地方志指导小组，并成立中国地方志协会，他被提名为小组成员，被推选为协会副会长。1987年11月25～28日，到无锡市、县地方志办公室指导修志工作。1989年12月28日，朱士嘉在武昌病逝，享年84岁。

王兼士（1905—1995）

王兼士，本名王廉，清光绪三十一年（1905年）八月二十五日生于无锡城中小河上一书香门第。幼承庭训，读书努力，自北方交通大学毕业后，于民国21年（1932年）到德国慕尼黑大学攻读经济学并取得博士学位。民国24年，归国后曾任南京中央大学、金陵大学教授，在上海任浙江兴业银行经济研究室主任、上海总行副经理、南京分行经理、长沙分行经理及香港专员。民国27年，与顾毓琇之妹顾毓桐于香港结婚。抗战全面爆发后，坚持抗日，不顾日伪政权的威胁利诱，在报刊上发表抗日文章。曾任重庆战时生产局中兴木业公司经理。抗战胜利后，参加接收华中水电公司北部分公司工作，后被委任为上海闸北水电公司经理，短短数年使闸北发电厂成为上海最大的华资发电厂。上海解放前夕，与中共地下党建立联系，遵照党的指示保护闸北发电厂，还动员杨树浦发电厂维持发电。同时，又动员妻兄顾毓瑔保全中纺公司的设备、资金、物资和资料，使上海在解放后第三天纺织系统就恢复正常生产。新中国成立之初，上海电厂遭美蒋飞机轰炸达12次之多，时任上海闸北水电公司经理的他不顾安危，组织工人抢修及转移设备，保证电厂的正常运作。

上海解放后，他曾在上海市工商业联合会任职，并加入中国民主建国会。1953年，主持的闸北电厂是上海市第一批公私合营企业之一。1979年5月，应荣毅仁邀请，到北京参加中信公司的筹备和创建，全力支持荣毅仁把公司办成一个新型经济实体的主张，为公司率先进入国际资本市场发行债券筹措资金，开展融资租赁业务出谋划策，并直接参加对外谈判，策划多种形式的中外合资企业模式。他的一系列经营活动奠定中信公司创业的业务基础。1980年，将史学大师陈寅恪托他存放的《唐代政治史略稿》手稿，转交给上海古籍出版社，使该书得以出版。他历任上海市政协第一至第六届常委，第七届委员，市人大代表，中国国际信托投资公司常务董事、副首席监事，1981年起任全国工商联常委。1995年10月7日，王兼士在上海病逝，享年90岁。

王士倬（1905—1991）

王士倬，清光绪三十一年（1905年）九月初十生于无锡港下镇巷里村。民国7年（1918年），考入北京清华学校。民国14年毕业，赴美国麻省理工学院留学，获航空工程硕士学位，继习工业管理。民国19年回国，任上海商务印书馆研究员。第二年任北平京华印书局经理。民国22年1月，清华大学与国防设计委员会合作创立航空工程组，他任当时唯一的航空工程专业教授。翌年，为清华从航委会争取到双翼和单翼军用飞机各1架，并在同年设计和主持建造回气式飞机模型实验风洞，民国24年4月建成，是中国第一座风洞。其间，培养出以钱学森为代表的大批航空科研工作者。民国25年1月，调赴南昌筹建中央航空委员会空军机械学校，任教育长。民国27年10月，调任航空委员会第二飞机修理厂厂长。民国34年，任位于贵州省大定县的大定航空发动机制造厂（即中国第一航空发动机制造厂）厂长。后任航空委员会驻美国办事处技术联络员、航空工业局副局长等职。民国35年，获美国总统杜鲁门颁发的光荣勋章。

新中国成立后，他任资江航道疏浚处长，参加重工业部航空工业筹备组筹建航空工业学校工作。50年代蒙冤，1981年平反，落实政策，调至国务院参事室任参事。曾撰写《清华大学的航空风洞》《飞机性能的捷算法》等论文，被誉为“中国航空事业先驱”。1991年11月，王士倬在北京病逝，享年86岁。

薛佛影（1905—1988）

薛佛影，原名光照，清光绪三十一年（1905年）十一月初五生于无锡玉祁镇礼社。他小时受家学熏陶，能诗文。民国10年（1921年）在父薛叔衡开设的大德堂药店习医。父亲希望他继承医业，可他爱好金石书画，在对篆刻书画有研究的薛痴豚影响下，走上雕刻艺术道路。民国14年，带着作品只身赴上海，在中央大旅社任会计。民国16年，在朋友家见到一方镌刻精美字画的象牙图章，引发兴趣，遂开始象牙微雕的艺术生涯。民国18年10月，他的一柄竹刻扇骨在无锡举办的国货展览会上获特等奖。是年，被无锡同乡王蕴章聘为上海正风文学院院务部主任，民国22年，任正风文学院会计主任。业余继续研究水晶、翡翠等高档材料的雕刻技艺。其间，与胡朴安、赵叔孺、丰子恺、吴湖帆等著名学者和金石书画家常有交往，受益良多。他对古代陶器、甲骨、钟鼎、铜镜、玉石、砖瓦之刻纹悉心钻研、精心摹练，并及宗教艺术、民族形式等，渐融会于象牙细刻之中，并细刻水晶、翡翠、白玉等。其作品善用圆刀，融知觉、视觉、灵感为一体，雕物转折灵活，线条流畅。

民国24年,他自立门户,承接雕刻业务,作品在大新公司陈列寄售。次年,上海博物馆购藏其象牙细刻《滕王阁》插屏等数件作品,另有8件作品送往巴黎参展。民国36年,再度于大新公司画廊举办个人雕刻艺术展。不久因眼疾辍艺,进上海榨油厂任总务之职。

1949年5月上海解放,他受聘于上海市手工业局,并被推选为上海市政协委员。1956年,上海市成立工艺美术研究室,任象牙细刻研究员。1957年,出席全国工艺美术艺人代表大会,以自己持续近20年完成的稀世佳作水晶小插屏《洛神赋》向大会献礼,受到国家副主席朱德接见。接着又创作《郑成功收复台湾赤嵌图》象牙雕刻,并献给国家。在参观北京故宫时,临摹故宫珍藏的十二月月令图中的《端阳竞渡》,回沪后把这一生动画面再现在牙雕上。曾在米粒大小的象牙上细刻《孙中山先生遗嘱》。他的微雕绝技与江都于啸仙齐名,时称"南薛北于"。1964年被授予"工艺师"称号。"文化大革命"期间,身心遭到极大摧残。"文化大革命"结束后,筹建和主持上海市政协画室工作,并参与中国防治艾滋病、性病基金会的工作。1986年,英国女王伊丽莎白二世访问上海时,上海市政府将薛佛影创作的《豫园》象牙雕插屏赠送给她。11月17日,他被授予中国"特级工艺美术大师"称号。1988年5月1日,他与子薛万竹携近百件微雕及书画作品赴日本展出,受到热烈欢迎,特别是在方寸金片上雕镂出300字的《多心经》,轰动日本神户。薛佛影是中国美术家协会会员和上海分会会员、上海市工艺美术协会顾问。在从事艺术实践、创作大量艺术珍品的同时,在艺术理论上也有所建树,曾撰写《论中国雕刻艺术的概况及发展与继承》一文,对细雕艺术作总结和论述。1988年8月14日,薛佛影在上海病逝,享年83岁。

施之铨(1905—2003)

施之铨,清光绪三十一年(1905年)十二月二十四日生于无锡玉祁乡施家宕。民国10年(1921年)小学毕业,考入上海中华职业学校。民国15年,毕业后在吴淞中国铁工厂设计室实习。翌年,在无锡申新三厂机修车间工作,并受荣氏委托为职员讲授机械设计和金工实习课程。民国22年,任公益铁工厂厂长。抗日战争爆发后,工厂经武汉迁重庆,他先后创办公协铸工厂、建国工业社(兼办碾米厂和小型面粉厂)、广西面粉厂,广东曲江纺织厂、漂染厂、面粉厂,湖南祁阳建湘面粉厂、建昌煤矿公司、远东实业公司等企业。民国27～32年,除从事企业经营外,还积极参加抗日救国活动。在重庆,追随邹韬奋发起召集"八一三"聚餐会,被推为召集人之一,曾参加新华日报社抗日救国签名运动,并任黄炎培创办的进步刊物《国讯》发行人。在广西,和胡厥文、朱秉渊发起创立湘粤桂工业协会,并任常务理事,同时任广西省政府参议等职。民国32年,创办《中国工业》月刊,任发行人。民国34年8月,与黄炎培、杨卫玉、胡厥文、孙起孟等发起组织中国民主建国会。

1949年9月,他赴西北作工业调查,在兰州向彭德怀作了汇报,彭赠给他一匣玉门油田生产的矿烛,示意他在西北发光发热,西北局书记习仲勋也邀请他留在西北工作。从此,他投身于西北的建设事业,先后任西北建筑工程公司经理、西北财经委员会专门委员、甘肃康县土改组组长、西北行政委员会参事、西北纺织工业局供销局副局长。1980年5月,在陕西省民建第一届代表大会上,他被选为副主任委员兼秘书长。是陕西省政协第四、五届委员会常务委员、中国民主建国会中央委员会委员。2003年2月3日,施之铨逝世,享年98岁。

沈　武(1906—1997)

沈武,字宪文,号修庵,晚年号书痴老人,清光绪三十二年(1906年)一月十二日生于无锡钱桥沈巷。幼年丧父,随母寄居舅家。7岁入私塾,少年时从秀才钱希蔺攻读国学。19岁任存古学校助教,钻研《十三经注疏》及《皇清经解》。后考入无锡国学专修馆,又因贫辍学,经唐文治介绍任上海

暨南大学校长郑洪年秘书处佐理，兼授中学部课程。抗战爆发后，任江西宁都县督学。民国29年（1940年）2月，入瑞金黄埔军校三分校（16期）受训。毕业后，留校任少校秘书，后调任中校政治教官。民国34年，调任第三战区瑞（金）会（昌）雩（都）警备司令部秘书。民国35年，因内战而脱离军队回锡，任无锡国学专修学校讲师。

新中国成立后，曾任无锡私立辅仁中学、私立蓉阳中学高中语文教师和教研组长。1955年，因“肃反”运动被解聘回家。“文化大革命”期间，约百万余言的著作文稿和大量藏书（内有善本）、碑帖字画被毁。1972年，为老一辈无产阶级革命家抱不平而被打成“现行反革命”，判刑10年。1975年，特赦原国民党县团级以上人员，被释放回家。1979年7月16日，法院重新判决，对其“撤销原判，宣告无罪”，经20多年坎坷，重获新生。1986年6月，加入黄埔同学会。12月加入民革。1987年8月，被聘为省文史馆馆员。他工书法，正草行楷均劲秀超群。撰书《道德修养刍言》，勒石于蠡园长廊、常州工人文化宫、开封的中国翰园碑林，并参加中央及华东七省市文史馆和海峡两岸书画联展。《道德修养刍言》自费印刷后，于1993年向无锡市中小学生捐赠400册，中共中央办公厅曾来信转达中央政治局常委乔石的赞赏之意。他另写有《改革颂》《母爱》《国风颂》等篇，为市老年书画协会会员、省老年书画联谊会会员、中国老年书画研究会会员。1997年6月，沈武逝世，享年91岁。

诸祖荫（1906—1997）

诸祖荫，笔名文波，清光绪三十二年（1906年）三月二十二日生于无锡。早年入私塾。民国11年（1922年），毕业于无锡私立辅仁中学。民国14年，在无锡积极参加五卅运动。民国19年，毕业于上海光华大学。曾组织无锡旅沪学生会，从事抗日救亡等进步活动。后任私立无锡中学英语教员。民国20年，以国民党改组派为背景的无锡党务改进会成立，任常委，参与在丝厂工会“倒惠（惠纪之）”和驱逐国民党县党部执委季璞的活动。民国21年，与王昆仑、孙翔风、华方增等发起创办《人报》，号召抗日与民主。民国22年投笔从戎，先后在南昌行营任编译，在中央航空学校高级班、广州航空学校、柳州航空学校任教官，代科长。民国28年，调升航空委员会总政治部视察兼考核组组长。民国32年，调任宣传科科长，接办《中国的空军》杂志，创办《大众航空》月刊，提倡滑翔及航空模型运动，任成都航空模型协会理事兼总干事，发起举办首次全国航模比赛。抗战胜利后，任空军出版社副社长。民国37年，应无锡江南大学之聘任外语副教授兼图书馆主任。1952年，调至扬州苏北农学院任外语教研组主任。晚年从事编订教材及培训青年教师工作。1997年12月3日，诸祖荫逝世，享年91岁。

虞哲光（1906—1991）

虞哲光，笔名于执，清光绪三十二年（1906年）四月生于无锡黄土塘高田村书香门第。幼入私塾，8岁上小学。民国14年（1925年），在上海美术专科学校毕业后回到无锡，在一所小学里任劳作课老师。后师从陈旧村学习国画。民国16年起，先后在南京实验小学、丹阳县立师范、上海幼稚师范、新陵师范、幼师专科学校任教。民国21年开始木偶戏的创作。民国22年起，先后编演木偶戏《卧薪尝胆》和《原始人》。民国31年，创办上海业余木偶剧团，此后编导设计不少新形式的木偶剧，有《黑天鹅》《长恨歌》《史可法》《阿丽思的梦》等，还利用寒暑假，组织教师表演爱国主义木偶戏。民国35年2月，在上海负责创办艺术书店。民国37年，《长恨歌》被美籍华裔翁庄兴、黄嘉思选中，拍摄成彩色电影，配以英、法语拷贝，作为《中国大观》中的一个节目，在欧美发行、放映。

新中国成立后，编写木偶戏活报剧《四大家族》和《兄妹开荒》等。1950年，调入上海电影制片厂美术组和上海美术电影制片厂任技师和导演，从木偶戏艺术的创作转向电影木偶片艺术的创作。曾导演新中国第一部提线木偶片《和平鸽》。创作的《神笔马良》为50年代驰名海内外的佳片。1952年，组织木偶戏《水漫金山》《花木兰》，布袋戏《醉打山门》，以及人偶同演的布袋木偶戏《兔子和猫》等5个节目，与苏联木偶专家奥布拉兹卓夫交流演出。奥布拉兹卓夫回国后在《真理报》上撰文，誉中国木偶为"世界第一流艺术"。1953年，又组织民间木偶剧团与捷克斯洛伐克木偶剧团交流。1955年后，导演拍摄《东郭先生》《三只蝴蝶》等木偶影片。摄制的《掌中戏》获1964年澳大利亚墨尔本电影节优秀影片奖。1960年，上海市成立第一个专业木偶剧团——上海木偶皮影剧团，他任团长。先后导演剪纸片《济公斗蟋蟀》《湖上歌舞》《一棵大白菜》等，创作国内第一部折纸片《聪明的鸭子》。退休后，常到上海市少年宫和静安区少年科技站讲解折纸、剪纸技法。年逾古稀时还导演《三只狼》《小鸭呷呷》等影片。

1949年起，连续4次参加全国文代会。1980年，中国木偶皮影艺术学会成立，被选为会长。1982、1983年，先后访问法国和日本。1984年加入中国共产党。历任上海美术电影制片厂一级导演、中国木偶皮影艺术学会名誉会长、中国电影家协会名誉理事、中国戏剧家协会理事、全国少年儿童文化艺术委员会委员、中国美术家协会会员、上海市文学艺术界联合会委员、上海美协儿童美术组组长，被誉为儿童艺术大师。著有《木偶戏艺术》《皮影戏艺术》等专著及《幼儿纸工》《儿童纸工玩具》等读物。1991年，虞哲光在上海病逝，享年85岁。

张卓如(1906—1990)

张卓如，又名盘根，清光绪三十二年(1906年)五月二十二日生于无锡东亭镇仓下村。早年就读于乡村私塾和堂庵小学、省立第三师范附小，民国12年(1923年)毕业后，在上海惠灵英文专修学校补习英语。后从事教育工作。民国19年起，受中国共产党地下工作者的影响参与革命活动。民国27年春节前后，组织地方抗日武装防夜队，又与陈凤威一起商议决定，将周围村镇的防夜队联合，组成怀西五乡联防大队和联合办事处，他任财经股股长。民国28年5月，该武装编入江南抗日义勇军，张卓如任独立支队副官主任、江南抗日义勇军东南经济委员会征收股股长。民国30年，任锡北行署财经科科长。民国32年1月，加入中国共产党。历任苏南财经处贸易局副局长、苏中江南办事处京(宁)沪线政治特派员、中共锡澄县委委员兼武工队队长、锡澄行署主任兼武工总队队长。其间，领导并开展争取"先天道"、打击敌人的复杂斗争。抗日战争胜利后，任江南办事处贸易部部长。民国35年9月，任中共十地委长江工作委员会第一副书记。民国36年4月，组建中共锡澄工委，任书记。10月，调任中共澄锡虞工作委员会委员，负责澄锡虞地区的武装斗争。民国37年，在苏北任华中一地委江南工作委员会委员兼联络部部长等职。

1949年4月随军渡江到无锡，任中共无锡县委常委、副县长，1953年任县长。1955年调至扬州，先后担任扬州中学和鲁迅中学(扬州师范学院附中)书记、校长，曾出席全国"文教群英会"。1978年回无锡后，曾任市第六届政协副主席，1982年11月离休。撰写《锡澄斗争回忆》等文。1990年3月20日，张卓如逝世，享年84岁。

陆定一(1906—1996)

陆定一，字慕武，清光绪三十二年(1906年)六月初九生于无锡西漳陈家桥。民国元年(1912年)，在北京父亲身边开始读书。辛亥革命后，随父返回无锡，读了1年多私塾后进入无锡县第一国民初等小学。民国3～5年，与兄陆坤一一起就读江阴南菁学校农林科。民国7年夏，考取上海南洋大学预科班，民国11年升入电机工程科。民国14年，参加"五卅运动"，与同学张永和一起为上海学联

编辑出版《学潮日刊》。是年秋，加入中国共产主义青年团，是年冬转为中国共产党党员。民国15年，任共青团南洋大学支部书记及上海法南区团委书记，并任南洋大学国民党区分部书记。是年秋，调团中央宣传部编辑《中国青年》。民国16年5月在共青团第四次全国代表大会上被选为团中央候补委员，任团中央宣传部部长。不久，以共青团代表身份赴武汉参加中共“八七”会议。民国17年初，他根据团中央指示，帮助广东团省委工作，协助组织1000多名青年参军。在共青团第五次全国代表大会上，被选为团中央委员，仍担任宣传部部长，主编《中国青年》。他撰写《中国革命的前途》等文章，阐述中国革命的发展道路，批判各种错误思想。年末，赴苏联莫斯科，任中国共产主义青年团驻少共国际代表、少共国际执委、中共驻共产国际代表团成员。其间，和瞿秋白、邓中夏等一起与王明等人的错误进行斗争。民国18年与唐义贞结婚，6年后唐义贞牺牲。民国19年夏回国，继续担任团中央宣传部部长，反对李立三“左”倾冒险错误。王明“左”倾教条主义在党内占据统治地位后，陆定一被错误撤销团中央委员、团中央宣传部部长职务。民国20年进入中央苏区，任团中央巡视员、苏区团中央局宣传部长等职。民国23年10月，随中央第二纵队干部队参加二万五千里长征。在起草红军布告时，首次提出“长征”特定用语。他记述长征的《老山界》在解放后长期作为中学的语文教材。遵义会议后，先后担任中国工农红军总政治部宣传部部长、红军前敌总指挥部政治部宣传部部长等职，主编《红星报》。红军到达陕北后，参加东征、西征，后任红一方面军政治部宣传部部长、红军前敌总指挥部政治部宣传部部长。抗战全面爆发后，历任八路军总政治部宣传部部长、八路军野战政治部副主任，后兼任野战政治部宣传部部长，领导《新华日报》华北版工作。民国30年，与严慰冰结婚。民国31年8月，任《解放日报》总编辑。在延安整风运动期间，负责编辑《解放日报》的《学习》副刊，撰写《从实际出发》等有影响的文章。民国34年，任中共中央宣传部部长，在中共第七次全国代表大会上当选为中央委员。翌年，作为中共代表团成员，赴重庆出席政治协商会议。曾参与毛泽东和美国记者安娜·路易斯·斯特朗谈话的翻译工作。在胡宗南进攻延安时，任中央直属队政委，随同毛泽东、周恩来、任弼时转战陕北。

新中国成立后，任中共中央宣传部部长、中央人民政府文教委员会副主任。在1954年9月第一届全国人民代表大会第一次会议上，当选为全国人大常委。在中共八大上，当选为中共中央委员、政治局候补委员。1956年5月2日，毛泽东在最高国务会议上宣布将“百花齐放，百家争鸣”作为党的繁荣科学和艺术的方针。他代表中共中央向科学文化界对这一方针作系统深刻的阐述。1957年，作为中国共产党代表团成员，随中共中央主席毛泽东赴莫斯科参加社会主义国家共产党和工人党代表会议。1958年，中共中央为加强对文教工作的领导，成立中共中央文教小组，他任组长，领导开展教育改革工作。倡导创办新中国第一所农村职业中学，负责“高教六十条”等文件的修订工作，是新中国教育改革的开拓者之一。1959年，任国务院副总理。1960年，作为中国共产党代表团团员，随刘少奇、邓小平参加在莫斯科召开的81国共产党、工人党代表会议。1962年，任中央书记处书记。1965年，兼任文化部部长。他主张系统全面地宣传、学习马列主义、毛泽东思想，坚决抵制林彪把毛泽东思想庸俗化的做法。曾一度分管宗教工作，积极稳妥地贯彻党的宗教政策，受到宗教界人士的敬重。还积极支持中西医结合，促进医疗卫生事业发展。“文化大革命”开始后，受到严重迫害，被关押在秦城监狱。1975年12月11日，中共中央政治局通过决议，开除其党籍，释放出狱，但他拒绝在处理决定上签字，拒绝出狱。1979年平反，是年，在全国政协第五届第二次会议上被增选为副主席。9月，在中共十一届四中全会上被补选为中央委员。1980年，任中共中央宣传部顾问。1982年，回家乡无锡进行调查，并致信中央领导，支持发展乡镇企业。1983年6月，在全国政协第六届第一次会议上当选为副主席。在中共第十二、十三次全国代表大会上，当选为中央顾问委员会常务委员。1996年5月9日，陆定一在北京逝世，享年90岁，其骨灰安葬在无锡马山华侨公墓。中共中央的悼词称他是“伟大的共产主义战士，杰出的无产阶级革命家和党宣传思想战线的卓越领导人”。

陈志方（1906—1990）

陈志方，曾用名陈士骥，清光绪三十二年（1906年）六月初十生于无锡张泾桥陈家巷。早年在无锡辅仁中学、上海南洋医学院、广州中山大学医学院、上海第四中山大学医学院读书。民国13年（1924年），在无锡艺芳小学教员陈叔璇的启迪下参加革命。民国15年，加入青年团。翌年8月，在上海加入中国共产党。曾任中共无锡县委委员，参加无锡秋收暴动。民国20年，进入中央苏区，历任闽西省军区军医处处长、中央军委代总军医处医务主任、红军总卫生部医政局局长。11月20日，中国共产党最早创办的第一所军医学校在瑞金宣告成立，陈志方兼教育长。民国21年10月，军医学校改为中国工农红军卫生学校。民国23年10月，参加二万五千里长征，任红军后方办事处主任兼卫生学校校长。民国25年，任延安抗日军政大学四大队政治主任教员。民国28年7月，从事开辟津浦路东及苏北抗日根据地工作，历任中共天长、盱眙、仪征工委书记，高宝县委书记兼县长。民国30年3月起，先后担任新四军三师八旅二十三团政治处主任、政治委员，八旅政治部主任兼盐阜军分区政治部主任。民国34年10月，随三师开赴东北。解放战争时期，历任东北民主联军第二纵队政治部主任、黑龙江军区政治部主任、东北野战军第十二纵队政治部主任、第四野战军四十九军政治部主任。参加过著名的四平保卫战、辽沈战役和平津战役。

新中国成立后，任中共广州市委常委、广州市政府秘书长、副市长。1956年起，从事外交工作，任外交部国际司司长。1956年12月～1958年4月，任中国驻叙利亚首任大使。1958年9月～1960年9月，任中国驻伊拉克首任大使。1961年6月～1964年，任外交学院副院长。1963年2月，兼任外交学院党委副书记。1964年5月～1970年11月，任中国驻乌干达大使。1970年12月～1975年8月，任中国驻瑞士大使。1977年9月～1978年6月，任中国驻越南大使。为第五届全国人大代表。1990年12月15日，陈志方在北京病逝，享年84岁。

陆贯一（1906—1992）

陆贯一，清光绪三十二年（1906年）六月三十日生于无锡西漳陈家桥。早年就读无锡县立第一高等小学、苏州东吴中学。民国17年（1928年），毕业于清华大学，旋公费赴美国留学。民国19年，获美国麻省理工学院化学工程学士学位。民国22年，获俄克拉荷马州立大学石油工程硕士。同年回国，先后担任全国经济委员会油料工程师、航空委员会油料研究所所长、协兴矿业公司经理、全国贸易委员会桐油裂炼厂厂长、中国植物油料厂贵阳分厂总工程师、允利化工厂经理。民国35年，任无锡忠勤高级职业学校科主任。民国37年，受荣尔仁、荣一心委托，赴台湾新竹创办东大木材厂，后因故事业未成，转任台湾联合工业研究所工程师、副所长。1970年，在新竹创办联工化学公司。1990年，为感怀故乡哺育之恩，捐出10万美元供无锡市政府作为建造连元街小学综合教育大楼之用。主要著作有《四川省石油天然气资源情况及前景》《建设苏南经济区刍议》《化学命名法》《东方大港修改方案》等。1991年，回大陆定居。1992年，陆贯一在无锡逝世，享年86岁。

钱临照（1906—1999）

钱临照，清光绪三十二年（1906年）七月初九生于无锡县鸿声里。民国14年（1925年），入上海大同大学物理系就读，师从胡刚复、严济慈等人。民国18年，毕业后在广东省兴宁县及上海市中学任教。1年后赴沈阳，任东北大学物理系助教，曾利用废旧材料和零件制成仪器，完成当时被认为难度较大的密立根油滴实验和波长为两米的无线电波实验仪器。“九一八”事变后，进北平研究院物理研究所工作，并在严济慈指导下步入科研领域，3年内完成压力对照相乳胶的感光作用之研究和水晶圆

柱体在扭力下产生电荷及其电振荡等两个课题研究。民国23年，进英国伦敦大学留学，进行晶体范性形变研究，3年内三易研究课题，发表论文5篇。回国后历任北平研究院物理研究所、中央研究院物理研究所研究员。民国26年7月，赴柏林准备继续进行晶体范性的研究，因七七事变爆发而回到国内时北平已沦陷，他设法将北平研究院物理研究所的许多仪器经越南海防运往昆明北部黑龙潭新址，从事光学仪器研制，对中国应用光学研究和研制高灵敏度拉伸机等方面做出重要贡献。同时，发现古籍《墨经》中有关光学、力学诸科技资料的记载。抗战胜利后，到中央研究院物理研究所工作。民国37年，时任中央研究院代理总干事的他受命参与中央研究院的迁台工作，但他不满南京政府的腐败，决定留在大陆。

新中国成立后，进入中国科学院物理研究所从事金属物理研究。1955年，当选为中科院数理化学部委员。1956年，完成锡单晶的微蠕变和铝单晶表面上刻痕所导致的滑移特征两项研究，并首次使用国内仅有的两台进口电子显微镜观察铝单晶滑移带的精细结构，研究单晶体形变，推动全国晶体领域和电子显微学研究。1960年，调到中国科学技术大学任教，仍兼任物理研究所研究员。1970年，随中国科技大学从北京迁至合肥，为新创建的天体物理研究组编写《西方宇宙理论评述》第一篇《西方历史上的宇宙理论评述》。其间，经理论和实验证明，发现含氢硅单晶不宜于做大规模集成电路的底片。1978年，任中国科技大学首届少年班研究组组长。1978～1984年，任中国科技大学副校长。1980年，兼科技大学自然科学史研究室主任，当选为中国电子显微镜学会和中国科学技术史学会首任理事长，兼任中国科学院、中国科技大学结构分析研究开放实验室学术委员会主任等职。是年5月，加入中国共产党。1981年起，任中国科技大学固体物理、自然科学史博士生导师。1981～1985年，任国务院学位委员会第一届学科评议组物理组组长。他是第三届全国人大代表，全国政协第五、六届委员。曾任中国物理学会理事，《物理学报》编委、副主编、主编长达40年。著有《体心立方碱金属的形变》《铝单晶体滑移的电子显微镜观察》《先秦时代中国物理学的成就》等专著及论文50余篇，有《钱临照文集》出版。1999年7月26日，钱临照病逝，享年93岁。

厉无咎（1906—1993）

厉无咎，字健行，清光绪三十二年（1906年）八月二十日生于无锡钱桥杨毛岸。民国14年（1925年），毕业于无锡公益工商中学。民国15年，赴新加坡任教，后任马来西亚加奴邦甘马挽埠华侨小学校长和泰国等地小学校长、无锡县立民众教育馆总务主任。民国20年，应实业家李国伟的邀请到汉口申新第四纺织厂工作。民国25年，奉命赴重庆设立批发处。抗日战争时期，升任汉口申新四厂重庆分厂副厂长兼营业部主任。其时，与进步人士来往密切，特别是与中共地下组织有联系，被国民党反动派视为“危险分子”而遭逮捕。当时他在重庆通过冀朝鼎（中国留美学生中第一批中共地下党员，中国前驻美大使冀朝铸之兄）捐款给中共地下组织，与黄炎培等著名爱国人士和赵忍安等众多中共地下党员交友并支持有关活动。民国34年，他与胡厥文、章乃器、李烛尘、吴羹梅、潘仰山等6人，经全国工业协会推选为无党派人士准备出席当时的政治协商会议，被国民党否决。后黄炎培、章乃器、胡厥文等酝酿成立中国民主建国会，曾多次与他座谈，听取意见。抗战胜利后，他负责武汉申新四厂复厂工作，并担任申新四厂和福新五厂经理。1949年，刘邓大军进军西南途经武汉时，邓小平曾邀他在居处长谈，了解情况。重庆解放后，邓派人送川橘到厉家以示谢意。

新中国成立初期，他积极组织工厂正常生产。1950年2月，加入民建，4月，作为筹备人员之一筹建武汉民建分会。6月，作为特邀代表参加第一届全国政协第二次会议，毛泽东在中南海宴请他和刘靖基等6人。抗美援朝时，参加武汉工商界捐献战斗机活动，并作为民建会员之一参加中国人民赴朝慰问团。“五反”运动以后，为推动会员投入增产节约运动，武汉市民建成立工商研究委员会，任公私关系研究组组长。1952年12月，被选为民建武汉分会常务委员，兼组织委员会主任委员。1953年，被任命为公私合营武汉申新纺织厂第一副主任。还担任过申福新总管理处中南区经理、武汉纺织染整工业会筹备会主任委员、武汉市第三纺织厂顾问。1956年1月15日，被选为民建武汉市第三届委员会副主任委员。1957年，列席最高国务会议第十一次(扩大)会议，听毛泽东作《关于正确处理人民内部矛盾的问题》的报告。同年，他和夫人赵蓉(全国政协委员)被错划为右派。1959年、1960年，先后摘掉右派帽子，1978年后获平反。1982年1月，任武汉市工商培训工作领导小组副组长。1986年，到香港访问，介绍内地发展情况并洽谈商务。1988年，厉无咎夫妇出国探亲，向亲朋好友介绍国内大好形势，多方吸引外资。他曾任全国政协第二届委员会委员，政协武汉市第二届委员会副主席，民建中央第一届委员会委员，全国工商联第一届执委，武汉市工商联常委、副主委，湖北省工商联常委，民建武汉市委委员、常委、副主委、名誉副主委。1993年5月23日，厉无咎在深圳逝世，享年87岁。

荣鸿元(1906—1990)

荣鸿元，名溥仁，荣宗敬的长子，清光绪三十二年(1906年)九月生于无锡。民国8年(1919年)，考入上海交通大学附中。民国12年，考入上海交通大学铁路管理科。民国16年，毕业后进茂新福新申新总公司掌管公司营业部，并先后任申新第二纺织厂副厂长、厂长等职。民国27年其父病逝后，他继任总公司总经理。依靠在上海租界内的申新二厂、九厂，福新二、七、八厂增加生产，利用孤岛的畸形繁荣获利甚丰，并借货币贬值之机偿还积年陈欠。抗战胜利后，组织荣家全力恢复旧业，在上海又新办鸿丰一厂、二厂两家纱厂。民国35年，又购进芜湖裕中纱厂、上海国光印染厂和鸿丰面粉厂，实力大增。是年，他以全国工矿团体东区(苏浙沪宁)代表当选为国民大会代表。民国37年，因公开抨击国民党政府的“倒行逆施”而触怒当局，以“私套外汇、囤积居奇”名义被捕，以“违反汇兑区域限制命令罪”被判处有期徒刑6个月，缓刑2年，并被敲诈钱物合计约50多万美元。经此打击，荣鸿元开始将资金和财产转往香港，不久就将鸿丰二厂纱机及设备售与大安纱厂，他则去香港另设大元纱厂。 民国38年前，他还兼任恒大、鸿丰等厂总经理和建新航业公司董事长及中国纺织工程学院院长、上海市参议员等职。后定居巴西经营面粉工业。1983年，他将国内的财产100万元通过其女婿捐赠给母校上海交通大学，建立“教师活动中心”。1990年9月，荣鸿元在巴西病逝，享年84岁。

陶葆楷(1906—1992)

陶葆楷，清光绪三十二年(1906年)十月初一生于无锡。幼随父亲到天津就读，民国9年(1920年)，考入清华学校。民国15年毕业后赴美国密歇根大学和麻省理工学院留学。民国18年，获土木工程学士学位后，又入哈佛大学深造。民国19年，获哈佛大学卫生工程硕士学位。接着赴德国柏林工业大学研究和进修。民国20年回国，任清华大学教授，主持创建土木系市政及卫生工程专业，建立实验室，编写《卫生工程名词草案》教材。民国25年，任南京卫生署高级工程师。其间，在江宁县进行农村环境卫生的调查研究，成果得到美国洛氏基金会的赞赏。民国26年，应邀出席在印尼爪哇举行的远东国家农村卫生会议，并编写中国报告中的环境卫生部分。民国27年起，任西南联合大学教授兼土木工程系主任。曾编写《下水工程学》《军事卫生工程》教材。抗日战争胜利后，任清华大学土木系主任，工学院代理院长。民国37年，利用学术休假1年的机会到美国哈佛大学从事短期研究和在台湾大学任教。新中国成立前夕，谢绝台湾大学校长傅斯年和美国洛氏基金会的邀请，回广州岭南大学任教。1950年，任北京大学工学院土木系主任。1952年，全国高校院系调整时回到清华大学，历任教研室主任、土木系主任和土木建筑工程系主任。1976年，在他的建议下，清华大学建立环境工程专业，1984年独立成系。1986年，在清华大学环境工程系设“陶葆楷奖学金”。

陶葆楷是中国环境工程教育事业的创始人之一，关心国家建设事业，为发展中国卫生工程及环境工程献计献策。从事教育科研50多年，先后独自编写或与人合编《给水工程》《排水工程》《排水管道工程》《炼油厂污水处理基本知识》《污水生物处理基本原理》等教科书。编写的《暴雨强度分析方法》被国家基本建设委员会收入设计规范，主编《工业污染治理技术丛书》。1988年，当选中国土木工程学会荣誉会员。1989年，被国务院环境保护委员会、中国环境学会分别授予荣誉奖。1990年，国家教委授予他科技荣誉证书。他曾任北京市人民政府顾问委员会给水组组长，清华大学环境工程研究所所长、顾问。是第六届全国政协委员，第四、第五届北京市政协委员，九三学社第七届中央常委、中央参议委员会常委。1992年2月16日，陶葆楷在北京逝世，享年86岁。

孙翔风（1906—1996）

孙翔风，又名任先，清光绪三十二年（1906年）十二月初一生于无锡石塘湾。早年就读于省立第三师范附小、公益工商中学，后赴日本明治大学新闻系学习。回国后在无锡申新三厂实习半年，民国15年（1926年）到武汉申新四厂任职。大革命时期，接受革命思想。民国16年5月，在武汉加入中国共产党。7月由党派回无锡，担任中共无锡县委宣传委员，并以记者为生。同年11月13日，在无锡城中堵家弄县委机关遭逮捕，在狱中设法将组织关系转交组织。民国17年8月刑满释放后，由党组织安排至青浦等地工作。民国18年，因上级离开无锡与党失去联系。民国19年，通过其妹夫、国民党无锡县党部整理委员李惕平的关系，担任国民党县党部所办的《国民导报》总编辑。先后安排中共党员杨家榴、陈凤威在报社任会计，以作为合法掩护而开展活动，并以该社作为党内刊物文件的秘密通讯处。参与组织左翼文艺团体曙光社，从事进步文艺活动。同年，因被人诬告再次被国民党当局逮捕，因查无实据而释放。民国21年，和王昆仑等创办无锡《人报》，任社长，并辞去国民导报社的职务。日军侵占东北后，任无锡抗日救国会组织部部长，历届抗敌后援会常委，积极投入抗日救亡运动。民国22年4月，和陆静山等创办《儿童新闻》。民国23年，《人报》揭发省民政厅厅长辜仁发腐败行为，最终使辜免职。随后加入国民党。民国24年，任国民党无锡县党部执行委员，曾先后掩护曙光文艺社、无锡职业青年业余读书会等进步团体，营救包厚昌等革命人士出狱，并为组织无锡学社和无锡书店等进步组织而出力。“一二·九”运动时，通过《人报》发动无锡青年支持学生请愿团的斗争，为抗议谷正伦禁刊学运新闻而发动联合停刊。民国25年，由无锡工会联合会推举为国大代表。在国民大会上反对“官吏兼任代表”，遭蒋介石阻止。曾任无锡县丝厂工人联合会指导员，并参与组织民国21年和25年的全县丝厂工人大罢工。民国30年，任重庆新工印刷厂经理。民国31年，和薛明剑等参与创办《复苏》月刊。抗战胜利后，回锡复刊《人报》。在沪创办中国印书馆，任总经理。民国35年，协助中共地下党恢复无锡书店、组织丝厂工会等，支持进步文艺团体演剧九队在锡演出。民国36年当选为国民政府立法委员。是年，支持创办“人报之友”歌咏团，该团在中共地下党的领导下开展进步活动。民国37年，在无锡抢米风潮中，他主持的《人报》站在贫苦市民一边，揭露国民党统治的黑暗。曾参与营救中共党员张锡昌及民主人士张一飞。为迎接无锡解放，他参与工商界人士商议秘密派遣代表到苏北与中共联系。他主持的《人报》大量报道解放区的消息，宣传中共的城市政策、工商政策，参与发起组织无锡县公私社团联合会，开展护城、护厂、护商、抗迁斗争。9月19日，他与53名国民政府立法委员联合签署的和平宣言，经周恩来核定后由新华社发表。后《人报》停办，他捐献出全部财产。

新中国成立后，经组织安排，孙翔风到华东人民革命大学政治研究院学习，结业后分配至华东军政委员会文化部工作。1953年，因审查历史而被捕，1956年以不予起诉被释放，但未安排工作。

1962年，任上海文史馆馆员。“文化大革命”中受到折磨。1972年，被戴上“历史反革命”帽子，送里弄管制。1979年平反。1983年，任上海市政府参事，兼江苏省新闻学会理事等职。1995年，市党史工委肯定他一生“力所能及地从事一些对人民对革命有益的工作”。著有《浪花录》及文史资料数十篇。1996年4月28日，孙翔风在上海病逝，享年90岁。

朱宝镛（1906—1995）

朱宝镛，清光绪三十二年（1906年）生于浙江海盐，从小随父母到上海，就读于私塾。五四运动时，参加反帝大游行，目睹国家积弱不振，萌生实业救国和科学救国的志愿。民国13年（1924年），在家人支持下东渡日本留学，先后在横滨高等工业学校和大阪帝国大学学习应用化学和酿造学。“九一八”和“一·二八”日本侵华事变发生后，愤然退学返国，以示抗议。此后，赴法国巴黎巴斯德学院继续深造发酵学科。其间，被选为中国留法巴黎学生会常务理事，曾出席在荷兰召开的中国留欧学生全会。他和学生会主席等6人还参加在比利时布鲁塞尔召开的国际反侵略大会。民国25年，毕业于比利时布鲁塞尔国立发酵工业研究学院，获生化工程师学位。回国后被聘为烟台张裕葡萄酿酒公司第一位华人工程师并任厂长。七七事变后，放弃优厚待遇，辞职回上海，以后又辗转各地，在十分困难的情况下坚持教育，为国家培养一批早期的发酵工业人才。抗战胜利后返回上海，任同济大学教授。

1949年秋，任江南大学农产制造系主任，引进美国麻省理工学院食品工程系和苏联食品工业学院的教学计划。次年，将农产制造系改建为全国首个食品工业系，设发酵、食品、油脂、制糖等专业。1952年全国院系调整时，任南京工学院建院筹备委员会委员、发酵教研组主任。1954年，完成全国第一本《啤酒工艺学》讲义，编写出《葡萄酒工艺学》讲义。第一个提出用大米与玉米来代替部分麦芽制造啤酒的初步设想，经实验后获得成功。1958年，参加无锡轻工业学院创建工作，并被委任为第一任教学副院长。其间，主持编写《酿造酒工艺学》教材。1962年，招收全国第一个发酵工学的研究生。“文化大革命”中，遭受打击和迫害。1979年，恢复副院长职务。1981年，任国务院学位委员会第一届（工学）学科评议组成员，主持《葡萄酒工业手册》与《中国酒经》的编写会议。朱宝镛学识渊博，学术造诣很深。长期从事发酵专业教育，培育大批发酵和食品工业的人才，在教学之外还进行大量研究，特别在以大米酿造啤酒和山葡萄酒酵母选育方面取得成果，对国家酿造业，特别是啤酒工业的发展做出重大贡献。1995年，朱宝镛在无锡病逝，享年89岁。

李小妹（1907—1991）

李小妹，女，原名武秀英，又名李雁来、武碧如，清光绪三十三年（1907年）四月初八生于无锡西郊大渲村。因家境贫困，10岁在无锡锦记丝厂做剥茧工，15岁在上海永安纱厂等工厂做童工，改名李小妹。民国14年（1925年）6月，加入社会主义青年团。五卅惨案发生，因参加工人罢工被厂方开除回锡。民国16年1月，无锡总工会秘密建立，她被推为委员，并由张佐臣介绍加入中国共产党。“四一四”反革命事件后，带领女工到秦起家吊唁。为躲避敌人追捕，至上海厚生纱厂与党组织接上关系。10月，被派往苏联莫斯科中山大学低级班学习，取俄文名字卡露静那·达伊辛，被选为校党支部委员。民国18年，与同校高级班林秉权结婚。在学校清党中林秉权被开除党籍，她受严重警告处分，遂提出申诉，在苏共领导人莫洛托夫夫人、新任院长克里沙诺娃的干预下取消处分，后被接纳为联共（布）党员。民国20年，林秉权已被遣送到伊凡诺夫做苦力，李小妹曾前往看望，不久因怀孕而独自回国。林秉权后被押往西伯利亚遇害。回上海后，在帅孟奇领导下，被派到浦东烂泥渡做地下工作。民国21年夏生下女儿，因地下工作而失散。后地下党组织遭破坏，她失去工作，生活极其困难，还照顾同在苏联学习、一时也没找到组织关系的同乡杭果人。民国30年，遇到上海宗教道义会的中共地下党负责人何偎，经其介绍回无锡从事地下斗争。为掩护身份，寄身于东埄顾码头宝善庵为尼，法名武玄党，从事秘密通讯联络工作，接待、掩护革命同志，一直坚持到解放。

无锡解放后，她被批准为烈属。1957年赴北京上访后，得知丈夫林秉权已牺牲，遂由中央每月发给生活费。后住在大浮卫生院，80年代享受离休待遇。1991年11月23日，李小妹逝世，享年84岁。

钱宝钧（1907—1996）

钱宝钧，清光绪三十二年（1907年）五月初五生于无锡新渎桥。民国18年（1929年），毕业于金陵大学理学院工业化学科，获理学士学位，留校任理学院物理系助教、讲师。民国24年，由中英庚款资助留学英国曼彻斯特理工学院，攻读纺织化学，获理工硕士学位。民国26年回国后任金陵大学教授、理学院化工系主任，私立铭贤农工专科学校化工科教授、科主任。民国35年，任上海公益工商研究所纺织组研究员，从事纤维研究，发表有关化学纤维光反射等论文多篇。

新中国成立后，历任交通大学教授，华东纺织工学院教授、教务长、纺化系主任、化学纤维研究所所长、副院长兼教务长、染化系主任。1954年，和方柏容教授共同倡议，在华东纺织工学院建立全国第一个化学纤维专业，培养大批化纤技术人才。1960年，主持筹建化纤研究室，后扩大为化纤研究所。70年代，研制成功多功能纤维热机械分析仪。1978年，出席全国科技大会并获奖状。1979年，任华东纺织工学院院长。曾是第三、第五届全国人大代表，民盟中央委员，上海市政协常委，中国纺织工程学会副理事长，国家科委化纤专业组副组长，《纺织学报》主编，中国化学会理事。长期从事化纤科学技术的教学、研究生培养、基础和应用研究。由其主持的《化学纤维成形理论和结构性质》科研项目获1986年国家教委科技进步二等奖。撰有论文《纤维的热分析》《聚丙烯腈干喷温纺的机理和特征》《新型纤维热机械分析仪》等。1996年，钱宝钧逝世，享年89岁。有《钱宝钧教授学术论文选集》一书行世。

王汝霖（1907—2003）

王汝霖，字郇雨，别号雨林、稚林，清光绪三十三年（1907年）六月初五生于无锡城内姚宝巷，王昆仑堂弟。民国18年（1929年）毕业于南京中央大学理学院数学系。曾师从胡汀鹭，受业于中央大学艺术学院徐悲鸿、吕凤子门下。毕业后做过统计和会计工作。1954年起，致力于教学工作，先后在无锡私立锡光中学、市第二初级中学、无锡第六职工业余学校任数学教师。1955年10月，任市第二中学高中数学教师，直至1973年退休。除擅长中学数学教育外，还爱好书法、绘画、摄影、围棋和京胡，均有相当造诣。曾在无锡、南京举办个人书画展，书画作品被美国查特努加市亨特艺术博物馆、新西兰哈密顿市及省美术馆、市博物馆等国内外多家博物馆及有关部门收藏。1957年3月，加入中国民主同盟。1983年，被推选为市第七届政协委员。他是中国摄影家协会会员、市文联常务委员、市书画院画师、市老年书画协会会长、市老科技工作者协会摄影分会荣誉会长。著作有《王汝霖画集》《王汝霖书法集》《王汝霖黑白摄影作品集》等。1992年编《锡山王氏宗谱》。2003年7月14日，王汝霖逝世，享年96岁。

杨昌业（1907—1998）

杨昌业，曾用名杨勤初，清光绪三十三年（1907年）六月十七日生于无锡北西漳。民国20年（1931年）毕业于中央大学理学院地理系气象专业，获理学学士学位。民国21年，到中央研究院气象

研究所工作,师从竺可桢研习气象学。民国24年后,历任厦门大学理学院讲师兼气象台主任、中央研究院定海测候所主任、福建省气象局技正、南京临时大学气象系教授等职。民国35年,被聘为国立北京大学农学院森林学系副教授和国立北京师范大学地理系副教授。

1949年,被聘为北京农业大学森林学系副教授,1952年晋升为教授。50年代初期,杨昌业根据竺可桢和涂长望的建议,在北京农业大学着手筹建新中国第一个农业气象专业。1953年,他开始招收农业气象专业研究生,为创建农业气象专业培养师资。1956年,农业气象专业成立。当时,专业教材匮乏,可资借鉴、可供参考的书很少,培养目标、教学计划、教学大纲、课程设置等都须从零开始,杨昌业经过深入调查、咨询、研究并结合中国的实际情况,制定农业气象专业的教学计划与课程设置方案。1958年,著《小气候和农业》,论述地形和土壤小气候、作物小气候、保护地小气候及其在农业上的应用等,为日后的农业气象和农业小气候学奠定基础。1959年,建立农业物理气象系,他任副主任,为国家培养高水平的农业气象专业人才。

他多年致力于农业气象的教学与科研。最初,重点从事气象理论,著有《天气惰性论》。曾讲授过"气象学及气候学""农业气象统计""气候学方法""气候资源和最优决策""农业气象和系统工程"等课程。60年代初期,他首先提出用概率统计方法研究气象与农业之间的关系和规律,还首先为农业气象系首届本科生开设"气候统计学"课,编写出第一本教材,并发表一系列论文阐述正确运用统计学,指出农业气象从定性走向定量的必要性。1964年,他将美国生态学家诺顿逊应用气候相似理论和方法指导作物引种和区划的思路介绍到国内。1976～1986年,成为他一生学术思想最活跃的时期。1979年,他提出用最优决策方法来解决农业气候资源的合理利用问题,在农业气象工作和研究中应用统计学和运筹学来解决实际问题。他酷爱读书,淡泊名利,毕生从事气象学的教学与研究,多次受到政府表彰。曾任校务委员会委员、气象系学术委员会主任委员等职,兼任中国气象学会理事、中国农业气象研究会理事、全国气象类高校教材编审委员、北京农业区划委员会顾问、《中国农业百科全书》农业气象卷顾问,并被该卷编入世界农业气象学家名录。他是北京市第五届人大代表,北京市政协第五、六届委员。著有《气象学论丛》。1998年6月7日,杨昌业逝世,享年91岁。

周怀民(1907—1996)

周怀民,曾用名周仁,字顺根,清光绪三十三(1907年)六月二十二日出生于无锡钱桥北街周巷。少时擅画佛像。早年就读于无锡县立第一高等小学和实业中学,学过土木建筑。民国14年(1925年),考入北京新街口电报局当职员,业余时间学习绘画。每逢假日,自带干粮在北京故宫临摹古画。民国15年,进入北京中国画学研究会,师从名家吴镜汀学习山水画。并先后任研究会讲师、评议。26岁时临摹的一幅四丈多长的沈子居巨画《桃源图》,已达乱真地步。京华艺专校长特聘他去该校教授国画,后来又任该校教务长。民国23年,受徐悲鸿之聘任国立北平艺专国画系山水画兼职教授。在30年代出版的《周怀民山水画集》上,黄宾虹题词:"怀民先生天资聪颖,学力研深。此册秀逸华滋,洵称杰构。"同乡王昆仑赞周怀民作画"心随画笔到江南"。抗战期间,他回到无锡,租住在西门大悲庵,以鬻画为生,也帮人鉴定古书画。在此期间得到荣德生的资助,并由此结为好友,荣曾邀其赴梅园写生,还出资为其办画展。他擅长宋元画法,师宗马远、夏珪,并自创新意,以画芦荡、葡萄著称。他喜爱太湖山水,常到太湖边以芦苇为题写生,乃有"周芦荡"雅称。

新中国成立后,历任中国国民党革命委员会监察委员、中山书画社社长,苏南文管会鉴定委员、京华艺术学校副校长、燕京书画社顾问、北京市政协委员、无锡市书画院名誉顾问,为中国美术家协会会员。1956年起,专画葡萄,作品被送往联合国展出,获得好评,有"葡萄周"之称。1957年,入北京画院，任一级画师。1958年，被聘为江苏省美术馆宋元明清画鉴别艺术顾问。1975年，他的葡萄作品赠送给联合国，美、意、法等国的报纸都作了详尽的介绍。他的作品曾多次作为国家礼品，赠予到访的外国领导人。1984年秋，将收藏的宋、元、明、清字画珍品74件和当代名作24件，以及自己创作的精品48件一并捐献给家乡，市政府特设立“周怀民藏画馆”，由其夫人计燕荪任名誉馆长。其妻与长女国瑾、幼子国良均善绘画，被称为绘画世家。1991年，应美国丹佛大学、纽约东方画廊等单位的邀请，在美国多次举办画展，并被聘任美国丹佛大学荣誉教授。1992年，应日中文化交流协会的邀请，赴日举办画展，以纪念中日恢复邦交20周年。

周怀民一生在国内外举办画展35次。主要作品有《芦荡山水》《飞泉出云来》《梅园春色》《长城内外》《雁荡山》和《葡萄》等。出版有《周怀民画辑》《周怀民藏画集》等。联合国大厦、俄罗斯东方艺术博物馆、北京人民大会堂等都藏有他的作品。部分作品曾被日本和东南亚日历公司精印成大型年历，饮誉海内外。《艺苑掇英》曾出版《周怀民画选》专辑。1996年8月24日，周怀民在北京逝世，享年89岁。

张文伯（1907—1991）

张文伯，清光绪三十三年（1907年）七月十五日生于无锡方湖乡小巷村。11岁进无锡县立第一高等小学学习，后入常州江苏省第五中学。民国15年（1926年）考入上海东吴大学法学院法学系。毕业后任律师。民国16年，与同学、同乡冯晓钟发起筹建锡钟社，民国19年正式成立。后参与筹办锡钟高级商业职业中学。大学毕业后，应征主管上海第一特区法院部分文案，并为上海各报刊专栏撰稿。两年后，回母校任附属中学教务主任。民国22年秋，任国民政府最高法院科长。民国24年，任广东东莞地方法院院长。民国28年，转任灵山地方法院院长。民国30年，赴成都任《中央日报》主笔、中央周刊社副社长。民国31年，任国民党中央党部宣传部委员，曾任国民政府参议员。民国33年夏，赴延安考察。抗战胜利后，仍以主笔原职升任中央周刊社社长，当选南京市参议员及立法院候补委员，国立临时大学教授。曾被选为全国律师联合会常务理事。1949年赴台湾，任《新生报》主笔。1950年9月，参加无锡旅台同乡首次集会。1953年起，任台湾“司法行政部”民事司长，兼司法官训练所教务主任。1962年，赴美国哥伦比亚大学法学院研究法学。1968年，任台湾“司法行政部”常务次长。1971年，调任台湾公务员惩戒委员会委员。其间，曾赴美国哥伦比亚大学研究考察1年多。曾任台湾中国文化大学及辅仁大学法学教授。他笃信王阳明学说，著有《国父论法律与道德》《庞德学述》《民生法学原理》《吴稚晖先生传记》《我看各国司法》《陕北行》《谢冠生传》《张知本先生年谱》《张文伯论文集》以及翻译美国庞德《法律、道德与正义》等书。1991年2月24日，张文伯逝世，享年84岁。

倪达书（1907—1992）

倪达书，清光绪三十三年（1907年）八月二十二日生于无锡东亭长大厦村一书香门第。幼年就读于省立第三师范学校附小，因成绩优异直升第三师范。民国17年（1928年），考入中央大学生物系。民国21年毕业后在中国科学社生物研究所从事原生动物研究。民国25～33年，致力于寄生原生动物和甲藻类研究，发表论文10多篇。民国29年，任中央研究院动物研究所研究员。民国35～37年，赴美国深造并从事研究工作，其学术论文在美国《形态学杂志》上发表并引起广泛关注，美国宾夕法尼亚大学生物系授予他美国科学家会员荣誉和金钥匙。回国后仍任中央研究院生物研究所研究员。

新中国成立后，任中国科学院水生生物研究所研究员、鱼病研究室主任。1951年，中国科学院水生生物研究所在无锡成立太湖淡水生物研究室，下设鱼类寄生虫研究组，由他领导进行草鱼死亡原因及其防治方法的研究，首次发现引起草鱼大量死亡的隐鞭虫（Cryptobia sp.）病原体，并筛选出能有效杀灭这种病原体的药物，使鱼病防治迈开第一步。他亲自编写教材并讲课，培训的人员后来成为中国淡水鱼类养殖和鱼病学研究的骨干力量。1953年，在浙江省菱湖建立国内第一个鱼病工作站，开展对鱼病病原生物学和药物防治的研究，先后发表鱼病研究论文20多篇，尤其对鱼类水霉病和草鱼烂腮病的研究，具有国际水平。1960年11月，在太平洋西部渔业研究委员会第五次全体会议上宣读的《鱼类水霉病的研究》论文，后经补充，出版成专著，获1986年中国科学院科技进步奖三等奖。《草鱼烂鳃病的研究》和《黏细菌烂鳃病和白头白嘴病的病原生物学及其防治》两项研究成果获1978年湖北省科学大会奖。70年代初，提出把稻田养鲤鱼改养草鱼获得成功。1979年加入中国共产党。曾任中国科学院水生生物研究所副所长，湖北省政协委员，中国水产学会、湖北省水产学会和原生动物学会副理事长。他是中国鱼病学的创始人，被誉为原生动物学家、鱼病学家、鱼类养殖学家。主编和参与编写《中国淡水鱼类养殖学》《湖北省鱼病病原区系图志》（两项均获1978年湖北省科学大会奖）和《鱼类水霉病的防治研究》《稻田养鱼》等专著。1992年8月25日，倪达书在武汉病逝，享年85岁。

钱锺夏（1907—1990）

钱锺夏，字禹谟，清光绪三十三年（1907年）十月二十六日生于无锡。民国19年（1930年），毕业于私立无锡国学专修学校，后赴上海商务印书馆任《二十四史》的编校工作。民国22年秋回无锡，长期任无锡辅仁中学文史教员。无锡解放后，先后担任无锡市立中学校长、市体委主任、市文化局副局长等职。1951年，加入中国民主同盟。1961年，重返教育岗位，历任市六中校长、市八中副校长，直至1985年退休。钱锺夏毕生从事教育工作，治学治教严谨，并有丰富的学校领导经验，作风正派，严于律己，为无锡的教育、文化、体育事业作出贡献。积极参加政治协商和爱国统一战线工作，历任市首届教育工会主席，市第二届各界人民代表会议协商委员会副主席，市政协第一届委员会专职副主席，省政协第四、五届委员，市第八届人大常委会委员，中国民主同盟江苏省委常务委员、无锡市委副主任委员等职。1990年1月27日，钱锺夏逝世，享年83岁。

杨通谊（1907—2000） 荣漱仁（1914—1987）

杨通谊，名景熼，以字行，杨味云之子，清光绪三十三年（1907年）十二月生于天津，无锡人。曾为章士钊、钱基博弟子。民国16年（1927年），毕业于上海交通大学中学部，后赴美国麻省理工学院深造，专攻电讯工程，民国19年毕业，先后获通信工程学士、工商管理硕士学位。在麻省理工学院，他痛感外侮频仍而兼习军事，专门攻研海岸炮科，以期报效国家，终获“海岸炮科专家奖”。回国后曾任上海交通大学特约讲师、广勤纺织公司常务董事、广丰面粉公司董事长、茂新面粉公司协理、上海广新银业公司总经理、中国实业银行董事等职。无锡沦陷时，日伪欲寻其“效力”，他即秘密离开无锡，并始终坚持抗日救国活动。抗战后期，日军严密封锁，不让物资流入内地，他在南京水西门外开设小型纱厂，每天生产的棉纱均从安徽的屯溪转入内地，秘密支援后方的抗战力量。为此，他曾填词一阙：“倭寇腥膻愤钟山，隐蔽水西关，纺纱连夜，走私抗战，卓绝人寰。”

1950年，他加入中国民主建国会和九三学社。历任上海市公私合营银行董事兼投资管理处副处长，上海市纺织工业局和棉纺织工业公司专职节电工程师、高级工程师，上海交通大学顾问教授，复旦大学管理学院兼职教授，香港贯达开发公司主席兼总裁，上海市政协常委，上海“文物之友”副会长。1980年，他携夫人荣漱仁赴美，出席麻省理工学院毕业50周年庆典活动，在千人大会上被授予麻省理工学院终身荣誉院士。是年起，他曾5次赴美国、6次赴中国台湾，兼及德国、荷兰、新加坡等地，考察和访问哈佛、麻省理工、波士顿、普林斯顿等高等学校以及世界银行、国际咨询公司和电话电报、贝尔实验室等研究机构，深感当代国际经济的瞬息万变，迫切需要决策、管理层次更新思维方式，采用最先进的科学管理技术。为此，他在晚年竭尽全力，引进推介新的科学管理技术系统动力学，他以杨令茀基金60万元，捐赠成立复旦大学管理学院“福莱斯特扬系统动力学阅览室”。在杨通谊夫妇的牵线搭桥下，美籍华人荣辅仁夫妇委托他俩捐赠虹桥路2106号的2.4万平方米土地，用于建造上海国际会议中心。为实现姑母、画家杨令茀的遗愿，四渡重洋，经5年努力，把其生前收藏的文物全部运回祖国。其中献给故宫博物院的有乾隆御用翡翠水盂、玉雕香炉等8件宫廷珍品；献给无锡市博物馆的有130余件字画艺术作品。还将遗产10万美元在美国设立杨令茀文教基金，用于祖国的文教事业。1987年，支持上海市科协等成立上海国际会议基金会，并向交通大学包兆龙图书馆资助10万港元。他喜古典诗词文学，著有《趋庭隅录》《双松翠鬣馆诗词稿》《翰墨缘——近代名人诗翰墨迹选辑》《近代无锡杨氏传记事略类编》等。2000年4月，杨通谊病逝，享年93岁。

荣漱仁，荣德生之六女，民国3年（1914年）生于无锡荣巷。幼年入无锡竞化女校。民国15～22年，就学于上海中西女子中学，毕业后与杨通谊结婚，协助丈夫创办广新银业公司和广和居酒楼。抗战时期，集资开设广裕纱布号，自任经理。抗日战争胜利后，增设仁裕工业原料行，同时担任人和织造厂常务董事。

新中国成立后，参与料理荣氏家族在沪部分产业，先后担任鸿丰面粉厂经理、福新面粉厂副厂长，将部分房屋租让给政府机关使用。50年代初，先后出资、集资兴办托儿所和幼儿园4所，收纳千余名儿童。开办刺绣、缝纫等妇女技术训练班。1950年，参与筹备上海市职工职业妇女会，并任主席。翌年与政府合作，将鸿丰厂改造成全市第一家公私合营企业。1952年，参加中国民主建国会。后任普陀区工商联副主任委员、区政协副主席，以及徐汇区归国华侨联合会名誉主席。抗美援朝时，参加第三届中国人民赴朝慰问团上海分团，慰问志愿军。1955年，鸿丰和阜丰、福新面粉厂合并为上海面粉厂，她担任副厂长直至退休。1959～1962年，先后捐款4.3万余元用于公益事业。1978年，捐给上海市归国华侨联合会10万元。1979年后，每年捐款给普陀区妇联置办儿童节礼品，还向无锡市儿童乐园、中国少年儿童活动基金会捐款。1980年，任上海市基督教女青年会会长，提供房舍给女青年会办烹饪班，带领女会员义卖自制品，所得钱款悉数捐给上海儿童福利基金会。1982年，创办侨星托儿所。1986年，资助上海面粉公司办托儿所。1987年，向上海市妇联巾帼园筹建处捐款，并发动女青年会会员捐款。同年10月，筹办沪港托儿所。她鼓励回国探亲的三儿杨世纯为上海引进生产电子手表的技术设备，成为上海最早的补偿贸易项目；又鼓励四子杨世缓为武汉市引进技术设备，开设塑料化工厂。她曾偕同杨通谊赴港、台和欧美探亲访友，介绍祖国情况，促成堂兄荣鸿元给交通大学捐助100万元，建立教师活动中心。她先后接待世界各地到沪探亲、观光、讲学以及洽谈贸易、经济合作的亲友近千人次。先后8次被评为全国三八红旗手，还被评为全国各民主党派、工商联为四化服务的先进个人，上海市三八红旗手，上海市妇女“六好”积极分子。历任全国政协委员，中国民主建国会第三、四届中央委员，全国归国华侨联合会委员，上海市工商业联合会顾问，民建上海市委常委，上海市爱建公司监事，上海市妇女联合会执委及常委，沪港经济发展协会理事，上海经济区出口商品企业协会会长，上海人才研究会特约顾问，上海国际会议基金会理事，无锡公益中学名誉校长等职。1987年12月13日，荣漱仁因病逝世，享年73岁。1997年，杨通谊以荣漱仁部分遗产100万港元申办荣漱仁基金会。

顾　风(1908—1997)

顾风，谱名顾翼周，原名顾亦九，曾用名纳生、张萍，清光绪三十四年(1908年)一月十九日生于无锡长安乡后村里。民国14年(1925年)，毕业于无锡实业中学。大革命时期参加无锡革命活动，随后加入中国共产党。民国16年11月，赴苏联军事训练班学习。民国19年11月，结业于苏联中山大学。同年回国，先后在无锡陆区桥小学等校执教。民国26年无锡沦陷前夕，参加无锡抗日青年流亡服务团，到达江西南昌，后由党组织分派工作。民国28年，重新加入中国共产党。4月，任中共福州市委青年部部长。后任中共福建省、福州市特别支部书记。民国29年，任苏北中共苏中区党委秘书。翌年任中共苏中区党委党校教员、教育长。民国33年，任中共宝应县委书记。民国36年，任苏中二分区专员、苏中二地委常委。1949年4月23日无锡解放，任无锡市首任市长，中共无锡市委委员、常委。还担任过中共苏南区委统战部副部长、市委统战部部长、苏南人民行政公署委员，在无锡解放初期的革命与建设中做了大量的工作。1952年7月调至上海，历任上海市建设委员会秘书长、上海市交通运输管理局局长、上海市交通局党委书记兼局长，上海市公用事业管理局局长。"文化大革命"中遭受严重迫害，粉碎"江青反革命集团"后恢复工作。1979年，任上海市公用事业局顾问。为上海市第一、二届党代会代表，上海市第二、三届人大代表。1983年离休。1997年10月14日，顾风病逝，享年89岁。

荣尔仁(1908—1994)

荣尔仁，又名尔根，系实业家荣德生次子，清光绪三十四年(1908年)三月十四日生于无锡荣巷。幼年在父亲创办的公益小学和公益工商中学学习，毕业后在申新三厂实习，从车间工务员做起直至副经理。民国20年(1931年)，一度去上海任申新一厂副厂长，民国24年，调任申新第二、第五纺织厂厂长、经理。其间，在举办劳工事业、改进经营管理、扩充生产设备、领导企业度过资金困难等方面，都有建树。民国29年夏，遭上海浦东伪军绑票，蒙难58天，花费赎金法币50万元才被释放。抗战期间，由他主持的申新二厂因地处租界，生产未受影响，维持正常开工，为支援抗战和清偿战前巨额债务做出重要贡献。抗战末期，赴重庆规划战后申新复兴计划，进行苎麻纺织试验，创办苎麻实验工厂、天元实业公司和公益工商研究所。

抗战胜利后，他向行政院递交《接收日本纱厂及人造纤维厂的建议书》，提出在中国的日本纺织厂应予接收，"分配给在战时受到损失并在后方作出贡献的厂，按损失的程度，给以赔偿"，还拟出准备接办的日商纱厂名单，但未为政府采纳，行政院决定将所有敌伪纱厂全部改为国营。他继续担任申新二厂、五厂经理，从事企业的修复和发展，申新各厂一度呈现短暂的"战后繁荣"。他对企业有深入研究，曾应中国工业管理协会之请，在上海广播电台作《什么是管理、什么是科学管理》的讲座。他支持父亲荣德生在无锡创办私立江南大学，上海光华大学授予他荣誉博士学位。民国37年11月，他当选为全国工业总会常务理事。年末赴香港。1950年曾一度回沪，不久重返香港，迁居巴西，经营面粉、纺织工业。

1986年6月，他带领200多位荣氏亲属回国观光。6月18日，在北京受到邓小平接见。21日回无锡，在梅园参加荣德生铜像揭幕仪式，为新落成的碑廊题书"积雪堂"匾额。1990年8月，再访无锡，并到江南大学等处参观。1994年，荣尔仁在美国病逝，享年86岁。

寿冶禅师（1908—2001）

寿冶禅师，俗名袁荣大，字海月，清光绪三十四年（1908年）三月二十六日生于无锡扬名乡田里三房村。幼受母亲影响，笃信佛教。因少年丧父，12岁到上海黄兴发铁铺当学徒，3年满师后留铺工作，微薄收入全部寄回家。民国17年（1928年），为避婚事，上普陀山梵音洞，未被收留。由一张居士介绍到上海普济寺修行，当年8月由住持德松长老带他到杭州永福寺剃度，名寿冶，经两年考验，成为比丘。民国19年春，在句容宝华山隆昌律寺受具足戒。8月，随师德松长老朝五台山。民国20年，在常州天宁寺、镇江金山寺坐禅。民国23年，第二次上五台山，挂单碧山寺，闭关诵经，武功大进。民国25年，第三次重上五台山，并于是年8月，刺血写《华严经》，至民国29年6月完成，全经60万字。寿冶法师的护法、当代内学巨匠胡瑞霖居士为庆祝他血书《华严经》圆满完成而举办法会。血书《华严经》的其中25卷和五台山石刻“华严经塔”，运到日本国际展览会上展出，受到世人的赞叹。

民国36年4月，在苏州穹窿寺结庐安居。1949年起，寿冶禅师周游各国，宣扬佛学，参礼佛教名胜。1950年在柬埔寨协建中华正觉寺，1953年在越南建十方华严寺，1960年在西贡建天王古刹，1967年在香港创办光明讲堂，1970年赴纽约筹建大乘丛林。1972年，在美国新泽西州成立佛学研究会，附设光明寺。他多次出资修建国内五台山、天台山等古刹。1986年，回故乡无锡，捐赠3万元建“神童幼儿园”，捐7万元建西园弄福寿院（敬老院）。捐赠美国信众给梅园开原寺的玉佛1尊，佛高3.64米，重6吨，缅甸制造，并赠他手书精装《华严经》3品，经架两座。2001年4月8日，寿冶禅师圆寂，享年93岁。

邹依仁（1908—1993）

邹依仁，又名邹坦安，清光绪三十四年（1908年）五月十六日生于无锡后宅中街。5岁入私塾，后入苏州树德小学、苏州省立第二中学。民国12年（1923年）8月～16年7月，转入上海沪江大学附中读书。民国16年8月～18年12月，在南京中央大学数学系读书至毕业。民国19年在无锡县立女子中学任教。当年10月，赴法国巴黎大学统计学院读书，获统计师学位。民国21年因病回国，至民国24年在南京中央政治学校任教。民国22年，参加中国统计学社。民国25年～27年8月，又赴美国密歇根大学研究院深造，获理学士、理硕士学位。其间，民国26年参加美国统计学会，民国27年参加美国数理统计学会。民国28～32年，任重庆复旦大学统计系统计专修科教授，后任统计专修科主任。民国32～35年，任重庆中央大学、重庆大学教授。民国35年起，任上海复旦大学统计专修科主任兼统计学教授、国立上海商学院统计系主任兼教授，并任中央大学经济系教授。

新中国成立前夕，他拒绝去台湾。新中国成立后，被推选为上海商学院院务委员会委员。1952年高校院系调整后，任上海财经学院统计系主任兼教授、研究处副主任。1955年参加民盟。1956年被评为二级教授。1958年后，任上海社会科学院经济研究所研究员。历任上海市第二、三、四、五届政协委员。“文化大革命”中受到迫害，被强制退休。“文化大革命”结束后，得到平反。1978年后，着重研究产品质量管理，先后加入上海技术经济与管理现代化研究会、上海市人口学会和统计学会，任理事、顾问等职，不辞辛劳到上海石油化工总厂、上海市科学技术协会、上海交通大学等单位作全面质量管理的报告。他将自己的讲课费捐给协会作为经费。1981年，加入欧洲国际质量管理协会，同年参加该协会在巴黎召开的第二十五届年会。1984年6月，在英国布列顿召开的世界质量会议上，宣读论文《〈周礼·考工记〉中关于武器战车质量管理史话》，提出中国是世界上采用质量管理最早的国家的观点,推翻西方关于中东的巴比伦是第一个实施质量管理的国家的说法。1985年10月,被聘请为第一届亚太质量分会主席,出席第三届亚太质量会议。后晋升为一级教授。1992年,获国务院特殊津贴。他是国内最早从事统计教学和研究的学者之一,长期讲授统计学、高级统计学等课程,为国家培养大批统计人才。著有《高级管理统计学》《工业统计学》《统计学名词公式汇编》《统计抽样法》《统计平均数》《统计学和质量管理》《质量控制的历史发展及其在各国的做法》《质量管理原理与方法》等多种学术书籍和论文近百篇。《旧上海人口变迁的研究》被译为英、法文出版。1993年6月28日,邹依仁逝世,享年85岁。

朱仁康(1908—2000)

朱仁康,字行健,清光绪三十四年(1908年)七月十二日生于无锡清名桥上塘。初中一年级即因病辍学。早年从其兄长及江南外科名医章治康学医。民国17年(1928年)开始行医,在苏州悬壶。30年代初,曾编著有《中西医学汇综》一书。抗日战争爆发后,避居上海。民国27年起,应上海新谊药厂之邀,主编《国医导报》杂志达10年之久。民国37年,继续在上海开业行医。

1952年,任上海市青海路公费医疗门诊部外科医生。1956年,由卫生部选调至北京,在中医研究院工作。5月应聘任西苑医院中医外科(亦称疮疡外科)主任。1963年,合并入广安门医院,历任外科主任、皮肤科主任。1971年,创用滋阴除湿法提高治疗湿疹的疗效。1972年起,对皮肤顽症银屑病进行观察治疗,至1980年创制成“克银方”,经分别对108例、236例疗效观察,药方具有疗效好、副作用少、复发率低等优点。1978年前后,开始整理自己40年的临床经验。1978年以后,任北京中医学院名誉教授、中医研究院研究员,带过研究生、进修生数十人。1979年,《朱仁康临床经验集》问世。1981年,加入中国共产党。翌年,与吉林大学合作,将治疗湿疹、皮炎的经验输入电子计算机,制成朱仁康诊疗系统(中医专-E.R.K-82),在日本国际科技博览会上展出,并在翌年获中医研究院科技成果三等奖。1983年,他精简用药,完成《克银方治疗银屑病的临床研究进展》一文,成果在国内外处领先地位,被评为卫生部甲级成果奖。1985年,主编《中医外科学》。是年,荣获世界文化理事会颁发的“阿尔伯特·爱因斯坦”世界科学奖状。他是第六届全国政协委员,中华全国中医学会第一届理事、外科学会主任委员,中国中西医结合研究会顾问。他从事中医工作70余年,精于疮疡、皮肤外科,擅长治疗多发性疖肿、乳腺炎、脉管炎、湿疹、皮炎、银屑病、丹毒、带状疱疹、扁平疣、痔瘘等病症。在临床实践中,刻苦钻研古代医学文化,博采众长,敢于创新,创制验方50余种。对225例湿疹患者根据全身征候、舌苔脉象、皮肤特点加以辨证论治,分为湿热、血热、风湿热三类进行治疗,并将其验方输入计算机制成诊疗系统,取得满意的疗效。还编著有《实用外科中药治疗学》等。2000年,朱仁康病逝,享年92岁。

钱阿福(1908—1993)

钱阿福,清光绪三十四年(1908年)七月十五日生于无锡东亭竹园村一贫苦农民之家。自幼在父母的熏陶下与吴歌结下不解之缘。13岁便能唱长篇叙事吴歌《沈七哥》和许多中、短山歌。14岁起拜同村钱太公、羊尖廊下李阿根和无锡华兴盛汤团店张荣宝为师,学会300多首歌谣,还学到“多听、多问、多唱、多对(对山歌)、多想”的“五多”诀窍和“不骄唱、不荤唱、不瞎唱”的“三不”规矩,成为“爱歌如命”“求歌舍命”的山歌迷、山歌手。17岁后曾做过换糖生意和种过田,更长时间是帮人做汤团,称为“汤团阿福”。他“以糖换歌”“以工换歌”“以团换歌”,还“以歌换歌”,到40岁时几乎把无锡一带的民歌民谣都唱遍。后经整理,共发表长篇吴歌4部、中篇吴歌59部、短歌谣468篇,其中《沈七哥》有2500多行,《薛六郎》长达2600多行。中篇吴歌《小五姑娘》《牵砻山歌》《无锡情歌》等也有500～1000行。他演唱一气呵成，嗓音清脆响亮。1981年后，钱阿福加入江苏省和全国的民间文艺家协会以及吴歌学会。吴歌《沈七哥》的发表，填补"汉族无长篇史诗""吴地无长篇叙事诗"的空白。联邦德国波恩大学博士、教授瑶贝称"《沈七哥》是世界上最优秀的创世诗"。荷兰、日本、英国、美国等20多个国家的民间文学工作者在拜访钱阿福后，称他是"中国民间文艺的一颗闪闪发光的明珠"。1989年，江苏电视台以《歌王阿福》为片名，摄制艺术专题片。1993年2月，钱阿福逝世，享年85岁。

顾铁符（1908—1990）

顾铁符，清光绪三十四年（1908年）七月十七日生于无锡县梅村，祖居无锡城内槐树巷。民国13年（1924年）起，先后在杨墅小学、无锡县女中附小、县立第五高等小学、大墙门小学及安徽和县中心小学执教。曾自习绘画、雕塑、生物学、民族学等。民国21年，任广州中山大学生物系绘图员，兼任研究院技佐。时岭南派国画大师高剑父在校执教，他常去观赏和听高讲授明清画家名画，直至抗战爆发。其间，他得到许多画家帮助，参观过广州不少著名收藏家的书画藏品。民国30～31年，受中山大学研究院委派，首次参加田野考古工作，在海丰新石器时代遗址从事考古调查发掘。民国33年8月～34年7月，任江西中正大学师范科讲师。抗战胜利后，曾在上海商报任编辑及资料室主任。民国34年11月，重回广州中山大学，任文学院讲师兼图书馆主任。他刻苦钻研，潜心于金石学研究。广州解放前夕，积极投身进步活动，参加广州地下教协组织，接受革命任务。

1950年8月，他从中山大学转到武汉中南军政委员会文化部，任文物科科长，专事文物工作。1952年6月，受中南军政委员会文化部委派，赴湖南长沙参加春秋战国时代楚墓以及其他古墓葬的发掘。1953年8月起兼任武汉大学讲师。1954年9月任文化部文物事业管理局业务秘书。1956年4月中旬起，参加国家文物局与山西省文物局联合组织的文物普查试验工作队，协同十几个省调来的文物干部，在晋南8个县、市进行为期3个半月的文物普查试点，发现大批珍贵文物。接着又参加山西侯马东周时期晋国晚期都城新田遗址的勘探、发掘、整理和研究。1957～1958年，参加河南信阳战国楚墓的发掘。1958年10月，调至故宫博物院，先后任副研究员，工艺美术史部副主任、保管部代理副主任等职。1959年和1967年，先后两次赴西藏考察、鉴定文物。1960年、1961年，先后两次将3件文物捐献给故宫博物院。"文化大革命"期间，被下放至湖北咸宁县文化部"五七"干校劳动。1972年春，奉调回北京借调至国家文物局，与许多著名学者一起，对银雀山汉墓出土的《孙子兵法》《孙膑兵法》等缀全、系联、释文和注释。是年冬，参加湖南长沙马王堆2号、3号墓的发掘。对帛书《天文气象杂占》的内容作详尽的考释和研究。1980年，回故宫后专心致力于学术研究。1981年6月，作为特邀代表出席在湖南长沙举行的楚文化研究会成立大会，被大会聘请为楚文化研究会顾问。1982年，晋升为研究员。翌年2月，被聘请为国家文物委员会委员。还担任国家文物局历史文物咨议委员会委员、中国考古学会常务理事、中国大百科全书文物编辑委员会顾问。1987年，赴美国亚特兰大参加清宫廷史陈列展览。撰有《试论长沙汉墓保存条件》《隋国曾侯的奥秘》等论文及专著《楚国民族述略》《夕阳刍稿》等。1990年10月29日，顾铁符在北京病逝，享年82岁。1992年，家属遵其遗嘱将所收藏文物8件捐献给故宫博物院。

唐晔如（1908—1986）

唐晔如，名煜源，以字行，唐保谦之四子，唐星海之小弟，清光绪三十四年（1908年）八月初二生于无锡。从美国留学回国后，继承父业，先后在无锡益源、福源堆栈、利农砖瓦厂和庆丰纺织公司任经理。抗日战争全面爆发后，庆丰纺织公司迁入上海，他在上海创办毛纺织厂，生产高级呢料，与外国产品一争高低。民国29年（1940年）10月，在岳父项荣宝的帮助下又创建元丰毛纺织厂，从而跻身上海毛纺界四巨头之列。民国32年，从唐星海的庆丰公司分出，与唐淞源合作创办兆丰纱厂、肇新纱厂、晋丰毛纺厂、长丰纱厂，投资宝丰纱厂，担任兆丰纺织公司总经理。

1949年，唐晔如与六叔唐纪元举家迁居香港。1950年，移居巴西，在巴西圣保罗先后创建生产地毯的特菲亚毛纺厂和拥有2400公顷土地的大型小麦农场。1982年，率妻儿回国探亲，向上海爱国建设公司投资20万美元，是首位回馈祖国的侨胞。还捐款30万元给无锡的大学、佛学会、福利合作慈善基金。1986年11月14日，唐晔如在美国逝世，享年78岁。

唐淞源（1908—2002）

唐淞源，字映江，清光绪三十四年（1908年）十月初四生于无锡。早年就读于国立东南大学上海商学院。因父亲双目失明而停学，回锡侍候父亲。并帮助二伯父唐保谦经营实业，曾任市九丰面粉厂和庆丰纱厂董事。抗战期间及胜利后，在上海协助堂兄唐晔如经办上海元丰毛纺织厂、肇新纱厂和上海协丰面粉厂，并任协丰面粉厂经理。公私合营后，任上海元丰毛纺织厂副厂长，直至退休。他长期从事佛教事业，任中国佛教协会理事、上海佛教协会副会长。他关心祖国的文化教育事业，倡导海外亲戚投资祖国的建设。1987年上海佛教居士林恢复后，他为第一任林长。后任上海市佛教协会咨议委员会名誉主席、上海佛教居士林名誉林长。2002年，捐资90万元在静安区宗教民族基金会下设立“唐淞源福利基金”，专门资助残疾人和品学兼优的贫困学生。基金会出资15万元在江西省宁都县东口坝大布村援建“唐淞源希望小学”。2002年8月8日，唐淞源病逝，享年94岁。

许楚珍（1908—1994）

许楚珍，号自为，清光绪三十四年（1908年）十月初十生于无锡玉祁庄巷桥村。早年就读于无锡县立第一高等小学。民国16年（1927年）毕业于无锡实业专科学校土木科，留校任建筑部工程技术员，后在南京、上海等地政府建设工务部门和设计事务所任工程师。新中国成立后，先后任市建设局工务科科长、总工程师，市建工局副局长。任职期间，主持经办无锡拆城筑路，建造原市人民大会堂、市体育场、市工人文化宫和工人住宅群等重要工程。1956年7月，加入中国共产党。1962年，调至南京，任省建筑安装总公司（省建筑工程局）总工程师，担负全省建筑安装工程技术领导工作。1972年退休后返回无锡，任无锡市第五、六、七、八届政协常委、城建组召集人。积极参与有关建设活动，发挥咨询顾问作用。1985年，发起组织江南建筑设计事务所，任主任。1981～1989年，任无锡市退休科技工作者协会第一、二届理事长。1987年，获中国建筑学会、省建委、省建工局授予从事建筑科技工作50年贡献卓著的荣誉证书，表彰其终身从事建筑事业所作出的贡献。1994年2月11日，许楚珍病逝，享年86岁。

杭　苇（1908—1988）

杭苇，原名锡奎，字一之，清光绪三十四年（1908年）十一月初十生于无锡胡埭大花村。幼年随伯父读书，后就读于胡埭第五国民小学、匡村高等小学、无锡实业中学、上海美术专科学校。民国15年（1926年），在家乡上舍村十一国民小学任教。民国18年春，在无锡参加共青团。同年参加党组织在惠山召开的反帝大同盟及党团活动分子会议，参加周山浜地区的工人大游行。民国20年，在上海美术专科学校艺教系毕业后回无锡，先后在盛店小学、蔡氏小学和无锡县初中任教，任教期间，探索小学教学规律，注重实践教学，激发学生兴趣。民国21年10月，在上海主编出版儿童刊物《小宝宝》，

民国22年4月，主编出版《儿童新闻》，宣传陶行知的生活教育思想，宣传抗日，并参加生活教育社无锡分社。民国23年，在南宁创办《广西儿童》周刊，推行陶行知的“小先生制”。撰写大众文学《老少通》，推广文字改革，开展地主与农民谁养活谁的讨论。当时《儿童新闻》的撰稿人有千家驹、艾思奇、李公朴、陶行知、沈兹九、孙冶方、章乃器等知名人士。民国25年，返上海与王洞若、孙铭勋等合作创办《少年知识》《中国少年》等刊物，并参加进步文化活动与国难教育社，投身抗日救亡运动。民国26年，任无锡教育界抗敌后援会理事，编写《抗日教育》一书。民国27年，任浙江云和县教育馆馆长，主编《云和快报》《云和教育》《浙江妇女》，并任云和师范学校教导主任。民国28年，撤退到金华，与妻陈怀白一起创办《东南儿童》。民国29年，与妻同赴皖南参加新四军，他任新四军军部文化服务处编译，次年加入中国共产党。后历任苏中行政公署文教处编审室主任，泰东县政府、东台县政府、邗东县政府、江都县政府秘书，苏皖边区政府教育厅、山东省教育厅编审室主任，为解放区的中小学组织编写全套教材。在戴白韬领导下，在山东解放区总结和推广群众识字运动“庄户学”经验，实践“社会即学校”的生活教育。

新中国成立后，历任上海市教育局中教处处长、副局长、局长。1959年任修订《辞海》编委。“文化大革命”中受到冲击。1979年后，任上海市教育局局长，兼任上海市教育学会会长、名誉会长和中国教育学会常务理事、上海市社科联副主席，上海市语言委员会副主任，上海市第六届政协常委，中国陶行知研究会、上海陶行知研究会顾问。1983年，推动创建上海陶行知纪念馆，落成后任名誉馆长。创办《上海教育》杂志。他长期从事教育管理和领导工作，对陶行知的教育思想身体力行，对中小学教育颇有见解，主张“还原家庭教育”，在语文教育中贯穿思想道德教育等。还主张办好小学，加强初中，提高高中，培养学生的创造性思维，加强文体活动、科技活动、调查研究、社会活动、信息活动和广泛阅读课外书籍。著有《杭苇教育文集》。1988年3月22日，杭苇逝世，享年80岁。

季楚书（1908—2004）

季楚书，清光绪三十四年（1908年）十一月二十九日生于无锡长安乡。民国17年（1928年）3月，由宋文光介绍加入中国共产党。民国18年，在上海艺术大学求学期间参加学生运动，曾在学生会主席带领下外出张贴宣传标语，法租界巡捕夜间进校搜捕，他因住宿在校外而幸免。是年7月从上海艺大毕业后，回到无锡，参加中共领导的外围文艺团体曙光文艺社，并成为《曙光》文艺刊物的主要撰稿者之一。民国19年12月，任武进《中山日报》副刊编辑。民国20年11月，任中国左翼文化总同盟（简称“文总”）秘书，在曹荻秋领导下，负责出版发行政论性周刊《九一八》（后改名《公道》《中国与世界》）。这份刊物经常刊登瞿秋白、田汉、丁玲、成仿吾、钱杏村、朱镜我等中共有关负责人和著名左翼作家的文章。民国21年1月17日，上海市各界民众团体反日联合会召开抗日反蒋的全市民众大会，会上散发的《中华苏维埃共和国政府抗日声明》传单，即由他冒险运送。同年“一·二八”淞沪抗战爆发，“文总”为及时报道前线战况和后方群众的支援运动，会同“左联”“社联”和“剧联”创办《白话报》周刊，他为编委兼经理。3月，“文总”负责人潘梓年以左翼文化团体的名义起草反对国联调查团的声明，由他负责印发，在去油印时，不幸遭巡捕逮捕，被判刑两年半。在狱中，因受尽折磨而染上严重的肺病。

抗战全面爆发后，他回到无锡。11月，任无锡县文化界抗敌后援团常务理事。民国28年5月，由中共无锡县委书记王承业为其恢复组织关系。6月，任无锡县各界抗日联合会秘书兼宣传部部长。根据王承业的安排，进入“忠义救国军”十支队三大队任副大队长兼除奸团团长尤国桢的秘书。“江南抗日义勇军”东进后，奉王承业之命，两次面见叶飞，商谈争取尤国桢之事，第二次陪同尤国桢直接与叶飞面谈，尤真心表示愿与“江抗”合作抗日，并希望“江抗”派人帮他整顿部队。尤国桢遭“忠义救国军”诱骗暗杀后，他奉叶飞指示，与隐蔽在“忠义救国军”内的另一名党员朱若愚一起，收集尤国桢的余部组成特务大队编入“江抗”序列。民国29年9月，任无锡县人民抗日自卫会秘书兼宣传部长。民国33～34年春，受党组织委派打入敌伪，做策反工作。解放战争时期，先在上海从事地下工作，民国37年进入苏北解放区，直至无锡解放。

无锡解放后，他长期从事文化工作。1949年4月，任市军管会派驻无锡师范学校军代表。7月，任市文教局科长。8月，任市首届文联第一副主席。1952年2月，任市政府秘书。1953年2月，任省文联秘书主任。1954～1958年，在华东水利学院、山东大学任教，曾任《文史哲》刊物的编委会常委、编辑部主任。1959～1978年，在上海中华书局、上海社会科学院历史研究所任职。“文化大革命”期间，曾被隔离审查。1978年12月，调入上海社会科学院文学研究所，任学术委员会委员。直到耄耋之年，他还发表不少宣传马克思主义哲学和党的理论的文章。2004年2月4日，季楚书在上海逝世，享年96岁。

糜文焕（1908—1986）

糜文焕，清光绪三十四年（1908年）十二月十六日生于无锡玉祁新桥村。民国9年（1920年），就读于省立第三师范学校附属小学。民国13年，至上海商务印书馆图书部学习、工作，并入天光艺术会和晨光美术会学画。受其兄中共党员糜文溶、糜文浩影响，民国15年春加入共产主义青年团。后在上海艺术大学听课，并在新华艺术大学图画音乐系学习，从事工艺美术和绘画等活动。民国19年3月，参加上海左翼作家联盟成立大会。民国21年，至新中国书局绘儿童图书插图。同年秋，应聘赴香港华南印务局，任商用美术绘画工作。1年后回沪，为画家谢之光绘制广告用图。后应聘至儿童书局、世界书局绘书籍插图。其间曾与友人创办《新儿童报》周刊。民国24年，儿童文化协会成立，任委员。民国26年，任康元制铁罐厂广告主任。抗战爆发后，赴香港与著名画家张光宇创办《上海画报》，并任香港《星岛日报》编辑，随后加入漫画界抗敌协会香港分会，编辑出版漫画书籍。日军占领香港后赴重庆，在大东书局任业务处长，担任美术工作，兼印刷厂厂长。其间，主编《星岛画报》月刊。抗战胜利后回上海，任职大东书局兼第一印刷厂厂长。民国37年，与中国共产党发生联系，上海解放前夕参加护厂斗争。

1951年，任儿童读物联营书店经理。又因上海市副市长金仲华邀请，到上海《中国建设》杂志社任美术设计和出版工作。1953年，随杂志社迁往北京。他长期任设计出版组组长、彩色委员会委员和美术编辑，为中国美术家协会会员，著有《今日之儿童美术》等。1986年12月20日，糜文焕病逝，享年78岁。

韦永义（1908—1999）

韦永义，清光绪三十四年（1908年）生于丹阳县练湖后东岗村。民国26年（1937年）8月参加革命。民国27年4月，任丹阳县抗日自卫总团政治处主任。民国28年5月，经陈毅介绍加入中国共产党。9月，任江南抗日义勇军挺进纵队三支队队长。10月，任新四军挺进纵队四团团长。民国29年4月起，历任镇、丹、武、扬四县抗日总会副主任，丹阳县县长，地委联络部部长，苏南第四行政区专员，保安司令兼十五团团长，苏中二专署专员，丹北地区司令员兼政委等职。解放战争时期，历任苏中二分区副政委、司令员，苏中二专署专员，二地委书记，军分区政委等职。

新中国成立初期，历任镇江地委书记、军分区政委，苏南区党委工业部部长、工会主席，无锡市委书记兼军分区政委等职。1954～1966年，历任省委组织部部长、政法部部长、省委常委、省人委秘书长、无锡市委书记、江苏省副省长等职。“文化大革命”中遭受迫害。1977年恢复工作，先后任省委顾问组组长、省委政法领导小组副组长、省检察院检察长，省第四、第五届政协副主席。1999年6月

10日，韦永义病逝，享年91岁。

顾高地（1908—1990）

顾高地，清光绪三十四年（1908年）生于无锡。毕业于上海大同大学理科。民国16年（1927年）投身北伐战争。民国21年，任淞沪警备司令部少校兼蔡廷锴秘书，参加"八一三"淞沪抗战，起草第一份作战命令，旋任中校参谋。深感中日间迟早难免一战，决心致力于日本问题研究。与友人创设国民党军事委员会国际问题研究所，并任京沪区少将主任，从事对日情报研究。曾精心策划郭沫若回国抗战，并与中共上海地下党组织建立联系，提供许多情报，掩护中共地下电台的活动。抗战期间，深入敌后工作6年，获得日方军事、政治、外交以及国际间大量情报，并做出重要判断，对推动国民党抗战起到重大作用。同时与潘汉年过从甚密，与中共地下组织保持秘密联络。民国31年蒋介石亲笔题赠"忠勇奋发"以示褒奖。抗战胜利后，被国民政府授予胜利勋章，并任国际问题研究所中将副主任。民国35年后，因不满国民党发动全面内战而辞去军职，与蒋介石划清界限，隐居上海，一心培养教育儿女。1955年受潘汉年冤案牵连，1958年被判处20年有期徒刑，蒙冤至青海服刑。1967年2月，妻秦慎义、女顾圣婴、子顾握奇遭受迫害，自杀身亡。1975年8月，顾高地"刑满释放"，回到上海。1978年后，他与家人获得平反。先受聘为上海市文史馆馆员，后调任上海市政府参事。撰有《一·二八淞沪抗日战役回忆》等文。1990年10月15日，顾高地病逝，享年82岁。

华　斌（1909—1998）

华斌，清宣统元年（1909年）二月生于无锡城内县下塘。早年参加五卅反帝爱国运动。民国15年（1926年）高中毕业后，受训于海关创办的全国海岸巡防处训练班，专攻气象观测和无线电技术，学成后在上海气象观测台工作。民国18年，在国民政府财政部任电台主任，鉴于政府腐败，弃职出走，到上海私营大华电器公司谋职。九一八事变爆发，投身抗日运动，秘密加入中国共产党，任中共沪西区委宣传部干事，编印沪西区工人刊物，参与领导沪西反日大罢工，声援十九路军抗日斗争。民国22年，考入中国航空公司，成为该公司第一个地下党员。抗战全面爆发后，他随中航西迁至武汉，再至重庆。民国27年春，在重庆成立中航第一个地下党支部。皖南事变后，他在重庆的家成为地下党的活动据点。民国29年，协助重庆《新华日报》负责人吴克坚开设兴华油脂公司。翌年，任重庆区党委干事，领导生活书店党支部。太平洋战争爆发后，受中航公司的委派，在缅甸北部密支那架设电台，配合"驼峰"航线，在日军进攻密支那时，他为救出近千名印度难民做出贡献。抗战胜利后，获颁抗日胜利勋章。此后随中航返回上海，从事地下秘密活动。解放战争时期，受党组织委托，在上海建立秘密电台，沟通与中共中央军委和解放军第三野战军总部的无线电联络，为上海的解放做出贡献，曾受到中共中央和周恩来的嘉奖。

上海解放后，参加上海市军管会空军部的接管组，接收清理通信器材仓库，将原中航公司修配厂改造成空军通信修造厂，任第一任厂长。还担任华东航空处副处长。50年代，奉调北京，任空军司令部通信处第二副处长、处长、第一处长，参与空军通信部队、通信学校的组建，为中国空军参加抗美援朝、解放沿海岛屿、进军西藏、入闽备战和国土防空等军事活动做出贡献。1955年，被授予上校军衔。1960年，被任命为解放军空军司令部通信兵部部长，晋升大校军衔。1977年12月以正军职离休。1988年，被授予中国人民解放军二级红星功勋荣誉章。1998年8月14日，华斌在北京逝世，享年89岁。

王　枫(1909—1996)

王枫，女，原名王汝枫，清宣统元年(1909年)五月初四生于无锡城内西河头姚宝巷，系王昆仑之妹。民国22年(1933年)，毕业于南京中央大学文学院社会学系。后任南京江苏省立女子中学教员、南京金陵大学附中教员。九一八事变后，参加中国共产党领导的反帝大同盟，为南京妇女界救国会负责人之一。抗日战争时期，曾任南京妇女文化促进会执委、各大学联合学生军训女生政治指导员、重庆中国茶叶总公司专员、邮政储金汇业局研究员，参加中国妇女联谊会，任成都保育分会及慰劳分会执行委员、重庆西江女体校中学部主任、中苏文化协会妇女委员会委员。民国32年，加入中国民主革命同盟。后任上海商船学校副教授。民国36年，在留学美国哥伦比亚大学社会工作学院期间，与冯玉祥等一同发起成立旅美中国和平民主同盟。次年，参加中国国民党革命委员会。

新中国成立后，历任司法部专员、北京市人民法院审判员、司法部人民接待室副主任、全国政协工作组及联络委员会副主任，中国人民保卫儿童全国委员会、中国儿童和少年基金会理事，民革第四届中央候补委员和第五、六届中央常委。是第五届全国政协委员，第六、七届全国政协常委，第八届全国政协委员。她积极参加民革工作和人民政协活动，热情从事保护妇女儿童权益工作，为祖国的社会主义现代化建设和统一大业出力献策。1996年7月23日，王枫在北京逝世，享年87岁。

刘明远(1909—1993)

刘明远，号恒升，清宣统元年(1909年)六月初二生于无锡西漳刘家宕村。民国15年(1926年)起，任村、乡农会委员，无锡县第五区农民协会常务委员。民国21年起，在刘家宕村任小学教师。民国29年8月，加入中国共产党。以后，历任抗日民主政府区助理、锡东营业税处主任、无锡县经济委员会锡东经济委员会分会副主任。翌年8月，任锡南办事处经济委员会分会副主任。10月，与马雨亭一起，隐蔽在中共特别党员石渊如组织的伪方板桥自卫团内工作。民国31年3月，任武进县财经科科长。6月，回锡南任锡南经济委员会分会副主任。翌年10月，任锡南办事处副主任，主持办事处全面工作。民国34年7月，任浙江长兴县财经科科长。民国37年11月任河南开封市工商局局长。

1950年9月，被中央人民政府政务院任命为河南省开封市人民政府委员。1954年，任广东省农业厅特产处副处长。1958年调至镇江，任中国农业科学院蚕业研究所副所长。1963年起，兼任江苏省蚕桑学会副理事长、中国蚕桑学会副秘书长。他多年从事蚕桑工作，撰有《家蚕新品种农村生产鉴定经验选编》，主编《蚕桑技术资料汇编》，参与编写《中国蚕桑演变史》。1993年，刘明远在镇江逝世，享年84岁。

温启祥(1909—1993)

温启祥，清宣统元年(1909年)六月二十一日生于无锡张泾桥。民国15年(1926年)，进入上海南洋高中学习，因家庭经济困难而辍学当学徒。民国16年，考入国民政府军事交通技术学校。翌年，转入上海无线电报务人员养成所学习报务。民国21年，考入国民政府交通部中国航空公司，先后在南京、宜昌、汉口、温州等航空站从事无线电报通信工作，升任无线电技术员后调至上海龙华机场。继之辗转于武汉、重庆、香港、加尔各答等地航空站。抗日战争期间，他在重庆工作。民国27年冬，加入中国共产党。民国29年，组织决定暂停他的地下活动，以党外人士身份继续为党工作。民国31年，随中航公司迁到印度加尔各答，制造出第一部750瓦归航机和第一部100瓦短波发信机，帮助印度共产党制作一台AR88高级收音机。民国35年2月，中航公司搬回上海，曾赶制一部电台，安装在机场归航台里，为在上海与国民党进行谈判的中共代表团和延安建立秘密联系。民国36年，制成一部轻便电台，安装在一位地下党员的家中，直至上海解放。翌年，拒绝随中航公司南迁，并劝说其他技术人员留下，一起阻止、拖延了大量无线电器材外运，并将许多器材转移、隐藏，以便解放后使用。

上海解放后，参与筹建空军第二十三工厂（上海），任技术计划检验股股长。为配合解放舟山群岛，主持修配和赶制500瓦报话机、750瓦长波归航机和100瓦短波发射机，使沪、宁、杭的防空通信系统初具规模。此后，又为前线指挥部提供通信导航设备。1950年9月，被评为全国工业劳动模范，并于10月赴北京出席全国工农兵英模大会。1953年，任国营710厂（原23厂）副厂长兼总工程师。翌年，当选为上海市人民代表大会代表。1958年1月，调任国防部第十研究院第十研究所（成都）副所长兼总工程师。翌年，补选为四川省政协委员。1959年和1961年两次赴苏联学习与谈判。回国后，在成都第十研究所专门成立导航研究室。1960年，建议成立专门从事导航技术、系统与设备研究与开发的研究所。1962年8月，任国防部第十研究院第二十研究所（西安）副所长兼总工程师，先后开展航空近程导航系统、飞机着陆引导系统、中程与远程无线电导航系统以及卫星导航、组合导航和超长波大功率山谷通信天线系统的研究开发。1963年，被补选为陕西省政协委员。1965年，当选为陕西省第五届人大代表和第三届全国人大代表。

温启祥曾任中国电子学会第一届理事会理事，并先后担任中国电子学会导航分会第一、二届主任委员，第三届名誉主任委员，中国造船工程学会船用仪器仪表学术委员会副主任委员、《导航》学术季刊顾问、第四机械工业部电子科学技术委员会委员。1979～1983年，任中国电子学会第二届常务理事、中国电子学会首批会士。1980年，被北京航空学院（今北京航空航天大学）聘为兼职教授，同时被聘为国家科学技术委员会海洋专业学科组成员。3月，改任第二十研究所顾问。1985年离休。他是中国无线电导航事业创始人之一。先后主持或参与《电子工业名词辞典》《中国大百科全书·电子学与计算机卷》《电子学名词辞典》和《中国军事工业史料丛书·船舶导航史料专集》等有关无线电导航部分的编撰或编审，以及“2000年中国电子工业发展”课题的研究工作。1993年12月20日，温启祥病逝，享年84岁。

林致平（1909—1993）

林致平，清宣统元年（1909年）七月初七生于无锡。先后在无锡、南京完成小学和中学教育。民国20年（1931年）上海交通大学土木工程系毕业后，留校任助教3年。民国23年，考取中英文化基金会庚款奖学金，赴英国伦敦大学留学，专习应用数学、航空学、弹性力学，民国26年获航空学博士。回国后任空军机械学校高级教官及高级班主任，并任四川大学航空工程系主任。民国29年冬，调任空军航空研究院结构组组长。民国35年，赴美国加州理工学院研究院交流。民国37年返国后，任航空研究院副院长。民国38年初赴台湾。1952年，任航空研究院院长。1957年，台湾恢复交通大学研究院，他为筹备委员。1958年，当选为台湾“中央研究院”院士，并任数学所所长。1961年，台湾省立农学院与台北法商学院合并为台湾省立中兴大学，林任首任校长，并创立应用数学系。后又由中兴大学应用数学系与林致平基金会主办应用数学论坛。1963年辞职，转任数学研究所所长。1964年，应聘美国弗吉尼亚理工学院数学系教授，至1984年退休。他先后发表论文200篇，是台湾无锡同乡会名誉理事。1993年2月23日，林致平逝世，享年84岁。

陈瘦竹(1909—1990)

陈瘦竹，原名定节，又名泰来，笔名石佛、若苇等，清宣统元年(1909年)十月十七日生于无锡港下南陈巷。幼年丧父，全靠母亲织布、养蚕和务农维持生计。他的舅父是一位小学教师，勉励并辅导他识字读书，后进江阴顾山锦带小学上学。民国13年(1924年)，考入省立第三师范学校。受新文学运动影响，常在课余写小说，第一篇小说发表在学生会刊物《弘毅》上。后来，以顾山红豆树的传闻为题材，写短篇小说《红豆》，发表于上海《泰东月刊》。之后，又出版短篇小说集《奈何天》《奇女行》《水沫集》。民国16年，以无锡邻近的江阴、常熟、宜兴发生的农民革命斗争为题材，创作中篇小说《灿烂的火光》，出版后引起反动当局的注意，遭到查禁。民国18年春，考入武汉大学外文系，学习期间，为华中图书公司主编《武汉文艺》月刊，一面继续从事小说创作。这时，开始写《华兹华斯的诗歌理论》等文学评论，翻译高尔基的《滚石》等一些外国文学作品。民国22年7月，大学毕业，任南京国立编译馆编译，业余从事小说创作和翻译工作。作品大多以封建主义和帝国主义压迫下农村经济濒临破产为题材，也反映知识分子的悲惨命运。他的译著介绍英国本纳特的《文艺鉴赏论》等外国文学理论。

民国26年抗战全面爆发后，他随国立编译馆到四川重庆。不久，参加中国全国文艺界抗敌协会。以抗日战争为题材的长篇小说《春雷》出版后受到好评，后被改编为话剧《江南之春》在重庆演出。民国29年，执教于国立戏剧专科学校，先为讲师，后升为副教授，并担任学校理论编剧组主任。其间，致力于戏剧文学教学与研究，对欧洲戏剧理论和莎士比亚等著名戏剧家深入研究，先后在《新观察》《东方杂志》《文史杂志》等刊物上发表论文10多篇，还翻译法国雨果的《欧那尼》、英国萧伯纳的《康蒂坦》等著作。同时，对中国剧作家田汉、曹禺、郭沫若、丁西林等及其作品进行研究，著有《论悲剧与喜剧》《现代剧作家散论》《戏剧理论文集》等，奠定中国现代戏剧理论研究、美学研究的基础。工作之余创作《声价》等短篇小说。抗战胜利后，在迁回南京的国立戏剧专科学校任教，兼任中央大学中文系教授。他对国民党反动派发动内战极为不满，支持学生的反内战运动。民国38年4月1日，南京学生为要求国民党当局接受中共和平条件而举行示威，遭到反动军警的血腥镇压。戏剧专科学校的学生多人受伤，他赶往营救遭到拘留。

1949年南京解放后，任南京大学中文系主任。先后被推选为南京市文学艺术工作者联合会常务委员、南京市人民委员会委员、省文学艺术工作者联合会副主席、省戏剧家协会副主席。1961年，加入中国共产党。他致力于文学教学，培育大批文学新人，其中许多人成为文学界、戏剧界的知名作家和艺术家。在系统深入研究国内外几个著名剧作家后，撰写《论田汉的话剧创作》《易卜生〈玩偶之家〉研究》《现代剧作家论》《悲剧、喜剧及其他》等有自己独特见解的专著。1990年6月2日，陈瘦竹在南京逝世，享年81岁。

赵振业(1909—1987)

赵振业，清宣统元年(1909年)十月生于崇明县。民国24年(1935年)，毕业于上海东南医学院(安徽医科大学)。民国26年，任北平协和医院眼科住院医师。民国28年，在上海瞿直甫医院任职，次年任无锡普仁医院眼科主任。一度自行开业。1952年，调至市第五人民医院。1958年，施行的角膜移植术在省内首获成功，并首创后发白内障咬切钳术，成功用于临床。1962年起，任市第二人民医院眼科主任，直至逝世。论文有《后发白内障新手术方法——咬切术》《角膜移植术》《人工晶状体植入术》《视网膜剥离术》等21篇，分别发表在国家和省、市级医学刊物上。发明创造有10多种眼科手术用器械。为中华医学会江苏分会眼科学会委员、无锡分会眼科学会主任，省激光学会委员。是九三学社社员，并历任市第三、四、五、六、八届人大代表，市第一、四届政协委员。他从医50多年，悉心致力于眼科事业，医术精湛，医德高尚，曾被评为市先进工作者。1987年11月12日，赵振业逝世，享年78岁。

徐南甲（1909—1987）

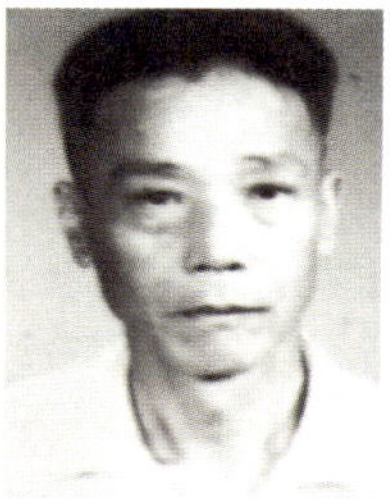

徐南甲，清宣统元年（1909年）生于无锡荡口。民国23年（1934年）前后，先后随无锡名医邓星伯、程宪章、华勋生等习医，学成后行医故里。1959年起，任市中医医院内科医师，1980年任中内科主治医师，1981年任中内科副主任医师。1987年，被省卫生厅评为江苏省名老中医。他精通中医理论，推崇东垣脾胃学论，临床辨证辨病，随时变通，对内、外、妇、儿科急性病和慢性病的诊治疗效确切，尤其精于慢性肾病、红斑狼疮、肝病等治疗。他常陪护重症、难症病人，仔细观察病情变化，及时辨证治病，抢救成功许多危重病人。他医德高尚，外出会诊不收会诊费，更不吃请。他毫无保留地把丰富的临床经验及总结笔记传授给学生，教导学生辨证要准、用药要精、守方要恒，要注重先天肾气和后天脾胃之气。研制的冬病夏治疗法和临床有效的自制药品至今广泛地运用。他的医案精练扼要，被同行称为中医“艺术品”。其学生大多成为市中医界的骨干，其中蓝华生成为江苏省名中医。

80年代，医院开发“徐南甲老中医肾病诊疗电脑系统”，其间，他一证、一方、一药都认真推敲，把自己几十年的医疗经验全部留给后人。撰写的《治疗肝硬化腹水》《中药治疗辨证》《中西医结合治疗多项型红斑性狼疮》《中西医结合治疗慢性肾炎疗效观察》及医案20余篇，发表于众多学术刊物。1985年，根据其诊疗经验整理的“徐南甲老中医肾病诊疗电脑系统”获市科技进步四等奖。1987年，徐南甲逝世，享年78岁。

敖恩洪（1909—1989）

敖恩洪，清宣统元年（1909年）生于无锡。幼年时得到一台构造简单的白朗尼相机，从此爱上摄影，12岁时发表第一幅作品《小船失火》。后拍摄《富春江之晨》《塞外春光》等作品，入选美国国际摄影沙龙。受新文化运动影响，涉足人体摄影艺术，有作品《入浴》。九一八事变后，拍摄过许多针砭时政的讽喻性照片，曾在上海《时代画报》发表《亲日分子向日跪》《难忘的九点一分八秒》《野心家的亲善政策：提携？侵略？》等。民国21年（1932年），加入上海“黑白影社”，任执行委员。民国25年末，在上海大新公司举办“援绥摄影展览”，展出作品百余幅，全部展览收入由《时事新报》转赠绥远前线的抗日将士。上海沦陷后，拒绝参加敌伪举办的摄影活动，中止摄影。抗战胜利后，与胡君磊、吴寅伯等组织上海摄影协会，任理事。

新中国成立后，任人民画报社摄影记者。历任中国摄影家协会第一、二、三届理事，是最早拍摄彩色照片的摄影家之一，在色彩的运用上有独到之处。其代表作有《漓江翠竹》《丹顶鹤》《琼鸟飞燕》等。1989年，敖恩洪病逝，享年80岁。

王同熙（1910—1996）

王同熙，清宣统二年（1910年）三月初七生于无锡城内石皮巷一书香门第。民国21年（1932年）毕业于浙江大学工学院土木工程系，获工学学士学位，留校任教。民国23年春，应茅以升邀请参与钱塘江大桥建设，任工程处工务员（技术员）。淞沪抗战时，留在钱塘江大桥的施工现场，直至大桥全面通车，后大桥为不让日军利用而炸毁。之后，随大桥工程处后撤。在贵州参与并完成位于川黔公路的乌江公路桥建设，建成后为当时军用物资和人员的运输提供极大的便利。民国32年，任茅以

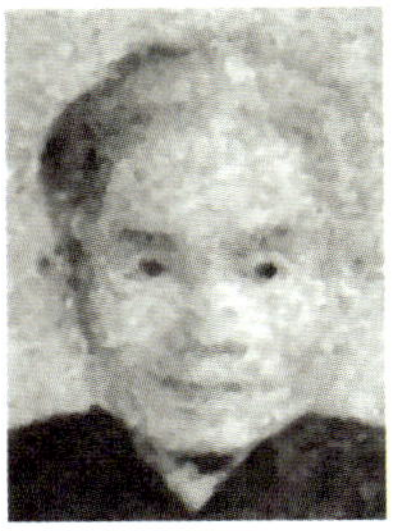

升创建的中国桥梁公司工程师。抗战胜利后，随茅以升和总工程师汪菊潜在杭州修复钱塘江大桥。

新中国成立时，他已成为独当一面的桥梁专家。1950年，任上海铁路局工程处总工程师。1952年，参与并主持钱塘江大桥的修复工程，至1953年9月完成。1954年，调任铁道部大桥工程局二桥处总工程师，主持汉水公路桥的设计和施工。1955年，任武汉长江大桥南岸施工负责人，获铁道部武汉大桥工程局颁发的优秀工作者奖章。1961年，任南京长江大桥南岸施工负责人，负责的南京长江大桥建桥新技术获得国家科学技术进步集体特等奖。1963年，铁道部成立中国桥梁研究所，任首任所长。其间，曾在津浦线和京汉线两座黄河铁路大桥的维修中提出技术意见。1972～1976年，任九江长江大桥指挥部总工程师，和同事们获中国铁路总公司集体二等奖。1987年11月，加入九三学社。是国家铁路一等二级工程师，曾获中国土木工程学会“终身功勋工程师”称号。曾任上海铁路局顾问、上海铁道学会工务委员、市土木建筑工程学会荣誉理事等职。1996年3月26日，王同熙在无锡逝世，享年86岁。

唐原道（1910—2003）

唐原道，曾用名玄庵，别署西塘叟、当真楼主，清宣统二年（1910年）四月二十五日生于无锡前洲镇西塘村。民国17年（1928年），毕业于上海美术专科学校西洋画系，曾师承胡汀鹭研究中国画，由临摹大量名画走进中国画传统。同年留校任教。后任江苏省立第三师范学校、淮阴师范学校美术教员，私立无锡美术专科学校西洋画系主任。“一·二八”事变后，为常州国耻馆绘制巨幅《十九路军淞沪抗日战役图》，主编十九路军翁旅随营大学生抗日参战纪念册《自拔》。民国25年，习医于湖南长沙同仁医院和无锡的医院。民国32年，回乡继承父业从医，更新医疗设备，增添病理常规检验仪器，博采新药，使乡间脑膜炎等痼疾得以治愈，不留后遗症。先后从医达25年。在绘画上，先学西画，后习水墨，30年代以粉画著名，40年代开始探索国画，临摹宋元明清历代名画，汲取精粹，自成风格。

新中国成立后，曾任市卫生局工业卫生10人小组成员、市医师进修学校校务委员。1960年，任市工艺美术研究所副主任。1962年，任市文物商店副经理。1963年，在南京藏经楼集中创作。1964年，赴富春江写生。1975年退休。80年代，多次与黄胄等名家交流合作。1993年，在无锡博物馆举行个人画展。他涉猎民间工艺，研究工艺美术。擅长工笔花鸟重彩，题材广泛，落笔严谨，形神兼备，富有时代气息，被董欣宾称为“江苏工笔第一高手”。作品多次入选国内外重大展览，部分作品入选《建国40周年江苏画集》《中国现代工笔画集》《中国书画名家作品选集》《当代中国名家书画宝鉴》《世界华人画集》等画集，并为国家美术馆、博物馆以及国际友好城市美国查特努加市、日本明石市收藏。

唐原道是市第六、七届政协委员，市政协文化组副组长、市文联艺术指导委员，中国美术家协会会员、中国粉画学会会员、中国老年书画研究会会员、中国文化艺术研究中心创作委员、现代民族书画家协会副主席、省花鸟画研究会特邀研究员、顾恺之艺术研究会会长、市政协书画社副社长。1993年，出版《唐原道画集》。无锡电视台专门拍摄反映他艺术生涯的电视片。2003年9月2日，唐原道逝世，享年93岁。

杨建侯（1910—1993）

杨建侯，曾用名赞楠、白浪，号荷叶村人，清宣统二年（1910年）五月十三日生于无锡北门外泗堡桥荷叶村。年幼时曾在布厂、袜厂、船厂当学徒。民国16年（1927年）入无锡美术专科学校，受胡汀鹭启蒙。民国18年，参加无锡学会，编印会刊，组织凉爽艺社。后入南京国立中央大学教育学院艺

术系，为徐悲鸿入室弟子 。民国20年，与方召麟等一起在无锡创立白浪画会，并主编专刊，先后3次在城中公园同庚厅举办画展。民国22年，参加上海艺风社。民国24年，毕业于中央大学，获教育学士学位，参加中华美术会。翌年，任无锡辅仁中学美术、音乐教师，励志社油画创作员。抗战全面爆发后，赴重庆任流亡教师服务团宣传组组长、教育部编辑委员会教科秘书组编辑、重庆国立艺术专科学校讲师，随师徐悲鸿辗转四川、广西。民国31年，借民间钟馗捉鬼的传说，作画《钟馗图》，钟馗形象威猛、严厉，表现出消灭天下妖孽（指日军）的决心。徐悲鸿称《钟馗图》为“高古之作”，在画上亲笔题词，傅抱石、丰子恺也分别在画上题词。民国36年至新中国成立后，先后任教于广西省立艺术专科学校、南京金陵大学、南京大学、南京师范学院。系中国美术家协会会员、美协江苏分会常务理事、省文联委员，徐悲鸿奖学金委员会主任，中国民主同盟盟员。

杨建侯擅长素描、油画和中国画，精通山水、花鸟、人物画，尤以梅花为绝。著名油画作品有《家庭访问》《上海第三次起义》《南京解放》《太平天国云梯战》等，其中《南京解放》为建军30周年而作，由中央军委和文化部点名创作，藏于中国人民革命军事博物馆；《太平天国云梯战》藏于中国历史博物馆。著名中国画有《群雁来归》《春满人间》等。其中，《群雁来归》是1950年绘制的丈二巨作，99只大雁飞翔辽阔空间，意涵当时众多爱国知识分子九九归一，从国外归来，参与新中国建设。他艺术造诣深厚，笔法精湛，风格独特，北京人民大会堂、外交部大厅、钓鱼台国宾馆和首都国际机场迎宾厅等都陈设他的佳作。

杨建侯多年从事美术教育，培育大量人才。在美术创作和美术教育上主张融中西技法于一炉，既强调坚持民族风格和民族形式，又提倡吸收西画技法。著有《人物画的基本作法》《写意花鸟画法》《钢笔画研究》《连环画的构思构图》《郑板桥的杰出艺术成就》《素描选集》等书籍。1984年，南京电视台拍摄《在润泽的土地上——记著名画家杨建侯教授》专题片，宣传他的艺术人生。同年8月，中央电视台《神州风采》专题节目介绍他的杰出成就。江苏美术出版社在他75寿辰之际，出版《画家·美术教育家杨建侯》精装画册。1993年7月，杨建侯在南京逝世，享年83岁。

孙浩然（1910—1995）

孙浩然，原名成已，笔名古巴，清宣统二年（1910年）七月二十八日生于无锡县石塘湾。民国20年（1931年）起，在《论语》杂志及漫画刊物上发表漫画作品，举办个人画展，参加学生业余话剧活动，既当演员又做舞台美术工作。民国24年清华大学毕业后，至上海任《天·地·人》杂志编辑。民国25年，赴美国学习。民国27年，获宾夕法尼亚大学华盛顿工商管理研究院硕士学位。后又入密执安大学数学系攻读精算学。民国29年回国，先后参加上海职业剧团、上海艺术剧团、苦干剧团（由进步人士发起组织的戏剧团体）、上海观众演出公司，担任舞台监督、舞台设计、舞台技术主任等，曾为《阿Q正传》《秋海棠》《楚霸王》《林冲》《牛郎织女》《乱世英雄》等剧作舞台美术设计。1950年，任上海人民艺术剧团演员培养学馆馆长、研究部部长等职。1952年，调任上海戏剧学院舞台美术系主任、教授。1960年11月，加入中国共产党。1979年任副院长。曾任《中国大百科全书·戏曲卷》编委兼戏曲舞台美术与剧场分支编写组主编，《中国大百科全书·戏剧·电影卷》戏剧编委兼舞台美术与剧场建筑分支编写组主编。是上海市第一至第六届政协委员。历任中国戏剧家协会常务理事、中国舞台美术学会第一任会长、中国舞台美术学会名誉会长、中国戏剧家协会上海分会副主席。新中国成立后的舞台美术创作主要有话剧《明朗的天》《上海的春天》《无事生非》《关汉卿》《甲午海战》《桃花扇》，昆剧《墙头马上》，沪剧《星星之火》《蝴蝶夫人》，京剧《洛神》等，并形成艺术特色。他的舞台美术创作以活泼、生动、富有内涵活力的造型语言表述意图，追求演出总体效果的统一与完整，并执意于民族传统与现代美学意识相融合的尝试。在从事舞台美术教学与建设工作中，注重形象思维能力的培养，舞台空间的立体构成，舞台灯光在设计构思中的作用，民族精神在创作思想上的融贯等。1995年9月9日，孙浩然病逝，享年85岁。

陈汀声(1910—2000)

陈汀声，清宣统二年(1910年)九月二十一日生于无锡藕塘桥陈村。民国21年(1932年)，毕业于江苏省立教育学院农民师范专修科，留校任学院实验广播电台研究实验干事。民国25年，兼任电影播音教育专修科教员。抗日战争爆发后，投身抗日救亡运动，赴江西参加蔡廷锴第十九路军。后随省立教育学院撤至广西桂林，协助广西省教育厅开办电化教育人员训练班。任桂林广播电台台长、广西省教育厅电化教育处主任，以广播和电影巡回放映方式宣传抗日救国运动。民国35年，江苏省立教育学院回无锡复校，应聘任电化科副教授兼科主任，开设《扩音机》《电影放映机》等课程，后又重建无锡广播电台。民国38年春，为中共锡西地下组织秘密安装收发报机，用于解放军渡江联络。

无锡解放后，无锡广播电台立即向上海、苏州地区广播《解放军进军命令》，是江南第一个播出党的声音的广播电台。1952年，全国高等院校院系调整，苏南文化教育学院电化教育专修科合并至北京电影学校，他任电影放映师范专修科主任，为各省建立电影放映学校培养师资。1960年，任北京电影学院电影工程系副教授兼系副主任。1978年，任电影录音系教授兼系主任。编著有《电影放映与还音》一书，撰有《京津两市的电影院放映质量调查、测试与校正》调查报告。作为《中国大百科全书·电影卷》编委，为电影放映学科组稿和撰写辞条。作为《电影艺术辞典》编委，为电影录音学科组稿和撰写辞条。1992年，获北京电影学院最高成就奖“金烛奖”。1994年，享受国务院政府特殊津贴。他是民盟北京电影学院支部主任委员，北京市第五届人大代表，全国政协第五、六届委员。2000年4月2日，陈汀声逝世，享年90岁。

钱锺书(1910—1998)

钱锺书，字默存，号槐聚，笔名中书君等。清宣统二年(1910年)十月二十日生于无锡岸桥弄，生父钱基博，叔父钱孙卿。因伯父钱基成无子，他一出生就过继给伯父。他出身于书香门第，幼承家学，天资过人。民国12年(1923年)，全家迁居于七尺场(新街巷30号)新建成的家宅钱绳武堂。早年就读于无锡县立第二高等小学(东林小学)、苏州桃坞中学、无锡辅仁中学。高中二年级时，学校举行中文、英文、数学竞赛，他夺得中文、英文两项第一。民国14年，钱锺书返家过暑假，开始系统阅读《古文辞类纂》《骈体文钞》《十八家诗钞》等，为一生治学之始。民国18年夏，报考清华大学外文系，国文成绩特优，英文满分，而数学太差。按照规定，不能录取，校长罗家伦破格录取他进入清华大学。他勤读博览，考试成绩总是名列第一。除在《清华周刊》发表旧体诗外，还在《新月》月刊、《大公报·世界思潮》上发表书评，才华横溢，文辞华丽。民国21年春，与考入清华研究院西方语言文学系的同乡杨绛相识。民国22年夏，毕业于清华大学，获文学学士学位。后任上海私立光华大学外文系讲师，兼任英文刊物《中国评论周报》编辑，并在多家报刊上发表诗文。民国24年春，考取教育部第三届中英庚款留学生。是年夏，回无锡与杨绛结婚。婚后，即同赴英国留学，他入牛津大学英文系深造，杨绛自费留学。民国26年夏，以论文《十七、十八世纪英国文学里的中国》获牛津大学文学学士学位。同年秋，与杨绛赴法国，进入巴黎大学研究院研究法国文学，并曾在索邦大学听课。民国27年秋，与杨绛携女儿钱瑗(1937—1997)由法国回国，相继任西南联大、蓝田国立师范学院、暨南大学外文系教授，从事教学和著述。

新中国成立后，历任清华大学外文系教授、中国科学院文学研究所一级研究员、中国社会科学院副院长等职。曾任第六届全国政协委员，第七、八届全国政协常务委员。在历次政治运动中，始终不作违心之言。"文化大革命"期间，曾下放到河南省罗山县、息县的"五七"干校劳动。

钱锺书在文学创作和学术研究两方面均做出卓越成绩。文学上是一个全才，既是一位大学者，又是一位大作家。他学贯东西，在中国古典诗词、西方语言文化方面都有所建树，被誉为学术文化大师，蜚声海内外。出版有散文集《写在人生边上》、短篇小说集《人·兽·鬼》、长篇小说《围城》、旧体诗歌集《槐聚诗存》，研究专著有《谈艺录》《宋诗选注》《管锥编》（获第一届国家图书奖）及《七缀集》《石语》等。其中《围城》被誉为现代文学的经典之作，译成多国文字出版。50年代末，参与《毛泽东诗词》英译本翻译及定稿，至"文化大革命"爆发暂时中断。1972年，回北京继续参与修订此翻译书稿，直至1976年正式出版。还主持过《中国文学史》唐宋部分的编写。不仅精通英语、法语、德语、意大利语及拉丁语、西班牙语，而且对西方古典和现代的文学、哲学、心理学以至各种新兴的人文学科都有很高的造诣。他在文学、国学、比较文学、文化批评等领域的成就，使推崇者称之为"钱学"。他的治学特点是采用贯通中西、古今互见的方法，融汇多种学科知识，探幽入微，钩玄提要，在当代学术界自成一家。毕生致力于人文社会科学研究，淡泊名利，辛勤研究，饮誉海内外，为国家和民族做出卓越贡献，培养几代学人，是中国的宝贵财富。1998年12月19日，钱锺书在北京逝世，享年88岁。有《钱锺书集》行世。

过基同（1910—1999）

过基同，清宣统二年（1910年）生于无锡八士镇西街。民国23年（1934年），毕业于中央大学土木工程系，获工学学士学位，被分配到中央卫生实验处"卫生工程环境班"学习1年，进入公共卫生行列。先后在南京、上海等地从事给水、污物处理等城市环境卫生工作。抗战时期，从事防疫工作，担任中央卫生署医疗防疫总队卫生工程队长、大队长。 民国32年，到印度哈夫金研究所进修鼠疫防治。民国37年，毕业于美国明尼苏达大学医学院，获公共卫生学硕士学位。回国后在浙江省卫生厅主管环境卫生工作。

新中国成立后，他建议在高级医士学校创办环境卫生学科，前后招收三届学员，是国内培养的第一批中级环境卫生专业人才。1951年，到浙江医学院筹建公共卫生系，任代系主任。1952年，随院系调整到四川医学院（现四川大学华西医学中心），创建环境卫生学教研室，并长期担任主任，任副教授、教授。70年代，在科研上从环境流行病、环境卫生监测和环境毒理三个方向，推动相关项目的开展。和詹承烈教授领导的"氯丁橡胶厂工业废水中七种有害物质在地面水中最高容许浓度的研究"，获得全国科学大会奖。"文化大革命"后，为恢复环境卫生教研室而努力。1978年恢复招收研究生后，他招收12名硕士研究生，并为该专业建立博士点奠定基础，支持第二代的教师担任首位博士生导师。始终主张从医学出发，将环境与健康的关系作为学科的主干，倡导环境医学的发展方向。在1979年第一次全国科学学术会议上，宣读《环境医学为四个现代化服务的方向》的论文。1982年，撰写《环境卫生学名称和研究对象的商榷》。他指导的"我国二十六城市大气污染与居民死亡情况调查"获卫生部1986年重大医药卫生科技成果乙级奖，"成都市大气污染对人体健康的影响"获省科技进步奖和卫生部重大医药成果乙级奖，还指导成都市正常人氟排泄规律及正常值的研究等。担任《中国医学百科全书》中《公共卫生工程学》和《环境卫生学》分卷的副主编，编写《环境卫生学》等教材10余种，发表论文60余篇。1988年，获四川省政府环境保护先进工作者。1991年获国家教委颁发的从事高教科技工作40年荣誉证书。1992年享受国务院政府特殊津贴。

过基同一生从事环境卫生学研究，培养环境卫生人才，是中国环境卫生学的开拓者。《中华预防医学》杂志1991年第6期刊有他的事迹。他于1951年8月加入中国民主促进会，曾任民进成都市委第一至三届委员、第四届常委，民进四川省委第二至四届顾问。1954年、1988年先后任浙江省和成都市政协委员。1980年3月,加入中国共产党。兼任卫生部医学科学委员会委员,中华环境科学会理事、顾问,四川省环境科学会副理事长,中华医学会环境卫生学会常务委员,中华预防医学会卫生工程学会名誉委员,环境卫生学会名誉顾问等职。1999年1月,过基同病逝,享年89岁。

许静霞(1910—1998)

许静霞,女,清宣统二年(1910年)生于无锡东亭。早年毕业于无锡县立第一女子中学,后任无锡白水荡小学校长。民国24年(1935年)始,积极投身于抗日救亡运动,为无锡县各界抗敌后援会委员。民国25年11月,任无锡县妇女会常务理事。她组织家庭劝募队,举办护士训练班,进行抗日支前活动。抗战爆发后,积极投入抗日募捐活动,支援抗日将士。上海失守,即随丈夫华洪涛避居重庆。第二年转道香港到达上海,协助丈夫兴办实业。民国37年,与薛明剑、华洪涛在锡创办允大化工厂,她驻沪负责化工产品的销售业务。后又合资在沪创办立新电工器材厂,被公推为厂长,同时参加中国民主建国会。

新中国成立后,任中国民主建国会上海市卢湾区常务委员。1956年,工厂公私合营,改任私方厂长。1959年,沪南地区数厂合并后继任私方厂长,并为卢湾区工商联成员。“文化大革命”期间受到冲击,后即退休。1998年,许静霞逝世,享年88岁。

胡鸿均(1910—2004)

胡鸿均,清宣统二年(1910年)生于无锡堰桥乡村前村。民国22年(1933年),毕业于日本京都高等蚕丝学校蚕种学科。先后在浙江省农业改良总场、中国合众蚕桑改良会镇江蚕种制造场、四川省蚕丝改良场、云南省蚕桑改良场、云南蚕业新村公司任技师、主任、场长等职。曾任云南大学农学院教授。新中国成立后,先后在扬州原蚕育种场、镇江蚕桑实验场工作,曾当选扬州市第二、三届人大代表,第二、三届人民委员会委员,扬州市政协委员,镇江市第五届人大代表,镇江市政协第三至六届常委、第五届政协副主席。1963年,调入中国农业科学院蚕业研究所任研究员,先后任蚕种研究室副主任、蚕品种选育研究室主任、所学术委员会副主任委员、全国蚕品种审定委员会委员、《蚕业科学》编委等职。

他长期从事蚕种繁育工作。早期率先采用先进的散卵制种形式,提高蚕种质量,多方面作蚕品种复壮研究,制成体质、丝质均优的双杂交蚕种,即农村饲养的一代杂交种。系统全面地介绍日本家蚕遗传育种技术研究和经验,参加撰写《中国家蚕遗传育种学》,获农业部二等奖,撰写《中国养蚕学》《中国大百科全书·农业卷》的有关章节,担任《中国农业百科全书·蚕业卷》蚕种分支副主编。参加“全国桑蚕品种鉴定试验及其结果应用”研究课题,获农业部科技进步三等奖。发表论文20多篇。2004年6月,胡鸿均逝世,享年94岁。

薛永辉(1911—1997)

薛永辉,原名张其楠,曾用名张伟,清宣统三年(1911年)一月十五日生于无锡县洛社镇新开河村。幼时入私塾,后考入无锡公益工商中学。民国15年(1926年)10月,加入中国共产主义青年团,在团无锡县委领导下开展学生工作。民国16年3月,北伐军到达无锡后,到无锡总工会宣传股工作。10月,转为中国共产党党员。在无锡城乡小学教书,先后参加曙光文艺社、新文字研究会等进步团体。民国21年,因县委执行王明“左”倾教条主义,被错误地开除党籍,抗战后恢复组织关系。民国25年,担任无锡学社理事,从事爱国救亡运动。12月,无锡学社遭国民党政府取缔而被捕。翌年8月获释后,参加无锡青年界抗敌后援团,任农村流动宣传队队长。民国26年11

月，任无锡抗日青年流亡服务团一队队长，到达八路军驻武汉办事处。民国27年3月到达延安，入抗日军政大学四期学习。结业后到新四军工作，任丹阳、句容部队政治指导员。民国28年7月起，任无锡县各界抗日联合会党团书记、无锡独立支队司令员、江南抗日义勇军四支队教导员、无锡县人民抗日自卫队副司令员、无锡警卫营教导员。民国30年7月起，任新四军六师五十二团二营政委、苏西人民抗日自卫队司令员、中共太湖县委书记、太湖县办事处主任、太湖县总队政委等职。其间，带领部队开展多次反"扫荡"、反"清乡"斗争。抗战胜利后，任中共太滆工委委员、中共太湖县特派员、新四军太湖县留守处主任、太湖县武工队队长，在敌人心脏地区开展游击战争。

无锡解放后，任无锡县县长。1950年1月，奉调到华东革命军政大学政治研究院工作。翌年11月调至苏南区党委，1952年9月任苏南行署工业处副处长，1953年1月调任上海自行车厂党委书记，1955年1月任上海市第三重工业局党委办公室主任，翌年2月任上海市化工原料工业公司经理，1960年5月任上海市化学工业局计划处处长，1962年4月任上海吴泾化工厂厂长，为国内第一套自己设计制造的2.5万吨合成氨厂建成、投产倾注心血。"文化大革命"中，遭受严重迫害。1978年8月，任上海化工专科学校校长。1983年1月，任上海市化学工业局顾问。1984年12月离休后，搜集资料，撰写革命回忆录。直到82岁高龄，一直定期赴老区烈士陵园祭扫先烈，到烈属家中慰问。1997年6月28日，薛永辉在上海病逝，享年86岁。

唐振绪（1911—2003）

唐振绪，字缵伯，无锡城中大娄巷人，清宣统三年（1911年）三月二十九日生于南京。5岁时随父母由无锡迁居北京，先后在北京西斜街宏庙国民小学、西四萃文中学读书。民国15年（1926年），入交通大学唐山工程学院补习班，后由预科升入本科习土木工程系水利专业。民国24年夏毕业，获土木工程学士学位，后任黄河董庄堵口工程委员会工程师，测量黄河水灾流量。民国25年春，堵口合龙后，赴陕西泾惠渠、渭惠渠、洛惠渠参观实习灌溉工程。同年8月赴美国留学，入康奈尔大学研究生院攻读水利、铁道工程。后获土木工程硕士学位和水力及运输工程博士学位，留校任助教。民国29年赴纽约，担任过水力设计师、中国驻美世界贸易公司工程部工程师兼联络秘书等。民国34年11月回国，任行政院工程计划团主任工程师兼总干事，民国35年，任钱塘江海塘工程局副总工程师兼设计处处长。民国36年，任台湾高雄港务局副局长、台湾省林产管理局局长、台湾省政府专门委员等职。民国37年9月返回大陆，受茅以升等举荐，于民国38年1月出任国立唐山工学院代院长，3月任院长，为保全学院、迎接解放做出贡献。

1949年7月，任唐山工学院院务委员会主任委员（院长），为保存学院的技术力量、重建新唐山工学院起重要作用。1950年3月1日，铁道部科学技术研究所在唐山成立，他兼任所长，后研究所改为铁道部科学研究院并迁往北京，任副院长。他三上青藏高原，为修建青藏铁路提出建议。他毕生从事铁路教育和铁路科研的组织领导工作，是科技管理专家、新中国铁路教育和铁路科研的开拓者之一。晚年，多次利用赴美探亲、访问的机会，动员海外学者、校友回国观光访友，进行学术交流。1983年12月，任铁道部科学研究院名誉院长。曾任民革中央监察委员会常务委员、九三学社中央委员会顾问、交通大学校友总会名誉会长、美国康奈尔大学中国校友会会长、宋庆龄基金会理事、中国铁道学会副理事长、中国土木工程学会常务理事、中国水利学会理事、《中国大百科全书》总编辑委员会委员兼交通卷编辑委员会副主任、中国科学技术咨询服务中心委员会委员、美洲中国工程师学会终身会员、欧美同学会常务副会长、中国和平统一促进会常务理事。他是第五届、六届全国政协委员，第七届全国政协常委。著有《志在振兴中华——唐振绪文存》一书。2003年8月23日，唐振绪在美国新泽西州逝世，享年92岁。

钱锺韩(1911—2002)

钱锺韩，宣统三年(1911年)六月初二生于无锡，钱孙卿长子。早年就读于无锡县立第二高等小学(今东林小学)。民国12年(1923年)，考入苏州桃坞中学，后转读无锡辅仁中学。民国22年，以全校第一名和历年平均最优的成绩毕业于上海交通大学电机系，获学士学位。同年，又以总分第一名考取江苏省第一届公费留学，赴英国伦敦大学帝国理工学院读研究生。民国26年1～6月，在瑞典ASEA电气公司实习。抗日战争全面爆发后回国，应聘任浙江大学、西南联大、中央大学机械系教授。

新中国成立后，任南京大学工学院院长。1951年参加九三学社。1952年高校院系调整后，任新建的南京工学院副院长兼动力系教授。1956年，加入中国共产党。长期从事热物理和热工自动化专业的教学和科研工作，为国家培养一大批在国内外具有一定学术地位的科技人才。在电厂热工过程动态学方面进行系统化和工程化的研究，在方法上加以创新。60年代，提出建立低阶近似模型的数学方法，解决当时国产模拟计算机容量太小的难题。1973年，为内燃蒸汽发电机组的大规模系统仿真试验提供实用数学模型的成套公式。利用等效电路，阐明各种热力设备(旋转窑、汽包锅炉、直流锅炉、汽轮发电厂等)的动态运行特性，为控制和综合自动化提供理论依据。70年代中期，指导秦岭发电厂的仿真工作和天津军粮城电厂自动化试点工作。1978年，任南京工学院自动化研究所所长。1980年，当选为中国科学院学部委员(院士)。1981年，任南京工学院院长兼自动化研究所所长，省科学技术协会主席。1983年，任省政协主席。1985年，获美国南加州中华科学家工程师学会颁发的特别奖。1988年，任东南大学名誉校长。曾兼任中国自动化学会常务理事、中国工程热物理学会理事。80年代，提出“有限信息资源合理分配”和“中低频段分别处理”的原则，在模型降阶算法上取得新突破，达到同期国际先进水平。1992年，任南京三江学院董事长。他是九三学社第六、七届中央委员，全国政协第六、七届委员，省政协第三、四届常委，省政协第五、六届主席。主要著作和论文有《旋转窑中辐射热交换计算方法》《高压蒸汽的数学模型及其在流量测量中的应用》《模拟技术》等。2002年2月8日，钱锺韩病逝，享年91岁。

吴荣康(1911—2002)

吴荣康，号吴山，曾用名敖生，清宣统三年(1911年)六月二十四日出生于宜兴县。民国25年(1936年)，就读于无锡美术专门学校国画系，师承江南名画师胡汀鹭、贺天健、陈旧村等。毕业后考入国立南京中央大学美术系，专习西洋绘画，得徐悲鸿、潘玉良、陈之佛等大师亲授，民国24年毕业，获教育学学士学位。他长期从事大专院校的美术教育工作，曾执教于广州国立中山大学、省立教育学院、苏州美专无锡分校、省立无锡师范等院校，先后任助教、讲师、教授等职。从教45年，编写过不少美术教材，出版过《水墨画技法》等书。教学之余，挥笔不辍，中西绘画功力深厚，尤精研花鸟画。所绘花卉翎毛，驱笔工秀，落墨流畅，形神兼备，生态可掬。尤擅画鲤鱼，素有“鱼王”之美称。三四十年代，曾多次在南京、上海、苏州、无锡、常州等地举办画展，邵力子、徐悲鸿、贺天健等为其题字。徐悲鸿评价他的花鸟画作品既保持胡汀鹭作画细腻高雅、潇洒的传统，又能运用色彩、光影、空间的西画技巧，是花鸟画的创新，有个人特色。作品还在海外多次展出，并被当地文化馆、博物馆收藏。国家领导人，省、市政府代表团出访国外，也常选用他的花鸟画作为礼品赠送。

吴荣康历任市文学艺术界联合会副主席、艺术指导委员会副主任，市政协委员、常委、文化组组长，省政协委员。1980年，调市文化局，创办无锡市书画院并任院长。是国家一级美术师、中国美术家协会会员，省美术家协会名誉理事，市美术家学会常务理事、监事，市美术家协会理事长、名誉主席，省花鸟画研究会特邀研究员，市老年书画协会名誉会长，程及美术创作基金会会长，市老年基金会顾问，钱松喦艺术研究会副会长。作为当代著名画家被录入《美术辞林·中国绘画·当代画家人名卷》《中国当代美术家人名录》《中国当代画家辞典》《中国当代书画家名人大辞典》及香港汉荣书局出版的《华夏千家书画集》等辞书。主要作品有《太湖金鲤》《喜鹊八哥》《梅花》等。2002年，吴荣康逝世，享年91岁。

包厚昌（1911—1992）

包厚昌，原名俊忠，化名周伯生、华鹏年、华大年，清宣统三年（1911年）九月二十九日生于无锡东亭长大厦村分水墩一贫寒家庭。早年就读于农村私塾。12岁到东亭镇当学徒，1年后赴无锡崇安寺章震丰纸马店当学徒。民国20年（1931年）九一八事变后，参加无锡职业青年业余读书会、无锡学社等进步团体，积极投入抗日救亡运动。民国25年4月，因寄递进步书刊而遭逮捕，经孙翔风等营救释放。民国26年，随无锡抗日青年流亡服务团至新四军南昌办事处，随后被中共闽北特委派到青年战地服务团做抗日宣传工作。民国27年2月，加入中国共产党。8月，分配到中共中央东南局教导大队一支队政治民运工作队工作。不久江南抗日义勇军成立，他任“江抗”三路连政治指导员，继而任营政治委员、江阴民众抗日自卫队政治部主任。民国30～33年10月，任新四军六师警卫一团政治处主任、团政治委员、澄锡虞中心县委委员、苏中六地委委员、新四军苏中军区第六军分区司令员。他坚决执行中共中央关于东进抗日的战略方针，积极参与开辟澄锡虞根据地，扩大人民武装。民国31年与民国34年上半年，曾从苏北四次渡江下江南，在澄锡虞、苏常太地区坚持敌后游击战，两次负伤。解放战争时期，历任中共苏中一地委委员、苏中一分区政治部副主任、华中十地委常委兼苏常太工委书记、中共华中工委江南工作委员会副书记。其间，参加粟裕指挥的苏中“七战七捷”战役，主力部队战略转移后，率武工队深入国民党统治的心脏地区苏锡常一带开展武装斗争，发动群众抗租反“清剿”，配合主力部队转入战略反攻。民国38年4月，随军南下接管无锡市。

新中国成立后，历任中共无锡市委常委、无锡市副市长、市总工会主席、市委副书记兼市长、市委书记兼市长、市委书记、市委第一书记。1960年4月～1967年初，任省委书记处候补书记、副省长兼计委主任、省委书记处书记，是中共八大代表，全国总工会八届执委会委员。在领导岗位上，正确地贯彻执行党在各个时期的方针政策，为巩固新的革命政权，恢复和发展国民经济，推进全省的社会主义革命和建设事业，做了大量卓有成效的工作。在主持无锡市对资本主义工商业进行社会主义改造的工作中，从实际出发，创造一些成功经验。在主管全省计划工作期间，为发展“五小”农用工业，倾注大量心血，做了开创性的工作。“文化大革命”中受到迫害。1979年2月起，先后任省委书记、书记处书记、省政协第四届委员会主席。1991年全省遭受特大洪涝灾害，他在病榻上嘱托身边工作人员代向灾区群众捐粮捐款。著有《四下江南》《包厚昌回忆录》。1992年2月10日，包厚昌在南京病逝，享年81岁。有《包厚昌文集》行世。

庄静波（1911—1998）

庄静波，女，清宣统三年（1911年）九月生于吴江县。学生时代受进步思想影响，立志追求真理，宣传抗日救国。民国27年（1938年）4月，参加革命。翌年3月加入中国共产党。历任上海难民收容所教员、副主任、主任和中共地下党支部委员、书记、总支书记，上海市立民众学校主任教员、中共地下党民校总支部委员、书记。解放战争期间，在无锡作新小学以教导主任身份进行地下工作，开展迎接解放的斗争，任中共无锡工作委员会委员兼青年工作委员会书记等职。

无锡解放后，历任市委组织部干部科科长、组织科科长，市委妇女工作委员会书记、市民主妇女联合会主任，市委学校工作委员会书记，市文教局副局长，市委文教部部长，为党的建设、政权建设、妇女运动和文教事业做了大量工作。1955年3月～1958年1月，任无锡市副市长兼市政府秘书长。1980年1月～1983年12月，任市政协副主席。她长期从事党的统一战线工作和人民政协工作，为新时期开创政协工作新局面和巩固发展爱国统一战线作出贡献。1998年1月，庄静波病逝，享年87岁。

沈耀明（1911—2000）

沈耀明，清宣统三年（1911年）十月十九日生于无锡。抗日战争前在无锡鼎昌丝厂工作11年。抗日战争时期，集资开办家庭小丝厂。民国33年（1944年），成立正贸丝厂股份有限公司，自任厂长兼工务主任。无锡解放后，历任国营中蚕公司宜兴县收茧组副组长、公私合营无锡第三缫丝厂副厂长。1955年10月，第三缫丝厂并入第二缫丝厂，任第一副厂长。擅长蚕茧收烘及制丝技术。1979年，代表省纺工厅出席全国蚕茧生产会议。1982年，任高级工程师。撰有《收烘设备与出丝率关系的探讨》等学术论文，并负责研制成功"江苏83型烘茧灶"，在全省推广。是无锡市第一至第九届人大代表，市工商联常委、顾问，中国民主建国会江苏省委委员。2000年，沈耀明去世，享年89岁。

华国英（1911—1989）

华国英，清宣统三年（1911年）生于无锡。民国23年（1934年）毕业于交通大学唐山工程学院。民国27年，获美国伊利诺伊大学建筑工程系硕士学位。回国后，曾任上海信诚建筑师事务所主任工程师。新中国成立后，历任建工部北京工业建筑设计院、西北工业建筑设计院总工程师，轻工部设计院副总工程师，中国工程建设标准化委员会常务委员及学术委员会主任委员。他是第三至六届全国政协委员。长期从事土木建筑设计和审查工作。编有《多层厂房在水平荷载作用下内力简化计算》。1989年，华国英病逝，享年78岁。

魏含英（1911—1991）

魏含英，清宣统三年（1911年）生于无锡玉祁，系评弹名家魏钰卿之子，"魏调"流派传人。9岁从父学艺，13岁与父拼档说唱《珍珠塔》，后又说唱其父编演的弹词《二度梅》。民国25年（1936年）在光裕社出道。与父拆档后长期单档演出，为30～50年代《珍珠塔》响档。上海解放后，陈云特意寻找"魏调"传人魏含英，听他弹唱《珍珠塔》。1957年，任常熟县评弹团团长。1959年，任苏州人民评弹团（今苏州市评弹团）副团长。1963年，代表苏州专区评弹团到北京汇演，多次为周恩来、陈云演唱，并受到他们接见。以后，陈云每次到上海，总要见他，两人结下深厚友谊。1988年，陈云专门书写"实践是检验真理的唯一标准"的条幅，托人送给他。他曾改编《母亲》《棠棣之花》《赵五娘》《孟姜女》等长篇书目，说书台风飘逸、洒脱，唱腔在其父"正宗马派魏调"基础上，借鉴京剧程派唱腔，而有新发展，以吐字遒劲、叠句连唱、一气呵成见胜。其《珍珠塔》演出本经整理为80回，1988年由上海文艺出版社出版。曾任省政协第四届委员、省曲艺家协会副主席、苏州市政协第五届委员、苏州专区评弹团团长等职。退休后，将当年魏钰卿编写的《二度梅》脚本整理成稿，由江苏文艺出版社出版。1991年9月17日，魏含英逝世，享年80岁。

黄养辉（1912—2001）

黄养辉，初名文元，字扬辉，别名黄旭晨，笔名黄易。民国元年（1912年）1月10日生于无锡长安乡张村，14岁至无锡城区习业，业余自学美术。19岁到南京，得徐悲鸿赏识而入中央大学艺术系半工半读。经数年苦学和实践，画艺猛进，在南京电影场从事美术工作。曾任徐悲鸿的秘书20年之久，成为其得意弟子。徐悲鸿曾评价他“于艺卓然有所树立，开中国绘画新境界，知名当世”。民国26年，在桂林广西省艺术师资训练班（后为桂林艺术专科学校）任教，并在暑、寒假到桂穗公路施工现场写生创作。民国31年，应聘任黔桂铁路工程局艺术专员，到铁路工地创作。三四十年代，写生创作数百幅水彩、素描、油画。民国32年曾在重庆、桂林等地举办画展。抗战胜利后，随徐悲鸿至北平艺术专科学校（新中国成立后改名中央美术学院）任校长室秘书、副教授。其间得齐白石传授金石治印技艺。1960年，应院长傅抱石之邀到省国画院从事绘画创作和美术教学。1980年后，历任省第五、第六届政协委员，省国画院高级画师，国家一级美术师，南京大学教授，世界书画家学会顾问，徐悲鸿奖学金委员会委员，中国金陵印社名誉社长，中国书画函授大学名誉教授、顾问，英国剑桥名人传记协会副总裁，《世界华人美术名家年鉴》编委会特聘顾问，曼谷中国画院名誉院长等职。

黄养辉在教学之余常到名山大川写生、创作，其国画创作吸收中西艺术之长，山水花鸟独具风格。他不仅在素描、油画、水彩、肖像、国画、山水、花卉等方面，而且在书法篆、隶、行、楷和金石篆刻，以及美术评论、诗文、楹联等方面都功力深厚，且融为一体，独造蹊径。先后在内地和香港以及新加坡、马来西亚举办画展20余次，其作品为中央美术馆、江苏省美术馆、香港博物馆和美、日、英、法、德等10多个国家博物馆或个人收藏。1992年，在新加坡举办画展时，受到总统黄金辉的接见。1995年，为英国剑桥《世界名人录》封面人物。美国国际名人研究学院授予他“20世纪绘画成就国际荣誉奖”“终身成就艺术金像荣誉奖”和“艺术家成功的金钥匙奖”，生平事迹载入英国剑桥《世界知识分子名人录》、美国《国际名人传记》。出版有《黄养辉书画集》3册以及《黄养辉艺术文集》《白石老人篆刻艺术》《徐悲鸿师在南京》等。2001年6月1日，黄养辉在南京逝世，享年89岁。

宿士平（1912—1989）

宿士平，民国元年（1912年）1月生于无锡县梅村镇。少年时期半耕半读。民国17年，于省立无锡师范肄业，从事农村小学教学工作，接近共产党人，接受进步思想。民国19年参加革命，民国21年加入中国共产党，曾任无锡中心县委委员。民国23年，在上海从事党的地下工作。民国26年，任江苏省委外县工作委员会委员，后转移到浙江继续从事党的地下工作，曾任温州市委书记、台州特委书记等职。民国29年6月，任中共浙赣铁路委员会书记，在浙江金华被国民党反动派逮捕入狱，关押在上饶集中营，在狱中担任党支部书记。民国31年5月，参与领导和组织著名的茅家岭暴动，越狱后辗转于闽、浙山区。6月，到达茅山抗日根据地，任丹阳县文教科科长、茅山专署文教科科长。解放战争时期，历任苏浙区党委宣传部宣教科科长、《苏浙日报》编辑科科长、《山东教育》主编、西南服务团云南支队第六大队副政委兼政治部主任等职。

云南解放后，先后任云南省武定专员公署专员、云南大学政治经济学教授、云南省行政干部学校副校长、云南省委党校副校长等职，长期从事马列主义理论研究和教学，是云南省第一届政协委员。1982年10月离休后回无锡，先后被聘为北京人文函授大学无锡分校名誉校长、市离休干部革命传统教育报告团成员、市青少年教育研究会顾问等。撰写革命回忆录，为无锡、苏州及浙江省有关单位提供宝贵的党史资料。1985年6月，当选为中共无锡市第七次代表大会代表、大会主席团成员。1985年、

1989年两次被评为市离休干部先进个人。1989年11月25日，宿士平病逝，享年77岁。

王汝琪（1912—1990）

王汝琪，女，又名王里，系王昆仑的堂妹，民国元年（1912年）3月20日生于河北柏乡，无锡人。民国23年，毕业于复旦大学法律系，并与新闻系的陈传纲结为夫妇。当时抗日救亡运动兴起，她曾在上海妇女界救国会宣传部工作。民国26年抗战全面爆发，到湖南长沙，任湖南新生活运动促进会妇女工作委员会委员，组织妇女宣传抗战、慰劳伤兵、救济难民，并负责编辑出版《湖南妇女》半月刊。不久到武汉，与陈传纲同为中国青年救亡协会29个发起人之一。她主编《战时妇女》三日刊。民国27年，与陈传纲一起加入中国共产党，她任新生活运动妇女指导委员会妇女干部训练班教务主任，在《东方杂志》发表《怎样使妇女运动与抗战联系起来》的文章。民国29年，又与陈传纲一起赴延安，她在中共中央妇女运动委员会从事研究工作，后到中央研究院政治研究室从事妇女运动的研究工作。民国31年2月，在延安整风运动中，王汝琪（改名王里）、陈传纲（改名成全）被错误地列入"五人反党集团"。民国33年，两人经过甄别重新工作，但"反党集团"的问题直到80年代才平反。民国37年，任解放区妇联筹委会代秘书长。9月，参加由邓颖超主持的中央妇委《婚姻法》起草小组。次年初，任北平市妇联宣传部部长。

新中国成立后，任司法部第四司副司长、司长兼中国政法大学第二部主任。1952年3月28日，参加由康克清率领的中国代表团赴维也纳出席国际保卫儿童大会，代表中国父母们控诉美国侵略者对中国进行细菌战的暴行。1961年12月～1967年1月，调任上海外国语学院副院长。"文化大革命"中，王汝琪夫妇受到迫害，其丈夫自杀身亡。"文化大革命"后，任司法部公证律师司司长。1980年，担任林彪、江青反革命集团案件的律师组领导成员，参与案件的审理。陪同律师赴秦城监狱会见被告人江青，确定辩护律师。后任司法部顾问。1986年，任中国第一届律师协会副会长，中国法学会第一届理事，曾获中国律师业特殊贡献奖，被称为新中国"律师制度的拓荒者"。曾任全国妇联第二至四届执委，当选中共八大代表，第二、第五届全国政协委员。1990年10月，王汝琪在北京病逝，享年78岁。

程　及（1912—2005）

程及，原名杰，民国元年（1912年）5月3日生于无锡城内仓桥下直街监弄口。少年时在无锡乙种实业学校读书，随美术教员陈旧村习画。民国19年，入上海白鹅绘画研究所，师从陈秋苹、潘思同等研习西画。曾在怀久和务本女中任美术教员。民国29年后，在上海圣约翰大学教授美术。民国29～35年，在上海大新公司举办4次个人水彩画展。民国36年1月，应美国纽约国际学生救济署安排的交换计划，赴美进修，举办个人水彩画展。是年定居美国纽约，随后在各州连续举办个人画展。民国38年，加入美国水彩画学会。1951～1952年，相继获路易斯安那州纽奥良、田纳西州"荣誉市民"称号。1954年，入选纽约国立设计学院副院士。1955年，获美国水彩画特别年展金奖。1960年，被选为美国国家艺术院院士，获"终身画院院士"称号。1961年，获美国国立艺术学会颁发的莫士（Moise）奖章及赛尼斯（Sainis）金奖。1964年，入选纽约国立设计学院院士，入美国籍。1965年，被美国国家艺术学院聘为终身院士。1966年，获美国国家美术会金牌优等奖，1969年，任美国国立艺术学院顾问。1972年，任美国国家艺术会理事。是年起，他多次访华探亲观光，并在无锡、上海、南京、常州及中央美院、浙江美院等处做学术访问，举办印刷品画展。他用浓墨重彩讴歌家乡，有《太湖烟波》《家乡古运河》《我念故乡》等作品。1976年获全美水彩画会年展美国革命200周年纪念金奖。1981年，被聘为市书画院名誉顾问。曾相助中国户县农民画赴纽约展出，轰动一时。2000年，应邀参加在法国举办的第一届世界文化高峰会，并作为东西方文化交融的视觉艺术唯一典型，入选凡尔赛宫举办个人作品回顾展，成为首个获此殊荣的美籍华人。2004年10月16日，在市美术馆举办个人史上最大一次原作画展，并主动捐献84幅作品和50万美元在家乡建立“程及美术馆”，设立“程及美术奖励基金”和“程及教育基金”，并亲手书写“心”“缘”两个丈余大字，勒石鼋头渚鹿顶山。

程及是一位享有国际声誉的水彩画家。他把中国传统绘画的笔墨意蕴和天人合一的感悟方式有机地融合到以色彩造型为根本的西方水彩画中，从而形成既有色彩造型又充满东方情蕴和笔墨情趣的新颖风格，其绘画作品被美国各大博物馆、艺术院校、文化机构收藏，先后在美国各州画会年展上获金章、金奖50余枚（次）。出版的主要作品有《程及水彩画集》《程及画集》《二三行》《回家行》《天水卷》《程及全集》等。名载《美国名人录》《世界名人录》，被誉为“富有诗人想象力的世界艺术家”。2005年8 月4日，程及在上海逝世，享年93岁。8月9～21日，程及水彩画展在北京中国美术馆举办。

裘维蕃（1912—2000）

裘维蕃，民国元年（1912年）5月15日生于无锡城内岸桥弄2号。幼时常随母亲在农村的外祖父家生活，对农事和大自然产生浓厚的感情。其父裘昌年是前清秀才，叔父裘廷梁是举人、著名学者。受家庭熏陶，他5岁习读《中庸》《诗经》，7岁入东林小学，16岁考入辅仁中学西文班。民国20年，中学毕业后报考南京金陵大学理学院植物病理系，师从戴芳澜教授，受到严格训练和培养。民国23年，在俞大绂指导下进行冬瓜绵腐病研究，夜以继日地观察病菌游动孢子萌发过程，受益甚大。民国24年，以优异成绩毕业，留校当俞大绂的助教。抗日战争爆发后，承担中央农业实验所蘑菇栽培的研究任务，赴安徽屯溪、歙县和汤口一带山区调查访问，取得大量第一手资料。民国28年，应邀到福建永安筹办福建农学院。一年间他和同事组织步行调查团，赴莆田、晋江、漳州等地调查植物病害，完成《福建经济植物病害志》等3篇报告。民国30年，受戴芳澜邀请赴昆明，在清华大学农业研究所继续从事真菌学研究，并以代课和自办酱油厂解决经费不足。民国34年，经俞大绂联系赴美国威斯康星大学留学，从事瓜类黑腐病研究，两年后完成研究论文，获得博士学位。民国37年1月回国，任清华大学副教授，半年内先后与人合作完成红霉的生理、根病轮作防治以及丝核菌的研究，并进行大白菜病害调查。

新中国成立后，他被派送华北革命大学政治研究院学习。1950年，任北京农业大学副教授。1952年11月，作为专家组成员赴维也纳，参加中国组织的反细菌战展览，在国际上引起强烈反响。1953年3月，国务院授予他爱国卫生运动劳动模范奖章和奖状。1955年晋升教授，兼任中国科学院微生物研究所研究员。1962年11月，受中国科学院之托，前往古巴协助古巴科学院筹建植物病理学实验室。1972年11月，受农业部委派，作为中方首席谈判专家对从美国进口的带矮腥黑穗病小麦进行交涉，美方退货并道歉。1979年后，多次代表中国植物病理学会、中国科学技术协会、全国人民代表大会等参加国际学术活动和进行友好访问，对促进国际间学术交流做出贡献。1980年，加入中国共产党，当选为中国科学院生物学部委员，提出诱导植物抗病毒性理论。1983年，研制成功对抑制番茄和烟草病毒病有显著抑病增产效果的NS83增抗剂，相继获得农业部、国家教委和国家自然科学基金会的科技进步奖和自然科学奖。完成中国第一部《植物病毒学》专著。1986年，当选中国科学技术协会副主席。1998年，主编出版巨著《菌物学大全》。他在植物病理学上做出突出贡献，提出诱发天性世代的有性世代方法，创制后被广泛应用的植物病情指数演算公式，比英国学者用微积分推导出来的早两年多。在当年国际植物病理学会英国爱丁堡大会上，被推选为国际上对植物病理学发展有特殊贡献的科学家之一，授予终身荣誉会员奖状。他是国际上最早发现真菌异核现象的学者之一，是食用菌分类和栽培应用研究的先驱，是中国植物病毒学的奠基人之一，并培养出众多优秀人才。2000年,完成百名院士科普丛书《菌物世界漫游》。一生编写有14部著作,发表近百篇论文和科普文章,主要有《中国食用菌及其栽培》《禾谷类作物病害》《北方果树病理学三联教程》《农作物病害》《植物病毒学》等。先后主编《农业植物病理学》《植物病理学词汇》《中国大百科全书》(植物保护卷)等。他是第三届全国人大代表、第五届全国政协委员、第六届全国人大常委,曾任中国植物病理学会理事长、中国真菌学会理事长、中国植保学会副理事长兼秘书长等职。2000年9月18日,裘维蕃在北京病逝,享年88岁。

钱小柏(1912—2000)

钱小柏,原名佐元,笔名小柏、苓君、石光等,民国元年(1912年)6月29日生于无锡县查家桥。民国20年,毕业于上海民立中学。在中学时,曾与同学创办文艺团体"破晓社",并主持出版校刊《民立学声》多期。中学毕业后考入省立教育学院,"九一八"及"一·二八"事变后,投入抗日宣传。民国21年,转入学院研究实验部,与林宗礼一起从事江苏歌谣、谚语等民间文艺的搜集、研究,选录3000首,出版《江苏歌谣集》5辑。民国22年,省立教育学院在无锡创办民众教育实验区,于查家桥设立支部。他集资创办查家桥私立图书馆,自任馆长。其间,为陈望道主编的《太白》撰写《年难过》《以歌谣看江苏方言异同》等文。民国24年至上海,先后任北新书局、童年书店、新辞书编译社编辑和《新儿童报》《少年生活报》主编,出版《实用辨字辞典》,助赵景深编《北新小学语文课本》,还在杭州中国民俗学会《民间月刊》《艺风》等刊物上发表多篇童话、民间故事和民间歌谣。参加陶行知等发起的中国儿童文化协会,为会刊《今日之儿童》撰写《中国的儿童文学向哪里走》。抗战全面爆发后,进生活书店,协助金仲华在汉口、广州、香港编《世界知识》。抗战胜利后,任无锡《大锡报》副刊主编。民国35年11月,曾赴南京参加中共代表团周恩来举办的记者招待会,周恩来赠以《政协文献》,并亲笔题词:"为真民主真和平奋斗到底!"后赴杭州、上海任中学教师,其间,曾在多家报纸上发表不少有关民风民俗的作品,有《清明民俗杂话》《元旦风俗考》等,并搜集老解放区的书报刊物,加上旧存资料,编写《中国人民术语辞典》。

新中国成立后,先后在上海大同大学附中、五四中学、虹桥中学任教。1966年因病退休,1989年改为离休。他是中国民间文艺研究会(后改为中国民间文艺家协会)会员及上海分会顾问、中国民俗学会会员及理事。主要著作还有:《韬奋与出版》(与雷群明合著,1983年)、《史迹俗辨》(顾颉刚著,钱小柏编,1997年)、《顾颉刚民俗学论集》(顾颉刚著,钱小柏编,1998年)等。2000年4月1日,钱小柏病逝,享年88岁。

许志义(1912—1995)

许志义,原名许志英,民国元年(1912年)8月14日生于无锡城内东大街,系无锡著名医师许松泉之子。民国23年6月,毕业于上海东南医学院。后分别在常州武进医院、苏州博习医院、无锡普仁医院、上海济民医院行医。民国28年任无锡普仁医院副主任医师,民国30年7月在无锡大娄巷开设私人诊所。民国34年10月,创办无锡益寿医院(无锡第三人民医院前身),任院长兼内儿科主任。

1952年,他响应政府号召,主动将私立益寿医院转为国家公立医院。1952～1954年,任江苏公立益寿医院副院长、内儿科主任。1954～1957年,任市第三人民医院院长、内儿科主任。1958～1980年任市第一人民医院内科主任医师。1980～1987年,历任市临床医学实验研究所所长、市第一人民医院技术顾问。1987年4月退休后,还致力于人民健康事业,筹建市专家门诊所,继续发挥余热。

许志义于1956年加入九三学社,曾任九三学社无锡分社常委,还曾当选市人大代表、市政协第七届常委。他有几十年临床实践积累的丰富经验，热忱为病人服务，是无锡声誉较高的内儿科专家之一，晚年患肺癌后仍然坚持为病人服务。1995年4月4日，许志义逝世，享年83岁。

徐静渔（1912—1994）

徐静渔，民国元年（1912年）9月生于江苏省如东县。民国29年10月，在读书时参加革命，11月加入中国共产党。历任如东县栟茶区区长兼区队长，泰东县参政会秘书长，苏中教育界抗日总会宣传部部长，兴东县政府文教科科长，兴化县城防司令部秘书，苏中军区战俘管理处科长、支部书记、政治部联络部科长、总支组织委员，东台县政府秘书兼教育科科长、支部书记，苏北第一专署民政处副处长，东台县委委员、县长、县政府党组书记等职。

1949年4月无锡解放后，历任市教育局副局长、局长，市政府秘书处主任秘书、秘书长，市委财贸部部长、宣传部副部长、市委常委，无锡市副市长、常务副市长、党组成员、党组副书记，市委统战部部长，兼任市体委主任、侨委主任、计生委主任、科委主任，无锡师范专科学校校长等职。"文化大革命"中遭受迫害。"文化大革命"后期恢复工作，先后担任市民政局革委会副主任，市政协常务副主席、党组书记，市地方志编纂委员会副主任，市文联主席，市政协联谊会名誉理事。他自幼酷爱书法，潜心研习历代名家碑帖从不松懈，所作草书得张旭、怀素之遗韵，婉转流动，刚柔相济，飘逸洒脱，别具风神。作品入选河南国际书法展、长安当代名人书法展览会、全国第二届书法篆刻展览和江苏主办的全国书法名家作品邀请大展，并被收入日本出版的《中国书法五十家作品》专集，曾在日本、荷兰等国举办个人书法展览。1982年9月，创办无锡书法艺术专科学校。工古诗词，出版有《临池轩诗草》《徐静渔诗书集》等。他是中国书法家协会会员和代表大会代表、省书法家协会副主席、中华全国书法教育学会副主席、市书法艺术专科学校校长、中国诗词学会理事、江苏省诗词协会副会长。1994年8月，徐静渔逝世，享年82岁。

吴 琛（1912—1988）

吴琛，原名吴朝琛，笔名魏于潜、殷鸣慈、苏丹，民国元年（1912年）10月5日生于无锡县扬名乡吴子祥巷。小时读过私塾，常随父亲上戏院看戏。后在上海南洋中学读书，肄业于大同大学。民国19年5月，入美商花旗银行，九一八事变爆发后，因参与抗日宣传活动，被银行解雇。他以"柳叶"为笔名在报刊上发表小说、散文、诗歌等文艺作品，后任《远东日报》文艺版编辑，创作的长篇小说《银花》在该报连载。民国21年，与赵默、曹孟浪等人组织青光剧团，进行抗日宣传演出。民国22年5月，加入左翼戏剧家联盟，曾与曹孟浪、赵丹、郑君里等进步剧人演出《放下你的鞭子》等宣传抗日救亡的剧目。他与左联成员朱天纵创办荒漠文艺社，出版《荒漠》月刊，引起国民党当局注意，避居无锡。民国25年，在邹韬奋主办的《生活星期刊》工作，后转入生活书店。抗战初期，任生活书店衡阳支店经理，销售大量进步书刊，并与当地爱国青年一起，通过演剧、歌咏等文艺演出活动，热情宣传抗战救亡。民国28年初，和于伶一起筹办上海剧艺社，任总务主任。创作《寒夜曲》《甜姐儿》《钗头凤》三出话剧，演出和执导《明末遗恨》《文天祥》《日出》等剧目。还建立旦社出版公司，出版《论法西斯蒂》等书籍。民国31年11月起，先后在上海华艺剧团、苏州金剧场、上海大中剧社等文艺团体担任编导。民国34年5月8日，被日本宪兵队逮捕，遭受酷刑，但始终不屈，不久被释放。民国35年冬，于伶奉周恩来对越剧界要加以关心帮助的指示，动员他转到越剧界工作。吴任丹桂剧团和玉兰剧团剧务部主任，执导《国破山河在》《吴山点点愁》《李信与红娘子》等越剧新戏。民国37年冬，参加中共上海地下党的外围组织剧影协会，在雪声、东山、玉兰、云华、少壮等5个越剧团中组织5支宣传队，撰写演唱宣传材料，迎接解放。

上海解放后，他兼任上海戏剧专科学校舞剧科主任。1950年，任上海市第一届人民代表会议代表、越剧工会筹委会负责人。6月，任华东军政委员会文化部戏曲改革处辅导科长。1952年6月，任华东戏曲研究院艺术室主任。在1952年第一届全国戏曲会演、1954年华东区戏曲会演中，对越剧《梁山伯与祝英台》、吕剧《李二嫂改嫁》、黄梅戏《天仙配》、锡剧《双推磨》等进行辅导加工，使之在会演中获奖。1954年4月加入中国共产党。1955年，调入上海越剧院，先后任艺术指导、院长助理、副院长等职。1956～1958年，兼任上海戏剧学院表演进修班班主任，协助苏联专家排练莎士比亚名剧《无事生非》。1956年，与袁雪芬等人一起改编、执导《祥林嫂》。1958年，与钟泯执导《红楼梦》，饮誉海内外。他还编写历史剧《则天皇帝》《天国风云》和传统剧《十一郎》。"文化大革命"中遭受迫害。1979年，任上海越剧院副院长兼总导演。1980年和1983年，先后率领上海越剧院演出团赴中国香港和日本演出。1985年，任上海越剧院艺术顾问。他是国家一级导演，中国剧协第二至四届理事，上海市文联委员、上海市作家协会会员。1988年5月4日，吴琛病逝，享年76岁。

胡志良(1912—1998)

胡志良，民国元年(1912年)生于无锡。幼年好武，民国16年，拜韦云瑞为师(实际由韦宏歧教授)，学习武术和伤科。民国17～29年，先后转辗汉口、重庆、沧州、昆明等地，师从边子林、王友良、杨玉亭、林德山等石担舞花、摔跤等名手，刻苦钻研，融各家特点为一炉。学成后教授子弟，无锡地区的摔跤好手绝大部分受过其教诲。他石担举法有挺举、拨举、软举、硬举和甩举，舞法有刘海洒金钱、苏秦背剑、托梁换柱、仙人过海、武松脱铐、风摆荷叶、顺风扯旗以及脱手花、头花、颈花、背花、单手花、半身花、满身花和带玉花等，并能将五副石担叠成牌楼、狮子大张口等，石担功夫在锡城屈指可数。1978年，被聘为省第九届武术比赛裁判。1980年，被聘为省武术观摩交流大会裁判。1982年又被聘为省摔跤比赛裁判，同时当选为省摔跤协会委员。是年，无锡市成立武术协会，他被选为副主席兼教练委员会副主任。他对硬气功也深有研究，汽车过身、钉板开石、刀砍不入、油锤贯顶等均在行。他武艺高超、武德高尚、为人谦和、热心助人。1998年4月11日，胡志良逝世，享年86岁。

蔡世金(1912—1986)

蔡世金，民国元年(1912年)生于无锡县玉祁乡蓉丰村。13岁时在上海城隍庙富贵菜馆当学徒，学到一手烹饪技艺后在南京、保定、天津等地谋生。民国21年，漂泊到日本东京，在朋友的帮助下开设一家专烧中国菜肴的小饭铺，后成为餐馆。日本发动侵华战争后，他和一些爱国侨胞曾遭日本警方逮捕、关押。出狱后，在汪伪驻日使馆当厨师。后经营地产交易。日本投降后，地产价格一度暴跌，以后又随着战后经济的恢复、繁荣，地价猛烈上涨。由于善于经营，很快成为旅日华侨中的大企业家，在东京银座创办东山企业株式会社。他身在异邦，却时刻怀念生养他的祖国，在东山企业株式会社的办公室，悬挂着"身在他乡总是客，每见青山忆旧居"的条幅，表达爱国思乡之情。民国34年末，廖仲恺夫人何香凝特地书写"爱国"两字的横幅赠送给他，他视为珍宝，以此自勉。

新中国成立后，他为祖国的强大和日益繁荣而感到兴奋、自豪。1952年，曾致信弟弟蔡世明，准备捐资为村里办一所学校，但限于当时的政治形势未能实现。中日关系正常化之前，日本右翼极端分子在东京"中国廖承志办事处"前的路上设立路障，他得悉后立即通过关系向警方交涉，终使路障得以撤除。1977年，中国女子排球队应邀赴日本比赛，盛情邀请女排到他家做客，亲自下厨烹调可口的饭菜。1978年，资助无锡县玉祁中学建造教学大楼，赠送一批电化教学设备。还赠送两万平方米的日制化纤地毯和一批彩色电视机给无锡湖滨饭店，资助无锡教育部门建立侨谊幼儿园。1981年6月，回到故乡，接受无锡县玉祁中学名誉校长的聘书。此后，特地为该校设立奖学金，每年奖励品学兼优的学生。1982年，资助无锡市少年宫和蓉丰小学的整修以及蓉丰村农科大楼的建造，捐赠30多万元给无锡旅游学校作教育费用。1983年10月8日，专程从日本赶回无锡，出席首届亚乒赛开幕式，当无锡籍运动员蔡振华夺得冠军时，特地向其父母表示祝贺。1984年8月21日，中国女排夺得第二十三届奥运会冠军，他专程赶到北京，为女排庆功、发奖，并出资2000万日元成立蔡世金发展排球运动基金会。1986年4月7日，蔡世金在日本东京病逝，享年74岁。按其生前遗嘱，骨灰安葬于无锡市青龙山公墓。

张锡君（1913—2000）

张锡君，民国2年（1913年）2月11日生于无锡三代中医之家。5岁进存古小学，读“四书”“五经”及中药药性和汤头，10岁起随父侍诊，15岁考入无锡国学专门学院，17岁毕业并正式开业行医。为学习中医基本理论，他白天诊病夜间就读于无锡中医讲习所，拜当时名医曹颖甫、沈葆三、严康甫、欧子静、侯敬舆等为师，经两年学习，奠定坚实的理论基础。19岁又拜九代儿科名医曹仲容、妇科名医艾步蟾为师，跟随两年。21岁考入江苏省国立医政学院卫生特别训练班（江苏医学院前身）学习西医。24岁毕业，开始运用中西医两诊法诊治疾病。30年代曾与承淡安等创办无锡针灸专业学校，任教务长；与丁仲英、邹云翔、任应秋、董德樊、耿鉴庭等共办《上海光华医学杂志》，任总编。与张简斋、杨柏雅、陈逊斋等在中央国医馆医务人员训练班担任副主任，兼国医馆学术整理委员会委员，与朱庆澜、冉雪峰、饶凤洪等创办南京中医救护医院，任副院长。抗日战争期间到重庆，与胡文澜等创办重庆中医施诊所，任副所长。1949年后，历任重庆市卫生委员会委员，市中医学会筹备委员会主任、副会长，中华医学会重庆分会内科副主任委员，《中华内科杂志》编辑，重庆市卫生工作者协会门诊部主任，重庆市第二中医院首任院长、重庆市第一中医院院长。1979年以后，历任重庆市中医院院长、主任医师，市人大常委，四川省、重庆市政协委员，第六、七届全国人大代表，农工民主党四川省委常委，中华全国中医儿科学会常务理事，四川省医学科技评审委员，省中医学会常务理事兼妇儿科学会主任委员，成都中医学院硕士研究生评议专家，重庆市中医学会副会长兼儿科学会主任委员，市中西医结合研究会副会长，市振兴中医领导小组副组长等职。两次被评为重庆市劳动模范。1984年加入中国共产党，1986年被收入《中国名人词典》。他是国务院首批特殊津贴获得者。擅长运用中西两法诊治疾病，疗效显著，在长期实践中总结出内、妇、儿科急、难、重症和肿瘤的一整套治疗经验。撰有《张锡君治疗小儿急惊风的经验》等论文，合编有《中西医结合防治老年病》。2000年，张锡君病逝，享年87岁。

孙保垣（1913—2005）

孙保垣，民国2年（1913年）6月1日生于无锡城中后西溪。民国17年，孙保垣毕业于无锡县立初级中学。民国20年，毕业于私立无锡中学高中部。民国25年，毕业于浙江省医药专科学校（浙江医科大学前身）。民国26年7月～27年4月，任北京协和医院住院医师。民国27年5月回无锡，任普仁医院妇产科住院医师，后一度任院长，因不愿与强占医院的日军合作，遂离院自设诊所。民国34年，在七尺场创办私立仁济医院，任院长。

1951年，加入九三学社，任医卫工作组组长。1952年，将仁济医院奉献给国家，医院改名为无锡市第一联合工人医院，他任院长。抗美援朝时，受苏南行署卫生处委托，赴辽宁迎接归国志愿军到无锡休养，并成立志愿军康复医院，兼任院长。1957年，第一联合工人医院改为市第五人民医院，继任院长。1960年，带领医疗队到无锡农村巡回医疗。60年代初，在北京受到毛泽东、周恩来、刘少奇等国家领导人的接见。“文化大革命”中受迫害，造成终身残疾。1980年，落实政策，任市妇幼保健医院院长。1981年被授予主任医生职称。1983年，退居二线，任顾问。1987年7月退休后，仍从事专家门诊工作。他是无锡著名妇科专家、医卫界的代表人物，曾任市第一、二届人大代表，市政协第一至第七届委员、常委,省政协第四、五届委员,曾为建设市儿童医院、精神病医院,筹建市中华医学会会所,建设妇幼保健医院病房大厦,建立优产医学实验室和市妇幼保健三级网络提出提案,并最终得以实现。撰有《九炭方治疗功能性子宫出血185例疗效分析》《节选九炭方治疗子宫出血102例》《中西医结合治疗慢性盆腔炎》《保产无忧方矫正胎位280例疗效观察和体会》等论文。2005年12月9日,孙保垣病逝,享年92岁。

林　华(1913—1997)

林华,原名顾森,民国2年(1913年)7月13日生于上海,原籍无锡。民国25年,毕业于上海光华大学化学系,获学士学位,后就职于上海植物油厂。抗战爆发后,随工厂迁到重庆。民国29年,经何穆介绍,到重庆红岩村第十八集团军重庆办事处工作,更名林华。同年11月,前往延安,任自然科学院教员、陕甘宁军工局工程师、西北铁工厂厂长、晋察冀边区龙烟铁矿公司工程处处长,在延安创建玻璃、陶瓷、耐火材料工业,对军工生产做出很大贡献,获陕甘宁边区甲等劳动英雄称号。民国34年初,奉调到瓦窑堡筹建西北铁厂,并任厂长。民国35年,任大连化学厂副厂长。民国36年,加入中国共产党。同年,调往哈尔滨东北财经委员会(后改为东北工业部)工矿处工作。民国37年4月,任吉林化工区负责人。11月初,奉命接收沈阳、锦州等地的化工企业。同时,组织筹建东北化学公司,后定名东北化工局,任副局长。

新中国成立后,任东北工业部总工程师、东北工业部化工局和重工业部化工局副局长,组织恢复和发展东北化学工业,制定吉林化工发展规划。1950年,对鞍山、本溪、抚顺、大连等钢厂生产的煤焦油综合利用问题提出规划设想,后通过科研、设计和建设得到落实。1951年初,作为姚依林率领的第一个中国赴苏贸易代表团成员,参加苏联援助中国建设项目的谈判。1954年,赴苏联化工企业学习。1956年,任化工部技术司司长兼北京化工研究院院长。1958年初,被聘为中国科学院化学研究所学术委员会委员。1960年6月,任化工部兰州化学工业公司副经理兼总工程师,组建中国第一个石油化工生产基地兰化公司。1962年,率团赴英国、法国、荷兰、比利时等6国考察。1978年,任国家科委二局局长。1981年,任国家计委副主任。1983年起,任全国政协第六、七届委员和经济建设组副组长,组织调查研究三峡工程。1985年,向中共中央、国务院提交"三峡工程近期不能上"的报告,并指导编写《论三峡工程的宏观决策》一书,得到中共中央、国务院的重视。组织以水电专家为主的4个学会(水电、水利、国土经济、能源研究学会)联合考察团,对黄河上游龙羊峡、青铜峡以及乌江流域进行实地考察和论证,写出以开发水电为主的综合流域经济开发报告。他多次获得国家及省部级奖励,带队研制的丁烯氧化脱氢制丁二烯及顺丁橡胶项目,获1986年国家科委科技进步奖特等奖。一生发表学术论文数十篇,编有《石油化工技术经济》等专著两本。1994年,当选为中国工程院院士。1997年3月,林华病逝,享年84岁。

赵尔康(1913—1998)

赵尔康,民国2年(1913年)7月22日生于江阴陆桥镇陈塘村。民国21年,受业于著名针灸学家承淡安门下。民国24年,在无锡创办中国针灸学研究社,任代理总务,又任无锡中国针灸医学专门学校教师、无锡针灸医院医务主任等职。民国37年,主办中华针灸学社。1954年,创办《现代针灸》杂志,任社长。1957年后,任市中医学会针灸分科学会委员及秘书,市西医学习中医班、市中医学校讲师,江苏中医中药学术研究委员会委员,市卫生学校讲师。1959年,应聘到卫生部中医研究院,负责针灸研究所理论研究室并从事文献资料研究。1972年后,任新医药学杂志社、中医杂志社编审,香港中国针灸教育、临床及针灸书籍、杂志的编纂和针灸人体模型的研制。1988年退休。

赵尔康是中华全国针灸学会第一届委员会常委、第二届荣誉理事。曾任中国中医研究院（现中国中医科学院）专家咨询委员会委员、卫生部中医药高级职务评审委员会委员、香港中国针灸学会顾问等职。他是全国针灸界著名的专家，长期从事针灸学的教学、临床、理论研究和编辑工作，对针灸理论有很深的造诣。编著有《中华针灸学》《金针治验录》等多部著作，撰写有《从针灸手法的特点到今后努力的方向》《针灸临床工作中的几个问题》等多篇论文，并首创“人体经穴模型”针灸教具。其生平事迹载于《针灸荟萃》等书。1998年，赵尔康逝世，享年85岁。

侯毓汾（1913—1999）

侯毓汾，女，民国2年（1913年）8月11日生于无锡城中北禅寺巷，系无锡教育家侯鸿鉴之女。民国24年，毕业于上海大同大学化学系。民国28年，获美国密歇根大学化学硕士学位。民国30年，任昆明电工器材厂工程师。民国31年，任浙江大学教授，开设“染料化学”新课程，是中国开设染料的创始人。民国34年起，先后任唐山交通大学矿冶系教授、上海水产专科学校制造科教授。

1950年，任沈阳东北工学院化工系教授，筹建染料化学新专业，任教研室主任。1952年任大连工学院（今大连理工大学）化工系教授兼染料教研室主任。1958年起，重点研究活性染料及活性分散染料，先后开发和研制各种活性基的活性染料新品种，为中国活性染料的研制、开发和生产做出重大贡献。60年代起，先后任大连工学院化工系副主任、中国化工学会理事、染料学会理事长、国家科委化工组染料分组副组长、大连市科技顾问，教育部学位授予单位化工评选组成员，《化工学报》编委，第三届全国人大代表，大连市第一、八、九届人大代表，大连市委委员。曾被评为全国、辽宁省三八红旗手。80年代初，又承担国家科技攻关项目“丝绸用染料的研究”，为解决和提高中国丝绸染色质量做出新的成绩，获全国科学大会奖（三项）及国家教委科技进步二等奖。1981年起，指导博士研究生，有9人获博士学位。她从事染料化学及工艺学的教学和科学研究工作50年，曾多次主持编写全国统一专业教材，编著有《染料化学及工艺学》《活性染料》等书，并撰写论文数十篇，在染料科学方面取得重要成就。1992年，将一生积蓄的3万元设立“侯毓汾奖学金”，并将珍藏的300多册图书资料全部捐献给学校图书馆。1999年9月10日，侯毓汾逝世，享年86岁。

刘世杰（1913—2002）

刘世杰，原名侯扶桑，民国2年（1913年）8月生于日本东京，无锡人。民国24年，毕业于沈阳满洲医科大学。民国28年，留学日本，为日本国立公众卫生院医学科的第一期学员。民国29年，进入日本庆应义塾大学。民国33年，获得公共卫生学医学博士学位。归国后曾任天津市传染病医院院长，在北平大学医学院兼授公共卫生课程。民国35年，赴晋察冀解放区，任教于白求恩卫生学校。

新中国成立后，担任卫生部保健处第一任处长。1950年10月，赴抗美援朝第一线，任东北军区和志愿军卫生部防疫保健处处长。1952年后，历任北京医学院卫生系主任，劳动卫生教研室主任、教授，环境医学研究所所长，北京医科大学公共卫生学院名誉院长、博士生导师，卫生部医学科学委员会委员、中华医学会劳动卫生与职业病学会主任委员、中华预防医学会副会长、国务院学位委员会学科评议组成员。1960年加入中国共产党。1980年，参与发起成立中国劳动保护学会（1983年改称中国劳动保护科学技术学会），任副理事长，后又任名誉副理事长、名誉理事长。他研究矽肺发病机理及防治方法，提出用可溶性铝预防矽肺，对三硝基甲苯（TNT）中毒发病机理也有研究。他参与的“全国18省市高温作业现场工人生理改变的调查及高温车间气象条件卫生标准的研究”获1978年全国科学大会奖。主编《中国医学百科全书·劳动卫生学卷》。2002

年8月23日，刘世杰在北京逝世，享年89岁。

倪庭鹤（1913—1992）

倪庭鹤，又名倪小度，民国2年（1913年）9月21日生于无锡东亭镇长大厦村。早年就读于私塾。民国18年起，先后在无锡太和园、南京中央饭店、状元楼菜馆当学徒、厨师。1973年，任江南酒家烹调班烹饪师。1989年，被评为国家特一级烹调师，并兼任江苏省烹饪协会名誉理事。他继承传统、特色的烹饪技能，擅长制作"凤串牡丹""蝴蝶下舞"等多种加工细腻、色彩柔和、形象逼真的冷盆。以面筋和山药制成的"素脆鳝"，豆浆、六角粉和萝卜制成的"素鸽蛋"等素食，风味独特、价廉物美、脍炙人口。他烹饪的"无锡石鸭""尼庵面筋""鲜奶广肚""明目水鱼"等拿手名菜，色、香、味、形完美统一，回味无穷。他所授的5名学徒都成为行业中的骨干，其中1人在罗马尼亚掌厨、3人分别在宾馆和菜馆担任领导职务。他曾参与《中国菜谱》无锡菜肴部分的编纂工作。1992年1月29日，倪庭鹤逝世，享年79岁。

王地子（1913—1987）

王地子，原名建华，民国2年（1913年）11月生于无锡西郊。民国16年在南京金陵大学读书，担任学生会常务干事，后转到南京文化学院法律系学习，民国23年毕业。民国27年，赴延安鲁迅艺术学院学习，后任戏剧系教员、延安鲁艺实验剧团干事，京剧活报剧《学不够》的编剧。他最早将口技搬上舞台，不用道具，自编自演，在表演上融进幽默、风趣的喜剧风格，有滑稽口技的色彩。民国31年加入中国共产党。同年4月，任延安业余杂技团团长。曾任八路军留守兵团艺术学校主任教员、烽火剧社副社长。民国35年赴东北，任民主联军艺术学校教务长、第四野战军政治部文艺科科长。

1949年，武汉成立军事艺术学院，王地子任第一副院长。1951年，出访东欧9国，任副团长，历时13个月。1953年，任总政治部文化部文艺处处长。1958年被授予大校军衔。1959年，任中国人民革命军事博物馆副馆长、解放军军人俱乐部副主任、解放军艺术学院副院长。曾任中国杂技团第一任团长、总政文工团团长。他是中国剧协第一、二届理事，中国杂技家协会顾问委员会主任，曾获三级独立自由勋章、二级解放勋章。主要作品有话剧《歼敌》《天亮哪》，评剧《打虎山》和歌舞剧《胜利花》，参与编导中、苏合拍的纪录影片《中国人民的胜利》和舞台艺术片《中华杂技艺术》等。离休时享受正军职待遇。1987年2月，王地子病逝，享年74岁。

江东平（1913—1986）

江东平，原名祝天祜，别名祝苦农，民国2年（1913年）12月生于无锡西郊祝家旦村。青年时代思想进步，投身于革命。民国27年，进入延安陕北公学、抗日军政大学一分校学习，翌年加入中国共产党。抗日战争时期，历任冀南行政公署政务处科员、科长，冀南威县、太行区磁武县县长。民国32年，领导磁武县灭蝗大战取得胜利，保住军民口粮，受到晋冀鲁豫边区政府的嘉奖。解放战争时期，历任晋冀鲁豫边区政府秘书主任、冀南土地改革工作团秘书长、威县县长、太原市军事管制委员会秘书长。

新中国成立后，历任中共中央华东局政策研究室研究员、农村工作委员会研究员、副处长，财政部办公厅主任、农业税务司司长，中央财贸工作部财政银行处处长，中国人民银行副行长，中共中央监察委员会驻中国农业银行监察组组长，财政部政治部主任、副部长、纪检组组长、顾问等职。在财政部工作期间主抓农村财政，提出许多改革的建议和意见，多次受到中央有关部门的通报表扬。1986年7月20日，江东平在北京病逝，享年73岁。

陈 落（1913—1996）

陈落，原名陈国良，民国2年（1913年）12月生于无锡胡埭坝头村。民国22年，加入中国共产党，任中共清华大学支部书记，北平西郊区委委员，北平“左联”后期书记。民国26年，毕业于清华大学中国语言文学系。民国27年，随十三军战地服务团参加台儿庄战役。民国28年，在延安鲁迅艺术学院编译部工作。抗战期间，任重庆《商务日报》编辑部主任，成都《西方日报》总编辑。

新中国成立后，在上海市政府文教委员会等部门从事文化出版工作，任上海市军管会新闻出版社研究室副科长、上海市新闻处副科长、上海市文教委员会办公室副主任。1956年起，先后任上海市新知识出版社、中华书局辞海编辑所、上海古籍出版社等副总编。1980年起，任《汉语大辞典》编纂处副主任，兼任语文学会顾问、辞书学会副会长、《辞海》编辑委员会委员、《汉语大辞典》副主编等职。组织王力编写国内第一部诗词格律著作《汉语诗律学》，组织语言学家编写汉语知识讲话（10册），为普及汉语教学起极大作用。负责编纂《新知识词典》，负责国家第一部大型综合性辞典《辞海》总体设计、框架结构、新词平衡及物色各部类主要编写人等工作。主要著作有《中学生读书指导》，翻译著作有《罗斯福传》《苏联史教程》等，与人合译著作有《美国帝国主义》《一九三六年》，合办刊物有《联合文学》《西线文艺》。1996年5月5日，陈落病逝，享年83岁。

苏进解（1913—1986）

苏进解，民国2年（1913年）生于无锡。民国20年，师从名医邓星伯，学成后助诊邓医师诊所10余年。1956年起，在无锡市中医院任职，历任内、外科医师，内科副主任医师，无锡市中医协会理事。他从事中医50余年，治学严谨，精研本草、内经、伤寒、金匮、温病等著作，对历代医学学说博采众长。其治血气从王清任学说，对活血化淤有独到见解，用以治疗心血管病疗效显著。他对急性传染病的治疗深有研究，1956～1970年，他在无锡市传染病医院参加抢救乙型脑炎、病毒性脑炎患者过程中，对叶天士“卫气营血”分段论治与吴又可、余师愚治疫邪之说，兼收并蓄，扬长避短，并进而提出截法，仿清瘟败毒饮意，自拟乙脑协定方，治疗36例乙型脑炎，病毒性脑炎痊愈34例，治愈率94%，得到市卫生局的褒奖。1959年，到北京协和医院治疗红斑狼疮，疗效显著，得到卫生部保健局的表扬证书。他多次参与抢救在锡旅游的国际友人，均获得满意疗效，曾多次收到国外寄来的感谢信。1980年，被省卫生厅誉为“省名老中医”。他的著作包括《益心调脉汤治疗心律失常的体会》《加味四妙勇安汤治疗血栓闭塞性脉管炎的初步观察》《冠心病辩证论治》《对系统性红斑狼疮的探讨》《流行性乙型脑炎总结》《苏氏医案节抄》等。1986年，苏进解逝世，享年73岁。

张光世（1913—1989）

张光世，民国2年（1913年）生于无锡，幼年随父母定居上海。民国24年，毕业于清华大学化学系。早期任国民党军队化学教官。后任交通部公路运输总局工程师、运输统制局炼油厂厂长。民国37年赴台湾，历任中国石油公司工程师，嘉义溶剂厂厂长，总公司业务部经理、协理等职，为台湾石油工业创业先驱。1968年起，调任台湾“经济部”国营事业司司长、“国营事业委员会”执行长。1969年，任“经济部”常务次长，后升任政务次长，为台湾财经系统骨干人物。1978年，任台湾“行政院”政务委员、“经济部”部长，参与制订重大经济政策，多次赴欧、美、东南亚及中东各国访问，争取经济与技术合作，开拓海外市场。1981年卸任后，任"总统府"国策顾问，并兼任台湾外贸协会董事长，后复出任台湾金属矿业公司董事长，在台工商界享有崇高声望。1989年，张光世病逝，享年76岁。

沙陆墟（1914—1993）

沙陆墟，原名仲篪，本名仲虎，以笔名陆墟行世，回族，民国3年（1914年）3月2日生于无锡陆区桥。幼从父读四书。高小毕业后，师从常州名儒学古代诗文，尤喜章回传奇小说，并学汉隶及魏碑书法。民国21年中学毕业，入上海江南体育专科学校半工半读，攻读体育行政及体育场建筑法专业。毕业后返锡任《人报》记者，兼编辑《二泉》副刊，到中学兼教国文，不久即自办通讯社。抗日战争全面爆发后，参加无锡抗日青年流亡服务团，任总务部部长，随团到达江西南昌新四军办事处，由中共闽浙赣边区特委派往闽北建瓯开展统战工作。民国28年，创办"七七"业余剧团，任团长。不久任《闽北日报》编辑，处女作长篇小说《岳传新编》在该报连载，并撰文抨击国民党消极抗日和黑暗政治，遭逮捕入狱。民国31年，交保释放，后至南平《南方日报》任编辑部主任。抗战胜利后，赴福州任《民主报》总编辑，因掩护地下党员而遭国民党特务追捕，遂于民国35年赴沪，后任苏州《新夜报》主笔。翌年，任苏州《大江南报》《法声日报》总编辑。民国36年冬，被聘为《江东日报》总编辑，创作的长篇小说《潘巧云》在该报连载。长篇小说《舞女方珍》连载于《江苏民报》。还出版长篇小说《水浒二妇人》。解放前夕，他以社长身份保护《江东日报》资产，并于解放后献给苏州市军管会。

1951年起，历任无锡市《晓报》社务委员会主任委员，苏南文联戏曲改革办公室主任，上海大公滑稽剧团编导兼剧务室主任，大同通俗话剧团副团长兼艺委会主任，百花滑稽剧团、市滑稽剧团、无锡县锡剧团、无锡县评弹团、溧阳县京剧团编导，先后编导上演滑稽戏、越剧、京剧、锡剧等近20部。1956年出版戏曲剧本《复员归来》。1958年，被蒙冤打成"反革命"，1985年7月平反。此后创作出版20部章回体通俗长篇小说，约650万字，发行量120万册。上海《新民晚报》、天津《今晚报》及《无锡日报》等连载他的13部长篇小说。1983年，加入中国作家协会。1989年冬，中国作家协会、中国当代文学研究会、省作家协会、市文联、无锡县文联等8家单位在梅园召开沙陆墟通俗文学作品研讨会，与会作家、学者、评论家一致认为他的通俗文学作品传奇而不离奇，通俗而不庸俗，富有古典美和现代意识相结合的特殊美学韵味，具有独特的风格。1990年夏，无锡电视台拍摄沙陆墟的电视专题片《生命的重建》。香港《文学报》誉其为"当代大陆小说王"，香港《新晚报》连载《沙陆墟其人其事》的专访。他还为无锡、宜兴和常州等地的风景区留下许多诗词、碑记、楹联。1991年夏，无锡遭受特大洪涝灾害，他不顾年高体弱，作诗挥毫书写44幅书法作品，义卖价值1.2万余元，全部捐献给无锡郊区人民。代表作有《水浒二妇人》《粉墨生涯》《武夷女侠》《魂断梨园》《情女潘巧云》《无冕王登基》《上海滩三女杰》《太湖两女杰》《太湖双美图》等。1993年9月6日，沙陆墟病逝，享年79岁。

周婉如（1914—1996）

周婉如，曾用名周沂、林宜、周志方，女，民国3年（1914年）3月5日生于无锡。民国15年考入无锡县立女子师范学校，民国18年秋考入苏州省立女子师范，民国19年秋转入省立无锡中学。民国22年夏起，先后在无锡三皇街小学、东林小学任教。民国25年1月，参加上海大中学生步行宣传队，到苏州时被国民党宪兵押送回上海。不久，参加新文学研究会，任会报编辑。7月，任无锡学社理事，从事抗日救亡运动。民国26年，到丹阳正则小学任教。八一三事变后，参加丹阳青年救亡服务团，于11月到达南昌新四军办事处，被分配到江西省青年服务团工作。民国27年4月加入中国共产党。先后任江西省青年服务团第三队党支部书记、中共九江临时工委书记、江西省青年服务团战地工作八队党支部书记，在青年工人中发展党的组织。民国28年1月，任新四军政治部社会调查委员会组长。6月，任中共苏南特委妇女部部长，在苏皖边区党委第一次代表大会上当选为中共七大代表。民国29年末到达延安，在马列学院、中央党校学习，并担任中央妇委干事等职。民国34年参加中共七大会议。抗战胜利后赴东北，历任中共松江省巴彦县委组织部部长、哈北地委党训班副主任、通河县委宣传部部长、松江省委党校组教科科长、东北交通部人事处副处长与党支部书记等职。

1949年冬南下，历任广东省民政厅人事处副处长、办公室主任，广东省妇联副主任、主任，广东省人民委员会委员，广东省委委员。1964年调任北京农业机械化学院党委副书记。“文化大革命”中受迫害。1978年调任农业出版社党委副书记。1983年冬离休。她是第二、三届全国人大代表。1996年3月7日，周婉如在北京逝世，享年82岁。

盛慕杰（1914—1995）

盛慕杰，曾用名盛克中，民国3年（1914年）4月8日生于无锡，祖籍靖江。民国17年起在江阴钱庄当学徒，民国21年就读于上海商学院、上海法学院。抗战前担任《文汇报》副刊主编，后在中央银行经济研究处任职。抗战时期，在香港为无锡庆丰集团打理财务，开中国“代客理财”之先河。抗战胜利后，任浙江兴业银行专员、处长，加入中国民主民盟，掩护过中共上海市委书记刘晓。后任中共地下党主办的《经济周报》总编辑以及中央银行主任专员，在无锡与慈善家陈汉文一起创办无锡孤儿院，并把全部财产捐给孤儿院。

新中国成立初期，先后任上海市金融同业公会第一副秘书长、中国人民银行总行信贷主管结算负责人和中国人民银行华东干校教务处主任、常务副校长，曾任上海市黄浦区政协主席。其间，他的第一部著作《社会主义工业企业流动资金》问世。1957年被错划成右派，下放奉贤农场劳动。1978年后，右派被改正，他把补发的工资全部上交给组织。80年代，主张首先开放票据市场，打通市场动脉。1984年5月加入中国共产党。他是第六届全国政协委员，曾任陈慕华、李贵鲜、朱镕基三任行长的顾问。还先后担任中国人民银行总行研究生院教授、博士生导师，中央财政金融学院教授，复旦大学兼职教授，交通银行总行常务董事、监事，中国人民银行上海市分行金融研究所研究员、副所长，中国金融学会理事、上海金融学会副会长，《新金融》《上海金融》月刊总编。他精通金融业务，在金融理论与政策研究中提出一系列独到的见解，是中国最早提出实行股份制的学者之一。1985年他最早提出建设中国的金融市场，1996年他第一个提出银行体制改革要建立“大区分行制”。曾代表国家向世界银行行长斯蒂文逊解释中国的金融政策。

盛慕杰主编《中央银行学》，与人合编《中国近代金融史》，被国内各高等财经院校用作教材。还撰有《叶揆初传》《旧上海金融业综述》《交通银行的历史回顾》等著作，主编《通俗证券知识丛书》《日常经济生活顾问》等书籍。1995年2月15日，盛慕杰在上海病逝，享年81岁。

管燮初（1914—2000）

管燮初，民国3年（1914年）5月1日生于无锡钱桥管家湾。早年就读于刘塘小学、匡村中学和上海量才补习学校。曾在上海生生美术公司当学徒、职员，任人和纸行协理及百宋铸字印刷局经理、总经理。民国36年，毕业于上海光华大学中国文学系。1950年，杭州浙江大学中国文学研究所研究生毕业，后在中国社会科学院语言研究所任助理研究员、副研究员、研究员。长期从事汉语语法研究，探索语法发展规律。对甲骨文语法、西周金文语法、《左传》句法均进行研究，填补汉语历史语法学的空白，迈出上古汉语语法断代研究的第一步。在西周金文语法研究方面做了开创性工作。主要著作有《殷墟甲骨刻辞的语法研究》《西周金文语法研究》《左传句法研究》，参加《汉语结构词法》《现代汉语语法讲话》两书的写作。撰有《甲骨文金文中“唯”字用法的分析》《从〈说文〉中的谐声字看上古汉语声类》等十几篇论文。2000年，管燮初病逝，享年86岁。

扬　汉（1914—1997）

扬汉，曾用名扬觉奋，民国3年（1914年）5月生于无锡。青年时期受进步思想影响，追求真理，向往革命。民国19年，加入共青团。民国27年5月，进入延安抗大学习，同年6月加入中国共产党。抗战时期，历任中央军委作战局教育参谋、新四军四支队司令部教育参谋、江北纵队司令部作战参谋、二师六旅司令部作战科科长、新四军教导团军事教员、军事教育股股长等职，长期研究军事战术，教育、培养一大批军事战术骨干和军事人才。解放战争时期，历任华东第三野战军二纵司令部参谋处处长、作战科科长，华东第三野战军苏北兵团司令部作战科科长、10兵团司令部作战科科长等职，参与指挥淮（阴）涟（水）沭（阳）战役、宿北战役、莱芜战役、孟良崮战役，并参加淮海战役和渡江战役。

1949年11月起，历任华东军区海军后勤司令部参谋处处长、行政处处长、军械处处长，1952年5月，任海军军械部副部长（副军职）。1955年，获二级独立自由勋章、二级解放勋章。1956年，参与周恩来、聂荣臻主持的国家科学技术十二年发展规划的编制工作。1958年，创建海军水中兵器科学研究所并兼任所长。此后参与海军科研部、国防部第七研究院的组建，先后任海军科研部副部长兼海军第二研究所所长、国防部第七研究院第705所所长，为海军兵器装备科研事业的奠基人。“文化大革命”期间，受到迫害。1975年，任国务院第六机械工业部（1982年改为中国船舶工业总公司）第七研究院副院长，协助主持制定、组织实施海军武器装备发展规划。1983年12月离休。1997年10月2日，扬汉病逝，享年83岁。

朱如言（1914—1991）

朱如言，曾用名顾良，民国3年（1914年）6月13日生于无锡胡埭镇沙滩村。民国20年，毕业于匡村中学初中部。早年在新塘小学任代课老师，曾任溧阳县百家塘小学、金山小学、同官小学校长和无锡县岸前小学校长。抗战全面爆发后回到家乡。民国27年，任胡埭沙滩村小学校长，在当地发起成立抗日群众组织“协社”。民国28年4月，参加抗日民族解放先锋队，5月加入中国共产党，任党小组长，后任中共锡西支部书记。民国29年后，从事抗日政权的经济工作。民国30年4月，任中共领导的无锡县商业货币基金保管委员会副主任，负责整理、取缔无基金代币券，办理商业货币券的发行及兑现。还担任过太湖地区经委主任、武南县财经科科长、太滆区财经局局长。民国34年，随新四军北撤赴山东解放区，从事财经工作。1949年4月，参加渡江战役，奉命参与接管上海财税机构。后任上海市财政局副局长、税务局副局长、财经委委员、税务局局长。1979年6月，任中国农业银行上海市分行行长、党组书记。1981年，任上海市农村金融学会第一任理事长。1984年任农行上海市分行顾问。撰写有《回忆顾准》等文。1991年5月30日，朱如言在上海逝世，享年77岁。

朱龙湛（1914—1996）

朱龙湛，又名复康，字敬圃，号千明叟，民国3年（1914年）6月20日生于无锡城内南市桥。家学渊源，幼受熏陶。早年就读于武汉大学经济系，后在上海茂新福新申新总公司任职。因父亲朱梦华与荣德生交谊深厚而深得荣器重，协助荣处理各厂事务，他时常提出建议，为荣德生采纳。50年代荣氏企业公私合营后，任上海棉纺织工业公司业务研究委员。曾任上海市长宁区政协委员，区政协书画室主任，区老年书画会副会长，上海社会科学院特约研究员、顾问，上海文史馆馆员，兰亭书会名誉顾问。他精通诗词绘画、书法篆刻、金石碑版，版本目录。尤以诗书画“三绝”闻名。他继承父亲收藏的明版书籍遗产，家藏明刊本400余种，因向往得明刊千种，故将其居所名“千明楼”。藏有元明以后拓本兰亭序90多种，手临各本兰亭序48种，宋元明清名人字画楹联近百件。著有《千明楼诗话》等诗词集多种。撰写有《轰动中外的荣德生绑案》《具有民族气节的实业家——抗日时期的荣德生先生》《荣氏兄弟和申新一厂》《铁棉联营创始人严庆祥》《方永施先生简介》等文史忆旧文章近百万字，发表于《上海文史资料选辑》《无锡文史资料》等刊物。1996年，朱龙湛逝世，享年82岁。

华金祥（1914—2005）

华金祥，号康治，民国3年（1914年）6月生于无锡县前洲邓巷。民国25年，毕业于中央陆军军官学校第十期炮兵科，后入国防大学石牌联战班、革命实践研究院、美国陆军指挥参谋大学、陆军大学正则班第十八期受训。历任中央陆军军官学校区队长及队副、军令部参谋及副处长。民国37年6月任第六十二旅旅长，1951年1月任台湾“国防部”第三厅第三组组长，1954年任第四十六师师长，1956年任台湾“国防部”第三厅少将副厅长，1959年任金门防卫司令部参谋长，1960年任第十军军长，后任第一军军长兼金门防卫司令部副司令，不久任第九军军长，1962年任台湾陆军总司令部中将参谋长，1963年任陆军预备部队训练司令部司令，1964年9月任陆军训练作战发展司令部副司令，1971年前后，任台湾中兴（华）纸业股份公司董事长。2005年2月24日，华金祥在台北逝世，享年91岁。

马光璇（1914—1996）

马光璇，女，民国3年（1914年）7月20日生于无锡。民国10年，随母亲赴法国，先后在法国里昂小学和比利时马西那小学读书。民国16年，入比利时沙城国立女子中学读书，民国22年进比利时比京大学读书，民国23年，赴英国伦敦修习英语专业，并到意大利研究美术。民国26年，与油画家、艺术教育家吕斯百结婚。民国28年，在重庆广播电台工作，从事编辑和对外法语广播，报道抗日新闻。民国31年，任重庆国立艺专法语副教授。民国33年，任中央大学外语系副教授。1949年起，任南京大学外语系副教授。1956年加入九三学社。1978年晋升为教授，1987年1月退休。她法语根底扎实，曾开设过法语语音学、法国戏剧、精读法语等课程，教学经验丰富、成效卓著，为国家培养出大批法语人才。她是中国最早从事法语语音学研究的学者之一，曾和上海外国语学院合作，灌制全国第一张法语语音唱片，受到外籍专家的高度赞誉。她还翻译过毛泽东《在延安文艺座谈会上的讲话》，得到同行专家的好评。1996年4月4日，马光璇因病逝世，享年82岁。

李　广（1914—1995）

李广，原名嵇仲虎，民国3年（1914年）7月生于无锡中市桥上塘。民国24年夏，毕业于无锡辅仁中学，考入南京中央大学农学院。受中国革命运动和马列主义理论宣传的影响，加入“学联”和中华民族解放先锋队，积极参加抗日救亡斗争。无锡沦陷前夕，与妹嵇勉一起参加无锡抗日青年流亡服务团，投奔新四军。民国27年加入中国共产党。8月，受党的指派，任江西赣东四县特别支部书记，组织发动群众，开展中上层人士的统战工作。民国28年，到东南分局党校任政治常识教员。6月起先后任苏南特委委员、干部大队长，句容县委书记，苏皖区党委秘书长，茅山中心县委常委兼宣传部部长，路西南地委常委兼保安司令部政委，苏南茅山地委书记、军分区政委，苏南三地委副书记，一地委书记兼军分区政委。民国35年，任山东鲁南三地委副书记。民国37年3月带干部南下，10月起任豫皖苏四地委书记、军分区政委。

南京解放后，先后任南京市三区工委书记兼区长、南京市民政局局长、郊区工委书记、市政府秘书长。1952年2月起，先后任上海市公用事业局局长、党委书记，市建委副主任，市人民委员会交通办公室副主任、公用事业办公室主任，上海市委交通工作部副部长，交通工作部北方区海运局党委书记，中共上海市第三届委员会候补委员等职。“文化大革命”中受到迫害，下放劳动7年之久。1973年11月重新工作后，任上海市交通局党委书记。1978年6月，任新疆维吾尔自治区党委常委、组织部部长。1980年9月，任上海市委统战部副部长。1983年4月，任上海市第八届人大常委、生产委员会副主任。1985年12月离休后，任上海诗词学会第一副会长、中华诗词学会理事、上海市新四军历史研究会常务副会长等职。主要著作有《技术革命讲话》《劲草书屋诗词钞》等。1995年1月22日，李广在上海逝世，享年81岁。

杨同德（1914—1991）

杨同德，民国3年（1914年）9月1日生于无锡。民国25年，于沪江大学毕业后，赴美国密歇根大学研究院学习。翌年，兼美国陶氏化学工厂副总工程师。民国27年，获化学硕士学位，同年回国。先后任陕西西北工学院化工系教授、四川成都金陵大学化工系主任、重庆中华化学工业研究所副所长、重庆申新四厂苎麻实验工场工程师、上海天元实业公司总工程师、无锡天元麻毛棉纺织厂总工程师和厂长。

新中国成立后，历任公私合营无锡天元麻毛棉纺织厂第一副厂长、市纺织工业局副局长、市纺织工业公司副经理、市爱建公司经理和总经理。1950年，参加中国民主建国会，曾任民建无锡市委副主任委员。是市第一至第五届人大代表、第八至第十届人大常委会副主任，省政协第五、六届常委，全国工商联第五届执行委员，省工商联第四、五届副主任委员，市工商联第一届执行委员，第二、三届常务委员，第四、五届副主任委员。在担任市人大常委会副主任后，不顾年事已高，经常到基层视察调查，协助党和政府落实统战政策，为无锡市爱建公司的筹建发展倾注心血，为引进外资和技术尽心竭力。1991年11月21日，杨同德在无锡逝世，享年77岁。

过晋源（1914—1991）

过晋源，字基洪，民国3年（1914年）9月27日生于无锡八士镇一书香门第。先后就读于无锡辅仁中学和省立苏州中学。民国21年，考入国立同济大学医学院，后赴德国留学。民国28年，以优异成绩毕业于德国慕尼黑大学医学院，获医学博士学位。博士生论文《碳水化合物对维生素C需要量的影响》发表于《国际维生素》杂志，其中维生素B1及维生素C的相互促进作用的理论在当时被认为是开创性发现，赢得德国及国际医学界的高度评价。曾任德国慕尼黑大学医学院、奥地利维也纳市立医院、瑞士自由堡医院医师、主治医师、代理内科主任等职。民国35年归国后，历任上海同济大学医学院教授、附属中美医院内科主任兼放射科主任。

新中国成立后，他发起创办《大众医学》杂志，开创新中国医学科普工作之先河。担任杂志总编辑10余年，为杂志撰写大量科普文章。先后任武汉同济大学医学院内科教授，同济医院内科、放射科主任，专家咨询委员会副主任，同济医科大学教授兼附属医院内科主任、博士生导师，中华内科学会及消化病学会常委，湖北省第三至六届政协常委，省人大代表，省科委顾问团副团长，武汉市科协副主席等职。先后兼任中华医学会湖北分会常务理事、湖北省内科学及消化病学会主任委员、亚太地区肝病学会会员、《同济医科大学学报》与《中德医学》杂志常务编委，《中华消化杂志》《临床胆胰杂志》副总编辑，《临床内科》杂志总编辑，《大众医学》与《实用内科》杂志顾问。80年代起，他和助手一起，在中国率先开展肝病信息处理研究，探索肝电信息的奥秘，自著、编著及编译医学书籍12册，发表论文和进行讲座近200篇（次），共计数百万字。主要著述有《内科症状及诊断学》《血液病学》《临床胃肠病学》《消化系统疾病新进展》《医学百科全书·消化分册》等，其中主持编译的《内科症状及诊断学》为新中国最早的内科诊断学教材。他的《赤芍、当归防治门脉高压的研究》等项目分别获得卫生部与湖北省科技成果奖，《原发性肝癌的免疫导向治疗》受到中外学者的广泛重视，《当归对D氨基半乳糖所致大白鼠肝损害防治作用的初步实验研究》在1982年瑞士国际肝病会议上进行交流，《肝脏微血管调节与门脉高压的实验研究》获国家教委科技成果二等奖，其中关于α肾上腺素能拮抗剂酚妥拉明降低门脉高压的效果优于垄断半世纪的垂体加压素这一发现，经专家鉴定，达到国际先进水平。他于1980年加入中国共产党。1983年，将价值两万余元的祖产无偿献给无锡县八士中学。他是中国民主同盟盟员，中国现代内科学重要奠基人之一，国务院首批特殊津贴获得者。1991年，过晋源在武汉病逝，享年77岁。

唐鑫源（1914—2001）

唐鑫源，字伟章，民国3年（1914年）10月7日生于无锡。先后就读于无锡辅仁中学、上海圣约翰大学。民国25年，入美国罗威尔纺织学院，后转入加利福尼亚大学和北卡罗来纳州立理工大学纺织工程学院，获取两个硕士学位，后担任美国纺织染工程研究院研究员。回国后，任上海协新毛纺厂厂长，并一直从事纺织业的研究和教学。先后任南通纺织工学院兼职教授，上海市立工业专科学校教授，中国纺织染工业专科学校副校长，中国纺织工学院教授、副院长。1949年，再度去美国深造，获威斯康星大学化学博士学位后，供职于美国空军导弹部门，从事高温材料研究。1962年，调至美国休斯敦太空总署，任纤维研究所所长，由美国总统任命为太空中心总工程师，负责太空梭和太空衣的研究设计，成为高级材料专家。他是太空总署中唯一的中国人，在太空总署工作34年。研究发明可用于太空衣服表面的防火材料，为无机性人造纤维中最耐热的材料，可承受华氏1550度高温。并设计出防太空辐射的纯金质涂料护罩头盔等。拥有专利150多件。1987年，获太空总署颁发的最高荣誉“特殊工程成就”奖章和太空基金会的“太空技术名人堂”奖牌。他以杰出成就获得“宇航服之父”的美称，并获美国宇航界的最高奖“太空实践奖”。2001年1月，唐鑫源在美国逝世，享年87岁。

荣梅莘（1914—2005）

荣梅莘，原名象照，字肇武，民国3年（1914年）11月21日生于无锡西郊荣巷。30年代起，在上海经营颜料业，并在各地设分行11家，有“颜料大王”之称。同时任银行、纺织、染织等40余家企业的董事长、总经理等职。还担任无锡旅沪同乡会常务理事及太湖俱乐部的会长。他热心公益及教育事业，设立中学生奖学金，奖励成绩优秀的学生，直至解放。1952年，去香港任香港化工厂董事长，香港工业总会理事以及10多个工商社团的董事。为美国好莱坞蜡像院塑制电影明星蜡像数千个，为此轰动全球。1973年，移居美国，任华尔街狮子会会长，纽约奥林匹克大厦业主委员会主席，美国今可进出口公司总裁等职。2005年8月27日，荣梅莘在美国病逝，享年91岁。

徐　采(1914—1991)

徐采，又名徐煜均，民国3年(1914年)生于无锡。民国29年，毕业于湖南湘雅医学院(现中南大学)，获医学士学位。民国33年9月，赴美留学，在纽约派克医院从事传染病诊疗和科学研究工作。民国34年6月到美国底特律何门医院深造，任该院内科主治医师。民国35年，回国参加筹建南京中央医院，同年任南京中央大学(时称中央临大)医学院教授。

1949年，徐采任第二野战军军医大学教授。新中国成立后，任华东军区医院内科主任，第五军医大学教授，南京军区总医院大内科主任兼传染病科主任，曾先后担任军队、地方医学学术团体的职务。1953年任中华医学会内科学会常务理事，曾担任中华医学会江苏分会内科学会副主任委员、中华医学会南京分会内科学会主任委员，江苏省科协委员。1956年5月，加入中国共产党，同年7月参加中国人民解放军，授予中校军衔，1964年晋升为上校军衔。1967年，调至合肥解放军105医院工作。1978年，荣获南京军区先进科技工作者，同年调回南京军区总医院。1980年，任中华医学会内科学会委员、江苏分会理事、南京分会理事；曾任总后勤部卫生部第一至第四届医学科学技术委员会委员，总后勤部卫生部全军传染病专业组副组长、组长。1985年被选为全军医学科学委员会荣誉委员，全军传染病专业组学术顾问。曾是南京市第一、二、四、五、六届人大代表。

他是著名的内科学教授、传染病学专家。擅长肠道传染病的防治与研究，提出细菌性痢疾临床分开、疗效标准及转归。他于新中国诞生前1个月创办《内科学报》，担任总编辑。1953年将《内科学报》移交给中华医学会，改名为《中华内科杂志》，曾任《中华内科杂志》副主编及编委、《解放军医学杂志》编委、《中华传染病学杂志》编委、《JAMA》(美国医学杂志中文版)编委。主编《医疗护理技术操作常规(草案)》《体检诊断学》，参与编写《军队医院管理》一书，发表医学论文数十篇，多次参加全国和全军专业学术会议并作交流。先后立三等功4次。1964年，出席全军除害灭病会议，受到毛泽东主席和其他国家领导人的接见。1983年11月因积劳成疾，脑血管栓塞而致瘫痪，他致信解放军总后勤部卫生部，建议编写关于《西南边陲流行病学及卫生学》一书。1988年，上海甲肝流行，他于2月13日在《解放军报》上呼吁“连队会餐方式须改革，分餐制势在必行”，此稿在2月15日中央人民广播电台“新闻和报纸摘要”节目采用。1991年5月21日，徐采逝世，享年77岁。根据其生前意愿，将遗体献给医院做解剖，并将内脏器官制成标本，供教学之用。

许汝良(1915—1994)

许汝良，民国4年(1915年)1月21日生于无锡县梅村镇。民国18年初中毕业后，考入无锡实业家薛寿萱创办的华新制丝训练班学习。毕业后任华新丝厂技术员。民国25～26年，任职无锡民丰公记丝厂。民国27～29年，任上海制丝所、怡和丝厂原料科科长、车间主任。民国29～32年，任无锡大同丝厂、合记丝厂、信大丝厂工务部主任。民国32年5月，受聘于上海中国丝业公司所属无锡五厂、六厂和嘉兴一厂，任厂长兼工务部主任。1949年4月无锡解放后，任无锡合作丝厂厂长兼工务部主任，1年后调任中国丝业公司无锡第二丝厂厂长兼工务部主任。1953年，为专心致力于改造厂内老旧设备，他辞去厂长职务，改任技术室主任兼专职工程师，研制成功国内先进水平的中丝式立缫机，后被纺织工业部定名为D201型立缫机，与环球式立缫机相比，单产提高10%，匀度提高半个等级，缫折(百公斤生丝的用茧量)降低1.5公斤。1954年全厂改造完成后，年产能力由不足80吨提高至110吨。这一革新被各地缫丝厂先后应用，又经无锡纺机厂改进完善，批量投产，全国推广，还出口到越南、印度尼西亚等国。他还革新成功联合剥选(茧)机、小真空给湿机和干茧热湿处理等辅助设备。1955年6月起，先后调任市纺织工业局缫丝科副科长、省丝绸工业局工程师。

1966年从上海同济大学函授学院机电系供热通风专业毕业。同年8月，任市纺织工业局援越工作组工艺组长，负责方案设计、设备选型和工艺说明等工作。“文化大革命”中，被下放到东方红缫丝厂劳动。1976年，任无锡第四缫丝厂（原东方红缫丝厂）科研所所长，除为生产“金（银）双鹿”名牌生丝出谋划策外，还主持捻线丝和真丝针织绸的研制、开发工作。1982年11月，加入中国民主建国会。1986年退休。他是省纺织工程学会理事和缫丝学术委员会主任。著有《江苏省缫丝技术管理规则》等，合著有《关于生丝切断问题的研究》《关于差原料提高洁净缫好丝的研究》《整复车间空调与生丝性能的关系》。1994年12月24日，许汝良在无锡病逝，享年79岁。

严文祥（1915—2005）

严文祥，曾用名严汉清，民国4年（1915年）2月23日生于无锡洛社镇红明村严家宕。先后在本村私塾、杨墅园匡村小学、匡村中学读书。民国20年8月，入上海惠灵中学、大夏大学附中学习，积极参加抗日救亡活动。民国23年8月，在上海平凉小学执教，为“儿童文库”编写《儿童创作选》《国语文通》及数学部分，担任《新教师》主编。民国25年6月，创办榆林小学，任校长，并发起组织沪东区教师联谊会，积极组织教师和青少年参加抗日活动。八一三事变后回到无锡，参加无锡抗日流动宣传队，到农村进行抗日宣传活动。无锡沦陷前夕，参加无锡抗日青年流亡服务团，到达八路军驻武汉办事处。翌年1月，奉命赴山西临汾民族革命大学，参加反对托派汉奸张慕陶的斗争。2月，参加山西青年抗敌决死十总队。民国28年2月加入中国共产党。历任机枪连指导员、二营教导员、晋西北八分区五团一营教导员，在晋西吕梁山区坚持5年多游击战争。民国33年，调任陕北绥德抗日军政大学一大队五中队政治指导员。日本投降后，随校到东北，任东北军政大学合江分校宣传科科长、五团政治处主任。

新中国成立后，任中南军政大学湖南分校总队政委、第四高级步校大队政委、大连解放军俄文专科学校政委。1955年，荣获二级独立自由勋章、二级解放勋章，被授予上校军衔。1958年4月，调至国防部五院，先后任三室政委、空气动力研究所政委，11月增补为五院党委委员。1959年10月，兼任云岗“五〇七”工区党组书记，负责云岗地区所属单位的规划建设。1960年，晋升为大校。1961年，任国防部五院三分院副政委。1965年6月，单位集体转业后任七机部（航天部）三院党委副书记。1967年9月，赴四川绵阳主持筹建解放军第十七研究院。1980年4月，兼任三院纪委书记。1982年12月离休。2005年6月14日，严文祥在北京病逝，享年90岁。

张嘉夔（1915—1999）

张嘉夔，民国4年（1915年）5月23日生于无锡，祖籍河北沧州。民国23年，毕业于上海江南体育专科学校。在舅父薛汇东的影响下，自幼喜爱体育。他身高1.83米，平时苦练田径项目，以跳远闻名，又喜爱篮球。民国22年，在无锡发起成立梁溪田径队，并参加江苏省第三届运动会，夺得跳远和三级跳远两项冠军，以6.69米的跳远成绩破省纪录。10月，参加第五届全国运动会，又以13.79米的成绩获三级跳远第二名，破全国纪录。在民国23年的远东运动会和民国24年的全国第六届运动会上，均获三级跳远冠军。民国24年6月9日，在无锡梁溪、建工、社桥三田径队对抗赛中跳出7.09米的好成绩，是中国第一个跳过7米的运动员，被上海《时报》誉为“跳王”。民国25年，在奥运会预选赛中，他以三级跳远和跳远第一名的成绩，被录选为正式代表参加在柏林举行的第十一届奥林匹克运动会跳远比赛，为中国第一位参加此项目的运动员。民国27年，组织锡华篮球队，说服赓裕布厂厂长王德润出资举办一年一度的“耕渔杯”篮球比赛。民国28年，参加上海万国运动会，获跳远冠军。是年，毕业于上海持志学院，回无锡任体育老师。从30年代初起，成为无锡梁溪篮球队主力队员，球队曾打败过有两名国手的百乐门队。民国36年，参加全国第七届运动会。民国37年至1951年，任无锡体育协会指导。1951年3月，任江南大学体育老师。1952年，调到扬州苏北农学院，先后任体育教研室主任、体育副教授。他是省第四、五届政协委员、常委，中华全国体育总会江苏分会常委，扬州市田径协会副主席。1982年被评为江苏省高校优秀体育园丁。第二届全军运动会时被南京军区评为五好教练员。1999年4月30日，张嘉夔在上海病逝，享年84岁。

胡引昌（1915—2005）

胡引昌，民国4年（1915年）7月1日生于无锡县堰桥镇。民国21年就读于国立同济大学附中，民国25年就读于国立同济大学医学院。民国30年任上海宝隆医院医师，翌年在无锡开业行医。1951年以后，历任市第一人民医院、苏南机关托儿所、市机关保育院特约医师，曾任无锡助产学校教务主任、市传染病医院医务主任、市第二人民医院儿科主任、主任医师。先后当选为市医师协会理事、常务理事，中华医学会会员。1987年4月退休后，仍然热心儿科工作，任市第二人民医院儿科技术顾问，并为筹建市儿童医院提出建议和设想，参与儿童医院疑难疾病的专家门诊，深得好评。

他从事传染病和儿科医疗、教学、研究工作60余年，有丰富的医疗实践经验和系统的理论知识，以精湛的诊治技术、优质的服务态度、良好的医风医德深受赞誉，多次被评为各级先进工作者。他在1993年建立新生儿病房，开展微波复温，有效治疗硬肿症、败血症等一系列新生儿疾病，其中人工冬眠抢救中毒性菌痢达到国内先进水平。先后撰有多篇有价值的论文。2005年10月16日，胡引昌逝世，享年90岁。

孙章录（1915—1987）

孙章录，民国4年（1915年）8月15日生于无锡县石塘湾。民国24年毕业于无锡辅仁中学，后考入大学。民国26年11月，参加无锡抗日青年流亡服务团，投奔新四军。次年7月加入中国共产党。从民国28年12月起至抗战胜利，一直在苏南敌后开展游击战争，建立抗日根据地，历任中共苏南区党委秘书长，太滆工委、太滆中心县委组织部部长，锡东县委书记，太湖县委书记，太滆特委、太滆地委副书记，中共苏南区党委联络部部长等职。民国34～38年，先后担任中共苏南太滆工委书记和苏浙皖边区工委副书记，曾争取国民党江苏保安团某部400人投诚，并将他们护送至苏北解放区改编为人民解放军。民国37年8月，在天目山地区争取国民党昌化县县长起义，使浙西游击区与皖南游击区连成一片。民国38年4月24日，他率敌后武装与解放军会师。

新中国成立后，历任浙江省嘉兴地区专员，浙江省商业厅厅长、党组书记，浙江省财委副主任，浙江省委财贸部部长、省委委员等职。因善于学习，重视调查研究，逐渐成为浙江党内财经工作的行家。1957年，被错划为右派。1979年获平反，重新工作。历任浙江省第四届政协常委、浙江省政协机关党组成员、浙江省政协第五届副主席等职。1987年2月15日，孙章录病逝，享年72岁。

江　坚（1915—1997）

江坚，民国4年（1915年）8月生于扬州。抗战全面爆发时，正在上海震旦大学读书的他，投笔从戎。12月，经陕西三原八路军留守处介绍至延安陕北公学学习。民国27年5月，分配至皖南新四军服务团。民国28年1月加入中国共产党。历任当涂县区委书记、县委组织部长、苏皖特委秘书、宣当芜中心县委统战部长和民运部长。民国29年，调至苏南地区后，历任武进县委宣传部部长、县委书记、路北特委宣传部部长、长江工委副书记、苏中五地委宣传部部长等职。解放战争期间，历任十地委宣传部部长兼苏常太工委副书记、华中江南工委秘书长等职。

无锡解放后，历任市军管会副秘书长、苏南行署办公室主任、市委工业部部长等职。1952年2月任无锡市副市长，1954年9月任市委常委，1955年3月任无锡市市长，1956年5月任市委书记处书记，1962年9月任市委副书记，1964年当选为第三届全国人大代表，1966年2月任市第五届政协主席。在无锡市担任主要领导10多年，为无锡市工业经济的恢复、建设和发展，为城市建设及太湖综合治理作出贡献。他关心人民群众的生活与疾苦，受到干部和群众的敬重。“文化大革命”中受到迫害。1975年恢复工作后，历任镇江地区革委会副主任，谏壁电厂党委书记、厂革委会主任，镇江地委副书记兼镇江市委书记，仪征化纤厂筹建处副总指挥，省民政厅厅长。1980年10月，任省教育厅党组书记、厅长。1982年7月离休。1997年11月24日，江坚在无锡病逝。享年82岁。

周一萍（1915—1990）

周一萍，原名周鸿慈，民国4年（1915年）9月2日生于无锡县厚桥镇曹墓塘村。民国24年，考入上海暨南大学商学院会计系。七七事变前，参加上海学生界的抗日救亡运动。民国27年6月，加入中国共产党，历任暨南大学党支部书记、中共上海市学生运动委员会书记，坚持上海地下抗日斗争。民国28年大学毕业。民国30年，受党指派进入苏北抗日根据地，任中共盐城县委组织部部长、县委副书记、书记，新四军三师盐城独立团政委。他贯彻执行党的“扩大解放区、发展人民武装”的战略方针，针对日军的大扫荡，组织开展游击战争，先后参加北宋庄、秦南仓和解放盐城等战斗，坚持敌后斗争，巩固和发展解放区。解放战争时期，先后任苏北日报社社长、中共盐城地委委员、盐阜地委宣传部部长。在淮海战役中，组织支前工作，为中国人民的解放事业做出贡献。

1949年4月，随军渡江作战，后参加接管苏州、上海的工作，任华东海军司令部驻海道测量局军代表。1950年，任中共苏北区党委宣传部副部长。1952年10月起，先后任第一、第三机械工业部教育司司长、局长。1962年后，先后任浙江温州、丽水地委副书记，台州地委书记兼军分区政委。1965年，调任国务院对外文化联络委员会副主任，兼对外友好协会副会长和中国柬埔寨友好协会副会长。他坚决贯彻执行党的外交政策，认真组织对外文化交流工作，发展与各国人民的友谊。“文化大革命”初期，在极其困难的情况下，遵照周恩来总理和陈毅副总理的指示，不畏艰难，坚持工作，竭尽全力维护党和国家的声誉。“文化大革命”中，遭到诬陷和迫害。1972年重新工作，先后任北京市西城区委副书记、国务院国防工业办公室副主任。1982年，任解放军国防科技工业委员会副政委，从事国防科技工业建设，加速军队武器装备的现代化，并促进军工技术向国民经济领域的转移。1985年离休后，继续担任神剑文学艺术学会主席和《神剑》杂志主编，筹备成立中华诗词学会，任常务副会长。1988年，担任振兴盐城北京咨询委员会主任。还先后担任中国工业设计协会理事长、哈尔滨工业大学名誉教授等职务。为撰写《抗日战争时期上海学生运动史》和推动苏北老区通榆运河建设工程早日上马日夜操劳，积劳成疾。在临终的前一天，还主持召开工业设计学会新闻发布会。1990年3月21日，周一萍病逝，享年75岁。

范震远（1915—1995）

范震远，民国4年（1915年）生于无锡县堰桥。13岁赴上海学商。民国31年，从好友唐鸣凤学习冯至光式太极拳。民国33年，拜李存义高足傅剑秋为师，学习形意拳、八卦掌、杨式太极拳及器械。又从姜容樵学习青萍剑、太师鞭，还得到褚桂亭、时佩文、陈济生等名家指点。民国35年，无锡国术研究会成立，被推选为常务理事。

无锡解放后，被推选为武术界筹委会兼国术委员会筹备主任。1950年，联络组织无锡市劝募寒衣国术义演大会，表演所得购寒衣100多套支援皖北水灾灾区。

1951年,被聘为苏南区第一届运动会表演组副组长兼武术评判组组长。1954年,被推选为红五月职工运动大会主席团成员兼武术评判组组长。1957年,被批准为国家二级武术裁判员。江苏省第一届武术表演比赛时被聘为太极组裁判长。无锡市武术协会筹委会成立时,被推选为副主任。为推广简化太极拳,他在城中公园与火车站广场举办学习班。在省第五届运动会期间,利用空隙时间学习健将级太极拳(综合式),回锡后即推广。1960年,为推广太极拳运动(八十八式),又和同事开办以教练员为主的学习班。三年困难时期,国家提倡太极拳和气功运动,无锡各基层单位举办的太极拳学习班都由他任教练。1963年,他邀请顾留馨、王子平等10位上海著名武术家到锡专场表演。1965年,参加无锡市业余教学联组,任副组长。"文化大革命"期间,被下放苏北,但从未放弃武术锻炼。1976年回锡后,编辑《武术资料形意拳》书稿。1980年,代北京八卦名家李子鸣整理《八卦掌名家轶事》《郭氏锦囊八卦拳术集成》《梁振圃八卦掌》书稿,编写《无锡市近六十年来的武术运动概况》。1982年4月27日,无锡市武术协会成立,他被选为副主席兼科研委员会主任。1995年,范震远逝世,享年80岁。

赵建平(1916—1986)

赵建平,原名陈毓良,民国5年(1916年)1月9日生于无锡县查家桥。幼年家境清贫,青年时代参加进步活动,任梅(村)北地区青年改进会会长,从事社会教育,参加抗捐抗税斗争。民国28年,新四军东进到达锡北后参加革命,5月加入中国共产党,在白丹山一带组织农民武装,开展抗日游击战争。历任中共无锡县委委员、锡东县委委员。他不怕艰险,出生入死,家庭屡遭日伪军摧残,妻子被活埋,父母被抓绑赴刑场遭恐吓,扣作人质要挟其投降,他仍坚持斗争,带领武工队迅速扩展到吴县一带,建立苏州县抗日民主政府,并任县长。民国34年,新四军北撤,他奉命留下,任苏锡县武工队长。民国35年9月起,任中共澄锡虞工委委员、书记,坚持在沪宁线一带开展秘密工作和武装斗争。国民党当局曾以重金悬赏缉拿他。

1949年4月无锡解放后,历任无锡县委副书记,苏南行署农林处水利局局长,省水利厅副厅长,镇江地委常委,镇江专署副专员、专员。50年代,带领技术员在江宁县上坊乡总结出一套丘陵山区开沟连塘,扩大引水的成功经验。1954年肃反开始后,国民党特务机关施行"反间计",他被错误疑为"特嫌",受到长期审查,由专员降为副专员,但他坦然处之,仍然勤奋工作。"文化大革命"期间,被监禁长达7年。1974年恢复工作,任谏壁抽水站工程副总指挥,顶住"造反派"压力,使谏壁抽水站提前建成。该工程被国家经委评为金质奖、施工银质奖。1976年后,任镇江地委常委、专署常务副专员、镇江专署党组书记。1983年3月,当选为镇江市政协第六届主席。1986年7月3日,赵建平病逝,享年70岁。

王新民(1916—1997)

王新民,原名惠永昌,曾用名杨明德,民国5年(1916年)2月21日生于无锡西门棉花巷。民国18～23年,在私立辅仁中学和省立无锡中学、苏州中学读书。民国23年,考入南京中央大学机械系。民国24年12月,参加"一二·九"救亡运动。民国25年8月,秘密参加全国学联。抗日战争爆发后,在南京、无锡等地从事抗日救国活动。民国27年6月加入中国共产党,9月参加新四军一支队和战地服务团。民国28年,先后任中共东路特委机关刊物《江南》半月刊首任编辑、中共无锡县委宣传干事和锡南区区委书记、华庄镇达才中学校长。民国29年,先后任江南人民抗日救国军独立支队政治部主任、新四军驻沙洲办事处主任兼民运工作队队长、江阴县委委员、中共沙洲县委书记。民国30年后,任新四军第六师军实科科长、十六旅军工部副部长、二师军工部部长。民国35年,任新四军暨华中军区军工部副部长兼工务处处长、建华工业学校校长。民国36年2月,任华东军区军工部副部长兼军务处处长，兼鲁南军区军工部部长。6月兼渤海军区军工处处长、局长。民国37年2月，任华东工矿部济南工业局局长兼党委书记，之后专任局长。

1949年6月，任华东军政委员会工业部驻山东办事处副主任兼济南工业局局长，获山东省及济南市劳动模范称号。1951年5月，任华东工业部第一任机械局局长。1952年和1956年秋，两次随中国政府代表团赴苏联商谈援建项目。1953年起，先后任第一机械工业部第四机器工业局（动力机械工业局）第一副局长、第三机器工业局（重机矿山机器局）副局长、第八局（电工局）副局长。1960年2月，兼任一机部原子能设备的总工程师。1961年6月，任一机部技术司主管军工的副司长，兼一机部军工局副局长。1962年后，兼任一机部专用成套原子能设备的总设计师、一机部与七机部联合组成的导弹地面设备第一副总设计师，直接参与核弹、导弹、核潜艇的研制、定型、验收工作。1968年1月，任一机部技术司革命委员会主任。1972年9月，任一机部军工局副局长，主抓坦克动力生产线的建设，组织激光测距仪等科研任务。1975年1月，任一机部机械科学研究院主管军工的副院长，兼任技术委员会主任。其间，从事高能加速器设备研制规划，主持完成国家大型导弹和卫星地面测试设备以及用于核设备关键部件的制造工艺。1981年10月，参加国家能源委员会顾问团兼任顾问，并任机械科学研究院、太原工学院等10多家单位的博士、硕士学位审批与授予委员会委员。1983年离休。1985年5月，被国防科工委、国家计委、国家科委联合授予在组织管理国防军工协作工作中成绩显著的先进个人称号。1986年8月，被聘任为国家机械委员会和机械电子工业部科技咨询委员会委员。1990年，任秦山30万千瓦核电设备科研项目鉴定委员会委员。1992年7月，获中国兵器工业总公司颁发的特殊荣誉奖状和奖章，10月获国务院政府特殊津贴。1994年6月，由其任组长的中国动力工程学院核电设备国产化调研组1号到7号调研报告，获中国科协颁发的全国科技进步建议一等奖。他是中国动力工程学会创始人之一，先后担任副理事长、理事长和名誉理事长。1997年10月22日，王新民在北京病逝，享年81岁。

须浩风（1916—2005）

须浩风，原名须兆丰，民国5年（1916年）2月生于无锡县怀下市（今锡山区东港镇）王庄，高中毕业于省立苏州中学。民国23年，考入清华大学化学系。第二年投身于“一二·九”爱国救亡运动，随后参加民族解放先锋队。抗战全面爆发后，离校参加抗日救亡工作。民国27年6月加入中国共产党，先后任中共鄂中特委、中共鄂豫边区委和中共鄂豫区委组织部干部科科长。

新中国成立后，历任湖北省委组织部副部长兼湖北省直总党委书记、荆州分洪工程总政治部副主任、湖北省总工会主席、长春第一汽车厂副厂长。1957年1月，调至国家科委标准局，先后任国家科委标准局副局长、国家标准计量局副局长及党组成员、国家标准总局副局长及党组副书记、中国标准化协会副理事长和中国科学技术协会全国委员会委员。主管全国标准化工作近30年，组织起草《工农业产品和工程建设标准管理办法》《中华人民共和国标准化管理条例》，由国务院颁发全国执行。组建中国标准化综合研究所、信息分类编码研究所、产品质量监督局、中国纤维检验局、国家标准资料馆、中国技术标准出版社，推动国务院下属15个部成立标准化研究所和全国200余个标准化技术归口单位、32个专业标准化委员会，承担国家标准、各行业专业标准的制定、修订研究和起草、审定工作。其间，制定国家标准9000余个、部标准5万个以上。1982年起，倡导加速采用国际标准，提高国家标准水平。同时，在全国建立起120个国家产品质量监督检测中心。主编有《当代中国的标准化》《标准化重要文献汇编》和《足迹》。2005年12月29日，须浩风在北京逝世，享年89岁。

荣毅仁(1916—2005)

荣毅仁，幼名继增，亦作纪曾。民国5年(1916年)5月1日生于无锡荣巷，系实业家荣德生第四子。早年接受中西方文化的启蒙教育，就读于无锡公益小学、梅园豁然洞读书处。民国26年，在上海圣约翰大学历史系毕业后，开始辅佐父亲经营面粉、纺织和金融等家族企业。先后任无锡茂新面粉厂协理、经理，上海合丰企业公司董事，上海三新银行董事、经理。1949年上海解放前夕，荣氏家族大多数人移居海外，他毅然决定留在上海，迎接解放，成为国内荣氏企业的主要代表。

新中国成立后，他积极投身国家的建设事业。1950年后，任上海申新纺织印染公司总管理处总经理，并任华东军政委员会财经委员会委员、上海市政府委员、上海市财政经济委员会委员等职。1950年，加入中国民主建国会，曾任民建中央常委、民建上海市委副主委。是年6月，列席第一届全国政协第二次会议，受到毛泽东的接见。在国家发行胜利折实公债时，主动认购60.5万份。他积极支持抗美援朝，捐献7架半飞机和大量衣物。1952～1954年，率先把申新纺织公司等荣氏企业实行公私合营，在对资本主义工商业的社会主义改造中起了带头作用，赢得普遍尊重，被称为“红色资本家”。1955年，把父辈所建的梅园(除乐农别墅外)与大公图书馆及藏书献给国家。1956年1月，陪同毛泽东、陈毅视察上海申新九厂。1957年1月初，陈毅传达毛泽东指示，赞扬他“既爱国又有本领，堪当重任”。1月9日，当选为上海市副市长，同时任中国国际贸易促进会上海市委员会副主任委员、上海市工商业联合会副主任委员。1959年，任纺织工业部副部长。

“文化大革命”中，他曾受到冲击。在周恩来的关怀下，对他采取保护措施。1979年，在邓小平的支持下，牵头组建中国国际信托投资公司并出任董事长兼总经理。他亲手制定公司第一个章程和“中信风格”。在国外发行债券，为国家重点建设项目筹集资金；建立中国国际经济咨询公司，为中外经济合作牵线搭桥；创办实业，投资于交通、能源、电信等基础设施建设；成立中信香港集团，在海外兴办企业，把中国经济与世界市场联结起来；开拓国际租赁业务，及时而廉价地为国家引进紧缺的新技术、新设备；开发房地产，推动首都城市建设和城市布局的改观，并逐步推向全国各地，直至海外；组建亚洲卫星公司，打破美、法两国对国际商用卫星发射市场的垄断；成片开发大榭岛，使之成为世界一流的国际港口和外向型经济开发区。他多次带领团队出国学习考察，邀请多位外国政要和著名企业家到华访问交流，举办“中外经济合作问题讨论会”，为中国经济走向世界献计献策。在中信开办之初，拿出个人存款1000万元供公司调用。公司从最初注册资金2亿元，至2004年总资产超过7000亿元。中信公司成为中国对外开放的一个窗口，他也成为中国改革开放的标志性人物。1985年7月1日，加入中国共产党。

荣毅仁是第一至八届全国人大代表，第四、五届全国人大常委，第六、七届全国人大常委会副委员长，第二届全国政协委员，第三、四届全国政协常委，第五届全国政协副主席。1993年3月，当选为国家副主席。他还先后担任过国家进出口管理委员会、国家外国投资管理委员会顾问，全国工商联副主任委员、副主席、主席，香港特别行政区基本法起草委员会委员，海峡两岸关系协会名誉会长，中国和平统一促进会会长，宋庆龄基金会副主席，中国足球协会名誉主席，暨南大学董事会董事长等职。他多次出访美国、英国、日本、葡萄牙、西班牙、缅甸等国家，以其独特的身份、地位和才干，开展国务和外交活动，与多名国家领导人和实业界知名人士结下深厚友谊，为提高中国的国际声誉和国际地位做出卓越贡献。

他特别关心家乡的建设和发展。改革开放以后，几乎每年都回家乡视察和调研。经他牵线搭桥，1980年建成无锡第一家四星级涉外宾馆——无锡大饭店；由中信公司投资，建成江阴利港电厂和新澄特钢公司。他支持将无锡大学更名为江南大学，担任名誉董事长，并多次捐款捐物，资助学校改善办学条件。还支持儿子荣智健捐款3000万港元，在无锡建造新宝界桥，1994年10月，出席新宝界桥通车仪式。晚年特别关注家乡的生态环境建设，曾先后6次提出要治理好太湖。2005年9月25日，他最后一次回到无锡，仍念念不忘家乡建设和人民生活的改善。

2005年10月26日，荣毅仁在北京逝世，享年89岁。11月3日，新华社发布《荣毅仁同志生平》，称其为“中国现代民族工商业者的杰出代表，卓越的国家领导人，伟大的爱国主义、共产主义战士”。按照荣毅仁生前意愿，他的骨灰安葬在太湖之滨马山墓地。

吉联抗（1916—1989）

吉联抗，原名连康，因响应中共“联合抗战”的号召，改名联抗。民国5年（1916年）5月16日生于无锡，在沪学中医时，参加“左联”领导的由吕骥主持的业余合唱团及歌曲研究会，结识冼星海、张曙等著名音乐家，投身抗日救亡歌咏运动，并开始群众歌曲创作活动。民国26年9月，参加第八集团军战地服务队，在中共特别支部领导下从事抗日宣传工作。后在广西柳州、桂林等地从事音乐教学和进行抗日歌咏活动，曾参加冼星海的《九一八大合唱》和《新年大合唱》演出。民国34年1月，参加桂北龙岸抗日游击队，历任司令部政工队宣传科长、副队长、队长等职。抗战胜利后，在香港、广州等地参与《新音乐月刊》的创办、编辑工作。从香港回无锡后，即以行医作掩护，从事党的地下工作。入人报报社工作，与叶燕荪等发起建立“人报之友歌咏团”，在连元街小学练唱《古怪歌》《黄小二过年》《播种之歌》《新年大合唱》等歌曲。又在三皇街小学举办“暑期音乐学院”，由他与张文纲、盛礼洪等执教。之后，赴沪至比乐中学任教。

新中国成立后，吉联抗历任上海大中华唱片厂厂长、北京广播器材厂副厂长、中央广播乐团副团长、《人民音乐》杂志副主编等职。1973年，他到中国艺术研究院音乐研究所从事研究工作，曾任所顾问、硕士生导师，是中国音乐家协会民族音乐委员会副主任、理论委员会副主任、中国音乐史学会会长。他在抗战时期，创作抗战歌曲200多首，并对近现代音乐人物进行研究，对古代音乐史料加以整理、译注。1956～1985年，先后发表《乐记译注》《墨子·非乐》《孔子孟子荀子乐论》《嵇康·声无哀乐论》等古代音乐理论著作的译注5部，《春秋战国音乐史料》《秦汉音乐史料》《魏晋南北朝音乐史料》《辽金元音乐史料》等史料辑译7部。还撰有《乐记——中国古代最早的音乐理论》《音乐家嵇康》等大量音乐论文。他还是《中国音乐词典》及《中国音乐词典·续编》的主编之一，对词典的编辑和完成起了重要作用。离休之后，仍继续从事研究和著述，参加学术活动，1988年获全国老有所为金鹰奖。1989年，吉联抗病逝，享年73岁。

薛葆鼎（1916—1998）

薛葆鼎，笔名明今、尔澄、二吴等，民国5年（1916年）6月27日生于无锡前西溪，曾祖父系薛福辰。童年时期受家庭教育影响，喜欢诵读经史古籍。民国17年，进入无锡私立辅仁中学读书。九一八事变后，随二哥薛葆宁宣传抗日。民国23年秋，考入中央大学化工系，参加中共地下组织和进步学生主持的南京读书会。民国24年9月起，先后参加南京学联和南京学生界救国会，任常委、执委。一二·九运动爆发后，参与组织南京各大中学学生响应平津学生的12月18日大游行，并任纠察队长。民国25年7月初，他和惠永昌（王新民）等人组织无锡旅外学生暑期服务团，开展抗日救亡活动，后转入无锡学社。是年冬，出任南京中央大学学生会代表，出席南京各界援助绥远前线抗日将士大会并讲话，后被迫于民国26年2月转考入金陵大学化学系。八一三事变后，投入南京和无锡两地的抗日救亡运动。民国27年初，西撤至武汉，组织武汉无锡青年抗敌工作团，任代团长。4月加入中国共产党。6月，受党指派，入江西吉安国民党战干三团做地下工作，任少校指导员。民国28年3月，身份暴露后，辗转到重庆，9月，至成都金陵大学化工系复学，并从事地下工作。

民国30年7月毕业，取得化学工程学士学位，任金堂铭贤农工专科学校化工系助教。民国31年初，任重庆中央工业试验所副工程师兼工务课长。民国33年，通过“美国租借法案”赴美国工厂实习的考试。赴美前，曾于民国34年秋到重庆曾家岩50号向周恩来汇报请示工作。民国35年初，在美国的黑色与有色冶金工厂、煤矿与炼焦厂、炼油厂与化工厂实习。后入匹茨堡大学研究生院学习，获化学工程硕士学位。其间，任中共在美工作领导小组成员，负责分管留美科技人员的进步运动，并曾帮助访美的冯玉祥开展活动。他在美国两次巡回旅行，撰写特约通讯20篇和《杜邦公司五十年》，以“明今”为笔名寄回国内在《文汇报》和《世界知识》杂志上发表，又在布鲁克林大学选读博士课程。民国37年末回国，至解放区参加政治学习后奉命随军渡江。

上海解放后，任上海市军事管制委员会轻工业处和重工业处军代表，负责接管企业。1951年，任华东工业部轻工业局副局长和上海市工业局副局长。1953年春，调到国家计划委员会，后又转到国家建设委员会，任重工业设计局副局长，参与推动国家工业交通第一批设计院所的创建，参与开辟西北和华北几个工业区与若干大型工厂的布局。“一五”时期，负责苏联援华156项工程中大部分设计审核与厂址复核。1958年夏，回到国家计委，任重工业局第一副局长等职。在落实1959年计划指标过程中，因如实反映问题，被批判为“右倾机会主义”，受下放化工部技术司工作的处分。1962年夏平反，回国家计委复职。他根据两年在基层调查的经验，对化学工业与资源综合利用的计划工作方法提出建议和改进设想，受到中央领导的重视。“文化大革命”中受到迫害，被关押审查7年半之久。1978年平反昭雪后，任中国社会科学院研究员、工业经济研究所副所长、研究生院教授、博士生导师，先后发表20余篇关于工业经济的学术论文。1980年，在中央党校分别作题为《中国现代化的整体论》和《再谈中国现代化的整体论》的报告，后出版单行本。1981年，调任中国基本建设经济研究所所长。主编《基本建设投资效果研究》论文集，客观分析国家在1958年、1971年和1978年发生的3次投资规模恶性膨胀及其带来的严重后果。

薛葆鼎长期从事工业经济、技术经济、建设经济研究，是国家基本建设经济学科和社会经济系统工程学科的主要倡导者和带头人之一。1987年起，任国家计委投资研究所研究员，兼任中国石油化工总公司技术经济顾问委员会委员、中国国际工程咨询公司专家委员会顾问、中国基本建设经济研究会副理事长、中国系统工程学会社会经济系统工程学会理事。主要著作有《现代化的整体论》《中国区域经济概论》等。1998年7月15日，薛葆鼎病逝，享年82岁。有《薛葆鼎集》行世。

高石农（1916—1988）

高石农，又名惜文，室名度云楼、耕石庐，民国5年（1916年）7月15日生于无锡县堰桥镇。自幼酷爱书法篆刻，潜心钻研，无师自通，临池挥毫，操刀耕石从不松懈。先后在洛社师范、无锡县堰桥中学、南泉中学、长安中学、梅村中学任教。新中国成立后入无锡政协创作组。他的书法宗吴昌硕、何绍基，无锡园林的牌匾、楹联都有他的墨迹。其字结体自如，点画精到，篆书则一破竖归行、横归格之规矩，字形结构出陈创新，拙朴自然气势奔放，极富金石韵味。著名书画家刘海粟、钱松喦、亚明、华君武、程十发、周怀民等均存有他的篆刻作品。“文化大革命”期间曾被关押审查，仍醉心于书法篆刻，以凿代刀，故以重刀刻印面和边款，借以抒发内心压抑之气，章法布局拙中藏巧，刀法刚劲，浑厚庄重，有“印由书出”之情趣。“文化大革命”后，其学生专门为其打造白钢刻刀一柄，重一斤二两，无论大小印章均用此刀刻之，号称“江南一刀”。1975年退休后，专心从事书法篆刻创作。1975～1976年，无锡同乡、近代漫画家、工艺美术家张正宇回乡小住，高石农引以为知己，两人共同探讨书艺。此后，高石农的书风为之一变，注重书体的装饰效果，结体宽扁，喜用枯笔飞白加强对比效果。他的作品先后入选国内外重大书法、篆刻展览及在《书法》杂志、《西泠艺丛》《人民日报》（海外版）发表。1982年后，应日本书道研究所之邀，每年有作品参加该所举办的书法、篆刻展览。海外诸多名人学士用印皆出自其手。著有《篆刻简介》《篆书帖》等书。自选作品于1982～1987年连续在日本展出，美国、法国及港澳地区均收集他的展出作品。

高石农曾任市政协委员，是中国书法家协会会员，中华全国书法教育学会特邀顾问，中国书法家协会江苏分会名誉理事，省书法家协会会员，无锡第一位西泠印社社员，市书法家协会名誉主席，市书法印章工作者协会副理事长，无锡书画院画师。晚年，参加创办市书法艺术专科学校、无锡西神印社，任校长、社长，育人无数。1988年7月12日，高石农病逝，享年72岁。

卜　明（1916—1999）

卜明，原名濮柏亭，又名濮懋文，化名陆兆书，民国5年（1916年）7月29日生于无锡洛社镇下塘。曾就读于省立无锡中学。民国25年，毕业于中央陆地测量学校。民国27年4月，在湖南长沙东乡育英学校任教时加入中国共产党。抗战爆发后，弃教从戎，先后任国民二十一集团军总部战地服务队队长、分队长，中共淮南路东地委调研组组长，新四军江北游击纵队《战斗报》主编，苏皖边区淮南路东高邮县区委书记，淮南行署直属第四区区长及六合、宁句、甘泉、来安、嘉山等县县长。解放战争时期，曾任苏州县委书记、浙东路南地区特派员兼浙东人民解放军第六支队政委、浙东第五公署专员。

1949年5月，任浙江金华地委副书记兼军分区副政委。1950年3月起，历任温州市委书记兼市长，浙江省财经委员会秘书长，浙江省计划局局长，浙江省委工业部副部长，浙江省计划委员会副主任兼省科委副主任，浙江省委第二至第四届候补委员。1965年1月，任国家对外经济联络委员会计划财务局局长。1972年起，任对外经济联络部政策研究室主任。1975年7月，任中国人民银行党组成员、副行长，中国银行副董事长兼总经理。1979年4月～1984年5月，任中国人民银行党组成员、副行长，中国银行行长、党组书记、董事长兼国家外汇管理总局局长，国家进出口管理委员会副主任等职。1986年末离休后，任中国国际金融学会会长和中国银行、中国国际贸易促进会、中国国际友谊促进会、中国国际经济信息中心、浙江省人民政府特邀顾问。1999年2月5日，卜明在北京病逝，享年83岁。

顾　循（1916—1986）

顾循，又名郭钦，民国5年（1916年）8月生于无锡城中顾家弄，系著名教育家顾述之之子。民国26年7月在上海复旦大学毕业后，投身于抗日救亡运动，先后参与组织领导无锡各界青年抗敌后援会和在湖北武汉的无锡职业青年抗敌工作团。同年12月加入中国共产党。民国27年，在中共汉口区委工作。民国28年，到驻豫鄂地区新四军从事政治工作，先后任新四军四支队留守处六支队政治处主任、中共罗田礼山黄陂孝感中心县委宣传部部长、新四军豫鄂挺进纵队一团政治处主任、中共鄂东地委宣传部部长、孝感县委书记、新四军豫鄂挺进纵队政治部组织部科长等职。民国30年1月～34年11月，任新四军五师政治部组织部部长。民国34年11月，任中原军区政治部组织部部长。民国35年8月，中原突围以后，赴东北任旅大建国学院教育长。民国36年11月任关东公安总局训练处副处长，民国37年9月任关东公安总局政治部主任，10月兼警察总队政委。

1949年10月，任旅大公安总局副局长。1951年10月，调任东北军区公安军政治部主任。1953年，任长春第一汽车制造厂党委书记。1955年，任第一机械工业部重型机械局副局长。1958年，任广东省委委员、广东省机械工业厅厅长、党组书记。1963年，任中共中央中南局经委副主任、中南局计委副主任。1971起，先后为广东省第二机械工业局、经委和科教办负责人。1978年1月，任广东省委委员，广东省科委副主任、党组副书记，主持日常工作。1983年7月，当选为中共广东省顾问委员会常务委员。1986年10月22日，顾循在广州病逝，享年70岁。

冯　岗（1916—1986）

冯岗，原名菊培，民国5年（1916年）10月4日生于无锡县查家桥。小学毕业后自学成才。民国26年在上海编辑《少年生活报》，后辗转武汉、重庆等地从事抗日救亡运动。民国27年开始发表作品。民国30年9月参加新四军。历任新四军第一师一旅《斗争生活》报、淮阴《新华日报》主编，《江潮报》编辑，华中《新华日报》副总编辑，新华社苏中分社、华中分社副社长。新中国成立后，任上海《解放日报》副总编辑。50年代，受聘为上海复旦大学新闻系教授。后任上海市委政治研究室副主任，上海市文联副书记、副主席。擅长报告文学、杂文、散文等。1979年加入中国作家协会。著有小说《夜渡》《英雄牌》，结集有《火烧震东市》等。1986年，冯岗逝世，享年70岁。

许志诚（1916—2005）

许志诚，民国5年（1916年）11月19日生于上海。民国29年，在上海医学院毕业，任上海医学院附属中国红十字会第一医院医师。民国34年，开设私人诊所，同年任无锡益寿医院医师。民国36年，任无锡普仁医院医师，创建耳鼻喉科门诊。1951年起，先后任市第二人民医院外科主任、五官科主任、革委会副主任、耳鼻喉科主任、副院长、技术顾问等职务。他曾担任过中华全国科学技术普及协会委员、中华医学会耳鼻喉科学会委员、无锡市委委员、市政协委员、中华医学会江苏分会耳鼻喉科学会副主任及无锡分会副主任、中国红十字会无锡分会副会长、市残疾人福利基金会名誉理事、市离退休医务工作者协会副理事长。1956年，被国务院授予“全国先进工作者”称号。多次被评为省、市先进工作者。曾当选1962年江苏省党代会代表、1977年全国先进生产者代表大会代表。

许志诚具有扎实的医学基本功和丰富的临床经验，能熟练处理耳鼻喉科疑难疾病。他多次参加全市耳鼻喉科紧急会诊，能早期诊断鼻咽癌疾病，先后开展扁桃体切除手术、鼻息肉鼻窦炎手术、上颌窦根治术、中隔手术、各种乳窦手术、鼓膜修补术、软腭修补术等一系列手术，有些项目填补医院及无锡市的空白。治愈不少聋哑和眩晕颅脑肿瘤等病人。在国家级杂志上发表多篇论文。工作中能熟练运用英语，了解国外耳鼻喉科领域发展的最新动向，将学到的知识应用到实际工作中。1986年起，他把多年的医疗实践编制成“眩晕之诊断和治疗”的计算机程序，纳入市科委科研计划。1987年，他在全国眩晕会议上发表《眩晕和颅脑肿瘤》论文，得到与会者的肯定。1987年退休后，继续关心耳鼻喉科的发展。他还钻研中医药知识，研制多味中药验方，热心帮助市残联对全市聋儿进行听力及原因普查，进行康复训练，取得一定效果，受到同行的重视和病儿家属的赞扬。翌年，在北京国际特殊教育会议上，他发表论文《无锡一市三县聋哑学校学生600人之听力调查》，指出耳毒性药物的应用是致聋的主要原因及大多数聋儿尚有一定的残余听力这一独特见解。2005年11月29日，许志诚逝世，享年89岁。

严钦尚（1916—1992）

严钦尚，民国5年（1916年）12月20日生于无锡北门外龙塘岸。民国29年毕业于中央大学地理系，后考入浙江大学史地研究生部，师从叶良辅，随叶考察西康地区的自然地理情况，是青藏高原自然地理研究的首批中国学者。民国33年，获地貌学硕士学位。民国37年，获澳大利亚悉尼大学自然地理学硕士学位。回国后任浙江大学副教授、教授。1950年，考察大兴安岭地质地貌，撰文提出第四纪冰川参与大兴安岭及其邻区地貌塑造的作用。1950～1952年，为建设浙江黄坛口及金华、兰溪一带的水库及淮河中、上游水库等工程作地质地貌调查。1952年，任华东师范大学地理系教授。1953年，赴陕北榆林、定边一带考察，研究治沙工程，首次提出中国沙漠是“就地起沙”的理论。1955～1956年，从事浙江省地貌区划工作。1957～1962年，连续多年参加中、苏科学院合作新疆联合考察队的地貌研究工作，任联合考察队队长，先后综合调查开都河流域和额尔齐斯——乌伦古河流城，在摸清流域内自然资源和经济情况基础上，提出开发利用的设想。其间，发表《中国西部天山冰期的次数和性质问题》及《新疆额尔齐斯河与乌伦古河流域地貌发育》两篇论文，并与周廷儒等合著《新疆地貌》一书，成为中国冰川学和寒区旱区研究的开拓性成果。1962年后，重点对宝成铁路沿线10余个病害工点进行勘查，查明起因，提出整治途径和措施。1970年，以他为核心，在华东师范大学成立海洋地质专业。1972年2月，此专业并入同济大学地下工程系。1972～1975年，在他领导下编译季刊《海洋地质译丛》，为国家海洋地质学的研究建立基础。1974年起，他组成科研专题组，从事苏北油田沉积相的研究，为以后大港和胜利油田、三水盆地的开发提供理论基础。1978年，出任海洋地质系第一任系主任。其间，主编中国第一部《海洋地质学》。又选定浙江舟山普陀岛，研究海岸沉积物类型和海滩不同单元沉积相的标志，曾组织人员冒着台风现场观测风暴潮冲淤作用过程，建立风暴沉积层序，对认识含油地层特性起到重要作用。1981年，回到华东师范大学，创办比较沉积研究所，任所长。

严钦尚是国家自然地理学专业博士点与博士后流动站的第一批导师，并任中国地理学会理事、中国沉积学会理事、中国第四纪研究委员会委员、国际沉积学会会员、国际经济古生物学家和矿物学家协会会员。由他主持的《现代海岸与河流沉积研究》获1986年国家教委科技进步二等奖和1987年国家科技进步三等奖，他主编的《地貌学》在1987年获国家教委高校优秀教材一等奖。其他主要著作有《长江三角洲现代沉积研究》和《苏北平原全新世沉积与地貌研究》等。1992年，严钦尚病逝，享年76岁。

檀耀辉（1916—1990）

檀耀辉，原名檀鉴，民国5年（1916年）生于安徽望江县。上中学时，正值抗战全面爆发，就读的安庆六邑联合中学几经迁徙，均随校就读。民国27年，安庆沦陷，为继续求学和抗日，徒步千里，辗转到达当时的抗敌后方贵州，于民国28年考入贵阳私立大夏大学数理系，翌年重新考入当时迁至贵州湄潭的浙江大学农化系。民国33年，以优异成绩毕业，留校任教。新中国成立前夕，拒绝去台北糖研所和台北大学任职，继续在母校任教。1952年调至南京工学院，在食品工程系任教。1958年后，一直担任无锡轻工业学院教授，并任发酵教研室主任近20年。

檀耀辉长期从事微生物学、发酵工艺学的教学和科研工作。早在40年代就在《黄海》杂志上发表多篇有价值的科研论文，五六十年代在《微生物学报》《化学世界》等杂志上发表有关微生物和发酵研究的论文。1978年恢复招收研究生时，是学校最早招收研究生的导师之一，还代培多名出国攻读博士学位的研究生。他负责的赖氨酸、谷氨酸等许多重大科研课题及国家“七五”攻关项目苏氨酸的研究都取得重大成果，有的获得国家专利。还经常外出讲学，进行咨询服务，曾指导安徽濉溪“口子酒”的人工老熟新技术，使该酒跻身国内名酒行列；曾到镇江恒顺酱醋厂，为镇江香醋夺金牌出谋划策；还义务远赴贵州、四川等边远地区咨询、讲学，为推动国家发酵工业发展不辞辛劳。在进行科研、教学的同时，笔耕不辍，撰写多篇学术论文，在多种专业杂志上发表。他勤于编写教材，自编或主审、主编多本高等学校教材，其中《微生物学》获1995年中国轻工总会优秀教材一等奖和全国第三届优秀教材奖。此外翻译出版多本译著。

1980年，檀耀辉参加中国民主同盟。1987年，加入中国共产党。在身患绝症的情况下，为早日完成国家“七五”攻关项目L－苏氨酸的菌种选育和发酵法生产L－苏氨酸的研究费尽心血。在病危时，还握笔向组织上提出学校发酵学科建设和发展的建议。1990年，檀耀辉病逝，享年74岁。去世8个月后，苏氨酸攻关项目通过国家鉴定，在国内率先投入工业化生产，改变苏氨酸依赖进口的局面。

方杭流(1916—1991)

方杭流，民国5年(1916年)生于上海，无锡县人。民国27年，毕业于上海海关总署税务专科学校，后赴美国总统轮船公司当职员。旋被派往上海海关巡工司的流星轮当驾驶员。太平洋战争爆发后，因不愿在日本控制的海关船上工作，遂前往国民党统治的大后方。民国33年6月，被重庆海关总署派到万县海关任稽查员。抗战后期，任峡光轮大副。抗战胜利后，与人联名上书当局，反对再由洋人到中国海关船上任职，其意见遭到冷遇，愤然辞去海关职务，到三北轮船公司鸿利轮当大副。民国35年初，任上海招商局船舶驾驶员，11月被提任海湘轮船长，不久改任海辽轮船长。民国37年，华润公司下属的东方轮船长、中共党员刘双恩奉潘汉年、杨琳(秦邦礼)之命开展策反工作，刘选择方杭流任船长的海辽轮。1949年5月，方杭流接受中共地下党组织交给的择机起义的任务。9月18日，海辽轮接台北招商局电令，令其与其他在港船只于20日晨启航，赴汕头运兵，驰援舟山。方杭流与刘双恩秘密会晤、周密研究后，于9月19日带领全体船员宣布起义。海辽轮涂抹船上所有“海辽”字样和招商局标志，改装成外轮，按照事先选好的航线，经过八天九夜的航程，于9月28日胜利抵达大连港。起义成功之日，方杭流加入中国共产党。10月24日，毛泽东发送电报祝贺海辽轮起义成功。海辽轮成为中共地下组织直接领导的第一艘起义海轮，方杭流荣立特等功。在海辽轮的带动下，香港招商局所属13艘海轮于1950年1月15日亦宣告起义。为纪念这次起义，海辽轮的身影被作为1953版人民币伍分纸币的正面图案。

新中国成立后，方杭流曾任中波轮船公司航运处处长、中国远洋运输总公司黄埔办事处主任等职。1950年，被评为全国劳动模范，出席第一届全国战斗英雄、劳动模范大会。1956年，被评为全国先进工作者。1982年离休。1991年6月12日，方杭流病逝，享年75岁。

逯　斐(1917—1994)

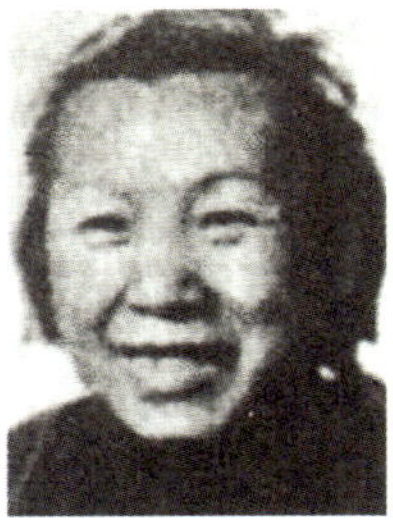

逯斐，女，原名王松黛，笔名宋玳，民国6年(1917年)1月17日生于无锡河埒口。抗战初期参加抗敌救亡演剧八队，民国27年考入四川省立戏剧实验学校本科学习，民国29年任职于重庆陶行知所办的育才学校戏剧系。民国30年初，与严辰、艾青、罗烽、张仃等化装同行到达延安，加入中国共产党。初为延安抗日军政大学俄文队学员，后任延安文艺界抗敌剧协创作员，开始发表作品。民国35年，在张家口任晋察冀华北联合大学戏剧系教员、戏剧学院创作室专业作家。

新中国成立后，任中央戏剧学院创作组创作员。1952年，调入中央文学研究所，加入中国作家协会。同年参加中国作家访问团访问朝鲜。后随林业部森林勘测队到东北林区深入生活。1958年，在作协黑龙江分会从事专业创作，并深入工厂体验生活。是黑龙江省第二届人大代表、省作家协会理事。“文化大革命”期间受迫害。1974年平反后，与丈夫、诗人严辰一起回家乡生活。1977年回北京。后在大兴安岭女子采伐连、女子架桥连深入生活。1981年，任中国作协支部书记。

逯斐几十年间走南闯北深入体验生活，奔波于油田、农场、海上，并创作许多反映现实生活的散文和报告文学。著有散文集《解冻以后》《第一场风雪》《猎人小屋》《海树集》，小说集《青春的光辉》《森林在歌唱》《提炼》，独幕剧本《歧途》《迫害》，多幕剧本《生死仇》(即《十九号》，与丁玲、陈明合著)、《胜利列车》(与乔羽合著)，歌剧剧本《延水长流》，电影文学剧本《列车飞奔》等，报告文学集《王国藩勤俭办社》、《光荣的岗位》(与严辰合著)、《时代新人》(与严辰合集)。其中《迫害》获延安五四青年剧本创作乙等奖。1994年，逯斐去世，享年77岁。

戴倜然（1917—1996）

戴倜然，民国6年（1917年）1月生于无锡胡埭张舍。父亲在当地经营中药房，叔父戴慈惠是当地颇有名望的老中医。自幼受父辈的影响，戴倜然在匡村中学毕业后，便到中医师龚士英处学医3年。23岁在家乡张舍开业行医。在多年的诊治实践中，注重辩证施治和心理治疗，并较早采用中西医结合，为人治病常能收到药到病除的奇效，一时名声大振，周边宜兴、常州等地病人慕名而来，出现“船满张舍河，车塞张舍街”的盛况。1949年1月，迁居城中，在中山路李同丰药店坐堂行医，香港、上海、浙江、安徽、沈阳、南昌等地病人慕名前来求诊，每天达200多号。1954年，与钟荣赓、李福先、方鹤卿等4人在中山路开办第三联合诊所。1959年3月，任崇安联合医院中医内科主任。1971年6月，被下放回张舍。1972年4月，被召到胡埭医院看门诊，竟门庭若市，一号难求。1977年，重回崇安医院工作。1980年患病长休在家。1987年退休后，每日上午仍为登门就治的病者义务诊疗。他医德高尚，对贫富患者一视同仁，经常济贫解困，颇有名望。擅长中医内、妇科，撰有《传染性肝炎的治疗和诊断》《防治麻疹》等学术论文10多篇，先后培养出管甫林等一批学生，有的成为卫生系统的领导，有的成为基层医院的院长。几十年的行医生涯中，他和钟荣赓、强士奎等齐名，各有所长，在无锡名扬一时。多次被选为崇安区人大代表、政协委员。1996年，戴倜然病逝，享年79岁。

王知伊（1917—1989）

王知伊，原名天心，笔名冷火、微言，民国6年（1917年）6月1日生于无锡。上海惠平中学高中毕业。民国27年，就读于浙江大学史地系。民国31年1月，因参加学生运动被迫离校，在广西桂林青年中学、师院附中任教。民国33年后，在桂林、重庆、上海开明书店任编辑、出版部主任。曾编辑《文艺批评》《中学生》《文艺知识丛书》等刊物，并从事文艺创作。

上海解放后，在上海中国图书发行公司、新华书店华东总分店任职。1954年2月，任上海出版事业管理处审读。1965年，调任中华书局上海编辑所编审，是书局“四大编审”之一。后任上海辞书出版社编审，1979年版、1989年版《辞海》编委。他是中国共产党党员。晚年主要从事辞书编纂，任《简明社会科学词典》编委，审订《宗教词典》《唐诗鉴赏辞典》《法律词典》等数十部工具书，参加编辑《近代中国文学大系》等。著有短篇集《死亡的拥抱》《尼采传》《白求恩大夫》《开明书店纪事》《谈〈红旗谱〉的故事与人物》等。1989年11月23日，王知伊在上海逝世，享年72岁。

邱宝瑞（1917—1994）

邱宝瑞，曾用名邱麟祥、丘八大、邱岑等，民国6年（1917）10月18日生于无锡南长街。民国12年2月入私塾，民国20年8月入培南中学学习。九一八事变爆发后，以学生自治委员会负责人的身份组织并带领学生赴南京请愿，并为东北抗日将领募捐。民国22年，其父聘请大学毕业生汪镜清做他的家庭教师，汪给他带来进步书刊和新的思想。民国25年，在父亲创办的谷余小学（原培南小学）任教师。抗战全面爆发后，参加抗日小教救护班。民国27年春，携妻随父到上海，入上海汽车学校学驾驶并学习俄语。9月，考入上海无锡国专分校。民国28年，赴苏北参加新四军挺进纵队，分配在战地服务团做地下扩军工作，来往于苏北与上海间，先后发动组织数十名进步青年到苏北参加抗日工作。民国30年3月，组织上安排他做情报工作，受中共中央保卫部南京情报站站长纪纲领导。8月，加入中国共产党。不久，纪纲安排他回无锡开展地下工作，收集日伪情报。民国31年6月，为掩护革命工作，无锡地下党组织恢复无锡沦陷后被迫停办的培南小学，邱宝瑞任校长。他通过父亲的关系，与各方人士广泛联系，获取大量汪伪政权的政治与经济情报。为更好地获取情报，他恢复学校中学部，以中学校长身份进行社会交往，从汪伪政权一个团长处获取伪军驻防和兵力分布的情报。同年7月，纪纲被捕，邱宝瑞与党组织的联系中断。他多次寻找党组织都未成功。民国33年，他找到党组织，受中共无锡工作委员会书记周克领导，培南小学成为中共无锡工委的立足点。抗战胜利后，他奉命开办青鸟书店，还当选无锡县候补参议员，并以此身份周旋于社会各界，掩护中共无锡工委，收集情报，发展党组织。民国37年冬，邱宝瑞任中共无锡工委工作小组长，收集国民党无锡党、政、军、警、特等机关情报，汇编成《无锡概况》送往苏北解放区。

无锡解放后，历任无锡市军管会办公厅秘书，苏南行署政策研究室负责人、交际科科长，江苏省人委交际处交际科科长，南京市副食品局副局长，泗阳县水利局副局长，南京市水利局副局长，省水利厅副厅长兼秦淮河工程指挥部副指挥等职。“文化大革命”中受到不公正对待，但泰然处之。1994年3月16日，邱宝瑞逝世，享年77岁。

沙　诺(1917—1999)

沙诺，原名沙肇圻，回族，民国6年(1917年)11月8日生于无锡陆区桥。早年就读于无锡县立初级中学。民国26年11月下旬，与弟弟沙林一起参加无锡抗日青年流亡服务团，奔赴江西南昌后，参加中共闽浙赣边区组织的义勇军，同年编入新四军三支队。民国27年加入中国共产党。曾任新四军三支队文化教员、秘书、组织干事、政治协理员，江北新四军挺进团连指导员，便衣游击队政治指导员等职。民国31年后，历任新四军第七师敌军工作部、联络部、城市工作部科长，秘密交通站站长等职。民国35年，进入华东局高级党校学习，后任中共华东局情报部秘书。民国36年起，任大连市关东公安总局侦察科长、处长、办公室主任兼人事处长等职。1953年，任大连市委组织部副部长。1977年起，任大连市公安局党组副书记、副局长，大连市委政法办公室主任，大连市委政法委员会副书记等职。离休后被聘为大连市委党史工作委员会顾问及大连市法学会顾问。1999年10月10日，沙诺在大连逝世，享年82岁。

钱荣堃(1917—2003)

钱荣堃，民国6年(1917年)11月生于无锡西门外俭德路。早年在无锡县立第一小学(今连元街小学)、县立初级中学学习。初中二年级时，参加九一八事变后的请愿游行，写下《公理强权说》，发表于《上海报》。初中毕业后在庆丰纱厂工作3年。民国25年，考入南京东方中学。抗战爆发后随校迁重庆。民国27年夏，考入重庆大学商学院银行会计系，师从系主任、无锡同乡杨荫溥。民国31年毕业后，考入南开大学经济研究所攻读硕士学位。民国35年秋，考取中英庚款公费留学生，赴伦敦经济学院攻读货币银行学博士学位。民国36年，与汪祥春合作翻译《银行学新论》。

1950年，钱荣堃回国，在岭南大学执教，次年入南开大学任教，和两位同事一起翻译《苏联货币流通与信用》。1953年，任金融学系教授兼主任。1954年，因院系调整，金融学系停办，被调至学校图书馆任副馆长。此后，参加各项政治运动、下乡劳动、下放工厂与农村，至70年代末回到经济系任教。1978年秋，任经济研究所副所长，创办《南开大学经济研究所季刊》，调整研究课题。1979年，在南开开办全国第一个国际金融硕士研究生点。1981年，重开金融学系，任主任。1982年，负责筹办经济学院。并由他负责中国加拿大合作在南开直接开办MBA班，开创“南开—约克模式”。1983年学院成立，因年龄关系任顾问。是年，在南开开办全国第一个国际金融学博士生点。1985年，开设国际金融本科专业，并成为全国唯一的重点专业。同年，被评为天津市劳动模范，授予全国五一劳动奖章。90年代初，国务院学位委员会指定他为MBA设计委员会主任，成为中国MBA学位模式的设计者，这种模式后在全国广泛建立并发展。1990年初，国家教委组织编写12门财经学科核心课的教科书，南开大学负责编写《国际金融》，他与所带两位博士生陈平、马君潞任主编，获1995国家教委优秀教材一等奖、1997国家级教学成果二等奖。主编有《国际金融专题研究》《国际金融专论》等，专著有《国际金融专题剖析》。他是国务院学位委员会学科评议组（经济学）特约成员、中国金融学会名誉副会长、天津市第十届人大常委会委员。2003年，钱荣堃逝世，享年86岁。

刘操南（1917—1998）

刘操南，字肇薰，号冰弦，民国6年（1917年）12月13日生于无锡南门外大窑路。民国26年，毕业于无锡辅仁中学。抗战期间，考入国立浙江大学中国文学系，随校内迁至贵州遵义。民国31年毕业，留校任教。1951年，入华东人民革命大学政治研究院学习。1952年院系调整后，相继任浙江师范学院、杭州大学（后并入浙江大学）讲师、副教授、教授。改革开放后，历任浙江省第五、第六届政协委员，浙江省政协文史委员会副主任，杭州市第六届人大代表，省文史研究馆名誉馆员，民盟浙江省委常委，并任浙江省文联常委、浙江省曲协理事、浙江省作家协会顾问、美国四海诗社名誉顾问、全球汉诗诗友联盟总会顾问、新加坡狮城诗词学会名誉会长、浙江省诗词学会副会长、中国水浒学会理事等职。他是著名古诗词研究专家、古文献学家，文史兼长，学贯中西，考据、义理、词章三者并重，从而形成博大精深的治学特色。学术成就涉及古典文学、科技史、古代史、文献学、章回小说与诗词、书画、曲艺等多个方面，所撰写的古诗词，诗意盎然，入韵和弦，平仄合律，对仗工整，蜚声海内外。主要著作有《诗经探索》《楚辞考释》《史记春秋十二诸侯史事辑证》《历算求索》《武松演义》《青面兽杨志》《水泊梁山》《周易古经兼义校注》《诗学发微校注》《公羊旧疏考证校注》《古微书补遗校注》等，发表论文300余篇，创作诗词1000多首。曾荣获台湾主办的世界儒学征文比赛第二名。1998年3月29日，刘操南逝世，享年81岁。

蒋文桂（1917—1989）

蒋文桂，曾用名蒋国忠、甘丹，民国6年（1917年）生于无锡。民国21年，在上海商务印书馆任职，后至四川桐油公司任职。民国27年加入中国共产党。民国30年，开始在中国银行工作。上海解放后，任中国银行上海分行副经理。1960年11月，任中国银行加尔各答分行经理时，曾被当时实行反华政策的印度当局无理关押，经中国外交部交涉才获释回国。此后长期担任国家外汇管理局副局长。“文化大革命”中受到不公正待遇。1979年后，先后任中国银行董事、常务董事，国家外汇管理总局副局长，中国银行副行长、副董事长兼港澳管理处主任等职。其间，曾主持制定中国第一部《外汇管理暂行条例》，负责中国外汇兑换券的准备和发行工作。80年代初，曾支持广州市市长梁灵光贷款7亿港元，开展与港方公司的投资合作。1983年9月，中英关于香港前途问题的谈判出现障碍，港元汇率急剧下跌，香港经济面临危机，他和香港财政司司长彭励治经过磋商，达成一致协议，联手制止疯狂的外汇投机，平息香港自第二次世界大战后最大的一次金融风暴。1984年4月，支持有关人士在香港创建CPA（专利代理机构）。他是第六、七届全国政协委员，中国国际贸易促进委员会委员。1989年1月18日，蒋文桂逝世，享年72岁。

姚家礽(1917—1997)

姚家礽，民国6年(1917年)生于苏州。民国23年11月参加革命。早年在上海参加中共外围组织"中国社会科学家联盟"。民国27年12月加入中国共产党。后长期在无锡从事抗日斗争。民国29年起，先后任中共无锡县委委员、中共锡北县委书记、中共澄东县委书记、中共锡澄县委书记、中共苏中区六地委委员。其间，还担任过新四军东路澄锡虞总办事处张泾桥办事处副主任、苏南二专署锡北特区行署副主任。抗战胜利后，任中共澄锡虞中心县委委员、中共京沪路东中心县委委员。新四军北撤后，任华中军区海防纵队政治处主任。

新中国成立后，历任海军浦口工厂军代表、华东军区海军后方勤务处秘书科科长、海军第一航空学校政治部宣传科科长，海军学院政治部政治理论教员、秘书处处长、院务部副院长(副军职)。1997年6月8日，姚家礽在南京逝世，享年80岁。

严慰冰(1918—1986)

严慰冰，女，原名怀瑾，笔名倩一，系陆定一夫人。民国7年(1918年)3月生于无锡县北乡寨门。父亲严朴是无锡地区工人运动、农民运动的先驱。因父长期在外从事革命活动，她在母亲过瑛的抚养下度过童年。民国13年，进入家乡小学学习，随后又赴城中无锡县立女子初级中学附小和中学部就读。民国23年夏初中毕业，考取江苏省立松江女子中学。毕业后，考取南京国立中央大学中国文学系。抗战爆发后，随中央大学迁重庆。民国27年夏，在秦邦宪的介绍和协助下，经武汉到延安，7月底进入抗日军政大学学习。同年，加入中国共产党。民国28年3月中旬，受中共中央妇女运动委员会委派，在敌后开展妇女工作并兼任中国妇女杂志社特派记者，从事调查工作，足迹遍及陕西、山西、河北等省19个县，写出几万字的调查报告。次年返延安，进中央党校第四十五班学习，后考入马列主义研究院学习。民国30年，经陈云介绍，与时任八路军前方总政治部副主任陆定一结婚。

新中国成立后，任北京市教育局中等学校视导员。1953年，考取中国人民大学哲学系研究生。1960年，任中共中央宣传部理论教育处副处长。1960年4月～1966年4月，曾给中央写匿名信，揭露林彪、叶群的历史问题。事发后被逮捕，关押在秦城监狱13年。1978年12月获释，翌年秋平反，恢复名誉。1980年，任政协全国委员会文史资料委员会委员。1982年，加入中国作家协会。著有长诗《于立鹤》《入学》，散文集《铜脸盆的故事》，回忆录《严朴烈士早年在江苏无锡的革命活动》《魂归江南》等。1986年3月15日，严慰冰在北京病逝，享年68岁。

杨馥如(1918—1992)

杨馥如，字毓琨，民国7年(1918年)4月生于无锡江溪桥。民国24年，考入上海白鹅艺术专科学校，专攻西洋美术，毕业后在沪自开"馥如画室"，专事广告设计。抗战期间，受聘上海图片社创作月份牌，随后辞聘，以"何其美"艺名自营月份牌制作。抗战胜利后，进艺辉图片社任设计室主任，专门制作娃娃年画，以炭笔勾勒，炭粉上色，有擦笔年画之称。

无锡解放后，移居无锡从事年画创作，最为著名的是《十二生肖娃娃图》，尤其受到翻身农民的喜爱。1957年后，他深入生活，创作《庆丰收》《农家乐》等现代题材年画。在"大办农业"的号召下，创作的《大公鸡》年画，展示中国人民战胜困难、迎接美好未来的雄姿，印数达100万张，还出口东南亚各国。1961年，为迎接中共建党40周年，精心创作《丹凤朝阳》，反映全国人民心向党的真挚感情。是年，成为中国美术家协会江苏分会会员。后由无锡市政协安排进无锡生化搪瓷厂，与市工艺美术研究所画家唐原道一起负责新产品图案设计。他设计的牡丹图案脸盆，曾获全国轻工新产品展销会优秀设计奖。1964年，成为当时全市唯一的中国美术家协会会员。“文化大革命”期间，被下放苏北建湖县，与当地农民交厚融洽，为村民写春联、出墙报。1973年，创作《放学归来》参加全省美展，获一等奖，由江苏人民出版社在全省发行。之后，又创作《丰收乐》等作品。1978年，调回无锡。80年代后，其创作的年画，仅上海美术出版社出版的就达30幅，印数6000万张。其中，1984年创作的《万象更新》在第三届全国年画展上获二等奖，并入选第六届全国美术作品展，获华东地区优秀作品奖。

杨馥如创作的年画题材广泛、内容健康、形式通俗，把西洋技法和中国传统绘画技法相结合，以色彩绚丽、笔法细腻著称，尤其讲究调色，光彩夺目，多幅年画被港、浙、沪、津、皖、粤、陕等地出版社出版，不少作品一版再版。1992年10月19日，杨馥如在无锡病逝，享年74岁。

胡汉泉（1918—2005）

胡汉泉，民国7年（1918年）5月17日生于北京，祖籍无锡堰桥村前。民国19年起，先后在上海民治中学、青年中学、南洋模范中学读书。民国25～29年，在上海交通大学电机系电讯专业学习。毕业后留学美国，在密歇根大学电机系攻读硕士学位。民国31年10月，进入斯巴登无线电厂任米波（100154兆赫兹）军用车载发射机、接收机、定向机的测试工程师。民国33年1月～35年8月，在RCA Lancaster电子管厂任微波管研究工程师。第二次世界大战结束后，任美国依利诺大学电机系电子管试验室讲师，进修博士，民国38年9月，获博士学位后回国。

1950年3月，任唐山铁道研究所电工组研究员，并在唐山交通大学兼课。1951年，随唐山铁道研究所迁至北京。曾帮助长辛店铁路工厂修复日本遗留的火花塞式高频炉。1953～1954年，在北方交通大学兼职讲授电工原理课程。1954年，参与研制铁氧体磁性材料。翌年2月，调至二机部十局技术处任工程师，曾参与国家1956～1967年科学发展规划电真空技术部分的起草工作。1956年冬，筹备电真空研究所。1956年起，先后任北京真空电子技术研究所（12所）总工程师、副所长、所长。1978年，当选为第五届全国人民代表大会代表。1979年12月加入中国共产党。1984年后任12所技术顾问。1982年起，任中国电子学会理事、教育工作委员会主任委员、真空电子学分会主任委员。1993年，发起成立电气电子工程师学会电子器件学会北京分部，被选为主席。2004年移居美国。

在新中国成立初期和60年代，他创建和主持国家唯一的大功率真空电子器件研究所，研制成功捷变频磁控管、冷阴极前向波放大管和弹载陶瓷三极管等关键真空电子器件，为国家真空电子学的现代化发展奠定坚实的基础，为国防重点工程建设做出突出贡献，1985年，立二等功。2005年7月22日，胡汉泉在美国病逝，享年87岁。

强士奎（1918—2004）

强士奎，民国7年（1918年）6月生于无锡洛社镇高明桥强巷。民国23年7月在锡光中学毕业后，即至无锡中医师奚伯初处学习中医儿科。民国27年，考入上海厚生医学专科学校学习西医。民国30年，曾代表学生向校方提出教育上的要求，被疑为共产党人而被迫辍学。后回无锡，历任奚伯初诊所执业医师、新生路大园弄和迎迓亭诊所执业医师。1952年，进无锡市医师进修学校学习。1954年起，先后任复兴路联合诊所医师、周山浜联合医院医师、无锡市第二联合诊所医务主任、崇安区联合医院医务主任、崇安区人民医院副院长、崇安区儿童医院院长。1956年9月加入中国农工民主党，曾任农工民主党无锡市委常委，无锡市第八、九届人大代表，崇安区人大常务委员会副主任。

强士奎长期致力于儿科专业医疗工作，融中西医优点，对儿科疑难病及危重症的抢救有丰富的临床经验，曾成功抢救无力型循环衰竭型肺炎新生儿患者，毒性消化不良中毒型痢疾等。对马凡氏综合征等一些少见的疑难疾病进行早期诊断，使患者得到及时治疗。撰有《止泻散治疗小儿单纯性消化不良135例报告》等多篇颇有价值的儿童病防治专文，多次举办有关处理小儿惊厥等问题的讲座，获江苏省中华医学会嘉奖。1980年，《用维生素K4治疗百日咳85例报告》获得中华医学会江苏省分会优秀学术论文奖。1984年退休后，一直担任医院的技术顾问、名誉院长，为儿科专业贡献毕生精力。2004年12月9日，强士奎在无锡逝世，享年86岁。

程桂芬(1918—2003)

程桂芬，女，民国7年(1918年)7月1日生于无锡羊尖镇严家桥。早年就读于严家桥小学、无锡县立女子中学。民国24年夏初中毕业后，考入省立苏州中学。因投身“一二·九”运动，被学校开除。翌年初转入无锡竞志女中，任学生会主席，参加读书会、无锡学社等，在学生中宣传中国共产党的抗日主张。抗战全面爆发后，参加无锡青年界抗敌后援会，投身于抗日救亡运动。无锡沦陷前夕，参加无锡抗日青年流亡服务团，到达南昌新四军办事处。民国27年，加入中国共产党，任江西弋阳县妇女生活指导处副区队长。民国28年，在东南局党校学习，后任东南局妇女部妇委会委员兼青年部妇女干事和秘书。继而到苏南敌后，在丹阳、句容、溧阳一带开展妇女工作。10月，任苏皖区党委特务营文化教员。民国29年10月，任中共澄西县委妇女部部长，率民运工作队到锡西北玉祁、前洲、洛社一带，以文艺形式宣传抗日主张，发动支前扩军，组织群众团体。民国30年9月，参加江都、高邮、宝应地区民运工作。民国31年10月，任新四军第六师调查研究室秘书。民国32年7月，被伪自卫队逮捕，翌年经营救出狱。民国34年，与党组织取得联系并恢复党籍，调往苏浙区党委调研室、辽东地委资料室工作。解放战争时期，任中共中央华东局秘书、大众日报社编辑、中共山东分局妇女部资料室秘书。

新中国成立后，先后任华东邮政总局党委宣传部副科长、华东军政委员会宣传干事、华东局宣传部档案资料室主任。1952年10月，被派往中国人民大学档案专修班学习。毕业后留校任档案史教研室主任、历史档案系副主任。1959年，任中央档案馆明清部副主任。1980年，任中国第一历史档案馆党组成员、顾问。1982年离休。著有《中国近代档案史稿》(教材)、《鸦片战争档案史料》等。2003年7月1日，程桂芬在北京逝世，享年85岁。

朱　帆(1918—2001)

朱帆，原名陈福良，化名陈明、赵申、倪介岳、陈子范等，民国7年(1918年)8月12日生于无锡梅村堰下村。30年代，曾就读于江苏省立教育学院创办的北夏实验区青年学园。后在上海泰纶丝厂当职员。民国26年上海沦陷后回乡，在堰下小学任教。民国28年加入中国共产党，后历任中共堰下支部副书记，中共梅北区委宣教委员，中共锡南东、中、西区书记，民运工作队队长，中共太湖县委委员、青年部部长，中共无锡县特派员，中共锡东县委组织部部长、秘工部部长，中共无锡城市工作委员会书记，中共华中十地委澄锡虞工委委员兼中共沙洲县工委书记，中共锡澄虞中心县委委员兼吴江地区特派员，中共苏锡县工委负责人等职。苏南解放后，历任吴江县委常委、副县长，苏南区委统战部科长、办公室主任，省委统战部处长等职。1954年，调东北支援国家重点工程建设，任黑龙江省鸡西煤矿基建公司经理、党委书记，两次出席全国劳模、先进工作者代表大会。后任鸡西市委书记处书记，当选黑龙江省党代会代表。1962年回江苏工作，历任省农机厅副厅长、省机械厅副厅长兼农机研究所所长、南京栖霞山化肥厂建设指挥部副指挥、省环境保护局副局长等职。2001年4月24日，朱帆在上海病逝，享年83岁。

杨树声（1918—2002）

杨树声，民国7年（1918年）9月5日生于无锡。民国26年肄业于上海国立音乐专科学校。抗战期间，先后在四川、贵州、江苏从事音乐教育，曾任国民政府教育部实验巡回歌咏团副团长兼指挥。无锡解放初期，曾在无锡辅仁中学任音乐教员，后调任苏南文教学院艺术教育系副教授。1952年，至上海华东师范大学音乐系任教，并在上海音乐学院声乐系兼课。1956年8月，为支援大西北建设举家迁往兰州，在西北师范学院艺术系任教。1958～1983年任西北师范学院音乐系主任、教授，为西北地区培养大批音乐人才，是西北现代师范音乐教育的奠基人之一和杰出代表。他提倡“面罩唱法”，开风气之先。1986年，国家教委委托西北师范学院在兰州举行全国高等师范系统声乐教学研讨会，由他主持并作专题学术报告。他是中国音乐家协会会员，中国音乐家协会甘肃分会第一、第二届副主席，甘肃省高校教师职务评定委员会音乐学科组组长和省艺术专业高级职称评定委员会委员。2002年，杨树声病逝，享年84岁。

吴子安（1918—2001）

吴子安，幼名清生，学名俊甫，民国7年（1918年）9月生于无锡洛社高明桥池头村。6岁嗣给堂叔吴均安为子。吴均安是30年代苏州评话的大响档，吴子安自幼聆听吴均安演出苏州评话《隋唐》，日久耳熟能详。13岁时小学毕业，因父病辍学，并上台演出《捉鹦哥》，父乃授以书艺。他还向石秀峰、黄兆麟、汪云峰、蒋一飞等前辈学艺，刻苦揣摹。当年即演出《隋唐》《四平册》，后在江浙一带演出。至40年代初蹿红于上海书场，并与沈俭安、刘天韵、张鉴庭、顾宏伯、蒋月泉等成为新兴的响档群体。1951年，自编自演长篇小说《李闯王》。1952年，放弃单干高额收入，加入上海市人民评弹工作团（上海评弹团）。曾参加中篇评弹《海上英雄》《林冲》《猎虎记》《长空怒鹰》及《一定要把淮河修好》《王崇伦》《黄继光》等演出。整理并演出传统书目《卖柴筢》《金殿比武》《捉鹦哥》等，均有影响。1961年，以中国乒乓球运动员勇夺世界冠军为题材，编演评话《威震海外》，颇受欢迎。“文化大革命”中受尽折磨。其长期演出的评话《隋唐》，造诣较深，对秦琼、程咬金、李元霸等人物，刻画生动，有“活程咬金”美誉。他说表官正严谨，嗓音洪亮，抑扬有致，讲究章法，功底颇深，又得昆曲名票徐凌云辅导，边式利落。80年代，上海电台戏曲编辑曾抢救他演出的《隋唐》录音。在近70年的艺术生涯中，对评话艺术不断探索和推陈出新，并亲授给学生。他是中国民主同盟成员，曾任苏州评弹学校评话班教研室主任、上海评弹团艺术委员会委员，中国曲艺协会上海市曲协理事。2001年3月，吴子安病逝，享年83岁。

史克方（1918—2005）

史克方，字岕夫，号可风。民国7年（1918年）10月19日生于宜兴县湖㳇镇东岭村。民国30年，毕业于江苏省立第五临时高级中学。抗日战争时期，以湖㳇小学校长身份，为抗日民主政府做了许多有益的工作。民国34年起，历任江阴县中学、无锡工商技术学校教师。1950年4月，加入中国共产党。9月，参与筹备和组建中国农工民主党无锡市委员会。曾任中国农工民主党无锡市第一届委员会副主委、第四届委员会委员，市政协第六、第七届委员。1956年肄业于北京教育行政学院。先后任市教育局中教科科长，市第二、第三中学语文教师，曾任无锡师范学校教导主任、副校长等职。"文化大革命"中下放苏北滨海。中共十一届三中全会后获平反。他长期从事教育工作，是无锡市著名的语文教师，在古代文学教学上造诣尤深，曾多次被评为先进工作者。是省教育研究会特邀研究员。

史克方长期潜心研究书法艺术，草隶篆都有涉及，尤擅草书，深得北宋黄庭坚神韵，形成颇具特色的艺术风格。其书法作品入编《百年经典——中国书法全集》，并为众多书法展、博物馆展出和收藏，也常作为市政府代表团的礼物赠送给外国政要和友人。日本大阪、明石市，美国林肯大学、夏威夷大学均藏有他的书法作品。1985年，曾在南京扫叶楼举办个人书展。是中国书法家协会会员，曾任市书法家协会名誉主席、市书画院顾问、碧山吟社副社长等职，并创建江南书画院，任院长。工作之余，他还爱写诗，有数千首之多。出版有《可风书法选》《晚风集》《追远斋存稿》等著。2005年1月20日，史克方在无锡病逝，享年87岁。

杨　增(1918—1993)

杨增，民国7年(1918年)12月13日生于无锡北门外泗堡桥。早年就读于无锡私立杨氏小学。民国25年8月，参加无锡学社，投身抗日救亡运动。民国26年，就读于江苏省立教育学院美术专业。抗战全面爆发后，仍在读书的他即参加无锡县各界青年抗敌后援会流动宣传队，负责漫画、戏剧宣传。11月底，参加无锡抗日青年流亡服务团，到达江西南昌新四军办事处。后任浙江遂昌县王村口区公所乡村建设指导员。民国27年7月，加入中国共产党。年末回无锡，历任无锡县青年界抗日协会负责人，无锡县抗日联合会宣传部《江南》半月刊编辑、宣传队长，中共无锡县委委员、书记，常熟县委书记，通海自卫团政治处主任，如东县委秘书工作特派员，苏常太工委组织部部长、代理书记等职。解放战争时期，历任苏北一地委党校校委委员兼江南队支部书记、地委组织部秘书科科长、江南工委委员兼组织部部长等职。

无锡解放后，历任市劳动局副局长、局长，市交际处长，市委统战部副部长、部长，市政府副市长，市政协副主席，崇安区委书记，无锡轻工业学院党委书记兼院长，市委常委、宣传部部长等职。"文化大革命"中，遭受残酷迫害。粉碎"江青反革命集团"后恢复工作，曾任省政协委员，市委统战部部长，市委常委兼宣传部部长，市革委副主任，市政协副主席、党组副书记，市党史资料征集小组组长、党史资料征集研究委员会主任，市政协联谊会副理事长，市老年大学校务委员会主任等职。1988年3月离休。1993年2月2日，杨增在无锡病逝，享年75岁。

钟月樵(1918—2004)

钟月樵，民国7年(1918年)生于无锡。民国26年，拜弹词名家张云亭为师，学唱《玉蜻蜓》，半年后登台演出，崭露头角。民国36～38年，与师兄、著名弹词表演艺术家蒋月泉拼档演出《玉蜻蜓》，享誉书坛，成为当时评弹界著名的"七煞档"之一。50年代初，曾与薛惠萍合作改编演出《沉香扇》。1956年，与魏含英、薛惠萍发起组建常熟评弹团，1959年后任副团长。曾参加中篇评弹《梅塘姑娘》及短篇《探女》等演出，并赴京汇报展演，受到充分肯定和好评。"文化大革命"期间下放工厂劳动。70年代，回常熟评弹团工作，专门从事艺术教育，培养青年演员，其中有些成为评弹界的名家响档。钟月樵擅起旦角，擅唱"俞调""蒋调"及"薛调"等，在评弹界有"隔墙西施"之佳誉。说表工整，吐字清晰，更擅弹唱，音域宽广，《绛珠叹》是其代表作，演唱的《东北开篇》在评弹界独树一帜。曾当选常熟市第六届人大代表、常熟市第五至七届政协常委、苏州市第七届政协委员。曾任常熟市第三届文联副主席、常熟市文联艺术指导委员会副主任、江苏省文联委员、江苏曲艺家协会常务理事、江浙沪评弹研究会副会长，是中国曲艺家协会会员。2004年6月14日，钟月樵在常熟病逝，享年86岁。

孟东波（1919—2001）

孟东波，曾用名孟遗根、孟子浩、孟浪。民国8年（1919年）1月生于无锡甘露。早年在中共党员陈枕白等创办的荡口中山初级中学读书，并加入共青团。抗日战争爆发前，在上海参加抗日救亡运动。民国27年1月，赴延安抗日军政大学学习，5月加入中国共产党。民国28年10月，被调至华中中原地区工作，历任皖东北专员公署党总支书记、秘书、民政科长，淮北解放区淮泗联防办事处主任、党团书记，淮泗总队总队长，淮北行政学院教育长，淮北行政公署秘书长、行署党团（组）副书记，苏皖边区政府民政厅副厅长。解放战争时期，历任苏皖边区政府民政厅党组书记、副厅长，华东荣军管理总局局长，华东军区荣军总校校长兼政委，山东省政府民政厅副厅长。

新中国成立后，历任山东省政府秘书长兼民政厅厅长，华东军政委员会副秘书长，福建省政府秘书长，中共福建省委统战部第二部长，北满钢厂第一副厂长，北满钢铁建设公司经理兼总工程师，冶金部基本建设司司长，四川省冶金工业厅党组书记、厅长，四川省经委党组书记、主任，四川省委委员、副省长，渡口市委书记兼攀枝花钢铁公司经理、党委书记，四川省革委会副主任，四川省人大常委会常务副主任、党组书记，四川省委财经领导小组顾问等职。曾当选第五届全国人大代表。2001年11月21日，孟东波在成都病逝，享年82岁。

江绍基（1919—1995）

江绍基，民国8年（1919年）4月生于无锡大浮张巷一工商业者家庭。中学时就立志医学，民国34年毕业于上海圣约翰大学医学院，获医学博士学位，留校任教，并在宏仁医院内科担任主治医师。

1952年，投身抗美援朝，参加上海医疗队赴长春救治伤员，并对东北常见人体绦虫病进行调查，撰写论文发表。1954年，任宏仁医院副院长。1956年，到农村救治血吸虫病，研究病理，研制药物，同时救治许多肝病患者。1957年，任仁济医院副院长。60年代起，对常见的消化系统疾病进行研究。“文化大革命”期间，虽然遭受批斗，仍继续进行消化病学研究。1978年，任上海第二医学院医学系二部副主任、主任。1984年，任上海市消化疾病研究所首任所长，后任卫生部消化内科重点实验室学术委员会主任。1985年任上海第二医科大学校务委员会副主任，附属仁济医院内科主任。1988年，被聘为内科终身教授、博士生导师。是中国民主同盟盟员，上海市第六、第七届政协常委，卫生部内科专题委员会成员、成果鉴定委员会成员，中华医学会消化学会副主任委员，上海市科协副主席、医学会副会长。

他长期从事血吸虫病防治、消化系疾病及临床风湿病的医疗、教学和研究，提出并证实血吸虫病侏儒症经治疗可生长发育，首创用阿托品救治锑剂法引起严重心率紊乱的血吸虫病人，率先在乙状结肠镜下观察血吸虫病的结肠病理变化，为消灭血吸虫病作出贡献。首次证实中国存在慢性恶性贫血，并对慢性肝病、胃炎、胃癌等做深入研究，曾被上海市政府记大功，多次获国家科委、卫生部和上海市科技进步奖。发表论文200余篇，创办并主编《中华消化》杂志、《国外医学消化系统疾病分册》，主编《血吸虫与血吸虫病》《临床肝胆病学》《临床胃肠病学》《胃癌》等，参与编写全国高等医学院校统一教材《内科学》。1988年，他主持的“慢性胃炎基础与临床综合研究”获国家科技进步三等奖。1989年，被评为上海市劳动模范。1991年，被评为全国劳动模范。1992年，获“全国卫生系统模范工作者”称号。1994年，当选为中国工程院院士。1995年5月15日，江绍基逝世，享年76岁。

高庠玉（1919—1999）

高庠玉，女，民国8年（1919年）5月生于无锡，著名教育家高阳之女。18岁考入上海交通大学物理系，因肺病中途辍学。民国33年，入振华女中学习英文。毕业后，先后在上海女中、江苏省立教育学院、浙江嘉兴秀州中学、上海禅文女中任教。50年代，为支援北方建设，高庠玉随丈夫华有光到唐山工作。1955年，任唐山女子中学校长。同年，华有光受"胡风案"的牵连，含冤自尽，她也受到排挤。她把家搬到学校，白天坚持上课，晚上辛勤备课，常常通宵达旦。

1978年，她受命创办唐山教师进修学院（现唐山师范学院）。1983年，创办唐山职业大学（现唐山学院）并出任校长。1984年，唐山市院校调整，高庠玉不再担任学校领导职务，仍关心学校的发展和建设。1984～1999年，任民盟唐山市委第四、五、六届主委，第七届名誉主委。带领盟员搞"教育大参政"，就唐山市现有人才挖潜问题、九年义务教育的师资问题、应试教育向素质教育转化及科技兴市等开展专题调研，调研报告受到唐山市委、市政府的高度重视。高庠玉从事教育工作50余年，在唐山学院执教10余年，为唐山教育事业的发展做出重大贡献。1997年11月加入中国共产党，曾任第六、七届全国人大代表，河北省第五届人大常委，河北省政协第四届常委，唐山市第七至十届人大常委会副主任，民盟中央第六、七届委员，民盟河北省委第五、六届副主委。1999年2月5日，高庠玉病逝，享年80岁。2000年6月，遵照其遗嘱，将她一生积蓄、亲属捐资和社会各界捐赠，设立高庠玉基金会，奖励在教学、科研、管理等方面成绩突出的教职工和德、智、体等方面成绩优异的学生。

朱全林（1919—1987）

朱全林，民国8年（1919年）7月生于无锡张泾桥朱巷桥里村。家境贫穷，早年在上海当学徒。民国28年4月加入中国共产党，翌年5月参加新四军。历任江南抗日义勇军侦察员、排长，江南抗日救国军四支队五连连长，新四军六师十八旅五十二团二营副营长、团作战参谋、一营营长，华东野战军一纵队二旅作战科科长、五团参谋长，二十军五十九师一七六团副团长、团长，二十军五十八师副师长、师长，二十军参谋长、副军长等职。参加过苏南反"清乡"、苏中三垛河伏击战、宿北战役、鲁南战役、莱芜战役、鲁南突围、豫东战役、淮海战役、渡江战役、解放上海等战斗。新中国成立初期，参加抗美援朝赴朝作战，任团长，带领部队与朝鲜人民军并肩战斗，参加过第二、第五次战役和1951年秋季战役。1955年被授予大校军衔。曾任中共浙江省委常委。1984年1月离职休养。1987年7月22日，朱全林在杭州逝世，享年68岁。

华国祥（1919—2004）

华国祥，民国8年（1919年）9月18日生于无锡鸿声庄家桥。早年就读于无锡县立初级中学、省立苏州中学。民国27年7月～31年7月就读于重庆中央大学，毕业后在重庆扬子江水利委员会工作。民国32年3月，任重庆中央水利实验室助理研究员。民国34年4月～35年8月，先后在美国加州大学、垦务局、陆军工程兵团从事研究工作。民国35年9月～36年1月，任南京中央水利实验室助理研究员，民国36年2月～1952年10月任重庆大学副教授。1952年11月～1981年，先后任四川大学工学院、成都工学院、成都科技大学副教授及水力学教研室主任等职。1981年，任成都科技大学教授。曾任九三学社原成都科技大学基层委员会主任委员。

华国祥长期从事教学科研工作，是四川大学河流泥沙学科的奠基人，为四川大学水力学及河流动力学国家重点学科的创立和建设做出重要贡献。先后担任水力学、河流动力学、泥沙运动力学、河工学等10余门课程的讲授。与华东水利学院（今河海大学）合编全国统编教材《河流动力学》，还参加编写全国统编教材《水力学》。其重要论文有《推移质与悬移质临界粒径的确定及其在大型渠道设计中的应用》《阵性泥石流的研究》《非牛顿流体的模型律》等。他长期从事水力学，特别是泥沙问题的研究，学术造诣深厚。先后参加三峡工程等大中型水电站及水利枢纽的科研、咨询工作，并担任《泥沙手册》编委。主持的都江堰外江闸试验研究成果荣获1978年全国科学大会奖。他是中国水利学会泥沙专业委员会副主任、三峡工程论证泥沙专题专家组成员。1985年、1988年，先后去美国、英国讲学、科研。1988年11月退休。退休后仍十分关注祖国的高教和水利事业的发展，是全国泥沙基本理论研讨会的发起人和倡导者之一，为推动泥沙学科发展做出卓越的贡献。2004年9月23日，华国祥病逝，享年85岁。

谢志成（1919—2004）

谢志成，女，民国8年（1919年）10月22日生于无锡。是第六届全国人大常委会副委员长陈丕显的夫人。中学时参加抗日救亡运动。民国25年8月，参加无锡学社。无锡沦陷前夕参加无锡抗日青年流亡服务团。民国27年6月加入中国共产党，在中共闽赣省委从事民运工作，后历任皖南新四军司令部速记员，苏中区泰州县海安区工委书记兼县委妇女部部长，苏中区党委机要秘书，如中县双北区、江都县谢桥区区委委员，苏中区大中、大华纺织厂助理、副经理，苏南蚕管局模范区副主任。无锡解放后，在苏南区妇联工作。

1953年后，历任上海市妇联福利部副部长、部长，上海市委妇委、上海市妇联常委，湖北省委纪律检查委员会副书记，湖北省顾问委员会委员。1995年9月离休，2004年8月12日，谢志成在上海逝世，享年85岁。

臧晨光（1920—1992）

臧晨光，民国9年（1920年）4月13日生于江阴璜土东官桥村。民国27年，毕业于上海振德中学。民国30年，投身革命并加入中国共产党。曾先后任澄西县前进报社、苏中湖东报社、前哨报社、群众报社、江海报社记者，苏中四分区江海报印刷厂厂长，华中一地委民运部指导员、组织部主任，东台中心县委委员，无锡工作委员会秘书等职，参加土改试点。

无锡解放后，历任市委秘书，市民政局副局长，市财委主任，市计划委员会主任，副市长，市委委员、常委、秘书长、宣传部部长等职，为无锡市的经济恢复与建设以及宣传教育等做了大量工作。1965年2月，任徐州市委副书记。"文化大革命"中受到迫害。1972年，任徐州师范学院党委书记。1977年2月，任无锡轻工业学院党委书记兼革委会主任，1983年任顾问。1985年12月离休。1992年，臧晨光病逝，享年72岁。

戴念慈（1920—1991）

戴念慈，民国9年（1920年）4月28日生于无锡港下陈墅村。民国31年，毕业于重庆中央大学建筑工程系，后留校任教。民国33年，任兴业建筑师事务所建筑师。抗战胜利后回上海，任信诚建筑师事务所董事、注册建筑师。至无锡解放初，曾在无锡申新三厂工作。

1950年，经梁思成推荐，担任中央直属机关修建办事处设计室主任。在3年时间里，承担中直机关礼堂、保育院、育英学校、香山双清别墅、中南海菊香书屋等数十项修建工程的设计，大多由他实施或审定，他当时提出"适用、经济、美观"的主张，后被建工部定为全国性民用建筑的指导方针。1953年，中苏合作建造北京展览馆，他为中方设计负责人。5月，任建筑工程部设计院主任工程师和总建筑师。1955年，加入中国共产党，主持设计中共中央高级党校建筑。1958年，参与北京人民大会堂、北京火车站、农业展览馆等建设方案的设计。1964年，赴斯里兰卡设计班达拉奈克国际会议大厦，被该国总理誉为“斯中友谊象征”“斯里兰卡的一颗明珠”。1971年，任中国建筑科学研究院总建筑师。1975年，和张博共同完成北京图书馆新馆的主要设计。1982年，任城乡建设环境保护部副部长、党组成员。翌年，任中国建筑学会理事长。1987年，任建设部顾问。翌年，任建筑设计所总建筑师。1989年，获建设部授予的第一批“中国工程设计大师”称号。曾任第四至六届全国人大代表，日本建筑学会名誉会员，保加利亚建筑师学会名誉会员。他设计的山东曲阜孔子阙里宾馆，获建设部1986年全国优秀设计一等奖、中国建筑学会最优秀建筑设计奖。负责设计的中国美术馆、北京饭店西楼等重大建筑工程有100多项，都达到国内建筑最高水平。他在建筑传统、建筑现代科技等方面提出的观点，丰富现代建筑的设计理念，对中国建筑业发展具有指导作用。在住宅建设方面，提出的加大住房密度、节约用地等具有战略意义的思想，对国家制定政策和进行住宅建设具有重要作用。1991年，当选为中国科学院院士。1991年11月12日，戴念慈逝世，享年71岁。

吕　梁（1920—1994）

吕梁，曾用名吕希曾，民国9年（1920年）7月20日生于无锡东北塘。早年在无锡公益初级中学读书，后在无锡、上海当学徒、练习生。民国27年在延安抗日军政大学第五期学习。民国28年8月加入中国共产党。历任抗大校部秘书科书记，太行第七军分区政治部秘书、宣教股股长，太行军区政治部教育科副科长，太行第二军分区政治部宣传科科长，中原野战军第九纵队政治部宣教科科长，西南军区政治部宣传部副部长等职。民国36年起，任新华社支社副社长、新华社二野总分社编辑部主任、西南军区人民战士报社社长等职。参加过反“扫荡”、洛阳、淮海、渡江、进军大西南等战斗、战役。1955年，参加筹办《解放军报》，任主编、总编辑室主任，1963年起，任副总编辑、副社长，1987年5月～1990年6月任社长。曾任中华全国新闻工作者协会书记处书记。是第六届、第七届全国人民代表大会代表。曾率中国新闻代表团访问阿尔巴尼亚、朝鲜、日本、罗马尼亚等国。先后立一等功两次，荣获三级独立自由勋章、二级解放勋章。1994年11月30日，吕梁逝世，享年74岁。

姚　璋（1920—1998）

姚璋，民国9年（1920年）7月生于无锡。民国29年3月，考入无锡和兴医院学医兼外科翻译。民国32年3月，赴日本东京大学医学部进修。民国34年5月回国，后在无锡开设私人诊所。民国36年9月～1951年9月，兼任无锡大华助产学校教师。1952年9月起，先后兼任无锡仁济护校、普仁护校皮肤科、理疗学教师，解放军101医院皮肤科特约医师。1954年4月起，任市第二人民医院皮肤科主治医师、副主任医师、主任医师、皮肤科主任，为著名皮肤科专家。曾当选省第六、第七届人大代表，市政协第六届委员，第七、第八届常务委员、医卫体育委员会主任。历任农工民主党无锡市第五、第六届委员会副主委，第七、第八届委员会顾问。他从事皮肤科医疗50余年，具有丰富的临床经验，对皮肤科疑难病、少见病有精湛的诊治水平，是无锡市临床皮肤学科的奠基者和创始人。从50年代起，对全市职业性皮肤病作全面细致的调查，提出防治的方法和意见，先后撰写论文10余篇，分别在江苏省年会、华东地区皮肤科学术会议上交流，并编写皮肤科诊疗手册，开创无锡地区职业皮肤病防治工作的先河。他还兼任《临床皮肤科》杂志、《无锡医学》的编委，培养许多皮肤科专业人才。1998年11月6日，姚璋逝世，享年78岁。

周月泉（1920—1990）

周月泉，笔名周游、肖敏，民国9年（1920年）8月生于无锡北门外后祁街，自幼酷爱美术。民国24年进米行当学徒，民国27年入卷烟厂当练习生，做过店员和小学美术教师，业余曾在苏州美专沪校夜班学习西画。民国32年，任中华烟草公司广告设计员。新中国成立后，在上海市文化局艺术处美术科工作。1956年，任上海美术设计公司设计科科长，后任该公司附属美术工场副主任。1981年退休，应聘为《新民晚报》特邀美术编辑，一级美术师。

周月泉一生从事漫画创作，作品简明单纯而富有幽默感，为中国美术家协会会员。漫画《朽木上的毛虫》《龙凤呈祥》（与王益生合作）入选1958年莫斯科社会主义国家造型艺术展，《人人有活干》获1984年全国漫画展佳作奖。另有作品《临别》《指鹿为马》《白发三千丈》等。1990年10月，周月泉逝世，享年70岁。

王季鹤（1920—2002）

王季鹤，字坤源，民国9年（1920年）8月生于无锡北门笆斗弄。自幼随父兄学习书法。无锡解放后，曾做建筑装饰工，后转入无锡园林处任美工。在楷、行、草、隶、篆等书体上都有较高造诣，其隶书独具一格，线条高雅浑穆、富于变化而有新意，特别是所作鸿篇巨制，令人叹服，作品为广大爱好者收藏，《人民画报》《江山多娇》等刊物曾作多次介绍。南京灵谷寺邓演达墓碑碑阴传略为其所书，上海静安寺、浙江普陀山、常州天宁寺、开封翰园碑林、西安临潼等名山古刹均有其书迹，并为日本明石市“明锡亭”题匾。他是中国农工民主党党员，省书法家协会会员、中国老年书画研究会会员、省楹联协会会员、市文联艺术指导委员会委员。历任市政协第二至第八届委员，市书协第五、第六届理事。出版有《诗经隶书字帖》《赤壁赋》字帖等。2002年7月12日，王季鹤逝世，享年82岁。

陶念唐（1920—1994）

陶念唐，民国9年（1920年）9月21日生于无锡东亭新屯村藤庄巷。早年就读于私塾。民国24年起，在玉祁、八士等地槽坊当学徒、店员。民国27年，师从中医王有声。民国31年，在无锡诚济药店和上海虬江路天生堂药店开业行医。民国36年，加入中国共产党，从事党的秘密工作。

新中国成立后，先后在无锡县生产建设科、合作总社服务股、无锡市合作总社任职，后调任市缫丝二厂党支部书记、厂长，市肺防医院党委委员、工会主席。1958年，任市中医院党支部书记，被评为副主任医师、主任医师。1979年起，任副院长，并任市中医学会副理事长、省中医学会理事、市政协委员等职。1987年离休，但仍坚持门诊。他重视脾胃学说，擅长治疗肝胆、脾胃、肺、肾和内科杂症，晚年致力于研究气功治疗高血压、脑神经衰弱以及肝肿瘤，曾成立肝科门诊取得疗效。不顾年事已高，每天坚持门诊近百人次。重视临床资料的积累，撰有《中医治疗纤维性肺结核》《中医中药治疗矽肺》《漫谈治肝的体会》《生硫磺治疗28例溃疡病》《慢性肺脓疡27例诊治总结》《300例子宫颈糜烂外治的讨论》等探索性论文，整理单方、验方近百方，复方96方。撰写的《慢性治肝的临证体会》曾参加省年会的交流。1980年，被江苏省卫生厅誉为“省名老中医”，同年获“江苏省先进工作者”称号。1994年1月24日，陶念唐逝世，享年74岁。

陆　灏(1920—2003)

陆灏,原名许彬章,又名洛灏,民国9年(1920年)11月9日生于无锡西漳牌楼下大湾里。早年在上海、无锡读书。民国26年3月,参加上海职业界救国会,投身抗日救亡运动。11月赴延安陕北公学学习。民国27年5月,加入中国共产党。后在晋察冀边区西北战地服务团、拓荒剧社、抗敌剧社从事文艺工作。民国32年起,任《晋察冀日报》特派记者。民国37年,任《人民日报》记者、编辑。1956年,任《人民日报》驻苏联莫斯科记者。翌年任复旦大学新闻系写作教研室主任。1958年,任《文汇报》副总编辑。"文化大革命"后,任《文汇报》社党委副书记、副总编辑、党委顾问,上海市政协常委兼文化研究委员会副主任、上海新闻学会顾问、上海新闻工作者协会副会长、杭州大学新闻系名誉主任。他擅长采写通讯、特写,撰有大量有影响的新闻作品,其中有的被译为英文出版。著有《建设鞍山的人们》《长江桥头》《让我们和时间赛跑》和《陆灏同志新闻作品选》等,主编《中国报刊研究文集》《中国报刊评论选》。2003年9月3日,陆灏逝世,享年83岁。

刘崧生(1920—1994)

刘崧生,民国9年(1920年)11月13日生于无锡。民国28～32年,在重庆中央大学农业经济系学习。民国32～33年,任重庆花纱布管制局科员。民国34～35年,在美国康奈尔大学研究院学习,获硕士学位,即转美国威斯康星大学研究院从事农业经济研究。民国35年12月～1949年12月,在美国明尼苏达大学研究院学习,获哲学博士学位。

1950年回国,被聘为南京大学农学院农业经济系副教授。1952年,任南京大学农经系副主任。全国高校院系调整后,任南京农学院农经系副教授、系副主任。1958年加入中国共产党。60年代初,负责主编中国高等院校农业经济专业通用的第一本统编教材《社会主义农业经济学》,成为当时农业经济学的权威著作,以后作多次修改并长期沿用。1963年为教授,1975年任农业经济系主任。1981年,出席在秘鲁首都召开的第19届世界经济会议,作《中国在解决粮食问题上的经验》的报告。1982年,赴美国考察农业经济教育情况,为国内农业经济专业课程的设置提供重要信息。1984～1989年,任南京农业大学农经系教授。1989～1994年,任南京农业大学经济贸易学院教授。还担任中国农业经济学会副理事长、省农业经济学会理事长、省哲学社会科学联合会副主席、国务院学位评委会农经组组长、国务院农村发展中心评议员,南京农业大学农业经济研究所所长。

刘崧生作为中国农业经济学学科带头人,在中国学位制度恢复之后,成为首批研究生导师,1980年开始培养硕士研究生,1985年开始培养博士研究生,共培养出25名硕士和11名博士。他对新中国的土地改革、农业合作化、农业生产责任制等重大农业生产关系的变革都做过研究。改革开放后,把研究重点放在农村合作经济、农业技术经济、经济发达地区农业发展战略、农村商品经济发展方向等重大课题上。共主持过国家、部省级科研课题10余项,发表《试论社会主义农业经济学的对象》等论文60多篇。其科研成果和论文有较高的学术和实际应用价值,多次获得奖励。还主编《中国农村经济管理概论》《发展经济学》等全国农业经济专业统编重点教材,以及《中国农业百科全书·农业经济卷》。晚年主持编写《中国农业经济教育史》。他是中国优秀的农业经济学家和教育家,中国社会主义农业经济科学的开拓者和奠基人之一。1985年,被农牧渔业部授予"优秀教师"称号。1994年12月4日,刘崧生在南京病逝,享年74岁。在他逝世3周年之际,南京农业大学为刘崧生塑像,并设立"刘崧生农业经济教育发展基金"。

江　革（1920—1992）

江革，原名钱学良，民国9年（1920年）11月19日生于无锡西漳钱石桥。青少年时期受革命思想影响，投身于革命事业。民国29年6月参加新四军，翌年2月加入中国共产党。抗战时期，辗转于无锡地区，先后任江阴祝塘办事处总务科科长、苏南二专署交通科科长、中共锡西北工委书记、长安区区委书记等职。解放战争时期，任中共苏中地委惩奸工作组小组长、锡澄县武工委书记、武工队队长，锡澄县工委书记等职。民国36年3月4日，化名许仲坚、杨奇伟，给上海《文汇报》投寄读者来信“抗日烈士含冤未伸，汉奸国贼卷土重来”，揭露国民党反动派成立锡澄联防办事处的罪恶行径（《文汇报》3月16日刊登）。

新中国成立后，任无锡县委委员、张村区区委书记。1950年9月，调任浙江嵊泗特区区委组织部部长，后历任嵊泗县、普陀县县委副书记，舟山地委常委、副秘书长。1959年起，历任金华地委农工部副部长、地委办公室主任，永康县委书记，金华地委副书记、金华地区行政公署副专员等职。著有《战斗在锡澄》一书。1983年离休。1992年4月7日，江革病逝，享年72岁。

葛志成（1920—1995）

葛志成，原名祖善，号乐曾，民国9年（1920年）12月10日生于上海，祖籍无锡。民国27年中学毕业后，先后在上海鹏飞、盘石、正中中学附小、乐华、宁波同乡会第六小学、女校等任教。民国29年加入中国共产党。民国34年8月，参与筹组上海小学教师联合进修会（简称“小教联”），当选理事长，并任上海人民团体联合会理事。民国35年加入中国民主促进会。民国37年6月28日，发动组织小教联教师冒雨前往上海市教育局进行“反内战、反饥饿”请愿。11月，奉中共地下组织通知，率领上海教育协会代表团，到苏北解放区商谈新政协筹备事宜。1949年9月，出席中国人民政治协商会议第一届全体会议。新中国成立后，历任教育部办公厅副主任，高教部办公厅副主任，中国人民保卫世界和平委员会联络部副部长，中国教育学会常务理事，中国国际友谊促进会理事，民进第四、五届中央常委和第六届中央常委、秘书长，民进第七届中央秘书长兼组织部部长、副主席和第八、九届中央副主席。他是第二至第五届全国政协委员，第六、七、八届全国政协常委。1987年，任中国中小学幼儿教师奖励基金会理事。1995年4月22日，葛志成病逝，享年75岁。

吴舟萍（1920—1993）

吴舟萍，民国9年（1920年）生于无锡胡埭龙延村。童年随母在上海谋生。民国26年上海沦陷后，参加进步人士组建的救亡剧团。民国27年4月，赴延安任延北公学四区队采办股股长，抗大分校供给科会计、生产组组长。同年9月加入中国共产党。解放战争期间，任华东军区九纵队后勤部交通科科长、留守处主任、东线兵团后勤部兵站处处长、第三野战军汽车二团团长。新中国成立后，任总后勤部运输部车管处、船管处处长，军委汽车三厂厂长、党委书记，总后勤部西北物资局局长、华东物资局顾问等职。1982年离休，为副军职。1993年，吴舟萍逝世，享年73岁。

肖荣炜（1920—2005）

肖荣炜，民国9年（1920年）生于广东中山。民国33年加入中国共产党并从事革命工作。民国37年7月毕业于上海圣约翰大学医学院，获医学博士学位。同年任上海中国儿童福利基金会医师、地下党医务总支书记。1949年，任上海市医务工会执委、生产部部长。1950年，任第二十军血防大队中队长，并先后担任省血吸虫病防治研究所研究员、所长，卫生部血吸虫病研究委员会秘书长等职。

他一生主要从事血吸虫病防治研究工作，在血吸虫病流行病学、钉螺生态学以及国家大型水利工程对血吸虫病流行影响等方面颇有建树。长年在血吸虫病流行区做深入的调查研究。50年代，提出中国血吸虫病流行区的分类，即水网型、湖沼型和山丘型，并撰写发表《从地质和地理观点探讨我国钉螺分布区的形成》的论文。60年代，又提出三型之间相互传播关系，指出湖沼型流行区是全国血吸虫病的主要疫源地，为政府部门决策和制定防治规划提供重要依据。70年代始，与水利部门等单位合作，组织“南水北调是否会引起钉螺北移的研究”“长江三峡建坝后对中下游地区血吸虫病流行的影响研究”，成果分别获卫生部科技成果二等甲级奖和省卫生厅科技进步一等奖。在晚期血吸虫病的治疗方面，针对60年代采取切脾手术治疗门静脉吻合术并发症这一难题，首先提出大网膜腹膜后固定术，并成功进行上百例手术，由于该手术方法简易，术后无并发症，使数以千计的病人恢复劳动力。他在国家级、省级学术等刊物上发表论文百余篇，撰写数十万字的《血吸虫病》专著。一生为全省乃至全国培养数以千计的血防技术人员，所培养的研究生有多人成为血防科研战线上的学科带头人。1984年，率团参加中日寄生虫病学术研讨会，并接待数十批国外到访的专家学者考察中国的血防工作。离休后仍一直关心血防事业。2005年10月，肖荣炜病逝，享年85岁。

杨景迈(1921—2004)

杨景迈，民国10年(1921年)1月15日生于无锡，系无锡报业前辈杨寿杓之子。无锡县立初级中学毕业后入江苏省立常州中学。民国29年秋，考入上海圣约翰大学。毕业后，因病未就业。民国36年，赴台湾休养，并任台北工业职业学校英语教员。4年后转任台北工业专科学校英语讲师。1953年8月，被聘为台湾省立师范学院英语系副教授。1958年秋，获选为美国哈佛大学哈佛燕京学社客座学者，钻研古代英语。两年后回台湾仍任职于改制后的台湾师范大学英语系，先后任教授、系主任、研究所所长，兼任台湾“清华大学”教授。1968年秋，获美国国务院研究奖金，再度赴美国，入威斯康星大学研究英语语言学。1969年，任台湾“中央大学”外国语文学系教授兼系主任，翌年任文学院院长。1975年，回台湾师范大学任教，1989年1月退休。编著有《英语时式精义》《如何教英语》《国中英语》《大学英语》《新英语正则》《新时代高中英文》《英汉多功能词典》，主编《汉译东华当代英文法》等书。1999年7月，台湾师范大学授予他“荣誉教授”的称号。2004年10月25日，杨景迈在台湾逝世，享年83岁。

郁　谦(1921—1995)

郁谦，民国10年(1921年)2月生于江苏崇明县。民国28年冬，参加中共领导的抗日救亡运动。民国29年7月加入中国共产党，8月任中共崇明县三区工委宣教委员。民国30年8月起，历任中共海启县委宣教干事、县委秘书，启东区委书记兼区大队政委，参与开辟海(门)、启(东)地区抗日根据地和反清乡斗争。抗战胜利后，任中共崇明县工委书记兼县大队政委，率部挺进崇明，清除汪伪据点，建立县、区民主政权。解放战争时期，任中共海启县委组织部部长、县委副书记。民国38年1月，海门、启东全境解放后，任中共海门县委书记兼县大队政委。

1949～1964年，历任崇明县委书记兼县大队政委、南通地委组织部副部长、中国人民银行苏北分行行长、省委派驻南通地委整党工作团团长、扬州地委统购统销工作组组长、南通市委书记兼人武部政委、南通地委第三书记兼南通市委第一书记、南通市委书记等职。1964年11月，任省机械工业厅厅长。“文化大革命”中遭受迫害。1975年9月恢复工作，任南京汽车制造厂党委书记。1977年6月起，先后任无锡市委副书记、市革委会副主任、市政府副市长。1982～1983年，组织企业实行第一次“转轨变型”，把企业推向市场，增强企业内在的活力。1983年5月，郁谦退居二线，任市委、市政府顾问。1984年4月，主持并直接参与总结乡镇工业“一包三改”经验，对全省、全国乡镇工业的发展产生很大影响，并促进城市企业的改革。翌年5月，主持有中央有关部门领导和专家学者参加的关于《无锡市2000年经济社会发展战略》研讨。1988年4月离休。编著有《苏南经济改革与发展》一书，从理论与实践的结合上，研究、探索苏南社会主义市场经济的形成和走向。1995年11月23日，郁谦在无锡逝世，享年74岁。

庄 申（1921—2005）

庄申，民国10年（1921年）4月生于江苏常州，定居无锡。民国28年9月，考入上海交通大学机械工程系。民国31年9月，任常州牛塘桥中学教师。翌年6月，任无锡振华面粉厂职员。民国34年9月，在北京长辛店机车厂实习。民国36年10月～1955年12月，任无锡振华面粉厂总务主任、副经理。1950年1月加入中国民主建国会。1956年公私合营后，任无锡振华面粉厂第一副厂长、厂长。1955年11月～1980年8月，任无锡市工商联副主委，1980年9月任无锡市工商联主委。1983年3月任市政府副市长。1984年7月起，任民建无锡市委第五至七届主任委员，民建江苏省委第二至四届副主任委员。1988年1月～1998年1月，任市政协第八、九届委员会副主席。1998年6月退休。庄申是全国政协第七、八届委员，市第九至十一届人大代表，市政协第一至六届常委。主编1995年版《无锡市志》。工作余暇，凡有所感，赋诗抒怀，著有《庄申诗选》。2005年7月26日，庄申在无锡逝世，享年84岁。

韩本初（1921—2002）

韩本初，民国10年（1921年）8月生于江苏省沙洲县。民国30年参加革命，同年11月加入中国共产党。历任新四军六师十八旅五十三团战士、班长，旅教导队学员。民国31年4月起，历任宝应县湖东行署税务局办事员，区财经分局副主任、主任，苏北二专署税征科科长。1949年起，历任江阴县财政局局长、税务局局长，常州专署税务局副局长，常州市税务局局长、财委会副主任，常州市副市长兼计委主任，常州市委副书记、书记，徐州市委书记兼政协主席。1974年1月起，任无锡市委副书记，市革委会副主任、主任，市委书记，市人大常委会主任，省顾问委员会委员，是第四至六届全国人大代表。在1977年～1984年6月任职期间，为无锡市的拨乱反正和改革开放，为经济、社会发展做出重要贡献。1992年12月离休。2002年8月3日，韩本初在无锡逝世，享年81岁。

俞介君（1921—2001）

俞介君，原名俞巢竹，民国10年（1921年）12月22日生于无锡县钱桥俞巷上。高小毕业后在家乡务农。从小喜爱滩簧，民国27年，进苏锡文戏李家班拜师学艺，艺名李幼庭，辗转演出于苏南城乡及上海市区。1949～1951年，曾在上海市地方戏剧研究班编导组学习，尝试剧目创作改编。他根据历史故事创作锡剧《荆轲刺秦王》，配合宣传新婚姻法，改编创作《双推磨》和《两姐妹》。1952年8月，调至苏南人民行政公署文化事业管理局戏曲审定组工作，回到无锡。将幕表戏《劈山救母》改编成大型神话锡剧《宝莲灯》，在新建成的市人民大会堂演出，反响热烈。重新整理、改编的锡剧《双推磨》首演后，反响强烈，1953年11月，参加华东区调演并获奖。12月，上海电影制片厂导演黄佐临将之搬上银幕，成为第一部锡剧戏曲艺术片，中国唱片社上海分社灌制成唱片向全国发行。1954年，创作清装戏《显应桥》。1956年，俞介君任江苏省锡剧团专职编剧，先后改编《小鹦哥》《阁老游春》《两匹次布》等。1957年，《双推磨》获文化部优秀剧本奖。1958年7月，根据关汉卿《赵盼儿风月救风尘》改编的古装戏《救风尘》，进京参加关汉卿戏曲创作700周年纪念演出。是年，与顾尔镡合作创作锡剧现代戏《红色的种子》，该剧先后被豫剧、沪剧、越剧、粤剧等多个剧种移植演出，江苏电影制片厂摄制成故事影片《红色的种子》。1959年，根据幕表戏改编的锡剧《双珠凤》，由上海天马电影制片厂、香港金声影业公司摄制成戏曲艺术片。1960年，出席省文教群英会，获"先进工作者"称号。与儿子俞克平先后创作《嫦娥奔月》《恽代英》《龙宫舞缘》《孟姜女》《金兰花》《丹南豹》等。晚年，根据明代无锡县令王其勤抗倭史实，创作新编历史剧《布城记》。还创作有传统戏《火烧百花台》，古装戏《三女审夫》《红楼妙玉》《窦娥冤》，历史戏《梨园女侠》等剧。他是中国戏剧家协会会员、省锡剧艺术研究会常务理事、中国戏剧家协会江苏分会理事、省戏曲学会理事、省剧协艺术咨询委员会委员。2001年，俞介君病逝，享年80岁。

王瑞菁（1921—2000）

王瑞菁，民国10年（1921年）生于无锡查家桥。民国21年，拜因果艺人刘鸿秀为师，学说因果，在无锡、江阴等地农村演唱。民国32年，与冯天音拼档。王瑞菁口齿清楚、说表流利、清脱而生动，冯天音嗓音响亮宽厚，唱腔婉转动听，两人成为当时说因果艺人中最为突出的一档，被称为"凤凰档"（冯王档），在无锡、江阴一带农村很有影响。民国29年，王瑞菁被选为说因果艺人的行会组织——锡裕社社长。1950年，说因果正式改名为无锡评曲。不久，王瑞菁拜师改说评话，1957年，再度与冯天音合作演唱评曲，并由评弹演员王一梅参加，形成男女三拼档，排演评曲现代短篇《白泥小粉闹纠纷》，由音乐工作者帮助革新唱腔。1958年5月，此曲目参加江苏省第一届曲艺会演获演出奖，8月参加首届全国曲艺会演，被选中进中南海怀仁堂曲艺专场演出，周恩来、陈云等党和国家领导人观看演出，并接见演员。1960年，王瑞菁参加无锡市曲艺团，1982年退休。2000年5月5日，王瑞菁逝世，享年79岁。

季梅芳（1921—2000）

季梅芳，原名季永发，民国10年（1921年）生于无锡周山浜一个贫民家庭。13岁进庆丰纱厂当童工。民国24年秋，弃工从艺，拜锡剧著名小生匡耀良为师，取艺名季梅芳。民国27年冬，在中央大戏院上演连台本戏《西游记》，主演孙悟空。他虽未进科班学习，但善于博采众长，把京剧的武功移植到锡剧中，相继在舞台上塑造《三请樊梨花》中的薛丁山、《劈山救母》中的沉香、《大闹凤仪亭》中的吕布、《飞龙传》中的赵匡胤、《武松》中的武松等形象，成为当时锡剧界出色的武生演员，"季大刀"的声誉风靡一时。主演的《济公传》，吸收前辈艺人文济公的演技，变文唱为武打，使锡剧舞台上首次推出"打出手"的场面。他不断开拓戏路，不仅对小生戏、武生戏演得拿手，而且丑角戏也演出不凡，无论是《珍珠塔》中的方卿、《玉蜻蜓》中的徐元宰、《何文秀》中的何文秀、《合同记》中的王清明、《白艳冰产子》中的唐瑞元等角色，还是《珍珠塔》中反串方朵花及滑稽戏《抖乱百家姓》《瞎子赋》《山赋》《灯赋》《水果赋》等，都表演得逼真、细腻。

1951年，季梅芳从上海回到无锡，加入无锡市文联实验锡剧团。是年演出的《新婚》获上海市戏曲会演一等奖。1954年，《游庵认母》参加华东戏曲会演。1955、1959年，先后参加无锡市和江苏省戏曲会演，并分别获得一、二等奖。1958年任市锡剧团副团长。1959年，剧团赴北京汇报演出《珍珠塔》《孟丽君》，受到总理周恩来的亲切接见。"文化大革命"中受到冲击和迫害。"文化大革命"后，恢复锡剧团副团长职务，同时任省锡剧艺术研究会常务副会长。1977年，他自编自导自演现代戏《一把稻穗》，参加江苏省现代戏会演，获一等奖。1980年夏，无锡市首次举办"太湖之春"音乐会，他演出《何文秀》选场《三访桑园》，在唱词中运用评弹艺术的演唱技巧，获得成功。1983年，锡剧界与沪剧界联合举办“滩簧”戏剧的专场演出，他再次突破演小生的框框，扮演《秋香送茶》中的张二相公（丑行）。1984年秋，在市首届锡剧节上，自导自演《秦琼让印》，将秦琼的形象刻画得淋漓尽致，人称“宝刀不老，青春常在”。他是市第四、五届人大代表，市政协第七、八届常务委员。1988年加入中国共产党。2000年12月，季梅芳逝世，享年79岁。

叶寒青（1922—1995）

叶寒青，曾用名罗谊、晴木、章雨石，民国11年（1922年）1月22日生于无锡洛社华圻村叶巷。肄业于无锡匡村中学。民国29年5月加入中国共产党。同年11月，任中共无锡县后鸿区区委书记、吴县漕东区军事股股长兼常备队队长。翌年11月，由地方转入部队，历任新四军六师十六旅四十六团二连党支部书记、政治指导员，团政治处宣传干事、团报编辑、宣传股副股长。参加过浙西长兴、天目山，江苏溧阳、溧水等大小战斗数十次。民国36年3月后，历任华东野战军第六纵队政治部政治处宣传股股长，《奋斗》杂志编辑，文工团政治教导员，纵队直属政治处宣传股股长，华东军区政治部编审科、文教科副科长。1951年1月，任华东军区人民前线报社编辑组组长、总编室副主任。1955年5月，调至解放军报社，历任理论宣传部编辑、副主编、主编、总编辑室主任。1978年11月～1985年，任解放军报社副社长、党委委员。他主持理论专版《思想战线》时受到毛泽东的赞扬。先后被授予少校、上校军衔，立三等功一次，获国家颁发的三级独立自由勋章、三级解放勋章、独立功勋荣誉章。曾发表大量思想评论、思想方法和工作方法研究等方面的文章。1995年9月17日，叶寒青在北京病逝，享年73岁。

严　烈（1922—1999）

严烈，笔名家外家主人、家外人，民国11年（1922年）5月14日生于无锡张泾桥寨门村一书香之家。3岁随父入私塾，8岁熟读《论语》《孟子》，9岁入学堂。14岁即在堰桥横排圩小学任教。民国26年，考入省立洛社乡村师范。抗日战争全面爆发后，学校被迫解散而辍学。民国27年，在家创办临时小学，自任校长。继而创办石村小学，日教夜习。翌年，考入无锡怀仁中学，因排演《抗日救亡》《二五减租》等活报剧，宣传抗日而被迫离校。后又创办诸巷小学。抗战胜利后，开办夜中学。民国37年12月加入中国共产党。

无锡解放后，历任无锡县怀三镇镇长、张泾区调解股股长、中共无锡县委宣传部干事。1952年初，主持筹办无锡县文化馆，任副馆长，主持工作。1956年4月，参与筹办《无锡县报》，并任美术编辑、文教编辑和摄影记者。1957年，被错划为右派，1978年后平反。1979年，任无锡县工艺品厂设计室主任，设计、创作的脱胎镂孔抖动合景摆件多个品种，其中《孔雀开屏》获市首届美术作品展一等奖。1981年离休后，潜心于艺术创作，搜集、整理《沈七哥》等长篇叙事吴歌，创作双色连环刻纸《领姨》《哭灵》，分别发表在江苏省《群众文艺》和《乡土》杂志上，还创作《两重天刻记》等。其刻纸作品被誉为“江南一绝”。书法墨迹流畅，苍劲拔俗，晚年自创“三管书”，即以右腕双管挥书（一管浓墨，一管清水，并毫运行，水化墨融，得浑然之趣），左手题词落款，别具一格。其篆刻富有汉明印艺的双重特征。他是中国工艺美术学会、省民间文艺家协会、省书法家协会会员。1995年11月，联合国教科文组织和中国民间文艺家协会授予他“一级民间工艺美术家”称号。1999年春，他的吹塑纸雕组画《伟大的足迹》参加在泰国举办的第二届世界华人艺术大奖评选，获国际荣誉金奖，被授予“世界杰出华人艺术家”称号。晚年心系希望工程和社会事业，多次捐款捐物，还无偿为求艺学生传艺。著有《严烈墨韵刀艺》《严烈刻纸（吴歌叙事故事）精品集》。1999年11月13日，严烈病逝，享年77岁。

刘复光（1922—1992）

刘复光，民国11年（1922年）生于江苏南通。民国29年高中毕业后，考入迁上海租界的之江大学。太平洋战争爆发后，因之江大学停办而转入沪江大学。毕业后离开上海沦陷区至重庆工作。民国35年考入燕京大学攻读硕士学位。不久，赴美留学，在美国依阿华州立大学攻读化学工程，先后获得硕士、博士学位。1950年回国，先后在燕京大学、天津大学任教。1956年，加入中国民主促进会。翌年，南京工学院设立油脂专业，调到南京工学院从事教学、科研工作。1958年后，一直在无锡轻工业学院粮油系从事教学、科研工作。1963年起，任研究生导师。自己动手建立起油脂浸出中间实验工厂，培养油脂专业人才，为国家的浸出工业奠定技术基础。他长期从事油脂浸出和植物蛋白的科学研究，是国家第一座弓形浸出器的研制设计者。“文化大革命”中遭受迫害。1978年后，又重新建立油脂浸出实验工厂，所主持和参加的许多项目都获得优异成果。建立的第一座大豆浸出气流闪发脱溶工厂，为大豆的深加工和植物蛋白质资源开发利用创造了条件，并给食品工业提供基本原料。主持的国家“六五”科研攻关项目“棉籽蛋白饲料扩大中试生产的研究”“菜籽去毒制取饲用粕的中间试验”以及国家“七五”重点攻关项目“混合溶剂脱酚制取棉籽蛋白试验”等，经部级鉴定都达到国际先进水平。1980年起，利用各种渠道为出国留学的青年教师联系到美国或加拿大做访问学者或攻读博士学位。1987年起，任博士研究生导师。曾任全国、省、市政协委员，市政协第七、八届副主席，中国民主促进会中央委员，民进无锡市委主任委员。1992年，刘复光在无锡病逝，享年70岁。

顾懋祥（1923—1996）

顾懋祥，民国12年（1923年）1月25日生于长春，原籍江苏太仓。民国34年，毕业于上海雷士德工学院机械系。民国36年，考入美国密歇根大学研究院，专攻造船与轮机专业。1949年获美国密执安大学造船专业硕士学位。1950年回国，任上海交通大学造船系讲师。1952年末，调至哈尔滨军事工程学院筹建海军工程系，先后任系科主任、副教授、教授。1972年，任哈尔滨船舶工程学院副教务长。1979年5月，调无锡任中国船舶科学研究中心（702所）所长、研究员，并兼任哈尔滨船舶工程学院教授、博士生导师、中国船舶力学学术委员会副主任、国防科工委水动力学专家组第一任组长、中国船模试验池大会主席等职。80年代初，在国内率先系统地开展海洋工程研究，多个重大项目均达到国内、国际先进水平，被誉为中国海洋工程浮式系统研究领域的奠基人。

他是著名的船舶性能研究和设计技术专家，先后主持研究国家重大科研项目近百项。其中，主持研制成功世界上第一艘气垫船及第一艘单水翼艇；最早用实验保证国际上无舱盖集装箱船的诞生，倡导并组织国家海洋浮式系统、海上平台管节点的研究，最早把“人工神经网络”应用于船舶运动技术，为国家船舶工程发展做出重要贡献。其研究成果先后获全国科学大会项目奖、国家经委一等奖和中国船舶工业总公司科技进步二等奖。撰有《船舶适航性的计算机方法》等学术论文近40篇，出版专著《船舶摇摆》。1995年，当选为中国工程院院士。1996年5月21日，顾懋祥在上海逝世，享年73岁。

高巨真（1923—1988）

高巨真，民国12年（1923年）2月6日生于无锡。中共党员。民国36年，毕业于苏州东吴大学生物系。同年，考取清华大学农学院昆虫研究所研究生。1953年，调入解放军军事医学科学院，长期从事医学昆虫学研究，曾任微生物流行病研究室主任、研究所副所长等职，并任中国昆虫学会常务理事。50年代，主要从事媒介昆虫防治的研究，参与建成全军第一个自动控制温湿度的淡色库蚊、白纹伊蚊养殖室，成功用于驱蚊剂试验。参加海南岛和广西疟疾媒介防治研究和吉林西部鼠疫自然疫源地调查和防治。60年代后，主要负责气溶胶杀虫药械的试制及其杀虫效果的研究，进行白纹伊蚊等生活史特征、环境因素对其生活史各期的影响以及标准化养殖方法等研究。80年代后，除继续负责新的驱虫剂研究外，还指导开展医学昆虫行为的研究，利用测量触角电位等方法观察蚊等对药物的反应。他为国防医学科学技术的发展做出重要贡献，多次受到嘉奖，立三等功一次，并作为主要研究者之一获国家科学技术进步奖一等奖。1988年12月17日，高巨真逝世，享年65岁。

张伟振（1923—1990）

张伟振，民国12年（1923年）7月生于无锡雪浪方桥。早年在家乡当理发员。民国28年，参加抗日活动。翌年9月，任江南抗日救国军驻无锡南三乡办事处秘密交通员。民国31年，任新四军太湖游击支队班长。民国32年12月加入中国共产党。民国33年，任新四军十六旅教导大队班长。5月在反“清乡”战斗中右下肢被炸断，仍坚持战斗。民国34年起，任宜兴、溧阳交通站分站长，华东二分区二荣校文化教员，华东荣军学校第二荣校党支部书记兼政治指导员，东北同江县政府政务秘书等职。新中国成立后，历任松江省政府机关总支部副书记兼民政厅科长，松江省委组织部支部工作处副处长，黑龙江省直属机关党委副书记，牡丹江市委书记处书记，黑龙江省文化局党组书记、副局长，黑龙江省政府参事室副主任，黑龙江省政协常委等职。1990年9月7日，张伟振在哈尔滨逝世，享年67岁。

李慎之（1923—2003）

李慎之，民国12年（1923年）8月15日生于无锡城内南市桥上塘。父李柏森为著名报人。早年就读于省锡师附小、无锡县立初级中学、私立无锡中学。民国30～34年，先后在北京燕京大学经济系、上海圣约翰大学经济系和成都燕京大学学习，民国33年11月，在成都参加党的秘密外围组织“民主青年救亡协会”。民国34年任四川省蜀光中学教员、成都天风杂志社编辑，在学生中宣传民主与社会主义思想。民国35年，任重庆新华日报社国际版资料员，后参加上海新华日报馆的筹备工作。是年10月，国共两党和平谈判陷于停顿，上海建馆无望，即随周恩来返回延安，任新华社国际部编辑。民国37年11月，加入中国共产党。民国38年起，任新华社国际部组长、副主任。

1952年，李慎之随中国政府代表团赴东欧六国考察文化教育事业。1953年，任朝鲜停战谈判中方代表顾问。1954～1957年上半年，作为周恩来的外交秘书，随周恩来总理参加日内瓦会议、万隆亚非会议，以及出访印度、缅甸等国。在新华社工作期间，撰写大量国际新闻与评论，参与许多外交和政治文件的起草，撰有《亚非会议日记》《日内瓦会议日记》《日内瓦会议最后的报导》等著作。1957年，被毛泽东点名批评，定为“极右分子”，受到开除党籍、下放劳动等不公正待遇。1973年，回京任新华社参编部翻译、校对。1978年末，任中共中央国际问题写作小组成员。1979年，随邓小平访问美国，任代表团顾问。同年，“右派”问题被改正，恢复党籍。1980年，调中国社会科学院工作，负责筹建美国研究所。1982年任美国研究所所长，为该所的科研规划、学科建设以及人才吸引和培养等倾注大量心血。同年，参与中共十二大政治报告中关于国际外交部分的起草工作。1984年，随国务院总理赵紫阳出国访问。1985年后，任中国社会科学院副院长兼美国研究所所长。1988年任中国社会科学院党组成员。同年，任第七届全国人大法律委员会委员。1995年离休。李慎之长期从事国际新闻报道和国际问题的研究工作，知识广博，参加多次国际学术交流，有较深的学术造诣和较丰富的对外交流活动经验，在国内外具有一定的影响。著有《李慎之文集》。2003年4月22日，李慎之在北京逝世，享年80岁。

张鉴国（1923—2005）

张鉴国，民国12年（1923年）8月16日生于杭州，无锡北门长安桥人。其兄张鉴庭以所创评弹“张调”而闻名。民国26年始，随兄在江浙沪地区演出评弹。1951年，参加筹建上海市人民评弹团。后参加治理淮河工作团宣传队，到治淮工地，边创作，边演出。1953年参加中国人民赴朝鲜慰问团演出。“文化大革命”后，几次与兄同赴香港演出。在长期的演出实践中，精益求精，探索出弹词琵琶伴奏“和声”演奏法，使演唱风格更加鲜明、动听，自成一格。参与改编、编著《秦香莲》《林冲》《一定要把淮河修好》《海上英雄》和《华尔洋枪队》等众多曲目，其中《华尔洋枪队》曾获戏曲表演一等奖。1984年2月，与兄拼档，应邀参加香港艺术节演出，轰动书坛。是国家一级演员、中国戏剧家协会上海分会会员、中国曲艺家协会会员，并任上海戏曲学校、苏州评弹学校兼职教师。2005年，张鉴国病逝，享年82岁。

程志新（1923—1996）

程志新，民国12年（1923年）11月17日生于无锡东亭北街。辅仁中学毕业后入无锡工专学习。民国34年，毕业于南京中央大学化工系，一度在南京酒精厂工作。民国35年，任甘肃玉门老君庙油田工程师。民国37年初去台湾，任高雄炼油厂工程师，深得台湾中油公司董事会的赏识和器重。1974年，与友人合资创建能源航运股份有限公司，任董事长。公司为世界各大石油公司承运原油、成品油、液化石油气，并参与海上油田储存及计量，曾拥有超大型原油船、一般原油船、液化石油气船、油品船等数十艘，船队总吨位逾百万吨，成为台湾仅有的高标准专业油轮公司，在世界航业界亦享有盛誉。曾任台北市无锡同乡会常务理事、台北市轮船商业同业公会常务理事、“中国验船中心”董事、“中国石油学会”理事长等职。常眷念和支持家乡的教育、文化事业，1987年11月，以美国程氏教育基金会的名义，向江南大学捐赠100万美元，建造文浩科学馆。1989年4月，向母校东亭中心小学捐赠1万元，并在城中公园无锡美术馆举办“海峡两岸无锡乡亲书画联展”。1991年4月，在江南大学文浩科学馆组织举办“陶寿伯先生九十作画暨旅台同胞书画展”。同年夏，无锡地区遭受特大洪涝灾害，他发动旅台无锡乡亲募捐，共筹集救灾款100万元台币（约3.7万美元）。1992年，作为主要组织者和出资人，出版发行《无锡历代乡贤书画名迹集》。1996年4月2日，程志新在台北逝世，享年73岁。

浦　山（1923—2003）

浦山，原名浦寿山，民国12年（1923年）11月27日生于北京，祖籍无锡。民国30年赴美国留学，民国32年，毕业于美国密歇根大学经济系。民国38年毕业于美国哈佛大学，获经济学博士学位。曾任美国卡尔登大学、密歇根大学副教授。留美期间，于民国34年加入美国共产党。1949年秋，经董必武批准转入中国共产党，同年回国，任外交部情报司副科长。1951～1953年，参加志愿军朝鲜停战谈判代表团，在停战协议的谈判和签署中发挥重要作用。其间，由政务院总理周恩来派专机将其接回北京，征询有关重大问题的意见。1954年，任外交部研究室专员及周恩来英文秘书，参与大量外交活动。1957年，被错划为“右派”，后平反。1980年，任外交部国际问题研究所副所长。是年，被美国卡尔登大学聘为政治经济学凯能专设讲座教授，1981年被授予名誉法学博士学位。回国后将数万美元收入交党费。1982年，任中国社会科学院世界经济与政治研究所所长、研究员。1983年，作为中国代表团团长出席中国恢复在世界银行和国际货币基金组织成员国席位的谈判。曾被外贸部聘为中国恢复在关税与贸易组织合法地位谈判的顾问。1985年,任中国世界经济学会第一届副会长、第二届会长。1991年,任中国社会科学院研究生院院长。曾担任第七届全国政协委员、第八届全国政协常委。2003年2月7日,浦山在北京逝世,享年80岁。

任贵发(1923—1996)

任贵发,民国12年(1923年)12月生于江苏省如皋县。民国30年11月,加入中国共产党。民国31年2月,任如皋李南区一甲乡党支部书记兼乡队长。同年9月至民国35年2月,任李南区委组织部干事、民运科科长、组织科科长。解放战争时期,历任中共如皋县薛窑区委副书记兼武工队政治指导员、车薛区区长、薛窑区委书记、如皋县委宣传部副部长。民国37年,因在反"清剿"斗争中战绩卓著受上级奖励。民国38年4月,随军渡江南下。

无锡解放后,他先后任市手工业工会主任,市总工会党组成员、组织部部长。在组织工人恢复和发展生产,实行民主管理,培养教育工会干部方面做了大量工作。1952年5月～1954年4月,任市公营建筑工程公司经理,市建筑工程局党组书记、副局长。1954年4月～1961年4月,任市总工会副主席、主席、党组书记,市委工交部副部长、市劳动工资部部长等职,在组织发动职工群众完成对私营工商业的社会主义改造、开展社会主义劳动竞赛、推动技术革新和技术革命等方面做了富有成效的工作。1961年4月起,历任崇安区委书记,市重工业局党委书记,市委统战部部长,市委常委、副市长兼市科委主任。"文化大革命"中,任市革命委员会办事组副组长、市航运系统革委会主任、市革委会生产组副组长。1974年4月～1975年11月,任市公安局代局长。"文化大革命"后,历任市委常委、组织部部长,市委副书记兼组织部部长,市第六届政协主席等职。1984年6月起,任市人大常委会党组副书记,市人大常委会副主任。是省第六、七届人大代表,市第一至第八次党代会代表,市委第一至第六届委员。1996年1月12日,任贵发在无锡逝世,享年73岁。

匡 衍(1924—1990)

匡衍,民国13年(1924年)7月27日生于无锡杨墅园匡村。早年肄业于江苏省立无锡高级工业学校。新中国成立后,历任杭州市纺织工业局、浙江省轻工业厅丝绸管理局、杭州市丝绸工业公司副科长、工程师、总工程师等职。1956年加入九三学社。是第七届全国人大代表。1982年11月起,历任九三学社杭州市委员会第一届副主任委员,第二届、第三届副主任兼秘书长,市科协第三届、第四届副主席,杭州市第五届政协常委,杭州市纺织工程学会第三届副理事长,浙江省国际文化交流协会理事,国家科委发明评选委员会特邀审查员,《丝绸》杂志第一届编审委员会委员。曾在《纺织建设》《纤维工业》《染化》《丝绸》及《中国纺织工程学会论文集》等书刊上发表学术论文多篇。在第七届全国人大第二次会议上,与31名代表共同建议尽快修改宪法,确立民主党派的法律地位,还提出《进一步完善茧丝绸生产经营管理》的建议。1990年10月27日,匡衍在杭州逝世,享年66岁。

沈克民(1924—1997)

沈克民,民国13年(1924年)10月27日生于无锡东埄镇上水浜。因聪明好学,早年即在无锡成德小学任教中、高级文史课程。民国30年秋,赴上海静安寺马路桥诊所习内、儿科,并补习英文。民国33年春,回家乡开业。1951年冬与庄祖荣等人在石塘开设联合诊所,任所长。次年回东埄行医。1956年6月,组建周新镇联合诊所,后转为东埄乡医院、东埄人民医院,任内、儿科医师,负责防疫工作。业余爱好史学、国学,知识渊博,以书会友。著有《南明史稿》《无锡近百年各界人物传略》《无锡近代医家传稿》《中国小说之源流及其发展》《菲枕居诗文联集》等多种。

喜好藏书，自行编目，计有经、史、子、集、类书、杂书、乡贤、医药等8类8673种、14512册、119678卷。1991年，被评为无锡县"十佳文化家庭"中的"藏书之家"，并获市委宣传部颁发的"家庭文化十颗星藏书之家"证书。1997年5月29日，沈克民病逝，享年73岁。

窦祖烈（1924—2002）

窦祖烈，字子受，民国13年（1924年）8月15日生于无锡城中新街巷。民国37年，毕业于上海交通大学电机工程系，后赴美国留学，先后获哈佛大学电机工程硕士学位和耶鲁大学电机工程博士学位。毕业后任飞歌公司工程师，后在多所著名大学任教，曾任宾夕法尼亚大学、普渡大学、西北大学、俄亥俄州立大学、佛罗里达大学教授、讲座教授，同期在美国通用电气公司、国际商务机器（IBM）公司、麦道公司等著名跨国公司任高级技术顾问。1960年，增选为美国电子电气工程师协会终身资深会士，1970年任《国际计算机和资讯科学》期刊主编。1972年，当选台湾"中央研究院"数理科学院士，1977年兼任"中研院"资讯科学研究所评议委员会主任委员、台湾"中央计算机信息研究所"所长。1986年起，多次回国讲学，被上海交通大学聘为海外名誉教授。他在电机工程和信息科学技术研究领域成果丰硕，尤其在计算机控制、模式识别、人工智能、机器视觉、软件工程、智能翻译技术等领域有多项领先的重大技术发明，并获多项专利。1989年，创立美国Citac计算机翻译技术公司，并任Citac电脑公司总裁，是国际计算机业界公认的著名美籍华人计算机技术专家，为汉语走向世界和沟通中西方文化做出贡献。窦祖烈先后在国际学术会议及刊物上发表论文250余篇，论著20余部，美国国家图书馆收藏其全部著作。其著作被翻译成日、俄、波兰等多国语言出版发行。2002年6月22日，窦祖烈在美国逝世，享年78岁。

冯天音（1924—2000）

冯天音，又名冯云山，民国13年（1924年）生于无锡安镇。师从因果艺人俞舜卿。民国32年开始与王瑞菁拼档说因果。他嗓音响亮宽厚，唱腔婉转动听，与王瑞菁配合紧凑，成为当时说因果艺人中最为突出的一档，在江阴、无锡一带农村中颇有影响，被称为"凤凰档"（冯王档）。40年代曾参加无锡说因果艺人的行会组织——锡裕社，任常务理事。1957年，拜师改说评话。同年，再度与王瑞菁合作排演评曲短篇《白泥小粉闹纠纷》，1958年，获江苏省第一届曲艺会演演出奖。8月，参加首届全国曲艺会演，后被选进中南海怀仁堂曲艺专场演出，周恩来、陈云等党和国家领导人观看演出。1960年，参加无锡市曲艺团，后改说评话。退休后仍时刻关心评曲事业，并参加录制评曲的主要折子、唱段，提供评曲史实和资料，为研究评曲的历史做出一定贡献。2000年6月，冯天音逝世，享年76岁。

陈伯鸿（1925—1991）

陈伯鸿，又名小白，笔名杜南，系无锡早期共产党员陈忱白之子。民国14年（1925年）3月出生。早年就读于吴风中学、新园中学。受父亲陈枕白的影响，早年即投入革命事业。民国29年参加新四军，曾在《东进报》《江南》杂志社工作，后历任澄锡虞专署秘书、苏中区青年抗日联合会执行委员、锡东青联主席。解放战争时期，先后任华中新华日报社资料研究员，江海公学教务股长、学生队长，华中公学政治指导员、校刊主编。民国37年，入河北平山中央团校学习并参与筹建全国青年团工作。平津战役后，任天津市青年团北区工作组组长、天津市委党校班主任、中央团校班主任。1953年起，任《中国青年报》编委，学习修养部、读者来件部主任，驻上海记者站站长。

1956年12月，与著名越剧表演艺术家范瑞娟结婚。1957年初，香港《大公报》刊发范瑞娟所写《我的丈夫，我的蜜月》一文，《解放日报》予以转载，为此受到指责，认为党报不适宜登这样生活化的文章，并引起风波，毛泽东表示支持此文，才使陈伯鸿夫妇和报社得以解脱。1958年，调至上海市文化局剧目工作室，从事创作辅导工作。1973年11月起，历任上海戏剧学院系主任、副院长兼《戏剧艺术》主编。曾在华东师范大学主讲戏剧史、编剧概论、戏剧美学等课程。发表《论形象思维》《教育与政治的关系》等论文。是上海市政协第五、第六届委员，华东地区高等教育科学管理研究会理事、上海戏剧家协会理事、上海高校德育研究会副理事长、《高校研究》编委。1991年6月8日，陈伯鸿逝世，享年66岁。

杨存性（1925—2002）

杨存性，民国14年（1925年）9月1日生于浙江鄞县。1950年，毕业于上海圣约翰大学医学院，获博士学位。先后任上海宏仁医院医师，江苏省血吸虫病防治研究所（驻无锡）疟疾防治科科长、副所长、研究员，全国疟疾专家咨询委员会委员等职。他在疟疾流行病学方面有较高的造诣。60年代和70年代初，在江苏省“间日疟”两次暴发流行期间，先后总结出“两根治，一预防”①和“两全两复”②的防治对策，取得显著效果。1978～1983年，受卫生部派遣赴日内瓦任世界卫生组织疟疾规划处高级医务官，赴世界许多国家，尤其是西太平洋地区等国考察有关疟疾防治、研究及规划等项目。1983年回国后，继续担任硕士研究生导师，共培养4名硕士研究生。仍兼任世界卫生组织疟疾委员会委员和专家顾问组顾问。经他多方联系与争取，世界卫生组织热带病研究和培训特别规划局于1988年、1990年两次资助江苏省血吸虫病防治研究所，并派青年科研人员出国学习，为江苏省寄生虫分子生物学重点实验室培养科研骨干。

在30多年的研究中，他对多种抗疟药及不同疗程的效果、疟原虫抗性、蚊媒生物特性以及仿制和有关疟疾诊断等方面进行探索。1990年后，进行嗜人按蚊、埃及伊蚊细胞系统的建立及特征的研究，用胶体金技术检测疟疾抗体及PCR检测恶性疟的研究取得进展，并与国外合作进行单克隆抗体诊断疟疾的研究，取得良好结果。他是中华医学会会员，1992年，享受国务院政府特殊津贴。1995年10月退休。2002年4月5日，杨存性逝世，享年77岁。

侯莉君（1925—2004）

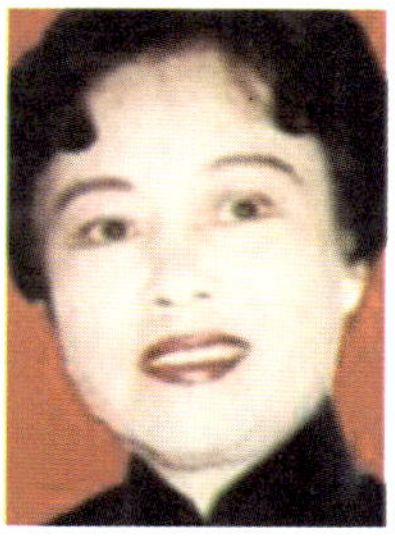

侯莉君，女，曾名侯丽君，民国14年（1925年）11月生于常熟，无锡市北门露华弄人。父亲早逝，家境贫寒，因常随在书场干活的亲戚到书场听书，自小即对评弹产生兴趣。曾就读于无锡市冶坊场小学，三年级时，因家贫13岁辍学进当时无锡评弹界有名的“钱家班”学艺，师从陈亚仙，艺名钱玲（凌）仙。民国30年，因不堪班主虐待而离开，在智用小学当教师。1950年后，与徐琴芳拼档，演出《落金扇》，改名侯莉君。1951年，加入苏州评弹协会。1953年，加入上海市评弹实验第五组。1956年，加入常熟评弹团。1959年，参加全国曲艺汇演，周恩来、毛泽东先后在中南海接见并合影。1960年，调至江苏省曲艺团为主要演员，与钟月樵拼档演出。5月，出席江苏省文教群英会，被评为省先进工作者。在与钟月樵拼档期间，因钟擅“蒋调”，侯的唱腔亦在“蒋调”基础上，上下回旋，后又吸收“俞调”及京剧旦角唱腔，并据自己的嗓音条件创造出“侯调”。其特点为节奏缓，拖腔起伏婉转，很适合表现女主人公哀怨、凄苦、悲痛、愁思等感情。她是中国民主促进会会员，曾任南京市政协委员，第三、第四届全国文代会代表，江苏省曲艺家协会、音

① 疟史病人根治、现症病人根治，流行季节高发地区预防服药。
② 全民休止期根治、流行季节全民预防服药，流行季节前疟史儿童及现症病人复治。

乐家协会、文联委员。其代表作有《莺莺拜月》《英台哭灵》《孟姜女》等。2004年2月，侯莉君逝世，享年79岁。

杨天飞（1927—1990）

杨天飞，学名文富，曾用名克俭、忠彪，民国16年（1927年）7月6日生于上海，祖籍山东济南。自幼喜爱滑稽戏。民国29年任三通书局练习生，民国32年考入上海电报局，10月进入朱春记营造厂，民国36年任上海公交公司售票员。下班后经常到大世界剧场看戏，后拜姚乐乐为师，客串滑稽戏。先后在玫瑰剧团、张醉地剧团、天宝剧团客串演出。其间，拜滑稽戏名家杨华生为继帖先生。1951年，任无锡方朔精神滑稽团演员，独当一面表演《十三家头叉麻将》。他不仅会10多种方言，还能熟练演唱滑稽戏的九腔十八调，曾在《杨乃武与小白菜》等剧中担任主角。1953年，剧团更名为众力通俗滑稽剧团。1956年，参加华东地区戏曲观摩表演，参演的《老狐狸》获一等奖。在编剧沙陆墟的建议下，将原名忠彪改为天飞。不久任团长。1957年，剧团更名为无锡市滑稽剧团。同年，在江苏省第二届戏曲会演中，《老狐狸》获优秀剧目演出奖。50年代末，创作并演出大型滑稽戏《三十年前上海滩》《拆穿西洋镜》，名剧《三毛学生意》，在苏州、无锡、常州一带引起轰动。他和剧团还先后演出《满意不满意》《智擒606》《财迷心窍》《借债割肉》《1654案件》《空谷兰》《伪巡长》等剧，使无锡市滑稽剧团享誉江苏、浙江和上海地区。先后将话剧和北方戏曲《女店员》《全家福》《最后一幕》《不夜的村庄》《苏州两公差》《皮匠挂帅》改编成滑稽戏演出，改编法国名作《吝啬鬼》为《守财奴》，创作《神仙改行》《红杏出墙》等新戏。1962年后，先后排演《夺印》《千万不要忘记》《唐伯虎点秋香》《抓壮丁》《升官图》《霓虹灯下的哨兵》，创作《合家欢》（后改名《好事体》）、《喜上加喜》、《龙马精神》等。1969年，下放到苏北滨海县蔡桥公社，帮助排演京剧《智取威虎山》《龙江颂》，并创作、排演淮剧《打新床》《二分钱》，在地区会演中获优秀奖。1979年，无锡市滑稽剧团更名为无锡市曲艺团，他调回无锡恢复工作。创作排演《笑的春风》《甜酸苦辣》《阿混新传》《哎呀，妈妈》《毛脚媳妇》和《家庭公案》等新戏。他一生创作、排演滑稽戏数十部，为戏剧事业作出贡献。1990年，杨天飞病逝，享年63岁。

陈文章（1927—1996）

陈文章，民国16年（1927年）10月生于江苏泰兴。民国32年10月，加入中国共产党，同年11月参加革命。抗日战争、解放战争时期，历任泰兴县广陵区乡治安委员、青年干事、公安股股长，海安县南线中心县委联络部干事、区联络科科长、副区长，泰州专署公安局副科长，在党组织的领导下，依靠群众，坚持斗争，为苏区人民政权的巩固和维护社会治安做出贡献。

新中国成立后，历任苏北行署公安局保卫股股长，省公安厅科长、副处长、处长。1965年6月起，任市公安局局长。“文化大革命”中遭受迫害。1978年10月，任市革命委员会副主任。1980年1月起，任市委副书记、副市长。1983年3月，任无锡市市长、市政府党组书记。为无锡市改革开放、经济建设和社会事业发展做出贡献。1983年10月，调任省委政法委员会副书记、省委委员，省公安厅厅长、党组书记兼武警江苏省总队第一政委、党委书记等职。注重调查研究，密切联系群众，依法办事，严格执法，在历次维护全省政治稳定和社会安定斗争中，带领全省公安干警出色地完成任务。退居二线后，任公安部咨询委员会委员。1996年8月14日，陈文章逝世，享年69岁。

秦达明(1928—1998)

秦达明,民国17年(1928年)8月生于无锡。1954年参加工作。1957年6月,加入中国农工民主党。历任市惠山泥人社、泥人厂、泥人二厂、玩具厂生产科长、副主任、副厂长、厂长。“文化大革命”期间下放苏北,任滨海县工艺美术厂革委会副主任。回城后,历任市工艺美术工业公司生产计划科科长,省政协委员,农工民主党江苏省委委员、常委,农工民主党无锡市委组织部副部长、副主委兼秘书长、主委、名誉主委,市政协委员、常委,市政协第八、第九届副主席等职。他长期在企业基层任职。在从事民主党派工作期间,做了大量卓有成效的工作,为农工民主党无锡市党组织的建设和发展作出贡献。1998年1月,秦达明病逝,享年70岁。

何尚英(1928—1990)

何尚英,民国17年(1928年)生于江苏吴江。1951年,毕业于上海圣约翰大学医学院,获博士学位。先后担任上海市抗美援朝志愿医疗手术队第十一陆军医院内科医师,省血吸虫病防治研究所流行病学组组长、防治研究科副科长、研究室负责人,省委血防办公室副主任,省血吸虫病防治研究所副科长、副所长、研究员。聘任为省血吸虫病研究委员会副秘书长,卫生部血吸虫病专家咨询委员会副主任委员、省自然科学研究人员高级职务评审委员会副主任委员、国家科委“七五”攻关重点研究课题卫生部领导小组成员、中国沼气协会环保卫生专业委员会副主任委员等职务。1989年受卫生部委托创办《中国血吸虫病防治》杂志,任副主编。

何尚英主要从事血吸虫病防治研究工作,尤其在理论流行病学和计量流行病学方面多有建树。其首创铲草皮五氯酚钠沿边药浸消灭河沟钉螺的方法,在省内外普遍推广应用。70年代,建立7个消灭血吸虫病的试点和陆墓血吸虫病纵向观察试点,为江苏省水网地区加速实现消灭血吸虫病提出系统的防治措施和指标,特别是计量流行病学研究在全国血防科研中处于领先地位。此外,在血吸虫卵、毛蚴、钉螺生态、查灭钉螺、皮内实验、急性感染防护、五氯酚钠中毒的防治等方面都有创新和发现。1978年始,获全国、省科学大会奖3项,卫生部科技进步三等奖1项,省政府科技进步二等奖、三等奖各1项。在全国和省级学报、杂志等发表论文、报告120余篇。1979年担任硕士研究生导师。曾多次被评为全国、省血防工作先进个人,市先进工作者。1990年7月,何尚英逝世,享年62岁。

巫君玉(1929—1999)

巫君玉,字钝初,民国18年(1929年)3月生于无锡安镇巫埂村。12岁跟随陆治中、过培庆学中医,17岁开始行医。曾参与组织国医砥柱社无锡分社,参与组建安镇联合诊所,任所长及安镇区卫生协会副主任。后参加无锡县中医进修班学习,结业后被选送至北京中医进修学校学习。1954年毕业,在卫生部第六医院工作,首建中医科。开始发表治疗黄疸、上消化道出血、破伤风、感冒、中毒性肺炎及刮痧疗法等论文。他的中医保胎及中西结合治疗肝硬化腹水等经验,作为向国庆10周年献礼在北京劳动人民文化宫展览。1962年,任第六医院中医科副主任,北京中医学会理事。“文化大革命”中受冲击,回到无锡。1970年平反,任无锡县东绛人民医院内科、针灸科、骨科负责人,县中华医学会副秘书长。1979年秋调回北京,任北京鼓楼中医院院长,并被聘为首都医学院中医副教授、主任医师。1983年,任北京市卫生局副局长,主管中医及中西医结合工作,致力于各区中医单位的建立及科研工作的开展。兼任中华全国中医学会常务理事、中医内科学会副主任委员等职,被聘为北京中医学院名誉教授、北京市中医医院顾问等。曾被评为北京市劳动模范、北京市先进工作者。1999年6月,巫君玉病逝,享年70岁。

马凤山(1929—1990)

马凤山,民国18年(1929年)5月生于无锡东亭。1949年10月考入上海交通大学航空工程系。1952年提前毕业,赴东北投身航空工业建设,历任哈尔滨飞机制造厂检验科副科长、设计室副主任。曾先后参加松花江1号小型客机、和平401号短程喷气客机的设计及和平402号涡桨客机的方案设计。1956年2月加入中国共产党。1959年5月,赴苏联学习、考察,回国后任图—16飞机仿制工作主管设计师。1964年起,调任西安飞机制造厂设计科副科长、设计所副所长,先后参加轰6飞机的仿制,开展飞机投放原子弹、氢弹冲击波和光辐射对母机影响的研究分析工作,组织领导运8飞机的设计。1965～1966年,两次担任主要技术负责人,赴苏联购买并验收图—124和安—24飞机。1966年,任代表团副团长和技术负责人,赴越南赠送国产直5飞机。1970年11月,调至上海主持运10飞机的设计,先后任技术总负责人,上海飞机研究所副所长、所长兼总设计师。在当时国内没有研制大飞机经验的情况下,带领工程技术人员自力更生,把国外先进技术与中国实际情况相结合,采用合理布局和多种先进技术,改善运10飞机的结构、性能和增加续航能力,使运10飞机全机静力试验和首次试飞一次成功,在国内外引起强烈反响。撰写的《运10飞机的气动设计》论文,对国内后来设计研制大型运输机、客机具有重要参考价值。

1982年,他因病休养,在病重住院期间,仍关心研制干线飞机的进展情况。1985年10月,带领一批技术人员赴美国与麦道公司合作研究桨扇技术,为研制国内新干线飞机提供技术和管理经验。1986年12月,被国家科委批准为国家级有突出贡献的科技专家。1987年,晋升为研究员级高级工程师。1988年,获献身航空事业艰苦奋斗30年荣誉奖章。1990年4月24日,马凤山在上海逝世,享年61岁。

唐涌祥(1929—2005)

唐涌祥,民国18年(1929年)5月生于无锡县前洲镇张巷,初小文化。1971年3月加入中国共产党。后任前洲镇西塘村党委书记、西塘村实业集团公司总经理。他是一位农民企业家,在改革开放的大潮中,带领党委一班人艰苦创业,把原来"吃粮靠预借,生活靠救济,生产靠贷款"的后进村建成全国闻名的富裕村。1987年,西塘成为无锡县亿元第一村,1991年,在中国乡镇企业百强评选中名列第二。抓外向型经济是他在新形势下发展经济的重大决策,至1995年,全村有10家外资企业。外向型经济给西塘村带来外资与技术同时,提高了企业管理水平。他坚持"年年办新厂,年年变模样"的长期投入,促使西塘村的经济发展长期处于全国、全省村级经济的领先地位。1990～1995年,投入2.63亿元,培育出10家工、贸、科、商一体化的企业,利润超亿元,利税超千万元。1995年,全村有固定资产3.5亿元,名列全国十大富裕村第九位。在发展经济的同时,十分重视为群众办实事、好事。1983年起,全村实现上学、看病、粮饲加工、理发、做衣、家庭财产保险、殡葬火化等10项免费,村里办起幼儿园、中小学、医院,家家用上廉价液化气,全面实行劳动保养制度,使人人安居乐业。他连续5次被评为市劳动模范。1987～1991年,连续3次被省政府授予"乡镇企业家"称号。1988年,被评为省劳动模范。1990年,被评为全国农业劳动模范。1991年,连续第四次被评为全国乡镇企业家。1995年,被国务院授予"全国劳动模范"称号。2005年1月14日,唐涌祥病逝,享年76岁。

柳家奎（1929—1995）

柳家奎，别名半坡，民国18年（1929年）8月生于浙江嵊县。1954年，毕业于中央美术学院华东分院雕塑系。参加工作后，长期在无锡从事惠山泥人的创作、研究工作，先后任惠山泥人研究所高级工艺美术师、所长、名誉所长。其彩塑作品格调高古清雅，造型洗练，线条流畅。1979年，被轻工业部授予“工艺美术家”称号，1988年，被授予“中国工艺美术大师”称号。在1990年中国旅游购物节上，其作品《醉八仙》获天马金奖。他是中国美术家协会会员、中国工艺美术学会高级会员，并被誉为“惠山泥人艺术的一代宗师”。著有《惠山泥人》。重要作品有《我爱北京天安门》《洛神》《九老头》等，代表作《醉八仙》《待渡罗汉》《高僧论道》均被中国工艺美术馆收藏。1995年2月，柳家奎病逝，享年66岁。

蒋慧惠（1929—2003）

蒋慧惠，女，民国18年（1929年）11月5日生于无锡张泾桥寨门。民国36年，毕业于上海浦东中学。1952年，毕业于上海市第一医学院医疗系。1953年，结业于中央卫生研究院病毒师资班。1980～1981年，在美国进修肠道病毒、甲肝病毒和水病毒专业，并被美国贝勒医学院聘为客座副教授。曾任上海医科大学卫生微生物学教研室副主任、教授。1986年7月，任博士生导师。她专长医学病毒学和水中病毒浓缩的研究，培养博士研究生、硕士研究生多名。曾任《国外医学·微生物学分册》常务副主编，高等医药院校卫生专业教材编审委员会委员等职。《经水厂常规处理后之出厂水的病毒学质量评价》获全国第一届卫生检验论文报告一等奖，曾获1986年上海市“巾帼英雄”二等奖。著有《水病毒》《肿瘤病毒》等著作。2003年，蒋慧惠病逝，享年74岁。

聂中明（1929—2005）

聂中明，民国18年（1929年）12月生于无锡石塘湾。自幼热爱音乐，少年时代经常参加丝竹乐器的演奏活动。中学期间学习声乐、钢琴演奏，参加独唱比赛和指挥学校合唱团。民国37年，考入南京国立音乐院。新中国成立后随校转入新组建的中央音乐学院声学系。1953年毕业后，分配至中央广播事业局，受命组建中央人民广播电台学生广播合唱团并任指挥。同年，赴罗马尼亚布加勒斯特参加第四届世界青年联欢节。1954～1955年，入莫斯科格涅辛音乐学院指挥班。1956年，任中央广播乐团指挥，指挥中国广播合唱团，首次举办无伴奏合唱专场音乐会。1962年，合作改编、创作合唱《龙女听琴》，在管弦乐队伴奏中配以民族特色器乐。1970年，根据周恩来总理的指示，组织并排练录制大批少数民族歌曲。后又赴吉林长春录制延边歌舞团的少数民族合唱。1983年7月，担任大型音乐舞蹈史诗《中国革命之歌》指挥之一。1985年，任中国广播艺术团合唱团指挥，参加全国第二届北京合唱节获一等奖。1986年，任中国广播合唱团、交响乐团指挥，参加全国专业合唱大赛获金奖。1988年，任中国广播艺术团合唱团指挥赴日本参加国际合唱大赛，获三金一银。1995年，指挥《春的召唤》无伴奏合唱音乐会，获广播电影电视部金唱片指挥特别奖。1997年庆祝香港回归，他指挥演奏交响大合唱《香港》。1999年，中国唱片公司出版由聂中明指挥的中国第一张无伴奏合唱专辑《在银色月光下》。2000年7月，作为中央电视台银河少年电视艺术团艺术总监和常任指挥，参加第29届维也纳国际青年音乐节并在奥地利、德国等欧洲4国演出。2003年11月，中国合唱协会、中国交响乐团合唱团联合举行《峥嵘之光》系列合唱音乐会著名指挥家聂中明专场。

他先后担任学生广播合唱团、科学之声合唱团、广电总局老干部合唱团等多个合唱团的指挥及艺术指导，普及合唱艺术。多次率合唱团出国交流，主持中国合唱节、中国童声合唱节、中国老年合唱节等活动。还为全国各地培养很多指挥专业人才，与人合著《合唱与合唱指挥》、合编有《百首中外合唱歌曲集》。他多次回无锡，关心无锡的合唱艺术，指导山禾合唱团在第六、第七届中国合唱节上获多项金奖。是中国合唱协会理事长，国际合唱联盟顾问，1991年，获国务院政府特殊津贴。2005年2月27日，聂中明因突发脑溢血病逝，享年76岁。

高　方（1930—1993）

高方，字祖望，民国19年（1930年）10月16日生于无锡西漳陈家桥。民国36年，考入上海交通大学化学工程系。1950年12月，参军后即赴朝作战。1956年8月，加入中国共产党。1962年，任防化学兵科学技术研究院一所副研究员。长期从事化学防护理论研究及部队装备研制。1959年，研制成功Ⅲ型活性炭、活性炭催化剂和过滤纸，为滤毒罐设计提供新型材料，并先后主持研制两代防毒面具。1978年获全国科学大会个人奖。80年代，领导研制新一代透气式防毒服。1981年被评为研究员。1983年任总参谋部防化部副部长。1984年获国家发明证书。1985年任防化研究院院长。是年获国家科技进步二等奖。1986年，出席瑞典国际防化学术会议。1988年被授予少将军衔。他是国际科联环境问题委员会中国委员会委员、中国环境学会常务理事、中国林产化工学会顾问，第五届全国人大代表。曾立二等功两次，1993年7月23日，高方因飞机失事在银川遇难，享年63岁。

李祖法（1930—2003）

李祖法，民国19年（1930年）10月16日生于常州武进。民国33年6月，进无锡丽新纺织印染厂工作。1949年12月，加入中国共产党。1951年起，先后任厂团委书记、党总支副书记。1957年1月，任市总工会副主席。1959年6月，任市委劳动工资部副部长、工业部副部长。1965年8月，任无锡庆丰纺织厂党委副书记兼厂长。1966年8月起，任市国棉二厂党委书记、革委会主任。1970年12月起，任中国赴苏丹纺织考察组组长、无锡市纺织援外组组长。1976年3月，任市纺织工业局副局长。1977年，任市工业交通办公室主任、市委工交政治部主任。1978年7月，任市革委会副主任兼工交政治部和市经委主任。1980年1月任无锡市副市长，1988年1月任市人大常委会副主任。是市第八至十一届人大代表。他长期在无锡工业战线工作，为无锡经济建设作出贡献。2003年11月17日，李祖法病逝，享年73岁。

尤惠秋（1930—2000）

尤惠秋，民国19年（1930年）生于浙江嘉善，祖籍江苏青浦。12岁到苏州师从吴筱舫学习弹词，不久与师兄吴剑秋拼档演出。民国37年，在上海献艺，并在电台演唱开篇，以《六月雪》获得听众好评。上海解放后，师从蒋月泉。1952年，与琵琶师朱雪吟拼档，不久结为伉俪并参加苏州市评弹实验工作团，先后演唱《梁祝》《钗头凤》《王十朋》等长篇书目。1953年，夫妇同进中央广播说唱团。1958年末，尤惠秋任苏州市评弹三团团长。翌年末，夫妇俩加入省曲艺团。1965年9月，尤到市曲艺团工作。1980年，曾随省评弹团赴港演出。他说表清晰，弹唱善用中低音特长，在“沈薛调”与“蒋调”基础上，借鉴吸收京剧老生唱腔，加以发展，自成一家，世称“尤调”。“尤调”唱腔以柔软见长，委婉细腻，软糯流畅，悦耳动听，徐丽仙称其有“平中出奇”之妙，著名评话表演艺术家金声伯称其为“评弹界的杨宝森”①。2000年，尤惠秋逝世，享年70岁。有

① 杨宝森（1909—1958），京剧老生演员，四大须生之一，杨派艺术的创始人。

唱片《尤调绝版》行世。

华静娟（1931—1997）

华静娟，女，字蕴中，民国20年（1931年）4月29日生于上海，无锡人。早年就读于上海市第一女子中学。民国37年，考入上海大同大学化学系。在校期间受进步思想影响，于民国38年4月和1950年7月先后加入新民主主义青年联合会和中国共产主义青年团。1952年8月毕业后，分配在南京工学院工作，先后任食品工程系助教、系秘书、讲师等。1954年5月，加入中国共产党。1958年，参加创建无锡轻工业学院，先后任食工系、化工系、基础课部副主任，教务处副处长，化工系主任等职。长期工作在教学第一线，讲授不同专业的“有机化学”课程，并开展科学研究。1981年4月，晋升为副教授。8月起，先后任无锡轻工业学院副院长、党委常委、院长。在学校内部管理体制改革、教学改革、师资队伍建设，筹建国家及部省级重点学科、争取和完成世界银行第二个大学贷款发展项目的建设、建立计算机中心和分析测试中心、与国外著名高校建立长期交流协作关系等方面做了大量有效的工作，为学校争进“211工程”奠定良好基础。1991年离休。曾任无锡市女知识分子联谊会会长。1997年，华静娟病逝，享年66岁。

陈钟祥（1932—1991）

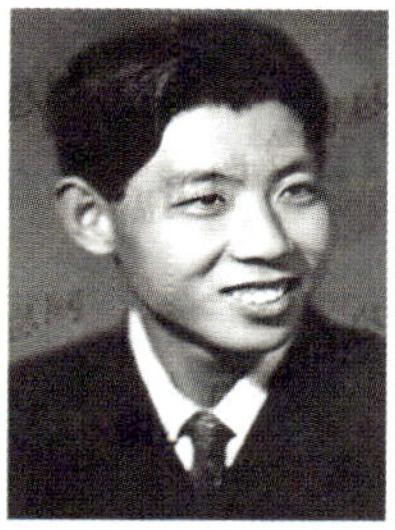

陈钟祥，民国21年（1932年）4月6日生于无锡东亭。高中就读于无锡县立中学。1950年，考入清华大学采矿系（后改为石油工程系）。1952年6月加入中国共产党。1953年，于清华大学石油工程系毕业后，任北京石油学院钻采系助教。1958年冬，赴苏联莫斯科古勃金石油学院研究生部攻读渗流力学。1962年5月，获莫斯科石油化学和天然气工业学院技术科学副博士学位。归国后任北京石油学院讲师、石油开发研究室副主任。1972年8月起，先后任石油工业部石油勘探开发规划研究院工程师、教授级高级工程师、博士生导师等职。在国内外发表论文50多篇，并有译著多部。1979年，任中国地质学会水文地质专业委员会委员。从事流体力学研究，其研究成果计及毛细管压力时二相非稳态驱替方程的一些不变解、双重孔隙度——双重渗透率介质中非定常渗流方程组的一系列精确解，在国际上处于领先地位。1980年，获石油工业部劳动模范。1982年，因对二相多维渗流、双重介质和多层油层中渗流做出创造性贡献，获国家自然科学三等奖。曾多次应邀赴加拿大、美国、新西兰等国参加国际学术会议。1986年秋，应邀赴挪威讲学和合作研究，获挪威理工学院技术博士学位。他是北京市第六届人大代表。1991年，陈钟祥在美国病逝，终年59岁。

任国庆（1933—2000）

任国庆，民国22年（1933年）生于无锡。1951年参加工作，1956年加入中国共产党，历任市广播电视局党委副书记、副局长，崇安区委副书记等职。1979年5月，响应党的号召赴西藏工作，历任西藏自治区山南地委宣传部副部长，山南地区广播电视局局长，西藏自治区广播电视厅党委委员、办公室主任。他克服强烈的高原反应，顽强适应极其艰苦的自然环境，学习党的民族政策和藏文藏语，熟悉藏族的风俗习惯，与藏族同胞打成一片。在山南，带领干部职工艰苦创业，建立西藏第一座地区级电视发射转播台与广播电台，并率先在全区12个县建立电视转播台，开创西藏广电事业新局面，获“西藏自治区优秀共产党员”“全国广电系统先进工作者”等称号。20多年间，多次放弃回无锡与家人团聚的机会，坚持留在西藏工作。退休后，仍留任西藏广电厅驻成都物资转运站负责人，继续为西藏广电事业发展勤劳工作。2000年2月，因患癌症晚期回无锡治疗，与病魔作顽强斗争。7月，市委在全市范围内开展向任国庆学习的活动。江苏省委、西藏自治区党委、国家广电局党组、无锡市委等领导机关先后做出决定，授予他“优秀共产党员”和“优秀援藏干部”等称号，各种新闻媒体对他的事迹作广泛的报道。2000年10月14日，任国庆在无锡病逝，享年67岁。

苏国荣(1934—2000)

苏国荣，笔名梁溪，民国23年(1934年)4月生于无锡。1964年毕业于北京大学中文系，后在中国戏曲研究院剧目研究室工作。“文化大革命”期间，下放文化部“五七”干校劳动。1973年，调回文化部研究机构工作。1980年起，历任中国艺术研究院戏曲研究所党支部委员、研究室主任，《戏曲研究》副主编，戏曲研究所所长。1991年起，为中国艺术研究院研究生部和中国戏曲学院开设戏曲美学课，带硕士、博士研究生多人。曾任《中华艺术通史》常务副总编，国家重点科研项目《中国戏曲通论》编写组副组长，《戏曲史论丛书》执行主编。多次组织召开全国性学术会议和国际学术讨论会。他是戏曲研究所研究员，国务院学位委员会博士和硕士点通讯评议专家组成员，文化部博士生导师评审委员会委员，中国作家协会会员，中国戏剧家协会会员，中国戏曲学会常务理事，中国戏曲现代戏研究会荣誉理事，中国唱片总公司艺术顾问，中国戏曲学院客座教授。1994年1月，被国务院授予“为发展我国文化艺术事业做出突出贡献的专家”称号，享受政府特殊津贴。1997年，主持无锡《苏氏族谱》的编修，并任主编。是年，加入中国作协。著有《中国剧诗美学风格》《戏曲美学》《宇宙之美人》等，主编《周恩来论文艺》《周恩来文艺年谱》《戏曲理论研究文选》等，先后发表论文、评论百余篇。2000年2月2日，苏国荣病逝，享年66岁。

秦家懿(1934—2001)

秦家懿，女，民国23年(1934年)生于上海，祖籍无锡。秦联奎之女，秦家聪之姐。早年在上海和香港就学，后至美国新罗谢尔书院和天主教大学学习。其间，是圣乌尔苏拉会的修女。1972年，毕业于澳大利亚国立大学，获哲学博士学位。后任美国哥伦比亚大学、耶鲁大学副教授。1978年，任教于加拿大多伦多大学，1981年任宗教、哲学和东亚研究三系教授，是加拿大著名华裔汉学家。

她主要研究基督教神学、儒家智慧以及两者间的比较。1989～1994年，先后出版有关中西方宗教与哲学的专著8部。1990年，获选加拿大皇家学院院士。1994年，获北卡罗来纳州圣安德鲁斯长老会书院荣誉人文学博士。1997～2000年，整理在中国哲学与宗教研究数十年的成果，出版专著“Mysticism and Kingship in China: The Heart of Chinese Wisdom”(《王：天人合一》)和“The Religious Thought of Chu Hsi”(《朱子宗教思想》)。晚年，仍积极参与各种学术和社会活动。1997年4月，出席德国前首相舒默特主持的高层专家会议，并参与《人类责任的举世宣言》的起草。1997年，被加拿大皇后大学授予荣誉神学博士，2000年，获加拿大勋章。还著有《慎思录》《王阳明》等，与瑞士汉学家孔汉思合著《中国宗教与基督教》，发表学术论文六七十篇。2001年，秦家懿逝世，享年67岁。

李鹤强(1934—2005)

李鹤强，民国23年(1934年)生于江苏昆山。1955年，进苏州医学院医疗系学习。1960年参加工作，历任市第一人民医院医师、内科主治医师，临床医学实验研究所内科副主任医师、主任医师。1982年起，历任市第一人民医院内科副主任、主任，临床医学研究所副所长、所长。1985～1995年，任中华医学会无锡分会副会长、组织委员、主任委员。1989年，任南京医学院兼职副教授。1996年起，兼南京医科大学内科教授，任中华医学会江苏分会理事、心血管专业委员会委员，《标记免疫分析与临床》杂志副主编，市第四届科学技术进步奖评审委员会委员，市刑事科学技术协会常务理事。在做好本职工作的同时,经常义务参加省市的医疗会诊,多次担任到无锡视察的中央领导的保健医生。张闻天在无锡居住期间,曾任其保健医生。

他擅长于心血管疾病的诊治,在心脏内科、普通内科等方面有较深的造诣。1975年,在无锡市首先开展"同步电复律术"治疗严重快速型心律失常,转复率100%。1976年,开展紧急临时人工心脏起搏术治疗心、脑缺氧综合症的治疗。经常被邀到兄弟医院抢救病人,挽救大量危重心脏病人的生命。1980年始,在市内安装第一例埋藏式永久人工心脏起搏器,后共开展200多例,成功率在无锡地区居首位。1989年,在省内首先开展经皮气囊二尖瓣分离术治疗风湿性心脏病二尖瓣狭窄。1991年,《鱼油的研制及其对防治心血管等疾病的研究》获市科技进步四等奖。1992年,《经皮球囊二尖瓣形成术》获市科技进步三等奖。

他待病人如亲人,精心诊治患者,受到普遍赞扬。先后获省科学大会先进工作者、市优秀共产党员、市劳动模范、市先进工作者,并参加1976年唐山地区医疗队抗震救灾。1992年,获国务院颁发的政府特殊津贴。2005年,李鹤强病逝,享年71岁。

徐鑫川(1935—1996)

徐鑫川,民国24年(1935年)生于江苏江阴。毕业于浙江医科大学医疗系,中共党员。1962年9月,在市第二人民医院参加工作。1965年,调入市医学研究所(江苏省原子医学研究所的前身)。1984年起,任省原子医学研究所副所长兼临床部主任。1992年晋升主任医师,10月享受国务院政府特殊津贴。1995年11月退休。是单位临床核医学的学术带头人和主要骨干之一,在长期的医疗实践中,十分注重新技术的开发和应用,积极探索γ相机、同位素CT对人体各种脏器的显像和正确读片方法,探索核素治疗疾病的新方法,作为主要设计者和操作者的"全身骨显像研究"课题获江苏省科技成果四等奖。分管临床工作,和同事们一起,发扬专科优势,提高医疗质量,为省原子医学研究所附属医院成为以诊断内分泌疾病为特色、享有较好社会声誉的医院作出贡献。他是中华医学会、中国核学会会员,曾担任江苏核医学会秘书,无锡核医学会主任委员,江南大学医疗系兼职教授。1996年5月8日,徐鑫川在无锡逝世,享年61岁。

顾鼎元(1937—1991)

顾鼎元,民国26年(1937年)5月生于无锡县西漳。1954年3月、1958年8月、1966年8月先后从华东纺织工学院高职班、本科班、研究生班毕业,被分配在上海第十二毛纺织厂工作。后历任浙江丝绸工学院助教、教研组长,江苏省无锡纺织研究所技术员、工程师、副主任、副所长等职。1980年起,连续当选为市第八至十届人大代表,第九、十届人大常委会委员。1981年,加入中国共产党。1983年6月,任市第一棉纺织厂副厂长,翌年6月起任厂长,提出"以我为主、博采众长、融合提炼、自成一家"的治厂方针,1987年,该厂6项经济指标稳居全市前10名,连续3年蝉联"全能企业"称号。至1991年,共创利税1.85亿元,创汇1.25亿美元。

在省纺织研究所和国棉一厂工作期间,所主持的"细纱自动集体落纱"和"棉纺全流程成套新技术"科研项目分别获省科技进步二等奖和全国技术进步先进企业全优奖。他事事处处以身作则,严于律己、清正廉洁,把党和国家的利益放在首位。为完成无锡市外贸承包任务,宁愿减少利润700余万元;为给国家多创利税,主动将一期承包的利润总额增加430多万元。平时关心职工生活,自己却带病坚持工作。被职工群众称誉为"我们身边的焦裕禄"。多次被评为市劳动模范、先进工作者、优秀厂长、优秀企业家、优秀共产党员,是全国纺织系统优秀思想政治工作者。《人民日报》曾报道其优秀事迹。1991年1月16日,顾鼎元因病逝世,终年54岁。同年6月,纺织工业部决定在全国纺织系统党员、干部中开展向顾鼎元学习的活动。无锡越剧团以顾鼎元事迹编演现代戏《弥留》。

辛定一(1937—2002)

辛定一，别名辛定夷，字匡宇，民国26年(1937年)11月28日生于无锡。1959年，毕业于上海第一医学院医疗系，同年分配到上海胸科医院。1969年，支内赴四川长城钢厂职工总医院外科工作。1977年，调至市第四人民医院，是无锡市胸心外科奠基人之一。1978年，在他主持下成功完成市内首例二尖瓣狭窄扩张术，并在低温下完成先天性心脏病房缺修补术，1979年，成功施行市内首例体外循环下心内直视手术。1980年，开展心脏瓣膜置换术。1984年起，任市第四人民医院胸心外科主任、主任医师。1991年享受政府特殊津贴。他主持开展的食管、贲门、肺、纵膈、胸腔等普胸手术和体外循环下房缺、室缺、复杂性先天性心脏病等的手术治疗，成功率98%，某些单病种手术成功率100%，严重并发症、手术死亡率低于国内发生率。潜心钻研临床技术，有30项科研项目填补国内、省内及市内空白，主动脉钻洞器、全棉织带结扎未团动脉导管、仿生人工胸壁、一次性胸腔引流装置等8项属国内首创，获国家专利3项，在医疗界广泛推广和应用。1991年，“模压式胸腔闭式引流装置的研制及临床应用”获市科技进步三等奖。1994年，“肺癌侵犯胸壁的外科治疗及其胸壁缺损修补材料的研究和临床应用”获省科技进步四等奖、市科技进步二等奖。1998年，主持开展的冠状动脉搭桥术达到国内领先水平。在他带领下，市四院胸心外科被列为无锡市医学重点专科，并成为首批争创省级重点专科的临床科室。

他坚持廉洁行医，热心社会福利事业，为多个患先天性心脏病的孤儿实施矫正手术，多次向市社会福利院捐钱捐物。是苏州大学医学院胸外科硕士研究生导师，中华医学会江苏省分会理事，中华医学会江苏省胸心外科学组副主任委员，市胸心外科治疗中心主任，中华医学会无锡市分会副会长、外科学组副主任委员、胸心外科学组主任委员。曾当选为省第八、九届党代会代表，市政协第七至十届常委。先后获全国卫生系统先进工作者、江苏省有突出贡献的中青年专家、市劳动模范、市白求恩式卫生先进工作者、市优秀科技工作者等称号，多次荣立三等功。撰有《肺癌侵犯胸壁的外科治疗》《胸壁骨架缺损重建术》等论文60余篇，多篇论文参加国际会议交流。2002年4月24日，辛定一病逝，享年65岁。

夏德全(1938—2005)

夏德全，民国27年(1938年)1月27日生于上海。曾先后在上海华侨中学、江湾中学就读。1958年9月，进入南京大学生物系人体及动物生理专业学习。毕业后被分配到长江水产研究所工作，长期从事鱼类遗传与育种研究，成为学科的学术带头人，曾先后主持国家“863”计划、国家科技攻关、国家自然科学基金和农业部重点攻关课题20多项。1981年，赴美国伊利诺斯大学遗传系从事酶学和分子生物学研究，回国后调入驻无锡的中国水产科学研究院淡水渔业研究中心。1983年，自费从美国引进奥尼罗非鱼，开创中国对奥尼罗非鱼的养殖研究，育成高雄性率奥尼罗非杂交鱼，在全国30多个省市推广，经济效益达100多亿元，由此成为国家罗非鱼养殖的当家品种之一。他把自己建立的免疫电泳技术引入鱼类同工酶谱研究，准确确定各种鱼类同工酶谱和亚基组成，其成果为国内首创、国际先进水平。在鱼类细胞工程和基因工程育种方面，他获得鲤鲫移核鱼、雌核发育白鲢等鱼类细胞工程研究成果。此外，他还克隆鱼类目的基因，在国内外最先育成转基因团头鲂，为鱼类基因工程定向育种开辟新途径，项目成果获农业部科技进步二等奖。他首创利用DNA指纹技术研究鱼类杂种优势机理育种，丰富鱼类杂交育种理论并指导生产实践。先后获国家科技进步奖3项、农业部科技进步奖7项，发表论文60多篇。1991年，被农业部评为有突出贡献的中青年专家。翌年晋升为研究员。1993年，被聘为博士生导师。多次应邀赴国外讲学和参加国际学术交流，培养30多名博士和硕士。1997年，获首届中华农业科教奖。2001年，当选为中国工程院院士。2003年，获“何梁何利基金科学与技术进步奖”。是中国民主同盟盟员，第十届全国人大代表。2005年9月，夏德全在无锡逝世，享年67岁。

董欣宾（1939—2002）

董欣宾，民国28年（1939年）11月23日生于无锡张泾桥乌泥坝黄泥沟村。民国35年，拜张云耕为师学习书法。1953年，拜秦古柳为师学习传统中国画，1958年，考入南京艺术学院附属中学美术班。1962年入伍，1968年退伍，在南京新华印刷厂当工人。1975年，考入连云港市第一人民医院学中医。次年，在南京铁道医学院进修。1979年，考入南京艺术学院，成为院长刘海粟的山水画研究生。1982年，至省国画院从事山水画创作，并任理论工作室主任，主攻山水，兼攻人物、花鸟，擅理论研究，兼及书法、篆刻、诗歌、散文、武术、医学、哲学等。1985年起，与学生、美术史论家郑奇合作完成《中国绘画对偶范畴论》《中国绘画六法生态论》《太阳的魔语——人类文化生态学导论》等具有开拓性、体系性的理论著作。台北《雄狮美术》于1989年出版《董欣宾专辑》，《江苏画刊》《美术》《荣宝斋》等期刊多次将其作重点推出。先后在中国美术馆、中央美术学院、省美术馆、南京艺术学院举办个人画展，多次参加国家级、世界级大型艺术展览。1994年，被聘为国家一级美术师。1998年，译林出版社出版大型画册《董欣宾画集》。2001年8月，文化部对外展览中心于中国美术馆举办《江南好——董欣宾中国画展》，同时出版《董欣宾人物画集稿》《画呓与印痕》等。他集中西古今之大成，有严格的中国画本体学研究深度，理法兼备，笔墨恣肆，狂放中表现出至高的精神境界与艺术技巧，继傅抱石之后开创江苏画派崭新风貌，成为具有流派性影响的一代大家。2002年10月15日，董欣宾在上海病逝，享年63岁。

尤进华（1940—2003）

尤进华，民国29年（1940年）生于无锡。无锡市歌舞团艺术室主任，国家一级编导。曾在歌舞剧《白毛女》中扮演杨白劳。创作众多舞蹈，1982年，三人舞《鸬鹚号子》获华东六省一市第二届舞蹈比赛创作一等奖。1984年，独舞《捉蟹》获华东六省一市第三届舞蹈比赛创作一等奖，双人舞《网船恋》获省音乐舞蹈编导一等奖；主创的大型歌舞《江南好》、舞蹈诗《太湖鱼米乡》获文化部“文华奖”。曾获文化部第七届“文华编导奖”。他是中国舞蹈家协会会员、省舞蹈家协会理事、市舞蹈家协会副主席。1987年加入中国民主促进会。历任民进江苏省委第五、第六届委员，市政协第九、十届常委。1993年享受国务院特殊津贴，1995年获“江苏省中青年有突出贡献专家”称号。2003年3月24日，尤进华逝世，享年63岁。

李云军（1941—1999）

李云军，原名李云君，民国30年（1941年）4月14日生于无锡广益乡长善坊。1966年，毕业于北京航空学院航空工程力学系空气动力学专业，后报考本校研究生。同年3月加入中国共产党。1967年9月，分配至解放军第六研究院第七研究所，1970年1月调至603研究所，从事军用飞机研制。1972年6月，借调至上海708工程设计组（中国航空工业第一集团公司640所前身），参加研制中国第一架喷气式客机——“运十”飞机。1976年1月，调入640所，从事大型民用飞机的研究设计。历任640所第一研究室副主任兼中国干线飞机方案论证组组长、航空航天工业部干线飞机型号总体协调主任设计师、第一研究室主任。1987年晋升为高级工程师。1988年4～8月，作为中国专家组成员到美国西雅图波音公司，进行合作研制大型客机的可行性研究。1996年晋升为研究员。

李云军长期从事飞机设计与飞行力学的研究，参与“运十”飞机和远程轰炸机设计研究全过程，成功组织实施发展中国干线飞机的前期论证与可行性研究及干线飞机试验总体方案设计、相关引进技术消化吸收与科研攻关等工作。作为640所飞行力学专业的带头人，在多项专题研究成果的基础上，主持国家多种航空规章的制定与编写。是《飞机设计手册》中《民用飞机总体设计分册》的副主编，《飞行力学》杂志编委。他主持或主要参加的航空科研项目曾获部级科技进步奖一等奖1项、二等奖1项、三等奖2项，1993年，立航空工业部三等功。著有《立式风洞研究》《喷气衿翼研究》以及《民用运输机的平尾初步设计》《民用飞机的飞行性能与使用特性》《飞机参数识别》等。1999年8月4日，李云军逝世，终年58岁。

于文虎(1941—2001)

于文虎，民国30年(1941年)12月30日生于苏州，祖籍无锡。1966年毕业于清华大学。历任山东电力试验研究所汽轮机组技术员、工程师、高级工程师、教授级高级工程师、副所长兼总工程师，山东电力科学院院长，山东电力集团公司副总工程师等职。其间曾任清华大学兼职教授、国家教委“现代电能”专家委员会委员。1974年，提出“单个挠性转子平衡理论方法”，在轴系现场平衡理论和方法上有创造性贡献。1978年2月获全国科学大会奖。1984年，赴美国学习30万千瓦机组的柱子电液控制系统。1991年，论文《引进300兆瓦机组振动特性研究和异常振动消除》获能源部一等奖。1992年2月，被清华大学录取为热力叶轮机械专业博士研究生。1995年3月，首次提出“汽轮发电机组轴承现场平衡及故障诊断的技术研究”理论，获国家科技进步二等奖。5月获博士学位。1997年5月，被国家评为有突出贡献的中青年科学、技术、管理专家。他在电力生产和科研一线从事大型汽轮机组安全经济运行研究30余年，创造出独特的准确诊断机组故障原因的方法，首次建立振动故障自动诊断专家系统的完整知识范畴。主持研制的“大型火电机组性能及振动远程在线分析与诊断系统”，可对各种故障做出快速的诊断并对运行参数优化，1997年10月，获电力部科技进步一等奖，翌年获国家科技进步二等奖。1999年，当选为中国工程院院士。2001年8月29日，于文虎病逝，享年60岁。

钱天白(1945—1998)

钱天白，民国34年(1945年)出生于无锡。1963年，考入清华大学无线电系无线电技术专业。1969年毕业时，因家庭成分不好，被分配到东北辽阳一家街道盲人小工厂。1979年初，调至第五机械工业部计算站(中国兵器工业计算所前身)。他带领人员建成中国第一个在国际互联网正式注册并投入正常运行的CANET(全称Chinese Academic Network，中国学术网)网络中心。1987年，钱天白在美国CST公司做访问学者期间，参加国际计算机科技网第六届学术年会，并在会上作“中国科技计算机网——CANET”的发言，这是中国人第一次出现在类似的国际会议上。1989年，谢绝美国公司的高薪挽留，毅然回国，负责CANET网络项目。1990年11月28日，代表中国在DDN—NIC(国际互联网络信息中心的前身)注册登记中国的顶级域名CN，并建立中国第一台CN域名服务器。1997年5月，国务院信息化工作领导小组办公室发布《中国互联网络域名注册暂行管理办法》，授权中国科学院成立中国互联网络信息中心(CNNIC)，由钱天白主持该项工作。

钱天白一生致力于国家信息基础设施建设、国际国内网络互连的技术协调工作和国际互联网的普及宣传，被誉为“中国互联网之父”。历任亚太地区互联网协会中国工作组副主席、国务院信息化工作领导小组信息安全工作专家组成员、中科院计算机网络信息中心客座研究员、中国互联网络信息中心工作委员会副主任等职。1998年5月8日，钱天白因心脏病突发逝世，终年53岁。

第二章 人物简介

第一节 烈 士

1986～2005年，无锡市（不含江阴、宜兴市）先后被省政府批准为烈士的有12人。

钱劲松（1971—1990）

钱劲松，1971年9月2日生于广东湛江市，祖籍无锡。自幼勤奋上进，品学兼优。1987年9月考入无锡无线电工业学校文秘档案专业。在校时担任班长和班文体委员，并被学校评为优秀团员和学雷锋积极分子。1990年5月12日凌晨3时许，湖南籍劳改释放人员张某流窜至无锡无线电工业学校学生宿舍行窃，钱劲松发现后与张某展开英勇搏斗，不幸被歹徒利刃刺中胸口，身负重伤，经医院抢救无效，于5月13日凌晨4时45分牺牲，年仅19岁。省委、省政府追认钱劲松为中共党员，批准他为革命烈士。市委、市政府授予钱劲松“青年英雄”称号。1990年8月10日，在北京召开的第二次全国人民群众见义勇为与犯罪分子做斗争先进分子表彰大会上，钱劲松被中央宣传部、公安部授予“全国见义勇为先进分子”称号。

张冬兴（1955—1991）

张冬兴，1955年生于郊区山北镇双河村，原市自行车配件六厂职工。1991年6～7月间，无锡遭遇特大洪涝灾害。7月4日18时，张冬兴参加工厂抗洪抢险时，因劳累过度，身体极度虚弱，倒入河中，不幸牺牲，时年36岁。是年9月23日，省政府批准张冬兴为革命烈士。

王根照（1912—1946）

王根照，又名王根钊，民国元年（1912年）生于无锡扬名镇新联村庙湾。民国32年参加革命，任中共锡南工委南桥镇防卫中队队长，以茶馆为掩护进行抗日革命活动。民国35年8月被敌杀害，时年34岁。1993年8月27日，经省政府批准，追认王根照为革命烈士。

王祥根（1917—1945）

王祥根，民国6年（1917年）生于无锡扬名镇新联村庙湾。民国32年，参加中共扬名区委领导的抗日地方武装组织基干队，民国33年3月经党组织决定，参加锡南工委扬名区经分会，负责收税。民国34年7月，在扬名区扬西乡执行任务时，被日军逮捕，不久惨遭杀害，时年28岁。1993年8月27日，经省政府批准，追认王祥根为革命烈士。

吴志明（1942—1995）

吴志明，民国31年（1942年）生于无锡华庄。1995年5月31日，河南淮滨县刑满释放人员马某某流窜至锡山市华庄镇巡塘村行窃，被人发现后逃窜。吴志明等奋力追赶，马某某即用自制土枪射击相威胁，吴志明毫不畏惧，冲上去将马某某紧紧抱住，被马用匕首连捅数刀，因失血过多，不幸牺牲,时年53岁。马某某最终被公安干警和村民们抓获。吴志明牺牲后,锡山市委向全市发出学习吴志明英雄事迹的通知。12月20日,经省政府批准,追认吴志明为革命烈士。

朱炳华(1948—1995)

朱炳华,民国37年(1948年)2月25日生于无锡东北塘全旺村。自小正直、勤劳、俭朴,经常为村上的寡母孤儿和缺乏劳力的农户排忧解难,带头勤劳致富,又敢于伸张正气,同歪风邪气做斗争。1995年5月20日深夜,3名外来歹徒携带凶器窜至某村民家蔬菜棚偷窃番茄,被正在巡夜的朱炳华发现,他一面高喊捉贼,一面赤手空拳向歹徒冲去。歹徒王某某被抓住后拔出匕首向他胸部等处连捅5刀。他忍着剧痛紧抓住歹徒不放,并提醒赶来援助的村民:"歹徒身上有刀,危险!"在村民们的帮助下,歹徒王某某被制服,他却因伤势太重,失血过多,抢救无效,于5月21日晨逝世,时年47岁。锡山市政府号召全市人民学习他见义勇为的精神。1996年6月,省政府批准追认朱炳华为革命烈士。

张　均(1974—1996)

张均,1974年8月16日生于无锡港下镇山前村后头巷。1994年应征入伍,任驻藏某部一连二班代理班长,下士军衔。1996年10月23日,张均与全连指战员一起接运汽车团送去的过冬物资。因山体塌方,道路堵塞,车辆不能进入连队驻地,战士们卸货时须走1公里多的山道,其中一处一边是悬崖,一边是陡坡,路上冰雪泥泞。连指导员周泽文背朝悬崖站在最危险的路边,保护过往战士的安全。当张均扛着罐头箱走过时,周泽文伸手扶张均,不料脚下的泥土松动,身体倾斜下滑,眼看就要跌下悬崖。在危急关头,张均使出全身力气将周泽文推向山坡。指导员得救,张均不幸跌入深谷,因伤势过重,抢救无效牺牲,时年22岁。张均牺牲后,西藏军区追认他为中国共产党党员、革命烈士,追记一等功,并号召全体官兵向张均学习。

葛寿林(1973—1997)

葛寿林,1973年生于盐城市盐都县北蒋乡。1994年8月,毕业于常州物资学校,后分配到中国银行锡山市支行前洲办事处。1997年1月19日17时左右,歹徒丛某某、丛某某身带作案工具,闯入中国银行锡山市支行前洲办事处实施杀人抢劫。葛寿林面对手持凶器的歹徒,临危不惧,奋起抵抗,赤手空拳与歹徒展开殊死搏斗。歹徒用匕首猛刺他的颈部、额部,致使他多处受伤倒在血泊中,最后英勇牺牲,时年24岁。1997年,经省政府批准,追认葛寿林为革命烈士。

邵和宝(1912—1940)

邵和宝,民国元年(1912年)生于无锡市。抗战全面爆发后,加入江南人民抗日义勇军并随军转战苏北,历任新四军苏北指挥部一纵队第一团一营三连一排二班副班长、勇敢队副队长等职。民国29年12月3日,在苏北曹甸战役中牺牲。1999年6月21日,经省政府批准,追认邵和宝为革命烈士。

高云燕(1979—1994)

高云燕,女,1979年11月生于无锡市郊区河埒乡联合村,无锡市公益中学初二(1)班学生。1994年8月1日午饭后,她听到呼救声,得知有人落水,立即出门直奔直湖港,见小学生蒋月掉在河里,就要被湍急的河水吞没。她奋不顾身,下水救人,用力将蒋月推向岸边。蒋月得救,她却不幸遇难,时年15岁。1999年6月21日,经省政府批准,追认高云燕为革命烈士。

朱晓峰（1966—2001）

朱晓峰，1966年12月生于扬州市邗江区头桥镇迎江村。1985年，考入南京工程兵学院地爆专业并入伍。1988年7月加入中国共产党。1989年毕业，分配到解放军总装备部驻无锡63983部队，从事地雷爆破器材研制工作。工作12年间，先后主持、参与11项科研攻关课题，获5项军队科技进步奖和1件国家发明专利，是全所最年轻的高级工程师。2001年11月9日，带领官兵在野外进行装备实弹试验时，一件在研新型爆破器材突然发生意外爆炸，不幸牺牲，时年35岁。2002年，被批准为革命烈士。4月30日，总装备部首长签署命令，追记朱晓峰一等功。同年5月4日前夕，朱晓峰被追认为“无锡市杰出青年”。

刘　伟（1969—2002）

刘伟，1969年4月生于无锡市。市公安局交巡警支队南长大队民警、三级警司警衔。2002年5月24日晚，在太湖大道长江路口值勤时，被拒绝检查并驾车逃跑的小货车当场撞死，时年33岁。2002年，被公安部授予二级英模。2003年11月，经省政府批准，追认刘伟为革命烈士。

第二节　已故在无锡红军

张继坤（1908—1995）

张继坤，清光绪三十四年（1908年）一月生于湖南省浏阳县高坪马槽村。民国18年（1929年）8月，参加红军，先后在湖南独立师一团、江西永新莲花红六军团从事革命工作，并参加长征。民国23年4月，加入中国共产党。抗日战争时期，历任红六军团卫生部、红二方面军四师十二团卫生队、八路军一二〇师卫生部二所、三五八旅卫生队所长、队长。解放战争时期，历任辽宁军区一分区卫生处、辽宁军区卫生部、哈尔滨市三棵树伤兵分配处、五十军一四八师卫生部处长、副部长、部长等职。新中国成立后，历任华中军区第四野战军第二干部疗养院院长、中南军区卫生部鸡公山疗养院院长、军委卫生部青岛高干疗养院院长。1954年12月转业，任第一机械工会无锡疗养院院长，后任省工人滨湖疗养院院长兼党总支书记。1969年离职养病，1982年12月被批准离休。1995年6月25日，张继坤在无锡逝世，享年87岁。

沈　旺（1912—1987）

沈旺，民国元年（1912年）生于福建省福安县。中共党员。曾任闽东红军游击队战士，闽东红军医院看护员、卫生员，新四军三支队六团卫生队中队长，新四军七师五团卫生队队长，福建省福安分区卫生处副处长等职。1985年出席中共无锡市第七次代表大会。1987年，沈旺病逝，享年75岁。

覃正柱（1913—2005）

覃正柱，民国2年（1913年）12月生于湖南省桑植县，土家族。民国24年8月，参加红军，10月参加长征。民国26年1月，加入中国共产党。8月，在山西、河北等地参加抗日战争。民国32年3月，在延安瓦窑堡抗日军政大学学习。民国34年10月，在辽宁等地参加解放战争，历任战士、通讯员、班长、连党支部书记、指导员、副营长、营长、教导队队长、县大队政委、松江警卫团政委等职，先后参加贵州黔西县战斗、云南滨县宣感县战斗、山西原平县忻口战役、百团大战、齐会战役、四平战役、临江保卫战、新县二十里铺突击战、西南大洼地突击战等重大或知名战斗、战役，并参加东北地下工作和剿匪战斗。获中国人民解放军三级八一勋章、中华人民共和国三级独立自由勋章、中国人民解放军三级解放勋章。1950年11月，被抽调参与组建中国第一支空军部队，历任训练大队和基地场站大队政委、场站副政委、政委等职。1958年9月，转业至无锡市工作，历任市城建局党委书记，南长区委副书记、区长，市委视察室副主任，市人大常委会副主任，1982年4月离休。是市第九至十一届人大代表。2005年9月14日，覃正柱在无锡逝世，享年92岁。

李开洪(1914—1992)

李开洪，民国3年(1914年)生于福建省永定县。中共党员。曾任福建永定县金沙区苏维埃政府赤卫队通信员，红十二军四十四师一〇〇团(红军中央独立团)司令部侦通连电话员，新四军抗战二支队、七师二营六团战士、副排长、排长，新四军四兵站警卫排排长，皖北军区税务局63分所所长，苏北军区九分区东南税局检查员，95区东南江海公司仓库主任、副大队长、教导员，苏北军区海纵直属大队政治指导员，华东海军第五舰队总务排长、协理员、总务科长，华东军区后勤卫生部野战14医院行政科科长等职。1992年，李开洪病逝，享年78岁。10月，被追授中国人民解放军二级红星功勋荣誉章。

陈友通(1915—1986)

陈友通，民国4年(1915年)生于四川省南江县。中共党员。曾任红军通讯员、排长、连长、营长、团参谋长、大队长、副团长、团长、副师长，参加过长征。新中国成立后，历任无锡通用机械厂党委书记兼厂长、市体委主任等职。1957年被授予中国人民解放军三级八一勋章、中华人民共和国二级独立自由勋章、中国人民解放军三级解放勋章。1986年，陈友通病逝，享年71岁。

邹唐寿(1918—1995)

邹唐寿，民国7年(1918年)2月生于江西省会昌县，给地主当过放牛娃。民国23年4月，参加红军，参加过长征，历任红一方面军通讯员、副班长、班长、排长等职。民国25年12月加入中国共产党。抗战时期，历任八路军一一五师副连长、连长、副营长、营长等职，曾在抗日军政大学学习，参加过平型关大战及敌后游击战争等。解放战争时期，先后在东北民主联军、第四野战军三纵、四十军担任副团长、团长等职，参加过四平、辽沈、平津、解放中南及解放海南岛等战役。新中国成立后，历任南昌321工厂基建科科长、江西省机器厂厂长、一机部行政司基建处副处长等职。1953年12月起，历任无锡机床厂副厂长、党总支书记、党委书记。1955年3月起，任市委工业部副部长。1960年离职养病。1983年离休，任市民政局老红军离休党支部书记。是市政协第七、第八届委员。1995年2月6日，邹唐寿在无锡逝世，享年77岁。

第三节　已故劳模

季长根(1909—1988)

季长根，清宣统元年(1909年)生于江苏靖江，后定居无锡。民国20年(1931年)在无锡许昌盛营造厂做工。1952年，进入无锡市建筑公司当粉刷工，历任粉刷队队长、工长，无锡市水泥制品厂质量检验员等职。1953年，创造出大板粉刷工艺，在推广中又不断改进，工效成倍提高。1954年加入中国共产党。1956年，被国务院授予“全国先进生产者”称号。1959年，在参加首都十大工程会战中，采用“大板流水作业”，以超额70%的出色成绩完成粉刷任务。后在全省各地示范推行他创造的粉刷工艺，培养出一大批青年粉刷技术骨干。还革新阴角器、阳角器等粉刷工具，节约材料，提高工效和质量。1988年，季长根逝世，享年79岁。

孙廷桢（1911—1988）

孙廷桢，清宣统三年（1911年）生于无锡。民国20年（1931年），毕业于无锡永泰丝厂制丝养成所，后留厂工作。无锡解放后，任无锡第一缫丝厂技术科科长、生产办公室主任、厂长等职。1952年，根据自己多年的工作经验，总结出一套科学先进的"立缫操作法"，并在全国缫丝行业中推广。他还组织革新小组，改革成功混茧机、隔距式筛茧机、剥选茧联合机、全自动小节拍水机、半自动缫丝机、打包机等，使缫丝机械化程度跨前一大步。还积极培养技术力量，重视提高工人技术水平，为蚕丝事业的发展贡献毕生精力。1956年，出席全国先进生产者代表会议，被国务院授予"全国先进工作者"称号。1988年，孙廷桢逝世，享年77岁。

刘元钊（1912—1986）

刘元钊，又名刘仁生，民国元年（1912年）生于无锡，无锡机床厂工人工程师。1951年，进入开源机器厂（无锡机床厂前身）当铣工。1954年，提出多机床操作管理的设想，一人能操作万能铣、滚齿机、扦齿机、刻度机等4台机床。1958年，又增加万能铣和平铣，使操作的机床达6台，三班生产可节省14个技工。他总结出一套"胆大心细把三关，四勤加三勤"的工作方法，从未发生过机械事故。在加工一批八尺机床零件时，改进10多项工具和操作步骤，1个月完成3个月的工作量。1959年被评为全国和省先进生产者，并出席省和全国群英大会。1986年，刘元钊逝世，享年74岁。

邹荣根（1917—1990）

邹荣根，民国6年（1917年）生于无锡。民国36年，进入无锡北栅口程发记机器厂当钳工。1952年，加入中国共产党。1954年起，先后任梅园水厂主任、自来水公司机修车间主任等职。为减轻管道安装工作的劳动强度，革新制造打洞机、电动泵、撳泵、绞管机、少先式吊车、半落地车床、挖沟机、仿制鸭嘴吊等设备。1956年，被国务院授予"全国先进生产者"称号。1990年，邹荣根逝世，享年73岁。

戴根法（1914—1993）

戴根法，民国3年（1914年）生于无锡长安华城塘村。早年就读于上海南洋模范中学，靠奖学金支付高昂学费。抗日战争爆发后，他所在的唐山铁道学院西迁贵州，时任学生自治会主席的他，一路带领同学开展抗日宣传活动。民国28年，以优异成绩毕业后，长期从事国家重要建设。民国31年，参加远征军，进行印缅公路建设。抗战胜利后，任南京日本徒手官兵服役工程处主任工程师，兼南京市修堤工程处、交通部机械筑路队副总工程师。新中国成立后，以南京建设局总工程处处长的身份参加西南服务团技术大队，与解放军一起进军西南，筑铁路，修公路，建桥梁，先后任小队长、中队长和大队长。后一直留在西南，任铁道部二局和五局高级工程师、总工程师，参加成渝、成昆和湘黔铁路建设的设计施工。后又参加京广复线大瑶山隧道工程建设。在他的领导下，隧道工程爆破精确度达98%。全权负责工程机械引进、翻译和培训技术人员。发表《凿岩机台车》论著。1980年加入中国共产党。1985年，被评为铁路系统全国劳动模范，获全国五一劳动奖章。在身患绝症后继续在铁道部隧道局工作，直到生命最后一息。其事迹两次刊登在《人民日报》上。1993年，戴根法逝世，享年79岁。

沈嫣青（1919—1995）

沈嫣青，女，又名沈月英、沈诗芳、沈延青，民国8年（1919年）生于浙江省绍兴县。民国25年，就读于上海青年高级中学。民国27年，考入上海东南医学院。先后在上海、南京任医师。1949年无锡解放后，任市总工会女工部卫生顾问。1950年，任市妇幼保健院妇产科副主任。1970年下放，任东台县安丰公社医院医师。1974年，调回无锡，任无锡县人民医院妇产科主任。1979年，任无锡县人民医院副院长，先后为妇产科主治医师、副主任医师、主任医师。

她从医44年，精通妇产科理论，具有丰富的临床经验及解决妇产科疑难复杂病例的能力。在1964年参加江苏省西学中学习班后，能较好地运用中西医结合方法治疗妇科常见病、多发病，提高妇科疾病的临床治疗效果，中药止血方剂治疗功能性子宫出血，中药生脉散抢救休克，中药盆腔炎方剂治疗盆腔炎和尿路感染，中药天南星和钴60联合治疗晚期癌肿瘤等，均取得良好的效果。她做的输卵管吻合术，成功率达85%～90%，填补省内空白。1978年，又采用人造血管代替部分输卵管做吻合手术，为不育症患者摸索到手术治疗新途径。曾被评为全国三八红旗手，市先进工作者。1989年，被省人事局、卫生厅、总工会评为先进工作者。1995年2月，沈嫣青病逝，享年76岁。

王来宝(1923—1989)

王来宝，民国12年(1923年)生于无锡。1953年，进市利工砖瓦厂当工人，后调市大力机制砖瓦厂。1955年加入中国共产党。为降低能耗，专心研究烧窑技术，总结出一套“内燃砖烧结法”，不仅降低能耗，成品砖的质量也有很大提高。这一先进技术在同行中得到推广应用。1959年，被评为全国先进生产者，同年出席在北京召开的全国群英会。1989年，王来宝病逝，享年66岁。

朱阿荣(1933—2004)

朱阿荣，民国22年(1933年)生于无锡。曾任无锡市缫丝一厂党委书记。1979年7月起，任无锡无线电厂厂长、党委副书记。任厂长后，调整产品结构，做出军品与民品相结合、发展民用产品的决策，使濒临倒闭的企业起死回生。随后又迅速实施对外横向联合、对内深化改革、依靠技术进步、发展外向型经济、强化企业管理等决策，使企业形成收录机、录音机芯、通讯机“三足鼎立”的产品格局，成为全市电子工业骨干企业、机电产品出口基地企业和国家二级企业。1980～1990年，该厂工业总产值年均增速40%，实现利税年均增速35%，固定资产原值由2066万元增至5003万元。

1983年以后，他连续7年被评为市劳动模范和市优秀企业家，并被评为省劳动模范、电子工业部优秀企业家。1988年，获全国五一劳动奖章，1989年，被评为全国劳动模范。1990年，获全国第四届优秀企业家“金球奖”，成为全国著名企业家。2004年6月，朱阿荣病逝，享年71岁。

童荣源(1937—2004)

童荣源，民国26年(1937年)生于浙江新登。1952年在南京医士学校学习。1955年参加工作，先后任市第一人民医院医师、主治医师、副主任医师、主任医师。1973年起任市第一人民医院外科副主任，1993年任市第五人民医院副院长。从事外科疾病诊治30余年，具有丰富的临床经验，擅长心胸外科疾病的治疗，尤其在心胸外科危重和急诊病人的抢救等方面具有较高的造诣。1986年，开展带血管胎儿甲状腺移植手术两例。1994年开展贲门及食道下段癌切除，间置空肠贲门成形术，获市科研成果三等奖。发表论文《心脏创伤救治5例报告》《支气管袖状切除术6例》《胎儿带血管甲状旁腺移植》。先后被评为市优秀共产党员，连续两次被评为市劳动模范，省卫生先进工作者，全国卫生先进工作者。2004年，童荣源逝世，享年67岁。

陈凤英(1952—1998)

陈凤英，女，1952年5月生于无锡市。1968年4月，到郊区刘潭公社插队务农。1972年4月，进市民政局福利企业华通轴承厂金工车间当磨床操作工。她刻苦钻研，全面掌握各种磨床的操作法，成为工厂的技术尖子。1978年1月加入中国共产党。1986年起，历任机修标模联合党支部书记兼工会主席、华申实业公司华通微型轴承厂党支部书记兼磨工车间主任等。她爱岗敬业，担任领导干部后每天工作10小时以上。1990～1997年，她超时工作累计800个工作日。在公司决定转产市场前景看好的微型轴承时，她承担起研发任务，和两位同事一起，克服重重难关，完成试制任务，并自行设计制造专用磨加工设备30余台，保证新产品及时上市，扭转企业亏损局面。她刻苦学习哑语，向残疾职工传授技艺。还经常捐钱捐物帮助职工应付急难，被大家称为“女职工的好阿姨、残疾人的贴心人、外来工的‘父母官’”。先后被评为市民政局优秀党员、市总工会优秀女职工干部、市三八红旗手、“端正党风、清正廉洁”先进个人、“八五”奉献杯巾帼英豪等。1994年7月，患恶性肿瘤住院手术，术后3个月，就回到生产第一线。1998年1月，病情复发，仍坚持工作。3月21日，因病情恶化、医治无效逝世，终年46岁。6月16日，市委宣传部、组织部、市纪委决定在全市党员干部中广泛开展向陈凤英学习活动。

王丽敏（1957—1999）

王丽敏，女，1957年2月生于无锡市。1973年初中毕业后，到北塘区顾桥街道工作，1981年，考入省土畜产进出口公司，后又进省外贸学校学习。1986年末，调至无锡土畜牧产进出口公司。她通过自学通晓3门外语，刻苦钻研外贸业务，忘我敬业，大胆创新，业务年年有进展，最多一年开发出7个新品。曾任中瑞集团公司下属博凡有限责任公司副总经理，历年共开发出柠檬酸、山梨酸钾等数十个外贸新品种，打入国际市场，为国家累计创汇3262万美元，名列全市各外贸公司之首。她清正廉洁、淡泊名利，以高尚人格与高超技能赢得人们的普遍尊重与称赞。先后被评为市先进工作者、优秀党员、“三八”红旗手，市劳动模范，省劳动模范。1999年4月10日，因患肝癌逝世，终年42岁。6月起，市委宣传部组织对王丽敏先进事迹的集中宣传和学习活动，无锡各新闻媒体均对她的事迹作大量报道。7月15日，省外经贸委党组作出《关于广泛开展向王丽敏同志学习的决定》。

第四节　中国科学院院士　中国工程院院士

至2005年，当选为中国科学院院士（含学部委员）、中国工程院院士的无锡人（含江阴、宜兴籍）81人，其中中国科学院院士46人、中国工程院院士36人，王选既是中国科学院院士，又是中国工程院院士。按人口比例统计，约6万人中即有1名院士，远高于全国约100万人中有1名院士的比例。简介列出本志断限内在世的无锡籍院士39人，另表列出无锡地区“两院”院士、客籍在无锡市工作的工程院院士。

钱伟长

钱伟长，民国元年（1912年）10月9日生于无锡鸿声镇七房桥，是著名国学大师钱穆之侄。民国24年，毕业于清华大学物理系。民国31年，获加拿大多伦多大学应用数学博士学位，在美国加州理工学院喷射推进研究所任研究员。回国后，分别任清华大学、北京大学和燕京大学教授。1949年起，历任清华大学副教务长、教务长、副校长。1950年，被选为中华全国自然科学专门学会联合会常务委员。1955年，任中国科学院秘书，和著名力学家钱学森一起，创办中国科学院力学研究所，任副所长。同年被选为中国科学院学部委员。1956年，筹办中国科学院自动化研究所，任筹委会主任。被波兰科学院聘为国外院士。在科学研究方面成果颇多，其有关薄壳的非线性方程组被称为“钱伟长方程组”，圆薄板大挠度的摄动法和奇异摄动法被国际力学界称为“钱伟长方法”。广义变分原理和有限元理论获1982年国家自然科学奖。主要著作有《弹性力学》《穿甲力学》《张量分析》《广义变分原理》等。

张　煦

张煦，民国2年（1913年）11月6日生于无锡。民国23年，毕业于交通大学电机系，后在中央研究院物理研究所工作。民国25年，公费赴美国留学，获哈佛大学科学硕士和博士学位。民国29年回国，任重庆交通大学教授、交通部交通技术人员训练所特约教授。新中国成立后，任上海交通大学电信系教授。1956年，任成都电讯工程学院教授。1962年开设“晶体管电路”课程，并为技术人员授课，指导研制成第一批晶体管载波机，对载波机的晶体管化做出显著成绩。1978年重回上海，任交通大学电子工程系教授、系主任。长期从事无线电工程、长途通信、数据传输、光纤通信等现代通信技术的教学和研究。由他主持的上海交通大学光纤技术研究所实验室，被确定为国家重点实验室。指导和培养一批硕士和博士研究生，多次出访欧美，参加国际学术会议。1980年，当选为中国科学院学部委员。1988年，获中国科学院从事科学工作50年奖状及国家科委技术政策突出贡献奖。主要著作有《无线电工程》《数据通信原理》《载波机晶体管电路计算原理》《光纤通信原理》《信息高速公路》等。

张涤生

张涤生，民国5年（1916年）6月12日生于无锡。民国30年毕业于国立中央大学医学院，获医学士学位。曾在印度、缅甸战区美军流动手术组工作。抗战胜利后，入美国宾夕法尼亚大学医学院进修整形外科学。回国后，任职于同济大学附属中美医院。后任上海第二医科大学整复外科教研组主任、教授，附属第九人民医院院长、顾问。1950年，率手术队参加上海市第一批抗美援朝医疗队，在长春建立国内第一个战伤畸形治疗中心。1958年，参加大面积烧伤病员邱财康的抢救工作获得成功，创造世界上医治大面积烧伤的奇迹，获卫生部二等奖。60年代中期，在肢体慢性淋巴水肿的发病机理和治疗方法上创立“烘绑疗”的新概念，开创中国淋巴学科之先河。1964年，开始作吻合小血管游离皮瓣的动物实验。70年代初，逐步应用于整复外科临床，成为国内显微外科的奠基人之一。1976年，成功矫治国内第一例眶距增宽症，使国内的颅面外科跻身于国际前列，并获得1994年上海市科技成果一等奖，卫生部二等奖和国家科技进步三等奖。1996年，张涤生当选为中国工程院院士。主要著作有《唇裂与腭裂的整复术》《整复外科学》《显微整复外科学》《实用美容外科学》《颅面外科学》等。

钱令希

钱令希，民国5年（1916年）7月16日生于无锡县鸿声乡。民国25年9月，以第一名的成绩毕业于上海国立中法工学院大学部土木科。10月，得中比庚款委员会的选拔，被保送至比利时布鲁塞尔自由大学留学，获“最优等工程师”学位。民国27年回国，先后在川滇铁路公司、云南大学和交通部桥梁设计工程处工作。民国32年11月起，任浙江大学工学院教授、土木系主任。1952年1月，任大连工学院教授、科学研究部主任。1954年，任武汉长江大桥工程顾问。1955年，当选为中国科学院学部委员。1958年，参加南京长江大桥的规划。1959年，参加长江三峡水利枢纽的规划会议。1979年，任大连工学院副院长。6月，加入中国共产党。同年，被评为全国劳动模范。1980年，被评为大连市特等劳动模范。1981年，任大连工学院院长。1982年，任中

国科学院技术科学部常务委员。1987年9月，比利时国王授予他比利时列日大学名誉博士学位。1992年，当选为中国科学院学部主席团成员。他是中国计算结构力学和工程结构优化设计的开拓者，研究和设计成果分别获全国科学大会奖、国家自然科学二等奖等奖项。1995年，获何梁何利基金科学与技术进步奖。1998年，获陈嘉庚技术科学奖。2005年，获大连市首届科学技术奖最高奖——大连市科学技术功勋奖。在结构力学、板壳理论、极限分析、变分原理、结构优化设计等方面有深入研究和重要成果。主要著作有《静定结构学》《超静定结构学》《工程结构优化设计》等。

顾夏声

顾夏声，民国7年（1918年）5月6日生于无锡张泾桥。民国30年，毕业于上海交通大学土木工程系，获学士学位。民国35年赴美国留学，民国37年获美国德州农工大学卫生工程硕士学位。曾任美国芝加哥水泵公司污水处理设备研制部工程师。新中国成立前夕回国，历任唐山交通大学、北京大学工学院副教授，清华大学教授、环境工程教研室主任，国家教委环境工程教材委员会主任委员，建设部给排水与环境工程教材编审委员会主任委员，北京市政府给排水工程顾问。长期从事给水排水和环境工程的教学、科研工作，发展了处理高浓度有机废水的理论，提出对升流式厌氧污泥层反应器处理啤酒等废水的新工艺，达到国际先进水平。1979年，应邀参加在北京召开的环境管理国际学术会议。1981年9月，代表中国出席在葡萄牙里斯本举行的工业区水资源管理国际学术会议。1995年，当选为中国工程院院士。主要著作有《废水处理与利用》《水处理工程》《废水生物处理数学模式》等。

王补宣

王补宣，字纪瑞，民国11年（1922年）2月5日生于无锡藕塘桥。民国32年，毕业于西南联合大学工学院机械工程系，留校任教。后赴美国留学，获美国普渡大学机械工程科学硕士学位。民国37年10月回国，任北京大学工学院副教授。1952年，任清华大学副教授，1962年晋升为教授，并任清华大学热能工程与热物理研究所所长，兼任高教部、教育部热工教材编委会主任。1956年起，先后3次参加国内科技长期规划的制定。1957年，在清华大学创办国内第一个工程热物理本科专业。1963～1966年，带领师生参与四川化工厂氨合成塔技术改造，创造单塔日产量翻番，达到国际上同类型氨合成塔的高产水平，被列为化工部1965年20项重大成果首项，获国务院1966年重大成果奖。1980年，当选为中国科学院学部委员。1981年，创建国际太阳能学会中国分组，任主席之一。1986年被世界能源学会授予人类利用能源奖，1989年被日本热物性研究会授予功勋奖状，1990年获中国科学院颁发的荣誉奖章。编有热力学教材多种，发表学术论文200余篇。

陈德仁

陈德仁，民国11年（1922年）10月22日生于无锡前洲镇前洲村。民国34年，毕业于交通大学（重庆）电机系，获工学学士学位。先后在上海资源委员会中央无线电公司和解放军通信兵部电信科学研究院从事电信技术科研工作。1958年起，从事火箭技术研究设计，先后参加过多种运载火箭的研制和试验任务，历任系统主任设计师和型号副总设计师、总设计师等职。曾任江苏航天管理局副局长、航天工业部第二研究院副院长及院科技委员会副主任。长期从事运载火箭控制系统的研究，主持完成第一个固体潜地弹道导弹的研制任务。1962年加入中国共产党。

1984年被航天工业部记一等功。1985年，获国家级科学技术进步奖特等奖。1987年，当选为国际宇航研究院院士。1995年当选为中国工程院院士。1999年，出席在北京举行的表彰为研制“两弹一星”作出贡献的科技专家大会。著有《飞行试验初期的测试质量控制》等。

邹承鲁

邹承鲁，民国12年（1923年）5月17日生于山东省青岛市，籍贯无锡，著名地质学家李四光的女婿。民国34年，毕业于西南联合大学化学系。民国35年，赴英国留学，师从英国剑桥大学著名生物化学家凯林（Keilin）教授，从事呼吸链还原酶研究。1951年，获英国剑桥大学生物化学博士学位，同年回国。历任中国科学院生物化学研究所、生物物理研究所副研究员，研究员，室主任，生物物理所副所长，生物大分子国家重点实验室主任等职。1958年，参加发起人工合成胰岛素工作，并负责胰岛素A和B链的拆合。60年代初回到酶学研究领域。1965年，最早系统地提出酶学的可逆与不可逆抑制统一的动力学理论，并提出不可逆抑制反应速度常数的测定方法。1980年，当选中国科学院学部委员、第三世界科学院院士、美国生物化学与分子生物学会荣誉会员。其“邹氏公式”和“邹氏作图法”获1983年国家自然科学一等奖。曾获第三世界科学院生物学奖、何梁何利科学与技术成就奖、陈嘉庚生命科学奖、中国科学院自然科学奖和科技进步奖。

侯芙生

侯芙生，民国12年（1923年）11月28日生于无锡城内留芳声巷。民国36年，毕业于上海国立暨南大学，获理学士学位。1950年后，历任石油工业部东北石油十厂总工程师，石油部生产技术司主任工程师、处长，石化部石油化工科学院处长，石油部炼油化工生产司副总工程师、副司长，中国石油化工总公司副总工程师，技术经济顾问委员会委员兼秘书长，中国石化总公司科技委员会副主任、教授级高级工程师，兼任中国石油学会常务理事、世界石油大会中国国家委员会委员。长期从事炼油、石油化工及化纤等方面的工程技术和生产工艺的研究，多次负责编制炼油、石化生产和科技发展规划，多次获得国家及省部级奖励。发表学术论文80余篇。1995年当选为中国工程院院士。主要著作有《石油炼制基本知识》《中国炼油工程师手册》《走向21世纪的中国石化工业》等。

周君亮

周君亮，民国14年（1925年）2月22日生于无锡雪浪许舍村。民国35年6月毕业于复旦大学土木工程系。先后任省水利勘测设计院、省水利厅、省京杭运河续建工程指挥部设计室主任、高级工程师、总工程师等职。长期从事工程设计，曾主持皂河抽水站设计，解决位于地震高烈度区和采用世界最大口径6米斜流泵带来的技术难题，获国家优秀设计金质奖。60年代，主持南京武定门抽水站设计，节省投资千万元。主持新沭河蒋庄水闸改建，首创水力自动翻倒门。主持京杭运河一期工程7座船闸设计，设计水平居国内领先；负责二期工程船闸设计审查和施工指导，其中8座获省优秀设计奖，1座获国家优秀设计银质奖。先后发表论文20余篇。1978年，被授予省科技先进工作者。1989年被评选为中国工程设计大师，1995年当选为中国工程院院士。

曹楚生

曹楚生，民国15年（1926年）6月2日生于湖北武汉，原籍无锡。民国37年，毕业于上海交通大学土木系，获学士学位，后留校任土木系高等结构及钢筋混凝土专业助教。1951年10月起，历任淮

河佛子岭水库指挥部坝工组长、工程师，治淮委员会设计院水工室副主任、主任工程师，水电部北京勘测设计院总设计师，西北勘测设计院副总工程师，五局碧口工程指挥部副部长和设计组长，十三局设计院副总工程师，水利部天津勘测设计院总工程师。先后主持和指导佛子岭连拱坝、磨子潭双支墩大头坝和响洪甸重力拱坝、盐锅峡水电站、碧口大坝、潘家口工程等设计。其中带宽尾墩的溢留坝属国内首次采用，获全国优秀设计金奖。1999年当选为中国工程院院士。曾获全国农业水利先进生产者和全国先进生产者、中国工程设计大师。撰写有论文20余篇，主编《中国大百科全书》水利卷中《水工建筑物》和《中国水利》中《中国坝工》章。

刘彤华

刘彤华，女，民国18年（1929年）11月13日生于无锡城内沙文弄。1953年，毕业于上海第二医学院，获医学博士学位。历任解放军第七军医大学病理系、中国协和医学院病理系、中国医学科学院实研所病理系、北京协和医院病理科助教、讲师、副教授、教授，系副主任、主任。为《中华病理学》杂志副主编、中华病理学会常委、国际病理学会中国区分会司库、《中华医学》杂志英文版和《国际外科病理学》杂志编委。长期从事病理学的教学、科研和临床工作，阐明人胰腺癌有形态和分子病理学特点。曾于1985年和1993年两次获卫生部科技进步二等奖。1993年被评为中国医学科学院名医。1995年，获国家教委颁发的“全国优秀教师”奖状和奖章。1999年当选为中国工程院院士。主要著作有《淋巴结反应性增生》《萎缩性胃炎和胃癌的超微结构》等。

匡定波

匡定波，民国19年（1930年）9月1日生于无锡杨墅园。1952年，毕业于上海交通大学物理系。后到华东师范大学物理系执教。1958年，调入上海电子学研究所。1962年起，任中国科学院上海技术物理研究所研究员，专门从事红外物理与技术的研究，研制成航空侦察红外扫描相机、卫星姿态测量红外地平仪、导弹弹道测量红外捕获跟踪系统等先进装备。是中国红外技术应用研究的开拓者之一。70年代后，在国内开创航空对地观测红外和多光谱技术的研究，发展成具有国际先进水平的环境资源遥感扫描仪系列，成为中国航空遥感体系的重要组成部分。先后担任风云一号气象卫星多通道扫描辐射计、风云二号气象卫星可见红外扫描辐射计主任设计师，主持设计的风云二号气象卫星扫描辐射计达到90年代国际先进水平。1978年起，先后获全国科学大会奖、全国五一劳动奖章、国家科技进步一等奖。1991年当选为中国科学院学部委员。

唐孝威

唐孝威，民国20年（1931年）10月1日生于无锡城内前西溪，祖籍太仓。1952年，毕业于清华大学物理系。1956～1959年，在苏联杜布纳联合核子所工作，进行电磁级联簇射的实验。1960年4月起，参加中国原子弹、氢弹研制。70年代，参加中国人造卫星研制。70年代末，转到高能物理领域。1978年1月，率领中国实验研究组到德国汉堡电子同步加速器中心进行高能物理实验，并与丁肇中领导的马克杰组合作，进行高能正负电子对撞实验。1979年，在实验中发现传递强作用力的基本粒子——胶子，同年被评为全国劳动模范、优秀共产党员。1980年，当选为中国科学院数学物理学部委员。90年代初，开展物理学与医学的交叉研究，并任国家攀登计划项目“核医学和放射治疗中先进技术的基础研究”首席科学家。同时，任国家自然科学基金重大项目“发展近场技术、研究生物大分子体系特征”项目主持人。2000年起，推动和组织国家“人类脑计划”和神经信息学工作。曾当选中共十二大、十三大代表，中国和平统一促进会理事。2001年10月，代表中国参加全球“人类脑计划”研究。主要著作有《粒子物理实验方法》《细胞运动原理》《核医学和放射治疗技术》《脑功能成像》《正负电子对撞实验》等。

薛禹群

薛禹群，民国20年（1931年）11月2日生于无锡。1952年，毕业于北方交通大学唐山工学院，同年入南京大学工作。1957年长春地质学院研究生毕业。历任南京大学地球科学系水文地质研究室、环境科学研究所地下水资源及其保护研究室主任、教授、博士生导师，兼任中国地质学会水文地质专业委员会副主任、国家自然科学基金会评议组成员等职。主要从事地下水中热量和物质运移、海水入侵咸淡水界面运移规律的数值模拟、水资源管理等前沿课题的研究。建立国内第一个三维热量运移模型，提出许多求解新算法，其中对数插值法、求解流速的新方法均属首创。多次获江苏省和教育部科技成果奖。1999年当选为中国科学院院士。专著有《地下水动力学》《水文地质学的数值法》等。

陈　新

陈新，民国21年（1932年）1月12日生于无锡城内大娄巷。先后就读于复旦大学、交通大学、同济大学土木工程系，1953年，毕业于同济大学桥梁工程专业。历任铁道部大桥工程局勘测设计院副总工程师、总工程师，铁道部大桥工程局副总工程师。先后主持设计武汉长江大桥、南京长江大桥、九江长江大桥、桂林雉山漓江大桥、钱塘江第二大桥等工程。其设计获全国科学大会奖、1981年全国优秀设计金奖。1982年，被湖北省评为特等劳动模范。1984年，获国家有突出贡献的中青年专家称号。1994年当选为中国工程设计大师，1995年当选为中国工程院院士。曾负责江阴长江大桥、南京第二长江大桥、润扬长江大桥的监理。2002年，获第五届詹天佑科学技术奖。曾任湖北省第七、第八届人大代表和省第八届人大常委会委员，第九届全国人大代表。主要著作有《钢板桩围堰大直径管柱基础》和《大型桥梁的两种深水钻孔基础》等。

季国标

季国标，民国21年（1932年）3月1日生于无锡城内留芳声巷。1952年，毕业于华东纺织工学院染化专业。1956年公派赴民主德国学习人造纤维生产技术，回国后任保定化纤厂技术室主任。1963年，参加筹建南京化工厂，后任厂技术总负责人、副总工程师。后又负责筹建兰州化纤厂，任副总工程师。1973年，调纺工部工作，先后参与辽阳石油化纤、四川维尼纶等四大石油化纤工程的总体筹划和对外技术、设备引进的谈判。1978年，任仪征化纤联合厂筹建副总指挥和总工程师。1980年后，任纺工部化纤局局长。1984年，任纺工部副部长、高级工程师，并任中国纺织总会科技委主任、总后军需部技术顾问等职。主持拟定80～90年代国内化纤发展总体规划。1993年，被联合国工业发展组织授予注册的高级化纤专家资格。1994年当选为中国工程院院士。2004年，获中国工程院光华工程科技奖。是国家化纤工程技术、生产运行和工业发展的主要奠基者、开拓者和技术带头人之一。

陈厚群

陈厚群，民国21年（1932年）5月3日生于无锡。1950年，清华大学肄业。1958年，毕业于莫斯科动力学院水电系，同年回国。历任中国水利水电科学研究院抗震所所长、院学位委员会副主席、水利部技术委员会委员、中国科学院结构振动开放研究试验室主任、教授级高级工程师、博士生导师等职。他通过现场和室内试验及理论分析计算，解决新丰江、二滩、小浪底等重大水利水电工程的抗震问题，主持编制和修订国家水工抗震设计规范，在实际工程抗震中发挥重要作用。负责建造国内第一座三向六自由度大型模拟地震振动台等先进试验基地。是国际大坝委员会和国际混凝土及预应力混凝土学会地震委员会委员，先后获有突出贡献中青年专家、水电系统和水利系统特等劳动模范、全国先进生产者、全国五一劳动奖章，13次获省部级科技成果奖。1995年当选为中国工程院院士。

巢纪平

巢纪平，民国21年（1932年）10月19日生于无锡洛社。1954年，毕业于南京大学气象学系。历任中国科学院地理研究所、大气物理研究所气候研究室主任、研究员。长期从事气象研究，在关于大地形对大气环流的影响、中小尺度运动和积云动力学、长期天气过程和长期数值预报、热带大尺度海气相互作用等方面取得具有创见性的成果。1964年被中国科学院破格提升为副研究员。主持的关于积云动力学的研究和提出的长期数值天气预报理论和方法，获1978年全国科技大会重大成果奖。1980年，应邀任美国普林斯顿大学地球物理实验室高级访问科学家。1984年后，任国家海洋局国家海洋环境预报中心主任、名誉主任，南京大学大气科学系、南京气象学院兼职教授，《海洋学报》主编。1988年，被人事部授予“有突出贡献的中青年专家”称号。1991年，获国家计委、国家科委、财政部国家科技攻关荣誉证书。1995年当选为中国科学院院士。专著有《积云动力学》《厄尔尼诺和南方涛动动力学》等，发表论文100余篇。

秦伯益

秦伯益，民国21年（1932年）11月6日生于无锡玉祁礼社。1955年，毕业于上海第一医学院。1956年公派赴苏联留学，1959年获医学副博士学位。回国后分配到军事医学科学院从事防化医学科研工作，主持研制的复方神经性毒剂预防片（85号），获国家科技进步二等奖。主持研制的盐酸二氢埃托啡是获批生产的第一个麻醉性镇痛药，获国家科技进步二等奖。在对华南马尾杉活性单体新药福定碱的药理研究中，发现其选择性真性胆碱酯酶抑制作用，获国家发明二等奖。主持“八五”国家科技攻关专题阿片类戒毒药物的研究，提出梯度戒毒的理论假设。主持研制成防复吸药国产纳曲酮。1987年4月，任军事医学科学院院长。1988年被授予少将军衔，兼任中国药理学会副理事长、国家重点基础研究发展规划专家顾问组成员、全军药品审评委员会主任委员等职。后任军事医学科学院毒物药物研究所研究员、博士生导师、学术委员会主任委员，兼任国务院学位评定委员会学科评议组成员、中国医学基金会副会长、卫生部药典委员会委员、总后勤部卫生部专家组成员和医学科技委员会常委。1994年当选为中国工程院院士。1998年，获总后勤部科学技术“一代名师”称号。主编有《新药评价概论》，发表学术论文120余篇。

杨芙清

杨芙清，女，民国21年（1932年）11月6日生于无锡城内留芳声巷。1955年，毕业于北京大学数学系。后成为北京大学计算数学专业第一代研究生。两年后赴苏联科学院计算中心和莫斯科大学数学力学系学习程序设计和计算机软件。1959年9月回国，在北京大学数学力学系任教。1962年9月，毕业于北京大学研究生院。11月再赴苏联，进莫斯科杜布纳联合核子物理研究所工作。1964年末回国，仍在北大数学力学系任教，同时在学校计算中心兼职。70年代中后期，开展系统软件研究，主持研制国内第一台百万次集成电路计算机操作系统和国内第一个全部用高级语言书写的多道操作系统，具有首创性和开拓性。1983年，被评为北京大学计算机学科第一位教授，翌年任博士研究生导师。主持国家重点科技攻关课题（项目）青鸟工程的研究开发，达到国际先进水平。主持研制的计算机操作系统分别获全国科学大会奖和电子工业部科技进步一等奖。1991年当选为中国科学院学部委员。主要著作有《操作系统结构分析》《数据结构》《离散数学》等。

钱鸣高

钱鸣高，民国21年（1932年）12月11日生于无锡阳山新渎桥。1954年，毕业于东北工学院采矿系，同年被选送到北京矿业学院攻读采矿系采煤专业研究生。1957年留校任教。50～60年代，先后在阜新、开滦、阳泉、大同等矿区搞技术革新，在阳泉矿务局成功进行中国自己制造的第一套综采液压支架井下试验并研究出新型的支架。1980年，被派到联邦德国埃森采矿研究中心访问与研究。1982年，参加在英国举行的国际岩层力学讲座会，发表论文《长壁开采复贮存器活动规律及其在岩层控制中的应用》，得到与会科学家的高度评价，被称为“钱氏理论”“鸣高模型”，从而把中国的矿压研究推进到国际先进水平。在采场矿山压力领域形成系统而全面的学说，创立以采场上覆岩层活动规律和“支架—围岩”系统控制为核心的工程理论体系，提出的采场上覆岩层“砌体梁”结构以及老顶岩层破断规律及在岩体中引起扰动的理论为国内外所公认，并产生很大的影响。之后“砌体梁”力学模型被列入《中国大百科全书·矿冶卷》。该课题获国家自然科学成果三等奖。在研究直接顶稳定性理论及采场“支架—围岩”系统监控原理的基础上，开发完成集“围岩运动预测、支架选型设计和采场矿压监控”为一体的实用工程技术，在全国大部分煤矿综采面和普采面得到推广应用，取得显著的经济效益和社会效益，曾获国家科技进步奖三等奖。1995年当选为中国工程院院士。主要著作有《矿山压力及其控制》《采煤学》《中国煤矿采场围岩控制》等，发表论文110余篇。

钟大赉

钟大赉，民国22年（1933年）8月11日生于山东青岛，祖籍无锡。1954年毕业于北京地质学院矿产勘查专业。同年到中国科学院地质研究所工作。1959年赴苏联列宁格勒矿业学院主攻矿田构造学，1963年获副博士学位。1986年起，先后任中国科学院地质研究所研究员，博士生导师，构造地质研究室主任。1989年，任中国科学院岩石圈构造演化开放研究实验室主任。长期从事构造地质领域的研究，致力于不同尺度构造研究的结合，深部构造与浅部构造、深部物质运动对地壳演化关系的研究。参与编制第一张《中国大地构造图（1∶400万）》，该成果获1982年国家自然科学奖二等奖。他对中国古特堤斯造山带进行系统研究，首次系统地论证中国西南地区的古特提斯的复杂发展史，所建立的古特提斯构造框架和演化模型，阐明全球古特提斯发育最好地域的古板块演化规律。该成果获2001年国家自然科学奖二等奖。对新生代印度与亚洲大陆碰撞前缘变形进行的研究，为青藏高原及其周缘新生代地质构造格局和环境演变的关系建立时空框架。在国内较早运用中、小、微构造相结合，研究矿田构造、断裂和褶皱形成的历史分析和力学分析，提出深层不均一控制浅层构造的形成，进一步发展了断块构造理论。2001年当选为中国科学院院士。主要著作有《滇川西部古特提斯造山带》《中国大地构造纲要》。

王　迅

王迅，民国23年（1934年）4月23日生于上海，原籍无锡东门城头弄。1956年毕业于复旦大学物理系。1960年1月，复旦大学研究生毕业，留校任教。1963年，参加国家重点基础研究项目固体能谱实验室的建设。1978年5月，任复旦大学副教授，致力于表面与界面物理研究。1980年3月，到美国威斯康星大学密澳基分校作访问教授。1984年8月，任复旦大学教授，翌年任博士生导师。长期对半导体表面和界面的结构和电子态进行系统研究，其中对InP极性表面做了开拓性研究。在多孔硅研究方面发现多孔硅的光学非线性现象，实现多孔硅的蓝光发射并被国际上引为1992年多孔项进展之一，发现多孔硅发光峰位钉扎现象，测量多孔硅/硅界面的能带偏移。在高质量锗硅超晶格的研制、锗硅量子阱和量子占物理特性的研究、新型硅锗器件的合作研制等方面取得多项创新成果。领导建成应用表面物理国家重点实验室并研究取得多项重要成果。1993年起，任国际纯粹与应用物理联合会半导体委员会委员。1990～1997年，任复旦大学应用表面物理国家重点实验室主任。1996年5月，任复旦大学首席教授。其研究成果先后获国家教委科技进步二等奖4项、三等奖3项，1996年度光华科技基金二等奖，中国物理学会第五届叶企孙物理奖，1998年度何梁何利基金科学技术进步奖。有两件国家发明专利。1999年当选为中国科学院院士。

过增元

过增元，民国25年（1936年）2月28日生于无锡北塘后蔡家弄。1959年，毕业于清华大学动力机械系，后留校在工程力学系任教，同时攻读在职研究生学位。此后历任清华大学教授、研究生院副院长、机械工程学院院长、校学位评定委员会副主任、热能工程与工程热物理研究所副所长等职。长期从事热科学与技术研究。在热流体方面，提出热可压流体的概念，发现热绕流等现象，并建立热阻力和热绕流的定量关系式。在热等离子体方面提出电弧堵塞的概念，发展热力学非平衡等离子体参数计算的新方法，对热等离子体加工有重要意义。在微重力条件下的流动与传热方面提出载人舱内流场、温度场和湿度场地面模拟的新方法，建立相应的模拟装置，可大量节省实验时间和经费，促进航天事业的发展。1979～1981年，在德国慕尼黑工业大学从事研究工作，并获西德洪堡研究奖金。他是中国力学学会理事、等离子科学技术学会副理事长、中国工程热物理学会传热学会理事、北京等离子体学会副理事长、国际实验热和流体科学会议中国首席委员。1997年当选为中国科学院院士。专著有《电弧和热等离子体》《热流体力学》，在国内外发表学术论文140多篇。

陈丙珍

陈丙珍，女，清华大学化学工程系教授。民国25年（1936年）5月5日生于无锡市。1959年，毕业于莫斯科门捷列夫化工学院，1962年在该校获技术科学副博士学位。回国后先后在石油大学、清华大学任教。70年代后期，致力于化工系统工程新学科的建设和工业应用，创建教学科研基地。围绕石化企业能源和资源的优化利用，在化工系统综合、在线数据校正及在线优化、人工智能应用等前沿领域中展开研究，不少创新性成果在工业实践中得到应用。主要有：在国家“九五”攻关项目中，

解决大型石化装置在线优化的关键问题——异常数据识别和在线数据校正，实现从离线优化到在线优化的技术跨越；开发出具有自主知识产权的乙烯工业裂解炉模拟优化工程化软件；将人工智能与数值计算相结合，发展具有逻辑推理、定性决策和定量计算功能的化工智能系统；提出考虑灵敏度要求的换热网络优化综合方法以及全厂能量系统集成的数学模型和求解策略，在炼油厂节能改造中效益明显。曾获全国科技大会重大科技成果奖，国家科技进步三等奖。出版专著1本、译著两本，在国内外重要期刊及会议上发表论文200余篇。是第七至第十届全国人大代表。2005年当选为中国工程院院士。

盖钧镒

盖钧镒，民国25年（1936年）6月5日生于无锡西直街。1957年7月，毕业于南京农学院农学系，后留校任助教。曾被下放到苏北涟水县劳动，在县办农业大学教书。1963年～1968年7月，攻读母校作物遗传育种专业在职研究生学位。1980年1月，赴美国依阿华州立大学做访问学者，任客座助理教授，并进行数量遗传研究。回国后任南京农学院教授。1984年，获国家“有突出贡献的中青年专家”称号。1988年10月，再度赴美任北卡罗来纳州立大学访问教授。曾出席中美第一、二、三次大豆科学研讨会。他开拓中国大豆种质资源的研究，提出数量遗传新理论和育种新方法，培育出一大批优质高产的大豆新品种，共有8项科技成果分获中国农科院、国家教委、农牧渔业部等颁发的科技进步二、三等奖。1992年，获农业部科技进步一等奖。2001年当选为中国工程院院士。主要著作有《中国大豆品种熟期组划分的研究》《试验统计方法》《作物育种学各论》等。

顾真安

顾真安，民国25年（1936年）11月16日生于无锡城内毛桃巷。1958年毕业于华东化工学院。中国建筑材料科学研究院高级工程师、博士生导师、重点实验室首席专家。长期从事特种玻璃和光导纤维研究，系统研究出稀土族元素在石英玻璃和光导纤维中的光谱和非线性光学特性，发现多种元素的D-F电子宽带跃迁具有紫外线强吸收和可见荧光转换特性，以及上转换荧光、倍频和光放大性质，研制出超低膨胀石英玻璃、滤紫外线石英玻璃等多种具有国际先进水平的玻璃材料。先后8次获国家及省部级奖励，激光技术用石英玻璃获1985年国家科技进步奖二等奖，耐辐照石英玻璃获1996年国家科技进步奖二等奖。多次应邀到美国、韩国等国讲学。发表学术论文50余篇。1997年当选为中国工程院院士。1999年获“全国劳动模范”称号。

钱　易

钱易，女，民国25年（1936年）12月27日生于苏州，原籍无锡鸿声镇。系国学大师钱穆之女。1956年，毕业于上海同济大学卫生工程系。1959年10月，清华大学研究生毕业后留校任教。1981～1983年，任美国康奈尔大学访问学者。1988～1989年，任荷兰德尔夫特技术大学访问教授。1989年起，先后在香港大学、香港理工大学、英国帝国理工大学、香港科技大学等校讲学。后任清华大学环境科学与工程系教授、环境模拟与污染控制国家重点联合实验室主任，专长为水污染防治工程。主持完成“城市污水处理与回用”“高浓度有机工业废水的厌氧生物处理”“城市废水生物稳定塘”及“难降解有机物的处理技术与机理”等多项国家科技攻关项目及国家自然科学基金项目，成果分别获国家科技进步二等奖、三等奖，两次获国家教委科技成果进步一等奖。1994年当选为中国工程院院士。主要著作有《工业性污染的防治》《城市废水稳定塘设计手册》《环境污染防治——水污染防治卷》以及《城市可持续发展与水污染防治对策》等，并在中外学术刊物上发表论文近百篇。

王 选

王选，民国26年（1937年）2月5日生于上海，原籍无锡东门城头弄，系王迅之弟。1958年，毕业于北京大学数学力学系计算数学专业，留校任无线电电子学系助教。1975年前，从事计算机逻辑设计、体系结构和高级语言编译系统等方面的研究，与同事共同完成DJS21机ALGOL60编译系统，并得到推广。1975年，开始主持华光和方正型计算机激光汉字编排系统的研制，用于书刊、报纸等出版物的编排。后又发明高分辨率字形的高倍率信息压缩和高速复原方法，显著改善系统的性能价格比。此发明获欧洲专利和8项中国专利。他研制的华光和方正系统处于国内外领先地位，取得重大的经济和社会效益，使中国的印刷术从铅与火的时代迈入电和激光的新纪元。后又相继提出并领导研制大屏幕中文报纸编排系统、彩色中文激光照排系统、远程传版技术和新闻采编流程管理系统等，所有成果均达到国际先进水平，在国内外得到迅速推广应用，使中国报业技术和应用水平处于世界最前列，并带动全球华文报业和印刷出版业的深刻变革。1986年，获第14届日内瓦国际发明展金奖。1987年，获国家科技进步一等奖、首届毕昇奖。1991年，获国家重大技术装备研制特等奖。同年当选为中国科学院学部委员。1994年当选为中国工程院院士。1995年，获国家科技进步一等奖、联合国教科文组织科学奖。1993年、1995年、1999年，分别被评为全国劳动模范、全国先进工作者及首都楷模。2000年，获首都精神文明建设奖。2002 年，被国务院授予2001 年度国家最高科学技术奖。2003年，当选为第十届全国政协副主席。

张祖勋

张祖勋，民国26年（1937年）6月生于无锡。1960年，毕业于武汉测绘学院，留校任教。1968年，武汉测绘学院航空摄影测量系研究生毕业。1970～1975年，在解放军测绘学院任教。1986年，任武汉测绘学院航测系主任。1988年，任武汉测绘科技大学副校长。1989年，负责筹建测绘遥感信息工程国家重点实验室并任实验室主任。1997年，受聘为同济大学兼职教授。后任武汉大学遥感信息工程学院教授，博士生导师。张祖勋是著名摄影测量与遥感专家，长期从事摄影测量与遥感的教学、科研工作。主持完成多项国家和部委重大科研项目，在航空、航天影像测图自动化方面取得国际一流的研究成果，为推动中国摄影测量的产业革命做出突出贡献。他系统全面地发展了摄影测量的理论，在数字摄影测量理论、影像匹配的理论与方法等方面取得突破性成就。1994年9月，在澳大利亚推出具有中国自主知识产权的数字摄影测量系统VirtuoZo，实现摄影测量产业的跨越式发展。1995年当选为国际欧亚科学院院士，2003年当选为中国工程院院士。曾获国家自然科学二等奖、国家科技进步二等奖等多项奖励。撰写论文、著作200余篇，著作《数字摄影测量学》获1999年全国优秀科技图书奖暨科技进步奖（科技著作）三等奖。

杨国桢

杨国桢，民国27年（1938年）3月14日生于湖南湘潭，原籍无锡，著名音乐家杨荫浏之子。1962年，毕业于北京大学物理系，后在北大攻读基本粒子理论研究生，1965年毕业后，在北大参加层子模型理论工作。1967年起，历任中国科学院物理研究所副研究员、研究员、研究室主任。1983年下半年和1984年，先后任美国劳仑兹伯克利国家实验室访问学者和哈佛大学应用科学系访问副教

授。1985年任光学博士生导师。同年,任中国科学院物理研究所所长。1987年起,先后被聘为国家超导研究开发中心主任兼专家委员会首席专家、"攀登计划"高温超导项目首席专家、北京人工微结构和介观物理国家重点实验室首届学委会主任,北京大学、复旦大学和中国科技大学兼职教授,国务院学位委员会第三届物理学科评议组成员。1988年,被评为国家级有突出贡献的中青年科学家。1991年,当选为中国物理学会副理事长。1999年当选为中国科学院院士。负责或主要参加的"光学一般性变换""层子模型理论"等4项科研成果获国家级重大成果奖,"光学全息编码解码系统"等7项成果先后获中科院和国家教委重大成果奖。在国内外学术刊物上发表论文200余篇。

周锡元

周锡元,民国27年(1938年)5月24日生于无锡荡口镇。1956年,毕业于苏州建筑工程学校,分配到中国建筑科学研究院工程抗震研究所。60年代中期,研究提出工程结构的震害主要源自地面震动和地基失效,两者均与场地条件有关,是中国最早将城市和区域防震减灾技术作为系统工程加以研究的学者之一。他主持和负责城市综合防灾若干关键技术的研究,参与和指导许多城市的抗震防灾规划,在防震减灾从单体工程向城市和区域综合防御的发展过程中起到重要作用。是国内最早把土层地震反映分析方法应用于城市规划的人员之一。80年代赴美国进修,多次参加国际间交流活动,先后在美国、土耳其、阿尔及利亚、日本等地访问讲学,开展合作研究。1997年当选为中国科学院院士。主编《工程抗震》一书,发表论文百余篇。著作和论文多次获国家级大奖。

姚建铨

姚建铨,民国28年(1939年)1月29日生于上海,原籍无锡石塘湾。1962年毕业于天津大学精密仪器工程系,1965年天津大学研究生毕业。1980～1982年,赴美国斯坦福大学、加利福尼亚大学进修及研究激光技术。1983年任副教授,翌年任教授、博士生导师。历任天津大学教授、激光与电子研究所所长、精密仪器与光电子工程学院名誉院长等职。是第七至九届全国政协委员,天津市第十届政协副主席,第九、十届民进中央常委及民进第十届天津市委主委。从事激光与非线性光学频率变换研究,提出非线性双轴晶体最佳相位匹配精确计算的理论和方法,得到国际学术界的确认。发明高功率倍频激光器,居国际领先水平。1987年,获布鲁塞尔国际发明博览会金奖。1997年当选为中国科学院院士。在国内外发表学术论文300余篇。先后4次获国家发明二等奖、国家教委科技进步二等奖,中科院特等奖、军队科技进步一等奖、第36届尤里卡国际发明博览会金奖。先后被评为国家级有突出贡献中青年科技专家、全国优秀科技工作者,天津市特等劳动模范。代表专著有《非线性光学频率变换及激光调谐技术》。

钱逸泰

钱逸泰,民国30年(1941年)1月3日生于无锡中桥。1962年,毕业于山东大学化学系。后至中国科学技术大学任教,历任中国科学技术大学化学与材料学院院长,化学系副教授、教授、博士生导师,安徽省化学学会理事长,中科院化学部常委,国际《固体化学杂志》编委。1982～1990年,两次赴美国布朗大学做访问学者。1992年,为美国普渡大学访问学者。专长于结晶学、无机材料科学、催化理论的研究。其科研成果曾获中科院自然科学一、二、三等奖各1项,安徽省自然科学二等奖。1997年当选为中国科学院院士。发表学术论文200余篇，专著有《结晶化学导论》等。

薛禹胜

薛禹胜，民国30年（1941年）2月7日生于无锡。1963年，毕业于山东工学院。1981年，毕业于电力科学研究院研究生班，获工学硕士学位。1985年6月，赴比利时蒙特菲尔电气学院留学，1987年，获博士学位，回国后任国家电力公司电力自动化研究院高级工程师、总工程师，《电力系统自动化》杂志主编，上海交大、武汉大学、河海大学兼职教授，兼任日本广岛大学客座研究员、中国电机工程学会理事、江苏电机工程学会副理事长、美国IEEE（电气和电子工程师协会）会员、国际自动控制联合委员会委员、国际大电网组织第38届委员会委员等。发明的EEAC法是对电力系统暂态稳定快速分析这一世界性难题的重大突破，是唯一得到严格证明的定量分析法。创立的EEAC理论开创非自治系统运动稳定性的理论研究，揭示多机电力系统暂态失稳的本质及失稳模式随故障切除时间而变的机理。其软件包成功应用于东北电网，是国际上电力系统在线暂态安全分析的首例，获国家科技进步一等奖。曾获全国科学大会奖、全国能源工业劳动模范、全国先进工作者等称号。1995年当选为中国工程院院士。在国内外发表学术论文160余篇。主要著作有《运动稳定性量化理论》《新能源与可再生能源》《电力市场对电力系统运行可靠性的影响》等。

许智宏

许智宏，民国31年（1942年）10月14日生于无锡北尖，祖籍江阴。1965年，毕业于北京大学生物系，后考入中国科学院上海植物生理研究所研究生。1969年毕业后留所工作，历任中科院上海植物生理研究所副所长、所长、研究员，兼植物分子遗传学国家重点实验室主任。1979～1981年，作为访问学者赴英国。1988年，获人事部授予的"有突出贡献的中青年科学家"称号。1989年起，任新加坡大学分子和细胞生物研究所访问教授（每年3个月）。1991年，任上海植物生理研究所研究员、所长。1992年任中国科学院副院长。1995年当选为第三世界科学院院士，1997年当选为中国科学院院士。1999年，任北京大学教授，12月任北京大学校长。长期从事植物生理学和生物工程的研究，首次解决用豆科、禾谷类和木本植物的原生质体培育再生植株这一科学界公认的世界难题，建立大豆、油菜等主要农作物的高效基因转化系统，为中国植物组织培养和生物工程的发展做出重要贡献。其研究成果曾获中科院自然科学一等奖、国家自然科学三等奖。在国内外发表论文、学术报告160多篇，主要著作有《经济植物组织培养》《植物原生质体培养及遗传转化》《植物生物技术》等。

张耀明

张耀明，民国32年（1943年）12月9日生于无锡市。1965年7月，毕业于同济大学物理系。1966～1993年，先后任南京玻璃纤维研究设计院第三研究所副主任、代所长、所长、工程师、教授级高工等职。1993年，任南京玻璃纤维研究设计院副院长，1995年任该院院长。曾任省政协常委，南京市政协常委，南京市科协主席，中国玻璃纤维工业协会会长、《玻璃纤维》杂志主编，江苏省复合材料协会名誉理事长等职。长期从事非通信光纤和特种玻纤领域的研究，是中国多组分光学纤维领域开拓者及塑料光纤和工艺品行业的奠基人。1979年，在国内首创用国际先进的双坩埚法拉制多组分玻璃光学纤维的工艺方法，成为这个领域的专业带头人。1986年，主持研制的"七五"科技攻关项目"20孔双坩埚拉制光纤工艺和TG-1特大双机头拉丝机"，首创世界多组分玻璃光学纤维生产技术，居世界领先水平。发明全自动跟踪太阳的采光装置，其关键技术处于世界前沿水平。2001年当选为中国工程院院士。然后，他的研究拓宽到太阳热发电、太阳能跟踪聚光光伏发电技术、光伏光热综合利用技术领域，是太阳能热发电、聚光光伏发电的倡导者和开拓者。主持承担国家自然科学基金、科技部科研院所专项、江苏省高技术研究等一系列科研项目，并不断取得突破。围绕太阳能的利用先后申请国家专利50余项，申请美国专利6件，获美国专利授权3件。获国家科技进步二等奖5项、国家发明奖二等奖1项。2005年获中国首届“发明创业奖”特等奖和中国十大“当代发明家”称号。

许健民

许健民，民国33年(1944年)8月2日生于上海南市区，原籍无锡。1965年，毕业于南京气象学院。1986年起，任国家卫星气象中心主任、总工程师、教授级高级工程师。多年来，率领其团队解决中国卫星气象事业发展中许多重大技术难题。研究出的气象卫星云图精确定位法，使定位精度达到国际先进水平。主持的利用微机简便而精确地测定云迹风的计算程序被国际上认为是研究云迹风的重要进展。提出在常规气象资料十分匮乏的热带太平洋地区利用非常规资料进行天气分析，并创建国家热带天气分析业务系统。在1987年东北大兴安岭森林火灾期间，主持实时监测服务，为灭火做出重要贡献。在1991年江淮流域发生严重洪涝灾害时，提出用气象卫星资料提供准确的水情信息，受到国家防洪指挥部表扬。1994年，被世界气象组织聘任为卫星专家工作组成员。1997年当选为中国工程院院士。

截至2005年无锡籍中国科学院院士(学部委员)概况表

表44-1

姓名	出生年月	籍贯	主要职务	研究领域	当选年份
赵承嘏	1885.12	江阴	中科院药物研究所研究员	药物化学	1955
潘梓年	1893.01	宜兴	中科院哲学社会科学部副主任	哲学	1955
陈翰笙	1897.02	无锡	中国社会科学院顾问	经济学	1955
潘　菽	1897.07	宜兴	中科院心理研究所研究员	心理学	1955
承淡安	1899.08	江阴	江苏省中医进修学校校长	针灸学	1955
诸福棠	1899.11	无锡	北京医学院教授	儿科学	1955
周培源	1902.08	宜兴	第五、六、七届全国政协副主席	理论物理	1955
薛暮桥	1904.10	无锡	国务院经济研究中心总干事、国家体改委顾问	经济学	1955
张大煜	1906.02	江阴	中科院大连化学物理研究所研究员	物理化学	1955
钱临照	1906.08	无锡	中国科技大学教授	物理化学	1955
钱俊瑞	1908.09	无锡	中科院世界经济研究所所长	经济学	1955
钱伟长	1913.10	无锡	第六至第九届全国政协副主席、上海大学校长	物理学、力学	1955
唐敖庆	1915.11	宜兴	吉林大学教授	化学	1955
钱令希	1916.07	无锡	大连理工大学教授	工程力学	1955
钱锺韩	1911.06	无锡	第五、六届江苏省政协主席、东南大学教授	热力自动化	1980
王　序	1912.03	无锡	北京医学院教授	化学	1980
裘维蕃	1912.05	无锡	北京农业大学教授	植物病理学	1980

续表

姓名	出生年月	籍贯	主要职务	研究领域	当选年份
张　煦	1913.11	无锡	上海交通大学教授	通信工程	1980
吴浩青	1914.02	宜兴	复旦大学教授	化学	1980
钱保功	1916.03	江阴	中科院武汉分院研究员	化学	1980
史绍熙	1916.08	宜兴	天津大学教授	工程热物理	1980
朱洪元	1917.02	宜兴	中科院高能物理研究所研究员	理论物理	1980
朱既明	1917.09	宜兴	中国医学科学院研究员	病毒学	1980
王补宣	1922.02	无锡	清华大学教授	热工学	1980
邹承鲁	1923.05	无锡	中科院生物物理研究所研究员	生物化学	1980
章　综	1929.05	宜兴	中科院物理研究所研究员	物理学	1980
唐孝威	1931.10	无锡	中科院高能物理研究所研究员	高能物理	1980
程镕时	1927.10	宜兴	南京大学教授	化学	1991
匡定波	1930.09	无锡	中科院上海技术物理研究所研究员	红外遥感	1991
戴念慈	1932.04	无锡	建设部高级工程师	建筑学	1991
杨芙清	1932.11	无锡	北京大学教授	计算机软件	1991
王　选	1937.02	无锡	第十届全国政协副主席、北京大学教授	计算机学	1991
章　申	1933.10	江阴	中国科学院地理研究所研究员	化学地理学	1993
巢纪平	1932.10	无锡	国家海洋环境预报研究中心名誉主任	气象学	1995
方　成	1938.03	江阴	南京大学教授	天体物理学	1995
过增元	1936.02	无锡	清华大学教授	工程热物理学	1997
周锡元	1938.05	无锡	中国建筑科学研究院工程抗震研究所研究员	地震工程	1997
姚建铨	1939.01	无锡	天津大学教授	激光与光电子	1997
许智宏	1942.10	无锡	北京大学校长	植物生理学	1997
钱逸泰	1941.01	无锡	中国科技大学教授	天体化学	1997
薛禹群	1931.11	无锡	南京大学地球学系教授	水文地质学	1999
王　迅	1934.04	无锡	复旦大学表面物理实验室主任	表面物理学	1999
杨国桢	1938.03	无锡	中国科学院物理研究所所长	光物理学	1999
钟大赉	1933.08	无锡	中国科学院地质与地球物理研究所研究员	大陆动力学	2001
朱邦芬	1948.01	宜兴	清华大学物理系教授、系主任	凝聚态物理学	2003
褚君浩	1945.03	宜兴	中科院上海技术物理研究所研究员	固体物理、窄禁带半导体物理	2005

截至2005年无锡籍中国工程院院士概况表

表44-2

姓名	出生年月	籍贯	主要职务	研究领域	当选年份
林　华	1913.07	无锡	国家计委副主任	石油化工	1994
吴中伟	1918.07	江阴	中国建筑材料科学研究院总工程师	混凝土技术	1994

续表

姓名	出生年月	籍贯	主要职务	研究领域	当选年份
江绍基	1919.04	无锡	上海市消化疾病研究所所长	消化内科	1994
蒋新松	1931.08	江阴	中科院沈阳自动化研究所研究员	机器人	1994
季国标	1932.03	无锡	纺工部高级工程师	化纤工程	1994
秦伯益	1932.11	无锡	军事医学科学院研究员，少将军衔	药理学	1994
周　镜	1935.12	宜兴	铁道部科学研究院研究员	岩土工程	1994
钱　易	1936.12	无锡	清华大学教授	环境工程	1994
王　选	1937.02	无锡	第十届全国政协副主席、北京大学教授	计算机学	1994
顾夏声	1918.05	无锡	清华大学教授	环境工程	1995
陈德仁	1922.10	无锡	中国航空工业总公司二院研究员	火箭控制	1995
侯芙生	1923.11	无锡	中国石化总公司高级工程师	石油化工	1995
周君亮	1925.02	无锡	江苏省水利厅高级工程师	水工建筑	1995
沙庆林	1930.05	宜兴	交通部公路科学研究所研究员	公路工程	1995
薛鸣球	1930.10	宜兴	中科院西安光学精密机械研究所所长	光学	1995
陈　新	1932.01	无锡	铁道部大桥工程局高级工程师	桥梁工程	1995
陈厚群	1932.05	无锡	中国水利水电科学研究院高级工程师	水工结构	1995
钱鸣高	1932.12	无锡	中国矿业大学教授	采矿工程	1995
薛禹胜	1941.02	无锡	电力部电力自动化研究所高级工程师	电力自动化	1995
高鼎三	1914.07	江阴	吉林大学教授	半导体与光电	1995
张涤生	1916.06	无锡	上海第二医科大学教授	整形外科	1996
程天民	1937.12	宜兴	第三军医大学教授	防原医学	1996
顾真安	1936.11	无锡	中国建筑材料科学研究院研究员	无机非金属材料	1997
唐西生	1938.01	宜兴	某研究所研究员	核技术应用	1997
吴中如	1939.09	宜兴	河海大学教授	水工结构	1997
许健民	1944.08	无锡	国家卫星气象中心高级工程师	卫星气象	1997
曹楚生	1926.06	无锡	天津大学教授	水工结构设计	1999
刘彤华	1929.11	无锡	中国医学科学院、中国协和医科大学教授	诊断病理学	1999
陈国良	1934.03	宜兴	北京科技大学新金属材料实验室学术委员会主任	金属材料	1999
于文虎	1941.12	无锡	山东电力科学院院长	火力发电	1999
曹湘洪	1945.06	江阴	中国石化总公司副总裁	石油化工	1999
盖钧镒	1936.06	无锡	南京农业大学校长	大豆遗传育种	2001
张耀明	1943.12	无锡	南京玻璃纤维研究设计院院长	无机非金属材料	2001
张祖勋	1937.06	无锡	武汉大学教授	遥感信息工程	2003
黄瑞松	1938.07	宜兴	中国航天科工集团科技委副主任	飞航导弹	2003
陈丙珍	1936.05	无锡	清华大学化工系教授	石油化工	2005

截至2005年在无锡中国工程院院士概况表

表44-3

姓名	出生年月	籍贯	主要职务	研究领域	当选年份
吴有生	1942.04	浙江嵊县	中国船舶工业总公司七院702所总工程师	水弹性力学	1994
顾懋祥	1923.01	江苏太仓	中国船舶工业总公司七院702所所长	船舶工程	1995
伦世仪	1928.11	山东诸城	江南大学教授	环境生物工程	1995
许居衍	1934.07	浙江鄞县	中国华晶电子集团公司(无锡)总工程师	微电子	1997
徐秉汉	1933.08	浙江鄞县	中国船舶工业总公司七院702所科技委员会主任	舰艇结构	1999
李　钊	1940.02	河北无极	总装备部驻锡科研一所所长	地雷爆破	1999
夏德全	1938.12	上海市	中国水产科学研究院淡水渔业研究中心研究员	鱼类遗传育种	2001
陈左宁	1957.10	北京市	总参某研究所总工程师兼高级工程师	计算机	2001

第五节　当代无锡籍将军

该节所记中国人民解放军当代无锡籍(含江阴、宜兴籍)将军75人,除1964年授予少将军衔的2人外,其余均为1988～2005年间授衔。其中上将1人,无锡籍;中将8人,无锡籍5人、江阴籍1人、宜兴籍2人;少将66人,无锡籍26人、江阴籍19人、宜兴籍21人。受资料所限,恐有遗漏,刘宏宝、汤锡生授衔年份不详。按军衔高低、授衔时间先后简介列出无锡籍将军32人,列表列出江阴、宜兴籍将军43人。

钱树根

钱树根,民国28年(1939年)3月29日生于无锡石塘湾天授村。1954年8月入伍,为解放军重庆炮兵学校学员。1956年10月加入中国共产党。1957年9月,任陆军见习排长、团司令部参谋。1963年6月,任陆军师司令部炮兵室参谋。1969年4月,任陆军团司令部炮兵室主任。1970年4月,任陆军师司令部炮兵科副科长、科长。1978年8月后,任陆军团长、副师长、师长。1984年11月,任陆军副军长。1985年8月,任陆军集团军军长,参加云南老山地区自卫反击战。1992年11月,任兰州军区参谋长、军区党委常委。1994年12月,任总参谋长助理、部党委委员。1995年7月,任副总参谋长、部党委委员。中共第十三、十四届中央候补委员,第十五、十六届中央委员。1988年9月被授予少将军衔,1994年7月晋升中将军衔,2000年6月晋升上将军衔。

糜振玉

糜振玉,民国20年(1931年)10月7日生于无锡周山浜。1950年12月山东大学数学系肄业。1951年1月入伍,1953年3月加入中国共产党。1954年,毕业于大连第一海军指挥学校。历任第一海军指挥学校战术教研室助教、教员,海军指挥学校教员,见习鱼雷艇大队部门长、业务长。1958年参加封锁金门战斗。1963年起,任军事科学院军事技术直观教研馆助理教研员、院战争理论研究部研究员、部第一研究室主任。1985年11月～1994年12月,任军事科学院副院长。1994年,任军事科学院研究员、博士生导师。是国务院学位委员会军事学科评议组召集人,中国军事科学学会常务理事、副会长,中国孙子兵法研究会顾问。第八届全国人大代表,第九届全国政协委员。1951～1981年,立三等功6次。1988年9月被授予少将军衔,1993年7月晋升中将军衔。

陈　潜

陈潜，民国23年(1934年)11月生于无锡北门芋头沿河，原籍江西南昌。1950年3月加入中国共产党。1951年1月～1954年9月为空军第五航空预科总队学员、文化教员、见习干事。1954年9月～1960年12月任空军第五航空预备学校干部科助理员。1960年12月～1965年11月任空军第一训练基地干部科副科长、科长。1965年11月～1973年5月任空军第一训练基地二团一大队政委。1973年5月～1974年9月任空军航空兵第三十八师一一三团政治处主任。1974年9月～1979年12月任空军第六军政治部干部处副处长、处长。1979年12月～1983年8月任北京军区空军后勤部政治部副主任、主任。1983年8月～1988年4月任北京军区空军政治部副主任。1988年4月～1993年1月任空军政治部副主任。1993年1月～1997年11月任空军副政委。是第九届全国人大代表，第九届全国人大环境与资源保护委员会委员。1988年9月被授予空军少将军衔，1993年7月晋升空军中将军衔。

臧　穗

臧穗，民国27年(1938年)6月生于无锡陆区尹城村。1959年5月加入中国共产党，8月考入哈尔滨军事工程学院。1965年毕业后历任空军地空导弹对接检验站技师、秘书、科长、团政委、师政治部主任。1983年5月，任空军乌鲁木齐指挥所副政委。1985年8月，任空军乌鲁木齐指挥所政委、空军第九军政委。1993年1月，任兰州军区空军政治部副主任、副政委。1993年12月～2001年7月，任兰州军区空军政委兼党委书记。是中共十五大代表，第七届全国人大代表，第十届全国政协委员。1988年9月被授予空军少将军衔，1995年7月晋升空军中将军衔。

朱增泉

朱增泉，民国28年(1939年)12月生于无锡后宅罗家桥。1959年1月加入中国共产党并入伍。历任师司令部机要科译电员、排长、连副指导员、师政治部组织科干事、营教导员、党委书记。1975年，任师政治部组织科科长。1980年3月，任军政治部宣传处处长。1983年4月，任军政治部副主任、军党委委员。1985年7月，任陆军第二十七集团军政治部主任。1989年6月，任陆军第二十七集团军政委、党委书记。1994年12月，任国防科工委政治部主任、科工委党委常委。1998年8月～2003年12月，任解放军总装备部副政委兼纪委书记。第十届全国政协常委。中共十五大当选为中纪委委员。曾获中国诗人奖、第二届鲁迅文学奖、第九届八一文艺奖，是中国作家协会会员。1988年9月被授予少将军衔，1996年7月晋升中将军衔。

钱海皓

钱海皓，民国33年(1944年)7月生，无锡人，钱敏之子。1961年7月在上海入伍，国防大学基本系第一期指挥员班毕业。历任研究员、研究室主任、博士生导师，解放军军事科学院军制研究部副部长、部长，科研指导部部长，2003年7月起任副院长。总装备部科技委兼职委员。为全军著名军制学专家，国防和军队建设问题研究专家，多次承担和主持军委、总部赋予的国防和军队建设方面的重大研究任务。曾给中央政治局讲课。是第十一届全国政协委员、中国摄影家协会理事会理事、中国将军摄影家协会理事。1994年被授予少将军衔，2003年晋升中将军衔。

著有《军队组织编制学》《武器装备学教程》，并与陈高华合作主编《中国军事制度史》。荣立三等功一次。

朱启祥

朱启祥，民国8年（1919年）5月2日生于无锡城郊黄巷龙塘岸。民国28年2月参加新四军，4月加入中国共产党。抗日战争时期，历任新四军挺进纵队教导队教导员，苏北指挥部第一纵队一团一营教导员，第一师一旅组织科长、一团政治处主任、副政委等职。曾参加郭村、黄桥、车桥、新登、孝丰等重要战斗、战役。抗日战争胜利后，历任华东野战军第一纵队一师一团政委、第三野战军二十军五十八师政治部主任，参加过宿北、鲁南、莱芜、孟良崮、淮海战役以及渡江、解放上海等战役。抗美援朝时赴朝参战，历任师副政委、师长兼政委。回国后先后任第二十七军参谋长、副军长兼参谋长。1958年立三等功1次。1963年冬任第六十军政委，后任军长。1964年被授予少将军衔。1977年病逝。

高　方

高方，民国19年（1930年）10月16日生于无锡。1988年被授予少将军衔。（详见本卷人物传）。

于锡涛

于锡涛，民国20年（1931年）11月15日生于无锡南桥于湾里。1949年入伍，曾在第三野战军七兵团教导团、北京第六航校等单位学习。1950年，调至空军混成4旅13团从事地勤机务工作，任仪表员、特设师、特设主任。同年，参加抗美援朝，荣立三等功两次，并获“一级技术能手”称号。1964年，毕业于哈尔滨军事工程学院导弹系自动控制专业。后任国防科委参谋、科长，中央军委科技装备委员会办公室副主任。1982年5月后，历任国防科工委政策研究室副主任、百科编审室主任、三线办公室副主任，国务院三线办公室副秘书长、秘书长等职。兼任国家计委、国家科委、国防科工委军转民联络组副组长，中国和平利用军工技术协会副理事长等职。1988年被授予少将军衔。同年，被中央军委授予胜利功勋荣誉章。

朱鹏飞

朱鹏飞，民国21年（1932年）2月生于无锡东北塘。1951年7月入伍，先后入海军炮兵专科学校、海军指挥学院学习。1953年5月加入中国共产党。历任助教、教员、区队长、枪炮长、副舰长、舰长、航天测量船船长、营地参谋长、海军潜艇基地副司令员、国防科工委江阴远洋测量船基地副司令员。主要从事国防科学试验工作，先后到过10多个国家进行远洋调研、测量和考察。先后参加并完成向太平洋发射洲际火箭试验任务、潜地导弹试验任务，以及发射人造卫星等几十次测控任务。1988年9月被授予少将军衔。

秦伯益

秦伯益，民国21年（1932年）11月6日生于无锡。军事医学科学院院长。1988年被授予少将军衔，1994年当选为中国工程院院士。（详见本卷院士简介）。

邵士诚

邵士诚，民国23年（1934年）10月生于无锡东埄东群村。1951年7月入伍。1957年，赴朝鲜任志愿军后勤部车管部助理员。1959年加入中国共产党。1960年3月，在西安炮兵技术学院速成系学习。1961年起，历任北京军区导弹团排长、宣传股股长、组织股股长。1969年归建第二炮兵部队，历任54基地侦察处副处长、作训处处长、基地司令部副参谋长。1983年3月，任基地参谋长，入军事学院高级指挥班学习，后又入国防大学国防研究系学习。1985年，任第二炮兵54基地副司令员，1990年任司令员。1988年9月被授予少将军衔。1995年1月退休。是第八届全国人大代表，书法家。

王锡仁

王锡仁，民国25年（1936年）2月生于无锡北门芋头沿河。1951年7月入伍。1953年9月，毕业于南京第三炮兵技术学校，荣立二等功、三等功各1次，后分配到南京军事学院工作。1957年12月，考入哈尔滨军事工程学院，在导弹工程系、防化工程系学习。1963年9月，毕业于长春防化学兵学院核探测专业。1963～1965年，为中国首次核试验研制首台电离室型有线遥测γ剂量率仪，并在首次、二次核试验中圆满完成核辐射的测试任务，为判定核爆炸成功提供最早的科学数据。为此，防化兵有线遥测站荣立集体一等功两次，个人荣立二等功1次。历任防化工程学院教研室、工程系副主任，学院副院长。1988年9月被授予少将军衔。1989年4月，任总参谋部防化部副部长、部党委副书记。1990年6月，任防化指挥工程学院院长（正军职）、党委书记、教授，1996年6月退休。曾任中国核电子学与核探测技术学会第四、第五届副主任。著有《核爆炸杀伤破坏作用原理》。

徐鸣皋

徐鸣皋，民国28年（1939年）11月5日生于无锡八士西河头。1956年，毕业于重庆第二炮兵学校。1959年，参加平定西藏叛乱作战。1962年，参加中印边境自卫反击战。1981年，组织指挥部队扑灭醋米林县境内的原始森林大火。1983年，毕业于北京军事学院。1984年，率部支援西藏地方建设，优质、高效、安全地完成拉萨至贡嘎机场公路改建工程任务。1989年，进中央党校学习。历任排长、参谋、科长、副处长、团政委、副师长、师长，西藏军区参谋长、副司令员，江苏省军区副司令员等职。曾任江苏省第八届政协常委。1988年被授予少将军衔。

沈伟烈

沈伟烈，民国22年（1933年）3月生于无锡。1955年，毕业于南京师范学院（今南京师范大学）地理学系。同年参军入伍，任南京军事学院军事地理教员。1988年，任国防大学战役研究室教授、研究生导师。1990年被授予少将军衔。

俞菊初

俞菊初，民国24年（1935年）10月2日生于上海市。无锡石塘湾人。1950年入伍。1960年5月加入中国共产党。在部队长期从事技术侦察工作。荣立三等功3次。1970年改做政治工作。历任总参谋部政治部组织部副部长、总参机关直属训练基地政委、陆军指挥学院政治部副主任、总参炮兵政治部主任、炮兵指挥学院政委等职。1990年被授予少将军衔。

冯金茂

冯金茂，民国30年（1941年）12月生于无锡八士东南头村。1961年8月入伍，1964年9月加入中国共产党。历任炮兵第九师侦察连排长、副连长、连长，师司令部侦察科参谋、副科长，团参谋长。1974年2月起，任炮兵第九师副师长、副师长兼炮兵团团长。1979年9月～1981年1月，解放军军事学院基本系军队指挥专业大专毕业。1983年5月起，任陆军第一集团军副军长。1987年，在国防大学进修。1990年6月，任江西省军区副司令员。1993年5月，任江西省委常委、江西省军区司令员。是第八届全国人大代表，中共十五大代表。1990年7月被授予少将军衔。

丁炳生

丁炳生，民国28年（1939年）3月6日生于无锡荡口祝家湾村。1956年初报考飞行员入伍，同年入南京军械技术学校学习。1958年，参加金门炮击战。1959年12月加入中国共产党。1979～1981年初，入军事学院学习。1995年，在国防大学进修。历任电影放映员、参谋、科长，南京军区司令部作战部副部长、部长，安徽省军区参谋长，南京军区司令部副参谋长。1992年7月被授予少将军衔。

华钟亮

华钟亮，民国32年(1943年)1月11日生于无锡南站兴竹村。1960年8月入伍，在哈尔滨军工大学原子工程系核爆炸分析专业学习。毕业后历任总参防化研究院实习研究员、防化研究员。1983年，入北京外国语学院进修英语，后在军事学院学习。历任总参防化学兵部副部长、国防科学技术工业委员会后勤部副部长、总装备部后勤部副部长。60年代～90年代，参与防原子、防化学研究，到核弹试验基地测量核爆炸后的有关数据，其重要成果和论文多次获军队科技进步奖。1993年7月被授予少将军衔。

包富红

包富红，民国33年(1944年)2月25日生于无锡东湖塘。1962年8月入哈尔滨军事工程学院学习。毕业后从事战略导弹阵地工程建设。历任技术员、处长、基地技装部部长、参谋长、副司令员、司令员。1999年，任第二炮兵工程学院院长。2003年，任第二炮兵副参谋长。是中共十六大代表。1993年被授予少将军衔。

张纪根

张纪根，民国33年(1944年)10月生于无锡蠡园乡。1962年7月入伍，1980年10月～1982年7月，入解放军政治学院学习。1985～1986年，率部赴滇参加防御作战，参与创造影响全国的"老山精神"。1992年3月～1993年1月，入国防大学学习。历任科长、团副政委、政委，师政委、集团军政治部主任、副政委，山东省军区副政委。1993年被授予少将军衔。

张岳荣

张岳荣，民国29年(1940年)3月6日生于无锡陆区大长圩村。1959年末入伍。1963年起，涉足新闻领域，担任过军新闻干事。1967年，在无锡日报社工作。1968年，为新华日报社苏南片联络员、评论部主任。1969年3月，随部队北上黑龙江珍宝岛。1971年，在北京军区内蒙古前线指挥部工作。1976年10月，随中央工作组进驻人民日报社。历任干事、秘书、参谋、副科长、人武部副政委、处长、副局长、主任、中国人民武装警察部队副参谋长等职。1994年被授予武警少将警衔。

惠 锡

惠锡，原名惠巧生。民国29年（1940年）8月生于无锡梅村东园村。1960年3月毕业于苏州建筑工程学校建筑专业，同年入伍，任炮兵某团指挥连测地排战士。1964年起，任炮兵政治部干部处干事、南京军区政治部干部部部长，总政治部干部部部长、国防大学政治部干部部部长、国防大学党委委员、进修系主任。1994年7月被授予少将军衔。

王祖敏

王祖敏，民国28年（1939年）2月生于无锡。1962年毕业于复旦大学经济系，同年9月入伍，曾在解放军政治学院任教。1983年起，任解放军总政治部宣传部院校理论教育处干事、副处长，理论研究室主任。1985年，参加主编中国第一本《社会主义国防经济学》。1991年，任国防大学马克思主义研究所副所长、所长。1995年被授予少将军衔。

龚锡荣

龚锡荣，民国30年（1941年）10月生于无锡蠡园乡丁昌桥。1964年毕业于上海外国语学院俄语系，分配到解放军总参谋部第二部工作，历任参谋、干部处处长。任职期间曾在南京解放军外国语学院学习英语，在国防大学武官班学习。1969～2001年，先后任驻匈牙利使馆武官秘书、驻保加利亚使馆武官助理、驻苏联使馆武官（正师、大校）、驻德国使馆陆海空军武官（副军、少将）、驻俄罗斯使馆陆海空军武官（副军、少将）。2001年退休。2002年任中国国际战略学会高级顾问。

殷宝洪

殷宝洪，民国32年（1943年）11月3日生于无锡东门羊皮巷。1961年8月入伍。1963年，参加抗洪抢险，7天7夜战斗在津浦铁路上。1976年，参加唐山大地震抢险，先后荣立三等功3次。1986年毕业于国防大学。历任排长、干事、科长、团政委、师政委、总参兵种部副政委、炮兵指挥学院政委、解放军艺术学院政委等职。1997年被授予少将军衔。

杜云生

杜云生，民国36年（1947年）4月生于无锡安镇南桥村。1968年3月入伍，历任助理员、副处长、处长、局长，总后勤部基建营房部副部长、部长。主持军内许多重大工程建设，致力于军队工程建设管理改革的研究和实施。曾6次进藏、4次进西沙群岛检查工作。主管解放军驻港部队和驻澳部队的营房建设工程。是第十届全国人大代表。中央党校2004届研究生。1997年被授予少将军衔。

李浩泉

李浩泉，民国33年（1944年）4月生于无锡八士西宅村。1961年8月在南京机械制造学校入伍，历任排长、参谋、股长、团参谋长、团长、师参谋长等职。1990年9月，任济南军区炮兵部部长、兵种部部长。1994年任山东省军区参谋长、副司令员。1988年，组织革新创造炮兵快速反应系统。1994年，将这一系统应用于建军后最大的夜间军事演习。2000年被授予少将军衔。

张金荣

张金荣，民国35年（1946年）10月30日生于无锡峄嶂乡西站头。1964年加入中国共产党。1968年3月入伍，历任排长、干事、参谋、处长。1985年，赴云南老山参加防御作战。1990年起，任南京军区后勤部军需部副部长、部长。1998年，组织指挥封堵九江决口大决战。2000年被授予少将军衔。是年起，任南京军区联勤部副部长、安徽省军区政委。是江苏省第九届政协委员。

许纪文

许纪文，1950年2月生于无锡市扬名乡。中共党员。1968年2月入伍。历任海军副舰长、参谋。1980年在海军司令部任职。1990年起，任海军司令部作战部副部长、部长。2001年，任海军福建基地副司令员。次年任海军上海基地司令员。2004年4月，任总参谋部作战部副部长。是第十届全国人大代表。2002年被授予海军少将军衔。

尹义良

尹义良，民国37年（1948年）1月生于无锡阳山天井岸村。1965年入伍，先后在南京空军技术勤务四团、技术勤务814站工作。历任总参三部第三技术工作总站三处政治干事，总站政治部副团职干事、组织部负责人、五处副处长，总参三部十二局二处政委、局政治部主任、三部政治部副主任，解放军理工大学副政委，总参军训与兵种部副政委，防化指挥工程学院政治部主任。1999年3月～2000年1月，在国防大学基本系学习。2004年，任解放军防化指挥工程学院政委。2003年被授予少将军衔。

严国群

严国群，无锡人。军事科学院研究员。2005年被授予少将军衔。

截至2005年江阴、宜兴籍当代将军概况表

表44-4

姓名	出生年月	籍贯	职务	军衔	授予年份
谢　光	1929.05	宜兴杨巷镇	国防科工委副主任	中将	1990
宗顺溜	1941.03	宜兴芳庄镇	沈阳军区副司令员	中将	1993
陈章元	1946.01	江阴马镇	济南军区副政委	中将	2002
任茂如	1916.07	宜兴西渚镇	旅大警备区副政委	少将	1964
王立猛	1929.03	江阴澄江镇	解放军通信工程学院副院长	少将	1988
周淦林	1930.10	宜兴丁蜀镇	海军岸舰导弹试验基地总工程师	少将	1988
杨千里	1933.10	江阴周庄	总参谋部通信部副部长	少将	1988
王普丰	1933.10	江阴澄江镇	军事科学院战略部部长	少将	1988
缪国亮	1934.09	江阴申港镇	南京军区政治部副主任	少将	1988
周再康	1934.10	宜兴大浦镇	吉林省军区司令员	少将	1988
吴湘庆	1935.11	江阴澄江镇	广州军区副参谋长	少将	1988
曾裕财	1937.02	宜兴张渚镇	总参谋部办公厅主任	少将	1988
徐俊宝	1937.03	江阴	济南军区空军副司令员	少将	1988
陈庆季	1937.12	江阴澄江镇	海军东海舰队副司令员	少将	1988
许培金	1942.02	宜兴官林镇	国防科工委江阴基地副司令员	少将	1988
王良均	1942.03	宜兴和桥镇	北京军区副参谋长	少将	1988
史祥彬	1934.02	宜兴张渚镇	解放军体育学院训练部部长	少将	1990
王锦升	1938.10	宜兴张渚镇	空军导弹学院副院长	少将	1990
杨继忠	1938	宜兴万石镇	海军北海舰队副司令员	少将	1990
徐昕生	1940.12	宜兴	海军东海舰队航空兵司令员	少将	1990
陈德毅	1943.10	江阴青阳镇	山西省军区政委	少将	1990
赵仲起	1936.05	宜兴周铁镇	中国人民革命军事博物馆政委	少将	1992
黄国芳	1937	宜兴	陆军指挥学院政治部副主任	少将	1992

续表

姓名	出生年月	籍贯	职务	军衔	授予年份
仲　清	1939.11	宜兴新芳镇	江西省军区副司令员	少将	1994
吴卓明	1937.10	宜兴新芳镇	总参谋部兵种部副部长	少将	1995
陆锡良	1942.05	江阴长泾镇	第二炮兵某基地副政委	少将	1995
丁士法	1941	宜兴	上海警备区副政委	少将	1996
郑洪涛	1942.03	江阴华士镇	国防科工委某基地司令员	少将	1996
蒋文郁	1942.04	宜兴芳桥镇	江苏省军区司令员	少将	1996
徐阿文	1946	江阴澄江镇	海军某试验基地参谋长	少将	1996
谢咏棠	1943.01	宜兴万石镇	成都军区空军装备部部长	少将	1997
吴炳兴	1943.08	江阴华士镇	总参谋部三部政委	少将	1998
孟忠明	1943.10	江阴申港镇	解放军外国语学院政委	少将	1998
唐鼎襄	1943.03	江阴顾山镇	第二炮兵某基地总工程师	少将	1999
邓铜山	1943.12	宜兴闸口镇	空军政治部副主任	少将	1999
郭嘉诚	1945	江阴	军事科学院研究员	少将	1999
张盘洪	1949.03	宜兴屺亭镇	海军北海舰队副司令员	少将	2000
包楚忠	1947.05	江阴文林镇	后勤工程学院副院长	少将	2001
高增基	1949.05	江阴	沈阳军区空军政治部主任	少将	2001
张全林	1952.05	宜兴	成都军区联勤部副部长	少将	2005
张凌强	1962.01	江阴申港镇	南京军区某科研所研究员	少将	2005
刘宏宝	1937.08	江阴	重庆后勤工程学院教授	少将	（不详）
汤锡生	1941.02	宜兴万石镇	总装备部研究员	少将	（不详）

第三章　人物表

第一节　全国劳动模范

1986～2005年，无锡市被授予“全国劳动模范”称号的有44人，其中女性7人。

1989年、1995年、2000年、2005年无锡市全国劳动模范概况表

表44-5

年份	姓名	性别	出生年月	工作单位	职务（职称）
1989	丁福根	男	1947.03	无锡县厚桥镇谢埭荡渔业村	党支部书记
	马建芬	女	1958.07	江阴红星染织厂	挡车工

续表

年份	姓名	性别	出生年月	工作单位	职务（职称）
1989	倪锡元	男	1936.08	无锡县建筑公司	队长
	朱阿荣	男	1933.08	无锡无线电厂	厂长
	许福民	男	1948.03	河埒乡水产养殖场渔工商联合企业	总经理、党支部书记
	吴仁宝	男	1928.11	江阴市华士镇华西村	党委书记
	何巧凤	女	1965.10	无锡市第五棉纺织厂	挡车工
	邹永堃	男	1941.02	无锡柴油机厂	磨工技师
	陈祥林	男	1952.10	宜兴官林地区农技站	助理农艺师
	汪寅仙	女	1943.06	宜兴紫砂工艺厂紫砂研究所	副所长、高级工艺美术师
	董　超	男	1937.07	无锡市农业机械公司	经理、党委书记
	程惠明	女	1947.10	无锡市第一副食品商店	糖果柜台组长
1995	朱业民	男	1968.09	无锡市商业大厦	自行车柜柜长
	许忠兴	男	1955.10	无锡钢厂第一炼钢车间	炉前班班长
	刘茂生	男	1947.08	江苏新纺合纤厂	厂长
	朱德坤	男	1944.11	无锡小天鹅股份有限公司	董事长、总经理
	李守才	男	1954.06	宜兴市均陶厂	高级堆花工艺师
	周建松	男	1946.12	江苏钢绳集团公司	总经理
	吴仁宝	男	1928.11	江阴市华士镇华西村	党委书记
	范晓枫	男	1957.03	江苏省神鹰集团公司	总经理
	胡春山	男	1935.02	无锡市海鹰集团有限公司	高级工程师
	桑　勤	女	1964.11	无锡市第三棉纺织厂	生产组长
	唐涌祥	男	1929.05	无锡县前洲镇西塘村	党委书记
2000	卞兴才	男	1934.12	江阴市周庄镇三房巷村	党委书记
	华金荣	男	1939.06	无锡锅炉厂	厂长
	沈全丰	男	1947.08	锡山市前洲镇交通管理所	所长
	李建夏	男	1946.06	无锡商业大厦东方家电维修有限公司	经理
	周祥昌	男	1940.12	无锡市第一中学	高级教师
	徐　芳	女	1966.06	无锡市庆丰纺织有限公司	挡车工
	陶　菁	女	1962.11	无锡市妇幼保健院计划生育手术室	副护士长
	谢德良	男	1957.03	无锡市南长区房管局	高级修房工
	蒋洪齐	男	1952.02	宜兴市芳庄水利管理服务站	站长
	蒋锡培	男	1962.04	江苏新远东电缆有限公司	总裁、高级经济师
	濮永法	男	1941.08	锡山市玉祁镇黄泥坝村	党委书记
2005	朱建平	男	1964.07	无锡市自来水总公司供水服务班	班长
	马建荣	男	1964.07	无锡市第三棉纺织厂喷气车间	组长
	秦向锋	男	1964.10	无锡客运总公司长途客运车队	驾驶员
	王顺良	男	1951.11	宜兴市精密钢管厂	总工程师

续表

年份	姓名	性别	出生年月	工作单位	职务（职称）
2005	蒋彬洪	男	1944.04	一汽无锡柴油机厂	厂长
	汪建民	男	1954.03	无锡供电公司斗山变电站	站长
	浦惠林	男	1948.08	无锡市雪浪钢铁有限公司	董事长、党委书记
	吴协东	男	1949.12	江阴市华士镇华西村	党委常务副书记
	席胜福	男	1949.01	无锡市杨市珍珠养殖场	场长
	浦晓中	男	1969.04	无锡市隆达铜业有限公司	生产部部长

第二节　全国先进生产（工作）者

1986～2005年，无锡市被授予“全国先进生产（工作）者”称号的有9人，其中女性3人。

1989年、1995年、2005年无锡市全国先进生产（工作）者概况表

表44-6

年份	姓名	性别	出生年月	工作单位	职务（职称）
1989	刘定保	女	1956.02	无锡市崇安区环卫所崇安分站	副站长
	何同甫	男	1930.08	无锡市郊区人民法院民事审判庭	审判员
	顾蕴玉	女	1933.08	无锡市第一中学	党支部书记
1995	朱士雄	男	1949.09	锡山市中学	校长
	顾金娣	女	1949.06	无锡市南长区环境卫生管理所	工人
2005	刘仲宝	男	1958.08	无锡市歌舞团	团长
	陈　曦	男	1979.02	无锡市第一中学	校长助理
	陈胜泉	男	1948.10	无锡市公安局刑警支队	主检法医师
	陈静瑜	男	1963.03	无锡市第五人民医院	副院长

第三节　全国五一劳动奖章获得者

1986～2005年无锡市被全国总工会授予“全国五一劳动奖章”的有98人，其中女性22人。

1986～2005年无锡市全国五一劳动奖章获得者概况表

表44-7

年份	姓名	性别	工作单位	职务（职称）
1986	周建松	男	江苏钢绳集团公司	总经理
	邹永堃	男	无锡柴油机厂加工车间	技师
	程惠明	女	无锡市华联商厦	副总经理
	丁贵凤	女	无锡第一棉纺织厂	班长
	冯泉均	男	无锡县交通局桥梁工程公司	高级工程师

续表

年份	姓名	性别	工作单位	职务（职称）
1986	刘雪芬	女	无锡市第二缫丝厂	班长
	杨忠其	男	无锡市第二建筑工程公司	生产组长
	谢盛良	男	宜兴县中学	副校长
	谢振球	男	无锡市第一人民医院	外科主任
1987	朱汉卿	男	无锡县东绛人民医院	主治医师
	包志远	男	宜兴水泥厂	厂长
	刘根宝	男	江阴铁合金厂	厂长兼书记
	杨梅芳	女	无锡市公共交通公司	售票员
	郭海棠	女	无锡市港务管理处第七作业区	班长
	彭鹤鸣	男	无锡市彩印厂	副厂长
	严达生	男	无锡市电子管厂	车间副主任
1988	朱阿荣	男	无锡无线电厂	厂长
	陈日藻	男	江苏省纺织研究所	高级工程师
	马建芬	女	江阴红星染织厂	挡车工
	倪锡元	男	无锡县建筑公司	队长
	刘定保	女	无锡市崇安区环卫所崇安站	副站长
	贾杏平	男	宜兴市机械总厂农机修理制造厂	工人
1990	祝海初	男	无锡电扇厂	厂长
	贺家明	女	无锡县钢铁厂机修分厂	电焊工
	沈　勤	女	宜兴市丝绸厂	挡车工
	沙蕴华	女	无锡市北塘区人民医院检验科	主任
	束海林	男	无锡供电局线路工区	区长
	戴丽萍	女	江阴棉纺织厂	技师
1991	许忠兴	男	无锡钢厂炼钢车间	技师
	王祥兴	男	无锡市汽车运输公司	驾驶员
	张泉发	男	无锡市丝绸印染总厂	厂长
	邹石溪	男	江阴南菁中学	校长
	董寿洪	男	无锡供电局市区供电所	副主任
	华海泉	男	无锡市电度表厂	厂长
	宋孟大	男	宜兴市公安局刑警大队	副大队长
	季德余	男	无锡市电容器厂	工会主席
1992	刘德宽	男	无锡市民用建筑工程公司一工区	班长
	吉久林	男	无锡市总工会	主席
	冷其泉	男	无锡市建筑工程公司四处	副主任
	薛祖兴	男	无锡油泵油嘴集团公司	总经理
	何新民	男	宜兴市大理石矿作业班	班长
	徐嘉谟	男	江阴远望医院	副院长
	盛福清	男	无锡县天一中学	党总支书记
1993	高仲芳	男	无锡市合成纤维总厂	厂长

续表

年份	姓名	性别	工作单位	职务（职称）
1993	胡春山	男	江苏雷声电子设备厂科研所	室主任
	顾金娣	女	无锡市南长区环卫所	组长
	唐嘉擎	男	无锡县前洲水利管理站	站长
	冯家迪	男	江苏省宜兴陶瓷公司非金属化机厂	副经理兼厂长
	陈毓强	男	江阴市永联集团公司	总经理
1996	华金荣	男	无锡锅炉厂	厂长
	钱红菱	女	无锡市第一中学	教师
	俞祥九	男	华能无锡电热器材厂	工程师
	曹正荣	男	宜兴市宜城镇环卫处	工人
	符建其	男	江苏永联集团公司	班长
	陆慕林	男	锡山市柴油机厂	工人
1997	朱志铭	男	江苏太湖水集团有限公司	总经理
	金秋萍	女	无锡市总工会	宣教部部长
	谢德良	男	无锡市南长区房地产管理局	工人
	朱飞加	女	锡山市缫丝厂	工人
	徐安碧	男	宜兴精陶（集团）有限公司	工人
	梁林宝	男	江苏沿山实业集团总公司	总工程师
1998	唐瑞敏	男	江苏锡钢集团公司	副总工程师
	蒋荣豪	男	无锡宝通电子有限公司	总经理
	谢明元	男	锡山市粮食机械厂	工人
	孙士美	女	江阴市澄江镇环卫所	工人
	赵玉林	男	宜兴市邮电局	工人
	杨桂兴	男	无锡市崇安区环卫处	工人
1999	徐　芳	女	无锡庆丰纺织有限公司	工人
	陶　菁	女	无锡市妇幼保健院	护士长
	惠淑君	女	无锡市穆桂英美食城	经理
	周爱民	男	无锡市公安局禁毒处	大队长
	何国红	男	江阴市华联商厦	营业员
	陆道君	男	江苏太湖锅炉集团公司	总经理
2001	何映鸣	男	无锡市太极实业股份有限公司二分厂	厂长
	任丹飞	女	无锡市三力工业布厂	部门负责人
	蒋彬洪	男	一汽无锡柴油机厂	厂长
	刘礼华	男	法尔胜股份公司技术中心	主任
	高敏慧	女	前达集团公司	挡车工
	路济民	男	无锡南方耐材（集团）有限公司	总工程师
	王知义	男	中国人寿保险公司无锡分公司	总经理
2002	马建荣	男	无锡市第三棉纺织厂	技师
	范成建	男	中国华晶电子集团	技术主管
	孙建初	男	无锡市第五人民医院	副主任医师

续表

年份	姓名	性别	工作单位	职务（职称）
2002	史晓伟	男	无锡威孚马山油泵油嘴有限公司	工人
	胡贤清	男	江苏扬子江船厂有限公司	技术员
	汪勤生	男	宜兴市建筑安装工程总公司	项目经理
2003	吴协东	男	江苏华西集团公司	党委副书记
	邱玉林	男	江苏省宜兴彩陶工艺厂	室主任
	朱建平	男	无锡自来水总公司	副科长
	陈　曦	男	无锡市第一中学	校长助理
	陈静瑜	男	无锡市第五人民医院	副主任医师
	陈胜泉	男	无锡市公安局	法医
2004	许良飞	男	无锡威孚集团有限公司	董事长、总经理
	金包春	男	宜兴市农村信用合作联社	办事员
	吴　辰	女	江阴华士实验学校	校长
	潘惠敏	男	澄西船舶修造厂	工会主席
	秦向峰	男	无锡客运总公司	驾驶员
	朱卫东	男	无锡夏普电子元器件有限公司	营销经理

第四节　全国各产业（系统）劳动模范　先进工作者

1986～2003年无锡市全国各产业（系统）劳动模范、先进工作者概况表

表44-8

一、全国纺织工业系统劳动模范概况表

姓名	性别	工作单位	授予年份
陆静珠	女	无锡江南色织公司棉纺织一厂	1987
戴丽萍	女	江阴利用棉纺针织有限公司	1989
陈国伟	男	无锡江南色织公司棉纺织一厂	1994
缪小方	女	无锡宏源集团有限责任公司	1994
陈艳秋	女	无锡市第一棉纺织厂	1994
包永昌	男	无锡新联兴纺织有限公司	1994
李文海	男	无锡纺织产业集团公司	1994
吴海芬	女	江阴利用棉纺针织有限公司	1994
王永寿	男	无锡维新漂染有限公司	1994
武卫红	女	无锡第一毛纺织染有限公司	1994
杨剑华	女	无锡协新集团有限公司	1999
钱凤娥	女	无锡宏源集团有限责任公司	2000
邢瀚澄	男	无锡太平洋集团公司	2000
陈丽芬	女	江苏阳光集团公司	2000
杭嘉海	男	无锡江南色织公司棉纺织一厂	2000

续表

二、全国轻工业系统劳动模范概况表

姓名	性别	工作单位	授予年份
周传伟	男	无锡振奋螺丝厂	1996
肖　兵	男	无锡小天鹅股份有限公司	2000

三、全国建设系统劳动模范概况表

姓名	性别	工作单位	授予年份
李　正	男	无锡市建设局	1986
朱重义	男	无锡建材仪器厂	1986
华炳元	男	无锡市工业设备安装公司	1990
吴仲芳	男	江阴自来水公司	1990
梁凤英	女	无锡市民建公司	1990
曹正荣	男	宜兴市宜城环卫所	1990
刘尧东	男	无锡水泥厂	1991
丁金娣	女	无锡建材仪器厂	1991
陆近一	男	无锡市锡山建筑实业总公司	1994
徐发鑫	男	江阴市规划局	1994
周鹤歧	男	江阴市建设监理有限公司	1996
华亚辉	男	无锡利农砖瓦厂	1996
钱铭权	男	无锡市公用房产经营总公司	1999
钱正伟	男	无锡二建建设工程公司	1999
姚伟欣	男	江阴市政工程公司	1999
李玉珍	女	宜兴市房地产交易所	1999

四、全国商业粮食供销系统劳动模范概况表

姓名	性别	工作单位	授予年份
蒋福才	男	江阴市澄江粮管所	1989
承梓才	男	江阴市华士供销社	1989
胡伟军	女	江阴市周庄供销社	1989
吴良初	男	宜兴市张渚供销社	1989
戴志君	男	宜兴市粮食局	1993
张海良	男	无锡朝阳集团	1995
张大政	男	无锡市炊事机械公司	1997
严国良	男	锡山市供销社	1997

五、全国交通系统劳动模范概况表

姓名	性别	工作单位	授予年份
钱　宝	男	无锡客运总公司	1991
武惠珍	女	无锡公共交通（集团）公司	1994
胡尧刚	男	无锡宏利减震器总厂	1998
曹良增	男	无锡江南航运公司	1998

续表

姓名	性别	工作单位	授予年份
俞巍坤	男	江苏长博投资公司	1998
陈　乐	男	江苏省江阴港务局	2001
陈金山	男	无锡市公路管理站	2001

六、中国船舶修造总公司劳动模范概况表

姓名	性别	工作单位	授予年份
吴有生	男	中船总公司第702研究所	1986
李百齐	男	中船总公司第702研究所	1999
虞奇立	男	澄西船舶修造厂	1999

七、全国化学工业系统劳动模范概况表

姓名	性别	工作单位	授予年份
侯耀北	男	无锡橡胶厂	1989
许祖范	男	无锡石化资产经营公司	1989
姚建章	男	无锡橡胶厂	1994
吴元勒	男	无锡橡胶集团	1994
朱根棣	男	无锡阿尔梅感光化学有限公司	1994

八、全国冶金工业系统劳动模范概况表

姓名	性别	工作单位	授予年份
蒋伯伦	男	无锡前洲三洲钢厂	1994

九、全国供电系统劳动模范概况表

姓名	性别	工作单位	授予年份
汪建民	男	江苏电力公司无锡供电公司	1999

十、全国农业系统劳动模范概况表

姓名	性别	工作单位	授予年份
吴义大	男	无锡市郊区发展计划局	1989
朱仲林	男	宜兴官林镇薛家渎联合养殖场经理	1989
陶听根	男	无锡县堰桥农业公司	1990
时金宝	男	无锡市郊区农林局	1991

十一、全国水利系统劳动模范概况表

姓名	性别	工作单位	授予年份
朱代宝	男	江阴市政府接待办公室	1992(全国抗洪抢险劳模)

十二、全国煤炭系统劳动模范概况表

姓名	性别	工作单位	授予年份
杨国威	男	无锡市煤炭机械厂	1989

续表

十三、全国绿化、环卫系统劳动模范概况表

姓名	性别	工作单位	授予年份
徐德兴	男	无锡市绿化委员会办公室	1986

十四、全国外经贸系统劳动模范、先进工作者概况表

姓名	性别	工作单位	授予年份
蔡阿兴	男	无锡市外运公司	1987（先进工作者）
马友梅	女	无锡市外经贸局	1998（劳动模范）
钱向红	女	无锡市中瑞集团方宏贸易有限公司	1998（劳动模范）

十五、全国金融系统劳动模范概况表

姓名	性别	工作单位	授予年份
蒋贵生	男	中国农业银行宜兴支行	1986
张洪来	男	中国工商银行无锡分行	1992
臧仁妹	女	中国工商银行无锡分行	1996

十六、全国财政系统先进工作者概况表

姓名	性别	工作单位	授予年份
朱幼媛	女	无锡市滨湖区财政局	2002

十七、全国民政系统劳动模范概况表

姓名	性别	工作单位	授予年份
徐国清	男	江阴市山观镇政府	1987
薛顺福	男	江阴市民政局	2000

十八、全国电子工业系统劳动模范概况表

姓名	性别	工作单位	授予年份
王洪生	男	无锡无线电厂	1995
王曼若	女	无锡无线电元件六厂	1995

十九、全国邮电系统劳动模范概况表

姓名	性别	工作单位	授予年份
凌兆元	男	江苏电信公司无锡分公司	1991
张惠明	男	无锡邮政局	1996

续表

二十、全国广电系统先进工作者概况表

姓名	性别	工作单位	授予年份
徐瑞松	男	宜兴市广播电视局	1995

二十一、全国信息产业系统先进工作者概况表

姓名	性别	工作单位	授予年份
卢　益	男	省无线电管理局无锡市管理处监测站	2003

二十二、全国旅游系统劳动模范概况表

姓名	性别	工作单位	授予年份
周国良	男	无锡大饭店	1999

二十三、全国文化系统先进工作者概况表

姓名	性别	工作单位	授予年份
徐昌安	男	江阴市文化馆	1991
萧孟铨	男	无锡市艺术创作研究所	1995
薛福顺	男	江阴市新华书店	1998

二十四、全国卫生系统先进工作者概况表

姓名	性别	工作单位	授予年份
吴亚珍	女	宜兴市官林医院	1987
廉金南	男	无锡县堰桥卫生院	1992
王生泉	男	江阴市人民医院	1999
郑义通	男	无锡市第二人民医院	1999

二十五、全国审计机关劳动模范概况表

姓名	性别	工作单位	授予年份
孙海涛	男	无锡市审计局	1990

二十六、全国教育系统劳动模范、先进工作者概况表

姓名	性别	工作单位	授予年份
程蕴华	女	无锡师范学校	1986（先进工作者）
刘再明	男	无锡柴油机厂技工学校	1986（先进工作者）
王　修	男	无锡北塘区职工业余学校	1986（先进工作者）

续表

姓名	性别	工作单位	授予年份
边振铨	男	无锡县中学	1986（先进工作者）
王丽新	女	江阴县实验小学	1986（先进工作者）
蒋效祥	男	宜兴县高塍中心小学	1986（先进工作者）
言穆安	女	无锡师范附属小学	1989（劳动模范）
朱雪珩	女	无锡市向阳中心小学	1989（劳动模范）
邹石溪	男	江苏省南菁高级中学	1989（劳动模范）
金良福	男	江阴市山观成人教学中心	1989（劳动模范）
蒋祖霖	男	江苏省宜兴中学	1989（劳动模范）
郑志远	男	无锡县梅村中学	1989（劳动模范）
陈龙宝	男	无锡市第六高级中学	1991（劳动模范）
周康年	男	锡山市职教中心	1991（劳动模范）
徐连生	男	江阴市峭岐镇峭西小学	1991（劳动模范）
唐江澎	男	江苏省锡山高级中学	1993（劳动模范）
陈祥飞	男	江阴市要塞成教中心	1993（劳动模范）
路继斌	男	江苏省宜兴中学	1993（劳动模范）
谢洪德	男	江阴市南闸中心小学	1993（劳动模范）
黄宇麟	男	无锡市第一中学	1995（劳动模范）
范大昭	男	无锡市工业学校	1995（劳动模范）
石桂荣	女	江阴市长泾中心小学	1995（劳动模范）
胡兴奋	女	江阴市虹桥小学	1998（劳动模范）
周良才	男	宜兴市教育局	1998（劳动模范）
陆云泉	男	无锡市第二中学	2001（劳动模范）

第五节　江苏省劳动模范

1988～2000年度无锡市江苏省劳动模范概况表

表44-9

1988年度

姓名	性别	工作单位	姓名	性别	工作单位
薛祖兴	男	无锡油泵油嘴厂	华金荣	男	无锡锅炉厂
赵湘俊	男	无锡机床厂	沈耀昌	男	无锡柴油机厂
许忠兴	男	无锡钢铁厂	何巧凤	女	无锡第五棉纺织厂
袁仲良	男	无锡市织袜总厂	朱寿南	男	无锡印染厂
金振民	男	市协新毛纺织染厂	冯亚珍	女	无锡市第二丝织厂

续表

姓名	性别	工作单位	姓名	性别	工作单位
朱阿荣	男	无锡无线电厂	张菊芳	女	无锡无线电元件六厂
郭瑞良	男	无锡搪瓷厂	彭鹤鸣	男	无锡彩印厂
严荣伟	男	无锡第三橡胶厂	徐金保	男	无锡第一制药厂
王祥兴	男	无锡市汽车运输公司	戴建之	男	无锡市建筑工程局
赵　伟	男	无锡市利农砖瓦厂	梁凤英	女	无锡市民用建筑工程公司
钱永西	男	无锡邮电局	潘仁麟	男	无锡供电局线路工区
程惠明	女	无锡市第一副食品店	汤　敏	女	无锡市第一百货商店
谢荣才	男	无锡浴室	秦兴基	男	无锡粮油计量设备厂
赵湘源	男	无锡市日杂品公司炊事机械公司	叶新圻	男	无锡市机电设备公司
周祥昌	男	无锡市第一中学	赵淑琴	女	无锡市第一人民医院
华祖卿	男	江苏省荣军康复医院	严达生	男	无锡市电子管厂
张荣伯	男	无锡川埠煤矿	徐茂业	男	无锡市建筑设计院
徐芑南	男	中国船舶总公司第702研究所	华汉户	男	国营江宁机械厂
滕敬信	男	无锡微电子联合公司	丁路得	女	无锡市连元街小学幼儿园
葛以涛	男	无锡市南长区环卫所	俞祥九	男	无锡市电热器材厂
沈锡良	男	无锡市农业机械厂	邓国泰	男	无锡市梁溪供销社
严大幼	男	无锡市崇安区自行车修理个体户	徐顺湘	男	江阴市澄江镇环南路小学
周建松	男	江阴钢绳厂	刘根宝	男	江阴铁合金厂
马建芬	女	江阴红星染织厂	樊耀兴	男	江阴钢厂
陈殿寿	男	无锡县无线电二厂	奚东山	男	无锡县水泥厂
贺家明	女	无锡县钢铁厂	倪锡元	男	无锡县建筑公司
邓仁甫	男	无锡县金属材料公司	贾杏平	男	宜兴市农机厂
包志远	男	宜兴水泥厂	陈寿康	男	宜兴铜峰中学
沈　勤	女	宜兴丝绸厂	许福民	男	郊区河埒养殖场渔工商联合公司
任志英	女	无锡市第五棉织厂	杭金娣	女	无锡市制线厂
赵毛妹	女	江阴市华士镇华西村	卞兴才	男	江阴市周庄镇
李良宝	男	江阴市夏港乡长江村	周祖良	男	江阴市云亭镇云东村
钱　敏	女	江阴市第二纺织厂	黄建钧	男	江阴市被单厂
黄宝兴	男	江阴市第二毛纺织厂	承梓才	男	江阴市华士镇供销合作社
孙叙珍	女	江阴市文林乡人民政府	周伟琳	男	江阴市农行长泾营业所
王美涌	男	江阴市月城水利农机管理处	王元良	男	江阴市彩印机械厂
黄宪辉	女	无锡县荡口中心小学	毛焕根	男	无锡县税务局陆区税务所
唐涌祥	男	无锡县前洲镇西塘实业公司	杨祥娣	女	无锡县江南皮件厂
王荣华	男	无锡县长安棉纺针织总厂	阚云轩	男	无锡县红旗染化厂
费志远	男	无锡市黑白实业公司	陆俊泉	男	无锡县玉祁蓉南村实业公司
章玉才	男	无锡县东埲镇湖东村	顾德清	男	无锡县洛社镇马盘村

续表

姓名	性别	工作单位	姓名	性别	工作单位
杨映春	男	无锡县硕放乡溇金村	陈祥林	男	宜兴市官林农技站
周宪光	男	宜兴市屺亭乡良庄村	陈汉林	男	宜兴市范道乡渔场
何德明	男	宜兴市红塔乡城塘村	王汉如	男	宜兴市涤纶丝厂
史俊棠	男	宜兴紫砂工艺二厂	杨忠伟	男	宜兴毛纺织染厂
柯良生	男	宜兴市第四化工厂	杨岳军	男	宜兴市湖fu镇阳泉茶场
郑爱凤	女	宜兴善卷乡人民政府	成长连	男	无锡市出租汽车公司

1989～1990年度

姓名	性别	工作单位	姓名	性别	工作单位
薛祖兴	男	无锡油泵油嘴集团公司	沈耀昌	男	无锡柴油机厂
周润寿	男	无锡市水泵厂	王润荣	男	无锡机床厂
许忠兴	男	无锡钢厂	熊正喜	男	江苏省无锡探矿机械厂
高仲芳	男	无锡市合成纤维总厂	潘素琴	女	无锡市第四棉纺织厂
桑　勤	女	无锡市第三棉纺织厂	浦聚宝	男	无锡市第二丝织厂
夏燕芬	女	无锡市第一织布厂	高尔军	男	无锡市无线电五厂
陈锡铨	男	无锡无线电元件六厂	林纪依	男	无锡市第四橡胶厂
祝海初	男	无锡市电扇厂	陆月华	女	无锡市健康参药店
冯如海	男	无锡市利民瓷厂	雷泉荣	男	无锡市自来水公司
张金祥	男	无锡市石油化工总厂	王祥兴	男	无锡汽车运输公司
钱红菱	女	无锡市第一中学	冷其泉	男	无锡市建筑工程公司第四工程处
张海宝	男	省糖业烟酒总公司无锡分公司	刘德宽	男	无锡市民用建筑工程公司
刘小海	男	无锡邮电局机要通信科	周茂盛	男	无锡供电局线路工区
虞镇平	男	市机电设备公司汽车贸易分公司	王炳泉	男	无锡市建材总厂
殷水珍	女	无锡市王兴记馄饨店	谢根成	男	无锡市泰山饭店
赵湘源	男	无锡市炊事机械公司	陆　震	男	无锡市公安局北大街派出所
姚月珍	女	无锡第一人民医院外科	俞祥九	男	无锡市华能电热器材厂
胡春山	男	国营江宁机械厂	蒋泉根	男	崇安区房管局亭子桥房管所
顾金娣	女	南长区环卫所长街环卫站	李金祥	男	中国华晶电子集团公司五分厂
陈金盘	男	郊区人民法院	姚建萍	男	郊区环境卫生管理所
查振祥	男	国营江阴印染厂	王安金	男	无锡市酿酒总厂
吴汉荣	男	国营江阴动力机厂	徐嘉谟	男	江阴远望医院
王财安	男	江阴市汽车客运公司	符建其	男	江阴永联集团公司
冯泉均	男	无锡县交通局桥梁工程队	盛福清	男	无锡县天一中学
黄　华	女	无锡富昌皮件有限公司	翁振根	男	无锡县柴油机厂
陆军花	女	无锡县色织厂	倪锡元	男	无锡县建筑公司
何新民	男	宜兴市大理石矿	冯家迪	男	宜兴非金属化工机械厂
张时献	男	江阴市第二化纤厂	王　岚	女	宜兴市丁蜀医院
包祖贤	男	江阴长泾镇泾南村	王元良	男	江阴市江南轻工机械厂

续表

姓名	性别	工作单位	姓名	性别	工作单位
卞兴才	男	江阴市周庄镇三房巷村	张阿珍	女	江阴市染织三厂
黄掌宝	男	江阴长泾镇安巷村	赵毛妹	女	江阴市华士镇华西村
许瑞芬	女	江阴市北涸镇人民政府	薛岳海	男	江阴璜土多种经营服务总公司
黄伟兴	男	无锡县南方悬挂输送机厂	丁福根	男	无锡县厚桥镇谢埭荡村
王明根	男	无锡市电子管二厂	杨祥娣	女	工贸合营无锡江南皮件厂
浦惠林	男	无锡县初轧厂	陈　钟	女	无锡县集装箱厂
曹大阿弟	男	无锡县硕放乡安桥村	王荣础	男	无锡县华庄镇农场种猪场
缪金瑞	男	无锡县风机厂	惠建国	男	无锡县长安镇农业服务公司
张文均	男	无锡县仪器公司胡埭食品站	唐嘉擎	男	无锡县前洲水利管理站
宋金禄	男	宜兴市锻压机床厂	冯成妹	女	上海纸品五厂宜兴联营厂
施永才	男	无锡市电线电缆厂	刘洪林	男	宜兴三木化工实业公司
吴定大	男	宜兴张泽乡郭家村	朱顺根	男	宜兴市太华乡
姚志法	男	宜兴市农技推广中心官林站	陈敏敏	男	宜兴市新街乡经营管理办公室
范小娟	女	宜兴市丁蜀镇人民政府	顾德夫	男	郊区城郊蔬菜管理区
殷金兰	女	宜兴丁蜀镇敬老院	马杏君	男	宜兴市鲸塘供销合作社
任志英	女	无锡市第五棉织厂	吴　强	男	宜兴市和桥镇第二中学
宋协炳	男	马山区马山镇和平村	许三才	男	无锡市电影机械厂
刘茂生	男	无锡市金星加弹网络丝厂	俞士钧	男	无锡市电子管厂
王小顺	男	无锡市川埠煤矿	—	—	—

1991～1995年度

姓名	性别	工作单位	姓名	性别	工作单位
骆祥兴	男	无锡威孚集团有限公司	陈建琴	女	无锡压缩机股份有限公司
范建寿	男	无锡水泵厂	周静珍	女	无锡电缆厂
唐瑞敏	男	无锡钢厂	焦凤英	女	无锡市焦化厂
许鲁平	男	无锡市庆丰纺织有限公司	何益鸣	男	无锡市太极实业股份有限公司
刘巧云	女	无锡市第三棉纺织厂	胡桂芬	女	无锡协新毛纺织染有限公司
孟吕生	男	无锡市第二丝织厂	钱季良	男	无锡市酶制剂厂
孙　謇	男	无锡市三星实业总公司	朱其明	男	无锡中策减震器有限公司
杨继兴	男	无锡市造漆厂	王丽琴	女	无锡市石油化工总厂
侯锡椿	男	江苏省无锡医药股份有限公司	过解明	男	无锡市港务有限责任公司
顾巧芬	女	无锡市市政设施管理处	范小毛	男	无锡市第三建筑工程公司
任丹菲	女	无锡市三力工业布厂	张锡根	男	无锡市华厦建设经营发展总公司
周明宝	男	无锡邮电局	李德如	男	无锡供电局
李建夏	男	无锡商业大厦集团有限公司	张玲珍	女	无锡市第一副食品商店
王蓉如	女	无锡市北塘区粮食分局	陈玲娣	女	无锡市人民桥日杂商店
张满达	男	江苏省原子医学研究所	郑文千	女	无锡市第一中学
许时婴	女	无锡轻工大学	陶　菁	女	无锡市妇幼保健院
王丽敏	女	无锡土畜产粮油进出口公司	李伯余	男	无锡市中级人民法院
王德莉	女	崇安区人民法院	谢德良	男	南长区房地产管理局

续表

姓名	性别	工作单位	姓名	性别	工作单位
惠淑君	女	无锡市穆桂英点心店	毛妹娣	女	北塘区人民法院
朱志铭	男	江苏太湖水集团有限公司	姚曼君	女	无锡养鸡场集团有限公司
曹大阿弟	男	新区硕放镇安桥村	浦美芬	女	无锡市第二水泥厂
丁爱华	女	郊区刘潭环卫所	祭凤英	女	无锡汇丰供销商业公司
胡福民	男	郊区蠡园乡中北村农科队	蒋荣豪	男	无锡宝通电子有限公司
尤仁德	男	无锡市扬名中心小学	唐丽珍	女	中国人民保险公司无锡分公司
周爱民	男	无锡市公安局	李　兵	男	中国华晶电子集团公司
吴祥兴	男	江阴澄西船舶修造厂	金承仪	男	中国船舶工业总公司第七研究院第702研究所
吴晓白	男	江阴兴澄钢铁有限公司	陆克平	男	江苏阳光集团
朱玉兴	男	江阴利用棉纺针织有限公司	刘礼华	男	江苏钢绳集团公司
许培圣	男	江阴市第二合成化工厂	李祥庆	男	江苏泰清集团有限公司
虞德范	男	江苏省南菁高级中学	孙士美	女	江阴市澄江环卫所
庄崇顺	男	江阴皮革总厂	缪丽韵	女	江阴市邮电局
奚志鑫	男	江阴市公路管理站	谢文兴	男	江阴机械厂
何国红	男	江阴市百货大楼	徐秋龙	男	江阴市澄江镇文富村
沈建良	男	江阴市顾山镇古塘村	缪双大	男	江阴市利港镇陈墅村
陈兴洪	男	江阴市云亭镇新伍村	包文辉	男	江阴市长泾镇花园村
梁林宝	男	江阴市月城镇沿山村	朱飞加	女	锡山市缫丝厂
卞兴才	男	江阴市周庄镇三房巷村	谢明元	男	锡山市粮食机械厂
陆慕林	男	江苏行星机械集团公司	沈全丰	男	锡山市交通局前洲交管所
邹兰谷	男	锡山市西漳卫生院	李百炼	男	江苏锡兴集团公司
钱敏虎	男	锡山市东亭镇派出所	孙锡兴	男	锡山市杨市供销社
苏洪祥	男	锡山市天一中学	张正明	男	锡山市钱桥镇胜丰村
陈才金	男	锡山市房地产综合开发总公司	吴寿南	男	江苏锋泉电线电缆集团公司
邢梅珍	女	锡山市堰桥镇界泾村	高敏慧	女	江苏前达毛纺厂
陆道君	男	江苏太湖锅炉集团公司	濮永法	男	锡山市玉祁镇黄泥坝村
朱炳忠	男	锡山市羊尖镇羊尖村	薛克勤	男	无锡电线电缆厂
华浩兴	男	江苏捷达摩托集团公司	赵连元	男	锡山市东绛镇糜巷桥村
周耀庭	男	红豆集团公司	周新南	男	宜兴轻工机械厂
蒋锡培	男	无锡远东集团公司	吴新华	女	宜兴丁山供销合作社
谈福元	男	宜兴化肥厂	杨扣娣	女	江苏远舟集团公司电子耐火器材厂
周含良	男	宜兴市公安交警大队	吴乃曦	男	宜兴市第一中学
赵玉林	男	宜兴市邮电局	王顺良	男	宜兴市精密钢管厂
徐安碧	男	宜兴市精陶（集团）有限公司	狄　锋	男	宜兴市恒来建材集团公司
杨玉富	男	宜兴市耐火材料厂	蒋洪齐	男	宜兴市芳庄镇水利站
倪奇峰	男	宜兴市芳桥镇农技站	吴定大	男	宜兴市张泽镇郭家村
赵相春	男	宜兴市善卷镇经济管理办公室	刘庆平	男	宜兴市百货公司
张明清	男	宜兴市西渚乡团结村	刘　峰	男	宜兴市供电局

1996～2000年度

姓名	性别	工作单位	姓名	性别	工作单位
吴崇翟	男	江阴市公安局	陶建华	男	江阴苏龙发电有限公司
张农高	男	江阴市地税局祝塘分局	夏建忠	男	江阴市中医院
邵鹏飞	男	江苏省江阴职业高级中学	夏坚勇	男	江阴市文化局创作室
周德兴	男	江阴市华士水利农机管理服务站	胡铁龙	男	江阴凯澄起重机械有限公司
胡贤清	男	江苏扬子江船厂有限公司	周松庆	男	江阴市自来水总公司给水安装工程有限公司
周建平	男	江苏三毛集团公司	丁冠林	男	江苏双良空调设备股份有限公司
张逸明	男	江苏金达来集团公司化学纤维研究所	吴协东	男	江阴市华士镇华西村
徐惠兴	男	江阴市华士镇华西村	朱卫刚	男	江阴市万达毛纺织有限公司
费锦菊	女	江阴市顾山镇计划生育服务站	朱建平	男	江阴太湖肉鸭制品有限公司
徐德兴	男	江阴市申港镇农场	王小平	男	宜兴市宜城房地产开发有限公司
顾汉章	男	宜兴市汉光集团	武招娣	女	宜兴市丁蜀镇潘庵村
宗伟刚	男	宜兴协联热电有限公司	秦怡生	男	宜兴市周铁镇前观村
田洪生	男	中国宜兴环保科技工业园查林村	赵林山	男	宜兴市杨巷镇芳东村
吴汝华	男	宜兴市高塍镇毫林村	范国芳	男	宜兴市徐舍镇湾埂村
邓焕军	男	无锡市长月果树苗木种植园	杨益如	男	宜兴非金属化工机械有限公司
鲍祖强	男	宜兴市公路管理处四方工程公司	钱胜华	男	中共宜兴市纪律检查委员会
徐旭涛	男	宜兴乐祺纺织印染有限公司	陆国良	男	宜兴市国家税务局宜城分局
王　欣	男	宜兴市中医医院	杨仲华	男	江苏众星摩托集团有限公司
王占芳	男	江苏省宜兴职业教育中心学校	周　萍	女	无锡通容电子有限公司
邓石荣	男	锡山市道路养护管理大队	袁振新	男	锡山市港下镇朱青庄村
廉丽芳	女	锡山市八士镇山林茶果场	瞿志新	女	锡山市人民医院
浦晓中	男	锡山市隆达铜业有限公司	张晓阳	男	锡山市地方税务局八士分局
倪静霞	女	锡山市查桥镇中心小学	毛建良	男	江苏锡兴集团公司
强志炯	男	江苏新苑集团公司	邢梅珍	女	锡山市堰桥镇界泾村
臧培兴	男	锡山市天幕特阔印染有限公司	赵逸人	女	锡山市阳山镇多种经营技术服务站
席胜福	男	锡山市杨市珍珠养殖场	张正荣	男	无锡市申达动力机械有限责任公司
黄志直	男	锡山市洛社镇农技站	杨建清	男	无锡市黄巷奶牛场
吴亚萍	女	锡山市玉祁派出所	袁明霞	女	无锡市育红小学
史晓伟	男	无锡威孚马山油泵油嘴有限公司	陈　明	男	锡山市建筑实业总公司
唐维永	男	郊区房地产管理局	曹凤华	女	无锡市侨谊幼儿园
袁楚良	男	无锡市蔬菜高新技术示范园	吴菁蕾	女	无锡阿尔卑斯电子有限公司
马　星	男	无锡市公安局周山浜派出所	王锦志	女	无锡市地税局
李杏才	男	无锡市开宝厨具有限公司	陆尔铭	男	无锡市人民检察院反贪污贿赂局
徐金生	男	新区硕放镇环卫所	秦向峰	男	无锡客运总公司
乔春源	男	无锡市第一中学	刘仲宝	男	无锡市歌舞团
黄梦飞	男	无锡市社会福利院	俞震球	男	无锡布勒机械制造有限公司
陈国强	男	无锡市公路管理处交通工程总公司	朱建平	男	无锡市自来水总公司营业所
何成章	女	无锡市第四人民医院	黄国庆	男	无锡机床股份有限公司
胡通九	男	无锡新中润国际集团震球有限公司	浦继平	男	无锡压缩机股份有限公司

续表

姓名	性别	工作单位	姓名	性别	工作单位
许良飞	男	无锡威孚集团有限公司	李光明	男	无锡市第一棉纺织厂
沈中伟	男	无锡电缆厂	马建荣	男	无锡市第三棉纺织厂
朱国平	男	无锡市焦化厂	金征涛	男	无锡市无线电变压器厂
王三凤	女	无锡市庆丰股份有限公司	张明益	男	无锡格兰机械有限公司
朱华君	男	无锡协新集团有限公司	赵剑华	男	无锡山禾药业股份有限公司
朱德坤	男	无锡小天鹅股份有限公司	顾文品	男	无锡市太湖鼋头渚风景区管理处
赵德平	男	无锡二橡胶股份有限公司	蒋敏华	女	江苏省电信公司无锡分公司
李金柱	男	无锡建筑工程公司	刘梅娣	女	无锡市丝绸针织服装总厂
龚卫新	男	无锡邮政局洛社邮政支局	朱建兴	男	无锡王兴记有限公司醉月楼菜馆
梅正清	男	无锡供电局	王禹梅	女	无锡大饭店有限公司
潘霄燕	女	江苏无锡商业大厦集团有限公司	吴嘉澍	男	江南大学信控系
吴建社	男	无锡市燃料总公司	戴士昌	男	海鹰企业集团有限责任公司海华公司
诸葛健	男	江南大学生物工程学院	恽小伟	男	澄西船舶修造厂
范成建	男	中国华晶电子集团公司	陈惠珍	女	上海铁路分局无锡站
吴素梅	女	国营第五五九厂	顾佩鸣	女	无锡市国税局
顾　忆	男	中国新星石油公司实验地质研究院	马慧兰	女	江苏公证会计师事务所有限公司
钱德山	男	无锡市德发印染公司	—	—	—

附：前志立传人物名录

一、古代人物

太　伯(？—？)　顾恺之(约345—406)　李　绅(772—846)
李　纲(1083—1140)　许叔微(1080—1154)　尤　袤(1127—1202)
倪　瓒(1301—1374)　王　绂(1362—1416)　邵　宝(1460—1527)
安　国(1481—1534)　秦　金(1467—1544)　顾可久(1485—1561)
华　察(1497—1574)　王　问(1497—1576)　王其勤(1531—？)
顾宪成(1550—1612)　高攀龙(1562—1626)　计六奇(1622—？)
顾祖禹(1631—1692)　严绳孙(1623—1702)　顾贞观(1637—1714)
嵇曾筠(1670—1739)　顾栋高(1679—1759)　浦起龙(1679—1762)
秦蕙田(1702—1764)　邹一桂(1686—1772)　沈金鳌(1717—1776)
孙　洙(1711—1778)　杨潮观(1710—1788)　嵇　璜(1711—1794)
顾光旭(1731—1797)　高秉钧(1755—1829)

二、近现代人物

华秋苹(1785—1858)　王旭高(1798—1862)　徐　寿(1818—1884)
秦祖永(1825—1884)　薛福辰(1832—1889)　李金镛(1835—1890)
薛福成(1838—1894)　汪艺香(1836—1900)　过　铸(1839—？)
徐建寅(1845—1901)　华蘅芳(1833—1902)　华世芳(1854—1905)
裘毓芳(1871—1904)　张聿青(1844—1905)　杨宗濂(1832—1906)
杨宗瀚(1839—1907)　李佩黻(1861—1910)　周阿生(1832—1912)
沈缦云(1869—1915)　杨　模(1852—1915)　许　珏(1843—1916)

吴子敬（1874—1916）
钱惠和（1889—1923）
沈奉江（1862—1925）
祝大椿（1856—1926）
秦　起（1907—1927）
徐梦影（1901—1927）
王津民（1897—1927）
薛南溟（1862—1929）
唐宗愈（1878—1929）
邹　弢（1850—1931）
廉　泉（1868—1931）
陆培之（1872—1932）
顾　衡（1909—1934）
丁宝书（1866—1936）
邓星伯（1862—1937）
曹仲容（1872—1937）
顾述之（1872—1938）
秦仁金（1879—1938）
朱秀谷（1894—1940）
荣月泉（1868—1941）
王蕴章（1884—1942）
钱锺仪（1920—1942）
高　阳（1892—1943）
胡汀鹭（1884—1943）
浦文汀（1874—1945）
刘群先（1907—？）
缪　斌（1899—1946）
吴道元（1917—1948）
严　朴（1898—1949）
华彦钧（1893—1950）
程敬堂（1885—1951）
丁福保（1874—1952）
匡仲谋（1877—1956）
王寅生（1902—1956）
钱基博（1887—1957）
顾惟精（1887—1958）
张再梁（1887—1960）
周　纶（1895—1963）
张光宇（1900—1964）
王尧臣（1876—1965）
孙荆楚（1902—1965）
胡刚复（1892—1966）

贾洪林（1874—1917）
周舜卿（1852—1923）
丁兰亭（1843—1926）
丁祖庚（1890—1926）
糜文浩（1901—1927）
张佐臣（1906—1927）
胡雨人（1867—1928）
过探先（1886—1929）
吴观岱（1862—1929）
冯金妹（1908—1931）
俞　复（1866—1931）
谈荔孙（1880—1933）
侯学愈（1867—1934）
秦毓鎏（1880—1937）
蔡缄三（1868—1937）
荣宗敬（1873—1938）
张轶欧（1881—1938）
袁仁义（1880—1938）
季云卿（1868—1940）
华　堪（1870—1941）
华阿金（1895—1942）
李伯敏（1909—1942）
蔡翔云（1915—1943）
陈佩三（1901—1945）
吴观蠡（1889—1945）
赵子新（1867—1946）
惠峻山（1906—1946）
杨味云（1868—1948）
俞庆棠（1897—1949）
陶凤山（1900—1950）
荣德生（1875—1952）
吴稚晖（1865—1953）
王　庸（1900—1956）
徐祖善（1890—1957）
辛一心（1912—1957）
杨翰西（1877—1960）
侯鸿鉴（1872—1961）
石筱山（1904—1964）
吴诗铭（1906—1964）
王禹卿（1879—1965）
薛学海（1897—1965）
杨荫溥（1898—1966）

孙毓修（1871—1922）
龚锡春（1864—1923）
唐光明（1899—1926）
吴畹卿（1847—1926）
胡明复（1891—1927）
安友石（1905—1927）
孙鹤卿（1868—1929）
蒋仲怀（1869—1929）
章治康（1886—1930）
高文华（1908—1931）
杨玉英（1901—1932）
吴芝瑛（1868—1934）
唐保谦（1866—1936）
郭纲琳（1909—1937）
韩慕荆（1876—1937）
杨荫榆（1884—1938）
李钟瑞（1896—1938）
尤国桢（1907—1939）
江焕卿（1870—1940）
周小农（1876—1942）
章志芳（1896—1942）
陈凤威（1907—1942）
裘廷梁（1857—1943）
史楚琪（1912—1945）
杨荫杭（1887—1945）
秦邦宪（1907—1946）
蒋哲卿（1886—1947）
储新民（1915—1949）
裘维裕（1891—1950）
李克乐（1882—1950）
陶晶孙（1897—1952）
唐文治（1865—1954）
华绎之（1893—1956）
量如法师（1888—1957）
丁　锦（1879—1958）
唐骧庭（1879—1960）
孙辰初（1893—1962）
丁厚卿（1887—1964）
诸健秋（1891—1965）
杨根新（1943—1965）
许莼舫（1906—1965）
吴震修（1883—1966）

赵柏生(1907—1966)
钱瘦铁(1897—1967)
顾毓珍(1907—1968)
糜文溶(1898—1968)
孙宗枢(1905—1968)
祝寿昌(1910—1968)
杨邦藩(1885—1970)
须　恺(1900—1970)
李祥霖(1911—1970)
朱文书(1917—1971)
杨四箴(1896—1972)
唐庆增(1902—1972)
邹　雅(1916—1974)
胡通祥(1896—1975)
秦古柳(1909—1976)
季　恺(1903—1976)
李惕平(1906—1977)
朱启祥(1919—1977)
范谷泉(1898—1978)
李国伟(1893—1978)
周阿康(1897—1978)
丁惠康(1904—1979)
丁志辉(1918—1980)
华应申(1911—1981)
朱勤甫(1902—1981)
祝世康(1901—1982)
殷良弼(1894—1982)
孙冶方(1908—1983)
薛祖康(1899—1983)
王　序(1912—1984)
高景岳(1908—1984)
华煜卿(1909—1985)
沈学源(1909—1985)
王昆仑(1902—1985)
张世纲(1900—1985)
顾圣婴(1937—1967)
钱海岳(1901—1968)
杨昌龄(1909—1968)
顾淑型(1897—1968)
朱庆云(1913—1968)
秦光煜(1902—1969)
陈　源(1896—1970)
顾坤伯(1905—1970)
唐星海(1898—1971)
张德载(1884—1972)
薛寿萱(1900—1972)
王承业(1899—1974)
浦化人(1887—1974)
钱孙卿(1887—1975)
张正宇(1904—1976)
诸竹生(1904—1976)
鲍明路(1927—1977)
吴邦伟(1900—1978)
陈　志(1909—1978)
赵　深(1898—1978)
张瑞芝(1885—1978)
顾　复(1894—1979)
张锡昌(1902—1980)
许云樵(1905—1981)
李白英(1903—1981)
钱锺汉(1911—1982)
薛邦祺(1914—1982)
邹钟琳(1897—1983)
胡阿梅(1901—1983)
杨荫浏(1899—1984)
唐照千(1932—1984)
黄本立(1902—1985)
吕　炯(1902—1985)
钱松嵒(1899—1985)
杜掌如(1880—1967)
姚桐斌(1922—1968)
沈瑞洲(1897—1968)
胡正祥(1896—1968)
李如祥(1908—1968)
盛水湘(1911—1969)
陶国鑫(1918—1970)
黄冕群(1907—1970)
李凤哕(1901—1971)
陆子容(1891—1972)
匡耀良(1902—1972)
许思园(1907—1974)
李嘉谋(1916—1974)
曹涵美(1902—1975)
丁熊照(1903—1976)
张契之(1913—1976)
贺天健(1891—1977)
顾毓琦(1901—1978)
杨令茀(1887—1978)
胡敦复(1886—1978)
黄修青(1898—1979)
薛明剑(1895—1980)
刘富根(1944—1980)
徐仲年(1904—1981)
宁志澄(1923—1982)
王德荣(1908—1982)
费祥生(1914—1983)
王季淮(1907—1983)
高　标(1902—1983)
张鉴庭(1909—1984)
荣玉德(1914—1984)
钱俊瑞(1908—1985)
顾青虹(1894—1985)
孙毓棠(1911—1985)

无锡市志

【第四册】

第四十五卷

市（县）区概况

概　述

1986年，无锡市下辖无锡、江阴、宜兴3个县和崇安、南长、北塘、郊区4个区，马山办事处。1987年4月23日，国务院批准撤销江阴县，设立江阴市（县级）。12月22日，国务院批准设立无锡市马山区，翌年9月正式成立。1988年1月9日，国务院批准撤销宜兴县，设立宜兴市（县级）。

1995年3月1日，设立无锡新区。新区由郊区旺庄乡，无锡县硕放镇以及坊前、新安、梅村3镇的19个村，无锡国家高新技术产业开发区、无锡新加坡工业园组成。6月8日，国务院批准撤销无锡县，设立锡山市。2000年12月，国务院批准撤销锡山市，设立无锡市锡山区和惠山区；无锡市郊区更名为滨湖区。至2005年末，无锡市下辖江阴、宜兴2个县级市和锡山、惠山、滨湖、崇安、南长、北塘、新区7个区。

1986～2005年，无锡市各市（县）、区的乡镇工业、外向型经济、民营经济强劲发展，继续创新苏南模式；城乡面貌焕然一新，社会事业长足发展；社会稳定，人民生活水平提高；为无锡市全面进入小康社会奠定坚实基础。

第一章　江阴市

第一节　地理　人口

一、地理

江阴市位于北纬31°40′34″～31°57′36″，东经119°59′～120°34′30″；北枕长江，南邻锡山区和惠山区，东接常熟市和张家港市，西连常州市武进区、新区，总面积987.5平方公里，其中陆地面积811.7平方公里、水域面积175.8平方公里（长江江阴段面积56.7平方公里）。东北部和中部为低山丘陵，地势较高；沿江地区和东南部为长江冲积平原和高亢平原，地势略高；南部和西南部为太湖沉积平原，地势低洼。境内土壤可分为水稻土、潮土和黄棕壤3个土类，又可分为三独育型水稻土、漂洗型水稻土、脱潜型水稻土、渗育型水稻土、灰潮土、粗骨黄棕壤、普通黄棕壤7个亚类，有11个土属、30个土种及若干变种。

除长江江阴段外，境内河道纵横，有澄西新沟河、中部锡澄运河、东部张家港河3大水系，12条通江河道、18条调节河道、121条镇级河道、928条村级河道，河流密度每平方公里4.98公里，水环境良好。

江阴属北亚热带季风性湿润气候，四季分明，光照充足，雨量丰沛。年平均日照时数1971.9小时，7月日照时数最多，为203.8小时；1月最少，为128.3小时。年平均气温16.2℃，7月最热，平均气温28.3℃，极端最高气温39.4℃（2003年8月2日）；1月最冷，平均气温3.6℃，极端最低气温−10℃

（1991年12月29日）。年均无霜期233.6天。年均降水（雨、雪）121.5天。年均降水量1133.2毫米，6月最多，月均194.8毫米；12月最少，月均32.7毫米；1991年降水量最多，为1914.4毫米；1995年最少，为769.6毫米。

二、区划

1986年，江阴县设澄江、青阳、华士、周庄、云亭、峭岐、长泾、顾山8个镇和石庄、璜土、西石桥、利港、申港、夏港、西郊、要塞、山观、长山、南闸、月城、马镇、璜塘、桐岐、长寿、祝塘、陆桥、新桥、文林、北涸、河塘22个乡。1987年4月23日，经国务院批准，江阴撤县建市。1987年7月2日，璜土、祝塘撤乡建镇，江阴市设10个镇20个乡。1988年5月4日，利港、申港、夏港、璜塘、北涸、南闸、长山7个乡撤乡建镇，江阴市设17个镇13个乡。1991年2月9日，西石桥、月城、山观、文林、新桥、河塘、马镇、长寿、陆桥、桐岐、石庄、西郊、要塞13个乡撤乡建镇。江阴市设30个镇。

1994年7月22日，西郊镇撤销并入澄江镇，长山镇撤销并入要塞镇，江阴市设28个镇。2001年6月，石庄镇撤销并入璜土镇，西石桥镇撤销并入利港镇，桐岐镇撤销并入青阳镇，文林镇撤销并入祝塘镇，河塘镇撤销并入长泾镇，长寿镇撤销并入周庄镇，陆桥镇撤销并入华士镇，要塞镇撤销并入澄江镇。江阴市设20个镇。2003年11月，北涸镇撤销并入顾山镇；山观镇撤销，其原辖区域法律上并入澄江镇，管理上纳入江阴经济开发区，与原长山办事处合并，成立新城东办事处；撤销峭岐镇、马镇镇、璜塘镇，将3个镇原辖区域合并成立霞客镇。2005年，江阴市设璜土、利港、申港、夏港、澄江、月城、青阳、霞客、南闸、云亭、华士、周庄、新桥、长泾、顾山、祝塘16个镇和江苏省江阴经济开发区。

三、人口

1986年，江阴县户籍人口103.7万人，其中男性53.58万人、女性50.12万人，农业人口90.63万人、非农业人口13.07万人，人口出生率15.72‰，死亡率6.67‰，自然增长率9.05‰；人口密度每平方公里1058人。全县有汉、回等民族22个，21个少数民族有179人，分别是回族34人、壮族20人、满族19人、苗族22人、侗族17人、布依族13人、土家族14人、彝族6人、瑶族5人、仡佬族1人、藏族3人、蒙古族12人、仫佬族1人、土族1人、哈萨克族1人、锡伯族2人、白族2人、傈僳族1人、朝鲜族3人、景颇族1人、羌族1人，少数民族人口占总人口的0.17‰，主要分布在澄江、长泾、祝塘、青阳、马镇、璜塘等乡镇。

2005年，户籍人口118.62万人，比1986年增加14.92万人，年均增加7852人；其中男性59.87万人、女性58.75万人，农业人口70.21万人、非农业人口48.41万人，人口出生率7.61‰，死亡率6.72‰，自然增长率0.89‰，人口密度每平方公里1202人。是年末，有外来人口53.89万人。有少数民族31个、3182人，占全市总人口的0.27%，其中超百人的少数民族有7个，分别是回族191人、苗族758人、壮族482人、布依族229人、满族171人、侗族333人、土家族808人，主要分布在澄江、霞客、祝塘、周庄、青阳、长泾等镇。是年末，有外来少数民族人口1.12万人，其中回族人口居多，且都信奉伊斯兰教。

第二节　城乡建设

一、城区建设

1986年，江阴城区建成区面积15平方公里，居住人口约15万人。至2005年，城区建成区面积50.11平方公里，城市人口42.63万人，人口密度每平方公里8507人；污水处理率39.29%，绿化覆盖率38.07%；自来水年供水量6039万立方米，年售水量6037万立方米，人均日生活用水量266升，用水普及率100%；液化气年供应量32017吨，天然气年供应量10668万立方米，燃气普及率100%；有公交车辆251辆，每万人拥有公交车5.89标台，客运总量3428万人次；有出租汽车418辆；市政道路长252公里，面积609万平方米，路网密度每平方公里1.27公里，人均道路面积14.29平方米；有路灯1.8万盏，市政桥梁72座；防洪堤长11公里，排水管道长471公里，排水管道密度每平方公里9.4公里；绿化覆盖面积1907.69公顷，公共绿地面积389.33公顷，人均公共绿地面积13.15平方米；有公园10座，公园面积152公顷，游客量415.64万人次。

二、镇村建设

1986年起，除澄江镇外，各乡镇加快小城镇建设步伐，拉开集镇区道路骨架，构筑外环路网，扩大城镇规模；对集镇区科学规划，进行老集镇区拆迁改造，综合开发建设。至2005年，15个镇的小城镇建成区面积98.13平方公里，居住人口38.11万人，完成住宅建筑1672.31万平方米、公共建筑213.21万平方米、生产性建筑1108.04万平方米，修筑道路624.35公里、道路面积718.67万平方米，安装路灯1.54万盏，建设桥梁498座，铺设地下排水管道681.35公里，日处理污水能力35.82万吨，自来水年供应量10452万立方米。

在加快小城镇建设的同时，注重农村道路、桥梁等建设，不断提高道路等级和桥梁负载力。至2005年，有农村道路1524.4公里，其中镇道784.31公里，均为四级以上公路，黑色化率81.1%；村道740.09公里，四级以上公路占98.2%，黑色化率59.6%，形成镇道、村道、自然村道的路网。通过撤并规模小且分散的自然村，以及因小城镇建设和工业园区建设需要拆迁农户等途径，引导农民居住向集镇、社区、中心村集中，建设5～7层公寓住宅安置房600多万平方米，农民集中居住人口50.28万人，集中居住率40.58%。

2000年9月，周庄镇成立江苏省第一个乡镇公交公司——江阴市周庄镇公共交通有限公司。公司拥有6辆客运中巴车，开辟3条公交线，总里程17.2公里，沟通18个行政村，票价1元。2003年起，市镇两级加大对镇村公交基础设施建设的投入，至2005年，周庄、华士、霞客、璜土、顾山、青阳、长泾、月城、利港、祝塘、申港11个镇总计开通镇村公交线路46条，里程407公里，投运中巴客车78辆，日发班车546班次，行政村公交通达率99.3%，自然村通达率54.2%。

第三节　交通　邮电

一、公路运输

1986年，江阴公路通车里程199.76公里，均为简易铺装路面；年客运量238.26万人次，客运周转量8756万人公里；年货运量351.79万吨，货运周转量6923万吨公里。以后，公路运输随江阴经济持续快速发展而高速发展，江阴交通枢纽城市作用日益显现。2005年，江阴公路通车里程1562公里，均为沥青和水泥混凝土路面；年客运量7109万人次，客运周转量263518万人公里；年货运量1826万吨，货运周转量65752万吨公里。

二、铁路运输

新长铁路江阴段长29.24公里，1999年3月18日动工，2002年12月15日通过工程验收；沿线设江阴轮渡站、江阴火车站、月城火车站。2005年3月31日20时，新长铁路并入全国铁路运输网。4月1日21时8分，首列分流列车通过江阴站。至年末，共装车1141车，发站货物6870吨；卸车1459车，到站货物87776吨。

三、水路运输

1986年,长江客运仅有长航申高、申汉、申宁航线的客轮停靠江阴港载客;内河仅有无锡至苏北淮阴、盐城过境航线的客轮停靠江阴西门桥码头载客。年客运量仅5500人次。随着客运量的下降,1991年,内河客轮停航。2003年“非典”期间,长江客轮停航。

1986年,货运量579.54万吨,货运周转量52593万吨公里。2005年,货运量4191万吨,货运周转量181559万吨公里。

四、邮政

1986年,江阴县有1个邮电局、6个邮电所、29个乡镇邮电支局、14个邮政代办所。邮路总长4337公里,通邮率99.53%,邮政业务收入116.21万元。1998年9月,邮政电信分业经营,分别成立市邮政局和市电信局;城区邮电所、乡镇邮电支局也随之作相应调整。邮政网络遍布城乡,并增开特快邮路。邮政业务除函件、包裹、汇兑、报刊发行、集邮、机要邮件等外,发展速递、物流、代理等业务。2005年,江阴市有1个邮政局、33个邮政支局、6个邮政所、3个邮政代办所,邮路总长1178公里,农村投递邮路4228公里,通邮率100%;有邮政储蓄网点32个,邮政储蓄年平均余额18.03亿元。邮政业务收入9652.65万元。

五、电信

1986年,江阴县有12条电报电路、107条长途电话线路,城区每百人有电话3.89部,全年电信业务收入309.57万元。1998年9月邮政电信分营前,电信业务由江阴市邮电局经营;分营后至2003年4月,先后成立江苏省电信有限公司江阴市分公司、中国移动通信集团江苏有限公司江阴分公司、中国联通有限公司无锡分公司江阴营业部、中国网通江苏省通信股份有限公司江阴分公司。4家电信企业经营江阴固定电话、数据通信、互联网、无线市话、移动通信、长途电话、增值业务等电信业务。由于电话、传真的普及,2000年12月撤销电报房班组,报废电报设备,不再受理电报业务。2005年,江阴市电话交换设备容量90.92万门,有固定电话80.69万部,平均每百人68.03部;有互联网用户11.98万户,平均每百户10.1户;有移动电话90.13万部,平均每百户75.98部;电信业务总收入13.09亿元。

第四节　经济总量

1986年,江阴地区生产总值19.18亿元,农业总产值5.68亿元,工业总产值42.39亿元,社会消费品零售总额5.92亿元,三次产业结构比重20.94 ∶ 63.37 ∶ 15.69;财政收入2.61亿元,实际利用外资0.01亿美元。

1990年,地区生产总值43.77亿元,比1986年增加24.59亿元;农业总产值8.77亿元、工业总产值102.47亿元、社会消费品零售总额8.92亿元,分别比1986年增加3.09亿元、60.08亿元、3亿元,三次产业结构比重12.66 ∶ 68.31 ∶ 19.03,与1986年比,第一产业比重下降8.28个百分点,第二产业比重提高4.94个百分点,第三产业比重提高3.34个百分点;财政收入3.5亿元,实际利用外资0.04亿美元,累计0.26亿美元,分别比1986年增加0.89亿元、0.03亿美元和0.25亿美元。

1995年,地区生产总值176.19亿元,比1990年增加132.42亿元;农业总产值22.08亿元、工业总产值478.32亿元、社会消费品零售总额39.06亿元,分别比1990年增加13.31亿元、375.85亿元、

30.14亿元。三次产业结构比重5.41 ∶ 64.09 ∶ 30.5，与1990年相比，第一产业比重下降7.25个百分点，总产值增幅较大，现代农业效益明显；第三产业比重提高11.47个百分点。财政收入8.88亿元，实际利用外资3.01亿美元，累计8.09亿美元，分别比1990年增加5.38亿元、2.97亿美元和7.83亿美元。

2000年，地区生产总值328.03亿元，比1995年增加151.84亿元；农业总产值28.21亿元、工业总产值830.37亿元、社会消费品零售总额81.33亿元，分别比1995年增加6.13亿元、352.05亿元、42.27亿元。三次产业结构比重3.49 ∶ 63.51 ∶ 33，与1995年相比，第三产业比重提升2.5个百分点，第一、第二产业比重分别下降1.92个百分点和0.58个百分点，但现代农业效益显著，工业经济总量增加近1倍。财政收入25.02亿元，实际利用外资3.12亿美元、累计21.62亿美元，分别比1995年增加16.14亿元、0.11亿美元和13.53亿元。

2005年，地区生产总值787.97亿元，为2000年2.4倍；农业总产值31.11亿元、工业总产值2419.71亿元、社会消费品零售总额173.12亿元，分别是2000年的1.1倍、2.91倍、2.13倍。三次产业结构比重2.04 ∶ 63.64 ∶ 34.32，与2000年相比，第一产业比重下降1.45个百分点，第二、第三产业比重分别提高0.13个百分点和1.32个百分点。财政收入108.38亿元，实际利用外资8.21亿美元、累计48.84亿美元，分别是2000年的4.33倍、2.63倍和2.26倍。

第五节　农　业

1986年，江阴县农业总产值5.68亿元，其中种植业2.83亿元、林业874万元、牧业5711万元、渔业8432万元、副业（主要是农民家庭手工业）1.35亿元；粮食总产量4.26亿公斤，播种面积120.07万亩，亩产355公斤；农业机械总动力49.6万千瓦，拥有183台大中型拖拉机、9382台小型及手扶拖拉机、566辆农用载重汽车。

1987～1989年，针对农田基本设施老化、农业投入不足、群众重工轻农，致使粮食总产徘徊不前的实际状况，各级政府加强对农业的领导，完善以工补农制度，增加农业投入，农业生产得到发展。90年代，继续巩固和完善家庭联产承包责任制，建立统分结合、双层经营机制，不断发展完善农业社会化服务体系；调整土地承包关系，建设小农场，不断扩大农业规模经营面积；增加投入，兴修水利，改造中低产田，复垦复耕，植树造林，加强农业基础地位；增加农业科技投入，推广新品种、新农艺、新肥料、新农药，提高稻麦、果蔬、禽畜、水产品的品质和产量；注重农业结构调整，逐年减少粮食作物种植面积，逐年扩大经济作物种植面积。至1990年末，初步改变单一种植粮食作物的农业发展模式。2000年起，通过建立农业结构调整基金、贷款担保基金和风险基金，成立富民担保公司等举措，不断调优农业产业结构，至2005年，基本形成优质稻米、优质水果、优质瘦肉型生猪和奶牛、家禽、花卉苗木、无公害蔬菜、特种水产的八大农业产业；加大农业科技投入，加快农业科技创新步子，引进水稻新品种13个、果树新品种50个、蔬菜新品种10个、特种水产新品种2个、畜禽新品种5个，培育发展起国内最大的商品鮰鱼、河豚养殖基地；全市工商、民间、外商资本投入农业16.87亿元，基本建成华西、阳光等8个高效农业示范园（生态林），农业规模化经营率46.8%，森林覆盖率20.2%。全市农业机械总动力35.72万千瓦，拥有1665台大中型拖拉机、930台联合收割机，综合农业机械化程度为90.8%。

2005年，江阴市农业总产值31.11亿元，其中种植业11.14亿元、林业0.68亿元、畜牧业12.08亿元、渔业4.35亿元、农业服务业2.86亿元；粮食总产量2.49亿公斤，亩产410.9公斤。

第六节　工业　建筑业

一、工业

1986年，江阴县工农业总产值48.07亿元，其中工业产值42.39亿元，占总产值的88.18%。工业总产值中，县属工业10.12亿元，镇村工业32.27亿元。1986年起，政府加大工业投入，并实行工业企业经营承包责任制改革，调动企业积极性，促使企业加快发展。1990年，全市工农业总产值111.24亿元，其中工业产值102.47亿元，占总产值的92.12%。江阴成为名副其实的工业城市。

1990年6月，江阴市策应上海浦东开发开放，筹建滨江外商投资规划区。翌年6月，省政府批准设立江阴市滨江经济技术开发区。此后，大力招商引资，兴办中外合资、合作企业和外商独资企业。1990年起，制定政策，采取有效措施，扶持和培育规模企业，发展企业集团，实现企业裂变式扩张，规模企业成为江阴工业经济的强力支撑，被新闻界、学术界誉为“江阴现象”。1996年起，乡镇企业实行产权制度改革。1997年起，国有、市属企业实行产权制度改革，大力发展民营工业经济。至2000年，工业经济呈现集体、民营、外资三足鼎立的态势，实现由工业市向经济强市的跨越。全市工业销售收入、工业投入、工业利税总额、自营出口总额等主要经济指标名列江苏省县（市）第二。

进入21世纪，江阴市通过引进大项目、技术改造升级、新产品研发等途径，不断调优工业产业结构和产品结构，由量的扩张逐步向质的提高转变，不断增强自主创新能力，切实转变经济增长方式，保持经济社会科学发展、和谐发展和可持续发展。2002年起，全市以江阴经济开发区为龙头，按照“分工、融合、联合、一体”的方针，加快推进沿江开发和乡镇工业集中区建设。是年，全市工业总产值突破千亿元大关。2005年，对重点企业实行“一企一策”聚焦服务，帮助企业解决发展难题。是年，全市工业总产值2419.71亿元。

1986～2005年，江阴市完成工业固定资产投资1312.85亿元，其中投入重点项目147个、497.79亿元，技改项目7946个、762.79亿元。通过重点重大项目投入建设和技改投入，产业结构不断调优，形成以精毛纺、高档面料西服为主体的纺织产业，以特种钢、精密机械、电子信息为主体的机电冶金产业，以塑料包装、造纸为主体的包装印刷产业，化工和医药制造产业，电力与造船产业。通过建立博士后科研工作站、企业技术中心（至2005年，全市有博士后科研工作站5个，分别有国家、省级企业技术中心4个、9个，以及厂办研究所近百个），根据市场需求，不断开发新产品。至2005年，全市有直燃溴化锂吸收式冷热水机组等50多种产品达到国际先进水平和国内领先水平，有书本型桌上电脑等10多种产品填补国内空白，阳光牌精纺呢绒等23种新产品的市场占有率居全国同行业第一，有中国世界名牌产品——阳光牌精纺呢绒，有双良牌中央空调等9种中国名牌，新产品产值率30.31%。

至2005年，江阴市有华西、阳光、三房巷、兴澄等15家公司进入“中国500强”企业。华西集团营业收入超300亿元，三房巷、阳光、兴澄、海澜、澄星集团营业收入均超100亿元。全市88家重点企业完成产品销售收入1615.5亿元、利税133.5亿元，分别占全市总量的69.3%和69.9%。

二、建筑业

1986年，江阴县有34家建筑企业（其中乡镇28家），村建筑队250多支，施工人员5万余人。是年，房屋竣工面积90.81万平方米，工程优良品率96%，总产值两亿余元。其后，江阴建筑企业的专业技术水平、技术装备水平、项目管理水平日益提高，先后承建上海浦东国际机场、江阴长江公路大桥、厦门海沧大桥等国家重大工程；还承建阿联酋、科威特、印度等10多个国家工程，工程优良品率100%。至2005年，累计获地（市）级以上优质工程奖246项，其中部级15项、省级60项。

2005年，江阴市有141家建筑企业（一级资质企业5家、二级43家、三级93家），从业人员4.99万人，有专业技人员8549人，其中高级职称396人、中级职称2892人；有大型技术装备1.62万台（套），人均技术装备率1.96万元，人均动力装备率9.6千瓦；施工面积1010万平方米，竣工面积531万平方米，完成总产值52.56亿元、利税3.38亿元。

第七节　电　力

一、发电

1986年，江阴县热电厂在建，至2005年，江阴建成利港、夏港两家大型火力发电厂，装机总容量381万千瓦；建成20家、在建4家燃煤热电厂，装机总容量65.5万千瓦；在建3家资源综合利用热电厂，装机总容量1.64万千瓦。2005年，全市发电23.66亿千瓦时。

二、电网

1986年，江阴县有35千伏变电所41座、线路28条、长248.96公里，110千伏变电所2座、线路2条、长41.61公里，220千伏变电所1座、线路1条、长32.2公里。2005年，全市有35千伏变电所70座、线路68条、长377.99公里，110千伏变电所58座、线路76条、长571.82公里，220千伏变电所13座、线路36条、长439.16公里，500千伏线路6条、长70.81公里。

三、用电

1986年，江阴县全社会用电69994万千瓦时，其中：第一产业用电9702万千瓦时，占总用电量的13.86%；第二产业用电54970万千瓦时，占78.54%；第三产业用电2830万千瓦时，占4.04%；城乡居民生活用电2492万千瓦时，占3.56%；2005年，江阴市全社会用电1236928万千瓦时，其中：第一产业用电4134万千瓦时，占总用电量的0.34%；第二产业用电1127978千瓦时，占91.19%；第三产业用电47801万千瓦时，占3.86%；城乡居民生活用电量57015万千瓦时，占4.61%。

第八节　商贸服务业

1986年，江阴县商贸服务业以物资局、商业局、供销合作社三大系统为主，全县社会消费品零售总额5.92亿元，其中商业零售额4.39亿元、餐饮业零售额0.38亿元、工业零售额0.66亿元、其他行业零售额0.49亿元；按经济性质分，国营、集体、个体商业分别为1.52亿元、3.66亿元、0.74亿元。

1986～1997年，通过流通体制、经营机制、经营方式等改革，发展以国营、集体为主的商业经济，其他所有制商业经济发展缓慢。1998～2001年，实行企业产权制度改革，国营、集体商业企业退出竞争领域，个私和股份制商业发展迅速。2002年起，外资商业企业以合资或独资形式进入江阴，形成商贸流通多元竞争格局。至2005年，民营商业企业成为商贸流通领域的经营主体，商业业态由百货商场（店）发展至专业店、便利店、连锁店、专卖店、超市、购物中心、仓储式会员店、工厂直销中心等。全市有三星及以上星级宾馆18家、省级以上餐饮名店6家，有家政服务、美容美发、日用品修理、沐浴、洗染、摄影、洗车、婚庆服务等为民服务企业（网点）3200多家，有律师事务所、咨询服务、会计与税务事务所、广告服务、会展服务、监理服务、信息技术服务、汽车维修服务等商务服务企业1300多家。

2005年,江阴市社会消费品零售总额173.12亿元,其中城区103.68亿元、农村69.44亿元;按行业分,批发业11.92亿元、零售业141.96亿元、餐饮业16.54亿元、住宿业0.47亿元、其他行业2.23亿元。全年实现物流业增加值123.68亿元。全市拥有专业市场84个,其中生产要素市场2个、生产资料市场23个、消费品市场59个。全年专业市场成交额367.07亿元,其中江阴港口综合物流园区交易中心和江阴金属材料市场成交额均超100亿元。

第九节　金　融

一、银行

1986年,江阴县有4家银行、1家信用合作联社。年末,全县存款余额6.44亿元,其中居民储蓄存款2.96亿元(城镇居民储蓄存款0.83亿元、农村2.13亿元);贷款余额9.29亿元;现金收入10.22亿元,支出11.63亿元。各银行无外币存贷款。2005年,江阴市有12家银行。年末,全市存款余额710.18亿元,其中居民储蓄存款288.03亿元(城镇214.31亿元、农村73.72亿元);贷款余额583.61亿元,其中短期贷款415.11亿元、中长期贷款117.09亿元;外币存款余额29011万美元,其中储蓄存款7051万美元;外币贷款余额37791万美元。12家银行现金总收入1869.95亿元,总支出1981.63亿元。

二、保险

1986年,江阴只有中国人保公司的分支机构。主要经营企业和家庭财产险、货物运输险、农业保险及人身保险等20多个保险险种业务,全年保费收入853.6万元,理赔支出271.9万元。至2005年,江阴市有保险公司18家,保险业务主要有企业财产保险、家庭财产保险、运输工具保险、货物运输保险、农业保险、责任保险、人身意外险、健康险、养老保险、分红类保险等10大类100多种保险产品。2005年,全市保费收入15.52亿元,理赔支出4.9亿元。

三、证券

1993年11月,江苏证券公司江阴业务部(1999年更名为江苏华泰证券有限责任公司江阴虹桥北路证券营业部)成立。1994年,完成股票交易量13.38亿元、国债交易量2.33亿元。2001年,又相继成立南京证券有限责任公司江阴虹桥南路证券营业部、东北证券有限责任公司江阴朝阳路证券营业部、国联证券有限责任公司江阴青果路证券营业部。至2005年,全市证券市场累计完成股票交易164.67亿元。

四、典当

1949年4月23日江阴解放前夕,由于通货膨胀,江阴仅有的均益典当、协济质店和青阳公济典当被迫歇业。2002年7月,无锡安泰典当有限责任公司成立。全年典当业务2000万元,其中中小企业贷款727万元、证券抵押贷款182万元、住房抵押贷款946万元、民品典当54万元、其他典当91万元。至2005年,相继成立江阴市大阳典当有限公司、江阴泰昌典当有限公司、无锡银信典当有限公司。2005年,典当业务3671万元,其中中小企业贷款1347万元、证券抵押贷款337万元、住房抵押贷款1751万元、民品典当68万元、其他典当168万元。

第十节 上市公司

1997年2月28日，江阴市第一个股票——兴澄股份在深圳证券交易所挂牌上市。此后江阴上市的企业陆续不断，至2005年，全市有18家上市公司，数量列当时全国县级市第一。其中模塑科技、中达股份1997年上市，四环生物、澄星股份1998年上市，法尔胜、中国玻纤、华西村、江苏阳光1999年上市，凯诺科技2000年上市，舒卡股份、三房巷、双良股份、长电科技、江苏申龙2003年上市，霞客环保、泛马公司、上海亚洲、中国海达2004年上市。通过独家发起、“捆绑”上市、“买壳”上市、境外上市等多种方式上市。其中模塑科技、中达股份、四环生物、澄星股份、法尔胜、华西村、江苏阳光、凯诺科技、舒卡股份、三房巷、双良股份、长电科技、江苏申龙、霞客环保等在国内上市；泛马公司、中国海达、上海亚洲在海外上市。泛马公司为江阴首个在海外买壳上市的股票。2005年，上海、深圳两证券交易所挂牌上市的公司有1356家，其中江阴15家，占全国上市公司总数的1%以上。

按照国家五部委《关于上市公司股权分置改革的指导意见》和中国证监会、国资委、商务部要求，2005年中国证券市场实施上市公司股权分置改革，江阴因拥有15家国内上市公司而成为江苏省股权分置改革重点地区。是年8月，凯诺科技以试点企业身份，在全省率先完成改革。华西村、霞客环保、江苏申龙、长电科技、双良股份相继完成股改。股改对解决证券市场存在的制度缺陷、完善江阴上市公司法人治理结构、推动国有资本合理流动起到重要作用。

2005年，江阴市控股的14个国内上市公司总资产303.23亿元、总股本52.78亿股、净利润4.26亿元，营业收入162.63亿元；其平均值分别为21.66亿元、3.77亿股、3042.86万元、11.62亿元。1997～2005年，江阴国内外上市公司累计募集资金80亿元。

第十一节 旅游业

江阴旅游业起步于80年代初，90年代中期起启动旅游资源开发，1997年拥有旅游业固定资产原值2.59亿元，接待游客65.57万人次，实现旅游业总收入5.08亿元。1999年起，开展中国优秀旅游城市创建活动，2001年1月，江阴被国家旅游局命名为第二批中国优秀旅游城市。是年起，市政府加强旅游业总体发展的科学规划及其实施规划的管理，加强旅游行业的管理，促使旅游业健康持续发展。至2005年，全市先后建成具有军事要塞文化、山水花园、滨江度假特色的江阴滨江要塞旅游区，具有历史底蕴、深厚人文特色鲜明的江苏学政文化旅游区，徐霞客文化旅游区，古文化走廊，由全国农业旅游示范点——华西村和全国工业旅游示范点——海澜工业园构成的工农业旅游示范区，其中江阴滨江要塞旅游区、江苏学政文化旅游区为国家AAAA级景区；拥有三星级以上的涉外旅游星级饭店18家，从业人员4460人；拥有旅行社21个、导游144人，其他从业人员374人。2005年拥有旅游业固定资产原值14.08亿元，接待游客415.64万人次，实现旅游业总收入48.69亿元。

第十二节 沿江开发

1991年6月，省政府批准设立江阴市滨江经济技术开发区（1993年11月升格为江苏省江阴经济开发区），策应上海浦东开发开放，吸引外资开发。开发范围西至黄山港，东至张家港市界，北沿长江，南至澄张公路线南侧，规划面积24平方公里，首期开发3.68平方公里。1992年5月，江阴市第八次党代会作出决议，按照“深水深用、浅水浅用、合理使用、科学慎用”原则，实施沿江开发，建设港口、工业、风景保护、燃料油仓储与化工等岸线，预留取水口、铁路、高压线走廊岸线。2000年12月，市政府批准设立石庄化工区。2001年4月起，加快沿江开发，打破乡镇行政区划界限限制，将西部南至滨江西路以南1000米，北至长江区域纳入沿江开发带，实行集中开发、逐步连接，形成东区（开发区）、西区（石庄化工区）和夏港、申港、利港、璜土镇“2区+4镇”沿江开发格局。

2003年1月，调整沿江开发区域范围，开发范围东起张家港市界，西至常州市界，南至镇常公路，北至长江，面积超百平方公里；开发功能由单一工业开发向新园区、新城区、新港区拓展。6月，省政府批准江阴跨行政区域，与靖江市实施跨江联动开发，成立江苏省江阴经济开发区靖江园区。经济事务由江阴负责，社会事务由靖江负责。开发范围北至靖江横港，西至上六圩港，东至老十圩港，南至长江，面积60平方公里，首期开发8.6平方公里。2005年7月起，建设集港口航运、仓储物流、商务贸易、居住休闲、观光旅游为一体的临港新城，规划面积188平方公里。开发范围东至新夏港河，西至常州市界，北至长江，南至芙蓉大道。至此，沿江开发形成江阴经济开发区、靖江工业园区、江阴临港新城“两岸三地”开发开放新格局。

至2005年，江阴经济开发区累计进区企业2329家，其中外资企业489家；驻区企业总投资1086.90亿元，其中外资企业投资120.06亿美元；合同利用外资58.84亿美元，实际到账外资29.57亿美元；形成电力能源、金属新材料、纺织服装、石油化工、包装、电子信息、港口物流七大重点产业。累计投入80.93亿元，用于道路、供电、供热、供水、供气等基础设施建设及生态环境保护；累计批租土地3292.27公顷；累计投入资金23.05亿元，拆迁19368户、面积501.64万平方米，安置16594户、面积340.03万平方米。靖江工业园区累计进区企业72家，其中外资企业8家；完成全社会固定资产投资30多亿元，合同利用外资3.62亿美元，实际到账外资6489万美元；基本形成工业气体、焦化、特种冶金、机械零部件、整车装备和造船产业链。累计开发土地500公顷；拆迁房屋面积43万平方米，建造安置房面积27万平方米。2005年，江阴经济开发区开发建成区面积25平方公里，已利用长江岸线29.63公里（全长35公里），完成工业总产值721.42亿元，其中外资企业334.6亿元；实现自营出口总额7.61亿美元，其中外资企业7.19亿美元；协议注册外资16.24亿美元，到位注册外资7.06亿美元；实现财政收入26.34亿元。

第十三节　港口　口岸

一、港口

江阴港旧称黄田港，1962年6月江阴港务局成立后，港口建设步伐加快。至1986年，长江江阴段有码头泊位19个，大多为浮式结构，最大泊位5000吨级，设计吞吐能力210万吨/年。是年，江阴港货物吞吐量542.3万吨，其中外贸运量0.9万吨。1992年5月，江阴口岸一类开放后，江阴港进入快速发展期。至2001年，新、改建码头泊位41个，大多为高桩梁板式结构，最大泊位3.5万吨级，新增设计吞吐能力1900万吨/年。同年，货物吞吐量1520.21万吨，其中外贸运量305.86万吨、集装箱13182标准箱。2002年起，全面实施沿江开发，江阴港进入高速发展期。至2005年，新、改建码头泊位22个，累计71个，其中万吨级泊位30个，新增设计吞吐能力1400万吨/年，累计3500万吨/年。是年，货物吞吐量4277.76万吨，其中外贸运量651.3万吨，集装箱48628标准箱。

二、口岸

1984年前，国际航行船舶被禁止停靠江阴港作业。1984年7月27日，国务院批准江阴港为国轮外贸运输装卸点，出入境查验手续由张家港口岸相关机构派人办理。1985年5月20日，江苏远洋运输公司的6300吨级“盘山号”货轮装载1500吨棉花和杂货由江阴港驶往香港，标志着江阴口岸成为二类对外开放口岸。1992年4月25日，国务院批准江阴港对外籍船舶开放；5月20日正式对外开放，江阴口岸成为一类对外开放口岸，首艘靠港外轮北美洲圣文森特籍7000吨级“苏洋号”货轮装载4800吨钢材驶往泰国。1993年11月2日，国务院批准江阴口岸设立中华人民共和国江阴港务监督（2000年12月更名为江阴海事局）、江阴海关、江阴边防检查站、江阴卫生检疫局、江阴动植物检疫局、江阴进出口商品检验局等检查检验机构。1994年1月8日，江阴口岸实现独立查验。同时，随着口岸的一类开放，江阴港不断对外开放码头泊位，不断开辟集装箱航线航班，至2005年，江阴港对外开放码头泊位20个，集装箱航线有长江内支线、沿海内贸线28条，每周航班30个。集装箱货源主要来自江阴、无锡、宜兴、常州和长江上游的重庆、武汉、黄石等地，其中本埠20%的集装箱从江阴港进出。

第十四节　社会事业

一、科技

1986年，江阴县实施国家、省、无锡市科技计划项目419项，获省、无锡市级科技成果奖53项，申请国家专利232件、授权12件。全年科技经费支出588.4万元，拥有科技团体和机构107个、在职专业技术人员15365人。

1988年，江阴市委、市政府提出“科技兴市”发展战略。1991年，市人大常委会决定，把每年的10月16日法定为“江阴市科技节”，召开科技大会，表彰有突出贡献的科技人员，并进行技贸洽谈。同年，成立市科技兴市领导小组和市科技兴市咨询委员会，将“科技兴市”50项目标分解到市级机关相关部门，并实行年度考核，全面实施“科技兴市”战略。1992年起，以发展高新技术为重点，制定奖励政策，培育和发展高新技术企业。2000年，科技部授予江阴市“国家863计划、攻关计划和新材料成果转化基地”称号。至2001年，形成国家“星火”技术密集区、国家可持续发展实验区，江阴沿江国家新材料产业带，省高新技术产业开发园、农业科技示范园，镇级专业工业园、民营工业园等“一带两区多园”的科技园区格局，建成全国最大的精毛纺面料出口基地、最大的中央空调生产基地、最大的出口包装材料生产基地、最大的磷化工生产和出口基地、最大的子午线轮胎钢帘线生产基地、最大的特钢生产基地、最大的港口机械出口基地等。2004年起，着力建设高新技术创业园和留学人员创业园。

2005年，江阴市拥有科技团体、机构148个，在职专业技术人员84214人。全年实施省级以上科技计划项目149个，其中国家“863”计划项目1个、国家制造业信息化示范项目1个、国家“火炬”计划项目21个、国家重点新产品项目10个、国家科技型中小企业创新基金项目10个；新批国家级高新技术企业4家，累计20家；新批省级高新技术企业17家，累计103家；新批省双密集（资本、技术密集）型企业4家，累计12家；新增省民营科技企业19家，累计139家；新批省高新技术产品73种，累计505种。申请国家专利848件，授权411件。全年获无锡市级以上科技成果奖14项，其中省级1项、无锡市级13项。全年实现高新技术产业总产值750亿元、增加值170亿元，实现技术贸易成交额4.8亿元。全年科技经费支出22.05亿元。

二、教育

1986年始，江阴县按照“政府统筹、三级办学、两级管理、社会参与、自我发展”的改革思路，采用"分层推进、分步实施"的措施，实施九年制义务教育工程。至1992年末，共投入4亿多元，扩大中小学面积98.87公顷，新建校舍36.8万平方米，使全市495所小学、42所初中全部实施九年制义务教育，小学学龄儿童入学率99.95%、初中入学率97.6%。1993年，江阴市获得国家教委"普及九年制义务教育和扫除青壮年文盲市"表彰。

1994年始，以教学装备现代化和教育信息化为切入口，以创建各级各类重点、示范、实验学校为载体，以调整学校布局、优化教育资源配置、提高办学效率为宗旨，实施教育现代化工程，共投入40多亿元，进行学校基本建设及江阴城域教育网和教育信息资源中心建设。至2005年末，全市所有中小学校基本达到省中小学基本办学条件标准，教育质量不断提高。2005年，小学、初中入学率、巩固率、毕业率均达100%。其间，江阴市先后被国家教委（教育部）确定为全国素质教育实验联系县（1996年）、全国首批60个义务教育监测项目县（市）之一，并通过验收（2003年）；被省政府评为全省教育现代化建设先进市（2002年），江阴市"高标准、高质量普及九年制义务教育"工作通过省政府教育督导团督查验收（2005年）。

1986～2005年，江阴的职业教育、成人教育、社区教育、特殊教育、幼儿教育、高等教育也有长足发展；教师队伍素质，教师工资性收入、社会地位不断提高。1995年，江阴市被国家教委确定为全国现代职业教育制度改革试验市。国务院总理温家宝于2004年3月26日视察江阴职业技术学院，充分肯定学院"工学结合，顶岗实践"的教学模式。

三、文化

1.文化设施

1986年，江阴县有国营影剧院4家、乡镇影剧院22家；有县文化馆1个、乡镇文化站14个和书场29个；江阴县图书馆藏书8.54万册，乡镇、学校、厂矿等图书馆（室）408个、藏书130.26万册；县新华书店年营业收入423万元，县档案馆馆藏档案29568卷。经过20年的改革发展，至2005年，江阴市有市级影剧院4家、乡镇影剧院12家；有市文化馆1个、乡镇文化站（中心）18个和书场12个；市图书馆藏书48万册，乡镇、学校、厂矿等图书馆（室）592个、藏书828万册；有市博物馆1个、家庭（周森树）博物馆1个；有市展览馆1个、美术馆1个、纪念馆14个；除年营业收入近亿元的市新华书店外，还有年营业收入超2000万元的私营个体书店300多家；市档案馆馆藏档案73887卷，有市级机关（市直属单位）档案室54个、镇机关档案室16个、行政村档案室305个，88家重点企业全部建成合格档案室，92所中心小学、44所普通中学、9所职业中学、3所中专（技）学校、2所普通高校均建成档案室；全市有营业性歌舞厅166家。

2.表演团体

1986年，有江阴县锡剧团、评弹团。锡剧团演员40人，年演出175场、观众14.4万人次；评弹团演员17人，年演出3303场，观众34.8万人次。2005年，市锡剧团演职人员57人，年演出219场，观众39.5万人次，演出收入105.8万元；市评弹团演职员11人，年演出1500场，观众15.3万人次，演出收入16.8万元。

此外，1991年10月，由专业剧团退休人员和业余文艺爱好者40余人组成的江阴长青艺术团演出不卖门票、不收包场费，经费由市老龄委拨付。至2005年，艺术团先后演出近百场，其中下乡演出20余场。

3.文艺创作

1986～2005年，江阴文学工作者共出版长篇小说、诗歌集、散文集、纪实文学113部，累计2300余万字。其中，夏坚勇于1996年出版的散文集《湮没的辉煌》获首届鲁迅文学奖。黄启元的小品《半句话》、庄铁声的小戏《阿二骂钱》双双获第十一届群星奖金奖。王立的歌曲《竹乡谣》获2004年金钟奖。黄磊、刘卫星创作的歌曲《山路弯弯》获中国蒲公英奖金奖。陶建荣的油画《天堑通途》获

2001年中国油画大展金奖。在第六、七、八、九届全国书法篆刻展中，江阴市有12人次入围，3人次获全国书法兰亭创作奖。黄丰的摄影作品《水乡烟雨》获第二十届全国摄影展金奖。

4.广播

1986年，江阴县有县广播站1个、乡镇广播放大站30个。县广播站每天播音8小时，分早、中、晚播出，转播《新闻和报纸摘要》《新闻联播》等节目，自办节目有《江阴新闻》。1987年7月，江阴县人民广播站更名江阴市人民广播电台。8月1日，电台呼号对外广播，无线调频（90.1兆赫）广播与有线广播同时播出。1995年12月底，开播频率为1206千赫的第2套节目。1999年，启用音频工作站系统，实现无人值守播出。2004年起，听众可以通过手机短信参与电台节目。2005年，安装在全市各公交线路上的车载收音机投入使用。是年，有直播节目《江阴新闻》，录制节目《希望的田野》《外经天地》《空中论坛》《百业明星》《热点传真》等，特别节目《空中热线》。

5.电视

1982年，江阴县建成县电视转播台。1988年6月30日，江阴电视台成立，时仅有1个频道、1个播音员，开播《江阴新闻》节目。2001年11月，江阴电视台、江阴有线电视台、江阴教育电视台合并成立新的江阴电视台。2005年，江阴电视台有新闻综合、经济生活、城市、影视剧4个频道，有播音员、主持人21人，播出《江阴新闻》《暨阳时空》《民生直通车》《发现江阴》等10多个节目。

6.报刊

1989年1月1日《江阴报》（1956年5月创刊，1961年10月1日停刊）复刊，1993年12月更名《江阴日报》。2003年11月，按照全国报刊治理工作会议要求，《江阴日报》加入无锡日报报业集团，由无锡日报社主管、江阴日报社主办，性质由党报变为综合性区域报，国内统一刊号不变；投资主体仍为江阴市委，干部任免和人事管理由江阴市委及其宣传部按管理权限规定执行。2005年，除《江阴日报》外，还有《无锡广播电视报》（江阴版）以及内部出版的镇机关报、企业报、行业报刊等百余种。

四、卫生

1986年，江阴县有医院33家（其中乡镇卫生院30家）、门诊部（所）77个、专科防治所2个、卫生防疫站1个、妇幼保健所1个、药检所1个，共有医疗床位2177张，从业人员2756人，其中个体医生168人。2005年，全市有市级医院4家、镇卫生院28家、企事业单位卫生室及社会医疗机构282个（其中私人诊所100个），有预防、保健、监督机构6个，共有医疗床位4107张，从业人员5383人（其中私人诊所医生107人），形成较完善的市、镇、村（社区）三级医疗预防保健网络。

同期，全市每个行政村接通长江自来水，无害化家庭卫生厕所普及率87.9%；先后创建成全国卫生城市、国家卫生城市和国家卫生镇2个，省卫生镇12个、省卫生村160个。霍乱、脊髓炎、麻疹、脑膜炎、肺结核、肝炎、狂犬病、性病等传染病，发病率低于省控制指标，治愈率高于省指标；高血压、糖尿病、冠心病、脑卒中、恶性肿瘤等慢性病发病率呈上升趋势。

城区各医院除普遍开展内、外科普通治疗与脑外、胸外、泌尿、骨科、心血管、血液、呼吸、神经等专科治疗外，还开展显微外科、胃癌根治、颅内肿瘤切除、全断臂与断指再植、角膜大片坏死脱落移植、腹腔镜胆囊切除、新式剖宫产、脑血管畸形切除、三腔起搏器安装等数十项新手术（技术）。大部分镇卫生院能施行肝、胆、脾、胃、肠、子宫、骨科、食道癌、贲门癌切除等手术。

江阴市推行新型农村合作医疗保险。1995年7月起，推行农村住院医疗保险制度，市级基金由市、镇财政按每人每年1.5元标准划拨；镇级基金由投保者个人按每年不低于10元标准缴纳和镇村企业给予部分补贴。2001年起，市财政补贴每年每人2元、镇财政补贴每年每人3元，贫困户和五保户由财政全额补贴，参保人员每年每人缴纳10元。2003年，人均筹资标准提高至40元。2005年再次调整到100元。

2000年，江阴市进行乡镇卫生院产权制度改革，按照“多元化投入、社会化服务、产业化管理”的原则，南闸卫生院率先进行以合作经营为主要内容的产权制度改革试点。改革后，卫生院建立“产权清晰、责权明确、政事分开、管理科学”的新体制，并实行企业化管理。2001年，长泾、河塘、长寿、文林卫生院参照南闸卫生院模式进行合作经营改革。

五、体育

1986年，江阴有1座县体育馆、39片田径场、228片篮球场、76片不规则排球场、7片足球场、9片旱冰场、462个简易乒乓球室，有10个县单项体育协会，有2名国家一级裁判员、7名二级裁判员、47名三级裁判员，先后输送省青年足球队8人、省帆板队3人、省少年体校足球队12人、田径队1人。

2005年，全市有两座市级体育馆、两片市级体育场，有学校体育馆（综合馆）24座、田径场91片，有篮球场463片、门球场14片、羽毛球场43片、网球场9片、排球场24片、乒乓球室515个，有市信鸽、足球、篮球、乒乓球等协会16个，有国家运动健将8人、一级运动员11人、二级运动员168人、三级运动员1120人，有国家级裁判员1人、一级裁判员56人、二级裁判员93人、三级裁判员411人，先后向省体校输送60人，向省体工队输送31人，向国家青年足球队、田径队、举重队输送10人。全市16个镇均设立体育运动委员会、体育协会和体育中心。

至2005年，全市共举行1届市体育运动会、两届市职工体育运动会、大型群众体育比赛活动475场次、20届市中小学生田径运动会；承办省级及其以上体育赛事97次；参加无锡市以上运动会312次，获无锡市比赛金牌615枚、银牌488枚、铜牌424枚，获省级比赛金牌184枚、银牌135.25枚、铜牌147.33枚，获国家级比赛金牌64枚、银牌24枚、铜牌20枚。2004年9月28日，中国女子坐式排球队在雅典残奥会上获冠军，江阴籍选手龚彬为主力队员。2005年4月，江阴二中女足队代表中国赴丹麦参加世界中学生女足锦标赛，获亚军，受到教育部嘉奖。

其间，全市体育产业逐步发展，共有体育产业经营户227户，社会体育指导员1482人。

第十五节　综合治理

80年代中后期，江阴政法机关继续贯彻中央“严打”方针，严厉打击严重破坏社会治安的刑事犯罪活动和犯罪分子，刑事发案数大幅下降，公共场所秩序良好，群众的安全感增强。其间，根据中央关于社会治安实行综合治理的方针，成立市、镇综治领导小组，制定五年规划，实行目标管理，加强群众性治安联防工作。各镇、村均成立治安联防队，实行夜间巡逻。同时调解处理好因婚姻家庭、邻里纠纷引发的社会矛盾纠纷。

90年代，江阴市继续保持“严打”不放松，严厉打击流氓恶势力团伙和外来人员流窜作案团伙，全力开展防暴力性犯罪、防灾害事故和群防群治；严厉打击严重危害经济建设的贪污贿赂、伪造票据犯罪和国家工作人员的职务犯罪。同时，加强外来流动人口管理，实行外来人口集中住宿、集中管理，严格管理私房出租；建设防控体系，除各镇、村建立联防队外，还建设治安卡口141个，110报警服务覆盖全市；开展创建安全文明小区、安全文明村镇、安全文明单位活动。至2000年，全市88.7%的小区建成安全文明小区、96%的村镇建成安全文明村镇、90.2%的单位建成安全文明单位；依法调节经济关系和其他社会关系，妥善化解因婚姻家庭、经济合同、企业改制、社会集资、福利保险、劳动争议、环境污染引发的社会矛盾纠纷。

2001年起，江阴市持续严厉打击杀人、强奸、绑架、聚众斗殴等暴力犯罪，抢劫、抢夺、重大盗窃等侵财型犯罪以及黑恶势力犯罪；严厉打击严重危害经济建设的虚开增值税等专用发票犯罪、国家工作人员的职务犯罪等。市委政法委建立刑事执法工作联席会议制度，协调处理疑难案件300余件。在开展“安全文明小区、村镇、单位”创建的同时，于2003年7月启动创建“平安江阴”。至2005年末，所有镇建成技防镇，社会治安防控体系完善，连续3年被评为江苏省社会治安安全县（市、区）。2004年，建立由“党委统一领导、政法综治牵头、信访司法为主、有关部门联动、社会共同参与”的社会矛盾纠纷大调解工作机制，完善排查预警、疏导控制和应急处置等机制，有效维护社会稳定。2005年，群体性上访明显减少。

第十六节　人民生活

一、城镇居民收入与消费

1986年，全市城镇居民人均收入996.2元，其中工资和奖金收入858.6元，占86.19%；从单位得到的其他福利收入88.7元，占8.9%；其他劳动收入7.2元，占0.72%；其他收入41.7元，占4.19%。人均生活消费支出871.3元，其中食品类支出411.7元，占47.25%；衣着类支出120.1元，占13.78%；日用品支出157.2元，占18.04%；燃料支出13.4元，占1.54%；文教、医疗、房屋等支出168.9元，占19.39%。人均住房面积13.3平方米。2005年，人均收入16470元，人均可支配收入16113元，其中工资性收入占75.64%，转移性收入、家庭经营性收入和财产性收入占24.36%。人均生活消费支出10762元，其中食品支出占33.89%、衣着支出占9.76%、家庭设备用品支出占9.25%、交通通信支出占10.73%、医疗保健支出占5.8%、文教娱乐支出占19.5%、居住支出占8.12%、其他支出占2.95%。人均住房面积32.5平方米。

二、农村居民收入与消费

1986年，全市农村居民人均收入789元，其中务工收入占47.66%、务农收入占34.47%、家庭副业收入占17.87%。人均生活消费支出672元，其中吃、穿、住、用、燃料等消费支出占98.44%，人均住房面积28.37平方米。2005年，人均纯收入8539元，连续6年名列江苏省市（县）第一，其中工资性收入占82.42%、家庭经营性收入占11.18%、转移性收入占6.4%。人均生活消费支出6177元，其中食品支出占38.25%、衣着支出占6.82%、家庭设备用品支出占5.04%、交通通信支出占10.47%、医疗保健支出占7.01%、文教娱乐支出占17.16%、居住支出占13.66%、其他支出占1.59%。人均居住面积61.3平方米。

第十七节　名胜古迹

江阴境内有黄山、君山、中山公园、适园、红豆院等名胜；有祁头山遗址、南楼遗址、龙爪墩遗址、高城墩遗址、花山遗址、佘城遗址、泗州大圣宝塔塔基遗址；有兴国寺塔、文庙、三元桥、迎秀桥、胜水桥等古建筑遗存；有王羲之换鹅碑、心经碑、乾明广福禅寺重建观音殿记碑、晴山堂石刻、墨华榭碑廊、乾隆御碑、“忠义之邦”砖刻、三公祠碑记、毛公鼎拓片、管夫人璇玑图碑、江阴县儒学题名碑、江阴县寿生禅院庄田记碑、庙学修建碑、派定九路门役立碑、忠义孝旌表碑、上谕碑等21块古碑刻；有吴季子墓、梁敬帝墓、杨名时墓、徐霞客墓以及汉墓、唐墓、宋墓、明墓等20余座古墓葬；有中共江阴县第一次党代会会址、刘氏兄弟故居、陈毅演讲处、新四军六师师部驻地旧址、烈士陵园、国民党江阴要塞司令部旧址、徐霞客故居、巨赞法师故居等20多处纪念地。其中，江阴高城墩遗址是1999年全国十大考古新发现之一。

第十八节　名　人

江阴古代有春秋时代“三次让国”的“延陵季子”季札，战国时代的春申君黄歇，明代杰出的地理学家、旅行家徐霞客，明末抗清英雄阎应元；近现代有词人蒋春霖、名医柳宝贻、“中国图书馆之父”缪荃孙、诗人金武祥、文学家刘半农、民族音乐家刘天华、革命烈士周水平；当代有实业家吴汀鹭、电影表演艺术家上官云珠、二胡演奏家刘北茂、佛学家巨赞法师、社会学家和民族学家吴文藻、作家兼文学翻译家胡山源，中国科学院院士张大煜、钱保功、赵承嘏、承淡安、方成，中国工程院院士蒋新松、吴中伟、高鼎三、曹湘洪，国际宇航科学院院士曹鹤荪，美籍华人经济学家周文楷，经济学家季崇威，考古学家、历史学家俞伟超，古文献学家、目录版本学家王绍曾，台湾建筑师、金石书画家黄宝瑜。

第二章　锡山市

第一节　地理　人口

一、地理

锡山市位于北纬31°21′～31°45′、东经120°04′～120°36′。地处江苏省南部，东连常熟、吴县两市，西接武进市，中部环抱无锡市区，京杭运河、京沪铁路、312国道、沪宁高速公路等水陆交通干线贯穿全境。2000年，区域总面积1115平方公里，其中陆地面积946.81平方公里(含除太湖以外的水面)，占总面积的84.92%；太湖水域面积168.19平方公里，占总面积的15.08%。锡山市属江南地层区，境内山丘不多，仅有少而零星基岩露头。土壤主要有黄泥土、白土、乌散土、灰芦土、湖沙土、湖沼土、小粉白土、灰潮土、黄棕壤、棕色石灰土等10种。其中黄泥土面积最大，占土壤总面积的45.06%，适宜种植水稻、小麦。

境内水资源丰足，但污染较严重。1996年，地下水天然补给量2.82亿立方米，大都补给潜水含水层，是城乡居民生活用水和工农业生产用水的主要补充水源。部分地区地下水一度开采过度，造成地面下陷。

随着全球气候变暖和持续暖冬，境内四季中夏季延长、冬季缩短。1986～2000年，年平均气温呈抬升态势，为16.0℃。时有寒潮、连阴雨、暴雨、高温干旱、大雾、台风、龙卷风、冰雹等灾害性天气发生。1986～2000年，年均出现寒潮2.9次，寒潮一般带来霜冻、大风、暴雪、冻雨等严重灾害；连续5天以上春季连阴雨天气平均3.3次，其中1991年、1992年出现过5次连阴雨天气；年均暴雨2.8天，最多的1991年达6天，连续降雨288毫米；年均由强风、暴雨引起的台风1.9次；年均35℃以上高温天气11.5天，共发生严重旱灾5次；局部地区遭冰雹、龙卷风、雷击袭击。

二、区划

1986年，无锡县辖洛社、华庄2个镇及东亭、查桥等33个乡、587个行政村、35个居民委员会。1987年6月9日，前洲、玉祁、杨市、钱桥、查桥、东埄6个乡撤乡建镇，实行镇管村体制。1988年6

月15日，梅村、东亭、石塘湾、厚桥、张泾、西漳、雪浪、新安、荡口9个乡撤乡建镇，实行镇管村体制。1991年7月29日，港下、长安、堰桥、胡埭4个乡撤乡建镇，实行镇管村体制。1993年3月27日，安镇、羊尖、坊前、鸿声、甘露、东北塘、八士、东湖塘、藕塘、阳山、陆区、南泉、硕放、后宅14个乡撤乡建镇，实行镇管村体制。1995年3月，硕放镇划归无锡市新区管辖，胡埭镇划归无锡市郊区管辖。1995年6月8日，经国务院批准撤销无锡县，设立锡山市。同年8月18日，锡山市正式成立，市政府驻东亭镇，辖33个镇、526个行政村和56个居民委员会。2000年12月21日，国务院批准撤销锡山市，设立锡山区、惠山区。原锡山市的东亭、查桥、安镇、羊尖、厚桥、东北塘、八士、张泾、东湖塘、港下、鸿声、荡口、甘露、后宅14个镇划归新设立的无锡市锡山区；堰桥、西漳、长安、洛社、石塘湾、前洲、玉祁、钱桥、藕塘、杨市、阳山、陆区12个镇划归新设立的无锡市惠山区；坊前、梅村、东埄、雪浪、南泉、华庄、新安7个镇划归无锡市滨湖区。至此，原锡山市全境融入无锡市区。

三、人口

1986年，无锡县共有288374户、1035354人，其中男性515544人、女性519810人。人口中，农业人口954837人、非农业人口80517人；每平方公里人口密度839人。1995年3月后，因区划调整，锡山市共有318697户、988839人，其中男性490269人、女性498570人。人口中，农村居民251746户、858072人，集镇居民66951户、130767人；每平方公里人口密度887人。2000年，全市有345243户、986494人，其中男性487618人、女性498876人。人口中，农村居民250415户、789080人，集镇居民94828户、197414人；每平方公里人口密度885人；人口自然增长率0.10‰。

1990年第四次全国人口普查时，全县有汉族人口1093517人，占总人口的99.87%；少数民族22个、1472人，占总人口的0.13%。2000年第五次全国人口普查时，有汉族人口1174660人，占总人口的99.57%；少数民族31个、5129人，占总人口的0.43%，比1990年增加3657人，增加2.48倍。其中男性2161人、女性2968人；超过1000人的有苗族、土家族，超过100人的有回族、彝族、壮族、布依族、满族、侗族等，人口最多的为土家族，有1746人，最少的为高山族、达斡尔族、傈僳族和景颇族，均为女性1人。

第二节　城乡建设

锡山市在推进农村工业化、农业现代化的同时，把实现乡村城镇化作为重点目标。在加快交通、邮电、电力等基础设施建设的基础上，按照“繁荣中心镇，发展小城镇，建设中心村，缩并自然村”的总体思路，加快小城镇建设步伐，并加大资金投入，80年代用于小城镇建设资金约两亿元，进入90年代，每年投入1.3亿元以上。东亭作为新城区，先后投入20亿元，用于基础设施建设，镇区面积由1.75平方公里扩大到10平方公里，基本实现道路、绿化、照明“三配套”，功能、环境、造型（建筑物）“三统一”，生态、格局、景观“三协调”，成为全市的中心城。至2000年，全市城镇的自来水覆盖率，电话、有线电视和液化气的普及率均达100%。各镇还对中小学校、幼儿园、敬老院、医院、影剧院、歌舞厅、图书馆、广播电视站、农贸市场等全面改造和拓建，在规模、规格以及内部设施等方面都可与城市媲美。2000年，全市33个小城镇规划面积120平方公里，建成区面积64平方公里，比1985年扩大3.64倍；镇区聚居人口46万人，占总人口的比例由1985年的26.6%上升至47%。各小城镇布局合理、设施完善、功能齐全，成为区域性的政治、经济、文化、科技、信息中心，成为锡山市对外开放的窗口。

东埄镇糜巷村、玉祁镇黄泥坝村、前洲镇西塘村、东湖塘镇东升村等中心村按照“农田保护区、工业集中区、居民住宅区、生活配套区”的功能划分进行规划和建设，成为新农村建设先行村。至2000

年，初步形成以新城区为中心、小城镇为纽带、中心村为基点的城乡一体化网络。在锡山市，十里一小城镇、三里一中心村，市带镇，镇带村，城市文明通过城乡一体化网络的传递进入农家，使大多数农民过上城镇化的生活。

第三节　交通　邮电

一、交通

1986～2000年，境内石塘湾、洛社和周泾巷3个火车站累计发送旅客432.54万人次，旅客到站407.5万人次；到站邮包283180件、物资1942.45万吨，发送邮包622066件、物资20.01万吨。1998年11月25日开始兴建的新长铁路途经前洲、石塘湾、洛社、杨市、藕塘、阳山和陆区镇，全长36公里，其中正轨27公里，境内设藕塘、前洲两个车站。2000年9月，铁路已铺至藕塘镇。是年，沪宁铁路在锡山市境内设有石塘湾、洛社和周泾巷3个车站，并设石塘湾、周泾巷、锡南3个中转货场、6条铁路专用线。

1986年至1995年3月，硕放机场先后新辟无锡至广东惠阳、无锡至福州等9条航线，使用图154型、三叉戟喷气式客机和安24型飞机。1994年，硕放机场发送326个航班、旅客22079人次，航班乘坐率75%，在全国联航系统中处于领先地位。1995年3月后，无锡机场所在镇划归无锡市新区管辖。

1989年和1995年，锡山市率先在全省实现县乡镇道路黑色化（沥青路面）和镇村道路黑色化。1996年起，启动高标准拓建道路工程。至2000年末，全市拥有公路总里程2788公里。先后整治京杭运河、锡澄运河、锡溧漕河等主干航道，并加强航道养护，提高通航能力。至2000年末，全市有航道总里程513公里，73条航道中有等级航道17条、260.48公里。2000年，全市拥有运输车辆12910辆，比1979年增长44倍；有货运船舶809艘、40497吨位、15199千瓦。全年水陆客运周转量144217万人公里，比1979年增长27倍；水、陆货运周转量83404万吨公里，比1979年增长4倍。有港口55个、专业货场29个，50.7万平方米，港口吞吐量737.5万吨，操作量1837.7万吨。全市有桥梁3791座，全长59199米，其中公路桥梁238座、农村桥梁3553座。1998年11月20日，境内最后一个渡口被撤销。

二、邮电

1986年，无锡县设邮电机构75个，其中邮电支局35个、邮电所1个、代办所39个，职工500余人。1998年10月20日，邮政、电信分业经营。无锡邮政局下设锡山邮政分局，分局下设锡东、锡南、锡西、锡北4个邮政中心支局，管辖33个邮政支局、2个邮政所和29个邮政代办所。无锡电信局下设锡山电信分局，分局下设东亭、东湖塘、安镇、鸿声、华庄、洛社、前洲、阳山8个电信中心支局，下辖33个电信支局。2000年，全市共办理信函1506万件，特快专递邮包5.15万件、特快专递邮件18.29万件，包件20万件，汇票30.12万张，发行报刊4040万份、杂志314万份，邮路投递线路长度5559公里，全年邮政业务收入1500余万元。

1986年后现代化通信业发展迅速，至1998年，全市电话主线11.85万号线，交换机容量27.7万门，中继电路1.18万对，与1978年相比分别增长39倍、45倍和58倍。全市33个镇均实现交换程控化、中继光缆化、传输数字化、电报电传化、储蓄微机化、投递机械化，杆线到村率97%。1999年，全市33个镇、526个村全部建成电话镇、电话村，被省邮电管理局授予“电话市”称号。是年，全市电话用户16.68万户，公用电话3724部，完成电话业务总量1.35亿元。至2000年，全市农村自动电话光纤接入网覆盖率95%，户线覆盖率100%，电信业务实现计算机管理。是年，随着移动电话逐步普及，不再有人使用公众电报。至年末，锡山市建成以骨干传输宽带化、中继传输光纤化等多种具有国内、国际先进水平的电信网络，并通过专线联通政府网站，建立办公自动化网，实施乡镇“企业上网工程”，使数据通信网覆盖全市。

第四节　经济总量

锡山市是近代民族工业和当代乡镇工业的发源地之一。80年代初起，无锡县乡镇工业经济总量位居全国各县（市）之首，被誉为“乡镇工业王国”。80年代以后，随着改革开放的不断深入，代表农村新生产力的乡镇工业获得空前发展，经济结构发生根本性变化，传统以农业为主的经济格局不复存在，工业经济成为全市经济的主体。1985年，地区生产总值206449万元，财政收入28974万元。在90年代进行的3次中国农村综合实力百强县（市）评比中，锡山市实现“三连冠”，成为“华夏第一县”。

2000年，全市实现工业总产值792.18亿元，占全市工农业总产值的98%。乡镇工业的发展推进农业现代化建设步伐，提升综合经济实力。是年，全市地区生产总值由1978年的4.33亿元增至300.18亿元，22年增长68.3倍；人均生产总值由1978年的431元增至30392元，增长69.5倍；财政收入由1978年的8320万元增至21.18亿元，增长24.5倍。

第五节　农业　水利

一、农业

1987年，国务院将无锡县列为农业现代化试验区。随着乡镇工业的不断发展、壮大，全县逐步形成“以工建农”“以工兴农”的投入机制，不断加大对农业现代化建设的投入。1986～2000年，全市累计投入15亿元，74万亩耕地中，95%以上格田成方、路渠配套、灌排分开，成为高产稳产田。各村均建有农业综合服务站，形成以市为依托、镇为纽带、村为基础的全方位、多功能的农业服务体系。全市还分步推进农业适度规模经营。至1998年，全市土地规模经营单位2477个，其中村办农场740个，种田大户1737户，承包经营责任田14.37万亩，占总责任田的83%。农业生产结构通过调整而优化。全市水稻种植面积由1986年的76.78万亩调减至2000年的48.26万亩，而蔬菜、花卉、茶果等经济作物种植面积相应扩大，全市形成水蜜桃、茶叶、花卉、鹌鹑、奶牛等5条产、加（工）、销一体化的“龙”型经济带，涌现出13个专业镇、32个专业村、12391户种养殖专业户，并形成以阳山片为主的万亩水蜜桃生产基地、以新安镇为主的鹌鹑生产基地等十大专业生产基地。2000年，全市多种经营总产值11.02亿元，比1985年增长2.89倍，占农业总产值的比重由1985年的40.4%上升至81.3%；而粮食总产量基本稳定在1985年的水平。至2000年，全市农业基本达到农田标准化、操作机械化、生产专业化、农艺科技化、服务社会化、管理科学化的现代农业标准。锡山市依靠现代农业，用占全国万分之一的土地，养育占全国千分之一的人口，每年还向国家交售商品粮1亿公斤，成为全国农业稳产高产的先进典型。农业机械化率84.58%，基本实现农业机械化。

二、水利

水利建设因关系到经济社会的发展和人民生命财产的安全，历来受到全社会重视。1991年遭遇特大洪涝灾害后，无锡县人民掀起继50年代、70年代后的第三次水利建设高潮。主要进行以渠系建设为重点的高标准农田建设，以提高圩区和新城区设防标准为重点的圩堤和“三闸”（防洪闸、套闸和分级闸）工程建设以及以拓浚、清淤为重点的河道整治工程建设，同时参与江苏省、无锡市重点工程太湖大堤、望虞河拓浚和武澄锡低片引排工程建设。

1986～2000年，锡山市水利工程建设总投资66765万元，是前35年总和的9.36倍。完成土方10215万立方米、石方139.5万立方米、混凝土51.7万立方米，初步建起防洪堤闸、灌溉渠站、引排河道、田间工程等4套工程体系和1套管理服务体系，即以25公里太湖大堤、38公里望虞河堤以及沿线33座控制建筑物和485公里圩堤、408座圩口闸组成的防洪工程体系；以2004座灌溉站和459座排涝站组成的灌溉排涝工程体系；以11条引排骨干河道和2848条纵横交叉的大小河道组成的引排调蓄工程体系；以14万亩高标准农田、39万亩中等标准农田、3022公里地下渠道、563公里水泥板明排沟和25余万座田间渠系建筑物组成的田间工程体系；以33个水利管理站和3500多名圩区、灌区专管人员组成的工程管理服务体系。1999年，太湖流域再次遭遇特大洪涝，太湖最高水位5.08米，为太湖历史记载之最。但受益于已建成的治太工程的调控，因洪涝灾害造成的直接经济损失由1991年的10.6亿元减少至1.36亿元。

第六节　工业　建筑业

一、工业

无锡县乡镇工业发达，经济总量多年居全国2200多个县（市）之首。1995年，撤县设锡山市时，工业销售收入567.11亿元，57个村、85家企业销售总收入约占全市工业总收入的60%，规模优势初步显现。至2000年，锡山市工业企业转制基本完成，在经济总量的比重上，镇村独资企业约占30%、股份合作制等混合型经济企业约占25%、私营企业约占35%、外资企业和合资企业约占10%，全市形成多种经济成分并存的格局。2000年，全市有工业企业13009家，工业总资产490.58亿元，从业人员34.06万人，实现工业增加值170.28亿元，比1985年增长13倍；其中乡镇工业企业12780家，职工29.32万人，工业总产值731.54亿元，工业利税26.07亿元。12月，江苏红豆集团有限公司在上海证券交易所公开发行5000万股A股，成为锡山市第一家股票上市的乡镇企业集团公司。是年，市（县）属工业企业数从1986年的224家减至209家，职工由3.23万人增至4.74万人，固定资产原值由2.63亿元增至44.02亿元，工业总产值由8.47亿元增至60.64亿元，占全社会工业总产值的比重由13.28%降至7.66%。个私工业发展较快，由1986年的6331户增至2000年的9607户。个私工业销售收入62.57亿元，利税总额3.07亿元。锡山市“三资”企业1486家，总投资40.21亿美元，实际利用外资累计19.40亿美元。

1996年，锡山市共开发国家级新产品151个，国家高新技术产品69个，省级以上新产品1700多个。1995～1997年，获江苏省新产品、新技术应用项目“金牛奖”产品59个。至2000年，工业产品获省以上奖项175个（次），其中部以上奖项43个（次）。37家企业获自营进出口经营权，居全国县（市）之首。全市进口额2.28亿美元，外贸出口3.02亿美元。工业企业利润8.44亿元，其中乡镇工业企业利润8.54亿元，占利润总额的101.19%。

锡山市工业行业门类较多，企业技术装备水平不断提高。至2000年，工业企业技术装备达发达国家80年代水平，50%左右的重点骨干企业达90年代水平。形成机械、冶金、轻工、纺织、电子、化工、建材、电力、食品等行业，生产3000多种产品。其中，机械工业为支柱产业，产值约占工业总产值的25%。有100多家企业与三峡工程总公司、一汽集团、上海大众汽车集团等80多家大集团、大企业签订协议，结成较稳固的协作配套关系，形成一批专、精、特的配套产品群。

二、建筑业

1984年，全县建筑安装企业中，有二级资质企业1家（县建筑公司）、三级资质企业4家（钱桥、港下、羊尖、前洲建筑公司），另有四级资质企业30家；有工程师30人、助理工程师45人、技术员170人。1986年，全县有建筑工人28897人，其中县建筑公司和安装工程队1298人、35家乡镇建筑公司27599人。2000年，锡山市在册建筑安装企业107家，其中一级资质企业4家、二级24家、三级51家、四级22家；全年总产值16.4亿元（其中三产增加值2.6亿元）；全年施工面积260万平方米，竣工106.58万平方米；建筑行业自有机械设备6584台（套），总功率61022千瓦，施工机械功率35907千瓦。全面推行ISO 9002国际质量标准，先后组织10次建筑工程安全、质量检查，全年创省优工程2个、无锡市优工程9个、锡山市优工程21个。市建筑公司承建的太湖花园16号、17号房获建设部金奖，张泾建筑公司承建的市人才市场综合楼被评为省优质工程，王兴幕墙有限公司承建的上海奉贤邮电大厦获“鲁班奖”。

第七节　商贸服务业

1986年后，锡山市独家经营、封闭分割的商品流通格局被多种经营方式、多种流通渠道所取代。1998年，全市有商业、饮食业、服务业等网点11911个，每万人拥有120个；从业人员3.33万人，每万人拥有337人。至2000年，全社会商贸地区生产总值60.44亿元，社会消费品零售总额58.04亿元，分别比1989年增长37.5倍和4.14倍，人均消费品零售总额5876元。1999年，锡山市集镇农贸市场33个，总面积24.57万平方米，成交额10.8亿元。2000年，有商品交易市场72个，其中消费品市场52个、生产资料市场20个；经营面积41.4万平方米，累计固定资产投资总额4.93亿元。全市有集贸市场44个、专业市场30个，商品交易成交110.8亿元。锡山新城区商业区规模逐步扩大，麦德龙仓储式超市带动城东商贸园区的形成，高速公路互通等“道口经济”初露端倪，各镇商业街、区和集贸市场交易繁忙。对外贸易逐步形成外贸专业公司、“三资”企业、自营出口企业多渠道、多口岸的进出口格局。2000年，全市外贸出口创汇3.02亿美元，比1985年增长18倍。

锡山市的土特产品主要有太湖明珠大米、太湖阳山牌水蜜桃、黄土塘西瓜、太湖翠竹茶叶、东亭豆腐干、玉祁双套酒及鹅湖冰油等，土特产品享誉海内外。

第八节　财政　金融

1986～2000年，锡山市国民经济快速发展，财政收入以年均15.8%的速度增长。2000年，税收收入由1986年的2.80亿元增至20.32亿元，增长6.26倍；预算内财政收入由1986年的3.07亿元增至21.19亿元，增长5.9倍，成为“全国十大财神县（市）”之一，其中工商税收占94.44%、农业税收占2.59%。1986～2000年，预算内财政总支出484520.9万元，年均32301.39万元，比1985年的5857.1万元增长4.5倍，其中教科文卫经费188924.6万元，占38.99%，列各项支出之首。

1994～2000年，锡山市证券营业部年均新增资金专户1000余户，最多的2000年新增8739户，其中大户总数154户，交易54.17亿元。其间，累计开户24929户，交易量133.26亿元。2000年，锡山市市级金融机构14个，其中银行支行8家，信用联社1家，保险支公司3家、办事处1个，证券公司营业部1个，基层营业处、所257个。年末存款余额从1986年的5.62亿元增至2000年的201.72亿元，增长34.89倍；贷款余额从1986年的9.64亿元增至2000年的119.23亿元，增长11.37倍。

锡山市设中国人民保险公司锡山市支公司等3个支公司和1个办事处，先后开办企业财产险、家庭财产险、货物运输险等数十种财险和多种寿险。1986～2000年，锡山市财险总收入82343.5万元，赔付53842.3万元，理赔率65.39%；寿险总收入33.17亿元，赔付总额18.33亿元，理赔率55.26%。

第九节　社会事业

一、科技

1990年和1992年，无锡县确立“科教兴县”发展战略和通过“科教兴县”实施方案。1993年，确定在东亭经济开发区内建立一个集科研、开发、生产为一体的高新技术产业区。12月，无锡县被国家科委评为全国科学技术工作先进县（市）第一名。1994年，在国家科委、农业部、国家统计局等主办的全国首届县（市）科技实力擂台赛中，无锡县获得冠军，被誉为“华夏科技第一县”。1995年1月，无锡县被国家科委批准为国家“星火”技术密集区。至1996年，全市工业装备中，引进的国外设备占36%，一批骨干企业通过设备更新、技术更新，增加产品的科技含量，提高产品的档次、质量和水平，增强市场竞争力，科技进步在工农业增长中的贡献份额，由1989年的17.9%提高至1996年的53%。1996年3月，锡山市获全国首届科技实力百强县（市）评比第一名。至2000年，锡山市被列入省以上“星火”计划项目66个，“火炬”计划项目80个，省以上新产品试制计划项目2217个；被认定为省高新技术企业36家，开发高新技术产品193个；获省级以上科技进步奖项目92个，在省内各县（市）中名列前茅。2000年，有民办科研机构294个，市科协团体会员30个、会员9536人。各镇成立专业技术协会24个，会员779人。有专业技术人员60012人，其中国家专业技术人员36422人（高级职称1200人、中级9457人、初级25765人），乡镇专业技术人员23590人（高级职称171人、中级1456人、技师163人、初级21800人）。科技人员中工程技术人才16828人，农业科技人员3251人，财经科技人员18434人，学校教育人员15326人，文卫体人员6118人，公证人员、律师49人。

二、教育

1986年，无锡县贯彻实施“县乡村三级办学，县乡两级管理，政府为主，社会参与”的教育体制，为教育事业的发展注入新的活力。1987年起实施九年制义务教育，至1991年11月，成为全国县（市）中第一个实施九年制义务教育合格县。1994年12月，在全省率先启动教育现代化工程，至2000年1月，教育现代化实施工程基本完成。其间，锡山市被省教委批准为素质教育实验区。锡山市有镇中心幼儿园33所、村办幼儿园275所、市属企业幼儿园2所、市级机关幼儿园1所、民办幼儿园1所，在园幼儿24636人，学前三年入园率98.9%，1491名幼儿教师中，中师以上学历占96.6%；有小学242所，在校学生85786人，适龄儿童入学率100%，专任教师3988人；有中学49所，1251班，学生59711人，专任教师4211人，初中入学率100%，高中基本普及。有职业教育在校学生9930人，专任教师418人。1986～2000年，共培养初中毕业生192054人、高中毕业生43735人、中等专业（职业）学校毕业生28600人，向全国高等院校输送学生21548人。有电视大学、职业教育中心各1所，先后招收大专以上学生1.1万余人；有59291人参加高等教育自学考试，其中1006人获大专、本科毕业证书。有特殊学校1所，2000年在校学生108人，教职员工44人；培智班17个，学生289人。1990～2000年，特殊学校毕业生142人；1987～2000年，培智班毕业生610人。1986～2000年，成人教育毕业生76.55万人次。

1986～2000年，锡山市投入校舍建设资金6.65亿元，新建校舍107.95万平方米，出现一批建设标准堪称全省一流的学校。至2000年，有学历教育学校303所，占地470.25万平方米，其中普通中小学391.14万平方米；校舍建筑面积184.74万平方米，其中普通中小学148.48万平方米，分别是1986年的2.09倍和2.44倍。其间，共筹集教育资金31.32亿元，教育经费支出12.70亿元。

三、文化

1986～2000年，锡山市先后投入5亿多元，建造一大批起点高、功能全、各具特色的文化活动中心、影剧院、文化公园、娱乐城和文化广场等文化设施。先后举办两届群众文化艺术周、3届家庭文化节、3届锡剧节，企业文化、社区文化、校园文化、节庆文化活动活跃，文化中心成为“农村大世界”。1991年，无锡县成为首批“全国文化工作先进地区”之一。翌年，又成为省群众文化先进县。至1996年，33个镇均被评为江苏省群众文化先进镇；洛社镇文化站被文化部评为全国先进文化站。

2000年，锡山市有文化馆1个，为省特级文化馆；有文化站、文化中心33个，其中特级文化站10个、一级文化站12个、二级文化站11个，文化站长37人，其中群众文化馆员（中级职称）14人、助理馆员（初级职称）10人；有480个村级俱乐部和6850个镇村企业俱乐部（活动室）。市（县）、镇公共图书馆34个，藏书115万余册，其中33个镇图书馆藏书97.72万册，有特级图书馆5个、一级图书馆15个、二级图书馆13个；有村级图书馆（室）258个，藏书62万册；有新华书店1个，下设8个门市部，另有供销社系统书店14个、集体书店5个、邮电局书刊点8个、个体书报刊店（摊、亭）208个；2000年新华书店系统销售图书4242.72万元，利润43.69万元；锡山市锡剧团有演职员工45人，其中二级编剧和二级演员各1人，三级演员、演奏员、技师19人；民间演出团体30个，演职员工500余人；业余文艺团体5个，演职员工150人；影剧公司1家，市（县）、镇电影放映队36个，1986～2000年，放映电影34.58万场次，观众1.41亿人次，利润165.08万元。

2000年，锡山市文联下属有8个协会（社），会（社）员637人，其中国家级会员18人、省级会员71人、无锡市级会员141人；创作、出版文学作品60余部，创作、拍摄、播放电影、电视剧10部；搜集整理和发表出版长篇叙事吴歌9部，其中太湖英雄史诗《华抱山》（1～2集）引起世人瞩目，打破汉族无英雄史诗的论断，被誉为长篇叙事吴歌中的“一金梁”；上演《青蛇传》《陈阿尖》《至德泰伯》等一批优秀剧目；一批音乐舞蹈节目在全国比赛中获佳绩，玉祁舞龙队蜚声海内外；书画、摄影创作精品佳作迭现。先后举办5届政府文学奖评选奖励活动，共奖励159件优秀作品（含演出）。

四、卫生

1986～2000年，各级政府加大对卫生事业的投入，卫生事业费从1986年的566万元增至2000年的4897万元，人均卫生事业费由5.54元增至49.69元。医院固定资产从1773.53万元增至27240.18万元。锡山市人民医院被评定为二级甲等医院，6所中心卫生院和27所镇卫生院均被列为一级甲等医院。村卫生室进入规范化管理。农村三级医疗卫生网结构合理，分布均衡，功能完善，基本满足群众的医疗卫生需要。2000年，每千人拥有医疗床位2.63张、卫生技术人员4.76人，市、镇卫生院人均门诊2.04次，每千人住院46.32次；城镇卫生条件大大改善，传染病发病率显著下降，健康水平不断提高；平均期望寿命75.76岁，其中男性73.46岁、女性78.15岁。锡山市先后获“全国防盲先进县（市）”“全国牙防先进县（市）”“全国农村2000年人人享有卫生保健规划目标普及阶段先进县（市）”等称号。

1986年，无锡县贯彻计划生育基本国策，提倡晚婚晚育、一对夫妻只生一个孩子，制定和实施鼓励计划生育的各项措施，使人口增长纳入计划生育轨道。至2000年，锡山市人口出生率从1986年的14.74‰下降至7.60‰，人口自然增长率从1986年的7.89‰下降至0.10‰，计划生育率由1986年的96.82%提高至99.68%，节育措施落实率99.84%；独生子女率从1986年的37.60%上升至74.25%；从1970年推行计划生育工作至2000年，锡山市累计少生29万人。1999年，锡山市获“全国计划生育

'三为主'[①]先进市"称号。2000年通过江苏省计划生育示范市考核验收。

五、体育

1986年后，无锡县各级政府重视发展体育事业。建造总投资1390万元的县体育场（馆），镇、学校和各企业建有田径场、运动场177片，篮球场405片，排球场84片，门球场103片，网球场10片，溜冰场8片，游泳池19个。40余万居民经常参加体育活动。广泛开展学校体育、农民体育、职工体育、老年体育和残疾人体育活动；群众性体育比赛逐步走向多样化、规范化和制度化。1987年，无锡县被国家体委评为全国群众体育先进集体。1990年，先后被国家体委评为第三批全国体育先进县、第三批全国田径之乡。1994～1996年，锡山市被列为江苏省十佳全国体育先进县（市），有25个镇被评为江苏省体育先进镇，雪浪、洛社两镇被评为全国亿万农民健身活动先进镇。竞技体育成绩显著。体育健儿先后获世界级（含地区级）比赛金牌6枚、银牌3枚；获国家级比赛金牌39枚、银牌26枚、铜牌12枚；获省级比赛金牌144枚；1人3项5次打破世界记录；残疾人运动员姚娟在第十一届世界残奥会上夺得女子F44级标枪冠军，并打破该项目世界纪录。至2000年，锡山市共举办中、小学生田径运动会各15届，市（县）农民、职工、老年运动会各4届。

第十节　广播　电视　报刊

一、广播

1988年和1989年，先后建办县人民广播电台和调频无线电台。至2000年，锡山市人民广播电台拥有4套音频工作站终端，两部1000瓦全固态发射机、两个直播室、1套导播室和3个录制室，有采访设备7台，两套直播系统均配置一流的设备。镇、村有线广播通播率98%，广播喇叭入户率81.3%。

二、电视

1989年，首建县电视台。1993年5月，无锡县电视台更名太湖明珠电视台。1994年7月，县、镇筹建有线电视台和有线电视网。1995年末，锡山市广播电视中心落成，占地3万平方米，建筑面积1.7万平方米，电视调频发射塔高178米，1996年1月8日正式启用。10月1日，成立市有线电视台，33个镇全部实现光纤联网，用户12万户，入户率50%。10月8日，全套节目进入无锡市有线电视网。1998年元旦，成立锡山电视新闻中心。6月，有线电视台与太湖明珠电视台合并，开设《明珠新闻》《百姓广场》等栏目，节目覆盖苏、锡、常等市（县）。1999年末，526个村均通上有线电视，在省内名列前茅。2000年，实现各自然村通有线电视，用户17万户。

三、报刊

1993年1月起，《无锡县报》改为周4刊（周日为"星期版"）。翌年1月改为周6刊（原"星期版"改为"周末版"）。1995年1月起，又改为日刊，成为全国县（市）报中首张出版的日报。1995年8月18日，更名为《锡山日报》。1998年1月，由4开4版扩版为4开8版，1999年1月起扩版为4开12版，发行量增至3万份，2000年达5万份。撤市设区后，《锡山日报》并入《无锡日报》，并继续出刊至2001年6月30日，7月1日起由《无锡日报·城郊新闻》替代。至此，《锡山日报》（含《无锡县报》）共出刊4345期。

1986年后，锡山市办有社会报刊28种，其中报纸17种、刊物11种。2000年末社会报刊均停办。

① 以宣传教育为主、避孕节育为主、经常性工作为主。

第十一节　人民生活

1986～2000年，锡山市共发放困难救济款7003.95万元，累计救助困难户96454户、289363人次；共扶持贫困户5730户，其中5117户、15351人摆脱贫困，脱贫率89.3%。1993年，在全国率先提出并实施“残疾人小康工程”，至2000年，全面完成各项目标任务。1995年，锡山市被国务院残疾人工作协调委员会评为全国残疾人工作先进市（县）。1996年，锡山市在全国率先实施最低生活保障制度，15012户、38084人被纳入低保并获得补贴。

1992年，无锡县成为江苏省5个基本实现小康的县（市）之一。1998年，锡山市已全面达到小康水平。2000年，城镇职工人均工资10177元，是1978年的19倍；农民人均纯收入5520.6元，是1978年的32倍；人均储蓄存款余额20423元，是1978年的167倍。城镇、农村居民人均生活消费支出分别为6681元、3853.20元。农村平均百户拥有电视机173台（其中彩电134台）、电冰箱72台、摩托车119辆、洗衣机103台、空调65台、大型家具745件。农村人均住房面积53.7平方米，是1985年的2倍多；55%以上的家庭使用液化气，77%以上的家庭用上自来水，人民生活由“小康”向“宽裕”迈进。是年，锡山市建有社会福利院，33个镇均建有敬老院，进院集中供养的“五保”老人778人，入院率91%。办有福利企业278家，年销售收入46.53亿元，利税3.81亿元，安置残疾人员13405人。

第三章　宜兴市

第一节　地理　人口

一、地理

宜兴市位于北纬31°07′～31°37′、东经119°31′～120°03′。地处太湖西岸，江苏省西南端，沪宁杭三角中心，总面积2038平方公里。东面太湖水面和苏州太湖水面相连，东南临浙江长兴，西南界安徽广德，西接溧阳，西北毗连金坛，北与武进相傍。滆湖镶嵌其间，西氿、团氿、东氿（“三氿”）相伴市区。地势南高北低，西南部为低山丘陵，北部为平原区，东部为太湖渎区，西部为低洼圩区。

境内南部为丘陵山区，约占全市总面积1/3，竹木苍郁，茶垅满坡，为全省最大的毛竹和茶叶产区，地下埋藏着陶土、石灰石、大理石、石英砂等多种矿产资源。湖汶、张渚等山区系石灰岩组成的丘陵，形成景观独特的喀斯特地貌溶洞群。北部为太滆平原，面积1020平方公里，区域内河流密布，湖泊星罗棋布，为锦绣江南鱼米之乡，是江苏省山水资源最丰富的县（市）之一。宜兴属亚热带季风气候，四季分明，多年平均降水量1291毫米。降水集中在6月中旬～7月初的“梅雨”期，承接上游4700平方公里客水过境。平均3.5年发生一次洪涝。7月中旬～10月上旬，台风引起的暴雨会带来局部涝灾、风灾及山区山体滑坡等自然灾害。南部山区及高亢平原地区易受旱灾。夏秋季节，雷灾屡有发生。1988～2005年，年平均气温15.7℃，日照时数平均1848.1小时，无霜期226天，大雾日46.5天，雷暴日33.5天，年平均大风次数3.8次，雨日135.6天，降雨量1246.3毫米，夏初有梅雨天气，雨量集中，时有强降雨发生。日最低气温-13.1℃，日最高气温39.6℃，日最大降水量137.2毫米。

境域内土壤肥沃，植被丰茂，动植物资源种类繁多。2005年，宜兴市土壤面积13.5万公顷，分7个土类，其中水稻土和黄棕壤分别占总面积的54.87%、23.29%。野生动物主要有8纲；有维管束植物175科、559属、1230种。

二、区划

1986年，全县有县属镇6个、乡23个、行政村861个。1988年1月，宜兴撤县设市，下辖10个镇、38个乡。1992～2004年，宜兴市先后3次较大规模调整乡镇和行政村区划，至2005年，全市设建制镇21个、行政村331个。

三、人口

1986年，宜兴县有29.15万户、102.14万人，其中男性52.32万人、女性49.82万人，人口自然增长率7.38‰。1987年，宜兴县有少数民族15个、164人，分布在26个乡镇。之后由于婚迁和生育等原因，少数民族人数增加较快。至1992年末，宜兴市有少数民族27个、1036人，约占全市总人口的0.1%。1997年，宜兴市有38.48万户、109.40万人，其中男性55.7万人、女性53.7万人，人口自然增长率1.19‰，总人口数达到历史最高水平。2005年，宜兴市有37.82万户、105.73万人，其中男性53.35万人、女性52.38万人，人口自然增长率0.09‰。有少数民族36个、1546人，在宜兴务工、经商、居住的少数民族暂住人口有3993人。

第二节　土特名产

宜兴是中国著名的陶都，有7000多年的制陶史，所产陶器驰名中外，紫砂、均陶、精陶、青瓷、美彩陶被誉为“五朵金花”。其中紫砂陶为宜兴一绝，陶器集诗、书、画于一体，许多艺术精品成为国内外博物馆和民间收藏者竞相珍藏的珍品。和桥豆腐干咸而不涩；清廷供品徐舍小酥糖甜而不腻；高塍猪婆肉味香皮酥，口味独特；太湖“三鲜”白鱼、白虾、银鱼味道鲜美，营养丰富；渎区百合被誉为“太湖之参”；丘陵地区盛产板栗、毛竹、竹笋和多种名特优茶，“阳羡紫笋”茶唐朝时就作为贡茶；宜兴毛笋肉质肥厚，色泽黄亮，与黄豆共煮，为江南下酒名菜；张渚大白果种核大，苦味小，糯性好，口味清新，润喉养肺；野生菌类雁来蕈味道鲜美；杜鹃花、祥下芹菜、洋溪萝卜、陆林桃逐渐打出品牌。

第三节　城乡建设

1988年宜兴撤县设市后，市政府贯彻“城市现代化、农村城镇化、城乡一体化”的战略方针，坚持“大投入、大建设、大发展”的基本思路，把握“做大做强做优做特中心城市，统筹协调城乡发展，提升城市化发展水平”的总体要求，推进现代化新兴中心城市建设，努力优化城镇体系布局，致力完善城市基础设施，城市化进程大步推进。至2005年末，城市建成区面积由1988年的16.07平方公里扩大至45.7平方公里，城市人口由1988年的11.95万人增至32.12万人，建成区园林绿化总面积1678公顷，绿化覆盖面积1965公顷，绿地率39.68%，绿化覆盖率44.5%，人均公共绿地面积12.39平方米，各项绿化指标及其他市政配套建设的指标均达到国家园林城市标准。

2000年以后，按照建设三级I类新兴中心城市的要求，城市规划部门编制完成第五轮城市总体规划、市域城镇体系规划等，编制和完善城市综合交通体系规划、东氿风景区概念性规划等多项专项规划，科学布局城区工业区、物流区、行政区、金融商贸区、居住区等，加快城东新区开发步伐，拉开城市骨架，使城市规划空间结构布局更趋科学合理。

宜兴撤县设市后，市政府加强城市基础设施建设、完善城市配套功能，陆续建设岳堤大桥、世纪大桥、周王庙广场、氿滨广场、体育中心等一大批单体规模大、建设水平高的市政重点工程项目。加大公共设施建设力度，逐步实施事关民生的氿滨水厂、城区管道燃气工程、"引横入宜"改水工程、天然气工程、垃圾处理场、污水处理厂、垃圾焚烧发电厂等建设项目，提高城市的供给保障能力。依托山水自然资源优势，以历史人文积淀为内涵，彰显城市个性，建设山水交融、山在城中、城在水中、人在园中的城市园林美景。2000年以后，对龙背山实施较大规模的保护性改造，并围绕团氿、东氿两大水体以及城区水系，实施宜园、氿南风光带、"三河"景观改造等建设，东氿风景区建设也拉开序幕。挖掘和融合历史文化内涵，通过以史建景等方式，使历史文脉得以传承，使城市更具古风神韵和地方文化特色。在龙背山森林公园中建设文艺名人馆、科教名人馆和历史名人馆，集中展现宜兴的人文历史。在团氿风景区内重建蛟桥，移建、仿建一批古桥、古亭，做到一桥一式、一亭一形，形成集历史、文化与现代文明于一体的独特的园林景观。

1986年，宜兴市有宜城、张渚、和桥3家自来水厂。此后，宜兴加强一体化管理，扩建供水网络，逐步提高饮水质量。1999年，实现镇镇通自来水，年供水总量6864万立方米。同年，污水处理设施建设起步。2003年，"引横入宜"工程竣工，城区及周边乡镇由氿滨水厂集中供应横山水。2004年，宜兴市开始分质供水，自来水普及率达92.8%。2005年，有自来水厂28家，年供水能力由1988年的每日6.35万立方米增至每日23万立方米。有已建和在建污水处理厂8家，总处理规模每日15.75万吨（主要为工业废水），配套污水管网439.5公里，全年经过污水厂处理污水1610万吨。

第四节　交通　邮电

一、陆路运输

1986年末，宜兴等级公路总里程640公里，其中干线公路3条、118公里，支线公路40条、333.92公里，70%的行政村已通公路。1988年始，对一、二级公路进行三次大改造，由渣油路改造成水泥混凝土路面，继而又改造成沥青混凝土路面。1992年，乡镇公路全部实现黑色化。1997年实现村村通公路。2002年，屺分、徐张、官丰、官徐、宜浦、宜官等一批高等级公路建成通车，宜兴市形成"四纵四横一大环"路网格局。2003年，新长铁路（宜兴段）开通，锡宜高速公路（宜兴段）、宁杭高速公路（宜兴段）先后于2003年、2004年建成通车。"十五"期间，实现"1530"（即从各镇15分钟即可到达主干公路，30分钟即可上高速公路）现代化大交通。2005年，宜兴市通车公路总里程1883公里；有市区一级客运汽车站2个、镇区客运车站9个，有长、短客运班线110条，客运车554辆、13882座位，年客运量1560万人次、客运周转量77723万人公里；社会货运车5120辆，年货运量926吨，货运周转量38203万吨公里；出租汽车由1988年的51辆增至2005年的453辆，日均运量3.5万人次。有农桥3790座。

二、水路运输

1986年初，宜兴航道总里程579.9公里，其中能通过100吨级船舶的航道154.1公里。1988年，宜兴市有专业装卸货场7座，大小码头302座，泊位507个，其中最大靠泊能力100吨，年综合通过能力2052.1万吨。1988～1999年，对锡溧漕河、宜张线、锡汶线等航线进行专项整治改造。2000～2005年，实施锡溧漕河桥梁航道改建工程（苏南干线航道网提办工程）、芜申运河宜兴段航道整治工程、锡溧漕河宜兴段整治工程，通航船舶提高至500吨级。2005年，宜兴市拥有运输船舶1011

艘，其中货驳768艘、10.11万吨位，完成货运量695万吨，货运周转量76450万吨公里；有专业货场码头9座、泊位32个，最大靠泊能力500吨级，年综合通过能力850万吨；有非专业货场码头204个，泊位406个，年综合通过能力5685万吨。

三、邮电

1.邮政

1988年，宜兴市有省办邮路1条、自办汽车邮路3条，邮路长度349公里，委办汽车邮路14个交换点；函件业务量713万件；订销报纸、杂志分别为3142万份、154万份。1992年，成立宜兴市速递公司，从事国内特快收寄和国际EMS业务寄递。1994年，发行《宜兴紫砂陶》特种邮票，同时配套设计制作发行《宜兴紫砂陶》特种邮票纪念册、邮折、首日封、绢封等系列邮品。1995年，取消委办汽车邮运，全部实行自办汽车邮运，邮路长度542公里。1998年，宜兴邮电分营，宜兴市邮政局成立，设集邮公司、速递公司、发行公司、储汇中心、邮件转运中心等5个生产部门和47个邮政支局，邮政业务总收入3351万元。1999年宜兴第一期邮送广告诞生。2001年启动物流业务。2005年，拥有邮政汽车35辆，自办汽车邮路6条，邮路单程长度527公里；函件业务量1054万件；有集邮品销售点50个，业务量82万枚，业务收入611万元；订销报纸、杂志业务量分别为2095万份、135万份，发行业务收入570万元，邮政报刊图书销售点116处；年特快专递30万件；邮政配送30多种，配送金额646万元，物流业务收入255万元。邮政业务总收入8051万元。宜兴市设邮政支局49个、邮政代办所2个。

2.电信

1986年，宜兴县电话交换机总容量9350门，其中自动电话总容量4000门。1988年，市国际、国内长途电话全自动直拨开通。1990年，电话号码由4位升至6位，宜兴成为全省第一个使用6位数号码的县级市。1991年，市邮电局开通无线寻呼业务，当年用户146户。1992年12月，宜兴开通移动电话，当年用户30户。1995年固定电话号码升至7位数。1998年，江苏移动通信有限责任公司宜兴分公司、中国联通无锡分公司宜兴营业部相继成立；互联网宜兴节点开通，实现与无锡计算机互联网连接，“宜兴·陶都热线”网站开通。同年，邮电寻呼从邮电局分营，成立无线寻呼宜兴支公司，无线寻呼用户达历史最高峰，用户数累计84352户。1999年宜兴建成电话市。2003年，无线市话“小灵通”“万信通”投放市场。2005年12月，固定电话号码升至8位数。宜兴市电话交换机总容量44.59万门，固定电话36.82万部，其中市话10.44万部、农话26.38万部，话机普及率每百人34.82部；有移动电话用户61.5万户(其中移动公司用户40.42万户、联通公司用户21.08万户)，移动电话普及率每百人58.16部，无线市话用户26.05万户，累计小灵通26.05万部、宽带用户4.11万户，信息产业全年业务收入8.21亿元。随移动通信发展，无线寻呼消亡。

第五节　经济总量

1986年，宜兴县社会总产值36.79亿元，财政总收入1.57亿元，社会消费品零售总额6.56亿元，金融机构年末存款余额4.59亿元、贷款余额7.08亿元，粮食总产量65.62万吨。2005年，宜兴市实现生产总值363亿元、财政总收入43亿元、社会消费品零售总额123.53亿元，分别比1986年增长8.87倍、26.39倍和17.83倍；金融系统年末存款余额366.89亿元、贷款余额233.83亿元，分别比1986年增长78.93倍、32.03倍；粮食总产量32.96万吨，比1986年下降49.77%；实际到账外资22651万美元。2005年，宜兴市名列全国县域经济基本竞争力百强县(市)第九位。

第六节　工业　建筑业

一、工业

80年代，宜兴工业经济以全民、集体所有制为主，乡镇工业是主体。基本形成冶金、建材（含大理石）、化学医药、机械电子、轻工、纺织、环保、陶瓷、粮油食品等门类比较齐全的工业体系。1986年，工业总产值26.16亿元，占地区总产值的71.1%。县属和乡镇企业全面开展以企业承包经营为核心的经营体制改革。私营个体工业开始恢复。1991年，宜兴市被国家统计局评定为“中国农村综合实力百强县”之一，名列第十三位，当年工业总产值（1990年不变价）75.3亿元，占工农业总产值的89.6%。1992～2000年，工业经济健康、快速发展，运行质量全面提高。乡镇和市属工业企业在江苏省率先开展产权制度改革。私营个体工业快速发展，后劲逐年增加，开放型经济不断扩大，企业集团相继组建，结构调整成效显著，优质产品、名牌产品和高新技术企业不断增多。陶瓷、环保设备、电线电缆等优势特色产业集群形成。2000年，工业总产值（当年价）439.9亿元，占工农业产值的93.4%。乡镇（含私营个体）工业占宜兴市工业总产值的93.79%，其中私营个体工业占35%。

2001～2005年，以规模经济为载体的工业经济体系在宜兴形成，股份合作制、股份制、私营个体等民营经济成为所有制成分的主体，工业年平均增幅29.5%。宜兴市累计新建项目4780个，实现工作量357.6亿元，其中投资规模超亿元或千万美元的单体项目80个。外资项目累计完成工作量87.98亿元，先后创办境外企业16家，自营出口创汇1000万美元以上企业21家。至2005年，宜兴市有6家境内外上市公司、125家省及国家高新技术企业和省及国家名牌产品35个；建成的18个工业集中区总产值420.5亿元，占宜兴市工业总产值的46.5%。其间，各级政府整治、限制和淘汰建材、化工、冶金等高污染、高能耗企业成效显著，工业行业结构更趋合理。

2005年，宜兴市工业总产值（当年价）903.8亿元，占工农业总产值的96.4%。其中私营个体工业产值632.64亿元，占70%。销售收入500万元以上企业887家，产值700亿元，占工业总产值的77.5%。其中，销售收入超1亿元的企业160家。特色优势产业中，拥有陶瓷企业814家，年销售产值约60亿元，出口创汇逾6亿元。拥有环保工业企业、配套企业及商贸服务类企业1013家，完成产值89.2亿元，销售收入83.5亿元，利税总额8.5亿元。有国家级环保高新技术企业10家、全国环保百强企业13家。电线电缆生产企业总产值140.7亿元（当年价）、销售收入131.8亿元、利税总额8.8亿元，分别占宜兴市工业的15.57%、15.5%、12.6%。

二、建筑业

1988年，宜兴市有建筑工人2.85万人，完成建筑工程量2.68亿元。时建筑施工安装由宜兴市建筑工程安装管理处负责。1993年，建筑施工企业承接高层建筑能力有突破性发展，大部分企业已由过去单一土建工程为主，发展至地基、水电、工业设备安装、装饰、窑炉、园林建筑、防水堵漏、市政工程等配套施工经营。1995年，宜兴市被省政府命名为建筑之乡。1998年，宜兴市建委完成市建筑安装工程总公司、市政建设总公司等14家直属企业的改制。从此非国有建筑业逐渐成为建筑业的主要力量。建工建筑、沪宁钢机、工业设备安装等一批机制活、管理严、信誉好的建筑企业脱颖而出，建筑业的业务范围开始从原来的周边省市拓展到全国各地，参与世界妇女大会主会场、上海磁悬浮铁路、南京奥体中心主场馆、北京奥运会主场馆等一系列国家重点工程的建设，多次获国家级优质工程奖。2005年，宜兴市有建筑施工企业243家，其中一级资质15家、二级资质47家，年平均施工人员7.5万人，完成施工产值70多亿元。1988～2005年，宜兴市建筑企业完成施工面积6327.67万平方米，竣工3835.47万平方米,实现产值408.99亿元。

第七节 水利 电力

一、水利

1988年,宜兴市水利基础设施建设以农业水利为主,多为开展圩堤达标和沟渠、灌排站等配套水利设施建设。1991年历史性洪灾发生后,水利建设以"防洪保安"为中心,加大水利工程建设投入,强化防汛防旱工作。1999年,实行小农水工程产权制度改革,共有811座灌溉泵站改制,其中拍卖447座、承包320座、租赁44座。整治加固17座小水库和5万立方米以上塘坝,提高山区防洪抗旱能力。1999年以后,集中实施国家重点水利工程建设。2000～2004年,横山水库除险加固、太湖大堤除险加固、湖西引排烧香港河道开拓等一系列国家重点工程相继竣工,增强太湖以西地区的防洪引排能力。2003年,宜兴市被评为全省水利工作先进市。1988～2005年,宜兴市投入水利工程建设资金12.54亿元,疏浚引排河道2783条、2741公里,新建改建圩口防洪闸口494座、机电排灌站1154座,护砌沟渠1809.2公里,整修库塘1196座,建成以防洪排涝为主,引水、抗旱灌溉、农田配套相结合的较为完善的水利工程体系,成功抵御7次洪灾、4次旱灾。2005年,宜兴市有效灌溉面积93.6万公顷,联并成千亩以上圩107个,建成70天无雨保灌溉,日雨150毫米两天排出不成灾,防洪除涝、抗旱、降渍的水利工程体系。

二、电力

80年代中期,宜兴县工农业生产进入新的发展时期,网供电源不足,国家出台有关政策,鼓励地方办电。地方电厂和企业自办电厂不断发展,最多时达百余家。1988年,宜兴市有35千伏以上变电所16座,主变容量48万千伏安,35千伏以上输电线路298公里。90年代,随着网供电源快速增加和电厂投入增多,大多数企业自办电厂相继关闭。1995年,宜兴成为全省农村电气化、农村用电标准化、电网调度自动化系统实用化(农电"三化")达标单位之一。1997年,宜兴市被确定为江苏省首批农村电网改造市(县)之一。1998～2004年,实施农村和城镇电网改造,城区4万户居民安装电能表,实行峰谷电价。2003年,总投资47.63亿元、装机容量1000兆瓦的宜兴抽水蓄能电站开工建设。至2005年,经过两期农网建设与改造,宜兴市电网基本达到网络齐全、布局合理、设施先进、管理科学的要求,电源形成江苏省苏南电网主供、宜兴地方公用电厂辅供、企业自备电厂(包括热电厂和柴油发电)和民办自发自用小水利电站补供的格局,有地方公用电厂5家,企业自备电厂4家;有35千伏以上变电所57座、主变容量342千伏安,有35千伏以上输电线路1052公里;全年工业用电量41.4亿千瓦时,城乡居民生活用电量3.94亿千瓦时。

第八节 农业 林业

一、农业

1986年,宜兴县有农业人口88.07万人,务农劳动力21.68万人,耕地面积7.62万公顷,全年农业总产值4.44亿元,其中种植业产值2.92亿元、牧业产值8314万元。1988年后,农业市场化程度逐年提高,政府重视农业产业发展,引导、扶持、推进各地调整农业结构,引进资金投资农业,按区域特色规划强化农业生产基地建设，强化农业水利、农业机械等基础设施建设。加强农业技术的培训和推广，引进开发新品种、新技术，提高农业生产的科技含量。增加农产品市场有效供给，逐步形成区域化布局、商品化生产、规模化经营格局。1991年，遭受特大洪涝灾害，农业基础设施和生产布局遭到较大破坏。1991～2000年，宜兴市农副产品加工业和交易市场建设加快，农业产业化经营逐步兴起，实现从低效农业向高效农业的转变。2001～2005年，宜兴市实现由数量型向质量型、产量型向效益型、粗放型向集约型、传统农业向现代农业转变。生态农业、品牌农业、都市农业、观光农业等现代高效农业取得较快发展。2005年，宜兴市农业人口88.91万人，务农劳动力16.21万人，农业总产值33.98亿元，耕地面积6.52万公顷，果品产量1.43万吨。有农业龙头企业65家，销售收入24.7亿元，利税总额0.99亿元，吸纳剩余劳动力8300多个，出口创汇4301万美元，21.3万农民从产业化经营中获得收入4亿元。宜兴市生猪存栏27.21万头，出栏39.07万头，拥有千头养猪场65个、500羽以上禽场251个、奶牛场1个，规模养猪量50%，规模养鸡量75%。有桑园467公顷，蚕茧总产344.9吨。水产养殖面积1.67万公顷，放养斤两鱼种10332.6万公斤、仔口鱼种269.28万公斤。

二、林业

1986年，宜兴县林业总产值845万元，林业面积3.92万公顷，其中林地面积3.24万公顷，大部分分布在宜南丘陵山地，北部太滆平原圩区林木稀少，林木覆盖率22.38%。至1995年，宜兴市基本完成宜林荒山荒地造林，农田林网控制面积5.16万公顷，占可建林网面积的90.4%，达到原林业部颁布的平原绿化县（市）标准。1988～2005年，累计成片造林和改造低值林1.63万公顷，累计四旁植树3946万株，封山育林1.02万公顷，生态公益林2.65万公顷，商品林1.1万公顷，已建农田林网的农田面积5.16万公顷，占应建农田林网面积90.4%。2002～2005年，新建绿色通道、太湖防护林等2400公顷。2005年，宜兴林业面积4.71万公顷，其中林地4.29万公顷，林木覆盖率28.58%。林木良种基地2200公顷，丰产林5530公顷，毛竹林基地1.08万公顷，板栗、银杏等干果基地3000公顷；竹木资源总价值约6.5亿元，林业产值1.6亿元。经济林面积0.92万公顷，年产值1.8亿元；竹木加工企业产值5.5亿元。

宜兴产茶历史悠久，远在唐代就以盛产阳羡贡茶而闻名。1988年茶叶产量突破5000吨，成为全国屈指可数的产茶大市（县）。1989年，“阳羡雪芽”“荆溪云片”茶获农业部“全国名茶”称号。1990年，“阳羡雪芽”茶获商业部“全国名茶”称号。2002年，宜兴市成为全国首批20个无公害茶叶生产示范基地市（县）。2003年，宜兴市将茶叶列为市重点培育的3个优势农产品产业之一。2005年，有茶园5000公顷，年产干茶4388余吨，产值2.26亿元，是全国重点产茶市（县）之一，江苏最大的商品茶生产基地。有31个茶场获得无公害产品认证，红岭茶场、乾元茶场、岭下茶场、盛道茶业、碧绿春茶场、茗鼎茶业、兰山茶场等一大批茶场成为骨干茶叶生产基地。

第九节　旅游业

宜兴素以“陶的古都、洞的世界、茶的绿洲、竹的海洋”享誉海内外。南部山区多溶洞，景奇形怪，已发现80多个，开发开放的5个。善卷洞、张公洞在民国23年（1934年）就对外开放，国山碑建于三国吴天玺元年（276年），被誉为“江南第一碑”。善卷洞周围诸多“梁祝”遗迹更为吸引游人。玉女潭巨石环绕，一汪凝碧，常年不涸。蜀山东坡书院和闸口天远堂的西府海棠为苏东坡创建和手植。滆湖之滨的天一度假村集吃、住、娱于一体，是江苏省最大的私家园林。城中有纪念“阳羡第一人物”周处的周王庙和太平天国辅王府、徐悲鸿纪念馆等。天一度假村和宜兴观光农业示范园列入全国农业旅游示范点。注意保护自然风貌，开发生态旅游，并利用城边丘陵山地和氿滨水面，建成龙背山森林公园、团氿风景区、水浮地公园。一个“城在山中、水在城中、人在园中”的山水旅游城市初步形成。

1986～2005年，在原有旅游资源基础上，加大资金投入，整修、扩大原有景点，建设新景点，逐步形成为集陶瓷、溶洞、茶、竹、山林、水乡、古迹、人文、农业观光等一体的综合旅游城市。1988～1994年，旅游景区景点由各自主管部门管理，共投入建设和改造资金1915万元。1995～2005年，由宜兴市旅游园林管理局统一管理，共投入建设资金7.7亿元。新建景区景点4个，总面积13.5平方公里。2000年，宜兴被国家旅游局评为全国第二批中国优秀旅游城市。2005年，宜兴市共有旅游景区景点40个。其中：自然景区景点18个，主要为溶洞、山水和农业观光；人文景点22个，主要为博物馆、纪念馆、故居、公园和宗教寺庙。有星级饭店12家、旅行社20家，持证导游178人。旅游商品200多种，主要为陶瓷、竹、大理石制品、书画作品、茶叶、百合、板栗等。接待游客230.18万人次，全年旅游收入33.69亿元。

第十节　商贸服务业

1988年，宜兴商贸服务业以国有及集体经济为主，个体经营为补充。有商贸服务企业10630家，从业人员27070人，商品营业额23.1亿元，全社会消费品零售总额10.53亿元。

90年代初开始，宜兴市集体和私营商贸服务业迅速发展，企业数量增多。商业网点建设步伐加快，先后兴办和扩建农副产品市场、工业品市场、各类专业市场、大型商场、大型超市，规模也逐渐扩大。农贸市场日趋活跃。生活和生产资料、国家专卖商品购销旺盛，日用消费品档次提升，销售量明显增加。1994年，国家实行宏观调控，市场平稳偏淡。广告、中介和生活服务等新兴行业发展迅速，项目增多，质量和水平不断提高。仓储、运输业逐步市场化。物流配载在90年代末开始出现。1999年，供销、物资、商业、经济协作等系统的企业发生集资挤兑，经营业务受到严重影响，部分企业陷入困境。

2000年，商贸服务业全面进行产权制度改革，至2002年基本结束，国有、集体资本基本退出。民营企业活力增强，发展迅速，商贸服务业日趋繁荣。2003年，私营个体企业新增2732家，宜兴市私营个体经济社会消费品零售额24.41亿元，占社会消费品零售总额的32%。劳务、家政服务、婚姻介绍、广告等中介机构遍及城乡。旅游、休闲、娱乐等新兴服务业快速发展，度假村、连锁服务机构、会所等新兴业态社会服务项目相继出现。2005年，宜兴市商贸企业从业人员逾3.5万人，营业总额254.09亿元。全社会消费品零售总额123.53亿元，其中，私营个体企业的社会消费品零售额103.34亿元，占总额的83.7%。

第十一节　财政　金融

一、财政

1986年，宜兴市财政收入15686万元，其中一般预算收入15429万元；财政支出16688万元，其中一般预算支出16454万元。2005年，财政收入430600万元，其中一般预算收入177118万元、基金预算收入74410万元；财政支出262947万元，其中一般预算支出175300万元、基金预算支出87647万元。20年间，财政总收入267.66亿元，其中全口径一般预算收入186.53亿元、基金收入28.67亿元，年均递增率19.15%；财政总支出（预算内）120.89亿元，其中经济建设费26.90亿元、文教科卫费用28.75亿元、抚恤社救费2.94亿元、行政管理费7.40亿元、公检法司5.33亿元、政策性补贴7337万元、社会保障2.3亿元、其他支出16.26亿元、基金支出30.27亿元，年均增长率21.71%。文化事业发展基金、农村教育费附加、行政性收费、社保基金及土地有偿使用收入先后纳入预算内管理，相应增加基金支出。每个五年计划期年均递增率分别为7.59%、20.3%、16.11%、32.1%；财政支出年均增长率分别为13.76%、22.84%、18%、36.44%。“九五”“十五”期间，剔除基金支出，年均增长率分别为15.41%、25.04%。

二、金融

1988年，宜兴市有银行机构5家、信用合作机构2家、邮政储蓄机构1家，保险机构1家。1994年3月起，证券、期货、拍卖、典当、投资担保等金融业态应运而生。1996年3月，中国人民保险公司宜兴支公司分设中保财产保险有限公司宜兴支公司和中保人寿保险有限公司宜兴支公司。此后，银行机构功能由单一向多功能转变，体制由国有商业银行向股份制银行转变，业务操作由手工向电子信息化转变，服务对象由主要为企事业单位向为全社会各阶层转变。至2005年，银行机构有国有股份制银行4家，国有银行、区域性股份制银行、政策性银行的分支机构各1家，农村合作金融法人机构和邮政储蓄分支机构各1家，投资担保公司9家，拍卖机构3家，典当机构3家，保险公司（包括营销服务部）20家，宜兴华证期货经纪有限公司成为全国唯一一个总部在县级市的全国性期货经纪机构。宜兴市金融系统存款由1986年的4.59亿元增至2005年的366.89亿元，增长78.93倍；贷款余额由1986年的7.09亿元增至2005年的233.83亿元，增长31.98倍。

第十二节　开放型经济

80年代，宜兴主要出口兔毛、茶叶等农副产品和陶瓷、服装等初级产品。1986～1991年，市政府通过开辟口岸公司扩大出口渠道，宜兴陶瓷公司进出口部成为宜兴市首家获得自营进出口经营权的企业。出口产品100多种，引进外资先后创办中外合资、合作企业42家。1992～1995年，共批准外资项目801个。1995年11月，宜兴出入境检验检疫局成立。宜兴市出口产品增至253种，外贸生产企业增至350家，其中出口专厂136家，获自营进出口经营权企业10家，创办境外企业8家。1996～1999年，国家实行宏观调控，同时受到亚洲金融危机影响，外资投资项目数量有所回落，共批准外资项目188个。无锡海关驻宜兴办事处于1997年2月开关。2000年后，宜兴投资环境逐步改善，对外开放步伐加大。2000～2005年，宜兴市批准外资项目562个，其中外商独资企业359家，超千万美元投资项目109个。形成纺织、化工医药、轻工工艺、陶瓷、五金矿产、机械电子、农副产品7大类外贸产品，获自营进出口经营权企业增至466家，出口市场主体扩至146个国家和地区，创办境外企业13家，并有4家企业获对外经济技术合作经营权。直通式转关运输宜兴监管点于2003年1月设立。

至2005年，无锡海关驻宜兴办事处累计办理加工贸易合同备案近3200份，备案金额近5亿美元，累计监管进出口货物10万余吨，征收国、地税1亿多元；宜兴出入境检验检疫局累计接受进出口商品报检9.66万批，货值24.3亿元，签发普惠制和一般原产地证书4.36万份，货值7.4亿美元，累计批准外资项目1593个，累计到账外资16.77亿美元。2005年，外资企业应税销售收入135.5亿元，盈利3.29亿元，上缴外税4.3亿元。外贸进出口总额超10亿美元，其中进口2.4亿美元、出口7.97亿美元。宜兴市经国家核准在外正常经营的境外企业14家，其中非贸易企业9家，创办境外非贸易企业个数及中方投资额在无锡地区处领先地位。

第十三节　陶艺文化

远在新石器时代，宜兴先民便开始烧制陶瓷。2002年，新街骆驼墩出土马家浜文化时期的陶器。丁蜀前墅的明代龙窑是全国唯一仍在使用的古龙窑。骆驼墩遗址和古窑址被列入全国文物保护单位。漫长的制陶历史，孕育丰厚独特的陶瓷文化，古老的陶瓷传说和陶瓷生产习俗流传至今，独特的紫砂陶制作、均陶堆花手工制作技艺，被列入国家和省非物质文化遗产。紫砂、精陶、青陶、均陶、美彩陶被誉为陶瓷“五朵金花”，特别是紫砂成品，以其独特的泥质、造型和古朴的自然美感而名扬海内外。明代供春的供春壶、时大彬的三足如意壶、项圣思的圣陶杯均为国家一级文物，分别珍藏于国家博物馆、无锡博物馆和南京博物馆。宜兴陶瓷既实用，又具观赏价值。紫砂作品在国际、国内屡屡获奖，有些作品还被作为国家国际交往的礼品。

80年代末，宜兴陶艺文化活动频繁，陶艺精品频频亮相国内外大型陶瓷艺术展示会，陶艺家交流互访活跃。自1988年始，两年一次的“中国宜兴陶瓷艺术节”连办6届。1990年起，宜兴陶瓷产品连续参加第四至第七届全国陶瓷行业评比活动，皆饮誉而归。1998年、2001年和2005年，宜兴举办3届国际陶艺研讨会。2003年起，每年一次组团赴美国参加陶瓷教育会。各种形式的陶瓷文化活动，促进宜兴陶业的发展。

宜兴陶瓷艺术传承与发展中，造就一大批陶艺人才，至2005年，宜兴市有高级工艺美术师85人，其中中国工艺美术大师7人、中国陶瓷艺术大师4人，江苏省工艺美术大师5人，江苏省工艺美术名人17人、工艺美术师139人、技师18人、助理工艺美术师234人。

第十四节　社会事业

一、科技

1988年，宜兴市确立“科教兴市”发展战略。围绕高新技术产业发展和促进社会科技进步，推进科技创新创业，提升区域自主创新能力，市委、市政府专门成立科技与人才领导小组，并将科技创新工作列入党政干部考核体系。随后，市委、市政府出台一系列促进科技创新创业政策，形成比较完整、系统的科技政策体系；建立科技创业服务中心、生产力促进中心、科技担保公司、专利事务所等创新创业服务体系，科技创新创业的环境更加优化。科技“三项经费”逐年递增，至2005年，已超过1570万元。

1994年，宜兴市被科技部命名为全国科技工作先进县(市)，1996年在全国科技综合实力百强县(市)中排第六名，2003年再次被评为全国科技进步先进县(市)。随后国家“火炬”计划非金属材料基地落户宜兴，政企产学研合作得到切实推进。市政府与中国科学院、清华大学等7家著名高校建立全面合作关系，800多家企业与高校、科研单位建立产学研合作关系，2005年，全市成功转化科技成果80多项。在无锡地区各项科技指标考核中名列第一。

1988～2005年，宜兴共实施科技计划项目3231个。至2005年，申请专利2443件(发明专利452件)，有国家级重点高新技术企业33家、省级高新技术企业125家、国家“星火”密集区2个，拥有专业技术人才6.65万人，其中高级职称3673人，留学归国人才91人。

二、教育

1986年，宜兴有幼儿园156所、在园幼儿3.08万人；小学696所、学生10.09万人；普通中学99

所、学生5.09万人，其中高中生1.02万人；教职工9657人，其中专任教师7677人。1988年10月，在全国率先开展县级教育综合改革实验，改革教育体制，加大教育投入，实施科教兴市战略。1989年启动普及九年制义务教育。1994年，着手部署实施教育现代化工程（至2002年，各镇〈园区〉全部达标）。1999年，首所股份制学校宜兴市外国语学校建成招生。国家教委确认宜兴市为首批全国农村教育综合改革实验区。至2005年，所有学校校园网接入市教育城域网，实现“校校通”。每9.8名学生即拥有1台计算机，理科实验、音乐、体育、美术等教学仪器设备全部达到省一类标准。坐落在善卷的无锡市学生综合社会实践基地于2004年、2005年分别被命名为江苏省、全国“青少年校外活动示范基地”。宜兴市有中小学、职业学校及幼儿园220所，有教职工1.29万人，其中专任教师9469人，在校学生17.31万人。省属高职学院1所，学生1487人。成人学校22所、社会办学机构13个。基础教育、职业教育、高等教育和成人教育结构完备，多种形式办学互为补充。

三、文化

1988～2005年，宜兴市随着经济建设和社会事业的快速发展，社区文化、校园文化、企业文化、乡村文化、家庭文化等群众文化活动蓬勃开展，形成“求知、求乐、求美、求健康”的发展趋势。市、乡（镇）两级共投入近3亿元兴建和改善文化设施、设备，文化馆、站总面积3万平方米。有文艺团体200多个，文艺骨干近千人。文学艺术、戏剧曲艺和书画摄影等新人新作不断涌现。有无锡市级以上作家协会会员36人、美术家协会会员57人、书法协会会员35人、工艺美术师300人。市、镇（园）两级每年举办200多场会演、调演和比赛，培训班10多期。影剧院和流动电影放映队平均每年放映电影2.9万多场次，连续10年电影放映、发行收入全省第一。图书展销和借阅网点遍布城乡，图书馆、室藏书累计402.8万册。文物普查、保护、研究工作取得新进展，新增文物保护单位19个，其中国家级文保单位4个。广播电视和新闻事业创新发展，成立宜兴市广播电视台，实现“三台”合一，《宜兴日报》加盟无锡日报报业集团。《宜兴年鉴》连续出版17年（册），出版发行《宜兴县志》，市档案馆建成省特二级档案馆。1988～2005年，宜兴市被评为全国先进文化县（市）、全国广播电视先进县（市）、全国农村电影工作先进集体、全国文物工作先进县（市）。

四、卫生

1986年后，宜兴医疗卫生事业迅速发展。逐步增设牙病防治所、血站、疾病预防控制中心、卫生监督所、肿瘤医院、新型农村合作医疗办公室等机构。社区卫生服务中心网络普遍建立，2004年，城市居民实行住院医疗保险和新型农村合作医疗制度，扩大医药费报销范围，城乡居民享受到更多的实惠。至2005年，建成国家卫生镇1个，省级卫生镇4个、卫生村77个。进一步对食品行业、城市环境和学校卫生监督检测，孕产妇、围产儿和婴幼儿死亡率降至最低限度，优生优育成绩显著。

1988～2005年，医疗卫生事业基本建设项目143个，建筑总面积38万余平方米，是1972～1985年的9.6倍。2005年，宜兴市有医疗机构531个，其中医院、卫生院51家，卫技人员3939人。全年门急诊量208.7万余人次。医疗卫生机构设病床3228张，全年收住病人7.1万余人次，分别比1988年增长25%和14.5%。

1986～2005年，宜兴市计划免疫程序规范化，儿童保健制度健全，一类疫苗免费接种，传染病发病率大幅度下降，丝虫病和麻风、疟疾被消灭和基本消灭。霍乱、百日咳、白喉、“脊灰炎”未发生，血吸虫病、甲状腺肿瘤有效控制，“流脑”“乙脑”、伤寒很少发生。孕妇住院分娩，孕产妇系统管理率95.75%。

五、体育

1986～2005年，共举办市全民运动会、老年人体育运动会各3届。15个体育社团组织活动频繁，全民健身活动遍布镇村、社区，经常参加体育活动的人口占总人数的43%。各乡镇利用农闲及节假日，每年均组织田径、篮球、乒乓球、桌球、保龄球、棋牌、拔河、登山、游泳、龙灯、自行车等多项体育竞赛活动。"九五""十五"期间，市财政投入资金近4亿元建成集体育场、体育馆、游泳馆、网球场、门球场、篮球场等在内的市体育中心，先后承接国际、国内一批重大体育赛事。至2005年，宜兴市共有体育场地838片、体育馆27座、标准田径场17片，游泳、乒乓球、网球、健身、健美体育培训经营单位100多个。体育彩票发行在全省一直保持领先位置。20年间，宜兴涌现出一批运动健将，其中丁俊晖、卞兰达国际健将标准。

第十五节　人民生活

1986年，宜兴县城镇居民人均可支配收入964元，农民人均纯收入677元。城乡居民储蓄存款2.21亿元，城镇职工和农民的生活费用价格指数分别为104.6%和109.2%。80年代，农民收入来源主要以种植业为主。1991年，工资性收入首次超过种植业收入，成为农民主要收入来源。城镇居民收入长期以工资性收入为主，90年代中期后，工资性收入的比重逐步降低，财产性收入成为居民收入的增长点。同时，政府加大对个人转移性支出的补贴，转移性收入成为城乡居民收入的重要来源。2005年，宜兴市城镇居民人均可支配收入13832元，农民人均纯收入7010元，城镇居民人均住房使用面积26.36平方米，农村居民44.5平方米。征缴各项社会保险基金7.64亿元，拨付6.9亿元。各项社会保险费征缴率97%，市财政拨付解困资金2299万元，16.6万老年农民和6.35万失地农民被纳入基本生活保障范围，城乡居民大病医疗保险参保率97.2%。全市有私家车22276辆。

80年代，城乡居民消费主要是生存型消费。1988年，城乡居民生活消费支出分别是1460元和984元，其中食品消费支出均占43.2%。90年代中期后，随着收入提高，居民消费逐步向享受型转变。至2005年，城乡居民消费支出发生巨大变化，其中食品消费分别占消费总支出38.8%、40%，衣着占13.1%、7.9%，居住消费占8%、14.4%，医疗保健消费占8%、7.1%，家庭设备用品及服务消费占5.7%、5.6%，交通与通信消费占9.4%、9.5 %，娱乐教育文化服务消费占12.8%、12.4%，其他消费占4.2%、3.1%。2005年，5%的城镇家庭拥有小轿车，城乡居民家庭基本普及电话，拥有现代家电耐用消费品，居住条件进一步改善。根据联合国粮农组织提出判别生活标准的恩格尔系数，宜兴城乡居民生活已进入富裕区间。

第十六节　名胜古迹

宜兴市是太湖风景名胜区旅游城市，有善卷洞风景区、龙背山森林公园、团氿风景区、竹海风景区等4个国家AAAA级风景区和善卷洞、张公洞、灵谷洞、玉女潭、徐悲鸿纪念馆、陶瓷博物馆、天一度假村、宜兴观光农业示范园等名胜景点40个。

宜兴有很多珍贵的遗迹、遗存。至2005年，有全国重点文物保护单位1处、省级文物保护单位7处、市级文物保护单位51处、文物控制单位51处。新石器时代的骆驼墩遗址被评选为2002年度全国六项重大考古发现之一。以晋、唐、宋、元、明、清为主的各时代近100处的古窑址彰显中国陶都深厚的文化底蕴，对研究陶瓷史具有重要意义。宜兴还有以石拱桥为主的古桥百余座，其中东仓桥、鲸塘桥、画溪桥等10座明清古桥被列入省级文物保护单位。有古碑刻100余方，包括有"江南第一碑"之称的全国重点文物保护单位"国山碑"，反映宜兴梁祝文化缘源的"碧鲜庵碑"，由西晋文学家陆机撰文、右将军王羲之书写的《平西将军周府君碑》以及苏轼书写的《楚颂贴》碑刻等。存有的多处历史古建筑，虽在旧城改造中风貌有所改变，但仍保留周王庙、东坡书院、太平天国王府等多个明清时期人文建筑群，一些明代建筑如文昌阁、吴仕楠木厅、卢忠肃公祠等则采取移建的办法加以保护。

第十七节　名　人

宜兴物华天宝，人杰地灵。古代曾出近400名进士，其中状元4人、榜眼5人、探花1人；有宰相10人、将军15人。有晋朝名将周处，唐代传奇文学杰作《霍小玉传》作者蒋防，“宋末四大家”之一的诗人蒋捷，明代政治家徐溥和周延儒，创作中国十大戏剧之一《绿牡丹》的明代戏剧家吴炳，明末抗清将领卢象升，“阳羡词派”领袖陈维崧，清末名医俞听鸿等。

近现代更是人文荟萃。宜兴具有优秀的革命传统，有中国共产党隐蔽战线传奇人物、革命家潘汉年，打响江南农民秋收暴动第一枪的万益，革命家、中共第一报人潘梓年等无产阶级革命家。宜兴名画家众多，有中国现代美术事业的奠基者、杰出的画家和美术教育家徐悲鸿，中国现代绘画事业奠基人之一吴大羽，现代中国绘画代表画家吴冠中，书画艺术家尹瘦石、钱松喦等。宜兴是中国著名的陶都，培育出时大彬、陈鸣远、顾景舟等大批陶艺大师。宜兴被称为教授之乡，有副高级以上职称的专家学者8000余人；宜兴籍中国科学院院士11人、中国工程院院士8人；担任或曾经担任大学正副校长、党委正副书记的高等学府领导有100多人，其中有北京大学校长周培源、清华大学校长蒋南翔、南京大学校长潘菽、吉林大学校长唐敖庆、天津大学校长史绍熙以及台湾大学校长虞兆中等；中国近代人文地理学、自然地理学的重要奠基人吴焕庸，中国化学工程教育创始人李寿恒，中国成功研制青霉素第一人朱既明，中国防原医学主要开拓者之一的程天民，中国电化学研究的开拓者之一的吴浩青等名家教授。宜兴文艺界名人辈出，有著名二胡演奏家闵慧芬，歌唱家程静子、张权，著名新闻出版人徐凌霄，《文汇报》创始人之一徐铸成，作家沙蕾，“九叶诗派”曹辛之等。宜兴有10多名国家副部职以上的行政领导人物，其中有原机械工业部部长周建南、湖北省委原书记蒋祝平、人民银行行长周小川、黑龙江省原省长邵奇惠等。宜兴还诞生20多位将军，其中有国防科工委原副主任、中将谢光，沈阳军区原副司令员、中将宗顺留，旅大警备区原副政委、少将任茂如，中国人民革命军事博物馆原政治委员、少将赵仲起等。

第四章　锡山区

第一节　地理　人口

一、地理

锡山区位于无锡市东北部。南临太湖，北通长江，东邻苏州、常熟，东至上海128公里，西至南京177公里，为苏锡常中心地区，水陆空交通十分便捷。沪宁、锡澄（京沪）高速公路在区内交会，312国道、京沪铁路穿境而过，京杭大运河贴界流淌，距无锡机场仅15公里。2001年，区域总面积455平方公里。至2005年末，区域总面积396平方公里，耕地面积18054公顷。境内土地肥沃，物产丰富，经济繁荣，是近代民族工业和现代乡镇工业的发祥地之一。

二、区划

2000年12月，经国务院批准，撤销锡山市，分设锡山区和惠山区，隶属于无锡市，锡山市沿太湖7个镇分别划入无锡市滨湖区和新区。2001年5月30日起，全区行政村撤并。年末，全区共辖14个镇、118个村委会、34个居委会、1个省级经济开发区。2005年区划调整时，鸿山镇成建制划归新区。2005年末，全区辖7个镇、92个行政村、32个居委会、1个省级经济开发区。

三、人口

2001～2005年，全区总人口相对稳定，男女比例均衡，农业人口逐年减少，每年人口出生和死亡数分别保持在3000人左右，迁入人口明显增加。2001年末，全区总户数14.55万户，人口42.60万人。2005年末，全区总户数12.06万户，人口38.76万人。其中农业人口15.56万人、非农业人口23.2万人；男性19.1万人、女性19.66万人；出生婴儿男女性别比为100.7 ∶ 100。人口出生率7.82‰，自然增长率0.72‰，机械增长率12‰。

2005年，全区共有少数民族23个，人口1025人，分布在7个镇，大部分出生于四川、云南、贵州等省的少数民族较贫困地区。全区主要有佛教、道教、天主教、基督教四大宗教，信教群众近3万人。共有4个宗教团体，教职人员317人，经登记的宗教活动场所27处。

第二节　城乡建设

2003年12月，锡山区城市管理（行政执法）局成立。城乡基础设施建设取得进展，先后建成锡东大道等主干道路204.7公里，新建改建桥梁75座，锡沪路、锡沙线、锡太路等重点道路改造工程全面启动，初步构建“开放式、全联通”的大交通格局。开展东亭主城区板块式改造建设，建成馨和园市民广场等一批亮点工程。以推动“三集中”为重点，推进社会主义现代化新农村建设，形成产业集聚、发展集约、居住集中的新形态，一批新型农民居住小区相继落成。电力、供水、污水处理和水利等重点基础设施建设扎实推进。总投资超亿元、无锡首座无人值班的220千伏东亭变电所建成投运。日处理污水两万吨的东亭污水处理厂一期工程通过无锡市发改委的综合验收。建成7座压缩式垃圾中转站，基本实现生活垃圾无害化集中处理。推进“绿色锡山”建设，构建以生态防护林、绿化隔离带、生态景观林带为线和“三山三水”为面的生态绿地系统，绿化覆盖率20%以上。2005年末，全区初步形成“一个新城（锡东新城）、三个新市镇（安镇—羊尖新市镇、锡北—东港新市镇、鹅湖新市镇）”的发展新格局，城市化水平提升至56%，总体达到全面小康社会建设目标。

第三节　区镇经济

2001～2005年，锡山区地区生产总值年均增长速度均保持在11%以上，经济结构不断优化，产业素质明显提升。2005年，地区生产总值182.5亿元，比2000年增长1.43倍，人均地区生产总值5900美元；财政收入30.3亿元，其中一般预算收入13.2亿元，分别比2000年增长3.97倍和4.5倍，财政收入占地区生产总值比重由8.8%提高至16.6%。农业产业化、现代化步伐加快，初步构建起布局合理、特色鲜明的现代农业发展格局；着力加快新型工业化进程，电子信息和新材料、精密机械和车辆、高特纺织和服装等新兴主导产业发展壮大，规模经济优势日益突出，高新技术产业增加值占规模工业增加值比重由2000年的14%提高至2005年的30.5%；以现代商贸物流为重点的现代服务业加速发展，2005年服务业增加值占地区生产总值比重达32.2%，新的产业优势正在逐步形成。

第四节　工商业

一、工业

2001～2005年，全区着重发展电子信息、新材料、车辆及零部件、机电设备与金属制品、纺织服装等五大重点产业，逐步形成计算机及电子元器件、新型包装材料、摩托车与电动车、汽车及零部件、有色金属制品及物流、高特纺织服装等六大产业集群，初步形成环保、新能源、生物医药三大新型产业。

2005年，全区拥有工业企业5941家，职工17.45万人。完成工业总产值635.67亿元；工业开票销售收入532亿元，比2001年增长2.5倍；工业利润19.69亿元，比2001年增长2.22倍。年销售收入1000万元以上的规模企业499家，完成工业总产值448.47亿元，比2001年增长2.19倍。年销售收入超5000万元重点企业140家、超亿元企业63家、超10亿元企业7家，其中无锡兴达泡塑新材料有限公司、无锡市大明金属制品有限公司、红豆集团有限公司开票销售收入超30亿元。江苏红豆股份有限公司、江苏新世纪机车科技有限公司被列入商务部重点培育和发展出口品牌。至年末，全区共创中国驰名商标2个、中国名牌3个。

二、商贸服务业

2001年，全区完成社会消费品零售额28.55亿元。共有农贸市场18个、消费品市场3个、生产资料市场3个，三产个体工商户6660户，三产私营企业333家。10月，无锡大明不锈钢市场开业，年内完成销售收入3.8亿元。2001～2005年，围绕“一城三园三片区”发展规划，打造中国江南商贸物流城锡山片区、东北塘通江物流园区、安镇站前商贸物流园区三大服务业集聚区，引进和培育大企业、大市场、大物流，增强市场辐射能力。

2005年，完成社会消费品零售总额52.24亿元，比2001年增长83%；完成第三产业增加值58.70亿元，比2001年增长21%，占地区生产总值的32.2%。无锡不锈钢市场、江苏太湖车辆市场、红星美凯龙国际家具市场、友谊钢材现货交易市场等4个重点市场全年实现交易额66.8亿元，其中无锡不锈钢市场52.5亿元。拥有亿元以上市场3个，实现商品成交额81.1亿元。三大服务业板块初步形成，世博家居广场、赛维拉商业广场等一批服务业重点项目建成营运，东方国际轻纺城、长江机电五金城、卡摩尔汽车广场和东方钢材城等一批重点项目顺利推进。2001～2005年，全区房地产开发累计投资58.79亿元，施工面积684.58万平方米，竣工面积298.57万平方米，商品房销售总额52.01亿元。

第五节　农业　水利

一、农业

2005年末，全区耕地面积18054公顷，其中水田14545公顷。全年完成农林牧副渔总产值101289万元（当年价），其中农业52898万元、林业1714万元、牧业27732万元、渔业13645万元、农林牧副渔服务业5300万元。共培育市级以上农业产业化龙头企业5家，规模经营种养大户（承包面积在1公顷以上）1140个、面积4749.1公顷，专业合作经济组织18个，规模农业园区26个。培育无公害农产品29个、绿色食品7个、省市名牌产品16个、无公害农产品产地34个。农机总动力18.88万千瓦，平均每亩拥有动力68.2千瓦。稻麦生产综合机械化水平达90%以上。全区农业逐步形成奶业、时令蔬菜、花卉苗木、特色水产、名优茶果、优质水稻等特色优势产业，初步确立现代都市农业发展框架。

二、水利

2001～2005年，辖区内水利建设总投资2.89亿元，累计完成土石方1362万立方米。共加高加固圩堤67.2公里，新翻建闸、站、涵196座，河道疏浚446.08万立方米，新翻建防渗渠道364公里，建设高标准水利设施农田4200公顷。完成白屈港四期锡山段河道拓浚，锡山经济开发区北联圩防洪一期、南联防洪三期，望虞河洼地治理后宅镇片大包围“三闸一站”和望虞河护砌续建等重大水利工程；完成以查桥吼山港、锡山城区张周桥港天一中学段为代表的一批河道综合整治工程。提前完成省政府规定的地下水禁采计划，获得全省地下水禁采先进集体。2005年末，地下水平均水位31.69米，比2001年上升12.36米。成功抵制“麦莎”和“卡努”两次强台风袭击，5年中未出现重大旱涝灾情。

第六节　开放型经济

2001～2005年，全区自营出口总额增长近4倍，2005年达8.2亿美元；累计协议注册外资、到位注册外资分别完成44亿美元和16.5亿美元；共建境外加工和贸易型企业22家，累计23家；共批港台及外商投资企业766家，累计1336家；一批国际知名公司和高科技项目进驻锡山区，新办超千万美元项目274个。以开发区为龙头、各镇工业集中区为配套的开放格局逐步形成，特别是开发区的综合实力、开放形象实现显著提升，成为全区开发开放成果的主要承载区和展示区。对外经济技术合作日益扩大，一批骨干企业走出跨国经营新路，推动全区经济国际化进程。

第七节　民营经济

2001年，全区拥有私营工业企业2788家，从业人员8.15万人。实现工业销售收入、工业增加值、利税总额分别为113亿元、24.4亿元、7.4亿元，分别占全区乡镇工业的68.7%、66.7%、67.4%。民营经济发展迅猛，内生动力持续增强，有力支撑了全区发展大局。2005年，全区个私企业2.56万家，从业人员12.8万人，注册资金95.9亿元。实现工业总产值308.3亿元，占全区的48.5%，实现增加值110.32亿元，上缴税金14.85亿元，实现社会消费品零售额27.5亿元。工业销售收入超亿元民营企业35家；红豆集团有限公司、无锡兴达泡塑新材料有限公司、无锡市大明金属制品有限公司入选江苏省民营企业50强。

第八节　社会事业

一、科技

2001～2005年，区委、区政府实施“科技强区”战略，逐步完善科技创新体系，不断加大科技创新投入，有效推进产学研合作，高新技术产业迅猛发展。锡山区被科技部评为2001～2002年度、

2003～2004年度全国科技进步先进区。其间，国家“火炬”计划新材料产业基地、国家“863”成果转化基地落户锡山，建成无锡清华同方科技创业园和省市级工程技术研究中心两个、区级工程技术研究中心10个，在无锡市率先成立锡山区专家服务中心。全区形成以电子信息新材料为主要特色，光机电一体化、能源与环保、生物医药产业为补充的高新技术产业集聚群。高新技术产值由2001年的14.56亿元增至2005年的162.83亿元，高新技术产业增加值由2001年的3.48亿元增至2005年的32.04亿元。2005年末，全区拥有省级以上高新技术企业64家，其中国家重点高新技术企业13家。申请专利917件，比2001年增长8.26倍。拥有专业技术人员16974人，其中中高级职称661人。拥有科技学会11个，共2620人；科技协会11个，共1619人；研究会1个，共75人。

二、教育

2004年9月，锡山区总投资2.5亿元、建筑面积11万平方米、可容纳4000名学生的江苏省天一中学东亭新校区建成启用。2005年末，全区有小学38所、中等学校17所、特殊教育学校1所，共有教职员工4111人，其中专任教师3514人，在校学生58001人；另有幼儿园40所、教师进修学校1所和成人技术培训学校91所。有省级幼儿园7所、省级实验小学5所、省级示范初中7所、国家级重点高中1所、省四星级高中3所、省示范性教师进修学校1所。锡山区形成学前教育、义务教育、高中教育、职业教育相结合的教育体系，成为首批国家基础教育课程改革实验区、全国科学教育实验区和省“双高普九”先进区。

三、文化

2005年末，全区共有影剧院10座、文化馆1个、文化中心7个、图书馆8个、藏书52.8万册。区图书馆建成国家二级馆，区、镇两级图书馆“共享工程”基层服务点完成80%。共有省级文保单位3个、市级文保单位22个、文物控制保护单位7处，收藏文物3000多件。吴歌、锡剧入选省首批“非遗”公示目录，新四军六师师部纪念馆、姚桐斌故居修复开放，严家桥古镇保护开发工程启动，鸿山越国贵族墓入选2004年全国十大考古新发现。2001～2005年，举办“太湖翠竹茶叶节”“阿炳文化艺术节”“鹅湖民俗文化节”“荡口龙舟文化节”“红豆七夕相思节”“鸿声泰伯文化节”，弘扬民族文化。2005年，锡山区被命名为江苏省群众文化先进区。

四、卫生

2001年9月，锡山人民医院新病房大楼建成启用。2003年10月，撤销锡山区卫生防疫站和皮肤病防治所，成立区卫生局卫生监督所和疾病预防控制中心。2004年，撤销镇卫生院防保科，成立镇公共卫生所（站）。初步形成以各卫生监督所和疾病预防控制中心为指导中心，以各公共卫生所、站为枢纽，以社区服务站为基础的公共卫生服务网络。2001～2004年，除东亭卫生院和安镇人民医院外，其他乡镇卫生院实行租售结合的改制方式，中心卫生院实行股份合作制的方式，转制后，医疗机构的社会和经济效益明显提高。2005年12月，安镇人民医院一期工程启动建设。至年末，全区共有医疗机构169个，其中医院4个、镇卫生院9个、社区卫生服务站79个，社区卫生服务机构健全率98.9%；医生937人、卫生技术人员1827人，床位1187张。2001～2005年，全区累计创建国家级卫生镇1个、省级卫生镇2个、省级卫生村45个。

五、体育

锡山区体校在全国少年、儿童棒球、垒球比赛中屡获冠军；姚娟在2002年的第三届世界残疾人田径锦标赛女子F44级标枪比赛中夺冠；以盛玉红为主攻手的中国队在2004年的第十二届残奥会女子坐式排球决赛中夺冠。2005年，区体校成为全国青少年棒垒球训练基地，安镇镇被评为全国群众体育先进单位，区文体局被评为江苏省群众体育先进单位。2005年末，全区共有体育场地414片，各类活动中心（活动室）186个，建成国家级全民健身工程项目2个，省级全民健身点4个。

第九节 综合治理

2001～2005年，全区实施情报信息主导警务战略，加强专案侦查和防范控制能力。全区开展“严打整治”活动，5年内共发生刑事案件14819起，破7247起，破案率49%。其中八大类刑事案件数呈逐年下降趋势，共发生664起，破570起，破案率85.8%。检察机关审查批捕2806人，审查起诉3405人，提起公诉3262人。审判机关共受理各类刑事案件2262起、3381人，审结2218起、3312人。区检察机关加大预防和查办职务犯罪的力度，5年内共立案侦查贪污贿赂、渎职侵权等职务犯罪案件78起、78人，为国家挽回直接经济损失2542.5万余元。区法院5年内共受理一审民商事案件18572起，审结17966起，审结标的总额54.5亿元。与此同时，政法部门坚持“送法下乡、送法进企业”，开展“四五”普法活动。加强流动人口管理，提升管理效能。2005年末，全区外来人口登记数20.57万人，比2001年增加15.03万人，年均增长3.76万人。建成集中居住、集中管理（“两集中”）居住区（点）513个、41.77万平方米，外来人口“两集中”率46%。2003～2005年，锡山区连续三年获“江苏省社会治安安全区”称号。

全区按照人防、物防、技防紧密衔接，协调联动、打防控一体化要求，建成“大防控”格局。至2005年末，全区7个镇全部建成“技防镇”，其中5个镇被评为星级技防镇，东港镇黄土塘、陈市2个村在全市率先建成“技防村”；建有13套电视远程监控系统和2800套CK防盗报警装置，基本实现“镇区范围有监控、主要道路受控制、要害部位增设防”的技防行政区建设目标。

为有效解决社会矛盾，锡山区、镇两级均建立以司法为主，信访、公安等部门为依托的调解处理中心，建立健全联席会议等制度，全区社会矛盾纠纷调处能力明显提高，大量社会矛盾纠纷得到有效解决，越级上访、集访得到有效控制。5年间，全区各级调解组织共受理矛盾纠纷16466起，调处成功率97.9%。其中区镇两级调处中心共受理矛盾纠纷3605起，调处成功率98.3%。

第十节 社区建设

2001年撤市设区以后，区政府统筹规划，逐步推进镇村社区建设，推进城市化进程。2001～2005年，两轮行政村撤并，优化镇村布局。2001年初，全区共14个镇、242个村、16个居委会。经过调整优化，全区村数量减至118个，居委会数量增至34个。2005年，村减至92个，居委会有32个。

为适应全区城市化进程的推进，促进社区建设在群众思想观念、生活方式、基础设施和社会保障等多方面推进城乡联动，营造高品位的人居环境，加快农民向市民的转变，推进社会主义新农村建设步伐。2004年，区委、区政府制定《关于加强全区城镇社区建设的意见》，加快社区建设各项工作的推进力度。2005年，全区开展示范社区创建活动，制定《关于开展创建城镇示范社区活动的实施意见》，要求各镇至少创建成功1个示范社区，并将创建情况纳入对镇的年度目标考核。通过1年的强势推进，示范社区创建单位设立综合性社区服务平台，建立区卫生（计生）工作站、警务站、慈善超市等窗口服务机构，设立专门的文体活动室、图书阅览室、健身室、康复室、工作议事室、社区学校等活动场所；与此同时，完善社区党建、社区自治、社区台账档案建设，开展社区服务、社区文体活动及社区志愿者活动，全面改善社区办公条件、活动和服务设施，社区工作面貌焕然一新。至年末，锡北镇张泾社区、东港镇东湖塘社区、安镇镇安镇社区、鹅湖镇人民路社区和青虹路社区以及东亭镇桑达园社区和春星社区等9个示范社区全部通过考核验收。

第十一节　人民生活

2005年，城镇居民人均可支配收入16003元；区属单位在岗职工平均工资24049元，比2001年增长1.09倍；农民人均纯收入8002元，比2001年增长52.4%。居民储蓄存款112.2亿元，比2001年增长1.45倍，恩格尔系数0.38。区政府制定并执行职工最低工资标准和城乡居民最低生活保障制度，建立多种形式的扶贫帮困和救助救济体系，确保困难群众的基本生活。全年发放就业扶持资金250万元，培训城乡劳动力1.3万人，实现再就业6758人。企业劳动合同签订率巩固在95%以上，企业工资集体协商机制覆盖面87%。基本建立起以城保、地保、医保、低保和新农保为主体，多层次、广覆盖的社会保障体系，农村养老保险覆盖率99.6%，比2001年增长1.4倍；新型合作医疗保险覆盖率98.2%，比2001年增长8.82倍；历次被征地农民全部纳入保障范围。

第五章　惠山区

第一节　地理　人口

一、地理

惠山区位于无锡市西北部。南邻北塘区，北邻江阴市，东邻锡山区，西接常州武进市，为苏锡常中心地区，水陆空交通便捷。沪宁、锡澄、锡宜高速公路在区内交汇，312国道、京沪铁路、京杭大运河贯穿全境。2005年末，区域总面积327平方公里，耕地面积12653.33公顷。境内土地肥沃，物产丰富，经济繁荣，是近代民族工业和现代乡镇工业的发祥地之一。

二、区划

2000年12月，经国务院批准，撤销锡山市，分设锡山区和惠山区，隶属无锡市。惠山区辖12个镇、134个村、16个居委会。2001年初，区人民政府驻广勤路395号（原锡山市第二招待所内）。2002年2月，成立无锡惠山经济开发区。2004年初，区政府办公中心落成，政府机关迁至堰桥。经区划调整，至2005年末，全区辖6个镇、119个行政村、19个社区居委会、1个省级经济开发区。

三、人口

2001～2005年，全区总人口相对稳定，男女比例均衡，农业人口逐年减少。每年人口出生和死亡数分别保持在2800人左右，迁入人口明显增加。2001年末，全区总户数13.18万户，总人口37.32万人。2005年末，全区总户数12.44万户，总人口38.9万人。其中男性19.22万人、女性19.68万人；出生婴儿男女性别比为102.9 ：100。人口出生率6.84‰，自然增长率-0.29‰，机械增长率19.3‰。惠山区被评为江苏省“十五”人口和计划生育示范区。

2005年，全区有少数民族20个，人口509人，散居各镇，大多是婚嫁到惠山区的妇女。全区主要有基督教、天主教、佛教、道教,信教群众近3.65万人。共有4个宗教团体,经登记的宗教活动场所28处。

第二节　城乡建设和管理

一、城镇建设

2001年,制定以洛社、钱桥为中心和以堰桥、长安为中心的惠山新城选址两套方案,经市政府批复,惠山区新区规划选址堰桥。是年,全区小城镇建设初具规模,建成区面积22平方公里,农村城市化水平达47%以上。玉祁镇被建设部评为小城镇建设先进镇,洛社镇被江苏省确立为小城镇综合改革试点镇,杨市镇被命名为全国“星火”计划示范镇。2002年,惠山区请江苏省规划设计院编制完成全区327平方公里区域总体规划和惠山新城区76平方公里总体规划;洛社镇投资2800万元对镇区人民路拓宽改造。2003年,根据无锡市特大城市建设要求,制定《惠山区城镇布局规划》,完成惠山新城区7平方公里核心区城市设计。按照“市区道路快捷化、区镇道路等级化、镇际道路等环网化”要求,2004年,为完善区内路网结构,解决惠山区与无锡中心城区的连接问题,建立惠山区内快速便捷、高效安全、互联互通的道路网络体系,交通规划构建惠山大道、凤翔路惠山段、新锡澄路、钱马路、西环线(五纵)和盛岸西路惠山段、312国道惠山段、广石路、南环线、锡玉线(五横)的“五纵五横”主骨架道路和客运中心、货运中心、驾培中心、航运服务中心、汽车检测中心(“五中心”)的现代交通服务区。至2005年末,相继完成312国道拓建工程、惠山大道新建工程、凤翔路延伸段工程、钱威路钱桥段工程。其中,惠山大道于2005年2月动工,起点为北环路,向北跨沪宁高速公路和锡北运河,与惠山经济开发区的南环线平交,终点为胡长线,道路全长4.16公里,双向六车道,工程总投资3.3亿元,建设时拆迁房屋近3万平方米。上跨沪宁高速及锡北运河的惠山大桥全长908米,是区内最长的桥梁。凤翔路延伸段于2005年3月底动工,起点为沪宁高速公路锡北互通,向南高架跨越西漳社区中心,终点为北环路,全长2.48公里,高架部分双向四车道加两侧各8米辅道,地面部分双向六车道,建设总投资2.3亿元,工程涉及拆迁房屋3.64万平方米。312国道扩建工程起点钱桥晓星转盘,终点锡常交界,全长14.02公里。钱威路钱桥段新建工程起点洛梅线市区交界,终点盛岸西路,全长2.8公里。2004年,惠山区实施“绿色无锡三年行动计划”,新增绿化面积158万平方米。玉祁铜亭广场、洛社龙之韵广场、堰桥社区广场、西漳社区广场建成。前洲镇被批准为省级新型示范小城镇,洛社镇获第二届江苏省人居环境范例奖。2005年,按照无锡市城市框架,区政府制定《2005～2007年惠山区统筹发展行动纲要》,确立惠山区主骨架道路网络,沪宁高速、312国道惠山段改拓建工程以及惠山大道、凤翔路延伸段、南环路等一批重点路桥项目建成通车,区域半小时交通圈框架全面形成。惠山区老集镇改造规划设计基本完成,全区城市化率55.1%。启动城市出入口——锡宜高速陆区、钱桥两道口的示范段绿化建设工程,全区新增绿化面积39.07公顷。按照工业向园区集中、农业向规模集中、农民向城镇集中的工作要求,启动20户以下分散村庄整治工作,全年归并20户以下分散村庄57个。前洲镇获“全国环境优美乡镇”称号,玉祁镇、洛社镇分别通过全国小城镇建设示范镇和省级环境优美乡镇验收。

二、园区建设

2001年12月18日,中国华源集团和无锡市政府、惠山区政府在南京举行无锡生命科技园区签约仪式。无锡生命科技园区位于惠山新区,总体规划面积9平方公里,是全国第一个以生命产业为核心内容的主题园区。藕塘镇的恒源祥工业园加快启动建设步伐。2002年,钱桥、洛社、前洲、玉祁、堰桥等5个重点配套园区完成规划，全面启动。总体规划面积52.5平方公里，启动面积9.3平方公里，完成基础设施投入7亿元。杨市金属表面处理工业园、石塘湾精细化工工业园等特色园区建设全面规划启动。2003年，全区工业园区规划面积超过80平方公里，形成省级惠山经济开发区、重点配套园区和乡镇特色园区的三级园区发展格局。其中惠山经济开发区启动面积超过15平方公里，逐步形成生命、汽车两大支柱产业。惠山经济开发区惠联热电厂启动建设，一期工程投资3.5亿元。2005年，通江物流园区、润达物流、五洲国际装饰城等重点服务业项目规划建设全面启动。

三、区域供水工程

2001年，市政府分别对市市政公用事业局、惠山区政府下达《无锡市区域供水建设目标任务书》，要求到年末完成洛社、陆区、藕塘、杨市、阳山等5个镇的供水工程。至年末，除洛社镇供水主管网因受盛岸西路建设影响无法开工建设外，陆区、藕塘、杨市、阳山等4个镇的供水主管道的铺设任务全部结束。2002年，投资1.25亿元，完成堰桥、石塘湾、洛社等镇供水主管网铺设任务以及杨市、洛社、陆区、阳山、藕塘、惠山新区供水增压站基本建设和32个村级管网改造。2004年，区域供水工程完成。至2005年末，全区共铺设主管道1817公里，建设供水增压站9座，完成村级管网改造134个行政村，受益人口37.53万人，受益率99.7%。

四、污水处理厂建设

2001年9月，区政府上报惠山区太湖流域城镇污水处理工程“十五”计划建设规模。2002～2005年，前洲污水处理厂一、二、三期，杨市污水处理厂、陆区污水处理厂、石塘湾污水处理厂一期、洛社污水处理厂、玉祁污水处理厂、惠山经济开发区污水处理厂一期等7座污水处理厂建成运行，共完成投资3.2亿元，污水日处理能力10.7万吨。

五、房地产开发

2001年7月2日，区政府在惠山区工程交易中心举行欧洲华诚一期工程招投标活动，上海房产开发商、无锡嘉顿房产开发公司参加投标，首家上海房产开发企业落户惠山区。全区房地产开发企业开发投资额2.85亿元，完成开发面积31万平方米，其中竣工面积15万平方米。2001～2005年，全区房地产投资额57亿元，商品房开发面积382余万平方米，竣工面积162万平方米。

六、农村环境整治和城市管理

2002年，惠山区把城管创优工作列入民心工程加以实施，启动以攻克“露天粪坑、暴露垃圾、河道污染”三大“顽症”为重点的农村环境综合整治工作，编制区“十五”创建规划，制定《惠山区农村环境卫生综合整治2002年度工作意见》，提出“一年一个样、三年大变样、五年出形象”的创建目标。全年累计投入创建整治资金6760万元，出动专项整治人员13.6万人次，清除暴露垃圾22.4万吨，治理河道247公里，清淤26万立方米，砌石驳岸2155米，取缔露天粪坑14427只，新添三格式无害化化粪池2225只，新添果壳箱908只、垃圾箱2246只、垃圾中转站6座、公厕8座、环卫车辆46辆。全区有5个镇创建成省级卫生镇，近1/3的行政村创建成省级卫生村，58个行政村通过区重点整治达标村考核验收。2003年，全区135个行政村环境整治工作全部通过区考核验收，区委、区政府提出的环境整治三年任务一年半完成，农村三大“顽症”基本攻克。

2004年7月8日，区城市管理行政执法局挂牌成立，惠山经济开发区、前洲、洛社、钱桥、阳山、区直属等6个城管行政执法中队同时成立。全年出动执法人员9196人次，取缔乱设摊2150余处，纠正店外店8500余处，清除乱张贴、乱涂写26340处，拆除违法建设430处。2002～2005年，全区共投入创建整治资金3.15亿元，全区镇镇创建成省级卫生镇，107个行政村创建成省级卫生村，占行政村总数的90%，并连续4年获得无锡市城创评比第一名。

第三节　区镇经济

2001～2005年，惠山区地区生产总值年增长速度均保持在11.5%以上，三次产业结构日趋合理，第一产业所占比重在4%之内。2005年，完成地区生产总值232.1亿元，其中第一、二、三产业增加值分别为5.7亿元、168.3亿元、58.1亿元，三次产业比重为2.5 ∶ 72.5 ∶ 25。

2001～2005年，全区共上缴中央财政收入56.34亿元，地方财政收入55.49亿元。2001年3月，区成立财政结算中心，对区级所有行政事业单位的财务收支、会计核算实行集中管理。7月，区成立政府采购管理办公室，对区级所有行政事业单位的工程、货物和服务实行政府采购。2004年2月，另成立政府采购中心，实现政府采购管理与操作的两分离。6月14日，江苏天奇物流系统工程股份有限公司在深交所上市，首发2500万股，每股6.89元，募集资金1.72亿元。2005年，全区财政收入38.92亿元，比2001年增长265%，其中上缴中央财政收入18.83亿元，地方财政收入20.09亿元，一般预算收入17.02亿元，预算内财政支出18.71亿元，财政收入占地区生产总值的16.77%。

第四节　工商业

一、工业

2001～2005年，全区工业着重发展冶金、机械制造、纺织印染等三大重点产业；初步形成汽车及零部件、生物医药两大新型产业。2001年，全区拥有工业企业3779家，资产总额228.86亿元。完成工业产值245.86亿元，工业销售收入233.62亿元，利税总额11.98亿元，利润总额4.17亿元。年销售收入500万元以上的规模企业515家。

2005年，全区拥有工业企业6285家，职工20.45万人，完成工业总产值701.76亿元，工业销售收入696.82亿元，工业利润18.22亿元。年销售收入500万元以上的规模企业702家，完成工业总产值538.8亿元。年销售收入超亿元企业88家，超10亿元企业10家，其中江苏锡兴集团有限公司销售收入超50亿元。

二、商贸服务业

2001年，全区实现服务业增加值39.7亿元，社会消费品零售总额18.9亿元。全区共有服务业企业1293家，就业人数3.77万人。年营业收入300万元以上企业93家，实现营业收入10.8亿元。全区完成服务业投资11.9亿元，其中房地产投资2.85亿元。

建区后，面对新城区公共设施建设滞后，服务业发展基础薄弱的状况，区政府依托惠山区工业发展基础较强的优势，贯彻“二、三产业齐头并进，制造业服务业两轮驱动”的发展战略，提出建设“2个新城、5个重镇、6个新型农村社区集群”的区域总体规划，推进新城区和各重镇的公共基础设施建设，加快发展为工业服务的生产型服务业，着力引进和培育大企业、大市场、大物流，提升服务业发展的总体水平。

2001～2005年，惠山区累计完成服务业投资（包括基础设施投资）200.02亿元，洛社新城、五洲装饰城、锡北汽配城、明发商业广场、锦绣商业广场、无锡市润达物流、前洲商贸城、通江商贸城、华东不锈钢中心批发市场等一大批重点服务业项目的建设顺利推进、初具规模。

2005年，全区实现服务业增加值58.1亿元，社会消费品零售总额40.8亿元。全区共有服务业企业2958家、个体工商户10686户，就业人数5.72万人。当年新办服务业企业450家、个体工商户2247户。年营业收入300万元以上企业485家，实现营业收入204.8亿元。全区22个专业市场实现交易额54.3亿元，交易额超亿元的市场有江南商品物资交易城、玉祁商城、西漳白荡圩黄沙周转站、洛社农贸市场、阳山水蜜桃市场等9个。

第五节　农业　水利

一、农业

2001～2005年，全区耕地面积从15945公顷减至12654公顷，其中水田由12817公顷减至9930公顷，旱地由3128公顷减至2724公顷。全年完成农林牧渔总产值由93455万元增至100222万元，其中农业由60369万元增至63232万元、林业由304万元增至1737万元、牧业由20750万元增至23482万元、渔业由12032万元减至11771万元。2005年农业服务业收入3268万元。农林牧渔业增加值由49500万元增至56888万元。

2001～2005年，惠山区完成"三资"投农91355万元，其中民间资本10580万元、工商资本68850万元、外来资本11925万元；培育省级农业产业化龙头企业2家、市级3家；发展规模经营种养大户1767户，规模经营面积88541亩，规模经营比例42.11%；培养无公害农产品13个、面积80915亩，绿色食品8个、面积700亩，有机食品1个；培育省市名牌农产品6个。逐步形成阳山水蜜桃、优质大米、精细蔬菜、花卉苗木、特种水产、高效牧业等特色主导产业。2005年末，全区农业机械总动力17.74万千瓦，拥有联合收割机446台、大中型拖拉机356台，稻麦生产综合机械化水平89.4%以上。

二、水利

2001～2005年，辖区内水利建设总投资4.27亿元，累计完成土石方2013万立方米。共加高加固圩堤245公里，新翻建闸、站、涵296座，河道疏浚619.43万立方米，新翻建防渗渠道195.29公里，建设高标准水利设施农田300公顷。完成白屈港四期惠山段河道拓浚，惠山经济开发区防洪一期、二期、三期工程，京杭运河堤防整治，万寿河生态清淤等重大水利工程。2005年，区政府编制《惠山区三年（2005～2007年）行动纲要》中的"家河"整治规划，完成"家河"整治258条、147.75公里。"土工模袋混凝土护坡的推广与应用"成果获江苏省科技进步三等奖。根据省人大常委会、省政府《关于在苏锡常地区限期禁止开采地下水的决定》，惠山区从2001年开始封闭地下水源井，2001～2004年分别封井65眼、65眼、120眼和3眼，在全省率先完成省政府下达的253眼深井的封井任务。地下水开采量由2001年的7222.9万立方米，压缩至2005年的27万立方米，累计少开采地下水3600多万立方米，有效地控制地面沉降。与此同时开展省级节水型企业的创建，2004年，无锡市阳光印染有限公司被评为省、市节水示范项目。2005年，无锡市振达特种钢管制造有限公司被评为省级节水型企业。

第六节　开放型经济

2001～2005年，全区各项外向型经济指标实现跨越式增长，协议注册外资和到位注册外资增幅双双跻身全市各板块前列。5年累计实现协议注册外资18.26亿美元，年均增长165.5%；到位注册外资4.98亿美元，年均增长76%；共新批中国港台及外商投资企业397家；"三资"企业投资总额32.21

亿美元，累计实现利润总额14.12万美元；完成外贸出口12亿美元；新增自营进出口获权企业226家；建办境外企业11家。世界500强企业已有美国杜邦和礼恩派、法国罗地亚和施奈德、日本神户制钢、德国西门子公司等落户惠山区。全区开放型经济逐步形成以开发区为龙头、各镇工业园区为配套的发展格局。

第七节　民营经济

2001年，全区拥有私营工业企业3372家，实现工业产值、工业销售收入、利税总额分别为128.3亿元、125.6亿元、6.3亿元，分别占全区乡镇工业的53.8%、52.2%、52.6%。2005年，全区私营工业企业6166家，从业人员17.5万人。实现工业总产值587亿元，占全区的83.6%，实现增加值125亿元，上缴税金15.3亿元，江苏锡兴集团有限公司入选江苏省民营企业50强。

第八节　社会事业

一、科技

2001～2005年，惠山区围绕“富民强区、开放建区、科技兴区”战略方针，以增强企业技术创新能力、发展高新技术产业为重点，开展技术创新，加快传统产业的改造提升，培育发展新兴产业，科技对经济和社会发展的支撑和引领作用日益明显。全区形成特色冶金、机电和汽车及零部件、纺织及服装、生物医药等主体产业集群。惠山区分别通过2001～2002年度、2003～2004年度全国科技进步先进区考核，2003～2004年度被评为全省科技进步先进区。至2005年，惠山区成功创建江苏省制造业信息化示范区、江苏省知识产权工作示范区、江苏省科普示范区，建成市级工程技术研究中心1个、区级工程技术研究中心5个。江苏省无锡阳山水蜜桃农业科技园区被命名为全国农村科普示范基地，国家“火炬”计划特种冶金新材料产业基地落户惠山。全区拥有省级以上高新技术企业67家，其中国家级重点高新技术企业6家。2001～2005年，全区完成科技计划581项，其中国家级科技计划和省级科技计划各42项，申请专利2857件。全区高新技术企业与上海、南京等地的多家院校进行全方位、多层次的产学研合作，企业创新能力得到提升。区财政支持科技创新经费1500多万元。全社会科技研发投入占地区生产总值的比重由2001年的0.18%上升至2005年的1.67%。至2005年末，全区共有专业技术人员18482人，其中中高级职称4773人；拥有区级科技学会14个、镇科协6个、企业科协17个、农村专业技术协会12个，会员1.3万余人。

二、教育

2001年，全区有小学75所、中等学校20所、职教中心校1所、技术培训学校12所、学前教育机构105所；共有教职员工5014人，其中专职教师4126人；全日制在校学生58900人。是年起，先后组织实施旨在促进教育均衡发展的农村小学规范建设工程、推进素质教育深化的基础教育课程改革工程、扩大优质教育资源的建制学校全系列省标创建工程、打造师资人才高地的骨干教师培养“535”工程、彰显教育规模效应和结构优势的学校布局调整工程等。2004年8月，总投资3亿元，建筑面积11万平方米，可容纳4000名学生的江苏省无锡中学堰桥新校区落成启用。至2005年末，全区拥有小学34所、中等学校18所、职教中心校1所、成人教育中心6所、学前教育机构67所；共有教职员工5216人，其中专任教师4174人；全日制在校学生61428人。学校中有省示范实验幼儿园8所、省实验小学9所、省现代化示范初中8所、国家级示范高中1所、国家级重点中等职业学校1所、省三星级高中3所。全区教育初步形成以优质教育资源为支撑，小学、初中、高中相衔接，普、职、成教相沟通，各级各类教育相互促进、协调发展的新格局。凭借教育事业突出业绩，惠山区先后取得国家级基础教育课程改革实验区、省教育工作先进区、省“双高普九”先进区、省社区教育先进区等一系列反映教育综合实力和发展水平的荣誉。

三、文化

2001年初，全区有12座影剧院、12个乡镇文化站、1个文化馆、13个图书馆，藏书35万册。2001～2005年，举办阳山桃花节、堰桥西高山民俗节、青年艺术节、家庭文化艺术节、校园文化艺术节、社区文艺创作会演、百姓大舞台广场文艺等，丰富群众文化生活。2002年，区政府设立惠山区文学艺术奖，激励全区群众文艺创作。2004年初，区档案馆落成启用，建筑面积3750平方米，至2005年末，馆藏档案资料1万多卷（册），被评定为江苏省二级国家综合档案馆，列为区爱国主义教育基地。2005年末，全区有教育文体服务站6个、图书馆8个、文化馆1个，区文化馆、区图书馆于2005年建成并投入使用，藏书59.4万册；区图书馆建成国家三级馆，区、镇两级图书馆“文化信息资源共享工程”完成75%。辖区内拥有省级文保单位3处、市级文保单位11处、文物控制保护单位2处。吴歌、凤羽龙入选省首批“非遗”公示目录。陆墟桥，陆定一祖居，安阳书院二期修复工程完工。

四、卫生

2001年，全区拥有医疗卫生机构190个，医生801人、卫生技术人员1536人，床位800张。区、镇两级医疗机构16个。全年完成门急诊69.3万人次，住院病人1.7万人次。2001年12月～2004年，对玉祁镇卫生院等9家镇级卫生院分别采取合作制、租赁制和托管制等3种形式改制。2003年，区政府建立新型农村合作医疗制度，参合人数21.79万人，参合率89.9%，人均筹资75元。11月，区人民医院、阳山人民医院门急诊大楼分别竣工启用。2004年2月，惠山人民医院（后改名为无锡亿仁肿瘤医院）奠基开工建设。12月，区预防保健大楼建成启用。2005年末，全区共有医疗机构136个，其中医院2个、镇级卫生院10个、社区卫生服务站77个，社区卫生服务机构健全率100%。全区医生881人、卫生技术人员1636人，床位790张，全年完成门急诊83.71万人次，住院2.41万人次。共创建省级卫生镇6个、市级卫生镇6个、省级卫生村107个。全区参合21.91万人，参合率98.3%，人均筹资110元。

五、体育

2001～2005年，惠山区全民健身运动蓬勃兴起。体育人口比例45%，共有体育场地700个（片）、晨（晚）练点52个、体育辅导站161个，建成全民健身工程（点）31个，其中国家级2个、省级10个，堰桥镇被评为全国群众体育先进单位，洛社镇健身广场被评为全国优秀全民健身活动站。费勇在2001年第19届世界聋人奥运会上获男子跳远冠军，在2005年第20届世界聋人奥运会上蝉联该项目冠军。2004年，惠山区在无锡市第九届运动会职工部、老年部和中专组比赛中，均获得团体总分第一和金牌数第一。2005年，惠山区召开第一届运动会，设置43个比赛项目，6000多名运动员参赛，开幕式大型文体表演《惠山飞虹》在无锡市电视台录播。

第九节　综合治理

2001～2005年，惠山区开展“建设平安惠山，创建最安全地区”活动，贯彻落实社会治安综合治理各项工作措施，全区社会政治稳定，治安环境不断优化，抢夺、盗窃案件，道路交通和火灾事故死亡人数均同比下降，人民群众对社会治安满意率持续保持在90%以上。2002～2003年，蝉联省

“社会治安综合治理先进区”称号,2003～2005年连续三年进入江苏省社会治安安全区行列,并获2000～2004年度省“社会治安综合治理先进区”称号。其间,全区破获刑事案件5129起,破案率48%。审判机关共审结刑事案件1104起,检察机关审查批捕刑事犯罪嫌疑人1282人。

为保一方平安,区委、区政府探索以司法为主,信访、公安等部门为依托,民事、行政、诉讼调解相结合的“大调解”工作机制,全区建调解处理中心7个、行业调解委员会17个、村(社区)调解委员会150个,农贸市场调解委员会12个,企业调解组织1783个,外来人口聚居点调解组织111个,调解委员1452人、调解员3685人。至2005年末,全区共调解处理矛盾纠纷4033起,成功率98%以上。同时推进技防体系建设,全区5个镇(街道)获无锡市“三星级技防镇”称号,建成技防工业园区2个、技防村8个、技防企业51家、技防小区9个,累计安装CK、AA报警装置3969台(户),投入技防建设专项经费4868.9万元。区委、区政府在全区开展“关爱新市民、共建新惠山”活动。至2005年末,投入1.6亿元建造外来人口集中居住楼36.75万平方米,供11.7万人居住。是年,全区外来人口登记数23.7万人。

第十节　社区建设

2001～2005年,开展两轮区域发展空间优化组合和行政村撤并工作,优化镇村布局。2005年,开展示范社区创建试点,要求有条件的镇至少创建成功1个示范社区,并将创建情况纳入镇的年度目标考核。通过1年的推进,一批示范社区创建单位建立综合性社区服务中心,设立社区卫生服务站、警务站、慈善爱心超市、一站式窗口服务大厅、文体活动室、图书阅览室、康复健身室、工作议事室、社区学校等活动场所。与此同时,完善社区党建、社区自治、社区档案建设,开展社区服务、社区文体活动及社区志愿者活动,全面改善社区居委办公条件、活动和服务设施,使社区工作面貌焕然一新。至年末,全区创建堰桥镇新惠社区、玉祁镇玉祁社区等一批示范社区。

第十一节　人民生活

2001～2005年,惠山区在经济快速健康发展同时,人民生活水平明显提高。2005年,区属单位在岗职工平均工资23554元,比2001年增长105%;农民人均纯收入8552元,比2001年增长48.9%。居民储蓄存款104.9亿元,人民生活在全国率先达到总体小康水平。全区制定并执行职工最低工资标准和城乡居民最低生活保障制度,逐步建立完善以城保、地保、医保、低保和新农保为主题,多层次、广覆盖的社会保障体系。农村计划生育奖励扶助制度和困难家庭公益金制度全面实施。历次被征地农民已逐步纳入基本生活保障体系。同时,建立多种形式的扶贫帮困和救助救济体系,确保困难群众的基本生活。2005年,新增就业人数1万人,比2001年增长871%;实现下岗失业人员再就业505人,“4045”(年满40周岁的女职工、年满45岁的男职工)对象实现再就业256人,培训城乡劳动力1.36万人。企业劳动合同签订巩固率95%以上,企业工资集体协商机制覆盖面87.5%。全区社会稳定,百姓安居乐业,治安状况良好。

第六章　郊　区

第一节　地理　人口

一、地理

郊区位于无锡市城区周围，区境边缘与锡山市和常州武进市接壤，西南濒临太湖，与浙江省隔湖相望，历来有“鱼米之乡”之美誉。境内土地肥沃，物产丰富，青山绿水，景色美丽，三次产业发达，经济繁荣兴旺，是近代民族工商业和现代乡镇工业的发祥地和吴文化的发源地之一。2000年末，全区总面积约179.3平方公里，耕地面积约5.52万亩。郊区人民政府设在河埒口梁溪路38号。

二、区划

1986年末，郊区下辖河埒、蠡园、大浮、扬名、黄巷、广益、山北、旺庄、南站、渔港10个乡，1个城郊蔬菜管理区，中桥、青山湾、河埒3个街道。1987年成立荣巷、刘潭等两个街道。1988年成立溪南街道。至1990年，郊区下辖中桥、青山湾、河埒、荣巷、刘潭、溪南6个街道，河埒、蠡园、大浮、扬名、黄巷、广益、山北、旺庄、南站、渔港10个乡，1个城郊蔬菜管理区。1992年成立芦庄街道。1995年，无锡市行政区划调整，郊区旺庄乡委托无锡新区行政管理，原无锡县胡埭镇划入郊区，原区属企业与原城郊蔬菜管理区合并组成区经济发展总公司，1995年末，郊区共有9个乡、1个镇、7个街道、1个开发区、1个经济发展总公司和太湖山水城旅游区。1999年成立西园街道，原有的河埒、蠡园、大浮、扬名、黄巷、广益、山北、南站8个乡撤乡建镇。全区共有胡埭、河埒、蠡园、大浮、扬名、黄巷、广益、山北、南站9个镇和渔港乡，中桥、青山湾、河埒、荣巷、刘潭、溪南、西园、芦庄8个街道，有省级蠡园经济开发区、市级太湖山水城旅游区等两个开发区，全区有110个村民委员会和131个居民（家属）委员会。2001年1月，无锡市区划调整，郊区并入新成立的滨湖区。

三、人口

1986年，全区共有户籍人口297123人，其中男性146541人、女性150582人，分别占总人口的49.3%和50.7%。1986～1997年，出生率提高，死亡率降低，人口流动速度加剧，迁入人口数始终大于迁出人口数。1997～2000年，随着计划生育基本国策的不断推进，人口出生率逐年降低，同时，死亡率保持平稳态势，迁入、迁出速度逐步放缓，全区社会经济的快速发展，外来流动人口以每年新增约1万人的速度发展，2000年，全区外来人口总数124251人。是年，全区出生3886人、出生率9‰，死亡3324人、死亡率7‰，迁入13178人，迁出8077人，全区共有168794户，户籍人口455594人，其中男性229995人、女性225599人，分别占总人口的50.48%和49.52%。

第二节　城乡建设和管理

1986～1990年，郊区政府投入8015万元，完成蠡溪路、湖滨路、石门路、盛岸路等一批城市重点建设工程，改造一批严重污染河道，建设大批农村道路、桥梁、下水道和环卫设施，区房产开发部门开发商品房28.3万平方米；植树300万株，绿化覆盖率38.2%。5年投资469万元，完成“三废”治理项目46个，实施并建成河埒片区12.6平方公里的烟尘控制区，改善投资环境。1990年，初步开通惠山森林公园环山道，大浮乡南片日产2000吨小水厂建成投产，全区改水任务基本完成。

1991～1999年，区政府加大建设的规划力度，编制一批道路、公用事业、绿化及村镇建设等规划。新建一批道路、桥梁和农民多层住宅小区。开展环境综合整治，建成一批污水处理设施。1995年，完成2/7的农村老村改造，113个自然村的1.19万户农户改造通过验收。启动农民住宅点建设24个，建成农民住宅1319户。完善乡村道路17.4万平方米，铺设农村下水道4.3万米，新建农村公厕58座、垃圾中转站37座。新增管道煤气用户1086户，自来水增扩管道受益8962户。1999年，16个农民多层住宅点中6个、7.5万平方米竣工交付使用；实施122个老村、1.22万户改造，拆除旧危房1189户，建成封闭式小区10个；新建完善农村道路25.7万平方米，铺设下水道6.2万米，自来水扩管增容受益1.3万户，新增管道液化气用户800户。全年增绿面积34.2万平方米，营造500平方米以上的绿化景点83个。实施中桥二村、团结一村、芦庄三期、西园里小区老新村改造。

2000年，区政府编制全区新农村住宅建设布局规划，61.63万平方米的农民多层住宅小区交付使用。全年拆除旧房2577户（处）、3479间，成片拆旧点13个、18.17万平方米，为历年拆旧量之最。对11个农民住宅区实施物业管理，完成刘潭一村11.5万平方米老式居民新村改造。红星路、中南路、锦园路、广石路西段等一批重点道路竣工通车。新建一批农村道路、下水道、自来水管道、煤气管道及垃圾中转站。全年绿化24.14万平方米，依法处理违法建设行为238起。

第三节　经济总量

1986年，郊区工农业总产值16.75亿元，其中工业总产值15.96亿元。地区生产总值5.51亿元，国民收入5亿元。工业产值中，乡镇工业15384万元、区属工业4203万元、场圃工业1308万元、街道工业259万元。全区有8个乡工业产值超亿元，其中扬名、南站、黄巷等3个乡工业产值都超过两亿元，有28个村和18个乡办厂的工业产值超过1000万元。全区社会商品零售总额29135万元，外贸产品收购额6634万元，交通运输业营业收入2660万元。批准建办的中外合资企业有美丽都大酒店等4家。全年财政收入1.06亿元。农业银行、信用社年末存款余额23440万元，贷款余额16250万元。1990年，全区地区生产总值11.07亿元，比1985年增长1.15倍，其中：第一产业1.04亿元，占9.5%；第二产业8.01亿元，占72.3%；第三产业2.02亿元，占18.2%。国民收入9.25亿元，比1985年增长98%。工农业总产值32.45亿元（1980年不变价），比1985年增长1.48倍。完成财政收入1.47亿元，比1985年增长62.5%，从1986年起进入全省财政收入超1亿元县区的行列。外贸收购额1.68亿元，出口企业85家，出口产品72个，与全国33个口岸公司有出口业务往来。是年，全区累计协议外资1665万美元，已开业合资企业6家。

1995年，实现地区生产总值56.47亿元，财政收入4.03亿元，外贸收购总额16.68亿元，农村人均收入4128元，分别比1990年增长4.1倍、1.74倍、8.43倍和1.97倍，地区生产总值三次产业结构比例为2.62∶67.17∶30.21，比1990年一产比重下降6.84个百分点、二产下降5.11个百分点，三产提高12个百分点。2000年，完成地区生产总值108.22亿元，其中一产1.98亿元、二产62.93亿元、三产43.31亿元，分别比1995年增长9.64%、33.78%、65.91和153.1%，三次产业结构比例为1.83∶58.15∶40.02，第一产业在地区生产总值中所占比重比1995年下降0.79个百分点，二产下降9.02个百分点，一、二产业所占比重呈逐年下降趋势，三产所占比重提高9.81个百分点，国民经济结构比例逐步优化，财政收入完成9.35亿元，外贸出口21.63亿元，分别比1995年增长132%和29.68%。

第四节　工商业

一、工业

1985年末，郊区工业初步形成有一定基础的主要行业门类及产品，有工业企业899家，工业固定资产2.52亿元，完成工业产值12.65亿元。全区10个乡中，扬名、南站超两亿元，河埒、黄巷、蠡园超1亿元。全区70%的农村劳动力从事工业生产，80%以上的税收和财政收入来自乡村工业。

1986～1990年，郊区工业进行产品结构调整，逐渐形成纺织、机械、轻工、电子、化工、食品等6大行业、30多个部类，创部、省优产品86个、市优产品175个，市以上优质产品产值率11.6%。微机复合软塑包装成套设备等8个产品列为国家级新产品，39个产品填补国内空白。乡镇企业迅速发展，至1990年，全区有区、乡镇（街道）、村三级企业1155家，其中乡镇企业1063家。1990年，实现工业总产值35.94亿元，占全区工农业总产值的95.21%，其中，乡镇工业产值33.92亿元，占全区工业总产值的94.38%，实现工业增加值8.02亿元，占全区地区生产总值的72.31%，乡镇工业成为全区工业的主体。至1991年，全区工业固定资产原值13亿元、销售额33.06亿元、产值39.16亿元，乡镇工业纯收入4.34亿元。

1991年起，区、乡镇（街道）、村三级企业逐步开展产权制度改革，至2000年，郊区三级企业产权制度改革基本完成。是年末，全区有工业企业2009家，其中乡镇企业1904家；工业固定资产总值47.63亿元，其中乡镇企业38.43亿元；年末职工人数8.06万人，其中乡镇企业6.83万人。实现工业总产值222.33亿元，占当年工农业总产值的98.25%；工业销售收入217.34亿元，其中乡镇企业193.81亿元；工业增加值62.92亿元，占全区地区生产总值的58.14%，其中乡镇企业57.22亿元；有8个镇工业纳税销售净增4亿元以上，郊区乡镇工业的主要经济指标继续列全国同等城市郊区前列。

二、商贸服务业

1986～1990年，区委、区政府围绕为城乡人民生活服务，积极发展商贸服务业。与1985年相比，1990年全区国营、集体商业网点由600个增至1300个，营业额由2.29亿元增至7.83亿元，增长2.4倍。一批骨干商贸服务企业脱颖而出，形成年营业额500万元的企业30多家，其中千万元以上企业20家。河埒乡在城区三凤桥开办无锡烤鸭馆，区供销总社在城区开办“人人服装商场”“儿童世界”等专业特色商店，美丽都大酒店、西郊宾馆、金星宾馆、梨庄宾馆等一批商贸服务企业取得良好的经济效益和社会效益。全区5年投入800万元建办34个综合性农贸市场、瓜果专业市场、水产品专业市场和日用小商品市场。1990年，各类市场成交额1.5亿元，黄巷乡瓜果专业市场成为苏南地区最大的瓜果集散地。是年，全区有物资企业87家，物资供销额3.55亿元。

1991年，全区商贸服务业销售网点1414个，商业营业额11.25亿元，100家企业营业额在200万元以上，河埒乡商业营业额超两亿元。1995年，以开发大商场、大市场、大贸易和大流通为重点，全年投入12.1亿元，锦江大酒店等28个超1000万元项目启动建设，华东汽车城、广益商城扩建等7个专业市场和震泽、叙丰等7个农贸市场建成。1999年，全区新建较大规模专业市场、农副产品市场10个，累计各类市场90个，成交额42.5亿元。是年，培育形成40个收入200万元以上的市场，利税总额1.15亿元。

2000年，全区服务业纳税营销总额65亿元，比1986年增长27倍，三产增加值44.08亿元，占地区生产总值的比重提高至40%；社会消费品零售总额31.2亿元；上缴三产国地两税1.95亿元；全区72个列入统计的市场成交额40亿元，市场总收入超8000万元。全区三产企业引资总额10.01亿元，其中引进外资2564万美元。引进总投资超1000万元的三产项目20个，引进三产个私企业115家；培育形成纳税营销超1000万元的规模企业40家，纳税营销总量6.8亿元，占全区三产总量的10.5%；培育形成利税超500万元的三产重点村10个，纳税营销总额4.5亿元，利税5500万元。逐步形成以批发和零售、交通运输、住宿和餐饮、居民服务、房地产开发、科学研究、文化体育和娱乐等行业为主的服务业体系。

第五节 农 业

郊区是无锡市蔬菜副食品生产基地，粮、油、菜、林、果、茶、鱼、畜、禽、桑等种植养殖业为郊区的传统产业。1986年，全区农业生产持续增长，农副业生产全面发展，农业总产值完成7870万元，比上年增长60.5%。全年上市蔬菜12.58万吨、荤食品31852吨、水产品11849吨，出栏生猪10.88万头，有存栏奶牛1450头，产奶4186吨，上市禽蛋1059吨、家禽129.69万羽，生产茶叶219.3吨、果品5086.25吨，粮食生产比上年减少19.34%。

1986～1990年，郊区累计投入6500多万元加强农业基本建设，改造老菜田4700亩，建新菜田5200亩，新建蔬菜大棚700亩，新建鱼池石护坡3600多亩，围网养鱼410亩，新建畜禽棚舍3.25万平方米，新建优质杨梅为主的果园6100亩，农田水利建设共完成土石方333万立方米，划定1.45万亩蔬菜保护区，基本建成“菜、鱼、果”3个两万亩的生产基地。1989年，河埒水产养殖场许福民被评为全国劳动模范。1990年，全区有蔬菜农场65个，纳入规模经营的菜田面积占50%以上，上市蔬菜10.8万吨、荤食品3.19万吨，其中出栏生猪10.8万头、上市鲜鱼1.04万吨、上市茶果7419吨。

“八五”期间，国民经济结构调整，稳定农业，提高工业，发展三产的目标得到实现。农业结构调整取得新的成效，形成1万亩高标准菜地、1万亩高标准精养鱼池、1万亩高标准茶果园和1万亩优质杨梅基地；农田水利建设得到加强，按照日雨量200毫米“挡得住、排得出”的要求，累计投入近4500万元，完成渎山工程配套闸的建设，对北塘联圩、广益圩、渔港环圩的加高加固。1995年，全区拥有土地26.89余万亩（原有19万亩，划入胡埭82631.1亩，划出旺庄3688.5亩）。年末拥有耕地4.7万亩，其中集体耕地38546.13亩、社员自留地5303.78亩、社员饲料地2149.43亩。有水产养殖14255亩，其中池塘10755亩、湖泊3500亩。全年上市蔬菜62504.35吨、水产品16236吨，出栏生猪38098头，上市家禽290.66万羽、鲜蛋826吨、牛奶5338吨，油菜籽总产量258吨、小麦总产量3466吨、稻谷总产量15341吨。

“九五”期间，农业基础地位得到进一步加强，科技在农业中得到广泛应用，积极发展小环棚、连体大棚、特种水产大棚温室养殖、无土栽培、轻基质育苗，优良品种选育、新品种的引进开发得到推广应用，农业经济的市场效益和经济效益稳步提高。随着农业现代生产技术和设施的不断出现和引进，农业生产水平极大提高，蔬菜、水产等生产技术和建设管理水平在全省处于前茅。在规范用地手续、保护耕地的同时，完成复耕复垦土地218亩。

至2000年末，郊区共有蔬菜田20958 亩。全年农业增加值2.09亿元，上市蔬菜6.45万吨、产值1.05亿元，上市荤副食品2.83万吨、产值1.95亿元。全年投入农业基本建设8200万元、水利建设4723万元，建设防汛工程土石方111.37万立方米、加高圩堤2.18万米、打桩护基7458米；疏通河道54条、28.32公里，清淤30.06万立方米。复耕复垦土地253亩。

第六节　开放型经济

1986～1990年，全区外贸出口生产连年较大幅度增长。1990年，全区外贸生产企业81家，出口产品76个，外贸收购额1.67亿元，比1985年增长2.8倍。无锡色织一厂扬名分厂，市第六、七、八棉织厂年出口收购额均超1000万元。全年新批“三资”企业12家，美丽都大酒店、华联超硬度材料有限公司、樱花制衣有限公司等8家企业建成，在澳大利亚开办境外合资企业，累计协议利用外资1665万美元。

1991年，外贸供货总额4.59亿元，外贸收购额2.39亿元。黄巷、扬名两个乡的外贸供货额均超1亿元。1995年，全区引资26.7亿元，其中外资到位1.05亿美元，新批“三资”企业74家，平均投资规模328万美元，合同利用外资1.47亿美元，是上年的2.3倍。批准总投资超1000万美元的外商投资项目10个，亚、欧、美等20多个国家和地区的外商投资郊区。外贸供货总额31.9亿元，比上年增长49.7%。1999年，利用外资8216万美元，新批项目22个，其中超1000万美元项目和超500万美元项目各5个。“三资”企业进出口总额11.37亿元，占全区总额的64.9%；税收入库1.62亿元，占全区总额的25%。

2000年，新批外商投资项目38个，总投资16138万美元，注册资产11788万美元，其中超1000万美元项目5个、超500万美元项目12个，全年利用外资9373万美元，外资到位8025.37万美元。“三资”企业自营出口1.4万美元，外贸进出口总额21亿元，对外工程承包劳务合同额202.04万美元、营业额232.4万美元，外派劳务68人。“三资”企业纳税销售在1亿元以上的企业有7家，5000万～1亿元的企业10家，1000万～5000万元的企业37家。

第七节　个私经济

1986年，郊区有个体工商户1765户，从业人员2285人。1990年，个体工商户2484户，从业人员3087人，无私营工业企业。随着乡办、村办集体企业的转制，私营个体经济有较快发展。1996年，个体工商户6988户，从业人员1.47万人；私营企业371家，从业人员3583人；重点私营企业55家，其中二产35家、三产20家，注册资金4581万元，营业收入1.06亿元。1997～2000年，个私经济快速发展，经济总量扩张。至2000年末，全区私营企业1798家，私人资本总额超过8.3亿元，其中注册资金超100万元的私营重点骨干企业108家，金坤铜业有限公司、九润电器、常工动力等企业年销售超过2000万元；出口型私营企业25家，私营中外合资企业5家，出口销售超1亿元。全区有8个个私经济园，进园企业100多家，个私经济园区总销售3.12亿元。全年完成增加值22.8亿元，完成税收1.1亿元。

第八节　社会事业

1986～1990年，全区完成市以上科技项目276个，其中184个获国家和省、市科技进步奖。“断指离体56小时再植成功”项目破国际断指离体再植最高时限纪录，“名茶二泉银毫创制”“软塑包装机械开发”等项目获国家“星火”计划成果适用技术展交会金奖。区政府投资1382万元，新建翻建校舍、园舍4.4万平方米，90%的学校基本达到省颁九年制义务教育必备条件的标准；区办市第二工业学校教育质量稳步提高，为乡镇企业输送合格人才476人。1990年，全区3.2万人次参加培训，劳动者素质有所提高。区人民医院、河埒手外科医院、广瑞肿瘤医院、太湖脑血管防治医院和市血栓病医院等一批专科特色医院在区内建成。区、乡文化中心初步形成并广泛开展群众文化活动。河埒、南站、蠡园等乡被评为省体育先进乡。区广播站更名区广播电台，开通区与乡、街道的传真通讯，办事效率提高。区档案馆馆藏档案2091卷，乡镇企业建档率80%。《无锡市郊区志》编纂工作基本完成。

1991年，全区完成科技项目67项，"池塘亩产1000公斤商品鱼技术开发"项目获国家"星火"计划项目二等奖。全区中学6所、学生3300人，小学78所、学生2.85万人，幼儿园105所、入园幼儿9369人；教职员工2060人，全年新建翻建校舍5600平方米。区人民广播电台调频广播开通，《无锡市郊区志》完成审改定稿。1995年，郊区名列全国科技百强县第13位，扬名、河埒、蠡园、南站等乡被评为省科技先进乡，科技进步对全区经济增长的贡献率达45%。年内完成育红小学扩建一期工程并启动建设震泽小学。区文化活动中心"新世纪影城"建成。85%的村接通有线电视，用户发展至8.2万户。有区、乡医院12个，病床810张，医务人员783人，年内4个乡镇医院通过市一级甲等医院评审，90%的村卫生室达到甲级村卫生室标准。1999年，实施科教兴区战略，开展技术创新，新增4家省级高新技术企业、"双密集"型企业，累计20家；新增民营科技企业50家；实施科技计划项目133项，引进人才956人。全区3个乡镇和27所中小学、幼儿园通过教育基本现代化达标。区文化馆被文化部命名为无锡市唯一的二级馆，有线电视覆盖率100%。郊区人民医院成功转制为全市首家股份合作制医院。

2000年，区委、区政府积极推进技术创新，80家企业达到科技进步示范企业标准，新增两家省高新技术企业，总数达22家，4家企业获国家中小企业创新基金。全年实施新产品开发项目104个，14项省高新技术产品通过确认，申报国家级新产品项目15个、"火炬"计划项目6个。全年引进大、中专毕业生及科技人才980人。58所学校、幼儿园跻身教育现代化行列，全区开办外来人员子弟"希望小学"7所、中小学特色班近50个。区运动会共进行10个大项、54个单项比赛，2846名运动员参赛，其中22名运动员打破3项市纪录、19项区纪录；全区39人达到少年级运动员标准、23人达到三级运动员标准。全区传染病发病率继续控制在300/10万以内，胡埭镇创建省卫生镇达标，新增省卫生村8个，总数达62个。无锡市手外科医院、南站医院中医肾病专科分别被列入省、市重点专科。

第九节　综合治理

1986～2000年，郊区切实抓好地区的社会治安，落实内部治安责任制。加强对外来"四工"人员、私房租住房和收旧行业的管理，建立见义勇为奖励基金120万元，完成全区人员信息微机化管理，投资300万元建成110报警系统，组成116个村的专职小联防和护楼队伍，推广优质保险箱2200多只、"安定保"600多只，建造封闭围墙超过1万米，新建治安值班室200多个，安装报警电话150多部。不间断地严厉打击犯罪，健全群防群治网络。1999年，全区共有联防队131支、979人，护村护楼队伍4300人，投资近百万元建造7个市级"治安卡口"。芦庄街道新苏家委在全市率先开展居民义务巡逻值班制度试点，市综治办在全市推广。至年末，106个居（家）委有80多个实行义务巡逻值班制度。2000年，继续开展"三五"普法教育并抓好普法考核验收，法制观念和依法办事能力进一步增强。加强行政措施文件的立、改、废，修改12件、废止39件、颁发10件行政措施和规范性文件，专门配备区政府领导法律顾问。加大"严打"与超前防范力度，可防性案件同比下降6.1%。全年处理来信来访1563件（次），结报率98.5%以上。1986～2000年，全区共破获刑事案件12955起，破案率41.2%。审判机关审结刑事案件4719起，6480名罪犯受到法律追究。检察机关审查批捕刑事犯罪嫌疑人5564人，组织协调处理重大疑难案件11起。

第十节　社区建设

1986～1988年，郊区各街道建立老年休养所、幼儿园、少儿托管所、小吃店、中老年活动室等服务项目，开展争创模范居（家）委活动。至1990年，以街道为主体，以居（家）委为依托的社区服务网络初步形成，全区建立老年人、青少年活动室95个，少儿幼托班47个，青少年帮教组织104个，家庭劳动服务站35个，精神病人监护组6个，康复小诊所9个，居委会便民利民服务项目累计1065个。1991年，河埒街道泰康新村居委获"江苏省社区服务先进单位"称号，受到省政府表彰。1994年，郊区7个街道建设孤老包护网7个，包护组43个，包护孤老、孤儿58人，有义务包护人员711人。以机床家委和泰康居委为典型，开展争创社区服务微型小区活动。1997年末，各街道社区服务中心全部挂牌运行，服务项目普遍达到25个以上。1998年，芦庄、河埒、青山湾等3个街道被评为社区服务优胜单位。至1999年末，全区建成街道社区服务中心7个、居委微型社区服务中心109个，社区服务点发展至1889个，其中老年人服务点12个、优抚对象点103个、残疾人服务点9个、婚姻殡葬服务点51个、便民利民服务点1714个。2000年，区委、区政府把发展社区服务工作作为当年为民办八件实事项目之一。10月13日，郊区社区服务中心成立，设置"2858"市民求助、康复健身和婚姻等项目的一条龙服务。中心面积1200平方米，投入资金100多万元，运用现代信息网络和"5102858"市民求助热线电话，24小时为居民提供求助服务。是年，街道、镇（乡）社区服务"六个一"网络设施基本完成，形成有2743个社区服务实体的全方位、项目齐、方便居民的服务网络。区志愿者协会成立，镇和街道分别成立志愿者服务站，条线部门成立志愿者服务队，全区共有15支社区志愿者服务队伍，志愿者7778人。

第十一节　人民生活

1986～1990年，郊区人民生活逐步向小康水平过渡。1990年，农民人均收入1390元，比1985年增长70.3%；全民、大集体企业职工年均收入1888元，比1985年增长89.7%。城乡居民储蓄余额4.38亿元，比1985年增长5.6倍。是年，每百户农民拥有自行车273辆、电视机130台、收录机95台、电扇278台。全区2.1万老年人享受退休养老金待遇，发放养老金650万元。全年筹集福利基金230万元，48家福利企业安置1501名"四残"人员。全区98名"五保"老人88人由敬老院供养。

1991年，大集体企业职工年均工资性收入2492元，农民人均纯收入1440元。年末农村储蓄余额5.3亿元，人均3300元。1992～1999年，职工年均工资收入由3050元增加至9555元，农民人均收入由1700元增加至5999元。1999年，区委、区政府继续实施再就业工程，失业率、下岗待业率分别控制在2%和3%以内，居民最低生活保障率100%，基本形成覆盖全社会的多层次社会保障体系。

2000年，职工人均收入11500元，城镇居民人均可支配收入8603元；农村人均收入6262元，农民人均纯收入6009元，比1986年增长631.20%；居民储蓄存款112.2亿元，比1986年2.33亿元增长47.07倍。筹集再就业基金1200万元，企业下岗待业率、城镇登记失业率分别控制在3%和2%以内。下岗职工再就业率69.8%，市场就业率59.3%。788户、1655人享受低保，保障率100%，贫困户参加大病医疗统筹（医疗补助）率100%。城乡自来水普及率98%以上，燃气普及率85%，城镇人均居住面积14.5平方米，农村人均居住面积45.2平方米，恩格尔系数下降至40%左右，人均预期寿命74.5岁。

第七章　马山区

第一节　地理　人口

一、地理

马山区位于无锡西南端，太湖西北部，呈月弧形地带伸入湖中。由马迹山和太湖围垦区组成。毗邻常州武进市、无锡市郊区和宜兴市，距无锡城区17公里。2000年，全区总面积51.4平方公里。

二、区划

1980年7月，成立无锡市人民政府马山办事处，辖原属郊区的马圩地区和马山公社。1984年，马山公社改为马山镇，隶属于马山办事处。1987年12月22日，国务院批准设立马山区。1988年9月马山区成立，下辖马山镇和梅梁街道。1992年10月，经国务院批准成立无锡太湖国家旅游度假区，为全国12个国家级旅游度假区之一，与马山区合署办公。2000年，辖马山镇和梅梁街道。2001年2月，无锡市行政区划调整，撤销马山区，与原郊区和锡山市7个镇组建滨湖区。

三、人口

根据全国第三（1982年）、第四次（1990年）人口普查，马山区总户数、总人口分别为3003户、12373人，5713户、24860人。1990年，马山区有小学、初中、高中文化人口分别为7014人、10096人、2851人；具有中专、大专和大学本科以上文化人口分别为689人、272人、141人。2000年，马山区总户数10324户、总人口26396人，其中男性13220人。人口出生率10.14‰，死亡率4.6‰，自然增长率5.54‰，计划生育率99.5%。

马山区居民原均为汉族，随婚迁等因素，至1990年，已有7个少数民族，共27人。其中，回族14人、俄罗斯族7人、蒙古族2人，满族、侗族、土家族、畲族各1人。

第二节　城乡建设和管理

1986～1990年，全区修筑环湖公路35.1公里，黑色路面从闾江口延伸至马山镇和平村，沿途新建、拓宽桥梁6座，从而形成全区四通八达的道路骨架。1988～1990年，建成日供水3万吨的马山自来水厂，全区自来水普及率80%。其间，架起两条3.5万伏的高压线路，实行双电源供电；开通1000门市区自动直通电话和国内直拨电话；建成吴淞高程6米、堤顶宽11.8米的浆砌石东、西大坝8000米；开挖河道50公里，建电力排灌站4座、柴油机发电排灌站1座；相继建成乐山、梅梁、迎辉、朝霞等新村，面积13万平方米，马圩居民人均居住面积11平方米。1989年7月、12月分别开通25公里的91路（古竹—火车站）和14.7公里的93路（机械公司—和平村）公交车，拥有公交车辆20辆，马山地区“乘车难”逐步得到解决。1992年起，编制《马山区总体规划》，并根据实际情况的变化，多次修改调整规划。1993～1999年，全区年供水量从971万吨降至901.4万吨、供液化气从508吨增加至900

吨。

1999～2000年，区委、区政府加强环保工作和文明卫生城市创建工作，开展创建红旗卫生村、街道、镇活动，重点治理马圩内河污染，梅梁烟尘控制区通过市级验收。与此同时，完善居民小区公建配套，实施非成套房拆迁安置，市场建设、景区建设、公（游）园建设、道路桥梁建设及绿化造林等都取得成效。2000年，全区供水893.9万吨、供液化气950吨、供电9885万千瓦时。

第三节　经济总量

1995～1996年，全区社会总产值分别为20.55亿元和25.76亿元，地区生产总值分别为6.97亿元和8.76亿元，人均地区生产总值2.78万元和3.35万元，财政收入7314万元和9505万元。1998年，全区地区生产总值11.58亿元，比上年增长15%；人均地区生产总值4.3万元，比上年增长13%；财政收入1.1亿元，其中区级地方财政收入3162万元，财政支出5853万元。

2000年，全区地区生产总值12.88亿元，比上年增长9.8%；财政收入1.58亿元，比上年增长44.95%，其中区级财政收入5704万元；全社会固定资产投资3.53亿元，比上年增长12.78%；外贸供货额2.19亿元。

第四节　工农业

一、工业

1986年，马山区工业产值1.83亿元，固定资产0.61亿元。至1990年，全区已拥有纺织、轻化、电仪、机械冶金等企业74家，产品有内圆磨床、电视机、录音机、棉纱、化纤、服装、啤酒、电脑打印纸等160多个，固定资产1.27亿元，产值2.3亿元，分别比1986年增长108%和25%。"铁猫"牌渔钩、32支棉纱、"双龙"牌电脑打印纸、M-97型录音机、"太湖水"啤酒和无锡黄酒分别被评为省、市优质产品。棉纱、棉布、蚕蛹、超薄塑料薄膜、服装、黄酒等10余个产品出口创汇。马山区发展工业坚持"高科技、无污染、外向型"的原则。区属酿酒总厂、信息记录纸厂、塑料八厂、包装材料总厂等一批企业先后引进美国、日本、德国、意大利等国家的先进设备后，优化产品结构，提高产品质量和经济效益。

1991～1999年，全区工业总产值由4.42亿元增加至17.2亿元，纳税销售收入由3.75亿元增加至15.96亿元，工业税收由0.2亿元增加至0.84亿元，规模工业利润由0.11亿元增加至0.33亿元。

2000年，全区工业总产值20.4亿元，比上年增长18.4%；工业增加值6.3亿元，比上年增长13.3%。全区工业销售额超1亿元的企业3家。全年完成技改投入1.2亿元，其中6个项目投入1000万元以上，开发高新技术项目8个。通过深化改革，全面消除超100万元的亏损大户，亏损额比上年下降50%。

二、农业

1986～1990年，马山区在稳定粮食生产的同时，初步建成以水产、水果、禽蛋为主的副食品基地。至1990年，全区开挖精养鱼塘4800亩，年产商品鱼405万公斤，比1986年增长1.25%；栽种柑橘、杨梅、葡萄等果树4000多亩，年产果品130万公斤，比1986年增长123%。1988年、1989年，建成江苏省规模最大的20万羽蛋鸡的无锡市养鸡场，1990年又建成2.3万羽种鸡场和50万羽肉鸡场，年产鲜蛋183.18万公斤、优质肉鸡14.17万公斤；马山奶牛场饲养奶牛435头，年产鲜奶87.31万公斤。1990年，农业总产值3270万元，比1986年增长50%。马山盛产银鱼、白虾、白鱼、四角菱。

1991～1999年，不断调整农业结构，在农田面积不断减少的情况下，农业总产值由4465万元增加至6500万元，粮食年产量由5606吨减至5196吨，茶叶产量由7吨增加至23吨，牛奶产量由1004吨增加至1379吨。1999年，生产果品1405吨、水产品2316吨，蔬菜基地产蔬菜1807吨。

2000年，马山区农业总产值6800万元。适应市场形势，调整农业结构，调减稻麦种植面积，引进扩大黑麦草、草坪等经济作物。全面实施万亩茶果、万亩林竹规划，新拓茶果1533亩。水利防洪设施建设完成土方22万立方米，翻建南大坝东段1.2公里，加固东大堤和西大堤，完工月亮湾水库主体。完成河道清淤5.4万立方米。

第五节　商贸服务业

1986年，马山商贸服务业仅靠供销社及其少数门店，营业面积200平方米，年营业额200多万元。1990年秋，区政府在原商业农工商公司和商业服务公司的基础上合并组建商业总公司。根据“规模发展、特色经营”要求，投入25万元改造扩建4个商业网点，基本解决群众购物困难问题。为搞活经营、增扩财源，商业部门在无锡市区开办时代百货公司、锡佛建筑材料装潢公司、马山副食品公司及一批工办商业。1991～1999年，全区社会商品零售总额由9961万元增加至41627万元。

2000年，全区完成商贸服务业增加值5.32亿元，比上年增长7.04%。2月1日，梅梁街道通过多方筹措资金建设的乐山市场开业。其中参与投资的个体私营业主7户，引进资金1500万元，盘活存量资产84万元。是年，新建商业用房8500平方米，并建造农贸市场、小商品市场各1个，建造配套设施96间，总面积1.5万平方米。

第六节　开放型经济

80年代后期，马山开始引进外资。1987年，投资2000万美元建设的华瑞制药有限公司竣工投产，成为马山地区，也是当时国内规模较大的中外合资企业。随后，外资企业及服装企业以“三来一补”[①]形式从事出口加工贸易。1988～1995年，全区外贸供货额由2106万元增加至19238万元，外贸收购额由2057万元增加至19085万元。

1996～2000年，全区外贸供货额分别为25206万元、23435万元、18763万元、20493万元和17700万元。自营出口额分别为1224万美元、1025万美元、698万美元、599万美元和321.5万美元。

第七节　社会事业

1986～1990年，区委、区政府投入文教卫生经费1100万元，重点加强马山、梅梁两所完全中学、12所小学及1所职工学校等单位基础设施建设。全区入学人数3876人、教职员工226人；区、镇、村级医疗机构38个，新建市第六人民医院；各种文化娱乐设施配套，文化馆、文化活动中心、银湖影剧院先后建成。

90年代后，农村合作医疗制度不断完善，合作医疗覆盖率100%。1991年，镇政府投资83万元在古竹村建造镇文化馆，内设电影厅、录像室、图书室、乒乓球室等，有座位800多个。是年，马山中学

① 指来料加工、来样加工、来件装配和补偿贸易。

高中部并入梅梁中学，马山中学仅设初中部，并同时开办职业高中班。1992年开始撤并小学，实施集中办学、规模办学。1992年，区政府投资移地新建第六人民医院，第一期工程扩建病房大楼和辅助用房，开设床位80张。1995年通过二级医院创建，翌年床位扩展到100张。1997年，区政府投资200万元在梅梁公园内建立度假区文化活动中心，中心内设网球场、篮球场、溜冰场、水上娱乐中心、游泳池等。是年，马山设有线电视台，马圩地区有线电视网络开通，播放无锡市有线电视网络中心的32套节目和6套调频广播，1999年7月，实现有线电视“村村通”。

2000年，马山区被省政府批准为省级可持续发展实验区。区委、区政府贯彻“科教兴区”战略，开展科普宣传，实施技术创新工程，全年实施省、市级科技发展计划项目12个；组织企业参加省、市举办的高新技术交易合作洽谈会。在推进基础教育现代工程中，峰影小学跻身省级实验小学，江南学院旅游经贸分院扩大规模；市第六人民医院创办偏瘫治疗和血液平衡治疗特色专科。

第八节　综合治理

1986～1990年，坚持“两手抓”的方针，成立马山区思想政治工作研究会，加强精神文明建设，进行坚持四项基本原则，反对资产阶级自由化的思想教育。广泛开展“文明在马山”“文明在片区”“文明在单位”和“五好家庭”等活动。1989年，在全区开展查禁赌博，刹住赌风活动。1990年，全区3家单位被评为市级文明单位、15家单位被评为区级文明单位。

1992年，开展社会主义思想主题教育活动，翌年，区委、区政府对各村、各企业实行精神文明建设目标百分考核。1995年，开展“学决定、树形象、作表率、多贡献”党员主题教育活动。1999年，开展创文明机关、文明家庭等活动。

2000年，全区基本完成“三五”普法任务，促进依法行政，提高村民自治水平，进一步规范村务、政务公开，完善法律顾问服务体系，发挥法律援助作用，加强信访工作，疏导化解矛盾，坚持以“创三安”为载体推进综合整治措施全面落实，全年“创三安”达标率超90%。

第九节　人民生活

1988～2000年，马山区职工年人均工资由1897元增加至8800元，年均增531元；1988～1999年，居民储蓄存款余额由0.1亿元增加至3.76亿元。1990～2000年，农民人均年收入由1018元增加至5816元，年均增436元。

90年代开始，摩托车进入马山普通人家家庭，有些家庭拥有多辆摩托车。随着地区经济的发展，一些村庄先后拆迁，拆迁户都搬进居民新村，住上新颖、宽敞、整洁的楼房。

2000年，政府部门实施城乡最低生活保障线制度，把就业和再就业工作放在突出位置，拓展就业空间，严格执行政策，加快下岗向失业并轨，有效控制下岗、待工率，全区下岗职工再就业率提高，市场化就业机制初步形成。

第八章　滨湖区

第一节　地理　人口

一、地理

滨湖区位于无锡市西南部，因濒临太湖而得名。2001年1月由原无锡市郊区、马山区和原锡山市部分乡镇组建成立。区域南依太湖，与浙江省隔湖相望，北接北塘、惠山区，东连南长区、新区，西临常州市武进区。全区气候宜人，春、夏、秋、冬四季分明。

滨湖区交通便捷，环太湖自然风光秀丽，景区景点众多，旅游资源十分丰厚；全区土壤肥沃，植被丰富，农产、林特产、水产品种繁多，是无锡市副食品的主供地；全区工农业经济繁荣，是现代民族工业和乡镇工业的发源地之一。

2005年末，全区总面积631.5平方公里，其中耕地面积7833.33公顷。

二、区划

2001年1月，无锡市行政区划调整，将原马山区和原锡山市的坊前、梅村、新安、华庄、东垶、雪浪、南泉7个镇并入无锡市郊区，郊区更名为滨湖区。时滨湖区总面积740.7平方公里，耕地面积11900公顷。辖南站、扬名、蠡园、大浮、河埒、山北、黄巷、广益、胡埭、马山、坊前、梅村、新安、华庄、东垶、雪浪、南泉、渔港等18个乡镇，河埒、荣巷、中桥、青山湾、刘潭、溪南、芦庄、西园、梅梁等9个街道，以及无锡太湖国家旅游度假区、蠡园经济开发区、太湖山水城旅游度假区等3个开发区。年末有219个村委会和88个社区居委会。2002～2004年，区划多次调整，辖区的南站、扬名、山北、黄巷、广益、坊前、梅村、新安、华庄等乡镇，中桥、刘潭等街道全部或部分划归南长、崇安、北塘和新区。至2005年末，滨湖区辖太湖、华庄、胡埭、马山、滨湖等5个镇，河埒、荣巷、蠡湖、蠡园等4个街道，以及无锡太湖国家旅游度假区、蠡园经济开发区、无锡太湖山水城旅游度假区和滨湖经济技术开发区等4个开发区，设68个村委会和60个居委会。

三、人口

2001年，全区总人口61.7万人，其中农业人口18.53万人。人口出生率5.79‰，自然增长率0.86‰，计划生育符合率100%，人口密度每平方公里906人。2005年，滨湖区总人口48.65万人，其中男性24.45万人、女性24.2万人。人口出生率7.25‰，死亡率5.49‰，自然增长率1.76‰，计划生育符合率99.96%，人口密度每平方公里770人。

2005年末，区境内汉族人口485629人，占全区总人口的99.81%；有壮、土家、苗、回、满、侗、朝鲜、蒙古、布依、瑶、彝、哈尼、畲、藏、黎、维吾尔、俄罗斯、独龙、锡伯、仡佬、水、羌、仫佬、白等24个少数民族，共920人，占总人口的0.19%。

第二节　城乡建设和管理

2001年，区委、区政府以无锡市建设特大型城市为契机，完成6.5公里太湖大道西段环境改造工程，拆除太湖大道两侧违法、临时建筑5.2万平方米；完成3公里梁清路延伸段建设；新批立项农民多层住宅小区29个、建筑面积102.4万平方米，开工21个、建筑面积45.9万平方米，竣工21.1万平方米；改拓建镇村道路13万平方米，建成绿化景点41个，新增绿地41万平方米；新建28.4平方公里烟尘控制区，累计99.39平方公里；关闭或迁移蠡湖沿湖1公里和内河500米范围内的所有畜禽养殖场，关闭7个采矿点，7133.33公顷生态公益林得到保护。

随着城乡建设的不断推进，区域建设注重规划和环湖景点等建设。2002～2004年，先后进行硕放大桥、苏锡线新安段、直湖港林带等工程建设，配合市政府完成环湖路、蠡湖路、蠡湖大桥等重点工程建设及一批景观带、景观点的建设，建设一批安置房、安置小区，开展太湖、蠡湖等湖泊清淤和生态林、绿化工程建设。

2005年，完成蠡溪分区、太湖新城等一批规划编制；配合市政府实施望山路、望湖路、梁溪河整治、蠡湖中央公园等重点工程建设；改拓建道路59.5万平方米，铺设下水管道7.2万米，翻新自来水管13.3万米，新建人防工程3.9万平方米；完成绿化546.67公顷，新增绿地35万平方米；取缔小溪港水上餐厅，建设生态防护林，清淤河道41条，马山镇通过“环境优美乡镇”验收；拆除违法建筑13.67万平方米，撤并45个自然村。在26个安置点上建设安置房107万平方米，竣工82万平方米，当年安置2006户，累计安置7500户、130万平方米。是年，区政府全力推进河埒市民休闲公园建设，推出10幅、308公顷土地挂牌出让。

第三节　经济总量

2001年，全区工农业生产总值409亿元，地区生产总值200.1亿元。2002～2004年，全区财政收入由22.42亿元增加至31.6亿元，社会固定资产投资由38.8亿元增加至101.42亿元。2002年，人均地区生产总值3.55万元。2005年，全区地区生产总值253亿元，财政一般预算收入17.93亿元，全社会固定资产投资128亿元，分别比上年增长16.1%、25.26%和26.2%。

第四节　工农业

一、工业

2001年，全区工业纳税销售330.7亿元，同比增长27%；500万元以上工业企业实现利润9.8亿元，增幅超50%；新增超亿元企业9家，累计47家；新增超亿元村23个，累计55个。超亿元企业、村纳税销售额占全区工业总量比重分别超1/3和1/4。全年完成工业投入25.1亿元，同比增长17.4%。其中技改投入14.9亿元，超500万元重点技改项目竣工投产144个，初步形成微电子、生物医药、精密机械等较高层次的产业。全区422家企业通过ISO 9000质量认证，重点产品和许可证产品合格率分别达88%和92%。

2002年开始，进行工业园建设，引导企业“出城进园”，工业布局不断优化。电子信息、生物医药、精密机械等行业占工业总量的比重逐年上升，至2004年达50%左右。2004年，全区以特色园区和标准房楼宇建设引导工业布局集中、产业集聚、生产集约，着力发挥集成电路产业孵化区、无锡（国家）工业设计园、马山生物医药园等特色“园中园”优势，推进全区工业经济快速有效增长。全年完成工业纳税营销454亿元，比上年增长25.5%，63家亿元企业产出占总量的41%，园区产出占总量的48%，电子信息、生物医药、精密机械等行业产出占总量的50%。

2005年，区委、区政府坚持集中、集聚、集约发展，全方位促进工业经济转型升级，实现工业纳税销售收入560亿元，比上年增长24%；全区规模以上工业企业611家，总产值394亿元，比上年增长11%；工业百强企业产值占工业总量的45%。结合工业向园区集中，工业集中度68%，比上年提高23%。

二、农业

2001年，滨湖区完成农副业总收入7.5亿元，同比增长6.7%；稻麦油菜籽总产量6.6万吨，上市蔬菜8.5万吨、荤副食品4.98万吨和茶叶、果品1.15万吨。农业结构调整土地1.5万亩，粮经比例6 ： 4；实施农业科技项目20个，占地15亩的扬名荷兰玻璃温室蔬菜生产项目建成投产。全年完成水利建设投资5300万元，完成土石方158.89万立方米。完成土地复垦复耕286.93亩。

2002～2004年，滨湖区重点发展都市农业、特色农业，调整农业结构，建设一批农业观光园区、一批高效农业园区、一批特色农业基地、一批农业“龙头”企业、一批农业特色品牌和一批农业合作经济组织。2004年，太湖花卉园、龙寺生态园成为全国首批国家级农业旅游示范点。

2005年，全区实现农业总收入5.64亿元，粮油总产量2.5万吨，上市蔬菜6.7万吨、荤食品2.5万吨；建成开放太湖葡萄沟、唯琼生态农庄等一批都市农业重点项目；土地集约利用、矿山宕口复绿、水利工程建设、禽流感防控等都有效开展。

第五节　商贸服务业

2001年，滨湖区商贸服务业纳税营销138.9亿元，比上年增长56.02%。是年始，加快汽车销售、便民服务、旅游等新型业态开拓，全年销售汽车1.39万辆，营销额15.5亿元；总投资8000万元的天润发（后为大润发）超市（商场）建成开业；成功举办马山国际驾车节、杨梅节和滨湖旅游推介会等重要旅游活动，全年接待旅游人数250万人次，收入20.4亿元。

2002年，培育形成批发零售、房地产、餐饮住宿等一批优势行业，引进易初爱莲超市、星湖名都、金色江南、汇金大厦等大型商贸服务企业。随后，抢抓城市化契机，促进服务业高位运行，进行西郊副食品市场等市场改造。翌年，全区有3个镇（开发区）服务业纳税营销突破30亿元；22家商贸流通企业、3家房地产企业、5个市场和20个村纳税营销超亿元。2004年，新增超亿元服务业骨干企业3家，总数25家；商贸、餐饮和房地产业分别完成纳税营销197亿元、15.5亿元和22.6亿元，青山市场等一批集贸市场商场化改造完成。

2005年，全区社会消费品零售总额54亿元，比上年增长20%；服务业纳税营销421亿元，比上年增长62.5%；旅游总人数1259万人次，比上年增长11%，总收入46.95亿元，比上年增长22%。全年举办旅游活动近60次，雪浪山生态景区一期、七里堤景观路等旅游项目相继竣工，锡海花园酒店升为四星级酒店，龙头渚公园、九龙湾乡村家园分别升为AAA、AA级景区，灵山景区服务标准列为省级地方标准在全省推广。

第六节 开放型经济

2001年，滨湖区合同利用外资2.7亿美元，到位外资1.31亿美元，比上年分别增长64.6%和17.9%。全年新批外资项目75个，其中超500万美元项目26个，有40个项目实现当年批准当年建设；全年完成外贸进出口总额401亿元，自营出口2.3亿美元，完成对外工程承包、劳务合作营业额220万美元。

2003年起，区委、区政府多次赴外招商引资，拓展招商领域，创新招商方式，2004年，完成协议注册外资5.06亿美元，比上年增长63.8%，完成到位注册外资2.5亿美元，出口总额2.64亿美元。新批外资项目56个，其中超千万美元项目26个。

2005年，区政府举办“相约太湖”“金秋滨湖”项目签约大会，组织18次专题招商活动，全年新批外资项目75个，协议注册外资6.22亿美元，比上年增长23%，到位注册外资2.01亿美元，出口总额4.38亿美元，比上年增长65.91%，全年新批境外投资企业3家。

第七节 民营经济

2001年，滨湖区民营经济纳税营销168.37亿元，完成税收6.23亿元，比上年分别增长66%和50%，分别占全区总量的35.7%和30%。新办民营企业1388家，注册资本9.4亿元。

2002年、2003年，分别引进私营企业855家、835家，新增注册资本5.5亿元、8.6亿元。2004年，区政府按照放心、放胆、放手、放开、放宽、放活思路促进民营经济快速发展。全年引进民营企业805家，新增注册资本7.9亿元；民营经济完成纳税营销350亿元，税收9.6亿元，分别比上年增长51%和36%；全年新增省级科技型民营企业31家，7家企业被评为市先进企业。

2005年，区政府组织“招商月”“民高会”等民营经济发展活动，开展“十佳”和“十强”民营企业评选，全年民营经济纳税销售收入471亿元，比上年增长47%。涌现出一批“规模型”“贡献型”民营企业，全年新办民营企业820家，新增注册资本7.98亿元。

第八节 社会事业

2001年，区政府成功举办第一届区高新技术成果交易会，60多所大专院校到会，对接成功科技项目141个，其中已实施48个。项目中，国家级新产品14个、省级高新技术产品43个、“火炬”计划项目8个。全区已建网站504个，全年引进人才1147人。拥有高中4所、初中12所、小学98所、幼儿园126所，在校中学生19330人、小学生54783人，入园幼儿17056人。农村高中教育入学率98.55%。全区有教师6028人，教师全员培训率100%。是年，开展“讴歌新时代、赞美新生活”等系列大型文艺活动。新建省、市级全民健身点21个，滨湖区被评为省体育先进单位，在全国第九届运动会上被表彰为全国群众体育先进单位。预防保健“金卡”工程全面达标，传染病发病率控制在300/10万以内，有6个村达省卫生村标准，计划生育全面达标，流动人口计划生育管理和计划生育优质服务体系基本形成。圆满完成“九五”妇女儿童规划的终期监测评估，获省妇女工作先进集体。

2002年，滨湖区被评为全国科技先进区。为提高规模办学水平，全年撤并学校23所，新创省级窗口学校4所，在省级以上重点学校就读学生比例超40%。卫生系统实施名医、名院、名科的“三名”

战略。全年新建23个健身工程点，胡埭镇、雪浪镇分别被授予全国健身活动先进单位和省亿万农民全民健身活动先进单位。翌年，区委、区政府制定《加强人才资源开发工作意见》《全区人才队伍建设三年规划纲要》等系列引才育才政策，全年引进人才829人。组建太湖高级中学，中学、中心小学和直属学校全部纳入区教育信息化平台。卫生系统通过组织抗击“非典”提高医疗服务水平。2004年，举办中国工业设计周暨无锡国际工业设计节，举办第四届科技成果洽谈会，引进科技人才912人。是年，举办首届区体育运动会。

2005年，区政府落实以区为主的教育管理体制，通过省义务教育“双高普九”督导评估。加快教育布局结构调整，基本完成太湖高中新校区一期工程；全年组建13个社区卫生服务中心和65个社区卫生服务站，强化完善重大疾病防治、卫生执法监督和爱国卫生等工作；开展争创省人口与计划生育示范区活动，全面落实农村部分计划生育家庭奖励扶助制度。是年，滨湖区通过江苏省“亿万农民健康促进行动”终期督导评估，成功举办第二届特色家庭文化节和首届家庭趣味运动会等活动，建成一批国家、省、市级健身工程（点）。

第九节　综合治理

2001年，区委、区政府加大“严打”力度，组织各项专项整治，打击刑事犯罪和黄、赌、毒等社会丑恶现象，破获刑事案件1924起，打击刑事犯罪人员7465人。调处民事纠纷2549起，接待、处理群众信访1711批（次），结案率97.8%，社会治安呈现“案件少、秩序好、社会稳定、群众满意”的良好态势。

2002年，实施“四五”普法教育，开展群众信访和调解工作，妥善处理集资、拆迁、企业改制、拖欠工资等矛盾。翌年，街道社区依法治理、“民主法治村”试点、法律服务进社区等有序展开，同时开展“建设平安滨湖、创建最安全地区”活动。组织专项整治，打击黄、赌、毒，抓好流动人口管理，教育转化“法轮功”练习者。2004年，全区依法完成村（居）民委换届选举，执行《中华人民共和国行政许可法》和推进“四五”普法教育，开展“建设平安滨湖，创建最安全地区”活动，夯实群防群治基础，强化对流动人口的管理。

2005年，以深化“平安滨湖”创建为载体，加强防控体系建设，开展“打黄扫非”等专项活动，保持对刑事犯罪和社会丑恶现象高压态势，全面实施“新市民安居乐业工程”，通过加强流动人口管理服务，健全领导定时接访、矛盾纠纷排查、落实预警预报、优化调处机制等制度，加强防火安全和安全生产监督管理等措施，维护社会安定。是年，滨湖区被评为江苏省社会治安先进区和江苏省维护国家安全先进集体。

第十节　人民生活

2001年，全区在岗职工和农民年均收入分别比上年增长8%和5.9%。政府组织就业岗位8500个，城镇职工登记失业率3.6%以内，实施城镇职工社保纳入市级统筹管理，农村养老保障按“低水平、广覆盖、多形式、保基本”的原则落实具体实施意见和管理办法。组织开展“筹千金、助千户”扶贫帮困活动，全区应保对象保障率、保障资金到位率、保障金兑付率、贫困学生享受助学金率均达100%。城市低保标准由每月180元提高至220元。是年，街道普遍建立社区服务中心，在完善“2858”求助网络的同时，实现向街道和镇延伸连片成网。

2002年，全面扩大养老保险面，推行农村大病医疗保险制度，下岗职工基本生活保障率、事业保险率和城市居民最低生活保障率均保持100%。翌年，政府鼓励搬迁企业带走、引导企业吸纳和购买公益性岗位等措施，全年实现就业1.1万人次，其中安置失地农民、失厂职工6387人。2004年，通过推行企业职工工资集体协商，全区4000家企业近10万名职工在最低工资保障的基础上收入有增长；政府落实就业保障资金3000万元，全年新增就业岗位2.46万个，实现就业16947人次；全区3万名老年农民享受社会养老补贴1800万元。与此同时，农业税继续由镇政府代交、区政府全额补贴。

2005年，区委、区政府积极推进全面小康社会建设，全面小康的4大类18项25个指标中的24个指标达标，全区基本实现全面小康。城镇居民人均可支配收入16100元，农民人均纯收入8750元，分别增长15%和121.5%。全年落实就业扶持资金2000多万元，建立保障工作站115个、培训基地10个，新增就业岗位2.8万个，实现就业19047人次，其中农村富余劳动力就业8641人次。开设就业创业培训班40多期次，累计培训失业人员6484人次、农村劳动力12230人次。完成养老保险扩面23221人，其中城保20723人、农保2498人。分别安置市级项目、园区失地农民6251人、4961人，安置率100%；区级养老统筹人员38494人享受城镇职工医疗保险，农村大病（住院）医疗保险交费标准提高至110元，参保率99.26%，城乡低保人员达到应保尽保。是年，农村居民人均生活消费支出6343.2元，其中食品支出占37%、文教娱乐用品及服务支出占17.6%、居住支出占12%、交通和通讯支出占11.9%。每百户农村居民家庭拥有汽车3辆、电话117部、电脑31台、空调133台。农村人均钢筋、砖木结构住房建筑面积66.3平方米。城镇居民人均生活消费支出11735元，其中食品支出占36%、文教娱乐用品及服务支出占17%、居住支出占12%、交通和通讯支出占11.7%、医疗保健支出占10.3%。每百户城镇居民家庭拥有汽车8辆、电话116部、电脑60台、空调164台、消毒碗柜13台。城镇人均住房建筑面积32平方米。全区恩格尔系数由2001年的42%降至2005年的36.6%。

第九章　崇安区

第一节　地理　人口

一、地理

崇安区地处无锡市中心，以境内古刹崇安寺得名。2002年区划调整后，区域总面积由7.34平方公里扩大到17.82平方公里。其境东沿北新桥、广安桥、寿星桥一线与锡山区交界；南以解放南路、人民东路、太湖大道至广南立交、沪宁铁路为界，与南长区、新区相邻；西以解放西路、惠农桥、化工桥一线与北塘区相接；北至黄泥头、东旺桥、东红村、放马滩一线与锡山区相望。

崇安区是无锡的中心商务区。区内商贸流通服务业发达，市容繁华，崇安寺商圈集购物、观赏、金融服务为一体，与中山路、人民路商圈，构成无锡最大的商业中心。区域内拥有无锡规模最大的现代化商贸企业和高档的宾馆酒楼等一流服务业设施，高层商务楼宇密集。区内交通便捷，人口稠密，人流量大，是无锡对外开放的窗口。无锡火车站、汽车站设在区内，古运河横穿区境，无锡市区核心内环位于区内，日均流量百万人次以上。崇安区还是无锡市政治、文化中心，市委、市政府、市政协以及市公安局、市法院、市检察院等市级机关都设在区内。无锡主要文化娱乐设施集中在区内，拥有东林书院、薛福成故居、阿炳故居等众多名胜古迹。

二、区划

1986年，全区辖亭子桥、工运桥、崇安寺、复兴路、学前街、人民路、周山浜、上马墩、广瑞路等9个街道，92个居委会。1991年4月增设江海街道。1992年1月，撤亭子桥、工运桥两个街道，设工运路街道；撤崇安寺、复兴路两个街道，设崇安街道。2002年4月，滨湖区广益镇划归崇安区。2004年4月，撤学前街、人民路、崇安3个街道，设崇安寺街道；撤周山浜、工运路两个街道，设通江街道。2004年3月，广益撤镇建街道。2005年，全区辖广益、崇安寺、通江、上马墩、广瑞路、江海等6个街道，42个社区居委会。

区人民政府设在县前东街288号。

三、人口

1985年，全区总户数59071户，常住人口190528人，其中女性91073人。1990年第四次全国人口普查统计，总户数55507户，常住人口183372人，其中女性89296人；流动人口16855人。2000年第五次全国人口普查统计，总户数73849户，常住人口213867人，其中女性104973人，性别比103.74；流动人口23394人。2005年12月，全区总户数67032户，常住人口184173人，其中女性91598人；流动人口81070人。

计划生育政策实行后，全区人口自然增长率逐年下降，计划生育符合率保持在99%以上。1985年，人口出生率9.85‰，自然增长率7.15‰。1995年，人口出生率5.71‰，自然增长率0.76‰，计划生育符合率99.91%。2005年，人口出生率7.17‰，自然增长率为0.18‰，计划生育符合率99.99%。

据第五次全国人口普查统计，区内汉族人口213271人，占总人口的99.72%；有蒙古、回、苗、彝、藏、壮、朝鲜、傣、黎、畲、纳西、土、仡佬、锡伯、维吾尔、布依、满、侗、白、土家等20个少数民族，共596人，占总人口的0.28%，其中回族263人，白族、仡佬族、锡伯族各1人。

第二节　城市建设和管理

1986年，区内有主次干道与街巷里弄259条，总面积37.31万平方米，桥梁24座；排水管道总长20.69公里。80年代后期到90年代，随着旧城改造和居民小区的开发建设，区内道路发生较大变化。位于市中心“三纵”（中山路、新生路、健康路）“三横”（学前东路、人民路、县前街）与解放环路的主干道系统基本形成。街巷路面改造历经弹石、水泥、彩砖、沥青铺设，道路状况明显改善。1987～1989年，先后完成俞巷、连元街等2.31万平方米道路铺建。1990～1992年，完成新街巷、盛巷等2.3万平方米的道路翻建。1993～1997年，完成公园路新建、振奋路拓建、马巷路翻建等93条、19.26万平方米道路改造工程。1998～2002年，完成新生路拓建，新开河、东河头巷、锡沪西路、槐树巷、勤学路、道长巷等道路整修，勤俭新村、广瑞公寓、勤学苑等6.1万平方米新村道路铺设。2003年后，完成丁村支路等4条道路的大中修和书院弄、连元街等25条背街小巷的整治。2005年，区内有主次道路（含街巷、新村道路）163条、总面积721.03万平方米。其中：主干道23条，总长24.38公里，总面积690.75万平方米；区管道路（含街巷、新村道路）148条、总面积30.28万平方米。境内有东门、锡沪路、风雷等立交桥。

80年代后期，先后建成祝家浜翻水站和锡沪路、西水关、菩提浜、北新桥、槐古桥等6座泵站。进入90年代，又新建小尖桥、塔影双向调水站，扩建移建翻建汤家桥、黄泥桥、西水关、庙埄桥等4座泵站，加固驳岸4.7公里，疏浚汤家桥、庆丰浜、胡村河、塔影河等4条河道。2000年始，新建崇宁路翻水站，翻建移建改建1602仓库、西水墩、丁广、祝家浜、长安桥等5座泵站，翻建加固东西梁溪路、陈巷、亮坝上、衡器厂、菩提浜、蒋巷、尤渡村等10处驳岸和11.4公里防洪墙，疏浚汤家桥、殷家河、木专线河、锡沪路河、南北新开河等9条河道。2003年后，新建移建黄泥头、菩提浜、庙埄桥泵站，护砌祝家浜、新开河、毛岸里等9处2800米驳岸，清淤大寨河等河道。2005年，区内有泵站33座，其中广益街道圩内泵站17座。防洪墙17公里、圩堤19公里。排水管道长138.07公里，其中污水管长100.13公里。

80年代始，全区开展全民义务植树活动，根据老城区可绿面积少的情况，实施"破墙透绿""见缝插绿""垂直挂绿"工程。1986年，崇安区跻身江苏省绿化先进单位行列，人均公共绿地0.59平方米，绿化覆盖率14.99%。1986～1992年，建成"小街景、小绿地、小游园"370个。1987年，在上马墩地区建成以牡丹花为特色的靖海公园。90年代以后，随着城市建设和交通的大发展，道路、广场、小区的绿化大规模展开。2003～2004年，根据"绿色无锡"建设规划，建成18.67公顷广益生态园。2005年，全区绿地总面积202.07万平方米，其中道路、广场、游园绿地3.18万平方米，公园（城中、靖海）绿地3.19万平方米，单位、居住区绿地195.7万平方米。人均公共绿地10.97平方米，绿化覆盖率14.2%。

全区主次干道清扫从1986年的35条、64.65万平方米，增加至2005年的62条、102.95万平方米。垃圾管理由定点摇铃收集发展至垃圾箱、垃圾房、垃圾桶集中收集，并实现生活垃圾袋装化管理。1997年起，垃圾运输由人工木车转运发展至汽车密闭运输、集中填埋，垃圾中转站由简易式、多功能式发展至机械吊装式、压缩式。2005年，全区有垃圾中转站9座，其中压缩式6座。是年，区内有公厕73座，其中水冲式公厕占94.52%。其间，共拆除旧厕109座，改造翻建公厕112座次，新建公厕14座。公厕和小区储粪池改为三格式化粪池后，粪便年清运量由1986年14.38万吨下降至2005年8.8万吨，无害化处理率提高至97.95%。生活垃圾无害化处理科研工作在全市领先，"垃圾无害化处理中试验项目"和"垃圾分选机械"获1986年度国家科技进步三等奖。1987年，日处理100吨生活垃圾机械筛选系统被应用于无锡市山北乡北村生活垃圾无害化处理实验厂。

90年代，全区有房地产开发企业6家。1991～1995年，累计竣工69.9万平方米。区城市建设综合开发公司和区房地产经营公司先后跻身江苏省开发企业50强。先后开发建成鲲鹏大厦、天安大厦、灵肯商厦、教仪大厦、圆通公寓等一批高层住宅楼和商住综合楼，1996年建成的18层1.5万平方米的鲲鹏大厦和5.3万平方米的天安大厦时为市首座高层住宅和市首座高层商务综合楼。2005年，境内建有高层建筑37幢，主要分布在中山路、人民路两侧。

1986年，市、区、街三级城管网络基本形成。从落实"门前三包（包卫生、包绿化、包秩序）"责任制、推行垃圾袋装化等基础管理入手，辅以组织"门前三包、门内达标"、崇安"美容杯""市容环境综合整治流动红旗"等竞赛活动。1990年起，参与无锡市组织的国家卫生城市创建和"太湖城管创优杯"竞赛活动，加大综合整治力度，推进长效管理。在省、市历次创卫和各项检查评比中，一直保持领先。1986～2005年，3次获市"太湖城管创优杯"竞赛活动第一名。

第三节　经济总量

1986～1992年，全区工商销售总收入由2.15亿元增至6.43亿元，年均递增20.03%。1991～2001年，全区地区生产总值由1.47亿元增至12.09亿元，年均递增23.46%，其中第三产业增加值由1.01亿元增至10.31亿元，年均递增26.15%。1998～2001年，全区社会消费品零售总额由5.3亿元增至9.23亿元，年均递增18.62%。2005年，全区地区生产总值147.2亿元，其中服务业增加值128.2亿元，占地区生产总值比重增至87.09%；全区社会消费品零售总额148.52亿元。

1986年，区级财政实行"收支挂钩，全额分成，比例包干"的管理体制，全区上缴税收1742万元，可使用财力554万元。1987～1993年，区级财政实行“收支挂钩，递增分成，财政包干”的管理体制，上缴税收由2225万元增至4709万元，年均递增13.31%；可使用财力由755万元增至2655万元，年均递增23.32%。1994～2001年，区级财政实行分税制，全区财政收入由5271万元增至9152万元，年均递增8.2%；可使用财力由3303万元增至9792万元，年均递增16.79%。2002～2005年，区级财政实行税收属地征管，全区财政收入由9.64亿元增至17.97亿元，年均递增23.09%；其中一般预算收入由5.09亿元增至10.27亿元，年均递增26.41%；可使用财力由1.35亿元增至2.29亿元，年均递增19.25%。

第四节　商贸服务业

崇安区位于无锡市中心，商贸服务业是全区的支柱产业。1985年，地处市中心的151个市属零售商业划归区属后，区政府以建设“层次齐全、网点配套、灵活多样、群众方便”的商业体系为目标，各行各业齐动手，区、街道、居委一起参与，全民、集体、个体一起投入，区内建成万前路风味小吃一条街、孟渊弄修补一条弄，以及西河头小商品、崇宁路花鸟、交际路小百货等市场，建成崇安饭店、中山商场、喜福楼饭店、灵通针纺织品公司等一批规模企业。80年代后期，无锡市开始旧城改造，大批网点被拆，但全区第三产业仍保持快速发展。其中，1989年第三产业营业额由1985年7791万元增至3.02亿元，实现利润由610万元增加至1231万元。世泰盛呢绒布绸商店、第五百货商店、第五副食品商店先后跻身市一级企业。14个集贸市场成交额1.43亿元，为1986年的3.5倍。

90年代，崇安区先后建成江海商场、崇安商场、通惠东路商业街、江南物贸中心，形成大同文化用品商店、功德林菜馆、教仪公司、帐子商店等一批特色专业商店和规模企业，拥有商贸、饮食、服务等32个门类，三产企业484家。1992年，第三产业营业额3.99亿元，实现利润1339.93万元。翌年，区政府出台促进第三产业发展的若干意见后，新增商业网点1449个，集市贸易年成交额2.23亿元，比1989年增长25.94%；崇安寺农贸市场连续两年评为全国文明集贸市场和全国计量先进单位。90年代中后期，区政府提出“三产兴区”发展战略，确立第三产业在经济发展中的主体地位，实施“以房兴商、房商结合”策略，1993～1997年，全区开发商业用房11万平方米，建成天安大厦，完成崇安寺第三次改造一期工程，吸引心族百货、深港保龄球等一批外来企业落户。新增光明眼镜、沈广茂洗染等一批连锁商店，引进联想电脑、兽王皮衣等一批名牌商品（店），增设皇亭早点等一批便民服务网点。结合环境整治，上马墩、广益、风雷等一批小商品专业市场相继建成。1997年，全区第三产业增加值4.96亿元，占国民生产总值比重增至80.3%；社会商品零售总额4.63亿元。

进入21世纪，全区实施“区域发展、三产兴区”战略，推动以培植税源为核心的第三产业发展。结合旧城改造和道桥建设，先后建成周山浜商业用房和新生路、健康路、后西溪等3条特色街。2002年，全区第三产业增加值19.13亿元。社会商品零售总额18.99亿元，比1997年翻了一番半，其中批零贸易业、餐饮业比重分别达91.5%和7.6%。广益镇归属崇安区后，市场规模、特色优势进一步扩大。是年，集贸市场41个，其中亿元市场5个。年成交额36.21亿元，其中广益副食品市场达10亿元。

2003年以后，区委、区政府提出“构筑服务业核心区”的目标，按照“做美城中商务区、做特广益物流区、做热站前商贸区”的工作思路，形成现代服务业发展规划和区域发展总体规划，商贸服务业扩张升级。实施崇安寺第四次建设改造，崇安寺生活步行街区于2005年建成开业，吸纳皇亭小吃、功德林、王兴记、拱北楼、伊斯兰和光明眼镜店等一批老字号企业，入驻商贸企业370多家。建成全市首条商业步行街——大成巷步行街，新建好艺家灯饰市场、月星家居广场、华东商贸城、广益汽配城等一批规模型主题市场，开设保利广场等一批新颖业态企业。2005年，按照所在地统计口径，全区服务业增加值128.2亿元，占地区生产总值比重增至87.09%。社会消费品零售总额148.52亿元，其中批零贸易业、住宿餐饮业所占比重分别增至84.1%、11.7%。市场成交额398.9亿元，亿元市场发展至9个，其中江苏无锡生产资料交易市场成交209.53亿元、机电五金装潢市场成交50亿元。

第五节　工农业

一、工业

1986～1990年，崇安区形成以服装、五金工具、建筑五金、医疗器械、有色金属冶炼、塑料制品等14个行业为支柱的区街工业体系。1990年，工业企业由1985年76家发展至87家，其中区属22家、街道47家、校办18家。企业中，国家二级企业1家、省级企业3家、市一级企业4家。生产窗纱、冲击钻头、电焊钳、专用衡器、服装等140余个产品，其中被评为部（省）及市名、特、优产品22个。新增化工、机械制造等产品门类。15家区街企业先后实现工贸联营，6家企业年产值超500万元。全区工业总产值由1986年的6400.71万元增至1.76亿元，实现利润由1986年的692.78万元增至981.93万元。

1991～1995年，全区累计投资3533.7万元，完成技术改造项目 70个。新增化工、箱包制造等产品门类。"外向带动" 战略的实施，使工业开始向工贸一体的新型出口创汇企业和中外合资企业发展，年产值超过1000万元企业发展至6家。1995年，全区工业产品销售收入2.38亿元，实现利润820.3万元。1996～2000年，累计投资2348.6万元，完成技术改造项目23个，特别是1996年起，扶持南江塑料有限公司易地新建，当年实现销售2010.8万元；1999年又整合旋具厂资源实现扩产，2000年销售收入3865.66万元。是年，全区10家500万元以上的工业企业，产品销售收入2.03亿元。全区工业实现国内生产总值1.43亿元。

其间，工业所有制结构和经济结构调整步伐加快，一批区街工业企业先后破产解体、兼并、转营。1993～1997年，通过"退二进三"（退出二产，发展三产），累计置换出中心商务区厂房1.6万平方米。1998年，区窗纱厂整体"二转三"。2000年，区童装厂又以零资产整体转让，加入市光明集团。2005年，全区工业总产值68.53亿元，其中，56家规模以上工业企业实现工业总产值56.66亿元，产品销售收入60.92亿元，实现利税2.43亿元。

二、农业

崇安区农业主要在广益乡（2002年改为广益镇，2004年改为广益街道），主要从事茭白、水芹菜等特色名优蔬菜种植，辅以生猪、奶牛饲养和特种水产养殖，为无锡市蔬菜、副食品生产基地之一。1996年，广益乡引进罗氏虾、鲈鱼、河虾、田螺、白鲳等品种的特种水产养殖，后历经淘汰调整；翌年引进甲鱼、巴西龟、中华鲟、小白鲨、河豚等中高档特种水产养殖，后被鳄龟种龟养殖替代。2002年，广益镇新建200万株良种良苗蔬菜基地，蔬菜产量8374吨。是年，建成农业科技示范园区，花卉苗木和特种水产的种养规模分别为4公顷和8.67公顷。全年农业产值3320万元，农业增加值1915万元。2004年，广益街道启动村级集体经济股份制改革。

随着农村城市化加快推进，广益土地陆续被国家征用。2005年，广益街道可耕地面积由1980年592.1公顷减少至103.71公顷，其中水芹菜种植减少至10公顷，茭白种植仅剩13.33公顷。蔬菜年产量下降至6987吨，农业产值和农业增加值分别缩减至1300万元和680万元。与此同时，水产养殖水面减少至7.33公顷，其中鲈鱼养殖4公顷、白鱼养殖0.27公顷，500只鳄龟产蛋2400只，年创效益10.32万元。是年，鳄龟种发展至5000只。随着生猪生产的逐年萎缩，仅剩向阳村的华庄岸和毛岸村极少数饲养户。奶牛生产和技术早于1997年无偿支援给苏北灌云县。至年末,全街道8个村全部建立村级股份制经济合作社。街道经济格局完全从农业转化为以商贸服务业和工业为主,其中第三产业比重增至58.4%,工业比重41.6%。

第六节　开放型经济

1985年,全区有童装、衡器、窗纱、旋具、排笔等5家外贸生产企业,出口男女童装、铝合金窗纱、镀锌六角网等20多个产品。1986年,外贸出口产品收购额1586万元。通过实施"外向带动"战略,童装和丝绸服装等企业率先建立工贸联营集团,窗纱厂获轻工部出口创汇"金龙腾飞先进企业"铜奖。1991年,朝阳服装厂与上海土畜产进出口公司联营,组建新意达服装有限公司。1993年,崇安区首获自营进出口权;外贸出口企业发展至15家,外贸供货额超亿元,自营出口创汇15万美元。1997年,全社会出口商品供货额1.6亿元,进出口总额627.29万美元,其中自营出口总额407.26万美元。1998年,全社会出口商品供货额1.84亿美元,其中出口1.53亿美元。2002年广益镇归属崇安区和2004年属地统计后,2005年,全区自营进出口总额80779万美元,为三城区之首;自营出口获权企业发展至99家。

1991年,复兴路街道工艺花边厂与香港港湾国际企业有限公司合资建立华通制衣有限公司,崇安区利用港资实现零的突破。之后,天安房地产开发有限公司、泰华电器有限公司、大井印刷有限公司等12家中港合资或港资企业又相继建立。1995年,全区"三资"企业13家,其中工业9家、商业4家。三资企业年销售收入4090万元;当年协议外资685万美元,到位外资200万美元。1993～1997年,累计实际利用外资1327万美元。1997年,"三资"企业年销售收入7451.42万元,其中南江塑料有限公司销售收入占全区"三资"企业的比重达41.7%。1998～2003年,通过对外招商和引资引企,5年累计引进区外境内资金5.75亿元,合同利用外资2816万美元,实际利用外资1449万美元,年均递增7.84%。2003～2005年,分别引进协议注册外资2009万美元、3533万美元、5085万美元,年均递增59%。分别到位注册外资1046万美元、1788万美元、2004万美元,年均递增41.51%。成功引进世界500强企业——韩国现代建设株式会社及香港恒隆地产。服务业利用外资比例同步上升,2004～2005年,服务业到位外资分别达到1788万美元、2004万美元。

1992年,崇安区首次签订境外劳务合作项目两个。翌年,新办境外企业1家。1995年以后,对外承包工程、劳务合作逐步发展,1997年,完成劳务合作营业额5万美元,劳务输出5人。2005年建办境外投资企业1家。

第七节　民营经济

在改革开放搞活、发展多种经济成分政策的引导下,崇安区个体经济发展较快。1987年,全区个体工商户1274户、1353人,注册资金532.45万元,主要从事餐饮服务、日用小商品和服装销售等行业。1988～1990年,在治理整顿、旧城拆迁改造的情况下,全区个体工商户1800户左右。1991年,自行车修理个体经营者严大幼代表全市个体工商户出席全国个体劳动者第二次代表大会暨先进表彰大会,受到党和国家领导人接见。1994年,在促进个体私营经济发展政策的激励下,全年新增个体工商户820户,开业2226户;新增私营企业8家,开业24家。1998年,61名下岗职工首开先河,自主创业从事个体经营。是年,崇安寺夜市开业,120户个体工商户入市。1999年,健康路、后西溪等特色街市相继建成后,个体工商户发展至4232户。2001年、2002年,锡山工商分局野花园工商所、广益工商所先后划归崇安区，个体工商户增加至5088户、9105人。2003年，崇安区为下岗职工自主创业减免规费、改善投资环境的做法被江苏电视台《江苏价格栏目》专题报道。2004～2005年，华东商贸城、保利广场、东方巴黎等规模型主题市场建成后，又吸引1500多名个体经营者入场经营。2005年，个体工商户发展至10476户、16367人，注册资金24221.58万元。

崇安区私营企业发展起步于80年代中期，1990年，私营企业由1985年12家、104人发展至26家、506人，注册资金从434万元上升至1264.14万元。1996年，发展至118家。1998年，在市《进一步鼓励、引导发展个体私营经济意见》的激励下，私营企业增加至181家、2164人，注册资金8284.12万元。1999年，《中华人民共和国个人独资企业法》颁布后，首家个人独资企业——无锡市华益工艺礼品商行诞生。2000～2002年，随着企业产权制度改革的全面推进，相继有76家街道企业以资产转让形式改制或重组为个人独资企业、合伙企业或自然人控股的有限公司。2003年，又净增私营企业900多家，其中科技型企业35家，天彩生物、九润电器等7家企业被评为省科技民营企业。2004年，私营有限公司发展至921家，注册资金33875万元、从业6806人；合伙企业7家，注册资金77.6万元、从业37人；个人独资企业85家，注册资金1927.3万元、从业390人。2005年，私营企业增加至2724家、从业19802人，资金总额10.80亿元；民营企业社会消费品零售额从2000年的2.43亿元上升至106.18亿元，占全区经济的比重从2000年31.58%上升至43.1%；上缴税收4.43亿元，占全区总量的比重提高至22.2%。

第八节　社会事业

一、科技

崇安区科技年年出成果。1993年，眼科RK手术、化纤判色纺织机、自紧钻夹具等60项（次）列入省、市科技发展计划和新产品与科技课题，蝮蛇咬伤脑电图应用、自紧钻夹具等18项先后通过省、市科技部门组织的科技成果鉴定，5项获得市或市级以上科技成果奖，抗爆防回火吸式焊炬等38项获得国家发明专利。2002年，崇安区建立科技园暨科技创业服务中心，吸引4家科技型企业入园。是年，崇安区被评为江苏省科普文明城区。

1986～2005年，全区累计引进科技人才300人，2005年，区属企事业单位拥有科技人员2500人，其中具有高级专业技术职务200人、中级专业技术职务1600人。有省科技民营企业9家，市新锡量刃量具公司、市威华电焊机有限公司为省高新技术企业。

二、教育

1986年，崇安区开始实施义务教育标准化建设。1993年，首批通过省基本普及九年义务教育、基本扫除青壮年文盲（“两基”）达标验收。1995年起，围绕实施教育现代化工程和创建省市区域教育基本现代化先进区，推进教育事业全面、高位、均衡发展。进入21世纪后，按照“突出重点、优化布局、提高水平、均衡发展”的要求，以“撤小、扶优、做大”的原则，撤并小学10所，扩建5所，新建保利小学，逐渐形成“布局合理、发展均衡、内涵丰富”的现代教育体系。1986～2005年，累计投资17708.6万元，其中2001～2005年投资13842.6万元，为前15年的3.58倍。校舍建筑面积由1985年的4.83万平方米增至14.47万平方米。全国百所名校之一的连元街小学，历经两次改扩建，校舍建筑面积扩大至3.02万平方米，为全市一流。2004年，全区教育系统率先实现信息“校校通”，所有班级建成有背投电视机、多媒体电脑、视频展示台（“三有”）信息化教室，电脑生机比提高至7.92：1。2005年，全区17所小学中，省级实验小学7所，比1985年增加6所；市级实验小学6所。全区30所幼托园所中，省、市级示范性实验幼儿园4所，一类幼儿园7所、二类幼儿园18所。全区小学、幼托园所在校生21270人，教职工由1985年的864人增至1066人。全区小学生入学率、巩固率、毕业率分别达100%、100%、99.5%。学龄前儿童入学率从1986年的80%提高至98.9%。是年，5所市属中学划为区属。

开办于1984年的崇安区辅读学校，1999年被评为省特殊教育示范学校。2005年，在校生已从13人发展至11个班128人，累计接收弱智儿童307人。1995年，崇安区被评为全国特殊教育先进区。

1986～2005年，区职工学校共培养成人高中毕业生1.12万余人，成人专科、本科毕业生9260余人，全日制中职毕业生2560人，技术业务培训1.7万余人次。2003年，崇安区被评为江苏省社区教育实验区。2005年，崇安区率先建立集成人教育、职业教育和社区教育于一体的全市第一所社区培训学院。是年，全区开设培训班290个，招生15000多人，在校学员（学生）2.2万余人，其中中等职业技术教育在校生3000多人。

三、文体

1986年，崇安区政府投资60余万元，建成区工人俱乐部。1997年，投资600多万元建成区文化馆新馆。1999年，新建区图书馆。区文化馆和区档案馆分别通过国家二级文化馆和省二级档案馆达标验收。是年，崇安区被评为江苏省群众文化先进区。2000年，6个街道文化站均达到省级标准，所有居委红旗文化室达到区级标准。2004年，崇安区组建无锡二泉映月艺术团，翌年在崇安寺新建2500平方米二泉映月广场。

1988～2005年，崇安区先后组织举办10届社区文化活动周和8届崇安文化艺术节。拥有腰鼓、锣鼓、舞蹈、京剧、锡剧等业余文艺团队106支，其中市级特色文化团队两支。

1986～2005年，建成风雷健身苑、靖海公园等5个全民健身工程和64个、3.71万平方米的社区健身活动点，每个社区均配有一套室外活动器械。先后举办6届体育运动会和两届消防运动会，组队参加3届市综合性运动会，在市第八、九届运动会上，小学生金牌数和总分名列全市第一。1994年，崇安区被国家体委评为开展第七套广播体操先进区。1999年，被评为全国群众体育先进区。

四、卫生

崇安区设有崇安人民医院，医院重视社区卫生服务。1988年，崇安区被评为全国计划免疫先进单位。1996年起，崇安医院连续六年被评为江苏省文明单位、无锡市文明单位、无锡市十佳医院。1997年，崇安医院建成二级乙等医院和市爱婴医院，2002年增挂“无锡市慈善医院”牌子。历经多次改建扩建，至 2005年，医院建筑面积2.1万平方米、卫技人员414人、床位274张；有儿童、口腔、康复、妇科、心血管、眼科等6个特色专科，OK硬镜治疗近视眼、疝气小切口手术、血液透析等特色医疗项目；下设靖海、映山河、金海里等3个分院。

至2005年，崇安区建成6个集预防、保健、医疗、康复、健康教育和计划生育技术指导“六位一体”的街道社区卫生服务中心，拥有9个社区卫生服务站、39个民营医疗机构、55个个体诊所，社区卫生服务网络基本形成。甲乙类传染病总发病率由1986年的621.65/10万降至2005年的166.11/10万。全区计划生育符合率始终保持在99.5%以上，人均寿命由1981年的63岁提高至2005年的77.46岁。

第九节　综合治理

一、公共安全

1978年10月起，崇安区恢复区法院、区检察院、区公安分局建制。1993年9月，区综合治理领导小组改建为区社会治安综合治理委员会，下设办公室。政法部门分工负责、互相配合、互相监督，持续开展"严打"斗争，依靠群众"群防群治"，加强社会治安综合治理，确保一方平安。1986～2005年，全区共破获刑事案件10122起，其中列入省公安厅统计考核的故意杀人等8类重大案件的破案率由2000年的78%提高至2005年的87%。立案审查起诉4547人，其中立案查处职务犯罪案件347起，追缴赃款赃物4202.2万元，挽回经济损失4021.63万元。全区刑事、民事、经济、行政受案3.06万起，其中民事、经济、行政案件结案率分别达到99.6%、99.5%和100%。

全区社会治安综合治理工作形成齐抓共管、条块结合、以块为主的综合治理机制。治安联防从80年代建立地区联防队、护院护弄队开始，逐步发展至专职联防队与义务巡逻队相结合的治安防范网络。2005年，有专职治安联防队80支、451人，社区义务巡逻值班队41支、2083人，社区保安队48支、504人，社区居委会治保组织41个、287人。区、街两级建有重大疑难纠纷调解中心；基层调解组织92个、2031人，其中外来人口聚居点和农贸市场调解组织16个、61人。1986～2005年，调解纠纷23515起，调解率99.2%，调解成功率93.91%；其中恶性纠纷294起，调解率和调解成功率均达100%。

二、创建活动

1996年起，全区开展创建安全文明小区、安全文明单位和安全文明村镇（街道）的"创安"活动，2000年被评为江苏省社会治安综合治理先进区。2003年8月，开始转向"建设平安崇安，创建最安全地区"的创建活动，初步形成社会治安"大防控"格局，化解社会矛盾纠纷"大调解"机制，流动人口管理"大服务"格局。2005年，全区安全文明小区62个，其中省级3个、市级14个；238家单位评为安全文明单位，其中市级77家；8个村全部评为安全文明村，其中市级安全文明村4个。2004～2005年，崇安区连续两年被省委、省政府命名为江苏省社会治安安全县（市、区）。

第十节　社区建设

一、管理

1986～2005年，居委会先后多次撤并、新建、调整，历经2000年的社区组织管理体制改革和2005年的广益街道"村改居"（村委会改居委会），全区居委会由92个减至42个。

社区服务始于80年代后期，重点围绕与人民群众密切相关的"入托难、吃水难、就业难"，加强地区基础工作，开展"十帮互助"活动。1986～1996年，全区相继开办区老年康乐苑等6个区街两级敬老院，建成上马墩文化活动中心、复兴长寿宫等街道活动场所，开设学前街伤残儿童托管所、崇安区中心幼儿园等37个园（所），全区77%的居委建立微型社区服务中心，18家社会福利企业共安置418名残疾人就业。

1997～2005年，特别是2000年，市政府提出社区建设后，社区建设工作不断向纵深推进。1997年，崇安区被评为全国先进城区示范单位。1999年起，社区建设逐步纳入与经济建设并重轨道。

2000年，率先在江海、学前街两个街道和36个居委进行街居职能转换改革试点，而后在6个街道全面推开。2002年，在全区开展社区建设示范街道、示范社区创建活动。是年，70%的社居委达到市级示范社区标准，东河花园社区被评为省文明社区，崇安区被民政部评为全国社区建设示范区。2003年，区政府出台进一步推进社区建设的若干意见和社居委工作评估标准。是年，学前街街道和东河花园、风西2个社区被评为省社区建设示范单位。2004年，广瑞街道创新外来流动人口管理模式，在广瑞一村社区建立新市民亲情理事会。2005年，组织开展以社会救助为重点的社区服务，建成区、街两级"慈善超市"，累计筹集爱心助残资金120万元和爱心助学资金413万元。

二、服务设施

1999年，区委、区政府提出社区特色服务"五个一"（建立养老、托幼、助残、医疗保健、青少年教育服务设施各一个）、街道社区服务设施"六个一"（一街、一景、一广场、一楼、一网、一特色）和社居委"九个一"（一台电脑、一套音响、一台照相机、一部电话、一套体育器材设施、一千册图书、一个居务公开栏、一支志愿者队伍、一套工作制度）的规范化建设目标。是年，人民路街道率先建立全市首家信息化管理的市民求助中心。崇安区在广瑞街道地区建成区级敬老院。2000年，易地建成区级社区服务中心，学前街街道建成全市首家社区事务受理中心。2001年，区建成以养老康复、医疗保健为特色的长江康复医院，新街巷社区建成全市首家多功能的社区俱乐部。2002年，江海街道建成集办公、医疗、托老、科普、就业、健身娱乐等服务一体的2000平方米风雷新村西片社区综合服务站，时为全国一流。2004年建成1000平方米的区残疾人服务管理中心。2005年，崇安区获全国社区残疾人工作示范区。全区有社区服务设施1122个。其中：区、街两级社区服务中心（站）暨市民求助中心7个；区、街两级社区医疗卫生服务站11个；区、街两级养老机构6个，床位463张；社区服务站54个。社居委办公活动用房面积普遍达到150平方米以上，有53%的社居委达到500平方米以上。

第十一节　人民生活

一、收入

1986～2005年，全区居民家庭收入由单一的工资性收入增加经营性收入、劳务性收入及利息收入等其他收入。2005年，职工人均收入22483元，其中在岗职工人均收入由1986年的1328元提高至24796元。1996年起，区建立最低生活保障制度，2005年，有1585人享受低保补助，最低标准364.30元。1997年起，区筹集扶贫解困和再就业工程基金，对特困下岗职工进行生活补助。1997～2005年，累计发放社会救济费1987.12万元，失业救济金5170.3万元。

随着家庭就业人员的增加，家庭负担逐步减轻，1986年每个劳动者负担1.46人，2005年减至1.3人。消费支出同步上升，消费结构发生变化。2005年，城镇居民可支配收入15702.9元，城镇居民家庭人均消费支出14726.4元。

二、住房

从80年代开始，在旧城改造过程中，逐步解决居民住房困难问题。先后解决人均4平方米以下的住房特困户226户、下乡回城棚户50多户。1987～2005年，全区先后完成置煤浜、田基浜、西映山河、庆丰里等9处低洼地区危旧房改造，累计建成住宅小区110个、建筑面积568.2万平方米，高层住宅20幢、建筑面积67.6万平方米，有62258户居民迁入新居。2005年，城镇居民人均住房建筑面积26.63平方米、使用面积19.95平方米。

第十章　南长区

第一节　地理　人口

一、地理

南长区位于无锡市区东南部。东倚沪宁铁路，与无锡新区江溪街道接壤；南与滨湖区太湖镇为邻；西与滨湖区河埒街道、蠡湖街道相接；北至人民东路、解放东路、解放南路、人民西路，与崇安区、北塘区相邻。南北纵长8公里，东西宽6公里，平面地形像一只待飞的鸽子。2002年行政区划调整后，辖区总面积由原来的13.2平方公里扩大为22.43平方公里。

区内有3000多年历史的伯渎港与古运河相交汇，古运河、梁溪河、京杭大运河贯穿全区。占地32万平方米的太湖广场在辖区内，太湖大道横贯境内，86条公交线路覆盖全区，水陆交通便利。南长区气候属北亚热带季风气候，雨量充沛，温和湿润，四季分明，年平均无霜期250天左右。自然灾害较为少见，绿地覆盖率26.25%，是人群最佳宜居地区之一。

区委、区政府机关驻永丰路1号。

二、区划

1986年，全区辖长街、清名桥、谈渡桥、迎龙桥、槐古桥、清扬路、通扬桥等7个街道，101个居民委员会。1992年3月，长街街道和槐古桥街道合并为长街街道。2002年1月，滨湖区扬名镇、中桥街道、芦庄街道划归南长区。2004年2月，扬名镇撤镇建扬名街道，所属9个村委会改建社区居委会，其他街道和社居委重组后，南长区下辖迎龙桥、清名桥、南禅寺、金星、金匮、扬名等6个街道，共56个社区。

三、人口

1986年，全区总人口194697人。1988年，全区总户数65819户，总人口196344人。1990年第四次全国人口普查统计，全区总人口206460人，其中女性100996人。2000年第五次全国人口普查统计，全区总户数119213户，总人口348447人，其中女性171332人，性别比103.38。2005年末，全区总户数114783户，总人口315553人，其中：男性160247人，占总人口的50.78%；女性155306人，占总人口的49.22%。流动人口9.3万人。

1988年以后，南长区把人口计划生育工作纳入经济社会发展总体规划，制定完善各项政策。至2005年，全区计划生育符合率保持在99.5%以上，人口出生率由1988年的10.85‰降至6.86‰，自然增长率由1988年的5.76‰降至0.51‰。

第二节　城市建设和管理

1986～2005年，区政府加大城市基础设施和环境建设力度，区内新建扩建太湖大道、永丰路、永乐路、永和路、红星路、清扬路、中南路、金城路、运河东路等道路,形成快捷顺畅的交通网。根据辖区内河浜密布、河水污染严重的情况,1987年开始,区政府多方筹措资金,坚持每年整治1条河。为维护城市面貌的干净整洁,南长区在科学规划、全面建设、规范管理上着力。首先集中专项整治,解决违章建设、无证摊担、环境卫生等突出问题。1988～2005年,拆除违法建筑60余万平方米。1991年,遭遇洪涝灾害,南长区启动以改造低洼地区为主的旧城改造。1991～2005年末,房地产开发总竣工面积735833平方米,其中8层以上的高层建筑227幢,有新江南花园、新世纪花园、银杏苑、槐古豪庭、阳光城市花园等高档住宅小区。全区累计新建现代化住宅小区26个。1992年,沁园新村小区被建设部授予"全国模范文明住宅小区"称号。1994年开始,区政府启动傍临古运河、历史悠久、周边遗址胜迹甚多的南长街改造,其中南长桥至跨塘桥600米老街当年改造。1996～2005年,先后对曹张新村、清扬新村、中桥新村、永泰二村、虹桥新村、通扬新村、木樨厅等七八十年代建设的20个老居民新村进行改造,累计改造面积198.5万平方米,占全区老居民新村的50%,改造后的新村绿树成荫,绿地成片,受惠居民6.2万户、11.03万人。2004年,开展对小河浜集中整治,分4批整治河道23条,总长度9496米,清除淤泥8.68万立方米,修建调排水泵站9座,新建和加固河道驳岸10903米,新建绿化景观2.3万平方米。

2005年,南长区植树55万株,新增绿地33.26万平方米,绿化覆盖率26.25%,人均绿地面积5.39平方米;取缔无证经营摊点1.6万多个,查处路面占道经营8000多家,拆除违章建筑5万多平方米。对金星社区、新联社区、梁中社区等违法建设实施强制拆迁75084.1平方米。全年拆迁面积152.32万平方米,拆迁居民5334户。建设拆迁安居房超过100万平方米,低洼地区改造总面积735833平方米。是年,区政府成立古运河片区建设指挥部,启动城区4.8平方公里的保护性改造建设。在南长街历史街区的保护性开发中,制定修复、保护、开发、利用的详细规划,充分保护清名桥沿河及街区历史风貌。

第三节　区街经济

1986年前后,由于企业行政隶属关系的调整,南长区经济发展处于不稳定时期,总体规模较小。1986年,区工业生产总值3587万元,实现利润477.96万元;区属商业企业营业总额2825.56万元,实现利润63.46万元。随着改革开放的深入,南长区发展区街经济,相继开展争创"万元居委会"和"亿元街道"活动。1993年,有5个街道经济总量超亿元,清扬路街道沁园一居委实现利税总额100.6万元。1994年,区委、区政府提出"三产兴区、三工(区、街道、居委工业)稳区、三外(外资、外企、外贸)带区"的经济发展战略,在全区广泛开展为南长经济发展建功立业活动,有47家优胜单位和28名建功立业标兵受到表彰和奖励,并对为经济发展作出贡献的4名区外人士授予"南长区荣誉公民"称号。

2001～2005年,引进工商协议注册外资24269万美元,到位注册外资17875万美元。其间,220家区街直属企业有206家进行产权制度改革,320家挂靠企业改转为有限责任公司、股份合作制企业或个体私营企业。一批工业企业通过重组、兼并、改转制和"退城进园",为第三产业发展拓展空间。至2005年,全区有市场29个,新办企业1030家,民营企业6820家,个体工商户8200户;完成地区生产总值79.88亿元。全社会固定资产投资27.56亿元,社会消费品零售总额76.56亿元,自营出口总额2.3亿美元。第三产业增加值40.68亿元,占地区生产总值的一半以上。全区全年财政总收入154569万元,其中财政一般预算收入75690万元。

1987年,在城郊第一产业消退过程中,扬名街道(原扬名乡)已不种粮食。2000年,扬名镇组建科研、生产、经营于一体的荷兰农业园。其中自控温室无土栽培面积5.5公顷,所产"绿苑"牌彩色甜椒、网纹甜瓜、樱桃番茄、球形生菜等销往中国香港地区以及新加坡、日本、泰国、坦桑尼亚、巴基斯坦等地，吸引各地专家、友人到园参观、考察，被列为江苏省爱国主义教育和科普教育基地。2005年，扬名街道农业产值300万元。

第四节　工商业

一、工业

南长区原有冶金、棉纺、丝绸、机械、印染、精密制造等行业。辖区内有无锡钢铁厂等大中型企业70余家，是无锡市工业企业相对集中的地区。1986年，区属工业有轻工、化工、冶铸、机械、纺织、电仪等6个行业，有集体工业企业68家，其中区属工厂20家（民政福利、校办）、街道工厂48家，拥有固定资产3764.26万元，职工5273人，工业产值3587万元。1992年起，发展外向型经济，引进外资组建福华制衣有限公司、大亚鞋业有限公司、虹波电子有限公司等合资企业。至1995年，已有“三资”（合资、独资、合作）企业23家。至2005年末，共有外资企业77家。是年，引进外资投资项目10个，到位注册资金5830万美元，投资行业有服装、机械制造、电子等。全区外贸供货总额6690万元，出口创汇227万美元。

进入21世纪，科技型企业快速发展，全区拥有省级以上高新技术企业14家，占区规模以上企业的1/4，其中一汽无锡柴油机厂和上海电器集团无锡透平叶片有限公司为江苏省“百强”高新技术企业。国盛模具和无锡三弘科技有限公司分别建立工程技术研发中心。2005年，累计申请专利107件。无锡康明医疗机械有限公司的多功能微型角膜器获国家技术发明二等奖，无锡环境保护有限责任公司的印染工业废水处理关键技术研发及工程应用项目获国家环保科技三等奖，晨光电气厂开发生产的全数字式智能型变频器已应用于纺织、印染、环保、机械等10多个行业，国盛精密模具有限公司、明丽雅针织时装有限公司、恒丰硬质合金制品有限公司的产品在全国同行业中处于领先地位。高新技术产业增加值占规模以上工业增加值的38%，扬名高新技术园区建成高标准的数字电子产业区、精密机械产业区、科技创业园区等3个高新技术产业集中区，园区企业纳税销售30亿元（2000年、2003年分别为5309万元、112971万元）。2000年后，园区尝试跨国拓展国际经济，在美国、菲律宾、巴西、阿联酋、蒙古等国家和地区，投资兴办农业、化工、服装、广告等企业10家，投资总额1592万美元。2005年，区工业产值47.35亿元。

二、商业

1986年，南长区有商业网点296个。1990年末，商业网点增至808个，有职工10219人，商业销售额20704.35万元。1994年，第三、第六、第七副食品商店和区糖烟公司联手组建无锡市第一家连锁公司——无锡市星河商业连锁公司。是年，实现销售突破亿元。2000年以后，加快产业结构调整，按照“一中心（太湖广场现代商务中心）、一片区（古运河风情旅游商贸街区）、一大道（清扬路现代商贸大道）、十商圈（人民西路数码商圈、五爱路金融商圈、振新路商圈、南禅寺文化商城商圈、阳光沃尔玛商圈、中南路餐饮娱乐商圈、金城湾汽贸商圈、五星健康服务商圈、下甸桥水港物流商圈、古运河风情旅游商圈）”的规划蓝图，改善投资环境，加大招商力度。依托优良的区位环境优势，良好的服务体系，招商引资成效显著。悦福商贸有限公司、沃尔玛华东百货有限公司、乐购有限公司无锡分公司、金海华鲍翅大酒楼、蓝天新港餐饮娱乐有限公司等一批大型超市和餐饮领军企业先后落户，知名连锁企业永乐家电、苏宁电器、国美电器进驻南长区。2005年，全区商贸服务营业额17.11亿元。引入无锡凯宾斯基大饭店等重型服务项目，投资总额170多亿元。

21世纪初，一批新兴产业应运而生，文化、娱乐、中介服务、法律服务、典当、房地产开发等行业有长足发展。2005年末，有中介事务所49个，房地产开发公司26家，歌舞网吧等文化场所120余处；有社区服务企业1500多家，从业9000余人。全区建筑业、房地产开发与经营管理业、社会服务业等生产总额达40亿元。太湖广场周边商圈建有一批重大项目。无锡世界贸易中心总投资15亿元，无锡凯宾斯基大酒店总投资9亿元，太湖半岛国际广场总投资8亿元，无锡茂业城总投资20亿元，九龙仓有限公司总投资60亿。2003年起，所投资项目相继开工建设，其中九龙仓主楼建筑设计67层、高339米，时列中国（含香港）建筑第八高度，是无锡新的地标建筑之一。

第五节　社会事业

1986年，南长区社会事业相对滞后，教育、文化、卫生等总投入218.7万元，占财政收入的43%，其中教育经费150.82万元，占总投入的69%。部分事业单位在财政“差额”拨款状况下，勉强维持运转，发展步履艰难。之后，在区经济发展、政府财力逐步壮大情况下，区政府加大投入，促进社会事业建设稳步发展。

一、教育

1986年，南长区有小学27所、317个班级，在校学生13404人；幼儿园38所，入园儿童5499人；共有教职工886人。2004年，境内初级中学下放给区管理，经过教育资源整合，2005年有初中5所、小学25所，共有683个班级，在校学生24337人，教职员工1781人。有独立公办幼儿园5所、大集体幼儿园4所和公有民营学校两所。其中沁园新村小学等5所小学和侨谊幼儿园等5所幼儿园被命名为江苏省实验小学和省示范实验幼儿园。区义务教育普及率、巩固率、升学率均达100%。

80年代末，加快教育现代化建设步伐，至2000年，小学全面通过教育现代化工程的评估验收。“十五”期间，全区投入基础教育4.3亿元，是“九五”期间的2.6倍。2005年投入教育0.95亿元，其中预算内经费0.74亿元。通过高位整合教育资源，对槐古小学、黄泥垶小学、沁园小学、通德桥小学、南长街小学等重组和改造，打造侨谊幼儿园、沁园新村小学、南长街小学、扬名中心小学等一批现代化教育的品牌学校。借助“侨谊”品牌，筹建公有民营的侨谊小学，又创办侨谊中学。

2003年，为解决外来人员子女入学问题，区政府制定《关于依法保障流动人口子女接受义务教育的若干意见》，拓展公办学校的就读容量。2005年，有6000多名外地人员子女在区属公办学校就读。

二、文化

南长区历史文化底蕴深厚，现代文化氛围浓郁，围绕打造“文化大区”的目标，区政府坚持弘扬民族文化，活跃群众文化生活，谈渡女子威风锣鼓队、南长铜管乐队、通扬风筝队、南长街妙光艺术团以及腰鼓队、舞龙队、舞狮队、时装表演队以及锡剧、越剧、京剧、杂技等群众自发组创的各种文化团队80余支，参加人数超过2000人。特色文化家庭民间传统艺术有竹雕艺术、剪纸、撕纸艺术、玻璃画、烙铁画艺术、吹糖人、捏面人等，有非物质文化遗产项目5个，其中国家级2个、省级1个、市级2个。许多民族传统绝艺得到延续和发展。拍摄以清名桥为背景的电视剧《清名桥的故事》，在社会上引起很好的反响。多次举办古运河灯会，吸引周边地区几十万人参观游览，中央电视台、江苏电视台、香港凤凰电视台转播报道。南长境内文物胜迹较多，有400多年历史的清名桥。1994年，南长街老街北段改造中，沿河新建筑仍保留原明清时代的风貌，旧民居大多数得到修缮和保护。南禅寺文化商城是融佛教文化、民俗文化、现代文化于一体的华东地区最大的文化商城，占地12.12万平方米，开设花鸟鱼虫、邮票钱币、珠宝古玩、文房四宝等专业市场，建筑面积8450平方米的图书城坐落在商城正中央。节假日、庙会期间，游人如潮。

1998年，南长区先后被命名为江苏省群众文化先进区和全国文化先进区。

三、卫生

1986年，南长人民医院有医护人员和职工380人，7个街道均建有卫生所，负责街道辖区的卫生防疫和计划生育工作。1996年4月，成立无锡老年病医院，发挥特色优势，成为中国老年保健医学研究会无锡市老年病医疗基地。2002年撤销街道卫生所，所属人员划归南长人民医院。2003年，南长人民医院进行医院所有权与经营权分离的"托管制"改革，加入上海仁济医疗管理有限公司，医院管理上新台阶。2005年，南长区共有医疗机构116个，每万人拥有床位15.72张、卫技人员32.7人、执业医师14.22人。

在医疗卫生改革中，社区卫生服务事业得到发展。1998年，成立全市首个通扬社区卫生服务站。1999年，率先在全市成立区社区卫生服务中心。2002年，率先实行"站所合一"的卫生体制改革，完善"六位一体"（医疗、康复、健康教育、计生咨询、预防、保健）的服务功能。2003年，率先开展社区责任医师试点工作。2004年，率先建立以公办为主、社会多元化投入为辅的社区卫生服务网络体系。2005年末，全区有社区卫生服务中心6个、卫生服务站20个、红十字服务站56个，建成以老年病医院为龙头、以社区卫生服务中心为主、社区卫生服务站为补充的医疗卫生服务体系。

2004年，南长区成为江苏省社区卫生服务示范区。2005年，成为省社区卫生服务先进区，被中国红十字总会、民政部授予全国社区红十字服务示范区。

第六节　综合治理

1986～2005年，围绕建设平安南长、法制南长目标，加强社会治安综合治理，严厉打击违法犯罪，确保社会稳定。区设社会矛盾纠纷调处工作指导委员会，下设大调解中心及办公室，建立信访领导接待日制度。区司法局建立94支法律志愿者队伍，每年有500多名志愿者走进新村、小区开展法律服务活动。加强对外来人口管理，扬名街道建立的新市民维权服务中心，为新市民提供法律、计生、帮扶等服务。1989～1995年，区连年开展"从快从重从严"专项打击犯罪活动，组织开展"平安小区"创建活动，对流动人口加强法制宣传教育和户籍、居住等管理，建立快速反应机制，有效遏制犯罪上升的势头。2003～2005年，全区发生的27起命案全部告破。

1986～2005年，全区发放法律服务卡11万张。区人民法院共受理案件39871起，其中刑事案件3276起，执行案件17038起。区人民检察院共批捕犯罪嫌疑人3468人，起诉4000人。1997～2005年，区提起抗诉和建议抗诉案23起。开展预防职务犯罪实践活动，为无锡市制定《预防职务犯罪条例》做出成功的探索。与此同时，加强对未成年人犯罪的教育挽救和帮教力度，在全省法院系统成立首家青少年心理教育咨询岗。2001年，区法院被省高级人民法院授予"执行工作先进集体"称号，获得文明法院等16项省级荣誉，连续三次被省高院评为人民满意法院。2002年，区人民检察院被最高人民检察院授予"全国检察机关人民满意检察院"称号。其间，民事审判建立诉讼调解和社会大调解对接机制，到社区开庭和调解，化解社会矛盾，2005年，民事案件调解率63.4%。是年，南长公安分局被评为江苏省公安机关平安创建工作先进公安局。

第七节　社区建设

1982年，南长区开展争创模范居委活动。在社会治安、计划生育、环境管理、青少年教育、举办便民利民服务等方面卓有成效，同时提高居委会自我管理、自我服务能力。1986年，区内宋巷等24个居委被评为无锡市模范居委。是年起，全区开展军民、警民、厂街、厂校等多种形式的“共建精神文明”活动，有90多家单位参加。南长区当年与驻军83117部队签订共建社会主义精神文明活动协议书，有4个街道、15个居委、1家医院和部队的4个营、15个连队、1个卫生队建立共建关系。1991年，无锡市召开模范居委干部表彰大会，南长区28个居委受到嘉奖，区政府对在居委工作10年以上的100人颁发荣誉证书，对在居委工作15年以上的人员发放奖金。

2001年，区政府相继出台《南长区社区建设发展规划》《关于加强社区服务工作的意见》《南长社区服务建设产业化发展方案》以及发展社区卫生服务，加强妇女儿童权益保障等文件。每个社区都设立社区办事大厅、图书阅览室、老年活动室、社区卫生服务室和爱心超市、社区警务（调解）室等；推进居民自我服务活动，全区有注册社区志愿者3万余人；兴办养老福利机构18个、床位1100张；区公安、法院、检察院在每个街道派出法律服务指导员，检察院在20个社区设立法律服务站；为全面提高社区建设水平，开展平安社区、绿色社区、文化社区、星级文明社区系列创建活动。2005年，开展星级文明社区创建活动，获无锡市市民关注的创新成果奖；当年全区评出五星级社区7个、四星级社区5个，沁园新村第一社区被评为全国社区建设示范社区。

第八节　人民生活

1986年，区属企业职工人均收入1399.86元。全区除20218户居民使用管道煤气外，其余均使用煤球炉，有1/3的居民饮用水使用的是公用（合用）水龙头。2005年，全区在岗职工46503人，人均收入26965元，人均住房面积超过30平方米；114783户居民全部用上管道煤气或液化气，自来水管道全部进家入户；95%的家庭拥有自有住房和中高档家用消费品，百户居民中拥有电脑75台、电话（包括移动电话）278部、私家汽车17辆。

为解决下岗失业人员的就业，南长区多渠道开发就业岗位。2005年，新办劳服企业17家，社区就业实体216个，开发就业岗位3000多个；建立区、街道、社区三级劳动保障管理网络，坚持组织对下岗失业人员开展针对性、实用性强的职业技能培训，组织开展“送政策，送温暖，送岗位、送技能、送创业”的“五送”培训活动，安置14732名下岗失业人员再就业。救助弱势群体工作力度不断加大，对最低生活保障对象实行应保就保。全年4473人享受低保，救济总额986万元，城镇登记失业率2.96%。扬名街道55～60岁农民，除享受每月700余元的农民退休金外，年末还可获得1000元补贴；1500多名失地农民改善居住条件，全部享有养老、医疗等社会保障。

第十一章　北塘区

第一节　地理　人口

一、地理

北塘区地处无锡市区西北部，东靠崇安区，南邻南长区，西、北与滨湖区和惠山区接壤。北塘区曾是无锡近代最繁华的商埠，米市、钱庄、布码头、山地货行等闻名于世。2002年区划调整，辖区总面积由9.97平方公里扩大为31.5平方公里。北塘地理环境优越，交通便捷，古运河、312国道穿区而过，蓉湖大桥、蓉湖路和盛岸路接通锡宜高速，连接沪宁、锡澄高速的锡澄公路穿区入市。境内天下第二泉、寄畅园、惠山寺、黄埠墩等名胜享誉海内外。

区政府设在北塘大街188号。

二、区划

1986年，北塘区下辖北塘、北大街、顾桥、吴桥、西新、惠山、盛岸、惠龙等8个街道，111个居委会和4个家属委员会。2002年，区划调整，黄巷、山北两个乡镇和刘潭街道划入北塘区，下辖两个乡镇和7个街道，61个社区居委会和5个家属委员会。2004年，实行撤镇建街、撤村建居（会），整合后设黄巷、山北、北大街、惠山等4个街道，55个社区居委会和5个家属委员会。

三、人口

1986年，全区总人口174440人。2002年，增加至243121人。2005年末，全区总人口253436人，其中：男性124501人，占总人口的49.9%；女性124926人，占总人口的50.1%。人口出生率6.41‰，死亡率6.78‰，自然增长率-0.37‰。

第二节　城市建设和管理

1986～2005年，市、区政府加强路网建设，全区城市基础设施建设不断完善，蓉湖大桥、兴惠路、凤宾路、铁路立交、312国道改线、锡澄路拓建、广石路、民丰路建成通车，五爱北路、县前西街、盛岸路部分拓宽工程全面完成。1991年无锡遭到百年未遇洪涝灾害后，区委、区政府重视低洼地区和旧城改造，重点实施黄巷、五里新村、下河塘、江阴巷、泗堡桥、亮坝上等低洼地区的改造。1999年起，重点对惠华新村、五里北新村、惠龙新村等老居民新村进行整治，面貌明显改善。同时加快实施环境工程，完成驳岸加固、河道清淤疏浚和泵站改扩建任务，整治4批23条小河道。

2002年以后，进入大拆迁、大建设时期。至2005年，全区共完成拆迁面积82.1万平方米，开工建设经济适用房、拆迁安置房91.8万平方米。民丰家园、广石路经济适用房，惠麓园、蒋家湾、新桥花园农民安置房相继交付使用。加快经营性地块开发建设，2003～2005年，全区推介14幅地块、面积42.36万平方米，金马国际花园、凯旋景苑、凤宾家园、惠泉山庄、康桥丽景、嘉德中央公园、绿洲花园、二泉东园、仁和花园等一批新型住宅相继落成。全面启动北塘新城凤翔片区建设，完成新城概念性规划和控制性详规编制，开工建设区行政服务中心、通惠路商贸步行街项目，有序推进新城开发各项工作。

第三节　区街经济

1986年，全区工业总产值5342.58万元，实现利润515.29万元，固定资产原值1186.94万元。随着工作重心的转移，适度调整企业的产品结构与技术结构，初步形成包装用品、鞋帽服装、电热器材和印刷等系列产品。1992年，区政府及时调整“八五”规划和经济发展目标，经济增长较快，实现工业总产值1.86亿元，利润1222万元，销售超千万元的企业有6家，利税超百万元的企业有4家，固定资产原值5861万元。1993年开始，街道经济增长较快，成为全区经济的主力军，居委经济发展也稳中有进。至2005年，全区完成地区生产总值139.25亿元，其中第三产业72.03亿元；财政收入16.77亿元，一般预算收入8.83亿元，全社会固定资产投资58.99亿元，社会消费品零售总额66.62亿元，自营出口创汇4.75亿美元。

第四节　工商业

一、工业

1985年，区内工业主要有化工、机械、缝纫制品、皮革、文教用品、工艺品、印刷、包装用品等行业，区属工业企业52家，其中区直接管理的有电热器材厂、帽厂、纸品厂、火炬服装厂、工艺鞋厂、包装用品厂、纸箱总厂、纸盒厂、制刷厂、皮件厂等10家，街道管理企业26家，学校办企业16家。区属企业中有7家从事外贸出口产品，远销50多个国家和地区。此外，校办工业和居委会的工副业相应得到发展。

1992年起，发展外向型经济，成立北塘区海外联谊会，成功举办北塘区外资经贸洽谈会，加大吸引外资力度。至2005年，全区完成协议注册外资9410万美元，到位注册外资3692万美元，完成自营出口4.75亿美元。全年新批外资项目21个，其中超千万美元项目5个。北塘实施“科技兴区”战略，加大科技研发力度，强化科技队伍网络建设。全区有省级高新技术企业25家，省民营科技企业53家，完成高新技术产业产值50亿元，高新技术产业增加值13.5亿元。区科技创业园发挥科技企业孵化器作用，入驻科技企业112家，并列入省“区域性中小企业专业技术创新服务中心”的试点。宏光电容器有限公司被列为国家“火炬”计划重点高新技术企业，新惠玻璃制品公司研制生产的厚板钢化玻璃填补国内空白。

二、商贸服务业

1986年，接收一批划归区管理的商业网点，建立区商业局及下属饮食服务、糖业烟酒、百货等3家公司和供销社。至1990年，全区商业设施总投资250万元，新建和改造商业企业18家，新增网点323个，网点布局渐趋合理，商业后劲逐步增强。1990年，全区商业销售额1.57亿元，比1985年增长47%。传统的米市、五金、船具等特色市场和传统商业得到恢复和发展。5年间集贸市场总投资131.24万元，新建、改造市场8个，集贸市场成交总量23834.51万公斤，成交额35640.86万元。三里桥粮油交易市场集批发、零售为一体，交易范围辐射至19个省、市、地区，是市内主要粮食集散地。1989年、1990年连续被评为国家级文明集贸市场。1992年，全区商业营业额首次突破2亿元。1994

年，商业呈现较快发展势头，新建无锡鸡粥店、大世界百货公司、鲁发液化气公司等骨干企业，组织五爱北路霓虹灯商业一条街建设，三里桥粮油新市场投入使用，黄埠墩建材市场开张运转，吴桥船舶市场成交活跃，投资250万元开设的五爱农贸市场、莲蓉五金电器市场开张，无锡粮油交易中心运作。至2002年，区内第三产业得到突破性发展，永乐家电、诚隆超市、瑞德纺织、舜天汉唐等新办贸易企业当年销售超亿元，1000万元以上贸易企业的销售总量同比翻一番；特色街和专业市场培育工作有较大发展，青石路商贸景观街被命名为无锡市餐饮旅游特色街，一些新兴行业如现代物流、影视传媒、信息服务产业在第三产业中的比重逐步增加。2002年，全区完成市场成交额53亿元，并成功举办中国无锡首届春季粮油交易会和第三届全国摩托车及配件展示交易会。至2005年，服务业项目建设持续加快，招商城4万平方米商场化改造、山北农贸市场改建和新桥农贸市场超市化改造完成，海兴大酒店、中威丰田和联众M6汽车4S店、金桥副食品市场、国美电器解放路店、苏宁电器山北店等项目相继开业。

第五节　社会事业

一、教育

1985年末，全区共有小学20所、314个班，在校学生12914人；幼儿园23所，入园儿童7672人；共有教职工843人。经过教育资源整合，至2005年，共有直属初中1所、小学14所，班级400个，在校学生15132人，共有教职员工992人；有独立公办幼儿园7所、大集体幼儿园4所和公有民营学校4所；其中五爱实验小学、山北中心小学、盛岸中心小学和五爱实验幼儿园、铃兰实验幼儿园被命名为江苏省实验小学和省实验幼儿园；全区义务教育普及率、巩固率、升学率均达100%。

20世纪末，启动教育现代化工程，加大教育投入，改善教育设施。1985～1990年，区政府每年用于教育的投资增幅高于同年财政收入的增幅。1990年，全区教育经费350万元，比1985年增长110%。5年内共新建、翻建小学、幼儿园校舍9062平方米，扩建、新建托儿所32所、幼儿园1所。此后，1300平方米的培智学校竣工并开学，投资200万元建造盛岸中心小学和惠山小学教学楼，总投资3800万元的山北中心小学建成启用，积余街小学异地重建，五爱小学扩建，职校惠华校区投入使用。

1995年起，推进教育体制改革，实施“名师工程”“名校工程”，深化园长承办制、校长任期制、教师全员聘用任职改革，启动实施教育信息网络“校校通”工程，投入300多万元加强“班班通”、校园网建设，推进教育资源布局整合，完成丽新、锡航、长安桥、惠工桥、惠华等小学和惠山、二泉等幼儿园的归并、分流工作，打造五爱小学、山北实验小学、铃兰幼儿园等品牌学校。

二、文化

北塘区历史悠久，文化底蕴深厚。区政府加强区、街、居三级文化阵地建设，开展群众喜闻乐见的文化活动，组织大型广场文艺演出，“激情广场大家唱”活动得到居民群众的普遍欢迎。1999年和2004年，北塘区两次被评为江苏省群众文化先进区。北大街街道被评为全国群众文化先进单位。2005年，区文化馆被评为文化部一级馆，区图书馆被评为文化部等级馆；北塘铃兰女子合唱团在第六届全国合唱节上荣获演唱银奖、优秀组织奖和优秀指挥奖，并在第七届中国国际合唱节上获成年组优秀表演奖。

三、卫生

1985年，区属医院有医卫人员399人，8个街道卫生所有医卫人员52人，卫生防疫站有卫技人员14人。至2005年，区内有卫生医疗机构8个，其中区属医院、卫生监督所、疾病控制中心各1个，街道社区卫生服务中心5个，总床位508张，医务工作人员769人，其中医生343人，每万人拥有床位20.73张、卫生技术人员26.98人、医生14人。

1999年，成立区社区卫生服务和计划生育技术指导中心，加强卫生监督管理和传染病防治工作。2002年，加强卫生服务体系建设，理顺社区卫生服务站和街道卫生所的关系。2005年，成为省社区卫生服务示范区。投资1200万元完成街道社区卫生服务中心改建工作，社区卫生服务中心和服务站职能调整实施到位，社区卫生服务信息管理系统开发和示范区建设项目通过省级科技成果鉴定并推广使用。

第六节　综合治理

1986～2005年，发挥政法机关的职能，开展“建设平安北塘、创建最安全城区”活动，强化社会治安综合治理，加强社区治安队伍建设，严厉打击刑事和经济违法犯罪，确保社会稳定。发挥社会矛盾大调解机制和领导信访责任制的作用，妥善处理好事业单位改革、被征地农民转非农业户口和旧城改造拆迁中涉及的上访热点问题和群体性事件。全面开展社区矫正试点工作，253名矫正对象纳入社区矫正管理。加强食品卫生安全、安全生产和学校安全管理，做好禽流感等重大动物疫情防控工作。

第七节　社区建设

1986～2005年，开展社居委硬件建设达标活动，全区37个社居委硬件建设达标率68.5%。加强社居委干部队伍建设，组织开展电脑操作和知情知晓竞赛活动。社区服务特色项目超过20个。1999年、2000年北塘区连续两次被评为省社区服务示范区，北大街、西新街道被评为省社区服务示范街道。开展和谐社区建设活动，社区论坛、社区邻居节、里弄运动会、“激情广场大家唱”等活动取得良好的社会效应。北大街街道成为全国首届和谐社区示范街道，南尖社区获“全国先进文化社区”称号。“保洁、保绿、保安”社区创建工作有序推进，招收200多名下岗失业人员充实社区保安队伍，改善社区人居、安全、卫生环境；招募148名社区志愿者，与全区135名空巢老人开展结对帮扶活动。

第八节　人民生活

1986～2005年，推进再就业工程，组织开展“送政策、送温暖、送岗位、送技能、送创业”的“五送”活动。2005年，全区实现就业9921人，其中“4050”大龄人员再就业3104人。城乡居民收入稳步提高。是年，在岗职工平均工资25137元，农民人均收入8642元。区政府制定并执行职工最低工资标准和城乡居民最低生活保障制度，开展社会关爱行动，慈善医疗、扶贫助学、结对帮困、重度残疾人生活救助形成制度。维护职工合法权益，在488家企业中推行企业工资集体协商制度。其间，全面完成原郊区医保与城市医疗统筹并轨，共有1.7万人享受基本医疗保险。山北街道在全市率先完成农民进社保。建立全市首个精神卫生工疗站，创办区级敬老院和重度残疾人寄养康复中心。独创“阿勤嫂”品牌服务企业，着重发展社区家政服务、编织加工等服务特色项目，探索一条发展社区服务与实现居家就业相结合的新路子。

第十二章　无锡新区

第一节　地理　人口

一、地理

无锡新区位于无锡市区东南部。南枕太湖，北邻崇安、锡山两区，东隔望虞河与苏州相望，西与南长、滨湖两区接壤。京沪铁路、沪宁高速公路、312国道、京杭大运河穿境而过，苏南国际（无锡硕放）机场坐落境内。1995年，区域总面积83平方公里。2002年区划调整，区域总面积141平方公里。2005年，区域总面积197.28平方公里。

二、区划

无锡新区是在无锡国家高新技术产业开发区基础上设置而成。根据1994年省政府《关于部分调整无锡市区和无锡县行政区划的批复》精神，无锡新区由郊区的旺庄乡，无锡县的硕放镇以及坊前、新安、梅村3个镇的19个村，无锡国家高新技术产业开发区、无锡新加坡工业园组成。1995年3月1日新区成立，同时成立市政府新区管委会。1999年12月，新区长江路街道成立，主要管辖太湖花园一期、二期等建成区。2002年1月31日，将滨湖区南站镇、坊前镇、梅村镇的行政管理权划归新区，将滨湖区华庄镇的周泾村、华光村划归新区旺庄镇管辖。2005年，两次实施区划调整，将锡山区的鸿山镇以及滨湖区华庄镇的原新安部分区域委托无锡新区管理。

新区管委会设在天山路5号。

三、人口

1995年，全区总户数29210户，常住人口84047人，其中女性43264人；流动人口8135人。2000年第五次全国人口普查统计，全区总户数70186户，总人口226281人，其中女性110086人；流动人口16517人；人口出生率1.27‰，自然增长率1.02‰。2005年，全区总户数84894户，常住人口254690人，其中女性129735人；流动人口153607人；人口出生率10.65‰，自然增长率3.19‰。

第二节　开放型经济

新区依托无锡国家高新技术产业开发区和无锡新加坡工业园的基础，不断加大对外开放力度。1995年，新区引进外资企业124家，总投资11.3亿美元，合同利用外资7.98亿美元，到位外资2.27亿美元。1996年，有10家总投资超千万美元的大型合资、独资企业陆续投产，成为新区经济重要的增长点。其中希捷国际科技（无锡）有限公司以自营出口28.1亿元的外贸供货额居全省企业之首。1997年，全区新批外商投资项目40个，投资总额3.78亿美元，合同利用外资3.04亿美元，到位外资2.14亿美元；电子信息及机电一体化、精密机械、精细化工、生物工程及医药和新材料等五大支柱产业已初具规模，年内五大支柱产业实现工业总产值占园区总量的81.8%。1998年，全区新批外商投资项目40个，投资总额4.91亿美元，合同利用外资4.64亿美元，实际利用外资3.06亿美元。翌年，全区新批外商投资项目67个，合同利用外资4.08亿美元，实际利用外资3.34亿美元；美国通用、柯达，法国欧尚超市等一批跨国大公司项目在新区落户或增资，进区的世界500强公司增至26家。2000年，新区启动无锡信息产业科技园、台湾高科技工业园建设；招商方式向团组式、产业链招商转变，新批超亿美元项目两个、超千万美元项目35个，外资企业投资总额9.07亿美元，合同利用外资8亿美元，实际利用外资4亿美元，越来越多的国家和中国台湾等地区在新区投资。

2001年，针对国际经济和国际资本流动的新格局，新区加大招商力度，开拓重大项目信息源，成功引进一批国际大公司，特别是对日本、中国台湾招商方面取得重大突破，引进索尼、松下、希门凯电子（无锡）有限公司等较大体量的外资项目，全区批准外资项目118个，平均投资规模1099万美元。2002年，合同利用外资27.78亿美元，实际利用外资6.86亿美元，比上年分别增长130.1%和35.3%，占市区的比重超过50%；新增外资项目213个，其中超千万美元项目77个，新增6家世界500强入园企业。翌年，新区完成协议注册外资18.03亿美元，协议到位外资10.05亿美元，外资项目平均投资强度每平方公里5.2亿美元；完成进出口总额74.22亿美元，占全市51.6%；新增日本普利司通、东芝，韩国LG等世界500强公司，入区世界500强公司达40家。

2004年，新区新批外资项目237个，其中近亿元或超亿美元项目10个；全区完成自营进出口总额117亿美元，首次突破百亿美元大关。海力士——意法半导体超大规模集成电路项目开工建设，总投资20亿美元，注册资本7.5亿美元，是江苏省历史上投资规模最大的外商独资项目，公司是国内当时最大的半导体外资企业。2005年，新区完成协议注册外资28亿美元，占全市总量的35.9%，到位外资10.8亿美元，其中经商务部确认的到位外资8.52亿美元，占全市总量的42.6%；新批项目平均规模3194万美元。

第三节　投资环境

1995年，新区在原开发区基础上，完善基础设施建设。区内4公里长的原312国道高架公路年初开工建设，年末竣工通车；总投资2亿元的热电中心工程土建基本完工，进入设备安装调试阶段；新区内高速公路联络道的经一路、高浪路、薛典路年末开工建设，1996年9月全线竣工通车。

1996年6月，新区管委会邀请著名的美国安达信咨询公司为新区进行形象包装。在半年时间内，安达信公司就新区周边较具代表性的各开发区硬件设施、管理水平、配套服务、机构设置、优惠政策、发展规划、运作方式及成败得失等方面调查、对比、分析，完成《无锡高新区综合分析诊断报告》，解决存在的问题，优化投资环境。1997年，新区邀请区内外商投资企业共同参与监督评议机关事业单位行风，强化机关部门服务意识，全面开展承诺服务，提高服务质量。

1998年，新区在提高硬件水平的同时，建立和完善“一个窗口”对外、“一站式”服务和“一个头”收费的“三个一”服务体系，增强招商引资的吸引力。新加坡工业园连续第3年被权威的英国《企业测位》杂志评为亚太地区综合投资环境最佳工业园区之首，并被国务院特区办定为直接联系点。5月，无锡新区国际咨询顾问委员会成立并召开首届年会，21名国际大公司、大财团的总裁及高级管理人员应聘成为新区国际智囊团首批成员。2000年9月，建筑面积1.08万平方米的新区服务中心新址建成，中心由“一站式”服务大厅和办税服务大厅组成，集市、区28个部门的职能于一体，实现市、区两级与企业的联网，外商进区投资办妥所有手续只需1周时间；建立海关直通点、物流中心、公共型保税仓库等对外经济服务体系；及时调整各项优惠政策，把新区行政性收费“零费区”政策落到实处。

2001年，为提升服务质量和水平，新区启动建设市行政审批中心，建立出口加工区。翌年，新区制定140平方公里总体规划和50平方公里开发建设规划，建成区面积达30平方公里，当年基础设施投资13亿元。建设园区宽带光纤网，实现网上办公、网上申报、网上统计，初步建成高速互联的“数字新区”。2003年，新区完成基础设施投资22亿元，建成高新区B区路网和基础设施，建成梅村、硕放两个污水处理厂、友联热电厂、旺庄立交桥、新华立交桥、生态园、外商公寓等重点工程；配合实施无锡硕放机场改扩建，机场顺利开通国内民用航线。2004年，新区共完成道路建设18条，前进北路等道桥工程、荆同等输变电工程、高新区B区标准厂房一期等重点工程顺利推进。

2005年，新区聘请日本大场、日本设计、新加坡邦城等5个国际、国内一流的规划设计单位编制《无锡新区“200+20” k㎡国际科技新城概念规划》和《无锡新区“200+20” k㎡分区规划》，编制新区农村发展规划、新区现代服务业规划等10余个专题规划。

第四节　科　技

无锡新区自建区开始就重视引进高新技术企业，培育高新技术产品，加强高新技术自主研发，加快高新技术产业化进程。1995年，引进高新技术企业39家。其中，16家被市认定为高新技术企业，5家被认定为省级高新技术企业，3个产品获’95中国高新技术产品博览会金奖、1个获银奖。1996年，又有8家企业被认定为省级高新技术企业。全区13家省级高新技术企业全年工业总产值38.9亿元，约占新区工业总产值的34%。继1996年开发40个新产品后，1997年又开发成功40个。新产品中有国家级新产品4个、省级新产品8个。与东南大学合作开发的智能挟持式流量计填补国内空白。

1998年8月，新区召开科技园成立暨动员大会。科技园由科技企业孵化中心、民营科技中心和留学生工作中心等3部分组成，成为新区产学研一体化、科技创新、成果转化和实施知识经济发展战略的基地。中国工程院院士许居衍受聘为科技顾问。1999年11月，无锡科技创业园开园并举行揭牌仪式。科技园试运作一年间，各项配套设施完善，建立科技信息中心，开通宽带高速信息网。加强国际间的科技交流与合作，与美国北卡罗来纳州三角科技园、英国纽兰兹科学园等国外著名高科技园结成友好园区，在项目信息、人员培训、技术合作等方面开展合作与交流；与中科院、清华大学、北京航空航天大学、上海大学、无锡轻工业大学等10多所国内高校及科研院所建立密切的产学研合作关系，引资引智有较大进展。至年末，有30家科技型企业入园，项目总投资近亿元，技工贸总收入5000万元。“一中心六园”建设进展顺利，软件园、留学生工作园等均升格为市级园，科技创业服务中心、高科技农业示范园均升格为国家级园区。

2000年6月29日，无锡市第一个、全省第三个高新技术风险投资股份有限公司在新区成立。公司注册资本8000万元，以生物医药、电子信息、新材料、机电一体化、新型环保与节能等新兴产业领域的高新技术成果产业化为投资方向，集投资、服务于一体，扶持、壮大高新技术产业。翌年，新区成立科技创新领导小组，制定《鼓励集成电路产业和软件产业发展的若干规定》《鼓励科技创新优惠政策》及《外资企业设立研发中心的有关优惠政策》，对科技创新的投入继续增加。区内创新企业突破百家，建立国家级集成电路设计产业化基地、无锡大学科技园等创新基地，与用友软件、中兴通讯等8个上市公司开展合作，引进用友软件无锡分公司、中兴光电子等高科技企业。全区年度研发经费投入5亿元，科技进步对工业和农业增长贡献率达54%和61%。

2002年，新区建成国家级“火炬”计划软件产业基地，省专用集成电路设计工程技术研究中心正式挂牌，信息产业园9幢、3.3万平方米研究开发大楼和软件园二期1.8万平方米孵化大楼投入使用。高新技术产业开发区被省政府授予“江苏省信息产业基地”称号，国家批准建立博士后科研工作站。永中科技等7个项目被列入国家“863”计划，建立集成电路设计和软件开发公共技术服务平台。翌年，新区新增孵化场地面积1.1万平方米，新增工程中心、研发中心11个，投入研发经费8.3亿元，高新技术产业产值占工业增加值比重63%。无锡高新区被科技部评为“火炬”计划15周年先进国家高新技术产业开发区,无锡科技创业服务中心被评为“火炬”计划15周年先进高新技术创业服务中心。无锡科技创业服务中心与英国剑桥大学圣约翰创新中心成为友好园区。无锡尚德太阳能电力有限公司总经理施正荣被评为全国留学回国人员先进个人。

2004年,新区启动创新产业园建设,省国际技术转移中心获准设立,无锡国家级软件产业基地通过科技部验收并正式挂牌。永中OFFICE入选“科技中国55个新第一”的唯一办公软件。全年获批国家级“火炬”计划项目4个、国家级重点新产品4个、国家创新基金项目9个、国家科技攻关项目2个。2005年,全区累计高新技术企业204家,高新技术产业实现产值755亿元;无锡国家液晶显示产业园挂牌;全区建成1个综合孵化器,7个专业孵化器,总孵化场地面积15.85万平方米,在孵企业近800家。无锡尚德太阳能电力有限公司在美国纽约证券交易所挂牌上市,新区与上海张江高科技园区建立友好园区,日本东京大学无锡代表处在新区设立。

第五节　农村经济

1995年起,新区按建设现代化国际化高科技新城目标,对城乡统一规划、分步实施、分级建设,加强城乡一体化建设。至2005年,大部分农村已变为城区,旺庄、南站、硕放、坊前先后由乡镇改为街道,农村经济发生根本性变化。1995年,全区两乡镇小麦、油菜、水稻亩产分别为263.2公斤、150公斤和578.65公斤,全年粮食总产3431.1万公斤,夏秋两熟在全市均率先完成国家粮食定购任务,全年累计入库粮食805万公斤,是国家定购任务的124%,超交160万公斤;累计上市蔬菜7000吨,生猪出栏4.1万头,禽蛋、水产品、蚕茧产量分别为222吨、938吨、138吨;全年农业总产值1.32亿元。1996年,新区农业投入1512万元,其中农副业生产投入260万元、农田水利建设及防汛工程投入670万元、农机投入202万元、“菜篮子”工程建设投入380万元。粮食生产喜获丰收,交售粮食951万公斤,完成国家定购任务的171%,比上年多交售140万公斤。全区完成第一期千亩粮田改菜田工程,第二期工程规划全部落实。农业总产值1.7亿元。全区有乡镇工业企业363家,职工15511人;乡镇工业总产值17.5亿元,销售收入15.1亿元,利税8737万元;职工人均收入4947元。

1997年,新区交售粮食1420万公斤;完成国家定购任务的265%,比上年多交售469万公斤。农副业生产投入1500万元,高速公路沿线农业现代化工程一期改造全面完成,旺庄乡过家桥、硕放镇杨家湾现代化农业示范区全面建成。乡镇工业稳中有升,年内有196家乡镇企业完成转制、改制,占应转改制企业数的93.78%。年内实现三产营业收入9.7亿元,同比增长15.8%。翌年,新区在受灾严重的情况下,保持农副业生产的较高产出。全年农业总产值1.82亿元,增加值0.93亿元;农副业生产投入1100万元。农村个私经济、庭院经济蓬勃发展,硕放镇市级个私经济园一期工程全面铺开,许多农户依靠发展形式多样的庭院经济脱贫致富。1999年,全区农业总产值2.23亿元,增加值1.14亿元。全区投资1000多万元,完成治理太湖工程、区域内防护排涝工程、河道疏浚工程和农田配套工程等水利建设及防洪工程。小型农田水利工程产权制度改革取得突破,完成194座灌溉站改制。农村庭院经济已具规模,初步形成蔬菜、奶牛、肉鸭、肉鸽等种养基地和“一乡一色、一村一品”新格局。是年,乡镇工业销售收入23.61亿元,利税11.46亿元,职工人均收入7185元。2000年,全区加快农业产业结构调整,全年投资1400万元建成高新技术农业示范园、百亩设施立体种养生态园和40亩美蛙基地,蔬菜无土育苗中心形成年产500万株优质种苗的生产能力。高新技术农业示范园年内引进内资项目5个,投资总额2000万元,吸引中国香港好前景国际有限公司、美国维生种苗有限公司建设芦荟园。下调粮食作物1.15万亩,新增经济作物0.45万亩,形成种植结构、品种结构全面优化的效益农业新格局。全区第三产业营业收入22.8亿元,实现增加值4.88亿元,实现利润6000万元,第三产业经济占农村经济比重超过30%。

2001年，全区农村社会总产值89.16亿元，地区生产总值23亿元。按照“农业向大户集中、工业向园区集中、农民向城镇集中”的要求，农业产业结构调整继续深化，粮经比例由7∶3调整为5∶5，多种经营占农业总产值的比重90%以上。是年，推行税费改革，全区农业税计税面积3.88万亩，核减2.8万亩。2002年，旺庄、硕放、南站被列入全市经济强镇，新增销售收入超亿元的村10个。成立区三产工作领导小组，组建三产办公室，欧尚超市、新城大厦、长江俱乐部、中心大酒店、科技文化中心等重点三产项目相继建成开业，全区第三产业增加值32.7亿元，比上年增长63.5%。

2003年，旺庄、南站成为百亿元经济强镇。农业高新技术示范园成为全市重点扶持的12个农业示范园之一，无锡绿宝生物制品有限公司成为省级农业龙头企业。2004年，全区提高土地资源利用率和产出率，完成地区生产总值123.61亿元，其中工业增加值62.2亿元；实现技工贸总收入553.38亿元，其中工业销售收入259.31亿元，各镇、街道的主要经济指标达50%以上的增幅。2005年，全区完成地区生产总值166.43亿元，技工贸总收入787.36亿元，第三产业营业收入414.65亿元。旺庄、南站两街道经济总量突破200亿元，新增硕放、梅村两个百亿经济强镇。与上年相比，镇、街道工业销售、利税和出口产品交货值的增长幅度分别为31.16%、37.26%和72.81%。

第六节　环境保护

1996年4月，无锡协联热电有限公司并网发电，并于10月启动向高新区内企业集中供热、供气，减少因锅炉分散供热、供气引起的污染。12月，新区委托省环境科学研究所编制的《新区环境保护规划》通过省环保局评审，并付诸实施。规划本着控制污染源、根治既有污染源的原则，近期远期相结合，提出一系列切实可行的对策与措施。是年起，在英国金融杂志双月刊《企业选址指南》对亚太地区25个工业园投资环境综合评估报告中，无锡新加坡工业园连续三年名列第一。

1997年，在农村地区新增自来水受益人口2315人，自来水受益率46.2%，新增家用卫生厕所545户，改厕率28.4%。1999年6月，启动创建ISO 14000国家示范区工程建设，全面规范区内各类组织的环境行为；建立开放式的环境管理体系，政府管理机构严格执行ISO 14000标准，鼓励企业实施上述标准。为更好地保护土地资源，建立占地5000亩的高新技术农业示范园，并在农村推广现代环保技术，秸秆还田率、禽畜粪便无污染处理率90%，全面推广有机肥和生态农药。

2000年9月，新区通过ISO 14000环境管理体系认证，获国家认证证书及英国皇冠标志证书，成为中国首个同时通过国内、国际权威机构ISO 14000环境管理体系认证的地区。11月3日，国家环保总局在无锡举行授牌仪式，授予新区“ISO 14000国家示范区”称号。2001年，继续加大对环境建设的投入，全年环保投入2.16亿元，同比增长53.9%，完成绿化面积43万平方米，种植乔木28842株，铺设草坪82126平方米，实施高速公路硕放出入口的环境改造，实施312国道高架桥两侧8公里风光带亮化工程和区内主要景点、标准厂房的亮化工程。是年，旺庄镇顺利通过国家级卫生镇考核验收。2002年，环保投入3.9亿元，增长80.6%，新增绿化面积200万平方米，绿化覆盖率40%。是年，启动建设梅村、硕放两个污水处理厂和友联热电厂，第二年建成并投入使用，污水处理率100%。2003年，新区通过ISO 14000环境管理体系审核，开展循环型工业园区试点工作，全年新增绿化面积100万平方米。

2005年，实施高速公路、新312国道、京杭大运河生态防护林等重点绿化工程，全年绿化造林466.67公顷。开展以水环境综合整治为重点的水利工程建设，实施伯渎港综合整治一期和硕放镇河道综合整治一期工程，铺设79.41公里雨污水管，整治31.05公里河道；完成新城水处理厂、梅村污水处理厂二期工程。全区建成两个环境优美乡镇、6所绿色学校、6个绿色社区，创建烟尘控制区88平方公里、噪声控制区82平方公里。

第七节　社会事业

一、教育

新区成立时，全区已建立起从幼儿园、小学、普通中学、中高等职业技术教育到成人教育和社会教育结构齐全的教育体系。2003年建成无锡科技职业学院。至2005年末，全区有学校50所，其中高校2所、中等职业学校3所、基础教育阶段学校39所、成人教育中心6所，在校学生6万多人。2005年，全省首家专门接收韩国学生的无锡韩国人学校奠基开工。无锡科技职业学院与多所国外高校签订合作办学协议，提供国外分段学习或不出国的留学学习及短期培训，同时取得国内、国际学历文凭。是年，学院被评为中国十大特色高职院校。驻区的无锡机电高职利用与德国合作办学的契机，在信息交流、人才交流等领域多方合作。梅村高中、维德幼儿园等校在引进外籍教师、选用国外教材等方面进行探索。

新区实施“人才强区”战略，重视发挥职业教育在人才培养中的“工作母机”作用。无锡科技职业学院积极探索校企合作的办学模式，多家企业成为学院的实习实训基地。驻区院校拥有数十个专业，成为新区经济建设人才的重要培养基地。学校每年有近万人毕业后在新区就业，成为经济建设的生力军。新区与东南大学、江南大学等知名高校合作办学，引进微电子、软件等相关专业，以适应无锡IT、IC企业和产业结构转型发展的需要。各镇（街道）成教中心校主动了解人才需求情况，全员培训率75%以上，全区就业年龄段中有劳动能力者95%以上获得就业培训机会。至2005年末，区内集聚1所国家级示范高中、6所示范初中、4所实验小学和5所省实验幼儿园。小学、初中合格学历教师占专任教师总数的比例均达100%，其中小学教师大专及以上学历比例88.7%，初中教师本科以上学历76.2%。基础教育阶段共有教学新秀以上骨干教师330人（其中特级教师2人），占全区中小学、幼儿园专任教师总数的18.2%。

通过多年学校布局调整，至2005年末，全区中、小学校生均占地面积分别为37.9平方米和28.7平方米，生均建筑面积分别为11.3平方米和8.1平方米；中小学计算机生机比为8.6∶1，师机比为1.38∶1。所有学校均达省办学条件标准化要求，教育技术装备达省Ⅱ类及以上标准。

二、文化

新区境内泰伯庙、泰伯墓等名胜古迹享誉海内外，是吴文化的发源地之一。2003年农历正月初九，区管委会在梅村举办无锡新区首届泰伯经贸文化节活动，以后每年农历正月举行一次。2004年，鸿山遗址考古发现特大型越国贵族墓。遗址分布范围7.5平方公里，内有108个土墩。据初步勘测确定，属于春秋时期的大型土台、土墩有42座。在已挖掘的7座墓葬中，共出土珍贵文物2300余件。其中特大墓葬邱承墩规模宏大，随葬器物丰富，是继苏州真山吴王陵及楚国贵族墓群和浙江绍兴印山越王陵发掘之后又一重大发现。鸿山遗址由于其珍贵的历史文化价值，被评为“2004年全国十大考古新发现”之一，并被国务院公布为第六批全国重点文物保护单位。

2005年，新区成立“三泰（泰伯墓、泰伯庙、泰伯渎）一址（鸿山越国墓葬群大遗址）”保护开发工作领导小组。筹建“首届中国（无锡）吴文化节”活动。当年，委托中国建筑设计研究院建筑历史研究所所长陈同滨领衔担纲，开展对鸿山遗址保护规划的编制，启动以“三泰一址”为核心内容文物保护和文化旅游的总体规划设计。

三、卫生

1995年，新区只有镇（乡）卫生院两所、床位105张、卫技人员130余人，承担全区50个行政村、8万多人口的医疗卫生服务。翌年，按照国务院《医疗机构管理条例》和市卫生局下发的评审标准，狠抓软硬件配套建设。全区48个村卫生室、6个保健站都按要求达标。农村卫生室达到3个100%（甲级村卫生室100%、集资医疗保健覆盖率100%、合医合药形式为主的合作医疗保健覆盖率100%）。旺庄乡里下甸村成为全区第一个省级卫生村。1997年3月，新区组建防疫站和妇女儿童保健所，全面开展防疫工作。1999年6月，全区13个村遭受百年未遇的洪涝灾害，605户、5510多人受灾，近500口小水井被淹没，群众的饮水环境受严重污染。新区各级卫生防疫部门到灾区第一线，组织下发漂白粉、漂精片、“84”消毒液、敌敌畏等消杀药品近4吨，并多次组织巡回医疗队，走村串户，为群众开展义诊咨询，实现“大灾之后无大疫”的目标。是年，开始建设新区医院，医院占地4.3万平方米，一次规划分期建设。10月，投入近1500万元的一期门诊大楼奠基开工。新区旺庄镇建成无锡市区第一个省级卫生镇。

2000年，长江路街道投入近100万元建成新区第一个社区卫生服务站。全区增设3个专科个体诊所，为群众就医提供方便。2001年，新区红十字会成立，新区医院全面建成并投入使用，旺庄镇卫生院投入300多万元移址新建，建筑面积4000平方米，并建成全区首个国家级卫生镇。2003年起，新区开展农村新型合作医疗，至2005年末，综合参合率约99%。全区共有医疗机构108个。其中一级以上医疗机构（含8个社区卫生服务中心）11个、个体诊所28个、企业医务室28个、社区卫生服务机构41个，床位总数771张，医务人员近900人。

四、体育

新区自建区始，每年都举行迎新年元旦长跑活动。2000年5月，长江路街道太湖花园二社区首先建立两个全民健身场所。至2005年末，全区共有全民健身场所68个，占地58500平方米；体育设施219处，占地18.15万平方米。

2001年10月，新区举办首届运动会，区机关、园区企业和乡镇街道都组队参赛。是年，硕放龙舟队代表中国参加澳大利亚国际龙舟邀请赛。2002年4月，新区文化体育协会成立。是年起，每年举行“全民健身活动月”活动。10月，举办无锡新区第一届高尔夫球比赛暨无锡市首届高尔夫球锦标赛，至2005年，全区举办3届运动会、3届高尔夫球锦标赛。

第八节　综合治理

1995年，新区人民法庭及开发区人民检察院挂牌，公、检、法、司等政法机构全部设立。全区2000余人参加普法知识比赛，全面完成“二五”普法工作。翌年，“三五”普法全面启动，依法治村工作通过验收。5月新区政法委成立。全区50个村，村村建立联防队。全面完成重点人口及暂住人口信息采集工作，开展外来人口集中管理，外来人口发证率98.9%。“严打”斗争和“三禁一打”工作取得成效。全年共立刑事案件181起，破案率79%；立案侦查贪污贿赂等经济犯罪案件10起，结案率100%，追缴赃款赃物300余万元。1997年，公安分局开展“严打”斗争，全年侦破刑事案件190起，侦破重大刑事案件75起；在禁毒专项斗争中，共破获吸贩毒案件22起，其中吸贩毒团伙两个，涉案20余人；区检察院共立案侦查贪污贿赂等经济罪案12起，挽回经济损失1700万元。司法分局加强法律服务，建立5个法律服务机构，办理案件288起，避免和挽回经济损失1000余万元；外来人口集中住宿、集中管理工作逐步推开并规范完善。1998年，调处纠纷500多起，破获刑事案件167起。开展全区性的安全防范宣传活动和“创三安”（安全文明村、安全文明小区、安全文明单位）活动。翌年，多次召开全区信访和社会稳定工作会议，规范领导信访接待日制度，研究和妥善解决社会矛盾，及时疏导化解征地拆迁、环境污染、劳动就业等问题引发的矛盾。全年共调处民间纠纷335起，调处成功率95%以上。2000年，加强对劳资纠纷等热点问题的调处，全年共调处民间纠纷685起，调处成功率96%以上。12月，成立开发区人民法院。

2001年，继续健全社会稳定反应机制，层层落实责任制，妥善处理征地拆迁等难点问题，加强信息预报。开展严打整治专项斗争，法院召开公开集中宣判大会6次，公判案件20起，判处罪犯41人。翌年，新区政法部门组织“春雷”行动、夏季侦破攻势和“秋季风暴”等专项行动，破获刑事案件514起，查处黄赌毒案件162起，抓获网上通缉逃犯58人。是年，新区成立预防职务犯罪协会。2004～2005年，推进“平安新区、法治新区”创建工作，维护社会稳定，保障广大人民群众的合法权益。

第九节　人民生活

1996年，新区职工人均收入4947元。1997年，新区加大“农转非”劳动力安置力度，建立“农转非”劳动力养老保障机制，年内安置“农转非”人员1589人，有3030人享受养老保险。区、乡镇各级机关与125户特困家庭挂钩，结对扶贫帮困，乡镇生活困难户补助面、特困户危房翻修率、五保户入院率、优抚率均达100%。翌年，职工人均收入5800元。1999年，职工工资总额5.51亿元，人均1.34万元，农民人均收入5220元。新区城镇保障标准由原来的每人每年1200元提高至2160元，农村户由每人每年1200元提高至1440元。

2000年，职工人均工资1.5万元，农民人均收入5781元。有6个村达到脱贫目标。社会保障形成各级政府为主、社会各界参与、救助形式多样、覆盖范围广泛的新格局。保障经费到位率、困难户保障率、补助金兑付率保持100%。2001年，职工人均工资13665元，农民人均纯收入6407元。调整最低生活保障标准，社会保障覆盖面扩大。年内，总投资近500万元的旺庄镇社会福利中心基本建成。翌年，制定《新区最低生活保障实施办法》，完善养老、失业、医疗保险等社保体系，落实800多户农民的低保待遇，全区1773人享受低保，低保金支出163.6万元，建立扶贫帮困助残基金823万元。实施农村大病住院医疗保险，参保人员10万人，参保率90%。2003年，职工人均工资16280元，农民人均纯收入7350元。区管委会健全农村门诊医疗制度、农村大病住院医疗保险制度和农村重病医疗救助制度“三位一体”的农村医保体系，建立20个镇村一体化卫生服务站。2004年，率先编制并组织实施征地补偿和被征地农民基本生活保障并轨方案，基本解决新区10多万“农转非”人员征地保障问题。完成征缴扩面3万多人，缴纳社保费6亿多元，约占全市总量的1/3。全区促进就业1.2万人次，其中安置本地农村劳动力4300人。农村人均可支配收入突破1000美元，职工年收入超过2000美元。2005年，新区健全社会扶贫救助机制，受助人数近1万人，保障金额1100万元。在低保、医保、残保和特困救助为特色的“三保一助”政策以及新型医保体系的基础上，提高合作医疗人均筹资标准，建立重病救助资金，提高大病住院医保补偿金标准，建立社区卫生服务站36个，减少农民因病致贫、因病返贫现象。农村居民人均收入在全市率先突破1万元。

新区实施“农民向城镇集中，居住向社区集中，工业向园区集中”的“三集中”战略。1997年，率先建起农民公寓楼——长欣公寓。1992～2005年，全区农村（不含刚划进的鸿山镇和由旺庄镇托管的新安片区）有10多万人口“农转非”，使农民变成新市民；拆迁自然村农民房屋33561户、822万平方米，为“农转非”的新市民新建现代化城市社区10个，楼房1000多万平方米，其中建起多幢28层的农居房高楼，集中度和舒适度居全国前列。旺庄镇的春潮园建筑面积160万平方米，入住3万余人，是全国当时最大的现代化的新市民集居社区。

2005年，对照省定全面小康4大类25项指标，新区所有指标全部达标，在全市率先实现全面小康社会的奋斗目标。同时，对照《无锡市基本现代化指标体系》20项指标，有15项指标达标。

无锡市志

【第四册】

专　记

一、无锡太湖博览会

无锡市人民政府自2003年9月20日举办首届中国无锡太湖博览会（简称“太博会”）起，每年举办一届太博会，至2005年共举办3届。太博会以“开放、合作、展示”为主题，以经贸、旅游、文化、会展等活动为载体，构建塑造无锡城市品牌、展示无锡城市形象的舞台，架设无锡与世界经济合作、文化交流的桥梁，营造四海宾朋欢聚、广大市民欢乐的盛典。3届太博会项目总投资971.96亿元，其中前两届项目投资955.46亿元。先后举办活动90余项，集中展示无锡经济社会发展的新成果，弘扬无锡底蕴深厚的历史文化，经贸领域签约1470余个项目，到无锡中外旅游者81.11万人次。

图46-1　首届太博会开幕式文艺晚会　　（刘其新摄）

2003年9月20日～10月20日，无锡市举办首届中国无锡太湖博览会。首届太博会有11大系列40多项活动，涵盖文化、旅游、经贸、会展、体育、艺术等领域。其中有：9月20日晚举办的2003年首届太博会开幕式暨“太湖美”中央电视台文艺晚会；无锡太湖国际经贸节包括国际跨国公司与无锡国际制造业基地发展战略高峰论坛，日本、韩国、中国台湾地区招商洽谈会，经贸合作洽谈活动等；无锡太湖旅游节包括长江三角洲旅游城市交易会、灵山之夜迎国庆大型焰火晚会等；太湖美文化宣传周包括“千人同唱《太湖美》、万人同赏太湖景”、广场歌咏、大型书画摄影展、大型书市等；无锡太湖国际民乐节包括民乐展示演出，中国民族乐器展销会等；还有中国无锡城市发展投资洽谈会、第二届无锡汽车展览会、中日传媒交流论坛、无锡私营企业高新技术展示洽谈会、无锡太湖房地产展示交易会等。10月20日晚，市政府举办2003年太博会闭幕式暨太湖国际民乐节闭幕晚会。首届太博会共签约项目791个，总投资511.86亿元，协议利用外资22.62亿美元。其间，全市服务业营业收入全面攀升，旅游总收入25亿元，商业销售总额115亿元，餐饮业营业收入8.19亿元。2003年，无锡和香港合作，在CEPA（《内地与香港关于建立更紧密经贸关系安排》的英文简称）框架内早于其他大中城市推出一揽子政策措施和实施计划。在太博会期间，无锡率先举行“推进CEPA暨现代服务业发展说明会”，向港人推出109个招商项目，重新规划交通运输和仓储物流、旅游观光和休闲度假、公共设施和房地产开发、金融保险和商贸物流、教育卫生和文化艺术、法律咨询和广告会展等六大服务业重点合作领域，在全省率先建立“无锡CEPA服务业中心”，通过锡港两地板块对接，推进无锡市现代服务业的快速发展。

2004年9月20～29日，无锡市举办第二届太博会。太博会以太湖经贸节、太湖旅游节、太湖文化艺术节为基本框架，包括28项活动，有开幕式暨“同一首歌·走进无锡”文艺晚会，晚会在中央电视台多个频道播放7次，长达800多分钟。在开幕式上，市委常委、常务副市长贡培兴向对开放型经济做出卓越贡献的5名海内外客商颁发“金钥匙奖”。太湖经贸节有国际经贸合作项目签约、第二届东亚商务论坛、推进CEPA暨现代服务业发展说明会、民营高新技术洽谈会、现代都市农业投资洽谈会、国际工业装备及汽车（包括零部件）展览会、城市发展投资洽谈会（网上）、国际纺织服装交易会、金秋人才交流及人力资源咨询会等活动；太湖旅游节有“长三角”旅游交易会暨国际旅游商品博览会、大型广场联欢、鼋头渚中秋赏月烟花大会、10万市民滨湖新景游等活动；太湖文化艺术节有载入世界吉尼斯纪录的千人二胡演奏、“激情周末”广场系列活动、舞台艺术精品展演、工艺美术及书法摄

图46-2 第二届太博会千人二胡演奏 （顾祚维摄）

影精品会展、黄静慧演唱会、“阿福吉祥”相声小品晚会等活动。表演节目中，将无锡元素注入其中，穿插安排反映无锡地方特色和成就的演出和互动节目。无锡籍奥运金牌教练蔡振华、王国新等现身舞台，锡剧传统戏陡增欢乐，《太湖美》优美动听，泥人绝技一展身手，晚会成为无锡人文和成就的一次展演。9月29日举行闭幕式暨首届中国优秀旅游电视“金杜鹃奖”颁奖晚会。太博会期间共签约项目657个，总投资443.6亿元。国际经贸节签约项目26个，总投资14.4亿美元。城市发展投资洽谈会“网上招商”签约116个，投资额243.9亿元，其中引入外资7.4亿元、港澳台资金29.6亿元，对基础设施、服务贸易、绿色农业、社会事业的建设和发展起到重大作用。民营企业高新技术洽谈会签约合作项目407个，投资总额50.13亿元。现代都市农业项目推介暨投资洽谈会签约项目超过30个，投资总额超过20亿元，大多项目投资规模大，技术含量高。其中，有8000吨脱水蔬菜加工、休闲观光和生态旅游农业、投资10亿元的朝阳和桥农业产品交易市场等。太博会有600多名外商、国际友人参与。第二届东亚商务论坛是首次在中国举办的东亚高层论坛。42名城市代表中有17个日本城市和13个韩国城市的市长、高官、专家，以及日、韩知名跨国公司代表。通过论坛，促进无锡市招商从一般项目到重点产业、从企业到城市建设、从开发区到整个无锡地区的提升和转变，使无锡市电子信息及软件、机电一体化及汽车、高档纺织及服装、新技术和生物医药等重点产业与日、韩外移产业对接，并向金融、能源、服务等领域扩展，在“日、韩资高地”容量扩充和质量提升方面迈出大步。“长三角”旅游交易会是参加城市最多、人气最旺的专业展会，全国有80多个城市和香港、澳门、台湾地区以及韩国、马来西亚、菲律宾、新加坡、埃及等国参加，旅行商、参展商达5000多个，参观人数超过8万人次，达成合作意向700多项。旅交会全面展示中国优秀旅游城市的整体形象，并跳出“长三角”旅游圈，除与国内同行互有协议的50个城市发展成100个城市外，马来西亚、菲律宾、埃及、新加坡、韩国及中国港澳台地区的旅游商都把目光投向无锡。

2005年9月10～24日，无锡市举办以“开放、合作、展示”为主题的第三届太博会，太博会以经贸、旅游、文化活动为载体，举行活动18项，包括第三届太博会开幕式暨无锡经贸成就展，现代服务业国际化论坛，“液晶谷”产业投资说明会；国际友城交流会，国际经贸合作项目签约仪式，国际工业装备展；国际纺织服装交易会，纺织服装物流与电子商务峰会，现代都市农业产业园区建设，中国管理创新大会暨“长三角”管理创新研讨会，人才国际化论坛暨大型人才交流会，太湖美食节，太湖中秋赏月焰火晚会和“二泉映月艺术灯展”，全国摄影艺术获奖作品展，中国紫砂艺术大展，“太湖风”当代书法邀请展以及由内地、香港、台湾地区和韩国众多明星歌手参加的“欢乐中国行·活力无锡”文艺晚会，第三届太博会闭幕式暨狂欢巡游焰火晚会。太博会期间，全市五大公园的游客量增长31%。国际经贸节签约项目30个，总投资16.5亿美元。签约项目中，超亿美元、超5000万美元、超3000万美元的项目分别为8个、13个和20个，主要有美国、德国、意大利、瑞典、韩国、新加坡、芬兰等15个国家和中国香港地区。其中高科技项目占总投资39%，现代服务业项目占总投资38%。国际工业装备展吸引200多个参展商、两万多名中外客商，300个系列近千个品种尽显装备展国际化水平。现代都市农业园区建设暨投资洽谈会推介的30个项目，签约投资21.6亿元，其中外资占70%，由台商投资1亿美元建设的江苏无锡国际农产品物流平台项目更为抢眼。此外，无锡市举办的人才招聘交流大会吸引全国63所高校参与，其中南京信息职业技术学院一次就向无锡“海力士”项目输送200多名毕业生。11个国家24个城市的嘉宾，包括与无锡结为友好城市的市长、议长以及建立友好关系城市的市长、政界人士共86人参加由市政府和中国国际友好城市联合会共同举办的无锡市国际友城交流会，并参观蠡湖新城建设。纺交会上，协新集团自主开发的用世界上最细羊毛精纺的极品花呢，每米价格万元以上，开创国际毛纺技术先河，引起国际买家的关注，表明无锡纺织依然在国内保持领先地位。国际工业装备展上展出不少打上无锡烙印、具有自主知识产权、达到或超过国际先进水平的机械产品，不仅畅销全国，而且远销世界60多个国家和地区，在三峡工程、小浪底工程、西气东输工程、南水北调工程和“神舟”号飞船等国家重大工程中大显身手，有的进入“2008奥运”项目。在现代服务业国际化论坛，中国香港、台湾地区、欧盟及美国、日本、韩国、新加坡等国家的金融、物流、中介咨询等跨国公司代表与国内著名专家学者纵论全球服务业发展趋势及应对之举，并随即举办3个现代服务业恳谈专场，推出173个项目、6个板块，与中国香港、台湾地区及新加坡对接。9月24日下午，闭幕仪式结束以后举行“活力无锡”狂欢大巡游活动。80支中外表演团队、20辆彩车、4500多名载歌载舞的表演者参加，沿途近40万群众尽情感受狂欢氛围。“风韵吴地”“情满太湖”“缤纷梁溪”“活力无锡”四大篇章所演绎的中西合璧、古今结合、中国民间文艺及异国情调歌舞相映成辉的流动艺术，让无锡人民点燃了热情之火，市民纷纷称赞“好看、精彩、过瘾”。晚上，在城市3处地方同时燃放焰火。

图46-3 第三届太博会现代都市农业产业园区推介洽谈会（高兵摄）

二、重大节庆活动

1.艺术节

1985年，无锡举办首届太湖之春艺术节。1986～1988年，全市共举办两届无锡市艺术节。以后改名无锡太湖艺术节。至2001年，共举办八届无锡市太湖艺术节（太湖之春艺术节）。2003年，并入太湖博览会。

1986年5月25～30日，市文化局和市文联举办首届艺术节，全市专业和业余的文艺团体参加演出，上演锡剧、滑稽戏、评弹、歌舞等节目13台，共20场次；举办美术、书法、摄影展览。上演的节目和展出的作品都是1985年的新作。经过评奖委员会评定，宜兴县锡剧团演出的《姐妹恨》、市评弹团演出的《北汉春秋》、市歌舞团演出的《小鞋匠》获创作二等奖，市滑稽剧团演出的《求爱》、江阴县锡剧团演出的《寂寞红豆魂》、市锡剧团演出的《鬼断家私》等11个节目获创作三等奖。唐振华、钱吟梅、吴迪君、赵丽芳、许填卿等获优秀表演奖；还有15幅美术作品、8幅书法作品、13幅摄影作品和14个业余文艺节目获奖。艺术节期间，新疆石河子市特派歌舞团到无锡祝贺演出，南京艺术学院和市歌舞团合作演出著名音乐家贝多芬的交响乐《命运》。

1987年4月12～18日，无锡市举行第二届太湖之春艺术节。4月12日上午，中国对外文化交流协会会长朱穆之和中外宾客500多人分乘10多艘游艇，参加在鼋头渚公园湖面上举行的开幕式。艺术节共组织专场文艺演出12台，参加演出的著名演员有江苏省昆剧院张继青、上海越剧院赵志刚、上海京剧院言兴朋、香港歌星张明敏等，比利时女钢琴家多米尼克·柯尼尔和男中音歌唱家吕多维克·德·曼举行独奏独唱音乐会。艺术节期间还举办电影周和大型书市、书法、国画、版画、摄影、民间工艺等13个展览活动。日本琵琶、木偶、花道、茶道、大正琴等5个民间艺术团体也应邀参加艺术节活动。

1988年8月21～28日，市文化局、市文联和市经委联合举办第二届艺术节。全市专业和业余文艺团体演出首届艺术节后新创作的锡剧、越剧、滑稽戏、歌舞等节目，并组织“东方之声音乐会”“倪雪萍独唱音乐会”“倪同芳锡剧演唱会”“姐妹城市获奖歌星演唱会”“无锡市歌舞团建团30周年回顾展演”和电影周等活动；还举办美术、书法、篆刻联展，书法艺专学生习作展，摄影作品展等展览。日本相模原市鼓笛队到锡参加艺术节演出。艺术节期间共演出15台24场戏剧、歌舞等节目。市越剧团的《宰相嫁妾》、无锡县锡剧团的《飞贼陈阿尖》获剧本创作二等奖，市歌舞团的《祭坛的歌》获舞蹈创作一等奖，俞伟梁、郑国凤、蔡九华、李其祥、唐振华、徐笑萍获表演一等奖；储云、高尔超、殷正观获书法、摄影一等奖。

图46-4　1989年，第三届太湖艺术节开幕式文艺表演（顾祚维摄）

1989年，无锡市将太湖之春艺术节改名为太湖艺术节。9月27日～10月2日，举办第三届太湖艺术节。艺术节以群众性文艺活动为主。9月28日晚，在市体育馆举行的开幕式采用歌会的形式，以演唱优秀历史歌曲为主，台上台下交替欢歌，大型团体操和艺术造型图案汇成歌与舞的海洋，气氛热烈。艺术节共有7个系列、29个活动项目。10月1日，在锡惠公园举行规模盛大的国庆游园会和“无锡40年优秀美术、书法作品展”“无锡历代乡贤书画作品展”、文物精品展、摄影展、电影展映等活动。邀请哈尔滨歌剧院和杭州魔术团参加演出。艺术节期间共有2.6万人次观摩专业剧团的22场演出，近10万人次参加国庆游园会，50多万人次观摩电影展映，近万人参观文物精品展等7个展览，连同各市（县）、区组织的各种活动，参与人数百万余人次。

1991年4月30日，第四届太湖艺术节和’91无锡—自贡太湖之春艺术灯会在太湖乐园同时开幕。艺术节历时10天，其间，特邀上海芭蕾舞团演出芭蕾舞剧《白毛女》，吉林市歌舞团演出大型歌舞，市属文艺团体演出大型音乐、戏曲专场《苏南风情》，上海市评弹团、省曲艺团、市评弹团联合演出评弹专场，市少年儿童艺术团演出歌舞专场。同时还举办第四届太湖书市、中外电影新片展映、民间工艺美术展、第十届梁溪之春书画展、大型邮票展和第三届国际标准交谊舞大赛、即时摄影比赛等活动。太湖之春艺术灯会由无锡市与四川省自贡市联合举办，艺术灯会作为艺术节的主要项目之一，有780多万群众前往观看。经贸部门在艺术节和灯会期间，举办各种贸易洽谈会、展销会。

1994年10月1～5日，无锡市举办第五届太湖艺术节，并作为’94中国无锡太湖影视文化旅游节的重要组成部分和全市庆祝新中国成立45周年的主题活动。艺术节期间，在锡惠公园举行国庆大型游园会，除有无锡民间文艺表演外，还专门邀请辽宁海城农民高跷队、沈阳东北秧歌队，以及南京江宁的《高台狮子》、高淳的《大马灯》、南通的《抬判》《龙凤呈祥》等在国际、国内获奖的民间艺术到锡献艺，突出南北民间文艺的展示，深受广大游客欢迎，吸引观众14.8万人次。各影剧院举办“中外优秀电影新片展映周”。市文化局组织3台专场文艺演出，分别为：10月1日由市影剧公司邀请外地文

图46-5 第五届太湖艺术节国庆大型游园会 （顾祚维摄）

艺团体到锡演出、10月3日市中青年演员大奖赛部分节目汇报演出、10月5日市教委上演11台大型组歌舞《黄河·太阳》；并举办“江南杯”首届美术作品大奖赛、“我们的总设计师——邓小平”大型图片展、馆藏古代书画精品展、大型图书系列展销等4项各具特色的文化艺术展览。各市（县）、区、街道、乡镇配合第五届太湖艺术节，开展群众文化艺术系列活动。参与艺术节演出及工作的人员近6000人，参加艺术节活动的群众166万人次，其中市区41.14万人次。艺术节一改过去由市政府单一拨款的方式，采取以园养园的方法，首次实现经费自理。

1996年9～10月，无锡市举办第六届太湖艺术节，推出大型游园会、专业文艺演出、优秀影片展映、美术作品大赛、少儿版画展览、大型图书展销、群众文艺会演、广场文艺演出、滑稽精品演出等十大系列活动，并邀请安徽圣泉花鼓灯、江宁龙都娃娃鼓、咸阳旬邑唢呐队、兰州太平鼓、太原威风锣鼓、安塞腰鼓等优秀文艺队伍表演节目。其间，参加国庆大型游园会的有近17万人次；大型图书展销仅国庆假日期间就达近10万人流量，销量比平时翻一番；电影周期间仅《秦颂》1部片子的观众就达5万人；市区东西南北中接连举办的广场文艺演出，观众更难以计数。10月19日晚，在大众剧院举办太湖艺术节闭幕式，演出相声、独脚戏、小品专场，苏州、无锡、常州三大滑稽剧团和上海滑稽界著名演员姚慕双、杨华生、童双春、李青、王汝刚等同台演出。

1998年10月1～4日，无锡市举办第七届太湖艺术节。艺术节推出6个板块共81项文化艺术活动，其中既有锡惠公园、城中公园的国庆游园，又有影剧院的舞台艺术表演、优秀影片展映；既有各点上的广场文艺演出，又有各层面的民间文艺、特色文化展演；既有书画摄影文物展览，又有多种群众文艺比赛展示。活动内容涉及文化艺术的各个领域，范围辐射全市乡镇、街道，仅市区举办的演出展览等活动就达342场，参与演出及服务的工作人员9950人次，观众62.9万人次。艺术节期间，特邀朝鲜国立艺术团以及上海交响乐团、上海歌舞团等国内外一流艺术表演团体到无锡演出。

2001年9月28日～10月13日，无锡市举办第八届太湖艺术节，同时设第六届中国艺术节无锡分会场。其间，先后推出国内外优秀剧目20台，演出35场，观众5万人次；上演广场文艺126场，观众50万人次；举办展览展示28个，参观者10万人次。第六届中国艺术节无锡市分会场推出四大类100多项各具特色的文化活动，参与者超过100万人次。在第六届中国艺术节组委会召开的表彰会上，无锡市有4台剧目分获大奖1个、贡献奖3个，4个演出场馆中的3个获先进集体称号，无锡分会场获优秀组织奖。

2.中国无锡太湖国际经贸节

2000年9月21～26日，无锡市举办首届中国无锡太湖国际经贸节。32个国家和地区的600多名客商参加，达成意向投资项目131个，合同利用外资9.4亿美元，其中超千万美元项目38个。

2001年9月10～12日，无锡市举办第二届中国无锡太湖国际经贸节。西欧、美国、加拿大、日本、韩国等及中国台湾、港澳等地区的925名客商、世界500强中近20名企业代表到无锡，达成意向投资项目67个，合同利用外资11.29亿美元，其中超千万美元项目42个、1亿美元以上的项目两个，合同利用外资占签约项目总额的90.7%。

2002年10月18～21日，无锡市举办第三届中国无锡太湖国际经贸节。其间，参会的单位远远

图46-6　2002中日投资高层论坛在无锡举行　（顾祚维摄）

超过预定的数量，日本丸红、三井、索尼、住友、夏普、松下、丰田、宇部兴产等知名大公司派出约60名代表参加，是历年规模最大、日本大公司出席最多的一次。参加经贸节的中外客商85%以上为第一次访问无锡。经贸节举办无锡国际汽车工业展、2002绿色产业国际合作洽谈会、进出口贸易洽谈会、中日投资高层论坛、第十二届中日产业科学技术交流研讨会、签约仪式等六大主题鲜明的专项活动。其中重点突出中日投资高层论坛和第十二届中日产业科学技术交流研讨会两大活动。邀请全国政协副主席、中日友好协会会长宋健，外经贸部副部长龙永图，国务院发展研究中心副主任鲁志强，中国国际商会副会长安成信以及6个日本国会议员等中日高层领导出席。“绿色产业国际合作洽谈会”突出城建和环保主题，首次组织欧盟、德、英、法、意等11个国家、50多家企业到会，推出50多个合作项目；进出口贸易洽谈会突出北美贸易，组织9个国家、20多家外商企业参加。两个洽谈会到会的国内企业有100多家、200多人次。经贸节期间，接待德、美、加、日及中国台、港、澳等34个国家和地区的800多名客商，签约投资项目65个。其中超亿美元项目8个、超5000万美元项目16个、超1000万美元项目50个，累计合同利用外资12亿美元；在制造业、金融服务业等行业达成不少重大合作项目，日本东京三菱银行拟在无锡设立分行；三产合同利用外资占经贸节总额的23%，仅次于电子行业；外贸出口成交额超过两亿美元。

2003年起，中国无锡太湖国际经贸节并入中国无锡太湖博览会。

3.第十一届中国金鸡百花电影节

2002年10月18～22日，无锡市举办“太湖杯”第十一届中国金鸡百花电影节。10月18日，举行电影节开幕式，全国人大常委会副委员长、电影节名誉主席成思危宣布电影节开幕，省委常委、市委书记、电影节副主席蒋定之致词，开幕式由电影节组委会主任、市长王荣主持。电影节共有46部中外影片参映，开展影展活动47项，放映电影177场，观众8万多人次，影院上座率96%，参展影片的数量、放映场次、上座率均为历届之最。有13部影片20多个主要院线公司的120多名代表参加影片交易会，实现前几届影片交易零的突破。1500多名中外来宾和影视明星参加电影节。电影节举办具有时代特色和无锡特色的开幕式文艺晚会、电影节颁奖典礼等大型活动，主题鲜明，气势恢宏，节目精湛。

三、再就业工程

1.再就业安置

1994年6月，无锡市被劳动部列为全国“再就业工程”试点城市之一。是年，全市企业富余职工约占职工总数的10%～15%，其中进行产权制度改革试点的企业富余人员多达20%以上；亏损的困难企业约占企业总数30%以上，其中10家企业被市政府确认为特困企业，有职工约两万多人。全市企业结构性失业状况相当严重，市区16046名职工因辞职、除名、终止劳动合同等原因离开企业。为尽快解决失业人员重新就业问题，市政府制定《无锡市关于贯彻国家劳动部“再就业工程”的实施办法》，通过技能培训等多项措施，提高下岗失业人员参与再就业的竞争力，以及增强困难企业开展生产自救的能力。至年末，4971名失业人员重新走上工作岗位；1694名企业富余职工通过“再就业工程”的经济扶持，在原单位自办的劳动服务企业得到安置；产权制度改革试点企业的761名下岗职工走上生产自救之路；10家市属特困企业在“再就业工程”重点生产自救项目的扶持下逐步恢复生产甚至扭亏为盈，职工生活基本得到保障；2660名失业6个月以上人员分别接受区、市两级的职业指导，475名接受上述两级指导的失业者参加1～4个月的全日制转业培训，1179名失业者在“再就业工程”的鼓励和经济扶持下自谋职业。

1995年，全国实施再就业工程。7月3日，市政府批转《关于妥善分流企业富余职工和保障基本生活问题的若干意见》，拓宽下岗职工就业渠道。全市有3.3万余名职工在企业内部得到安置，安置率82.8%。1996年7月，市政府印发《关于实施再就业工程的意见》，明确提出在深化改革过程中，切实保障职工的合法权益，做好劳动争议的预防和调解工作，维护劳动关系的和谐、稳定。对企业在破产、兼并中分离出来的富余劳动力进入失业队伍后，劳动部门按照政策，按月向失业职工发放生活救济金（最长可达两年）。其中向无锡茶花集团、市轻瓶厂等5家破产企业职工发放失业救济金244.68万元。11月，市工商行政管理局首次组织私营企业招聘下岗职工洽谈会。年末，市区下岗满1个月以上的16663名企业富余人员全部实现重新就业，全市全年有3000多名下岗待业人员从事个体私营。

1997年，国企改革进入攻坚阶段，就业形势骤然严峻。市政府重新调整充实市再就业工作领导小组人员，建立再就业工程目标责任制，对下辖3市（县）5区下达具体的再就业目标考核任务，责任到人，定期检查，年终考核，奖优罚差。先后印发《关于建立行业再就业服务中心的意见》和《关于进一步深化再就业工程的若干意见》，设立“再就业工程”专项基金和“企业解困”基金，解决下岗职工的生活困难和再就业技能培训资金短缺的问题，在纺织、轻工、机械等12个行业全部成立行业再就业服务中心。至年末，全市再就业中心托管下岗职工7000余人。全年共举办失业职工职业指导班40期，为404名迫切要求就业、生活困难的失业人员和8732名企业下岗职工进行转岗转业技能培训，经培训后再就业率90%以上；对1354名特困失业人员进行职业指导、推荐就业，再就业率68.7%。是年，全市共举办384场（次）劳动用工招聘洽谈会，5.36万人参加用工洽谈，其中2.27万人实现重新就业。1998年，成立以市委书记任组长、市长任副组长的市再就业工程领导小组。开发社会就业岗位，实施“三年六万”再就业培训计划，即用3年时间，为6万失业、下岗职工提供职业指导和职业培训服务。是年，全市企业职工下岗率控制在4.67%以内，完成市委、市政府年初下达的目标任务。全市有下岗职工的企业全部建立再就业服务中心，建成再就业服务中心528个，下岗职工全部进入再就业服务中心。是年，中央经济工作会议提出把纺织工业作为困难行业深化改革和扭亏解困的突破口，省政府向无锡市下达1998年压锭12.6万锭、1999年压锭2.22万锭的目标任务。市政府加大企业下岗职工分流安置力度，建立健全各级企业解困工作领导小组，签订解困责任书，全市筹集企业解困基金2000万元。建立市、市（县）区、街道（乡镇）、居委（村）再就业工程四级管理网络，全市122个街道（乡镇）和560个居委（村）全部配备再就业工作专管员，组建职业指导培训机构，开设81个培训工种，先后培训下岗失业人员3.5万人次，其中2.4万余人经培训后重新走上就业岗位。5月5日，市劳动服务企业首次举办下岗职工招聘洽谈会，盛岸大酒店、般奴儿服饰有限公司等21家劳服企业为下岗职工提供191个就业岗位。全年举办劳务洽谈会112场次，促成单位用工11.36万人次。市工商管理局制定《关于进一步发挥工商职能，支持下岗职工再就业工作的实施意见》。6月13日，752家个私企业联合举办招聘下岗职工洽谈会。全年全市共吸纳1.5万个下岗职工到个私企业中就业。为支持下岗职工再就业，开辟再就业快速通道，市工商局按规定降低门槛、减免规费。登记中提高办事效率，缩短办证日期。1999年末，无锡市城镇登记失业率2.3%，企业职工下岗待业率4.17%，实现再就业率53.75%，出“中心”再就业率40.1%。

2000年开始，对非国有企业职工和国有企业中实行劳动合同制以后参加工作的职工不再安排下岗，直接实行失业登记，给予社会失业保障，在全省率先实行下岗保障和失业保险并轨。市区国有企业实行劳动合同制以前参加工作的职工，截至2000年6月末停止下岗登记；江阴、宜兴、锡山市截至年末停止登记。至2002年8月,无锡地方企业下岗职工全部走出下岗职工再就业中心。各级劳动保障部门筹资13346.8万元,其中市区筹资10719万元,确保下岗职工按时足额领到基本生活费。全年培训下岗职工、失业人员23875人,其中技能培训10420人,新安置下岗职工1835人。全市下岗职工出再就业中心13152人,重新就业率47.9%;其中市区出再就业中心8132人,重新就业率45.54%。特困下岗职工再就业率97.01%,特困失业人员就业率94.2%。失业6个月以上、身体健康、有就业要求的失业人员中有1.74万人通过劳动力市场实现重新就业,就业率65.7%。是年,无锡市共安置就业2.3万人,城镇登记失业率2.8%。翌年,无锡市启动第二轮"三年六万"再就业培训计划,全年培训下岗、失业人员2万余人。318家企业享受劳动就业优惠政策后,当年接纳下岗、失业和企业富余人员3455人。市区1300余人领取"再就业优惠卡"。全市1.4万余名"4045"(年满40周岁的女职工、年满45周岁的男职工)大龄就业困难职工,进入再就业绿色通道。是年,全市特困下岗、失业人员安置率90%以上,被列为全国社区就业工作100个重点联系城市。12月3日,为配合劳动和社会保障部在全国开展的"再就业援助行动",市政府批转《无锡市劳动和社会保障局关于在全市开展再就业援助行动的实施意见的通知》,明确由市劳保、工商、地税等部门组成无锡市再就业援助领导小组,制定国有企业改革和下岗保障向失业保险并轨的具体优惠政策。至2002年6月,全市参加再就业培训共2.61万人(市区1.85万人);市区1.28万名失业人员参加职业指导培训,职业指导面94.6%。全市失业人员就业1.79万人(市区1.14万人)。建立"4045"大龄就业困难人员就业帮扶证制度,全市共发放3.89万张再就业优惠证,为其提供税费减免、小额贷款、职业培训等优惠政策,帮助1.2万名大龄失业人员实现再就业。

2003年,市政府安排促进再就业资金1.53亿元,由市财政统筹安排1.29亿元,其中7901万元用于国有困难企业在改制中分流职工的生活补助,5000万元用于下岗失业人员实施再就业所需的岗位培训补贴、社会保险补贴、职业介绍补贴和劳动力市场建设等;市财政还安排500万元建立小额贷款担保资金,用于下岗失业人员个体创业,由梁溪担保公司和商业银行分别作为担保机构和贷款机构。江阴市、宜兴市和锡山区、惠山区总计安排4300万元再就业基金。市劳动和社保部门对4.72万名下岗失业人员进行再就业培训,其中33887人接受免费培训,10.8万人次得到免费职业介绍。仅此两项,市政府就提供1447.5万元的财政补贴。扶持5000多名下岗失业人员从事个体经营,全年免征税收4715.79万元,免收行政事业性规费474.38万元;对吸纳下岗失业人员再就业的企业,市政府发放408万元社会保险补贴和1386万元岗位补贴。是年,全市12.53万人重新就业,比上年增加7.96万人,失业人员再就业率52.79%;全市城镇登记失业率3.86%。2004年,市总工会再就业工作超额完成省总工会下达的工会促进再就业的"三大指标":职业介绍13855人、职业培训8563人、实现再就业7631人,分别完成年度指标的221%、137%和122%。市总工会获得全国总工会"工会职业介绍示范点"、省总工会"工会促进再就业工作先进单位"等称号。市劳动和社会保障局被评为全国再就业工作先进集体;市工商行政管理局受到国务院表彰,被评为全国再就业工作先进集体。

2005年,市政府制定《无锡市新一轮就业优惠扶持政策指南》,明确优惠证发放对象为国有、城镇集体企业下岗失业人员,曾经是国有、城镇集体企业的失业人员,事业单位改制、关闭、撤销后分流进入社会的下岗失业人员,正在享受城市居民最低生活保障待遇的城镇登记失业人员,城镇就业、待业、失业人员中的其他困难人员(包括"4045"大龄人员、夫妻双方失业的人员、有子女读书的单亲家庭失业人员、特困职工家庭的失业人员、有劳动能力和就业愿望的残疾人失业人员)和被征地农民中的"4045"大龄困难人员。调整后的政策主要包括税费减免、小额贷款、社保补贴、就业援助、主辅分离、就业服务、职业培训、失业调控、财政投入、社会保障等10项政策措施。简化小额担保贷款手续,降低小额贷款担保门槛,鼓励银行对符合贷款条件和吸纳下岗失业人员达到一定比例的劳动密集型小企业加大信贷支持。鼓励民营企业积极吸纳下岗失业人员,改进和完善就业岗位补贴和社会保险补贴的审核办法。市总工会开展"再就业援助月"活动,以"实现就业,稳定就业,我们共同努力”为主题，开展送政策、送服务、送岗位、送技能、送温暖活动。市劳动保障职介中心对特困人员就业继续推行“只要不挑不拣，一周内解决就业”的承诺。全年共解决480多名再就业援助对象，解决42名再就业特困人员。职介中心对再就业人员进行分类，按轻重缓急，有所侧重进行就业援助，并做到对特困人员的再就业不低于5次。滨湖区粮管所失业人员吉洪庆，先后被推荐42次，最终解决就业问题。职介中心加强失业人员、外来人员、高校毕业生、军嫂等人员的再就业推荐力度，在人力资源库中主动进行人岗匹配，增加求职成功率。全年，市职介中心为“4045”人员推荐匹配实现就业440人。加大对再就业援助人员的职业指导力度。职介中心全年共对1700名下岗失业人员进行一对一职业指导，对27100名求职人员进行专项职业指导。11月，市“特困家庭登记网络系统”投入运行，系统涵盖全市所有的特困家庭人员，包括“双失业”“单亲失业且有子女读书”“享受城镇低保”等特困家庭（人员）的信息资源，实现管理的系统化、网络化、社会化。790名就业特困人员，当年安置就业662人。全市共有再就业培训定点单位34家，6.44万名下岗失业人员参加再就业培训，再就业培训合格率93%；3148名下岗失业人员参加创业培训，其中2100多名下岗失业人员在培训后成功创办小企业或从事个体经营。全市全年下岗失业人员实现再就业1.92万人。是年，全市23个街道、62个镇都建有劳动保障所，市区的50个社区（居委）建立劳保工作站，33个街道的240个社区实现“双无”（无失业人员和无下岗职工）目标。

2.职工再就业服务中心

1997年，无锡市被列为全国111个优化资本结构试点城市之一，有55家企业被列为兼并、破产和职工再就业工作计划。按照国务院《关于在若干城市试行国有企业兼并破产和职工再就业有关问题补充通知》的要求，试点企业所在行业应普遍建立行业再就业服务中心，负责托管破产企业、被兼并企业、减员减息解困企业的下岗职工。行业再就业服务中心隶属于行业主管部门，是行业内部从事职工再就业服务的中介机构。8月28日，市轻工局行业再就业服务中心成立。翌年，纺工、机械、冶金、丝绸等11个行业和市总工会先后创建行业再就业服务中心。至年末，全市12个行业再就业服务中心托管下岗职工9000余人。1999年8月，市总工会拨款4.94万元，专门成立再就业服务中心业务部，租用文化宫街面房子挂牌服务。服务中心除进行零星的职业介绍和咨询，对介绍上岗的职工进行跟踪回访，了解他们再就业后的工作、生活状况外，还重点抓好重点企业之间供求双方的洽谈，帮助建立单位之间的劳务交流关系，做好牵线搭桥，咨询服务。每年定期举办（协办）4次全市性大型劳动洽谈活动，平均每次进场5000余人次。凭借各级工会组织的网络优势，1997～2000年分别为下岗职工牵线搭桥、介绍安置3000多人、4650人、4917人和7364人。

2001年4月，由市总工会牵头，会同市劳动局就业管理中心、无锡工商局个私协会、新区人力资源部，在市工人文化宫联合举办大型就业招聘洽谈会，进场的101家招聘单位提供1290个就业岗位，应聘报名登记的下岗职工1574人。市总工会职介所全年联系用工单位218家，安排上岗853人次。2002年4月25日，无锡市举办大型招聘会，130个用工单位合计提供2200多个岗位，许多单位把招工年龄放宽到40岁以上，受到“4045”人员的欢迎。11月26日，市总工会职介所成为市劳动局职介中心的职工再就业服务所和市职业培训中心职业培训、咨询代理点。全年先后举办6场“4045”下岗失业人员大型招聘洽谈会。市总工会职介所全年受理求职登记2383人次，上岗就业1576人次，上岗率66%。2003年3月7日，市总工会职介所和市劳动局、市妇联等有关部门联合组织“庆三八、架金桥、促就业”大型女性就业专场招聘会，135家用工单位进场招聘，提供岗位1768个，全市4000多名下岗失业女职工参加招聘会，1349人与用工单位达成再就业意向。6月25日，在市工人文化宫举办的大型招聘会，6300余名下岗失业人员参加，154家用工单位提供2498个工作岗位，2256人报名参加，900多人达成上岗意向。10月22日，市劳动局核发非正规劳动组织证书，市总工会劳动服务社成立，和市总职介所实行两块牌子一套班子。主要项目有家政服务、母婴护理、陪老护幼、社区保安、保洁保绿。截至2003年12月末，劳动服务社共计安置下岗工人169人，其中退离人员82人、协保人员

77人、续保人员10人。市总职介所全年举办大型招聘会6场，参加招工单位134家，提供岗位6408个，参加交流的下岗失业人员11834人，全市受理求职登记5711人次，其中“4045”人员2570人次；上岗3531人，上岗率61.83%。2003年，市总工会职介所被中华全国总工会评为全国工会职业介绍示范点。

3.女职工再就业信息服务交流中心

在下岗职工中，女职工下岗比例高于男职工，尤其在纺织、轻工、电子等女职工较为集中的行业，女职工下岗的比例更高，而且再就业比下岗男职工难度大。1995年10月，市总工会成立女职工再就业信息服务交流中心，由纺工、丝绸、电仪、工艺、商业、粮食等15个区局组成成员单位。其中既有下岗女职工集中的行业，也有能够吸纳女职工较多的行业，以使下岗女职工能够充分流动，获取更广泛的选择重新上岗的信息。中心为下岗女职工再就业提供信息咨询与服务，通过各种途径牵线搭桥，对口服务，为下岗女职工办实事，当年就有1700余名女职工再就业。

1996年，服务中心先后为医药、纺工、电仪等行业的近百个下岗女职工牵线，提供丽豪苑中心、锡师附小服务部、广播电视局等用工单位的再就业信息，实现再就业；还开展“姐妹情，献爱心，每人节约1元钱，支援女职工再就业互助金”活动，扶持女职工自谋职业。1997年1月，按《江苏省女职工再就业发展互助金实行办法》，第一批给10名下岗女职工每人资助1000元，帮助她们开办净菜社、快餐店等。至2000年12月，共发放6批，扶持58人走上自主创业之路。市总工会女职工委员会被评为省再就业工作先进集体。2003年，全市女职工人才中心、素质教育基地共举办培训201期，培训女职工39030人次，培训女职工干部4207人次。

4.再就业培训

为帮助下岗职工提高择业能力，市总工会注重对他们进行劳动技能、创业能力和市场适应能力等整体素质的培训。1997年9月19日，市总工会举办下岗女职工技能培训，以保险业务、劳动就业政策指导等为主要内容，全市80名下岗女职工参加培训。接着举行保险业务员招聘，10多名下岗女职工参加保险业务员的再培训。1995～2000年，市总工会共免费培训下岗职工5000余人次。与此同时，各级基层工会也有针对性地组织富余职工开展转岗、转业培训，仅1999年转岗培训3200人次，帮助安置近3000人。

市总工会培训基地主要有市工人文化宫、太湖工人文化宫和职工再就业服务中心。他们坚持以培训为依托，帮助上岗为根本，收集用工信息，掌握下岗职工分布情况、待业原因、年龄、文化、特长，建档立卡，做到培训有的放矢。随着产业结构的调整，企业的改制，一些老的国有、集体企业本身尚有大批人员需要分流。一些新建企业虽然需要人员，但在技术技能、年龄等各方面要求高，下岗职工在这些单位谋职十分困难。市总工会本着“培训围绕岗位转，岗位跟着市场走”的宗旨，引导下岗职工从第二产业向第三产业转移，计算机应用、家电维修、营销、裁剪缝纫、美容美发、摩托车修理、保安、家政母婴护理等成为培训的主要项目。市总工会通过与劳动部门沟通寻岗位，了解岗位需求信息；与妇幼保健院联手挖掘母婴护理新岗位；通过业务部介绍，提供家政服务岗位；鼓励诸如家电维修、服装裁剪等专业培训学员自谋职业；与公安部门开展保安资格培训，输送合格保安人才；探索家电维修培训与为职工上门服务相结合的路子，为下岗职工寻找就业新岗位。

1999年8月～2000年11月，市总工会女职工培训中心联合市劳动局、卫生局、妇幼保健院举办家政母婴护理岗位培训7期，每期35人左右，经过考核有280多名失业女职工获得卫生、劳动部门颁发的母婴护理、家政和健康合格“三证”，上岗率90%，学员有到妇幼保健院任护理员、进居民家庭从事家政母婴护理及出国从事涉外家政服务。

2001年，市总工会把握劳动力市场发展变化的特征和趋势，注重为促进就业增进劳动者的竞争能力服务。抓培训、促上岗，兴办家政、母婴护理培训班8期，培训学员352人，安排上岗率90%，招收保安资格培训学员79人，帮助他们协调落实培训发证、安排上岗。2002年，从第21期家政、母婴护理特色培训班开始，按照国家等级规定标准，并通过应知应会考试合格，发放国家职业资格家政服务员初级证书和江苏省护理协会护工证书。取得职业初级职业资格证书后连续从事该职业工作1年以上，经职业中级正规培训达规定标准学时数，可取得中级毕（结）业证书；取得职业中级职业资格证书后，连续从事该职业工作两年以上，经该职业高级正规培训达规定标准学时数，可取得高级职业资格证书。9月中旬，市总工会首期国家职业资格等级烹饪一级考试在市劳动局培训中心举行。同年，举办家政母婴护理、物业管理、协警保安等13期再就业技能培训班，共培训下岗失业人员869人。2003年，市总工会全年举办家政母婴、保安、电脑等培训班9期，培训学员649人，上岗率在90%以上。至2005年，市总工会贯彻落实全国再就业工作会议精神，在抓好下岗、失业职工技能培训时，注重"品牌"特色，在提高知识和深化教育上下功夫。

2001～2005年无锡市再就业培训统计表

表46-1　　单位：人次

年份	再就业培训	职业指导	技能培训
2001	16923	8356	6075
2002	18761	9277	6888
2003	41026	26745	11706
2004	50123	32340	13910
2005	64393	43657	17588

5. 开辟再就业渠道和促销"练摊"

为了拓宽、开辟再就业渠道，市总工会配合有关部门鼓励企业内部安置。纺织行业是劳动密集型行业，"八五"期间号称"十万纺织大军"，其中富余人员占职工总数的25%。随着"减量增值、发展纺织"的举措和"退二进三"战略实施，分流人员面临第二次就业的转折，纺织系统所属的永安集团有限公司投资创办永安购物中心、超市公司、直销广场。在招工时，首先选择30个纺织企业500名富余下岗人员，被称之为"纺嫂"转为"商嫂"。市总工会鼓励工会系统和退管组织兴办的经济实体招聘富余职工和下岗待业人员。1994年，市总工会女职工委员会组织女职工开展"星期日市场促销"活动。1995年，全市工会企事业从业人员3700人，其中企业富余人员和困难职工子女2200人。工会系统兴办第三产业，退管组织兴办实体，安置富余职工近1.5万人。清退外来用工和留聘用退休人员，腾出岗位安置富余人员和下岗职工。1996年起，每年都组织大型下岗职工促销练摊活动。1997年10月，市总工会印发《关于做好机关、事业单位清退外来用工和留聘用退休人员安置富余人员及下岗职工的意见》，明确要求机关、事业单位要在1997年末前完成外来用工和留聘用退休人员的清理，对腾出的空岗，单位应及时补充富余人员顶岗，不足部分再通过人才市场和劳动力市场公开招收下岗职工。市总工会在行业之间、地区之间、单位之间牵线搭桥，使富余人员向劳动力需求单位流动。市总直接参与煤矿职工子女与市属企业挂钩，解决就业，参与"纺嫂"转"商嫂"，建立"女人（商业）街"解困就业市场等。为引导企业富余人员和下岗职工向商业部门转移，市总工会利用市文化宫、总工会机关等阵地组织促销练摊活动，帮助下岗职工迈出自谋职业的第一步，同时也为企业积压产品打开流通渠道。

1997年8月22～28日，市总工会举办的夜市有无线电五厂、星火服装厂、针织总厂等单位职工进场设摊，每天有数千人参加活动。根据季节特点，1997年、1998年的夏季在文化宫举办为期一周的"无锡市困难企业下岗职工练摊促销夜市"。1998年8月4～12日，由市工人文化宫免费提供场地举办下岗促销练摊活动，有30多家企业、60多个摊位、100多名下岗职工参加练摊。至2000年共举办13次，2000人次参加销售活动，每次进场人数约3万人次，最高一次销售额50万元左右。

6.再就业典型

1996～1997年，市总工会在全市十大行业中树立100名岗位女明星，通过先进典型，针对下岗职工在择业观念上存在的认识问题，组织演讲会、座谈会、报告会、交流会推进再就业工程。1996年4月3日，召开下岗女职工再就业经验交流会，由鸿翔副食品店经理（原南长燃料公司下岗职工）朱玲珍、炼油厂门市部经理（原炼油厂政工干部）王瑞宪等作交流发言。

1998年5月23日，市总工会召开无锡市职工再就业先进事迹报告会，由江苏再就业先进个人、江苏省1998年十大青年兴业带头人、无锡市十大杰出青年、江阴市贝贝装饰有限公司董事长、总经理王小立；“再就业使我重新找到人生价值”的丝织二厂职工邹雪芬；“自强不息创新路”的袜厂职工徐凤清；受到省总工会表彰的“关心安置下岗职工好经理”无锡永安集团有限公司总经理吴惠明；省总工会再就业先进集体针织总厂工会介绍为行政分忧、为职工解难的再就业工作经验。

在实施再就业工程中涌现出一批再就业的先进典型。郊区下岗女职工束静君，在市总工会扶持贷款两万元后，创办人人净菜社（后改名为晨星净菜社），先后招用10多个下岗困难职工共同创业，带动和帮助更多下岗职工就业；有“扬起生活的风帆，重新设计未来”的中保人寿公司业务员孙伟凤、“撑起一片天空，奉献一颗爱心”的自谋职业者朱榴文、“奋斗人生”的太极公司职工陆亚琴、“重新扬起生活的风帆”的市汽车货运总公司职工徐萍、“下岗不失志，再创新天地”的梅梁街道二居委干部张明英、“转换观念觅出路，创出新路天地宽”的宜兴陶瓷公司宝山幼儿园园长王建英、“转岗拓展新舞台，努力再创新形象”的永固电子有限公司市场销售部销售员任杰等。为了宣传典型，市总工会拍摄题为《开拓就业门路，挖掘自身潜力》专题片，还组织新闻报道、编印再就业先进事迹材料等，推广他们的成功经验和做法，引导职工自强不息二次创业，走自立之路。

四、希望工程

80年代末，共青团无锡市委（简称“团市委”）、市青联开展智力支边及“希望工程——百万爱心”行动。无锡市希望工程贯彻市政府关于多渠道筹集教育经费的方针，通过动员海内外力量，资助无锡市乃至全国经济薄弱地区的失学少年儿童继续学业，改善经济薄弱地区办学条件，协助政府普及九年制义务教育，推动社会向现代化迈进。

1992年，团市委与电视台联合开展“用爱心托起希望，用真情拥抱未来”为主题的“希望工程”捐款义演活动，同时在市青联设立“希望工程”捐款办公室。12月20日晚，义演晚会现场直播吸引数十万观众，共收到376个代表单位和个人的捐款电话，认捐8.67万元。年末，“希望工程”捐款办公室共收到捐款29.64万元，以及一大批文具用品，并将所得捐献给甘肃省甘南藏族自治州失学少年，同时在无锡建立甘南失学少年助学基金会。有152名甘南少年与无锡市各界人士建立定向助学关系。1993年，团市委两次组织希望工程考察团赴甘南，利用捐款在甘南州夏河县建造甘南第一所希望小学——博拉无锡小学，9月1日正式开学。经团市委牵线，无锡县东亭镇出资建造甘南第二所希望小学，并在1994年竣工启用。经团市委、市青联多方联络，全市有20多所小学分别与甘南州部分小学结对挂钩，还有100多名干部群众资助甘南151名因贫困而辍学的少年恢复学业。至年末，全市希望工程捐款27万元。市青联于1993年7月被国家民委、全国青联评为全国各族青年团结进步活动先进集体。1994年，团市委成立“无锡市希望工程办公室”（简称“市希望办”），并与《无锡日报》周末版一起推出“三个一计划”，即每年援建一批（10所）希望小学或图书馆（室），资助一批（100人）在无锡就读的大中专特困生完成学业，帮助一批（1000人）失学儿童重返校园。至年末，共接受社会捐款12.25万元，接受社会捐书10万余册，建希望小学7所、希望幼儿园1所、希望图书馆（室）50多个，结成“一助一”对子200对，资助失学儿童上千人。无锡县团委坚持数年，在甘南、汉中等地区分别建造3所希望小学。市青联被国务院授予（时市希望办设在市青联）“民族团结进步模范单位”称号。1995年，全年共收到社会各界捐款31.4万元、捐书5000册，在淮阴、盐城及陕西汉中等地建设希望小学5所、希望图书馆17个，资助贫困大中专学生100人，资助失学少年1128人重返校园。

1996年，全市接受希望工程专项捐款58.11万元，支出50.77万元，其中，援建、修缮希望小学3所，支出15.11万元；捐建希望书籍71套，支出21.3万元；资助贫困学生7.36万元，其他捐赠等活动支出7万元。开展“希望工程在无锡”图片展暨“希望书库”首发式，至年末，累计有20余万市民参观图片展。8月下旬，市希望办组织青年新闻工作者赴陕西汉中，就无锡在当地实施希望工程的情况进行实地采访，并在无锡市进行专题系列报道。市希望办还组织教师志愿服务团赴苏北滨海县开展送教下乡活动。1997年，团市委、市希望办以延安市为重点开展希望工程建设，救助各地贫困学生2200多人，建立希望小学24所，还和有关单位联合举办“请到我家过周末”志愿者家庭助孤结对献爱心活动、青年文明号助残助学活动，设立10个公开捐款箱；与市农行联合开展爱心储蓄活动，吸储2290万元，全市各界对希望工程总投入超过400万元。当年，团市委获全国希望工程建设奖。同年4月，在全省率先成立无锡市实施希望工程监察委员会，聘请市监察局、审计局、关工委、新闻单位、社会各界知名人士和捐款个人代表担任特邀监察员，并设立监督电话。定期召开监察委员会工作会议，每半年对希望工程审计1次，并向社会公布审计结果。1998年1月，往山西省吕梁山区无偿执教的江阴青年赵新忠、赵忠惠获国际青少年消除贫困奖。6月，团市委与市邮电局联合发行70万张希望工程有奖明信片，无锡籍羽毛球世界冠军顾俊在商业大厦广场举行明信片签名售卖活动。全年共收到社会各界“希望工程”捐款180万元，援建希望小学7所，其中延安地区3所、内蒙古自治区2所、无锡地区2所；新增资助学生800多人，其中重点资助120名新疆伊犁地区少数民族贫困家庭小学生、150名延安地区贫困家庭学生和400名无锡市下岗、困难职工子女。全市各级基层团组织积极开展“青年文明号助残助学”活动，形成良好运作机制，使“希望工程”深入人心。当年，印制3万份宣传卡片，开通免费声讯电话，在无锡信息港主页上开通希望工程网页，在《无锡日报》上开设“爱心档案”。1999年，在全市开展“‘再献一份爱心’’99希望工程志愿者劝募行动”，通过希望工程纪念徽章的义卖，广泛动员社会捐款，共计义卖希望工程纪念徽章24万枚，为希望工程筹款120万元。2月，开展“请到我家过新春”活动，邀请26名延安、新疆的优秀受助学生到无锡参观、学习。7月，组织62名少先队员到延安开展“走延安之路，颂延安精神”的夏令营活动。市供电局、灵山发展公司、市石化局在延安志丹县和新疆伊犁霍城、察布查尔县援建3所希望小学。继续办好《无锡日报》“中国人寿”爱心档案，新增资助延安贫困学生200人。实施“身边的希望工程”，新增资助700多名无锡困难家庭学生，共计资助13.2万元，并对其中品学兼优者跟踪培养。通过形式多样的宣传活动与《爱心托起明天的太阳》等电视专题片的制作，扩大希望工程的社会影响。市希望办获全国希望工程攻坚奖。

2000年，市希望办联合江苏移动通信有限责任公司开展“世纪阳光行动”，联合商业大厦开展“二〇〇〇希望之光”慈善晚会活动，动员市工业设备安装有限公司等5家企业开展建造希望小学专项筹资活动，并做好“江苏省城市特困下岗职工子女助学邮资明信片”发行工作。截至年末，市希望办共筹集资金115万元，援助“希望之星”182人次、下岗困难职工子女599人次，发放助学金41万元，投资51万元在延安、江阴、宜兴建设希望小学4所，上交省青少年基金会专项基金60万元。为加强对“希望工程”的管理，开展“希望工程”基金审计活动，并与新疆、延安等地联系，对在建和已建希望小学及结对学生情况进行督查。2001年8月，召开全市希望工程工作会议，制定并颁布《无锡市希望工程“爱心资助”援助活动实施细则》《无锡市希望工程“希望之星”援助活动实施细则》。全年共有270名小学生获得爱心资助金，64名品学兼优的“希望之星”获得资助。由日本友人原田一弥捐款20万元建造的宜兴芳庄希望小学同年竣工。市希望办还举行无锡市第二届“希望之星状元奖”颁奖式暨优秀大学生座谈会，组织无锡供电希望工程代表团一行15人赴延安考察，部分市人大代表赴宜兴视察希望工程的实施情况。2002年，在全市开展劝募行动。太平洋财险无锡支公司捐款4万余元，资助18名希望之星；安利（中国）日用品有限公司捐款5.4万元，资助30名希望之星；无锡状元楼大酒店有限公司捐款近10万元，颁发“希望之星状元奖”，资助市内应届优秀高中毕业生上大学；新区凯模制冷配件（无锡）公司捐款3.6万元，改善市内希望小学教学条件；江苏移动通信有限公司无锡分公司捐赠800只新书包。全年共计资助市内贫困家庭小学生360人、希望之星学生50人；在徐州丰县援建希望小学1所。

2003年，共资助无锡市困难家庭学生277人，其中“爱心资助”对象203人、“希望之星”65人、“希望之星状元奖”9人，发放助学金19.29万元，划拨3万元爱心款资助老城区周山浜街道贫困儿童。8月，与无锡状元楼大酒店联合开展第四届“希望之星状元奖”评选活动，共颁发奖学金3.6万元。拓宽筹资渠道，推广社会化运作希望工程事业的新路子，推出“希望工程爱心电影年卡”和“太平洋人寿保险公司系列爱心保险卡”。在保利广场开盘典礼上，国际影星张曼玉为希望工程捐款20万元。至年末，共募集希望工程款38.29万元。翌年，通过举办“援百村、助千户——身边希望工程”捐资助学、“青年文明号希望工程爱心助学行动”等系列活动，扩大“希望之星”“爱心资助”的社会影响力，全年希望工程共筹资200余万元，资助贫困学生2313人，分别捐资20万元在宜兴、新疆伊犁援建希望图书馆和希望小学。

2005年，扩大筹资渠道，通过设立“希望之星状元奖”，开展“希望与爱心同行”，举办“江南晚报——安利公司慈善晚会”等活动，争取企事业单位和社会各界支持，市希望办全年筹资205.1万元，资助贫困学生939人，援建希望小学4所，改善希望小学办学条件3所；与有关部门和社会组织联合引进话剧《雷雨》，将演出票务总额的10%（7万元）捐赠给希望工程；分别开展“新春帮困送温暖”“青年文明号希望工程爱心助学行动”“援百村助千户——身边的希望工程”“节日慰问社会福利院儿童”“贫困大学生新学期入学爱心通道”等助学活动。

五、送温暖工程

1991年，市总工会到基层开展送温暖活动，慰问市级以上劳动模范和先进生产工作者。翌年11月，省总工会给市总工会拨款5000元用于开展送温暖活动。1993年，重点走访慰问有突出贡献的科技工作者、劳动模范、先进生产（工作）者、特困职工以及长期体弱多病的职工。

随着国有企业改制，困难企业和困难职工增多。1994年春节期间，各级工会干部到困难企业和困难职工家中，开展“进万家门，知万家情，解万家难，暖万家心”的送温暖活动，共慰问25.8万名职工，发放慰问金875万元。还发动职工捐款捐物。是年，无锡市开始实施“送温暖工程”，共建立“送温暖工程”基金组织10个，基金总额454.84万元，并建立制度和制定实施细则。翌年初，市总工会拨出近10万元，慰问16家特困企业，200余户困难和病残职工家庭。各级工会和退管会共走访困难家庭两万余户，发放慰问金220多万元；对20余万困难职工补助650多万元；慰问退休职工2.8万户，慰问补助270多万元。开展“迎新春、送温暖”活动，市领导带队分别走访慰问13家困难企业和25名困难职工，发送补助款，同时还对崇安等区下拨职工补助款。市总工会共拨出4万多元专款用于走访和补助困难职工。下半年，经对困难职工调查，由市政府拨款为全市400户特困职工（居民）家庭每月免费供应大米9公斤、食油0.5公斤，以保障职工的基本生活。4月12日，市总工会举行无锡市职工优惠证发放大会，向200名特困职工发放优惠证及粮油优惠券，另200户由市退管会和民政局分别发放，直至2005年。1995年，全市送温暖基金组织发展至32个，基金总额近700万元，宜兴市成立“送温暖工程”领导小组。市总工会还组织开展“送温暖献爱心储蓄”活动，吸储400万元，收益作为职工扶贫款。市总工会所属的天安信用社用于企业解困贷款1000余万元。

1996年，全市有亏损企业496家，其中26家停发工资，涉及职工1618人；职工家庭人均生活费收入低于市区人均收入30%的有两万多人，其中有1万多人是离退休职工；有月人均生活水平低于最低生活保障线120元的职工450多人；有因天灾人祸等原因造成特殊困难的职工900多人。为此，市总工会建立特困职工档案，以更好地做好免费供应粮油的工作。元旦、春节两大节日期间，市总工会启动基金的增值部分，另拨款60万元用于救助特困职工。各级工会与党政部门走访慰问企业1692家，慰问困难职工和离退休人员17.36万人，发放慰问金3893万余元。是年，无锡市送温暖基金会成立，同时成立送温暖基金理事会。基金由市政府出资300万元，市总工会自筹100万元，各基层建立送温暖工程基金分会，一些有条件的基层也建立送温暖（帮困）基金，全市共筹集资金2000余万元。全市工会系统形成帮困扶贫、大病救助、促进再就业、补充养老保险四大机制的保障体系。8月，市总工会和市财政局联合制定《"送温暖基金"管理暂行办法》，自1996年实施。该办法规定基金主要救济长病假职工、企业内退职工、放长假职工等3种对象，对其中家庭月均生活水平低于最低生活保障线和发生意外灾害、重病治疗等带来生活困难的特困职工提供帮助。并建立"送温暖基金"管理领导小组。12月，市总工会印发《关于进一步扎实开展"迎新春、送温暖"活动的通知》。工会全年直接扶持特困企业20家，其中4家当年扭亏、5家减亏。还为特困职工减免住房提增的租金，为其子女就学减免学杂费。翌年元旦、春节期间，市委、市政府安排资金1000万元，市总工会筹集资金60万元用于送温暖活动。参加走访慰问的区、局级以上党政领导1475人次，工会干部1823人次，基层工会干部1万余人次；走访慰问企业1314家，职工总数6万余人，离退休职工4.3万余人，伤病职工1万余人，劳动模范2040人。发放补助困难金2128万元，补助企业429家，补助职工8.54万人。市总工会会同邮电局共同发行"送温暖、献爱心有奖明信片"40万枚，筹集40万元作为市（县）、区、局和市直属单位的送温暖基金。市总工会在市级机关牵线搭桥，开展"帮困结对"活动。2月5日，市地税局开展"爱心园"活动，发动全局干部职工捐款，与10户特困职工结成对子，进行经常性的帮困。春节前夕，由市总工会女职工委牵线搭桥的扶贫助学结对仪式在宜兴市川埠煤矿举行，江南大学95级经管系学生赵皓静把省吃俭用的800元零花钱和特意购买的新书包、文具用品捐赠给川埠煤矿子弟小学特困生袁春华。

1998年春节前夕，市总工会开展以"进万家门，知万家情，解万家难，暖万家心"为主题的"迎新春、送温暖"活动，筹集70万元补助困难职工。4月8日，市供电局职工为206户特困职工捐助每户每月20度电费。5月26日，市总工会为下岗职工和特困职工设立解难咨询热线电话。8月，市总工会组织开展帮困助学活动，对有子女就学的159户特困职工家庭发放帮困助学金3.18万元。11个市（县）、区、局工会帮困助学590人，发放帮困助学金41.87万元。当年，市总工会又为市级机关帮困结对活动牵线搭桥，介绍33个部门与117户特困职工结帮困对子。1999年，市区人均生活费180元以下的特困户有4000多户，各级工会对其中400户作为市级重点帮困对象，除按往年给予粮油、子女上学、电费的免费和补助外，增加医疗减免、有线电视费用减免等优惠政策。春节期间，各级工会慰问困难企业1455家，慰问困难职工家庭55765户，筹集慰问金3318万元。参加慰问、走访的各级工会干部16702人。8月，对261户特困家庭子女发放帮困助学金7.99万元。2000年元旦、春节期间，市区各级筹集慰问金758万元，其中各级工会筹集267.5万元。走访慰问特困企业104家，特困职工13857人，参加慰问的各级党政领导干部1822人，各级工会干部1905人。市总工会对300户有子女就学的特困职工家庭每户发放300元助学金。与慈善会联手，对12户有子女上大学、中专的特困职工家庭每户发放500～1500元的助学金。12月6日，市总工会开展"奉献一片情，温暖职工心"为主题的"六个一"送温暖活动。

2001年5～7月，市总工会开展困难职工群体基本状况专题调查。调查表明，困难职工在数量上趋于增多、总体的生活质量趋于恶化、社会地位趋于下降和困难职工群体对现实的不满情绪在逐步蔓延。为切实关心困难女职工群体，5月31日，市总工会女职工委员会举行"六一爱心助困"仪式，发动和组织100位女职工向100户特困、单亲女职工家庭帮困助学，共计价值3万元。10月，128名党政领导干部与特困职工结对帮困，市委书记、市长带头上门看望结对的特困家庭。市区各级筹集慰问金1083.7万元，其中各级工会筹集403.38万元，慰问困难企业647家、困难职工24408户。市总工会筹集50万元（政府拨款、送温暖基金各25万元），对患大病、重病等困难职工进行补助慰问。翌年，市总工会对全市33个区局资产经营公司488家单位进行困难职工调查。对4391个职工家庭（人均月收入低于334元）纳入市总工会档案管理。5月初，市总工会女职工委员会发动各级工会女工委开展爱心助学活动，重点对单位特困职工家庭和特困女职工家庭给予帮困。组织供电、卫生、园林、公安、华晶集团等20个工会女职工委员会与40户特困单亲职工家庭进行2～3年结对，对其子女在学习、生活上帮扶。5月31日，举行"六一爱心助学"结对签约仪式。是年，市总工会加大助学力度，补助标准提高至小学、初中生每人300元，高中、职校、中专、大学学生每人500元，当年高考录取的大学新生每人2000元。市总工会还为226个特困职工发放优惠证，并每月免费提供定量粮油，保障困难职工的基本生活。全年走访慰问困难职工39510户，发放困难补助2885.70万元，为4648名困难职工的子女发放助学金1231.29万元，有231个工会女职工委员会与440个特困女职工家庭结对帮困，提供帮困助学金20.4万元。12月26日，无锡市总工会困难职工援助中心挂牌运行。

2003年元旦、春节的送温暖活动中，全市各级筹集慰问款2990万元，其中各级工会筹集518.6万元、政府筹集2100万元、其他方面筹集371.8万元。慰问困难企业905家、困难职工25689户。8月，市总工会为284户困难职工的子女提供助学金，对当年考取大学的新生资助2000元、总额17.93万元，各级工会资助困难职工子女2102人、总额72.83万元。是年，市总工会困难职工援助中心被中华全国总工会授予"合格援助中心"称号。由市总工会发放优惠证的特困职工由上年的226户增加至428户，他们同时享受到粮食、广电、卫生、教育、房管、供电、供水、供气等8个方面优惠政策。市工代会期间，市总工会还把节省下来的12184元会议费用捐给特困职工。与此同时，建立建档管理、结对帮扶、动态应急救助、协商调解、互助保险、为特困职工办实事等一套行之有效的管理制度。8月，开展无锡市工会送温暖工程先进集体和先进个人评选和"星级达标"活动。评选出王爱萍、董美娟、张月萍等14个"2003年无锡市工会家政、母婴护理服务明星"。市总工会职介所还将服务明星的个人照片和主要事迹上墙公布，使广大家政、母婴护理服务员学有榜样，赶有目标，受到许多家庭用户的好评。翌年，在全市深入"温情系万家"的送温暖活动中，建立"12351"职工热线电话；在"送你一缕阳光"的系列活动中，先后向1000名困难劳模、职工和工会干部发放"法律援助真情卡"，向428户特困职工家庭发放"善待健康和生命——慈善爱心卡"；市总工会与政府有关部门联合出台完善帮困救助机制的有关意见，使428户特困职工每年可得益5000多元；与市妇幼保健院联合开办女职工健康互助项目。至年末，住院医疗互助保障参保10.6万人，年内享受大病和住院互助保障理赔的有5544人，理赔金额356.16万元。在2005年的两大节日送温暖活动中，各级工会筹集慰问金2961.43万元，慰问困难企业867家、困难职工37458人，助学2447人，资助金额84.91万元。有600多人次享受工会"慈善爱心卡"医疗救助，金额10多万元。市总工会与市房管局、财政局、民政局联合印发《关于调整廉租住房政策的通知》，向房管部门推荐7户特困职工家庭，使他们成为廉租住房新政策的首批受益者。

六、新市民安居乐业工程

1990年，市政府制定《无锡市外来暂住人口管理办法》，规范全市外来人口管理。翌年，组织开展重点人口专项治理，有针对性地选择经济地位比较重要，治安状况比较混乱的地区和单位着重专项整治。建立外来人口集中住宿点，在外来人口比较集中的乡镇（街道）和村建立外来人口管理办公室、管理站（组），配备专职户口协管员，组织对外来人口进行法规政策宣传教育，集中打击违法犯罪行为，初步实现外来人口的规范化管理。

1993年9月，市人大常委会颁布《无锡市暂住人口管理条例》，对外来人口管理工作做出相应规定。随着宣传教育的不断扩大，各地、各部门和居民群众普遍重视对暂住人口管理工作，各项工作统一规范，制度完善。私房出租登记率、外来人口发证率等指标逐年提高。至1994年末，全市建立外来人口管理办公室132个、538人；管理小组1625个、4877人；配备专职户口协管员789人、兼职

3508人。基本做到人员、责任、报酬、奖惩“四落实”，35.1万外来暂住人口发证率90%。1997年，开展外来务工青年培训。1998年，中央有关部委在无锡市召开外来务工青年培训现场推进会。翌年，江苏省在无锡召开外来人口管理现场经验交流会，肯定和推广无锡外来人口管理经验。2004年初，市政法委增设流动人口管理处，负责领导、组织、协调全市外来人口管理工作。2005年，市（县）、区两级政法委（综治办）相继成立外来人口管理服务工作领导小组办公室，并明确为非编常设机构，人员5～8人；镇、街道依托综治办建立外来人口管理服务中心，人员3～5人，经费列入同级财政预算。是年，开始实施为期3年的“新市民安居乐业”工程。主要通过统筹安居建设，强化就业保障，落实新市民待遇，加强素质培养和严密管理等措施，确保新市民的各项权益和一方社会治安的稳定。截至年末，全市建成外来人口“两集中”（集中居住、集中管理）居住区（点）5569个，面积375万平方米，全市177万外来人口中有70.6万人实现集中住宿、集中管理，“两集中”率42.2%。为外来人口提供法律援助3820余人次，为农民工追讨拖欠工资2000余万元，吸收54万外来务工人员加入工会，劳动合同签订率60%以上，10万外来人口子女有91.2%在公办学校就读。成立“新市民亲情理事会”“外来人口维权中心”等民本化管理服务组织495个。私房出租户签约率70%以上，租住户外来流动人口登记率95%。

七、重大事故

1.火灾

1986年11月14日，市果品公司化肥桥冷库工地，因建筑工人违章作业引起火灾，烧死3人，烧伤2人，烧毁物资折款9.97余万元。

1987年3月21日1时左右，江阴县华士镇勤丰村徐某（男，35岁）办的个体眼镜配件厂发生火灾，因赛璐珞在燃烧过程中产生大量一氧化碳和有毒气体，造成5人死亡，1人重伤，烧毁赛璐珞板690公斤以及门窗、房子等，损失折款9244元。火灾系生活区与生产区没有间隔，赛璐珞接触明火所致。

1988年7月29日11时30分，宜兴市张渚百货公司第一门市部二楼仓库因职工违章在仓库内吸烟引发火灾，火灾烧毁大量布匹、服装、鞋帽、电器等商品，损失折款1.9万元。

1990年1月19日，无锡县钱桥镇锡羚制革厂因机修工是某（男，43岁）违章烧电焊引起火灾，烧毁大量半成品牛皮、厂房780平方米及一些机器设备，直接经济损失49.2万元。市消防支队调动11辆消防车、70多名指战员，经过一个半小时的奋力扑救，才将大火扑灭。

1990年4月26日3时53分，无锡钢厂总变电所因钢管热轧主机高压开关控制柜内的空气开关与电缆头的3根连接线相接短路引发火灾，两台主变压器严重损坏，54个6千伏控制柜大部分烧毁，两名工人被烧伤，直接经济损失45.4万元。

1990年10月25日17时37分，无锡华贸化工有限公司合成樟脑车间因结晶箱内静电引起爆炸。市消防支队出动18辆消防车、100余名指战员投入灭火，于19时49分将大火扑灭。大火烧毁结晶箱两只、异龙脑原料20吨，车间厂房严重烧损，损失折款48万余元。

1992年10月5日13时9分，无锡兴业纺织印染有限公司因载热油系统中水分未脱尽，水汽膨胀引起油气分离器爆炸，载热油冲出而起火成灾。烧毁金属厂房近万平方米、布料100万米、纺织原料16吨、机械设备314台、锅炉两台、纺织产品5724件，直接经济损失929.60万元。

1992年11月22日3时20分，无锡市梁溪商场二楼搪瓷柜台内因电器线路绝缘不良，致使短路阴燃引起火灾，烧毁二楼、三楼营业大厅全部商品（摩托车17辆、自行车55辆、电视机12台、皮夹克3件、洗衣机5台、电冰箱11台及其他商品），房屋890平方米，损失折款45.35万元。

1992年12月21日22时15分，无锡县华贸化工有限公司因合成樟脑车间工段长鲍某擅离岗位40分钟，致使异构反应釜内温度升高引起冲料，导致爆炸火灾事故，烧毁房屋1350平方米、反应釜7

只、原辅材料等，损失折款48.81万元。

1993年7月24日20时45分，无锡市第一百货商店三楼发生火灾。原因系三楼鞋柜上方吊顶处1盏高效节能灯长期通电，绝缘层老化击穿短路引起火灾。火灾烧毁吊顶191平方米、皮鞋7500双、货架柜台23只，损失折款33.35万元。

1994年1月2日22时55分，江阴市祝塘镇织带厂某职工家属为泄私愤，放火点燃棉纱堆垛成灾，烧毁建筑398平方米、纺织原料7000公斤、机械设备9台，直接经济损失32万元。

1994年1月29日12时31分，无锡中储物资总公司21号库房（无锡市电扇厂租用），因管理员徐某在库房内违章使用取暖器烘烤棉鞋且未加看管，致使取暖器高温引燃棉鞋发生火灾，烧毁库房1200平方米、电风扇9893台，直接经济损失88.9万元。

1994年2月24日19时40分，无锡县港下镇江南包装厂（村办企业）发生火灾，过火面积2784平方米，烧损机械设备3台（套）及大量成品、半成品，直接经济损失42.2万元。火灾原因是印刷机运转时突然发生故障，引起闸刀处电线电流瞬间增大，小刀车间沿墙线路上用铜线捆扎处产生火花，引燃邻近的废纸堆。

1994年7月23日1时30分，江阴市顾山镇古塘村的江阴精细化工厂原料仓库的桶装纯苯受高温膨胀而爆炸，引发火灾，烧毁房屋280平方米、纯苯11吨、柠檬胺油3.2吨、松香1.2吨，损失折款22万余元。

1994年10月4日1时，江苏省石油公司长山分公司银河宾馆（原江阴石油大厦）舞厅因日光灯镇流器过热引起火灾，烧死两人，烧伤两人，直接经济损失136.7万元。

1995年5月18日15时许，江阴市云亭镇松桥化工厂因氧化釜顶部法兰泄漏，物料硝基甲苯、冰醋酸、对硝基甲苯、氧气等冲出，在空间形成爆炸混合气体，遇金属器材撞击火花发生爆燃引起火灾，死4人，伤3人，烧毁厂房屋面280平方米、玻璃钢瓦棚290平方米和原料、成品各1吨，直接经济损失10.6万元。

1995年7月9日20时20分，江阴市月城镇中外合资江华化工有限公司在生产聚苯乙烯过程中停电，为防止反应釜内物料凝固，在反应釜放料时，原料挥发泄漏遇非防爆手提式缝包机起动火花发生爆炸并蔓延成灾，死1人，伤13人，过火面积906平方米，烧毁大量原料、产品，直接经济损失48万元。

1995年8月3日1时30分，江阴市桐岐镇家用电器配件厂因职工沈某到厂里仓库盗窃后放火灭迹引起火灾，烧毁房屋200平方米、空调4台、冰箱冰柜198台、自行车两辆及其他财物，直接经济损失33.7万元。

1995年10月20日14时，江阴市滨江油库206号甲醇贮罐爆炸起火，大火持续7小时，烧毁甲醇110吨，烧损甲醇贮罐，直接经济损失48.2万元。

1996年11月29日2时许，崇安区金达电脑电子有限公司因电气线路短路引起火灾，烧毁部分电脑及电脑配件设施，直接经济损失35.27万元。

1997年5月14日1时05分，江阴市周庄镇山泉村村民缪某家发生火灾，烧死3人，烧毁摩托车1辆、布两匹，直接经济损失1万元。

1997年5月14日18时17分，锡山市港下镇天龙彩印包装有限公司彩印车间发生火灾，烧塌简易屋面1500平方米，烧毁机械设备3台及部分成品、半成品和原料，直接财产损失93.1万元。火灾原因系彩印车间上光机电热加热管温度失控导致上光剂起火。

1997年12月16日4时14分，市鞋帽市场因遗留火种引燃周围可燃物造成火灾，由于市场设置不符合要求，市场内部未设置防火分离、自动报警和自动喷淋系统，致使火势迅速蔓延，火灾过火面积5442平方米，烧毁个体摊位523个，直接经济损失595.9万元。

1998年1月21日4时40分，市广播电视局A区三楼播出室因调制器长时间连续工作发热引发火灾，直接财产损失61万余元。

1998年4月27日4时许，浙江省湖州市黄龙集团公司一辆东风货车（载8吨绢纺丝）在前往张家港市途经宜兴境内不久发生火灾，烧毁东风货车1辆、货物约7吨，直接财产损失131万元。

1998年6月4日3时15分，无锡永安家具公司租用蠡园乡中北型材厂内的家具仓库因儿童在厂内草堆玩火发生火灾，烧毁房屋354平方米、家具320件（套），直接财产损失78.3万元。

2002年1月15日21时46分，无锡太湖摩托车交易市场仓库因小偷盗窃摩托车时遗留火种发生火灾，过火面积约1900平方米，仓库内约500辆摩托车、电动助力车、轻便摩托车不同程度受损，直接财产损失72.57万元。

2002年6月14日18时30分，位于江阴市南闸镇的金三角建材市场发生火灾，过火面积3200平方米，其中850平方米的屋顶烧毁变形坍塌，有26个卫生洁具展示摊位不同程度受损，直接财产损失88.1万元。起火原因系市场4号大厅2—4号摊位南墙展示板上方的灯箱吊顶的电气线路短路引起。

2002年11月16日，江阴市夏港镇长江拆船厂在拆除一集装箱废旧船舱舷过程中气焊火花飘落至甲板下一层的冷藏间，引燃冷藏间内泡沫保温材料发生火灾，造成3人死亡、5人受伤。

2003年5月2日21时28分，滨湖区华庄镇小溪桥湖宝舫大酒店（建在水上，上下共3层）因电气线路短路发生火灾，过火面积1200平方米，直接财产损失47.75万元。

2003年7月30日16时10分，无锡宏大纺织机械专件有限公司三分厂轴承车间装配组汽油清洗间发生火灾，造成4人死亡、3人受伤，过火面积192平方米，直接财产损失20万元。火灾原因系当日在轴承装配间清洗工段的工人汽油作业时，遇雷击（感应雷）使电气设备产生火花，引燃易燃易爆混合气体发生爆燃所致。

2004年2月25日2时15分，滨湖区太湖镇申明摩托车修理店发生火灾，造成4人死亡，过火面积约40平方米，直接财产损失2.6万元。火灾系人为放火所致。

2004年3月14日13时30分，魏某等6名安徽利辛籍外来人员雇请丁某对江阴市经济开发区石庄园区新街45-3号住宅后1间16平方米的铁皮屋进行切割时突然发生爆炸，致7人当场死亡。

2004年5月23日15时20分，无锡市三阳百盛广场有限公司3～6层中庭发生火灾，直接财产损失45.5万元。火灾系三阳百盛大厦东侧1.85米的摩天360大楼工地西立面18～19层电焊作业时，产生的高温焊渣掉落引燃大厦中庭上方铺设的竹排、防护网等可燃物所致。

2004年7月5日1时04分，无锡新区旺庄街道工业配套二区内的亚微科技（无锡）有限公司生产车间及仓库发生火灾，过火面积1500平方米，直接财产损失62.8万元。火灾系公司员工停放在中转仓库的电动车在充电时，电瓶盒充电器等部件发生故障引起燃烧，并引燃周围的纸箱等可燃物所致。

2005年2月13日4时52分，滨湖区马山镇和平村雁门158号村民钮某家发生火灾，造成钮某等3人死亡，过火面积50平方米，直接财产损失1.5万元，火灾原因系用火不慎所致。

2005年10月17日19时42分，惠山区藕塘绒线厂仓库发生火灾，过火面积2100平方米，烧毁成品、半成品绒线16.67吨，直接经济损失46.46万元。

2005年12月3日21时49分许，滨湖区河埒街道景溪社区安上99号租住户发生火灾，造成3人死亡，过火面积约72平方米，直接经济损失2.26万元，火灾原因系用火不慎所致。

2.交通事故

1986年9月20日7时25分，江苏省科委专利局局长赵某等人从苏州乘坐面包车回南京，行至宜兴和桥附近，与宜兴芙蓉茶场1辆大卡车相撞，赵某和车上另两名乘员被抛出车外当场死亡，驾驶员与另1乘员受伤。

1987年1月6日，市汽车运输公司四场驾驶员曹某驾驶的大货车驶至市区东林广场时，制动器出故障，错踩油门，致使汽车突然加速，失去控制发生车祸，造成死亡两人、受伤4人。

1987年10月12日，宜兴县南新农机厂1辆6吨卡车在境内张灵线上撞击上海交通大学学生乘坐的军车，事故造成当场死亡6人（其中解放军战士1人、大学生5人）、重伤20余人。

1988年1月23日，无锡微型轴承厂驾驶员沈某驾驶波罗乃兹轿车行驶至郊区鸿桥附近时，方向盘突然失灵，翻入路旁池塘，车上5人全部死亡。

1988年9月15日，市客运分公司江阴30车队驾驶员赵某驾驶的客车在江阴市南闸丝织厂门口与南闸轧钢厂顾某驾驶的货车对向相撞，造成顾车上3人死亡、1人重伤。

1991年2月14日2时30分，在宜兴市小张渚煤矿附近公路上，安徽省怀远县控江塑料厂驾驶员李某驾驶的大货车，与对向行驶的浙江省湖州市1辆小客车相撞，造成小客车内3名乘客死亡、两人重伤。

1992年4月30日4时许，在宁杭公路宜兴兴洑东路段（离浙江省界60米），安徽省肥西运输公司驾驶员冯某驾驶的大客车与对向行驶的扬州纺织公司驾驶员崔某驾驶的大货车相撞，当场死亡6人、重伤5人。

1993年1月2日4时30分，安徽省无为县相安镇农元油厂驾驶员周某驾驶跃进牌货车，在锡沪路由西向东行驶至无锡县羊尖与常熟市练塘交界处一桥梁时，货车撞断桥栏杆冲入河中，造成车上7人死亡。

1993年1月2日23时20分，1辆东风半挂军用货车由东向西经过312国道黄巷立交桥附近时，撞上道路中间的绿化隔离带，致左侧油箱坠地，对向行驶的河南省许昌市长葛县运输公司大客车刹车不及撞上油箱起火，致使6名乘客当场烧死，1人送医院抢救无效死亡，5人严重烧伤。

1993年3月23日2时，安徽省舒城县运输公司1辆拖挂大货车在312国道无锡段景渎加油站附近与对向驶来的丹徒大货车相撞，安徽车随车人董某下车察看时，上海方向驶来的1辆常州大货车撞在安徽车车尾，致董某死亡。因下雨路滑，能见度差，致使22辆汽车首尾相撞，交通一度堵塞，至早晨7时疏通。

1993年6月9日23时30分，高邮市1辆上海牌轿车与泰兴市1辆小货车在锡澄路堰桥镇境内相撞，高邮车驾驶员司某和随车人员韩某、沙某下车察看情况，当场村民邱某也上前观看。此时，江阴要塞物资公司借用的江阴长江仪表总厂的面包车驶过，将司、韩、沙、邱4人撞倒，司、韩当场死亡，沙、邱送医院抢救无效死亡。

1993年10月6日2时，安徽省宿州市东华食品饮料总厂驾驶员张某驾东风牌大货车在312国道上马墩段，与对向行驶的江都宝履皮鞋厂一卡车相撞，安徽车上4人当场被撞死，一过路女青年被撞伤，两车被烧毁。

1993年12月12日8时50分，江阴市西郊乡1辆个体中巴车严重超载，在锡澄路由北向南行驶至无锡县西漳镇天一村25路公交车站时，与对向1辆黄河大货车相撞，致4人死亡，多人受伤。

1994年2月24日5时，安徽省汽车运输公司阜阳分公司1辆装载60余名民工开往杭州的大客车因严重超载，司机疲劳驾驶，在途经104国道宜兴市宜城镇张师桥北堍时，撞倒隔离护栏，冲入河内，致20人死亡。

1994年8月5日16时10分，无锡县东绛镇个体业主章某酒后驾驶现代王轿车至苏锡公路华庄段时，方向盘失控，撞死4人，撞伤7人。

1996年8月18日21时，江阴市公安交警大队在夏港勘查一事故现场时，连云港市革新汽配有限公司司机刘某酒后驾驶“解放”牌卡车撞上路边的肇事车和勘验警车，将两车撞出10余米，致围观群众被当场撞死4人、重伤3人、轻伤14人。

1996年11月24日7时，沪宁高速公路无锡段因路面雾大、能见度差，发生1起特大交通事故，44辆汽车首尾相撞，致10人死亡、11人受伤。

1997年11月13日8时，无锡客运总公司驾驶员黄某驾驶的大客车由无锡驶往靖江途经锡澄路塘头桥时，汽车翻入河中，造成车上11名乘客死亡。

1998年3月17日6时15分，沪宁高速公路无锡段上海方向113公里处因雾大能见度低，21辆汽车首尾相撞，致3人死亡、5人受伤。

1998年8月8日21时20分，1辆常州牌照的现代牌轿车，司机酒后驾车，沿湖山路从马山镇往灵山大佛景区行驶至古竹大桥桥面时，轮胎突然爆裂，汽车失控翻车，车上3人当场死亡。

1998年9月19日2时，浙江省台州市黄岩区长途运输公司1辆双层卧铺车，由台州开往江苏省镇江扬中市途经312国道锡山新安段时，突然驶离路面翻入路边河内，车上5人死亡。

1998年11月22日17时50分，市公交客运公司驾驶员邵某驾驶中巴车载乘32名乘客（超载13人）行至锡张公路东风桥路段时，与对向行驶的1辆东风半挂车相撞，中巴车当即翻车，造成7人死亡、8人受伤。

1999年1月13日23时，1辆苏州牌号的丰田面包车由西向东行驶至常宜线锡山市查桥镇与安镇镇交界处时，突然变向驶入路左，与对向行驶的1辆苏州牌号东风大货车相撞，面包车内3人当场死亡。

1999年5月8日6时20分，常州市武进县运村乡胥某驾驶的桑塔纳轿车由北向南行驶至宜兴市渎边公路29.4公里处时，与对向行驶的浙江长兴县夹铺镇张某驾驶的跃进大货车相撞，致3人死亡、两人受伤。

1999年6月19日12时30分，河南开封汽车运输总公司驾驶员丁某驾驶的卧铺大客车行至104国道宜兴市潘家坝段时，与对向行驶欲右转弯的安徽郎溪人张某驾驶的手把式农用三轮车相撞，致4人死亡、4人受伤。

1999年7月26日10时30分，连云港市1辆个体运输客车由苏州开往响水途中，在江阴黄田港渡口准备过江上渡船时，突然方向失控，冲入江中，致两人死亡、1人失踪。

1999年8月8日7时20分，无锡市驾驶员姚某驾驶的大客车载乘52人从河埒乡梅园村开往钱桥途经生活固体垃圾处理场专用道路时，翻入与路面落差约5米的锡山市钱桥镇舜一废钢渣处理场，致8人死亡、41人受伤。

1999年8月12日零时，重庆市荣昌县龙泉酒厂驾驶员郑某驾驶大货车行驶至沪宁高速公路115公里处时，与前方1辆桑塔纳轿车及1辆济南军区某部的大货车相撞，致3人死亡。

1999年8月15日15时，上海市奉贤县王某驾驶跃进牌大货车行驶至锡甘路锡山荡口段时，因避让车辆冲入对向车道，与王某驾驶的摩托车相撞，致王某一家3人死亡。

1999年8月28日10时，宜兴市宜城镇南岳村村民朱某驾驶的桑塔纳出租车行至宜广公路归径陆平段从一大货车左侧超车时，与对向行驶的宜兴市丰义镇前庄村张某驾驶的大货车及1辆摩托车相撞，致3人死亡、2人重伤。

2000年1月10日20时20分，锡山市公安局堰桥派出所民警吴某无证驾驶尼桑轿车在前，安徽籍姜某驾驶大货车在后，由北往南行驶至锡澄公路锡山堰桥丁塔段时，遇江阴马某驾驶的桑塔纳轿车由南往北行驶，交会时，马某所驾车驶入对向车道，其车左前角与尼桑车左前角相撞，致桑塔纳轿车翻车，在翻车过程中又与大货车相撞，致桑塔纳轿车中5人死亡。

2000年1月24日16时10分，锡山市洛社镇尹某驾夏利车行驶至312国道锡山洛社段时，与无锡市北水沟37号居民严某驾驶的桑塔纳轿车相撞，夏利车翻入路边河中，车中3人死亡。

2000年4月13日4时，江苏省睢宁县胡某驾驶的双排座大货车行驶至104国道宜兴段1288.1公里处时，与前方停靠的1辆半挂车追尾相撞，致胡某车内3人死亡。

2000年8月26日1时，无锡市华商广告公司经理张某租赁戎某驾驶的双排座小货车（核载6人），载乘12名苏北和河南籍民工从太仓市回无锡，行至323省道锡山市安镇十字路口时，与对向超过中心线行驶的河南驻马店地区运输公司司机王某驾驶的解放大货车相撞，致戎某等9人死亡、5人受伤。

2001年1月18日晚，驻徐州73068部队李某等5名现役军人，租用溧阳市张某驾驶的桑塔纳轿车，由江阴行至锡陆阳线阳山大桥处时，冲入直湖港河内，致驾驶员张某及李某等军人4人死亡、1人受伤。

2001年3月1日上午，上海金雪运输公司的1辆大卡车行驶至江阴镇澄线夏港三元村地段时，因避让不当翻车，将路边正常行驶的两辆摩托车撞倒，致3人死亡、1人重伤。

2001年7月13日凌晨，江阴市沿江线璜土镇青钟村仇家丹自然村地段，王某驾驶三轮运输车与张某驾驶的四轮拖拉机相撞，致三轮运输车上4人死亡。

2002年2月12日下午，市庆丰公司供销员沈某驾驶载乘6人的轿车，途经江阴市南闸毛纺厂门口时，与1辆无锡牌号的货车相撞，致轿车上3人死亡、3人受伤。

2002年4月10日22时，104国道宜兴市徐舍镇宜丰路段，溧阳籍司机史某驾驶的上海牌号货车与1辆无锡牌号的小客车相撞，致小客车内3人死亡、两人重伤。

2002年4月17日18时30分，河南省郾城市王某驾驶的货车行驶至锡澄路青阳段时，与石某驾驶的无锡牌号面包车相撞后，又与沈某驾驶的摩托车相撞，致摩托车上3人死亡。

2002年7月30日1时，沪宁高速公路无锡市东北塘段上海方向156.4公里处发生3车追尾相撞事故，致3人死亡。

2002年8月23日9时40分，1辆浙江牌号的中巴车载乘20名乘客行驶至新区新锡路锡士路口时，与1辆无锡牌号的大货车相撞，致3名乘客死亡、3人重伤、8人轻伤。

2002年9月23日6时，河南籍陈某驾驶的浙江牌号的大货车沿312国道行至惠山区洛社镇花名桥西堍，与1辆摩托车相撞，致摩托车上3人死亡。

2002年11月11日5时，1辆浙江牌号的轿车（车上乘坐8人）行驶至104国道宜兴市徐舍镇宜丰段时，追尾撞上同向停在路边的1辆大型拖挂货车，造成轿车内5人死亡、两人受伤。

2002年11月18日10时，市硕华储运公司的大货车行驶至江阴市云亭镇毗山村路段时，与同向行驶的1辆电瓶三轮车发生碰擦后冲入路旁河中，致货车中3人死亡。

2002年12月4日6时，河北泊头籍司机杨某驾驶严重超载的大货车行驶至锡澄高速公路澄锡线374.7公里处时，追尾撞上由河北泊头籍司机张某驾驶的严重超载的大货车，致杨某车上5人死亡。

2002年12月15日9时，江苏沭阳籍郄某驾驶的半挂大货车行驶至锡澄高速公路澄锡线375.9公里处时，追尾撞上1辆低速行驶的河北牌号的大货车，致郄某车上3人死亡。

2002年12月19日18时，江苏泰兴籍高某驾驶的货车行驶至江阴市滨江东路兴澄特钢厂门口时，与横穿马路的1辆无牌小型工程翻斗车相撞，致翻斗车上3人死亡。

2003年1月8日下午，严某驾驶的农用运输车行驶至342省道宜兴宜城镇环科园路段时，与杜某驾驶的无锡牌号半挂大货车相撞，大货车上货物压在农用运输车上，致农用车上4人死亡、7人受伤。

2003年2月9日凌晨，黄某驾驶安徽牌号的小客车在342省道行驶至无锡新区坊前镇农丰村路段时，与对向行驶的湖北牌号小客车相撞，致4人死亡、17人受伤。

2003年5月7日18时，江阴谢某驾驶的大货车在江阴市璜石线璜土镇栗山路段超车时，与1辆摩托车相撞，致摩托车上3人死亡。

2003年8月2日1时，王某驾驶的安徽牌号桑塔纳轿车行驶至104国道宜兴市洑东花园村弯道时，与对向朱某驾驶的解放牌货车相撞，致轿车内5人死亡。

2003年8月31日上午，宜兴凌某驾驶的奔驰轿车途经宜兴市周屺公路11.2公里岔路口时，先后与两辆摩托车、两辆农用车相撞，致其中1辆摩托车上3人死亡。

2003年10月2日中午，宜兴储某驾驶二轮摩托车在240省道行驶至宜兴新建镇庄林岔路口左转时，与对向韩某驾驶的小客车相撞，小客车采取避让措施不当翻入路边池塘，致车内5人窒息死亡。

2004年3月8日上午，上海新世纪申宏运输有限公司的1辆大客车在338省道行驶至江阴白掘洪桥东埯地段时，与1辆上海牌号的集装箱半挂货车相撞，致大客车中5人死亡、16人受伤。

2004年10月27日17时50分，一辆四川牌号的帕萨特轿车行驶至沪宁高速公路无锡西漳段上海方向148公里处时，突然发生变向撞击高速公路中央隔离护栏翻向对向车道，翻压在对向行驶的1辆小客车上，导致两车先后爆燃起火，帕萨特轿车内4个驾乘人员和小客车驾驶员当场死亡。

2004年12月19日1时05分，1辆河北牌号的大货车在229省道江阴市青阳段与1辆无锡牌号的小客车发生相撞事故，致小客车上4名司乘人员死亡，其中1名韩国人。

2004年12月26日23时47分，1辆镇江牌号的重型箱式货车行驶至338省道江阴兴澄特钢二期工程门口时，与对向行驶的安徽牌号重型半挂牵引车相撞，致重型箱式货车驾驶室内3人死亡、1人重伤。

2005年12月11日晚，黄某驾驶的无锡牌号面包车行驶至申港镇创新村砖窑厂附近村道时，不慎坠入路边小河中，致车中5人溺水，后经送医院抢救无效死亡。

3.医疗事故

1992年10月23日17时，市第五人民医院婴儿室当班护士季某为新生儿配奶时，将100毫升器械消毒液（内含新洁尔灭、亚硝酸盐）误作为葡萄糖水倒入1000毫升的牛奶中，并分装入16只奶瓶中给新生儿食用，导致16名新生儿集体中毒。事发后，经医院医护人员和邀请来的北京、上海、南京等地专家教授的全力抢救，15名中毒患儿痊愈出院，1名低体重早产女婴因中毒导致多脏器功能损害，呼吸循环衰竭抢救无效而死亡。季某事发后主动向公安机关自首，后经郊区法院判决，季某犯玩忽职守罪被判处有期徒刑1年6个月，缓刑两年。此次事故经权威机构鉴定为一级医疗责任事故。

4.安全生产事故

1986年8月29日，江阴县山观乡勇红轧石厂在排除哑炮时发生爆炸，造成3人死亡。

1987年7月19日，宜兴县铜峰乡建安公司在拆除设施时发生坍塌，造成3人当场死亡。

1988年6月14日，无锡鹤鸣皮鞋厂打胶间200立升电解热反应釜在搅拌汽油胶时，可燃气体大量挥发引起强烈爆炸，炸塌三层楼民工宿舍1幢、民房4间，压死居民两人，压伤22人（职工21人），其中重伤4人。

1989年7月7日，无锡市园田煤矿瓦斯爆炸，造成两人死亡。

1990年6月9日，无锡县雪浪医药设备机械厂因违章作业发生爆炸，造成两人死亡、1人重伤、两人轻伤。

1991年11月9日，江阴市月城镇月城采矿三厂在采石宕面打眼扩炮作业时，造成3人死亡。

1993年8月12日，宜兴市太华镇桥亭村桥北煤矿发生4人死亡事故。

1994年1月16日，宜兴市周铁镇周铁纺织合成助剂厂发生爆炸事故，造成4人当场死亡，8人受伤。

1994年7月7日，位于无锡县港下镇河南庄村的无锡县华星化工厂，在生产化工产品的过程中发生爆炸，造成3人死亡。

1994年8月14日，无锡县八士镇无锡夏利达漂染有限公司在拆除井架过程中，发生倒塌事故，造成3人死亡、1人受伤。

1995年1月14日，位于宜兴市太华镇建华村的宜兴市见花树脂厂树脂车间发生燃爆，造成3人死亡，炸毁厂房2间。

1995年1月16日1时，宜兴市周铁镇宋庄村化工厂发生爆炸，当场炸死5人，炸伤6人。

1995年3月24日，无锡化工集团股份有限公司大众化工厂保险车间发生爆炸，造成6人死亡、5人受伤。

1995年7月10日，江阴市西郊商业合作社下属副食品批发部电石仓库发生爆炸，造成5人死亡、5人受伤。

1996年8月31日，宜兴市蛟桥商场部分工程在拆除过程中，发生一起3人死亡、4人受伤的重大伤亡事故。

1996年9月28日，宜兴市勤业包装厂短纤维分厂保温炉房发生导热保温高温导热油喷泄爆燃事故，造成3人死亡。

1996年12月22日20时20分，宜兴市华美化工助剂厂胺化车间反应釜因超温超压爆燃，当场炸死3名职工，3间二层楼房被炸塌，爆炸引起的火灾烧毁化工原料4吨及部分工艺设备，财物损失折款22万元。

1997年4月8日，位于宜兴市潘家坝乡的宜兴市染料厂三厂硝化车间发生爆炸，近1000平方米的厂房被炸塌，4人当场死亡，2人重伤，4人轻伤。

1998年7月8日，市第五毛纺厂在污水处理土建改造过程中，发生硫化氢中毒，造成两人死亡、1人受伤。

1998年8月4日，市惠山农药厂发生中毒事故，造成3人死亡。

1998年8月27日，江阴南闸花炮厂发生爆炸，炸毁坍塌厂房200多平方米，造成4人死亡、3人重伤、1人轻伤的重大事故。

1998年10月20日，宜兴市善卷镇合兴采石矿发生山体滑坡坍塌，造成3人死亡、两人受伤。

2001年2月23日，锡山市安镇水泥有限公司在宕口作业面作业时，发生山体坍塌，造成3人死亡。

2001年9月29日，宜兴市鲸塘永新建材总厂在实施降坡排险作业时，发生山体滑坡坍塌事故，造成7人死亡、两人受伤。

2003年6月25日，滨湖区市政设施养护处在拆桥施工过程中，发生3人死亡、4人受伤的重大事故。

2003年8月30日，江阴市江润船舶工程有限公司在拆船过程中，发生火灾，造成4人死亡。

2004年4月28日，市水利工程公司在施工过程中，发生硫化氢中毒事故，造成3人死亡。

2004年8月14日，宜兴市张渚镇墅兴采石矿在施工时发生事故，造成4人死亡。

2004年12月29日，江阴周北热电有限公司发生爆炸，造成6人死亡、11人受伤。

2005年2月24日下午，江苏天音化工股份有限公司发生爆炸，造成6人死亡、11人受伤。

2005年7月26日，胡埭精细化工厂发生爆炸，造成9人死亡、3人受伤。

2005年9月11日，上海振华港机股份有限公司江阴分公司在江阴口岸改造作业过程中发生火灾，造成7人死亡、4人受伤。

无锡市志

【第四册】

杂　记

轶闻掌故

一、人物类

1.收葬文天祥遗骨的张毅甫

南宋末年，民族英雄文天祥兵败被俘殉难，收葬其遗骸的就是无锡花溪（今洛社镇花渡村）人张毅甫。

张毅甫，字政三，祖籍四川绵竹。宋宝祐四年（1256年），登文天祥榜进士。任盐城县令，政简民和，人称“清风两袖，不异东坡”。宋德祐元年（1275年），元兵渡江南侵，毅甫奉诏勤王，即与兄弟政一、政七追随文天祥，同心戮力，抗击元兵。过无锡五牧时，毅甫因爱此地风物之美，移家于花溪。

其后，政一、政七战死于思州（今贵州岑巩县）。毅甫与文天祥转战于广东潮阳一带，文天祥于五坡岭（在今广东省海丰县）为元将张弘范（南宋降将）部所俘，被押送大都（今北京），始终不屈，从容就义于柴市。毅甫悲伤不已，即挈文天祥家属，至柴市收其骸骨，归葬其家乡吉州（今江西省吉安县）。然后还隐花溪，元朝屡征不仕。

张毅甫事迹在《宋史·文天祥传》中未有附载，而元、明、清时一些名人所撰诗文序跋，记载翔实，并对他表现的民族气节推崇备至。

2.秦观墓与秦氏

北宋著名词人秦观，字少游，世称淮海先生，为“苏门四学士”之一。秦观是高邮人，绍圣年间（1094～1097年）因不满变法而坐党籍，后屡遭贬徙，52岁时客死于广西藤州（今藤县），归葬高邮。政和六年（1116年），秦观之子秦湛任常州通判，他爱江南山清水秀，遂占籍常州，同时将父柩从高邮迁葬毗陵新塘乡之璨山（今无锡惠山南山坡电视发射塔下）。墓上原有一亭，亭中有建炎四年（1130年）赠碑和黄庭坚送行诗石。其后，墓园数修。1984年重修时，墓向西南，占地约540平方米，呈方形，墓前立古青石墓碑，上镌楷书“秦龙图墓”（秦观死后被追赠为龙图阁学士）。

图47-1 秦观墓 （市园管中心供稿）

秦湛占籍常州，秦观子孙守墓，繁衍成村名秦村（在今武进市雪堰镇）。后秦观五世孙宗贤，从秦村迁居永安里（今武进市洛阳镇），并于其西街建秦观祠，奉秦观为始祖。南宋嘉熙年间（1237～1240年），秦观后裔秦瑞五避债从秦村迁至今无锡市滨湖区胡埭，被当时卸职在家的鸿禧监簿王野舟招为女婿，后来这里秦氏子孙繁衍，成为无锡望族。明初，秦村的秦福三又徙居无锡西溪，子孙分建东、西两村。在无锡和常州武进，秦姓仍为大姓，这些人基本都是秦观的后裔。

3.仗义疏财的华学士

华学士姓华名察，字子潜，号鸿山，东亭人。华察在明嘉靖元年（1522年）经乡试中举人，嘉靖五年殿试中进士，选庶吉士。先后任户部、兵部主事，后进翰林院任修撰，校录各朝代宝训、实录。曾出使朝鲜，赐一品服。回国后主持应天乡试，拜封侍读学士，执掌南京翰林院。世人因华察是翰林学士，并掌南院，所以都称他为“华学士”。他告老回乡后在东亭老家居住。

华家素来富有，他家的园林宅第号称江南第一，但他生活上却“食不三豆，室无侍媵”，且能仗义疏财。一次，其子华叔阳考中进士，他的亲家王世贞前来道贺。回归时，华察握住王世贞的手，要求指教。王世贞当即赠言：“日月盈亏，天之道也。愿学士减产树德。”华察拜谢说：“仁人之言也。”3月后，即召集主管家业的人，叫他们立即出卖土地3000亩，以赈济贫穷之人。另外，他还先后出资修建桥梁25座，其中包括江陂桥（即江溪桥）、学士桥、新塘桥、迎福桥（今东亭大东桥）、鸭城新桥等。

华察秉性耿直，从来不肯趋炎附势。他在辞官回乡里时，适值官府推行“清丈”（即丈量土地，清理赋税），华察即以退职官吏的身份，在无锡帮助朝廷“划邑中虚粮六千石，括诸富豪科者抵之”。从而得罪邑中不少因漏科被清丈出来而要补赋税的地方富豪。后来，富豪们群起而大肆造谣，恶意攻击，丑化华察，甚至说他有私造龙廷、企图谋权篡位等不轨行为。但乡里父老却深感恩德，在华察逝世后，特为他在荡口新桥旁建造祠堂。后因经常有人入祠瞻仰叩拜，其子孙惊为非宜，遂将祠堂改为烈帝庙，另外在“三公祠”的右室挂了华察画像。后他的子孙又将华察神位移至东亭华隆家庵内，供岁时祭祀。至清朝雍正年间，他的后裔华恕在东亭东街重建“华学士祠”。

4.刘五纬与西水仙庙

无锡西北乡，有一条芙蓉圩堤，是明代天启年间（1621～1627年）由无锡县令刘五纬修建的。芙蓉圩堤在明代周忱任江南巡抚时已基本形成，刘五纬到任后继续加以整治。他发觉西北各乡每年庄稼歉收，不是旱荒，就是水灾，农民缺粮严重，就带着差役下乡察看。他在乡10天，回到县里，与师爷们进行谋划。为鼓励人们兴办水利，他决定由县衙出一部分力量，同时发动各乡农民，以工代赈。在安排好县衙事务后，他“躬率湖民”挑筑，并亲自督工，用1年多时间开通河流，建成鹅子岸，人们称之为刘公塘。筑成芙蓉圩堤，并建造多座小闸，分立小圩，互相防御。从此水利畅通，旱涝无忧，同时也兴起渔业，农民和渔民都感谢他的恩德。

刘五纬操劳过度，不久因病去世，殁于任所。后来无锡乡民集资在西门太保墩修建一座庙宇，以祭祀刘五纬。因他开发水利，尊其为水仙，庙宇被称为西水仙庙。其事迹，清光绪《无锡金匮县志·水利》有载。

5.顾光旭与乐山《海师洞记》

四川乐山大佛建成于唐开元年间（713～741年），高71米，闻名古今中外，向为旅游胜地。大佛寺前有一块纪念大佛的《海师洞记》石碑，从中可知大佛的由来。

《海师洞记》的撰文人是清朝乾隆年间中进士的无锡人顾光旭。顾光旭中进士后，曾在京任户部主事、户部员外郎、监察御史等职。乾隆三十七年（1772年），他升任四川按察使，主管全省刑狱。在任期内，他先后3次登临嘉州凌云山，特别是对海通法师抉目护佛财的精神十分敬佩。据传，凌云寺大佛在建造过程中，海通法师募得一笔可观的造佛资财，地方官吏向他索贿，海师说：“剜我的眼睛可以，要捞佛财则不行。”官吏恼羞成怒，伸手要他的眼珠。海师“乃自抉其目，捧盘致之”，海师“专诚一意至忘其身”的精神，使顾光旭十分感动，为此他即兴题大佛左边一石洞为“海师洞”，立碑题额以祀海师。凌云山的《海师洞记》不独是一篇上乘的游记小品，也是一篇优秀的文献，全文514字，主要记述海通法师抉目护佛的一段经过，及其海师洞的缘由，要求发扬海师那种“任钜宏济斯民”而忘身的精神。

1987年，乐山市大佛寺文物保护管理所重建《海师洞记》石碑，洞中还塑有趺坐眇僧，双手拜会盘，盘中置一石珠，似是眼珠，这是后人为说明海师洞的缘由而增添的。

6.嵇璜巧拒和珅索书

嵇璜，无锡城内学前街人，雍正八年（1730年）中进士，官至礼部尚书。他是清代著名水利专家，书法也享有盛名。清袁枚《小仓山房集》称他“精小楷，能于胡麻上作书”。

权臣和珅与嵇璜同朝。和珅植党营私，招权纳贿，劣迹遍野。慑于他的权势，无人敢公开与他抗衡。和珅爱慕嵇璜的书法，派人上门求墨宝。嵇璜本不愿为和珅作书，但又不便回绝，遂苦心设计应对。一日，嵇璜邀请翰林数人在厅堂饮酒，书童到席前禀报："有请老爷，为和珅老爷作书的纸墨已准备好了。"嵇璜听了颇有难色，训斥说："我正在宴请客人，怎能离席作书呢?"客人齐声说："我辈乐意观看大人的用笔，以求效法，从中教益。"于是嵇璜当着客人面挥毫书写起来。刚写一半，书童又双手捧砚，不慎将墨汁泼到纸上。嵇璜投笔，大发雷霆，斥责书童，客人见状，劝其息怒，方止。翌日，嵇璜到和珅府谢罪说："徒败公佳纸。"其实，书童覆墨，是主人授意的，而请来的几位翰林，都是和珅门下，让他们耳闻目睹，告之和珅，使其相信。这段鲜为人知的轶事载于清李元度《国朝先正事略》。

7.韵香及其《空山听雨图》册

韵香是清乾嘉年间无锡的一位尼姑，俗姓王，名韵香。早年因慕琼仙之净，自度富慧双修庵，号清微道人，又号岳莲、玉井道人等。韵香生前多与名人雅士交往，诗词唱和，书画相酬。是一位多才多艺，颇有成就的书画艺术家。她精通乐理，善于操琴，工诗词，擅书画，诗词、书、画号称"三绝"。所作小楷结构严谨，笔力遒劲；绘画则以画兰见长，有元人遗韵并出新意；诗词多为触景生情之作，风格婉约，字里行间流露出寂寞忧郁之感。

由当时著名画家、西泠八家之一的奚铁生所绘的《空山听雨图》是韵香珍爱之物。此后，韵香自绘小像并填词，又请名人俊士题咏，有两江总督孙尔隼、书法家桂馥等近百家墨宝，艺术界对此图颇为珍视。可惜的是，《空山听雨图》连同韵香小影于道光初年被恶人攫去。从此韵香一直郁郁不乐，终因精神压抑而病逝。同治三年（1864年），无锡人沈梧搜集到此图并加以整理。光绪初年，广东番禺人叶衍兰于北京觅得此图册，叶摹制韵香小像及空山听雨图册各一幅，视若珍品，并带回广东，所以此册在粤中也颇负盛名。叶过世后，又转入王秉恩手中，王再转让给徐乃昌。此图册当时价格颇高，上有王秉恩小简："图价四百五十两收讫"。徐去世后，无锡著名书画收藏家陶心华购得此图册，并于1962年献给无锡市博物馆，使此图册得以流传。

8.杨名时吃螯螯虫

清代康熙年间，杨名时出任云南巡抚。他刚到任，就有百姓前来报荒。他觉得奇怪，当年风调雨顺，哪来的灾荒。决定亲自下去察访。他走到乡间，看了几丘田，发现是一群群螃蟹用剪刀般的螯在掐稻茎。杨名时即叫随从下田捉蟹，可随从都不敢去捉，说："这种螯螯虫是神虫，千万得罪不得。"杨名时听了哈哈大笑，说："我今天不但要捉它，而且还要吃它!"说完亲自下田捉了10多只螃蟹。回到衙署后，他下一道命令："每个衙役必须在傍晚前交10斤'螯螯虫'，多交有赏，少交要罚。"到掌灯时分，衙役们把"螯螯虫"交来了，足有几百斤。第二天，衙门口贴出一张布告，说是当日下午，大堂里举行"牙祭大会"，请老百姓参加。老百姓看了布告，纷纷拥向巡抚大堂。只见大堂上炉火熊熊，蒸笼里热气腾腾，案桌上放着酒、姜和醋。一会儿，巡抚升堂。他命人揭开蒸笼盖子，从里面端出一盘蒸得鲜红的"螯螯虫"。正当大家惊讶时，杨名时已经顺手拿了一只，剥开蟹壳。他熟练地剔出蟹肉，蘸着姜、醋，吃得津津有味。杨名时一连吃了三只蟹。吃完后，他对站在堂下的老百姓说："螯螯虫并不是神虫，而是美味佳肴。在我的家乡江阴，这种螯螯虫叫蟹，是名贵水产。大家动手捉来吃，庄稼就可保住。"接着，他把蒸熟的蟹分给老百姓吃。老百姓吃了，觉得味道确实鲜美。牙祭大会散后，老百姓纷纷下田捉"螯螯虫"。不几天，就把危害庄稼的蟹捉光。这年的庄稼获得丰收。从此，云南人学会吃蟹。

9.秦小岘五文钱"买"了个状元

秦瀛字小岘，清嘉庆年间曾任刑部右侍郎等职。乾隆时只是以孝廉虚衔闲居无锡家中。有一年乾隆帝东巡泰山，有试典之诏，秦瀛特地赶去应试。船过清江浦（今淮安市），上街散步，见书摊上有本破书，记的都是零星典故，就花五文钱买下，以解旅途寂寞。书中记有一条，东方三大者：泰山、东海、孔林也。当时也未在意。谁知到考试那天，试题正是《东方三大赋》。试官选取10多篇试卷送上去，可是没有一篇中乾隆意的。而秦小岘虽博学善古文，但不善书法，其文章也因书法太劣而被搁在一边。乾隆帝命试官重选，试官急急乎将秦瀛的试卷送上，竟获御笔频频圈点，拔为第一。立即授秦小岘为中书舍人，入值军机处。从此官运亨通，升为仓场总督。秦小岘毕生功名利禄竟得自五文钱的一本破书。

嘉庆十七年（1812年），秦小岘主纂《无锡金匮县志》。

10.金匮官严惩锡邑差

无锡于清代雍正二年（1724年）分为无锡、金匮两县，西北境为无锡县，东南境为金匮县。光绪初年，金匮县知县是倪咸生。光绪七年（1881年）编修的《无锡金匮县志》就是他和无锡知县裴大中同任监修的。

光绪八年（1882年）五月间某晚，无锡县的一名差役因事入金匮县境，在一家酒店饮酒，恰遇对座有个银匠和一儒生发生口角。差役素与银匠交好，竟逞凶助银匠殴打儒生，把儒生打得头破血流。这儒生只得到金匮县衙告状，银匠急忙帮着差役走门路、通关节，为差役开脱罪名，闯了祸的差役则以为金匮县官管不了他。但倪知县毫不留情，秉公执法，下令本县差役赴城关追捕，将那无锡差役押解到县衙，公堂审讯，打了300大板，才了事。

倪知县惩办无锡差役的消息不胫而走，传为佳话。于是有人撰定一副42字的对联，风趣地记述这次事件，并颂扬了这位公正廉明的父母官。对联云：

酒闹黄昏，黑衣隶殴青衿士，甚至红血横流，白肤高肿；

祸由银匠，金匮官惩锡邑差，不为铜钱枉法，铁面无情。

11.杨士奇脱靴留任

清末，无锡县府堂上，曾悬有卸任知县杨士奇的一双靴子，名为“脱靴留任”，为的是纪念他在任时为无锡人民做过许多好事。

清宣统元年（1909年），岁值大旱，颗粒无收，民食恐慌，抢米风起。无锡西门外富绅、举人温明远开设的温庆泰米行被众饥民哄抢一空。温明远急赴县衙告发，当即捕获抢米乡民多人。无锡知县杨士奇升堂审讯，温明远坐旁陪审。

杨士奇问：“你们为什么要抢米，难道不畏惧王法吗!”

群答曰：“没有地方买得到粮食，为填饱肚子活命不得已这么做。”

杨士奇又问：“用什么东西盛米?”

众答：“笆箕”。杨士奇命众当堂试之。

众人立即拿起笆箕，在大堂上环绕着奔跑，仿效当时抢米的场景，杨士奇莞尔笑道：“这样子，难怪你们会被捕。”杨士奇一面说，一面以目光授意衙役，衙役会意，就暗示众人迅速向外跑，不一会，堂上走得一个不剩，温明远在旁看得目瞪口呆。

杨士奇回首对温说：“那些小老百姓填不饱肚子，为活命出此下策，没法治罪，希望孝廉公见谅。”温明远无奈，只得告辞而回。

不久，杨士奇卸任离锡，百姓焚香祝福，跪拜挽留，杨士奇坚持离开，最终只得“脱靴留任”，聊以志念遗德，此靴留至辛亥光复时始撤掉。

12.京都“公主”嫁江南公子

无锡市前西溪东首有一幢红砖青瓦的西式洋房，原系实业家薛南溟创办太湖水泥厂的筹备处办公楼，后用于其子薛汇东迎娶袁世凯女儿袁仲祯的结婚新居。

仲祯嫁给薛汇东，牵线人是大总统黎元洪。袁世凯死后，由黎元洪任大总统，但实权掌握在段祺瑞手里。不久，有个美国朋友和黎合资开设实业贸易公司，请他做董事长。开公司需要人才，特别是懂外文的人才，黎想起光绪年间在北京结识的卓越外交官薛福成，并得知其孙薛汇东曾留学美国。于是黎元洪写信给薛南溟，除问候外，提出拟邀请薛汇东赴京任公司秘书之职。

20岁的薛汇东，风华正茂，认为出去看看故都景色，学习一些知识是个好机会，于是便整装赴京。他与仲祯初次见面是在黎元洪的家中，黎接待袁世凯次子袁克文及其妹仲祯时，薛汇东在一旁作陪。薛少年多才，飘洋跨国，阅历丰富，在旁作陪时谈到美国见闻、自己的设想和无锡优美风景，说得袁家兄妹恨不得马上离京赴锡一游。此次见面，薛汇东给袁家兄妹留下深刻印象，尤其是长期深锁闺阁的仲祯。老于世故的黎元洪哪有看不出的道理，他觉得袁、薛两家先人皆在前朝做过官，薛福成出使四国，中外闻名，袁“公主”嫁给薛公子也算不得委屈。于是便有意从中牵线，使两人有了更多的接触机会。渐渐地，薛汇东与仲祯的感情越来越深，加上袁家兄妹及姨太太们从中撮合，使薛汇东和仲祯的婚事基本定局，薛汇东即写信告知父母亲。薛南溟接到信后，又惊又喜，喜的是儿子在北京找到对象，惊的是新娘子是袁世凯的女儿。为将薛汇东婚事办得体面，特选前西溪一座欧式花园洋房作为婚房，后来人们称此为“女儿宅”。婚事办得热热闹闹，袁府送亲至锡，包一列专车，嫁妆行李、随从婢仆、当差警卫等，整整10节车厢。婚事共办了6天，薛府的正厅、大厅、花厅宾客如云，热闹异常。所费财力、人力无法统计。

婚后约半年，仲祯嫌无锡地方太小，又没有像样的戏院可消遣，随其兄袁克文到上海十里洋场，之后久久未归。薛汇东在无锡先后办起无锡围棋社、梁溪篮球队，成绩显著，称颂于地方。

13.“三少爷”毁家闹革命

在无锡北乡，至今还流传着“三少爷毁家闹革命”的故事。所说的“三少爷”就是中共早期党员严朴。他出生在张泾乡一个地主家庭，排行为三，乡间呼他“三少爷”。

民国15年（1926年）夏，严朴在上海南方大学毕业后，受党组织派遣回无锡开展革命活动。到无锡后，同南方大学两位同学凑足1000银元，在南上塘街办起江苏中学，作为党团组织秘密活动的场所。开学没几天，办学经费就用完。为保存这个革命活动基地，严朴毅然决定抵押自己的田产。他虽出身豪门，但从小父母双亡，分到他名下的百余亩田产由四伯父代为掌管，要想名正言顺取出田产是绝对不可能的。于是，严朴回乡私下找四伯父的书童阿培商量。阿培在严家帮工多年，因严朴从不摆少爷架子，平时同情穷人，体恤下人，因而阿培最敬重他。况且三少爷在城里办学，是行善积德的大好事，更应该帮助他渡过难关。于是，阿培按照严朴的嘱托，从四伯父钱柜中“偷”出部分属于严朴名下的田单。严朴将田产抵押，得大洋2000元，维持办学。

江苏中学办成后，中共无锡地委秘书长严朴以学校负责人身份，地委书记张佐臣以学校教员身份秘密开展革命活动。每逢星期日夜晚，党团骨干就聚集在学校开会，讨论工作。江苏中学成了党的重要活动基地。

在谈起严朴变卖田产时，周恩来说：“三少爷毁家闹革命，尽人皆知。”

14.不爱新娘慕僧伽的寿冶法师

寿冶法师，俗姓袁，父名袁根宝，是无锡溪南乡一家杂货店的主人，母亲陆氏心地善良，是一位虔诚的佛教徒。他小时常常跟着母亲在寺院烧香拜佛，耳濡目染，久习成业，在他幼小的心灵里扎下佛缘善根。寿冶只读了两年书，12岁便被送到上海黄兴发的铁铺里当学徒。3年满师后留在铁铺做工。他将微薄的收入全部寄回家中，赡养高堂。寿冶在铁铺店里一面辛勤劳作，一面练武健身。有空还要念诵《高王经》《心经》和《往生咒》等佛教经咒。当时的青年人，多是爱红爱绿爱嬉戏，唯独他是爱僧爱寺爱佛书，心头更是常常萦绕着出家的念头。

民国17年（1928年），母亲陆氏为他订下一位如花似玉的媳妇，且择9月26日完婚。他不便拂逆慈母之命，但又怕掉入红尘不能自拔。两难之间，只能走为上计。至8月便偷偷背了包袱，持着铁杖，离开黄家铁铺，蹬上蜿蜒曲折的空山之道。陆氏只好让其姐姐女扮男装娶回新娘。后来当证实寿冶出家的消息之后，开明的陆氏就将这位未见丈夫的媳妇择配给一位青年男子。

15.裴岱云慨借名画支持徐悲鸿

民国初年，无锡收藏家裴岱云平时深居简出，对自己所藏家珍守口如瓶，故他藏有名画鲜为人知。30年代初，国民政府在德国柏林举办中国画展。当时在国内已负盛名的中央大学艺术系教授徐悲鸿认为政府送展的画代表不了中国真正的艺术水平。于是，他不顾某些官僚的阻挠，毅然决定自行筹备非官方画展，把确有代表性的中国古今画家的作品展示国际画坛，为国家博得声誉，为中华民族争光。他筹备“中法画展”得到社会各界的热情支持。他知道无锡裴岱云藏有稀世珍品，就由高足杨建侯专程赴无锡与裴家疏通关系，商借名画出国展览。裴岱云一听是当代画坛名流徐教授的请求，便一口应允。

裴老家藏书画都编有目录，但珍贵的藏品存放在上海四行仓库。于是相约赴上海取出所有精品，放在裴老的亲家李宅评选。因画卷年代久远，不是见多识广的人不容易鉴别得出，就请当时第一流书画鉴赏家叶恭绰、张傅泉等数人光临选画，结果选定珍品4幅，其中有唐代画家李思训的真迹《江山渔乐图》，还有以工画墨梅著称的元代画家王冕的《梅》。当时，此4幅画的保险费就高达大洋30万元。

中法画展在法国巴黎成功举行，展出珍品300多幅，轰动西欧。中国独特的绘画风格和技巧，饮誉海内外。

16.杨建侯与《钟馗图》

杨建侯出生在无锡北门外泗堡桥，是徐悲鸿大师的高足，也是中国美术家协会第一批会员。他从艺后的大量作品参加国内外的美展，一些作品编入画集或专著。他的油画《南京解放》由中国人民革命军事博物馆珍藏，邮电部将此画制作成纪念邮票。《柏鹿》为毛主席纪念堂收藏，《荷塘清趣》《墨竹》赴美展览，被美国肯尼索大学收藏。无锡文物商店珍藏的《钟馗图》是杨建侯最心爱的画作之一。

《钟馗图》是杨建侯在重庆国立艺术专科学校任教时的作品。民国31年（1942年）秋，徐悲鸿从印度回国，共同的抗日救国目标使徐悲鸿、傅抱石、丰子恺、杨建侯等艺术家们走到一起。徐悲鸿邀请杨建侯同住石家花园，他们在一起谈论政治，谈论教育、艺术救国，同时作画义卖，支持困难学生就学。在石家花园，杨建侯挥笔创作国画《钟馗图》，并在画上角题词：“一壶豪尽抛青春，行步蹒跚引可嗔。进士生涯唯烂醉，刘贲想见独醒人。人前摇摇尔为谁，鬼物何曾避老馗。画法只能供自赏，武梁祠里古须眉。”钟馗是中国古代传说中的捉鬼英雄，旧俗端午节多悬钟馗像，谓能打鬼驱邪。杨建侯对当时国无主权、民无宁日的社会现象痛恨之极，他借钟馗捉鬼的传说，提起画笔，愤然作画。运用透视法，虚实结合，以形写意，以意传神，重视画面钟馗形象的形与神的关系，画出了钟馗形象的威猛、严厉，表现出决心消灭天下妖孽（指日军）的神态。徐悲鸿、傅抱石和丰子恺对杨建侯画中钟馗的神态大加赞赏，徐悲鸿称“高古之作”，并在画右上角题词“意为魑魅么魔耳，镇压只消用一吓，何期滋蔓竟难图，烽火连天无宁日。”傅抱石在画上题“钟进士像为元代画家最乐拾之画题，其发达并非偶然，在今日尤具深意也，建侯兄此作笔能扛鼎，孕恬静于雄浑，悲鸿先生称之曰高古宜也。”丰子恺在画下方题“正气持人道，雄姿压鬼魅。”《钟馗图》得到老师和师兄们的高度评价，实在难能可贵。这幅画和他同年创作的油画《军民同乐》《难民》《流浪儿童》一起再现抗日战争时期民族灾难的现实情况，反映了人民的心声。

17.钱穆与胡适

民国19年（1930年），钱穆发表《刘向歆父子年谱》成名，经顾颉刚推荐，聘为燕京大学国文讲师。民国20年3月18日，顾颉刚又给北大文学院院长胡适写信，推荐钱穆到北大任教。钱穆在苏州时，就曾与到苏州中学作学术演讲的胡适见过一面。当时胡适是钱穆非常景仰的学者，他对诸子学的研究，有不少得益于胡适的启发。而胡适对钱穆也相当尊重。钱穆初到北平，胡适的弟子傅斯年邀他至史语所，奉为上宾。胡适也将私藏孤本《求仁录》借给钱阅览研究。钱穆在北大史学系讲中国上古史（先秦史）的时候，有人问胡适关于先秦诸子事，胡适总是说可问钱穆，不要再问他。

然而钱穆与胡适在学术观点上颇多抵触。胡适继承传统的说法，认为老子略早于孔子；钱穆则创立新说，认为老子略早于韩非，后于孔子。一次，两人不期而遇。钱穆说：“胡先生，《老子》成书的年代晚，证据确凿，你不要再坚持你的错误了！”胡适说：“钱先生，你举出的证据还不能说服我；如果你能够说服我，我连自己的亲老子也可以不要！”钱穆与胡适二人在老子生年、《说儒》等学术问题上观点迥异，时有争辩。具体学术分歧尚属表面，深层原因是钱穆对胡适的“新文化”主张不以为然。他后来甚至认为，中国思想界“实病在一辈高级知识分子身上”，如“新文化运动，凡中国固有（文化）必遭排斥”，贻害深远。

当年钱穆在北大讲授通史课，教室设在北大梯形礼堂，面积是普通教室的3倍，“每一堂近三百人，坐立皆满，盛况空前”，他自己说上课“几如登辩论场”。他对问题往往反复引申，广征博引，使大家惊异于其渊博，更惊异于其记忆力之强。在北大，他与胡适都因以演讲的方式上课而驰名学校，成为北大最叫座的教授之一，在学生中有“北胡南钱”之说。

18.冯玉祥在锡指挥淞沪抗战

民国26年（1937年）“八一三”淞沪抗战开始。8月14日，冯玉祥任第三战区司令长官，兼淞沪战场总指挥（后期是蒋介石）。8月14日中午，冯玉祥到无锡。他将司令部设在小箕山，并成立办事处，任命薛明剑为处长，在东大池、梅园、锦园、华藏等处设办事机构，他自己居住在五里湖金城湾的鱼池头高攀龙读书处。

冯玉祥到锡的第二天，日军飞机在小箕山对面山上投下两枚炸弹，并不时有日机在冯玉祥居住的村庄上空盘旋。据各方报告，是无锡汉奸与日军联络通的消息。后来，日机又轰炸宝界桥，弹落湖内，水面浮起许多死鱼。冯玉祥有感而作《二百多鱼》诗一首。又有一次，冯接到密报，日军特务准备用几百只艒艒船偷渡太湖到小箕山，企图捉冯玉祥。冯有所防范，日军阴谋遂未得逞。

9月，冯调任第六战区司令长官，离开无锡。

19.唐君远与日本人的三次交锋

提起中国的民族毛纺织工业，不会不提无锡协新毛纺厂的奠基人、上海协新毛纺厂的创办人——唐君远。民国10年（1921年），唐君远奉父命到父亲创办的丽新纺织印染厂，开始他跌宕起伏的纺织业创业史。唐君远是一个知识型商人，眼光长远而且独到，善于经营管理。在他的创业史上更有三次与日本人交锋的经历。

第一次世界大战期间及结束初期，欧美列强无暇东顾，日本人以雄厚资金和先进纺织全能设备在上海设厂，妄图垄断华商纺织品市场。唐君远通过改革、扩建等一系列经营手段，使丽新厂生产的印花布压倒当时在国内竞销的日本货，打破日商的垄断，被《朝日新闻》称为日本棉布在“中国的劲敌”。唐君远获得第一次与日本人交锋的胜利。

民国24年2月，唐君远在呢绒市场受日商打压的情况下，集资创办无锡协新毛纺厂。他依靠自己对市场的观察以及清晰的市场分析，利用进口毛条做原料，降低税率，减少工序，采用不生产与日本相同的市场大路货而仿制英国的啥咪呢、马裤呢、花呢等经营方式，价格低于英国货，在市场上颇受欢迎，盈利丰厚。他第二次与日本人交手获胜。

唐君远目光长远，积累资本扩大再生产。同时在技术上进行创新，打品牌战，一方面不惜本钱培养专业人才，另一方面与瑞士嘉基颜料厂签订7年包销合同，在中国只对协新厂提供专利产品“灭蠹”，生产不蛀呢绒，又加大媒体宣传，使协新呢绒不仅在国内热销，还远销东南亚。由此，日本人觊觎协新已久。民国27年春，大日本纺织公司董事长通过日军司令部胁迫他与日方“合作”，被拒绝。日军将他关进木笼子折磨两个星期，但他仍然表示“宁为玉碎，不为瓦全”。最后虽然被保释出来，却最终没有逃脱厄运，700多台电动机被抢走，协新毛纺厂被捣毁。唐君远与日本人的第三次交锋中，企业虽遭破坏，却体现了中国人的民族气节。

20.钱锺汉苏北之行的“三宽”

民国38年（1949年）2月，钱锺汉受荣德生和自己父亲钱孙卿委托，由中共无锡地下组织安排，代表无锡工商界前往苏北解放区，与共产党商谈配合解放无锡事宜。钱锺汉离开无锡时，心情颇为复杂。这是他有生以来第一次与共产党人打交道。作为国民党员，他不能不信国民党的某些宣传，要是共产党真的搞“共产”，无锡工商界还有什么生路！

怀着疑虑的心情，钱锺汉踏上他赴解放区的第一站——扬州。此地刚解放不久，街上到处贴着解放军保护城市和工商业的布告。钱锺汉看了数遍，接着，私下拜访扬州著名绅商周谷人。周的所见所闻恰如布告所昭示的一样。钱锺汉心情略微宽了一宽。离开扬州到高邮，华中二专署专员顾风（无锡解放后首任无锡市市长）设宴为钱锺汉洗尘，说是“宴会”，实际上酒菜十分简单，和国统区上流社会的宴席迥然不同。席间，顾风满口无锡乡音，人情味十足。钱锺汉看惯了国民党官员颐指气使的派头，共产党干部的朴实、诚恳，着实叫他耳目一新。不知不觉间，对共产党的政策已相信了七成，心情又为之一宽。

几天后，顾风派一位科长护送钱锺汉到他苏北之行的目的地淮阴。在淮阴，华中军区司令管文蔚、政委陈丕显等中共领导干部先后会见了他。他们像唠家常似地向钱锺汉详述共产党的城市政策和民族工商业政策，句句话都说到钱锺汉心里。对共产党的政策和共产党的干部，钱锺汉钦佩不已。当夜，他仔细阅读陈、管送他的毛泽东著作，每读完一篇，便兴奋地在底页写上“国民党党员钱锺汉读于淮阴”几个字，以表达对毛泽东的信服。此时，钱锺汉心情大宽，思绪如翻江倒海奔腾不已。他终于认识到：国民党的反共宣传都是无耻谰言，共产党是可以信赖的。第二天，他和包厚昌、扬帆顺利地谈妥配合解放无锡的事宜。

回无锡前，钱锺汉恋恋不舍地向管文蔚、陈丕显辞行。陈丕显紧紧握着他的手说：“钱先生，你现在已和我们共产党交上朋友了，希望我们的朋友能永远交下去。”钱锺汉激动得一时语塞，良久，才挤出一句话：“这……这也是我的愿望啊!”

21.杨荫浏和阿炳

杨荫浏和阿炳交往长达40年之久。幼时，杨荫浏即具音乐天赋，少时曾跟雷尊殿道士阿炳学习琵琶。阿炳比杨荫浏年长7岁，当时并未双目失明，是无锡城中雷尊殿道观里的吹奏名手。后来，杨荫浏到上海、北京深造。抗日战争爆发前夕，杨荫浏从外地回到故乡，了解到阿炳双目失明沦落街头卖唱的情况后，不时访问过他。抗战8年中，杨荫浏到过大西南，后又随学校到北京。民国35年（1946年），上海举办道教音乐演奏会，阿炳也去了，别人看他是个眼瞎叫化子，要赶他走，被在场的杨荫浏劝止。民国38年4月，杨荫浏接到故乡好友的来信，信上提及阿炳二胡演奏上的功力，顿时促动杨荫浏南归之思绪，计划为阿炳录音，整理研究他的音乐艺术。1950年夏天，时任中央音乐学院教授的杨荫浏、琵琶名家曹安和以及黎松寿赶到无锡，要录阿炳的二胡和琵琶曲子。此刻阿炳已病多时，他对杨荫浏南下为他录音十分感动，说道：“我已经好久不演奏乐器了，我的技术荒疏了，我的乐器一件也不能用了。”曹安和就拿出自己的琵琶，杨荫浏则替他借了一把二胡。阿炳同意演奏，但说：“我荒疏得太久了，让我在家里练上三天后演奏吧。”杨荫浏要阿炳好好地调养身体，做好准备，尽量将这次所创作的乐曲演奏好、录制好。在无锡市文联的全力配合下，三天后，在盛巷28号曹安和住所为阿炳进行录音，先后录了《二泉映月》《听松》《寒春风曲》3首二胡曲和《龙船》《大浪淘沙》《昭君出塞》3首琵琶曲。临走时，杨荫浏与阿炳约定，待到第二年春天，等他身体康复以后再来录音。同年9月，中央音乐学院认为阿炳创作的乐曲精湛，演奏技艺高超，打算聘请他去任教。征求意见的信函由黎松寿专程送到阿炳家里。然而，阿炳因病情日甚、无力就聘而成憾事。更为遗憾的是阿炳未能等到来年春天，于1950年12月4日（农历十月二十五日）病逝家中，终年58岁。他所创作的许多乐曲也因此而未能录音抢救下来。阿炳一生潦倒，要不是杨荫浏及时抢救他的《二泉映月》，使之流传于世，阿炳在辗转一生之后，所有的印迹都将湮没于尘世的辛酸之中。阿炳谱写和演奏的曲子由杨荫浏亲自整理，编成《阿炳曲集》于50年代出版。曲集里有关阿炳的身世及其在民间音乐方面的造诣，至今仍是研究阿炳的重要文献。1984年2月，杨荫浏去世。逝世前不久写给故乡友人的信中提到阿炳，表达他对阿炳的怀念之情。

22.梅兰芳在无锡公演

1953年4月5日，梅兰芳剧团在上海人民大舞台演出，反响热烈，无锡市领导为满足京剧票友、戏迷和广大市民的愿望，副市长江坚特遣文联主席赵沅赴沪邀请。赵沅到达大舞台时，梅兰芳已在后台扮戏。许姬传接待了赵沅，交谈片刻，许起身进后台，出来告诉赵沅梅先生已欣然应允。接着就磋商演出日期、票价、宣传等事务。许提出票价按上海的办，经过推敲，许略有松动，稍微降一点，最后谈妥最高2.4万元（旧币），最低8000元，分7个档次。市长交代秘书长筹办接待梅剧团。6月16日下午，梅兰芳剧团和配戏的江苏省京剧团一行120余人到锡。当梅兰芳剧团演职人员乘坐的列车停靠在彩旗飘扬的无锡站时，锣鼓喧天，鞭炮齐鸣，梅兰芳一行受到早已守候在站台上的市长包厚昌、副市长江坚和无锡文艺界代表王彬彬、梅兰珍等200多人的热烈欢迎，少先队员向梅兰芳献上鲜花。接送车队所经之处，一路上群情振奋，雀跃欢呼。当晚，梅大师和主要演员、琴师20余人被安排住进新生路招待所。入住后，江坚设宴招待。第二天上午梅大师特意到市政府回访相关领导，还向许多人赠送他的便装签名照。6月17日招待演出，慰问在锡休养的中国人民志愿军、解放军伤病员暨各界人士，18日起在复兴路市人民大会堂公演，商店提前打烊，路上行人稀疏，万人空巷争看梅兰芳。大会堂座无虚席，要买当场票，难于上青天。星期天加演日场。购票群众从城乡蜂拥而至，生怕买不到票，有的以半张票价为代价雇人半夜去排队。3天打炮戏是《贵妃醉酒》《奇双会》和《霸王别姬》，还演出《宇宙锋》《凤还巢》《西施》《金山寺》和《断桥》等。梅兰芳嫡传弟子言慧珠插演《花木兰》，两个日场由梅兰芳子葆玖、女葆玥演出《玉堂春》《生死恨》和《文昭关》等。年将花甲的梅兰芳唱、演还是那样悠扬悦耳，优雅洒脱，博得掌声与喝彩声齐起。每场演毕，观众拥向台前，梅兰芳率主要演员频频谢幕，直至由大师一人谢幕方休。梅迷们赶往后台，恭请大师签名。幕间休息时，有人认出言慧珠，其旁有童芷苓、李玉茹等梅门高足，也请求签名，直至续演的铃声响起。为让买不到票的群众一饱耳福，无锡人民广播电台通过收音机、矿石机和临时架设的高音喇叭向城乡和周边城市播送演出实况。演出10多天，观众达3万多人次。演出之余，市领导请梅兰芳游鼋头渚。

23.毛泽东四次到无锡

1954年是有计划地实行公私合营工业企业的第一年。无锡市及时贯彻中央关于改造资本主义工业为公私合营企业的做法引起毛泽东的高度关注。是年3月，毛泽东离京到南方视察，于3月15日下午首次到无锡，下榻于大箕山华东疗养院。

毛泽东在无锡详细了解了对私人资本主义工业的社会主义改造情况，特别是听到无锡市委书记韦永义汇报荣氏企业走在全市私营企业改造的前列，感到特别高兴。

在大箕山，毛泽东被美丽的太湖风光所吸引，他兴致勃勃地拿起望远镜，瞭望无锡的湖光山色。这历史性的瞬间，被随行摄影记者侯波定格为永远的纪念。这是毛泽东第一次到无锡留下的一幅珍贵的照片，也是到目前为止见到的毛泽东在无锡的唯一一幅照片。第二天下午，毛泽东乘坐华疗一号游轮，从大箕山到鼋头渚，观赏了太湖佳绝处的天然胜景。

毛泽东离开无锡不久，1954年5月8日，中共中央批复同意江苏省委和无锡市委“将荣氏5家企业作为第一批公私合营企业”的意见。

1955年11月3日上午，毛泽东乘坐的专列停留在无锡火车站。这是毛泽东第二次到无锡。无锡市委书记包厚昌、市长江坚被召见。专列会客室内，仅有他和包厚昌、江坚三人。

在寒暄了几句后，毛泽东问：此地为什么取名“无锡”？

这一问出乎包厚昌的意料。他记得早年看过《东周列国志》上曾有一段关于无锡地名由来的记载，就回答说：相传战国时代，秦国派大将王翦领60万大军攻打楚国，驻兵在锡山附近，士兵在扎营时，挖出一块碑，上面刻着12个字“有锡兵，天下争；无锡宁，天下清。”那将军见到此碑后，传令此地应取名为“无锡”，以示天下太平。从此这里就称为无锡。毛泽东听了马上就追问：你是从哪里知道这个传说的？秦国的军队怎么会打到你们吴国来了？包厚昌一下子被问懵了，迟疑地说，可能是楚国有个姓秦的将军带兵驻在锡山……毛泽东听后笑着说,这还差不多。

当时,无锡市的缫丝行业在较大私营企业公私合营后,又采取“先私私合并,后公私合营”,进而实行全行业公私合营,这在全国又是有指导意义的大事。毛泽东对此十分关注,边听边问,同时仔细记录。他当即用形象的语言表示肯定与赞许,他说:好嘛!前个时期我们先吃了苹果,现在再吃葡萄嘛!为了解更多更详细的情况,毛泽东特地指示延长专列在无锡停留的时间。

毛泽东离开无锡半个月后,11月16～24日,中共中央政治局在中南海怀仁堂召开各省市自治区党委代表参加的关于资本主义工商业改造问题会议,讨论并通过《中央关于资本主义工商业改造问题的决议(草案)》。也就是在这次会议上,专门安排中共无锡市委书记包厚昌作专题发言,全面汇报无锡市缫丝全行业公私合营的工作情况。作为无锡市的主要领导,在中央政治局召集的会议上作专题发言,这在无锡党的历史上从未有过,这反映了党中央、毛主席对无锡工作的高度重视和充分肯定。

1961年12月13日傍晚,毛泽东在视察广州、杭州和上海之后,一路风尘仆仆来到无锡。无锡市委第一书记何冰皓随江苏省委第一书记江渭清到火车站迎接。这是毛泽东第三次到无锡。

这次毛泽东在无锡整整三天,下榻在小箕山招待所。毛泽东知识渊博,读书既是他的工作,又是他的休息方式。在无锡,他抽空阅读了《无锡金匮县志》和无锡地方报刊,从中了解无锡历史文化和经济发展情况。

毛泽东常在招待所用便餐,伙食以蔬菜、豆制品为主,还有他喜欢吃的辣椒。那时正值三年困难时期,他特地关照不吃鸡、不吃蛋,不吃荤、水果。一次,厨房特地做了一盘油炸虾,是刚从太湖中捕到的。可等他吃完饭,服务人员收拾碗筷时,发现这盘虾一动也没动。厨师见毛主席这么认真,以后再也没有给他烧鱼做虾吃。

毛泽东对人民群众面临的生活困难问题极其关心。他详细了解无锡人民群众的吃饭问题。他问:无锡得浮肿病的人多不多?死了人没有?市委第一书记何冰皓一一作了回答。毛泽东叮嘱说:要搞瓜菜代。

毛泽东又问:口粮标准要多少才可以不得浮肿病?何冰皓说每人每月不少于20斤,有上海的标准就可以了。毛泽东对江渭清说,以后征购粮食,不要再增加无锡的负担了。毛泽东还说,要利用太湖多养鱼。

毛泽东又问:群众穿衣用布怎样?何冰皓实事求是地回答:布票不够用,有些老百姓只好买手帕缝衣服给小孩穿。毛泽东说,可以多搞一些杂杆纤维。他对江渭清说,你们棉花收购不是超额完成了吗?超额的部分给你多留一点,你给一点这位书记(指何冰皓),好让他搞杂杆纤维,多发点布票。

毛泽东在小箕山招待所,听取江苏省委、安徽省委和部分地市委领导人的工作汇报。他一再强调说:有困难、有缺点不要怕,错误、缺点有的是,可以讲几千条,但要认识清楚,这是可以克服的,不要理不直、气不壮,不要灰溜溜。他充满信心地说:“久卧思起,现在到了起床的时候了,到了谷底,就要上山了。”

1962年5月3～5日,毛泽东第四次到无锡视察。在无锡,听取中共华东局第一书记、中共上海市委第一书记柯庆施和中共江苏省委第一书记江渭清等人的工作汇报,并接见南京军区司令员许世友、驻无锡第二十七军军长钟国楚。

毛泽东一贯提倡生活节俭,反对铺张浪费。据参加接待工作的服务人员回忆,一位服务人员为毛泽东洗衣服时,发现他的衬衣、睡衣都打着几个补丁;在为他穿的中山装缝纽扣时,发现外衣口袋处也已织补过。想不到作为全国人民的领袖,还穿着打补丁的衣服。

毛泽东的伙食很简单,一天吃两顿饭,从不要水果和点心。每餐总是三菜一汤,以他常年爱吃的辣椒、豆豉等蔬菜为主,外加以白菜或青菜垫底的一块肥膘肉。驻无锡部队首长曾专门派人为毛泽东送来一头猪,为他改善伙食,他都没有同意。他说,现在是困难时期,领导干部要带头少吃肉。

这次到无锡，毛泽东看到宽阔的太湖，激起他游泳的兴趣，提出要去太湖中游泳。由于太湖的水温太低，且不符合安全条件，在大家的劝说下，毛泽东只得放弃，留下遗憾。

24.周恩来与无锡二三事

为一名普通记者题词 民国35年（1946年），周恩来率领中共代表团在南京与国民党当局进行和平谈判。11月16日，周恩来在中共代表团驻地梅园新村举行记者招待会，揭露国民党假和平、假民主的真面目，阐明中共决心团结全国人民保卫政协协议，谋求真正和平民主的严正立场。

当时，无锡的《大锡报》也有一位记者参加了这次招待会，他就是思想倾向进步、后来成为民间文艺家和民俗学家的钱小柏。当他接过周恩来亲手赠送的一本《政协文献》时，向周恩来提出：能否在书上题几个字，以留作纪念。周恩来客气地问："你是什么报纸的记者？"钱小柏说："我是无锡一家地方报纸的记者，不过过去是在生活书店工作的。"周恩来接着问："那么你一定认识邹韬奋和金仲华的啰？"钱小柏作了肯定的回答，并说自己在汉口时曾与他们在交通路书店三楼一起办公，其间还曾有幸两次听到您晚上来书店作的报告。周恩来很高兴地说："好，我替你写。"说着就拔出圆珠笔在那本《政协文献》的封面里页写下了"为真民主和平而奋斗到底"几个大字，并签上了名字。写好后周恩来问钱小柏："这句话的意思你明白吗？"钱小柏说："这是针对国民党召开的'国大'而说的一句中心口号。"周恩来笑而不语。

钱小柏把这本签有周恩来题词的《政协文献》作为十分珍贵的纪念品加以收藏，历经几十年的风风雨雨，完好地保存了下来。

为了营救一名普通武工队员 民国34年10月，新四军大部队根据国共谈判协定奉命北撤以后，有一位家在无锡、奉命留守苏南的武工组长李觉，在次年1月13日与另两位武工组成员宿营于苏州虎丘地区时，突遭国民党保安队包围袭击，一名牺牲，李觉和另一名武工组成员负伤被捕，关押在吴县地方法院看守所。

8月13日，吴县地方法院判处李觉等人死刑。第二天，李觉写了一封密信，待妻子宿惠芬来探望时想法带出。因情况紧急，宿惠芬将密信隐藏在麦饼里，怀抱两岁的女儿赶赴南京中共代表团驻地。她不顾国民党军警的阻拦，冒死闯进梅园新村，将密信交给接待她的一位李姓女同志。李看后让她稍等一会。进去不久，就出来一位身材健壮、两眉浓密的首长，在听完宿惠芬的叙说后，这位首长要她回去做三件事：（1）告诉狱中的同志要坚持斗争；（2）向高等法院提出上诉；（3）请律师辩护。临别时他握着宿惠芬的手坚定地说："你放心，我们一定要想办法营救你的丈夫和其他同志。"事后宿惠芬才知道，这位首长就是周恩来。

此后，周恩来曾专门派了一位女同志到狱中看望李觉等人，还先后三次让人给狱中的同志汇款和送物品。周恩来又四次致函国民党元老、参加国共谈判的代表邵力子等，严正要求立即停止对包括李觉在内的"死刑之执行"，并"予以释放"。国民党当局慑于周恩来的严正交涉和社会舆论的巨大压力，不得不将李觉等人改判为有期徒刑。在吴县解放前夕，李觉经党组织营救而出狱。

一名普通游客 新中国成立后，周恩来忙于国事，风尘仆仆地奔波于全国各地，虽曾多次路过无锡，却一直没有停留过，无锡人民是多么盼望周总理到无锡来看一看啊！

1963年2月2日，周恩来在赴上海参加会议和看望宋庆龄、荣毅仁等后，提出要到无锡看看梅园。中午1时许，周恩来一行20多人坐火车从上海到达无锡后直接去了梅园。在进梅园大门时，周恩来对秘书说："你统计一下人数，去买好门票。"在旁陪同的交际处干部连忙说："总理来参观，不用买门票了。"周总理摆摆手说："今天我们都是普通游客，游客就要买票。"在总理的坚持下，秘书按全部人员包括接待人员在内如数购买了门票。

这一天天气比较阴冷，但总理的心情不错，他随着接待人员边欣赏景点，边听介绍，尤其对荣氏家族的有关情况更感兴趣。这次总理是想来赏梅的，因时令尚早，园内的梅花仅是星星点点，开得不多，但总理兴致不减，他幽默地说："我来梅园看梅花，谁知梅园还没花。"引得大家一片笑声。

离开梅园，总理一行来到毛主席住过的一幢小楼内小憩。他们在客厅坐下后，服务员端上刚沏的茶水。总理一见就说：“中央对接待工作有明文规定，内宾不用茶水，我们就应该带头执行嘛。”最后还是用白开水换下了茶水。这时，接待人员向小卖部要了几套太湖风景的明信片送给周总理作留念，他坚持按价付了钱。周恩来等在此作了短暂休息后，乘轮渡到了鼋头渚，然后乘车到蠡园渔庄参观。5时，周恩来一行就乘火车离无锡返京了，连一顿饭也没有在无锡吃。

25.邓小平请荣毅仁出山

1979年春季的一天，邓小平找到荣毅仁，共同探讨在中国实行对外开放的一些问题，小平要荣毅仁在引进外资方面多多出谋划策。

“你是企业家，懂金融，现在国内要发展经济，但资金十分缺乏。你有什么高招?”小平推心置腹地询问道。

“我想，国内资金是有限的，再怎么努力也是困难的。恐怕得另辟蹊径。”荣毅仁回答。

“那么，能不能从国外想办法，打外国人的主意呢?”

“这是一个好办法，很值得试一试。”荣毅仁表示十分赞赏这一主张。

“那就请你在这方面多费心，多操持，怎么样?”

“办个公司怎么样?”荣毅仁说。

“我看行。”邓小平肯定地回答道：“人由你找，事由你管，全由你负责。”小平最后又补充了一句话：“要有果断的开创性!”

这次促膝长谈后，荣毅仁便陷入苦思冥想之中。不久，他拿出一个方案：建议遵循国际惯例，建立国际信托公司，并建议拿到中南海决策层讨论。这一提议马上得到邓小平等中央领导的全力支持。很快，荣毅仁领衔挂帅的“中国国际信托投资公司”挂牌成立。

荣毅仁没有辜负历史的重托，创业10多年，“中信”与海外建立广泛的联系，在中国香港，日本、美国、西欧等地建立分支机构，同60多个国家和地区有业务往来，与国内29个省、自治区、直辖市进行多种形式的经济合作，在海内外享有盛誉。他们投资兴建160多家企业，其中40多家是中外合资企业，在海外发行债券6次，总数近6亿美元。此外，在经营外汇银行、国内外租赁、房地产业、咨询服务等方面也都取得较大发展。

正是有了开拓前进、锐意进取的精神和勇气，中信公司不断发展壮大。至1992年8月，“中信”已由几十人、几百人发展至两万多人，注册资本增加至30亿元，总资产超过300亿元。

26.荣德生祖孙与宝界双虹

民国23年（1934年）农历正月十六日是荣德生60岁寿辰日，亲朋好友前往祝贺送礼者众多。荣德生一向反对铺张浪费，家属只好将收得的书画、寿屏、寿幛、寿轴等礼品作价6万元，作为建桥基金。

当时蠡园到鼋头渚中间隔着蠡湖，人们靠渡船往来，遇到风浪，只能望湖兴叹，于交通、游览均不方便。荣德生决意要在蠡湖上架大桥，桥址选在宝界山北麓，向南横跨湖面，故取名“宝界桥”。他亲自实地勘察地形，选择桥址。建桥工程自当年农历二月十七日破土，到八月十一日竣工。宝界桥全长375米，宽5.6米，共60孔（寓意六十大寿），时称“江南第一大桥”。从此一桥南北飞架，如长龙卧波，为蠡园到鼋头渚的交通和游览带来很大的便利。

1994年，由于鼋头渚风景区的发展以及央视外景基地唐城、三国城、水浒城等的建成，宝界桥的交通拥塞问题日益严重。荣德生四子荣毅仁的哲嗣荣智健又独力捐资3000万港元，在老桥东侧10米处，再建新桥，桥宽18.5米，长390.74米，于1994年10月16日举行通车典礼。双桥落成后，取唐代大诗人李白“两水夹明镜，双桥落彩虹”的诗意，新老两桥合称“宝界双虹”。荣毅仁题“宝界双虹”，勒石立碑于亭内，碑阴为启功撰写的《宝界双虹记》。祖孙造桥，亦传为佳话。

27.江南“李时珍”邹云翔

名中医学家、江苏省中医院创始人邹云翔，江苏无锡人。青年时代曾经是一名乡村教师。当时他最大的理想是成为一名文学家。然而，民国14年（1925年）夏季，江南一带突如其来的暑疫像恶魔一样，夺走了他母亲年轻的生命。邹云翔在万分悲痛之中，悟出“不为良相，宁为良医”这句古代格言的含义。于是，毅然弃教学医，拜无锡知名的老中医为师，刻苦学习中医的理论与诊治功夫。民国18年，当暑疫在家乡再度流行时，他遵师命回乡行医，奔走于5个村庄近百户人家，为被病毒感染的患者诊断治疗，挽救了许多农村患者的生命。从此，邹云翔成为名扬四方的无锡乡村“李时珍”。几年之后，他的医术越来越高超，被江南百姓称为“仲景功臣”。

在长达60多年的从医生涯中，邹云翔曾为社会各界知名人士看过病，凭借他精湛的医术和丰富的临床经验，让不少病危患者起死回生。著名外文翻译家戈宝权曾患严重的肾病，全身浮肿、胸腹积水，被一家大医院确诊为不治之症。邹云翔经过一番细致的诊断，认为戈宝权虽其脉细沉，病情危急，但尺脉有根，尚有救治希望，于是对症下药，以防己黄芪汤合五皮饮加减复方施治。经过几个月的调治，戈宝权浮肿消退，而且治愈后从未复发。从此以后，戈宝权不仅将邹云翔视为救命恩人，还与他结为知心好友。

作为中央保健委员会医师，邹云翔曾多次赴北京为叶剑英、粟裕、谭震林等党和国家领导人看病。80年代的一天，国防部副部长粟裕访朝回国后，身患重感冒，症状很特别，他不流涕、不咳嗽，而是浑身肌肉疼痛。接到中央有关部门的通知，邹云翔乘飞机赶到北京解放军301总医院，为粟裕检查病情后，开了几剂药方，粟裕服用之后非常见效。1984年的一天，北京天寒地冻，88岁的邹云翔赴京为中央军委副主席叶剑英治病。当时叶帅的主要症状是高烧不退，保健医生们用抗生素等药物点滴，都不起作用。邹云翔根据叶帅的症状和体质情况，辨证论治、遣药布方，几剂中药服过以后，叶帅的病情好转，脸上露出了笑容。

28.读过“牢监大学”和“牛棚大学”的薛暮桥

薛暮桥，民国16年（1927年）加入中国共产党，曾在杭州被捕入狱。当时与他共同关押的张秋人（时任中共浙江省委书记），在面对死亡判决时仍每天坚持读书五六个小时。面对薛的不解，张秋人答道：“我们活一天就要做一天革命工作，在牢里不能做革命工作，就要天天读书。”这句话对薛暮桥触动很大。他在回忆录里写道：“这是终生难忘的教诲，我一生没有忘记他的教导。”从此，监狱里、禁闭室中，薛暮桥都置若无人，如醉如痴地沉浸在书本里。3年的监狱生活中，薛暮桥学习了世界语、世界通史，但读得最多的是西方和苏联学者的政治经济学著作，为他后来成为“中国经济学界的泰斗”奠定基础。

“文化大革命”一开始，时任国家计委副主任的薛暮桥被打成“三反分子”“走资派”“经济学界反动学术权威”。起先被关押在办公室（时通称“牛棚”）时，薛暮桥依旧趴在办公桌上孜孜读书。后来在干校，薛暮桥夏季的主要工作是看花生，防止孩子偷地里的花生。他却时常沉醉书里，孩子们就溜到对角偷花生。冬季，薛暮桥的主要任务是烧猪食。一次，他往锅灶里送柴草时，一个火星爆在他唯一棉裤上，直到烧掉半个裤脚才发现。于是冬日里，薛暮桥只得穿着破棉裤走来走去，“风从洞里吹到全身，冻得真难熬”。就在这种前似乎看不到曙光的时候，薛暮桥在酝酿他一生中最大的成就《中国社会主义经济问题研究》初稿。每天收工后，他就坐上小马扎，趴在床沿上写他的书。每写完一稿，就将稿纸整整齐齐地装订起来，封面用一种漂亮的美术字写上书名。是年薛暮桥65岁。

1979年8月，这部历时11年的《中国社会主义经济问题研究》，经过7次修改后在青岛最后完稿。12月，由人民出版社出版。该书被中宣部原部长陆定一推荐为干部必读材料和高等院校经济系的教科书。为此，全国各省紧急加印，发行达1000万册，创下专业理论著作空前的纪录。1984年，在“祝贺薛暮桥同志从事经济理论和实践工作50年茶话会”上，薛暮桥说，他只有两次读书的机会，读“牢监大学”和“牛棚大学”两所大学。

29.爱校如家的钱临照

钱临照是著名的物理学家、教育家，1955年当选为中科院数理化学部委员。1960年，调任中国科学技术大学教授，从此他的后半生就与中国科学技术大学同呼吸共命运，把学校当成了家。钱临照每次出差回校，跨进校门，他总以无比喜悦的心情说："到家了！"学校安排他到外地疗养，他总是坚持陪伴同行的亲属一切费用自理，说："学校经费有限，不要给学校增加负担。"

他生前的一个心愿就是"故于科大校园"。1999年初，钱临照病重住院，当得知自己病情已不可逆转又不宜回住自己的居室时，他坚决表示：回到中科大校医院也是"回家"，流露出钱老对科大这个家的深深爱恋之情。

回到校医院后，他又吩咐："除必需的药品外，其他开支都自理。"结果病房中使用的冰箱、彩电、微波炉、轮椅、充气床垫，包括护理人员的酬金都由他个人支付，连病房门口的拖鞋亦自购。还交待，冰箱、轮椅、充气垫要无偿留给校医院，供其他患者使用。

钱临照的93岁生日是在校医院病房中度过的。他一再叮嘱家属要给校医院职工每人送上一个小蛋糕，但不要搞活动，以免影响大家正常工作。他临终前在校医院度过一生的最后100天，折射出他爱校如家的情操，令人难忘。

30.顾毓琇与江泽民的师生情谊

顾毓琇是德高望重的教育家。自民国18年（1929年）回国后，他几乎担任过当时所有著名大学的教授、系主任、工学院长或校长，培养中国现代史上许多政要名流和文化精英。吴健雄尊他为"毓琇大师"，诺贝尔奖得主杨振宁曾亲沐教泽。

江泽民在上海交通大学求学时，曾选读顾毓琇所开的"运算微积分"课。1986年6月，顾毓琇伉俪从费城到上海参加交通大学90周年校庆，于6月24日拜访新上任的上海市市长江泽民。江泽民亲笔题诗一首赠与恩师："重教尊师新地天，艰辛攻读忆华年。微分运算功无比，耄耋恢恢乡国篇。"

1989年9月30日，顾毓琇到北京参加新中国成立40周年庆祝宴会后，到中南海看望中共中央总书记江泽民。1992年10月6日，顾毓琇回国参加母校90周年校庆之前，应江泽民之邀，再到中南海做客。1995年10月，江泽民参加联合国50周年庆典时，又与顾毓琇于纽约亲切相见。

1997年10月江泽民访美，百忙之中在10月30日下午专程到费城拜访老师。他深情地对顾老说："您是我的老师，我今天见到您，又想起了51年前您教我们运算微积分的情景，记忆最深的就是您上台讲课没带书，不用讲义，全部都记在您的脑海里。您实在了不起，您不仅是电机博士，而且是戏剧家、诗人。"拜会原计划20分钟，孰料师生情谊深厚，预定时间一延再延，达50分钟之久。两人共品香茗话家常，同看相册忆往事，其乐融融，感人至深。江泽民向老师赠送了一只花瓶，顾毓琇先生则亲笔书写一条幅回赠："和平统一兴中华，天下为公进大同。"

31.陆定一的情感世界

民国18年（1929年）初，陆定一与结发妻子唐义贞在莫斯科中山大学相识。异国他乡，两个爱国青年有着相同的政治信仰、相同的世界观和人生观，他俩每次见面都有说不完的话题，最终成为知己。民国18年12月，他们在莫斯科结婚。翌年两人先后回国。从结婚到唐义贞牺牲，两人的婚姻生活仅短短5年，而且经历了4次别离。

民国23年10月，陆定一随中央红军出发，踏上漫漫长征路，唐义贞留守中央苏区。这是他们婚后的第四次分别，也是他们的永别。民国24年1月下旬，在一场激烈的战斗之后，红军游击队被敌人打散。困在乌蛟塘大山中的唐义贞等人终因寡不敌众而被俘。面对敌人的严刑拷打，唐义贞坚贞不屈。1月31日，敌人用锋利的刺刀割破她的肚肠，残酷地枪杀年仅25岁的唐义贞。他的女儿叶坪和尚未见过的另一个孩子也从此下落不明。陆定一在延安得知唐义贞壮烈牺牲的消息时心都碎了。陆定一和唐义贞结婚时间虽然不长，但对她始终难以忘怀。直到晚年，陆定一依然称唐义贞是他的"最亲爱的亲人"，并写下悼亡诗《遗悲怀》："结婚仅五年，分别却四次。再见已无期，惟有心相知。"直到1980年9月，陆定一才和他从未谋面的儿子范家定在福州见面，父亲要他不忘养父母的深恩，于是范家定就改为陆范家定，陆范成为新的复姓。1987年11月31日，陆定一在江西见到失散50多年之久的女儿叶坪。

唐义贞牺牲后，陆定一很长一段时间都沉浸在悲痛之中。民国30年，陈云给他介绍了严慰冰。严慰冰的父亲是无锡早期革命家、“毁家闹革命”的“三少爷”严朴。严慰冰是一位才女，擅长诗词，民国26年以第一名的优异成绩考取国立中央大学中国文学系。开学时正逢抗战爆发，她奔赴延安。民国27年，严慰冰进入抗大学习，后任《中国妇女》特约记者，延安中央党校四十五班学员，延安中央研究院新闻研究室研究员。严慰冰和陆定一相识后，不久结婚。严慰冰曾戏称，她和陆定一的婚姻，是五分自由、五分包办的半封建婚姻。

32.钱锺书的顽皮与狂傲

钱锺书出生于清宣统二年（1910年），因为伯父钱基博没有儿子，他一生下来就过继给伯父。周岁时“抓周”，他抓到一本书，因而取名为锺书。

民国9年（1920年）秋，钱锺书和堂弟钱锺韩一同进入四年制高小东林小学（无锡县立第二高小）读一年级。少年钱锺书是个顽童。他对上课没有兴趣，不管是国文课、数学课，全不在乎。课上只看杂志小说。因为从小看小说太多，眼睛严重近视，又坐在教室后排，因此老师讲什么他茫然不知。不但如此，有时他还要做点恶作剧。他常玩的把戏是拉弹弓。他的口袋里装着些小泥丸，拿着弹弓瞄准某个听课认真的同学突然弹一下，老师知道后让他罚站，他一边站着一边乐，一点也不觉羞愧。钱锺书的数学糟糕透顶，据说他能把古小说中各种兵器斤两背得烂熟，却连阿拉伯数字1、2、3都不认识。小时不会分辨左右。然而他的国文成绩相当好，小楷字写得潦潦草草，用墨很淡，难得有一字规规矩矩写在方格里。先生对他的文章非常欣赏，常给他“眼大于箕”“爽若哀梨”等佳评。他常做些小考评，如巨无霸腰大十围，他认为一围并不是人臂的合抱，而是五个手指的一合。

当时钱基博在省立三师（无锡师范学校）任教。每天下午放学后，他要钱锺书到他的办公室读书，到师范学生吃过晚饭开始夜自修时，才带他回家吃晚饭，由此钱锺书读了不少古文名篇和文学名著。钱基博还常带锺书和锺韩到国学大师唐文治家拜访，唐文治总要问两个孩子近来读些什么书，有何心得。锺韩爱好数理，文学和口才都不及锺书，这给钱锺书提供了在宿学面前表演学问的好机会。锺韩觉得家里有个天才，日子真不好过。其间，钱锺书也开始接触外国文学，商务印书馆发行的两小箱《林译小丛书》是他十一二岁时的一大发现，领着他进入一个新天地。据东林同学邹文海回忆，钱锺书当时喜欢读书，他父亲每次路过他家，总听到他的琅琅读书声，因此他父亲常以钱锺书来教育邹文海。钱锺书凭着他对文学的挚爱，勤奋攻读，打下了坚实的基础。

少年钱锺书聪明早慧，却狂傲自负，言谈颇畅，毫无遮拦。为此父亲特地为他改字“默存”，意思是告诫他缄默无言，存念于心。但这似乎没有起到明显作用。民国12年，14岁的钱锺书上完四年高小后，与堂弟钱锺韩一起毕业，考入苏州桃坞中学，进入中学时代。

民国18年，钱锺书考入清华，立即名震校园，不仅因为他数学只考了15分，更主要的是他的国文、英文水平突出，尤其是英文获得满分，不少同学佩服得五体投地。他到清华后的志愿是横扫清华图书馆。他的中文造诣很深，又精于哲学及心理学，终日博览中西新旧书籍。最怪的是他上课从不记笔记，总是边听课边看闲书或作图画，或练书法，但每次考试都是第一名，甚至在某个学年还得到清华超等的破纪录成绩。

孔庆茂的《钱锺书传》曾写到一则趣事：同学中一位叫许振德的男生爱上一位漂亮女生，在课堂上就不住地向女生暗送秋波。钱锺书本来上课就不听讲，他把许的眼睛向不同方向观看的眼神变化都画了下来，题为《许眼变化图》，没等下课就把画传递给其他同学，一时在班上传为笑谈。直到若干年后，居住在美国的许振德每提起旧事，还禁不住哈哈大笑。

民国22年，钱锺书从清华外文系毕业，校长亲自告诉他要破格录取他留校。陈福田、吴宓等教授都去做他的工作，想挽留他，希望他进研究院继续研究英国文学，为新成立的西洋文学研究所增加光彩。可他一口拒绝道：“整个清华，叶公超太懒，吴宓太笨，陈福田太俗，没有一个教授有资格充当钱某人的导师！”其率真狂傲可见一斑。而当钱锺书回国后，吴宓为聘请他到清华任教不余遗力地帮忙。

1993年，吴宓女儿写信给钱锺书，要他为《吴宓日记》作序，他慨然回信自我检讨，谴责自己：“少不解事，又好谐戏，逞才行小慧……内疚于心，补过无从，唯有愧悔。”且郑重地要求把这封检讨信，附入《吴宓日记》公开发表。他在序中还谦恭地写道：“我愿永远列名吴先生弟子之列中。”

二、地名类

1.无锡锡山山无锡

无锡简称“锡”，因无锡有锡山而命名。“无锡锡山山无锡”是无锡的一句老话，意为无锡虽然有锡山，却不产锡。

晋代周处《阳羡风土记》记载：“昔有谶云：‘无锡宁，天下平；有锡兵，天下争。’”这是迄今所能见到的最早的关于有锡无锡的记载。唐朝陆羽《惠山寺记》记载：“山东峰（按：指惠山东峰，即锡山），当周秦间大产铅锡，至汉方殚，故创无锡县，属会稽。后汉有樵客于山下得铭云：‘有锡兵，天下争；无锡宁，天下清；有锡沴，天下弊；无锡乂，天下济。’自光武至孝顺之世，锡果竭，顺帝更为无锡县，属吴郡。”这一说法，历代无锡地方志都相沿记载。但清光绪《无锡金匮县志》认为“王莽时大改郡县之名往往与旧名相反”，所谓“锡出而更名，孝顺时锡竭而复旧”的说法不足为据。

明代小说家冯梦龙的《东周列国志》中说：秦始皇大将王翦率军攻克兰陵（常州）后，在锡山驻扎，埋锅造饭之时，掘得一块石碑，上刻“有锡兵，天下争；无锡宁，天下清”的铭文。当地人说是周平王时在这里发现铅锡，开采了近400年。王翦就说，此碑已经露出，看来要天下太平了，何不将这里称作“无锡”呢？故事实际上延用了陆羽的记载，只不过将发掘碑铭者由樵夫改为士兵，掘碑年代由汉改为秦了。

其实，所谓碑铭只是传说而已，直到50年代，考古工作者还未发现锡山有古代开采锡矿的遗迹。经地质学家对锡山的岩石和土壤采样分析，也得出锡山不可能有锡的结论。“无锡”这一地名，更可能是用汉字记录古越族部落的语音而留下来的，“无”是发语词，其意在“锡”字，由于越语的消失，原意已湮没，无从考证。

2.湮没的金匮山

清雍正二年（1724年），无锡县析置金匮县，简称金。金匮县以境内金匮山命名。金匮山又名紫金山，在原城中六箭河北岸，清《无锡金匮县志》称其“旧为邑之镇山”。元《无锡志·山川》记载了金匮山的来历及其为何被称为镇山：“周回数十丈，当邑之中，邑之主山也。世传有金匮藏书于山下，为无锡之巨镇，故名。今按此山，负土所成，要非天设。居邑之中，故指为镇山云。”山高逾三仞（约5.4米），周三十丈（约100米），登上山可遍览全城。相传晋名士郭景纯曾埋黄金符匮于山下，时有紫气腾上，故名金匮山。

山中原有黑白二色玲珑小石，次于昆山。元时为强善三所占，强因卖石而致富。后小石取尽，土亦耗減。明永乐年间（1403～1424年），一场大火把强善三在金匮山旁所建的宅第烧光。知县卢克敏征集工匠除去瓦砾，运土填高，种松竹，构亭台，并用太湖石修缀，成一景，取名金匮山房。民国后，沦为荒园，称野园里，在残土上种桑数百株。新中国成立初，尚剩土堆和一碑。1955年，动员群众挖去土墩，填塞驳岸上河。无锡市第一人民医院和市卫生局先后在此建食堂、宿舍，碑石遗失。

3.无锡老城门

无锡于西汉建县，建造无锡县城。县城分内城、外城；内城有1门；外城有4正门，东为熙春门，南为阳春门，西为梁溪门，北为莲蓉门。据《越绝书》记载：“无锡城，周二里十九步，高二丈七尺，门一，楼四，其廊周十一里二十八步，墙一丈七尺，门皆有屋。”唐末，杨行密为吴王，在县城东、南、西加筑外郭，并开顾桥门、新塘门、董家门3座偏门。宋元时期，无锡县城略呈椭圆的龟背形平面格局已基本形成。元至正十七年（1357年），张士诚占据无锡，部将莫天祐筑城墙，开3个水门（即水关，以栅栏做成),废掉3个偏门,保存4个正门。明嘉靖三十三年(1554年),王其勤筑城,改城门名,东为靖海门,西为望湖门,南为试泉门,北为控江门。民国元年(1912年)4月,在城东北新辟光复门,又称新北门,原北门相应称老北门。民国13年,在东门开东水关。民国17年,在西门旁辟新西门,又称西城门。至此有6个城门,4个水门。民国34年10月,控江门改名胜利门。

1950年开始,无锡拆除城墙,城墙原址建环城马路(解放东路、解放南路、解放西路、解放北路),全长5.56公里。所拆城砖用于建造市人民大会堂、居民新村及桥梁建筑等,无锡老城门就此消失。但作为地名,东门、南门、西门、北门至今仍保存。

4.无锡旧城内的弓河、弦河、箭河

无锡旧城内河网密布,原有河道形状似弓似弦似箭,河道故此称弓河、弦河、箭河。旧城呈菱形,南北向的城中直河穿城而过,将城划分为东西两半,弓河沿东城而行,两头通城中直河,从弓河分出东西向的9条支流,称箭河。

城中直河,即弦河,古称邗沟。宋《吴郡图经续记》记载苏常运河称古邗沟,说明春秋吴时即有城中直河。汉建县城依河而建。大运河开凿时,城中直河即为城内运河。运河既可供城内居民用水,又可作航运之用,清康熙《无锡县志》记载,明嘉靖前通漕运,嘉靖后移到东城河。清以后,因河道狭窄,仅作供水之用。1958年填没,扩建和延伸了中山路。

弓河,又称里城河。元《无锡志》称:"弓河,本旧县之罗城濠也,岁久无可验,但称东河,故老相传云。弓河自闸口湾由东门而南出渡僧桥,通运河,河如弓之背,故号弓河,以运河比之弓弦也。"据《越绝书》等记载,罗城应在城中直河之西,弓河可能为外城濠,非罗城濠。闸口湾即莲蓉闸口。唐末杨行密将城东南拓建,弓河形状也随之外拓。1954年填没,成解放路一部分。

箭河也早已有之。元《无锡志》记载:"故老云,无锡有九龙峰,下有九涧,城中有九箭河,应之。谚云:九箭通,出三公。"

一箭河,在南门内大井头花园弄以东,大井头花园弄旧称边巷,元代已涸塞。二箭河,在置煤浜(元称庄巷,清称朱卖煤浜),长10余丈,解放前填塞。三箭河(又名冉泾河,以冉泾桥命名),在槐树巷,至清代尚可通,1954年填塞。四箭河,在留芳声巷(亦称刘芳声巷、集贤坊巷、杨家巷)稍可停舟,1954年填塞。五箭河,在东河头巷(旧名董家巷、茹家巷,又名东河浜),元代只是一大沟,1957年填塞。六箭河,东通东水关,西出弦河通西水关,为各箭河中最长,北有善智尼寺,故又名师姑河,又名大河上。唐代,跨六箭河先后建风光桥、斜桥。至解放初尚通,1958年填塞,筑崇宁路。七箭河,在福田巷田基浜,据说河上曾经有过一座蛤蟆桥,1954年填塞筑路。八箭河,自东门桥北而入,西接观前街,元代尚可通小舟,清代已涸塞,后成人民中路的一部分。九箭河,在盛巷东,映山河以南,元代仅存一二丈河口,清代已堙没。

5.先有后祁,慢有北塘

住在北塘的老人常会说起"先有后祁,慢有北塘"这句老话,即后祁成为街坊的历史比北塘早。北塘塘河(运河)虽古已有之,但北塘沿岸在鸦片战争前还是一片芦苇荡和菜园子。而后祁街约在宋代就已形成,称为"后祁里",宋元时称后祁村(当时城内称街,城外称村)。当时后祁村的范围较大,大致相当于现在南至运河,西、北至通惠路,东至莲蓉桥。后祁街的形成与发展与附近先后建有不少寺观道院有关,比如增福庵、大王庙、元升道观等。寺观道院一多,周围人口渐聚,就成为一处热闹之地。

如今的后祁后街,其实才是当初的后祁街正街。据说有一次,南巡的乾隆皇帝在接驾亭(平时叫接官亭)上岸后,要经后祁街、青石路到大王庙(地址在原青石路小学内)烧香,地方官员特地从青石路到大王庙铺设一段御道。此后,这条皇帝经过的御道便成为正街,而原来的正街便成了后街。清道光、咸丰年间,北塘商事逐渐兴起,形成米市,成为无锡商业最为繁盛的地区。咸丰十年(1860年),因太平天国战事,后祁街被烧毁不少房屋,从此没落。日军侵占无锡期间,强行拓宽后祁街,南面收进二架屋，北面收进一架半屋。后有当地律师曹宁洪因乘包车的需要，发起铺石子路。

新中国成立后，后祁街很长一段时期未有改变，70年代始铺成沥青水泥路。90年代，将后祁街并入青石路，拓宽建造成具有欧洲建筑风格式样的欧风街，两旁旧居拆除，面貌大变，只剩下狭小的后祁后街。穿行其间，还可以看到当初的青砖墙、挞板门，以及长久锁着的公用水龙头。

6.五里香塍

无锡西门外的五里街，又称绮塍街，是旧时到惠山去的必经之路。五里街原是一条砖街，清乾隆皇帝南巡时，地方官将砖砌成“人”字形，以象征圣驾莅临，身在万人之上。

清咸丰六年(1856年)，邑贡生窦承焯重修绮塍街，就废坊补书坊额，曰“五里香塍”。为何称“五里香塍”呢？早在元明，这一路上乔木古藤，飞楼连阁。明初浦长源有诗云：“出郭楼台三四里，游人不得见山容。”沿途遍植桃树，有“一株杨柳夹枝桃，红绿相映五里遥”之说。每当春日，桃红柳绿，鸟语花香，游春踏春者络绎不绝。有民谣云：“惠山街，五里长，踏花归，鞋底香。”香者指花香，塍者指田间。又因这条路修得好，有“惠山五里街，雨后着新鞋”之誉。无锡解放后，拓宽惠山直街，将“五里香塍”砖刻移置在今15路公共汽车站台旁，作为路牌。经风雨剥蚀，字迹已模糊。

1978年，开凿大运河新线时，大德桥附近的五里街被切断，五里街缩至运河东。运河西侧建为百花园，1985年改为吟苑。

7.马蠡港与骂蠡港

无锡南郊有条河叫马蠡港，通蠡湖。80年代初地名普查时，有人写信给市地名办公室，告知该河应名骂蠡港，是因吴人骂范蠡的缘故。

相传战国时，范蠡帮助越国灭了吴国，吴人对范蠡十分不满，当吴人闻知范蠡和西施泛舟无锡溪河和五里湖时，不少人聚集在溪河两岸大骂范蠡。据清代《常州赋》载：“仙蠡墩稍西有骂蠡港，谓吴人骂少伯于此，故名。”有诗曰：“亡吴自问为谁治，骂蠡于今仅有村。”据此，这条河就取名为骂蠡港。

由于骂蠡之名贬低了范蠡的形象，一些浙江人对此颇为不满，他们直接向无锡提出应更改这一地名。无锡市地方志办公室向市地名办公室提出，最终据考，骂蠡之事只是传说而已，据元代《无锡志》所载，当时就叫马蠡港，从未叫过骂蠡港，直到清代志书记载都如此。至于清《常州赋》乃文艺类文章，远不及史志可靠。于是，无锡市在1993年将骂蠡港更名为马蠡港。

8.从回溪里到尤图里

无锡东郊的尤图里，又名尤渡里，是南宋著名诗人尤袤后人的聚居地，旧名回溪里、德乡里。

无锡城外在明代以前有东、西两大河流，古称“东回溪、西清溪(梁溪)，深广相敌”。回溪在东门外三里，溪旁有三个高墩。现在人们已不知回溪这一地名了。在明宣德年间(1426～1435年)，巡抚周忱兴修水利，取三墩之土填塞回溪，变为良田(一说为当地百姓学周忱填溪)。现东郊锡沪路旁，尚存“三墩凹”地名。

宋元之际，尤氏后人在回溪畔建筑园林，名“东庄”。回溪又称万柳溪，明永乐进士尤实著有《万柳溪边旧话》。明洪武十三年(1380年)，尤居敬又增广园林，建造书堂。他在凿池沼时，掘地一尺多，发现有一块大石板，命工匠勿动。晚上，他亲自去发掘，见石板下有两小罐白金(一说三罐黄金)。他想到先辈“临财毋苟得”的嘱咐，便依然覆盖如初。直到洪武二十年，无锡大旱，颗粒无收，农村发生饥荒，他便取出一罐白金有百两之多，以高价买米麦，在门口施粥。5年过后，无锡再次大旱，他又取出一罐白金，购米施粥。他的两次赈灾，活人无数，乡民无比感激，乃改回溪为“尤图”，以志不忘。

9.使人迷惑的两条鱼腥巷

问起无锡的鱼腥巷在哪里，答案不一。一说在日晖巷，一说在勤学路。实际上无锡城内旧时确实有两条鱼腥巷，因此都对。清代旧志载“鱼腥巷，州巷内，西通石灰巷”。石灰巷即今日晖巷，由此知鱼腥巷位置正是在今五姓巷。民国19年(1930年)出版的《无锡市政》第五号“街巷门牌号”记载，还只有西门石灰巷的鱼腥巷，无五姓巷。50年代，老人们仍称此地为鱼腥巷。80年代，《无锡市地名录》记载："鱼腥巷，南市桥上塘街至勤学路。清宣统三年（1911年）左右逐渐形成，以明末清初为卖鱼之地得名。"可见南门的鱼腥巷也早已存在。地名录也记载了五姓巷，"健康路北段处，清时由薛、俞、李、严、胡五姓后门形成"。90年代刊印的《崇安区志》记载此五姓为薛有端、俞钦载、李翼斋、严蓉塘、胡万和，都是大户。

勤学路上的鱼腥巷有一传说。古代有个黄仲理，在附近园中读书，月夜里常常见一美女在池上吟咏，仲理一夕乘醉辱骂，女大笑，以手捧面，其冷像冰，驱逐不去，仲理以佩刀刺女面颊，女跳入池中不见，后用人力把池水戽干，有大鱼伤腮死。人们都叫做鱼精，才以名巷。此后，园池废弃，俞氏子孙迁居南门下塘，常和渔舟往还，在这里设立鱼场，邑人就称作鱼腥巷。据清代周有壬《锡金考乘》记载，鱼腥巷曾有长春园，为明代尚书俞溥筑，清已无可考。可见鱼腥巷确曾有俞氏居此，并筑有古园林。

尽管民国时东大街后门的五姓就存在，但真正将鱼腥巷改为五姓巷是70年代。因与勤学路的鱼腥巷地名重复，原西门内的鱼腥巷变成了五姓巷。无锡人读"鱼"与"五"相通，"腥"又与"姓"相通，恰好又有五姓存在，故改之。而勤学路上的鱼腥巷则保留。约90年代末、21世纪初，鱼腥巷并入升平巷。历史上的两个鱼腥巷从此消失。

三、文化类

1.邹迪光和秦耀的罢官联

无锡惠山愚公谷和寄畅园的原主人邹迪光和秦耀，都是在官场失意被罢了官，也都是在罢官后情寄山水归筑园林的。历史上无锡人给这两位古典园林建造者的官场遭遇，写了一副对联，颇为贴切工整。其联为："邹氏三光，一死一囚一罢职；秦门独耀，或诛或族或充军。"

邹迪光是无锡新安西宅村人，其兄龙光，明万历八年（1580年）进士，官至中书舍人，早亡。弟近光，曾任安仁县知县，为官清正，却获罪下狱。邹迪光本人，明万历二年进士，任湖广提学副使，后被罢官回乡，隐居于九龙之区，用毕生精力财力，筑古园愚公谷。对联中的上联就是由此而来。

秦观的后裔秦耀，明隆庆五年（1571年）进士，官至右副都御史。明万历十九年在巡抚湖广期间，被诬以罪下狱。无锡秦氏家族惊恐万分，怕受株连，急集巨银，至京师为秦耀赎罪。在赎罪尚未见释的时候，有人便写了下联。

2.孙洙与《唐诗三百首》

唐诗是中国文学史上一颗光彩夺目的明珠，脍炙人口，传诵不衰。《唐诗三百首》是一部流传颇广的唐诗选集，所选作品体裁完备，风格各异，具有代表性，且通俗易懂，易于诵读，成为千古绝唱。

《唐诗三百首》的编者孙洙（1711—1778），字临西，号蘅塘，晚号退士，清文学家，无锡人。清乾隆九年（1744年）中举，乾隆十一年出任江苏上元（江宁）县学教谕。乾隆十六年进士及第，以后历任顺天府大成县知县、直隶卢龙县知县、江宁府学教授等职。生前著作有《蘅塘漫稿》《排闷录》《异闻录》等。他为什么要编《唐诗三百首》，从其原序中可见："世俗儿童就学，即授千家诗，取其易于成诵，故流传不废。但其诗随手掇拾，工拙莫辨，且止五七律绝二体，而唐宋人又杂出其间，殊乖体制。因专就唐诗中脍炙人口之作，择其尤要者，每体得数十首，共三百余诗，录成一编，为家塾课本，俾童而习之，白首亦莫能废，较千家诗不远胜耶？谚云：熟读唐诗三百首，不会吟（作）诗也会吟。请以是编验之。"

《唐诗三百首》定稿于清乾隆二十九年，咸丰二年（1852年）以小石山房刻本问世。诗书选入75位唐代诗人及两位无名氏的诗作共310首，刻印时又补入杜甫的《咏怀古迹》3首。上元女史陈婉俊云："《唐诗三百首》为蘅塘退士定本，风行海内，几至家置一编。"可见《唐诗三百首》在社会上深受欢迎，孙洙为此做出重要贡献。

3.墙门镇上一诗丐

自古以来，沦为乞丐的，大多是一些无衣无食无劳力无文化的残疾者。清代末年，无锡县墙门镇上（今属硕放镇）却出现一个能诗善文极为怪僻的叫化子。

清光绪二年（1876年）春，一名破衣敝屣的叫化子从南乡流落到墙门镇上，日行街头，夜宿破寺。在街头行走，有时步履蹒跚，沿街求乞，口中喃喃自语；有时则不言不笑，亦不求乞于人，有人施舍，他便接受，以能解决一日之餐为满足。一天，此丐在街头引吭高歌，并作种种戏剧动作，口中所歌，既不是吟诗，又非唱曲。但词句很典雅，时而愤慨，时而忧伤。孩童们一路尾随仰视着他，他则边行边歌，旁若无人。镇上士绅周小舟目睹乞丐极为奇异，夜深独自到破寺寻访，但未见面，于是便在壁上写"小舟敬谒"4个字。过了一天，周再度赴破寺寻找那叫化子，又未见其人。但寺壁上墨迹淋漓，笔势飞舞，题有七绝诗两首，诗云：

（一）

怕作人间公与侯，风尘落拓试庸便。

果然大地无青眼，要去乘槎上斗牛。

（二）

雄心磊落终难平，匣里龙泉入侯鸣。

只有小舟能识我，他年书记要留乡。

下书惊雷子右光留别。周小舟录下壁上题诗，却始终不解诗意，去世前特将此事及乞丐题诗抄录寄给当时任泰伯市图书馆馆长的邹翰飞，邹翰飞便将此节采入他的著作《叁借庐笔谭》。此丐在镇上逗留数日，不久便不见踪迹。镇上人相互传谈，认为是奇士。

4.锡剧发源地严家桥

清道光年间，无锡县羊尖乡严家桥出现一对唱滩簧颇有点名气的艺人，男的叫金巧，女的叫青宝姑娘。金巧的父亲徐增福，出生在安镇南乡，是一个竹匠，又是扎花灯的名手。爱唱山歌，并喜欢喝酒交朋友。某年，他到严家桥扎灯，被金家招为女婿，生子取名金巧。金巧长大后，在苏州一纸扎店当学徒，因经常外出看戏，拉胡琴，并给朋友私扎花灯，被老板逐出回乡种田。金巧聪敏，加上受父亲的影响，常自编自唱滩簧，《徐阿增扎灯》就是他根据父亲的口传编出来的。

金巧年轻时就很活跃。每逢早春二月在严家桥四乡调采茶灯，唱滩簧。18岁时，他和当地一个"宏嗓子"青宝姑娘志趣相投，结成夫妻。关于青宝姑娘的身世，说法不一。有人说她是安徽人，父亲是走江湖的，参加过太平军起义，后来一直避居无锡严家桥。咸丰三年（1853年），金巧和青宝姑娘夫妻双双化妆演唱。金巧后来又自编讽刺统治阶级的俚俗小戏，自己扮旦角与王文香等人一起演唱，用小嗓音低调声腔，把高昂的土簧调，变化为柔软动听流传至今的"老簧调"。

光绪末年，常州北乡落第秀才白秋荣，再把俚俗小戏重编词章，成为锡剧中十八出对子传统老戏，如《拔兰花》等。这种滩簧戏，有生、旦、触角（配角兼敲板）和琴师，化装上台演唱"对子"，并逐步从业余转向专业或半专业团体。在此基础上，发展为常锡文戏，后又改为锡剧。

5.从滩簧到锡剧

发端于常州、无锡水乡的锡剧，秀丽蕴藉，雅俗共赏，凝聚着扬子江畔、太湖之滨的风土人情，深受江南广大群众的喜爱。据考，清代乾隆年间已盛行，道光初年传遍太滆地区的各县乡镇。民国后又以常、锡、苏、沪为基地，逐步延伸至浙江、安徽及苏北沿江的部分市县，成为传播地域文化的主要戏曲剧种。

锡剧早期称作"滩（摊）簧"。无锡、江阴一带称无锡滩簧，常州、宜兴一带称常州滩簧，同时还有东乡调、东乡小曲及花鼓戏、花鼓滩簧等名称。民国3年（1914年）起，常州、无锡两帮艺人袁仁仪、孙玉彩（翠）、李庭秀、过昭容、周甫艺、王嘉大先后入上海，一度称作"常州古曲"和"无锡滩簧龙凤班"，后又分别改称"常州文戏"和"无锡文戏"。民国10年，常锡两帮合流后，由无锡籍的常帮弟子李如祥在桌围上首用“常锡文戏”名称。此后群起效法，只有苏州路的滩簧班社自称“苏锡文戏”。约于民国14年才形成比较统一的剧种名。抗战初期，7个滩簧班社在上海湖社茶园联合举行救灾义演，剧目为《三看御妹》。武进的清光绪进士钱振鍠（世称名山先生），看完戏到后台说：过去常州文戏是没有武戏的，现在演《三看御妹》，有文有武，似不宜再称文戏。事后经七班同人商议，遂改称“常锡戏”。无锡解放后，苏南行政公署于1950年正式定名为“常锡剧”，简称“锡剧”。1955年起，即以简称代名，通称“锡剧”。

锡剧从诞生至成熟的200年间，还有一些别称。清进士赵翼于乾隆三十七年（1773年）回常州省亲时，称其为“里俗戏剧”，曾作诗云：“焰（艳）段流传本不经，村伶演作绕梁音；老夫胸有书千卷，翻让童奴博古今。”民国24年（1935年）5～10月，国民党无锡县娱乐事业审查委员会以簧调“淫靡”为由，禁演滩簧，艺人以“南方歌剧”名义继续演出。50年代，著名教育家叶圣陶先生题赠：“太湖一枝梅，蓓蕾土中埋；春风伏地起，红花向阳开。”故锡剧又有“太湖一枝梅”及“太湖明珠”等美誉。

6.锡剧十八韵

锡剧唱词用十八韵，每一个韵有一出小戏，为金清韵（摘菜心）、唐王韵（双夺郎）、香长韵（摘木香）、开来韵（约郎来）、蓝衫韵（卖橄榄）、铜中韵（借披风）、逍豪韵（秋香送茶）、花茶韵（借红纱）、头欧韵（摘石榴）、家妈韵（拔兰花）、塔杀韵（卖花带）、铁锡韵（卖水笔）、纪气韵（小分离）、天仙韵（买郎眠）、满欢韵（游花园）、倭可韵（十调度）、支思韵（瞎子算命）、鹿族韵（张老福），即传统剧目“对子戏”中的十八出。其中，有的是一韵到底，连剧名、人名、地名都用一个韵，如《拔兰花》剧中男女人物为蔡旭斋和王大姐，地点为谢家宅。

后来，有5个韵渐渐合用，即“唐王”和“香长”、“家妈”和“塔杀”、“纪气”和“天仙”、“倭可”和“满欢”、“开来”和“蓝衫”。实际上已接近京剧的“十三韵”。有趣的是艺人们学戏时，为了便于记忆，把十八韵和人体的有关部位联系起来，如头发（塔杀）、额角（鹿族）、眉毛（逍豪）、眼睛（金清）、鼻梁（香长）、面孔（铜中）、耳朵（倭可）、嘴皮（纪气）、牙齿（支思）、舌头（头欧）、肩膀（唐王）、脊背（蓝衫）等。

滩簧源自山歌小调，从来都是有韵的。至于锡剧十八个对子戏，亦由来已久。清同治七年（1868年），江苏巡抚丁日昌在查禁淫词唱本禁目中就有《拔兰花》和《庵堂相会》等剧本，均为民间流传影响极大的传统唱本。此外，锡剧音韵特别之处，是多一个“半韵”，早前统称为锡剧“十八个半”韵脚。半韵是“女鱼韵”，平时很少使用，用不好，唱句既死板，文字又拗涩。叶至诚生前为江苏省锡剧团编写上下集《孟丽君》剧本时，特意把十八个半韵脚全用上。半韵采用“居、娱、闾、婿、余”等字眼，写的一段唱词为：“我梁鉴，无子息，中年鳏居。乌江畔，收义女，晚景堪娱。昨日里，为主考，选拔英俊；今日里，众门生，来拜门闾。趁此时，为女儿，择配佳婿。奉圣旨，抛彩球，恩宠有余。”剧本由乃父叶圣陶修改润饰，可谓匠心独运。

7.无锡地区的长篇叙事吴歌

明、清时期，无锡地区就盛行长篇叙事吴歌，长篇叙事吴歌蕴藏量十分丰富。至境内解放前，无锡地区老少皆知的长篇叙事吴歌有10多部。其中，“四庭柱一正梁”，即《沈七哥》《金不换》《六郎娶小姨》《赵圣关》和《田家乐》等的主人公和内容与无锡地区有关；《青蛇传》《华抱山》《显应桥》等的人和事出自无锡地区。《孟姜女》《玉姑娘》《鲍六姐》等外地发现的长篇吴歌，无锡地区几乎也都有发现，其内容形式有的基本相同。解放前，无锡的民歌手们经常在江阴、常熟等地搭台赛歌，有的邀到各地“歌亭”赛歌，“舟泊梁溪莫拍曲，船过无锡莫唱歌”，据说无锡的歌手在苏、锡、常一带赛歌从未败过。有“解放前最好的歌手，船一进锡境就闭口了，因那里都是山歌大王，一对口就输了”的流传。

民歌是劳动人民借以抒发心声，表达感情的一种形式，民歌的内容大多有着鲜明而浓郁的反抗封建礼教的色彩。《五姑娘》中五姑娘在总部大堂的驳词，《六郎娶小姨》里母性的反映，《沈七哥》中沈七哥取五谷山规都似向封建礼法射出的一支支抗争的响箭。此外，江南地区人口稠密，村庄密布，为大家接触、交往、谈笑和歌唱提供条件。有的就以民歌形式来交流思想感情，促使长篇叙事吴歌的产生和发展。特别在冬晒阳、夏乘凉的季节里，劳动人民在向阳的东墙脚或大树荫下，或夜晚的茅屋南场头，很自然地唱起歌来，也很自然地“东场落歌西场起”了。

无锡不仅是挖掘吴歌，特别是长篇叙事吴歌最早的地区之一，而且还是蕴藏量较多的地区。1952年开始，无锡县就搜集到短吴歌2000多首，《沈七哥》等长篇叙事吴歌的抄本已有发现。1961年，无锡县文化馆编印《无锡山歌》两集。至1984年，又挖掘记录到短吴歌约3000多首，1000行以上的长篇叙事吴歌10多部。

8.草台班戏

新中国成立前，苏南农村盛行随演随搭戏台演戏的草台班戏，看草台班戏是当时农民的主要娱乐活动。为了看草台班戏，许多群众自筹资金。集资以旧图份划分敬户区。敬户区范围大的有两三个图份，小的一个图份。经办人称乡董、坐账，数年换一次。根据敬户大小，按人丁多少收派，每人凑米或几升或几合。一般每台戏钱几石或十几石米，还要供演员食宿等。当时，无锡陆区农村一带的丁庄、大长圩等庙宇在春节后（年初一、二）第一个演出，称开锣戏。东庙拖八不拖九，凡年初八不演，年初九一定演，一演就是四本大戏。随后老爷殿、柏盛庙、金鸡墩、鸿庙头、尹城上、臧家桥等地相继搭台演戏。也有西庙等地演秋戏（治蝗虫戏）、蚕花（蚕茧丰收）戏等等。

戏班子以演京戏为主，老生、花旦、武生等角色齐全，著名戏老板有钿阿金（即常州市京剧团著名武生荆剑鹏的父亲）、毛毛老生、三马老生陈洪生、老生郭老板（名海子）等，数副戏班子常年活跃在陆区等地农村演出。戏班子一般有老板、演员、乐队、船工以及掮旗打伞人员等，约六七十人，他们自备戏船数只装运戏台板、行头和道具等。演员随船行动，收入微薄，演出时常睡庙宇、祠堂，一年四季漂泊无定。演出前有经办（户）人点戏，点重头戏则戏班子抬高戏价，若演不成重头戏，经办（户）人则压低戏价。戏目包括三国、水浒、岳传、杨家将等历史故事戏，有连台本戏，也有演折子戏的，深受农民喜爱。演出选择庙门前广场，戏班子自带台板搭成戏台。一般演出从下午二时左右开始，夜戏用两盏汽油灯照明，常常演到深夜十一、二点钟。一台戏要演八九个钟头，每台分八回，头回开场，二回长格戏，三回老生戏，四回短格戏打腰台；腰台出场后，五、六回花旦、小生、白胡子戏，七回小花脸戏，八回抢黄戏。

新中国成立后，常年流散在农村的演员都组织起来，参加文艺队伍而成为文艺工作者。

9.节戏与洛社的票友

每逢庙会节场，请戏班演戏谓之节戏，一般都在庙前广场上临时搭台演出，称“草台班戏”。戏台对准庙门，演戏名义上是演给庙老爷看，实际是老百姓看。清末民初，在京剧演变发展过程中，草台班戏演的是昆曲，着重唱功，没有武功，叫做“文班戏”。30～40年代，洛社四个庙会节场请的戏班有常州庆升堂（即小阿荆班子）、三星大舞台、寿星大舞台、常州大舞台（即孙伯灵班子）、国民舞台等。每台戏演出代价10石米左右（大洋40元）。演出都在下午开始，先由丑角请出来木雕“老郎菩萨”（戏班中所供奉的老郎神），尊为“祖师爷”，相传是唐玄宗，在戏房（后台）燃香点烛，率全班演员行跪拜礼，戏台左前方挂有告示当天戏码的水牌，然后开锣演戏。

首先加演跳加官，文老生扮的唐相魏征，演员戴白色面具，手持“天官赐福”“国泰民安”“风调雨顺”“五谷丰登”等吉祥语条幅，逐次向台下展示，表示庆贺祝福。然后演跳财神，武老生扮唐将尉迟恭文，演员戴金色面具，手捧金元宝，作向四方招财进宝表演（以上表演均动手不开口）。随后说好话，说一番恭喜发财、吉祥如意和祈求丰年等吉利话。接着掉花神，除名角、正角色外，全班演员手执活动花瓣化装登台亮相，一个跟着一个，一面唱，一面穿来插去，最后四五十人站满戏台，参拜天地和“老爷”（庙神），表示诚意来演戏。最后演正戏，一般有四回大戏。第一、二回是老生戏、小生戏、大面戏；第三回文戏，主要是老生戏，由戏班中最有名的正老生主演；第四回武戏。剧目有《大保国》

《渭水河》《文昭关》《黄鹤楼》《借东风》《龙凤呈祥》《捉放曹》《追韩信》《鹿台恨》《一捧雪》等。演毕要休息片刻，称“幺台”，幺台后继续演小戏。晚上台上点燃汽油灯演夜戏。夜戏花旦是重头戏，演出《霸王别姬》《贵妃醉酒》《六月雪》等。

节戏由当地人士和熟悉京剧的好事者定剧目，称“点戏”。一般点演关于忠孝节义、除暴安良、申冤理枉等方面的戏。在双庙老街理发店的天井里，有一个莫姓的坟，叫做莫家坟。传说墓主叫莫怀古，就是传统京剧《一捧雪》中受权奸严世蕃迫害的那个人物，潜逃至无锡，隐居双庙村，死后安葬于此。因此，双庙村每年二月半节戏必点演《一捧雪》及其续剧《刺汤》两出戏，以纪念莫怀古。

当时洛社在演节戏时，上海票友马少荃和其小妾在双庙节戏中客串《武家坡》，张伯铭在皋庙节戏中客串老生戏；洛社票友刘锦秋、黄汉初、沈锡麟等也在皋庙节戏中客串《苏三起解》。票友的客串成为庙会节戏中吸引观众的插曲。

10.周信芳出版《麒曲集》

30年代，著名京剧艺人周信芳以“麒麟童”的艺名驰誉梨园界，称为“麒派”。

民国25年（1936年）春，周信芳应邀率班到无锡中南大戏院演出，海报登出后，全城轰动。开始3天，他就挂出拿手杰作《追韩信》《徐策跑城》《坐楼杀媳》，场场爆满。到了第7天，戏院接到许多观众来信，要求除惯例的戏单外，能否将唱词、道白编印一本小戏考，以便一面看戏，一面学习麒派唱腔。这无疑是要周信芳将脚本公开，此为梨园大忌，是戏曲界从未有过的。

为回应观众的热情，戏院方面抱着试试看的态度，派人向周信芳商谈观众的请求，不想周信芳欣然答应，并表示会及早满足观众要求，将尽量抽时间对脚本进行整理。两天后，周即将整理好的唱本交给院方代表，并随附一张便装照片，戏院连夜编辑付印，题名《麒曲集》。集子为64开小本子，周信芳的相片刊于扉页，共印5000册，随票附送。这可是无锡有戏院以来的一个创举，于是订票者更见拥挤，6天的戏票全部售光，观众纷纷写信给戏院对此举表示感谢。

周信芳在无锡演出半个月，最后又挽留加演3天，载誉返沪。《麒曲集》剩下不足500本，存放在中南大戏院楼上办公室。民国26年冬，无锡沦陷，中南大戏院被日军纵火焚毁，剩余《麒曲集》也被大火所毁。

11.流传一时的《哀同胞》歌

19世纪末，美国虐待华工日甚一日。清光绪三十年（1904年），《中美会订限禁来美华工、保护寓美华人条款》期满，美国拒绝中国人民提出废除这一苛约的正义要求，激起广大群众的无比愤怒。光绪三十一年三月二十五日，上海各业商董召开商务总会，表示誓不运销美货作为抵制，并电请政府坚决拒绝签约。无锡、金匮两县各界响应上海商会通令，开展抵制美货运动。是年四五月间，锦云公所特地翻印美货名称牌号表分发到锡、金两县各乡镇商店，以资识别。城中连元街竢实学堂的学生列队到崇安寺及南北四城门化装游行，并且同外地的学生联系组织“自励社”，编写《华工受害记》小册子，广为散发。“天足会”人员分头组织群众，向家庭妇女宣传不用美货。石塘湾陡门、秦巷等地组织“社庙”抵制美货。甘露镇开智学堂师生上街散发传单。他们还把当时在锡、金两县流传一时的《哀同胞》谱成曲调，到菜馆、饭店、书场以及各村演唱。《哀同胞》歌词如下：

哀同胞!大家休要号。
振起人民四百兆，
能得团结好，始终不被白人笑。
热血涌如潮，生死关头争一秒!
哪怕大西洋是风急浪头高!

12.青城导社和《青城》社刊

青城导社和《青城》社刊是无锡最早由共产党员发起组织和编辑的一个社团组织和一种进步刊物。五四运动后，无锡救国五·七团等社团组织纷纷成立。民国12年（1923年）2月，中共党员糜文溶经其弟糜文浩介绍，结识玉祁通源当铺朝奉唐光明，以及前洲、北七房、浮舟、礼社等地的青年知识分子顾咏高、薛树棠、李叔伦、薛允中等40多人发起组织青城导社，于2月24日在大墩忠节祠市教育会召开青城导社成立大会，推举糜文溶、唐光明、顾咏高、华冠时、糜文浩、陈恺、顾庆等7人为总务委员。因当时玉祁、前洲、礼社、北七房等地属无锡青城市，故以“青城”为名。

青城导社系旅外中等以上学校学生组织，以指导社会研究、开展学术活动、联络乡谊为宗旨，以奋斗、实行、坚忍、牺牲为信条。青城导社成立后，着手创办《青城》社刊，主编唐光明。社刊传播新思想、新文化，促进广大民众觉悟，开展农民运动，号召农民向地主抗租抗息。第二期《青城》的“青城”两字系上海大学校长于右任题词。由于当时条件限制，地方反动势力猖獗，社刊于民国13年秋停办。青城导社为了唤醒民众，还进行通俗讲演，演讲《我们为什么要组织团体》《布与米》《农夫苦》等题材。

青城导社的成立，为中共党员糜文溶在无锡联络和聚集一批志同道合的进步青年，成为建立革命组织前的萌芽组织。唐光明、糜辉等导社成员，先后加入中国社会主义青年团和中国共产党；薛允中、薛树棠等5人于民国14年加入国民党。大部分导社成员都投入民国16年的农民运动。

13.《富安乡志》流浪记

富安乡，今属胡埭、陆区两地。《富安乡志》系抗日战争前，由热心办民众教育事业的陆区虞文轩（又名铮）执笔编修，民国20年（1931年）成稿后委托张舍贾仲伟修改。民国26年，抗日战争全面爆发，国土相继沦陷。当年10月，贾仲伟携家眷及《富安乡志》背井离乡，从家乡直奔江苏省高淳县，入安徽省境内，步行41天，到湖北省武穴才搭乘轮船抵汉口，入江苏省第七难民收容所暂住。一路上，晓行夜宿，忍饥挨饿，艰难跋涉，上有敌机轰炸，后有敌兵追赶。在兵荒马乱之际，为了顾全自己的生命，有的人竟把自己亲生骨肉抛弃在路旁，悲惨之景目不忍睹。贾仲伟为了保全《富安乡志》，途中一再对同行的人说：“这部《富安乡志》是虞老先生花了多年的心血编修而成的，交给我修改责任重大，关系到子孙后代的大事。如果丢掉，今后回去我无法交待。我宁可丢掉衣服物件，这部乡志稿绝对不能丢。”

后来，贾仲伟携带这部乡志入四川到重庆，直至抗日战争胜利，他回南京任国民党党史编纂委员会监编时，将这部乡志留在南京。《富安乡志》足足跟随贾仲伟流亡15年之久，经历大半个中国，仍完整无损。现保存在南京图书馆内，共400页，13.5万字。

14.一副妙联

民国时期，国民政府把南京定为国都，北京改名为北平。当时有一家报纸曾用3个地名出了一句上联，征求下联。这上联是：“南京成都北平金銮殿”。句子的下半截“北平金銮殿”，可单独解释为：北平原有帝王的金銮殿。整个句子连起来，则又成这样的意思：南京成为国都，北方的金銮殿平掉了。

这句上联在报上刊登后，许多读者都试着用3个地名去对，但怎么也对不出一句恰当的下联。无锡有个读书人，经过一爿陶器店，见到陈列着的陶器茶壶，不禁触景联想，终于思索出了一句下联，与那上联工整相对。下联是：“常州无锡宜兴瓦茶壶。”句子的下半截“宜兴瓦茶壶”，也可单独解释，说明陶都宜兴出产著名的陶器茶壶。整个句子连起来，则又成诙谐性的意思：常州因没有锡矿，应当兴办陶器业，以生产陶器茶壶。

这副巧妙的地名对联，30年代初在无锡知识界流传一时。

15.茹经堂楹联

国学大师唐文治原籍江苏太仓，民国元年（1912年）定居无锡。他曾任清农工部尚书，商部侍郎。光绪三十四年（1908年）起，任上海高等工业专门学校（后称南洋大学，今上海交通大学）校长15年。民国9年他在无锡创办国学专修馆，为地方培养很多人才。民国23年春，唐文治70寿辰，门人太仓胡粹士、无锡张贡九等发起，在鼋头渚琴山北麓，建筑茹经堂纪念。唐文治自撰楹联三则，很有意义。摘录于下：

其一：四海同春，老吾老及人老，幼吾幼及人幼；万物一体，天下溺犹己溺，天下饥犹己饥。

其二：莫言人过，己亦有过；莫炫己长，人各有长。

其三：人生惟有廉节重；世界须凭骨气撑。

四、风俗类

1.除旧声中话除夕

农历腊月三十是旧历年中的最后一天，为除夕，俗称大年夜，而腊月二十九，则俗称小年夜。

旧时无锡习俗送走灶神后就要开始蒸年糕，糕的谐音为“高”，象征着生活年年高。办年货，备菜肴，贴春联，挂年画，这些也是除夕前必要的准备工作。其时一般家庭采办年货，荤食有鱼有肉已心满意足，鱼表示“年年有余”，肉表示“吃肉有福”。肉酿（油）面筋和（鸡）蛋饺算是无锡人吃年夜饭的特色佳肴。年货中大量的还是蔬菜，青菜表示“有清有头懂事理”，菠菜表示“有巴有望健波波”，芹菜表示“勤勤俭俭会当家”，萝卜表示“兴隆发财”，豆芽表示“万事如意”，百叶表示“长命百岁”，大蒜表示“当家理财会算计”。另外还要准备一些长生果（花生）、甘蔗、寸金糖等糖果点心，也都寓吉祥富贵、健康长寿之意。准备的年画主要是一些神像，有财神、田神、圈神、蚕神、河神、井神、门神、灶神、天官、地官、土地菩萨等，还有传说中的猛兽“年”的画像。

无锡地区农家有除夕调石灰水在门前后画上各种吉祥和避邪图案的习俗，最常见的是画有弓和箭的图案，所以俗称画弓箭。弓箭一般画在门首或窗前，用以避邪。农家门前晒场上的大米囤上，也要画一张大弓，还有一支蓄势待发的飞箭，意为射杀邪魔和稻田蝗虫、螟虫、蠓虫等害虫。在农舍的其他部位则可随意画一些元宝、飞钱、定胜、花瓶、戟等，包含平安吉庆、富贵发财等意。

除夕下午，就要忙着做年夜饭斋神祭祖。祭典结束后，合家吃年夜饭。年夜饭一定要有剩饭，取“年年有余”之意。除夕夜，家中贴的门神、五路财神等都要去旧易新，换上新的神像，大门贴上新春联，中间贴一个倒悬的“福”字，谐音“福到”。入夜要封井，还要做圆子，切糕丝，供年初一早晨吃。关门前，要放3声关门爆仗。也有人彻夜不睡，围炉守岁，直至岁朝凌晨开门，迎接新年，鸣放开门爆仗。近代自有钟表后，民间提早至午夜12点钟声一敲，就万家鞭炮轰鸣，辞旧迎新。

2.春节节俗

无锡人民极重视新春佳节，年初一清早开门第一件事是放开门爆仗，取“开门迎春，指日高升”之意。按规矩是连放3只爆仗，称作“三爆六响，五谷丰登”；也有放两只一对的，称作“双爆双响，人财两旺”。接着要在堂屋里焚香点烛，祭天地，拜祖宗。然后小辈向长辈拜年，长辈给小孩发压岁钱，意思是压邪、压灾。是日，大人小孩穿新衣，邻里亲友见面互相祝福，说上几句吉利话。

春节早晨吃年糕丝、圆子、面，取团圆、高升、长寿之意。中午吃面条，也可以吃饭，但只吃隔年（除夕夜）剩饭，寓意为年年有余。吃饭忌汤浇饭，也不吃粥，习俗认为吃了浇汤饭，谷雨、芒种、白露3个时节就要遭雨，对稻麦等农作物和养蚕均不利。晚餐仍吃除夕所剩饭菜，禁浇汤饭。民间认为年初一扫地会把财气扫掉，所以家中不能洒扫，以利蓄藏。不能汲水，忌向邻居乞火。特别是言语要留心，不骂人，不发怒，不讲不吉利的话。总之，新年新世，祈求全年平安吉利。

正月初一到初五，街市店铺大都打烊休息，只有焰火、玩具摊点生意兴隆。初一一家团聚，初二开始走亲访友，女婿上门。家中如有老人做寿，也选择春节期间设筵祝寿。

无锡民间有个旧俗，正月初一晚上家家户户要早早上床睡觉，并且不点灯火，告诉家中小孩，说是看老鼠做亲。相传从前无锡有个大户人家，家中人丁不多，有座旧楼无人居住。一日夜间，忽闻楼内飘出鼓乐声，家人偷偷窥看，只见楼内堂屋里有数百个小人，高不到1尺，正在吹吹打打，一副娶亲场面。传说那些小人都是偷吃仙草的老鼠变的。

3.七夕乞巧

相传牛郎织女在农历七月初七之夜（七夕）相会。其时，无锡乡民观朗朗星空，遥望银河，长辈给孩童讲述牛郎织女的传说。各地还流行乞巧，据说是向天上织女乞求智巧。乞巧时先在初六夜晚设供桌于庭院、天井，以时鲜水果作为供品置于桌上，旁边放铜盆，盆内装井水和河水混合而成的“鸳鸯水”；水中有盒，盒中藏有几朵先在鸳鸯水中浸湿的野花和一只蜘蛛，第二天日间让少女开盒盖探视，如果蜘蛛结网即为得巧。另一种方法是初七日白天从隔夜所置铜盆中舀一碗鸳鸯水，放在阳光下，让少女把绣花针平放到碗中，通过察看针在水底的投影，分辨出姑娘的巧拙程度。七夕之夜，少女们还要食巧果，结彩线，穿七孔针，谁穿得快，谁就能多乞到巧。另外还有采集鲜花放在铜盆中，第二天取出搽面，以乞容貌娇嫩；采凤仙花捣汁染红指甲，以乞手巧等方法。巧果是由妇女用面粉和糖做成的，形状有花果飞禽等，油炸成金黄酥脆，这也是妇女之间比试手巧的一种方式。有些妇女还用冬瓜、西瓜等雕刻成各种图案的花瓜，陈列在庭院的案几上，以展示其心灵手巧。妇女们在七夕还教小女孩唱“乞手巧，乞容貌，乞我爹娘千百岁，乞我姊妹千万年”歌词的《乞巧歌》。

以上这些七夕乞巧的风俗，现在多已不存。

4.花好月圆中秋节

农历八月十五日为中秋节，民间俗称“过八月半”。中秋节是花好月圆亲人团聚之夜，无锡百姓历来重视。

中秋节早上要吃桂花糖芋头，中午备佳肴，晚上赏月，吃月饼、菱、藕。吃月饼的风俗据说起源于唐代，当时百姓有收早稻磨成米粉，于中秋节吃甜糯饼的习俗。宋代以后早稻逐渐淘汰，演变成中秋吃面粉制成的月饼。中秋节要合家团圆，在外的人要千方百计回家共度良宵，毛脚女婿也要备月饼、烟酒、干点、水果上岳父家“过八月半”。中秋赏月，吃藕不能切片，俗称“佳偶无匹”；梨也要整只吃，叫做“永不分离”。

古时无锡还有中秋之夜烧斗香斋月的习俗，在道院、尼庵或大户人家庭院里，将线香联成方斗形状，燃香末垫实，于夜晚置于高台上点燃，称为烧斗香。妇女中还有走月亮的风气，姐妹妯娌，三五成群，结伴而行，遥望明月。民间有“走月亮，粮满仓”的说法。

5.祝寿

江南水乡各地有祝寿的习俗。当老人寿辰半百、花甲、古稀乃至百岁大寿时，子孙设宴庆贺，祝老人长寿永康。

寿筵先要选时日，一般选择春节前后吉日或寿星生日举办，也有选在九月初九“重九”举行。筵席菜点的总数要取九或九的倍数，以讨吉利。在数字中，九是最大的数，又是吉数。因此，以“重九”来喻老人高寿，祝老人长寿则最贴切不过。至于一般的三与六，都是暗切这个数字的，如“三鲜”“六烤”“九样”及“韭（谐音）丝”“九九寿糕”“六六翻新”“三三大盘”等等。寿筵上所用的大盘、花碟及贡碗等都要用吉祥的民间故事、神话传说及一些讨口彩的成语俗话。如麻姑献寿、八仙过海、瑶池赴会、麒麟送子、松鹤延年、福如东海、寿比南山、三星高照、连年有余（鱼）及金玉满堂、刘海戏蟾、岁岁平安等等。喜庆厅由寿堂组成，四壁挂上寿联。摆台的时候，还需摆上寿桃（一般多由米粉做成）、寿面（上面放红纸如意或双喜图案）。水果常用金橘、佛手、橄榄、白果、红枣、凤梨、福饼等。有些人家还请地方上擅长书法的人写幅“百寿图”或对联，有的人家在中堂上挂一幅手持仙仗的老寿星像，燃起寿烛，以烘托喜庆祥和的气氛。

寿筵一般分酒筵与面筵，也有酒、面同桌的。祝寿时，小辈们在红毡毯上跪着向老人叩首，有的还念祝寿词，留下“寿照”和“全家福”照。

6.赛快船

无锡地区开化乡农民群众传统的摇快船比赛在每年三月初三日午后，在葛埭桥东宽阔的河面上举行。

是日清晨，各村青年摇起满载村人的快船，一路笑声满船歌，赶节场游山。午后，各村快船先后到葛埭桥西长广溪集中，上山踏青和看罢迎神赛会的男女老少也都聚集到葛埭桥东的南北两岸。一时间，摩肩接踵，人流如潮，挤得两岸人山人海。只听得一阵阵锣鼓声响，彩旗招展的敞口船接二连三飞快地从桥西穿过来。船头上撑篙青年精神抖擞，船舱内男女青年紧锣密鼓，每船艄上6名掌橹能手，3人一组驾着出跳双支橹，一推一扳配合默契。哗、哗、哗……船在河面上一只紧跟一只，有节奏地掠水飞来。其时，两岸观众人头攒动，喝彩加油声此起彼落，响彻两岸。

赛快船先是自由组合，每两只船一组，由观众当裁判。当船艄上双橹一推时，船头上撑篙者以竹篙为圆心，来个三百六十度大转弯，尽力恰到好处。抢先过了葛埭桥后再拼命使劲，循原路飞速回葛埭桥长广溪而去。不服者可再比，小组优胜者再组合比，直至鳌头独占为止。

每年比赛，大家公认的冠军是庙桥周巷村。他们不仅速度名列前茅，而且技艺惊人。其中，撑篙能手周阿赵、浦金川、周于先等人能在快船行近葛埭桥时，将手中竹篙象掷标枪那样掷越葛埭桥，正当桥上观众惊惶失措之时，竹篙已飞过桥顶竖插河心。快船过桥后，撑篙手就收回竹篙，飞快向前。有个名叫周梅生的还能在飞速行进的船头上表演竖蜻蜓等绝技。

赛快船一直至太阳落山，人们才各自踏上归途。

7.北塘香灯

北塘香灯源自明成祖朱棣即位后，当时湖北武当山大造道观，松江、苏州两府各县乡民到武当山朝山进香的香船，于农历二月中旬在无锡北塘黄埠墩一带集合后一起出发。一时北塘运河中数以百计的进香船，开到时锣鼓声响，停泊时悬香灯为记，香灯挂在船桅上。香灯数与进香人数一致，船上多少人，桅挂多少灯。香灯形状不一，四方形、八角形，船桅上香灯琳琅满目，夜间灯光入水，水光相映，分外引人。各地看香灯的人也都乘船而至，船上悬挂各色彩灯，看灯的船甚至比香船还多。形成北塘运河上人声鼎沸场面，加上进香船里的诵经声与看灯船上的箫管清吹歌妓声，真是盛况空前。

自明末起，因楚地多事不靖，松江、苏州各县到武当山进香者渐少。至清代时，北塘已绝少见到香灯船了。

8.采茶（花）灯

旧时，无锡县锡北地区的张泾桥、八士桥、黄土塘、东湖塘在农历正月“调龙灯”后，在二月有“调采茶（花）灯”活动，为时1个月左右。灯彩都是自己制作，尤以八士桥制作的最为精致。二三十年代，八士乡曾多次举行灯戏演出，并曾到城内于胥乐公园、“第一台”戏馆演出。张泾乡的采茶灯活动起源于泉山村华里、曹庄等巷，已有300余年的历史。据说，采茶（花）灯形式是从苏州桃花坞学来的，也有人说是从安镇乡学来的。抗日战争胜利的民国34年（1945年），乡民们还在张泾乡怀五中心小学大操场举办花灯舞会。境内解放前，活动的组织者是泉山村邹家宕道人周鹤林。

采茶（花）灯先是花篮行灯开路，接着是挥舞火球开道，后是十番锣鼓、四开枪（两人举双龙取珠灯、两人举丹凤朝阳灯）、平行三戟灯、刘海撒金钱灯、花篮灯八盏、花瓶灯八盏、八仙过海灯、各自手持行业特色的行行出状元灯。后接着是渔篮花鼓、鸟兽灯、姜太公钓鱼灯、水漫金山灯等（有小青、白娘、法海禅师扮演者舞的灯，有虾兵、蟹将、蚌、龟等灯）。队尾有乐队、舞火球等人，锣鼓喧天，前后呼应。

舞花灯的队形变化有四开门、龙灯传、卷心梅花、锁莲花等。各色花灯在夜间点上蜡烛，别有风韵。串联时犹如金龙游动，伸展时好似孔雀开屏，异彩缤纷，光耀夺目。

渔篮花鼓是灯会中民间传统歌舞之一，曲调以《湘江娘》《满江红》《剪剪花调》为主，歌舞中扮演农村姑娘的花鼓手左手握鼓，右手握鼓槌，棰鼓示欢庆；扮演老年妇女的鱼篮手手提竹篮，篮中鲤鱼模型跃跃欲跳，象征鲤鱼跳龙门——吉祥如意；歌舞中的男丑角身穿长袍，手持小折扇，头戴西瓜帽，配合对唱挑逗取乐。整个歌舞表达江南水乡鱼米丰收的欢乐景象。

9.富有特色的美栖花灯

30年代，每逢中秋佳节，丹桂飘香、金谷辉煌之际，宜兴徐舍乡美栖村村民在每年丰收在望之时，总要举行花灯盛会，盛会吸引周围数万群众观看。灯会以观音会名义，由会头或村中长老出面筹募经费，再分工购买灯彩和其他配用材料，如大小蜡烛、竹子、铅丝和各色纸张等。选祠堂、庙宇为扎灯地点，提前1个月进行。八月十四、十五、十六日3天为行灯期，每当夕阳西下，明月东升，灯彩齐明，排列成行，如一条万点金光的火龙。放铳人走在最前面，相隔数百步放一铳，告示灯彩即到。紧跟着是马报，马报分头报、二报、三报，皆为着古装的童男，手敲小镗锣。村中长老或会头手执灯花令箭，上面写个“谕”字，表示出灯是奉神的旨意。后面是大字灯，每人掮一个字，字面排列为“合境平安”“五谷丰登”等。灯会的第三天下午，以放铳为号，大家可领灯团子，据说吃了灯团子可以长命百岁。

美栖花灯制作多样，内容丰富。花灯分挂、提、掮、挑、抬等。灯形有昆虫鸟兽、花卉人物和成套的十二月花名、十二样生肖和“东吴入赘”“负荆请罪”等戏文以及富有象征意味的凤穿牡丹、麒麟送子、和平白鸽等。美栖花灯艺术性高，精致绝伦。单是“花担”一挑，灯明火烛有128盏之多。远视灯火辉煌，近见是婀娜多姿的古装少女，雍容典雅，肩挑花担，一步一踮脚，配合舞姿，赏心悦目。其中彩色扁担两端龙尾，绕二龙戏珠于中，两端花篮各裹花团锦簇、棱角、色彩、诗文、书画、刻纸相间，里外精致。加之选料讲究，灯烛生辉，灿烂夺目。多数花灯有动感，斗鸡、斗羊、对狮等，栩栩如生，生动活泼。

美栖村分东西北三塍，灯会之际，各扎大型台架灯，高以丈许，以争好评。其中“唐僧取经”灯座，单蜡烛钎就有13斤，远见灯座山峦起伏，怪石嶙峋，巍巍险峰有曲径，悬崖削壁见胜景，缀有奇花异葩，苍松翠柏，光彩夺目。可见猪八戒以钉耙于荆棘中开道，唐僧跨白马前行，沙和尚肩挑行李殿后，充分表达他们西天取经的坚强意志和旅途艰辛。孙悟空则以钢丝缠绕，耸于灯座顶部数尺，远看仿佛矗立云霄，形象逼真，令人叹绝。其他台架灯有香亭、翠亭、百花亭等。香亭仿佛天坛，古色古香，画梁雕栋，脊檩相宜；门窗台阶，门楣匾额，书画相间，历历在目。翠亭尤为艳丽，美而不俗，丽而不奢。百花亭娇媚无双，集人间所有至胜名花异卉，有的蓓蕾初绽，有的怒放争妍，枝叶繁茂，明暗相宜，可以乱真。其他大型花灯尚有龙舟、官舟，结尾还有龙灯舞，蔚为壮观。

美栖灯会，注意阵容、仪表，配有锣鼓、丝竹，一般“花担”后面是丝弦，龙灯、马灯中夹大锣大鼓，引人入胜。时值中秋佳节，高空皓月，繁星闪烁，地面万盏明灯，相映成辉，令人心旷神怡。民国35年（1946年），国民党发动全面内战，广大人民倾向革命。美栖花灯中有“大地重光仍无光”之标语灯；有“国民党万税”的讽刺灯；有揭露地主、官僚的钻钱眼灯和“棺材里伸手死要钱”的挖苦灯；有官员手拿扇子拍马脚而反为马脚踢倒的拍马屁灯。

10.甘露看珠灯

旧时每逢正月十五夜间，无锡县甘露镇烈帝庙的屋檐边角挂满红红绿绿的明角灯，串串下垂的明角灯四周系有红、黄相间的垂旒，明角灯珠光闪烁，垂旒随风飘拂，加上庙门外数盏上悬的红纱灯，远看烈帝庙灯火通明，鲜艳夺目；烈帝庙大殿神案上燃点着数十斤重的柏子油红烛，焰光熊熊，昼夜不灭；烈帝庙殿后上悬一幅凤穿牡丹珠帏，帏后点燃的灯火彰显珠帏图案，凤穿牡丹活龙活现；内殿可观看有名的珠灯，珠灯设在高数米的六角形铁架上，成串明亮的珠灯悬挂在铁架六角上，珠灯组成仕女、人物、花鸟、山水等图案，精致可爱，与中间的数盏大型珠灯交相辉映，古色古香。加上周边燃放兰花纷飞的焰火和花炮，使烈帝庙内外火树银花，银蝶舞空。甘露镇上一片人来人往欢腾热闹景象。

11.无锡民间的“唱春”活动

唱春又称颂春、送春，源自明代“村田乐”，流行在无锡、宜兴、武进各地，是群众喜闻乐见的民间文娱活动形式之一，已有500余年历史。唱春采用道情曲调，每逢春节，唱春者以二人搭档，一人敲锣，一人击鼓，甲领唱，乙随和，走街串巷，唱遍城乡。

唱春书，走江湖要经过拜师挂名，学会口子，才可在外面扬花。一般新学春书的徒儿出门，打锣的锣板要挂两个铜钱。旧时，腿上有挂铜钱做鞋拔子的习惯，“鞋拔子”谐音“才学之”。既然是新手，内行的人就不会找麻烦。如果锣板上不挂铜钱，叫光板锣鼓，意思是“唱遍天下无敌手”，行家就要找你麻烦。找麻烦有两种：一为“盘春”，又叫“作难”，即内行主家拿出一样东西，如秤杆、菜刀之类，你就得唱出根源，俗称“还娘家”；二为“带马”，唱春的有春头，春头一般由见多识广的老艺人担任。

唱春曲调集江南民间山歌、小调之大成，光调门就数十种，常用调有老调（又称长调）和新调（又称短调）。老调唱起来音韵婉转，清雅流畅；新调唱起来节奏明快，抑扬欢乐。其他曲调有“惊喜调”“种麦子”“买棉花”“洗衣裳”“山歌调”等。唱春一般由唱春人走街串巷，挨户唱春，唱法有“见之歌”和“双喜歌”两种。“见之歌”没有唱本，全凭“见景唱情”；“双喜歌”是事先编好的唱词，大都是以恭贺新禧、发财致富、中举升官等为内容的祝贺词。有“牛生麒麟猪生象，鸡笼头上出凤凰”“走了一门又一门，来到主家府堂门，府堂门楼造得高，沈万三送来聚宝盆”“家有千顷靠山河，父在当朝子登科，亭台楼阁神仙住，丫环小姐胜娇娥”等。“见之歌”和“欢喜歌”是初学者首先必须学的“入门课”。除上述“送上门”形式外，还有“送座堂”。“送座堂”由有钱人家或数户联合邀请唱春人来坐唱，大都唱长篇叙事诗。有的坐唱几个小时，有的唱数天。比较流行的春书有《牡丹亭》《白蛇传》《孟姜女》等。

无锡解放后，人们编写许多内容积极向上、唱词生动的新春书，有《送子参军》《学雷锋》《计划生育好》等。今唱春这种民间文娱活动已不多见。

12.迎神赛会中的杂技艺术

无锡民间庙会节场是由古代的春秋社祭演变而来，即所谓“春祈秋报”，一方庙会节场也就起源于所建祀庙。迎神赛会，俗称香会，行会时排成长长的队伍，游行街巷。旧时看会的人都很虔诚，看会兴趣十分浓烈，因为行会中除了开头与末尾的仪仗外，中间就是一些求神祈福、劝人为善的活动和丰富多彩的民间文艺、杂技表演。无锡县洛社地区有些村庄当时都有一套擅长的文艺节目参加香会，服饰鲜艳，赏心悦目；有的则相当惊险，有高难度的杂技表演。有打手、飞叉、舞大刀、走高跷、调小鬼、三百六十行等常见的内容。

打手：约30人，手持单刀、双刀、锏、棍棒、三节棍等器械，有20余套旋身对打动作，击鼓指挥，劈劈啪啪，十分紧张，鹅子岸村演此节目有名。

飞叉：约10人，双臂盘旋钢叉，忽而向空中飞掷，眼疾手快，迅即双臂托住，如此反复进行。花渡村葛巷演此节目有名。

舞大刀：约10人，手持关刀，作刀法武术表演。花渡村吴巷演此节目有名。

走高跷：即“双木续足之戏”，俗称高脚。约20人，踩着两米高的踏脚装置的木棍，扮演渔樵耕读、八仙、小放牛、打花鼓和各种戏文，边走边表演。有的还表演高难度的踢飞脚动作，十分惊险。许泗桥村演此节目有名。

调小鬼：即傩灯，驱除疫鬼之戏。约20人，表演众小鬼与判官嬉闹，判官抽出宝剑杀鬼。其中有一打扯鬼，手摇破扇，给判官扇扇子，拍马屁，好似京剧里的小丑，做各种滑稽动作，引人发笑。小鬼中有本事的还当场表演一番，跳三张半桌子，即叠上三张桌子再加一张长凳，从长凳上一个筋斗翻下来。让村、马盘村演此节目有名。

三百六十行：约三四十人，扮演各种行当，从渔樵耕读开始，有铜匠、铁匠、泥工、木工、裁缝、鞋匠、修锅子佬、磨剪刀佬、算命先生、测字先生、施药郎中、账房先生、捉蛇叫花子等，表演时穿来穿去，各人做出该行当的姿态，使人眼花缭乱。

轮车：用铁条制成一个方形架子，四周装饰得五颜六色，里面坐着两个七八岁的男童，扮成一些戏文中的男女主角，如《白蛇传》里的许仙和白娘子、《三请樊梨花》里的薛丁山和樊梨花等。轮车约七八副，掮轮车者膂力过人，都身着铁竖杆的铁背心，那坐着两个儿童的架子绑牢在铁竖杆上，整个重量足有200多斤，而走步稳健，还要做拱手跪拜等动作。端楷桥、马盘村演此节目有名。

抬阁：在有一定重量的木箱中（内装石头用来固定铁竿），竖立一根长长的铁杆，上端弯折成如阶梯状的3个台阶，上面分别坐着3名七八岁的男童，打扮成一些戏文中的人物，由8人抬着前进。所扮角色基本与轮车相同，有《白蛇传》里的许仙、白娘子、小青，《西游记》里的孙悟空、猪八戒、沙和尚等，行会中抬阁约七八座，其装饰和人物，绸绫飘飘，五彩迷离。端楷桥、马盘村演此节目有名。

荡湖船：用竹子扎成湖船后糊上纸，湖船装饰得如花似锦。头戴红花，腰束裙子，打扮成农家姑娘双手拎着船身，荡来荡去，口唱“无锡景”等小调；船后有一戴笠帽的老头划着桨。两人动作配合，边行边唱。荡湖船有一艘（组）、两艘（组）、4艘（组）等。

犀牛打水：用竹木扎成一座亭子，亭中设置有犀牛和水车盘，装置机关，作犀牛打水状，并有水㞎出来，由4人抬着行进。

挑茶担：打扮入时的女青年，用软扁担挑着一对花篮，周围有许多人护卫着，女郎右手抵腰，轻盈颠步，扁担弯弯，花篮颤悠悠，有趣发噱，谓之挑茶担。

老行当

旧时有“三百六十行，行行出状元”之称，每一行都有能工巧匠，人们称他们为“百家师傅”，给百姓的生活带来方便。改革开放以后，社会各行各业变迁巨大，许多行业已消失，或行将消失。本章主要记述一些现已不存或存量不多的老行当。

一、匠　作

1.木匠

从前造房子用的木质梁、柱、桁、檐，以及人们日常生活中用的一些木器、家具，全靠木工制作。至20世纪八九十年代，包括城里人，一般人家仍请木匠打造家具、橱柜。并随着时代流行的式样而模仿打造，有中式、捷克式等。后逐渐演变为直接购买商店内的机制木家具。

木匠在民间较受人尊敬，有“早泥水、昼木匠、裁缝师傅等天亮”之说。意思是泥水匠上班较早，木匠因师傅大、地位高，可以到中午才上班，而裁缝则天亮之前就上班了。同时，泥瓦匠、木匠在主人家用餐时，所坐的位置也较为讲究。

农家的孩子要学木匠手艺，要托熟人去向木匠师傅说情，有的要一次性给师傅一定数额的“学费”，旧时学徒一般为3年，在这3年内，没有工钱，劳动所得的工资，都由师傅收取。至60年代，学制改为两年，70年代改为1年。有的师傅收学徒一些学费。在开始学艺时，要安排业内人士吃顿“拜师酒”。逢年过节，要给师傅送礼。平时，师傅家的家务事，徒弟要去帮忙。徒弟学成满师时，可以名正言顺地赚工钱，那时，要摆上几桌“谢师酒”。若一个师傅带几个徒弟，早学的称师兄，晚学的叫师弟，辈分非常讲究。所以有“先进师门一日大”之说。

在无锡，有不少与木匠行当有关的行话，有“斧头吃凿子，凿子吃榫头，一服吃一服”“尺寸没算好，莫动锯和刨”“面皮厚到要用推刨推落一层”“木飞柴（刨花）当卷尺——瞎串三官经”“㑚装格子反装门”等。

2.泥瓦匠

泥瓦匠，或称泥水匠。一般造民房，先由木匠竖柱上梁，完成木结构，然后才是泥水匠砌砖、盖瓦。因为这项工作量比较大，所以，需要很多的帮手，有“一个泥水匠，十八个衬工匠”的俗语。

造房起屋先要开好墙基，深度起码要开至见到生泥下的3～5寸。然后铺上碎石、碎砖，用“夯”打实。旧时的“夯”都是木制的，用一段粗硬的木头做成，下面包上铁板，四周装上铁圈，系上麻绳，用它来夯实地基。使用时由一人掌夯，拉绳者齐力将夯高高提起，并向下冲击，使松软的地基坚实。还有一些地方，使用一种称为“硪子”的石制打夯工具，用一块平底大石头制成，四周凿孔，穿上麻绳。使用时每人各执麻绳，一人领呼号子，其他人应号一齐用力，提起石硪并向下冲击，把松软的地基夯实。90年代，无锡农村地区的造房起屋，已改用铁制的电动夯。

泥瓦工常用的工具有泥刀、木铲、刮浆板、刮泥刀、刷帚、大小榔头等。旧时，农民造房砌的墙一般多用黄石，大的要敲碎，小的要敲平。沿山地区用黄石砌墙的更为普遍。至70年代，砌墙都用砖瓦厂生产的“八五”砖。

有关泥水匠的俗话也很多，有“宅脚夯不实，泥水匠呒饭吃”“拆东墙补西墙，越弄越勿像”“罩墙上开窗洞——弄错地方”等。

3.竹篾匠

竹篾匠，或称竹匠、篾匠，竹匠和木匠、泥瓦匠一样，是旧时无锡农村手工业的主要行业，因为民间用具，除木器之外，就是竹器。无锡生产竹器为双河尖居民所产最为著名，男女老幼几乎终年从事。竹材由宜兴山里运回。竹器品种有碗橱、竹床、小孩坐车和摇车、稻箩、畚箕、各式竹篮、竹匾、竹椅、竹帘、竹帽、竹席以及蒸笼等。尤因淘米用的筲箕有名，而被称为“饭箩村”。农户一般喜在房前或屋后都种上一小片竹园，小竹子砍下用于搭长豆、黄瓜、丝瓜棚，粗大一点的用来制作晾衣竿，中等的竹子则请竹匠制成生产生活用具。竹匠用的工具主要是刨刀、竹刀、横刨。编织过程并不复杂，一般都是竹匠先将竹子按不同的需要分成长短不一的段头，再劈成竹爿，削成竹篾，又经切丝、刮纹、打光和细剖等工序，再经手工编织成各类用具。在胡埭农村家家都有几条请竹匠打的竹席供睡觉铺垫，夏天睡在竹席上感到很凉快。除了蚕匾等要请专业竹匠外，一般的苗篮、畚箕、篮子、竹扫帚、虾笼、鱼篓、连枷等生产生活用具都是农民利用雨雪天的农闲时间，自己动手编织，后多失传。旧时，无锡农村集镇上常有竹器店，直至90年代末才歇业。但散居在农村的老竹匠，为百姓修竹席、做桃笼、编竹篮，生意仍很兴隆。至2005年，仍有竹匠经营。

4.铁匠

清末至民国，无锡惠农桥、北闸街一带打铁铺连成一片，并延至江阴巷、吴桥等地，至七八十年代仍保留部分。农村集镇也常有铁匠店，专打船具、渔具、农具、生活用具及匠作工具，有烧饭的切菜刀、铲刀、铁勺、火钳等，种田的锄头、铁耙、镰刀、铁锹等，木匠用的榔头、斧头等，泥水匠、箍桶匠用的泥刀、铁箍等。六七十年代，铁匠铺生意仍很兴旺。一年四季，要制售各种农具或工具。割麦割稻时要供应镰刀，稻子登场后要供应垦田用的铁耙，种麦时要供应锄头、开沟用的铁锹。过去的铁匠铺一般都是夫妻店，男人做上手、撑钳，女人拉风箱、做下手，有的找一两个徒弟挥大锤。

俗话说：“世上三行苦，撑船、打铁、磨豆腐。”那时，年轻人学手艺，听说是撑船、打铁的，或者说是磨豆腐的，都会摇头，不愿意去。但是有的年轻人文化水平低、不识字，找不到别的行当，在走投无路的情况下，只能去学打铁，混口饭吃。

铁行一大早要生好炉子，天不亮人们就听到叮叮当当的打铁声。锻件放到炉灶烧红后，用大钳夹取放到铁砧上锤打，师傅用小锤，下手使大锤，趁锻件火红时一阵敲打，大锤如何打，全听师傅小锤敲打声；锻件冷却，再放到炉子内烧，烧红后夹出来再打，反复多次，直到打制成形。

至2005年，城郊及农村街镇上，仍能见到为数不多的铁匠铺。

5.箍桶匠

旧时城乡百姓家木制的桶、盆较多，为箍桶匠所做。延续至七八十年代，父母嫁女之前，都要到箍桶店去定做一套木桶嫁妆，多则20余件，少则近10件。木桶嫁妆主要有：挑水桶、提桶（是担水和提水的专用桶，因为吃水、用水都是取用河浜里的水），大小马桶4件（大、中、小马桶及生孩子马桶），高脚盆、低脚盆（洗脚、洗衣用），饭桶（盛饭专用），茶桶（放铜茶壶专用），浴盆（大圆盆或长圆盆，洗澡用，也可洗帐子、床被等），浆盆（圆形，洗衣物用），大小裹斗、荷桶（放米用），点心盘（可装团子或粽子点心，也可端寿面用）。另外，孩子的睡桶、立桶、坐车，采菱用的菱桶、打井水用的吊桶等。大户人家做的件数多。后一般简化、减少，只做七八件。

木桶大多是用呈弧形的木板用竹针一块一块拼接起来的，然后用铁环箍紧(也有用竹丝箍的)，所以把制作的匠人叫箍桶匠，也叫圆木匠。这些圆作家具，做起来细致，也很费工。在定做这些嫁妆时，要提前1年或者半年。箍桶店里一般只有1名师傅、1名学徒，定做的木桶嫁妆，都要花一定的时间。油漆工也只有一两个人，每件木桶用具都要漆3遍，方能发光漂亮。漆好后，还要阴干一段时间，才能让油漆与木制件牢固结合。

过去农村，男女结婚，嫁妆要放到门口场地上给大家看，先放在女方的场地上，然后送到男家放在场地上。亲戚邻居都要来看。这些木嫁妆制作都很漂亮，有的小巧玲珑，有的浑圆美观，鲜红的油漆，外加金色的铁箍，代表大喜大庆，吉祥如意，快乐幸福。而在城区，由于普遍使用马桶，常有箍桶匠挑着担子，穿街走巷，帮人家修理。

改革开放之后，木嫁妆已经不流行，大多数家里都有抽水马桶，分娩去医院，用不上产桶。街巷上再也听不到"箍桶噢"的吆喝声。过去的一些木桶嫁妆，农村还有一小部分人在使用，特别是老人，舍不得丢掉。所以，箍桶匠这个行当还不能少。箍桶匠也称"小木匠"，只会做小家具而不会造房建屋。在民间有"造屋请了个箍桶匠"之说，意在用人不当，弄坏了事。

6.铜匠

旧时，在无锡城乡有一种流动的铜匠担，担子上悬挂着一串铜片和许多铜钥匙之类的小物品，铜匠师傅挑着担子，一步一颠，发出"哐啷、哐啷"的金属碰撞声，以此招揽顾客。所以，走街串巷时，不用叫喊。主要工具是一把方锉，连柄两尺多长，一头套在固定的铁环内。

修锁配钥匙是铜匠的拿手活，任你从家中拿来什么样的锁，一般他都能为你配上钥匙。旧时的衣柜、箱子、五斗橱、大橱等要用上好几代人，所以都将这些器物用铜皮包上角。房门上、橱柜上安装上门环。这些活可由铜匠来做。铜匠还能修理家用铜制品，如脚炉、汤婆子、手炉等。

至80年代，随着人们生活水平提高，铜匠担销声匿迹。但城乡集镇上，还可以见到铜匠摊。在城市，铜匠一般兼配锁，配锁需登记门牌号码，以备公安部门检查。技术高明一点的铜匠还能开保险箱。

7.剃头匠

剃头匠即理发师傅。在旧社会，农村里凡自觉有脸面的人不会让孩子学剃头。有的认为这样羞辱祖先，有的怕孩子挑着剃头担到处跑不务正业，会让乡邻嗤笑，弄不好连个媳妇也找不到。

剃头匠每天吃完早饭挑着担子出门，太阳落山之后才回来。没生意时，便与村里的老年人聊天，夏天在树下，冬天在熟人或朋友的屋里。旧时剃个头5分钱，加上光脸、掏耳朵等全活计一毛钱。剃头匠一般都备有一套掏耳的工具，共5件，分别为小银勺、镊子、竹勺、细刀片、毛球。剃好头，再清理一下耳朵，十分舒服。每年麦收前，剃头匠都要印一些理发票，分发给各家各户，这样村里人即使手头一时无钱也可以剃头。临近除夕那几天，常常会忙得不亦乐乎。无锡地区风俗是正月里不能剃头，所以每年除夕都要挑灯夜战，连年夜饭也吃不安稳。

在正月里新生小孩的人家，都要在农历二月初二把剃头匠请回家给新生婴儿剃头，期望自己的孩子今后能成为人中之龙。很多人家提前半个月就预约，受邀的师傅对这种事也十分看重。二月初二清晨，太阳一露红，就怀揣着昨天买好的年糕挑着担子出去。年糕是给小孩垫脚用的，象征孩子开始步步登高，剃头匠一边给孩子剃头，一边嘴里还要唠叨着几句吉利话，祝福孩子健康成长，长命百岁，大富大贵，光宗耀祖，好像这孩子就是自己的儿孙一样。

以前的剃头匠都是挑着剃头挑子到处叫喊的，剃头挑子一头担着的是有多层抽屉的高木凳，抽屉里装着全套理发工具；另一头挑着的是备有炉子的面盆架，并挂着毛巾、布围子、蹭刀布之类物件，炉子里生着火，所以称"剃头挑子一头热"。一凳一桌一镜，再简单不过的摊子。至80年代，挑担走巷剃头的已很少见，一般都开店经营。美容美发店开始大量出现。

8.皮匠

修补鞋子的人为皮匠。各种鞋子有裂缝、断线、破损，人们总是请皮匠修补，或缝线，或钉掌，或贴皮，或换跟，有的鞋还可以翻修一新。过去百姓，一般穿单鞋和棉鞋。单鞋从4月穿到11月，棉鞋从12月穿到次年3月。布鞋一般都是家庭妇女利用农闲、雨天和晚上自己做的，用旧布、碎布一层一层用糨糊糊在一块木板上，放在太阳底下晒干，无锡人把它称为“硬衬”。揭下来后，比照着鞋样，剪成一张张布鞋底片，再加上几层厚实的布料，然后用“花大线”一针一针将多层剪好的鞋底片缝合到一起，做成鞋底。当然也有包边的、垫后跟的，鞋面则要用好一些布料来做，鞋底、鞋面做好后，拿到鞋匠那里去缝合起来，无锡人称为“绱（上）鞋”。特别到春节前，农家都要给大人、小孩做一双新鞋，年初一穿上。所以，一到年末，皮匠生意特别好，手艺好一点的皮匠，都要挑灯夜战。80年代后，自己做鞋子的人少，买各种鞋子的人多，修理量也增多，往往一个新村、小区会有几家皮匠修理店或小摊。

9.钉碗、补锅、补缸

旧时，小街里弄常有钉（锔）碗、补锅、补缸的匠人，他们挑着担子，走街串巷吆喝着。由于经济条件有限，人们普遍舍不得把破了的碗和锅扔掉，便请匠人修补后继续使用。钉碗匠人以江西人为多。他们的工具是一把嵌有钻头的钻针，装在拉弓的弓弦上。钉碗时，匠人将碗的碎片对齐，在裂缝处两边，用钻钻出一排细孔，往孔中钉入扁扁细细的、两头有尖脚黄铜（或铁钉）钉子，再用小锤子敲一下，使其固定，然后涂上磁粉做的黏粉，即完成。补锅匠都有一个小火炉，匠人将生铁放入坩埚内溶化后，用长柄小勺舀出一滴，倒在锅反面裂缝处，立即用含水的湿布团按上，使其黏紧。以往，居民大量使用陶质缸器存水、腌菜等，所以又有补缸匠，手艺与钉碗原理一样。80年代后，随着生活条件改善，居民家中的碗、锅坏了一般都买新的，缸也很少使用，这类修补匠逐渐消失。

二、杂　业

1.裁缝、织补

裁缝店也称成衣铺。有一则流传甚广的顺口溜喻裁缝师傅：“一把剪刀一把尺，尺量剪裁分不差。成衣全靠手一双，穿针引线不稍懈。莫看技小身微下，却也衣被天下暖万家。”

旧时，一般做缝纫、编结、绣花之类的针线活都是妇女干的事，称为“女红”。民谣有：“新三年、旧三年、缝缝补补又三年。”一身衣裤老大穿不下了，要给老二、老三穿。新衣裳只有到过春节、走亲戚时才舍得穿。改革开放后，人们经常买新衣服穿，但仍有织补店，可织补羊毛衫等衣服破损的地方。

五六十年代乃至70年代的农村街头上没有时装店、成衣店，只有一二爿裁缝店，店里裁缝还可以受邀到农家上门做衣裳。农村妇女上街时，都会到布店转转，看到喜欢的布料买上两段，积聚到一定数量后，请个裁缝师傅到家中做上两三天，供应师傅吃饭，按天数付工钱，这样量身做出来的衣服既合身，又相对便宜。随着社会的进步、生活的宽裕，人们习惯买现成的衣服穿，既方便，又时尚。至2005年，城乡仍多有裁缝店，或有少数百姓请裁缝上门做活。西门桥堍后西溪布料市场，有裁缝师傅专做时尚服装。

2.老虎灶

老虎灶是烧开水店的俗称。无锡城乡普遍有老虎灶，将开水售给居民。旧时，老虎灶一般有1只大铁锅，从早到晚的水都是烧沸的。锅盖分作两半，每回舀水时，只要移开一半锅盖，既省力，也可减少热量的损耗。灶台靠后的地方，还附带着两个汤罐，利用灶膛里往烟道走的余火把水烧开。有的时候，由于顾客来得太集中，大锅里刚添上冷水，一时还不开，灶主就从这两个当替补的小汤罐里取水给客人喝。

或许是因为那对小汤罐看上去就像是老虎的眼睛，大铁锅可以比做老虎的大嘴，灶台本身犹如老虎的肚皮，而灶尾竖立着的烟囱就像是老虎的尾巴这些形体，可能是“老虎灶”名称的来历。

农村老虎灶，除了给街镇的百姓供应开水外，大多数还开茶馆店，兼卖茶水。到茶馆店来喝茶的几乎全是男人。有住在附近的街坊，也有在附近做事的人，或者只是过路人。这些老茶客进得店来都是找自己坐惯的位置坐，聚在一起聊天，称之为“讲山海经”。

旧时稍大一点的老虎灶还兼营书场。农闲时，请评弹艺人弹唱，一般都是男女搭档，开设下午、晚上各1场。由于书场规模小，只可容几十人，所以难以请到名流演员。有的老虎灶，除兼营茶馆、书场外，还开设浴室。浴室设施十分简陋，设一只大池，紧靠里面盖板的地方有烫脚用的热水池。有的仅设置几只浴盆，收费也比较低廉。浴后无休息的地方。有的有擦背、捶腿、捏脚、扦脚等项目。

90年代后，“老虎灶”越来越少。设施已不是过去的大铁锅，不再烧砻糠，多数使用烧煤的“懒汉茶炉”，也有仍烧废木柴的。农村中，茶客也没有以前那样集中。位于伯渎桥堍的尤记老虎灶，是一间典型的老虎灶。店主原为尤德仁，于民国29年（1940年）所开。店里有两口大围热水锅、3个汤罐。燃料以木屑为主，辅以废木料，也可以烧碎煤。90年代一热水瓶开水卖1角钱，1天可卖200多瓶。

3.灯笼业

竹丝灯笼业由来已久。灯笼旧时主要用于照明，以及衙门官轿、仪仗、婚丧喜庆、庙会等所用。

竹丝灯笼业旧时在北塘、南长街一带都有。主要品种有：字号灯，用于商家字号、过年时迎神或收取账款；敬神灯，上贴“敬神如在”，为船家购买，除夕起悬挂头舱；红天灯，普通人家用，除夕起立竿家门，每夜高悬红天灯，以示敬天祈福；状元灯，贴有“状元及第”字样，多为小孩新年玩具；龙灯，贴“太平龙灯”字样及出处地名，作为玩龙灯的引头灯，次日提灯上门按户收取募钱；浴室灯，铁丝制作，上贴店名，中午开汤悬挂，晚上收汤取下。此外，还有香西瓜灯、中医轿灯、僧道用灯、庙会用灯、朝山进香灯、供神行宫灯、大老爷灯、佛灯笼、堂名灯、红绿庆祝灯等名目。

竹丝灯笼的主要原料是竹丝，来自苏州蠡口镇。制作工艺分上手、下手两档。上手坐柜台接待客人、剪字擦油，下手做壳子、糊上纸或纱。

80年代后，竹丝灯笼业得到恢复。清名桥西堍、伯渎港有两家专门加工制作经销各色大小竹丝灯笼的店铺，另有大窑路的清名古工艺彩灯厂，成批制作各色彩灯。

4.染坊

旧时，无锡百姓因买不起新衣服，常会把旧衣服重新染一下而变成新的，或者为使衣服更鲜艳而染色，土染坊应运而生。民国时，随着染色机与国外染料的输入，染坊逐渐减少。但百姓生活中仍不可少。在南门有戴万茂、老义丰、王利和等染坊，在北门南尖有源丰余染坊等。改革开放后，人们生活条件改善，买新衣服穿的人越来越多，染坊更少。

5.日晖桥菜刀

日晖桥菜刀即许顺兴铁铺生产的菜刀，因该铁铺开设于日晖桥附近而得名。该铁铺创建于民国9年（1920年），由许泉根开设，初以打造小农具为主，后来因菜刀刃口好而出名，占销量的首位，遂主营各种刀具，如斩肉斧、杀猪刀、饭店用的厨刀、茶食店用的糕点刀等。日晖桥菜刀选用优质钢材，采用合理工艺，精工制作，保证质量。其特点是刀刃锋利，前批后斩，钢火均匀，刀柄适手，式样美观，因而受到用户欢迎，在市场上有较高的声誉。1955年该铁铺参加生产合作社，1960年改组为无锡刀具厂，以后经过数度更名，1981年更名无锡工业锅炉厂，保留菜刀车间，菜刀仍为该厂产品之一。

6.运河网船

无锡地区多渔民，世代以捕鱼为业。渔家子弟成年后，必添置新网船，以成家养家。20世纪六七十年代，人们还能看到古运河上的网船，人们常称网船上渔民为“网船上人”。那时，渔民撑一条小船捕鱼为生，一条船就是一家。船长不过三四丈，宽不过五六尺。一家人少则三四人，夫妻俩加上一两个小孩，多则五六人，全家吃喝拉撒全都在船上。网船平时在太湖、运河上以捕鱼捉虾、耥蛳螺为生。男的在船头撒网捕鱼或耥蛳螺，女的在船艄摇船橹。稍大一点的女孩扎两根牛角辫子，帮助捡鱼虾。小男孩用一根麻绳绑身子，腰间还结上一只大葫芦，以防不测。有的船上还养狗、猫、鸡、鸭。这种网船，到处飘泊，成为古运河上一道独特的风景线，但也污染着运河生态环境。

无锡羊腰湾等地船厂特为广大渔民建造无锡传统式网船。这种网船式样美观，宜捕鱼，宜居住，建有活水舱盛鱼，利于长途贩运。网船有苏州式、无锡式、常州式、宜兴式等样式，渔船名称有：猛舟船，早先用于围捕芦荡鱼类的网船，数十只一人高的竹笼成弧形，用敲打木板发出响声的方法，赶鱼入网，俗称“敲猛舟”；拖网船，拖网捕鱼虾；撒网船，撒网捕鱼；踏网船，俗呼牵网船，渔民用上浮下沉的扛网，将河床拦截牵捕，又适用大鱼塘围捕等；挟网船，挟网捕泥鳅、鲫鱼等；赶网船，专在小河捕鱼，渔民脚踏木板，发出声响赶鳑鲏鱼入网；长（短）梢船，除捕鱼外，视季节捕捉癞蛤蟆，取其表皮腺体的分泌黏液制蟾酥；扒蛳螺船，专扒蛳螺（螺蛳）、蚌蚬等贝类水产；呛桥船，用石灰水浇入驳岸旁，呛出深藏在驳岸缝洞中的鱼虾入网；捉牲船，可捕捉水獭、野鸭、鳖、龟等，以及刺猬、野兔、野鸡、野猪等；虾笼船，专在河浜放虾笼，内放诱饵，诱虾鱼入笼；鸭哺船，供鸭孵蛋之船；划湖船（即小网船），灵巧便捷，用于湖、荡筑鱼窝、采菱、放丝网捕小鱼、赴集镇购物、出售水产品等。网船分大、小两类，功用也各有不同。大网船供捕捞、居住、出行等，小网船即划湖船。一般渔民都拥有大小两只网船。

80年代初，中央电视台《话说运河》专题节目中，还有这种网船的画面。随着政府关心改善渔民的生活，捕鱼工具和技术的改进，渔民陆续登岸搬进新村，网船逐渐消失。

7.鱼鹰捉鱼

鱼鹰，学名鸬鹚，乌黑的羽毛，长长的尖嘴，锋利的双爪，俗称“水老鸦”。旧时，梁溪河有专养“水老鸦”的地方，名“老鸦浜”。过去运河水清澈，河中水草飘荡，鱼虾成群，时常看到渔民划一两只、三四只小划子，长不过一二丈，宽仅二三尺。一渔翁一划子，上载10来只鱼鹰。这种鱼鹰平时要喂豆腐、小鱼小虾，吃饱后，带他们出来捉鱼。为了防止他们捉了鱼吃下肚去，渔翁在他们的颈部系一个颈圈，宽松适度。竹篙一敲将鱼鹰赶下河去。“水老鸦”个个都是捕鱼能手，渔翁脚踏船上木板，发出“梆梆”响声，鱼鹰随即潜入水中，追逐鱼儿，不时把鱼衔上来，渔翁就从鱼鹰嘴里拿鱼放到船舱里。鱼鹰再次被赶下船捉鱼，就这样一次又一次反复潜水捕鱼，一路进发，收获颇丰。大的鱼，鱼鹰会合力对付，一起衔出来。随着运河水被严重污染，鱼虾绝迹，再也看不到这道独特风景。

8.捏面人、吹糖人

捏面人与吹糖人都是挑着担子，在小巷、市集上转，遇有孩子的地方即停下。

图47-2 街头面塑 （市文广新局供稿）

捏面俗称面塑，它以干面粉为主料，为增加黏性，掺少许糯米粉，在面团里掺和各种颜料，调成不同色彩，蒸熟后用手和简单工具塑造出各种栩栩如生的形象。面塑摊位总是围着很多人，孩子们专注地盯着捏面人利索的手，看他取出一小撮彩色面团，两手一撮，东一揪、西一掰，手指一挤一捏，然后再借助刮刀、拨针等工具开出眼睛，捏出嘴巴。几分钟后，一个栩栩如生的作品就呈现在眼前，孙悟空、猪八戒、八仙、三国人物以及各种动物、花卉等，惟妙惟肖，令孩子们十分喜爱，会缠着父母亲掏腰包。

吹糖人有一口用炭火保持微温的麦芽糖锅，有许多陶制的模型，模型分两层，可分可合，在模型底部有一小孔。匠人用小竹扦挑少许麦芽糖，用手捏弄后放在小孔处，将嘴凑在捏好的糖中间吹气，使糖进入模型中，模型两面先抹一点油，糖才不会黏。至吹好，稍停，将模型打开，成品即好，用小竹扦黏上，即可出售。其成品大都是飞禽走兽，也有人物和植物，颜色都是糖的黄色，后逐渐加上彩色。

技术高超的吹糖人，不用模型，直接一面吹一面捏成。

9.弹棉花

弹棉花是传统的手工艺活。一声声弦响、一片片花飞，最后把一堆堆棉花压成一条条整齐均匀的被褥。弹棉花的工具也挺有特色，一把专门的弹棉花的弓，通过用榔头敲击弓上的弦，来蘸取棉花，把棉花弹松铺匀，再拼成长方形。弹棉花不仅是费力，也是个精细活，敲弓的时候要花大力气，经过多次的压、磨，一整套工序下来，一条暖暖的棉被才能完成。被褥用久了，变硬了，还可以重弹，整旧如新，依然松软。而那时候的棉匠们也都走街串巷，生意应接不暇。现在人们家里盖的是品种繁多的各种被褥，弹棉花的手艺也慢慢地被更为高效的机械化操作所代替，这个老手艺已经很少。

10.修棕绷与修藤椅

棕绷，即在长方形的木框上穿上棕绳，做成床垫。旧时人们多睡棕绷床，平整透气，软硬适中。但使用时间久了，棕绳会松弛甚至断掉，就得修补。常有人挑着担子，担子上挂满了棕绳，在大街小巷吆喝着“修棕绷”。八九十年代，开始出现用尼龙绳代替棕绳，但多数人仍喜欢棕绳。席梦思床出现后，修棕绷的越来越少。

有的修棕绷的兼修藤椅，也有专门编制或修理藤椅的。藤椅分竹篾与藤条两种。在80年代仍使用粮票之时，有的还可以用粮票折算，换成藤椅。

此外还有竹筷制作、修钢笔、锡匠、蒲编工艺、麦秸编织工艺、画糖人、老银匠、刻章、精修钟表、剪花样、磨刀、修脚、木刻工艺、砖雕工艺、装裱、绞脸（俗称扯脸）、钉秤、爆米花等行当。

老行当，都同居民生活密切相关，今有的已消失，有的已不多见。

无锡市志

【第四册】

前志勘误　补遗

《无锡市志》1995年版出版后，陆续发现一些错讹和疏漏。经考订和搜集资料，本志予以勘误和补遗。

一、前志勘误表

页	行	误	正
1	7	周武王十一年（前1066年）	周武王十一年（前1066年？）
13	6		
2	倒6	淮扬之盐，温州之漆	维扬之盐，温州之漆器
16	11	隋大业三年（607年）	隋开皇九年（589年）
18	倒9	至元十六年（1279）	景炎二年（1277年）
26	倒4	是年，匡仲谋在杨墅园开设亨吉利织布厂	光绪三十一年（1905年），匡仲谋在杨墅园开设亨吉利织布厂
27	倒9	光绪三十一年（1905年），上海招商局在无锡设局，开辟无锡至镇江、苏州、上海的客货运输班轮。	清光绪二十二年（1896年），上海招商局在无锡设运输办事局，开设无锡至苏州、上海，无锡至江阴、溧阳、镇江，以客为主的客货兼营航线。清光绪三十一年，上海招商局内河轮船公司在无锡设立轮船局，开辟无锡到溧阳航线，全程240公里，为无锡第一条轮船航班。
658	18	清光绪三十一年（1905年），上海招商局于前竹场巷设无锡分局。	
665	13	光绪二十二年（1896年），招商局在无锡设分局。	
27	倒3	四月，沪宁铁路沪锡段通车。	五月二十七日（7月18日），沪宁铁路沪锡段通车。
29	8	22日	21日晨
33	倒15	身分	身份
34	倒4	29日	是日
45	7	徐竹滈	徐竹漪
52	倒11	至1951年底底结束	至1951年8月底基本结束
53	倒7	1951年12月15～17日，无锡市文学艺术工作者第一次代表大会召开。市文学艺术界联合会成立。	1951年12月15～17日，无锡市文学艺术工作者第一次代表大会召开。
56	13	是月，华东疗养院在大箕山建成。	1952年11月20日，华东疗养院在大箕山建成。
65	17	1月6～11日	1月9～11日
83	2	1月8日……周恩来在北京逝世。全市人民……沉痛悼念。	1月8日……周恩来在北京逝世。1月9日，全市人民……沉痛悼念。
107	18	国家级运动健将	国际级运动健将
124	19	今人民路以南	今复兴路以南
130	图中	百步坊巷	百岁坊巷
131	3	宋代以前	宋元丰八年（1085年）前
131	区划表内	布政乡今乡镇范围为“藕塘、胡埭、市郊梅园一带”	布政乡今乡镇范围为“藕塘、胡埭一带”
176	倒4	原属西新区的西新、惠山、丁埄里3个街道办事处全部辖区	原属西新区的迎龙桥街道办事处
183	9	拨河	拨河

续表

页	行	误	正
265	11	1954年8月26日	1934年8月26日
351	倒9	清光绪二十六年（1895年）	清光绪二十一年（1895年）
359	倒10	元至元年间钱企分迁城西	元末至元年间钱企分迁城西
378	倒10	1963～1970年	1966～1970年
410	倒6	清乾隆十五年（1751年）	清乾隆十五年（1750年）
411	11	民国23年农历6月16日	民国23年农历正月十六日
	13	次年农历2月27日破土动工，……至同年8月11日完工	同年4月10日（农历二月二十七日）破土动工，……9月19日（农历八月十一日）完工
449	15	光源、照度	删“照度”及下文第1行、第2行中的“照度”。
455	倒10	万历十年（1572年），大学士张居正当政时，嘱天下清丈田地，编制“鱼鳞图册”。无锡知县张守朴遵办，丈田编册。	万历六年（1578年），大学士张居正当政时，嘱天下清丈田地，编制“鱼鳞图册”。无锡知县张守朴遵办，至万历十年，丈田编册完毕。
544	23	民国6年（1917年）	民国7年（1918年）
545	倒13	遍植日本野生大山樱	遍植日本染井吉野品种樱花
576	11	华孝子祠，始建于唐代	华孝子祠，始建于南齐
731	4	唐代，无锡已有驿站。会昌年间	隋开皇九年（589年），无锡设望亭驿。唐会昌年间
823	2	第一、二、三产业的比重为1.51∶83.06∶15.43，其中，第二产业比1970年增长82.12%，第一产业增长19.87%，第三产业增长75.52%。	第一、二、三产业的比重为12.40∶70.13∶17.47，其中，第二产业比1970年增长127.55%，第一产业下降1.45%，第三产业增长77.36%。
839	倒11	面粉日产量达2500包	面粉日产量达25000包
856	表格“企业数”合计一栏	1962年“452” 1965年“167” 1970年“501” 1976年“507” 1978年“581” 1980年“592” 1985年“772”	904 934 1002 1007 1162 1194 1544 产值比重一栏数据有误，删除。
857		1958～1960年无锡市工业结构统计表	该表比重一栏有误，删除。
867	倒7	光绪二十六年	光绪三十一年
942	2	周舜卿投资43.2万两纹银	周舜卿投资8万两纹银
1024	倒4	经市人民政府批准	年底，经市人民政府批准
1039	4	1953年	1952年底
1146	倒3	民国3年	民国4年
1214	倒2栏	伯渎巷	伯渎港
1275	1	陈栩园	陈蝶仙
	1、2	中国第一制镁厂	中国第一镁制造厂
1278	12	中国第一制镁厂	中国第一镁制造厂
	13	碳酸镁750吨左右	碳酸镁75吨左右

续表

页	行	误	正
1589	倒8	粮行由民国12年的139家	粮行由民国12年的134家
1590	倒16	油行由14家增至100多家。	油行由14家增至19家。
1695	倒9	明万历年间，江西婺源县（当时辖属安徽省）	明万历年间，徽州婺源县
1740	18	戴天然	戴倜然
1751	倒6	无锡外来人口（以苏北为主）喜购价廉涨锅的籼米，专供籼米、杂粮的芜湖、长沙、九江等地区由此以大量籼米、杂粮至无锡销售。	此句与史实不符，删除。
1752	11	从清末的500万石上升到1200石	从清末的750万石上升到1200石
	20	总锭数的3/5	总锭数的1/5
1755	17	均为客货行	减少的均为客货行
1758	倒6	清康熙年间，无锡米行开始承办漕粮。米行先是抛售粮食，然后从市场陆续补进，市价平稳则可获利，如不及时补进，米价上涨即亏蚀。	该段内容是光绪十四年无锡开始承办漕粮的经营情况，而非康熙年间。
1768	表格倒5	华衮仁	华绎之
	表格倒4	华衮仁	华绎之
1788	9	蚌埠	戴埠
1902	倒1	指定中国、中央、交通、中国农民银行发行的纸币为法币	指定中国、中央、交通银行发行的纸币为法币
1903	1	银元存底甚丰。	银元存底甚丰。次年2月，又授权中国农民银行发行纸币。
	倒6	面额主币分1元、2元、3元、5元、10元5种	面额主币分1元、2元、3元、5元4种
	倒1	与纸分币同时流通。	与纸分币同时流通。同日，发行新币10元券。
1904	表格	1912～1985年无锡流通的主要货币	表说明栏中3月10日应为3月1日。另此表中民国时的公元纪年，改为民国纪年。
2109	11	未升级	不升级
	12	这次一般未升级	这次一般不升级
2219	倒11	民国21年	民国23年
2319	表格倒5	民国5年8	民国5年8月
2324	22	倪家风	倪家凤
2325	倒11	袁宗沂（甫臣）、周友仁当选第一届省议会议员	袁宗沂（甫臣）、周友仁当选第一届省议会候补议员
2428	16	民国19年	民国20年
2454	14	民国38年5月	民国28年5月
2506	倒14	民国20年	民国21年
2562	4	光绪三十年十月（1904年11月）	光绪三十年（1904年）十月
2579	14	前身是无锡县立初等工业学堂，于清宣统三年（1911年）正月创办	据民国元年《无锡教育》杂志记载，建校时间应为清宣统元年（1909年），正式开学时间为清宣统二年正月二十四日

续表

页	行	误	正
2666	2	同年2月2日	同年2月3日
2814	倒6	光绪三十四年二月（1908年3月）	光绪三十四年（1908年）二月
2975	12	刘素勋、华纯甫、卫质文等发起组织无锡佛学研究会	刘书勋、华纯甫发起组织无锡佛学研究会
	14	丁福保等集资	并与丁福保等集资
2982	13	北宋崇宁四年（1105年）四川华阳道士卢至柔在洞阳宫旧址重新建观。北宋大观元年（1107年）敕赐额“明阳观”。	明阳观是卢至柔在洞阳宫旧址重新建观，此说存疑待考。南宋咸淳《毗陵志》记：“洞阳观，旧在慧山，陆羽记云：‘观旁有洞，潜通包山。梁天监中建，隋大业间寺废。’洞亦堙。其地今隶荐福寺。”又记：“明阳观，在璨山，国朝崇宁中，道士卢至柔筑庵修道。大观初，茅山元符宫录刘混康尝荐之，是岁九月诏赐今额”。显然两观有别，是两个地方。元《无锡志》记载：“璨山，去州西七里，在惠山东南，亦惠山之脉。山之麓有明阳观，云即古洞阳观基也”。清《无锡金匮县志》记“明阳观”时写道：“李远记谓即古洞阳观”（李远曾作《明阳观记》一文，见该志艺文卷），随即考证道：“咸淳志修于咸淳四年，而李远记作于绍兴二十年，去大观时不远，二说不同，未详孰是，俟考。”
2989	6	三里桥天主教堂，由渔民教徒于清咸丰九年（1859年）建造。后因无人管理而逐渐颓废。清道光三十年（1850年）遣使会会士葛必达加以修复。	该文时间顺序前后有矛盾，三里桥天主教堂应在18世纪30年代前后，由渔民在毕方济建造平屋原处建造。
2993	倒8	近现代人物251人	近现代人物250人
3016	倒1	《桐荫画诀》、	删
	倒3	《桐荫论画》	《桐荫论画》（又名《桐荫画诀》）
3023	16	与人合办天津自来水公司	与人合办天津自来火公司
	倒9	杨宗瀚（1842～1910）	杨宗瀚（1839～1907）
	倒8	清道光二十二年（1842年）	清道光十九年（1839年）
3024	8	宣统二年（1910年）	光绪三十三年（1907年）
3032	倒4	以独资40万两银	以独资4万两银
3033	2	以独资50万两	以独资5万两
3039	倒7	民国12年4月	民国12年1月
3042	7	民国8年	光绪三十年
3053	19	在上海与人合办国学社	在上海与人合办青年学社
3065	1	华瑾（1869～1939年）	华瑾（1870～1941年）
	2	清同治八年（1869年）	清同治九年（1870年）
	3	父亲华荻秋是颇有名望的山水画	父亲华蘅芳是清末数学家、翻译家和教育家
	23	民国28年病逝，终年70岁	民国30年病逝，终年71岁
3066	15	曹劝珊	曹幼珊

续表

页	行	误	正
3073	19	民国15年	同年
3079	16	在中共中央六届五中全会上被选为总书记	在中共中央六届五中全会上被选为中共中央政治局总负责人
3084	倒8	下半年	民国18年
3093	6	杨翰西（1877～1954年）	杨翰西（1877～1960年）
	倒4	1954年病殁，终年77岁。	1960年病殁，终年83岁。
3109	19	1961年9月加入中国共产党	1956年9月加入中国共产党
3121	12	胡正详（1896～1968）	传记中“胡正详”均改为“胡正祥”
3125	倒11	唐星海（1900～1969年）	唐星海（1898～1971年）
	倒10	清光绪二十六年（1900年）	清光绪二十四年（1898年）
3126	10	1969年逝世，终年69岁。	1971年逝世，终年73岁。
3139	8	钱孙卿（1887～1975）	钱孙卿（1887～1973）
	14	无锡县自治促进会副会长	无锡县自治促进会主席
3140	倒11	于1975年12月31日含冤去世，终年88岁。	于1973年12月31日含冤去世，终年86岁。
3144	2	民国31年1月加入中国共产党	民国30年1月加入中国共产党
3173	倒13	民国24年春赴日本进行调查研究，同年9月回到上海。	民国23年春赴日本进行调查研究，次年9月回到上海。
	倒8	编辑出版《译报》《上海周报》	编辑出版《译报周刊》
3184	倒15	中央研究院社会科学研究所所长陈翰笙	中央研究院社会研究所副所长陈翰笙
3196	倒6	荣会增	荣念增
3300	6	22日下午3时	23日下午3时
3313	12	松风	松声
	21	冰雪光	冰玉光
	23	还从吴俗去	还与吴俗去

二、前志补遗

1.侵华日军在无锡的罪行

狂轰滥炸　民国26年（1937年）8月16日，日本侵略军首次轰炸无锡。9月28日，日军轰炸无锡火车站，炸弹散落到车站附近居民区，死伤者280余人。10月6日中午12时40分，7架日机轰炸火车站一带，先后投弹20余枚。由南京开往上海的客车第三节车厢中弹，伤亡较多，车辆被毁；新仁堆栈、车站货栈及办公处、铁路饭店、淮南煤矿公司、长春裕米行、兴盛米行以及陈白头巷、仁寿里一带民房，均遭损毁。共死伤369人。10月8日以后，日机对无锡连续不断地进行轰炸，光复门外周山浜、西门外惠山等工商业集中地区频频遭炸，庆丰、丽新等厂多次中弹。10月14日，3架日机在锡沪公路6号桥投弹数枚，炸死两人，炸伤多人。10月16日，3架日机在无锡火车站附近投弹7枚，有4枚爆炸，炸死6人。10月18日上午8时25分，6架日机在无锡火车站上空投弹7枚，3枚落在周山浜附近爆炸，其余落到火车站爆炸，炸伤4人。10月19日上午9时许，3架日机在无锡火车站货房附近投弹两枚。10时55分，12架日机再次袭击无锡，投弹19枚，6枚落在周山浜汤家桥，其中1枚击中一个地下室，躲避于此的30余人均被炸死；另两枚毁坏民房10余间；两枚击中庆丰厂，庆丰厂电气变压所及工人膳堂全被炸毁；其余落在车站前面，嘉兴永利建筑公司驻无锡办事处以及锡宜江南汽车公司等均遭损坏。10月20日，3架日机投弹6枚，3枚落于无锡东门外，东亭镇庄桥村天福庵附近被炸死1人，炸伤多人；3枚落在车站，炸毁客车1辆，炸死3人，炸伤7人。10月22日，4架日机在车站投弹4枚，并对城中心及学前街、虹桥下、驳岸上、迎溪桥等处用机枪扫射，1名儿童中弹身亡。10月23日，9架日机袭击无锡，在货站旁投弹5枚，1车柴油被焚毁。10月28日，20多架日机先后飞抵无锡，投弹59枚，历时1小时多，几十处地方被炸，炸毁房屋170余间，炸死8人，炸伤10余人。

11月起，日军飞机轰炸城内孔庙、江苏省无锡师范学校、竞志女校、普仁医院、教育局等文教卫生单位，不少居民逃亡四乡。11月10日，日军轰炸无锡西门外工业区和惠山伤兵医院，造成惨重伤亡。一位美国医生在日记中记下11月10日日军轰炸无锡惨不忍睹的恐怖情况："讲到轰炸，今天是最凶恶的一天了。投下的炸弹，最少有一百六十颗，数度起火，损害惨重。……约在夜间十一点半钟，因为爆炸猛烈，我从床上跃起。……惠山的军用医院中弹，死亡伤兵多人；工厂区内平民的死伤，更不计其数，送到医院来的平民，都是肢体残缺不全，惨不忍睹。……天啊！要是继续如此轰炸，我们怎么能容纳得了伤患呢！"11月11日，日机再次轰炸无锡，炸弹击中一个防空壕，40人全部遇难，同时无锡师范学校被炸，4人受伤。11月12日，无锡圣公会普仁医院遭日机轰炸，医院房屋严重受损，医疗工作无法正常进行。

无锡沦陷前，在日机频繁轰炸下，全城电讯、交通全部中断，地方报刊《锡报》《新无锡报》等先后停刊，无锡国泰广播电台、世富广播电台及兴业广播电台先后被炸毁。日机还轰炸无锡著名的园林建筑——寄畅园，导致园林南部严重受损。

残杀平民　民国26年（1937年）11月19日晨，日本华中方面军按照"仍然在苏州、嘉兴一线准备以后的作战；同时企图攻占无锡及湖州"的方针，命令上海派遣军准备攻击无锡；第十军以一部准备攻击湖州，以一部准备协助上海派遣军攻击无锡。20日，日本华中方面军下达进攻无锡的命令。11月21日，日本侵略军从苏州望亭一路长驱直入，侵入无锡南大门——新安镇。11月22日早晨，日军在安镇北宅浜里打死熟睡中的陈百萱一家和他们的亲戚12人。在后巷村，全村98间半房屋全被烧毁，黄桂大等4人被日军打死。日军在安镇连杀几天，共杀死500人，烧毁房屋5000余间、稻垛1000多个。11月23日，日军经过鸭城桥时，见人就杀、见房就烧。全村180户除3户民房作为日军的指挥机关而幸存外，其余177户的房屋财产被烧成一片废墟。当场被杀害的男女老少达54人（一说47人）。原无锡城区陆稿荐熟肉店老板朱宗棣（又名朱锡蕃），带着妻子、儿女、儿媳妇回鸭城桥老家避乱，一家7口全部惨死在日军的屠刀之下。

日军侵入东北塘地区，遭到在侯庄桥、小桥头、严埭街、樊七桥的中国守军的四次阻击，于是兽性大发，在沿村庄的大陈巷、坟堂头张巷、侯庄、钟巷、小桥头、孙巷、井亭下、河北巷、严埭东西两街、李巷、欢门桥、鱼池沿、天池巷、苏巷以及刘家宕、寺头街等的市镇、村庄、学校、寺庙进行灭绝人性的屠杀、焚烧、抢掠和奸淫。日军在侵入东北塘一天中，烧毁民房、学校、寺庙、店铺814间，戽水机船1条，机器磨面粉房1家，杀害当地居民502人，其中60岁以上老人92人、儿童68人。

11月24日，日军先头部队炮轰无锡县南门，击毁城墙一角，百余日军入城后，遭到守城川军的抵抗。11月25日，无锡城内外发生激战。刚刚由江阴到达无锡城内的国民政府军独立第34旅，于清晨向位于城东北角的日资纱厂发起进攻，将抢先一步占领这里的日军赶走，并击退日军反扑。当日下午，日军飞机与炮兵对锡澄公路沿线中国守军阵地实施狂轰滥炸。傍晚前后，中国守军奉命转移。沿锡虞公路和京沪铁路进犯之日军，在无锡近郊会合后破城而入，无锡沦陷。11月26日，中国守军在锡澄线和城郊与日军仍有激烈战斗。无锡沦陷后，日军在城厢内外纵火焚烧，大肆屠杀。据日本随军记者本多胜一写的《向南京进军》记述：无锡县"街头乃是一片荒芜，道路两旁躺着一些被车轮轧过的烧焦的光身尸体，有的腹部已被狗捣空像半爿西瓜，有的只剩骨头……市内大火后充满着各种焦味和尸体腐臭味。运河里浮着许多尸体……人口20万的无锡城，在大部队出发后，几乎找不到一个居民。"无锡沦陷前后，日军在无锡县杀害14150余人。为掩埋死尸，民国27年初，伪无锡县自治委员会曾组织卫生队，雇用敞船20只，民夫百余人，负责收尸掩埋，每船装死尸20具，前后工作两个月。

民国27年1月17日，日军第一次入侵陆区镇，将住在关帝殿的4个外地逃荒者，抓到大河埄的大杨树下，用刺刀活活刺死。10月下旬，两辆日本军用卡车突然停靠在锡澄公路界泾闸口，从车上下来一队日军把堰桥镇的界泾圩团团包围，当场抓走21人，用一根长铁丝穿过每个人的锁骨，押到社桥日本驻锡部队司令部，拷打审讯，第三天将21人全部杀害，并用镪水销尸灭迹。

民国28年2月25日，日军焚毁胡埭閰江村民房723间和400余亩的稻柴垛。孟湾丁泉根、丁泉法、丁德兴之父、吴锡山，閰江丁春生、张泉生、殷春法、吴顺生、李仁荣、吴阿廷，上湾顾茂荣，埄桥吴金秀等12人被杀死。

民国29年，日军在胡埭閰江设据点，先后杀害150余人。有一次从外地抓了13人，押至胥山湾，全部活埋；用军车从无锡押50余人，在大雷咀用机枪射死；从宜兴抓走20余人，全部枪杀在閰江；又从陆区抓走塘家浜的滕和尚和夏渎上的是兆根两人，将滕和尚活埋在閰江村前的公路旁，将是兆根枪杀。

民国30年2月20日左右，苏州、无锡据点日军300余人突然骚扰甘露、荡口（现鹅湖镇），作恶3天，强奸妇女7人，奸死1人，抢去大米200余石。

民国31年1月17日至2月15日，日军调遣兵力先从外围青阳、黄桥、焦溪、新安、横山桥、洛社、石塘湾四周向玉祁芙蓉圩"清乡"。1月20日到玉祁，前后1个月，肆意杀戮。据民国37年修缮的《吴氏宗谱》记载，1月30日，日军就杀害吴氏族人11人，而首遭其难者为黄泥泾子英、子勇。1月31日，玉祁湾里富泉、十房村得信、六房村洪章复、东四房村荣兴、楼下村兴宗及其妻、北横河茂生及世泉、竹茂父子相继被刺杀。9月28日，日军从厚桥、安镇分头出发，来到白丹山一带，抓捕24人，其中19人押至茅塘桥太平庵附近，全部杀害。许浩然因未中要害，经抢救后成残疾，故人们称这次大屠杀为"十八个半事件"。民国31年，胡埭张舍据点日军先后杀死无辜百姓50余人。

强征劳工　日伪统治无锡期间，强征民夫为其服役。据不完全统计，日军在无锡强征民夫6557人，汪伪政权在无锡强征民夫3725人，其中伤21人，死亡138人，失踪1人。日军强征民夫在中国服役的同时，还强制无锡劳工远赴日本奴役。据现有资料，无锡有70名劳工被强制到日本劳役，平均年龄28岁，最小的18岁，最大的49岁，分散在日本北海道、兵库县、福冈县等处，劳役环境极其险恶，其中有19名劳工死于日本。

强奸妇女　日军侵占无锡后，光天化日恣意奸淫妇女。日军还在城中盛巷、风光桥的"荣元"、火车站附近的国际饭店（后改设在东门永盛丝厂）等处设立"慰安所"，奸淫妇女，满足其淫威兽欲。无锡沦陷初期，日军在无锡掳夺妇女3000人，其中为日军军官所占有、随军押向南京者为数不少。最惨无人道的是，在无锡城中东门进士坊巷红十字会，日军将避难于此的20名妇女集体强奸，每一女子遭七八名日军轮奸，因而致死者有六七人。抗战8年期间，无锡全县遭日军强奸的妇女超过万人。

屠杀惨案　日军侵占无锡期间，制造多个血腥惨案。

探花墩惨案。民国26年（1937年）11月21日下午，从陶家坝过来一小队日军，在血洗许更巷后，闯进位于胶山下的探花墩。探花墩大多数村民未来得及逃走，就被日军堵在村子里。对这些手无寸铁的老百姓，日军不管男女老幼，一律残杀。37岁的倪福宝悄悄回村想拿点粮食、衣服，被日军发现，一枪打倒在地，还不罢休又追上将他的头部一刀劈成两半。倪增宝夫妻不幸被日军抓住，丢到燃烧着的房屋里活活烧死。下午6点左右，日军闯进倪裕根家血腥烧杀。他的母亲、伯母被刺死后抛入河中，年仅7岁的弟弟倪胜根和5岁的妹妹倪蓉仙被日军抛入家门外的河里淹死。家中3位老人也同时罹难，外婆被杀死于巷上，爷爷（倪大宝）、奶奶被活活烧死。一家顷刻间就死了7人，其中一人是孕妇。日军进村后，一些村民立即乘船逃进芦苇荡里。日军发现后，向芦苇荡里扫射，一船20多人当场就死了十来个。此外，倪阿荣等被日军拉夫出去，再也没有回家。倪文荣则被打死在长大厦席祁山上。在这起惨案中，探花墩有37人被杀，163.5间房屋和约176亩收场稻谷被付之一炬。

南前头惨案。民国26年11月22日，日军100余人闯进安镇，在对待照巷、钱埂巷村进行烧杀之后，又将魔爪伸向南前头村，把村子团团围住，除冯景贤、冯阿见等11人趁混乱从后门逃出外，其余38位村民全部被日军抓住。日军强行将38位村民赶到离九里河10多米处的一空场进行屠杀，当发现人群中有两个年轻妇女（孕妇冯桂英及一个17岁的姑娘）时，就将她俩拖进房里轮奸。轮奸完之后，日军用刺刀剖开冯桂英的腹部，将血淋淋的胎儿挑了出来。那位17岁的姑娘被日本兵用扫帚柄塞进阴道取乐，然后用刺刀活活刺死。在轮奸妇女的同时，一些日军还放火杀人。眼看自己的房子被点燃，3个男子冲破日军的看押去灭火，结果被日军绑住推入熊熊大火中活活烧死。一个只有两岁的男孩，被这可怕的场面吓得哇哇大哭，一个日军冲过去将他从母亲怀里夺下后扔进火堆，然后又将其母亲用刺刀挑入河中淹死。日军将剩下的村民作为活靶子，有的用枪射击，有的用刺刀捅，有的则挥起指挥刀劈。更残忍的是，个别日军还用刺刀将村民的腹部剖开，挑出内脏抛入河中。目睹日军的暴行，一个略有武功的村民奋力进行反抗，结果被连刺13刀，当即身亡。最惨的是顾绍棠一家6口全部被杀。10岁的冯景亭右颚被打了一枪，躺在死人堆里装死，成为唯一的幸存者。在南前头惨案中，有37人被日军杀害，被烧毁房屋61间、收场稻谷220多亩。

寺头惨案。民国26年11月25日早晨，侵华日军在刘家宕一带开始两天多的疯狂杀戮。日军打着手电、拿着火把，挨家挨户搜索。在长巷，刘祥法、刘俊法兄弟俩被砍死，徐士生的祖母、徐金根夫妻俩等被日军枪杀在家门口，吴阿进被杀害在逃亡的河中；在黄巷，黄耀坤叔叔因穿壮丁训练服被日军用木榔头活活打死；在惠巷，惠金林一家3口被日军从脑后开枪打死，惠根生、惠云生兄弟俩被日军刀斩身亡；在高阳巷，杨阿狗全家及亲戚8人被日军机枪手打死，杨听宝的妻子被日军强行扒掉裤子后对其下身狂戮数刀，并在其阴道内插上竹签，直至将她活活折磨致死。杨昌裕和另两名外来难民被烧死在屋内。金世根全家4人惨遭灭门。刘荣泉等3人被日军用刀砍死。26日，日军在刘家宕强行捉鸡捕鸭、杀猪宰牛，并把老百姓的门板、家具等拆下来当燃料烧食。经此一劫，刘家宕幸存的房屋被搞得十室九空。27日，日军入侵刘家宕北面的寺头街及周围村巷，昔日盛极一时的寺头街变成一片火海。杨金荣及其表姐夫亲眼目睹隔壁15岁的赵三囡及另外两个女孩被日军活活杀死。日军还将张银根等男女老少14人，另加16名外地避难者，赶到张巷一堵墙边，用机枪扫射并焚尸。中街37岁的中医杨服膺及邻居李阿岳被日军活活烧死。开馒头店的宋阿富一家3口被日军杀害。日军还大肆强奸妇女。杨服膺的妹妹等10多名妇女被日军集体强暴。中街赵建华的女儿遭奸杀，其乳房被日军割掉。周梅林的妈妈虽未被火烧，但其阴部被日军插上木棍，其状惨不忍睹。在寺头惨案中，寺头街30多人惨遭杀害，房屋几乎全被烧毁；刘家宕被杀同胞达百余名之多，占原总人口的20%左右，被烧房屋237间、稻籽22堆（一堆稻籽约10亩稻谷），损失甚为惨重。

严埭惨案。民国26年11月25日上午，日军兵分三路进攻严埭。遭到中国军队102师顽强抵抗后，损失不小，便对村民进行血腥报复。当日下午，在东天池巷的大坟处，日军把20多位村民赶到巷前的秧田里砍头，然后用稻柴包起来放火焚烧。在这场屠杀中，养牛户石云轩和他的4个儿子被残忍杀害，20多头奶牛也被日军杀死。在欢门桥北漕，严埭村的壮丁教官李仲培，壮丁李阿三、李进培、李荣培等10人，与日军展开徒手搏斗，全体遇难。在孙盂巷，孙耀坤一家8口被杀，3间房屋被焚。在浦巷村，浦锡保一家6人被杀5人。在下旺村，日军放火焚烧观音堂时，8个前去救火的青年男子被日军抓到村后的田里集体屠杀。该惨案共杀害村民435人，烧毁房屋500余间。一个原本宁静安逸的田园小镇，惨案后变成人间地狱。

华庄岸惨案。民国26年11月25日，日军占领华庄岸后，立即对手无寸铁的村民进行血腥屠杀。日军闯进村里，一枪将正在田里干活的李盘林打死。钱荣根及怀有身孕的钱阿宝娘被日军打死在家门口。此后，日军挨家挨户搜查，强行把全村没来得及逃走的男人赶出家门集中起来，押到东面大横江的一块空地上排好，然后用步枪、机枪进行血腥屠杀。在日军开枪之际，毛聚宝机灵地滚入河中，毛祥源、钱培泉也顺势倒地，被日军误以为死亡才得以幸存。日军用喷火枪焚烧房子，60余间房屋和

300多亩收场稻谷被全部焚烧。日军还疯狂地奸淫妇女。村民潘荣秀、钱根秀遭到多名日军的轮奸。钱根秀还被日军抓到船上强暴数日，回家时已不成人样。仅11月25日，日军在华庄岸村就屠杀无辜村民21人。

蔡巷惨案。民国26年12月14日下午三四点钟，3个日军牵着用绳索反绑的10多名青年，沿着铁路从社桥日军驻锡警备队驻地（今老轻院内）向蔡巷走去。3个日军一进村，就开始挨家挨户搜东西、烧房子。残暴的日军把捆绑的27个村民和抓到的10多个青年关进朱家的房屋，锁上门，在屋外堆放许多木柴、门板，然后点火焚烧。在这起惨案中，40多人被活活烧死，其中朱家祖孙三代21口惨遭灭门。20多间房屋也被付之一炬，整个蔡巷变成一堆废墟。

马山惨案。民国27年农历二月十一日，1400余名侵华日军分乘40多艘汽艇，在3架飞机的掩护下，对马山开始惨无人道的大屠杀。日军从东半山的燕尾嘴登陆后，包围钮埼村（今属檀溪村）。日军进村后，挨家挨户搜出25人，把村民集中到涧北一片空场上，用2挺机枪扫射，24人应声倒下。随后日军又用刺刀在每人身上再戳几刀，24人全部被杀。日军又将尸首堆到一起，浇上汽油焚尸。在这场屠杀中，钮埼村被烧毁房屋48间，3户被杀绝，钱双大祖孙三代9口，全遭杀害。在钮琦村烧杀后，日军便冲向檀溪村。村民得知日军在钮埼村的暴行后纷纷上山躲避。日军进村时，见村里空无一人，便放火烧房。杨月海、杨增大、杨阿义等3家男女老少18人藏在预先挖好的深潭中，日军发现后用机枪扫射，10人当场被打死，3人被打伤。此后，日军上山搜索，将搜出的70余名男性青壮年押到冠嶂峰北坡集体屠杀。是日，檀溪村被杀97人，杀绝9户，烧毁房屋186间。十二日，日军又向西南各村烧杀抢掠。在古竹村等地，日军将二三岁稚童戳死后挑在刺刀尖上取乐，还将少年周正业砍成几段挂在树上。被日军奸淫的妇女最大的六七十岁，最小的十二三岁。有几个怀孕数月的妇女因奋力反抗，被日军强奸后用刺刀剖开肚皮，将血淋淋的胎儿挑到枪尖上。新城村（今群丰村）后南山脚下的树林里，躲着村民30余人，日军发现后，将村民一一戳死。日军还冲进祥符寺，将堂主中庸禅师和道空师、达法师、一心师等和尚一一枪杀。日军血洗东半山后，就向西半山烧杀过去。日军冲进西村，把鲁月子、鲁恺子兄弟俩抓住后，吊在村西的水车棚梁上当作活靶子，一刀一刀地戳，借以取乐，直到把他俩戳死。逃难的村民一路被日军赶着向西，到龙头渚时，太湖中无一船只，日军追到后将200余人全部屠杀。两天时间内，日军在马山杀死1500余人，其中马山本地人999人，占当时马山总人口的1/4，其余为苏、锡、常一带的难民及渔民300余人，国民党田文龙部官兵百余人。此外，被烧毁房屋3600余间、渔船40多艘。大屠杀后的马山，尸横遍野，一片凄凉。

阳山嘴角惨案。民国29年立夏前的一二天，一批日伪军押着36个青年人（身份不明）乘一艘大木船（后拖一只小木船）从漕湖驶进望虞河口，往苏州方向驶去。可能是不熟水路，木船被搁浅在阳山嘴角岸边。为减轻木船的重量，日军把36个青年人分成3组，每组12人，用绳子连在一起绑好后赶上岸。日军命令伪军到附近村上抓一些老百姓，强迫他们挖土坑。土坑挖好后，日军分三批把36人赶到坑里，面北站好，然后开枪屠杀。

许舍惨案。民国29年12月11日清晨，石塘方向的100余名日军，突然闯进许舍镇，挨家逐户大肆搜查。将顾丕显和顾耀根、顾阿胖3人枪杀于许舍小学操场上。并在光天化日之下强奸妇女4人。上午10点多钟，日军开始用火把、硫磺枪纵火焚烧民房。下午两点左右，这股日军刚撤走，又一队日军（100多人）从羊岐登陆，翻山扑进许舍镇烧杀抢掠。日军在许舍周围各村插上小旗作为纵火标志，然后点火焚烧。大火一直烧到晚上六七点钟。村民顾六兴不顾危险，拿起铁耙攀上自家屋顶灭火，当即被日军一枪打死。汪金法的妻子顾月珍生完孩子才12天，看到自家房屋着火，便拼命上去扑救，她刚扑灭一处，日军又点燃一处，故意要弄她。如此反复多次，顾月珍被折腾得筋疲力尽。最后，日军在一阵狞笑中，把她推入火中活活烧死。在灭火中惨遭杀害的还有周勇林、陆寿大等。这一天，东起横山嘴大豆厂，西至三家村，南到南山、刘费村，北抵张巷、戴巷、上宋巷，方圆5里范围内包括许舍在内的20多个自然村，被日军付之一炬。9名村民被杀，被烧毁房屋1048间、粮食10万余斤，其他生产、生活用品等不计其数。时正值隆冬，村民无家可归，无米可炊，饥寒交迫，惨不忍睹。

门楼下惨案。民国30年6月2日清晨，驻常熟新桥的日军调集200多人分水陆两路朝门楼下奔袭，企图一举歼灭驻门楼下的新四军。为使群众免遭损失，新四军决定主动撤退，并迅速组织全村群众疏散隐蔽。有少数来不及疏散的村民躲在家中。日军进村后，强行将李阿三夫妻、儿子及朱桂根的母亲、祖母赶到屋外空地上，用刺刀将4个大人活活捅死。为取乐，日军惨无人道地将李阿三的儿子李福林双臂砍掉，并将他与4具尸体一起抛进河中，致其溺水身亡。下午2点多钟，日军在村上再也搜查不到其他人后，就丧心病狂地从村子的东西两头同时放火烧房。六七十间民房化为灰烬，年老卧病在床的李阿相被活活烧死。正在田里收麦的村民华曾泉，扛着扁担逃往许家湾的一条深沟避难日军跟踪发现深沟里还藏着30多名村民，对这些无辜村民用机枪扫射为防止有人活着，日军又对死人堆进行补射。吴阿金78岁的父亲瘫坐在近旁的一片桑树地里，眼看着儿子、媳妇、孙子一一惨死，禁不住老泪纵横，失声痛哭。听到哭声，日军端着刺刀冲过去，对着老人连戮数刀……。门楼下惨案中，共43人被杀，70多间房屋和不计其数的粮食、家具被烧毁。

2.帮会、会道门

青帮　青帮亦称清帮，源于明代罗祖教（也称无为教）的支派。明嘉靖、万历年间，无锡开原、扬名、开化、新安乡倡无为教，多渔民、妇女。清雍正年间（1723～1735年），由翁岩（常熟人）、钱坚（武进人）、潘清（杭州人）3人结盟，在浙江宝华山立庙开帮，设承运漕粮事务所，沿京杭运河主要码头开香堂，按辈收徒，长期在漕运中保持封建行帮的地位。帮内尊翁、钱、潘为始传三祖，按“清净道德文化佛法能仁智慧本来自性圆明行理大通悟觉”24字论资排辈，立帮规，严辈次，绝对听从老头子指挥。内称“自家人”，重“哥儿义气”，帮徒身无分文，只要是“自家人”，就有食宿之便。但违背帮规，轻者以“家规”处罚，重则“三刀六洞”秘密处死。

无锡是全国四大米市之一，又是南方漕粮主要采运点。清咸丰年间，青帮客帮安徽巢湖帮南移无锡，并与在无锡的庐州帮为争夺米业运输生意于北门外黄泥桥发生争斗事件，被政府弹压。在无锡的无为教曾谋起事以响应太平军，未果。太平军占领无锡期间，青头枪匪金阿狗在太湖流域横行，在开化乡遭太平军围剿。光绪十四年（1888年），主运漕粮的船户多系青帮人员，兴宁乡尤纪常是当时的青帮头子。光绪三十年，无锡发生毁学事件，有青帮参与。辛亥革命时，窦鲁沂、严伯寅等青帮分子参与起事活动。辛亥革命后，属“大”字辈者已寥寥无几。民国2年（1913年），成立“共进会无锡分会”，“大”字辈倪天成为会长。倪天成在芙蓉山，吴顺林和季载扬分别在城区的后祁街和北仓门等地大开香堂，发展门徒。无锡籍青帮季云卿和荣炳根都是上海青帮红人。旅居上海的季云卿和上海的陆连奎等到无锡开堂收徒。

无锡的青帮活动，在20～40年代中期最盛。一般青帮头目都开香堂，广罗门徒，扩大地盘，设烟馆、摆赌场、开戏院乃至黑道贩运。有的跻身军、政、警界，上通官府，下至地痞流氓，互相勾结，互为利用，在老头子的操纵下，为非作歹，无恶不作，成为当时社会上一股恶势力。民国16年4月初，青帮门徒邹广恒（无锡“清党”委员会主任）、杨祖钰（公安局督察长）等专程赴沪提供共产党活动的情报，参与无锡“四一四”反革命事件和逮捕共产党人等活动。

抗日战争期间，不少青帮头目投靠日伪当局，充当汉奸。民国30年1月12日，成立“中国安清总会无锡分会”，会址在崇安寺中隐院，倪谷生为主任，参加成立大会的有通、悟、觉字辈青帮成员300余人，宣扬“和平反共建国，共谋东亚新秩序”等反动主张。青帮门徒先后有吴正荣充当伪县公署政务警长，王菊林、吴连生等为日军宪兵队密探，杨彦斌出任伪县长，他们认贼为父，“清乡”“扫荡”，敲诈勒索，杀害抗日志士，令人发指。分散在农村的青帮头目季伯勤、周阿福、过锡镜等以门徒为基础，搞枪支，拉队伍，霸占一方，为所欲为。季伯勤门下的张鹤亭，原为忠义救国军10支队3大队11中队中队长，后投降日军，充当伪东南独立自卫团团长，以江溪、坊前为据点，收徒纳众，开窑堂，设关卡，打家劫舍，欺压百姓，搜捕共产党人，杀害抗日志士，无恶不作。

抗战胜利后，境内仍有青帮的活动。城区申新三厂工头、青帮头目邵舜耕，勾结宪兵队武装镇压工人运动。梅村青帮头目徐森泉（小名阿七），民国初期拜于上海青帮高金宝门下，民国35年起充当梅村镇长，大开香堂，请上海青帮头子白宗祺等人到场，广收门徒，索取礼金，少者银洋两元，多者超千元。至民国37年关山门时聚赌抽头，广收财礼，并与西仓自卫团头子龚培芝合谋杀害共产党人。

无锡解放后，一些作恶多端的青帮头目均受到严厉惩处。

无锡青帮的主要成员有："大"字辈倪天成（又名宜天顺），"通"字辈赵培成、薛福瑞、蒋松岭、倪谷生、倪涵生、钟季鹤、季云卿、荣炳根、陈荣泉、杨彦斌、王秉生、朱万源、朱政、季伯勤、任士雄等，"悟"字辈吴顺林、滕聘如、许寿福、高德华、周阿福、吴连生（锁）、堵一、毛木君、蒋嘉猷等，"觉"字辈过锡镜、王双林、季载扬、邵舜耕、徐森泉、王菊林等人。

洪帮 洪帮亦称红帮，源于清初的"反清复明"团体。拜天为父，拜地为母，故又称天地会。其支派有三点会、三合会、小刀会、红线会、哥老会等。各派均有"山名""堂名"，首领称"龙头大哥"，立"家规""帮规"，使用暗号、隐语。入帮者称之"洪门""洪门兄弟"。多次发动武装起义，屡遭清廷残酷镇压。后曾改称"安清会"，蒙混官府，以存实力，分散各地。民国时期，受国民党军统控制利用。民国初期，在外地入洪帮的马老五等人，从安徽巢湖到境内梅村落脚，擅武术，并在梅花桥开设赌场，抽头渔利，后骗取陈姓之女离去。民国34年（1945年），青、红帮合并改称"中国新社会事业建设协会"，由戴笠操纵，杜月笙为总头目。戴笠死后，由无锡人徐亮负责，无锡成立筹备委员会，钱孙卿任主任，有会员42人，大部分是各社团和工商界人士，青帮仅2人。民国36年解散，没有什么活动。民国28年，荡口镇华志刚在南京拜于红帮首领朱亚雄门下，于民国37年回荡口，任大来书场经理，立"龙吟山""全义堂"，收徒结盟，自为首领，并先后在甘露、厚桥、后宅等地开堂收徒，入帮者共有200多人。临近解放时自行解体，销声匿迹。

水火帮 属窃帮，产生于清末苏北，后流窜于苏南，以"走江湖"的名义进行盗窃。先是以抓水面的鸭为"水"，偷陆地上的鸡为"火"，船为帮，俗称水火帮。后时间长了，水火以水上陆地之分，不限于鸡鸭。有文武两帮，文帮以偷窃为主，称小帮；武帮以抢劫为主，称大帮。民国元年（1912年），盗匪孙志明在太湖一带组成"水浒"帮，也演变为水火帮。水火帮在无锡分有无锡帮、浙江帮、苏北帮、宜兴帮等，又以姓氏分为戴家帮、王家帮、朱三妈帮等，成员都以全家人参加，代代相传。水火帮相信迷信，有不少切口与帮规，作案时手段残忍，杀人灭口。抗日战争时期，一些水火帮成员投敌。抗日战争胜利后，有成员参加特务组织。新中国建立初期，一些国民党残兵游勇、逃亡地主、还乡团成员加入水火帮，组织武装匪特，与人民政府为敌。1949～1951年，无锡市公安局陆续逮捕一些水火帮罪犯，有沈家帮、蠡园帮、宜兴帮、兴化帮、玉祁帮等7股，捕获帮匪30人，匪首朱孝文、沈小狗被判死刑。1953年，对27个帮的骨干分子予以逮捕。1954年，又集中搜捕4个帮31名罪犯，予以彻底摧毁。

穷江行 属窃帮，产生于清道光年间（1821～1850年），以修旧拾废为掩护进行盗窃，内分帮派，有切口、暗号、行规。在无锡主要活动于羊尖、荡口、东亭、玉祁等农村地区，常进城抢劫，其规模、影响不亚于水火帮。1949～1951年，无锡市公安局陆续抓获一批穷江行罪犯。1953年集中搜捕36名穷江行罪犯。1960年其组织死灰复燃。1973～1976年，在宜兴县与安徽、浙江省交界处作案280余起，收徒多人。1978年，苏南地区公安部门统一行动，集中打击穷江行。由于其组织涉及面广，处于流动状态，仍有部分人员继续流窜。

一贯道 一贯道又名中华道德会、崇华德道会。民国6年（1917年），由路一中创建于山东省泰安县，在济南设中枢台。民国28年，该组织的头目张光璧派陈永清、尹祥云到无锡，在城区三皇街设总坛，收徒传道。后又有上海、南京方面派人在城区设天光坛、智勇坛、道光坛，继而逐步向农村发展。至无锡解放初，境内共有6个分会、11个组、140个坛、200个家庭佛堂，道首2039人、道徒63742人。1953年被取缔，后曾有数次复辟活动，由公安部门及时破获。

先天道 先天道又名天先道、佛力保家会。民国31年（1942年），由江洪涛在北京创立"中国先天道总会”,自任总会长。民国33年,境内倪子才、徐粹初、祝有青专程赴济南先天道联络处,并至北京拜见江洪涛。继而回到无锡传道,在安镇上山村设总会,徐粹初、倪子才为正、副会长,宣扬“佛力保家”“刀枪不入”,广收道徒。后改称“先天道华中无锡总分会”,下辖安镇、羊尖、八士、张泾分会和梅村、西漳等支会。民国34年春,全县入道者达7万余人,且多为贫苦农民。其时,在有共产党活动的地区,曾一度控制先天道并引导其进行抗日活动。无锡解放后,倪子才、祝有青、严耕山等为首分子,阴谋组织武装暴动。1953年,先天道被取缔,首恶分子被镇压。

同善社 同善社原名孔圣社,清末为四川省永川县龙水镇彭克尊所创建。民国11年(1922年),由镇江郁荣春到无锡收徒传道,在城区光复门附近建立分社,薛兆卿为社长。民国15年被取缔,转为秘密活动,改称“无觉祠”。民国20年,由祝有青等人在境内农村先后开设佛堂16个,有道首105人,发展道徒5990人。1953年被取缔,首恶分子被严惩。1973年,在境内长安、西漳、华庄等地曾有复辟活动,县公安部门及时侦破。

其他会道门 无锡境内会道门众多,除一贯道、先天道、同善社三大会道门外,还有一心天道龙华圣教会、中华理会、中教道义会、天元坛、宗教哲学研究社、无为门、大乘门、中华黄旗会、九宫道、博济社、三茅会、乐善台、先天门、竹露莲社、大刀会等15种。设有所、坛、堂、组280余个,大小道首700余人,道徒4.7万余人。无锡解放后,以开坛传道形式,骗取钱财,奸污妇女,制造谣言,阴谋复辟,甚至称皇称帝,封官委职,坚持与人民为敌。1953年,政府取缔一贯道、先天道、同善社等12种会道门,有7万余名道徒申请退道,212名道首登记自首。1960年9月,又取缔博济社、乐善台、中教道义会、竹露莲社、三茅会、大刀会等6种会道门。

3.新中国成立后重大历史事件

无锡的解放与建市 1949年元旦,由中共中央主席毛泽东为新华社撰写的新年献词发表,庄严宣告:中国人民解放军将向长江以南进军,解放全中国,将革命进行到底!辽沈、淮海、平津三大战役结束后,人民解放军挥戈南下,百万雄师饮马长江,江南的解放,已指日可待。国民党无锡地方当局仍执迷不悟,推行“戡建总体战新决策”,宣布城区“宵禁戒严”,以做垂死挣扎。中共无锡地方各级组织沉着应对、坚持斗争,积极做好迎接无锡解放的各项准备工作。

无锡城区的地下党组织以上海局系统的中共无锡工作委员会为主。此外,华中一地委、二地委也各有下属组织在无锡城区开展活动。中共无锡工作委员会下设城中和城北两个区委。城中区委主要领导学生运动,组织发动进步教师和学生开展护校斗争,同时从事统战、策反、情报搜集等工作;城北区委主要领导工人运动和工人武装,在工厂中发展组织,设法控制工厂内机电、动力等要害部门及护厂队,以适应保护工厂、迎接解放的需要。经过城区各级地下党组织的艰苦努力,党的发展工作深入到粮食、纺织、商业、仓储等行业,以及教育、新闻、医务、文化等社会各界。在无锡解放前夕,城区已有中共党员327人、青年团员80余人。

无锡城区地下党组织把完整地保护城市、保护工商业作为迎接解放的一项主要工作,其重要内容就是以工人、店员和学生为主力军,团结社会各界人士,开展护城、护厂、护商、护校斗争,重点是做好工商界代表人士荣德生、钱孙卿、薛明剑等人的工作。1949年初,中共无锡工委书记高山通过直接面谈和间接转告等形式,动员工商界“不外迁、不逃资,作好应变准备,保护无锡工商业”。2月中旬,荣德生、钱孙卿应中共华中工委江南工委之邀,委派钱锺汉等人为无锡工商界代表,秘密前往苏北解放区,与中共华中工作委员会领导人陈丕显、管文蔚商谈有关迎接解放和保护工商业等问题并达成共识。由无锡各界20余个社会团体组成的无锡县人民公私社团联合会,针对国民党无锡地方当局关于“守城3个月”“把全城变为焦土”的狂言,发起反征税、反征粮、反征兵、反对构筑城防工事的斗争。与中共地下党员有联系的无锡《人报》,除及时报道县人民公私社团联合会的斗争、荣氏企业决不外迁等本地消息外,还通过转发国外通讯社电讯等方式,公开报道解放区的新闻,甚至还刊登出人民解放军的《渡江宣誓》全文,为迎接解放广造舆论。

2月下旬，奉命接管苏南地区的中共华中工委召开扩大会议，筹建南下干部班子。华中工委决定，由华中第一地委和第六地委联合组建接管无锡分区（包括无锡、常州、江阴、宜兴、金坛、溧阳等地）的干部班子。3月中、下旬，负责接管无锡的南下干部开始在泰州张甸集训。4月2日，华中工委书记陈丕显传达中共中央华东局决定，无锡单独建市，直属苏南行政区，并作为中共苏南区委员会和苏南行政公署机关驻地。随即，华中工委，华中军区司令部、政治部和华中行政办事处发出联合通知，立即筹建中国人民解放军无锡市军事管制委员会、中共无锡市委员会和无锡市人民政府。随后，分批宣布各级干部任职名单。4月18日，负责接管无锡的南下干部大队移驻靖江，待命渡江南下。

4月20日子夜，渡江战役打响。21日19时，集结在江阴对岸的人民解放军第三野战军10兵团29军开始强渡长江。22日，江阴要塞国民党驻军7000余人在中共秘密党员的策动和率领下举行战场起义，人民解放军进驻江阴县城。23日，江阴县全境解放。

4月23日上午，国民党无锡县县长李资召开紧急会议，部署应变措施。驻扎在城区的国民党宪兵团首先撤离无锡，其余党、政、军机关闻讯后乱成一团，纷纷各自疏散。中午前后，从江阴防线溃退下来的国民党官兵蜂拥而至，经铁路、公路和水路向苏州、上海方向逃窜。下午，县长李资偕同县警察局局长等随从撤出无锡。李资撤逃前，曾多次催促国民党立法院无锡籍立法委员薛明剑、孙翔风一起撤离，但薛明剑、孙翔风与之巧妙周旋，和国民党无锡县参议会议长李惕平等有识之士留在无锡。

就在国民党无锡地方当局仓皇出逃之际，中共无锡地方各级组织迅速做出反应，发动党员、团员以及工人、店员和学生，积极开展护厂、护商、护校斗争。由中共无锡工委于4月20日在顺丰德面粉厂秘密成立的工人纠察队司令部，立即集中人员和枪支，封锁长安桥、茅泾浜一带，并通过电话和交通员发出指令，指挥全城护厂斗争。无锡县人民公私社团联合会拟定临时戒严办法，出动工商自卫团，全力维护城区治安。在中共无锡工委的核心领导下，人民群众团结一心，社会各界默契配合，完整地保护了无锡城。

负有解放无锡使命的解放军三野10兵团29军过江登陆后，一路追击国民党溃军，迅速向无锡挺进。其先头部队87师第260团于23日傍晚抵达无锡北郊后，向既定目标无锡火车站直插。22时左右，260团第2营顺利占领火车站，并在工运路、汉昌路一带搜索、警戒。约23时许，后续部队到达会合，260团指战员由光复门进入无锡城。同时入城的还有87师第259团。无锡遂告解放。

24日凌晨，第29军各部在无锡城外集结，军指挥部就设在胜利门外莲蓉桥堍的一家银行内。无锡工委书记高山去军指挥部会见军政治委员张藩。是日早晨，人民解放军大部队浩浩荡荡由胜利门进入城区，受到无锡人民群众的夹道欢迎。随同第29军政治部一起过江的包厚昌等南下干部先遣人员，就在军指挥部驻地附近的大河池无锡米业公会内设立临时办公处，接待工人代表团，协助军政治部举办新闻记者座谈会。当天下午，经城区地下党、团组织的发动和各社会团体的联合筹备，以工人、学生为主体的各界群众两万余人在城中公园集会，欢迎人民解放军入城，会后举行庆祝游行。

25日，由陈丕显、管文蔚率领的苏南区党、政机关工作人员，以及由顾风带队的南下干部先遣队开进无锡，在太平巷1号（即原地方法院所在地）挂出“中国人民解放军无锡市军事管制委员会”的牌子，同时张贴市军管会第一号布告，宣布市军管会为全市军事管制时期最高权力机关。市军管会主任由苏南行署主任管文蔚兼任。在县前街82号（即原国民党县政府所在地）挂出“无锡市人民政府”的牌子，同时张贴市人民政府第一号布告，公布市军管会命令：“决定划无锡为市，成立无锡市人民政府，并任命顾风为无锡市市长，包厚昌为副市长。”无锡市的行政区域，包括原无锡县行政建制的第一指导区、第二指导区全部12个镇，以及第五指导区的1个镇、1个乡，共计14个镇（乡），有居民7万户、34万人口。中共苏南区无锡市委也于同日开始办公，市委机关设在老县前太平巷原无锡监狱所在处（数日后即迁至复兴路119号）。原定市委书记钱敏未到职，由市军管会主任管文蔚任市委代书记，副书记谢克东主持市委日常工作（数日后即由苏南区党委宣布谢克东任市委第一副书记，高山任第二副书记）。

4月30日，解放军华东军区无锡市警备司令部成立，由苏南军区参谋长陈玉生兼任司令员，张志一任政治委员。市警备司令部设在光复门外太平巷。无锡市军管会、中共苏南区无锡市委、无锡市人民政府和无锡市警备司令部等人民政权机构的成立，标志着旧无锡的结束和新无锡的诞生。

镇压反革命运动 尽管国民党无锡地方当局在无锡解放前夕就已仓皇出逃，但是其残余的反革命势力并没有完全退出无锡的历史舞台。早在民国37年（1948年）11月间，国民党军统、中统在锡特务机构，就开始有预谋地建立特务潜伏组，阴谋在无锡解放后进行破坏活动。一些流落在社会上的国民党军队溃散官兵和没有来得及撤逃的国民党反动骨干，与武装土匪、苏北逃亡地主及反动会道门组织等社会恶势力相勾结，继续为非作歹，危害人民群众。退踞台湾的国民党当局秘密派遣武装特务潜回苏南，有组织地进行颠覆活动。这些国民党特务、土匪等敌对势力的破坏活动，直接威胁着新生的人民民主政权的巩固和社会的安定。

无锡解放后不久，市委即成立剿匪肃特工作委员会，采取强有力措施，全面展开围剿土匪和肃清国民党特务的斗争。1949年4月～1950年10月，全市共登记反动党、团及特务人员1149人，登记、处理国民党溃散官兵615人；破获国民党特务和武装土匪组织117个，侦破现行反革命案件69起；收缴枪、炮武器1500余件及大批弹药等军用物资。剿匪肃特斗争的胜利，极大地压缩国民党残余反革命势力的社会基础和活动空间，对敌斗争形势相对缓和。但是，他们并不甘心于失败，继续进行更为隐蔽的破坏和捣乱。特别是朝鲜战争爆发以后，他们的反革命气焰又日趋嚣张。1950年10月10日，中共中央发出《关于镇压反革命活动的指示》，要求全国各地开展大规模的镇压反革命运动（简称“镇反运动”）。11月13日，市委召开工作会议，决定成立以市委书记宫维桢为首的保卫委员会，作为开展镇反运动的直接领导机构，并制定工作计划上报苏南区委批准后，于同年12月开始，在全市大张旗鼓地开展镇反运动。

运动的前奏是再次开展对反动党、团及特务人员的登记，严厉惩处在押反革命罪犯。12月15～24日，全市共登记反动党、团及特务人员1355人。对登记后能够遵纪守法的反动党、团、特务人员，交人民群众管制；对抗拒登记的则实施逮捕，依照《中华人民共和国惩治反革命条例》严厉惩处。1951年3月下旬，市法院先后公审、判决一批罪大恶极的反革命罪犯死刑，其中有奉命到锡建立反革命地下政权组织的国民党派遣特务，破坏工厂生产、秘密发展反革命组织的国民党潜伏特务，以及有重大血案的历史反革命分子、汉奸、惯匪和恶霸。

1951年4月24～25日，中共无锡市第二次代表会议召开。会议的中心议题是部署开展镇反运动。市委书记宫维桢在会上作题为《过去镇压反革命工作的概况及目前镇压反革命的工作》的报告，号召全党动手镇压反革命。苏南区委书记陈丕显到会讲话，指出：“现在是提出镇压反革命成为中心工作来做，大张旗鼓来做，……要全党来保证。”会议一致通过《无锡市镇压反革命的行动方案》，并成立镇压反革命行动指挥部，宫维桢任总指挥，再以各公安派出所为单位，设立26个分指挥所。市委从各部门抽调2300余名党员、干部，与480余名公安干警一起组建成500多个行动小组。市第二次党代会全体与会代表作为骨干力量，也参与镇压反革命的大逮捕行动。苏南军区调遣6个连的兵力，担任行动时的警戒和看守任务。各项准备工作均在高度保密的状态下进行，以确保万无一失。4月27日19时至22时，全市统一行动，逮捕反革命分子955人，其中国民党特务374人，反动党、团、军、政、宪、警骨干分子234人，反动会道门头子24人，恶霸分子48人，土匪、叛徒275人。28日上午，副市长刘中向市一届四次各界人民代表会议协商委员会作出关于“集中逮捕一批反革命分子”的通报。29日，无锡市第一届各界人民代表会议第五次会议召开，刘中在会上做《关于镇压反革命工作的报告》。会议通过《关于镇压反革命的决议》和《关于建立反革命案件审查委员会、肃清反革命委员会组织机构》两个决议。4月30日和5月10日，苏南区法院和无锡市法院分别在火车站广场、无锡师范学校操场、私立无锡中学操场和惠山等地召开11场公审宣判大会，公开审理宣判反革命罪犯123人，其中执行死刑108人。参加大会的总人数超过15万人，全市镇反运动出现高潮。

5月10日,《苏南日报》发表题为《动员与组织广大群众开展控诉运动》的社论。由此,全市展开声势浩大的群众性检举、控诉运动。11日,举行全市各界人民镇压反革命广播大会,14.6万人参与收听。在镇反运动期间,全市举行报告会、宣讲会3000余场,大、小型控诉会3600余场,7万余人在会上控诉,有关部门接到检举信3000余件;举行公审会、宣判会190场,受教育人数230余万人次。

5月31日,中共苏南区委做出《关于执行第三次全国公安会议决议的工作计划》,传达中央提出的"谨慎收缩"的方针,要求"巩固胜利,防止偏向,避免错误",将镇反运动引向深入。对此,市委决定从6月至9月,全市镇反运动的主要工作为清理积案、组织劳改和清理"中、内层"。在20天内,全市共突击清理积案648件,宣判罪犯696人,对470名罪犯实施劳动改造。清理"中、内层"是指清理隐藏在人民军队、政府机关及党、团组织内的反革命分子。全市参加清理的干部1891人,其中党员534人、青年团员494人。经过清理,发现有政治历史问题的529人,有一般历史问题或嫌疑的421人。对清理出来的人员,均按照中央"大部不捉、大部不杀、大部不清洗"的原则慎重处理。处理的结果是逮捕法办13人、清洗出干部队伍13人、调离机关34人。此后,无锡市的镇反运动,又结合郊区农村土地改革、城市工厂民主改革等各项党的中心工作继续进行。通过对全市499家30人以上的工厂分3批进行的民主改革,清查出反革命分子221人。

在镇反运动的后期,中心工作是全面取缔反动会道门组织和开展"水上镇反"。全面取缔反动会道门的工作从1952年11月开始,首先进行调查摸底和专案侦查。1953年1月28日进入行动阶段,市公安局一举破获一贯道等8个反动会道门组织。2月1日起,市公安局分批颁发布告,宣布取缔一贯道等14个反动会道门组织。同时,在人民群众中开展大规模的宣传教育活动。全市举行群众大会389场,参加人数9万余人。全面取缔反动会道门组织的斗争历时半年便宣告结束。全市登记职业办道人员867人,83名道首投案自首,依法逮捕、管制123名道首及32名办道人员。"水上镇反"是指在"水上"的船民、渔民中开展镇反运动。"水上镇反"是结合民船业民主改革进行的,共清查出反革命分子26人。

经过历时近3年的激烈斗争,无锡市的镇反运动取得预期胜利。运动期间,打击反革命分子4017人,其中:判处死刑立即执行412人,死刑缓期执行63人,有期徒刑1334人,管制1045人,其余为悔过登记、教育释放或转送原犯罪地处理等。

郊区土地改革 1950年6月下旬,中央人民政府颁布《中华人民共和国土地改革法》。8月25日,中共苏南区委书记陈丕显在中共苏南区第一次代表会议上作题为《为有步骤、有秩序地进行苏南土地改革而斗争》的报告。苏南区委决定,将无锡县从无锡市划出直属苏南区领导,作为苏南区土改的典型试验区。无锡等城市郊区的土改,由各市委和市政府先作准备,进行调查研究,提出实施方案,然后再作决定。9月,市土改委员会成立,副市长刘中兼任主任。从此,在中共苏南区委、苏南行政公署的统一部署下,无锡市郊区土改的各项准备工作开始有序进行。

无锡市郊区包括10个乡和1个直属行政村,土地总面积35317亩,其中可耕地面积30916亩;总人口9499户42833人,其中农业人口占72%。土改前,全区通过雇工耕种或出租给农民耕种进行剥削的土地占有者(主要是地主)285户(占全区总户数3%),占有耕地10168亩(占全区耕地总面积28.8%);而占全区总户数44%的贫农、雇农,仅占有12.8%的耕地,其中147户雇农自有土地总计仅21.4亩。早在1949年12月,市委就派出农村工作队开辟郊区工作,建立基层政权,发展党团组织,组建民兵队伍,进行民主改革,并分别在1950年3月和7月,成立中共无锡市城郊区委员会和无锡市人民政府郊区办事处。在土改准备阶段,城郊区委和市委农村工作队一起,在郊区组织发动农民群众,建立郊区农民协会,加强农村基层干部的培训,开展调查研究,进行土地登记。同时,选定南郊扬北乡和北郊五河乡作为实行土改的典型试验区,摸索经验,掌握规律,为在全区开展土改做好准备。

市委先后召开3次常委会议,专门研究郊区土改问题,制定《无锡市郊区土地改革实施方案》,于同年12月中旬提交市一届四次各界人民代表会议讨论通过。市委在年内统一调配力量,在原市委农村工作队的基础上，再从市区机关、苏南文教学院等单位抽调部分干部、学生，组成162人的无锡市郊区土改工作队。1951年1月，成立市委郊区土改委员会，由市委副书记谢克东兼任书记。随后，以市委郊区土改委员会为核心，组成扩大的、具有统一战线性质的无锡市郊区土改委员会，刘中兼任主任。城郊区委根据市委指示精神，发动各乡农民群众民主评选基层干部，清洗不称职干部或不纯分子59人，新选出农民积极分子139人充实乡、村两级干部队伍。郊区农民协会组织在准备阶段也得到迅速发展，到郊区全面实行土改前夕已有农协会员8863人，比该组织成立之初的会员数翻了两番。同时，设立市人民法庭，依法审理破坏土改的违法案件，为郊区土改提供法律保障。

2月11日，城郊区委召开第一次扩大会议，部署全区农村土改工作。2月18日，无锡市郊区举行第一届农民代表大会举行第三次会议，并邀请全市工人代表、民主人士代表和工商界代表列席会议。城郊区委书记朱毅在会上作题为《为有步骤、有秩序、有领导地放手发动群众，争取今春完成土改而奋斗》的报告。大会以后，土改工作队进驻各乡，土改运动全面展开。

无锡市郊区的土改运动大体分成5个步骤：第一步放手发动群众。土改工作队进村后，首先访贫问苦，依靠贫、雇农，团结中农，开展以反封建为中心内容的宣传教育活动。全区先后创办20所冬学民校，将中央有关土改的文件内容编成通俗易懂的教材，启发和提高农民的阶级觉悟。在发动群众的过程中，结合正在进行的镇反运动，依照华东局颁布的《惩治不法地主暂行条例》，在郊区逮捕恶霸地主和现行反革命分子6人，组织召开全区性的公审大会。各乡土改工作队抓住契机，组织发动农民开展对不法地主的检举揭发、诉苦说理的斗争，迅速掀起土改运动的高潮。发动群众的另一个层面是开展对城区职工和各阶层人士的反封建教育，在市委统一部署下，组织部分大学师生和民主党派人士去农村参加土改实践，扩大反封建的统一战线。第二步划分阶级成分。鉴于郊区农村阶级关系的复杂性和特殊性，城郊区委在兴竹乡先行一步，取得经验，树立样板。3月中旬，城郊区委在兴竹乡召开划分农村阶级成分现场会，由郊区农民协会介绍兴竹乡发动群众评阶级的情况和经验，在全区农村推开划分阶级的工作。在郊区户籍9499户中，确定地主39户、富农4户、小土地出租者142户、工商业者246户，其余为中农、贫农、雇农以及小商贩、职工、手工业者和自由职业者。另有户籍在城区或外地的地主、小土地出租者、工商业者等328户在郊区有土地出租。阶级成分划定后，全区举行斗争会157次，参加人数26640人次，斗争恶霸地主、不法地主、劣迹地主分子99人。第三步没收、征收土地。全区没收地主土地7033.5亩、房屋111间、家具2049件、耕牛1头、农具1315件、粮食2.3万公斤和种子2000公斤；征收工商业者、小土地出租者及富农土地3134.5亩、房屋114间。第四步分配使用土地。郊区农村和一般县区农村的土地分配政策有着明显的区别：所分配土地的所有权均归国有，农民仅有使用权；分配土地的对象只能是农业人口；优先保证市政建设的用地需要。土地分配的基本原则是“全乡着眼，从村入手，先分耕地，后分其余，整分零补，好差搭配，照顾劳力，远近相宜”。据统计，郊区无田少地的农民有5038户31276人分得土地和部分生产资料。对别无其他收入或收入甚少不足于维持生活的在村地主，也分配一份土地，让其耕种使用，自食其力。土地分配于4月底基本完成。鉴于夏收夏种农忙季节来临，土改运动暂告一段落。夏收夏种结束后，郊区的土改运动进入最后一个步骤，即复查补课、颁发土地证阶段。6月下旬开始，复查补课在郊区各乡、村全面推开，追查出漏划地主3户、工商业者13户、小土地出租者4户，共计追查出黑田2195亩；同时，纠正错划地主1户、富农6户、工商业者10户及小土地出租者4户。复查补课后，进行地籍整理和颁发土地证。同年8月，市政府向郊区农民颁发国有土地使用证4245张、土地所有证9689张，同时宣布土改以前的土地契约一律作废。至此，历时1年的无锡市郊区土改运动结束。

土改运动从根本上摧毁农村的封建势力，农民在政治上和经济上彻底翻身，农村生产力大解放，农业生产得到快速发展。土改运动结束后的当年，郊区粮食平均亩产创出历史最高水平，稻麦两季亩产309公斤，比土改前的1950年增产7%，比解放初的1949年增产16.6%。

抗美援朝运动　1950年6月25日，朝鲜内战爆发。中共中央根据朝鲜劳动党和朝鲜政府的请求，以及新中国自身安全的需要，做出“抗美援朝保家卫国”的战略决策，决定组建中国人民志愿军赴朝参战，协同朝鲜人民军，抗击美国侵略军。无锡人民也开展轰轰烈烈的抗美援朝运动。

7月2日，无锡市总工会、新民主主义青年团无锡市委、无锡市民主妇女联合会（筹）、无锡市学生联合会、无锡市文学艺术界联合会（筹）、无锡市工商业联合会（筹）和无锡市教师联合会（筹）等各人民团体发表联合声明，强烈谴责美国侵略朝鲜、台湾及干涉亚洲事务的罪行，揭开无锡市抗美援朝运动的序幕。6日，市总工会主席包厚昌发表广播讲话，呼吁全市人民响应世界拥护和平大会号召，在全市范围内开展《和平宣言》签名活动。15日，苏南区总工会（筹）与市总工会联合邀请苏南区和无锡市各人民团体进行协商，决定举办苏南区暨无锡市反对美国侵略台湾、朝鲜运动周。在运动周期间，全市各工厂、学校、机关、团体纷纷出动宣传队上街宣传，声讨美国侵略者，有26万余人在《和平宣言》上签名。8月1日傍晚，全市群众和苏南军区指战员10万人分成4个片区集会，举行庆祝“八一”建军节及反对美国侵略台湾、朝鲜示威大会。会后，市委决定在全市各单位和居民小组广泛建立读报小组，有组织地开展读报活动，进行爱国主义和国际主义教育。同时，在全市建立广播收音网，负责对各读报小组进行业务辅导。

11月上旬，市委发出通知，要求立即在全市开展以时事学习为中心内容的抗美援朝宣传月活动。按照市委通知精神，市委、市政府、市总工会和团市委的领导人均作为时事报告员，分别到各单位向群众作时事报告。仅半个月就作时事报告25场（次），听众7万余人。市工商联（筹）召开全市工商界抗美援朝大会，邀请中共苏南区委书记陈丕显到会作时事报告，并一致通过《无锡市工商界爱国公约》。这是在全市抗美援朝运动中出现的第一个爱国公约。在宣传月结束阶段，市委召开中共无锡市第一次代表会议。会议决定继续广泛深入开展抗美援朝的学习与时事宣传，有计划地建立宣传员和学习指导员制度，建立群众宣传网。

市第一次党代会后，成立中国人民保卫世界和平反对美国侵略委员会无锡市支会，全市抗美援朝宣传活动出现新的高潮。大、中学校师生1.4万人冒雪举行抗美援朝示威大会，大会通过《无锡市师生爱国行动纲领》，大会后举行示威游行。市总工会组织2.5万名工人举行抗美援朝示威大会并举行示威游行。在随后举行的无锡市第一届第一次工人代表会议上，一致通过《无锡市工人抗美援朝保家卫国十大爱国行动纲领》。工商界140个行业2.5万人举行抗美援朝示威游行。市店员工会颁布《无锡市店员抗美援朝保家卫国行动纲领》。文艺界5000余人举行抗美援朝文艺宣传游行。全市基督教代表会议通过以“三自（自治、自养、自传）革新”为主要内容的爱国公约。29名欧美留学归国高级知识分子联名发表《反美爱国宣言》。1951年春节前后，社会各界广泛开展慰问中国人民志愿军、朝鲜人民军和救济朝鲜难民活动。1月29日，全市各界代表300人在火车站举行仪式，向朝鲜发出首批慰劳、救济品。2月下旬起，无锡市抗美援朝宣传活动的重点从爱国主义、国际主义教育，转为反对美国武装日本，控诉日本侵华罪行。2月23日，全市召开各界人民反对美国武装日本大会。与会人士群情激愤，一致通过《无锡市各界人民反对美国重新武装日本宣言》。会后，工人、农民、工商、妇女等各界分别举行示威游行，人数超过13万人。3月17～19日，苏南区和无锡市联合召开反对美国武装日本广播大会，无锡市参加大会及收听广播的人数超过15万人。大会期间，全市各界群众纷纷向大会打电话和写信，要求发言和控诉。一名15岁的少年在大会上控诉日本侵略者14年前杀害他全家7名亲人的罪行。广播大会原定举行两天，后因广大群众强烈要求，延长1天。《人民日报》对这次广播大会的盛况作详尽报道。广播大会后，全市控诉日本侵华罪行、反对美国武装日本的活动出现新的高潮。全市各界举行的集会、控诉会超过1000场（次），参加人数近13万人，有4000余人在会上发言、控诉，27万人签名反对美国武装日本和拥护缔结和平公约。

1951年6月1日，中国人民抗美援朝总会发出“推行爱国公约”“捐献飞机大炮”和“优待烈军属”等三大号召。7月6日，市抗美援朝分会（即原保卫世界和平反对美国侵略委员会无锡支会）召开全市第二次抗美援朝代表会议。会议通过“广泛订立或修订爱国公约”“增产捐献33架战斗机”“搞好优抚工作”等5项决议。会后，无锡市抗美援朝运动进入以落实三大号召为主要内容的全面深入发展阶段。在全市各行各业、各家各户广泛订立或修订爱国公约的基础上，无锡市一届六次各界人代会于8月25日一致通过《无锡市各界人民共同爱国公约》，成为全市人民在抗美援朝运动中的共同奋斗目标和行动准则。在捐献飞机大炮的活动中，市委及时提出“捐献与增产相结合”的号召，引导全市人民群众从单纯的以节约捐献、积蓄捐献转入开展爱国增产运动，实行增产捐献。通过社会各界的共同努力，全市提前1个月超额完成爱国增产捐献任务，共捐献武器款515.5亿元[①]，可购战斗机34.4架。全市成立拥军优属委员会，设立优抚基金，专门用于优待、救济烈军属。民政部门组织发动生活困难的烈军属建立针织合作社、草织合作社进行生产自救。市抗美援朝分会筹资建立荣军休养院，创办革命残废军人速成中学，为在锡休养的志愿军伤病员提供更好的医疗和学习条件。1952年10月25日，全市各界代表和志愿军在无锡休养员代表千余人集会，纪念中国人民志愿军赴朝作战两周年。大会向志愿军和朝鲜人民军发出致敬电。不久，即收到朝鲜人民军最高司令官金日成将军的回电，称“以全体朝鲜人民军将士们和我个人的名义，表示热烈的感谢！”

1953年7月27日，朝鲜停战协定签字生效。喜讯传来，全市一片欢腾。8月1日，无锡市各界人民庆祝八一建军节暨朝鲜停战协定签字大会在市人民大会堂举行。市委书记韦永义在大会上对无锡市历时3年的抗美援朝运动做出回顾与总结，指出：抗美援朝运动是一次规模空前的爱国主义和国际主义思想教育运动，同时又是一次建设祖国和保卫祖国的伟大实践，已成为恢复和发展国民经济、推动各项社会改革的巨大动力。

“三反”“五反”运动　1951年12月1日，中共中央做出《关于实行精兵简政、增产节约，反对贪污、反对浪费和反对官僚主义的决定》。8日，中央又发出《关于反贪污斗争必须大张旗鼓地去进行的指示》，一场反对贪污、反对浪费和反对官僚主义（简称“三反”）运动在全国迅速展开。17～23日，市委召开第三次全会（扩大）会议，市委副书记谢克东在会上传达中央、华东局和苏南区委关于开展“三反”运动的重要指示。市委、市政府主要领导人带头在会上自我检查。全会决定把开展“三反”运动作为1952年上半年的中心任务，并成立无锡市节约检查委员会，负责领导全市党政机关、人民团体和事业单位的“三反”运动。根据苏南区委的统一部署，无锡市24家国营企业和1家公私合营企业的“三反”运动由苏南区节约检查委员会和苏南总工会（筹）负责领导。

无锡市的“三反”运动分成4个阶段。第一阶段，即坦白检查阶段，重点是反对浪费、反对官僚主义，从1952年1月8日开始，历时10天。9日、10日，市政府连续两天召开干部大会，动员坦白和检举。11日，市各界人民代表会议协商委员会举行全市各级干部动员大会，要求掀起“三反”斗争的群众运动高潮。这一阶段，通过由上而下的坦白检查和由下而上的检举揭发，把群众充分发动起来。第二阶段以反贪污斗争为重点。17日，市直属机关党的代表会议召开。谢克东就“三反”运动作专题报告，并宣读市委对在运动中态度消极、抗拒坦白的两名干部予以组织处理的决定。18日，市政府召开各机关、团体全体干部大会，市长顾风作反贪污斗争动员报告，要求集中火力向贪污分子举行总攻。这一阶段，全市“三反”运动出现高潮。市委组织党的报告员和宣传员500余人到基层开展宣传教育活动；各级机关、团体分别举行动员大会和坦白检举大会，并设立接待站接受群众举报；各民主党派发出联合通知，要求民主党派人士积极参加“三反”运动；全市工商界开展反行贿、反欺诈、反暴利、反偷漏税运动。2月1日，运动转入第三阶段，即集中力量打击大贪污分子的阶段，亦称“打虎”阶段。市委领导成员分别到各重点单位，直接指导运动的开展。在举行两次全市性的反贪污坦白检举大会后，2月16日～3月底，连续组织4次围剿大贪污分子的“打虎”战役。每次战役打响前，先进行反右倾思想教育，组织“打虎”队，确定目标和任务，制定策略和方法；每次战役结束后举行全市性反贪污大会，集中宣布对一批贪污分子的处理决定，以扩大影响。在此期间，中央先后下发《关于处理贪污浪费问题的若干规定》等3个文件，明确对贪污分子处理的政策界限，使“三反”运动有章可

① 旧版人民币，下同。至1955年3月1日后始用新版人民币，新币1元合旧币1万元。

循、有法可依。4月中旬，经市政府批准，在全市直属机关分片设立5个人民法庭，依照《中华人民共和国惩治贪污条例》和中央有关规定，实事求是地做好定案处理工作。经过各法庭的调查核实，在全市打出的“老虎”中，真“老虎”占35%左右，悬案占10%～15%，打过头的占50%，没有贪污问题仅是个别的。5月起“三反”运动转入第四阶段，具体任务是做好追赃定案工作和加强组织建设。定案处理工作在7月基本结束。全市各机关、团体和事业单位参加“三反”运动的5378人，被发现有贪污问题的2582人，其中约27%的人分别受到党纪、行政或刑事处分；查处贪污总额37亿元，追回赃款23亿元。在这一阶段中，有40个机关党支部900名党员先后分两批进行整党，共处理党员95人，其中开除党籍37人。

“五反”运动由“三反”运动引发而生。在“三反”运动中被揭露出来的许多重大贪污案件的共同点之一，就是一些国家干部与不法资本家内外勾结，共同盗窃国家财产。因此，中共中央于1952年初要求在党政机关、人民团体和国营企、事业单位中开展“三反”斗争的同时，在私营工商业者中开展一场反对行贿、反对偷税漏税、反对盗骗国家财产、反对偷工减料、反对盗窃经济情报（简称“五反”）的运动。1952年1月中旬，无锡市开始“五反”运动，前后经历3个阶段，即宣传发动和典型试验阶段、全面斗争阶段、处理和建设阶段。

第一阶段从1月11日开始，至2月20日告一段落。这一阶段主要是广泛宣传发动群众，调查研究收集材料，组织骨干建立机构和典型试验取得经验。1月11日，市委副书记谢克东在全市各界干部动员大会上发出“三反”斗争动员令的同时，明确提出“在工商界中也应开展一个反对行贿、反对逃税漏税、反对盗窃国家资财和反对盗窃国家经济情报的斗争”。次日，市工商联（筹）响应市委号召，决定立即在全市工商界中开展一场反行贿、反偷税、反欺诈、反暴利的运动（简称“四反”运动，后根据中央指示精神统一改称“五反”运动）。与此同时，市总工会主席包厚昌向全市10万产业工人下达开展“四反”斗争的“总攻击令”。1月下旬，市委根据党中央《关于在城市中限期展开大规模的坚决彻底的“五反”斗争的指示》精神，决定在全市分片分批成立20个指挥所，调配1170名干部、职工，分别组成122个“五反”工作组，加强对“五反”运动的具体指导。同时决定在矿油业、五金业等8个商业行业选定42家商号作为典型试验单位先行一步，以取得经验，指导全市的运动。

从2月下旬起，全市“五反”运动转入第二阶段，即全面斗争阶段。主要是通过劳资见面会的方式，劳资双方展开面对面的斗争。全市共组织3次大战役，“五反”运动高潮迭起。在这期间，曾出现急躁情绪和过火斗争，甚至发现有“逼、供、信”现象。市节约检查委员会学习北京市和上海市的经验，及时发布《八项纪律》，严肃批评违反政策、违反纪律的行为。市政府设立人民法庭，依法审理运动中揭发出来的工商户的违法案件，切实纠正打击面过宽的现象。

第三阶段即处理和建设阶段，从5月中旬开始。处理工作分三步走：填写结论表；宣布工商户类型；填发结论通知书和退财补税通知书，组织资方集体缴款。在“五反”运动中对全市12929个工商户做出定性处理，其中守法户3659户，占28.3%；基本守法户7137户，占55.2%；半守法半违法户1862户，占14.4%；严重违法户206户，占1.6%；完全违法户65户，占0.5%。严重违法户和完全违法户占2.1%，小于中央规定的5%的比例。在退财补税方面，坚持对一些于国计民生有利的商业及全部工业进行保护、维持的方针，本着实事求是的精神进行核实。最终，全市仅有2259个工商户须退财补税，约占工商户总数的17.5%。最后核定退财补税数额1845亿元，仅占相关工商户坦白数额的53.2%，占相关工商户资金总额的13.3%。第三阶段中建设方面的工作，主要是整顿私营企业中党、团、工会组织和改组同业公会。有1403名“五反”运动积极分子在年内加入中国共产党，其中工人占91%以上。

6月12日，市节约检查委员会在人民大会堂召开无锡市“五反”运动胜利结束大会。市委副书记谢克东在会上作总结报告时指出，“五反”运动是一场严重的阶级斗争，也是一个空前伟大的思想改造运动和社会改革运动。7月3日，市各界人民代表会议协商委员会举行扩大会议，听取市长顾风所作题为《结束“三反”“五反”运动，把工作重心迅速转入生产》的报告。会议宣布“三反”“五反”运动已经获得彻底胜利，市节约检查委员会是日起撤销。

社会主义改造运动 1953年6月，中共中央政治局讨论和制定党在过渡时期的总路线，即：“从中华人民共和国成立，到社会主义改造基本完成，这是一个过渡时期。党在这个过渡时期的总路线和总任务，是要在一个相当长的时期内，基本上实现国家工业化和对农业、手工业、资本主义工商业的社会主义改造。”无锡是中国民族工商业的发祥地之一，私营工商企业较为发达。且无锡市、县分设后，农业在无锡市的产业比重中份额减少，无锡市在社会主义改造运动中，重点是对资本主义工商业的改造。按照党中央关于“经过国家资本主义完成对私营工商业的社会主义改造”的指示精神，在1953年末之前，无锡市在对私改造中着重发展以加工订货为主的初级和中级国家资本主义形式。1953年全市私营工业接受国家加工订货的产值已占全市私营工业总产值的92.9%。1953年12月，市委成立对资本主义工商业改造办公室。翌年初，根据中央精神，市委制定规划，有计划地扩展工业企业的公私合营工作。市委抽调一批干部组成工作组，分别进驻申新三厂等几个重点工业企业调查研究，制定公私合营的工作计划。7月31日，市政府举行全市第一批实行公私合营的申新三厂等5家工厂公私合营协议签字仪式。市委第一副书记兼市长包厚昌到会祝贺，副市长江坚代表市政府宣布这5家公私合营企业的经理、厂长、副厂长的任命决定。在第一批公私合营企业成功经验的指导下，第二批实行公私合营的庆丰纺织厂等6家工厂于同年10月29日举行公私合营签字仪式。而协新毛纺厂和赓裕布厂则成为在年末前实行公私合营的第三批工厂。这3批在年内实行公私合营的13家工厂都是规模较大的企业，其工业产值之和占全市私营工业总产值的53.3%。

在有计划地扩展工业企业公私合营的同时，市委成立商业国家资本主义办公室，直接领导对资本主义商业的社会主义改造。1954年7月，中央《关于加强市场管理和改造私营商业的指示》下达后，市委决定以全市最大的私营零售商业布绸业为试点，以取得对商业改造的经验。9月3日，市财经委批准35家布绸呢绒店为市花纱布公司经销户，1家为代销户，13家为凭证批购户。同日举行签订经销合同和发证大会，宣告布绸业在全市私营零售商业中率先实现国家资本主义的初级形式。对私营布绸业改造的经验很快在全市私营零售商业推开。百货、南北货、新药等行业的私营零售商纷纷提出申请，要求与国营贸易公司建立经销关系。至1955年末，全市实行经销代销的私营商业有6个行业334户，占私营商业户总数的13.9%，营业额由1953年的不足0.3%迅速提高至74.5%。

1954年12月，中央提出对资本主义工商业的改造要实行“统筹兼顾，归口安排，按行业改造”的方针。市委决定以缫丝业作为全行业改造的试点，专门成立市缫丝业合并合营办公室，制定《关于私营缫丝厂公私合营合并方案（草案）》，按照中央提出的方针，采取“先私私合并，后公私合营”的办法，分4批进行改造，进而实现全行业公私合营。以后市委又扩大试点面，在1955年内实现对机器翻砂、棉纺织、榨油、丝吐、冶坊等行业的全行业改造。同年11月3日，到无锡视察工作的中共中央主席毛泽东对无锡市委从实际出发、创新思路、开展全行业社会主义改造的工作表示赞赏和肯定。不久，在中共中央政治局召开的关于资本主义工商业改造问题的会议上，专门安排无锡市委书记包厚昌作20分钟的专题发言，介绍无锡市缫丝行业全行业合并合营的工作情况。

无锡市对农业的社会主义改造，是把具有社会主义萌芽的农业生产互助组推进到社会主义性质的合作社。1954年初，市委批准第六区（即郊区）关于试办农业生产合作社的计划，同意在仙蠡乡以汪阿荣互助组为基础，试办全市第一个农业生产合作社。5月1日，无锡市仙蠡乡五一农业生产合作社成立。该社有农户46户，入社土地201亩。其后，区委逐步扩大试点范围，至同年末全区试办17个农业生产合作社，入社农户656户，占全区农户总数的2.1%。1955年后，市委要求第六区区委对已办农业生产合作社进行巩固整顿，并在此基础上有计划地积极发展。通过巩固整顿，促进农业生产合作社生产的发展和社员生活水平的提高，走合作化道路成为农民群众前进的方向。此时，市委把原有的市委郊区工作委员会升格为市委农村工作部，加强对农业社会主义改造工作的领导。第六区改名为郊区，郊区区委增设互助合作科，创办互助合作干部学校，培训骨干，推动农业合作化运动的发展。年内，全区有农业生产合作社259个，入社农户8425户，占农户总数的26.5%。

无锡市对手工业的社会主义改造是根据中央指示精神，同农业、资本主义工商业的社会主义改造紧密结合，统筹兼顾稳步进行的。市委于1954年3月成立手工业工作委员会，市政府设立手工业管理处，引导广大手工业者按照自愿的原则，组织手工业生产合作社（组），推进对手工业的社会主义改造。通过试办取得经验，然后在全市各个手工业行业内全面推广。至1955年末，全市已有3619人参加手工业生产合作社（组），占全市手工业者总人数的17.2%。

1956年，无锡市对农业、手工业和资本主义工商业的社会主义改造出现迅猛发展的高潮。1月5～10日，中共无锡市第五次代表会议召开。会议决定采取有力措施，加快前进步伐，迎接社会主义改造运动的高潮。15日，北京市率先宣布全部实现资本主义工商业全行业公私合营。消息传来，群情沸腾。许多私营企业的业主和员工敲锣打鼓向市委、市人委报喜，申请批准公私合营。个体手工业者和郊区农民也热情高涨，纷纷要求组织起来走集体化道路。16日，市委召开有8000余人参加的干部大会，宣布全市社会主义改造即将进入最高潮。同日，市人委举行第九次全委会议，决定加快社会主义改造进程，并成立无锡市各界人民庆祝社会主义改造胜利大会总指挥部。17、18日两天内，全市社会主义改造出现最高潮。全市工商业391个（自然）行业全部提出公私合营申请并获各有关部门的批准；停泊无锡的701艘民船3550名船民全部实现合作化；全市10503户摊贩、小商贩组成101个合作商店和1897个合作小组；全市所有137个手工业行业7357户1.4万名从业人员全部实现合作化，共组织202个手工业合作社（组）。在郊区农村，各乡分别召开办社群众大会，许多个体农民纷纷报名要求入社，已经入社的社员们又进一步要求将初级社转为高级社。截至18日，参加农业生产合作社的农户已占全郊区农户总数的90%，全区实现农业合作化。19日，全市各界代表2000余人在市人民大会堂举行无锡市社会主义改造胜利报喜大会，大会宣布"无锡市已经进入社会主义社会"。20日，全市各界群众14万人在市人民体育场举行无锡市庆祝社会主义改造胜利大会。市委书记包厚昌、市长江坚分别代表市委、市人委向全市人民表示祝贺。大会宣布无锡市"从此挖掉了剥削制度的根子"。

整风运动和反右派斗争　1957年4月27日，中共中央发出《关于整风运动的指示》，要求在全党进行一次以正确处理人民内部矛盾为主题，以反对官僚主义、宗派主义和主观主义为内容的整风运动。5月，根据中共中央和江苏省委有关整风运动的指示精神，无锡市开始整风运动。

5月3日，市委召开党员干部大会，进行整风动员，对学习毛泽东关于正确处理人民内部矛盾问题的重要讲话作出部署。市委成立学习领导小组，由市委第一书记包厚昌负责。全市按系统成立11个领导小组，由市委各常委分工负责。在此前后，市委分别召开工业技术人员和文教、医务、新闻工作者，以及工商界、民主党派人士等座谈会，听取他们对市委、市人委在贯彻"双百"方针和文教工作、医疗卫生工作、新闻工作等方面的意见和建议。23日，市委召开市、区两级机关干部大会，作整风运动动员。动员大会后，整风运动在全市逐步展开。至26日，全市召开座谈会181个，2000多人次参加。5月29日至6月7日，市第二届人代会第二次会议召开。会议传达毛泽东《关于正确处理人民内部矛盾的问题》的报告，听取国务院总理周恩来在上海所作报告的录音。会议充分发扬民主，发动与会代表对市人委及各主管部门工作展开批评。所提意见涉及工农业生产、贸易、粮食供应、文教卫生、市政建设、交通运输等方方面面。6月中旬，政协无锡市一届四次会议召开，听取各阶层人士主要是工商界、民主党派和知识分子的意见。与会政协委员围绕开展增产节约运动、密切党群关系等中心议题，对有关部门工作中存在的官僚主义、宗派主义和主观主义进行坦率的批评；对揭露出来的各种矛盾，展开热烈的讨论。

5～6月中旬，经过放手发动群众"大鸣""大放"，广大群众通过写大字报、座谈讨论等形式，对各级领导和各方面工作中存在的官僚主义、宗派主义和主观主义提出大量的批评和意见，所提意见大多是诚恳的、善意的、坦率的、实事求是的。许多部门针对提出的问题边整边改，取得一定效果。

就在这时，全国的形势发生变化，整风运动的主题开始由正确处理人民内部矛盾转向对敌斗争，由党内整风转向反右派斗争。6月中旬起，无锡市按照中央和省委的统一部署，由整风运动转入到反右派斗争。6月24日，无锡市职工反击右派分子誓师大会在人民大会堂举行，大会通过《告全市职工书》。誓师大会后，市委决定在工商界、教育系统先行一步开展反右派斗争。尔后，逐步扩展到部分机关团体和各民主党派。

7～8月，中共中央要求把反右派斗争推向深入。8月14～21日，市委根据中共中央《关于继续深入反对右派分子》等指示和省委召开的地、市、县委书记会议精神，召开扩大会议，分析全市整风和反右派斗争的形势，重申反右派斗争的决心，决定在彻底揭露和批判右派的同时，在全市各机关和各企、事业单位继续分期分批地开展全民性整风运动，做到整风反右两不误。

为贯彻市委扩大会议精神，市级机关在市委小礼堂召开党员领导干部会议，组织学习，深入发动。市级机关各部门由主要领导人主持，召开党员会议、科长以上干部会议、全体机关干部会议，大会动员，小组讨论，层层发动，人人表态。此外，还通过召开各种座谈会等进行“大鸣”“大放”，发动群众向领导提意见和建议。为广泛发动干部群众参加反右派斗争，各级领导反复表示要按照“大鸣”“大放”、大字报、大辩论的要求来进行反右派斗争。同时强调，反右派斗争“不抓辫子，不打棍子，不戴帽子”。市委机关在室外开辟大字报专栏，各部门相继组织党员干部到大字报集中的地方观摩、学习、交流。在“大鸣”“大放”高潮出现后，全市各机关、工商界、民主党派和文教、财贸系统的部分企、事业单位，分期分批地开展反右派斗争。

尽管反右派斗争是分期分批开展的，各单位的具体进度也各不相同，但基本做法都差不多，均是按照中央规定的步骤先发动“大鸣”“大放”，然后是反击右派。各单位由负责人挂帅，建立专案组，专案组根据“鸣”“放”中的言论，对照毛泽东提出的辨别“香花”和“毒草”的6条标准，在党员、干部中划分左、中、右，由于反右派斗争出现扩大化，使得一批积极帮助党整风的党员、干部被错误地打成右派分子。全市反右派斗争至11月下旬结束，共揭发出右派分子835人(不包括无锡县)。

在全市工商界、文教部门、民主党派和市、区机关进行反右派斗争的同时，工厂和农村分别进行整风和社教运动。全市有55家工厂企业分两批开展运动，就领导思想作风、生产管理、生活福利、党群关系等提出大量意见。各厂贯彻边整边改的方针，根据群众揭露出来的问题，由党、政、工、团分别逐条研究，着手处理。9月中旬至10月上旬，无锡市郊区根据中共中央关于在全体农村人口进行一次大规模的社教以及省委关于秋收前在全省农村以粮食问题为中心开展社教运动的指示，在128个农业生产合作社，以粮食问题为中心，围绕合作社优越性、农产品统购统销、合作社的经营管理、干部的思想作风等主题展开大辩论。

根据中央指示和省委部署，1957年11月下旬起，无锡市的整风运动进入整改阶段，至1958年5月结束。整改阶段的主要工作是大力精简机构，下放干部，全市共下放5713名干部；权力下放，改革规章制度；反保守，反浪费，改进领导作风。1958年5月20日起，全市整风运动进入总结提高阶段，至1958年夏季结束。

无锡市的整风运动从1957年5月～1958年夏季，历时1年多，经过“大鸣”“大放”、反击右派、着重整改、总结提高等4个阶段，全市机关、学校、工厂参加整风的达30万人。这场运动对于反对官僚主义、主观主义、宗派主义，改进领导作风等方面具有一定的积极作用。但在整风期间，党的指导思想出现“左”的偏差，制定并发布一系列关于反右派斗争的指示，使反右派斗争严重扩大化，造成不良的后果，改变整风运动的初衷。中共无锡市委在全市领导开展的整风运动和反右派斗争，是严格按照党中央和省委的统一部署进行的。在全国反右派斗争的大形势下，无锡市的反右派斗争不可避免地出现严重失误，造成难以挽回的损失。

贯彻“八字方针”，实行全面调整 60年代，为了扭转由于“大跃进”造成的国民经济困境，无锡市贯彻中央“调整、巩固、充实、提高”的“八字方针”，从农村到城市，从经济到政治、文化、教育等各领域，对国民经济实行全面调整，使遭受严重破坏的经济社会状况逐步得到恢复和发展。

农村政策的调整。1960年11月，中共中央发出《关于农村人民公社当前政策问题的紧急指示信》（即“十二条”）。12月，无锡市委抽调2000名干部、工人、大学生分赴农村开展整风整社，纠正“一平二调”的错误。同时，在蠡园公社北桥大队进行以生产队为基本核算单位的试点工作。1961年1月14日，无锡市、县委抽调2044名机关干部、工人、学生、解放军官兵组成无锡市农村工作团，下设44个工作队，分赴全县34个人民公社、10个城市蔬菜分社，宣传贯彻中央“十二条”精神。无锡县各公社工作队长兼任该公社党委副书记，在各公社党委统一领导下，成立228个工作组，分赴34个一类大队、113个二类大队、87个三类大队，帮助开展整风整社。对一、二类大队主要进行思想教育和政策教育；对三类大队，由派驻的工作组发动群众清理账目，清理整顿领导班子，同时全面帮助整顿公共食堂，安排社员生活等。这次整风整社至5月中旬基本结束，初步清理了重点大队的一些突出问题。在整风整社的同时，全面进行对“一平二调”错误的经济退赔工作。无锡县委成立退赔委员会，全县共平调财物折合3835.65万元，除退赔房屋14387间、机器402台、农具129110件、家具60208件等实物外，还退赔现金454.86万元，开出约期兑现的期票111万元。与此同时，根据中央“十二条”精神，落实社员自留地政策，全县平均每人划给自留地6.8厘，由社员自主耕种。

1961年上半年，党中央制定下发《农村人民公社工作条例（草案）》（简称“农业六十条”）及其修正草案，为调整落实农村经济政策、全面整顿人民公社作了比较系统的规定。1962年2月13日，中共中央发出《关于改变农村人民公社基本核算单位问题的指示》，确定生产队为基本核算单位。为此，省委和无锡市委、县委联合组成工作组于1961年4～6月，在无锡县胡埭公社进行贯彻执行“农业六十条”的试点工作。省委第一书记江渭清蹲点，重点调整公社体制和大队、生产队规模，明确生产队是人民公社的基本核算单位，推行“三包一奖”（包产、包工、包成本，超产奖励）。在试点基础上，无锡县按“农业六十条”精神，着重在5个方面贯彻落实有关政策：贯彻按劳分配的原则，调整分配制度，取消一度实行的供给制，恢复合作化时“三包一奖”的集体生产责任制，恢复实行按劳分配政策；停办公共食堂，全县停办公共食堂5838个，占食堂总数的99.8%；为社员补划自留地，全县社员自留地由6.8厘增加至9厘；调整供销合作商业，进一步恢复和开放农村贸易市场，至1961年3月末，全县72个大小集镇有66个恢复集市贸易，促进社员家庭副业生产，活跃农村经济；实行以生产队为基本核算单位。公社化初期，实行公社统一核算，后又以大队为基本核算单位。1961年10月至12月，无锡县委在堰桥公社麻岐大队进行改变基本核算单位的试点，然后由点到面分两批推开。至1962年4月16日，全县除藕塘、八士、雪浪、红旗、张泾等5个公社中的6个大队仍保留以大队为基本核算单位外，其余均实行以生产队为基本核算单位，使生产队拥有一定的生产管理权和收入分配权，克服原来公社、大队对生产队管得过多、统得过死的弊端，进一步调动群众生产积极性。

工业的调整。中共八届九中全会后，无锡市按照“八字方针”首先从压缩基建战线、降低工业指标入手进行经济调整。1961年，除支援农业和人民生活迫切需要的部分重点项目继续施工外，大部分基建项目都停建、缓建；对经济计划指标作比较合理的调整，年度工业总产值计划由年初的17亿元降低为7.7亿元，生铁产量指标比1960年下降89%，金属切削机床指标下降61%。

无锡市根据“农、轻、重”的方针，采取先易后难、先新企业后老企业、成熟一家调整一家的做法，对全市工业布局进行初步调整。至年末，全市工业企业由1960年的889家调整为710家，其中市区由560家调整为530家，重点加强和发展直接为农业服务的企业。1961年，农业生产资料的产值在工业总产值中的比重有所上升。针对工业内部比例关系失调的问题，缩短重工业战线，适当拉长轻、手工业战线。在调整中，对冶炼、机电、化工等企业中原材料供应没有保证、生产方向未定，或技术力量薄弱、设备简陋、产品质量低劣的企业，有的限其停产，有的限其压缩规模；充实轻工业的技术力量和重要设备，恢复部分传统产品的生产，并适当安排燃料和原材料的供应，使发展过快、过多的重工业挤掉轻工业的状况得到改善；在手工业方面，初步调整企业组织规模和网点设置，全市手工业企业数由191家增至370家，门市部和服务点由665个增至841个。根据手工业各门类的不同特点和不同情况，合理调整手工业企业所有制。通过调整，增加轻、手工业系统职工人数、产品品种，恢复部分传统名牌产品，新增铝锅、塑料鞋底等52种缺门产品。在全市工业总产值中，轻工业的比重已由1960年的55.1%提高至1961年的62.2%，重工业的比重相应地从44.9%降低到37.8%。

此外，无锡市注意巩固和提高传统工业，充实和加强新兴工业。针对无锡传统的纺织工业在"大跃进"时期基础受到削弱的情况，以提高产品质量为目标，充实和更新部分设备，并对部分企业迁并改组，适当压缩普通纱、布的生产能力，淘汰部分陈旧落后设备，增加生产高级织物的设备。对化工、电讯仪表等新兴工业和新建、扩建的机械工业企业，充实和加强保留下来的骨干企业，改变其发展中不合理的状况，促使企业技术力量相对集中，设备状况逐步改善，技术后方有所加强，企业管理水平都有不同程度的提高。

1962年1月11日～2月7日中央七千人大会后，市委在党内传达大会精神，并以大会精神指导无锡市在经济和政治关系上作进一步的调整。与此同时，党中央、国务院为了指导全国各地调整工作有领导、有步骤地深入展开，决定组织大批的工作组，分赴全国各大城市工作。在此之前，先派出两个工作小组分别在石家庄、无锡两个城市开展试点。3月14日，中央派出的工作组到无锡。工作组从3月中旬至7月初，在无锡工作5个月。无锡市在中央工作组的参与和指导下继续进行经济调整和职工精简工作。全市通过产业排队、企业筛选，对工业企业大刀阔斧调整，采取关、停、并、转等措施，使全民所有制企业和大集体企业从原来的190家调整为153家，职工人数由1961年末的10万多人减至8万多人。继续压缩投资规模。1962年基本建设投资额压缩至912万元，仅为1960年的9.9%，其中工业投资额进一步压缩至716.5万元，不到上年的1/3，仅为1960年的9.6%。

1961～1962年，无锡市经过两年的调整，工业布局基本合理，经济形势出现转机。1963～1965年，继续执行"调整、巩固、充实、提高"的方针。结合无锡市地方工业具体情况，确定新产品方向、生产规模和协作关系；逐步进行设备更新，填平补齐，加强技术改造；充实生产技术后方，加强技术培训及科技研究工作；贯彻《国营工业企业工作条例(草案)》(简称"工业七十条")，全面加强企业管理，实行党委领导下的厂长负责制，建立以厂长为首的各级行政领导责任制，健全以总工程师为首的各级技术责任制，建立以经济副厂长(或总会计师)为首的各级经济责任制。经过继续调整，无锡市的工业经济很快得到恢复和发展。地方工业的产品产量、质量、产值、劳动生产率、上交利润等指标都有大幅度提高，产品成本也有较大的下降。工业总产值1965年增至10.7亿元，比1964年增长28%。

精简企业职工和压缩城市人口。"大跃进"期间，大批农村劳动力涌入城市。1957年，全市(包括无锡县)有全民所有制职工10.15万人，至1960年末增至17.41万人，净增7.26万人。粮食统销人口随之大幅增长，1960年末，市、县城镇粮食定量供应人口有52万余人，比1957年末增加近11万人。因此，在缩短工业基本战线的同时，精简企业职工、压缩城镇人口成为当务之急，也成为贯彻执行"调整、巩固、充实、提高"方针的重要内容之一。1961年6月，中共中央制定《关于减少城镇人口和压缩城市粮食销售的九条办法》，规定全国从1961年下半年起，在3年内减少城镇人口2000万人以上，使城镇人口降低至1957年的水平。1961年10月起，无锡市着手准备减少城镇人口的工作。1962年3月，市委成立减少城镇人口、精简职工工作领导小组，下设市精简办公室，并明确精简的具体对象和政策。各城市人民公社、分社分别建立工作组，动员对象是城市的社会闲散劳动力，到农村去参加农业生产劳动。1961～1963年，全市精简全民所有制职工72881人，剔除因省级企事业单位成建制下放给无锡市(省航运公司等)增人因素外，净减职工52260人，职工工资总额减少2159.4万元。至1963年，无锡市实际减少城镇人口近9.1万人。

对商业、教育、科学、文化、卫生等领域的调整。针对"大跃进"时期全市商业经济遭受挫折，商业网点大幅减少，日用工业品、食品、副食品供应紧张等情况，为进一步保障人民群众的基本生活，市人委根据中央《关于商业工作若干规定（试行草案）》的精神，采取一系列措施，对商业进行调整。扩大货源，并对商品实行计划供应；合理调整商业体制，尽量扩大商业、服务业网点设置，充实商业工作人员；恢复城乡农贸市场和供销合作社，组织农副产品的收购，为市场和人民生活服务；改革物资管理体制，开展物资集中管理试点。根据中央有关决定，市委在全市进行物资集中管理改革试点，市物资局组建煤炭、石油、金属材料、机电设备、建材、化工等6家专业公司及生产资料、物资仓储两家服务公司，统管全市的物资经营。

在教育方面，1961年起，教育部先后颁布试行《教育部直属高等学校暂行工作条例（草案）》《全日制中学暂行工作条例（草案）》和《全日制小学暂行工作条例（草案）》。无锡市积极贯彻上述一系列学校工作条例，针对当时教育事业摊子过大、教育质量低下、教育秩序混乱的状况，调整学校布局，缩小事业规模，恢复教学秩序。

在科学研究工作方面，1961年起，贯彻执行中共中央《关于自然科学研究机构当前工作的十四条意见（草案）》，整顿机构，对三年“大跃进”期间创办的13个研究所调整撤并，明确各科研所的发展方向和研究任务，充实、稳定科技队伍，改善工作条件。

在文化艺术工作方面，贯彻中共中央《关于当前文学艺术工作若干问题的意见（草案）》，改进领导作风，调整、充实文艺工作者队伍，着力培养新生力量。戏曲工作贯彻执行“百花齐放”“百家争鸣”的方针，积极挖掘整理传统剧目，扩大题材范围。1964年起，现代戏开始占领无锡市的戏曲舞台，以唱革命歌曲、讲革命故事、读革命书籍、演革命戏剧为主要形式的群众业余文化活动普遍开展。

卫生工作贯彻《医院工作暂行条例》和《医院工作十项制度》，精简医疗机构和卫生技术人员，提高卫生技术人员素质和医疗技术水平。普遍设立以院长为首的院务委员会，健全和修订各项规章制度，建立科主任负责制和病室负责制，医疗差错事故显著减少，医疗水平有所提高。开展以节制生育、计划生育、新法接生以及妇女保护为主要内容的妇幼卫生工作。卫生工作面向农村也取得较好成绩。1965年，市卫生系统先后组织19个医疗队、血防队共226人，去无锡县、郊区及苏北大丰、滨海、海安等县农村巡回医疗，治疗病人8600多人次，其中血吸虫病4700多人，并为当地农村培训不脱产卫生员700多人，积极开展计划生育工作，施行节育手术3万多人。

思想政治领域的调整。根据中央、省委指示精神，1961年7月开始，对全市1958年至1960年受过批判和处分的干部（包括非党干部）、党员进行甄别。1962年第一季度，市委在前阶段试点的基础上，根据先党内后党外、先领导干部后一般干部的原则，集中力量，对受到错误批判和处分的省、市、区委管理干部进行甄别，受到错误批判和处分的一大批干部先后恢复职务。

1962年7月，根据中央、省委《关于加速进行党员、干部甄别工作的通知》精神，市委发出《关于在基层开展甄别工作的计划》，要求各级党委根据中央指示，采取简便的办法，坚决地迅速地搞好基层党员、干部的甄别，实事求是地把所有错案一个不漏地纠正过来。三季度，重点在416个基层单位开展甄别，同时继续完成市、区委管理的干部的甄别和复查，先后分两批对余下的2676人进行甄别。党员干部甄别平反结束后，又对1958年以后受到批判和处分的工人、农民等普通群众进行甄别。

1963年1月，全市甄别工作结束。全市5712名党员、干部和7257名工人、农民等普通群众得到甄别平反。在5712名党员、干部中，原处分正确和基本正确的2950人，处分部分错误的771人，处分错和基本错的1991人；在7257名工人、农民等普通群众中，原来批判、处分正确的5022人，处分部分错的662人，处分错和基本错的1573人。

此外，在60年代初，市委贯彻中央有关会议精神，调整党的知识分子政策，为知识分子“脱帽加冕”，明确知识分子的阶级属性，使知识分子在政治、业务、生活等各方面待遇有所改善。同时，贯彻中央指示精神，调整统一战线内部的各种关系，市委统战部在各民主党派和党外人士中，运用“神仙会”等方式加强和改善党同民主党派、工商界及无党派人士的关系，增进团结。

城乡社会主义教育运动　遵照中共中央决定在城乡开展一次普遍的社会主义教育（简称“社

教”)运动的指示，1963年3月～1966年6月，无锡市在城乡开展社教运动。运动前期，城市以“五反”(即反对贪污盗窃、反对投机倒把、反对铺张浪费、反对分散主义、反对官僚主义)为主要内容，农村以“清理账目、清理仓库、清理财物、清理工分”为主要内容；后期，城乡均以“清政治、清经济、清组织、清思想”为主要内容。

城区社教运动。1963年3月1日，中共中央发布《关于厉行增产节约和反对贪污盗窃、反对投机倒把、反对铺张浪费、反对分散主义、反对官僚主义运动的指示》，全面部署“五反”运动。市委于3月成立“五反”办公室，由市委常委宗毅任主任，并分别建立工交、财贸、文教卫生、机关等4个口的领导小组，分别由市委常委周晓华、马健、杨增、臧晨光任组长，具体领导。4月15日，市委发出《关于开展增产节约和“五反”运动的部署》，分批在市区机关和全民所有制企业中开展“五反”运动。根据市委部署，市、区两级机关的“五反”运动于1964年2月末结束。运动的过程大体是：建立专门班子，调查摸底；号召“查上当”(上阶级敌人的当)、“放包袱”(检查交待问题)，促使大多数犯错误的人主动坦白交代问题；发动群众互相检举，重点组织小组斗争；运用“五反”斗争材料，加强教育。运动中共查出犯有贪污盗窃、投机倒把错误的438人，占市、区两级机关干部总数的9.8%。

在市、区机关开展“五反”的同时，全市工业交通、财贸系统开展增产节约和“五反”运动。工交企业从反浪费入手，开展以生产为中心，反浪费、排差距、比学赶帮的竞赛；财贸系统开展以改善经营管理为中心的增产节约运动。此外，教育、卫生、文化等事业单位在暑期进行社教，中学、医院和集体所有制的手工业、商业进行“五反”试点，在居民中进行社教试点。

1964年9月，中央制定发布《关于农村社教运动中一些具体政策的规定(草案)》(简称“后十条”)，对阶级斗争形势作了更严重的估计。在此前后，中共中央转发《关于一个大队的社教运动的经验总结》(即“桃园经验”)。“桃园经验”下发后，市委对全市社教运动重新做出部署，于10月成立市社教运动办公室，并从全市机关、企事业单位抽调3200人组成工作队。同时，又根据省委指示，抽调1500人组成工作团赴徐州，参加省委在徐州开展的社教运动。在无锡市，选定油嘴油泵厂、粮食机械厂、机床厂、动力机厂、湖光仪器厂、水泵厂、兴业布厂、市五金公司等8家单位进行社教运动试点。工作队进点后，效仿“桃园经验”，撇开所在单位党组织，通过实行“三同”(与群众同吃、同住、同劳动)，秘密走访，搞所谓“扎根串联”，发现“根子”(即可以依靠的对象)；然后逐步转入领导干部的重新“洗澡”(坦白交待思想)、“下楼”(通过审查)。此外，还对仪表阀门厂、生化搪瓷厂进行夺权斗争。由于运动是在“左”的思想指导下进行的，一度搞得人人自危，挫伤不少基层干部的积极性，得出的结论也是不符合基层领导班子和基层干部实际的。

1965年1月，中央发布《农村社教运动中目前提出的一些问题》(简称“二十三条”)。“二十三条”肯定多数干部是好的，要尽快解脱他们，逐步实行群众、干部、工作队“三结合”；规定城乡的社教运动一律简称“四清”(清政治、清经济、清组织、清思想)运动。根据“二十三条”精神，2月，无锡市委社教办公室首先对工业交通系统开展“四清”运动试点的单位做出调整，其中油嘴油泵厂、粮食机械厂、湖光仪器厂、兴业布厂、市五金公司等5家单位仍按系统社教运动的要求开展运动，其余3家单位(机床厂、动力机厂、水泵厂)转为面上进行社教。面上进行夺权斗争的为仪表阀门厂、炼油厂、生化搪瓷厂、缫丝三厂等4家单位。这12家单位开展运动的大体过程是：发动群众“大鸣大放”，背靠背地揭发问题；组织全体脱产干部“放包袱”以及中层以上干部“洗澡”“下楼”，使大多数干部从“消极、挨整、紧张”的精神状态中解放出来；调整班组长与工人群众的关系，进行群众自我教育；全面开展清经济斗争；在此基础上，进行清理阶级、整顿组织。至8月上旬，12家单位除缫丝三厂、炼油厂外，其余试点单位运动全部结束。

在试点的同时，市委对全市的“四清”运动做出具体部署。1965年9月，市委在重工、纺织两个系统的50多家大厂、军工厂、产品比较重要的或认为问题比较多的单位以及供电局、邮电局等先行开展。是月，成立市委社教运动工作团，下设纺织分团、重工业一分团、重工业二分团和郊区分团等4个分团，共有2784人。工作团成员大部分为本地抽调的干部，也有中央、华东局和省有关部门派来的干部。工作队经过整训后，第一批在工交系统56家单位5万多职工中开展"四清"运动，重点把清思想放在首位，通过清思想带动清经济。至1966年6月，由于"文化大革命"开始，工作队陆续从各点撤出，城市"四清"运动停止。

郊区农村的"四清"运动。在城市部署开展"五反"运动的同时，1963年5月，中共中央印发《关于目前农村工作中若干问题的决定（草案）》（简称"前十条"）。无锡市郊农村根据市委统一部署，在整风整社的基础上有领导、有步骤地开展社教运动。运动大致经历运动试点、分批开展、运动调整、系统开展等4个阶段。

7月14日，太湖区委确定溪南人民公社为全区社教运动的试点单位。7月31日，区委抽调90人组成溪南公社社教试点工作队，于8月16日进驻溪南公社，开始试点。运动经过准备工作、阶级教育、经济"四清"、对敌斗争、队伍建设、整顿落实等6个阶段，于1964年1月结束。1963年9月，中央"后十条"发布后，市委决定在太湖渔业人民公社开展社教试点。10月，从省水产局、无锡市、太湖区分别抽调干部组成试点工作队进驻渔业公社。根据渔民分散、流动性大的特点，社教运动采取分散跟船教育与港口小型集中教育相结合的办法进行。针对渔民中的三股风（即谣言风、迷信风、单干风）开展群众性宣传教育。试点于1964年4月告一段落。

溪南公社试点结束后，太湖区委于1964年1月召开三级干部会议，对分批在全区17个公社开展社教运动作出部署。2月，区委组织两个工作队在蠡园、梅园两个公社开展第一批社教运动。6月，第一批社教运动结束后，又在河埒、扬名、南站等3个公社开展第二批社教运动。这两批5个公社的社教运动，基本上是按照溪南公社社教试点的经验进行的，只是根据各公社的具体情况，按照"有什么问题解决什么问题"的原则实施，运动进行时各有侧重。至9月，省、市委对社教运动做出新的部署，两批5个公社的社教运动暂行结束。

1964年9月，中央召开工作会议，对"后十条"作修正，颁发"后十条"修正草案，对农村阶级斗争形势做出更为严重的估计，导致农村的社教运动迅速向更"左"的方向发展。市委根据中央精神，按照省委指示，发出《关于在郊区农村进一步开展社教运动的意见》，决定调整社教工作部署。11月16日，经过充实和整训后，社教工作队进驻刘潭公社试点。社教运动出现比以往更为"左"的倾向和做法。运动自始至终由工作队领导，公社党委、大队党支部都被靠边。工作队员名为实行"三同"，实际是扎根串连、秘密收集材料，脱离广大群众和干部。对基层干部中"四不清"问题扩大化，扩大打击面，一批生产队长和企业干部受到了不同程度的处分。层层挖根子，从生产队挖到大队、大队挖到公社、公社挖到区政府机关，使一些干部受到不应有的打击。混淆两条道路的问题，把正常的家庭养猪、种自留田，以及正当的家庭副业等，都作为走资本主义道路加以批判和限制，挫伤广大干部、社员的积极性。刘潭公社的社教运动于1965年1月结束。

1965年1月，中央"二十三条"下发后，市委、太湖区委对全区"四清"运动做出新的安排，实行群众、干部、工作队"三结合"，贯彻团结和依靠"两个95%"①、孤立极少数"走资本主义道路的当权派"的方针，并普遍建立贫下中农组织。1965年4月，市贫下中农协会（筹委会）在郊区（1965年4月1日起，太湖区改称为郊区）成立，系统开展社教运动。第一批为黄巷、山北两个公社，于5月开始，11月结束；第二批为马山、峄嶂、大浮、芦村、扬名、河埒公社和荣巷镇、太湖茶果场等，至"文化大革命"开始而告结束。其他单位未再进行系统的社教运动。这两批10家单位的社教运动是贯彻"二十三条"精神的实践过程。运动基本上分准备阶段、清经济、清政治、建设工作等4个阶段，实际上以"清思想"贯穿运动的全过程。

无锡市郊区农村的社教运动，前后历时约3年，是严格按照中央有关社教的一系列文件精神，在省、市委的具体部署下开展的。从无锡市郊区农村3年社教运动的整体情况来看，运动在纠正一些干

① 团结和依靠"两个95%"：团结和依靠95%群众、95%干部。

部多吃多占、官僚主义等不正之风，加强经营管理、财务管理，改善干群关系等方面，起到一定的作用。且由于市、区委对运动加强领导，在执行中央的文件政策时比较慎重，对有错误的干部贯彻“重在教育”的方针，较好地做到团结和依靠“两个95%”，未产生全局性的消极影响。但由于这场运动本身是在“左”的思想指导下开展的，因此必然会出现偏差，在处理具体问题时往往混淆两类不同性质的矛盾，犯了阶级斗争扩大化的错误，甚至把一些积极的、正确的东西作为资本主义来批判，在群众中产生一些消极影响。同时，不适当地冲击一些干部、群众，影响了经济的恢复和发展进程。

工业学大庆运动　1964年1月，中共中央和毛泽东发出“工业学大庆”的号召。1月20日到2月10日，省委召开全省城市工作会议，传达贯彻全国工业、交通工作会议关于学习大庆油田，加强政治工作的精神。2月23日，市委召开三届十四次全委（扩大）会议，传达全省城市工作会议精神，提出市委关于学习大庆油田经验和改进工作的意见。会议要求全市工交企业深入学习和宣传大庆经验，发扬大庆精神，促进企业革命化，把工业学大庆运动扎实地开展起来。2月24日至3月3日，市委召开全市工交、财贸系统基层领导干部会议，具体贯彻省委城市工作会议精神。会议听取“大庆油田会战经验”的录音报告，并有16家单位代表发言表示，一定要以大庆为榜样，努力发展生产。

自此以后，一个工业学大庆的宣传学习和贯彻落实热潮在全市展开。各级党委带头学。直接管理企业的部、委、办和各产业局都建立政治工作部，作为指导工业学大庆运动的专门机构，从思想上、组织上加强对学大庆的领导。有计划、有组织、有步骤地开展学大庆、创“五好”①为内容的社会主义劳动竞赛。各级领导到基层，抓样板，取得经验逐步推开。开展增产节约运动，完善和提高企业管理的基础工作。

全市工交企业广大职工响应市委号召，立即行动起来，结合本单位实际开展形式多样的学大庆活动，如：争做“五好职工”，争创“五好班组”“五好车间”和“五好企业”活动；“一帮一、一对红，一带二、一片红”的“比、学、赶、帮、超”活动；同行业、同产品之间的对口竞赛活动；广泛的技术革新、技术革命运动等。全市涌现出一批大庆式先进单位和先进个人，市缫丝一厂对缫丝生产技术大胆革新，生产出世界一流产品，1966年名列全国70家大庆式先进单位之一。

工业学大庆运动经过两年多时间，大庆人艰苦创业、“三老四严”②的精神深入人心，在促进增产节约和企业管理，推进创建“五好”企业、“五好”职工活动，完善企业管理制度，改进技术，发展生产，促进经济建设等方面都发挥了积极作用。1965年，全市工业交通系统全面超额完成国家计划，工业总产值首次突破10亿元，达到10.73亿元，比1963年增长59%。全年试制成功新产品、新品种334种。全员劳动生产率比1963年提高48%。1965年是无锡建市17年来工业建设发展速度最快的一年。

“文化大革命”初期，无锡市工业学大庆运动处于停顿状态。1971年8月8日，市委召开全市开展工业学大庆运动动员大会。此后，全市工交战线再次开展学大庆的“比、学、赶、帮、超”群众运动，各行各业涌现出许多先进典型。1973年12月，市委召开抓革命、促生产先进代表会议，会议树立29个学大庆先进集体和23个先进个人典型。为贯彻中共中央《关于抓革命，促生产的通知》，1974年7月，市委召开五届十次（扩大）会议，会议提出深入开展工业学大庆的号召，要求全市工交企业大力开展增产节约运动，充分挖掘企业潜力，努力发展生产。会后，各工交企业基层领导干部纷纷到生产第一线，推进工业学大庆运动的开展，各条战线涌现出一批先进集体和“铁人式”工人。各行各业通过自己动手，大搞革新、改造，充分挖掘生产潜力，冶金、机械工业造出100立方米高炉、10吨电炉、直升机发动机、12米龙门吊、3.2米滚齿机和22万伏变压器等。

1975年，市委在整顿工矿企业的同时，号召开展工业学大庆运动。3月13～15日，市委召开工业学大庆会议。3月15～18日，召开工业学大庆经验交流会，通报表扬96个学大庆先进集体。会后，市委抽调8名局级以上干部和72名市级机关干部到基层协助开展学大庆工作，市委书记韩本初带队

① 政治思想好、革命干劲好、传统作风好、科学管理好、群众路线好。

② 当老实人、说老实话、做老实事，严格的要求、严密的组织、严肃的态度、严明的纪律。

到纺丝系统调查研究。各区、系统、局27名负责人，带领253名机关干部到43家单位蹲点。同年11月23日，市委又派出16个工业学大庆工作组，到基层帮助整顿企业，发动群众，开展劳动竞赛，促使学大庆运动落到实处。在工业学大庆运动的带动下，1975年全市实现工业总产值24.76亿元，成为“文化大革命”后期经济发展较好的一年。

粉碎“江青反革命集团”以后，市委从恢复正常生产秩序入手，号召全市工交企业干部职工学习大庆人自力更生、艰苦创业、尊重科学、依靠群众的首创精神，狠抓企业整顿，建立健全各项规章制度，促进全市工业的发展。1977年1月17日，市委召开1976年度工业学大庆先进代表大会，命名无锡压缩机厂等10家大庆式企业，通报表扬15家大庆式先进单位、61个先进集体和11名先进个人。会议号召全市广大职工以“铁人”王进喜为榜样，普及大庆式企业，力争把工业学大庆运动推向一个新的阶段。5月23日、24日，市委召开传达贯彻全国工业学大庆会议精神大会，1.3万余人参加大会。会后，市委连续召开各部、委、办、区、局负责人和部分基层单位负责人座谈会，讨论研究全市工业发展规划。许多区、局和基层单位对照学大庆先进典型，寻找差距，决心“以大庆精神学大庆”。与此同时，市委提出“学大庆，赶常州”的口号，号召全市工交企业“努力普及大庆式企业，开足马力赶常州”，各区、局分批组织所属基层单位负责人到常州对口学习。市委还派出3个学大庆工作组，由市领导带队，组织有关部、委、办干部下基层，分别在国棉二厂、柴油机厂和自行车厂试点。各区及有关产业局也抽调近300名干部组成40个学大庆工作组到有关单位，在整顿中帮助创建大庆式企业。结合工业学大庆运动，各产业局党委切实抓好企业整顿，重点整顿领导班子，加强企业管理，建立各项规章制度，恢复和发展生产。在企业整顿中，各产业局党委按照省委1977年批转的《关于认真做好年终总结评比和大庆式企业验收工作意见的报告》中提出的6条标准，对企业逐个检查验收。1977年，全市评出150家学大庆先进单位、622个学大庆先进集体、424名劳动模范、1527名先进生产（工作）者。此后两年，无锡市连续评选大庆式企业和先进个人，不断推进学大庆运动的深入。1977年、1978年、1979年，全市分别有31家、46家、48家企业被评为省工业系统大庆式企业。中共十一届三中全会以后，恢复实事求是的思想路线，无锡和全国其他地区一样，工业学大庆群众运动逐步淡化，全市工交企业在继承和发扬优良传统的同时，走上改革开放之路。

农业学大寨运动　1964年2月10日，《人民日报》发表题为《大寨之路》的长篇通讯，同时发表社论《用革命精神建设山区的好榜样》。此后，毛泽东发出“农业学大寨”的号召。农业学大寨运动迅速在全国兴起。

1964年上半年，无锡市太湖区委、区人委在传达贯彻省农业先进代表会议精神和中央工作会议精神后，对学大寨工作进行规划和部署，提出学大寨必须从城郊农村的实际出发，抓好粮食生产和多种经营，因地制宜改善生产条件，树立本地典型，深入开展“比、学、赶、帮、超”的丰产竞赛，加快恢复和发展城郊农业的步伐。1966年3月，在无锡市贫下中农代表和农业先进单位代表会议上，郊区区委又提出“学大寨、创大寨、赶上海、超苏州（专区），争取全省第一名”的奋斗目标，推动学大寨运动深入开展。

在农业学大寨过程中，无锡市郊学习大寨艰苦奋斗的精神，大搞农田基本建设，努力改变生产条件。经过50年代的兴修水利，市郊的农田面貌有所改观。但是，仍然存在着田块高低不平、大小不一，排灌不配套，基肥不足、地力差等问题。在学大寨运动中，郊区农村掀起大搞改土治水的农田基本建设热潮，沟渠配套、旱涝保收的粮田、菜田面积逐年扩大。与此同时，市郊农村又掀起罱河泥、挖塘泥、饲养畜禽广辟肥源的积肥热潮，全区各社队出动千余条农船，去外湖、内河罱河泥。1965年，全郊区种植绿肥的面积扩大至1万亩。1965年、1966年冬春期间，共积肥料1100多万担，平均每亩稻田的基肥达到120多担，施肥量的成倍增多，有效地恢复地力，夯实增产潜力。区委、区人委引导干部群众学习大寨人自力更生、为革命种田的精神，组织开展农业丰产竞赛，并通过总结推广“亩产百斤茧”的梅园公社西湾生产队、“亩产千斤鱼”的河埒公社渔业一队和“亩产万斤菜”的城郊蔬菜管理区红塔六队等先进典型的经验，推动全区农业丰产竞赛活动的深入开展。

在农业学大寨运动中，各级党组织还组织学习党中央批转的《山西省昔阳县四级干部参加集体生产劳动的伟大范例》等文件，坚持干部参加集体生产劳动的制度。区委常委带头示范，坚持每星期六参加集体生产劳动，在劳动中熟悉生产、了解情况，取得指挥生产的主动权。此外，还坚持学习毛泽东著作、用毛泽东思想教育人的政治思想工作制度。据1966年初区委召开的思想政治工作会议统计，全区建立毛泽东著作学习小组738个，成为“推行大寨精神的政治动力”。

“文化大革命”前的农业学大寨运动，注重发挥人民公社集体经济力量，对农业生产的恢复和发展起了推动作用。1966年，市郊粮食总产量4124万公斤，比1963年增长97.3%；稻麦平均亩产635公斤，其中三麦166公斤、水稻469公斤，分别比1963年增长1倍多和53.8%。蚕茧总产量39.8万公斤，比1963年增长134.1%，平均单产为无锡解放后的最高水平。蔬菜生产压缩种植面积，单产和质量都有提高，蔬菜品种增加，保证市场需要。山区的绿化造林和茶、果生产也有发展，有的开始得到收益。内塘养鱼和饲养业有新发展，生猪出栏上市6.42万头，比1963年增长2.4倍。随着粮食增产和多种经营的发展，集体积累扩大，公社集体经济得到巩固和发展；社员口粮年均每人271.5公斤，社员生活得到明显改善。

“文化大革命”开始后，农业学大寨运动进入曲折发展的阶段。1969年1月，郊区200多人参加省革委会举办的“学大寨毛泽东思想学习班”。随后，全区掀起以自力更生、艰苦奋斗，改变农业生产条件为主要内容的农业学大寨运动。在1971年1月召开的全区农业学大寨誓师大会上，提出“举旗抓纲学大寨”和“大寨治山我治水”的口号，明确夺取粮食总产超亿斤的奋斗目标，要求做到菜农不吃商品粮，渔民还要卖余粮，种粮社队多贡献，千方百计多产粮。此后，各社队按照亩产1吨粮的标准，进行“田、路、河、渠、村”的综合规划治理，展开较大规模的农田基本建设。至1973年，郊区已有3.8万亩平整格方、三沟配套的稳产高产田，旱涝保收农田达到8万亩，占全区耕地面积的84%。与此同时，全区的粮田全部改种双季稻。1973年，全区7.15万亩粮田总产量4766.5万公斤，围田产粮总产量5406万公斤，实现全区粮食总产超亿斤的目标。

1975年11月7日，郊区区委根据全国农业学大寨会议精神，向市委上报《举旗抓纲学大寨，加快步伐赶昔阳，奋战两年建成大寨区》的规划。11月8日，市委召开常委扩大会议，专题讨论郊区的农业学大寨规划，确定“大寨区”达标的8条要求。11月13日，市委召开全市农业学大寨工作会议，要求全市各行各业大力支持郊区实现“两年建成大寨区”的目标。市委专门成立农业学大寨工作领导小组。12月，组成第一批农业学大寨工作队，分赴郊区10个农村人民公社，推动“大寨区”建设。同月，市委发出“城乡人民齐动手，大干一百天，建成鱼池二千四百亩”的号召，市委、市革委会成立鱼池基本建设指挥部，各区、局分别成立13个鱼池基本建设分指挥部。次年1月15日，开挖新鱼池的会战全面开始，130多万人次先后参加会战。经过3个多月的努力，初步建成全市首批以鱼为主、鱼畜禽综合经营的副食品基地。

1976年12月、1978年2月，市委分别组成第二批、第三批农业学大寨工作队，进驻郊区各社队、场圃，指导农业学大寨运动。在1977年、1978年的农业学大寨运动中，郊区农村普遍推广后季稻育秧新技术，提高粮食产量。同时，进一步调整农业布局，扩大蔬菜种植面积，拓植茶果园地，继续改造老鱼池，开挖新鱼池，发展畜禽饲养业，建设副食品生产基地，努力提高荤素副食品的自给水平。1978年，城区副食品市场90%以上淡水鱼来自郊区养殖捕捞，市郊畜牧产值达16642万元，地产肉、禽、蛋等基本满足无锡城区需求。中共十一届三中全会以后，郊区农村走上改革开放之路，农业学大寨运动也完成了历史使命。

知识青年上山下乡运动 早在50年代中期，无锡就有知识青年响应党的号召去农村、边疆地区安家落户。1958年“大跃进”开始后，城市的劳动力紧张，知识青年上山下乡一度中断。随着60年代初无锡市精简企业职工，压缩城市人口，知识青年上山下乡再度兴起，且直接下乡插队的人员逐年增多。根据中央“统筹安排、城乡兼顾、以下乡上山为主”的方针，1962年，无锡市就有少量的知识青年和精简青工，到苏北国营农场务农。1963年夏天，市劳动局组成专门班子，动员、安排闲散劳动力下乡插队，职工家属回乡，社会青年和不能升学就业的初、高中毕业生到苏北国营农场务农。当年有6189人去苏北农场和宜兴、江阴农村落户。12月，市人委成立城市人口下乡安置领导小组（由财政、民政、劳动、公安、共青团、妇联等单位人员组成），下设办公室，副市长张伯侠兼任组长和办公室主任。市内3个区也相应建立安置办公室，配备30多名干部，配合社队抓知青的住房、农具、生活三落实。1964年上半年在全社会宣传和发动。7月，张伯侠主持召开区、街道两级负责人会议，传达中央、省委关于动员知识青年上山下乡的指示精神，部署动员任务。是年，全市上山下乡的知识青年5840人，其中社会青年下乡插队4437人，分别去宜兴、溧阳、武进、高淳、溧水、句容、射阳等县农村；应届初、高中毕业生插场908人，分别去苏北国营弶港农场、新洋农场、新洋研究所、淮海农场及滨淮农场；同时，还动员495名初、高中毕业生（其中一部分是郊区农业户中学生）到新疆农垦大学学习和参加农场劳动。

1965年，动员知识青年支援新疆建设。6月，接到中央和省委指示，要求无锡市动员1500名知识青年去新疆农牧场参加农业建设，动员对象是城市待业的知识青年，不能升学的应届初、高中毕业生和郊区吃商品粮的知识青年。全市年内动员1540名知识青年去新疆，分配在新疆天龙农场、新湖农场、芳草湖农场、芳草湖糖厂、巴楚农场、西山农场、塔城农场、三坪农场、头屯河农场、农建校及修配厂等单位。1966年，既有知识青年支边任务，又有插队、插场任务。这一年知识青年支边1100人，分布在新疆新湖、芳草湖两农场；去射阳县农村和苏北农场插队、插场1100人。

“文化大革命”运动初期，一些上山下乡的知识青年返城“闹革命”。为缓解压力，稳定局势，1967年4月，市军管会成立上山下乡工作办公室，提出“杀回农村去，就地闹革命”，动员逗留在城市的下乡、支边人员返回农业生产岗位，还借支10余万元，为返城下乡、支边人员提供车资。对于经动员仍不肯返乡的，市军管会采取注销户口等方式，强制其返乡。

因社会动乱，工矿企业无法招工，造成全市1966、1967、1968三届初、高中毕业生（通称“老三届”）大量积压在城市。1968年10月1日，市革委会在市人民大会堂召开上山下乡动员大会，欢送首批“老三届”知识青年上山下乡，市革委会主任尤太忠在会上宣布1966、1967两届毕业生全部下乡，城市不再招工。此后，全市迅速掀起动员知识青年上山下乡的高潮。市革委会要求有关部门、单位、街道、居民委员会及驻校、区的工宣队对符合上山下乡条件的知识青年，分工负责，具体到人，逐人逐户调查摸底，做思想动员工作。郊区人民公社所属单位中的非农业人口，符合动员条件的，也列入动员对象。在层层动员下，除少数躲避在外地的初、高中毕业生外，全市符合条件的1966、1967两届17106名初、高中毕业生被动员下乡，其中9998人（包括社会青年583人）分别到盐城专区8个县农村插队，470人到苏北新洋农场插场，1321人回乡，社来社去有5317人。

1969年2月25日，市革委会召开大会，会上宣布1968届11000余名初、高中毕业生全部去苏北国营农场（即江苏省生产建设兵团）插场。3月1日，首批知识青年奔赴苏北农场插场。以后，相隔数天便欢送一批，不到一个月就完成任务。1969年，共有15505名知识青年下乡，其中10501人插场（淮海农场4000人、弶港农场1000人、五图河农场5501人），4366人插队（分布在盐城地区各县农村），638人回乡。

1970年4月1日，中央要求各地总结经验，做好下乡知青教育巩固工作。按照此文件精神，市革委会决定对1969届至1972届的初、高中毕业生，不再动员上山下乡，安排部分1972届初中毕业生直升高中或技校，其余直接留城安排工作。同时，对已下乡的知识青年，市革委会在1970年、1971年连续两年派出慰问团，分赴盐城专区8个县的农村和苏北有关农场进行慰问。1973年8月4日，中共中央转发国务院《关于全国知识青年上山下乡工作会议的报告》，规定城镇中学毕业生的分配，以上山下乡为主。此后，动员组织知识青年上山下乡成为全市的一项经常性工作，部分中学毕业生被动员到郊区农村及南通农场插队（场）。历年动员下乡的知识青年为：1973年770人，1974年1213人，1975年5149人，1976年2377人，1977年6943人，1978年3459人。

1979年开始，应届中学毕业生不再上山下乡。对于已经下乡的1973届到1978届中学毕业生，由新建的农工商联合公司吸收为职工，恢复城镇户口；对于1972届之前的下乡知青，通过统筹、病退等渠道，安排回城。1978～1979年共28688名知识青年（包括支边青年）迁回无锡。此后，符合条件的知青陆续回城。1980年，市革委会上山下乡办公室更名为市政府上山下乡办公室。次年6月，撤销市政府上山下乡办公室。从此，知青回城就业等工作纳入市劳动局劳动就业范畴。

"文化大革命"运动 "文化大革命"运动是一场由领导者错误发动，被反革命集团利用，给党、国家和各族人民带来严重灾难的内乱。在10年中，无锡市各级党、政机构以及人民代表大会和政协组织，长期陷于瘫痪和不正常状态，公、检、法等司法机关全被搞乱，社会主义民主和社会主义法制受到严重摧残，党的建设和社会风气受到严重破坏。全市国民经济发展缓慢，经济管理体制更加僵化，人民生活水平基本上没有提高，局部甚至有所下降。科、教、文、卫等各项事业屡遭挫折，一度造成"文化断层""科技断层"和"人才断层"。全市被立案审查的脱产干部7924人，占1965年末全市干部总数的26.7%；基层干部群众被立案审查的14989人（其中农村、城镇街道不脱产干部和党员7211人）。

红卫兵运动。中共八届十一中全会以后，随着红卫兵运动在全国的迅猛发展，无锡的红卫兵运动也一哄而起，各大中学校纷纷成立红卫兵组织。1966年8月23日，无锡红卫兵涌上街头，张贴标语和大字报，散发传单，开展破"四旧"活动，砸碎工厂、学校、商店的招牌，捣毁庙宇的菩萨，还向服务行业倡议，不理"飞机头""大包头"等发型，不做"奇装异服"，不制尖头皮鞋等。许多学校、工厂和影剧院等，因忌讳"封、资、修"而任意改名，致使一些名称混淆不清。部分学生在更改校名的影响下，纷纷改名为"爱军""卫兵""爱武"等。一些街道、公园、商店也纷纷更名。与此同时，无数优秀的书画典籍被付之一炬，大量国家文物遭受洗劫。此后，红卫兵掀起一场抄家、打人、砸物等残害人民生命财产的活动，将斗争的矛头对准"黑五类"和"反动学术权威"，许多知识分子、民主人士和干部遭到非法"抄家"，遭受批斗、挂牌示众、戴高帽子游街、罚跪、吊打等迫害，有的累及家属。为引导全市红卫兵按照市委的部署有序开展运动，市委专门设立市红卫兵联络站。然而，随着运动的异常发展，全市红卫兵的行动根本不受约束。是年末，市红卫兵联络站被迫中止工作。

1966年9月和10月，无锡市各校师生受外地红卫兵影响，纷纷外出大串连，足迹近至南京、上海，远至北京等地，回校后成立各种名号的"战斗队"。10月底，外地到锡串连师生不断增加。直至12月初，无锡市各校师生才逐渐停止外出大串连。

造反夺权。随着红卫兵运动的兴起，"文化大革命"运动很快从校园推向社会。1966年9月2日，无锡无线电机械学校（后改名为"抗大一机校"）百余师生将该校领导押到市委，要求将其撤职、罢官，市委不予批准，就"炮轰"市委，后称"九二事件"。9月5日，社会上出现第一张大字报，宣称"支持抗大革命师生"。9月10日，九一〇星火战斗队成立。随后，各种名称的造反组织开始在全市工交、财贸等各系统不断出现，社会开始出现动乱局面。11月，由九一〇星火战斗队和毛泽东主义工人大队联络总部合并组建的第一个全市性的工人造反组织——无锡市红色造反总司令部（简称"红总"）宣布成立。12月1日，无锡市捍卫毛泽东思想工人联合委员会（简称"工联"）成立。12月4日，"工联"与"红总"两派人员发生冲突，造成"一二·四事件"。1966年末起，市委主要负责人被迫靠边"检查"，接受斗批。各区、局和基层单位的绝大部分负责人也靠边接受造反派的斗批。

1967年1月初，在上海"一月革命风暴"的影响下，无锡市的造反派组织闻风而动，开始夺权。1月10日，无锡日报社和无锡人民广播电台被造反派宣布强行接管，自行出版《革命造反报》。1月12日，无锡火车站被造反派强行接管。1月16日，市教育局被强行接管。1月17日，"红总"等3个造反派组织发表《接管声明》，宣称自1967年1月18日起，联合接管无锡市委、市人委，声称"要求彻底改组无锡市委、市人委，在中央委派的新书记、市长未到之前，暂由造反派联合接管，行使职务”。是日，轻工业学院六二六兵团、市级机关造反兵团等12个造反派组织宣布成立“无锡市革命造反派联合总部”（简称“革派联总”），并发出《全市革命造反派联合起来，接管无锡市委、市人委的倡议书》，声称要把所谓的“走资本主义道路的当权派手中的一切权力夺过来，立即接管无锡市委和市人委”。1月21日，“革派联总”等造反派组织将市委书记韦永义挟持至741轮船，时间长达28天。1月下旬，“革派联总”等造反派组织在741轮船上召开会议，宣布成立无锡市革命造反派监管委员会，强行夺权。1月26日，“红总”“革派联总”、六二六兵团等22个造反派组织向全市发出通告和通令，声称“要把权从无锡市委、市人委……手里夺过来，掌握在革命造反派手里”。“一·二六”夺权后，夺权之风在全市愈演愈烈，各级党政机关乃至各行各业先后被造反派组织夺权，全市的政治和经济生活处于彻底瘫痪状态。

市军事管制委员会的成立。1967年1月27日，人民解放军驻无锡部队奉命支左，派出一支有100余辆军车组成的车队进城，冒雨游行，开始“三支两军”①。2月17日至19日，应驻无锡部队负责人尤太忠的要求，国务院总理周恩来派中央军委文革小组、国务院《红旗》杂志编辑部的3人到无锡，调查无锡“文化大革命”情况。2月27日，驻无锡部队发布公告，宣布取缔“红总”，并逮捕该组织的3名负责人。3月11日，由驻无锡部队、造反派组织和部分干部三个方面代表参加的无锡市临时革命生产委员会宣告成立。3月19日，经中国人民解放军江苏省军事管制委员会批准，由驻无锡6410部队对全市实施军事管制，并正式成立无锡市军事管制委员会（简称“市军管会”）。市军管会由9人组成，尤太忠任主任，吴戈华、雪国衡任副主任，下设革命委员会、生产委员会和办公室等机构。

武斗事件。全面夺权使造反派的派性斗争日益激化。在此过程中，全市造反派组织渐趋形成两大派，一派是以“红总”“红代会（筹）”为首，另一派则以“九二”革命串连会等为首。两派在许多问题上针锋相对，多次发生冲突，以致酿成武斗。1967年6月1日，两大派在动力机厂技校内发生冲突，造成纵火事件。6月17日，在市中心东方红广场，两派使用棍棒、砖头、瓦片等相互冲击，发生武斗。6月19日，双方在无线电厂内发生武斗。6月20日，两大派在西门桥堍发生严重武斗，首次造成人员死亡。此后，武斗规模进一步升级，双方在建筑公司、青山湾、湖光仪器厂等地接连发生武斗。7月3日，以“红总”“红代会（筹）”为首的一方撤离无锡，分赴南京、镇江、上海等地集结。8月初，无锡市两大造反派组织分别在南京、镇江和无锡等地冲击当地部队军营，抢夺武器，装备“文攻武卫”队伍。9月初，无锡市两大造反派武装组织转入无锡县部分乡镇，在洛社、钱桥、东北塘等地逐渐形成对峙局面。9月9日，两大造反派组织在皋桥动用枪支，发生武斗。枪战中，流弹击中利用造纸厂仓库，酿成火灾。9月15日，两大造反派在洛社再次发生严重武斗，零星枪战持续近8个小时。多次武斗造成人员伤亡。9月下旬，包括无锡市两大造反派组织在内的江苏省有关城市造反派代表，在省、市军管会的组织下集中到北京学习。9月末10月初，“红总”“红代会”（筹）等造反派组织成员从南京、镇江、上海等地陆续返回无锡。至此，无锡市大规模的武斗局面基本结束。

市革命委员会的建立。1967年10月，无锡市两大造反派组织代表在北京举办“学习班”，筹备大联合。1968年1月15日，无锡市两大造反派组织赴京工人代表在北京签署《无锡市工人革命大联合协议书》。1月21日，两大造反派组织赴京学校代表以及机关代表分别在北京签署《无锡市大中专院校革命大联合协议书》和《无锡市机关革命大联合协议书》。三大联合协议书的签署，带动全市各系统先后实现大联合。2月15日，无锡市工人革命大联合委员会、无锡市学校革命大联合委员会和无锡市机关革命大联合委员会（合称“市三大联委”）成立。截至2月末，全市13个系统中已有10个系统、80%以上的基层单位实现大联合，郊区18个农村人民公社也全部实现大联合。3月4日，无锡市革命委员会宣布成立。市革委会按照军、干、群三结合的原则，由75名委员组成。尤太忠任市革委会主任，雪国衡、齐金炳、马健任副主任。市革委会内设办事组、政治组、生产指挥组、群众专政组等常

① 支工、支农、支持革命左派，实行军管、军训。

设机构。至1968年末，全市各厂矿企业、学校、医院、街道等基层单位基本上都建立革委会或革命领导小组。

"清理阶级队伍"。1968年5月始，全市开展"清理阶级队伍"工作，大批干部和群众遭受残酷迫害和无情打击，造成一系列冤假错案和多起人员非正常死亡。1968年9月，市工宣队十一分队进驻市第一人民医院，凭空认为该院"敌情严重"，推断存在所谓的"CC特务"组织和"国民党区分部"的反动组织。在刑讯逼供下，捏造市第一人民医院及市属其他医疗机构存在"国民党地下黑司令部"，有120名干部、知识分子受到牵连，被隔离审查76人，原市卫生局副局长、市医学研究所所长朱庆云等12人被迫害致死。1968年10月，工宣队在纺织系统中缫丝一厂、国棉一厂等8家单位进行"清理阶级队伍"，制造"伪城防指挥部情报员组织"案件，牵涉到1024人，其中175人遭批斗，两人被迫害致死。在"清队"中，工宣队还在教育系统制造一起"戡乱建国队"的冤假错案，涉及6所学校40余人，教师顾珏在审查中被迫害致死。

"五七"干校和干部下放。1968年10月26日，市革委会在马山开办市"五七"干校，1000余名原市级机关干部成为学校的第一批学员。市"五七"干校按照部队建制，成立八个连队，学员们分散住进农民家里和马山公社蚕场的蚕室内，与农民同吃、同住、同劳动、同学习、同批判。在"斗、批、改"运动中，市"五七"干校政治运动接二连三，一些党员、干部遭到揪斗和隔离审查，被限制人身自由，白天劳动，晚上被迫"交代问题"，有时搞人身攻击，造成不少冤假错案，被审查的干校学员有296人。审查中，有的学员被非法隔离，有的学员受到惨无人道的人身侮辱，还有的学员被打致伤或致残，个别的甚至被迫害致死。1970年7月，市"五七"干校"斗、批、改"运动基本结束。8月，第二批学员进入市"五七"干校，开始"学政治""批判资产阶级路线"，坚持"一面学习，一面生产"。1971年9月18日，干校接纳第三批学员。自此，干校开始转入轮训市、区（局）机关干部和基层单位的领导干部。至1979年1月，市"五七"干校共举办15期轮训班，有4953名干部参加轮训。连同第一、二期学员在内，先后在市"五七"干校学习的学员有6453人。

在"精兵简政"的名义下，1969年11月～1970年5月，无锡市掀起下放干部的高潮。1969年10月28日晚，市革委会在市体育场灯光球场召开干部"四个面向"和城市人口下放农村动员大会。会后，市"五七"干校迅速开展干部下放运动。11月4日，市"五七"干校批准首批58名干部下乡插队落户。紧接着，11月9日，干校又批准第二批107名干部下乡插队落户。此后，干校又先后批准3批干部下乡插队落户。11月10日，市革委会在市人民体育场召开大会，欢送全市首批机关干部和城市居民赴苏北盐城专区各县农村插队落户。1969年内又有第二至第九批下放干部、城市居民离锡赴苏北农村。1970年1～5月，有8批下放干部和城市居民离锡赴苏北农村插队落户。在持续几个月的下放干部和城镇居民高潮中，全市有60386人下放到农村。其中国家干部1584人（包括232名市级机关干部），全民企事业干部4967人，全民工人2079人，临时工、合同工1497人，集体职工9834人，城镇居民38947人，知识青年1478人。主要下放到盐城、扬州、镇江等地农村，部分下放在南通、六合、淮阴、徐州、苏州等地农村，也有少量在无锡、常州、苏州市郊农村。

"一打三反"运动。1970年2月13日，市革委会召开大会，要求"立即在全市开展一场狠狠打击现行反革命破坏活动，反对贪污盗窃、反对投机倒把、反对铺张浪费的群众运动，在政治、经济、思想、文化等领域里，在工厂、农村、机关、学校，打退阶级敌人的猖狂进攻"。会后，"一打三反"运动在全市展开。1970年12月起，全市各系统结合"一打三反"运动，开展清仓查库，回收积压物资，排查物资管理上的"漏洞"，及时将积压物资调拨到生产第一线。通过清仓查库，清理出一批长期滞留在仓库的积压物资，并将管理上的"漏洞"作为开展"一打三反"运动的排查线索。在运动初期，许多基层单位响应中央号召，查处一批犯有生活腐化、贪污盗窃、投机倒把问题的造反派。"一打三反"运动后期，重点逐渐转向揭批"现行反革命分子"，造成不少冤假错案。

深挖"五一六"运动。1970年3月，市革委会组建"清查'五一六'专案领导小组"。3月26日至8月27日，全市首先开展5个月的清查。6月下旬开始，清查小组先后在轻工业学院、报社电台、纺织研究院等单位试点，开展深挖“五一六”分子的群众运动。1970年末，市委决定在全市范围内开展深挖“五一六”分子运动。1971年4月14日，市委重新调整清查“五一六”专案领导小组成员，深入开展清查“五一六”分子。6月28日，市清查“五一六”专案领导小组公布“‘五一六’反革命阴谋集团的十大事件”（后来又加两起事件，实际上是“十二大事件”）。由于“十大事件”的抛出，清查“五一六”的对象一下子由3000多人扩大至11800多人，其中触动的达8000多人，列入专案审查的有1300多人。一段时间内，全市上下形成人人自危的紧张局面，一大批干部和群众遭到迫害。

整党建党。根据毛泽东“五十字建党纲领”的指示精神，1968年7月，市革委会提出要“抓好整党、建党工作”，决定首先在机床厂、纺机厂等单位进行整党建党试点。11月18～22日，市革委会召开全市各级革命委员会党员代表大会，4046名代表参加会议。1969年2月3日，市革委会举办“整党建党毛泽东思想学习班”，各区、系统革委会负责人和已经开展整党建党单位的革委会负责人、群众组织负责人参加学习。缫丝一厂等试点单位代表在学习班上介绍经验。会后，全市60多家单位开始转入开展以整党建党为中心的“斗、批、改”运动。为加强党的领导，市革委会决定在革委会内部建立党的核心领导小组。要求基层党支部以解放军中的党员为基础，逐步吸收参加三结合的领导干部和群众代表中的党员参加，主要负责组织党员学习毛主席著作，开展政治思想工作，贯彻和宣传党的各项方针政策，收缴党费等工作。1969年8月21日，市革委会党的核心领导小组成立，王晏任组长，马健、董万华任副组长。市革委会党的核心领导小组成立后，整党建党工作在全市展开。在整党的同时，还开展建党“吐故”“纳新”工作。市革委会政工组首先在缫丝一厂、油泵油嘴厂、山北公社等单位试点，吸收有影响的造反组织头头入党，然后在各系统（区）逐步推开。至1970年9月，批准49名造反派组织头头入党。中共九届二中全会后，各级党组织抓紧“纳新”工作，发展一大批新党员。

“批林批孔”。1974年1月30日，市委召开党员领导干部会议，部署开展“批林批孔”运动。2月2日，市委召开党员干部万人大会，全面动员开展“批林批孔”。2月4日，市委决定成立市“批林批孔”办公室。会后，全市各系统、区先后成立“批林批孔”办公室，各区、各系统及基层单位纷纷召开“批林批孔”大会。3月下旬，“批林批孔”运动转入发动群众揭发批判林彪及其死党在江苏的罪行。3月21日，市委向市级机关各部委办、市总工会、团市委、市妇联及各区、系统、局主要负责人，传达省委3月20日晚下达的“关于发动群众揭发林彪及其死党在江苏所犯罪行”的指示，要求各单位迅速发动群众揭发林彪在无锡的罪行。同时，在部分当权的造反派头头的鼓动下，无锡市“批林批孔”斗争的矛头逐渐转向当时市委主要领导及解放军“支左”人员。4月1日，市中心东方红广场出现针对市委主要领导人的大标语。4月8日，街上大幅标语再次增多。4月10日，市委五届九次全委扩大会议和市革委会第十二次全委扩大会议举行，听取省委对无锡市“批林批孔”运动指示的传达。4月18日，经省委批准，市委成立调查组，对离职审查的有关人员进行审查。6月6日，市委决定在市委常委直接领导下，成立情况综合组、调查研究组、群众工作组。此后，全市性“批林批孔”运动向纵深发展，许多单位采取党委（核心组）扩大会议、批判大会、小组会以及大字报形式，通过“揭盖子”，揭发批判林彪及其死党在无锡的罪行。截至1974年7月，全市共举办46次“揭盖子”批判会。

在运动中后期，市委、市革委会对“文化大革命”以来部分案件进行清查定案和政策复查。1974年8月，市革委会成立清查定案小组，并结束对市委原领导人韦永义、江坚、吴镇、田洪等人的审查，宣布对他们“解放”，由省委安排工作。11月25日，市委成立政策复查办公室，市委副书记韩本初兼任办公室主任，同时撤销原市革委会清查定案小组，各系统、区、局等也先后成立政策复查小组。市委政策复查办公室成立后，对在深挖“五一六”运动中造成的部分案件进行政策复查。12月16日，市委召开落实政策经验交流会，听取市委落实政策复查办公室负责人所做的关于“十大事件”的复查情况报告和落实清查“五一六”政策的处理意见。12月18日，市委发出《关于落实清查“五一六”政策工作中一些问题的处理意见》，对在清查运动中被列入“五一六”审查的部分人员予以平反，消除“政治影响”，同时对在审查中形成的假材料，一律予以销毁。

全面整顿。1975年年初，邓小平在毛泽东、周恩来的支持下开始主持国务院工作，继而又同时主持中共中央日常工作。邓小平对各方面工作进行全面整顿。市委在省委的领导下也开始整顿工作。市委首先调整各级领导班子，进行组织整顿。1975年2月18日，市委召开常委扩大会议，开展“谈心、交心”活动，解决领导班子团结问题。会后，全市宣传中央关于“学习理论问题”和“搞好安定团结”的重要指示，各部、委、办以及各区等领导班子也纷纷开展“谈心、交心”活动。3月开始，市委先后3次召开“学习无产阶级专政理论”学习班，近7000名干部参加学习。4、5月，市委对部分区、系统、局的领导班子进行调整，把批判派性作为调整的重点，解放一批“靠边站”的老干部，解决一些领导班子存在的软、懒、散等现象，党的基层组织工作因此也有较大起色。在市委对部分区、局领导班子进行调整的同时，1975年6月，省委决定对市委领导班子进行充实和调整。6月20日，省委决定，韩本初任市委书记、市革委会主任，马健任市委副书记、市革委会副主任。在进行组织整顿的同时，市委要求全市各级党组织进行思想整顿，开展群众性的“一学三批五大讲”①的自我教育活动。市和区局两级共举办48期专题学习班，1.3万多人次参加学习。9月13～17日，市委在太湖饭店召开市委常委、市革委会副主任参加的“学习整风会”，着重解决市委领导班子“增强党性、克服派性”的问题。9月24日，市委召开常委扩大会议，着力“解决市委和区、局领导班子中增强党性、克服派性、加强团结的问题”。10月下旬，市委继续召开学习整风会，开展批评与自我批评。通过学习整风，一定程度上统一思想，促进安定团结。

1975年，市委首先从工交部门开始对部分行业进行整顿。3月8日，成立市革委会重点工程会战领导小组。3月下旬，市委负责人分别带领由市级机关干部组成的蹲点组，进驻重点工矿企业，开展整顿。市委确定无锡钢铁厂、柴油机厂、机床厂、油泵油嘴厂、江宁机械厂、内燃机配件厂、无锡印染厂、第一色织厂、无锡焦化厂、无锡树脂厂、无锡自行车厂、无锡酶制剂厂、无锡造纸厂、七四二厂、无线电一厂、无锡灯泡厂、北塘电力电容器厂、无锡砺山煤矿、川埠煤矿等20家重点企业。3月末，由253名机关干部组成的蹲点组进驻重点单位。蹲点组进驻工厂后，成立整顿办公室，抓住生产管理混乱、产品质量差为“突破口”，重点整顿企业领导班子，统一思想，稳定工人情绪，发动干部群众“抓革命、促生产”，恢复考勤制度和建立岗位责任制。与此同时，市委在全市工矿企业中开展工业学大庆运动，在郊区农村开展农业学大寨运动，着手开展整顿。市委还对商业财贸、教育等行业进行整顿。1975年4月，市革委会撤销财贸系统革委会，恢复重建各国营专业公司（站）。为整顿高校教育，市委专门派出工作组，进驻无锡轻工业学院，指导学院党委开展整顿。9月15～23日，教育部在无锡召开湖南、湖北、山东、江苏等4省城市中小学教育座谈会，研究城市教育的一些问题。会后不久，全市教育系统传达教育部关于教育改革的指示，改变基础课程设置，在市区小学四年级起开设外语课。1975年无锡市开展整顿的持续时间并不很长，但由于人心思治，全市广大党员、干部和群众克服困难，积极工作，努力生产，“批林批孔”运动引起的社会动乱在一定程度上得到制止，社会形势明显好转。

“反击右倾翻案风”。1976年2月24日，市委召开“以阶级斗争为纲、批判右倾翻案风”大会，市委、市革委会全体委员和部、委、办、区、局及基层单位负责人参加。3月6日，市委召开各部、委、办、区、局负责人会议，传达中央关于开展“回击右倾翻案风”斗争的指示。会后，在教育界批判“右倾翻案风”的基础上，进而在科技、文艺、卫生以及各条战线全面掀起“批邓、反击右倾翻案风”运动。科技界集中批判反对“开门办科研”的所谓“奇谈怪论”，声称“开门办科研”代表的是“无产阶级路线”。市级机关党委召开批判大会，结合评论《水浒》，批判“修正主义路线”。各行各业纷纷利用黑板报、广播、大批判专栏、座谈会、辅导课等形式，开展“反击右倾翻案风”运动。一些人攻击市委领导

① 学习中共中央文件，批资产阶级派性、批极“左”思潮、批以自我为中心，讲路线、讲团结、讲风格、讲原则、讲干劲。

“反击右倾翻案风”运动不力。1976年2月，有人提出“要层层揪走资派”，要求市委对“批邓”公开表态，并组织一批人去市委和市中心东方红广场张贴大字报。3月18日，有人又向中央发电报，再次声称要“联系实际批邓”“层层揪斗走资派”。在部分当权造反派的挑动下，市革委会内部产生分歧意见。为解决此问题，3月，省委派人到无锡，向市委主要负责人传达毛泽东关于邓小平问题是人民内部矛盾的指示。3月25～31日，市委召开常委扩大会议。会上，听取无锡轻工业学院赴清华大学、北京大学“学习取经”的情况汇报，全体市委常委和市革委会副主任在会上作“批判发言”。会后，少数人仍攻击市委不转弯子，阻挠市委向下传达中央关于“把运动纳入党委领导下进行”的精神，继而在社会上煽风点火制造混乱，致使一些基层党委无法正常开展工作，社会秩序有所波动，全面整顿工作被迫中断。

类似“南京事件”的行动。1976年，在上海“三二五”事件和南京事件的影响下，无锡市也出现类似“南京事件”的行动。上海“三二五”事件发生后，无锡机电设备公司一位职工，第一个在公司大门口刷上“谁反对周总理，谁就没有好下场”的大幅标语。轻工系统部分干部职工发出《〈文汇报〉的资产阶级方向必须批判》的传单。市邮电局职工向《文汇报》发出两次抗议电，指出“你们这样明目张胆地反对周总理，就是反革命复辟。中国人民是有觉悟的，是能够识别的”。市轻工业局政工组一名副组长与无锡搪瓷厂车间党支部书记一起撰写《资产阶级知识分子把持〈文汇报〉的局面应该彻底结束》传单。1976年3月31日，市中心东方红广场和西门桥一带出现“谁反对周总理就打倒谁”“坚决揪出《文汇报》的黑后台”和“坚决揪出毛主席身边的赫鲁晓夫式人物”等大标语。1976年清明节前后，无锡人民冲破层层阻力，举办各种悼念周恩来的活动。4月初，无锡市机关和企事业单位干部群众，有组织、有秩序地前往革命烈士陵园悼念周恩来，在烈士陵园纪念碑前敬献花圈、花篮，张贴传单，对江青、张春桥等人诬陷周恩来的倒行逆施表示愤慨，整个扫墓悼念活动持续近一周左右。市缫丝一厂在全市率先组织1000余名干部职工前往烈士陵园扫墓，悼念周恩来。当扫墓队伍穿过市区、经过工农兵广场时，围观的近百名干部群众和学生自发加入到队伍之中，一起前往烈士陵园扫墓。无锡船舶修造厂政工组党员干部在从火车站到南门的路上刷写“《文汇报》的黑后台是林彪式的野心家”等几十条标语。一些公安干警身着警服，也于清明节前后前往烈士陵园扫墓。一幅张贴在新华书店墙上对国务院总理周恩来的长篇悼词前面，簇拥着层层叠叠的人群，人们噙着热泪在朗诵、抄写悼词，表达对周恩来的悼念。面对全市广大干部群众自发悼念周恩来的行动，市委顺其自然，未加阻拦。而一些人在闹市区张贴大字报，无端指责市委，认为广大干部群众自发性悼念周恩来是市委“批邓、反击右倾翻案风”不力的结果。对这种扰乱正常悼念活动的行为，市委主要负责人和广大干部群众与其进行坚决的斗争。

1976年4月2日，无锡钢铁厂召开中层干部会议，传达中央电话通知精神。与会大部分人员指出“《文汇报》反对周总理是错误的”，不同意按照电话通知要求“转弯子”“批邓”。会后，厂区贴出27条揭露和声讨《文汇报》和反对江青、张春桥等人的大幅标语，其中有3条标语被刷在从上海到无锡钢铁厂装货的汽车车身上，并于4月4日组织500多人到烈士陵园扫墓，悼念周恩来。4月2日下午，红旗船厂干部职工在市中心东方红商场门楼上挂出一只花圈，并张贴题为《我们的心愿》的大字报，指出要“提高警惕，防止赫鲁晓夫式的野心家、阴谋家篡党夺权”，决心“和全市人民一起悼念周恩来总理”。无锡船舶修造厂部分职工走上街头，书写张贴大标语，沉痛悼念周恩来，愤怒声讨“四人帮”。北京天安门事件发生后，无锡一些单位仍然顶住压力，前往革命烈士陵园悼念周恩来。4月6日，无锡市人民银行革委会党的核心领导小组成员率领该行干部职工前往烈士陵园扫墓，悼念周恩来，寄托对周恩来的哀思。

1976年10月6日，华国锋、叶剑英等代表中央政治局，执行党和人民的意志，一举粉碎“四人帮”（江青反革命集团），结束长达10年之久的“文化大革命”。10月15～18日，市委逐级传达中央政治局领导人在关于粉碎“四人帮”打招呼会议上的讲话精神。10月21日，全市军民10万人在市人民体育场集会。会后，干部群众纷纷上街游行庆祝，表达内心由衷的喜悦和对中国共产党的拥护以及对恢复正常秩序的渴望，欢呼这一历史性的伟大胜利。

平反冤假错案 1978年2月20日，市委按照中央指示和省委的审干复查工作部署，成立政策复查领导小组，并抽调20余名机关干部组建市委政策复查办公室，具体负责落实干部政策工作。3月8日，市委召开区局级领导干部会议，研究落实党的干部政策问题，着手开展全市规模的审干、复查、平反冤假错案等工作。在案件复查中，组织部门首先对干部档案材料认真清理，经过鉴别处理后，向有关人员发出“有关材料处理通知书”。市委主要领导参加案件研究，对一些重大疑难问题调阅查档，参加审理研究。市委政策复查办公室认真落实党的方针、政策，坚持“实事求是，有错必纠”的原则，平反纠正和复查处理了一大批冤假错案及历史遗留问题。

平反纠正“文化大革命”中冤假错案。市委要求各级党组织抓住在“文化大革命”中定性为敌我矛盾的案件、集团性案件、非正常死亡案件和受开除党籍、公职等重大处分案件，开展政策复查。按照先易后难、先急后缓、先政治案件后一般案件的复查原则，对那些涉及面广、影响面大的案件，以及涉及干部、科技人员的冤假错案优先复查，坚持实事求是，全错全平反，部分错部分平反，不错不平反的方针，对冤假错案平反昭雪。1978年5月10日，市卫生局召开平反昭雪大会，宣布“国民党地下黑司令部”案为冤假错案，为受该案牵连的人员平反，恢复名誉。对受该案牵连的其他人员及其家属、子女、亲友等恢复名誉，澄清事实真相，消除政治影响。此后，平反冤假错案工作在全市推开。5月下旬和6月中旬，市级机关党委、市科委、市物资局和市工商局先后分别为原市级机关党委副书记封耀、原市科委副主任杨昌龄、原市市场管理委员会副主任于国风举行宣布结论大会和安放骨灰仪式，市委，市革委会领导参加大会，宣布推倒“文化大革命”中对封耀、杨昌岭、于国风的诬蔑不实之词，恢复名誉。

1978年11月16日，市委召开常委扩大会议，确认1976年春无锡发生的类似“南京事件”的行动完全是革命行动，认为1976年清明节前后无锡市广大干部群众以扫墓和书写张贴标语、悼词、大字报等形式，沉痛悼念周恩来，愤怒声讨江青反革命集团，完全是出于对周恩来的无限爱戴和深切哀悼以及对江青反革命集团的无比痛恨。市委决定对因悼念周恩来、反对江青反革命集团而受迫害的人员一律平反，恢复名誉，销毁有关材料。此后，市委召开部、委、办、局负责人会议，传达省委关于做好南京事件和其他类似事件的平反工作的重要指示。1978年12月31日，市委向省委报送《关于给韦永义、江坚、吴镇、杨增等同志平反和恢复名誉的请示报告》，省委当即批准市委的报告。同日，市委做出《关于给吴镇、田洪、张再生同志平反和恢复名誉的决定》，确认“文化大革命”中做出的“吴镇、田洪、张再生阴谋集团”是个假案，决定“给吴镇、田洪、张再生同志平反，推倒一切诬陷不实之词，恢复名誉，消除影响”。

中共十一届三中全会召开后，各级党委把平反冤假错案、审干复查列入党委的重要议事日程，在复查“文化大革命”案件时，区别不同情况，采取很多行之有效的措施，做好善后处理工作。在给被迫害、被审查干部做结论时，对被复查对象的思想政治状况、身体状况、工作经历和特长作全面了解。在结论与本人见面时，认真听取本人意见，根据党的干部政策，适当安排工作。各级党委还因人而异，分别采取大会平反昭雪、小会宣布结论、发消除影响通知书，以及对非正常死亡干部开平反追悼大会、骨灰安放仪式等多种方式，做好消除影响等一系列工作。

至1986年末，复查平反“文化大革命”中形成的冤假错案工作基本结束。“文化大革命”中，全市立案审查的脱产干部7924人，占1965年末全市干部总人数的26.7%。经复查，7924件案件中，全错的2757件，部分错的2544件，基本不错的2623件，全错和部分错的案件占总数的67%。其中，被定为敌性的332件，复查后改变定性的323件，维持敌性的9件（均为刑事案件）。“文化大革命”中立案审查的基层不脱产干部、群众案件14989件。经复查，纠错10466件，占立案审查总人数的69.8%。其中，农村、城镇街道不脱产干部和党员7211人，纠错5820人，占80.7%。“文化大革命”中因受审查造成非正常死亡的干部群众626人，其中干部226人，对此，各级复查办公室全部实事求是作结论，妥善做好善后工作，并参照机关工作人员工伤待遇作处理，对282名符合招工条件的子女，照顾安排工作。因冤假错案或被错批斗而致伤残的176人，也参照工伤待遇作处理。对因冤假错案被辞退的36名计划内临时工，办理转正手续。对因刘少奇问题受株连的629人，也都平反。冤假错案被扣发工资1319人，计149.73万元，全部补发。其中：干部537人，补发106.25万元；不脱产干部群众782人，补发43.48万元。被查抄财物10877户，折合款1303万元，全部清退（以上统计数据均不包括江阴、无锡、宜兴等3县）。

复查改正错划右派案件。在对“文化大革命”中的冤假错案纠错平反的同时，市委对1957年被错定为右派分子的案件进行改正。此项工作分为三个阶段。第一阶段：全部摘掉右派帽子。1978年4月5日，中共中央批准统战部、公安部《关于全部摘掉右派分子帽子的请示报告》。4月25日，市委成立由市委组织部、宣传部、统战部、市委办公室和市公安局、民政局、劳动局等单位负责人组成的右派摘帽工作领导小组，市委统战部部长杨增任组长，并成立无锡市全部摘掉右派分子帽子办公室。各区局亦指定专人负责此项工作。领导小组成立后，迅速对全市右派分子基本情况调查摸底。1957年反右斗争中，全市划右派分子835人。截至1978年春，全市尚未摘掉右派分子帽子的103人（包括已故28人）。4月26～29日，全市有关部门党委对尚存右派分子进行复查，将103名右派分子全部摘帽，并向社会书面公布复查改正情况，同时对已故“右派分子”在外地的家属子女发出书面通知。第二阶段，进行错划右派的复查改正。7月中旬，省委组织部、宣传部、统战部和省公安厅、劳动厅等部门就右派分子摘帽过程中若干政策问题发出联合通知。市委根据此通知规定，对在工人中（包括营业员、中专生、民办教师、民警等）被戴上反党反社会主义分子帽子的162人，全部予以改正。对被定为中右和因“右派言行”受到处分的475人，经复查，重新做出改正结论。截至1979年6月，全市对右派分子复查改正基本结束。第三阶段：在复查改正的基础上，做好安置等各项工作。全市有关部门党委按照政策做好改正人员的安置善后工作，为他们落实工作单位，调整工作岗位，给予经济补助或补发、调整工资，改善工作待遇，清理档案，恢复名誉，消除影响。对需要安置工作的353人（包括外地错划右派，在无锡改正的75人，受株连的家属子女38人）全部安置工作。已死亡的49名改正人员，按规定补发丧葬费、抚恤金23636元。对经济困难的449人补助15.53万元。对家属子女受株连下放、失去工作和党籍等问题亦做出妥善处理。随迁回城或就地转为城镇户口的56人，其中对原来有工作的家属仍安排到原单位工作，对1964年以前下放已成年留在农村的子女回城安置23人。对“文化大革命”中被遣送农村后停发工资的63人，补发工资17.08万元。

在给予经济补偿的同时，对错划为右派的有关档案材料均作清理，凡是单独装订成册的材料均从档案中抽出。对“文化大革命”中和反右派、反右倾、“四清”中形成的干部审查材料进行清理。全市共清理出干部审查材料516567份。其中，归档材料40684份，占7.88%；销毁材料391278份，占75.75%；退还本人材料81847份，占15.84%；文书材料2758份，占0.53%（以上数据均不包括江阴、无锡、宜兴等三县）。

复查处理“文化大革命”前的历史老案。1983年6月至1986年末，无锡市着手复查处理“文化大革命”前历史老案。复查前，全市内部摸底排出一定二开（定敌性、开除党籍、开除公职）重点案件3578件，其中干部案件2028件、工人案件1550件。经各级党组织审查认定，列入复查任务的1200件，其中干部案件726件、工人案件474件。复查后，平反纠正954件（包括1958年重新处理内部留用的案件194件），占重点案件总数的26.7%，占列入复查任务总数的79.5%。其中，干部平反纠正的596件，占干部重点案件总数的29.4%，占列入复查任务案件的82.1%。平反纠正的596件干部案件中，恢复党籍32人，安排工作52人，办理离休16人，办理退职、退休216人，工龄连续计算23人，恢复干部性质16人；补发丧葬抚恤费84人、4万余元，生活困难补助155人、3.9万元；回到城镇落户36户48人，就地农转非136户158人；办理普调工资26人，办理工改37人，解决株连下放的配偶户口3

人，子女户口1人。加一级工资28人，无善后工作166人。属于工人的平反纠正案件358件，占重点案件总数的23.1%，占列入复查任务案件总数的75.5%，其中恢复党籍6人、安排工作17人、办理退职退休62人、享受定期补助13人、工龄连续计算35人，补发丧葬费抚恤费29人、1.01万元，补助生活困难62人，1.77万元。回到城镇落户两户两人，就地农转非44户44人。办理普调工资18人，办理工改28人，解决株连下放的配偶户口1人，子女户口1人，加一级工资9人，无善后工作200人。

复查历史上受限制使用的情况。1984年1月13日，根据中央组织部《关于解决一些干部历史上受限制使用问题的意见》精神，市委组织部部署复查一些干部历史上受限制使用的情况。全市组织复查工作人员1122人，其中县、区、局183人、各基层单位939人（其中专职572人、兼职367人）。复查工作分4步进行。第一步，查阅原审干、肃反中移交给档案部门的材料，包括移交清册、限制使用意见表、干部政治历史问题审查结果登记卡、受处分或限制使用的情况登记表等。第二步，查阅统战部门保存的各界人士的鉴定等材料。全市共排出原受限制使用的对象2198人，其中，江阴县、无锡县、宜兴县1510人，市区、局688人（营业员100人）。第三步，查阅干部人事档案，由各区、局直接组织查阅30岁以上人员干部档案，防止单纯按审干、肃反中受限制使用名单去对号入座的简单做法。第四步，市审干办公室向各县、区、局发放尚未落实的名单，各县、区、局通过走访老的审干干部、肃反干部、老领导以及查阅公安局相关卡片等方法，查清这些人员的去向，共查出原受限制使用对象55人。经过上述4个步骤反复排查摸底，全市共查阅干部档案80618份，查出原受限制使用的干部2596人。复查后，撤销限制使用的541人，占20.8%；注销限制使用的1868人，占72%；放宽限制使用的13人，占0.5%；受限制使用后因犯新的罪行被开除公职、判刑等不再清理的59人，占2.3%。

在复查限制使用干部的同时，全市各级审干办公室复查工人中有不能当干部、不能入党等类似限制使用意见的277人。撤销限制使用3人，占1.1%；解除限制使用35人，占12.6%；注销限制使用232人，占83.8%；不予清理7人，占2.5%。复查至1984年10月20日基本结束。

复查处理地下党历史遗留问题。在"文化大革命"及新中国成立后历次政治运动中，解放前曾在无锡坚持地下斗争的中共无锡工委成员和中层领导骨干被诬蔑成"是没有经过改造的资产阶级知识分子和政治上有严重问题的人"，部分地下党员被诬为"国民党""潜伏特务""叛徒"。1985年2月至1986年末，根据中央和省有关文件精神，复查处理地下党历史遗留问题378件，其中重新入党229人、未重新入党138人、原受开除党籍处分复查后恢复党籍11人。

复查干部和工人本人地主、富农成分问题。1984年10月至1985年7月，复查处理一些干部涉及地主、富农成分的案件81件。属土改中错定地主富农成分复查纠正8人，占9.9%；办理改变地主、富农成分73人，占90.1%，其中改定干部11人、教员53人、医生3人、职员6人。与此同时，对工人中本人地主、富农成分问题共复查84人，均改定为工人成分。

落实知识分子和统战政策。中共十一届三中全会以后，无锡市各级党委和组织部门抓紧落实党的知识分子和各项统战政策，解决和处理知识分子和各类统战对象中大量的历史遗留问题，充分调动广大知识分子和各类统战对象建设社会主义的积极性，密切党和知识分子及统战对象的关系。

落实知识分子政策。1982年5月5日～6月中旬，市委统战部分3批调查解决各界知名人士和高级知识分子政策落实情况。第一批79人，分别为全国政协委员3人、省人大代表13人、省政协委员22人、各民主党派副主委8人、区局级党外干部8人、副院长副团长5人、台联组副组长1人、宗教团体负责人6人、全国和省安排在无锡的13人，以上人员中高级知识分子36人。第二批163人，分别为市政协常委18人、民主党派省级政协委员1人、高级知识分子144人。前两批高级知识分子共130人，其中高级工程师38人、教授38人、主任医师44人、副研究员5人、高级农艺师1人、著名演员4人。第三批225人。分别为市人大代表48人、市政协委员120人、无政治安排的民主党派委员20人、市工商联执委31人、宗教团体负责人6人。通过采取党内和民主党派两条线同时调查方式，采取个别谈心、走访等形式，对122个历史遗留问题逐个解决。

落实原工商业者政策。在纠正冤假错案的同时，市委对在"文化大革命"期间被列为"731"专案审查的56名原工商业者作复查，公开平反，恢复名誉。对在"文化大革命"期间被扣减工资的322名原工商业者补发工资80.44万元。1977年，市委成立由市委统战部、市总工会、经委、财办、人事局、劳动局等单位领导组成的"三小"①区别领导小组，下设办公室，在原工商业者中进行"三小"区别工作，这一工作从1980年1月开始至8月基本结束。经过区别，在全市参加公私合营时被作为工商业者对待的3571人中，区别出1776人，占原总人数的49.73%。"三小"区别后，全市在职的原工商业者有264人，其中除11人因病不能参加工作外，其余都安排适当的工作。对原工商业者在政治上与干部、职工一视同仁，凡已经出国出境的，公私合营以后未领取的定息（海外股定息），凡经过公证、手续齐全，都进行发放。全市工商联被占用的办公用房共10处、2978平方米（市区工商联4处、1566平方米，江阴、无锡、宜兴三县共6处、1412平方米），有的归还原方，有的作价处理，有的由政府拨款拆建，造还新房。

落实原国民党起义投诚人员政策。经市委政法部门组织查阅25万多份档案材料，认定全市属国民党起义投诚人员487人，分期分批向他们颁发"原国民党起义投诚人员证明书"。其中，在解放初期因历史问题被追究的100人，经过复查，对其中错判错处的55人给予撤销原判，重新处理。对1951年4月审定的12名国民党海军起义人员，由市政府专门召开原国民党起义投诚人员发证会议，颁发证明书。

清退在"文化大革命"期间被查抄的财物和被挤占的私房。全市历次政治运动被查抄财物的有10877户，其中统战对象1886户。在清退中，原物在的归还原物，原物散失的，都分别不同情况给予补偿。全市得到补偿的851户，补偿金额16.05万元。对查抄的文物、字画、图书，于1984年10月、11月举办认领会，历时59天，调集工作人员近100人，租用无锡展览馆200平方米展室，陈列查抄物品59674件。通知被查抄对象认领。对无主认领的文物、字画、图书，召开由市政协领导、市各民主党派负责人参加的协商会讨论，采纳各方面的意见，分别作妥善处理。其中：无偿移交市图书馆图书14.66万余册；进市博物馆收藏的字画、瓷器、玉器、杂件、印章、砚台等3.42万件，作价111.32万元，作无偿调拨；进东林书院、唐文治纪念馆、钱松喦纪念馆、市佛教协会、市民俗博物馆等收藏的2247件，价值5.95万元，也作无偿调拨；作价给市文物商店的字画、瓷器、玉器、红木制品、印章、砚台等27211件，价值122.66万元，加上其他物品作价133.84万元。这笔作价款用于公益事业，其中100万元用于东林书院的修复。全市统战对象被挤占私房的有房归还房主，或经过协商作其他妥善处理。低价收购房，属统战对象的有28户，计1621平方米，也按市政府文件精神，落实政策。

落实党的侨务政策。除对归侨、侨眷中的冤假错案复查平反、清退被查抄的财物和被挤占的私房外，对下放农村的归侨、侨眷19户52人，以及60年代初下乡插队（场）的归侨、侨眷子女25人，都先后调回城市。同时，根据中央提出的"一视同仁，不得歧视，根据特点，适当照顾"的方针，有关部门为不少归侨、侨眷解决夫妻分居两地问题和子女"农转非"等问题。归侨、侨眷子女入学、升学得到应用的照顾。不少人加入中共或提拔为领导干部。

落实民族宗教政策。1979年7月，帮助恢复市天主教爱国会、市基督教"三自"爱国运动委员会和市佛教协会。1987年，恢复穆斯林节日、开斋节给回民放假1天。尊重回族土葬习俗，重建回民公墓。1997年上半年恢复道教协会。先后恢复基督教堂、天主教堂、伊斯兰教清真寺和佛教的广福寺、开原寺等宗教活动场所，发还"文化大革命"中被冻结的自筹经费；被占用的宗教房产也得到落实，总面积5680.37平方米；收回被占用的宗教房产和房管部门拆除房产作价偿还款以及"文化大革命"期间停付的房屋租金共113万元。

落实民主党派政策。1978年9月，市委根据中央的有关决定，宣布市民革、民盟、民建、民进、农工、九三学社等6个爱国民主党派恢复活动。1980年6月，市工商联恢复活动。市各民主党派、工商

① 小商贩、小业主、小手工业者。

联恢复活动后，为维护成员的正当利益，进行调查研究，积极反映情况，协助主管部门落实政策，并在组织上及时为被落实政策者撤销原来的处分。

落实集体所有制的剧团演员和医务人员扣发工资政策。经过复查，在“文化大革命”期间，全市共有集体所有制剧团演员245人、医务人员426人工资被扣发，计124.5万元，全部给予补发。

真理标准问题讨论　1978年，《实践是检验真理的唯一标准》一文的发表和邓小平关于实事求是观点的重要讲话，在无锡市广大干部群众中产生强烈的思想震动。10月18日，市委党校召开第九期学员和教职人员理论讨论会，讨论真理标准问题。参加学习班的学员多为全市各部、委、办、区、局的中青年干部。10月21日，市委召开各部、委、办、区、局和部分基层领导干部会议，市委书记韩本初在会上强调要响应党中央号召，解放思想，坚持实践是检验真理的唯一标准。此后，市有关部、委、办、局党委举办学习班开展讨论。10月26日，市纺织工业局党委举办宣传干部学习班，讨论真理标准问题。与此同时，全市各级党组织纷纷组织干部群众学习实践是检验真理的唯一标准。为更好地推动这场讨论深入开展，市委还举办真理标准的专题讲座，组织宣传干部到全市各系统宣讲。11月，《无锡日报》“学习”专栏一连数日发表理论文章，讨论真理标准，营造舆论宣传氛围。在进行真理标准讨论的同时，全市干部群众还学习马克思主义经典著作《哥达纲领批判》《谈谈辩证法》以及毛泽东的《实践论》《矛盾论》等理论著作。

中共十一届三中全会召开后，1978年12月24日，市委常委、市革委会副主任和各部、委、办、区、局负责人及干部举行学习讨论会，畅谈十一届三中全会召开的历史意义。1979年2月7日，市委召开工作会议，传达学习十一届三中全会精神，讨论党的工作重点转移问题。此后，无锡市全面展开思想、政治、组织等领域的拨乱反正，继续深入开展真理标准问题的讨论，实现工作重心的转移。

4.增补人物

《无锡市志》1995年版出版后，陆续发现一些遗漏的应入志人物，共67人，现予增补。

蒋重珍	龚　勉	邹迪光	叶茂才	谈　恺	陈幼学	过百龄	秦　瀛	钱　泳	余　治
刘继增	唐桐卿	张叔和	华艺三	陶达三	陆澄宙	陆亘一	华南圭	杨寿枬	魏钰卿
顾忠琛	陈梅芳	华彦云	华老太	华　蓴	华　辉	张廷金	秦联奎	胡彬夏	张福良
过望春	王　赓	虞炳烈	陶慰孙	汪禧成	朱耀祥	钟　英	陆　秀	诸水本	安剑平
胡颜立	薛筱卿	郁秉坚	孙晓楼	唐庆增	陆富全	朱鹤琴	杭果人	孙君毅	顾谷宜
侯鼎钊	荣伟仁	钱学熙	李乾元	章鹏若	秦邦礼	顾葆常	华洪涛	季焕麟	芮　麟
罗叔平	过鉴清	张蔚林	孙　明	季月娥	钟荣赓	强　毅			

蒋重珍（1189—1249）

蒋重珍，字良贵，号一梅，宋淳熙十六年（1189年）生于无锡富安乡（今无锡胡埭镇）蔡村。10岁丧父，母顾氏亲身授学，后从尤袤为师。17岁任私塾教师。后前往雪浪庵，寄居僧舍，日夜攻读。宋嘉定十六年（1223年）中状元，为无锡历史上第一个状元。签判建康军。宝庆年间（1225～1227年），因病求退回乡，在雪浪庵内建亭阁，世称蒋子阁。母亲病逝，服丧期满，改任签判昭庆军，因与部属意见相左，遂请求回乡祭祀。不久，签判奉国军。绍定二年（1229年），奉召入京言事。次年，京城火灾，蒋重珍上疏，指斥宰相史弥远，提醒理宗亲揽大权，理宗大为感动，授蒋重珍宝章阁直学士，主管云台观。他提醒理宗防止大权旁落，又进《为君难》六箴，被授任秘书郎兼庄文府教授。端平元年（1234年），力荐真德秀、魏了翁等。在兼崇政殿说书时，每起草奏章，必斋心盛服，理宗称其为人平实。在对待边事上，主张荐选将帅，审度时势，力戒轻敌邀功，对丞相主张出师北伐关、洛，提出不同意见，但未被采纳。后迁著作郎兼权司封郎官、起居舍人、兼国史院编修官、实录院检讨官。迁起居郎，以疾病辞官，又以集英殿修撰的身份到安吉州，兼任刑部侍郎，辞官3次都不被批准。最后，诏守刑部侍郎带职致仕。在乡翻建旧屋，名“一梅堂”，建“万竹亭”。淳祐九年（1249年），蒋重珍病逝，享年60岁。宋理宗赠他为朝请大夫，赐谥号忠文。《宋史》有传。

龚　勉（1536—1607）

龚勉，字子勤，初号云屋，后更毅所。明嘉靖十五年（1536年）生于无锡南下塘阳春巷。幼时家道中落，17岁中秀才后，仍清贫度日。曾为躲债避难城东绿萝庵，并写有一首《避债诗》："柴米油盐酱醋茶，件件都在别人家。今朝大年三十夜，绿萝庵里看梅花。"庵中老尼见他是个有为青年，留他在庵内吃年夜饭。日后发愤读书，师事汪蒙泉、王问（仲山）。明嘉靖四十三年秋，中举。隆庆二年（1568年），中进士。任浙江嘉兴县县令。主持重修嘉兴南湖烟雨楼，创立"见初书院"。嘉兴地区赋税一直难以治理，他采取措施剔除弊端，百姓称颂。隆庆三年，丁忧回锡，居丧3年后任直隶河间府吴桥县县令。他察访民情，随后上书免粮《八议》，获准后在全国推广。不久，奉旨调任南京郎中之职。当他离任时，当地千余百姓夹道送行，并为他立生祠。在嘉禾郡守任内，对郡内几个大恶霸严惩法办，百姓们无不称快。他平时秉公办事，不徇私情，当地百姓都非常爱戴他，离任时，不但为他立下生祠，还立"去思碑"。万历十六年（1588年），调任浙江右参政，分守金（金华）、衢（衢州）、严（严州）三郡。不久，年值饥荒，龚勉立即开仓赈济，帮助百姓渡过难关。两年后，任浙江按察使。万历二十三年，奉旨调查黄河泛滥成因，并决定开武家墩和黄家坝，疏通河水从五港口入海；并疏通鲍黄口，让黄河与淮河合流，使黄淮地区都免除灾患。工程完成后，不仅保全明王陵，并使漕运畅通，受到神宗帝的嘉奖。万历二十五年，授浙江右布政使。不久辞职归锡，筑新居于木樨（栖）厅。曾出资改建桥梁（今跨塘桥）、周济贫病亲友、帮助百姓排难解纷等。民众在城南书院内为他建立生祠。并请顾宪成撰写《免粮碑记》，刻石立碑。还请无锡学者施策写《永思碑记》等碑石，立于生祠之中。著有《尚友堂集》《禹贡祥节》《佞情考》等。

万历三十五年五月九日，龚勉病逝，享年71岁。无锡百姓为他分别建立首藩方岳坊、重恩坊两处石牌坊，以表其功绩。

邹迪光（1550—1626）

邹迪光，字彦吉，号愚谷，别号六度居士，明代诗人、书画家。明嘉靖二十九年（1550年）生于无锡一贫寒家庭。少时聪慧，勤学苦读。万历二年（1574年）中进士，授工部主事。万历十七年，全国大部地区遭受饥荒，他以救民为本，多次上疏朝廷，"条陈数事"，被万历帝接受，救活无数灾民。后被擢为湖广提学副使。他选拔一批栋梁之才，做到"百不失一"，受朝野称颂。

他在任职期间，忠诚无私，一尘不染，遭到朝野权势的诬陷。万历十七年冬，因拂"中丞意"，遭"吏议"被罢官，还乡时有千余名学生送行，并集资在无锡惠山龙头下（今上河塘）建"报德坊"以作纪念。其子邹德基在石坊上额题"人杰地灵"。他的学生还在湘南濂溪书院为他立生祠，并留有他的《黄鹤楼》诗作。

邹回无锡后，经常和享有盛名的文学家、戏剧家诗酒唱和。他用自己的全部家产，买下惠山之麓的"龙泉精舍"故址，建别墅园林。经十余年建成，取名为"愚公谷"，也称"邹园"。园内筑有玉荷亭、天钧堂、畏佳楼和九莲台等60景。一时胜地绝吴中，吸引无数文人浏览、题咏和记略，留下不少诗文。他一生乐善好施，助学田、建祖祠、设义学、筑桥梁，为老百姓做不少好事。他工诗文，擅绘画，兼善音乐。晚年信奉佛教，名斋"调象庵"。著有《郁仪楼集》《调象庵集》《石语斋集》等300余卷。传世作品有《仿宋人设色山水图》。天启六年（1626年），邹迪光病逝，享年76岁。

叶茂才（1558—1629）

叶茂才，字参之，号玄室，世称闲适先生。明嘉靖三十七年（1558年）生于无锡前洲石幢。早年在家乡设馆教书，颇有声望。万历十六年（1588年）中举。次年二月，与同乡高攀龙、陈幼学等赴京参加会试，同时得中。万历十七年，叶茂才殿试列为二甲，登进士榜。初授刑部主事，为迎养老父，请求南调，改授南京工部主事。上任不久，被调往芜湖、南京、常州一带负责治理税务。任职期间，廉洁奉公、分文不沾，所收巨额税金，全部充入国库。衙内官差跪请他能按陋规，从中截留部分，他始终不为所动。在他的治理下，税务面貌一新。他亲自稽查税务事宜，不容奸商偷漏税款；但体恤商民困苦，有时适当放宽禁令。在税务上宽严并济，处处体恤民众，深得商民的称颂。离任时，他将所积巨额钱财充作军饷，受到朝廷嘉奖。

他生性恬淡，嫉恶如仇，不徇私情。他舅父徐某仗势在南京、常州一带贩运私盐，蓄意逃漏税款。一日徐的盐船被税关扣留，他得报后立即下令按法严处。万历二十六年，授南京吏部郎中，负责"南选"，为选配南方少数民族官吏奔波跋涉。后任南京大理寺丞、太仆寺少卿。万历三十九年，揭出科场舞弊案，奸党诬为"旁器"。他两次上疏，其中"旁器说"击中时弊，名震朝野。万历四十六年，任南京工部右侍郎，因魏忠贤陷害东林党，上任刚三月，便称病辞归。除在东林书院讲学外，平时足不出户，布衣素食，耕种薄田两顷，生活十分俭朴。阉党捕杀东林党人时，他力救高攀龙之子，免遭危难。他与顾宪成、顾允成、高攀龙、安希范、刘元珍、钱一本、薛敷教并称"东林八君子"。崇祯二年（1629年），叶茂才去世，享年71岁。南京工部特为他立"天下第一清官"匾额。著有《见闻摘录》《旁器录》《八贞女传》《兴至吟》《三案书》《叶氏宗谱》《中解篇》等。《明史》有传。

谈　恺（1503—1568）

谈恺，字守教，号十山，明弘治十六年（1503年）十二月五日生于无锡城中六箭河上小娄巷，其父谈一凤为弘治举人、应山知县。他为嘉靖四年（1525年）举人，翌年为进士。初授户部江西清吏司主事，后历任清吏司郎中、山东按察司副使、四川按察司副使，特授巡抚、都察院副都御使兼两广兵部右侍郎，都察院右都御使。在两广任内，领导和指挥包括抗倭名将戚继光在内的官兵，在抗倭和抗击葡萄牙人入侵中屡立战功。他家有延恩楼，藏书万卷，卸任归里后，与二三知己一起，于嘉靖四十五年根据抄本校补重刻宋代《太平广记》，中华书局于1961年重新印行的《太平广记》（全10册）点校本即以谈刻本为底本，参校其他刻本而成。又于园宅之东筑万备堂，有亭台树石，结构精雅，为城中第一胜处。晚年与友俞宪、安如山、王瑛、秦瀚结"五老会"，诗酒唱和。并设塾授徒，状元孙继皋未及第前也曾入馆学习。孙所居少宰第即为谈恺故宅，民间有"谈都宪慨赠少宰第"之说。另著有《孙武子十三卷》等。明隆庆二年（1568年），谈恺去世，享年65岁。卒后获谕赐祭葬，加封兵部尚书。

陈幼学（1541—1624）

陈幼学，字志行，号锡堂，明嘉靖二十年（1541年）生于无锡。33岁中举。万历十七年（1589年）进士，任确山知县。他致力于施惠百姓，积存2000石粟米用于应对灾荒，开垦800多顷荒田，给贫民提供500余头耕牛，给乡村妇女提供800多台纺车，种植3.8万多株桑榆等树，开凿198条河渠。还建造1200多间房屋，用以安置贫困百姓。布政使刘浑成的弟弟烂成，伙同小妾杀死妻子，陈幼学依法治罪。代理太仆卿陈耀文的家人犯法，他立即将其逮捕治罪。汝宁知府丘度担心他惹上祸端，请求巡抚、按察使，调他到中牟县。在担任中牟县令期间，给贫苦百姓提供的耕牛、纺车、房屋等数量，比确山县还加倍。他组织百姓捕捉蝗虫，避免蝗灾。用县仓积谷招抚流民，以工代赈，修筑城墙。又组织灾民开垦县南的荒地，将新垦数百顷荒地全数分给百姓。他组织疏通河道、兴建水渠、修筑堤坝，免去旱涝之患。

5年后，因政绩显著，升任刑部主事。当时有宦官采摘御园果实，杀死看园人的母亲，将尸体扔到河中。他据实将案情上奏，将肇事宦官绳之以法。后以员外郎的身份到京城周边地区考察刑法执法情况，释放犯人300多人。后为一命案得罪权贵，放任湖州知府。刚到任，就捕杀横行霸道的恶奴，又依法处死为非作恶的地方豪霸几十人，地方得到安宁。有一年，湖州下了1个月大雨，禾苗都被淹死。他治理灾荒，救活饥民34万多人。他革除征派钱粮徭役中的弊病；办学校，置社田，资助贫困生员；修筑池塘、鱼池和修建桥梁道路等。推官阎世科将他治理地方的措施列举出36条上奏朝廷，皇帝下诏加封为按察副使，仍然负责本郡事务。他70岁的时候，以副使身份督九江兵备，但他以侍奉老母为由辞官归乡，母亲去世后不再出仕。天启三年（1623年），启用他为南京光禄少卿，又改任太常少卿，都没有赴任。次年去世，享年83岁。中牟、湖州都立祠纪念他。《明史》有传。

过百龄（1587—1660）

过百龄，名文年，以字行，明万历十五年（1587年）生于无锡八士乡一名门家庭。天资聪颖，受父亲影响，8岁学会下棋，11岁通晓围棋中虚实、先后、攻防关系和处理方法。他常常和成年人对局，逢局必胜。时任吏部右侍郎叶向高途经无锡，与过对弈，连输三局，要带他去京城，被谢绝。又过几年，叶向高任宰相，邀过百龄进京。前辈国手林符卿没把时年才十五六岁的过放在眼里，却连输三局。过因此被推为一品棋士，在京城名声大振。四方棋手纷纷向他挑战，他一一对局，每战必胜。在数十年里，过百龄被誉为“一代棋宗”。曾主持删订古谱《仙机武库》，成为流传很广的名谱。在无锡时，他曾到东林书院听学，与顾宪成、高攀龙等一见如故，钦佩他们的知识才华与治国济世的抱负，顾、高则看重这位称雄棋坛而无意科场的青年。过百龄还在书院与众人下棋，使书院棋风大兴。东林党人杨涟等被捕后，有人劝客居其寓的过百龄赶快躲避，他断然拒绝。杨涟被杀害后，过百龄安置杨涟的家人，还租船将杨涟的棺木运回老家安葬。中晚年，他退隐到无锡惠山脚下，同时开办棋社，收徒授艺，培养出一批好手。他著有《官子谱》《三子谱》《四子谱》等书，其中《官子谱》对收官问题作了全面透彻的论述，是中国第一部关于收官的著作，被誉为“对弈中的《孙子兵法》”，更被译成日文在日本出版。在和学生下让子棋的过程中，他的让子谱《三子谱》《四子谱》多有创新，在清朝风靡一时，其中“倚盖”一项，至今尤为中外沿用范型。清顺治十七年（1660年），过百龄去世，享年73岁。

秦　瀛（1743—1821）

秦瀛，原名沛，字凌沧，号小岘，晚号遂庵。清乾隆八年（1743年）生于无锡城内一名门家庭。乾隆三十九年中举，两年后乾隆帝巡泰山召试，赐内阁中书，充军机章京，后升侍读，迁户部江西司郎中，后任浙江温处道，调杭嘉湖分巡使。嘉庆年间（1796～1820年），历任湖南按察使、广东按察使、浙江布政使、光禄寺少卿、太常侍卿、顺天府尹、刑部右侍郎、左副都御使、仓场总督、兵部右侍郎等职。

秦瀛在数十年的政治生涯中，为官清正，实情实报，为老百姓做了不少实事，受到当地百姓爱戴。嘉庆五年，浙江宁波、绍兴、台州三府遭受严重水灾，大批农田被淹，颗粒无收，百姓粮食无着，很多贫民颠沛流离，纷纷外出逃荒。地方官为逃避责任，隐匿不报。时任浙江布政使的他前往实地查明灾情后，要求朝廷调拨粮食。朝廷即调拨大批粮食，使三府的灾民及时得到赈济。不久，湖南衡阳地区也遭水灾，他同样实地调查，如实上报，赈济粮食。在任广东按察使时，琼州地区赌博盛行。他微服私访后，进行综合治理，惩办聚赌恶棍，使琼州地区的社会风气得到净化，人民安居乐业。他为官多年，颇有佳绩，受百姓爱戴，多次受到朝廷嘉奖。在京时，曾审一起特大盗米案。他受命深入查访，分析取证，弄清案情的来龙去脉，严惩盗米主犯，使蔡长兴等12名蒙冤的运米民工得以平反。嘉庆十五年，因患严重眼病解职还乡。他生平以诗文力追古人风格而名于当世，与姚鼐相推重；工行、楷，有董其昌笔意，亦善隶书。曾总纂《无锡金匮县志》，著有《小岘山人诗文集》，编有《己未词科录》《淮海公年谱》《政余偶存》等。道光元年（1821年），秦瀛病故于无锡，享年78岁。《清史稿》有传。

钱　泳（1759—1844）

钱泳，初名鹤，字立群，号台仙、梅溪、梅花溪居士。清乾隆二十四年（1759年）生，出身于名门，系五代吴越王钱镠三十世孙。年方弱冠便离家远行，游幕异乡，并不热衷于科举，足迹遍及直隶、山东、河南、湖北、江西、安徽、浙江、福建等省。清乾隆五十年到开封，在毕沅处做幕客，共研书法。乾隆五十六年，在山东济宁结识乾隆十一子成亲王永瑆，后成亲王奉旨刻印《诒晋斋帖》，由钱泳至北京为之刊定。嘉庆二年（1797年）到绍兴，寓徐渭故居。嘉庆年间，秦瀛纂《无锡金匮县志》刊出后，他为补该志不足，撰《锡山补志》，下限至嘉庆十八年，但未完稿。他诗、书、画、金石俱精，书法四体皆妙，工于八法，尤精隶书，结构严谨，笔法端丽。其墨宝在扬州明月楼、常熟钱牧斋墓尚能见到。在无锡留有他自撰自书的隶帖《丰乐桥[①]颂》（又名《齐侯造桥碑》），薛福成故居"西轺堂"也为他隶书手迹。晚年以八分写《十三经》，工力甚巨，刻石未及半而止。平生所摹唐碑及秦、汉金石断简不下近百种，俱行世。精镌碑板，作印得三桥（文彭）、亦步（吴迥）风格，有缩临小汉碑，集各种小唐碑石刻行世。画山水小景，疏古澹远。有《仿赵大年柳塘花坞图》，藏故宫博物院。他在出行50年后才回归故里，晚年居常熟、无锡。一生著述不辍，著有《履园丛话》24卷，内容丰富，包罗万象，在"裹足"节，有革除女子裹足陋习的呼吁。又有《履园金石目》《履园画学》《说文识小录》《梅花溪诗钞》《守望新书》《兰林集》《养竹轩集》《登楼杂记》《艺林集》《凤仙花谱》5卷、《古虞石室记》5卷、《铁券金涂塔考》1卷等。清沈复著《浮生六记》共6卷，残存4卷，第5卷《中山记历》有钱泳手抄本《册封琉球国记略》（《海国记》）存世，记述钓鱼岛在嘉庆十三年（1808年）属于中国领土的史实，比日本宣称古贺辰四郎在光绪十年（1884年）发现该岛的时间早76年。钱氏曾自己出资加上募款在惠山扩建钱王祠。道光二十四年（1844年），钱泳去世，享年85岁。民国20年（1931年），侯鸿鉴校勘刊印钱泳《锡山补志》，收入《锡山先哲丛刊》第四辑。

余　治（1809—1874）

余治，字翼廷，号莲村，又号晦斋、寄云山人等，清嘉庆十四年（1809年）生于无锡前洲镇浮舟村。早年在家乡私塾教书，27岁中秀才，补金匮县学附生。29岁师从常州著名学者李兆洛。31岁肄业于江阴县暨阳书院。

道光二十年（1840年），其家乡芙蓉圩、杨家圩遇大水灾，他上书当道，请赈济灾民。又劝民纺织，赊棉赊织机，以谋副业。次年春，与华氏一起倡办粥店。著《劝开粥店说》等文，刻林则徐《担粥说》，为灾民呼吁。此后，远近慕其名，苏州及无锡东乡水渠里秦氏、石塘湾联氏、礼社薛氏、葑庄杨氏诸绅都愿与他订交。后遇饥荒办赈，必定向他咨询。道光二十三年，他在本乡集资办保婴会。道光二十五年，集资设义塾数处，撰辑学堂讲语，训学良规，并绘图增订日记故事。隔年又编《古文观止约选》。道光二十六年，订立《保婴会章程》。道光二十八年，江阴寿兴沙各圩被大水潮淹溃，饥民载道，募资数百万缗，为之赈恤、筑堤。又因该地多溺女，倡立"恤产保婴会"。是年与翌年，两度去浙江长兴下沉渡，办理育婴堂等事。道光二十九年，江南大水，苏常圩田被淹，著《水淹铁泪图》24帧，以乞求于远近富人。是年秋，以劝募为急务，抱病往来于苏常各属。次年春，禀修杨家圩，改永济桥为永济闸，用于宣泄。常州知府严仙舫亲书"侠义堪风"赠予他。他五次科举考试不第，便绝意仕途，把精力主要用于编刊善书与戏剧，从事慈善事业。

咸丰四年（1854年），江阴寿兴沙王锦标响应太平军起事，他以宣讲善事为名，帮助官府剿灭。他曾经在清军江南大营著《劫海回澜》续启，分送各营，希望从事军务者以"不嗜杀人"为本。咸丰五年，创设太湖救生局于无锡吴塘门。次年夏大旱，沿江各乡争潮械斗，他前往劝解。复会苏常诸绅士，设厂招抚流亡。咸丰八年，又赴镇江抚恤难民。是年，由附生保举为训导，加光禄寺署正衔。咸丰十一年，因战乱逃难的江南难民聚集到苏北，他与江北诸绅善士，在如皋的石庄、永乐桥，靖江县的斜桥生祠堂、四墩子，泰兴县的口岸、新镇市，并寿兴沙、常阴沙、太平洲等处设粥局。

同治元年（1862年），余治赴沪，偕苏绅士设保息局，抚恤难民。隔年，又因为江南难民流离失

① 丰乐桥，在京杭大运河近望亭处，曾名北望亭桥、龙汇桥、五七大桥。

所者众多，除施粥之外，又为难民安排一些男佣女织的工作。同治三年，著《江南铁泪图》42帧，描绘江南被战乱所劫的惨状，赴江北劝捐。又著《劫海回澜》再续启，被称为“经世大文”。同治五年，移眷居苏州。在上海充广方言馆监院。五月，在上海董抚教局。余治早先曾与诸绅募建恤孤局，留养江南难民中16岁以下儿童；有些沦为乞丐的，官府设抚教局，由余治主其事。同治六年，在上海创设普育堂。是年，以善后功，奏加五品顶戴。同治七年，赴江阴沙洲清厘地界。在上海增设抚颠局等。大凡增设善局，都由余治制订条陈。学生要为余治庆贺60岁寿辰，余不许，便集资刻善书数种。同治九年，赴湖州筹办恤产、保婴各局，并请示禁厚嫁，以此从源头上杜绝溺亡女婴的现象。

善举之外，他是第一个创作大量皮黄（即京剧）剧本的剧作家。晚年组织一班孤苦无告的穷孩子，成立童伶戏班，请梨园老艺人教戏，自己亲自指导排练，赴各地演出。他所著的《劝禁演串客戏俚言》是最早反映无锡滩簧在道光年间已流行的重要史料。他为救时务用俚语俗话宣讲乡约，并编著各种新剧目。所撰皮黄剧本30余种，现存《岳侯训子》《硃砂痣》等28种，辑为《庶几堂今乐》初集、二集，有光绪间刊本。尚有已佚的《苦节记》等数种。其作品大都是教化、劝善的题材。他还通过乡约与善会宣扬礼教，曾著《乡约新编》行世。

同治十三年（1874年）十月八日，余治病逝于苏州，享年65岁。作品有《尊小学斋诗文集》6卷、《得一录》8卷、《庶几堂今乐》集等，皆刊行于世。俞樾为其作墓志铭，李鸿章称其为“吴中善士”。

刘继增（1843—1905）

刘继增，字长高，号石香，清道光二十三年（1843年）十月十七日生于无锡城中西大街。原姓范，父用煌，是范仲淹二十五世孙。3岁丧父，嗣继刘春山为子。7岁入塾，先后师从举人王恩绶及徐绥之。勤奋苦学，嗜书如命。工诗文词，精擅考据学及书法，博通古今，并善绘事。不事科举。太平军战役避居武进县雪堰桥，廉价购得大批书籍，月夜渡太湖，大风覆舟，溺水遇救。成年后，游幕于荆襄燕赵，名士高官争相延聘他。晚年归里，杜门不出，考订古籍，搜罗金石，以著述自娱。俞樾称之谓“诗书画三绝”。他发现明清几种版本的南唐二主词字句颇有出入，且流传不广，因此他将墨华斋本、汲古阁旧抄本和康熙无锡侯氏亦园本等善本对勘，并举各种版本在文字上的异同，从各类诗话和笔记中钩沉相关资料写成笺注，汇聚千年以来文人雅士的心得逸闻，将南唐二主词的研究推到一个新的水平。著有《寄沤文钞》2卷、《寄沤诗钞》4卷、《寄沤词钞》1卷、《惠山竹枝词》及《忍草庵志》4卷。并根据施建烈原稿，重编《纪无锡县城失守及克复本末》4卷，参订《南唐二主词笺》《泰伯梅里志》8卷等行世。清光绪三十一年（1905年）十一月十五日，刘继增逝世，享年62岁。

唐桐卿（1846—1912）

唐桐卿，名锡晋，号潜叟，道光二十六年（1846年）生于无锡城中大娄巷。清同治四年（1865年），入学为诸生。清末多灾难，几乎每年都有旱涝灾情。他遵奉先父文源公遗训，致力行善。光绪元年（1875年），山西、河南地区大旱成灾，他捐出私俸并倡导捐助，以诚信从苏、沪、常捐得5万金救济灾民，活人无算。光绪十四年，以恩贡授安东（今江苏涟水）县教谕。次年，安东又遭涝灾，他积极募得10万巨金全用于赈灾。这一时期，他的义赈活动范围扩大到以涟水为中心的苏北地区。凡办义赈者历十余年，蒙存活者有数万户。光绪二十四年，淮、徐、海大水，饥民逃难南下，官方沿江阻塞，分遣回籍。安东首当其冲。唐桐卿带头募捐，官方与义赈共得5万金。其子宗愈督运南来米粮运至安东，在潮河、五港等镇分发赈币与赈粮。其间，他培养出一批义赈工作人员，对以后的赈灾起到重要作用。

光绪二十五年春，山东沿海诸郡发生螟蜚灾。唐桐卿用上年安东义赈所余千金，命其子宗愈携款南返，加上诸善士捐助，合购棉衣万余件，顶风破浪涉海乘船20多天，把棉衣送到灾民手中。这是唐桐卿最初的跨省义赈。光绪二十六年，关中闹饥荒，唐氏与同人等集资20万两银，分辇冒雨入秦，赈两州8县灾民。因灾款不够使用，他又请求西安大学士王文韶发币20万，使灾民得救。光绪三十二年，湖南大水，淮水复溢，他分别以资产劝输，购米运往灾区赈灾。

宣统二年（1910年）末，江皖告灾，已在重病中的唐桐卿闻讯后，命子宗愈筹款购买面粉、棉衣等大批物资，急运灾区救济黎民百姓。宣统三年，武昌事起，他又倡捐万金，以助革命。

唐桐卿行善赈灾恤难长达37年，受赈范围达吉林、山东、陕西、甘肃、山西、河南、湖南、江苏8省51个州县。无论灾区偏远艰险、疫情蔓延，必躬亲草野，体察民情。所行路程数万里，所赈钱物逾百万元，"救活黎民，不可胜数"。除自己节衣缩食，倾其所俸外，还尽力捐献唐氏家族发展工商业获得的"资本积累"。呼号奔走于"亲故之门，豪府之庭"，求助募诸于沪、杭、苏、常之地，他把募捐所得，悉数用作安恤灾民、送医施药、兴办义学。常年奔波在外，寝食无定，以致心力尽瘁，卧病不起。

民国元年（1912年）10月30日，唐桐卿病逝于上海寓所，享年66岁。袁世凯、徐世昌、曹锟等参加吊唁。民国8年，位于宝善桥北的唐桐卿专祠建成。民国12年3月，由冯国璋、齐耀琳、王达、清末状元刘春霖等编辑出版的《无锡唐桐卿先生专祠文录》刊行。是年，北京中央政府批准涟水县公民请为大善士唐桐卿建立专祠，涟水县百姓将唐公请入涟水县名宦祠内，私谥"孝惠先生"。他所惠泽的州县，大多建有无锡唐桐卿的专祠。

张叔和（1850—1919）

张叔和，名鸿禄，字叔和，清道光三十年（1850年）生于无锡东门含锡桥。约在同治九年（1870年）赴沪。他与李鸿章关系甚好，才干颇受李赏识。光绪六年（1880年），以广东候选道的身份，到轮船招商局帮办事务。次年春，经唐廷枢、徐润禀请，被正式委为帮办。光绪八年至十一年，他是招商局4个主要负责人之一，另3人为唐廷枢、徐润与郑观应。他先经营海运、漕米，后专管漕米事务。光绪十一年九月，因招商局亏款问题，与徐润同被革职。光绪十三年一月二十日，因经营大陆与台湾间的商务，所乘万年青号轮船被英国一船撞沉，船上有83人罹难，他因没有随众弃船逃命，而是攀上桅杆，得以幸存。此后，他再未参与招商局事务，主要致力于实业，除经营张园，还在华盛纺织厂等企业中拥有股份。

光绪八年八月，他从和记洋行购得静安寺路（今南京西路）之南一地块建造张氏味莼园（简称"张园"），后成为清末民初沪上著名的私人经营性的古典园林，又吸收西洋风格，是上海近代海派园林的典范，为当时上海私家花园中的三大名园（另两园为愚园、徐园）之冠，是当时最吸引公众的游乐场所，一度成为上海各界集会、演讲、展览、慈善义卖最重要的公众活动场所。光绪二十三年十二月至民国2年（1913年）4月，张园举行较大的集会有39次。宣统三年（1911年）末，孙中山从海外回国，上海各界欢迎大会即在张园举行。孙中山曾两次在此发表演说。张园在晚清民初成为上海社会的一个缩影，游人可于张园赏花、看戏、评妓、照相、宴客、吃茶、纳凉、集会、展览、购物。民国8年3月，张园拍卖易主，后逐步改建为新、老里弄住宅。

光绪二十年二月十七日，《新闻报》在上海创刊，他是华商之一。他还在无锡茂新面粉厂投资。民国4年，任无锡振新纱厂经理，并投资6万元，帮助荣宗敬、荣德生在上海创办申新纱厂（即后来的申新一厂）。民国8年，张叔和病逝，享年69岁。

华艺三（1860—1938）

华艺三（又作艺珊），名文川，以字行，清咸丰十年（1860年）生于无锡东亭镇东街。自幼秀颖，工书画，多才多艺，人称"艺三先生"。光绪十年（1884年）甲申科秀才，授布政司理问衔，分省候选县丞。早年在无锡北塘大街经营恒隆福面粉行，在机制面粉问世前，收购四乡土制面粉，运销江浙等地，为当时资金实力雄厚的企业之一。后任锡金（无锡）商会助办、总办（总理、会长）多年，兼任同善社负责人，溥仁慈善会、无锡红十字分会会长。因得地方绅士信任、支持，故协调绅商关系，常需借助于他。光绪三十三年，支持其妻李佩韨创设锡山绣工传习会。武昌辛亥起义后7天，时任锡金商会总理的华艺三鉴于局势，为维护地方商界的生命财产安全，邀集各业会董，倡议征集商界青年，组成锡金商团，过12天正式成立，被公推为商团公会会长。不多日，商团钱业支队直接参与无锡起事。民国元年（1912年）10月，与荣德生、蔡缄三、汪赞卿等赴北京出席第一次全国工商会议。民国13年，与荣德生、钱味青、张哲民等人创办锡湖轮船公司，首先开办无锡横渡太湖至浙江湖州的旅游客班，并参与鼋头渚建造灯塔，以资纪念。民国22年，严慎予任无锡县长时，为拓宽三下塘而与拥有该处房地产的华艺三等人发生矛盾，经谈判双方各让一步。又因在城区开征地价税，双方再次发生矛盾，由华艺三等9人具名，在上海《新闻报》和《申报》上，各刊登一条“反对开征地价税告全国同胞”的广告，使江苏省政府主席陈果夫看了为难，后经地方人士调解，政府最终缓征。抗战全面爆发，遂避居上海。民国27年，华艺三于上海病逝，享年78岁。

陶达三（1871—1951）

陶达三，名守恒，字达三，清光绪七年（1871年）五月生于无锡映山河花园弄。幼年随父读书，后毕业于无锡理化学堂。光绪二十九年，去日本京都高等理化博物专门学校留学。光绪三十一年学成归国，次年应南京高等师范学堂之聘，担任理化博物教习20多年。光绪三十三年，兼无锡竞志女学理科教员。在“教育救国”思想影响下，于宣统二年（1910年）正月创办无锡县立初等工业学堂，引进新式织布机、织袜机，设立染、织两个工场，邀请留学于日本染织科的诸文绮、刘北禾分别担任主任，成为无锡地区最早开办和使用新式织布机的工场，提倡书本知识与生产劳动相结合。学校很快由开学初年只有学生2人发展至第二年的70多人，继而达300人。为从事新式教育，他亲手制作生物标本，具有独到之处，在宣统三年参加意大利“国际工业与劳动博览会”（亦称“万国博览会”）时，荣获金奖。随即参加在杭州举办的教育美术馆展，又获大总统颁发的“嘉禾奖章”。民国元年（1912年）正月，无锡初等工业学堂改名为无锡县乙种工业学校，以后又先后改名为无锡县立乙种实业学校、无锡县立初级中学、无锡县中学，并从寺后门迁入学前街的学宫。不久，改任无锡第一国民学校校长。民国2年11月，他以江苏省学务调查员的身份，去日本考察京都高等工艺学校和商业学校，这更加增强他“学用结合”“文理并重”的决心。他在学校中附设商业补习科，设置商业课程，利用寒假开办“小小商店”，组织“贩卖团”，店内设文具部、实用品部、玩品部、食品部和代售部，又请工商界知名人士讲经济形势，向学生灌输经商知识。他任校长20多年，担任过无锡县城区的教育会会长，经常外出考察教育事业，足迹遍及京沪各地。抗日战争爆发后，避难到无锡农村，在南方泉寺前、蒋家桥两地创办小学，为农家孩子作启蒙教育。汪伪政府多次聘他任无锡县教育局局长，均遭拒绝。他请名画家王云轩为自己画了一张削发身穿僧衣的像，并题诗一首以明志。抗日战争胜利，他已74岁，依然执教于无锡县中学、道南中学和正风中学。因而，一些同行戏称他为“德国机器”。民国35年，国民政府教育部给予他传令嘉奖。直至76岁时，才走下讲台，在老宅整理书籍，鉴赏文物。他还热心于社会公益事业，参与规划筹建无锡县图书馆，设计营造无锡国学专修馆，发起疏浚惠山黄公涧、蟹眼泉、直街排水沟等，开辟惠山腰的人行道，经办惠山林场公有林等。1951年2月10日，陶达三逝世，享年80岁。

陆澄宙（1874—1929）　陆亘一（1910—1966）

陆澄宙，字松琴，晚号涤庵，清同治十三年（1874年）十一月九日生于无锡北乡西漳陈家桥，陆定一之父。父陆蓉第经营稻米，盈利丰厚，家境富裕，陆澄宙为其次子，年幼好学，颇有识见。光绪二十七年（1901年）考中秀才。不久援例报捐，入京师法律学堂。通过两年学习，毕业后授法部主事（五品京官），任职于北京分署法部。光绪宣统间，江淮地区发生大饥荒，而北京官民的粮食都通过京杭大运河从江淮地区运去，这是朝廷食用来源。但该地区饥荒，需要救济，如再抽走几百万石米麦，人民难以为生。他发起在京的无锡籍官员，联名上书朝廷，要求停止漕运1年，得到朝廷允准，饥民得救，成为传闻一时的大事。辛亥革命后，撰写《治安策》，就实行立法、行政、司法三权分立陈述自己的意见，上报民国政府。后在无锡东大街开设律师事务所。民国2年(1913年)12月29日起，历任江苏第一高等审判厅推事兼民庭庭长，浙江高等审判厅推事，北京高等检察厅检察官、首席检察官、代理检察长，总检察厅总检察官(为检察官中最高一级职位)等职，为官20余年，清理积案，平反冤案，执法公正，操守清廉，有过人之处，在司法、检察界中较有影响。相继编成并自费印行《秣陵审判录》《之江审判录》《侦查吴案笔录》等，将所办重大案件公之于世，以示大公无私。民国16年"四一二"反革命政变后，辞官回无锡。民国18年5月14日，陆澄宙去世，终年55岁。

陆亘一，字公烈，宣统三年(1910年)生于无锡西漳陈家桥，系陆澄宙之三子，陆定一的弟弟。早年就读于无锡崇安寺小学、东林小学、上海大同大学附中。民国21年(1932年)夏毕业于上海交通大学电机系。后在无锡县立初级中学、上海高昌庙一家电机制造厂、杭州觅桥警官学校、国家资源委员会电气实验室等单位工作。抗日战争爆发后，在二哥陆定一的动员下奔赴延安，分配至中央军委三局通讯学校任教，先后任通讯材料厂试验室主任、厂长。民国28年4月加入中国共产党。同年8月任三局二科科长。解放战争期间，随三局撤退至瓦窑堡，负责广播电台，又至建平县安装广播电台。1949年南京解放时，负责接收国民党中央广播电台。同年7月起任中央广播事业管事处工程部副主任，中央军委三局(后为通信兵部)总工程师、雷达管理处处长。1955年被授予大校军衔，副军职。1960年，任通信兵部雷达局副局长，1964年病休。"文化大革命"中，因陆定一"问题"受牵连，遭残酷迫害。1966年8月，陆亘一含冤去世，终年56岁。

华南圭(1877—1961)

华南圭，字子范，号通斋，清光绪三年(1877年)二月二十三日生于无锡荡口。光绪十五年考中秀才后，入江苏高等学堂(原名为江苏沧浪亭中西学堂)学习法文。光绪二十二年中举。光绪二十八年出版译作《罗马史要》，同年末被江苏省选送进入京师大学堂，为师范馆第一届学生。光绪三十年，官费赴法国巴黎公益工程大学学习土木工程。宣统二年(1910年)毕业，携妻子华罗莎(波兰世界语者)回国。次年9月，获学部工程科进士。此后至民国2年(1913年)，任京汉铁路工程师和段长。民国2年起，任交通部传习所(北京交通大学前身)教务主任、交通部总工程师，协助交通部部长叶恭绰创办天津扶轮中学(今天津铁一中)和交通传习所的土木工程系，编写现代土木工程教材和中国第一部铁路工程教材。民国3年起，协助朱启钤在社稷坛建设中央公园(即中山公园，北京第一个公园)，为园内建筑类的建设和布局的主要主持人之一。民国7年起，先后任交通部铁路技术委员会总工程师(时称工程股主任)、汴洛(开封—洛阳)铁路局局长、京汉铁路总工程师、京汉铁路黄河新大桥设计审查委员会副会长、北平特别市工务局长、北平铁路大学代理校长、北宁铁路局总工程师等职。民国17年7月～18年9月，任北平特别市工务局局长，制定玉泉水系的整理大纲、北平河道整理计划，提出整治永定河和修建官厅水库。民国21年，任天津整理海河委员会主任，倡议并主持天津海河挖淤工程，主持扩建天津北宁公园。民国22～26年，任天津工商学院院长。抗日战争期间，拒绝为日本人做事，流亡法国。民国35年回国后，任京汉铁路顾问。1949年起，任北京都市计划委员会总工程师，提出在西郊建立新城。1951年，任北京市科学普及协会副主席。1957年，曾任武汉长江大桥建桥组顾问。1961年3月，华南圭在北京病逝，享年84岁。

杨寿枏(1879—1937)

杨寿枏，字少云，号楚孙，别号蘅意，清光绪五年(1879年)八月十九日生于无锡北门。幼习经书，光绪二十七年中秀才。光绪三十年赴北京，与孟庸生等在《宪报》任职时，辟"京尘十丈录"专栏，每天撰文，借古论今，提倡废除科举，兴学堂，办报馆，文笔流利，含意深刻。光绪三十三年东渡日本，入明治大学读法律，与同学郁曼陀（著名作家、诗人郁达夫胞兄）等人创办思古诗社，日本诗人松田舟山、森槐南永等亦入社酬唱。他在读日本稗史时，看到描述一个弃妇的资料，就仿唐代诗人白居易的七古《琵琶行》，写成长诗，题名《不如归行》，由思古诗社出版单行本，传诵一时，颇有影响。辛亥革命后，回国与蒋哲卿、孙希侠合办《锡报》。后因意见分歧，民国2年（1913年）在邑绅杨翰西等人支持下，独资创办《新无锡》报，于同年9月11日创刊，至民国26年无锡沦陷前夕停刊，持续出版24年。该报立场较为鲜明，能主持公道，热心公益事业，常有创意，深受读者喜爱。民国26年4月15日，杨寿枬在无锡去世，终年58岁。遗有《杨楚孙先生诗集》3卷1册。

魏钰卿（1879—1964）

魏钰卿，清光绪五年（1879年）生于无锡县玉祁镇魏家宕。参加无锡县试落第后，受聘县衙任抄写。近30岁时离家，拜弹词名家马如飞的徒弟姚文卿为师，学唱《珍珠塔》。由于他有文学基础，加上勤奋好学，初登书台，便崭露头角，曾编写《二度梅》的脚本而一举成名。20年代已属评弹界的“响档”，誉满苏沪。他演唱的《珍珠塔》脚本比较文雅，曾获“塔王”和“书坛状元”的美称。他的唱腔既继承“马调”又有所发展，在运腔上使“马调”向圆润和流畅方面转化，独具一格，被誉为“魏调”。他培养出薛筱卿、钟笑侬等一批知名演员。儿子魏含英继承父业，造诣颇深，并借鉴京剧“程派”唱腔，使“魏调”又有新的发展。陈云少年时曾听过魏钰卿的书，对他非常赞赏，并由此一生爱上评弹。上海解放后，陈云特意把“魏调”传人魏含英请去弹唱《珍珠塔》。1963年，魏含英代表苏州专区评弹团到北京汇演，周恩来、陈云多次去听魏含英演唱。1964年，魏钰卿逝世，享年85岁。

顾忠琛（1880—1945）

顾忠琛，又名顾宗琛，字尽忱，清光绪六年（1880年）生于无锡城中凤光桥，出身望族。早年毕业于安徽武备学堂，留校任教官、监督，又任新军第三营管带。后调第三十三标任教练官。援引安徽新军中的革命青年、无锡人华士龙等到第三十三标。由于学生柏文蔚参加同盟会，他受到清政府大臣端方猜疑，被调至南京任闲职。光绪三十三年，任安徽新军第三十一混成旅协统。光绪三十四年十一月，暗助混成旅炮兵营队官熊成基举行安庆兵变。起义失败，顾受牵连，与被斩4人同赴刑场，因安徽原武备学堂总办、巡抚冯煦赶到才停止行刑。总督端方将顾交由臬台按察使朴梓桐亲审，顾矢口否认与起义有关。因无证据，其在京任学部侍郎的叔父从中斡旋，改为“用人失察”之罪，判处顾“发配张家口军台效力”。

宣统三年（1911年）武昌起义后，顾忠琛回无锡。受无锡地方绅士之托，为保护地方治安，并依靠自己在新军中的影响，组织民团武装300余人。不久去上海，受陈其美指派去苏州新军中策动程德全起义。苏州光复后，顾任江苏都督府参谋厅次长。11月，任江浙联军参谋长，参加攻打南京的战斗，并收复南京。在12月18～31日南北和谈之际，他代表革命党人黄兴，与段祺瑞秉承袁世凯意旨而派出的私人代表廖宇春在上海文明书局内秘密谈判，于12月20日签订五项条款草约，主要内容有：确定共和体制，优待清皇室，先推覆清政府者为大总统。答允“组织共和政体，公举袁项城为大总统”。后任江苏陆军参谋长、江苏陆军第十六师师长等职。民国元年（1912年）9月，被北京政府授予陆军中将。民国12年，任国民党中央军委委员。民国13年5月，任北伐军第四军军长，并受孙中山令，扩充“党军”。民国29年3月，任汪伪政府监察院副院长。民国33年11月，接替梁鸿志任监察院院长，并援引多名无锡人任伪监察委员。民国34年7月31日，顾忠琛去世，享年65岁。

陈梅芳（1880—1968）

陈梅芳，字萼仙，清光绪六年（1880年）生于无锡西门外青祁乡小陈巷（今蠡园镇陈庄村）。幼时家境贫穷，十几岁时去上海学生意，后在河南中路摆呢绒摊经商，因售卖一英国商人急于出手的一批时兴骆驼绒发财，在上海开华新呢绒店和福新呢绒店。华新呢绒店时为该地实力最雄厚的店号，有员工40余人，陈被称为“呢绒大王”。当时呢绒是进口商品，他直接从怡和洋行等外国商号进口或专利销售，外地及上海的同行都从华新进货。陈积累大量资本，在香港、台湾、大连等地设立分店或办事处。他曾独资创办华新毛纺厂，开办大康银行，还参股投资上海大成橡胶厂、大光明毛纺厂、元成钱庄等企业，在无锡投资泰山饭店。民国19年，因见王禹卿造蠡园，遂委托虞循真在旁建造“赛蠡园”。虞从宜兴、浙江等地运来太湖石、石笋，在“青祁八景”基础上建起7座大假山、20余处小假山，施工达六七年之久，取名渔庄。抗战胜利后，陈梅芳应秦意城（中桥念春中小学的创办者）之请，资助创办私立无锡扬名初级中学，并任董事长。上海解放前夕，他把店内精品呢绒转运至台湾。1951年，去香港。1952年，无锡市政府在蠡园和渔庄之间修建长廊，将两园合并，统名蠡园。1956年7月，无锡市政府接办扬名初级中学，增设高中部，命名为无锡市第六中学。1968年，陈梅芳在香港病逝，享年88岁。

华彦云（1881—1979）

华彦云，字士龙，清光绪七年（1881年）生于无锡东北塘尤巷一农家。幼丧父母。13岁进无锡城区香烛店当学徒。光绪二十八年考入安徽武备练军学堂，翌年毕业后，被派驻菱湖嘴新军第三营做实习官，管带是武备练军学堂的教官顾忠琛。光绪三十年，因受训成绩优秀，受到时任巡警道徐锡麟的嘉奖。光绪三十一年去南京，任第三十三标第三营前队事务长。翌年任第三营左队排长。光绪三十四年任队官（连长）。宣统元年（1909年），他被派到将校研究所学习，后仍回第九镇任队官。武昌起义后，第九镇统制徐绍桢下令将第九镇官兵调至郊外秣陵关发动起义，三十三标参与其内。因缺子弹，徐绍桢、柏文蔚等决定由华带150人到上海都督府领取15万发子弹，后返回镇江交徐绍桢。不多日，由苏军、浙军、沪军、皖军、扬军及原三十三标、三十四标等组成江浙联军，徐绍桢任总司令，顾忠琛任参谋长，华彦云任江北支队参谋长。十月十二日，江北支队攻克浦口，他在进攻时耳膜被震聋，仍指挥部队作战。同日，南京光复，他代表支队在下关车站迎接孙中山。十五日，孙中山任命他为北伐军第二军参谋长，军长徐宝山，第二军后划为两个师，华兼第十一师师长。

民国元年（1912年）3月，华彦云特地到南京拜见孙中山。是年，到北京参加军界统一会，会后回扬州。时张勋派傅心田到扬州，与徐宝山军勾结，徐拉拢华参加帮会被拒。傅便密谋刺杀华，未遂。他与钮永建一起到上海向孙中山汇报，并辞去第二军参谋长职务。孙中山提名他为补官少将，9月，北京政府授予他少将军衔，段祺瑞委任他陆军部参议。此后，他又追随孙中山进行“二次革命”，失败后任湘、粤、桂联军参谋，投入“倒袁”斗争。北伐战争后，反对国民党“清党”，愤而退出国民党，定居苏州，闲度岁月。华在30年代曾写有《余生散记》。境内解放后，撰写多篇回忆文章。97岁时，还由其家属整理文章供稿给全国、苏州市政协文史委。1979年，华彦云逝世，享年98岁。

华老太（1881—1967） 华　萼（1915—1968） 华　辉（1920—1942）

华老太，女，本名余圣惟，清光绪七年（1881年）出生于无锡，华翔九之夫人，育有三子二女，都先后参加革命。她深明大义，积极支持儿女们的选择，自己也勇敢地参与地下工作，被人称为“革命母亲华老太”。民国22年（1933年），与其长女华萼为好友的共青团无锡中心县委书记郭纲琳隐蔽在华家开展革命活动。华老太担任掩护工作，并常往返于锡沪间为团组织传递文件、散发传单。是年末，沪、锡团组织遭到大破坏，华老太不畏白色恐怖，命大儿媳黄宝华、二儿媳邹毓英掩护郭纲琳离开无锡。民国23年10月，华老太接华萼急电，赶赴上海，抢在敌人搜查之前，冒险从华萼住处秘密运出两箱团省委的秘密文件。民国26年无锡沦陷后，她和丈夫避居上海，掩护中共地下党员陈其襄、陈云霞等隐蔽在其寓所。民国31年，她乔扮成邹韬奋的岳母，一路掩护邹从上海安全抵达苏北抗日根据地，邹深情赞许："华老太真是一位爱国的慈母！"民国33年，邹韬奋病逝上海，华老太又护送其夫人沈粹缜和女儿嘉丽到无锡，在其家隐蔽半年多，直至日军投降，保护邹家人的安全。"文化大革命"期间，华家因了解江青的历史，备受迫害。1967年，华老太病逝，享年86岁。

华萼，女，华老太的长女。民国4年生。在江苏省立无锡中学读书时，积极参加进步学生运动。民国22年，由共青团无锡中心县委书记郭纲琳介绍入团。民国23年10月，在上海任共青团江苏省委文书，团省委机关遭到破坏后，她动员母亲到上海，一起冒险转移团组织的秘密文件。不久被捕，与江青等人关在一起。民国25年1月交保释放后，参加上海妇女救国会，白天宣传抗日，晚上到女工夜校教书。又赴浙江余姚任小学教员，因参加救亡团体，邮寄传单，再次被捕押到南京。在狱中用唱歌应答方式探明杜永康、华咏仙被拘于此，就为他俩开脱，使他俩获释，自己被判刑12年，至抗战全面爆发后被释放。之后，赴延安入陕北公学，毕业后到浙江任第三游击支队政治指导员。以后在苏中四分区海启县政府工作，因身体虚弱回上海养病。抗日战争胜利后，与中学同学钱保功结婚。钱留学美国深造，新中国成立后任中国科学院长春应用化学研究所所长，她任该所保育院院长。因工作出色，多次被评为省、市、区先进工作者，并于1958年出席全国妇女社会主义建设积极分子大会，60年代加入中国共产党。"文化大革命"中，因了解江青历史，于1968年被迫害致死，终年53岁。中共十一届三中全会后，得到平反昭雪。

华辉，女，华老太的小女儿，又名华英，化名王清秀。民国9年1月生。民国22年在无锡县女中读书时，由姐姐华萼介绍加入共青团，曾作为无锡团组织代表到上海参加宋庆龄和法国作家罗曼·罗兰召开的反帝反法西斯大会。年末，敌特到华家搜捕，华辉避难到上海。翌年，由于叛徒出卖，在沪西青年会工人夜校被捕，因年幼保释出狱，继续从事革命活动。民国26年，在无锡青年界抗敌后援团工作。无锡沦陷时，随无锡抗日青年流亡服务团撤往武汉，宣传抗日。民国27年5月加入中国共产党（薛保鼎、杜永康所著《无锡县下塘华家的故事》为民国27年7月）。8月，被派往南昌任青年服务团八大队党支部委员。11月，任江西弋阳妇女指导处秘密党支部委员。民国28年，化名王清秀到福建崇安县城，以小学教员为掩护，在中共福建省委机关工作。7月，当选为赣东北党代会代表，并被推选为福建省委妇女委员。民国30年春，被国民党顽固派逮捕，羁押在三明市，在集中营英勇不屈，顽强斗争。民国31年3月，华辉被特务秘密杀害，年仅22岁。1987年，经上海市人民政府批准追认为革命烈士。

张廷金（1886—1959）

张廷金，字贡九，清光绪十二年（1886年）出生于无锡。早年在无锡竢实学堂读书。光绪三十年考入南洋公学，宣统元年（1909年）毕业，考取中国第一批庚子赔款留美生赴美留学，先后在俄亥俄州立大学、哈佛大学获学士、硕士学位，主修无线电专业。民国4年（1915年）回国，执教于交通大学。其时，中国无线电通信技术刚刚起步。张廷金开创几个中国第一：在中国第一次开课讲授无线电；民国6年，建成国内第一个无线电实验室；民国9年，研制成功中国最早自行设计组装的无线电台。他以其先导性的工作，被誉为中国无线电领域的先驱、元老，在二三十年代的中国电信界享有盛誉。民国10年12月，任交通大学沪校代理副主任，11年5月起任副主任，6月任主任。7月，学校改名南洋大学，张任代理校长、代理教务长，主持教务近1年。后离校参加全国励学组织"斐陶斐"，任副总干事。民国16年，被公推为中国工程学会委员。8月，张复归母校，9月，南洋大学更名第一交通大学，先后任电机科科长、电机工程学院院长兼教授。民国23年10月，与顾毓琇、恽震等发起成立中国电机工程师学会。民国26年，国民政府教育部将交大原有的土木、机械、电机工程学院合并为工学院，张为首任院长。民国31年8月，汪伪南京政府"教育部"接管交大，校长黎照寰离职，张任校长，在租界维持办学。民国34年秋辞职。译有《科学的工厂管理法》。1959年，张廷金病逝于上海，享年73岁。

秦联奎(1888—1959)

秦联奎,清光绪十四年(1888年)二月四日出生于浙江杭州,祖籍无锡。民国元年(1912年)1月,毕业于浙江法政专门学校,即赴上海开业任职业律师。他是中国最早的律师之一,也是中国最早律师事务所的创始者。民国2年,与另一无锡籍律师杨荫杭共同发起成立上海律师公会。他参与反对袁世凯独裁的斗争,控告上海巡警厅厅长判处盗匪应属民法范畴,而不适用军事法。并致力于反对外国在中国的治外法权。经秦联奎所在律师公会的抗争,民国2年,租界取消由外国律师控制的会审公廨,改由上海临时法院处理。民国12年,无锡旅沪同乡会成立,他为发起人之一,并任该会法律顾问,积极参与该会援助家乡的救济活动。民国17年,担任新成立的上海律师公会执行委员,是3名常务委员之一。他推动司法制度改革,提出陪审制度的建议。九一八事变后,参与律师公会对日本实施经济制裁的斗争。他还以京剧票友的身份参加义演,为东北难民募捐。同年,当选为国民代表会议的无锡籍代表。

民国26年6月,秦联奎参与"七君子案"为沈钧儒辩护。他建议被告方以法官公正性有问题为由,提出取消其审判资格的请求,由此拖延审判时间。此后形势发生急剧变化,在社会各界的强烈声援下,"七君子"被保释。

抗战爆发后,秦联奎为上海各界抗敌后援会负责人之一。日军占领上海期间,他宁愿没有工作,也不愿执业,并拒绝担任汪伪政府"司法部"副部长职位。抗战胜利后,他继续担任律师,曾经办哈同遗产继承案。民国35年,国民党召开"国民大会",他作为代表在发言中强调保护人权问题,在此后颁布的《中华民国宪法》第十条中,写进他的建议,规定:"人民有居住及迁徙之自由"。但此时他已对国民党的所作所为感到不满,遂带全家迁到香港定居。1959年1月,秦联奎在香港去世,享年71岁。生前,曾托亲人把他的一颗牙齿带回埋在无锡秦家宗祠的院里。

胡彬夏(1889—1931)

胡彬夏,女,清光绪十五年(1889年)生于无锡县堰桥村前村。光绪二十九年留学日本,入东京女子实践学校学习,是中国最早一批赴日留学女生。在校期间,发起成立爱国妇女团体"共爱会"。该会以"振兴女学,恢复女权",使中华二万万女子得以"尽国民之天职"为宗旨。胡彬夏作为"共爱会"的实际负责人,每月定期召集会议讨论妇女教育及其他有关妇女利益的问题,组织会员撰写有关妇女解放的文章,发表在各种报刊上,并利用课余时间学习战地救护知识,准备将来参加保卫祖国的战斗。光绪三十年回国,三十三年通过考试,由江宁学务公所选送赴美留学,是首批官费赴美留学的3名女学生之一。在威尔斯利大学学文学、哲学、政治。胡适在日记中称赞胡彬夏读书多、聪慧、有见地,是中国"新女界不可多得的人物"。民国5年(1916年),任商务印书馆《妇女杂志》编辑主任,主张改良家庭即整顿社会,认为女性的天职是建设新家庭。民国6年5月,参与发起中华职业教育社。同年,被推选为幼稚教育研究会主任。后历任华盛顿万国儿童幸福会代表,上海全国青年协会会长,儿童教育研究会会长,上海社会福利会会长,上海妇女俱乐部主任,上海妇女参政会董事、部长,国立女子大学副校长,北京中国大学研究部主任等职。民国20年12月12日,胡彬夏在上海病逝,终年42岁。

张福良(1889—1984)

张福良,清光绪十五年(1889年)生于无锡。光绪二十九年至三十四年,就读于上海圣约翰中学和大学。宣统元年(1909年)九月,考取中国第一批庚子赔款留美学生,就读于麻州劳伦斯学院(大学预科)。次年九月入耶鲁大学。民国2年(1913年),获耶鲁大学硕士学位后回国。民国4～10年,任美国耶鲁协会在长沙创办的雅礼学校植物与森林学教授。民国10～11年,获哈佛大学中国树林学家与自然美化环境建筑的研究生奖学金。民国11年起，任长沙雅礼大学中学部主任。民国15年，到美国佐治亚大学读农艺学研究生，获农艺学硕士学位。民国19年11月～20年4月，随美国农业考察团在中国考察。民国22年前后，以中华基督教协进会农村事业干事和农村发展问题专家的身份活跃在当时的中国社会舞台，成为一名杰出的乡村工作领导者。民国23年，被国民政府任命为全国经济委员会驻江西办事处管理专员。民国24年，任江西农村服务区管理处负责人，开展农村教育、农村实验、农村卫生与合作社组织工作。民国34年1月～38年5月，任中国工业合作协会总干事和中美农村复兴联合委员会驻长沙负责人。1949年，经香港去美国。1951年，在肯塔基州伯利亚学校教授社会学。1959年退休。1984年，张福良在纽约去世，享年95岁。主要著作有《欧洲农村建设考察报告》《基督教农村运动》《当东方遇上西方》等。

过望春（1895—1968）

过望春，又名过剑平。清光绪二十一年（1895年）一月生于无锡八士镇。民国9年（1920年）毕业于江苏省立第一农业学校（现南京农业大学），曾在上海立达学园任教。民国13年，与朱秀谷在八士桥发起成立进步组织青年会。民国15年参加国民党，民国16年1月，任无锡县党部执行委员兼工商部长。民国16年3月，由张佐臣、俞伯揆介绍，加入中国共产党。无锡四一四反革命事件后，被派往武汉工作。是年8月回锡，参与领导无锡东北地区农民运动。11月，秋收暴动失败后，遭通缉。民国17年11月至次年秋，任中共无锡县委委员。民国25年，化名顾笃周在国民政府农业部工作，以稻麦研究、推广育种技术为掩护。民国34年，在重庆加入中国民主同盟。民国37年，调任民盟上海市支部第八区分部主委。解放后，担任苏南区第一届各界人民代表会议代表、无锡县各界人民代表会议常务委员会副主席、无锡县土地改革委员会副主任、无锡县抗美援朝保家卫国委员会副主席、无锡县中苏友好协会主席、无锡鼋头渚风景区管理委员会主任等职。之后，任无锡县政协副主席、无锡市第一至第五届政协常委、市政协文史资料研究委员会副主任、市民盟秘书处主任秘书、江苏省文史馆馆员。1957年，任中国国民党革命委员会无锡市支部筹委会主任委员，参与筹建无锡市民革组织。1960年，出席全国各民主党派中央全会扩大会议，受到毛泽东等中央领导人接见。1968年12月24日，过望春去世。享年73岁。

王　赓（1895—1942）

王赓，字受庆、绶卿，清光绪二十一年（1895年）五月十五日生于无锡城中小河上。父亲王谷生曾是清代湖州知府，善书画。王赓在北京安定中学和清华留美学堂受到早期教育。宣统三年（1911年），毕业于清华学校。同年，以公费赴美留学，先后在密歇根大学、哥伦比亚大学、普林斯顿大学读历史和政治系。民国4年（1915年），以优异成绩毕业，获文学学士学位。同年入读美国西点军校攻军事，同学中有美国前总统艾森豪威尔。民国7年6月，以优异成绩毕业回国，供职于北洋政府陆军部。民国8年，担任巴黎和会中国代表团上校武官，兼外交部外文翻译，被称为“文武全才”。其间，认识在巴黎呼吁维护中国权益的梁启超，成为梁启超的学生。同年秋回国，任航空局委员。民国9年，被授予陆军上校军衔。民国12年，任交通部护路军副司令，晋升陆军少将。民国13年末，任哈尔滨警察厅厅长。后担任孙传芳高级参谋、五省联军总部参谋长。孙战败后脱离奉系，转向国民革命军。

北伐开始，他任北伐军前线部队少将炮兵指挥官、铁甲车司令等职。张学良在东北易帜，他任编遣委员会设计处副处长、缉私局局长。民国20年，任税警总团总团长，中将军衔。民国21年日本侵略者发动一·二八事变时，率部协同十九路军参战，并改称为十九路军独立旅，在江湾、庙行北新泾抗敌。旋因肾病赴德国治疗。民国24年病愈后回国，退出军界，在铁道部任职。抗战全面爆发后，任军政部兵工研究委员兼兵工署昆明办事处处长。民国31年，被任命为赴美军事代表团团员，途中旧病复发，同年3月在埃及开罗病逝，终年47岁。王赓逝世后，被北非盟军以厚礼葬于开罗市郊英军公墓。美国普林斯顿大学图书馆有其传略。其母校西点军校对他的评价：西点以他为荣。

虞炳烈（1895—1945）

虞炳烈，字伟成，清光绪二十一年（1895年）十一月十日生于无锡。民国4年（1915年）毕业于江苏省立第二工业学校机织科高等班。毕业后，曾留校担任助教，先后任无锡县立乙种工业学校教员、苏州延龄织厂技师。民国10年，考取官费留法，成为里昂中法大学的第一批留学生。民国12年，考入法国国立里昂建筑学院。民国15年，其设计的“环市铁路车站”获法国全国建筑工程设计竞赛考试一等奖。民国18年，完成南京国民政府“政府公署”和“国民大会堂”设计方案。是年6月，虞炳烈毕业。民国19年，获法国国授建筑师学位，次年获法国国授建筑史学会最优学位奖牌，被接纳为法国国授建筑师学会会员。民国22年8月，与夫人路毓华回国，任国立中央大学工学院建筑工程系教授，与刘福泰合作完成国立中央大学新校址图案设计。此后又设计国立中央大学校舍、南京中央博物院美术馆、江苏省立图书馆新库、镇江京江中学全套校舍等。民国26年10月，迁居重庆，任复旦大夏联合大学土木工程系教授。次年3月迁居昆明。在昆明期间，按照“园林都市制”的理念进行昆明（东南郊）新市区设计。民国29年，任国立中山大学建筑工程系教授兼系主任，并随校迁居粤北坪石，担当建校工程建筑师，并任监造。所建房屋全部为杉木、鱼鳞板等搭建的临时性工程。民国30年9月迁居桂林，10月创办国际建筑师事务所，先后完成桂林新市区圆形广场、抗日阵亡将士纪念碑草图、桂林德智中学、广西省工业试验所、桂林儿童教养院、广西省立医学院附属医院、湖南电气公司衡阳资源大厦等建筑的设计方案。抗战期间，虞炳烈是深入大后方从事基层项目建筑设计的少数几个建筑师之一。他设计的主要是内迁研究机构、工业厂房、学校校舍、新市场、新医院等。设计中，因地制宜，采用乡土材料，土法创造组合梁柱，保证建筑安全。民国33年6月，应蒋经国邀请，参加“新赣南建设”，为赣闽师范学院设计全套建校工程。民国34年3月1日，虞炳烈病逝，终年50岁。

陶慰孙（1895—1982）

陶慰孙，女，清光绪二十一年（1895年）出生于无锡北门外北塘。陶晶孙之姐。9岁随父亲去日本读书，后到美国留学，获理学学士、硕士学位。民国7年（1918年）回国，在北京女子师范任教。民国8年，再去美国哥伦比亚大学学习，获硕士学位后曾去英国、德国、法国、比利时、荷兰、瑞士等国的著名化学研究机构学习及交流。回国后，在上海大同大学任教。民国16年，再次去日本京都大学理学部攻读博士研究生。民国19年，成为中国在日本的第一位女性理学博士，博得日本科学界的赞赏。民国20年回国，任上海大同大学教授。

新中国成立后，1950年到东北工学院任教授，1952年在全国高等学校院系调整中，同丈夫关实之教授到东北人民大学（吉林大学前身）任教授，为建立吉林大学化学系、生物系及生物化学专业作出贡献。60年代初，组织开展植物蛋白质的结构与功能研究，先后发表关于赤豆蛋白、大豆豆酪素等10余篇研究论文。1972年，承担国家重点项目“生物模拟固氮”研究的指导工作，取得许多高水平的研究成果，发表论文10余篇，其中两篇论文在国际固氮会议上发表后，引起国际同行专家的极大关注，为吉林大学酶工程实验室的建立奠定基础。1978年以后，带领年轻教师发表《核酸构象与信息》《空间密码——第二种生物密码》等文章，受到同行专家的好评。曾任吉林省妇联副主席、吉林省政协副主席，是第三届全国人大代表，第五届全国政协委员。1982年12月11日，陶慰孙在长春逝世，享年87岁，骨灰撒入故乡太湖。

汪禧成（1896—1976）

汪禧成，字孟贺，别号道中。清光绪二十二年（1896年）十月五日生于无锡。宣统元年（1909

年）毕业于无锡竢实小学，宣统三年毕业于常州中学。民国7年（1918年）毕业于上海工业专门学校（上海交通大学前身）土木科，后被公派赴美国留学，先后在美国通用号志公司、孔勃伦油管公司、联合号志公司、雷定铁路新泽西站等处实习，入康奈尔大学学习土木及电机。民国10年7月，获硕士学位。民国11年1月回国，任北京交通部路政司考工科调部办事、京奉铁路（今京沈铁路）号志工程处山海关号志副稽查，兼铁路技术统一委员会会员，从事铁路行车控制技术标准规章的审定工作。民国21年4月，任汉口京汉铁路工务处技术课长，负责冯村及新乐二处桥梁建设工程。民国23年7月，调任铁道部技术标准审定委员会主任技术员。民国26年3月升专任委员，民国27年任交通部技正，审核湘桂、湘黔、叙昆及滇缅铁路建立号志计划并代理技监。兼滇缅铁路督办公署技术委员会委员，行车效率工程处总工程师、处长。民国32年3月，兼任交通部铁路技术标准委员会主任秘书，讯号处总工程师、处长，中央大学特约教授，讲授铁道号志工程。民国35年2月，兼任国民政府行政院工程计划团号志主任工程师，与美国号志专家费尼合作，拟制全国主要铁路线号志工程与新建计划。民国36年，任上海中国建国公司工程师。民国37年，任麦克洛公司号志顾问工程师。

1949年7月，汪禧成被上海铁路局聘为专门委员，同时被聘为上海市都市计划委员会委员，研究上海铁路枢纽规划。1949年9月～1950年10月，被铁道部聘为电务局专家。在审定国家第一版铁路行车技术管理规程时，他提出将提高行车效率列入铁道信号设置目条文的建议得到采纳。1950年起，任铁道部设计局顾问工程师，唐山工学院电机系主任，并创议建办铁道信号专业。1952年全国院校系科调整，他随调入哈尔滨铁道学院任教。第一次开设机械化驼峰与轨道电路两门课。50年代，他主持粤汉铁路衡阳站的站场改造与进路式继电集中联锁的设计，达到当时国际先进水平。他与黄宏嘉、吴文泷等教授合编《自动控制与远程控制理论基础》教科书。1957年，加入中国民主同盟，1959年后被选为北京市政协第二、三、四届委员。他是中国铁道信号事业的开拓者，最早提倡运、机、工、电设备合理配置，以提高行车效率，培养信号工程人才无数。1976年10月21日，汪禧成因病在北京去世，享年80岁。

朱耀祥（1896—1965）

朱耀祥，清光绪二十二年（1896年）出生于无锡县鸿声乡顾家桥。幼时读过私塾，早年曾学苏滩、古彩戏法，随班登台演出并唱喜庆堂会。成年后拜苏州光裕社赵筱卿为师，学唱《描金凤》《大红袍》。30年代，评弹界崇尚古典书目，他对此进行革新，与赵稼秋合作演唱现代题材的书目《啼笑因缘》，破除旧框框。在苏、浙、沪各地书场演出后，引起轰动，与当时著名的沈俭安、薛筱卿，蒋如庭、朱介生并列为三大“响档”，电台和书场纷纷邀其录音和演出。此后，他与赵稼秋拼档演唱《啼笑因缘》15年之久，屡演不衰。

40年代，又在乐器中加配二胡，由其子朱少祥配三弦和琵琶，演得十分和谐，深受听众欢迎。他还在“马调”基础上悉心揣摩，逐步发展而形成“朱调”，特色是起声清脆激昂，而后刚强厚实，中间叠句多韵味足，一气呵成，十分动听。授徒有姚荫梅、范雪群、陈平宇、钱正祥等10余人，教子少祥、幼祥、小祥，其中少祥的说表和二胡、小祥的弹唱均有其遗风。1965年，朱耀祥在上海因病去世，享年69岁。

钟　英（1897—1982）

钟英，字惠荪，清光绪二十三年（1897年）十二月十七日生于无锡西漳王家宕钟巷上。5岁入私塾，后入树滋学堂，再转入苏州警察学校。毕业后任天上市市立第五小学校长。在职期间，保送南京高等师范学校第一期讲习科学习。结业后，于民国9年（1920年）开办天上市第一高等小学，自任校长。民国13年加入中国国民党。因进行反对军阀的宣传，遭缉拿，即赴广东参加国民革命军。民国17年起，任国民革命军总司令部伤兵管理委员会委员。后带职进军需学校学习，肄业后历任军政部军需署少校、中校科员，上校科长等职。民国27年，任军委会抚恤委员会第三处少将代处长，旋调驻晋军粮局少将副局长。又赴陕设军粮处，任处长。后奉调军政部任参议。民国35年10月，任国防部监察局陆军少将高级监察官兼监察官室副主任。同年夏与本乡知名人士在无锡创办私立天一初级中学。1949年12月去昆明，专机被卢汉扣留。越年脱身去台湾，历任台湾国民党政府国防部参议，"交通部"设计委员会专门委员。1957年1月，退役转业任台湾航业公司顾问。1962年发起重组台北无锡同乡会，被选为第一、第二届理事长。1982年12月31日，钟英在台北逝世，享年85岁。

陆　秀(1897—1982)

陆秀，女，字佛侬，清光绪二十三年(1897年)生于无锡北塘。年幼失恃，家境贫寒，由蔡缄三给予资助读书。她先后就学于上海爱国女校、天津直隶第一女子师范学校。后被保送北京女子高等师范学校保育科学习。民国12年(1923年)毕业，留校图书馆工作。民国18年，毕业于湖北文华大学图书馆系，后历任浙江大学工学院图书馆、河北女子师范大学图书馆主任，并创造中国旧书分类新方法，评得河北第一名的荣誉。民国22年，获公费赴美国哥伦比亚大学师范专业攻读幼儿教育，生活费由蔡缄三资助。在美国与冯汉骥博士结婚。民国25年毕业获硕士学位，后入英国剑桥大学学前教育科进修，为客座研究员。民国26年回国后，在四川负责战时儿童保育会成都分会工作。历任西北联大家政系教授、四川省立幼稚师范学校校长，《实验幼稚教育》《幼稚教育丛书》主编。民国30年，创建四川省立实验幼稚园。

新中国成立后，筹办西南军区保育院。历任西南妇联工作委员会福利部副部长、成都市民政局副局长、成都市妇联副主任。1959年，在成都以自己积蓄创办"婴儿之家"。她是第二、三、五届全国政协委员。著有《我的理想蒙养园》《五年来的实验幼稚教育》，译著有《怎样教育你的孩子》《美国保育学校实施》。1982年陆秀病逝，享年85岁。

诸水本(1898—1939)

诸水本，字希亮，号炳萱，别号玫麓村农，清光绪二十四年(1898年)九月二十三日生于无锡张泾寨门诸巷。就读于寨门经正学堂，得严氏义庄之助，读完江阴南菁中学及南洋大学，后选派留学美国马萨诸塞理工学院，获电机工程博士学位。民国15年(1926年)回国，先在浙江大学工学院任教，为首任电机工程系主任。民国21年后，任安徽大学、天津北洋大学工学院电机工程学系主任，曾任中华全国电机工程学会理事。民国28年7月6日，诸水本去世，终年41岁。其在锡北诸巷的旧宅，在抗日战争时期曾是谭震林任师长兼政委的新四军第六师师部驻地。2003年被命名为无锡市文物保护单位、无锡市爱国主义教育基地，同年12月，创建新四军六师师部旧址纪念馆。

安剑平(1900—1978)

安剑平，字若定，清光绪二十六年(1900年)生于无锡安镇。早年就读于无锡寨门经正高等小学。曾在无锡任小学教员。民国12年(1923年)进入上海大学社会学系学习。同年末，在上海大学创办中国孤星社，提倡大侠魂精神，鼓吹国民革命，社员均为大中学校学生、教员，吴稚晖、于右任为名誉社长。该社创办《孤星》旬刊，孙中山亲为题报楣，有"应本此旨，广为宣传"等语，以示激励。民国13年，孤星社无锡支部成员加入锡社。民国14年，安剑平在上海大学加入中国共产党。同年1月，任无锡国民会议促成会总务委员，5月30日，他参加上海工人、学生抗议日商枪杀工人顾正红的示威游行，遭到英国巡捕的血腥镇压，多人死伤，安剑平等被捕。这一惨案在全国激起了轰轰烈烈的五卅运动。民国15年起在国民党上海特别市党部工作。一·二八事变后，任南京国民政府文官处编审主任，民国21年2月，与严朴、殷震夏发起组织铸魂学社，开展抗日救亡运动，曾以"黄魂重铸"锦旗赠给血战的第十九路军。民国22年，设铸魂书局于南京，并在全国各地设立分社、通讯处等。成员

60%为军界、国术界、在乡军人等，其他为学生、青年、公务人员及各界志士。还分别在长沙办《大侠魂日报》、济南办《侠魂月刊》、抚州办《国魂周刊》，在太原、保定、嘉定各日报办附刊。抗日战争爆发后，学社先迁武汉，并成立汉口分社，继迁重庆。抗战期间，学社成员有近百人先后殉国、被害。

抗战胜利后，他又成立铸魂学社国民劳动建国同盟，旋在上海发起组织中国少年劳动党，提出建立民主的现代国家的建国方案。民国38年初，安剑平回到家乡，与无锡工商界人士秘密磋商保护民族工商业，迎接解放。中共提出“五一”口号后，安剑平等热烈响应，要求少年劳动党作为新政协参加单位。后经李维汉两次接见做工作，他接受其解散组织的建议，并于9月1日发表《中国少年劳动党解散通告》。

1949年12月，任中央人民政府政务院参事室参事。1956年8月25日，安剑平等18名参事联名上书周恩来总理、习仲勋秘书长等，对整风运动和统战工作中的偏差提出意见，被称为“十八学士上书”。1957年2月17日，政协第二届全国委员会常委会第三十四次会议增选他为全国政协委员，后继任第三、四届全国政协委员。1978年，安剑平病逝，享年78岁。

胡颜立（1900—1980）

胡颜立，原名祖荣，又名卓，字轶群，清光绪二十六年（1900年）八月九日生于无锡堰桥村前村。幼时家庭贫困，靠半工半读毕业于东南大学教育系。民国11年（1922年）起任东南大学实验小学校长、国民政府教育部编审处编审、国立编译馆小学教科书编审、广西师专教授。民国23年，主编《初级小学自然课本》共8册。民国24年，受教育部派遣去四川成都，与徐允昭一道创办四川省立实验小学并任校长，同时兼任四川大学讲师。民国37年回到南京，任国民教育实验区主任，并在陶行知创办的晓庄师范继续推行改良教育，被国民党政府以“匪谍”嫌疑的罪名逮捕入狱。后经师友吴研因、徐允昭、黄兢白、季禹九等人多方营救，被关25天后出狱，即去上海任国民教育实验区副主任、副教授。民国38年，应陈鹤琴之聘，任中央大学师范学院（南京师范学院前身）教授，并兼任中央大学附属大石桥小学（南师附小前身）校长直至1955年。1952年，任南京师范学院总务长。1953年，出版专著《小学自然教学手册》《怎样实施五爱教育》。同年，在民进上海总部赵朴初和中共南京市委统战部的直接关怀下，成为民进组织在南京的首批会员之一，并任民进南京地方组织筹备小组组长、筹委会副主任。1956年，加入中国共产党。之后当选为民进中央委员、江苏省委员会副主任委员。历任全国第五届政协委员、江苏第二至第五届政协常委、南京市第一届人大代表。1959年，参加编写江苏人民出版社出版的《教育学·学制》一章。1962年，主持合编《中小学各科教材教法研究提纲》。同年，被推为南京市教育学会副会长兼秘书长。1974年，组织编写小学三算结合实验课本第一、二册，1979年主持编纂《斯霞文集》。

胡颜立是小学教育的专家，长期致力于教学教育的研究，理论基础扎实，实践经验丰富，对小学自然教学法造诣颇深。给学生上课时，用深入浅出的语言解释各种自然现象，阐明科学原理，生动易懂，激发学生的学习兴趣。他开展教学改革试验，先后进行过分组教学法、大单元教学法、凯洛夫教学法的实验研究，并领导组织附小的五年一贯制试点工作，成绩显著。1980年5月16日，胡颜立因病去世，享年80岁。

薛筱卿（1901—1980）

薛筱卿，清光绪二十七年（1901年）生于无锡县后宅乡张旺街村薛家里。自幼家贫，后随父母迁居苏州大郎桥巷口，就读于光裕社公所办的裕才小学，与沈俭安同学。从小爱听评弹，14岁毕业后，拜魏钰卿为师，学唱《珍珠塔》，16岁学成，在浙江省荻港书场初次登台。

民国13年（1924年）春节，在上海汇泉楼与沈俭安首次合作，演唱时配合默契，珠联璧合，后成为誉满江浙沪的著名弹词“沈薛档”，被公认为曲目《珍珠塔》的第五代传人。他天赋嗓音好，琵琶弹奏艺术高超，发挥所长，成为“薛调”创始人。他的琵琶伴奏开创“支声复调”的先例，采用“轮、扫、推、拉、弹、挑、双弹”等指法，让琵琶奏出独立于唱腔之外的叮咚、明暗、娇俏、徐缓、急骤的花音，自成旋律，别开生面。他还创出上、中、下三个把位的一套伴奏过门，随腔应变，灵活自如，成为独特的伴奏法，丰富弹唱的音乐性和艺术色彩。他在20年代上电台开书前，必先奏一曲《三六》，悠扬悦耳，深受欢迎，在评弹界开创先例。后来，凡弹词演员登台，不论单双档，都相沿袭而先奏《三六》，一时成为弹词节目演出的前奏曲。1980年，薛筱卿病逝，享年79岁。

郁秉坚（1901—1983）

郁秉坚，学名蕴玮，号彬翁，清光绪二十七年（1901年）十一月生于无锡前洲北郁巷。民国13年（1924年）毕业于南洋大学（上海交通大学前身），获电机工程学学士学位及赴美国实习工读资格。民国14年春赴美，在西屋电机制造厂任实习工程师。民国15年，考入耶鲁大学电机工程研究学院，同时在威斯登电工仪表厂、威斯登自动电话制造厂实习。民国16年毕业，获电机工程硕士学位后转赴英国，先后在利物浦和伦敦的自动电话制造厂任实习工程师，参加伦敦自动电话建网改装工程。次年初，又赴德国西门子电机电信制造厂实习。民国17年5月，回国后即在交通大学任讲师。翌年7月，任交通部上海电信学校（原名电报传习所）教务长。先后受聘于交通大学、暨南大学、中央大学、中法大学任教。

民国18年，参与审核上海、南京、武汉三市自动电话的建网改装计划。民国21年，任洛阳行都电话局筹备主任。同年，接替顾毓琇任浙江大学电机工程系主任。民国22年起，任上海电话局总工程师，倡议和参与收回美商上海电话公司在南市、闸北、龙华、浦东等地区的越界电话，完成南市、闸北自动电话的联网开通工程。八一三淞沪抗战爆发，率领部分电信人员留守上海，任上海电话电报局局长兼总工程师。翌年春，奉命秘密联络美方人员在租界内开设美商通讯社、环球无线电公司和新闻无线电公司3个营业性无线电台，建立上海与国际间、上海与后方的电信联络，将日军侵华暴行公诸于世。民国29年10月，成立上海报话局台保管处，任处长。民国30年末太平洋战争爆发后，日军占领租界，3个公开营业的无线电台均遭封闭，但他领导的秘密电台仍继续与重庆通报。民国32年5～9月，曾两次遭日伪机关拘捕，并诱以高级伪职，郁不为所动，后经人出面担保，得以获释。自此后秘密电台尽可能缩减发报时间，还采取派人赴安徽屯溪发报的方法，保持与重庆的联系，一直坚持到抗日战争胜利。民国34年9月，任交通部江南区电信规复处处长，负责接收上海日伪掌控的电信企业，后改任上海电信局局长。同年，上海交通大学创办电信工程管理系，被聘兼任系主任及教授。民国37年，在家乡发起并主修《无锡郁氏宗谱》。

上海解放前夕，国民党电信总局指令上海电信局将仓储备用电信设备撤运至穗、台，必要时炸毁在用设备，并命令他去台湾。他与中共上海地下组织取得联系，接受指示，保护电信设备和器材免遭敌人破坏，并留在上海，迎接解放。

上海解放后，任上海电信局局长，兼任交通大学电信工程管理系主任。1949年8月，请辞局长职务，专任交大教职。1950年，出席全国科技代表大会，同其他代表一起受到毛泽东、周恩来等党和国家领导人的接见。1951年，辞去交大教职，转任私营公用电机制造厂经理。1956年，该厂公私合营后被调任上海市重工业局技术干部。1957年，加入中国民主同盟。1961年12月，以“历史反革命”罪被捕审查，1974年9月释放。1981年6月撤销原判，予以平反，并认定为起义人员。1983年，郁秉坚去世，享年82岁。其专著有《电信大意》《自动电话》《电动机的选择与维护表解》等，《公共车辆之比较观》为中国近代交通学术史的杰作。

孙晓楼（1902—1956）

孙晓楼，又名孙荫垣，清光绪二十八年（1902年）一月二十日生于无锡县阳山。民国16年

（1927年）毕业于私立东吴大学法学院。当年，参与冯晓钟、张文伯等发起建立的锡钟社。随后，赴美国西北大学法学院留学，民国18年获法学博士学位。民国21年回国后，先后担任上海地方法院推事，东吴大学法学院教授、代理教务长，国民政府行政院参事，重庆朝阳大学法学院教授、院长，国民党杭州救济公署署长等职。抗战期间，被秘密任命为江、浙、皖三省善后救济总署署长，与中共领导人周恩来多有接触。著名桥梁专家茅以升设计的钱塘江大桥，由其监造而成；并曾为家乡建造晓峰学校作较大贡献。新中国成立后，拥护中国共产党和人民政府，加入中国国民党革命委员会。曾任上海复旦大学图书馆主任、法律系教授等职。其所著的《法律教育》一书，是中国第一本法学教育专著，在中国近代法学史上具有开创性地位。另出版有《领事裁判权问题》《劳动法学》等多种专著。1956年2月9日，孙晓楼逝世，终年54岁。

唐庆增（1902—1972）

唐庆增，唐文治之子，字叔高，清光绪二十八年（1902年）生于江苏太仓，后定居无锡。民国9年（1920年）留学美国密歇根大学，获学士学位。后又入美国哈佛大学，获硕士学位。其间曾加入美国经济学社。民国14年学成回国后，加入中国经济学社、中华学艺社。历任吴淞中国公学、上海商科大学、交通大学、国立暨南大学经济学教授及大夏大学经济系主任，他与马寅初等都是中国经济学社骨干，并主编《经济学季刊》。

民国19年至新中国成立前夕，先后担任国立浙江大学经济系教授、南京中央政治学校经济系兼职教授、江西中正大学经济系副教授、上海光华大学经济系主任、北平铁道管理学院财务管理系主任、上海大同大学经济系兼职教授、上海圣约翰大学经济系访问教授等职，长期从事教学和科学研究。较早从事中外经济思想史研究，对政治经济学、银行学也深有研究。其间曾担任中国经济学社编辑主任。新中国成立后，唐庆增任复旦大学经济系教授。

唐庆增治学超越技术分析与实际应用而重在理论创新，被称为“理论经济学家”。他普及经济学知识，促进经济学术转型，归国次年发表《经济学中之算术学派》，被认为是中国最早介绍数理经济学的文章。所著《国外汇兑》《国际商业政策史》《经济学之基本观念》《研究经济学之方法》，凝聚其介绍西洋情况和培育国人研究经济学之苦心。他治学突出中外比较，撰写《中国儒家经济思想与希腊经济学说》《中西经济思想历史之比较》等文章。他革新中国经济学学科建设，推动经济学教育，提出“经济科为立国之本”，力主设立“中国化的经济学系”，同时强调在大学以外普及一般性经济学教育，以提高国民的经济学素养。他在教学方法及经济学与其他学科的关系等方面也提出新说。他推崇古典学派，主张自由发展中国经济，强调重视历史，汲取中国历史经验，倡导拓宽国人的国际视野，关注国际情势。其主要著作有《中国经济思想史》《唐庆增经济论文集》《经济学概论》《经济学原理》《国际商业政策史》《国外汇兑》《中美外交史》《西洋五大经济家》《大学经济课程指导》《唐庆增抗日救国言论集》《唐庆增最近经济论文集》等。1972年，唐庆增逝世，享年70岁。

陆富全（1902—1981）

陆富全，清光绪二十八年（1902年）三月生于无锡八士东房桥河南村。16岁丧父。民国13年（1924年），参加朱秀谷组织的进步团体青年会。民国15年，任无锡县天下区农民协会宣传委员。翌年，参加严朴等领导的无锡农民秋收暴动。民国17年，加入中国共产党，任中共无锡县委政治交通员。民国28年5月，新四军“江抗”东进时，他作为向导带领“江抗”部队到达锡东建立立足点，从而打开东路地区的抗日局面。历任新四军一支队老二团特派联络员，新四军无锡兵站站长，无锡县抗日民主政府长安区办事处主任，文堰办事处主任，锡澄行署璜马区区长兼区常备队负责人，中共锡北工委委员，天下区、璜马区、祝文区、长寿区特派员兼武工队负责人，新四军茅东县税务科副主任等职。他多次掩护中共重要干部往返于澄、锡、虞、苏、常、太地区，被誉为“党的老交通”。新四军主力北撤后，他坚持留守打游击。民国31年，其家属子女遭日伪军逮捕、迫害，仍坚持革命不动摇。

解放战争期间，历任中共锡澄县委委员、长安区委书记兼武工队负责人、江南办事处总务科长及江南办事处留守处临时负责人、中共华中一地委江南工委长江工作委员会委员兼渡江委员会委员、张黄港办事处主任、中共华中党校三队队长等职，在国民党反动派统治极为严密的澄锡虞和上海地区积极开展秘密活动和游击斗争。民国38年4月，他负责看护2000多条渡江船只，保证部队渡江作战的需要。

新中国成立后，先后任张泾区区长、无锡县农会副主席。1952年后，任苏南稻作试验场副场长、苏州地区农科所副所长、苏州市政协常委等职。他积极培育水稻、小麦良种，推广农业新技术和新品种。他发起筹建家乡斗山中学和夹山农校，带领群众植树造林，开发斗山。“文化大革命”中受到迫害。其长子因上书反对林彪作为接班人写进党章而被打成“现行反革命”，判处死缓刑。他四处奔走，力辩其诬，直至中共十一届三中全会后平反。他离休后，仍悉心搜集、整理革命史料。1981年4月8日，陆富全因病逝世，享年79岁。

朱鹤琴（1903—1951）

朱鹤琴，幼名纪泉，清光绪二十九年（1903年）一月十五日生于无锡雪浪北糜巷村。幼时家贫，母亲到裘姓举人家当奶妈，随裘迁居上海，朱也去裘家为其子女伴读，后得裘家资助，就读于黄炎培主办的中华职业学校。民国9年（1920年）11月，任上海机器工会调查理事。民国12年，加入中国共产党，9月，被派往无锡工作，与张效良（候补党员）一起筹组中国社会主义青年团无锡支部，后在上海继续从事工人运动。上海四一二反革命政变后，他潜回无锡，后经裘家介绍，去南京国民政府交通部汽车制造厂任技术员。抗日战争爆发后，汽车制造厂设4家分厂，开往前线修理战地运输车辆，他被任命为第一分厂厂长，派往第一战区，赴山西阳泉建厂设点。该厂以后辗转到郑州、南阳、洛阳、宝鸡等地。民国30年入川后，任綦江联勤总部汽车修造总厂工务科长兼第一分厂厂长。民国34年，调任重庆南岸土桥国民党联勤总司令部406汽车修理厂上校厂长，民国37年授少将军衔。他秉性聪颖，刻苦耐劳，钻研技术，善于经营管理，更能在工人中选拔技术精湛者担任骨干。1949年末，重庆即将解放，国民党命令406厂迁往四川乐山、雅安地区。他接受中共地下组织号召，护厂成功。1951年5月，朱鹤琴被作为“历史反革命”而遭镇压，时年48岁。1984年5月，成都军区重新审查档案，并做出决定，认为此案属错判。朱鹤琴在解放前夕保护工厂有功，被授予起义投诚人员证书，平反昭雪。

杭果人（1903—1981）

杭果人，原名杭荣生、杭耀祖，化名穆康，清光绪二十九年（1903年）生于无锡雪浪钓桥顾巷上农家。幼入私塾，后就读于无锡县立第三高等小学。民国11年（1922年），进福建厦门集美师范学校读书，民国14年，被校方以“思想过激”为名开除。离校后在厦门当小学教师，是年10月，经罗明介绍加入中国共产党。翌年5月，到广州参加由毛泽东主持的第六期农民运动讲习所学习，9月结业后被派回江苏，以省农运特派员身份在如皋、丹阳、无锡从事农运工作。民国16年3月4日，无锡县农民协会在安镇三善堂成立，任该会委员、组织部部长。同年10月，在中共江苏省委常委、省委农运部部长王若飞指导下，成立无锡农民革命军，杭果人任总司令。11月9日，与严朴一起领导无锡东北地区万余农民举行秋收暴动。民国17年4月，以中共江苏省委特派员身份前往如皋、泰兴参与领导五月暴动。后去上海，与陈云、严朴等人一起组建中共淞浦特委，任书记，民国18年1月共同领导奉贤庄行农民暴动。同年5月经省委选派去苏联莫斯科中山大学学习。民国20年回国，途中被国民党逮捕，次年在沈阳保释后，前往浙江淳安县委工作。后因省委遭破坏，与组织失去联系。民国27年，由贡金才介绍去丹阳东南区参加新四军游击队，投身抗日战争。次年5月回锡，任江南抗日义勇军驻锡办事处主任兼无锡县财经委员会主席。同年，由叶飞任命为锡南军政委员会委员。“江抗”西撤后在杨墅组织自卫团。民国29年冬调任澄锡虞办事处秘书长，在锡南新安镇被日军逮捕，自首后挂名伪职。但暗中仍与新四军太湖游击支队有联系，并抚育烈士子女。民国33年秋再次入狱，翌年越狱出逃。民国35年，在上海运输公司当职员。上海解放后，回乡务农。1956年，被安排到无锡市政协工作。1981年1月9日，杭果人病逝，享年78岁，中共中央副主席陈云送花圈。

孙君毅（1903—1983）

孙君毅，原名孙祖宏，清光绪二十九年（1903年）生于无锡。民国15年（1926年），毕业于东吴大学法学院，获法学学士、文学学士学位。民国19年起，在上海、无锡执业律师。民国25年始集邮，长期担任无锡集邮研究会会长，主编会刊《邮友》《集邮通讯》《邮友信箱》，先后发表数百万字的邮学文章，其主要著（译）作有：《邮学词典》《中国快信邮票志》《福州对剖票》《清代邮戳志》等。所藏邮品极其丰富。在清代邮票中，除红印花小一元、小四分外，均收集无遗，其中有“慈禧寿辰纪念邮票”（俗称“万寿票”）专集，被誉为“万寿票专家”。

他对集邮的意义和目的秉有卓见，在民国36年所撰写的《集邮的真谛》一文中指出：集邮不仅是娱乐，不仅借此益智，更不仅单为投资，实在是创造知识的一种综合科学。他特别推崇上海老集邮家陈湘涛的集邮“三A”说，即英文的Accumulation（积聚）、Analysis（探究）、Achievement（成果）。渊博的知识、坚韧的毅力和严谨的作风是他邮学研究中的“三大法宝”，为广大集邮者所敬佩。他的《清代邮戳志》从民国15年开始编纂，曾四易其稿，特别是在“文化大革命”期间，邮集、资料被抄没殆尽，都丝毫没有动摇他对邮学研究的毅力。在极端困难的情况下，他重新收集资料，仅注解、考据文字就写了10多万字，并亲笔描绘1500多幅图稿。1981年秋，日本著名集邮家水原明窗慕名到无锡拜访孙君毅时，曾向他索求《清代邮戳志》手稿，希望此书能在日本出版，但孙君毅婉言谢绝。后来他将手稿寄往中国集邮出版社。1983年8月30日，孙君毅病逝，享年80岁。

1984年，《清代邮戳志》出版，受到国际集邮界的高度评价，被认为是中国邮学研究水平的一大飞跃。在1987年加拿大国际邮展上，《清代邮戳志》被评为大银奖。

顾谷宜（1904—1967）

顾谷宜，曾用名顾俶南，清光绪三十年（1904年）五月二十六日生于无锡张泾桥，江苏省参议员顾鸣冈之子。民国6年（1917年）9月，考入上海南洋大学中学部，后升学读电机系。民国13年1月29日，发起成立进步团体锡社。是年秋，由邵力子介绍加入中国国民党。此时，由南洋大学、东亚同文书院、复旦附中等3所学校组成国民党徐汇区分部，顾为负责人。民国14年初，由南洋大学同学张永和介绍加入中国共产党。五卅运动时，代表南洋大学学生会出席上海学生联合会会议，并担任上海学生联合会执行委员会主席，成为学生运动的领导人之一。是年6月底，大学毕业。9月20日，由共产党人发起在上海成立中国济难会，顾谷宜任交际委员。民国14年9月～15年9月，任交通部浦东电池厂工程师，研究干电池制法。民国14年10月，介绍当时在上海大学社会学系学习的秦邦宪加入中国共产党。同年12月初，无锡有化名“彭鼎勋”者向南京孙传芳控告锡社是中共机关，孙下令逮捕顾谷宜等锡社骨干。12月24日，上海国民党西山会议派的“中执委会”在《民国日报》发表启事，开除共产党人顾谷宜等国民党党籍。此事直至民国15年3月“彭案”撤销为止，锡社恢复活动。民国15年2月5日，毛泽东担任国民党中央宣传部代理部长，3天后，毛提出由顾谷宜任宣传部指导干事。民国15年3～9月，兼任国民党上海特别市党部宣传部秘书，向学生做宣传工作。同年3月，无锡申新三厂工人罢工失败，他向中共江浙区委提出建议，“要有进帮会的人来领导，因此需派孙良惠来”。5月，在中共无锡独立支部直接领导无锡丝厂大罢工时，孙良惠在锡作直接指导。民国15年10月～17年8月，赴苏联莫斯科中山大学，学习俄文、社会发展史、政治经济学等，后专门研究西方革命史。在二年级时任支部书记，并与俞秀松、董亦湘相熟，被卷入所谓的“江浙同乡会”事件。二年级毕业后，被选送去莫斯科国家研究院学习，攻读政治经济学和经济地理学。民国19年5月回国，到上海一上岸即遭逮捕，后经其兄顾谷诒请无锡士绅联名具保，由荣德生具保书请吴稚晖出面向蒋介石求情，经蒋特批获释。出狱后脱离中共，由其姐夫胡敦复介绍到东南大学任教，但仍受到国民党的监控。后又至中央大学任教。抗日战争期间，曾随校内迁至贵州遵义，任浙江大学史地系教授。

新中国成立后，任上海华东师范大学教授，讲授外国语言文学。1967年12月27日，顾谷宜逝世，享年63岁。撰有《俄国史纲》一书。又与钱基博合作，从俄文本翻译《德国兵家克劳塞兹兵法精义》等。

侯鼎钊(1905—1974)

侯鼎钊，清光绪三十一年(1905年)七月十五日生于无锡城内大市桥下青果巷。先后在无锡东吴第八高等小学、上海银行学社及慕尔堂英文专修夜校毕业。民国13年(1924年)3月，由顾忠琛、顾旭泉介绍加入国民党。同月，入黄埔军校，为第一期四队队员。毕业后曾任国民党中央陆军军官学校特党部书记长，陆军四十五师宣传处长，第三战区政治部代主任，军委会政治部参议，第六绥靖区政治部主任，政工局办公室主任，国民政府国防部新闻局第一处处长，浙江绍兴县县长，国防部部员、参议。他虽然没有亲自指挥打仗，却成为蒋介石身边的亲信。民国29年春，蒋介石设立侍从室第三处，下设第七、八、九、十组，侍七组是最核心的部门，侯鼎钊任副组长，主管人事调查工作。此时，蒋介石的侍从室无论是人员还是权力都达到鼎盛时期。他长期在侍从室工作。解放前去台湾，后任国民党陆军中将。退职后，任台湾航业公司顾问、复兴航业公司会计主任。1974年，侯鼎钊在台湾病逝，享年69岁。

荣伟仁(1906—1939)

荣伟仁，又名鸿增，清光绪三十二年(1906年)正月二十八日生于无锡荣巷，系实业家荣德生的长子。幼年在荣巷公益小学读书，14岁考入上海交通大学附中，民国16年(1927年)交通大学毕业，随父亲在无锡申新三厂实习，后伯父荣宗敬将其调往上海，先在总公司任职，后任申新二厂、五厂副厂长，厂长。荣德生说他“为人诚实勤恳，不作非分之事，不想意外之财，待人接物，一秉正理……兄常称许”。民国20年4月，随荣宗敬赴日本考察纺织业，回国后在上海《纺织周刊》发表考察纪略，向同行作考察报告，勉励大家学习先进，务求技术精良，管理合法，上下一致，同心协力，一定要“驾日人而上之”。民国23～24年，申新遭遇严重财务危机，陈公博、宋子文等人企图吞并申新，英国人和日本人勾结，阴谋拍卖申七，他临危受命，出任申新改进委员会主席，使企业获得转机，渡过难关。民国25年，调任申新一厂、八厂经理。抗战开始，避居香港。民国27年2月，荣宗敬在香港病逝，他回到上海，不久患病，于民国28年7月20日病逝，终年33岁。

钱学熙(1906—1978)

钱学熙，清光绪三十二年(1906年)生于无锡阳山新渎桥。其祖父钱勖是咸丰五年(1855年)举人，曾入李鸿章幕。其父钱六箴，留学日本，与钱基博、钱孙卿并称钱氏“江南三才子”。民国6年(1917年)，钱学熙入苏州教会学校桃坞中学。初中毕业后，在家读古诗词和英国文学及哲学名著。民国21年，与妻焦君梅在无锡城里开办振英补习学校，自任英文老师，编著《英文文法原理》，深受学生欢迎，曾再版5次。民国24年，经表弟许思园推荐，为“联笔社”翻译《韩非子全集》和《明夷待访录》，后又为北京大学教授熊十力翻译《论老子道德经》，由此得到北京大学和清华大学教授汤用彤、吴宓的赏识。民国25年，随熊十力去四川，任壁山中学教师。民国27年，经汤用彤、吴宓引荐，任上海光华大学教师。两年后回无锡办补习学校。民国32年7月，由吴宓介绍，到昆明任西南联合大学外文系讲师，讲授英国文学批评，他编写的《文学评论十讲》，受到朱光潜等教授的推崇。民国33年，任外文系副教授。抗日战争胜利后，随北大师生回到北京，积极支持学生运动。新中国成立后，曾入华北人民革命大学学习。1950年，升为教授。1951年，任北大西语系代理主任。1952年，奉命赴朝鲜参加板门店朝鲜战争停战谈判，任首席英文翻译，是谈判文稿把关人之一。1953年回国后，仍在北大西语系任教。1954年，调中文系文艺理论教研室工作，曾发表过多篇文艺理论文章。1959年，重回西语系，编写文学史。1960年后，担任研究生指导工作。1970年后，因病逐渐失去工作能力。1976年回无锡。1978年7月10日，钱学熙病逝，享年72岁。其子钱绍武为雕塑家。

李乾元（1907—？）

李乾元，清光绪三十三年（1907年）生于无锡城中县下塘仓桥下，其父李伯声为律师。他在无锡实业中学上学期间，于民国14年（1925年）1月考入黄埔军校第三期步兵队，时聂荣臻是其教官。同年加入中国共产党，属中共广东区委黄埔第三期直属支部。是年7月，广东军事飞行学校招收第二期学员42人，主要由黄埔军校选送，李乾元被选中。民国15年6月，为解决机少人多的问题，李乾元等12人由苏联顾问李糜带领前往苏联接受飞行训练，其中李乾元、常乾坤（中国人民解放军空军原副司令员）、徐介藩（中国人民解放军装甲兵工程学院原副院长）等5人为中共党员。他们先在红军部队经过一段时间的步兵训练，于同年10月进入列宁格勒航空理论学校学习。民国16年末转入红军第三飞行学校（地点在奥伦堡）学习。民国18年毕业后被分配到苏联空军部队实习，成为中共培养的最早的一批飞行员之一。在苏联时，与同乡冯金妹（革命烈士）结为伉俪。抗日战争时期，李乾元随苏联援华空军回到中国，参加对日作战，任飞行中队副队长兼教官。民国27年时，曾有熟人在武汉见到他，此后就再无音讯，曾有多位熟人听说他已牺牲，牺牲时间、地点不详。北京昌平区中国航空博物馆的空军英雄纪念墙，镌刻着1949年前的首批空军英烈9人，第四个为李乾元。

章鹏若（1907—1964）

章鹏若，原名锡奎，字星炜，清光绪三十三年（1907年）生于无锡杨墅园。早年毕业于无锡国学专修馆，后任职于立法院。民国24年（1935年）偕弟章澄若留学日本，在明治大学攻读经济学，获学士学位。民国27年回国，先后任上海国立暨南大学、大夏大学、光华大学、上海政法学院等校教授，讲授合作经济、土地经济、农业金融、分配论等课程。曾任国际问题研究所专门委员，研究日本战时经济问题。民国34年12月，出任上海市第六区（今卢湾区）区长，任职4个月。后任国立边疆大学教务长，江南大学教务长兼经济系主任。新中国成立后，在华东茶叶公司和百乐商场任职。1964年6月16日，章鹏若因病去世，终年57岁。著有《农村复兴之理论与实际》。曾在《东方杂志》等刊物发表论文。翻译不少有关茶叶的资料。与兄章渊若、弟章澄若有“章氏三杰”之誉。

秦邦礼（1908—1968）

秦邦礼，乳名松林，曾用名杨琳、杨廉安，字正民，清光绪三十四年（1908年）七月九日生于无锡城中，系秦邦宪（博古）的胞弟。民国10年（1921年），毕业于无锡江苏省立第三师范学校附属小学。因父亲早逝，家庭经济拮据，同年即由其姑夫许国风（清末举人）介绍，进无锡复元钱庄当学徒，以微薄的收入贴补家庭生活。民国16年3月，北伐军抵达无锡后，他倾向国民革命，参加无锡县钱业职工会，任执行委员。因支持无锡农民秋收暴动，遭国民党反动派的追缉。

民国19年5月，秦邦宪从苏联莫斯科回国后在上海从事革命活动。民国20年，秦邦礼到上海，在陈云、严朴领导下从事党的经济工作，同年冬由严朴介绍加入中国共产党。他所开设的一家家具出租店，是地下党组织开展活动的重要场所。他还根据党中央的指示，建立从上海到江西的地下交通站，掩护许多党的重要领导干部前往苏区。民国24年，赴莫斯科列宁学院学习。民国26年回国，在延安中央党校教务处工作，教授《联共（布）党史》等。

民国27年，他受中共中央委派，在潘汉年、廖承志领导下，到香港创办联和商行，是一秘密机构，从事经济工作。民国30年香港沦陷后，他到广东工作，遵照周恩来的指示，组织从广西南宁经百色、贵阳到重庆的地下运输线，输送抗日的急需物资。抗战胜利后，回到香港。民国37年，根据党中央的指示，将联和商行迁址，改名为“华润公司”（华润[集团]有限公司前身），任总经理。同时在香港、广州等地组建华夏航运公司、天隆行等，开辟从香港到青岛、大连和朝鲜清津的海上运输线，为解放区筹集和输送大批急需物资，并护送许多在港爱国民主人士北上参加中共筹备的新政治协商会议。

1950年，秦邦礼任香港贸易管理委员会主任委员兼香港贸委党总支书记，又任华润公司董事长。1952年秋，回到北京，历任外贸部计划局局长、三局（对外贸易局）副局长、中国驻印尼大使馆商务参赞、中国五金矿产进出口总公司总经理等职。1960年，受周恩来之命组建国家对外经济联络委员会，先后任常务副主任，党组书记、副书记等职。“文化大革命”初遭残酷迫害，1968年12月10日，秦邦礼因突发心脏病去世，享年60岁。1975年，周恩来批示为他平反昭雪，并举行骨灰安放仪式。

顾葆常（1908—1984）

顾葆常，清光绪三十四年（1908年）十月生于无锡石塘湾朱港里。民国16（1927年）～23年，先后在柏林高等工业大学、达摩城高等工业大学、斯图加特高等工业大学攻读物理化学，成为首位获得德国洪堡基金会奖学金的中国学者，并获特许工程师称号和化学博士学位。学成后归国，历任四川大学、上海光华大学四川分部、东北大学、川康农工学院、同济大学教授、系主任、总务长、理学院院长等职。曾加入中国青年党，任该党成都市党部执委、四川省党部执委、青年党中央候补委员。抗战胜利后，作为同济大学校长代表回沪筹备该校回迁复校事宜。民国36年，以中国青年党身份参加无锡区域的“国民大会”代表竞选并当选。同时任中国纺织建设公司副总经理、董事兼劳工福利委员会主任等职。民国38年初，任南京市青年党市党部主任，并出版发行《中国评论》。

新中国成立后，青年党被取缔，他加入九三学社。历任上海第一印染厂厂长、华东纺织管理局顾问，兼任南通纺织学院和华东纺织工学院教授。1956年，调至纺织工业部纺织科学研究院上海分院。1959年后，历任上海纺织科学研究院情报室主任，《国外纺织技术》编委会主任，院学术委员会副主任，市纺织工程学会理事、副理事长等职。晚年参加《英汉纺织工业词汇》编写工作和《德汉纺织工业词汇》的资料收集工作。1984年12月23日，顾葆常病逝，享年76岁。

华洪涛（1908—1985）

华洪涛，字原平，清光绪三十四年（1908年）生于无锡东亭。民国8年（1919年），由舅父钱伯圭资助至荡口鸿模学校就读，后考取江苏省立第三师范学校，在校期间参加学生运动。毕业后，回到家乡东亭担任乡村小学校长。民国21年11月，应无锡《人报》馆之聘，任副刊主任（笔名大水）。他秉性耿直而言论锋利，受到社会进步势力的推崇。抗战爆发后，参与无锡抗敌后援会工作，捐募慰问品，支援前线。后敌机空袭无锡，《人报》馆被奸徒纵火焚毁，他西撤至重庆。不久绕道香港归里，暂居上海，在亲戚开设的祥顺铸管厂担任协理。当时上海铸管厂甚多，他从中协调，组成联合办事处，促进铸管工业发展。民国34年，应荣伊仁之邀筹组建新贸易公司，受聘为总经理。民国37年，薛明剑恢复在无锡北桥的允大化工厂，华被聘为经理，创出“红星”牌商标。是年，蒋经国在上海借查处投机不法商人为名，对所有行业的存货予以查封，他代表同业公会据理力争，终获启封。解放前夕，荣伊仁曾聘他去台湾任职，他坚定留在上海。无锡解放后，他派员回锡支持允大化工厂复工，使该厂成为无锡市解放初百人以上的大厂之一。他对教育事业十分关心，创建“建新助学金”和“静霞助学金”，每年资助20名优秀学生。

新中国成立后，华洪涛当选无锡市第一届人民代表会议代表，担任无锡市化学工业公会副主任委员，在上海继续担任国际贸易同业公会委员。1950年抗美援朝运动中，除在锡沪两地踊跃捐款外，还支持次子华中兴参军，被评为上海市烈军属社会主义建设积极分子。1956年，他所经营的建新贸易公司、新工电工器材厂等单位实行公私合营，被任命为国营上海市纺织品进出口公司业务科长。1962年，改任上海市国际贸易合营公司联董会史料科主任。1968年，任上海市服装进出口公司史料科主任。退休后，还义务参加上海社会科学院经济研究所经济史料的编审工作，编撰《上海国际贸易史料》。1985年1月14日，华洪涛因病在上海逝世，享年77岁。

季焕麟（1909—1985）

季焕麟，清宣统元年（1909年）一月九日生于无锡北乡长安镇。民国18年（1929年）末，进入交通部上海无线电总台任报务员。季思想进步，勤奋好学，在电台的青年职工中组织读书会，民国19年夏，加入由中共领导的社会科学研究会无线电台分会。民国20年，由朱理治介绍加入共青团，并创建电台团支部，任书记，在无线电系统中发展团员。民国20～21年，参与组织成立外围的报差工会、报务员协会、业余协会等职工团体。民国21年春，由朱理治介绍加入中国共产党，为电台系统最早的3个党员之一，任党小组长。无线电党团组织曾为党培养一批红军所需要的报务员。九一八事变后，又组织抗日救国会，积极参加上海各界的抗日集会，秘密为苏区红军捐募，并曾两次组织总台报差争取加薪的斗争，都取得胜利。他还利用报差不受军警检查的方便，组织建立文件传递网，在紧急情况下为党的地下组织转移秘密机关、抢运文件和掩护地下党负责人等。民国21年末，因上海共青团组织遭破坏，季转赴青岛无线电台工作，加入青岛“左联”、世界语协会，并在乔天华、俞启威的帮助下，组建海光文艺社，编辑《青岛时报》的《海光》文艺周刊。他的宿舍成为该社活动地点，当时江青也曾参加该社活动。他还是左翼社会科学家联盟成员。

民国27年初，在党组织的安排下，他在河南开封利用国民党电台为党开辟河南省委与新四军四支队第八团驻地确山县竹沟的秘密无线通信电路。曾任中共信阳县委书记。其间将胞弟季刚送到延安抗大学习，将另一胞弟季清送到竹沟新四军电台工作。40年代，接受党的任务，转赴西安工作，在家里设立秘密电台，开通至延安、兰州等地的无线通信电路，并培训报务员。民国36年10月，因叛徒告密被捕入狱400天。

新中国成立后，历任苏南邮电管理局电报科科长，无锡市总工会筹备委员，北京市电信局业务处处长、电报处处长，北京邮电学院讲师、教授、工会主席等职。他是中国世界语的早期倡导者和积极组织者之一，1980年参与建立北京世界语协会筹备小组。1981年兼任中华全国世界语第二届协会理事。1985年9月29日，季焕麟在北京逝世，享年76岁。

芮　麟（1909—1965）

芮麟，字子玉，号玉庐，清宣统元年（1909年）生于无锡。民国15年（1926年）读书时，发表处女作《香海雪影》。曾在沪、锡报刊发表《随园论诗概观》《诗经谷风今译》《浪漫诗人李白》《读杨荫梧〈一阵狂风〉》等文学评论。民国18年，毕业于江苏省立教育学院。民国19年，发表《新诗之变迁及其趋势》长篇诗论。30年代初期为中华图书馆协会、中国社会教育社、中华职业教育社成员，从事社会教育和文学创作，曾任无锡县农民教育馆馆长、职业教育指导所所长、民众教育馆馆长，《无锡民众周报》编辑、总编。民国25年，在青岛从事教育行政工作。时为与林语堂、赵景深等齐名的诗人、作家、文艺理论家。抗战期间，任山东省政府秘书，农林部秘书、科长、代司长。创办战时出版社，主编《大山东月刊》。民国34年10月，任青岛市政府人事处处长。抗战胜利后，国民政府授予他胜利勋章。民国35年，参加国民政府考试院高等考试及格人员县长排选考试，名列榜首。同年夏，在青岛与妻黄哲渊创办乾坤出版社和《青声》月刊，任社长兼主编，出版其所著《青岛游记》、抗战诗集《莽苍苍行》（获考试院颁发的优等奖）、《中原旅行记》《三十年自记》《山左十日记》《东南环游记》，黄哲渊著《产妇日记》《离乱十年》《中国女子教育新论》等。民国36年，因不满政局黑暗，退出国民党。

1949年，乾坤出版社停办。5月下旬，他拒绝执行市长迁运、销毁青岛市府与各局、区、所的全部人事档案的命令，在青岛解放次日，将全部档案、簿册及印信等逐项清点移交军管会。后任青岛四中语文教师，并从事古典文学研究。1956年撰写《陆游详传》。其作品以文学评论、山水游记和格律诗为主，著有《自然的画图》，诗集《玉庐诗稿》《新浪》《占时纪行诗草》等。社会教育类专著有《无锡民众读本》《河南民众读本》《青岛民众读本》《民众家事讲话》《暑期民众读本》《战时民众读本》《困难时期的民众教育》《民众国防教育实施法》等。他所编著的《无锡导游》，民国时曾在无锡风行一时。晚年撰写许多文史资料。1965年，芮麟因患脑溢血病逝，终年56岁。1985年，国家以"确有立功表现"的司法证书，为其解放前夕的政治表现作历史结论。

罗叔平（1910—1980）

罗叔平，原名薛藩、薛叔屏，笔名骆方，清宣统二年（1910年）生于无锡雪浪镇许舍庵西村。民国20年（1931年）毕业于上海劳动大学机械工程系。后在北京大学攻读两年英语。曾参加左翼作家联盟，出版诗集《春天》。民国26年9月赴延安，次年5月加入中国共产党。后历任中共中央军委军事工业局材料科科长、《新华日报》特派记者、新四军鄂豫边区兵工厂厂长兼政委、中原军区兵工局技术主任。曾组织仿制成功枪榴弹、平射炮等武器。民国33年，被评为兵工英雄和一等劳模，获新四军五师师长李先念的嘉奖。解放战争时期，历任军事调处小组共产党方翻译、东北军区军工部大连化工厂厂长兼党委书记（正师职）。新中国成立后，任一机部船舶工业局副局长，中国机械工程学会理事，高级工程师。曾先后跟随海军司令员萧劲光和周恩来总理赴苏联洽谈、访问。"文化大革命"中惨遭迫害。1980年4月4日，罗叔平在湖北武昌逝世，享年70岁。

过鉴清（1915—1978）

过鉴清，民国4年（1915年）生于无锡八士。小学毕业后，投考无锡《人报》，被录取为记者。民国24年3月，与李剑友等人发起组织无锡业余读书会，积极参加抗日救亡运动。无锡沦陷后，流亡内地，入山西民族革命大学学习。经薛暮桥介绍，到中共创办的新知书店担任校对、发行工作。此后入浙江云和县民众教育馆任《云和快报》编辑，参加中共外围组织中华民族解放先锋队。民国28年，在皖南新四军军部入伍，在民运部社会调查组工作。年末奉派到苏、锡、常一带开展工作，任新"江抗"东路指挥部政治部民运工作队副队长。民国29年加入中国共产党，次年调回部队，任新四军《东进报》编辑。民国31年11月～33年5月，任新四军六师十八旅五十二团政治处宣教股股长。新中国成立后任华东军事政治大学、华东军区宣传干事、股长、教育科科长，华东公安部队政治部宣传部部长，兼任共青团上海市委委员及中苏友协理事。1958年转业，先后任江苏教育学院、徐州师范学院党委书记、院长，中共江苏省委党校副校长，江苏师范学院党的核心小组组长、院革委会主任等职。1978年1月9日，过鉴清因心脏病猝发在苏州逝世，享年63岁。

张蔚林（1916—1945）

张蔚林，民国5年（1916年）生于无锡，出身士绅家庭。民国25年，考入上海三极无线电学校学习，深受一位进步教师的影响，该教师后被国民党特工杀害。张蔚林后转至杭州军统无线电讯班八期受训，他怀着抗日救国的志愿考入杭州无线电训练班，毕业后被派到皖南敌后潜伏。抗日战争爆发后，任军统皖南赣北地区日占区潜伏电台景德镇分台长。在敌后，他亲眼看到共产党领导的新四军坚决抗战。民国28年，调到重庆军统电讯处任科员，后在重庆卫戍司令部稽查处监察科工作，同时在军统内部从事情报收集工作。同年加入中国共产党。民国28年11月末，在军统局内部成立中共地下小组，成员有余硕卿（又名黎琳，化名张露萍）、冯传庆（无锡人）、张蔚林3人。负责人张露萍以张蔚林妹妹的身份住在他家里。他们边工作边发展组织，后发展为"七人小组"，张露萍任党支部书记。“七人小组”直接归叶剑英负责的南方局军事组领导，其任务是收集传递情报，待机在戴笠的军统特务机关内部发展党员，壮大组织。半年中“七人小组”及时向上级党组织提供国民党军统更换的密电码和提供大量有价值的军事、政治情报，使中共在同国民党反动派的斗争中始终处于主动地位。

民国29年春，张蔚林因身份暴露在重庆被捕，关押在白公馆。次年3月，移至贵州息烽关押。民国34年7月，被国民党特务杀害，年仅29岁。1983年，被四川省人民政府追认为革命烈士。

孙　明（1916—1985）

孙明，女，民国5年（1916年）生于无锡石塘湾。曾在无锡小学任教，参加抗日救亡运动。民国26年11月，无锡沦陷前夕，参加无锡抗日青年流亡服务团，到达武汉。翌年初，由八路军驻汉口办事处派至延安。民国27年7月加入中国共产党。历任抗日军政大学总校三大队书记员，中共北方局妇委会巡视员，牡丹江省工委秘书科负责人，中共哈尔滨市南岗区委委员，川南区总工会宣传部部长兼泸州市总工会筹委会主任、中共泸州市委委员，中共四川省委城市管理委员会办公室副主任，四川省人民委员会工业办公室工业组组长，国营七一五厂党委书记，四川省机械厅副厅长、党组成员，中共四川省委组织部副部长，中国科学院党组纪委专职委员等职。1982年离休。1985年11月18日，孙明因病在北京逝世，享年69岁。

季月娥（1917—1935）

季月娥，女，化名李梅芬，民国6年（1917年）出生于无锡石塘湾。13岁到上海荣阳袜厂当童工。民国22年，进女工夜校读书后，思想觉悟不断提高。翌年春，加入中国共产主义青年团，担任团小组长、团支部书记，同时任共青团沪西区委交通员。她将做工所得工资大部作为共青团的活动经费，自己过着十分艰苦的生活。民国24年1月末，荣阳袜厂资方要降低工资，她按照上级指示，领导工人罢工，取得胜利。事后，因领导罢工被开除出厂。民国24年5月，被调往共青团中央白区临时工作委员会机关工作，化名李梅芬。7月24日，与共青团中央组织部部长张信达同时被捕，审讯中她坚不泄露党的机密。8月末被关入南京宪兵司令部看守所。由于受刑过重，到南京时已病倒。10月病情加剧，其母设法托人周旋，季月娥出狱保外就医。民国24年冬，季月娥病逝，年仅18岁。1979年8月，中共中央组织部追认季月娥为革命烈士。

钟荣赓（1917—1985）

钟荣赓，民国6年（1917年）1月11日出生，祖籍江苏六合，落籍无锡。民国27年获苏州东吴大学理学士学位，因成绩优异，获美国斐托斐学会荣誉会员称号及金钥匙奖。民国27年9月～32年3月，先后在北京协和医学院、上海圣约翰大学医学院学习，并获医学博士学位。民国32年在无锡普仁医院工作，先后任医师、主治医师、主任医师。民国35年任无锡县立医院（今无锡市第一人民医院）院长兼内儿科主任医师。民国35年～1954年，开设医疗诊所。1954年，任无锡市第三联合诊所所长。1958年起，任无锡市崇安医院医师、副院长、院长，内儿科主任医师，并兼任崇安区医学研究所所长、崇安区联合医疗机构管理委员会主任。他积极参加医疗社会活动，曾任无锡市肺结核防治院特约医师、无锡市卫生局医师培训班和高级防疫训练班教师、无锡市科普委员会委员、中华医学会无锡分会理事、中华医学会无锡分会内儿科学会副主任、无锡医师进修学校教务主任、无锡市政协委员等职。对内儿科颇有研究，并有丰富的临床实践经验，在国内外医学书刊上发表9篇有相当价值的论文，其中《中药马兜铃治疗高血压的创造与成果》分别刊载1957年第6号《中华内科》杂志、1960年第1号《中华医学》杂志的中文和外文版上，得到中国医学科学院的肯定和引起国际学术界的重视。还编写出版儿童科普知识书籍。精通英语，通晓德语、日语、俄语。1985年3月4日，钟荣赓逝世，享年68岁。

强　毅（1919—1973）

强毅，原名强焕昌，曾用名周林，民国8年（1919年）5月9日生于无锡杨墅园北新桥。民国22年入读江苏省立洛社乡村师范学校。毕业后，曾在无锡礼社、杨墅园、北新桥等小学任教导主任、校长。抗日战争全面爆发后，投入抗日救亡运动。民国28年6月参加无锡西区青年服务队，同年7月任新四军挺进纵队战地服务团民运工作组小组长。民国28年加入中国共产党。后历任扬中县第三区区长、区委委员，苏南路北特委锡武县委宣传部部长，苏南西路工委丹阳县委书记，苏南第四专区专署民政科科长兼山南县代县长，苏南西路地委调研室主任，苏南横山县委宣传部部长，苏南溧高县县长兼总队长等职务，为建立苏南抗日民主根据地，发展地方抗日武装做出贡献。解放战争时期，任华中军区直属政治部民运科科长、华中分局江南工委联络站主任、山东省支前政治部巡视员、华东局海防工委海口工委书记等职，为动员民众支援人民解放战争做了大量工作。民国38年，参加渡江战役和接管上海的工作。新中国成立后，历任中共上海市委组织部科长，华东局暨上海市委纪律检查委员会检查组组长，上海市闸北区副区长、区长、区委副书记，上海市人委办公厅秘书处处长，上海市围垦指挥部秘书长等职。1973年9月9日，强毅病逝，终年54岁。

无锡市志

【第四册】

附 录

一、重要文件目录

1.中共无锡市委、无锡市人民政府文件

无锡市人民政府关于转发《无锡市技术市场管理试行办法》的通知 1986年7月1日

无锡市人民政府关于印发《无锡市污染治理设施管理办法》的通知 1987年2月27日

无锡市人民政府关于印发《无锡市古运河管理暂行规定》的通知 1987年3月7日

无锡市人民政府关于颁发《无锡市农村合作养老保险试行办法》的通知 1987年6月1日

无锡市人民政府关于印发《无锡市实施〈中华人民共和国义务教育法〉若干问题的暂行规定》及其说明的通知 1987年12月3日

无锡市人民政府批转《关于切实做好住房特困户安置工作的意见》的通知 1988年4月5日

无锡市人民政府关于颁发《无锡市太湖风景名胜区保护管理实施细则》的通知 1988年5月26日

无锡市人民政府关于扶持农业发展的若干意见 1988年9月29日

无锡市人民政府关于建立蔬菜田保护区的决定 1988年12月24日

中共无锡市委、无锡市人民政府关于依靠科技教育振兴无锡经济的决定 1989年7月5日

中共无锡市委、无锡市人民政府关于市级党政领导干部廉洁办事的九条规定 1989年8月21日

中共无锡市委、无锡市人民政府关于贯彻中共中央、国务院《关于进一步清理整顿公司的决定》的意见 1989年9月12日

中共无锡市委批转《政协无锡市委员会贯彻〈政协全国委员会关于政治协商、民主监督的暂行规定〉的实施细则》的通知 1989年10月14日

中共无锡市委、无锡市人民政府关于改革和发展成人教育的意见 1989年11月1日

中共无锡市委关于在全市开展社会主义思想教育活动的意见 1990年4月2日

中共无锡市委、无锡市人民政府贯彻《中共中央关于进一步治理整顿和深化改革的决定》的意见 1990年4月4日

中共无锡市委批转市委组织部《关于加强企业党组织建设的意见(试行)》的通知 1990年4月26日

中共无锡市委关于加强宣传、思想工作的意见 1990年5月2日

中共无锡市委、无锡市人民政府关于印发《无锡市文明单位建设管理办法》的通知 1990年8月27日

无锡市人民政府批转市体改委等部门《关于实施物资流通综合改革试点工作的若干意见》的通知 1991年3月13日

无锡市人民政府印发《关于扶持区街经济发展的若干规定》的通知 1991年4月9日

无锡市人民政府关于贯彻市十届人大四次会议《大力改善我市水环境质量决议》的实施意见 1991年5月27日

中共无锡市委、无锡市人民政府关于进一步深化改革增强大中型企业活力的若干意见(试行) 1991年6月8日

无锡市人民政府关于颁发《无锡市流动人口计划生育管理办法》的通知 1991年9月14日

中共无锡市委、无锡市人民政府印发《关于鼓励发展外向型经济的若干意见》的通知 1991年12月19日

无锡市人民政府关于颁发《无锡市传统工艺美术保护条例实施细则》的通知 1991年12月31日

无锡市人民政府批转市劳动局《关于企业劳动人事、工资分配和社会保险制度改革的试行意见》的通知 1992年2月17日

无锡市人民政府关于印发《无锡市住房制度改革实施方案》的通知 1992年2月19日

中共无锡市委、无锡市人民政府关于加快改革开放和经济发展若干问题的规定 1992年4月23日

中共无锡市委关于九十年代加快社会主义新农村建设的意见 1992年5月23日

无锡市人民政府批转市体改委《关于加快马山高新技术开发区建设的若干意见》的通知 1992年6月2日

中共无锡市委、无锡市人民政府关于加快发展第三产业的若干政策意见 1992年9月13日

无锡市人民政府关于进一步依靠科技进步促进经济发展的若干意见 1992年9月30日

中共无锡市委、无锡市人民政府关于加快教育发展和深化教育综合改革若干问题的决定 1992年12月17日

无锡市人民政府批转市经贸委等四个部门《关于鼓励开展国际经济技术合作的若干意见》的通知 1993年5月3日

中共无锡市委、无锡市人民政府关于下达《无锡市1994—1996年知识分子工作规划》的通知 1994年2月29日

中共无锡市委、无锡市人民政府印发《关于稳定发展农业的若干政策规定》的通知 1994年5月7日

无锡市人民政府关于印发《无锡市国家机关、社会团体、事业单位工作人员养老保险费社会统筹暂行办法》的通知 1994年5月13日

中共无锡市委、无锡市人民政府关于国有和城镇集体所有资产管理体制改革的试行意见 1994年5月15日

中共无锡市委、无锡市人民政府关于《中国教育改革和发展纲要》的实施意见 1994年12月2日

无锡市人民政府关于批转市经委等部门《贯彻省政府〈关于进一步加强企业扭亏工作的通知〉的实施意见》的通知 1995年1月26日

无锡市人民政府关于做好基本农田保护区划定工作的通知 1995年2月20日

无锡市人民政府批转市民政局等单位制定的《无锡市市区居民最低生活保障暂行办法》的通知 1995年3月29日

中共无锡市委关于大力培养选拔跨世纪优秀年轻干部的意见 1995年4月6日

无锡市人民政府关于进一步整治公路、河道“三乱”工作的意见 1995年4月21日

无锡市人民政府批转市经委《无锡市实施名牌产品工程管理办法》的通知 1995年4月28日

无锡市人民政府关于进一步加强知识产权保护工作的通知 1995年5月3日

无锡市人民政府批转市体改委等部门《关于扶持蔬菜副食品市场发展若干政策的试行意见》的通知 1995年5月24日

中共无锡市委、无锡市人民政府关于加强土地管理深化土地使用制度改革的若干政策规定 1995年5月30日

中共无锡市委、无锡市人民政府关于加强环境保护工作的决定 1995年6月5日

无锡市人民政府批转市财办《关于进一步深化商业流通企业改革的意见》的通知 1995年6月6日

无锡市人民政府批转市计生委、教委《关于加强乡（镇）人口学校建设，推进农村社区人口教育工作的意见》的通知 1995年6月8日

中共无锡市委关于坚持和完善与市各民主党派、工商联政治协商制度的若干规定 1995年6月29日

中共无锡市委、无锡市人民政府关于实施“科技、教育兴市”战略，加速科技进步的若干政策措施 1995年7月26日

无锡市人民政府关于发展宣传文化事业若干经济政策问题的通知 1995年9月4日

无锡市人民政府转发市计委等单位《关于严格地下水资源管理的意见》的通知 1995年10月26日

无锡市人民政府批转市计委等八个部门《关于进一步优化房地产开发投资结构，加快安居工程建设的意见》的通知 1995年10月27日

中共无锡市委关于进一步严格土地管理加强城乡规划建设的通知 1995年11月3日

中共无锡市委、无锡市人民政府关于我市开展城乡建设用地情况调查的报告 1995年11月16日

无锡市人民政府批转市物价局、市财政局、市土管局关于《无锡市非农用集体土地实行有偿使用的管理办法》的通知 1995年11月16日

关于印发《无锡市人民政府关于加快中医药事业发展的若干意见》的通知 1996年1月18日

中共无锡市委、无锡市人民政府转发《无锡市科学技术普及工作"九五"规划》的通知 1996年2月28日

中共无锡市委关于印发《建立和开放无锡市企业家人才市场的意见》的通知 1996年4月11日

无锡市人民政府关于进一步促进企业技术进步的若干意见 1996年4月16日

无锡市人民政府批转市公安局、市计委、市建委《关于城市公共消防基础设施的现状及改善意见》的通知 1996年5月13日

无锡市人才工程"九五"计划和2010年规划 1996年5月17日

无锡市人民政府关于印发《无锡市实施再就业工程的意见》的通知 1996年5月29日

无锡市人民政府关于印发《无锡市农村社会养老保险暂行办法》的通知 1996年5月29日

无锡市人民政府印发《关于贯彻落实市人大抓紧治理太湖无锡水域污染议案决议实施意见》的通知 1996年6月3日

中共无锡市委、无锡市人民政府关于进一步深化国有企业改革的若干意见 1996年6月24日

无锡市人民政府批转市政府法制局《关于贯彻实施〈中华人民共和国行政处罚法〉的意见》的通知 1996年6月26日

无锡市人民政府关于清理整顿国有土地市场的通知 1996年7月1日

无锡市人民政府印发《无锡市国家公务员制度实施方案》的通知 1996年7月1日

无锡市人民政府批转市体改委、市经委、市财政局等部门《关于国有小型企业推行"五放活、三加强"试点意见》的通知 1996年7月24日

无锡市人民政府关于批转市体改委、市财办《关于深化流通企业改革、加快市场体系建设的若干意见》的通知 1996年8月6日

无锡市人民政府关于印发《无锡市中外合资合作经营使用划拨土地管理暂行办法》的通知 1996年8月8日

无锡市人民政府关于印发《无锡市创建首届"中国优秀旅游城市"实施方案》的通知 1996年8月21日

无锡市人民政府关于加快发展我市第三产业的若干意见 1996年10月17日

中共无锡市委关于加强环境保护工作的若干意见 1997年1月30日

无锡市人民政府批转市经委、市技术监督局《关于组织实施国家级消灭无标生产试点市的意见》的通知 1997年2月4日

无锡市人民政府批转市技术监督局、市电子仪表工业局《关于在无锡市试行组织机构代码IC卡实施意见》的通知 1997年2月5日

无锡市人民政府批转市经委等五部门《关于支持特困企业盘活存量资产实施意见》的通知 1997年2月24日

无锡市人民政府关于加强建筑施工现场文明管理的通知 1997年3月12日

无锡市人民政府关于进一步加强教师队伍建设的意见 1997年3月18日

无锡市人民政府关于印发《无锡市文物保护管理办法》的通知 1997年4月12日
中共无锡市委、无锡市人民政府关于进一步加强文化工作的决定 1997年4月23日
中共无锡市委关于进一步加快卫生改革与发展的决定 1997年5月28日
中共无锡市委关于印发《关于对领导干部进行告诫教育的规定》的通知 1997年8月19日
中共无锡市委、无锡市人民政府关于加强农村集体资产管理的意见 1997年8月19日
中共无锡市委、无锡市人民政府关于切实保护耕地、实现全市耕地总量动态平衡的意见 1997年10月17日
无锡市人民政府批转市计委、市经委《关于增强无锡经济发展后劲加快重大项目建设的意见》的通知 1997年10月22日
无锡市人民政府关于进一步加强水利工作的决定 1997年10月23日
中共无锡市委批转市委政法委《关于进一步加强全市政法队伍建设的意见》的通知 1997年11月13日
无锡市人民政府关于在全市建立110社会化报警服务体系的通知 1997年11月19日
中共无锡市委、无锡市人民政府关于进一步推进乡镇企业产权制度改革的意见 1997年12月12日
无锡市人民政府转发市科委等部门《关于进一步推进民营科技企业发展的若干意见》的通知 1997年12月23日
中共无锡市委、无锡市人民政府关于进一步鼓励引导发展个体、私营经济的意见 1998年3月21日
中共无锡市委印发市委统战部《关于健全市党员领导干部与党外干部建立交友谈心制度的意见》的通知 1998年3月26日
无锡市人民政府批转市公安局《关于无锡市小城镇户籍管理制度改革试点工作实施方案》的通知 1998年4月14日
无锡市人民政府关于印发《国有大中型企业三年改革和摆脱困境工作方案》的通知 1998年6月8日
无锡市人民政府关于企业改革中土地资产处置的意见 1998年6月30日
无锡市人民政府关于印发《无锡市基本农田保护管理办法》的通知 1998年7月2日
无锡市人民政府关于加快发展个体私营经济的实施意见 1998年7月3日
无锡市人民政府关于印发《无锡市旅游行业管理暂行规定》的通知 1998年7月9日
无锡市人民政府关于印发《关于加强城市居民委员会工作的意见》的通知 1998年7月14日
无锡市人民政府关于扶持重点大型企业集团发展的若干政策意见 1998年7月20日
无锡市人民政府关于全面推进依法行政工作的通知 1998年7月21日
中共无锡市委、无锡市人民政府关于健全和完善党风廉政建设责任制的意见 1998年8月10日
无锡市人民政府关于保护森林资源制止乱占林地和毁林行为的通知 1998年10月22日
无锡市人民政府关于印发《无锡市农业产业化现代化工程实施意见》的通知 1998年11月12日
中共无锡市委、无锡市人民政府关于切实做好国有企业下岗职工基本生活保障和再就业工作的实施意见 1999年2月8日
中共无锡市委、无锡市人民政府关于进一步加强国有企业科技人才队伍建设的意见 1999年3月17日
中共无锡市委、无锡市人民政府批转市委组织部、农工部、市统计局《关于开展创建"加强农村基层组织建设、加快农村现代化建设示范乡镇、示范村"的意见》的通知 1999年5月18日
中共无锡市委、无锡市人民政府关于实行《党风廉政建设责任制责任落实和整改情况反馈制度》的通知 1999年5月24日

无锡市人民政府印发《无锡市发展新型墙体材料与推广节能建筑管理规定》的通知
1999年5月24日
无锡市人民政府关于大力促进科技成果转化加快高新技术产业化的若干政策意见
1999年8月2日
无锡市人民政府关于印发《无锡市环境绿化美化净化工程实施意见》的通知
1999年8月20日
无锡市人民政府批转市交通局《关于优先发展公交的实施意见》的通知 1999年10月20日
中共无锡市委、无锡市人民政府关于加快教育现代化进程、全面推进素质教育的意见
1999年11月3日
中共无锡市委、无锡市人民政府关于加强我市人才资源开发工作的若干意见 1999年11月22日
中共无锡市委、无锡市人民政府关于加强城市规划建设管理工作的意见 1999年12月6日
无锡市人民政府关于营造一流环境促进经济发展的若干工作意见 1999年12月6日
中共无锡市委、无锡市人民政府关于加强环境与发展综合决策的通知 1999年12月10日
中共无锡市委、无锡市人民政府关于进一步加强侨务工作的意见 2000年1月9日
中共无锡市委、无锡市人民政府关于加快小城镇建设的意见 2000年1月11日
中共无锡市委、无锡市人民政府关于印发《国有企业改革和发展工作纲要》的通知
2000年1月13日
无锡市人民政府关于同意马山区20平方公里为烟尘控制区的批复 2000年1月17日
无锡市人民政府关于对市区部分大气噪声固体废弃物污染单位实施限期治理的决定
2000年2月28日
中共无锡市委、无锡市人民政府关于进一步加快开放型经济发展的意见 2000年2月28日
中共无锡市委、无锡市人民政府关于加强技术创新推动高新技术产业化工作的实施意见
2000年4月22日
中共无锡市委关于在新形势下进一步加强和改善对共青团和青少年工作领导的意见
2000年4月24日
无锡市人民政府关于我市当前义务教育阶段办学体制改革的若干意见 2000年6月13日
无锡市人民政府关于进一步加强我市产品质量工作的意见 2000年8月28日
中共无锡市委关于做好公开选拔县(处)级领导干部工作的通知 2000年9月18日
中共无锡市委关于印发《无锡市(2000—2004年)推进领导班子年轻化规划纲要》的通知
2000年10月11日
中共无锡市委、无锡市人民政府关于建立和完善全市社会稳定工作机制的通知
2000年10月12日
中共无锡市委关于对重点工作、重大任务、重要目标实行领导分工负责制的意见
2000年12月29日
中共无锡市委关于在县(处)级领导班子中开展“团结、廉洁、高效、开拓”争创好班子活动的意见
2000年12月29日
中共无锡市委、无锡市人民政府关于进一步加快发展私营个体经济的实施意见
2001年4月18日
中共无锡市委、无锡市人民政府关于印发《无锡市市级党政机关机构改革实施意见》的通知
2001年4月24日
无锡市人民政府印发《关于加强食品卫生安全议案实施方案》的通知 2001年5月23日
无锡市人民政府关于批转市体改办等部门《关于市属医院实行医疗服务资产经营委托管理目标

责任制的意见（试行）》的通知　2001年6月7日

无锡市人民政府印发《无锡市城市房屋拆迁货币安置补偿试行办法》的通知　2001年6月8日

无锡市人民政府关于贯彻国务院、省政府《关于整顿和规范市场经济秩序的决定》的实施意见　2001年7月17日

无锡市人民政府批转市公安局《贯彻省政府办公厅转发省公安厅〈关于改革和加强城市户籍管理工作为推进城市化与城市现代化服务十项措施〉的通知》的通知　2001年9月4日

中共无锡市委常委会关于进一步加强自身建设的意见　2001年9月11日

中共无锡市委、无锡市人民政府关于印发《无锡市市（县）区镇机构改革指导意见》的通知　2001年9月12日

无锡市人民政府批转市残疾人工作协调委员会《关于在全市推进社区残疾人工作的意见》的通知　2001年9月12日

中共无锡市委关于贯彻《中共中央关于加强统战工作的决定》的实施意见　2001年9月13日

无锡市人民政府关于印发《无锡市2001～2005年妇女发展规划》和《无锡市2001～2005年儿童发展规划》的通知　2001年9月17日

中共无锡市委批转《关于进一步加强预防职务犯罪工作的报告》的通知　2001年10月15日

中共无锡市委、无锡市人民政府关于加强人口与计划生育工作稳定低生育水平的意见　2001年11月5日

无锡市人民政府关于加快推进无锡市国民经济和社会信息化进程的若干意见　2001年11月8日

中共无锡市委、无锡市人民政府转发市发展计划委员会制订的《中国加入WTO无锡行动计划纲要》的通知　2001年12月13日

中共无锡市委、无锡市人民政府关于促进农业结构战略性调整，发展农业产业化经营的政策意见　2002年1月16日

中共无锡市委关于印发《中共无锡市委全委会任用干部投票表决办法（试行）》的通知　2002年2月10日

中共无锡市委、无锡市人民政府关于大力发展规模经济，加快培育重点大企业集团的意见　2002年3月1日

无锡市人民政府关于加快基础教育改革和发展的意见　2002年3月10日

中共无锡市委常委会议议事决策规则　2002年3月20日

无锡市人民政府关于进一步加快旅游业发展的意见　2002年3月30日

无锡市人民政府关于印发《加大扶持外贸出口的若干意见》的通知　2002年3月31日

无锡市人民政府关于进一步建立健全安全生产责任制和安全事故行政责任追究制的通知　2002年4月11日

中共无锡市委、无锡市人民政府关于进一步加强人才资源开发与管理构筑我市人才高地的若干规定　2002年7月3日

无锡市人民政府印发《引进海外留学人才来锡创业服务的若干规定》的通知　2002年7月5日

中共无锡市委、无锡市人民政府关于贯彻《中共中央、国务院关于加强宗教工作的决定》的意见　2002年7月19日

中共无锡市委、无锡市人民政府印发《关于党政领导干部任期经济责任审计的若干规定》的通知　2002年7月25日

无锡市人民政府关于加快林业发展的意见　2002年8月13日

无锡市人民政府关于认真落实土地置换政策，进一步提高土地集约利用水平的意见　2002年10月8日

无锡市人民政府关于理顺港口管理体制，加强口岸建设的意见 2002年10月9日
无锡市人民政府关于五里湖退渔还湖拆迁补偿安置的若干意见 2002年10月9日
中共无锡市委、无锡市人民政府关于在我市市级机关全面实行政务公开的意见 2003年1月2日
无锡市人民政府关于进一步加快推进我市重点开放园区建设发展的意见 2003年1月14日
无锡市人民政府关于进一步促进我市外经贸发展的若干意见 2003年1月16日
无锡市人民政府批转市监察局制定的《无锡市行政效能监察办法》的通知 2003年1月17日
无锡市人民政府关于加快无锡市区工业布局调整工作的意见 2003年1月22日
无锡市人民政府关于印发《无锡市人民政府工作规则》的通知 2003年4月9日
无锡市人民政府关于印发《无锡市国有资产收益管理暂行办法》的通知 2003年4月25日
中共无锡市委关于在全市开展"两个率先"主题教育活动的意见 2003年5月4日
中共无锡市委、无锡市人民政府关于印发《爱我无锡美化家园加强城市管理三年目标实施意见》的通知 2003年5月22日
无锡市人民政府关于加快我市农村公路建设的实施意见 2003年7月17日
中共无锡市委关于印发《无锡争创全省"两个率先"先导区和示范区行动纲要》的通知 2003年7月28日
无锡市人民政府关于深化土地使用制度改革促进城市化进程的意见 2003年7月28日
中共无锡市委、无锡市人民政府关于村级集体经济股份合作制改革的实施意见 2003年7月29日
中共无锡市委关于建立领导干部谈话制度的暂行规定 2003年9月17日
中共无锡市委印发《中共无锡市委组织部关于加强干部监督工作的意见》的通知 2003年9月17日
无锡市人民政府关于建立新型农村合作医疗制度的实施意见 2003年11月4日
无锡市人民政府关于加强农村改水改厕工作的意见 2003年11月4日
中共无锡市委、无锡市人民政府关于加快推进富民工程的实施意见 2003年11月21日
中共无锡市委关于进一步推进人民政协履行职能制度化规范化程序化建设的若干意见 2004年1月12日
无锡市人民政府关于加强城市绿化管理工作的意见 2004年1月13日
中共无锡市委、无锡市人民政府关于实施百村奔小康工程的若干意见 2004年2月6日
中共无锡市委、无锡市人民政府关于促进本市农村劳动力就业工作的意见 2004年2月6日
无锡市人民政府关于加强自身建设的若干意见 2004年3月12日
中共无锡市委、无锡市人民政府关于创建全国文明城市的实施意见 2004年3月31日
无锡市人民政府关于印发《无锡市征用土地补偿和被征地农民基本生活保障暂行办法》的通知 2004年4月1日
无锡市人民政府关于加快无锡出口加工区发展的意见 2004年4月6日
中共无锡市委、无锡市人民政府关于促进民营经济更快发展的意见 2004年4月22日
中共无锡市委、无锡市人民政府印发《关于进一步明确街道职能和加强社区建设的若干意见》的通知 2004年5月25日
无锡市人民政府关于印发《无锡市现代都市农业发展规划纲要》和《无锡市现代都市农业发展规划纲要实施意见》的通知 2004年5月26日
无锡市人民政府关于加强我市农业和粮食工作的通知 2004年5月28日
无锡市人民政府关于大力培养和发展民营企业"小巨人"工程的实施意见 2004年6月14日

中共无锡市委关于建立市委常委、常务副市长党的基层组织建设工作联系点制度的通知　2004年7月16日

无锡市人民政府关于鼓励服务业健康发展的若干意见　2004年7月20日

无锡市人民政府关于加快我市高新技术发展的意见　2004年8月31日

中共无锡市委、无锡市人民政府关于印发《无锡市加强和改进未成年人思想道德建设行动纲要》的通知　2004年9月1日

中共无锡市委关于学习贯彻《法治江苏建设纲要》和全省建设法治江苏电视电话会议精神的通知　2004年9月14日

无锡市人民政府关于加强城市房屋拆迁管理有关问题的通知　2004年10月20日

中共无锡市委关于全面推进“强基工程”加强和改进基层党组织建设的意见　2004年12月22日

中共无锡市委关于在全市组织开展党员志愿者活动的通知　2004年12月22日

中共无锡市委关于实行市管党政领导干部职务任期制的意见（试行）　2004年12月22日

中共无锡市委关于改进和完善党政领导班子及领导干部政绩考核机制的意见（试行）　2004年12月22日

中共无锡市委、无锡市人民政府关于全面推行“阳光工程”规范公共权力运行的决定　2005年1月1日

中共无锡市委、无锡市人民政府关于全面推进“创新工程”加快经济增长方式根本性转变的决定　2005年1月1日

无锡市人民政府批转市卫生局《关于进一步加快发展中医药工作的意见》的通知　2005年1月10日

中共无锡市委关于开展以实践“三个代表”重要思想为主要内容的保持共产党员先进性教育活动的实施意见　2005年1月14日

中共无锡市委、无锡市人民政府关于促进可持续发展建设和谐宜人新无锡的若干意见　2005年1月17日

中共无锡市委、无锡市人民政府关于加快宜兴腾飞发展的若干意见　2005年1月27日

无锡市人民政府关于印发《无锡市自然灾害救助应急预案》的通知　2005年1月28日

中共无锡市委、无锡市人民政府关于实施科技创新和人才工作目标考核的意见　2005年2月7日

中共无锡市委、无锡市人民政府关于印发《打造山水名城 共建美好家园——2005～2007年无锡城市建设发展行动纲要》的通知　2005年2月16日

无锡市人民政府批转市卫生局《关于促进社会办医发展民办医疗机构的若干意见》的通知　2005年2月24日

无锡市人民政府批转市财政局等部门《关于进一步加强行政事业单位国有资产管理的意见》的通知　2005年3月10日

中共无锡市委、无锡市人民政府关于印发《优化组合部分地区发展空间的实施意见》的通知　2005年3月21日

中共无锡市委、无锡市人民政府关于完善科技创新体系加快高新技术产业发展的意见　2005年4月5日

中共无锡市委、无锡市人民政府关于推进农村基本现代化建设八项重点工作的决定　2005年4月6日

无锡市人民政府批转市行政审批制度改革领导小组制订《关于全面推进“阳光工程”、深化行政审批制度改革的实施意见》的通知　2005年5月10日

中共无锡市委、市人民政府关于加快市区工业布局调整的意见 2005年5月12日
中共无锡市委、无锡市人民政府关于印发《创建全省民营经济最佳成长区三年行动纲要》的通知 2005年5月13日
无锡市人民政府关于进一步加强食品安全工作的意见 2005年5月23日
中共无锡市委、无锡市人民政府关于进一步加强机关效能建设的决定 2005年6月1日
无锡市人民政府关于进一步加快发展社区卫生服务的意见 2005年6月8日
中共无锡市委、无锡市人民政府关于全力实施改革攻坚七项重点工作的决定 2005年6月22日
无锡市人民政府批转市民政局等部门《关于加快我市社会福利事业发展的意见》的通知 2005年7月7日
中共无锡市委、无锡市人民政府关于进一步加强危险化学品安全生产管理工作的意见 2005年8月19日
中共无锡市委、无锡市人民政府关于进一步加强社区平台建设的意见 2005年8月29日
中共无锡市委、无锡市人民政府关于加快崇安、南长、北塘新城部分重点片区开发建设的实施意见 2005年8月29日
无锡市政府人民关于实施"新市民安居乐业工程"意见的通知 2005年9月9日
中共无锡市委、无锡市人民政府关于加快发展现代服务业的意见 2005年9月19日
无锡市人民政府关于进一步推进个体工商户发展的意见 2005年9月23日
中共无锡市委、无锡市人民政府关于全面深化卫生事业改革的实施意见 2005年9月27日
中共无锡市委、无锡市人民政府关于加快推进教育强市建设六项重点工作的决定 2005年9月28日
中共无锡市委关于进一步加强中国共产党领导的多党合作和政治协商制度建设的实施意见 2005年11月18日
中共无锡市委批转《中共无锡市人大常委会党组关于进一步发挥市人大代表作用,加强市人大常委会制度建设的若干意见》的通知 2005年12月1日
无锡市人民政府关于市属义务教育阶段学校划归各区管理的实施意见 2005年12月1日
中共无锡市委、无锡市人民政府关于全面深化教育事业改革的实施意见 2005年12月7日
中共无锡市委、无锡市人民政府关于全面深化文化事业改革的实施意见 2005年12月7日
中共无锡市委、无锡市人民政府关于全面深化体育事业改革的实施意见 2005年12月7日
中共无锡市委、无锡市人民政府关于授予施正荣"无锡创新先锋"、顾建明"无锡英雄市民"、丁俊晖"无锡青年标兵"荣誉称号的决定 2005年12月27日
中共无锡市委、无锡市人民政府关于开展向无锡尚德太阳能电力有限公司学习活动的通知 2005年12月27日
中共无锡市委、无锡市人民政府关于开展"学习华西经验,推进社会主义现代化新农村建设"活动的通知 2005年12月27日
中共无锡市委关于制定《无锡市国民经济和社会发展第十一个五年规划》的建议 2005年12月28日

2.无锡市人民政府规章

《无锡市全民所有制企业转换经营机制实施办法》 1993年7月29日
《无锡市公共场所禁止吸烟暂行规定》 1995年2月6日
《无锡市私营企业劳动管理暂行办法 》 1995年4月1日
《无锡市生猪定点屠宰管理办法》 1995年10月9日
《无锡市城市房屋拆迁管理办法》 1995年11月1日

《无锡市搬运装卸行业管理实施细则》	1995年12月19日
《无锡市文化娱乐市场管理办法》	1996年2月8日
《无锡市建设工程招投标管理办法》	1996年5月13日
《无锡市住宅区物业管理暂行办法》	1996年6月25日
《无锡市城镇流浪人员教育遣送管理暂行办法》	1996年7月29日
《无锡市外来务工劳动力使用管理实施办法》	1996年12月2日
《无锡市住宅小区竣工综合验收办法》	1997年1月6日
《无锡市土地复垦开发实施办法》	1997年2月26日
《无锡市盐业管理办法 》	1997年6月27日
《无锡市液化石油气管理实施细则》	1997年10月10日
《无锡市城市市容和环境卫生管理办法》	1998年1月15日
《无锡市体育经营活动管理暂行办法》	1998年1月23日
《无锡市城市供水管理办法》	1998年3月16日
《无锡市殡葬管理办法》	1998年3月30日
《无锡市人民调解暂行办法》	1998年4月9日
《无锡市行政执法责任制暂行规定》	1998年7月13日
《无锡市民兵预备役工作规定》	1998年8月28日
《无锡市河道管理实施细则》	1998年9月2日
《无锡市实施〈江苏省计划生育条例〉办法》	1998年9月7日
《无锡市古树名木保护办法》	1999年4月8日
《无锡市献血管理办法 》	1999年6月21日
《无锡市城市道路管理办法》	1999年7月27日
《无锡市城市房屋权属登记管理办法》	1999年8月3日
《无锡市城市住宅安全管理办法》	1999年8月3日
《无锡市国旗管理暂行办法》	1999年9月23日
《无锡市性病防治管理办法》	1999年9月23日
《无锡市机动车辆排气污染监督管理办法》	1999年12月21日
《无锡市人民防空规定》	2000年4月26日
《无锡市城市建筑物和构筑物外立面保持整洁管理规定》	2002年2月28日
《无锡市城市房屋白蚁防治管理规定》	2002年4月11日
《无锡市农业机械维修行业管理办法》	2002年5月21日
《无锡市贡湖供水水源保护办法》	2002年7月24日
《无锡市矿产资源管理办法》	2002年8月6日
《无锡市生猪屠宰销售管理办法》	2002年9月9日
《无锡市客运出租汽车管理办法》	2002年10月9日
《无锡市人民政府规章制定办法》	2002年11月11日
《无锡市燃气管理办法》	2003年4月3日
《无锡市城市管理相对集中行政处罚权试行办法》	2003年7月28日
《无锡市城市公共照明设施管理办法》	2004年2月14日
《无锡市商品条码管理办法》	2004年4月26日
《无锡市实施〈江苏省人口与计划生育条例〉办法》	2004年8月23日
《无锡市人民防空工程建设和使用管理办法》	2004年11月24日

《无锡硕放机场净空环境保护办法》 2005年1月18日
《无锡市城市房屋权属登记管理办法》 2005年4月26日
《无锡市蠡湖风景区管理办法》 2005年12月26日
《无锡市档案资料征集办法》 2005年12月26日
《无锡市除四害工作管理办法》 2005年12月26日
《无锡市物业管理办法》 2005年12月26日

二、重要文献选辑

1.重要文件

中共无锡市委、无锡市人民政府
关于依靠科技教育振兴无锡经济的决定（节选）

（1989年7月5日）

一、牢固确立“科技、教育兴市”的战略思想

确立“科技、教育兴市”的战略思想，是我市经济、社会发展的内在要求，是在新形势下振兴无锡经济、赶超国际国内先进水平的重大战略选择。从农业看，我市虽属高产稳产地区，但基础不稳，人增地减的趋势难以逆转，粮食供需矛盾越来越突出，如果没有科学技术新的突破，没有适用技术和新技术更大范围的推广和机械化程度的提高，就不可能确保农业的稳定增长；从工业看，我市以加工工业和制造业为主，“两头在外”，结构不合理。长期以来工业的发展主要靠外延扩大再生产，面对能源、原材料、劳动力的短缺和价格的不断上涨，如果不在技术和管理上形成新的优势，继续搞消耗大、产出低的劳动密集型行业、企业，就有可能在激烈的竞争中被淘汰；从科技、教育、医疗卫生、交通、通信等方面看，近几年虽有较大发展，但与经济和社会发展的要求还很不适应，基础设施仍然比较落后。为了保持我市经济和社会事业的持续稳定发展，必须把科学技术和教育放在全市发展战略的首要位置，从上到下牢固确立起依靠科技、教育振兴无锡的战略思想，努力走出一条主要依靠技术和智力投入来实现经济和建设事业飞跃发展的新路子。

确立“科技、教育兴市”的战略思想，是实现由内向型经济向外向型经济转变的需要。我市外贸生产能力不强、出口比例还不高，必须加快科技、教育的进步，增强消化吸收国外先进技术的能力，增强技术创新，开发优质新产品打入国际市场的能力，坚持走引进技术——消化吸收——开发创新——产品出口的路子，使我市战略产品在主要技术领域尽快赶上或超过世界先进水平。

确立“科技、教育兴市”的战略思想，推动经济建设走上依靠科技进步的轨道，是深化改革的重要内容。在全面深化改革的过程中，必须依靠科技进步，促进生产力要素的科学组合和合理配置；必须抓住治理经济环境，整顿经济秩序，全面深化改革的有利时机，把有限的资金真正用到技术进步上去，下决心改变以外延扩大再生产为主的传统经济发展模式，尽快建立起依靠科技、教育进步，提高经济效益，促进经济发展的新机制。

确立“科技、教育兴市”的战略思想，是提高劳动者素质，加强社会主义精神文明建设的需要。从根本上说，科技的发展，经济的振兴，乃至整个社会的进步，都取决于劳动者素质的提高和大量合格人才的培养。百年大计，教育为本。科技、经济和社会发展离不开教育，教育必须为科技、经济和

社会发展服务，必须树立科技、教育、经济一体化观念，从提高劳动者素质入手来推动科技、经济和社会事业的发展，这对于推进领导决策科学化、民主化，提高全社会的科学管理水平，加强社会主义精神文明建设，都具有重要的意义。

二、1995年前科技进步的主要目标

1.积极推进科技成果向现实生产力的转化，不断提高科技进步在经济增长中的贡献份额。到1995年，农业总产值增长速度中科技进步贡献的份额要从“七五”前三年的45%左右，提高到55%；工业总产值增长速度中科技进步的贡献份额要从“七五”前三年的38.6%，提高到45%以上。

2.大力推广适用性强、见效快的农业科技成果。到1995年，粮、棉、油优良品种覆盖面达到95%以上；三麦适用增产技术覆盖面达95%以上；土壤改良面积达50%以上；努力推广生物技术在农业上的应用，使全市农业科学技术在部分领域达到当时国际先进水平；建立、健全农业生产技术服务体系，使其覆盖面达到90%以上；农业技术装备水平要有显著提高，稻麦机收面积达到80万亩，机插面积达到12万亩，基本实现稻麦生产的机械化和半机械化。

3.加强科技开发、积极发展高新技术。到1995年，全市高新技术新兴产业的净产值在国民生产总值中占15%左右，初步建成无锡微电子基地，机械、电子等先进的技术装备工业的比重占整个工业的60%～70%。加强引进技术的消化吸收和推广、创新，加快企业的技术改造。“六五”期间引进的实用技术应按分类目标所规定的要求全部消化吸收转移，“七五”期间引进的适用技术消化吸收率达70%～80%，主要行业骨干企业的生产技术和50%～70%的工业产品达到国际70年代末、80年代初的水平。

4.逐步形成多层次的适应我市经济社会发展需要的科技体系，提高全市科技能力综合水平，包括形成应用研究、开发研究、软科学研究和社会科学研究等科学研究开发体系；形成科技信息、技术市场、专利服务，社会化技术设施等科技服务体系；形成检测网络、计量标准、质量控制等技术监督体系；形成地方拨款、国家贷款、企事业单位自筹和地方筹集科技发展基金的科技投资体系。

5.加强科技队伍的建设，调整科技队伍结构。全市各类专业技术人员从现在的12.3万人增加到17万人，占全市人口的比例从现在的3%提高到近4%，从事研究开发活动的专业技术人员占自然科学专业技术人员的比例，从目前的19.5%提高到25%，其中中级职务以上的专业技术人员比例从目前的7.6%提高到25%左右。促进科技人员的合理分布，企业科技人员比例从现在的53%提高到65%。农业每万名劳动者中科技人员数从现在的20人提高到25人。

6.大力发展教育事业。通过有计划、有步骤的教育综合改革，在全市初步形成适应我市经济发展战略需求，具有地方特色，结构层次合理，效益较好，基础教育、职业技术教育、成人教育、地方高等教育统筹协调发展的社会主义教育体系。到1995年，全市普及学龄前三年学前教育，高标准地实施九年制义务教育。城镇初中毕业生的85%以上、农村初中毕业生的50%以上升入高级中等学校。中等职业技术学校与普通高中的招生比例为5.5∶4.5（其中市区为7∶3），未能升学的初、高中毕业生普遍受到良好的职业培训，地方高等教育形成年招生2000人左右的培养能力。每万名人口在校大学生从现在的15人发展到20人以上。在城乡普遍开展各层次的成人岗位培训，劳动力的素质要有明显提高，市区技术工人中高级工的比例上升到10%，初级工比例下降至20%，要使乡村企业人才结构逐步合理，使适应农业集约经营的人才得到补充。

7.运用现代科学技术，加速社会事业现代化进程，不断提高全市交通运输、邮电通讯、环境保护能力和医疗卫生水平，在城乡建设、人口控制、体育、新闻、文化、创建科学文明的生产和生活方式等方面取得明显的进展。

8.逐步建立强有力的科技进步和发展教育的社会支撑环境，继续深化科技体制和教育体制改革，加强科技、教育立法工作。建立考核企业依靠科技进步和科研机构成绩和效果的指标体系，健全以

税收、信贷为杠杆的激励科技进步、教育发展和保证科技、教育投资的政策体系，制定鼓励科技、教育多出成果、多出人才的奖励政策，加强对科技、教育的综合管理，不断提高科技、教育工作社会化组织程度。

三、依靠科技进步，振兴经济建设

1.加快工业现代化进程。

在深化企业改革中，不断增强企业追求科技进步的动力和活力，继续在全市深入开展争创科技进步先进企业的活动；把科技进步列为企业承包经营责任制和厂长任期目标的重要内容，并将考核结果与企业的工资总额以及承包者的利益挂钩。

提高工业发展的集中度和扩散度。围绕重点发展的新兴产业和拳头产品，积极组建紧密型的大型企业集团和科研先导型企业集团，提高专业化协作水平，形成规模经济，实行科研、开发、设计、生产、服务整体配套，改变大而全、小而全的小生产方式，大幅度地提高劳动生产率，降低消耗。

调整投资结构。下决心改变多年来盲目铺摊子，片面注重外延扩大的做法，在固定资产投资中逐步提高技术改造的比重。用于产品更新换代的投入要优先安排，对先进技术工业要重点支持，在科技进步投资中，加强引进技术消化吸收和新技术、新工艺应用，使有限的资金发挥更大的效益。

加强产业政策的研究，充分利用经济杠杆的作用，在价格、信贷、税收、外汇等方面实行倾斜政策，支持重点发展的新兴产业和重点改造的传统产业，推动企业的技术进步。

加速传统产业现代化，十分重视引进设备的消化、吸收、创新、推广，采用先进技术改造老设备，坚持采用新技术提高产品更新率，通过联合攻关、示范试点，有计划、有步骤地推进传统产业的现代化，重点是大力推广计算机应用技术和工业生产过程自动化技术。

加速高新技术产品的开发和生产。充分利用我市微电子信息技术、生物工程、新型材料工业起步较早、基础较好的优势，选择一批技术水平较高，能出口创汇或替代进口，能带动我市其他产业现代化的重点战略产品，集中力量，协同攻关，尽快形成新兴产业。

企业集团、大中企业和其他有条件的企业，都要建立健全科技开发体系，提高技术开发和吸收能力。有条件的可实行技术项目承包责任制，通过内部结算的方式，使科技开发机构实行独立核算，自负盈亏。对有较强对外服务能力的厂办科技开发机构，在做好本企业科技工作的同时，可面向社会，开展与本专业有关的技术经营和服务咨询活动，并享受技术市场的优惠政策。

中小企业和乡镇企业，要特别重视企业素质的提高，加快技术改造，加速产品的更新换代，尽快实现由劳动密集型向技术密集型的转变，由粗放落后的管理向先进的科学管理转变，由多投入、多产出向主要依靠技术进步转变。

2.加强农业科技的开发、推广工作。

认真落实农业科研攻关和技术推广重点项目规划，积极实施“星火计划”和“丰收计划”。要积极推广各种适用技术，如高产、优质、低耗、省工的栽培技术，免耕、少耕技术，水稻小苗直栽与地膜育秧技术，使品种选育、综合栽培、饲养技术、病虫害防治技术、生物工程技术等在农业上的应用取得明显进展。要发展创汇农业和农副产品深度加工工业，提高综合经济效益。要进一步抓好农业适度规模经营，提高农业集约化水平。要大力开发投资少、见效快、扩散面广的农业新技术。

积极发展支农工业，加强农业技术装备，加快农业机械化的进程，重点突破三麦收割、脱粒、干燥、储运和水稻育秧、栽插、收割等农业机械项目。扩大农药、化肥、饲料生产，提高质量，降低成本。

大力加强农业技术服务体系的建设。县、乡、村都要建立、健全有本地特色的农业技术研究、培训、推广服务机构，特别要强化技术推广体系和良种培育体系。要积极采取有效措施，稳定和充实农业生产第一线科技队伍，调动他们的积极性。要采用多种形式，鼓励农民集资、入股，发展技、农、贸结合的经营服务实体，通过有偿承包，技术服务，搞好产前、产中、产后配套服务。

3.进一步搞活科研机构。

各级政府部门要赋予科研机构更大的自主权，让科研机构自主地向开发、联合、竞争的方向发展，对科研机构的多种横向联合和协作，主管部门和有关方面应积极支持。

要逐步推行所长负责制和技术经济承包责任制，按照“保科技水平，保经济效益和社会效益，保发展后劲，与本单位工资总额或奖金挂钩”的原则公开招聘承包经营管理者，鼓励和促进科研机构统筹兼顾各类任务，搞好长远课题、近期课题的合理配置，处理好长远效益和眼前效益的关系，抓好收益的合理分配。

鼓励和支持科研机构以多种形式长入经济，科研机构和企业可相互承包、租赁、参股、兼并，向技工贸、技农贸一体化方向发展。从事高新技术研究开发的科研机构，要积极主动地与相关的生产部门组合，加快高新技术产业的形成和发展，有条件的可面向国际市场，创办或联办多种所有制形式的分所、公司、企业集团等。

积极扶持和创建行业技术开发中心和检测中心、社会公益事业研究机构。

积极扶持集体、个体科技机构的发展，保护和支持他们依法从事科技开发、咨询服务和技术贸易活动。与此同时，切实加强管理，积极引导他们把社会经济效益放在首位，同生产部门实行紧密的结合。

鼓励高校在保证完成教学任务和国家科研任务的同时，根据各自的特点，开展多种形式的科技协作和联合，积极吸收部、省科研单位，部队、军工科研单位为我市的经济发展作贡献。

加强中试基地建设，鼓励科研机构、高校、企业自办或联办中试基地。对重点行业和新兴技术的中试基地、农业现代化示范试验区，要给予必要的支持。

4.大力发展技术市场，强化科技与经济的紧密结合。

要积极发展多种形式和所有制的技术贸易机构，增强技术市场的配套服务能力，同时大力发展对外技术贸易机构，特别是技术信息服务机构，技术交流服务机构，智力、人才引进服务机构，技术咨询论证机构等，有条件的大中企业、企业集团、科研机构都应建立独立的技术贸易机构。

要认真抓好经济、技术、贸易信息的综合分析和开发利用，加强信息网络建设，提高信息工作手段的现代化程度，努力掌握国内外发展动态，强化信息传递、汇总、分析等服务工作。

要认真贯彻《技术合同法》和《专利法》，对全市技术市场实行“统一管理、多家经营、积极扶持、加强引导”的原则，坚持管理和经营职能分开，建立健全技术市场管理体系、技术市场经营体系、技术市场监督（仲裁）体系，以保证技术交易活动蓬勃健康的发展。

要按照“高技术、外向型”的要求，尽快在惠河路、梁溪路、钱荣路一带建设技术市场区，形成以科研单位、高校和大中企业为主的技术密集区，要制定优惠政策，鼓励和吸收国外高新技术研究单位、中科院系统、高校系统、军工系统来我市设立窗口，向我市转移技术或与我市联合进行科研开发活动。

5.改革人才管理制度，放活科技人员。

要加快人才宏观管理制度的改革，逐步形成国家宏观指导下单位用人自主权和科技人员择业权相结合的“双向选择”的人才管理制度，进一步放宽放活人才管理政策。鼓励科研单位的科技人员向企业和农业第一线流动，要逐步形成使科技人员能在科研、教学、技术攻关活动中定期的相互兼职的新型机制，鼓励科技人员向国家重点建设工程、重大科研攻关项目投标应聘和技术承包。

要努力创造尊重知识、尊重人才的社会环境，积极改善知识分子待遇，逐步改变“脑体倒挂”的现象，技术职务聘任制要尽快转入正常化的轨道。

加强对知识分子的思想政治工作。继续大力提倡“献身、求实、创新、协作”的科学精神和职业道德，广泛开展争当优秀科技工作者的活动。

四、坚持把发展教育事业放在突出的战略位置

进一步提高广大干部职工对教育地位和作用的认识，坚持把发展教育事业放在突出的战略位置，认真组织实施国家教委论证通过的《无锡市教育综合改革实验方案》，推动我市教育事业的进一步繁荣和发展。

坚持党的教育方针，切实加强学校的思想政治工作。搞好政治课和思想品德课的改革。组织开展各种实践活动，大力加强劳动教育，认真贯彻国家教委颁布的《中小学生日常行为规范》。要十分重视学校的基础文明建设和学生的基本行为训练，社会、学校、家庭都要为学生的全面发展创造良好的环境和条件，学校应当成为建设社会主义精神文明的重要基地。

基础教育是发展整个教育的奠基工程，是提高民族素质的根本环节。要巩固、完善和深化农村基础教育分级办学、分级管理的体制，积极推进城区基础教育和学前教育的管理体制改革，进一步调动各方面办学的积极性。要进一步端正教育思想，变“升学教育”为“素质教育”，努力提高学生的全面素质。要建立各级责任制，按质按量实施九年制义务教育，当前，必须采取坚决有效的措施，制止中小学流生。

职业技术教育是社会主义现代化建设的重要支柱，是提高劳动者素质的重要措施。要把职业技术教育作为改革和发展我市教育的重点，逐步形成“地方统筹、多方办学、分工管理”的新体制，推动职业技术教育的发展。要认真实施国家教委批复同意的《无锡市进行“双元制”教育试点，探索建立新的职业技术教育体系的初步方案》，围绕提高劳动者素质这个根本目的，引进、消化、吸收德国“双元制”教育的办学模式，坚持“校企合作，以企业为主；理论与实践结合，以实践为主”的职业技术教育办学方向，积极进行技术教育、高级技工教育和高等专科教育的探索，以构建适应我市经济和社会发展需要的职业技术教育体系。

积极、稳妥地办好地方高等教育。充分利用部、省属高校的优势和辐射作用，通过联合办班、建分校、委托代培等多种形式，扩大本市所需的专门人才和急缺专业人才的培养渠道。地方高校要按照我市经济和社会发展需要进一步调整专业结构。职工大学要继续走联合协作的道路，理顺管理体制，充分发挥办学效益。

成人教育要坚持以岗位培训为重点，本着学用结合，按需施教的原则，实行多种途径、多种形式办学，要坚持以业余学习为主，鼓励自学，完善自学考试制度。要加强与其他各类教育的横向联合，逐步形成职前职后一体化，学历教育与职业培训相结合，城市农村相连结的教育新格局。

加强对科技人员的继续工程教育。要制定培训规划，创办各种技术培训中心，开展多种形式的进修培训活动，并选送优秀科技人员出国进修。还要十分重视全社会的科普宣传和教育，努力提高广大人民群众的科学文化素质。

五、大力提高管理的科学化水平

一切从事经济、科技、教育领导工作的同志，都要牢固树立依靠现代化科学管理的观念，努力掌握和运用现代化管理的科学知识，提高科学管理水平。

努力实现决策的科学化、民主化。各级党委和政府都要加强并充分发挥决策参谋咨询机构的作用，逐步建立起一支软科学队伍。不断提高领导部门的决策水平，做到决策工作制度化、决策程序规范化。

要把管理水平的提高与深化企业改革紧密结合起来，通过深化企业内部改革，使厂长的决策和管理建立在科学化、民主化的基础上。

加强管理的基础工作。健全各级责任制，完善技术管理体系，加强总工程师的管理职能，有计划、有步骤地推广系统工程、价值工程、目标管理、全面质量管理等先进管理方法，积极采用计算机等

现代化管理手段。切实加强技术监督工作，建立全市产品质量检测网络和技术监督体系，逐步使科技管理有效化、规范化。

六、努力改善全社会对科技进步和教育发展的支撑环境

各级财政部门应逐年增加对科技和教育的投入，市、县（市）区都应把科技三项费用、科学事业费列入财政预算。其中科技3项费用按上年同级财政实际支出的1%为基数，科学事业费按上年同级财政同科目实际支出为基数，每年以比财政经常性收入高5个百分点的速度增长。

要在税收政策、金融政策上给予适当优惠，支持、鼓励引进和消化国外先进技术、发展高新技术产业、重点企业技术改造、加强农业科技工作等科技进步工作。

市、县（市）、区及各行业都应筹集和建立科技发展基金，实行择优支持，有偿使用。各企业集团、大中企业等按政策规定提取的新产品免税资金、技术转让资金、联合体分得的技术性收入等应切实用于技术进步。各乡（镇）、村要特别重视对乡镇企业的科技投入，乡镇企业应从税后留利中提取一定比例作为科技开发基金，以努力增强发展后劲。要建立并强化农业科技投资机制，多渠道、多形式筹集农业科技发展基金，并适当增加农业科研、技术推广机构的事业费，以保证农业科技的发展。要管好用好各类科技、教育基金，加强监督和审计。

七、改善和加强对科技、教育工作的领导

确立“科技、教育兴市”，依靠科技、教育，振兴无锡经济，是我市全体党员和人民群众的一件大事。各级党委和政府要切实加强领导，并认真组织实施。要建立严格的考评制度，把一个地区、一个部门科技进步情况、教育发展水平，作为考核干部政绩的重要依据之一。

要重视发挥广大科技工作者在科技、经济重大决策中的咨询作用，发挥政协、民主党派的智力优势和科协、社联等科技群众团体人才荟萃、横向联系广泛的优势，多渠道、多形式地积极开展各种活动，广泛吸取各种有益的批评建议。

要进一步完善科技管理体系，县（市）区、乡（镇）、产业部门都应有专门机构或人员具体组织实施和管理。

建立经济工作和科技工作协调发展的领导体制。要根据经济、科技、教育一体化的原则，进行科学合理的分工，建立起分管经济、科技、教育工作的领导同志和经济、科技、教育部门负责同志定期会商制度，讨论并协调工作中急需研究解决的重大问题。

发挥科技立法工作，制定有关地方法规，综合运用法律、经济、行政、技术手段，加强引导和调节。

加强规划的指导作用。在制定我市产业政策、技术政策和总体规划的基础上，制定全市“八五”科技、教育发展计划和“八五”经济发展计划，统筹安排资金，组织力量实施。各行业也要根据各自的特点和任务，制定出科技、教育和经济发展的规划。

中共无锡市委 无锡市人民政府
关于全面推进“创新工程”加快经济增长方式根本性转变的决定

（2005年1月1日）

为全面贯彻落实科学发展观，推进经济增长方式的根本性转变，更新发展观念，创新发展思路，破解发展难题，促进全市经济社会的持续快速协调发展，现经市委、市政府研究，作出如下决定：

一、指导思想和总体目标

1.指导思想：深入践行“三个代表”的重要思想，牢固树立和落实以人为本、全面协调可持续的科学发展观，坚持富民强市不动摇，坚持争创全省“两个率先”先导区和示范区不动摇，大力实施“科教兴市”的主战略，以科技创新为动力，集中力量发展先进生产力，推动经济增长方式向集约型、内涵型、质量型和创新驱动型转变，全面增强我市的综合竞争能力和后续发展能力。基本思路：积极调整需求结构，更加注重消费对经济的拉动作用，促进投资、出口、消费的均衡拉动；积极调整产业结构，更加注重高新技术产业和现代服务业贡献份额的提高，促进农业、工业、服务业的协调发展；积极调整所有制结构，更加注重股份制和混合所有制经济的快速发展，促进国资（集体）、民资、外资的联动推进；积极调整“三外”结构，更加注重国际市场、国际资源的充分利用，促进外资、外贸、外经的提升转型。

2.总体目标：经过3～6年的努力，使经济结构明显优化，运行质量明显提升，增长方式明显转变，综合实力明显增强。到2007年，地区生产总值达到3500亿元左右；服务业占GDP比重达到43%；高新技术产业增加值占规模以上工业增加值比重达到37%；规模以上工业增加值能耗降至2吨标煤/万元；规模以上工业单位面积产出达到250万元/亩；规模以上股份制工业企业增加值比重达到50%。到2010年，地区生产总值达到5000亿元左右；服务业占GDP的比重达到46%；高新技术产业增加值占规模以上工业增加值比重达到45%；规模以上工业增加值能耗降至1.43吨标煤/万元；规模以上工业单位面积产出达到300万元/亩；规模以上股份制工业企业增加值比重达到55%。

二、工作重点和主要举措

（一）全力推进科技创新

3.大力增加科技投入。确保科技投入的增长高于财力的增长，市本级财政安排科技发展资金2005年不低于6000万元，2007年不低于1亿元，2010年不低于2亿元，重点支持重大科技成果转换、科技成果产业化、科技公共服务平台和科技孵化器建设。积极争取国家和省资金扶持，实施一批具有自主知识产权和核心竞争力的重大科技项目。鼓励企业加大研发投入，2007年R&D经费占GDP比重达到1.7%，2010年达到2%。

4.加快科技成果转化和科技产业化步伐。建立和完善以企业为主体、以高校和科研机构为依托的技术创新体系，促进科技成果迅速在企业、农村、社会转化为现实生产力。以“江苏国际技术转移中心”等为载体，加强对跨国公司关键技术的跟踪引进。建立以技术、知识、管理等要素参与收益分配的激励机制，吸引国内重点院所和上海等地的先进科技成果加快与本地产业对接。充分发挥在锡高等院校和科研院所的作用，进一步推进产学研合作。

5.加快科技基础设施建设。建立健全科技数据与文献、科学仪器与设备共享共用网络等公共服务平台，力争科技公共平台建设处于全国、全省领先水平。积极扶持科技企业孵化器的发展，建好无锡软件园、IC产业化基地、大学科技园、工业设计园和国际合作园等一批科技孵化器。以应用基础研究和高技术研究为重点，在集成电路、软件、生物、环境工程、新材料和新能源等领域，扩建和创建一批国家、省级重点实验室和重点工程技术研究中心。以重点工程为突破口，大力推进无锡“信息港”建设，全面提升信息化水平。

6.加快创新服务体系建设。着力办好一批科技中介服务机构，以市生产力促进中心等为载体，重点扶持从事工业设计、研发服务、技术开发、技术交易、质量鉴定、技术检测等科技中介服务机构的功能建设，推进科技中介服务向市场化、规模化、国际化发展。大力保护知识产权，进一步提高全市专利拥有量。

（二）调整提升产业结构

7.全面提高服务业发展水平。加快传统服务业的改造提升，优先发展现代服务业和高端服务业，重点推动现代物流、旅游、现代商贸、信息服务、房地产等产业的发展。着力完善基础设施和信息“两大平台”，不断提升现代物流的规模和层次，到2007年初步建成功能完善的现代物流体系，2010年力争建成“长三角”区域物流中心，并成为全国现代物流业供应链的重要枢纽。围绕“旅游强市”目标，深度开发山水资源和人文资源，全力打造“吃、住、行、游、购、娱”六大配套体系，加快推进旅游国际化。整合现有市场资源，以规模化、信息化带动市场建设，增强现代商贸流通业的集聚度和辐射力，2007年，社会消费品零售总额达到900亿元左右，2010年达到1200亿元左右。以建设“数字无锡”为核心，重点发展软件制作、网络服务等信息服务业，到2007年，信息服务业实现增加值力争达到100亿元，2010年达到200亿元。大力培育房地产市场，促进房地产业持续快速有序发展。

8.着力提高制造业产业层次。坚持走新型工业化道路，着力打造国际制造业基地和先进制造技术中心。强化特色园区和产业化基地建设，构筑高新技术产业的发展载体，以电子信息及软件、新材料、生物等产业为发展重点，形成一批特色鲜明的产业化基地。大力推动先进技术型、节约能源型、环境保护型和生态建设型等新兴产业的发展。鼓励企业加大技改投入，积极采用先进制造技术和信息技术，加快对纺织、机械等传统产业的技术改造，提高企业生产装备信息技术应用的比重，实现传统制造业向先进制造业的转型，全面提升装备制造业、汽车及零部件等产业的发展水平。

9.大力发展现代都市农业。优化整合农业区域资源，大力发展现代设施农业、优质高效农业、绿色生态农业、休闲观光农业和农副产品加工产业，建设与特大城市发展相协调、具有明显江南地域特色的现代都市农业体系。按照生态、高效、集约、精准的要求，积极推进农业结构战略性调整，培育壮大辐射力、带动力强的龙头企业，提升农业产业化程度，提高农业综合效益。

10.培育发展创意产业。培育二、三产业相互支持融合的创意产业，力争将无锡建成长三角重要的创意产业中心。以工业设计为主线，加快发展服装设计、包装设计和广告设计等产业。以影视产业为支撑，大力发展影片发行业、影片映演业、动漫业，逐步形成和完善影视产业链。以江南文化为特色，加强地方工艺品的创新研发与制作，提高地方工艺品的知名度。以生态旅游和观光农业为特征，大力发展民俗风土、休闲健身、人情体验等创意产业。积极发展文化产业，进一步提高城市的文化品位。

（三）加快发展规模经济

11.做强做大规模企业。着力培养壮大一批核心竞争力强、拥有自主知识产权及知名品牌的大企业大集团。重点扶持一批行业龙头企业，促进强强联合和兼并重组，加快规模扩张。以提高运行质量和效益为核心，加快发展一批在业内技术领先、成长力强、市场占有率高的优势企业。加快培育发展一批规模效益型、科技创新型、外向接轨型、持续成长型“小巨人”企业。至2007年，全市形成营业收入超100亿元或利税超10亿元的企业15家，国内市场占有率位居前列的产品达到48个。至2010年，全市形成营业收入超100亿元或利税超10亿元的企业30家。

12.培育壮大品牌经济。精心打造本地企业品牌和产品品牌，引导企业加大品牌投入和宣传力度，充分发挥“企业品牌”和“产品品牌”的优势效应，扩大企业和产品的知名度。进一步整顿市场秩序，规范市场行为，保护名牌，发展品牌，为企业培育和争创品牌产品创造一个良好的外部环境。到2007年，确保我市中国名牌产品占全国的比重保持在2%以上，占全省的比重保持在20%以上，驰名商标占全国的比重保持在2%以上，占全省的比重保持在17%以上。

（四）着力优化产业布局

13.统筹市域产业布局。立足统筹全市资源，协调好“一体两翼”各板块的产业定位。江阴要立足于“两个率先”排头兵，做大做强新材料、现代物流、电子信息、高档纺织等新兴支柱产业。宜兴要立足于苏南第一集团军的定位，重点推进电线电缆、纺织服装、环保产业和旅游业发展。强化无锡市区产业分工，将新区建设成为具有国际先进水平的高新技术产业核心区，锡山区、惠山区建设成为先进制造业和现代物流的集聚区，崇安、南长、北塘三个中心城区培育发展成为中心商贸区，滨湖区打造成为科研、旅游、商务和创意产业的集中区。积极引导重化工、新材料等产业向沿江集中，先进制造业向沿路特色工业园区集中，科研、旅游、商务业向沿湖功能区集中，逐步形成“三沿”开发的鲜明特色。

14.加快工业企业“退城（镇）入园”步伐。按照规划导向、企业为主、政府支持、政策引导、市场化运作相结合的原则，积极实施《市政府关于加快无锡市区工业布局调整工作的意见》，改造搬迁一批污染企业、淘汰退出一批劣势企业、发展一批都市型企业，进一步完善土地供给、企业搬迁等各类补偿政策，充分调动搬迁企业和迁入区、迁出区的积极性，加快企业“退城（镇）入园”的进度。到2006年，基本完成中心城区与城建规划冲突、污染环境、近期有新上改造建设项目“三类”企业的搬迁工作，2007年基本完成市（县）、区、镇工业“退城（镇）入园”工作。

15.推进产业集群发展。按照“区域集中、产业集聚、开发集约”的原则，聚合各种生产要素，建设一批产业集群示范园区。加快建设特色开放园区和特色工业园区，强力打造电子信息、汽车零部件、新材料、生物等特色产业集群。至2010年，争取形成10～15个特色鲜明、支撑力强、带动作用突出的产业集群。在市区范围内形成一批特色商贸服务街区，建立由市级、片区和社区三级商业中心构成的现代城市商贸服务体系，到2010年，形成产业高度融合、集群化发展的服务业高地。

（五）积极推广资源集约利用

16.着力提高土地资源的利用水平。统筹城乡土地利用规划，合理确定城镇规模，优化城镇、村庄和工业集中区布局。严格执行土地投入强度标准，并根据发展需求逐步提高现有投入标准。按照“扶优限劣”原则，进一步制定、完善各行业单位面积产出标准和厂房建设标准，大力推行多层标准厂房建设，形成科学完善的土地集约化利用标准体系，2005年全市省级以上开发园区新建项目土地产出标准必须达到400万元/亩，其他园区必须达到300万元/亩。实行土地出让最低保护价，一律不得以明贴或暗贴的方式低于最低保护价出让土地，一律不得在市区和城镇组团的集中居住区以外新建零星居住点，一律不得在工业集中区和开发区以外新建工业企业。现有的零星居住点和工业企业，尽快进入集中居住区和工业集中区，力争2007年有1/6、2010年有1/3的自然村落并入集中居住区。

17.努力提高能源利用水平。合理调整能源结构，积极推行天然气、太阳能等清洁能源和可再生能源的使用。制定并严格实施高耗能、高耗水企业的准入制度，设立综合能耗、用电效率和用水效率准入标准，加强对新建固定资产投资项目的能耗准入管理。今后除热联电厂以外，一律不再新批燃煤电厂；除沿江地区经批准的以外，一律不得新上高耗能、高耗水项目。

18.积极推进资源循环利用。加强对重点行业原材料、能源、水等资源消耗的管理，推动资源深加工、精加工，着力提高资源的产出效益。加快循环经济关键技术的研究与应用，为资源综合利用提供技术支撑。推进循环经济园区和循环经济企业的试点工作，按照循环经济模式逐步改造各类开发区，提高上下游产业之间的关联度，形成产业链和资源利用链，尽快培育一批循环发展的生态工业园区。严格实施《清洁生产促进法》，全面推行企业清洁生产审核。2005年对中心城区35吨以上锅炉全面落实脱硫措施。到2007年，省级以上开发区全部通过质量ISO 9000或环境ISO 14000体系认证，到2010年，全市所有工业集中区全部通过质量ISO 9000或环境ISO 14000体系认证。

19.分类建立退出机制。按照土地利用率水平、能效水平，结合环境保护要求，严格执行产业发展导向目录，逐步建立和完善科学的退出机制。全面禁止禁采区地下水开采、裸露式开山采石及新建经营性墓地，立即关闭在基本农田、耕地内取土的砖瓦窑厂，严格限制紫砂陶土开采。到2007年，全面淘汰小化工、小印染、小电镀、小水泥和小冶金等“五小”企业。鼓励单位土地产出低、煤电消耗大、环境污染重的企业加大技术改造力度，向高产出、低消耗、低排放转变，对达不到标准的企业，督促其限期整改，到2007年，对每亩土地产出仍低于30万元的工业企业实行关停并转，到2010年，对每亩土地产出仍低于50万元的工业企业实行关停并转。

（六）全面推进各项改革

20.进一步深化体制改革。在全面完成国有企业产权制度改革的基础上，加快国有经济布局战略性调整。建立国有资产监督管理机构，防止国有资产流失。积极深化事业单位改革，推进管办分离，促进经营性事业单位市场化运作和产业化发展。积极引导行业协会的规范化发展，2005年，现有行业协会与政府机关实现人员、机构、经费三脱钩。大力深化农村改革，积极推进村级集体经济的股份合作制改革，加快发展农村各类专业合作组织，积极探索和推广各种形式的土地股份合作制改革，有序推进乡镇机构改革。2005年，全市年可支配收入超200万元的村全面完成股份合作制改革。

21.进一步推动民营经济发展。切实把发展民营经济摆上全局的重要位置，在全社会形成有利于民营经济公平竞争、健康发展的良好环境。引导民营企业创新经营机制，建立科学合理的法人治理结构，加快实现与现代企业制度的接轨。进一步鼓励民营企业创新产权制度，逐步把企业推向股份化、社会化、公众化。

22.进一步推进资本经营。积极引导和支持符合条件的企业在国内主板市场整体上市，扶持一批民营中小企业在国内中小企业板上市，鼓励和支持更多的优势企业赴香港、新加坡等海外资本市场融资上市，全市上市后备企业保持在100家以上。进一步鼓励上市公司通过收购兼并、资产置换、股权转让等手段注入新的优质资产。大力推进企业的机制创新，鼓励引导股份公司特别是上市公司构建符合市场经济规律和国际通行规则的运行机制，率先建立现代企业制度。2007年力争全市上市公司数量超过50家，2010年力争上市公司数量达到80家以上。

（七）加速经济国际化进程

23.提高利用外资质量。加快引进外资向数量和功能并重转变。在更高层次上扩大开放，以引进研发机构、销售中心、龙头企业、整机产品为重点，推动制造业水平从中低端向中高端发展，促进产业链、供应链的延伸和完善。在更宽领域上扩大开放，加快服务业、农业等领域利用外资步伐，大力引进服务业外包项目，引导教育科技、卫生医疗、旅游开发等领域创新利用外资形式。2005～2007年，到位注册外资年均增长20%左右。2008～2010年，到位注册外资年均增长15%左右。

24.促进外贸转型升级。加快外贸增长向创汇和创税型转变。深化外贸体制改革，努力实现进出口主体多元化。鼓励企业采用电子商务等新型交易方式，降低外贸交易成本。大力推进生产企业执行国际标准，提高产品国际竞争力。优化出口产品结构，提升软件、机电产品和高新技术产品等高附加值产品出口比重。到2007年，机电产品和高新技术产品出口比重分别达到65%和38%，到2010年，机电产品和高新技术产品出口比重分别达到75%和45%。

25.提升对外经济技术合作水平。加快资源和市场利用向国际化转变。大力实施“走出去”战略，鼓励企业参与国际分工协作，积极推动各类企业境外投资、境外生产、境外销售，增强企业参与国际竞争的能力。建立健全对外投资服务体系，在金融、保险、人才、法律、出入境管理等相关领域提供便利和支持。进一步推动本地企业参与国内跨区域经济交流和合作，充分借助中西部地区能源、资源富集的优势，积极参与西部开发、南北合作。

2005～2007年，外经营业额年均增长25%左右，2008～2010年，外经营业额年均增长20%以上。

（八）加强人力资源开发

26.加强优秀企业家队伍建设。研究和借鉴国际人才培养模式及成功经验，努力培育和造就一支熟悉国际市场、具有参与市场竞争能力的优秀企业家队伍。加大企业经营管理人才引进工作力度，建立和完善企业经营管理人才市场。完善人才分布结构，大力培养现代服务业经营管理人才，力求在物流、金融、商务、法律、外语、建设规划等方面取得明显突破。到2010年，力争形成以100名优秀企业家、300名企业家后备人才、600名职业经理人为主体的经营管理人才队伍。

27.加强科技人才队伍建设。围绕高新技术产业发展，提高科技管理人才、专业技术人才集聚能力。鼓励高等院校、科研机构和企业创办博士后工作流动站以及高新技术研发中心，促进专业技术人才培养和引进主体的多元化。设立紧缺人才开发目录，强化引进人才的针对性。降低科技人才落户的准入门槛，提高对科技人才集聚的服务水平，积极营造人才发展的良好环境。

探索任期聘任、项目承包、人才租赁等形式，加快实施人才智力的国际交流，加大国际人才的引进力度。建立技术、专利等知识产权入股制度和技术创新人员持股制度，推进智力资本市场化运作。对在科技创新体系建设和高技术产业发展中作出重大贡献的科技人才实施重奖。至2007年，专业技术人员总量达到37万人。至2010年，专业技术人员总量达到48万人。

28.加强高级技能人才队伍建设。围绕产业结构调整，大力培养与重点产业相适应的高级技能人才。加强对高级技能人才的需求预测，进一步深化职业教育管理和办学体制改革，整合教育资源，扩大职业学校规模，优化专业设置，强化技能教育。鼓励职业院校与科研院所、企业共建产学研基地，提升职业教育服务经济的能力和水平。到2007年，接受中高等职业技术教育和培训的人数比2004年翻一番，达到30万人次，高级技术工人所占比例达到15%。到2010年，接受中高等职业技术教育和培训的人数比2007年翻一番，达到60万人次，高级技术工人所占比例达到20%，全市高级技能人才达到6万人左右。

三、保障体系和政策措施

29.建立完善的规划体系。统筹市与市（县）的共同发展，实现各类规划区域间的有机协调。加强中长期规划与城市总体规划、土地利用总体规划的衔接，增强规划的统一性。顺应未来人口增长趋势，统筹规划人口布局、产业布局和交通布局。做好重点领域专项规划编制，确保与总体规划的统一。加快制定资源、能源、科技发展、生态保护、循环经济等专项规划，切实提高规划的前瞻性，发挥规划对转变经济增长方式的基础作用。加强规划对年度计划的指导性，提高规划的落实水平。严格加强规划控制，增强规划的权威性和约束力。

30.建立协调的政策体系。以机制创新为目标，加快制定与转变经济增长方式相配套的各项政策。统筹考虑产业结构调整、科技创新、发展规模经济、培育产业集群、工业企业退城入园、建立企业退出机制、发展循环经济等重点工作，加快制定和完善财政转移支付、专项补助、贴息、土地置换、人才培养和引进等政策，确保政策的统一性。改革分配制度，健全社会保障制度，研究促进消费的具体政策，形成协调完整的政策体系。建立和完善重大决策咨询制度，提高政策的科学性。加快制定与政策相配套的产业标准、行业标准和技术标准，提高政策的针对性和有效性。

31.建立规范的服务体系。继续推进政府职能转变，提高服务水平，增强调控和统筹能力，形成促进经济增长方式转变的工作合力。正确履行政府职责，减少多头管理，减少办事环节，提高政府工作效率。认真贯彻《行政许可法》，依法解决转变经济增长方式中的各种矛盾和问题。积极推进政务公开，及时为市场主体提供服务。加强调查研究，科学制定转变经济增长方式的工作措施。积极推进投资体制改革，确立企业的投资主体地位，增强企业转变经济增长方式的内生动力。充分发挥行业协会作用,将制定行业标准、咨询评估等职能交给行业协会承担。

32.建立科学的监管考核体系。着力提高各级干部领导经济工作的能力,强化对推动经济增长方式转变的监督和管理,分解落实各项工作重点和具体措施,及时跟踪各项政策执行情况,并将转变经济增长方式考核内容纳入全市重点工作目标考核体系。依据条块结合、各有侧重的原则,实施分类指导。完善考核内容,科学合理制定资源、能源、环境、人民生活质量等调控指标,对各地区,将生态型、节约型、集约型经济发展水平纳入考核范围;对各部门,根据职责要求,把在转变经济增长方式中所发挥的作用和取得的成果作为考核的重要内容。严格考核管理,将转变经济增长方式的规划目标、年度计划,分解到各市(县)、区和各部门,建立严格的绩效挂钩机制和奖惩制度,引导各级领导牢固树立科学的发展观和政绩观。

中共无锡市委　无锡市人民政府

关于完善科技创新体系加快高新技术产业发展的意见

(2005年4月5日)

推动经济增长方式向集约型、内涵型、质量型和创新驱动型转变,全面增强我市的综合竞争能力和后续发展能力,关键是依靠科技进步。完善科技创新体系,实现科技资源的有效集成和合理配置,是落实以人为本、全面协调可持续的科学发展观的客观要求,是大力实施“科教兴市”主战略的基础性工程。根据《关于全面推进“创新工程”,加快经济增长方式根本性转变的决定》,就完善我市科技创新体系,加快高新技术产业发展,提出如下意见。

一、认识重要意义,把握总体思路,明确发展目标

1.完善科技创新体系是实现“两个率先”战略目标的迫切需要。未来促进经济社会发展的关键因素不只是资本与劳动要素投入的数量扩张,更重要的是各种要素技术含量的提高和高新技术产业的发展。加快发展高新技术产业,推动经济增长方式的根本性转变,十分紧迫的任务是集成国内外科技创新资源,优化创新环境,聚集创新人才,加快建设具有鲜明地域特色的科技创新体系。这是我市经济社会实现持续快速健康发展的必然选择。

2.把握科技创新体系建设的总体思路。推动经济增长方式的根本性转变,服务“两个率先”战略目标,突出发展高新技术产业这一主线,以市场为导向,企业为主体,人才为核心,科技中介服务为支撑,科技基础设施条件平台为载体,形成要素完备、配置高效、网络互动、开放合作、融入全球的科技创新体系,使我市率先成为国内科技创新型城市。

3.明确科技创新体系建设的基本目标。坚持制度创新与科技创新、政府引导与以企业为主、自主创新与合作创新相结合,到2010年,基本形成较为完备的科技创新体系。通过科技创新体系的建设,到2007年和2010年,高新技术产业增加值占全市规模以上工业增加值的比重分别达到37%和45%,高新技术产品出口额占全市出口额的比重分别达到55%和60%,使科技创新真正成为我市经济社会发展的强大推动力。

二、强化以企业为主体、支柱产业科技创新为重点的科技创新体系建设

4.确立企业在科技创新体系中的主体地位。通过市场和政府的资源配置,推动各类企业成为科技投入的主体、转化与应用科技成果的主体、吸纳与集聚科技人才的主体。

5.扶持中小企业与民营科技企业发展。加大对中小企业与民营科技企业科技创新的扶持力度，中小企业与民营科技企业可以平等地通过招投标或其他方式获得各类政府性科技扶持资金的支持。对中小企业与民营科技企业承担的国家、省重大科技计划项目和国家科技型中小企业基金项目，市科技发展资金给予相应的匹配、贴息和资助。

6.支持企业加大研发投入。企业研发新产品、新技术、新工艺所发生的各项费用，不受比例限制，可全额计入管理费用。如该费用比上年增长10%以上（含10%），且符合法律法规规定，经有关部门确认后，允许再按其实际发生额的50%抵扣当年度应纳税所得额。企业为开发新技术、研制新产品所购置的试制用关键设备、测试仪器，单台价值在10万元以下的，可一次或分次摊入管理费用，其中达到固定资产标准的应单独管理，不再提取折旧。

7.鼓励企业技术扩散。企业进行技术转让，以及在技术转让过程中发生的与技术转让有关的技术咨询、技术服务、技术培训所得，年净收入在30万元以下的暂免征收所得税。

8.加快支柱产业的科技创新。坚持“有所为、有所不为”的方针，加快我市高新技术支柱产业的科技创新，努力在若干个高新技术产业领域形成竞争优势。在科技发展资金中安排一定额度的经费用于对集成电路设计、软件产业的产品研发费用的补助、配套和贴息。加大软件产业出口的扶持力度，经认定的软件外包企业按规定可享受有关优惠政策，软件出口企业可享受一定额度的出口退税政策。

三、完善高校和科研机构的科研体系

9.发挥高校和科研机构的作用。鼓励国内外著名高校、科研机构面向我市产业界，承担科研攻关项目，研发急需的共性技术和前瞻性技术。支持企业、高校、科研机构等不同创新主体间人员的相互兼职以及开展多种形式的合作，实现资源共享和优势互补。

10.扶持建设一批重点实验室和重点学科。依托国内外高校和科研机构，以应用性研究和高技术研究为重点，有计划、有步骤地在电子信息、生物医药、环境保护、新材料和新能源等领域扩建或创建一批部、省级重点实验室和重点学科，市科技经费给予必要的资助。支持我市现有的国家、省级重点实验室解决实验设备的系统性、配套性问题，提升重点实验室的建设水平。重点实验室实行开放、流动、联合、竞争的运行机制。重点学科的建设要首先立足于我市高层次科技创新人才的培养。

11.提升高校与科研机构原始创新能力。促进高等院校和科研机构间的联合，共建优势互补、利益共享的技术合作联盟，提升承担国家和省重大原始创新项目的能力。进一步深化改革，引导科研机构建立现代企业制度，走集团化、规模化的发展路子。以研发自主技术为根本，形成人才集聚、基地一体模式，推进高等院校和科研机构科技原始创新，促进原始创新成果的产业化。

四、加快以科技中介服务机构为重点的创新服务体系建设

12.发展科技中介服务体系。通过政府推动与市场调节相结合、发展与规范相结合、全面推进与分类指导相结合，培育一批服务专业化、发展规模化、运行规范化的科技中介服务机构，造就一支具有较高专业素质的科技中介服务队伍，逐步形成符合市场经济体制和科技创新体系建设要求的，开放协作、功能完备、高效运行的科技中介服务体系。

13.加快重点科技中介服务机构的建设。根据我市产业结构和特色高新技术产业科技创新的实际，面向市场，重点加快工业设计、研发服务、技术开发、技术交易与技术转移、质量鉴定、技术标准、技术评估与咨询、知识产权服务等科技中介服务机构的建设，促进技术和知识的有效流动，培育知识服务业。

14.鼓励社会力量参与建设科技中介服务机构。坚持专业化、市场化、社会化的发展方向，大力兴办产权多元、具有市场主体地位的各类科技中介服务机构，促进不同形式、不同所有制创新服务组织

间的互动，形成合理分工、相互衔接、服务社会、共同发展的格局。

15.扶持科技中介服务机构的发展。理顺政府与科技中介机构的相互关系，形成定位清晰、政策扶持到位、监督管理完善、市场竞争公平的科技中介服务机构发展环境。对重点建设的科技中介服务机构，市科技发展资金安排一定数量的资助，作为加快发展科技中介服务机构的引导资金，用于鼓励发展的中介机构建设项目的贴息或补助，以更多地吸引银行信贷资金和社会投入。

五、培育科技孵化体系

16.创新科技企业孵化器发展模式。坚持政府引导、企业经营、市场运作，全面创新科技企业孵化器的发展模式，实现科技企业孵化器由政府主导向多元产权组织形式的转变，实现投资主体多元化。引导投资主体创办各种类型、各具特色的科技企业孵化器，形成综合性与专业性、非盈利性与盈利性相结合的科技企业孵化体系。鼓励科技企业孵化器积极利用我市高校、科研机构、企业中的技术开发条件，最大限度地提高资源的利用率。

17.建设重点科技企业孵化器。建设信息产业园、无锡大学科技园、软件产业园、IC设计园、工业设计园、国际技术转移中心、国际科技合作园和留学人员创业园等重点科技企业孵化器。以重点科技企业孵化器为核心，以特色产业为基础，以开放园区和产业化基地为依托，形成竞相发展、功能互补、信息共享的开放型科技孵化体系，使科技孵化产业成为我市重点发展的产业。

18.扶持科技企业孵化器发展。对经市科技主管部门认定的科技企业孵化器给予一定的资助，主要支持科技孵化器的公共服务平台、网络通讯、专业实验室设备仪器等共享设施建设。被省级科技行政主管部门认定为高新技术企业的科技企业孵化器，其公用服务设施（指机器设备），符合有关税收政策规定可实行加速折旧。对具有重大牵引力的进入产业化阶段的孵化项目，优先安排生产要素。

六、构建创新主体间协同创新机制

19.共建创新载体。鼓励企业、高校、科研机构合作共建工程技术中心、工程研究中心、博士后流动站和重点实验室等创新载体，形成技术联盟；鼓励打破人才培养、学科建设、组织机制壁垒，联合招收、培养研究生，合作展开重点学科建设和互派高级人才任职，建设战略联盟；引导企业、高校、科研机构将市场营销、产后开发、法律咨询等委托外包给中介服务机构，形成专业化协作体系。

20.协同研发关键技术。按照“利益共享、风险共担”的原则，鼓励企业、高校、科研机构采用技术入股、个人和法人入股等形式，共建现代企业制度的科技创新项目公司，联合开发关键性、战略性技术，共同承担重大技术攻关项目，形成协同研发关键技术的机制。

21.深化国际科技合作。巩固合作成果、拓展合作领域、提高合作水平，突破单一的人才、技术合作模式，通过前后向产业关联和建立技术联盟，深化国际科技合作，努力形成以产权为纽带，资金、技术、人才、管理等要素优化配置，高度集成的新型合作模式。吸引跨国公司在我市设立研发机构，提升现有外资研发中心的层次，不断推进外资研发机构研发和人才的本地化，诱导外资研发机构的技术溢出。以重大科技合作项目为纽带，特色园区和留学生创业园为重点，建设一批国际科技合作基地。

七、建设科技基础设施条件平台等科技资源共享体系

22.构建具有公益性、基础性、关键性的科技基础条件平台。加快建设政府主导，企业、高校、科研机构、行业组织等多元投入，市场化运作，面向社会开放，服务企业，以共享机制为核心，以综合性、交互性和专业性为主要特征，适应我市科技进步、经济增长、社会发展需要的科技基础设施条件平台和共性技术研发平台体系，全面提升我市科技创新能力。

23.支持重点科技基础设施条件平台建设。重点建设IC设计共性技术服务与测试、数字设计制造

应用集成、科技数据与文献共享、科学仪器与设备设施共用、成果推广和转化网络、知识产权公共服务等平台，并实现各专业技术平台间的对接，使科技基础设施和共性技术平台成为成果转化、产业人才培训、承接国际产业转移和信息共享平台。

24.规范科技基础设施条件平台管理。以资产为纽带，充分发挥各参与单位的优势，明晰科技资源归属权，明确依托单位的责权利，推动科研机构、高校与企业间的科技资源共享。按照职责明确、评价科学、开放有序和管理规范的原则，健全平台建设与运行的绩效考核与共享监管机制。鼓励运用市场机制和社会资源参与科技基础设施条件平台建设，鼓励公共科技基础设施条件平台向民营企业和中小企业倾斜。强化科技基础设施条件平台建设的资金管理，完善资金管理制度和资金使用的绩效考评制度，提高资金使用的规范性和有效性。

八、发挥人才在科技创新体系中的核心作用

25.牢固确立人才资源是第一资源的观念。坚持“以人为本”，把培养、吸引、集聚和用好人才作为建设科技创新体系的战略任务，努力创造一个优秀人才“引得进、留得住、用得好”的环境。

26.加快人才培养。引导高校、科研机构和企业合作培养产业发展急需的高层次人才，大力发展职业技术教育。对进入经国家批准设立的博士后科研工作站的博士后，如承担国家、省和市重大科技攻关项目的，经有关部门确认，在规定的期限内，由市人才发展资金给予每人一定的资助。

27.加大人才的引进力度。根据我市高新技术产业发展的需求，加大优秀人才特别是高水平科技创新团队的引进力度。经批准引进的各类人才，在子女入托入学、医疗保险和购置安居房等方面享有规定的优惠和待遇。在市人才发展资金中设立专项，用于海外留学人才的引进，吸引留学人员来锡创新创业，切实解决留学人员创新创业和生活上的实际问题。

28.创新高层次人才选拔与配置机制。鼓励企业、高校、科研机构通过招标方式公开选拔学科带头人和重点实验室、工程技术研发中心与重大科研项目的主要负责人。通过竞争机制，选拔国家、省和市高层次人才。强化对高层次科技人才的跟踪考核，建立高层次科技人才动态管理机制。充分发挥人才市场对高层次人才配置的基础性作用，促进人才由“单位人”向“社会人”转化，促进人才合理流动，完善创新创业高层次人才的配置机制。

要根据实施经济国际化的要求，大力推进人才国际化战略，提升本土人才与国际接轨的能力。

29.创新高层次人才激励机制。进一步深化分配制度改革，充分体现知识的价值，努力形成长效激励机制。积极鼓励知识产权、技术、管理等要素参与投资、分配，知识产权股、管理股和技术股的比例由企业股东在法律法规范围内自主约定，工商主管部门按有关规定予以办理相关手续。逐步探索科技人才年薪制和风险共担、收益共享的股份期权激励制度。

30.加大对知识产权拥有者的激励。鼓励科技人员申请专利、注册商标、登记计算机软件与版权以及申请植物新品种保护等，依法取得知识产权。知识产权持有单位在知识产权转让或者许可他人实施后，按规定在纳税后为知识产权持有人提取报酬。

31.重奖科技人才。市政府设立科学技术奖，包括优秀人才贡献奖、科技进步奖、腾飞奖和人才工作奖，重奖我市在科技创新体系建设和高新技术产业发展中有突出贡献的科技人才。

九、强化政府对科技创新体系建设的投入

32.增加政府对科技的投入。市财政对科技事业发展设立的各种扶持资金，统一为市科技发展资金。要确保财政对科技投入的增长高于财力的增长，市本级财政安排科技发展资金2005年不低于6000万元，2007年不低于1亿元，2010年不低于2亿元。市（县）、区财政也要相应增加对科技的投入，不断完善科技投入体系。

33.加强对重大高新技术产业化项目的投入。市政府设立高新技术产业化导向资金，实施高新技

术产业化示范工程项目计划，扶持开发技术含量高、市场前景好的重大高新技术产业化项目和重点科技攻关项目。重大高新技术产业化项目和重点科技攻关项目应面向企业、高校、研发机构、博士后科研工作站等公开招标。对申报列入省级重大科技成果转化项目计划和国家高新技术产业化示范工程计划项目的，由高新技术产业化导向资金和市科技发展资金共同匹配。

34.支持设立研发机构。跨国公司、国内大企业、高校与科研机构在我市设立的研发机构或市内外其他各类主体通过各种形式在我市设立的具有特色的研发机构，经省科技行政主管部门认定为高新技术企业的可享受有关优惠政策。所设立的研发机构，经认定为国家、省级研发机构和共性技术研发平台的，市科技发展资金给予一定的资助。国家重点实验室、国家工程技术中心在我市设立的独立法人的分支机构和经国家批准在我市设立博士后工作站的，市科技发展资金给予一定的资助。

35.鼓励企业加快技术标准国际化步伐。引导和鼓励企业积极采用国际标准和国外先进标准，提高产品竞争力，对企业积极采用国际标准和国外先进标准的重点产品开发项目，凡符合我市科技计划规定的，并且相关重要技术指标与其他同类产品基本相同的，优先列入市科技计划，市科技发展资金给予必要支持；鼓励企事业单位加强对技术标准的研究，市科技发展资金对承担国际标准、国家标准和行业标准的研究、起草工作及相关活动提供配套支持。

36.加大对知识产权事业的扶持力度。市科技发展资金每年安排专项，重点资助在我市注册的企业申请国内外专利，培育有市场前景的专利技术，促进专利技术的产业化和用于知识产权的宣传与培训、知识产权战略的研究。建立知识产权预警机制，每年发布知识产权保护状况。

37.发挥政府科技投入的示范效应。通过政府的基础性、关键性投入，引导民资、外资向高新技术产业领域投资。在政府的引导下，到2007年和2010年，全社会R&D经费占GDP的比重分别达到1.7%和2.0%。

38.规范科技经费管理。市科技发展资金的使用坚持公开化、程序化、市场化，实行专家评审、政府决策、财政监督，提高财政科技经费的使用效率。

39.优化科技经费投入方向。市科技发展资金向提供开放服务的科技基础设施条件与共性技术研发平台、重大科技成果转化、科技成果产业化、科技孵化器和非营利性的骨干科技中介服务机构建设等重点倾斜。

40.完善风险投资与担保机制。形成政府资金为引导、民间资本为主体的风险投资机制。提高市创业投资公司风险投资资金的使用效率，择优支持技术含量高、市场前景广的孵化项目和对孵化企业的创业投资。扶持风险投资机构的设立，在本市注册的风险投资公司，注册资本最低额度为1000万元，并可按税前总收益中不高于10%的比例提取风险准备金。风险投资机构可以全额资产对外投资。积极引进国际资本在我市设立分支机构，开展风险投资业务和融资担保业务。探索多种担保方式，放大担保倍数，完善为科技企业服务的担保机制。

十、完善科技创新体系建设的工作体制

41.充分发挥政府在科技创新体系中制度供给的核心作用。政府引导与市场配置相结合，加强对全社会科技活动的宏观指导，引导创新活动的方向，促进高校、科研机构和企业间的协同创新，保护创新成果，加快建立符合经济和科技发展规律的科技资源有效配置的新机制。

42.形成整体推进科技创新体系建设的新体制。把科技创新体系建设纳入我市经济社会发展中长期规划之中，确保科技创新体系建设尽快取得成效。在党委、政府的统一部署下，逐步形成科技计划的决策、管理、评价相对分离、相互制约的机制，并建立起政府各部门各有侧重、分工协作的联合推动机制，充分发挥集成科技资源的宏观调控作用。

43.培育创业创新环境。政府支持，社会参与，舆论倡导，在全社会培育敢于冒险、勇于创新，宽容失败、追求成功，开放包容、崇尚竞争，富有激情、力戒浮躁的创新文化，建设开放、诚信、富有活力

的创新环境，激发创新活力。

44.完善政府科技资源配置的监督机制。建立政府科技资源分配公示制度。政府主管部门要加强内部管理制度建设。纪检、监察、审计部门要加强对政府科技资源分配的监督。聘请人大代表、政协委员、企业代表、社会人士和媒体等组成联合监督小组，对政府科技资源分配予以监督。

45.建立科技创新体系目标考核责任制。转变政府科技管理职能，改进管理手段，提高管理水平，实现科技管理从直接管理具体科技项目逐步转移到加强区域科技创新体系建设上来。从2005年起，实行对市（县）、区和市直有关部门党政一把手的科技创新目标考核责任制，将科技创新体系建设任务纳入我市重点工作目标考核之中，硬化对科技创新体系建设的考核。

无锡市国民经济和社会发展第十一个五年规划纲要（节选）

（2006年2月18日无锡市第十三届人民代表大会第四次会议批准）

第一章　发展基础和发展目标

第一节　“十五”回顾

“十五”以来，全市人民在市委、市政府的正确领导下，坚持以邓小平理论和“三个代表”重要思想为指导，以率先发展统揽全局，以转变增长方式为着力点，以改革开放为动力，以统筹协调为基本原则，以富民为根本立足点，解放思想，开拓创新，主动适应宏观经济环境的变化，抢抓发展机遇，破解发展难题，增创发展优势，坚定不移地推进“两个率先”先导区和示范区建设进程，全市改革开放和现代化建设取得了令人瞩目的成就。

综合实力再上新台阶。2005年全市地区生产总值达到2805亿元，在2000年的基础上翻番有余，实现了争先进位，“十五”期间年均增长14.4%；2005年人均地区生产总值（按户籍人口和现行汇率计算）达到7724美元。2005年财政总收入达到421.8亿元，占地区生产总值的比重为15%，比“九五”期末提高5.7个百分点，其中地方财政一般预算收入达到181.68亿元；全社会固定资产投资五年累计4286亿元，年均增长30.7%。城市影响力扩大，入围中国内地城市综合竞争力十强和十大活力城市、品牌经济城市、最佳商业城市。

产业提升再显新成效。坚持走集约发展之路，积极转变经济增长方式，把高新技术产业和现代服务业的发展放上先导位置，实施制造业和服务业“双轮驱动”战略，打造国际先进制造业基地和区域性服务业高地。“十五”期末，二三次产业增加值占地区生产总值比重达到98.2%。积极发展生态农业、休闲农业和设施农业等新兴产业，通过培育重点龙头企业，农业产业化程度逐步提高。工业向集群化和高端化发展，以电子信息为主导的高新技术产业发展迅速，2005年高新技术产业增加值占规模以上工业增加值比重达到33.4%，比“九五”期末提升13.4个百分点。服务业发展层次不断提升，商贸物流业、旅游业、信息服务业、创意产业、房地产业发展迅猛，国家级无锡工业设计园、无锡国家动画产业基地启动建设。“十五”期间服务业增加值年均增长13.6%。

改革开放再获新突破。着眼全球经济一体化的背景，大力实施经济国际化战略，协议外资、到位外资和进出口总额三项指标跻身全国大中城市前列，开放型经济实现历史性跨越。“十五”期间，累计分别完成协议注册外资和到位注册外资252.6亿美元和99.0亿美元，比“九五”分别增长近4倍和

2.1倍；5年引进超亿美元项目48个，海力士——意法半导体项目为全省最大外资项目。2005年，全市进出口总额达到291.91亿美元，首次跻身全国十强，其中出口总额达到155.46亿美元，“十五”期间年均增幅分别为37.3%和35.8%。境外投资步伐不断加快，2005年新批境外投资项目51个，民营企业成为“走出去”的生力军。2005年我市与德国勒沃库森市和意大利维琴察市正式结为友好城市。体制机制活力得到进一步释放，国有企业改革任务基本完成，国有资产管理体制基本建立，完成了一般竞争性领域654家市属国有（集体）企业的产权制度改革，完成了312家自收自支事业单位经营类事业单位改革。全面推行财政预算制度改革，343家行政事业全部编制部门预算。社会事业领域“管办分离”改革取得初步成效，市医院、学校、文化艺术、体育场馆与训练等4个管理中心正式运行，全市71家行业协会完成“政会脱钩”。资本经营取得新进展，尚德太阳能实现海外上市，上市公司数从“九五”末的13家增加到32家。民营经济发展水平明显提高，22家企业跻身全国民营企业500强，“十五”期末，民营经济增加值占地区生产总值比重达到51.2%。

城乡建设再创新面貌。按照统筹城乡发展的要求，进一步完善市域城镇体系，构筑“一体两翼、七区一体”的发展格局。实施“工业北移、城市南进”战略，适时调整了行政区划，有序推进城市建设三年行动计划，市区建成区面积由2000年的101.5平方方公里扩大到2005年的193平方公里。积极推进蠡湖新城、惠山新城、锡东新城等重点地区的开发建设，建成一批重大基础设施项目和环境工程项目，城市功能进一步提升。积极推进现代化新农村建设八项重点工作，农村生产生活条件进一步改善，“十五”期间，488个自然村并入城镇和农村新型社区，农村公路建设完成480公里，农村自来水普及受益率超过95%。到“十五”期末，城市化水平达到67%，城市绿化覆盖率达到40%，环境质量综合指数达到80.4，获得国家园林城市、国家环境保护模范城市称号。

人民生活再上新水平。大力推进富民工程，人民生活质量明显提高，达到小康目标要求。到“十五”期末，城市居民人均可支配收入和农民人均纯收入分别达到16005元和8004元，年均分别增长13.2%和18.8%，是城乡居民收入增长最快的五年；居民文教娱乐服务支出占家庭消费支出比重达到14.4%，恩格尔系数降到37.5%。社会保障水平不断提高，2005年城镇职工基本养老、基本医疗和失业三大社会保险覆盖面分别达到98%、97.4%、97.9%，新型农村合作医疗覆盖面达到98.8%，城镇登记失业率控制在3.27%左右。

社会事业再有新进步。各项社会事业稳步发展，社会发展指数连续保持全省首位。科技创新工作成效明显，以企业为主体、产学研结合的技术创新体系初步形成。2005年，全市研究与开发经费占地区生产总值比重达1.5%，新增省级高新技术企业108家，专利申请量达到5621件。财政用于社会事业投入持续增长。相继建成市图书馆、体育中心等一批公共设施项目。全面普及高中阶段教育，2005年适龄人口接受高等教育比重达到48%。深入挖掘保护历史文化遗产，鸿山遗址被列为全国十大考古新发现，无锡成为江苏省历史文化名城，文化产业加快发展。全面强化公共卫生功能。大力发展社区卫生服务中心，禽流感防治工作取得阶段性成效。安全生产工作得到有效加强，亿元GDP生产安全事故死亡率低于全省平均水平。全力推进“活力无锡、富裕无锡、绿色无锡、文明无锡、法治无锡和平安无锡”建设，党的建设、精神文明建设和民主法制建设都取得显著成效。审计、外事、侨务、对台、接待、人事、人武、双拥、民族宗教、气象、防震减灾等工作取得新成绩，史志、档案、新闻出版、广电、民政、妇女、儿童、老龄、残疾人等事业有了新的发展。

“十五”时期，是无锡发展史上又一个综合实力提升最快、城乡面貌变化最大、人民群众得到实惠最多的时期，全市总体上建成了全面小康社会，基本实现了“第一个率先”的目标。这五年，无锡经济和社会生活发生的变化是极为显著的，有些是根本性的转变，有些是阶段性的提升。这些历史性的变化，为无锡率先基本实现现代化奠定了坚实的基础。但同时，一些深层次矛盾和问题还没有得到根本解决，出现了一些新的问题。主要表现在：经济增长方式转变步伐不快，产业结构不够合理，现代服务业发展水平还不高；自主创新能力还不强，创新体系和创新机制还不完善；资源和环境对经济社会发展的制约更为明显；城乡之间、经济社会之间发展还不够协调；体制机制还不能较好地适应加快发展、科学发展的要求。这些问题和矛盾，需要在今后一段时期的发展中重点加以解决。

无锡市"十五"计划主要指标完成情况

表1

序号	指标名称	单位	"十五"计划	"十五"完成情况
1	地区生产总值增幅	%	年均10%以上	年均14.40%
2	人均地区生产总值（户籍人口）	美元	5000	7724
3	财政收入（口径调整）	亿元	年均增长12%	—
4	全社会固定资产投资累计	亿元	2000	4286
5	服务业从业人员比重	%	34	33.10
6	规模以上工业销售收入增幅	%	年均增长10%	年均增长27%
7	高新技术产业增加值占规模以上工业增加值的比重	%	35	33.40
8	R&D经费占GDP比重	%	1.50	1.50
9	到位注册外资（口径调整）	亿美元	累计75	99.00
10	进出口总额	亿美元	100	291.91
11	出口总额	亿美元	70	155.46
12	高新技术产品出口比重	%	45%以上	40.90%
13	城市化水平	%	60%以上	67%
14	家庭电脑普及率	%	30	47.60
15	城镇居民人均住房建筑面积	平方米	（指标内容调整）	30.30
16	城市生活污水集中处理率	%	75	70
17	城市绿化覆盖率	%	40	40
18	城市居民人均可支配收入增幅	%	年均增长10%	年均增长13.20%
19	农民人均纯收入增幅	%	年均增长6%	年均增长8.80%
20	人口自然增长率	‰	2	0.67
21	城镇登记失业率	%	5%以内	3.27 %
22	恩格尔系数	%	40%以内	37.50%
23	高中阶段入学率	%	95	96.86
24	适龄人口接受高等教育比重	%	45	48

第二节　面临形势

"十一五"时期，我们面临的将是一个机遇与挑战并存、机遇大于挑战的发展环境。从国际看，经济全球化将向纵深推进，国际生产要素流动和产业转移加快，新一轮的技术革命正在酝酿，使无锡在更深层次和更广领域上加快经济国际化步伐；从国内看，经济社会进入了新的发展阶段，社会主义市场经济体制不断完善，"长三角"区域一体化加速推进，上海加快国际性中心城市建设，举办2010年世界博览会，浦东新区实施综合配套改革试点，这些为无锡经济社会发展提供了极为有利的宏观环境；从我市看，将通过经济增长方式的转变、体制机制的转型、消费结构的升级、社会保障水平的提高,为我市在全省率先基本实现现代化提供有力支撑。同时也必须看到,我们在前进道路上还面临不少严峻挑战和突出问题。随着我国加入WTO过渡期结束和世界经济中的不稳定、不确定因素增多,我们将在全面加入国际分工、参与国际竞争方面面临新局面;国内先进城市竞相加快发展,我们将在创新发展模式、提升城市综合竞争力方面面临新形势;在经济又快又好、可持续发展方面将面临资源和环境约束的新挑战;在社会和谐发展方面将面临统筹各种因素、兼顾各方利益的新要求。今后一个时期,我们将站在新的历史起点上,牢牢抓住难得的战略机遇期,把握好工业化与城市化、国际化、市场化互动关系,正确有效应对各种挑战,抓紧解决经济社会发展中的突出矛盾和问题,努力实现“六个走在全省前列”,建成全省“两个率先”先导区、示范区。

第三节　指导思想

要以邓小平理论和“三个代表”重要思想为指导,以科学发展观统领全局,切实贯彻党的十六届五中全会和省委十届九次全会精神,在更高起点上实施科教兴市、经济国际化、城市化、可持续发展四大战略,坚持富民强市、能快则快、又快又好发展,把创新发展模式、建设创新型城市作为主抓手,把富民优先、科教优先、环保优先、节约优先和市场导向、创新导向、规划导向、法治导向作为主要方针,突出转变增长方式、构建和谐社会、提高执政能力三大任务,大力增强自主创新能力、体制机制活力和可持续发展能力,确保到2010年率先基本实现现代化,确保经济社会转入全面协调可持续发展的轨道,加快建设国际先进制造技术中心和区域性商贸物流中心、创意设计中心、职业教育中心、旅游度假中心,努力打造最适宜投资创业的工商名城、最适宜创新创造的设计名城、最适宜生活居住的山水名城、最适宜旅游度假的休闲名城和最富有人文特质的文化名城。

第四节　总体要求

“十一五”期间,要高起点、高标准地全面建设“五个中心”,全力打造“五个名城”,确保取得实质性突破和阶段性成效。

构建“五个中心”:国际先进制造技术中心。加快科技创新体系建设,建成一批企业技术中心和研发机构,提升自主创新能力,在若干领域形成具有自主知识产权的关键技术、核心技术和专利产品,增强高新技术的集散能力,推进国际先进制造技术中心的形成。区域性商贸物流中心。利用地处“长三角”几何中心的地理优势,加强与区域内其他城市发达和便捷的交通和信息联系,构造集聚和辐射功能强、程度高、范围广的区域性商贸与物流中心。区域性创意设计中心。优化整合设计、动漫和影视等优势资源,加强与国内外先进城市的合作与交流,努力建成以设计产业为主导、以软件产业和动漫产业为依托的具有独特优势和竞争力的“长三角”地区创意设计中心。区域性职业教育中心。优化整合职业教育资源,大力提升职业学校规模化、集约化、品牌化发展水平,积极拓展职业学校教育与培训的特色和能力,建立面向全社会开放的职业技能公共实训基地,努力建成区域性的职业教育中心。区域性旅游度假中心。利用得天独厚的旅游资源,加快发展度假休闲产业,争创中国最佳旅游城市,实现由华东旅游目的地到国内外著名旅游度假胜地的跨越。

打造“五个名城”:最适宜投资创业的工商名城。依托雄厚的工商业基础,继承无锡工商文化精髓,延续和发展工商产业,营造投资创业的良好氛围,打造最适宜投资创业的工商名城。最适宜创新创造的设计名城。弘扬创新创造精神,强化自主创新能力的培育,大力发展工业设计、动漫等创意产业,创新发展民间艺术,建设最适宜创新创造的设计名城。最适宜生活居住的山水名城。充分发挥濒临太湖的独特优势,以靓山、亲水、扬名、筑城为重点,完善基础设施,改善生态环境,提升人居生活品质,建成最适宜生活居住的山水名城。最适宜旅游度假的休闲名城。充分利用山水、人文等资源，加快旅游休闲区建设，实现传统观光旅游向现代休闲度假旅游转变，努力建成最适宜旅游度假的休闲名城。最富有人文特质的文化名城。继承和弘扬无锡的历史文化，凸显吴文化和古运河文化特色，大力发展文化产业，培育文化底蕴和文化氛围，建成最富有人文特质的文化名城。

第五节 发展目标

“十一五”期间，无锡市国民经济和社会发展的总体目标是：围绕建成全省“两个率先”先导区、示范区的要求，实现省委、省政府提出的“六个走在全省前列”①的目标，继续保持经济社会发展的良好态势，巩固提升无锡的综合竞争力，在省内率先基本实现现代化，努力建成经济繁荣、生活富裕、科教发达、环境优美、法制健全、社会文明的和谐宜人新无锡。

增长方式不断转变，经济水平明显提升。到2010年，地区生产总值在2005年基础上实现翻番，人均地区生产总值超过10000美元（按常住人口和现行汇率测算）；主要污染物排放量和万元地区生产总值能耗比2005年下降20%；全社会研究与开发经费支出占地区生产总值比例达到2.5%；高新技术产业增加值占规模以上工业增加值比重提高10个百分点以上；服务业增加值占地区生产总值比重提高5个百分点以上。“十一五”期间，到位注册外资和进出口总额年均分别增长15%。

城乡区域协调发展，基本实现城乡现代化。强化区域功能开发建设，健全现代化的基础设施体系，中心城市的辐射、带动、服务和资源配置功能不断增强，社会主义新农村建设取得显著成效，城乡现代化水平明显提高。到2010年，城市化水平达到75%；城镇人均拥有道路面积达到21平方米，城市公共交通分担率达到24%；80%左右村（镇）建成社会主义现代化新农村示范村（镇）。

资源得到持续利用，生态环境显著改善。人口总规模得到适度控制，人口结构和空间分布不断优化，资源得到循环利用、集约利用和合理利用，可持续发展能力进一步增强，力争建成国家生态城市群。至2010年，全市常住人口控制在670万左右；耕地保有量保持在215万亩；城市生活污水集中处理率达到90%；全市森林覆盖率达到24%，城市绿化覆盖率达到45%，环境质量综合指数达到90。

社会事业全面进步，人民生活比较富裕。坚持以人为本、富民优先，城乡居民收入稳步增长，生活质量显著提高，到2010年，城市居民人均可支配收入和农民人均纯收入年均分别增长13%和10%。社会保障体系更加完善，公共服务体系更加健全。到2010年，普通高等学校和职业学校在校生规模比2005年翻一番；每万人拥有人才数1900人，大专以上人口占总人口比重达到8%；三大社会保险覆盖面和新型农村合作医疗覆盖面分别达到99%和100%；恩格尔系数降到35%以内，每万人拥有执业（助理）医生数达到22人；人均预期寿命达到77.5岁。

三个文明协调发展，初步构建和谐社会。进一步推进“活力无锡、富裕无锡、绿色无锡、文明无锡、法治无锡和平安无锡”建设，精神文明建设和民主法制全面加强，经济社会管理全面走上法制化轨道，构建和谐社会走在全国前列，争创全国文明城市。到2010年，每万人刑事案件发案率控制在万分之75以内；人民群众对社会治安的满意率达到90%以上；亿元GDP生产安全事故死亡率比2005年下降20%。

---

① “六个走在全省前列”：即在产业结构调整、加快发展先进制造业和现代服务业方面走在全省前列，在优化经济结构、发展民营经济、股份制经济方面走在全省前列，在加快应用科技创新、建设创新型城市方面走在全省前列，在节约利用能源、集约利用土地方面走在全省前列，在保护环境、建设生态城市方面走在全省前列，在加强“五个统筹”、建设和谐社会方面走在全省前列。

“十一五”经济社会发展主要指标

表2

序号	指标名称	单位	指标属性	2005年完成	2010年目标	“十一五”年均增长（%）
1	地区生产总值	亿元	预期性	2805	5610	—
2	人均GDP（常住人口）	美元	预期性	6315	10000	—
3	第三产业增加值占GDP比重	%	预期性	37.80	45	5年提高5个点以上
4	三次产业就业人员比重	%	预期性	11.8:55.1:33.1	7:55:38	—
5	高新技术产业增加值占规模以上工业增加值比重	%	预期性	33.40	44	—
6	全社会固定资产投资	亿元	预期性	1336.04	—	20
7	地方财政一般预算收入	亿元	预期性	181.68	—	12
8	到位注册外资（商务部口径）	亿美元	预期性	20.07	—	15
9	进出口总额	亿美元	预期性	291.91	—	15
	其中：出口总额	亿美元	预期性	155.46	—	15
10	社会消费品零售总额	亿元	预期性	824.11	—	16
11	民营经济增加值占全市GDP比重	%	预期性	51.20	70	—
12	R&D支出占GDP比例	%	预期性	1.50	2.50	—
13	发明专利申请数占专利申请总数比重	%	预期性	12.90	20	—
14	高等教育毛入学率	%	预期性	51.40	58	—
15	大专以上人口占总人口比重	%	预期性	4.30	8	—
16	每万人拥有人才数	人	预期性	1318	1900	—
17	每万人拥有执业（助理）医生数	人	预期性	20.80	22	—
18	人口自然增长率（户籍人口）	‰	约束性	0.67	<1	—
19	城镇登记失业率	%	预期性	3.27	<4	—
20	人均预期寿命	岁	预期性	76.50	77.50	—
21	城市居民人均可支配收入	元	预期性	16005	29500	13
22	农民人均纯收入	元	预期性	8004	13000	10
23	恩格尔系数	%	预期性	37.50	<35	—
24	城镇人均住房建筑面积	平方米	预期性	30.30	35	—
25	农村人均住房建筑面积	平方米	预期性	56.40	40	—
26	城镇人均拥有道路面积	平方米	预期性	20.64	21	—
27	城市公共交通分担率	%	预期性	16	24	—
28	主城区高峰时段平均车速	公里/小时	预期性	15	20	—
29	城市化率	%	预期性	67	75	—
30	社会保险综合参保率	%	约束性	＞97.25	＞99	—
31	新型农民基本养老保险覆盖面	%	约束性	72	≥95	—

续表

序号	指标名称	单位	指标属性	2005年完成	2010年目标	“十一五”年均增长（%）
32	新型农村合作医疗覆盖面	%	约束性	98.80	100	—
33	基尼系数					
	（1）城市居民		预期性	0.316	＜0.40	—
	（2）农村居民		预期性	0.305	＜0.40	—
34	人民群众对社会治安的满意率	%	约束性	94.90	＞90	—
35	每万人刑事案件发案率	万分之	预期性	74	75	—
36	耕地保有量	万亩	约束性	229.12	215	—
37	亿元GDP生产安全事故死亡率	人/亿元	预期性	0.30	0.24	—
38	城市绿化覆盖率	%	约束性	40	45	—
39	森林覆盖率	%	约束性	17.30	24	—
40	万元GDP能耗	吨标准煤/万元	约束性	—	—	5年下降20%
41	主要污染物排放量减少	%	约束性	—	20	—
42	城市生活污水集中处理率	%	约束性	70	90	—
43	环境质量综合指数	分	约束性	80.40	90	—

无锡市基本实现现代化指标体系修订表

表3

类别	序号	指标名称	单位	参照值	2005年实绩	2010年目标
经济发展	1	人均GDP（常住人口）	美元	＞10000	6315*	10000
	2	万元GDP能耗	吨标准煤/万元	＜0.88	1.09*	下降20%
	3	服务业增加值占GDP比重	%	≥45	37.8*	45
	4	财政总收入占GDP比重	%	＞15	15	16
	5	高新技术产业增加值占规模以上工业增加值比重	%	＞30	33.40	44
	6	R&D支出占GDP比例	%	＞2	1.50	2.50
	7	高新技术产品出口额占出口总额比重	%	＞40	40.90	45
	8	发明专利申请数占专利申请总数比重	%	＞18	12.90	20
国民素质	9	高等教育毛入学率	%	＞50	51.40	58
	10	每万人拥有人才数	人	＞1500	1318	1900
	11	每万人拥有执业（助理）医生数	人	＞20	20.80	22
	12	人均预期寿命	岁	＞75	76.54	77.50
	13	家用电脑普及率	%	＞60	47.60	60

续表

类别	序号	指标名称	单位	参照值	2005年实绩	2010年目标
城市功能	14	空港旅客吞吐量	万人次	＞200	61.91	200
	15	港口集装箱吞吐量	万标箱	＞200	5.70	200
	16	城镇人均道路面积	平方米	＞20	20.64	21
	17	城市公共交通分担率	%	＞24	16	24
	18	主城区高峰时段平均车速	公里/小时	＞20	15	20
	19	城市化率	%	＞70	67	75
生活质量	20	城市居民人均可支配收入	元	＞26000	16005	29500
	21	农民人均纯收入	元	＞13000	8004	16000
	22	恩格尔系数	%	＜35	37.50	35
	23	城市绿化覆盖率	%	＞40	40	45
	24	环境质量综合指数	分	≥90	80.40	90
社会发展	25	社会保险综合参保率	%	≥99	97.25	≥99
	26	每万人刑事案件发案率	万分之	＜75	74	75
	27	基尼系数				
		(1)城市居民		＜0.40	0.316	＜0.40
		(2)农村居民		＜0.40	0.305	＜0.40

说明:带*的数据为预计数,核算数及确定后以核算数为准。

2.调研报告

无锡市农村劳动力资源调查情况

无锡市劳动和社会保障局

2004年8～10月,市劳动保障部门对无锡市农村劳动力资源情况进行了调查。这次调查的对象是:2004年6月30日户籍仍在本地,年龄在16周岁以上、法定劳动年龄以内(即男60周岁、女55周岁以下,不含在校学生)的原农村户籍劳动力。

调查内容是:农村劳动力基本情况、就业和失业(无业)状况。本次调查就业状况的口径是:劳动报酬达到和超过当地最低工资标准的(宜兴市500元/月,其他市〈县〉、区620元/月),为充分就业;劳动报酬低于当地最低工资标准、高于当地城镇居民最低生活保障标准(宜兴市220元/月,其他市〈县〉、区260元/月),本人愿意从事更多工作的,为不充分就业;低于当地城镇居民最低生活保障的视作失业(无业)。

本次调查主要采用由镇、村聘用调查协调员入户调查的办法,对调查区域内59个镇、4个开发区的1190个行政村约90万户农村家庭逐人进行登记调查。现将调查基本情况汇总如下:

一、劳动力资源总量和结构

本次调查范围内共有农村劳动力资源128.1万人，占全市农业人口数的75.4%，全市户籍人口数的28.9%。

其分布情况为：江阴市46.3万人、宜兴市40.3万人、锡山区17.1万人、惠山区16.0万人、滨湖区7.4万人（不含4个乡镇改为街道的人员）、新区1万人（不含两个乡镇改为街道的人员）。

在劳动力资源中，男性73.6万人，女性54.5万人，性别比为1.35 ∶ 1。

从年龄结构分析：16～25周岁10.8万人，占劳动力资源总数的8.4%；26～39周岁53.8万人，占劳动力资源总数的42.0%；40～44周岁21.2万人，占劳动力资源总数的16.6%；45～50周岁22.8万人，占劳动力资源总数的17.8%；51～55周岁12.3万人，占劳动力资源总数的9.6%；56～60周岁7.2万人，占劳动力资源总数的5.6%。

二、实现就业基本情况

在128.1万劳动力资源中，实现就业人数119.9万人，就业率达到93.6%。其中，充分就业人员104.5万人，不充分就业人员15.4万人，充分就业人数占劳动力资源的比例达到81.6%。处于无业和视作失业状态的人员8.2万人，其中，有较强就业愿望、需要提供就业岗位的有4.0万人，准备自谋职业的有1.2万人，暂时不想就业的有3.0万人。

如果剔除无业人员中没有就业愿望的3.0万人，就业率为95.8%；剔除不充分就业人员中本人不要求充分就业的7.8万人，充分就业率为89.1%。本人要求充分就业和目前无业要求就业的人员共有12.7万人。

在119.9万个就业人员中，从事一产13.3万人、二产74.2万人、三产32.4万人，分别占就业总数的11.1%、61.9%和27.0%。

在104.5万个充分就业人员中，从事一产8.3万人、二产68.2万人、三产28.0万人，分别占充分就业总数的7.9%、65.3%和26.8%。

在15.4万个不充分就业人员中，从事一产5.0万人、二产6.0万人、三产4.4万人，分别占不充分就业总数的32.5%、39.0%和28.5%。

与一、二、三产业就业人数相比，一产的不充分就业率达到37.6%，二产的不充分就业率达到8.1%，三产的不充分率达到13.6%。

三、农村劳动力素质基本情况

全市农村劳动力资源中，小学及以下26.6万人、初中82.8万人、高中技职校15.2万人、中专2.8万人、大专及以上0.7万人，初中及初中以下109.4万人，占资源总量的85.4%。

目前，掌握1项或以上职业技能的人数78.8万人，占资源总量的61.5%，主要是农业种养殖业技能和制造业、建筑业技能；取得国家职业资格证书的人数8.3万人，占资源总量6.5%。

四、农村劳动力就业愿望分析

农村劳动力资源中，目前在不充分就业或无业状态中有就业愿望的人员总数为12.7万人。其中，处于不充分就业状态中要求实现充分就业的有7.5万人（其中一产2.3万人），处于无业状态中要求就业的有5.2万人。

根据调查，需要进行重点关注的有5.96万人，主要是4部分人群：一是纯农户家庭中的农业富余劳动力；二是失地农民；三是享受农村低保人员；四是农村“4045”大龄人员。分布范围是：江阴2.35万人、宜兴1.32万人、锡山0.39万人、惠山1.28万人、滨湖0.58万人、新区0.04万人。

在这5.96万需要重点关注的对象中，无业状态人员中要求就业的3.15万人，不充分就业状态人员中要求充分就业的2.81万人；男性2.54万人，女性3.42万人；16～25周岁的0.64万人，26～39周岁的2.15万人，40～44周岁的1.0万人，45～50周岁的1.25万人，51～55周岁的0.57万人，56～60周岁的0.35万人；初中及初中以下的5.28万人，高中、技职、中专的0.65万人，大专以上的0.03万人；具有职业技能的2.80万人，其中获取职业技能资格证的0.25万人。

五、初步评估意见及下一步的工作打算

通过调查分析可以看出，无锡市农村劳动力就业形势总体较为平稳。目前，农村劳动力就业工作面临的主要问题：一是农村劳动力整体素质不高，文化程度低，技能单一；二是年龄结构偏大，40周岁以上劳动力占49.5%；三是重点关注对象的就业难矛盾仍比较突出，其中需要从一产向收入较高的二、三产转移的占30.7%，无业失地农民中要求就业和不充分就业人员中要求充分就业的有3.11万人。

因此，我们应加大农村劳动力就业工作的推进力度，加快推进城乡一体的就业服务平台建设和劳动力市场信息联网的步伐，实行城乡一体的就业登记制度，提高就业管理和服务水平；开发适合农村劳动力转移就业的岗位，积极开发一批劳动强度不大、技能要求不高的服务性、辅助性岗位，尽量多地解决农村大龄人员就业问题；扎实推进本地农村劳动力就业培训工作，全面提高农村劳动力的整体素质；扩大社会保险的覆盖面，提高农村劳动力就业的保障水平；积极探索城乡一体的就业体制和政策。

（执笔人：满岳鸣　郑兴民）

无锡市2005年居民营养与健康状况报告书

无锡市疾病预防控制中心

一、调查目的与意义

居民营养与健康状况是反映一个地区经济社会发展、卫生保健水平和人口素质的重要内容，促进和提高居民营养与健康状况一直是各级政府追求的发展目标。近10年来，随着经济的快速发展，居民的生活方式、膳食结构发生很大改变，“营养与健康”已经成为社会时尚。调查表明，全市居民的营养与健康状况已经得到很大的提高。但是，由于居民生活水平的提高，导致部分居民营养不平衡和慢性非传染性疾病发病率上升的现状，也逐渐成为全社会不断关注的公共问题之一。掌握人群膳食营养状况、了解高血压、肥胖和糖尿病等主要慢性病的流行病学特点及变化趋势，对政府制定相关社会发展政策，促进经济社会协调发展意义重大。为此，无锡市疾病预防控制中心于2005年5至11月，在全市开展居民营养与健康状况的抽样调查。这次调查是在充分论证的基础上统一组织、设计和实施的，是全市进行的营养与健康的综合性调查，它将对以往按不同专业分别进行的营养、慢性病等专项调查有机整合，并结合社会经济发展状况，增加新的相关指标和内容。通过调查，及时了解和掌握居民膳食结构、营养和健康状况及其变化规律，揭示社会经济发展对居民营养和健康的影响，为无锡市制定相关政策、引导农业及食品产业发展、指导居民健康生活方式提供科学依据。现将抽样调查的居民营养与健康状况通报如下。

二、调查方法与内容

调查时间：预调查时间2005年7至8月，对若干家庭和市区4个农贸市场部分熟食产品进行预调查。2005年9月27至30日对崇安区进行膳食调查，2005年9月13至16日对惠山区东北塘镇进行膳食调查。2005年10至11月资料统计分析。

调查对象：选择无锡市城区崇安街道新街巷社区和农村惠山区东北塘镇农坝村，各抽查30户常住户家庭人口。

调查内容与方法：1.询问调查：采用入户的方法，对调查家庭的经济收入、人口、家庭成员的一般情况，主要慢性疾病的现患情况及家族史、吸烟、饮酒、体力活动等情况，营养及慢性病有关知识及饮食习惯进行询问调查；2.人体测量与体格检查：对所有调查对象的身高和体重、15岁及以上调查对象的腰围、血压进行测量；3.膳食调查：采用称重法，调查住户3天的食物消耗量，并记录家庭成员的用餐情况。同时结合3天24小时回顾法，获得每个个体的进食量。

三、数据质量控制

对各区调查工作人员及调查骨干统一培训及考核，对现场调查进行技术指导并对调查全过程进行质量控制。使用统一的质量控制方法，按照抽样、询问调查、医学体检、膳食调查、数据管理等工作内容分别确定质量控制方法（详见《2002年中国居民营养与健康状况调查工作手册》P17-33），测量仪器在使用前均校正。原始资料用北京君昌国安科技发展有限公司的膳食设计与营养分析V4.0版进行数据转换，所得资料用EpiData软件进行数据录入处理，SPSS11.0统计分析软件进行分析。

四、营养状况的评估

（一）居民膳食与营养状况明显改善

1.居民的膳食状况有较大提高：随着全市经济的发展和居民生活水平的提高，居民畜禽肉类、鱼虾类、蛋类、奶及奶制品等动物性食品消费增加。居民每人每日动物性食物消费量达278.3克，显著高于全国消费的平均水平（159.5克），为其1.7倍；水果消费量大幅度提高，每人每日消费量达112.5克，为全国消费平均水平的2.5倍。（见图1）

2.蛋白质、维生素、锌等主要营养素的摄入量基本达到《中国居民膳食营养素》的推荐摄入量标准，并略高于全国平均水平。蛋白质摄入量77.5克，为推荐摄入量的103.3%，已满足需要。优质蛋白质比例上升。

3.居民消费的食物品种多样化，从主食大米、面粉到肉禽蛋鱼等食物的品种丰富，蔬菜、水果的消费也比过去有较大的提高。

（二）居民营养与健康问题不容忽视

1.居民膳食结构不尽合理。全市居民各类食物消费量与中国营养学会提出的中国居民平衡膳食宝塔图比较，畜肉类及油脂消费过多，谷类食物、蔬菜消费偏低。2005年全市居民每人每日畜禽肉类消费量125.4克，达到推荐摄入量上限100克的1.3倍，尤其是农村，更达到了推荐摄入量上限的1.6倍，为158.9克。油脂消费量为53.8克，为推荐摄入量的2.2倍。谷类食物每人每日消费量305.4克，接近推荐摄入量的下限300克，与2002年全国平均水平比较亦下降145.8克。蔬菜每人每日消费量287.6克，仅达推荐摄入量下限的71.2%。此外，奶类、豆类制品摄入过低仍是普遍存在的问题，每人每日消费量分别为50.6克和36.3克，仅为推荐摄入量的50.6%和72.6%，尤其在农村奶类消费量仅达到推荐摄入量的17.7%。能量的一日三餐分配不合理，早餐能量偏低，晚餐能量偏高。蛋白质、碳水化合物、脂肪三大营养素供应热量占总热量的比例不合理。碳水化合物供应热量占总热量的比例为39.3%，明显低于55%～65%的合理范围；脂肪供应热量占总热量的比例达到44.2%，大大超过世界卫生组织推荐的30%的上限。

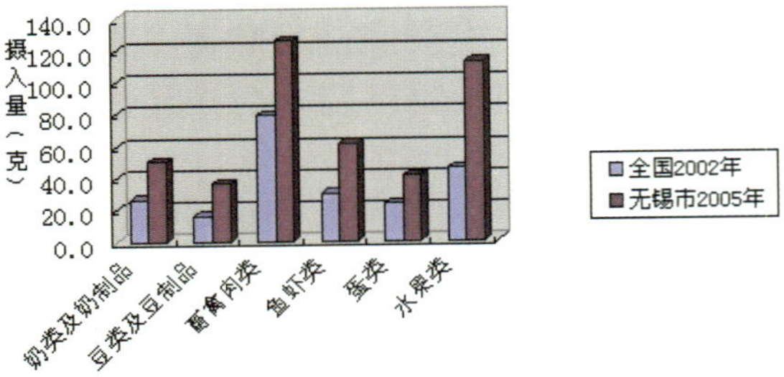

图1　2005年无锡市与2002年全国每人每日部分食物摄入量比较

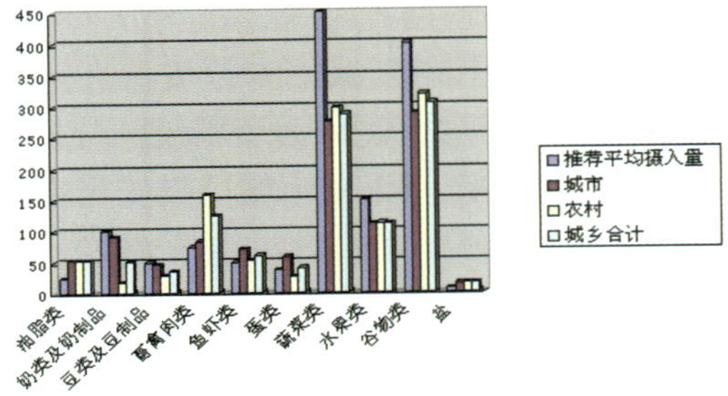

图2　2005年无锡市居民每人每日各类食物摄入量与平衡膳食宝塔比较

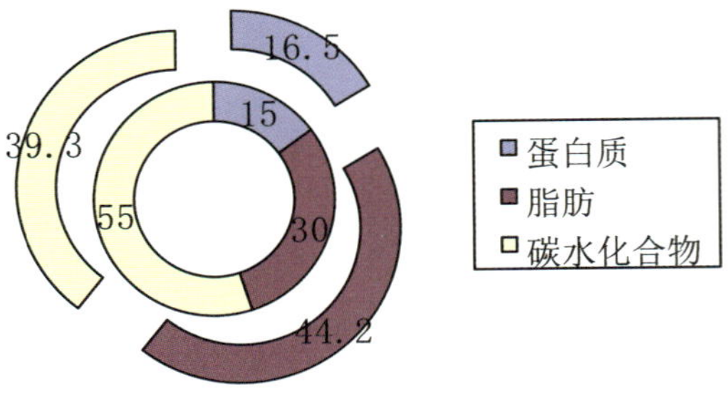

图3　2005年无锡市居民三大营养素供能比与推荐比例比较

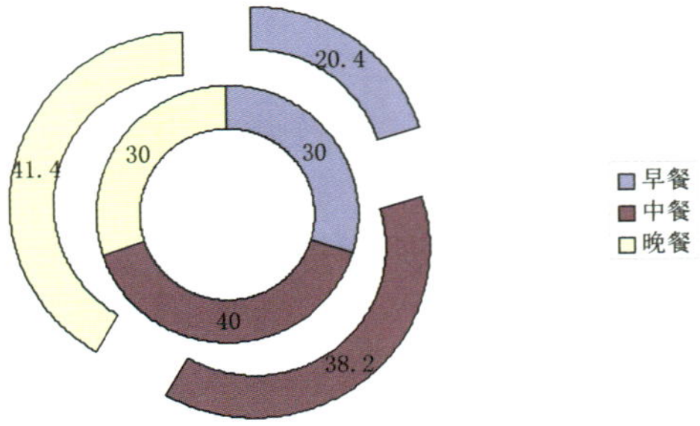

图4　2005年无锡市居民三餐能量分配与推荐比例比较

2.某些营养素摄入不足仍是膳食中的主要问题。膳食中钙的每天摄入量478.9毫克，仅为推荐摄入量的59.9%。奶类及豆类是钙的良好来源，因此奶类、豆类制品摄入过低是造成膳食钙缺乏的主要原因。维生素A、维生素C摄入不足，分别仅及推荐摄入量的67.5%和75.8%。铁的摄入量从表面上看是充足的，超过了推荐摄入量，但铁的来源主要是植物性食物，在体内的吸收率很低，满足不了机体对铁的需要量，因而铁缺乏和缺铁性贫血仍是妇女和儿童的重要的营养缺乏病。

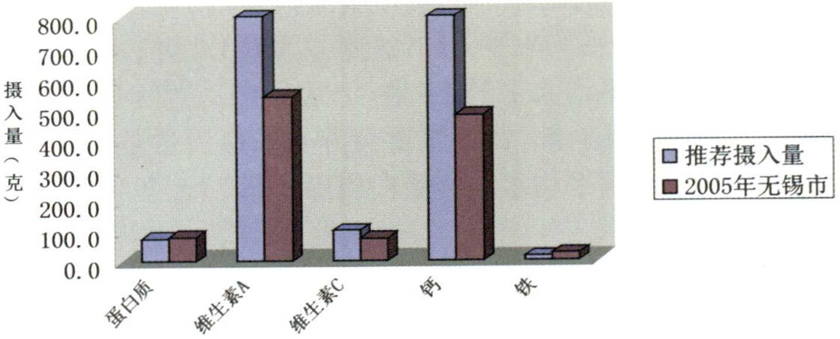

图5　2005年无锡市居民主要营养素摄入量与推荐摄入量比较

3.居民每日食盐的摄入量偏高。2005年全市居民每人每日食盐消费量14.7克，比2002年全国平均水平高出2.7克，更远远超过世界卫生组织推荐的6克的标准，为其2.5倍。同时由于全市居民喜食红烧菜肴的特点，居民每人每日食糖、酱油的消费量分别为8.0克和11.0克，均高于2002年全国的平均水平，分别为其1.8倍和1.2倍。

五、今后工作

1.这次调查显示全市居民的膳食营养面临双重挑战：一方面以植物性食物为主的传统膳食的固

有缺欠（如高盐、低钾、低钙、低优质蛋白）未得到根本转变；另一方面随着经济的发展，动物性食品消耗量直线上升，膳食脂肪、饱和脂肪和胆固醇逐步增加，营养过剩已上升为主要问题。这必将导致相关的慢性非传染性疾病发病率持续上升。营养改善是人们的基本需要，也是卫生保健的基础组成部分，涉及政府的多个部门和社会各个行业。因此要将国民营养与健康改善和慢性病预防工作纳入地方政府的“十一五”发展规划，加强政府的宏观指导，制定相关政策，加强对农业、食品加工、销售流通等领域的科学指导，发挥其在改善营养与提高人民健康水平中的重要作用。

2.定期开展营养及营养相关疾病的监测，指导居民健康的消费，加强重点地区和重点人群的营养改善工作。针对现阶段全面建设小康社会的特点，重点防治营养性贫血、高血压、糖尿病、高血脂以及肥胖等慢性病。

3.大力开展营养教育，倡导平衡膳食与健康生活方式，提高居民自我保健意识和能力。营养知识缺乏、膳食不合理是造成全市居民贫血、高血压、糖尿病、高血脂以及肥胖等慢性病的主要原因。所以必须加强营养知识的宣传教育，通过多种形式宣传中国居民膳食指南，开展营养与健康的咨询活动，倡导食物多样化，采取营养补充剂和食物强化等多种方法，促进居民平衡膳食，并大力提倡健康的生活方式，进一步提高全市居民的健康水平，避免出现在经济发展的同时，人们的慢性病发病持续上升，健康状况持续下降的局面。

2005年无锡市与2002年全国各类食物摄入量及平衡膳食宝塔图比较表

表1

单位：克/天

食物种类	2005年无锡市			2002年全国			推荐平均摄入量
	其中		合计	其中		合计	
	城市	农村		城市	农村		
油脂类	54.50	53.20	53.80	44.00	40.40	41.40	25
奶类及奶制品	91.30	17.70	50.60	65.80	11.20	26.30	100
豆类及豆制品	46.30	28.30	36.30	15.50	16.20	16.00	50
畜禽肉类	83.80	158.90	125.40	104.40	69.90	79.50	50～100
鱼虾类	71.10	53.60	61.40	44.90	24.40	30.10	50
蛋类	59.40	25.90	40.90	33.20	19.90	23.60	25～50
蔬菜类	275.10	297.70	287.60	251.90	284.10	275.20	400～500
水果类	112.00	112.90	112.50	69.30	36.60	45.70	100～200
谷物类	288.40	319.10	305.40	398.00	471.50	451.20	300～500
盐	14.40	14.90	14.70	10.90	12.40	12.00	6
酱油	10.40	11.50	11.00	10.70	8.40	9.00	—
糖	6.90	8.90	8.00	5.20	4.10	4.40	—

2005年无锡市与2002年全国平均营养素摄入量比较表

表2

单位：每标准人·日

营养素	2005年无锡市			2002年全国		
	其中		合计	其中		合计
	城市	农村		城市	农村	
能量（千卡）	1660.30	2038.90	1879.80	2134.00	2295.50	2250.50
蛋白质（克）	66.10	91.30	77.50	69.00	64.60	65.90
脂肪（克）	89.00	96.20	92.20	85.50	72.70	76.20
碳水化合物（克）	150.60	202.10	173.70	268.30	341.60	321.20
膳食纤维素（克）	7.70	10.20	8.80	11.10	12.40	12.00
视黄醇当量（微克当量）	499.00	589.90	539.90	547.20	439.10	469.20
视黄醇（微克）	255.60	224.40	242.20	223.60	123.10	151.10
硫胺素（毫克）	1.40	1.00	1.30	1.00	1.00	1.00
核黄素（毫克）	0.70	0.90	0.80	0.90	0.70	0.80
烟酸（毫克）	15.20	14.30	13.30	15.90	14.20	14.70
维生素C（毫克）	74.50	77.50	75.80	82.20	90.80	88.40
维生素E（毫克）	32.80	28.60	30.90	37.30	35.00	35.60
钙（毫克）	400.10	576.20	478.90	438.60	369.60	388.80
磷（毫克）	778.90	984.80	871.40	973.20	981.00	979.00
钾（毫克）	1447.60	1798.90	1604.60	1722.40	1691.50	1700.10
钠（毫克）	7978.30	6340.70	7247.20	6007.70	6368.80	6268.20
镁（毫克）	253.50	310.20	278.90	291.80	315.30	308.80
铁（毫克）	23.40	24.60	24.00	23.70	23.10	23.20
锌（毫克）	12.20	11.30	11.80	11.50	11.20	11.30
硒（毫克）	38.80	58.30	47.50	46.50	37.40	39.90
铜（毫克）	1.40	2.30	1.80	2.30	2.20	2.20
锰（毫克）	4.80	5.10	4.90	5.90	7.10	6.80

1982年、1992年全国，2005年无锡市居民平均营养素摄入量比较表

表3

单位：每标准人·日

营养素	1982年全国	1992年全国	2005年无锡市
能量（千卡）	2491.30	2328.30	1879.80
蛋白质（克）	66.70	68.00	77.50
脂肪（克）	49.00	58.30	92.20
膳食纤维素（克）	8.10	13.30	8.80
视黄醇当量（微克当量）	655.20	476.00	539.90
视黄醇（微量）	81.90	156.50	242.20

续表

营养素	1982年全国	1992年全国	2005年无锡市
硫胺素（毫克）	2.50	1.20	1.30
核黄素（毫克）	0.90	0.80	0.80
维生素C（毫克）	129.40	100.20	75.80
钙（毫克）	694.50	405.40	478.90
磷（毫克）	1623.20	1057.80	871.40
铁（毫克）	37.30	23.40	24.00

2005年无锡市居民膳食三大营养素供能表

表4

单位：%

营养素	蛋白质	脂肪	碳水化合物
调查结果	16.50	44.20	39.30
推荐比例	10～15	20～30	55～70

2005年无锡市居民三餐供能量表

表5

单位：%

	早餐	中餐	晚餐
调查结果	20.40	38.20	41.40
推荐比例	30	40	30

2005年无锡市营养调查超重和肥胖分布情况表

表6

单位：人、%

地区	调查人数	超重和肥胖人数	占比
城市	54	20	37.04
农村	93	33	35.48
合计	147	53	36.05

无锡市慢性非传染性疾病基础资料调查报告

无锡市疾病预防控制中心

随着社会、经济的持续发展，疾病谱、死亡谱已从传染病为主向慢性非传染性疾病（简称“慢病”）为主转变。从全市生命统计资料和慢病监测资料的分析来看，恶性肿瘤、循环系统疾病、呼吸系统疾病、损伤和中毒已成为全市居民的主要死因。其中，以恶性肿瘤和循环系统疾病为主的慢病稳居死因的前列，并呈逐年上升的趋势，慢病的预防控制（简称“防制”）已经和传染病的防制一起构成双重挑战，成为全市的主要公共卫生问题。对此，无锡市卫生行政部门和市疾控中心高度重视，准备在建立慢病防制试点的基础上，逐步推广全市的慢病防制工作。

根据江苏省“社区主要慢性非传染性疾病现患情况及危险因素调查方案”的要求，结合全市的具体情况，无锡市卫生局于2003年8～11月组织开展高血压、冠心病、脑卒中、糖尿病、恶性肿瘤等慢性非传染性疾病的流行病学调查工作，以了解全市慢病的基本流行情况，为进行社区诊断、制定社区综合防治规划、开展系统监测和效果评价提供基础资料，现将调查结果报告如下。

一、调查对象、方法和内容

（一）对象及内容

调查地区35岁及以上常住（5年及5年以上）居民。调查内容主要包括：一般情况、家庭居住条件、居住地环境污染的情况、医疗保障情况、主要慢病史（包括高血压、冠心病、脑卒中、糖尿病、恶性肿瘤史）、家族史、生活起居及体育锻炼、体格检查（包括身高、体重、腰围、臀围、血压和血糖的测量）等。

（二）抽样方法

1.基线调查：采用多阶段分层随机整群抽样法：将无锡市7个城区和2个市（县）分为农村和城区、城郊两层。第一层（农村）江阴市、宜兴市，各市（县）先按经济条件分成好中差3个片，每片随机抽1个乡镇，每个乡镇调查样本1500人。在抽取的乡镇中，将行政村再按经济条件分成好中差3个片，每片随机抽1个行政村，每个行政村调查样本500人，对抽取的行政村再随机抽取若干自然村，对抽取的自然村35岁以上所有人群进行整群调查，所抽村的数目根据人口比例来决定，但要确保这些村加起来能调查到1500人，这样才能保证调查到足够的有效样本。第二层城区、城郊按地理位置分中心城区、近郊和城郊结合部3个片，中心城区为崇安区8个街道，近郊为滨湖区5个街道，城郊结合部为北塘区两个乡镇。

（1）崇安区抽样方法。

每个街道样本量500人，按东西南北中随机抽取5个居委，每个居委样本量100人，对抽取的居委再随机抽取若干居民小组，对抽取的居民小组35岁以上所有人群进行整群调查，所抽小组的数目根据人口比例来决定，但要确保这些小组加起来能调查到100人。

（2）滨湖区抽样方法。

每个街道样本量800人，按东西南北中随机抽取5个居委，每个居委样本量160人，方法同上。

（3）城郊结合部乡镇抽样方法同第一层抽样方法。

2.血糖测定：总量≥10000人，以乡镇和街道为单位对上述抽取的自然村和居民小组随机进行单双号编号，对单号自然村和居民小组中35岁以上所有人群采集末梢血，用美国进口的利舒坦血糖仪检测。

3.各层样本量的确定：江阴、宜兴基线调查各4500人，血糖测定各2250人；中心城区、近郊两个区基线调查各4000人，血糖测定各2000人；城郊结合部两个乡镇基线调查各1500人，血糖测定各750人。

（三）调查方法：对所有调查对象进行问卷式调查，并完成体检项目。

二、判断标准

（一）慢性病判断标准：1.以往有病史者：经临床医生确诊过。2.新查高血压确诊病例，参照WHO1999年高血压诊断标准：收缩压≥140mmHg或舒张压≥90mmHg，测量3次取其平均值后符合上述标准之一者，并以往无病史者即为新查确诊高血压。

（二）血糖异常：随机血糖≥11.1mmol/L。

（三）体重指数（BMI）超标：体重（公斤）/身高^2（米）≥24。

（四）腰臀比（WHR）超标：腰围（厘米）/臀围（厘米），男性≥0.9，女性≥0.85。
（五）常吸烟、常饮酒：每天吸烟或饮酒连续一年以上。

三、调研质量控制

调查方案于2003年4月经江苏省慢病技术指导委员会鉴定通过，调研人员均为医疗卫生人员并经培训考核合格，测量仪器在使用前均校正。这次应调查人数20285人，实际调查20250人，其中有效调查表19930人。应答率99.8%（要求>90%），调查同时由质控人员抽查5%复核，正确率97.80%（要求>95%），资料录入同时由质控人员抽查5%复核，正确率96.89%（要求>95%），并对全部资料进行逻辑错误检查。质控人员对调研全过程实行质量控制，质控指标全部达到要求。因此这次调查资料可靠。

四、数据处理分析

全部数据采用EPIDATA软件和EXCEL进行数据录入处理，SPSS11.0统计分析。患病率标准化率（以下简称“标化率”），采用1990年全国人口普查资料计算。

五、结果

（一）调查人群基本情况

2003年无锡市基线调查人群特征表

表1

年龄组（岁）	男性		女性		合计	
	人数	占比%	人数	占比%	人数	占比%
35～44	1806	21.48	2390	20.74	4196	21.05
45～46	2435	28.96	3575	31.03	6010	30.16
55～64	1910	22.72	2578	22.37	4488	22.52
65～74	1543	18.35	1943	16.86	3486	17.49
75以上	714	8.49	1036	8.99	1750	8.78
合　计	8408	100.00	11522	100.00	19930	100.00

（二）5种重点慢性病患病情况

高血压（包括新查确诊病例）患病率最高为38.75%，其次是冠心病为5.34%，5种慢性病合计患病率42.16%。

2003年无锡市5种重点慢性病性别分布表

表2

单位：人、%

性别	调查人数	高血压	冠心病	脑卒中	糖尿病	主要恶性肿瘤	合计
男	8408	40.91	5.03	2.71	3.32	1.12	43.99
女	11522	37.17	5.56	1.60	4.18	0.91	40.83
总计	19930	38.75	5.34	2.07	3.82	1.00	42.16
标化率	—	33.04	4.25	1.51	3.04	0.78	—

续表

性别	调查人数	高血压	冠心病	脑卒中	糖尿病	主要恶性肿瘤	合计
X2	—	28.56	2.73	29.84	9.89	2.83	20.00
P值	—	＜0.001	0.099	＜0.001	0.002	0.243	＜0.001

说明：主要恶性肿瘤包括胃癌、食道癌、肺癌、肝癌、大肠癌、宫颈癌、乳腺癌。

（三）慢性病患病情况

高血压是无锡地区的主要慢病之一，其患病率居各种慢病之首，其次前9位依次是慢性胃肠道疾病、胆结石和慢性支气管炎、冠心病、高脂血症、骨质疏松或骨折、贫血、糖尿病和脑卒中。

（四）慢性病年龄、性别患病统计

高血压、冠心病、脑卒中合计患病率随年龄增加而增加（P＜0.001），55岁以上老年中已有一半以上患一种或多种慢性病。各病种性别比较，糖尿病患病率女性高于男性，高血压、脑卒中患病率均男性高于女性，主要恶性肿瘤患病率男女差别不明显。

2003年无锡市慢病现患情况统计表

表3　　单位：人、%

病名	患病人数	患病率%	标化率%	病名	患病人数	患病率%	标化率%
高血压	7723	38.75	33.04	支气管哮喘	404	2.00	1.65
慢性胃肠道疾病	1972	9.90	9.42	白内障	406	2.00	1.39
胆结石	1356	6.80	5.88	肥胖症	248	1.20	1.26
慢性支气管炎	1200	6.00	4.79	甲亢	197	1.00	0.94
冠心病	1064	5.30	4.25	恶性肿瘤	199	1.00	0.78
高脂血症	909	4.60	3.98	肺气肿	172	0.90	0.61
骨质疏松或骨折	875	4.40	3.68	慢性肝炎	178	0.90	0.89
贫血	760	3.80	3.81	肺心病	132	0.70	0.53
糖尿病	761	3.80	3.04	老年抑郁或痴呆	76	0.40	0.27
脑卒中	412	2.10	1.51	其他	1042	5.20	4.89

2003年无锡市5种重点慢性病年龄分布表

表4　　单位：岁、人、%

年龄	调查人数	高血压	冠心病	脑卒中	糖尿病	主要恶性肿瘤	合计
35～44	4196	16.56	1.48	0.17	0.95	0.17	18.09
45～54	6010	31.16	2.71	0.78	1.83	0.78	33.64
55～64	4488	47.44	6.57	2.30	4.99	1.11	51.34
65～74	3486	57.23	10.38	4.79	7.97	1.78	62.48
75以上	1750	58.91	10.40	5.03	6.23	1.89	65.14
总计	19930	38.75	5.34	2.07	3.82	1.00	42.16
m-h	—	1856.4586	451.8488	306.6251	309.9748	66.7409	2197.4755
P值	—	＜0.001	＜0.001	＜0.001	＜0.001	＜0.001	＜0.001

说明：主要恶性肿瘤包括胃癌、食道癌、肺癌、肝癌、大肠癌、宫颈癌、白血病。

（五）慢性病在不同文化程度人群中的分布

慢性病各病种在不同文化程度人群中患病率都有差异（P＜0.001），文盲人群慢性病患病较高，随着文化程度增高，患病率有所下降，但大专以上人群患病率又有升高。

2003年无锡市5种重点慢性病在不同文化程度中的分布表

表5 单位：人、%

文化程度	调查人数	高血压	冠心病	脑卒中	糖尿病	主要恶性肿瘤
文盲	3454	50.81	6.05	2.32	4.98	1.10
小学	5289	41.69	5.07	2.61	3.86	1.10
初中	6872	32.84	4.47	1.46	3.04	0.74
高中（中专）	3285	33.15	5.97	2.01	3.68	1.00
大专以上	1020	40.29	8.24	2.65	5.29	1.86
不详	10	60.00	0.00	10.00	10.00	0.00
X2	—	378.28	34.6226	26.30	31.36	15.18
P值	—	＜0.001	＜0.001	＜0.001	＜0.001	0.1256

（六）慢性病职业人群患病统计

在各种在职人员中，高血压患病较高的为农民（36.40%）、科技医务教师（30.59%）、干部职员（29.95%），冠心病患病较高的为干部职员（4.66%）、科技医务教师（3.29%）、农民（2.85%），脑卒中患病较高的为干部职员（1.69%）、饮炊食品人员（1.30%）、农民（1.09%），糖尿病患病较高的为干部职员（2.33%）、工人（2.23%）、饮炊食品人员（1.95%）、科技医务教师（1.64%）。

2003年无锡市5种重点慢性病在不同职业中的分布表

表6 单位：人、%

职业	调查人数	高血压	冠心病	脑卒中	糖尿病	主要恶性肿瘤
工人	3772	28.13	2.31	0.64	2.23	0.40
农民	5236	36.40	2.85	1.09	1.51	0.90
干部职员	945	29.95	4.66	1.69	2.33	0.53
科、医、教	304	30.59	3.29	0.33	1.64	0.99
商业服务业	551	22.32	1.45	1.09	1.09	0.36
食品行业	154	25.97	1.95	1.30	1.95	0.65
离、退休人员	6577	51.98	10.25	4.15	7.75	1.64
家务待业	2240	33.79	3.88	1.38	2.23	0.80
其他	151	23.42	0.90	0.90	1.80	0.00
X2	—	847.59	486.519	278.276	422.462	102.144
P值	—	＜0.001	＜0.001	＜0.001	＜0.001	＜0.001

（七）重要慢病分析

1.高血压

患病率：共查出患者7723人，患病率38.75%。知晓率：高血压患者中已知4516人，占高血压患者总数的58.47 %；新检出3207人，占41.53%，说明高血压漏诊较多。服药率：既往患者中规律服药者3211人，占71.10%；不规则和不服药的患者1305人，占28.90%。控制率：规律服药血压控制正常者1196人，控制率37.25%。

2.糖尿病

人群中血糖异常者（随机血糖≥11.1mmol/L）占5.14%，其中绝大部分无糖尿病病史占97.89%（511/522）。

2003年无锡市人群血糖异常、无糖尿病史血糖异常统计表

表7　　单位：人、%

性别	血糖异常			无糖尿病史血糖异常		
	调查人数	异常者	比例	调查人数	异常者	比例
男	4219	229	5.43	4088	227	5.55
女	5936	293	4.94	5697	284	4.99
合计	10155	522	5.14	9785	511	5.22

3.恶性肿瘤

35岁以上人群的恶性肿瘤中主要以消化道肿瘤为主，女性乳腺癌患病率亦较高。

2003年无锡市35岁以上居民主要恶性肿瘤的患病情况表

表8　　单位：人、1/10万、%

肿瘤名称	患病数	粗患病率	标化率	构成比
胃癌	52	260.91	200.90	26.26
食管癌	19	95.33	78.72	9.60
肝癌	3	15.05	11.29	1.52
肺癌	11	55.19	41.60	5.56
大肠癌	32	160.56	118.77	16.16
乳腺癌	33	165.58	133.27	16.67
宫颈癌	10	50.18	38.77	5.05
其他	39	190.67	146.12	19.19
合计	199	998.49	769.43	100.00

（八）主要危险因素

1.主要行为因素分布

行为危险因素是导致大多数慢病发生的主要原因，而行为因素是可以干预的，全市居民的主要行为危险因素为不参加体育锻炼、肥胖、经常食用腌制食品、吸烟、饮酒，水果蔬菜摄入较少，口味偏咸。

2003年无锡市居民主要行为危险因素的分布及顺位表

表9

危险因素	不参加体育锻炼	向心性肥胖	超重	常食腌制食品	睡眠过少或过多	水果蔬菜摄入（小于半斤/天）	吸烟	口味偏咸	饮酒	生活紧张
人数	13590	11036	7601	5895	5274	5141	5043	3873	2859	1528
%	68.19	55.38	38.38	29.58	26.46	25.80	25.30	19.43	14.35	7.67
顺位	1	2	3	4	5	6	7	8	9	10

2.人群分布

（1）性别分布：体重指数超标率（超重和肥胖在人群中的分布）女性40.08%，高于男性36.05%（P＜0.01）；腰臀比超标率女性60.75%，高于男性48.01%（P＜0.01）；男性常吸烟率57.91%和常饮酒率30.44%，远比女性高（P＜0.001）。

（2）年龄分布：体重指数超标率各年龄组大于30%（除男性75岁以上组外），腰臀比超标率和男性常吸烟率大于40%，男性常饮酒率大于20%。

2003年无锡市5种重点慢性病主要危险因素、性别、年龄分布

表10　　单位：%

年龄	BMI超标率		腰臀比超标率		常吸烟率		常饮酒率	
	男	女	男	女	男	女	男	女
35-44	35.66	31.98	44.08	40.46	63.12	1.0	30.34	1.84
45-54	39.06	42.57	46.61	57.17	66.24	0.92	34.21	2.46
55-64	40.89	45.50	52.41	69.20	58.22	1.55	31.05	3.26
65-74	31.17	42.82	49.25	73.49	46.79	1.85	28.00	2.78
75以上	24.37	31.56	48.32	75.00	39.50	3.96	21.43	2.90
合计	36.05	40.08	48.01	60.75	57.91	1.51	30.44	2.60
m-h	30.41	7.24	12.32	661.03	267.15	40.18	48.42	5.82
P值	＜0.001	0.007	0.004	＜0.001	＜0.001	＜0.001	＜0.001	0.016

说明：1.男女主要危险因素X2检验P值均小于0.01。

3.血压水平

表11显示无锡市中老年人群收缩压和舒张压水平。可以看出：男女人群平均收缩压和女性舒张压随年龄的增加而上升（P值＜0.0001），男性舒张压与年龄关系不大。性别间比较：无论哪个年龄组，平均收缩压和舒张压男性均高于女性（P值＜0.01）

2003年无锡市35岁以上人群血压水平性别、年龄分布表

表11　　单位：毫米汞柱

年龄	收缩压（均数）		舒张压（均数）	
	男	女	男	女
35～44	119+14	113+15	79+10	74+10
45～54	123+17	121+18	81+11	79+11

续表

年龄	收缩压（均数）		舒张压（均数）	
	男	女	男	女
55～64	129+19	127+19	82+11	80+10
65～74	133+19	133+20	80+10	80+10
75以上	133+20	136+21	79+11	79+11
合计	128+18	126+19	80+11	78+10
r	0.28684	0.39002	0.01891	0.14831
P值	＜0.0001	＜0.0001	＜0.083	＜0.0001

说明：男女各年龄组平均收缩压和舒张压t检验P值均小于0.01。

六、分析与讨论

这次调查在无锡市范围内采用多阶段分层随机整群抽样方法，调查方案经江苏省慢病技术指导委员会审定通过，其结果具有较强的代表性，显示出无锡地区慢性病患病及主要危险因素的基本状况。

（一）患病情况分析

1.慢性病疾病病谱

本次调查无锡市35岁以上自然人群中慢性病患病率前10位依次是高血压（38.75%）、慢性胃肠道疾病（9.9%）、胆结石（6.8%）、慢性支气管炎（6.0%）、冠心病（5.3%）、高脂血症（4.6%）、骨质疏松或骨折（4.4%）、贫血（3.8%）、糖尿病（3.8%）和脑卒中（2.1%）。

上述慢性病中高血压、冠心病和脑卒中为循环系统疾病，而无锡市前10年死亡谱中前3位是循环系统疾病、恶性肿瘤和呼吸系统疾病，循环系统疾病死亡主要是脑卒中和冠心病死亡，因此高血压、冠心病和脑卒中应作为无锡市重点控制的慢性病。

这次调查显示：无锡市35岁以上人群恶性肿瘤中主要以胃癌等消化道恶性肿瘤为主，而慢性萎缩性胃炎、胃溃疡、胃息肉等慢性胃肠道疾病作为胃恶性肿瘤的癌前病变，可能与无锡市消化道恶性肿瘤高发有关。因此积极预防和治疗慢性胃肠道疾病亦是控制无锡市恶性肿瘤的重要措施之一。

糖尿病作为江苏省控制的重点慢性病，在无锡市35岁以上人群中，虽然患病率（标化率3.82%）不是很高，但上升速度较快，比1998年的1.26%（标化率）上升了141.27%。而这次调查检出人群血糖异常者中绝大部分无糖尿病病史（97.89%），因此在高危人群中加强血糖检查是控制糖尿病的重要工作。

2.重点慢性病在人群中的分布

无锡市35岁以上自然人群中，5种重点慢性病（高血压、冠心病、脑卒中、糖尿病、恶性肿瘤）总患病率达42.16%。其中高血压（患病率38.75%）流行状况较严重，超过盐城市35岁以上人群高血压患病率（21.70%）。高血压、脑卒中及慢性病总患病率男性高于女性，糖尿病则女性高于男性。结果还显示：慢性病患病随年龄增加而增加，文化程度以文盲和大专以上人群患病率较高，职业人群以干部职员、科技医务教师、农民患病相对较高。以上结果表明：无锡地区慢性病流行状况较为严重。

（二）危险因素分析

1.不参加体育锻炼。不参加体育锻炼和缺乏体力活动是造成超重肥胖的重要原因之一，体育锻炼不仅能保持正常体重，而且能保持血管弹性，调节神经机能，从而调节血压。这次调查人群中有68.19%的不参加体育锻炼，表明倡导全民健身运动，加强体育锻炼是预防和控制慢性病的一项重要举措。

2.肥胖。有研究表明肥胖是慢性非传染性疾病发病的主要危险因素，研究认为上身肥胖（WHR超过正常范围）可以直接影响全身脂肪的代谢，可能是高血压的独立危险因素。这次调查人群中超重和肥胖率在38%以上，有一半以上人群腰臀比超标，因此平衡的膳食、适当的体力劳动和体育锻炼、积极控制体重是控制慢性病的重要手段。

3.膳食高盐。众多研究表明膳食高盐是中国人群高血压发病的重要危险因素，并且食盐过量对血管壁有直接损害作用，这次调查人群中有近30%的人常食腌制食品，近20%的人口味偏咸，因此减少烹调用盐和含盐高的调料，少食咸菜及腌制食品，是预防高血压的重要措施。

4.吸烟。吸烟不仅是心血管病的危险因素，更是癌症和呼吸系统疾病的危险因素。这次调查人群中有57.91%男性经常吸烟，因此控烟是预防慢性病的一项长期和艰巨的工作。

5.饮酒。中美心血管病流行病学合作研究表明，男性持续饮酒者比不饮酒者4年发生高血压的危险增加40%。这次调查人群中有30.44%男性经常饮酒。因此倡导科学文明的饮食文化，不酗酒，亦是预防和控制高血压的一项重要举措。

6.高血压。高血压的主要危害是并发心脑肾的损害，而最严重的是脑卒中和冠心病，众多研究表明高血压是脑卒中和冠心病最重要的危险因素。全国慢性病培训教材指出：血压升高，舒张压水平每增加5mmHg，脑卒中发病危险增加46%，而无锡市脑卒中发病和死亡都呈逐年上升趋势，说明应把防治高血压作为防治心脑血管疾病的重点。这次调查显示：无锡市35岁以上人群高血压患病率达38.75%，流行状况较严重，其中有41.53%为调查新检出的高血压患者，在已知高血压的病人中，虽然有71%的病人正常服药，但仅逾1/3的患者血压控制在正常水平，因此在社区内的所有乡级以上医疗机构应建立35岁以上首诊病人血压常规测量制度，对高血压病人进行系统管理，提高其血压控制率是预防心脑血管病发生的重要措施。

（三）慢性非传染性疾病患病率上升迅速

1.高血压患病率有较大幅度升高

全市35岁及以上居民高血压患病率为38.75%，估计全市患病人数100多万人。高血压患病率明显高于全国的患病率水平（18.8%）。农村患病率上升迅速，已达36.43%，城乡差距已不明显。

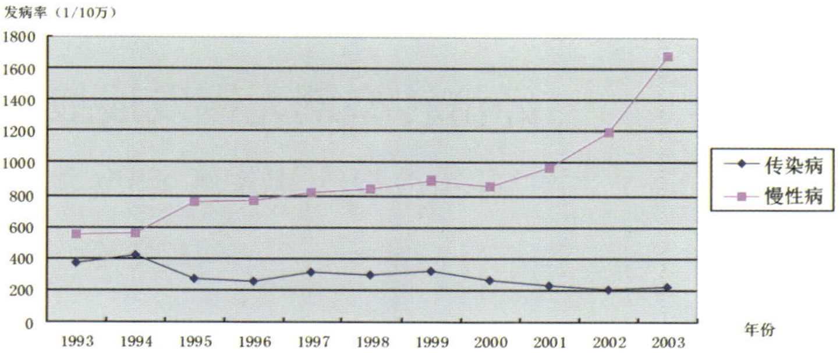

图1　1993～2003年无锡市慢性病、传染病的发病率比较图

2.糖尿病患病增加

全市35岁及以上居民糖尿病患病率为3.81%，估计全市糖尿病现患病人数10万多人。糖尿病患病率明显高于全国的患病率水平（2.6%），城市患病率6.70%，明显高于农村（1.88%）。

3.超重肥胖患病率迅速上升。按世界卫生组织标准评价，全市城市18岁及以上成年人超重/肥胖率为37.1%，农村也达35.5%。估计全市超重肥胖患者约150万人。成人超重/肥胖比例过高，显著超过2002年中国成人超重和肥胖率（29.9%）。

4.血脂异常值得关注

全市35岁及以上居民高脂血症占4.56%，估计全市高脂血症人数约12万人。

5.膳食营养和体力活动与相关慢性病关系密切

这次调查结果表明，膳食高能量、高脂肪和少体力活动与超重、肥胖、糖尿病和血脂异常的发生密切相关；高盐饮食与高血压的患病风险密切相关；饮酒与高血压和血脂异常的患病危险密切相关。

特别应该指出的是脂肪摄入最多体力活动最少的人，患上述各种慢性病的机会最多。

七、结论

这次调查在全市范围内采用多阶段分层随机整群抽样法，调查方案通过江苏省慢病技术指导委员会的鉴定，质控人员对调研全过程实行质量控制，质控指标全部达到要求，统计分析科学规范。调查结果代表无锡市慢性病及其危险因素的本底资料，结论可靠。

调查结果表明：无锡地区慢性病流行状况较为严重，5种重点慢性病（高血压、冠心病、脑卒中、糖尿病、恶性肿瘤）总患病率高达42.16%，其中高血压（患病率38.75%）流行状况最严重，糖尿病患病率上升速度较快，说明无锡地区应加强慢性病防治工作。高血压、冠心病和脑卒中、糖尿病应作为无锡市重点控制的慢性病。恶性肿瘤虽然患病率不是很高，但由于死亡率较高，无疑应作为重点控制的慢性病。

调查结果还显示慢性胃肠道疾病患病率较高，因此积极预防和治疗慢性胃肠道疾病亦是控制恶性肿瘤的重要措施之一。

调查检出人群血糖异常者中绝大部分无糖尿病病史（97.89%），因此在高危人群中加强血糖检查是控制糖尿病的重要工作。

调查结果表明无锡地区慢性病危险因素流行状况较为严重，不参加体育锻炼、肥胖、膳食高盐、吸烟、饮酒作为慢性病的行为危险因素，应加强干预，倡导健康科学的生活方式，合理膳食，适量运动，控制体重，戒烟限酒，心理平衡。

高血压既是重要的慢性病，又是其他一些慢性病的危险因素，因此预防和控制高血压十分重要。一方面应对高血压的危险因素加强干预；另一方面，积极发现人群中的高血压病人，对高血压病人进行系统管理，提高其血压控制率是预防心脑血管病发生的重要措施。

3.重要文章

经济转型期无锡发展战略定位与思考

——无锡人均GDP突破5000美元后的发展思路研究

王安岭

2003年，无锡市人均地区生产总值突破了5000美元，为43155元，折合5200美元；2004年，无锡人均地区生产总值52825元，突破6000美元。在这新的发展平台上，如何按照快速、全面、可持续发展的要求，实行经济社会新跨越，是摆在无锡面前的重大课题。为此，我们就无锡人均突破5000美元后的发展战略和主要思路，进行分析和研究。

一、5000美元发展阶段的一般分析和基本判断

世界一般经验表明，人均5000美元的水平是继3000美元后的又一个新的发展平台。按照钱纳里的大国工业化发展模型，人均5000美元，标志着该地区进入了工业化后期的发展阶段，是向现代化或后工业化转型的关键时期。按照中国科学院可持续发展战略研究组《中国现代化进程战略研究构想》研究报告的分析结果，3000美元是一次现代化，也就是基本现代化阶段，5000美元是二次现代化的开始，也就是后工业化阶段的开始。无论是何种标准的划分，都表明5000美元是一个新的发展平台。这是一个经济转轨、社会转型、体制转换的关键阶段，具有明显的分化特征。过得好，就能

使经济社会保持较快的发展势头，并在持续增长中顺势消化前期发展中积淀的结构矛盾、体制缺陷和社会问题，迅速跃上更高的台阶；过得不好，前期发展中遗留的问题和积淀的矛盾，就会在经济社会转型中充分爆发，增大新一轮发展中的阻力，以至使经济社会发展落入滞缓期。这是世界经济发展特别是发展中国家经济起飞过程中所显示的经验教训。

为什么在5000美元的平台上会表现出如此明显的分化趋势？总体上这是经济发展阶段性要求所导致的。

从经济原因分析：5000美元意味着三次产业结构从以工业为主的产业结构开始向以第三产业为主导的产业结构转变；工业结构从资源性加工产业为主开始转向制造业为主。这一转变意味着新的变化：

1.以资源价格特别是土地价格上升为主导，生产要素价格快速上扬；

2.劳动力价格的比较优势开始退化，廉价成本的比较优势开始减弱；

3.由于贸易和销售成本快速增长，在供过于求的市场背景下，企业的盈利能力开始递减，产业创新和结构升级的要求增大。

从金融原因分析：由于转型中工业成本上升，金融投资出现多元化和分散化，使金融资产质量不稳定性放大。并由于对期货、证券和房地产市场的追涨，使金融企业盈利能力虚拟化程度上升，增大了金融业的风险隐患。金融风险在给国家经济创伤的同时，往往也会给地区经济社会发展带来更大的损害。

从需求原因分析：人均GDP达到5000美元以后，物质消费结构个性化、超前化特征明显，文化消费超常规增长，且出现文化消费和物质消费融合趋势。快速变动的消费结构对扩大公共支出提出了更高要求，也增大了社会物质产品供给的创新成本。一般来讲，人均 3000美元的国家公共财政是一个稳健常态的财政安排。人均达到5000美元后，对公共财政支出的要求加大，环境文化、交通、安全和社会福利等方面的支出明显上升，政府财政反而拮据。

从政治社会原因分析：赶超型发展过程中，一般更强调效率优先的原则，社会分层结构明显，社会不稳定因素增加。人们的民主政治意识增强，对政府廉洁高效、公开透明的要求、对公民政治权力的主张、对公共管理事务的政治参与等方面的要求更加强烈，更加需要依靠法律制度对各种社会利益关系进行调适和规范。法律作为是一种社会契约，它保障的是社会公平，损伤的是社会效率。

综上所述，一个国家和地区在快速跃上人均GDP5000美元的发展平台之后，往往面临的是两大瓶颈，即市场约束和体制缺陷。解决这对矛盾的关键，在于能否实现国家和地区新一轮的创新发展。就此而言，实行创新战略，是确保新一轮发展的主题。

二、无锡新一轮发展的宏观背景和微观分析

无锡人均GDP从1999年的3100美元，用了不到3年的时间，突破5000美元，可以说无锡已经进入了一个难得的发展机遇期。既有市场差别化竞争带来的机遇，也有进一步扩大对外开放、加入世贸组织带来的机遇；既有现实机遇，也有潜在机遇，现实的机遇在发展中还不断地催生激发着潜在的机遇。这些机遇，影响着无锡未来发展的走向。对此需要从战略上思考和把握。一般分析，无锡的机遇：

1.今后10年是世界范围内资本转移和产业重组的关键时期。全球范围内的市场重组、国际资本的流动和大规模的产业转移，将为长江三角洲快速崛起，提供极为有利的外部条件。以上海为龙头的对内“极化”、对外“扩散”，将对无锡建设现代制造业基地提供了十分有利的客观环境。无锡以得天独厚的区位优势和雄厚的产业基础，在接受国际产业转移和区域产业分工中具有先发优势，将放大了产业结构升级的带动效应，使无锡产业结构快速进入升级调整、全面扩张的发展时期。

2.全面小康国家发展战略的快速推进期。无锡具有城乡同轨运行、区域互动发展的特点，在统筹城乡发展、加快区域现代化进程中具有不可比拟的优势。城乡一体，互动发展，为无锡保持较高的经

济发展速度、率先实现现代化提供了不可多得的动力支持。同时，全面建设小康的本质是城市化和工业化的发展过程，全面小康的实现，是战略倾斜、重点带动和梯级推进的过程。这一过程中，市场消费、投资拉动、扩大开放和体制转型，势必使有条件的地区加速发展，率先崛起，为中国经济长周期发展增加动力，使新一轮经济增长周期相对延长。

3.无锡正处在从产业资本驱动为主到技术资本、金融资本和知识资本多重推动发展阶段跨越的重要时期。从近几年经济增长的形态来看，从5000美元之前的多门类、多向度的群体增量开始向以技术、资本为导向的集约增长方面转变。推动区域经济发展动力，更多地体现为主导产业的增长性和带动性，企业专业化集群和规模化效应将更加显现。具有技术和资本集聚优势的“关键少数”，成为提升区域竞争能力的主要支撑。同时，这一时期社会存量资本快速上升，社会经济力量活跃，民间经济显示很强的爆发力。主体带动和群体增量，成为推动经济发展的两大力量。

4.市场经济体制的逐步完善和“长三角”区域经济加速整合的发展趋势，将进一步释放体制活力。近几年来，无锡按照建立市场经济机制的要求，推进了政府行政管理体制的改革，建立健全了统一开放、优化配置的要素市场体系，释放了巨大的民间资本，初步形成了规范有序的市场秩序和社会诚信体制，为经济社会发展提供了极为有利的制度环境。

这个战略机遇期，实际上是经济社会发展新的转型期。最显著的特点，就是在一个发展时期内，集中了工业高度化和城市现代化的两大历史任务：西方一百多年的城市化发展过程被浓缩在同一发展阶段，工业化和城市化两个不同发展阶段的历史任务被压缩到同一个时代。其挑战性和艰巨性可想而知。同时，由于前期的赶超增长和强制性发展，使经济结构、社会关系、资源环境以及相关的制度安排，都绷得过紧。新一轮的发展既面临着一般国家和地区工业化发展过程中的共性矛盾，也面临着区域个性化发展的特殊矛盾。具体来说：

（1）结构性矛盾仍然很突出。经济转型过程中，过强的市场拉动和行政推动，推动了产业发展的外延型增长，而企业内的技术创新、产业升级的动力不足。表现为长线市场领域的同构竞争，生产能力的平面扩张。尽管无锡形成了一批支柱产业，但是具有高端技术和终端产品控制力的龙头企业不多，集群效应不尽明显。关键是支撑产业结构调整的科技创新能力不强，变异性、分化度较高。

（2）积累性的资源环境压力增大。前期的经济快速增长，是建立在高投资、高能耗和高速度的基础上的。实际上还处于是一种数量型、粗放式的经济增长方式。2001～2003年，无锡年均单位能耗水平是欧美国家的6.7倍以上，是日本的11.2倍，土地资源、原材料资源和能源资源的消耗巨大，生态环境透支严重，特别是水环境污染已经成为影响无锡可持续发展的突出问题。

（3）社会公平化成本加大。在追求经济效率的同时，社会成员间的收入差距拉大。2001～2003年，低于全市城镇居民可支配收入平均线以下的群体分别占城镇居民总数的66.2%、67.1%、71%。农村社会收入分层结构差别更大。目前在农村收入架构中出现了高于8000元人群和低于3000元的群体两头分化趋势。注重社会公平，调整经济关系，就会增加经济发展的成本。一则是区域内部社会就业压力转化为政府运行成本；一则是快速出现的老年社会，对社会保障的要求增大。无锡工业化过程延续性较长，一方面大量释放退休工人，一方面使人的预期寿命延长，导致了就业人口下降和赡养人口上升的矛盾。

（4）制度建设相对滞后的问题。跃上6000美元大关，并不意味制度和体制现代化问题的解决。目前影响政府行政体制的国有企业产权改革还不尽到位，对国企的路径依赖，仍然是政府配置资源的主要导向。同时，国有企业的强势发展，从空间结构上对民营经济具有明显的挤出效应，社会发展活力和民间创业动力相对不足。这种产权格局使政府体制具有更大的传统依赖。政府体制由传统的直接管理向间接的经济管理、法制管理转变还不快。政府与市场、政府与社会、社会成员之间的权力关系上，还存在定位不清、放得不开、效率不高等问题，政府行为、行政程序和依法行政上与市场经济的要求还有一定的距离。

（5）人口整体素质不高。5000美元平台上的转型，对社会成员素质要求，并不局限于高学历的文化要求，而要求更合理的知识结构、较强的综合创新素质。由于地缘文化和历史积淀，目前的无锡人文总体素质中，还较明显地表现了功利主义有余而大气开放不足，小富即安有余而开拓创业不足的状况。城市的活力度不足，“亲缘意识” 和 “熟人规则” 较浓。

这些问题的实质就是：在承接国际产业转移、应对周边城市群竞争压力的同时，还要积极消化前期快速发展中所累积的各种矛盾；在快速推进社会资本的相对集聚的同时，还要进一步突破市场空间对产业升级约束的问题；在深度推进产业平面总体结构相对合理的过程中，进一步提升高端产品和终极产品的比重的任务；在人口聚集功能随经济总量上升快速增强的同时，要进一步实现以人为本、亲民富民的任务。

三、无锡转型时期发展思路的选择

一般工业化国家在人均GDP达到5000美元以后，通常把科技创新作为推动新一轮经济发展的主要取向，通过科技创新，加速产业转型和结构升级，提升城市集聚和扩散能级，转变体制模式和增长方式，创新人居环境和市民文化，走一条消耗资源少、经济效率高、生态环境优的可持续发展道路，从而保持持续不断的竞争力和创新力。上海在2002年突破人均5000美元后，确定了以城市创新为主导的发展思路，选择了以 “科教兴市” 为重点的发展主战略，明确了具体的实现路径：以科技创新为突破口，实施城市创新，在世界城市差别化竞争中实现合理分工；以金融贸易为突破口，大力推进经济国际化和开放化，强化上海对周边地区的经济辐射和集聚功能；以发展信息化为引擎，大力实施信息化提升工业化发展思路，形成前沿技术和新产品为主体的产业高度化结构；以打造 “人才高地” 为载体，加大对各种人才的引进和集聚，提升上海人口的整体素质；以政府管理现代化为核心，完善政府调控机制和社会运作机制，建立与国际惯例相适应的管理制度，放大社会管理效应。

无锡是东部经济发达地区之一，创造不同发展阶段的竞争新优势，是无锡与时俱进的客观要求，也是无锡保持应有地位的现实要求。借鉴上海等兄弟城市的经验和世界新型工业化国家发展的一般规律，无锡今后一段时间乃至更长时期的战略选择，应以率先发展、加快改革、统筹推进为前提，突出 “科技创新” 的发展主战略，跳出循序渐进、常规发展的路径依赖，创新发展思路，创新增长方式，创新体制结构，实现对原有经济发展模式的转变和扬弃，走出一条高效益高速度、低能耗低污染的可持续发展的路子来。在具体的实现形式上，创新产业结构，拉长产业链和价值链，在更大范围内组织产业的集聚和企业集群；创新企业经营模式，形成高端技术带动社会生产、终端产品垄断市场网络的社会化分工和专业化生产格局；创新生产力布局，以城市和产业集团为载体，实行资源的最优化配置，增强以中心城市为带动的集聚核扩散功能，放大流量经济；创新运行体制模式，以创新政府行政管理体制为重点，变政府主导发展为市场主导发展，放活民间经济的力量，争取社会效能最大化；创新生态和生活环境，突出以人为本的理念，统筹城乡关系，协调经济社会发展，实行经济、资源、人口和生态的合理互动，提升社会发展的整体水平。

根据无锡的实际情况，“科技创新” 作为引领新一轮发展主战略，要重点聚焦四大重点问题。

1.科技创新问题。无锡进入人均GDP 5000美元的发展阶段，面临的产业结构瓶颈，实际上是科技创新的瓶颈。这一轮的科技创新，不同于传统狭隘的技术创新。它具有以产业升级为前提的主导产业优化、以城市经济为主体的区域资源配置合理整合、以循环经济为重点的资源集约开发为主要特征的增长模式。世界发达国家的科技创新都有自己的特点，实行不同的道路选择。不同道路的选择，体现了特色发展、差别竞争的特点，反映了与世界技术革命浪潮结合的不同形式。科技创新，关键在于对自己在新一轮技术创新中的优势把握、发展定位和方向选择。目前无锡同一些兄弟城市的差距，主要在于基础科学和研发能力上的差距。但无锡是以技术创新和应用递增技术见长的城市。例如2003年列入升级 “火炬” 计划项目129项、国家 “火炬” 计划77项、国家 “863” 计划19项，有12

项指标列江苏省第一位。这就决定了无锡科技创新战略，应坚持技术驱动、核心聚焦的重点推进，充分发挥消化吸收、增值创新的优势，走以技术创新、开发增值为重点的发展路子。根据无锡打造国际制造业基地的要求，抓住技术创新的突破点，用国际化促进结构升级，用信息化改造传统产业，用设计开发突破关键工艺和瓶颈技术，用适用技术促进产业升级，把技术创新与产业升级有机结合起来，形成产业兴市和科技兴市的良性互动。积极构建全社会技术创新的组织体系。用信息化手段，提高企业技术开发流程的效率和工艺水平；采用信息技术改进产品的制造过程，提升生产过程的柔性化、自动化水平，提高制造业产品的智能化、数字化程度；用信息技术推动企业业务流程的优化重组和管理的现代化。

2.主导产业的选择问题。这是经济转型的主要支撑点。无锡工业化水平较高，但是工业化的历史任务不但没有结束，相反正在走向新的高度。在历经三产快速上升以后，以工业为主体的二产又开始大幅度回升，并在原有产业分散的基础上出现了向主导骨干产业集聚的特征。主导产业既是带动无锡经济发展的增长极，又是提升无锡城市竞争能力的关键所在。无锡主导产业的选择，应从打造国际制造业基地的要求出发，集中在机电、纺织、生物医药和环保产业上做文章。机电行业的产业关联度高，纺织产业的经济成长性好，生物医药和环保产业的未来成长空间大，是打造无锡竞争优势的首要选择。从现实主导产业和未来新兴产业发展的梯次上讲，目前主导产业的选择应集中在机电产业和现代纺织产业及其延伸产业的发展上。以“极化”两大产业为主体，整合相关依附产业，在关键领域和拥有自主知识产权的重点项目上，形成高端技术导向、终端市场垄断的产业集群。并通过专业化、特色化途径，发展关联度较高、协作能力较强的企业族群，形成具有特色竞争、差别发展的产业优势。在推进的切入点上，应突出利用外资和激活民资的两大主体力量，实行改革与开放双轮驱动。改革就是加快产权制度创新，激活民营经济，充分调动全社会投资创业的积极性和创造性；开放就是扩大利用外资的广度和深度，依靠外资增强产业结构调整的力度，依靠外来先进技术加快产业升级步伐，依靠开放型园区提升产业布局的集聚度和关联度，从前期的群体增量发展模式转向注重追求主导产业领域的关键增量上来。抓住关键少数，充分利用市场机制，加快资产扩张、资本裂变、技术带动、产销联盟，形成“十字型”拓展、纵横向开发的产业集聚，形成带动城市经济发展的增长极。

3.城市化体系问题。这是加速经济转型的有效载体。城市化不仅包括以城市为主体的物理形态扩张的过程，也是以城市辐射功能为主导、对腹地经济社会资源有效集聚的发展过程。不仅包括地理空间的有效组织，而且也是社会空间的有效组织。进一步提升无锡城市化水平，是无锡人均地区生产总值突破5000美元以后的重大选择。区域工业化程度高、城乡差别小，是无锡与内地城市比较中的强势，也是推进区域城市化的竞争优势。前期无锡进行了行政区划调整，但从城乡一体、同轨运行的角度分析，这只是行政组织空间的调整，生产力组织空间改变不大，特别是社会组织空间几乎没有得到有效的整合。从新一轮发展的集聚、集约、集中的要求出发，有必要以中心城市为依托，积极推进区域经济功能模块化分布，形成中心城、辅城和星城的发展格局，构筑扁平化、开放式的区域城市化格局。重点是“两极”突破。一则是中心城市，这是扩散带动的功能极；一则是卫星城市，是产业发展的增长极。中心城市要重点强化中心极的集聚扩散功能，主要是通过发展先导型产业、新型服务业、商贸物流业，形成以中心城市为核心的产业链中的高端产业和价值链中的终端产业；星城主要是围绕疏解中心城区人口密度，重点建设模块化的专业园区和特色园区，大力发展生活居住区和基本配套区，形成与中心城市合作互动的功能分区，改善和调节区域的生态环境。在组织体制上，以“一核多极”为形态，积极推进体制创新。在目前情况下，推进区域资源和要素合理配置的最有效的途径，就是进行区划调整。通过行政区划体制的集中化变动，推进区域权力结构的集中化，城市管理层级的扁平化，产业布局的合理化。

4.加快民营经济发展问题。民营经济既反映富民、利民和为民的思想出发点，又体现推动经济发展的思路取向问题。这是推动经济转型的动力源。民营经济不仅是市场经济的主体力量，也是加快政府体制创新的推动力量。无锡前期的企业改制转制和民间资本的活跃，使民营经济有了良好的起步，但同兄弟城市比有差距，同自身的条件比有潜力。民营经济发展既有深度开发的余地，又有广度开发的空间。从深度上讲，既要壮大规模，提高层次，使一批民营企业成为具有核心竞争力和规模控制力的重点骨干企业，以此为龙头，带动中小企业形成企业集群；又要加速传统产业产品的结构升级、技术创新，通过形成高端技术和终端市场，提高企业的技术含量和附加值。从广度上讲，首先进一步拓展民营经济进入的新领域。除了国有企业能进入的、国家法律法规没有明令禁止的领域民营企业都能进入外，还要强调一条，就是只要民营企业有能力、有可能进入的领域都要鼓励民营企业进入。鼓励民间创业投资，鼓励有能力的民营企业成为产业带动的龙头。其次，要鼓励民营资本进入地方金融、证券、期货等资本市场，特别是要素市场要积极引入民营和民资，用民营、民办、民享的机制，参与国有企业的产权制度改革，激活人才、信息、技术、产权等市场的活力。第三，鼓励民间经济组织的发展。民间经济组织是市场经济中组织成本最低、管理效能最高的组织载体。重点要按照自我管理、中介服务、自我发展、规范运行的要求，大力发展民办专业商会，积极改造原有的行业协会，使民间经济组织成为推动新一轮发展的重要力量。

（作者系中共无锡市委研究室主任）

索　引

索引采用主题词分析法编制，也有部分选用关键词。全部按标引首字的汉语拼音音序排列，首字相同按第二字音序排列，以此类推。标引词后的阿拉伯数字表示内容所在的页码。为便于检索，无锡市的党政机关、企事业单位、社会团体，除容易产生歧义的外，均省略“无锡市”或“无锡”。

C

D

E

F

G

H

K

L

M

N

R

S

W

Y

Z

编后记

根据国务院办公厅《关于进一步加强地方志编纂工作的通知》和省政府办公厅《关于做好新一轮地方志编纂工作的通知》精神，2006年2月，无锡市召开全市地方志工作会议，启动《无锡市志（1986～2005）》（简称“市志”）编纂工作。2010年末，形成38卷、380万字的市志初稿。2011年9月，市志分纂工作基本完成，全志调整为44卷、410万字。11月29日，省地方志办公室组织有关地方志专家对市志总纂篇目进行评审，我办根据专家意见对篇目进行修改和完善，形成48卷的市志总纂篇目。2012年初，市志进入总纂阶段，至6月，基本完成总纂第一稿。此后，经过一年多的分类评审和修改、完善，至2013年10月末，形成市志复审稿。12月9日，市政府召开市地方志编纂委员会成员会议，对《无锡市志（1986～2005）》复审，市长、市地方志编纂委员会主任汪泉，常务副市长、市地方志编委会副主任黄钦出席会议，副市长、市地方志编纂委员会副主任华博雅主持会议。会后，我办根据评审意见进行修改，形成终审稿。与此同时，按照《江苏省地方志书审查验收稿质量评估办法（试行）》的要求，聘请保密、档案、历史、经济、地方志等方面的领导和专家对市志进行质量评估，评估结果达到要求。2014年7月16日，省地方志办公室在无锡市召开《无锡市志（1986～2005）》终审会议，同意志稿通过终审。根据终审和专家评审意见，我办组织人员对志稿进行修改、统稿，进一步消除差错、减少交叉重复、补充缺漏、消灭硬伤。2014年12月，形成45卷、500万字的验收稿，交省地方志办公室验收，并交方志出版社审稿。此后，修志人员又对志稿进行了多次修改、校对，得以定稿，并付梓面世。

该志内容涵盖政区地理、城乡建设、政治、经济、军事、文化、社会等各方面、各领域，涉及全市184家供稿单位、200多名撰稿人员和修志工作者，时间跨度长，组织难度大，质量要求高，专业性强。该志的顺利出版，得益于无锡市委、市政府的高度重视和有力支持，省地方志办公室的悉心指导，社会各方面专家的热心参与，更是全体修志人员孜孜以求、精益求精、辛勤耕耘的结晶。在此，对所有参与和支持《无锡市志（1986～2005）》编纂工作的各级领导和全体修志工作者表示衷心感谢。同时，要特别感谢缪小咏、刘扣林、汤可可、顾伟伦、陈文源、陈华、王萍芳等专家对志稿的精心审读，顾祚维、陈平、陈永年等人以及市摄影家协会、无锡日报社、红火图片社提供的大量珍贵照片。有部分照片因无法落实作者，故署市史志办或其他单位供稿，请作者与我们联系，在此致以歉意。

《无锡市志（1986～2005）》编纂历时10余年。我们本着求真务实的精神，力求准确、完整、客观地反映无锡在20年间取得的辉煌成就，给后世留下一部信史、佳志。然而由于资料搜集的困难和编纂人员自身素养的局限，错讹、遗漏之处难免，还望各位领导、专家和读者不吝赐教。

无锡市史志办公室

2015年6月18日

主要供稿人员名单

（以姓氏笔画为序）

丁一忠 丁谷馨 丁晓峰 于　群 王中华 王文姬 王　伟 王传松 王印廷
王克明 王宏志 王　林 王春航 王荣芳 王秋晨 王　艳 王敏捷 王　晓
王　琦 王　斌 王　鲁 王　群 王喜增 王　镇 毛忠洋 包卫东 邓友福
邓福荣 卢开圣 卢　益 叶维瑜 方志山 冯景梁 孙　怡 孙　昕 孙明阳
孙　锋 李轶群 李思红 李家虎 李　鹏 李增瑜 曲国基 吕纪象 朱一龙
朱安生 朱伯虎 朱昱鹏 朱　健 朱敏杰 朱慧红 伍贻德 华文明 华水平
华李军 华治平 华　婕 华锡明 任明富 邬秉左 庄若江 庄　逸 刘成刚
刘启佑 刘希森 刘　烈 刘峰志 刘燕芳 江　水 江徐英 安德明 许竹敏
花茂波 严建清 杜宏仁 杨玉伦 杨　骏 杨慎维 杨慧琴 过瑞元 过震宇
吴进军 吴志伟 吴芸婕 吴连干 吴　刚 吴国忠 吴　艳 吴晓蕙 吴琢成
吴　霞 肖复兴 肖振宇 邱开荣 邱玮玉 邱明德 余瑞伦 宋新春 汪　英
沈　扬 沈侣中 沈建兴 沈野舫 陈小丽 陈文源 陈　朴 陈　贞 陈冰楚
陈学龙 陈其生 陈国珍 陈建红 陈建良 陈　健 陈爱强 陈　瑜 陈　豪
陆沁鹤 陆建明 陆森良 张大炎 张千山 张天六 张叶春 张吉平 张寿正
张昌基 张　明 张宗文 张　炎 张春胜 张振强 张铁民 张晓东 张海涛
张常宏 张锡明 张　颖 苗春阳 范必正 范恒山 林茂松 林建坤 林　辉
金常胜 周　延 周汝财 周红伟 周建梁 周　勇 周惠良 周　霞 岳国峰
郑立平 宗继芳 赵长林 赵　东 赵建华 赵瑞明 荆晓菲 荣宗国 胡才鸿
胡云龙 胡　逸 柳成安 项洪波 柴惠康 姚　崇 侯　文 侯锡荣 钟林峰
俞政业 姚　琦 姚　辉 钮苏萍 郭洪筹 姜鲁宁 秦民华 秦丽君 秦珏明
秦晓华 袁大安 袁开坤 袁裕坤 耿永军 贾小网 顾尧仁 顾洪甫 夏美华
钱培东 钱　铮 钱　鹰 徐天南 徐志钧 徐余金 徐茂良 徐金义 徐泽宇
徐海友 徐道清 徐　睿 徐黎明 高大地 高　布 高锡鹤 唐浩武 唐鸿亮
唐福海 殷益东 陶建丰 陶　然 黄万亮 黄永钊 黄亚明 曹红芳 曹　芳
曹恒生 崔世平 章树军 章振华 彭松志 彭淑明 彭燕清 蒋大新 蒋少文
蒋林林 蒋忍安 蒋　健 韩和平 储志军 鲁士明 童文虎 蓝天月 蒯　怡
蒯　薇 詹孝春 褚洪深 蔡　云 蔡宏雷 蔡空辉 蔡　莹 路元庆 管煜鹏
潘国庆 薛世兴 薛　峰 魏祖成